IL NUOVO RAGAZZINI / BIAGI *concise*

DIZIONARIO INGLESE E ITALIANO ITALIAN AND ENGLISH DICTIONARY

di Giuseppe Ragazzini e Adele Biagi

Seconda edizione

Tratto dal dizionario maggiore di G. Ragazzini (prima e seconda edizione)

LABORAVI FIDENTER

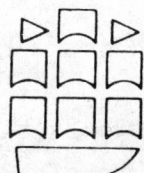

ZANICHELLI / LONGMAN

Adele Biagi ha tratto questa Nuova «Concise Edition» dal *Dizionario inglese-italiano italiano-inglese* di Giuseppe Ragazzini (prima e seconda edizione).

Il piano di revisione è stato elaborato dall'editore, con la collaborazione di Adele Biagi e con suggerimenti ed opinioni di Giuseppe Ragazzini.

Coordinamento redazionale di Rosella Fiorentini Rocca.

Collaborazioni redazionali di Beata Lazzarini e, per l'edizione precedente, di Enrico Righini, Roberta Balboni, Rosella Fiorentini Rocca, Paolo Sensi.

Correzione delle bozze: Rosario Barilà, Nina De Gregorio.

Sovraccoperta: Anna Zamboni.

Fotocomposizione e impaginazione automatica: Icograf, Torino.

Coordinamento della composizione, stampa, confezione: Edgardo Garaffoni, Guido Marchesini, Mauro Stanghellini.

Questo dizionario accoglie anche parole che sono — o si pretende che siano — marchi registrati, senza che ciò implichi alcuna valutazione del loro reale stato giuridico. Nei casi obiettivamente noti all'editore, comunque, la voce reca la menzione «marchio».

Finito di stampare nel novembre 1988
dalla Grafica Editoriale spa - Bologna
per conto della Nicola Zanichelli Editore
via Irnerio 34 - 40126 Bologna

PRESENTAZIONE

Questo Nuovo «Concise» *è la seconda edizione, interamente rivista e aggiornata, del dizionario di Giuseppe Ragazzini e Adele Biagi che la Zanichelli pubblicò nel 1972. Concepita in modo specifico per il mondo della scuola (in particolare per la Scuola Media), l'opera fu subito accolta con grande favore anche da professionisti, tecnici e ricercatori, da operatori commerciali e turistici: in breve da chiunque abbisognasse di un dizionario inglese agile, ma completo.*

Il dizionario è basato sul Dizionario Inglese-Italiano Italiano-Inglese di Giuseppe Ragazzini, *rispetto al quale ha il taglio da* concise edition. *Nelle grandi dinastie di vocabolari anglosassoni,* concise, *più che richiamare misure fisiche minori o meccanicamente e banalmente compresse e raccorciate, indica e privilegia una tecnica ben precisa e meditata di compilazione «dall'interno» che mira, e riesce, a dare all'utente molte informazioni con poche parole, condensando le voci in formule brevi e compatte, emancipate da ogni superfluità o dettaglio troppo minuto. Qui la sua applicazione ha permesso di serbare inalterati, sia pure «in scala», i meriti di compiutezza, di precisione, di originalità che già avevano fatto la fortuna del* Ragazzini *maggiore e che sono stati ribaditi dal successo del* Nuovo Ragazzini, *pubblicato nel 1984: in particolare, rimane ineguagliata, anche in questa seconda edizione, la fraseologia per ricchezza di esempi e sintonia con le esercitazioni strutturali e lessicali dell'apprendimento linguistico.*

Questa seconda edizione è frutto di un accurato lavoro di revisione e aggiornamento, che non si è limitato alla semplice aggiunta di nuove voci, ma ha altresì tenuto conto dell'evoluzione della lingua, della nascita di nuove tecniche, dei mutamenti nella cultura, nella politica e nel costume.

Con l'introduzione di nuove voci, il numero dei lemmi del dizionario aumenta da 67 000 a circa 74 000; le accezioni e le frasi idiomatiche sono state accresciute in proporzione. Inoltre sono stati ridotti i margini superiore ed inferiore della pagina ed è stato aumentato il formato del volume: globalmente perciò il contenuto del vocabolario cresce di circa il 22%. Se questo incremento quantitativo è il cambiamento più appariscente del Nuovo Concise *rispetto all'edizione precedente, è opportuno anche segnalare alcune innovazioni grafiche che saranno certamente utili al lettore:*

a) *Il dizionario è stato ricomposto con nitidi caratteri di fotocomposizione che ne migliorano la leggibilità.*

b) *Le sezioni dei lemmi che hanno più di una categoria grammaticale sono identificate da una lettera in neretto (**A, B, C,** ecc.) al fine di facilitarne il reperimento.*

c) *Il lemma è spostato a sinistra rispetto al margine della colonna per permettere una ricerca più rapida delle parole.*

Infine desideriamo esprimere la nostra gratitudine ad Adele Biagi, che già aveva curato la stesura della prima edizione di quest'opera e che ora l'ha interamente rivista e integrata, mettendo pienamente a frutto le sue note doti di competenza linguistica e capacità lessicografica, affinate da una consolidata esperienza di autrice e docente.

maggio 1986 — l'Editore

AVVERTENZE

Per una consultazione più agevole del dizionario, sarà utile dare una scorsa alla *Guida grafica alla consultazione* a pag. IX, che offre, per così dire, un esempio illustrato e commentato del modo in cui le voci sono strutturate e trattate. Sarà bene, anche, cercare di acquistare familiarità con tutte le convenzioni che si sono seguite nella stesura del dizionario, quali i simboli e i segni della trascrizione fonematica, trattati in un'apposita tavola a pag. VIII, e le abbreviazioni e i segni convenzionali, raccolti in una tavola a pag. VI.

Scelta e inclusione delle voci. Questo dizionario contiene circa 74 000 vocaboli, ivi compresi vari americanismi, i tecnicismi di più largo uso e i più recenti neologismi delle due lingue, nonché una ricca terminologia scientifica (per la zoologia e la botanica, viene dato anche il nome scientifico latino dell'animale o della pianta). Ciò premesso, bisogna far rilevare che, al fine di dare il massimo sviluppo alla fraseologia e all'esemplificazione, si sono adottati alcuni artifizi atti a far guadagnare spazio. Così, in genere, sono stati esclusi dal dizionario quegli **avverbi** inglesi (o italiani) che si possono ricavare facilmente dagli aggettivi corrispondenti mediante l'aggiunta del suffisso *-ly* (o *-mente*), ma si sono accolti tutti quelli che presentano qualche difficoltà o particolarità semantica.

Per i **nomi propri** (nomi di persona e toponimi), si è usato l'accorgimento di riunirli in appendici, facendo tuttavia eccezione per quei nomi propri ai quali siano collegate locuzioni speciali: nomi propri di questo tipo, dunque, si troveranno seguendo l'ordine alfabetico generale. Ancora, è stato ovviamente impossibile accogliere tutte le **forme alterate** di nomi (accrescitivi, diminutivi, vezzeggiativi e peggiorativi), di cui la lingua italiana è così ricca: per renderle in inglese si farà ricorso a quegli aggettivi che meglio si prestino a modificare adeguatamente il significato del nome. Sono però registrate voci come *bambolotto*, *banderuola*, *casupola*, *casella*, *casello*, che godono di una loro particolare autonomia semantica.

Gli **omografi** (le parole, cioè, che hanno uguale grafia ma significato diverso) costituiscono voci distinte, specie se derivanti da distinti ceppi etimologici; queste sono date di seguito e contrassegnate da un numero cardinale fra parentesi tonde, che le precede.

La **struttura interna** di ogni singola voce è regolata da un criterio che si basa sulla distinzione in categorie grammaticali (sostantivo, aggettivo, avverbio, verbo transitivo e intransitivo, ecc.), nonché, nell'ambito di queste categorie, sulle suddivisioni semantiche, cioè le varie accezioni o significati fondamentali. Tali significati fondamentali sono contraddistinti da cifre arabe poste a segnare l'inizio della loro trattazione; gli equivalenti suggeriti sono di solito preceduti da una concisa spiegazione in italiano (fra parentesi) e seguiti dalla fraseologia esemplificativa. Le abbreviazioni delle varie categorie grammaticali di una stessa voce sono precedute da una lettera dell'alfabeto in neretto (***A***, ***B***, ***C***, ecc.) al fine di facilitare la ricerca. La parte conclusiva della voce, preceduta da un dischetto nero (●), elenca le locuzioni speciali, le frasi idiomatiche, i tecnicismi e (nella sezione inglese-italiano) le parole composte meno frequenti (quelle d'uso comune sono lemmatizzate). In entrambe le sezioni del dizionario le frasi esplicative ed anche, nella parte finale della voce, le locuzioni speciali, le frasi idiomatiche e i tecnicismi sono separati da un quadratino (□).

Nella sezione italiano-inglese sono segnalati da un asterisco (*), che serve di rimando alla sezione inglese-italiano, sia i sostantivi con plurale «irregolare» sia l'infinito dei verbi «irregolari» (salvo *to be* e *to have*, troppo spesso ricorrenti) dati come traducenti del vocabolo italiano. Non sono però segnalati né i sostantivi ed i verbi che terminano in sibilante (*-s*, *-ss*,

-sh, *-ch*, *-x* o *-z*), i quali ricorrono alla desinenza *-es* anziché alla semplice *-s* (ad esempio: *a kiss*, *kisses*; *a church*, *churches*; *to teach*, *he teaches*), né la variazione ortografica nelle parole che terminano in *-y* (la *y* si trasforma in *ie* se è preceduta da consonante, mentre rimane invariata se è preceduta da vocale; ad esempio: *a lady*, *ladies*; *to study*, *he studies*, *they studied*; *a boy*, *boys*; *to play*, *she plays*, *we played*).

Nella sezione inglese-italiano, i **verbi seguiti da particella avverbiale** (o verbi composti veri e propri) sono stati trattati parallelamente a quelli che reggono le varie preposizioni, unificando i due gruppi in un gruppo solo (sotto la denominazione di «verbi composti»), che è preceduto da una lettera dell'alfabeto in neretto come le diverse categorie grammaticali.

La trascrizione fonematica. Al fine di suggerire la pronuncia comunemente accettata dei vocaboli inglesi, è data a fianco di ciascun lemma, fra parentesi quadre, la sua trascrizione fonematica mediante i simboli dell'Associazione Fonetica Internazionale, lievemente modificati per ottenerne la semplificazione (si veda la tabella dei simboli fonetici e dei segni diacritici a pag. VIII). L'**accento tonico** è segnato con un accento alto posto davanti alla sillaba su cui cade, salvo ovviamente nel caso dei monosillabi.

Un trattamento particolare, sotto il profilo fonetico, è stato riservato a un ristretto gruppo di voci. Si tratta di parole di frequentissimo uso le cui **forme «deboli»** (quelle, cioè, che ricorrono nel discorso normale) sono assai più frequenti delle **forme «forti»** (quelle che invece si sentono quando queste parole sono pronunciate a sé stanti, fuori d'un contesto, oppure in tono enfatico). Le trascrizioni fonetiche, in questi casi, sono due o più di due: dalla forma «forte» a quella più «debole» (ad esempio: *must* [mʌst, məst]).

Per la sezione italiano-inglese, si è curata l'indicazione ortofonica mediante l'accentazione, in carattere chiaro, di tutte le parole non piane (e di quelle, anche se piane, con l'accento su un dittongo), nonché la segnalazione del suono aperto o chiuso delle vocali (accento grave o acuto sulle «e» e sulle «o» toniche). Un accento in carattere scuro è posto sulle parole che lo richiedono per convenzione ortografica (ad esempio: caffè, martedì, ventitré, sé). La sonorità della *s* e della *z* è segnalata mediante un puntino posto sotto queste lettere (ad esempio: rappreṣentare, raẓẓo, ṣlitta).

Nella sezione inglese-italiano, i sostantivi sono per lo più seguiti, dopo l'indicazione della categoria grammaticale (ma immediatamente dopo il numero se vi sono più accezioni), da uno dei due segni Ⓒ o Ⓤ e talvolta da entrambi, facendo precedere l'un segno o l'altro a seconda della frequenza. Il segno potrà variare a seconda dell'accezione del vocabolo. Il segno Ⓒ sta per **countable**, cioè «numerabile»; il segno Ⓤ, per **uncountable**, cioè «non numerabile». Tale indicazione risulterà utilissima poiché in base ad essa, si potrà stabilire l'uso corretto dell'articolo. Un nome «numerabile» (che può, cioè, essere preceduto da un aggettivo numerale) al singolare sarà sempre preceduto dall'articolo (determinativo o indeterminativo a seconda dei casi), mentre al plurale non richiederà l'articolo se adoperato in senso generale e lo richiederà, invece, se adoperato in senso particolare. Ad esempio: *dog* (cane) è un nome numerabile. Si osservi l'uso dell'articolo nelle seguenti frasi: *A dog barks*; *A dog is barking*; *The dog is barking*; *Dogs bark*; *The dogs are barking*. Un nome «non numerabile» (che non può, cioè, essere preceduto da un aggettivo numerale) non sarà mai preceduto dall'articolo indeterminativo e non potrà avere, se non eccezionalmente, la forma plurale. Ad esempio: *patience* (pazienza) è un nome non numerabile. Si osservi: *Patience is a virtue*, ma *His behaviour would try the patience of Job*. Nell'esemplificazione dei nomi «numerabili» questi figurano con l'articolo indeterminativo.

Le appendici. Il dizionario è corredato di varie appendici. Nelle appendici, poste al termine della sezione inglese-italiano, sono elencati: nomi di persona, cognomi, nomi geografici, sigle e abbreviazioni, misure e pesi, il sistema monetario inglese e americano, verbi irregolari e proverbi. Quelle che chiudono la sezione italiano-inglese, contengono elenchi di: nomi di persona, nomi geografici, sigle e abbreviazioni, verbi irregolari e proverbi.

ABBREVIAZIONI E SEGNI CONVENZIONALI

a. = aggettivo, aggettivi
abbr. = abbreviazione; abbreviato
accr. = accrescitivo
aeron. = aeronautica
afferm. = affermativo; affermazione
agg. = aggettivo *(all'interno di una frase)*
agric. = agricoltura
anat. = anatomia
anglo-ind. = angloindiano
arc. = arcaico; arcaismo
archeol. = archeologia
archit. = architettura
art. = articolo; articolato
A.-S. = anglosassone
ass. = assicurazioni
astron. = astronomia
att. = attributo; attributivo
autom. = automobilismo
avv. = avverbio; avverbiale

biol. = biologia
Borsa = Borsa Valori
bot. = botanica
bur. = burocratico

card. = cardinale
cfr. = confronta
chim. = chimica
cinem. = cinematografia
collett. = collettivo
comm. = commercio; commerciale
compar. = comparativo
compl. = complemento
condiz. = condizionale
cong. = congiunzione
congiunt. = congiuntivo
contraz. = contrazione
costr. = costruzioni

def. = definizione; definito
deriv. = derivato, derivati
determ. = determinativo
dial. = dialettale
difett. = difettivo
dim. = diminutivo
dubit. = dubitativo

ecc. = eccetera
econ. = economia, economico; finanza, finanziario
edil. = edilizia
elab. = elaborazione automatica dei dati
elettr. = elettricità
elettron. = elettronica
enf. = enfatico
es. = esempio
escl. = esclamazione; esclamativo
espress. = espressione
estens. = estensione
etc. = et cetera

f. = femminile; sostantivo femminile
fam. = familiare
farm. = farmacia
femm. = femminile *(all'interno del discorso)*
ferr. = ferrovia
fig. = figurato
filol. = filologia
filos. = filosofia
fin. = finanza; finanziario
fis. = fisica
fon. = fonetica
fotogr. = fotografia
f. pl. = sostantivo femminile plurale
franc. = francese; francesismo, gallicismo

G.B. = Gran Bretagna.
generalm. = generalmente
geogr. = geografia
geol. = geologia
geom. = geometria
gramm. = grammatica

idiom. = idiomatico
imper. = imperativo
impers. = impersonale
ind. = industria
indecl. = indeclinabile
indef. = indefinito
indeterm. = indeterminativo
indic. = indicativo
indir. = indiretto
inf. = infinito
infant. = infantile
ing. = ingegneria
ingl. = inglese; anglismo
inter. = interiezione
interr. = interrogativo
invar. = invariato; invariabile
irl. = irlandese
iron. = ironico
irr. = irregolare
ital. = italiano

lat. = latino; latinismo
leg. = legale; diritto
lett. = letterario
letter. = letteratura
letteralm. = letteralmente
locuz. = locuzione

m. = maschile; sostantivo maschile
masch. = maschile *(all'interno del discorso)*
mat. = matematica
mecc. = meccanica applicata; meccanica industriale
med. = medicina
merid. = meridionale
metall. = metallurgia
mil. = militare
min. = minerario
miner. = mineralogia
miss. = missilistica; astronautica
mitol. = mitologia
m. pl. = sostantivo maschile plurale
mus. = musica; musicale

n. = nome, nomi
naut. = nautica; nautico
neg. = negativo; negazione
neol. = neologismo
n. pl. = nome plurale
n. pr. = nome proprio
nucl. = nucleare
num. = numerale

ogg. = oggetto
oland. = olandese
ord. = ordinale
origin. = originariamente

part. = participio
pass. = passato
pers. = persona; personale
pitt. = pittura
pl. = plurale
poet. = poetico
polit. = politica
pop. = popolare
poss. = possessivo
p.p. = participio passato
p.pr. = participio presente
pred. = predicato; predicativo
pref. = prefisso
prep. = preposizione
pres. = presente
pron. = pronome; pronominale
prov. = proverbio; proverbiale
psic. = psicologia

q. = qualcuno
q.c. = qualcosa

radio = radiofonia
rag. = ragioneria
recipr. = reciproco
relat. = relativo
relig. = religione; religioso
retor. = retorica; retorico
rif. = riferito
rifl. = riflessivo

sb. = somebody
scherz. = scherzoso
scient. = scienza; scientifico
scozz. = scozzese
scult. = scultura
sett. = settentrionale
sim. = simile, simili
sing. = singolare
sogg. = soggetto
sost. = sostantivo
spagn. = spagnolo
specialm. = specialmente
spreg. = spregiativo
st. = something
stat. = statistica
stor. = storia; storico
suff. = suffisso
superl. = superlativo

teatr. = teatro; teatrale
tecn. = tecnologia
ted. = tedesco
tel. = telefonia; telegrafia
telev. = televisione
tipogr. = tipografia
tosc. = toscano

us. = usato
USA = America; americano; americanismo

v. = verbo, verbi
V. = vedi
verb. = verbale
vet. = veterinaria
vezzegg. = vezzeggiativo
v.i. = verbo intransitivo
vocat. = vocativo
volg. = volgare
v. rifl. = verbo riflessivo
v. t. = verbo transitivo

zool. = zoologia

●, □ : il significato di questi segni convenzionali è spiegato nelle *Avvertenze* a pag. IV e nella *Guida grafica alla consultazione* a pag. IX.

★ : il diverso impiego di questo segno convenzionale nelle due sezioni del dizionario è segnalato nelle *Avvertenze* a pag. IV, nella tavola dei *Simboli fonetici e segni diacritici* a pag. VIII e nella *Guida grafica alla consultazione* a pag. IX.

🄲, 🅄 : il significato di queste indicazioni è chiarito nelle *Avvertenze* a pag. V e nella *Guida grafica alla consultazione* a pag. IX.

SIMBOLI FONETICI E SEGNI DIACRITICI USATI NELLE TRASCRIZIONI DELLA SEZIONE INGLESE-ITALIANO

SIMBOLI

(vocali)			
i:	bee [bi:]	he [hi:]	please [pli:z]
i	it [it]	is [iz]	pig [pig]
e	bed [bed]	hen [hen]	pen [pen]
æ	and [ænd]	cat [kæt]	hat [hæt]
a:	car [ka:★]	large [la:dʒ]	park [pa:k]
ɔ	box [bɔks]	clock [klɔk]	dog [dɔg]
ɔ:	ball [bɔ:l]	fork [fɔ:k]	horse [hɔ:s]
u	book [buk]	foot [fut]	full [ful]
u:	blue [blu:]	goose [gu:s]	fool [fu:l]
ʌ	cup [kʌp]	duck [dʌk]	nut [nʌt]
ə:	bird [bə:d]	girl [gə:l]	word [wə:d]
ə	a [ə]	mother ['mʌðə★]	Saturday ['sætedi]
(dittonghi)			
ei	name [neim]	plate [pleit]	train [trein]
ou	boat [bout]	go [gou]	goat [gout]
ai	eye [ai]	five [faiv]	fly [flai]
au	cow [kau]	how [hau]	mouse [maus]
ɔi	boy [bɔi]	noise [nɔiz]	oil [ɔil]
iə	dear [diə★]	ear [iə★]	here [hiə★]
ɛə	care [kɛə★]	chair [tʃɛə★]	there [ðɛə★]
uə	boor [buə★]	moor [muə★]	poor [puə★]
(semivocali)			
w	win [win]	wind [wind]	woman ['wumən]
j	year [jiə★]	yes [jes]	yellow ['jelou]
(consonanti)			
p	pen [pen]	pencil ['pensl]	stop [stɔp]
b	boat [bout]	book [buk]	husband ['hʌzbənd]
t	table ['teibl]	tree [tri:]	pot [pɔt]
d	day [dei]	dog [dɔg]	kind [kaind]
k	car [ka:★]	black [blæk]	cat [kæt]
g	girl [gə:l]	go [gou]	egg [eg]
f	fish [fiʃ]	floor [flɔ:★]	off [ɔ:f]
v	veil [veil]	very ['veri]	seven ['sevn]
θ	thank [θæŋk]	thick [θik]	mouth [mauθ]
ð	that [ðæt]	this [ðis]	with [wið]
s	sit [sit]	sun [sʌn]	stone [stoun]
z	zoo [zu:]	noise [nɔiz]	pens [penz]
ʃ	ship [ʃip]	shirt [ʃə:t]	fish [fiʃ]
ʒ	leisure ['leʒə★]	measure ['meʒə★]	pleasure ['pleʒə★]
tʃ	chain [tʃein]	chair [tʃɛə★]	chin [tʃin]
dʒ	jewel ['dʒu:əl]	jug [dʒʌg]	age [eidʒ]
h	hand [hænd]	head [hed]	hammer ['hæmə★]
m	man [mæn]	match [mætʃ]	him [him]
n	nail [neil]	name [neim]	pen [pen]
ŋ	king [kiŋ]	ring [riŋ]	sing [siŋ]
r	rat [ræt]	room [ru:m]	very ['veri]
l	leaf [li:f]	leg [leg]	full [ful]
x (1)	loch [lɔx]	och [ɔx]	Buchan ['bʌxən]

(1) Questo suono si trova nelle parole gaeliche (irlandesi e scozzesi).

SEGNI

' (*accento alto*): è l'accento tonico principale, e viene collocato prima della sillaba su cui cade;

ˌ (*accento basso*): è l'accento tonico secondario, e viene collocato prima della sillaba su cui cade;

: (*due punti*): posti dopo il simbolo d'una vocale, indicano che essa è lunga;

(:) (*due punti fra parentesi*): l'allungamento della vocale è opzionale;

★ (*asterisco*): posto in fine di parola, denota la presenza di una « r » di collegamento;

- (*lineetta*): segna uno stacco fra due simboli fonetici di una trascrizione;

˘ (*segno di breve*): posto sul simbolo d'una vocale in un dittongo, indica che essa è più breve dell'altra;

ˌ (*apice*): posto sotto una consonante (l, n), ne denota il valore sillabico (l̩, n̩);

˜ (*tilde*): posto sopra una vocale, ne indica il suono nasale (I suoni nasali ricorrono soltanto in parole d'origine francese).

N.B. Le lettere scritte in corsivo si riferiscono a un suono opzionale, che può essere pronunciato od omesso.

GUIDA GRAFICA ALLA CONSULTAZIONE

lemma — traducente

to **acclaim** [ə'kleim] *v. t.* **acclamare.**

categoria grammaticale — indicazione di appartenenza a linguaggio specialistico

accommodation [ə,kɔmə'deiʃən] *n.* [U] ***1*** **alloggio *2* adattamento *3*** (anche [C], specialm. *comm.*) **accordo *4* compiacenza; arrendevolezza** ● *(comm.) a. bill,* cambiale di favore.

voce — fraseologia esplicativa

accompaniment [ə'kʌmpənimənt] *n.* [C] ***1*** **cosa che si accompagna (a):** *Famine is often an a. of war,* la carestia s'accompagna spesso alla guerra ***2*** *(mus.)* **accompagnamento.**

trascrizione fonematica — nome non numerabile

accomplishment [ə'kɔmpliʃmənt] *n.* ***1*** [U] **compimento; completamento *2*** [C] **opera bene compiuta *3*** [C] **qualità; dote.**

nome numerabile — indicazione di frasi esplicative e idiomatiche — indicazione di locuzioni speciali

accord [ə'kɔ:d] *n.* [C] **accordo; trattato** (fra nazioni) ● *in a. with,* in conformità con □ *of one's own a.*, di propria iniziativa; spontaneamente □ *with one a.*, di comune accordo; all'unanimità.

nomi omografi — verbi omografi — numeri indicanti le diverse accezioni — lettere indicanti le diverse categorie grammaticali

(1) bang [bæŋ] *n.* [C] ***1*** **botta; urto violento *2* rumore forte e improvviso; scoppio; colpo** (di arma da fuoco).

(1) to **bang** [bæŋ] ***A*** *v. t.* ***1*** **colpire; battere violentemente *2* sbattere** (con violenza): *to b. a door,* sbattere una porta ***B*** *v. i.* ***1*** **scoppiare; esplodere *2* sbattere** ● *(fin.) to b. the market,* far crollare il mercato (con un forte ribasso dei prezzi) □ *to b. on the door,* bussare forte alla porta □ *(fam.) to b. out,* battere a macchina velocemente; sonare a tutto volume □ *(fam.) to b. up,* guastare; scassare *(fam.)*.

(2) bang [bæŋ] ***A*** *avv. (pop.)* **dritto; proprio:** *to hit sb. b. in the eye,* colpire q. dritto in un occhio ***B*** *inter.* **bum!:** *to go bang,* fare bum.

(3) bang [bæŋ] *n.* [C] **frangia di capelli** (sulla fronte).

(2) to **bang** [bæŋ] *v. t.* **tagliare** (i capelli) **a frangetta.**

rinvio

banyan ['bænjən] *V.* **banian.**

variante di forma del lemma

bandit ['bændit], **banditto** [bæn'ditou] *n.* (*pl.* **bandits** ['bændits], **banditti** [bæn'diti(:)]) **bandito; brigante.**

spiegazione del traducente

studding-sail ['stʌdiŋseil] *n.* [C] *(naut.)* **coltellaccio** (vela).

declinazione o coniugazione irregolare

alga *f. (bot.)* **alga*; seaweed.**

accezioni del vocabolo

(1) alimentare *A* *v. t.* ***1*** **to nourish; to feed* *2*** (*fig.:* il fuoco) **to add fuel to *3*** (*fig.:* rinfocolare) **to nourish; to foment *4*** (*fig.:* una caldaia, ecc.) **to stoke *B* alimentarsi** *v. rifl.* **to feed*** (on).

(2) alimentare *a.* **alimentary** ● *generi alimentari,* foodstuffs.

indicazione di reggenza

ṣvuotare *v. t.* ***1*** **to empty (out); to clear out *2*** *(fig.)* **to deprive** (of).

SOMMARIO

inglese • italiano

A

A, a [ei, ə] *n.* (*pl.* **A's, a's; As, as** [eiz]) **1** A, a: *from A to Z,* dall'a alla z **2** *(mus.)* **la** ● *(tel.) a for Andrew,* a come Ancona □ *(scol.) A level,* esame a livello superiore □ *A-one* (o *A 1*), *(naut.,* nella classificazione delle navi nel Registro del Lloyd di Londra*)* di prima classe; *(fam.)* ottimo, eccellente □ *to feel A 1,* sentirsi in perfetta forma.

a [ei, ə], **an** [æn, ən] *art. indeterminativo (***an** *è us. davanti a parola con suono iniziale vocalico)* **1** *(generalm.)* **un, uno, una**: *I see a boy, an ass and a horse,* vedo un ragazzo, un asino e un cavallo **2 il, lo, la**: *A horse is an animal,* il cavallo è un animale **3 al, allo, alla** *(nel senso di* ogni*)*; **per**: *It costs tenpence a pound,* costa dieci « pence » alla libbra **4 medesimo; stesso**: *to be of an age,* essere della stessa età **5 un certo; un tale**: *Do you know a Mr Brown?,* conosci un certo Mr Brown? **6** *(prima di* few, great many, good many, *e dopo* what *e* many, *è idiom.)*: *a few books,* alcuni libri □ *a great many friends,* moltissimi amici □ *What a shame!,* che peccato!

aardvark ['a:dva:k] *n. (zool.,* Orycteropus afer*)* **oritteropo.**

aardwolf ['a:dwulf] *n.* (*pl.* **aardwolves** ['a:dwulvz]) *(zool.,* Proteles cristatus*)* **protele.**

aback [ə'bæk] *avv.* **all'indietro** ● *to be taken a.,* essere colto alla sprovvista.

abacus ['æbəkəs] *n.* (*pl.* **abaci** ['æbəsai], **abacuses** ['æbəkəsiz]) **1 abaco, abbaco; pallottoliere 2** *(archit.)* **abaco.**

abaft [ə'ba:ft] *avv.* e *prep. (naut.)* **a poppa; verso poppa; a poppavia.**

to **abandon** [ə'bændən] **A** *v. t.* **abbandonare; lasciare**: *to a. all hope,* lasciare ogni speranza **B** to **abandon oneself (to)** *v. rifl.* **abbandonarsi** (a); **darsi** (a): *to a. oneself to despair,* abbandonarsi alla disperazione.

abandon [ə'bændən] *n.* [U] **abbandono; effusione.**

abandoned [ə'bændənd] *a.* **1 dissoluto**: *an a. woman,* una donna dissoluta **2 abbandonato; desolato**: *an a. village,* un villaggio desolato.

abandonment [ə'bændənmənt] *n.* [U] **abbandono; rinunzia** ● *(ass., naut.) notice of a.,* dichiarazione d'abbandono.

to **abase** [ə'beis] **A** *v. t.* **umiliare; degradare**: *God abases the proud,* Dio umilia i superbi **B** to **abase oneself** *v. rifl.* **umiliarsi; degradarsi.**

abasement [ə'beismənt] *n.* [U] **umiliazione; degradazione.**

to **abash** [ə'bæʃ] *v. t.* **confondere; intimidire; sconcertare.**

abashed [ə'bæʃt] *a.* **confuso; imbarazzato.**

to **abate** [ə'beit] **A** *v. t.* **1 diminuire; alleviare; lenire; ridurre**: *to a. the pain,* alleviare il dolore **2 porre fine a; eliminare 3** *(leg.)* **annullare; cassare B** *v. i.* **diminuire; calmarsi;** (di acque) **abbassarsi**: *The wind abated,* il vento si calmò.

abatement [ə'beitmənt] *n.* [U] **1 diminuzione; lenimento; riduzione 2** *(leg.)* **annullamento; cassazione** ● *Noise A. Society,* associazione per la lotta contro i rumori.

abattoir ['æbə,twa:*] *(franc.) n.* **macello; mattatoio.**

abbacy ['æbəsi] *n.* **abbazia.**

abbess ['æbis] *n.* **badessa.**

abbey ['æbi] *n.* **abbazia; badia.**

abbot ['æbət] *n.* **abate.**

to **abbreviate** [ə'bri:vieit] *v. t.* **abbreviare.**

abbreviation [ə,bri:vi'eiʃən] *n.* [U] e [C] **abbreviazione.**

ABC ['eibi:'si:] *n.* (anche *fig.*) **abbiccì.**

to **abdicate** ['æbdikeit] *v. t.* e *i.* **abdicare** (a); **rinunziare** (a).

abdication [,æbdi'keiʃən] *n.* [U] e [C] **abdicazione.**

abdomen ['æbdəmən, æb'doumən] *n. (anat.)* **addome.**

abdominal [æb'dɔminl] *a. (anat.)* **addominale.**

to **abduct** [æb'dʌkt] *v. t.* **rapire.**

abduction [æb'dʌkʃən] *n.* **1** [U] e [C] **rapimento; ratto 2** [U] *(fisiologia)* **abduzione.**

abductor [æb'dʌktə*] *n.* **1 rapitore 2** *(anat.)* **muscolo abduttore.**

abeam [ə'bi:m] *avv. (naut.)* **al traverso.**

abed [ə'bed] *avv. (lett.)* **a letto.**

abelmosk ['eibəl,mɔsk] *n. (bot.,* Hibiscus abelmoschus*)* **abelmosco.**

aberrance [æ'berəns], **aberrancy** [æ'berənsi] *n.* [U] **aberrazione; deviazione.**

aberrant [æ'berənt] *a.* **1** *(zool., bot.)* **aberrante; atipico 2 traviato.**

aberration [,æbə'reiʃən] *n.* [U] **1 aberrazione;** *(fis., astron.)* **deviazione 2 aberrazione mentale.**

to **abet** [ə'bet] *v. t.* **appoggiare; spalleggiare** (specialm. in attività criminose o illecite).

abetment [ə'betmənt] *n.* [U] **favoreggiamento; complicità.**

abetter [ə'betə*], **abettor** [ə'betə*] *n.* **favoreggiatore; complice.**

abeyance [ə'beiəns] *n.* [U] **sospensione temporanea; sospensiva** (di legge, regolamento): *This law is in* (o *has fallen into*) *a.,* questa legge è in sospensiva ● *(fig.) to be in a.,* essere messo da parte; essere lettera morta.

to **abhor** [əb'hɔ:*] *v. t.* **aborrire; detestare.**

abhorrence [əb'hɔrəns] *n.* [U] **aborrimento; avversione; ripugnanza.**

abhorrent [əb'hɔrənt] *a.* **detestabile; disgustoso; odioso; ripugnante.**

abidance [ə'baidəns] *n.* [U] **l'attenersi a** (una norma, ecc.); **osservanza.**

to **abide** [ə'baid] (*pass.* e *p.p.* **abode** [ə'boud]) *v. t.* **1** — *to a. by,* tener fede a; attenersi a; rispettare: *to a. by the law,* rispettare la legge **2** *(in frasi neg. e interr.)* **sopportare.**

abiding [ə'baidiŋ] *a. (lett.)* **persistente; costante; duraturo** ● *law-a.,* rispettoso della legge.

ability [ə'biliti] *n.* [U] e [C] **abilità; capacità** ● *a. test,* test attitudinale □ *to do st. to the best of one's a.,* fare q.c. col massimo impegno; mettercela tutta.

abject ['æbdʒekt] *a.* **1 abietto; spregevole 2 miserabile** ● *in a. poverty,* nella più nera miseria.

abjection [æb'dʒekʃən] *n.* [U] **1 abiezione 2 miseria; degradazione.**

abjuration [,æbdzuə'reiʃən] *n.* [U] e [C] **abiura.**

to **abjure** [əb'dʒuə*] *v. t.* **abiurare; ritrattare.**

ablation [æb'leiʃən] *n.* [U] e [C] *(med., geol.)* **ablazione.**

ablative ['æblətiv] *a.* e *n. (gramm.)* **ablativo.**

ablaze [ə'bleiz] *a. pred.* e *avv.* **1 in fiamme 2** *(fig.)* **infiammato; acceso 3** *(fig.)* **splendente.**

able ['eibl] *a.* **1 capace; abile**: *to be a. to do st.,* essere capace di (o sapere) fare q.c. **2 atto; idoneo.**

able-bodied ['eibl'bɔdid] *a.* **sano; fisicamente efficiente** ● *a. seaman,* marinaio scelto.

ablution [ə'blu:ʃən] *n.* [C] **abluzione.**

to **abnegate** ['æbnigeit] *v. t.* **1 negarsi** (q.c.); **rinunziare a 2 abiurare; rinnegare.**

abnegation [,æbni'geiʃən] *n.* [U] **1 rinunzia 2** (anche *self-a.*) **abnegazione.**

abnormal [æb'nɔ:məl] *a.* **anormale.**

abnormality [,æbnɔ:'mæliti] *n.* [U] e [C] **anormalità.**

abnormally [,æb'nɔ(:)məli] *avv.* **in modo anormale.**

abnormity [æb'nɔ:miti] *n.* [U] e [C] **anormalità; deformità.**

aboard [ə'bɔ:d] *(naut., aeron.)* **A** *avv.* **a bordo B** *prep.* **a bordo di** ● *to go a.,* imbarcarsi □ *to take a.,* imbarcare.

(1) abode [ə'boud] *n.* [U] e [C] *(lett.)* **dimora**: *to take up one's a.,* prendere dimora (o domicilio) ● *(leg.) place of a.,* domicilio.

(2) abode [ə'boud] *pass.* e *p.p.* di to **abide.**

to **abolish** [ə'bɔliʃ] *v. t.* **abolire.**

abolition [,æbə'liʃən] *n.* [U] **abolizione.**

abolitionism [ˌæbəˈliʃənizəm] *n.* [U] **abolizionismo.**
abolitionist [ˌæbəˈliʃənist] *n.* **abolizionista.**
abominable [əˈbɔminəbl] *a.* ***1*** **abominevole; odioso; infame *2*** *(fam.)* **pessimo; orribile**: *an a. dinner,* un pranzo pessimo.
to **abominate** [əˈbɔmineit] *v. t.* ***1*** **abominare; aborrire *2*** *(fam.)* **detestare; non poter soffrire.**
abomination [əˌbɔmiˈneiʃən] *n.* ***1*** [U] e [C] **abominazione *2*** [U] *(fam.)* **ripugnanza; disgusto** ● *to hold st. in a.,* aborrire q.c.
aboriginal [ˌæbəˈridʒənl] *a.* e *n.* **aborigeno; indigeno; originario.**
aborigine [ˌæbəˈridʒini] *n.* **aborigeno.**
to **abort** [əˈbɔːt] *v. t.* e *i.* ***1*** **abortire; far abortire *2*** *(biol.)* **atrofizzarsi; arrestarsi nello sviluppo.**
abortion [əˈbɔːʃən] *n.* [U] e [C] **aborto.**
abortionist [əˈbɔ(ː)ʃənist] *n.* ***1*** **chi procura aborti *2*** **abortista.**
abortive [əˈbɔːtiv] *a.* ***1*** *(med.)* **abortivo *2*** *(fig.)* **fallito; vano.**
aboulia [əˈbu(ː)liə] *n.* [U] *(med.)* **abulia.**
to **abound** [əˈbaund] *v. i.* ***1*** **abbondare *2*** — *to a. in,* avere in abbondanza.
(1) about [əˈbaut] *avv.* ***1*** **intorno; attorno; qua e là; in giro**: *to leave one's things lying a.,* lasciare le proprie cose in giro ***2*** **quasi; circa; press'a poco**: *to be just a. ready,* essere quasi pronto □ *It's a. two o'clock,* sono le due circa ● *to be a. to,* stare per; essere sul punto di: *He is a. to leave,* sta per partire □ *to be going a.,* correre (voce): *The news is going a. that...,* corre voce che... □ *to bring a.,* causare; far accadere □ *to come a.,* accadere □ *to order a.,* dare ordini a destra e a sinistra □ *(mil.) A. turn!,* dietro front!
(2) about [əˈbaut] *prep.* ***1*** **circa; intorno a; di**: *What do you know a. him?,* che cosa sai di lui? ***2*** **per; intorno**: *to walk a. the streets,* camminare per le strade ***3*** **addosso; con sé; in**: *I haven't any money a. me,* non ho denaro con me □ *There is something strange a. him,* c'è qualcosa di strano in lui ● *Go a. your business,* va' per i fatti tuoi □ *What a. going to the theatre?,* che ne diresti d'andare a teatro? □ *What a. him?,* e lui? (che ne è stato?; che ha detto, fatto, ecc.?) □ *What a. it?,* e allora? □ *What is it all a.?,* di che si tratta?
(1) above [əˈbʌv] *avv.* e *a.* ***1*** **sopra; lassù** (in cielo): *See the notes a.,* vedi le note sopra ***2*** **precedente; surriferito; surriportato.**
(2) above [əˈbʌv] *prep.* ***1*** **sopra** (senza contatto); **al di sopra di**: *to fly a. the clouds,* volare sopra le nuvole □ *a child a. six years of age,* un bambino sopra i sei anni ***2*** **oltre**: *a. the bridge,* oltre il ponte ***3*** **superiore** (a); **incapace** (di); **troppo difficile** (per): *to be a. any form of dishonesty,* essere incapace di qualsiasi disonestà □ *This work is a. me,* questo lavoro è troppo difficile per me ● *a. all,* più di tutto; soprattutto.
above(-)board [əˌbʌvˈbɔːd] *a. pred.* **leale; aperto.**
above-mentioned [əˌbʌvˈmenʃənd] *a.* **summenzionato; suddetto.**
to **abrade** [əˈbreid] *v. t.* **abradere; raschiare; scorticare.**
abrasion [əˈbreiʒən] *n.* [U] e [C] **abrasione; raschiatura; scorticatura.**
abrasive [əˈbreiziv] *n.* e *a.* **abrasivo.**
abreast [əˈbrest] *avv.* **fianco a fianco; affiancato**: *to advance three a.,* venire avanti affiancati per tre (o a tre a tre) ● *to keep a. of the times,* tenersi aggiornato.
to **abridge** [əˈbridʒ] *v. t.* ***1*** **abbreviare; riassumere; ridurre**: *an abridged edition,* una edizione ridotta ***2*** **circoscrivere; limitare.**
abridg(e)ment [əˈbridʒmənt] *n.* [U] e [C] ***1*** **abbreviazione; riassunto *2*** **limitazione** (di diritti, ecc.).
abroad [əˈbrɔːd] *avv.* ***1*** **all'estero *2*** *(arc.)* **fuori; all'aperto *3*** **in giro**: *There is a rumour a. that...,* c'è una voce in giro che... ● (di notizie) *to spread a.,* diffondersi in lungo e in largo.
to **abrogate** [ˈæbrougeit] *v. t.* *(leg.)* **abrogare.**
abrogation [ˌæbrouˈgeiʃən] [U] *n.* *(leg.)* **abrogazione.**
abrupt [əˈbrʌpt] *a.* ***1*** **improvviso; repentino**: *an a. death,* una morte repentina ***2*** **brusco; rude *3*** **erto; ripido *4*** **slegato; sconnesso.**
abruptly [əˈbrʌptli] *avv.* ***1*** **improvvisamente *2*** **bruscamente *3*** **a picco; ripidamente.**
abruptness [əˈbrʌptnis] *n.* [U] ***1*** **precipitazione *2*** **rudezza** (di modi, ecc.) ***3*** **ripidezza *4*** **sconnessione** (di stile, ecc.).
abscess [ˈæbsis] *n.* [C] *(med.)* **ascesso.**
abscissa [æbˈsisə] *n.* (*pl.* **abscissae** [æbˈsisiː], **abscissas** [æbˈsisəz]) *(geom.)* **ascissa.**
to **abscond** [əbˈskɔnd] *v. i.* **darsi alla latitanza; farsi uccel di bosco.**
absconder [əbˈskɔndə*] *n.* **latitante.**
absence [ˈæbsəns] *n.* ***1*** [U] e [C] **assenza *2*** [U] **mancanza**: *in the a. of evidence,* in mancanza di prove ● *a. of mind,* distrazione □ *(leg.) sentence in a.,* condanna in contumacia.
absent [ˈæbsənt] *a.* **assente** ● *a.-minded,* distratto □ *a.-mindedly,* distrattamente; con la mente altrove □ *a.-mindedness,* distrazione.
absentee [ˌæbsənˈtiː] ***A*** *n.* **assente *B*** *a.* — *an a. landlord,* un proprietario terriero che non risiede nelle sue terre.
absenteeism [ˌæbsənˈti(ː)izəm] *n.* [U] **assenteismo.**
absinth(e) [ˈæbsinθ] *n.* [U] **assenzio.**
absolute [ˈæbsəlu(ː)t] *a.* ***1*** **assoluto; completo**: *a. dark.,* buio completo ***2*** **puro**: *a. alcohol,* alcol puro ***3*** **certo; reale; indiscusso *4*** **incondizionato** ● *(leg.) a. liability,* responsabilità incondizionata □ *a. monarchy,* monarchia assoluta □ *(leg.) a. right,* diritto incontestabile □ *to be an a. fool,* essere un perfetto stupido.
absolutely [ˌæbsəˈluːtli] *avv.* ***1*** **assolutamente; completamente *2*** *(fam.)* **certamente!; sicuro!** ● *to be a. right,* avere perfettamente ragione.
absoluteness [ˌæbsəˈlu(ː)tnis] *n.* [U] **assolutezza.**
absolution [ˌæbsəˈluːʃən] *n.* [U] **assoluzione.**
absolutism [ˈæbsəluːˌtizəm] *n.* [U] **assolutismo; despotismo.**
absolutist [ˈæbsəluːˌtist] ***A*** *n.* [C] **assolutista *B*** *a.* **assolutistico.**
to **absolve** [əbˈzɔlv] *v. t.* ***1*** **assolvere *2*** **sciogliere** (da una promessa); **liberare** (da un obbligo).
to **absorb** [əbˈsɔːb] *v. t.* **assorbire; assimilare.**
absorbed [əbˈsɔ(ː)bd] *a. pred.* *(fig.)* **assorto; immerso.**
absorbent [əbˈsɔ(ː)bənt] *a.* e *n.* [C] **assorbente.**
absorbing [əbˈsɔ(ː)biŋ] *a.* ***1*** **assorbente *2*** **avvincente; molto interessante**: *an a. subject,* un argomento molto interessante.
absorption [əbˈsɔːpʃən] *n.* [U] ***1*** **assorbimento; assimilazione *2*** **profondo interesse; dedizione.**
to **abstain** [əbˈstein] *v. i.* **astenersi** (da q.c.).
abstainer [əbˈsteinə*] *n.* **astemio** ● *total a.,* persona che si astiene da ogni sorta di bevande alcoliche.
abstemious [æbˈstiːmjəs] *a.* ***1*** **astemio *2*** **sobrio; temperante.**
abstemiousness [æbˈsti(ː)mjəsnis] *n.* [U] **sobrietà; temperanza.**
abstention [æbˈstenʃən] *n.* [U] e [C] **astensione** (particolarmente dal voto).
abstergent [əbˈstəːdʒənt] *a.* e *n.* [C] **astergente; detergente.**
abstinence [ˈæbstinəns] *n.* [U] **astinenza; continenza**: *total a.,* astinenza completa (dalle bevande alcoliche).
abstinent [ˈæbstinənt] *a.* **astinente; sobrio.**
(1) abstract [ˈæbstrækt] *a.* ***1*** **astratto**: *an a. noun,* un nome astratto ***2*** **astruso** ● *in the a.,* in astratto.
(2) abstract [ˈæbstrækt] *n.* [C] ***1*** **riassunto; sommario *2*** *(leg.)* **estratto** ● *(banca) a. of account,* estratto (di) conto.
to **abstract** [æbˈstrækt] *v. t.* ***1*** *(chim.)* **estrarre; ricavare *2*** **sottrarre; portar via di nascosto *3*** **astrarre.**
abstraction [æbˈstrækʃən] *n.* [U] ***1*** *(chim.)* **estrazione *2*** **sottrazione** (di denaro) ***3*** (anche [C]) **astrazione *4*** **distrazione.**
abstractionism [æbˈstrækʃənizəm] *n.* [U] *(arte)* **astrattismo.**
abstractionist [æbˈstrækʃənist] *n.* e *a.* *(arte)* **astrattista.**
abstruse [æbˈstruːs] *a.* **astruso; oscuro; recondi-**

to.
absurd [əb'sə:d] **A** *a.* **1 assurdo; irragionevole 2 ridicolo B** *n.* **(l')assurdo** • *dramatists of the A.*, drammaturghi dell'Assurdo □ *Theatre of the A.*, Teatro dell'Assurdo.
absurdity [əb'sə(:)diti] *n.* [U] e [C] **1 assurdità 2 ridicolaggine.**
abundance [ə'bʌndəns] *n.* **1** [U] **abbondanza**: *to live in a.*, vivere nell'abbondanza **2** *(con l'art. indeterm.)* **buon numero; quantità**: *an a. of good things*, una quantità di cose buone.
abundant [ə'bʌndənt] *a.* **abbondante** • *a. in st.*, ricco di q.c.
to **abuse** [ə'bju:z] *v. t.* **1 abusare di; fare cattivo uso di** (q.c.) **2 ingiuriare; insultare.**
abuse [ə'bju:s] *n.* **1** [U] e [C] **abuso; cattivo uso 2** [U] **ingiurie; insulti 3** [C] **pratica illecita.**
abusive [ə'bju:siv] *a.* **offensivo; ingiurioso.**
to **abut (on)** [ə'bʌt] *v. i.* **1 fare capo** (a); **confinare** (con) **2** *(archit.)* **appoggiarsi; poggiare.**
abutment [ə'bʌtmənt] *n.* [C] *(archit.)* **spalla.**
abysm [ə'bizəm] *n.* *(poet.)* **abisso.**
abysmal [ə'bizməl] *a.* **abissale** (anche *fig.*): *a. ignorance*, ignoranza abissale.
abyss [ə'bis] *n.* [C] **abisso** • *(fig.) in the a. of despair*, nella più profonda disperazione.
abyssal [ə'bisəl] *a.* **abissale.**
acacia [ə'keiʃə] *n.* **1** *(bot.*, Acacia*)* **acacia 2** (anche *gum a.*) **gomma arabica.**
academese [əˌkædə'mi:z] *n.* [U] **linguaggio accademico.**
academic(al) [ˌækə'demik(əl)] *a.* **accademico.**
academician [əˌkædə'miʃən] *n.* **accademico.**
academicism [ˌækə'demisizəm], **academism** [ə'kædəmizəm] *n.* [U] **accademismo.**
academy [ə'kædəmi] *n.* **1 accademia 2 scuola privata** (a carattere aristocratico) • *a. of music*, conservatorio.
acanthus [ə'kænθəs] *n.* *(archit.; bot.*, Acanthus*)* **acanto.**
to **accede (to)** [æk'si:d] *v. i.* **1 accedere** (a); **acconsentire** (a) **2 assumere** (una carica) **3 aderire** (a) • *to a. to the throne*, salire al trono.
to **accelerate** [æk'seləreit] *v. t.* e *i.* **accelerare.**
acceleration [ækˌselə'reiʃən] *n.* [U] **accelerazione.**
accelerator [æk'seləreitə*] *n.* *(econ., chim., mecc.)* **acceleratore.**
accent ['æksənt] *n.* [C] **accento; tono.**
to **accent** [æk'sent] *v. t.* **1 accentare 2** *(fig.)* **accentuare; mettere in evidenza; sottolineare.**
to **accentuate** [æk'sentjueit] *v. t.* **1 accentuare; dare risalto a; sottolineare 2** *(fon.)* **accentare.**
accentuation [ækˌsentju'eiʃən] *n.* [U] e [C] **accentuazione;** *(fig.)* **enfasi.**
to **accept** [ək'sept] *v. t.* **1 accettare; accogliere**: *to a. an invitation*, accettare un invito **2 accettare; tenere per buono.**
acceptable [ək'septəbl] *a.* **accettabile; soddisfacente.**
acceptance [ək'septəns] *n.* [U] **1 accettazione; accoglienza**: *in case of non-a.*, in caso di mancata accettazione **2 approvazione**: *to meet with general a.*, avere l'approvazione di tutti.
acceptation [ˌæksep'teiʃən] *n.* [C] **accezione; significato.**
acceptor [ək'septə*] *n.* *(comm.)* **accettante.**
access ['ækses] *n.* **1** [U] **accesso; adito 2** *(con l'art. indeterm.)* **attacco**: *an a. of fever*, un attacco di febbre □ *in an a. of anger*, in un accesso di rabbia • *(autom.) a. road*, raccordo autostradale □ *(elab.) a. time*, tempo di accesso.
accessary [æk'sesəri] *V.* **accessory.**
accessible [æk'sesəbl] *a.* **1 accessibile; raggiungibile 2 aperto** (a); **capace** (di).
accession [æk'seʃən] *n.* **1** [U] **entrata** (in carica); **ascesa** (al trono) **2** [U] **adesione** (a un partito) **3** [U] e [C] **accessione; acquisto.**
accessory [æk'sesəri] *a.* e *n.* [C] **1 accessorio**: *the accessories of a motor-car*, gli accessori di un'automobile **2** *(leg.)* **complice.**
accidence ['æksidəns] *n.* [U] *(gramm.)* **morfologia; flessione.**
accident ['æksidənt] *n.* **incidente**: *a railway a.*, un incidente ferroviario • *a. insurance*, assicurazione contro gli infortuni □ *by a.*, accidentalmente; per caso.
accidental [ˌæksi'dentl] **A** *a.* **1 accidentale; fortuito 2 secondario B** *n. (mus.)* **accidente.**
acclaim [ə'kleim] *n.* [U] **acclamazione; applauso.**
to **acclaim** [ə'kleim] *v. t.* **acclamare.**
acclamation [ˌæklə'meiʃən] *n.* [U] e [C] **acclamazione.**
acclimatization [əˌklaimətai'zeiʃən] *n.* [U] **acclimazione; acclimatazione.**
to **acclimatize** [ə'klaimətaiz] *v. t.* e *i.* **acclimare, acclimarsi; acclimatare, acclimatarsi.**
acclivity [ə'kliviti] *n.* [C] **pendio; erta; salita.**
to **accommodate** [ə'kɔmədeit] *v. t.* **1 alloggiare; ospitare 2 adattare**: *to a. oneself to*, adattarsi a; conformarsi a **3 fornire; favorire 4 conciliare; comporre**: *to a. a quarrel*, comporre una lite.
accommodating [ə'kɔmədeitiŋ] *a.* **accomodante; compiacente.**
accommodation [əˌkɔmə'deiʃən] *n.* [U] **1 alloggio 2 adattamento 3** (anche [C], specialm. *comm.*) **accordo 4 compiacenza; arrendevolezza** • *(comm.) a. bill*, cambiale di favore.
accompaniment [ə'kʌmpənimənt] *n.* [C] **1 cosa che si accompagna** (a): *Famine is often an a. of war*, la carestia s'accompagna spesso alla guerra **2** *(mus.)* **accompagnamento.**
accompanist [ə'kʌmpənist] *n.* *(mus.)* **accompagnatore.**
to **accompany** [ə'kʌmpəni] *v. t.* **1** (anche *mus.*) **accompagnare 2 scortare.**
accomplice [ə'kɔmplis] *n.* *(leg.)* **complice.**
to **accomplish** [ə'kɔmpliʃ] *v. t.* **1 compiere; completare; portare a termine**: *to a. a task*, portare a termine un compito.
accomplished [ə'kɔmpliʃt] *a.* **1 compiuto**: *an a. fact*, un fatto compiuto **2 compìto; bene educato; istruito.**
accomplishment [ə'kɔmpliʃmənt] *n.* **1** [U] **compimento; completamento 2** [C] **opera bene compiuta 3** [C] **qualità; dote.**
accord [ə'kɔ:d] *n.* [C] **accordo; trattato** (fra nazioni) • *in a. with*, in conformità con □ *of one's own a.*, di propria iniziativa; spontaneamente □ *with one a.*, di comune accordo; all'unanimità.
to **accord** [ə'kɔ:d] **A** *v. t.* **1 accordare; concedere 2 conciliare; mettere d'accordo B** *v. i.* **accordarsi; concordare**: *That does not accord with what you said before*, ciò non concorda con quanto hai detto prima.
accordance [ə'kɔ:dəns] *n.* [U] **concordanza; armonia** • *in a. with*, in conformità con; secondo: *in a. with custom*, secondo la consuetudine.
accordant [ə'kɔ:dənt] *a.* **che s'accorda** (con); **conforme** (a); **concordante.**
according as [ə'kɔ:diŋ'æz] *cong.*, secondo che.
according to [ə'kɔ:diŋ'tu:] *prep.* **1 secondo; in base all'autorità di**: *a. to the Bible*, secondo la Bibbia **2 secondo; in conformità con**: *a. to what we decided*, secondo quanto abbiamo stabilito **3 secondo; in proporzione di**: *a. to the quality of your work*, secondo la qualità del tuo lavoro.
accordingly [ə'kɔ:diŋli] *avv.* **in conformità; di conseguenza.**
accordion [ə'kɔ:djən] *n.* *(mus.)* **fisarmonica.**
accordionist [ə'kɔ:djənist] *n.* *(mus.)* **fisarmonicista.**
to **accost** [ə'kɔst] *v. t.* **avvicinare; abbordare** (per strada).
accouchement [ə'ku:ʃmənt] *(franc.)* *n.* [C] **parto; degenza per parto.**
account [ə'kaunt] *n.* **1** [C] (anche *comm.*) **conto; acconto**: *a current a.*, un conto corrente □ *to open an a.*, aprire un conto □ *to settle an a.*, saldare un conto □ *to square accounts with sb.*, sistemare i conti con q. **2** [C] **descrizione; relazione; storia**: *to give an a. of st.*, fare una descrizione di q.c. **3** [U] **ragione; causa; motivo**: *on*

no a., per nessun motivo □ *on a. of*, a causa di **4** [U] **conto; profitto; vantaggio; tornaconto**: *on a. of*, per conto di □ *on one's own a.*, per conto proprio; a proprio vantaggio □ *to find one's a. in*, trovare il proprio tornaconto in **5** [U] **importanza; valore; considerazione**: *to make little a. of*, dare poca importanza a □ *to take into a.*, prendere in considerazione; tener conto di □ *to hold in some (no) account*, tenere in qualche (in nessun) conto ● *(comm.) a. books*, libri dei conti □ *by all accounts*, a detta di tutti □ *on all accounts*, sotto ogni aspetto □ *to bring* (o *to call) to a.*, chiamare alla resa dei conti □ *to give a good a. of oneself*, farsi onore.

to **account** [ə'kaunt] *v. t.* e *i.* **1 reputare; considerare 2** — *to a. for*, rendere conto di; spiegare **3** — *to a. for*, dar conto di; giustificare **4** — *to a. for*, distruggere; spacciare **5** — *to a. for*, scontare; pagare.

accountability [əˌkauntə'biliti] *n.* [U] **responsabilità.**

accountable [ə'kauntəbl] *a.* **responsabile.**

accountancy [ə'kauntənsi] *n.* [U] **ragioneria; contabilità.**

accountant [ə'kauntənt] *n.* **ragioniere; contabile**: *a chartered a. (USA: a certified public a.)*, un ragioniere iscritto all'albo.

accounting [ə'kauntiŋ] *n.* **contabilità; ragioneria** ● *There's no a. for his behaviour*, il suo comportamento è inspiegabile.

accoutrements [ə'ku:təmənts] *n. pl. (mil.)* **equipaggiamento.**

to **accredit** [ə'kredit] *v. t.* **1 accreditare; registrare a credito 2 fornire di credenziali.**

accreditation [əˌkredi'teiʃən] *n.* [U] **accreditamento.**

accredited [ə'kreditid] *a.* **1 accreditato 2 tenuto per vero.**

to **accrete** [ə'kri(:)t] *v. i.* **concrescere; crescere insieme; aderire.**

accretion [ə'kri:ʃən] *n.* **1** [U] **concrescenza 2** [C] **aggiunta; aumento.**

to **accrue** [ə'kru:] *v. i.* **1 provenire; derivare 2** *(fin.)* **maturare**: *accrued interest*, interessi maturati.

acculturation [əˌkʌltʃə'reiʃən] *n.* [U] **acculturazione.**

to **accumulate** [ə'kju:mjuleit] *v. t.* e *i.* **accumulare, accumularsi; ammassare, ammassarsi** ● *(fin.) accumulated profit*, utile reinvestito.

accumulation [əˌkju:mju'leiʃən] *n.* **1** [U] **accumulazione 2** [C] **cumulo; mucchio.**

accumulative [ə'kju:mjulətiv] *a.* **cumulativo.**

accumulator [ə'kju:mju,leitə*] *n.* [C] **1 accumulatore; accaparratore 2** *(fis.)* **accumulatore.**

accuracy ['ækjurəsi] *n.* [U] **accuratezza; esattezza; precisione.**

accurate ['ækjurit] *a.* **accurato; esatto; preciso.**

accursed [ə'kə:sid], **accurst** [ə'kə:st] *a.* **maledetto.**

accusable [ə'kju(:)zəbl] *a.* **accusabile.**

accusal [ə'kju(:)zəl] *n. (raro)* **accusa.**

accusation [ˌækju(:)'zeiʃən] *n.* **1** [U] **accusa 2** [C] **atto d'accusa; incriminazione** ● *to bring an a. against sb.*, accusare q.

accusative [ə'kju:zətiv] *a.* e *n. (gramm.)* **accusativo.**

to **accuse** [ə'kju:z] *v. t.* **accusare; incriminare**: *to a. sb. of st.*, accusare q. di q.c.

accused [ə'kju:zd] *n. (leg.)* **accusato.**

accuser [ə'kju:zə*] *n.* **accusatore.**

to **accustom** [ə'kʌstəm] **A** *v. t.* **abituare; avvezzare B** to **accustom oneself (to)** *v. rifl.* **abituarsi** (a): *You must a. yourself to keeping your promises*, devi abituarti a mantenere le promesse.

accustomed [ə'kʌstəmd] *a.* **1 abituato; avvezzo**: *to be a. to doing st.*, essere abituato a fare q.c. **2 abituale; solito** ● *to become* (o *to get) a. to doing st.*, abituarsi a fare q.c.

ace [eis] *n.* [C] **asso** (anche *fig.*) ● *(USA, fam.) an ace in the hole* (o *up one's sleeve)*, un asso nella manica □ *to be within an ace of*, essere sul punto di □ *to be within an ace of death*, essere in pericolo di morte.

acephalous [ə'sefələs] *a.* **acefalo.**

acerbity [ə'sə:biti] *n.* [U] **1 acerbità 2** *(fig.)* **acredine.**

acetate ['æsiteit] *n.* [C] *(chim.)* **acetato.**

acetic [ə'si:tik] *a. (chim.)* **acetico.**

to **acetify** [ə'setifai] *v. t.* e *i.* **acetificare, acetificarsi.**

acetone ['æsitoun] *n.* [U] *(chim.)* **acetone.**

acetylene [ə'setili:n] *n.* [U] *(chim.)* **acetilene.**

to **ache** [eik] *v. i.* **1 dolere; far male 2** *(fam.)* **desiderare ardentemente** ● *to a. all over*, essere tutto indolenzito.

ache [eik] *n.* [C] **dolore persistente; male.**

achievable [ə'tʃi:vəbl] *a.* **conseguibile; raggiungibile.**

to **achieve** [ə'tʃi:v] *v. t.* **1 compiere; portare a termine 2 conseguire; ottenere; raggiungere** (uno scopo).

achievement [ə'tʃi:vmənt] *n.* **1** [C] **risultato** (positivo); **conquista; impresa**: *one's scientific achievements*, le proprie conquiste scientifiche **2** [U] **compimento; conseguimento.**

achromatic [ˌækrou'mætik] *a. (fis.)* **acromatico.**

(1) acid ['æsid] *n.* [C] e [U] *(chim.)* **acido** ● *a. test*, prova dell'acidità, prova con la cartina al tornasole; *(fig.)* prova del fuoco.

(2) acid ['æsid] *a.* **1 acido; aspro, acre 2** *(fig.)* **caustico; mordace; pungente.**

acid-head ['æsid,hed] *n. (pop.)* **chi si droga con l'LSD.**

to **acidify** [ə'sidifai] *v. t.* e *i.* **acidificare, acidificarsi.**

acidity [ə'siditi] *n.* [U] **acidità.**

acidly ['æsidli] *avv.* **acidamente; in modo pungente, acre.**

to **acidulate** [ə'sidjuleit] *v. t. (chim.)* **acidulare** ● *acidulated drops*, caramelline acidule (al limone).

acidulous [ə'sidjuləs] *a.* **acidulo.**

acinus ['æsinəs] *n.* (*pl.* **acini** ['æsinai]) *(bot., anat.)* **acino.**

to **acknowledge** [ək'nɔlidʒ] *v. t.* **1 riconoscere; ammettere 2 attestare l'autenticità di**: *to a. a deed*, attestare l'autenticità di un contratto **3 ammettere; dichiarare** (di aver ricevuto q.c.) ● *(comm.) to a. receipt*, accusare ricevuta.

acknowledg(e)ment [ək'nɔlidʒmənt] *n.* [C] **1** (anche *leg.*) **riconoscimento; ammissione 2 dichiarazione** (di ricevuta); **ricevuta** ● *in a. of*, in segno di riconoscenza per.

acme ['ækmi] *n.* [U] **acme** (punto più alto); **culmine**: *the a. of one's hopes*, il culmine delle proprie speranze.

acne ['ækni] *n.* [U] *(med.)* **acne.**

acolyte ['ækəlait] *n.* **1 accolito; novizio 2 chierico.**

aconite ['ækənait] *n. (bot.,* Aconitum napellus*)* **aconito; napello.**

acorn ['eikɔ:n] *n.* **ghianda.**

acoustic [ə'ku:stik] *a.* **acustico.**

acoustician [ˌæku:s'tiʃən] *n.* **tecnico del suono.**

acoustics [ə'ku:stiks] *n. pl.* **1** (parte della fis., *col verbo al sing.)* **acustica 2** (qualità acustiche, *col verbo al pl.)* **acustica.**

to **acquaint** [ə'kweint] *v. t.* **informare; mettere al corrente; rendere edotto**: *to a. sb. with st.*, informare q. di q.c. ● *to a. oneself with*, imparare; familiarizzarsi con □ *to be acquainted with*, conoscere □ *to become acquainted with sb.*, fare la conoscenza di q.

acquaintance [ə'kweintəns] *n.* **1** [U] **conoscenza**: *to make sb.'s a.*, fare la conoscenza di q. **2** [C] **conoscente**: *to have many acquaintances but few friends*, avere molti conoscenti ma pochi amici.

acquaintanceship [ə'kweintənʃip] *n.* **1** [U] **conoscenza 2** *(collet.)* **conoscenti** *(pl.)*; **cerchia di conoscenze.**

to **acquiesce** [ˌækwi'es] *v. i.* **essere acquiescente; acconsentire** (senza grande entusiasmo); **accettare** (senza far rimostranze).

acquiescence [ˌækwi'esns] *n.* [U] (anche *leg.*) **acquiescenza; tacito consenso.**

acquiescent [ˌækwi'esnt] *a.* **acquiescente; tacitamente consenziente.**

to **acquire** [ə'kwaiə*] *v. t.* **acquisire; acquistare; procurarsi.**
acquirement [ə'kwaiəmənt] *n.* ***1*** [U] **acquisizione** (di nozioni, ecc.) ***2*** [C] **dote; qualità.**
acquisition [ˌækwi'ziʃən] *n.* ***1*** [U] **acquisizione** ***2*** [C] **acquisto**: *He is a valuable a. for the team,* egli è un buon acquisto per la squadra.
to **acquit** [ə'kwit] *v. t.* ***1*** *(leg.)* **assolvere; prosciogliere**: *to a. sb. of a crime,* prosciogliere q. dall'accusa di aver commesso un delitto ***2*** **saldare** (un debito) ***3*** **esonerare** (da un obbligo, da un dovere) ● *to a. oneself of a duty,* adempiere un dovere.
acquittal [ə'kwitl] *n.* [C] e [U] ***1*** *(leg.)* **assoluzione; proscioglimento** ***2*** **adempimento** (di un dovere) ***3*** **saldo** (di un debito).
acquittance [ə'kwitəns] *n.* [C] e [U] ***1*** **remissione; pagamento** (di un debito) ***2*** **quietanza; ricevuta.**
acre ['eikə*] *n.* **acro** (misura di superficie, pari a 4.046 mq).
acreage ['eikəridʒ] *n.* [U] **superficie** (di un terreno) **in acri.**
acrid ['ækrid] *a.* (anche *fig.*) **acre; aspro; pungente.**
acridity [æ'kriditi] *n.* [U] **acredine; asprezza.**
acrimonious [ˌækri'mounjəs] *a.* **aspro; astioso.**
acrimony ['ækriməni] *n.* [U] **acrimonia; asprezza; astiosità.**
acrobat ['ækrəbæt] *n.* **acrobata.**
acrobatic [ˌækrə'bætik] *a.* **acrobatico.**
acrobatics [ˌækrə'bætiks] *n. pl.* ***1*** **acrobazie** ***2*** *(col verbo al sing.)* **acrobatismo.**
acropolis [ə'krɔpəlis] *n.* **acropoli; cittadella.**
(1) across [ə'krɔs] *avv.* **da un lato all'altro; da una parte all'altra; in larghezza**: *The river is a mile a.,* il fiume misura un miglio in larghezza ● *to go a.,* andare (o passare) dall'altra parte.
(2) across [ə'krɔs] *prep.* ***1*** **attraverso** (nel senso della larghezza) ***2*** **dall'altra parte** (di); **oltre; di là** (di) ● *to come* (o *to run*) *a. sb.,* imbattersi in q. □ *to come a. st.,* trovare q.c. per caso □ *to run a. the street,* attraversare di corsa la strada.
acrostic [ə'krɔstik] *n.* [C] e *a.* *(poesia)* **acrostico.**
act [ækt] *n.* [C] ***1*** **atto; azione**: *in the act of doing st.,* nell'atto di fare q.c. ***2*** *(teatr.)* **atto** ***3*** **legge**: *the Abolition of Slavery Act,* la legge per l'abolizione della schiavitù ***4*** *(leg.)* **documento; atto** ***5*** *(teatr.)* **numero di varietà** ● *(leg.) Act of God,* causa di forza maggiore □ *(leg.) Act of Parliament,* provvedimento legislativo; legge □ *(leg.) in the act,* in flagrante □ *(fam.) to put on an act,* fare la commedia.
to **act** [ækt] *v. t.* e *i.* ***1*** **agire** ***2*** **comportarsi**: *to act as a fool,* comportarsi da stupido ***3*** *(mecc.)* **funzionare** ***4*** *(teatr.)* **recitare; rappresentare; fare** (una parte): *to act in the part of Hamlet,* fare la parte di Amleto ***5*** **recitare; fingere; fare la commedia**: *She is not really crying; she is only acting,* non piange sul serio; fa solo la commedia ● *to act for,* fungere da; sostituire; *(comm.)* rappresentare; agire per conto di □ *to act up to one's reputation,* comportarsi all'altezza della propria reputazione.
(1) acting ['æktiŋ] *n.* [U] *(teatr.)* **recitazione; rappresentazione** ● *a. copy,* copione.
(2) acting ['æktiŋ] *a.* **facente funzione** (di); **incaricato; reggente**: *the a. headmaster,* il preside incaricato.
actinia [æk'tinjə] *n.* (*pl.* **actiniae** [æk'tinjˌi:], **actinias**) *(zool.,* Actinia*)* **attinia; anemone di mare.**
actinic [æk'tinik] *a.* *(fis., chim.)* **attinico:** *a. light,* luce attinica.
actinism ['æktinizəm] *n.* [U] *(fis., chim.)* **attinicità.**
actinium [æk'tiniəm] *n.* [U] *(chim.)* **attinio.**
action ['ækʃən] *n.* ***1*** [C] e [U] **azione**: *to judge a man by his actions,* giudicare un uomo dalle sue azioni □ *a man of a.,* un uomo d'azione ***2*** [U] **moto; movimento; funzionamento**: *to be in a.,* essere in moto ***3*** [C] *(leg.)* **azione giudiziaria** ***4*** [C] e [U] *(mil.)* **combattimento**: *to break off the a.,* sospendere il combattimento □ *killed in a.,* ucciso in combattimento ***5*** [C] **meccanismo** ● *(leg.) to bring an a. against sb.,* far causa a q. □ *line of a.,* linea di condotta □ *out of a.,* fermo; guasto.
actionable ['ækʃnəbl] *a.* *(leg.)* **perseguibile** (a termini di legge).
to **activate** ['æktiveit] *v. t.* ***1*** **attivare; rendere attivo** ***2*** *(fis.)* **rendere radioattivo.**
active ['æktiv] *a.* ***1*** **attivo** (in tutti i sensi): *an a. brain,* una mente sveglia ***2*** **fattivo; effettivo** ● *(mil.) to be on a. service,* essere in zona d'operazioni.
activism ['æktivizm] *n.* [U] **attivismo.**
activist ['æktivist] *n.* **attivista.**
activity [æk'tiviti] *n.* [U] e [C] **attività** (in tutti i sensi).
actor ['æktə*] *n.* **attore; commediante.**
actress ['æktris] *n.* **attrice; commediante.**
actual ['æktjŭəl] *a.* **reale; vero; effettivo**: *an a. fact,* un fatto vero.
actuality [ˌæktju'æliti] *n.* ***1*** [U] **realtà** ***2*** *(al pl.)* **fatti veri; condizioni reali.**
to **actualize** ['æktjŭəlaiz] *v. t.* ***1*** **realizzare; attuare** ***2*** **descrivere realisticamente.**
actually ['æktjŭəli] *avv.* **realmente; effettivamente.**
to **actuate** ['æktjueit] *v. t.* ***1*** *(mecc.)* **mettere in moto** ***2*** **spingere** (ad agire).
actuation [ˌæktju'eiʃən] *n.* [U] *(mecc.)* **messa in moto.**
acuity [ə'kju(:)iti] *n.* [U] **acutezza** (anche *fig.*); **acume; sagacia.**
aculeus [ə'kju(:)liəs] *n.* (*pl.* **aculei** [ə'kju(:)liai]) *(bot., zool.)* **aculeo; spina; pungiglione.**
acumen [ə'kju:men] *n.* [U] **acume; perspicacia.**
acuminate [ə'kju(:)minit] *a.* **acuminato; aguzzo.**
to **acuminate** [ə'kju(:)mineit] *v.t.* **acuminare; aguzzare.**
acupuncture ['ækjuˌpʌŋktʃə*] *n.* [U] *(med.)* **agopuntura.**
acute [ə'kju:t] ***A*** *a.* **acuto** (in tutti i sensi); **penetrante; perspicace; intenso** ***B*** *n.* (anche *acute accent*) **accento acuto.**
acuteness [ə'kju:tnis] *n.* [U] **acutezza; perspicacia.**
ad [æd] *n.* (*pl.* **ads**) *(abbr. fam.* di **advertisement***)* **annuncio pubblicitario; inserzione.**
adage ['ædidʒ] *n.* [C] **adagio; massima; sentenza.**
adagio [ə'da:dʒiou] *(ital.)* *avv., a.* e *n.* (*pl.* **adagios***)* *(mus.)* **adagio.**
adamant ['ædəmənt] ***A*** *n.* *(arc.)* **diamante** ***B*** *a.* **adamantino; duro come il diamante**: *He was a.,* si mostrò duro come il diamante (cioè inflessibile) ● *heart of a.,* cuore di pietra.
adamantine [ˌædə'mæntain] *a.* **adamantino.**
to **adapt** [ə'dæpt] ***A*** *v. t.* **adattare** ***B*** to **adapt oneself** *v. rifl.* **adattarsi.**
adaptability [əˌdæptə'biliti] *n.* [U] **adattabilità.**
adaptable [ə'dæptəbl] *a.* ***1*** **adattabile** ***2*** **che sa adattarsi.**
adaptation [ˌædæp'teiʃən] *n.* ***1*** [U] **adattamento** ***2*** [C] **riduzione.**
adapter [ə'dæptə*] *n.* ***1*** **chi adatta; chi riduce** ***2*** *(elettr., elab., ottica)* **adattatore** ***3*** *(fotogr.)* **riduttore** ***4*** *(mecc.)* **pezzo di connessione.**
to **add** [æd] *v. t.* e *i.* ***1*** **aggiungere**: *to add insult to injury,* aggiungere l'offesa al danno ***2*** — *to add to,* aumentare; accrescere ● *to add in,* includere □ *to add up (together),* addizionare; sommare □ *to add up to,* ammontare a □ *(econ.) added value,* valore aggiunto □ *(fin.) added-value tax,* imposta sul valore aggiunto.
addend ['ædend, ə'dend] *n.* *(mat.)* **addendo.**
addendum [ə'dendəm] *n.* (*pl.* **addenda** [ə'dendə]) **aggiunta; supplemento; addenda.**
adder ['ædə*] *n.* **vipera** ● *(bot.) a.'s tongue* (Ophioglossum), ofioglossa; lingua di serpente □ *(zool.) flying a.,* libellula.
to **addict** [ə'dikt] ***A*** *v. t.* (generalm. *spreg.*) **indurre; spingere** ***B*** to **addict oneself** *v. rifl.* **dedicarsi** ● *to be addicted to,* essere dedito a.
addict ['ædikt] *n.* [C] **persona dedita a un vizio** ● *drug a.,* tossicomane □ *opium a.,* oppiomane.
addiction [ə'dikʃen] *n.* [U] **condizione di chi è dedito** (a cosa riprovevole).
adding-machine ['ædiŋ mə'ʃi:n] *n.* **addizionatrice.**
addition [ə'diʃən] *n.* ***1*** [U] e [C] **addizione** ***2*** [C] **aggiunta**

● *in a. to,* oltre a.

additional [ə'diʃənəl] *a.* **aggiuntivo; supplementare; suppletivo.**

additive ['æditiv] *n.* [C] *(chim.)* **additivo.**

to **addle** ['ædl] *v. t.* e *i.* ***1*** **confondere, confondersi** ***2*** (di uova) **guastarsi; andare a male.**

addle-brained ['ædlbreind] *a.* **dalla testa vuota; svanito.**

address [ə'dres] *n.* ***1*** [C] **indirizzo; recapito** ***2*** [C] **discorso; allocuzione** ***3*** [U] **maniera di presentarsi; modo di fare (o di parlare)** ● *a. book,* indirizzario □ *to pay one's addresses to,* fare la corte a.

to **address** [ə'dres] ***A*** *v. t.* ***1*** **indirizzare** (lettera, pacco, ecc.) ***2*** **parlare a; rivolgere la parola a; rivolgersi a** ***3*** **arringare; fare un discorso a** (una folla, ecc.) ***B*** to **address oneself (to)** *v. rifl.* **mettersi** (a); **dedicarsi** (a); **impegnarsi** (in).

addressee [,ædre'si:] *n.* [C] **destinatario, destinataria** (di una lettera).

addresser [ə'dresə*] *n.* [C] **mittente** (di una lettera).

to **adduce** [ə'dju:s] *v. t.* **addurre; accampare** (una ragione).

adduction [ə'dʌkʃən] *n.* [C] *(fisiologia)* **adduzione.**

adductor [ə'dʌktə*] *n. (anat.)* **muscolo adduttore.**

adenoids ['ædinɔidz] *n. pl. (anat., med.)* **adenoidi.**

(1) adept ['ædept] *n.* **esperto.**

(2) adept [ə'dept] *a.* **esperto; abile:** *to be a. in st.,* essere esperto in q.c.

adequacy ['ædikwəsi] *n.* [U] **adeguatezza.**

adequate ['ædikwit] *a.* **adeguato; sufficiente; proporzionato** (a).

to **adhere** [əd'hiə*] *v. i.* **aderire**: *to a. to,* aderire a; sostenere (un partito); essere fedele a (un'idea).

adherence [əd'hiərəns] *n.* [U] **aderenza; adesione.**

adherent [əd'hiərənt] ***A*** *a.* **aderente** ***B*** *n.* **aderente; seguace.**

adhesion [əd'hi:ʒən] *n.* ***1*** [U] **adesione** ***2*** [U] e [C] *(med.)* **aderenza.**

adhesive [əd'hi:siv] *a.* e *n.* [C] **adesivo** ● *a. paper,* carta gommata.

adieu [ə'dju:] ***A*** *inter.* **addio** ***B*** *n.* (*pl.* **adieus, adieux**) **addio.**

adipose ['ædipous] *a.* **adiposo.**

adiposity [,ædi'pɔsiti] *n.* [U] **adiposità.**

adit ['ædit] *n.* ***1*** [C] e [U] **adito; accesso** ***2*** [C] *(ind. mineraria)* **galleria orizzontale.**

adjacency [ə'dʒeisənsi] *n.* [U] e [C] **adiacenza.**

adjacent [ə'dʒeisənt] *a.* **adiacente**: *a. angles,* angoli adiacenti.

adjectival [,ædʒik'taivəl] *a. (gramm.)* **aggettivale.**

adjective ['ædʒiktiv] *n.* [C] *(gramm.)* **aggettivo.**

to **adjoin** [ə'dʒɔin] *v. t.* e *i.* **essere vicino (o contiguo)** (a).

adjoining [ə'dʒɔiniŋ] *a.* **vicino; contiguo; adiacente.**

to **adjourn** [ə'dʒə:n] *v. t.* e *i.* **rimandare; differire; sospendere i lavori** (di deputati, congressisti, ecc.).

adjournment [ə'dʒə:nmənt] *n.* [U] e [C] **rinvio; sospensione dei lavori** (di deputati, congressisti, ecc.); **aggiornamento.**

to **adjudge** [ə'dʒʌdʒ] *v. t. (leg.)* ***1*** **giudicare** ***2*** **condannare**: *to be adjudged to jail,* essere condannato al carcere ***3*** **aggiudicare; assegnare con sentenza.**

to **adjudicate** [ə'dʒu:dikeit] *v. t.* e *i. (leg.)* ***1*** **giudicare** ***2*** **fare da giudice** ● *to a. sb. bankrupt,* dichiarare q. fallito.

adjudication [ə,dʒu:di'keiʃən] *n.* [C] *(leg.)* ***1*** **giudizio; sentenza** ***2*** (anche *a. of bankruptcy*) **dichiarazione di fallimento.**

adjudicator [ə'dʒu:dikeitə*] *n.* **giudice; membro d'una giuria.**

adjunct ['ædʒʌŋkt] *n.* [C] **aggiunta; appendice.**

adjunctive [æ'dʒʌŋktiv] *a.* **aggiuntivo.**

to **adjure** [ə'dʒuə*] *v. t.* ***1*** **imporre su giuramento** (di fare q.c.) ***2*** **scongiurare; implorare; supplicare.**

to **adjust** [ə'dʒʌst] ***A*** *v. t.* ***1*** **sistemare; aggiustare; accomodare; mettere in ordine**: *to a. one's aim,* aggiustare la mira ***2*** *(leg.)* **comporre** (una lite) ***3*** **regolare; mettere a punto** ***B*** to **adjust oneself (to)** *v. rifl.* **adattarsi** (a).

adjustable [ə'dʒʌstəbl] *n.* **adattabile; regolabile** ● *(mecc.) a. spanner,* chiave inglese.

adjustment [ə'dʒʌstmənt] *n.* [U] e [C] ***1*** **aggiustamento; adattamento; sistemazione; accomodamento** (anche *leg.*) ***2*** **composizione** (di una lite).

adjutant ['ædʒutənt] *n. (mil.)* **aiutante** (di stato maggiore).

adman ['æd,mæn] *n.* (*pl.* **admen** ['æd,men]) **(agente) pubblicitario.**

to **administer** [əd'ministə*] ***A*** *v. t.* ***1*** **amministrare** ***2*** **somministrare** ***3*** **far prestare**: *to a. an oath to sb.,* far prestare giuramento a q. ***B*** *v. i.* **fungere da amministratore** ● *to a. the law,* applicare la legge □ *to a. relief,* fornire aiuti.

to **administrate** [əd'ministreit] *v. t.* ***1*** **amministrare** ***2*** **somministrare.**

administration [əd,minis'treiʃən] *n.* [U] ***1*** **amministrazione** ***2*** **somministrazione.**

administrative [əd'ministrətiv] *a.* **amministrativo.**

administrator [əd'ministreitə*] *n.* ***1*** **amministratore** ***2*** **somministratore** ***3*** *(leg.)* **curatore testamentario.**

admirable ['ædmərəbl] *a.* ***1*** **ammirabile; mirabile; ammirevole** ***2*** **eccellente.**

admirably ['ædmərəbli] *avv.* ***1*** **mirabilmente; in modo ammirevole** ***2*** **a meraviglia; perfettamente; benissimo.**

admiral ['ædmərəl] *n.* ***1*** **ammiraglio** ***2*** (anche *a.-ship*) nave ammiraglia ● *a.'s flag,* insegna ammiraglia □ *A. of the Fleet,* Comandante in Capo della Flotta □ *Lord High A.,* Grand'Ammiraglio.

admiralty ['ædmərəlti] *n.* [U] ***1*** **ammiragliato** (grado, ufficio di ammiraglio) ***2*** — *the A.,* l'Ammiragliato (Ministero della Marina) ● *Court of A.,* Tribunale Militare della Marina.

admiration [,ædmə'reiʃən] *n.* [U] ***1*** **ammirazione** ***2*** **oggetto di ammirazione**: *to be the a. of the whole town,* essere oggetto dell'ammirazione di tutta la città.

to **admire** [əd'maiə*] *v. t.* ***1*** **ammirare** ***2*** *(fam.)* **esprimere ammirazione per** (q.c.).

admirer [əd'maiərə*] *n.* ***1*** **ammiratore, ammiratrice** ***2*** **innamorato; corteggiatore.**

admissibility [əd,misə'biliti] *n.* [U] **ammissibilità.**

admissible [əd'misəbl] *a.* **ammissibile; accettabile.**

admission [əd'miʃən] *n.* ***1*** [U] **ammissione** (a scuola, circolo, ecc.) ***2*** [C] **riconoscimento** (che una cosa è vera o non vera); **confessione** (di colpa, ecc.); **ammissione** (di responsabilità, ecc.) ***3*** [U] **entrata; ingresso**: *A. free,* ingresso libero ● *a. fee,* prezzo del biglietto d'ingresso □ *a. ticket,* biglietto d'ingresso □ *to give a. to sb.,* lasciar entrare q.

to **admit** [əd'mit] ***A*** *v. t.* ***1*** **ammettere; far entrare** ***2*** **ammettere; riconoscere; concedere; confessare** ***3*** **avere posto per; contenere** ***B*** *v. i.* — *to a. of,* ammettere; lasciare adito a: *It does not a. of doubt,* non lascia adito ad alcun dubbio ● *This ticket admits two,* questo biglietto è valido per due persone.

admittance [əd'mitəns] *n.* [U] **ammissione; ingresso; entrata** ● *No a.,* vietato l'ingresso.

admittedly [əd'mitidli] *avv.* **per ammissione (o riconoscimento) generale; dichiaratamente.**

to **admix** [əd'miks] *v. t.* ***1*** **mescolare** ***2*** **aggiungere** (q.c.) **a una miscela.**

admixture [əd'mikstʃə*] *n.* [U] e [C] **mescolanza; miscela.**

to **admonish** [əd'mɔniʃ] *v. t.* **ammonire; esortare**: *to a. sb. not to do st.* (o *against doing st.*), esortare q. a non fare q.c.

admonition [,ædmə'niʃən] *n.* [U] e [C] **ammonizione; esortazione.**

admonitory [əd'mɔnitəri] *a.* **ammonitorio.**

ado [ə'du:] *n.* [U] **trambusto; chiasso; baccano; rumore**: *Much Ado About Nothing,* Molto rumore per nulla.

adobe [ə'doubi] *n.* [C] **mattone cotto al sole.**

adolescence [,ædə'lesəns] *n.* [U] **adolescenza.**

adolescent [,ædə'lesənt] *a.* e *n.* **adolescente.**

to **adopt** [ə'dɔpt] *v. t.* **adottare** (un bambino, una idea,

un metodo).
adoptee [əˌdɔp'ti:] *n. (leg.)* **adottato.**
adopter [ə'dɔptə*] *n. (leg.)* **adottante.**
adoption [ə'dɔpʃən] *n.* U (anche *leg.*) **adozione.**
adoptive [ə'dɔptiv] *a.* **adottivo**: *an a. son,* un figlio adottivo.
adorable [ə'dɔ:rəbl] *a.* ***1*** **adorabile** ***2*** *(fam.)* **delizioso.**
adoration [ˌædɔ:'reiʃən] *n.* U **adorazione; venerazione.**
to **adore** [ə'dɔ:*] *v. t.* **adorare; venerare** ● *(fam.) I simply a. it,* è la mia passione; ne vado pazzo.
to **adorn** [ə'dɔ:n] *v. t.* **adornare; abbellire.**
adornment [ə'dɔ:nmənt] *n.* ***1*** U **adornamento** ***2*** C **ornamento.**
adrenalin [ə'drenəlin] *n.* U *(fisiologia, farm.)* **adrenalina.**
adrift [ə'drift] *avv.* e *a. pred.* (anche *fig.*) **alla deriva** ● *to turn sb. a.,* cacciare q. di casa; gettare q. sul lastrico.
adroit [ə'drɔit] *a.* **accorto; destro; sagace.**
adroitness [ə'drɔitnis] *n.* U **accortezza; destrezza; sagacia.**
to **adulate** ['ædjuleit] *v. t.* **adulare.**
adulation [ˌædju'leiʃən] *n.* U **adulazione.**
adulator ['ædjuleitə*] *n.* **adulatore.**
adult ['ædʌlt] *a.* e *n.* **adulto; maturo;** *(leg.)* **maggiorenne.**
adulterant [əˌdʌltərənt] *a.* e *n.* C **adulterante.**
adulterate [ə'dʌltərit] *a.* **adulterato; sofisticato; spurio.**
to **adulterate** [ə'dʌltəreit] *v. t.* **adulterare; sofisticare.**
adulteration [əˌdʌltə'reiʃən] *n.* U e C **adulterazione; sofisticazione.**
adulterer [ə'dʌltərə*] *n.* **adultero.**
adulteress [ə'dʌltəris] *n.* **adultera.**
adulterine [ə'dʌltərain] *a.* ***1*** **adulterino** ***2*** **sofisticato.**
adulterous [ə'dʌltərəs] *a.* **adultero.**
adultery [ə'dʌltəri] *n.* U **adulterio.**
to **adumbrate** ['ædʌmbreit] *v. t.* ***1*** **adombrare; accennare** ***2*** **far intravedere; far presagire.**
adumbration [ˌædʌm'breiʃən] *n.* U e C ***1*** **adombramento; accenno** ***2*** **presagio.**
advance [əd'va:ns] *n.* ***1*** U **avanzata** ***2*** C **progresso; avanzamento** ***3*** C **aumento**: *a considerable a. in the cost of living,* un notevole aumento nel costo della vita ***4*** C **anticipo; acconto; prestito**: *an a. on one's salary,* un anticipo sullo stipendio ***5*** *(al pl.)* **approcci; tentativi**: *to make advances,* fare approcci (per farsi amico q.); fare tentativi (per comporre una vertenza) ● *in a.,* anticipatamente □ *payment in a.,* pagamento anticipato.
to **advance** [əd'va:ns] ***A*** *v. i.* ***1*** **avanzare; progredire** ***2*** **aumentare; salire** *(fig.)*: *Prices continue to a.,* i prezzi continuano a salire ***B*** *v. t.* ***1*** **promuovere; favorire** ***2*** **anticipare** (una data) ***3*** **esporre; far presente**: *to a. one's opinion on st.,* esporre la propria opinione su q.c. ***4*** **anticipare** (denaro); **pagare in anticipo; concedere** (come acconto o prestito): *to a. a month's salary,* pagare un mese di stipendio in anticipo ***5*** *(comm.)* **aumentare** (prezzi, percentuali, ecc.).
advanced [əd'va:nst] *a.* **avanzato**: *a. in years,* avanzato negli anni; anziano □ *a. ideas,* idee avanzate (o progredite) ● *a. student,* studente di un corso superiore □ *a. studies,* studi superiori.
advancement [əd'va:nsmənt] *n.* U **avanzamento; promozione.**
advantage [əd'va:ntidʒ] *n.* ***1*** C **vantaggio**: *the advantages of a good education,* i vantaggi d'una buona istruzione □ *to have an a. over sb.,* essere in vantaggio su q. ***2*** U **beneficio; profitto**: *to take a. of st.,* trarre profitto da q.c. ● *to the best a.,* nel modo più vantaggioso □ *to take a. of sb.,* approfittarsi di q.; ingannare q.
to **advantage** [əd'va:ntidʒ] *v. t.* **avvantaggiare; favorire.**
advantageous [ˌædvən'teidʒəs] *a.* **vantaggioso; proficuo.**
advent ['ædvənt] *n.* U **avvento; venuta**: *(relig.) the A.,* l'Avvento.
adventitious [ˌædven'tiʃəs] *a.* **avventizio; accidentale; casuale.**
adventure [əd'ventʃə*] *n.* C e U **avventura.**
to **adventure** [əd'ventʃə*] *v. t.* e *i.* **avventurare, avventurarsi.**
adventurer [əd'ventʃərə*] *n.* **avventuriero.**
adventuress [əd'ventʃəris] *n.* **avventuriera.**
adventurous [əd'ventʃərəs] *a.* **avventuroso.**
adverb ['ædvə:b] *n. (gramm.)* **avverbio.**
adverbial [əd'və:bjəl] *a. (gramm.)* **avverbiale.**
adversary ['ædvəsəri] *n.* **avversario; antagonista.**
adversative [əd'və:sətiv] *a. (gramm.)* **avversativo.**
adverse ['ædvə:s] *a.* ***1*** **avverso; ostile; contrario** ***2*** **sfavorevole.**
adversity [əd'və:siti] *n.* ***1*** U **avversità; sfortuna** ***2*** C **sventura; contrarietà.**
to **advert** [əd'və:t] *v. i.* **riferirsi** (a); **richiamare l'attenzione** (su); **portare il discorso** (su); **passare a trattare**: *I shall now a. to some other matters,* passerò ora a trattare altri argomenti.
advert ['ædvə:t] *n. (abbr. fam.* di **advertisement***)* **annuncio pubblicitario; inserzione.**
advertence [əd'və:təns] *n.* U **avvertenza.**
to **advertise** ['ædvəˌtaiz] *v. t.* e *i.* **fare pubblicità** (a un prodotto); **lanciare** *(fig.)*; **inserire annunci** (su giornali); **diffondere** (per radio, ecc.) **annunci pubblicitari**: *to advertise a new product,* lanciare un nuovo prodotto ● *to a. for st. (sb.),* richiedere q.c. (l'opera di q.) mediante annuncio pubblicitario.
advertisement [əd'və:tismənt] *n.* C **annuncio pubblicitario; inserzione**: *to put an a. in a newspaper,* mettere un annuncio su un giornale.
advertiser ['ædvəˌtaizə*] *n.* **inserzionista.**
advertising ['ædvəˌtaiziŋ] ***A*** *n.* U **pubblicità** ***B*** *a.* **pubblicitario** ● *a. agency,* agenzia di pubblicità.
to **advertize** ['ædvəˌtaiz] *V.* to **advertise.**
advice [əd'vais] *n.* U ***1*** **consiglio, consigli**: *a piece of a.,* un consiglio ***2*** *(leg.)* **consulenza** ***3*** *(comm.)* **avviso** ● *to take medical a.,* consultare un medico.
advisability [ədˌvaizə'biliti] *n.* U **opportunità.**
advisable [əd'vaizəbl] *a.* **opportuno; consigliabile.**
to **advise** [əd'vaiz] *v. t.* e *i.* ***1*** **consigliare; raccomandare** ***2*** *(comm.)* **avvisare; informare; notificare.**
advised [əd'vaizd] *a.* ***1*** **cauto; riflessivo** ***2*** **informato**: *to keep sb. a.,* tenere informato (o al corrente) q. ● *ill-a.,* sconsiderato; incauto □ *well-a.,* avveduto; giudizioso.
advisedly [əd'vaizidli] *avv.* **con le dovute cautele; con la debita considerazione.**
adviser [əd'vaizə*], (anche *leg.*) **advisor** [əd'vaizə*] *n.* **consulente; consigliere.**
advisory [əd'vaizəri] *a.* **che dà consigli; consultivo**: *an a. committee,* un comitato consultivo.
advocacy ['ædvəkəsi] *n.* U ***1*** **avvocatura; funzione dell'avvocato** ***2*** **patrocinio; difesa** ***3*** **appoggio** (di una causa, di un'idea); **propugnazione.**
advocate ['ædvəkit] *n.* ***1*** *(leg.)* **avvocato** ***2*** **sostenitore; fautore.**
to **advocate** ['ædvəkeit] *v. t.* **difendere; sostenere; propugnare.**
adze [ædz] *n. (carpenteria)* **ascia** (a lama ricurva).
to **adze** [ædz] *v. t.* **tagliare, assottigliare, pulire** (con l'ascia).
aedile ['i:dail] *n. (stor.)* **edile** (magistrato romano).
aegis ['i:dʒis] *n.* U ***1*** *(mitol.)* **egida** ***2*** *(fig.)* **protezione; patronato.**
Aeneid ['i:niid] *n. (letter.)* **Eneide.**
aeon ['i:ən] *n.* ***1*** *(filos.)* **eone** ***2*** *(fig.)* **eternità.**
to **aerate** ['eiəreit] *v. t.* ***1*** **aerare; dar aria a** ***2*** **gassare.**
aeration [ˌeiə'reiʃən] *n.* U ***1*** **aerazione** ***2*** **(il) gassare.**
(1) aerial ['ɛəriəl] *a.* ***1*** **aereo** ***2*** **etereo** ● *a. photograph,* aerofotogramma □ *a. photography,* aerofotografia □ *a. railway (o ropeway),* funivia; teleferica.
(2) aerial ['ɛəriəl] *n.* C *(radio, telev.)* **antenna.**
aerie ['ɛəri] *n.* C ***1*** **nido di uccello rapace** ***2*** **nidiata d'aquilotti** (o di altri rapaci).
aeriform ['ɛərifɔ(:)m] *a.* ***1*** **aeriforme** ***2*** **immateriale; irreale.**

aerobatics [ˌɛərəˈbætiks] *n. pl.* **1 acrobazie aeree 2** *(col verbo al sing.)* **acrobatica aerea.**
aerodrome [ˈɛərədroum] *n.* [C] **aerodromo.**
aerodynamic [ˌɛər*o*udaiˈnæmik] *a. (fis.)* **aerodinamico.**
aerodynamics [ˌɛər*o*udaiˈnæmiks] *n.* [U] *(fis.)* **aerodinamica.**
aerofoil [ˈɛərəfɔil] *n. (aeron.)* **profilo d'ala; superficie portante.**
aeromodelling [ˌɛər*o*uˈmɔdliŋ] *n.* [U] **aeromodellismo.**
aeronaut [ˈɛərənɔ:t] *n.* **aeronauta.**
aeronautic(al) [ˌɛərəˈnɔ:tik(əl)] *a.* **aeronautico.**
aeronautics [ˌɛərəˈnɔ:tiks] *n.* [U] **aeronautica.**
aerophobia [ˌɛər*o*uˈfoubjə] *n.* [U] *(med.)* **aerofobia.**
aeroplane [ˈɛərəplein] *n.* [C] **aeroplano.**
aerosol [ˈɛər*o*uˌsɔl] *n.* [C] *(chim., med.)* **aerosol.**
aerospace [ˈɛər*o*uspeis] **A** *n.* [U] **aerospazio B** *a.* **aerospaziale**: *a. industry,* industria aerospaziale □ *a. medicine,* medicina aerospaziale.
aerostat [ˈɛər*o*ustæt] *n.* [C] **aerostato.**
aerostatic(al) [ˌɛərəˈstætik(əl)] *a.* **aerostatico.**
aerostatics [ˌɛərəˈstætiks] *n.* [U] **aerostatica.**
aery [ˈeiəri] *a. (poet.)* **aereo; etereo.**
aesthete [ˈi:sθi:t] *n.* **esteta.**
aesthetic(al) [i:sˈθetik(əl)] *a.* **estetico.**
aestheticism [i:sˈθetisizəm] *n.* [U] **1 estetismo 2 sensibilità estetica.**
aesthetics [i:sˈθetiks] *n.* [U] **estetica.**
to **aestivate** [ˈi:stiˌveit] *v. i. (zool.)* **passare l'estate in letargo.**
aether [ˈi:θə*] *n.* [U] **etere.**
Aethiopian [ˌi:θiˈoupjən] **A** *n.* **etiope B** *a.* **etiopico.**
aetiological [ˌi:tiəˈlɔdʒikəl] *a. (med.)* **etiologico, eziologico.**
aetiology [ˌi:tiˈɔlədʒi] *n.* [U] *(med.)* **etiologia, eziologia.**
afar [əˈfa:*] *avv. (lett.)* **lontano; lungi**: *from a.,* di (o da) lontano.
affability [ˌæfəˈbiliti] *n.* [U] **affabilità.**
affable [ˈæfəbl] *a.* **affabile.**
affair [əˈfɛə*] *n.* [C] **1 affare; faccenda 2 fatto; avvenimento 3 relazione amorosa; avventura** ● *Department of Home Affairs,* Ministero degli Interni □ *love a.,* relazione amorosa.
(1) to **affect** [əˈfekt] *v. t.* **1 avere effetto su** (q. o q.c.); **riguardare; colpire; affliggere 2** (di malattia) **attaccare; colpire.**
(2) to **affect** [əˈfekt] *v. t.* **1 fingere; simulare; ostentare 2 prediligere.**
affectation [ˌæfekˈteiʃən] *n.* [C] e [U] **affettazione; posa.**
(1) affected [əˈfektid] *a.* **1 commosso; afflitto 2 affetto** (da malattia).
(2) affected [əˈfektid] *a.* **affettato; non naturale**: *a. manners,* modi affettati; affettazione.
affecting [əˈfektiŋ] *a.* **commovente.**
affection [əˈfekʃən] *n.* **1** [U] **affezione; affetto 2** [C] *(med.)* **affezione** ● *to set one's affections on sb.,* provare viva simpatia per q.
affectionate [əˈfekʃənit] *a.* **affezionato; affettuoso.**
affective [əˈfektiv] *a. (psic.)* **affettivo; emotivo.**
affectivity [əˌfekˈtiviti] *n.* [U] *(psic.)* **affettività; emotività.**
to **affiance** [əˈfaiəns] *v. t. (di solito us. al passivo)* **promettere in matrimonio; fidanzare.**
affidavit [ˌæfiˈdeivit] *(lat.) n.* [C] *(leg.)* **affidavit** (dichiarazione scritta e giurata).
to **affiliate** [əˈfilieit] *v. t.* e *i.* **1 affiliare, affiliarsi; associare, associarsi 2** *(leg.)* **affiliare, affiliarsi** (un bambino).
affiliation [əˌfiliˈeiʃən] *n.* [U] e [C] (anche *leg.*) **affiliazione.**
affinity [əˈfiniti] *n.* **1** [C] **affinità 2** [U] **affinità; parentela acquisita.**
to **affirm** [əˈfə:m] *v. t.* **1 affermare; asserire 2** *(leg.)* **convalidare; ratificare.**
affirmation [ˌæfə:ˈmeiʃən] *n.* **1** [U] e [C] **affermazione; asserzione 2** [C] *(leg.)* **dichiarazione solenne** (in sostituzione del giuramento) **3** [U] e [C] *(leg.)* **ratifica.**
affirmative [əˈfə:mətiv] **A** *a.* **affermativo B** *n. (leg.)* **affermativa** ● *to answer in the a.,* rispondere affermativamente; dire di sì.
affix [ˈæfiks] *n.* [C] **1 aggiunta 2** *(gramm.)* **affisso.**
to **affix** [əˈfiks] *v. t.* **1 affiggere; attaccare 2 aggiungere per iscritto** (in calce); **apporre** (firma o sigillo).
afflatus [əˈfleitəs] *n.* [U] **afflato; estro poetico.**
to **afflict** [əˈflikt] *v. t.* **affliggere.**
affliction [əˈflikʃən] *n.* [C] **afflizione; dolore; acciacco**: *the afflictions of old age,* gli acciacchi della vecchiaia.
affluence [ˈæflŭəns] *n.* [U] **abbondanza; ricchezza; opulenza**: *to live in a.,* vivere nell'abbondanza.
affluent [ˈæflŭənt] **A** *a.* **ricco; opulento B** *n.* [C] *(geogr.)* **affluente** ● *the a. society,* la società del benessere.
afflux [ˈæflʌks] *n.* [C] **afflusso.**
to **afford** [əˈfɔ:d] *v. t.* **1** *(us. all'inf., preceduto da* **can, could***)* **permettersi; permettersi il lusso di; disporre di**: *I cannot a. to pay (o paying) that price,* non posso permettermi di pagare quel prezzo □ *I cannot a. time for the cinema,* non posso disporre di tempo per il cinema **2 dare; offrire; fare**: *It affords me great pleasure,* mi fa molto piacere.
to **afforest** [æˈfɔrist] *v. t.* **imboschire; mettere** (un terreno) **a bosco.**
afforestation [æˌfɔrisˈteiʃən] *n.* [U] e [C] **imboschimento.**
to **affranchise** [əˈfræntʃaiz] *v. t.* **affrancare; liberare.**
affray [əˈfrei] *n.* [C] **baruffa; rissa; tafferuglio.**
affreightment [əˈfreitmənt] *n.* [U] **noleggio** (di nave).
to **affront** [əˈfrʌnt] *v. t.* **offendere; insultare.**
affront [əˈfrʌnt] *n.* [C] **affronto; insulto; oltraggio**: *to offer an a. to sb.,* fare un affronto a q. ● *to take a. at st.,* offendersi per q.c.
afire [əˈfaiə*] *avv.* e *a. pred.* (anche *fig.*) **in preda al fuoco; infocato.**
aflame [əˈfleim] *avv.* e *a. pred.* (anche *fig.*) **in preda alle fiamme; infiammato; acceso.**
afloat [əˈflout] *avv.* e *a. pred.* **1 a galla; galleggiante; alla deriva; fluttuante** (anche in aria): *to keep a.,* restare a galla; *(fig.)* cavarsela **2 in mare 3** (di ponte o altra parte della nave) **allagato 4** (di notizia) **corrente; in giro** ● *(naut.) to get a ship a.,* disincagliare una nave.
afoot [əˈfut] *avv.* e *a. pred.* **in corso; in atto.**
aforementioned [əˈfɔ:ˌmenʃənd] *a.* **summenzionato.**
aforesaid [əˈfɔ:ˌsed] *a.* **suddetto; predetto; summenzionato.**
aforethought [əˈfɔ:ˌθɔ:t] *a.* **premeditato** ● *(leg.) with malice a.,* con premeditazione.
afraid [əˈfreid] *a. pred.* **impaurito; spaventato** ● *(fam.) to be a.,* essere dolente; dispiacersi: *I'm a. my father is not in,* mi dispiace, ma mio padre non è in casa □ *to be a. of st.,* aver paura di q.c.
afresh [əˈfreʃ] *avv.* **di nuovo; da capo.**
African [ˈæfrikən] *a.* e *n.* **africano** ● *A. studies,* africanistica.
aft [a:ft] *avv. (naut.)* **a poppa; verso poppa**: *fore and aft,* da prua a poppa.
(1) after [ˈa:ftə*] *prep.* **1 dopo; dopo di**: *a. all,* dopo tutto; alla fin fine; in conclusione □ *day a. day,* un giorno dopo l'altro □ *He came a. me,* venne dopo di me **2 dietro**: *one a. another,* uno dietro l'altro **3 secondo; a imitazione di**: *a. the Paris fashion,* secondo la moda di Parigi □ *a. Milton's style,* secondo lo stile (o alla maniera) di Milton ● *(fam.) to be a.,* cercare; mirare a: *What is he a.?,* che va cercando? □ *a. that,* dopo di ciò; poi □ *the day a. tomorrow,* dopodomani; domani l'altro □ *ever a.,* da allora in poi □ *never a.,* mai più □ *time a. time,* spesso; più volte □ *to ask (o to enquire) a. sb.,* chiedere notizie di q. □ *to look a.,* badare a; prendersi cura di □ *to name (o to call) a.,* imporre il nome (del padre, del nonno, ecc.): *I was named a. my grandfather,*

mi fu imposto il nome di mio nonno □ *to take a.*, prendere da *(fig.)*; somigliare a (un parente).

(2) after ['a:ftə*] *avv.* **dopo; di poi; in seguito**: *What comes a.?*, che cosa viene dopo? □ *soon a.*, poco dopo □ *long a.*, molto tempo dopo.

(3) after ['a:ftə*] *cong.* **dopo che**: *A. he had gone, I spoke openly to her,* dopo che se ne fu andato, le parlai apertamente □ *A. he has gone, I shall come to speak to you,* dopo che se ne sarà andato, verrò a parlarti.

(4) after ['a:ftə*] *a.* **1 seguente; successivo; futuro**: *in a. years,* negli anni seguenti (o futuri) **2** *(naut.)* **poppiero; di poppa.**

afterbirth ['a:ftəbə:θ] *n.* [C] *(anat.)* **placenta.**

after(-)born ['a:ftə,bɔ(:)n] *a.* **postumo.**

aftercrop ['a:ftə,krɔp] *n.* [C] *(agric.)* **secondo raccolto** (d'una stagione).

after-effect ['a:ftəi,fekt] *n.* [C] e [U] **postumo** *(us. generalm. al pl.)*; **effetto ritardato.**

afterglow ['a:ftəglou] *n.* *(us. al sing. con l'art. determ. o indeterminativo)* **ultimo bagliore; luce diffusa a occidente** (dopo il tramonto del sole).

after-life ['a:ftə,laif] *n.* [U] **vita ultraterrena.**

aftermath ['a:ftəmæθ] *n.* *(di solito al sing.)* **1 secondo taglio** (del fieno); **fieno di secondo taglio 2 conseguenza** (di solito spiacevole).

afternoon [,a:ftə'nu:n] *n.* [C] **pomeriggio**: *in the a.*, nel (o di) pomeriggio.

afters ['a:ftəs] *n. pl.* *(col verbo al sing. o al pl.)* *(fam.)* **dessert.**

aftershave ['a:ftəʃeiv] *a.* e *n.* (anche *a. lotion*) **dopobarba.**

afterthought ['a:ftəθɔ:t] *n.* [U] e [C] **ripensamento.**

afterwards ['a:ftəwədz] *avv.* **dopo; in seguito; poi.**

afterworld ['a:ftəwə(:)ld] *n.* [U] **mondo di là; oltretomba.**

again [ə'gen] *avv.* **1 di nuovo; ancora; un'altra volta**: *to be oneself a.*, stare bene di nuovo **2** *(in frase neg.)* **più**: *never a.*, mai più **3 inoltre; d'altra parte; d'altro lato; e poi...?**: *A., would he accept the offer?*, e poi, accetterebbe l'offerta? ● *a. and a.* (o *time and a.*), più volte; ripetutamente □ *now and a.*, di tanto in tanto □ *over a.*, ancora una volta.

against [ə'genst] *prep.* **1 contro** (in tutti i sensi): *a. one's will,* contro la propria volontà; contro voglia **2 in senso contrario a**: *to drive a. the traffic,* procedere in senso contrario al traffico **3 su**: *black a. a white background,* nero su sfondo bianco **4 di fronte a**: *The church is a.* (di solito: *over a.*) *the hospital,* la chiesa è di fronte all'ospedale **5 in previsione di; per** ● *(fam.) to run (up) a. sb.*, imbattersi in q. □ *Are you for it or a. it?*, sei favorevole o contrario?

agape [ə'geip] *avv.* e *a. pred.* **a bocca aperta.**

agate ['ægət] *n.* [C] e [U] *(miner.)* **agata.**

agave [ə'geivi] *n.* *(bot.,* Agave) **agave.**

age [eidʒ] *n.* **1** [C] **età**: *I don't know his age,* non conosco la sua età **2** [U] **età; periodo; evo; era**: *the Stone Age,* l'età della pietra □ *the Victorian Age,* il periodo vittoriano **3** [U] **vecchiaia**: *the wisdom of age,* la saggezza della vecchiaia **4** *(al pl., fam.)* **secoli**: *I haven't seen him for ages,* sono secoli che non lo vedo ● *to look one's age,* dimostrare la propria età □ *to be (to come) of age,* essere (diventare) maggiorenne □ *our age,* il nostro tempo; la nostra generazione □ *to be over age,* aver superato i limiti d'età □ *to be under age,* essere minorenne □ *She is twenty years of age,* ella ha venti anni □ *When I was your age...*, quando avevo la tua età... □ *I have a son your age,* ho un figlio della tua stessa età.

to **age** [eidʒ] *v. t.* e *i.* **invecchiare.**

aged ['eidʒid] **A** *a. attr.* **anziano; attempato B** *a. pred.* [eidʒd] **(dell'età) di**: *a girl a. six,* una bambina di sei anni.

ageless ['eidʒlis] *a.* **1 che non invecchia 2 eterno.**

age-long ['eidʒlɔŋ] *a.* **che dura a lungo; eterno.**

agency ['eidʒənsi] *n.* **1** [U] **azione; forza; potere; impulso**: *moral a.*, impulso morale **2** [C] *(comm.)* **agenzia; rappresentanza** ● *(leg.) a. agreement* (o *a. contract),* contratto di rappresentanza □ *through* (o *by*) *the a. of,* per opera di; grazie a.

agenda [ə'dʒendə] *n. pl.* **1 cose da fare 2 ordine del giorno.**

agent ['eidʒənt] *n.* [C] **1 agente** (naturale o chimico) **2** *(comm., leg.)* **agente; rappresentante 3** *(leg.)* **mandatario.**

agglomerate [ə'glɔmərit] *a.* e *n.* [C] *(geol.)* **agglomerato.**

to **agglomerate** [ə'glɔməreit] *v. t.* e *i.* **agglomerare, agglomerarsi.**

agglomeration [ə,glɔmə'reiʃən] *n.* [U] e [C] **agglomeramento; agglomerazione.**

to **agglutinate** [ə'glu:tineit] *v. t.* e *i.* **agglutinare, agglutinarsi.**

to **aggrandize** [ə'grændaiz] *v. t.* **ingrandire.**

to **aggravate** ['ægrəveit] *v. t.* **aggravare; peggiorare.**

aggravating ['ægrəveitiŋ] *a.* **1 aggravante 2** *(fam.)* **irritante; seccante.**

aggravation [,ægrə'veiʃən] *n.* **1** [U] **aggravamento; peggioramento 2** [C] *(leg.)* **circostanza aggravante.**

aggregate ['ægrigit] *a.* e *n.* [C] **aggregato** ● *(econ.) a. demand (supply),* domanda (offerta) globale □ *in the a.*, nel complesso; in totale.

to **aggregate** ['ægrigeit] *v. t.* e *i.* **aggregare, aggregarsi.**

aggregation [,ægri'geiʃən] *n.* [U] e [C] **aggregazione.**

aggression [ə'greʃən] *n.* [U] e [C] **aggressione.**

aggressive [ə'gresiv] *a.* **1 aggressivo; litigioso 2 intraprendente.**

aggressiveness [ə'gresivnis] *n.* [U] **aggressività;** *(sport)* **grinta.**

aggressor [ə'gresə*] *n.* **aggressore.**

to **aggrieve** [ə'gri:v] *v. t.* **1 addolorare; offendere** (nei sentimenti) **2 ledere** (q. nei suoi diritti).

aggrieved [ə'gri:vd] *a.* **1 addolorato; offeso 2** *(leg.)* **leso**: *the a. party,* la parte lesa.

aghast [ə'ga:st] *a. pred.* **1 atterrito; inorridito 2 sorpreso; stupefatto.**

agile ['ædʒail] *a.* **agile; destro; svelto.**

agility [ə'dʒiliti] *n.* [U] **agilità; destrezza; prontezza.**

agio ['ædʒiou] *n.* *(pl.* **agios)** *(comm.)* **aggio.**

agiotage ['ædʒətidʒ] *n.* [U] *(comm.)* **aggiotaggio.**

to **agitate** ['ædʒiteit] **A** *v. t.* **1 agitare; scuotere 2 agitare; turbare B** *v. i.* **agitarsi; promuovere una agitazione.**

agitated ['ædʒi,teitid] *a.* **agitato; turbato; scosso.**

agitation [,ædʒi'teiʃən] *n.* **1** [U] **agitazione** (in tutti i sensi) **2** [U] **turbamento 3** [U] e [C] **dibattito; discussione 4** [U] e [C] **rivolta; tumulto.**

agitator ['ædʒiteitə*] *n.* **1 agitatore** (politico o sindacale, spesso in senso sfavorevole); **arruffapopoli 2 agitatore; strumento per agitare.**

agitprop ['ædʒit,prɔp] *n.* *(polit.)* **agit-prop.**

aglet ['æglit] *n.* [C] **aghetto** (punta metallica di laccio da scarpe, busto ecc.; ornamento metallico di vestito o uniforme).

aglow [ə'glou] *a. pred.* **ardente; risplendente; raggiante.**

agnail ['ægneil] *n.* [C] *(med.)* **1 pipita 2 patereccio; giradito.**

agnate ['ægneit] *n.* e *a.* **1** *(leg.)* **agnato 2** *(fig.)* **affine.**

agnostic [æg'nɔstik] *n.* e *a.* *(filos.)* **agnostico.**

agnosticism [æg'nɔstisizəm] *n.* [U] *(filos.)* **agnosticismo.**

ago [ə'gou] *avv.* **fa; or è; or sono**: *long ago,* molto tempo fa.

agog [ə'gɔg] *avv.* e *a. pred.* **impaziente; ansioso; eccitato**: *to be all a.*, essere tutto eccitato; non stare più nella pelle.

agonistic(al) [,ægə'nistik(əl)] *a.* **agonistico.**

to **agonize** ['ægənaiz] **A** *v. i.* **1 soffrire grandi pene; tormentarsi; contorcersi per il dolore 2 fare sforzi disperati** (per mettersi in mostra) **B** *v. t.* **tormentare; far soffrire.**

agonizing ['ægənaiziŋ] *a.* **assai doloroso; che dà tormento.**

agony ['ægəni] *n.* [U] **1** *(us. anche al pl.)* **angoscia;**

strazio; parossismo; spasimo *2 (med.)* **agonia** ● *(giornalismo) a. column,* rubrica per la ricerca di persone scomparse (di oggetti smarriti, ecc.) □ *an a. of joy,* una gioia grande e inattesa.

agoraphobia [ˌægərə'foubiə] *n.* [U] *(psic.)* **agorafobia.**

agoraphobic [ˌægərə'foubik] *(psic.)* **A** *a.* **agorafobico** **B** *n.* **agorafobo.**

agrarian [ə'grɛəriən] *a.* **agrario; agricolo.**

to **agree** [ə'gri:] **A** *v. i.* **1 acconsentire; convenire; dire di sì**: *to a. to a proposal,* acconsentire a una proposta **2** — *to a. with,* **concordare** (anche *gramm.*); **andare d'accordo**: *The story does not a. with the facts,* il racconto non concorda con i fatti **3** — *to a. with,* **confarsi a; andare bene per**: *This climate agrees with me,* questo clima mi si confà **4** — *to a. on* (o *upon*), **accordarsi su; convenire** (prezzi, condizioni) **B** *v. t.* **accettare** (un conto come esatto, una denuncia dei redditi, ecc.).

agreeable [ə'griəbl] *a.* **1 piacevole; gradevole; amabile; simpatico 2 ben disposto; consenziente** ● *(fam.) I'm a.,* (sono) d'accordo; per me, sta bene.

agreeably [ə'griəbli] *avv.* **1 piacevolmente; amabilmente 2 in modo confacente** (o **conforme**).

agreed [ə'gri(:)d] *a.* **convenuto; pattuito** ● *a. rate,* tariffa concordata □ *as a.,* come d'accordo.

agreement [ə'gri:mənt] *n.* **1** [U] e [C] **accordo; convenzione; patto**: *to be in a. on st.,* essere d'accordo su q.c. □ *to come to* (o *to arrive at, to make*) *an a.,* venire ad un accordo **2** [C] *(comm., leg.)* **contratto 3** [U] *(gramm.)* **concordanza.**

agribusiness [ˌægri'biznis] *n.* [U] **agri-industria.**

agricultural [ˌægri'kʌltʃərəl] *a.* **agricolo.**

agriculture ['ægriˌkʌltʃə*] *n.* [U] **1 agricoltura 2 agraria.**

agriculturist [ˌægri'kʌltʃərist] *n.* **1 agricoltore 2 perito agrario.**

agrobiology [ˌægroubai'ɔlədʒi] *n.* [U] **agrobiologia.**

agronomics [ˌægrə'nɔmiks] *n. pl. (col verbo al sing.)* **agronomia.**

agronomist [ə'grɔnəmist] *n.* **agronomo.**

agronomy [ə'grɔnəmi] *n.* [U] **agronomia.**

aground [ə'graund] *avv.* e *a. pred.* **in secco; arenato; incagliato**: *to be a.,* essere in secco (o arenato) □ *to run* (o *to go*) *a.,* dare in secco; arenarsi; incagliarsi.

ague ['eigju:] *n.* [U] **febbre ricorrente** (di solito malarica, con brividi).

ah [a:] *inter.* (di dolore, sorpresa, ecc.) **ah!; ahimè!**

aha [a(:)'ha:] *inter.* (di trionfo, soddisfazione) **ah! ah!**

ahead [ə'hed] *avv.* e *a. pred.* **avanti; davanti**: *to go a.,* andare avanti; tirar diritto □ *a. of,* davanti a; in testa a; in anticipo su ● *(naut.) full speed a.,* avanti a tutta forza □ *to get a.,* farsi strada □ *to get a. of sb.,* superare q. □ *(naut.) half speed a.,* avanti a mezza forza □ *to look a.,* guardare al futuro.

ahem [ə'hem] *inter.* (per attrarre l'attenzione, esprimere dubbio, ecc.) **ehm!**

ahoy [ə'hɔi] *inter. (naut.)* **ehi!; olà!**

to **aid** [eid] *v. t.* **1 aiutare; assistere; soccorrere 2 affrettare; promuovere** ● *(leg.) to aid and abet sb.,* essere complice di q. (in attività criminose o illecite).

aid [eid] *n.* **1** [U] **aiuto; assistenza; soccorso; sussidio 2** [C] **aiuto; assistente 3** [C] *(mil.,* anche *aide)* **aiutante di campo** ● *aids and appliances,* materiale sussidiario; attrezzatura sussidiaria □ *audio-visual aids,* sussidi audiovisivi.

aide [eid], **aide-de-camp** ['eiddə'kɑ̃:ŋ] *n. (mil.)* **aiutante di campo.**

aigrette ['eigret] *(franc.) n.* **1** *(zool.) V.* **egret 2 aigrette; pennacchio; asprì.**

to **ail** [eil] **A** *v. t. (lett.)* **addolorare; affliggere B** *v. i.* **essere sofferente; sentirsi male.**

aileron ['eilərɔn] *n.* [C] *(aeron.)* **alettone; alerone.**

ailing ['eiliŋ] *a.* **malato; malaticcio; sofferente.**

ailment ['eilmənt] *n.* [C] **indisposizione; malattia; afflizione.**

to **aim** [eim] *v. t.* e *i.* **1 mirare** (a); **puntare** (un'arma da fuoco) (su) **2 assestare** (un colpo) (a); **tirare** (q.c.) (a): *I aimed a boot at him,* gli tirai una scarpa ● *to aim at doing st.* (*USA, to aim to do st.*), aspirare a fare q.c. □ *to aim at st.,* mirare (o aspirare) a q.c.

aim [eim] *n.* **1** [U] **mira**: *to take aim,* prendere la mira **2** [C] **mira; aspirazione; scopo.**

aimless ['eimlis] *a.* **senza scopo.**

aimlessness ['eimlisnis] *n.* [U] **mancanza di scopo; inutilità.**

air [ɛə*] *n.* [U] e [C] **aria** *(anche nel senso di:* cielo, brezza, impressione, aspetto, atteggiamento, melodia*)*: *in the open air,* all'aria aperta □ *to clear the air,* cambiare l'aria (d'una stanza); *(fig.)* chiarire una situazione □ *to give oneself* (o *to put on*) *airs,* darsi delle arie □ *to take the air,* prendere aria (o una boccata d'aria) ● *(zool.) air bladder,* vescica natatoria □ *air cushion,* cuscino pneumatico □ *air force,* aviazione □ *air hole,* sfiatatoio; *(aeron.)* vuoto d'aria □ *air hostess,* hostess (di aereo di linea); assistente di volo □ *air raid,* incursione aerea □ *air traffic,* traffico aereo □ *to build castles in the air,* fare castelli in aria □ *by air,* per via aerea □ *to give air to one's opinions,* esprimere pubblicamente le proprie opinioni □ *(dial.) to give sb. the air,* licenziare q. □ (di progetto) *to be in the air,* essere campato in aria; essere in alto mare *(fig.)* □ *to be on the air,* essere in onda; parlare alla radio □ *Royal Air Force (abbr. R.A.F.),* aviazione militare inglese □ *to vanish into thin air,* svanire nel nulla □ *to walk on air,* essere in uno stato euforico; essere pazzo di gioia.

to **air** [ɛə*] *v. t.* **1 arieggiare; dare aria a; aerare 2** *(fig.)* **ventilare; diffondere; rendere di pubblica ragione 3 mettere in mostra.**

air base ['ɛəbeis] *n.* [C] **base aerea.**

airborne ['ɛəbɔ:n] *a.* **aviotrasportato.**

airbus ['ɛəbʌs] *n.* [C] e [U] *(aeron.)* **aerobus.**

to **air-condition** ['ɛə-kənˌdiʃən] *v. t.* **munire di condizionamento dell'aria.**

to **air-cool** ['ɛə-ku:l] *v. t.* **raffreddare ad aria.**

aircraft ['ɛəkra:ft] *n. (aeron., sing. o pl. collett.)* **aereo; velivolo; aerei; velivoli** ● *a. carrier,* portaerei □ *jet a.,* aviogetto.

airdrome ['ɛədroum] *n.* [C] *(USA)* **aerodromo.**

airdrop ['ɛədrɔp] *n.* [U] (anche *mil.*) **lancio** (di rifornimenti o uomini) **col paracadute.**

to **airdrop** ['ɛədrɔp] *v. t.* (anche *mil.*) **lanciare col paracadute; paracadutare.**

airfield ['ɛəfi:ld] *n.* [C] **campo d'aviazione.**

airflow ['ɛəflou] *n. (soltanto al sing.)* **flusso d'aria.**

airiness ['ɛərinis] *n.* [U] **1 qualità di essere arioso 2 gaiezza; vivacità 3 grazia; delicatezza 4 superficialità; leggerezza.**

airing ['ɛəriŋ] *n.* [U] **aerazione; esposizione all'aria** ● *to take* (o *to go for*) *an a.,* fare una passeggiata (o cavalcata) all'aria aperta; prendere una boccata d'aria.

airlift ['ɛəˌlift] *n.* [C] **ponte aereo.**

airline ['ɛəˌlain] *n.* [C] **linea aerea; aviolinea.**

airliner ['ɛəˌlainə*] *n.* [C] **aereo di linea.**

air mail ['ɛəˌmeil] *n.* [U] **posta aerea.**

to **air-mail** [ˌɛə'meil] *v. t.* **spedire per posta aerea.**

airman ['ɛəmæn] *n.* (*pl.* **airmen** ['ɛəmen]) **aviatore.**

airplane ['ɛəplein] *n.* (specialm. *USA*) [C] **aeroplano.**

air pocket ['ɛəˌpɔkit] *n.* [C] **vuoto d'aria.**

airport ['ɛəpɔ:t] *n.* [C] **aeroporto.**

air-proof ['ɛə-pru:f] *a.* **a tenuta d'aria.**

air-screw ['ɛəˌskru:] *n.* [C] **elica.**

airship ['ɛəˌʃip] *n.* [C] **aeronave; dirigibile.**

air-sickness ['ɛə-siknis] *n.* [U] **mal d'aria.**

airstop ['ɛəstɔp] *n.* [C] **stazione di elicotteri; eliporto.**

airstrip ['ɛəstrip] *n.* [C] **pista d'atterraggio; campo provvisorio.**

airtight ['ɛətait] *a.* **1 a tenuta d'aria 2** *(fig.)* **ermetico; inattaccabile**: *an a. alibi,* un alibi inattaccabile.

airway ['ɛəwei] *n.* [C] **1** *(min.)* **galleria di aerazione 2 via aerea.**

airworthy ['ɛəˌwə:ði] *a.* (di aereo) **atto alla navigazione aerea.**

airy ['ɛəri] *a.* **1 arioso; arieggiato 2 immaginario;**

etereo **3 gaio; vivace; lieve** (come l'aria) **4 superficiale.**

aisle [ail] *n.* [C] **1** *(archit.*: di chiesa*)* **navata laterale 2 spazio fra due file di panche** (in chiesa) **3** (di teatro, carrozza ferroviaria, ecc.) **corridoio fra i posti a sedere.**

aitch [eitʃ] *n.* [C] **acca** (la lettera h).

(1) ajar [ə'dʒa:*] *avv.* e *a. pred.* **socchiuso; semiaperto.**

(2) ajar [ə'dʒa:*] *avv.* e *a. pred.* **in disarmonia; in disaccordo.**

akimbo [ə'kimbou] *avv.* **sui fianchi**: *with arms a.*, con le mani sui fianchi (e i gomiti in fuori).

akin [ə'kin] *a. pred.* **1 consanguineo 2** *(fig.)* **simile; affine.**

alabaster ['æləba:stə*] *n.* [U] **alabastro.**

alack [ə'læk] *inter. (arc.)* **ahimè!; ohimè!**

alacrity [ə'lækriti] *n.* [U] **alacrità.**

alar ['eilə*] *a.* **1 alare 2 simile ad ala 3** *(anat.)* **ascellare.**

alarm [ə'la:m] *n.* **1** [C] **allarme**: *to sound (o to ring) the a.*, suonare l'allarme **2** [U] *(fig.)* **allarme; apprensione** ● *a.-clock*, sveglia □ *fire a.*, segnalatore d'incendio □ *to set the a. for six o'clock*, mettere la sveglia alle sei.

to **alarm** [ə'la:m] *v. t.* **1 dare l'allarme a; mettere in stato d'allarme 2 mettere in apprensione; allarmare.**

alarmed [ə'la:md] *a.* **allarmato; in ansia; spaventato.**

alarmism [ə'la:mizm] *n.* [U] **allarmismo.**

alarmist [ə'la:mist] **A** *n.* [C] **allarmista B** *a.* **allarmistico.**

alas [ə'la:s] *inter.* **ahimè!; ohimè!**

Alaskan [ə'læskən] *a.* e *n.* **(abitante) dell'Alaska.**

Albanian [æl'beinjən] *a.* e *n.* **albanese.**

albatross ['ælbətrɔs] *n.* *(zool.*, Diomedea*)* **albatro.**

albeit [ɔ:l'bi:it] *cong. (lett.)* **benché; quantunque; sebbene.**

albinism ['ælbinizəm] *n.* [U] **albinismo.**

albino [æl'bi:nou] *n.* (*pl.* **albinos**) **albino.**

album ['ælbəm] *n.* [C] **album.**

albumen ['ælbjumin] *n.* [U] **1 albume 2** (anche *albumin)* **albumina.**

albumin ['ælbjumin] *n.* [U] *(chim.)* **albumina.**

alchemist ['ælkimist] *n.* **alchimista.**

alchemy ['ælkimi] *n.* [U] **alchimia.**

alcohol ['ælkəhɔl] *n.* **1** [U] **alcol, alcool, alcole 2** [C] **bevanda alcolica.**

alcoholic [,ælkə'hɔlik] *a.* **1 alcolico, alcoolico 2** (anche *n.) (med.)* **alcolizzato.**

alcoholism ['ælkəhɔlizəm] *n.* [U] *(med.)* **alcolismo; etilismo.**

alcoholometer [,ælkəhɔ'lɔmitə*] *n.* [C] **alcolometro.**

alcove ['ælkouv] *n.* [C] **1 alcova 2 nicchia 3 padiglione.**

aldehyde ['ældihaid] *n.* [U] e [C] *(chim.)* **aldeide.**

alder ['ɔ:ldə*] *n. (bot.*, Alnus glutinosa*)* **ontano.**

alderman ['ɔ:ldəmən] *n.* (*pl.* **aldermen** ['ɔ:ldəmən]) **consigliere comunale anziano.**

ale [eil] *n.* [U] **birra chiara** ● *ale-brewer,* birraio (fabbricante) □ *ale-house,* birreria □ *ale-house keeper,* birraio (venditore).

aleatory ['eiliətəri] *a.* (anche *leg.)* **aleatorio.**

alembic [ə'lembik] *n.* [C] **alambicco.**

alert [ə'lə:t] **A** *a.* **1 vigile; sveglio 2 agile; pronto; intelligente B** *n.* [C] **allarme** (anche *aereo)* ● *to be on the a.*, stare all'erta.

to **alert** [ə'lə:t] *v. t.* **mettere in guardia (o in stato d'allarme).**

Alexandrian [,ælig'za:ndriən] *a. (stor.)* **1 alessandrino** (di Alessandria d'Egitto e della sua civiltà) **2 di Alessandro Magno.**

Alexandrine [,ælig'zændrain] *a.* e *n.* [C] *(poesia)* **(verso) alessandrino.**

alfalfa [æl'fælfə] *n.* [U] *(bot.*, Medicago sativa*)* **erba medica.**

alfresco, al fresco [æl'freskou] *avv.* e *a.* **all'aperto**: *an a. lunch*, una colazione all'aperto.

alga ['ælgə] *n.* (*pl.* **algae** ['ældʒi:]) *(bot.)* **alga.**

algebra ['ældʒibrə] *n.* [U] **algebra.**

algebraic(al) [,ældʒi'breiik(əl)] *a.* **algebrico.**

Algerian [æl'dʒiəriən], **Algerine** ['ældʒə,ri:n] *a.* e *n.* **algerino.**

algorithm ['ælgəriðəm] *n.* [C] *(mat.)* **algoritmo.**

algorithmic [,ælgə'riðmik] *a. (mat.)* **algoritmico.**

alias ['eiliæs] **A** *n.* [C] **pseudonimo; falso nome B** *avv.* **alias; altrimenti detto.**

alibi ['ælibai] *n.* [C] **1** *(leg.)* **alibi 2** *(fam.)* **scusa; pretesto.**

alidad ['ælidæd], **alidade** ['ælideid] *n. (tecn.)* **alidada.**

alien ['eiljən] **A** *a.* **1 straniero 2 alieno; estraneo B** *n.* **straniero.**

alienable ['eiljənəbl] *a.* **alienabile.**

to **alienate** ['eiljəneit] *v. t.* (anche *leg.)* **alienare.**

alienation [,eiljə'neiʃən] *n.* [U] **1** *(leg., med.)* **alienazione**: *mental a.*, alienazione mentale **2** *(fig.)* **alienazione; disaffezione.**

alienist ['eiljənist] *n. (med.)* **alienista; psichiatra.**

to **alight** [ə'lait] *v. i.* **1 smontare** (da cavallo); **scendere** (da un mezzo di trasporto) **2** (di uccelli o cose, dall'aria) **posarsi** ● (anche *fig.) to a. on one's feet,* cadere in piedi □ *(aeron.) to a. on land,* atterrare □ *(miss.) to a. on the moon,* allunare □ *(aeron.) to a. on water,* ammarare.

alight [ə'lait] *a. pred.* **1 acceso 2 illuminato; splendente.**

to **align** [ə'lain] *v. t.* e *i.* **allineare, allinearsi** ● *to a. oneself with sb.*, schierarsi con q.

alignment [ə'lainmənt] *n.* **1** [U] **allineamento 2** [C] **schieramento.**

alike [ə'laik] **A** *a. pred.* **simile; somigliante B** *avv.* **similmente; egualmente; in egual misura.**

aliment ['ælimənt] *n.* [U] **alimento** (anche *fig.).*

to **aliment** ['ælimənt] *v. t.* **alimentare.**

alimentary [,æli'mentəri] *a.* **alimentare; alimentario.**

alimentation [,ælimen'teiʃən] *n.* [U] **alimentazione.**

alimony ['æliməni] *n.* [U] *(leg.)* **alimenti.**

to **aline** [ə'lain] *V.* to **align.**

aliquot ['ælikwɔt] *(mat.)* **A** *n.* **aliquota B** *a.* — *a. part,* aliquota.

alive [ə'laiv] *a. pred.* **vivo** (anche *fig.)*; **in vita** (in vigore, in atto) ● *a. and kicking,* vivo e vegeto □ *to be a. to,* essere conscio di; capire pienamente □ *to be a. with,* essere pieno di (esseri viventi o cose in moto); formicolare di □ *any man a.*, chiunque; tutti.

alkali ['ælkəlai] *n.* (*pl.* **alkalis, alkalies**) *(chim.)* **alcali; prodotto alcalino** ● *a. metal,* metallo alcalino.

alkaline ['ælkəlain] *a. (chim.)* **alcalino.**

alkalinity [,ælkə'liniti] *n.* [U] *(chim.)* **alcalinità.**

alkaloid ['ælkəlɔid] *n.* [C] *(chim.)* **alcaloide.**

all [ɔ:l] *n., a., pron.* e *avv.* **1 tutto, tutta; tutti, tutte**: *they all (o all of them),* essi tutti; tutti loro **2 ogni; qualsiasi**: *beyond all doubt,* fuor d'ogni dubbio □ *all manner of men,* qualsiasi genere d'uomini **3 del tutto; completamente**: *to be all worn out,* essere completamente sfinito ● *all alone,* da solo; da sé □ *all along,* fin dal principio □ *all at once,* tutto a un tratto: *to disappear all at once,* sparire tutto a un tratto □ *all at once,* tutti in una volta; tutti insieme: *to speak all at once,* parlare tutti in una volta □ *(fam.) all the best,* tanti auguri; tante cose □ *all the better (the worse),* tanto meglio (peggio) □ *all day (night),* tutto il giorno (tutta la notte) □ *all day long,* tutto il santo giorno □ *to be all eyes (ears),* essere tutt'occhi (orecchi) □ *all in all,* tutto considerato, tutto sommato; la cosa più cara □ *all of a sudden,* tutt'a un tratto, improvvisamente □ *(fam.) all out,* a tutta forza; mettendocela tutta □ *All right!,* d'accordo!; (va) bene! □ *to be all right,* stare bene □ *all told,* in tutto □ *all the way,* lungo tutto il cammino; *(fig.)* fino in fondo □ *above all,* soprattutto □ *after all,* dopo tutto □ *at all,* affatto; per nulla □ *for all I know,* per quel che so io; per quanto sappia □ *for all that,* nonostante tutto; con tutto ciò: *For all that, I shall go,* nonostante tutto, andrò; *For all that, you must not forget he is your brother,* con tutto ciò, non devi dimenticare che è tuo fratello □ *for good and all,* per sempre □ *in all,* in tutto □ *(fam.) not to be all there,* essere via con la testa; essere svanito □ *once for all,* una volta per tutte □ *one and all,* dal primo all'ultimo □ *when all is said and done,* in fin dei conti; alla fin fine; tutto considerato □ *It is all one to me,* per me è lo stesso (o è tutt'uno) □ *It is all up, we are defeated,* è finita, siamo sconfitti □ *I will do my all to help you,* farò di tutto (o l'impossibile) per aiutarti.

to **allay** [ə'lei] *v. t.* **diminuire; alleviare; lenire; calmare.**

allegation [ˌæle'geiʃən] *n.* [C] ***1*** **dichiarazione; affermazione; asserzione** ***2*** *(leg.)* **allegazione.**

to **allege** [ə'ledʒ] *v. t.* ***1*** **dichiarare; affermare; asserire** ***2*** **allegare; addurre** (scuse, pretesti); **citare** (ragioni) ● *the alleged murderer,* il presunto assassino.

allegedly [ə'ledʒidli] *avv.* ***1*** **secondo quanto si asserisce; presumibilmente** ***2*** *(leg.)* **secondo l'accusa.**

allegiance [ə'li:dʒəns] *n.* [U] ***1*** **fedeltà** (di suddito a sovrano, di cittadino a governo) ***2*** **lealtà; devozione** (a una causa, a una persona).

allegoric(al) [ˌæle'gɔrik(əl)] *a.* **allegorico.**

allegorist ['æligərist] *n.* **allegorista.**

to **allegorize** ['æligəraiz] ***A*** *v. t.* ***1*** **volgere in allegoria** ***2*** **rappresentare con allegorie** ***B*** *v. i.* **creare (o servirsi di) allegorie.**

allegory ['æligəri] *n.* [U] e [C] **allegoria.**

allegretto [ˌæli'gretou] *(ital.) a., avv.* e *n.* (*pl.* **allegrettos**) *(mus.)* **allegretto.**

allegro [ə'leigrou] *(ital.) a., avv.* e *n.* (*pl.* **allegros**) *(mus.)* **allegro.**

alleluia(h) [ˌæli'lu:jə] *inter.* e *n.* **alleluia!**

allergic [ə'lə:dʒik] *a. (med.)* **allergico.**

allergy ['ælədʒi] *n.* [C] e [U] ***1*** *(med.)* **allergia** ***2*** *(fig.)* **allergia; avversione; antipatia.**

to **alleviate** [ə'li:vieit] *v. t.* **alleviare; lenire.**

alleviation [əˌli:vi'eiʃən] *n.* [U] **alleviamento; lenimento.**

alley ['æli] *n.* [C] ***1*** **vicolo**: *a blind a.,* un vicolo cieco (anche *fig.)* ***2*** **viale** (di giardino o parco).

alliance [ə'laiəns] *n.* [U] e [C] ***1*** **alleanza** (di stati); **apparentamento** (di partiti) ***2*** **(l')imparentarsi** (di famiglie per matrimonio).

allied ['ælaid] *a.* ***1*** **alleato; apparentato** ***2*** **imparentato** ***3*** **simile; affine** ***4*** *(biol.)* **della stessa famiglia.**

alligator ['æligeitə*] *n. (zool.,* Alligator*)* **alligatore.**

all-important ['ɔ:lim'pɔ:tənt] *a.* **di somma importanza; essenziale.**

all-inclusive ['ɔ:lin'klu:siv] *a.* **comprensivo di tutto; tutto compreso.**

to **alliterate** [ə'litəreit] *v. t.* ***1*** **usare l'allitterazione** ***2*** **formare allitterazione.**

alliteration [əˌlitə'reiʃən] *n.* [U] **allitterazione.**

alliterative [ə'litərətiv] *a.* **allitterativo.**

all-knowing ['ɔ:l'nouiŋ] *a.* **onnisciente.**

to **allocate** ['æləkeit] *v. t.* ***1*** **stanziare** (in bilancio) ***2*** **assegnare.**

allocation [ˌælə'keiʃən] *n.* ***1*** [U] **stanziamento** (di fondi, ecc.) ***2*** [C] **somma stanziata** ***3*** [U] **assegnazione.**

allocution [ˌælou'kju:ʃən] *n.* [C] **allocuzione.**

allopathic(al) [ˌælə'pæθik(əl)] *a. (med.)* **allopatico.**

allopathy [ə'lɔpəθi] *n. (med.)* **allopatia.**

to **allot** [ə'lɔt] *v. t.* ***1*** **assegnare; concedere** ***2*** *(fin.)* **ripartire** (azioni o obbligazioni).

allotment [ə'lɔtmənt] *n.* ***1*** [U] **assegnazione; concessione** ***2*** [C] (anche *leg.)* **porzione; cosa assegnata; lotto di terra** (da coltivare).

all-out ['ɔ:laut] *a. (fam.)* **completo; incondizionato.**

to **allow** [ə'lau] ***A*** *v. t.* ***1*** **permettere; lasciare**: *to a. sb. to do st.,* permettere a q. di fare q.c. ***2*** **ammettere**: *Dogs are not allowed,* i cani non sono ammessi ***3*** **ammettere, riconoscere** (un fatto, ecc.) ***4*** **concedere; passare**: *I a. my son a pound a week,* passo a mio figlio una sterlina alla settimana ***5*** *(comm.)* **accordare** ***B*** to **allow oneself** *v. rifl.* **concedersi** ● *to a. for,* tener conto di □ *to a. of,* ammettere; tollerare.

allowable [ə'lauəbl] *a.* ***1*** **ammissibile** ***2*** **accordabile.**

allowance [ə'lauəns] *n.* [C] ***1*** **assegno; gratifica; indennità; somma di denaro concessa** (di tanto in tanto, per un dato scopo) ***2*** **concessione; assegnazione** ***3*** *(comm.)* **abbuono; sconto**: *a 3 per cent a.,* uno sconto del 3% ***4*** **razione** (di viveri): *to be put on a short a.,* essere messo a razione ridotta ● *family a.,* assegni familiari □ *lodging a.,* indennità d'alloggio □ *travelling a.,* indennità di viaggio □ *to make a. (o allowances) for st.,* tener conto di q.c.

allowedly [ə'lauidli] *avv.* **per riconoscimento generale; notoriamente.**

alloy ['ælɔi] *n.* [C] *(metall.)* **lega.**

to **alloy** [ə'lɔi] *v. t.* ***1*** *(metall.)* **amalgamare; legare** ***2*** **alterare; svilire.**

all-powerful ['ɔ:l'pauəful] *a.* **onnipotente.**

all-purpose ['ɔ:l,pə:pəs] *a.* **per tutti gli usi.**

all-red ['ɔ:l'red] *a.* **interamente britannico.**

all-round ['ɔ:lraund] *a.* ***1*** **versatile; completo** ***2*** *(comm.)* **globale**: *a. price,* prezzo globale; prezzo tutto incluso.

all-rounder ['ɔ:l'raundə*] *n. (fam.)* ***1*** **persona versatile** ***2*** *(sport)* **atleta completo.**

all-seeing ['ɔ:l'si:iŋ] *a.* **onniveggente.**

allspice ['ɔ:lspais] *n.* [U] **pepe della Giamaica.**

all-time ['ɔ:ltaim] *a. attr.* **massimo**: *(econ., fin.) a. high (low),* rialzo (ribasso) massimo ● *(sport) a. record,* primato assoluto.

to **allude** [ə'lu:d] *v. i.* **alludere.**

to **allure** [ə'ljuə*] *v. t.* **allettare; lusingare; sedurre.**

allurement [ə'ljuəmənt] *n.* [C] **allettamento; lusinga.**

alluring [ə'ljuəriŋ] *a.* **allettante; lusinghiero; seducente.**

allusion [ə'lu:ʒən] *n.* [C] e [U] **allusione.**

allusive [ə'lu:siv] *a.* **allusivo.**

alluvial [ə'lu:vjəl] *a. (geol.)* **alluvionale.**

alluvion [ə'lu:vjən] *n.* ***1*** [C] e [U] *(geol., leg.)* **alluvione** ***2*** [U] **materiale alluvionale.**

ally [ə'lai] *n.* [C] **alleato.**

to **ally** [ə'lai] ***A*** *v. t.* ***1*** **alleare** ***2*** **imparentare** ***B*** *v. i.* **allearsi.**

alma mater ['ælmə'meitə*] *(lat.) n.* **università** (detto, per lo più, di quella che si è frequentata): *my Alma Mater,* la mia università.

almanac ['ɔ:lmənæk] *n.* [C] **almanacco.**

almightiness [ɔ:l'maitinis] *n.* [U] **onnipotenza.**

almighty [ɔ:l'maiti] *a.* **onnipotente; onnipossente.**

almond ['a:mənd] ***A*** *n.* [C] ***1*** **mandorla** ***2*** (anche *a. tree)* mandorlo ***B*** *a.* **di mandorla; a mandorla**: *a. eyes,* occhi a mandorla.

almoner ['ælmənə*] *n.* ***1*** **elemosiniere** ***2*** **assistente sanitario (o sociale).**

almost ['ɔ:lmoust] *avv.* **quasi; pressoché.**

alms [a:mz] *n. (invar. al pl.)* **elemosina; carità**: *to give a.,* fare l'elemosina ● *a.-box,* cassetta delle elemosine □ *a.-house,* ospizio di carità.

aloe ['ælou] *n.* ***1*** [C] *(bot.,* Aloe*)* **aloe** ***2*** *(al pl., col verbo al sing.) (farm.)* **aloe.**

aloft [ə'lɔft] *avv.* e *a. pred.* ***1*** **in alto;** (anche *fig.)* **alto, elevato** ***2*** *(naut.)* **sull'alberatura** (di nave a vela); **sulle sartie; in coffa**: *A. there!,* voi, di coffa!

alone [ə'loun] *a. pred.* e *avv.* ***1*** **solo; isolato** ***2*** **soltanto; solamente** ● *to leave* (o *to let) a.,* lasciar stare; lasciare in pace □ *let a.,* per non parlare di; e tanto meno: *I haven't a penny, let a. a pound,* non ho un penny e tanto meno una sterlina.

along [ə'lɔŋ] ***A*** *prep.* **lungo; per**: *a. the wall,* lungo il muro □ *a. the road,* per la strada ***B*** *avv.* **avanti**: *Move a.!,* andate avanti!; circolate! ● *a. here (there),* da questa (quella) parte □ *a. with,* insieme con □ *all a.,* per tutto il tempo; sin da principio □ *to get a. well (together),* andar d'accordo.

alongshore [ə'lɔŋʃɔ(:)*] *avv.* **lungo la spiaggia (o la costa).**

alongside [ə'lɔŋ'said] ***A*** *avv.* ***1*** (anche *fig.)* **fianco a fianco** ***2*** *(naut.)* **sottobordo** ***B*** *prep.* **a fianco di; lungo** ● *to go a.,* accostare (una nave).

aloof [ə'lu:f] ***A*** *avv.* **a distanza; in disparte** ***B*** *a. pred.* ***1*** **distante; appartato** ***2*** **freddo; riservato** ● *to keep a.,* tenere (o tenersi) a distanza.

aloofness [ə'lu:fnis] *n.* [U] **distacco; freddezza; riserbo.**

aloud [ə'laud] *avv.* **forte; ad alta voce.**

alp [ælp] *n.* 🄲 **alpe; montagna.**

alpaca [æl'pækə] *n.* ***1*** 🄲 *(zool.,* Lama pacos*)* **alpaca** ***2*** 🅄 (tessuto) **alpaca.**

alpha ['ælfə] *n.* 🄲 ***1*** (prima lettera dell'alfabeto greco, *chim., astron.)* **alfa** ***2*** *(fig.)* **principio; inizio** ● *(fis. nucl.) a. particle,* particella alfa.

alphabet ['ælfəbit] *n.* 🄲 **alfabeto.**

alphabetic(al) [,ælfə'betik(əl)] *a.* **alfabetico.**

alpine ['ælpain] *a.* ***1*** **alpino** ***2*** **alpinistico.**

alpinism ['ælpinizəm] *n.* 🅄 **alpinismo.**

alpinist ['ælpinist] *n.* **alpinista.**

already [ɔ:l'redi] *avv.* **già; di già.**

Alsatian [æl'seiʃjən] ***A*** *a.* e *n.* **alsaziano** ***B*** *n. (*anche *A. dog)* **lupo alsaziano; (cane) pastore tedesco.**

also ['ɔ:lsou] *avv.* **anche; pure.**

also-ran ['ɔ:lsouræn] *n.* ***1*** *(ippica)* **cavallo non classificatosi** ***2*** *(fam.)* **candidato (o concorrente) perdente.**

altar ['ɔ:ltə*] *n.* 🄲 **altare**: *the high a.,* l'altar maggiore ● *a. boy,* chierico □ *a.-rail,* balaustra □ *to lead to the a.,* condurre all'altare; sposare.

altarpiece ['ɔ:ltə,pi:s] *n.* 🄲 *(arte)* **pala d'altare.**

to **alter** ['ɔ:ltə*] *v. t.* e *i.* ***1*** **alterare, alterarsi; cambiare, cambiarsi; mutare, mutarsi** ***2*** **ritoccare; fare modifiche a** (un vestito) ***3*** *(eufemistico)* **castrare** (un animale).

alterable ['ɔ:ltərəbl] *a.* **alterabile.**

alteration [,ɔ:ltə'reiʃən] *n.* ***1*** 🅄 e 🄲 **alterazione; cambiamento; mutamento** ***2*** 🄲 (di un abito) **modifica; ritocco.**

to **altercate** ['ɔ:ltə:keit] *v. i.* **altercare; litigare.**

altercation [,ɔ:ltə:'keiʃən] *n.* 🄲 **alterco; lite.**

alternate [ɔ:l'tə:nit] *a.* **alterno; alternato.**

to **alternate** ['ɔ:ltə:neit] *v. t.* e *i.* **alternare, alternarsi; avvicendare, avvicendarsi** ● *(fis.) alternating current,* corrente alternata.

alternation [,ɔ:ltə:'neiʃən] *n.* ***1*** 🅄 e 🄲 **alternazione; avvicendamento** ***2*** *(agric., biol., fis.)* **alternanza.**

alternative [ɔ:l'tə:nətiv] ***A*** *a.* ***1*** **alternativo** ***2*** **che offre un'alternativa** ***B*** *n.* 🄲 ***1*** **alternativa; dilemma** ***2*** **corno del dilemma; scelta; soluzione**: *to have no (other) a.,* non avere (altra) scelta.

alternator ['ɔ:ltə:,neitə*] *n.* 🄲 *(fis.)* **alternatore.**

although [ɔ:l'ðou] *cong.* **sebbene; benché; quantunque.**

altimeter [æl'timitə*] *n.* 🄲 *(aeron.)* **altimetro.**

altitude ['æltitju:d] *n.* 🄲 e 🅄 ***1*** *(geogr., astron.)* **altitudine**; *(*anche *geom.)* **altezza** ***2*** **luogo elevato**; *(*anche *fig.)* **posizione eccelsa** ***3*** *(aeron.)* **quota.**

alto ['æltou] *(ital.) n. (pl.* **altos***) (mus.)* ***1*** **contralto** (voce e cantante) ***2*** **spartito per contralto** ● *a. voice,* voce di contralto □ *a. saxophone,* sassofono contralto.

altogether [,ɔ:ltə'geðə*] ***A*** *avv.* ***1*** **del tutto; completamente** ***2*** **in complesso; tutto considerato** ***B*** *n.* — *(fam.) in the a.,* in costume adamitico; nudo.

altruism ['æltruizəm] *n.* 🅄 **altruismo.**

altruist ['æltruist] *n.* **altruista.**

altruistic [,æltru'istik] *a.* **altruistico.**

alum ['æləm] *n.* 🅄 *(chim.)* **allume.**

aluminium [,ælju'minjəm] *n.* 🅄 *(chim.)* **alluminio.**

alveolar [æl'viələ*] *a. (anat., fon.)* **alveolare.**

alveolus [æl'viələs] *n. (pl.* **alveoli** [æl'viəlai]*) (anat.)* **alveolo.**

always ['ɔ:lwəz] *avv.* **sempre**: *almost (*o *nearly) a.,* quasi sempre □ *not a.,* non sempre.

am [æm, əm] *prima pers. sing. indic. pres.* di to **be.**

amalgam [ə'mælgəm] *n.* 🄲 **amalgama.**

to **amalgamate** [ə'mælgəmeit] *v. t.* e *i.* **amalgamare, amalgamarsi; unire, unirsi; fondere, fondersi.**

amalgamation [ə,mælgə'meiʃən] *n.* 🅄 e 🄲 **amalgamazione; unione.**

amanuensis [ə,mænju'ensis] *n. (pl.* **amanuenses** [ə,mænju'ensi:z]*)* **amanuense.**

amaranth ['æmərænθ] *n.* ***1*** *(bot.,* Amaranthus*)* **amaranto** ***2*** 🅄 **(color) amaranto.**

amaryllis [,æmə'rilis] *n. (bot.,* Amaryllis belladonna*)* **amarillide; amarilli.**

to **amass** [ə'mæs] *v. t.* **ammassare; accumulare.**

amateur ['æmətə:*] *n.* **dilettante.**

amateurish [,æmə'tə:riʃ] *a.* **da dilettante; dilettantesco.**

amateurism ['æmətə:rizəm] *n.* 🅄 **dilettantismo.**

amatory ['æmətəri] *a.* **amatorio; erotico.**

to **amaze** [ə'meiz] *v. t.* **stupire; meravigliare; sorprendere; sbalordire.**

amazed [ə'meizd] *a.* **stupito; meravigliato; sorpreso; stupefatto** ● *to be a. at st.,* stupirsi di q.c.

amazement [ə'meizmənt] *n.* 🅄 **stupore; meraviglia; sorpresa** ● *to my a.,* con mio grande stupore.

amazing [ə'meiziŋ] *a.* **stupefacente; sorprendente.**

Amazon ['æməzən] *n.* ***1*** *(mitol.)* **Amazzone** ***2*** (di solito **amazon**) **amazzone; virago.**

ambassador [æm'bæsədə*] *n.* **ambasciatore.**

ambassadorial [æm,bæsə'dɔ:riəl] *a.* **di (o da) ambasciatore.**

ambassadress [æm'bæsədris] *n.* **ambasciatrice.**

amber ['æmbə*] *n.* 🅄 ***1*** **ambra** ***2*** **(color) ambra.**

ambergris ['æmbəgri(:)s] *n.* 🅄 **ambra grigia.**

ambidext(e)rous [,æmbi'dekstrəs] *a.* ***1*** **ambidestro** ***2*** **eccezionalmente abile; versatile** ***3*** **falso; infido; doppio.**

ambient ['æmbjənt] *a.* **circostante**: *the a. air,* l'aria circostante.

ambiguity [,æmbi'gjuiti] 🅄 e 🄲 **ambiguità.**

ambiguous [æm'bigjuəs] *a.* **ambiguo; equivoco.**

ambiguousness [æm'bigjuəsnis] *n.* 🅄 **ambiguità; equivocità.**

ambit ['æmbit] *n. (spesso al pl.)* ***1*** **ambito** ***2*** **raggio (o sfera) d'azione.**

ambition [æm'biʃən] *n.* ***1*** 🅄 e 🄲 **ambizione** ***2*** 🄲 **aspirazione.**

ambitious [æm'biʃəs] *a.* **ambizioso.**

ambivalence [æm'bivələns] *n.* 🅄 **ambivalenza.**

ambivalent [æm'bivələnt] *a.* **ambivalente.**

amble ['æmbl] *n. (con l'art. indeterm.)* ***1*** *(ippica)* **ambio** ***2*** **passo comodo.**

to **amble** ['æmbl] *v. i.* ***1*** *(ippica)* **ambiare; andare all'ambio** ***2*** **camminare lentamente.**

ambo ['æmbou] *n. (pl.* **ambos***) (archit.)* **ambone.**

ambrosia [æm'brouzjə] *n.* 🅄 **ambrosia** (anche *fig.*).

ambulance ['æmbjuləns] *n.* 🄲 **ambulanza.**

ambulatory ['æmbjulətəri] *a.* ***1*** **ambulatorio** ***2*** **ambulante.**

ambush ['æmbuʃ] *n.* 🄲 e 🅄 **imboscata; agguato**: *to make (*o *to lay) an a.,* tendere un'imboscata (o un agguato) □ *to lie in a. (for sb.),* mettersi in imboscata; stare in agguato.

to **ambush** ['æmbuʃ] ***A*** *v. t.* **tendere un'imboscata a** (q.); **tendere un agguato a** (q.) ***B*** *v. i.* **stare in agguato.**

to **ameliorate** [ə'mi:ljəreit] *v. t.* e *i.* **migliorare.**

amelioration [ə,mi:ljə'reiʃən] *n.* 🅄 e 🄲 **miglioramento.**

amen ['a:'men, 'ei'men] *inter.* e *n.* **amen; così sia.**

amenable [ə'mi:nəbl] *a.* ***1*** **responsabile**: *to be a. to the law,* essere responsabile di fronte alla legge ***2*** **suscettibile; sensibile**: *a. to flattery,* sensibile all'adulazione ***3*** (di cosa) **riconducibile**: *a. to the laws of physics,* riconducibile alle leggi della fisica ● *a. to reason,* ragionevole.

to **amend** [ə'mend] ***A*** *v. t.* **emendare; correggere; migliorare** ***B*** *v. i.* **emendarsi; rimettersi sulla retta via.**

amendment [ə'mendmənt] *n.* 🅄 e 🄲 **emendamento; correzione.**

amends [ə'mendz] *n. pl. (anche col verbo al sing.)* **ammenda; riparazione**: *to make a. (for),* fare ammenda (di).

amenity [ə'mi:niti] *n.* ***1*** 🅄 **amenità; piacevolezza** (di luoghi, persone) ***2*** *(al pl.)* **amenità; attrattive**: *the amenities of a place,* le attrattive di un luogo.

American [ə'merikən] *a.* e *n.* **americano** ● *A. English,* l'inglese parlato in America □ *A. Indian,* amerindio; indiano d'America.

Americanism [ə'merikənizəm] *n.* 🄲 e 🅄 **americanismo.**

Americanist [ə'merikənist] *n.* **americanista.**

Americanization [əˌmerikənai'zeiʃən] *n.* [U] americanizzazione.
to **Americanize** [ə'merikənaiz] **A** *v. t.* americanizzare **B** *v. i.* americanizzarsi.
Americanologist [əˌmerikə'nɔlədʒist] *n.* *(polit.)* americanologo.
Americanophobe [ə'merikənəˌfoub] *n.* *(polit.)* americanofobo.
americium [ˌæmə'risiəm] *n.* [U] *(chim.)* americio.
amethyst ['æmiθist] *n.* [U] e [C] *(miner.)* ametista.
amiability [ˌeimjə'biliti] *n.* [U] amabilità; affabilità.
amiable ['eimjəbl] *a.* amabile; affabile.
amicability [ˌæmikə'biliti] *n.* [U] amichevolezza.
amicable ['æmikəbl] *a.* amichevole.
amid(st) [ə'mid(st)] *prep.* **1** tra; fra; nel mezzo di **2** durante: *a. the dances,* durante le danze; fra una danza e l'altra.
amino acid [əˌmi:nou'æsid] *n.* [C] *(chim.)* amminoacido.
amiss [ə'mis] **A** *a. pred.* sbagliato; inopportuno; fuori luogo **B** *avv.* in modo sbagliato; inopportunamente; fuori luogo: *to speak a.,* parlare fuori luogo ● *to take st. a.,* offendersi.
amity ['æmiti] *n.* [U] amicizia; relazioni amichevoli.
ammeter ['æmitə*] *n.* *(fis.)* [C] amperometro.
ammonia [ə'mounjə] *n.* [U] ammoniaca.
ammunition [ˌæmju'niʃən] *n.* [U] *(mil.)* munizioni.
amnesia [æm'ni:zjə] *n.* [U] amnesia.
amnesty ['æmnesti] *n.* [C] e [U] (anche *leg.*) amnistia.
to **amnesty** ['æmnesti] *v. t.* amnistiare.
amoeba [ə'mi:bə] *n.* (*pl.* **amoebae** [ə'mi:bi:], **amoebas** [ə'mi:bəz]) *(biol.)* ameba.
amoebic [ə'mi:bik] *a.* *(med.)* amebico.
amok [ə'mɔk] *V.* **amuck.**
among(st) [ə'mʌŋ(st)] *prep.* fra; tra; in mezzo a.
amoral [æ'mɔrəl] *a.* amorale.
amorality [ˌæmə'ræliti] *n.* [U] amoralità.
amorous ['æmərəs] *a.* **1** amoroso **2** erotico; sensuale.
amorphism [ə'mɔ:fizəm] *n.* [U] amorfismo.
amorphous [ə'mɔ:fəs] *a.* amorfo.
amortization [əˌmɔ:ti'zeiʃən] *n.* [U] *(comm., leg.)* ammortamento; ammortizzamento.
to **amortize** [ə'mɔ:taiz] *v. t.* *(comm., leg.)* ammortare; ammortizzare.
amount [ə'maunt] *n.* [C] **1** ammontare; importo; somma totale **2** quantità: *a considerable a. of,* una notevole quantità di ● *a thing of little a.,* una cosa di poca importanza.
to **amount** [ə'maunt] *v. i.* **1** ammontare **2** equivalere (a); essere (come); essere lo stesso (che): *It amounts to saying he is a liar,* è come dire che è un mentitore.
amperage ['æmpəridʒ] *n.* *(fis.)* amperaggio.
ampere ['æmpɛə*] *n.* [C] *(fis.)* ampere.
ampersand ['æmpəsænd] *n.* [C] *(segno &)* « e » commerciale.
amphibian [æm'fibiən] *n.* [C] **1** *(bot., zool.)* anfibio **2** *(mil.)* mezzo anfibio; velivolo anfibio.
amphibious [æm'fibiəs] *a.* anfibio (di animale o veicolo).
amphipods ['æmfiˌpɔdz] *n. pl.* *(zool.,* Amphipoda*)* anfipodi.
amphitheatre ['æmfiˌθiətə*] *n.* [C] anfiteatro.
amphitryon [æm'fitriən] *n.* anfitrione.
amphora ['æmfərə] *n.* (*pl.* **amphorae** ['æmfəri:], **amphoras** ['æmfərəz]) *(archeol.)* anfora.
ample ['æmpl] *a.* **1** ampio; spazioso **2** (più che) sufficiente; bastevole: *Ten pounds will be a. for his needs,* dieci sterline saranno più che sufficienti per le sue necessità.
amplification [ˌæmplifi'keiʃən] *n.* **1** [U] amplificazione; ampliazione; allargamento **2** [C] aggiunta (di materiale o particolari).
amplifier ['æmplifaiə*] *n.* [C] *(fis., radio)* amplificatore.
to **amplify** ['æmplifai] **A** *v. t.* **1** ampliare; allargare; integrare (un rapporto) **2** *(fis., radio)* amplificare **B** *v. i.* diffondersi; dilungarsi.
amplitude ['æmplitju:d] *n.* [U] **1** (anche *fis., astron.*) ampiezza; estensione **2** abbondanza **3** sufficienza.
to **amputate** ['æmpjuteit] *v. t.* amputare.
amputation [ˌæmpju'teiʃən] *n.* [U] e [C] amputazione.
amuck [ə'mʌk] *avv.* — *to run a.,* correre in preda a furia omicida; diventare pazzo furioso.
amulet ['æmjulit] *n.* [C] amuleto.
to **amuse** [ə'mju:z] **A** *v. t.* divertire; dilettare; svagare **B** to **amuse oneself** *v. rifl.* divertirsi.
amusement [ə'mju:zmənt] *n.* **1** [U] spasso (di chi si diverte) **2** [C] divertimento; svago ● *a. arcade,* galleria dei divertimenti; sala giochi (con macchine mangiasoldi) □ *a. park,* parco dei divertimenti.
amusing [ə'mju:ziŋ] *a.* divertente; spassoso.
an [æn, ən] *art. indeterminativo* un, uno, una *V.* **a, an.**
Anabaptism [ˌænə'bæptizəm] *n.* [U] *(stor. relig.)* anabattismo.
Anabaptist [ˌænə'bæptist] *n.* *(stor. relig.)* anabattista.
anachronism [ə'nækrənizəm] *n.* [C] anacronismo.
anachronistic [əˌnækrə'nistik] *a.* anacronistico.
anacoluthon [ˌænəkə'lu:θɔn] *n.* (*pl.* **anacolutha** [ˌænəkə'lu:θə]) *(gramm.)* anacoluto.
anaemia [ə'ni:mjə] *n.* [U] *(med.)* anemia.
anaemic [ə'ni:mik] *a.* anemico (anche *fig.*).
anaesthesia [ˌænis'θi:zjə] *n.* [U] *(med.)* anestesia.
anaesthetic [ˌænis'θetik] *a.* e *n.* [C] *(med.)* anestetico.
anaesthetist [æ'ni:sθətist] *n.* *(med.)* anestesista.
to **anaesthetize** [æ'ni:sθitaiz] *v. t.* *(med.)* anestetizzare.
anagogic(al) [ˌænə'gɔdʒik(əl)] *a.* *(relig.)* anagogico.
anagogy ['ænəgɔdʒi] *n.* [U] *(relig.)* anagogia.
anagram ['ænəgræm] *n.* [C] anagramma.
anagrammatic(al) [ˌænəgrə'mætik(əl)] *a.* anagrammatico.
to **anagrammatize** [ænə'græmətaiz] *v. t.* anagrammare.
anal ['einəl] *a.* *(anat.)* anale.
analgesia [ˌænəl'dʒi:zjə] *n.* [U] *(med.)* analgesia.
analgesic [ˌænəl'dʒi:zik] *a.* e *n.* *(med.)* analgesico.
analogic(al) [ˌænə'lɔdʒik(əl)] *a.* analogico.
analogous [ə'næləgəs] *a.* analogo; simile.
analogy [ə'nælədʒi] *n.* [C] e [U] analogia (in tutti i sensi).
to **analyse** ['ænəlaiz] *v. t.* analizzare.
analysis [ə'næləsis] *n.* (*pl.* **analyses** [ə'næləˌsi:z]) analisi.
analyst ['ænəlist] *n.* **1** analista **2** (anche *psychoanalyst*) psicanalista.
analytic(al) [ˌænə'litik(əl)] *a.* analitico.
analytics [ˌænə'litiks] *n. pl.* *(col verbo al sing.)* analitica.
anapaest ['ænəpi:st] *n.* [C] *(poesia)* anapesto.
anarchic(al) [æ'na:kik(əl)] *a.* anarchico.
anarchism ['ænəkizəm] *n.* [U] anarchia; anarchismo.
anarchist ['ænə:kist] *n.* anarchico.
anarchy ['ænəki] *n.* [U] anarchia (anche *fig.*).
anathema [ə'næθimə] *n.* [C] anatema.
to **anathematize** [ə'næθimətaiz] **A** *v. t.* colpire con anatema; scomunicare **B** *v. i.* scagliare anatemi.
anatomic(al) [ˌænə'tɔmik(əl)] *a.* anatomico.
anatomist [ə'nætəmist] *n.* anatomista.
to **anatomize** [ə'nætəmaiz] *v. t.* anatomizzare (anche *fig.*).
anatomy [ə'nætəmi] *n.* [U] anatomia (anche *fig.*).
ancestor ['ænsistə*] *n.* [C] **1** antenato; avo **2** *(fig.)* antenato; prototipo.
ancestral [æn'sestrəl] *a.* atavico; avito.
ancestress ['ænsistris] *n.* [C] antenata; ava; progenitrice.
ancestry ['ænsistri] *n.* [U] lignaggio; schiatta; stirpe.
anchor ['æŋkə*] *n.* [C] *(naut.)* ancora (anche *fig.*) ● *to cast* (o *to drop*) *a.,* gettare l'ancora; *(fig.)* fermarsi,

stabilirsi (in un luogo) □ *to come to a.*, ancorarsi; *(fig.)* fermarsi, arrestarsi □ *to drag a.*, trascinare l'ancora sul fondo; *(fig.)* perdere terreno □ *to let go the a.*, mollare l'ancora □ *to ride (o to lie, to be) at a.*, essere all'ancora □ *to weigh a.*, levare l'ancora, salpare; *(fig.)* partire, andarsene.

to **anchor** ['æŋkə*] ***A*** *v. t.* **ancorare** (anche *fig.*) ***B*** *v. i.* **ancorarsi; gettare l'ancora.**

anchorage ['æŋkəridʒ] *n.* [C] ***1*** *(naut.)* **ancoraggio** ***2*** *(fig.)* **punto d'appoggio; appiglio** ● *a. dues,* diritti d'ancoraggio.

anchoress ['æŋkəris], *n.* **donna che vive da eremita.**

anchoret ['æŋkəret], **anchorite** ['æŋkərait] *n.* **anacoreta.**

anchorman ['æŋkəmən] *n.* *(pl.* **anchormen** ['æŋkəmən]) *(radio, telev.)* **radiocronista (o telecronista) di collegamento.**

anchovy ['æntʃouvi] *n.* [C] **acciuga**: *a. paste,* pasta d'acciughe.

to **anchylose** ['æŋkilouz] ***A*** *v. t.* **anchilosare** ***B*** *v. i.* **rimanere anchilosato.**

anchylosis [,æŋki'lousis] *n.* [U] *(med.)* **anchilosi.**

ancient ['einʃənt] *a.* **antico** ● *the ancients,* gli antichi; i classici □ *a.-looking,* antiquato.

ancillary [æn'siləri] ***A*** *a.* ***1*** **subordinato; dipendente** ***2*** **ausiliare; sussidiario** ***B*** *n.* **collaboratore; assistente.**

and [ænd, ənd] *cong.* ***1*** **e, ed** ***2*** **più**: *Seven and three makes ten,* sette più tre fa dieci ***3*** *(idiom.)* — *Try and come tomorrow,* cerca di venire domani ● *by and by,* fra poco; di lì a poco □ *now and then,* di quando in quando.

Andalusian [,ændə'lu(:)zjən] *a.* e *n.* **andaluso.**

andante [æn'dænti] *(ital.)* *avv.* e *n.* [C] *(mus.)* **andante.**

andiron ['ændaiən] *n.* [C] **alare** (da camino).

androgynous [æn'drɔdʒinəs] *a.* (specialm. *bot.)* **androgino.**

anecdotage ['ænik,doutidʒ] *n.* [U] **aneddotica.**

anecdotal [,ænik'doutl] *a.* ***1*** **aneddotico** ***2*** **ricco di aneddoti.**

anecdote ['ænikdout] *n.* [C] **aneddoto.**

anecdotic(al) [,ænik'dɔtik(əl)] *a.* **aneddotico.**

anemometer [,æni'mɔmitə*] *n.* *(fis.)* **anemometro.**

anemone [ə'neməni] *n.* [C] *(bot.,* Anemone*)* **anemone.**

aneroid ['ænərɔid] *a.* *(fis.)* **aneroide**: *an a. barometer,* un barometro aneroide.

aneurism, aneurysm ['ænjuərizəm] *n.* [U] e [C] *(med.)* **aneurisma.**

anew [ə'nju:] *avv.* ***1*** **di nuovo** ***2*** **in modo nuovo** (o **diverso)** ● *to begin a.,* rifarsi da capo; ricominciare.

anfractuosity [,ænfræktju'ɔsiti] *n.* [C] **anfrattuosità.**

anfractuous [æn'fræktjuəs] *a.* **anfrattuoso.**

angel ['eindʒəl] *n.* ***1*** **angelo** ***2*** *(fig.)* **messaggero** ● *(cucina) a. cake,* pan degli angeli.

angel-fish ['eindʒəl,fiʃ] *n.* *(zool.,* Squatina squatina*)* **pesce angelo; squadro.**

angelic(al) [æn'dʒelik(əl)] *a.* **angelico.**

Angelus ['ændʒiləs] *n.* *(relig.)* **angelus.**

anger ['æŋgə*] *n.* [U] **rabbia; collera; ira; stizza.**

to **anger** ['æŋgə*] *v. t.* **fare adirare; mandare in collera; irritare.**

Angevin ['ændʒivin] *a.* e *n.* *(stor.)* **angioino.**

angina [æn'dʒainə] *n.* [U] *(med.)* ***1*** **angina** ***2*** (anche *a. pectoris)* **angina pectoris.**

angle ['æŋgl] *n.* [C] ***1*** *(geom.)* **angolo** ***2*** **punto di vista; aspetto** (di un problema): *to consider st. from all angles,* considerare q.c. da tutti i punti di vista.

(1) to **angle** ['æŋgl] ***A*** *v. t.* ***1*** **piegare ad angolo** ***2*** *(fig.)* **presentare** (q.c.) **in modo tendenzioso** ***B*** *v. i.* **svoltare; girare.**

(2) to **angle** ['æŋgl] *v. i.* ***1*** **pescare con la lenza** ***2*** *(fig.)* **tender l'amo** ● *to a. for st.,* cercare di ottenere q.c. con l'astuzia.

angler ['æŋglə*] *n.* ***1*** **pescatore con la lenza** ***2*** *(zool.,* Lophius piscatorius*)* **rana pescatrice.**

Angles ['æŋglz] *n. pl.* *(stor.)* **Angli.**

angleworm ['æŋglwə:m] *n.* [C] **lombrico** (verme da esca).

Anglian ['æŋgliən] ***A*** *a.* **anglico** ***B*** *n.* ***1*** **Anglo** ***2*** **anglico** (la lingua).

Anglican ['æŋglikən] *a.* e *n.* *(relig.)* **anglicano.**

Anglicanism ['æŋglikənizəm] *n.* [U] *(relig.)* **anglicanesimo.**

anglicism ['æŋglisizəm] *n.* [C] **anglicismo; anglismo.**

anglicist ['æŋglisist] *n.* **anglista.**

to **anglicize** ['æŋglisaiz] *v. t.* **anglicizzare.**

angling ['æŋgliŋ] *n.* [U] **pesca con la lenza.**

Anglo-American ['æŋglou-ə'merikən] ***A*** *a.* **angloamericano** ***B*** *n.* **americano di origine inglese.**

Anglo-Catholic ['æŋglou'kæθəlik] *a.* e *n.* *(relig.)* **anglocattolico.**

Anglomania ['æŋglou'meinjə] *n.* [U] **anglomania.**

Anglomaniac ['æŋglou'meiniæk] *n.* **anglomane.**

Anglo-Norman ['æŋglou'nɔ:mən] *a.* e *n.* *(stor.)* **anglonormanno.**

Anglophile ['æŋgloufail] *n.* **anglofilo.**

Anglophilia [,æŋglou'filiə] *n.* [U] **anglofilia.**

Anglophobe ['æŋgloufoub] *n.* **anglofobo.**

Anglophobia [,æŋglou'foubjə] *n.* [U] **anglofobia.**

Anglo-Saxon ['æŋglou'sæksən] *a.* e *n.* **anglosassone** (anche la lingua).

angora [æŋ'gɔ:rə] *n.* [U] **angora; tessuto di lana d'Angora** ● *A. cat,* gatto d'Angora □ *A. goat,* capra d'Angora.

angostura [,ængɔs'tjuərə] *n.* [U] *(bot., farm.)* **angostura.**

angry ['æŋgri] *a.* **adirato; incollerito; arrabbiato; in collera** ● *to be a. at (o about) st.,* essere in collera per q.c. □ *to be a. with sb.,* essere in collera con q. □ *(letter.) a. young man,* « giovane arrabbiato » (intellettuale anticonformista) □ *to get a.,* adirarsi; arrabbiarsi □ *to make sb. a.,* fare andare in collera (o fare arrabbiare) q.

anguish ['æŋgwiʃ] *n.* [U] **dolore intenso; spasimo;** *(fig.)* **angoscia.**

anguished ['æŋgwiʃt] *a.* **angosciato; angustiato.**

angular ['æŋgjulə*] *a.* **angolare; angoloso** (anche *fig.).*

anhydrid(e) [æn'haidraid] *n.* [C] *(chim.)* **anidride.**

anhydrite [æn'haidrait] *n.* [U] *(miner.)* **anidrite.**

aniline ['ænili:n] *n.* [U] *(chim.)* **anilina** ● *a. dye,* colorante all'anilina.

animadversion [,ænimæd'və:ʃən] *n.* ***1*** [U] **critica; biasimo** ***2*** [C] **osservazione** (sfavorevole).

to **animadvert** [,ænimæd'və:t] *v. t.* — *to a. on st.,* criticare q.c.

animal ['æniməl] *n.* e *a.* **animale** (in ogni senso).

animalism ['æniməlizəm] *n.* [U] **sensualità.**

animality [æni'mæliti] *n.* ***1*** [U] **animalità** ***2*** *(collett.)* **il mondo animale.**

to **animalize** ['æniməlaiz] *v. t.* **abbrutire.**

animate ['ænimit] *a.* **animato; vivente;** *(fig.)* **vivace.**

to **animate** ['ænimeit] *v. t.* **animare** (in ogni senso).

animated ['ænimeitid] *a.* **animato**; *(fig.)* **vivace, acceso**: *a. cartoons,* disegni animati □ *an a. discussion,* una discussione animata.

animation [,æni'meiʃən] *n.* [U] **animazione; vivacità.**

animism ['ænimizəm] *n.* [U] *(filos.)* **animismo.**

animist ['ænimist] *n.* *(filos.)* **animista.**

animosity [,æni'mɔsiti] *n.* [U] **animosità; malanimo.**

animus ['æniməs] *n.* [U] *(anche con l'art. indeterm.)* **animosità; malanimo.**

anise ['ænis] *n.* *(bot.,* Pimpinella anisum*)* **anice.**

aniseed ['ænisi:d] *n.* [U] **semi di anice.**

anisette [,æni'zet] *n.* [U] **anisetta** (liquore).

ankle ['æŋkl] *n.* [C] *(anat.)* **caviglia** ● *(anat.) a. bone,* astragalo.

anklet ['æŋklit] *n.* [C] **catenella ornamentale che si porta alla caviglia.**

annalist ['ænəlist] *n.* **annalista.**

annalistic [ænə'listik] *a.* **annalistico.**

annals ['ænəlz] *n. pl.* **annali; cronache; rassegne.**

to **anneal** [ə'ni:l] *v. t.* ***1*** **ricuocere** (vetri, metalli) ***2*** *(fig.)* **fortificare; temprare.**

to **annex** [ə'neks] *v. t.* ***1*** *(polit.)* **annettere *2* aggiungere.**
annex(e) ['æneks] *n.* [C] ***1*** **edificio annesso *2* (documento) allegato.**
annexation [ˌænek'seiʃən] *n.* ***1*** [U] **annessione *2*** [C] **aggiunta.**
to **annihilate** [ə'naiəleit] *v. t.* **annientare; annichilire.**
annihilation [əˌnaiə'leiʃən] *n.* [U] **annientamento; annichilimento.**
anniversary [ˌæni'və:səri] *n.* [C] **anniversario.**
to **annotate** ['ænouteit] *v. t.* **annotare; chiosare.**
annotation [ˌænou'teiʃən] *n.* ***1*** [U] **annotazione *2*** [C] **annotazione; nota; chiosa.**
to **announce** [ə'nauns] *v. t.* **annunciare, annunziare** (in ogni senso).
announcement [ə'naunsmənt] *n.* [C] **annuncio, annunzio; notificazione; avviso; proclama.**
announcer [ə'naunse*] *n.* **annunciatore** (specialm. della radio e telev.); **presentatore.**
to **annoy** [ə'nɔi] *v. t.* **importunare; molestare; infastidire; dar noia a** (q.); **seccare.**
annoyance [ə'nɔiəns] *n.* [U] e [C] **seccatura; molestia; fastidio.**
annoyed [ə'nɔid] *a.* **irritato; contrariato; seccato; infastidito.**
annoying [ə'nɔiiŋ] *a.* **irritante; seccante; molesto; fastidioso.**
annual ['ænjuəl] ***A*** *a.* **annuo; annuale *B*** *n.* [C] ***1*** **pianta annua *2* annuario.**
annuitant [ə'njuitənt] *n.* **beneficiario di un vitalizio.**
annuity [ə'njuiti] *n.* [C] (anche *leg.*) **annualità; rendita annua** ● *life a.*, vitalizio.
to **annul** [ə'nʌl] *v. t.* **annullare; abrogare; revocare.**
annular ['ænjulə*] *a.* **anulare**: *(astron.) a. eclipse*, eclissi anulare.
annulate(d) ['ænjuleit(id)] *a.* **inanellato; ad anelli.**
annullable [ə'nʌləbl] *a.* **annullabile.**
annulment [ə'nʌlmənt] *n.* [U] e [C] **annullamento; abrogazione.**
annunciation [əˌnʌnsi'eiʃən] *n.* [U] e [C] **annunciazione; annuncio** ● *(relig.) the A.*, l'Annunciazione.
annunciator [ə'nʌnsieitə*] *n.* ***1*** **annunciatore *2* segnalatore elettrico.**
anode ['ænoud] *n.* [C] *(elettr.)* **anodo.**
anodyne ['ænoudain] ***A*** *a.* **anodino *B*** *n.* [C] *(farm.)* **calmante.**
to **anoint** [ə'nɔint] *v. t.* **ungere** (un sacerdote, un re); **consacrare.**
anomalous [ə'nɔmələs] *a.* **anomalo; irregolare.**
anomaly [ə'nɔməli] *n.* [C] **anomalia; irregolarità.**
anonym ['ænənim] *n.* [C] ***1*** **anonimo *2*** *(raro)* **pseudonimo.**
anonymity [ˌænə'nimiti] *n.* [U] **anonimia; anonimato.**
anonymous [ə'nɔniməs] *a.* **anonimo.**
anopheles [ə'nɔfəli:z] *n.* *(invar. al pl.) (zool.*, Anopheles*)* **anofele.**
anorexia [ˌænou'reksiə] *n.* [U] *(med.)* **anoressia.**
another [ə'nʌðə*] *a.* e *pron.* **un altro; un secondo**: *Give me a.*, dammene un altro ● *(pron. recipr.) one a.*, l'un l'altro.
answer ['a:nsə*] *n.* [C] **risposta** (in ogni senso) ● *in a. to*, in risposta a.
to **answer** ['a:nsə*] *v. t.* e *i.* ***1*** **rispondere** (in quasi tutti i sensi): *to a. a letter (the phone, the door, the bell)*, rispondere a una lettera (al telefono, alla porta, al campanello) □ *This answers my purpose*, ciò risponde al mio scopo ***2*** (anche *to a. a purpose*) **rispondere a uno scopo; esser utile; servire**: *That won't a. at all*, ciò non servirà affatto ● *(fam.) to a. back*, rispondere (in modo impertinente o sgarbato); ribattere, rimbeccare □ *to a. for*, rispondere di; essere responsabile di.
answerable ['a:nsərəbl] *a. pred.* **responsabile; garante.**
ant [ænt] *n.* **formica.**
antagonism [æn'tægənizəm] *n.* [U] **antagonismo; rivalità.**
antagonist [æn'tægənist] *n.* **antagonista; avversario.**
antagonistic [ænˌtægə'nistik] *a.* **antagonistico.**
to **antagonize** [æn'tægənaiz] *v. t.* ***1*** **contrapporsi a** (q.) ***2*** **inimicarsi.**
Antarctic [ænt'a:ktik] *a.* e *n.* *(geogr.)* **antartico.**
ante ['ænti] *n.* *(generalm. sing.) (poker)* **cip** ● *to raise the a.*, aumentare il cip; *(fig.)* rischiare una posta più alta.
ante- ['ænti] *pref.* **ante-, anti-** (denotano precedenza nel tempo o nello spazio); (talvolta) **pre-.**
ant-eater ['æntˌi:tə*] *n.* *(zool.*, Myrmecophaga*)* **formichiere.**
antebellum [ˌænti'beləm] *a.* **prebellico.**
antecedence [ˌænti'si:dəns] *n.* [U] **precedenza; antecedenza.**
antecedent [ˌænti'si:dənt] *a.* e *n.* [C] ***1*** *(gramm., mat.)* antecedente ***2*** **precedente** ● *a. to*, anteriore a.
to **antedate** ['æntiˌdeit] *v. t.* ***1*** **antidatare *2* precedere.**
antediluvian [ˌæntidi'lu:vjən] *a.* **antidiluviano** (anche *fig.*).
antelope ['æntiloup] *n.* *(zool.*, Antilope*)* **antilope.**
antemeridian [ˌæntimə'ridiən] *a.* **antimeridiano.**
antenatal [ˌænti'neitl] *a.* **prenatale** ● *a. clinic*, consultorio di maternità.
antenna [æn'tenə] *n.* ***1*** *(pl.* **antennae** [æn'teni:]*)* *(zool.)* **antenna *2*** *(pl.* **antennas***)* *(radio, telev.)* **antenna.**
antenuptial [ˌænti'nʌpʃəl] *a.* **prematrimoniale.**
antepenultimate [ˌæntipi'nʌltimit] *a.* e *n.* **terzultimo.**
anterior [æn'tiəriə*] *a.* **anteriore.**
anteriority [ˌæntiri'ɔriti] *n.* [U] **anteriorità.**
anteroom ['æntirum] *n.* [C] **anticamera.**
anthem ['ænθəm] *n.* [C] ***1*** **coro religioso *2* inno**: *the national a.*, l'inno nazionale.
anther ['ænθə*] *n.* [C] *(bot.)* **antera.**
ant-hill ['ænthil] *n.* [C] **formicaio.**
anthological [ˌænθə'lɔdʒikəl] *a.* **antologico.**
anthologist [æn'θɔlədʒist] *n.* **compilatore di antologie.**
anthology [æn'θɔlədʒi] *n.* [C] **antologia.**
anthracite ['ænθrəsait] *n.* [U] *(miner.)* **antracite.**
anthrax ['ænθræks] *n.* [U] *(vet., med.)* **antrace.**
anthropocentric [ˌænθrəpə'sentrik] *a.* *(filos.)* **antropocentrico.**
anthropoid ['ænθrəpɔid] *a.* e *n.* [C] **antropoide.**
anthropological [ˌænθrəpə'lɔdʒikəl] *a.* **antropologico.**
anthropologist [ˌænθrə'pɔlədʒist] *n.* **antropologo.**
anthropology [ˌænθrə'pɔlədʒi] *n.* [U] **antropologia.**
anthropomorphic [ˌænθrəpə'mɔ:fik] *a.* ***1*** **antropomorfico *2* antropomorfo.**
anthropomorphism [ˌænθrəpə'mɔ:fizəm] *n.* [U] **antropomorfismo.**
anthropophagi [ˌænθrə'pɔfəgai] *n. pl.* **antropofagi.**
anthropophagous [ˌænθrə'pɔfəgəs] *a.* **antropofago.**
anthropophagy [ˌænθrə'pɔfədʒi] *n.* [U] **antropofagia.**
(1) anti- ['ænti] *pref.* **anti-** (denota ostilità, opposizione, contrapposizione, prevenzione, impedimento e sim.); (talvolta) **contra-.**
(2) anti- ['ænti] *pref.* **anti-, ante-** (denotano precedenza nel tempo o nello spazio).
anti-aircraft [ˌænti'ɛəkra:ft] ***A*** *a.* **antiaereo; contraereo *B*** *n.* [U] **difesa contraerea.**
antibiotic [ˌæntibai'ɔtik] *a.* e *n.* [C] *(farm.)* **antibiotico.**
antibody ['æntiˌbɔdi] *n.* [C] *(biol.)* **anticorpo.**
antic ['æntik] *n.* *(di solito al pl.)* **buffonata; buffoneria; atteggiamento grottesco**: *the antics of a clown*, le buffonate di un pagliaccio.
antichrist ['æntikraist] *n.* **anticristo** ● *the A.*, l'Anticristo.
to **anticipate** [æn'tisipeit] *v. t.* ***1*** **prevedere; aspettarsi; pregustare *2* affrettare; accelerare *3* prevenire; precedere** (q.) ***4*** **usare** (o **spendere**) **in anticipo *5*** *(comm.)* **anticipare; pagare in anticipo.**

anticipation [æn,tisi'peiʃən] *n.* **1** [U] **previsione; aspettazione** **2** [C] e [U] **anticipazione** **3** [U] **pregustazione** ● *I thank you in a.*, nell'attesa vi ringrazio.
anticlerical [,ænti'klerikl] *a.* **anticlericale.**
anticlericalism [,ænti'klerikəlizəm] *n.* [U] **anticlericalismo.**
anticlimax [,ænti'klaimæks] *n.* [C] **1** *(retor.)* **anticlimax** **2** **doccia fredda; smontatura.**
anticlockwise [,ænti'klɔkwaiz] *a.* e *avv.* **(in senso) antiorario.**
anticoagulant [,æntikou'ægjulənt] *a.* e *n.* [C] *(farm.)* **anticoagulante.**
anticonstitutional [,ænti,kɔnsti'tjuʃənəl] *a.* *(polit.)* **anticostituzionale.**
anticrease [,æntikri:s] *a.* *(rif. a tessuto)* **antipiega.**
anticyclone [,ænti'saikloun] *n.* [C] *(meteorologia)* **anticiclone.**
anticyclonic [,æntisai'klɔnik] *a.* **anticiclonico.**
anti-dazzle [,ænti'dæzl] *a.* *(autom.)* **antiabbagliante; anabbagliante**: *a. headlights,* fari anabbaglianti.
antidemocratic [,ænti,demə'krætik] *a.* **antidemocratico.**
antidepressant [,æntidi'presənt] *a.* e *n.* [C] *(farm.)* **antidepressivo.**
antidote ['æntidout] *n.* [C] *(med., fig.)* **antidoto.**
antifebrile [,ænti'fi:brail] *a.* e *n.* [C] *(farm.)* **antifebbrile; febbrifugo.**
anti-Fascism [,ænti'fæʃizəm] *n.* [U] **antifascismo.**
anti-Fascist [,ænti'fæʃist] *a.* e *n.* **antifascista.**
anti-freeze ['ænti,fri:z] *n.* [U] *(autom.)* **(miscela) anticongelante.**
anti-freezing [,ænti'fri:ziŋ] *a.* *(autom.)* **anticongelante.**
antigen ['æntidʒən] *n.* [C] *(biol.)* **antigene.**
antihero ['ænti,hiərou] *n.* (*pl.* **antiheroes**) **antieroe.**
antiheroic [,æntihi'rouik] *a.* **antieroico.**
antihistamine [,ænti'histəmi:n] *n.* [C] e [U] *(farm.)* **antistaminico.**
antihypertensive [,ænti,haipə'tensiv] *a.* e *n.* [C] *(farm.)* **antipertensivo.**
anti-imperialism [,ænti-im'piəriəlizəm] *n.* [U] **antimperialismo.**
anti-imperialist [,ænti-im'piəriəlist] *a.* e *n.* **antimperialista.**
anti-inflationary [,ænti-in'fleiʃənəri] *a.* *(econ.)* **antinflazionistico.**
antiknock [,ænti'nɔk] *n.* [U] e *a.* *(chim.)* **antidetonante.**
antimacassar [,æntimə'kæsə*] *n.* [C] **coprischienale.**
antimatter ['ænti,mætə*] *n.* [U] *(fis. nucl.)* **antimateria.**
antimilitarism [,ænti'militərizəm] *n.* [U] **antimilitarismo.**
antimilitarist [,ænti'militərist] *n.* **antimilitarista.**
antimissile [,ænti'misail] *(mil.)* **A** *a.* **antimissile; antimissilistico** **B** *n.* [C] **missile antimissile.**
antimonarchical [,æntimɔ'na:kikəl] *a.* **antimonarchico.**
antimonarchist [,ænti'mɔnəkist] *n.* **antimonarchico.**
antimony ['æntiməni] *n.* [U] *(chim.)* **antimonio.**
antinational [,ænti'næʃənl] *a.* **antinazionale.**
antineuralgic [,æntinəv'rældʒik] *a.* e *n.* [C] *(farm.)* **antinevralgico.**
antinoise [,ænti'nɔiz] *a. attr.* *(autom., ind.)* **contro i rumori (molesti)**: *a. laws,* leggi contro i rumori.
antinomy [æn'tinəmi] *n.* [U] e [C] **antinomia.**
antipathetic(al) [æn,tipə'θetik(əl)] *a.* **1** **contrario; opposto; avverso** **2** **antipatico** (a).
antipathic [,ænti'pæθik] *a.* **1** **contrario; opposto** **2** *(med.)* **che presenta (o produce) sintomi contrari.**
antipathy [æn'tipəθi] *n.* [U] e [C] **antipatia; avversione.**
antipersonnel [,ænti,pə:sə'nel] *a.* *(mil.)* **antiuomo** (di bombe, mine e missili).
antiphlogistic ['æntiflou'dʒistik] *a.* e *n.* [C] *(farm.)* **antiflogistico.**
antiphon ['æntifɔn] *n.* [C] *(mus., relig.)* **antifona.**
antiphony [æn'tifəni] *n.* *(mus., relig.)* **1** [C] **antifona** **2** [U] **antifonia.**
antipodal [æn'tipədl] *a.* **1** **che sta agli antipodi** **2** *(fig.)* **diametralmente opposto.**
antipodes [æn'tipədi:z] *n. pl.* **antipodi** (anche *fig.*).
antipole ['æntipoul] *n.* **polo opposto.**
antipope ['æntipoup] *n.* **antipapa.**
antipyretic [,æntipai'retik] *a.* e *n.* [C] *(farm.)* **antipiretico; febbrifugo.**
antipyrin(e) [,ænti'paiərin] *n.* [U] *(farm.)* **antipirina.**
antiquarian [,ænti'kwɛəriən] **A** *a.* **1** **antiquario** **2** **archeologico**: *a. researches,* ricerche archeologiche **B** *n.* **1** **antiquario** **2** **archeologo.**
antiquary ['æntikwəri] *n.* **1** **antiquario** **2** **collezionista di antichità.**
antiquated ['æntikweitid] *a.* **antiquato.**
antique [æn'ti:k] **A** *a.* **1** **antico** **2** **antiquato** **3** **arcaico** **4** **classico** **B** *n.* [C] **1** **pezzo archeologico** **2** **oggetto artistico antico** ● *the a.*, l'antico (lo stile) □ *a. dealer,* antiquario □ *a. furniture,* mobili d'antiquariato.
antiquity [æn'tikwiti] *n.* **1** [U] **antichità** (specialm. classica) **2** *(al pl.)* **(le) antichità** (opere d'arte, monumenti); **(i) costumi** (o **fatti storici**) **antichi.**
anti-rust [,ænti'rʌst] *a.* e *n.* **antiruggine.**
anti-Semite [,ænti'si:mait] *n.* **antisemita.**
anti-Semitic [,æntisi'mitik] *a.* **antisemita.**
anti-Semitism [,ænti'semitizəm] *n.* [U] **antisemitismo.**
antiseptic [,ænti'septik] *a.* e *n.* [C] *(farm.)* **antisettico.**
anti-skid [,ænti'skid] *a.* *(autom.)* **antisdrucciolevole; antislittante.**
antislavery [,ænti'sleivəri] **A** *n.* [U] **antischiavismo** **B** *a.* **antischiavista.**
antisocial [,ænti'souʃəl] *a.* **antisociale.**
antisplash [,ænti'splæʃ] *a.* **antispruzzo** ● *(autom.)* *a. guard,* paraspruzzi.
anti-tank [,ænti'tænk] *a.* *(mil.)* **anticarro; controcarri**: *a. ditch,* fossato anticarro □ *a. missile,* missile controcarri.
anti-theft [,ænti'θeft] *a.* **antifurto**: *an a. device,* un dispositivo antifurto.
antithesis [æn'tiθisis] *n.* (*pl.* **antitheses** [æn'tiθisi:z]) **antitesi.**
antithetic(al) [,ænti'θetikəl] *a.* **antitetico.**
antitoxin [,ænti'tɔksin] *n.* [C] *(biol., med.)* **antitossina.**
antitrades [,ænti'treidz] *n. pl.* *(meteorologia)* **controalisei.**
antler ['æntlə*] *n.* [C] **1** **corno ramificato** (di cervo e sim.) **2** **ramificazione** (di corno); **palco.**
antlered ['æntləd] *a.* **che ha corna ramificate.**
ant-lion ['ænt,laiən] *n.* *(zool.,* Myrmeleon formicarius*)* **formicaleone.**
antonomasia [,æntənou'meiʃiə] *n.* [U] *(retor.)* **antonomasia.**
antonym ['æntənim] *n.* [C] **antonimo; opposto.**
anus ['einəs] *n.* [C] *(anat.)* **ano.**
anvil ['ænvil] *n.* [C] (anche *anat.*) **incudine.**
anxiety [æŋ'zaiəti] *n.* **1** [U] e [C] **ansia; inquietudine; ansietà** **2** [U] **forte desiderio; bramosia.**
anxious ['æŋkʃəs] *a.* **1** **ansioso; inquieto** **2** **inquietante; preoccupante** **3** **vivamente desideroso; bramoso; impaziente.**
(1) any ['eni] *a.* e *pron. indef.* **1** *(generalm. in frasi neg., interr., dubit. e condiz.)* **qualche; nessuno, nessuna; alcuno, alcuna, alcuni, alcune; un po' di; del, della, dei, delle** *(partitivo)*; **affatto; ne**: *There isn't any bread,* non c'è (affatto) pane □ *Have you got any matches?,* hai (dei) fiammiferi? □ *I haven't any,* non ne ho **2** *(in frasi afferm.)* **qualsiasi; qualunque; ogni; chiunque; ognuno**: *Any colour will do,* qualsiasi colore andrà bene □ *Come at any time,* vieni in qualunque momento (o quando vuoi) ● *if any,* se ce n'è; se ve ne sono: *There are few honest people, if any, in this world,* ci sono poche persone oneste, se pur ve ne sono, a questo mondo.
(2) any ['eni] *avv.* **un po'; in qualche misura**: *Are you any better to-day?,* stai un po' meglio oggi? ● *not... any,* non... affatto: *I don't feel any better,* non mi sento affatto

meglio □ *Buy it, if it's any good,* compralo, se può servire □ *It isn't any good,* non serve a nulla.
anybody ['eni,bɔdi] *pron. indef.* ***1*** *(in frasi neg., interr., dubit. e condiz.)* **qualcuno** *(anche nel senso di:* persona importante); **nessuno:** *Is there a. here?,* c'è nessuno (o qualcuno) qui? □ *There isn't a.,* non c'è nessuno ***2*** *(in frasi afferm.)* **chiunque**: *A. can do that,* chiunque sa farlo.
anyhow ['enihau] *avv.* ***1*** *(in frasi neg., interr., ecc.)* **in nessun modo; in modo alcuno**: *We could not get in a.,* non riuscimmo a entrare in nessun modo ***2*** *(in frasi afferm.)* **in un modo qualsiasi; in qualunque modo; alla meglio; a ogni modo**: *He does his work a.,* fa il suo lavoro alla meglio □ *I'll see him a.,* lo vedrò a ogni modo.
anyone ['eniwʌn] *V.* **anybody.**
anything ['eniθiŋ] ***A*** *pron. indef.* ***1*** *(in frasi neg., interr., ecc.)* **qualche cosa; qualcosa; alcuna cosa; alcunché; niente; nulla**: *There isn't a. for you,* non c'è niente per te □ *Can you see a.?,* vedi nulla (o qualcosa)? □ *without saying a.,* senza dir niente ***2*** *(in frasi afferm.)* **qualunque cosa; qualsiasi cosa** ***B*** *avv. (in frasi neg., interr.)* **affatto; un poco; in qualche modo; in alcun modo; in alcuna misura**: *He isn't a. like he used to be,* non è affatto com'era un tempo ● *(fam.) like a.,* in modo straordinario; moltissimo; da matti: *to work like a.,* lavorare da matti.
anyway ['eniwei] ***A*** *avv.* ***1*** **in qualche modo** ***2*** **in ogni modo** ***B*** *cong.* **comunque; a ogni modo.**
anywhere ['eniwɛə*] *avv.* ***1*** *(in frasi neg., interr., ecc.)* **in qualche luogo** (o **posto**)**; da qualche parte; in nessun luogo** (o **posto**)**; da nessuna parte**: *Are you going a. to-morrow?,* vai in qualche posto domani? ***2*** *(in frasi afferm.)* **dovunque; in qualsiasi luogo** (o **posto**)**; da qualunque parte**: *You can go a.,* puoi andare dovunque (o in qualsiasi luogo) ● *(fam.) not to get a.,* non approdare a nulla.
aorta [ei'ɔ:tə] *n.* [C] *(anat.)* **aorta.**
apace [ə'peis] *avv. (lett.)* **di buon passo; velocemente; in fretta.**
apanage ['æpənidʒ] *n.* [C] (anche *fig.*) **appannaggio.**
apart [ə'pa:t] *avv.* ***1*** **da (una) parte; a una certa distanza** ***2*** **separatamente; in disparte**: *to stand a.,* stare in disparte ***3*** **da parte**: *to set a.,* mettere da parte (q.c.) ***4*** **a parte**: *joking a.,* a parte gli scherzi ● *a. from,* a parte; oltre a □ *to keep a.,* tener separato □ *to tell a.,* distinguere: *They are twins and I cannot tell them a.,* sono gemelli e non distinguo l'uno dall'altro.
apartheid [ə'pa:theit] *n. (polit.)* **discriminazione e segregazione razziale** (nel Sud Africa).
apartment [ə'pa:tmənt] *n.* [C] ***1*** **camera** (di solito ammobiliata) ***2*** *(al pl.)* **appartamento ammobiliato**: *to take apartments,* prendere in affitto un appartamento ammobiliato ***3*** (specialm. *USA*) **appartamento.**
apathetic(al) [,æpə'θetik(əl)] *a.* **apatico; indifferente.**
apathy ['æpəθi] *n.* [U] **apatia; indifferenza.**
ape [eip] *n.* ***1*** **scimmia** (specialm. senza coda) ***2*** *(fig.)* **imitatore** ● *to play the ape,* fare la scimmia; scimmiottare; contraffare.
to **ape** [eip] *v. t.* **scimmiottare; imitare (scioccamente).**
apeak [ə'pi:k] *avv.* e *a. pred. (naut.)* **a picco.**
aperient [ə'piəriənt] *a.* e *n.* [C] *(farm.)* **lassativo; purgante** (ad azione blanda).
aperitif [a(:)pəri(:)'ti:f] *(franc.) n.* [C] **aperitivo.**
aperitive [ə'peritiv] *a.* e *n.* [C] **lassativo.**
aperture ['æpətjuə*] *n.* [C] **apertura; pertugio.**
apex ['eipeks] *n.* (*pl.* **apexes** ['eipeksiz], **apices** ['eipisi:z]) *(geom., fig.)* **apice; vertice; sommità.**
aphasia [ə'feizjə] *n.* [U] *(med.)* **afasia.**
aphelion [æ'fi:ljən] *n.* (*pl.* **aphelia** [æ'fi:ljə]) *(astron.)* **afelio.**
aphid ['eifid], **aphis** ['eifis] *n.* (*pl.* **aphides** ['eifidi:z]) *(zool.)* **afide.**
aphonia [æ'founjə], *n.* [U] *(med.)* **afonia.**
aphonic [æ'fɔnik], **aphonous** ['æfənəs] *a. (med.)* **afono.**
aphorism ['æfərizəm] *n.* [C] **aforismo; aforisma.**
aphoristic(al) [,æfə'ristik(əl)] *a.* **aforistico.**
aphrodisiac [,æfrou'diziæk] *a.* e *n.* [C] **afrodisiaco.**
aphtha ['æfθə] *n.* (*pl.* **aphthae** ['æfθi:]) *(med.)* **afta.**
apiarist ['eipiərist] *n.* **apicoltore.**
apiary ['eipiəri] *n.* [C] **apiario; alveare; arnia.**
apiculture ['eipi,kʌltʃə*] *n.* [U] **apicoltura.**
apiece [ə'pi:s] *avv.* **a testa; per ciascuno.**
apish ['eipiʃ] *a.* ***1*** **scimmiesco** ***2*** **sciocco; fatuo.**
aplomb [ə'plɔm] *n.* [U] ***1*** **appiombo; dirittura perpendicolare** ***2*** **sicurezza; padronanza di sé.**
apnoea [æp'ni:ə] *n.* [U] *(med.)* **apnea.**
apocalypse [ə'pɔkəlips] *n.* [C] **apocalisse.**
apocalyptic(al) [ə,pɔkə'liptik(əl)] *a.* **apocalittico.**
apocrypha [ə'pɔkrifə] *n. pl.* **scritti apocrifi.**
apocryphal [ə'pɔkrifəl] *a.* **apocrifo; spurio.**
apodictic [,æpou'diktik], **apodeictic** [,æpou'daiktik] *a.* **apodittico.**
apodosis [ə'pɔdəsis] *n.* (*pl.* **apodoses** [ə'pɔdə,si:z]) *(gramm.)* **apodosi.**
apogee ['æpoudʒi:] *n.* [C] *(astron.)* **apogeo** (anche *fig.*).
apologetic(al) [ə,pɔlə'dʒetik(əl)] *a.* ***1*** **di scusa; contrito**: *an a. letter,* una lettera di scuse □ *an a. behaviour,* un contegno contrito ***2*** **apologetico.**
apologetics [ə,pɔlə'dʒetiks] *n. pl. (col verbo al sing.)* **apologetica.**
apologia [,æpə'loudʒiə] *n.* [C] **apologia;** (spesso) **autodifesa.**
apologist [ə'pɔlədʒist] *n.* **apologista; apologeta.**
to **apologize** [ə'pɔlədʒaiz] *v. i.* **scusarsi; chiedere scusa**: *to a. to sb. for st.,* scusarsi con q. di q.c.
apologue ['æpəlɔg] *n.* [C] **apologo.**
apology [ə'pɔlədʒi] *n.* [C] ***1*** **scusa** ***2*** **apologia; difesa** ● *to make an a. to sb.,* fare le proprie scuse a q. □ *to offer one's apologies,* presentare le proprie scuse.
apoplectic [,æpə'plektik] *a.* e *n. (med.)* **apoplettico.**
apoplexy ['æpəpleksi] *n.* [U] *(med.)* **apoplessia.**
apostasy [ə'pɔstəsi] *n.* [U] e [C] **apostasia.**
apostate [ə'pɔstit] ***A*** *n.* **apostata** ***B*** *a.* **reo di apostasia.**
apostle [ə'pɔsl] *n.* **apostolo** (in tutti i sensi); **fautore.**
apostolate [ə'pɔstəlit] *n.* [C] **apostolato.**
apostolic(al) [,æpəs'tɔlik(əl)] *a.* **apostolico.**
(1) apostrophe [ə'pɔstrəfi] *n.* [C] *(retor.)* **apostrofe.**
(2) apostrophe [ə'pɔstrəfi] *n.* [C] *(gramm.)* **apostrofo.**
to **apostrophize** [ə'pɔstrəfaiz] *v. t.* e *i. (retor., gramm.)* **apostrofare.**
apothecary [ə'pɔθikəri] *n. (arc.)* **farmacista.**
apothem ['æpəθem] *n.* [C] *(geom.)* **apotema.**
apotheosis [ə,pɔθi'ousis] *n.* (*pl.* **apotheoses** [ə,pɔθi'ousi:z]) **apoteosi** (anche *fig.*).
to **appal** [ə'pɔ:l] *v. t.* **atterrire; spaventare.**
appalling [ə'pɔ:liŋ] *a.* **terrificante; spaventoso.**
appanage ['æpənidʒ] *V.* **apanage.**
apparatus [,æpə'reitəs] *n.* (*pl.* **apparatuses** [,æpə'reitəsiz], **apparatus**) **apparato;** *(ind., fis.)* **apparecchio, impianto**: *a central-heating a.,* un impianto di riscaldamento centrale □ *(anat.) the digestive a.,* l'apparato digerente.
apparel [ə'pærəl] *n.* [U] ***1*** *(lett.)* **veste; abbigliamento** ***2*** *(naut.)* **armamento** (di una nave).
to **apparel** [ə'pærəl] *v. t. (lett.)* **vestire; rivestire.**
apparent [ə'pærənt] *a.* ***1*** **evidente; manifesto; ovvio** ***2*** **apparente.**
apparently [ə'pærəntli] *avv.* ***1*** **evidentemente; manifestamente; ovviamente** ***2*** **apparentemente; a quanto pare.**
apparition [,æpə'riʃən] *n.* [C] **apparizione; fantasma.**
appeal [ə'pi:l] *n.* ***1*** [C] (anche *leg.*) **appello** ***2*** [U] **ricorso**: *to make a. to force,* far ricorso alla forza ***3*** [U] **richiamo; attrazione; interesse**: *sex a.,* l'attrazione del sesso; il fascino femminile.
to **appeal** [ə'pi:l] *v. i.* ***1*** **appellarsi; fare appello;** *(leg.)* **ricorrere in appello** (contro): *to a. to the law,* appellarsi

alla legge **2 ricorrere** (a) **3 attrarre; interessare; andare (a genio)**: *Would it a. to you to come with us to the theatre?*, ti andrebbe (a genio) di venire a teatro con noi? ● *to a. to the country,* sciogliere il Parlamento e indire le elezioni.

appealing [ə'pi:liŋ] *a.* **1 supplichevole 2 attraente.**

to **appear** [ə'piə*] *v. i.* **1 apparire; comparire; farsi vedere 2 apparire; parere; sembrare**: *He appears to be better,* sembra stia meglio □ *It appears to me,* mi pare **3** *(leg.)* **comparire** (davanti al giudice); **presentarsi in giudizio 4** (di attori, oratori, musicisti) **esibirsi** (in pubblico) **5** (di libro, articolo) **essere dato alle stampe; essere pubblicato.**

appearance [ə'piərəns] *n.* [C] **1 apparizione; atto di presenza; comparsa**: *to put in an a.,* fare atto di presenza **2 apparenza**: *to all appearances,* all'apparenza; a quanto pare □ *to judge by appearances,* giudicare dalle apparenze □ *to keep up (o to save) appearances,* salvare le apparenze **3 (falsa) impressione 4** *(leg.)* **comparizione; costituzione** (in giudizio) **5** (di attori, ecc.) **esibizione 6** (di libro, articolo) **pubblicazione** ● *in a.,* in apparenza □ *(teatr.) to make one's first a.,* fare il proprio debutto; debuttare.

to **appease** [ə'pi:z] *v. t.* **placare; calmare; acquietare.**

appeasement [ə'pi:zmənt] *n.* [U] **1 pacificazione; acquietamento 2 politica di eccessive concessioni** (a un possibile aggressore).

appellant [ə'pelənt] *n. (leg.)* **appellante** (chi interpone appello).

appellation [ˌæpi'leiʃən] *n.* [C] **appellativo; denominazione.**

appellative [ə'pelətiv] *n.* [C] **1 appellativo 2 nome comune.**

to **append** [ə'pend] *v. t.* **apporre** (la firma); **aggiungere** (per iscritto).

appendage [ə'pendidʒ] *n.* [C] **aggiunta; annesso; complemento.**

appendicitis [əˌpendi'saitis] *n.* [U] *(med.)* **appendicite.**

appendicular [ˌæpən'dikjulə*] *a. (anat.)* **appendicolare.**

appendix [ə'pendiks] *n.* (*pl.* **appendices** [ə'pendisi:z], **appendixes** [ə'pendiksiz]) (in tutti i sensi, anche *anat.)* **appendice.**

to **appertain** [ˌæpə'tein] *v. i.* **essere pertinente** (a); **essere di pertinenza** (di).

appetence ['æpitəns], **appetency** ['æpitənsi] *n.* [C] e [U] **1 brama; desiderio; appetenza; appetito 2 affinità; attrazione** (verso q.c.); **inclinazione.**

appetite ['æpitait] *n.* [C] e [U] **appetito** (specialm. di cibo); **desiderio; brama.**

appetizer ['æpitaizə*] *n.* [C] **1 antipasto 2 aperitivo.**

appetizing ['æpitaiziŋ] *a.* **appetitoso.**

to **applaud** [ə'plɔ:d] *v. t.* e *i.* **applaudire; plaudire.**

applause [ə'plɔ:z] *n.* [U] **applauso; plauso.**

applausemeter [ə'plɔ:zˌmi:tə*] *n. (radio, telev.)* **applausometro.**

apple ['æpl] *n.* [C] **1 mela 2** (anche *a.-tree)* **melo** ● *the a. of discord,* il pomo della discordia (anche *fig.)* □ *the a. of one's eye,* la pupilla dei propri occhi □ *Adam's a.,* il pomo di Adamo □ *(fig.) to upset sb.'s a.-cart,* rompere le uova nel paniere a q.

applejack ['æpldʒaek] *n.* [U] (anche *apple brandy)* **acquavite di mele.**

apple-pie [ˌæpl'pai] *n.* [C] e [U] *(cucina)* **torta di mele** ● *(fam.) in a. order,* in perfetto ordine.

appliance [ə'plaiəns] *n.* **1** [C] **apparecchio; arnese; congegno; dispositivo 2** *(al pl.)* **attrezzature; accessori**: *office appliances,* attrezzature per ufficio.

applicable ['æplikəbl] *a.* **1 applicabile 2 appropriato; adatto.**

applicant ['æplikənt] *n.* [C] **richiedente** (un impiego, l'ammissione, ecc.); **aspirante** (a un posto); **candidato; postulante.**

application [ˌæpli'keiʃən] *n.* **1** [U] **applicazione** (in ogni senso); **assiduità; diligenza 2** [C] e [U] (anche *leg.)* **domanda; istanza; richiesta**: *to make an a. to sb.,* rivolgere un'istanza a q. □ *(comm.) samples on a.,* campioni su richiesta ● *(med.) for external a.,* per uso esterno □ *(comm.) free on a.,* gratis a richiesta.

applied [ə'plaid] *a.* **applicato**: *a. mathematics,* matematica applicata.

appliqué [ə'pli:kei] *(franc.) n.* [C] e [U] *(moda)* **applicazione.**

to **appliqué** [ə'pli:kei] *v. t. (moda)* **ornare con applicazioni.**

to **apply** [ə'plai] **A** *v. t.* e *i.* **1** — *to a. for,* fare domanda formale (d'impiego, ecc.); richiedere; rivolgersi (a q.) per (q.c.) **2** — *to a. to,* riferirsi a **3 applicare; dare**: *to a. paint,* dare la vernice **4 essere valido**: *This rule doesn't always a.,* questa regola non è sempre valida **5 impiegare; adoperare; usare**: *to a. the brakes,* usare i freni; frenare **B** to **apply oneself (to)** *v. rifl.* **applicarsi** (a).

to **appoint** [ə'pɔint] *v. t.* **1** (anche *leg.)* **nominare; designare 2 prescrivere; ordinare 3 fissare; stabilire**: *on the day appointed,* nel giorno fissato.

appointment [ə'pɔintmənt] *n.* **1** [U] (anche *leg.)* **nomina 2** [C] e [U] **appuntamento**: *to keep an a.,* mantenere un appuntamento **3** [C] **posto; carica 4** *(al pl.)* **arredo; mobilio** ● *by the King's a.,* per ordine del re.

to **apportion** [ə'pɔ:ʃən] *v. t.* **ripartire.**

apportionment [ə'pɔ:ʃənmənt] *n.* [U] e [C] **ripartizione.**

to **appose** [æ'pouz] *v. t.* **apporre.**

apposite ['æpəzit] *a.* **appropriato; opportuno.**

apposition [ˌæpə'ziʃən] *n.* [U] e [C] **1** *(gramm.)* **apposizione 2** *(leg.)* **apposizione** (di sigillo).

appraisal [ə'preizəl] *n.* [U] e [C] (anche *leg.)* **valutazione; stima; perizia.**

to **appraise** [ə'preiz] *v. t.* (anche *leg.)* **valutare; stimare.**

appraiser [ə'preizə*] *n.* **stimatore**; *(leg.)* **perito stimatore** ● *a.'s report,* perizia.

appreciable [ə'pri:ʃəbl] *a.* **1 apprezzabile; stimabile; valutabile 2 considerevole; notevole; sensibile.**

to **appreciate** [ə'pri:ʃieit] **A** *v. t.* **1 apprezzare 2 valutare; stimare; comprendere B** *v. i.* **aumentare di valore; salire di prezzo.**

appreciation [əˌpri:ʃi'eiʃən] *n.* **1** [U] **apprezzamento; riconoscimento** (del valore di q.c.) **2** [C] **valutazione; stima 3** [U] **rivalutazione.**

appreciative [ə'pri:ʃjətiv] *a.* **1 che apprezza; che valuta 2 elogiativo; d'apprezzamento 3 grato; riconoscente.**

to **apprehend** [ˌæpri'hend] *v. t.* **1 arrestare** (un ladro) **2 afferrare** (con la mente); **comprendere; capire 3 temere.**

apprehensible [ˌæpri'hensibl] *a.* **comprensibile.**

apprehension [ˌæpri'henʃən] *n.* [U] **1** *(us. anche al pl.)* **apprensione; inquietudine; timore; paura 2 capacità d'intendere; intelligenza 3 arresto**: *the a. of a thief,* l'arresto d'un ladro.

apprehensive [ˌæpri'hensiv] *a.* **apprensivo; timoroso**: *a. of st.,* che ha timore di q.c. ● *to be a. for sb. (st.),* essere in ansia (o stare in pena) per q. (q.c.).

apprentice [ə'prentis] *n.* [C] **apprendista.**

to **apprentice** [ə'prentis] *v. t.* **mettere a mestiere; collocare come apprendista.**

apprenticeship [ə'prentiʃip] *n.* [U] **apprendistato; tirocinio**: *to serve one's a.,* fare il tirocinio.

to **apprise,** to **apprize** [ə'praiz] *v. t.* **informare; avvertire; avvisare** ● *to be apprised of st.,* essere messo al corrente di q.c.

appro ['æprou] *n.* (*abbr. fam.* di **approval**) — *(comm.) on a.,* in esame; in prova; salvo vista e verifica.

approach [ə'proutʃ] *n.* **1** [U] **avvicinamento; l'avvicinarsi 2** [U] **accesso**: *easy (difficult) of a.,* di facile (difficile) accesso **3** [C] **via d'accesso**; *(fig.)* **modo di dare inizio** (a uno studio, a un lavoro), **modo di affrontare** (un problema) **4** *(spesso al pl.)* **approccio.**

to **approach** [ə'proutʃ] **A** *v. i.* **avvicinarsi; approssimarsi B** *v. t.* **1 avvicinarsi a** (q. o q.c.) **2 avvicinare** (q. o q.c.); **rivolgere la parola a** (q.) **3 rivolgersi a** (q.); **parlare di** (q.c.).

approachable [ə'proutʃəbl] *a.* ***1*** **accessibile; avvicinabile** ***2*** *(fig., fam.:* rif. a persona*)* **accessibile; disponibile.**

approbation [ˌæprə'beiʃən] *n.* [U] ***1*** **approvazione** ***2*** *(comm.)* **prova**: *goods on a.*, merce in prova.

approbatory [æ'prɔbətəri] *a.* **approvativo; d'approvazione.**

appropriate [ə'proupriit] *a.* **appropriato; adatto.**

to **appropriate** [ə'prouprieit] *v. t.* ***1*** **impossessarsi di, appropriarsi** (q.c.) ***2*** **destinare** (a uno scopo); **stanziare.**

appropriateness [ə'proupriitnis] *n.* [U] **appropriatezza.**

appropriation [əˌproupri'eiʃən] *n.* ***1*** [U] **appropriazione** ***2*** [C] **stanziamento.**

approval [ə'pru:vəl] *n.* [U] ***1*** **approvazione; benestare** ***2*** *(comm.)* **prova**: *goods on a.*, merce in prova (o in esame).

to **approve** [ə'pru:v] *v. t.* e *i.* (anche *to a. of)* ***1*** **approvare; dare il proprio consenso a** ***2*** **sanzionare.**

approved [ə'pru:vd] *a.* **accettato; riconosciuto** ● *a. school,* riformatorio.

approver [ə'pru:və*] *n.* ***1*** **approvatore** ***2*** *(leg.)* **testimone a carico dei coimputati; delatore.**

approximate [ə'prɔksimit] *a.* **approssimativo.**

to **approximate** [ə'prɔksimeit] ***A*** *v. t.* ***1*** **avvicinarsi a; essere molto simile a** (q.c.) ***2*** **arrotondare** (una cifra) ***B*** *v. i.* — *to a. to,* accostarsi a; avvicinarsi a.

approximation [əˌprɔksi'meiʃən] *n.* [C] e [U] **approssimazione.**

appurtenance [ə'pə:tinəns] *n.* ***1*** [C] **cosa connessa** (ad altra); **accessorio; annesso** ***2*** *(al pl.)* **annessi e connessi.**

appurtenant [ə'pə:tinənt] ***A*** *a.* **pertinente** (a); **che appartiene** (a); **annesso** ***B*** *n.* [C] **cosa connessa; annesso; accessorio.**

après-ski [ˌæprei'ski:] *(franc.) a. attr. (abbigliamento)* **doposci.**

apricot ['eiprikɔt] *n.* ***1*** **albicocca** ***2*** *(anche a.-tree)* **albicocco** ***3*** [U] **(color) albicocca.**

April ['eiprəl] *n.* **aprile** ● *A. Fools' Day,* il primo d'aprile.

apriorism [ei'praiərism] *n.* [U] *(filos.)* **apriorismo.**

aprioristic [ˌeiˌpraiə'ristik] *a.* *(filos.)* **aprioristico.**

apron ['eiprən] *n.* [C] ***1*** **grembiule, grembiale** ***2*** (in un aeroporto) **area di stazionamento** ***3*** (anche *a. stage) (teatr.)* **proscenio** ● *a. string,* laccio di grembiule □ *(fig.) to be tied to one's mother's a. strings,* essere sempre attaccato alle sottane della madre.

apropos ['æprəpou] *(franc.) a.* e *avv.* **a proposito** ● *a. of,* a proposito di.

apse [æps] *n.* [C] *(archit.)* **abside.**

apt [æpt] *a.* ***1*** **adatto; atto; appropriato** ***2*** **sveglio; pronto** (di mente); **intelligente** ***3*** **propenso; soggetto** (a q.c.).

aptitude ['æptitju:d] *n.* ***1*** [U] **appropriatezza; opportunità; abilità** ***2*** [C] e [U] **attitudine; tendenza; propensione** ***3*** [U] **prontezza** (nell'apprendere); **intelligenza** ● *(psic.) a. test,* esame attitudinale.

aptness ['æptnis] *n.* [U] *V.* **aptitude.**

aqua ['ækwə] *(lat.) n.* (*pl.* **aquae** ['ækwi:], **aquas**) *(chim.)* **acqua**: *a. regia,* acqua regia.

aqualung ['ækwəlʌŋ] *n.* [C] *(sport)* **autorespiratore.**

aquamarine [ˌækwəmə'ri:n] *n.* [C] e [U] *(miner.)* **acquamarina.**

aquaplane ['ækwəˌplein] *n.* [C] **acquaplano.**

aquarium [ə'kwɛəriəm] *n.* (*pl.* **aquariums** [ə'kwɛəriəmz], **aquaria** [ə'kwɛəriə]) **acquario.**

Aquarius [ə'kwɛəriəs] *n. (astron., astrologia)* **Acquario.**

aquatic [ə'kwætik] *a.* **acquatico**: *a. sports,* sport acquatici.

aquatics [ə'kwætiks] *n. pl.* **sport acquatici.**

aqueduct ['ækwidʌkt] *n.* [C] ***1*** **acquedotto** ***2*** *(anat.)* **dotto; canale.**

aqueous ['eikwiəs] *a.* **acqueo; acquoso.**

aquiline ['ækwilain] *a.* **aquilino** ● *a. nose,* naso aquilino.

Arab ['ærəb] *a.* e *n.* **arabo.**

arabesque [ˌærə'besk] *n.* [C] **arabesco; rabesco.**

to **arabesque** [ˌærə'besk] *v. t.* **arabescare; rabescare.**

Arabian [ə'reibjən] *a.* e *n.* **arabo** ● *the A. Nights,* le Mille e una Notte.

Arabic ['ærəbik] ***A*** *a.* **arabico** ***B*** *n.* **arabo** (la lingua) ● *A. numerals,* numeri arabi.

arable ['ærəbl] *a.* **arabile.**

Aragonese [ˌærəgə'ni:z] *a.* e *n. (invar. al pl.)* **aragonese.**

araucaria [ˌærɔ:'kɛəriə] *n.* [C] *(bot.,* Araucaria*)* **araucaria.**

arbalest ['a(:)bəˌlest] *n.* [C] *(stor.)* **balestra.**

arbiter ['a:bitə*] *n.* **arbitro.**

arbitrage [ˌa:bi'tra:ʒ] *n.* [U] *(comm.)* ***1*** **arbitraggio** ***2*** *(leg.)* **arbitrato.**

arbitral ['a:bitrəl] *a.* **arbitrale.**

arbitrament [a:'bitrəmənt] *n.* [U] ***1*** **arbitrato** ***2*** *(sport)* **arbitraggio.**

arbitrariness ['a:bitrərinis] *n.* [U] **arbitrarietà.**

arbitrary ['a:bitrəri] *a.* ***1*** (anche *leg.)* **arbitrario** ***2*** **dispotico.**

to **arbitrate** ['a:bitreit] ***A*** *v. i.* **arbitrare; fare da arbitro** ***B*** *v. t.* **sottoporre ad arbitrato.**

arbitration [ˌa:bi'treiʃən] *n.* [U] ***1*** *(leg.)* **arbitrato** ***2*** *(comm.)* **arbitraggio.**

arbitrator ['a:bitreitə*] *n.* *(leg.)* **arbitratore; arbitro.**

arbitress ['a:bitris] *n.* **arbitra.**

arbor ['a:bə*] *n.* (*pl.* **arbores** ['a:bəriz]) *(bot.)* **albero** ● *A. Day, (USA)* festa degli alberi.

arboreal [a:'bɔ:riəl] *a.* ***1*** **arboreo** ***2*** **arboricolo.**

arboreous [a:'bɔ:riəs] *a.* ***1*** **arboreo** ***2*** **boscoso.**

arboriculture ['a:bəriˌkʌltʃə*] *n.* [U] **arboricoltura.**

arboriculturist [ˌa:bəri'kʌltʃərist] *n.* **arboricoltore.**

arbour ['a:bə*] *n.* [C] ***1*** **pergola; pergolato** ***2*** **recesso ombroso.**

arbutus [a:'bjutəs] *n.* *(bot.,* Arbutus unedo*)* **corbezzolo.**

arc [a:k] *n.* [C] *(geom., fis., astron.)* **arco.**

arcade [a:'keid] *n.* [C] ***1*** **portico; colonnato; galleria** ***2*** *(archit.)* **arcata.**

Arcadian [a:'keidjən] ***A*** *a.* **arcadico** ***B*** *n.* **abitante dell'Arcadia; arcade.**

to **arch** [a:tʃ] ***A*** *v. t.* ***1*** **fornire di arcata** ***2*** **inarcare; curvare ad arco**: *to a. one's back,* inarcare la schiena ***B*** *v. i.* **inarcarsi.**

(1) arch [a:tʃ] *n.* [C] ***1*** *(geom., anat., ecc.)* **arco; arcata**: *a triumphal a.*, un arco di trionfo ***2*** *V.* **archway.**

(2) arch [a:tʃ] *a. attr.* ***1*** **arci-; principale; massimo**: *arch-fiend,* arcidiavolo ***2*** **straordinario; matricolato; di tre cotte**: *an a. knave,* un furfante di tre cotte ***3*** **birichino; malizioso**: *an a. smile,* un sorriso birichino.

archaeologic(al) [ˌa:kiə'lɔdʒik(əl)] *a.* **archeologico.**

archaeologist [ˌa:ki'ɔlədʒist] *n.* **archeologo.**

archaeology [ˌa:ki'ɔlədʒi] *n.* [U] **archeologia.**

Archaeozoic [ˌa:kiou'zouik] *a.* *(geol.)* **archeozoico.**

archaic [a:'keiik] *a.* ***1*** **arcaico** ***2*** **antiquato.**

archaism ['a:keiizəm] *n.* ***1*** [U] **arcaicità** ***2*** [C] **arcaismo.**

to **archaize** ['a:keiaiz] ***A*** *v. t.* **rendere arcaico** ***B*** *v. i.* **usare arcaismi.**

archangel ['a:kˌeindʒəl] *n.* **arcangelo.**

archbishop [ˌa:tʃ'biʃəp] *n.* **arcivescovo.**

archbishopric [ˌa:tʃ'biʃəprik] *n.* [U] e [C] **arcivescovado.**

archdeacon [ˌa:tʃ'di:kən] *n.* **arcidiacono.**

archdeaconry [ˌa:tʃ'di:kənri] *n.* ***1*** [U] *(relig.)* **arcidiaconato** ***2*** [C] **residenza di arcidiacono.**

archdiocese [ˌa:tʃ'daiəsis] *n.* [C] **arcidiocesi.**

archduchess [ˌa:tʃ'dʌtʃis] *n.* **arciduchessa.**

archduke [ˌa:tʃ'dju:k] *n.* **arciduca.**

arched [a:tʃt] *a.* ***1*** **munito di (o coperto da) arco** ***2*** **ad arco; arcuato.**

archer ['a:tʃə*] *n.* **arciere** ● *(astron., astrologia) the A.*, il Sagittario.

archery ['a:tʃəri] *n.* ***1*** [U] **arte del tiro con l'arco** ***2***

(collett.) **(gli) arcieri.**
archetype ['a:kitaip] *n.* [C] **archetipo.**
archiepiscopal [ˌa:kii'piskəpəl] *a.* **arcivescovile.**
archil ['a:tʃil] *V.* **orchil.**
archipelago [ˌa:ki'peligou] *n.* (*pl.* **archipelagoes, archipelagos**) **arcipelago.**
architect ['a:kitekt] *n.* ***1*** **architetto** ***2*** *(fig.)* **artefice.**
architectonic [ˌa:kitek'tɔnik] *a.* **architettonico.**
architectonics [ˌa:kitek'tɔniks] *n. pl.* *(col verbo al sing.)* ***1*** **architettura** ***2*** **struttura.**
architectural [ˌa:ki'tektʃərəl] *a.* **architettonico** ● *a. engineering,* ingegneria edile.
architecture ['a:kitektʃə*] *n.* [U] ***1*** **architettura** ***2*** *(fig.)* **struttura.**
architrave ['a:kitreiv] *n.* [C] **architrave.**
archives ['a:kaivz] *n. pl.* ***1*** **archivi** ***2*** **documenti d'archivio.**
archivist ['a:kivist] *n.* **archivista.**
archivolt ['a:kivoult] *n.* [C] *(archit.)* **archivolto.**
archpriest [ˌa:tʃ'pri:st] *n.* **arciprete.**
archway ['a:tʃwei] *n.* [C] **passaggio a volta; volta; voltone.**
arc-lamp ['a:kˌlæmp] *n.* [C] **lampada ad arco.**
arctic ['a:ktik] *a.* ***1*** *(geogr.)* **artico** ***2*** **polare.**
arcuate ['a:kjuit], **arcuated** ['a:kjueitid] *a.* **arcuato.**
ardent ['a:dənt] *a.* **ardente; fervente; entusiastico** ● *a. spirits,* liquori.
ardour ['a:də*] *n.* [U] e [C] **ardore; fervore.**
arduous ['a:djuəs] *a.* **arduo; ripido; difficile; scabroso.**
arduousness ['a:djuəsnis] *n.* [U] **arduità** *(lett.)*; **difficoltà.**
(1) are [a:*,ə*] *2ª pers. sing., 1ª, 2ª* e *3ª pers. pl.* del *pres. ind.* di to **be.**
(2) are [a:*] *n.* [C] **ara** (misura di superficie).
area ['ɛəriə] *n.* [C] ***1*** **area; superficie** ***2*** **distretto; regione; zona**: *a mined a.,* una zona minata.
arena [ə'ri:nə] *n.* [C] **arena**; *(fig.)* **agone.**
aren't [a:nt] *contraz.* di **are not.**
arête [æ'reit] *(franc.) n.* [C] *(geol.)* **ruga di circo glaciale.**
argentiferous [ˌa:dʒən'tifərəs] *a.* **argentifero.**
argentine ['a:dʒəntain] *a.* **argentino; argentato.**
Argentine ['a:dʒənti:n] *a.* e *n.* **argentino.**
Argentinean [ˌa:dʒən'tinjən] *n.* **argentino.**
argil ['a:dʒil] *n.* [U] **argilla.**
argillaceous [ˌa:dʒi'leiʃəs] *a.* ***1*** **argillaceo** ***2*** **argilloso.**
Argive ['a:gaiv] *a.* e *n.* **argivo;** *(per estens.)* **greco.**
argol ['a:gɔl] *n.* [U] **tartaro** (di vino).
argon ['a:gɔn] *n.* [U] *(chim.)* **argon, argo.**
argonaut ['a:gənɔ:t] *n.* *(zool.,* Argonauta argo*)* **argonauta.**
Argonaut ['a:gənɔ:t] *n.* *(mitol.)* **Argonauta.**
argot ['a:gou] *(franc.) n.* [U] e [C] **gergo** (di malfattori, ecc.).
arguable ['a:gjuəbəl] *a.* ***1*** **discutibile** ***2*** **sostenibile.**
to **argue** ['a:gju:] *v. i.* e *t.* ***1*** **argomentare; ragionare; sostenere** ***2*** **discutere; dibattere; disputare**: *Stop arguing!,* smettila di discutere! ***3*** **denotare; indicare; rivelare** ● *to a. sb. into doing st.,* persuadere q. a fare q.c. □ *to a. sb. out of doing st.,* dissuadere q. dal fare q.c.
argument ['a:gjumənt] *n.* ***1*** [C] **argomento; ragione** (addotta o da addursi) ***2*** [U] **discussione** ***3*** [C] **disputa; lite** ***4*** [C] **argomento; sommario** (di un'opera).
argumentation [ˌa:gjumen'teiʃən] *n.* [U] e [C] ***1*** **argomentazione; dialettica** ***2*** **discussione; dibattito.**
argumentative [ˌa:gju'mentətiv] *a.* ***1*** **controverso** ***2*** (di persona) **polemico.**
argy-bargy [ˌa:dʒi'ba:dʒi] *n.* [C] e [U] *(fam.)* **disputa; litigio.**
aria ['a:riə] *n.* [C] *(mus.)* **aria.**
Arian ['ɛəriən] *a.* e *n.* **ariano.**
Arianism ['ɛəriənizəm] *n.* [U] *(relig.)* **arianesimo.**
arid ['ærid] *a.* **arido** (in ogni senso).
aridity [æ'riditi], **aridness** ['æridnis] *n.* [U] **aridità** (in ogni senso).
Aries ['ɛəri:z] *n.* *(astron., astrologia)* **Ariete.**
aright [ə'rait] *avv.* **correttamente; nel modo giusto.**
to **arise** [ə'raiz] (*pass.* **arose** [ə'rouz], *p.p.* **arisen** [ə'rizn]) *v. i.* ***1*** **sorgere; levarsi; alzarsi** ***2*** **nascere; risultare; derivare** ***3*** **presentarsi; offrirsi.**
aristocracy [ˌæris'tɔkrəsi] *n.* [U] e [C] **aristocrazia.**
aristocrat ['æristəˌkræt] *n.* **aristocratico.**
aristocratic(al) [ˌæristə'krætik(əl)] *a.* **aristocratico.**
Aristotelian [ˌæristɔ'ti:ljən] *a.* e *n.* *(filos.)* **aristotelico.**
Aristotelianism [ˌæristə'ti:liənizəm] *n.* [U] *(filos.)* **aristotelismo.**
arithmetic [ə'riθmətik] *n.* [U] **aritmetica.**
arithmetic(al) [ˌæriθ'metik(əl)] *a.* **aritmetico.**
arithmetician [əˌriθmə'tiʃən] *n.* **aritmetico.**
ark [a:k] *n.* *(Bibbia)* **arca**: *Noah's ark,* l'arca di Noè.
(1) arm [a:m] *n.* [C] ***1*** **braccio** (anche *fig.*): *to carry a child in one's arms,* portare un bambino in braccio □ *to carry st. under one's arm,* portare q.c. sotto il braccio □ *an arm of the sea,* un braccio di mare □ *the arm of the law,* il braccio della legge ***2*** **manica**: *the arms of a jacket,* le maniche di una giacca ***3*** **ramo; branca**: *the legislative arm,* il ramo legislativo (del potere) ● *arm in arm (with sb.),* a braccetto (con q.); sotto braccio □ *(fig.) to keep sb. at arm's length,* trattare q. con freddezza; tenere q. a distanza.
(2) arm [a:m] *n.* **arma** *(generalm. al pl., anche nel senso di* servizio militare, mestiere del soldato, simboli araldici, insegne di città, ecc.*)*: *to be up in arms,* essere in armi; essere in rivolta □ *to bear arms,* fare il soldato; essere sotto le armi □ *to lay down arms,* deporre le armi □ *to take up arms,* prendere le armi; *(fig.)* iniziare una disputa, entrare in polemica ● *(polit.) arms race,* corsa agli armamenti.
to **arm** [a:m] *v. t.* e *i.* **armare, armarsi.**
armada [a:'ma:də] *n.* [C] **flotta di navi da guerra; armata (navale)**: *(stor.) the (Invincible) A.,* l'Invincibile Armata.
armadillo [ˌa:mə'dilou] *n.* (*pl.* **armadillos**) *(zool.* Dasypus*)* **armadillo.**
armament ['a:məmənt] *n.* [U] e [C] **armamento.**
armature ['a:mətjuə*] *n.* [C] **armatura** (in ogni senso).
armchair ['a:mˌtʃɛə*] *n.* [C] **sedia a braccioli; poltrona** ● *a. traveller,* chi fa viaggi solo con la fantasia.
armed [a:md] *a.* **armato**: *a. neutrality,* neutralità armata.
Armenian [a:'mi:njən] *a.* e *n.* **armeno.**
armful ['a:mful] *n.* [C] **bracciata.**
armhole ['a:mhoul] *n.* [C] **giro della manica.**
armiger ['a:midʒə*] *n.* *(stor.)* **armigero; scudiero.**
armistice ['a:mistis] *n.* [C] **armistizio.**
armlet ['a:mlit] *n.* [C] ***1*** **bracciale** ***2*** **piccolo braccio** (di mare, lago).
armorial [a:'mɔ:riəl] ***A*** *a.* **araldico** ***B*** *n.* [C] **libro di araldica; armerista.**
armour ['a:mə*] *n.* [U] ***1*** **armatura; corazza** (di guerriero antico, animale, ecc.) ***2*** **corazza, blindatura** (di nave, carro armato, ecc.) ***3*** *(mil., collett.)* **mezzi corazzati; unità blindate.**
to **armour** ['a:mə*] *v. t.* **corazzare; blindare** ● *armoured car,* autoblinda.
armour-bearer ['a:məˌbɛərə*] *n.* **scudiero.**
armour-clad ['a:məˌklæd] *a.* **corazzato; blindato.**
armourer ['a:mərə*] *n.* ***1*** **armaiolo** ***2*** *(mil.)* **armiere.**
armoury ['a:məri] *n.* [C] **armeria; arsenale.**
armpit ['a:mpit] *n.* [C] *(anat.)* **ascella.**
armrest ['a:mˌrest] *n.* [C] **bracciolo.**
army ['a:mi] *n.* [C] ***1*** **esercito** (anche *fig.*) ***2*** **gran moltitudine; massa**: *the a. of the unemployed,* la massa dei disoccupati ● *a. corps,* corpo d'armata □ *a. list,* elenco degli ufficiali in servizio □ *to be in the a.,* prestare servizio militare □ *to enter (o to join, to go into) the a.,* entrare nell'esercito; andare sotto le armi.
arnica ['a:nikə] *n.* *(bot.,* Arnica*)* **arnica.**
aroma [ə'roumə] *n.* [U] e [C] (anche *fig.*) **aroma; fra-**

granza.

aromatic [ˌærou'mætik] *a.* (anche *chim.*) **aromatico; fragrante.**

to **aromatize** [ə'roumə͵taiz] *v. t.* **aromatizzare.**

aromatizer [ə'roumə͵taizə*] *n.* [C] (*ind.*) **aromatizzante.**

arose [ə'rouz] *pass.* di to **arise.**

around [ə'raund] ***A*** *avv.* ***1*** **attorno; intorno; in giro; da ogni parte** ***2*** **in tondo; in cerchio** ***3*** (*fam.*) **intorno; vicino; nei paraggi** ***B*** *prep.* **attorno a; intorno a**: *a. 1340,* intorno al 1340 • *a. the corner,* dietro l'angolo □ *to get a. again,* esser di nuovo in piedi; stare meglio (di salute) □ *to go for a walk a. the town,* andare a fare un giro per la città.

to **arouse** [ə'rauz] *v. t.* ***1*** **svegliare; risvegliare** ***2*** **suscitare**: *to arouse sb.'s indignation,* suscitare l'indignazione di q. ***3*** (*fig.*) **scuotere.**

arquebus ['a:kwibəs] *n.* [C] (*stor.*) **archibugio.**

to **arraign** [ə'rein] *v. t.* ***1*** (*leg.*) **chiamare in giudizio (penale)** ***2*** **biasimare; criticare; trovare a ridire su** (q.c.).

arraignment [ə'reinmənt] *n.* [C] (*leg.*) **chiamata in giudizio (penale).**

to **arrange** [ə'reindʒ] *v. t.* e *i.* ***1*** **accomodare; ordinare; sistemare** ***2*** **stabilire; fissare; decidere; provvedere** (a); **dare istruzioni** (per); **fare in modo** (di) ***3*** **raggiungere** (un accordo); **comporre** (liti, vertenze); **appianare** (divergenze) ***4*** (*mus.*) **adattare; arrangiare** • *to a. a marriage,* combinare un matrimonio.

arrangement [ə'reindʒmənt] *n.* [U] e [C] ***1*** **sistemazione; disposizione; ordinamento** ***2*** (*di solito al pl.*) **piano; progetto; preparativo** ***3*** **accomodamento; accordo;** (*comm.*) **concordato, compromesso** ***4*** (*mus.*) **adattamento; arrangiamento.**

arrant ['ærənt] *a.* (*spreg.*) **perfetto; matricolato**: *an a. fool,* un perfetto cretino.

arras ['ærəs] *n.* [C] **arazzo.**

array [ə'rei] *n.* ***1*** [U] **schieramento; spiegamento; ordine**: *in battle a.,* in ordine di battaglia ***2*** [C] (di soldati, ecc.; anche *fig.*) **schiera** ***3*** [U] (*lett.*) **abbigliamento; abito** ***4*** [C] (*leg.*) **lista di giurati.**

to **array** [ə'rei] *v. t.* ***1*** **ordinare; disporre; schierare** (truppe, specialm. in battaglia) ***2*** (*lett.*, anche *fig.*) **abbigliare; adornare** ***3*** (*leg.*) **costituire** (una giuria).

arrear [ə'riə*] *n.* (*per lo più al pl.*) ***1*** **arretrati** (differenza a saldo) ***2*** (lavoro) **arretrato.**

arrearage [ə'riəridʒ] *n.* (*spesso al pl.*) **arretrati; debiti.**

arrest [ə'rest] *n.* [C] e [U] **arresto** (in ogni senso, anche *leg.*); **fermo** (di polizia): *under a.,* in arresto; (*mil.*) agli arresti.

to **arrest** [ə'rest] *v. t.* ***1*** (anche *leg.*) **arrestare; fermare** ***2*** **attirare** (l'attenzione).

arrhythmia [ə'riθmjə*], **arrhythmy** ['æriθmi] *n.* [U] (*med.*) **aritmia.**

arrhythmic(al) [ə'riθmik(əl)] *a.* (*med.*) **aritmico.**

arris ['æris] *n.* [C] (*archit.*) **spigolo.**

arrival [ə'raivel] *n.* ***1*** [U] **arrivo; venuta** ***2*** [C] **arrivo** (*al pl.*); **arrivato**: *several new arrivals,* parecchi nuovi arrivi.

to **arrive** [ə'raiv] *v. i.* (anche *fig.*) **arrivare; giungere**: *to a. at,* arrivare a; raggiungere (anche *fig.*: una conclusione, ecc.) □ *to a. in England (in London),* arrivare in Inghilterra (a Londra).

arrivisme [ˌæri'vi:zmə] (*franc.*) *n.* [U] **arrivismo.**

arriviste [ˌæri'vi:st] (*franc.*) *n.* **arrivista.**

arrogance ['ærəgəns] *n.* [U] **arroganza; alterigia.**

arrogant ['ærəgənt] *a.* **arrogante; altezzoso.**

to **arrogate** ['ærougeit] *v. t.* ***1*** **arrogarsi** (un diritto, ecc.); **pretendere** (q.c.) **indebitamente** ***2*** **attribuire ad altri** (q.c.) **indebitamente.**

arrogation [ˌærou'geiʃən] *n.* [C] ***1*** **pretesa ingiusta** ***2*** **attribuzione ingiusta.**

arrow ['ærou] *n.* [C] **freccia; dardo; strale** (*poet.*).

arrow-head ['ærou͵hed] *n.* [C] ***1*** **punta di freccia** ***2*** (*bot.*, Sagittaria) **sagittaria.**

arsenal ['a:sinl] *n.* [C] **arsenale** (anche *fig.*).

arsenic ['a:snik] *n.* [U] (*chim.*) **arsenico.**

arson ['a:sən] *n.* [U] (*leg.*) **incendio doloso.**

(1) art [a:t] *n.* ***1*** [U] e [C] **arte**: *the fine arts,* le belle arti □ *the liberal arts,* le arti liberali ***2*** (*al pl.*) **(belle) lettere**: *Bachelor (o Master) of Arts,* laureato in lettere • *to be art and part in,* essere l'artefice e l'esecutore di (un piano, ecc.) □ *art-school,* scuola d'arte (di arti figurative) □ *the black art,* la magia (nera).

(2) art [a:t] (*arc.*) *seconda pers. sing. del pres. indic.* di to **be.**

artefact [ˌa:ti'fækt] *n.* [C] **manufatto.**

arterial [a:'tiəriəl] *a.* (*anat., med.*) **arterioso** • *a. road,* importante via di comunicazione; arteria.

arteriosclerosis [a:ˌtiəriouskliə'rousis] *n.* [U] (*med.*) **arteriosclerosi.**

arteriotomy [a:ˌtiəri'ɔtəmi] *n.* [U] (*med.*) **arteriotomia.**

artery ['a:təri] *n.* [C] (*anat., fig.*) **arteria.**

artesian [a:'ti:zjən] *a.* **artesiano**: *an a. well,* un pozzo artesiano.

artful ['a:tful] *a.* ***1*** **astuto; furbo; scaltro** ***2*** **abile; destro.**

artfulness ['a:tfulnis] *n.* [U] ***1*** **astuzia; scaltrezza** ***2*** **abilità; destrezza.**

arthritic [a:'θritik] *a.* (*med.*) **artritico.**

arthritis [a:'θraitis] *n.* [U] (*med.*) **artrite.**

Arthurian [a:'θjuəriən] *a.* (*letter.*) **arturiano** (di re Artù).

artichoke ['a:titʃouk] *n.* [C] (*bot.*, Cynara scolymus) **carciofo.**

article ['a:tikl] *n.* ***1*** [C] **articolo** (in ogni senso, anche *comm.*): *the leading a.,* l'articolo di fondo (di giornale) □ (*gramm.*) *the definite (indefinite) a.,* l'articolo determinativo (indeterminativo) □ *the articles we deal in,* gli articoli che noi trattiamo ***2*** (*al pl.*) **articoli** (anche *leg.*); **statuto; codice**: (*leg.*) *articles of association* (o *of incorporation*), statuto (di una società di capitali) ***3*** (*al pl.*, anche *articles of apprenticeship*) **accordo di apprendistato.**

to **article** ['a:tikl] *v. t.* **impegnare con contratto** (specialm. come apprendista).

articular [a:'tikjulə*] *a.* (*anat.*) **articolare.**

articulate [a:'tikjulit] *a.* ***1*** **articolato** ***2*** (di parola, suono) **distinto; chiaro** ***3*** (di argomento) **chiaro; ben formulato** ***4*** (di persona) **eloquente; che ha facilità di parola.**

to **articulate** [a:'tikjuleit] *v. t.* ***1*** **articolare** ***2*** **pronunciare distintamente** (parole, suoni).

articulated [a:'tikjuleitid] *a.* **articolato** • (*autom.*) *a. vehicle,* autoarticolato.

articulation [a:ˌtikju'leiʃən] *n.* [U] ***1*** **articolazione** (dei suoni, delle ossa) ***2*** **pronuncia distinta; dizione chiara.**

artifact ['a:tifækt] *n.* [C] **manufatto.**

artifice ['a:tifis] *n.* ***1*** [C] **artificio; espediente; trucco** ***2*** [U] **abilità; ingegnosità; destrezza** ***3*** [U] **astuzia; scaltrezza.**

artificer [a:'tifisə*] *n.* **artigiano** (specialm. se abile).

artificial [ˌa:ti'fiʃəl] *a.* ***1*** **artificiale** ***2*** **artefatto; artificioso; falso** • (*med.*) *a. insemination,* fecondazione artificiale □ (*med.*) *a. respiration,* respirazione artificiale.

artificiality [ˌa:tifiʃi'æliti] *n.* [U] **artificiosità.**

artillery [a:'tiləri] *n.* [U] ***1*** **artiglieria** ***2*** **balistica.**

artilleryman [a:'tilərimən] *n.* (*pl.* **artillerymen** [a:'tilərimən]) **artigliere.**

artisan [ˌa:ti'zæn] *n.* **artigiano.**

artist ['a:tist] *n.* (anche *fig.*) **artista.**

artistic(al) [a:'tistik(əl)] *a.* **artistico.**

artistry ['a:tistri] *n.* [U] **qualità (o elaborazione) artistica.**

artless ['a:tlis] *a.* ***1*** **senz'arte; incolto; rozzo; grezzo** ***2*** **naturale; schietto; semplice.**

artlessness ['a:tlisnis] [U] *n.* ***1*** **mancanza d'arte; rozzezza** ***2*** **naturalezza; semplicità.**

arty ['a:ti] *a.* (*fam.*) **che ha pretese artistiche.**

arty-crafty [ˌa:ti'kra:fti] *a.* (generalm. *spreg.*) **che ha pretese artistiche; maniaco del « fatelo da voi ».**

arum ['ɛərəm] *n.* [C] (anche *a. lily*) (*bot.*, Zantedeschia aethiopica) **calla (dei fioristi).**

Aryan ['ɛəriən] *a.* e *n.* **ariano** (di stirpe; la lingua).

(1) as [æz, əz] *avv.* e *cong.* **1 come; così; tanto; quanto**: *You are as rich as he (is),* tu sei tanto ricco quanto lui **2 come; nel modo in cui; in qualità di; da**: *as you can see,* come puoi vedere □ *I tell you that as a friend,* te lo dico da amico **3 siccome; poiché; giacché**: *As it was late, we made haste,* siccome era tardi, ci affrettammo **4 come; quando; mentre; da**: *as a child,* da bambino **5 come; sebbene, per quanto**: *Rich as he is, he is not happy,* ricco com'è, non è felice □ *Clever as you may be, you cannot beat him,* per quanto bravo, non sarai capace di vincerlo ● *as against* (o *as compared with),* in confronto a □ *as for,* quanto a: *as for him,* quanto a lui □ *as it is,* invero; sta di fatto che □ *as it were,* per così dire □ *as much,* tanto; altrettanto □ *I thought as much!,* lo dicevo io!; me l'aspettavo! □ *as to,* quanto a: *as to me,* quanto a me □ *as yet,* ancora; finora; fino allora.

(2) as [æz] *pron. relat.* (*correlativo di* such, same) **che; quale**: *He is not such a fool as he looks,* non è quello stupido che sembra □ *They had the same difficulties as you (had),* incontrarono le stesse difficoltà che incontraste voi (o le vostre stesse difficoltà) □ *poets such as Milton and Marvell,* poeti quali Milton e Marvell.

asbestos [æz'bestɔs] *n.* [U] *(miner.)* **asbesto.**

to **ascend** [ə'send] *v. t.* e *i.* **1** *(anche fig.)* **ascendere; salire**: *to a. the throne,* salire al trono **2 risalire**: *to a. a river,* risalire un fiume.

ascendancy, ascendency [ə'sendənsi] *n.* [U] **supremazia; predominio** ● *to gain a. over sb.,* dominare q.

ascendant, ascendent [ə'sendənt] **A** *n.* **1** [U] **influsso dominante; autorità (morale) 2** [U], *(anche astrol.)* **ascendente 3** [C] **antenato B** *a.* **1 ascendente** *(anche astrol.)* **2 predominante** ● *(fig.) in the a.,* in ascesa.

ascension [ə'senʃən] *n.* [U] e [C] **ascensione** *(anche astrol.)*; **ascesa** ● *(relig.) A. day,* giorno dell'Ascensione.

ascensional [ə'senʃənl] *a.* **ascensionale.**

ascent [ə'sent] *n.* [C] **1** *(anche fig.)* **ascesa 2 scalata 3 pendio.**

to **ascertain** [,æsə'tein] *v. t.* **accertare; assicurarsi di** (q.c.); **constatare.**

ascertainable [,æsə'teinəbl] *a.* **accertabile.**

ascetic [ə'setik] **A** *a.* **ascetico B** *n.* **asceta.**

asceticism [ə'setisizəm] *n.* [U] **1 ascetismo 2 ascetica** (dottrina).

ascorbic [əs'kɔ:bik] *a.* — *(chim.) a. acid,* acido ascorbico.

ascribable [əs'kraibəbl] *a.* **ascrivibile.**

to **ascribe** [əs'kraib] *v. t.* **ascrivere; attribuire.**

asdic ['æzdik] *n.* *(naut.)* **ecogoniometro.**

asepsis [ei'sepsis] *n.* [U] *(med.)* **asepsi.**

aseptic [ei'septik] *a.* *(med.)* **asettico.**

asexual [ei'seksjuəl] *a.* *(biol.)* **asessuale; asessuato.**

asexuality [ei,seksju'æliti] *n.* [U] *(biol.)* **asessualità.**

(1) ash [æʃ] *n.* **1** [C] *(bot.,* Fraxinus excelsior*)* **frassino 2** [U] **frassino** (il legno) ● *(bot.) mountain ash* (Sorbus aucuparia), sorbo selvatico.

(2) ash [æʃ] *n.* **1** [U] **cenere** (anche il colore) **2** *(al pl.)* **ceneri** (anche di morto) ● *to burn to ashes,* incenerire; ridurre in cenere □ *to be reduced to ashes,* andare in cenere.

ashamed [ə'ʃeimd] *a. pred.* **vergognoso** ● *to be a. of sb.,* vergognarsi di q. □ *to be a. of st.,* vergognarsi di q.c. □ *to be a. to do st.,* vergognarsi di fare q.c. □ *to feel a. for sb.,* provare vergogna per q.

ash-blond ['æʃ,blɔnd] *a.* **biondo cenere.**

(1) ashen ['æʃn] *a.* **di frassino.**

(2) ashen ['æʃn] *a.* **1 di cenere 2 cenerino; cinereo; color cenere.**

ashlar, ashler ['æʃlə*] *n.* [U] **1** *(archit.)* **concio; pietra squadrata** (per costruzione o rivestimento) **2** (anche *ashlaring)* **muratura in pietra squadrata** ● *rusticated a.,* bugnato rustico.

ashore [ə'ʃɔ:*] *avv.* **1 sulla spiaggia; a riva 2 sulla terraferma; a terra** ● *to go a.,* sbarcare.

ash-pan ['æʃpæn] *n.* [C] **ceneraio.**

ash-tray ['æʃtrei] *n.* [C] **portacenere.**

Ash Wednesday [,æʃ'wenzdi] *n.* **Mercoledì delle Ceneri.**

ashy ['æʃi] *a.* **1 di cenere; coperto di cenere 2 cenerino; cinereo.**

Asian ['eiʃən] *a.* e *n.* **asiatico** ● *(med.) A. flu,* (influenza) asiatica.

Asiatic [,eiʃi'ætik] *a.* e *n.* **asiatico.**

aside [ə'said] **A** *avv.* **a parte; da parte; in disparte B** *n.* [C] *(teatr.)* **a parte; a solo** ● *a. from,* fatta eccezione per; a prescindere da □ *joking a.,* scherzi a parte □ *to lay a.,* metter via □ *to lay a proposal a.,* accantonare una proposta.

asinine ['æsinain] *a.* **da asino; asinino; stupido.**

asininity [,æsi'niniti] *n.* [U] e [C] **asinità; stupidità.**

to **ask** [a:sk] *v. t.* e *i.* **1 domandare; chiedere**: *to ask sb. st.,* chiedere q.c. a q. □ *to ask sb. to do st.,* chiedere a q. di fare q.c. **2 invitare**: *to ask sb. to dinner,* invitare q. a pranzo ● *to ask about st.,* informarsi di q.c. □ *to ask after sb.,* chiedere di q. □ *to ask for sb.,* chiedere di q.; cercare q. □ *to ask for st.,* chiedere q.c.; richiedere q.c. □ *to ask for trouble,* cercare guai □ *to ask a question,* fare una domanda □ *to ask sb. in (out, up, down),* chiedere a q. di entrare (uscire, salire, scendere) □ *to ask st. of sb.,* chiedere q.c. a q. □ *(fam.) You asked for it!,* te la sei voluta!

askance [əs'kæns], **askant** [əs'kænt] *avv.* **di traverso; per traverso; obliquamente.**

askew [əs'kju:] **A** *avv.* **di traverso; a sghembo; di sghimbescio B** *a. pred.* **sghembo; storto.**

aslant [ə'sla:nt] **A** *avv.* **a sghembo; di traverso B** *a. pred.* **sghembo; obliquo C** *prep.* **di traverso a; attraverso.**

asleep [ə'sli:p] *avv.* e *a. pred.* **addormentato**: *to be a.,* essere addormentato; dormire ● *to fall a.,* addormentarsi.

asocial [ei'souʃəl] *a.* **asociale.**

asp [æsp] *n.* [C] *(zool.,* Naja haje*)* **aspide.**

asparagus [əs'pærəgəs] *n.* *(collett.; bot.,* Asparagus officinalis*)* **asparago, asparagi.**

aspect ['æspekt] *n.* [C] e [U] **aspetto; apparenza; figura.**

aspen ['æspən] *n.* *(bot.,* Populus tremula*)* **pioppo tremolo.**

aspergill ['æspədʒil], **aspergillum** [,æspə'dʒiləm] *(lat.)* *n.* [C] *(relig.)* **aspersorio.**

asperity [æs'periti] *n.* [U] **1 asprezza; asperità** (di superficie, suoni, ecc.); **rudezza, durezza** (di carattere) **2 inclemenza; rigore** (del tempo).

to **asperse** [əs'pə:s] *v. t.* **denigrare; calunniare.**

aspersion [əs'pə:ʃən] *n.* [C] **denigrazione; calunnia.**

aspersorium [,æspə'souriəm] *(lat.)* *n.* [C] *(relig.)* **1 acquasantiera 2 aspersorio.**

asphalt ['æsfælt] *n.* [U] **asfalto** ● *a. road,* strada asfaltata.

to **asphalt** ['æsfælt] *v. t.* **asfaltare.**

asphodel ['æsfədel] *n.* *(bot.,* Asphodelus*)* **asfodelo.**

asphyxia [æs'fiksiə] *n.* [U] **asfissia.**

to **asphyxiate** [æs'fiksieit] *v. t.* **asfissiare; soffocare.**

asphyxiation [æs,fiksi'eiʃən] *n.* [U] **asfissia; soffocamento.**

asphyxy [æs'fiksi] *V.* **asphyxia.**

aspic ['æspik] *(franc.)* *n.* [U] *(cucina)* **aspic** (vivanda a base di carne o pesce in gelatina).

aspirant [əs'paiərənt] *n.* **aspirante; candidato, candidata.**

aspirate ['æspirit] *n.* [C] *(fon.)* **aspirata.**

to **aspirate** ['æspireit] *v. t.* *(fon., med.)* **aspirare.**

aspiration [,æspi'reiʃən] *n.* [C] e [U] **aspirazione** *(anche fig.).*

aspirator ['æspi,reitə*] *n.* [C] **aspiratore** (apparecchio).

to **aspire** [əs'paiə*] *v. i.* **aspirare; agognare**: *to a. to (o after) st.,* aspirare a q.c.; ambire (a) q.c.

aspirin ['æspərin] *n.* [U] e [C] *(farm.)* **aspirina.**

asquint [ə'skwint] **A** *avv.* **di traverso; di sbieco B** *a.* **storto; strabico.**

ass [æs] *n.* **asino** *(anche fig.)*; **somaro** ● *to make an ass*

of oneself, fare la figura dello stupido; rendersi ridicolo.
assagai ['æsəgai] *n.* [C] **zagaglia.**
to **assail** [ə'seil] *v. t.* **assalire** (anche *fig.*); **assaltare** ● *to a. sb. with questions*, investire q. di domande.
assailant [ə'seilənt] *n.* **assalitore.**
assassin [ə'sæsin] *n.* **assassino; sicario.**
to **assassinate** [ə'sæsineit] *v. t.* **assassinare.**
assassination [əˌsæsi'neiʃən] *n.* [U] e [C] **assassinio.**
assault [ə'sɔ:lt] *n.* [C] e [U] **1 assalto, attacco** (anche *fig.*): *to make an a. (on)*, dare l'assalto (a) □ (*mil.*) *to take by a.*, prendere d'assalto **2** (*leg.*) **violenza; aggressione** ● (*leg.*) *a. and battery*, vie di fatto □ *a. units*, mezzi d'assalto.
to **assault** [ə'sɔ:lt] *v. t.* **assaltare; assalire, attaccare** (anche *fig.*).
assay [ə'sei] *n.* [C] (*miner.*) **saggio; assaggio; analisi.**
to **assay** [ə'sei] *v. t.* (*miner.*) **saggiare; analizzare.**
assemblage [ə'semblidʒ] *n.* **1** [U] **adunata; accolta** (*lett.*); **assembramento 2** [C] **riunione, raccolta** (di cose) **3** [U] (*mecc.*) **montaggio.**
to **assemble** [ə'sembl] *v. t.* e *i.* **1 riunire, riunirsi; radunare, radunarsi 2** (*mecc.*) **montare.**
assembly [ə'sembli] *n.* **1** [U] e [C] **adunanza; riunione 2** [C] (*mil.*) **adunata; segnale d'adunata 3** [C] **assemblea** (anche legislativa) **4** [U] (*mecc.*) **montaggio** ● *a. room*, sala per riunioni.
assemblyman [ə'semblimən] *n.* (*pl.* **assemblymen** [ə'semblimən]) **membro di un'assemblea.**
assent [ə'sent] *n.* [U] **assenso; consenso; benestare** ● *with one a.*, all'unanimità.
to **assent** [ə'sent] *v. i.* **assentire; acconsentire; approvare**: *to a. to a proposal*, approvare una proposta.
assentient [ə'senʃiənt] *a.* e *n.* **(chi è) assenziente, consenziente.**
to **assert** [ə'sə:t] **A** *v. t.* **1 asserire; affermare; sostenere 2 rivendicare; difendere, far valere** (un diritto) **B** to **assert oneself** *v. rifl.* **far valere i propri diritti; farsi valere.**
assertion [ə'sə:ʃən] *n.* **1** [C] **asserzione; affermazione 2** [U] **rivendicazione, difesa** (dei propri diritti).
assertive [ə'sə:tiv] *a.* **assertivo; dogmatico.**
assertiveness [ə'sə:tivnis] *n.* [U] **dogmaticità.**
to **assess** [ə'ses] *v. t.* **1 accertare** (un reddito); **valutare** (una proprietà ai fini fiscali); **stabilire, fissare** (l'ammontare d'una penalità) **2 gravare d'imposta; multare.**
assessable [ə'sesəbl] *a.* **1 accertabile 2 imponibile; tassabile.**
assessment [ə'sesmənt] *n.* **1** [U] **accertamento** (di reddito, ecc.); **valutazione** (di proprietà); **stima** (di danni) **2** [U] **imposizione** (di imposta) **3** [C] **imponibile** (fiscale); **multa** ● (*fin.*) *a. book*, ruolo delle imposte □ (*fin.*) *a. on landed property*, imposta fondiaria.
assessor [ə'sesə*] *n.* **1 funzionario del fisco 2 consigliere tecnico.**
asset ['æset] *n.* [C] **1 bene** (economico) **2 qualità; pregio 3** (*al pl.*, *comm.*) **attivo; disponibilità finanziaria 4** (*al pl.*, *leg.*) **beni; patrimonio** ● (*rag.*) *assets and liabilities*, attivo e passivo; avere e dare.
to **asseverate** [ə'sevəreit] *v. t.* **asseverare; asserire.**
asseveration [əˌsevə'reiʃən] *n.* [U] e [C] **asseverazione.**
assiduity [ˌæsi'dju:iti] *n.* **1** [U] **assiduità; diligenza 2** (*al pl.*) **attenzioni; premure.**
assiduous [ə'sidjuəs] *a.* **assiduo; diligente.**
assign [ə'sain] *n.* (*leg.*) **cessionario.**
to **assign** [ə'sain] *v. t.* **1 assegnare 2 designare; delegare; incaricare 3 stabilire; fissare 4** (*leg.*) **cedere; trasferire.**
assignation [ˌæsig'neiʃən] *n.* [U] e [C] **1 assegnazione 2 designazione.**
assignee [ˌæsai'ni:] *n.* **1** (*leg.*) **avente diritto 2** (*leg.*) **cessionario 3** (*comm.*) **assegnatario 4** (anche *a. in bankruptcy*) **curatore (di fallimento).**
assignment [ə'sainmənt] *n.* **1** [U] e [C] **assegnazione 2** [U] e [C] **designazione; nomina 3** [C] **compito; lavoro assegnato 4** [C] e [U] (*leg.*) **trasferimento; cessione.**
assignor [ˌæsi'nɔ:] *n.* (*leg.*) **cedente.**
to **assimilate** [ə'simileit] **A** *v. t.* **1 assimilare, assorbire** (anche *fig.*) **2 incorporare B** *v. i.* **essere assimilato** (o **assorbito).**
assimilation [əˌsimi'leiʃən] *n.* [U] **1 assimilazione; assorbimento 2 incorporazione.**
to **assist** [ə'sist] *v. t.* **assistere; aiutare.**
assistance [ə'sistəns] *n.* [U] **assistenza; aiuto**: *Can I be of any a.?*, posso essere d'aiuto?
assistant [ə'sistənt] *a.* e *n.* **assistente; aiutante** ● *a. director*, (*comm.*) vicedirettore; (*cinem.*) aiuto regista □ (*telev.*) *compere's a.*, valletta □ *shop a.*, commesso.
assizes [ə'saiziz] *n. pl.* (*leg.*) **Assise; Corte d'Assise.**
associable [ə'souʃjəbl] *a.* **associabile.**
associate [ə'souʃiit] **A** *a.* **associato; aggiunto B** *n.* **1 socio; collega; compagno 2 membro subordinato** (di un'associazione) ● *a. editor*, condirettore (di giornale).
to **associate** [ə'souʃieit] **A** *v. t.* **1 associare** (anche idee); **collegare** (anche *fig.*) **2 unire; congiungere** (cose) **B** *v. i.* **associarsi** ● *to a. with sb.*, stare in compagnia di q.; frequentare q.
association [əˌsousi'eiʃən] *n.* **1** [C] (anche *leg.*) **associazione; lega 2** [U] **colleganza; unione; rapporti** (di lavoro); **contatti** (di vita) ● *a. football*, gioco del calcio.
associative [ə'souʃjətiv], **associatory** [ə'souʃjətəri] *a.* **associativo.**
assonance ['æsənəns] *n.* [U] (*fon.*, *poesia*) **assonanza.**
assonant ['æsənənt] *a.* (*fon.*, *poesia*) **assonante.**
to **assort** [ə'sɔ:t] *v. t.* **assortire** ● *to a. with*, (di cose) armonizzare con; (di persone) frequentare, praticare.
assorted [ə'sɔ:tid] *a.* **assortito**: *ill-a. people*, persone male assortite.
assortment [ə'sɔ:tmənt] *n.* [C] **assortimento.**
to **assuage** [ə'sweidʒ] *v. t.* **alleviare; lenire; mitigare.**
to **assume** [ə'sju:m] *v. t.* **1 assumere; prendere 2 presumere; supporre 3 accogliere; accettare 4 fingere** (di avere una qualità) ● (*leg.*) *to a. a right*, arrogarsi un diritto.
assumed [ə'sju:md] *a.* **1 falso; finto 2 presunto; supposto 3 affettato; ostentato.**
assuming [ə'sju:miŋ] *a.* **presuntuoso; arrogante.**
assumption [ə'sʌmpʃən] *n.* **1** [U] **assunzione**: *the A. of the Virgin*, l'Assunzione della Vergine **2** [U] **finzione; mostra 3** [C] **supposizione; ipotesi 4** [U] **presunzione; arroganza.**
assumptive [ə'sʌmptiv] *a.* **presunto; ipotetico; supposto.**
assurance [ə'ʃuərəns] *n.* **1** [C] **assicurazione; promessa 2** [U] **fiducia; certezza 3** [U] (anche *self-a.*) **sicurezza; fiducia in sé 4** [U] **sicumera; impudenza.**
to **assure** [ə'ʃuə*] *v. t.* **1 assicurare 2 rassicurare.**
assured [ə'ʃuəd] *a.* **1 sicuro; certo 2** (anche *self--assured*) **sicuro di sé.**
Assyrian [ə'siriən] *a.* e *n.* **assiro.**
astatic [æ'stætik] *a.* (*fis.*) **astatico.**
astatine ['æstəˌti:n] *n.* [U] (*chim.*) **astato.**
aster ['æstə*] *n.* [C] (*bot.*, Aster) **aster.**
asterisk ['æstərisk] *n.* [C] **asterisco.**
to **asterisk** ['æstərisk] *v. t.* **segnare con asterisco.**
astern [əs'tə:n] *avv.* (*naut.*) **a poppa.**
asteroid ['æstərɔid] *n.* [C] (*astron.*) **asteroide.**
asthenia [æs'θi:njə] *n.* [U] (*med.*) **astenia.**
asthma ['æsmə] *n.* [U] (*med.*) **asma.**
asthmatic [æs'mætik] *a.* e *n.* (*med.*) **asmatico.**
astigmatic [ˌæstig'mætik] *a.* (*med.*) **astigmatico.**
astigmatism [æs'tigmətizəm] *n.* [U] (*med.*) **astigmatismo.**
astir [ə'stə:*] *a. pred.* **in moto; in piedi.**
to **astonish** [əs'tɔniʃ] *v. t.* **stupire; sorprendere.**
astonished [əs'tɔniʃt] *a.* **stupito; sorpreso** ● *to be a. at st.*, stupirsi di q.c.

astonishing [əs'tɔniʃiŋ] *a.* **stupefacente; sorprendente.**
astonishment [əs'tɔniʃmənt] *n.* [U] **stupore; sorpresa; meraviglia.**
to **astound** [əs'taund] *v. t.* **riempire di stupore; sbalordire.**
astrakhan [ˌæstrə'kæn] *n.* [U] **astracan.**
astral ['æstrəl] *a.* **astrale.**
astray [əs'trei] *avv.* e *a. pred.* **fuori strada** (anche *fig.*); **smarrito**: *to go a.*, andar fuori strada; traviarsi ● *to lead sb. a.*, sviare q.
astride [əs'traid] ***A*** *avv.* e *a. pred.* ***1*** **a cavalcioni *2* a gambe divaricate *B*** *prep.* **a cavalcioni di**: *a. (of) the chair*, a cavalcioni della sedia.
astringency [əs'trindʒənsi] *n.* [U] **potere astringente.**
astringent [əs'trindʒənt] *a.* e *n.* [C] *(farm.)* **astringente.**
astrobiologist [ˌæstroubai'ɔlədʒist] *n.* **astrobiologo.**
astrobiology [ˌæstroubai'ɔlədʒi] *n.* [U] **astrobiologia.**
astrochemist [ˌæstrou'kemist] *n.* **astrochimico.**
astrochemistry [ˌæstrou'kemistri] *n.* [U] **astrochimica.**
astrodynamics [ˌæstroudai'næmiks] *n. pl. (col verbo al sing.)* **astrodinamica.**
astrogeologist [ˌæstroudʒi'ɔlədʒist] *n.* **astrogeologo.**
astrogeology [ˌæstroudʒi'ɔlədʒi] *n.* [U] **astrogeologia.**
astrolabe ['æstrouleib] *n. (astron.)* **astrolabio.**
astrologer [əs'trɔlədʒə*] *n.* **astrologo.**
astrologic(al) [ˌæstrə'lɔdʒik(əl)] *a.* **astrologico.**
astrology [əs'trɔlədʒi] *n.* [U] **astrologia.**
astronaut ['æstrənɔ:t] *n.* **astronauta.**
astronautics [ˌæstrə'nɔ:tiks] *n. pl. (col verbo al sing.)* **astronautica.**
astronomer [əs'trɔnəmə*] *n.* **astronomo.**
astronomic(al) [ˌæstrə'nɔmik(əl)] *a.* **astronomico** (anche *fig.*).
astronomy [əs'trɔnəmi] *n.* [U] **astronomia.**
astrophysicist [ˌæstrou'fizisist] *n.* **astrofisico.**
astrophysics [ˌæstrou'fiziks] *n. pl. (col verbo al sing.)* **astrofisica.**
astute [əs'tju:t] *a.* ***1*** **avveduto; sagace *2* astuto; furbo; scaltro.**
astuteness [əs'tju:tnis] *n.* [U] ***1*** **avvedutezza; sagacia *2* astuzia; furbizia; scaltrezza.**
asunder [ə'sʌndə*] *avv.* ***1*** **a pezzi *2* separatamente** ● *to drive a.*, separare □ *to fall a.*, andare in pezzi; rompersi.
asylum [ə'sailəm] *n.* ***1*** [C] e [U] **asilo; rifugio *2*** [C] **ospizio; casa di ricovero.**
asymmetric(al) [ˌæsi'metrik(əl)] *a.* **asimmetrico.**
asymmetry [æ'simitri] *n.* [U] **asimmetria.**
at [æt, ət] *prep.* ***1*** *(luogo, tempo, occupazione, direzione, prezzo)* **a, ad**: *at Florence*, a Firenze □ *at home*, a casa □ *at a distance*, a una certa distanza □ *at Easter*, a Pasqua □ *at midday*, a mezzogiorno □ *at work*, al lavoro □ *at school*, a scuola □ *to throw a stone at sb.*, gettare un sasso a q. □ *to sell st. at a low price*, vendere q.c. a basso prezzo ***2*** *(luogo, condizione, delimitazione)* **in**: *at the top of the page*, in cima alla pagina □ *at war*, in guerra □ *at rest*, in riposo □ *to be good at Latin*, essere bravo in latino ***3*** *(tempo, modo)* **di; a**: *at night*, di notte □ *at a gallop*, al galoppo ***4*** *(modo)* **con**: *at leisure*, con comodo ***5*** **contro; addosso**: *(fam.) At him!*, (dagli) addosso! □ *to fire at sb.*, sparare contro q. ***6*** **da; presso**: *at the barber's*, dal barbiere ● *to be at*, stare facendo; combinare: *What are you at?*, che stai facendo? □ *He's at it again*, ci risiamo.
ataraxia [ˌætər'æksiə], **ataraxy** ['ætəræksi] *n.* [U] *(filos.)* **atarassia.**
atavic [ə'tævik] *a.* **atavico.**
atavism ['ætəvizəm] *n.* [U] **atavismo.**
ate [et] *pass.* di to **eat.**
atheism ['eiθiizəm] *n.* [U] **ateismo.**
atheist ['eiθiist] *n.* **ateo.**
atheistic(al) [ˌeiθi'istik(əl)] *a.* **ateo; ateistico.**
athenaeum [ˌæθi'ni(:)əm] *n.* ***1*** **ateneo; società letteraria** (o **scientifica**) ***2*** **biblioteca; sala di lettura.**
Athenian [ə'θi:njən] *a.* e *n.* **ateniese.**
athlete ['æθli:t] *n.* **atleta.**
athletic [æθ'letik] *a.* **atletico.**
athleticism [æθ'letisizəm] *n.* [U] **atletismo.**
athletics [æθ'letiks] *n. pl. (anche col verbo al sing.)* **atletica.**
at-home [ət'houm] *n.* [C] **ricevimento** (in casa privata) ● *a. day*, giorno di ricevimento.
athwart [ə'θwɔ:t] *avv.* e *prep.* ***1*** **di traverso** (a); **da un lato all'altro** (di) ***2*** **in opposizione** (a); **in contrasto** (con) ***3*** *(naut.)* **per il traverso** (di); **per madiere.**
atilt [ə'tilt] *avv.* e *a. pred.* **inclinato; (a) sghembo** ● *to ride (o to run) a., giostrare; torneare; (fig.)* combattere (a) lancia in resta.
atishoo [ə'tiʃu:] *inter.* **eccì!; etcì!; etciù!**
Atlantic [ət'læntik] *a.* e *n. (geogr.)* **Atlantico** ● *A. liner*, transatlantico.
Atlanticism [ət'læntisizəm] *n.* [U] *(polit.)* **atlantismo.**
Atlanticist [ət'læntisist] *n.* [C] *(polit.)* **fautore dell'atlantismo.**
atlas ['ætləs] *n.* [C] **atlante.**
atmosphere ['ætməsfiə*] *n.* [C] (anche *fig.*) **atmosfera.**
atmospheric(al) [ˌætməs'ferik(əl)] *a.* **atmosferico.**
atmospherics [ˌætməs'feriks] *n. pl. (radio, telev.)* **interferenza atmosferica; scariche.**
atoll ['ætɔl] *n.* [C] **atollo.**
atom ['ætəm] *n.* [C] ***1*** **atomo *2*** *(fig.)* **briciolo; briciola; particella**: *to blow st. to atoms*, ridurre q.c. in briciole.
atom bomb ['ætəmbɔm] *n.* [C] (anche *atomic bomb*) **bomba atomica.**
atomic [ə'tɔmik] *a.* **atomico**: *a. warfare*, guerra atomica.
atomization [ˌætəmai'zeiʃən] *n.* [U] ***1*** **atomizzazione *2* polverizzazione** (di un liquido o di una sostanza solida); **nebulizzazione** (di un liquido).
to **atomize** ['ætəmaiz] *v. t.* ***1*** **atomizzare *2* polverizzare** (un liquido o una sostanza solida); **nebulizzare** (un liquido).
atomizer ['ætəmaizə*] *n.* [C] ***1*** **atomizzatore *2* polverizzatore; nebulizzatore; spruzzatore** (di profumo).
atonal [æ'tounəl] *a. (mus.)* **atonale.**
atonality [ˌætou'næliti] *n.* [U] *(mus.)* **atonalità.**
to **atone** [ə'toun] *v. i.* **fare ammenda; espiare**: *to a. for one's wrongs*, espiare le proprie colpe.
atonement [ə'tounmənt] *n.* [U] **ammenda; espiazione.**
atonic [æ'tɔnik] ***A*** *a.* ***1*** *(fon.)* **atono *2*** *(med.)* **atonico *B*** *n.* [C] **parola atona; sillaba atona.**
atony ['ætəni] *n.* [U] *(fon., med.)* **atonia.**
atop [ə'tɔp] *avv.* e *prep.* **in cima** (a).
atrium ['a:triəm] *n.* (*pl.* **atria** ['a:triə]) ***1*** **atrio** (in ogni senso) ***2*** **sagrato** (di chiesa).
atrocious [ə'trouʃəs] *a.* ***1*** **atroce; feroce *2*** *(fam.)* **orribile; pessimo; di pessimo gusto**: *a. weather*, tempo pessimo.
atrocity [ə'trɔsiti] *n.* [U] e [C] **atrocità.**
atrophy ['ætrəfi] *n.* [U] *(med.)* **atrofia.**
to **atrophy** ['ætrəfi] *v. t.* e *i.* **atrofizzare, atrofizzarsi.**
attaboy ['ætəbɔi] *inter.* (specialm. *USA*) ***1*** **coraggio! *2* bravo!**
to **attach** [ə'tætʃ] *v. t.* ***1*** **attaccare; legare; unire**: *to a. oneself to*, unirsi a; entrare a far parte di ***2*** **apporre**: *to a. one's signature*, apporre la propria firma ***3*** **annettere; attribuire**: *to a. importance to st.*, annettere importanza a q.c. ***4*** *(leg.)* **sequestrare *5*** (specialm. *mil.*) **assegnare, aggregare** (temporaneamente).
attaché [ə'tæʃei] *(franc.) n.* **addetto** (d'ambasciata) ● *a. case*, borsa (di cuoio, per documenti).
attached [ə'tætʃt] *a.* ***1*** **attaccato; affezionato; devoto *2* assegnato; addetto *3*** *(edil.)* **attiguo; annesso.**
attachment [ə'tætʃmənt] *n.* ***1*** [U] **(l')attaccare; attaccatura *2*** [C] **aggiunta *3*** [C] **attaccamento; affetto; devozione *4*** [U] e [C] *(leg.)* **sequestro.**

attack [ə'tæk] *n.* **1** [C] e [U] *(anche mil.)* **attacco; assalto** **2** [C] e [U] **avvio, inizio** (di lavoro, impresa) **3** [C] (rif. a malattia) **attacco; accesso**: *an a. of malaria,* un attacco di malaria □ *a heart a.,* un attacco di cuore **4** [C] *(sport)* **attacco** ● *(sport) the a.,* la linea d'attacco.

to **attack** [ə'tæk] *v. t.* **1 attaccare; assalire** **2 iniziare** (un lavoro, ecc.); **affrontare** (un problema); **attaccare a** *(seguito da inf.)* **3** *(sport)* **attaccare.**

to **attain** [ə'tein] **A** *v. t.* **raggiungere; conseguire; ottenere**: *to a. one's object,* conseguire il proprio scopo **B** *v. i.* — *to a. to,* arrivare a; raggiungere: *to a. to perfection,* raggiungere la perfezione.

attainable [ə'teinəbl] *a.* **raggiungibile; ottenibile.**

attainder [ə'teində*] *n.* [U] *(leg., stor.)* **perdita dei beni e dei diritti civili** (in conseguenza di proscrizione).

attainment [ə'teinmənt] *n.* **1** [U] **raggiungimento; conseguimento** **2** *(specialm. al pl.)* **cognizioni; cultura.**

to **attaint** [ə'teint] *v. t.* **1** *(leg., stor.)* **privare dei beni e dei diritti civili** **2 macchiare; disonorare** **3** *(raro)* **infettare.**

attar ['ætə*] *n.* [U] **essenza di fiori** (specialm. di rose).

attempt [ə'tempt] *n.* [C] **1 tentativo; sforzo**: *an a. at escaping,* un tentativo d'evasione **2 attentato** ● *to make an a. on sb.'s life,* attentare alla vita di q.

to **attempt** [ə'tempt] *v. t.* **tentare; provare** ● *to a. sb.'s life,* attentare alla vita di q.

to **attend** [ə'tend] *v. t.* e *i.* **1 frequentare; essere presente a** **2** — *to a. to,* attendere a; applicarsi a; occuparsi di **3** — *to a. upon,* essere al seguito (o al servizio) di; scortare **4 assistere; aver cura di** **5 accompagnare; seguire**: *May good luck a. you!,* la fortuna t'accompagni! ● *to a. a meeting,* presenziare una riunione □ *to a. sb.'s lessons,* seguire le lezioni di q.

attendance [ə'tendəns] *n.* **1** [U] e [C] **frequenza; presenza** **2** [U] **servizio**: *to be in a. (up)on sb.,* essere al servizio di q. **3** [U] **assistenza**: *medical a.,* assistenza medica **4** *(solo al sing.)* **pubblico; spettatori; persone presenti; fedeli**: *There was a large a. at church,* c'erano molti fedeli in chiesa.

attendant [ə'tendənt] **A** *a.* **1 che presta assistenza** **2 che accompagna**: *war and its a. calamities,* la guerra e le sventure che l'accompagnano **B** *n.* **1 servitore; guardiano; sorvegliante** **2 (persona) presente; frequentatore** (assiduo) **3** *(al pl.)* **personale** (di negozio, ecc.) **4** *(al pl.)* **seguito, scorta** (di personaggio importante).

attention [ə'tenʃən] *n.* **1** [U] **attenzione**: *to pay a. to sb. (st.),* prestare attenzione a q. (q.c.) **2** *(al pl.)* **premure; cortesie; gentilezze; attenzioni** **3** *(mil.)* **attenti**: *A.!,* attenti! □ *to come to a.,* mettersi sull'attenti □ *to stand at a.,* stare sull'attenti ● *to pay one's attentions to a girl,* fare la corte a una ragazza.

attentive [ə'tentiv] *a.* **1 attento** **2 assiduo; premuroso; riguardoso.**

attentiveness [ə'tentivnis] *n.* [U] **1 attenzione** **2 assiduità; premura; cortesia; sollecitudine.**

to **attenuate** [ə'tenjueit] *v. t.* e *i.* **attenuare, attenuarsi; assottigliare, assottigliarsi.**

attenuation [ə,tenju'eiʃən] *n.* [U] **assottigliamento; attenuazione.**

to **attest** [ə'test] *v. t.* e *i.* **1 attestare; testimoniare; essere prova di** **2 affermare** (con giuramento); **far prestare giuramento** (a) **3 autenticare; legalizzare; vidimare.**

attestation [,ætes'teiʃən] *n.* [U] e [C] **1 attestazione; attestato; testimonianza; deposizione** **2 autenticazione; legalizzazione; vidimazione.**

Attic ['ætik] *a.* e *n.* **attico.**

attic ['ætik] *n.* [C] **1** *(archit.)* **attico** **2 soffitta; solaio.**

attire [ə'taiə*] *n.* [U] *(lett.)* **abito; abbigliamento.**

to **attire** [ə'taiə*] *v. t.* *(lett.)* **vestire; abbigliare.**

attitude ['ætitju:d] *n.* **1** [C] *(anche fig.)* **atteggiamento; posa**: *to strike an a.,* assumere una posa **2** [U] *(aeron.)* **assetto**: *a. control,* controllo di assetto ● *a. of mind,* abito mentale.

attitudinarian [,ætitju:di'nɛəriən] *n.* **posatore.**

to **attitudinize** [,æti'tju:dinaiz] *v. i.* **posare; essere affettato.**

attorney [ə'tə:ni] *n.* *(leg.)* **1 procuratore; mandatario; rappresentante** **2** *(anche a.-at-law)* **procuratore legale; avvocato** ● *A. General,* Procuratore Generale □ *letter of a.,* procura (documento) □ *power of a.,* procura (autorità).

to **attract** [ə'trækt] *v. t.* **1 attirare** **2 attrarre.**

attraction [ə'trækʃən] *n.* **1** [U] **attrazione** **2** [C] **attrattiva.**

attractive [ə'træktiv] *a.* **1 attraente; piacevole; affascinante** **2 che attira;** *(fis.)* **attrattivo.**

attribute ['ætribju:t] *n.* [C] **attributo** (in ogni senso).

to **attribute** [ə'tribju(:)t] *v. t.* **attribuire; ascrivere.**

attribution [,ætri'bju:ʃən] *n.* [U] e [C] **attribuzione.**

attributive [ə'tribjutiv] **A** *a.* (anche *gramm.*) **attributivo** **B** *n.* [C] *(gramm.)* **attributo.**

attrition [ə'triʃən] *n.* [U] **1 attrito; logorio** **2 logoramento**: *war of a.,* guerra di logoramento.

to **attune** [ə'tju:n] *v. t.* **1 accordare** (strumenti musicali) **2** *(fig.)* **mettere in pieno accordo; armonizzare.**

aubergine ['oubəʒi:n] *(franc.)* *n.* [C] e [U] **melanzana.**

auburn ['ɔ:bən] *a.* e *n.* [U] **(color) biondo rame; (colore) castano con riflessi ramati.**

auction ['ɔ:kʃən] *n.* [U] e [C] *(comm.)* **asta; incanto**: *to put up for a.,* mettere all'asta □ *sale by a.,* vendita all'asta.

to **auction** ['ɔ:kʃən] *v. t.* (anche *to a. off*) **vendere all'asta.**

auctioneer [,ɔ:kʃə'niə*] *n.* **banditore** (di aste).

audacious [ɔ:'deiʃəs] *a.* **1 audace; intrepido** **2 temerario** **3 insolente; impudente; sfacciato.**

audaciousness [ɔ:'deiʃəsnis] *V.* **audacity.**

audacity [ɔ:'dæsiti] *n.* [U] e [C] **1 audacia** **2 temerarietà** **3 impudenza.**

audibility [,ɔ:di'biliti] *n.* [U] **udibilità** ● *(acustica) a. threshold,* soglia di udibilità.

audible ['ɔ:dibl] *a.* **udibile; intelligibile.**

audience ['ɔ:diəns] *n.* **1** [C] **uditorio; pubblico** **2** [C] e [U] **udienza; ascolto**: *to grant an a.,* accordare un'udienza □ *to give a.,* dare udienza; dare ascolto.

audio frequency ['ɔ:diou,fri:kwənsi] *n.* [C] *(fis., radio, telev.)* **audiofrequenza.**

audiometer [,ɔ:di'ɔmitə*] *n.* [C] *(med.)* **audiometro.**

audio-visual [,ɔ:diou'vizjuəl] *a.* **audiovisivo** ● *a. aids,* mezzi audiovisivi.

audiphone ['ɔ:difoun] *n.* [C] *(med.)* **audifono.**

audit ['ɔ:dit] *n.* [C] **1** *(comm.)* **revisione; verifica ufficiale** (di conti) **2** *(elab.)* **revisione.**

to **audit** ['ɔ:dit] *v. t.* *(comm.)* **verificare** (i conti); **controllare** (i bilanci).

audition [ɔ:'diʃən] *n.* **1** [U] **udito** **2** [C] **audizione** (di un cantante, ecc.); *(radio, telev., teatr.)* **provino.**

to **audition** [ɔ:'diʃən] **A** *v. t.* **sottoporre a un'audizione; far fare un provino a** (q.) **B** *v. i.* **sostenere un'audizione; fare un provino.**

auditive ['ɔ:ditiv] *a.* **auditivo.**

auditor ['ɔ:ditə*] *n.* **1** *(comm.)* **revisore ufficiale di conti; sindaco** (di società) **2** *(raro)* **uditore; ascoltatore.**

auditorium [,ɔ:di'tɔ:riəm] *n.* [C] **1 spazio riservato al pubblico** (in un teatro, ecc.) **2 auditorio.**

auditory ['ɔ:ditəri] *a.* **uditivo** ● *(anat.) a. nerve,* nervo acustico.

auger ['ɔ:gə*] *n.* [C] **trivella** (da falegname); **succhiello.**

aught [ɔ:t] *pron.* *(lett.)* **alcunché; alcuna cosa** ● *for a. I know,* per quel che io so.

to **augment** [ɔ:g'ment] *v. t.* e *i.* **aumentare; accrescere.**

augmentation [,ɔ:gmen'teiʃən] *n.* **1** [U] **aumento; accrescimento** **2** [C] **aggiunta.**

augmentative [ɔ:g'mentətiv] *a.* e *n.* [C] *(gramm.)* **accrescitivo.**

augur ['ɔ:gə*] *n.* **1** *(stor. romana)* **augure** **2** *(fig.)* **indovino; profeta.**

to **augur** ['ɔ:gə*] **A** *v. t.* **predire; presagire** **B** *v. i.*

essere di augurio (o auspicio): *to a. well (ill)*, essere di buon (cattivo) auspicio.
augury ['ɔ:gjuri] *n.* **1** [U] **arte della divinazione** **2** [C] **augurio; auspicio; presagio.**
August ['ɔ:gəst] *n.* **agosto.**
august [ɔ:'gʌst] *a.* **augusto; maestoso; venerabile.**
Augustan [ɔ:'gʌstən] **A** *a.* **augusteo** **B** *n.* **scrittore dell'età augustea.**
Augustinian [,ɔ:gəs'tiniən] *a.* e *n.* *(relig.)* **agostiniano.**
auk [ɔ:k] *n.* *(zool.,* Alca*)* **alca.**
auld ['ɔ:ld] *a.* *(dial., scozz.)* **vecchio** ● *a. lang syne*, il (bel) tempo passato.
aulic ['ɔ:lik] *a.* **aulico.**
aunt [a:nt] *n.* **zia.**
auntie, aunty [a:nti] *n.* **zietta.**
au pair [ɔ:'pεə*] *(franc.)* *a.* e *n.* **(ragazza) alla pari.**
aura ['ɔ:rə] *n.* [C] **1 aura; effluvio; emanazione** **2** *(fig.)* **aria; atmosfera** **3** *(fig.)* **aureola.**
aural ['ɔ:rəl] *a.* **1 auricolare** **2 uditivo.**
aureola [ɔ:'riələ], **aureole** ['ɔ:rioul] *n.* [C] **aureola.**
auric ['ɔ:rik] *a.* **1 aureo** **2 aurifero** **3** *(chim.)* **aurico.**
auricle ['ɔ:rikl] *n.* [C] **1** *(bot.)* **organo auricolato** **2** *(anat.)* **orecchio esterno** **3** *(anat.)* **orecchietta** (del cuore).
auricular [ɔ:'rikjulə*] *a.* **1** (anche *fig.*) **auricolare; dell'orecchio**: *a. confession*, confessione auricolare.
auriferous [ɔ:'rifərəs] *a.* **aurifero.**
aurist ['ɔ:rist] *n.* *(med.)* **otoiatra.**
aurora [ɔ:'rɔ:rə] *n.* [C] (anche *poet., fig.*) **aurora.**
to **auscultate** ['ɔ:skəlteit] *v. t.* *(med.)* **auscultare.**
auscultation [,ɔ:skəl'teiʃən] *n.* [U] e [C] *(med.)* **auscultazione.**
auspice ['ɔ:spis] *n.* *(per lo più al pl.)* **auspici** (patronato, protezione): *under the auspices of*, sotto gli auspici di.
auspicious [ɔ:s'piʃəs] *a.* **di lieto auspicio; fausto; propizio.**
austere [ɔs'tiə*] *a.* **austero; severo.**
austerity [ɔs'teriti] *n.* [U] **austerità.**
austral ['ɔ:strəl] *a.* **australe; meridionale.**
Australian [ɔs'treiljən] *a.* e *n.* **australiano.**
Austrian ['ɔstriən] *a.* e *n.* **austriaco.**
Austro-Hungarian ['ɔstrou-hʌŋ'gεəriən] *a.* **austro-ungarico.**
autarchic(al) [ɔ(:)'ta(:)kik(əl)] *a.* **1 autocratico; dispotico** **2** (anche *autarkic)* **autarchico.**
autarchy ['ɔ(:)ta(:)ki] *n.* [U] **1 dispotismo** **2** (anche *autarky)* **autarchia.**
autarkic [ɔ(:)'ta:kik] *a.* *(econ.)* **autarchico.**
autarky ['ɔ(:)ta(:)ki] *n.* [U] *(econ.)* **autarchia.**
authentic [ɔ:'θentik] *a.* **autentico; genuino.**
to **authenticate** [ɔ:'θentikeit] *v. t.* **1 autenticare; legalizzare** **2 provare l'autenticità di** (un'opera): **dimostrare la verità di** (un fatto).
authentication [ɔ:,θenti'keiʃən] *n.* [U] e [C] **autenticazione; legalizzazione.**
authenticity [,ɔ:θen'tisiti] *n.* [U] **autenticità; genuinità.**
author ['ɔ:θə*] *n.* **autore;** *(USA,* anche*)* **autrice.**
authoress ['ɔ:θəris] *n.* *(raro in USA)* **autrice.**
authoritarian [ɔ:,θɔri'tεəriən] **A** *a.* **autoritario; dispotico** **B** *n.* **fautore del dispotismo; assolutista.**
authoritarianism [ɔ:,θɔri'tεəriənizəm] *n.* [U] **dispotismo; assolutismo.**
authoritative [ɔ:'θɔritətiv] *a.* **1 autorevole** **2 autoritario.**
authoritativeness [ɔ:'θɔritətivnis] *n.* [U] **autorevolezza.**
authority [ɔ:'θɔriti] *n.* **1** [U] e [C] **autorità** (in ogni senso) **2** [U] **autorizzazione** **3** [C] **fonte** (d'informazione).
authorization [,ɔ:θərai'zeiʃən] *n.* [U] e [C] **concessione; autorizzazione.**
to **authorize** ['ɔ:θəraiz] *v. t.* **autorizzare; conferire autorità a.**
authorship ['ɔ:θəʃip] *n.* [U] **1 professione di scrittore** **2 paternità** (di un libro, di un'idea, ecc.).
autism ['ɔ:tizəm] *n.* [U] *(psic.)* **autismo.**
autist ['ɔ:tist] *n.* *(psic.)* **autista.**
autistic [ɔ:'tistik] *a.* *(psic.)* **autistico; caratterizzato da autismo.**
autobiographer [,ɔ:toubai'ɔgrəfə*] *n.* **autobiografo** *(raro)*; **chi scrive la propria biografia.**
autobiographic(al) [,ɔ:tou,baiou'græfik(əl)] *a.* **autobiografico.**
autobiography [,ɔ:toubai'ɔgrəfi] *n.* [C] e [U] **autobiografia.**
autochanger ['ɔ:tou,tʃeindʒə*] *n.* [C] **cambiadischi.**
autochthon [ɔ:'tɔkθən] *n.* (*pl.* **autochthones** [ɔ:'tɔkθə,ni:z], **autochthons** [ɔ:'tɔkθənz]) **autoctono.**
autoclave ['ɔ(:)toukleiv] *n.* [C] **autoclave.**
autocracy [ɔ:'tɔkrəsi] *n.* **1** [U] **autocrazia** **2** [C] **governo autocratico.**
autocrat ['ɔ:təkræt] *n.* **autocrate** (anche *fig.*).
autodidact [,ɔ(:)tou'daidækt] *n.* **autodidatta.**
autodrome ['ɔ(:)tədroum] *n.* [C] **autodromo.**
autoeroticism [,ɔ:toui'rɔtisizəm], **autoerotism** [,ɔ:tou'erətizəm] *n.* [U] *(psic.)* **autoerotismo.**
autogenous [ɔ:'tɔdʒənəs] *a.* *(mecc., ind. costr.)* **autogeno.**
autogiro [,ɔ:tou'dʒaiərou] *n.* (*pl.* **autogiros**) *(aeron.)* autogiro.
autograph ['ɔ:təgra:f] *n.* [C] **autografo.**
to **autograph** ['ɔ:təgra:f] *v. t.* **scrivere (o firmare) di proprio pugno** ● *an autographed photograph*, una fotografia con autografo.
autographic(al) [,ɔ:tə'græfik(əl)] *a.* **autografo; autografico.**
autography [ɔ:'tɔgrəfi] *n.* [U] **autografia.**
automat ['ɔ(:)təmæt] *n.* [C] **1 distributore automatico** **2** (specialm. *USA)* **tavola calda a gettoni.**
automatic [,ɔ:tə'mætik] *a.* **automatico** ● *a. machine*, distributore automatico.
automation [,ɔ:tə'meiʃən] *n.* [U] *(mecc., ind.)* **automazione.**
automatism [ɔ:'tɔmətizəm] *n.* [U] **automatismo.**
to **automatize** [ɔ'tɔmətaiz] *v. t.* **automatizzare.**
automaton [ɔ:'tɔmətən] *n.* (*pl.* **automata** [ɔ:'tɔmətə], **automatons** [ɔ:'tɔmətənz]) **automa.**
automobile ['ɔ:təmə,bi:l] *n.* (specialm. *USA)* **automobile.**
automobilist [,ɔ(:)təmə'bi:list] *n.* (specialm. *USA)* **automobilista.**
autonomous [ɔ:'tɔnəməs] *a.* **autonomo.**
autonomy [ɔ:'tɔnəmi] *n.* **1** [U] **autonomia** **2** [C] **comunità indipendente.**
autopilot [,ɔ:tə'pailət] *n.* *(aeron.)* **pilota automatico.**
autopsy ['ɔ:tɔpsi] *n.* [C] **autopsia.**
autosuggestion [,ɔ:tousə'dʒestʃən] *n.* [U] *(psic.)* **autosuggestione.**
autumn ['ɔ:təm] *n.* (anche *fig.*) **autunno.**
autumnal [ɔ:'tʌmnəl] *a.* **autunnale.**
auxiliary [ɔ:g'ziljəri] **A** *a.* **1** (specialm. *gramm.*) **ausiliare** **2** (specialm. *mil.*) **ausiliario** **B** *n.* **1** [C] **ausiliare** (persona, cosa che è d'aiuto: verbo ausiliare) **2** *(al pl.)* **milizie ausiliarie.**
to **avail** [ə'veil] **A** *v. t.* e *i.* *(lett.)* **giovare** (a): **servire** (a) **B** to **avail oneself (of)** *v. rifl.* **valersi** (di); **trarre vantaggio** (da); **approfittare** (di).
avail [ə'veil] *n.* [U] **profitto; vantaggio; utilità** ● *to be of little a.*, servire a poco □ *to be of no a.*, essere inutile □ *to no a.*, senza profitto; inutilmente.
availability [ə,veilə'biliti] *n.* [U] **disponibilità** (di persone o cose).
available [ə'veiləbl] *a.* **disponibile; libero; utilizzabile** ● *to make st. a. to sb.*, mettere q.c. a disposizione di q.
avalanche ['ævəla:nʃ] *n.* [C] (anche *fig.*) **valanga.**
avant-garde [,ævɔ:ŋ'ga:d] *(franc.)* *(arte, letter.)* **A** *n.* *(generalm. con l'art. determ.)* **avanguardia** **B** *a. attr.* **di avanguardia; avanguardistico:** *a. writers*, scrittori di avanguardia.
avarice ['ævəris] *n.* [U] **avidità; cupidigia.**
avaricious [,ævə'riʃəs] *a.* *(lett.)* **avido; cupido; bramoso.**
ave ['a:vi] *inter.* e *n.* [C] **ave.**

to **avenge** [ə'vendʒ] ***A*** *v. t.* **vendicare** ***B*** to **avenge oneself** *v. rifl.* **vendicarsi.**

avenger [ə'vendʒə*] *n.* **vendicatore.**

avenue ['ævinju:] *n.* [C] ***1*** **viale** ***2*** (specialm. *USA*) **strada ampia** (anche se non alberata) ***3*** *(fig.)* **via; strada.**

to **aver** [ə'və:*] *v. t.* **asserire; affermare.**

(1) average ['ævəridʒ] *n.* [C] ***1*** **media**: *on an* (o *on the) a.*, in media □ *above (below) the a.*, sopra (sotto) la media ***2*** *(comm.)* **avaria.**

(2) average ['ævəridʒ] *a.* **medio; comune; normale**: *a boy of a. intelligence,* un ragazzo d'intelligenza media.

to **average** ['ævəridʒ] *v. t.* ***1*** **fare** (o **calcolare**) **la media di** (numeri, ecc.) ***2*** **fare una media di.**

averment [ə'və:mənt] *n.* [U] e [C] **asserzione; affermazione.**

averse [ə'və:s] *a.* **avverso, contrario** (a); **alieno** (da).

aversion [ə'və:ʃən] *n.* [U] e [C] **avversione; ripugnanza; antipatia.**

to **avert** [ə'və:t] *v. t.* ***1*** **distogliere; allontanare** (lo sguardo, il pensiero) ***2*** **evitare; prevenire.**

aviary ['eivjəri] *n.* [C] **aviario; uccelliera.**

aviation [ˌeivi'eiʃən] *n.* [U] **aviazione.**

aviator ['eivieitə*] *n.* **aviatore.**

aviculture ['eivikʌltʃə*] *n.* [U] **avicoltura, avicultura.**

aviculturist [ˌeivi'kʌltʃərist] *n.* **avicoltore, avicultore.**

avid ['ævid] *a.* **avido; bramoso; cupido.**

avidity [ə'viditi] *n.* [U] **avidità; bramosia; cupidigia.**

avifauna [ˌeivi'fɔ:nə] *n.* [U] e [C] *(zool.)* **avifauna.**

avocado [ˌævə'ka:dou] *n.* (*pl.* **avocados, avocadoes**) ***1*** *(bot.*, Persea gratissima*)* **avocado** ***2*** (anche *a. pear)* **(pera) avocado.**

avocation [ˌævou'keiʃən] *n.* [C] **occupazione secondaria.**

avocet ['ævouset] *n.* *(zool.*, Recurvirostra avocetta*)* **avocetta; monachina.**

to **avoid** [ə'vɔid] *v. t.* ***1*** **evitare; scansare; sfuggire** ***2*** *(leg.)* **invalidare.**

avoidable [ə'vɔidəbl] *a.* ***1*** **evitabile** ***2*** *(leg.)* **invalidabile.**

avoidance [ə'vɔidəns] *n.* [U] ***1*** **(l')evitare; (lo) sfuggire** ***2*** *(leg.)* **invalidazione; annullamento** ● *(leg.) a. clause,* clausola risolutiva.

avoirdupois [ˌævədə'pɔiz] *n.* ***1*** **avoirdupois** (uno dei due sistemi di misura di peso nei paesi anglosassoni) ***2*** *(fam.)* **peso** (specialm. di persona).

to **avouch** [ə'vautʃ] *v. t.* *(lett.)* **asserire; affermare; garantire.**

to **avow** [ə'vau] *v. t.* **ammettere; confessare** ● *to a. oneself guilty,* ammettere (o confessare) di essere colpevole.

avowal [ə'vauəl] *n.* [U] e [C] **ammissione; confessione.**

avowed [ə'vaud] *a.* **dichiarato; confesso.**

avowedly [ə'vauidli] *avv.* **per ammissione** (o **confessione**) **esplicita; dichiaratamente.**

avulsion [ə'vʌlʃən] *n.* [U] *(med., leg.)* **avulsione.**

avuncular [ə'vʌŋkjulə*] *a.* **di zio; da zio.**

to **await** [ə'weit] *v. t.* **attendere; aspettare** ● *(comm.) awaiting Your early reply,* in attesa di un vostro sollecito riscontro.

to **awake** [ə'weik] (*pass.* **awoke** [ə'wouk], *p.p.* **awoke, awaked** [ə'weikt]) ***A*** *v. t.* (anche *fig.*) **svegliare; risvegliare; destare** ***B*** *v. i.* (anche *fig.*) **svegliarsi; risvegliarsi; destarsi** ● *to a. to st.*, rendersi conto di q.c.; aprire gli occhi su q.c.

awake [ə'weik] *a. pred.* **sveglio; desto** ● *to be a. to st.*, essere consapevole di q.c.

to **awaken** [ə'weikən] *V.* to **awake.**

to **award** [ə'wɔ:d] *v. t.* **aggiudicare; assegnare** ● *(leg.) to a. damages,* decretare il risarcimento dei danni.

award [ə'wɔ:d] *n.* [C] **ricompensa; premio; onorificenza.**

aware [ə'wɛə*] *a. pred.* ***1*** **consapevole; conscio**: *to be a. of st.*, essere consapevole di q.c.; rendersi conto di q.c. ***2*** **informato; preparato** ● *to make sb. a. of st.*, informare q. di q.c.

awareness [ə'wɛənis] *n.* [U] **consapevolezza.**

awash [ə'wɔʃ] *avv.* e *a. pred.* ***1*** **a galla; a fior di acqua** ***2*** **inondato** ***3*** *(fam.)* **ubriaco; sbronzo.**

(1) away [ə'wei] *avv.* e *inter.* ***1*** **via; lontano**: *to be a. from home,* essere lontano da casa □ *to give st. a.*, dar via (o far dono di) q.c. □ *to run a.*, scappar via; scappare di casa □ *to be a mile a.*, essere a un miglio di distanza ***2*** *(us. con verbi per indicare perdita, distruzione)*: *to boil a.*, evaporare a forza di bollire □ *to make a. with oneself,* farla finita; uccidersi □ *to pass a.*, passare a miglior vita; morire ***3*** *(us. con verbi per indicare continuazione)*: *to be working a.*, lavorare ancora (a tutto spiano) ● *A.!*, vattene!; via! □ *right* (o *straight) a.*, subito.

(2) away [ə'wei] *a. attr.* *(sport)* **in trasferta; fuori casa**: *an a. game,* una partita in trasferta.

awe [ɔ:] *n.* [U] **timore reverenziale; soggezione**: *to stand* (o *to be) in awe of,* avere soggezione di ● *awe-inspiring,* che incute timore; solenne □ *awe-stricken* (o *awe-struck),* in preda a riverente timore.

to **awe** [ɔ:] *v. t.* **ispirare timore** (o **soggezione**) **a** (q.).

aweigh [ə'wei] *a. pred.* *(naut.*: di ancora*)* **staccata dal fondo; spedata.**

awesome ['ɔ:səm] *a.* ***1*** **che incute riverente timore; terrificante** ***2*** **imponente; maestoso; solenne** ***3*** **timoroso.**

awful ['ɔ:ful] *a.* ***1*** **terribile; terrificante** ***2*** *(fam.)* **pessimo; tremendo; orribile**: *an a. bore,* un tremendo seccatore.

awfully ['ɔ:fəli] *avv.* ***1*** **terribilmente; tremendamente** ***2*** *(fam.)* **molto**: *an a. good dinner,* un pranzo ottimo □ *I'm a. sorry,* mi dispiace molto.

awhile [ə'wail] *avv.* **per un po'** (di tempo).

awkward ['ɔ:kwəd] *a.* ***1*** **goffo; sgraziato** ***2*** **maldestro; impacciato** ***3*** **malfatto; scomodo** ***4*** **imbarazzante; inopportuno**: *an a. situation,* una situazione imbarazzante □ *an a. remark,* un'osservazione inopportuna ● *a. customer,* persona difficile.

awkwardness ['ɔ:kwədnis] *n.* [U] ***1*** **goffaggine; mancanza di grazia** ***2*** **imbarazzo** ***3*** **inopportunità.**

awl [ɔ:l] *n.* [C] **lesina; punteruolo.**

awn [ɔ:n] *n.* [C] **barba** (di grano e altri cereali).

awning ['ɔ:niŋ] *n.* [C] **tenda; riparo.**

awoke [ə'wouk] *pass.* e *p.p.* di to **awake.**

awry [ə'rai] *avv.* e *a. pred.* ***1*** **storto; di traverso** ***2*** **male; a monte** *(fig.)*: *to go a.*, andare a monte.

ax(e) [æks] *n.* [C] **ascia; accetta; scure** ● *(fig., fam.) to give sb. the axe,* licenziare q. in tronco □ *(fig., fam.) to have an axe to grind,* avere un interesse personale; tirare acqua al proprio mulino □ *(fig., fam.) to put the axe in the helve,* risolvere un problema.

axial ['æksiəl] *a.* *(mat., mecc., geol.)* **assiale.**

axillary [æk'siləri] *a.* *(anat., bot.)* **ascellare.**

axiom ['æksiəm] *n.* [C] **assioma.**

axiomatic(al) [ˌæksiə'mætik(əl)] *a.* **assiomatico.**

axis ['æksis] *n.* (*pl.* **axes** ['æksi:z]) *(mat., fis.)* **asse** ● *(stor.) the A.*, l'Asse (Roma-Berlino).

axle ['æksl] *n.* *(mecc.)* **asse; assale.**

axolotl [ˌæksə'lɔtl] *n.* *(zool.)* **axolotl.**

ayah ['aiə] *(anglo-ind.)* *n.* **cameriera** (o **bambinaia**) **indiana.**

ay, (1) aye [ai] ***A*** *avv.* *(dial.)* **sì** ***B*** *n.* [C] **sì; voto favorevole.**

(2) aye [ei] *avv.* *(arc.)* **sempre**: *for aye,* per sempre.

azalea [ə'zeiljə] *n.* *(bot.*, Azalea*)* **azalea.**

azimuth ['æziməθ] *n.* [C] e [U] *(astron.)* **azimut.**

azote [ə'zout] *n.* [U] *(chim., arc.)* **azoto.**

azotemia [ˌæzə'ti(:)mjə] *n.* [U] *(med.)* **azotemia.**

Aztec ['æztek] *a.* e *n.* **azteco.**

azure ['æʒə*] *a.* e *n.* **azzurro.**

to **azure** ['æʒə*] *v. t.* **rendere azzurro; azzurrare.**

azurine ['æʒurain] *a.* **azzurrino.**

azyme ['æzim] *n.* [U] **pane azzimo.**

azymous ['æziməs] *a.* **azzimo; non lievitato.**

B

B, b [bi:] *n. (pl.* **B's, b's; Bs, bs***)* **1** B, b **2** *(mus.)* **si** ● *(tel.)* b *for Benjamin,* b come Bologna.

to **baa** [ba:] (*pass.* e *p.p.* **baaed** [ba:d]) *v. i.* **belare.**

baa [ba:] *n.* **belato** ● *(infant.) baa-lamb,* agnellino.

baba ['ba:ba:] *n.* [C] *(cucina)* **babà.**

Babbitt metal ['bæbit,metl] *n.* [U] *(metall.)* **metallo antifrizione.**

to **babble** [bæbl] *v. t.* e *i.* **1 balbettare 2 cianciare; parlare a vanvera 3** (di acque) **mormorare.**

babble ['bæbl] *n.* [U] **1 balbettio; balbettamento 2 ciancia 3** (di acque) **mormorio.**

babbler ['bæblə*] *n.* **chiacchierone; ciarlone.**

babe [beib] *n.* **bambino, bimbo** *(anche fig.).*

babel ['beibəl] *n. (sing. con l'art. indeterm.) (fig.)* **babele; confusione.**

babir(o)ussa [,ba:bi'ru:sə] *n.* [C] *(zool.,* Babyrussa babyrussa*)* **babirussa.**

baboon [bə'bu:n] *n. (zool.,* Papio cynocephalus*)* **babbuino.**

baboonish [bə'bu(:)niʃ] *a.* **da babbuino; sciocco; goffo.**

baby ['beibi] *n.* **bambino, bambina; bimbo, bimba** *(anche fig.);* **bebè** *(fam.)* ● *b.-boy,* bambino □ *b. car,* automobile utilitaria □ *b.-girl,* bambina □ *the b. of the family,* il più giovane della famiglia.

babyhood ['beibihud] *n.* [U] **prima infanzia.**

babyish ['beibiiʃ] *a.* **1 infantile 2 bambinesco; puerile.**

Babylonian [,bæbi'lounjən] *a.* e *n.* **babilonese.**

to **baby-sit** ['beibi,sit] (*pass.* e *p.p.* **baby-sat** ['beibi,sæt]) *v. i.* **fare la baby-sitter.**

baby-sitter ['beibi,sitə*] *n.* **baby-sitter** (persona che, dietro compenso, sorveglia i bambini in assenza dei genitori).

baby talk ['beibi,tɔk] *n.* [U] **linguaggio infantile.**

baccalaureate [,bækə'lɔ:riit] *n.* [C] **baccellierato** (grado accademico).

bacchanal ['bækənl] **A** *n.* [C] **1 baccante; sacerdotessa di Bacco 2** *(anche fig.)* **baccanale; orgia; baldoria B** *a.* **1 bacchico 2 orgiastico**: *a b. feast,* una festa orgiastica; un'orgia.

Bacchanalia [,bækə'neiliə] *n. pl. (stor. relig.)* **Baccanali.**

Bacchanalian [,bækə'neiljən] *a.* **1 relativo ai Baccanali 2 orgiastico.**

bacchant ['bækənt] *n.* [C] **1 sacerdotessa di Bacco 2 orgiasta.**

Bacchante [bə'kænti] *n.* **baccante.**

Bacchic ['bækik] *a.* **bacchico.**

baccy ['bæki] *n.* [U] *(abbr. fam.)* **tabacco.**

bachelor ['bætʃələ*] *n.* **1 celibe; scapolo 2 baccelliere**: *Bachelor of Science (abbr. B.S., B.Sc.),* baccelliere in scienze ● *(bot.) b.'s button,* (Ranunculus acris) botton d'oro, ranuncolo; (Bellis perennis) margheritina, pratolina; (Centaurea cyanus) fiordaliso □ *(fam.) b. girl,* ragazza nubile che fa vita indipendente □ *b. quarters,* appartamento da scapolo.

bachelorhood ['bætʃələhud] *n.* [U] **celibato.**

bacillus [bə'siləs] *n.* (*pl.* **bacilli** [bə'silai]) *(biol.)* **bacillo.**

(1) back [bæk] *n.* [C] **1 schiena; dorso; retro;** *(fig.)* **spalle**: *the b. of the hand,* il dorso della mano □ *the b. of a book,* il dorso di un libro **2 spina dorsale 3 schienale**: *the b. of a chair,* lo schienale di una sedia **4 parte posteriore; retro**: *a room in the b. of the house,* una stanza nella parte posteriore della casa □ *the b. of the mouth,* il retrobocca **5 fondo; sfondo**: *the b. of the stage,* lo sfondo del palcoscenico **6** *(mil.)* **retroguardia** ● *at the b. of,* dietro □ *to be at the b. of sb.,* essere dietro a (o alle spalle di) q. □ *behind sb.'s b.,* dietro le spalle di q. *(anche fig.);* all'insaputa di q. □ *(fig.) to break one's b.,* rompersi la schiena (per eccesso di lavoro) □ *(calcio) centre half-b.,* centromediano □ *(calcio) (full-)b.,* terzino □ *(calcio) half-b.,* mediano □ *on the b. of,* in aggiunta a □ *to be on one's b.,* stare supino □ *(fig.) to put one's b. into st.,* mettercela tutta □ *to put (o to get, to set) one's b. up,* andare in collera □ *to put (o to get, to set) sb.'s b. up,* mandare sulle furie q. □ *to turn one's b. on sb.,* voltare le spalle a q.; piantare in asso q. □ *to turn one's b. to sb.,* voltare la schiena a q.; volgere le spalle a q. (fuggendo) □ *(fig.) to be with one's b. to the wall,* essere con le spalle al muro.

(2) back [bæk] *a.* **1 posteriore 2 arretrato 3 remoto; lontano** ● *b.-door,* porta di servizio; *(fig.)* lavoro di corridoio, intrighi □ *b.-fire,* ritorno di fiamma (in un motore a scoppio) □ *b. road,* strada secondaria □ *b. seat,* posto (a sedere) in fondo; *(fig.)* posizione secondaria, poco importante □ *(scherz.) b.-seat driver,* passeggero d'automobile che importuna il guidatore con consigli □ *b.-stair(s),* scala di servizio; *(fig.)* lavoro di corridoio, intrighi □ *to give a b. answer,* dare una rispostaccia.

(3) back ['bæk] *avv.* **1 indietro, addietro** (di luogo e nel tempo): *Keep b.!,* sta' (o state) indietro!; fatti (o fatevi) indietro! □ *Never look b.,* non guardare mai indietro; non pentirti (o ricrederti) mai **2 a posto**: *to put st. b.,* rimettere q.c. a posto **3 di ritorno**: *to be b.,* essere di ritorno: *I'll be b. in no time,* sarò di ritorno in un attimo ● *b. and forth,* avanti e indietro □ *to answer b.,* rispondere (in modo insolente o impertinente) □ *a few years b.,* alcuni anni or sono □ *to go b. on one's word,* mangiarsi la parola □ *to go b. on sb.,* tradire q. □ *to pay money b.,* restituire denaro □ *to pay sb. b.,* ripagare (o ricompensare) q. □ *(fig.) to pay sb. b. (in his own coin),* ripagare q. della stessa moneta; rendere pan per focaccia □ *there and b.,* andata e ritorno: *It takes an hour there and b.,* ci vuole un'ora per andare là e tornare.

to **back** [bæk] **A** *v. t.* **1** (anche *to b. up*) **far indietreggiare; spingere indietro** (un cavallo, una barca, ecc.) **2** (spesso *to b. up*) **appoggiare; sostenere; spalleggiare 3 firmare; sottoscrivere;** *(comm.)* **avallare 4 puntare (o scommettere) su**: *to b. horses,* puntare sui cavalli (alle corse) □ *to b. a winner,* puntare su un cavallo vincente; *(fig.)* avere un colpo di fortuna **5 fare da sfondo (o addossarsi) a**: *the hills that b. the village,* le colline che s'addossano al paese **B** *v. i.* **indietreggiare; rinculare; fare marcia indietro** ● *(fam.) to b. down,* fare marcia indietro *(fig.)* □ *(fam.) to b. out (of* st.*),* tirarsi indietro, ritirarsi (da q.c.).

backache ['bækeik] *n.* [C] e [U] **mal di schiena.**

to **backbite** ['bækbait] (*pass.* **backbit** ['bækbit], *p.p.* **backbitten** ['bæk,bitn] o **backbit***)* *v. t.* e *i.* **fare della maldicenza; sparlare** (di q.).

backbiter ['bæk,baitə*] *n.* **persona maldicente; malalingua.**

backbiting ['bækbaitiŋ] *n.* [U] **maldicenza.**

backboard ['bækbɔ:d] *n.* **1** [C] **asse che forma (o che sostiene) il fondo** (di q.c.) **2** *(pallacanestro)* **tabellone.**

backbone ['bækboun] *n.* **1** [C] **spina dorsale; colonna vertebrale 2** [U] *(fig.)* **fermezza; carattere** ● *(fig.) to the b.,* fino in fondo; da cima a fondo □ *to have no b.,* essere uno smidollato.

backbreaking ['bækbreikiŋ] *a.* (di lavoro, ecc.) **snervante.**

to **backcomb** ['bæk,koum] *v. t.* **cotonare** (i capelli).

to **backdate** [,bæk'deit] *v. t.* **retrodatare** (una lettera, ecc.).

backdoor ['bæk,dɔ:*] *a.* **segreto; clandestino.**

backdrop ['bækdrɔp] *n.* [C] **1** *(teatr.)* **fondale 2** *(fig.)* **sfondo.**

backer ['bækə*] *n.* **1 sostenitore; fautore; patrono 2 scommettitore 3** *(comm.)* **avallante.**

backfire ['bæk'faiə*] *n.* [C] *(mecc.)* **ritorno di fiamma.**

backgammon [bæk'gæmən] *n.* [U] **tric-trac; sbaraglino; tavola reale.**

background ['bækgraund] *n.* [C] **1 sfondo** (di quadro, luogo, stoffa, scena, descrizione); **ambiente** *(anche fig.)*

2 (fig.) **oscurità; ombra**: *to keep in the b.*, restare nell'ombra **3 bagaglio** (o **preparazione) culturale; esperienza personale 4** *(cinem., radio, telev.)* **sottofondo; rumore di fondo** ● *b. music,* musica di sottofondo.
backhand ['bæk,hænd] **A** *n.* **1** *(con l'art. indeterm.)* **grafia inclinata a sinistra 2** [C] *(tennis)* **rovescio B** *a.* **di rovescio C** *avv.* **con un rovescio; di rovescio.**
backhanded [,bæk'hændid] *a.* **1 dato di rovescio**: *(tennis) a b. stroke,* un colpo (dato) di rovescio **2** *(fig.:* di osservazione, complimento*)* **ambiguo; a doppio taglio 3** (di scrittura) **inclinato verso sinistra.**
backhander ['bæk,hændə*] *n.* [C] **1 manrovescio 2** *(sport)* **rovescio 3** *(fig., fam.)* **attacco indiretto** (o **inatteso, sleale).**
backing ['bækiŋ] *n.* **1** [C] e [U] **sostegno** (o **rinforzo) posteriore; rivestimento 2** [U] *(fig.)* **sostegno; appoggio 3** [U] *(comm., leg.)* **girata; avallo 4** *(con l'art. indeterm.)* **seguito 5** [C] *(mus.)* **sottofondo.**
backlog ['bæklɔg] *n.* [C] *(fam.)* **cumulo di lavoro arretrato.**
to **backpedal** [,bæk'pedəl] *v. i.* **1 pedalare all'indietro 2** *(fig., fam.)* **fare marcia indietro** *(fig.).*
backset ['bækset] *n.* [C] **1 sconfitta; rovescio; arresto 2 mulinello; vortice.**
backside [,bæk'said] *n.* [C] **1 parte posteriore** (di q.c.) **2 deretano; didietro** *(fam.).*
to **backslide** [,bæk'slaid] *(pass.* e *p.p.* **backslid** [,bæk'slid]) *v. i.* **1 ricadere nel vizio** (o **nel peccato) 2** *(fig.)* **calare di tono.**
backslider [,bæk'slaidə*] *n.* **chi ricade nel peccato; apostata.**
backspace ['bæk,speis] *n.* [C] *(= b. key)* **tasto di ritorno.**
to **backspace** [,bæk'speis] *v. i.* **battere il tasto di ritorno.**
backstage [,bæk'steidʒ] **A** *avv. (teatr.)* **dietro le quinte** (anche *fig.)* **B** *a.* **(che avviene) dietro le quinte C** *n.* **retroscena.**
backstairs ['bæk'stɛəz] **A** *n. pl.* **1 scala di servizio 2** *(fig.)* **intrighi; manovre di corridoio B** *a.* (anche *backstair*) **segreto; clandestino.**
backstay ['bækstei] *n. (spesso al pl.) (naut.)* **paterazzo.**
backstitch ['bækstitʃ] *n.* [U] **punto indietro.**
backstroke ['bæk,strouk] *n.* [C] **1 contraccolpo 2 manrovescio 3** *(al sing. con l'art. determ.) (sport)* **nuoto sul dorso** ● *(sport) b. swimmer,* dorsista.
backward ['bækwəd] *a.* **1 volto indietro; diretto all'indietro; a ritroso 2 che è indietro;** *(fig.)* **arretrato 3 esitante; riluttante 4** (specialm. di stagione, frutto) **tardivo 5** (di persona) **tardo di mente; ottuso.**
backwardness ['bækwədnis] *n.* [U] **1 arretratezza 2 riluttanza; timidezza 3 tardività; ottusità.**
backward(s) ['bækwəd(z)] *avv.* **1 indietro** (nello spazio, nel tempo; *fig.,* di bene in male): *to look b.,* guardare indietro; *(fig.)* riandare al passato **2 all'indietro; a ritroso**: *to walk b.,* camminare a ritroso ● *b. and forwards,* avanti e indietro □ *to stroke the cat b.,* carezzare il gatto contropelo.
backwash ['bækwɔʃ] *n.* [U] *(naut.)* **risacca; riflusso.**
backwater ['bæk,wɔ:tə*] *n.* [C] **1 acqua infrenata da una diga 2 acqua stagnante 3** *(fig.)* **stasi; ristagno** (d'una situazione).
backwoods ['bækwudz] *n. pl.* **zona boscosa e selvaggia.**
backwoodsman ['bækwudzmən] *n.* *(pl.* **backwoodsmen** ['bækwudzmən]) **1 abitante di una zona boscosa e selvaggia 2 chi fa vita ritirata in campagna 3** *(polit.)* **membro della Camera dei Lords che interviene raramente alle sedute.**
bacon ['beikən] *n.* [U] **pancetta** (affumicata) ● *(pop.) to save one's b.,* salvare la pelle.
bacterial [bæk'tiəriəl] *a.* **batterico.**
bacteriological [bæk,tiəriə'lɔdʒikəl] *a.* **batteriologico.**
bacteriologist [bæk,tiəri'ɔlədʒist] *n.* **batteriologo.**
bacteriology [bæk,tiəri'ɔlədʒi] *n.* [U] **batteriologia.**
bacterium [bæk'tiəriəm] *n.* *(pl.* **bacteria** [bæk'tiəriə]) *(biol.)* **batterio.**
(1) bad [bæd] *a. (compar.* **worse** [wə:s]; *superl. relat.* **worst** [wə:st]*)* **1 cattivo; malo** *(lett.)*: *a bad crop,* un cattivo raccolto **2 dannoso; nocivo**: *to be bad for one's health,* essere dannoso alla salute **3 forte; grosso; brutto**: *to have a bad cold,* avere un forte raffreddore □ *a bad blunder,* un grosso errore **4 guasto; andato a male; cattivo**: *a bad egg,* un uovo guasto **5 scarso; scadente; negato** *(fig.)*: *to be very bad at figures,* essere negato per il calcolo **6 scorretto; sbagliato 7 malato; guasto**: *a bad tooth,* un dente guasto ● *bad air,* aria malsana □ *bad blood,* astio; cattivo sangue □ *a bad coin,* una moneta falsa □ *(fam.) to feel bad,* sentirsi male □ *(fam.) to feel bad about st.,* prendersela per q.c. □ *to go bad,* andare a male; guastarsi □ *to go from bad to worse,* andare di male in peggio □ *to have a bad time,* passarsela male; passare un brutto quarto d'ora □ *to be in a bad way,* essere malmesso (o a mal partito) □ *(fam.) to be taken bad,* ammalarsi □ *That's too bad!,* quest'è troppo! □ *Is it as bad as all that?,* siamo davvero a questo punto?; va proprio così male?
(2) bad [bæd] *n.* [U] **male; mala** (o **cattiva) sorte; rovina** ● *to go to the bad,* mettersi sulla cattiva strada; darsi alla malavita; andare in rovina □ *to take the bad with the good,* accettare la cattiva sorte insieme con la buona □ *(comm.) to the bad,* in perdita; in passivo.
bade [beid] *pass.* di to **bid.**
badge ['bædʒ] *n.* [C] **1 distintivo; insegna 2 emblema; simbolo 3** *(mil.)* **gallone.**
badger ['bædʒə*] *n. (zool.,* Meles meles*)* **tasso.**
to **badger** ['bædʒə*] *v. t.* **tormentare; molestare; infastidire.**
badinage ['bædina:ʒ] *n.* [U] **celia; burla; ironia.**
badly ['bædli] *avv.* **1 male; malamente 2 gravemente** ● *to be b. off,* passarsela male; trovarsi in cattive acque □ *to want st. b.,* desiderare q.c. intensamente; avere urgente necessità di q.c.
badminton ['bædmintən] *n.* [U] *(sport)* **gioco del volano.**
badness ['bædnis] *n.* [U] **1 cattiveria 2 cattiva qualità 3 bruttezza; scorrettezza 4 dannosità; nocività.**
bad-tempered ['bæd,tɛmpəd] *a.* **irritabile; irascibile.**
baffle ['bæfl] *n.* [C] **1** *(mecc.)* **schermo; deflettore; diaframma 2** *(radio)* **schermo acustico; baffle** ● *b. plate,* deflettore; diaframma □ *b. wall,* parete antiacustica.
to **baffle** ['bæfl] *v. t.* **1 sconcertare; lasciare perplesso; confondere 2 rendere vano; frustrare; ostacolare.**
bag [bæg] *n.* [C] **1 borsa; borsetta 2 sacco; sacchetto 3 selvaggina uccisa** (in una battuta o giornata di caccia) **4** *(al pl., pop.)* **pantaloni** ● *(fig.) bag and baggage,* armi e bagagli □ *to be a bag of bones,* essere un sacco d'ossa (o tutto pelle e ossa) □ *(fam.) to be left holding the bag,* essere lasciato nei guai □ *(fig.) to let the cat out of the bag,* lasciarsi sfuggire un segreto.
to **bag** [bæg] **A** *v. t.* **1 mettere in una borsa** (o **in un sacco); insaccare 2** (di cacciatori) **prendere** (selvaggina) **3** *(fam.)* **prendere; mettersi in tasca** *(fam.)* **B** *v. i.* **1 gonfiarsi 2** (di indumenti) **fare le borse; essere cascante**: *Your trousers bag at the knees,* i tuoi pantaloni fanno le borse alle ginocchia.
bagatelle [,bægə'tel] *n.* **1** [C] **bagatella 2** [U] **biliardino.**
baggage ['bægidʒ] *n.* [U] **1** *(specialm. USA)* **bagaglio, bagagli 2 bagaglio** (dei soldati): **salmerie 3** *(scherz.)* **ragazzetta 4** *(spreg.)* **vecchiaccia** ● *b. animals,* animali da soma.
baggy ['bægi] *a.* **1 gonfio 2 cadente; che fa le borse.**
bagman ['bægmən] *n.* *(pl.* **bagmen** ['bægmən]) *(fam.)* **commesso viaggiatore.**
bagpipe(s) ['bægpaip(s)] *n.* **zampogna; cornamusa.**
bagpiper ['bægpaipə*] *n.* **zampognaro; suonatore di cornamusa.**
to **bag-snatch** [,bæg'snætʃ] *v. t.* **scippare.**
bag-snatcher ['bæg,snætʃə*] *n.* **scippatore.**
bag-snatching ['bæg,snætʃiŋ] *n.* [U] **scippo.**

bah [ba(:)] *inter.* (per indicare disprezzo, disgusto) **bah!; ohibò!**
(1) bail [beil] *n.* [U] **1** *(leg.)* **cauzione 2 garante** ● *to forfeit one's b.*, non presentarsi al processo dopo aver ottenuto la libertà provvisoria □ *to go b.*, rendersi garante (per q.) □ *to be out on b.*, essere in libertà provvisoria (su cauzione) □ *to surrender to one's b.*, presentarsi al processo (dopo la libertà provvisoria).
(1) to **bail** [beil] *v. t.* *(leg.)* **ottenere la libertà provvisoria di** (q., dietro pagamento di cauzione) ● *to b. sb. out,* ottenere la scarcerazione di q. (dietro pagamento di cauzione).
(2) bail [beil] *n.* [C] *(naut.)* **bugliolo; gottazza.**
(2) to **bail** [beil] (anche *to b. out*) *v. t.* **aggottare** ● *(aeron.) to b. out,* gettarsi col paracadute.
bailee [bei'li:] *n.* *(leg.)* **depositario** (di merci).
bailer [beilə*] *n.* *(leg.)* **garante.**
bailey ['beili] *n.* **mura esterne; corte di castello** ● *Old B.*, tribunale penale di Londra.
bailiff ['beilif] *n.* **1 fattore** (di una grande tenuta) **2** *(leg.)* **ufficiale giudiziario.**
bailment ['beilmənt] *n.* [U] e [C] *(leg.)* **1 deposito 2 comodato.**
bailor ['beilə*] *n.* *(leg.)* **depositante.**
bain-marie [ˌbɛ̃ma'ri] *(franc.) n.* (*pl.* **bains-marie** [ˌbɛ̃ma'ri]) **bagnomaria.**
bairn [bɛən] *n.* *(scozz.)* **bambino, bambina.**
bait [beit] *n.* [U] e [C] **1 esca 2** *(fig.)* **lusinga; allettamento 3** *(arc.)* **sosta per ristorarsi** (durante un viaggio).
to **bait** [beit] **A** *v. t.* **1 tormentare** (animali incatenati) **aizzando cani** (contro di essi); **esasperare 2 munire di esca** (un amo, una trappola) **3 lusingare; allettare B** *v. i.* *(arc.)* **fermarsi in una locanda per ristorarsi.**
baize [beiz] *n.* [U] *(ind. tessile)* **panno grezzo e spesso.**
to **bake** [beik] **A** *v. t.* **1 cuocere** (soprattutto al forno) **2** (detto del sole) **cuocere; disseccare; indurire B** *v. i.* **1 cuocersi** (soprattutto al forno) **2 disseccarsi; indurirsi.**
bakehouse ['beikhaus] *n.* [C] **forno; panificio.**
Bakelite ['beikəlait] *n.* [U] *(marchio)* **bachelite.**
baker ['beikə*] *n.* **fornaio; panettiere** ● *a b.'s dozen,* tredici (dall'usanza di dare un panino di giunta) □ *b.'s (shop),* panetteria.
bakery ['beikəri] *n.* [C] **forno; panetteria.**
baking ['beikiŋ] *n.* **1** [U] **cottura** (al forno o al sole) **2** [C] **infornata** (di pane) **3** [C] **cotta** (di mattoni).
baking powder ['beikiŋˌpaudə*] *n.* [U] **lievito in polvere.**
baksheesh ['bækʃi:ʃ] *(persiano) n.* [U] **mancia.**
Balaclava helmet [ˌbælə'kla:və 'helmit] *n.* **passamontagna.**
balalaika [ˌbælə'laikə] *n.* [C] **balalaica.**
balance ['bæləns] *n.* **1** [C] **bilancia** (a piatti, a molla, ecc.) **2** [U] (anche *fig.*) **equilibrio; bilico**: *to keep one's b.*, mantenersi in equilibrio; *(fig.)* rimanere padrone di sé, dominarsi □ *to lose one's b.*, perdere l'equilibrio; *(fig.)* perdere la calma, non essere più padrone di sé **3** [C] (anche *b.-wheel*) **bilanciere** (d'orologio) **4** [C] *(comm., econ.)* **bilancio; pareggio; conguaglio; saldo**: *to strike a b.*, fare il bilancio; *(fig.)* considerare il pro e il contro **5** [C] **contrappeso 6** — *(astron., astrologia) the B.*, la Bilancia ● *b. beam,* braccio della bilancia □ *(comm.) b. due,* saldo a debito □ *(comm.) b. in hand,* saldo a credito □ *(fin.) b. of payments,* bilancia dei pagamenti □ *b. of power,* equilibrio delle forze (politiche) □ *(fin.) b. of trade,* bilancia commerciale (nei pagamenti internazionali) □ *b. sheet,* bilancio (prospetto del Dare e dell'Avere) □ *to hold the b.*, essere l'ago della bilancia; essere arbitro d'una situazione □ *on b.*, a conti fatti.
to **balance** ['bæləns] **A** *v. t.* **1 bilanciare; equilibrare; tenere in equilibrio 2** (anche *fig.*) **pesare; soppesare; valutare 3** *(comm.)* **pareggiare; saldare 4 controbilanciare B** *v. i.* **1 stare in equilibrio 2** *(fig.)* **bilanciarsi 3** *(comm.)* **essere in pareggio C** to **balance oneself** *v. rifl.* **tenersi in equilibrio.**
balancer ['bælənsə] *n.* **1 acrobata; equilibrista 2 bilanciere.**
balas ['bæləs] *n.* *(miner,* anche *b. ruby)* [C] **balascio.**
balcony ['bælkəni] *n.* **1** [C] **balcone; loggia; terrazzino 2** *(con l'art. determ.) (teatr.)* **prima galleria; balconata.**
bald [bɔ:ld] *a.* **1 calvo; pelato** *(scherz.)* **2** (di monte) **nudo;** (di albero) **spoglio;** (di uccello) **implume;** (di animali, specialm. di cavalli) **con una macchia bianca sulla fronte 3** *(fig.)* **nudo; disadorno.**
baldachin, baldaquin ['bɔ:ldəkin] *n.* [C] **baldacchino.**
bald-coot ['bɔ:ldku:t] *n.* **1** *(zool.,* Fulica atra*)* **folaga 2** *(fig.)* **persona calva.**
balderdash ['bɔ:ldədæʃ] *n.* [U] **sciocchezze; stupidaggini.**
baldhead ['bɔ:ldhed] *n.* **persona calva; testa pelata** *(fam).*
baldly ['bɔ:ldli] *avv.* **esplicitamente; senza riguardi** ● *to put it b.*, per dirla in parole povere □ *to speak b.*, non aver peli sulla lingua.
baldness ['bɔ:ldnis] *n.* [U] **1 calvizie 2** *(fig.)* **nudità.**
baldpate ['bɔ:ldˌpeit] *n.* **persona calva; zucca pelata** *(fam.).*
baldric ['bɔ:ldrik] *n.* [C] **bandoliera** ● *b.-wise,* a tracolla.
bale [beil] *n.* [C] **balla** (di merce).
to **bale** [beil] *v. t.* **imballare; mettere in balle.**
baleen [bə'li:n] *n.* **fanone; osso di balena** *(pop.).*
baleful ['beilful] *a.* **funesto; malefico.**
baler ['beilə*] *n.* **1 imballatore 2 imballatrice** *(macchina)* **3** *(agric.)* **pressaforaggio.**
balk [bɔ:k] *n.* [C] **1** *(agric.)* **porca 2 ostacolo; intoppo; intralcio 3** *(edil.)* **trave; catena 4** *(biliardo)* **punto d'acchito 5** *(sport: baseball)* **fallo** (del lanciatore).
to **balk** [bɔ:k] **A** *v. t.* **1 evitare** (un argomento); **trascurare** (un dovere); **lasciarsi sfuggire** (un'occasione, un turno) **2 ostacolare; intralciare B** *v. i.* **1** (specialm. di cavalli) **recalcitrare; arrestarsi 2 esitare; tirarsi indietro.**
Balkan ['bɔ:lkən] *a.* **balcanico.**
to **ball** [bɔ:l] **A** *v. t.* **appallottolare B** *v. i.* **appallottolarsi.**
(1) ball [bɔ:l] *n.* [C] **1 palla** (in ogni senso); **pallone 2 globo** (della terra, dell'occhio) **3 sfera** (di corpi celesti, di penna) **4 gomitolo**: *a b. of string,* un gomitolo di spago **5 proiettile 6** *(al pl., volg.)* **palle; coglioni 7** *(al pl., volg.)* **balle** *(pop.)*; **fandonie** ● *b. of the thumb,* polpastrello del pollice □ *(fig.) to have the b. at one's feet,* avere la strada del successo aperta □ *(fig.) to keep up the b.* (o *to keep the b. rolling),* tenere viva la conversazione; mandare avanti una attività *(pop.*: la baracca*).*
(2) ball [bɔ:l] *n.* [C] **danza; ballo**: *to open the b.*, aprire le danze; *(fig.)* dare inizio a un'attività ● *fancy-dress b.*, ballo in costume □ *masked ball,* ballo in maschera.
ballad ['bæləd] *n.* [C] **ballata.**
ballade [bæ'la:d] *(franc.) n.* [C] *(stor. letter., mus.)* **ballata.**
balladry ['bælədri] *n.* *(collett.)* **ballate.**
ballast ['bæləst] *n.* [U] **1** *(naut., aeron.)* **zavorra 2** *(fig.)* **equilibrio; fermezza.**
to **ballast** ['bæləst] *v. t.* **1 zavorrare 2** *(fig.)* **render fermo** (o **solido).**
ballerina [ˌbælə'ri:nə] *(ital.) n.* **ballerina.**
ballet ['bælei] *(franc.) n.* [C] e [U] **balletto** (spettacolo e corpo di ballo) ● *b. dancer,* danzatore classico, danzatrice classica □ *b. skirt,* tutù.
ballistic [bə'listik] *a.* **balistico.**
ballistics [bə'listiks] *n. pl.* *(col verbo al sing.)* **balistica.**
balloon [bə'lu:n] *n.* [C] **1 pallone** (aerostatico); **mongolfiera; aerostato 2 palloncino** (giocattolo) **3 pallone di vetro** (per distillazione) **4** *(fam.)* **fumetto** (nei giornaletti) ● *b.-seller,* pallonaio; venditore di palloncini □ *(moda) b. sleeve,* manica a sbuffo.
to **balloon** [bə'lu:n] **A** *v. t.* **gonfiare** (come un pallone) **B** *v. i.* **1 viaggiare in pallone 2 gonfiarsi.**
ballooning [bə'lu:niŋ] *n.* [U] *(aeron.)* **aerostatica.**
balloonist [bə'lu:nist] *n.* **aerostiere.**

ballot ['bælət] *n.* [C] *1* scheda (per votazione; anche *b.-paper*) *2* (*leg.*) voto; scrutinio *3* numero totale di voti *4* elenco di candidati; lista (da votare) ● (*polit.*) *second b.*, ballottaggio □ *to take a b.*, passare ai voti; votare.
to **ballot** ['bælət] *A v. i.* votare (a scrutinio segreto) *B v. t.* sorteggiare.
ballot-box ['bælətbɔks] *n.* [C] urna (elettorale).
ball(-point) pen ['bɔ:l(pɔint)'pen] *n.* [C] penna a sfera.
ball-room ['bɔ:lrum] *n.* [C] sala da ballo.
ballyhoo ['bæli,hu:] *n.* [U] (*pop.*) pubblicità sensazionale; montatura pubblicitaria; strombazzata.
balm [ba:m] *n.* [U] (anche *fig.*) balsamo.
balm cricket ['ba:m,krikit] *n.* (*zool.*, Cicada) cicala.
balmy ['ba:mi] *a.* balsamico; fragrante.
balsam ['bɔ:lsəm] *n.* *1* [U] (anche *fig.*) balsamo *2* [C] (*bot.*, Impatiens balsamina) balsamina.
balsamic [bɔ:l'sæmik] *a.* balsamico.
Baltic ['bɔ:ltik] *a.* e *n.* (*geogr.*) baltico, Baltico.
baluster ['bæləstə*] *n.* [C] (*archit.*) *1* balaustro *2* (*al pl.*) balaustrata.
balustrade [,bæləs'treid] *n.* [C] balaustrata.
bamboo [bæm'bu:] *n.* [C] e [U] (*pl.* **bamboos**) bambù (pianta e canna).
to **bamboozle** [bæm'bu:zl] *v. t.* (*fam.*) ingannare; imbrogliare.
ban [bæn] *n.* [C] *1* (*stor.*) bando; proclama *2* (anche *fig.*) bando: *to be under a ban*, essere al bando *3* interdizione; scomunica.
to **ban** [bæn] *v. t.* *1* proibire; interdire *2* mettere all'indice.
banal [bə'na:l] *a.* banale; comune; trito.
banality [bə'næliti] *n.* [U] e [C] banalità.
banana [bə'na:nə] *n.* *1* banana *2* (anche *b.-tree*) (*bot.*, Musa sapientum), banano ● (*naut.*) *b. boat*, bananiera.
(1) band [bænd] *n.* [C] *1* (*ind.*) lamina (di metallo) *2* striscia; nastro *3* (*mecc.*) cinghia; correggia *4* (*radio*) banda *5* (*miner.*) sottile strato (di minerale) *6* cerchio (di botte).
(2) band [bænd] *n.* [C] *1* banda; gruppo (di persone): *a b. of robbers*, una banda di ladri *2* banda musicale; orchestrina.
to **band** [bænd] *v. t.* e *i.* unire (unirsi) in banda (o in gruppo).
bandage ['bændidʒ] *n.* [C] benda; fascia.
to **bandage** ['bændidʒ] *v. t.* bendare; fasciare.
bandan(n)a [bæn'dænə] *n.* [C] fazzoletto di seta (o di cotone) a colori vivaci.
bandbox ['bændbɔks] *n.* [C] cappelliera.
bandeau ['bændou] (*franc.*) *n.* (*pl.* **bandeaux** ['bændouz]) benda, nastro (per i capelli).
bandit ['bændit], **banditto** [bæn'ditou] *n.* (*pl.* **bandits** ['bændits], **banditti** [bæn'diti(:)]) bandito; brigante.
banditry ['bænditri] *n.* [U] banditismo; brigantaggio.
bandmaster ['bænd,ma:stə*] *n.* capobanda (di musicanti).
bandog ['bændɔg] *n.* *1* cane (tenuto) alla catena *2* mastino.
bandoleer, bandolier [,bændə'liə*] *n.* [C] bandoliera; cartucciera.
bandsman ['bændzmən] *n.* (*pl.* **bandsmen** ['bændzmən]) bandista; musicante.
bandstand ['bændstænd] *n.* [C] palco dell'orchestra.
bandy ['bændi] *a.* (di gambe) arcuato ● *b.-legged*, dalle gambe arcuate (o storte).
to **bandy** ['bændi] *v. t.* *1* passarsi (una palla) *2* far circolare (una storia, una diceria) *3* scambiare (colpi, parole, ecc.) ● *to b. words with sb.*, avere a che dire con q. □ *to have one's name bandied about*, far sparlare di sé.
bane [bein] *n.* [U] sventura; (causa di) rovina.
baneful ['beinful] *a.* pernicioso; malefico.
(1) bang [bæŋ] *n.* [C] *1* botta; urto violento *2* rumore forte e improvviso; scoppio; colpo (di arma da fuoco).
(1) to **bang** [bæŋ] *A v. t.* *1* colpire; battere violentemente *2* sbattere (con violenza): *to b. a door*, sbattere una porta *B v. i.* *1* scoppiare; esplodere *2* sbattere ● (*fin.*) *to b. the market*, far crollare il mercato (con un forte ribasso dei prezzi) □ *to b. on the door*, bussare forte alla porta □ (*fam.*) *to b. out*, battere a macchina velocemente; sonare a tutto volume □ (*fam.*) *to b. up*, guastare; scassare (*fam.*).
(2) bang [bæŋ] *A avv.* (*pop.*) dritto; proprio: *to hit sb. b. in the eye*, colpire q. dritto in un occhio *B inter.* bum!: *to go bang*, fare bum.
(3) bang [bæŋ] *n.* [C] frangia di capelli (sulla fronte).
(2) to **bang** [bæŋ] *v. t.* tagliare (i capelli) a frangetta.
banger ['bæŋə*] *n.* [C] *1* petardo *2* (*fam.*) salsiccia *3* (*fam.*) vecchia carcassa; macinino (*fig.*).
bangle ['bæŋgl] *n.* [C] braccialetto.
banian ['bænjən] *n.* *1* commerciante indù *2* camicia (o tunica) indiana ● (*bot.*) *b.-tree* (Ficus bengalensis), baniano.
to **banish** ['bæniʃ] *v. t.* bandire (anche *fig.*); esiliare; scacciare.
banishment ['bæniʃmənt] *n.* [U] bando; esilio.
banisters ['bænistəz] *n. pl.* *1* balaustrata *2* ringhiera (di scala).
banjo ['bændʒou] *n.* (*pl.* **banjos, banjoes**) (*mus.*) banjo; bangio.
banjoist ['bændʒouist] *n.* (*mus.*) suonatore di banjo.
(1) bank [bæŋk] *n.* [C] *1* argine; riva; sponda (di fiume, canale, lago, ecc.) *2* argine; sponda; margine elevato (di strada) *3* banco (di sabbia, nebbia, ecc.); cumulo *4* (*aeron.*) inclinazione trasversale (per la virata).
(1) to **bank** [bæŋk] *A v. t.* (anche *to b. up*) arginare (un fiume, ecc.); accumulare; coprire con terriccio *B v. i.* *1* accumularsi; addensarsi in banchi *2* (*autom.*) prendere una curva su due ruote *3* (*aeron.*) inclinarsi in virata.
(2) bank [bæŋk] *n.* [C] *1* banca *2* banco (di gioco): *to break the b.*, far saltare il banco ● *b. clerk*, impiegato di banca; bancario □ *b. rate*, tasso ufficiale di sconto □ *people's b.*, banca popolare.
(2) to **bank** [bæŋk] *A v. t.* *1* depositare (denaro) in banca *2* incassare (presso una banca) *B v. i.* tenere il banco (a un gioco d'azzardo) ● *to b. with*, essere cliente di (una banca).
(3) bank [bæŋk] *n.* [C] *1* banco di rematori (in una galea) *2* ordine di remi (in una galea).
bankable ['bæŋkəbl] *a.* (*comm.*) bancabile; esigibile presso una banca.
banker ['bæŋkə*] *n.* *1* banchiere *2* chi tiene il banco (in un gioco d'azzardo).
bank-book ['bæŋkbuk] *n.* [C] libretto di banca.
bank holiday [,bæŋk 'hɔlədi] *n.* [C] festa civile.
banking ['bæŋkiŋ] *n.* [U] attività bancaria; tecnica bancaria ● *b. firm*, istituto bancario □ *b. hours*, orario di banca.
bank-note ['bæŋknout] *n.* [C] biglietto di banca; banconota.
bankrupt ['bæŋkrʌpt] *A n.* [C] *1* (*comm.*, *leg.*) fallito *2* (in senso lato) debitore insolvente *B a.* *1* (*comm.*) che è fallito *2* insolvente ● *to be b. of st.*, essere totalmente privo di q.c. □ *to go b.*, fallire.
to **bankrupt** ['bæŋkrʌpt] *v. t.* (*comm.*) far fallire.
bankruptcy ['bæŋkrʌptsi] *n.* [U] e [C] (*leg.*, anche *fig.*) fallimento.
banner ['bænə*] *n.* [C] *1* bandiera; stendardo; vessillo (anche *fig.*) *2* striscione (us. nei cortei) *3* (anche *b. headline*) titolo (di giornale) a tutta pagina.
banns [bænz] *n. pl.* — (*leg.*) *b. of matrimony*, pubblicazioni di matrimonio □ *to call* (o *to put up*) *the b.*, fare le pubblicazioni.
banquet ['bæŋkwit] *n.* [C] banchetto.
to **banquet** ['bæŋkwit] *v. i.* banchettare.
banquette [bæŋ'ket] *n.* [C] *1* (*mil.*) banchina di tiro (di trincea) *2* (in una carrozza) sedile dietro il conducente *3* marciapiede.

banshee [bæn'ʃi:] *n.* [U] (specialm. in Irlanda) **spirito il cui lamento è presagio di morte.**
bantam ['bæntəm] *n.* ***1*** **gallo** (o **gallina**) **bantam** ***2*** *(pugilato,* anche *b.-weight)* **peso gallo.**
banter ['bæntə*] *n.* [U] **bonarie prese in giro; punzecchiature scherzose.**
to **banter** ['bæntə*] ***A*** *v. t.* **stuzzicare; prendere in giro** ***B*** *v. i.* **parlare in modo scherzoso; dire facezie.**
bantling ['bæntliŋ] *n. (arc.)* **marmocchio.**
Bantu ['bæntu:] *a.* e *n.* **bantù.**
banyan ['bænjən] *V.* **banian.**
baobab ['beiəbæb] *n.* [C] *(bot.,* Adansonia digitata*)* **baobab.**
baptism ['bæptizəm] *n.* [U] e [C] *(anche fig.)* **battesimo.**
baptismal [bæp'tizməl] *a.* **battesimale.**
baptist ['bæptist] *n.* **battezzatore** ● *John the B.,* Giovanni il Battista.
baptist(e)ry ['bæptistəri] *n.* [C] **battistero; fonte battesimale.**
to **baptize** [bæp'taiz] *v. t. (*anche *fig.)* **battezzare.**
(1) bar [ba:*] *n.* [C] ***1*** **sbarra; spranga; barra** (in vari meccanismi); **pezzo oblungo** (di sapone); **tavoletta** (di cioccolata) ***2*** **ostacolo; impedimento** ***3*** **barra** (di sabbia, fanghiglia) ***4*** **striscia** (di luce, di colore) ***5*** *(araldica)* **fascia** (di stemma) ***6*** *(mus.)* **stanghetta; battuta** ***7*** **bar; banco** (di mescita); **spaccio di bibite** ***8*** (in tribunale) **sbarra** ***9*** — *the Bar,* la professione forense; il fòro (tutti gli avvocati di un luogo): *to be called to the Bar,* essere ammesso all'esercizio della professione forense ***10*** *(leg.,* anche *fig.)* **tribunale** ● *bar-bell,* manubrio (da ginnastica) □ *(leg.) to appear at the Bar,* comparire in giudizio □ *gold in bars,* oro in lingotti □ *to read for the Bar,* studiare per diventare avvocato □ *to be tried at the Bar,* subire un pubblico processo.
(2) bar [ba:*] *prep.* **eccetto; eccettuato; tranne.**
to **bar** [ba:*] *v. t.* ***1*** **sbarrare; sprangare; chiudere**: *to bar sb. in (out),* chiudere q. dentro (fuori) ***2*** **ostacolare; impedire** ***3*** **sbarrare; munire di sbarre** ***4*** **segnare con strisce; striare** ***5*** **escludere; eccettuare** ***6*** *(leg.)* **sospendere** (un'azione giudiziaria).
barb [ba:b] *n.* [C] ***1*** **barba** (peli sul muso di animali); **filamento laterale** (di piume) ***2*** **parte uncinata** (di freccia, arpione, ecc.) ***3*** **soggolo.**
barbarian [ba:'bɛəriən] *a.* e *n.* **barbaro.**
barbaric [ba:'bærik] *a.* **barbarico; primitivo.**
barbarism ['ba:bərizəm] *n.* ***1*** [C] *(linguistica)* **barbarismo** ***2*** [U] **barbarie.**
barbarity [ba:'bæriti] *n.* [U] e [C] **barbarie; crudeltà; efferatezza.**
to **barbarize** ['ba:bəraiz] ***A*** *v. t.* **imbarbarire; rendere barbaro** ***B*** *v. i.* ***1*** **imbarbarirsi; diventare barbaro** ***2*** *(linguistica)* **usare barbarismi; barbareggiare** *(lett.).*
barbarous ['ba:bərəs] *a.* (di lingua, costumi, stile; anche *fig.)* **barbaro.**
Barbary ape [ˌba:bəri'eip] *n. (zool.,* Macaca sylvana*)* **bertuccia.**
barbecue ['ba:bikju:] *n.* [C] ***1*** **grande graticola** ***2*** **bue** (o **maiale**) **arrostito intero; carne arrostita all'aperto** ***3*** **trattenimento all'aperto** (in cui viene servita carne arrostita alla griglia).
to **barbecue** ['ba:bikju:] *v. t.* **arrostire** (carne o un intero animale) **all'aperto.**
barbed wire [ˌba:bd'waiə*] *n.* [U] **filo spinato** ● *barbed-wire fence,* reticolato.
barbel [ba:bəl] *n. (zool.,* Barbus fluviatilis*)* **barbo.**
barber ['ba:bə*] *n.* **barbiere; parrucchiere.**
barberry ['ba:bəri] *n. (bot.,* Berberis vulgaris*)* **crespino.**
barbican ['ba:bikən] *n.* [C] ***1*** **barbacane** (di fortezza) ***2*** **torre esterna.**
barbiturate [ba:'bitjurit] *n.* [C] e [U] *(farm.)* **barbiturico.**
barbituric [ba:bi'tjurik] *a. (chim.)* **barbiturico.**
barcarol(l)e ['ba:kəroul] *n.* [C] *(mus.)* **barcarola.**
bard [ba:d] *n.* **bardo** *(lett.);* **poeta.**
bardic ['ba:dik] *a.* **di** (o **da**) **bardo.**
bare [bɛə*] *a.* ***1*** **nudo; spoglio; privo; semplice; puro; schietto; scoperto; sguainato**: *the b. truth,* la pura verità □ *b. of credit,* privo di credito ***2*** **mero; scarso; minimo** ● *to believe sb.'s b. word,* credere a q. sulla parola □ *to earn a b. living,* guadagnare appena da vivere □ *to be in one's b. skin,* essere in costume adamitico □ (anche *fig.) to lay b.,* mettere a nudo; svelare.
to **bare** [bɛə*] *v. t.* ***1*** **scoprire; denudare**: *to b. one's head,* scoprirsi il capo ***2*** **rivelare; aprire**: *to b. one's heart,* aprire il cuore □ *to b. one's thoughts,* rivelare i propri pensieri ***3*** **sguainare** (la spada).
barefaced ['bɛəfeist] *a.* ***1*** **con il viso scoperto; senza maschera** ***2*** **a viso aperto** ***3*** **impudente; sfacciato.**
barefoot ['bɛəfut] *a.* e *avv.* **a piedi nudi; scalzo.**
bare-footed [ˌbɛə'futid] *a.* **scalzo; senza scarpe.**
bare-handed [ˌbɛə'hændid] *a.* e *avv.* **a mani nude; inerme.**
bare-headed [ˌbɛə'hedid] *a.* e *avv.* **a capo scoperto.**
barely ['bɛəli] *avv.* ***1*** **apertamente** ***2*** **appena; a mala pena** ***3*** **scarsamente; poveramente.**
bareness ['bɛənis] *n.* [U] ***1*** **nudità** ***2*** **scarsezza; povertà** ***3*** **semplicità.**
bargain ['ba:gin] *n.* [C] ***1*** **(buon) affare** ***2*** (anche *leg.)* **contratto** ***3*** *(leg.)* **accordo; transazione** ● *b. price,* prezzo d'occasione □ *b. sale,* vendita speciale □ *to drive a hard b.,* porre condizioni difficili □ *into the b.,* per giunta; in più □ *to make the best of a bad b.,* far buon viso a cattiva sorte □ *to strike a b.,* concludere un affare.
to **bargain** ['ba:gin] ***A*** *v. i.* ***1*** **mercanteggiare; tirare sul prezzo** ***2*** **contrattare; fare un contratto** ***3*** — *to b. for,* aspettarsi; prevedere ***B*** *v. t.* ***1*** **negoziare; scambiare** ***2*** **stipulare.**
barge [ba:dʒ] *n.* [C] ***1*** **chiatta; barcone** ***2*** **lancia.**
to **barge** [ba:dʒ] ***A*** *v. t.* **trasportare su chiatta** ***B*** *v. i.* ***1*** *(fam.)* **muoversi in modo goffo** ***2*** — *(fam.) to b. into,* piombare entro (un luogo) ***3*** — *(fam.) to b. against sb. (st.),* urtare contro q. (q.c.) ***4*** — *(fam.) to b. in,* intromettersi a sproposito.
bargee [ba:'dʒi:] *n.* **chiattaiolo; barcaiolo.**
baritone ['bæritoun] *(mus.)* ***A*** *n.* **baritono; voce di baritono** ***B*** *a. attr.* **baritonale.**
barium ['bɛəriəm] *n.* [U] *(chim.)* **bario** ● *(med.) b. meal,* pasto di bario.
(1) bark [ba:k] *n.* [C] ***1*** **abbaio; latrato** ***2*** *(pop.)* **tosse.**
(1) to **bark** [ba:k] *v. i.* ***1*** **abbaiare** ***2*** **parlare in modo iroso** ***3*** *(pop.)* **tossire** ● *to b. at the moon,* abbaiare alla luna □ *(fam.) to b. up the wrong tree,* fare un'ipotesi sbagliata; essere fuori strada *(fig.).*
(2) bark [ba:k] *n.* [U] ***1*** **corteccia; scorza** ***2*** *(pop.)* **pelle.**
(2) to **bark** [ba:k] *v. t.* ***1*** **scortecciare** (un albero) ***2*** *(fam.)* **scorticarsi, sbucciarsi** (la pelle).
(3) bark [ba:k] *n. (naut.)* **brigantino a palo.**
barkeeper ['ba:ˌki:pə] *n.* **proprietario di bar.**
barker ['ba:kə*] *n.* ***1*** **abbaiatore; chi urla senza scopo né effetto** ***2*** **imbonitore.**
barley ['ba:li] *n.* [U] **orzo**: *pearl b.,* orzo perlato ● *b. sugar,* (caramella di) zucchero d'orzo □ *b. water,* orzata.
barleycorn ['ba:likɔ:n] *n.* [C] **chicco d'orzo.**
barm [ba:m] *n.* [U] ***1*** **lievito di birra** ***2*** **schiuma** (di malto che fermenta).
barmaid ['ba:meid] *n.* **cameriera al banco; barista.**
barman ['ba:mən] *n.* (*pl.* **barmen** ['ba:mən]) **cameriere al banco; barista.**
barmy ['ba:mi] *a.* ***1*** **che contiene lievito** ***2*** **schiumoso** ***3*** *(pop.)* **tocco** (nel cervello); **svanito.**
barn [ba:n] *n.* [C] ***1*** **granaio; fienile; capannone agricolo** ***2*** *(fig.)* **tugurio** ***3*** *(USA)* **stalla** ● *(zool.) b. owl* (Tyto alba), barbagianni.
Barnabite ['ba:nəbait] *n. (relig.)* **barnabita.**
barnacle ['ba:nəkl] *n.* ***1*** *(al pl.) (zool.,* Cirripedia*)* **cirripedi** ***2*** *(fig., fam.)* **persona importuna; attaccabottoni** ● *(zool.) acorn b.* (Balanus tintinnabulum), balano.
barnacles ['ba:nəklz] *n. pl.* ***1*** **torcinaso** ***2*** *(pop.)*

occhiali.

barnstorm ['ba:nstɔ:m] *v. i.* (specialm. *USA*) **girare per le campagne dando rappresentazioni teatrali** (o **tenendo comizi politici**).

barnyard ['ba:nja:d] *n.* [C] **cortile** (di una fattoria).

barograph ['bærougra:f] *n.* [C] **barografo.**

barometer [bə'rɔmitə*] *n.* [C] **barometro.**

barometric(al) [,bærə'metrik(əl)] *a.* **barometrico.**

baron ['bærən] *n.* **1** (*stor.*) **barone; nobile; feudatario 2 barone** (della nobiltà ingl.) **3 magnate; grande industriale.**

baronage ['bærənidʒ] *n.* (*collett.*) **(i) baroni** (nel loro complesso); **(la) nobiltà.**

baroness ['bærənis] *n.* **baronessa.**

baronet ['bærənit] *n.* **baronetto.**

baronetcy ['bærənitsi] *n.* [C] **titolo di baronetto.**

baronial [bə'rounjəl] *a.* **di** (o **da**) **barone; baronale; baronesco.**

barony ['bærəni] *n.* [C] **baronia.**

baroque [bə'rouk] *a.* e *n.* (anche *fig.*) **barocco.**

baroscope ['bærou,skoup] *n.* [C] **baroscopio.**

barque [ba:k] *V.* **(3) bark.**

barquentine ['ba:kənti:n] *n.* (*naut.*) **goletta.**

barrack ['bærək] *n.* (*generalm. al pl.*) **1 caserma 2** (*fig.*) **casermone.**

barracoon [,bærə'ku:n] *n.* [C] **recinto** (per schiavi, galeotti, ecc.).

barracuda [,bærə'kju:də] *n.* (*zool.*, Sphyraena barracuda) **barracuda.**

barrage ['bæra:ʒ] *n.* **1** [U] e [C] **sbarramento**: *balloon b.*, sbarramento di palloni (aerostatici) **2** [C] **diga di sbarramento 3** [C] (*mil.*) **tiro di sbarramento 4** [C] (*fig.*) **fuoco di fila** (di domande).

barrator, barrater ['bærətə*] *n.* **1** (*stor.*) **barattiere 2** (*leg.*) **istigatore di liti.**

barratry ['bærətri] *n.* [U] **1** (*stor.*) **baratteria 2** (*leg.*) **istigazione alle liti.**

barred [ba:d] *a.* **1 sbarrato; munito di sbarre 2 striato 3 proibito.**

barrel ['bærəl] *n.* [C] **1 barile** (anche misura di capacità); **botte 2 bariletto** (di orologio) **3 cilindro** (di argano, ecc.) **4 canna** (di pistola, fucile) **5 cannello** (di penna) **6 serbatoio** (di penna stilografica) **7 tamburo** (di rivoltella) **8 cassa** (di tamburo).

to **barrel** ['bærəl] *v. t.* **mettere in barili; imbarilare.**

barrelled ['bærəld] *a.* **1 a forma di barile** (o **di botte**) **2 imbarilato; imbottato** ● *double-b. gun,* fucile a due canne.

barrel-organ ['bærəl,ɔ:gən] *n.* [C] **organetto di Barberia; organino** (di suonatore ambulante).

barren ['bærən] *a.* **1** (anche *fig.*) **sterile; infruttifero 2** (*fig.*) **arido; privo di interesse.**

barrenness ['bærənnis] *n.* [U] **1 sterilità 2** (*fig.*) **aridità.**

barret ['bærət] *n.* **berretto; berretta.**

barricade ['bærikeid] *n.* [C] **1 barricata 2** (anche *fig.*) **barriera.**

to **barricade** ['bærikeid] *v. t.* **barricare.**

barrier ['bæriə*] *n.* [C] (anche *fig.*) **barriera** ● *b. reef,* barriera corallina □ (*aeron.*) *sound b.*, muro del suono.

barring ['ba:riŋ] *prep.* **eccetto; escluso; eccettuato.**

barrister ['bæristə*] *n.* (*leg.*) **patrocinatore legale; avvocato** (ammesso a discutere le cause in tutte le corti).

(1) barrow ['bærou] *n.* [C] **1** (anche *wheelbarrow*) **carriola 2** (anche *coster's barrow*) **carrettino** (spinto a mano) **3** (anche *handbarrow*) **barella.**

(2) barrow ['bærou] *n.* [C] **1 collina; altura 2** (*archeol.*) **tumulo.**

bartender ['ba:,tendə*] *n.* (specialm. *USA*) **barista.**

barter ['ba:tə*] *n.* [U] (anche *leg.*) **baratto; permuta; scambio.**

to **barter** ['ba:tə*] *v. t.* **barattare; scambiare**: *to b. a thing for* (o *against*) *another,* barattare una cosa con un'altra.

barton ['ba:tn] *n.* (*arc.*) **aia** (di fattoria).

barycentre ['bærisentə*] *n.* (*fis.*, *geom.*) **baricentro.**

baryon ['bæriɔn] *n.* (*fis.*) **barione.**

barytone ['bæritoun] *V.* **baritone.**

basal ['beisl] *a.* **1 basale 2 basilare; fondamentale.**

basalt ['bæsɔ:lt] *n.* [U] (*miner.*) **basalto.**

bascule ['bæskju:l] *n.* [C] **basculla** ● *b. bridge,* ponte levatoio.

(1) base [beis] *n.* [C] **base; basamento; fondamento:** *an air b.*, una base aerea □ *a naval b.*, una base navale ● (*econ.*) *b. pay,* paga base □ (*comm.*) *b. price,* prezzo base □ (*econ.*) *b. salary,* stipendio base.

to **base** [beis] *v. t.* (anche *fig.*) **basare; fondare.**

(2) base [beis] *a.* **basso; vile; spregevole; meschino; ignobile** ● *b.-born,* di oscuri natali □ *b. metal,* metallo vile.

baseball ['beisbɔ:l] *n.* [U] (*sport*) **baseball; pallabase.**

baseless ['beislis] *a.* **1 senza base 2** (*fig.*) **senza fondamento; infondato.**

baselessness ['beislisnis] *n.* [U] **infondatezza.**

basement ['beismənt] *n.* [C] **seminterrato.**

baseness ['beisnis] *n.* [U] **bassezza morale; ignobilità; meschinità.**

to **bash** [bæʃ] *v. t.* **1** (*fam.*) **colpire; urtare con violenza 2** — *to b. in,* sfondare.

bash [bæʃ] *n.* [C] (*fam.*) **colpo; urto violento** ● (*pop.*) *Have a b. (at it)!*, provaci!.

bashful ['bæʃful] *a.* **timido.**

bashfulness ['bæʃfulnis] *n.* [U] **timidezza.**

basic ['beisik] *a.* **1 basilare; fondamentale 2** (*chim.*) **basico** ● *b. English,* inglese essenziale □ (*econ.*) *b. income,* reddito minimo.

basil ['bæzl] *n.* [U] (*bot.*, Ocimum basilicum) **basilico.**

basilar ['bæsilə*], **basilary** ['bæsiləri] *a.* **basilare.**

basilica [bə'zilikə] *n.* **basilica.**

basilisk ['bæzilisk] *n.* (*mitol.*; *zool.*, Basiliscus) **basilisco** ● *b.-glance,* sguardo da basilisco (perfido, malvagio).

basin ['beisn] *n.* [C] **1 bacino; bacile; bacinella; catino 2** (*geogr.*, *naut.*) **bacino:** *the Po b.*, il bacino del Po ● *b. stand,* portacatino □ *sugar b.*, zuccheriera □ (*naut.*) *wet b.*, darsena.

basis ['beisis] *n.* (*pl.* **bases** ['beisi:z]) (specialm. *scient.* e *fig.*) **base.**

to **bask** [ba:sk] *v. i.* **1 crogiolarsi 2** (*fig.*) **bearsi.**

basket ['ba:skit] *n.* [C] **1 cesta; canestro; paniere; sporta 2** (*pallacanestro*) **canestro; cesto 3 navicella** (di pallone aerostatico) ● *b.-maker,* panieraio □ *b.-work,* lavoro in vimini □ *shopping b.*, sporta (della spesa).

to **basket** ['ba:skit] *v. t.* **1 mettere in un cesto 2 cestinare.**

basketball ['ba:skit,bɔ:l] *n.* [U] (*sport*) **pallacanestro** ● *b. player,* giocatore di pallacanestro; cestista.

basketful ['ba:skitful] *n.* [C] **panierata.**

basketry ['ba:skitri] *n.* [U] **1 arte del panieraio 2** (*collett.*) **ceste; panieri.**

Basque [ba:sk] *a.* e *n.* **basco.**

bas-relief ['bæsri,li:f] *n.* [U] e [C] (*arte*) **bassorilievo.**

(1) bass [bæs] *n.* (*zool.*, Perca fluviatilis) **pesce persico** ● *sea b.* (Labrax lupus), spigola.

(2) bass [beis] (*mus.*) **A** *n.* **1 basso** (cantante) **2 voce di basso 3 nota bassa B** *a.* **basso** ● *b. clef,* chiave di basso □ *b. viol,* viola da gamba.

basset ['bæsit] *n.* **(cane) bassotto.**

basset horn ['bæsithɔ:n] *n.* (*mus.*) **corno bassetto.**

bassinet [,bæsi'net] *n.* **culla di vimini.**

basso ['bæsou] (*ital.*) *n.* (*pl.* **bassos, bassi** ['bæsi]) (*mus.*) **basso** (cantante).

bassoon [bə'su:n] *n.* (*mus.*) **fagotto** ● *double b.*, controfagotto.

bast [bæst] *n.* [U] **fibra di tiglio.**

bastard ['bæ:stəd] **A** *n.* **bastardo; figlio illegittimo B** *a.* **1 bastardo; illegittimo 2 contraffatto; falso; di qualità inferiore** ● (*tipogr.*) *b. title,* occhiello.

to **bastardize** ['bæstədaiz] *v. t.* **imbastardire.**

bastardy ['bæstədi] *n.* [U] **condizione di bastardo; illegittimità.**

(1) to **baste** [beist] *v. t.* **imbastire** (in senso proprio).

(2) to **baste** [beist] *v. t.* **ungere con burro fuso** (la carne che arrostisce).

(3) to **baste** [beist] *v. t.* *(fam.)* **battere; bastonare.**

bastille [bæs'ti:l] *n.* ***1*** *(stor.)* **torre; piccola fortezza** ***2*** **prigione** ● *(stor.) the B.*, la Bastiglia.

bastion ['bæstiən] *n.* [C] **bastione; baluardo.**

(1) bat [bæt] *n.* **pipistrello** ● *as blind as a bat,* cieco come una talpa □ *(pop.) to have bats in the belfry,* essere un po' strambo.

(1) to **bat** [bæt] *v. i.* ***1*** **usare il bastone** (nel baseball); **usare la mazza** (nel cricket) ***2*** **effettuare la battuta.**

(2) bat [bæt] *n.* [C] ***1*** **randello** ***2*** **bastone da baseball; mazza da cricket** ***3*** **racchetta** (da tennis da tavolo) ***4*** **battuta; turno di battere** (nel baseball e nel cricket) ● *(pop.) off one's own bat,* con le proprie forze; per proprio conto; spontaneamente □ *(fam.) (right) off the bat,* su due piedi; senza pensarci su.

(2) to **bat** [bæt] *v. t.* **battere; ammiccare**: *not to bat an eye,* non battere ciglio.

batch [bætʃ] *n.* [C] ***1*** **infornata** ***2*** **gruppo; quantità** (di cose considerate insieme).

to **bate** [beit] *v. t.* ***1*** **diminuire; ridurre** ***2*** **trattenere; sospendere**: *with bated breath,* col fiato sospeso (per paura, eccitazione, ecc.).

bath [ba:θ] *n.* [C] ***1*** **bagno** (in ogni senso) ***2*** (anche *b.-tub*) **vasca da bagno** ***3*** *(al pl.)* **(stabilimento di) bagni; terme** ● *foot-b.*, pediluvio □ *to have (o to take) a b.*, fare il bagno (in vasca) □ *mud b.*, fangatura □ *sun b.*, bagno di sole.

to **bath** [ba:θ] *v. t.* **far fare il bagno a** (un bambino, un invalido, ecc.).

Bath chair ['ba:θ'tʃɛə] *n.* [C] **poltrona a rotelle** (per invalidi).

bathe [beið] *n.* [C] **bagno** (di mare, in fiume o lago): *to go for a b.*, andare a fare un bagno.

to **bathe** [beið] ***A*** *v. i.* ***1*** **fare il bagno, fare i bagni** (al mare, in un fiume o lago) ***2*** **fare il bagno** (per lavarsi) ***B*** *v. t.* ***1*** **bagnare** ***2*** **lavare** (una ferita) ***3*** **immergere.**

bather ['beiðə*] *n.* **bagnante.**

bathhouse ['ba:θ,haus] *n.* [C] **stabilimento balneare.**

bathing ['beiðiŋ] *n.* **(il fare) i bagni**: *I like b.*, mi piace fare i bagni ● *b. beauty,* « bellezza » al bagno □ *b. cap,* cuffia da bagno □ *b. costume (o b. dress, b. suit),* costume da bagno.

bathometer [bə'θɔmitə*] *n.* **batimetro; scandaglio.**

bathos ['beiθɔs] *n.* [U] ***1*** *V.* **anticlimax** ***2*** **pateticità; sentimentalismo.**

bathrobe ['ba:θ,roub] *n.* [C] **accappatoio.**

bathroom [ba:θrum] *n.* [C] **stanza da bagno.**

bathyscaphe ['bæθiskæf] *n.* **batiscafo.**

bathysphere ['bæθisfiə*] *n.* **batisfera.**

batiste [bæ'ti:st] *n.* [U] **batista** (tela finissima).

batman ['bætmən] *n.* (*pl.* **batmen** ['bætmən]) *(mil.)* **attendente; ordinanza.**

baton ['bætən] *n.* [C] ***1*** **bastone** (da poliziotto); **manganello; sfollagente** ***2*** **bacchetta** (da direttore d'orchestra) ***3*** **bastone di comando** ***4*** *(atletica)* **testimone.**

batsman ['bætsmən] *n.* (*pl.* **batsmen** ['bætsmən]) *(sport)* **battitore** (nel baseball e nel cricket).

battalion [bə'tæljən] *n.* [C] ***1*** *(mil.)* **battaglione** ***2*** *(fig.)* **folta schiera.**

batten ['bætn] *n.* [C] ***1*** **assicella; listello** ***2*** *(naut.)* **serretta** ***3*** *(ind. tessile)* **battente** (del telaio).

(1) to **batten** ['bætn] *v. t.* **chiudere con rinforzi di legno.**

(2) to **batten** ['bætn] *v. i.* ***1*** **ingrassare** (specialm. *fig.*) ***2*** — *to b. on,* fare una scorpacciata di; prosperare a spese di.

to **batter** ['bætə*] ***A*** *v. t.* ***1*** **battere** (ripetutamente, con violenza) ***2*** — *to b. down,* abbattere ***3*** **ridurre a mal partito** ***B*** *v. i.* **battere colpi** ● *to b. to pieces,* fare a pezzi.

batter ['bætə*] *n.* ***1*** [C] *(sport)* **battitore** (nel baseball e nel cricket) ***2*** [U] *(cucina)* **pasta, pastella** (di uova sbattute, ecc.) ***3*** [C] *(tipogr.)* **difetto di carattere tipografico.**

battering ram ['bætəriŋræm] *n.* [C] *(stor.)* **ariete.**

battery ['bætəri] *n.* ***1*** [C] e [U] **batteria** (in ogni senso) ***2*** [U] *(leg.)* **aggressione** ● *b. chicken,* pollo di allevamento □ *(elettric.) storage b.*, accumulatore.

battle ['bætl] *n.* ***1*** [C] (anche *fig.*) **battaglia; combattimento** ***2*** [U] **vittoria; successo**: *The b. is to the strong,* la vittoria è dei forti ● *(naut.) b. cruiser,* incrociatore da battaglia □ *b. piece,* descrizione pittorica (o letteraria) di una battaglia □ *in b. array,* in ordine di battaglia.

to **battle** ['bætl] *v. i.* **battagliare; combattere; lottare.**

battle-axe ['bætl,æks], *n.* [C] ***1*** *(stor.)* **azza** ***2*** *(fig., fam.)* **virago.**

battle-cry ['bætlkrai] *n.* [C] ***1*** **grido di guerra** ***2*** *(fig.)* **motto.**

battledore ['bætldɔ:*] *n.* [C] **racchetta** (da volano) ● *b. and shuttlecock,* volano (gioco).

battle-field ['bætlfi:ld], **battle-ground** ['bætlgraund] *n.* [C] **campo di battaglia.**

battlement ['bætlmənt] *n.* *(di solito al pl.)* *(arch., stor.)* **spalto merlato; merlo.**

battle-ship ['bætlʃip] *n.* [C] **nave da guerra; corazzata.**

batty ['bæti] *a.* *(pop.)* **un po' matto; strambo.**

bauble ['bɔ:bl] *n.* [C] **bagattella; gingillo; ciondolo.**

(to) **baulk** [bɔ:k] *V.* (to) **balk.**

bauxite ['bɔ:ksait] *n.* [U] *(miner.)* **bauxite.**

Bavarian [bə'vɛəriən] *a.* e *n.* **bavarese** ● *(cucina) B. cream,* bavarese (dolce).

bawd [bɔ:d] *n.* *(arc.)* ***1*** **tenutaria** (di bordello) ***2*** **puttana.**

bawdiness ['bɔ:dinis], **bawdry** ['bɔ:dri] *n.* [U] **oscenità.**

bawdy ['bɔ:di] *a.* **osceno.**

to **bawl** [bɔ:l] *v. t.* e *i.* **urlare; strillare; vociare** ● *to b. oneself hoarse,* diventare rauco a forza di gridare □ *to b. out to sb.*, chiamare q. a gran voce.

(1) bay [bei] *n.* [C] *(geogr.)* **baia** (di mare, lago).

(2) bay [bei] *n.* [C] ***1*** **alcova; recesso** (diviso da tramezzo) ***2*** *(archit.)* **campata** ***3*** **sporto** (di una stanza).

(3) bay [bei] *n.* [U] e [C] **abbaio; latrato** ● *to be (o to stand) at bay,* (di animale) essere costretto a far fronte ai cani; *(fig.)* essere con le spalle al muro □ *to keep at bay,* tenere a bada (il cacciatore o il nemico) □ *to turn to bay,* far fronte (al nemico); accettar battaglia.

(4) bay [bei] *n.* ***1*** (*bot.*, Laurus nobilis) **alloro** ***2*** *(al pl.)* **lauro; corona d'alloro** ● *(fig.) to carry off the bays,* riportare la vittoria.

(5) bay [bei] *a.* e *n.* **(cavallo) baio** ● *dapple bay,* baio pomellato.

to **bay** [bei] ***A*** *v. i.* **abbaiare; latrare** (specialm. di cani in caccia) ***B*** *v. t.* ***1*** **abbaiare a**: *(fig.) to bay (at) the moon,* abbaiare alla luna ***2*** **fermare, tenere a bada** (la preda).

bayadère [ba:jə'diə*] *n.* ***1*** **baiadera** ***2*** *(ind. tessile)* **tessuto baiadera.**

bayonet ['beiənit] *n.* [C] **baionetta** ● *b. thrust,* baionettata.

to **bayonet** ['beiənit] *v. t.* **colpire (o uccidere) con la baionetta.**

bay-salt [,bei'sɔ:lt] *n.* [U] **sale da cucina.**

bay-window [,bei'windou] *n.* [C] **bovindo.**

baza(a)r [bə'za:*] *n.* [C] ***1*** (in Oriente) **strada (o quartiere) dei negozi** ***2*** **bazar; negozio di articoli vari** ***3*** **vendita di beneficenza.**

bazooka [bə'zu:kə] *n.* [C] *(mil.)* **bazooka; lanciarazzi anticarro.**

to **be** [bi:, bi] (*pass.* **was** [wɔz, wəz] **were** [wə:*, wə*]; *p.p.* **been** [bi:n]) ***A*** *v. i.* ***1*** **essere** *(copula e nella coniugazione passiva)*: *This is a dictionary,* questo è un dizionario □ *He was not invited,* non fu invitato ***2*** **essere; trovarsi; esistere**: *to be at school,* essere (o trovarsi) a scuola □ *God is,* Dio esiste ***3*** **essere** *(solo nei tempi composti, seguito dalla prep.* to: essere stato, *nel senso di*: aver visitato, conoscere un luogo, esservi andati): *I have been to London twice,* sono stato a

Londra due volte ***4*** **essere** (*nel senso di*: essere venuto): *Has anyone been here during my absence?*, c'è stato (o è venuto) nessuno durante la mia assenza? ***5*** **avvenire; aver luogo** ***6*** **essere; costare**: *How much is it?*, quant'è? ***7*** **diventare; fare** (di professione o mestiere): *My son wants to be a doctor*, mio figlio vuole diventare (o fare il) medico ***8*** **ammontare a; fare**: *Two and two is four*, due più due fa quattro ***9*** **stare** (di salute): *How are you?*, come stai? ***10*** **essere; significare; avere valore**: *It is nothing to me*, ciò non significa nulla per me ***11*** **stare; rimanere; trattenersi**: *Will he be here long?*, rimarrà a lungo? ***12*** **stare via; metterci**: *I shan't be long*, non starò via molto ***13*** — *to be for*, essere per; essere in favore di ***14*** — *to be to* (*solo pres. e pass., seguito da un inf.*), essere da; dovere: *This house is to let*, questa casa è da affittare □ *What was I to do?*, che cosa dovevo fare? ***15*** **stare** (*seguito dal gerundio*): *What are you doing?*, che cosa stai facendo? ***16*** (*seguito dal p.pr. di un verbo di moto, esprime un futuro non remoto, un'intenzione*): *We are driving to Rome to-morrow*, andremo a Roma in automobile domani ***17*** **avere** (*in talune locuz.*): *to be right (wrong)*, avere ragione (torto) □ *I am afraid you are wrong*, mi dispiace, ma hai torto ***B*** *verbi composti* ***1*** *to be about to do st.*, stare per (o essere sul punto di) fare q.c. ***2*** *to be in*, essere in casa; essere di moda (o in voga) ***3*** *to be off*, andarsene; partire; (di spettacolo, ecc.) essere sospeso: *Be off with you!*, vattene! ***4*** *to be out*, essere uscito; essere fuori moda ***5*** (*fam.*) *to be through with sb. (st.)*, aver rotto con q. (aver terminato q.c.) ***6*** *to be up*, essere alzato (o in piedi); alzarsi ● *the be-all*, l'essenza, (*fig.*) l'anima (di q.c.) □ *the be-all and end-all*, la cosa più importante; la cosa risolutiva □ *the to-be*, l'avvenire □ *to be born*, essere generato; nascere □ *to be going* (*seguito da un inf.*), stare per; avere intenzione di □ *to be like sb.*, somigliare a q. □ *as it were*, per così dire □ *the bride to-be*, la futura sposa □ *for the time being*, per il momento □ *a has-been*, un uomo finito; una bellezza sfiorita □ *may-be*, forse; può darsi □ *the might-have--beens*, le occasioni mancate □ *would-be*, sedicente; che si atteggia a □ *There's no pleasing you*, non c'è verso d'accontentarti □ *Let it be!*, e sia!; lascia stare!; lascia perdere! □ *So be it!*, così sia!; e sia!

beach [bi:tʃ] *n.* [C] **spiaggia; lido** ● *b. ball*, pallone da spiaggia □ *b. hat*, cappello da spiaggia □ *b. suit*, prendisole □ *b. umbrella*, ombrellone (da spiaggia) □ *to be on the b.*, (*naut.*) essere a terra; (*fig.*) essere disoccupato.

to **beach** [bi:tʃ] *v. t.* **tirare in secco** (un'imbarcazione).

beachcomber ['bi:tʃ,koumə*] *n.* [C] ***1*** **frangente** (onda lunga che si frange a riva) ***2*** **vagabondo, accattone** (specialm. delle isole dei mari del Sud).

beachhead ['bi:tʃ,hed] *n.* (*mil.*) **testa di ponte** (o **di sbarco**).

beachwear ['bi:tʃwɛə*] *n.* (*collett.*) **articoli da spiaggia.**

to **beacon** ['bi:kən] ***A*** *v. t.* **illuminare** (la via o la rotta) ***B*** *v. i.* **splendere di luce viva.**

beacon ['bi:kən] *n.* [C] ***1*** **fuoco** (per segnalare un pericolo) ***2*** **faro** (per navi o aeroplani) ***3*** **semaforo** ***4*** **torre per segnalazioni** ***5*** (*radio*) **radiofaro** ***6*** (*fig.*) **guida; richiamo.**

bead [bi:d] *n.* [C] ***1*** **grano** (di rosario); **perlina** (di collana) ***2*** **mirino** (di fucile) ***3*** **bolla, goccia** (di liquido); **perla** (di sudore) ● *beads*, rosario; collana □ *to tell one's beads*, dire il rosario.

to **bead** [bi:d] ***A*** *v. t.* ***1*** **munire di grani; ornare di perle; imperlare** ***2*** **infilzare** ***B*** *v. i.* **imperlarsi.**

beading ['bi:diŋ] *n.* [U] e [C] ***1*** **decorazione di perline** ***2*** (*archit.*) **modanatura** (a tondini) ***3*** **bolle, schiuma** (di birra, ecc.).

beadle ['bi:dl] *n.* ***1*** (*USA*) **usciere di tribunale** ***2*** **mazziere** (nei cortei delle università, ecc.).

beadwork ['bi:dwə:k] *n.* [U] **guarnizione con perline.**

beady ['bi:di] *a.* **tondo, piccolo e luccicante** (come una perlina).

beagle ['bi:gl] *n.* ***1*** **cane inglese da lepre** ***2*** (*fig.*) **spia; delatore.**

beagling ['bi:gliŋ] *n.* [U] **caccia alla lepre con cani.**

beak [bi:k] *n.* [C] ***1*** **becco** (di uccello); **rostro** (di rapaci) ***2*** **becco** (parte sporgente, di forma curva); **bocca** (d'insetto, pesce, tartaruga); **beccuccio** (di vaso) ***3*** **naso adunco** ***4*** **rostro** (di nave antica) ***5*** **corno** (d'incudine) ***6*** (*pop.*) **magistrato** ***7*** (*pop.*) **insegnante; preside.**

beaked [bi:kt] *a.* ***1*** **munito di becco** ***2*** **adunco** ***3*** **rostrato.**

beaker ['bi:kə*] *n.* [C] (*chim., farm.*) **becher** (*ted.*); **provetta con beccuccio.**

beam [bi:m] *n.* [C] ***1*** **tronco d'albero squadrato** ***2*** **trave** ***3*** (*naut.*) **baglio** ***4*** (*ind. tessile*) **subbio** ***5*** **asta; giogo** (di bilancia); **stanga** (di aratro) ***6*** (*radio*) **fascio** (d'onde corte); **raggio d'azione** (di un altoparlante o microfono) ***7*** (*zool.*) **asta** (delle corna ramificate del cervo) ***8*** **raggio** (di luce; anche *fig.*) ***9*** **sorriso raggiante** ● (di nave) *on her b.-ends*, abbattuta sul fianco; ingavonata □ *on the b.*, (*naut.*) al traverso; (di aeroplano) che segue il segnale unidirezionale; (*pop.*: di persona) che segue la direzione giusta □ (*fig.*) *to be on one's b.-ends*, essere ridotto a mal partito.

to **beam** [bi:m] ***A*** *v. t.* ***1*** **irradiare; irraggiare** (luce, bontà, ecc.) ***2*** (*radio*) **orientare** (un'emissione) **mediante antenna direzionale** ***B*** *v. i.* ***1*** **sfavillare; essere raggiante** (di gioia) ***2*** **sorridere radiosamente.**

beaming ['bi:miŋ] *a.* ***1*** **splendente** ***2*** **raggiante** (di gioia).

bean [bi:n] *n.* [C] ***1*** **fagiolo** (seme, baccello e pianta); **fava; chicco** (di caffè) ***2*** (*pop.*) **soldo**: *I haven't a b.*, non ho un soldo; sono in bolletta ● *b. pod*, baccello □ *b.-stalk*, gambo di pianta di fagioli □ *French beans*, fagiolini verdi □ (*pop.*) *full of beans*, pieno d'energia; euforico.

beanfeast ['bi:n,fi:st] *n.* [C] (*fam.*) **pranzo annuale offerto dal datore di lavoro ai suoi dipendenti.**

beanpole ['bi:n,poul] *n.* [C] ***1*** **bastone di sostegno per le piante di fagioli** ***2*** (*fam.*) **persona molto alta e magra; spilungone.**

bear [bɛə*] *n.* ***1*** **orso** ***2*** (*fig.*) **orso; persona rozza, sgraziata, scontrosa** ***3*** (*Borsa*) **speculatore al ribasso; ribassista** ***4*** (*mecc.*, anche *b. press*) **punzonatrice portatile** ● (*stor.*) *b.-baiting*, combattimento di cani contro un orso (incatenato) □ *b. cub*, orsacchiotto □ *b. garden*, recinto degli orsi; (*fig.*) gabbia di matti □ (*astron.*) *Great (Little) B.*, Orsa Maggiore (Minore) □ (*fam.*) *to be like a b. with a sore head*, essere di pessimo umore; essere intrattabile.

(1) to **bear** [bɛə*] (*pass.* **bore** [bɔ:*]; *p.p.* **borne** [bɔ:n] o **born** [bɔ:n], *ma soltanto nel senso di*: generato, nato) ***A*** *v. t.* e *i.* ***1*** **portare; reggere; sostenere; tenere; serbare; dare**: *to b. a ten per cent interest*, dare il dieci per cento d'interesse □ *to b. the marks (o signs, traces) of st.*, portare i segni di q.c. ***2*** **sopportare; tollerare**: *I cannot b. that girl*, non riesco a sopportare quella ragazza ***3*** **generare; partorire; produrre**: *She bore him two children*, ella gli generò due figli ***4*** **muoversi, dirigersi** (verso); **voltare, girare** (a) ***5*** **poggiare; tenersi** ***B*** to **bear oneself** *v. rifl.* **portarsi; comportarsi** ***C*** *verbi composti* ***1*** *to b. away*, portare via; conquistare (un premio); riportare (la palma); (*naut.*) deviare dalla rotta ***2*** *to b. down*, buttar giù; rovesciare; sconfiggere; (*naut.*) navigare col vento in poppa ***3*** *to b. down on (o upon)*, lanciarsi su; (*naut.*) accostare (una nave) da sopravvento ***4*** *to b. off*, portare via; conquistare (un premio); allontanarsi; deviare; (*naut.*) prendere il largo ***5*** *to b. on (upon)*, riguardare; aver riferimento a ***6*** *to b. out*, portare fuori; portare via; confermare ***7*** *to b. sb. through*, far attraversare q.; traghettare q. ***8*** *to b. up*, sostenere (un principio); far forza, fare coraggio a (q.); farsi forza, farsi coraggio; (*naut., aeron.*) poggiare, andare a poggia ***9*** *to b. up to*, accostarsi a ***10*** *to b. with*, portare pazienza con; sopportare ● *to b. arms*, fare il soldato □ *to b. enquiry (o investigation)*, uscire indenne da un'indagine □ *to b. hard on*, gravare su; opprimere □ *to b. a part in st.*, avere mano in q.c.; sostenere una parte in q.c. □ *to b. a resemblance to sb. (st.)*, somigliare a q. (q.c.) □ *Grin and b. it!*, stringi i denti e tieni duro!

(2) to **bear** [bɛə*] (*Borsa*) ***A*** *v. i.* **speculare al ribasso**

B *v. t.* **causare un ribasso.**

bearable ['bɛərəbl] *a.* **sopportabile; tollerabile.**

beard [biəd] *n.* [C] **barba** (d'uomo, animale o pianta): *to grow a b.*, farsi crescere la barba ● *(bot.) old-man's b.* (Clematis vitalba), vitalba.

to **beard** [biəd] *v. t.* ***1*** **prendere per la barba** ***2*** **affrontare; sfidare.**

bearded ['biədəd] *a.* **barbuto.**

beardless ['biədlis] *a.* ***1*** **senza barba; imberbe** ***2*** **senza barba; sbarbato** ● *a b. young man*, uno sbarbatello.

bearer ['bɛərə*] *n.* ***1*** (anche *comm.*) **portatore;** (di lettera) **latore**: *a cheque payable to b.*, un assegno pagabile al portatore ***2*** *(archit.)* **elemento portante.**

bearing ['bɛəriŋ] *n.* ***1*** [C] e [U] **attinenza; relazione; rapporto** ***2*** [C] **posizione; direzione; rilevamento**: (anche *fig.*) *to take one's bearings*, fare un rilevamento; orientarsi ***3*** [U] **sopportazione**: *It is beyond (all) b.*, ciò supera ogni sopportazione; è insopportabile ***4*** [U] **condotta; comportamento; portamento** ***5*** [U] **capacità di produrre** (o **generare**) ***6*** [C] *(mecc.)* **cuscinetto** ***7*** [C] *(archit.)* **appoggio; sostegno** (di trave).

bearish ['bɛəriʃ] *a.* ***1*** **rude; sgarbato; sgraziato; scontroso** ***2*** *(Borsa)* **tendente** (o **orientato**) **al ribasso** ● *(Borsa) b. tendency*, tendenza al ribasso.

bearskin ['bɛəskin] *n.* [C] ***1*** **pelle d'orso** ***2*** **colbacco** (di pelo d'orso).

beast [bi:st] *n.* [C] ***1*** **bestia; animale** ***2*** *(fig.)* **bestia; bestione** ● *b. of burden*, bestia da soma □ *b. of prey*, bestia da preda.

beastly ['bi:stli] *a.* ***1*** **bestiale** ***2*** **stupido; oltraggioso**: *What a b. remark!*, che osservazione stupida! ***3*** *(fam.)* **sgradevole; schifoso; da cani**: *a b. dinner*, un pranzo schifoso ***B*** *avv. (fam.)* **assai; terribilmente; maledettamente**: *b. bad news*, notizie pessime.

to **beat** [bi:t] (*pass.* **beat**; *p.p.* **beaten** ['bi:tn] e **beat**) ***A*** *v. t.* e *i.* ***1*** **battere** (in molti sensi): **colpire; percuotere; picchiare; bussare; palpitare; pulsare; superare; vincere; sconfiggere** ***2*** **aprirsi, farsi** (una strada) ***3*** *(fam.)* **lasciare perplesso**: *That beats me!*, ciò mi lascia perplesso; supera la mia comprensione; non ci capisco nulla! ***B*** *verbi composti* ***1*** *to b. about*, perlustrare (una zona); *(naut.)* bordeggiare □ *(fig.) to b. about the bush*, menare il can per l'aia; tergiversare ***2*** *to b. back (o off, away)*, cacciare; respingere; volgere in fuga ***3*** *to b. down*, abbattere; domare; reprimere; schiacciare □ *to b. down a price*, ottenere il ribasso di un prezzo □ *to b. down a seller*, ridurre un venditore a più miti pretese ***4*** *to b. st. in*, far entrare q.c. a forza ***5*** *to b. st. out*, far uscire q.c. a forza □ *to b. sb.'s brains out*, accoppare q. ***6*** *to b. up (cream, eggs)*, sbattere (la panna, uova) □ *(fam.) to b. sb. up*, picchiare q. di santa ragione; suonarle a q. ● *(fig.) to b. the air*, pestare l'acqua nel mortaio; lavare il capo all'asino □ *to b. sb. black and blue*, coprire q. di lividi (a forza di percosse) □ *to b. one's brains*, scervellarsi □ *(comm.) to b. the competition*, battere la concorrenza □ *(pop.) to b. it*, darsela a gambe □ *(fam.) dead beat*, stanco morto □ *(fam.) That beats all!*, questo è il colmo!; questa sì che è bella!

beat [bi:t] *n.* [C] ***1*** **colpo; (il) battere** (ritmico): **rullo** (di tamburo) ***2*** **battito; palpito** ***3*** **itinerario solito; giro** (di servizio o di guardia) ***4*** *(mus.)* **battuta** ***5*** *(metrica)* **accento ritmico** ***6*** *(fis.)* **battimento** ***7*** *V.* **beatnik** ● *(fig.) to be out of (o to be off) one's b.*, fare un lavoro cui non si è abituati.

beaten ['bi:tn] ***A*** *p.p.* di to **beat** ***B*** *a.* ***1*** **battuto; picchiato; sconfitto** ***2*** **stanco; esausto** ***3*** **abbattuto; scoraggiato.**

beater ['bi:tə*] *n.* ***1*** **strumento per battere**: *a carpet-b.*, un battipanni ***2*** (specialm. nella caccia) **battitore** ● *egg-b.*, frullino (per montare le chiare d'uovo).

beat generation ['bi:tˌdʒenə'reiʃən] *n.* ***1*** **gioventù bruciata** ***2*** *(USA)* **corrente intellettuale anticonformista.**

beatification [bi(:)ˌætifi'keiʃən] *n.* [U] e [C] *(relig.)* **beatificazione.**

to **beatify** [bi(:)'ætifai] *v. t. (relig.)* **beatificare.**

beating ['bi:tiŋ] *n.* (*con l'art. indeterm.*) ***1*** **bòtte; percosse, busse; legnate, vergate**: *to deserve a good b.*, meritare una buona dose di legnate ***2*** **sconfitta.**

beatitude [bi(:)'ætitju:d] *n.* [U] **beatitudine; piena felicità** ● *(Bibbia) the Beatitudes*, le beatitudini.

beatnik ['bi:tnik] *n.* **esponente della « beat generation »; beat.**

beau [bou] *(franc.) n.* (*pl.* **beaus, beaux** [bouz]) ***1*** **damerino** ***2*** **cicisbeo.**

beauteous ['bju:tjəs] *a. (poet.)* **bello; vago.**

beautician [bju:'tiʃən] *n.* **estetista.**

beautiful ['bju:təful] ***A*** *a.* ***1*** **bello** (in sommo grado): **magnifico; eccellente** ***2*** *(fam.)* **molto piacevole; assai gradito; ottimo** ***B*** *n.* — *the b.*, il bello.

to **beautify** ['bju:tifai] *v. t.* **abbellire; adornare.**

beauty ['bju:ti] *n.* [U] e [C] **bellezza**: *a b.*, una bellezza (spesso *iron.*): una bella donna ● *b. contest*, concorso di bellezza □ *b. queen*, reginetta di bellezza □ *That's the b. of it!*, questo è il bello!

beauty parlour ['bju:tiˌpa:lə*] *n.* [C] **istituto di bellezza.**

beauty spot ['bju:tiˌspɔt] *n.* [C] ***1*** **neo** ***2*** **luogo famoso per la sua bellezza.**

beaver ['bi:və*] *n.* ***1*** *(zool.*, Castor*)* **castoro** ***2*** **pelliccia** (o **berretto**) **di castoro** ● *(fam.) eager b.*, gran lavoratore; stacanovista.

to **becalm** [bi'ka:m] *v. t. (naut.)* **abbonacciare** ● *to be becalmed*, restare in panna.

became [bi'keim] *pass.* di to **become.**

because [bi'kɔz] *cong.* **perché; poiché** ● *b. of*, per; a causa di; per causa di.

béchamel [beiʃə'mel] *(franc.) n.* [U] *(cucina)* **besciamella.**

beck [bek] *n.* [C] **cenno; segno** (del capo, della mano) ● *to be at sb.'s b. and call*, essere sempre agli ordini di q.

to **beckon** ['bekən] ***A*** *v. t.* **chiamare con un cenno; fare un cenno a** ***B*** *v. i.* **fare cenni;** *(fig.)* **chiamare, invitare.**

to **becloud** [bi'klaud] *v. t.* (anche *fig.*) **annuvolare.**

to **become** [bi'kʌm] (*pass.* **became** [bi'keim], *p.p.* **become**) ***A*** *v. i.* ***1*** **divenire, diventare;** (*seguito da un agg.*) **farsi;** (*seguito da un p.p.*) **essersi** ***2*** (*in frasi interr. e dubit.*) — *to b. of*, avvenire di; accadere di; succedere a; esserne di: *What will b. of us?*, che (ne) sarà di noi? ***B*** *v. t.* ***1*** **addirsi a; convenirsi a; confarsi a**: *Rough manners do not b. him*, i modi bruschi non gli si confanno ***2*** **stare bene a**: *This dress doesn't b. you*, questo vestito non ti sta bene.

becoming [bi'kʌmiŋ] *a.* ***1*** **conveniente; appropriato** ***2*** **grazioso; che sta bene.**

bed [bed] [C] *n.* ***1*** (anche *fig.*) **letto** ***2*** **materasso** ***3*** **base; fondamento; strato sottostante; fondo** ***4*** **aiuola; pezzetto di terreno** (coltivato) ● *bed and board*, vitto e alloggio □ *bed and breakfast*, alloggio e prima colazione □ *double bed*, letto matrimoniale □ *flower-bed*, aiuola (di fiori) □ *(fig.) to get out of bed on the wrong side*, alzarsi di traverso (o di cattivo umore) □ *to go to bed*, andare a letto: *(pop.) Go to bed!*, ma va' a letto; va' a quel paese! □ *the head of the bed*, il capezzale □ *to make the bed*, rifare il letto □ *to put to bed*, mettere a letto (un bambino); impaginare (un giornale) □ *single bed*, letto singolo (o a una piazza) □ *to take to (to keep) one's bed*, mettersi (stare) a letto (soprattutto, per malattia).

to **bed** [bed] *v. t.* ***1*** (*specialm. to bed out*) **piantare** (fiori, ecc.) ***2*** (*specialm. to bed down*) **fare il letto a** (un animale) ***3*** **fissare; piantare saldamente.**

to **bedabble** [bi'dæbl] *v. t.* **macchiare; inzaccherare.**

to **bedaub** [bi'dɔ:b] *v. t.* **imbrattare.**

to **bedazzle** [bi'dæzl] *v. t.* **abbagliare; accecare;** *(fig.)* **confondere.**

bedbug ['bedbʌg] *n. (zool.*, Cimex lectularius*)* **cimice dei letti.**

bedclothes ['bedˌklouðz] *n. pl.* **biancheria e coperte da letto.**

bedding ['bediŋ] *n.* [U] ***1*** **biancheria da letto; coperte e materassi** ***2*** **lettiera.**

to **bedeck** [bi'dek] *v. t.* **adornare; ornare; decorare.**

to **bedevil** [bi'devəl] *v. t.* ***1*** **tormentare con malvagità diabolica** ***2*** **far invasare dal demonio; stregare** ***3*** **guastare; corrompere.**

to **bedew** [bi'dju:] *v. t.* **irrorare; bagnare** (di rugiada o di stille).
bedfellow ['bed,felou] *n.* **1 compagno di letto 2** *(fig.)* **compagno.**
bedgown ['bedgaun] *n.* [C] **camicia da notte** (da donna).
to **bedim** [bi'dim] *v. t.* **offuscare, velare** *(anche fig.).*
bedlam ['bedləm] *n.* **1** [C] *(arc.)* **manicomio 2** [U] e [C] *(fam.)* **pandemonio; casino** *(fig., volg.).*
bedlamite ['bedləmait] *n. (arc.)* **matto; pazzo.**
bedouin ['beduin] *n. (pl.* **bedouin, bedouins**) **beduino.**
bed-pan ['bed,pæn] *n.* [C] **padella** (per infermi).
bedpost ['bedpoust] *n.* [C] **colonna di letto** ● *between you and me and the b.*, detto fra noi; in confidenza.
to **bedraggle** [bi'drægl] *v. t.* **inzaccherare.**
bedridden ['bed,ridn] *a.* **costretto a letto.**
bedroom ['bedrum] *n.* **camera; stanza da letto**: *a single (double) b.*, una camera a un letto (a due letti).
bedside ['bedsaid] *n.* [C] **1 sponda del letto 2** *(fig.)* **capezzale** ● *b. rug,* scendiletto.
bedsitter [,bed'sitə*] *n.* [C] (anche *bedsitting room* o *bedsit)* **monolocale.**
bedsore ['bedsɔ:*] *n.* [C] **piaga da decubito.**
bedspread ['bedspred] *n.* [C] **copriletto.**
bedstead ['bedsted] *n.* [C] **lettiera; fusto del letto.**
bedtime ['bedtaim] *n.* [U] **ora di andare a letto.**
bee [bi:] *n.* **ape** ● *as busy as a bee,* molto affaccendato; indaffarato □ *busy-bee,* persona indaffarata □ *(fig.) to have a bee in one's bonnet,* avere un'idea fissa.
beech [bi:tʃ] *n. (bot.,* Fagus silvatica) **faggio** ● *b.-nut,* faggina.
beech-marten ['bi:tʃ,ma:tin] *n. (zool.,* Martes foina) **faina.**
beef [bi:f] *n.* **1** [U] **manzo; carne di bue 2** *(pl.* **beeves** [bi:vz]) **bue da macello 3** [U] *(fam.)* **nerbo; muscolosità; robustezza 4** [C] *(pop.)* **lagnanza.**
beefcake ['bi:fkeik] *n.* [U] *(fam.)* **(fotografie di) « Mister Muscolo ».**
beefeater ['bi:f,i:tə*] *n.* **guardia della Torre di Londra.**
beefsteak ['bi:f'steik] *n.* [C] e [U] **bistecca.**
beef tea ['bi:f'ti:] *n.* [U] **brodo ristretto.**
beefy ['bi:fi] *a. (fam.)* **nerboruto; muscoloso; robusto.**
beehive ['bi:haiv] *n.* [C] **alveare; arnia.**
beekeeper ['bi:,ki:pə*] *n.* [C] **apicoltore.**
beekeeping ['bi:,ki:piŋ] *n.* [U] **apicoltura.**
bee-line ['bi:'lain] *n.* [C] **linea d'aria; strada diretta** ● *(fam.) to make a b. for,* andare diritto verso, prendere la strada diretta per (un luogo).
been [bi:n] *p.p.* di to **be.**
beer [biə*] *n.* [U] **birra** ● *draught b.*, birra alla spina □ *small b.*, birra leggera; *(fig.)* cosa di poca importanza: *to think no small b. of sb.*, tenere q. in gran conto.
beery ['bi:əri] *a.* **1 di birra; simile a birra 2 che sa di birra 3 brillo; sbronzo.**
beeswax ['bi:zwæks] *n.* [U] **cera vergine.**
beet [bi:t] *n.* [C] *(bot.,* Beta vulgaris) **barbabietola** ● *b. sugar,* zucchero di barbabietola □ *white b.* (Beta vulgaris cicla), bietola.
(1) beetle ['bi:tl] *n.* **1 coleottero** (specialm. grosso e nero); **scarabeo 2** (anche *black b.*) **scarafaggio.**
(2) beetle ['bi:tl] *n.* **mazzuolo; mazzapicchio.**
(3) beetle ['bi:tl] *a.* **prominente; sporgente.**
to **beetle** ['bi:tl] *v. i.* **1 sporgere; strapiombare**: *beetling cliffs,* dirupi a strapiombo **2 incombere minaccioso** (del fato, ecc.).
beetle-browed [,bi:tl'braud] *a.* **1 dalle sopracciglia folte 2** *(fig.)* **accigliato.**
beetroot ['bi:tru:t] *n.* [C] *(bot.,* Beta vulgaris rubra) **barbabietola rossa** ● *(fam.) as red as a b.*, rosso come un gambero.
to **befall** [bi'fɔ:l] *(pass.* **befell** [bi'fel], *p.p.* **befallen** [bi'fɔ:lən]) *v. t.* e *i.* **accadere; capitare; succedere.**
to **befit** [bi'fit] *v. t.* **addirsi, confarsi, convenire a.**
befitting [bi'fitiŋ] *a.* **adatto; confacente; conveniente.**
to **befog** [bi'fɔg] *v. t.* **1 avvolgere nella nebbia; annebbiare 2 rendere oscuro; oscurare; offuscare; ottenebrare.**
(1) before [bi'fɔ:*] *avv.* **1 avanti; davanti 2 prima; in passato; già**: *the day b.*, il giorno prima ● *long b.*, molto tempo prima.
(2) before [bi'fɔ:*] *prep.* **1 davanti; dinanzi**: *(leg.) to appear b. a judge,* comparire davanti a un giudice **2 prima di; avanti**: *b. Christ (abbr. B.C.),* avanti Cristo □ *b. ten o'clock,* prima delle dieci **3 piuttosto che; anziché**: *Death b. dishonour!,* la morte piuttosto che il disonore! ● *b. long,* fra non molto; fra breve; fra poco □ *the day b. yesterday,* ieri l'altro; l'altro ieri.
(3) before [bi'fɔ:*] *cong.* **1 prima che; prima di**: *Do it now b. you forget it,* fallo ora prima che te ne dimentichi **2 piuttosto che:** *He would die b. he would apologize,* preferirebbe morire piuttosto che chiedere scusa.
beforehand [bi'fɔ:hænd] *avv.* e *a. pred.* **in anticipo** ● *b. retirement,* pensionamento anticipato.
to **befriend** [bi'frend] *v. t.* **aiutare; assistere.**
to **befuddle** [bi'fʌdl] *v. t.* **stordire** (con bevande alcoliche).
to **beg** [beg] *v. t.* e *i.* **1 elemosinare; chiedere l'elemosina; chiedere in elemosina**: *to beg a meal,* chiedere un pasto in elemosina □ *to beg for money (food),* chiedere denaro (cibo) in elemosina **2 pregare; implorare; supplicare; chiedere**: *to beg a favour of sb.*, chiedere un favore a q. □ *to beg leave to do st.*, chiedere il permesso di fare q.c. □ *I beg your pardon,* chiedo scusa; scusi, ecc. (formula che si usa per farsi ripetere parole che non si sono intese) **3 permettersi 4** *(bur., comm.)* **pregiarsi.**
began [bi'gæn] *pass.* di to **begin.**
to **beget** [bi'get] *(pass.* **begot** [bi'gɔt], *p.p.* **begot, begotten** [bi'gɔtn]) *v. t.* **1 generare; mettere al mondo 2** *(fig.)* **generare; produrre; causare** ● *(relig.) the Only Begotten,* l'Unigenito.
beggar ['begə*] *n.* **1 mendicante; accattone; povero 2** *(fam.,* spesso *scherz.)* **individuo; furfantello; birichino** ● *b.-my-neighbour,* rubamazzo (gioco di carte).
to **beggar** ['begə] *v. t.* **ridurre in miseria** ● *to b. description,* essere indescrivibile.
beggarly ['begəli] *a.* **1 mendico; assai povero 2 meschino; sordido 3 misero; di scarso valore.**
beggary ['begəri] *n.* [U] **mendicità; miseria.**
to **begin** [bi'gin] *(pass.* **began** [bi'gæn], *p.p.* **begun** [bi'gʌn]) *v. t.* e *i.* **iniziare; cominciare; incominciare; principiare**: *to b. talking (o to talk),* cominciare a parlare ● *to b. again,* ricominciare □ *to b. at the beginning,* cominciare dal principio □ *to b. with,* tanto per cominciare; per prima cosa.
beginner [bi'ginə*] *n.* **principiante; esordiente.**
beginning [bi'giniŋ] *n.* [C] **1 inizio; principio; esordio 2 origine** ● *from b. to end,* dall'inizio alla fine.
begone [bi'gɔn] *inter.* **vattene!; andatevene!**
begonia [bi'gounjə] *n. (bot.,* Begonia) **begonia.**
begot [bi'gɔt] *pass.* e *p.p.* di to **beget.**
begotten [bi'gɔtn] *p.p.* di to **beget.**
to **begrudge** [bi'grʌdʒ] *v. t.* **1 invidiare 2 lesinare.**
to **beguile** [bi'gail] *v. t.* **1 ingannare; abbindolare 2 ingannare, passare** (il tempo) **3 allettare; sedurre** ● *to b. sb. into doing st.*, indurre q. a fare q.c. con l'inganno □ *to b. sb. out of st.*, defraudare q. di q.c.
beguilement [bi'gailmənt] *n.* [U] **1 inganno 2 allettamento; seduzione.**
beguiling [bi'gailiŋ] *a.* **1 ingannevole 2 allettante; seducente.**
begun [bi'gʌn] *p.p.* di to **begin.**
behalf [bi'ha:f] *n. (soltanto nelle espressioni)*: *(USA) in b. of,* nell'interesse di; a favore di; per □ *on b. of,* nell'interesse di; a favore di; per conto di; a nome di.
to **behave** [bi'heiv] *v. i.* **1 comportarsi; condursi**: *B. like a man!,* comportati da uomo! **2** (anche *to b. oneself)* **comportarsi bene 3** *(mecc.)* **andare; funzionare** ● *badly-behaved* (o *ill-behaved),* maleducato □ *well--behaved,* educato.
behaviour, *(USA)* **behavior** [bi'heivjə*] *n.* [U] **1 condotta; comportamento; modo di comportarsi;**

maniere **2** **funzionamento** ● *to be on one's good* (o *best*) *b.*, fare di tutto per comportarsi bene.
behaviourism [bi'heivjərizəm] *n.* U (*psic.*) **comportamentismo; behaviorismo.**
behaviourist [bi'heivjərist] *n.* (*psic.*) **comportamentista; behaviorista.**
to **behead** [bi'hed] *v. t.* **decapitare.**
beheld [bi'held] *pass.* e *p.p.* di to **behold.**
behest [bi'hest] *n.* (*generalm. al sing.*) **richiesta; ordine**: *at the b. of,* su ordine di.
(1) behind [bi'haind] *avv.* **1 dietro; di dietro; indietro** (anche nel tempo); **in arretrato 2 in ritardo 3** (*fig.*) **dietro; sotto**: *There is st. b.*, c'è q.c. sotto ● *to be b. in* (o *with*) *one's work,* essere indietro col proprio lavoro □ *to fall* (o *to drop*) *b.*, rimanere indietro □ *to leave b.*, lasciare; dimenticare (di prendere) □ (*fig.*) *to look b.*, riandare al passato.
(2) behind [bi'haind] *prep.* **1 dietro** (di) (anche nel tempo): *He sat just b. me,* sedeva proprio dietro di me **2** (*fig.*) **dietro; sotto 3 più indietro di**: *I am b. him in my studies,* io sono più indietro di lui nei miei studi ● (anche *fig.*) *b. sb.'s back,* alle spalle di q. □ *b. time,* in ritardo □ *b. the times,* antiquato □ *to leave b.*, lasciare dietro di sé (persone, beni, dopo la morte).
(3) behind [bi'haind] *n.* (*fam.*) **didietro; deretano.**
behindhand [bi'haind,hænd] *avv.* e *a. pred.* **1 indietro; in ritardo 2 in arretrato** (con i pagamenti) **3 lento; tardo 4 antiquato.**
to **behold** [bi'hould] (*pass.* e *p.p.* **beheld** [bi'held]) *v. t.* (*lett.*) **vedere; guardare; mirare.**
beholden [bi'houldən] *a. pred.* **obbligato; grato; in debito** (*fig.*).
behoof [bi'hu:f] *n.* (*generalm. al sing.*) (*raro*) **beneficio; interesse; vantaggio.**
to **behove** [bi'houv] *v. t.* (*impers.; lett.*) **essere d'uopo; essere doveroso.**
beige [beiʒ] (*franc.*) *a.* e *n.* U **beige.**
being ['bi:iŋ] ***A*** *n.* **1** U (anche *filos.*) **(l') essere; esistenza; vita; anima 2** C **essere; ente**: *the Supreme B.*, l'Ente Supremo **3** C **creatura; persona**: *a human b.*, una creatura umana ***B*** *a.* **presente**: *the time b.*, il momento (presente) ● *to come into b.*, avere origine.
to **belabour,** (*USA*) to **belabor** [bi'leibə*] *v. t.* **1** (*raro*) **battere; bastonare; picchiare violentemente 2** (*fig.*) **attaccare a fondo 3** (*fig.*) **dilungarsi su** (un argomento, ecc.).
belated [bi'leitid] *a.* **1 tardo; tardivo 2** (*arc.*) **sorpreso dalle tenebre.**
to **belay** [bi'lei] *v. t.* (*naut.*) **assicurare, legare** (una gomena) ● *belaying pin,* caviglia.
belch [beltʃ] *n.* C **1 eruttazione; rutto 2 vomito 3 eruzione.**
to **belch** [beltʃ] *v. t.* e *i.* **1 eruttare; ruttare 2 vomitare.**
belcher ['beltʃə*] *n.* **fazzoletto da collo multicolore.**
beldam(e) ['beldəm] *n.* **1 vecchia 2 megera; strega 3 virago.**
to **beleaguer** [bi'li:gə*] *v. t.* (anche *fig.*) **assediare.**
belfry ['belfri] *n.* C **campanile.**
Belgian ['beldʒən] *a.* e *n.* **belga.**
to **belie** [bi'lai] *v. t.* **1 smentire 2 deludere.**
belief [bi'li:f] *n.* **1** C **credenza; fede**: *a mistaken b.*, una credenza errata **2** U **credito 3** U **fede; fiducia; convinzione** ● *to the best of one's b.*, per quel che se ne sa □ *It is beyond b.*, è incredibile.
believable [bi'li:vəbl] *a.* **credibile.**
to **believe** [bi'li:v] *v. t.* e *i.* **1 credere** (in, a): **aver fede, aver fiducia** (in): *I b. you,* ti credo □ *to b. in God,* credere in Dio **2 credere; pensare; reputare; supporre** ● *to make b.*, far mostra; fingere □ *make-b.*, finzione; finta.
believer [bi'li:və*] *n.* **credente.**
belike [bi'laik] *avv.* (*arc.*) **probabilmente; forse.**
Belisha beacon [bə,li:ʃə 'bi:kən] *n.* (*autom.*) **luce intermittente gialla** (a un passaggio pedonale).
to **belittle** [bi'litl] *v. t.* **1 impiccolire 2 sminuire; deprezzare.**
(1) bell [bel] *n.* C **1 campana 2 campanello 3 rintocco di campana 4** (*naut.*) **campana dei turni di guardia** ● *b.-shaped,* a campana; scampanato □ *alarm b.*, campana d'allarme □ (*fig.*) *to be as sound as a b.*, essere sano come un pesce □ *to bear* (o *to carry away*) *the b.*, riportare la palma.
(2) bell [bel] *n.* **bramito** (di cervo, ecc.).
to **bell** [bel] *v. i.* **bramire** (di cervo, ecc.).
belladonna [,belə'dɔnə] *n.* U **1** (*bot.*, Atropa belladonna) **belladonna 2** (*farm.*) **belladonna.**
bell-bottoms ['bel,bɔtəmz] *n. pl.* (anche *bells*) **pantaloni scampanati.**
bellboy ['belbɔi] *n.* **fattorino d'albergo.**
belle [bel] (*franc.*) *n.* **bella; reginetta** (di bellezza).
bell-flower ['bel,flauə*] *n.* C (*bot.*) **campanula; campanella.**
bellicism ['belisizəm] *n.* U (*polit.*) **bellicismo.**
bellicist ['belisist] *n.* (*polit.*) **bellicista.**
bellicose ['belikous] *a.* **bellicoso.**
bellicosity [,beli'kɔsiti] *n.* U **bellicosità.**
bellied ['belid] *a.* (nei composti) **dalla pancia**: *a yellow-b. insect,* un insetto dalla pancia gialla ● *round-b.*, panciuto.
belligerency [bi'lidʒərənsi] *n.* U (anche *leg.*) **belligeranza.**
belligerent [bi'lidʒərənt] *a.* e *n.* (anche *leg.*) **belligerante.**
bellow ['belou] *n.* **1 muggito; mugghio 2 barrito 3 urlo 4 fragore** (delle onde, ecc.).
to **bellow** ['belou] *v. i.* **1 muggire; mugghiare** (di tori, tuono, ecc.) **2 barrire 3 urlare**: *to b. with pain,* urlare dal dolore.
bellows ['belouz] *n. pl.* **1 mantice; soffietto 2** (*fig.*) **polmoni** ● *a pair of b.*, un soffietto.
bell-ringer ['bel,riŋə*] *n.* **campanaio, campanaro.**
bell-tower ['bel,tauə*] *n.* **campanile.**
belly ['beli] *n.* C (anche *fig.*) **pancia; ventre** ● (*fam.*) *b. button,* ombelico □ *b. dance,* danza del ventre □ (*fam.*) *b. flop,* panciata (in acqua).
to **belly** ['beli] *v. i.* **far pancia** (d'un muro, ecc.) ● *to b. out,* gonfiarsi (di vele al vento).
belly-ache ['beli,eik] *n.* C e U **mal di pancia.**
belly-belt ['belibelt] *n.* C **ventriera; panciera.**
bellyful ['beliful] *n.* C **scorpacciata; spanciata.**
to **belong** [bi'lɔŋ] *v. i.* **1 appartenere; essere di pertinenza** (di); **far parte** (di): *This house belongs to my father,* questa casa appartiene a (o è di) mio padre **2 risiedere**: *He belongs here,* risiede qui; è un membro di questa comunità (o di questo partito, reggimento, ecc.) **3 andare (messo); avere il proprio posto**: *Where do these things b.?*, dove vanno (messi) questi oggetti?
belongings [bi'lɔŋiŋz] *n. pl.* **oggetti, cose, bagagli** (di proprietà personale); **beni** ● *personal b.*, effetti personali.
beloved [bi'lʌvd] *a.* e *n.* **diletto; amato; adorato** ● (*vocat.*) *my b.*, amor mio.
(1) below [bi'lou] *prep.* **1 sotto; sotto a; al disotto di 2 a valle di 3 inferiore rispetto a; indegno di 4 meno di** ● *b. one's breath,* sottovoce; a voce molto bassa □ (*fig.*) *to be b. the mark,* essere di qualità scadente; non essere all'altezza; stare poco bene (di salute).
(2) below [bi'lou] *avv.* **1 sotto; di sotto; al piano di sotto 2 sotto; a piè di pagina**: *see b.*, vedi sotto **3 quaggiù** (sulla terra) **4 a valle 5** (*naut.*) **sotto coperta.**
belt [belt] *n.* C **1 cintura; cinghia; cintola; cinturino; cinturone 2 cintura; fascia; zona** ● (*pugilato* e *fig.*) *to hit below the b.*, assestare un colpo basso; combattere slealmente □ (*fig.*) *to tighten one's b.*, stringere la cinghia.
to **belt** [belt] *v. t.* **1 cingere (o assicurare) con una cintura 2 frustare con una cinghia 3** (*fam.*) **picchiare sodo.**
belting ['beltiŋ] *n.* U **1 cinture; cinghie 2** (*fam.*) **botte; percosse.**
to **bemoan** [bi'moun] *v. t.* **piangere; lamentare; rimpiangere.**
to **bemuse** [bi'mju:z] *v. t.* **confondere; stupire.**
bench [bentʃ] *n.* C **1 panca; panchina; sedile 2 banco** (di lavoro) **3** (*leg.*) **banco, seggio di giudice;** (*fig.*) **ufficio di magistrato 4 seggio in Parlamento** (*in*

G.B.) **5 seggio; scanno** (di vescovo) **6 terrazzo; argine naturale 7** *(sport)* **panchina** ● *to be on the b.*, far parte della magistratura; *(sport,* di un giocatore*)* essere in riserva □ *to be raised to the b.*, entrare a far parte della magistratura.

(1) bend [bend] *n.* [C] **1 curva; svolta; piegatura; ansa** (di fiume) **2** *(naut.)* **nodo.**

(2) bend [bend] *n.* [C] *(araldica)* **banda.**

to **bend** [bend] (*pass.* e *p.p.* **bent** [bent]: *salvo in*: *with bended* ['bendid] *knees,* a ginocchia piegate) ***A*** *v. t.* **1 curvare; piegare; volgere**: *to b. one's back,* curvare la schiena **2 rivolgere** (lo sguardo, l'attenzione, le energie) **3** *(naut.)* **assicurare; fissare** (vele, funi) **4 tendere** (l'arco) ***B*** *v. i.* **1 curvarsi; piegarsi; inchinarsi 2 voltare; svoltare 3** — *to be bent on,* essere propenso a; dedicarsi a; *(fam.)* essersi messo a ● *(fam.) to b. over backwards,* farsi in quattro (per accontentare q., ecc.).

bender ['bendə*] *n.* **piegatrice** (macchina).

beneath [bi'ni:θ] ***A*** *avv.* **sotto; di sotto *B*** *prep.* **1 sotto; sotto a; al disotto di 2 inferiore a** ● *b. contempt,* indegno persino d'essere disprezzato □ *to marry b. oneself,* sposare q. di condizione inferiore.

Benedictine [,beni'diktin] *a.* e *n.* *(relig.)* **benedettino.**

benediction [,beni'dikʃən] *n.* [U] e [C] **benedizione.**

benedictory [,beni'diktəri] *a.* **benedicente; di benedizione.**

benefaction [,beni'fækʃən] *n.* [U] e [C] **beneficenza.**

benefactor ['benifæktə*] *n.* **benefattore.**

benefactress ['benifæktris] *n.* **benefattrice.**

benefice ['benifis] *n.* [C] **beneficio ecclesiastico; prebenda.**

beneficence [bi'nefisəns] *n.* [U] **beneficenza.**

beneficent [bi'nefisənt] *a.* **benefico; caritatevole.**

beneficial [beni'fiʃəl] *a.* **1 che dà beneficio; che reca giovamento; giovevole 2** *(leg.)* **che gode di usufrutto** ● *(leg.) b. association,* società di mutuo soccorso □ *(leg.) b. owner,* usufruttuario.

beneficiary [,beni'fiʃəri] *n.* **beneficiario.**

benefit ['benifit] *n.* **1** [U] **beneficio; giovamento; utilità; vantaggio 2** [C] **beneficio; vantaggio 3** *(al pl.)* **assistenza; assegni; indennità** ● *(stor.) b. of clergy,* immunità giudiziaria del clero □ *(teatr.) b. night,* serata di beneficenza □ *b. performance,* spettacolo di beneficenza □ *to give sb. the b. of the doubt,* concedere a q. il beneficio del dubbio □ *to live together without b. of clergy,* convivere senza essersi sposati in chiesa.

to **benefit** ['benifit] ***A*** *v. t.* **beneficare; giovare a; far bene a *B*** *v. i.* — *to b. by,* beneficiare di; trarre profitto (o vantaggio) da.

benevolence [bi'nevələns] *n.* [U] **benevolenza; generosità.**

benevolent [bi'nevələnt] *a.* **1 benevolo; benevolente** *(lett.)* **2 benefico; caritatevole** ● *(leg.) b. society,* associazione con scopi filantropici.

Bengalee [bengɔ:'li(:)], **Bengali** [beŋ'gɔ:li] *a.* e *n.* **bengalese.**

benighted [bi'naitid] *a.* **1** *(arc.)* **sorpreso dalle tenebre (**o **dal calar della notte) 2** *(fig.)* **ottenebrato; arretrato.**

benign [bi'nain] *a.* **benigno; benevolo; favorevole.**

benignant [bi'nignənt] *a.* **benigno; benevolo.**

benignity [bi'nigniti] *n.* **1** [U] **benignità; benevolenza 2** [C] **atto di benevolenza; favore.**

benison ['benizn] *n.* [C] *(arc.)* **benedizione.**

bennet ['benit] *n.* [U] (anche *herb bennet) (bot,* Geum urbanum*)* **cariofillata; garofanaia.**

(1) bent [bent] ***A*** *pass.* e *p.p.* di to **bend *B*** *a.* **1 curvo; ricurvo 2 propenso**: *to be b. on doing st.*, essere propenso a fare q.c. **3** *(pop.)* **disonesto; corrotto 4** *(pop.)* **matto; pazzo 5** *(pop.)* **omosessuale; invertito.**

(2) bent [bent] *n.* [C] **tendenza; inclinazione; disposizione; propensione**: *to have a b. for st.*, avere inclinazione per q.c.

benthos ['benθəs] *n.* [U] *(biol.)* **benthos.**

to **benumb** [bi'nʌm] *v. t.* **1 intorpidire; intirizzire 2 paralizzare** (la mente, la volontà).

benzene ['benzi:n] *n.* [U] **1** *(chim.)* **benzene, benzolo 2** *V.* **benzine.**

benzine ['benzi:n] *n.* [U] *(ind.)* **benzina.**

benzol(e) ['benzɔl] *n.* [U] *(chim.)* **benzolo, benzene.**

to **bequeath** [bi'kwi:ð] *v. t.* **1** *(leg.)* **lasciare in eredità 2 trasmettere, tramandare** (ai propri discendenti).

bequest [bi'kwest] *n.* [C] *(leg.)* **lascito; legato testamentario.**

to **berate** [bi'reit] *v. t.* **rampognare** *(lett.)*; **rimproverare.**

Berber ['bə:bə*] *a.* e *n.* **berbero.**

to **bereave** [bi'ri:v] (*pass.* e *p.p.* **bereaved** [bi'ri:vd] o **bereft** [bi'reft]) *v. t.* **orbare** *(lett.)*; **privare.**

bereavement [bi'ri:vmənt] *n.* **1** [U] **privazione 2** [C] **perdita; lutto.**

bereft [bi'reft] ***A*** *pass.* e *p.p.* di to **bereave *B*** *a.* **orbato** *(lett.)*; **privo.**

beret ['berei] *(franc.) n.* **1 (berretto) basco 2 berretta** (da prete).

berg [bə:g] *n.* [C] **montagna di ghiaccio; iceberg.**

bergamot ['bə:gəmɔt] *n.* **1** [C] *(bot.,* Citrus bergamia*)* **bergamotto 2** [U] **essenza di bergamotto.**

beriberi [,beri'beri] *n.* [U] *(med.)* **beriberi.**

berkelium [bə'ki:liəm] *n.* [U] *(chim.)* **berkelio.**

Berliner [bə'linə*] *n.* **berlinese.**

Bermudas [bə'mju:dəz] *n. pl.* (anche *Bermuda shorts) (moda)* **bermuda** (pantaloncini).

berry ['beri] *n.* [C] **1** *(bot.)* **bacca 2 chicco** (d'uva, di grano, di caffè) **3 uovo** (di pesce o crostaceo) **4** *(pop. USA)* **dollaro.**

berserk [bə'sə:k], **berserker** [bə'sə:kə*] *n.* (nelle leggende scandinave) **feroce guerriero.**

berth [bə:θ] *n.* **1** [C] **cuccetta, letto** (sulle navi o nelle carrozze ferroviarie) **2** [U] *(naut.)* **ancoraggio; posto d'ormeggio**: *to shift b.*, cambiare posto di ormeggio □ *foul b.*, cattivo ormeggio **3** *(fig., fam.)* **impiego; posto** ● *(fig.) to give sb. a wide b.*, tenersi alla larga da q.

to **berth** [bə:θ] *v. t.* *(naut.)* **ancorare** (una nave); **ormeggiare al molo.**

beryl ['beril] *n.* [U] *(miner.)* **berillo.**

beryllium [be'riljəm] *n.* [U] *(chim.)* **berillio.**

to **beseech** [bi'si:tʃ] (*pass.* e *p.p.* **besought** [bi'sɔ:t]) *v. t.* **1 implorare; supplicare 2 sollecitare; chiedere con insistenza.**

to **beseem** [bi'si:m] *v. t.* *(impers., lett.)* **addirsi a** (q.): *It (well) beseems him to give advice,* dare consigli gli si addice.

to **beset** [bi'set] (*pass.* e *p.p.* **beset**) *v. t.* **1** — *to b. with,* cospargere, punteggiare, rendere irto di **2 assalire; attaccare; assediare.**

to **beshrew** [bi'ʃru:] *v. t.* *(arc.)* **maledire.**

beside [bi'said] *prep.* **1 accanto a; vicino a; al fianco di**: *Come and sit b. me,* vieni a sederti accanto a me **2 rispetto a; in confronto di** ● *to be b. oneself,* essere fuori di sé.

besides [bi'saidz] ***A*** *prep.* **1 oltre a; in aggiunta a**: *There were many other pupils b. him,* c'erano molti altri studenti, oltre a lui **2** *(in frasi interr. e neg.)* **a parte; a prescindere da *B*** *avv.* **inoltre; per di più.**

to **besiege** [bi'si:dʒ] *v. t.* **1 assediare 2** *(fig.)* **assillare; importunare; tempestare**: *to b. sb. with questions,* tempestare q. di domande.

besieger [bi'si:dʒə*] *n.* **assediante.**

to **besmear** [bi'smiə*] *v. t.* **imbrattare; insudiciare.**

to **besmirch** [bi'smə:tʃ] *v. t.* **1 imbrattare; insudiciare 2** *(fig.)* **offuscare, oscurare** (la fama, ecc).

besom ['bi:zəm] *n.* [C] **granata; scopa;** (anche *fig.)* **ramazza.**

besotted [bi'sɔtid] *a.* **1 inebetito 2 istupidito.**

besought [bi'sɔ:t] *pass.* e *p.p.* di to **beseech.**

to **bespatter** [bi'spætə*] *v. t.* **1 inzaccherare 2** *(fig.)* **denigrare.**

to **bespeak** [bi'spi:k] (*pass.* **bespoke** [bi'spouk]; *p.p.* **bespoken** [bi'spoukn], **bespoke**) *v. t.* **1 prenotare; ordinare** (merci); **riservare** (tenere a disposizione) **2 rivelare; essere indizio di.**

bespoke [bi'spouk] ***A*** *pass.* e *p.p.* di to **bespeak *B*** *a.* **1 ordinato in anticipo 2 su misura**: *b. boots,* scarpe fatte su misura.

bespoken [bi'spoukn] *p.p.* di to **bespeak.**

to **besprinkle** [bi'spriŋkl] *v. t.* **aspergere; spruzza-**

re.

(1) best [best] *a.* (*superl. relat. di good*) ***1*** **(il) migliore**: *to be the b. pupil in the class,* essere il migliore (scolaro) della classe ***2*** **(il) meglio; (la) cosa migliore** • (*fam.*) *one's b. girl,* la propria ragazza □ *the b. man,* il testimone dello sposo □ *the b. (of it),* il bello □ *the b. part of,* la maggior parte di □ *as b. one can,* come meglio si può □ *at b.,* nella migliore delle ipotesi □ *to be at one's b.,* essere in ottime condizioni □ *to do one's b.,* fare del proprio meglio □ *to do st. to the b. of one's power (ability, etc.),* fare q.c. come meglio si può (si sa, ecc.) □ *for the b.,* per il meglio □ *to have the b. of sb.,* avere la meglio su q. □ *to be in one's (Sunday) b.,* indossare l'abito della domenica (o della festa) □ *to look one's b.,* essere in gran forma; avere un'ottima cera □ *to make the b. of things,* accontentarsi; rassegnarsi □ *to make the b. of one's time (opportunities, etc.),* sfruttare nel miglior modo possibile il proprio tempo (le occasioni, ecc.) □ *to the b. of one's knowledge,* per quel che si sa.

(2) best [best] *avv.* (*superl. relat. di well*) ***1*** **meglio** ***2*** **di più; più di tutti**: *Which do you like b.?,* quale ti piace di più?

to **best** [best] *v. t.* **avere la meglio su; spuntarla con** (q.).

bestial ['bestjəl] *a.* **bestiale; brutale.**

bestiality [ˌbesti'æliti] *n.* [U] **bestialità; brutalità.**

bestiary ['bestiəri] *n.* [C] (*stor., letter.*) **bestiario.**

to **bestir** [bi'stə:*] ***A*** *v. t.* **agitare; scuotere** ***B*** to **bestir oneself** *v. rifl.* **agitarsi; scuotersi;** (*fig.*) **muoversi, darsi da fare.**

to **bestow** [bi'stou] *v. t.* **dare; concedere; conferire**: *to b. st. on sb.,* conferire q. a q.c.

bestowal [bi'stouəl] *n.* ***1*** [U] **concessione; conferimento** ***2*** [C] **donazione; dono.**

to **bestrew** [bi'stru:] (*p.p.* **bestrewed** [bi'stru:d] o **bestrewn** [bi'stru:n]) *v. t.* ***1*** **spargere intorno; cospargere** ***2*** **essere sparso per; ricoprire.**

to **bestride** [bi'straid] (*pass.* **bestrode** [bi'stroud]; *p.p.* **bestridden** [bi'stridn], **bestrid** [bi'strid] o **bestrode**) *v. t.* ***1*** **montare, essere, stare a cavallo** (o **a cavalcioni) di** (un cavallo, una sedia) ***2*** **inarcarsi su** ***3*** **scavalcare.**

best-seller ['bestˌselə*] *n.* [C] **libro** (o **disco) di grande successo.**

bet [bet] *n.* [C] ***1*** **scommessa**: *to make a bet,* fare una scommessa ***2*** (*a carte*) **puntata.**

to **bet** [bet] (*pass.* e *p.p.* **bet**) *v. t.* e *i.* **scommettere; puntare**: *to bet on horses,* scommettere alle corse dei cavalli • (*fam.*) *You bet!,* naturalmente!; credo bene!

beta ['bi:tə] *n.* [C] (seconda lettera dell'alfabeto greco, *astron.*) **beta** • (*fis.*) *b. rays,* raggi beta.

to **betake oneself** [bi'teik wʌn'self] (*pass.* **betook** [bi'tuk], *p.p.* **betaken** [bi'teikn]) *v. rifl.* **recarsi; condursi.**

betatron ['bi:təˌtrɔn] *n.* [C] (*fis. nucl.*) **betatrone.**

bethel ['beθəl] (*ebraico*) *n.* ***1*** **luogo sacro** ***2*** **luogo di culto per marinai** ***3*** **cappella non conformista.**

to **bethink oneself** [bi'θiŋk wʌn'self] (*pass.* e *p.p.* **bethought** [bi'θɔ:t]) *v. rifl.* (*lett.*) **ricordarsi; rammentarsi.**

to **betide** [bi'taid] (*lett.*) ***A*** *v. t.* **incogliere**: *Woe b. him!,* mal gliene incolga! ***B*** *v. i.* **accadere; succedere**: *whatever may b.,* qualunque cosa accada.

betimes [bi'taimz] *avv.* (*lett.*) **per tempo; di buon'ora.**

to **betoken** [bi'toukən] *v. t.* ***1*** **far presagire** ***2*** **denotare; minacciare** (*fig.*).

betony ['betəni] *n.* [C] (*bot.,* Betonica officinalis) **bettonica, betonica.**

betook [bi'tuk] *pass.* di to **betake.**

to **betray** [bi'trei] *v. t.* **tradire** (anche *fig.*).

betrayal [bi'treiəl] *n.* [U] e [C] **tradimento.**

to **betroth** [bi'trouð] *v. t.* **fidanzare; promettere in matrimonio.**

betrothal [bi'trouðəl] *n.* [U] e [C] **fidanzamento.**

betrothed [bi'trouðd] ***A*** *a.* **fidanzato** ***B*** *n.* **fidanzato, fidanzata; promesso sposo, promessa sposa** • *the betrothed,* i promessi sposi.

(1) better ['betə*] *a.* (*compar. di good*) **migliore; meglio**: *That's much b.,* così va molto meglio • *to be b.,* stare meglio (di salute) □ *one's betters,* i propri superiori □ *one's b. feelings,* la parte migliore di noi □ (*fam.*) *one's b. half,* la propria metà; la moglie □ *to do (o to be) b. than one's word,* fare più di quanto si era promesso □ *for the b.,* in meglio □ *for b. or worse,* nel bene e nel male; nella buona e nella cattiva sorte □ *to get (o to have) the b. of,* avere la meglio su □ *to know b.,* sapere come stanno le cose □ *no b. than,* non ... (altro) che □ *to think (all) the b. of sb. for st.,* avere maggior considerazione di q. in conseguenza di q.c.

(2) better ['betə*] *avv.* (*compar. di well*) ***1*** **meglio; in modo migliore**: *He can speak English b. than I,* sa parlare l'inglese meglio di me ***2*** **più; di più**: *You'll like English b. when you understand it more,* l'inglese ti piacerà di più quando lo capirai meglio • *b. and b.,* sempre meglio □ *I (you, he, etc) had b.,* farei (faresti, farebbe, ecc.) meglio a: *You had b. go now,* faresti meglio ad andartene ora.

(3) better ['betə*] *n.* **scommettitore.**

to **better** ['betə*] ***A*** *v. t.* e *i.* **migliorare** ***B*** to **better oneself** *v. rifl.* **migliorare le proprie condizioni** (di vita).

betterment ['betəmənt] *n.* [U] **miglioramento.**

(1) between [bi'twi:n] *prep.* ***1*** **tra, fra, nel mezzo di** (rif. di solito a due persone, cose o gruppi) ***2*** **(tutti) insieme; in società**: *They had a hundred pounds b. them,* tutti insieme avevano cento sterline • *b. the devil and the deep sea,* fra l'incudine e il martello □ *b. ourselves (o b. you and me; b. you, me and the gatepost),* (detto) fra noi; in confidenza.

(2) between [bi'twi:n] *avv.* **in mezzo** (a due cose o persone): *I can see nothing b.,* non vedo niente nel mezzo • *far b.,* a larghi (o lunghi) intervalli □ *in b.,* in posizione intermedia.

betwixt [bi'twikst] *prep.* e *avv.* (*arc. o lett.*) **fra; tra; in mezzo (a).**

bevel ['bevəl] *n.* [C] ***1*** **smussatura; angolo smussato** ***2*** (*falegnameria*) **ugnatura** ***3*** (anche *b. square*) **squadra falsa.**

to **bevel** ['bevəl] *v. t.* **smussare.**

beverage ['bevəridʒ] *n.* [C] **bevanda.**

bevy ['bevi] *n.* [C] ***1*** **gruppo, frotta** (specialm. di donne, ragazze) ***2*** **stormo d'uccelli** (specialm. di quaglie) ***3*** (*fam.*) **raccolta** (di oggetti).

to **bewail** [bi'weil] *v. t.* **lamentare; piangere.**

to **beware** [bi'wɛə*] *v. t.* e *i.* **guardarsi da; stare in guardia; stare attento; badare**: *B. of the dog!,* attenti al cane! □ *B. lest you should fall,* bada di non cadere.

to **bewilder** [bi'wildə*] *v. t.* **confondere; sconcertare.**

bewilderment [bi'wildəmənt] *n.* [U] **smarrimento.**

to **bewitch** [bi'witʃ] *v. t.* ***1*** **stregare** ***2*** **ammaliare; affascinare.**

bewitching [bi'witʃiŋ] *a.* **affascinante; seducente.**

bey [bei] *n.* [C] **bey, bei** (governatore distrettuale turco).

(1) beyond [bi'jɔnd] *prep.* ***1*** **oltre; (al) di là di** ***2*** **più di** • *b. compare,* incomparabile □ *b. control,* indomabile; irrefrenabile □ *b. hope,* senza più alcuna speranza □ *b. reason,* irragionevole □ *b. the seas,* oltremare □ *to live b. one's income,* vivere al di sopra dei propri mezzi □ *It's quite b. me,* è al di sopra delle mie facoltà.

(2) beyond [bi'jɔnd] *avv.* **oltre; al di là** • *the b.,* l'aldilà □ (*fam.*) *at the back of b.,* lontanissimo; a casa del diavolo (*fam.*).

bezel ['bezl] *n.* [C] ***1*** **faccia obliqua** (di gemma tagliata) ***2*** (*ind.*) **incastonatura; lunetta.**

bezique [bi'zi:k] *n.* [U] **bazzica** (gioco di carte).

bi- [bai] *pref.* (in tutti i sensi) **bi-.**

bias ['baiəs] ***A*** *n.* [U] e [C] ***1*** **deviazione; inclinazione** ***2*** **diagonale; taglio diagonale** (in una stoffa) ***3*** (*fig.*) **inclinazione; tendenza; prevenzione; pregiudizio** • *cut on the b.,* tagliato di sbieco ***B*** *a.* e *avv.* (*sartoria*) **diagonale; in diagonale.**

to **bias** ['baiəs] *v. t.* **influenzare** (specie indebitamente); **prevenire.**

bib [bib] *n.* [C] ***1*** **bavaglino** ***2*** **pettorina, pettino** (di grembiule).

to **bib** [bib] *v. i.* *(raro)* **trincare.**
Bible ['baibl] *n.* **Bibbia.**
biblical ['biblikəl] *a.* **biblico.**
bibliographer [ˌbibli'ɔgrəfə*] *n.* **bibliografo.**
bibliographic(al) [ˌbibliə'græfik(əl)] *a.* **bibliografico.**
bibliography [ˌbibli'ɔgrəfi] *n.* [U] e [C] **bibliografia.**
bibliomania [ˌbibliou'meinjə] *n.* [U] **bibliomania.**
bibliophile ['biblioufail] *n.* **bibliofilo.**
bibulous ['bibjuləs] *a.* ***1*** **assorbente** ***2*** **dedito al bere.**
bicameral [bai'kæmərəl] *a.* *(polit.)* **bicamerale.**
bicameralism [bai'kæmərəlizəm] *n.* [U] *(polit.)* **bicameralismo.**
bicarbonate [bai'ka:bənit] *n.* [U] *(chim.)* **bicarbonato.**
bice [bais] *n.* [U] ***1*** (anche *b. blue)* **(colore) turchino** ***2*** (anche *b. green)* **(colore) verdegiallo.**
bicentenary [ˌbai-sen'ti:nəri] *a.* e *n.* [C] **bicentenario.**
bicephalous [bai'sefələs] *a.* **bicefalo.**
biceps ['baiseps] *n.* [C] *(anat.)* **bicipite.**
to **bicker** ['bikə*] *v. i.* **bisticciare; litigare.**
bicker ['bikə*] *n.* [C] **bisticcio; lite.**
bicuspid [bai'kʌspid] ***A*** *a.* **bicuspide** ***B*** *n.* [C] **(dente) premolare.**
bicycle ['baisikl] *n.* **bicicletta** ● *(sport) b. racing,* ciclismo (agonistico); corse ciclistiche.
to **bicycle** ['baisikl] *v. i.* **andare in bicicletta.**
bicyclist ['baisiklist] *n.* **ciclista.**
bid [bid] *n.* [C] ***1*** *(comm.)* **offerta; somma offerta** (specialm. a un'asta) ***2*** **offerta d'appalto** ● *advertisement for bids,* bando d'appalto.
to **bid** [bid] (*pass.* e *p.p.* **bid** *nelle def. 1, 2, 3; pass.* **bade** [beid, bæd], *p.p.* **bidden** ['bidn] *nella def. 4*), *v. t.* e *i.* ***1*** *(comm.)* **offrire, fare un'offerta** (per q.c. in vendita, specialm. all'asta) ***2*** *(USA)* **fare un'offerta d'appalto** ***3*** (nei giochi di carte) **dichiarare; accusare** ***4*** (*arc. o lett., di solito non seguito da to*) **dire; invitare; comandare**: *I bade him (to) come in,* lo invitai a entrare ● *to bid defiance to sb.,* sfidare q. □ *to bid sb. farewell (good-bye, good morning, etc.),* dire addio (arrivederci, buon giorno, ecc.) a q.□ *to bid up,* fare un'offerta superiore (a un'asta).
bidden ['bidn] *p.p.* di to **bid.**
bidder ['bidə*] *n.* ***1*** *(comm.)* **offerente** (a un'asta) ***2*** **appaltatore** ***3*** *(carte)* **dichiarante** ● *to the highest b.,* al maggior offerente.
bidding [bidiŋ] *n.* [U] ***1*** *(comm.)* **offerta, offerte** (a un'asta o d'appalto) ***2*** **comando; ordine; cenno di comando** ● *to be at sb.'s b.,* essere agli ordini di q. □ *to do sb.'s b.,* eseguire gli ordini di q.
to **bide** [baid] *v. t.* — *to b. one's time,* attendere il momento opportuno.
biennial [bai'eniəl] ***A*** *a.* **biennale** ***B*** *n.* [C] ***1*** *(bot.)* **pianta bienne** ***2*** **biennale** (manifestazione che si fa ogni due anni).
bier [biə*] *n.* [C] ***1*** **catafalco** ***2*** **bara.**
biff [bif] *n.* [C] *(pop.)* **colpo; percossa.**
to **biff** [bif] *v. t.* *(pop.)* **colpire; percuotere.**
biffin ['bifin] *n.* [C] **mela rossa** (da cuocere).
bifocal [bai'foukəl] ***A*** *a.* **bifocale** ***B*** *n.* [C] **lente bifocale.**
bifurcate ['baifə:keit] *a.* **biforcuto.**
to **bifurcate** ['baifə:keit] ***A*** *v. t.* **biforcare** ***B*** *v. i.* **biforcarsi.**
bifurcation [ˌbaifə'keiʃən] *n.* [U] e [C] **biforcazione.**
big [big] ***A*** *a.* ***1*** **grosso; grande; importante**: *a big success,* un grande successo □ *a big man,* (in senso proprio) un omone; (in senso fig.) un pezzo grosso ***2*** **gravido; pieno**: *The cat was big (with young),* la gatta era gravida ***3*** **ampolloso; pomposo; reboante**: *big talk,* parole reboanti (o pompose) ***B*** *avv. (fam.)* **in modo pomposo (o esagerato)** ● *(fig., fam.) big bug (o shot, wig),* pezzo grosso; alto papavero *(fig.)* □ *big toe,* alluce □ *(fam.) big top,* tendone (di un circo) □ *(fam.) to get too big for one's boots,* montarsi la testa □ *to talk big,* spararle grosse; fare lo spaccone.
bigamist ['bigəmist] *n.* **bigamo.**
bigamous ['bigəməs] *a.* **bigamo.**
bigamy ['bigəmi] *n.* [U] *(leg.)* **bigamia.**
bighead ['bighed] *n.* [C] *(fam.)* **presuntuoso; borioso.**
big-headed [ˌbig'hedid] *a.* ***1*** **dalla testa grossa** ***2*** *(fig., fam.)* **presuntuoso; borioso.**
big-hearted [ˌbig'ha:tid] *a.* **magnanimo; generoso.**
bight [bait] *n.* [C] ***1*** **baia; insenatura; ansa** (d'un fiume) ***2*** *(naut.)* **doppino.**
bigness ['bignis] *n.* [U] **grossezza; grandezza.**
bigot ['bigət] *n.* ***1*** **fanatico** ***2*** **bigotto.**
bigoted ['bigətid] *a.* ***1*** **fanatico; intollerante** ***2*** **bigotto.**
bigotry ['bigətri] *n.* [U] ***1*** **fanatismo** ***2*** **bigottismo; bigotteria.**
big-timer ['big'taimə*] *n.* [C] *(pop.)* **artista (attore,** ecc.) **di primo piano.**
bijou ['bi:ʒu:] *(franc.) n.* (*pl.* **bijoux** ['bi:ʒu:z]) **bigiù; gioiello.**
bike [baik] *n. (fam.)* ***1*** **bicicletta; bici** *(fam.)* ***2*** **motocicletta; moto** *(fam.)*.
to **bike** [baik] *v. i. (fam.)* **andare in bicicletta.**
bikini [bi'ki:ni] *n.* [C] *(moda)* **bikini.**
bilabial [bai'leibiəl] *a.* e *n. (fon.)* **bilabiale.**
bilateral [bai'lætərəl] *a.* **bilaterale.**
bilberry ['bilbəri] *n.* [C] *(bot.,* Vaccinium myrtillus) **mirtillo.**
bile [bail] *n.* [U] **bile** (anche *fig.*).
bilestone ['bailˌstoun] *n.* [C] *(med.)* **calcolo biliare.**
bilge [bildʒ] *n.* ***1*** [C] *(naut.)* **sentina** ***2*** [U] (anche *b. water*) **acqua di sentina** ***3*** [U] *(fam.)* **sciocchezze; stupidaggini.**
bilingual [bai'liŋgwəl] *a.* e *n.* **bilingue.**
bilingualism [bai'liŋgwəlizəm] *n.* [U] **bilinguismo.**
bilious ['biljəs] *a.* ***1*** **bilioso** ***2*** *(fisiologia)* **biliare.**
biliousness ['biljəsnis] *n.* [U] **temperamento bilioso.**
to **bilk** [bilk] *v. t.* **frodare; imbrogliare; ingannare.**
(1) bill [bil] *n.* [C] ***1*** **becco** (di uccello); **muso a becco** (di tartaruga, ecc.) ***2*** *(geogr.)* **promontorio; punta.**
(2) bill [bil] *n.* [C] ***1*** **conto; fattura; nota** (di spesa) ***2*** **avviso; cartellone; manifesto** (pubblicitario, teatrale); **lista; programma** ***3*** *(leg.)* **disegno di legge** ***4*** (*comm.,* anche *b. of exchange*) **cambiale; effetto; tratta** ***5*** *(USA)* **banconota** ***6*** **certificato; documento; bolletta; polizza** ● *(comm.) b. of entry,* bolletta d'entrata doganale □ *(comm.) b. of exchange,* cambiale; tratta □ *b. of fare,* lista delle vivande □ *(naut.) b. of health,* certificato sanitario □ *(comm.) b. of sale,* atto di vendita □ *(comm.) accommodation b.,* cambiale di comodo □ *(fam.) to fill the b.,* essere soddisfacente.
(1) to **bill** [bil] *v. i.* ***1*** (di uccelli) **becchettarsi** ***2*** *(fig.)* **carezzarsi; scambiarsi tenerezze** ● (d'innamorati) *to b. and coo,* tubare.
(2) to **bill** [bil] *v. t.* ***1*** *(teatr.)* **mettere in programma** ***2*** **reclamizzare** (con cartelli pubblicitari) ***3*** *(comm.)* **fatturare.**
billboard ['bilˌbɔ:d] *n.* [C] **riquadro per le affissioni.**
(1) billet ['bilit] *n.* [C] *(mil.)* **(biglietto di) alloggio in case private.**
(2) billet ['bilit] *n.* ***1*** **ceppo** (di legna da ardere) ***2*** *(mecc.)* **billetta.**
to **billet** ['bilit] *v. t.* *(mil.)* **acquartierare presso privati.**
billfold ['bilˌfould] *n.* *(USA)* **portafogli.**
billhook ['bilhuk] *n.* [C] *(agric.)* **roncola; pennato.**
billiard ['biljəd] *a. attr.* **da biliardo**: *a b. ball,* una palla da biliardo □ *a b. cue,* una stecca da biliardo □ *a b. table,* un tavolo da biliardo.
billiards ['biljədz] *n. pl. (col verbo al sing.)* **biliardo.**
billingsgate ['biliŋzgit] *n.* [U] **linguaggio sguaiato, volgare** (da *B.,* il mercato del pesce a Londra).
billion ['biljən] *n.* ***1*** *(USA)* **bilione; miliardo** ***2*** *(G.B.)* **trilione** (un milione di milioni).
billow ['bilou] *n.* [C] **maroso; cavallone; ondata** (anche *fig.*).
to **billow** ['bilou] *v. i.* **levarsi a ondate; gonfiarsi.**
billposter ['bilˌpoustə*], **billsticker** ['bilˌstikə*] *n.* **attacchino.**

(1) billy ['bili] *n.* [C] *(USA)* **sfollagente; manganello.**
(2) billy ['bili] *(australiano) n.* [C] (anche *billycan)* **pentolino; gavetta.**
billycock ['bilikɔk] *n. (fam.)* **bombetta.**
billy goat ['biligout] *n. (fam.)* **caprone; becco.**
billyo(h) ['bili,ou] *n.* — *(fam.) like b.*, a più non posso; con forza; con violenza.
bimetallic [,baimi'tælik] *a. (econ.)* **bimetallico.**
bimetallism [bai'metəlizəm] *n. (econ.)* [U] **bimetallismo.**
bimonthly [bai'mʌnθli] ***A*** *a.* ***1*** **bimestrale *2* bimensile *B*** *n.* [C] **pubblicazione bimestrale *C*** *avv.* ***1*** **ogni due mesi *2* due volte al mese.**
bin [bin] *n.* [C] **bidone per il carbone** (o **per la cenere, per la spazzatura).**
binary ['bainəri] *a. (astron., chim., mat., mus.)* **binario.**
to **bind** [baind] (*pass.* e *p.p.* **bound** [baund]) ***A*** *v. t.* ***1*** **legare; assicurare; fissare; attaccare; avvolgere; tenere unito *2* rassodare; fare indurire *3*** (spesso *to b. up*) **bendare; fasciare** (ferite, ecc.) ***4*** **obbligare; impegnare; vincolare; allogare** (come apprendista) ***5*** **rilegare**: *This book is bound in cloth,* questo libro è rilegato in tela ***6*** **orlare** (per rinforzo o ornamento) ***B*** *v. i.* ***1*** **rassodarsi; legare; coagularsi; cagliare** (del latte) ***2*** *(chim.)* **legare *3* essere obbligatorio** (o **vincolante**) ● *to b. hand and foot,* legare mani e piedi □ *to b. oneself to do st.*, impegnarsi a fare q.c. □ *to b. out,* vincolare con contratto d'apprendistato □ *to b. over,* obbligare legalmente □ *to b. up,* rilegare in un solo volume □ *to be bound to do st.*, essere tenuto a fare q.c.
bind [baind] *n.* [C] ***1*** *(mus.)* **legamento; legatura *2*** *(fam.)* **seccatura; scocciatura** *(fam.)*.
binder ['baində*] *n.* [C] ***1*** **rilegatore** (di libri) ***2*** *(chim., ind. costr.)* **legante *3*** *(agric.)* **mietilegatrice *4* copertina mobile; fascetta** (per giornali, ecc.).
bindery ['baindəri] *n.* [C] **legatoria.**
(1) binding [baindiŋ] *a.* **impegnativo; vincolante; obbligatorio.**
(2) binding [baindiŋ] *n.* [C] ***1*** **rilegatura** (d'un libro) ***2*** **nastro; orlo; laccio.**
bindweed ['baindwi:d] *n.* [U] *(bot.)* **rampicante.**
binge [bindʒ] *n. (pop.)* **baldoria**: *to have a b.* (o *to go on a b.),* far baldoria (o bisboccia).
bingo ['biŋgou] *n.* [U] **bingo** (gioco simile alla tombola).
binnacle ['binəkl] *n.* [C] *(naut.)* **chiesuola.**
binoculars [bi'nɔkjuləz] *n. pl.* **binocolo.**
binomial [bai'noumjəl] *(mat.)* ***A*** *a.* **binomiale *B*** *n.* [C] **binomio.**
bioastronautics [,baiou,æstrə'nɔ:tiks] *n. pl. (col verbo al sing.)* **bioastronautica.**
biochemistry [,baiou'kemistri] *n.* [U] **biochimica.**
biodegradable [,baioudi'greidəbəl] *a.* **biodegradabile.**
bioelectronics [,baiouilek'trɔniks] *n. pl. (col verbo al sing.)* **bioelettronica.**
bioengineering [,baiou,endʒi'niəriŋ] *n.* [U] **bioingegneria.**
biogenesis [,baiou'dʒenisis] *n.* [U] **biogenesi.**
biogeography [,baioudʒi'ɔgrəfi] *n.* **biogeografia.**
biographer [bai'ɔgrəfə*] *n.* **biografo.**
biographic(al) [,baiou'græfik(əl)] *a.* **biografico.**
biography [bai'ɔgrəfi] *n.* [C] e [U] **biografia.**
biologic(al) [,baiə'lɔdʒik(əl)] *a.* **biologico.**
biologist [bai'ɔlədʒist] *n.* **biologo.**
biology [bai'ɔlədʒi] *n.* [U] **biologia.**
biometrics [,baiə'metriks] *n. pl. (col verbo al sing.)* **biometria.**
biometry [bai'ɔmitri] *V.* **biometrics.**
bionics [bai'ɔniks] *n. pl. (col verbo al sing.)* **bionica.**
biophysics [,baiou'fiziks] *n. pl. (col verbo al sing.)* **biofisica.**
biosphere ['baiou,sfi(:)ə*] *n. (biol.)* **biosfera.**
biotechnology [,baioutek'nɔlədʒi] *n.* [U] **biotecnologia.**
bipartisan [,baipa(:)tiz'æn] *a. (polit.)* **bipartitico.**
bipartite [bai'pa:tait] *a.* ***1*** *(bot.)* **bipartito *2*** *(leg.)* **bilaterale.**
biped ['baiped] *a.* e *n. (zool.)* **bipede.**
biplane ['baiplein] *n.* [C] *(aeron.)* **biplano.**
bipolar [bai'poulə*] *a. (elettr.)* **bipolare.**
birch [bə:tʃ] *n.* [C] ***1*** *(bot.*, Betula) **betulla *2*** (anche *b. rod)* **verga di betulla** (usata un tempo per fustigare gli scolari, ecc.).
to **birch** [bə:tʃ] *v. t.* **fustigare; sferzare.**
birchen ['bə:tʃən] *a.* **di betulla.**
bird [bə:d] *n.* ***1*** **uccello *2*** *(pop.)* **individuo; tipo**: *He's a queer b.*, è un tipo strano ***3*** *(fig.)* **carcerato; prigioniero** ● *(USA) b. dog,* cane da penna □ *(fig.) birds of a feather,* persone dello stesso stampo □ *b. of passage,* uccello migratore; *(fig.)* persona di passaggio □ *b. of prey,* (uccello) rapace □ *b.-seed,* mangime per gli uccelli □ *b.-shot,* pallini da caccia □ *to be an early b.*, essere mattiniero; arrivare in anticipo □ *to eat like a b.*, mangiare come un uccellino □ *(pop.) to give sb. the b.*, fischiare q. □ *(fig.) to kill two birds with one stone,* prendere due piccioni con una fava.
bird-brained ['bə:dbreind] *a. (fam.)* **che ha un cervello di gallina; sciocco; svampito** *(fam.)*.
birdcall ['bə:dkɔ:l] *n.* [C] **richiamo per uccelli.**
bird fancier ['bə:d,fænsiə*] *n.* [C] **avicoltore.**
bird-lime ['bə:dlaim] *n.* [U] **pania; vischio.**
bird's-eye view [,bə:dzai'vju:] *n.* [C] ***1*** **veduta dall'alto *2*** *(fig.)* **breve riassunto.**
biretta [bi'retə] *n.* [C] **berretta da prete.**
birth [bə:θ] *n.* ***1*** [U] e [C] **nascita; origine; natali; parto**: *to be English by b.*, essere inglese di nascita ***2*** [U] **istinto (naturale)** ● *to be an actor by b.*, essere un attore nato □ *to give b. to,* mettere al mondo; procreare; *(fig.)* produrre, causare.
birth control ['bə:θkən'troul] *n.* [U] **controllo delle nascite.**
birthday ['bə:θdei] *n.* [C] **compleanno** ● *(scherz.) in one's b. suit* (o *clothes),* in costume adamitico.
birthmark ['bə:θma:k] *n.* [C] **macchia** (sulla pelle); **voglia** *(pop.)*.
birthplace ['bə:θpleis] *n.* [C] **luogo di nascita.**
birth rate ['bə:θreit] *n.* [C] **indice di natalità.**
birth right ['bə:θrait] *n.* [U] **diritto di nascita;** *(leg.)* **primogenitura.**
biscuit ['biskit] *n.* ***1*** [C] **biscotto *2*** [U] *(ind.)* **biscuit, biscotto** (porcellana bianca, senza smalto) ***3*** [U] **color biscotto** ● *ship's b.*, galletta.
to **bisect** [bai'sekt] *v. t.* **tagliare in due;** *(geom.)* **bisecare.**
bisection [bai'sekʃən] *n.* [U] *(geom.)* **bisezione.**
bisector [bai'sektə*] *n. (geom.)* **bisettrice.**
bisexual [bai'seksjuəl] *a.* **bisessuale.**
bishop ['biʃəp] *n.* ***1*** **vescovo *2*** *(gioco degli scacchi)* **alfiere.**
bishopric ['biʃəprik] *n.* [C] ***1*** **diocesi *2* episcopato; vescovado.**
bismuth ['bizməθ] *n.* [U] *(chim.)* **bismuto.**
bison ['baisn] *n. (zool.*, Bison) **bisonte.**
(1) bisque [bisk] *n.* [C] *(sport)* **vantaggio di un punto.**
(2) bisque [bisk] *n.* [U] *(ind.)* **biscuit, biscotto** (porcellana bianca, senza smalto).
bissextile [bi'sekstail] *a.* **bisestile.**
bistoury ['bisturi] *n.* [C] *(med.)* **bisturi.**
bistre ['bistə*] *n.* [U] **bistro.**
(1) bit [bit] *n.* [C] ***1*** **morso; boccone *2* pezzo; pezzetto; (un) poco *3* tratto di paese; paesaggio *4*** *(fam.)* **monetina**: *a three-penny bit,* una monetina da tre penny ***5*** **particina** (in una pellicola o un dramma) ***6*** *(elab., mat.)* **bit; cifra binaria** ● *a bit of a,* un discreto, un bel: *a bit of a bore,* un discreto seccatore □ *bits and pieces,* pezzetti; *(fig.)* armi e bagagli □ *dainty bit* (o *tit-bit),* bocconcino delicato □ *not a bit (of it),* niente affatto; per nulla.
(2) bit [bit] *n.* ***1*** (di utensile) **punta; taglio *2* punta di trapano; trivella *3* morso** (della briglia, e *fig.*).
(3) bit [bit] *pass.* di to **bite.**
to **bit** [bit] *v. t.* **mettere il morso a** (un cavallo, e *fig.*); **imbrigliare.**
bitch [bitʃ] *n.* ***1*** **cagna; lupa; volpe femmina *2* donnaccia; puttana; cagna** *(fig.)*: *son of a b.*, figlio di

puttana • *b.-fox,* (anche *vixen*) volpe femmina.
bite [bait] *n.* [C] e [U] ***1*** **morso; morsicatura; puntura**: *insect bites,* morsicature di insetti ***2*** **morso; forte dolore *3* qualcosa da mangiare; boccone; spuntino *4* mordacità *5* presa; stretta *6* (l')abboccare** (del pesce) • *the b. of the wind,* la sferza del vento.
to **bite** [bait] (*pass.* **bit** [bit]; *p.p.* **bitten** ['bitn]) ***A*** *v. t.* ***1*** **mordere; pungere; addentare; intaccare; corrodere *2*** (di arma da taglio) **penetrare;** (di rimprovero) **ferire *3*** — (*fig.*) *to be bitten,* lasciarsi ingannare; cascarci ***B*** *v. i.* (del pesce e *fig.*) **abboccare** • *to b. off,* staccare con un morso □ (*fam.*) *to b. sb.'s head off,* mangiarsi q. vivo.
biting ['baitiŋ] *a.* ***1*** **pungente; aspro; doloroso**: *a b. cold,* un freddo pungente ***2*** **pungente; sarcastico**: *b. words,* parole pungenti.
bitt [bit] [C] (*naut.*) **bitta.**
bitten ['bitn] *p.p.* di to **bite.**
bitter [bitə*] ***A*** *a.* ***1*** **amaro; aspro; spiacevole; sgradevole**: *b. words,* parole amare ***2*** **intenso; pungente; doloroso**: *a b. wind,* un vento pungente ***3*** **accanito**: *b. hatred,* odio accanito ***B*** *n.* ***1*** (*al pl.*) **amaro** (bevanda) ***2*** [U] **birra amara** • (*fig.*) *the bitters of life,* le amarezze della vita □ *b.-sweet,* agrodolce □ *to the b. end,* fino in fondo; a oltranza; sino alla feccia □ *to taste b.,* sapere d'amaro.
bitterish ['bitəriʃ] *a.* **amarognolo.**
bittern ['bitə:n] *n.* [C] (*zool.*, Botaurus stellaris) **tarabuso.**
bitterness ['bitənis] *n.* [U] ***1*** **amarezza; gusto amaro *2* amarezza; pena *3* asprezza; rigidità.**
bitumen ['bitjumin] *n.* [U] e [C] **bitume.**
bituminous [bi'tju:minəs] *a.* **bituminoso.**
bivalent [bai'veilənt] *a.* (*chim.*) **bivalente.**
bivalve ['baivælv] *a.* e *n.* (*zool.*, *bot.*) **bivalve.**
bivalvular [ˌbai'vælvjulə*] *a.* **bivalve.**
bivouac ['bivuæk] *n.* [C] **bivacco.**
to **bivouac** ['bivuæk] *v. i.* (*p. pr.* **bivouacking** ['bivuækiŋ]; *pass.* e *p.p.* **bivouacked** ['bivuækt]) **bivaccare.**
biweekly [bai'wi:kli] ***A*** *a.* ***1*** **quindicinale *2* bisettimanale *B*** *n.* [C] **pubblicazione quindicinale** (o **bisettimanale**) ***C*** *avv.* ***1*** **ogni due settimane *2* due volte la settimana.**
biz [biz] *n.* (*abbr. fam.* di **business**) **affari** • *show biz,* industria dello spettacolo.
bizarre [bi'za:*] *a.* **bizzarro; eccentrico; stravagante.**
bizone ['baiˌzoun] *n.* [C] (*polit.*) **bizona.**
to **blab** [blæb] ***A*** *v. i.* **blaterare; cianciare; parlare troppo *B*** *v. t.* (spesso *to b. out*) **spifferare** (un segreto).
blab [blæb], **blabber** ['blæbə*] *n.* ***1*** [U] **ciance; blablà *2*** [C] **chiacchierone; ciancione.**
(1) black [blæk] *a.* ***1*** **nero; negro; buio; scuro; tetro**: *The sky is b.,* il cielo è nero □ *b. despair,* nera disperazione □ *the b. race,* la razza negra □ *a b. man,* un negro □ *a b. eye,* un occhio nero; un occhio pesto ***2*** **adirato; minaccioso; brutto; di biasimo**: *to give sb. a b. look,* dare una brutta occhiata (o un'occhiataccia) a q. • *b. and blue,* tutto lividi; tutto pesto □ *b. art,* magia nera; negromanzia □ (*sport*) *b. belt,* cintura nera (di judo e karatè) □ *b. coffee,* caffè nero □ (*stor.*) *B. Death,* peste nera □ (*tipogr.*) *b. face,* neretto □ *b. in the face,* paonazzo (per l'ira, lo sforzo) □ (*tipogr.*) *b. letter,* carattere gotico □ *B. Maria,* furgone cellulare □ *b. market,* mercato nero; borsa nera □ *b. marketeer,* borsanerista; borsaro nero □ *b. oil,* petrolio grezzo □ (*polit.*) *B. Power,* Potere Nero □ (*fig.*) *b. sheep,* pecora nera □ (*autom.*) *b. spot,* tratto stradale assai pericoloso □ (*zool.*) *b. widow* (Latrodectus mactans), vedova nera.
(2) black [blæk] *n.* ***1*** [U] **nero; vernice nera; abiti neri; sudiciume**: *to be dressed in b.,* essere vestito di nero ***2*** [C] **negro** • *to have st. down in b. and white,* mettere q.c. per iscritto; mettere nero su bianco □ *to swear b. is white,* negare l'evidenza.
to **black** [blæk] *v. t.* ***1*** **annerire; sporcare *2* pulire con piombaggine** (stufe, ecc.) ***3*** **lucidare di nero** (le scarpe) • *to b. out,* cancellare con freghi (o vernice nera).
blackamoor ['blækəmuə*] *n.* (*arc.*) **negro; moro.**
black beetle ['blæk'bi:tl] *n.* (*zool.*, Blatta orientalis) **scarafaggio.**
blackberry ['blækbəri] *n.* [C] **mora** (di rovo).
blackbird ['blækbə:d] *n.* (*zool.*, Turdus merula) **merlo.**
blackboard ['blækbɔ:d] *n.* [C] **lavagna** (l'oggetto).
blackcap ['blækkæp] *n.* (*zool.*, Sylvia atricapilla) **capinera.**
blackcurrant [ˌblæk'kʌrənt] *n.* [C] (*bot.*, Ribes nigrum) **ribes nero.**
to **blacken** ['blækən] ***A*** *v. t.* ***1*** **annerire; sporcare *2* offuscare; denigrare *B*** *v. i.* **farsi nero; oscurarsi.**
blackguard ['blæga:d] *n.* **canaglia; furfante; mascalzone.**
to **blackguard** ['blæga:d] ***A*** *v. t.* **offendere; ingiuriare *B*** *v. i.* **comportarsi da mascalzone.**
blackhead ['blækhed] *n.* **puntino nero** (sulla pelle); **comedone.**
blacking ['blækiŋ] *n.* [U] **lucido nero** (per scarpe).
blackish ['blækiʃ] *a.* **nerastro; nerognolo.**
black lead ['blæk'led] *n.* [U] **piombaggine; grafite.**
blackleg ['blækleg] *n.* ***1*** **crumiro *2* baro; imbroglione.**
blacklist ['blæklist] *n.* **lista nera.**
to **blacklist** ['blæklist] *v. t.* **mettere** (q.) **nella lista nera.**
blackmail ['blækmeil] *n.* [U] (*leg.*) **ricatto; estorsione.**
to **blackmail** ['blækmeil] *v. t.* **ricattare.**
blackmailer ['blækmeilə*] *n.* **ricattatore.**
black(-)out ['blækaut] *n.* [C] ***1*** **oscuramento *2* interruzione della corrente elettrica *3* perdita dei sensi *4* perdita della memoria *5*** (*radio, telev.*) **sciopero totale.**
to **black(-)out** ['blækaut] ***A*** *v. t.* **oscurare** (una città, ecc.) ***B*** *v. i.* **perdere coscienza; perdere i sensi.**
Blackshirt ['blækʃə:t] *n.* (*stor.*) **camicia nera; fascista.**
blacksmith ['blæksmiθ] *n.* **fabbro ferraio; maniscalco.**
blackthorn ['blækθɔ:n] *n.* (*bot.*, Prunus spinosa) **prugnolo.**
bladder ['blædə*] *n.* [C] ***1*** (*anat.*) **vescica *2* camera d'aria.**
blade [bleid] *n.* [C] ***1*** **lama** (di coltello, ecc.); **lametta** (da rasoio); **spada;** (*fig.*) **spadaccino *2* parte piatta; pala** (di remo, elica, ecc.) ***3*** **filo** (d'erba); **foglia** (di grano e altri cereali) ***4*** (*bot.*) **lamina *5*** (*autom.*) **racchetta** (del tergicristallo) • *in the b.,* in erba □ (*aeron., naut.*) *three-bladed propeller,* elica a tre pale.
blade-bone ['bleidboun] *n.* [C] (*anat.*) **scapola.**
bladed ['bleidid] *a.* **munito di lama, ecc.** (*V.* **blade**).
blah [bla:], **blah-blah** [bla:bla:] *n.* [U] (*fam.*) **blablà** (chiacchiericcio futile).
to **blame** [bleim] *v. t.* ***1*** **biasimare; riprovare *2* incolpare; dare la colpa a.**
blame [bleim] *n.* [U] ***1*** **biasimo; riprovazione**: *to incur b.,* essere oggetto di biasimo ***2*** **colpa; responsabilità** • *to bear the b.,* assumersi la responsabilità; prendersi la colpa □ *to lay the b. on sb.,* dare la colpa a q.
blameful ['bleimfəl] *a.* **biasimevole; riprovevole.**
blameless ['bleimlis] *a.* ***1*** **irreprensibile *2* innocente.**
blameworthy ['bleimˌwə:ði] *a.* **biasimevole; riprovevole.**
to **blanch** [bla:ntʃ] ***A*** *v. t.* ***1*** **sbiancare *2* pelare** (frutta o verdura, scottandole) ***B*** *v. i.* **sbiancare; impallidire.**
blancmange [blə'mɔnʒ] *n.* [C] e [U] (*cucina*) **biancomangiare.**
bland [blænd] *a.* ***1*** **gentile; cortese; dolce *2* blando; mite; temperato** • *a b. diet,* una dieta leggera.
to **blandish** ['blændiʃ] *v. t.* **blandire; lusingare.**
blandishment ['blændiʃmənt] *n.* (*us. specialm. al pl.*) **blandizia; lusinga.**
(1) blank [blæŋk] *a.* ***1*** **bianco; in bianco; vuoto; vacuo**: *a b. page,* una pagina bianca □ (*comm.*) *a b. cheque,* un assegno in bianco □ *a b. form,* un modulo in

bianco **2 assente; privo d'espressione**: *a b. look*, uno sguardo privo d'espressione **3 sterile; improduttivo 4 assoluto; completo 5** *(archit.)* **cieco**: *a b. wall*, un muro cieco ● *b. cartridge*, cartuccia a salve □ *(poesia) b. verse*, versi sciolti.

(2) blank [blæŋk] *n.* [C] **1 spazio vuoto (o in bianco)**: *My mind was a b.*, avevo la testa vuota **2 vuoto** (d'affetti, ecc.) **3 (cartuccia a) salve 4** *(USA)* **modulo**: *a telegraph b.*, un modulo per telegramma **5** *(mil., sport)* **centro del bersaglio 6 numero** (di lotteria) **non vincente 7** *(tipogr.)* **tratto lungo; lineetta di sospensione.**

to **blank** [blæŋk] *v. t.* **1** (di solito *to b. out*) **cancellare; annullare 2** *(nei giochi)* **non far segnare punti a** (un avversario); **lasciare a zero; dare cappotto a.**

blanket ['blæŋkit] *n.* [C] **1 coperta** (da letto, specialm. di lana) **2** *(fig.)* **manto**: *a b. of snow*, un manto di neve ● *(fig.) to be born on the wrong side of the b.*, essere figlio illegittimo □ *(fig.) wet b.*, guastafeste.

to **blanket** ['blæŋkit] *v. t.* **1 coprire con una coperta 2** *(fig.)* **ammantare 3 archiviare** (un problema); **coprire, mettere a tacere** (uno scandalo).

blankly ['blæŋkli] *avv.* **1 in modo assente; con sguardo privo d'espressione 2 assolutamente; completamente** ● *to deny b.*, negare recisamente.

to **blare** [blɛə*] **A** *v. i.* **1** (di tromba) **squillare 2** (d'automobile) **strombettare 3** (di radio, ecc.) **essere a tutto volume B** *v. t.* **1 strombazzare 2 tenere a tutto volume** (una radio, ecc.) ● *to b. away*, fare un chiasso assordante.

blare [blɛə*] *n.* [U] **squillo; strombettio; chiasso.**

blarney ['bla:ni] *n.* [U] **linguaggio adulatorio; moine; lusinghe.**

to **blarney** ['bla:ni] *v. t.* e *i.* **adulare; lusingare.**

to **blaspheme** [blæs'fi:m] *v. t.* e *i.* **bestemmiare; imprecare.**

blasphemer [blæs'fi:mə*] *n.* **bestemmiatore, bestemmiatrice.**

blasphemous ['blæsfiməs] *a.* **blasfemo.**

blasphemy ['blæsfimi] *n.* [U] e [C] **bestemmia.**

blast [bla:st] *n.* [C] **1 colpo (o raffica) di vento 2 corrente (o getto) d'aria 3 squillo 4 scoppio; esplosione 5 carica d'esplosivo 6 spostamento d'aria** ● *at (o in) full b.*, a tutta forza.

to **blast** [bla:st] *v. t.* **1 danneggiare; distruggere; disseccare; inaridire 2 far saltare in aria; far brillare** (mine) **3 deludere; frustrare 4** *(pop.)* **maledire** ● *B. it all!*, al diavolo!

blasted ['bla:stid] *a.* **1 distrutto; disseccato; inaridito 2 deluso; frustrato 3** *(pop.)* **dannato; maledetto.**

blast furnace ['bla:st,fə:nis] *n.* [C] **altoforno.**

blast(-)off ['bla:stɔf] *n.* [C] e [U] *(miss.)* **lancio; partenza.**

blatancy ['bleitənsi] *n.* [U] **1 rumorosità 2 vistosità; appariscenza.**

blatant ['bleitənt] *a.* **1 chiassoso; rumoroso 2 vistoso; appariscente** ● *a b. lie*, una bugia manifesta.

blather ['blæðə*] *n.* [U] **ciance; discorsi a vanvera; blablà.**

to **blather** ['blæðə*] *v. i.* **cianciare; parlare a vanvera; blaterare.**

(1) to **blaze** [bleiz] *v. i.* **1 ardere; bruciare; fiammeggiare 2 ardere; risplendere** ● *to b. up*, divampare; *(fig.)* infiammarsi (d'ira).

(1) blaze [bleiz] *n.* [C] **1 vampa; fiamma vivida; vampata; bella fiammata**: *to be in a b.*, essere in fiamme **2 incendio 3 scatto; scoppio; slancio; impeto**: *in a b. of anger*, in uno scoppio d'ira **4 splendore; piena luce** *(fig.)*: *a b. of lights*, uno splendore di luci ● *(pop.) Go to blazes!*, va' al diavolo! □ *(pop.) What the blazes!*, che diamine!

(2) blaze [bleiz] *n.* [C] **1 stella; macchia bianca** (sul muso d'un animale) **2 segnavia; incisione** (sulla corteccia d'un albero).

(2) to **blaze** [bleiz] *v. t.* **1 segnare; incidere** (alberi) **2 indicare; segnare** (una strada) ● *to b. a trail*, segnare un sentiero (in un bosco); *(fig.)* aprire una via nuova, precorrere i tempi.

(3) to **blaze** [bleiz] *v. t.* (specialm. *to b. abroad*) **diffondere; divulgare.**

blazer ['bleizə*] *n.* *(sport)* **blazer; giacca sportiva, a colori vivaci.**

blazing ['bleiziŋ] *a.* **1 in fiamme 2 ardente; splendente** ● *a b. lie*, una bugia sfacciata.

blazon ['bleizn] *n.* **blasone; stemma araldico.**

to **blazon** ['bleizn] *v. t.* **1** *(araldica)* **blasonare 2** (spesso *to b. abroad, forth, out*) **diffondere; divulgare; proclamare.**

blazonry ['bleiznri] *n.* [U] **1 araldica 2** *(collett.)* **blasoni; stemmi.**

bleach [bli:tʃ] *n.* [U] **candeggina.**

to **bleach** [bli:tʃ] **A** *v. t.* **imbiancare; candeggiare B** *v. i.* **imbianchire; sbiancare; impallidire; scolorire.**

bleacher ['bli:tʃə*] *n.* *(ind. tessile)* **candeggiatore.**

bleak [bli:k] *a.* **1 tetro; desolato; brullo; squallido; esposto alle intemperie; spazzato dal vento 2 pallido; esangue.**

to **blear** [bliə*] *v. t.* **offuscare; ottenebrare** (la vista, la mente).

blear [bliə*] *a.* (dell'occhio, dell'intelletto) **offuscato; ottenebrato** ● *b.-eyed*, dagli occhi cisposi; con gli occhi offuscati □ *b.-witted*, dalla mente confusa.

bleary ['bliəri] *a.* **1** (dell'occhio) **cisposo 2 offuscato; ottenebrato 3 indistinto; confuso** ● *b.-eyed*, dagli occhi cisposi; con gli occhi offuscati.

to **bleat** [bli:t] *v. i.* **1 belare 2** *(fig.)* **piagnucolare.**

bleat [bli:t] *n.* [C] **1 belato 2** *(fig.)* **piagnucolio.**

bleb [bleb] *n.* [C] **1 vescichetta 2 bolla d'aria.**

bleed [bli:d] (*pass.* e *p.p.* **bled** [bled]) **A** *v. i.* **1** (anche *fig.*) **sanguinare 2** (di piante) **stillare linfa B** *v. t.* **1 salassare 2** *(fam.)* **estorcere denaro a** ● *to b. to death*, dissanguare, dissanguarsi; morire dissanguato.

bleeder ['bli:də*] *n.* [C] **1** *(med.)* **flebotomo 2** *(med.)* **emofiliaco 3** (anche *bleed valve*) *(mecc.)* **valvola di scarico (o di spurgo) 4** *(fig.)* **chi estorce denaro; sanguisuga** *(fig.)* **5** *(pop.)* **individuo; tipo; tizio.**

blemish ['blemiʃ] *n.* [C] **macchia; difetto** (fisico o morale) ● *without b.*, perfetto.

to **blemish** ['blemiʃ] *v. t.* **1 deformare; sfigurare 2 macchiare** (la reputazione).

to **blench** [blentʃ] *v. i.* **ritrarsi; tirarsi indietro** (per paura).

to **blend** [blend] **A** *v. t.* **mescolare; miscelare B** *v. i.* **1 mescolarsi 2** (di colori) **sfumare l'uno nell'altro; armonizzare.**

blend [blend] *n.* [C] **miscela; mistura.**

blende [blend] *n.* [U] *(miner.)* **blenda.**

blent [blent] *p.p.* *(lett.)* di to **blend.**

to **bless** [bles] (*pass.* e *p.p.* **blessed** [blest] o **blest** [blest]) **A** *v. t.* **benedire B** to **bless oneself** *v. rifl.* **segnarsi; farsi il segno della croce** ● *to be blessed with*, avere in dono (dalla sorte); godere di □ *(fig.) not to have a penny to b. oneself with*, non avere il becco di un quattrino □ *Bless me!*, Dio mio! □ *Bless you!*, salute! □ *Bless the boy!*, benedetto ragazzo! □ *Well, I'm blest!*, per Bacco!

blessed ['blesid] *a.* **1** (anche *fig.*) **benedetto; santo 2 beato; felice**: *the B.*, i Beati; le anime beate **3 fortunato.**

blessing ['blesiŋ] *n.* **1** [C] (anche *fig.*) **benedizione; dono del cielo 2** [C] **preghiera di ringraziamento** (detta prima o dopo i pasti); **« benedicite » 3** [U] **approvazione; beneplacito** ● *a b. in disguise*, un male apparente da cui deriva un bene.

blest [blest] *pass.* e *p.p.* di to **bless.**

blether ['bleðə*] *n.* [U] **ciance; discorsi a vanvera; blablà.**

to **blether** ['bleðə*] *v. i.* **cianciare; parlare a vanvera; blaterare.**

blew [blu:] *pass.* di to **blow.**

blight [blait] *n.* **1** [U] *(agric.)* **carbone, ruggine** (delle piante) **2** [C] **influsso malefico.**

to **blight** [blait] *v. t.* **1 danneggiare; fare appassire; fare intristire 2 deludere; frustrare.**

blighter ['blaitə*] *n.* *(pop.)* **1 seccatore 2 canaglia; furfante 3 individuo; tizio.**

blimey ['blaimi] *inter.* (*pop.*, denota sorpresa) **accidenti!**

(1) blind [blaind] *a.* **1** (anche *fig.*) **cieco**: *a b. man*, un cieco □ *the b.*, i ciechi □ *b. of an eye*, cieco d'un occhio **2 alla cieca**: *a b. search*, una ricerca alla cieca **3 cieco; chiuso; finto; invisibile; occulto; nascosto; tenebroso**: *a b. alley*, un vicolo cieco (anche *fig.*) □ *a b. dungeon*, un carcere tenebroso ● *(aeron.) b. flying*, volo cieco □ *(aeron.) b. landing*, atterraggio cieco □ *sb.'s b. side*, il punto vulnerabile di q. □ *(ferr.) b. track*, binario morto □ *to go (o to become) b.*, diventare cieco □ *to turn a b. eye to st.*, chiudere un occhio su q.c.

to **blind** [blaind] *v. t.* **1** (anche *fig.*) **accecare; abbagliare; impedire di vedere 2 oscurare; rendere opaco 3 eclissare 4** *(radio)* **schermare.**

(2) blind [blaind] *n.* [C] **1 schermo** (contro la luce); **ostacolo** (alla vista) **2 avvolgibile; persiana 3** *(fig.)* **pretesto; schermo, paravento** *(fig.)* ● *Venetian b.*, veneziana.

blind drunk [ˌblaind'drʌŋk] *a. (pop.)* **ubriaco fradicio.**

to **blindfold** ['blain*d*fould] *v. t.* **bendare** (q., gli occhi a q.).

blindfold ['blain*d*fould] *a.* e *avv.* **1 bendato; con gli occhi bendati 2 sconsiderato; alla cieca.**

blind man's buff ['blain*d*mænz'bʌf] *n.* [U] **mosca cieca** (gioco).

blindness ['blaindnis] *n.* [U] (anche *fig.*) **cecità.**

blink [bliŋk] *n.* [C] **1 ammicco; battito di ciglia 2 balenìo; bagliore fugace; barlume 3 rapida occhiata 4 attimo; baleno** *(fig.)* ● *ice-b.*, riverbero (del ghiaccio).

to **blink** [bliŋk] **A** *v. i.* **1 ammiccare; battere gli occhi 2 guardare (di) sottecchi 3** (di segnale luminoso) **lampeggiare B** *v. t.* **battere** (gli occhi) ● *(fam.) to b. the fact (that)*, rifiutarsi di ammettere (che).

blinker ['bliŋkə*] *n.* **1 lampeggiatore; semaforo a luce intermittente 2** *(per lo più al pl.)* **paraocchi** (di cavallo) **3** *(al pl., pop.)* **occhialoni** (da motociclista).

blinking ['bliŋkiŋ] *a.* **1** (di luce) **intermittente 2** *(pop.)* **dannato; maledetto.**

blip [blip] *n.* [C] **1** *(acustica)* **blip 2** *(elettronica)* **segnale di ritorno.**

bliss [blis] *n.* [U] **grande gioia; felicità perfetta; beatitudine.**

blissful ['blisf*u*l] *a.* **felice; beato.**

blister ['blistə*] *n.* [C] **1 vescica** (sulla pelle); **pustola 2 bolla 3** (anche *farm.*) **vescicante** ● *(zool.) b. beetle (o b. fly)* (Lytta vesicatoria), cantaride.

to **blister** ['blistə*] **A** *v. t.* **produrre vesciche su B** *v. i.* **coprirsi di vesciche.**

blithe [blaið], **blithesome** ['blaiðsəm] *a.* **allegro; gaio; gioioso.**

blitz [blits] *(ted.) n.* [C] *(mil.)* **attacco improvviso; incursione aerea.**

to **blitz** [blits] *v. t. (mil.)* **danneggiare, distruggere** (specialm. con attacco aereo).

blitzkrieg ['blitskri:g] *(ted.) n.* [C] *(mil.)* **guerra lampo.**

blizzard ['blizəd] *n.* [C] **bufera di neve; tormenta.**

to **bloat** [blout] **A** *v. t.* **1 gonfiare** (q.c. d'aria, d'acqua) **2 affumicare e salare** (aringhe, scombri) **B** *v. i.* (anche *fig.*) **gonfiarsi.**

bloated ['bloutid] *a.* **1 gonfio; tronfio; borioso 2 eccessivo 3 affumicato e salato.**

bloater ['bloutə*] *n.* **aringa affumicata; scombro affumicato.**

blob [blɔb] *n.* [C] **1 goccia 2 piccola macchia; spruzzo.**

blobber-lipped ['blɔbə'lipt] *a.* **dalle labbra tumide.**

bloc [blɔk] *(franc.) n. (polit., econ., fin.)* **blocco** ● *en b.*, in blocco.

block [blɔk] *n.* [C] **1 blocco** (di legno, pietra, ecc.); **masso; ingorgo; ostacolo; intasamento**: *a traffic b.*, un ingorgo del traffico **2 ceppo** (del boia, del macellaio): *to go (o to be sent) to the b.*, essere condannato alla decapitazione; lasciare la testa sul ceppo **3 casamento; grande edificio 4 isolato 5 carrucola; puleggia** (di paranco) **6** *(tipogr.)* **lastra di zinco** (o rame); **cliché** *(franc.)* **7 blocchetto di legno, cubo** (nei giochi di costruzioni) **8 forma** (di legno, per cappelli, ecc.) ● *b. letters*, stampatello □ *b. of flats*, caseggiato □ *(Borsa) b. of shares*, pacchetto azionario.

to **block** [blɔk] *v. t.* **1 bloccare; rendere impraticabile; ostruire; ostacolare; intasare; neutralizzare 2 modellare** (cappelli, ecc.) **su una forma 3 tagliare in blocchi 4 rinforzare con blocchi 5** *(chim.)* **rendere inattivo** ● *to b. out*, abbozzare; sbozzare; delineare □ *to b. up*, bloccare; ostruire.

blockade [blɔ'keid] *n.* [C] *(mil.)* **blocco**: *to raise the b.*, togliere il blocco □ *to run the b.*, forzare il blocco.

to **blockade** [blɔ'keid] *v. t. (mil.)* **bloccare; stringere d'assedio.**

blockage ['blɔkidʒ] *n.* [C] e [U] *(anche fig.)* **blocco; ostruzione.**

blockbuster ['blɔkˌbʌstə*] *n.* [C] *(mil.)* **grossa bomba** (capace di distruggere un intero isolato).

blockhead ['blɔkhed] *n.* [C] **1 forma** (per cappelli o parrucche) **2** *(fig.)* **testa di legno; stupido; zuccone.**

blockhouse ['blɔkhaus] *n. (mil.)* **fortino; casamatta.**

bloke [blouk] *n. (pop.)* **individuo; tipo.**

blond [blɔnd] **A** *a.* (di capello, di uomo) **biondo B** *n.* **uomo dai capelli biondi.**

blonde [blɔnd] **A** *a.* (di donna) **bionda B** *n.* **donna dai capelli biondi.**

blood [blʌd] *n.* [U] **1 sangue** (in tutti i sensi): *my own flesh and b.*, sangue del mio sangue **2 linfa** (di piante) ● *b. bank*, banca del sangue; emoteca □ *b. bath*, massacro □ *(med.) b. group*, gruppo sanguigno □ *b. orange*, arancia sanguigna □ *(med.) b. poisoning*, setticemia □ *b. pudding*, migliaccio; sanguinaccio □ *b. relation*, consanguineo □ *b. relationship*, consanguineità □ *b. royal*, sangue reale □ *in cold b.*, a sangue freddo □ *in hot b.*, in un impeto d'ira □ *to let b.*, cavar sangue; salassare □ *to make bad b.*, seminare zizzania.

to **blood** [blʌd] *v. t.* **1** *(med.)* **salassare 2 assuefare** (un cane) **al gusto del sangue.**

blood-and-thunder ['blʌdən'θʌndə*] *a.* **melodrammatico; sensazionale.**

blood brother ['blʌd'brʌðə*] *n.* **fratello carnale.**

blood-curdling ['blʌdˌkə:dliŋ] *a.* **raccapricciante; orripilante.**

blooded ['blʌdid] *a.* **1** *(nei composti)*: *blue-b.*, di sangue blu; aristocratico □ *hot-b.*, dal sangue caldo **2 purosangue; di razza.**

bloodhound ['blʌdhaund] *n.* **1 segugio; bracco 2** *(fig., fam.)* **agente investigativo; segugio** *(fig.)*.

bloodless ['blʌdlis] *a.* **1 senza sangue; esangue 2 insensibile 3 fiacco; senza sangue nelle vene 4 incruento.**

blood-money ['blʌdˌmʌni] *n.* [U] **compenso dato a un sicario.**

blood-red [ˌblʌd'red] *a.* **rosso come il sangue.**

bloodshed ['blʌdʃed] *n.* [U] **spargimento di sangue; massacro.**

bloodshot ['blʌdʃɔt] *a.* (d'occhio) **iniettato di sangue; rosso.**

blood-stained ['blʌdsteind] *a.* (anche *fig.*) **macchiato di sangue.**

bloodstone ['blʌdstoun] [C] *n. (miner.)* **eliotropio.**

bloodsucker ['blʌdˌsʌkə*] *n.* **sanguisuga; mignatta;** *(fig.)* **usuraio.**

bloodthirsty ['blʌdˌθə:sti] *a.* **assetato di sangue; sanguinario.**

blood-vessel ['blʌdˌvesl] *n.* [C] *(anat.)* **vaso sanguigno.**

bloody ['blʌdi] **A** *a.* **1 insanguinato; sanguinante 2 sanguinoso 3 sanguinario**: *(stor.) B. Mary*, Maria la Sanguinaria **4 di color sanguigno;** *(araldica)* **rosso 5** *(volg.)* **maledetto; dannato B** *avv. (volg.)* **maledettamente** ● *b. mary*, "bloody mary" (cocktail a base di vodka e succo di pomodoro).

bloody-minded [ˌblʌdi'maindid] *a. (fam.)* **scontroso; intrattabile; rospo** *(sost., fig.)*.

bloom [blu:m] *n.* **1** [C] e [U] (anche *fig.*) **fiore; fioritura**: *to be in b.*, essere in fiore □ *to be in the b. of youth*, essere nel fiore della giovinezza **2** [U] **freschezza; splendore 3** [U] **lanugine, peluria** (di frutti, foglie); **pruina** *(su uva, susine, ecc.)*.

to **bloom** [blu:m] *v. i.* **1** *(anche fig.)* **fiorire; essere in fiore 2** *(fig.)* **essere raggiante.**
bloomer ['blu:mə*] *n. (pop.)* **errore grossolano; sproposito.**
bloomers ['blu:məz] *n. pl.* **calzoncini da ginnastica** (per ragazze).
blooming ['blu:miŋ] *a.* **1** *(anche fig.)* **fiorente; in fiore 2** *(volg.)* **maledetto; perfetto:** *a b. fool,* un perfetto idiota.
blossom ['blɔsəm] *n.* [C] e [U] **fiore** (specialm. di alberi da frutta; anche *fig.*): **fioritura**: *to be in b.,* essere in fiore.
to **blossom** ['blɔsəm] *v. i.* (anche *fig.*) **fiorire; essere in fiore** • *to b. into,* diventare □ *to b. out,* sbocciare.
blot [blɔt] *n.* [C] (anche *fig.*) **macchia** (specialm. d'inchiostro): **difetto; vergogna; disonore** • *(fig.) a b. on the landscape,* un pugno nell'occhio *(fig.).*
to **blot** [blɔt] **A** *v. t.* **1** (anche *fig.*) **macchiare** (specialm. d'inchiostro): **fare macchie** (con la penna); **sporcare 2 asciugare** (con la carta assorbente) **3** (di solito *to b. out*) **cancellare B** *v. i.* **macchiarsi.**
blotch [blɔtʃ] *n.* [C] **1 macchia della pelle 2 grossa macchia** (d'inchiostro, di colore).
to **blotch** [blɔtʃ] *v. t.* **macchiare.**
blotter ['blɔtə*] *n.* [C] **1 tampone di carta assorbente 2** *(comm.)* **brogliaccio.**
blotting pad ['blɔtiŋ,pæd] *n.* [C] **tampone di carta assorbente.**
blotting paper ['blɔtiŋ,peipə*] *n.* [U] **carta assorbente.**
blotto ['blɔtou] *a. (pop.)* **ubriaco fradicio.**
blouse [blauz] *n.* [C] **1 camiciotto di tela** (da operaio) **2 camicetta.**
(1) blow [blou] *n.* [C] **1 soffio; boccata d'aria (fresca) 2 colpo di vento; ventata 3 soffiata** (di naso, ecc.) **4** *(fam.)* **vanteria; fanfaronata** • *b.-out,* scoppio (di pneumatico); fuga d'aria (o di gas, di vapore); *(pop.)* festino, mangiata.
(1) to **blow** [blou] (*pass.* **blew** [blu:], *p.p.* **blown** [bloun]) **A** *v. i.* **1 soffiare; tirar vento 2 volar via; essere spinto dal vento 3 suonare 4 soffiare; ansare; sbuffare 5** (di mosche) **deporre uova 6** *(fam.)* **vantarsi B** *v. t.* **1 soffiare** (il vetro); **soffiare su 2 azionare** (un soffietto, un organo, ecc.); **gonfiare 3 suonare** (uno strumento a fiato) **4** *(fam.)* **diffondere** (notizie); **tradire** (un segreto) **5** *(fam.)* **maledire; mandare al diavolo C** *verbi composti* **1** *to b. about,* (del vento) far volare di qua e di là **2** *to b. down,* abbattere; rovesciare **3** *to b. off,* (del vento) far volare via; (di cappello, ecc.) volar via **4** *to b. out,* fondersi, saltare; scoppiare; spegnere (soffiando): *to b. out one's brains,* farsi saltare le cervella **5** *to b. over,* placarsi **6** *to b. up,* esplodere (anche *fig.*); saltare in aria; far saltare in aria; *(fotogr.)* ingrandire; *(fig.)* esagerare • *to b. the bellows,* tirare il mantice □ *to b. bubbles,* fare le bolle di sapone □ *(fig.) to b. hot and cold,* essere indeciso; essere una banderuola □ *(fig.) to b. one's own trumpet,* battersi la grancassa; elogiarsi.
(2) blow [blou] *n.* [C] **botta; colpo** (anche *fig.*); **percossa** • *at a* (o *one) b.,* in un (sol) colpo; in una volta □ *to come to blows,* venire alle mani □ *to exchange blows,* darsele; picchiarsi □ *without striking a b.,* senza colpo ferire.
(2) to **blow** [blou] (*pass.* **blew** [blu:], *p.p.* **blown** [bloun]) *v. i.* **fiorire; germogliare; sbocciare; dischiudersi.**
(3) blow [blou] *n.* [U] (anche *fig.*) **fioritura**: *in full b.,* in piena fioritura.
blower ['blouə*] *n.* [C] **1 soffiatore**: *a glass-b.,* un soffiatore (di vetro) **2 valvola di tiraggio 3 sfiatatoio 4** *(pop.)* **telefono.**
blowfly ['blou,flai] *n.* **mosca carnaria; moscone della carne.**
blowgun ['blougʌn] *n.* [C] **cerbottana.**
blowhole ['blouhoul] *n.* [C] **1** *(zool.)* **sfiatatoio 2** *(metall.)* **soffiatura.**
blowlamp ['bloulæmp] *n.* [C] *(ind.)* **lampada per saldare.**
blown [bloun] **A** *p.p.* di **(1)** e **(2)** to **blow B** *a.* **senza fiato; sfiatato.**
blowpipe ['bloupaip] *n.* [C] **1 soffione** (tubo per soffiare nel fuoco) **2** *(ind.)* **cannello 3 cerbottana.**
blowtorch ['bloutɔ:tʃ] *n.* [C] *(ind.)* **lampada per saldare.**
blow-up ['bloupʌp] *n.* [C] **1 esplosione 2** *(fotogr.)* **ingrandimento.**
blowzed ['blauzd], **blowzy** ['blauzi] *a.* (specialm. di donna) **1 rosso in viso 2 sciatto; trasandato.**
to **blubber** ['blʌbə*] *v. i.* **piangere dirottamente** • *to b. out st.,* dire q.c. tra i singhiozzi.
blubber ['blʌbə*] *n.* [U] **grasso di balena.**
bludgeon ['blʌdʒən] *n.* [C] **mazza; randello.**
to **bludgeon** ['blʌdʒən] *v. t.* **percuotere con una mazza; prendere a randellate** • *to b. sb. into doing st.,* costringere q. a fare q.c. (con la forza).
(1) blue [blu:] *a.* **1 azzurro; blu; turchino 2 triste; depresso; d'umor nero 3** *(polit.)* **conservatore 4** *(fam.)* **indecente; osceno** • *b. blood,* (persona di) sangue blu □ *b. book,* libro azzurro (relazione di atti del Parlamento) □ *b. chip, (Borsa)* azione sicura, titolo d'élite; *(poker,* ecc.*)* gettone azzurro (di massimo valore) □ *b.-collar worker,* operaio □ *(fam.) b. funk,* panico: *to be in a b. funk,* essere preso dal panico □ *b. jacket,* marinaio (della marina militare) □ *b. ribbon,* nastro dell'Ordine della giarrettiera; *(fig.)* massima onorificenza □ *to be b. with cold,* essere livido dal freddo □ *(fam.) to have the b. devils,* essere depresso □ *light b.,* celeste □ *once in a b. moon,* una volta ogni morte di papa □ *to scream* (o *to shout) b. murder,* gridare a squarciagola.
(2) blue [blu:] *n.* **1 (color) azzurro (o blu, turchino) 2** — *the b.,* il blu; il cielo; il mare **3 turchinetto** (quello us. dalle lavandaie) **4** *(al pl.)* **depressione; malinconia; tristezza 5** *(al pl.)* **blues** (canzoni popolari negre) • *(fig.) a bolt from the b.,* un fulmine a ciel sereno □ *(fam.) to have the blues,* essere depresso (o malinconico, triste) □ *out of the b.,* inaspettatamente; all'improvviso.
to **blue** [blu:] *v. t.* **1 rendere blu; tingere in blu 2** *(metall.)* **brunire** (un metallo) **3** *(pop.)* **scialacquare** (denaro).
Bluebeard ['blu:biəd] *n.* **Barbablu** (anche *fig.*).
bluebell ['blu(:)bel] *n.* [C] *(bot.,* Campanula rotundifolia*)* **campanula; campanella.**
bluebottle ['blu:,bɔtl] *n.* **1** *(zool.,* Calliphora vomitoria*)* **moscone azzurro 2** *(bot.,* Centaurea cyanus*)* **fiordaliso 3** *(pop.)* **poliziotto.**
blue-eyed ['blu:,aid] *a.* **dagli occhi azzurri.**
to **blue-pencil** [,blu:'pensl] *v. t.* **1 segnare con la matita blu 2** *(fig., fam.)* **censurare; espungere.**
blueprint ['blu:,print] *n.* [C] **1 copia cianografica 2** *(fig.)* **progetto.**
bluestocking ['blu:,stɔkiŋ] *n.* **donna intellettuale.**
(1) bluff [blʌf] *a.* **1** (di scogliera, ecc.) **alta e ripida 2** (di modo di fare) **brusco; reciso.**
(2) bluff [blʌf] *n.* [C] **1 scogliera alta e ripida 2 promontorio a picco 3** *(naut.)* **grossa prua.**
(3) bluff [blʌf] *n.* **1** [U] *(poker)* **bluff 2** [U] *(fig.)* **bluff; montatura 3** [C] *(poker* e *fig.,* anche *bluffer)* **bluffatore.**
to **bluff** [blʌf] *v. t.* e *i.* **1** *(poker)* **bluffare 2** *(fig.)* **bluffare; ingannare** (un avversario) **con minacce a vuoto.**
bluish ['blu:iʃ] *a.* **bluastro; azzurrognolo.**
blunder ['blʌndə*] *n.* [C] **errore grave; sbaglio grossolano.**
to **blunder** ['blʌndə*] *v. i.* **1 sbagliare grossolanamente 2 andare alla cieca; inciampare.**
blunderbuss ['blʌndəbʌs] *n.* [C] *(stor.)* **archibugio; trombone.**
blunderer ['blʌndərə*] *n.* **confusionario; pasticcione.**
blunt [blʌnt] **A** *a.* **1 ottuso** (anche *fig.*); **spuntato; smussato 2 brusco; reciso B** *n.* [U] *(pop.)* **moneta sonante.**
to **blunt** [blʌnt] *v. t.* **ottundere** (anche *fig.*); **spuntare; smussare.**
bluntly ['blʌntli] *avv.* **bruscamente; recisamente.**
to **blur** [blə:*] *v. t.* e *i.* **1 macchiare; imbrattare 2**

rendere confuso; annebbiare; far velo a; oscurare ● *blurred picture,* immagine sfocata □ *(tipogr.) blurred print,* stampa sbavata.

blur [blə:*] *n.* [C] **1** (anche *fig.*) **macchia; sbavatura** **2** **visione confusa** (o **sfocata**).

blurb [blə:b] *n.* [C] *(fam.)* **fascetta pubblicitaria** (di un libro); **soffietto.**

to **blurt** [blə:t] *v. t.* — *to b. out,* lasciarsi uscire di bocca (q.c.) senza riflettere; sbottare in (imprecazioni, ecc.) ● *to b. out a secret,* spifferare un segreto.

to **blush** [blʌʃ] *v. i.* **arrossire.**

blush [blʌʃ] *n.* [C] **1** **rossore** (di vergogna, ecc.) **2** **colorito roseo.**

to **bluster** ['blʌstə*] *v. i.* **1** **infuriare; imperversare; rumoreggiare** **2** **fare una sfuriata; dare in escandescenze.**

bluster ['blʌstə*] *n.* [U] **1** **furia, fragore** (degli elementi) **2** **sfuriata.**

blustery ['blʌstəri] *a.* **1** **burrascoso** **2** **minaccioso.**

bo, boh [bou] *inter.* **buh!**

boa ['bouə] *n.* *(zool.,* Boa; *moda)* **boa.**

boar [bɔ:*] *n.* *(zool.)* **1** **verro** **2** (anche *wild b.)* **cinghiale.**

board [bɔ:d] *n.* **1** [C] **asse; assicella; tavola** **2** [C] **tabellone; quadro** **3** [U] **vitto, pasti** (in una pensione): *b. and lodging,* vitto e alloggio **4** *(con l'art. determ.)* **comitato; consiglio; dipartimento; ministero**: *(comm.) the b. of directors,* il consiglio d'amministrazione **5** [U] **bordo**: *on b.,* a bordo (di nave, aeroplano, treno, ecc.) **6** *(al pl.)* **palcoscenico;** *(fig.)* **scene**: *to tread the boards,* calcare le scene ● *B. of Admiralty,* Ministero della Marina □ *B. of Trade,* Ministero del commercio □ *(fig.) above b.,* apertamente; a carte scoperte □ (di libro) *bound in paper boards,* cartonato □ *chopping b.,* tagliere □ *diving b.,* trampolino (per tuffi) □ *foot (o running) b.,* predellino (d'automobile) □ *to go by the b., (naut.:* di albero, ecc.*)* essere spazzato via; *(fig.:* di progetti, speranze*)* fallire, venir meno.

to **board** [bɔ:d] **A** *v. t.* **1** **coprire con assi** **2** **ospitare** (pensionanti); **tenere a pensione** **3** **abbordare; salire a bordo di** (una nave); **salire su** (un treno, un autobus, ecc.) **B** *v. i.* **essere a pensione**: *to b. with (o at) sb.,* essere a pensione da q.

boarder ['bɔ:də*] *n.* **1** **pensionante** **2** **convittore** ● *day b.,* esterno (di un collegio).

boarding ['bɔ:diŋ] *n.* [U] **1** **assito; tavolato** **2** *(collett.) (naut., aeron.)* **assi; tavole** **3** **imbarco** ● *b. area,* sala d'imbarco (in un aeroporto) □ *(naut., aeron.) b. card,* carta d'imbarco.

boarding house ['bɔ:diŋhaus] *n.* [C] **pensione.**

boarding school ['bɔ:diŋsku:l] *n.* [C] **collegio; convitto; pensionato.**

boast [boust] *n.* [C] **1** **vanteria; millanteria** **2** **vanto** ● *to make a b. of st.,* farsi vanto di q.c.

to **boast** [boust] *v. t.* e *i.* **vantare, vantarsi; gloriarsi; millantarsi:** *It's nothing to b. of,* non c'è da vantarsene.

boaster ['boustə*] *n.* **millantatore; spaccone.**

boastful ['boustful] *a.* **vanaglorioso.**

boat [bout] *n.* [C] **1** *(naut.)* **imbarcazione; barca; battello; lancia; nave**: *Boats for hire,* si noleggiano barche **2** **vasetto** (a forma di barca); **salsiera** ● *b.-hook,* gaffa □ *(fig.) to have an oar in everyone's b.,* avere mano in pasta dappertutto □ *(fig.) to be (all) in the same b.,* essere (tutti) nella stessa barca; correre gli stessi rischi □ *ship's b.,* lancia di bordo □ *to take b.,* imbarcarsi □ *to take to the boats, (naut.)* calare le scialuppe; *(fig.)* mettersi in salvo.

to **boat** [bout] *v. i.* **andare in barca** ● *to b. the oars,* tirare in barca i remi.

boatel [bou'tel] *n.* [C] **1** **albergo** *(lungo un fiume)* **per turisti in barca** **2** **nave albergo.**

boater ['boutə*] *n.* **paglietta; cappello di paglia.**

boatful ['boutful] *n.* [C] **carico** (d'una barca).

boathouse ['bouthaus] *n.* [C] **tettoia per barche.**

boating ['boutiŋ] *n.* [U] **canottaggio** ● *to go b.,* andare in barca per diporto.

boatman ['boutmən] *n.* (*pl.* **boatmen** ['boutmən]) **1** **barcaiolo; battelliere** **2** **noleggiatore di barche.**

boat race ['boutreis] *n.* [C] **regata.**

boatswain ['bousən] *n.* *(naut.)* **nostromo.**

boat train ['bouttrein] *n.* [C] **treno in coincidenza con un battello.**

bob [bɔb] *n.* [C] **1** **peso** (di un pendolo, del filo a piombo) **2** **ciocca di capelli** **3** **capelli tagliati alla maschietta** **4** **coda mozza** (di cavallo) **5** **rapido inchino** **6** *(sport)* **bob; guidoslitta** **7** *(fam., invar. al pl.)* **scellino; cinque penny** ● *to wear one's hair in a bob,* portare i capelli alla maschietta.

to **bob** [bɔb] **A** *v. t.* **1** **tagliare** (i capelli) **alla maschietta** **2** **mozzare** (la coda a un cavallo) **B** *v. i.* **1** **sobbalzare; ballonzolare; muoversi di scatto** **2** **fare un rapido inchino** **3** — *to bob for,* (cercare di) afferrare coi denti **4** *(sport)* **andare in bob** ● *to bob up,* farsi vivo; saltar fuori.

bobbin ['bɔbin] *n.* [C] **1** **rocchetto; bobina** **2** *(elettr.)* **bobina** ● *b. lace,* merletto a tombolo.

bobby ['bɔbi] *n.* *(pop.)* **poliziotto; « pizzardone ».**

bobcat ['bɔbkæt] *n.* *(zool.,* Lynx rufus*)* **lince rossa.**

bobsled ['bɔbsled], **bobsleigh** ['bɔbslei] *n.* [C] *(sport)* **bob; guidoslitta.**

bobtail ['bɔbteil] *n.* [C] e *a.* (cane, cavallo, con la) **coda mozza** ● *the ragtag and b.,* la canaglia; la plebaglia.

bock [bɔk] *n.* **1** [U] **birra tedesca, forte e scura** **2** [C] **bicchiere di birra.**

to **bode** [boud] **A** *v. i.* **far presagire; promettere** **B** *v. t.* **predire** ● *to b. ill (well),* essere di cattivo (buono) augurio.

bodice ['bɔdis] *n.* [C] **corpetto; bustino.**

bodiless ['bɔdilis] *a.* **senza corpo; incorporeo.**

bodily ['bɔdili] **A** *a.* **fisico; corporale** **B** *avv.* **1** **in persona; in carne e ossa** **2** **di peso** **3** **tutti insieme; come un sol uomo.**

bodkin ['bɔdkin] *n.* [C] **1** **punteruolo** **2** **spillone** (da capelli) **3** **ago grosso, senza punta.**

body ['bɔdi] *n.* [C] **1** **corpo** (in ogni senso): *the teaching b.,* il corpo insegnante □ *a heavenly b.,* un corpo celeste **2** **busto; tronco** **3** **massa** **4** *(fam.)* **persona**: *a nice old b.,* una simpatica vecchietta **5** **carrozzeria** (d'automobile); **cassone** (d'autocarro) **6** *(aeron.)* **fusoliera** **7** *(miner.,* anche *ore b.)* **giacimento** **8** *(tipogr.,* anche *b. size)* **corpo** (dei caratteri di stampa) ● *b. linen,* biancheria intima □ *b. of laws,* raccolta di leggi □ *b. stocking,* tutina □ *in a b.,* tutti insieme; compatti □ *to keep b. and soul together,* salvare la pelle; mantenersi in vita (in circostanze avverse) □ *a public b.,* un ente pubblico.

to **body** ['bɔdi] *v. t.* **1** *(raro)* **dare corpo a** **2** **incorporare** **3** (anche *to b. forth)* **dare forma corporea a; rappresentare; impersonare.**

bodyguard ['bɔdiga:d] *n.* [C] **guardia del corpo.**

Boer ['bouə*] *a.* e *n.* **boero.**

bog [bɔg] *n.* **1** [C] e [U] **pantano; palude** **2** [C] *(pop.)* **latrina; cesso.**

to **bog** [bɔg] *v. t.* **impantanare** ● *to get bogged down,* impantanarsi.

(1) bogey ['bougi] *V.* **bogy.**

(2) bogey ['bougi] *n.* *(golf)* **norma.**

to **boggle** ['bɔgl] *v. i.* **1** **sobbalzare; trasalire** **2** **esitare; indugiare:** *to b. at doing st.,* esitare a fare q.c.

boggy ['bɔgi] *a.* **pantanoso; paludoso.**

bogie ['bougi] *n.* [C] **1** *(ferr.)* **carrello** **2** *V.* **bogy.**

bogtrotter ['bɔgˌtrɔtə*] *n.* *(spreg.)* **irlandese.**

bogus ['bougəs] *a.* **artefatto; contraffatto; falso; finto.**

bogy ['bougi] *n.* [C] **1** **folletto** **2** (anche *bogyman)* **spauracchio.**

Bohemian [bou'hi:mjən] *a.* e *n.* **1** **boemo** **2** **bohémien** *(franc.).*

Bohemianism [bou'hi:mjənizem] *n.* [U] **bohème** *(franc.).*

(1) boil [bɔil] *n.* *(us. al sing. con l'art. determ.)* **punto d'ebollizione; bollore** ● *at* (o *on) the b.,* in bollore □ *to bring st. to the b.,* far bollire q.c.

(2) boil [bɔil] *n.* [C] **1** *(med.)* **bolla; pustola; foruncolo** **2** *(ind.)* **bollicina; pulica.**

to **boil** [bɔil] **A** *v. i.* **bollire;** *(ind.* e *fig.)* **ribollire**: *My blood was boiling,* mi sentivo ribollire il sangue **B** *v. t.*

bollire; far bollire; lessare ● *to b. away*, evaporare a forza di bollire; continuare a bollire □ *to b. over*, traboccare □ *boiled beef*, (manzo) lesso □ *hard-boiled eggs*, uova sode □ *soft-boiled eggs*, uova bazzotte.

boiler ['bɔilə*] *n.* [C] **1 caldaia 2 bollitore 3 scaldabagno.**

boilermaker ['bɔilə,meikə*] *n.* **1 calderaio 2 whisky con birra.**

boiling ['bɔiliŋ] *n.* [U] **1 ebollizione 2 bollitura** ● *b. point*, punto d'ebollizione; *(fig.)* stato d'eccitazione.

boisterous ['bɔistərəs] *a.* **1 forte; violento; tempestoso; turbolento 2 allegro e chiassoso 3** *(di riso)* **sfrenato.**

bold [bould] *a.* **1 baldo; baldanzoso; animoso; ardito; audace; coraggioso 2 impudente; sfacciato; sfrontato 3 chiaro; fermo; netto** ● *to make (so) b. (as) to*, avere l'ardire di □ *to put a b. face on st.*, affrontare q.c. coraggiosamente.

boldface ['bouldfeis] *n.* [U] *(tipogr.)* **neretto; grassetto.**

bold-faced ['bouldfeist] *a.* **1 impudente; sfacciato 2** *(tipogr.)* **(stampato) in neretto.**

boldness ['bouldnis] *n.* [U] **1 baldanza; ardire; audacia; coraggio 2 impudenza; sfacciataggine; sfrontatezza 3 chiarezza; nettezza.**

bole [boul] *n.* **1** [C] **tronco d'albero 2** [U] *(miner.)* **bolo d'Armenia.**

bolero [bə'lɛərou] *n.* *(pl.* **boleros***)* *(moda, mus.)* **bolero.**

bolide ['boulaid] *n.* [C] *(astron.)* **bolide.**

Bolivian [bə'liviən] *a.* e *n.* **boliviano.**

boll [boul] *n.* [C] *(bot.)* **capsula** (specialm. del cotone e del lino).

bollard ['bɔləd] *n.* [C] **1** *(= traffic b.)* **pilastrino spartitraffico 2** *(naut.)* **bitta.**

Bolshevik ['bɔlʃivik] *n.* **1** *(stor.)* **bolscevico 2** *(per estens.)* **marxista; comunista; rivoluzionario.**

Bolshevism ['bɔlʃivism] *n.* [U] **bolscevismo.**

Bolshevist ['bɔlʃivist] *a.* e *n.* **bolscevico.**

bolshy ['bɔlʃi] *a.* e *n.* *(fam., spreg.)* **1 bolscevico; comunista; rivoluzionario 2 (persona) che non collabora.**

bolster ['boulstə*] *n.* [C] **1 capezzale; cuscino 2** *(mecc.)* **piano d'appoggio.**

to **bolster** ['boulstə*] *v. t.* **sostenere;** *(fig.)* **appoggiare** ● *to b. up*, rafforzare.

(1) bolt [boult] *n.* [C] **1 freccia; dardo 2 saetta; fulmine 3 catenaccio; spranga 4** *(mecc.)* **bullone 5** *(mil.)* **otturatore** (d'arma da fuoco) **6 rotolo** (di carta); **pezza** (di stoffa arrotolata) ● *(fig.) a b. from the blue*, un fulmine a ciel sereno □ *(fam.) to make a b. for it*, darsela a gambe □ *(mecc.) nuts and bolts*, bulloneria □ *(fig.) to shoot one's (last) b.*, sparare tutte le proprie cartucce; mettercela tutta.

(1) to **bolt** [boult] **A** *v. t.* **1 lanciare; scagliare** (frecce, dardi) **2 serrare; sprangare; chiudere col catenaccio 3 ingoiare; trangugiare 4** *(mecc.)* **bullonare, imbullonare 5 arrotolare** (carta, stoffa) **B** *v. i.* **fuggire; scappare;** (di cavallo) **imbizzarrirsi** ● *to b. sb. in (out)*, chiudere q. dentro (fuori).

(2) bolt [boult] *n.* [C] **balzo; scatto** ● *to make a b. for the door*, lanciarsi verso la porta.

(2) to **bolt** [boult] *v. t.* **burattare; setacciare** (anche *fig.*).

bolter ['boultə*] *n.* **buratto; setaccio; staccio.**

bolus ['bouləs] *n.* [C] **1 bolo (alimentare) 2** *(farm.)* **bolo; grossa pillola.**

bomb [bɔm] *n.* [C] **1 bomba 2** (anche *bombshell)* **granata 3** *(fig.)* **evento improvviso** (soprattutto spiacevole) ● *A-b.*, bomba atomica □ *H-b.*, bomba all'idrogeno □ *smoke b.*, bomba fumogena.

to **bomb** [bɔm] *v. t.* **bombardare; gettare bombe su.**

bombard ['bɔmba:d] *n.* [C] *(mil.)* **bombarda.**

to **bombard** [bɔm'ba:d] *v. t.* **1 bombardare 2** *(fig.)* **bersagliare** (di domande, richieste).

bombardier [,bɔmbə'diə*] *n.* **1** *(aeron.)* **bombardiere** (l'uomo) **2** *(mil.)* **sottufficiale d'artiglieria.**

bombardment [bɔm'ba:dmənt] *n.* [U] e [C] *(mil., fis.)* **bombardamento.**

bombast ['bɔmbæst] *n.* [U] **magniloquenza; parole pompose.**

bombastic [bɔm'bæstik] *a.* **altisonante; reboante; pomposo.**

bomber ['bɔmə*] *n.* **1 bombardiere** (aeroplano e soldato) **2 attentatore; terrorista.**

bombing ['bɔmiŋ] *n.* [U] e [C] *(mil.)* **bombardamento; lancio di bombe** ● *area b.*, bombardamento a tappeto.

bomb-proof ['bɔmpru:f] *a.* **a prova di bomba.**

bombshell ['bɔmʃel] *n.* **1** [C] *(mil.)* **granata; bomba 2** *(generalm. al sing.)* *(fig.)* **sgradita sorpresa; avvenimento imprevisto, sconvolgente; fulmine a ciel sereno** *(fig.)*.

bomb thrower ['bɔm,θrouə*] *n.* *(mil.)* **lanciabombe.**

bona fide [,bounə'faidi] *(lat.)* *a.* e *avv.* *(leg.)* **(che è) in buona fede.**

bonanza [bə'nænzə] *(spagn.)* *n.* [C] **1** *(min.)* **ricco giacimento 2** *(fig.)* **miniera d'oro** *(fig.)*; **fortuna.**

bond [bɔnd] *n.* [C] **1 legame; vincolo 2** *(al pl.)* **vincoli; ceppi;** *(fig.)* **prigionia, schiavitù 3** *(leg.)* **obbligo 4** *(leg.)* **garanzia; cauzione 5** *(fin.)* **titolo del debito pubblico; buono del Tesoro; obbligazione** ● *b. paper*, carta uso bollo □ *(comm.:* di merce) *in b.*, in magazzino doganale; da sdoganare □ *(comm.) to take out of b.*, sdoganare.

to **bond** [bɔnd] *v. t.* **1 collegare; connettere 2** *(leg.)* **cauzionare 3** *(comm.)* **porre** (merci) **in magazzino doganale 4** *(fin.)* **emettere obbligazioni su; ipotecare 5** *(elettr.)* **collegare; mettere a massa.**

bondage ['bɔndidʒ] *n.* [U] **servitù; schiavitù.**

bonded [bɔndid] *a.* **1** (di merci) **vincolato 2** (di debito) **garantito da obbligazioni** ● *(comm.) b. warehouse*, magazzino doganale.

bondholder ['bɔnd,houldə*] *n.* *(fin.)* **possessore di obbligazioni (**o **di buoni del Tesoro).**

bone [boun] *n.* **1** [C] e [U] **osso 2** [C] **lisca, spina** (di pesce) **3** *(al pl.)* **ossa; scheletro 4** *(al pl., fam.)* **castagnette 5** *(al pl., fam.)* **dadi** ● *as dry as a b.*, completamente secco □ *(fam.) to feel it in one's bones*, sentire q.c. (nelle ossa); essere certi di q.c. □ *(fig.) to have a b. to pick with sb.*, avere un conto in sospeso con q. *(fig.)* □ *(fam.) to make no bones about st.*, non esitare di fronte a q.c. □ *to the b.*, fino all'osso; fino al midollo □ *He won't make old bones*, non vivrà a lungo.

to **bone** [boun] *v. t.* **1 disossare 2 togliere le spine a** (un pesce) **3** *(pop.)* **rubare; sgraffignare** *(fam.)* ● *(fam.,* specialm. *USA) to b. up*, studiare sodo; sgobbare *(fam.)*.

boneless ['bounlis] *a.* **1 senz'ossa; disossato 2** (di pesce) **senza spine 3** *(fig.)* **senza spina dorsale; smidollato.**

bonfire ['bɔn,faiə*] *n.* [C] **falò.**

bonhomie ['bɔnə,mi] *(franc.)* *n.* [U] **bonomia; bonarietà.**

bonnet ['bɔnit] *n.* [C] **1 berretto scozzese** (da uomo, senza tesa) **2 cappellino** (da donna o da bambina, senza tesa); **cuffia 3** *(mecc.)* **cofano** (d'automobile); **coperchio** (di valvola, ecc.).

bonny ['bɔni] (anche *bonnie;* soprattutto *scozz.)* *a.* **bello; piacevole; grazioso.**

bonus ['bounəs] *n.* [C] **1 indennità; premio 2 gratifica 3** *(fin.)* **dividendo extra** (ad azionisti) ● *cost of living b.*, (indennità di) carovita; contingenza □ *long-service b.*, premio di anzianità (di servizio).

bony ['bouni] *a.* **1** (di carne) **tutt'ossa 2** (di pesce) **pieno di lische 3 ossuto; magro.**

bonze [bɔnz] *n.* *(relig.)* **bonzo.**

boo, booh [bu:] *inter.* **1** *(per esprimere disapprovazione, disprezzo)* **poh! 2** *(per intimorire)* **bu!**

to **boo** [bu:] **A** *v. t.* **disapprovare; fischiare B** *v. i.* **fare poh!**

boob [bu:b] *n.* [C] **1** *(pop.)* **sciocco; tonto; sempliciotto 2** *(pop.)* **errore madornale; sproposito 3** *(al pl., fam.)* **poppe, tette** *(fam.)*.

booby ['bu:bi] *n.* **tonto; zoticone.**

booby prize ['bu:bipraiz] *n.* [C] **premio di consolazione** (all'ultimo arrivato).

booby trap ['bu:bitræp] *n.* [C] ***1*** **scherzo** (per cui un oggetto, posto in bilico su una porta socchiusa, cade in testa al primo che l'apre) ***2*** *(mil.)* **ordigno esplosivo** (dall'aspetto innocuo o contenuto in un oggetto d'uso comune).
boodle ['bu:dl] *n.* [U] *(pop. USA)* ***1*** **denaro; quattrini** ***2*** **bustarella.**
book [buk] *n.* ***1*** [C] **libro; registro**: *(fig.) the b. of life,* il libro della vita ***2*** [C] (anche *note-b.*) **quaderno per appunti** ***3*** [C] **libretto d'opera** ***4*** [C] **libretto; blocchetto** (di biglietti, buoni, ecc.): *cheque-b.,* libretto degli assegni ***5*** — *the B.,* la Bibbia: *to swear on the B.,* giurare sulla Bibbia ***6*** *(al pl., comm.)* **libri contabili; conti; contabilità**: *to keep the books,* tenere la contabilità ● *b. ends,* reggilibri □ *b. jacket,* sopraccoperta □ *b.-mark,* segnalibro □ *b.-rest,* leggio □ *(comm., leg.) b. value,* valore d'inventario □ *to bring sb. to b.,* costringere q. alla resa dei conti □ *to be in sb.'s bad* (o *black*) *books,* essere nel libro nero di q.; non essere nelle grazie di q. □ *to be in sb.'s good books,* andare a genio a q.; essere nelle grazie di q. □ *to speak like a b.,* parlare come un libro stampato □ *to suit one's b.,* andare a pennello.
to **book** [buk] *v. t.* ***1*** **annotare; registrare** ***2*** *(comm.)* **mettere a libro; registrare** (una partita) ***3*** **fissare; prenotare; far riservare** ***4*** **incriminare** ***5*** *(sport: dell'arbitro)* **ammonire per iscritto.**
bookbinder ['buk,baində*] *n.* **rilegatore di libri.**
bookbinding ['buk,baindiŋ] *n.* [U] **rilegatura di libri.**
bookcase ['bukkeis] *n.* [C] **libreria; armadietto per libri.**
bookie ['buki] *n. (pop.)* **allibratore.**
booking ['bukiŋ] *n.* [U] e [C] **prenotazione.**
booking-clerk ['bukiŋ,kla:k] *n.* **bigliettaio; impiegato addetto alle prenotazioni.**
booking-office ['bukiŋ,ɔfis] *n.* [C] **biglietteria; ufficio prenotazioni.**
bookish ['bukiʃ] *a.* ***1*** **amante dei libri** ***2*** **libresco.**
book-keeper ['buk,ki:pə*] *n.* **contabile.**
book-keeping ['buk,ki:piŋ] *n.* [U] **contabilità.**
booklet ['buklit] *n.* **libriccino; libretto.**
bookmaker ['buk,meikə*] *n. (sport)* **allibratore.**
bookseller ['buk,selə*] *n.* **libraio** ● *a b.'s (shop),* una libreria.
bookshelf ['bukʃelf] *n.* (*pl.* **bookshelves** ['bukʃelvz]) **scaffale per libri.**
bookstall ['buk,stɔ:l] *n.* [C] ***1*** **bancarella** (di libri) ***2*** **edicola.**
bookwork ['bukwə:k] *n.* [U] **lavoro intellettuale.**
bookworm ['bukwə:m] *n.* [C] ***1*** **tarma; tignola** ***2*** *(fig.)* **topo di biblioteca.**
(1) boom [bu:m] *n.* [C] ***1*** *(naut.)* **boma** ***2*** **braccio** (di gru) ***3*** **sbarramento** (di tronchi) ● *(cinem., telev.) microphone b.,* giraffa.
(1) to **boom** [bu:m] ***A*** *v. i.* **rimbombare; rombare** ***B*** *v. t.* **indicare con un suono cupo.**
(2) boom [bu:m] *n.* [C] **rimbombo; rombo.**
(2) to **boom** [bu:m] ***A*** *v. i.* **espandersi; fiorire; prosperare** ***B*** *v. t.* ***1*** **fare espandere; fare prosperare** ***2*** **fare pubblicità a; lanciare.**
(3) boom [bu:m] *n.* [C] ***1*** **improvviso fiorire** (delle industrie e dei traffici): *(econ.)* **boom** ***2*** **improvvisa popolarità.**
boomerang ['bu:məræŋ] *n.* [C] ***1*** **boomerang** ***2*** *(fig.)* **azione controproducente; argomento che si ritorce contro chi l'ha usato.**
(1) boon [bu:n] *n.* [C] **vantaggio; beneficio.**
(2) boon [bu:n] *a.* **allegro; piacevole** ● *b. companion,* compagno di bagordi; buontempone; simpaticone.
boor [buə*] *n.* **zoticone; bifolco** *(fig.).*
boorish ['buəriʃ] *a.* **maleducato; rozzo; zotico.**
boost [bu:st] *n.* [C] ***1*** **spinta; aiuto** ***2*** **lancio pubblicitario** ***3*** *(econ.)* **spinta** (al rilancio).
to **boost** [bu:st] *v. t.* ***1*** **spingere; sollevare** ***2*** **lanciare** (un prodotto) ● *(fin.) to b. the value of a share,* gonfiare il valore di un'azione.
booster ['bu:stə*] *n.* ***1*** *(fam.)* **sostenitore entusiasta** ***2*** *(mecc.)* **elevatore** (di pressione, ecc.) ● *(miss.) b. rocket,* razzo impulsore.
(1) boot [bu:t] *n.* [C] ***1*** **stivale; stivaletto** ***2*** **scarpa alta** ***3*** *(autom.)* **bagagliaio** ● *to die in one's boots,* morire in piedi (in piena attività) □ *(pop.) to get the b.,* essere licenziato □ *(pop.) to give sb. the b.,* licenziare q. □ *(fam.) to have one's heart in one's boots,* avere la tremarella □ *high* (o *riding*) *boots,* stivali da caccia (alla scudiera) □ *(fig.) to lick sb.'s boots,* lustrare gli stivali a q.; adulare q.
(1) to **boot** [bu:t] *v. t.* ***1*** **calzare; mettere le scarpe a** ***2*** **prendere a calci** ***3*** *(stor.)* **torturare** ***4*** *(pop.)* **licenziare** (un dipendente).
(2) boot [bu:t] *n.* — *to b.,* per giunta; inoltre.
(2) to **boot** [bu:t] *v. t. (arc.,* di solito *impers.)* **servire; valere a**: *What boots him to lie?,* a che gli vale mentire?
bootblack ['bu:tblæk] *n.* **lustrascarpe.**
bootee ['bu:ti:] *n.* [C] ***1*** **stivaletto** (da donna o bambino) ***2*** **scarpetta di lana** (da bambino).
booth [bu:ð] *n.* [C] ***1*** **baraccone** ***2*** **bancarella coperta** ***3*** **cabina**: *a telephone b.,* una cabina telefonica ***4*** *(mil.)* **garitta.**
bootjack ['bu:tdʒæk] *n.* [C] **cavastivali.**
to **bootleg** ['bu:tleg] *v. t.* **distillare** (liquore) **alla macchia; spacciare** (liquore) **clandestinamente.**
bootlegger ['bu:t,legə*] *n.* **distillatore** (o **spacciatore**) **clandestino di liquori.**
bootless ['bu:tlis] *a. (lett.)* **inutile; vano.**
bootlicker ['bu:t,likə*] *n. (pop.)* **leccapiedi.**
boots [bu:ts] *n.* [C] *(invar. al pl.)* **lustrascarpe, portabagagli** (in un albergo).
booty ['bu:ti] *n.* [U] **bottino** (di guerra).
to **booze** [bu:z] *v. t.* e *i. (pop.)* **bere smoderatamente; trincare.**
booze ['bu:z] *n. (pop.)* ***1*** **bevanda alcolica** ***2*** **gozzoviglia; bisboccia.**
boozer ['bu:zə*] *n. (pop.)* ***1*** **ubriacone; beone** ***2*** **pub; spaccio di alcolici.**
bopeep [bou'pi:p] *n.* [U] **gioco del cucù** ● *to play b.,* fare a cucù.
borax ['bɔ:ræks] *n.* [U] *(chim.)* **borace.**
border ['bɔ:də*] *n.* [C] ***1*** **contorno; orlo; margine; estremità; limitare** ***2*** **confine; frontiera**: *within (out of) borders,* entro i (fuori dei) confini ***3*** — *(geogr.) the B.,* (la zona di) confine fra l'Inghilterra e la Scozia ● *b.-line,* linea di confine; linea di demarcazione □ *a b.-line case,* un caso limite.
to **border** ['bɔ:də*] *v. t.* ***1*** **fornire di orlo; orlare** ***2*** **confinare con; delimitare** ● *to b. on* (o *upon*), confinare con; *(fig.)* rasentare.
borderer ['bɔ:dərə*] *n.* **abitante di zona di confine** (specialm. di quella fra l'Inghilterra e la Scozia).
borderland ['bɔ:dəlænd] *n.* ***1*** [C] **zona di confine** ***2*** *(sing. con l'art. determ.) (fig.)* **confini**: *to go beyond the b. of science,* andare oltre i confini della scienza.
(1) to **bore** [bɔ:*] ***A*** *v. t.* ***1*** **forare; perforare; trivellare** ***2*** *(ind. mineraria)* **scavare** ***B*** *v. i.* **perforarsi** ● *to b. one's way,* aprirsi un varco.
(1) bore ['bɔ:*] *n.* [C] ***1*** **foro; pozzo** ***2*** **calibro** (d'arma da fuoco).
(2) to **bore** [bɔ:*] *v. t.* **tediare; annoiare; seccare.**
(2) bore [bɔ:*] *n.* [C] ***1*** **persona noiosa; seccatore** ***2*** **seccatura.**
(3) bore [bɔ:*] *pass.* di **(1)** to **bear.**
boreal ['bɔ:riəl] *a.* **boreale.**
boredom ['bɔ:dəm] *n.* [U] **noia; tedio.**
borer ['bɔ:rə*] *n.* ***1*** **trivella** ***2*** **operaio scavapozzi** ***3*** *(zool.)* **tarlo.**
boric ['bɔ:rik] *a. (chim.)* **borico**: *b. acid,* acido borico.
boring ['bɔ:riŋ] *a.* **noioso; seccante.**
born [bɔ:n] ***A*** *p.p.* di **(1)** to **bear** ***B*** *a.* **generato; nato** ● *to be b.,* nascere □ *(fig.) to be b. on the wrong side of the blanket,* essere (figlio) illegittimo □ *(fig.) to be b. under a lucky star,* essere nato sotto una buona stella □ *(fig.) to be b. with a silver spoon in one's mouth,* esser nato con la camicia.
borne [bɔ:n] *p.p.* di **(1)** to **bear.**
boron ['bɔ:rɔn] *n.* [U] *(chim.)* **boro.**
borough ['bʌrə] *n.* [C] **città che gode di autonomia amministrativa** (concessa con *royal charter*).
to **borrow** ['bɔrou] *v. t.* **prendere in prestito**: *to b. st.*

from (o of) sb., prendere in prestito (o farsi prestare) q.c. da q. ● *to live on borrowed time,* avere i giorni contati.
borstal ['bɔ:stl] *n.* [C] e [U] **correzionale; riformatorio.**
bosh [bɔʃ] *n.* e *inter.* [U] *(pop.)* **sciocchezze; fesserie.**
bosky ['bɔski] *a. (lett.)* **boscoso; ombroso.**
bosom ['buzəm] *n.* [C] ***1*** *(poet.)* **petto** ***2*** *(fig.)* **cuore; seno**: *in the b. of one's family,* in seno alla propria famiglia □ *one's b. friend,* l'amico del cuore.
(1) boss [bɔs] *n. (fam.)* **capo; padrone; dirigente.**
(1) to **boss** [bɔs] *v. i.* e *t. (fam.)* **farla da padrone; dare ordini** (a q.).
(2) boss [bɔs] *n.* [C] ***1*** **borchia** (di scudo, ecc.) ***2*** *(mecc.)* **punzone** ***3*** *(archit.)* **bugna; bozza.**
(2) to **boss** [bɔs] *v. t.* ***1*** **ornare di borchie** (o **bugne**) ***2*** *(mecc.)* **punzonare.**
boss-eyed ['bɔsaid] *a. (fam.)* **strabico.**
bossy ['bɔsi] *a. (fam.)* **autoritario; prepotente.**
botanical [bə'tænikəl] *a.* **botanico**: *a b. garden,* un orto botanico.
botanist ['bɔtənist] *n.* **botanico** (studioso).
botany ['bɔtəni] *n.* [U] **botanica.**
to **botch** [bɔtʃ] *v. t.* e *i.* ***1*** **rabberciare; rattoppare** ***2*** **abborracciare.**
botch [bɔtʃ] *n.* [C] ***1*** **rappezzo; rattoppo** ***2*** **lavoro malfatto; pasticcio.**
botcher ['bɔtʃə*] *n.* ***1*** **rabberciatore** ***2*** **pasticcione.**
both [bouθ] ***A*** *a.* e *pron.* **ambo** *(lett.)*; **ambedue; entrambi; tutt'e due; l'uno e l'altro**: *We were b.* (o *B. of us were) present,* eravamo entrambi presenti ● *to have it b. ways,* dare un colpo al cerchio e l'altro alla botte ***B*** *cong.* ***1*** — *b ... and,* sia ... sia; tanto ... quanto ***2*** **nello stesso tempo; a un tempo.**
to **bother** ['bɔðə*] ***A*** *v. t.* **infastidire; incomodare; seccare** ***B*** *v. i.* **preoccuparsi; prendersela; darsi il disturbo**: *to b. about everything,* preoccuparsi per ogni cosa.
(1) bother ['bɔðə*] *n.* ***1*** [U] e [C] **fastidio; incomodo; seccatura** ***2*** [C] *(generalm. al sing.)* **preoccupazione.**
(2) bother ['bɔðə*] *inter.* **uffa!; al diavolo!**
botheration [,bɔðə'reiʃən] *inter. (fam.)* **uffa!; al diavolo!**
bothersome ['bɔðəsəm] *a.* **fastidioso; seccante.**
bottle ['bɔtl] *n.* [C] ***1*** **bottiglia** ***2*** **bombola** (per gas) ● *b. green,* verde bottiglia □ (di bambino) *brought up with the b.,* allattato artificialmente □ *feeding-b.,* poppatoio □ *over a b.,* bevendoci sopra: *Let's discuss it over a b.,* discutiamone bevendoci sopra.
to **bottle** ['bɔtl] *v. t.* **imbottigliare** ● *to b. up,* imbottigliare (il traffico, ecc.); contenere; frenare □ *bottled wine,* vino in bottiglia.
to **bottle-feed** ['bɔtlfi:d] *v. t.* (*pass.* e *p.p.* **bottle-fed** ['bɔtlfed]) **allattare** (un bambino) **artificialmente.**
bottleneck ['bɔtlnek] *n.* [C] ***1*** **collo di bottiglia** ***2*** **strozzatura** (di una strada, ecc.) ***3*** **strettoia; ostacolo.**
bottle-party ['bɔtlpa:ti] *n.* [C] **festa in cui gli invitati portano da bere.**
bottle-washer ['bɔtl,wɔʃə*] *n.* [C] ***1*** **lavabottiglie** ***2*** *(fam.)* **lavapiatti; persona tutto fare.**
(1) bottom ['bɔtəm] *n.* ***1*** **fondo**: *I can't reach the b.,* non riesco a toccare il fondo ***2*** *(spesso al pl.)* **terreno basso; bassa** ***3*** [C] *(naut.)* **carena; nave** (specialm. da carico) ***4*** *(fam.)* **deretano; sedere**: *to smack sb.'s b.,* dare le sculacciate a q. ● *at b.,* in fondo □ *to be at the b. of st.,* essere la causa di q.c. □ *to get to the b. of the matter,* andare al fondo della questione □ *(naut.) to go to the b.,* andare a picco □ *to knock the b. out of an argument,* dimostrare l'infondatezza di un argomento □ *to thank sb. from the b. of one's heart,* ringraziare q. di cuore □ *(fam.) Bottoms up!,* (alla) salute!; cincin!
(2) bottom ['bɔtem] *a. attr.* **(il) più basso; ultimo** (in basso): *the b. drawer,* l'ultimo cassetto in basso □ *This is our b. price,* questo è il prezzo più basso che possiamo fare.
to **bottom** ['bɔtəm] *v. t.* ***1*** **mettere il fondo a** (una sedia, un tegame, ecc.) ***2*** *(fig.)* **fondare; basare.**
bottomless ['bɔtəmlis] *a.* **senza fondo; smisurato.**
bough [bau] *n.* [C] **ramo** (d'albero, specialm. se grosso).
bought [bɔ:t] *pass.* e *p.p.* di to **buy.**
bougie ['bu:ʒi:] *(franc.) n.* [C] ***1*** **candela di cera** ***2*** *(med.)* **catetere.**
bouillon ['bu:jɔn] *(franc.) n.* [C] e [U] *(cucina)* **brodo** ● *b. cube,* dado per brodo.
boulder ['bouldə*] *n.* [C] **masso tondeggiante** (per erosione naturale).
to **bounce** [bauns] ***A*** *v. i.* ***1*** (di palla, ecc.) **rimbalzare** ***2*** **balzare; slanciarsi** ***3*** **vantarsi** ***B*** *v. t.* ***1*** **far rotolare** (o **ruzzolare**) ***2*** **far rimbalzare** (una palla, ecc.) ● *to b. sb. into (doing) st.,* spingere q. a fare q.c.
(1) bounce [bauns] *n.* ***1*** [C] **rimbalzo; balzo; salto** ***2*** [U] **elasticità** ***3*** [U] *(pop.)* **sfacciataggine** ● *(pop., USA) to get the b.,* farsi cacciare (o licenziare).
(2) bounce [bauns] *avv.* **improvvisamente.**
bouncer ['baunsə*] *n.* [C] *(pop.)* ***1*** **grossa bugia; balla** *(fam.)* ***2*** **fanfarone** ***3*** **buttafuori** (di bar o locale notturno).
bouncing ['baunsiŋ] *a.* **robusto; sano; vivace.**
(1) bound [baund] *n.* ***1*** [C] **confine; limite** ***2*** *(al pl.)* **aree; locali** ● *to go beyond the bounds of reason,* essere irragionevole □ *to place st. out of bounds,* proibire l'accesso a q.c. □ *within bounds,* entro i limiti fissati; nei dovuti limiti; a freno.
(1) to **bound** [baund] ***A*** *v. t.* ***1*** **delimitare; fare da confine a** ***2*** **contenere; frenare** ***B*** *v. i.* — *to b. on,* confinare con.
(2) to **bound** [baund] *v. i.* ***1*** (di palla, ecc.) **rimbalzare** ***2*** (di persone, animali, e *fig.*) **balzare; saltare.**
(2) bound [baund] *n.* [C] ***1*** **rimbalzo** ***2*** **balzo; salto** ● *to advance by leaps and bounds,* procedere a salti; andare di carriera.
(3) bound [baund] *a.* **diretto** (a); **in viaggio** (per).
(4) bound [baund] ***A*** *pass.* e *p.p.* di to **bind** ***B*** *a.* ***1*** — *b. to,* costretto (o obbligato, tenuto) a: *I'm b. to go,* sono tenuto ad andare ***2*** — *b. to,* destinato a: *The plan is b. to succeed,* il piano è destinato a riuscire ***3*** (di un libro) **rilegato** ● *(leg.) b. under oath,* sotto il vincolo del giuramento.
boundary ['baundəri] *n.* [C] ***1*** **confine** ***2*** *(geol.)* **confine; limite.**
bounden ['baundən] *a. (raro)* **obbligatorio** ● *It is your b. duty to help him,* è tuo sacrosanto dovere aiutarlo.
bounder ['baundə*] *n. (fam.)* **maleducato; villanzone; canaglia.**
boundless ['baundlis] *a.* **illimitato; sconfinato.**
bounteous ['bauntiəs], **bountiful** ['bauntiful] *a.* ***1*** **generoso; liberale; munifico** ***2*** **abbondante; copioso.**
bounty ['baunti] *n.* ***1*** [U] **generosità; liberalità; munificenza** ***2*** [C] **dono** ***3*** [C] **premio d'incoraggiamento.**
bouquet [bu:'kei] *n.* [C] ***1*** **mazzo di fiori; mazzolino** ***2*** **complimento; elogio** ***3*** (anche [U]) **aroma** (specialm. del vino).
bourgeois ['buəʒwa:] *(franc.) a.* e *n. (invar. al pl.)* **borghese.**
bourgeoisie [,buəʒwa:'zi:] *(franc.) n.* [U] **borghesia.**
bourgeoisification [,buəʒwa:sifi'keiʃən] *n.* [U] **imborghesimento.**
bourgeoisified [,buə'ʒwa:sifaid] *a.* **imborghesito.**
(1) bourn(e) [bɔ:n] *n.* [C] **ruscello; torrentello.**
(2) bourn(e) [bɔ:n] *n.* ***1*** *(lett.)* **mèta; obiettivo** ***2*** *(arc.)* **confine.**
bout [baut] *n.* [C] ***1*** **turno, tirata** (di lavoro, ecc.) ***2*** **gara; incontro; scontro**: *a drinking b.,* una gara a chi beve di più ***3*** *(med.)* **attacco; accesso**: *a b. of flu,* un attacco d'influenza.
bovine ['bouvain] *a.* ***1*** **bovino** ***2*** *(fig.)* **lento; inerte; ottuso.**
bovver ['bɔvə*] *n.* [U] *(pop.)* **violenza teppistica** ● *b. boots,* scarponi chiodati da teppista.
(1) bow [bou] *n.* [C] ***1*** *(mil., mus.)* **arco;** *(mus.)* **archetto** ***2*** **curva** ***3*** (anche *rainbow*) **arcobaleno** ***4***

cappio; fiocco; nodo; nastro (annodato a cappio) *5* (anche *bow tie)* **cravatta a farfalla** *6* *(al pl., collett.)* **arcieri** ● *(fig.) to draw the long bow,* esagerare □ *(fig.) to have two strings to one's bow,* avere due corde al proprio arco.
(1) to **bow** [bou] *v. t.* **inarcare; piegare ad arco.**
(2) bow [bau] *n.* [C] **inchino.**
(2) to **bow** [bau] ***A*** *v. i.* ***1*** (spesso *to bow down)* **inchinarsi; fare un inchino *2* curvarsi; piegarsi; chinare il capo *3* fare cenno di cortese assenso** (o **di saluto)** ***B*** *v. t.* ***1*** (anche *fig.)* **chinare; piegare *2*** (spesso *to bow down)* **curvare; piegare; prostrare** ● *(fig.) to bow and scrape,* profondersi in inchini e salamelecchi □ *to bow sb. in (out),* invitare q. a entrare (a uscire), con un inchino.
(3) bow [bau] *n.* [C] *(naut.)* **prua; prora.**
to **bowdlerize** ['baudləraiz] *v. t.* **espurgare** (un libro, un autore).
bowel ['bauəl] *n.* ***1*** [C] *(med.)* **intestino; budello** *(volg.)* ***2*** *(al pl.)* **budella; viscere** (anche *fig.).*
bower ['bauə*] *n.* [C] ***1*** **pergola; pergolato; recesso ombroso** ***2*** *(poet.)* **dimora.**
bowery ['bauəri] *a.* **ombroso.**
bowie knife ['boui naif] *n. (USA)* **coltello da caccia.**
(1) bowl [boul] *n.* [C] ***1*** **coppa; ciotola; scodella *2* parte concava** (di un oggetto); **incavo:** *the b. of a spoon,* l'incavo d'un cucchiaio ● *the b. of a pipe,* il fornello d'una pipa □ *fruit b.,* fruttiera □ *sugar b.,* zuccheriera.
(2) bowl [boul] *n.* ***1*** [C] **boccia *2*** *(al pl.)* **gioco delle bocce.**
to **bowl** [boul] ***A*** *v. i.* ***1*** **giocare alle bocce *2* lanciare una boccia *3*** (di solito *to b. along)* **andare velocemente e senza sbalzi; filare** *(fam.)* ***4*** *(cricket)* **lanciare; servire** ***B*** *v. t.* **far rotolare** (una palla, un cerchio, ecc.) ● *(cricket) to b. out,* mettere fuori gioco.
bow-legged ['bouˌlegd] *a.* **dalle gambe arcuate.**
(1) bowler ['boulə*] *n.* **giocatore di bocce.**
(2) bowler ['boulə*] *n.* (anche *b. hat)* **bombetta.**
bowline ['boulin] *n.* [C] *(naut.)* **bolina.**
bowling ['bouliŋ] *n.* [U] ***1*** **gioco delle bocce *2* gioco dei birilli** (automatici).
bowling-green ['bouliŋgri:n] *n.* [C] **campo di bocce; bocciodromo.**
bowman ['boumən] *n.* (*pl.* **bowmen** ['boumən]) **arciere.**
bowshot ['bouʃɔt] *n.* [C] **tiro d'arco.**
bow-string ['boustriŋ] *n.* [C] **corda d'arco.**
bow window [ˌbou'windou] *n.* [C] *(archit.)* **bovindo; finestra ad arco.**
bow-wow [ˌbau'wau] *inter.* ['bauwau] *n.* **bau bau; bu bu.**
(1) box [bɔks] *n.* [C] ***1*** **scatola; cassa *2* cassetta** (anche il sedile del cocchiere): *a letter box,* una cassetta (o buca) per le lettere ***3*** **dono *4* palco** (specialm. di teatro) ***5*** (anche *sentry box)* **garitta** (di sentinella) ***6*** **casetta; capanno *7*** *(ferr.)* **cabina di segnalazione *8* stalla** (di cavallo da corsa); **posta** (nella stalla) ***9*** *(elettr.)* **vaso** (d'una batteria) ***10*** *(leg.)* **banco** (dei giurati, dei testimoni) ***11*** *(tipogr.)* **riquadro *12*** — *(pop.) the box,* il televisore; la televisione ● *box bed,* letto ad armadio □ *(fig.) to be in the same box,* trovarsi nella stessa situazione (o nella stessa barca) □ *(fig.) to be in the wrong box,* trovarsi in una situazione imbarazzante.
(1) to **box** [bɔks] *v. t.* **mettere in scatole** (o **casse); incassare.**
(2) box [bɔks] *n.* [C] (di solito: *box on the ear)* **ceffone; schiaffo.**
(2) to **box** [bɔks] ***A*** *v. t.* (di solito: *to box sb.'s ears)* **schiaffeggiare; prendere a schiaffi** (o **a scapaccioni)** ***B*** *v. i.* ***1*** **battersi; fare a pugni *2*** *(sport)* **boxare; fare il pugile; fare del pugilato.**
(3) box [bɔks] *n.* *(bot.,* Buxus sempervirens) **bosso.**
boxer ['bɔksə*] *n.* ***1*** *(sport)* **pugile; pugilatore *2* boxer** (tipo di cane).
(1) boxing ['bɔksiŋ] *n.* [U] *(comm.)* **imballaggio.**
(2) boxing ['bɔksiŋ] *n.* [U] *(sport)* **pugilato** ● *b. gloves,* guantoni (da pugile).
Boxing Day ['bɔksiŋdei] *n.* (in *G.B.)* **il 26 dicembre** (giorno delle mance natalizie).
box office ['bɔksˌɔfis] *n.* [C] *(teatr., cinem.)* **botteghino.**
box-pleat ['bɔksˌpli:t] *n.* [C] *(sartoria)* **cannone.**
boxwood ['bɔkswud] *n.* ***1*** *(bot.,* Buxus sempervirens) **bosso *2*** [U] **legno di bosso.**
boy [bɔi] *n.* ***1*** **ragazzo; fanciullo *2* figlio** (maschio) ● *boy-friend,* amico, amichetto (d'una ragazza) □ *boy--scout,* giovane esploratore □ *bell-boy,* ragazzo d'albergo □ *little boy,* bambino □ *(fam.) old boy!,* caro mio!; vecchio mio!
to **boycott** ['bɔikɔt] *v. t.* **boicottare; dare l'ostracismo a.**
boycott ['bɔikɔt] *n.* [U] **boicottaggio; ostracismo.**
boyhood ['bɔihud] *n.* [U] **fanciullezza, adolescenza** (di maschi).
boyish ['bɔiiʃ] *a.* ***1*** **fanciullesco *2* puerile.**
bra [bra:] *n. (abbr. fam.* di **brassiere)** **reggipetto.**
brace [breis] *n.* [C] ***1*** *(invar. al pl.)* **coppia; paio:** *two brace of hares,* due coppie di lepri ***2*** **fermaglio;** *(mecc.)* **collegamento, sostegno *3*** *(al pl.)* **bretelle *4*** *(falegnameria)* **trapano a manubrio *5*** *(tipogr.)* **graffa *6*** *(med.)* **busto ortopedico *7*** (spesso al *pl.; med.)* **apparecchio ortodontico** (per correggere la malformazione dei denti) ***8*** *(mus.)* **legatura.**
to **brace** [breis] *v. t.* ***1*** **fermare; assicurare;** *(mecc.)* **collegare, sostenere, rinforzare *2*** *(fig.)* **tonificare; rinvigorire *3* accoppiare; appaiare *4*** *(naut.)* **bracciare** ● *to b. one's energies (fam., to b. oneself),* raccogliere le forze; fare appello a tutte le proprie energie.
bracelet ['breislit] *n.* [C] ***1*** **braccialetto *2*** *(al pl., pop.)* **manette.**
brachycephalic [ˌbrækise'fælik] *a. (anat.)* **brachicefalo.**
brachycephaly [ˌbræki'sefəli] *n.* [U] *(anat.)* **brachicefalia.**
brachylogy [brə'kilədʒi] *n.* [U] *(linguistica)* **brachilogia.**
bracing ['breisiŋ] *a.* **corroborante; tonificante.**
bracken ['brækən] *n.* (spesso *collett.) (bot.,* Pteridium aquilinum) **felce aquilina.**
bracket ['brækit] *n.* [C] ***1*** *(archit., mecc.)* **mensola; staffa; sostegno *2*** *(edil.)* **beccatello *3* parentesi quadra; parentesi** (in genere).
to **bracket** ['brækit] *v. t.* ***1*** **mettere fra parentesi *2* provvedere di mensole *3* raggruppare; classificare insieme.**
brackish ['brækiʃ] *a.* **salmastro.**
bract [brækt] *n.* [C] *(bot.)* **brattea.**
brad [bræd] *n.* [C] *(falegnameria)* **chiodo senza testa.**
bradawl ['brædɔ:l] *n.* [C] **punteruolo ad estremità piatta.**
bradyseism ['brædisaizəm] *n.* [C] *(geol.)* **bradisismo.**
to **brag** [bræg] ***A*** *v. i.* **vantarsi; millantarsi** ***B*** *v. t.* **vantare; millantare.**
brag [bræg] *n.* ***1*** [U] **millanteria; spacconeria *2*** [C] **millantatore; spaccone *3*** [C] **vanto.**
braggadocio [ˌbrægə'doutʃiou] *n.* ***1*** [U] **vanteria; millanteria; spacconeria *2*** *(pl.* **braggadocios)** **millantatore; spaccone.**
braggart ['brægət] ***A*** *n.* **millantatore; spaccone** ***B*** *a.* **vanaglorioso.**
Brahman ['bra:mən], **Brahmin** ['bra:min] *n.* **bramano; bramino.**
braid [breid] *n.* ***1*** [C] **treccia** (di capelli, paglie, ecc.) ***2*** [U] **gallone; passamano.**
to **braid** [breid] *v. t.* ***1*** **intrecciare** (capelli, nastri, ecc.) ***2*** **guarnire con passamani.**
Braille [breil] *n.* [U] *(tipogr.)* **caratteri Braille; Braille.**
brain [brein] *n.* [C] e [U] (anche *fig.)* **cervello:** *That man has a fine b.,* quello è un uomo di gran cervello ● *b. drain,* fuga dei cervelli □ *brains trust,* gruppo di esperti (chiamati a discutere su particolari problemi) □ *to beat (o to cudgel, to rack) one's brains,* lambiccarsi il cer-

vello; scervellarsi □ *to blow out one's brains,* farsi saltare le cervella □ *to have st. on the b.*, avere un chiodo fisso; essere ossessionato da q.c.

to **brain** [brein] *v. t.* **spaccare la testa a** (q.).

brain fever ['brein'fi:və*] *n.* [U] *(med.)* **febbre cerebrale.**

brainless ['breinlis] *a.* **senza cervello; scervellato; stupido.**

brainpan ['brein,pæn] *n.* [C] *(anat.)* **scatola cranica.**

brainsick ['brein,sik] *a.* **malato di mente; pazzo.**

brainstorm ['brein,stɔ:m] *n.* [C] ***1*** *(med.)* **disturbi cerebrali; accesso di pazzia *2*** *(fam.)* **idea brillante.**

to **brainwash** ['brein,wɔʃ] *v. t.* **fare il lavaggio del cervello a** (q.).

brainwashing ['brein,wɔʃiŋ] *n.* [U] **lavaggio del cervello.**

brain wave ['breinweiv] *n.* [C] ***1*** *(fisiologia)* **onda cerebrale *2*** *(fam.)* **trovata geniale; idea brillante.**

brain-work ['breinwə:k] *n.* [U] **lavoro intellettuale.**

brainy ['breini] *a.* *(fam.)* **intelligente; sveglio** (di mente).

to **braise** [breiz] *v. t.* *(cucina)* **cuocere in stufato; brasare.**

(1) brake [breik] *n.* (*bot.*, Pteridium aquilinum) **felce aquilina.**

(2) brake [breik] *n.* [C] **boschetto; macchia.**

(3) brake [breik] *n.* [C] *(ind. tessile)* **gramola; maciulla; scotola.**

(1) to **brake** [breik] *v. t.* *(ind. tessile)* **gramolare; maciullare; scotolare.**

(4) brake [breik] *n.* [C] ***1*** *(mecc.* e *fig.)* **freno**: *to put on the brakes,* azionare i freni; frenare ***2*** **grosso erpice *3*** *(mecc.)* **manovella; leva.**

(2) to **brake** [breik] *v. t.* e *i.* ***1*** *(mecc.* e *fig.)* **frenare**: *to b. up,* azionare i freni; rallentare ***2*** *(agric.)* **erpicare; rompere** (le zolle).

brakesman ['breiksmən] *n.* (*pl.* **brakesmen** ['breiksmən]) *(ferr.)* **frenatore.**

braless ['bra:lis] *a.* *(fam.)* **senza reggiseno** ● *the b. movement,* il movimento (femminista) per l'abolizione del reggiseno.

bramble ['bræmbl] *n.* [C] (*bot.*, Rubus fruticosus) **rovo.**

bran [bræn] *n.* [U] **crusca; semola.**

branch [bra:ntʃ] *n.* [C] ***1*** **ramo** (d'albero, specialm. secondario, e *fig.*) ***2*** **diramazione** (di strada, ferrovia, ecc.) ***3*** *(comm.)* **succursale; filiale *4*** *(elab.)* **salto** (per deviare dall'esecuzione sequenziale delle istruzioni del programma) ● *b. manager,* direttore di filiale □ *b. office,* succursale; filiale □ *root and b., (agg.)* completo, radicale; *(avv.)* completamente, radicalmente: *a root and b. reform,* una riforma radicale.

to **branch** [bra:ntʃ] *v. i.* **ramificare, ramificarsi** ● *to b. off,* ramificarsi, diramarsi; biforcarsi □ *to b. out,* ramificarsi; estendersi; *(comm.)* ampliare il proprio giro d'affari.

brand [brænd] *n.* [C] ***1*** **tizzone; face** *(poet.)* ***2*** **marchio; stigma *3*** **marchio** (arnese) ***4*** *(comm.)* **marca; qualità; tipo**: *a new b. of cigarettes,* una nuova marca di sigarette.

to **brand** [brænd] *v. t.* ***1*** **marcare** (a fuoco); **marchiare *2*** **imprimere nella mente *3*** **stigmatizzare; bollare; tacciare** ● *(comm.) branded goods,* articoli di marca.

branding-iron ['brændiŋ,aiən] *n.* [C] **ferro da marchio.**

to **brandish** ['brændiʃ] *v. t.* **brandire; agitare.**

brand-new [,brænd'nju(:)] *a.* **nuovo di zecca.**

brandy ['brændi] *n.* [U] e [C] **brandy; acquavite** (di vino).

(1) brash [bræʃ] *n.* [U] (di solito *water b.*) **acidità di stomaco; pirosi.**

(2) brash [bræʃ] *a.* *(fam.)* ***1*** **sfacciato; insolente *2*** **avventato.**

brashness ['bræʃnis] *n.* [U] ***1*** **sfacciataggine; insolenza *2*** **avventatezza.**

brass [bra:s] ***A*** *n.* ***1*** [U] **ottone *2*** — *the brass,* gli ottoni *(collett.)* ***3*** [C] (anche *b. plate*), **targa (d'ottone) *4*** [U] *(pop.)* **denaro *5*** *(pop.)* **sfacciataggine; faccia tosta *B*** *a.* ***1*** **d'ottone *2*** *(fig.)* **sfacciato** ● *b. band,* fanfara □ *(gergo mil.) b. hat,* ufficiale superiore □ *(pop.) to get down to b. tacks,* venire al sodo; mettersi a lavorare sul serio □ *(fam.) I don't care a b. farthing,* non me ne importa un fico (secco).

to **brass** [bra:s] *v. t.* **rivestire di uno strato di ottone; ottonare.**

brasserie ['bræsəri, ,bræsə'ri] *(franc.) n.* **birreria; piccolo ristorante.**

brassiere ['bræsiɛə*] *n.* [C] **reggipetto; reggiseno.**

brassy ['bra:si] *a.* ***1*** **di ottone; simile a ottone *2*** **sfacciato; sfrontato *3*** (di suono) **penetrante; squillante.**

brat [bræt] *n.* **marmocchio; monello.**

bravado [brə'va:dou] *n.* [U] e [C] (*pl.* **bravadoes, bravados**) **spacconeria; bravata.**

brave [breiv] *a.* ***1*** **valoroso; coraggioso; animoso *2*** *(lett.)* **bello; mirabile**: *this b. new world,* questo mirabile mondo nuovo.

to **brave** [breiv] *v. t.* **affrontare; sfidare.**

bravery ['breivəri] *n.* [U] **valore; coraggio; audacia.**

(1) bravo [bra:'vou] *(ital.)* ***A*** *inter.* **bravo!; bene! *B*** *n.* (*pl.* **bravos**) **grido di « bravo »; acclamazione.**

(2) bravo ['bra(:)vou] *(ital.) n.* **(bravoes, bravos) bravo; bravaccio; sicario.**

bravura [brə'vjuərə] *(ital.)* ***A*** *n.* [U] ***1*** **bravura; spavalderia *2*** *(mus.)* **bravura; virtuosismo *B*** *a. attr. (mus.)* **di bravura; virtuosistico.**

brawl [brɔ:l] *n.* [C] **rissa.**

to **brawl** [brɔ:l] *v. i.* ***1*** **rissare *2*** (d'acqua) **rumoreggiare.**

brawler ['brɔ:lə*] *n.* **rissaiolo; attaccabrighe.**

brawn [brɔ:n] *n.* [U] ***1*** **forza muscolare *2*** *(cucina)* **soppressata.**

brawny ['brɔ:ni] *a.* **muscoloso; forte; robusto.**

bray [brei] *n.* [C] **raglio.**

to **bray** [brei] *v. i.* **ragliare.**

to **braze** [breiz] *v. t.* *(metall.)* **saldare a ottone; brasare.**

brazen ['breizn] *a.* ***1*** **di ottone; simile a ottone *2*** (anche *b.-faced*) **sfacciato; sfrontato *3*** (di suono) **penetrante; squillante** ● *b. face,* faccia di bronzo.

to **brazen** ['breizn] *v. t.* — *to b. it out,* affrontare (una situazione difficile) con eccessiva disinvoltura.

(1) brazier ['breizjə*] *n.* **braciere.**

(2) brazier ['breizjə*] *n.* **ottonaio; calderaio.**

Brazilian [brə'ziljən] *a.* e *n.* **brasiliano.**

breach [bri:tʃ] *n.* [C] ***1*** **rottura; infrazione; violazione *2*** **breccia, squarcio** (in un muro); **varco, buco** (in una siepe) ● *(leg.) b. of contract,* inadempimento di contratto □ *(leg.) b. of the peace,* violazione dell'ordine pubblico □ *(leg.) b. of promise,* rottura di promessa (specialm. di matrimonio) □ *b. of trust,* abuso di fiducia □ (anche *fig.*) *to stand in the b.*, essere sulla breccia □ *to throw oneself into the b.*, gettarsi nella mischia; *(fig.)* gettarsi a capo fitto.

to **breach** [bri:tʃ] ***A*** *v. t.* **aprire una breccia (o un varco, uno squarcio) in** (q.c.) ***B*** *v. i.* **irrompere.**

bread [bred] *n.* (anche *fig.*) **pane**: *a loaf of b.*, una pagnotta; un pane ● *b. and butter,* pane imburrato; *(fig.)* mezzi di sussistenza □ *to eat the b. of idleness (of affliction),* vivere nell'ozio (nel dolore) □ *to know which side one's b. is buttered (on),* saper fare il proprio interesse □ *to take the b. out of sb.'s mouth,* levare il pane di bocca a q. □ *(fig.) to want one's b. buttered on both sides,* volere più del necessario (o del dovuto).

to **bread** [bred] *v. t.* *(cucina)* **impanare.**

bread-basket ['bred,ba:skit] *n.* [C] ***1*** **cestino per il pane *2*** *(fig.)* **regione che produce grano in abbondanza; granaio** *(fig.)*.

breadboard ['bredbɔ:d] *n.* [C] **tagliere.**

bread crumb ['bredkrʌm] *n.* [C] ***1*** **briciola (di pane); mollica *2*** *(al pl.)* **pane grattugiato.**

to **bread-crumb** ['bredkrʌm] *v. t.* *(cucina)* **impanare.**

bread-stuffs ['bredstʌfs] *n. pl.* **granaglie.**

breadth [bredθ] *n.* [U] e [C] ***1*** (anche *fig.*) **larghezza; ampiezza *2*** *(fig.)* **portata *3*** **altezza** (di stoffa, ecc.) ● *in b.*, di larghezza □ *(fig.) to a hair's b.*, al millimetro; alla perfezione.

breadthways ['bredθweiz], **breadthwise** ['bredθwaiz] *avv.* **nel senso della larghezza; in larghezza; per il largo.**

breadwinner ['bred,winə*] *n.* **chi guadagna il pane per sé e per la famiglia; sostegno della famiglia.**

break [breik] *n.* **1** [C] **rottura; spaccatura; guasto 2** [C] **interruzione** (anche *elettr., radio, telev.*); **intervallo; pausa; sosta 3** [U] **(lo) spuntare; inizio**: *at the b. of day,* allo spuntare del giorno **4** [C] **cambiamento improvviso:** *a b. in the weather,* un cambiamento improvviso del tempo **5** [C] **diminuzione, calo** (di prezzi, ecc.) **6** [C] (*tipogr.*, anche *b. line*) **righino 7** [C] (*fam.*) **opportunità** ● (*fam.*) *a bad. b.*, un periodo di avversità.

to **break** [breik] (*pass.* **broke** [brouk], *p.p.* **broken** ['broukən]) **A** *v. t.* **1 rompere; infrangere; spezzare; spaccare 2 troncare con la forza; domare 3 mandare in rovina; ridurre in miseria 4** (*sport*) **battere, superare, migliorare** (un primato) **5 infrangere; violare; venir meno a 6 fuggire da**: *to b. prison,* fuggire dal carcere **7 interrompere 8 indebolire; frenare; attutire; smorzare 9 comunicare, dare** (una notizia generalm. cattiva con tatto); **rivelare** (la verità) **10 rompere, dissodare** (il terreno) **B** *v. i.* **1 rompersi; frangersi; spezzarsi; spaccarsi; troncarsi; diradarsi 2 sparpagliarsi 3** (*mecc.*) **guastarsi 4** (della voce) **alterarsi; mutarsi; incrinarsi 5 cominciare; spuntare**: *The day was breaking,* spuntava il giorno **6 diffondersi 7** (di tempesta, scandalo, ecc.) **scoppiare 8 distaccarsi; disintegrarsi 9** (di prezzi) **crollare 10** (*pugilato*) **separarsi; dividersi 11** (*ippica*) **partire 12** (*rugby*) **sciogliere la mischia C** *verbi composti* **1** *to b. away,* allontanarsi; distaccarsi **2** (*archit.*) *to b. back,* rientrare **3** *to b. down,* (*mecc.*) guastarsi; (di salute) venir meno; (di piani) fallire; (di persone) accasciarsi □ *to b. (st.) down,* infrangere, abbattere (q.c.) **4** *to b. forth,* irrompere; (d'acqua) scaturire; (di luce) diffondersi **5** *to b. in,* irrompere; fare irruzione □ *to b. in (on, upon),* intromettersi (in q.c.); interrompere (q.) □ *to b. st. in,* sfondare q.c. □ *to b. in a horse,* domare un cavallo □ (*mecc.*) *to b. in the engine of a car,* rodare il motore di un'automobile **6** *to b. into,* irrompere in; fare irruzione in; scoppiare a: *to b. into laughter,* scoppiare a ridere □ *to b. into a run (a gallop),* mettersi a correre (al galoppo) **7** *to b. off,* smettere di parlare (improvvisamente); interrompersi □ *to b. (st.) off,* rompere; staccare **8** *to b. out,* scoppiare; esclamare; prorompere; (*archit.*) sporgere: *A fire broke out,* scoppiò un incendio **9** *to b. through,* penetrare attraverso; farsi strada; passare con la forza; sfondare **10** *to b. up,* finire; (di persona) perdere le forze; (di cose) andare in pezzi; (del tempo) cambiare □ *to b. (st.) up,* fare a pezzi; disperdere; (*comm.*) frazionare (una partita di merce); liquidare (un'azienda) ● *to b. an appointment,* mancare a un appuntamento □ *to b. sb.'s heart,* spezzare il cuore di q. □ (*fig.*) *to b. a lance with sb.*, entrare in polemica con q. □ *to b. loose (o free),* sciogliersi (dai legami); darsi alla fuga □ *to b. with sb.*, romperla con q. □ *to b. with st.*, liberarsi di q.c. □ (*pugilato*) *Break!,* break! (ordine dell'arbitro, di porre fine a un corpo a corpo).

breakable ['breikəbl] **A** *a.* **fragile B** *n.* (*al pl.*) **oggetti fragili.**

breakage ['breikidʒ] *n.* **1** [C] e [U] **rottura 2** (*generalm. al pl.*) **perdite; danni.**

breakdown ['breikdaun] *n.* [C] **1** (*mecc.*) **guasto; interruzione; panna 2** (*naut.*) **avaria 3 collasso; esaurimento**: *a nervous b.*, un esaurimento nervoso **4 crollo; dissesto; sfacelo 5 rottura** (di negoziati).

breaker ['breikə*] *n.* [C] **1** (anche *horse b.*) **domatore di cavalli 2 frangente 3** (*elettricità,* anche *circuit b.*) **interruttore.**

breakfast ['brekfəst] *n.* **prima colazione.**

to **breakfast** ['brekfəst] *v. i.* **fare (la prima) colazione.**

break-in ['breikin] *n.* [C] **irruzione.**

breakneck ['breiknek] *a.* **pericoloso**: *a b. road,* una strada pericolosa ● *at a b. pace (o speed),* a rotta di collo.

break-out ['breikaut] *n.* [C] **1 evasione; fuga 2 contrattacco; offensiva** (per spezzare l'accerchiamento).

breakthrough ['breikθru:] *n.* [C] **1** (specialm. *mil.*) **sfondamento; breccia; varco 2** (*geol.*) **affioramento 3** (specialm. *scient.*) **importante passo avanti; conquista.**

break(-)up ['breik'ʌp] *n.* [C] **1 dispersione; scioglimento 2 disintegrazione; disfacimento 3 cessazione; fine.**

breakwater ['breik,wɔ:tə*] *n.* [C] **frangiflutti; frangionde.**

breast [brest] *n.* [C] **1 petto, seno** (anche *fig.*); **mammella 2** (*fig.*) **cuore; coscienza 3** (*archit.*) **parapetto** ● *to b.-feed,* allattare al seno □ *to make a clean b. of st.*, alleviare la coscienza di q.c.

to **breast** [brest] *v. t.* **affrontare; tener testa a.**

breastbone ['brestboun] *n.* [C] (*anat.*) **sterno.**

breastplate ['brestpleit] *n.* [C] **1** (*stor.*) **corazza** (armatura del busto) **2 pettorale** (di cavallo).

breast-pocket ['brest'pɔkit] *n.* [C] **taschino** (di una giacca).

breast-stroke ['brest,strouk] *n.* (*generalm. al sing.*) (*sport*) **(battuta di) nuoto a rana.**

breastsummer ['bresəmə*] *n.* [C] (*archit.*) **architrave.**

breastwork ['brestwə:k] *n.* [C] **1** (*mil.*) **riparo difensivo di media altezza 2** (*naut.*) **parapetto di murata.**

breath [breθ] *n.* **1** [U] **fiato; respiro; alito 2** [C] **soffio** (d'aria); **alito** (di vento): *There wasn't a b. of air,* non c'era un alito di vento **3** [C] **sussurro; mormorio**: *Not a b. was heard,* non s'udiva un sussurro ● *b. test,* alcoltest □ *to hold one's b.*, trattenere il respiro □ *in the same (o in one) b.*, senza riprendere fiato □ *to lose one's b.*, rimanere senza fiato □ *to be out of b.*, essere senza fiato □ *to speak under one's b.*, parlare sottovoce □ *to take b.*, ripigliare fiato □ *to take a deep b.*, trarre un profondo respiro □ *to take sb.'s b. away,* far restare q. senza fiato □ *to waste one's b.*, sprecare il fiato.

breathable ['bri:ðəbl] *a.* **respirabile.**

to **breathalyse** ['breθə,laiz] *v. t.* **sottoporre** (q.) **all'alcoltest.**

Breathalyser ['breθə,laizə*] *n.* (*marchio*) **strumento per l'alcoltest.**

to **breathe** [bri:ð] *v. i.* e *t.* **1 respirare; vivere 2 (far) prendere fiato 3** (di vento) **alitare; soffiare 4 emanare; diffondere intorno a sé 5 mormorare; sussurrare 6 ispirare; infondere 7** (*fonetica*) **aspirare** ● *to b. forth,* esalare □ *to b. hard,* respirare con difficoltà; ansare □ *to b. in,* inspirare, aspirare (l'aria) □ *to b. one's last,* esalare l'ultimo respiro □ *to b. out,* espirare □ *not to b. a word (o a syllable),* non fiatare; non aprir bocca; non far parola.

breather ['bri:ðə*] *n.* [C] **1** (*fam.*) **esercizio fisico breve, ma faticoso 2** (*fam.*) **attimo di respiro; breve sosta 3** (*tecn.*) **sfiatatoio.**

breathing ['bri:ðiŋ] **A** *n.* [U] **1 respirazione 2 respiro**: *b. space,* respiro (*fig.*); attimo di tregua **3 alito** (di vento); **soffio** (d'aria) **4 emissione di voce 5** (*fonetica*) **aspirazione B** *a.* **che respira; che è (o pare) vivo**: *a b. statue,* una statua che pare viva.

breathless ['breθlis] *a.* **1 senza fiato; ansante; ansimante 2 morto 3 da far restare col fiato sospeso 4 senza un alito di vento; soffocante.**

breath-taking ['breθ,teikiŋ] *a.* **sbalorditivo; strabiliante.**

bred [bred] **A** *pass.* e *p.p.* di to **breed B** *a.* (*nei composti*): *ill-b.*, maleducato □ *well-b.*, educato; che ha buone maniere.

breech [bri(:)tʃ] *n.* [C] (*mil.*) **culatta** (di cannone, ecc.) ● *b.-loader (o b.-loading gun),* fucile (o cannone) a retrocarica.

breeches ['britʃiz] *n. pl.* **1 calzoni alla zuava** (dalla vita al ginocchio); **brache** (*arc.*) **2** (*fam.*) **calzoni; pantaloni** ● (*fig.*) *to wear the b.*, portare i calzoni.

breeching ['britʃiŋ] *n.* [C] (dei finimenti del cavallo) **imbraca.**

to **breed** [bri:d] (*pass.* e *p.p.* **bred** [bred]) **A** *v. t.* **1** (anche *fig.*) **generare; procreare;** (*fig.*) **produrre 2 allevare; educare; destinare a**: *to be an Englishman born and bred,* essere inglese di nascita e d'educazione **3** (*agric.*) **riprodurre** (piante) **B** *v. i.* **1 riprodursi; figliare 2 nascere; avere origine; propagarsi.**

breed [bri:d] *n.* [C] e [U] **razza; tipo; stirpe; famiglia.**

breeder ['bri:də*] *n.* ***1*** **allevatore, allevatrice *2* animale** (o **pianta**) **da riproduzione** ● *(fis. nucl.) b. reactor,* reattore autofertilizzante.

breeding ['bri:diŋ] *n.* [U] ***1*** **procreazione; riproduzione *2* allevamento**: *sheep-b.*, allevamento delle pecore ***3*** **(buona) educazione.**

breeze [bri:z] *n.* ***1*** [C] e [U] **brezza; venticello *2*** [C] *(pop.)* **alterco; lite.**

to **breeze** [bri:z] *v. t.* **soffiare, spirare, tirare** (di brezza, vento).

breeziness ['bri:zines] *n.* [U] ***1*** (dell'aria) **freschezza;** (d'un luogo) **ariosità *2* allegria; brio; vivacità; spensieratezza.**

breezy ['bri:zi] *a.* ***1*** **arioso; ventilato *2* allegro; vivace; gioviale.**

brethren ['breðrin] *pl.* di **brother,** *def. 3.*

Breton ['bretən] *a.* e *n.* **bretone.**

breve [bri:v] *n.* [C] ***1*** *(stor.)* **breve** (papale) ***2*** *(tipogr.)* **segno di breve *3*** *(mus.) (segno di)* **breve** (= due semibrevi).

brevet ['brevit] *n.* [C] ***1*** *(stor.)* **brevetto *2*** *(mil.)* **nomina** (a un grado superiore, senza aumento di stipendio); **grado onorario.**

to **brevet** ['brevit] *v. t. (mil.)* **conferire una promozione onoraria a** (q.).

breviary ['bri:vjəri] *n.* [C] **breviario.**

brevity ['breviti] *n.* [U] ***1*** **brevità** (della vita, ecc.) ***2*** **concisione.**

to **brew** [bru:] ***A*** *v. t.* ***1*** **fabbricare** (la birra e altre bevande fermentate); **preparare** (il tè, il ponce) ***2*** *(fig.)* **complottare; tramare**: *He is brewing mischief,* sta tramando qualche birbonata ***B*** *v. i.* ***1*** **essere in fermentazione** (o **in infusione, in ebollizione**) ***2*** *(fig.)* **addensarsi; prepararsi**: *A storm is brewing,* si sta addensando una tempesta ● *(fig.) There is something brewing,* qualcosa bolle in pentola.

brew [bru:] *n.* ***1*** [U] **fermentazione; infusione *2*** [C] **infuso; tisana *3*** [C] **qualità** (di birra); **miscela** (di tè).

brewer ['bru:ə*] *n.* **fabbricante di birra; birraio.**

brewery ['bru:əri] *n.* [C] **fabbrica di birra.**

briar ['braiə*] *n.* [C] ***1*** (*bot.*, Erica arborea) **erica *2*** *(bot.)* **rovo; rosa selvatica** (e altre piante dei generi Rubus e Rosa) ***3*** (anche *b. pipe*) **pipa di radica** ●*(bot.) b. root,* radica.

bribe [braib] *n.* [C] ***1*** **denaro** (dato) **per corrompere; bustarella** *(fam.)* ***2*** **allettamento; esca** *(fig.)*.

to **bribe** [braib] *v. t.* ***1*** **corrompere; comprare** *(fam.)*: *to b. sb. to silence,* comprare il silenzio di q. ***2*** **indurre** (con promesse, doni).

briber ['braibə*] *n.* **corruttore; subornatore.**

bribery ['braibəri] *n.* [U] **corruzione** (a mezzo di denaro, doni, ecc.) ● *to be open to b.*, essere corruttibile.

bric-à-brac ['brikəbræk] *(franc.) n.* [U] **soprammobili; anticaglie.**

brick [brik] *n.* [C] ***1*** **mattone *2*** *(fig.)* **mattonella *3*** **blocchetto di legno** (nei giochi di costruzioni) ***4*** *(pop.)* **persona perbene; brav'uomo**: *He's a regular b.*, è un uomo d'oro ● *b.-red,* rosso mattone □ *(fam.) to come down on sb. like a ton of bricks,* scagliarsi contro q. con grande veemenza; mangiarsi vivo q. □ *(pop.) to drop a b.*, fare una gaffe □ *(fig.) to make bricks without straw,* mettersi a fare q.c. senza avere il materiale necessario.

to **brick** [brik] *v. t.* **costruire** (o **pavimentare**) **con mattoni** ● *to b. up,* murare (con mattoni).

brickbat ['brikbæt] *n.* [C] ***1*** **pezzo di mattone *2*** *(fig., fam.)* **critica spietata; frecciata** *(fig.)*.

brick-kiln ['brikkiln] *n.* [C] **fornace per mattoni.**

bricklayer ['brik,leiə*] *n.* **muratore.**

brickmaker ['brik,meikə*] *n.* **mattonaio.**

brickwork ['brikwə(:)k] *n.* [U] **muratura in mattoni.**

brickyard ['brikja(:)d] *n.* [C] **fabbrica di mattoni; mattonificio.**

bridal ['braidl] *a.* ***1*** **della sposa *2*** **nuziale.**

bride [braid] *n.* **sposa** ● *b.(-)cake,* torta nuziale □ *b.-to-be,* promessa sposa.

bridegroom ['braidgrum] *n.* **sposo.**

bridesmaid ['braidzmeid] *n.* **damigella d'onore** (della sposa).

(1) bridge [bridʒ] *n.* [C] ***1*** **ponte** (in ogni senso) ***2*** (*naut.*, anche *fore b., pilot b.*) **ponte di comando; plancia *3*** (*naut.*, anche *fore and aft b.*) **passerella** (su una nave) ***4*** *(mus.)* **ponticello** (di strumento ad arco) ● *(fig.) to burn one's bridges,* precludersi la via della ritirata.

(2) bridge [bridʒ] *n.* [U] (gioco di carte) **bridge; ponte.**

to **bridge** [bridʒ] *v. t.* ***1*** **collegare con un ponte *2*** **fare un ponte su *3*** *(fig.)* **superare, colmare** ● *to b. a gap,* colmare una lacuna; *(econ.)* superare uno squilibrio.

bridgebuilder ['bridʒ,bildə*] *n.* ***1*** **costruttore di ponti *2*** (*fig.*, specialm. *polit.*) **intermediario; mediatore.**

bridge-head ['bridʒhed] *n.* [C] *(mil.)* **testa di ponte.**

bridge-house ['bridʒhaus] *n.* [C] *(naut.)* **tuga.**

bridle ['braidl] *n.* [C] (anche *fig.*) **briglia;** *(fig.)* **freno.**

to **bridle** ['braidl] ***A*** *v. t.* e *i.* ***1*** **imbrigliare** (un cavallo, ecc.) ***2*** *(fig.)* **imbrigliare; tenere a freno *B*** *v. i.* (spesso *to b. up*) **adombrarsi; adirarsi.**

bridle-path ['braidlpa:θ] *n.* [C] ***1*** **pista per cavalli *2*** **mulattiera.**

(1) brief [bri:f] *n.* [C] ***1*** **breve** (di un papa) ***2*** *(leg.)* **comparsa; difesa *3*** *(al pl.)* **mutandine; slip.**

(2) brief [bri:f] *a.* **breve; corto; conciso** ● *in b.*, in breve.

to **brief** [bri:f] *v. t.* ***1*** **riassumere *2*** *(leg.)* **dare istruzioni a** (un « barrister ») ***3*** **impartire istruzioni a; ragguagliare** (q. su q.c.): *The pilots were briefed before each flight,* i piloti ricevevano istruzioni prima d'ogni volo.

briefcase ['bri:fkeis] *n.* [C] **borsa** (da legale); **cartella** (per documenti).

briefing ['bri:fiŋ] *n.* [C] e [U] (anche *leg.*) **istruzioni** ● *b. meeting,* riunione preliminare.

brier ['braiə*] *V.* **briar.**

brig [brig] *n.* [C] *(naut.)* **brigantino.**

brigade [bri'geid] *n.* [C] ***1*** *(mil.)* **brigata *2*** **corpo organizzato.**

brigadier [,brigə'diə*] *n.* (*mil.*, anche *b.-general*) **generale di brigata.**

brigand ['brigənd] *n.* **brigante; bandito.**

brigandage ['brigəndidʒ], **brigandism** ['brigəndizəm] *n.* [U] **brigantaggio; banditismo.**

brigantine ['brigəntain] *n.* [C] *(naut.)* **brigantino.**

bright [brait] ***A*** *a.* ***1*** **luminoso; brillante; lucente; splendente *2*** **vivace; vivo *3*** **allegro;** *(fig.)* **splendente, raggiante**: *a b. face,* un viso raggiante ***4*** **felice; prospero; lieto; brillante**: *a b. future,* un brillante avvenire ***5*** **intelligente; sveglio** *(fig.)* ***B*** *avv.* (anche *brightly*) ***1*** **luminosamente; splendentemente *2*** **vivacemente.**

to **brighten** ['braitn] ***A*** *v. t.* ***1*** **rendere (più) luminoso *2*** **allietare; rallegrare; ravvivare *B*** *v. i.* ***1*** **diventare (più) luminoso; illuminarsi *2*** **rallegrarsi; ravvivarsi.**

brightness ['braitnis] *n.* [U] ***1*** **luminosità; lucentezza; splendore *2*** (di colore) **vivacità *3*** **allegrezza; vivacità *4*** **intelligenza; acume** ● *(telev.) b. control,* comando di luminosità.

brill [bril] *n. (zool.*, Rhombus laevis) **rombo liscio.**

brilliance ['briljəns], **brilliancy** ['briljənsi] *n.* [U] ***1*** **splendore *2*** **vivacità** (di un colore) ***3*** **intelligenza vivace e pronta *4*** *(telev.)* **luminosità.**

(1) brilliant ['briljənt] *a.* ***1*** **brillante; splendente *2*** **splendido; magnifico *3*** (di colore) **vivace *4*** **d'intelligenza vivace; di talento.**

(2) brilliant ['briljənt] *n.* [C] **brillante.**

brilliantine [,briljən'ti:n] *n.* [U] **brillantina.**

brim [brim] *n.* [C] ***1*** **orlo; margine *2*** **falda, tesa** (di cappello); **margine sporgente** ● *full to the b.*, pieno fino all'orlo; colmo.

to **brim** [brim] *v. i.* **essere pieno** (fino all'orlo) ● *to b. over,* traboccare.

brimful(l) [,brim'ful] *a. pred.* **pieno** (fino all'orlo); **colmo.**

brimmer ['brimə*] *n.* C **bicchiere colmo.**
brimstone ['brimstən] *n.* U *(chim., arc.)* **zolfo.**
brine [brain] *n.* U ***1*** **acqua salsa** (o **salmastra**) ***2*** **salamoia** ***3*** *(lett.)* **mare.**
to **bring** [briŋ] (*pass.* e *p.p.* **brought** [brɔ:t]) ***A*** *v. t.* e *i.* ***1*** **portare; prendere con sé** ***2*** **cagionare; causare; determinare; procurare; produrre; dare; rendere** ***3*** **indurre; persuadere; fare** *(seguito da un inf.)* ***B*** *verbi composti* ***1*** *to b. about,* causare; essere la causa di; determinare ***2*** *to b. along,* portare; condurre con sé ***3*** *to b. around* (o *round),* far mutare parere a; convincere, persuadere; *(fam.)* far rinvenire ***4*** *to b. back,* riportare; richiamare alla memoria ***5*** *to b. down,* portar giù; abbattere; rovesciare; far calare □ *(teatr., fig.) to b. down the house,* avere un eccezionale successo di pubblico ***6*** *to b. forth,* produrre, generare, figliare; elaborare; rivelare, svelare ***7*** *to b. forward,* proporre (un provvedimento); mettere in discussione (un problema); *(leg.)* addurre, produrre (prove); *(mat., rag.)* riportare (cifre) ***8*** *to b. in,* portare dentro, introdurre; rendere ***9*** *to bring off,* portar via; portare in salvo; (riuscire a) compiere ***10*** *to b. on,* causare, essere causa di; procurare ***11*** *to b. out,* portar fuori; rivelare, spiegare, chiarire; dare alle stampe, pubblicare ***12*** *to b. over,* far mutare parere a (q.); portare (q.) con sé (in visita) ***13*** *to b. through,* far superare un pericolo (o una malattia) ***14*** *to b. to,* far rinvenire (o riacquistare i sensi a) (q.) ***15*** *to b. together,* mettere insieme; unire, riunire ***16*** *to b. sb. under,* ridurre q. alla ragione ***17*** *to b. up,* allevare, educare, tirar su *(fig.)*; proporre (un argomento); fermarsi, terminare un viaggio □ *to b. up to date,* aggiornare ● *(leg.) to b. a charge against sb.,* muovere un'accusa a q. □ *to b. oneself to,* rassegnarsi a □ *to b. st. home to sb.,* far comprendere q.c. a q. □ *to b. st. to an end,* porre termine a q.c. □ *to b. to pass,* far accadere; causare.
bringing-up ['briŋiŋ'ʌp] *n.* U *V.* **upbringing.**
brink [briŋk] *n.* C **orlo; margine** ● *to be on the b. of doing st.,* essere sul punto di fare q.c. □ *(fig.) to be on the b. of the grave,* avere un piede nella fossa.
brinkmanship ['briŋkmənʃip] *n.* U **politica del « rischio calcolato ».**
briny ['braini] ***A*** *a.* **salato** ***B*** *n. (con l'art. determ.) (fam.)* **mare.**
briquet ['brikət], **briquette** [bri'ket] *n.* **mattonella** (di polvere di carbone).
brisk [brisk] *a.* ***1*** **attivo; vivace; vispo** ***2*** *(comm.)* **attivo; intenso** ***3*** **corroborante;** (di aria, ecc.) **frizzante** ● *b. manners,* modi spicci □ *at a b. pace,* di buon passo.
to **brisk** [brisk] *v. t.* e *i.* (di solito *to b. up*) **rendere** (o **farsi**) **attivo** (o **vivace**).
brisket ['briskit] *n.* U *(cucina)* **punta di petto** (di bestia macellata).
bristle ['brisl] *n.* C e U **setola.**
to **bristle** ['brisl] *v. i.* ***1*** **rizzarsi** (dei capelli); **arruffarsi** (del pelo) ***2*** **rizzare il pelo** ***3*** *(fig.)* **mostrare i denti; essere adirato** ***4*** **essere irto**: *to b. with difficulties,* essere irto di difficoltà.
bristly ['brisli] *a.* ***1*** **setoloso** ***2*** **ispido; irsuto.**
bristols ['bristəlz] *n. pl. (pop.)* **mammelle; tette** *(pop.).*
Britannic [bri'tænik] *a.* **britannico** ● *Her (His) B. Majesty,* **Sua Maestà Britannica.**
Briticism ['britisizəm] *n.* C **anglicismo; inglesismo.**
British ['britiʃ] ***A*** *a.* **britannico** ***B*** *n.* ***1*** (*USA* = *B. English*) **l'inglese parlato in Inghilterra** (distinto dall'*American English*) ***2*** — *(collett.) the B.,* il popolo britannico; *(pop.)* gl'inglesi ● *(geogr.) the B. Channel,* la Manica.
Britisher ['britiʃə*] *n. (USA)* **suddito britannico; inglese.**
Briton ['britn] *n.* ***1*** *(stor.)* **britanno** ***2*** **suddito britannico.**
brittle ['britl] *a.* ***1*** **fragile; friabile** ***2*** *(fig.)* **incostante; instabile.**
brittleness ['britlnis] *n.* U ***1*** **fragilità; friabilità** ***2*** *(fig.)* **incostanza; instabilità.**
broach [broutʃ] *n.* C ***1*** **spiedo** ***2*** *(archit.)* **guglia** ***3*** **scalpello.**
to **broach** [broutʃ] *v. t.* ***1*** **spillare** (una botte, ecc.); **aprire** (una scatola, ecc.) ***2*** **affrontare, toccare** (un argomento).
broad [brɔ:d] ***A*** *a.* ***1*** **largo** ***2*** **ampio; aperto; spazioso**: *a b. mind,* una mente aperta ***3*** **completo; pieno; chiaro**: *in b. daylight,* in pieno giorno ***4*** **evidente; ovvio** ***5*** **esplicito; senza riserve** ***6*** **ben marcato; spiccato**: *a b. American accent,* uno spiccato accento americano ***7*** **volgare; triviale; sguaiato**: *a b. joke,* uno scherzo volgare ***8*** **liberale; tollerante**: *a b. view,* un punto di vista tollerante ***9*** **generale** ***10*** **essenziale; schematico** ***B*** *n.* **(il) largo; parte larga** (di q.c.) ● *b. awake,* ben sveglio □ *(bot.) b. bean* (Vicia faba), fava □ *in a b. sense,* in senso lato.
to **broadcast** ['brɔ:dka:st] (*pass.* e *p.p.* **broadcast, broadcasted**) *v. t.* ***1*** *(agric.)* **seminare a spaglio; spargere** (seme, ecc.) **con la mano** ***2*** **diffondere** (una notizia) ***3*** **radiodiffondere; teletrasmettere;** *(in genere)* **trasmettere.**
(1) broadcast ['brɔ:dka:st] *n.* C *(radio, telev.)* **trasmissione.**
(2) broadcast ['brɔ:dka:st] *a.* ***1*** **radiodiffuso; teletrasmesso** ***2*** **radiofonico; televisivo.**
broadcasting ['brɔ:dka:stiŋ] *n.* U **radiodiffusione; teletrasmissione** ● *b. station,* stazione radiotrasmittente (o teletrasmittente); emittente.
broadcloth ['brɔ:dklɔθ] *n.* U **(tessuto) pettinato in doppia altezza.**
to **broaden** ['brɔ:dn] ***A*** *v. t.* **allargare** ***B*** *v. i.* **allargarsi.**
broad-minded [,brɔ:d'maindid] *a.* **di mente aperta; tollerante.**
broad-shouldered [,brɔ:d'ʃouldəd] *a.* **dalle spalle larghe.**
broadside ['brɔ:dsaid] *n.* C ***1*** *(naut.)* **fiancata; murata** ***2*** *(naut.,* anche *fig.)* **bordata; violento attacco.**
broadsword ['brɔ:dsɔ:d] *n.* C **sciabola.**
broadways ['brɔ:dweiz], **broadwise** ['brɔ:dwaiz] *avv.* **per il largo; in largo; nel senso della larghezza.**
brocade [brə'keid] *n.* U *(ind. tessile)* **broccato.**
to **brocade** [brə'keid] *v. t.* **ornare con disegni in rilievo.**
broccoli ['brɔkəli] *n. (bot.,* Brassica oleracea italica*)* **broccolo.**
brochure ['brouʃjuə*] *n.* C **fascicolo; opuscolo.**
brock [brɔk] *n. (zool.,* Meles meles) **tasso.**
(1) brogue [broug] *n.* C **scarpa da uomo, di tipo sportivo.**
(2) brogue [broug] *n. (generalm. al sing.)* **accento dialettale** (specialm. irlandese).
to **broil** [brɔil] *v. t.* e *i.* ***1*** (specialm. *USA)* **cuocere a fuoco vivo** ***2*** **esporre** (o **esporsi**) **al caldo intenso** (del sole, ecc.); **arrostire, arrostirsi** *(fig.)* ***3*** *(fig.)* **fremere d'ira; friggere** *(fig.).*
broil [brɔil] *n.* C **lite; rissa.**
broiler ['brɔilə*] *n.* C ***1*** (specialm. *USA)* **graticola; griglia** ***2*** **galletto da fare alla griglia** ***3*** *(fam.)* **giornata afosa.**
broke [brouk] ***A*** *pass.* di to **break** ***B*** *a. (pop.)* **rovinato; fallito** ● *to go b.,* andare in rovina; fare fallimento.
broken ['broukən] ***A*** *p.p.* di to **break** ***B*** *a.* ***1*** **rotto;** *(mecc.)* **guasto** ***2*** **infranto; violato** ***3*** (di cavallo) **domato** ● *b.-down,* (d'uomo) gravemente malato; (di macchina, ecc.) guasto, inservibile; (di cavallo) inabile al lavoro □ *b. English,* inglese sgrammaticato □ *b. ground,* terreno accidentato □ *a b. man,* un uomo finito □ *b. money,* (denari) spiccioli □ *b. numbers,* numeri fratti; frazioni □ *b. sleep,* sonno agitato □ *b. weather,* tempo variabile.
broken-hearted ['broukən'ha:tid] *a.* **dal cuore spezzato** (o **infranto**).
brokenly ['broukənli] *avv.* **a scatti; in modo irregolare.**
broken-winded ['broukən'windid] *a.* (di cavallo) **bolso.**
broker ['broukə*] *n.* ***1*** *(comm.)* **intermediario; mediatore; sensale** ***2*** *(Borsa,* anche *stockbroker)* **agente di cambio.**

brokerage ['broukəridʒ] *n.* [U] *(comm.)* **senseria; mediazione.**
brolly ['brɔli] *n. (pop.)* **ombrello.**
bromide ['broumaid] *n.* **1** [C] e [U] *(chim., farm.)* **bromuro 2** [C] **luogo comune; frase trita.**
bromine ['broumi:n] *n.* [U] *(chim.)* **bromo.**
bronchial ['brɔŋkiəl] *a. (anat.)* **bronchiale** ● *(med.) b. asthma,* asma bronchiale.
bronchitis [brɔŋ'kaitis] *n.* [U] *(med.)* **bronchite.**
bronchopneumonia [,brɔŋkounju(:)'mounjə] *n.* [U] *(med.)* **broncopolmonite.**
bronchus ['brɔŋkəs] *n. (pl.* **bronchi** ['brɔŋkai]) *(anat.)* **bronco.**
bronco ['brɔŋkou] *n. (pl.* **broncos***) (USA)* **cavallino selvaggio.**
bronze [brɔnz] **A** *n.* **1** [U] **bronzo** (lega metallica) **2** [C] **bronzo** (oggetto d'arte) **3** [U] **color bronzo B** *a.* **1 di bronzo; bronzeo 2 color bronzo; bronzeo** ● *the B. Age,* l'età del bronzo.
to **bronze** [brɔnz] *v. t.* e *i.* **1 bronzare** (metalli) **2 abbronzare, abbronzarsi.**
brooch [broutʃ] *n.* [C] **spilla; spillone.**
brood [bru:d] *n.* [C] **1 covata**: *a b. of chicks,* una covata di pulcini **2 figliolanza; prole 3** (spesso *spreg.*) **branco, frotta** (di uomini o animali).
to **brood** [bru:d] *v. t.* e *i.* **1 covare 2** *(fig.)* **meditare; rimuginare**: *to b. on (o over) st.,* meditare su q.c. **3 incombere; sovrastare (minaccioso)**: *Night brooded over the earth,* la notte incombeva sulla terra.
broody ['bru:di] *a.* **1 incline a covare 2 meditabondo.**
brook [bruk] *n.* [C] **ruscello; torrente.**
to **brook** [bruk] *v. t. (di solito, in frasi neg.)* **sopportare; tollerare.**
brooklet ['bruklit] *n.* [C] **ruscelletto; torrentello.**
broom [brum] *n.* **1** [U] *(bot.,* Genista; Cytisus) **ginestra 2** [C] **scopa; granata; ramazza** ● *(bot.) butcher's b.* (Ruscus aculeatus), pungitopo □ *(bot.) prickly b.* (Ulex europaeus), ginestrone.
to **broom** [brum] *v. t.* **spazzare; scopare.**
broomcorn ['brumkɔ(:)n] *n.* [U] *(bot.,* Sorghum vulgare) **saggina; sorgo.**
broomstick ['brumstik] *n.* [C] **manico di scopa.**
broth [brɔθ] *n.* [U] e [C] **brodo** (specialm. di carne).
brothel ['brɔθl] *n.* [C] **bordello.**
brother ['brʌðə*] *n.* **1 fratello 2 collega; compagno**: *brothers in arms,* compagni d'armi; commilitoni **3** *(relig.; pl.* **brethren** ['breðrin]) **fratello; confratello** ● *(fig.) Big B.,* dittatore.
brotherhood ['brʌðəhud] *n.* **1** [U] **fratellanza 2** [C] *(relig.)* **confraternita 3** [C] **società** (di mutuo soccorso, ecc.).
brother-in-law ['brʌðərinlɔ:] *n. (pl.* **brothers-in-law***)* **cognato.**
brotherly ['brʌðəli] *a.* **fraterno.**
brougham ['bru(:)əm] *n.* [C] **brum; carrozza chiusa.**
brought [brɔ:t] *pass.* e *p.p.* di to **bring.**
brow [brau] *n.* [C] **1 sopracciglio;** *(per estens.)* **fronte 2** *(fig.)* **ciglio; orlo; cima** (di un colle) ● *to knit one's brows,* aggrottare le ciglia.
to **browbeat** ['braubi:t] *(pass.* **browbeat,** *p.p.* **browbeaten** ['braubi:tn]) *v. t.* **intimidire; intimorire.**
brown [braun] **A** *a.* **marrone; bruno; castano scuro; giallo scuro** ● *b. bear,* orso bruno □ *b. bread,* pane nero (o integrale) □ *b. coal,* lignite □ *b. paper,* carta (marrone) da pacchi □ *to be in a b. study,* essere meditabondo; essere assorto in pensieri malinconici **B** *n.* **1** [U] e [C] **color marrone (o castano scuro) 2** [C] *(pop.)* **moneta di rame.**
to **brown** [braun] *v. t.* e *i.* **rendere (o diventare) bruno; rosolare, rosolarsi** ● *(pop.) browned off,* stufo; seccato; scocciato *(fam.).*
brown-eyed ['braun,aid] *a.* **dagli occhi castani.**
brown-haired ['braun,hɛəd] *a.* **dai capelli castani.**
brownie ['brauni] *n.* **1 fata buona; folletto benigno 2 ragazza della sezione giovanile** (8-11 anni) **delle Girl Guides** (giovani esploratrici).
brownish ['brauniʃ] *a.* **tendente al marrone; brunastro.**
brownstone ['braunstoun] *n.* [U] *(edil.)* **arenaria** (di color bruno rossastro).
to **browse** [brauz] *v. t.* e *i.* **1 brucare 2** *(fig.)* **sfogliare** (un libro).
bruise [bru:z] *n.* [C] **ammaccatura; contusione; livido.**
to **bruise** [bru:z] **A** *v. t.* **1 ammaccare; illividire; farsi un livido a 2 pestare; frantumare 3** *(fig.)* **ferire, offendere** (i sentimenti di q.) **B** *v. i.* **ammaccarsi; illividirsi; coprirsi di lividure.**
bruiser ['bru:zə*] *n. (fam.)* **1 pugile 2 attaccabrighe; prepotente 3 omaccione; colosso** *(fig.).*
to **bruit** [bru(:)t] *v. t. (lett.)* **diffondere** (una voce, una notizia).
brunch [brʌntʃ] *n.* (*contraz. fam. di breakfast e lunch)* **pasto unico, che fa da prima e seconda colazione.**
brunette [bru:'net] *n.* e *a.* **brunetta; bruna.**
brunt [brʌnt] *n.* [U] **urto; colpo;** *(fig.)* **peso maggiore**: *to bear the b. of an attack,* sostenere l'urto d'un attacco.
brush [brʌʃ] *n.* **1** [C] **spazzola** (anche elettrica); **spazzolino;** (anche *fig.*) **pennello**: *These pictures are from the same b.,* questi quadri sono dello stesso pennello **2** [U] **boscaglia; sottobosco 3** [C] (anche *b.-up*) **spazzolata 4** [C] (anche *mil.*) **scaramuccia; schermaglia** ● *b. haircut,* taglio di capelli a spazzola □ *b. work,* arte del pennello □ *flat b.,* pennellessa.
to **brush** [brʌʃ] **A** *v. t.* **1 spazzolare; pulire con la spazzola (o lo spazzolino) 2 sfiorare B** *v. i.* **muoversi in fretta; passare sfiorando** ● *to b. aside (o away),* togliere spazzolando; cacciare (con un gesto della mano); mettere in disparte, dimenticare □ *to b. off,* togliere con una spazzola; cacciare (con un gesto della mano); *(fig.)* liberarsi di (q.), licenziare (q.) □ *to b. up,* spazzolare per bene; *(fig.)* ripassare, dare una ripassata a: *I must b. up my French,* devo dare una ripassata al mio francese.
brush-cut ['brʌʃ,kʌt] *a.* **a spazzola:** *His hair was b.,* portava i capelli a spazzola.
brush-holder ['brʌʃ,houldə*] *n.* [C] **portaspazzole.**
brush-off ['brʌʃəf] *n.* [C] *(pop.)* **licenziamento** ● *to give sb. the b.,* respingere q. bruscamente; licenziare q.
brushwood ['brʌʃwud] *n.* [U] **sottobosco; boscaglia.**
brushy ['brʌʃi] *a.* **1 cespuglioso; pieno di cespugli** (o **arbusti) 2 ispido; irto; irsuto.**
brusque [bru(:)sk] *a.* **brusco; rude.**
Brussels sprout [,brʌsəlz'spraut] *n. (generalm. al pl.) (bot.,* Brassica oleracea gemmifera*)* **cavolo di Bruxelles.**
brutal ['bru:tl] *a.* **brutale** ● *the b. facts,* la dura realtà.
brutality [bru:'tæliti] *n.* [U] e [C] **brutalità.**
to **brutalize** ['bru:təlaiz] *v. t.* **1 abbrutire 2 trattare brutalmente.**
brute [bru:t] **A** *n.* **bestia; bruto; persona brutale B** *a.* **bruto**: *b. force,* forza bruta.
brutish ['bru:tiʃ] *a.* **1 brutale; bestiale 2 grossolano.**
bryony ['braiəni] *n.* (anche *white b.) (bot.,* Bryonia dioica*)* **brionia; vite bianca.**
bubble ['bʌbl] *n.* [C] **1 bolla; bolla di sapone** (anche *fig.*) **2 frode; truffa** ● *b. bath,* bagno di schiuma □ *to blow bubbles,* fare le bolle di sapone □ *to prick the b.,* smascherare un'impostura.
to **bubble** ['bʌbl] **A** *v. t.* **far ribollire; far gorgogliare B** *v. i.* **1 formare bolle; ribollire; gorgogliare** ● *to b. over with joy,* sprizzare felicità.
bubble and squeak ['bʌblen'skwi:k] *n.* [U] *(cucina)* **fritto di carne e verdura.**
bubbletop ['bʌbl,tɔp] *n.* [C] **1** *(autom.)* **cupola di vetro** (a prova di proiettile) **2 ombrello a cupola** (trasparente) ● *(autom.) b. car,* automobile con la cupola di vetro.
bubbling ['bʌbliŋ] *n.* [U] **ribollimento; gorgogliamento.**
bubo ['bju:bou] *n. (pl.* **buboes***) (med.)* **bubbone.**
bubonic [bju(:)'bɔnik] *a.* **bubbonico**: *b. plague,* peste bubbonica.

buccal ['bʌkəl] a. (anat.) della bocca; delle guance.
buccaneer [ˌbʌkə'niə*] n. 1 bucaniere; pirata 2 (fig.) avventuriero.
(1) buck [bʌk] A n. [C] 1 (maschio di) cervo, daino, camoscio, coniglio; caprone; leprotto 2 (fam.) damerino 3 (pop. USA) dollaro B a. attr. (pop.) maschio; per soli uomini: a b. lunch, un pranzo per soli uomini.
(2) buck [bʌk] n. (pop.) responsabilità: to pass the b. to sb., scaricare su q. la propria responsabilità; fare a scaricabarili.
to **buck** [bʌk] A v. i. 1 (di cavallo, mulo) sgroppare; dare sgroppate 2 attaccare a testa bassa (come un caprone) 3 (fam.) fare resistenza B v. t. (anche to b. off) gettare di sella, disarcionare (il cavaliere) ● (fam.) to b. up, rincorare, rincorarsi; fare animo a, rianimarsi: B. up!, (fatti) coraggio!
bucket ['bʌkit] n. [C] 1 secchio; secchia 2 secchiello (da spiaggia) 3 (naut., idraulica) cucchiaia 4 (naut.) bugliolo ● (pop.) to kick the b., tirare le cuoia; crepare.
to **bucket** ['bʌkit] v. t. e i. 1 attingere, portare (acqua, ecc.) in secchi 2 (fam.) cavalcare (un cavallo) a briglia sciolta.
bucketful ['bʌkitful] n. [C] secchio; secchiata.
bucket-shop ['bʌkitˌʃɔp] n. [C] (pop.) agenzia di cambio clandestina.
buck-jump ['bʌkˌdʒʌmp] n. [C] groppata.
buckle ['bʌkl] n. [C] fibbia; fermaglio.
to **buckle** ['bʌkl] A v. t. 1 (spesso to b. up) affibbiare; fermare con una fibbia 2 (mecc.) deformare (un metallo) B v. i. deformarsi; storcersi ● to b. (down) to st., mettersi a fare q.c. con impegno.
buckler ['bʌklə*] n. [C] piccolo scudo rotondo.
buckram ['bʌkrəm] n. [U] tela rigida (us. in legatoria, ecc.).
bucksaw ['bʌkˌsɔ(:)] n. [C] (falegnameria) sega intelaiata (a lama tesa).
buckshee [ˌbʌk'ʃi(:)] A n. (pop.; gergo mil.) soprassoldo; razione extra B (pop.) a. gratuito C avv. gratuitamente; gratis.
buckshot ['bʌkʃɔt] n. [U] pallettoni.
buckskin ['bʌkskin] n. [U] pelle di daino (o di camoscio).
bucktooth [ˌbʌk'tu:θ] n. [C] (pl. **buckteeth** [ˌbʌk'ti:θ]) dente sporgente.
buckwheat ['bʌkwi:t] n. [U] (bot.) 1 (Fagopyrum esculentum) grano saraceno 2 farina di grano saraceno.
bucolic [bju(:)'kɔlik] a. 1 bucolico; pastorale 2 rurale; rustico.
bud [bʌd] n. [C] (bot.) 1 gemma; germoglio; getto 2 boccio; bocciolo: in (the) bud, in boccio.
to **bud** [bʌd] v. i. 1 (bot.) germogliare; gettare 2 (bot.) sbocciare 3 (fig.) spuntare 4 (biol.) riprodursi per gemmazione.
Buddhism ['budizəm] n. [U] (relig.) buddismo.
Buddhist ['budist] n. (relig.) buddista.
buddy ['bʌdi] n. (fam. USA) 1 amico; compagno 2 compagno d'armi; commilitone.
to **budge** [bʌdʒ] A v. i. spostarsi; muoversi: I won't b. an inch, non mi sposterò di un pollice B v. t. smuovere.
budgerigar ['bʌdʒərigaː*] n. (zool., Melopsittacus undulatus) melopsittaco; pappagallino ondulato; parrocchetto canoro.
budget ['bʌdʒit] n. [C] (fin, rag.) bilancio preventivo.
to **budget** ['bʌdʒit] (fin., rag.) A v. i. fare un bilancio preventivo B v. t. stanziare in bilancio.
budgie ['bʌdʒi] n. (abbr. fam. di **budgerigar**) pappagallino.
buff [bʌf] A n. [U] pelle di bufalo (o di bue) B a. 1 di pelle di bufalo (o di bue); scamosciato 2 (di color) giallo-marrone.
to **buff** [bʌf] v. t. (mecc.) pulire, lucidare (un metallo, ecc.).
buffalo ['bʌfəlou] n. (pl. **buffaloes, buffalos, buffalo**) (zool.) 1 (Bubalus bubalis) bufalo (indiano) 2 (USA: Bison bison) bisonte americano.
buffer ['bʌfə*] n. [C] 1 (autom., ferr.) respingente; (mecc.) paracolpi 2 (chim.) tampone ● (polit.) b. state, stato cuscinetto.
(1) buffet ['bʌfit] n. [C] 1 schiaffo; pugno 2 (fig.) colpo.
to **buffet** ['bʌfit] A v. t. 1 colpire (con la mano o col pugno); schiaffeggiare 2 battere; urtare; (del fato) avversare B v. i. 1 combattere; lottare 2 aprirsi un varco combattendo.
(2) buffet ['bufei] n. [C] 1 credenza; buffet 2 ristorante; caffè; bar; buffet (di stazione, ecc.) ● (ferr.) b. car, vagone ristorante.
buffoon [bʌ'fu:n] n. buffone.
buffoonery [bʌ'fu:nəri] n. 1 [U] buffoneria 2 [C] buffonata.
bug [bʌg] n. [C] 1 (zool.) emittero 2 (zool., anche bedbug) cimice (dei letti) 3 (zool., USA) insetto 4 (fam.) germe; microbo; virus 5 (fam.) mania; pallino (fam.) 6 (fam.) fanatico; appassionato 7 (fam.) difetto (in una macchina, ecc.) 8 (fam.) microfono spia ● (pop.) big bug, pezzo grosso.
to **bug** [bʌg] v. t. (fam.) installare un microfono spia in (un luogo).
bugaboo ['bʌgəbu:], **bugbear** ['bʌgbεə*] n. (pl. **bugaboos**) spauracchio; babau.
bugger ['bʌgə*] n. sodomita.
buggery ['bʌgəri] n. [U] sodomia.
Buggin's turn, Buggins' turn ['bʌginz tə:n] n. sistema delle promozioni per anzianità (e non per merito).
buggy ['bʌgi] n. [C] calesse; calessino.
bugle ['bju:gl] n. [C] 1 corno da caccia 2 (mil.) trombetta.
to **bugle** ['bju:gl] v. i. (mil.) suonare la tromba.
bugler ['bju:glə*] n. (mil.) trombettiere.
to **build** [bild] A (pass. e p.p. **built** [bilt]) v. t. 1 fabbricare; costruire; edificare 2 (fig.) basare; fondare B v. i. 1 costruirsi (o farsi) la casa 2 fare il costruttore 3 (degli uccelli) nidificare ● (ind. costr., mecc.) to b. in, incassare; incorporare: a built-in bath, una vasca da bagno incorporata □ to b. up, murare (una porta, finestra, ecc.); accumulare □ to b. up a fortune, farsi una fortuna □ to b. up one's health, rafforzare la propria salute □ Words are built up of letters, le parole sono formate da lettere.
build [bild] n. [U] e [C] 1 (di edificio) forma; stile 2 (di persona) corporatura.
builder ['bildə*] n. costruttore (anche fig.); imprenditore edile.
building ['bildiŋ] A n. 1 [U] costruzione; edilizia: land for b., terreno da costruzione 2 [C] edificio; fabbricato B a. edile; edilizio ● b. lot, lotto fabbricabile □ b. society, società di credito immobiliare □ b. trade, edilizia.
build-up ['bildʌp] n. [C] (comm.) lancio pubblicitario.
built [bilt] pass. e p.p. di to **build**.
bulb [bʌlb] n. [C] 1 (di pianta, termometro, capello, ecc.) bulbo; (di pianta) tubero 2 (elettr., anche electric b.) lampadina elettrica.
bulbiform ['bʌlbifɔ:m] a. bulbiforme.
bulbous ['bʌlbəs] a. bulboso.
Bulgarian [bʌl'gεəriən] a. e n. bulgaro.
bulge [bʌldʒ] n. [C] 1 rigonfiamento (di un muro, ecc.); protuberanza 2 aumento temporaneo (di volume o di numero).
to **bulge** [bʌldʒ] A v. i. incurvarsi (in fuori); essere rigonfio B v. t. gonfiare.
bulgy ['bʌldʒi] a. rigonfio; protuberante.
bulk [bʌlk] n. [U] 1 massa; volume 2 — the b. of, la maggior parte di; il grosso di ● (naut.) to break b., cominciare a scaricare □ (comm.) to sell in b., vendere all'ingrosso.
to **bulk** [bʌlk] A v. i. 1 ammassarsi 2 crescere di volume B v. t. ammassare; accumulare ● to b. large, sembrare importante □ to b. up, accumulare; ammassare □ to b. up to, assommare a.
bulkhead ['bʌlkhed] n. [C] (naut., aeron.) paratia.
bulky ['bʌlki] a. 1 grosso; voluminoso 2 ingombran-

te.

(1) bull [bul] **A** *n.* **1 toro** (anche *fig.*); **bufalo maschio 2** (specialm. nei composti) **maschio** (dei grandi mammiferi): *a b. elephant,* un elefante maschio **3** *(Borsa)* **speculatore al rialzo; rialzista 4** — *(astron., astrologia) the B.,* il Toro **5** (anche *b.'s-eye*) **centro del bersaglio; barilotto 6** *(pop. USA)* **poliziotto B** *a.* **1** (di animale) **maschio 2 taurino 3** *(Borsa)* **tendente a (provocare un) rialzo** ● *b. calf,* torello; vitello; *(fig.)* sempliciotto □ *(fig.) a b. in a china shop,* una persona impacciata (o maldestra) □ (anche *fig.*) *to take the b. by the horns,* prendere il toro per le corna.

to **bull** [bul] *v. i. (Borsa)* **1 speculare al rialzo 2** (di titoli) **salire di prezzo.**

(2) bull [bul] *n.* [C] **bolla** (editto, decreto papale).

(3) bull [bul] **A** *n.* [U] *(pop.,* spesso *Irish b.)* **sciocchezze; fesserie** *(pop.)*; **fregnacce** *(volg.)* **B** *inter.* **balle!** *(pop.)*; **fregnacce!, stronzate!** *(volg.).*

bullace ['bulis] *n.* *(bot.,* Prunus insititia) **susino selvatico.**

bull-baiting ['bul,beitiŋ] *n.* [U] (un tempo) **spettacolo popolare in cui si aizzavano cani contro un toro incatenato.**

bulldog ['buldɔg] *n.* **1** (cane) **bulldog 2 pistola di grosso calibro.**

to **bulldoze** ['bul,douz] *v. t.* **1 spianare con un bulldozer 2** *(fam.)* **angariare; intimorire.**

bulldozer ['bul,douzə*] *n.* [C] *(mecc.)* **bulldozer; apripista.**

bullet ['bulit] *n.* [C] **pallottola; proiettile.**

bulletin ['bulitin] *n.* [C] **1 bollettino 2** *(radio, telev.)* **notiziario.**

bulletproof ['bulit,pru:f] *a.* **a prova di pallottola (o di proiettile); blindato.**

bullfight ['bul,fait] *n.* [C] **corrida.**

bullfighter ['bul,faitə*] *n.* **torero.**

bullfighting ['bul,faitiŋ] *n.* [U] **tauromachia.**

bullfinch ['bul,fintʃ] *n.* *(zool.,* Pyrrhula pyrrhula) **ciuffolotto.**

bullfrog ['bulfrɔg] *n.* *(zool.,* Rana pipiens) **rana toro.**

bullhead ['bulhed] *n.* *(zool.,* Ameiurus nebulosus) **pesce gatto.**

bull-headed [,bul'hedid] *a.* **testardo; ostinato.**

bullion ['buljən] *n.* [U] **oro (o argento) in lingotti.**

bull-necked [,bul'nekt] *a.* **dal collo taurino.**

bullock ['bulək] *n.* **giovenco; manzo.**

bullring ['bulriŋ] *n.* [C] **arena** (per corride).

bull's-eye ['bulzai] *n.* [C] **1** *(naut.)* **oblò 2 centro del bersaglio; barilotto.**

bullshit ['bul,ʃit] *V.* **(3) bull.**

to **bully** ['buli] **A** *v. t.* **angariare; opprimere B** *v. i.* **fare il prepotente** ● *to b. sb. into doing st.,* costringere q., con minacce, a fare q.c.

bully ['buli] *n.* **1 prepotente; bullo** *(fam.)* **2** *(arc.)* **sfruttatore di donne.**

bulrush ['bulrʌʃ] *n.* [C] *(bot.,* Scirpus lacustris) **giunco di palude.**

bulwark ['bulwək] *n.* [C] **1 baluardo** (anche *fig.*); **bastione; parapetto 2 frangiflutti 3** *(naut., di solito al pl.)* **murata.**

bum [bʌm] *n.* [C] *(pop.)* **deretano.**

to **bum** [bʌm] *(pop. USA)* **A** *v. i.* **oziare; fare il vagabondo B** *v. t.* **scroccare.**

bumblebee ['bʌmbl,bi:] *n.* *(zool.,* Bombus) **bombo.**

bumbledom ['bʌmbldəm] *n.* [U] **boria d'impiegatuccio.**

to **bump** [bʌmp] *v. t.* e *i.* **1 battere; urtare; andare a sbattere**: *to b. against st.,* andare a sbattere contro q.c. □ *to b. one's head,* battere la testa **2 sobbalzare**: *to b. along,* procedere sobbalzando ● *to b. into sb.,* incontrare q. per caso.

bump [bʌmp] *n.* [C] **1 colpo; urto 2 sobbalzo 3 bernoccolo** (anche *fig.*).

bumper ['bʌmpə*] **A** *n.* [C] **1 bicchiere colmo 2** *(pop.)* **cosa di eccezionale grandezza 3** *(autom.)* **paraurti 4** *(ferr. USA)* **respingente 5** *(naut.)* **parabordo B** *a. attr.* **eccezionale**: *a b. crop,* un raccolto eccezionale.

bumpkin ['bʌmpkin] *n.* **individuo goffo (o maldestro).**

bumptious ['bʌmpʃəs] *a.* **presuntuoso; arrogante; borioso.**

bumpy ['bʌmpi] *a.* (di terreno, strada, ecc.) **irregolare; accidentato.**

bun [bʌn] *n.* [C] **1 ciambella; focaccina 2 crocchia; chignon** ● *hot cross bun,* focaccina con un segno di croce sopra (che si mangia il Venerdì Santo).

bunch [bʌntʃ] *n.* [C] **1 grappolo; gruppo** (di oggetti); **mazzo**: *a b. of flowers (of keys),* un mazzo di fiori (di chiavi) □ *a b. of grapes,* un grappolo d'uva **2** *(fam.)* **gruppo** (di persone) ● *a b. of bananas,* un casco di banane.

to **bunch** [bʌntʃ] **A** *v. t.* **raggruppare; raccogliere in mazzo (o in mazzi) B** *v. i.* **raggrupparsi; raccogliersi in mazzo (o mazzi).**

buncombe ['bʌŋkəm] *V.* **bunkum.**

bundle ['bʌndl] *n.* [C] **1** (anche *bot.*) **fascio; fastello 2 involto; pacco; fagotto 3** *(anat.)* **fascio.**

to **bundle** ['bʌndl] **A** *v. t.* **1 legare** (q.c.) **in un fascio (o fagotto); affastellare; impacchettare 2** *(seguito da away, off, out, into)* **mettere** (q.c.) **alla rinfusa; mandare** (q.) **in tutta fretta B** *v. i.* *(seguito da away, off, out)* **andarsene in gran fretta; far fagotto.**

bung [bʌŋ] *n.* [C] *(ind.)* **grosso turacciolo; tappo** (di botte, ecc.); **zipolo.**

to **bung** [bʌŋ] *v. t.* **mettere il tappo a, tappare** (una botte, ecc.) ● *(pop.) to b. up,* chiudere; intasare.

bungalow ['bʌŋgəlou] *n.* [C] **bungalow; casa a un piano con veranda.**

bunghole ['bʌŋhoul] *n.* [C] **cocchiume.**

bungle ['bʌŋgl] *n.* [C] **pasticcio** *(fig.)*; **lavoro malfatto.**

to **bungle** ['bʌŋgl] *v. t.* e *i.* **abborracciare; impasticciare** *(fig.)*; **fare male** (un lavoro); **fare pasticci** *(fig.).*

bungler ['bʌŋglə*] *n.* **abborracciatore; pasticcione.**

bunion ['bʌnjən] *n.* [C] *(med.)* **borsite dell'alluce.**

(1) bunk [bʌŋk] *n.* [C] **1** *(naut.)* **cuccetta 2 lettino; branda** ● *b. bed,* letto a castello.

to **bunk** [bʌŋk] *v. i.* **1 dormire in cuccetta 2** *(fam.)* **alloggiare, dormire** (in modo provvisorio o alla meglio).

(2) bunk [bʌŋk] *n.* — *(pop.) to do a b.,* tagliare la corda *(fig.).*

(3) bunk [bʌŋk] *n.* [U] *(pop.)* **fandonie; bubbole.**

bunker ['bʌŋkə*] *n.* [C] **1** *(naut.)* **carbonile; stiva per il carbone 2** *(mil.)* **bunker; fortino; casamatta 3** *(golf)* **ostacolo** (artificiale).

to **bunker** ['bʌŋkə*] *v. t.* **1** *(golf)* **colpire** (la palla) **facendola arrestare davanti a un ostacolo 2** *(fig.)* **mettere in difficoltà** ● *to be bunkered, (golf)* avere la palla ferma davanti a un ostacolo; *(fig.)* essere in difficoltà.

bunkum ['bʌŋkəm] *n.* [U] *(pop.)* **bubbole; fandonie; oratoria da strapazzo.**

bunny ['bʌni] *n.* [C] **1** *(infant.)* **coniglietto 2** (anche *b. girl*) **coniglietta** (ragazza di un Playboy Club).

bunt [bʌnt] *n.* [C] *(aeron.)* **virata imperiale.**

to **bunt** [bʌnt] *v. i.* *(aeron.)* **fare una virata imperiale.**

(1) bunting ['bʌntiŋ] *n.* [U] **1** *(ind. tessile)* **stamigna, stamina** (stoffa per bandiere, ecc.) **2** *(collett.)* **bandiere; pavesi; bandierine.**

(2) bunting ['bʌntiŋ] *n.* *(zool.,* Emberiza) **zigolo.**

buoy [bɔi] *n.* [C] **1** *(naut.)* **boa; gavitello 2** *(naut.,* anche *life b.)* **salvagente 3** *(fig.)* **sostegno; appoggio.**

to **buoy** [bɔi] *v. t.* *(naut.)* **1 provvedere di boe 2** (talvolta *to b. up*) **segnare la posizione di** (q.c.) **con boe** ● *to b. up,* tenere a galla; *(fig.)* sostenere, appoggiare.

buoyage ['bɔiidʒ] *n.* [U] *(naut.)* **sistema di boe.**

buoyancy ['bɔiənsi] *n.* [U] **1 galleggiabilità 2** *(fig.)* **brio; vivacità; esuberanza 3** *(comm.)* **tendenza al rialzo.**

buoyant ['bɔiənt] *a.* **1** *(naut.)* **galleggiante; galleggiabile 2** *(fig.)* **esuberante; allegro; vivace 3** *(comm.)* **tendente al rialzo.**

bur [bə:*] *n.* **1** *(ind. tessile)* **lappola 2** *(bot.)* **riccio** (di castagna); **involucro spinoso 3** *(fig.)* **attaccabottoni** *(fam.)*.

to **burble** ['bə:bl] *v. i.* **1 gorgogliare 2 ribollire** (di rabbia, ecc.).

(1) burden ['bə:dn] *n.* [C] **1** (anche *fig.*) **carico; fardello; onere; peso; soma**: *a beast of b.*, una bestia da soma □ *a b. of care,* un fardello di affanni **2** *(comm.)* **gravame; aggravio 3** *(naut.)* **stazza; tonnellaggio 4** *(leg.)* **onere.**

to **burden** ['bə:dn] *v. t.* **1** (anche *fig.*) **caricare, gravare, imporre un onere a** (q.) **2 opprimere 3 gravare di imposte.**

(2) burden ['bə:dn] *n.* **1** *(mus.)* **ritornello 2** *(fig.)* **tema principale.**

burdensome ['bə:dnsəm] *a.* **gravoso; pesante; opprimente.**

burdock ['bə:dɔk] *n.* [C] *(bot.,* Arctium lappa) **bardana; lappa.**

bureau ['bjuərou] *n.* (*pl.* **bureaux, bureaus** ['bjuərouz]) **1 scrivania 2** *(USA)* **cassettone 3 ufficio; agenzia**: *an information b.*, un'agenzia d'informazioni **4 dipartimento; sezione.**

bureaucracy [bjuə'rɔkrəsi] *n.* [U] **burocrazia.**

bureaucrat ['bjuəroukræt] *n.* **burocrate.**

bureaucratic [ˌbjuərou'krætik] *a.* **burocratico.**

bureaucratism [bjuə'rɔkrəˌtizəm] *n.* [U] **burocratismo.**

to **bureaucratize** [bjuə'rɔkrəˌtaiz] *v. t.* **burocratizzare.**

burette [bjuə'ret] *n.* [C] *(chim.)* **buretta; provetta graduata.**

to **burgeon** ['bə:dʒən] *v. i.* *(poet.)* **germogliare; gemmare.**

burgess ['bə:dʒis] *n.* **cittadino** (di un « borough »).

burgher ['bə:gə*] *n.* **cittadino; borghese.**

burglar ['bə:glə*] *n.* **scassinatore** ● *b. alarm,* sistema d'allarme.

burglary ['bə:gləri] *n.* [U] e [C] **furto con scasso.**

to **burgle** ['bə:gl] **A** *v. t.* **svaligiare** (una casa, ecc.); **commettere un furto con scasso ai danni di** (q.) **B** *v. i.* **fare lo scassinatore.**

burgomaster ['bə:gəˌma:stə*] *n.* **borgomastro.**

burgrave ['bə:greiv] *n.* *(stor.)* **burgravio.**

Burgundian [bə'gʌndjən] *a.* e *n.* **borgognone.**

burgundy ['bə:gəndi] *n.* [U] **borgogna; vino di Borgogna.**

burial ['beriəl] *n.* **1** [U] e [C] **sepoltura; inumazione; tumulazione 2** [C] **funerale.**

burial ground ['beriəlˌgraund] *n.* [C] **cimitero.**

burin ['bjuərin] *n.* [C] **bulino.**

to **burke** [bə:k] *v. t.* **soffocare; passare sotto silenzio.**

burl [bə:l] *n.* [C] **nodo** (nella stoffa, nel legno).

to **burl** [bə:l] *v. t.* *(ind. tessile)* **rifinire** (una stoffa) **togliendo i nodi.**

burlap ['bə:læp] *n.* [U] **tela ruvida; tela da sacchi.**

burlesque [bə:'lesk] **A** *n.* **1** [U] e [C] **caricatura; parodia 2** [C] *(letter.)* **farsa; poema burlesco 3** [C] *(teatr., USA)* **spettacolo di varietà; spogliarello B** *a.* **caricaturale; parodistico.**

to **burlesque** [bə:'lesk] *v. t.* **parodiare; mettere in ridicolo.**

burliness ['bə:linis] *n.* [U] **corpulenza.**

burly ['bə:li] *a.* **corpulento; tarchiato.**

Burman ['bə:mən], **Burmese** [bə:'mi:z] *a.* e *n.* **birmano.**

burn [bə:n] *n.* [C] **1 bruciatura; scottatura;** *(med.)* **ustione 2 marchio a fuoco.**

to **burn** [bə:n] (*pass.* e *p.p.* **burnt** [bə:nt], talvolta **burned** [bə:nd]) **A** *v. t.* e *i.* **1** (anche *fig.*) **bruciare; ardere; infiammare, infiammarsi; cuocere troppo; scottare, scottarsi 2** *(ind.)* **cuocere** (cemento, ceramica, mattoni, ecc.) **3 far bruciare 4 consumare** (combustibile); **usare** (luce, riscaldamento, energia nucleare, ecc.) **5** *(med.)* **cauterizzare B** *verbi composti* **1** *to b. away,* continuare a bruciare; consumarsi (bruciando) **2** *to b. down,* bruciare; distruggere col fuoco **3** *to b. in* (o *into*), imprimere a fuoco; *(fig.)* segnare indelebilmente **4** *to b. out,* estinguersi, spegnersi (per mancanza di combustibile); (di lampadina) fulminarsi □ *to b. sb. out,* cacciare q. col fuoco □ *to b. st. out,* distruggere q.c. col fuoco **5** *to b. up,* bruciare (interamente); prender fuoco ● *(fig.) to b. one's boats* (o *bridges*), tagliarsi i ponti alle spalle □ *to b. the candle at both ends,* vegliare fino a tardi e alzarsi presto (per lavorare); sprecare energie □ *(fig.) to b. daylight,* fare cosa inutile □ *(fig.) to b. one's fingers,* rimanere scottato □ *to b. low,* bruciare a fiamma bassa □ *(fig.) to b. the midnight oil,* lavorare fino a notte tarda □ *to b. to ashes,* incenerire, incenerirsi □ *to be burnt to death,* morire carbonizzato □ *(fig.) Money burns a hole in his pocket,* ha le mani bucate.

burner ['bə:nə*] *n.* [C] *(mecc.)* **bruciatore; becco a gas.**

burning ['bə:niŋ] *a.* **1 che brucia; che scotta 2** *(fig.)* **scottante 3** *(fig.)* **cocente.**

burning glass ['bə:niŋglas] *n.* [C] **specchio ustorio.**

to **burnish** ['bə:niʃ] *v. t.* e *i.* **brunire, brunirsi.**

burnisher ['bə:niʃə] *n.* **1 brunitore 2** *(metall.)* **brunitoio.**

burnt [bə:nt] *pass.* e *p.p.* di to **burn.**

burnt-out [ˌbə:nt'aut] *a.* **1** (di fuoco, ecc.) **spento 2** *(fig.)* **esaurito; esausto; bruciato** *(fig.)* **3** *(elettr.)* **fulminato 4** (di motore) **fuso.**

burp [bə:p] *n.* [C] *(fam.)* **rutto.**

to **burp** [bə:p] *(fam.)* **A** *v. i.* **ruttare B** *v. t.* **far fare un ruttino a un** (bambino).

(1) burr [bə*] *n.* [C] **1 alone nebuloso** (della luna o di una stella) **2** *(metall.)* **bavatura; ricciolo.**

(2) burr [bə:*] *V.* **bur.**

(3) burr [bə:*] *n.* *(us. soltanto al sing.)* **1** *(fon.)* **pronunzia arrotata della erre 2 ronzio** (di macchinari, ecc.).

to **burr** [bə:*] *v. i.* e *t.* **1** *(fonetica)* **arrotare la erre; pronunciare** (parole) **arrotando la erre 2 fare un ronzio; ronzare.**

burrow ['bʌrou] *n.* [C] **cunicolo; covo; tana.**

to **burrow** ['bʌrou] *v. t.* e *i.* **1 scavare** (una buca, una tana); **farsi il covo** (o **la tana**) **2** *(fig.)* **nascondersi 3** *(fig.)* **indagare; investigare.**

bursar ['bə:sə*] *n.* **1 economo, tesoriere** (specialm. di un « college » universitario) **2** *(scozz.)* (studente) **borsista.**

bursarship ['bə:səʃip] *n.* [C] *(scozz.)* **borsa di studio.**

bursary ['bə:səri] *n.* [C] **1 economato; tesoreria 2** *(scozz.)* **borsa di studio.**

to **burst** [bə:st] (*pass.* e *p.p.* **burst**) **A** *v. i.* **1 esplodere; scoppiare** (anche *fig.*); **spaccarsi 2 essere ricolmo di; traboccare; riboccare 3 aprirsi**; (di germogli, ecc.) **spuntare;** (di nuvole) **squarciarsi B** *v. t.* **fare esplodere** (o **scoppiare**); **spaccare; rompere C** *verbi composti* **1** *to b. forth,* sgorgare, zampillare; (del sole) sorgere all'improvviso; (di temporale) scoppiare **2** *to b. in,* irrompere, fare irruzione; interloquire □ *to b. st. in,* abbattere q.c. **3** *to b. into,* irrompere in; prorompere in □ *to b. into flames,* prendere fuoco improvvisamente □ *to b. into tears,* scoppiare in lacrime **4** *to b. out,* (di persona) prorompere, cominciare a parlare improvvisamente (o in tono violento); (di cosa) apparire all'improvviso □ *to b. out laughing (crying),* mettersi a ridere (a piangere); scoppiare in risa (in lacrime) **5** *to b. up,* esplodere; (far) saltare in aria; mandare (o andare) a rotoli ● *to b. one's sides with laughing* (o *laughter*), sbellicarsi dalle risa □ *to b. with envy,* crepare d'invidia □ *ready to b.,* sul punto di esplodere.

burst [bə:st] *n.* [C] **1** (anche *fig.*) **scoppio; esplosione; scroscio**: *a b. of laughter,* uno scoppio di risa **2 rottura; spacco 3 scatto 4** *(mil.)* **raffica** ● *a b. of enthusiasm,* una fiammata d'entusiasmo □ *a b. of flames,* una vampata.

burton ['bə:tn] *n.* [C] *(naut.)* **paranchino.**

to **bury** ['beri] *v. t.* **1** (anche *fig.*) **seppellire; sotterrare 2 nascondere; cacciare; sprofondare**: *to b. one's face in one's hands,* nascondere il viso tra le mani ● *to be buried alive,* essere sepolto vivo □ *to be buried in thought,* essere assorto nei propri pensieri.

burying-ground ['beriiŋgraund] *n.* [C] **cimitero.**

bus [bʌs] *n.* (*pl.* **buses, busses** ['bʌsiz]) **1 autobus 2** *(pop.)* **automobile; motocicletta; aeroplano** ● *bus* *lane,* corsia riservata agli autobus □ *bus line,* autolinea; società d'auto-trasporti (per passeggeri) □ *bus stop,* fermata dell'autobus.

to **bus** [bʌs] *v. i. (pop.)* **andare in autobus.**

busby ['bʌzbi] *n.* [C] *(mil.)* **colbacco.**

(1) bush [buʃ] *n.* **1** [C] **cespuglio; arbusto 2** *(us. al sing. con l'art. determ.)* **boscaglia; macchia; folto** (d'alberi); **sottobosco** ● *(fig.) to beat about the b.,* menare il can per l'aia □ *to take to the b.,* darsi alla macchia.

(2) bush [buʃ] *n.* [C] *(mecc.)* **boccola.**

bushed [buʃt] *a.* **1 pieno di cespugli 2** *(australiano)* **sperduto nella boscaglia 3** *(fam.)* **esausto; stremato; stanco morto** *(fam.).*

bushel ['buʃl] *n.* [C] **bushel** (misura di capacità) ● *(fig.) to hide one's light under a b.,* mettere la lucerna (o la fiaccola) sotto il moggio; tenere celate le proprie virtù (o i propri meriti).

bush-fighter ['buʃ,faitə*] *n.* **franco tiratore; guerriero.**

bushy ['buʃi] *a.* **cespuglioso; irsuto; folto.**

business ['biznis] *n.* **1** [U] **affare, affari; commercio**: *the cotton b.,* il commercio del cotone **2** [C] **azienda; compagnia; impresa; ditta 3** [U] **attività; lavoro; occupazione; fatto**: *His b. is selling television sets,* si occupa della vendita di televisori □ *Mind your own b.,* bada ai fatti tuoi **4** [U] **compito; dovere; affare**: *It's no b. of mine* (o *none of my b.*), non è affar mio **5** *(us. solo al sing.)* **faccenda; affare**: *It's a strange b.,* è un affare strano □ *What a b. it is!,* è un affar serio! ● *b. address,* indirizzo d'ufficio □ *(econ.) b. climate,* situazione congiunturale □ *b. college,* istituto commerciale □ *b. consultant,* commercialista □ *b. deal,* operazione commerciale □ *b. hours,* orario d'ufficio □ *b. mathematics,* computisteria □ *b. premises,* locali (di un'azienda) □ *(rag.) b. year,* anno sociale □ *to go into b.,* darsi agli affari □ *to go to b.,* andare al lavoro □ *Good b.!,* bene!; ben fatto! □ *a good stroke of b.,* un buon affare; un buon colpo *(pop.)* □ *to have no b. to do st.,* non avere il diritto di fare q.c. □ *on b.,* per affari.

business-like ['biznislaik] *a.* **efficiente; pratico; metodico.**

businessman ['biznismən] *n.* (*pl.* **businessmen** ['biznismən]) **uomo d'affari.**

busk [bʌsk] *n.* [C] **stecca** (di busto).

busker ['bʌskə*] *n. (fam.)* **suonatore ambulante.**

buskin ['bʌskin] *n.* **1 stivaletto 2** *(stor.)* **coturno.**

busman ['bʌsmən] *n.* (*pl.* **busmen** ['bʌsmən]) **conducente (o bigliettaio) di autobus** ● *(fig.) b.'s holiday,* vacanza passata facendo più o meno quel che si fa nei giorni feriali.

(1) bust [bʌst] *n.* [C] **busto** (anche *scult.*); **torace; petto; seno.**

(2) bust [bʌst] *n.* [C] *(fam.)* **1** (specialm. *USA*) **fallimento; fiasco 2 irruzione** (della polizia).

to **bust** [bʌst] *v. t.* e *i. (fam.)* **1 (far) scoppiare; spezzarsi 2 (far) fallire** (q.); **andare (o mandare) in rovina 3** *(mil.)* **degradare, essere degradato 4** *(USA)* **domare** (cavalli, ecc.) **5 picchiare 6** (della polizia) **fare irruzione in** (un appartamento, ecc.).

bustard ['bʌstəd] *n. (zool.,* Otis tarda*)* **otarda, ottarda.**

bustle ['bʌsl] *n. (solo al sing.)* **confusione; trambustio; trambusto.**

to **bustle** ['bʌsl] **A** *v. i.* **affaccendarsi; darsi da fare B** *v. t.* **far fretta a; pungolare** ● *to b. about,* andare su e giù; agitarsi, affaccendarsi □ *to b. up,* affrettarsi.

busy ['bizi] *a.* **1 affaccendato; attivo; indaffarato; occupato**: *to be b. packing,* essere indaffarato a far le valigie **2 laborioso; sempre in moto 3 che ha molto lavoro; che ha un traffico intenso**: *The shops are very b. now,* i negozi hanno molto lavoro ora **4** *(tel., USA)* **occupato.**

to **busy** ['bizi] *v. t.* **tenere occupato** ● *to b. oneself with st.,* occuparsi di q.c.

busybody ['bizi,bɔdi] *n.* **faccendiere; intrigante; ficcanaso** *(pop.).*

but [bʌt, bət] **A** *cong.* **1 ma; però; eppure; tuttavia 2** *(in frasi neg.)* **che; altro che; se non**: *There was nothing else to do but (to) leave,* non c'era altro da fare che partire **3** *(in frasi neg.)* **da non**: *He is not such a fool but he can see that,* non è tanto sciocco da non capire questo **B** *prep.* **1 eccetto; tranne**: *Nobody went but me,* non vi andò nessuno eccetto me **2 che; altro che; se non 3** (*preceduto da can, could*) **altro (da fare) che**: *You can but try,* non hai altra scelta (o altro da fare) che provare **C** *avv.* **solo; soltanto; non ... (altro) che**: *He is but a boy,* è solo un ragazzo; non è che un ragazzo **D** *pron. relat. neg. (lett.)* **che non**: *There was no man but admired her,* non c'era uomo che non l'ammirasse **E** *n.* [C] **ma; obiezione**: *I am tired of your ifs and buts,* sono stanco dei tuoi ma e dei tuoi se ● *but for,* se non fosse (stato) per □ *but then,* ma d'altra parte □ *all but,* quasi: *It's all but complete,* è quasi finito □ *anything but,* tutt'altro che: *It's anything but complete,* è tutt'altro che finito □ *anywhere but,* in qualsiasi posto all'infuori che □ *the last but one (but two),* il penultimo (il terzultimo) □ *Ten to one but it was you,* (scommetto) dieci contro uno che sei stato tu.

butane ['bju:tein] *n.* [U] *(chim.)* **butano.**

butcher ['butʃə*] *n.* (anche *fig.*) **macellaio; beccaio.**

to **butcher** ['butʃə*] *v. t.* **1 macellare 2 fare strage (o scempio) di.**

butcher's broom ['butʃəz,brum] *n.* (*bot.,* Ruscus aculeatus) **pungitopo.**

butchery ['butʃəri] *n.* [U] e [C] **1 macelleria; mestiere del macellaio 2 macellazione 3 macello 4** *(fig.)* **macello; strage; scempio.**

butler ['bʌtlə*] *n.* **maggiordomo.**

(1) butt [bʌt] *n.* [C] **grossa botte** (di 600 litri circa).

(2) butt [bʌt] *n.* [C] **1** (anche *b.-end*) **estremità più grossa e rinforzata** (di bastone, asta, ecc.) **2 impugnatura** (d'utensile); **calcio** (di arma da fuoco) **3 ceppo** (di un albero); (anche *b.-end*) **mozzicone, moncone 4 mozzicone di sigaretta; cicca 5 (terrapieno dietro un) bersaglio 6** *(al pl.)* **poligono (di tiro) 7** *(fig.)* **bersaglio; zimbello 8 scopo; fine.**

to **butt** [bʌt] *v. i.* e *t.* **cozzare, andare a cozzare, urtare** (contro q., q.c.) ● *(fam.) to b. in,* intrammettersi; interferire.

(3) butt [bʌt] *n.* [C] **cozzo; cornata.**

butter ['bʌtə*] *n.* [U] **1 burro 2** *(fam.)* **adulazione** ● *b. dish,* burriera; portaburro □ *(fam.) to lay b. on sb.,* adulare q. □ *to look as if b. would not melt in one's mouth,* avere l'aspetto innocente; fare la santarellina.

to **butter** ['bʌtə*] *v. t.* **1 imburrare 2** (*fam.,* spesso *to b. up*) **adulare** ● *(fig.) to know which side one's bread is buttered,* saper fare il proprio interesse.

buttercup ['bʌtəkʌp] *n.* [C] (*bot.,* Ranunculus) **ranuncolo; bottone d'oro.**

butter-fingered ['bʌtə,fiŋgəd] *a. (fam.)* **dalle mani di pasta frolla (o di burro).**

butterfingers ['bʌtə,fiŋgəz] *n.* [C] *(fam.)* **persona dalle mani di pasta frolla (o di burro).**

butterfly ['bʌtəflai] *n.* [C] (anche *fig.*) **farfalla** ● *(fig.) to break a b. on a wheel,* far spreco di energia.

buttermilk ['bʌtəmilk] *n.* [U] **siero** (del latte).

butterscotch ['bʌtəskɔtʃ] *n.* [U] **caramella** (di zucchero e burro fusi).

(1) buttery ['bʌtəri] *a.* **1 burroso 2 imburrato.**

(2) buttery ['bʌtəri] *n.* [C] **dispensa** (in certe università della G. B.).

buttock ['bʌtək] *n.* **1 natica 2** *(al pl.)* **deretano.**

button ['bʌtn] *n.* [C] **1 bottone; pulsante 2** *(bot.)* **germoglio; gemma 3** *(al pl.)* **paggio in livrea; ragazzo, inserviente** (d'albergo).

to **button** ['bʌtn] **A** *v. t.* **1 fornire (o ornare) di bottoni 2** (anche *to b. up*) **abbottonare B** *v. i.* **abbottonarsi.**

button-down ['bʌtndaun] *a.* **1** (di colletto di camicia da uomo) **con bottoni 2** (di camicia) **col colletto con bottoni.**

buttonhole ['bʌtnhoul] *n.* [C] **1 asola; occhiello 2 fiore portato (o da mettere) all'occhiello** ● *b. machine,* occhiellatrice □ *b. stitch,* punto a occhiello.

to **buttonhole** ['bʌtnhoul] *v. t.* **1 fare gli occhielli a** (una giacca, ecc.) **2 fare il punto a occhiello 3** *(fig.)* **attaccare un bottone a** (q.).

buttonholer ['bʌtnhoulə*] *n.* [C] **1 dispositivo per gli occhielli** (di macchina per cucire) **2** *(fig.)* **attaccabottoni.**
buttonhook ['bʌtnhuk] *n.* **1 allacciascarpe 2 allacciaguanti.**
buttonless ['bʌtnlis] *a.* **privo di bottoni.**
buttress ['bʌtris] *n.* [C] **1** *(edil.)* **contrafforte; sperone 2** *(fig.)* **appoggio; sostegno.**
to **buttress** ['bʌtris] *v. t.* **1** *(edil.)* **sostenere, rafforzare** (con un contrafforte o sperone) **2** (*fig.*, spesso *to b. up*) **rafforzare.**
buxom ['bʌksəm] *a.* (di donna) **sana e prosperosa; formosa.**
to **buy** [bai] (*pass.* e *p.p.* **bought** [bɔ:t]) ***A*** *v. t.* **1** (anche *fig.*) **acquistare; comp(e)rare** (anche nel senso di *corrompere*) **2 procurare *B*** *verbi composti* **1** *to buy back,* ricomprare **2** *to buy in,* comprare a un'asta per conto del venditore (tenendo così i prezzi alti) **3** *to buy off,* tacitare (uno che reclama o un ricattatore, pagandolo) **4** *to buy out,* comprare (un intero pacchetto azionario); rilevare (un negozio) **5** *to buy over,* comprare; corrompere **6** *to buy up,* accaparrare ● *to buy cash,* comprare a contanti □ *to buy cheap,* comprare a buon mercato.
buy [bai] *n.* [C] *(fam.)* **acquisto; compera**: *a good buy,* un buon acquisto ● *(Borsa) buy order,* ordine d'acquisto.
buyer ['baiə*] *n.* **acquirente; compratore.**
(1) to **buzz** [bʌz] ***A*** *v. i.* **1 ronzare; fare un brusìo 2 bisbigliare; sussurrare *B*** *v. t.* **1 diffondere, riferire** (una voce) **2 far ronzare** (le ali, ecc.) **3** *(aeron.)* **sorvolare a bassa quota 4 segnalare con un cicalino** ● *(pop.) to b. about* (o *around, along),* correre qua e là □ *(pop.) to b. away* (o *off),* filare, tagliare la corda *(fam.)*.
buzz [bʌz] *n.* *(us. generalm. al sing. con l'art. indeterm. o determ.)* **ronzio; brusìo** ● *(pop.) to give sb. a b.*, fare una telefonata a q.
(2) to **buzz** [bʌz] *v. t. (pop.)* **scolarsi** (una bottiglia).
buzzard ['bʌzəd] *n.* (*zool.*, Buteo buteo) **poiana; bozzago.**
buzzer ['bʌzə*] *n.* **1 insetto che ronza 2** *(elettricità)* **vibratore a cicala; cicalino.**
(1) by [bai] *prep.* **1** *(compl. di luogo)* **presso; vicino a; da; davanti a; per, attraverso; via; verso**: *a house by the river,* una casa presso il fiume **2** *(compl. di tempo)* **per; entro; di**: *by night,* di notte **3** *(compl. di mezzo)* **a; con; per**: *to read by candlelight,* leggere a lume di candela □ *to take sb. by the hand,* prendere q. per mano □ *made by hand,* fatto a mano □ *to send by land (sea, air),* spedire per terra (mare, via aerea) □ *to travel by train,* viaggiare in treno □ *by post,* per posta □ *by air mail,* per via aerea **4** *(compl. di modo)* **per; di; a; da**: *by accident,* per caso □ *by degrees,* per gradi □ *to work by the hour,* lavorare a ore **5** *(compl. di agente)* **da; di**: *a play by Shakespeare,* un dramma di Shakespeare **6** *(compl. di misura)* **a; per**: *to sell st. by the pound,* vendere q.c. a libbre ● *by daylight (moonlight),* alla luce del giorno (al chiaro di luna) □ *by the dozen,* a dozzine □ *(all) by oneself,* da solo; da sé; in disparte □ *by the side of,* al fianco di □ *by sight,* di vista.
(2) by [bai] *avv.* **1 vicino; accanto; oltre**: *The car sped by,* l'automobile passò oltre velocemente **2 da parte; in disparte; via**: *to put by,* mettere da parte ● *to be by,* esserci; essere presente □ *by and by,* fra breve; di qui (o di lì) a poco □ *by the by(e),* a proposito □ *by and large,* nell'insieme; nel complesso; in generale □ *to hurry by,* passare in fretta □ *in days gone by,* in passato; nei tempi andati □ *to keep st. by,* tenere q.c. a portata di mano □ *to run by,* passare di corsa.
(3) by [bai] *a. attr.* **secondario; marginale; subordinato.**
by-bidder ['bai,bidə*] *n.* **chi fa salire i prezzi** (a un'asta) **con offerte fittizie.**
bye-bye ['baibai] ***A*** *n. (infant.)* **nanna**: *to go to bye--byes,* andare a (far la) nanna ***B*** *inter.* ['bai'bai] *(fam.)* **addio; arrivederci; ciao.**
by-effect ['baii,fekt] *n.* [C] **effetto secondario.**
by-election ['baii,lekʃən] *n.* [C] *(polit.)* **elezione suppletiva.**
by-end ['bai,end] *n.* [C] **fine recondito; scopo segreto.**
bygone ['baigɔn] ***A*** *a.* **passato; antico *B*** *n.* [C] **cosa passata.**
bylane ['bailein] *n.* [C] **viottolo; vicolo.**
bylaw ['bailɔ:] *n.* [C] *(leg.)* **1 legge locale; ordinanza 2 legge suppletiva; leggina** *(fam.)*.
bypass ['bai,pa:s] *n.* [C] **1** *(autom.)* **tangenziale 2 deviazione stradale.**
to **bypass** ['bai,pa:s] *v. t.* **1 seguire la tangenziale di, girare attorno a** (una città) **2** *(fig.)* **fare una deviazione intorno a** (un ostacolo).
bypath ['baipa:θ] *n.* [C] **sentiero secondario; viottolo solitario** ● *(fig.) the bypaths of history,* i retroscena della storia.
byplay ['baiplei] *n.* [U] **1 fatti di secondaria importanza 2** *(teatr.)* **azione secondaria** (per lo più mimica) **dei personaggi minori.**
by-product ['bai,prɔdəkt] *n.* [C] **1** *(ind.)* **sottoprodotto 2** *(fig.)* **effetto secondario.**
byre ['baiə*] *n.* [C] **stalla per bovini.**
byroad ['bairoud] *n.* [C] **strada secondaria.**
Byronic [bai'rɔnik] *a. (letter.)* **byroniano.**
byssus ['bisəs] *n.* (*pl.* **byssuses, byssi** ['bisai]) *(ind. tessile, zool.)* **bisso.**
bystander ['bai,stændə*] *n.* **astante; spettatore.**
bystreet ['baistri:t] *n.* [C] **strada secondaria.**
byway ['bai,wei] *n.* [C] **1 strada fuorimano 2 scorciatoia.**
byword ['baiwə:d] *n.* [C] **1 detto; proverbio 2 favola; zimbello** ● *to become a b.*, diventare proverbiale.
Byzantine [bi'zæntain] *a.* e *n.* (anche *fig.*) **bizantino.**
Byzantinism [bi'zæntinizəm] *n.* [U] (anche *fig.*) **bizantinismo.**

C

C, c [si:] *n.* (*pl.* **C's, c's; Cs, cs**) **1** C, c **2** *(mus.)* **do** ● *(tel.) c for Charlie,* c come Como.
cab [kæb] *n.* **1** [C] e [U] **carrozza da nolo; carrozzella 2** [C] e [U] (specialm. *USA*) **taxi, tassì 3** [C] **cabina** (di locomotiva, ecc.) ● *cab driver,* vetturino; fiaccheraio; (specialm. *USA*) tassista.
cabal [kə'bæl] *n.* [C] **1 cabala** (complotto, intrigo) **2 combriccola; cricca.**
cabbage ['kæbidʒ] *n.* [C] e [U] (*bot.*, Brassica oleracea) **cavolo** ● *c. patch,* cavolaia, cavolaio.
cabbage-butterfly ['kæbidʒ,bʌtəflai] *n.* [C] (*zool.*, Pieris brassicae) **cavolaia.**
cabbage-rose ['kæbidʒ,rouz] *n.* [C] (*bot.*, Rosa centifolia) **rosa centifolia.**
cab(b)ala [kə'ba:lə] *n.* **cabala** (scienza occulta; dottrina esoterica).
cab(b)alism ['kæbəlizəm] *n.* [U] **cabalismo.**
cab(b)alist ['kæbəlist] *n.* **cabalista.**
cab(b)alistic [*,kæbə'listik] *a.* **cabalistico.**
cabbie, cabby ['kæbi] *n. (fam.)* **1 vetturino; fiaccheraio 2** (specialm. *USA*) **tassista.**
cabin ['kæbin] *n.* [C] **1 cabina 2 capanna; casupola; baracca** ● *(naut.) c. class,* seconda classe.
cabin boy ['kæbin,bɔi] *n. (naut.)* **mozzo.**
cabinet ['kæbinit] *n.* **1** [C] **stipo; armadietto 2** — *(polit.) C.,* Gabinetto; Ministero; Governo ● *C. Council,* Consiglio dei Ministri □ *C. crisis,* crisi ministeriale □ *filing c.,* mobile a scomparti per schedario □ *medicine c.,* armadietto dei medicinali □ *(polit.) shadow C.,* gabinetto ombra (in seno al partito d'opposizione).
cabinet-maker ['kæbinit,meikə*] *n.* [C] **stipettaio; ebanista.**
cable ['keibl] *n.* [C] **1 cavo; canapo 2** *(naut.)* **cavo; gomena 3 cablogramma** ● *c. railway,* funicolare □ *c. television,* televisione via cavo □ *c. vessel* (o *ship*), nave posacavi.
to **cable** ['keibl] **A** *v. t.* **trasmettere** (q.c.) **con un cablogramma B** *v. i.* **inviare un cablogramma.**
cablegram ['keiblgræm] *n.* [C] **cablogramma.**
cableway ['keiblwei] *n.* [U] **funivia; teleferica.**
cabman ['kæbmən] *n.* (*pl.* **cabmen** ['kæbmən]) **1 vetturino; fiaccheraio 2** (specialm. *USA*) **tassista.**
caboodle [kə'bu:dl] *n.* — *(pop.) the whole c.,* tutto quanto; tutti quanti; tutta la baracca.
caboose [kə'bu:s] *n.* [C] *(naut.)* **cambusa; cucina di bordo.**
cabotage ['kæbətidʒ] *(franc.) n.* [U] *(naut.)* **cabotaggio.**
cabriolet ['kæbrioulei] *(franc.) n.* **1 calesse provvisto di mantice 2** *(autom.)* **cabriolet.**
cabstand ['kæbstænd] *n.* [C] (specialm. *USA*) **posteggio di tassì.**
cacao [kə'ka:ou] *n.* (*pl.* **cacaos**) (*bot.*, Theobroma cacao) **cacao.**
cachalot ['kæʃə,lɔt] *n.* (*zool.*, Physeter Macrocephalus) **capodoglio.**
cache [kæʃ] *n.* [C] **1 nascondiglio 2 deposito segreto** (di viveri, ecc.).
to **cache** [kæʃ] *v. t.* **nascondere; lasciare** (viveri) **in un deposito.**
cachet ['kæʃei] *(franc.) n.* [C] **1 bollo; sigillo 2** *(fig.)* **impronta; segno di autenticità 3** *(farm.)* **cachet; cialdino.**
cachou [kə'ʃu:] *n.* **1** [C] **pastiglia aromatica** (per l'alito) **2** *V.* **catechu.**
to **cackle** ['kækl] *v. i.* **1** (della gallina) **chiocciare, fare coccodè;** (dell'anatra) **schiamazzare 2 parlare con voce stridula; ridacchiare; ciarlare.**
cackle ['kækl] *n.* **1** [C] (della gallina) **coccodè;** (dell'anatra) **schiamazzo 2** [U] **parole dette con voce stridula; risate; ciarle.**
cacod(a)emon [,kækə'di(:)mən] *n.* **cacodemone** *(lett.)*; **spirito maligno; persona maligna.**
cacography [kə'kɔgrəfi] *n.* [U] **cacografia.**
cacophonous [kə'kɔfənəs] *a.* **cacofonico.**
cacophony [kə'kɔfəni] *n.* [U] **cacofonia.**
cactus ['kæktəs] *n.* (*pl.* **cactuses** ['kæktəsiz], **cacti** ['kæktai]) (*bot.*, Cactus) **cactus, cacto.**
cad [kæd] *n.* **1 maleducato; cialtrone 2 canaglia; furfante.**
cadastral [kə'dæstrəl] *a.* **catastale**: *a c. survey,* un rilievo catastale.
cadastre [kə'dæstrə*] *n.* [C] **catasto.**
cadaveric [kə'dævərik] *a. (med.)* **cadaverico.**
cadaverous [kə'dævərəs] *a.* **cadaverico; pallidissimo.**
caddie ['kædi] *n. (golf)* **caddie; portabastoni.**
caddish ['kædiʃ] *a.* **1 ignobile; volgare 2 canagliesco; furfantesco.**
caddy ['kædi] *n.* **1** *V.* **caddie 2** (anche *tea c.*) **barattolo per il tè.**
cadence ['keidəns] *n.* [C] **cadenza; intonazione; ritmo.**
cadenced ['keidənst] *a.* **cadenzato.**
cadency ['keidənsi] *n.* [U] **discendenza da un ramo cadetto.**
cadenza [kə'denzə] *(ital.) n.* [C] *(mus.)* **cadenza.**
cadet [kə'det] *n.* (anche *mil.*) **cadetto.**
to **cadge** [kædʒ] **A** *v. i.* **mendicare; vivere a scrocco B** *v. t.* **elemosinare, scroccare** (un pasto, ecc.).
cadger ['kædʒə*] *n.* **mendicante; scroccone.**
cadmium ['kædmiəm] *n.* [U] *(chim.)* **cadmio.**
cadre ['ka:drə] *n.* **1 cornice; schema; canovaccio 2** *(mil.)* **quadro.**
caducity [kə'dju(:)siti] *n.* [U] **1** (anche *biol.*) **caducità 2 senilità.**
caecal ['si(:)kəl] *a. (anat.)* **cecale.**
caecum ['si:kəm] *n.* (*pl.* **caeca** ['si:kə]) *(anat.)* **(intestino) cieco.**
Caesarean, Caesarian [si(:)'zɛəriən] **A** *a.* **1** *(stor.)* **cesariano 2 cesareo B** *n.* **1** *(stor.)* **cesariano 2** *(med.,* anche *C. section)* **taglio cesareo.**
Caesarism ['si:zə,rizəm] *n.* [U] *(polit.)* **cesarismo.**
caesium ['si:ziəm] *n.* [U] *(chim.)* **cesio.**
caesura [si(:)'zjuərə] *n.* [C] *(poesia)* **cesura.**
café ['kæfei] *n.* [C] **1 caffè; bar 2 tavola calda; piccolo ristorante.**
cafeteria [,kæfi'tiəriə] *n.* [C] **tavola calda; self-service.**
caffeine ['kæfi:n] *n.* [U] *(chim.)* **caffeina** ● *c.-free,* decaffeinato.
cage [keidʒ] *n.* [C] **1** (anche *fis., mecc., fig.*) **gabbia; prigione 2 palizzata; recinto 3** *(edil.)* **ingabbiatura 4** *(sport, fam.)* **cesto** (di pallacanestro).
to **cage** [keidʒ] *v. t.* **mettere (o tenere) in gabbia.**
cagey ['keidʒi] *a. (fam.)* **cauto; guardingo.**
caiman ['keimən] *n.* (*zool.*, Caiman) **caimano.**
cairn [kɛən] *n.* [C] **cumulo di pietre; tumulo.**
caisson ['keisən; kə'su:n] *n.* [C] **1** *(mil.)* **cassone** (per munizioni) **2** *(ind. costr.)* **cassone pneumatico.**
to **cajole** [kə'dʒoul] *v. t.* **circuire; allettare; raggirare.**
cajolement [kə'dzoulmənt] **cajolery** [kə'dzouləri] *n.* [U] e [C] **allettamento; raggiro; moine.**
cake [keik] *n.* **1** [C] e [U] **focaccia; torta; tortina 2** [C] **pasta; pasticcino 3** [C] **pezzo**: *a c. of soap,* un pezzo di sapone; una saponetta ● *(fig.) cakes and ale,* le cose belle della vita; gli spassi □ *a c. of blood,* un grumo di sangue □ *a c. of chocolate,* una tavoletta di cioccolata □ *a c. of tobacco,* un blocchetto di tabacco □ *c.-shop,* pasticceria □ *fish-c.,* crocchetta di pesce.
to **cake** [keik] *v. t.* e *i.* **agglomerare, agglomerarsi; incrostare, incrostarsi.**
calabash ['kæləbæʃ] *n.* [C] **1** (*bot.*, Lagenaria vulgaris) **zucca a fiasco 2 pipa, recipiente** (ricavati dalla zucca a fiasco).
calaboose [,kælə'bu(:)s] *n. (pop. USA)* **prigione; gattabuia.**
calamary ['kæləməri] *n.* [C] (*zool.*, Loligo vulgaris) **calamaro.**
calamitous [kə'læmitəs] *a.* **calamitoso.**
calamity [kə'læmiti] *n.* [C] e [U] **calamità.**

calash [kə'læʃ] *n.* [C] **calesse** (fornito di mantice).
calcareous, calcarious [kæl'kɛəriəs] *a.* **calcareo.**
calcification [,kælsifi'keiʃən] *n.* [U] **calcificazione.**
to **calcify** ['kælsifai] *v. t.* e *i.* **calcificare, calcificarsi.**
calcination [,kælsi'neiʃən] *n.* [U] *(chim.)* **calcinazione.**
to **calcine** ['kælsain] *v. t.* e *i.* *(chim.)* **calcinare, calcinarsi.**
calcium ['kælsiəm] *n.* [U] *(chim.)* **calcio** ● *c. carbide,* carburo di calcio.
calculable ['kælkjuləbl] *a.* **calcolabile.**
to **calculate** ['kælkjuleit] ***A*** *v. t.* ***1*** **calcolare; computare** ***2*** *(fam. USA)* **credere; ritenere** ***3*** *(al passivo) to be calculated,* essere inteso (a un fine) ***B*** *v. i.* ***1*** **fare calcoli** (o **conti**) ***2*** — *to c. on,* contare su (q.c.).
calculating ['kælkjuleitiŋ] *a.* **calcolatore.**
calculating machine ['kælkjuleitiŋ mə'ʃi:n] *n.* [C] **(macchina) calcolatrice.**
calculation [,kælkju'leiʃən] *n.* ***1*** [U] e [C] **calcolo; conteggio** ***2*** [U] **calcolo; astuzia.**
calculator ['kælkjuleitə*] *n.* [C] ***1*** **computista** ***2*** **prontuario per fare calcoli** ***3*** **(macchina) calcolatrice** ***4*** (di persona) **calcolatore.**
calculus ['kælkjuləs] *n.* (*pl.* **calculuses; calculi** ['kælkjulai]) ***1*** [C] *(med.)* **calcolo** ***2*** [U] *(mat.)* **calcolo.**
caldron ['kɔldrən] *n.* [C] **caldaia; calderone.**
calendar ['kælində*] *n.* [C] ***1*** **calendario** ***2*** **lista** ● *c. year,* anno solare.
to **calendar** ['kælində*] *v. t.* **registrare; includere in una lista.**
calender ['kælində*] *n.* [C] *(tecn.)* **calandra; cilindratoio; pressa.**
to **calender** ['kælində*] *v. t.* *(ind.)* **calandrare.**
calends ['kælindz] *n. pl.* **calende.**
(1) calf [ka:f] *n.* (*pl.* **calves** [ka:vz]) ***1*** **vitello** ***2*** **piccolo di grosso mammifero** (elefante, balena, ecc.) ***3*** *(fam.)* **pivello; sbarbatello** ● (di libro) *c.-bound,* rilegato in pelle di vitello □ *c. love,* amore adolescente.
(2) calf [ka(:)f] *n.* (*pl.* **calves** [ka:vz]) *(anat.)* **polpaccio.**
calfskin ['ka:f,skin] *n.* [U] **pelle di vitello.**
to **calibrate** ['kælibreit] *v. t.* *(mecc.)* ***1*** **calibrare** ***2*** **tarare.**
calibre ['kælibə*] *n.* ***1*** [C] *(mecc.)* **calibro** ***2*** [U] *(fig.)* **importanza; valore.**
calico ['kælikou] *n.* [U] *(ind. tessile)* **calicò; tela di cotone.**
calif ['kælif] *n.* **califfo.**
califate ['kælifeit] *n.* **califfato.**
Californian [,kæli'fɔ:njən] *a.* e *n.* **californiano.**
californium [,kæli'fɔ:niəm] *n.* [U] *(chim.)* **californio.**
caliph ['kælif], **caliplate** ['kælifeit] *V.* **calif, califate.**
(1) to **calk** [kɔ:k] *v. t.* *(naut.)* **calafatare.**
(2) to **calk** [kɔ:k] *v. t.* **provvedere di ramponi.**
calk [kɔ:k] *n.* [C] **rampone.**
(3) to **calk** [kɔ:k] *v. t.* **decalcare** (un disegno).
calker ['kɔ:kə*] *n.* *(costr. navali)* **calafato.**
calkin ['kælkin] *n.* [C] **rampone.**
to **call** [kɔ:l] ***A*** *v. t.* e *i.* ***1*** **chiamare; mettere nome a; nominare** ***2*** **gridare; invocare** ***3*** **andare, venire** (nel senso di: **far visita**): *Has anybody called?,* è venuto nessuno? ***4*** **convocare** (q.); **indire** (una riunione, ecc.); **proclamare**: *to c. a strike,* proclamare uno sciopero ***5*** *(al passivo) to be called,* chiamarsi: *She's called Ann,* si chiama Anna ***B*** *verbi composti* ***1*** *to c. at,* andare (o passare) da; *(naut.)* fare scalo a: *The ship called at Naples,* la nave fece scalo a Napoli ***2*** *to c. away,* distrarre; distogliere ***3*** *to c. back,* richiamare; ritrattare ***4*** *to c. down,* far scendere; invocare; *(pop.)* denigrare ***5*** *to c. for,* richiedere; andare (o venire) a prendere (q. o q.c.) ***6*** *to c. forth,* fare appello a ***7*** *to c. in,* ritirare; chiamare (in aiuto, ecc.); *(fin.)* ritirare (monete) dalla circolazione: *C. in a doctor at once,* chiama subito un medico ***8*** *to c. off,* disdire; revocare ***9*** *to c. on sb.,* passare da q.; fare una breve visita a q. □ *to c. on sb. to do st.,* fare appello a q. perché faccia q.c. ***10*** *to c. out,* gridare; dire ad alta voce; chiamare aiuto; convocare ***11*** *to c. over,* leggere ad alta voce (nomi da una lista) ***12*** *to c. up,* risvegliare (ricordi, memorie, ecc.); *(USA)* chiamare (al telefono); *(fam.)* richiamare (alle armi); ● *to c. aloud,* chiamare a gran voce □ *to c. the banns,* fare le pubblicazioni (matrimoniali) □ *to c. into being,* creare; dar vita a □ *to c. sb.'s attention to st.,* richiamare l'attenzione di q. su q.c. □ *(fig.) to c. sb.'s bluff,* costringere q. a mettere le carte in tavola; non lasciarsi intimidire da q. □ *to c. to arms,* chiamare alle armi □ *to c. to mind,* richiamare alla mente □ *to be kept until called for,* fermo posta.
call [kɔ:l] *n.* ***1*** [C] **chiamata** (in ogni senso); **telefonata** ***2*** [C] **grido; invocazione:** *a c. for help,* un'invocazione di soccorso ***3*** [U] **richiamo**: *the c. of the sea,* il richiamo del mare ***4*** *(solo al sing.)* vocazione: *to answer one's c.,* seguire la propria vocazione ***5*** [C] **breve visita** (anche professionale) ***6*** [C] **richiesta** (di denaro, d'aiuto, ecc.) ***7*** [U] *(specialm. in frasi neg. o interr.)* **necessità; bisogno; motivo**: *Is there any c. for me to worry?,* c'è motivo che mi preoccupi? ● *c. bird,* uccello da richiamo □ *c. money, (fin.)* credito esigibile in qualsiasi momento; *(Borsa)* denaro investito a brevissima scadenza □ *c. sign, (tel., radio)* segnale di chiamata □ *(mil.) c. to quarters,* ritirata (in caserma, ecc.) □ *(fam.) c.-up,* chiamata alle armi; leva □ *on c.,* (di medico) a disposizione, in servizio; (di veicolo) a disposizione; *(fin.:* di titolo*)* pagabile a richiesta □ *(naut.) port of c.,* porto di scalo □ *within c.,* a portata di voce.
call box ['kɔ:lbɔks] *n.* [C] **cabina telefonica.**
call boy ['kɔ:lbɔi] *n.* [C] ***1*** **ragazzo** (d'albergo, ecc.) ***2*** *(teatr.)* **buttafuori.**
caller ['kɔ:lə*] *n.* **visitatore.**
call girl ['kɔ:lgə:l] *n.* [C] *(fam.)* **ragazza squillo.**
calligraphy [kə'ligrəfi] *n.* [U] **calligrafia.**
calling ['kɔ:liŋ] *n.* [C] **professione; occupazione; mestiere.**
calliper ['kælipə*] *n.* *(di solito al pl.)* **compasso** (da tracciatore); **calibro.**
callisthenics [,kælis'θeniks] *n. pl.* *(col verbo al sing.)* **ginnastica ritmica.**
callosity [kæ'lɔsiti] *n.* ***1*** [U] e [C] **callosità** ***2*** [U] *(fig.)* **durezza; insensibilità.**
callous ['kæləs] *a.* ***1*** **calloso** ***2*** *(fig.)* **indurito; insensibile; incallito.**
callow ['kælou] *a.* ***1*** **implume** ***2*** *(fig.)* **imberbe; inesperto.**
callus ['kæləs] *n.* [C] *(med., bot.)* **callo.**
(1) calm [ka:m] *n.* *(solo al sing.)* e [U] **calma; quiete; tranquillità; serenità** ● *(naut.) dead c.,* bonaccia.
(2) calm [ka:m] *a.* **calmo; quieto; tranquillo; sereno.**
to **calm** [ka:m] ***A*** *v. t.* **calmare; acquietare; tranquillare** ***B*** *v. i.* (anche *to c. down*) **calmarsi; acquietarsi** ***C*** to **calm oneself** *v. rifl.* **calmarsi.**
calmative ['kælmətiv] *a.* e *n.* [C] *(farm.)* **calmante; tranquillante.**
caloric [kə'lɔrik] *a.* *(fis., biol.)* **calorico.**
calorie ['kæləri] *n.* [C] *(fis., biol.)* **caloria.**
calorific [,kælə'rifik] *a.* *(fis.)* **calorifico.**
calotte [kə'lɔt] *n.* [C] ***1*** **calotta; zucchetto** (dei preti) ***2*** *(zool.)* **cresta a cappuccio** ***3*** *(archit.)* **calotta.**
to **calumniate** [kə'lʌmnieit] *v. t.* **calunniare; diffamare.**
calumny ['kæləmni] *n.* ***1*** [C] **calunnia** ***2*** [U] **diffamazione.**
Calvary ['kælvəri] *n.* ***1*** **Calvario** ***2*** *(relig.)* **Via Crucis.**
to **calve** [ka:v] *v. t.* e *i.* (di vacca) **figliare; partorire.**
calves [ka:vz] *pl.* di **calf.**
Calvinism ['kælvinizəm] *n.* [U] *(relig.)* **calvinismo.**
Calvinist ['kælvinist] *n.* *(relig.)* **calvinista.**
calycanthus [,kæli'kæntəs] *n.* (*bot.,* Calycanthus) **calicanto.**
calypso [kə'lipsou] *n.* (*pl.* **calypsos**) *(mus.)* **calipso.**
calyx ['keiliks] *n.* (*pl.* **calyces** ['keili,si:z], **calyxes** ['keiliksiz]) *(bot.)* **calice.**

cam [kæm] *n.* [C] *(mecc.)* **camma; eccentrico.**

camaraderie [ˌkæmə'ra:dəri] *(franc.) n.* [U] **cameratismo.**

camber ['kæmbə*] *n.* [C] e [U] **bombatura; curvatura.**

to **camber** ['kæmbə*] ***A*** *v. t.* **curvare** ***B*** *v. i.* **avere una (determinata) curvatura.**

cambist ['kæmbist] *n. (comm.)* **cambiavalute.**

Cambodian [kæm'boudjən] *a.* e *n.* **cambogiano.**

Cambrian ['kæmbriən] *a.* e *n.* ***1*** **gallese** ***2*** *(geol.)* **cambriano.**

cambric ['keimbrik] *n.* [U] *(ind. tessile)* **cambrì; batista.**

came [keim] *pass.* di to **come.**

camel ['kæməl] *n.* ***1*** (*zool.*, Camelus bactrianus) **cammello** ***2*** [U] **(color) cammello** ● *c.-driver,* cammelliere □ *c.'s hair,* pelo di cammello.

cameleer [ˌkæmi'liə*] *n.* **cammelliere.**

camellia [kə'mi:ljə] *n.* [C] (*bot.*, Camellia japonica) **camelia.**

cameo ['kæmiou] *n.* (*pl.* **cameos**) **cammeo.**

camera ['kæmərə] *n.* [C] ***1*** **macchina fotografica** ***2*** **telecamera** ● *film c.,* macchina da presa □ *folding c.,* macchina fotografica a soffietto □ *(leg.) in c.,* a porte chiuse.

cameraman ['kæmərəmæn] *n.* (*pl.* **cameramen** ['kæmərəmən]) ***1*** **fotocronista** ***2*** **operatore cinematografico.**

camerlengo [ˌkæmə'leŋgou], **camerlingo** [ˌkæmə'liŋgou] *n.* (*pl.* **camerlengos, camerlingos**) *(relig.)* **camerlengo.**

cami-knickers ['kæmiˌnikəz] *n. pl.* **combinazione** (da donna); **pagliaccetto.**

camisole ['kæmisoul] *n.* **camiciola.**

camlet ['kæmlit] *n.* [U] *(ind. tessile)* **cammellotto; tessuto di pelo di cammello.**

camomile ['kæməmail] *n.* [U] (*bot.*, Anthemis nobilis) **camomilla** ● *c. tea,* (infuso di) camomilla.

Camorra [kə'mɔrə] *(ital.) n.* **camorra.**

Camorrist [kə'mɔrist] *n.* **camorrista.**

camouflage ['kæmufla:ʒ] *n.* [C] e [U] (anche *mil.*) **mascheramento; mimetizzazione.**

to **camouflage** ['kæmufla:ʒ] *v. t.* **camuffare; mascherare; mimetizzare.**

camp [kæmp] ***A*** *n.* ***1*** [C] e [U] (specialm. *mil.*) **campo; accampamento; campeggio** ***2*** [C] *(fig.)* **campo; partito; tendenza** (in politica, ecc.) ***B*** *a.* ***1*** **effeminato** ***2*** **omosessuale** ● *c. bed,* letto da campo □ *to break* (o *to strike*) *c.,* levare il campo.

to **camp** [kæmp] ***A*** *v. i.* **accamparsi; attendarsi** ***B*** *v. t.* **alloggiare, acquartierare** ● *to go camping,* passare le vacanze in campeggio.

campaign [kæm'pein] *n.* [C] **campagna** (militare, politica, pubblicitaria).

to **campaign** [kæm'pein] *v. i.* **fare** (o **partecipare a**) **una campagna.**

campaigner [kæm'peinə*] *n.* **chi fa una campagna politica** (o **pubblicitaria**)**; chi ha partecipato a molte campagne** ● (anche *fig.*) *old c.,* veterano.

campanile [ˌkæmpə'ni:li] *(ital.) n. (archit.)* **campanile.**

campanology [ˌkæmpə'nɔlədʒi] *n.* [U] ***1*** **arte di suonare le campane** ***2*** **tecnica della fusione delle campane.**

campanula [kæm'pænjulə] *n.* (*bot.*, Campanula) **campanula.**

camper ['kæmpə*] *n.* (anche *c.-out*) **campeggiatore.**

camphor ['kæmfə*] *n.* [U] **canfora** ● *c. ball,* pallottola di canfora.

camphorated ['kæmfəreitid] *a.* **canforato.**

camping ['kæmpiŋ] *n.* [U] **campeggio.**

camp-stool ['kæmpstu:l] *n.* [C] **seggiolino pieghevole.**

campus ['kæmpəs] *n.* [C] e [U] **insieme degli edifici, dei terreni e dei campi di gioco di un'università** ● *c. life,* la vita universitaria.

camshaft ['kæmʃa:ft] *n.* [C] *(mecc.)* **albero a camme.**

(1) can [kæn, kən] (*pass.* **could** [kud, kəd]) *voce verb. difett.* ***1*** **posso, puoi,** ecc.; **sono, sei,** ecc. **capace** (o **in grado**) **di; riesco, riesci,** ecc. **a; so, sai,** ecc.: *Can he speak English?,* sa parlare inglese? ***2*** **posso, puoi,** ecc.; **ho, hai,** ecc. **il diritto** (o **il permesso**) **di**: *You cannot travel first-class with a second-class ticket,* non puoi viaggiare in prima (classe) con un biglietto di seconda ***3*** *(impers.)* **è possibile**: *Can it be true?,* possibile che sia vero? ***4*** *(con verbi di percezione, è idiom.)*: *Can you see that bird on the bush?,* lo vedi quell'uccello sul cespuglio? ● *I can't afford a car,* non ho mezzi sufficienti per comprare (o tenere) un'automobile □ *I can't help it,* non posso farci nulla □ *I can but,* non posso (far altro) che: *I can but hate him,* non posso (far altro) che odiarlo.

(2) can [kæn] *n.* [C] ***1*** **bidone, barattolo, recipiente, scatola** (specialm. di latta)**; latta, lattina; fusto, fustino** ***2*** *(USA)* **scatoletta** (di generi alimentari conservati) ***3*** *(cinem.)* **pizza.**

to **can** [kæn] *v. t.* ***1*** **mettere** (generi alimentari) **in scatola; inscatolare** ***2*** *(pop.)* **registrare** (musica) **su dischi.**

Canadian [kə'neidjən] *a.* e *n.* **canadese.**

canal [kə'næl] *n.* [C] **canale** ● *(fis. nucl.) c. ray,* raggio canale.

canalization [ˌkænəlai'zeiʃən] *n.* [U] ***1*** (anche *med.*) **sistema di canali; canalizzazione** ***2*** (anche *fig.*) **incanalamento.**

to **canalize** ['kænəlaiz] *v. t.* ***1*** **canalizzare** ***2*** (anche *fig.*) **incanalare.**

canapé ['kænəpei] *(franc.) n.* [C] *(arredamento, cucina)* **canapè.**

canard [kæ'na:d] *(franc.) n.* [C] **notizia falsa; voce tendenziosa.**

canary [kə'nɛəri] *n.* ***1*** [C] (*zool.* anche *c.-bird,* Serinus canarius) **canarino** ***2*** [U] (anche *C. wine*) **vino delle Canarie** ***3*** [U] **(color) giallo canarino** ● *(bot.) c. grass* (Phalaris canariensis), **scagliola.**

canaster [kə'næstə*] *n.* [U] **tabacco grossolano.**

cancan ['kænˌkæn] *(franc.) n.* [C] **cancan** (ballo francese).

to **cancel** ['kænsəl] *v. t.* ***1*** **cancellare** ***2*** **annullare; abrogare; rescindere; disdire; revocare; sospendere** ***3*** *(mat.)* **elidere** (fattori comuni) ***4*** *(tipogr.)* **sopprimere; omettere** ● *to c. out,* annullarsi; *(comm.)* bilanciarsi; *(mat.)* elidersi.

cancellation [ˌkænsi'leiʃən] *n.* ***1*** [U] e [C] **cancellazione; annullamento; abrogazione; revoca; soppressione; sospensione** ***2*** [C] **(segno di) cancellatura; (segno di) annullamento** ***3*** [C] *(turismo)* **rinuncia** ***4*** [C] (di francobolli) **annullo** ● *(leg.) c. clause,* clausola di rescissione.

cancer ['kænsə*] *n.* ***1*** [U] e [C] *(med.)* **cancro** ***2*** [C] *(fig.)* **cancro** ***3*** — *(astron., astrologia) C.,* Cancro.

cancered ['kænsəd], **cancerous** ['kænsərəs] *a. (med.)* **canceroso.**

cancroid ['kæŋkrɔid] *a.* ***1*** *(zool.)* **simile a un granchio** ***2*** *(med.)* **cancriforme; cancroide.**

candela [kæn'di:lə] *n.* [C] *(fis.)* **candela.**

candelabrum [ˌkændi'la:brəm] *n.* (*pl.* **candelabra** [ˌkændi'la:brə], **candelabrums**) **candelabro.**

candid ['kændid] *a.* **candido** *(fig.)***; franco; schietto; sincero** ● *c. camera,* microcamera; « obiettivo indiscreto ».

candidate ['kændidit] *n.* **candidato.**

candidature ['kændiditʃə*] *n.* [C] **candidatura.**

candied ['kændid] *a.* ***1*** **candito** ***2*** *(fig.)* **melato; mellifluo.**

candle ['kændl] *n.* [C] ***1*** **candela** ***2*** *(fis.)* **candela** ● *c.-end,* moccolo □ *c.-maker,* candelaio □ *(fig.) to burn the c. at both ends,* sperperare le proprie energie □ *(fig.) not to be fit to hold a c. to sb.,* non essere degno di lustrare le scarpe a q. □ *(fig.) The game is not worth the c.,* la spesa non vale l'impresa.

candlelight ['kændllait] *n.* [U] **lume di candela; luce artificiale.**

Candlemas ['kændlməs] *n. (relig.)* **(festa della) Candelora.**

candlepower ['kændlˌpauə*] *n.* [U] *(fis.)* **candelaggio.**

candlestick ['kændlstik] *n.* [C] **candeliere.**

candour, *(USA)* **candor** ['kændə*] *n.* [U] **candore** *(fig.)***; franchezza; schiettezza; sincerità.**

candy ['kændi] *n.* [U] e [C] ***1*** **candito;** (anche *sugar c.*)

zucchero candito 2 *(USA)* confetto; caramella • *(USA) cotton c., V.* **candyfloss.**

to **candy** ['kændi] **A** *v. t.* 1 candire 2 *(fig.)* addolcire **B** *v. i.* diventare candito.

candyfloss ['kændiflɔs] *n.* 1 [U] e [C] zucchero filato 2 [U] *(fig.)* idee balzane; progetti campati in aria.

cane [kein] *n.* [C] 1 (anche [U]) canna (di bambù, da zucchero, ecc.) 2 bastone da passeggio; bastoncino (di ceralacca, ecc.) 3 canna, verga (per punizioni corporali) • *c. chair,* poltroncina di bambù □ *c. sugar,* zucchero di canna.

to **cane** [kein] *v. t.* 1 rivestire (il fondo di sedie, ecc.) di bambù 2 battere con una canna; prendere a vergate; bastonare.

canine ['kænain] **A** *a.* canino **B** *n.* (anche *c. tooth*) (dente) canino.

caning ['keiniŋ] *n.* [U] e [C] bastonatura; fustigazione.

canister ['kænistə*] *n.* [C] scatola metallica (per caffè, tè, ecc.).

canker ['kæŋkə*] *n.* [U] e [C] 1 *(med.)* stomatite aftosa 2 *(agric.)* cancro (del melo, pero, ecc.) 3 *(fig.)* cancro; cancrena; male; vizio: *It is a c. in the bud,* è un vizio latente.

to **canker** ['kæŋkə*] **A** *v. t.* 1 infettare; ulcerare 2 *(fig.)* corrompere **B** *v. i.* incancrenire; andare in cancrena.

cankerous ['kæŋkərəs] *a.* 1 cancrenoso 2 *(fig.)* malefico.

cannery ['kænəri] *n.* [C] stabilimento per la produzione di alimenti in scatola; conservificio.

cannibal ['kænibəl] *n.* cannibale.

cannibalism ['kænibəlizəm] *n.* [U] cannibalismo.

to **cannibalize** ['kænibəlaiz] *v. t. (tecn.)* demolire (una macchina, un aeroplano, ecc. per ricavarne pezzi utilizzabili come ricambi); cannibalizzare.

cannon ['kænən] *n.* 1 *(mil.)* cannone (in ingl. cannone antiquato o cannoncino di bordo; cfr. **gun**); *(collett.)* cannoni, artiglieria 2 [C] *(biliardo)* carambola • *c.-ball,* palla di cannone.

to **cannon** ['kænən] *v. i.* 1 sparare cannonate 2 fare carambola.

cannonade [ˌkænə'neid] *n.* [C] cannoneggiamento; bombardamento.

to **cannonade** [ˌkænə'neid] *v. t.* e *i.* cannoneggiare; bombardare.

cannoneer [ˌkænə'niə*] *n. (mil.)* cannoniere.

cannot ['kænɔt] *voce verb. difett. neg. V.* **(1) can.**

canny ['kæni] *a.* 1 cauto; circospetto; guardingo 2 astuto; furbo.

canoe [kə'nu:] *n.* [C] canoa; canotto.

to **canoe** [kə'nu:] **A** *v. i.* andare in canoa **B** *v. t.* 1 trasportare su canoa 2 attraversare in canoa.

canoeing [kə'nu:iŋ] *n.* [U] *(sport)* canoismo.

canoeist [kə'nu:ist] *n. (sport)* canoista.

canon ['kænən] *n.* [C] 1 canone 2 elenco ufficiale; « corpus » 3 canonico (prete) • *c. law,* diritto canonico.

canonical [kə'nɔnikəl] *a.* 1 canonico: *c. hours,* ore canoniche 2 autorevole; genuino; regolare.

canonicals [kə'nɔnikəlz] *n. pl. (relig.)* paramenti.

canonist ['kænənist] *n. (leg.)* canonista.

to **canonize** ['kænənaiz] *v. t.* canonizzare; *(fig.)* glorificare.

to **canoodle** [kə'nu:dl] *v. t.* e *i. (pop.)* sbaciucchiare, sbaciucchiarsi; pomiciare *(pop.)*.

can-opener ['kænˌoupənə*] *n.* [C] (specialm. *USA*) apriscatole.

canopy ['kænəpi] *n.* [C] 1 baldacchino; *(fig.)* volta 2 *(archit.)* sporgenza ornamentale a guisa di tetto 3 *(aeron.)* calotta; tettuccio.

to **canopy** ['kænəpi] *v. t.* fornire di baldacchino.

canorous [kə'nɔ:rəs] *a.* canoro; musicale.

(1) cant [kænt] *n.* [U] 1 gergo: *a c. phrase,* un'espressione di gergo 2 linguaggio ipocrita, da santocchio.

(1) to **cant** [kænt] *v. i.* 1 parlare in gergo 2 parlare da ipocrita.

(2) cant [kænt] *n.* [C] 1 angolo smussato 2 scossa; spinta; urto 3 inclinazione.

(2) to **cant** [kænt] **A** *v. t.* 1 smussare 2 rovesciare 3 inclinare 4 spingere bruscamente **B** *v. i.* inclinarsi; rovesciarsi.

can't [ka:nt] *contraz.* di **cannot.**

cantaloup(e) ['kæntəlu:p] *n.* [C] *(bot.,* Cucumis melo cantalupensis*)* cantalupo (sorta di melone).

cantankerous [kən'tæŋkərəs] *a. (fam.)* irascibile; litigioso.

cantankerousness [kən'tæŋkərəsnis] *n.* [U] *(fam.)* irascibilità; litigiosità.

cantata [kæn'ta:tə] *(ital.) n.* [C] *(mus.)* cantata.

canteen [kæn'ti:n] *n.* [C] 1 *(mil.)* bettolino; spaccio di bevande 2 mensa aziendale; posto di ristoro 3 *(mil.)* borraccia.

canter ['kæntə*] *n.* piccolo galoppo • *to win (a race) at a c.,* vincere (una corsa) con facilità.

to **canter** ['kæntə*] **A** *v. i.* andare al piccolo galoppo **B** *v. t.* far andare (un cavallo) al piccolo galoppo.

canticle ['kæntikl] *n.* [C] cantico.

cantilever ['kæntiˌli:və*] *n.* [C] 1 *(archit.)* mensola 2 *(edil., mecc.)* trave a sbalzo.

canto ['kæntou] *(ital.) n.* (*pl.* **cantos**) canto (parte di un poema).

canton ['kæntɔn] *n.* cantone (della Svizzera).

to **canton** [kən'tu:n] *v. t.* accantonare, acquartierare (truppe).

cantonment [kæn'tu:nmənt] *n.* [U] e [C] *(mil.)* accantonamento; acquartieramento.

cantor ['kæntɔ:*] *n.* cantore (di coro chiesastico).

canvas ['kænvəs] *n.* 1 [U] canovaccio; tela (da tende, vele, ecc.) 2 [C] (quadro dipinto su) tela 3 [C] tenda; telone (specialm. di circo) • *c. town,* tendopoli □ *under c., (mil.)* sotto le tende; *(naut.)* a vele spiegate.

to **canvass** ['kænvəs] *v. t.* e *i.* 1 discutere minutamente; esaminare a fondo 2 sollecitare (voti, ordinazioni commerciali); fare propaganda.

canvass ['kænvəs] *n.* [C] 1 discussione esauriente; esame approfondito 2 sollecitazione (di voti, ordinazioni commerciali, ecc.).

canvasser ['kænvəsə*] *n.* 1 galoppino elettorale 2 *(comm.)* piazzista.

canyon ['kænjən] *n.* [C] *(geogr.)* canyon.

caoutchouc ['kautʃuk] *n.* [U] *(ind.)* caucciù; gomma elastica.

cap [kæp] *n.* [C] 1 berretto (anche con visiera); bustina militare; cuffia (da donna o bambino) 2 cappello (di fungo); rotula (del ginocchio); coperchio (o tappo) (metallico); puntale (di scarpa; anche *toe-cap*); cima rotonda (di monte); capitello (di colonna) 3 *(mecc.)* cappello; cappellotto; coperchio 4 *(elettricità)* calotta; cappa 5 (*mil.*, anche *percussion cap*) capsula (nelle cartucce) 6 (di penna, matita) cappuccio • *cap and bells,* berretto con campanelli (insegna del giullare) □ *cap in hand,* col berretto in mano; *(fig.)* in modo umile e sottomesso □ *(fig.) The cap fits,* l'osservazione è giusta.

to **cap** [kæp] *v. t.* 1 mettere il berretto a (q.) 2 mettere un rivestimento metallico a (q.c.) 3 ricoprire la cima di (q.c.) 4 superare; far meglio di: *to cap an anecdote,* raccontare un aneddoto superiore a un altro, raccontato prima 5 *(fig.)* coronare (q.c.): *We capped the evening with a song,* coronammo la serata cantando una canzone • *to cap to sb.,* fare una scappellata a q.

capability [ˌkeipə'biliti] *n.* [U] e [C] 1 capacità 2 possibilità; facoltà.

capable ['keipəbl] *a.* 1 (di persona) capace; abile 2 (di cosa) suscettibile: *c. of improvement,* suscettibile di miglioramento.

capacious [kə'peiʃəs] *a.* ampio; spazioso.

to **capacitate** [kə'pæsiteit] *v. t.* rendere capace (di fare q.c.).

capacitor [kə'pæsitə*] *n.* [C] *(elettr.)* condensatore.

capacity [kə'pæsiti] *n.* [U] e [C] 1 capacità (quasi in ogni senso): *measures of c.,* misure di capacità 2 capienza: *The theatre has a seating c. of six hundred,* il teatro ha una capienza di seicento posti 3 ufficio; funzione; posizione; qualità; veste *(fig.)* 4 *(ind. costr; idraulica)* portata 5 (di motore elettrico) potenza 6 *(leg.)* capacità; potere • *filled to c.,* pieno zeppo.

caparison [kə'pærisn] *n.* [C] gualdrappa.

(1) cape [keip] *n.* [C] *(geogr.)* capo; promontorio • *the C. (of Good Hope),* il Capo di Buona Speranza □ *C.*

smoke, brandy sudafricano.

(2) cape [keip] *n.* [C] **cappa; mantellina.**

(1) caper ['keipə*] *n.* [C] *(bot.,* Capparis spinosa; *cucina)* **cappero.**

(2) caper ['keipə*] *n.* ***1*** [C] **capriola; salto; saltello**: *to cut a c.,* fare una capriola ***2*** *(al pl., fig.)* **stramberie.**

to **caper** ['keipə*] *v. i.* **fare capriole; saltellare.**

capercailye [,kæpə'keilji], **capercailzie** [,kæpə'keilzi] *n.* *(zool.,* Tetrao urogallus) **gallo cedrone.**

capillarity [,kæpi'læriti] *n.* [U] *(fis.)* **capillarità.**

capillary [kə'piləri] ***A*** *a.* **capillare** ***B*** *n.* [C] *(anat.)* **vaso capillare** ● *(fis.) c. action,* capillarità.

(1) capital ['kæpitəl] ***A*** *a.* ***1*** **capitale** (in ogni senso): *c. punishment,* pena capitale □ *a c. city,* una città capitale ***2*** **principale; di prim'ordine** ***3*** *(fam.)* **eccellente; magnifico; ottimo** ***4*** (di lettera) **maiuscola** ***B*** *n.* ***1*** [U] e [C] *(econ.)* **capitale** ***2*** [C] **(città) capitale** ***3*** [C] **(lettera) maiuscola** ***C*** *inter.* **bene!; eccellente!** ● *c. stock,* capitale azionario □ *fixed c.,* capitale immobilizzato □ *to make c. out of st.,* far capitale di q.c. □ *paid-up c.,* capitale versato.

(2) capital ['kæpitəl] *n.* [C] *(archit.)* **capitello.**

capitalism ['kæpitəlizəm] *n.* [U] **capitalismo.**

capitalist ['kæpitəlist] *n.* **capitalista.**

capitalistic [,kæpitə'listik] *a.* **capitalistico.**

capitalization [,kæpitəlai'zeiʃən] *n.* ***1*** [U] *(econ.)* **capitalizzazione** ***2*** [C] *(rag.)* **capitale complessivo** (d'una società) ***3*** [U] **uso delle maiuscole.**

to **capitalize** [kə'pitəlaiz] *v. t.* ***1*** *(fin.)* **capitalizzare** ***2*** **finanziare** (un'impresa) ***3*** **scrivere con la maiuscola** (o **in lettere maiuscole).**

capitation [,kæpi'teiʃən] *n.* *(leg.)* **testatico.**

Capitol ['kæpitl] *n.* **Campidoglio.**

to **capitulate** [kə'pitjuleit] *v. i.* **capitolare; venire a patti.**

capitulation [kə,pitju'leiʃən] *n.* ***1*** [U] **capitolazione; resa** ***2*** [C] **capitolato.**

capon ['keipən] *n.* **cappone.**

to **caponize** ['keipənaiz] *v. t.* **accapponare, castrare** (galletti).

capot [kə'pɔt] *(franc.) n.* [C] **cappotto** (nel gioco del picchetto).

capote [kə'pout] *(franc.) n.* [C] ***1*** **mantello con cappuccio** ***2*** **mantice** (d'automobile).

caprice [kə'pri:s] *n.* ***1*** [C] e [U] **capriccio** ***2*** [C] *(mus.,* anche **capriccio**) **capriccio.**

capricious [kə'priʃəs] *a.* **capriccioso.**

Capricorn ['kæprikɔ:n] *n.* *(astron., astrologia)* **Capricorno**: *the Tropic of C.,* il tropico del Capricorno.

caprine ['kæprain] *a.* **caprino.**

capriole ['kæprioul] *n.* [C] *(equitazione, danza)* **capriola.**

capsizable [kæp'saizəbl] *a.* **ribaltabile.**

to **capsize** [kæp'saiz] *v. t.* e *i.* **capovolgere, capovolgersi; ribaltare, ribaltarsi;** (di imbarcazione) **fare scuffia, scuffiare.**

capstan ['kæpstən] *n.* [C] *(naut.)* **argano.**

capsular ['kæpsjulə*] *a.* **capsulare.**

capsule ['kæpsju:l] *n.* [C] ***1*** *(anat., bot., farm., miss.)* **capsula** ***2*** (di bottiglia) **capsula; tappo metallico.**

captain ['kæptin] *n.* ***1*** **capitano**: *the c. of a football team,* il capitano d'una squadra di calcio ***2*** **capo-classe** (a scuola) ***3*** *(naut.)* **capitano** (nella marina mercantile); **capitano di vascello** (nella marina militare).

to **captain** ['kæptin] *v. t.* **capitanare** (una squadra di calcio, ecc.).

captaincy ['kæptinsi] *n.* **grado di capitano.**

caption ['kæpʃən] *n.* [C] ***1*** **titolo; intestazione** ***2*** (in una pellicola) **didascalia** ● *(tipogr.) c. writer,* titolista.

captious ['kæpʃəs] *a.* **capzioso; sofistico.**

to **captivate** ['kæptiveit] *v. t.* ***1*** **cattivarsi** (l'affetto, ecc. di q.) ***2*** **attrarre; affascinare; incantare.**

captivation [,kæpti'veiʃən] *n.* [U] **attrazione; fascino; seduzione.**

captive ['kæptiv] *a.* e *n.* **prigioniero** ● *c. balloon,* pallone frenato □ *to be taken c.,* essere fatto prigioniero.

captivity [kæp'tiviti] *n.* [U] **prigionia; schiavitù; cattività** *(lett.).*

captor ['kæptə*] *n.* ***1*** **chi cattura** (prigionieri, ecc.) ***2*** **chi prende un premio; vincitore; premiato.**

capture ['kæptʃə*] *n.* ***1*** [U] **cattura; arresto** ***2*** [C] **bottino; preda** ***3*** [C] *(fig.)* **conquista.**

to **capture** ['kæptʃə*] *v. t.* **catturare; arrestare** ● *to c. the attention,* attirare l'attenzione □ *to be captured,* essere fatto prigioniero.

Capuchin ['kæpjuʃin] *n.* e *a.* **(frate) cappuccino.**

car [ka:*] *n.* [C] ***1*** (anche *motorcar)* **automobile; macchina** *(fam.)* ***2*** (anche *tramcar; USA streetcar)* **tram; vettura tranviaria** ***3*** *(ferr.,* anche *railway car; USA railroad car)* **carrozza viaggiatori** ***4*** *(aeron.)* **navicella** (di aerostato o dirigibile) ***5*** *(ind. min.)* **vagoncino; vagonetto** ***6*** *(poet.)* **carro; cocchio** ● *car-licence,* permesso di circolazione □ *car park,* parcheggio; posteggio □ *car-park attendant,* posteggiatore □ *car pool,* accordo per andare al lavoro (o a scuola) usando, a turno, un'auto sola.

carabineer [,kærəbi'niə*] *n.* **soldato armato di carabina.**

caracol(e) ['kærəkoul] *n.* [C] **caracollo.**

to **caracol(e)** ['kærəkoul] *v. i.* **caracollare.**

carafe [kə'ra:f] *n.* [C] **caraffa.**

caramel ['kærəmel] *n.* ***1*** [U] **caramello; zucchero caramellato** ***2*** [C] **caramella** ***3*** [U] **color caramello.**

carapace ['kærəpeis] *n.* *(zool.)* **carapace.**

carat ['kærət] *n.* [C] **carato.**

caravan [,kærə'væn] *n.* [C] ***1*** **carovana** ***2*** **carrozzone** (di girovaghi, ecc.) ***3*** *(autom.)* **caravan; roulotte** *(cfr. USA trailer).*

caravansary [,kærə'vænsəri], **caravanserai** [,kærə'vænsərai] *n.* [C] **caravanserraglio.**

caravel ['kærəvel] *n.* [C] *(stor., naut.)* **caravella.**

caraway ['kærəwei] *n.* [C] *(bot.,* Carum carvi) **cumino tedesco; cumino dei prati.**

carbide ['ka:baid] *n.* [U] *(chim.)* **carburo.**

carbine ['ka:bain] *n.* [C] **carabina.**

carbohydrate [,ka:bou'haidreit] *n.* [C] *(chim.)* **carboidrato.**

carbolic [ka:'bɔlik] *a.* *(chim.)* **fenico**: *c. acid,* acido fenico; fenolo.

carbon ['ka:bən] *n.* ***1*** [U] *(chim.)* **carbonio** ***2*** [C] *(elettricità)* **carbone** ***3*** [C] **foglio di carta carbone** ● *c. black,* nerofumo □ *c. copy,* copia carbone □ *c. paper,* carta carbone.

carbonate ['ka:bənit] *n.* [C] *(chim.)* **carbonato.**

to **carbonate** ['ka:bə,neit] *v. t.* *(chim.)* **trasformare in carbonato.**

carbonic [ka:'bɔnik] *a.* *(chim.)* **carbonico**: *c. acid,* acido carbonico.

carbonization [,ka:bənai'zeiʃən] *n.* [U] **carbonizzazione.**

to **carbonize** ['ka:bənaiz] *v. t.* **carbonizzare.**

carboy ['ka:bɔi] *n.* [C] *(ind.)* **damigiana.**

carbuncle ['ka:bʌŋkl] *n.* [C] ***1*** *(med.)* **carbonchio** ***2*** *(miner.)* **granato** (tagliato a cabochon).

to **carburate** ['ka:bjureit], to **carburet** ['ka:bjuret] *v. t.* *(chim.)* **carburare.**

carburation [,ka:bju'reisən], **carburetion** [,ka:bju'reʃən] *n.* [U] e [C] *(autom.)* **carburazione.**

carburetter, carburettor [,ka:bju'retə*] *n.* [C] *(autom.)* **carburatore.**

carcase, carcass ['ka:kəs] *n.* [C] ***1*** **carcassa** ***2*** **carcame** ***3*** **armatura** (d'un fabbricato); **ossatura** (di una nave).

carcinoma [,ka:si'noumə] *n.* *(pl.* **carcinomata** [,ka:si'noumətə]) *(med.)* **carcinoma.**

(1) card [ka:d] *n.* [C] ***1*** (anche *playing c.)* **carta da gioco** ***2*** (anche *correspondence c.)* **biglietto;** (anche *visiting c., USA calling c.)* **biglietto da visita** ***3*** (anche *post c.)* **cartolina postale** ***4*** **cartellino** ***5*** **scheda** (per ufficio, biblioteca, ecc.) ***6*** **programma** (stampato): *a race c.,* un programma delle corse ***7*** **tessera; tesserino** ***8*** **libretto** (di marche assicurative) ***9*** *(fam.)* **persona eccentrica; tipo** ● *c. index,* schedario □ *c. punch,* perforatrice (di schede) □ *(fig.) to have a c. up one's sleeve,* avere un asso nella manica □ *(fig.) to put* (o *to lay) one's cards on the table,* mettere le carte in tavola; giocare a carte scoperte □ *(fig.) to throw up one's cards,* darsi per vinto □ *(fam.)* ***It's on the cards that I may go to Australia,*** se le carte non sbagliano, andrò in Australia.

(2) card [ka:d] *n.* [C] *(ind. tessile)* **carda; cardatrice.**

to **card** [ka:d] *v. t.* *(ind. tessile)* **cardare.**

cardboard ['ka:dbɔ:d] *n.* [U] **cartone.**

carder ['ka:də*] *n.* *(ind. tessile)* **cardatore.**

cardiac ['ka:diæk] *a.* *(med.)* **cardiaco.**

cardigan ['ka:digən] *n.* [C] **cardigan** (giacca a maglia di lana abbottonata sul davanti).

cardinal ['ka:dinəl] ***A*** *a.* **cardinale**: *c. virtues (numbers, points),* virtù (numeri, punti) cardinali ***B*** *n.* ***1*** *(relig.)* **cardinale** ***2*** (*zool.*, Richmondena cardinalis; anche *c. grosbeak*) **cardinale rosso.**

cardiogram ['ka:diougræm] *n.* [C] *(med.)* **cardiogramma.**

cardiologist [ˌka:di'ɔlədʒist] *n.* **cardiologo.**

cardiology [ˌka:di'ɔlədʒi] *n.* [U] **cardiologia.**

cardiopath ['ka:dioupa:θ] *n.* *(med.)* **cardiopatico.**

cardiotonic [ˌka:diou'tɔnik] *a.* e *n.* *(farm.)* **cardiotonico.**

cardoon [ka'du(:)n] *n.* [C] (*bot.*, Cynara cardunculus) **cardo.**

card-sharper ['ka:dˌʃa:pə*] *n.* **baro.**

care [kɛə*] *n.* [U] ***1*** **cura; attenzione; cautela** ***2*** *(generalm. al pl.)* **ansietà; affanni, preoccupazioni** ***3*** **cura, cure; premura; protezione; responsabilità**: *The library is under the c. of Mr Green,* Mr Green ha la responsabilità della biblioteca ● *c. of* (*abbr. c/o*), presso (negli indirizzi) □ *to have (to take) c. of sb.*, avere (prendersi) cura di q. □ *to take c.*, fare attenzione; stare attento □ (scritto su una cassa) *with c.*, (fare) attenzione; fragile.

to **care** [kɛə*] *v. i.* ***1*** **proccuparsi; prendersela** *(fam.)*; *(in frasi neg.)* **tenerci; importare** *(impers.)*: *Who cares?*, che importa? ***2*** **desiderare; volere; piacere** *(impers.)*: *Would you c. to go for a walk?*, ti piacerebbe fare una passeggiata? ***3*** — *to c. for,* voler bene a; piacere *(impers.)*: *I don't c. for that book,* quel libro non mi piace ***4*** — *to c. for,* aver cura di; provvedere a ● *I don't c. a pin,* non m'importa niente □ *I couldn't c. less,* non me ne importa proprio nulla.

to **careen** [kə'ri:n] *v. t.* *(naut.)* **carenare.**

careenage [kə'ri:nidʒ] *n.* [U] *(naut.)* **(spese di) carenaggio.**

career [kə'riə*] *n.* [C] **carriera** (in ogni senso): *to take up a c.*, abbracciare una carriera ● *in full c.*, di gran carriera.

to **career** [kə'riə*] *v. i.* **andare di carriera.**

careerism [kə'riərizəm] *n.* [U] **carrierismo; arrivismo.**

careerist [kə'riərist] *n.* **carrierista; arrivista.**

carefree ['kɛəfri:] *a.* **libero da preoccupazioni.**

careful ['kɛəful] *a.* ***1*** **accurato; attento** ***2*** **cauto; guardingo; sollecito** ● *c. (with one's money),* parsimonioso □ *to be c.*, stare attento (a); badare (di).

carefulness ['kɛəfulnis] *n.* [U] ***1*** **accuratezza; attenzione** ***2*** **cautela; prudenza.**

care-laden ['kɛəˌleidn] *a.* **carico d'affanni.**

careless ['kɛəlis] *a.* ***1*** **spensierato** ***2*** **trascurato; disattento; sbadato** ***3*** **incauto; sconsiderato** ***4*** **naturale; istintivo** ● *a c. mistake,* un errore di distrazione.

carelessness ['kɛəlisnis] *n.* [U] ***1*** **spensieratezza** ***2*** **trascuratezza; disattenzione; sbadataggine** ***3*** **sconsideratezza.**

caress [kə'res] *n.* [C] **carezza; dimostrazione di affetto.**

to **caress** [kə'res] *v. t.* (anche *fig.*) **accarezzare, carezzare.**

caret ['kærət] *(lat.)* *n.* [C] **segno d'omissione** (ʌ).

caretaker ['kɛəˌteikə*] *n.* [C] **custode; sorvegliante.**

care-worn ['kɛəwɔ:n] *a.* **logorato dalle preoccupazioni.**

cargo ['ka:gou] *n.* (*pl.* **cargos, cargoes**) *(naut.)* **carico** (d'una nave).

Caribbean [ˌkæri'bi:ən] *a.* **caraibico** ● *the C. Sea,* il Mar dei Caraibi.

caribou ['kæribu:] *n.* [C] (*zool.*, Rangifer caribou) **caribù.**

caricature [ˌkærikə'tjuə*] *n.* [C] e [U] **caricatura.**

to **caricature** [ˌkærikə'tjuə*] *v. t.* **fare la caricatura di** (q.); **mettere** (q.) **in caricatura; parodiare.**

caricaturist ['kærikəˌtjuərist] *n.* **caricaturista.**

caries ['kɛərii:z] *n.* [U] *(med., bot.)* **carie.**

carious ['kɛəriəs] *a.* *(med.)* **cariato.**

carman ['ka:mən] *n.* (*pl.* **carmen** ['ka:mən]) ***1*** **carrettiere** ***2*** *(USA)* **conducente di tram (o di autobus).**

Carmelite ['ka:milait] ***A*** *a.* **carmelitano** ***B*** *n.* **(frate) carmelitano; (suora) carmelitana.**

carmine ['ka:main] *n.* [U] e *a.* **(color) carminio.**

carnage ['ka:nidʒ] *n.* [U] **carneficina; strage.**

carnal ['ka:nəl] *a.* ***1*** **carnale; fisico** ***2*** **sensuale; lascivo.**

carnality [ka:'næliti] *n.* [U] ***1*** **carnalità; temporalità** ***2*** **sensualità; lascivia; impudicizia.**

carnation [ka:'neiʃən] *n.* [C] (*bot.*, Dianthus caryophyllus) **garofano.**

carnival ['ka:nivəl] *n.* [U] e [C] ***1*** **carnevale** ***2*** *(fig.)* **baldoria; orgia.**

carnivorous [ka:'nivərəs] *a.* *(zool., bot.)* **carnivoro.**

carob ['kærəb] *n.* ***1*** (*bot.*, Ceratonia siliqua) **carrubo** ***2*** **carruba.**

carol ['kærəl] *n.* [C] ***1*** **canto gioioso** ***2*** (anche *Christmas c.*) **canto di Natale.**

to **carol** ['kærəl] *v. i.* **cantare gioiosamente.**

Carolingian [ˌkærə'lindʒiən] *a.* e *n.* *(stor.)* **carolingio.**

carotid [kə'rɔtid] *n.* [C] *(anat.)* **carotide.**

carousal [kə'rauzl], **carouse** [kə'rauz] *n.* [U] e [C] **bicchierata; baldoria.**

to **carouse** [kə'rauz] *v. i.* **bere smodatamente; fare baldoria.**

carousel [ˌkæru'zel] *n.* [C] **carosello.**

carp [ka:p] *n.* [C] (*zool.*, Cyprinus carpio) **carpa.**

to **carp** [ka:p] *v. i.* **cavillare; trovare a ridire.**

carpal ['ka:pəl] *a.* *(anat.)* **del carpo; carpale.**

carpenter ['ka:pintə*] *n.* ***1*** **carpentiere; falegname** ***2*** *(naut.)* **maestro d'ascia.**

to **carpenter** ['ka:pintə*] *v. i.* **fare il carpentiere.**

carpentry ['ka:pintri] *n.* [U] **carpenteria; falegnameria.**

carpet ['ka:pit] *n.* [C] **tappeto** (anche erboso, di fiori, ecc.) ● *c. dance,* ballo alla buona; quattro salti *(pop.)* □ *bedside c.*, scendiletto □ *(fig.) on the c.*, sul tappeto; in discussione □ *(fam.) to be on the c.*, prendersi un cicchetto.

to **carpet** ['ka:pit] *v. t.* **ricoprire con un tappeto.**

carpetbag ['ka:pitbæg] *n.* [C] **sacco da viaggio.**

carpus ['ka:pəs] *(lat.)* *n.* (*pl.* **carpi** ['ka:pai]) *(anat.)* **carpo.**

carriage ['kæridʒ] *n.* ***1*** [C] **carrozza** (di solito a quattro ruote); **vettura**: *a hackney c.*, una vettura di piazza ***2*** [C] (anche *railway c.*) **carrozza ferroviaria** ***3*** [U] **trasporto** (di persone e cose): *c. by rail (by ship),* trasporto per ferrovia (per mare) ***4*** [U] *(comm.)* **porto; spese di trasporto** ***5*** *(us. soltanto al sing.)* **portamento; comportamento**: *to have a graceful c.*, avere un portamento aggraziato ***6*** [C] *(mecc.)* **carrello** (per es., di macchina da scrivere) ***7*** [C] (*mil.*, anche *gun c.*) **affusto** (di cannone) ● *a c. and pair (and four),* un tiro a due (a quattro) □ *(comm.) c. forward,* porto assegnato □ *(comm.) c. free* (o *c. paid),* franco di porto □ *baby c.*, carrozzina (per bambini).

carriageable ['kæridʒibl] *a.* (di strada) **carrozzabile; rotabile.**

carriage drive ['kæridʒdraiv] *n.* [C] **viale** (di accesso a una villa).

carriage way ['kæridʒwei] *n.* [C] **carreggiata.**

carrier ['kæriə*] *n.* [C] ***1*** *(comm.)* **vettore; corriere; spedizioniere** ***2*** **portapacchi** (di bicicletta, ecc.) ***3*** *(chim., med.)* **veicolo, portatore** (di microbi) ***4*** *(radio)* **(elemento) portante** ***5*** (*naut. mil.*, anche *aircraft c.*) **(nave) portaerei** ***6*** (anche *c. pigeon*) **piccione viaggiatore** ● *c. bag,* borsa (o sacchetto) di plastica (o di carta).

carrion ['kæriən] *n.* [U] **carogna** ● *(zool.) c. crow* (Corvus corone) cornacchia nera.

carrot ['kærət] *n.* [C] (*bot.*, Daucus carota) **carota** ● *(pop.) carrots,* pel di carota; (persona dai) capelli rossi.

to **carry** ['kæri] ***A*** *v. t.* ***1*** **portare; trasportare**: *to c. a baby in one's arms,* portare un bambino in braccio □ *to c. money about one,* portare denaro con sé (o addosso) ***2*** **continuare; estendere; prolungare; protrarre** ***3*** **conquistare; vincere**: *to c. it (o the day),* vincere la battaglia;

riuscire vincitore; spuntarla *4* **conquistare** (q.) **alla propria causa; far approvare** (o **passare)** (una legge, ecc.) *5* **comportare; implicare** *6* (*comm.*, anche *to c. in stock*) **trattare, vendere** (una merce); (*fam.*) **tenere registrato** *7* (di terreno, ecc.) **produrre** (frutti, ecc.) ***B*** *v. i.* *1* (di cannoni, ecc.) **avere una (certa) portata;** (di rumore, sparo, ecc.) **arrivare, farsi sentire**: *These guns don't c. very far,* questi cannoni non hanno una grande portata *2* (di donna o femmina di animale) **portare (in grembo)** ***C*** to **carry oneself** *v. rifl.* **atteggiarsi; avere un portamento**: *to c. oneself like a soldier,* avere un portamento militaresco ***D*** *verbi composti* *1* *to c. about,* portare in giro *2* *to c. across,* trasportare dall'altra parte; traghettare *3* *to c. away,* portare via; spazzare via □ (*fig.*) *to be carried away,* farsi trascinare (da passione, commozione, ecc.) *4* *to c. back,* riportare; far riandare *5* *to c. forward,* riportare (una cifra, ad altra colonna, pagina o libro) *6* *to c. off,* portare via (con la violenza); far morire; riportare, vincere (premi, onori) *7* *to c. on,* continuare, tirare avanti; esercitare (un mestiere o commercio); condurre, mandare avanti (un'azienda); (*fam.*) fare il galletto: *to c. on a conversation with sb.,* fare una conversazione con q. *8* *to c. out,* compiere; eseguire; portare a termine; condurre a buon fine; mantenere; mettere in atto *9* *to c. over,* trasportare dall'altra parte; riportare (una cifra); fare un riporto *10* *to c. through,* compiere, portare a termine; sostenere; essere di grande aiuto ● *to c. all before one,* avere un completo successo □ *to c. authority,* avere autorità; sapersi imporre □ (*teatr.*) *to c. the house,* conquistare il pubblico □ *to c. coals to Newcastle,* portare vasi a Samo; portare nottole ad Atene.

carry [ˈkæri] *n.* [U] (*anche con l'art. indeterm.*) **portata.**

carry-all [ˈkæriɔ:l] *n.* [C] **grosso cesto; grossa borsa.**

carryings-on [ˌkæriiŋzˈɔn] *n. pl.* (*fam.*) *1* **manovre** *2* **stramberie.**

carry-over [ˈkæriˌouvə*] *n.* [C] **riporto; rimanenza.**

cart [ka:t] *n.* [C] **carretta; barroccio; carretto** (anche a mano) ● *c. horse,* cavallo da tiro □ *c. road* (o *c. track, c. way*), strada carreggiabile □ (*fig.*) *to put the c. before the horse,* mettere il carro innanzi ai buoi □ (*ginnastica*) *to turn a c.-wheel,* fare la ruota.

to **cart** [ka:t] *v. t.* **trasportare con un carro.**

cartage [ˈka:tidʒ] *n.* [U] *1* **trasporto** (a mezzo di carro o carri) *2* (*comm.*) **spese di trasporto.**

carte blanche [ˌkætˈbla:nʃ] (*franc.*) *n.* [U] **carta bianca** (*fig.*).

cartel [ka:ˈtel] *n.* [C] (*econ., polit.*) **cartello.**

carter [ˈka:tə*] *n.* **carrettiere; barrocciaio.**

Cartesian [ka:ˈti:zjən] *a.* e *n.* (*filos.*) **cartesiano.**

cartful [ˈka:tful] *n.* [C] **carrettata; barrocciata.**

Carthusian [ka:ˈθju:zjən] *a.* e *n.* **(monaco) certosino.**

cartilage [ˈka:tilidʒ] *n.* [U] e [C] (*anat.*) **cartilagine.**

cartographer [ka:ˈtɔgrəfə*] *n.* **cartografo.**

cartography [ka:ˈtɔgrəfi] *n.* [U] **cartografia.**

cartomancy [ˈka:toumænsi] *n.* [U] **cartomanzia.**

carton [ˈka:tən] *n.* [C] **scatola di cartone; stecca** (di sigarette).

cartoon [ka:ˈtu:n] *n.* [C] *1* **vignetta; disegno umoristico** *2* (*pitt.*) **cartone** *3* (anche *animated c.*) **cartone animato.**

to **cartoon** [ka:ˈtu:n] ***A*** *v. i.* **fare disegni umoristici** (o **animati)** ***B*** *v. t.* **disegnare la caricatura** (di q., q.c.).

cartoonist [ka:ˈtu:nist] *n.* *1* **disegnatore** *2* **caricaturista; vignettista.**

cartouche [ka:ˈtu:ʃ] (*franc.*) *n.* [C] (*archit.*) **cartoccio; cartiglio.**

cartridge [ˈka:tridʒ] *n.* [C] *1* (*mil.*) **cartuccia** *2* (*ind.*) **astuccio cilindrico** *3* (*USA, cfr. ingl. spool*) **rotolo** (di pellicola) ● *c. belt,* cartucciera □ *c. box,* cassetta per munizioni □ *c. case,* bossolo (di cartuccia) □ *blank c.*, cartuccia a salve.

cartridge paper [ˈka:tridʒˌpeipə*] *n.* [U] **carta spessa** (da cartucce, da disegno).

to **carve** [ka:v] ***A*** *v. t.* *1* (*arte*) **intagliare; incidere** *2* **scolpire** *3* **trinciare, fare a pezzi** (carne, ecc.) *4* (*fig.*) **aprire, fare (con sforzo)**: *to c. out a career for oneself,* farsi una carriera ***B*** *v. i.* **fare l'intagliatore** (o **l'incisore).**

carver [ˈka:və*] *n.* *1* (*arte*) **intagliatore; incisore** *2* **scalco** (*stor.*); **chi trincia** (carne, ecc.).

carving [ˈka:viŋ] *n.* [U] (*arte*) **intaglio.**

carving-knife [ˈka:viŋnaif] *n.* (*pl.* **carving-knives** [ˈka:viŋnaivz]) **trinciante.**

caryatid [ˌkæriˈætid] *n.* [C] (*archit.*) **cariatide.**

cascade [kæsˈkeid] *n.* [C] **cascata** (anche *fig.*); **cascatella.**

to **cascade** [kæsˈkeid] *v. i.* **scendere** (o **venir giù) come una cascata.**

(1) case [keis] *n.* [C] *1* **caso** (anche *gramm.* e *med.*); **avvenimento; evento** *2* (*leg.*) **causa; processo** ● (*med.*) *c. history,* anamnesi □ *in c.*, in caso; caso mai □ *in any c.*, ad ogni modo □ *to make out one's c.*, dimostrare la giustezza della propria tesi □ *Put the c. that...*, metti il caso (o supponi) che... □ *That is the c.!*, le cose stanno proprio così! □ *This is not the c.!*, non è vero!; le cose non stanno così! □ (*fam.*) *He's a c.!*, è proprio un bel tipo!

(2) case [keis] *n.* [C] *1* **cassa** *2* **astuccio; custodia; fodera; guaina** *3* (*bot.*) **baccello** *4* (*mil.*) **fodero** (d'arma bianca); **fondina** (di arma da fuoco); **bossolo** (di cartuccia) *5* (anche *suitcase*) **valigia.**

to **case** [keis] *v. t.* *1* **mettere in una cassa** (o **in un astuccio,** ecc.) *2* **foderare; inguainare.**

to **case-harden** [ˈkeisˌha:dn] *v. t.* *1* (*metall.*) **cementare** (a fuoco) *2* (*fig.*) **indurire; rendere insensibile.**

casein [ˈkeisiin] *n.* [U] (*chim.*) **caseina.**

casemate [ˈkeisˌmeit] *n.* [C] (*mil.*) *1* **casamatta** *2* (*naut.*) **torre corazzata.**

casement [ˈkeismənt] *n.* [C] **(telaio di) finestra a battenti.**

caseous [ˈkeisiəs] *n.* **caseoso** (anche *med.*).

cash [kæʃ] *n.* [U] *1* (*comm.*) **cassa** *2* **denaro; moneta; contanti; soldi** (*pop.*) ● (*comm.*) *c. and carry,* vendita con pagamento in contanti e trasporto della merce ad opera del cliente □ *c. desk,* cassa □ (*comm.*) *c. on delivery,* pagamento alla consegna (o contro assegno) □ (*comm.*) *c. on hand,* fondo (di cassa) □ (*comm.*) *c. payment* (o *c. down*), pagamento in contanti □ *c. price,* prezzo per contanti.

to **cash** [kæʃ] *v. t.* (*comm.*) *1* **incassare; riscuotere** *2* **convertire in denaro** ● *to c. in on st.*, ricavare un profitto da q.c.

cashew [kæˈʃu:] *n.* [C] (*bot.*, Anacardium occidentale) **anacardio.**

cashier [kæˈʃiə*] *n.* **cassiere** ● *c.'s desk,* cassa.

to **cashier** [kæˈʃiə*] *v. t.* **destituire; licenziare.**

cashmere [kæʃˈmiə*] *n.* [U] (*ind.*) **cachemire; casimir.**

casing [ˈkeisiŋ] *n.* [C] *1* (*edil.*) **intelaiatura; infisso** *2* (*mecc.*) **astuccio; carcassa; involucro protettivo** *3* (*autom.*) **copertone; gomma.**

casino [kəˈsi:nou] (*ital.*) *n.* (*pl.* **casinos**) **casinò** (luogo di ritrovo o di gioco).

cask [ka:sk] *n.* [C] **fusto** (di legno); **barile; botte.**

casket [ˈka:skit] *n.* [C] *1* **cofanetto; scrigno** *2* (*USA*) **bara.**

Caspian [ˈkæspiən] *a.* (*geogr.*) **Caspio**: *the C. Sea,* il Mar Caspio.

cassation [kæˈseiʃən] *n.* [U] e [C] (*leg.*) **cassazione.**

cassava [kəˈsa:və] *n.* *1* [C] (*bot.*, Manihot utilissima) **manioca** *2* [U] **fecola di manioca.**

casserole [ˈkæsəroul] *n.* [C] **casseruola.**

cassette [kæˈset] *n.* [C] *1* (*mus.*) **cassetta** *2* (*fotogr.*) **caricatore** ● *c. recorder,* registratore a cassette □ *c. player,* mangiacassette (*fam.*).

cassock [ˈkæsək] *n.* [C] (*relig.*) **tonaca.**

cassowary [ˈkæsəweəri] *n.* (*zool.*, Casuarius) **casuario.**

to **cast** [ka:st] (*pass.* e *p.p.* **cast**) ***A*** *v. t.* e *i.* *1* **gettare; buttare; lanciare; scagliare; tirare**: *to c. ashore,* gettare a riva □ *to c. an eye on st.*, buttare gli occhi su q.c. □ *to c. a glance,* gettare uno sguardo; dare un'occhiata *2* **gettare via; lasciar cadere; perdere**: *to c. one's skin,* perdere (o mutare) la pelle *3* (*polit.*) **dare** (il proprio voto) *4* **addizionare; sommare** *5* **fondere, gettare** (metallo, statue, ecc.) ***6*** **assegnare, distribuire** (parti ad attori) ***B*** *verbi composti* ***1*** *to c. about for st.*, guardarsi attorno in cerca di q.c. ***2*** *to c. aside*, gettare da parte, scartare; ripudiare ***3*** *to c. away*, buttare via; scartare □ *(naut.) to be cast away*, fare naufragio ***4*** *to c. down*, abbassare (gli occhi, ecc.) □ *to be (to look, etc.) cast down*, essere (apparire, ecc.) abbattuto (o depresso) ***5*** *to c. off.*, buttare via, scartare; smettere (abiti); ripudiare (un figlio); *(naut.)* salpare ***6*** *to c. out*, buttare fuori; espellere ***7*** *to c. up*, gettare in alto; portare alla superficie; gettare a riva; rimettere, vomitare; addizionare.

cast [ka:st] *n.* [C] ***1*** **lancio; getto; tiro** ***2*** **calcolo; computo; somma** ***3*** *(zool.)* **muta; pelle abbandonata** (nella muta); **vomito** (d'animale) ***4*** *(cinem., teatr.)* **distribuzione delle parti; complesso di attori** (in un dramma, ecc.) ***5*** **forma; stampo** ***6*** **aspetto, stampo** (delle fattezze del volto, ecc.); **qualità, tipo** (di mente) ***7*** **sfumatura** (di colore) ● *to have a c. in the eye*, avere un leggero strabismo.

castanets [,kæstə'nets] *n. pl.* **castagnette; nacchere.**

castaway ['ka:stəwei] *n.* ***1*** **naufrago** ***2*** *(fig.)* **reietto; reprobo.**

caste [ka:st] *n.* [C] **casta** ● *(fig.) to lose c.*, scendere di grado nella scala sociale; perdere prestigio.

castellan ['ka:stələn] *n.* **castellano.**

castellated ['kæsti,leitid] *a.* ***1*** **turrito** ***2*** (di luogo) **ricco di castelli.**

caster ['ka:stə*] *n.* [C] ***1*** **lanciatore** ***2*** *(metall.)* **fonditore; modellatore** ***3*** *(mecc.)* **rotella** (di mobili).

to **castigate** ['kæstigeit] *v. t.* ***1*** **castigare** ***2*** **criticare aspramente.**

castigation [,kæsti'geiʃən] *n.* [U] e [C] ***1*** **castigo** ***2*** **critica severa.**

Castilian [kæs'tiliən] *a.* e *n.* **castigliano.**

casting ['ka:stiŋ] *n.* [U] e [C] ***1*** *(ind.)* **getto; gettata; fusione; pezzo fuso; colata** ***2*** *(zool.)* **muta** (del pelo) ***3*** *(cinem., teatr.)* **assegnazione delle parti.**

casting net ['ka:stiŋ net] *n.* [C] **giacchio** (rete da pesca).

casting vote ['ka:stiŋvout] *n.* [C] **voto decisivo.**

cast-iron [,ka:st'aiən] *a.* ***1*** **di ghisa** ***2*** **duro; rigido; inflessibile**: *a c. will*, una volontà inflessibile.

castle ['ka:sl] *n.* [C] ***1*** **castello** ***2*** *(scacchi)* **torre** ● *to build castles in the air (o in Spain)*, fare castelli in aria.

to **castle** ['ka:sl] *v. i.* *(scacchi)* **arroccare, arroccarsi.**

castoff ['ka:stɔf] *n.* *(generalm. al pl.)* ***1*** **abito smesso** ***2*** **emarginato; reietto.**

cast-off ['ka:stɔf] *a.* ***1*** **scartato** ***2*** (d'abito) **smesso.**

castor ['ka:stə*] *n.* ***1*** [U] *(farm.)* **castoreo** ***2*** [C] *(pop.)* **berretto di pelo** (di castoro o coniglio) ***3*** *(mecc.)* *V.* **caster** ***4*** [C] **pepaiola; saliera.**

castor oil [,ka:stər'ɔil] *n.* [U] **olio di ricino** ● *(bot.)* *castor-oil plant* (Ricinus communis), ricino.

castor sugar ['ka:stə,ʃugə*] *n.* [U] **zucchero (bianco) raffinato.**

to **castrate** [kæs'treit] *v. t.* ***1*** **castrare** ***2*** *(fig.)* **mutilare; espurgare.**

casual ['kæʒjuəl] ***A*** *a.* ***1*** **casuale; accidentale; fortuito** ***2*** **noncurante; indifferente** ***3*** **occasionale; saltuario; avventizio** ***4*** (di abito) **informale; senza pretese** ***B*** *n.* **lavoratore avventizio.**

casually ['kæʒjuəli] *avv.* ***1*** **casualmente; per caso; accidentalmente** ***2*** **in modo noncurante; con aria indifferente.**

casualty ['kæʒiuəlti] *n.* [C] ***1*** **incidente; disgrazia** ***2*** **ferito, morto** (in guerra o in un incidente) ***3*** *(mil., al pl.)* **perdite.**

casuist ['kæzjuist] *n.* ***1*** *(relig.)* **casista** ***2*** **sofista; cavillatore.**

casuistry ['kæzjuistri] *n.* [U] ***1*** *(relig.)* **casistica** ***2*** **sofismi; cavilli.**

cat [kæt] *n.* [C] ***1*** **gatto** ***2*** **felino** ***3*** *(fig., fam.)* **donna bisbetica, dispettosa** ***4*** (anche *cat-o'-nine-tails*) **gatto a nove code** (staffile) ***5*** *(naut.*, anche *cathead)* **capone** ● *cat burglar*, ladro che s'arrampica sui muri; ladro acrobata □ *cat suit*, tuta (da donna); pagliaccetto (da bambino) □ *(fam.) to fight like Kilkenny cats*, battersi fino alla distruzione reciproca □ *(fam.) to lead a cat--and-dog life*, essere come cane e gatto □ *(fam.) to be like a cat on hot bricks*, stare sulle spine □ *(fam.) to rain cats and dogs*, piovere a dirotto (o a catinelle) □ *(fig.) to wait for the cat to jump (o to see which way the cat jumps)*, aspettare di vedere come si mettono le cose □ *(fam.) There isn't enough room to swing a cat*, non c'è spazio per rigirarsi.

to **cat** [kæt] ***A*** *v. t.* ***1*** **fustigare** ***2*** *(naut.)* **caponare** (l'ancora) ***B*** *v. i.* *(pop.)* **fare i gattini; vomitare.**

cataclysm ['kætəklizəm] *n.* [C] **cataclisma.**

catacomb ['kætəkoum] *n.* *(generalm. al pl.)* **catacomba.**

catafalque ['kætəfælk] *n.* [C] **catafalco.**

Catalan ['kætələn] *a.* e *n.* **catalano.**

catalepsy ['kætəlepsi] *n.* [U] *(med.)* **catalessi; catalessia.**

catalogue ['kætəlɔg] *n.* [C] **catalogo.**

to **catalogue** ['kætəlog] *v. t.* **catalogare; mettere in catalogo.**

catalysis [kə'tælisis] *n.* (*pl.* **catalyses** [kə'tæli,si:z]) [C] e [U] *(chim.)* **catalisi.**

catalyst ['kætəlist], **catalyzer** ['kætəlaizə*] *n.* [C] *(chim.)* **catalizzatore.**

catamaran [,kætəmə'ræn] *n.* [C] ***1*** *(naut.)* **catamarano** (barca con due scafi paralleli) ***2*** *(fig.)* **donna bisbetica, litigiosa.**

catamountain, cat-o'-mountain [,kætə'mauntin] *n.* *(zool.*, Felis silvestris) **gatto selvatico.**

cataplasm ['kætəplæzəm] *n.* [C] *(med.)* **cataplasma.**

catapult ['kætəpʌlt] *n.* [C] ***1*** *(stor.)* **catapulta** ***2*** *(aeron.)* **catapulta** ***3*** **fionda; frombola** ● *(naut.) c. aircraft*, velivolo catapultabile (da una nave).

to **catapult** ['kætəpʌlt] *v. t.* ***1*** **catapultare** (un aeroplano, ecc.) ***2*** **colpire con la fionda.**

cataract ['kætərækt] *n.* [C] *(geogr., med., idraulica)* **cateratta, cataratta.**

catarrh [kə'ta:*] *n.* [U] *(med.)* ***1*** **catarro** ***2*** **raffreddore.**

catarrhal [kə'ta:rəl] *a.* *(med.)* **catarrale.**

catarrhous [kə'ta:rəs] *a.* *(med.)* **catarroso.**

catastrophe [kə'tæstrəfi] *n.* [C] **catastrofe.**

catastrophic(al) [,kætə'strɔfik(əl)] *a.* **catastrofico.**

catcall ['kætkɔ:l] *n.* [C] **fischio** (di derisione o disapprovazione).

to **catch** [kætʃ] ***A*** (*pass.* e *p.p.* **caught** [kɔ:t]) *v. t.* e *i.* ***1*** **prendere** (in molti sensi); **pigliare; acchiappare; agguantare; afferrare; buscarsi; comprendere; sorprendere; cogliere**: *to c. a butterfly*, acchiappare una farfalla □ *to c. a severe cold*, prendere un forte raffreddore □ *to be caught in the storm*, essere sorpreso dalla tempesta ***2*** **raggiungere** ***3*** **trattenere, impigliare; restar preso, impigliarsi** ***4*** **prendere; far presa; chiudere**: *The lock won't c.*, la serratura non chiude ***5*** (del fuoco) **diffondersi;** (di malattia) **essere contagioso** ***6*** **rapprendersi; solidificare; gelare** ***B*** *verbi composti* ***1*** *to c. at*, cercare di afferrare; *(fig.)* attaccarsi a: *to c. at a straw*, attaccarsi anche a una pagliuzza ***2*** *(fam.) to c. on*, attecchire; diventare di moda ***3*** *to c. out*, cogliere in fallo; scoprire (chi afferma il falso) ***4*** *to c. up*, afferrare; raggiungere; mettersi in pari: *I'll soon c. you up*, ti raggiungerò presto □ *to c. up a habit*, prendere un'abitudine ● *to c. sb.'s attention*, attirare l'attenzione di q. □ *to c. one's breath*, trattenere il respiro □ *(fam.) to c. it*, buscarsi una sgridata; buscarle; prenderle □ *to c. a likeness*, cogliere una somiglianza □ *to be caught in the act*, essere colto in flagrante.

catch [kætʃ] *n.* [C] ***1*** **presa** ***2*** *(fig.)* **persona accalappiata; partito** ***3*** (di porta, finestra) **gancio; fermo** ***4*** *(fig.)* **tranello; trappola; trucco** ***5*** *(mecc.)* **dente d'arresto** ● *(sport) c.-as-c.-can*, lotta libera: *(fig.) a c.--as-c.-can affair*, una lotta senza esclusione di colpi □ *a good c. of fish*, una buona pesca □ *This is no c.*, questo è un pessimo affare.

catchfly ['kætʃflai] *n.* [C] *(bot.*, Silene) **silene.**

catching ['kætʃiŋ] *a.* ***1*** **contagioso** ***2*** **attraente; vistoso** ***3*** (di canzone) **orecchiabile.**

catchment [ˈkætʃmənt] *n.* (anche *c. basin*) **bacino imbrifero** ● *c. drain*, canale collettore.

catchpenny [ˈkætʃˌpeni] *a.* **da due soldi; dozzinale.**

catchword [ˈkætʃwəːd] *n.* [C] ***1*** **slogan; motto** ***2*** (di dizionario) **esponente** ***3*** *(teatr.)* **ultima parola d'una battuta** (che dà il via alla battuta di un altro attore).

catchy [ˈkætʃi] *a.* *(fam.)* ***1*** **che attira l'attenzione; vistoso** ***2*** (di canzone, ecc.) **orecchiabile** ***3*** **ingannevole; insidioso.**

catechism [ˈkætikizəm] *n.* *(relig.)* ***1*** [U] **catechismo** ***2*** [C] **prontuario a domande e risposte** ● *(fig.) to put sb. through his c.*, sottoporre q. a un interrogatorio.

to **catechize** [ˈkætikaiz] *v. t.* ***1*** **catechizzare** ***2*** **interrogare a fondo.**

catechu [ˈkætitʃuː] *n.* [U] *(ind.)* **catecù.**

catechumen [ˌkætiˈkjuːmen] *n.* *(relig.)* **catecumeno.**

categorical [ˌkætiˈgɔrikəl] *a.* **categorico.**

category [ˈkætigəri] *n.* [C] **categoria.**

to **cater** [ˈkeitə*] *v. i.* ***1*** **provvedere** (cibi o vivande); **organizzare il servizio** (per un banchetto, ecc.) ***2*** **provvedere** (a un bisogno in genere).

caterpillar [ˈkætəˌpilə*] *n.* [C] ***1*** *(zool.)* **bruco** ***2*** (anche *c. tractor*) **trattore a cingoli.**

to **caterwaul** [ˈkætəwɔːl] *v. i.* **miagolare, gnaulare** (di gatti in amore).

catfish [ˈkætfiʃ] *n.* [C] *(zool.*, Ameiurus nebulosus*)* **pesce gatto.**

catgut [ˈkætgʌt] *n.* [U] ***1*** **minugia** ***2*** **catgut; filo per suture.**

catharsis [kəˈθaːsis] *n.* [U] **catarsi.**

cathartic [kəˈθaːtik] *n.* [C] *(farm.)* **purga; purgante.**

cathead [ˈkæthed] *n.* [C] *(naut.)* **capone; gru dell'ancora.**

cathedral [kəˈθiːdrəl] *n.* [C] **cattedrale; duomo.**

catherine wheel [ˈkæθərinwiːl] *n.* [C] ***1*** **girandola** (fuoco artificiale) ***2*** *(ginnastica)* **ruota.**

catheter [ˈkæθitə*] *n.* [C] *(med.)* **catetere.**

cathode [ˈkæθoud] ***A*** *n.* [C] *(elettricità)* **catodo** ***B*** *a. attr.* **catodico.**

(1) catholic [ˈkæθəlik] *a.* ***1*** **generale; universale** ***2*** **liberale; aperto; eclettico; di mente aperta** ***3*** **di tutti i cristiani**: *C. morality*, la morale accettata da tutti i cristiani ***4*** (anche *Roman C.*) **cattolico**: *the C. Church*, la Chiesa Cattolica.

(2) Catholic [ˈkæθəlik] *n.* ***1*** **cristiano** (in genere); **membro di una delle Chiese cristiane** ***2*** (anche *Roman C.*) **cattolico.**

Catholicism [kəˈθɔlisizəm] *n.* [U] **cattolicesimo, cattolicismo.**

catholicity [ˌkæθəˈlisiti] *n.* [U] **universalità; eclettismo; liberalità.**

to **catholicize** [kəˈθɔlisaiz] *v. t.* e *i.* **convertire, convertirsi al cattolicesimo.**

catkin [ˈkætkin] *n.* [C] *(bot.)* **amento.**

catmint [ˈkætmint] *n.* [U] *(bot.*, Nepeta cataria*)* **erba gattaia.**

catnap [ˈkætnæp] *n.* [C] *(fam.)* **pisolino.**

cat's cradle [ˌkætsˈkreidl] *n.* [U] **ripiglino** (gioco).

cat's eye [ˈkætsai] *n.* [C] ***1*** *(miner.)* **occhio di gatto** ***2*** (di veicolo) **(dischetto) catarifrangente.**

cat's paw [ˈkætspɔː] *n.* [C] ***1*** **zampa di gatto** ***2*** *(fam.)* **strumento (involontario);** ***3*** *(fam.)* **brezzolina.**

cattish [ˈkætiʃ] *a.* ***1*** **felino; da gatto** ***2*** *(fig.)* **sornione.**

cattle [ˈkætl] *n.* *(collett.)* ***1*** **bestiame** (specialm. bovino) ***2*** *(fig.)* **gente di poco conto; marmaglia** ● *(vet.) c.-plague*, peste bovina □ *(ferr.) c. truck*, carro bestiame.

cattleman [ˈkætlmən] *n.* (*pl.* **cattlemen** [ˈkætlmən]) ***1*** **bovaro** ***2*** (specialm. *USA*) **allevatore di bestiame.**

Caucasian [kɔːˈkeizjən] *a.* e *n.* **caucasico.**

caucus [ˈkɔːkəs] *n.* [C] ***1*** **riunione dei capi di un partito** ***2*** *(spreg.)* **cricca politica.**

caudate [ˈkɔːdeit] *a.* **caudato.**

caught [kɔːt] *pass.* e *p.p.* di to **catch.**

caul [kɔːl] *n.* [C] *(anat.)* ***1*** **amnio** ***2*** **omento** (parte del peritoneo).

cauldron [ˈkɔːldrən] *n.* [C] **caldaia; calderone.**

cauliflower [ˈkɔliflauə*] *n.* [C] *(bot.*, Brassica oleracea botrytis*)* **cavolfiore.**

to **caulk** [kɔːk] *v. t.* *(naut.)* **calafatare.**

caulker [ˈkɔːkə*] *n.* *(naut.)* **calafato.**

causal [ˈkɔːzəl] *a.* e *n.* [C] **causale.**

causality [kɔːˈzæliti] *n.* [U] **causalità.**

causative [ˈkɔːzətiv] *a.* **causativo**: *a c. verb*, un verbo causativo.

cause [kɔːz] *n.* ***1*** [C] (anche *leg.*) **causa**: *to plead a c.*, perorare una causa ***2*** [U] **motivo; ragione**: *without good c.*, senza un legittimo motivo.

to **cause** [kɔːz] *v. t.* ***1*** **causare; cagionare; provocare; produrre** ***2*** *(seguito da un verbo all'inf.)* **fare; costringere; indurre**: *to c. sb. to do st.*, far fare q.c. a q.

causeless [ˈkɔːzlis] *a.* ***1*** **senza causa** (apparente); **fortuito** ***2*** **senza ragione; immotivato.**

causeway [ˈkɔːzwei] *n.* [C] ***1*** **strada rialzata** ***2*** **marciapiede rialzato.**

caustic [ˈkɔːstik] ***A*** *a.* *(chim., fig.)* **caustico**: *c. soda*, soda caustica □ *a c. remark*, un'osservazione caustica ***B*** *n.* *(chim.)* **sostanza caustica.**

causticity [kɔːsˈtisiti] *n.* [U] **causticità.**

to **cauterize** [ˈkɔːtəraiz] *v. t.* *(med.)* **cauterizzare.**

cautery [ˈkɔːtəri] *n.* *(med.)* **cauterio.**

caution [ˈkɔːʃən] *n.* ***1*** [U] **cautela; circospezione; prudenza** ***2*** [C] **avvertimento; ammonimento; diffida** ***3*** [C] *(pop.)* **tipo strano** ● (su un cartello) *C.!*, attenzione! □ *c. money*, cauzione.

to **caution** [ˈkɔːʃən] *v. t.* **avvertire; ammonire; diffidare.**

cautionary [ˈkɔːʃənəri] *a.* **ammonitore.**

cautious [ˈkɔːʃəs] *a.* **cauto; circospetto; guardingo; prudente.**

cavalcade [ˌkævəlˈkeid] *n.* [C] **compagnia di persone a cavallo.**

cavalier [ˌkævəˈliə*] *n.* [C] ***1*** **cavaliere; cortigiano** ***2*** — *(stor.) C.*, realista; sostenitore di Carlo I d'Inghilterra.

cavalry [ˈkævəlri] *n.* *(collett.)* **cavalleggeri; cavalleria.**

cavalryman [ˈkævəlrimən] *n.* (*pl.* **cavalrymen** [ˈkævəlrimən]) **cavalleggero, cavalleggere.**

cave [keiv] *n.* ***1*** [C] **caverna; grotta; spelonca** ***2*** *(gergo polit. ingl.)* **secessione;** *(collett.)* **dissidenti** (in un partito) ● *c.-dweller* (o *caveman*), uomo delle caverne; troglodita.

to **cave** [keiv] ***A*** *v. t.* **scavare** ***B*** *v. i.* — *to c. in*, crollare; franare; *(fig., fam.)* cedere, sottomettersi.

caveat [ˈkeiviæt] *(lat.)* *n.* [C] ***1*** *(leg.)* **intimazione; diffida** ***2*** **ammonimento.**

cavern [ˈkævən] *n.* [C] **caverna; grotta.**

cavernous [ˈkævənəs] *a.* **cavernoso.**

caviar(e) [ˈkæviaː*] *n.* [U] **caviale.**

cavil [ˈkævil] *n.* [C] e [U] **cavillo.**

to **cavil** [ˈkævil] *v. i.* **cavillare** ● *to c. at st.*, cavillare su q.c.

caviller [ˈkævilə*] *n.* **cavillatore, cavillatrice.**

cavity [ˈkæviti] *n.* [C] ***1*** **cavità** ***2*** *(mecc., edil.)* **intercapedine.**

to **cavort** [kəˈvɔːt] *v. i.* ***1*** *(fam.)* **saltare; saltellare; far capriole** ***2*** (del cavallo) **corvettare.**

cavy [ˈkeivi] *n.* [C] *(zool.*, Cavia*)* **cavia; porcellino d'India.**

caw [kɔː] *n.* [C] **gracchio.**

to **caw** [kɔː] *v. i.* **gracchiare.**

cay [kei] *n.* [C] **banco corallino; banco di sabbia.**

cayenne [keiˈen] *n.* [U] (anche *C. pepper*) **pepe di Caienna.**

cayman [ˈkeimən] *n.* [C] *(zool.*, Caiman*)* **caimano.**

cease [siːs] *n.* *(arc.)* **cessazione** ● *without c.*, incessantemente.

to **cease** [siːs] *v. t.* e *i.* **cessare; smettere; sospendere**: *C. doing that!*, smettila (di fare ciò)! □ *(mil.) C. fire!*, cessate il fuoco!

cease-fire [ˈsiːsfaiə*] *n.* (specialm. *mil.*) ***1*** **(il) cessate il fuoco** ***2*** **tregua; sospensione delle ostilità.**

ceaseless [ˈsiːslis] *a.* **incessante; continuo.**

cedar [ˈsiːdə*] *n.* [C] *(bot.*, Cedrus*)* **cedro** (anche il

legno).
to **cede** [si:d] *v. t.* **cedere** (un diritto, un territorio, ecc.).
cedilla [si'dilə] *n.* [C] **cediglia.**
ceiling ['si:liŋ] *n.* [C] ***1*** *(edil.)* **soffitto *2*** *(aeron.)* **quota di tangenza *3* livello massimo** (di prezzi, salari, ecc.); **tetto** *(fig.).*
celadon ['selədɔn] *n.* [U] **(color) verde pallido.**
celandine ['seləndain] *n.* [C] (*bot.*, Chelidonium majus) **celidonia.**
celebrant ['selibrənt] *n.* *(relig.)* **celebrante.**
to **celebrate** ['selibreit] ***A*** *v. t.* **celebrare; commemorare; festeggiare *B*** *v. i.* **far festa.**
celebrated ['selibreitid] *a.* **celebre; famoso; illustre.**
celebration [,seli'breiʃən] *n.* [C] e [U] **celebrazione; festeggiamento.**
celebrity [si'lebriti] *n.* [U] e [C] **celebrità.**
celerity [si'leriti] *n.* [U] **celerità; velocità; sveltezza.**
celery ['seləri] *n.* [U] (*bot.*, Apium graveolens) **sedano.**
celestial [si'lestjəl] *a.* **celeste** (del cielo); **celestiale.**
celibacy ['selibəsi] *n.* [U] **celibato** (specialm. per voto religioso).
celibate ['selibit] *a.* e *n.* **celibe.**
cell [sel] *n.* [C] ***1*** **cella *2*** *(poet.)* **tomba *3*** *(biol., polit.)* **cellula *4*** *(elettricità)* **elemento** (di batteria).
cellar ['selə*] *n.* [C] ***1*** **scantinato; sottosuolo; sotterraneo *2*** (anche *wine-c.*) **cantina** ● *coal-c.*, carbonaia □ *to keep a good c.*, avere una buona riserva di vini.
cellarage ['seləridʒ] *n.* ***1*** *(collett.)* **cantine *2*** [U] **spese di magazzinaggio** (in cantina).
cellaret [,selə'ret] *n.* [C] **bar** (mobile); **controbuffet.**
cello ['tʃelou] *n.* (*abbr.* di **violoncello**) *(mus.)* **violoncello.**
cellophane ['seləfein] *n.* [U] **cellofan.**
cellular ['seljulə*] *a.* **cellulare** ● *c. confinement*, segregazione cellulare □ *(biol.) c. tissue*, tessuto cellulare.
cellule ['selju:l] *n.* [C] *(anat.)* **cellula.**
cellulitis [,selju'laitis] *n.* [U] *(med.)* **cellulite.**
celluloid ['seljulɔid] *n.* [U] **celluloide.**
cellulose ['seljulous] *n.* [U] **cellulosa.**
Celt [kelt] *n.* *(stor.)* **celta.**
Celtic ['keltik] ***A*** *a.* **celtico *B*** *n.* **lingua celtica.**
cement [si'ment] *n.* [U] ***1*** **cemento *2*** **mastice; adesivo.**
to **cement** [si'ment] *v. t.* **cementare** (anche *fig.*); **consolidare.**
cemetery ['semitri] *n.* [C] **cimitero** (non annesso a una chiesa).
cenobite ['si:noubait] *n.* **cenobita.**
cenotaph ['senəta:f] *n.* [C] **cenotafio.**
to **cense** [sens] *v. t.* **incensare.**
censer ['sensə*] *n.* [C] **incensiere; turibolo** ● *c.-bearer*, turiferario.
censor ['sensə*] *n.* **censore** (in ogni senso).
to **censor** ['sensə*] *v. t.* **censurare.**
censorial [sen'sɔ:riəl] *a.* **censorio.**
censorious [sen'sɔ:riəs] *a.* **incline a criticare; ipercritico.**
censorship ['sensəʃip] *n.* [U] ***1*** **censura *2*** *(stor.)* **censorato.**
censure ['senʃə*] *n.* [U] e [C] **riprovazione; biasimo; censura.**
to **censure** ['senʃə*] *v. t.* **riprovare; biasimare; criticare; censurare.**
census ['sensəs] *n.* [C] **censimento** ● *c. -paper*, modulo per censimento.
cent [sent] *n.* [C] ***1*** *(USA)* **centesimo di dollaro *2*** **cento**: *per c.*, per cento (%) □ *c. per c.*, (percentuale del) cento per cento.
centaur ['sentɔ:*] *n.* [C] *(mitol.)* **centauro.**
centenarian [,senti'nɛəriən] *a.* e *n.* **centenario.**
centenary [sen'ti:nəri] *a.* e *n.* [C] **centenario.**
centennial [sen'tenjəl] *a.* **centennale.**
center ['sentə*] e *deriv.* *(USA) V.* **centre** e *deriv.*
centesimal [sen'tesiməl] *a.* **centesimale.**
centigrade ['sentigreid] *a.* **centigrado.**
centigram(me) ['sentigræm] *n.* [C] **centigrammo.**
centilitre, *(USA)* **centiliter** ['senti,li:tə*] *n.* [C] **centilitro.**
centimetre, *(USA)* **centimeter** ['senti,mi:tə*] *n.* [C] **centimetro.**
centipede ['sentipi:d] *n.* [C] *(zool.)* **centopiedi.**
central ['sentrəl] *a.* **centrale; principale.**
centralism ['sentrəlizəm] *n.* [U] *(polit.)* **centralismo.**
centralist ['sentrəlist] *n.* e *a. attr.* *(polit.)* **centralista.**
centrality [sen'træliti] *n.* [U] ***1*** **centralità *2*** **tendenza a rimanere al centro.**
to **centralize** ['sentrəlaiz] *v. t.* e *i.* **accentrare, accentrarsi.**
centre ['sentə*] *n.* [C] ***1*** **centro** (in ogni senso): *c. of gravity*, centro di gravità; baricentro ***2*** *(mecc.)* **perno; fulcro *3*** (*sport*, anche *c. forward*) **centravanti; centrattacco *4*** *(biol.)* **nucleo *5*** *(archit.)* **centina** ● *(sport) c. back*, centroterzino □ *(sport) c. field*, centrocampo □ *(sport) c. fielder*, centrocampista □ *(sport) c. half*, centro mediano □ *shopping c.*, centro commerciale (di una città).
to **centre** ['sentə*] ***A*** *v. t.* ***1*** **centrare *2*** **trovare il centro di *3*** *(sport)* **passare** (la palla) **al centro *4*** **accentrare *B*** *v. i.* **accentrarsi.**
centrepiece ['sentəpi:s] *n.* [C] **centrotavola.**
centric(al) ['sentrik(əl)] *a.* **centrico.**
centrifugal [sen'trifjugəl] *a.* **centrifugo.**
centripetal [sen'tripitəl] *a.* **centripeto.**
centrism ['sentrizəm] *n.* [U] *(polit.)* **centrismo.**
centrist ['sentrist] *n.* e *a. attr.* *(polit.)* **centrista.**
centuple ['sentjupl], **centuplicate** [sen'tjuplikeit] *a.* e *n.* **centuplo.**
to **centuple** ['sentjupl], to **centuplicate** [sen'tjuplikeit] *v. t.* **centuplicare.**
centurion [sen'tjuəriən] *n.* *(stor. romana)* **centurione.**
century ['sentʃuri] *n.* [C] ***1*** *(stor. romana)* **centuria *2*** **secolo.**
cephalic [si'fælik] *a.* *(anat.)* **cefalico.**
ceramic [si'ræmik] *a.* **relativo alla ceramica; ceramico.**
ceramics [si'ræmiks] *n. pl.* ***1*** *(col verbo al sing.)* **(arte della) ceramica *2*** **ceramiche.**
ceramist [si'ræmist] *n.* **ceramista.**
cereal ['siəriəl] *a.* e *n.* *(generalm. al pl.)* **cereale.**
cerebellum [,seri'beləm] *n.* (*pl.* **cerebellums** [,seri'beləmz], **cerebella** [,seri'belə]) *(anat.)* **cervelletto.**
cerebral ['seribrəl] *a.* **cerebrale**: *c. palsy*, paralisi cerebrale.
cerebration [,seri'breiʃən] *n.* [U] **lavorio del cervello; elucubrazione.**
cerebrospinal [,seribrou'spainl] *a.* *(anat.)* **cerebrospinale.**
cerebrum ['seribrəm] *n.* (*pl.* **cerebrums** ['seribrəmz], **cerebra** ['seribrə]) *(anat.)* **cerebro; cervello.**
ceremonial [,seri'mounjəl] ***A*** *a.* **cerimoniale; da cerimonia *B*** *n.* [C] **cerimoniale.**
ceremonious [,seri'mounjəs] *a.* **cerimonioso.**
ceremony ['seriməni] *n.* [C] e [U] **cerimonia**: *to stand on c.*, far cerimonie (o complimenti).
cerise [sə'ri:z] *a.* e *n.* [U] **(color) rosso ciliegia.**
cerium ['si:riəm] *n.* [U] *(chim.)* **cerio.**
cert [sə:t] *n.* (*abbr. fam.* di **certainty**) **cosa certa; fatto certo.**
certain ['sə:tn] *a.* **certo**: *a c. John Smith*, un certo John Smith □ *to a c. extent*, fino a un certo punto ● *for c.*, per certo; di sicuro □ *to make c. of st.*, accertarsi di q.c.
certainly ['sə:tinli] *avv.* **certamente; certo** ● *C. not!*, no di certo!
certainty ['sə:tnti] *n.* ***1*** [U] **certezza *2*** [C] **cosa certa; fatto certo** ● *to bet on a c.*, scommettere a colpo sicuro.
certifiable ['sə:tifaiəbl] *a.* ***1*** **attestabile *2*** **che dovrebbe essere dichiarato pazzo.**

certificate [sə'tifikit] *n.* [C] **certificato; attestato; diploma** ● *birth c.*, certificato (o atto) di nascita □ *health c.*, certificato di sana costituzione.
to **certificate** [sə'tifikeit] *v. t.* **1 certificare; attestare 2 abilitare**: *a certificated teacher*, un insegnante abilitato.
certified ['sə:tifaid] *a.* **1 munito di certificato (o di documentazione)**: *(comm.) a c. transfer*, una cessione documentata **2 legalizzato; autenticato 3 garantito**: *c. milk*, latte garantito immune da germi **4 abilitato; iscritto all'albo**: *(USA) a c. public accountant*, un ragioniere iscritto all'albo.
to **certify** ['sə:tifai] *v. t.* **1 certificare; attestare 2** *(leg.)* **legalizzare; autenticare**: *a certified copy*, una copia autenticata **3 dichiarare** (da parte di un medico): *to be certified as insane*, essere dichiarato infermo di mente **4** *(comm. USA)* **garantire.**
certitude ['sə:titju:d] *n.* [C] **certezza; convinzione.**
cerulean [si'ru:ljən] *a.* **ceruleo.**
cerumen [si'ru:men] *n.* [U] **cerume.**
cervical ['sə:vikəl] *a.* *(anat.)* **cervicale.**
cessation [se'seiʃən] *n.* [U] e [C] **cessazione; arresto; pausa.**
cession ['seʃən] *n.* [U] e [C] **cessione** (di diritti, territori, ecc.).
cesspit ['sespit], **cesspool** ['sespu:l] *n.* [C] **1 pozzo nero 2** *(fig.)* **luogo immondo; fogna.**
cetacean [si'teiʃjən] **A** *a.* **dei cetacei B** *n.* *(zool.)* **cetaceo.**
cetaceans [si'teiʃjənz] *n. pl.* *(zool.*, Cetacea) **cetacei.**
cetaceous [si'teiʃjəs] *a.* *(zool.)* **dei cetacei; appartenente ai cetacei.**
Ceylonese [ˌsilə'ni:z] *a.* e *n.* **cingalese.**
cha-cha ['tʃa:tʃa:], **cha-cha-cha** [ˌtʃa:tʃa:'tʃa:] *n.* [C] **cha cha cha** (ballo sudamericano).
to **chafe** [tʃeif] **A** *v. t.* **1 fregare; sfregare; strofinare**: *to c. one's hands*, fregarsi le mani (per riscaldarle) **2 irritare** (per sfregamento o attrito) **3 irritare; seccare** *(pop.)* **B** *v. i.* **1 sfregarsi; strofinarsi 2 irritarsi.**
chafe [tʃeif] *n.* **1 sfregamento 2 irritazione** (anche *fig.*).
chafer ['tʃeifə*] *n.* *(zool.)* **coleottero.**
chaff [tʃa:f] *n.* [U] **1 pula; loppa 2 paglia, fieno** (usati come foraggio) **3** *(fig.)* **cosa senza valore 4 celia; scherzo bonario.**
to **chaff** [tʃa:f] *v. t.* **1 trinciare** (paglia, ecc.) **2 prendersi gioco di; prendere in giro; stuzzicare.**
chaffinch ['tʃæfintʃ] *n.* *(zool.*, Fringuilla coelebs) **fringuello.**
chafing dish ['tʃeifiŋdiʃ] *n.* [C] **scaldavivande.**
chagrin ['ʃægrin] *n.* [U] **delusione; imbarazzo; mortificazione.**
to **chagrin** ['ʃægrin] *v. t.* **deludere; mortificare.**
chain [tʃein] *n.* [C] **catena** (in ogni senso) ● *c. letter*, lettera a catena □ *c. reaction*, reazione a catena □ *c. smoker*, fumatore accanito □ *c. stitch*, punto a catenella □ *(USA) c. store* (*cfr. ingl. multiple shop*), negozio (o grande magazzino) che fa parte di un'organizzazione a catena.
to **chain** [tʃein] *v. t.* **incatenare; mettere alla catena.**
to **chain-smoke** ['tʃeinsmouk] *v. i.* **fumare una sigaretta dopo l'altra.**
chair [tʃɛə*] *n.* [C] **1 sedia 2 seggio** (presidenziale, ecc.); **cattedra** (universitaria) **3** (anche *chairman*) **presidente** (di un'assemblea, riunione, ecc.) **4** *(USA*, anche *electric c.)* **sedia elettrica** ● *c.-maker*, seggiolaio □ *easy c.*, poltrona □ *to take (to leave) the c.*, assumere (lasciare) la presidenza.
to **chair** [tʃɛə*] *v. t.* **1 mettere su una sedia; far sedere 2 scegliere come presidente; insediare 3 presiedere** (una riunione, ecc.) **4 portare in trionfo.**
chair lift ['tʃɛəlift] *n.* [C] **seggiovia.**
chairman ['tʃɛəmən] *n.* (*pl.* **chairmen** ['tʃɛəmən]) **1 presidente** (d'assemblea, di comitato, ecc.) **2 portatore di portantina.**
chairmanship ['tʃɛəmənʃip] *n.* *(solo al sing.)* **presidenza.**
chaise [ʃeiz] *n.* [C] **calesse.**
chalcedony [kæl'sedəni] *n.* [U] *(miner.)* **calcedonio.**
chalcography [kæl'kɔgrəfi] *n.* [U] **calcografia.**
Chaldean [kæl'di:ən] *a.* e *n.* *(stor.)* **caldeo.**
chalice ['tʃælis] *n.* [C] **calice.**
chalk [tʃɔ:k] *n.* **1** [U] **gesso 2** [C] (anche *piece of c.*) **gessetto** ● *c.-pit*, cava di gesso □ *(fam.) by a long c.* (o *by long chalks)*, di gran lunga; con grande vantaggio □ *(fam.) not to know c. from cheese*, prendere lucciole per lanterne.
to **chalk** [tʃɔ:k] *v. t.* **segnare (o scrivere, strofinare, imbrattare) col gesso** ● *(sport) to c. up*, segnare (i punti d'una partita, ecc.).
chalky ['tʃɔ:ki] *a.* **gessoso.**
challenge ['tʃælindʒ] *n.* [C] **1** *(mil.)* **« chi va là »; « alto là » 2 sfida**: *a c. to a duel*, una sfida a duello **3** *(leg.)* **opposizione; eccezione** ● *(leg.) c. of a juror*, ricusazione di un giurato.
to **challenge** ['tʃælindʒ] *v. t.* **1** *(mil.)* **dare il « chi va là »** (o **l'« alto là »**) **a** (q.) **2 sfidare 3** *(leg.)* **ricusare; fare opposizione a; impugnare** ● *to c. attention*, imporsi all'attenzione.
challenger ['tʃælindʒə*] *n.* **1** (anche *sport*) **sfidante; sfidatore 2** *(leg.)* **chi ricusa** (un giurato); **chi impugna** (una sentenza).
challenging ['tʃælindʒiŋ] *a.* **provocatorio** ● *a c. idea*, un'idea assai interessante □ *a c. personality*, una personalità affascinante □ *a c. question*, un problema stimolante □ *a c. statement*, un'affermazione polemica.
chalybeate [kə'libiit] *a.* **ferruginoso.**
chamber ['tʃeimbə*] *n.* [C] **1** *(al pl.)* **appartamento** (per persona sola); *(leg.)* **ufficio di giudice** (presso il tribunale); **studio di avvocato 2 camera legislativa 3** (d'arma da fuoco) **camera di caricamento** ● *c. music*, musica da camera □ *Upper (Lower) C.*, Camera Alta (Bassa).
chamberlain ['tʃeimbəlin] *n.* **ciambellano; camerlengo.**
chambermaid ['tʃeimbəmeid] *n.* **cameriera** (d'albergo).
chamber pot ['tʃeimbəˌpɔt] *n.* [C] **vaso da notte.**
chameleon [kə'mi:ljən] *n.* *(zool.*, Chamaeleo) **camaleonte** (anche *fig.*).
chamfer ['tʃæmfə*] *n.* [C] **1** *(mecc.)* **bisello; smussatura; taglio a sbieco 2** *(archit.)* **modanatura 3** *(falegnameria)* **scanalatura.**
to **chamfer** ['tʃæmfə*] *v. t.* [C] **1** *(mecc.)* **smussare 2** *(falegnameria)* **scanalare.**
chamois ['ʃæmwa:] *n.* **1** [C] *(zool.*, Rupicapra rupicapra) **camoscio 2** [U] (anche *c. leather* ['ʃæmiˌleðə], *chammy, shammy* ['ʃæmi]) **pelle di camoscio.**
to **champ** [tʃæmp] *v. t.* e *i.* **1 masticare rumorosamente 2** (anche *fig.*) **mordere il freno.**
champ [tʃæmp] *n.* *(fam.)* **campione** (sportivo).
champagne [ʃæm'pein] *(franc.)* *n.* [U] **champagne; sciampagna.**
champers ['ʃæmpəz] *n.* [U] *(fam.)* **champagne; sciampagna.**
champion ['tʃæmpjən] **A** *n.* *(sport, fig.)* **campione B** *a. attr.* **che ha vinto il primo premio** (a un'esposizione).
to **champion** ['tʃæmpjən] *v. t.* **sostenere la causa di; difendere.**
championship ['tʃæmpjənʃip] *n.* **1** [C] **campionato 2** [U] **difesa.**
chance [tʃa:ns] **A** *n.* **1** [U] **caso; sorte; fortuna 2** [C] e [U] **probabilità; possibilità**: *to have no c. of success*, non avere alcuna probabilità di riuscita **3** [C] **opportunità; occasione B** *a. attr.* **casuale; fortuito** ● *by c.*, per caso □ *a game of c.*, un gioco d'azzardo □ *to take no chances*, non voler correre rischi □ *to take one's c.*, affidarsi alla sorte.
to **chance** [tʃa:ns] **A** *v. i.* **accadere; succedere; capitare; darsi il caso che**: *It chanced that he wasn't in*, si dette il caso che non era in casa □ *I chanced to meet him*, mi capitò d'incontrarlo **B** *v. t.* **rischiare, arrischiare**: *Let's c. it*, arrischiamo! ● *to c. upon sb.*, imbattersi in q.
chancel ['tʃa:nsəl] *n.* [C] *(archit.)* **coro** (di chiesa).
chancellery ['tʃa:nsələri] *n.* [C] **cancelleria** (ufficio o

sede di cancelliere).
chancellor ['tʃa:nsələ*] *n.* **1** *(stor., polit.)* **cancelliere 2** *(in G.B.)* **alto funzionario (o magistrato)**: *the C. of the Exchequer,* il Cancelliere dello Scacchiere □ *the Lord (High) C.,* il Gran Cancelliere **3 rettore** (di talune università).
chancellory ['tʃa:nsəlri] *V.* **chancellery.**
chance-medley ['tʃa:ns,meoli] *n.* U **1** *(leg.)* **omicidio preterintenzionale (o colposo) 2** *(fig.)* **avventatezza.**
chancery ['tʃa:nsəri] *n. (in G. B.)* **sezione dell'Alta Corte di Giustizia.**
chancy ['tʃa:nsi] *a. (fam.)* **incerto; avventato; rischioso.**
chandelier [,ʃændi'liə*] *n.* C **lampadario.**
chandler ['tʃa:ndlə*] *n.* **1 fabbricante (o venditore) di candele 2 droghiere.**
change [tʃeindʒ] *n.* **1** C **cambiamento; mutamento 2** C **cambio; ricambio; muta 3** U **(denari) spiccioli; resto**: *I have no small c.,* non ho spiccioli **4** — *C.,* Borsa Valori ● *the changes of life,* le vicissitudini della vita □ *for a c.,* tanto per cambiare.
to **change** [tʃeindʒ] *v. t.* e *i.* **1 cambiare, cambiarsi; mutare, mutarsi**: *to c. trains (buses),* cambiare treno (autobus) □ *to change (one's clothes),* cambiarsi (vestito) **2 scambiare, scambiarsi; fare un cambio 3** *(mecc.)* **sostituire** (un pezzo, ecc.) ● *(autom.) to c. down (up),* passare a una marcia inferiore (superiore).
changeability [,tʃeindʒə'biliti] *n.* U **mutevolezza; incostanza; variabilità.**
changeable ['tʃeindʒəbl] *a.* **mutevole; incostante; variabile.**
changeableness ['tʃeindʒəblnis] *V.* **changeability.**
changeling ['tʃeindʒliŋ] *n.* **bambino sostituito furtivamente a un altro.**
changer ['tʃeindʒə*] *n. (comm.)* **cambiavalute** ● *(elettr.) frequency c.,* variatore di frequenza.
channel ['tʃænl] *n.* C **1** *(geogr.)* **canale** (naturale); *(radio, telev.)* **canale 2** (di fiume) **alveo 3** *(anat.)* **canale; condotto 4** *(fig.)* **canale; via; mezzo**: *to have secret channels of information,* avere vie segrete d'informazione **5** *(archit., falegnameria)* **scanalatura** ● *the (English) Channel,* il Canale della Manica; la Manica □ *(naut.) entrance c.,* canale di accesso □ *through official channels,* per via gerarchica.
to **channel** ['tʃænl] *v. t.* **1 scavare canali in** (un luogo); **irrigare 2** *(archit., falegnameria)* **scanalare 3** *(fig.)* **convogliare; incanalare 4** *(fig.)* **comunicare; trasmettere** (informazioni).
chant [tʃa:nt] *n.* C **1 canto** (specialm. religioso); **salmodia 2 cantilena** (nel parlare); **voce monotona.**
to **chant** [tʃa:nt] *v. t.* e *i.* **1 salmodiare 2** *(poet.)* **cantare** ● *to c. the praises of sb.,* fare lodi sperticate di q.
chanter ['tʃa:ntə*] *n.* **cantore di oratorio; corista.**
chanterelle [,tʃæntə'rel] *(franc.) n.* C *(bot.,* Cantharellus cibarius*)* **gallinaccio.**
chanty ['tʃa:nti] *n.* C **coro dei marinai al lavoro.**
chaos ['keiɔs] *n.* U **caos.**
chaotic [kei'ɔtik] *a.* **caotico.**
to **chap** [tʃæp] *v. t.* e *i.* **screpolare, screpolarsi.**
(1) chap [tʃæp] *n.* C **crepa; screpolatura.**
(2) chap [tʃæp] *n.* C **1 mascella 2 guancia.**
(3) chap [tʃæp] *n. (fam.)* **uomo; ragazzo; individuo; tipo.**
chapel ['tʃæpəl] *n.* C **1 cappella 2 tempio** (di dissenzienti; non anglicano) ● *(relig.) c.-goer,* nonconformista □ *Lady C.,* cappella dedicata alla Madonna.
chaperon ['ʃæpəroun] *n.* **signora (o nubile in età avanzata) che accompagna una ragazza a feste e ricevimenti; madre nobile** *(pop.).*
to **chaperon** ['ʃæpəroun] *v. t.* **fare da madre nobile a** (una ragazza).
chapiter ['tʃæpitə*] *n.* C *(archit.)* **capitello.**
chaplain ['tʃæplin] *n.* **cappellano** (anche militare).
chaplet ['tʃæplit] *n.* C **1 corona (o serto) di fiori 2 filza di perline 3** *(relig.)* **rosario; corona del rosario.**
chappy ['tʃæpi] *a.* **1 screpolato 2 riarso; arido.**
chapter ['tʃæptə*] *n.* C **capitolo** (di libro, ecc.; anche di canonici) ● *a c. of accidents,* una serie di guai □ *(fig.) to the end of the c.,* sino alla fine.
(1) char [tʃa:*] *n. (abbr.* di **charwoman) donna di servizio** (a ore).
(2) char [tʃa:*] *n.* U *(pop.)* **tè.**
to **char** [tʃa:*] *v. t.* e *i.* **carbonizzare, carbonizzarsi.**
char-à-banc, charabanc ['ʃærəbæŋ] *n.* C **torpedone.**
character ['kæriktə*] *n.* **1** U **carattere**: *a man of c.,* un uomo di carattere **2** C e U **reputazione 3** C **attestato di servizio; benservito 4** *(al sing. con l'art. determ.)* **qualità; condizione 5** C **personaggio** (di romanzo, di dramma, ecc.; persona importante): *the c. of the day,* il personaggio del giorno **6** C *(fam.)* **personaggio eccentrico; (tipo) originale 7** C **carattere;** *(al pl.)* **scrittura**: *Chinese characters,* i caratteri cinesi ● *c. actor,* caratterista □ *c.-drawing,* caratterizzazione dei personaggi □ *a bad c.,* un cattivo soggetto □ *out of c.,* non in carattere; non appropriato.
characteristic [,kæriktə'ristik] **A** *a.* **caratteristico; tipico B** *n.* C **caratteristica; qualità particolare.**
characterization [,kæriktərai'zeiʃən] *n.* C e U **caratterizzazione.**
to **characterize** ['kæriktəraiz] *v. t.* **1 caratterizzare 2 definire.**
characterologic(al) [,kæritktərə'lɔdʒik(əl)] *a. (psic.)* **caratterologico.**
characterology [,kæriktə'rɔlədʒi] *n.* U *(psic.)* **caratterologia.**
charade [ʃə'ra:d] *n.* C **sciarada.**
charcoal ['tʃa:koul] *n.* U **carbone** (di legna); **carbonella** ● *c.-burner,* carbonaio; stufa a carbone □ *c. drawing,* disegno a carboncino.
chard [tʃa:d] *n.* C e U *(bot.,* Beta vulgaris cicla; anche *Swiss c.)* **bietola.**
charge [tʃa:dʒ] *n.* **1** C **carica; assalto furioso;** *(mil.)* **segnale di carica 2** C **onere; incarico**: *a heavy c.,* un incarico gravoso **3** U **cura; custodia; responsabilità**: *to take c. of sb.,* prendersi cura di q. **4** C **persona (o cosa) affidata alle cure di q.;** *(fig.)* **gregge** (di sacerdote) **5 istruzioni; ingiunzione; ordine 6** *(leg.)* **accusa; capo d'accusa; imputazione**: *to be arrested under c. of burglary,* essere arrestato sotto l'accusa di furto con scasso **7** *(generalm. al pl.) (comm.)* **spesa; costo; prezzo richiesto** ● *(comm.) charges forward,* spese assegnate □ *(leg.) c. sheet,* elenco delle cause a ruolo □ *at one's own c.,* a proprie spese □ *to give sb. in c.,* consegnare q. alla polizia □ *to be in c.,* avere la responsabilità; *(leg.)* essere in stato di arresto □ *to lay st. to sb.'s c.,* fare carico a q. di q.c. □ (anche *fig.*) *to return to the c.,* tornare alla carica.
to **charge** [tʃa:dʒ] *v. t.* e *i.* **1 caricare; andare alla carica, attaccare** (specialm. della cavalleria) **2 impregnare, saturare; gassare** (un liquido) **3 incaricare; affidare a** (q.); **dare un ordine a** (q.); (di giudice) **fare l'allocuzione a** (una giuria): *to c. sb. with an important mission,* affidare a q. una missione importante **4 accusare; incolpare**: *to be charged with theft,* essere accusato di furto **5** *(comm.)* **addebitare; mettere in conto; far pagare; chiedere** (un prezzo): *How much do you c. for board and lodging?,* quanto chiedete per vitto e alloggio? **6** *(mil.)* **puntare**: *C. bayonets!,* puntate le baionette! ● *to c. at sb.,* scagliarsi contro q.
chargeable ['tʃa:dʒəbl] *a.* **1 imputabile** (di); **passibile di un'imputazione 2 imputabile** (a) **3** *(comm.)* **addebitabile** ● *(fin.) c. with duty,* soggetto a dazio.
charger ['tʃa:dʒə*] *n.* **1** *(lett.)* **destriero; cavallo** (da battaglia) **2** *(mil.)* **calcatoio.**
chariot ['tʃæriət] *n.* C *(stor.)* **carro** (da guerra; trionfale); **cocchio.**
to **chariot** ['tʃæriət] *v. t.* e *i.* **trasportare, essere trasportato in carro trionfale; viaggiare in cocchio.**
charioteer [,tʃæriə'tiə*] *n.* **auriga.**
charism ['kærizəm], **charisma** [kə'rizmə] *n.* U e C *(relig., fig.)* **carisma.**
charismatic [,kæriz'mætik] *a. (relig., fig.)* **carismatico.**

charitable ['tʃæritəbl] *a.* caritatevole; filantropico.
charity ['tʃæriti] *n.* **1** [U] carità: *out of c.*, per pura carità **2** [C] *(leg.)* opera pia; opera di carità ● *c. ball*, ballo di beneficenza.
charlady ['tʃa:,leidi] *n.* domestica a ore.
charlatan ['ʃa:lətən] *n.* ciarlatano.
charlatanism ['ʃa:lətənizəm] *n.* [U] e [C] ciarlataneria.
Charleston ['tʃa:lstən] *n.* charleston (danza d'origine nordamericana).
charm [tʃa:m] *n.* **1** [C] formula magica; incantesimo; malia: *to be under a c.*, essere ammaliato (o stregato) **2** [C] e [U] fascino; incanto **3** [C] amuleto; talismano **4** *(al pl.)* grazie (femminili).
to **charm** [tʃa:m] *v. t.* e *i.* **1** incantare; ammaliare; usare incantesimi **2** affascinare; ammaliare *(fig.)*; deliziare.
charmer ['tʃa:mə*] *n.* **1** ammaliatore, ammaliatrice **2** incantatore, incantatrice: *a snake c.*, un incantatore di serpenti.
charming ['tʃa:miŋ] *a.* affascinante; delizioso; incantevole; attraente ● *Prince C.*, il Principe Azzurro.
charnel house ['tʃa:nlhaus] *n.* [C] ossario.
chart [tʃa:t] *n.* [C] **1** *(naut.)* carta nautica **2** tabella; quadro **3** grafico.
to **chart** [tʃa:t] *v. t.* **1** *(naut.)* fare una carta nautica di (una regione) **2** tracciare (una rotta) sulla carta.
charter ['tʃa:tə*] *n.* [C] **1** carta; statuto; documento di concessione: *the Great C.*, la Magna Charta **2** privilegio; esenzione **3** (*comm.*, anche *c. party*) (contratto di) noleggio **4** *(leg.)* atto istitutivo, statuto (di una società) ● *(aeron.) c. flight*, volo charter.
to **charter** ['tʃa:tə*] *v. t.* **1** concedere uno statuto (o un documento, un privilegio, un'esenzione) a (q.) **2** *(comm.)* noleggiare.
charterer ['tʃa:tərə*] *n.* *(comm.)* noleggiatore (di navi o d'aerei).
charter party ['tʃa:tə,pa:ti] *n.* [C] *(comm., naut.)* contratto di noleggio.
chart house ['tʃa:thaus] *n.* [C] *(naut.)* sala nautica.
Chartism ['tʃa:tizəm] *n.* [U] *(stor.)* cartismo.
Chartist ['tʃa:tist] *n.* *(stor.)* fautore (o seguace) del cartismo; cartista.
chartreuse [ʃa:'trə:z] *(franc.)* *n.* [U] **1** certosino (liquore) **2** (color) verde pallido.
charwoman ['tʃa:,wumən] *n.* (*pl.* **charwomen** ['tʃa:,wimin]) domestica a giornata (o a ore).
chary ['tʃɛəri] *a.* **1** cauto; prudente; attento **2** parco **3** timido.
(1) chase [tʃeis] *n.* **1** [C] e [U] caccia **2** [C] preda **3** [C] riserva di caccia ● *to give c.*, dare la caccia; inseguire □ *(anche fig.) in c. of*, a caccia di.
(1) to **chase** [tʃeis] *v. t.* **1** dare la caccia a; inseguire **2** cacciare; mettere in fuga **3** rincorrere ● *to c. sb. away*, scacciare q.
(2) chase [tʃeis] *n.* [C] **1** scanalatura **2** *(edil.)* traccia; incassatura **3** volata (di cannone) **4** *(tipogr.)* telaio.
(2) to **chase** [tʃeis] *v. t.* **1** *(mecc.)* scanalare; filettare **2** cesellare.
(1) chaser ['tʃeisə*] *n.* [C] *(mil.)* (aeroplano da) caccia.
(2) chaser ['tʃeisə*] *n.* [C] **1** cesellatore; incisore **2** cesello.
chasm ['kæzəm] *n.* [C] abisso, baratro (anche *fig.*).
chassis ['ʃæsi] *n.* (*pl.* **chassis** ['ʃæsiz]) telaio (d'automobile); ossatura (di aeroplano).
chaste [tʃeist] *a.* **1** casto; puro **2** (di stile) semplice; disadorno.
to **chasten** ['tʃeisn] *v. t.* castigare (detto di Dio, della Provvidenza).
to **chastise** [tʃæs'taiz] *v. t.* castigare, punire (severamente).
chastity ['tʃæstiti] *n.* [U] **1** castità; purezza **2** semplicità (di stile).
chastity belt ['tʃæstitibelt] *n.* [C] *(stor.)* cintura di castità.
chasuble ['tʃæzjubl] *n.* [C] *(relig.)* pianeta.
to **chat** [tʃæt] *v. t.* chiacchierare; conversare.
chat [tʃæt] *n.* *(con l'art. indeterm.)* chiacchierata; quattro chiacchiere *(fam.)*: *to have a long c.*, fare una lunga chiacchierata.
chatelaine ['ʃætəlein] *(franc.)* *n.* [C] **1** castellana **2** catenella per reggere chiavi (portata alla cintura).
chattel(s) ['tʃætl(z)] *n.* *(per lo più al pl.)* *(leg.)* beni principali.
to **chatter** ['tʃætə*] *v. i.* **1** ciarlare; chiacchierare **2** (di denti) battere **3** (di scimmie, uccelli) schiamazzare.
chatter ['tʃætə*] *n.* [U] **1** chiacchiera; ciarla; ciarlio **2** (il) battere (dei denti) **3** (di scimmie, uccelli) schiamazzo.
chatterbox ['tʃætəbɔks] *n.* [C] chiacchierone; ciarlone.
chatty ['tʃæti] *a.* **1** chiacchierino; loquace **2** (di conversazione, scritto) amichevole; alla buona.
Chaucerian [tʃɔ:'siəriən] **A** *a.* relativo a Chaucer (poeta inglese) **B** *n.* **1** imitatore di Chaucer **2** studioso di Chaucer.
chauffeur ['ʃoufə*] *n.* conducente (di automobile privata); autista.
chauvinism ['ʃouvinizəm] *n.* [U] nazionalismo esasperato; sciovinismo.
chauvinist ['ʃouvinist] *n.* nazionalista esasperato; sciovinista.
to **chaw** [tʃɔ:] *v. t.* masticare (tabacco).
cheap [tʃi:p] **A** *a.* **1** economico; (ottenuto) a buon mercato; (di prezzo) conveniente; (di negozio, negoziante) che vende a basso prezzo **2** dozzinale; di scarso valore; da pochi soldi **B** *avv.* a buon mercato; a buon prezzo ● *dirt c.*, a prezzo bassissimo □ *(fam.) to get off c.*, cavarsela a buon mercato □ *to hold sb. c.*, tenere q. in poco conto.
to **cheapen** ['tʃi:pən] *v. t.* e *i.* **1** calare, diminuire (di prezzo); deprezzare **2** screditare; sottovalutare.
cheap-jack ['tʃi:pdʒaek] *a.* *(fam.)* **1** che vende articoli da quattro soldi **2** da poco (prezzo); da quattro soldi.
cheaply ['tʃi:pli] *avv.* **1** a buon mercato **2** alla buona **3** volgarmente.
cheapness ['tʃi:pnis] *n.* [U] **1** basso costo; convenienza **2** volgarità; grossolanità.
cheat [tʃi:t] *n.* [C] **1** inganno; imbroglio **2** imbroglione; baro.
to **cheat** [tʃi:t] *v. t.* e *i.* ingannare; imbrogliare; barare ● *to c. death*, farla in barba alla morte □ *to c. sb. out of st.*, defraudare q. di q.c.
check [tʃek] *n.* [C] **1** verifica; controllo; segno (con il quale si spuntano le varie voci di un conto, ecc.) **2** freno *(fig.)*; impedimento **3** arresto; fermata improvvisa; battuta d'arresto **4** scontrino; contromarca **5** stoffa a quadri **6** (*USA*, *cfr. ingl. cheque*) assegno bancario **7** (*USA* e *scozz.*) conto (di ristorante e simili) **8** *(scacchi)* scacco (al re) ● *c.-up*, *(rag.)* verifica dei conti; *(med.)* controllo generale □ *to keep in c.*, tenere a freno (o sotto controllo).
to **check** [tʃek] *v. t.* **1** controllare; verificare; contrassegnare **2** tenere a freno (o sotto controllo); trattenere; arrestare **3** rimproverare; ammonire **4** *(scacchi)* dare scacco (al re) ● *to c. in*, presentarsi alla « reception » (in un albergo); presentarsi al banco di partenza (di un aeroporto) □ *to c. off*, spuntare (le voci di un conto, ecc.) □ *to c. out*, saldare il conto (di un albergo); partire; *(pop.)* morire □ *to c. up*, verificare; accertare l'autenticità di (q.c.).
checked [tʃekt] *a.* a scacchi; a quadri.
checker ['tʃekə*] *n.* *(sport., ind.)* cronometrista; tempista.
checkers ['tʃekəz] *n. pl.* (*USA*, *cfr. ingl. draughts*) dama (gioco).
checkmate ['tʃek,meit] *n.* [U] e *inter.* scacco matto (anche *fig.*).
to **checkmate** ['tʃek,meit] *v. t.* dare scacco matto a (anche *fig.*).
cheek [tʃi:k] *n.* **1** [C] guancia; gota **2** [U] *(fam.)* sfrontatezza; sfacciataggine; faccia tosta *(fam.)* **3** *(al pl.)* *(mecc.)* ganasce (d'una morsa); *(naut.)* maschette (di albero) ● *(fam.) c. by jowl*, in stretta intimità □ *to say st.*

with one's tongue in one's c., dire q.c. intendendone un'altra.
to **cheek** [tʃi:k] *v. t.* **parlare a** (q.) **in modo impertinente.**
cheek-bone ['tʃi:kboun] *n.* [C] *(anat.)* **zigomo.**
cheeky ['tʃi:ki] *a.* *(fam.)* **sfrontato; sfacciato; insolente.**
cheep [tʃi:p] *n.* [C] **pigolio.**
to **cheep** [tʃi:p] *v. i.* **pigolare.**
cheer [tʃiə*] *n.* **1** [U] **allegrezza; letizia 2** [U] **vivande 3** [C] **applauso; evviva; urrà**: *Three cheers for him!*, tre urrà per lui! ● *to make good c.*, fare onore al cibo □ *to be of good c.*, stare di buon animo; essere di buon umore □ *with good c.*, in modo cordiale.
to **cheer** ['tʃiə*] *v. t.* e *i.* **1** (anche *to c. up*) **rallegrare, rallegrarsi; farsi animo**: *C. up!*, fatti animo! **2 applaudire; acclamare.**
cheerful ['tʃiəful] *a.* **1 allegro; gioioso 2 cordiale.**
cheering ['tʃiriŋ] *n.* [U] **ovazione; applausi.**
cheerio ['tʃiəri'ou] *inter.* *(fam.)* **1 ciao 2** (nei brindisi) **evviva!**
cheerless ['tʃiəlis] *a.* **squallido; tetro; triste.**
cheers [tʃiəz] *inter.* (nei brindisi) **evviva!; (alla) salute!**
cheery ['tʃiəri] *a.* **allegro; cordiale.**
cheese [tʃi:z] *n.* **1** [U] **formaggio; cacio 2** [C] **forma di formaggio** ● *c.-paring*, scorza di formaggio; *(fig.)* **grettezza;** *(al pl.)* **accozzaglia di cose senza valore** □ *c. straws*, salatini al formaggio □ *green c.*, formaggio fresco.
cheeseburger ['tʃi:z,bə:gə*] *n.* [C] *(cucina)* **hamburger al formaggio.**
cheesecake ['tʃi:zkeik] *n.* **1** [C] e [U] *(cucina)* **torta di formaggio** (con uova, zucchero, ecc.) **2** [U] *(pop.)* **foto piccanti** (su riviste, giornali, ecc.).
cheesecloth ['tʃi:zklɔθ] *n.* [U] *(ind. tessile)* **garza grezza.**
cheesemonger ['tʃi:z,mʌŋgə*] *n.* **formaggiaio.**
cheetah ['tʃi:tə] *n.* *(zool.*, Acinonyx jubatus) **ghepardo.**
chef [ʃef] *(franc.)* *n.* **capo cuoco** (d'albergo, di nave, ecc.).
chela ['ki:lə] *n.* *(pl.* **chelae** ['ki:li:]) *(zool.)* **chela.**
chemical ['kemikəl] **A** *a.* **chimico B** *n.* *(spesso al pl.)* **prodotto chimico** ● *c. engineering*, chimica industriale.
chemise [ʃi'mi:z] *n.* [C] **1 camicia** (da donna) **2** *(moda)* chemisier.
chemist ['kemist] *n.* **1 chimico 2 farmacista** ● *c.'s (shop)*, farmacia.
chemistry ['kemistri] *n.* [U] **chimica.**
chemotherapy [,kemou'θerəpi] *n.* [U] *(med.)* **chemioterapia.**
chenille [ʃə'ni:l] *n.* [U] **ciniglia.**
cheque [tʃek] *n.* [C] *(comm.)* **assegno bancario** ● *c.-book*, libretto degli assegni □ *blank c.*, assegno in bianco □ *crossed c.*, assegno sbarrato □ *open c.*, assegno non sbarrato.
chequer ['tʃekə*] *n.* **1 scacchiera** (come insegna di locanda) **2** *(USA, al pl.)* **gioco della dama 3** *(spesso al pl.)* **disegno a scacchi.**
to **chequer** ['tʃekə*] *v. t.* **disegnare (o disporre) a quadri.**
chequered ['tʃekəd] *a.* **1 a scacchi; a quadri 2** (di disegno) **vario; variegato 3** *(fig.)* **alterno; fortunoso.**
to **cherish** ['tʃeriʃ] *v. t.* **1 aver caro; curare teneramente 2 serbare nell'animo, avere il culto di** (una memoria, ecc.); **nutrire** (un sentimento); **accarezzare** (idee di gloria, ecc.).
cheroot [ʃə'ru:t] *n.* [C] **sigaro spuntato.**
cherry ['tʃeri] **A** *n.* [C] **1 ciliegia 2** (anche *c.-tree*) **ciliegio B** *a.* **color ciliegia; rosso come una ciliegia** ● *c. brandy*, acquavite di ciliegie □ *(bot.)* *c. laurel* (Prunus laurocerasus) lauroceraso.
cherub ['tʃerəb] *n.* *(pl.* **cherubs** ['tʃerəbz], **cherubim** ['tʃerəbim]) **cherubino** (anche *fig.*).
cherubic [tʃə'ru:bik] *a.* **di (o da) cherubino; serafico.**
chervil ['tʃə:vil] *n.* [U] *(bot.*, Anthriscus cerefolium) **cerfoglio.**
chess [tʃes] *n.* [U] **gioco degli scacchi** ● *c.-board*, scacchiera □ *c.-men*, scacchi; pezzi (del gioco) □ *to play c.*, giocare a scacchi.
chest [tʃest] *n.* [C] **1 cassa; cassapanca; cassetta**: *a medicine c.*, una cassetta di pronto soccorso **2 scrigno;** *(fig.)* **cassa, fondo 3** *(anat.)* **torace; petto** ● *c. of drawers*, cassettone □ *(med.)* *c.-trouble*, malattia di petto □ *(fam.)* *to get st. off one's c.*, levarsi un peso dallo stomaco.
chesterfield ['tʃestəfi:ld] *n.* [C] **1 divano imbottito, con braccioli 2** *(moda)* **soprabito a un petto, col bavero di velluto** (da uomo).
chestnut ['tʃesnʌt] **A** *n.* [C] **1 castagna 2** (anche *c.-tree*) **castagno 3** (anche *horse c.*) **ippocastano 4 cavallo sauro 5** *(fam.)* **barzelletta arcinota B** *a.* **1** (di colore) **castano 2** (di cavallo) **sauro** ● *(cucina)* *c. cake*, castagnaccio.
cheval glass [ʃə'vælgla:s] *n.* **specchio a bilico; psiche.**
chevalier [,ʃevə'liə*] *n.* **cavaliere** (di ordine cavalleresco straniero).
chevron ['ʃevrən] *n.* [C] *(mil.)* **gallone a forma di « V ».**
to **chew** [tʃu:] *v. t.* e *i.* **1 masticare 2** *(fig.)* **rimuginare**: *to c. over st.*, rimuginare q.c. ● *to c. the cud*, ruminare (anche *fig.*) □ *(fig.)* *to bite off more than one can c.*, fare il passo più lungo della gamba.
chew [tʃu:] *n.* **1** [U] **masticazione 2** [C] **cosa** (presa di tabacco, ecc.) **da masticare; cicca.**
chewing-gum ['tʃu(:)iŋgʌm] *n.* [U] **gomma da masticare.**
chic [ʃi:k] *a.* **elegante; sciccoso** *(pop.)*.
to **chicane** [ʃi'kein] *v. t.* e *i.* **1 imbrogliare; ingannare; cavillare 2 ottenere con artifici.**
chicanery [ʃi'keinəri] *n.* **1** [U] **cavillosità 2** [C] **cavillo (legale); sofisma.**
chichi ['ʃi:,ʃi:] *a.* *(fam.)* **1 pretenzioso; vistoso 2 elegante; sciccoso** *(pop.)*.
chick [tʃik] *n.* [C] **1 pulcino 2 uccellino** (implume) **3** (termine affettuoso) **bambino; piccolo.**
chicken ['tʃikin] *n.* [C] **1 pollo; pollastro, pollastra 2** [U] **carne di pollo 3** [C] **giovincello inesperto; pollo** *(pop.)* ● *(fig.)* *to count one's chickens before they are hatched*, vendere la pelle prima d'avere ammazzato l'orso.
chickenfeed ['tʃikinfi:d] *n.* [U] **1 mangime per polli 2** *(pop.)* **somma di denaro irrilevante; spiccioli.**
chicken-hearted ['tʃikin,ha:tid] *a.* **pusillanime; vile.**
chicken pox ['tʃikin,pɔks] *n.* [U] *(med.)* **varicella.**
chickpea ['tʃikpi:] *n.* *(bot.*, Cicer arietinum) **cece.**
chicory ['tʃikəri] *n.* [U] *(bot.*, Cichorium intybus) **cicoria.**
to **chide** [tʃaid] *(pass.* **chid** [tʃid], *p.p.* **chid, chidden** [tʃidn]; anche regolare) *v. t.* e *i.* *(lett.)* **rampognare; rimproverare.**
chief [tʃi:f] **A** *n.* [C] **capo; comandante; condottiero B** *a.* **1 principale; più importante 2** (che sta a) **capo**: *the c. inspector*, l'ispettore capo ● *c. constable*, capo della polizia d'una contea (in G.B.) □ *c. surgeon*, primario chirurgo □ *c. town*, (città) capoluogo.
chiefly ['tʃi:fli] *avv.* **principalmente; soprattutto; per lo più.**
chieftain ['tʃi:ftən] *n.* **1** *(scozz.)* **capo di una tribù 2 capobanda; capo** (di banditi).
chiffon ['ʃifɔn, ʃi'fɔn] *(franc.)* *n.* [U] *(ind. tessile)* **chiffon; velocrespo.**
chiffonier [,ʃifə'niə*] *(franc.)* *n.* [C] **cassettoncino; stipo.**
chignon ['ʃi:njɔn] *(franc.)* *n.* [C] **chignon; crocchia.**
chilblain ['tʃilblein] *n.* [C] *(med.)* **gelone.**
child [tʃaild] *n.* *(pl.* **children** ['tʃildrən]) **fanciullo, fanciulla; bambino, bambina; figlio, figlia** ● *(fig.)* *c.'s play*, gioco da bambini; cosa facilissima □ *c.-wife*, moglie bambina □ (di donna) *with c.*, incinta; in stato interessante.
child-bearing ['tʃaild,bɛəriŋ] *n.* [U] **gravidanza.**
childbed ['tʃaildbed] *n.* [U] **parto.**

childbirth ['tʃaildbə:θ] *n.* [U] parto: *to die in c.*, morire di parto.

childhood ['tʃaildhud] *n.* [U] infanzia.

childish ['tʃaildiʃ] *a.* 1 fanciullesco; infantile 2 puerile; sciocco.

childishness ['tʃaildiʃnis] *n.* [U] puerilità.

childlike ['tʃaildlaik] *a.* 1 fanciullesco; infantile 2 semplice; schietto; innocente.

child-murder ['tʃaild'mə:də*] *n.* [U] infanticidio.

children ['tʃildrən] *pl.* di **child**.

Chilean ['tʃiliən] *a.* e *n.* cileno.

chill [tʃil] **A** *n.* 1 freddo; sensazione di freddo; brivido (di febbre); infreddatura: *to catch a c.*, prendersi un'infreddatura 2 *(fig.)* senso di gelo; doccia fredda **B** *a.* freddo, gelido (anche *fig.*).

to **chill** [tʃil] *v. t.* e *i.* 1 raffreddare, raffreddarsi; gelare (anche *fig.*); raggelare, raggelarsi; intirizzire: *to be chilled to the bone*, essere gelato fino alle ossa 2 *(metall.)* temprare, temprarsi 3 *(fam.)* intiepidire.

chilli, (1) chilly ['tʃili] *n.* (*pl.* **chillies**) 1 [C] (*bot.*, Capsicum) peperoncino rosso 2 [U] (anche *c. sauce*) salsa di pepe rosso.

(2) chilly ['tʃili] *a.* 1 freddo; gelido; raggelante (anche *fig.*) 2 infreddolito; freddoloso.

chime [tʃaim] *n.* 1 [C] campana 2 *(al pl.)* scampanìo; concerto di campane 3 [U] *(fig.)* armonia; accordo.

to **chime** [tʃaim] **A** *v. i.* 1 (di campane) rintoccare; scampanare 2 *(fig.)* essere in armonia **B** *v. t.* 1 sonare (campane); battere (una campana) 2 (d'orologio) battere (le ore) ● *(fam.) to c. in*, interloquire; fare eco □ *to c. in with*, concordare con.

chimera [kai'miərə] *n.* [C] *(mitol.* e *fig.)* chimera.

chimerical [kai'merikəl] *a.* chimerico.

chimney ['tʃimni] *n.* [C] 1 camino 2 (anche *c.-top)* comignolo 3 (anche *c.-stalk)* ciminiera; fumaiolo 4 tubo metallico (di stufa); tubo di vetro (di lampada a olio).

chimney corner ['tʃimni,kɔ:nə*] *n.* [C] angolo del camino.

chimney-pot ['tʃimnipɔt] *n.* [C] comignolo (di terracotta).

chimney-sweep(er) ['tʃimni,swi:p(ə*)] *n.* spazzacamino.

chimpanzee [,tʃimpən'zi:] *n.* (*zool.*, Pan troglodytes) scimpanzé.

chin [tʃin] *n.* [C] mento ● *up to the c.*, fino al collo □ *(fam.) (Keep your) c. up!*, su con la vita!; coraggio!

china ['tʃainə] *n.* [U] 1 porcellana 2 oggetti di porcellana; porcellane.

china clay ['tʃainə'klei] *n.* [U] *(miner.)* caolino.

Chinaman ['tʃainəmən] *n.* (*pl.* **Chinamen** ['tʃainəmən]) cinese.

china-shop ['tʃainə,ʃɔp] *n.* [C] negozio di porcellane.

Chinatown ['tʃainətaun] *n.* quartiere cinese.

chinaware ['tʃainəwεə*] *n.* [U] oggetti di porcellana; porcellane.

chinchilla [,tʃin'tʃilə] *n.* 1 (*zool.*, Chinchilla laniger) cincilla 2 (anche *c. fur)* pelliccia di cincilla.

chin-chin ['tʃin'tʃin] *(anglo-cinese) inter.* 1 salve! 2 cincin!; (alla) salute!

Chinese [tʃai'ni:z] *a.* e *n.* *(invar. al pl.)* cinese.

(1) chink [tʃiŋk] *n.* [C] crepa; fessura.

(2) chink [tʃiŋk] *n.* 1 [C] tintinnìo 2 [U] *(pop.)* quattrini; grana *(pop.)*.

Chink [tʃink] *n.* *(pop., spreg.)* cinese.

to **chink** [tʃink] **A** *v. i.* tintinnare **B** *v. t.* far tintinnare.

chinoiserie [ʃi:n,wa:zə'ri:] *(franc.) n.* [U] (anche *arte)* cineseria.

chin-rest ['tʃin,rest] *n.* [C] mentoniera (di violino).

chintz [tʃints] *n.* [U] chintz (tessuto di cotone stampato a colori).

chip [tʃip] *n.* [C] 1 frammento; pezzetto; scheggia; truciolo 2 scheggiatura 3 fettina (di mela, patata, ecc.): *(fam.) chips*, patatine fritte □ *fish and chips*, pesce e patatine fritte 4 gettone (da gioco); fiche *(franc.)* 5 *(elab.)* chip; (anche) circuito integrato ● *(fig.) a c. off the old block*, un figlio dello stesso stampo del padre.

to **chip** [tʃip] **A** *v. t.* 1 tagliare; fare a pezzi; tagliuzzare 2 scheggiare 3 scalpellare; incidere (un'iscrizione) 4 *(fam.)* prendere in giro **B** *v. i.* 1 andare in pezzi; frantumarsi 2 scheggiarsi.

chipboard ['tʃipbɔ:d] *n.* [U] *(ind.)* cartone grigio.

chirograph ['kairəgra:f] *n.* *(leg.)* chirografo.

chiromancer ['kairəmænsə*] *n.* chiromante.

chiromancy ['kairəmænsi] *n.* [U] chiromanzia.

chiropodist [ki'rɔpədist] *n.* pedicure; callista.

chirp [tʃə:p] *n.* [C] cinguettìo; trillo; stridìo.

to **chirp** [tʃə:p] *v. i.* cinguettare (anche *fig.*); trillare; frinire.

chirpy ['tʃə:pi] *a.* cinguettante; vivace; allegro.

chirrup ['tʃirəp] *n.* [C] cinguettìo.

to **chirrup** ['tʃirəp] *v. i.* cinguettare.

chisel ['tʃizl] *n.* [C] 1 cesello; scalpello 2 *(pop.)* inganno; fregatura *(pop.)*.

to **chisel** ['tʃizl] *v. t.* e *i.* 1 cesellare; scalpellare 2 *(pop.)* imbrogliare; fregare *(pop.)*: *to c. sb. out of st.*, fregare q.c. a q.

chiseller ['tʃizələ*] *n.* 1 cesellatore 2 *(pop.)* imbroglione.

(1) chit [tʃit] *n.* *(fam.)* 1 marmocchio 2 ragazzina.

(2) chit [tʃit] *n.* [C] *(pop.)* biglietto; promemoria.

chitchat ['tʃittʃæt] *n.* *(fam.)* [U] quattro chiacchiere.

chitterlings ['tʃitəliŋz] *n. pl.* *(cucina)* frattaglie.

chivalric ['ʃivəlrik], **chivalrous** ['ʃivəlrəs] *a.* cavalleresco.

chivalry ['ʃivəlri] *n.* [U] 1 cavalleria; nobiltà; lealtà; cortesia 2 *(stor.)* cavalleria.

chive [tʃaiv] *n.* (*bot.*, Allium schoenoprasum) aglio cipollino.

chloral ['klɔ:rəl] *n.* [U] *(chim.)* cloralio.

chloric ['klɔ:rik] *a.* *(chim.)* clorico: *c. acid*, acido clorico.

chloride ['klɔ:raid] *n.* [C] *(chim.)* cloruro.

chlorine ['klɔ:ri:n] *n.* [U] *(chim.)* cloro.

chloroform ['klɔrəfɔ:m] *n.* [U] *(chim.)* cloroformio.

to **chloroform** ['klɔrəfɔ:m] *v. t.* *(med.)* cloroformizzare.

chlorophyl(l) ['klɔrəfil] *n.* [U] *(bot.)* clorofilla.

chock [tʃɔk] *n.* [C] bietta; cuneo; zeppa ● *c.-full* (o *c.-a-block)*, pieno zeppo.

chocolate ['tʃɔkəlit] **A** *n.* 1 [U] cioccolata; cioccolato: *a bar of c.*, una tavoletta di cioccolata □ *a cup of c.*, una tazza di cioccolata 2 [C] cioccolatino: *a box of chocolates*, una scatola di cioccolatini **B** *a.* 1 di cioccolata 2 color cioccolata ● *c. pot*, cioccolatiera.

(1) choice [tʃɔis] *n.* 1 [C] scelta; oggetto scelto 2 [U] possibilità di scelta; alternativa 3 *(collett.)* assortimento ● *at c.*, a scelta □ *by* (o *for*) *c.*, di preferenza □ *to have one's c.*, fare a modo proprio □ *Hobson's c.*, nessuna scelta; prendere o lasciare (un'offerta unica).

(2) choice [tʃɔis] *a.* scelto; eccellente; di prima qualità.

choir ['kwaiə*] *n.* [C] coro (in ogni senso) ● *c.-boy*, corista (fanciullo) □ *c.-master*, maestro di cappella.

to **choke** [tʃouk] **A** *v. t.* 1 soffocare (anche *fig.*); strangolare 2 ostruire; ingombrare **B** *v. i.* 1 soffocare; sentirsi soffocare: *to c. with anger*, soffocare dalla rabbia 2 ostruirsi ● *to c. back*, frenare; reprimere □ *to c. down*, inghiottire (con difficoltà); mandar giù □ *to c. off*, soffocare (una rivolta, ecc.); sventare (un tentativo, ecc.) □ *to c. sb. to death*, strangolare q. □ *to c. up*, ostruire.

choke [tʃouk] *n.* [C] 1 soffocamento (anche *fig.*) 2 *(autom.)* valvola dell'aria 3 *(elettr.)* bobina d'arresto.

choker ['tʃoukə*] *n.* [C] *(fam.)* 1 colletto rigido 2 collana a girocollo.

choking ['tʃoukiŋ] *a.* 1 soffocante 2 strozzato, soffocato (per l'emozione).

choler ['kɔlə*] *n.* [U] collera; bile *(fig.)*.

cholera ['kɔlərə] *n.* [U] *(med.)* colera.

choleric ['kɔlərik] *a.* collerico; irascibile; bilioso *(fig.)*.

cholesterol [kɔ'lestərɔl] *n.* [U] *(chim.)* **colesterolo.**
to **choose** [tʃu:z] (*pass.* **chose** [tʃouz], *p.p.* **chosen** ['tʃouzn]) *v. t.* e *i.* ***1*** **scegliere; optare *2* preferire; decidere** (di fare q.c.) ***3*** *(fam.)* **desiderare; volere**: *Do whatever you c.,* fa' quello che vuoi ***4*** *(specialm. al p.p.)* **eleggere**: *the Chosen,* gli Eletti ● *I cannot c. but,* devo proprio; non ho altra scelta che □ *to pick and c.,* scegliere con cura; essere schizzinoso.
choos(e)y ['tʃu:zi] *a. (fam.)* **schizzinoso; pignolo.**
(1) to **chop** [tʃɔp] *v. t.* e *i.* ***1*** **tagliare; mozzare; spaccare**: *to c. wood,* spaccare la legna ***2*** **fare a pezzi; trinciare; tritare** ***3*** *(fig.)* **mangiarsi, smozzicare** (le parole, ecc.) ***4*** *(sport)* **tagliare** (una palla) ● *to c. at,* vibrare un colpo (d'ascia, ecc.) a □ *to c. down,* abbattere □ *to c. in,* interloquire; intromettersi □ *to c. off,* tagliare, staccare con un colpo (d'ascia, ecc.) □ *to c. a passage through,* aprirsi un varco a colpi (d'ascia, ecc.) □ *to c. up,* sminuzzare; tritare.
(1) chop [tʃɔp] *n.* [C] ***1*** **taglio netto; colpo** (d'ascia, ecc.) ***2*** **mozzicone *3* braciola** (specialm. di maiale o di montone).
(2) chop [tʃɔp] *n. (generalm. al pl.)* **mascella.**
(2) to **chop** [tʃɔp] *v. i.* (del vento, ecc.) **essere incostante** (o **variabile**) ● *(fam.) to c. and change,* cambiare continuamente parere.
chopper ['tʃɔpə*] *n.* [C] ***1*** **ascia corta; mannaia** (da macellaio) ***2*** *(agric.)* **trinciaforaggi; trinciapaglia** ***3*** *(pop.)* **elicottero.**
choppy ['tʃɔpi] *a.* ***1*** (del mare) **mosso *2*** (del vento) **variabile** ● *(naut.) c. sea,* maretta.
chopstick(s) ['tʃɔpstik(s)] *n. (per lo più al pl.)* **bastoncino** (di cui i Cinesi si servono per mangiare).
chop suey ['tʃɔp'su:i] *n.* [U] *(cucina)* **(piatto consistente in) pezzetti di carne (o pesce) stufati con pezzetti di verdure varie, serviti con riso.**
choral ['kɔ:rəl] *a. (mus.)* **corale.**
chorale [kɔ'ra:l] *n.* [C] *(mus.)* **corale.**
(1) chord [kɔ:d] *n.* [C] ***1*** *(arc.)* **corda** (di strumento musicale) ***2*** *(geom., anat., aeron.)* **corda**: *the vocal chords,* le corde vocali.
(2) chord [kɔ:d] *n.* [C] *(mus.)* **accordo.**
choreograph ['kɔ:riəˌgraf], **choreographer** [ˌkɔri'ɔgrəfə*] *n.* **coreografo.**
choreography [ˌkɔri'ɔgrəfi] *n.* [U] **coreografia.**
chores [tʃɔ:z] *n. pl. (fam.)* **faccende domestiche.**
chorister ['kɔristə*] *n.* **corista** (specialm. se fanciullo).
chorographer [kɔ'rɔgrəfə*] *n.* **corografo.**
chorography [kɔ'rɔgrəfi] *n.* [U] e [C] **corografia.**
to **chortle** ['tʃɔ:tl] *v. i.* **ridacchiare.**
chortle ['tʃɔ:tl] *n.* [C] **risata chioccia.**
chorus ['kɔ:rəs] *n.* [C] ***1*** **coro** (in ogni senso) ***2*** **corpo di ballo** (soprattutto nelle riviste musicali) ● *c. girl,* ballerina di fila □ *in c.,* in coro; tutti insieme.
to **chorus** ['kɔ:rəs] *v. i.* e *t.* **cantare (o parlare, dire) in coro; fare coro.**
chose [tʃouz] *pass.* di to **choose.**
chosen ['tʃouzn] *p.p.* di to **choose.**
chough [tʃʌf] *n.* (*zool.,* Pyrrhocorax) **gracchio.**
chow [tʃau] *n.* (anche *chow-chow)* **chow chow** (cane di razza cinese).
chowder ['tʃaudə*] *n. (cucina)* **zuppa di pesce, molluschi ecc., stufati con verdura** (spesso cotti nel latte).
chrism ['krizəm] *n.* [U] *(relig.)* **crisma.**
to **christen** ['krisn] *v. t.* **battezzare** (anche *fig.).*
Christendom ['krisndəm] *n.* [U] **cristianità** (il complesso dei cristiani).
christening ['krisniŋ] *n.* [C] **battesimo** (la cerimonia).
Christian ['kristjən] *a.* e *n.* **cristiano** (in ogni senso) ● *C. name,* nome di battesimo.
Christianity [ˌkristi'æniti] *n.* [U] ***1*** **cristianesimo *2* cristianità.**
to **christianize** ['kristjənaiz] ***A*** *v. t.* **cristianizzare; convertire al cristianesimo *B*** *v. i.* **convertirsi al cristianesimo.**
Christmas ['krisməs] *n.* (*abbr. Xmas*) **Natale;** (anche *C. Day)* **giorno di Natale** ● *C. card,* cartolina (o biglietto) d'auguri natalizi □ *C. carol,* canto di Natale □ *C. Eve,* la vigilia di Natale □ *C. tree,* albero di Natale.
Christmas(s)y ['krisməsi] *a. (fam.)* **natalizio.**
Christmastime ['krisməstaim] *n.* (anche **Christmastide** ['krisməsˌtaid]) **(periodo delle) feste natalizie.**
chromatic [krə'mætik] *a.* **cromatico** (anche *mus.).*
chrome [kroum] *n.* [U] *(chim.)* **cromo.**
chromic ['kroumik] *a. (chim.)* **cromico**: *c. acid,* acido cromico.
chromium ['kroumjəm] *n.* [U] *(chim.)* **cromo** ● *c.-plating,* cromatura.
chromolithography [ˌkroumouli'θɔgrəfi] *n.* [U] **cromolitografia.**
chromosome ['krouməsoum] *n.* [C] *(biol.)* **cromosoma.**
chronic ['krɔnik] *a.* **cronico** (anche *fig.).*
chronicle ['krɔnikl] *n.* [C] **cronaca** (narrazione storica); **cronistoria.**
to **chronicle** ['krɔnikl] *v. t.* **fare la cronaca di** (q.c.).
chronicler ['krɔniklə*] *n.* **cronista** (scrittore di cronache).
chronograph ['krɔnəgra:f] *n.* **cronografo.**
chronologic(al) [ˌkrɔnə'lɔdʒik(əl)] *a.* **cronologico.**
chronologist [krə'nɔlədʒist] *n.* **cronologista; cronologo.**
to **chronologize** [krə'nɔlədʒaiz] *v. t.* **mettere in ordine cronologico.**
chronology [krə'nɔlədʒi] *n.* [U] **cronologia.**
chronometer [krə'nɔmitə*] *n.* [C] **cronometro.**
chrysalis ['krisəlis] *n.* (*pl.* **chrysalises** ['krisəlisi:z], **chrysalides** [kri'sælidi:z]) *(zool.)* **crisalide.**
chrysanthemum [kri'sænθəməm] *n.* [C] *(bot.,* Chrysanthemum) **crisantemo.**
chubby ['tʃʌbi] *a.* **paffuto.**
(1) to **chuck** [tʃʌk] *v. i.* **chiocciare** (della gallina).
(2) to **chuck** [tʃʌk] *v. t.* ***1*** **dare un buffetto a** (q.) ***2*** **buttare via *3*** *(fam.)* **abbandonare; smettere; piantare**: *to c. up one's job,* piantare il proprio lavoro ● *(pop.) C. it!,* smettila!; piantala! □ *(pop.) chucking-out time,* ora di chiusura (dei bar).
(1) chuck [tʃʌk] *n.* [C] ***1*** **buffetto *2* lancio; getto** ● *(pop.) to give sb. the c.,* dare a q. gli otto giorni.
(2) chuck [tʃʌk] *n.* [C] *(mecc.)* **mandrino.**
to **chuckle** ['tʃʌkl] *v. t.* ***1*** **ridere di soppiatto; ridacchiare; sogghignare *2* chiocciare** (della gallina) ● *to c. to oneself over st.,* esultare tra sé per q.c.
chuckle ['tʃʌkl] *n.* [C] **riso soffocato; sogghigno.**
chucklehead ['tʃʌklhed] *n. (fam.)* **testone, zuccone** *(fam.).*
chug [tʃʌg] *n.* [U] **ciuf, ciuf; sbuffo** (di locomotiva o motore a scoppio).
to **chug** [tʃʌg] *v. i.* **fare ciuf, ciuf; sbuffare; scoppiettare** ● *to c. along,* procedere sbuffando (o scoppiettando).
chum [tʃʌm] *n. (fam.)* **amico intimo** (fra ragazzi, studenti, ecc.).
to **chum** [tʃʌm] *v. i. (fam.)* **essere amici intimi** ● *to c. up with sb.,* fare stretta amicizia con q. □ *to c. with sb.,* convivere con q.
chummy ['tʃʌmi] *a. (fam.)* **amichevole; cameratesco.**
chump [tʃʌmp] *n.* [C] ***1*** **ceppo; ciocco *2*** *(pop.)* **testone; zuccone.**
chunk [tʃʌŋk] *n.* [C] *(fam.)* **grosso ceppo** (di legno); **pezzo, tocco** (di pane, carne, ecc.).
chunky ['tʃʌŋki] *a. (fam.)* ***1*** **robusto; ben piantato; tarchiato *2* grosso; spesso *3*** (di cosa) **a grossi pezzi.**
Chunnel ['tʃʌnəl] *n.* (*contraz.* di **channel** e **tunnel**) **tunnel sotto la Manica.**
church [tʃə:tʃ] *n.* ***1*** [C] **chiesa *2*** [U] **funzione religiosa** ● *c.-burial,* sepoltura religiosa □ *c.-goer,* praticante □ *the C. of England,* la Chiesa anglicana □ *the C. of Rome,* la Chiesa cattolica □ *c. square,* sagrato □ *to go into the C.* (o *to enter the C.),* prendere gli ordini; farsi prete □ *to go to c.,* andare in chiesa.
churchman ['tʃə:tʃmən] *n.* (*pl.* **churchmen** ['tʃə:tʃmən]) **ecclesiastico.**
churchwarden [ˌtʃə:tʃ'wɔ:dn] *n.* **fabbriciere.**
churchy ['tʃə:tʃi] *a. (fam.)* **bigotto.**
churchyard ['tʃə:tʃja:d] *n.* [C] ***1*** **cimitero, camposanto** (presso una chiesa) ***2*** **sagrato.**

churl [tʃə:l] *n.* ***1*** **zoticone; persona rozza** ***2*** **avaro.**
churlish ['tʃə:liʃ] *a.* ***1*** **rustico** ***2*** **zotico; rozzo** ***3*** **tirchio.**
churn [tʃə:n] *n.* [C] ***1*** **zangola** ***2*** **bidone del latte.**
to **churn** [tʃə:n] ***A*** *v. t.* ***1*** **agitare** (latte o panna) **in una zangola** ***2*** *(fig.)* **agitare; far spumeggiare** ***B*** *v. i.* ***1*** **fare il burro** (con la zangola) ***2*** (delle acque, del mare, ecc.) **agitarsi; ribollire.**
chut [tʃʌt] *inter.* (d'impazienza) **uff!**
chute [ʃu:t] *n.* [C] ***1*** **cascata** (d'acqua) ***2*** **scivolo; piano inclinato** ***3*** (*abbr. fam.* di **parachute**) **paracadute.**
chyle [kail] *n.* [U] *(fisiologia)* **chilo.**
chyme [kaim] *n.* [U] *(fisiologia)* **chimo.**
ciborium [si'bɔ:riəm] *n.* [C] *(relig.)* ***1*** **tabernacolo; ciborio** ***2*** **pisside.**
cicada [si'ka:də] *n.* [C] (*zool.*, *Cicada*) **cicala.**
cicatrice ['sikətris], **cicatrix** ['sikətriks] *n.* [C] **cicatrice.**
to **cicatrize** ['sikətraiz] *v. t.* e *i.* **cicatrizzare, cicatrizzarsi.**
cicerone [ˌsisə'rouni, ˌtʃitʃə'rouni] *(ital.) n.* (*pl.* **ciceroni** [ˌsisə'rouni:, ˌtʃitʃə'rouni:], **cicerones**) [C] **cicerone; guida.**
Ciceronian [ˌsisə'rounjən] *a.* **ciceroniano.**
cider ['saidə*] *n.* [U] **sidro.**
cigar [si'ga:*] *n.* [C] **sigaro** ● *c. maker,* sigaraio, sigaraia.
cigarette [ˌsigə'ret] *n.* [C] **sigaretta** ● *c.-end,* mozzicone di sigaretta; cicca *(pop.)* □ *c. paper,* cartina (per confezionare sigarette) □ *filter-tipped c.,* sigaretta col filtro.
cigarette case [ˌsigə'retˌkeis] *n.* [C] **portasigarette.**
cigarette holder [ˌsigə'retˌhouldə*] *n.* [C] **bocchino** (per sigarette).
cigarette lighter [ˌsigə'retˌlaitə*] *n.* [C] **accendisigari; accendino** *(fam.)*.
cigarillo [ˌsigə'rilou] *n.* (*pl.* **cigarillos**) **sigaretto.**
cigar-shaped [si'ga:ˌʃeipt] *a.* **a forma di sigaro.**
cilia ['siliə] *n. pl.* ***1*** *(anat.)* **ciglia** (degli occhi) ***2*** *(zool., bot.)* **ciglia** (vibratili).
cilice ['silis] *n.* [C] **cilicio.**
cinch [sintʃ] *n.* ***1*** **straccale** (di sella) ***2*** *(pop.)* **cosa certa** (o **sicura**); **cosa facile.**
cincture ['siŋktʃə*] *n.* [C] ***1*** **cinta** ***2*** *(archit.)* **filetto; listello.**
to **cincture** ['siŋktʃə*] *v. t.* **recingere; cingere.**
cinder ['sində*] *n.* [C] ***1*** **scoria** (di minerale metallifero, o vulcanica) ***2*** **carbone parzialmente combusto** ***3*** *(al pl.)* **cenere.**
cine-camera ['siniˌkæmərə] *n.* [C] **cinecamera; macchina da presa.**
cinema ['sinimə] *n.* [C] **cinematografo; cinema** ● *c.-goer,* frequentatore abituale dei cinematografi.
Cinemascope [ˌsinimə'skoup] *n.* [U] *(marchio)* **cinemascope.**
cinematograph [ˌsini'mætəgra:f] *n.* [C] **proiettore cinematografico.**
cinematographic [ˌsiniˌmætə'græfik] *a.* **cinematografico.**
cinematography [ˌsinimə'tɔgrəfi] *n.* [U] **cinematografia.**
cine-projector ['siniprəˌdʒektə*] *n.* [C] **proiettore cinematografico; cineproiettore.**
Cinerama [ˌsini'ra:mə] *n.* [U] *(marchio)* **cinerama.**
cineraria [ˌsinə'rɛəriə] *n.* [C] (*bot.*, Senecio cruentus) **cineraria.**
cinerary ['sinərəri] *a.* **cinerario**: *a c. urn,* un'urna cineraria.
cinereous [si'niəriəs] *a.* **cinereo.**
Cingalese [ˌsiŋgə'li:z] *a.* e *n.* *(invar. al pl.)* **cingalese.**
cinnabar ['sinəba:*] *n.* [U] *(miner.)* **cinabro.**
cinnamon ['sinəmən] *n.* ***1*** [U] *(cucina)* **cannella** ***2*** (*bot.*, Cinnamomum zeylanicum) **cannella.**
cinque, cinq [siŋk] *n.* **(il) cinque** (delle carte o dei dadi).
cinquecentist [ˌtʃiŋkwi'tʃentist] *n.* (*arte* e *letter. ital.*) **cinquecentista.**
cinquecento [ˌtʃiŋkwi'tʃentou] *(ital.) n.* (*arte* e *letter. ital.*) **(il) Cinquecento.**
cipher ['saifə*] *n.* ***1*** [U] **cifra; scrittura cifrata** ***2*** [C] *(mat.)* **zero;** *(fig.)* **persona di nessun conto** ***3*** [C] **cifrario** ***4*** [C] **monogramma; (lettere) iniziali intrecciate** ● *c.-key,* chiave di cifrario.
to **cipher** ['saifə*] ***A*** *v. i.* ***1*** **fare calcoli** ***2*** **scrivere in cifra** ***B*** *v. t.* ***1*** **calcolare** ***2*** **cifrare** (un messaggio, ecc.).
circle ['sə:kl] *n.* [C] ***1*** **circolo, cerchio** (in quasi ogni senso, anche *fig.*) ***2*** **cerchia** ***3*** *(geogr.)* **circolo; meridiano, parallelo** ***4*** *(astron.)* **orbita** (d'un pianeta) ***5*** *(teatr.)* **galleria**: *dress c.,* prima galleria □ *upper c.,* seconda galleria ***6*** **ciclo** ● *arctic (antarctic) c.,* circolo artico (antartico) □ *to come full c.,* fare un giro completo; compiere un ciclo; maturare □ *in artistic circles,* nel mondo dell'arte □ *in the high* (o *upper) circles,* negli ambienti aristocratici.
to **circle** ['sə:kl] ***A*** *v. t.* ***1*** **circondare; racchiudere** ***2*** **girare intorno a; circumnavigare** ***3*** *(mil.)* **aggirare** (il nemico) ***B*** *v. i.* ***1*** **rotare** ***2*** **volteggiare.**
circlet ['sə:klit] *n.* [C] **cerchietto, cerchiello** (specialm. ornamentale).
circuit ['sə:kit] *n.* ***1*** [C] **circuito** (*elettricità, sport*); **giro perimetrale; cinta; circondario**: *a short c.,* un corto circuito ***2*** [C] **giro** (per lavoro, d'ispezione, di spettacoli, ecc.); **serie; tournée** ***3*** [C] e [U] **viaggio di trasferta** (di un giudice itinerante o di un predicatore) ***4*** [C] **circoscrizione giudiziaria** ***5*** [U] *(astron.)* **rivoluzione** ***6*** [C] *(sport: autom.)* **giro.**
circuitous [sə(:)'kju:itəs] *a.* **indiretto; tortuoso.**
circular ['sə:kjulə*] ***A*** *a.* (anche *comm.*) **circolare**: *a c. letter,* una (lettera) circolare □ *a c. note,* una lettera circolare di credito ***B*** *n.* [C] *(comm.)* **circolare** (pubblicitaria, ecc.).
to **circularize** ['sə:kjuləraiz] *v. t.* *(comm.)* **mandare circolari a** (q.).
to **circulate** ['sə:kjuleit] ***A*** *v. i.* ***1*** **circolare** ***2*** **diffondersi; divulgarsi** ***B*** *v. t.* **far circolare; mettere in circolazione; diffondere** ● *circulating library,* biblioteca circolante.
circulation [ˌsə:kju'leiʃən] *n.* ***1*** [U] **circolazione** (in ogni senso) ***2*** [U] **diffusione; divulgazione** ***3*** [C] **tiratura** (specialm. di un giornale).
circulatory ['sə:kjulətəri] *a.* *(scient.)* **circolatorio.**
circum- [ˌsə:kəm] *pref.* **circum-; circom-; circon-.**
to **circumcise** ['sə:kəmsaiz] *v. t.* **circoncidere.**
circumcision [ˌsə:kəm'siʒən] *n.* [U] e [C] **circoncisione.**
circumference [sə'kʌmfərəns] *n.* [C] *(geom.)* **circonferenza.**
circumflex ['sə:kəmfleks] ***A*** *n.* [C] **accento circonflesso** ***B*** *a.* **circonflesso.**
circumlocution [ˌsə:kəmlə'kju:ʃən] *n.* [U] e [C] **circonlocuzione; perifrasi.**
circumlocutory [ˌsə:kəm'lɔkjutəri] *a.* **perifrastico.**
to **circumnavigate** [ˌsə:kəm'nævigeit] *v. t.* **circumnavigare; fare la circumnavigazione di.**
to **circumscribe** ['sə:kəmskraib] *v. t.* ***1*** **circoscrivere** ***2*** **limitare.**
circumscription [ˌsə:kəm'skripʃən] *n.* ***1*** [U] **circoscrizione; (il) circoscrivere** ***2*** [C] **circoscrizione; territorio circoscritto** ***3*** [C] **limite; confine.**
circumspect ['sə:kəmspekt] *a.* **circospetto; cauto; guardingo.**
circumspection [ˌsə:kəm'spekʃən] *n.* [U] **circospezione; cautela.**
circumspective [ˌsə:kə:m'spektiv] *a.* **circospetto.**
circumstance ['sə:kəmstəns] *n.* ***1*** *(di solito al pl.)* **circostanza; occasione; caso; fatto; particolare**: *in (o under) the circumstances,* date le circostanze □ *in (o under) no circumstances,* in nessuna occasione; in nessun caso ***2*** *(al pl.)* **condizioni finanziarie**: *to be in easy (good, flourishing) circumstances,* trovarsi in agiate (buone, fiorenti) condizioni finanziarie □ *to be in bad (reduced, straitened) circumstances,* trovarsi in cattive condizioni finanziarie (in ristrettezze) ***3*** [U] **cerimonie; pompa**: *with pomp and c.,* con grande pompa □ *without c.,* senza cerimonie; senza complimenti.
circumstanced ['sə:kəmstənst] *a.* **che si trova in una certa condizione finanziaria**: *to be well circumstanced,* essere in buone condizioni finanziarie.
circumstantial [ˌsə:kəm'stænʃəl] *a.* ***1*** **circostanzia-**

to; particolareggiato; ricco di particolari: *a c. report,* un rapporto circostanziato **2** *(leg.)* **indiziario**: *c. evidence,* prove indiziarie.
circumstantiality ['sə:kəm,stænʃi'æliti] *n.* **1** [U] **(l')essere circostanziato** (o **particolareggiato**); **ricchezza di particolari 2** [C] **particolare; dettaglio.**
to **circumstantiate** [,sə:kəm'stænʃi,eit] *v. t.* **circostanziare.**
circumvallation [,sə:kəmvə'leiʃən] *n.* [U] e [C] *(mil.)* **circonvallazione.**
to **circumvent** [,se:kəm'vent] *v. t.* **1 circonvenire; circuire 2 avere la meglio su** (q.) **3 impedire** (che q.c. avvenga); **frustrare.**
circumvention [,sə:kəm'venʃən] *n.* [U] e [C] **circonvenzione.**
circumvolution [,se:kəmvə'lu:ʃən] *n.* [U] e [C] **circonvoluzione.**
circus ['sə:kəs] *n.* [C] **1 circo; anfiteatro 2 piazza rotonda.**
cirque [sə:k] *(franc.) n.* [C] **1** *(poet.)* **cerchio; anello 2** *(geol.)* **circo glaciale.**
cirrhosis [si'rousis] *n.* [U] *(med.)* **cirrosi.**
cirrus ['sirəs] *n.* (*pl.* **cirri** ['sirai]) *(meteorologia, biol.)* **cirro.**
cis- [sis] *pref.* **cis-** (di qua da).
cisalpine [sis'ælpain] *a.* **cisalpino.**
cissy ['sisi] *V.* **sissy.**
cist [sist] *n.* [C] *(archeol.)* **tomba preistorica** (di pietra).
Cistercian [sis'tə:ʃən] *a.* e *n.* **(monaco) cistercense.**
cistern ['sistən] *n.* [C] **cisterna; serbatoio d'acqua.**
citadel ['sitədl] *n.* [C] **cittadella; fortezza.**
citation [sai'teiʃən] *n.* [U] e [C] (anche *leg.*) **citazione.**
to **cite** [sait] *v. t.* (anche *leg.*) **citare.**
cither ['siθə*], **cithern** ['siθən] *n.* [C] *(mus.)* **cetra.**
citizen ['sitizn] *n.* **cittadino; abitante** (di un dato luogo) ● *c. of the world,* cosmopolita □ *fellow c.,* concittadino.
citizenship ['sitizənʃip] *n.* [U] **cittadinanza.**
citrate ['sitrit] *n.* [C] *(chim.)* **citrato.**
citric ['sitrik] *a.* **citrico**: *c. acid,* acido citrico.
citron ['sitrən] *n.* [C] (*bot.,* Citrus medica; il frutto) **cedro.**
citrus ['sitrəs] *n.* **agrume** ● *c. fruits,* agrumi □ *c. plantation,* agrumeto.
cittern ['sitə:n] *V.* **cither.**
city ['siti] *n.* [C] **città** ● *the C.,* il centro finanziario e commerciale di Londra □ *c. plan,* piano regolatore □ *c. planning,* urbanistica.
civet ['sivit] *n.* **1** [C] (*zool.,* Civettictis civetta; anche *c. cat*) **zibetto 2** [U] **zibetto** (profumo).
civic ['sivik] *a.* **civico; civile** ● *c. centre,* quartiere dove hanno sede uffici e pubbliche istituzioni.
civics ['siviks] *n. pl.* *(col verbo al sing.)* **educazione civica** (materia d'insegnamento).
civies ['siviz] *V.* **civvies.**
civil ['sivl] *a.* **civile** (in quasi ogni senso) **cortese**: *c. law,* diritto civile □ *a c. war,* una guerra civile ● *c. death,* perdita dei diritti civili; morte civile □ *(leg.) c. servant,* funzionario pubblico; impiegato statale □ *the C. Service,* l'amministrazione statale; la burocrazia.
civilian [si'viljən] **A** *a.* **civile, borghese** (non militare); **da borghese B** *n.* **1 civile, borghese** (non militare) **2** *(leg.)* **civilista.**
civility [si'viliti] *n.* [U] e [C] **cortesia.**
civilization [,sivilai'zeiʃən] *n.* **1** [U] **incivilimento; civilizzazione 2** [C] e [U] **civiltà;** *(collett.)* **i paesi civili.**
to **civilize** ['sivilaiz] *v. t.* **incivilire; civilizzare.**
civilly ['sivili] *avv.* **1 civilmente; cortesemente; educatamente 2** *(leg.)* **civilmente; secondo le norme del diritto civile.**
civism ['sivizəm] *n.* [U] **civismo.**
civvies ['siviz] *n. pl.* *(pop.)* **abito civile** (o **borghese**): *to put on c.,* mettersi in borghese.
Civvy Street ['sivi,stri:t] *n.* *(pop.)* **vita borghese** (non militare).
clack [klæk] *n.* **1** [C] **rumore forte, secco; schiocco 2** [U] **chiacchierio; schiamazzo.**
to **clack** [klæk] *v. i.* **1 fare un rumore forte, secco; tempestare** *(fig.)* **2 chiacchierare ad alta voce 3 chiocciare.**
clad [klæd] **A** *pass.* e *p.p. arc.* di to **clothe B** *a.* **vestito; rivestito** ● *ivy-c.,* coperto d'edera.
to **claim** [kleim] *v. t.* **1 chiedere, esigere** (il riconoscimento di un diritto, la restituzione di q.c., ecc.) **2 rivendicare; vantare; affermare, asserire, sostenere** (q.c. o d'aver fatto q.c.) **3 richiedere; meritare.**
claim [kleim] *n.* **1** [C] **rivendicazione** (d'un diritto); **richiesta** (di riconoscimento d'un diritto) **2** [U] **diritto** (di cui si chiede il riconoscimento): *to have no c. to the property,* non avere alcun diritto sulla proprietà **3** *(comm.)* **reclamo**: *to lodge a c.,* presentare un reclamo **4** [C] **concessione mineraria** ● *to stake a c. to st.,* rivendicare il proprio diritto a q.c.
claimant ['kleimənt] *n.* **rivendicatore** ● *(leg.) the rightful c.,* l'avente diritto.
clairvoyance [klɛə'vɔiəns] *n.* [U] **chiaroveggenza.**
clairvoyant [klɛə'vɔiənt] *a.* e *n.* **chiaroveggente.**
clam [klæm] *n.* **1** [C] *(zool.)* **mollusco bivalve 2** *(al pl.)* **molluschi; frutti di mare.**
to **clamber** ['klæmbə*] *v. i.* **arrampicarsi** (con mani e piedi).
clammy ['klæmi] *a.* **viscido; vischioso, viscoso; appiccicaticcio.**
clamorous ['klæmərəs] *a.* **rumoreggiante; vociante.**
clamour ['klæmə*] *n.* **1** [U] **clamore; vocio 2** [C] **rimostranza.**
to **clamour** ['klæmə*] *v. i.* **1 fare un grande clamore; rumoreggiare; vociare 2 protestare; fare rimostranze** (a gran voce) ● *to c. sb. down,* mettere a tacere q. con alte grida.
clamp [klæmp] *n.* [C] **grappa** (di ferro); *(mecc.)* **morsa, morsetto** (a vite); **pinza; ganascia.**
(1) to **clamp** [klæmp] *v. t.* **chiudere** (con una grappa); **stringere** (in una morsa o come in una morsa).
(2) to **clamp** [klæmp] *v. t.* **accumulare; ammucchiare.**
clan [klæn] *n.* [C] **clan** (anche *fig.*); **gruppo di famiglie (scozzesi); tribù.**
clandestine [klæn'destin] *a.* **clandestino.**
clang [klæŋ] *n.* [C] **suono squillante; clangore.**
to **clang** [klæŋ] **A** *v. i.* **risonare con clangore B** *v. t.* **far risonare; sonare** (in modo da far strepito).
clanger ['klæŋə*] *n.* [C] *(fam.)* **errore madornale; strafalcione**: *to drop a c.,* dire uno strafalcione.
clangour ['klæŋgə*] *n.* [U] e [C] **clangore; fragore.**
clank [klæŋk] *n.* [C] **rumore metallico** (acuto, ma breve).
to **clank** [klæŋk] *v. t.* e *i.* **(far) risonare con suono metallico.**
clannish ['klæniʃ] *a.* **1 di clan 2 che ha spirito di clan.**
clansman ['klænzmən] *n.* (*pl.* **clansmen** ['klænzmən]) **membro di un clan.**
clap [klæp] *n.* [C] **colpo secco; scoppio; applauso** (battimani): *a c. of thunder,* uno scoppio di tuono.
to **clap** [klæp] *v. t.* e *i.* **1 battere** (le mani; anche le ali) **2** (anche: *to c. one's hands*) **battere le mani; applaudire 3 battere sulla spalla di q.** (per incoraggiarlo, ecc.; anche: *to c. sb. on the back*) ● *to c. sb. into prison,* sbattere q. in prigione *(pop.)* □ (della porta) *to c. to,* sbattere.
clapboard ['klæpbɔ:d] *n.* [C] *(USA)* **assicella per rivestimento esterno.**
clapper ['klæpə*] *n.* [C] **1 battaglio 2 battente 3 raganella 4 chi batte le mani; chi applaude.**
clapperboard ['klæpəbɔ:d] *n.* *(cinem.)* **ciac.**
claptrap ['klæp,træp] *n.* [U] **sproloquio; sfilza di paroloni.**
claque [klæk] *(franc.) n.* [C] **claque.**
claret ['klærət] *n.* [U] **1 chiaretto** (vino rosso) **2 (color) rosso violaceo.**
clarification [,klærifi'keiʃən] *n.* [U] e [C] **1 chiarificazione 2 chiarimento.**
to **clarify** ['klærifai] **A** *v. t.* **1 chiarificare; purificare;** *(pop.)* **schiarire 2 chiarire B** *v. i.* **chiarificarsi; schiarirsi.**
clarinet [,klæri'net] *n.* [C] *(mus.)* **clarinetto.**
clarinettist [,klæri'netist] *n.* *(mus.)* **clarinettista.**

clarion ['klæriən] ***A*** *n.* [C] **tromba militare** (antica); **chiarina** ***B*** *a.* **di tromba; squillante**: *a c. voice,* una voce squillante.
clarity ['klæriti] *n.* [U] **chiarezza.**
to **clash** [klæʃ] *v. i.* ***1*** **cozzare; collidere; scontrarsi; urtarsi** ***2*** *(fig.)* **essere in disaccordo** (o **in contrasto); non andare d'accordo; fare a pugni**: *These colours c.,* questi colori fanno a pugni tra loro ***B*** *v. t.* **battere** (o **urtare, chiudere, far cadere,** ecc.) **rumorosamente.**
clash [klæʃ] *n.* [C] ***1*** **rumore metallico; clangore; frastuono**: *a c. of weapons,* un clangore di armi ***2*** (anche *fig.*) **cozzo; collisione; scontro; urto**: *a c. of ideas,* uno scontro d'idee ***3*** *(fig.)* **disaccordo; diversità.**
clasp [kla:sp] *n.* [C] ***1*** **fermaglio; fibbia; gancio; spilla** ***2*** **abbraccio; stretta (di mano).**
to **clasp** [kla:sp] *v. t.* ***1*** **fermare; affibbiare; agganciare** ***2*** **stringere; abbracciare**: *to c. sb. in one's arms,* stringere q. fra le braccia ● *to c. one's hands,* giungere le mani (allacciando le dita).
clasp knife ['kla:sp'naif] *n.* [C] **coltello a serramanico.**
class [kla:s] *n.* [C] ***1*** **classe** (in ogni senso): *the middle classes,* il ceto medio; la borghesia □ *the working classes,* la classe operaia □ *the tourist c.,* la classe turistica □ *a first-c. ticket,* un biglietto di prima classe ***2*** **lezione; corso**: *to take classes in French,* seguire un corso di francese ***3*** **ordine; qualità; classe**: *a first-c. actor,* un attore di prim'ordine ● *c. struggle,* lotta di classe.
to **class** [kla:s] *v. t.* **classificare.**
class-conscious [,kla:s'kɔnʃəs] *a.* **che ha coscienza di classe; classista.**
class-consciousness [,kla:s'kɔnʃəsnis] *n.* [U] **coscienza di classe; classismo.**
classic ['klæsik] ***A*** *a.* ***1*** **classico** ***2*** **tipico; che fa** (o **fece) epoca**: *a c. match,* un incontro che fece epoca ***B*** *n.* **classico** (scrittore o opera).
classical ['klæsikl] *a.* **classico**: *c. music,* musica classica.
classicality [,klæsi'kæliti] *n.* [U] **classicità.**
classicism ['klæsisizəm] *n.* [U] **classicismo.**
classicist ['klæsisist] *n.* **classicista.**
classification [,klæsifi'keiʃən] *n.* [U] e [C] **classificazione.**
classifier ['klæsi,faiə*] *n.* **classificatore, classificatrice.**
to **classify** ['klæsifai] *v. t.* **classificare.**
classless ['kla:slis] *a.* **senza classi**: *a c. society,* una società senza classi.
classmate ['kla:smeit] *n.* **compagno di classe.**
classroom ['kla:srum] *n.* [C] **aula** (scolastica); **classe.**
classwork ['kla:swə:k] *n.* [U] (a scuola) **compito in classe.**
classy ['kla:si] *a.* *(fam.)* **eccellente; di alta classe.**
clastic ['klæstik] *a.* *(geol.)* **clastico**: *c. rocks,* rocce clastiche.
to **clatter** ['klætə*] ***A*** *v. t.* **acciottolare** (stoviglie, ecc.); **far sbattere** ***B*** *v. i.* ***1*** **produrre un (rumore di) acciottolìo; sbattere** ***2*** **vociare; tumultuare** ● *to c. along (down),* muoversi (cadere) con un rumore di acciottolio.
clatter ['klætə*] *n.* *(soltanto al sing.)* **acciottolìo** (di stoviglie, ecc.); **(lo) sbattere; scalpitìo.**
clause [klɔ:z] *n.* [C] ***1*** *(gramm.)* **proposizione** ***2*** *(leg., comm.)* **clausola.**
claustral ['klɔ:strəl] *a.* **claustrale.**
claustrophobia [,klɔ:strə'foubjə*] *n.* [U] *(med.)* **claustrofobia.**
claustrophobic [,klɔ:strə'foubik] *(med.)* ***A*** *a.* **affetto da claustrofobia** ***B*** *n.* **claustrofobo.**
clavichord ['kla:vikɔ:d] *n.* *(mus.)* **clavicordo, clavicordio.**
clavicle ['klævikl] *n.* [C] *(anat.)* **clavicola.**
claw [klɔ:] *n.* [C] ***1*** **artiglio** ***2*** **chela; pinza** ***3*** **raffio; rampino** ***4*** *(spreg.)* **grinfia; zampa; mano**: *Take off your claws!,* giù le zampe!
to **claw** [klɔ:] *v. t.* **afferrare** (o **dilaniare) con gli artigli; artigliare** ● *(naut.) to c. off,* prendere il largo col favore del vento.
clay [klei] *n.* [U] **argilla** (anche *fig.*); **creta** ● *c. pipe,* pipa di terracotta □ *(scherz.) to wet* (o *to moisten) one's c.,* bagnarsi il becco.
clayey ['kleii] *a.* **argilloso**: *a c. soil,* un terreno argilloso.
(1) clean [kli:n] *a.* ***1*** **pulito; lindo; netto; puro; impeccabile; onesto; irreprensibile**: *to have a c. record,* avere la fedina (penale) pulita (o avere un passato irreprensibile) □ *a c. cut,* un taglio netto ***2*** **ben fatto; armonioso; dalla bella linea** ***3*** **accurato; preciso** ● *(fig.) a c. tongue,* un linguaggio castigato.
to **clean** [kli:n] ***A*** *v. t.* ***1*** **pulire; nettare**: *to c. a fowl,* pulire un pollo ***2*** **vuotare** ***B*** *v. i.* **pulirsi; rassettarsi** ● *to c. down,* spolverare (il soffitto, le pareti) □ *to c. out,* pulire (a fondo); riordinare □ *(fam.) to c. sb. out,* vuotare le tasche a q. □ *to c. up,* fare pulizia (o le pulizie); *(fig.)* rifinire (un lavoro); mettere in ordine.
(2) clean [kli:n] *avv.* ***1*** **completamente; interamente; del tutto; da parte a parte** ***2*** **in modo da pulire bene**: *to scrub (to brush) st. c.,* strofinare (spazzolare) bene q.c.
(3) clean [kli:n] *n.* *(con l'art. indeterm.)* **pulita.**
clean-cut [,kli:n'kʌt] *a.* **ben delineato; ben formato; ben congegnato**: *c. features,* fattezze ben delineate □ *a c. plan,* un piano ben congegnato.
cleaner ['kli:nə*] *n.* ***1*** **addetto** (o **addetta) alle pulizie** ***2*** **smacchiatore** ***3*** *(mecc.)* **depuratore.**
clean-handed [,kli:n'hændid] *a.* **dalle mani pulite; integro.**
cleaning ['kli:niŋ] *n.* [U] **pulizia;** *(ind.)* **pulitura.**
cleanly ['klenli] *a.* **pulito; amante della pulizia.**
cleanness ['kli:nnis] *n.* [U] ***1*** **pulizia** (come qualità o condizione) ***2*** **nitidezza, purezza** (di lineamenti, ecc.).
to **cleanse** [klenz] *v. t.* ***1*** **pulire; detergere** ***2*** *(fig.)* **purificare** ● *(cosmesi) cleansing cream,* crema detergente.
clean-shaven [,kli:n'ʃeivn] *a.* **ben rasato.**
(1) clear [kliə*] *a.* ***1*** **chiaro; limpido; sereno; tranquillo**: *a c. day,* una giornata serena □ *a c. voice,* una voce chiara ***2*** **aperto; libero; netto; sgombro**: *a c. one thousand pounds,* mille sterline nette □ *to be c. of debt,* essere libero da debiti ***3*** **completo; intero**: *a c. month,* un mese intero ***4*** **certo; sicuro** ***5*** **prosciolto** (da un'accusa) ● *to be c. of suspicion,* essere al di fuori di ogni sospetto □ *to keep c. of sb.,* tenersi alla larga da q. □ *All c.!,* cessato pericolo! □ *(fig.) The coast is c.,* la via è libera; non ci sono pericoli in vista.
(2) clear [kliə*] *avv.* ***1*** **in modo chiaro; chiaro** ***2*** *(fam.)* **completamente; interamente**: *three hours c.,* tre ore intere □ *c. through the town,* da un capo all'altro della città ***3*** **in disparte; a debita distanza.**
to **clear** [kliə*] *v. t.* e *i.* ***1*** **chiarire; schiarire, schiarirsi; rischiarare, rischiararsi; purificare, purificarsi**: *to c. one's throat,* schiarirsi la voce □ *The sky is clearing,* il cielo si va schiarendo ***2*** **prosciogliere** (da un'accusa); **sgombrare; sparecchiare; stasare**: *to c. the streets of snow,* sgombrare le strade dalla neve □ *to c. the table,* sparecchiare la tavola □ *to c. the land,* sgombrare il terreno (dalle erbacce, ecc.) □ *to c. a debt,* liberarsi di un debito (pagandolo) ***3*** **aprire, aprirsi** ***4*** **passare vicino a** (q.c.) **senza toccarla; evitare** ***5*** *(comm., naut.)* **svincolare, sdoganare** (merce); (di nave) **salpare** (o **entrare in porto)** (dopo le formalità doganali) ***6*** **fare un guadagno netto di** (una somma) ● *(naut.) to c. an anchor,* disimpegnare un'ancora □ *to c. away,* togliere di mezzo; portare via; andarsene □ *(ferr.) to c. the line,* dare via libera □ *(sport) to c. an obstacle,* superare un ostacolo □ *to c. off,* andarsene; squagliarsela *(pop.)* □ *to c. out,* vuotare; pulire; stasare; andarsene □ *to c. up,* chiarire; delucidare; risolvere; schiarirsi, rischiararsi, rasserenarsi; sbrigare (un lavoro) □ *(fam.) to be cleared out,* essere al verde; non avere il becco d'un quattrino.
clear-cut [,kliə'kʌt] *a.* **ben delineato.**
clearance ['kliərəns] *n.* ***1*** [C] e [U] **spazio lasciato libero; apertura; altezza** (o **larghezza)** ***2*** [U] *(comm.)* **sdoganamento** (di merce); **pratica di sdoganamento** (di nave) ***3*** [U] *(fin.)* **compensazione** ***4*** [U] **rimozione; sgombro** ● *c. papers,* documenti di sdoganamento □ *c. sale,* (vendita di) liquidazione □ *bank c.,* benestare bancario.
clear-headed [,kliə'hedid] *a.* **che ha idee chiare;**

lucido *(fig.)*.
clearing ['kliəriŋ] *n.* **1** [C] **tratto di terreno diboscato; radura** **2** [U] *(comm.)* **compensazione.**
clearing-house ['kliəriŋhaus] *n.* [C] *(comm.)* **stanza di compensazione.**
clearly ['kliəli] *avv.* **1 chiaramente; evidentemente** **2 certamente; senza dubbio.**
clear-sighted [ˌkliə'saitid] *a.* **1 dalla vista buona** **2** *(fig.)* **perspicace.**
clearway ['kliəwei] *n.* [C] *(autom.)* **strada con divieto di sosta** (fuori città).
cleat [kli:t] *n.* [C] **1 bietta; cuneo** **2** *(naut.)* **gallocchia.**
cleavable ['kli:vəbl] *a.* **fissile.**
cleavage ['kli:vidʒ] *n.* **1** [C] **fessura; spaccatura** **2** [U] *(geol.)* **clivaggio; sfaldamento** **3** [U] *(biol.)* **scissione** **4** [C] *(fig.)* **divisione; disparità di vedute.**
to **cleave** [kli:v] **A** *(pass.* **clove** [klouv], **cleft** [kleft]; *p.p.* **cloven** ['klouvn], **cleft)** *v. t.* **1 fendere; spaccare**: *to c. sb.'s head open,* spaccare la testa a q. □ *to c. the air (the water),* fendere l'aria (l'acqua) **2 scindere; separare** **B** *v. i.* **fendersi; spaccarsi** ● *cloven hoof,* zoccolo (o piede) fesso □ *(fig.) to show the cloven hoof,* rivelare la propria natura diabolica.
cleaver ['kli:və*] *n.* **mannaia** (di macellaio).
cleek [kli:k] *n.* [C] **1 grosso uncino** **2 mazza da golf con pomo di ferro.**
clef [klef] *n.* [C] *(mus.)* **chiave.**
(1) cleft [kleft] *n.* [C] **fenditura; fessura; spacco; crepaccio.**
(2) cleft [kleft] *pass.* e *p.p.* di to **cleave.**
clematis ['klemətis] *n.* [U] *(bot.,* Clematis) **clematide.**
clemency ['klemənsi] *n.* [U] **clemenza;** *(fig.:* del tempo) **mitezza.**
clement ['klemənt] *a.* **clemente;** *(fig.)* **mite.**
to **clench** [klentʃ] *v. t.* e *i.* **1 stringere** (denti, dita); **stringersi** **2 ribadire** (un chiodo, ecc.) **3 afferrare saldamente** **4** *(fig.)* **concludere** (un argomento, un affare, ecc.); **decidere** (una questione).
clench [klentʃ] *n.* [C] **1 stretta; (salda) presa** **2 ribaditura** (di chiodi).
clerestory ['kliəstəri] *n.* [C] **lanternino** (di edificio, veicolo, ecc.).
clergy ['klə:dʒi] *n.* **clero;** *(collett.)* **ecclesiastici.**
clergyman ['klə:dʒimən] *n.* *(pl.* **clergymen** ['klə:dʒimən]) **ecclesiastico;** *(specialm.)* **pastore anglicano.**
cleric ['klerik] *n.* e *a.* **(uomo) di chiesa; ecclesiastico.**
clerical ['klerikl] **A** *a.* **1 ecclesiastico; di** (o **da) pastore anglicano** **2 d'ufficio; relativo** (o **dovuto) a un impiegato** (o **a uno scrivano)**: *c. duties,* mansioni d'impiegato □ *a c. error,* un errore dovuto a uno scrivano (di copiatura); una svista **3** *(polit.)* **clericale** **B** *n.* **1** *(polit.)* **clericale** **2 ecclesiastico** **3** *(al pl.)* **abito sacerdotale.**
clericalism ['klerikəlizəm] *n.* [U] *(polit.)* **clericalismo.**
clericalist ['klerikəlist] *n.* *(polit.)* **clericale.**
clerihew ['klerihju:] *n.* [C] *(poesia)* **strofetta umoristica di quattro versi.**
clerk ['kla:k], *(USA)* [klə:k] *n.* **1 funzionario** (laico) **d'una parrocchia anglicana; sagrestano** **2 impiegato; contabile; copista; scrivano** **3** *(USA, cfr. ingl. shop assistant)* **commesso, commessa** (di negozio) ● *c. in holy orders,* ecclesiastico □ *c. of (the) works,* sovrintendente ai lavori □ *town* (o *city) c.,* segretario comunale.
clever ['klevə*] *a.* **abile; bravo; destro; intelligente; ingegnoso**: *a c. speech,* un discorso abile □ *a c. boy,* un ragazzo intelligente □ *to be c. at maths,* essere bravo in matematica ● *a c. book,* un libro scritto con intelligenza □ *He was too c. for me!,* me l'ha fatta!
cleverness ['klevənis] *n.* [U] **1 abilità; bravura; destrezza; intelligenza** **2** *(fam.)* **astuzia; furberia.**
clew [klu:] *n.* [C] **1 gomitolo** **2** *(fig., di solito clue)* **chiave; indizio** **3** *(naut.)* **bugna; angolo della vela.**
to **clew** [klu:] *v. t.* **1 aggomitolare** *(di solito to c. up)* **2** — *(fig.) to c. out,* dare un indizio **3 scoprire** (per mezzo d'indizi) ● *(naut.) to c. down,* imbrogliare (una vela) □ *(naut.) to c. up,* alare (una vela).
cliché ['kli:ʃei] *(franc.) n.* [C] **1** *(tipogr.)* **cliché** **2** *(fig.)* **cliché; espressione abusata; frase fatta.**
click [klik] *n.* [C] **1 secco suono metallico; clic** **2** *(mecc.)* **dente d'arresto.**
to **click** [klik] **A** *v. i.* **produrre un secco suono metallico** **B** *v. t.* **far scattare; schioccare; battere** (con un colpo secco): *to c. one's tongue,* schioccare la lingua.
client ['klaiənt] *n.* **cliente** ((in tutti i sensi; cfr. *customer*).
clientele [ˌkli:ən'tel] *n.* *(collett.)* **clientela.**
cliff [klif] *n.* [C] **rupe; dirupo; scogliera.**
cliffhanger ['klifˌhæŋgə*] *n.* [C] *(fam.)* **1 radiodramma** (o **originale televisivo) pieno di suspense** (specialm. alla fine di una puntata) **2 evento il cui risultato è in sospeso sino alla fine.**
climacteric [klai'mæktərik] **A** *a.* **1** *(med.)* **climaterico** **2 cruciale; critico** **B** *n.* [C] **1** *(med.)* **climaterio; età critica** **2** *(fig.)* **periodo critico.**
climactic [klai'mæktik] *a.* **in progressione; in successione ascendente; che raggiunge il** (o **conduce al) punto culminante** (o **cruciale).**
climate ['klaimit] *n.* [U] e [C] **clima** (anche *fig.).*
climatic [klai'mætik] *a.* **climatico.**
climax ['klaimæks] *n.* [C] **1 punto saliente** (o **culminante); apice; acme** **2** *(retor.)* **climax; crescendo** **3 orgasmo** (sessuale).
to **climax** ['klaimæks] **A** *v. t.* **condurre** (una narrazione) **al punto saliente** (o **culminante)** **B** *v. i.* (di una serie di eventi) **raggiungere il punto culminante; culminare.**
to **climb** [klaim] *v. i.* e *t.* **1 arrampicarsi** (anche *fig.)*; **salire** (specialm. con mani e piedi); **ascendere**: *to c. a tree,* arrampicarsi su un albero **2 scalare**: *to c. a mountain,* scalare un monte **3** (d'un aeroplano) **alzarsi; prendere quota** **4** *(fig.)* **salire per gradi; giungere** (con fatica) ● *to c. down,* scendere (da un albero, ecc.); *(fig.)* fare marcia indietro □ *climbing plant,* pianta rampicante □ *mountain-climbing,* alpinismo.
climb [klaim] *n.* [C] **arrampicata; salita; ascesa; scalata** ● *c.-down,* discesa; *(fig.)* marcia indietro, ritirata □ *(aeron.) rate of c.,* velocità ascensionale.
climber ['klaimə*] *n.* **1 arrampicatore; scalatore** **2** *(bot., zool.)* **rampicante** **3** *(fig., fam.)* **arrivista** ● *rock-c.,* rocciatore □ *social c.,* arrampicatore sociale.
to **clinch** [klintʃ] **A** *v. t.* e *i.* *V.* to **clench** **B** *v. t.* *(pugilato)* **stringere** (l'avversario, per impedirgli di colpire).
clinch [klintʃ] *n.* **1** *V.* **clench** **2** [C] *(pugilato)* **corpo a corpo.**
to **cling** [kliŋ] *(pass.* e *p.p.* **clung** [klʌŋ]) *v. i.* **1 aderire strettamente; stare attaccato** **2 abbarbicarsi** **3 aggrapparsi**: *to c. to a hope,* aggrapparsi a una speranza.
clinging ['kliŋiŋ] *a.* *(d'abito)* **aderente; attillato.**
clingstone ['kliŋstoun] *a. attr.* *(bot.)* **duracino.**
clinic ['klinik] *n.* [C] *(med.)* **clinica.**
clinical ['klinikəl] *a.* **clinico.**
clinician [kli'niʃən] *n.* *(med.)* **clinico.**
clink [kliŋk] *n.* **1** [C] **tintinnìo** **2** [U] *(pop.)* **prigione.**
to **clink** [kliŋk] **A** *v. i.* **tintinnare; tinnire** *(lett.)* **B** *v. t.* **far tintinnare.**
clinker ['kliŋkə*] *n.* [C] e [U] **scoria** (di fornace).
clinking ['kliŋkiŋ] *a.* *(pop.)* **eccellente; ottimo; straordinario.**
(1) to **clip** [klip] *v. t.* **tenere stretto; attaccare** (insieme).
(1) clip [klip] *n.* [C] **1 graffa; grappa; fermaglio; molletta** **2** *(mecc.)* **chiodo a gancio; morsetto** **3** *(mil.)* **caricatore.**
(2) to **clip** [klip] *v. t.* e *i.* **1 tagliare** (specialm. con forbici); **ritagliare; tosare** (anche *fig.)* **2 omettere, tralasciare,** *(pop.)* **mangiarsi** (una consonante o una vocale) **3 forare** (un biglietto di treno, ecc.) **4** *(fam.)* **colpire; picchiare** ● *to c. sb.'s wings,* tarpare le ali a q.
(2) clip [klip] *n.* [C] **1 tosatura; tosa** (delle pecore) **2 ritaglio** **3 lana ricavata in una tosa** **4** *(fam.)* **colpo**

rapido e forte; scappellotto.

clipper ['klipə*] *n.* [C] **1 tosatore** (di pecore) **2** *(al pl.)* **forbici 3** *(naut.)* **clipper; veliero veloce 4** *(aeron.)* **aeroplano** (per voli transoceanici) **5 cavallo** (automobile, ecc.) **particolarmente veloce 6** *(pop.)* **persona** (o cosa) **straordinaria.**

(1) clipping ['klipiŋ] *n.* [C] **1 taglio** (di capelli, ecc.); **tosatura 2 ritaglio** (di giornale, ecc.).

(2) clipping ['klipiŋ] *a.* **1 tagliente 2 veloce 3** *(pop.)* **eccellente; straordinario; che vale un Perù.**

clique [kli:k] *n.* [C] **chiesuola; gruppo ristretto; cricca** *(pop.)*.

cliquish ['kli:kiʃ], **cliquy** ['kli:ki], **cliquey** ['kli:ki] *a.* **di chiesuola; ristretto.**

clitoris ['klitəris] *n.* *(anat.)* **clitoride.**

cloaca [klou'eikə] *n.* *(pl.* **cloacae** [klou'eiki:]) **cloaca** (anche *fig.*).

cloak [klouk] *n.* [C] **1 mantello; manto** (anche *fig.*) **2** *(fig.)* **travestimento; pretesto; maschera** ● *c.-and-dagger novel (film)*, romanzo (film) di cappa e spada □ *c.-room*, guardaroba (di teatro, albergo, ecc.).

to **cloak** [klouk] *v. t.* **1 coprire con un mantello;** *(fig.)* **ammantare 2** *(fig.)* **celare, nascondere, mascherare** (un'intenzione, un sentimento).

clobber ['klɔbə*] *n.* *(pop., collett.)* **indumenti; roba.**

cloche [klɔʃ] *(franc.)* *n.* **1 campana di vetro** (per proteggere piante) **2** *(moda)* **cloche.**

(1) clock [klɔk] *n.* [C] **1 orologio** (non tascabile, né da polso) **2** *(fam.)* **cronometro** ● *round the c.*, 24 ore su 24; giorno e notte □ *It is four (five, ecc.) o'clock*, sono le quattro (le cinque, ecc.) □ *What o'clock is it?*, che ora è?

to **clock** [klɔk] *v. t.* *(sport)* **cronometrare** ● *to c. in* (o *on*), (d'operaio, impiegato) timbrare il cartellino all'entrata; *(fig.)* cominciare a lavorare (a una data ora) □ *to c. out* (o *off*), (d'operaio, impiegato) timbrare il cartellino all'uscita; *(fig.)* smettere di lavorare (a una data ora).

(2) clock [klɔk] *n.* [C] **baghetta; freccia** (motivo ornamentale d'una calza).

clockmaker ['klɔk,meikə*] *n.* **orologiaio.**

clockwise ['klɔkwaiz] *avv.* **in senso orario; nel senso delle lancette dell'orologio.**

clockwork ['klɔkwə:k] *n.* [U] **1 meccanismo** (d'orologio) **2 carica, molla** (di un giocattolo) **3 orologeria** (di una bomba) ● *c. bomb*, bomba a orologeria □ *c. toy*, giocattolo a molla □ *like c.*, come un orologio; con perfetta regolarità.

clod [klɔd] *n.* [C] **1 zolla; blocco d'argilla 2 stupido.**

clodhopper ['klɔd,hɔpə*] *n.* **1 aratore; contadino 2 zoticone.**

clog [klɔg] *n.* [C] **1 ceppo; pastoia 2** *(fig.)* **impedimento; ostacolo; ostruzione 3 zoccolo** (calzatura).

to **clog** [klɔg] **A** *v. t.* **1 ostacolare; impedire 2 ostruire; otturare B** *v. i.* **1 ostruirsi; otturarsi 2 diventare denso** (o **fitto, spesso**); **rapprendersi.**

cloggy ['klɔgi] *a.* **1 grumoso 2 appiccicoso; vischioso.**

cloister ['klɔistə*] *n.* [C] **1 chiostro 2 monastero; convento.**

to **cloister** ['klɔistə*] *v. t.* **chiudere** (q.) **in convento** ● *cloistered nun*, suora di clausura.

cloistral ['klɔistrəl] *a.* **claustrale.**

(1) close [klous] *a.* **1 chiuso; stretto; ristretto; ben custodito; guardato a vista; appartato; riservato**: *a c. vowel*, una vocale chiusa □ *a c. secret*, un segreto ben custodito □ *to keep oneself c.*, tenersi appartato □ *a c. resemblance*, una stretta somiglianza **2 compatto; fitto; serrato; conciso; stringato**: *a c. material*, una stoffa compatta □ *a c. argument*, un argomento serrato **3 celato; segreto; nascosto**: *to keep st. c.*, tenere alcunché celato **4** (anche *c.-fisted*) **avaro; taccagno; tirchio 5 afoso; soffocante; viziato; poco arieggiato 6 difficile** (a ottenersi) **7 vicino; intimo**: *a c. friend of mine*, un mio amico intimo **8 aderente; letterale; fedele**: *a c. translation*, una traduzione letterale **9 attento; accurato; preciso**: *a c. examination*, un attento esame ● *(sport) a c. finish*, un finale a distanza ravvicinata □ *(mil.) to come to c. quarters*, venire in contatto (col nemico) □ *to press sb. c.*, mettere q. alle strette.

(2) close [klous] *avv.* **1 vicino; dappresso; accanto**: *He came c. up to me*, mi venne vicino □ *I was c. by him*, ero accanto a lui **2 strettamente; intimamente; in modo compatto.**

(3) close *(def. 1* [klous], *def. 2, 3* [klouz]) *n.* *(us. soltanto al sing.)* **1 chiuso; recinto; terreno cintato 2 chiusa** (di lettera, discorso, ecc.) **3 chiusura; fine; termine.**

to **close** [klouz] **A** *v. t.* **1 chiudere; serrare; tappare**: *(mil.* e *fig.) to c. ranks*, serrare le file □ *to c. one's days*, chiudere la vita; morire **2 concludere; finire; portare a termine 3** (di nave) **accostare B** *v. i.* **1 chiudersi; serrarsi 2 giungere al termine; finire** ● *to c. about*, circondare; avvolgere; calare □ *to c. down*, chiudere (definitivamente) □ *to c. in (upon)*, avanzare da ogni lato; circondare □ *to c. out goods*, liquidare merce □ *to c. up*, chiudere, chiudersi; ostruire, ostruirsi □ *to c. upon*, imprigionare □ *(naut.) to c. the wind*, serrare (o stringere) il vento □ *to c. with*, avvicinarsi a (per attaccare) □ *to c. with an offer*, accettare un'offerta; combinare *(pop.)* □ *(mil.) C. right (left)!*, serrare a destra (a sinistra)! □ *(mil.) C. up!*, serrare le file!

close-down ['klouz,daun] *n.* [C] **1** *(ind.)* **chiusura** (di una fabbrica e sim.) **2** *(radio, telev.)* **segnale di fine trasmissioni.**

close-fisted [,klous'fistid] *a.* **avaro; spilorcio; tirchio.**

close-fitting [,klous'fitiŋ] *a.* **aderente; attillato.**

close-grained [,klous'greind] *a.* **a grana fitta; a struttura compatta.**

closely ['klousli] *avv.* **1 da vicino; attentamente; bene 2 in sommo grado; moltissimo.**

closeness ['klousnis] *n.* [U] **1 strettezza; ristrettezza 2 compattezza; concisione 3 segretezza 4 oppressione; pesantezza 5 (grado di) intimità; vicinanza 6 attenzione; accuratezza; precisione 7 avarizia; taccagneria; tirchieria.**

closet ['klɔzit] *n.* [C] **1** (specialm. *USA*) **stanzino; guardaroba 2 studiolo 3 armadietto; credenza 4** (anche *water c.*) **gabinetto di decenza; ritirata.**

to **closet** ['klɔzit] *v. t.* *(per lo più rifl.)* **chiudere** (a rapporto, in riunione segreta) ● *to be closeted together*, essere (chiusi) a rapporto.

close-up ['klousʌp] *n.* [C] *(cinem., telev., fotogr.)* **primo piano.**

closing ['klouziŋ] **A** *n.* **chiusura** (di fabbrica, negozio, ecc.) **B** *a.* **di chiusura; ultimo**: *in the c. days of May*, negli ultimi giorni di maggio □ *c. time*, orario di chiusura □ *C. time!*, si chiude!

closure ['klouʒə*] *n.* [C] **1 chiusura; conclusione; fine; termine 2** *(in Parlamento)* **sospensione del dibattito** (per passare ai voti); **chiusura.**

(1) clot [klɔt] *n.* [C] **grumo; coagulo** (di sangue, fango, ecc.).

to **clot** [klɔt] *v. t.* e *i.* **raggrumare, raggrumarsi; coagulare, coagularsi** ● *clotted hair*, capelli appiccicati in ciocche.

(2) clot [klɔt] *n.* *(pop.)* **stupido; zuccone.**

cloth [klɔθ] *n.* **1** [U] **panno; stoffa; tela; tessuto**: *fancy c.*, stoffa fantasia □ *linen c.*, tela di lino **2** [C] **pezza** (di panno, ecc.); **straccio 3** [C] (anche *table c.*) **tovaglia 4** [U] — *(fig.) the c.*, l'abito talare; il clero ● *c.-maker*, fabbricante di stoffe □ *(fig.) to cut one's coat according to one's c.*, fare il passo secondo la gamba □ *dish c.*, strofinaccio (da cucina) □ *(naut.) duck c.*, tela da vela.

clothbound ['klɔθ,baund] *a.* (di libro) **rilegato in tela.**

to **clothe** [klouð] *v. t.* **1 vestire** (anche *fig.*); **rivestire; ricoprire; ammantare 2 esprimere** ● *to c. one's face in smiles*, atteggiare il volto al sorriso.

cloth-eared [,klɔθ'iəd] *a.* *(fam.)* **che ha il cotone nelle orecchie** *(fig., fam.)*; **sordo; insensibile.**

clothes [klouðz] *n. pl.* *(mai us. con i numerali)* **1 abiti; vestiti; panni; biancheria; bucato 2** (anche *bedclothes*) **biancheria e coperte da letto** ● *c.-bag* (o *c.-basket*), cesto per il bucato □ *c.-brush*, spazzola da panni □ *c. hanger*, gruccia; ometto □ *c. tree*, attaccapanni (a stelo) □ *old-c. man*, rigattiere □ *to put on one's c.*, vestirsi □ *to sleep in one's c.*, dormire vestito □ *to take off one's c.*, svestirsi.

clotheshorse ['klouðzhɔ:s] *n.* **stenditoio.**
clothier ['klouðiə*] *n.* ***1*** **fabbricante di stoffe *2* negoziante di stoffe** (o **abiti**).
clothing ['klouðiŋ] *n.* [U] ***1*** **abbigliamento; vestiario**: *an article of c.,* un capo di vestiario ***2*** **rivestimento.**
cloud [klaud] *n.* ***1*** [C] e [U] **nube; nuvola** (anche *fig.*): *a c. of smoke,* una nuvola di fumo ***2*** [C] **nugolo, nuvolo**: *a c. of flies,* un nugolo di mosche ***3*** **intorbidamento, ombra** (entro un liquido, su uno specchio, ecc.) ● *c. amount,* nuvolosità □ *c.-burst,* acquazzone □ *to have a c. on one's brow,* avere la fronte rannuvolata □ *to have one's head in the clouds,* avere la testa fra le nuvole □ (*fig.*) *to be in the clouds,* vivere nelle nuvole □ *to be under a c.,* essere oggetto di sospetti; essere in disgrazia.
to **cloud** [klaud] ***A*** *v. t.* ***1*** **annuvolare** (anche *fig.*); **coprire di nuvole; turbare *2* oscurare; macchiare** (la reputazione di q., ecc.) ***B*** *v. i.* (spesso *to c. over, to c. up*) **annuvolarsi, rannuvolarsi** (anche *fig.*).
cloudless ['klaudlis] *a.* **senza nubi; sereno; limpido.**
cloudlet ['klaudlit] *n.* **nuvoletta.**
cloudy ['klaudi] *a.* ***1*** **nuvoloso**; (*fig.*) **rannuvolato, turbato *2*** (di marmo, ecc.) **variegato; striato *3* offuscato; opaco; torbido**: *eyes c. with sleep,* occhi offuscati dal sonno ***4*** **oscuro; poco chiaro.**
clough [klʌf] *n.* [C] **burrone; valle stretta e incassata; orrido.**
clout [klaut] *n.* [C] (*pop.*) ***1*** **pezza; toppa; straccio**: *a dish c.,* uno straccio per i piatti ***2*** **colpo, colpetto** (specialm. sulla testa, con le nocche).
to **clout** [klaut] *v. t.* (*arc.* o *pop.*) ***1*** **rattoppare; rammendare alla meglio *2* colpire; dare un colpetto a** (specialm. con le nocche).
(1) clove [klouv] *n.* (*generalm. al pl.*) **chiodo di garofano** ● (*med.*) *oil of cloves,* essenza di chiodi di garofano.
(2) clove [klouv] *n.* [C] **spicchio** (d'aglio o d'altra pianta bulbosa).
(3) clove [klouv] *pass.* di to **cleave.**
cloven ['klouvn] *p.p.* di to **cleave.**
clover ['klouvə*] *n.* [U] (*bot.*, Trifolium) **trifoglio** ● *c.-leaf,* incrocio a quadrifoglio (di strade) □ (*fig.*) *to be* (o *to live*) *in c.,* vivere nel lusso; nuotare nell'abbondanza.
clown [klaun] *n.* ***1*** **clown; pagliaccio *2* buffone.**
to **clown** ['klaun] *v. i.* **fare il pagliaccio.**
clownish ['klauniʃ] *a.* **da pagliaccio; buffonesco.**
to **cloy** [klɔi] *v. t.* e *i.* **saziare; nauseare.**
club [klʌb] *n.* [C] ***1*** **bastone; clava; mazza; randello *2*** (*al pl.*) **fiori** (nei giochi di carte) ***3*** **circolo; associazione; società** ● *c. foot,* piede deforme; piede equino □ (*fig.*) *c.-law,* la legge del più forte.
to **club** [klʌb] ***A*** *v. t.* ***1*** **bastonare; picchiare** (con un bastone, una mazza) ***2*** **raccogliere** (denaro o altro, per uno scopo determinato); **unire** (risorse, ecc.) ***B*** *v. i.* ***1*** **formare un circolo; riunirsi in società *2*** — *to c. with* (o *to c. together*), associarsi ● *to c. sb. to death,* uccidere q. a bastonate.
clubland ['klʌblænd] *n.* [U] **il quartiere dei circoli più noti ed esclusivi** (a Londra).
clubman ['klʌbmən] *n.* (*pl.* **clubmen** ['klʌbmən]) **frequentatore di circoli.**
cluck [klʌk] *n.* [C] **verso della chioccia; (il) chiocciare** (della gallina).
to **cluck** [klʌk] *v. i.* **chiocciare.**
clue [klu:] *n.* [C] ***1*** **indizio *2* definizione** (nel gioco delle parole crociate) ***3*** (*naut.*) **bugna.**
clump [klʌmp] *n.* [C] ***1*** **pezzo informe; blocco *2* macchia; folto** (d'alberi) ***3*** **rumore di passi pesanti.**
to **clump** [klʌmp] ***A*** *v. t.* **ammucchiare; piantare fitto** (alberi, ecc.) ***B*** *v. i.* **camminare con passo pesante.**
clumsiness ['klʌmzinis] *n.* [U] **goffaggine; mancanza di tatto.**
clumsy ['klʌmzi] *a.* ***1*** **goffo; impacciato; maldestro; senza tatto *2* malfatto; mal costruito**: *a c. piece of work,* un lavoro malfatto.
clung [klʌŋ] *pass.* e *p.p.* di to **cling.**
cluster ['klʌstə*] *n.* [C] ***1*** **grappolo; mazzo; gruppo** (di persone, animali, ecc.); **sciame *2*** (*astron.*) **ammasso** ● (*bot.*) *c. pine* (Pinus pinaster), pino selvatico; pinastro.
to **cluster** ['klʌstə*] *v. i.* ***1*** **crescere in grappoli *2* far grappolo; essere raggruppati; stringersi.**
to **clutch** [klʌtʃ] *v. t.* e *i.* **afferrare; tenere stretto; tenersi stretto a** ● *to c. at st.,* tentare d'afferrare q.c.
(1) clutch [klʌtʃ] *n.* [C] ***1*** **atto d'afferrare**: *to make a c. at st.,* fare l'atto d'afferrare q.c. ***2*** **stretta; forte presa *3*** (*al pl.*) **artigli, grinfie; morsa** (*fig.*): *to get into sb.'s clutches,* cadere nelle grinfie di q. ***4*** (*mecc.*) **innesto; frizione.**
(2) clutch [klʌtʃ] *n.* [C] ***1*** **nido d'uova *2* covata** (di pulcini).
clutter ['klʌtə*] *n.* [C] e [U] **confusione; disordine**: *in a c.,* in disordine.
to **clutter** ['klʌtə*] *v. t.* **ingombrare; mettere in disordine.**
clyster ['klistə*] *n.* [C] **clistere; clisma.**
to **clyster** ['klistə*] *v. t.* **fare un clistere a** (q.).
coach [koutʃ] *n.* [C] ***1*** **carrozza** (chiusa); **vettura; diligenza** (anche *stagecoach*) ***2*** (*cfr. USA passenger car*) **carrozza ferroviaria; vettura *3*** (*autom.*) **coupé *4*** (anche *motorcoach*) **pullman; torpedone *5* insegnante privato; istitutore *6* allenatore** (d'un atleta, di una squadra); **istruttore** ● *c.-and-four,* tiro a quattro □ *mourning-c.,* carro funebre □ *state-c.,* carrozza di gala □ (*ferr.*) *through-c.,* carrozza diretta.
to **coach** [koutʃ] ***A*** *v. i.* ***1*** **viaggiare in carrozza** (o **in pullman**) ***2*** **studiare con un ripetitore *B*** *v. t.* ***1*** **trasportare in carrozza *2* istruire; preparare** (per un esame) ***3*** **allenare, istruire** (atleti, ecc.).
coach box ['koutʃbɔks] *n.* **(posto a) cassetta.**
coachbuilder ['koutʃ,bildə*] *n.* (*autom.*) **carrozziere.**
coacher ['koutʃə*] *n.* (*sport*) **allenatore; istruttore.**
coachman ['koutʃmən] *n.* (*pl.* **coachmen** ['koutʃmən]) **vetturino; postiglione; cocchiere.**
coachwork ['koutʃwə:k] *n.* [U] **carrozzeria** (di un'auto); **lavori di carrozzeria.**
coaction [kou'ækʃən] *n.* [U] (*leg.*) **coazione; coercizione.**
coadjutor [kou'ædʒutə*] *n.* **coadiutore; collaboratore.**
coagulant [kou'ægjulənt] *n.* [C] (*farm.*) **sostanza coagulante.**
to **coagulate** [kou'ægjuleit] *v. t.* e *i.* **coagulare, coagularsi.**
coagulation [kou,ægju'leiʃən] *n.* [U] e [C] **coagulazione.**
coagulum [kou'ægjuləm] *n.* (*pl.* **coagula** [kou'ægjulə]) (*med., chim.*) **coagulo.**
coal [koul] *n.* [U] e [C] **carbone** ● *c.-bearing,* carbonifero □ *c.-black,* nero come il carbone □ (*ind.*) *c.-dust,* polverino di carbone □ *c.-gas,* gas illuminante □ (*geol.*) *c. measures,* strati carboniferi □ (*fig.*) *to blow on the coals,* soffiare sul fuoco □ *to heap coals of fire on sb.'s head,* fare arrossire q., facendogli del bene in cambio del male ricevuto □ *pit c.,* carbon fossile.
to **coal** [koul] ***A*** *v. t.* ***1*** **carbonizzare** (legna, ecc.) ***2*** **rifornire** (una nave, ecc.) **di carbone *B*** *v. i.* (di nave, ecc.) **rifornirsi di carbone; far carbone** ● *coaling station,* scalo per il rifornimento del carbone.
coal bed ['koulbed] *n.* [C] **strato carbonifero.**
coal bunker ['koul,bʌŋkə*] *n.* [C] **carbonile.**
coaler ['koulə*] *n.* [C] ***1*** (*naut.*) **carboniera *2* commerciante di carbone.**
to **coalesce** [,kouə'les] *v. i.* ***1*** (anche *med.*) **riunirsi; attaccarsi; agglomerarsi *2* unirsi; coalizzarsi.**
coalescence [kouə'lesns] *n.* [U] ***1*** (anche *med.*) **coalescenza *2* unione; coalizione.**
coalfield ['koulfi:ld] *n.* [C] **bacino carbonifero.**
coalie ['kouli] *n.* **portatore** (o **scaricatore**) **di carbone.**
coalition [,kouə'liʃən] *n.* ***1*** [U] **unione; fusione *2*** [C] (*polit.*) **coalizione.**
coal mine ['koulmain] *n.* [C] **miniera di carbone.**
coaming ['koumiŋ] *n.* (*specialm. al pl.; naut.*) **mastra del boccaporto.**

coarse [kɔ:s] *a.* ***1*** **comune; dozzinale; scadente** ***2*** **grezzo; ruvido; rozzo**: *a c. metal,* un metallo grezzo □ *c. cloth,* tela grezza (o ruvida) ***3*** **grossolano; rude; rozzo; sguaiato; triviale; volgare**: *a c. joke,* uno scherzo volgare □ *c. manners,* modi grossolani.
coarse-grained ['kɔ:sgreind] *a.* ***1*** **di grana grossa** ***2*** *(fig.)* **grossolano; rozzo.**
to **coarsen** ['kɔ:sn] *v. t.* e *i.* **rendere (diventare) grossolano** (o **rozzo).**
coarseness ['kɔ:snis] *n.* U ***1*** **qualità scadente** ***2*** **grossezza; ruvidezza** ***3*** **grossolanità; rudezza; rozzezza; volgarità.**
coast [koust] *n.* C **costa; litorale** (anche *seacoast*) ● *c. defence,* difesa costiera □ *(naut.) c.-defence ship,* nave guardacoste □ *(fig.) The c. is clear,* la via è libera.
to **coast** [koust] *v. i.* e *t.* ***1*** *(naut.)* **costeggiare** ***2*** *(autom.)* **andare in discesa in folle** ● *coasting trade,* commercio costiero □ *coasting vessel,* nave cabotiera.
coastal ['koustl] *a.* **costiero; litoraneo.**
coaster ['koustə*] *n.* C ***1*** *(naut.)* **nave di piccolo cabotaggio** ***2*** **sottobicchiere; sottobottiglia.**
coastguard ['kous*t*ga:d] *n.* **guardia costiera** (di finanza).
coastline ['koustlain] *n.* C **linea costiera; profilo** (d'una costa).
coastwise ['koustwaiz] *a.* e *avv.* **lungo la costa.**
coat [kout] *n.* C ***1*** **giacca; giubba** ***2*** **soprabito** ***3*** **mantello, pelliccia, pelo** (di animale) ***4*** **involucro** (d'un frutto, ecc.): **membrana di rivestimento** (d'un organo del corpo, ecc.) ***5*** **strato di rivestimento; mano** (di vernice, ecc.) ● *c. and skirt,* vestito a giacca (da donna) □ *c. of arms,* stemma (araldico); blasone □ *c. of mail,* cotta di maglia □ *(fig.) to dust sb.'s c.,* spolverare il groppone a q.; picchiare q. □ *red c.,* giubba rossa (uniforme tradizionale); *(fig.)* soldato inglese □ *(fig.) to turn one's c.,* mutar bandiera; cambiar partito.
to **coat** [kout] *v. t.* ***1*** **provvedere di** (o **coprire con) una giacca** ***2*** **rivestire; ricoprire.**
coatee ['kouti:] *n.* **giacchettino** (da bambino).
coating ['koutiŋ] *n.* C **rivestimento; strato; mano**: *a c. of paint,* una mano di vernice.
coauthor [kou'ɔ:θə*] *n.* **coautore.**
to **coax** [kouks] *v. t.* e *i.* **blandire; persuadere** (con le buone): *to c. sb. into (out of) doing st.,* persuadere q. a fare (a non fare) q.c.
coaxal [kou'æksəl], **coaxial** [kou'æksiəl] *a.* **coassiale.**
coaxing ['kouksiŋ] ***A*** *a.* **adulatorio** ***B*** *n.* *(collett.)* **blandizie; moine.**
cob [kɔb] *n.* C ***1*** **cigno maschio** (anche *cob-swan*) ***2*** **cavallo da sella** ***3*** (anche *corncob*) **pannocchia** (di granturco).
cobalt ['koubɔ:lt] *n.* U *(chim.)* **cobalto.**
cobble ['kɔbl] *n.* C (anche *cobblestone*) **ciottolo.**
(1) to **cobble** ['kɔbl] *v. t.* **pavimentare con ciottoli; acciottolare.**
(2) to **cobble** ['kɔbl] *v. t.* ***1*** **rattoppare, rabberciare** (specialm. scarpe e stivali) ***2*** *(fig.)* **acciabattare; abborracciare.**
cobbler ['kɔblə*] *n.* ***1*** **ciabattino** ***2*** *(fig.)* **abborracciatore.**
cobelligerency ['koubi'lidʒərənsi] *n.* U **cobelligeranza.**
cobelligerent ['koubi'lidʒərənt] *n.* e *a.* **cobelligerante.**
cobra ['koubrə] *n.* *(zool.,* Naja) **cobra.**
cobweb ['kɔbweb] *n.* C ***1*** **ragnatela** ***2*** **filo di ragnatela** ***3*** *(fig.)* **ragna; trama; tranello; insidia** ● *(fam.) to blow the cobwebs away,* snebbiarsi il cervello; schiarirsi le idee.
Coca-cola [,koukə'koulə] *n.* C e U *(marchio)* **coca cola.**
cocaine [kou'kein] *n.* U **cocaina** ● *c. addict,* cocainomane.
coccyx ['kɔksiks] *n.* C *(anat.)* **coccige.**
cochlea ['kɔkliə] *n.* C *(anat.)* **coclea.**
(1) cock [kɔk] *n.* C ***1*** **gallo** ***2*** **maschio d'uccello** (in combinazione o preposto): *a peacock,* un pavone □ *a c. robin,* un pettirosso maschio ***3*** *(sport)* **capitano** ***4*** **rubinetto** ***5*** **cane** (d'arma da fuoco): *at full c.,* col cane in posizione di sparo ***6*** **ago, indice** (della bilancia) ***7*** (anche *weathercock*) **banderuola** ● *c.-and-bull story,* racconto inverosimile; panzana □ *(fig.) the c. of the walk,* il gallo della Checca □ *to live like fighting cocks,* avere ogni ben di Dio □ (saluto fam.) *Old c.!,* vecchio mio!
(1) to **cock** [kɔk] ***A*** *v. t.* **alzare; drizzare**: *to c. one's ears,* drizzare le orecchie ***B*** *v. i.* **drizzarsi; assumere una posizione eretta** ● *to c. one's eye at sb.,* dare un'occhiata d'intesa (o ammiccare) a q. □ *to c. one's hat,* mettersi il cappello di sghembo (o sulle ventitré) □ *to c. one's nose,* arricciare il naso □ *cocked hat,* tricorno □ *to knock st. (sb.) into a cocked hat,* ridurre q.c. (q.) a uno straccio.
(2) cock [kɔk] *n.* C **mucchio** (di fieno, raramente di grano).
(2) to **cock** [kɔk] *v. t.* **ammucchiare** (fieno, raramente grano).
cockade [kɔ'keid] *n.* C **coccarda.**
cock-a-doodle-doo [,kɔkə,du:dl'du:] *n.* **chicchirichì.**
cock-a-hoop [,kɔkə'hu:p] *a.* e *avv.* **(in modo) esultante.**
Cockaigne, Cockayne [kɔ'kein] *n.* **(paese della) Cuccagna.**
cockatoo [,kɔkə'tu:] *n.* *(pl.* **cockatoos**) *(zool.,* Cacatua) **cacatua.**
cockchafer ['kɔk,tʃeifə*] *n.* *(zool.,* Melolontha melolontha) **maggiolino.**
cockcrow ['kɔkkrou] *n.* C e U ***1*** **canto del gallo** ***2*** *(fig.)* **alba.**
cocker ['kɔkə*] *n.* **cocker** (razza di cani; anche *c. spaniel*).
to **cocker** ['kɔkə*] *v. t.* **coccolare; viziare** (bambini, malati, ecc.).
cockerel ['kɔkərəl] *n.* ***1*** **galletto** ***2*** *(fig.)* **giovane attaccabrighe.**
cockeyed ['kɔkaid] *a.* *(pop.)* ***1*** **strabico** ***2*** **strampalato** ***3*** **ubriaco; sbronzo.**
cockiness ['kɔkinis] *n.* U *(fam.)* **presunzione; arroganza; spavalderia.**
(1) cockle ['kɔkl] *n.* U *(bot.,* Agrostemma githago) **gettaione.**
(2) cockle ['kɔkl] *n.* C ***1*** *(zool.,* Cardium edule) **cuore di mare** (e altri molluschi bivalvi) ***2*** *(zool.)* **conchiglia di cuore** (anche *cockleshell*) ***3*** *(naut.)* **piccola barca a fondo piatto** (anche *cockleboat*) ● *to warm the cockles of sb.'s heart,* infondere gioia nel cuore di q; rincorare q.
to **cockle** ['kɔkl] *v. t.* e *i.* **increspare, incresparsi.**
cockloft ['kɔk,lɔft] *n.* C **abbaino** (piccola soffitta).
cockney ['kɔkni] ***A*** *n.* ***1*** *(spreg.)* **nativo di Londra** ***2*** **dialetto londinese** ***B*** *a.* **tipicamente londinese.**
cockpit ['kɔkpit] *n.* C ***1*** **arena per combattimento di galli** ***2*** *(fig.)* **teatro di lotte; campo di battaglia** ***3*** *(aeron.)* **abitacolo** (del pilota).
cockroach ['kɔkroutʃ] *n.* *(zool.,* Blatta) **blatta; scarafaggio.**
cockscomb ['kɔkskoum] *n.* C ***1*** **cresta di gallo** ***2*** **berretto da giullare.**
cocksure [,kɔk'ʃuə*] *a.* *(fam.)* ***1*** **sicurissimo; arcisicuro** ***2*** **arrogante.**
cocktail ['kɔkteil] *n.* C ***1*** **cocktail** (miscela di liquori vari) ***2*** *(USA)* **succhi di frutta (o di pomodoro); frutti di mare con salsa** (serviti come antipasto): *a shrimp c.,* un antipasto di gamberetti ● *c. cabinet,* mobiletto bar □ *c. dress,* abito da cocktail □ *c. party,* cocktail (il ricevimento) □ *c. snacks,* salatini.
cocky ['kɔki] *a.* *(fam.)* **presuntuoso; arrogante; spavaldo.**
coco ['koukou] *V.* **coconut.**
cocoa ['koukou] *n.* U ***1*** **cacao** (polvere e bevanda) ***2*** **color cacao** ● *c. butter,* burro di cacao.
coconut ['koukənʌt] *n.* C *(bot.)* ***1*** (cocos nucifera; anche *c. palm, c. tree*) **cocco; palma da cocco** ***2*** *(anche* U*)* **noce di cocco** ● *c. milk,* latte di cocco □ *c. oil,* olio di cocco.
cocoon [kə'ku:n] *n.* C *(zool.)* **bozzolo.**
cod [kɔd] *n.* *(invar. al pl.)* **merluzzo** ● *cod-liver oil,* olio

di fegato di merluzzo □ *dried cod,* stoccafisso □ *salted cod,* baccalà.

to **cod** [kɔd] *v. t. (pop.)* **prendere in giro; farsi beffe di** (q.).

to **coddle** ['kɔdl] *v. t.* ***1*** **cuocere a fuoco lento** ***2*** **coccolare.**

code [koud] *n.* [C] ***1*** **codice** (in ogni senso, eccetto quello di manoscritto antico): *a criminal c.,* un codice penale □ *a c. of honour,* un codice d'onore ***2*** **cifrario** ● *c.-book,* codice crittografico □ *(tel.) c. number,* prefisso telefonico □ *post c.,* codice postale.

to **code** [koud] *v. t.* ***1*** **mettere in cifra; cifrare** ***2*** **codificare.**

codeine ['koudi:n] *n.* [U] *(chim., farm.)* **codeina.**

codex ['koudeks] *n.* (*pl.* **codices** ['koudisi:z]) ***1*** **codice** (manoscritto antico) ***2*** **farmacopea; ricettario.**

codfish ['kɔdfiʃ] *n. (invar. al pl.)* (*zool.,* Gadus morrhua) **merluzzo.**

codger ['kɔdʒə*] *n. (fam.)* **tipo strambo.**

codicil ['kɔdisil] *n.* [C] **codicillo.**

codification [,kɔdifi'keiʃən] *n.* [U] e [C] **codificazione.**

to **codify** ['kɔdifai] *v. t.* ***1*** **codificare** ***2*** **cifrare** (un messaggio).

codirector [,koudi'rektə*] *n.* **condirettore.**

coed, co-ed [,kou'ed] *n.* (*abbr. fam.* di **coeducational**) **studentessa di scuola mista.**

coeducation [,kouedju(:)'keiʃən] *n.* [U] **coeducazione.**

coeducational [,kouedju(:)'keiʃənl] *a.* (di scuola, istituto) **misto.**

coefficient [,koui'fiʃənt] *n.* [C] **coefficiente.**

coenobite ['si:nəbait] *n.* **cenobita.**

coequal [kou'i:kwəl] *a.* **coeguale** (termine teologico); **uguale.**

to **coerce** [kou'ə:s] *v. t.* **costringere; imporre; obbligare:** *to c. sb. into doing st.,* costringere q. a fare q.c.

coercion [kou'ə:ʃən] *n.* [U] **coercizione.**

coercive [kou'ə:siv] *a.* **coercitivo.**

coetaneous [,koui'teiniəs] *a.* ***1*** **coetaneo** ***2*** **contemporaneo.**

coeval [kou'i:vəl] *a.* e *n.* ***1*** **coevo; contemporaneo** ***2*** **coetaneo.**

to **coexist** [,kouig'zist] *v. i.* **coesistere.**

coexistence [,kouig'zistəns] *n.* [U] **coesistenza.**

coffee ['kɔfi] *n.* [U] **caffè** (pianta; chicchi crudi, tostati o macinati; bevanda): *ground c.,* caffè macinato □ *strong c.,* caffè ristretto □ *weak c.,* caffè lungo (o alto) ● *c. bean,* chicco di caffè □ *c. house,* caffè □ *c.-pot,* caffettiera □ *c. shop,* bottega del caffè □ *black c.,* caffè □ *white c.,* caffellatte.

coffer ['kɔfə*] *n.* [C] ***1*** **cofano; scrigno; forziere; cassa** ***2*** *(archit.)* **cassettone** (del soffitto) ***3*** *(*anche *cofferdam)* **cassone pneumatico.**

coffin ['kɔfin] *n.* [C] ***1*** **bara; cassa da morto** ***2*** *(fig.)* **vecchia bagnarola.**

to **coffin** ['kɔfin] *v. t.* ***1*** **deporre nella bara** ***2*** *(fig.)* **riporre** (libri, ecc.) **in un luogo difficilmente accessibile; seppellire** *(fig.).*

cog [kɔg] *n.* [C] *(mecc.)* ***1*** **dente** (di ruota); **ingranaggio** (anche *fig.)* ***2*** (anche *cogwheel)* **ruota dentata** ● *cog railway* (o *cogway),* ferrovia a cremagliera.

(1) to **cog** [kɔg] *v. t.* ***1*** *(falegnameria)* **congiungere mediante incastro a dente** ***2*** *(metall.)* **sbozzare al laminatoio.**

(2) to **cog** [kɔg] ***A*** *v. t.* **truccare** (dadi) ***B*** *v. i.* **barare.**

cogency ['koudʒənsi] *n.* [U] **forza** (d'un argomento, ecc.).

cogent ['koudʒənt] *a.* (d'argomento) **convincente; valido.**

to **cogitate** ['kɔdʒiteit] ***A*** *v. i.* **meditare** ***B*** *v. t.* **ponderare; meditare su** (q.c.).

cogitation [,kɔdʒi'teiʃən] *n.* ***1*** [U] **cogitazione; meditazione** ***2*** *(al pl.)* **riflessioni.**

cognate ['kɔgneit] ***A*** *a.* ***1*** **parente** (specialm. consanguineo); **congiunto** ***2*** (di lingua, parola, ecc.) **affine** ***B*** *n.* ***1*** **parente; congiunto** ***2*** **cosa affine** (a un'altra) ***3*** **vocabolo affine.**

cognition [kɔg'niʃən] *n. (filos.)* ***1*** [U] **apprensione** (facoltà di apprendere, di percepire) ***2*** [C] **cognizione; percezione.**

cognitive ['kɔgnitiv] *a. (filos.)* **conoscitivo.**

cognizance ['kɔgnizəns] *n.* [U] ***1*** **conoscenza; cognizione:** *to have c. of st.,* avere conoscenza sicura di q.c.; essere al corrente di q.c. ***2*** **nota; atto; osservazione:** *to take c. of st.,* prendere atto di q.c. ***3*** *(leg.)* **competenza; cognizione:** *to fall within one's c.,* essere di propria competenza □ *to be beyond one's c.,* esulare dalla propria competenza.

cognizant ['kɔgnizənt] *a.* ***1*** **che ha conoscenza** (di q.c.) ***2*** *(leg.)* **competente.**

to **cohabit** [kou'hæbit] *v. i.* **convivere; coabitare.**

cohabitation [,kouhæbi'teiʃən] *n.* [U] **convivenza; coabitazione.**

coheir [kou'ɛə*] *n.* **coerede** (uomo).

coheiress [kou'ɛəris] *n.* **coerede** (donna).

to **cohere** [kou'hiə*] *v. i.* ***1*** **aderire; restare unito** ***2*** **essere coerente.**

coherence [kou'hiərəns], **coherency** [kou'hiərənsi] *n.* [U] ***1*** **coesione; aderenza** ***2*** **coerenza.**

coherent [kou'hiərənt] *a.* ***1*** **aderente** ***2*** **coerente.**

cohesion [kou'hi:ʒən] *n.* [U] (anche *fis.)* **coesione.**

cohesive [kou'hi:siv] *a.* **coesivo.**

cohort ['kouhɔ:t] *n.* [C] ***1*** **coorte** (anche *fig.)* ***2*** **schiera.**

coiffeur [kwa:'fə:*] *(franc.) n.* **parrucchiere** (per signora).

coiffure [kwa:'fjuə*] *(franc.) n.* [C] **acconciatura** (dei capelli).

to **coil** [kɔil] ***A*** *v. t.* **avvolgere a spirale** ***B*** *v. i.* ***1*** **avvolgersi; raggomitolarsi** ***2*** **muoversi in spire; serpeggiare.**

coil [kɔil] *n.* [C] ***1*** **spira** (di serpente, ecc.); **giro** (di corda avvolta) ***2*** **rotolo** ***3*** *(elettricità)* **bobina; rocchetto** ***4*** **serpentina, serpentino** (tubo a spirale).

coin [kɔin] *n.* [C] e [U] **moneta** (metallica): *a gold c.,* una moneta d'oro □ *false c.,* moneta falsa (anche *fig.)* □ *(fig.) to pay sb. (back) in his own c.,* pagare q. di pari moneta; rendere pan per focaccia □ *small c.,* moneta spicciola; spiccioli.

to **coin** [kɔin] *v. t.* ***1*** **coniare** (anche *fig.)*: *to c. a word,* coniare una parola ***2*** *(econ., fin.)* **monetare** ● *(fam., fig.) to c. money,* far denaro a palate.

coinage ['kɔinidʒ] *n.* ***1*** [U] **conio; coniatura** ***2*** [U] **monete; moneta metallica** ***3*** [C] **sistema monetario** ***4*** [U] **(il) coniare** (parole nuove) ***5*** [C] **parola coniata** ***6*** [U] *(econ., fin.)* **monetazione.**

to **coincide** [,kouin'said] *v. i.* **coincidere.**

coincidence [kou'insidəns] *n.* [U] e [C] **coincidenza.**

coincident [kou'insidənt] *a.* **coincidente.**

coincidental [kou,insi'dentəl] *a.* **coincidente; casuale.**

coiner ['kɔinə*] *n.* ***1*** **chi conia** (monete, ecc.); **coniatore** ***2*** **falsario.**

coition [kou'iʃən], **coitus** ['kouitəs] *n.* [U] **coito.**

(1) coke [kouk] *n.* [U] **carbone coke.**

to **coke** [kouk] *v. t.* **trasformare** (carbon fossile) **in coke.**

(2) coke [kouk] *n.* [C] e [U] *(pop.)* **coca-cola; coca** *(pop.).*

(3) coke [kouk] *n.* [U] *(pop.)* **cocaina; coca** *(pop.).*

col [kɔl] *n.* [C] **sella** (fra due monti); **passo; valico.**

colander ['kʌləndə*] *n.* [C] **colatoio; colino.**

(1) cold [kould] *a.* ***1*** **freddo** (in ogni senso): *c. drinks,* bibite fredde □ *a c. reception,* un'accoglienza fredda □ *to be* (o *to feel) c.,* avere freddo ***2*** **gelido; raggelante** ***3*** **deprimente; di scarso interesse; stantio:** *c. news,* notizie stantie ● *c. blast,* corrente d'aria fredda (negli altiforni) □ *c. comfort, (iron.)* una magra consolazione □ *c. cream,* crema emolliente (cosmetico) □ *to give sb. the c. shoulder,* trattare q. con freddezza □ *(fam.) to have c. feet,* aver paura □ *ice-c.,* freddo come il ghiaccio □ *in c. blood,* a sangue freddo □ *to make sb.'s blood run c.,* far gelare il sangue (nelle vene) a q.

(2) cold [kould] *n.* ***1*** [U] **freddo:** *to catch c.,* prendere freddo ***2*** [C] **raffreddore; infreddatura:** *to catch a c.,* prendere un raffreddore □ *a head c.,* un raffreddore di testa ● *(fig., fam.) to be left out in the c.,* essere lasciato

in disparte; venire trascurato.
cold-blooded [ˌkould'blʌdid] *a.* **1 freddo; insensibile 2** (di animale) **a sangue freddo.**
cold-hearted [ˌkould'ha:tid] *a.* **freddo; indifferente.**
coldly ['kouldli] *avv.* **freddamente.**
coldness ['kouldnis] *n.* [U] **freddezza** (anche *fig.*).
cole [koul] *n.* (*bot.*, Brassica napus) **ravizzone.**
coleslaw ['koulslɔ:] *n.* [U] *(cucina)* **insalata di cavolo.**
colic ['kɔlik] *(med.)* **A** *n.* [U] **colica B** *a.* **colico.**
Coliseum [ˌkɔli'siəm] *n. (archeol.)* **Colosseo.**
colitis [kɔ'laitis] *n.* [U] *(med.)* **colite.**
to **collaborate** [kə'læbəreit] *v. i.* **collaborare.**
collaboration [kəˌlæbə'reiʃən] *n.* [U] **collaborazione.**
collaborationism [kəˌlæbə'reiʃənizəm] *n.* [U] *(polit.)* **collaborazionismo.**
collaborationist [kəˌlæbə'reiʃənist] *n. (polit.)* **collaborazionista.**
collaborator [kə'læbəˌreitə*] *n.* **collaboratore.**
collage [kə'la:ʒ] *(franc.) n. (arte)* **1** [U] **collage** (la tecnica) **2** [C] **collage** (composizione).
collapse [kə'læps] *n.* [C] **1 crollo; rovina**: *the c. of a roof,* il crollo d'un tetto □ *the c. of one's hopes,* il crollo delle proprie speranze **2** *(med.)* **collasso 3 caduta** (di un ministero, dei prezzi, ecc.).
to **collapse** [kə'læps] **A** *v. i.* **1 crollare; franare; cadere in rovina 2** *(med.)* **avere un collasso 3** (di un governo, ecc.) **cadere B** *v. t.* **far crollare.**
collapsible [kə'læpsəbl] *a.* **pieghevole**: *a c. chair,* una sedia pieghevole.
collar ['kɔlə*] *n.* [C] **1 colletto; solino; bavero 2 collare 3** *(mecc.)* **collare; fascetta** ● *c. harness,* pettorale (di cavallo) □ *c. stud,* fermacolletto; bottone da colletto.
to **collar** ['kɔlə*] *v. t.* **1 mettere il colletto (o il collare) a 2 prendere per il collo; acciuffare 3** *(fam.)* **appropriarsi di 4** *(fam.)* **fermare** (q., per parlargli).
collarbone ['kɔləboun] *n.* [C] *(anat.)* **clavicola.**
collaret(te) [ˌkɔlə'ret] *n.* [C] **colletto di merletti; bavero di pelliccia.**
to **collate** [kɔ'leit] *v. t.* **collazionare; comparare; confrontare.**
collateral [kɔ'lætərəl] **A** *a.* **1 collaterale; parallelo 2 secondario; aggiuntivo 3** *(leg.)* **garantito** (con ipoteca) **B** *n.* **(parente) collaterale.**
collation [kɔ'leiʃən] *n.* [C] **1 collazione; confronto 2 pasto leggero.**
colleague ['kɔli:g] *n.* **collega.**
to **collect** [kə'lekt] **A** *v. t.* **1 radunare 2 raccogliere; fare collezione di** (q.c.) **3 coordinare; riordinare 4** *(comm.)* **incassare; riscuotere 5** *(fam.)* **passare a prendere** (q.) **B** *v. i.* **1 adunarsi; riunirsi 2 ammucchiarsi 3** *(comm.)* **fare riscossioni C** to **collect oneself** *v. rifl.* **riaversi; riprendere la padronanza di sé** ● *to c. one's courage,* ritrovare il coraggio □ *collecting clerk,* esattore.
collect ['kɔlekt] *n.* [C] *(relig.)* **colletta** (breve preghiera aggiuntiva).
collected [kə'lektid] *a.* **1 raccolto 2 padrone di sé; sicuro.**
collection [kə'lekʃən] *n.* **1** [U] e [C] **raccolta; collezione; levata** (delle lettere dalle cassette) **2** [C] **mucchio; cumulo 3** [C] **colletta; questua 4** [U] e [C] **esazione; riscossione** ● *c.-box,* cassetta delle elemosine.
collective [kə'lektiv] **A** *a.* **collettivo B** *n.* (*gramm.*, anche *c. noun*) **nome collettivo** ● *(polit.) c. leadership,* direzione collegiale.
collectivism [kə'lektivizəm] *n.* [U] *(polit.)* **collettivismo.**
collectivist [kə'lektivist] *n. (polit.)* **collettivista.**
collector [kə'lektə*] *n.* **1 raccoglitore; collezionista 2** *(comm.)* **esattore 3 bigliettaio** (anche *ticket-c.*) **4** *(aeron., radio)* **collettore.**
college ['kɔlidʒ] *n.* **1 collegio** (nel senso di: corpo di individui, ordine professionale e sim.) **2 college; istituto universitario; istituto di studi superiori** (annesso a un'università) **3** *(USA)* **facoltà universitaria.**
collegial [kə'li:dʒjəl] *a.* **collegiale; di un college.**
collegian [kə'li:dʒjən] *n.* **membro d'un college.**
collegiate [kə'li:dʒiit] *a.* **collegiato.**
collet ['kɔlit] *n.* [C] **1** *(mecc.)* **anello metallico 2** *(gioielleria)* **castone.**
to **collide** [kə'laid] *v. i.* **collidere; scontrarsi; urtarsi** (anche *fig.*).
collie ['kɔli] *n.* **pastore scozzese** (cane).
collier ['kɔliə*] *n.* **1 minatore** (di carbone) **2 (nave) carboniera.**
colliery ['kɔljəri] *n.* [C] **miniera di carbone.**
to **collimate** ['kɔlimeit] *v. t. (scient.)* **collimare.**
collision [kə'liʒən] *n.* [U] e [C] **collisione;** *(naut.)* **abbordaggio; scontro** (anche *fig.*); **conflitto**: *a railway c.,* uno scontro ferroviario ● *(fig.) to come into c. with sb.,* venire ai ferri corti con q.
to **collocate** ['kɔləkeit] *v. t.* **collocare, porre** (in un dato luogo).
collocation [ˌkɔlə'keiʃən] *n.* [U] e [C] **collocazione; sistemazione; ordine.**
collodion [kə'loudjən] *n.* [U] *(chim.)* **collodio.**
to **collogue** [kə'loug] *v. i. (fam.)* **discutere in segreto; confabulare.**
colloid ['kɔlɔid] *a.* e *n.* [C] *(chim.)* **colloide.**
colloquial [kə'loukwiəl] *a.* (di parola, frase, ecc.) **familiare; dell'uso corrente; della lingua parlata.**
colloquialism [kə'loukwiəlizəm] *n.* [C] **locuzione familiare; espressione della lingua parlata.**
colloquy ['kɔləkwi] *n.* [U] e [C] *(lett.)* **colloquio; dialogo.**
collusion [kə'lu:ʒən] *n.* [U] *(leg.)* **collusione.**
collywobbles ['kɔliˌwɔblz] *n. pl. (fam.)* **1 mal di pancia 2 paura; apprensione.**
cologne [kə'loun] *(franc.) n.* [U] (anche *eau de cologne*) **acqua di colonia.**
Colombian [kə'lʌmbiən] *a.* e *n.* **colombiano** (della Colombia).
(1) colon ['koulən] *n.* [C] **due punti** (segno d'interpunzione).
(2) colon ['koulən] *n.* [C] *(anat.)* **colon.**
colonel ['kə:nl] *n.* **colonnello.**
colonelcy ['kə:nlsi], **colonelship** ['kə(:)nlʃip] *n.* **grado di colonnello.**
colonial [kə'lounjəl] *a.* e *n.* **coloniale.**
colonialism [kə'lounjəlizəm] *n.* [U] *(polit.)* **colonialismo.**
colonialist [kə'lounjəlist] *n. (polit.)* **colonialista.**
colonist ['kɔlənist] *n.* **colono; pioniere; coloniale.**
colonization [ˌkɔlənai'zeiʃən] *n.* [U] **colonizzazione.**
to **colonize** ['kɔlənaiz] **A** *v. t.* **colonizzare B** *v. i.* **stabilirsi in una colonia.**
colonizer ['kɔlənaizə*] *n.* **colonizzatore.**
colonnade [ˌkɔlə'neid] *n.* [C] *(archit.)* **colonnato.**
colony ['kɔləni] *n.* [C] **colonia** (in ogni senso).
colorific [ˌkɔlə'rifik] *a.* **1 colorante 2 fortemente colorato.**
colossal [kə'lɔsl] *a.* **1 colossale 2** *(fam.)* **magnifico; splendido.**
Colosseum [ˌkɔlə'siəm] *n. (archeol.)* **Colosseo.**
colossus [kə'lɔsəs] *n.* [C] **colosso** (anche *fig.*).
colour ['kʌlə*] *n.* **1** [C] e [U] **colore** (anche *fig.*); **tinta; colorito**: *oil colours,* colori a olio □ *(fig.) to paint st. in dark (bright) colours,* descrivere q.c. a tinte nere (rosee) □ *to have a high c.,* avere un colorito acceso □ *a man (a woman) of c.,* un uomo (una donna) di colore **2** *(al pl.)* **emblemi; distintivi; insegne; colori nazionali; bandiera**: *the regimental colours,* la bandiera del reggimento **3** [U] **verosimiglianza; plausibilità**: *to give* (o *to lend*) *c. to st.,* dare verosimiglianza a q.c. **4** [U] *(acustica, mus.)* **timbro; tonalità** (d'un suono) ● *the c. bar,* « la barriera del colore »; la barriera razziale □ *to change c.,* cambiar colore; impallidire □ *to come off with flying colours,* uscire da un'impresa con tutti gli onori □ *(sport) to get one's colours,* ricevere il distintivo della squadra □ *to give a false c. to st.,* travisare q.c. □ *to lose c.,* sbiancare; impallidire □ *to lower one's colours,* arrendersi; darsi per vinto □ *(fig.) to sail under false colours,* presentarsi sotto mentite spoglie; lavorare sott'acqua *(pop.)* □ *to show one's true colours,* mostrarsi a viso aperto; rivelare la propria natura □ *to stick to one's*

colours, non mutar bandiera.
to **colour** [ˈkʌlə*] ***A*** *v. t.* ***1*** **colorare, colorire; tingere; dipingere**: *to c. a picture,* dipingere un quadro (dopo averne abbozzato le linee) ***2*** **dare colore di verità a** (q.c.); **rendere verosimile** ***3*** **alterare; deformare; svisare; travisare** ***B*** *v. i.* ***1*** **colorirsi** (in viso); **arrossire** ***2*** **colorarsi.**
colourable [ˈkʌlərəbl] *a.* ***1*** **colorabile** ***2*** **specioso; apparentemente plausibile, ma in realtà falso.**
colour-blind [ˈkʌləblaind] *a. (med.)* **daltonico.**
to **colourcast** [ˈkʌləˌkaːst] *v. t. (telev.)* **trasmettere a colori.**
coloured [ˈkʌləd] *a.* ***1*** **colorato** ***2*** **di colore**: *a c. person,* una persona di colore ***3*** **alterato; esagerato; distorto.**
colourfast [ˈkʌləˌfaːst] *a.* **di colore indelebile; di tinta solida.**
colourful [ˈkʌləful] *a.* **pieno di colore; colorito; pittoresco.**
colouring [ˈkʌləriŋ] *n.* [U] **colorazione; arte (o modo) di usare il colore.**
colourist [ˈkʌlərist] *n.* **colorista.**
colourless [ˈkʌləlis] *a.* ***1*** **incolore; scolorito** ***2*** **pallido** (in volto) ***3*** **indifferente; imparziale; neutrale.**
colt [koult] *n.* ***1*** **puledro** ***2*** *(fig.)* **giovane inesperto.**
columbarium [ˌkɔləmˈbɛəriəm] *n. (pl.* **columbaria** [ˌkɔləmˈbɛəriə]) *(archeol.)* **colombario.**
Columbian [kəˈlʌmbiən] *a.* **colombiano.**
(1) Columbine [ˈkɔləmbain] *n. (teatr.)* **Colombina.**
(2) columbine [ˈkɔləmbain] *n.* [C] (*bot.*, Aquilegia vulgaris) **aquilegia.**
column [ˈkɔləm] *n.* [C] ***1*** **colonna** (in quasi tutti i sensi): *a c. of figures,* una colonna di cifre □ *a c. of smoke,* una colonna di fumo □ *advertisement columns,* colonne degli annunci pubblicitari ***2*** **rubrica** (in giornale o rivista): *the sports c.,* la rubrica sportiva.
columnar [kəˈlʌmnə*] *a.* ***1*** **colonnare** ***2*** **formato da colonne.**
columnist [ˈkɔləmnist] *n.* **articolista; cronista mondano.**
colza [ˈkɔlzə] *V.* **(2) rape.**
(1) coma [ˈkoumə] *n.* [C] *(med.)* **coma**: *in a coma,* in coma.
(2) coma [ˈkoumə] *n. (pl.* **comae** [ˈkoumiː]) ***1*** *(astron.)* **chioma** (d'una cometa) ***2*** *(bot.)* **ciuffo di peli** (sul seme); **grappolo di brattee.**
comatose [ˈkoumətous] *a. (med.)* **comatoso.**
comb [koum] *n.* [C] ***1*** **pettine** (anche di cardatrice) ***2*** (anche *currycomb*) **striglia** ***3*** *(zool.* e *fig.)* **cresta** ***4*** (anche *honeycomb*) **favo.**
to **comb** [koum] ***A*** *v. t.* ***1*** **pettinare** (capelli, lana, ecc.) ***2*** **strigliare** ***3*** (anche *to c. out*) **rastrellare** *(fig.)* ***B*** *v. i.* **frangersi** (di onde).
combat [ˈkɔmbæt] *n.* [U] e [C] **combattimento; battaglia; lotta** ● *single c.,* singolar tenzone; duello.
to **combat** [ˈkɔmbæt] *v. t.* e *i.* **combattere; lottare** (contro q.).
combatant [ˈkɔmbətənt] *a.* e *n.* **combattente.**
combative [ˈkɔmbətiv] *a.* **combattivo; battagliero; pugnace.**
comber [ˈkoumə*] *n.* [C] ***1*** *(ind. tessile)* **pettinatore; cardatore** ***2*** *(ind. tessile)* **cardatrice** (macchina) ***3*** **frangente; maroso.**
combination [ˌkɔmbiˈneiʃən] *n.* ***1*** [U] e [C] (anche *chim., mat.*) **combinazione** ***2*** [C] **associazione; lega; alleanza** ***3*** *(al pl.)* **combinazione** (indumento) ***4*** [C] (anche *motor-cycle c.)* motocicletta con carrozzino ● *c. lock,* serratura a combinazione.
combinative [ˈkɔmbinətiv] *a.* **pertinente a una combinazione.**
to **combine** [kəmˈbain] ***A*** *v. t.* **combinare** (anche *chim.*); **congiungere; unire** ***B*** *v. i.* **combinarsi** (anche *chim.*); **congiungersi; unirsi.**
combine [ˈkɔmbain] *n.* [C] ***1*** **lega; sindacato** ***2*** (*agric.*, anche *c. harvester*) **mietitrebbia.**
combing [ˈkoumiŋ] *n.* ***1*** **pettinatura** (di capelli, lana, ecc.) ***2*** *(specialm. al pl.)* **capelli (o lana) staccatisi durante la pettinatura.**
comb-out [ˈkoumaut] *n. (solo al sing.) (fam.)* ***1*** **pettinata** ***2*** **rastrellamento, setacciamento** (della polizia e sim.) ***3*** **eliminazione, soppressione** (di posti di lavoro, ecc.).
combustible [kəmˈbʌstəbl] ***A*** *a.* ***1*** **combustibile** ***2*** (*fig.*, di persona) **irascibile** ***B*** *n. (generalm. al pl.)* **(sostanza) combustibile.**
combustion [kəmˈbʌstʃən] *n.* [U] ***1*** **combustione** (anche *chim., biol.)* ***2*** *(fig.)* **eccitazione; agitazione; tumulto.**
to **come** [kʌm] (*pass.* **came** [keim], *p.p.* **come)** ***A*** *v. i.* ***1*** **venire; provenire; derivare; pervenire**: *to c. of a good family,* provenire da una buona famiglia ***2*** **avvenire; accadere; succedere**: *C. what may,* qualunque cosa accada ***3*** **diventare; farsi; andare**: *Things came all right,* le cose andarono benissimo ***B*** *v. t.* **percorrere; fare**: *to c. a long way,* fare un lungo cammino (o molta strada) ***C*** *verbi composti* ***1*** *to c. about,* accadere; succedere ***2*** *to c. across,* attraversare; imbattersi in; incontrare per caso ***3*** *to c. along,* venire; *(fam.)* capitare □ *(fam.) C. along!,* suvvia!; fa' presto! ***4*** *(naut.) to come alongside,* affiancarsi; venire sottobordo ***5*** *to c. around,* rinvenire; riaversi; tornare in sé; *(fam.)* arrendersi; *(fam.)* fare un salto (da q.) ***6*** *to c. at,* pervenire a; raggiungere; scoprire ***7*** *to c. away,* venire via; staccarsi ***8*** *to c. back,* ritornare; tornare alla mente ***9*** *to c. between,* frapporsi, interporsi (così da seminare zizzania) ***10*** *to c. by st.,* ottenere (o procurarsi, trovare, entrare in possesso di) q.c. ***11*** *to c. down,* venir giù; discendere; (di prezzi) calare; essere tramandato □ *to c. down upon sb.,* piombare addosso a q., □ *to come down with measles (flu, etc.),* buscarsi il morbillo (l'influenza, ecc.) ***12*** *to c. forward,* farsi avanti ***13*** *to c. in,* entrare; andare al potere; arrivare (in una competizione); venire in uso (o di moda): *to c. in third,* arrivare terzo □ *to c. in useful (o handy),* tornare utile ***14*** *to c. into,* entrare in (un luogo); entrare in possesso di: *to c. into one's own,* entrare in possesso di ciò che ci spetta □ *to c. into sight,* apparire (alla vista) ***15*** *to c. of,* venire (o derivare) da ***16*** *to c. off,* separarsi, staccarsi; districarsi, uscire da (una situazione difficile) ***17*** *to c. on,* progredire; migliorare; trovare per caso; attaccare (q.); *(teatr.)* entrare in scena □ *(fam.) C. on!,* via!; andiamo! ***18*** *to c. out,* venire fuori, uscire (anche di libro, giornale, progetto, ecc.); venire alla luce; debuttare □ (di persona) *to c. out well,* venir bene (in fotografia); essere fotogenico □ *to c. out with,* uscire con (una frase, parole); rivelare (q.c.) ***19*** *to c. over,* venire (da una certa distanza o attraversando il mare) ***20*** *to c. round V. to c. around* ***21*** *to c. through,* consumare, logorare; portare a termine; superare; uscire da (una situazione, ecc.) ***22*** *to c. to,* rinvenire, riaversi, tornare in sé; ereditare; ammontare a □ *to c. to an agreement,* raggiungere un accordo □ *to c. to blows,* venire alle mani; azzuffarsi □ *to c. to nothing,* finire in niente ***23*** *to c. under,* rientrare in (una classe, un ordine di cose) ***24*** *to c. up,* avvicinare (q.); spuntare (di piante); diventare di moda □ *to c. up to,* estendersi fino a; raggiungere; essere all'altezza di ***25*** *to c. upon sb.,* imbattersi in (o incontrare per caso) q.; piombare su q.; venire in mente a q. ***26*** *to c. within,* rientrare in ● *to c. (agg.),* futuro; venturo: *in years to c.,* negli anni venturi □ *to c. and go,* andare e venire; essere di passaggio; essere transitorio □ *to c. home to sb.,* entrare in testa a q. □ *C.!,* suvvia!; andiamo!
come-at-able [ˌkʌmˈætəbl] *a. (fam.)* **accessibile; che si può raggiungere (o ottenere).**
comedian [kəˈmiːdjən] *n.* ***1*** **attore comico** ***2*** **tipo ameno.**
comedienne [kəˌmiːdiˈen] *(franc.) n.* **attrice comica.**
come-down [ˈkʌmdaun] *n.* [C] **rovescio finanziario; crollo; rovina.**
comedy [ˈkɔmidi] *n.* [U] e [C] **commedia.**
comely [ˈkʌmli] *a.* **bello; aggraziato; piacevole** (alla vista).
comer [ˈkʌmə*] *n.* **chi viene (o si presenta)**: *The contest is open to all comers,* la gara è aperta a tutti (coloro che si presentano).
comestible [kəˈmestibl] *a.* e *n. (generalm. al pl.)* **commestibile.**
comet [ˈkɔmit] *n.* [C] **cometa.**

comfit ['kʌmfit] *n.* [C] caramella; confetto.
to **comfort** ['kʌmfət] *v. t.* confortare; consolare.
comfort ['kʌmfət] *n.* **1** [U] conforto; consolazione **2** [U] agiatezza; benessere **3** [C] comodità; oggetto che rende la vita più comoda.
comfortable ['kʌmfətəbl] *a.* **1** confortevole; comodo **2** tranquillo; a proprio agio: *to feel c.*, sentirsi a proprio agio **3** *(fam.)* adeguato; soddisfacente • *to make oneself c.*, mettersi a proprio agio.
comfortably ['kʌmfətəbli] *avv.* **1** comodamente **2** agevolmente.
comforter ['kʌmfətə*] *n.* [C] **1** consolatore **2** sciarpa di lana **3** (specialm. *USA*) coperta imbottita; trapunta **4** tettarella.
comfortless ['kʌmfətlis] *a.* **1** senza conforto; sconsolato **2** senza comodità; scomodo.
comfy ['kʌmfi] *a.* *(fam.)* comodo; a proprio agio.
comic ['kɔmik] **A** *a.* comico: *a c. actor,* un (attore) comico **B** *n.* *(fam.)* **1** attore di rivista (o di varietà); comico **2** *(al pl.)* giornale a fumetti • *(mus.) c. opera,* opera buffa □ *c. strip,* racconto a fumetti.
comical ['kɔmikl] *a.* comico; faceto; buffo.
coming ['kʌmiŋ] **A** *n.* [U] arrivo; venuta; avvento **B** *a.* **1** prossimo; futuro: *during the c. winter,* durante il prossimo inverno **2** che si fa strada; promettente • *c. and going,* andirivieni □ *c. of age,* raggiungimento della maggiore età □ *He is the c. man,* è l'uomo nuovo.
comity ['kɔmiti] *n.* [U] cortesia; civiltà • *c. of nations,* rispetto reciproco delle leggi e dei costumi nazionali.
comma ['kɔmə] *n.* [C] **1** virgola **2** *(mus.)* comma • *inverted commas,* virgolette (di citazione).
to **command** [kə'ma:nd] **A** *v. t.* **1** comandare; ordinare; essere a capo di **2** dominare; offrire (una vista) **3** essere padrone di; disporre di **4** cattivarsi; meritare **B** *v. i.* avere il comando • *(econ.) to c. a market,* avere il controllo d'un mercato.
command [kə'ma:nd] *n.* **1** [C] e [U] comando (in ogni senso) **2** *(al sing. con l'art. indeterm.)* padronanza; dominio: *to have a good c. of a language,* avere una buona padronanza d'una lingua • *c.-in-chief,* comando supremo □ *(miss.) c. module,* modulo di comando □ *at one's c.*, a propria disposizione □ *(marina mil.) second-in-c.*, comandante in seconda.
commandant [ˌkɔmən'dænt] *n.* *(mil.)* comandante.
to **commandeer** [ˌkɔmən'diə*] *v. t.* requisire (per uso militare).
commander [kə'ma:ndə*] *n.* **1** comandante; capo: *the c. of an expedition,* il capo d'una spedizione **2** *(marina mil.)* capitano di fregata • *c. in chief,* comandante in capo; comandante supremo.
commanding [kə'ma:ndiŋ] *a.* **1** che ha il comando **2** imponente **3** dominante; strategico.
commandment [kə'ma:ndmənt] *n.* [C] comandamento.
commando [kə'ma:ndou] *n.* (*pl.* **commandos, commandoes**) *(mil.)* commando; reparto di militari incaricato di missioni speciali.
to **commeasure** [kə'meʒə*] *v. t.* commisurare; commensurare.
to **commemorate** [kə'meməreit] *v. t.* commemorare.
commemoration [kəˌmemə'reiʃən] *n.* [U] e [C] commemorazione.
commemorative [kə'memərətiv] *a.* commemorativo.
to **commence** [kə'mens] *v. t.* e *i.* cominciare.
commencement [kə'mensmənt] *n.* [C] **1** principio; inizio **2** (a Cambridge, Dublino, e nelle università americane) cerimonia del conferimento delle lauree.
to **commend** [kə'mend] *v. t.* **1** commendare *(lett.)*; encomiare; lodare **2** raccomandare; affidare.
commendable [kə'mendəbl] *a.* encomiabile; lodevole.
commendation [ˌkɔmen'deiʃən] *n.* [U] **1** encomio; lode; approvazione **2** raccomandazione • *letters of c.*, commendatizie.
commendatory [kə'mendətəri] *a.* **1** elogiativo; d'encomio **2** commendatizio: *a c. letter,* una lettera commendatizia.
commensurable [kə'menʃərebl] *a.* **1** commensurabile **2** proporzionale.
commensurate [kə'menʃərit] *a.* commisurato; proporzionato.
comment ['kɔment] *n.* [C] e [U] commento; osservazione; critica • *No c.*, nessuna dichiarazione.
to **comment** ['kɔment] *v. i.* fare commenti; commentare: *to c. upon a text,* commentare un testo.
commentary ['kɔməntəri] *n.* [C] **1** commentario **2** commento **3** radiocronaca; telecronaca.
commentator ['kɔmenteitə*] *n.* **1** commentatore **2** radiocronista; telecronista.
commerce ['kɔmə:s] *n.* [U] commercio: *Chamber of C.*, Camera di Commercio.
commercial [kə'mə:ʃəl] **A** *a.* commerciale **B** *n.* [C] comunicato commerciale (alla radio o alla televisione) • *TV commercials,* pubblicità televisiva.
commercialist [kə'mə:ʃəlist] *n.* commerciante.
to **commercialize** [kə'mə:ʃəlaiz] *v. t.* commercializzare.
commie ['kɔmi] *n.* *(pop.)* comunista.
to **comminate** ['kɔmineit] *v. t.* *(leg.)* comminare.
to **commingle** [kɔ'miŋgl] *v. t.* e *i.* mescolare, mescolarsi.
to **commiserate** [kə'mizəreit] **A** *v. t.* commiserare **B** *v. i.* condolersi.
commiseration [kəˌmizə'reiʃən] *n.* [U] commiserazione.
commissar [ˌkɔmi'sa:*] *n.* *(stor.* e *polit.: nell'U.R.S.S.)* commissario (del popolo).
commissariat [ˌkɔmi'sɛəriət] *n.* [U] *(mil.)* commissariato; intendenza.
commissary ['kɔmisəri] *n.* **1** commissario; delegato **2** *(relig.)* delegato del vescovo; vicario (vescovile) **3** *(mil.)* ufficiale di commissariato.
commission [kə'miʃən] *n.* **1** [C] e [U] commissione (comitato; incarico; *comm.:* provvigione): *a five per cent c. on the sales,* una commissione del cinque per cento sulle vendite **2** [U] e [C] (anche *leg.*) autorità, potere (di fare q.c.); autorizzazione: *within the limits of my c.*, entro i limiti dei miei poteri **3** [C] *(mil.)* grado d'ufficiale **4** [U] *(leg.)* commissione; esecuzione; perpetrazione • *(comm.) c. agent,* (agente) commissionario □ *in c.*, (di persona) autorizzato, delegato; (di nave da guerra) armata ed equipaggiata; (*fam.:* di cosa in genere) in efficienza □ *out of c.*, (di nave) in disarmo; (di linea elettrica, ecc.) fuori servizio.
to **commission** [kə'miʃən] *v. t.* **1** dare una commissione a; fare un'ordinazione a; commissionare **2** autorizzare; delegare **3** *(naut.)* armare ed equipaggiare (una nave).
commissionaire [kəˌmiʃə'nɛə*] *(franc.)* *n.* portiere in livrea (d'albergo, di cinema, ecc.).
commissioned [kə'miʃənd] *a.* **1** autorizzato; delegato **2** (di nave) armata ed equipaggiata.
commissioner [kə'miʃənə*] *n.* *(leg.)* commissario; membro d'una commissione (specialm. ministeriale); sovrintendente: *the C. of Customs,* il Sovrintendente alle Dogane.
to **commit** [kə'mit] *v. t.* **1** commettere: *to c. a crime,* commettere un delitto **2** affidare: *to c. oneself to a doctor,* affidarsi alle cure di un medico **3** impegnare; coinvolgere; compromettere • *to c. to the flames,* dare alle fiamme □ *to c. to memory,* mandare a memoria □ *to c. sb. to prison,* mettere q. in carcere □ *to c. sb. for trial,* rinviare q. a giudizio □ *to c. st. to paper,* mettere q.c. su carta (o per iscritto).
commitment [kə'mitmənt], **committal** [kə'mitl] *n.* **1** [U] perpetrazione (di un crimine) **2** [C] (ordine di) arresto **3** [C] impegno; promessa **4** [U] carcerazione; internamento (in un ospedale psichiatrico) **5** [U] *(letter.)* impegno (attivo interessamento ai problemi politici e sociali del momento).
committed [kə'mitid] *a.* *(letter.)* impegnato: *a c. writer,* uno scrittore impegnato.
committee [kə'miti] *n.* [C] comitato; commissione.
commixture [kə'mikstjuə*] *n.* [C] commistione; mescolanza.
commode [kə'moud] *(franc.)* *n.* [C] **1** cassettone **2** seggetta.

commodious [kə'moudjəs] *a.* **spazioso; ampio.**
commodity [kə'mɔditi] *n.* [C] ***1*** **cosa utile; comodità** (in senso concreto) ***2*** *(comm.)* **merce; derrata; articolo; prodotto.**
commodore ['kɔmədɔ:*] *n. (marina mil.)* **commodoro.**
(1) common ['kɔmən] *a.* **comune** (in ogni senso); **usuale; frequente; semplice; trito; rozzo; ordinario; dozzinale**: *a c. cause,* una causa comune ● *(pop.) c. or garden,* ordinario; dozzinale □ *to be c. knowledge that...,* essere di dominio pubblico che... □ *(leg.) c. law,* diritto consuetudinario □ *the c. man,* l'uomo comune (l'uomo della strada) □ *(gramm.) a c. noun,* un nome comune □ *a c. nuisance,* un fastidio per tutti □ *by c. consent,* per consenso unanime.
(2) common ['kɔmən] *n.* ***1*** [C] **terreno di proprietà comune; pascolo demaniale** ***2*** *(al pl.)* **(il) popolo** (cioè il proletariato, la borghesia e la piccola nobiltà; esclusi i « Lord ») ***3*** [U] (*leg.*, anche *right of c.*) **diritto di servitù attiva** ● *the House of Commons,* la Camera dei Comuni □ *to be on short commons,* essere a corto di viveri □ *out of the c.,* fuori del comune; insolito.
commonage ['kɔmənidʒ] *n.* [U] ***1*** **diritto di pascolo** (su un terreno della comunità) ***2*** **(terreno tenuto in) proprietà comune.**
commonalty ['kɔmənlti] *n.* ***1*** **(il) popolo** ***2*** **(gli) uomini.**
commoner ['kɔmənə*] *n.* **cittadino comune** (non nobile).
commonly ['kɔmənli] *avv.* ***1*** **comunemente; usualmente** ***2*** **in modo ordinario; volgarmente.**
commonplace ['kɔmənpleis] ***A*** *n.* [C] **luogo comune; osservazione trita; banalità** ***B*** *a.* **ovvio; trito; banale; ordinario** ● *c. book,* raccolta di passi d'autore (di particolare interesse).
commonwealth ['kɔmənwelθ] *n.* ***1*** [C] **repubblica** (anche *fig.*); **confederazione; stato indipendente** ***2*** — *the c.,* l'insieme dei cittadini; la nazione ● *the British C. of Nations,* il Commonwealth britannico.
commotion [kə'mouʃən] *n.* ***1*** [U] **commozione** (nel senso medico); **perturbazione** ***2*** [C] **tumulto; insurrezione; sommossa** ***3*** [U] **confusione; baraonda.**
communal ['kɔmjunl] *a.* ***1*** **comunale** ***2*** **d'una comunità; pubblico.**
commune ['kɔmju:n] *n.* [C] ***1*** **comune** (in senso storico e amministrativo) ***2*** **(una) comunità.**
to **commune** [kə'mju:n] *v. i.* **essere in comunione spirituale** (con).
communicable [kə'mju:nikəbl] *a.* **comunicabile; trasmissibile.**
communicant [kə'mju:nikənt] *n.* ***1*** *(relig.)* **chi si comunica** (specie se regolarmente) ***2*** **chi comunica** (q.c.); **informatore.**
to **communicate** [kə'mju:nikeit] *v. t.* e *i.* ***1*** **comunicare, comunicarsi** (in ogni senso, anche *relig.*): **trasmettere** (una malattia); **far conoscere** (una scoperta) ***2*** (di stanze, ecc.) **essere in comunicazione.**
communication [kə,mju:ni'keiʃən] *n.* ***1*** [C] e [U] **comunicazione** (in ogni senso); **mezzo di comunicazione; comunicato** ***2*** [U] **diffusione** (di malattie, ecc.) ***3*** [U] **contatto; relazione; rapporto**: *to get into c. with sb.,* mettersi in contatto con q. ● *(ferr.) c. cord,* segnale d'allarme □ *c. engineering,* radiotecnica.
communicative [kə'mju:nikətiv] *a.* **comunicativo; espansivo.**
communion [kə'mju:njən] *n.* ***1*** [U] **comunione; comunanza** ***2*** [C] **società, comunità** (religiosa o politica) ● *to hold c. with oneself,* essere assorto in meditazione □ *Holy C.,* la santa Comunione.
communiqué [kə'mju:nikei] *(franc.) n.* [C] **comunicato; bollettino.**
communism ['kɔmjunizəm] *n.* [U] *(polit.)* **comunismo.**
communist ['kɔmjunist] *n.* e *a. (polit.)* **comunista.**
community [kə'mju:niti] *n.* ***1*** [C] **comunità** (religiosa, politica, amministrativa); **collettività; società** ***2*** [U] **comunione; comunanza**: *c. of interests,* comunanza di interessi ● *the c.,* la collettività □ *c. centre,* centro ricreativo.
to **communize** ['kɔmjunaiz] *v. t.* **collettivizzare.**
commutability [kə,mju:tə'biliti] *n.* [U] **commutabilità.**
commutable [kə'mju:təbl] *a.* **commutabile.**
to **commutate** ['kɔmjuteit] *v. t. (elettr.)* **commutare.**
commutation [,kɔmju(:)'teiʃən] *n.* [U] e [C] **commutazione** (di pena, di forma di pagamento, ecc.); **permuta; scambio.**
commutator ['kɔmju(:)teitə*] *n.* [C] *(elettr.)* **commutatore.**
to **commute** [kə'mju:t] *v. t.* e *i.* **commutare** (in ogni senso).
commuter [kə'mju(:)tə*] *n.* **pendolare.**
(1) compact ['kɔmpækt] *n.* [C] **patto; accordo; convenzione; trattato** ● *by general c.,* per consenso generale; di comune accordo.
(2) compact [kəm'pækt] ***A*** *a.* ***1*** **compatto; denso; sodo** ***2*** **compendioso; conciso** ***B*** *n.* [C] **portacipria** (da borsetta).
to **compact** [kəm'pækt] *v. t.* ***1*** **rendere compatto; congiungere strettamente** ***2*** **condensare.**
(1) companion [kəm'pænjən] *n.* [C] ***1*** **compagno; socio**: *companions in misfortune,* compagni di sventura ***2*** **manuale; vademecum.**
(2) companion [kəm'pænjən] *n.* [C] *(naut.)* **cappa di boccaporto.**
companionable [kəm'pænjənəbl] *a.* **socievole.**
companionship [kəm'pænjənʃip] *n.* [U] **compagnia; cameratismo.**
company ['kʌmpəni] *n.* ***1*** [C] **compagnia; società**: *an insurance c.,* una società d'assicurazioni □ *a theatrical c.,* una compagnia drammatica ***2*** [U] **compagnia**: *to bear (o to keep) sb. c.,* tener compagnia a q. ***3*** [U] *(fam.)* **ospiti; visitatori** ● *to get into bad c.,* fare cattive amicizie □ *to be good (poor) c.,* essere un compagno piacevole (noioso) □ *to keep one's own c.,* starsene solo □ *present c. excepted,* esclusi i presenti □ *John Smith and C. (abbr. Co.),* John Smith e Compagni.
comparable ['kɔmpərəbl] *a.* **comparabile; paragonabile.**
comparative [kəm'pærətiv] ***A*** *a.* ***1*** **comparativo**: *a c. study,* uno studio comparativo ***2*** **comparato**: *c. anatomy,* anatomia comparata ***3*** **relativo** ***B*** *n.* [C] *(gramm.)* **comparativo.**
to **compare** [kəm'pɛə*] ***A*** *v. t.* ***1*** **comparare; confrontare; paragonare** ***2*** *(gramm.)* **fare il comparativo di** (un aggettivo, un avverbio) ***B*** *v. i.* **essere paragonato; reggere al confronto.**
compare [kəm'pɛə*] *n.* [U] **confronto; paragone** ● *beyond (o without, past) c.,* incomparabile; incomparabilmente.
comparison [kəm'pærisn] *n.* [U] e [C] **comparazione; paragone; confronto**: *(gramm.) degrees of c.,* gradi di comparazione ● *to bear (o to stand) c. with st.,* reggere al confronto con q.c. □ *in c. with,* a confronto (o a paragone) di; rispetto a.
compartment [kəm'pa:tmənt] *n.* [C] ***1*** **compartimento; scompartimento**: *a first-class c.,* uno scompartimento di prima classe ***2*** *(fig.)* **sezione; settore.**
compass ['kʌmpəs] *n.* ***1*** (più spesso al *pl.*) **compasso** ***2*** [C] **bussola** ***3*** [C] **ambito; area; competenza; limite** ● *to take a c. bearing,* fare un rilevamento con la bussola □ *a voice of great c.,* una voce di ampio registro.
to **compass** ['kʌmpəs] *v. t.* ***1*** **circondare; racchiudere** ***2*** **raggiungere** (uno scopo) ***3*** **complottare; tramare.**
compassion [kəm'pæʃən] *n.* [U] **compassione; pietà**: *to have (o to take) c. on sb.,* avere pietà di q.
compassionate [kəm'pæʃənit] *a.* **compassionevole; pietoso** ● (specialm. *mil.*) *c. leave,* congedo straordinario per motivi familiari.
compatibility [kəm,pætə'biliti] *n.* [U] **compatibilità.**
compatible [kəm'pætəbl] *a.* **compatibile; conciliabile.**
compatriot [kəm'pætriət] *n.* **compatriota.**
to **compel** [kəm'pel] *v. t.* ***1*** **costringere; obbligare** ***2*** **imporre** ● *to be compelled to do st.,* dover fare q.c.
compelling [kəm'peliŋ] *a.* **irresistibile.**
compendious [kəm'pendiəs] *a.* **compendioso; conciso.**

compendium [kəm'pendiəm] *n.* [C] **compendio.**

to **compensate** ['kɔmpenseit] ***A*** *v. t.* **compensare** (anche *mecc.*); **risarcire; indennizzare *B*** *v. i.* — *to c. for,* compensare.

compensation [,kɔmpen'seiʃən] *n.* [U] e [C] **compensazione** (anche *mecc.*); **risarcimento; indennizzo.**

compere ['kɔmpɛə*] *n.* **presentatore** (alla radio, ecc.).

to **compete** [kəm'pi:t] *v. i.* **competere; gareggiare; concorrere.**

competence ['kɔmpitəns] *n.* ***1*** [U] **competenza *2*** (*generalm. al sing. con l'art. indeterm.*) **mezzi di sussistenza; rendita.**

competent ['kɔmpitənt] *a.* ***1*** **competente *2* di competenza, in facoltà** (di q.) ***3*** **adeguato.**

competition [,kɔmpi'tiʃən] *n.* ***1*** [C] **competizione; gara; concorso**: *an open c.,* un concorso pubblico ***2*** [U] **concorrenza; rivalità** ● *not for c.,* fuori concorso.

competitive [kəm'petitiv] *a.* ***1*** **competitivo; agonistico *2* di concorso**: *a c. exam,* un esame di concorso ***3*** (*comm.*) **competitivo; concorrenziale; in concorrenza.**

competitor [kəm'petitə*] *n.* **competitore; concorrente; rivale.**

compilation [,kɔmpi'leiʃən] *n.* [U] e [C] **compilazione.**

to **compile** [kəm'pail] *v. t.* **compilare.**

complacence [kəm'pleisns], **complacency** [kəm'pleisnsi] *n.* [U] **compiacimento** (soprattutto di sé).

complacent [kəm'pleisənt] *a.* **compiaciuto, soddisfatto** (specialm. di sé).

to **complain** [kəm'plein] *v. i.* ***1*** — *to c. of,* lagnarsi di (q.c.) ***2*** **reclamare; protestare**: *to c. to sb.,* reclamare presso q.

complainant [kəm'pleinənt] *n.* (*leg.*) **querelante.**

complaint [kəm'pleint] *n.* ***1*** [U] e [C] **lagnanza; lamento; protesta *2*** [C] **reclamo *3*** [C] **malattia; disturbo *4*** [C] (*leg.*) **accusa; querela.**

complaisance [kəm'pleizəns] *n.* [U] **compiacenza; cortesia.**

complaisant [kəm'pleizənt] *a.* **compiacente; cortese.**

complement ['kɔmplimənt] *n.* [C] **complemento.**

to **complement** ['kɔmpliment] *v. t.* **essere il complemento di** (q.c.).

complementary [,kɔmpli'mentəri] *a.* **complementare.**

complete [kəm'pli:t] *a.* ***1*** **completo; intero *2* compiuto; finito *3* assoluto; perfetto.**

to **complete** [kəm'pli:t] *v. t.* ***1*** **completare *2* riempire.**

completion [kəm'pli:ʃən] *n.* [U] ***1*** **completamento;** (*naut.*) **allestimento, approntamento *2* completezza.**

complex ['kɔmpleks] ***A*** *a.* **complesso; complicato; intricato *B*** *n.* [C] (anche *psicologia*) **complesso.**

complexion [kəm'plekʃən] *n.* [C] ***1*** **carnagione; colorito *2* aspetto; sapore; carattere; natura.**

complexity [kəm'pleksiti] *n.* [U] e [C] **complessità.**

compliance [kəm'plaiəns] *n.* [U] ***1*** **acquiescenza; condiscendenza *2* sottomissione** ● *in c. with,* secondo; in conformità di.

compliant [kəm'plaiənt] *a.* ***1*** **accondiscendente *2* sottomesso; remissivo.**

to **complicate** ['kɔmplikeit] *v. t.* ***1*** **complicare *2* confondere.**

complicated ['kɔmplikeitid] *a.* ***1*** **complicato *2* intricato.**

complication [,kɔmpli'keiʃən] *n.* [C] e [U] **complicazione.**

complicity [kəm'plisiti] *n.* [U] **complicità.**

compliment ['kɔmplimənt] *n.* ***1*** [C] **complimento**: *to pay a c.,* fare un complimento ***2*** (*al pl.*) **omaggi; ossequi; rispetti** ● *compliments of the season,* auguri (di Natale, Pasqua, ecc.) □ *to send st. to sb. with one's compliments,* fare omaggio di q.c. a q.

to **compliment** ['kɔmpliment] *v. t.* ***1*** **fare un complimento a; congratularsi con**: *to c. sb. on st.,* congratularsi con q. per q.c. ***2*** — *to c. sb. with st.,* fare omaggio a q. di q.c.

complimentary [,kɔmpli'mentəri] *a.* ***1*** **elogiativo *2* (in) omaggio; d'omaggio**: *a c. ticket,* un biglietto omaggio.

complin(e) ['kɔmplin] *n.* (*relig.*) **completa.**

to **comply** [kəm'plai] *v. i.* — *to c. with,* accondiscendere, aderire, assentire a (una richiesta, ecc.); ottemperare a (un ordine); attenersi a (una regola); secondare (un desiderio); osservare (la legge).

component [kəm'pounənt] ***A*** *n.* [C] **ingrediente *B*** *n.* e *a.* **componente.**

to **comport** [kəm'pɔ:t] ***A*** *v. i.* — *to c. with,* accordarsi, essere in armonia con ***B*** to **comport oneself** *v. rifl.* **comportarsi.**

to **compose** [kəm'pouz] ***A*** *v. t.* ***1*** **comporre** (in ogni senso); **atteggiare** (il volto, ecc.); **conciliare, sedare** (liti, ecc.) ***2*** **riordinare *B*** to **compose oneself** *v. rifl.* **calmarsi; tranquillarsi** ● *to c. oneself to write,* raccogliersi per scrivere □ *to c. one's features,* ricomporsi il volto.

composed [kəm'pouzd] *a.* **calmo; composto; padrone di sé.**

composer [kəm'pouzə*] *n.* **compositore** (specialm. di musica).

composite ['kɔmpəzit] ***A*** *a.* (anche *archit., bot.*) **composito *B*** *n.* ***1*** [C] **composto *2*** (*al pl.*) (*bot.*, Compositae) **composite** ● *a c. photograph,* un fotomontaggio.

composition [,kɔmpə'ziʃən] *n.* ***1*** [U] e [C] **composizione** (in ogni senso) ***2*** [C] **accordo;** (*leg.*) **concordato;** (*comm.*) **transazione *3*** [C] **materia composta; composizione.**

compositor [kəm'pɔzitə*] *n.* (*tipogr.*) **compositore.**

compost ['kɔmpɔst] *n.* [U] (*agric.*) **miscela fertilizzante.**

composure [kəm'pouʒə*] *n.* [U] **calma; padronanza di sé.**

compote ['kɔmpout] *n.* [C] e [U] **composta; frutta cotta.**

to **compound** [kəm'paund] ***A*** *v. t.* ***1*** **comporre** (anche una lite); **combinare** (elementi diversi); **mescolare** (ingredienti); **conciliare** (una vertenza) ***2*** (*comm.*) **saldare *B*** *v. i.* **accordarsi;** (*leg.*) **fare un concordato.**

compound ['kɔmpaund] ***A*** *a.* **composto**: *a c. word,* una parola composta ***B*** *n.* [C] **composto** (anche *chim.*); **parola composta.**

to **comprehend** [,kɔmpri'hend] *v. t.* ***1*** **comprendere *2* includere.**

comprehensible [,kɔmpri'hensəbl] *a.* **comprensibile.**

comprehension [,kɔmpri'henʃən] *n.* [U] ***1*** **comprensione; capacità d'intendere *2* ampiezza.**

comprehensive [,kɔmpri'hensiv] *a.* ***1*** **comprensivo *2* ampio; lato *3* esauriente; completo** ● *c. school,* scuola (secondaria) onnicomprensiva (con sezione classica, tecnica, ecc.).

to **compress** [kəm'pres] *v. t.* ***1*** **comprimere *2* condensare.**

compress ['kɔmpres] *n.* [C] **compressa** (di garza).

compression [kəm'preʃən] *n.* [U] ***1*** **compressione *2* concentrazione; condensamento.**

compressor [kəm'presə*] *n.* [C] (*mecc.*) **compressore.**

to **comprise** [kəm'praiz] *v. t.* **comprendere; contenere; includere.**

compromise ['kɔmprəmaiz] *n.* [U] e [C] **compromesso** ● *a policy of no c.,* una politica intransigente.

to **compromise** ['kɔmprəmaiz] ***A*** *v. t.* ***1*** **comporre** (una vertenza) **con un compromesso *2* compromettere *B*** *v. i.* **venire a un compromesso *C*** to **compromise oneself,** *v. rifl.* **compromettersi.**

compromising ['kɔmprəmaiziŋ] *a.* **compromettente.**

comptometer [kɔmp'tɔmitə*] *n.* **macchina calcolatrice.**

comptroller [kən'troulə*] *V.* **controller.**

compulsion [kəm'pʌlʃən] *n.* [U] **coercizione; costrizione**: *under c.,* dietro costrizione.

compulsive [kəm'pʌlsiv] *a.* **coercitivo.**

compulsory [kəm'pʌlsəri] *a.* ***1*** **obbligatorio *2*** (*leg.*) **coercitivo.**

compunction [kəm'pʌŋkʃən] *n.* Ⓤ **compunzione; lieve rimorso.**
compunctious [kəm'pʌŋkʃəs] *a.* **compunto; contrito.**
computable [kəm'pju:təbl] *a.* **computabile; calcolabile.**
computation [,kɔmpju(:)'teiʃən] *n.* Ⓤ e Ⓒ **computo; calcolo.**
to **compute** [kəm'pju:t] *v. t.* **computare; calcolare.**
computer [kəm'pju:tə*] *n.* Ⓒ ***1*** **(macchina) calcolatrice *2* elaboratore elettronico.**
to **computerize** [kəm'pju:teraiz] *v. t.* **computerizzare.**
comrade ['kɔmrid] *n.* **compagno; camerata; collega.**
comradeship ['kɔmridʃip] *n.* Ⓤ **cameratismo.**
to **con** [kɔn] *v. t.* (spesso *to con over*) **studiare diligentemente; imparare a memoria.**
con [kɔn] ***A*** (*abbr.* del *lat.* **contra**) *avv.* **contro *B*** *n.* Ⓒ **argomento** (o **motivo, voto) contrario**: *the pros and cons,* il pro e il contro.
to **concatenate** [kɔn'kætineit] *v. t.* **concatenare.**
concatenation [kɔn,kæti'neiʃən] *n.* Ⓤ e Ⓒ **concatenazione.**
concave [,kɔn'keiv] *a.* **concavo.**
concavity [kɔn'kæviti] *n.* Ⓤ e Ⓒ **concavità.**
concavo-convex [kɔn,keivou'kɔnveks] *a.* **concavo-convesso.**
to **conceal** [kən'si:l] *v. t.* **celare; nascondere**: *to c. st. from sb.,* nascondere q.c. a q.
concealment [kən'si:lmənt] *n.* Ⓤ **(il) nascondere; occultamento** ● *to stay in c.,* rimanere nascosto.
to **concede** [kən'si:d] *v. t.* ***1*** **concedere *2* ammettere; riconoscere.**
conceit [kən'si:t] *n.* ***1*** Ⓤ **presunzione; orgoglio; vanità *2*** Ⓒ **concetto lambiccato; immagine barocca; paragone ricercato.**
conceited [kən'si:tid] *a.* **presuntuoso; vanitoso.**
conceivable [kən'si:vəbl] *a.* **concepibile; immaginabile.**
to **conceive** [kən'si:v] *v. t.* e *i.* **concepire.**
to **concentrate** ['kɔnsentreit] *v. t.* e *i.* **concentrare, concentrarsi.**
concentrate ['kɔnsentreit] *n.* Ⓒ **concentrato.**
concentrated ['kɔnsəntreitid] *a.* ***1*** **concentrato *2* intenso.**
concentration [,kɔnsen'treiʃən] *n.* Ⓤ e Ⓒ **concentrazione; concentramento**: *a c. camp,* un campo di concentramento.
concentric(al) [kɔn'sentrik(əl)] *a.* **concentrico.**
concept ['kɔnsept] *n.* Ⓒ **concetto; nozione.**
conception [kən'sepʃən] *n.* Ⓤ e Ⓒ **concezione** (in ogni senso).
conceptual [kən'septjuəl] *a.* **concettuale.**
to **concern** [kən'sə:n] ***A*** *v. t.* ***1*** **concernere; riguardare; interessare *2* preoccupare *B*** to **concern oneself** *(with, in, about) v. rifl.* **interessarsi** (di) ● *to be concerned about sb.,* essere preoccupato per q. □ *as far as I am concerned...,* quanto a me... □ *I am not concerned,* non è affar mio.
concern [kən'sə:n] *n.* ***1*** Ⓒ **fatto** (che concerne q. o q.c.); **affare**: *It's no c. of mine,* non è affar mio ***2*** Ⓒ **cointeressenza; partecipazione *3*** Ⓤ **preoccupazione; turbamento *4*** Ⓒ *(comm.)* **azienda; ditta**: *a paying c.,* un'azienda in attivo.
concerned [kən'sə:nd] *a.* ***1*** **interessato; implicato**: *the persons c.,* gli interessati ***2*** **preoccupato; turbato.**
concerning [kən'sə:niŋ] *prep.* **riguardo a; con riferimento a.**
concert ['kɔnsət] *n.* ***1*** Ⓒ *(mus.)* **concerto *2*** Ⓤ *(fig.)* **concerto; accordo**: *to act in c. with sb.,* agire di concerto con q. ● *(mus.) c. grand,* pianoforte da concerto.
to **concert** [kən'sə:t] *v. t.* **concertare; concordare.**
concertina [,kɔnsə'ti:nə] *n. (mus.)* **piccola fisarmonica.**
concerto [kən'tʃə:tou] *n.* (*pl.* **concertos**) *(mus.)* **concerto**: *a violin c.,* un concerto per violino.
concession [kən'seʃən] *n.* Ⓤ e Ⓒ **concessione** (in ogni senso).
concessionaire [kən,seʃə'nɛə*] *n.* **concessionario.**
concessionary [kən'seʃṇəri] *a.* e *n.* **concessionario.**
concessive [kən'sesiv] *a.* **concessivo.**
concettism [kən'tʃetizəm] *n.* Ⓤ *(letter.)* **concettismo.**
conch [kɔŋk] *n.* Ⓒ ***1*** **conchiglia *2*** (*anat.*, anche **concha** ['kɔŋkə]) **padiglione auricolare.**
conchy ['kɔŋʃi] *n. (pop.)* **obiettore di coscienza.**
concierge [,kɔnsi'eəʒ] *(franc.) n.* **portiere, portiera.**
conciliar [kən'siliə*] *a.* **conciliare.**
to **conciliate** [kən'silieit] *v. t.* ***1*** **conciliare *2* placare; blandire *3* conciliarsi, cattivarsi** (la benevolenza, la simpatia, ecc. di q.).
conciliation [kən,sili'eiʃən] *n.* Ⓤ **conciliazione.**
conciliatory [kən'siliətəri] *a.* **conciliativo.**
concise [kən'sais] *a.* **conciso; breve; stringato.**
conciseness [kən'saisnis] *n.* Ⓤ **concisione; stringatezza.**
concision [kən'siʒən] *n.* Ⓤ **concisione.**
conclave ['kɔnkleiv] *n.* Ⓒ ***1*** *(relig.)* **conclave *2* riunione segreta** ● *to sit in c.,* essere chiusi in conclave; tenere una riunione segreta.
to **conclude** [kən'klu:d] ***A*** *v. t.* ***1*** **concludere** (in ogni senso) ***2*** **dedurre *B*** *v. i.* **giungere ad una conclusione.**
conclusion [kən'klu:ʒən] *n.* Ⓒ **conclusione** (in ogni senso) ● *in c.,* in conclusione.
conclusive [kən'klusiv] *a.* **conclusivo; definitivo.**
to **concoct** [kən'kɔkt] *v. t.* ***1*** **preparare** (mescolando ingredienti diversi) ***2*** *(fig.)* **ordire; inventare.**
concoction [kən'kɔkʃən] *n.* ***1*** Ⓤ e Ⓒ **miscela *2*** Ⓤ *(fig.)* **(l')ordire; (l')inventare.**
concomitant [kən'kɔmitənt] ***A*** *a.* **concomitante *B*** *n.* Ⓒ **fattore** (o **fatto) concomitante.**
concord ['kɔŋkɔ:d] *n.* ***1*** Ⓤ **concordia; armonia *2*** Ⓒ **accordo; trattato *3*** Ⓤ *(gramm.)* **concordanza.**
concordance [kən'kɔ:dəns] *n.* ***1*** Ⓤ **armonia; accordo *2*** Ⓒ **concordanza** (indice analitico).
concordant [kən'kɔ:dənt] *a.* **concorde; concordante.**
concordat [kɔn'kɔ:dæt] *n.* Ⓒ *(stor.)* **concordato.**
concourse ['kɔŋkɔ:s] *n.* Ⓒ **concorso; affluenza.**
(1) concrete ['kɔnkri:t] *a.* ***1*** **concreto; reale *2* di calcestruzzo; di cemento armato**: *a c. bridge,* un ponte di cemento armato.
(2) concrete ['kɔnkri:t] *n.* Ⓤ *(ind. costr.)* **conglomerato** (di cemento); **calcestruzzo;** *(fam.)* **cemento** ● *reinforced c.,* cemento armato.
to **concrete** (*v. t. def. 1, v. i.* [kən'kri:t]; *v. t. def. 2* ['kɔnkri:t]) ***A*** *v. t.* ***1*** **solidificare *2* costruire in calcestruzzo *B*** *v. i.* **solidificarsi.**
concubinage [kɔn'kju:binidʒ] *n.* Ⓤ **concubinato.**
concubinary [kɔn'kju:binəri] ***A*** *a.* ***1*** **concubinario *2* nato da un'unione illegittima *B*** *n.* **concubino.**
concubine ['kɔŋkjubain] *n.* **concubina.**
concupiscence [kən'kju:pisəns] *n.* Ⓤ **concupiscenza.**
to **concur** [kən'kə:*] *v. i.* ***1*** **coincidere *2* concorrere; contribuire *3* concordare, essere d'accordo** (con q.).
concurrence [kən'kʌrəns] *n.* ***1*** Ⓤ **coincidenza; simultaneità *2*** Ⓒ **concorso** (di fattori, circostanze); **combinazione** (di cause) ***3*** Ⓒ **accordo; concordanza** (d'idee).
concurrent [kən'kʌrənt] *a.* ***1*** **coincidente; simultaneo *2* concomitante; convergente *3* concordante.**
to **concuss** [kən'kʌs] *v. t.* (per lo più *fig.*) **scuotere violentemente.**
concussion [kən'kʌʃən] *n.* ***1*** Ⓒ **scossa violenta; urto *2*** Ⓤ *(med.)* **commozione cerebrale.**
to **condemn** [kən'dem] *v. t.* ***1*** **condannare** (in ogni senso) ***2*** **dichiarare inservibile** (o **non commestibile, inabitabile,** ecc.) ● *condemned cell,* cella dei condannati a morte.
condemnable [kən'demnəbl] *a.* **condannabile.**
condemnation [,kɔndem'neiʃən] *n.* Ⓤ e Ⓒ **condan-**

na; biasimo.
condensation [ˌkɔnden'seiʃən] *n.* [U] e [C] **condensamento.**
to **condense** [kən'dens] ***A*** *v. t.* ***1*** **condensare;** *(fig.)* **compendiare** ***2*** *(fis.)* **concentrare** ***B*** *v. i.* **condensarsi; concentrarsi.**
condenser [kən'densə*] *n.* **condensatore** (persona e macchina).
to **condescend** [ˌkɔndi'send] *v. i.* ***1*** **accondiscendere** ***2*** **abbassarsi.**
condescending [ˌkɔndi'sendiŋ] *a.* **condiscendente; accondiscendente.**
condescension [ˌkɔndi'senʃən] *n.* [U] **condiscendenza.**
condign [kən'dain] *a.* **adeguato; proporzionato.**
condiment ['kɔndimənt] *n.* [C] e [U] **condimento.**
condition [kən'diʃən] *n.* [C] e [U] **condizione** (in ogni senso); *(al pl.)* **circostanze**: *on c. that,* a condizione che □ *a family of humble c.,* una famiglia d'umile condizione ● *c. of life,* condizione sociale □ *to be in (out of) c.,* essere in buone (in cattive) condizioni fisiche; *(fam.)* essere in forma (giù di forma) □ *to be in an interesting c.,* essere in stato interessante.
to **condition** [kən'diʃən] *v. t.* ***1*** **stipulare, pattuire** (di fare q.c.) ***2*** **condizionare** (anche in psicologia): *to c. the air of a room,* condizionare l'aria di una stanza ***3*** **regolare.**
conditional [kən'diʃənl] *a.* ***A*** **condizionale; soggetto a condizioni**: *(gramm.) a c. clause,* una proposizione condizionale ***B*** *n.* [C] *(gramm.)* ***1*** **(modo) condizionale** ***2*** **proposizione condizionale.**
conditioned [kən'diʃənd] *a.* **condizionato** (in ogni senso): *c. air,* aria condizionata □ *(psicologia) c. reflex,* riflesso condizionato ● *This room is air-c.,* questa stanza ha l'aria condizionata.
to **condole** [kən'doul] *v. i.* **condolersi; fare le proprie condoglianze.**
condolence [kən'douləns] *n.* (spesso al *pl.*) **condoglianza.**
condominium [ˌkɔndə'miniəm] *n.* [U] e [C] *(polit.)* **condominio.**
condonation [ˌkɔndou'neiʃən] *n.* [U] **condono.**
to **condone** [kən'doun] *v. t.* **condonare; perdonare.**
condor ['kɔndɔ:*] *n.* *(zool.,* Vultur gryphus) **condor.**
to **conduce** [kən'dju:s] *v. i.* **contribuire, portare** (a).
conduct ['kɔndəkt] *n.* [U] ***1*** **condotta** ***2*** **guida** ***3*** **modo di condurre** (affari, ecc.) ● *(mil.) regimental c. sheet,* foglio disciplinare □ *safe-c.,* salvacondotto.
to **conduct** [kən'dʌkt] ***A*** *v. t.* ***1*** **condurre** (anche *fis.*); **guidare; dirigere, amministrare** (un'azienda, ecc.) ***2*** **dirigere** (un'orchestra, un concerto, ecc.) ***B*** to **conduct oneself** *v. rifl.* **comportarsi.**
conduction [kən'dʌkʃən] *n.* [U] *(fis.)* **conduzione.**
conductive [kən'dʌktiv] *a.* *(fis.)* **conduttivo.**
conductivity [ˌkɔndʌk'tiviti] *n.* [U] *(fis.)* **conduttività; conducibilità.**
conductor [kən'dʌktə*] *n.* ***1*** **capo; guida; direttore d'azienda** ***2*** **direttore d'orchestra** (o **d'un coro**) ***3*** **controllore, bigliettaio** (d'autobus, tram, ecc.) ***4*** *(USA)* **conduttore, controllore** (di treno) ***5*** *(fis.)* **conduttore.**
conduit ['kɔndit] *n.* [C] ***1*** **condotto; conduttura; tubazione** ***2*** **tubo protettivo** (per fili elettrici).
cone [koun] *n.* [C] ***1*** **cono** ***2*** (frutto delle conifere) **pigna.**
coney ['kouni] *V.* **cony.**
to **confabulate** [kən'fæbjuleit] *v. i.* **conversare; chiacchierare.**
confabulation [kənˌfæbju'leiʃən] *n.* [C] **chiacchierata.**
confection [kən'fekʃən] *n.* [C] ***1*** **confettura** ***2*** **confezione; indumento bell'e fatto** (specialm. da donna).
to **confection** [kən'fekʃən] *v. t.* ***1*** **preparare** (confetture, dolciumi, ecc.) ***2*** **confezionare, fabbricare** (abiti).
confectioner [kən'fekʃənə*] *n.* **pasticciere; confettiere.**
confectionery [kən'fekʃənəri] *n.* ***1*** [C] **pasticceria** ***2*** [U] **dolciumi; confetture.**
confederacy [kən'fedərəsi] *n.* [C] ***1*** **confederazione; lega; alleanza** ***2*** **cospirazione** ***3*** **associazione a delinquere.**
confederate [kən'fedərit] ***A*** *a.* e *n.* **confederato; alleato** ***B*** *n.* ***1*** **cospiratore** ***2*** **complice.**
to **confederate** [kən'fedəreit] ***A*** *v. t.* **unire in confederazione** ***B*** *v. i.* ***1*** **confederarsi; allearsi** ***2*** **cospirare.**
confederation [kənˌfedə'reiʃən] *n.* ***1*** [U] **(il) confederarsi** ***2*** [C] **confederazione; alleanza.**
to **confer** [kən'fə:*] ***A*** *v. t.* **conferire; assegnare**: *to c. a title on sb.,* conferire un titolo a q. ***B*** *v. i.* — *to c. with sb.,* conferire con q.; consultarsi con q.
conference ['kɔnfərəns] *n.* ***1*** [U] **consultazione; rapporto** ***2*** [C] **convegno; congresso; conferenza** (diplomatica).
conferment [kən'fə:mənt] *n.* [U] **conferimento** (di titolo, carica).
to **confess** [kən'fes] *v. t.* e *i.* ***1*** **confessare; ammettere; riconoscere** ***2*** *(relig.)* **confessare, confessarsi.**
confessedly [kən'fesidli] *avv.* **per ammissione spontanea.**
confession [kən'feʃən] *n.* ***1*** [U] e [C] **confessione** (anche *relig.*); **ammissione; riconoscimento** ***2*** [C] **dichiarazione; professione**: *a c. of faith,* una professione di fede ● *to go to c.,* (andare a) confessarsi.
confessional [kən'feʃənl] *n.* [C] **confessionale.**
confessor [kən'fesə*] *n.* **confessore.**
confetti [kən'feti(:)] *(ital.) n. pl.* **coriandoli.**
confidant [ˌkɔnfi'dænt] *n.* **confidente.**
to **confide** [kən'faid] ***A*** *v. t.* ***1*** **confidare** ***2*** **affidare** ***B*** *v. i.* ***1*** **confidare, aver fiducia** (in q.) ***2*** **confidarsi** (con q.).
confidence ['kɔnfidəns] *n.* ***1*** [U] e [C] **confidenza**: *to be in sb.'s c.,* godere la confidenza di q. ***2*** [U] **fiducia in se stesso; sicurezza di sé;** (anche) **presunzione.**
confident ['kɔnfidənt] *a.* ***1*** **fidente; fiducioso** ***2*** **sicuro di sé;** (anche) **presuntuoso, baldanzoso.**
confidential [ˌkɔnfi'denʃəl] *a.* **segreto; riservato**: *c. information,* informazioni riservate ● *c. clerk,* impiegato di fiducia □ *to be too c. with sb.,* fidarsi troppo di q.
confiding [kən'faidiŋ] *a.* **fiducioso; senza sospetto.**
configuration [kənˌfigju'reiʃən] *n.* [C] **configurazione.**
to **configure** [kən'figə*] *v. t.* **raffigurare** (di solito *fig.*).
confine ['kɔnfain] *n.* (di solito al *pl.*) **confine; frontiera;** (anche *fig.*) **linea divisoria; limite** (*V.* anche **confinement**).
to **confine** [kən'fain] *v. t.* ***1*** **confinare; imprigionare; relegare; costringere** (q. a letto, in casa, ecc.) ***2*** **limitare**: *I shall c. myself to saying that...,* mi limiterò a dire che... ● *to be confined,* essere in puerperio.
confinement [kən'fainmənt] *n.* ***1*** [U] **confino** *(leg.)*; **prigionia; relegazione; ricovero in manicomio** ***2*** [U] **limitazione; restrizione** ***3*** [U] e [C] **ricovero per parto** ● *close* (o *solitary) c.,* segregazione cellulare.
to **confirm** [kən'fə:m] *v. t.* ***1*** **rafforzare** ***2*** **confermare** ***3*** **ratificare** ***4*** *(relig.)* **cresimare.**
confirmation [ˌkɔnfə'meiʃən] *n.* [U] e [C] ***1*** **rafforzamento** ***2*** **conferma** ***3*** **ratifica** ***4*** *(relig.)* **cresima.**
confirmed [kən'fə:md] *a.* ***1*** **inveterato; cronico** ***2*** **impenitente; incallito.**
to **confiscate** ['kɔnfiskeit] *v. t.* ***1*** **confiscare** ***2*** **requisire.**
confiscation [ˌkɔnfis'keiʃən] *n.* [U] e [C] ***1*** **confisca** ***2*** **requisizione.**
conflagration [ˌkɔnflə'greiʃən] *n.* [C] **conflagrazione** (anche *fig.*).
conflict ['kɔnflikt] *n.* [C] e [U] **conflitto** (anche *fig.*): *a c. of ideas,* un conflitto d'idee ● *to be in c. with,* essere in contrasto con.
to **conflict** [kən'flikt] *v. i.* **essere in conflitto (o in contrasto).**
conflicting [kən'fliktiŋ] *a.* **contrastante; contraddittorio.**

confluence ['kɔnfluəns] *n.* [C] **confluenza; (*fig.*) convergenza.**
confluent ['kɔnfluənt] *a.* e *n.* [C] **confluente.**
to **conform** [kən'fɔ:m] ***A*** *v. t.* **conformare; adattare *B*** *v. i.* ***1*** **accordarsi; concordare; corrispondere *2* conformarsi; adeguarsi.**
conformable [kən'fɔ:məbl] *a.* ***1*** **conforme *2* adatto; corrispondente *3* docile; obbediente; malleabile** (*fig.*).
conformation [,kɔnfɔ:'meiʃən] *n.* [U] e [C] **conformazione; struttura.**
conformist [kən'fɔ:mist] *n.* (specialm. *relig.*) **conformista.**
conformity [kən'fɔ:miti] *n.* [U] ***1*** **conformità *2* accordo; corrispondenza *3* docilità; obbedienza *4*** (*relig.*) **conformismo** • *in c. with,* in conformità di; aderendo a.
to **confound** [kən'faund] *v. t.* ***1*** **confondere** (in ogni senso) ***2*** **rendere perplesso; disorientare; sconcertare** • *C. it!,* accidenti! □ *C. you!,* va' al diavolo!; va' in malora!
confounded [kən'faundid] *a.* ***1*** **confuso; stupito; attonito *2* maledetto**: *That c. fool!,* quel maledetto stupido! ***3*** **detestabile; abominevole.**
confraternity [,kɔnfrə'tə:niti] *n.* [C] ***1*** (*relig.*) **confraternita *2* associazione professionale *3* lega; congrega.**
to **confront** [kən'frʌnt] *v. t.* ***1*** **essere** (o **stare**) **di fronte a; incontrare faccia a faccia *2* far fronte a *3* mettere** (q.) **di fronte a** (o **a confronto di**).
confrontation [,kɔnfrən'teiʃən] *n.* [U] e [C] **confronto** (specialm. di imputati, ecc.).
Confucian [kən'fju:ʃjən] ***A*** *a.* (*relig.*) **di Confucio *B*** *n.* **seguace di Confucio; confuciano.**
Confucianism [kən'fju:ʃjənizəm] *n.* [U] **confucianesimo.**
to **confuse** [kən'fju:z] *v. t.* ***1*** **confondere** (in ogni senso) ***2*** **rendere perplesso; disorientare; sconcertare.**
confusion [kən'fju:ʒən] *n.* [U] ***1*** **confusione *2* imbarazzo; vergogna.**
confutation [,kɔnfju:'teiʃən] *n.* [U] e [C] **confutazione.**
to **confute** [kən'fju:t] *v. t.* **confutare.**
to **congeal** [kən'dʒi:l] *v. t.* e *i.* ***1*** **congelare, congelarsi;** (*fig.*) **raggelare, raggelarsi *2* coagulare, coagularsi.**
congeneric [,kɔndʒə'nerik] *a.* **congenere; affine.**
congenial [kən'dʒi:njəl] *a.* ***1*** (di cosa) **congeniale; gradito *2*** (di persona) **affine; che ha gli stessi gusti e interessi *3*** (*fam.*) **simpatico.**
congeniality [kən,dʒi:ni'æliti] *n.* [U] ***1*** **(l')esser congeniale** (o **gradito**) ***2*** **affinità** (d'indole, gusti, interessi) ***3*** (*fam.*) **simpatia.**
congenital [kən'dʒenitl] *a.* **congenito.**
conger ['kɔŋgə*] *n.* (*zool.;* anche *c. eel,* Conger conger) **grongo.**
to **congest** [kən'dʒest] *v. t.* e *i.* **congestionare** (anche *fig.*), **congestionarsi** • *a congested district,* una regione eccessivamente popolata.
congestion [kən'dʒestʃən] *n.* [U] ***1*** (*med.* e *fig.*) **congestione *2* affollamento eccessivo.**
to **conglomerate** [kən'glɔməreit] *v. t.* e *i.* **conglomerare, conglomerarsi.**
conglomerate [kən'glɔmərit] *a.* e *n.* [C] (anche *geol.*) **conglomerato.**
conglomeration [kən,glɔmə'reiʃən] *n.* [U] e [C] **conglomerazione.**
to **congratulate** [kən'grætjuleit] ***A*** *v. t.* **congratularsi**: *to c. sb. on st.,* congratularsi con q. per q.c. ***B*** to **congratulate oneself** *v. rifl.* **rallegrarsi; felicitarsi.**
congratulations [kən,grætju'leiʃənz] *n. pl.* **congratulazioni.**
congratulatory [kən'grætjulətəri] *a.* **congratulatorio.**
to **congregate** ['kɔŋgrigeit] ***A*** *v. t.* **congregare; adunare *B*** *v. i.* **congregarsi; adunarsi.**
congregation [,kɔŋgri'geiʃən] *n.* ***1*** [U] e [C] **congregazione** (in ogni senso); **assembramento *2*** [C] **assemblea; riunione *3*** [C] (*relig.*) **comunità di fedeli.**
congregational [,kɔŋgri'geiʃənl] *a.* ***1*** **di congregazione *2* congregazionalista.**
congress ['kɔŋgres] *n.* [C] ***1*** **riunione; assemblea; incontro *2* congresso; conferenza** (diplomatica).
congressional [kɔŋ'greʃənl] *a.* **d'un congresso; congressuale.**
congruence ['kɔŋgruəns] *n.* [U] e [C] **congruenza; corrispondenza.**
congruent ['kɔŋgruənt] *a.* **congruente; corrispondente.**
congruity [kɔŋ'gru:iti] *n.* [U] (anche *geom.*) **congruenza; rispondenza; armonia.**
congruous ['kɔŋgruəs] *a.* **congruo; adatto; rispondente.**
conical ['kɔnikl] *a.* **conico.**
coniferous [kou'nifərəs] *a.* (*bot.*) **conifero.**
conifers ['kounifəz] *n. pl.* (*bot.,* Coniferae) **conifere.**
conjectural [kən'dʒektʃərəl] *a.* **congetturale.**
conjecture [kən'dʒektʃə*] *n.* [C] e [U] **congettura.**
to **conjecture** [kən'dʒektʃə*] *v. t.* e *i.* **congetturare; far congetture.**
to **conjoin** [kən'dʒɔin] *v. t.* e *i.* **congiungere, congiungersi; collegare, collegarsi; associare, associarsi.**
conjoint [kən'dʒɔint] *a.* **congiunto; collegato.**
conjugal ['kɔndʒugəl] *a.* **coniugale**: *c. rights,* diritti coniugali.
to **conjugate** ['kɔndʒugeit] *v. t.* (*gramm.*) **coniugare.**
conjugation [,kɔndʒu'geiʃən] *n.* [C] e [U] (*gramm.*) **coniugazione.**
conjunct [kən'dʒʌŋkt] *a.* e *n.* **(individuo, oggetto) congiunto, combinato, collegato, associato.**
conjunction [kən'dʒʌŋkʃən] *n.* [C] ***1*** (anche *gramm., astron.*) **congiunzione *2* concomitanza; coincidenza** • *in c. with,* insieme con.
conjunctive [kən'dʒʌŋktiv] *a.* ***1*** (*biol.*) **connettivo**: *c. tissue,* tessuto connettivo ***2*** (*gramm.*) **congiuntivo.**
conjunctivitis [kən,dʒʌŋkti'vaitis] *n.* [U] (*med.*) **congiuntivite.**
conjuncture [kən'dʒʌŋktʃə*] *n.* [C] **congiuntura** (anche *fig.*).
conjuration [,kɔndʒuə'reiʃən] *n.* [C] e [U] ***1*** **scongiuro; invocazione solenne *2* incantesimo; magia.**
(1) to **conjure** [kən'dʒuə*] *v. t.* **scongiurare.**
(2) to **conjure** ['kʌndʒə*] ***A*** *v. i.* ***1*** **fare incantesimi; esercitare la magia *2* fare giochi di prestigio *B*** *v. t.* **evocare** (spiriti, il demonio, ecc.) • *to c. up,* evocare (uno spirito); rievocare (alla memoria).
(1) conjurer, conjuror [kən'dʒuərə*] *n.* **chi scongiura; scongiuratore** (*lett.*).
(2) conjurer, conjuror ['kʌndʒərə*] *n.* ***1*** **mago; stregone *2* prestigiatore; prestidigitatore.**
conk [kɔŋk] *n.* [C] (*pop.*) **naso.**
to **conk** [kɔŋk] *v. i.* (*fam.,* anche *to c. out*) **guastarsi; incepparsi.**
conked-out [,kɔŋkt'aut] *a.* (*pop.*) **sfasciato; sgangherato.**
connate ['kɔneit] *a.* **innato; congenito.**
to **connect** [kə'nekt] ***A*** *v. t.* ***1*** **connettere; collegare *2* associare l'idea di** (q.c. con un'altra) ***3*** **mettere in comunicazione (telefonica) *4*** — *to be connected (with),* essere in relazione (con); essere imparentato (con): *to be well-connected,* avere conoscenze autorevoli ***B*** *v. i.* ***1*** **connettersi; collegarsi *2* essere in coincidenza** (con).
connected [kə'nektid] *a.* (oltre ai sensi derivati dal verbo) **coerente**: *Will you please give me a c. account of the whole story?,* per favore, vuoi farmi un resoconto coerente dell'intera faccenda?
connecter [kə'nektə*] *n.* [C] (anche *connector*) ***1*** (*mecc.*) **raccordo *2*** (*elettricità*) **morsetto serrafili.**
connection [kə'nekʃən] *n.* ***1*** [C] e [U] (anche *elettricità*) **connessione; collegamento *2*** [C] **mezzo di collegamento;** (*mecc.*) **attacco *3*** [C] **nesso; relazione, rapporto**: *business connections,* rapporti d'affari ***4*** (*di solito al pl.*) **conoscenza, conoscente; amicizia, amico; parente** (specialm. acquisito per matrimonio) ***5*** [C]

(*ferr.*, ecc.) **coincidenza** ***6*** [C] (*comm.*) **clientela** ***7*** [C] **comunità; setta religiosa** ● *in c. with,* con riferimento a; in rapporto con.

connective [kə'nektiv] *a.* (*scient.*) **connettivo.**

connexion [kə'nekʃən] *V.* **connection.**

conning tower ['kɔniŋ'tauə*] *n.* [C] (*naut.*) **torretta di comando.**

connivance [kə'naivəns] *n.* [U] (*leg.*) **connivenza.**

to **connive** [kə'naiv] *v. i.* **essere connivente.**

connoisseur [ˌkɔni'sə:*] *n.* **conoscitore; intenditore.**

connotation [ˌkɔnou'teiʃən] *n.* [C] **significato implicito** (di una parola); **connotazione.**

to **connote** [kɔ'nout] *v. t.* ***1*** **implicare un significato** (in aggiunta a quello lessicale) ***2*** (in senso lato) **significare.**

connubial [kə'nju:bjəl] *a.* **coniugale.**

conoid ['kounɔid] (*geom.*) ***A*** *a.* **conoidale** ***B*** *n.* [C] **conoide.**

to **conquer** ['kɔŋkə*] *v. t.* ***1*** **conquistare** ***2*** **vincere; sconfiggere; dominare.**

conqueror ['kɔŋkərə*] *n.* **conquistatore; vincitore.**

conquest ['kɔŋkwest] *n.* [U] e [C] **conquista** (in ogni senso) ● *to make a c. of sb.,* conquistare q.

consanguineous [ˌkɔnsæŋ'gwiniəs] *a.* **consanguineo.**

consanguinity [ˌkɔnsæŋ'gwiniti] *n.* [U] **consanguineità.**

conscience ['kɔnʃəns] *n.* [U] e [C] **coscienza**: *to have a good (o clear) c.,* avere la coscienza pulita □ *to have a bad (o guilty) c.,* avere la coscienza sporca ● *for c.' sake,* per sgravio di coscienza □ *in all c.,* in coscienza; in verità □ *to make st. a matter of c.,* fare di q.c. un caso di coscienza.

conscientious [ˌkɔnʃi'enʃəs] *a.* **coscienzioso**: *a c. worker,* un lavoratore coscienzioso ● *c. objector,* obiettore di coscienza.

conscious ['kɔnʃəs] *a.* ***1*** **consapevole; conscio; cosciente**: *to be c. of one's guilt,* essere conscio della propria colpevolezza □ *to be c. to the last,* rimanere cosciente fino all'ultimo ***2*** **consapevole; di cui si ha coscienza**: *c. guilt,* colpa di cui si ha coscienza.

consciousness ['kɔnʃəsnis] *n.* [U] **coscienza; consapevolezza** ● *to lose c.,* perdere la coscienza (o i sensi) □ *to recover (o to regain) c.,* riprendere coscienza (o conoscenza).

conscript ['kɔnskript] *n.* e *a.* **coscritto.**

to **conscript** [kən'skript] *v. t.* **arruolare** (in servizio di leva).

conscription [kən'skripʃən] *n.* [U] e [C] **coscrizione.**

consecrate ['kɔnsikrit] *a.* **consacrato.**

to **consecrate** ['kɔnsikreit] *v. t.* **consacrare** (anche *fig.*); **dedicare.**

consecration [ˌkɔnsi'kreiʃən] *n.* [U] e [C] **consacrazione** (in ogni senso).

consecution [ˌkɔnsi'kju:ʃən] *n.* [U] ***1*** **nesso (logico)** ***2*** **successione** (d'eventi) ***3*** (*gramm.*) **consecuzione.**

consecutive [kən'sekjutiv] *a.* **consecutivo** (anche *gramm.*); **di seguito**: *three c. days,* tre giorni di seguito.

consecutively [kən'sekjutivli] *avv.* **consecutivamente; di seguito.**

consensual [kən'senʃuəl] *a.* ***1*** (*leg.*) **consensuale** ***2*** (*fisiologia*) **riflesso.**

consensus [kən'sensəs] *n.* [U] **consenso generale; accordo.**

to **consent** [kən'sent] *v. i.* **acconsentire; consentire**: *to c. to a proposal,* acconsentire a una proposta.

consent [kən'sent] *n.* [U] ***1*** **consenso;** (*comm.*) **benestare** ***2*** **consentimento** (*lett.*)**; parere favorevole** ● *by general c.,* per unanime consenso.

consentient [kən'senʃiənt] *a.* **consenziente.**

consequence ['kɔnsikwəns] *n.* ***1*** [C] **conseguenza** ***2*** [U] **importanza**: *It is a matter of slight (of no) c.,* è cosa di poca (di nessuna) importanza ● *in c.,* di conseguenza; perciò □ *in c. of,* a causa di □ *to be a man of c.,* essere un uomo importante.

consequent ['kɔnsikwənt] *a.* **conseguente.**

consequential [ˌkɔnsi'kwenʃəl] *a.* ***1*** **conseguente** ***2*** (di persona) **pieno di sé; borioso; tronfio** ***3*** **importante**: *a c. decision,* una decisione importante.

consequently ['kɔnsikwəntli] *avv.* **di conseguenza; perciò; dunque.**

conservancy [kən'sə:vənsi] *n.* ***1*** [C] **commissione di controllo** (di un porto, ecc.) ***2*** [U] **conservazione; preservazione; tutela** (del patrimonio forestale, ecc.).

conservation [ˌkɔnsə(:)'veiʃən] *n.* [U] **conservazione; tutela.**

conservatism [kən'sə:vətizəm] *n.* [U] (*polit.*) **conservatorismo.**

conservative [kən'sə:vətiv] ***A*** *a.* ***1*** **conservativo** ***2*** (*polit.*) **conservatore**: *the C. party,* il partito conservatore ***3*** **cauto; prudenziale; moderato** ***B*** *n.* (anche *polit.*) **conservatore.**

conservator (*def. 1* ['kɔnsə(:)ˌveitə*], *def. 2* [kən'sə:vətə*]) *n.* ***1*** **preservatore; tutore** ***2*** **conservatore, sovrintendente** (di museo, ecc.).

conservatory [kən'sə:vətri] *n.* [C] ***1*** **serra** (per piante) ***2*** (*mus.*) **conservatorio** ***3*** **scuola di recitazione.**

conserve ['kɔnsə:v] *n.* (*di solito al pl.*) **conserva** (di frutta); **marmellata.**

to **conserve** [kən'sə:v] *v. t.* **conservare.**

to **consider** [kən'sidə*] ***A*** *v. t.* ***1*** **considerare; giudicare; reputare** ***2*** **tener conto di** ***3*** **aver considerazione per; rispettare** ***4*** **prendere in considerazione** ***B*** *v. i.* **considerare; meditare; riflettere.**

considerable [kən'sidərəbl] *a.* ***1*** **degno di considerazione** ***2*** **considerevole; notevole.**

considerably [kən'sidərəbli] *avv.* **considerevolmente; notevolmente; assai.**

considerate [kən'sidərit] *a.* **premuroso; riguardoso.**

consideration [kənˌsidə'reiʃən] *n.* ***1*** [U] **considerazione; riflessione** ***2*** [C] **fattore; motivo** ***3*** [C] **rimunerazione** ***4*** [U] **riguardo; premura**: *out of c. for his age,* per riguardo alla sua età ● *in c. of,* in considerazione di; in vista di □ *under c.,* in esame.

considered [kən'sidəd] *a.* ***1*** **meditato; ponderato** ***2*** **considerato; stimato** ● *all things c.,* tutto considerato; tutto sommato.

considering [kən'sidəriŋ] ***A*** *prep.* **in considerazione di; tenendo conto di** ***B*** *cong.* **considerato che.**

to **consign** [kən'sain] *v. t.* ***1*** (*comm.*) **consegnare; spedire** ***2*** **affidare**: *to c. one's soul to God,* affidare l'anima a Dio.

consignation [ˌkɔnsai'neiʃən] *n.* ***1*** (*comm.*) **consegna, spedizione** (di merce) ***2*** **pagamento** (di una somma di denaro) **all'incaricato della riscossione** ● (di merce spedita) *to the c. of,* all'indirizzo di.

consignee [ˌkɔnsai'ni:] *n.* (*comm.*) **consegnatario; destinatario.**

consigner [kən'sainə*] *n.* (*comm.*) **mittente** (di merci); **committente.**

consignment [kən'sainmənt] *n.* (*comm.*) ***1*** [U] **spedizione; invio** ***2*** [C] **merce spedita; partita** (di merce) ● (di merce) *on c.,* in deposito.

consignor [kən'sainə*] *n.* (*comm.*) **mittente.**

to **consist** [kən'sist] *v. i.* ***1*** — *to c. of,* constare di; essere composto di ***2*** — *to c. in,* consistere in ***3*** — *to c. with,* accordarsi con; essere in armonia con.

consistence [kən'sistəns], **consistency** [kən'sistənsi] *n.* ***1*** [U] e [C] **consistenza; solidità; densità** ***2*** [U] **concordanza; accordo** ***3*** [U] (*fig.*; sempre *consistency*) **coerenza.**

consistent [kən'sistənt] *a.* ***1*** **che è in armonia** (con); **compatibile** ***2*** **coerente.**

consistory [kən'sistəri] *n.* [C] (*relig.*) **concistoro.**

consociate [kən'souʃieit] ***A*** *a.* **consociato; associato** ***B*** *n.* **consocio; socio.**

to **consociate** [kən'souʃieit] *v. t.* e *i.* **consociare, consociarsi; associare, associarsi.**

consolation [ˌkɔnsə'leiʃən] *n.* [U] e [C] **consolazione.**

to **console** [kən'soul] *v. t.* **consolare; confortare.**

console ['kɔnsoul] (*franc.*) *n.* [C] ***1*** (anche *c. table*) **console, consolle** (tavolo retto da sostegni a mensola) ***2*** **console, consolle; quadro di comando.**

to **consolidate** [kən'sɔlideit] *v. t.* e *i.* ***1*** (anche *fig.*)

consolidare, consolidarsi; rafforzare, rafforzarsi **2** unificare; fondere, fondersi **3** *(fin.)* consolidare: *to c. a debt,* consolidare un debito.
consolidation [kən,sɔli'deiʃən] *n.* **1** [U] *(anche fig.)* consolidamento; rafforzamento **2** [U] e [C] fusione (di aziende).
consols [kən'sɔlz] *n. pl.* *(abbr.* di **consolidated annuities**) consolidato.
consommé [kən'sɔmei] *(franc.)* *n.* [U] *(cucina)* consommé; brodo ristretto.
consonance ['kɔnsənəns] *n.* [U] *(mus., fig.)* consonanza.
(1) consonant ['kɔnsənənt] *a.* **1** consono; conforme; concorde **2** *(mus.)* che produce consonanza; armonioso.
(2) consonant ['kɔnsənənt] *n.* [C] consonante.
consort ['kɔnsɔ:t] *n.* **1** consorte; coniuge: *the prince c.,* il principe consorte **2** *(naut.)* nave che naviga di conserva con un'altra.
to **consort** [kən'sɔ:t] *v. i.* **1** associarsi (con); frequentare **2** accordarsi, concordare, andare d'accordo (con).
consortium [kən'sɔ:tjəm] *(lat.)* *n.* [C] *(econ.)* consorzio.
conspectus [kən'spektəs] *n.* [C] panorama; rassegna.
conspicuous [kən'spikjuəs] *a.* **1** evidente; bene in vista **2** cospicuo; notevole; vistoso ● *to make oneself c.,* farsi notare; richiamare l'attenzione su di sé.
conspicuousness [kən'spikjuəsnis] *n.* [U] **1** evidenza **2** cospicuità; vistosità.
conspiracy [kən'spirəsi] *n.* [U] e [C] cospirazione; congiura.
conspirator [kən'spirətə*] *n.* cospiratore; congiurato.
to **conspire** [kən'spaiə*] **A** *v. i.* cospirare *(anche fig.)* **B** *v. t.* macchinare; tramare.
constable ['kʌnstəbl] *n.* (anche *police c.*) poliziotto; guardia; vigile urbano.
constabulary [kən'stæbjuləri] **A** *a.* di poliziotto; di polizia **B** *n.* **1** corpo di polizia **2** *(collett.)* (i) poliziotti (d'un distretto).
constancy ['kɔnstənsi] *n.* [U] costanza; fermezza; perseveranza.
constant ['kɔnstənt] **A** *a.* costante; fedele; fermo; perseverante **B** *n.* [C] *(mat., fis.)* costante.
constellation [,kɔnstə'leiʃən] *n.* [C] *(astron.)* costellazione.
consternation [,kɔnstə(:)'neiʃən] *n.* [U] costernazione.
to **constipate** ['kɔnstipeit] *v. t.* *(med.)* rendere stitico.
constipated ['kɔnstipeitid] *a.* stitico.
constipation [,kɔnsti'peiʃən] *n.* [U] *(med.)* stitichezza.
constituency [kən'stitjuənsi] *n.* [C] collegio elettorale (gli elettori e il distretto).
constituent [kən'stitjuənt] **A** *a.* costituente: *a c. assembly,* un'assemblea costituente **B** *n.* [C] **1** *(polit.)* elettore (d'un certo collegio) **2** elemento componente.
to **constitute** ['kɔnstitju:t] *v. t.* **1** costituire; formare **2** dare un ordinamento (o un regolamento) a (procedimenti parlamentari, ecc.) **3** nominare; eleggere.
constitution [,kɔnsti'tju:ʃən] *n.* [C] **1** costituzione (in ogni senso) **2** conformazione (mentale); indole **3** composizione; struttura.
constitutional [,kɔnsti'tju:ʃənl] **A** *a.* **1** costituzionale: *c. weakness,* debolezza costituzionale **2** ricostituente: *a c. medicine,* un ricostituente **3** sancito dalla costituzione **B** *n.* [C] *(fam.)* passeggiata igienica.
constitutionalism [,kɔnsti'tju:ʃənəlizəm] *n.* [U] *(polit.)* costituzionalismo.
constitutive ['kɔnstitju:tiv] *a.* **1** costitutivo **2** basilare; essenziale.
to **constrain** [kən'strein] *v. t.* costringere; obbligare; forzare.
constrained [kən'streind] *a.* forzato; innaturale; falso.
constraint [kən'streint] *n.* [U] **1** costrizione; coercizione **2** soggezione; imbarazzo; mancanza di naturalezza ● *under c.,* per costrizione.
to **constrict** [kən'strikt] *v. t.* stringere; comprimere; contrarre.
constriction [kən'strikʃən] *n.* **1** [U] e [C] stringimento; compressione; contrazione **2** [C] oppressione (al petto, ecc.).
constrictive [kən'striktiv] *a.* costrittivo.
to **construct** [kən'strʌkt] *v. t.* **1** costruire; edificare **2** comporre; formulare.
construction [kən'strʌkʃən] *n.* **1** [U] e [C] costruzione (in ogni senso) **2** [C] (anche *leg.*) interpretazione ● *c. theory,* scienza delle costruzioni □ *to put a good (bad) c. upon st.,* interpretare qualche cosa in senso buono (cattivo).
constructive [kən'strʌktiv] *a.* **1** costruttivo; positivo: *c. criticism,* critica costruttiva **2** strutturale **3** presunto; *(leg.)* indiziario.
constructor [kən'strʌktə*] *n.* **1** costruttore **2** (anche *naval c.*) sovrintendente alle costruzioni navali.
to **construe** [kən'stru:] **A** *v. t.* **1** *(gramm.)* costruire; analizzare **2** tradurre e commentare (analizzando parola per parola) **3** interpretare **B** *v. i.* *(gramm.)* fare l'analisi logica.
consubstantiality [,kɔnsəbstænʃi'æliti] *n.* [U] *(relig.)* consustanzialità.
consubstantiation [,kɔnsəbstænʃi'eiʃən] *n.* [U] *(relig.)* consustanziazione.
consul ['kɔnsəl] *n.* console (in ogni senso).
consular ['kɔnsjulə*] *a.* consolare.
consulate ['kɔnsjulit] *n.* [C] consolato (in ogni senso).
to **consult** [kən'sʌlt] **A** *v. t.* **1** consultare *(anche fig.)* **2** tener conto di **B** *v. i.* consultarsi ● *to c. one's pillow,* pensarci su durante la notte □ *consulting hours,* orario di visita.
consultant [kən'sʌltənt] *n.* **1** chi si consulta (con altri) **2** consulente **3** medico specialista.
consultation [,kɔnsəl'teiʃən] *n.* **1** [U] e [C] consultazione; *(med.)* consulto **2** [C] riunione (per discutere q.c.).
consumable [kən'sju:məbl] **A** *a.* consumabile **B** *n. pl.* *(econ.)* beni di consumo.
to **consume** [kən'sju:m] **A** *v. t.* consumare; (del fuoco) distruggere **B** *v. i.* consumarsi *(fig.)* ● *to be consumed with curiosity (jealousy, etc.),* struggersi dalla curiosità (dalla gelosia, ecc.).
consumer [kən'sju:mə*] *n.* **1** consumatore **2** utente ● *(econ.)* *c. (o consumers') goods,* beni (o articoli) di consumo.
consumerism [kən'sju:mə,rizəm] *n.* [U] consumismo.
consummate [kən'sʌmit] *a.* consumato; eccellente; perfetto: *a man of c. skill,* un uomo di consumata abilità.
to **consummate** ['kɔnsə,meit] *v. t.* **1** compiere; completare; coronare **2** consumare (un matrimonio, un sacrificio, ecc.).
consummation [,kɔnsə'meiʃən] *n.* [U] e [C] **1** completamento; coronamento (d'un'opera, ecc.) **2** consumazione (d'un matrimonio, ecc.).
consumption [kən'sʌmpʃən] *n.* [U] **1** consumo: *(econ.)* *home c.,* consumo interno **2** *(med.)* consunzione; tubercolosi.
consumptive [kən'sʌmptiv] *a.* e *n.* *(med.)* tubercoloso; tubercolotico.
contact ['kɔntækt] *n.* **1** [U] contatto *(anche fig.)* **2** [C] *(med.)* potenziale portatore di germi **3** [C] conoscenza; amicizia ● *(ottica)* *c. lenses,* lenti a contatto □ *to bring into c.,* mettere in contatto.
to **contact** [kən'tækt] *v. t.* e *i.* mettere, mettersi in contatto con (q.).
contagion [kən'teidʒən] *n.* [U] e [C] contagio (in ogni senso).
contagious [kən'teidʒəs] *a.* **1** contagioso (anche *fig.*): *Laughter is c.,* il riso è contagioso **2** (di persona) portatore di contagio.
to **contain** [kən'tein] *v. t.* **1** contenere; racchiudere; trattenere; frenare **2** *(mat.)* essere divisibile per **3** (anche *geom.*) comprendere.

container [kən'teinə*] *n.* [C] recipiente; contenitore.
to **contaminate** [kən'tæmineit] *v. t.* contaminare.
contamination [kən,tæmi'neiʃən] *n.* [U] e [C] contaminazione (anche *filol.*).
contango [kən'tæŋgou] *n.* (*pl.* **contangos, contangoes**) (*Borsa*) (interesse di) riporto.
to **contemn** [kən'tem] *v. t.* (*lett.*) spregiare; disprezzare.
to **contemplate** ['kɔntempleit] **A** *v. t.* **1** contemplare; meditare **2** prevedere; aspettarsi **3** intendere; proporsi di **B** *v. i.* meditare.
contemplation [,kɔntem'pleiʃən] *n.* [U] contemplazione; meditazione • (di una cosa) *in c.*, in progetto; allo studio.
contemplative [kɔn'templətiv] *a.* contemplativo.
contemporaneity [kən,tempərə'ni:iti] *n.* [U] contemporaneità.
contemporaneous [kən,tempə'reinjəs] *a.* contemporaneo.
contemporary [kən'tempərəri] *a.* e *n.* **1** contemporaneo **2** coetaneo.
to **contemporize** [kən'tempə,raiz] **A** *v. t.* far accadere contemporaneamente; sincronizzare **B** *v. i.* accadere contemporaneamente.
contempt [kən'tem*p*t] *n.* [U] **1** disprezzo **2** (*leg.*) oltraggio alla corte (anche: *c. of court*).
contemptibility [kən,tem*p*tə'biliti], **contemptibleness** [kən'tem*p*təblnis] *n.* [U] spregevolezza.
contemptible [kən'tem*p*təbl] *a.* spregevole; disprezzabile.
contemptuous [kən'tem*p*tjuəs] *a.* sprezzante; sdegnoso.
to **contend** [kən'tend] *v. t.* e *i.* **1** contendere; lottare; gareggiare **2** discutere; controbattere **3** contrastare; essere in disaccordo.
(1) content [kən'tent] *a. pred.* **1** — *c. with*, contento di **2** disposto; pronto • (alla Camera dei Lord) *c.*, sì □ *not c.*, no.
(2) content [kən'tent] *n.* **1** [U] contentezza; soddisfazione **2** (*al pl.*) votanti in favore.
to **content** [kən'tent] **A** *v. t.* contentare; accontentare; soddisfare **B** to **content oneself (with)** *v. rifl.* contentarsi (di).
(3) content ['kɔntent] *n.* **1** (*di solito al pl.*) contenuto (in ogni senso) **2** (*al pl.*) (anche: *table of contents*) indice (d'un libro) **3** capacità: *the c. of a cask*, la capacità d'una botte.
contented [kən'tentid] *a.* contento; soddisfatto.
contention [kən'tenʃən] *n.* **1** [U] contesa; controversia; disputa; polemica **2** [C] assunto (che si vuol dimostrare); punto di vista.
contentious [kən'tenʃəs] *a.* **1** litigioso; polemico **2** controverso.
contentment [kən'tentmənt] *n.* [U] contentezza; appagamento.
to **contest** [kən'test] **A** *v. t.* **1** contestare **2** (*leg.*) impugnare **3** contendere; contrastare **4** presentarsi candidato a **B** *v. i.* discutere; disputare.
contest ['kɔntest] *n.* [C] **1** contestazione; contesa; controversia; disputa **2** lotta; conflitto **3** competizione; gara; concorso: *a beauty c.*, un concorso di bellezza.
contestant [kən'testənt] *n.* competitore; concorrente.
context ['kɔntekst] *n.* [C] e [U] contesto.
contextual [kən'tekstjuəl] *a.* contestuale.
contiguity [,kɔnti'gju:iti] *n.* [U] contiguità.
contiguous [kən'tigjuəs] *a.* contiguo.
continence ['kɔntinəns] *n.* [U] continenza (anche *med.*); castità.
(1) continent ['kɔntinənt] *a.* continente; casto.
(2) continent ['kɔntinənt] *n.* [C] continente • *the C.*, l'Europa continentale.
continental [,kɔnti'nentl] **A** *a.* **1** continentale **2** del (o sul) continente europeo **B** *n.* abitante del continente europeo • *c. breakfast*, (prima) colazione leggera.
contingency [kən'tindʒənsi] *n.* **1** [U] contingenza; eventualità **2** [C] contingenza; circostanza fortuita.
contingent [kən'tindʒənt] **A** *a.* **1** eventuale; possibile **2** accidentale; casuale; fortuito **3** condizionato **B** *n.* [C] **1** contingenza; circostanza fortuita **2** contingente: *a c. of troops*, un contingente di truppe.
continual [kən'tinjuəl] *a.* continuo; incessante.
continually [kən'tinjuəli] *avv.* **1** continuamente; di continuo **2** ininterrottamente; incessantemente.
continuance [kən'tinjuəns] *n.* (*soltanto al sing.*) **1** durata: *of long c.*, di lunga durata **2** permanenza.
continuation [kən,tinju'eiʃən] *n.* **1** [U] continuazione **2** [U] ripresa **3** [C] aggiunta; supplemento.
to **continue** [kən'tinju(:)] **A** *v. i.* **1** continuare: *to c. doing (o to do) st.*, continuare a fare q.c. **2** rimanere; restare: *to continue in office*, rimanere in carica **B** *v. t.* **1** continuare; proseguire **2** riprendere (un discorso, un racconto, un'attività) **3** tenere; mantenere • (nei giornali, ecc.) *to be continued*, il seguito alla prossima puntata.
continuity [,kɔnti'nju:iti] *n.* [U] **1** continuità (anche *fis.*); successione logica **2** (*cinem.*) (schema di) sceneggiatura • (*cinem.*) *c. girl*, segretaria di edizione.
continuous [kən'tinjuəs] *a.* continuo; ininterrotto.
to **contort** [kən'tɔ:t] *v. t.* contorcere; storcere.
contortion [kən'tɔ:ʃən] *n.* [U] e [C] contorsione; contorcimento.
contour ['kɔntuə*] *n.* [C] contorno; profilo • (*geogr.*) *c. lines*, curve di livello □ *c. map*, carta a curve di livello.
to **contour** ['kɔntuə*] *v. t.* **1** segnare il contorno di (q.c.) **2** costruire (una strada, ecc.) seguendo le curve di livello.
contra ['kɔntrə] **A** *avv.* all'incontro; al contrario **B** *n.* **1** cosa contraria **2** (*rag.*) contropartita (in un conto) • *pro and c.*, pro e contro.
contraband ['kɔntrəbænd] **A** *n.* [U] contrabbando **B** *a.* di contrabbando: *c. goods*, merci di contrabbando.
contrabandist ['kɔntrə,bændist] *n.* contrabbandiere.
contrabass [,kɔntrə'beis] *n.* (*mus.*) contrabbasso.
contraception [,kɔntrə'sepʃən] *n.* [U] pratiche antifecondative; contraccezione.
contraceptive [,kɔntrə'septiv] *a.* e *n.* [C] antifecondativo; contraccettivo.
contract ['kɔntrækt] *n.* [C] e [U] (*leg., comm.*) contratto; (contratto d') appalto • *to be engaged on a c. to supply st.*, avere un contratto per la fornitura di q.c. □ *jobbing c.*, cottimo.
to **contract** [kən'trækt] **A** *v. t.* **1** contrarre (in ogni senso) **2** far contrarre **3** prendere in appalto; appaltare **B** *v. i.* **1** fare un contratto; accordarsi (formalmente) **2** contrarsi • *to c. (oneself) out of an agreement*, svincolarsi da un accordo.
contractile [kən'træktail] *a.* **1** (*scient.*) contrattile **2** retrattile.
contraction [kən'trækʃən] *n.* [U] e [C] contrazione (in ogni senso).
contractor [kən'træktə*] *n.* **1** (*comm.*) contraente **2** (*ind., comm.*) appaltatore; imprenditore **3** (*anat.*) muscolo contrattile.
contractual [kən'træktjuəl] *a.* contrattuale.
to **contradict** [,kɔntrə'dikt] **A** *v. t.* e *i.* contraddire, contraddirsi **B** to **contradict oneself** *v. rifl.* contraddirsi.
contradiction [,kɔntrə'dikʃən] *n.* [U] e [C] contraddizione (in ogni senso).
contradictory [,kɔntrə'diktəri] *a.* contraddittorio.
to **contradistinguish** [,kɔntrədis'tiŋgwiʃ] *v. t.* contraddistinguere.
contraindication [,kɔntrə,indi'keiʃən] *n.* [C] (*med.*) controindicazione.
contralto [kən'træltou] (*ital.*) *n.* (*pl.* **contraltos**) (*mus.*) contralto.
contraposition [,kɔntrəpə'ziʃən] *n.* [U] contrapposizione.
contraption [kən'træpʃən] *n.* [C] (*fam.*) congegno; aggeggio.
contrapuntal [,kɔntrə'pʌntl] *a.* (*mus.*) contrappuntistico.
contrariety [,kɔntrə'raiəti] *n.* **1** [U] contrarietà; avversione **2** [C] contraddizione; discordanza.

contrarily (*def. 1* ['kɔntrərili], *def. 2* [kən'trɛərili]) *avv.* **1** contrariamente **2** *(fam.)* con grande ostinazione; scontrosamente.

contrariness [kən'trɛərinis] *n.* [U] *(fam.)* spirito di contraddizione.

contrariwise ['kɔntrəriwaiz] *avv.* **1** al contrario; invece **2** in senso contrario.

contrary (*def. 1* ['kɔntrəri], *def. 2* [kən'trɛəri]) **A** *a.* **1** contrario; avverso; sfavorevole; opposto **2** *(fam.)* caparbio; ostinato; testardo **B** *n.* — *the c.*, il contrario; l'opposto **C** *avv.* — *c. to*, contrariamente a; in opposizione a ● *by contraries*, alla rovescia; a rovescio □ *on the c.*, al contrario; invece □ *to the c.*, in (senso) contrario.

to **contrast** [kən'træst] **A** *v. t.* mettere in contrasto; contrapporre, opporre *(fig.)* **B** *v. i.* contrastare; far contrasto.

contrast ['kɔntræst] *n.* [U] e [C] contrasto.

to **contravene** [ˌkɔntrə'vi:n] *v. t.* **1** contravvenire a; trasgredire a **2** essere in contrasto con **3** contraddire.

contravention [ˌkɔntrə'venʃən] *n.* [U] e [C] contravvenzione; trasgressione.

contretemps ['kɔntrəˌta:n] *(franc.) n. (invar. al pl.)* contrattempo.

to **contribute** [kən'tribjut] **A** *v. t.* **1** contribuire; dare (come contributo) **2** scrivere (per giornali) **3** fornire **B** *v. i.* **1** contribuire (a) **2** collaborare (a un giornale, ecc.).

contribution [ˌkɔntri'bju:ʃən] *n.* **1** [U] e [C] contribuzione; contributo (anche in denaro) **2** [U] collaborazione **3** [C] e [U] contributo di guerra: *to lay a people under c.*, imporre a un popolo il pagamento del contributo di guerra ● *(fin.) c. of capital*, apporto di capitale.

contributor [kən'tribjutə*] *n.* **1** contributore; sottoscrittore **2** collaboratore (a un giornale, ecc.).

contributory [kən'tribjutəri] **A** *a.* **1** contribuente; concomitante **2** basato sul contributo; contributivo **B** *n. (leg.)* contributario ● *(leg.) c. negligence*, concorso di colpa.

contrite ['kɔntrait] *a.* contrito; amaramente pentito.

contrition [kən'triʃən] *n.* [U] contrizione; pentimento sincero.

contrivance [kən'traivəns] *n.* **1** [U] e [C] invenzione **2** [C] *(mecc.)* congegno; dispositivo **3** [C] espediente **4** [U] capacità inventiva.

to **contrive** [kən'traiv] **A** *v. t.* **1** escogitare **2** fare in modo di; trovare il mezzo di **3** inventare **B** *v. i.* **1** fare piani **2** far quadrare il bilancio domestico.

contrived [kən'traivd] *a.* affettato; innaturale; forzato; studiato.

to **control** [kən'troul] *v. t.* **1** controllare; riscontrare; verificare **2** tenere sotto il proprio controllo; regolare a proprio piacere; controllare **3** tenere a freno; trattenere; frenare **4** *(aeron., naut.)* pilotare; governare.

control [kən'troul] *n.* **1** [U] e [C] autorità; freno *(fig.)*; padronanza; dominio; controllo **2** *(mecc., spesso al pl.)* (dispositivo di) comando **3** [C] *(sport*, anche *c. station)* (posto di) controllo ● *(aeron.) c. stick*, barra di comando; cloche □ *(fin.) foreign-exchange c.*, controllo del movimento della valuta estera □ *to get st. under c.*, (riuscire a) dominare q.c.; frenare q.c. □ *traffic c.*, regolazione del traffico.

controller [kən'troulə*] *n.* **1** economo **2** *(USA)* direttore amministrativo **3** *(mecc.)* regolatore **4** *(elettricità)* combinatore.

controversial [ˌkɔntrə'və:ʃəl] *a.* **1** controverso **2** polemico.

controversy ['kɔntrəvə:si] *n.* [U] e [C] controversia; dibattito.

to **controvert** ['kɔntrəvə:t] *v. t.* **1** disputare di **2** contraddire.

contumacious [ˌkɔntju'meiʃəs] *a.* **1** disobbediente; indocile; insubordinato **2** *(leg.)* contumace.

contumacy ['kɔntjuməsi] *n.* [U] **1** disobbedienza; indocilità; insubordinazione **2** *(leg.)* contumacia.

contumelious [ˌkɔntju(:)'mi:ljəs] *a.* insolente; ingiurioso.

contumely ['kɔntju(:)mli] *n.* **1** [U] insolenza; disprezzo **2** [C] contumelia; ingiuria.

to **contuse** [kən'tju:z] *v. t.* contundere; ammaccare.

contusion [kən'tju:ʒən] *n.* [C] contusione; ammaccatura.

conundrum [kə'nʌndrəm] *n.* [C] indovinello; enigma.

conurbation [ˌkɔnə:'beiʃən], *n.* [C] conurbazione.

to **convalesce** [ˌkɔnvə'les] *v. i.* rimettersi in salute; essere in convalescenza.

convalescence [ˌkɔnvə'lesns] *n.* [U] convalescenza.

convalescent [ˌkɔnvə'lesənt] *a.* e *n.* convalescente.

convection [kən'vekʃən] *n.* [U] *(fis., meteorologia)* convezione.

convector [kən'vektə*] *n.* convettore; termoconvettore.

to **convene** [kən'vi:n] **A** *v. i.* convenire; adunarsi **B** *v. t.* convocare.

convenience [kən'vi:njəns], **conveniency** [kən'vi:njənsi] *n.* **1** [U] convenienza; utilità; interesse: *a marriage of. c.*, un matrimonio d'interesse **2** [C] agio; comodo; comodità; vantaggio: *a house full of conveniences of every sort*, una casa provvista di tutte le comodità **3** [C] (anche *public c.*) gabinetto pubblico; latrina ● *c. food*, cibo già preparato (surgelato, in scatola) □ *at your earliest c.*, con cortese sollecitudine.

convenient [kən'vi:njənt] *a.* **1** comodo; utile; conveniente **2** (d'un luogo) comodo; vicino.

convent ['kɔnvənt] *n.* [C] convento; monastero (di solito, di suore).

conventicle [kən'ventikl] *n.* [C] *(stor.)* conventicola.

convention [kən'venʃən] *n.* **1** [C] assemblea; convegno **2** [C] e [U] convenzione; accordo.

conventional [kən'venʃənl] *a.* convenzionale; tradizionale.

to **conventionalize** [kən'venʃnəlaiz] *v. t.* rendere convenzionale.

conventual [kən'ventjuəl] *a.* conventuale.

to **converge** [kən'və:dʒ] **A** *v. i.* **1** convergere (anche *fig.*) **2** *(mat.)* convergere **B** *v. t.* far convergere.

convergence [kən'və:dʒəns], **convergency** [kən'və:dʒənsi] *n.* [U] e [C] convergenza.

convergent [kən'və:dʒənt] *a.* convergente.

conversant [kən'və:sənt] *a.* **1** che ha familiarità (con q.) **2** pratico (di q.c.), versato (in q.c.); al corrente (di q.c.).

conversation [ˌkɔnvə'seiʃən] *n.* [U] e [C] conversazione.

conversational [ˌkɔnvə'seiʃənl] *a.* **1** (di persona) che ama conversare; loquace **2** (di vocabolo, ecc.) familiare; della lingua parlata.

conversationalist [ˌkɔnvə'seiʃnəlist] *n.* buon conversatore.

to **converse** [kən'və:s] *v. i.* conversare.

converse ['kɔnvə:s] *a.* e *n.* contrario; opposto.

conversion [kən'və:ʃən] *n.* [U] e [C] conversione (in ogni senso) ● *the c. of forest land into farms*, l'appoderamento di terreni boschivi.

to **convert** [kən'və:t] *v. t.* convertire (in ogni senso).

convert ['kɔnvə:t] *n. (relig.)* convertito.

convertible [kən'və:təbl] *a.* **1** convertibile **2** intercambiabile: *c. terms*, termini intercambiabili ● *c. car*, automobile decappottabile.

convex [ˌkɔn'veks] *a.* convesso.

convexity [kɔn'veksiti] *n.* [U] e [C] convessità.

to **convey** [kən'vei] *v. t.* **1** portare; trasportare **2** comunicare; trasmettere (suoni, ecc.); rendere, dare (un'idea, ecc.) **3** *(leg.)* trasferire (proprietà ad altri).

conveyance [kən'veiəns] *n.* **1** [U] trasporto **2** [C] mezzo di trasporto **3** [U] comunicazione (d'idee, ecc.); trasmissione **4** [U] *(leg.)* cessione, trasferimento (di proprietà) **5** [C] *(leg.)* atto di cessione.

conveyer, conveyor [kən'veiə*] *n. (ind.)* convo-

gliatore; trasportatore ● *c. belt,* nastro trasportatore.
convict ['kɔnvikt] *n.* **condannato; galeotto; forzato.**
to **convict** [kən'vikt] *v. t.* **1** *(leg.)* **dichiarare** (q.) **colpevole 2** *(fig.)* **condannare.**
conviction [kən'vikʃən] *n.* [U] e [C] **1** *(leg.)* **dichiarazione di colpevolezza; condanna 2 convinzione** ● *to carry c.,* essere convincente.
to **convince** [kən'vins] *v. t.* **convincere; persuadere.**
convinced [kən'vinst] *a.* **convinto; persuaso.**
convincing [kən'vinsiŋ] *a.* **convincente; persuasivo.**
convincingly [kən'vinsiŋli] *avv.* **in modo convincente.**
convivial [kən'viviəl] *a.* **1 conviviale 2 festoso; gioviale.**
conviviality [kən,vivi'æliti] *n.* [U] **festosità; giovialità.**
convocation [,kɔnvə'keiʃən] *n.* **1** [U] **convocazione 2** [C] **assemblea.**
to **convoke** [kən'vouk] *v. t.* **convocare.**
convolute ['kɔnvə,lu:t] *a.* *(bot.)* **convoluto; accartocciato.**
convoluted ['kɔnvəlju:tid] *a.* **1 convoluto; ritorto; a spirale 2** *(fig.)* **contorto; involuto.**
convolution [,kɔnvə'lju:ʃən] *n.* [C] **1 giro; spira 2** *(anat.)* **circonvoluzione** (cerebrale).
to **convolve** [kən'vɔlv] *v. t.* e *i.* **attorcigliare, attorcigliarsi.**
convolvulus [kən'vɔlvjuləs] *n.* *(bot.,* Convolvus) **convolvolo.**
to **convoy** ['kɔnvɔi] *v. t.* **scortare.**
convoy ['kɔnvɔi] *n.* **1** [U] **scorta 2** [C] (di navi, ecc.) **convoglio.**
to **convulse** [kən'vʌls] *v. t.* **agitare; sconvolgere** (anche *fig.)* ● *to be convulsed with laughter,* essere preso da un convulso di riso.
convulsion [kən'vʌlʃən] *n.* [C] **1** *(di solito al pl., med.)* **convulsione; convulso** *(pop.)* **2 convulso di riso 3 agitazione; sconvolgimento.**
convulsive [kən'vʌlsiv] *a.* **1 convulsivo 2 convulso:** *c. laughter,* riso convulso.
cony, coney ['kouni] *n.* [C] **coniglio; pelle di coniglio.**
coo [ku:] *n.* **(il) tubare** (dei piccioni, ecc.).
to **coo** [ku:] *v. i.* **tubare.**
cook [kuk] *n.* **cuoco, cuoca.**
to **cook** [kuk] **A** *v. t.* **1 cuocere; cucinare 2** *(fam.,* anche *to c. up)* **manipolare; falsificare; inventare:** *to c. up an excuse,* inventare una scusa **B** *v. i.* **1 cucinare; far la cucina 2 cuocersi.**
cooker ['kukə*] *n.* [C] **1 fornello; cucina:** *a gas-c.,* una cucina a gas **2 recipiente per cuocere cibo** (tegame, teglia, ecc.) **3 mela da cuocere.**
cookery ['kukəri] *n.* [U] **gastronomia; arte culinaria** ● *c. book,* libro di gastronomia.
cooking ['kukiŋ] *n.* [U] **1 cottura 2 cucina:** *to do the c.,* fare la cucina □ *plain c.,* cucina casalinga.
cooky, cookie ['kuki] *n.* [C] **1** *(scozz.)* **focaccina 2** (specialm. *USA)* **biscotto.**
cool [ku:l] *a.* **A 1 fresco 2** (di bevande, ecc.) **freddo; raffreddato 3** (d'abiti, ecc.) **che tiene fresco; leggero 4** (di persona) **calmo, tranquillo; tiepido, freddo** *(fig.);* **indifferente; impudente, sfacciato 5** *(fam.)* **ben; la bellezza di:** *a c. thousand,* la bellezza di mille sterline (o dollari, ecc.) **B** *n.* [U] **fresco; frescura** ● *a c. customer,* uno sfacciato □ *to get c.,* rinfrescarsi; prendere il fresco □ *What c. cheek!,* che sfacciataggine!
to **cool** [ku:l] **A** *v. t.* **1 rinfrescare; raffreddare** (anche *fig.)* **2 calmare B** *v. i.* **1 rinfrescarsi; raffreddarsi 2** (anche *to c. down)* **calmarsi;** (d'ira) **sbollire** ● *(fig.) to c. one's heels,* aspettare a lungo; fare anticamera.
coolant ['ku:lənt] *n.* [C] e [U] *(tecn.)* **1 refrigerante 2 fluido refrigerante** (o **di raffreddamento).**
cooler ['ku:lə*] *n.* [C] **1 refrigerante; refrigeratore 2 bibita 3** *(pop.)* **cella** (di prigione).
cool-headed [,ku:l'hedid] *a.* **calmo.**
coolie ['ku:li] *n.* **coolie** (operaio, facchino, servo, specialm. in India e in Cina).
coolness ['ku:lnis] *n.* [U] **1 fresco; frescura 2 freddezza; indifferenza; calma; sangue freddo** *(fig.).*
coomb [ku:m] *n.* [C] *(dial.)* **valletta.**
coon [ku:n] *n.* *(spreg.)* **negro.**
coop [ku:p] *n.* [C] **stia** (per polli, ecc.).
to **coop** [ku:p] *v. t.* (anche *to c. up* o *in)* **1 mettere nella stia 2 rinchiudere; stipare.**
co-op, coop [kou'ɔp] *n.* *(abbr. fam.* di **cooperative)** **cooperativa.**
cooper ['ku:pə*] *n.* **bottaio.**
to **co(-)operate** [kou'ɔpəreit] *v. i.* **1 cooperare 2 contribuire.**
co(-)operation [kou,ɔpə'reiʃən] *n.* [U] **cooperazione; collaborazione.**
co(-)operative [kou'ɔpərətiv] *a.* **cooperativo** ● *c. store,* cooperativa di consumo.
to **co(-)opt** [kou'ɔpt] *v. t.* **cooptare; eleggere** (un nuovo membro).
co(-)ordinate [kou'ɔ:dnit] **A** *a.* **coordinato B** *n.* [C] *(mat., geogr., astron.)* **coordinata.**
to **co(-)ordinate** [kou'ɔ:dineit] *v. t.* **coordinare.**
co(-)ordination [kou,ɔ:di'neiʃən] *n.* [U] **coordinazione.**
coot [ku:t] *n.* **1** *(zool.,* Fulica atra) **folaga 2** *(fam.)* **semplicione.**
co-owner [kou'ounə*] *n.* **comproprietario.**
(1) cop [kɔp] *n.* *(pop.)* **poliziotto.**
(2) cop [kɔp] *n.* [C] *(pop.)* **cattura; retata.**
to **cop** [kɔp] *v. t.* *(pop.)* **acchiappare; prendere** ● *to cop it,* prenderle; buscarle.
copal ['koupəl] *n.* [U] **copale, coppale.**
copartner [kou'pa:tnə*] *n.* **socio; consocio.**
copartnership [kou'pa:tnəʃip] *n.* **1** [C] **consociazione; società 2** [U] *(econ.)* **compartecipazione (agli utili di un'azienda).**
cope [koup] *n.* [C] **mantello;** *(relig.)* **piviale;** *(fig.)* **manto, cappa.**
to **cope** [koup] *v. i.* **far fronte** (a); **tener testa** (a); **farcela.**
copeck ['koupek] *n.* [C] **copeco.**
coper ['koupə*] *n.* **mercante di cavalli** (anche *horse--c.).*
Copernican [kou'pə:nikən] *a.* **copernicano.**
copier ['kɔpiə*] *n.* **1 chi copia; imitatore 2 chi trascrive; copista.**
copilot ['kou,pailət] *n.* *(aeron.)* **secondo pilota.**
coping ['koupiŋ] *n.* [C] *(edil.)* **cimasa** ● *c. stone,* pietra per cimasa; *(fig.)* ultimo tocco.
copious ['koupjəs] *a.* **1 copioso; abbondante 2 verboso; ampolloso 3** (d'autore) **prolifico** *(fig.).*
(1) copper ['kɔpə*] **A** *n.* **1** [U] *(chim.)* **rame 2** [C] **moneta di bronzo** (un tempo di rame) **3** [C] **caldaia 4** *(al pl.)* **(i) rami; (i) vasi di rame B** *a.* **1 di rame 2 color rame.**
(2) copper ['kɔpə*] *n.* *(pop.)* **poliziotto.**
to **copper** ['kɔpə*] *v. t.* **rivestire di rame; ramare.**
copperas ['kɔpərəs] *n.* [U] *(chim.)* **solfato ferroso.**
copperplate ['kɔpəpleit] *n.* [C] **1 lastra di rame** (per incisione) **2 incisione su rame** ● *c. writing,* scrittura chiara e regolare.
coppersmith ['kɔpə,smiθ] *n.* **ramaio; calderaio.**
coppery ['kɔpəri] *a.* **1 che contiene rame 2 color rame.**
coppice ['kɔpis] *n.* [C] **macchia; bosco ceduo.**
copra ['kɔprə] *n.* [U] *(ind.)* **copra.**
copse [kɔps] *V.* **coppice.**
Copt [kɔpt] *n.* *(relig.)* **copto.**
Coptic ['kɔptik] *a.* e *n.* **copto.**
copula ['kɔpjulə] *n.* [C] *(gramm.)* **copula.**
to **copulate** ['kɔpjuleit] *v. i.* **accoppiarsi.**
copulation [,kɔpju'leiʃən] *n.* [U] e [C] **copulazione; accoppiamento.**
copulative ['kɔpjulətiv] *a.* *(gramm.)* **copulativo.**
copy ['kɔpi] *n.* **1** [C] e [U] **copia; riproduzione; esemplare:** *rough c.,* brutta copia; minuta □ *fair c.,* bella copia **2** [C] **modello** (di calligrafia, ecc.); **opera presa a modello 3** [U] **materiale da stampare 4** [U] **argomento; materia d'interesse.**
to **copy** ['kɔpi] *v. t.* e *i.* **copiare; trascrivere; imitare;**

riprodurre.

copy-book ['kɔpibuk] *n.* [C] **quaderno** (di calligrafia) ● *c. maxims,* massime trite.

copycat ['kɔpikæt] *n.* [C] **pappagallo** *(fig.)*.

copyhold ['kɔpihould] *n.* [U] *(leg., stor.)* ***1*** **proprietà d'un terreno, basata su una copia di antichi documenti di concessione feudale** ***2*** **terreno così posseduto.**

copying ['kɔpiiŋ] ***A*** *a.* **copiativo**: *c. ink,* inchiostro copiativo ***B*** *n.* **copiatura.**

copyist ['kɔpiist] *n.* ***1*** **copista; scrivano** ***2*** **imitatore.**

copyright ['kɔpirait] ***A*** *n.* [U] *(leg.)* **diritto d'autore; proprietà letteraria riservata** ***B*** *a.* (di libro, ecc.) **tutelato da diritti d'autore.**

to **copyright** ['kɔpirait] *v. t.* **tutelare** (un libro, ecc.) **in base ai diritti d'autore.**

to **coquet,** to **coquette** [kou'ket] *v. i.* **civettare; far la civetta.**

coquetry ['koukitri] *n.* [U] e [C] **civetteria.**

coquette [kou'ket] *n.* **civetta** *(fig.)*.

coquettish [kou'ketiʃ] *a.* **civettuolo.**

coracle ['kɔrəkəl] *n.* [C] **piccola imbarcazione di vimini.**

coral ['kɔrəl] ***A*** *n.* [U] **corallo** ***B*** *a.* **corallino; di** (o **simile** a) **corallo** ● *c. island,* isola corallina.

corbel ['kɔ:bl] *n.* [C] *(archit.)* **mensolone; modiglione.**

cord [kɔ:d] *n.* ***1*** [U] e [C] **corda; cordone; funicella; spago**: *(anat.) the vocal cords,* le corde vocali ***2*** [U] *(ind. tessile)* **velluto a coste; fustagno.**

to **cord** ['kɔ:d] *v. t.* **legare con una corda.**

cordage ['kɔ:didʒ] *n.* [U] **cordame;** *(naut.)* **sartiame.**

corded ['kɔ:did] *a.* ***1*** **legato con** (o **provvisto di**) **corde** ***2*** (di tessuto, ecc.) **a coste.**

cordial ['kɔ:djəl] ***A*** *a.* **cordiale** ***2*** *n.* [C] e [U] **cordiale** (liquore).

cordiality [,kɔ:di'æliti] *n.* [U] **cordialità.**

cordon ['kɔ:dn] *n.* [C] **cordone** (in ogni senso).

to **cordon** ['kɔ:dn] *v. t.* (di solito *to c. off*) **fare cordone intorno a.**

cordovan ['kɔ:dəvən] ***A*** *n.* [U] **(cuoio) cordovano** ***B*** *a.* **di cordovano.**

corduroy ['kɔ:dərɔi] *n.* ***1*** [U] **velluto a coste; fustagno** ***2*** *(al pl.)* **calzoni di velluto a coste.**

core [kɔ:*] *n.* [C] ***1*** **torsolo** (di frutto) ***2*** **centro; anima** (d'un metallo, d'una corda, ecc.); **cuore, nòcciolo** *(fig.)*: *rotten at the c.,* corrotto nell'anima □ *to be English to the c.,* essere inglese fino al midollo.

to **core** [kɔ:*] *v. t.* **estrarre la parte centrale di** (q.c.); **togliere il torsolo a** (una mela, ecc.)

co(-)relation [,kouri'leiʃən] *n.* [U] e [C] **correlazione.**

coreligionist [,kouri'lidʒənist] *n.* **correligionario.**

corer ['kɔ:rə*] *n.* **scavino** (per svuotare frutta).

co-respondent [,kouris'pɔndənt] *n.* *(leg.)* **coimputato, correo** (specialm. in una causa di divorzio per adulterio).

corf [kɔ:f] *n.* (*pl.* **corves** [kɔ:vz]) ***1*** **carrello** (per trasporto di minerale) ***2*** **cesto calato nell'acqua, in cui si tengono in vita i pesci.**

coriaceous [,kɔri'eiʃəs] *a.* **coriaceo.**

Corinthian [kə'rinθiən] ***A*** *a.* **corintio, corinzio** ***B*** *n.* **abitante di Corinto.**

cork [kɔ:k] *n.* ***1*** [U] **sughero** ***2*** [C] **tappo; turacciolo.**

to **cork** [kɔ:k] *v. t.* ***1*** **tappare; turare** ***2*** **munire di sughero** ***3*** **annerire con sughero bruciacchiato.**

corkage ['kɔ:kidʒ] *n.* [U] **somma che si paga all'oste per ogni bottiglia stappata** (se comperata altrove).

corkboard ['kɔ:k,bɔ:d] *n.* [U] **sughero per rivestimenti.**

corked [kɔ:kt] *a.* ***1*** **tappato** ***2*** **che sa di turacciolo** ***3*** *(pop.)* **ubriaco fradicio.**

corker ['kɔ:kə*] *n.* [C] *(pop.)* **persona** (o **avvenimento**) **strabiliante.**

corking ['kɔ:kiŋ] *a.* *(fam.)* **eccellente; formidabile; strabiliante.**

corkscrew ['kɔ:kskru:] *n.* [C] **cavatappi.**

to **corkscrew** ['kɔ:kskru:] ***A*** *v. t.* **torcere a spirale** ***B*** *v. i.* ***1*** **muoversi a spirale** ***2*** *(aeron.)* **avvitarsi.**

cork-tipped ['kɔ:k,tipt] *a.* (di sigaretta) **con il filtro di sughero.**

corm [kɔ:m] *n.* [C] *(bot.)* **rizoma.**

cormorant ['kɔ:mərənt] *n.* ***1*** (*zool.,* Phalacrocorax carbo) **cormorano; marangone** ***2*** *(fig.)* **persona vorace.**

(1) corn [kɔ:n] *n.* [U] ***1*** (nome generico) **cereale** (il chicco e la pianta); **granaglie** ***2*** **grano; frumento** ***3*** *(scozz., irl.)* **avena** ***4*** (*USA,* anche *Indian c.*) **granturco; frumentone** ● *c.-flakes,* fiocchi di granturco □ *c.-flour,* farina fine di granturco (o di grano).

(2) corn [kɔ:n] *n.* [C] **callo** ● *c.-plaster,* callifugo.

to **corn** [kɔ:n] *v. t.* **conservare** (carne, ecc.) **sotto sale.**

corn-chandler ['kɔ:n,tʃa:ndlə*] *n.* **venditore (al minuto) di cereali.**

corncob ['kɔ:n,kɔb] *n.* [C] **pannocchia** (di granturco).

cornea ['kɔ:niə] *n.* [C] *(anat.)* **cornea.**

cornel ['kɔ:nəl] *n.* (*bot.;* anche *c.-tree*) ***1*** (Cornus mas) **corniolo** ***2*** (Cornus sanguinea) **sanguinella.**

cornelian [kɔ:'ni:ljən] *n.* [C] *(miner.)* **cornalina; corniola.**

corner ['kɔ:nə*] *n.* [C] ***1*** **angolo; canto; cantuccio** ***2*** *(edil.)* **spigolo** ***3*** *(comm.)* **accaparramento** ***4*** *(sport)* **calcio d'angolo** ● *to cut off a c.,* prendere una scorciatoia □ *(fig.) to drive sb. into a c.,* mettere q. con le spalle al muro □ *to put a child in the c.,* mettere un bambino in castigo □ *a tight c.,* una situazione difficile □ *to turn the c.,* girare l'angolo; svoltare; *(fig.)* superare il punto critico.

to **corner** ['kɔ:nə*] ***A*** *v. t.* ***1*** **mettere in un angolo** (o **in un cantuccio**) ***2*** **mettere in difficoltà; mettere con le spalle al muro** ***3*** *(comm.)* **accaparrare** (merce) ***B*** *v. i.* ***1*** **fare angolo; essere posto all'angolo** (d'una strada, ecc.) ***2*** *(autom.)* **curvare; svoltare.**

corner-stone ['kɔ:nə,stoun] *n.* [C] ***1*** **pietra angolare** ***2*** *(fig.)* **base; fondamento.**

cornet ['kɔ:nit] *n.* [C] ***1*** *(mus.)* **cornetta** ***2*** **cartoccio fatto a cono** ***3*** **cono di cialda** (per gelati).

cornet(t)ist [kɔ:'netist] *n.* *(mus.)* **cornettista; suonatore di cornetta.**

cornflower ['kɔ:n,flauə*] *n.* [C] (*bot.,* Centaurea cyanus) **fiordaliso.**

cornice ['kɔ:nis] *n.* [C] *(archit.)* ***1*** **cornicione** ***2*** **cornice.**

Cornish ['kɔ:niʃ] ***A*** *a.* **della Cornovaglia** ***B*** *n.* **dialetto della Cornovaglia.**

cornucopia [,kɔ:nju'koupjə] *n.* [C] ***1*** **cornucopia** ***2*** *(fig.)* **abbondanza.**

corny ['kɔ:ni] *a.* ***1*** **ricco di grano** ***2*** *(pop.)* **rifritto; trito.**

corolla [kə'rɔlə] *n.* [C] *(bot.)* **corolla.**

corollary [kə'rɔləri] *n.* [C] ***1*** **corollario** ***2*** **deduzione** ***3*** **conseguenza.**

corona [kə'rounə] *n.* (*pl.* **coronas, coronae** [kə'rouni:]) ***1*** *(archit., anat., astron., bot.)* **corona** ***2*** **lampadario circolare** (in una chiesa).

coronal ['kɔrənl] *a.* *(anat., bot.)* **coronale.**

coronary ['kɔrənəri] *a.* ***1*** *(anat.)* **coronario** ***2*** *(anat., med.)* **coronarico.**

coronation [,kɔrə'neiʃən] *n.* [C] **incoronazione.**

coroner ['kɔrənə*] *n.* *(leg.)* **magistrato che indaga sui casi di morte violenta** ● *c.'s inquest,* indagine fatta da un coroner.

coronet ['kɔrənit] *n.* [C] ***1*** **corona nobiliare** ***2*** **diadema.**

(1) corporal ['kɔ:pərəl] *a.* **corporale.**

(2) corporal ['kɔ:pərəl] *n.* *(mil.)* **caporale.**

corporality [,kɔ:pə'ræliti] *n.* ***1*** [U] **materialità** ***2*** *(al pl.)* **cose** (o **necessità**) **materiali.**

corporate ['kɔ:pərit] *a.* ***1*** **collegato; unito; costituito** (in corporazione, società o ente pubblico) ***2*** **collegiale** ***3*** **corporativo.**

corporation [,kɔ:pə'reiʃən] *n.* [C] ***1*** *(comm.)* **società legalmente costituita** ***2*** **ente pubblico** ***3*** **corporazione** ***4*** (anche *municipal c.*) **consiglio comunale** ***5*** *(fam.)* **pancione.**

corporatism ['kɔ:pərətizəm], **corporativism** ['kɔ:pərətivizəm] *n.* [U] *(polit.)* **corporativismo.**
corporeal [kɔ:'pɔ:riəl] *a.* ***1*** **corporeo** ***2*** **fisico; materiale.**
corporeality [ˌkɔ(:)pəri'æliti], **corporeity** [ˌkɔ(:)pə'ri(:)iti] *n.* [U] ***1*** **qualità d'esser corporeo** ***2*** **esistenza fisica, materiale.**
corps [kɔ:*] *n.* (*pl.* **corps**) ***1*** **corpo** (un complesso di persone) ***2*** *(mil.)* **corpo d'armata.**
corpse [kɔ:ps] *n.* [C] **cadavere** ● *c.-candle,* fuoco fatuo.
corpulence ['kɔ:pjuləns], **corpulency** ['kɔ:pjulənsi] *n.* [U] **corpulenza; obesità.**
corpulent ['kɔ:piulənt] *a.* **corpulento; obeso.**
corpus ['kɔ:pəs] *(lat.) n.* (*pl.* **corpora** ['kɔ:pərə], **corpuses**) ***1*** *(scherz.)* **corpo; cadavere** ***2*** **corpus** (raccolta di testi, iscrizioni, ecc.).
corpuscle ['kɔ:pʌsl] *n.* [C] ***1*** **corpuscolo** ***2*** *(anat.)* **globulo.**
corpuscular [kɔ:'pʌskjulə*] *a.* *(scient.)* **corpuscolare.**
corral [kɔ'ra:l] *n.* [C] ***1*** **recinto per bestiame** ***2*** **cerchio di carri** (per proteggere un accampamento).
to **correct** [kə'rekt] *v. t.* **correggere** (in ogni senso); **rettificare.**
correct [kə'rekt] *a.* **corretto; esatto; giusto; appropriato** ● *if my memory is c.,* se ben ricordo.
correction [kə'rekʃən] *n.* [U] e [C] **correzione; rettifica.**
correctional [kə'rekʃənl] *a.* *(leg.)* **correzionale.**
corrective [kə'rektiv] *a.* e *n.* **correttivo.**
correlate ['kɔrileit] ***A*** *a.* **correlato** ***B*** *n.* [C] **termine di correlazione.**
to **correlate** ['kɔrileit] *v. i.* e *t.* **essere (o mettere) in correlazione.**
correlation [ˌkɔri'leiʃən] *n.* [U] e [C] ***1*** **correlazione** ***2*** **rispondenza.**
correlative [kɔ'relətiv] ***A*** *a.* **correlativo** ***B*** *n.* [C] **termine di correlazione.**
to **correspond** [ˌkɔris'pɔnd] *v. i.* ***1*** **corrispondere** (in ogni senso) ***2*** **essere in corrispondenza epistolare** ***3*** **rispondere** (a); **essere adatto** (a).
correspondence [ˌkɔris'pɔndəns] *n.* [U] e [C] ***1*** **corrispondenza** (in ogni senso) ***2*** **rispondenza; accordo** ● *c. school,* scuola per corrispondenza.
correspondent [ˌkɔris'pɔndənt] *a.* e *n.* **corrispondente** ● *political c.,* redattore politico □ *special c.,* inviato speciale.
corresponding [ˌkɔris'pɔndiŋ] *a.* **corrispondente** ● *(comm.) c. secretary,* segretario incaricato della corrispondenza.
corridor ['kɔridɔ:*] *n.* [C] **corridoio.**
corrigendum [ˌkɔri'dʒendəm] *n.* (*pl.* **corrigenda** [ˌkɔri'dʒendə]) **errore da correggere.**
to **corroborate** [kə'rɔbəreit] *v. t.* **corroborare.**
corroboration [kəˌrɔbə'reiʃən] *n.* [U] **corroborazione.**
corroborative [kə'rɔbərətiv] *a.* **corroborativo.**
to **corrode** [kə'roud] ***A*** *v. t.* **corrodere** (anche *fig.*); **intaccare** ***B*** *v. i.* **corrodersi; consumarsi.**
corrosion [kə'rouʒən] *n.* [U] e [C] **corrosione.**
corrosive [kə'rousiv] ***A*** *a.* **corrosivo** (anche *fig.*) ***B*** *n.* [C] **sostanza corrosiva.**
to **corrugate** ['kɔrugeit] *v. t.* e *i.* **corrugare, corrugarsi** ● *corrugated iron,* lamiera (di ferro) ondulata.
corrugation [ˌkɔru'geiʃən] *n.* [C] e [U] **corrugamento.**
corrupt [kə'rʌpt] *a.* **corrotto; guasto; contaminato.**
to **corrupt** [kə'rʌpt] ***A*** *v. t.* **corrompere; guastare; contaminare** ***B*** *v. i.* **corrompersi; guastarsi; contaminarsi.**
corruptible [kə'rʌptəbl] *a.* **corruttibile.**
corruption [kə'rʌpʃən] *n.* [U] **corruzione** (in ogni senso).
corsage [kɔ:'sa:ʒ] *n.* [C] ***1*** **corpetto** (di vestito da donna) ***2*** **mazzolino di fiori** (da appuntare al petto).
corsair ['kɔ:sɛə*] *n.* [C] ***1*** **corsaro; pirata** ***2*** **nave corsara.**
corset ['kɔ:sit] *n.* [C] **busto; corsetto.**
Corsican ['kɔ:sikən] *a.* e *n.* **corso.**
cortege [kɔ:'teiʒ] *n.* [C] **corteggio; corteo.**
cortex ['kɔ:teks] *(lat.) n.* (*pl.* **cortices** ['kɔ:tisi:z]) *(bot., anat.)* **corteccia.**
cortical ['kɔ:tikəl] *a.* *(bot., anat.)* **corticale.**
cortisone ['kɔ:tizoun] *n.* [U] *(farm.)* **cortisone.**
corundum [kə'rʌndəm] *n.* [U] *(miner.)* **corindone.**
to **coruscate** ['kɔrəskeit] *v. i.* **corruscare** *(lett.)*; **scintillare.**
corvette [kɔ:'vet] *n.* [C] *(naut.)* **corvetta.**
(1) cos [kɔs] *n.* (*bot.*, Lactuca sativa longifolia) (anche *cos lettuce*) **lattuga romana.**
(2) cos [kɔs] *n.* *(mat.)* (*abbr.* di **cosine**) **coseno.**
cosecant [kou'si:kənt] *n.* [C] *(mat.)* **cosecante.**
cosh [kɔʃ] *n.* [C] *(pop.)* **manganello** ● *c.-boy,* teppista.
to **cosh** [kɔʃ] *v. t.* *(pop.)* **manganellare.**
cosily ['kouzili] *avv.* **comodamente; a bell'agio.**
cosine ['kousain] *n.* [C] *(mat.)* **coseno.**
cosiness ['kouzinis] *n.* [U] **intimità; comodità.**
cosmetic [kɔz'metik] *a.* e *n.* [C] **cosmetico** ● *c. surgery,* chirurgia plastica.
cosmetician [ˌkɔzmə'tiʃən] *n.* **cosmetista.**
cosmetology [ˌkɔzmə'tɔlədʒi] *n.* [U] **cosmesi.**
cosmic ['kɔzmik] *a.* **cosmico**: *c. rays,* raggi cosmici.
cosmodrome ['kɔzməˌdroum] *n.* *(miss.)* **cosmodromo.**
cosmogony [kɔz'mɔgəni] *n.* [U] **cosmogonia.**
cosmography [kɔz'mɔgrəfi] *n.* [U] **cosmografia.**
cosmological [ˌkɔzmə'lɔdʒikl] *a.* *(filos.)* **cosmologico.**
cosmology [kɔz'mɔlədʒi] *n.* *(filos.)* **cosmologia.**
cosmonaut ['kɔzmənɔ:t] *n.* *(miss.)* **cosmonauta.**
cosmonautics [ˌkɔzmə'nɔ:tiks] *n. pl.* *(col verbo al sing.)* *(miss.)* **cosmonautica.**
cosmopolitan [ˌkɔzmə'pɔlitən] *a.* e *n.* **cosmopolita.**
cosmopolitanism [ˌkɔzmə'pɔlitənizəm] *n.* [U] **cosmopolitismo.**
cosmopolite [kɔz'mɔpəlait] *a.* e *n.* **cosmopolita.**
cosmos ['kɔzmɔs] *n.* **cosmo.**
Cossack ['kɔsæk] *n.* **cosacco** ● *c. hat,* colbacco.
to **cosset** ['kɔsit] *v. t.* **vezzeggiare; coccolare.**
to **cost** [kɔst] (*pass.* e *p.p.* **cost**) ***A*** *v. i.* **costare** (in ogni senso) ***B*** *v. t.* *(comm.)* **preventivare il costo di** (una merce).
cost [kɔst] *n.* ***1*** [U] e [C] *(econ.)* **costo**: *the c. of living,* il costo della vita ***2*** *(leg., al pl.)* **spese processuali** ***3*** [C] **prezzo** *(fig.)*; **perdita; sacrificio** ● *(comm.) c., insurance and freight (abbr. c. i. f.),* costo, assicurazione e nolo □ *at any cost* (o *at all costs),* a ogni costo □ *(fig.) to one's c.,* a proprie spese.
co-star ['kousta:*] *n.* *(cinem., teatr.)* **(attore) comprimario; (attrice) comprimaria.**
costermonger ['kɔstə*ˌmʌŋgə*] *n.* **venditore ambulante.**
costing ['kɔstiŋ] *n.* [U] *(comm.)* **valutazione dei costi.**
costive ['kɔstiv] *a.* **costipato; stitico.**
costly ['kɔstli] *a.* ***1*** **sontuoso** ***2*** **costoso; caro.**
costume ['kɔstju:m] *n.* ***1*** [U] **costume; vestito all'antica** ***2*** [C] **tailleur; abito a due pezzi** (da donna) ● *c. ball,* ballo in costume □ *c. piece* (o *c. play),* dramma (storico) in costume.
costumer [kɔs'tju:mə*], **costumier** [kɔs'tju:miə*] *n.* **fabbricante (o venditore, noleggiatore) di costumi; costumista.**
cosy ['kouzi] ***A*** *a.* **comodo; accogliente** ***B*** *n.* [C] (anche *tea c.*) **copriteiera.**
(1) cot [kɔt] *n.* [C] **capanna; ricovero.**
(2) cot [kɔt] *n.* [C] **lettino** (per bimbi o d'ospedale); **branda.**
cotangent [kou'tændʒənt] *n.* [C] *(mat.)* **cotangente.**
cote [kout] *n.* [C] **ricovero, riparo, posta** (per animali) ● *dove-c.,* piccionaia.
cotenant [kou'tenənt] *n.* *(leg.)* **coaffittuario.**
coterie ['koutəri] *(franc.)* *n.* [C] **coterie; circolo** ● *literary c.,* cenacolo letterario.
cothurnus [kə'θə:nəs] *n.* (*pl.* **cothurni** [kə'θə:nai]) **coturno** (anche *fig.*).
cotill(i)on [kə'tiljən] *n.* [C] ***1*** **cotillon** (ballo figurato) ***2*** **quadriglia** (danza e musica).
cottage ['kɔtidʒ] *n.* [C] **casetta di campagna; villetta.**

cotter ['kɔtə*] *n.* [C] *(mecc.)* **bietta (o chiavetta) trasversale.**
cotton ['kɔtn] *n.* [U] **1 cotone 2** (anche *c.-plant*) **pianta del cotone 3** (anche *sewing c.*) **filo di cotone** (da cucito); **cotone** *(pop.)* ● *c. mill,* cotonificio □ *c.-seed oil,* olio di semi (di cotone) □ *c. waste,* cascame di cotone □ *c. wool,* cotone grezzo; bambagia; ovatta □ *sanitary c.,* cotone idrofilo.
to **cotton** ['kɔtn] *v. i.* *(fam.)* **1** — *to c. up (to),* cercare di far amicizia; cercar di attaccare *(pop.)* **2** — *to c. on (to),* affezionarsi.
cottony ['kɔtni] *a.* **simile al cotone; cotonoso.**
cotyledon [ˌkɔti'li:dən] *n.* [C] *(bot.)* **cotiledone.**
couch [kautʃ] *n.* [C] **1 divano; ottomana; sofà 2 giaciglio.**
to **couch** [kautʃ] **A** *v. t.* **1 adagiare; coricare 2 esprimere** (un pensiero, ecc.) **B** *v. i.* (di animale) **accovacciarsi; acquattarsi; rimpiattarsi** ● *couched in slumber,* in braccio a Morfeo.
couch-grass ['kautʃgra(:)s] *n.* [U] *(bot.,* Agropyron repens) **gramigna dei medici.**
cougar ['ku:gə*] *n.* *(zool.,* Felis concolor) **coguaro; puma.**
to **cough** [kɔf] *v. i.* **tossire** ● *to c. a speaker down,* far tacere un oratore a forza di colpi di tosse □ *to c. out* (o *up),* espellere tossendo; espettorare.
cough [kɔf] *n.* *(us. con l'art. indeterm.)* **tosse** ● *c. drop* (o *c. lozenge),* pasticca per la tosse □ *whooping c.,* pertosse; tosse asinina.
could [kud, kəd] *pass.* e *condiz.* di **can.**
couldn't [kudnt] *contraz.* di **could not.**
coulisse [ku:'li:s] *n.* [C] *(falegnameria)* **guida di legno; scanalatura.**
coulter ['koultə*] *n.* [C] *(agric.)* **coltro.**
council ['kaunsl] *n.* [C] **1 consiglio** (adunanza di persone) **2 concilio** (ecclesiastico) ● *c. chamber,* camera di consiglio □ *C. of State,* Consiglio di Stato.
councillor ['kaunsilə*] *n.* **consigliere; membro d'un consiglio.**
counsel ['kaunsəl] *n.* **1** [U] **consiglio; parere**: *to give good c.,* dare buoni consigli **2** *(invar. al pl.) (leg.)* **consulente legale; avvocato patrocinante** ● *Queen's* (o *King's) C. (abbr. Q. C., K. C.),* patrocinante per la Corona.
to **counsel** ['kaunsəl] *v. t.* **consigliare; raccomandare** (di fare q.c.).
counsellor ['kaunsələ*] *n.* **1 consigliere; consulente 2** *(USA)* **avvocato patrocinante.**
to **count** [kaunt] **A** *v. t.* **1 contare; conteggiare; calcolare 2 considerare; reputare B** *v. i.* **contare; importare; valere**: *to c. for much (little, nothing),* contare (o valere) molto (poco, nulla) ● *to c. on* (o *upon),* fare assegnamento su; contare su □ *to c. out,* contare (prendendo da un mucchio); non includere (q.) □ *to c. up,* sommare; addizionare □ (d'un pugile) *to be counted out,* essere dichiarato fuori combattimento.
(1) count [kaunt] *n.* **1** [C] e [U] **conto; conteggio; calcolo 2** [C] *(leg.)* **capo d'accusa.**
(2) count [kaunt] *n.* **conte** (titolo nobiliare straniero; cfr. *earl*).
countable ['kauntəbl] *a.* **numerabile;** (anche, *gramm.)* **individuo**: « *Dog* » *is a c. noun,* « cane » è un nome numerabile (o individuo) □ *C. nouns may be used with the indefinite article and have the plural form,* i nomi numerabili (o individui) possono essere preceduti dall'articolo indeterminativo e avere la forma plurale.
countdown ['kaunt,daun] *n.* *(missilistica)* **conto alla rovescia.**
countenance ['kauntinəns] *n.* **1** [C] e [U] **espressione** (del volto); **fisionomia; volto 2** [U] **approvazione; incoraggiamento; appoggio** ● *to keep one's c.,* restare serio (specialm. trattenendo il riso) □ *to lose c.,* perdere il dominio di sé; tradirsi (mutando espressione).
to **countenance** ['kauntinəns] *v. t.* **approvare; appoggiare.**
(1) counter ['kauntə*] *n.* [C] **1** *(tecn.)* **contatore 2** (nel gioco d'azzardo) **gettone 3 banco** (di banca o di negozio) ● *to sell st. under the c.,* vendere q.c. sottobanco.
(2) counter ['kauntə*] *a. attr.* e *n.* **contrario; opposto.**
to **counter** ['kauntə*] *v. t.* e *i.* **1 opporsi a; controbattere 2 respingere** (un attacco); **parare** (un colpo).
(3) counter ['kauntə*] *avv.* **contro; in opposizione; in senso contrario**: *to act c. to sb.'s wishes,* agire in opposizione ai desideri di q.
counter- ['kauntə] *pref.* **contra-; contro-; contr-; anti-.**
to **counteract** [ˌkauntə'rækt] *v. t.* **agire in opposizione a; ostacolare; annullare gli effetti di.**
counteraction [ˌkauntə'rækʃən] *n.* [U] e [C] **1 azione che si oppone a un'altra annullandone gli effetti 2** *(scherma)* **controazione.**
counterattack ['kauntərəˌtæk] *n.* [C] *(mil.)* **contrattacco.**
to **counterattack** ['kauntərə'tæk] *v. t.* e *i.* *(mil.)* **contrattaccare.**
counterbalance [ˌkauntə'bæləns] *n.* [C] **contrappeso** (anche *fig.).*
to **counterbalance** [ˌkauntə'bælens] *v. t.* **controbilanciare.**
counterblast ['kauntəˌbla:st] *n.* [C] **violenta reazione; replica energica.**
countercharge ['kauntəˌtʃa:dʒ] *n.* [C] *(leg.)* **contraccusa.**
countercheck ['kauntəˌtʃek] *n.* [C] **1 freno** *(fig.)*; **remora 2 seconda verifica; doppio riscontro** (di conti, ecc.).
counterclaim ['kauntəkleim] *n.* [C] *(leg.)* **domanda riconvenzionale.**
counterclockwise [ˌkauntə'klɔkwais] *a.* e *avv.* *(USA)* **(in senso) antiorario.**
counterculture ['kauntəˌkʌltʃə*] *n.* *(solo al sing.)* **controcultura.**
counterculturist ['kauntəˌkʌltʃərist] *n.* **esponente della controcultura.**
counterespionage [ˌkauntər'espjəna:ʒ] *n.* [U] **controspionaggio.**
counterfeit ['kauntəfit] **A** *a.* **1 falsificato; falso; contraffatto 2 simulato B** *n.* [C] **falsificazione; contraffazione.**
to **counterfeit** ['kauntəfi(:)t] *v. t.* **1 falsificare; contraffare 2 imitare 3 fingere, simulare** (sentimenti, ecc.).
counterfeiter ['kauntəˌfi(:)tə*] *n.* **1 contraffattore; falsificatore; falsario 2 simulatore.**
counterfoil ['kauntəfɔil] *n.* [C] *(comm.)* **matrice; madre.**
counterintelligence [ˌkauntərin'telidʒəns] *n.* [U] **controspionaggio.**
countermand ['kauntəˌma:nd] *n.* [C] **contrordine; revoca** (d'un ordine).
to **countermand** [ˌkauntə'ma:nd] *v. t.* **annullare, revocare** (un ordine, ecc.).
countermarch ['kauntəˌma:tʃ] *n.* [C] **contromarcia.**
to **countermarch** ['kauntəˌma:tʃ] **A** *v. i.* **invertire la marcia B** *v. t.* **far fare marcia indietro a** (q.).
countermark ['kauntəˌma:k] *n.* [C] *(comm.)* **segno aggiuntivo; contrassegno.**
countermeasure ['kauntəˌmeʒə*] *n.* [C] **contromisura.**
countermine ['kauntəmain] *n.* [C] *(mil., naut.)* **contromina.**
counteroffensive ['kauntərəˌfensiv] *n.* [C] *(mil.)* **controffensiva.**
counterpane ['kauntəpein] *n.* [C] **copriletto.**
counterpart ['kauntəpa:t] *n.* [C] **1 copia, duplicato** *(fig.)*; **sosia 2 complemento.**
counterpoint ['kauntəpɔint] *n.* [U] e [C] *(mus.)* **contrappunto.**
counterpoise ['kauntəpɔiz] *n.* [C] e [U] *(mecc.)* **contrappeso** (anche *fig.).*
to **counterpoise** ['kauntəpɔiz] *v. t.* *(mecc.)* **contrappesare.**
Counter-Reformation ['kauntərefəˌmeiʃən] *n.* *(stor.)* **Controriforma.**
counter-revolution ['kauntərevəˌlu:ʃən] *n.* [C] **controrivoluzione.**
countersign ['kauntəsain] *n.* [C] **1 controfirma; firma di autenticazione 2** *(mil.)* **parola d'ordine.**

to **countersign** ['kauntəsain] *v. t.* **controfirmare; autenticare.**

to **countersink** ['kauntəsiŋk] *v. t.* (*pass.* **countersank** ['kauntəsæŋk], *p.p.* **countersunk** ['kauntəsʌŋk]) *(mecc.)* ***1*** **fresare; smussare** ***2*** **accecare.**

to **countervail** ['kauntəveil] *v. t.* e *i.* ***1*** **bilanciare; equilibrare** ***2*** **compensare; essere di compensazione** ***3*** **frustrare; annullare** ● *(fin.) countervailing duty,* dazio doganale compensatore.

counterweight ['kauntəweit] *n.* [C] **contrappeso.**

countess ['kauntis] *n.* **contessa.**

counting house ['kauntiŋhaus] *n.* [C] *(comm.)* **(ufficio di) contabilità.**

countless ['kauntlis] *a.* **innumerevole.**

countrified ['kʌntrifaid] *a.* **rustico; campagnolo.**

country ['kʌntri] ***A*** *n.* ***1*** *(soltanto al sing. con l'art. determ.)* **campagna**: *to go into the c.,* andare in campagna ***2*** [C] **paese; nazione; patria** ***3*** [U] **terreno**: *wooded c.,* terreno boschivo ***B*** *a.* **di campagna**: *c. life,* vita di campagna ● *(pop.) c. cousin,* topo di campagna *(fig.)* □ *c. gentleman,* signore di campagna; proprietario terriero □ *c. house* (o *c. seat),* residenza di campagna □ *c. town,* cittadina di provincia □ *to go* (o *to appeal) to the c.,* indire le elezioni generali.

countryman ['kʌntrimən] *n.* (*pl.* **countrymen** ['kʌntrimən]) ***1*** **campagnolo** ***2*** **compatriota.**

countryside ['kʌntri,said] *n.* [U] **campagna.**

countrywoman ['kʌntri,wumən] *n.* (*pl.* **countrywomen** ['kʌntri,wimin]) ***1*** **campagnola** ***2*** **compatriota.**

county ['kaunti] *n.* [C] **contea** ● *c. council,* consiglio di contea □ *c. court,* tribunale di contea □ *the Home Counties,* le sei contee intorno a Londra.

coup [ku:] *(franc.) n.* [C] **colpo maestro; mossa brillante** ● *c. d'état,* colpo di Stato □ *c. de grâce,* colpo di grazia (anche *fig.*).

couple ['kʌpl] *n.* [C] **coppia; paio**: *a c. of books,* un paio di libri □ *a married c.,* una coppia di sposi ● *in couples,* a coppie; a due a due.

to **couple** ['kʌpl] ***A*** *v. t.* ***1*** **accoppiare; collegare; unire** ***2*** **unire in matrimonio** ***B*** *v. i.* **accoppiarsi; appaiarsi.**

couplet ['kʌplit] *n.* [C] *(poesia)* **distico**: *the heroic c.,* il distico eroico.

coupling ['kʌpliŋ] *n.* ***1*** [U] **accoppiamento** ***2*** [C] *(tecn.)* **giunto d'accoppiamento** ***3*** [C] *(ferr.)* **attacco.**

coupon ['ku:pɔn] *n.* [C] **cedola; tagliando; buono; scontrino.**

courage ['kʌridʒ] *n.* [U] **coraggio** ● *to lose c.,* perdersi di coraggio □ *to take* (o *to pluck up, to muster up) c.,* farsi coraggio; farsi animo.

courageous [kə'reidʒəs] *a.* **coraggioso; audace.**

courgette [,kuə'ʒet] *(franc.) n.* [C] *(cucina)* **zucchina, zucchino.**

courier ['kuriə*] *n.* ***1*** **corriere** (nel senso di messaggero e di giornale) ***2*** **assistente turistico.**

course [kɔ:s] *n.* ***1*** [U] e [C] **corso** (andamento regolare e progressivo; deflusso delle acque); **decorso** (di malattia) ***2*** [C] *(sport)* **campo di corse; circuito; pista;** (anche *racecourse*) **ippodromo** ***3*** [C] **direzione; percorso; itinerario;** *(naut., aeron.)* **rotta** ***4*** [C] **via, strada, china** *(fig.)* ***5*** [C] **portata; piatto** ***6*** *(al pl., fisiologia)* **corsi; mestruazioni** ● *(fin.) c. of exchange,* corso del cambio □ *to change c.,* cambiare direzione; *(naut.)* mutare rotta □ *in the c. of nature,* secondo natura □ *in due c.,* regolarmente; a tempo debito □ *a matter of c.,* una cosa naturale □ *of c.,* naturalmente.

to **course** [kɔ:s] ***A*** *v. t.* **cacciare, inseguire** (specialm. selvaggina) ***B*** *v. i.* **scorrere.**

coursing ['kɔ:siŋ] *n.* **caccia con levrieri** (specialm. alla lepre).

court [kɔ:t] *n.* [C] ***1*** **corte** (in ogni senso); **corte di giustizia; tribunale**: *a law-c.,* un tribunale ***2*** *(leg.)* **palazzo di giustizia; sessione; udienza** ***3*** **maniero; palazzo** (reale) ***4*** **udienza** (del sovrano); **ricevimento a corte** ***5*** *(sport)* **campo** (riservato a certi giochi): *a tennis-c.,* un campo da tennis ● *to settle a case out of c.,* conciliare una causa in via amichevole □ *(leg.) to take a case to c.,* sottoporre una causa alla magistratura.

to **court** [kɔ:t] *v. t.* ***1*** **corteggiare; fare la corte a** (anche *fig.*) ***2*** **cercare; sollecitare.**

courteous ['kə:tjəs] *a.* **cortese; gentile; bene educato.**

courtesan [,kɔ:ti'zæn] *n.* **cortigiana.**

courtesy ['kə:tisi] *n.* [U] e [C] **cortesia; gentilezza; favore.**

courtier ['kɔ:tjə*] *n.* **cortigiano.**

courting ['kɔ:tiŋ] *n.* [U] **corteggiamento; corte** (a una donna).

courtly ['kɔ:tli] *a.* ***1*** **cortese; elegante; raffinato** ***2*** **cortigianesco.**

court-martial [,kɔ:t'ma:ʃəl] *n.* (*pl.* **courts-martial, court-martials**) **corte marziale.**

to **court-martial** [,kɔ:t'ma:ʃəl] *v. t.* **processare** (q.) **in una corte marziale.**

courtyard ['kɔ:t,ja:d] *n.* [C] **cortile; corte** (di castello, ecc.).

cousin ['kʌzn] *n.* **cugino, cugina.**

couture [ku:'tjuə*] *(franc.) n.* [U] **moda (femminile).**

couturier [ku:'tjuəriei] *(franc.) n.* **sarto (di classe).**

(1) cove [kouv] *n.* [C] **piccola baia; cala; insenatura.**

(2) cove [kouv] *n. (pop.)* **individuo; tipo; tizio.**

to **cove** [kouv] *v. t. (archit.)* **curvare** (o **piegare**) **ad arco**: *a coved ceiling,* un soffitto ad arco.

covenant ['kʌvinənt] *n.* [C] **convenzione; accordo solenne; patto.**

to **covenant** ['kʌvinənt] *v. t.* e *i.* **convenire; pattuire.**

to **coventrate** ['kɔvəntreit] *v. t.* **coventrizzare; radere al suolo.**

to **cover** ['kʌvə*] ***A*** *v. t.* ***1*** **coprire; ricoprire; rivestire; celare; mascherare; riparare; proteggere** ***2*** **covare** (uova) ***3*** *(mil.:* di fortezza*)* **dominare;** (d'artiglieria, ecc.) **tenere sotto il fuoco** ***4*** *(sport)* **sostenere** (un altro giocatore) ***5*** **accettare** (una scommessa) ***6*** **abbracciare; includere; trattare esaurientemente** ***7*** *(giornalismo)* **fare un servizio** (di cronaca) **su** ● *to c. in,* ricoprire (un canale); colmare (una fossa) □ *to c. up,* coprire completamente; celare; nascondere ***B*** to **cover oneself** *v. rifl.* **coprirsi**: *to c. oneself with glory (honour, shame, etc.),* coprirsi di gloria (d'onore, di vergogna, ecc.) □ *C. yourself, please,* la prego, tenga il cappello.

cover ['kʌvə*] *n.* ***1*** [C] **coperchio; calotta** (di protezione) ***2*** [C] **coperta; fodera** (di poltrona, ecc.); **copertina** (di libro) ***3*** [C] **copertone** (di pneumatico) ***4*** [U] **riparo; protezione;** *(mil.)* **copertura** ***5*** [U] **apparenza; schermo, veste** *(fig.)* ***6*** [C] **coperto** (d'un pranzo): *c. charge,* (prezzo del) coperto (in un ristorante, ecc.) ***7*** *(leg.)* **cauzione; garanzia** ● *(fam.) c. girl,* ragazza copertina □ *to get under c.,* mettersi al coperto; nascondersi □ *to take c.,* rifugiarsi; nascondersi; *(mil.)* coprirsi □ *under the c. of darkness* (o *of the night),* col favore delle tenebre □ *under separate c.,* in plico a parte.

coverage ['kʌvəridʒ] *n.* [U] ***1*** *(fin.)* **copertura** (anche di rischi) ***2*** *(giornalismo)* **servizio** ***3*** *(radio, telev.)* **zona di ricezione.**

covering ['kʌvəriŋ] ***A*** *a.* **che copre** ***B*** *n.* [C] **copertura; protezione; rivestimento; guarnizione** ● *c. letter,* lettera d'accompagnamento.

coverlet ['kʌvəlit] *n.* [C] **copriletto.**

(1) covert ['kʌvət] *a.* **celato; di sfuggita; velato** *(fig.).*

(2) covert ['kʌvə*] *n.* [C] **rifugio; riparo; nascondiglio.**

coverture ['kʌvətjuə*] *n.* [U] ***1*** **rifugio; riparo** ***2*** **schermo; travestimento** ***3*** *(leg.)* **condizione di donna sposata; tutela maritale.**

to **covet** ['kʌvit] *v. t.* **bramare; desiderare ardentemente.**

covetous ['kʌvitəs] *a.* **bramoso; cupido; avido.**

covey ['kʌvi] *n.* [C] **covata; stormo** (specialm. di pernici o quaglie).

cow [kau] *n.* ***1*** **vacca; mucca** ***2*** *(in combinazione)* **femmina** (di grosso mammifero): *a cow-elephant,* un'elefantessa ● *cow-hide,* cuoio di vacca, vacchetta; frusta di cuoio di vacca □ *(med.) cow-pox,* vaiolo bovi-

no.
to **cow** [kau] *v. t.* **intimidire; intimorire; spaventare.**
coward ['kauəd] *n.* **codardo; pusillanime; vile.**
cowardice ['kauədis] *n.* [U] **codardia; pusillanimità; viltà.**
cowardly ['kauədli] *a.* **codardo; pusillanime; vile.**
cowbane ['kaubein] *n.* [U] (*bot.*, Cicuta virosa) **cicuta acquatica.**
cowboy ['kaubɔi] *n.* **cow-boy; buttero.**
to **cower** ['kauə*] *v. i.* **acquattarsi; accovacciarsi; accucciarsi.**
cowherd ['kauhə:d] *n.* **bovaro; vaccaro.**
cow-house ['kauhaus] *n.* [C] **stalla** (per bovini).
cowl [kaul] *n.* [C] ***1*** **cappuccio; tonaca con cappuccio** (da frate) ***2*** **comignolo metallico** ***3*** *(autom.)* **cofano** • *to take the c.,* vestire la tonaca.
cowling ['kauliŋ] *n. (aeron.)* **cappottatura** (che copre il motore).
cowman ['kaumən] *n.* (*pl.* **cowmen** ['kaumən]) *(USA)* **allevatore di bestiame.**
cowrie, cowry ['kauri] *n.* [C] **conchiglia.**
cowshed ['kauʃed] *n.* [C] **stalla** (per bovini).
cowslip ['kauslip] *n.* (*bot.*, Primula veris) **primula.**
cox [kɔks] *n.* (*fam., naut.: abbr.* di **coxwain**) **timoniere.**
to **cox** [kɔks] *(fam.)* ***A*** *v. i.* **fare da timoniere** ***B*** *v. t.* **governare** (una imbarcazione).
coxcomb ['kɔkskoum] *n.* **damerino; bellimbusto.**
coxswain ['kɔksn] *n. (naut.)* **nocchiere; timoniere.**
coy [kɔi] *a.* **ritroso; timido; schivo.**
coyness ['kɔinis] *n.* [U] **riserbo; ritrosia; timidezza.**
coyote ['kɔiout] *n.* (*zool.*, Canis latrans) **cane della prateria.**
to **cozen** ['kʌzn] *v. t.* **gabbare; ingannare; defraudare** (con lusinghe): *to c. sb. (out) of st.,* defraudare q. di q.c.
cozenage ['kʌzinidʒ] *n.* [U] e [C] **inganno; frode.**
(1) crab [kræb] *n.* ***1*** (*zool.*) **granchio** ***2*** (*zool.*, anche *c. louse,* Phthirus pubis) **piattola** ***3*** — *(astron., astrologia) C.,* Cancro.
to **crab** [kræb] *v. t.* e *i.* ***1*** **pescare granchi** ***2*** *(fam.)* **screditare; demolire** *(fig.).*
(2) crab [kræb] *n.* ***1*** (*bot.*, Malus sylvestris; anche *c. apple, c. tree*) **melo selvatico** ***2*** (anche *c. apple*) **mela selvatica** ***3*** **persona acida, bisbetica.**
crabbed ['kræbid] *a.* ***1*** (di persona) **acido; aspro; bisbetico** ***2*** (d'autore) **involuto, oscuro;** (di stile) **intricato, confuso;** (di uno scritto) **illeggibile.**
crabby ['kræbi] *a.* **acido; bisbetico; irritabile.**
to **crack** [kræk] ***A*** *v. i.* ***1*** **schioccare** ***2*** **fendersi; incrinarsi; rompersi; spezzarsi** ***3*** (di voce) **rompersi** (per l'emozione); **mutare** (nei ragazzi) ***B*** *v. t.* ***1*** **schioccare; far schioccare** ***2*** **fendere; incrinare; rompere; spaccare; spezzare; schiacciare** ***3*** *(ind.)* **sottoporre** (il petrolio) **al processo della piroscissione** ***4*** *(pop.)* **sfondare; scassinare** • *(fig.) to c. a bottle,* bersi una bottiglia □ *(pop.) to c. a crib,* penetrare in una casa con scasso □ *to c. a joke,* dire una barzelletta □ *to c. sb. (st.) up to the nines,* portare q. (q.c.) alle stelle □ *to c. up,* perdere le forze; rimbambire (per la vecchiaia, ecc.) □ *(fam.) c.-jaw,* (parola) difficile a pronunziarsi.
crack [kræk] ***A*** *n.* [C] ***1*** **schianto; schiocco; scoppio** ***2*** **fessura; fenditura; incrinatura; crepa; screpolatura; spaccatura; spacco** ***3*** **botta; percossa** ***4*** *(fam.)* **campione; fuoriclasse** ***B*** *a. (fam.)* **di prim'ordine; eccellente; fuoriclasse** • *the c. of doom,* lo squillo della tromba del Giudizio Universale □ *in a c.,* in un attimo.
crack-brained ['krækbreind] *a.* **pazzo; pazzesco.**
cracked [krækt] *a.* ***1*** **incrinato; rotto; crepato** ***2*** (di voce) **fessa; stridula** ***3*** *(fam.)* **matto; rimbambito; scemo.**
cracker ['krækə*] *n.* [C] ***1*** **petardo** ***2*** **biscotto croccante; cracker** ***3*** (anche *Christmas c.*) **pacchetto a sorpresa** (esplode quando viene tirato da entrambe le parti); **cracker.**
crackerjack ['krækə,dʒæk] *a.* e *n. (pop. USA)* **(persona** o **cosa) di prim'ordine; fuoriclasse; (tipo) in gamba.**
to **crackle** ['krækl] *v. i.* ***1*** **crepitare; scricchiolare** ***2*** **screpolarsi.**
crackle ['krækl] *n.* [U] **crepitio; scricchiolio** • *c.-china,* porcellana con minute screpolature.
crackling ['krækliŋ] *n.* [U] ***1*** **crepitio; scricchiolio** ***2*** *(al pl., cucina)* **ciccioli.**
cracksman ['kræksmən] *n.* (*pl.* **cracksmen** ['kræksmən]) *(pop.)* **scassinatore.**
crack-up ['krækʌp] *n.* [C] ***1*** **collasso** ***2*** *(aeron.)* **disastro.**
cradle ['kreidl] *n.* [C] ***1*** **culla** (anche *fig.*): *from the c.,* fin dall'infanzia ***2*** *(mecc., aeron., naut.)* **culla; intelaiatura di sostegno** ***3*** *(ind. mineraria)* **crivello** ***4*** *(edil.)* **centina** • *c.-song,* ninnananna.
to **cradle** ['kreidl] *v. t.* ***1*** **mettere nella culla; cullare** ***2*** **vagliare** (sabbie aurifere) ***3*** *(mecc.)* **sostenere con un'intelaiatura.**
craft [kra:ft] *n.* ***1*** [U] **arte; abilità; bravura** ***2*** [U] **astuzia; furberia; inganno**: *by c.,* con l'inganno ***3*** [C] **arte manuale; mestiere** ***4*** *(collett.)* **unione artigiana; corporazione** ***5*** *(aeron., naut.; invar. al pl.)* **aeroplano; natante; nave; naviglio** • *c.-guild,* corporazione d'arti e mestieri.
craftsman ['kra:ftsmən] *n.* (*pl.* **craftsmen** ['kra:ftsmən]) **artigiano.**
craftsmanship ['kra:ftsmənʃip] *n.* [U] **arte, abilità, maestria** (d'artigiano o d'artista).
crafty ['kra:fti] *a.* **abile; astuto.**
crag [kræg] *n.* [C] **dirupo; picco.**
cragged ['krægid], **craggy** ['krægi] *a.* **dirupato; a picco.**
cragsman ['krægzmən] *n.* (*pl.* **cragsmen** ['krægzmən]) **rocciatore; scalatore.**
crake [kreik] *n.* (*zool.*, Crex crex) **re di quaglie.**
cram [kræm] *n.* [C] ***1*** **calca; folla** ***2*** *(fam.)* **sgobbata** (per un esame) ***3*** **scorpacciata; rimpinzata** ***4*** *(pop.)* **bugia; fandonia; panzana.**
to **cram** [kræm] ***A*** *v. t.* ***1*** **stipare** ***2*** **ingozzare; rimpinzare** ***3*** *(fam.)* **preparare affrettatamente** (uno studente) **per un esame; studiare** (una materia, ecc.) **in fretta, mnemonicamente** ***B*** *v. i.* ***1*** **ingozzarsi; rimpinzarsi** ***2*** **accalcarsi; stiparsi** ***3*** *(fam.)* **fare una sgobbata** (per un esame).
cram-full ['kræm'ful] *a.* e *avv.* **pieno zeppo.**
crammer ['kræmə*] *n.* ***1*** *(fam.)* **studente che sgobba per un esame** ***2*** **ripetitore che prepara studenti per gli esami** ***3*** *(pop.)* **bugia; fandonia.**
(1) cramp [kræmp] *n.* [U] e [C] *(med.)* **crampo.**
(2) cramp [kræmp] *n.* [C] ***1*** (anche *c.-iron*) **grappa; spranga di ferro piegata alle estremità** ***2*** **morsa; morsetto.**
to **cramp** [kræmp] *v. t.* ***1*** **stringere con una grappa di ferro** (o **in una morsa)** ***2*** (anche *to c. up*) **impedire; ostacolare.**
cramped [kræmpt] *a.* ***1*** (di spazio) **ristretto; limitato** ***2*** (di scrittura) **illeggibile.**
crampon ['kræmpən] *n.* **rampone.**
cranage ['kreinidʒ] *n.* [U] **(denaro pagato per) l'uso d'una gru.**
cranberry ['krænbəri] *n.* [C] (*bot.*, Vaccinium Oxycoccus) **mirtillo rosso.**
crane [krein] *n.* [C] ***1*** (*zool.*, Grus) **gru** ***2*** *(mecc.)* **gru.**
to **crane** [krein] ***A*** *v. t.* ***1*** *(mecc.)* **sollevare con una gru** ***2*** **allungare** (il collo, per vedere) ***B*** *v. i.* **allungare il collo.**
crane fly ['kreinflai] *n.* [C] (*zool.*, Tipula) **tipula.**
cranial ['kreinjəl] *a. (anat.)* **cranico.**
craniologist [,kreini'ɔlədʒist] *n.* **craniologo.**
craniology [,kreini'ɔlədʒi] *n.* [U] **craniologia.**
craniometry [,kreini'ɔmətri] *n.* [U] **craniometria.**
craniotomy [,kreini'ɔtəmi] *n.* [U] *(med.)* **craniotomia.**
cranium ['kreinjəm] *n.* (*pl.* **craniums, crania** ['kreiniə]) *(anat.)* **cranio.**
crank [kræŋk] *n.* [C] ***1*** **manovella;** *(mecc.)* **gomito** ***2*** *(fam.)* **(individuo) eccentrico.**
to **crank** [kræŋk] ***A*** *v. t.* ***1*** **piegare a gomito** ***2*** **munire di manovella** ***3*** **mettere in moto** (con una manovella) ***B*** *v. i.* **girare una manovella.**

crankshaft ['kræŋkʃa:ft] *n.* [C] *(mecc.)* **albero a gomiti.**

cranky ['kræŋki] *a.* ***1*** **eccentrico; irritabile** ***2*** (di macchinario) **malfermo; non in ordine** ***3*** (di strada) **serpeggiante; a zigzag.**

crannied ['krænid] *a.* **pieno di fessure; screpolato.**

cranny ['kræni] *n.* [C] **crepa; fessura; screpolatura.**

crap [kræp] *n.* [U] *(volg.)* ***1*** **cacca** *(fam.)*; **merda** *(volg.)* ***2*** **cacata** *(volg.)* ***3*** *(fig.)* **fesserie; stronzate** *(volg.)*.

crape [kreip] *n.* ***1*** [U] **crespo** (tessuto) ***2*** [C] **nastro nero.**

craps [kræps] *n. pl. (col verbo al sing.) (USA)* **gioco d'azzardo con i dadi** ● *to shoot craps,* giocare ai dadi.

to **crash** [kræʃ] ***A*** *v. i.* ***1*** **crollare (o rompersi, scontrarsi) rumorosamente; fracassarsi** ***2*** **muoversi** (o **aprirsi un varco) rumorosamente** ***3*** *(aeron.)* **fracassarsi al suolo** ***4*** **fallire; andare in rovina** ***5*** *(Borsa, fin.)* **crollare; avere un crollo** ***B*** *v. t.* ***1*** **fracassare; fare a pezzi** ***2*** **mandare** (un'automobile, ecc.) **a fracassarsi** ***3*** *(fam.)* **entrare a** (teatro, ecc.) **senza biglietto; intrufolarsi in** (una riunione, ecc.) ● *to c. in,* sprofondare.

(1) crash [kræʃ] *n.* [C] ***1*** **schianto; frastuono; fragore** ***2*** **disastro; incidente; scontro** ***3*** **fallimento; crollo.**

(2) crash [kræʃ] *n.* [U] **tela pesante di lino.**

to **crash-dive** ['kræʃdaiv] *v. i. (naut.)* **immergersi precipitosamente.**

to **crash-land** ['kræʃlænd] *v. i. (aeron.)* **fare un atterraggio di fortuna.**

crass [kræs] *a.* **grossolano; crasso**: *c. ignorance,* ignoranza crassa.

crate [kreit] *n.* [C] ***1*** **gabbia** (da imballaggio); **cestino** ***2*** *(pop.:* di aereo, auto) **macinino; caffettiera.**

to **crate** [kreit] *v. t.* **chiudere (o imballare) in gabbie** (o **in cesti).**

crater ['kreitə*] *n.* [C] **cratere.**

to **crave** [kreiv] *v. t.* e *i.* ***1*** **chiedere insistentemente; implorare** ***2*** **bramare; desiderare ardentemente**: *to c. for st.,* desiderare ardentemente q.c.

craven ['kreivən] *a.* e *n.* **codardo; vile.**

craving ['kreiviŋ] *n.* [C] **brama; forte desiderio.**

craw [krɔ:] *n.* ***1*** **gozzo** (d'uccello) ***2*** **stomaco** (d'animale) ● *(fig.) to stick in the* (o *in one's) c.,* essere un peso sullo stomaco; non andar giù.

crawfish ['krɔ:fiʃ] *V.* **crayfish.**

to **crawl** [krɔ:l] *v. i.* ***1*** **strisciare** *(anche fig.)*; **trascinarsi per terra; camminare carponi** ***2*** **procedere lentamente** ***3*** **brulicare; formicolare** ● *to make one's flesh c.,* far accapponare la pelle.

crawl [krɔ:l] *n.* ***1*** *(con l'art. indeterm.)* **moto lento** ***2*** *(con l'art. determ.) (nuoto)* **crawl** ● *(sport) c. swimmer,* crawlista.

crawler ['krɔ:lə*] *n.* ***1*** [C] **persona (o cosa) molto lenta; lumaca** *(pop., fig.)* ***2*** *(al pl.)* **tuta per bambino** (per camminare carponi) ***3*** [C] *(agric.)* **trattore a cingoli** ***4*** [C] *(pop.)* **tipo servile; leccapiedi.**

crawly ['krɔ:li] *a. (fam.)* ***1*** **strisciante** ***2*** **formicolante** ***3*** **raccapricciante** ● *to feel c.,* sentirsi la pelle d'oca.

crayfish ['krei,fiʃ] *n.* [C] *(zool.)* ***1*** (Astacus; Cambarus) **gambero** ***2*** (Palinurus vulgaris) **aragosta.**

crayon ['kreiən] *n.* [C] ***1*** **gessetto, pastello** (da disegno); **matita colorata** ***2*** **disegno fatto con il gessetto.**

to **crayon** ['kreiən] *v. t.* **disegnare a pastello.**

to **craze** [kreiz] *v. t.* **far impazzire.**

craze [kreiz] *n.* [C] ***1*** **mania; voga** ***2*** **piccola crepa** (dello smalto di ceramiche) ● *to be the latest c.,* essere la moda del momento.

crazy ['kreizi] *a.* ***1*** **matto; pazzo; strampalato** *(fam.)*: *to be c. about st.,* andar matto per q.c. ***2*** (di edifici, ecc.) **instabile; pericolante** ***3*** **irregolare**: *a c. pavement,* un marciapiede a mosaico irregolare ● *to go c.,* ammattire; perdere la testa.

to **creak** [kri:k] *v. i.* **cigolare; stridere; scricchiolare.**

creak [kri:k] *n.* [U] **cigolìo; stridìo; scricchiolìo.**

cream [kri:m] *n.* [U] ***1*** **panna; crema; fior di latte**: *whipped c.,* panna montata ***2*** (anche [C]) **crema** (cosmetico); **emulsione**: *cold c.,* crema emolliente ***3*** **crema** (liquore denso) ***4*** *(fig.)* **fior fiore**: *the c. of society,* il fior fiore della buona società ***5*** **color crema** ● *c.-cheese,* formaggio fresco (e burroso).

to **cream** [kri:m] ***A*** *v. i.* **fare la panna** ***B*** *v. t.* ***1*** **scremare** ***2*** *(fig.)* **togliere la parte migliore di** (q.c.).

creamer ['kri:mə*] *n.* ***1*** **bricchetto per la panna** ***2*** **scrematrice.**

creamery ['kri:məri] *n.* [C] ***1*** **caseificio** ***2*** **latteria.**

creamy ['kri:mi] *a.* ***1*** **ricco di panna; cremoso** ***2*** *(fig.)* **morbido; vellutato.**

crease [kri:s] *n.* [C] ***1*** **piega; piegatura** ***2*** **grinza; sgualcitura** ● *c.-resisting,* ingualcibile.

to **crease** [kri:s] ***A*** *v. t.* ***1*** **fare la piega a** ***2*** **sgualcire; spiegazzare** ***B*** *v. i.* **sgualcirsi.**

to **create** [kri:'eit] ***A*** *v. t.* **creare; cagionare; produrre; fare**: *to c. a bad impression,* fare una cattiva impressione ***B*** *v. i. (pop.)* **fare storie; fare tragedie.**

creation [kri:'eiʃən] *n.* ***1*** [U] e [C] **creazione** (in ogni senso) ***2*** [U] **(il) creato.**

creative [kri(:)'eitiv] *a.* **creativo.**

creator [kri(:)'eitə*] *n.* **creatore** ● *(relig.) the C.,* il Creatore.

creature ['kri:tʃə*] *n.* **creatura** (in ogni senso); **persona**: *a good c.,* una buona persona ● *c. comforts,* le comodità (della vita) □ *to be a c. of habit,* essere schiavo delle abitudini □ *Poor c.!,* poveretto!

crèche [kreiʃ] *(franc.) n.* [C] ***1*** **presepio; presepe** ***2*** **brefotrofio** ***3*** **asilo infantile; nido d'infanzia.**

credence ['kri:dəns] *n.* [U] **credenza; credito; fede; fiducia**: *to give c. to,* prestar fede a; dar credito a ● *letter of c.,* lettera di presentazione.

credentials [kri'denʃəlz] *n. pl.* **(lettere) credenziali.**

credibility [,kredi'biliti] *n.* [U] **credibilità** ● *c. gap,* margine di credibilità.

credible ['kredəbl] *a.* **credibile; degno di fede.**

credit ['kredit] *n.* ***1*** [U] **credito** (anche *comm.*); **fiducia; reputazione; stima**: *a man of high c.,* un uomo di buona reputazione □ *to buy (to sell) on c.,* comprare (vendere) a credito ***2*** [U] **onore; elogio**: *to do sb. c.,* far onore a q. ***3*** [U] (*rag.,* anche *c. balance*) **differenza a credito; saldo attivo** ***4*** [C] *(rag.)* **somma registrata a credito** ● *c. account,* conto aperto (presso un negozio) □ *c. card,* carta di credito □ *(econ., fin.) c. squeeze,* stretta creditizia □ *(comm.) to give sb. c. for a sum of money,* accreditare una somma di denaro a q. □ *(leg.) letter of c.,* lettera di credito.

to **credit** ['kredit] *v. t.* ***1*** **far credito a; prestar fede a** ***2*** **attribuire a**: *to c. sb. with st.,* attribuire q.c. a q. ***3*** *(comm.)* **accreditare.**

creditable ['kreditəbl] *a.* **degno di lode; lodevole.**

creditor ['kreditə*] *n.* ***1*** *(comm.)* **creditore** ***2*** (*rag.;* anche *c. side*) **colonna dell'avere; attivo** (di un conto).

credo ['kri:dou] *n.* (*pl.* **credos**) *(relig.* e *fig.)* **credo.**

credulity [kri'dju:liti] *n.* [U] **credulità.**

credulous ['kredjuləs] *a.* **credulo.**

creed [kri:d] *n.* [C] **credo; dottrina; professione di fede.**

creek [kri:k] *n.* [C] **piccola baia; insenatura; cala.**

creel [kri:l] *n.* [C] **nassa; cesto di vimini per il pesce.**

creep [kri:p] *n.* [C] ***1*** **strisciamento** ***2*** *(geol.)* **scorrimento** ***3*** **apertura** (in una siepe, ecc.) ***4*** *(al pl.)* **pelle d'oca** *(fig.)* ● *to give sb. the creeps,* far accapponare la pelle a q.

to **creep** [kri:p] (*pass.* e *p.p.* **crept** [krept]) *v. i.* ***1*** **strisciare** ***2*** **muoversi con passi lenti (o furtivi); trascinarsi** ***3*** (di piante) **arrampicarsi** ***4*** (di pelle) **accapponarsi** ● *to c. down (up),* scendere (salire) lentamente (o furtivamente) □ *to c. on,* scorrere lentamente □ *to c. upon,* impossessarsi lentamente di □ *to make sb.'s flesh c.,* far accapponare la pelle a q.; far venire la pelle d'oca a q.

creeper ['kri:pə*] *n.* [C] *1 (zool.)* **rettile; verme** *2 (bot.)* **pianta rampicante** *3 (naut.)* **grappino** *4 (al pl.)* **ramponi da ghiaccio** (per le scarpe).
creepy ['kri:pi] *a.* (anche *c.-crawly*) che fa accapponare la pelle.
to **cremate** [kri'meit] *v. t.* **cremare.**
cremation [kri'meiʃən] *n.* [U] e [C] **cremazione.**
crematorium [ˌkremə'tɔ:riəm] *n.* (*pl.* **crematoriums, crematoria** [ˌkremə'tɔ:riə]) **crematorio.**
crème caramel [ˌkrem'kærəməl] *(franc.) n.* [U] *(cucina)* **crème caramel; latte alla portoghese.**
crenellated [ˌkreni'leitid] *a. (archit.)* **merlato.**
crenellation [ˌkreni'leiʃən] *n.* [C] *(archit.)* **merlatura.**
creole ['kri:oul] *a.* e *n.* **creolo, creola.**
creosote ['kriəsout] *n.* [U] *(chim., farm.)* **creosoto.**
crêpe [kreip] *(franc.) n.* [U] *(ind. tessile)* **crespo.**
to **crepitate** ['krepiteit] *v. i.* **crepitare.**
crept [krept] *pass.* e *p.p.* di to **creep.**
crepuscular [kri'pʌskjulə*] *a.* **crepuscolare.**
crescendo [kri'ʃendou] *n.* (*pl.* **crescendos**) *(mus.)* crescendo (anche *fig.*).
crescent ['kresnt] ***A*** *n.* *1* [C] **falce di luna** *2* **mezzaluna** (l'islamismo e il suo emblema) ***B*** *a.* *1* **crescente** *2* **a mezzaluna.**
cress [kres] *n.* [U] *(bot.)* **crescione** (pianta delle Cruciferae).
crest [krest] *n.* [C] *1* **cresta** (del gallo, d'un monte, dell'onda, ecc.); **ciuffo di penne; cimiero; pennacchio** *2* **criniera** (di cavallo, leone, ecc.).
to **crest** [krest] ***A*** *v. t.* *1* **munire di cresta** (o **di pennacchio)** *2* **ornare d'insegna nobiliare** *3* **raggiungere la cima di** ***B*** *v. i.* (d'onda) **sollevarsi in creste.**
crestfallen ['krestˌfɔ:lən] *a.* **deluso; depresso; con la coda fra le gambe** *(fig.)*.
cretaceous [kri'teiʃəs] *a. (geol.)* **cretaceo.**
Cretan ['kri:tən] *a.* e *n.* **cretese.**
cretin ['kretin] *n.* **cretino.**
cretonne [kre'tɔn] *n.* [U] **cretonne; cotonina stampata.**
crevasse [kri'væs] *n.* [C] **crepaccio** (di ghiacciaio).
crevice ['krevis] *n.* [C] **crepa; fessura; screpolatura.**
(1) crew [kru:] *n.* [C] *1 (naut., aeron.)* **equipaggio; ciurma** *(spreg.)* *2* **gruppo; squadra** *3* **banda; combriccola.**
(2) crew [kru:] *pass.* di to **crow.**
crib [krib] *n.* [C] *1* **mangiatoia; greppia; presepio** *2* **lettino con sponde alte a sbarre** *3 (fam.)* **bigino; traduttore.**
to **crib** [krib] ***A*** *v. t.* *1* **stipare** *2* **provvedere** (una stalla) **di mangiatoie** *3 (fam.)* **plagiare** ***B*** *v. i. (gergo studentesco)* **copiare** (da un compagno o dal traduttore).
cribbage ['kribidʒ] *n.* [U] « **cribbage** » (gioco di carte).
crick [krik] *n. (con l'art. indeterm.) (med.)* **crampo.**
to **crick** [krik] *v. t. (med.)* **prodursi una contrazione muscolare a; provocare un crampo in.**
(1) cricket ['krikit] *n. (zool.)* **grillo** (anche *house-c.*).
(2) cricket [krikit] *n.* [U] *(sport)* **cricket.**
cricketer ['krikitə*] *n.* **giocatore di cricket.**
crier ['kraiə*] *n.* *1 (leg.)* **usciere** (di tribunale) *2* (anche *town-c.*) **banditore** *3* **piagnucolone.**
crikey ['kraiki] *inter. (pop.)* **per Bacco!; caspita!**
crime [kraim] *n.* *1* [C] *(leg.)* **crimine; delitto** (anche *fig.*) *2* [U] **criminalità.**
Crimean [krai'miən] *a.* **della Crimea.**
criminal ['kriminl] ***A*** *a.* *1* **criminale** *2* **penale**: *c. law,* diritto penale ***B*** *n.* **criminale; delinquente** ● *c. association,* associazione a delinquere □ *c. lawyer,* **penalista.**
criminologist [ˌkrimi'nɔlədʒist] *n.* **criminologo.**
criminology [ˌkrimi'nɔləʒi] *n.* [U] **criminologia.**
to **crimp** [krimp] *v. t.* *1* **pieghettare; increspare** *2* **arricciare; ondulare.**
crimson ['krimzn] ***A*** *a.* **cremisi** ***B*** *n.* [U] *1* **(color) cremisi** *2 (fig.)* **rossore.**
to **cringe** [krindʒ] *v. i.* *1* **acquattarsi; accucciarsi; farsi piccolo** (per paura) *2* **essere servile; curvar la schiena** *(fig.)*.
to **crinkle** ['kriŋkl] ***A*** *v. t.* **arricciare; increspare; spiegazzare** ***B*** *v. i.* **arricciarsi; incresparsi; sgualcirsi** ● *crinkled paper,* carta crespata.
crinkle ['kriŋkl] *n.* [C] **crespa; grinza; ruga.**
crinoline ['krinəli:n] *n.* [C] **crinolina.**
cripes [kraips] *inter. (pop.)* **caspita!**
cripple ['kripl] *a.* e *n.* **zoppo; sciancato; storpio.**
to **cripple** ['kripl] *v. t.* *1* **azzoppare; storpiare; mutilare** *2 (fig.)* **rendere inefficiente; paralizzare.**
crisis ['kraisis] *n.* (*pl.* **crises** ['kraisi:z]) **crisi** (in ogni senso) ● *(polit.) a c. government,* un governo d'emergenza.
crisp [krisp] *a.* *1* **crespo**: *c. hair,* capelli crespi *2* **friabile; croccante** *3* (di aria, ecc.) **frizzante; tonificante** *4* (di stile, ecc.) **vivace; deciso.**
to **crisp** [krisp] *v. t.* e *i.* *1* **increspare, incresparsi** *2* **rendere, diventare croccante** (o **frizzante, vivace,** ecc.).
crisper ['krispə*] *n.* **scomparto per frutta e verdura** (di frigorifero).
crisps [krisps] *n. pl.* **patatine fritte croccanti.**
criss-cross ['kriskrɔs] ***A*** *a.* **incrociato; a linee incrociate** ***B*** *avv.* **di traverso; a rovescio** *(fig.)* ***C*** *n.* [C] *1* **segno di croce** (in luogo della firma) *2* **incrocio** (di linee).
to **criss-cross** ['kriskrɔs] *v. t.* e *i.* **incrociare, incrociarsi.**
criterion [krai'tiəriən] *n.* (*pl.* **criteria** [krai'tiəriə], **criterions**) **criterio; norma.**
critic ['kritik] *n.* **critico.**
critical ['kritikəl] *a.* *1* **critico** *2* **pronto a criticare.**
criticism ['kritisizəm] *n.* [U] e [C] **critica.**
to **criticize** ['kritisaiz] *v. t.* *1* **criticare** *2* **biasimare; censurare.**
critique [kri'ti:k] *n.* [C] **recensione; saggio critico.**
to **croak** [krouk] *v. i.* ***A*** *1* **gracchiare** (anche *fig.*); **gracidare** *2 (fig.)* **fare l'uccello del malaugurio** *3 (pop.)* **morire** ***B*** *v. t.* *1* **dire** (q.c.) **con tono lugubre** *2 (pop.)* **ammazzare; far fuori** (q.).
croak [krouk] *n.* [U] **gracchiamento; gracidìo.**
croaky ['krouki] *a.* *1* **gracchiante; gracidante** *2* **rauco.**
Croatian [krou'eiʃiən] ***A*** *a.* **croato** ***B*** *n.* **croato** (la lingua).
crochet ['krouʃei] *n.* [U] **lavoro all'uncinetto** ● *c.-hook,* uncinetto.
to **crochet** ['krouʃei] *v. t.* e *i.* **lavorare all'uncinetto.**
(1) crock [krɔk] *n.* [C] **vaso** (o **brocca, giara) di terracotta.**
(2) crock [krɔk] *n. (pop.)* *1* **persona malandata; rottame** *(fig.)* *2* **ronzino.**
to **crock** [krɔk] *(pop.) v. i.* — to **c. up, ammalarsi.**
crockery ['krɔkəri] *n.* [U] **terraglie; vasellame di terracotta.**
crocodile ['krɔkədail] *n.* (*zool.* Crocodilus) **coccodrillo.**
crocus ['kroukəs] *n.* [C] (*bot.* Crocus) **croco.**
croft [krɔft] *n.* [C] *1* **campicello** *2* **piccola fattoria.**
crofter ['krɔftə*] *n.* (specialm. *scozz.*) **affittuario d'un campicello** (o **d'una piccola fattoria).**
crone [kroun] *n. (spreg.)* **vecchiaccia rugosa.**
crony ['krouni] *n.* **amico intimo; amicone.**
crook [kruk] *n.* [C] *1* **uncino; gancio; raffio** *2* **bastone da pastore** *3* **pastorale** (di vescovo) *4* **curva; svolta** *5 (fam.)* **imbroglione; truffatore** ● *by hook or by c.,* di riffa o di raffa; per amore o per forza.
to **crook** [kruk] ***A*** *v. t.* *1* **curvare; piegare** *2* **uncinare; prendere con un uncino** ***B*** *v. i.* **curvarsi; piegarsi.**
crook-backed ['krukbækt] *a.* **gobbo.**
crooked (*def. 1, 3, 4* ['krukid], *def. 2* [krukt]) *a.* *1* **curvo; storto** *2* **ricurvo; a uncino** *3* **deforme; storpio** *4 (fig.)* **disonesto.**
to **croon** [kru:n] *v. t.* e *i.* **cantare in tono sommesso; canticchiare.**
crop [krɔp] *n.* [C] *1* **messe; raccolto** *2* **gruppo; mucchio** *3* **gozzo** (d'uccello) *4* **manico di frusta** *5* **rapata**

(di capelli) • *land out of c.*, terra a maggese □ *land under c.*, terra coltivata.

to **crop** [krɔp] **A** *v. t.* **1 tagliar via; mozzare; tosare; rasare; rapare**: *to have one's hair cropped*, farsi rapare i capelli **2 brucare 3 raccogliere 4 seminare 5 cimare** (tessuti) **B** *v. i.* **dare un raccolto**: *to c. well*, dare un buon raccolto • *to c. up* (o *out*), (*geol.*) affiorare; (*fam.*) saltar fuori.

cropper ['krɔpə*] *n.* **1 colono; mezzadro; contadino 2** (*ind. tessile*) **cimatore** • *to come a c.*, fare un capitombolo; far fiasco.

croquet ['kroukei] *n.* [U] (*sport*) **pallamaglio; palla a maglio.**

croquette [krou'ket] (*franc.*) *n.* [C] (*cucina*) **crocchetta; polpettina fritta.**

crosier ['krouʒə*] *n.* [C] (*relig.*) **pastorale.**

(1) cross [krɔs] *n.* [C] **1 croce** (in ogni senso); **segno di croce**: *the C.*, la Santa Croce □ (*fig.*) *to bear one's c.*, portare la propria croce **2 incrocio; ibrido 3 taglio**: *the c. of a « t »*, il taglio d'una « t » • *c.-shaped*, cruciforme □ *on the c.*, di traverso; (*pop.*) in modo disonesto.

to **cross** [krɔs] **A** *v. t.* **1 attraversare**: *to c. a road (a river, the sea, etc.)*, attraversare una strada (un fiume, il mare, ecc.) **2 tagliare; intersecare**: *to c. one's t's*, tagliare le « t » **3 fare un segno di croce su** (q.c. o q.); **incrociare; accavallare**: *to c. one's arms on one's breast*, incrociare le braccia sul petto □ *to c. one's legs*, accavallare le gambe **4 contrariare; contrastare 5 incrociare, ibridare** (animali o piante) **6 stare a cavalcioni di** (una sella); **cavalcare** (un cavallo) **B** *v. i.* **1 fare una traversata 2 incrociarsi** • (*comm.*) *to c. a cheque*, sbarrare un assegno bancario □ *to c. oneself*, farsi il segno della croce □ *to c. one's mind*, venire in mente □ *to c. sb's path*, trovarsi sulla strada di q.; intralciare q. (*fig.*) □ *to c. out* (o *off*), cancellare; tirare un frego su; radiare □ (*fig.*) *to c. one's t's and dot one's i's*, mettere i puntini sulle « i ».

(2) cross [krɔs] *a.* **1 trasversale; obliquo 2 avverso; contrario; sfavorevole 3 irascibile; di cattivo umore; iroso 4 di rimando 5** (d'animale, pianta) **incrociato; ibrido** • (*polit.*) *c. bench*, banco trasversale dei deputati indipendenti □ (*fig.*) *c.-bench*, equanime; imparziale □ (*polit.*) *c.-bencher*, deputato indipendente □ *c.-reference*, rimando (in un libro) □ (*fam.*) *to be as c. as two sticks*, essere d'umore nero.

crossbar ['krɔsba:*] *n.* [C] **traversa.**

crossbeam ['krɔsbi:m] *n.* [C] (*ind. costr.*) **trave trasversale.**

crossbones ['krɔsbounz] *n. pl.* **tibie incrociate** • (*fig.*) *skull and c.*, il teschio (simbolo della morte; emblema dei pirati).

crossbow ['krɔsbou] *n.* [C] **balestra** (arma medievale).

crossbred ['krɔsbred] **A** *pass.* e *p.p.* di to **crossbreed B** *a.* **incrociato; ibrido.**

crossbreed ['krɔsbri:d] *n.* [C] **incrocio** (di razze).

to **crossbreed** ['krɔsbri:d] (*pass.* e *p.p.* **crossbred** ['krɔsbred]) *v. t.* e *i.* **incrociare, incrociarsi.**

to **crosscheck** [,krɔs'tʃek] *v. t.* **controllare; riscontrare.**

cross-country [,krɔs'kʌntri] *a.* e *avv.* **attraverso la campagna; per i campi** • (*sport*) *c. race*, corsa campestre.

crosscurrent ['krɔs,kʌrənt] *n.* [C] **1 corrente trasversale 2** (*fig.*) **tendenza contraria** (della pubblica opinione, ecc.).

cross-cut ['krɔskʌt] **A** *a.* **1** (di sega o altro arnese) **atto a tagliare trasversalmente 2 tagliato di traverso B** *n.* [C] **1 taglio trasversale 2 scorciatoia.**

cross-examination [,krɔsig,zæmi'neiʃən] *n.* [C] (*leg.*) **interrogatorio in contraddittorio.**

to **cross-examine** ['krɔsig,zæmin] *v. t.* (*leg.*) **interrogare in contraddittorio.**

cross-eyed ['krɔsaid] *a.* **strabico.**

cross-grained ['krɔsgreind] *a.* **1** (di legno) **a fibra irregolare 2** (di persona) **intrattabile; irascibile.**

crossing ['krɔsiŋ] *n.* [C] **1 traversata 2 incrocio** (d'animali o piante) **3 crocicchio; incrocio stradale 4 passaggio pedonale** • *level c.*, passaggio a livello.

cross-legged [,krɔs'legd] *a.* **1** (di persona accovacciata) **a gambe incrociate 2** (di persona seduta) **con le gambe accavallate.**

crosspatch ['krɔspætʃ] *n.* [C] (*pop.*) **persona irritabile.**

crosspiece ['krɔspi:s] *n.* [C] **asta** (o **sbarra**) **trasversale; traversa.**

cross-purposes [,krɔs'pɔ:pəsiz] *n. pl.* **scopi diversi; fini contrastanti** • *to be at cross-purposes*, essere in contrasto; fraintendersi.

to **cross-question** [,krɔs'kwestʃən] *v. t.* (*leg.*) **interrogare in contraddittorio;** (*fig.*) **interrogare a fondo.**

crossroad ['krɔsroud] *n.* [C] **1 strada trasversale 2 strada secondaria 3** (anche *crossroads*) **crocicchio; incrocio stradale** • (anche *fig.*) *to be at the crossroads*, essere a un bivio.

cross-section ['krɔs,sekʃən] *n.* [C] **1** (*disegno*) **sezione trasversale 2** (*fig.*) **settore rappresentativo; parte caratteristica.**

cross-stitch ['krɔsstitʃ] *n.* [U] **punto a croce.**

crosstalk ['krɔstɔ:k] *n.* [U] **1** (*teatr., polit.*) **dialogo a botta e risposta 2** (*tel., radio, telev.*) **interferenza acustica.**

crosswise ['krɔswaiz] *avv.* **1 di traverso 2 in croce.**

crossword ['krɔswə:d] *n.* [C] (anche *c. puzzle*) **cruciverba; parole incrociate.**

crotch [krɔtʃ] *n.* [C] **1 biforcazione** (di rami) **2 inforcatura** (del corpo umano) **3** (*sartoria*) **cavallo.**

crotchet ['krɔtʃit] *n.* [C] **1 idea bizzarra 2** (*mus.*) **semiminima.**

crotchety ['krɔtʃəti] *a.* **1 bizzarro; capriccioso; pieno di manie 2 bisbetico; irascibile.**

crouch [krautʃ] *n.* **atto di chi s'acquatta** (o **si accuccia, si rannicchia**).

to **crouch** [krautʃ] *v. i.* **1 acquattarsi; accucciarsi; rannicchiarsi 2** (*fig.*) **strisciare; essere servile.**

croup [kru:p] *n.* [U] (*med.*) **crup; difterite laringea.**

croupier ['kru:piə*] (*franc.*) *n.* (nelle case da gioco) **croupier.**

(1) crow [krou] *n.* [C] **1** (*zool.*) **cornacchia 2** (*pop.*) **corvo 3** (anche *crowbar*) **palanchino; piede di porco** • *c.'s-foot*, zampa di gallina (ruga) □ (*naut.*) *c.'s nest*, coffa □ *as the c. flies*, in linea d'aria.

(2) crow [krou] *n.* [U] **canto del gallo.**

to **crow** [krou] (*pass.* **crowed** [kroud] e **crew** [kru:]; *p.p.* **crowed**) *v. i.* **1 cantare** (del gallo) **2 fare gridolini di gioia 3 esultare.**

crowd [kraud] **A** *n.* [C] **1 calca; folla; moltitudine; ressa 2** — *the c.*, la massa (del popolo) **3** (*fam.*) **combriccola; cricca 4 gran numero** (di cose) • *to follow* (o *to go with*) *the c.*, seguire la corrente (*fig.*).

to **crowd** [kraud] *v. i.* **1 accalcarsi; assembrarsi; affollarsi 2 far ressa; spingersi B** *v. t.* **1 stipare 2 calcare; spingere; ammassare** • *to c. down*, scendere in massa □ *to c. in upon sb.*, affollarsi alla mente di q. □ *to c. in*, entrare in massa □ (*naut.*) *to c. (on) sail*, spiegare tutte le vele □ *to c. through*, attraversare in massa □ *to c. together*, raccogliersi; accalcarsi.

crowded ['kraudid] *a.* **affollato; stipato.**

crown [kraun] *n.* [C] **1 corona** (in ogni senso): *the C.*, la Corona (il potere, il sovrano) □ *to succeed to the c.*, salire al trono □ (un tempo) *half a c.*, una mezza corona (due scellini e mezzo) □ *the c. of a tooth*, la corona d'un dente **2 parte superiore; cima** (d'un monte); **calotta cranica; cocuzzolo** (della testa, del cappello) **3** (*fig.; con l'art. determ.*) **coronamento**: *the c. of one's labours*, il coronamento delle proprie fatiche **4** (*archit.*) **chiave** (d'un arco) **5** (*naut.*) **diamante** (d'ancora) **6** (*mecc.*) **testa** • *the C. prince*, il principe ereditario.

to **crown** [kraun] *v. t.* **1 incoronare; coronare**: *to be crowned king*, essere incoronato re **2 completare; dare l'ultimo tocco a** (q.c.) **3 incapsulare** (un dente) **4** (nel gioco della dama) **damare** (una pedina) • *to c. all*, per coronare l'opera; per giunta.

crowning ['krauniŋ] **A** *n.* **1 incoronazione 2** (*fig.*) **coronamento 3 bombatura** (di strada) **B** *a.* **sommo; supremo**: *c. happiness*, somma felicità.

crozier ['krouʒə*] *n.* [C] (*relig.*) **pastorale.**

crucial ['kru:ʃjəl] *a.* **cruciale; decisivo.**

crucible ['kru:sibl] *n.* [C] **1 crogiolo 2** *(fig.)* **prova del fuoco.**

crucifix ['kru:sifiks] *n.* [C] **crocifisso.**

crucifixion [ˌkru:si'fikʃən] *n.* [U] e [C] **crocifissione.**

cruciform ['kru:sifɔ:m] *a.* **cruciforme, crociforme.**

to **crucify** ['kru:sifai] *v. t.* **1 crocifiggere; mettere in croce** (anche *fig.*) **2 mortificare** (la carne).

crude [kru:d] *a.* **1 grezzo** (anche *fig.*); **non raffinato 2 acerbo; immaturo; in incubazione 3 grossolano; rozzo; rude 4 crudo; nudo** *(fig.).*

crudeness ['kru:dnis], **crudity** ['kru:diti] *n.* [U] **1 rudezza 2 crudezza** *(fig.).*

cruel [kruəl] *a.* **crudele.**

cruelty ['kruəlti] *n.* [U] e [C] **crudeltà.**

cruet ['kru(:)it] *n.* [C] **1 ampolla** (dell'olio e dell'aceto) **2** *(relig.)* **ampollina** ● *c.-stand,* ampolliera.

to **cruise** [kru:z] *v. i.* **1 andare in crociera; fare una crociera 2** (di navi) **incrociare** ● *cruising taxi,* tassì che gira in cerca di clienti.

cruise [kru:z] *n.* [C] *(naut.)* **crociera**: *to go on a c.,* fare una crociera.

cruiser ['kru:zə*] *n.* [C] **1** *(mil.)* **incrociatore 2** *(naut.)* **cruiser; imbarcazione da crociera.**

crumb [krʌm] *n.* **1** [C] **briciola 2** [C] *(fig.)* **briciolo 3** [U] **mollica; midolla** (del pane).

to **crumb** [krʌm] *v. t.* **1 sbriciolare 2 impanare** (carne, ecc.).

to **crumble** ['krʌmbl] **A** *v. t.* **sbriciolare; sgretolare; frantumare B** *v. i.* **1 sbriciolarsi; sgretolarsi 2** *(fig.)* **cadere; crollare** ● *crumbling rocks,* rocce friabili.

crumbly ['krʌmbli] *a.* **friabile.**

crumby ['krʌmi] *a.* **1 pieno di briciole 2 soffice.**

crump [krʌmp] *n.* [C] **1** *(fam.)* **forte colpo 2** *(gergo mil.)* **scoppio.**

crumpet ['krʌmpit] *n.* [C] **1 focaccina 2** *(pop.)* **testa; zucca.**

to **crumple** ['krʌmpl] **A** *v. t.* **spiegazzare; sgualcire; raggrinzare B** *v. i.* **sgualcirsi; raggrinzarsi** ● *to c. up,* accartocciare, accartocciarsi; (d'aeroplano) schiantarsi al suolo; *(fam.)* crollare.

to **crunch** [krʌntʃ] **A** *v. t.* **1 schiacciare** (con i denti); **masticare rumorosamente; sgranocchiare 2 far scricchiolare B** *v. i.* **scricchiolare** ● *to c. up,* tritare.

crupper ['krʌpə*] *n.* **sottocoda; groppiera.**

crusade [kru:'seid] *n.* [C] **crociata** (anche *fig.*).

to **crusade** [kru(:)'seid] *v. i.* **fare una crociata** (anche *fig.*).

crusader [kru(:)'seidə*] *n.* *(stor.)* **crociato.**

cruse [kru:z] *n.* [C] *(arc.)* **vaso di terracotta** ● *(fam.) It is like the widow's c.,* è il pozzo di San Patrizio.

to **crush** [krʌʃ] *v. t.* e *i.* **1 schiacciare; spiaccicare** *(fam.)*; **pigiare; torchiare; stipare 2 sgualcire, sgualcirsi 3** *(fig.)* **schiacciare; sgominare; annientare**: *a crushing defeat,* una schiacciante sconfitta ● *to c. out,* spremere, strizzare; spegnere (un fuoco, calpestandolo); sedare (un tumulto) □ *to c. to death,* uccidere (schiacciando) □ *to c. to pieces,* stritolare □ *to c. up,* frantumare; polverizzare.

crush [krʌʃ] *n.* **1** [U] **schiacciamento; frantumazione 2** *(soltanto al sing.)* **calca; folla; ressa 3** [C] *(fam.)* **trattenimento sociale assai affollato** ● *(pop.) to have a c. on sb.,* aver preso una cotta per q.

crust [krʌst] *n.* [C] e [U] **1 crosta** (in ogni senso): *a c. of bread,* una crosta di pane **2 incrostazione.**

to **crust** [krʌst] **A** *v. t.* **incrostare B** *v. i.* **1 coprirsi di croste; incrostarsi 2 indurire** (formando croste).

crustaceans [krʌs'teiʃjənz] *n. pl.* (*zool.,* Crustacea) **crostacei.**

crusted ['krʌstid] *a.* **1 incrostato 2** *(fig.)* **antiquato; inveterato.**

crusty ['krʌsti] *a.* **1 crostoso 2 duro come una crosta 3** (di vino) **grommoso 4** (di persona) **irritabile; intrattabile.**

crutch [krʌtʃ] *n.* [C] **1 gruccia; stampella**: *a pair of crutches,* un paio di grucce **2** *(fig.)* **appoggio; sostegno 3 inforcatura** (del corpo umano) **4** *(sartoria)* **cavallo.**

crux [krʌks] *n.* (*pl.* **cruxes** [krʌksiz]) **punto cruciale.**

to **cry** [krai] **A** *v. t.* e *i.* **1 gridare; proclamare; esclamare; strillare; urlare;** (specialm. d'uccelli) **fare il verso;** (di cani) **guaire**: *to cry with pain,* gridare dal dolore **2 piangere**: *Stop crying!,* smettila di piangere! **B** *verbi composti* **1** *to cry down,* deprezzare; screditare **2** *to cry for, chiedere a gran voce; reclamare* □ *to cry for vengeance,* gridar vendetta **3** *to cry off,* denigrare, svilire; disdire (un impegno); tirarsi indietro *(fam.)* **4** *to cry out,* gridare; esclamare □ *to cry out for st.,* reclamare q.c. **5** *to cry up,* esaltare; portare alle stelle ● *to cry bitter tears,* piangere lacrime amare □ *to cry one's eyes out,* consumarsi gli occhi dal piangere □ *to cry shame upon sb.,* additare q. a vergogna; svergognare q. □ *to cry oneself to sleep,* addormentarsi a forza di piangere.

cry [krai] *n.* [C] **1 grido; strillo; urlo;** (specialm. d'uccelli) **verso, richiamo;** (di cani) **guaito**: *with a cry of triumph,* con un grido di trionfo **2 annuncio; proclama 3** (anche *battle-cry*) **grido di battaglia;** (anche *war-cry*) **grido di guerra; slogan 4 pianto**: *to have a good cry,* farsi un bel pianto ● *a far cry,* una grande distanza; tutt'altra cosa □ *to be (to keep) within cry,* essere (tenersi) a portata di voce.

cry-baby ['kraiˌbeibi] *n.* [C] **piagnucolone.**

crying ['kraiiŋ] *a.* **1 piangente 2 palese 3 urgente.**

crypt [kript] *n.* [C] *(archit., anat.)* **cripta.**

cryptic(al) ['kriptik(əl)] *a.* **1 celato; occulto 2 ambiguo; ermetico.**

cryptogam ['kriptougæm] *n.* [C] *(bot.)* **crittogama.**

cryptogram ['kriptougræm] *n.* [C] **crittogramma.**

cryptography [krip'tɔgrəfi] *n.* [U] **crittografia.**

crystal ['kristl] **A** *n.* **1** [U] e [C] *(miner., chim.)* **cristallo 2** [U] (anche *c. glassware*) **cristalleria; cristalli B** *a.* **1 di cristallo 2 cristallino 3** (di radio) **a galena** ● *c. gazing,* cristalloscopia □ *c. set,* apparecchio radio a galena.

crystalline ['kristəlain] *a.* **cristallino** ● *(anat.) the c. lens,* il cristallino (dell'occhio).

crystallization [ˌkristəlai'zeiʃən] *n.* [U] e [C] **cristallizzazione.**

to **crystallize** ['kristəlaiz] **A** *v. t.* **1 cristallizzare** (anche *fig.*) **2** *(cucina)* **candire 3 concretare, definire** (un piano, ecc.) **B** *v. i.* **1 cristallizzarsi** (anche *fig.*) **2 concretarsi.**

crystalloid ['kristəlɔid] *n.* [C] *(fis., chim.)* **cristalloide.**

cub [kʌb] *n.* [C] **1 cucciolo** (di animali selvatici e feroci) **2** (di solito *unlicked cub*) **giovanotto inesperto (o goffo, rozzo) 3** *(fig.)* **principiante;** (specialm., *abbr.* di **cub reporter**) **cronista alle prime armi 4** (anche *cub scout*) **lupetto** (giovane esploratore).

to **cub** [kʌb] *v. t.* e *i.* (d'animale selvatico) **figliare.**

cubage ['kju:bidʒ] *n.* [U] e [C] *(mat.)* **cubatura; volume.**

Cuban ['kju:bən] *a.* e *n.* **cubano.**

cubbish ['kʌbiʃ] *a.* **1 da cucciolo 2** *(fig.)* **inesperto; goffo; rozzo.**

cubbyhole ['kʌbihoul] *n.* [C] **angolo intimo; nido** *(fig.).*

cube [kju:b] *n.* [C] (anche *geom., mat.*) **cubo** ● *c. root,* radice cubica.

to **cube** [kju:b] *v. t.* **1** *(mat.)* **elevare al cubo (o alla terza potenza) 2 calcolare il volume di** (un solido) **3 pavimentare con cubi** (di pietra, ecc.) **4** *(cucina)* **tagliare in cubetti.**

cubic ['kju:bik] *a.* (anche *mat., geom.*) **cubico.**

cubical ['kju:bikəl] *a.* **cubico; a forma di cubo.**

cubicle ['kju:bikl] *n.* [C] **1 scompartimento separato** (in un dormitorio, ospedale, ecc.) **2 cabina di lettura** (in una biblioteca).

cubism ['kju:bizəm] *n.* [U] *(arte)* **cubismo.**

cubist ['kju:bist] *n.* *(arte)* **cubista.**

cubit ['kju:bit] *n.* [C] **cubito** (antica misura di lunghezza).

cuckold ['kʌkəld] *n.* [C] *(spreg., volg.)* **becco; cornuto.**

to **cuckold** ['kʌkəld] *v. t.* *(volg.)* **fare le corna a.**

cuckoo ['kuku:] *n.* **1** (*zool.,* Cuculus canorus) **cuculo 2 cuccù**: *a c. clock,* un orologio a cuccù **3** *(pop.)*

babbeo; rimbambito.

to **cuckoo** ['kuku(:)] *v. i.* **fare cuccù; fare il verso del cuculo.**

cucumber ['kju:kəmbə*] *n.* (*bot.*, Cucumis sativus) **cetriolo** • *as cool as a c.*, padrone di sé; impassibile.

cud [kʌd] *n.* [U] **bolo alimentare** (dei ruminanti).

to **cuddle** ['kʌdl] ***A*** *v. t.* **abbracciare teneramente; coccolare; vezzeggiare** ***B*** *v. i.* (spesso *to c. up*) **rannicchiarsi.**

cuddle ['kʌdl] *n.* [C] **abbraccio affettuoso.**

cuddy ['kʌdi] *n.* [C] *(scozz.)* **asino; ciuco; somaro** (anche *fig.*).

cudgel ['kʌdʒəl] *n.* [C] **clava; mazza; randello.**

to **cudgel** ['kʌdʒəl] *v. t.* **bastonare; randellare; picchiare con una clava** • *(fig.) to c. one's brains,* lambiccarsi il cervello.

(1) cue [kju:] *n.* [C] ***1*** *(teatr., mus.)* **battuta d'entrata; attacco** ***2*** *(cinem., radio)* **segnale d'azione** ***3*** **suggerimento; imbeccata** • *(fig.) to take one's cue from sb.,* regolare la propria condotta su quella di q.; ricevere l'imbeccata da q.

(2) cue [kju:] *n.* [C] **stecca** (da biliardo).

(1) cuff [kʌf] *n.* [C] ***1*** **polsino** ***2*** (*al pl.*; anche *handcuffs*) **manette** • *c. links,* gemelli (bottoni per polsino).

(2) cuff [kʌf] *n.* [C] **scapaccione; schiaffo; scoppola.**

to **cuff** [kʌf] *v. t.* **scapaccionare; schiaffeggiare.**

cuirass [kwi'ræs] *n.* [C] (anche *zool.*) **corazza.**

cuisine [kwi(:)'zi:n] *(franc.) n.* [U] **cucina; modo di cucinare.**

cul-de-sac ['kuldə'sæk] *(franc.) n.* [C] **vicolo cieco** (anche *fig.*).

culinary ['kʌlinəri] *a.* ***1*** **culinario; gastronomico** ***2*** **aromatico** • *c. art,* culinaria; gastronomia.

cull [kʌl] *n.* *(generalm. al pl.)* **animale** (specialm. montone) **non più atto alla riproduzione e quindi scelto per essere ingrassato.**

to **cull** [kʌl] *v. t.* ***1*** **cogliere; raccogliere** ***2*** **scegliere.**

cullender ['kʌlində*] *n.* [C] **colabrodo; colino.**

cully ['kʌli] *n. (pop.)* ***1*** **babbeo; semplicione** ***2*** **amico; compagno.**

to **culminate** ['kʌlmineit] *v. i.* *(astron.* e *fig.)* **culminare.**

culmination [ˌkʌlmi'neiʃən] *n.* [C] ***1*** **culmine; apice; apogeo** ***2*** *(astron.)* **culminazione.**

culpability [ˌkʌlpə'biliti] *n.* [U] **colpevolezza.**

culpable ['kʌlpəbl] *a.* ***1*** **colpevole** ***2*** *(leg.)* **colposo.**

culprit ['kʌlprit] *n.* ***1*** **colpevole** ***2*** **imputato; accusato.**

cult [kʌlt] *n.* [C] ***1*** **culto** (anche *fig.*) ***2*** *(relig.)* **setta.**

cultivable ['kʌltivəbl] *a.* **coltivabile.**

to **cultivate** ['kʌltiveit] *v. t.* **coltivare** (in ogni senso).

cultivated ['kʌltiveitid] *a.* ***1*** **coltivato** ***2*** *(fig.)* **raffinato** ***3*** (di voce) **educata** ***4*** (d'accento) **da persona colta.**

cultivation [ˌkʌlti'veiʃən] *n.* [U] ***1*** *(agric.)* **coltivazione; coltura** ***2*** *(fig.)* **cultura; raffinatezza.**

cultural ['kʌltʃərəl] *a.* **culturale** • *(polit.) c. revolution,* rivoluzione culturale.

culturalization [ˌkʌltʃərəlai'zeiʃən] *n.* [U] *(sociologia)* **acculturazione.**

to **culturalize** [ˌkʌltʃərə'laiz] *v. t.* *(sociologia)* **acculturare.**

culture ['kʌltʃə*] *n.* ***1*** [U] **cultura; istruzione** ***2*** [U] e [C] **civiltà** ***3*** [U] **coltura; coltivazione.**

cultured ['kʌltʃəd] *a.* ***1*** **colto; dotto** ***2*** **raffinato** • *c. pearl,* perla coltivata.

culver ['kʌlvə*] *n. (pop.)* **piccione; colombo selvatico.**

culvert ['kʌlvət] *n.* [C] ***1*** **canale sotterraneo** ***2*** **conduttura sotterranea** (per cavi elettrici).

to **cumber** ['kʌmbə*] *v. t.* **ingombrare; caricare; gravare.**

cumbersome ['kʌmbəsəm], **cumbrous** ['kʌmbrəs] *a.* **ingombrante.**

cummerbund ['kʌməbʌnd] *n.* [C] *(anglo-ind.)* **sciarpa portata intorno alla vita.**

to **cumulate** ['kju:mjuleit] *v. t.* **accumulare; ammassare.**

cumulative ['kju:mjulətiv] *a.* ***1*** **cumulativo** ***2*** *(leg.)* **aggiuntivo.**

cumulus ['kju:mjuləs] *n.* (*pl.* **cumuli** ['kju:mjulai]) *(meteorologia)* **cumulo.**

cuneiform ['kju:niifɔ:m] *a.* **cuneiforme.**

(1) cunning ['kʌniŋ] *a.* **astuto; furbo;** (di cosa) **abile:** *as c. as a fox,* astuto come una volpe □ *a c. trick,* un abile trucco.

(2) cunning ['kʌniŋ] *n.* [U] **astuzia; furberia.**

cunt [kʌnt] *n.* [C] *(volg.)* ***1*** **fica** *(volg.)* ***2*** *(fig.)* **persona sgradevole; stronzo** *(volg.)*.

cup [kʌp] *n.* [C] ***1*** **tazza; tazzina:** *a cup of tea,* una tazza di tè □ *a tea-cup,* una tazzina da tè ***2*** **coppa:** *(sport) challenge cup,* coppa messa in palio ***3*** **calice** (anche *bot.*) ***4*** *(med.)* **coppetta** ***5*** (di reggiseno) **coppa** • *cup-bearer,* coppiere, coppiera □ *to be in one's cups,* avere alzato il gomito; essere ubriaco □ *(fam.) It's quite another cup of tea,* è un altro paio di maniche *(fig.)*.

to **cup** [kʌp] *v. t.* ***1*** *(med.)* **cavar sangue a** (q.) (con coppette) ***2*** **foggiare a coppa; unire** (le mani, ecc.) **a guisa di coppa.**

cupboard ['kʌbəd] *n.* [C] ***1*** (anche *kitchen c.*) **credenza** ***2*** (anche *clothes c.*) **armadio per abiti** • *c. love,* amore interessato.

cupful ['kʌpful] *n.* [C] **(quantità di liquido che sta in una) tazza (**o **in un calice):** *a c. of wine,* un calice di vino.

cupidity [kju:'piditi] *n.* [U] **cupidigia; cupidità.**

cupola ['kju:pələ] *(ital.) n.* [C] ***1*** *(archit., mil., anat.)* **cupola** ***2*** (*metall.*; anche *c.-furnace*) **cubilotto** (per fondere metalli).

cupping-glass ['kʌpiŋgla:s] *n.* [C] *(med.)* **coppetta.**

cupric ['kju(:)prik] *a. (chim.)* **rameico; cuprico.**

cur [kə:*] *n.* ***1*** **cagnaccio; cane bastardo** ***2*** **screanzato; vigliacco.**

curaçao [ˌkjuərə'sou], **curaçoa** [ˌkjuərə'souə] *n.* [U] **curassò** (liquore).

curacy ['kjuərəsi] *n.* [C] **ufficio di vicario parrocchiale (**o **di cappellano).**

curare, curari [kju'ra:ri] *n.* [U] **curaro.**

curate ['kjuərit] *n.* **vicario parrocchiale; cappellano.**

curative ['kjuərətiv] *a. (med.)* **curativo; terapeutico.**

curator [kjuə'reitə*] *n.* ***1*** *(leg.)* **amministratore; curatore** (di minorenne, d'incapace, ecc.) ***2*** **conservatore** (di galleria d'arte, museo, ecc.).

curb [kə:b] *n.* [C] ***1*** (del cavallo; anche *c.-chain*) **barbazzale** ***2*** *(fig.)* **freno; impedimento; ostacolo.**

to **curb** [kə:b] *v. t.* ***1*** **tenere a freno** (un cavallo, ecc.); **dominare, vincere** (le passioni, ecc.): *to c. one's tongue,* tenere a freno la lingua ***2*** **provvedere** (un cavallo) **di barbazzale.**

curd [kə:d] *n.* (spesso al *pl.*) **latte cagliato.**

to **curdle** ['kə:dl] ***A*** *v. i.* **cagliare; coagularsi; gelarsi** *(fig.)* ***B*** *v. t.* **cagliare; coagulare; far gelare** *(fig.)*.

cure [kjuə*] *n.* [C] ***1*** **cura** (anche *relig.*); **rimedio** ***2*** **guarigione** • *c.-all,* panacea.

to **cure** [kjuə*] *v. t.* ***1*** **guarire** ***2*** **porre rimedio a** ***3*** **conservare** (carne, pesce, ecc., salando o affumicando).

curettage [kjuə'retidʒ] *n.* [U] *(med.)* **raschiamento.**

curette [kjuə'ret] *n.* [C] **raschiatoio** (ferro da chirurgo).

curfew ['kə:fju:] *n.* [C] **(segnale del) coprifuoco.**

curio ['kjuəriou] *n.* (*pl.* **curios**) **curiosità; oggetto raro.**

curiosity [ˌkjuəri'ɔsiti] *n.* ***1*** [U] **curiosità; desiderio di conoscenza** ***2*** [C] **oggetto raro; curiosità** • *the old c. shop,* la bottega dell'antiquario.

curious ['kjuəriəs] *a.* **curioso** (in ogni senso).

curium ['kjuəriəm] *n.* [U] *(chim.)* **curio.**

to **curl** [kə:l] ***A*** *v. t.* ***1*** **arricciare** ***2*** **arrotolare; avvolgere a spirale** ***B*** *v. i.* ***1*** **arricciarsi; essere riccio** ***2*** **arrotolarsi; avvolgersi a spirale** • *to c. oneself up,* rannicchiarsi; raggomitolarsi □ *to c. up,* arricciarsi, avvolgersi a spirale; (del fumo) salire in spire; rannicchiarsi, raggomitolarsi.

curl [kə:l] *n.* [C] ***1*** **riccio; ricciolo; ciocca ricciuta** ***2*** **spira** (di fumo, ecc.) ● *a c. of the lips,* una smorfia.

curler ['kə:lə*] *n.* ***1*** **bigodino** ***2*** *(sport)* **giocatore di curling** (*V.* **curling,** *def. 3*).

curlew ['kə:lju:] *n.* [C] (*zool.*, Numenius arquata) **chiurlo.**

curling ['kə:liŋ] *n.* [U] ***1*** **arricciatura** ***2*** **arrotolamento** ***3*** *(sport)* **curling** (lancio di dischi sul ghiaccio) ● *c. irons (o c. tongs),* ferro per arricciare i capelli.

curly ['kə:li] *a.* ***1*** **riccio; ricciuto** ***2*** (di mare) **increspato.**

curmudgeon [kə'mʌdʒən] *n. (fam.)* **individuo intrattabile** (o **gretto).**

currant ['kʌrənt] *n.* [C] *(bot.)* ***1*** **(uva) sultanina** ***2*** (Ribes) **ribes.**

currency ['kʌrənsi] *n.* ***1*** [C] e [U] *(fin.)* **circolazione; circolazione monetaria; moneta corrente; valuta** ***2*** [U] **uso generale.**

(1) current ['kʌrənt] *a.* **corrente; d'uso corrente** ● *(Banca) c. account,* conto corrente.

(2) current ['kʌrənt] *n.* [C] ***1*** **corrente** (in ogni senso) ***2*** **corso.**

curricle ['kʌrikl] *n.* [C] **calesse** (di solito a due cavalli).

curriculum [kə'rikjuləm] *(lat.) n.* (*pl.* **curricula** [kə'rikjulə], **curriculums**) **corso di studi** ● *c. vitae,* curricolo.

currish ['kə:riʃ] *a.* ***1*** **ringhioso** (anche *fig.*) ***2*** **intrattabile; irascibile.**

curry ['kʌri] *n.* [U] **curry** (polvere piccante composta di varie droghe originaria delle Indie orientali).

(1) to **curry** ['kʌri] *v. t.* **condire con curry.**

(2) to **curry** ['kʌri] *v. t.* ***1*** **strigliare** (un cavallo, ecc.) ***2*** **conciare** (pelli) ***3*** *(fig.)* **conciare per le feste; bastonare** ● *c.-comb,* striglia.

curse [kə:s] *n.* [C] ***1*** **maledizione** (in ogni senso): *to call down curses upon sb.,* invocare la maledizione di Dio su q. □ *to be under a c.,* sentirsi pesare sul capo una maledizione ***2*** **imprecazione; bestemmia** ***3*** **calamità; rovina** ● *(pop.) It isn't worth a tinker's c.,* non vale un accidente.

to **curse** [kə(:)s] *v. t.* e *i.* ***1*** **maledire** ***2*** **imprecare** (contro q.); **bestemmiare** ● *to be cursed with st.,* essere afflitto (o tormentato) da q.c.

cursed ['kə:sid] *a.* ***1*** **maledetto** (spesso *fam.*, assai tenue): *It's a c. nuisance,* è una maledetta seccatura ***2*** **abominevole; esecrabile.**

cursive ['kə:siv] *a.* e *n.* **corsivo** (di scrittura).

cursory ['kə:səri] *a.* **frettoloso; rapido; superficiale.**

curt [kə:t] *a.* **reciso; risoluto; asciutto; secco** *(fig.).*

to **curtail** [kə:'teil] *v. t.* **abbreviare; accorciare; decurtare; ridurre.**

curtailment [kə(:)'teilmənt] *n.* [U] e [C] **abbreviazione; accorciamento; decurtazione; riduzione.**

curtain ['kə:tən] *n.* [C] ***1*** **tenda; tendina** ***2*** **cortina** (in ogni senso): *a c. of smoke,* una cortina di fumo ***3*** *(teatr.)* **sipario; tela**: *The c. rises,* s'alza il sipario □ *The c. falls,* cala il sipario ● *(teatr.) c.-call,* chiamata alla ribalta □ *(fig.) to lift the c. on st.,* dare inizio a q.c.; svelare q.c. □ *(teatr.) c. up!,* su il sipario!

to **curtain** ['kə:tən] *v. t.* ***1*** **provvedere di tende** (o **tendine)** ***2*** (spesso *to c. off*) **separare con una tenda.**

curtain-raiser ['kə:tən,reizə*] *n.* [C] *(teatr.)* **breve spettacolo d'apertura; avanspettacolo.**

curtness ['kə:tnis] *n.* [U] **risolutezza; tono brusco.**

curts(e)y ['kə:tsi] *n.* [C] **inchino, riverenza** (di donna o ragazza): *to make a c.,* fare un inchino.

to **curts(e)y** ['kə:tsi] *v. i.* **inchinarsi; fare un inchino.**

curvature ['kə:vətʃə*] *n.* [U] e [C] **curvatura.**

curve [kə:v] *n.* [C] **curva** (in ogni senso) ● *(autom.) Bad curves ahead,* curve pericolose (cartello).

to **curve** [kə:v] *v. t.* e *i.* **curvare, curvarsi.**

curved [kə:vd] *a.* **curvo.**

curvet [kə:'vet] *n.* [C] **falcata** (del cavallo).

curvilinear [,kə:vi'liniə*] *a.* **curvilineo.**

cushat ['kʌʃət] *n.* (*zool*, Columba palumbus) **colombaccio.**

cushion ['kuʃən] *n.* [C] ***1*** **cuscino** ***2*** **sponda elastica** (del biliardo).

to **cushion** ['kuʃən] *v. t.* ***1*** **provvedere di cuscini; imbottire** ***2*** **sostenere con cuscini** ***3*** *(fig.)* **proteggere.**

cushy ['kuʃi] *a. (pop.)* **comodo; facile; piacevole.**

cusp [kʌsp] *n.* [C] **cuspide** (in ogni senso).

cuspidal ['kʌspidəl] *a.* **cuspidale.**

cuss [kʌs] *n.* [C] *(pop.)* ***1*** **maledizione** ***2*** **individuo; tipo.**

to **cuss** [kʌs] *v. t.* e *i. (pop.)* **maledire; imprecare; bestemmiare.**

cussed ['kʌsid] *a. (pop.)* ***1*** **maledetto** ***2*** **ostinato; testardo.**

custard ['kʌstəd] *n.* [U] e [C] *(cucina)* **crema; budino di crema.**

custodian [kʌs'toudjən] *n.* **custode** (di museo, ecc.); **portiere** (d'un edificio).

custody ['kʌstədi] *n.* [U] ***1*** **custodia; protezione;** *(leg.)* **tutela** ***2*** **arresto; imprigionamento** ● *to be in c.,* essere in stato d'arresto □ *to take sb. into c.,* arrestare q.

custom ['kʌstəm] *n.* ***1*** [C] **costume; abitudine; consuetudine** ***2*** [U] **convenienze sociali** ***3*** *(al pl., comm.)* **dazi doganali; dogana** ***4*** [U] *(comm.)* **(il) servirsi** (presso un negozio): *We should like to have your c.,* gradiremmo che diventaste nostro cliente.

customary ['kʌstəməri] *a.* ***1*** **consueto; abituale; usuale** ***2*** *(leg.)* **consuetudinario.**

custom-built ['kʌstəmbilt] *a.* **fatto su ordinazione;** *(autom.)* **fuori serie.**

customer ['kʌstəmə*] *n.* ***1*** *(comm.)* **cliente; avventore** ***2*** *(fam.)* **individuo; tipo**: *He's a queer c.,* è un tipo strano.

customs house ['kʌstəmzhaus] *n.* [C] **dogana** (l'edificio).

to **cut** [kʌt] (*pass.* e *p.p.* **cut**) ***A*** *v. t.* ***1*** **tagliare** (in quasi ogni senso): *to cut st. in two (in half),* tagliare q.c. in due (a metà) □ *to cut st. into pieces,* tagliare q.c. a pezzi □ *to cut one's nails,* tagliarsi le unghie □ *to cut the cards,* tagliare (o alzare) le carte ***2*** **intagliare; incidere; scolpire**: *to cut a cameo,* intagliare un cammeo ***3*** **fare, costruire** (tagliando q.c.); **scavare**: *to cut a tunnel through a mountain,* scavare una galleria attraverso un monte ***4*** **falciare; mietere** ***5*** **abbassare** (prezzi); **ridurre** ***6*** *(sport)* **tagliare** (una palla) ***7*** **colpire forte; ferire**: *to cut sb. to the quick,* ferire q. nel profondo del cuore ***8*** *(fam.)* **fingere di non vedere (o di non conoscere)** (q.) ***9*** *(fam.)* **marinare, salare** *(fig.)*: *to cut classes,* salare le lezioni ***10*** *(cinem.)* **fare il montaggio di** (un film) ***B*** *v. i.* ***1*** **tagliare**: *This knife doesn't cut,* questo coltello non taglia ***2*** **tagliarsi**: *This wood cuts easily,* questo legno si taglia bene ***3*** **penetrare** ***4*** *(pop.)* **tagliare la corda; scappare** ***C*** *verbi composti* ***1*** *to cut after sb.,* correre dietro a q. ***2*** *to cut away,* tagliare, troncare, recidere; svignarsela ***3*** (in un romanzo, un film) *to cut back,* descrivere (o proiettare) retrocedendo nel tempo ***4*** *to cut down,* abbattere: *to cut down a tree,* abbattere un albero □ *to cut down expenses,* ridurre le spese □ *to cut down a pair of trousers,* scorciare un paio di pantaloni ***5*** *to cut in,* interloquire; interrompere ***6*** *to cut off,* tagliare, mozzare, troncare; sospendere, interrompere; tagliar fuori □ *to cut sb. off without a penny,* diseredare q. ***7*** *to cut out,* ritagliare; aprire (tagliando); tagliare (un vestito dalla stoffa); soppiantare; *(fam.)* rinunciare a: *to cut a picture out of a magazine,* ritagliare una fotografia da una rivista □ *I must cut out smoking,* devo smettere di fumare □ *(fam.) to cut it out,* smetterla; piantarla □ *to be cut out for st.,* essere tagliato per q.c. ***8*** *to cut up,* tagliare a pezzetti, trinciare; fare a pezzi; criticare aspramente, stroncare □ *to cut up rough,* risentirsi; fare il diavolo a quattro ● *(fam.) to cut and come again,* (a tavola) servirsi di nuovo; mangiare (specialm. carne) a quattro palmenti □ *(pop.) to cut and run,* tagliare la corda; scappare □ *(fig.) to cut both ways,* essere a doppio taglio □ *to cut a connection with sb.,* tagliare i ponti con q. □ *(sport) to cut the record,* battere il primato □ *to cut sb. short,* troncare le parole in bocca a q. □ *to cut a tooth,* mettere un dente □ *to cut one's wisdom teeth,* mettere (i denti del) giudizio □ *to cut the whole concern,* piantar tutti in asso; piantar baracca e burattini.

(1) cut [kʌt] *n.* ⓒ ***1*** **taglio**: *cuts on the face,* tagli sulla faccia (facendosi la barba, ecc.) □ *a nice cut of meat,* un bel taglio di carne □ *a cut of cloth,* un taglio di stoffa □ *clothes of ancient cut,* abiti di taglio antiquato ***2*** **atto di colpire** (di taglio); **sferzata** ***3*** **diminuzione; ribasso; riduzione**: *a cut in prices,* un ribasso dei prezzi ***4*** **affronto; offesa; ferita** *(fig.)* ***5*** **attacco** (verbale); **rimprovero** ***6*** **(un) tantino; (un) po'; alquanto**: *(fam.) Your work is a cut above his,* il tuo lavoro è fatto un po' meglio del suo ● *hair-cut and shave,* barba e capelli □ *short cut,* scorciatoia.

(2) cut [kʌt] *a.* ***1*** **tagliato; reciso** ***2*** (del tabacco) **trinciato** ***3*** (di un prezzo) **ridotto** ***4*** *(bot.)* **lobato** ***5*** (di un animale) **castrato** ● *cut off,* tagliato fuori; escluso □ *cut out,* tagliato *(fig.)*; atto; idoneo □ *cut up,* tagliuzzato; *(fig.)* con i nervi a pezzi, sconvolto.

cut-and-dried [ˌkʌtən'draid], **cut-and-dry** [ˌkʌtən'drai] *a. (fig.)* ***1*** **bell'e fatto; già stabilito** ***2*** **stantio; trito; vieto.**

cutaneous [kju(:)'teinjəs] *a.* **cutaneo; della pelle.**

cutaway ['kʌtəwei] ***A*** *a.* ***1*** **tagliato via; scorciato** ***2*** (di disegno) **in sezione; spaccato** ***B*** *n.* ⓒ **giacca a coda di rondine.**

cut-back ['kʌtbæk] *n.* ⓒ ***1*** **riduzione; diminuzione** ***2*** *(teatr., cinem.)* **narrazione retrospettiva.**

cute [kju:t] *a.* ***1*** **abile; ingegnoso; intelligente** ***2*** *(USA, fam.)* **attraente.**

cuticle ['kju:tikl] *n.* ⓒ *(anat., bot.)* **cuticola** ● *c. pusher,* scalzapelli.

cut-in ['kʌtˌin] *n.* ⓒ *(cinem.)* **inserto.**

cutis ['kju:tis] *n.* ⓤ *(anat.)* **cute.**

cutlass ['kʌtləs] *n.* ⓒ *(naut.)* **coltellaccio; sciabola corta.**

cutler ['kʌtlə*] *n.* **coltellinaio.**

cutlery ['kʌtləri] *n.* ⓤ ***1*** **coltelleria; coltelli** *(collett.)* ***2*** **posate** *(collett.)* ***3*** **arte del coltellinaio.**

cutlet ['kʌtlit] *n.* ⓒ *(cucina)* **costoletta, cotoletta.**

cut-out ['kʌtaut] *n.* ⓒ ***1*** **ritaglio** ***2*** *(elettricità)* **interruttore.**

cutpurse ['kʌtpə:s] *n. (arc.)* **tagliaborse; borsaiolo.**

cutter ['kʌtə*] *n.* ⓒ ***1*** **arnese da taglio;** *(mecc.)* **fresa** ***2*** *(naut.)* **cutter; canotto.**

cutthroat ['kʌtθrout] ***A*** *n.* **assassino** ***B*** *a.* **da assassino;** *(fig.)* **spietato.**

cutting ['kʌtiŋ] ***A*** *n.* ***1*** **taglio; pezzo tagliato; incisione** ***2*** **riduzione** (di spese); **ribasso** (di prezzi) ***3*** **ritaglio di giornale** (anche *press c.; cfr. USA clipping*) ***4*** **trincea** ***5*** *(bot.)* **margotta** ***6*** ⓤ *(cinem.)* **montaggio** (d'un film) ***B*** *a.* **tagliente;** *(fig.)* **pungente, sferzante** ● *(cinem.) c. room,* sala di montaggio.

cuttlefish ['kʌtlfiʃ] *n.* ⓒ *(zool.)* **seppia.**

cutwater ['kʌtˌwɔ:tə] *n.* ***1*** *(naut.)* **tagliamare** ***2*** **frangicorrente.**

cyanide ['saiənaid], **cyanid** ['saiənid] *n.* ⓤ e ⓒ *(chim.)* **cianuro.**

cyanotic [ˌsaiə'nɔtik] *a. (med.)* **cianotico.**

cybernetics [ˌsaibə:'netiks] *n. pl. (col verbo al sing.)* **cibernetica.**

cyclamen ['sikləmən] *n.* ⓒ *(bot.,* Cyclamen) **ciclamino.**

cycle ['saikl] *n.* ⓒ ***1*** **ciclo** ***2*** *(elettr.)* **periodo** ***3*** *(abbr.* di **bicycle** o **tricycle**) **bicicletta; triciclo.**

to **cycle** ['saikl] *v. i.* ***1*** **svolgersi per cicli** ***2*** **andare in bicicletta.**

cyclecar ['saiklˌka:*] *n.* **motofurgone.**

cyclic(al) ['siklik(əl)] *a.* **ciclico**: *(letter.) a c. poet,* un poeta ciclico.

cycling ['saikliŋ] *n.* ⓤ **ciclismo** ● *c. holidays,* cicloturismo.

cyclist ['saiklist] *n.* **ciclista.**

cyclo-cross ['saikləkrɔs] *n.* ⓤ *(sport)* **ciclocross.**

cyclometer [sai'klɔmitə*] *n.* ⓒ ***1*** **misuratore di archi di cerchio** ***2*** **contachilometri.**

cyclone ['saikloun] *n.* ⓒ **ciclone.**

cyclonic(al) [sai'klɔnik(əl)] *a.* **ciclonico.**

Cyclop(s) ['saiklɔp(s)] *n.* (*pl.* **Cyclops, Cyclopes** [sai'kloupi:z]) *(mitol.)* **ciclope.**

cyclostyle ['saikləstail] *n.* ⓒ e ⓤ **ciclostile.**

to **cyclostyle** ['saikləstail] *v. t.* **ciclostilare.**

cyclotron ['saiklətrɔn] *n.* ⓒ *(fis. nucl.)* **ciclotrone.**

cyder ['saidə*] *n.* ⓤ **sidro** (anche *cider*).

cygnet ['signit] *n.* **cigno giovane.**

cylinder ['silində*] *n.* ⓒ ***1*** *(geom., mecc., autom.)* **cilindro**: *a six-c. engine,* un motore a sei cilindri ***2*** *(ind.)* **bombola** (di gas liquido) ***3*** *(mil.)* **tamburo** (di rivoltella, ecc.) ● *(tipogr.) c. press,* rotativa.

cylindric(al) [ˌsi'lindrik(əl)] *a.* **cilindrico.**

cymbal ['simbəl] *n.* ⓒ *(mus.)* ***1*** *(stor.)* **cembalo** ***2*** **piatto.**

cyme [saim] *n.* ⓒ *(bot.)* **cima.**

Cymric ['kimrik] ***A*** *a.* **gallese** ***B*** *n.* **lingua gallese.**

cynic ['sinik] *a.* e *n.* **cinico** (anche *filos.*).

cynical ['sinikl] *a.* **cinico.**

cynicism ['sinisizəm] *n.* ⓤ **cinismo** (anche *filos.*).

cynosure ['sinəzjuə*] *n.* ⓒ **persona (o cosa) che è al centro dell'interesse generale.**

cypher, to **cypher** ['saifə*] *V.* **cipher,** to **cipher.**

cypress ['saipris] *n.* ⓒ *(bot.,* Cupressus sempervirens) **cipresso.**

Cyprian ['sipriən], **Cypriot** ['sipriɔt] *a.* e *n.* **cipriota.**

Cyrenaic [ˌsaiərə'neiik] *a.* e *n.* **cirenaico.**

Cyrillic alphabet [si'rilik 'ælfəbit] *n.* **alfabeto cirillico.**

cyst [sist] *n.* ⓒ *(anat., med.)* **cisti, ciste.**

cystitis [sis'taitis] *n.* ⓤ *(med.)* **cistite.**

cytology [sai'tɔlədʒi] *n.* ⓤ *(biol.)* **citologia.**

czar [za:*] *n. (stor.)* **zar.**

czarina [za:'ri:nə] *n. (stor.)* **zarina.**

Czech, [tʃek] *a.* e *n.* **ceco; boemo.**

Czechoslovak [ˌtʃekou'slouvæk], **Czechoslovakian** [ˌtʃekouslou'vækjən] *a.* e *n.* **cecoslovacco.**

D

D, d [di:] *n.* (*pl.* **D's, d's; Ds, ds**) *1* D, d *2* *(mus.)* re ● *(tel.)* d *for David,* d come Domodossola.
'd [d] *contraz. di* **had, should, would.**
to **dab** [dæb] *v. t.* e *i.* *1* battere leggermente; picchiettare *2* sfiorare *3* applicare (con rapidi tocchi).
(1) dab [dæb] *n.* [C] *1* colpetto; tocco rapido *2* macchia; schizzo; zacchera *3* pezzetto; piccola quantità *4* *(al pl., pop.)* impronte digitali.
(2) dab [dæb] *n.* [C] *(fam.)* esperto.
to **dabble** ['dæbl] *A* *v. t.* immergere; tuffare; agitare (in un liquido) *B* *v. i.* *1* sguazzare; diguazzare *2* — *to d. in* (o *at),* occuparsi di (q.c.) da dilettante.
dabbler ['dæblə*] *n.* chi s'occupa di q.c. in modo superficiale, a tempo perso; dilettante.
dabchick ['dæb,tʃik] *n.* *(zool.,* Podiceps ruficollis*)* tuffetto.
dabster ['dæbstə*] *n.* *(fam.)* *1* (anche *dab)* esperto *2* *(spreg.)* dilettante; imbrattatele.
dachshund ['dækshund] *n.* *(zool.)* bassotto.
dactyl ['dæktil] *n.* [C] *(poesia)* dattilo.
dactylic [dæk'tilik] *a.* *(poesia)* dattilico.
dad [dæd], **daddy** ['dædi] *n.* *(fam.)* babbo; papà.
Dada ['da:da:], **Dadaism** ['da:da:,izəm] *n.* [U] *(arte)* dadaismo.
Dadaist ['da:da:,ist] *n.* *(arte)* dadaista.
daddy-longlegs [,dædi'lɔŋlegz] *n.* *(zool.,* Tipula) tipula.
dado ['deidou] *n.* (*pl.* **dados, dadoes**) *(archit.)* *1* dado *2* zoccolo (decorato).
daemon ['di:mən], **daemonic** [di:'mɔnik] *V.* **demon, demonic.**
daffodil ['dæfədil] *n.* (*bot.,* Narcissus pseudo-narcissus) trombone; giunchiglia grande.
daft [da:ft] *a.* *(fam.)* *1* sciocco *2* matto; pazzo.
dagger ['dægə*] *n.* [C] daga; pugnale; stiletto ● *to be at daggers drawn with sb.,* essere ai ferri corti con q. □ *to look daggers,* far gli occhiacci; guardare in cagnesco.
dago ['deigou] *n.* (*pl.* **dagos, dagoes**) *(pop. USA, spreg.)* individuo d'origine spagnola, portoghese o italiana.
daguerrotype [də'geroutaip] *n.* *1* [C] dagherrotipo *2* [U] dagherrotipia.
dahlia ['deiljə] *n.* [C] (*bot.,* Dahlia) dalia.
Dail Eireann [,dail'ɛərən] *(irl.)* *n.* Camera dei Deputati della Repubblica d'Irlanda.
daily ['deili] *A* *a.* quotidiano; giornaliero: *one's d. bread,* il pane quotidiano *B* *n.* *1* (giornale) quotidiano *2* domestica che lavora a giornata *C* *avv.* quotidianamente; giornalmente.
dainty ['deinti] *A* *n.* [C] cosa squisita; bocconcino prelibato; ghiottoneria *B* *a.* *1* (di cibo) squisito; prelibato *2* bello; grazioso; fine *3* di difficile contentatura; schizzinoso.
dairy ['dɛəri] *n.* [C] *1* caseificio *2* (anche *d.-farm)* cascina *3* latteria ● *d. cattle,* mucche da latte.
dairyman ['dɛərimən] *n.* (*pl.* **dairymen** ['dɛərimən]) *1* uomo che lavora in un caseificio *2* lattaio; lattivendolo *(raro).*
dais ['deiis] *n.* [C] predella; palco.
daisy ['deizi] *n.* [C] *1* (*bot.,* Bellis perennis) margheritina; pratolina *2* (*bot.,* Chrysanthemum leucanthemum) margherita dei campi *3* *(pop.)* ragazza attraente ● *(scherz.) to push up the daisies,* essere morto e sepolto.
dale [deil] *n.* [C] *(poet.)* valle; valletta.
dalliance ['dæliəns] *n.* [U] *1* perditempo; svago *2* amoreggiamento.
to **dally** ['dæli] *v. i.* *1* perder tempo; esitare; indugiare *2* gingillarsi; scherzare; trastullarsi ● *to d. one's time away,* sciupare il proprio tempo.
Dalmatian [dæl'meiʃjən] *a.* e *n.* dalmata.
daltonism ['dɔ:ltənizəm] *n.* [U] *(med.)* daltonismo.
(1) dam [dæm] *n.* [C] diga; argine; barriera.
to **dam** [dæm] *v. t.* (di solito *to dam up)* *1* costruire dighe su *2* arginare; sbarrare *3* *(fig.)* tenere a freno.
(2) dam [dæm] *n.* genitrice (di animali).
damage ['dæmidʒ] *n.* [U] *1* danno *2* *(al pl., leg.)* danni; risarcimento dei danni; indennizzo: *to claim damages,* chiedere il risarcimento dei danni *3* *(mecc.)* guasto *4* *(naut.)* avaria *5* *(pop.)* costo; spesa.
to **damage** ['dæmidʒ] *v. t.* *1* danneggiare; recare danno a *2* guastare; avariare: *damaged goods,* merci avariate.
Damascene ['dæməsi:n] *a.* e *n.* (abitante) di Damasco.
damask ['dæməsk] *A* *n.* [U] *1* damasco *2* (anche *d. steel)* acciaio damaschino *3* color rosa intenso *B* *a. attr.* damaschino ● *(bot.) d. rose,* rosa damaschina.
to **damask** ['dæməsk] *v. t.* *1* damascare *2* damaschinare.
dame [deim] *n.* *(poet.* o *scherz.)* dama; signora.
to **damn** [dæm] *A* *v. t.* *1* condannare *2* *(volg.)* maledire; mandare al diavolo; imprecare contro (q.c.) *B* *v. i.* maledire; imprecare ● *(volg.) D. it all!,* al diavolo ogni cosa! □ *(volg.) D. you!,* va' al diavolo!
damn [dæm] *A* *n.* [C] *(volg.)* maledizione; imprecazione *B* *a. attr. (fam.)* maledetto ● *(fam.) It isn't worth a d.,* non vale un fico (secco) □ *(fam.) I don't care a d.,* non me ne importa un fico (secco) *C* *inter. (volg.)* maledizione!; accidenti!
damnable ['dæmnəbl] *a.* *1* dannabile *2* *(fam.)* maledetto; schifoso: *d. weather,* tempo schifoso.
damnation [dæm'neiʃən] *A* *n.* [U] dannazione (anche *fig.)*; maledizione *B* *inter. (volg.)* maledizione!; al diavolo!
damned [dæmd] *A* *a.* *(volg.)* maledetto ● *the d.,* i dannati *B* *avv. (volg.)* maledettamente.
damnedest ['dæmdist] *n.* — *(fam.) to do (to try) one's d.,* fare (tentare) l'impossibile.
damp [dæmp] *A* *n.* [U] *1* umidità; umido *2* (anche *fire-d.)* grisou ● *to cast a d. over st.,* rattristare q.c. *B* *a.* umido; leggermente bagnato.
to **damp** [dæmp] *v. t.* *1* inumidire *2* estinguere; spegnere *3* *(acustica, elettr.)* smorzare ● (di piante, germogli, ecc.) *to d. off,* marcire (per l'umidità).
to **dampen** ['dæmpən] *A* *v. t.* *1* inumidire *2* abbattere; scoraggiare *3* *(acustica, elettr.)* smorzare *B* *v. i.* inumidirsi.
damper ['dæmpə*] *n.* [C] *1* guastafeste *2* *(mecc.)* valvola di tiraggio *3* *(mecc., elettr.)* smorzatore *4* *(mus.)* sordina ● *to cast a d. on a party,* smorzare l'allegria d'un trattenimento.
dampness ['dæmpnis] *n.* [U] umidità; umido.
damp-proof ['dæmppru:f] *a.* a prova d'umidità ● *(edil.) d. course,* strato impermeabile (contro l'umidità, nei muri).
damsel ['dæmzəl] *n.* *(lett.)* damigella; donzella; fanciulla.
damson ['dæmzən] *n.* *(bot.)* *1* (Prunus insititia) susino selvatico *2* susina selvatica.
to **dance** [da:ns] *v. i.* e *t.* *1* danzare; ballare; far ballare *2* pulsare ● *to d. one's head off,* stordirsi a forza di ballare.
dance [da:ns] *n.* [C] *1* ballo; danza *2* musica da ballo; ballabile ● *to lead the d.,* aprire le danze □ *(fig.) to lead sb. a (pretty) d.,* rendere la vita difficile a q.
dancer ['da:nsə*] *n.* danzatore, danzatrice; ballerino, ballerina.
dancing ['da:nsiŋ] *n.* [U] (la) danza, (il) ballo (l'arte) ● *d-master,* maestro di ballo □ *d.-school,* scuola di danza.
dandelion ['dændilaiən] *n.* [C] (*bot.,* Taraxacum officinale) dente di leone; soffione.
dander ['dændə*] *n.* [U] *(fam.)* ira; collera: *to get one's d. up,* andare in collera; uscire dai gangheri *(fig.).*
to **dandify** ['dændifai] *v. t.* rendere simile a un damerino; vestire con eleganza; attillare *(raro).*
to **dandle** ['dændl] *v. t.* cullare, ninnare (un bambino).

dandruff ['dændrəf], **dandriff** ['dændrif] *n.* [U] **forfora.**

dandy ['dændi] ***A*** *n.* **bellimbusto; zerbinotto *B*** *a.* *(pop.)* **eccellente; bellissimo.**

dandyism ['dændiizəm] *n.* [U] **dandismo; eleganza ricercata.**

Dane [dein] *n.* ***1*** **danese *2*** (anche *Great D.*) **cane danese.**

danger ['deindʒə*] *n.* [U] e [C] **pericolo**: *to be in d.*, essere in pericolo.

dangerous ['deindʒrəs] *a.* **pericoloso.**

to **dangle** ['dæŋgl] ***A*** *v. i.* **dondolare; ciondolare; penzolare *B*** *v. t.* ***1*** **dondolare; spenzolare *2*** *(fig.)* **far balenare** ● *to d. after a man of importance,* stare alle costole d'un uomo importante.

Danish ['deiniʃ] ***A*** *a.* **danese *B*** *n.* **(lingua) danese.**

dank [dæŋk] *a.* **umido; bagnato.**

Dantesque [dæn'tesk] *a.* **dantesco.**

Dantist ['dæntist] *n.* **dantista.**

daphne ['dæfni] *n.* (*bot.*, Daphne) **dafne.**

dapper ['dæpə*] *a.* ***1*** **piccolo, ma vivace *2*** **elegante; azzimato.**

(1) dapple ['dæpl], **dappled** ['dæpəld] *a.* ***1*** **macchiato; screziato; variegato *2*** (d'animale) **maculato;** (di cavallo) **pomellato** ● *a d.-grey horse,* un cavallo grigio pomellato.

to **dapple** ['dæpl] ***A*** *v. t.* **macchiare; screziare; variegare *B*** *v. i.* **macchiarsi; screziarsi; variegarsi.**

(2) dapple ['dæpl] *n.* [C] **animale maculato; cavallo pomellato.**

darbies ['da:biz] *n. pl.* *(pop.)* **manette.**

to **dare** [dɛə*] (*pass.* **dared** [dɛəd] o **durst** [də:st], *p.p.* **dared**) *v. t.* e *i.* ***1*** **osare; ardire; arrischiarsi; avere il coraggio di**: *How d. you say such a thing?*, come osi dire una cosa simile? ***2*** (*pass.* **dared**) **sfidare; provocare**: *to d. sb. to do st.*, sfidare q. a fare q.c. ● *I d. say,* oso dire; suppongo; credo bene.

daredevil ['dɛəˌdevl] ***A*** *a.* **audace; temerario *B*** *n.* **scavezzacollo.**

daring ['dɛəriŋ] ***A*** *a.* **audace; ardito; intrepido *B*** *n.* [U] **audacia; ardire; intrepidezza.**

(1) dark [da:k] *a.* ***1*** **oscuro; scuro; buio**: *d. blue,* blu scuro ***2*** (di carnagione, di occhi, ecc.) **bruno; scuro**: *d. eyes,* occhi scuri (o neri) ***3*** *(fig.)* **cupo; tetro; triste; nero** *(fig.)*: *to look on the d. side of things,* vedere soltanto il lato nero delle cose; essere pessimista ● *the D. Ages,* il Medioevo □ *the D. Continent,* il continente nero □ *to keep st. d.*, tenere q.c. segreto.

(2) dark [da:k] *n.* [U] **oscurità; buio; tenebre**: *in the d.*, al buio ● *at d.*, all'imbrunire □ *before d.*, prima del calar delle tenebre □ *to keep sb. in the d.*, tenere q. all'oscuro (di q.c.).

to **darken** ['da:kən] ***A*** *v. i.* **oscurarsi; farsi scuro** (o **buio) *B*** *v. t.* **oscurare.**

dark-haired ['da:kˌhɛəd] *a.* **dai capelli bruni.**

dark-eyed ['da:kˌaid] *a.* **dagli occhi scuri** (o **neri).**

darkness ['da:knis] *n.* [U] **oscurità; buio; tenebre.**

dark-skinned ['da:kˌskind] *a.* **dalla pelle scura.**

darky ['da:ki] *n.* *(fam.* o *spreg.)* **negro.**

darling ['da:liŋ] *a.* e *n.* **caro; diletto; prediletto; tesoro** *(fig.)*.

(1) to **darn** [da:n] *v. t.* **rammendare.**

darn [da:n] *n.* [C] **rammendo.**

(2) to **darn** [da(:)n] *v. t.* *(pop.)* **maledire.**

darnel ['da:nl] *n.* [U] (*bot.*, Lolium temulentum) **loglio; zizzania.**

darning ['da:niŋ] *n.* [U] ***1*** **rammendatura; rammendo *2*** **indumenti da rammendare** ● *d.-egg,* uovo (di legno) da rammendo □ *d.-needle,* ago da rammendo.

dart [da:t] *n.* [C] ***1*** **dardo; giavellotto *2*** **balzo; guizzo *3*** *(zool.)* **pungiglione.**

to **dart** [da:t] *v. t.* e *i.* ***1*** **lanciare, scagliare** (anche *fig.*); **dardeggiare *2*** **balzare; guizzare.**

Darwinian [da:'winiən] *a.* e *n.* **darviniano.**

Darwinism ['da:winizəm] *n.* [U] **darvinismo.**

to **dash** [dæʃ] ***A*** *v. t.* ***1*** **gettare; lanciare; sbattere *2*** **abbattere, distruggere, infrangere** (anche *fig.*) ***3*** **cospargere; spruzzare *4*** **mescolare** (anche *fig.*); **mettere un po' di** (un liquido in un altro) ***5*** *(pop.)* **maledire; mandare al diavolo**: *D. him!,* vada al diavolo! ***B*** *v. i.* ***1*** **battere; cozzare; urtare *2*** **balzare; scagliarsi; precipitarsi; saettare** ● *to d. away,* scappare precipitosamente □ *to d. off,* buttar giù (uno schizzo, uno scritto) □ *to d. st. to pieces,* frantumare q.c. □ *to d. up,* sopraggiungere di corsa; arrivare all'improvviso □ *(fam.)* *Dash it!,* accidenti!; maledizione!

dash [dæʃ] *n.* ***1*** [C] **cozzo; urto *2*** *(generalm. al sing. con l'art. determ.* o *indeterm.)* **scroscio; tonfo *3*** [C] **balzo; salto *4*** [C] **(un) po'; (un) tantino; goccio; sfumatura *5*** [C] *(tel., tipogr.)* **linea; lineetta *6*** [U] **foga; impeto; slancio** ● *at a d.*, a precipizio; di volata □ *to cut a d.*, fare un figurone □ *to make a d. at,* lanciarsi contro.

dashboard ['dæʃbɔ:d] *n.* [C] ***1*** **parafango *2*** *(autom.)* **cruscotto.**

dashed [dæʃt] *a.* ***1*** **deluso; giù di corda, abbacchiato** *(fam.)* ***2*** *(pop.)* **dannato; maledetto.**

dashing ['dæʃiŋ] *a.* ***1*** **audace; ardito *2*** **vistoso; sgargiante.**

dastard ['dæstəd] *n.* **codardo; vigliacco.**

data ['deitə] *(lat.)* *n. pl.* **dati; dati di fatto; premesse** ● *(elab.)* *d. bank,* banca dei dati.

(1) date [deit] *n.* *(bot.)* [C] ***1*** **dattero *2*** (anche *d.-palm*) (Phoenix dactylifera) **palma da datteri.**

(2) date [deit] *n.* ***1*** [C] **data *2*** [U] **tempo; periodo**: *at that d.*, a quel tempo ***3*** [C] *(fam.)* **appuntamento** (specialm. amoroso) ● *(comm.)* *at long (short) d.*, a lunga (breve) scadenza □ *to be out of d.*, non essere più in uso; essere antiquato □ *to d.*, fino a oggi; sinora □ *(comm.)* *under yesterday's d.*, in data di ieri □ *up to d.*, alla moda; all'altezza dei tempi; aggiornato □ *What's the d. today?*, quanti ne abbiamo oggi?

to **date** [deit] ***A*** *v. t.* ***1*** **datare** (una lettera, ecc.) ***2*** **attribuire** (una scoperta archeologica, ecc.) **a un periodo storico; fissare la data** (di un evento) ***B*** *v. i.* ***1*** — *to d. from* (o *back to),* risalire a ***2*** **essere antiquato; essere passato di moda.**

dated ['deitid] *a.* ***1*** **datato *2*** **passato di moda; antiquato.**

dateless ['deitlis] *a.* ***1*** **senza data *2*** **senza fine; interminabile *3*** **che esiste da tempo immemorabile.**

dative ['deitiv] *a.* e *n.* [C] *(gramm.)* **dativo.**

datum ['deitəm] *(lat.)* *n.* (*pl.* **data** ['deitə]) **dato; assunto; premessa** ● *(mat.)* *a d. point (line, etc.)*, un punto (una linea, ecc.) di riferimento.

to **daub** [dɔ:b] *v. t.* e *i.* ***1*** **spalmare; impiastrare *2*** **imbrattare; impiastricciare; dipingere malamente.**

daub [dɔ:b] *n.* ***1*** [U] e [C] **sostanza da spalmare** (vernice, intonaco, argilla, fango, ecc.) ***2*** [C] **imbratto** (anche *fig.*); **sgorbio; pittura malfatta.**

dauber ['dɔ:bə*] *n.* **imbrattatele.**

daughter ['dɔ:tə*] *n.* **figlia; figliola** ● *d.-in-law,* nuora.

daughterly ['dɔ:təli] *a.* **filiale** (di figlia).

to **daunt** [dɔ:nt] *v. t.* ***1*** **intimidire; spaventare *2*** **scoraggiare.**

dauntless ['dɔ:ntlis] *a.* **impavido; intrepido.**

dauphin ['dɔ:fin] *n.* *(stor.)* **delfino.**

davenport ['dævnpɔ:t] *n.* [C] ***1*** **scrivania** (con piano ribaltabile) ***2*** (specialm. *USA)* **divano; divano letto.**

davit ['dævit] *n.* [C] *(naut.)* **gru.**

daw [dɔ:] *n.* [C] (*zool.*, Corvus monedula) **taccola.**

to **dawdle** ['dɔ:dl] ***A*** *v. i.* **bighellonare; gingillarsi; oziare *B*** *v. t.* — *to d. away,* sciupare, sprecare (il tempo).

dawdler ['dɔ(:)dlə*] *n.* **bighellone, bighellona.**

to **dawn** [dɔ:n] *v. i.* ***1*** **albeggiare; farsi giorno *2*** **spuntare *3*** **essere agli albori *4*** (di solito seguito da *on, upon*) **venire in mente; farsi strada** *(fig.)* ● *the first dawnings,* gli albori.

dawn [dɔ:n] *n.* [U] ***1*** **alba; spuntar del giorno *2*** **albori** *(fig.)*; **inizio; principio** ● *from d. to dark,* dall'alba al tramonto.

day [dei] *n.* ***1*** [U] e [C] **giorno; giornata; dì**: *to travel by day,* viaggiare di giorno □ *an eight-hour day,* una giornata (lavorativa) di otto ore ***2*** *(al sing. con l'art. determ.)* **battaglia; vittoria**: *to carry* (o *to win) the day,* riportare la vittoria ***3*** *(al sing. con l'agg. poss.; spesso al pl.)* (periodo di) **tempo**: *He was the best painter of his day,* fu il miglior pittore del suo tempo □ *in the days of Queen*

Victoria, al tempo della regina Vittoria ● *day after day,* un giorno dopo l'altro □ *the day after tomorrow,* dopodomani; domani l'altro □ *the day before yesterday,* ieri l'altro; l'altro ieri □ *day by day,* giorno per giorno □ *day in, day out,* per giorni e giorni □ *day-long,* che dura tutto il giorno □ *all (the) day,* tutto il giorno □ *all day long,* tutto il santo giorno □ *to arrive the day before the fair (the day after the fair),* arrivare troppo presto (troppo tardi) □ *to be as clear as day,* essere chiaro come la luce del giorno □ *before day,* prima dello spuntar del giorno □ *to be broad day,* essere pieno giorno □ *by day,* di giorno □ *by the day,* a(lla) giornata □ *(fig.) to call it a day,* stimare d'aver fatto una buona giornata di lavoro; smettere di lavorare □ *every other* (o *every second) day,* un giorno sì e un giorno no □ *from day to day,* di giorno in giorno; da un giorno all'altro □ *to have had one's day,* aver fatto il proprio tempo □ *(fig.) to know the time of day,* avere gli occhi aperti; sapere il fatto proprio □ *present-day,* del giorno d'oggi; contemporaneo □ *some day,* un giorno o l'altro □ *this day week (fortnight, month, year),* oggi a otto (a quindici, a un mese, a un anno) □ *to a day,* esattamente □ *to the present day,* fino a oggi; fino al momento attuale □ *My day has come,* è venuta la mia ora.

daybreak ['deibreik] *n.* [U] **spuntar del giorno; alba.**

day-dream ['deidri:m] *n.* [C] **sogno a occhi aperti.**

to **day-dream** ['deidri:m] *v. i.* **sognare a occhi aperti.**

daylight ['deilait] *n.* [U] ***1*** **luce del giorno** ***2*** **alba; spuntar del giorno**: *at d.,* allo spuntar del giorno □ *before d.,* prima dell'alba ***3*** *(fig.)* **luce** ● *d.-saving time,* ora estiva (o legale).

day-time ['deitaim] *n.* [U] **giorno** (opposto a « notte »): *in the d.,* di giorno.

to **daze** [deiz] *v. t.* ***1*** **stordire; sbalordire** ***2*** **abbagliare.**

daze [deiz] *n. (con l'art. indeterm.)* **stordimento; sbalordimento** ● *to be in a d.,* essere stordito.

dazed [deizd] *a.* **stordito; sbalordito.**

to **dazzle** ['dæzl] *v. t.* **abbagliare.**

dazzle ['dæzl] *n.* [U] **bagliore** ● *(autom.) d. lamps* (o *lights),* (fari) abbaglianti.

dazzling ['dæzliŋ] *a.* **abbagliante; splendente.**

D-Day ['di:,dei] *n.* ***1*** **il giorno dello sbarco degli Alleati in Normandia (6 giugno 1944)** ***2*** (per estens.) **il giorno in cui dovrà effettuarsi un'operazione militare; il giorno dell'azione.**

deacon ['di:kən] *n. (relig.)* **diacono.**

deaconess ['di:kənis] *n. (relig.)* **diaconessa.**

(1) dead [ded] *a.* ***1*** **morto** (anche *fig.*); **estinto; inanimato**: *d. leaves,* foglie morte □ *d. languages,* lingue morte □ *d. matter,* materia inanimata ***2*** **smorto** ***3*** **sterile; improduttivo**: *d. soil,* terreno sterile ***4*** **inservibile; inutilizzabile** ***5*** **sfruttato; spento**: *a d. brand,* un tizzone spento ***6*** **smorzato**: *a d. sound,* un suono smorzato ***7*** **informicolito; intirizzito; insensibile; sordo** *(fig.)*: *to be d. to any feeling of pity,* essere sordo a ogni sentimento di pietà ***8*** **monotono; piatto; privo d'interesse** ***9*** **assoluto; completo**: *d. certainty,* certezza assoluta ***10*** *(elettr.)* **messo a terra; fuori tensione** ● *d.-alive,* (di persona) **mezzo morto, più morto che vivo;** (di cosa, luogo, ecc.) **monotono, noioso, tedioso** □ *d. and gone,* morto e sepolto □ *(leg.) d.-born,* nato morto □ *d. end,* vicolo cieco (anche *fig.*) □ *d.-house,* camera mortuaria □ *d. letter,* lettera giacente □ *d. office,* ufficio funebre □ *d. shot,* colpo di fucile (pistola, ecc.) preciso al millimetro; tiratore infallibile □ *(edil.) d. wall,* muro cieco □ *to come to a d. stop,* fermarsi di colpo □ *in the d. of winter,* nel cuore dell'inverno; in pieno inverno.

(2) dead [ded] *avv.* **assolutamente; completamente; del tutto** ● *d. asleep,* profondamente addormentato □ *d. beat,* stanco morto □ *d. drunk,* ubriaco fradicio.

to **deaden** ['dedn] ***A*** *v. t.* ***1*** **ammortire** *(fig.)*; **affievolire; attenuare; attutire; smorzare** ***2*** **rendere insensibile; intirizzire** ***3*** **isolare acusticamente** ***B*** *v. i.* ***1*** **affievolirsi; attenuarsi; attutirsi; smorzarsi** ***2*** **informicolirsi; intirizzirsi.**

deadening ['dedniŋ] *n.* [U] ***1*** **isolamento acustico** ***2*** **materiale antiacustico.**

deadhead ['dedhed] *n.* **chi va a teatro senza pagare il biglietto; portoghese** *(fig.).*

deadlight ['dedlait] *n.* [C] *(naut.)* ***1*** **oblò** ***2*** **oscuratore di oblò** (o **di boccaporto).**

deadline ['dedlain] *n.* ***1*** *(mil.)* **zona limite** ***2*** **data** (o **ora) di scadenza.**

deadlock ['dedlɔk] *n.* [C] e [U] **arresto; incaglio; punto morto** *(fig.).*

deadly ['dedli] *a.* ***1*** **mortale; micidiale; fatale; implacabile** ***2*** **eccessivo; intenso; grande** ● *a d. combat,* un combattimento all'ultimo sangue □ *(bot.) d. nightshade* (Atropa belladonna), **belladonna.**

deadness ['dednis] *n.* [U] **inattività; torpore; insensibilità.**

deadpan ['dedpæn] *a. (fam.)* **impassibile; inespressivo; compassato.**

deadwood ['dedwud] *n.* [U] ***1*** (anche *fig.*) **rami secchi** ***2*** *(naut.)* **massiccio di poppa.**

deaf [def] *a.* **sordo** (anche *fig.*): *a d. man,* un sordo ● *as d. as a post* (o *an adder),* sordo come una campana □ *d. and dumb,* sordomuto □ *to turn a d. ear,* fare orecchi da mercante.

to **deafen** ['defn] *v. t.* ***1*** **assordare; intronare** ***2*** **sommergere** (un rumore, con uno più forte) ***3*** **isolare acusticamente.**

deafness ['defnis] *n.* [U] **sordità.**

(1) deal [di:l] *n. (al sing. con l'art. indeterm.)* **quantità**: *a good* (o *a great) d. of,* una gran quantità di; assai; molto: *It takes a good d. of patience,* ci vuole molta pazienza.

to **deal** [di:l] (*pass.* e *p.p.* **dealt** [delt]) ***A*** *v. t.* ***1*** **dare; distribuire; elargire** ***2*** **dare, fare** (le carte, al gioco) ***B*** *v. i.* ***1*** **fare affari; servirsi** (in un negozio) ***2*** — *to d. with,* trattare; occuparsi di (q.c.); aver a che fare con (q.); fare affari con (q.) ***3*** — *to deal in,* occuparsi di; commerciare in; *(comm.)* trattare (un articolo, ecc.) ***4*** **dare (o fare) le carte** (al gioco) ● *to d. a blow to sb.* (o *to d. sb. a blow),* dare (o assestare, appioppare) un colpo a q. □ *to d. fairly with sb.,* trattare q. lealmente (o con giustizia) □ *to d. honourably by sb.,* comportarsi in modo onorevole con q. □ *to d. out,* distribuire; spartire.

(2) deal [di:l] *n.* [C] ***1*** *(fam.)* **accordo; patto** ***2*** *(fam.)* **trattamento** ***3*** (nel gioco delle carte) **turno di fare le carte**: *Whose d. is it?,* a chi tocca fare le carte? ***4*** *(fam.)* **piano; progetto.**

(3) deal [di:l] *n.* [C] **asse di pino** (o **d'abete).**

dealer ['di:lə*] *n.* **commerciante; mercante**: *a d. in furs,* un mercante di pellicce ● *retail d.,* commerciante al minuto □ *wholesale d.,* grossista.

dealing ['di:liŋ] *n.* ***1*** [U] **distribuzione** ***2*** [U] **comportamento; condotta** ***3*** *(di solito al pl.)* **rapporto, relazione** (specialm. d'affari).

dealt [delt] *pass.* e *p.p.* di to **deal.**

deambulation [di,æmbju'leiʃən] *n.* [U] **deambulazione.**

dean [di:n] *n.* ***1*** (anche *relig.*) **decano** ***2*** (nelle università) **preside di facoltà.**

deanery ['di:nəri] *n.* [C] ***1*** **decanato** ***2*** **residenza d'un decano.**

dear [diə*] ***A*** *a.* ***1*** **caro**: *a d. friend,* un caro amico ***2*** **caro; costoso**: *a very d. shop,* un negozio carissimo ● *(nelle lettere, al vocat.) D. Sir,* Egregio Signore □ *my d. ones,* i miei cari ***B*** *n.* ***1*** *(di solito al vocat.)* **caro** ***2*** **amore; tesoro**: *She's a d.!,* è un tesoro! ***C*** *avv.* **caro; a caro prezzo**: *to buy cheap and sell d.,* comprare a buon mercato e vendere caro ***D*** *inter.* (anche *d. me!; oh d.!*), povero me!; Dio mio!

dearly ['diəli] *avv.* ***1*** **moltissimo; ardentemente** ***2*** **a caro prezzo.**

dearth [də:θ] *n. (soltanto al sing.)* ***1*** **scarsità; mancanza** ***2*** **scarsità di viveri; carestia.**

deary, dearie ['diəri] *n. (di solito al vocat.)* **caro, carino.**

death [deθ] *n.* [C] e [U] ***1*** **morte** (anche *fig.*); **decesso; trapasso** *(lett.)*; **cagione di morte; fine**: *to die a natural d.,* morire di morte naturale □ *d. from drowning,* morte per annegamento ***2*** **cosa sgradevolissima; esperienza oltremodo spiacevole** ● *d. bed,* letto di morte □ *d.-blow,* colpo mortale □ *d.-mask,* maschera mortuaria □ *to be the d. of sb.*, essere la morte di q. □ *to be at d.'s door,* avere la morte all'uscio; essere in punto di morte □ *to be burnt to d.*, essere arso vivo □ *to frighten to d.*, far morire di paura □ *to be frozen to d.*, morire di freddo □ *to be sick to d. of sb. (st.),* averne fin sopra i capelli di q. (q.c.) □ *to be starved to d.*, morire di fame □ *to be stoned to d.*, essere lapidato □ *This dog is d. on rats,* questo cane è bravissimo a uccidere i topi.

deathless ['deθlis] *a.* **immortale; imperituro.**

deathlike ['deθlaik] *a.* **simile alla morte; di morte.**

deathly ['deθli] ***A*** *a.* ***1*** **mortale; micidiale; fatale *2* mortale; di morte**: *a d. silence,* un silenzio di morte ***B*** *avv.* ***1*** **mortalmente *2* estremamente.**

deb [deb] *n.* (*USA; abbr. fam.* di **debutante**) **esordiente; debuttante** (donna); **giovinetta che fa la sua prima comparsa in società.**

debacle [dei'ba:kl] *n.* [C] ***1*** **débâcle** *(franc.)*; **rotta; sconfitta *2*** *(geogr.)* **disgelo improvviso.**

to **debar** [di'ba:*] *v. t.* **escludere** (da un diritto, ecc.); **impedire; interdire** (l'accesso, ecc.); **privare di.**

to **debark** [di'ba:k] *v. t.* e *i.* **sbarcare.**

to **debase** [di'beis] *v. t.* ***1*** **avvilire; degradare *2* adulterare *3*** *(econ.)* **deprezzare; svalutare.**

debasement [di'beismənt] *n.* [U] e [C] ***1*** **avvilimento; degradazione *2* adulterazione *3*** *(econ.)* **deprezzamento; svalutazione.**

debatable [di'beitəbl] *a.* ***1*** **discutibile *2* aperto al dibattito.**

to **debate** [di'beit] *v. t.* e *i.* ***1*** **dibattere; discutere *2* considerare; meditare; riflettere** ● *debating society,* circolo di cultura.

debate [di'beit] *n.* [C] e [U] **dibattito; discussione.**

to **debauch** [di'bɔ:tʃ] *v. t.* **corrompere; pervertire; traviare.**

debauch [di'bɔ:tʃ] *n.* [C] **gozzoviglia; orgia.**

debauched [di'bɔ:tʃt] *a.* **corrotto; dissipato; scostumato.**

debauchee [,debɔ:'tʃi:] *n.* **libertino; persona dissoluta.**

debauchery [di'bɔ:tʃəri] *n.* ***1*** [U] **dissipazione; scostumatezza *2*** *(al pl.)* **gozzoviglie; orge.**

debenture [di'bentʃə*] *n.* [C] *(fin.)* **obbligazione; titolo obbligazionario** ● *d. stock,* obbligazioni irredimibili.

to **debilitate** [di'biliteit] *v. t.* **debilitare; indebolire.**

debility [di'biliti] *n.* [U] **debolezza; scarsa fermezza.**

debit ['debit] *n.* *(rag.)* ***1*** [C] **addebito; registrazione a debito *2*** (anche *d. side*) **colonna del dare.**

to **debit** ['debit] *v. t.* *(rag.)* **addebitare**: *to d. sb. (sb.'s account) with forty pounds,* addebitare q. (il conto di q.) di quaranta sterline.

debonair, debonaire [,debə'nεə*] *a.* ***1*** **bonario; cordiale *2* allegro; gaio.**

to **debouch** [di'bautʃ] *v. i.* ***1*** *(mil.)* **uscire** (da boschi, strettoie) **sul terreno aperto *2*** (di fiume, ecc.) **sboccare all'aperto.**

debris, débris ['debri:] *n.* [U] (anche *geol.*) **frammenti; detriti.**

debt [det] *n.* [U] e [C] *(comm.)* **debito;** *(fig.)* **obbligo, obbligazione** ● *to be deeply in d.*, essere indebitato fino agli occhi (o fin sopra i capelli) □ *to get into d.*, indebitarsi □ *to get out of d.*, sdebitarsi □ *National D.*, debito pubblico.

debtor ['detə*] *n.* **debitore.**

to **debunk** [,di:'bʌŋk] *v. t.* *(fam.)* **ridimensionare; sgonfiare** *(fam.)*.

début ['deibu:] *(franc.)* *n.* **esordio; debutto** ● *to make one's d.*, fare la prima comparsa a teatro (o in società); debuttare.

debutante ['debju(:)ta:nt] *n.* **debuttante.**

decade ['dekeid] *n.* [C] ***1*** **decade *2* decennio.**

decadence ['dekədəns] *n.* [U] ***1*** **decadenza *2*** *(arte, letter.)* **decadentismo.**

decadent ['dekədənt] ***A*** *a.* **decadente *B*** *n.* **scrittore decadente.**

to **decaffeinate** [di'kæfi,neit] *v. t.* **decaffeinare; decaffeinizzare.**

decagon ['dekəgən] *n.* *(geom.)* **decagono.**

decagram(me) ['dekəgræm] *n.* [C] **decagrammo.**

decahedron [,dekə'hi:drən] *n.* *(geom.)* **decaedro.**

decalcification [di:,kælsifi'keiʃən] *n.* [U] *(med.)* **decalcificazione.**

to **decalcify** [di:'kælsifai] *v. t.* *(med.)* **decalcificare.**

decalcomania [di,kælkə'meiniə] *n.* [U] e [C] **decalcomania.**

decalitre ['dekə,li:tə*] *n.* **decalitro.**

decalogue ['dekəlɔg] *n.* [C] **decalogo.**

decametre ['dekə,mi:tə*] *n.* [C] **decametro.**

to **decamp** [di'kæmp] *v. i.* ***1*** **levare il campo *2* svignarsela.**

to **decant** [di'kænt] *v. t.* **versare, travasare** (vino, ecc.).

decanter [di'kæntə*] *n.* [C] **caraffa.**

to **decapitate** [di'kæpiteit] *v. t.* **decapitare; decollare.**

decasyllabic [,dekəsi'læbik] *a.* *(poesia)* **decasillabo.**

decasyllable ['dekə,siləbl] *n.* [C] *(poesia)* **decasillabo.**

decathlon [di'kæθlɔn] *n.* [C] *(sport)* **decathlon, decatlon.**

to **decay** [di'kei] ***A*** *v. i.* ***1*** **decadere; deperire *2* decomporsi; marcire; imputridire *3* cariarsi *B*** *v. t.* **far deperire** (o **marcire, imputridire).**

decay [di'kei] *n.* [U] ***1*** **decadimento; decadenza; deperimento *2* decomposizione; imputridimento; rovina; sfacelo *3*** *(fis.)* **disintegrazione *4* carie dentaria** ● *to fall into d.*, andare in rovina.

decease [di'si:s] *n.* [C] **decesso.**

to **decease** [di'si:s] *v. i.* **decedere.**

deceased [di'si:st] ***A*** *a.* **deceduto; estinto *B*** *n.* — *the d.*, il defunto.

deceit [di'si:t] *n.* ***1*** [U] **falsità; disonestà *2*** [C] **inganno; raggiro *3*** [U] **frode; dolo** *(leg.)*.

deceitful [di'si:tful] *a.* **ingannevole; disonesto; falso; fraudolento.**

to **deceive** [di'si:v] ***A*** *v. t.* **ingannare; raggirare *B*** to **deceive oneself** *v. rifl.* **illudersi.**

to **decelerate** [di(:)'seləreit] ***A*** *v. t.* **rallentare la velocità di** (q.c.); **decelerare *B*** *v. i.* **rallentare.**

December [di'sembə*] *n.* **dicembre.**

decemvir [di'semvə*] *n.* *(stor.)* **decemviro.**

decency ['di:snsi] *n.* ***1*** [U] **decenza; decoro *2*** *(al pl.)* **convenienze; norme del vivere civile.**

decennial [di'senjəl] *a.* e *n.* [C] **decennale.**

decent ['di:sənt] *a.* ***1*** **decente; convenevole; decoroso *2*** *(fam.)* **discreto; soddisfacente; adeguato *3*** *(gergo studentesco)* **indulgente** ● *a d. fellow,* un buon uomo.

decently ['di:səntli] *avv.* ***1*** **decentemente; decorosamente *2*** *(fam.)* **discretamente *3* bene**: *Behave d.!,* comportati bene!

decentralization [di:,sentrəlai'zeiʃən] *n.* [U] **decentramento; decentralizzazione.**

to **decentralize** [di:'sentrəlaiz] *v. t.* **decentrare; decentralizzare.**

deception [di'sepʃən] *n.* ***1*** [U] **falsità *2*** [C] **inganno; frode; raggiro.**

deceptive [di'septiv] *a.* **ingannevole; fallace; illusorio.**

decibel ['desibel] *n.* [C] *(fis.)* **decibel.**

to **decide** [di'said] ***A*** *v. t.* ***1*** **decidere; risolvere *2* far prendere una decisione *B*** *v. i.* **decidere, decidersi; risolversi**: *to d. to do (o on doing) st.*, decidere di fare q.c. □ *to d. not to do (o against doing) st.*, decidere di non fare q.c.

decided [di'saidid] *a.* ***1*** **definito; netto *2* deciso; fermo; risoluto.**

decider [di'saidə*] *n.* *(sport)* **gara decisiva.**

deciduous [di'sidjuəs] *a.* *(bot., zool.)* **deciduo; caduco** (anche *fig.*).

decigram(me) ['desigræm] *n.* [C] **decigrammo.**

decilitre ['desi,li:tə*] *n.* [C] **decilitro.**

decimal ['desiməl] *a.* e *n.* *(mat.)* **decimale.**

to **decimalize** ['desiməlaiz] *v. t.* **ridurre al sistema decimale.**

to **decimate** ['desimeit] *v. t.* **decimare** (anche *fig.*).
decimation [ˌdesi'meiʃən] *n.* [U] **decimazione** (anche *fig.*).
decimetre ['desiˌmi:tə*] *n.* [C] **decimetro.**
to **decipher** [di'saifə*] *v. t.* **decifrare** (anche *fig.*).
decision [di'siʒən] *n.* **1** [U] e [C] **decisione; determinazione; risoluzione**: *to come to* (o *to arrive at*) *a d.*, giungere a una decisione **2** [U] **risolutezza; fermezza**: *a man of d.*, un uomo di grande fermezza.
decisive [di'saisiv] *a.* **1 decisivo 2 deciso; fermo; risoluto.**
deck [dek] *n.* **1** [C] e [U] *(naut.)* **ponte; coperta; tolda 2** [C] **imperiale** (di diligenza, omnibus, ecc.) ● *to clear the decks,* sgombrare i ponti (per il combattimento); *(fig.)* prepararsi all'azione □ *main* (o *upper*) *d.*, ponte di coperta (o di manovra).
to **deck** [dek] *v. t.* **adornare; addobbare** ● *to be decked with flags,* essere imbandierato.
deck-chair ['dek'tʃɛə*] *n.* [C] **sedia a sdraio.**
decker ['dekə*] *n.* [C] — *double-d.*, autobus a due piani □ *(naut.) three-d.*, bastimento a tre ponti.
to **declaim** [di'kleim] *v. t.* e *i.* **declamare** ● *to d. against sb.*, inveire contro q.
declamation [ˌdeklə'meiʃən] *n.* **1** [U] **declamazione 2** [C] **arringa.**
declamatory [di'klæmətəri] *a.* **declamatorio; retorico; ampolloso.**
declaration [ˌdeklə'reiʃən] *n.* [U] e [C] **dichiarazione** (quasi in ogni senso); **proclamazione**: *the D. of Independence,* la Dichiarazione d'Indipendenza (delle colonie inglesi d'America, 1776).
to **declare** [di'klɛə*] *v. t.* **dichiarare; proclamare**: *(Have) you anything to d.?,* (Lei ha) niente da dichiarare (alla dogana)? ● *to d. against,* dichiararsi contrario a □ *to d. for,* dichiararsi in favore di □ *to d. war,* dichiarare la guerra □ *Well, I d.!,* beh! questa poi!
declension [di'klenʃən] *n.* [U] e [C] **1** *(gramm.)* **declinazione 2 declivio; pendenza 3 decadenza.**
declination [ˌdekli'neiʃən] *n.* **1** [U] e [C] *(astron., aeron.)* **declinazione2** [C] **cortese rifiuto.**
to **decline** [di'klain] *v. i.* e *t.* **1 declinare; digradare; calare; diminuire**: *(gramm.) to d. a noun,* declinare un nome □ *to d. to the sea,* digradare verso il mare □ *to d. an invitation,* declinare un invito **2 decadere; deteriorarsi 3 evitare; rifiutare 4 chinare; piegare; reclinare 5 allontanarsi; deviare** *(fig.).*
decline [di'klain] *n.* [C] **1 declino; decadenza; decadimento**: *the d. of one's strength,* il declino delle proprie forze **2 tramonto** *(fig.)*: *in the d. of life,* nel tramonto della vita **3** *(med.)* **deperimento; consunzione 4 diminuzione; calo; ribasso**: *a d. in prices,* un ribasso dei prezzi **5 declivio; pendio** ● *to be on the d.*, essere in declino.
declivity [di'kliviti] *n.* [C] **declivio; pendio.**
to **declutch** [ˌdi:'klʌtʃ] *v. i.* *(autom.)* **disinnestare la frizione.**
decoction [di'kɔkʃən] *n.* **1** [U] **decozione 2** [C] **decotto.**
to **decode** [ˌdi:'koud] *v. t.* **decodificare; decifrare** (telegrammi in cifra, ecc.).
to **decollate** ['dekəleit] *v. t.* **decapitare; decollare.**
décolleté [dei'kɔltei] *(franc.)* **A** *a.* (d'abito) **scollato B** *n. (moda)* **décolleté; abito scollato.**
decolonization [di:ˌkɔlənai'zeiʃən] *n.* [U] *(polit.)* **decolonizzazione.**
to **decolonize** [di:'kɔləˌnaiz] *v. t.* *(polit.)* **decolonizzare.**
to **decolo(u)rize** [di:'kʌləraiz] *v. t.* **decolorare; scolorare.**
decomposable [ˌdi:kəm'pouzəbl] *a.* **decomponibile; scomponibile.**
to **decompose** [ˌdi:kəm'pouz] **A** *v. t.* **decomporre; scomporre B** *v. i.* **decomporsi; imputridire.**
decomposition [ˌdi:kɔmpə'ziʃən] *n.* [U] **decomposizione; scomposizione.**
decompression [ˌdi:kəm'preʃən] *n.* [U] *(mecc., med.)* **decompressione**: *d. chamber,* camera di decompressione.
to **deconsecrate** [di:'kɔnsikreit] *v. t.* **sconsacrare; secolarizzare.**
to **decontaminate** [ˌdi:kən'tæmineit] *v. t.* **decontaminare.**
to **decontrol** [ˌdi:kən'troul] *v. t.* **liberalizzare; sbloccare** (prezzi, affitti, ecc.).
decontrol [ˌdi:kən'troul] *n.* [U] e [C] **liberalizzazione; sblocco** (di prezzi, affitti, ecc.).
decor ['deikɔ:*] *(franc.)* *n.* [C] e [U] *(teatr.)* **scenografia; allestimento scenografico.**
to **decorate** ['dekəreit] *v. t.* **1 decorare; ornare 2 guarnire di carta da parati** (una stanza, ecc.).
decoration [ˌdekə'reiʃən] *n.* **1** [U] e [C] **decorazione; ornamento 2** [C] **onorificenza.**
decorative ['dekərətiv] *a.* **decorativo; ornamentale.**
decorator ['dekəreitə*] *n.* **decoratore; pittore** (di case, stanze, ecc.) ● *interior d.*, arredatore.
decorous ['dekərəs] *a.* **decoroso; dignitoso.**
decorum [di'kɔ:rəm] *n.* **1** [U] **decoro; dignità 2** *(al pl.)* **maniere gentili; norme del vivere civile.**
decoy [di'kɔi] *n.* [C] **1 (uccello da) richiamo** (anche artificiale) **2 paretaio 3** *(fig.,* anche *d.-duck)* **esca; trappola; tranello** ● *(naut.) d. ship,* nave civetta.
to **decoy** [di'kɔi] *v. t.* **1 attirare** (uccelli, ecc.) **con i richiami 2** *(fig.)* **adescare; allettare.**
to **decrease** [di:'kri:s] **A** *v. i.* **decrescere; diminuire; calare; scemare B** *v. t.* **diminuire; far calare.**
decrease ['di:kri:s] *n.* [C] **diminuzione; calo; ribasso**: *a d. in prices,* un ribasso dei prezzi ● *on the d.*, in diminuzione.
decree [di'kri:] *n.* [C] *(leg.)* **1 decreto; provvedimento giudiziario 2** (nelle cause di divorzio) **sentenza**: *d. nisi,* sentenza interlocutoria.
to **decree** [di'kri:] *v. t.* **decretare; deliberare.**
decrement ['dekrimənt] *n.* [U] e [C] **1 decrescenza; diminuzione 2 perdita.**
decrepit [di'krepit] *a.* **decrepito.**
decrepitude [di'krepitju:d] *n.* [U] **decrepitezza.**
decrescent [di'kresənt] *a.* **decrescente; calante.**
decretal [di'kri:təl] *a.* e *n.* *(relig.)* **decretale**: *the decretals,* le decretali.
de-criminalization [di:ˌkriminəlai'zeiʃən] *n.* [U] *(leg.)* **depenalizzazione.**
to **de-criminalize** [di:'kriminəlaiz] *v. t.* *(leg.)* **depenalizzare.**
to **decry** [di'krai] *v. t.* **1 condannare; biasimare 2 screditare; sminuire; denigrare 3 svalutare ufficialmente** (la moneta, ecc.).
decuple ['dekjupl] *a.* e *n.* **decuplo.**
to **decuple** ['dekjupl] *v. t.* **decuplicare.**
to **dedicate** ['dedikeit] *v. t.* **dedicare; consacrare.**
dedication [ˌdedi'keiʃən] *n.* **1** [C] **dedica 2** [U] **dedicazione.**
to **deduce** [di'dju:s] *v. t.* **dedurre; desumere; concludere.**
deducible [di'dju:səbl] *a.* **deducibile; desumibile.**
to **deduct** [di'dʌkt] *v. t.* **dedurre; detrarre;** *(comm.)* **defalcare.**
deductible [di'dʌktəbl] *a.* **deducibile; detraibile;** *(comm.)* **defalcabile.**
deduction [di'dʌkʃən] *n.* [U] e [C] **1 deduzione; conclusione 2 deduzione; detrazione;** *(comm.)* **defalco.**
deductive [di'dʌktiv] *a.* **deduttivo.**
deed [di:d] *n.* [C] **1 atto; azione**: *good deeds,* buone azioni **2 atto di coraggio; impresa;** *(al pl.)* **gesta 3** *(leg.)* **atto** ● *in word and d.*, di nome e di fatto.
to **deem** [di:m] *v. t.* **credere; giudicare; ritenere; pensare.**
(1) deep [di:p] *a.* **1 profondo** (quasi in ogni senso); **fondo**: *d. sleep,* sonno profondo □ *a d. wound,* una ferita profonda **2 grande; grave; lungo; sincero**: *a d. draught,* un lungo sorso □ *a d. drinker,* un gran bevitore □ *d. love,* sincero amore **3 immerso** (anche *fig.*); **intento; sprofondato**: *to be d. in debt,* essere immerso nei debiti □ *with hands d. in one's pockets,* con le mani sprofondate nelle tasche **4** (di suono) **profondo; basso; cupo; grave**: *a d. note,* una nota bassa **5** (di colore) **carico; cupo; intenso**: *d. red,* rosso cupo **6** *(pop.)* **astuto** ● *d. mourning,* lutto stretto □ *d. sea,* alto mare □ *(fig.) to be in d. waters,* trovarsi in cattive

acque.

(2) deep [di:p] *n.* ***1*** — *(poet.) the d.*, il mare; l'oceano ***2*** — *(di solito al pl.) the deeps*, le profondità; il fondo ● *in the d. of night*, nel cuore della notte.

(3) deep [di:p] *avv.* **profondamente; in profondità.**

to **deepen** ['di:pən] *v. t.* e *i.* ***1*** **approfondire, approfondirsi; scavare più a fondo** ***2*** **accrescere, accrescersi; aumentare** ***3*** **caricare** (un colore, una tinta); **rendere più cupo; farsi più intenso.**

to **deep-freeze** [ˌdi:p'fri:z] (*pass.* **deep-froze** [ˌdi:p'frouz], *p.p.* **deep-frozen** [ˌdi:p'frouzn]) *v. t.* **surgelare.**

deep-laid [ˌdi:p'leid] *a.* **ben elaborato; segreto.**

deep-read [ˌdi:p'red] *a.* **erudito.**

deep-rooted [ˌdi:p'ru:tid] *a.* **radicato.**

deep-seated [ˌdi:p'si:tid] *a.* **inveterato.**

deer [diə*] *n.* (*pl.* **deer**) (*zool.*, Cervus) **cervo;** (Dama) **daino;** (Capreolus) **capriolo**: *d.-hunting*, caccia al cervo.

deerskin ['diəˌskin] *n.* [C] e [U] **pelle di daino.**

deerstalker ['diəˌstɔ:kə*] *n.* ***1*** **cacciatore di cervi** ***2*** **berretto da cacciatore, con copriorecchie.**

to **deface** [di'feis] *v. t.* ***1*** **deturpare; sfregiare** ***2*** **cancellare.**

to **defalcate** ['di:fælkeit] *v. t.* *(leg.)* **appropriarsi indebitamente di** (q.c.).

defalcation [ˌdi:fæl'keiʃən] *n.* [U] e [C] *(leg.)* **appropriazione indebita.**

defamation [ˌdefə'meiʃən] *n.* [U] **diffamazione.**

defamatory [di'fæmətəri] *a.* **diffamatorio.**

to **defame** [di'feim] *v. t.* **diffamare; calunniare.**

default [di'fɔ:lt] *n.* [U] ***1*** *(leg.)* **assenza** (d'una delle due parti); **contumacia** ***2*** *(comm., leg.)* **inadempienza** ● *in d. of*, in mancanza di.

to **default** [di'fɔ:lt] ***A*** *v. i.* ***1*** *(leg.)* **essere contumace** ***2*** *(comm., leg.)* **essere inadempiente** ***B*** *v. t.* ***1*** *(leg.)* **condannare in contumacia** ***2*** *(sport)* **abbandonare** (una gara, ecc.).

defaulter [di'fɔ:ltə*] *n.* ***1*** *(leg.)* **imputato contumace** ***2*** *(mil.)* **soldato colpevole d'infrazione disciplinare** ***3*** *(comm.)* **debitore moroso.**

to **defeat** [di'fi:t] *v. t.* ***1*** **sconfiggere; battere; vincere** ***2*** **frustrare** ***3*** **respingere** ● *to d. one's own ends*, darsi la zappa sui piedi *(fig.)*.

defeat [di'fi:t] *n.* ***1*** [U] e [C] **sconfitta; disfatta** ***2*** [U] **frustrazione.**

defeatism [di'fi:tizəm] *n.* [U] **disfattismo.**

defeatist [di'fi:tist] *n.* e *a.* **disfattista.**

to **defecate** ['defəkeit] ***A*** *v. t.* **purificare; raffinare** ***B*** *v. i.* ***1*** **purificarsi; raffinarsi** ***2*** **defecare.**

defect [di'fekt] *n.* [C] **difetto; imperfezione; mancanza.**

defection [di'fekʃən] *n.* [U] e [C] **defezione; diserzione.**

defective [di'fektiv] *a.* ***1*** **difettoso; imperfetto; incompleto** ***2*** *(gramm.)* **difettivo** ● *to be d. in*, mancare di □ *mentally d.*, minorato (psichico).

defence [di'fens] *n.* [U] e [C] **difesa** ● *(leg.) counsel for the d.*, avvocato difensore □ *(mil.) line of defences*, linea difensiva □ *self-d.*, difesa personale; autodifesa.

defenceless [di'fenslis] *a.* **indifeso; inerme.**

to **defend** [di'fend] *v. t.* ***1*** **difendere; proteggere** ***2*** **sostenere; cercare di giustificare.**

defendant [di'fendənt] *n.* *(leg.)* **convenuto; imputato.**

defender [di'fendə*] *n.* ***1*** **difensore** ***2*** *(sport)* **difensore del titolo.**

defenestration [di:ˌfenə'streiʃən] *n.* [U] **defenestrazione.**

defensible [di'fensəbl] *a.* ***1*** **difendibile** ***2*** **sostenibile.**

defensive [di'fensiv] ***A*** *a.* **difensivo** ***B*** *n.* [C] *(mil.)* **difensiva** ● *to act on the d.*, agire per motivi di difesa.

(1) to **defer** [di'fə:*] ***A*** *v. t.* **differire; posticipare; procrastinare; rinviare** ***B*** *v. i.* **procrastinare; indugiare.**

(2) to **defer** [di'fə:*] *v. i.* **condiscendere, accondiscendere** ● *I defer to your opinion*, mi rimetto alla tua opinione.

deference ['defərəns] *n.* [U] **deferenza; condiscendenza** ● *in d. to*, per riguardo a.

deferential [ˌdefə'renʃəl] *a.* **deferente; rispettoso.**

deferment [di'fə:mənt] [U] e [C] *n.* **differimento; dilazione; rinvio.**

defiance [di'faiəns] *n.* [U] ***1*** **sfida** ***2*** **resistenza** (all'autorità) ● *in d. of*, a dispetto di; senza tener conto di □ *to set at d.*, sfidare.

defiant [di'faiənt] *a.* **provocatorio; di sfida.**

deficiency [di'fiʃənsi] *n.* ***1*** [U] e [C] **deficienza; difetto; mancanza**: *d. of food*, mancanza di cibo ***2*** [C] **differenza** (in meno); **disavanzo** ● *(med.) d. disease*, malattia da carenza.

deficient [di'fiʃənt] *a.* ***1*** **deficiente; difettoso; manchevole** ***2*** **insufficiente** ● *a mentally d. person*, un deficiente.

deficit ['defisit] *n.* [C] *(fin., rag.)* **deficit; disavanzo.**

defier [di'faiə*] *n.* **sfidante.**

to **defilade** [ˌdefi'leid] *v. t.* *(mil.)* **defilare.**

defile ['di:fail] *n.* [C] **gola; stretta.**

(1) to **defile** [di'fail] *v. i.* **sfilare; marciare in fila.**

(2) to **defile** [di'fail] *v. t.* ***1*** **contaminare; corrompere; lordare** ***2*** **profanare** ***3*** **denigrare.**

definable [di'fainəbl] *a.* **definibile; determinabile.**

to **define** [di'fain] *v. t.* **definire; determinare; chiarire.**

definite ['definit] *a.* ***1*** **definito; determinato; preciso**: *a d. answer*, una risposta precisa ***2*** **certo, stabilito**: *It's d. that he'll go*, è certo che andrà ● *(gramm.) the d. article*, l'articolo determinativo.

definitely ['definitli] ***A*** *avv.* ***1*** **definitivamente** ***2*** **certamente; di sicuro** ***B*** *inter.* **certo! certo che sì!; sicuro!** ● *D. not!*, no di certo!

definition [ˌdefi'niʃən] *n.* [U] e [C] **definizione.**

definitive [di'finitiv] *a.* **definitivo; decisivo; finale.**

deflagration [ˌdeflə'greiʃən] *n.* [C] **deflagrazione.**

to **deflate** [di:'fleit] *v. t.* ***1*** **sgonfiare** ***2*** *(econ.)* **deflazionare.**

deflation [di:'fleiʃən] *n.* ***1*** [U] **sgonfiamento** ***2*** [U] e [C] *(econ.)* **deflazione.**

deflationary [di:'fleiʃənəri] *a.* *(econ.)* **deflazionistico.**

to **deflect** [di'flekt] *v. t.* e *i.* **deflettere; deviare.**

deflection [di'flekʃən] *n.* [U] e [C] ***1*** **deviazione** ***2*** *(radio, telev.)* **deflessione.**

deflector [di'flektə*] *n.* [C] *(aeron., fis.)* **deflettore.**

defloration [ˌdi:flɔ:'reiʃən] *n.* [U] **deflorazione.**

to **deflower** [di:'flauə*] *v. t.* ***1*** **deflorare** ***2*** **spogliare** (una pianta, ecc.) **dei fiori.**

defluent ['defluənt] *a.* e *n.* *(geol.)* **defluente.**

to **deforest** [di:'fɔrist] *v. t.* **diboscare, disboscare.**

to **deform** [di'fɔ:m] ***A*** *v. t.* **deformare** ***B*** *v. i.* **deformarsi; diventare deforme.**

deformation [ˌdifɔ:'meiʃən] *n.* [U] e [C] **deformazione.**

deformity [di'fɔ:miti] *n.* [U] e [C] **deformità.**

to **defraud** [di'frɔ:d] *v. t.* **defraudare.**

to **defray** [di'frei] *v. t.* **pagare** (il costo di q.c.).

to **defrock** [di:'frɔk] *v. t.* **sconsacrare** (un prete); **spretare.**

to **defrost** [di:'frɔst] *v. t.* **disgelare; sbrinare.**

defroster [di:'frɔstə*] *n.* **sbrinatore.**

deft [deft] *a.* **abile; destro.**

defunct [di'fʌŋkt] *a.* e *n.* **defunto.**

to **defuse** [di:'fju:z] *v. t.* **disinnescare.**

to **defy** [di'fai] *v. t.* ***1*** **sfidare; provocare** ***2*** **rifiutarsi d'obbedire a** ***3*** **resistere a** ● *to d. solution*, essere insolubile.

degeneracy [di'dʒenərəsi] *n.* [U] **degenerazione.**

degenerate [di'dʒenərit] ***A*** *a.* **degenere; degenerato** ***B*** *n.* **degenerato.**

to **degenerate** [di'dʒenəreit] *v. i.* (anche *biol.*) **degenerare; tralignare.**

degeneration [diˌdʒenə'reiʃən] *n.* [U] **degenerazione; tralignamento** *(raro)*.

deglutition [ˌdi:glu:'tiʃən] *n.* [U] **deglutizione.**

degradation [ˌdegrə'deiʃən] *n.* [U] (anche *geol., chim., fis.*) **degradazione.**

to **degrade** [di'greid] **A** *v. t.* **1** (anche *biol., geol.)* degradare **2** rendere spregevole; avvilire **B** *v. i.* degenerare **C** to **degrade oneself** *v. rifl.* degradarsi.
degraded [di'greidid] *a.* abietto; spregevole.
to **degrease** [di:'gri:s] *v. t.* sgrassare.
degree [di'gri:] *n.* **1** [C] e [U] grado (quasi in ogni senso); condizione sociale; rango: *to advance by degrees,* avanzare per gradi □ *(gramm.) the comparative d.*, il grado comparativo □ *a lady of high d.*, una signora d'alto rango **2** [C] laurea: *to take one's d.*, prendere la laurea; laurearsi ● *to a high (o to the last) d.*, in sommo grado.
to **dehumanize** [di:'hju:mənaiz] *v. t.* disumanizzare; rendere disumano.
to **dehydrate** [di:'haidreit] *v. t. (chim.)* disidratare.
de-icer [di:'aisə*] *n. (aeron.)* dispositivo antighiaccio.
deicide ['di:isaid] *n.* [C] **1** deicida **2** deicidio.
deification [ˌdi:ifi'keiʃən] *n.* [U] deificazione.
to **deify** ['di:ifai] *v. t.* deificare.
to **deign** [dein] *v. i.* degnarsi.
deism ['di:izəm] *n.* [U] *(filos.)* deismo.
deist ['di:ist] *n. (filos.)* deista.
deity ['di:iti] *n.* [U] e [C] divinità.
to **deject** [di'dʒekt] *v. t.* abbattere *(fig.)*; deprimere; avvilire.
dejected [di'dʒektid] *a.* abbattuto *(fig.)*; depresso; demoralizzato; avvilito; scoraggiato.
dejection [di'dʒekʃən] *n.* [U] **1** abbattimento *(fig.)*; depressione; avvilimento **2** *(fisiologia)* deiezione; evacuazione (dell'intestino).
to **delate** [di'leit] *v. i.* **1** denunziare; accusare **2** riferire; riportare.
delation [di'leiʃən] *n.* [U] e [C] delazione.
delator [di'leitə*] *n.* delatore.
to **delay** [di'lei] **A** *v. t.* **1** differire; rimandare; rinviare **2** trattenere; causare un ritardo a **B** *v. i.* indugiare; tardare.
delay [di'lei] *n.* [U] e [C] indugio; ritardo; *(comm.)* dilazione.
delectable [di'lektəbl] *a. (di solito ironico)* dilettevole.
delegacy ['deligəsi] *n.* [U] e [C] delegazione; delega.
delegate ['deligit] *n.* delegato.
to **delegate** ['deligeit] *v. t.* delegare; deputare.
delegation [ˌdeli'geiʃən] *n.* [U] e [C] *(leg.)* delegazione; delega.
to **delete** [di'li:t] *v. t.* cancellare; cassare.
deletion [di'li:ʃən] *n.* [U] e [C] cancellatura.
deliberate [di'libərit] *a.* **1** intenzionale; calcolato; premeditato **2** cauto; ponderato.
to **deliberate** [di'libəreit] *v. t.* deliberare; discutere; considerare.
deliberation [diˌlibə'reiʃən] *n.* **1** [U] e [C] deliberazione; discussione **2** [U] cautela; ponderatezza.
deliberative [di'libərətiv] *a.* **1** deliberativo **2** deliberante.
delicacy ['delikəsi] *n.* **1** [U] delicatezza; finezza; sensibilità **2** *(di solito al pl.)* manicaretto: *caviar and other delicacies,* caviale e altre squisitezze.
delicate ['delikit] *a.* **1** delicato **2** squisito; raffinato.
delicatessen [ˌdelikə'tesn] *n.* **1** [U] specialità gastronomiche **2** [C] negozio di specialità gastronomiche.
delicious [di'liʃəs] *a.* delizioso; squisito.
to **delight** [di'lait] **A** *v. t.* dilettare; deliziare **B** *v. i.* — *to d. in,* dilettarsi di; provare gran gioia a.
delight [di'lait] *n.* [U] e [C] delizia; diletto; piacere ● *to take d. in,* deliziarsi in; provare gran gioia a.
delighted [di'laitid] *a.* assai contento; lietissimo; molto felice.
delightful [di'laitful] *a.* delizioso; dilettevole; incantevole.
to **delimit** [di:'limit], to **delimitate** [di(:)'limiteit] *v. t.* delimitare.
delimitation [diˌlimi'teiʃən] *n.* [U] e [C] delimitazione.
to **delineate** [di'linieit] *v. t.* delineare; descrivere per sommi capi.
delineation [diˌlini'eiʃən] *n.* [U] e [C] delineamento; descrizione sommaria.
delinquency [di'liŋkwənsi] *n.* **1** [U] *(leg.)* delinquenza: *juvenile d.*, delinquenza minorile **2** [C] colpa; reato.
delinquent [di'liŋkwənt] **A** *a.* **1** colpevole **2** delinquenziale **B** *n.* delinquente; malfattore.
delirious [di'liriəs] *a.* **1** delirante; in delirio **2** (di discorso, ecc.) dissennato ● *to be d.*, delirare.
delirium [di'liriəm] *n.* [U] e [C] delirio; frenesia; vaneggiamento.
to **deliver** [di'livə*] *v. t.* **1** consegnare; distribuire **2** pronunciare; recitare **3** esprimere; enunciare (un'opinione, ecc.) **4** liberare; salvare: *to d. from bondage,* liberare dalla schiavitù **5** assestare **6** *(med.)* aiutare (un bambino) a nascere ● *to d. a lecture,* tenere una conferenza □ *to d. a message,* fare una ambasciata □ *to d. st. up (o over),* cedere q.c. □ *She was delivered of a male child,* si sgravò d'un maschio.
deliverance [di'livərəns] *n.* **1** [U] liberazione **2** [C] asserzione.
delivery [di'livəri] *n.* **1** [U] e [C] *(comm.)* consegna; distribuzione: *home d.*, consegna a domicilio □ *cash on d.*, pagamento alla consegna **2** *(soltanto al sing.)* dizione **3** [C] parto.
dell [del] *n.* [C] valletta.
Delphian ['delfiən], **Delphic** ['delfik] *a.* **1** delfico; di Delfi **2** *(fig.)* ambiguo; oscuro.
delta ['deltə] *n.* [C] (quarta lettera dell'alfabeto greco, *geogr.)* delta.
to **delude** [di'lu:d] **A** *v. t.* ingannare; illudere **B** to **delude oneself** *v. rifl.* ingannarsi; illudersi.
deluge ['delju:dʒ] *n.* [C] diluvio (anche *fig.)*.
to **deluge** ['delju:dʒ] *v. t.* **1** inondare; allagare **2** *(fig.)* sommergere; tempestare.
delusion [di'lu:ʒən] *n.* **1** [U] inganno; illusione **2** [C] idea fissa.
delusive [di'lu:siv] *a.* ingannevole; illusorio; fallace.
de luxe [di'lʌks] *(franc.) a.* di lusso.
to **delve** [delv] *v. t.* e *i.* fare ricerche; investigare; rivangare *(fig.)*: *to d. into the past,* rivangare il passato.
to **demagnetize** [di:'mægnitaiz] *v. t. (fis.)* smagnetizzare.
demagogic(al) [ˌdemə'gɔgik(əl)] *a.* demagogico.
demagogue ['deməgɔg] *n.* demagogo.
demagogy ['deməgɔgi] *n.* [U] demagogia.
to **demand** [di'ma:nd] *v. t.* domandare; chiedere; esigere; pretendere.
demand [di'ma:nd] *n.* [C] e [U] domanda; richiesta; esigenza; pretesa ● *to be in d.*, essere richiesto (o ricercato) □ *(comm.) on d.*, a richiesta.
to **demarcate** ['di:ma:keit] *v. t.* demarcare; tracciare.
demarcation [ˌdi:ma:'keiʃən] *n.* [U] demarcazione.
to **demean oneself** [di'mi:n] *v. rifl.* **1** comportarsi **2** abbassarsi; avvilirsi; degradarsi.
demeanour [di'mi:nə*] *n.* [U] comportamento; contegno.
demented [di'mentid] *a.* **1** demente; pazzo **2** *(fam.)* impazzito.
dementia [di'menʃiə] *n.* [U] *(med.)* demenza.
demerit [di:'merit] *n.* [C] **1** demerito; colpa **2** (anche *d. note)* nota di biasimo.
demesne [di'mein] *n.* **1** [U] *(leg.)* dominio; proprietà (di beni immobili) **2** [C] proprietà fondiaria ● *Royal D.*, possedimenti della Corona.
demigod ['demigɔd] *n.* [C] semidio.
demijohn ['demidʒɔn] *n.* [C] damigiana.
demilitarization [di:ˌmilitərai'zeiʃən] *n.* [U] smilitarizzazione.
to **demilitarize** [di:'militəraiz] *v. t.* smilitarizzare.
demise [di'maiz] *n.* [U] *(leg.)* **1** cessione, trasferimento (di diritti) **2** decesso.
to **demise** [di'maiz] *v. t. (leg.)* **1** cedere (specialm. in affitto) **2** trasmettere (titolo, corona, ecc.) per morte (o abdicazione).

demisemiquaver ['demisemi,kweivə*] *n.* [C] *(mus.)* biscroma.
demiurge ['di:miə:dʒ] *n.* **demiurgo.**
demo ['demou] *n.* (*pl.* **demos**) (*abbr. fam.* di **demonstration**) **dimostrazione; manifestazione** (di protesta).
demo- ['demə, di'mɔ] *pref.* **demo-** (primo elemento di parole derivate dal greco o formate modernamente, col significato di « popolo », "popolazione"; nella terminologia politica abbr. di "democratico").
to **demob** [di:'mɔb] *v. t. (gergo mil.)* **smobilitare; congedare.**
demobilization [di:,moubilai'zeiʃən] *n.* [U] *(mil.)* **smobilitazione.**
to **demobilize** [di:'moubilaiz] *v. t. (mil.)* **smobilitare; congedare.**
democracy [di'mɔkrəsi] *n.* [C] e [U] **democrazia.**
democrat ['deməkræt] *n.* **democratico.**
democratic [,demə'krætik] *a.* **democratico.**
to **democratize** [di'mɔkrətaiz] *v. t.* e *i.* **democratizzare, democratizzarsi.**
demographer [di'mɔgrəfə*] *n.* **demografo.**
demographic [,demə'græfik] *a.* **demografico.**
demography [di'mɔgrəfi] *n.* [U] **demografia.**
to **demolish** [di'mɔliʃ] *v. t.* ***1*** **demolire; abbattere** ***2*** *(fam.)* **divorare.**
demolition [,demə'liʃən] *n.* [U] e [C] **demolizione.**
demon ['di:mən] *n.* [C] ***1*** **demone** ***2*** **demonio, diavolo** (anche *fig.*).
demoniac [di'mouniæk] ***A*** *a.* ***1*** **indemoniato** ***2*** *(fig.)* **indiavolato** ***B*** *n.* **indemoniato.**
demoniacal [,di:mə'naiəkəl] *a.* ***1*** **indemoniato** ***2*** **demoniaco; diabolico** ***3*** *(fig.)* **indiavolato; frenetico.**
demonic [di:'mɔnik] *a.* ***1*** **demoniaco** ***2*** **demonico.**
demonology [,di:mə'nɔlədʒi] *n.* [U] **demonologia.**
demonstrable [di'mɔnstrəbl] *a.* **dimostrabile.**
to **demonstrate** ['demənstreit] ***A*** *v. t.* **dimostrare; provare** ***B*** *v. i.* **fare una dimostrazione.**
demonstration [,demən'streiʃən] *n.* ***1*** [U] e [C] **dimostrazione; prova** ***2*** [C] **dimostrazione; manifestazione** (di protesta).
demonstrative [di'mɔnstrətiv] ***A*** *a.* ***1*** **dimostrativo**: *a d. pronoun,* un pronome dimostrativo ***2*** **espansivo** ***3*** **manifesto; evidente** • *to be d. of st.,* provare (o dimostrare) q.c. ***B*** *n. (gramm.)* **aggettivo** (o **pronome**) **dimostrativo.**
demonstrator ['demən,streitə*] *n.* ***1*** **dimostrante** (in una manifestazione di protesta, ecc.) ***2*** **assistente, tecnico** (di laboratorio).
demoralization [di,mɔrəlai'zeiʃən] *n.* [U] ***1*** **demoralizzazione** ***2*** **corruzione; depravazione.**
to **demoralize** [di'mɔrəlaiz] *v. t.* ***1*** **demoralizzare** ***2*** **corrompere; depravare.**
to **demote** [di(:)'mout] *v. t.* **retrocedere** (di grado).
demotic [di(:)'mɔtik] *a.* ***1*** **popolare** ***2*** *(archeol.)* **demotico.**
demotion [di(:)'mouʃən] *n.* [U] e [C] **retrocessione** (di grado).
to **demount** [di(:)'maunt] *v. t. (mecc.)* **smontare.**
to **demur** [di'mə:*] *v. i.* ***1*** **esitare** ***2*** **fare obiezione; avere scrupolo**: *to d. at doing st.,* avere scrupolo a fare q.c. ***3*** *(leg.)* **sollevare un'eccezione.**
demur [di'mə:*] *n.* ***1*** [U] **esitazione** ***2*** [C] **obiezione.**
demure [di'mjuə*] *a.* ***1*** **contegnoso; schivo** ***2*** **falsamente pudico.**
demurrage [di'mʌridʒ] *n.* [U] *(leg. naut.)* **controstallia.**
demurrer [di'mʌrə*] *n.* [C] *(leg.)* **eccezione.**
den [den] *n.* [C] ***1*** **covo, tana** (anche *fig.*) ***2*** **rifugio; luogo tranquillo** (in cui si legge, si lavora, ecc.).
to **denationalize** [di:'næʃnəlaiz] *v. t.* **snazionalizzare.**
to **denaturalize** [di:'nætʃrəlaiz] *v. t.* ***1*** **snaturare; rendere innaturale** ***2*** **privare** (q.) **della cittadinanza.**
to **denature** [di:'neitʃə*] *v. t.* ***1*** **snaturare** ***2*** *(chim.)* **denaturare.**
denial [di'naiəl] *n.* ***1*** [U] e [C] **diniego; rifiuto** ***2*** [C] **smentita** ***3*** [U] **rinnegazione; ripudio** ***4*** [U] (anche *self-d.)* **abnegazione.**
to **denicotinize** [di:'nikətinaiz] *v. t.* **denicotinizzare.**
to **denigrate** ['denigreit] *v. t.* **denigrare; diffamare.**
denim ['denim] *n.* ***1*** [U] *(ind. tessile)* **tessuto di cotone ritorto** ***2*** *(al pl.)* **tuta; calzoni tipo jeans.**
denizen ['denizn] *n.* [C] ***1*** **abitante** ***2*** *(leg.)* **straniero naturalizzato.**
to **denominate** [di'nɔmineit] *v. t.* **denominare; chiamare.**
denomination [di,nɔmi'neiʃən] *n.* [C] ***1*** **denominazione** ***2*** **unità di misura; valore; taglio** ***3*** *(mat.)* **denominatore** • *religious d.,* religione.
denominational [di,nɔmi'neiʃənl] *a.* ***1*** **confessionale; settario**: *d. education,* istruzione confessionale □ *d. interests,* interessi settari ***2*** *(fin.)* **nominale**: *d. value,* valore nominale.
denominator [di'nɔmineitə*] *n.* [C] *(mat.)* **denominatore**: *the highest (lowest) common d.,* il massimo (minimo) comune denominatore.
denotation [,di:nou'teiʃən] *n.* ***1*** [U] e [C] **denotazione; indicazione** ***2*** [C] **significato esplicito** (d'una parola).
to **denote** [di'nout] *v. t.* ***1*** **denotare; indicare** ***2*** **significare.**
denouement [dei'nu:mɑ̃:ŋ] *n.* [C] **scioglimento dell'intreccio** (d'un romanzo, ecc.); **soluzione finale; finale.**
to **denounce** [di'nauns] *v. t.* **denunciare, denunziare.**
dense [dens] *a.* ***1*** **denso; fitto; folto; spesso**: *a d. fog,* una nebbia fitta ***2*** **ottuso** *(fig.)* ***3*** *(fotogr.)* **scuro; opaco.**
densimeter [den'simitə*] *n. (fis.)* **densimetro.**
density [densiti] *n.* [U] e [C] ***1*** **densità; spessore; foltezza** ***2*** *(fotogr.)* **opacità.**
dent [dent] *n.* [C] **ammaccatura.**
to **dent** [dent] *v. t.* **ammaccare.**
dental ['dentl] ***A*** *a.* ***1*** **dentale; dentario** ***2*** **dentistico** ***B*** *n.* [C] *(fonetica)* **dentale.**
dentex ['denteks] *n. (zool.,* Dentex dentex*)* **dentice.**
denticular [den'tikjulə*], **denticulate** [den'tikjulit], **denticulated** [den'tikjuleitid] *a.* ***1*** **dentellato** ***2*** *(archit.)* **ornato di dentelli.**
dentifrice ['dentifris] *n.* [U] e [C] **dentifricio.**
dentist ['dentist] *n.* **dentista; odontoiatra.**
dentistry ['dentistri] *n.* [U] **professione di dentista; odontoiatria.**
dentition [den'tiʃən] *n.* [U] ***1*** *(fisiologia)* **dentizione** ***2*** *(anat.)* **dentatura.**
denture ['dentʃə*] *n.* [C] **protesi dentaria; dentiera.**
denudation [,di:nju(:)'deiʃən] *n.* [U] e [C] **denudamento; denudazione** (anche *geol.*).
to **denude** [di'nju:d] *v. t.* **denudare** (anche *geol.*); **spogliare.**
denunciation [di,nʌnsi'eiʃən] *n.* [U] e [C] **denuncia, denunzia.**
to **deny** [di'nai] ***A*** *v. t.* ***1*** **negare; smentire; ricusare; rifiutare**: *to d. a charge,* negare un'accusa □ *There is no denying the fact that...,* non si può negare (il fatto) che... ***2*** **non tener fede a; non riconoscere; rinnegare; ripudiare**: *to d. one's word,* non tener fede alla parola ***B*** to **deny oneself** *v. rifl.* **negarsi, privarsi di** (q.c.).
deodorant [di:'oudərənt] *n.* [C] **deodorante.**
to **deodorize** [di:'oudəraiz] *v. t.* **deodorare.**
to **depart** [di'pa:t] *v. i.* ***1*** **partire** ***2*** — *to d. from,* allontanarsi da; discostarsi da; abbandonare • *to d. from life,* morire □ *to d. from one's word (one's promise),* non tener fede alla parola data (a una promessa).
departed [di'pa:tid] *a.* ***1*** **passato; trascorso** ***2*** **defunto; estinto; morto** • *the departed,* i defunti.
department [di'pa:tmənt] *n.* [C] ***1*** **dipartimento; dicastero** ***2*** **compartimento; reparto; sezione** ***3*** **sfera d'attività; compito; ramo** *(fig.)* ***4*** **sezione** (di « college » o di scuola); **facoltà** • *d. store,* emporio; grandi magazzini.
departmental [,di:pa:t'mentl] *a.* **dipartimentale.**
departure [di'pa:tʃə*] *n.* [U] e [C] ***1*** **partenza** ***2*** **allon-**

tanamento; distacco; infrazione • *(ferr.) d. platform,* marciapiede delle partenze □ *to take one's d.,* partire.
to **depend** [di'pend] *v. i.* **1 dipendere** (anche *gramm.*); **derivare; procedere**: *to d. on st.,* dipendere da q.c. □ *It depends on himself,* (la riuscita, ecc.) dipende da lui solo **2 dipendere; essere** (o **vivere**) **a carico di 3 fare assegnamento** (su); **fidarsi** (di) • *D. upon it!,* stanne certo!; non dubitare!
dependable [di'pendəbl] *a.* **fidato; fido; leale.**
dependant [di'pendənt] *n.* **persona a carico.**
dependence [di'pendəns] *n.* U **1 dipendenza; (il) dipendere 2 affidamento; conto 3 (l') essere a carico** (di q.).
dependency [di'pendənsi] *n.* C **possedimento; colonia.**
dependent [di'pendənt] **A** *a.* **1** (anche *gramm.*) **dipendente 2 a carico** (di) **B** *n.* **1** *(gramm.)* **proposizione dipendente 2 persona a carico** (di q.).
to **depersonalize** [di'pə:sn,laiz] *v. t.* **spersonalizzare.**
to **depict** [di'pikt] *v. t.* **dipingere; descrivere.**
depiction [di'pikʃən] *n.* **1** U **(il) dipingere (o descrivere) 2** C **pittura 3** C **descrizione.**
to **depilate** ['depileit] *v. t.* **depilare.**
depilation [,depi'leiʃən] *n.* U **depilazione.**
depilatory [di'pilətəri] *a.* e *n.* **depilatorio.**
to **deplane** [di(:)'plein] *v. i.* **scendere da un aeroplano.**
to **deplenish** [di(:)'pleniʃ] *v. t.* **1 vuotare; svuotare 2 esaurire la merce di** (un negozio, ecc.).
to **deplete** [di'pli:t] *v. t.* **1 vuotare; svuotare 2 esaurire** (fondi, ecc.); **togliere 3** *(med.)* **drenare.**
depletion [di'pli:ʃən] *n.* U e C **1 svuotamento 2 esaurimento.**
deplorable [di'plɔ:rəbl] *a.* **deplorabile; deplorevole; biasimevole.**
to **deplore** [di'plɔ:*] *v. t.* **deplorare; biasimare; disapprovare.**
to **deploy** [di'plɔi] *(mil.)* **A** *v. t.* **spiegare** (le truppe, le forze) **B** *v. i.* (di truppe, ecc.) **spiegarsi.**
deploy [di'plɔi], **deployment** [di'plɔimənt] *n.* **1** *(mil.)* **spiegamento** (di forze) **2 (lo) spiegarsi** (del paracadute).
to **depolarize** [di:'poulәraiz] *v. t.* **1 depolarizzare 2** *(fig.)* **dissolvere** (pregiudizi, ecc.); **scuotere** (convinzioni, ecc.).
to **depoliticize** [,di:pə'litisaiz] **spoliticizzare.**
to **depollute** [,di:pə'lu:t] *v. t.* *(ecologia)* **disinquinare.**
deponent [di'pounənt] **A** *a.* *(gramm.)* **deponente B** *n.* **1** *(gramm.)* **verbo deponente 2** *(leg.)* **chi fa una deposizione; testimone.**
to **depopulate** [di:'pɔpjuleit] *v. t.* e *i.* **spopolare, spopolarsi.**
depopulation [di:,pɔpju'leiʃən] *n.* U **spopolamento.**
to **deport** [di'pɔ:t] **A** *v. t.* **deportare; confinare; esiliare B** to **deport oneself** *v. rifl.* **comportarsi.**
deportation [,di:pɔ:'teiʃən] *n.* U e C **deportazione; relegazione.**
deportee [,dipɔ:'ti:] *n.* **deportato.**
deportment [di'pɔ:tmənt] *n.* U **1 comportamento; condotta; contegno 2 portamento.**
to **depose** [di'pouz] *v. t.* e *i.* **1 deporre** (da una carica e specialm. dal trono) **2 attestare, dichiarare** (in giudizio); **testimoniare.**
to **deposit** [di'pɔzit] *v. t.* **1 depositare**: *to d. money in the bank,* depositare denaro in banca **2 fare un deposito di** (una somma di denaro); **lasciare come caparra 3 deporre** (anche uova); **posare.**
deposit [di'pɔsit] *n.* C **1 deposito; caparra 2 deposito; sedimento 3** *(al pl., geol.)* **detriti.**
depositary [di'pɔzitəri] *n.* *(leg.)* **depositario.**
deposition [,depə'ziʃən] *n.* **1** U **deposizione** (da una carica e specialm. dal trono) **2** C *(leg.)* **deposizione; testimonianza.**
depository [di'pɔzitəri] *n.* C **deposito; magazzino.**
depot ['depou] *n.* C **1 deposito; magazzino 2** *(USA)* **stazione ferroviaria.**
depravation [,deprə'veiʃən] *n.* U **depravazione; corruzione.**
to **deprave** [di'preiv] *v. t.* **depravare; pervertire.**
depraved [di'preivd] *a.* **depravato; corrotto.**
depravity [di'præviti] *n.* **1** U **depravazione 2** C **azione perversa.**
deprecable ['deprikəbl] *a.* **deprecabile.**
to **deprecate** ['deprikeit] *v. t.* **1 biasimare; condannare; disapprovare 2 deprecare; scongiurare.**
deprecation [,depri'keiʃən] *n.* **1** U **biasimo; disapprovazione 2** C **deprecazione; supplica.**
deprecative ['deprikətiv], **deprecatory** ['deprikətəri] *a.* **1 di biasimo; di disapprovazione 2 deprecativo; supplice.**
to **depreciate** [di'pri:ʃieit] *v. t.* e *i.* **1** (*comm.:* di merce) **deprezzare, deprezzarsi 2** (di moneta) **svalutare, svalutarsi 3 screditare; sottovalutare; mettere in discredito.**
depreciation [di,pri:ʃi'eiʃən] *n.* U **1** *(comm.)* **deprezzamento** (di merce) **2 svalutazione** (della moneta) **3 discredito.**
to **depress** [di'pres] *v. t.* **1 deprimere; abbattere** *(fig.)*; **rattristare; scoraggiare 2 abbassare; premere 3** *(comm.)* **ridurre** (il volume d'affari, i prezzi, ecc.).
depressant [di'presənt] *a.* e *n.* C *(med.)* **deprimente; sedativo.**
depressed [di'prest] *a.* **1 depresso; scoraggiato 2** *(econ.)* **depresso; sottosviluppato.**
depressing [di'presiŋ] *a.* **deprimente.**
depression [di'preʃən] *n.* **1** U **depressione; abbattimento; scoraggiamento 2** C **abbassamento; avvallamento** (del terreno) **3** C *(econ.)* **depressione; crisi.**
depressor [di'presə*] *n.* C **1** *(anat.)* **(muscolo) depressore 2** *(chim.)* **catalizzatore negativo 3** *(med.)* **abbassalingua.**
deprivation [,depri'veiʃən] *n.* **1** U **privazione 2** C **perdita.**
to **deprive** [di'praiv] *v. t.* **1 privare; spogliare 2 destituire.**
depth [depθ] *n.* **1** U e C **profondità** (anche *fig.*) **2** U **intensità 3** *(al pl.)* **profondità; abissi** • *the depths of degradation,* il massimo della degradazione □ *in the d. of the country,* in piena campagna □ *in the depths of despair,* al colmo della disperazione □ *in the d. of one's heart,* nel profondo del cuore □ *in the d. of winter,* nel cuore dell'inverno □ *to be out of (o beyond) one's d.,* non toccare il fondo (dell'acqua); *(fig.)* essere fuori del campo delle proprie cognizioni (o capacità).
depurant ['depjurənt] *a.* e *n.* *(farm.)* **depurativo.**
to **depurate** ['depjureit] *v. t.* e *i.* **depurare, depurarsi.**
depurator ['depju,reitə*] *n.* **depuratore.**
deputation [,depju(:)'teiʃən] *n.* U e C **deputazione; delegazione.**
to **depute** [di'pju:t] *v. t.* **deputare; delegare.**
to **deputize** ['depjutaiz] *v. i.* **fungere da delegato.**
deputy ['depjuti] *n.* C **1** *(leg.)* **delegato 2** *(polit.)* **deputato 3 aggiunto; sostituto; vice** • *(leg.) by d.,* per procura.
to **deracinate** [di(:)'ræsineit] *v. t.* **sradicare; estirpare.**
to **derail** [di'reil] *(ferr.)* **A** *v. i.* **deragliare B** *v. t.* **far deragliare.**
derailment [di(:)'reilmənt] *n.* C *(ferr.)* **deragliamento.**
to **derange** [di'reindʒ] *v. t.* **1 disordinare; scompigliare 2 fare impazzire** • *to become (mentally) deranged,* impazzire; ammattire.
derangement [di'reindʒmənt] *n.* U **1 disordine; confusione 2 alienazione mentale; pazzia.**
to **deration** [di:'ræʃən] *v. t.* **abolire il razionamento di** (un genere alimentare, ecc.).
Derby ['da:bi] *n.* **derby** (corsa annuale di cavalli).
derby ['də:bi] *n.* C *(USA)* **bombetta.**
derelict ['derilikt] **A** *a.* **derelitto** *(lett.)*; **abbandonato B** *n.* C **1 derelitto; relitto della società 2** *(naut.)* **relitto.**
dereliction [,deri'likʃən] *n.* U **1 abbandono 2 negli-**

genza; trascuratezza **3** terreno abbandonato dal mare.
to **deride** [di'raid] *v. t.* deridere; beffare; schernire.
de rigueur [dəri:'gɛ:*] *(franc.) a.* di rigore.
derision [di'riʒən] *n.* [U] derisione; beffa; scherno • *to bring into d.*, mettere in ridicolo □ *to be held in d.*, essere deriso.
derisive [di'raisiv] *a.* derisorio; di derisione; derisivo *(raro)*.
derisory [di'raisəri] *a.* derisorio; irrisorio.
derivable [di'raivəbl] *a.* **1** derivabile **2** deducibile.
derivation [ˌderi'veiʃən] *n.* [U] e [C] derivazione.
derivative [di'rivətiv] ***A*** *a.* **1** derivativo **2** derivato ***B*** *n.* [C] **1** *(chim., gramm.,* ecc.*)* derivato **2** *(mat.)* derivata.
to **derive** [di'raiv] ***A*** *v. t.* **1** ottenere; ricavare; trarre **2** dedurre **3** *(chim.)* derivare **4** affermare la derivazione (o discendenza) di (cosa, persona, parola, ecc.) ***B*** *v. i.* derivare.
derm [də:m], **derma** ['də:mə] *n.* [U] *(anat.)* derma.
dermatitis [ˌdə:mə'taitis] *n.* [U] *(med.)* dermatite.
dermatologist [ˌdə:mə'tɔlədʒist] *n.* dermatologo.
dermatology [ˌdə:mə'tɔlədʒi] *n.* [U] *(med.)* dermatologia.
to **derogate** ['derəgeit] *v. i.* — *to d. from,* derogare a; detrarre valore a (un merito di q., ecc.); sminuire; ledere.
derogation [ˌderə'geiʃən] *n.* [U] **1** diminuzione, indebolimento (di autorità, ecc.); deroga (a una legge) **2** diffamazione; discredito.
derogatory [di'rɔgətəri] *a.* **1** che getta discredito (su q.); che detrae valore (al merito di q.); peggiorativo; spregiativo **2** *(leg.)* derogatorio.
derrick ['derik] *n.* [C] **1** gru; *(naut.)* albero di carico **2** *(ind. mineraria)* torre di sondaggio (di un pozzo petrolifero).
dervish ['də:viʃ] *n.* derviscio.
to **desalinate** [di:'sælineit], to **desalinize** [di:'sælinaiz], to **desalt** [di:'sɔ:lt] *v. t.* desalare, dissalare.
to **descale** [di:'skeil] *v. t. (tecn.)* disincrostare.
to **descant** [dis'kænt] *v. t.* — *to d. on* (o *upon) st.*, parlare a lungo di q.c.; decantare q.c.
to **descend** [di'send] *v. i.* e *t.* **1** discendere; scendere **2** essere trasmesso; passare (in eredità) **3** abbassarsi, avvilirsi (a fare q.c.) • *to d. upon sb.*, attaccare q. □ *to be descended from,* avere origine da; essere discendente di.
descendant [di'sendənt] *n.* [C] discendente.
descent [di'sent] *n.* **1** [C] e [U] discesa; scesa *(pop.)*; china; pendio: *a steep d.*, una discesa ripida **2** [U] discendenza; lignaggio; stirpe; famiglia: *to be of Scottish d.*, essere nato da genitori scozzesi **3** [C] generazione (di uno stesso lignaggio) **4** [C] incursione; scorreria **5** [C] caduta *(fig.)*; declino.
describable [dis'kraibəbl] *a.* descrivibile.
to **describe** [dis'kraib] *v. t.* **1** descrivere; rappresentare; tracciare **2** definire • *to d. oneself as...*, farsi passare per...
description [dis'kripʃən] *n.* **1** [C] e [U] descrizione **2** [C] genere; qualità; risma; specie; sorta: *commodities of every d.*, derrate d'ogni sorta.
descriptive [dis'kriptiv] *a.* **1** descrittivo **2** che ama le descrizioni.
to **descry** [dis'krai] *v. t.* scorgere; discernere; vedere.
to **desecrate** ['desiˌkreit] *v. t.* sconsacrare; profanare.
desecration [ˌdesi'kreiʃən] *n.* [U] e [C] sconsacrazione; profanazione.
to **desegregate** [di:'segriˌgeit] *v. t.* abolire la segregazione razziale in (una scuola, ecc.).
desegregation [di:ˌsegri'geiʃən] *n.* [U] abolizione della segregazione razziale.
to **desert** [di'zə:t] ***A*** *v. t.* abbandonare; lasciare; venir meno a (q.) ***B*** *v. t.* disertare • *(mil.) to d. the colours,* disertare.
(1) desert ['dezət] ***A*** *n.* [C] e [U] deserto ***B*** *a.* deserto; disabitato.
(2) desert [di'zə:t] *n. (di solito al pl.)* ciò che uno si merita; meriti: *to be rewarded according to one's deserts,* essere ricompensato secondo i propri meriti • *to get* (o *to meet with) one's deserts,* avere quel che ci si merita.
deserted [di'zə:tid] *a.* **1** abbandonato **2** disabitato; deserto; abbandonato.
deserter [di'zə:tə] *n.* disertore.
desertion [di'zə:ʃən*] *n.* [U] e [C] diserzione.
to **deserve** [di'zə:v] *v. t.* meritare; meritarsi *(fam.)*.
deserving [di'zə:viŋ] *a.* meritevole; degno: *to be d. of praise,* essere meritevole di lode.
to **desiccate** ['desikeit] *v. t.* essiccare; disseccare.
desiccation [ˌdesi'keiʃən] *n.* [U] essiccazione; disseccazione.
desiderative [di'zidərətiv] *a. (gramm. lat.)* desiderativo.
desideratum [diˌzidə'reitəm] *n. (pl.* **desiderata** [diˌzidə'reitə]) desiderato; « desideratum ».
design [di'zain] *n.* **1** [C] e [U] disegno; progetto; piano **2** [C] mira; cattiva intenzione: *to have designs on st.*, avere mire su q.c. **3** [C] modello; figurino: *designs for children's dresses,* modelli per abiti da bambini • *by d.*, di proposito; apposta.
to **design** [di'zain] *v. t.* e *i.* **1** disegnare; progettare; fare progetti; fare il modello di (un abito, ecc.) **2** assegnare; destinare **3** fare il progettista; fare il modellista.
designate ['dezignit] *a.* designato: *the ambassador d.*, l'ambasciatore designato.
to **designate** ['dezigneit] *v. t.* **1** designare; proporre; nominare **2** segnare; definire.
designation [ˌdezig'neiʃən] *n.* **1** [U] designazione **2** [C] nome; titolo distintivo.
designedly [di'zainidli] *avv.* di proposito; deliberatamente.
designer [di'zainə*] *n.* **1** *(ind.)* progettista; modellista **2** *(teatr., cinem.)* costumista • *(teatr., cinem.) scene d.*, scenografo.
designing [di'zainiŋ] *a.* astuto; intrigante.
desinence ['desinəns] *n.* [C] *(gramm.)* desinenza.
desirable [di'zaiərəbl] *a.* desiderabile; gradevole.
to **desire** [di'zaiə*] *v. t.* **1** anelare; bramare; desiderare **2** pregare (di fare q.c.).
desire [di'zaiə*] *n.* **1** [U] e [C] brama; voglia; desiderio **2** [U] richiesta; preghiera; invito **3** [C] cosa che si desidera.
desirous [di'zaiərəs] *a.* bramoso; voglioso; desideroso.
to **desist** [di'zist] *v. i.* desistere; cessare; smettere: *to d. from doing st.*, desistere dal fare q.c.
desk [desk] *n.* [C] scrivania; scrittoio; banco (di scuola) • *drawing d.*, tavolo da disegno.
deskwork ['deskwə:k] *n.* [U] (spesso *spreg.)* lavoro d'ufficio; lavoro a tavolino.
desolate ['desəlit] *a.* **1** (di luoghi) desolato; solitario **2** (di edifici) devastato; in rovina **3** (di persone) desolato; afflitto; triste.
to **desolate** ['desəleit] *v. t.* **1** devastare; spopolare **2** desolare.
desolation [ˌdesə'leiʃən] *n.* **1** [U] devastazione; rovina **2** [U] desolazione; afflizione **3** [C] solitudine; luogo desolato.
to **despair** [dis'pɛə*] *v. i.* disperare, disperarsi.
despair [dis'pɛə*] *n.* [U] disperazione • *to drive sb. to d.*, far disperare q. □ *in d.*, disperato; in preda alla disperazione.
despairing [dis'pɛəriŋ] *a.* disperato; di disperazione.
(to) **despatch** [dis'pætʃ] *V.* (to) **dispatch.**
desperado [ˌdespə'ra:dou] *n. (pl.* **desperadoes, desperados**) bandito; malvivente.
desperate ['despərit] *a.* **1** disperato; furibondo; furioso **2** orribile; violento **3** completo; perfetto: *a d. fool.*, un perfetto idiota.
desperateness ['despəritnis] *n.* [U] (l') esser disperato (o furibondo); disperazione.
desperation [ˌdespə'reiʃən] *n.* [U] disperazione.

despicable ['despikəbl] *a.* spregevole; disprezzabile; meschino.
to **despise** [dis'paiz] *v. t.* disprezzare; spregiare *(lett.)*; sdegnare.
despite [dis'pait] **A** *n.* [U] dispetto: *in d. of,* a dispetto di **B** *prep.* a dispetto di; malgrado.
to **despoil** [dis'pɔil] *v. t.* derubare; saccheggiare; spogliare.
despoilment [dis'pɔilmənt], **despoliation** [dis,pouli'eiʃən] *n.* [U] spogliamento *(raro)*; spoliazione; ruberia; saccheggio.
to **despond** [dis'pɔnd] *v. i.* abbattersi; perdersi d'animo.
despondence [dis'pɔndəns], **despondency** [dis'pɔndənsi] *n.* [U] abbattimento; scoraggiamento; sconforto.
despondent [dis'pɔndənt] *a.* abbattuto; scoraggiato; sconfortato.
despot ['despɔt] *n.* [C] despota.
despotic(al) [des'pɔtik(əl)] *a.* dispotico.
despotism ['despətizəm] *n.* [U] dispotismo.
dessert [di'zə:t] *n.* [U] dessert ● *d. wine,* vino da dessert.
de-Stalinization [di:,sta:linai'zeiʃən] *n.* [U] *(polit.)* destalinizzazione.
destination [,desti'neiʃən] *n.* [U] e [C] destinazione; meta.
to **destine** ['destin] *v. t.* destinare.
destiny ['destini] *n.* [U] e [C] destino; fato; sorte.
destitute ['destitju:t] *a.* **1** bisognoso; indigente **2** privo.
destitution [,desti'tju:ʃən] *n.* [U] abbandono; indigenza; miseria.
to **destroy** [dis'trɔi] *v. t.* distruggere; annientare; infrangere.
destroyer [dis'trɔiə*] *n.* [C] **1** distruttore, distruttrice **2** *(naut.)* cacciatorpediniere.
destruction [dis'trʌkʃən] *n.* [U] distruzione; rovina.
destructive [dis'trʌktiv] *a.* **1** distruttivo **2** dannoso; rovinoso.
desuetude [di'sju(:)itju:d] *n.* [U] dissuetudine, desuetudine *(lett.)*; disuso.
desultory ['desəltəri] *a.* saltuario; non metodico; disordinato.
to **detach** [di'tætʃ] *v. t.* staccare; distaccare; disgiungere.
detached [di'tætʃt] *a.* **1** distaccato; obiettivo; sereno; imparziale; spassionato **2** staccato; isolato: *a d. house,* una casa isolata.
detachment [di'tætʃmənt] *n.* [U] **1** distacco; obiettività; imparzialità; serenità **2** *(mil.)* distaccamento.
detail ['di:teil] *n.* [C] **1** particolare; minuzia **2** *(mil.)* piccolo distaccamento; (reparto inviato in) missione speciale ● *to go* (o *to enter*) *into details,* entrare nei particolari □ *in d.,* nei particolari; per filo e per segno.
to **detail** ['di:teil] *v. t.* **1** particolareggiare; descrivere minutamente; raccontare per filo e per segno **2** *(mil.)* assegnare; distaccare.
detailed ['di:teild] *a.* particolareggiato; circostanziato.
to **detain** [di'tein] *v. t.* **1** trattenere; far perdere tempo a **2** detenere; tenere agli arresti.
detainee [,di:tei'ni:] *n.* detenuto politico.
detainer [di'teinə*] *n. (leg.)* **1** detenzione **2** ordine di detenzione.
to **detect** [di'tekt] *v. i.* scoprire; sorprendere; scorgere.
detection [di'tekʃən] *n.* [U] scoperta; rivelazione.
detective [di'tektiv] *n.* agente investigativo ● *d. story,* racconto poliziesco □ *d.-story writer,* giallista.
detector [di'tektə*] *n.* **1** scopritore; chi rivela q.c. **2** *(fis.)* galvanometro direzionale **3** *(radio)* rivelatore; demodulatore **4** *(fis. nucl.)* rivelatore; misuratore.
détente [dei'tɑ̃nt] *(franc.) n. (polit.)* distensione.
detention [di'tenʃən] *n.* [U] **1** (l') esser trattenuto **2** *(leg.)* detenzione; arresto; prigionia ● *d. barracks,* prigione militare.
to **deter** [di'tə:*] *v. t.* distogliere; dissuadere; scoraggiare.
detergent [di'tə:dʒənt] *a.* e *n.* [C] detergente; detersivo.
to **deteriorate** [di'tiəriəreit] *v. t.* e *i.* deteriorare, deteriorarsi.
deterioration [di,tiəriə'reiʃən] *n.* [U] deterioramento; deteriorazione.
determent [di'tə:mənt] *n.* [C] e [U] provvedimento (o punizione, minaccia, ecc.) atto a distogliere (q. dal fare q.c.); freno; impedimento; remora.
determinable [di'tə:minəbl] *a.* determinabile.
determinant [di'tə:minənt] **A** *a.* determinante **B** *n.* [C] **1** fattore determinante **2** *(mat.)* determinante.
determinate [di'tə:minit] *a.* **1** determinato; definito **2** fissato.
determination [di,tə:mi'neiʃən] *n.* [U] **1** determinazione; decisione; risoluzione **2** decisione; risolutezza.
determinative [di'tə:minətiv] **A** *a.* determinante; determinativo (anche *gramm.*) **B** *n.* [C] **1** fattore determinante **2** *(gramm.)* determinativo.
to **determine** [di'tə:min] **A** *v. t.* e *i.* **1** determinare; definire; decidere; risolvere; stabilire; causare **2** mettere fine a (q.c.) **B** *v. i.* determinarsi; decidersi; risolversi ● *to be determined on doing st.,* essere ben deciso a fare q.c.
determined [di'tə:mind] *a.* **1** fissato; stabilito **2** deciso; risoluto.
determinism [di'tə:minizəm] *n.* [U] *(filos.)* determinismo.
determinist [di'tə:minist] *(filos.)* **A** *n.* determinista **B** *a.* deterministico.
deterrent [di'terənt] *a.* e *n.* [C] deterrente.
to **detest** [di'test] *v. t.* detestare; abominare.
detestable [di'testəbl] *a.* detestabile; abominevole; odioso.
detestation [,di:tes'teiʃən] *n.* **1** [U] (il) detestare; odio; abominio **2** [C] cosa detestata; orrore.
to **dethrone** [di'θroun] *v. t.* detronizzare; deporre (un sovrano).
dethronement [di'θrounmənt] *n.* [U] e [C] detronizzazione; deposizione.
to **detonate** ['detouneit] **A** *v. i.* detonare; esplodere **B** *v. t.* far detonare; far esplodere.
detonation [,detou'neiʃən] *n.* [U] e [C] detonazione; esplosione.
detonator ['detəneitə*] *n.* [C] **1** detonatore **2** *(ferr.)* petardo.
detour ['di:tuə*] *n.* [C] giro lungo; deviazione.
detoxicant [di:'tɔksikənt] *a.* e *n.* [C] *(farm.)* disintossicante.
to **detoxicate** [di:'tɔksikeit] *v. t.* disintossicare.
detoxication [di:,tɔksi'keiʃən] *n.* [U] disintossicazione.
to **detract** [di'trækt] **A** *v. t.* detrarre; sottrarre **B** *v. i.* (di solito *to d. from*) screditare; sminuire.
detraction [di'trækʃən] *n.* [U] **1** detrazione; sottrazione **2** denigrazione; diffamazione.
detractor [di'træktə*] *n.* detrattore; diffamatore; denigratore.
to **detrain** [di:'trein] *v. i.* scendere dal treno.
detriment ['detrimənt] *n.* [U] detrimento; danno: *to the d. of one's health,* a detrimento della propria salute.
detrimental [,detri'mentl] *a.* dannoso; nocivo.
detritus [di'traitəs] *n.* [U] *(geol.)* detriti.
(1) deuce [dju:s] *n.* **1** (carta da gioco, dadi) due **2** *(tennis)* 40 pari.
(2) deuce [dju:s] *n.* [C] *(nelle inter., ecc.)* diavolo; diamine: *Where the d. is he?,* dove diamine s'è cacciato? ● *a d. of a mess,* una confusione del diavolo □ *to play the d. with st.,* mandare in malora q.c.
deuced [dju:st] *a.* **1** diabolico; dannato; maledetto **2** indiavolato, del diavolo *(fig.)*.
deuterium [dju(:)'tiəriəm] *n.* [U] *(chim., fis. nucl.)* deuterio; idrogeno pesante ● *d. oxide,* ossido di deuterio; acqua pesante.
devaluation [,di:vælju'eiʃən] *n.* [U] e [C] *(econ.)* svalutazione.
to **devalue** [di:'vælju:] *v. t.* *(econ.)* svalutare.

to **devastate** ['devəsteit] *v. t.* **devastare; rovinare; saccheggiare.**
devastation [ˌdevə'steiʃən] *n.* [U] **devastazione; rovina.**
to **develop** [di'veləp] ***A*** *v. t.* ***1*** **sviluppare** ***2*** **manifestare; rivelare** ***B*** *v. i.* ***1*** **svilupparsi** ***2*** **manifestarsi; rivelarsi** ***3*** *(*seguito da *into)* **trasformarsi** ● *(polit., econ.) developing countries,* paesi in via di sviluppo.
development [di'veləpmənt] *n.* [U] e [C] **sviluppo** ● *d. area,* area depressa (da sviluppare).
developmental [diˌveləp'mentl] *a.* **dello sviluppo; inerente allo sviluppo**: *(med.) d. diseases,* malattie dello sviluppo.
to **deviate** ['di:vieit] *v. i.* **deviare**: *to d. from one's course,* deviare dalla propria strada ● *to d. from a rule,* trasgredire una regola.
deviation [ˌdi:vi'eiʃən] *n.* [U] e [C] **deviazione.**
deviationism [ˌdi:vi'eiʃənizəm] *n.* [U] *(polit.)* **deviazionismo.**
deviationist [ˌdi:vi'eiʃənist] *n. (polit.)* **deviazionista.**
device [di'vais] *n.* [C] ***1*** **piano; progetto** ***2*** **stratagemma; trucco** ***3*** **congegno; dispositivo; meccanismo; aggeggio** ***4*** **divisa; emblema** ● *to leave sb. to his own devices,* abbandonare q. ai suoi capricci; lasciar fare q. di testa sua.
devil ['devl] *n.* [C] ***1*** **diavolo** *(*anche *fig.)*; **demonio**: *the D.,* il Demonio □ *That d. of a man!,* diavolo d'un uomo! □ *What the d. do you want?,* che diavolo vuoi? ***2*** **demone** *(fig.)*: *the d. of greed,* il demone della cupidigia ***3*** **apprendista; giovane di studio** (che fa pratica presso un avvocato) ● *the d.'s advocate,* l'avvocato del diavolo *(*nel diritto canonico e *fig.)* □ *the d.'s bedpost,* il quattro di fiori (nel gioco delle carte) □ *the d.'s bones,* i dadi □ *to beat the d.'s tattoo,* tamburellare oziosamente con le dita □ *to be between the d. and the deep sea,* trovarsi fra l'incudine e il martello *(fig.)* □ *to give the d. his due,* rendere giustizia a q. □ *to go to the d.,* andare in malora: *Go to the d.,* va al diavolo! □ *to play the d. with,* mandare (q.c.) a catafascio □ *to raise the d.,* evocare il demonio; *(fam.)* fare il diavolo a quattro □ *to work like a d.,* lavorare per quattro.
to **devil** ['devl] ***A*** *v. i.* **sgobbare, sfacchinare** (per un altro); **fare l'apprendista; fare il giovane di studio** ***B*** *v. t.* ***1*** **preparare** (cibo) **con molte spezie** ***2*** **stuzzicare; tormentare.**
devilish ['deviliʃ] *a.* ***1*** **diabolico** ***2*** *(fam.)* **indiavolato; del diavolo; infernale** *(fig.)*.
devil-may-care ['devlmei'kɛə*] *a.* **avventato; temerario.**
devilry ['devlri] *n.* ***1*** [U] **diabolicità; malvagità** ***2*** [U] **diavoleria** ***3*** *(collett.)* **congrega di demoni.**
devious ['di:vjəs] *a.* ***1*** **indiretto; traverso** ***2*** **tortuoso** ***3*** *(fig.)* **ambiguo; subdolo.**
to **devise** [di'vaiz] *v. t.* ***1*** **ideare; concepire; escogitare** ***2*** *(leg.)* **lasciare in eredità** (beni immobili).
devise [di'vaiz] *n.* [C] *(leg.)* **disposizione testamentaria riguardante beni immobili.**
to **devitalize** [di:'vaitəlaiz] *v. i.* **indebolire la vitalità di** (q.).
devoid [di'vɔid] *a.* **privo, mancante, destituito** (di).
devolution [ˌdi:və'lu:ʃən] *n.* [U] ***1*** **devoluzione** (di diritti, proprietà, ecc.) ***2*** **delegazione; delega** ***3*** *(biol.)* **involuzione.**
to **devolve** [di'vɔlv] ***A*** *v. t.* **devolvere** (un diritto, ecc.); **delegare; affidare** ***B*** *v. i.* **devolversi; passare** (per competenza); **ricadere** (su).
Devonian [de'vouniən] *a.* e *n. (geol.)* **devoniano.**
to **devote** [di'vout] *v. t.* **votare; consacrare; dedicare.**
devoted [di'voutid] *a.* **devoto; leale; fedele.**
devotee [ˌdevou'ti:] *n.* ***1*** **devoto; appassionato**: *a d. of the ballet,* un appassionato del balletto ***2*** **persona pia.**
devotion [di'vouʃən] *n.* ***1*** [U] **devozione; pietà; dedizione; attaccamento** ***2*** *(al pl.)* **devozioni; preghiere.**
devotional [di'vouʃənl] *a.* **pio; religioso**: *d. books,* libri religiosi.
to **devour** [di'vauə*] *v. t.* ***1*** **divorare** *(*anche *fig.)* ***2*** **distruggere** ● *to be devourec by anger,* struggersi dalla bile.
devout [di'vaut] *a.* ***1*** **devoto; pio** ***2*** **sincero; fedele; leale.**
devoutness [di'vautnis] *n.* [U] **devozione; pietà; religiosità.**
dew [dju:] *n.* [U] **rugiada** *(*anche *fig.)* ● *dew-drop,* goccia di rugiada □ *(zool.) dew-worm* (Lumbricus), lombrico □ *mountain dew,* whisky distillato alla macchia.
to **dew** [dju:] ***A*** *v. t. (poet.)* **bagnare di rugiada; rendere rugiadoso; inumidire** ***B*** *v. i. (arc.)* **cadere in forma di rugiada.**
dewlap ['dju:læp] *n.* [C] **giogaia** (del bue e altri animali).
dewy ['dju:i] *a.* ***1*** **rugiadoso** ***2*** *(poet.)* **balsamico.**
dexterity [deks'teriti] *n.* [U] **destrezza; abilità.**
dexterous ['dekstərəs] *a.* **destro; abile; agile.**
dextrorsal [deks'trɔ:sl], **dextrorse** [deks'trɔ:s] *a.* **destrorso.**
dextrose ['dekstrous] *n.* [U] *(chim.)* **destrosio.**
dextrous ['dekstrəs] *V.* **dexterous.**
di- [dai] *pref.* **di-, bi-** (primo elemento che, in parole composte, significa "due", "due volte", "composto di due", "doppio").
diabetes [ˌdaiə'bi:ti:z] *n.* [U] *(med.)* **diabete.**
diabetic [ˌdaiə'betik] *a.* e *n.* **diabetico.**
diabolic(al) [ˌdaiə'bɔlik(əl)] *a.* **diabolico.**
diabolism [dai'æbəlizəm] *n.* [U] ***1*** **magia; stregoneria** ***2*** **culto del demonio** ***3*** **diabolicità** ***4*** **diavoleria.**
diaconate [dai'ækənit] *n.* ***1*** **diaconato** ***2*** *(collett.)* **diaconi.**
diacritic [ˌdaiə'kritik] ***A*** *a. (*anche *diacritical)* **diacritico** ***B*** *n.* **segno diacritico.**
diadem ['daiədem] *n.* [C] **diadema.**
diaeresis [dai'iərisis] *n.* (*pl.* **diaereses** [dai'iərisi:z]) **dieresi.**
to **diagnose** ['daiəgnouz] *v. t.* **diagnosticare.**
diagnosis [ˌdaiəg'nousis] *n.* [U] e [C] (*pl.* **diagnoses** [ˌdaiəg'nousi:z]) **diagnosi.**
diagnostic [ˌdaiəg'nɔstik] *a.* **diagnostico.**
diagnostics [ˌdaiəg'nɔstiks] *n. pl. (col verbo al sing.)* **diagnostica.**
diagonal [dai'ægənl] *a.* e *n.* **diagonale.**
diagram ['daiəgræm] *n.* [C] **diagramma; grafico.**
diagrammatic(al) [ˌdaiəgrə'mætik(əl)] *a.* **diagrammatico.**
dial ['daiəl] *n.* [C] ***1*** (di solito *sun-d.*) **meridiana; orologio solare** ***2*** (anche *d.-plate*) **quadrante** (di un orologio, di una bilancia automatica, ecc.) ***3*** **disco combinatore** (del telefono) ***4*** **scala parlante** (di apparecchio radio) ***5*** *(pop.)* **faccia.**
to **dial** ['daiəl] *v. t.* ***1*** *(tel.)* **comporre; fare; chiamare**: *to d. a number,* fare un numero ***2*** *(radio)* **cercare** (una stazione); **sintonizzare.**
dialect ['daiəlekt] *n.* [C] e [U] **dialetto; vernacolo.**
dialectal [ˌdaiə'lektl] *a.* **dialettale.**
(1) dialectic [ˌdaiə'lektik] *n.* (anche *dialectics*) **dialettica.**
(2) dialectic [ˌdaiə'lektik] *a.* ***1*** **dialettico** ***2*** **dialettale.**
dialectical [ˌdaiə'lektikl] *a.* ***1*** **dialettico** ***2*** **dialettale.**
dialectician [ˌdaiəlek'tiʃən] *n.* **dialettico.**
dialectics [ˌdaiə'lektiks] *n. pl. (col verbo al sing.)* **(arte) dialettica.**
dialectologist [ˌdaiəlek'tɔlədʒist] *n.* **dialettologo.**
dialectology [ˌdaiəlek'tɔlədʒi] *n.* [U] **dialettologia.**
dialling ['daiəliŋ] *n.* [U] ***1*** *(tel.)* **(il) comporre un numero; selezione** ***2*** *(radio)* **sintonizzazione** ● *d. code,* prefisso (telefonico) □ *d. tone,* segnale (acustico) di linea libera □ *direct d.,* teleselezione.
dialogic [ˌdaiə'lɔdʒik] *a.* **dialogico.**
dialogue ['daiəlɔg] *n.* [U] e [C] **dialogo.**
to **dialogue** ['daiəlɔg] *v. i.* e *t.* **dialogare; dialogizzare.**
diameter [dai'æmitə*] *n.* [C] *(geom.)* **diametro.**
diametric(al) [ˌdaiə'metrik(əl)] *a. (geom.)* **diametrale.**
diamond ['daiəmənd] ***A*** *n.* [C] ***1*** *(miner.)* **diamante** ***2*** *(geom.)* **rombo; losanga** ***3*** *(al pl.)* **quadri** (delle carte

da gioco) ***B*** *a.* ***1*** **di diamante; di brillanti** ***2*** *(geom.)* **romboidale** ● *d.field,* giacimento diamantifero □ *a rough d.,* un diamante grezzo; *(fig.)* una persona rozza ma piena di buone qualità; un burbero benefico.

diapason [ˌdaiə'peisn] *n.* C *(mus.)* **diapason.**

diaper ['daiəpə*] *n.* ***1*** U **tela operata** (a disegni romboidali) ***2*** C *(USA)* **pannolino** (per neonati).

to **diaper** ['daiəpə*] *v. t.* *(archit.)* **decorare** (pannelli, ecc.) **con disegni romboidali.**

diaphanous [dai'æfənəs] *a.* **diafano; trasparente.**

diaphragm ['daiəfræm] *n.* C ***1*** **diaframma** ***2*** *(mecc., radio)* **membrana.**

diarchy ['daia:ki] *n.* C **diarchia.**

diarist ['daiərist] *n.* **diarista; scrittore di diari.**

diarrh(o)ea [ˌdaiə'riə] *n.* U *(med.)* **diarrea.**

diary ['daiəri] *n.* C ***1*** **diario** ***2*** **agenda.**

Diaspora [dai'æspərə] *n.* **diaspora** (dispersione degli Ebrei).

diastole [dai'æstəli] *n.* U e C *(med.)* **diastole.**

diatomic [ˌdaiə'tɔmik] *a.* *(chim.)* **biatomico.**

diatonic [ˌdaiə'tɔnik] *a.* *(mus.)* **diatonico.**

diatribe ['daiətraib] *n.* C **diatriba.**

dibble ['dibl] *n.* C *(agric.)* **piantatoio.**

to **dibble** ['dibl] *v. t.* **forare** (il terreno) **con un piantatoio.**

dibs [dibz] *n. pl.* ***1*** (giocando a carte) **gettoni** ***2*** *(pop.)* **quattrini; grana** *(pop.)*.

dice [dais] *n. pl.* ***1*** (sing. **die** [dai]) **dadi** ***2*** *(col verbo al sing.)* **gioco dei dadi.**

to **dice** [dais] ***A*** *v. i.* **giocare ai dadi** ***B*** *v. t.* ***1*** (anche *to d. away*) **giocarsi** (denaro, ecc.) **ai dadi** ***2*** **tagliare** (carne, verdura, ecc.) **a cubetti.**

dichotomy [dai'kɔtəmi] *n.* U *(scient.)* **dicotomia.**

dick [dik] *n.* (*pop.* per **declaration**) — *to take one's d. that...,* giurare che...

dickens ['dikinz] *n.* *(fam.)* **diavolo; diamine**: *What the d.!,* che diamine!

dickey ['diki], **(1) dicky** ['diki] *n.* C *(fam.)* ***1*** **ciuco; somarello** ***2*** (anche *d.-bird*) **uccellino** ***3*** **sparato di camicia** (che si può staccare) ***4*** (anche *d.-box*) **sedile del guidatore** (in un veicolo).

(2) dicky ['diki] *a.* *(pop.)* **barcollante; malsicuro.**

dicotyledonous [ˌdaikɔti'li:dənəs] *a.* *(bot.)* **dicotiledone.**

Dictaphone ['diktəfoun] *n.* C *(marchio)* **dittafono.**

dictate ['dikteit] *n.* *(generalm. al pl.)* **dettame.**

to **dictate** [dik'teit] *v. t.* e *i.* **dettare; comandare; imporre.**

dictation [dik'teiʃən] *n.* ***1*** U **dettatura** ***2*** C **dettato.**

dictator [dik'teitə*] *n.* ***1*** **dittatore** ***2*** **dettatore; chi detta.**

dictatorial [ˌdiktə'tɔ:riəl] *a.* **dittatoriale; autoritario.**

dictatorship [dik'teitəʃip] *n.* C e U **dittatura.**

diction ['dikʃən] *n.* U ***1*** **dizione** ***2*** **espressione; stile** (letterario).

dictionary ['dikʃənri] *n.* C **dizionario; vocabolario.**

dictum ['diktəm] *n.* (*pl.* **dicta** ['diktə], **dictums**) ***1*** **affermazione; asserzione** ***2*** **detto; massima.**

did [did] *pass.* di to **do.**

didactic(al) [di'dæktik(əl)] *a.* ***1*** **didattico** ***2*** **didascalico.**

didactics [di'dæktiks] *n. pl.* *(col verbo al sing.)* **didattica.**

to **diddle** ['didl] *v. t.* *(fam.)* **imbrogliare; gabbare.**

didn't ['didnt] *contraz.* di **did not** (*V.* to **do**).

to **die** [dai] *v. i.* ***1*** **morire** (anche *fig.*); **perire; spegnersi; trapassare**: *to die of an illness (of hunger, of grief),* morire di malattia (di fame, di dolore) □ *to die by one's own hand,* morire di propria mano; darsi la morte □ *to die by the sword,* perire di spada □ *to die by violence,* morire di morte violenta □ *to die from a wound,* morire in seguito a una ferita □ *to die a martyr,* morire da martire □ *to be dying of curiosity,* morire di curiosità ***2*** *(fam.)* **desiderare ardentemente; morire dalla voglia**: *to be dying to know st.,* morire dalla voglia di sapere q.c. ***B*** *verbi composti* ***1*** *to die away,* smorzarsi; spegnersi a poco a poco ***2*** *to die back,* avvizzire; seccarsi dalla cima verso la radice ***3*** *to die down,* spegnersi ***4*** *to die off,* morire a uno a uno ***5*** *to die out,* estinguersi; venir meno; morire ● *to die at the stake,* morire sul rogo □ *to die broken-hearted,* morire di crepacuore □ *to die a dog's death,* morire come un cane □ *to die a glorious death,* fare una morte gloriosa □ *to die hard,* esser duro a morire □ *to die in one's bed,* morire di morte naturale □ *to die in one's boots,* morire di morte violenta □ *Never say die!,* non cedere mai!

die [dai] *n.* ***1*** (*pl.* **dice** [dais]) **dado** (da gioco); **cubetto, quadratino** (di carne, verdura, ecc.): *The die is cast,* il dado è tratto ***2*** (*pl.* **dies** [daiz]) *(mecc.)* **conio; matrice; stampo.**

to **die-cast** ['daiˌka:st] (*pass.* e *p.p.* **die-cast**) *v. t.* *(mecc.)* **colare (o fondere) sotto pressione.**

die-hard ['daiˌha:d] ***A*** *n.* ***1*** **persona intransigente** ***2*** *(polit.)* **esponente della vecchia guardia (del partito conservatore); ultraconservatore; tradizionalista** ***B*** *a. attr.* ***1*** **duro a morire; radicato** ***2*** *(polit.)* **ultraconservatore; tradizionalistico.**

dielectric [ˌdaii'lektrik] *a.* e *n.* C *(elettr.)* **dielettrico.**

diesel engine ['di:zəl 'endʒin] *n.* **motore diesel.**

diesel oil ['di:zəl ɔil] *n.* U **nafta.**

diet ['daiət] *n.* U e C **dieta; regime alimentare** ● *to be on a d.,* essere a dieta.

to **diet** ['daiət] ***A*** *v. i.* **stare a dieta** ***B*** *v. t.* **tenere** (q.) **a dieta.**

dietary ['daiətəri] ***A*** *a.* *(med.)* **dietetico** ***B*** *n.* C **regime dietetico.**

dietetic(al) [ˌdaii'tetik(əl)] *a.* *(med.)* **dietetico.**

dietetics [ˌdaii'tetiks] *n. pl.* *(col verbo al sing.)* *(med.)* **dietetica.**

dietician, dietitian [ˌdaii'tiʃən] *n.* **dietista; dietologo.**

to **differ** ['difə*] *v. i.* ***1*** **differire; esser diverso** ***2*** **non essere d'accordo; dissentire**: *to d. from* (o *with*) *sb. about* (o *on, upon*) *st.,* non essere d'accordo con q. su q.c.

difference ['difrəns] *n.* C e U ***1*** **differenza; diversità**: *a d. in temperature,* una differenza di temperatura ***2*** **disaccordo; discordia; dissapore; screzio** ● *It makes a d.!,* allora, le cose cambiano! □ *It makes no d.,* non fa niente; non ha importanza □ *(fam.)* *What's the d.?,* che cosa importa?; e con ciò?

different ['difrənt] *a.* ***1*** **differente; diverso** ***2*** **distinto; separato.**

differential [ˌdifə'renʃəl] ***A*** *a.* ***1*** (anche *mat., mecc.*) **differenziale**: *(comm.)* *d. tariffs,* tariffe differenziali ***2*** *(med.)* **differenziato; particolareggiato** ***B*** *n.* C ***1*** *(mat.)* **differenziale** ***2*** (*mecc.,* anche *d. gear*) **differenziale.**

to **differentiate** [ˌdifə'renʃieit] ***A*** *v. t.* ***1*** **rendere differente; contraddistinguere; differenziare** ***2*** **distinguere; riconoscere la differenza** (fra) ***3*** **fare differenze** (fra); **discriminare** ***B*** *v. i.* (anche *biol.*) **differenziarsi.**

differentiation [ˌdifərenʃi'eiʃən] *n.* C (anche *biol.*) **differenziazione.**

difficult ['difikəlt] *a.* **difficile** ● *d. of access,* di difficile accesso.

difficulty ['difikəlti] *n.* U e C **difficoltà** ● *to be in difficulties,* trovarsi in difficoltà (finanziarie) □ *to make* (o *to raise*) *difficulties,* sollevare obiezioni; trovar da ridire.

diffidence ['difidəns] *n.* U **mancanza di fiducia in se stesso; timidezza.**

diffident ['difidənt] *a.* **che non ha fiducia in se stesso; timido.**

to **diffract** [di'frækt] *v. t.* *(fis.)* **diffrangere.**

diffraction [di'frækʃən] *n.* U *(fis.)* **diffrazione.**

diffuse [di'fju:s] *a.* **prolisso; verboso; diffuso.**

to **diffuse** [di'fju:z] ***A*** *v. t.* **diffondere; emanare** ***B*** *v. i.* **diffondersi.**

diffuseness [di'fju:snis] *n.* U **prolissità; verbosità.**

diffuser [di'fju:zə*] *n.* (anche *mecc.*) **diffusore.**

diffusion [di'fju:ʒən] *n.* U ***1*** **diffusione; propagazione** ***2*** **prolissità; verbosità.**

diffusive [di'fju:siv] *a.* ***1*** **diffusivo** ***2*** **prolisso; dif-**

fuso.

to **dig** [dig] (*pass.* e *p.p.* **dug** [dʌg]) *v. t.* e *i.* **1 scavare; cavare, forare** (scavando): *to dig a hole in the ground,* scavare una buca in terra □ *to dig through a mountain to make a tunnel,* traforare un monte per fare una galleria **2 conficcare; piantare 3** *(fam.)* **studiare** (o **lavorare**) **sodo; sgobbare 4 cercare; fare ricerche**: *to dig for information,* cercare informazioni □ *to dig into a book,* fare ricerche in un libro ● *to dig in,* affondare (scavando) □ *(mil.) to dig oneself in,* trincerarsi □ *to dig out,* scovare; stanare; scoprire: *to dig out the truth,* scoprire la verità □ *to dig up,* scavare; rompere, lavorare (il terreno); trarre alla luce scavando: *to dig up a treasure,* scavare un tesoro.

dig [dig] *n.* [C] **1 scavo; sterro 2 spinta; colpo 3** *(fig.)* **frecciata; osservazione sarcastica 4** *(al pl., fam.)* **camera ammobiliata.**

digest ['daidʒest] *n.* [C] **compendio; sommario; sinossi.**

to **digest** [dai'dʒest] **A** *v. t.* **1 digerire** (anche *fig.*); **smaltire; assimilare; tollerare 2 incorporare B** *v. i.* **digerirsi; assimilarsi.**

digestibility [di,dʒestə'biliti] *n.* [U] **digeribilità.**

digestible [di'dʒestəbl] *a.* **digeribile.**

digestion [di'dʒestʃən] *n.* [U] (*ma spesso preceduto dall'art. indeterm. e da un aggettivo*) **digestione**: *a weak d.,* una digestione difficile ● *hard (easy) of d.,* difficile (facile) a digerirsi.

digestive [di'dʒestiv] *a.* e *n.* [C] **digestivo** ● *(anat.) d. system,* apparato digerente □ *(anat.) d. tract,* canale alimentare.

digger ['digə*] *n.* **1 escavatrice 2 sterratore 3** *(pop.)* **australiano** ● *gold-digger,* cercatore d'oro.

digging ['digiŋ] *n.* **1** [U] **scavo; sterro 2** *(al pl.)* **materiali di sterro; giacimento aurifero 3** *(al pl., fam.)* **camera ammobiliata.**

digit ['didʒit] *n.* [C] **1** *(anat., zool.)* **dito 2** *(mat.)* **cifra.**

dignified ['dignifaid] *a.* **dignitoso; nobile; solenne.**

to **dignify** ['dignifai] *v. t.* **onorare; esaltare; nobilitare.**

dignitary ['dignitəri] *n.* **dignitario.**

dignity ['digniti] *n.* [U] **dignità; decoro** ● *to stand upon one's d.,* non venir meno alla propria dignità.

digraph ['daigra:f] *n.* [C] *(linguistica)* **digramma.**

to **digress** [dai'gres] *v. i.* **divagare; fare digressioni.**

digression [dai'greʃən] *n.* [U] e [C] **digressione.**

digressive [dai'gresiv] *a.* **digressivo.**

dihedral [dai'hi:drəl] *a.* e *n.* *(geom.)* **diedro**: *a d. angle,* un angolo diedro.

dike [daik] *n.* [C] **1 fosso; fossato; canale di scolo 2 argine; diga 3** *(fig.)* **ostacolo.**

to **dike** [daik] *v. t.* **1 arginare; provvedere di dighe 2 prosciugare per mezzo di canali di scolo.**

to **dilapidate** [di'læpideit] **A** *v. t.* **1 demolire; rovinare; sciupare 2** *(arc.)* **dilapidare** (un patrimonio, ecc.) **B** *v. i.* **rovinarsi; andare in malora.**

dilapidated [di'læpideitid] *a.* **cadente; in rovina.**

dilatable [dai'leitəbl] *a.* **dilatabile.**

dilatation [,dailə'teiʃən] *n.* [U] e [C] **dilatazione.**

to **dilate** [dai'leit] **A** *v. t.* **dilatare; allargare; spalancare B** *v. i.* **1 dilatarsi; allargarsi 2 dilungarsi.**

dilation [dai'leiʃən] *n.* [U] e [C] **dilatazione.**

dilatory ['dilətəri] *a.* **1 dilatorio 2 lento** (nel fare q.c.).

dilemma [di'lemə] *n.* [C] **1 dilemma 2 alternativa; bivio** *(fig.)*: *to put sb. in(to) a d.,* mettere q. di fronte a un'alternativa ● *to be on the horns of a d.,* essere a un bivio *(fig.)*.

dilettante [,dili'tænti] *n.* (*pl.* **dilettanti** [,dili'tænti], **dilettantes**) **dilettante.**

dilettantism [,dili'tæntizəm] *n.* [U] **dilettantismo.**

diligence ['dilidʒəns] *n.* [U] **diligenza; accuratezza; assiduità.**

diligent ['dilidʒənt] *a.* **diligente; accurato; assiduo.**

to **dilly-dally** ['dilidæli] *v. i.* *(fam.)* **esitare; tentennare.**

to **dilute** [dai'lju:t] *v. t.* **diluire** (anche *fig.*).

dilution [dai'lu:ʃən] *n.* [U] e [C] **diluizione.**

diluvium [dai'lu:vjəm] *n.* [C] *(geol.)* **deposito alluvionale.**

dim [dim] *a.* **1 fioco; oscuro; incerto; indistinto; confuso 2 offuscato** ● (della vista) *to get dim,* indebolirsi □ *to take a dim view of st.,* non aspettarsi niente di buono da q.c.

to **dim** [dim] **A** *v. t.* **oscurare; offuscare**: *eyes dimmed with tears,* occhi offuscati dalle lacrime **B** *v. i.* **oscurarsi; offuscarsi.**

dime [daim] *n.* [C] *(USA)* « **dime** » (moneta da 10 cent).

dimension [di'menʃən] *n.* [C] **1 dimensione**: *the three dimensions,* le tre dimensioni **2** *(algebra)* **grado.**

dimensional [di'menʃənl] *a.* **dimensionale.**

to **diminish** [di'miniʃ] *v. t.* e *i.* **diminuire; scemare.**

diminuendo [di,minju'endou] *(ital.)* *n.* (*pl.* **diminuendos**) *(mus.)* **diminuendo.**

diminution [,dimi'nju:ʃən] *n.* [U] e [C] **diminuzione.**

diminutive [di'minjutiv] **A** *a.* **1 minuscolo 2** *(gramm.)* **diminutivo B** *n.* [C] *(gramm.)* **diminutivo.**

dimity ['dimiti] *n.* [U] **tessuto di cotone con disegni in rilievo** (per tende e sim.).

dimmer ['dimə*] *n.* [C] **1** *(teatr.)* **oscuratore graduale 2** *(al pl.)* *(autom. USA)* **fari anabbaglianti.**

dimple ['dimpl] *n.* [C] **1 fossetta** (nelle guance) **2 depressione** (del terreno) **3 increspatura** (dell'acqua).

to **dimple** ['dimpl] **A** *v. t.* **1 disegnare fossette su** (un viso) **2 increspare B** *v. i.* **1 fare le fossette 2** (d'acqua) **incresparsi.**

dimwit ['dimwit] *n.* [C] *(fam.)* **stupido; testone; zuccone; fesso** *(fam.)*.

dim-witted [,dim'witid] *a.* *(fam.)* **stupido; stolto; fesso** *(fam.)*.

din [din] *n.* [U] *(oppure con l'art. indeterm.)* **chiasso; fracasso; frastuono**: *to make a din,* far chiasso.

to **din** [din] **A** *v. t.* **rintronare; assordare B** *v. i.* **far chiasso.**

to **dine** [dain] **A** *v. i.* **pranzare; desinare B** *v. t.* **invitare a pranzo** (q.) ● *to d. on st.,* pranzare a base di q.c. □ *to d. with Duke Humphrey,* saltare il pranzo.

diner ['dainə*] *n.* **1 convitato 2** *(ferr.)* **carrozza ristorante.**

ding-dong [,diŋ'dɔŋ] **A** *n.* **din don B** *a.* e *avv.* **ad alterne vicende.**

dingey, dinghy ['diŋgi] *n.* [C] *(naut.)* **1 lancia** (di bordo); **barca a remi 2 dinghy; dingo 3** (anche *rubber d.*) **battello pneumatico.**

dinginess ['dindʒinis] *n.* [U] **1 scurezza; tetraggine 2 patina di sporcizia** (causata da fumo, carbone, fango, ecc.).

dingle ['diŋgl] *n.* [C] **valletta** (di solito, ombreggiata da alberi).

dingy ['dindʒi] *a.* **nerastro; sporco.**

dining-car ['dainiŋka:*] *n.* [C] *(ferr.)* **carrozza ristorante.**

dining-room ['dainiŋrum] *n.* [C] **sala da pranzo.**

dinky ['diŋki] *a.* *(fam.)* **piccolo; grazioso.**

dinner ['dinə*] *n.* [U] e [C] **pranzo; desinare**: *It's time for d.,* è ora di pranzo ● *d.-party,* pranzo (con invitati) □ *d.-set* (o *d.-service),* servizio (di posate) da tavola □ *d.-wagon,* portavivande.

dinosaur ['dainəsɔ:*] *n.* [C] *(paleontologia)* **dinosauro.**

dint [dint] *n.* **1** — *by d. of,* a forza di; per mezzo di **2** [C] **dentello; tacca.**

to **dint** [dint] *v. t.* **ammaccare; segnare; fare una tacca su** (q.c.).

diocesan [dai'ɔsisən] *a.* e *n.* *(relig.)* **diocesano.**

diocese ['daiəsis] *n.* [C] *(relig.)* **diocesi.**

Dionysiac [,daiə'niziæk], **Dionysian** [,daiə'niziən] *a.* **dionisiaco.**

dioptre [dai'ɔptə*] *n.* [C] *(fis.)* **diottria.**

dioptric [dai'ɔptrik] *(fis.)* **A** *a.* **diottrico B** *n.* **diottria.**

dioptrics [dai'ɔptriks] *n. pl.* *(col verbo al sing.)* **diottrica.**

dioxide [dai'ɔksaid] *n.* [C] *(chim.)* **biossido.**

to **dip** [dip] **A** *v. t.* **1 bagnare; immergere; intingere;**

tuffare 2 abbassare; calare: *to dip a flag,* abbassare una bandiera (in segno di saluto) **3 mettere; infilare B** *v. i.* **1 immergersi, tuffarsi** (nell'acqua, ecc. e risalire subito alla superficie) **2 abbassarsi** (improvvisamente); **tuffarsi 3 scendere; essere in discesa; digradare** ● *(fig.) to dip deeply into one's purse,* spendere e spandere □ *to dip a dress,* tingere un vestito (immergendolo nella tintura) □ *(fig.) to dip into a book,* scorrere le pagine d'un libro □ *to dip into the future,* fare un salto nel futuro □ *to dip up,* attingere; tirar su.

dip [dip] *n.* [C] **1 immersione; tuffo;** *(fam.)* **bagno** (nel mare, ecc.) **2 declivio; pendio; discesa 3 avvallamento, depressione** (del terreno) **4** *(astron.)* **inclinazione magnetica.**

diphtheria [dif'θiəriə] *n.* [U] *(med.)* **difterite.**

diphthong ['difθɔŋ] *n.* [C] *(fonetica)* **dittongo.**

diploma [di'ploumə] *n.* [C] **diploma.**

diplomacy [di'plouməsi] *n.* [U] **diplomazia;** *(fig.)* **tatto.**

diplomat ['dipləmæt] *n.* **1 diplomatico 2 persona piena di tatto.**

diplomatic [ˌdiplə'mætik] *a.* **diplomatico** (anche *fig.*): *the d. corps (o body),* il corpo diplomatico ● *(chim.) d. ink,* inchiostro simpatico.

diplomatics [ˌdiplə'mætiks] *n. pl. (col verbo al sing.)* **diplomatica.**

diplomatist [di'ploumətist] *n.* **diplomatico.**

dipper ['dipə*] *n.* **1** [C] **mestolo; cucchiaione 2** — *(astron. USA) the D.,* l'Orsa: *the Big (Little) D.,* l'Orsa maggiore (minore).

diptych ['diptik] *n.* [C] **dittico.**

dire [daiə*] *a.* **atroce; feroce; spaventoso; tremendo.**

to **direct** [di'rekt, dai'rekt] **A** *v. t.* **1 dirigere; indirizzare; rivolgere; guidare 2 comandare, ordinare, dare istruzioni a**: *to d. sb. to do st.,* ordinare a q. di fare q.c. **3 indicare la strada a** (q.) **4** *(mus.)* **dirigere 5** *(teatr., cinem.)* **curare la regia di; dirigere B** *v. i.* **1 dare ordini** (o **istruzioni**) **2** *(mus.)* **dirigere** (un'orchestra); **guidare** (un coro) **3** *(teatr., cinem.)* **curare la regia.**

direct [di'rekt, dai'rekt] **A** *a.* **1 diretto; immediato**: *in a d. line,* in linea diretta □ *d. speech,* discorso diretto **2 chiaro; franco; esplicito; preciso**: *a d. answer,* una risposta precisa **B** *avv.* **direttamente; diretto.**

direction [di'rekʃən, dai'rekʃən] *n.* **1** [C] e [U] **direzione; direttiva; senso**: *in the d. of London,* in direzione di Londra □ *sense of d.,* senso della direzione **2** *(spesso al pl.)* **ordine; istruzione 3** *(spesso al pl.)* **indirizzo 4** [U] *(teatr., cinem.)* **regia.**

directional [di'rekʃənl, dai'rekʃənl] *a. (scient.)* **direzionale** ● *(radio) d. antenna,* antenna direttiva.

directive [di'rektiv, dai'rektiv] **A** *a.* **direttivo B** *n.* [C] **direttiva; istruzione.**

directly [di'rektli, dai'rektli] **A** *avv.* **1 direttamente 2 immediatamente; subito; fra breve 3 esattamente; completamente B** *cong. (fam.)* **appena; non appena.**

directness [di'rektnis, dai'rektnis] *n.* [U] **1 immediatezza 2 chiarezza; franchezza; precisione; spontaneità** ● *d. of manner,* modo di fare spontaneo □ *d. of speech,* modo di parlare esplicito.

director [di'rektə*, dai'rektə*] *n.* **1 direttore; direttore d'azienda; consigliere d'amministrazione;** *(leg.)* **amministratore 2** *(teatr., cinem.)* **regista 3** *(relig.)* **direttore spirituale** ● *board of directors,* consiglio d'amministrazione □ *joint d.,* condirettore.

directorate [di'rektərit, dai'rektərit] *n.* **1** [U] **carica di direttore; direzione 2** [C] **consiglio d'amministrazione.**

(1) directory [di'rektəri, dai'rektəri] *a.* **direttivo.**

(2) directory [di'rektəri, dai'rektəri] *n.* [C] **1 elenco nominativo; annuario 2** — *(stor.) the D.,* il Direttorio ● *telephone d.,* elenco telefonico.

directress [di'rektris] *n.* **direttrice; dirigente** (donna).

directrix [di'rektriks] *n.* (*pl.* **directrices** [ˌdirek'traisi:z]) **1** *V.* **directress 2** *(geom.)* **direttrice.**

direful ['daiəful] *a. (lett.)* **spaventoso; terribile; orrendo.**

dirge [də:dʒ] *n.* [C] **canto funebre.**

dirigible ['diridʒəbl] **A** *a.* **dirigibile B** *n.* [C] *(aeron.)* **dirigibile; aerostato.**

dirk [də:k] *n.* [C] **pugnale; daga.**

dirt [də:t] *n.* [U] **1 immondizia; sporcizia; sudiciume 2 fango; terriccio 3** *(fig.)* **bruttura; lordura; sozzura** ● *(fam.) as cheap as d.* (o *d.-cheap),* da due soldi; che non costa nulla o quasi □ *(fig.) to eat d.,* mandar giù un rospo □ *to fling* (o *to throw) d. at sb.,* gettar fango su q.; parlare male di q. □ *to treat sb. like d.,* trattare q. come spazzatura.

dirtiness ['də:tinis] *n.* [U] **1 sporcizia; immondezza; lordura 2** *(fig.)* **sordidezza; oscenità.**

dirty ['də:ti] *a.* **1 sudicio; sporco; immondo; lordo; lurido; sordido 2** (del tempo, ecc.) **orribile; da cani 3 disonesto.**

to **dirty** ['də:ti] **A** *v. t.* **insudiciare; sporcare; insozzare; lordare B** *v. i.* **insudiciarsi; sporcarsi; insozzarsi; lordarsi.**

disability [ˌdisə'biliti] *n.* [U] (anche *leg.*) **incapacità;** *(med.)* **invalidità** ● *d. pension,* pensione d'invalidità.

to **disable** [dis'eibl] *v. t.* **1 rendere incapace** (o **invalido**); **inabilitare** (in senso leg. o anche al lavoro) **2 mutilare** (una persona) ● *a disabled soldier,* un invalido di guerra.

to **disabuse** [ˌdisə'bju:z] *v. t.* **disingannare.**

disaccord [ˌdisə'kɔ:d] *n.* [U] **disaccordo; discordia; dissenso.**

to **disaccord** [ˌdisə'kɔ:d] *v. i.* **discordare; dissentire.**

disadvantage [ˌdisəd'va:ntidʒ] *n.* **1** [C] **svantaggio; condizione sfavorevole 2** [U] **detrimento; danno** ● *at a d.,* in condizioni sfavorevoli.

disadvantageous [ˌdisædva:n'teidʒəs] *a.* **1 svantaggioso; sfavorevole 2 dannoso.**

to **disaffect** [ˌdisə'fekt] *v. i.* **disaffezionare; disamorare; alienare.**

disaffected [ˌdisə'fektid] *a.* **disaffezionato; scontento; ostile.**

disaffection [ˌdisə'fekʃən] *n.* [U] **disaffezione; scontentezza; ostilità.**

to **disafforest** [ˌdisə'fɔrist] *v. t.* **diboscare, disboscare.**

disafforestation [ˌdisəfɔris'teiʃən] *n.* [U] **diboscamento, disboscamento.**

to **disagree** [ˌdisə'gri:] *v. i.* **1 discordare 2 dissentire; essere in disaccordo**: *I am sorry to d. with you,* mi dispiace di dissentire da te (o di non essere d'accordo con te) **3 non confarsi; fare male**: *It disagrees with me,* mi fa male.

disagreeable [ˌdisə'griəbl] *a.* **1 sgradevole; spiacevole 2** (di persona) **di carattere difficile; antipatico.**

disagreement [ˌdisə'gri:mənt] *n.* **1** [U] e [C] **disaccordo; dissenso 2** [U] **discordanza; differenza.**

to **disallow** [ˌdisə'lau] *v. t.* **respingere; non ammettere.**

to **disappear** [ˌdisə'piə*] *v. i.* **scomparire** (anche *fig.*); **sparire.**

disappearance [ˌdisə'piərəns] *n.* [U] e [C] **scomparsa** (anche *fig.*).

to **disappoint** [ˌdisə'pɔint] *v. t.* **1 deludere**: *to d. sb.'s hopes,* deludere le speranze di q. **2 frustrare; rendere vano; sconvolgere** (progetti e sim.) ● *to be disappointed in sb.,* rimanere deluso di q.

disappointing [ˌdisə'pɔintiŋ] *a.* **deludente.**

disappointment [ˌdisə'pɔintmənt] *n.* [U] e [C] **delusione.**

disapprobation [ˌdisæprou'beiʃən] *n.* [U] **disapprovazione.**

disapproval [ˌdisə'pru:vəl] *n.* [U] **disapprovazione.**

to **disapprove** [ˌdisə'pru:v] **A** *v. t.* **disapprovare B** *v. i.* — *to d. of,* disapprovare.

to **disarm** [dis'a:m] *v. t.* e *i.* **1 disarmare 2** *(fig.)* **disarmare; calmare; rabbonire.**

disarmament [dis'a:məmənt] *n.* [U] **disarmo.**

to **disarrange** [ˌdisə'reindʒ] *v. t.* **mettere in disordine; scompigliare.**

disarrangement [ˌdisə'reindʒmənt] *n.* [U] **disordine; confusione; scompiglio.**

to **disarray** [ˌdisə'rei] *v. t.* **gettare lo scompiglio in;**

scompigliare.
disarray [ˌdisəˈrei] *n.* [U] **disordine; scompiglio.**
to **disarticulate** [ˌdisaːˈtikjuleit] *v. t.* **disarticolare; disgiungere.**
to **disassemble** [ˌdisəˈsembl] *v. t. (mecc.)* **smontare.**
disassembly [ˌdisəˈsembli] *n.* [U] *(mecc.)* **smontaggio.**
to **disassociate** [ˌdisəˈsouʃieit] *v. t.* **dissociare.**
disaster [diˈzaːstə*] *n.* [C] e [U] **disastro; sventura.**
disastrous [diˈzaːstrəs] *a.* **disastroso.**
to **disavow** [ˌdisəˈvau] *v. t.* **disconoscere; ripudiare.**
disavowal [ˌdisəˈvauəl] *n.* [U] **disconoscimento; ripudio.**
to **disband** [disˈbænd] ***A*** *v. t.* ***1*** **sbandare; disperdere** (una folla) ***2*** **sciogliere** (un'associazione) ***3*** *(mil.)* **congedare** ***B*** *v. i.* **sbandarsi; disperdersi.**
to **disbar** [disˈbaː*] *v. t. (leg.)* **radiare** (un avvocato) **dall'albo.**
disbarment [disˈbaːmənt] *n.* [U] *(leg.)* **radiazione dall'albo.**
disbelief [ˌdisbiˈliːf] *n.* [U] **incredulità.**
to **disbelieve** [ˌdisbiˈliːv] *v. t.* e *i.* **non credere** (a); **non prestar fede** (a).
to **disburden** [disˈbəːdən] *v. t.* **sgravare; alleggerire.**
to **disburse** [disˈbəːs] *v. t.* **sborsare** (denaro, ecc.).
disc [disk] *n.* [C] ***1*** (anche *anat.* e *bot.*) **disco** ***2*** *(mus.)* **disco (fonografico)** ● *d. jockey,* disc jockey (selezionatore e presentatore di dischi di successo) □ *(med.) to suffer from a slipped d.,* avere l'ernia al disco.
to **discard** [disˈkaːd] *v. t.* e *i.* ***1*** **scartare** (anche nel gioco delle carte) ***2*** **abbandonare; rinunciare a.**
discard [ˈdiskaːd] *n.* ***1*** [U] **scarto** (anche nel gioco delle carte); **rifiuto** ***2*** [C] **carta scartata** ● *to be in d.,* essere messo da parte; essere in disuso.
to **discern** [diˈsəːn] *v. t.* e *i.* **discernere; distinguere; percepire.**
discerning [diˈsəːniŋ] *a.* **acuto; perspicace.**
discernment [diˈsəːnmənt] *n.* [U] **discernimento; acume.**
to **discharge** [disˈtʃaːdʒ] *v. t.* e *i.* ***1*** **scaricare; liberare** (da un peso, ecc.) ***2*** **congedare; licenziare; dimettere** ***3*** **rilasciare; liberare** ***4*** **adempiere; compiere; pagare** ***5*** *(leg.)* **assolvere; annullare, revocare** ***6*** *(med.)* **suppurare; emettere** (pus) ***7*** (di arma da fuoco) **sparare; lasciar partire un colpo.**
discharge [disˈtʃaːdʒ] *n.* [C] e [U] ***1*** **scarico; scaricamento** ***2*** **scarica** (elettrica o d'arma da fuoco) ***3*** *(med.)* **deflusso** (di umori); **emissione** (di pus); **spurgo** ***4*** **efflusso** (d'acque); **portata** (di fiumi, ecc.) ***5*** **congedo; licenziamento** ***6*** **proscioglimento; esonero; liberazione; rilascio;** *(leg.)* **assoluzione** ***7*** **adempimento** (anche *leg.*); **compimento; pagamento** ***8*** *(mil.)* **foglio di congedo; foglio matricolare.**
disciple [diˈsaipl] *n.* **discepolo; seguace.**
disciplinary [ˈdisiplinəri] *a.* **disciplinare.**
discipline [ˈdisiplin] *n.* ***1*** [U] **disciplina:** *military d.,* disciplina militare ***2*** [U] **punizione** ***3*** [C] **disciplina; materia di studio** ***4*** [C] *(relig.)* **disciplina; flagello.**
to **discipline** [ˈdisiplin] *v. t.* ***1*** **disciplinare** ***2*** **castigare; punire.**
to **disclaim** [disˈkleim] *v. t.* ***1*** *(leg.)* **rinunciare** (a un diritto) ***2*** **disconoscere; rinnegare; ripudiare; sconfessare.**
disclaimer [disˈkleimə*] *n.* [C] *(leg.)* **rinuncia** (a un diritto).
to **disclose** [disˈklouz] *v. t.* ***1*** **dischiudere** ***2*** **scoprire; svelare.**
disclosure [disˈklouʒə*] *n.* [U] e [C] **rivelazione; scoperta.**
disco [ˈdiskou] *n.* (*pl.* **discos**) (*abbr. fam.* di **discotheque**) **discoteca.**
discobolus [disˈkɔbələs] *n.* (*pl.* **discoboli** [disˈkɔbəlai]) **discobolo.**
to **discolour** [disˈkʌlə*] ***A*** *v. t.* **decolorare; scolorire** ***B*** *v. i.* **scolorire.**
discolouration [disˌkʌləˈreiʃən] *n.* [U] **scoloramento, scolorimento.**
to **discomfit** [disˈkʌmfit] *v. t.* **frustrare; sconcertare.**
discomfiture [disˈkʌmfitʃə*] *n.* [U] **frustrazione; sconcerto.**
discomfort [disˈkʌmfət] *n.* ***1*** [U] **disagio; mancanza di comodità** ***2*** [C] **incomodo; scomodità; afflizione.**
to **discomfort** [disˈkʌmfət] *v. t.* **mettere a disagio; affliggere.**
to **discompose** [ˌdiskəmˈpouz] *v. t.* **agitare; sconcertare; turbare.**
discomposure [ˌdiskəmˈpouʒə*] *n.* [U] **agitazione; turbamento.**
to **disconcert** [ˌdiskənˈsəːt] *v. t.* **sconcertare; imbarazzare; turbare.**
to **disconnect** [ˌdiskəˈnekt] *v. t.* **sconnettere; staccare; disinnestare.**
disconnected [ˌdiskəˈnektid] *a.* **sconnesso; staccato.**
disconsolate [disˈkɔnsəlit] *a.* **sconsolato.**
discontent [ˌdiskənˈtent] *n.* [U] **scontentezza; scontento; malcontento.**
to **discontent** [ˌdiskənˈtent] *v. t.* **scontentare.**
discontented [ˌdiskənˈtentid] *a.* **scontento; malcontento.**
discontinuance [ˌdiskənˈtinjuəns] *n.* [U] **cessazione; interruzione.**
to **discontinue** [ˌdiskənˈtinjuː] *v. t.* e *i.* **cessare; smettere; interrompere:** *to d. doing st.,* smettere di fare q.c.
discontinuity [disˌkɔntiˈnjuːiti] *n.* [U] **discontinuità.**
discontinuous [ˌdiskənˈtinjuəs] *a.* **discontinuo; intermittente.**
discord [ˈdiskɔːd] *n.* ***1*** [U] **discordia; disaccordo:** *the apple of d.,* il pomo della discordia ***2*** [U] e [C] *(mus.)* **dissonanza.**
discordance [disˈkɔːdəns] *n.* [U] **discordanza; discordia; disaccordo.**
discordant [disˈkɔːdənt] *a.* ***1*** **discorde; discordante; divergente:** *d. views,* opinioni divergenti ***2*** *(mus.)* **dissonante.**
discotheque [ˈdiskətek] *n.* [C] **discoteca.**
discount [ˈdiskaunt] *n.* [C] e [U] *(comm.)* **sconto; ribasso; riduzione:** *to grant a 3% d. for cash,* concedere uno sconto del 3% per un pagamento in contanti ● *at a d.,* sottoprezzo.
to **discount** [ˈdiskaunt] *v. t.* ***1*** *(comm.)* **scontare** ***2*** **sminuire l'importanza di** (una notizia, ecc.).
to **discountenance** [disˈkauntinəns] *v. t.* ***1*** **sconcertare** ***2*** **disapprovare; scoraggiare.**
to **discourage** [disˈkʌridʒ] *v. t.* ***1*** **scoraggiare** ***2*** **dissuadere.**
discouragement [disˈkʌridʒmənt] *n.* [U] **scoraggiamento.**
discourse [disˈkɔːs] *n.* [C] **dissertazione; conferenza; orazione.**
to **discourse** [disˈkɔːs] *v. i.* **dissertare; tenere una conferenza.**
discourteous [disˈkəːtjəs] *a.* **scortese.**
discourtesy [disˈkəːtisi] *n.* [U] e [C] **scortesia.**
to **discover** [disˈkʌvə*] *v. t.* **scoprire; accorgersi di.**
discoverer [disˈkʌvərə*] *n.* **scopritore, scopritrice.**
discovery [disˈkʌvəri] *n.* [U] e [C] **scoperta.**
discredit [disˈkredit] *n.* ***1*** [U] **discredito; scredito; disistima:** *to fall into d.,* cadere in discredito □ *to bring d. on sb.,* screditare q. ***2*** *(al sing. con l'art. indeterm.)* **disdoro; disonore.**
to **discredit** [disˈkredit] *v. t.* ***1*** **screditare** ***2*** **reputare incredibile.**
discreditable [disˈkreditəbl] *a.* **disonorevole; vergognoso.**
discreet [disˈkriːt] *a.* **discreto; circospetto; prudente.**
discrepancy [disˈkrepənsi] *n.* [U] e [C] **discrepanza; disaccordo.**
discrepant [disˈkrepənt] *a.* **discrepante; diverso; contrastante.**
discretion [disˈkreʃən] *n.* [U] **discrezione; discernimento; moderazione; misura; prudenza:** *the age* (o

years) of d., l'età della discrezione • *at d.*, a discrezione; a piacere □ *at one's d.*, secondo la propria discrezione.
discretionary [dis'kreʃənəri] *a.* **discrezionale.**
to **discriminate** [dis'krimineit] ***A*** *v. t.* **discriminare; distinguere *B*** *v. i.* **fare delle discriminazioni; essere parziale.**
discriminating [dis'krimineitiŋ] *a.* ***1*** **parziale *2* acuto; fine; perspicace *3* differenziale; di favore.**
discrimination [dis,krimi'neiʃən] *n.* [U] ***1*** **discriminazione; parzialità *2* discernimento; acume; perspicacia.**
discriminatory [dis'kriminətəri] *a.* **discriminatorio.**
discursive [dis'kə:siv] *a.* **digressivo.**
discus ['diskəs] *n.* [C] *(sport)* **disco** • *d. thrower,* lanciatore di disco; discobolo □ *d. throwing,* lancio del disco.
to **discuss** [dis'kʌs] *v. t.* **discutere; dibattere** • *(comm.) « to be discussed »,* trattabile (di un prezzo).
discussible [dis'kʌsəbl] *a.* **discutibile.**
discussion [dis'kʌʃən] *n.* [U] e [C] **discussione; dibattito**: *to be under d.*, essere in discussione.
to **disdain** [dis'dein] *v. t.* **disdegnare; sdegnare; disprezzare.**
disdain [dis'dein] *n.* [U] **disdegno; sdegno; disprezzo.**
disdainful [dis'deinful] *a.* **disdegnoso; sdegnoso; sprezzante.**
disease [di'zi:z] *n.* [U] e [C] **malattia; malanno; male; morbo.**
diseased [di'zi:zd] *a.* **malato** (anche *fig.*).
to **disembark** [,disim'ba:k] *v. t.* e *i.* **sbarcare.**
disembarkation [dis,emba:'kəiʃən] *n.* [C] **sbarco.**
to **disembarass** [,disim'bærəs] *v. t.* ***1*** **sbarazzare, liberare** (q. d'un peso) ***2*** **togliere d'imbarazzo.**
to **disembody** [,disim'bɔdi] *v. t.* **liberare dal corpo; rendere incorporeo.**
to **disembogue** [,disim'boug] *v. i.* ***1*** (di fiume) **sboccare; sfociare; scaricare** (le acque) ***2*** (di folla) **riversarsi *3*** (di parole) **uscire a fiotti.**
to **disembowel** [,disim'bauəl] *v. t.* **sbudellare; sventrare.**
to **disembroil** [,disim'brɔil] *v. t.* **sbrogliare; districare.**
to **disemplane** [,disim'plein] *v. i.* **sbarcare da un aereo.**
to **disenchant** [,disin'tʃa:nt] *v. t.* **disincantare; disilludere.**
disenchantment [,disin'tʃa:ntmənt] *n.* [U] **disincanto; disillusione.**
to **disendow** [,disin'dau] *v. t.* **privare** (una chiesa) **delle dotazioni.**
to **disengage** [,disin'geidʒ] ***A*** *v. t.* ***1*** **disimpegnare; districare; liberare *2*** *(mecc.)* **disinnestare *B*** *v. i.* **disimpegnarsi; districarsi.**
disengaged [,disin'geidʒd] *a.* ***1*** **libero; non impegnato; disponibile *2*** *(polit.)* **disimpegnato *3*** *(mecc.)* **disinnestato.**
disengagement [,disin'geidʒmənt] *n.* [U] ***1*** **disimpegno; disponibilità *2* naturalezza; disinvoltura *3*** *(polit.)* **disimpegno *4*** *(mecc.)* **disinnesto.**
to **disentail** [,disin'teil] *v. i. (leg.)* **liberare** (una proprietà) **da vincoli.**
to **disentangle** [,disin'tæŋgl] ***A*** *v. t.* **liberare; sbrogliare; districare; sceverare *B*** *v. i.* **sbrogliarsi; districarsi.**
to **disentomb** [,disin'tu:m] *v. t.* **esumare, dissotterrare** (un cadavere; e *fig.*); **scoprire** (dopo lunghe ricerche).
disequilibrium [,disi:kwi'libriəm] *n.* [U] **squilibrio.**
to **disestablish** [,disis'tæbliʃ] *v. t.* ***1*** **privare** (un'istituzione) **del suo carattere pubblico *2* privare** (una Chiesa) **del suo carattere di religione di Stato.**
disfavour [dis'feivə*] *n.* [U] **sfavore; disgrazia.**
to **disfigure** [dis'figə*] *v. t.* **sfigurare; deformare; deturpare.**
disfigurement [dis'figəmənt] *n.* ***1*** [U] **deturpazione *2*** [C] **sfregio.**
to **disforest** [dis'fɔrist] *v. t.* **diboscare, disboscare.**
disforestation [dis,fɔris'teiʃən] *n.* [U] **diboscamento, disboscamento.**
to **disfranchise** [dis'fræntʃaiz] *v. t. (leg.)* **privare dei diritti civili.**
disfranchisement [dis'fræntʃizmənt] *n.* [U] **perdita dei diritti politici.**
to **disfrock** [dis'frɔk] *v. t.* **privare dell'abito talare; spretare.**
to **disgorge** [dis'gɔ:dʒ] *v. t.* e *i.* ***1*** **rigettare; vomitare *2*** *(fig.)* **rendere, restituire** (il maltolto, ecc.).
disgrace [dis'greis] *n.* ***1*** [U] **disonore; ignominia; infamia; onta; vergogna *2*** [U] **disgrazia; sfavore**: *to be in d.*, essere in disgrazia ***3*** *(al sing. con l'art. indeterm.)* **disonore; onta**: *to be a d. to,* fare disonore a.
to **disgrace** [dis'greis] *v. t.* ***1*** **disonorare; fare onta a *2* far cadere in disgrazia; umiliare.**
disgraceful [dis'greisful] *a.* **disonorevole; vergognoso.**
disgruntled [dis'grʌntld] *a.* **scontento; di cattivo umore.**
to **disguise** [dis'gaiz] *v. t.* ***1*** **travestire; mascherare; camuffare *2* mascherare** *(fig.)*; **celare; nascondere *3* contraffare.**
disguise [dis'gaiz] *n.* [U] e [C] ***1*** **travestimento; mascheramento *2* finzione.**
disgust [dis'gʌst] *n.* [U] **disgusto; nausea; ripugnanza.**
to **disgust** [dis'gʌst] *v. t.* **disgustare; nauseare**: *to be disgusted at (o by, with) st.*, essere disgustato di q.c.
disgusting [dis'gʌstiŋ] *a.* **disgustoso; nauseante; ripugnante.**
dish [diʃ] *n.* [C] **piatto** (di portata); **pietanza; vivanda**: *my favourite d.*, il mio piatto favorito • *d.-cloth,* strofinaccio per i piatti □ *to wash up the dishes,* lavare i piatti; rigovernare.
to **dish** [diʃ] *v. t.* ***1*** **servire; scodellare**: *to d. (up) the dinner,* servire il pranzo ***2*** — *(fig.) to d. up,* presentare (fatti, notizie) in forma piacevole ***3*** *(fam.)* **ingannare; frustrare.**
to **dishearten** [dis'ha:tn] *v. t.* **scoraggiare; sconfortare.**
disheartening [dis'ha:tniŋ] *a.* **scoraggiante; deprimente.**
to **dishevel** [di'ʃevəl] *v. t.* **arruffare; scarmigliare; scompigliare.**
dishevelled [di'ʃevəld] *a.* **arruffato; scarmigliato; scompigliato.**
dishonest [dis'ɔnist] *a.* **disonesto.**
dishonesty [dis'ɔnisti] *n.* [U] e [C] **disonestà.**
dishonour [dis'ɔnə*] *n.* [U] e [C] **disonore; onta; vergogna**: *to be a d. to one's family,* far disonore alla propria famiglia.
to **dishonour** [dis'ɔnə*] *v. t.* ***1*** **disonorare *2*** *(comm.)* **rifiutare di pagare** (un assegno, ecc.); **lasciar andare in protesto** (una cambiale) • *dishonoured cheque,* assegno a vuoto.
dishonourable [dis'ɔnərəbl] *a.* **disonorevole; vergognoso.**
dishwasher ['diʃ,wɔʃə*] *n.* **lavastoviglie; lavapiatti.**
dishwater ['diʃ,wɔ:tə*] *n.* [U] ***1*** **acqua con la quale si sono rigovernate le stoviglie; rigovernatura *2*** *(fig.)* **sciacquatura** (bevanda, minestra e sim. di sapore sgradevole).
dishy ['diʃi] *a. (fam.)* **affascinante; appetitoso** *(fig.)*.
to **disillusion** [,disi'lu:ʒən] *v. t.* **disilludere; disingannare.**
disillusion [,disi'lu:ʒən] *n.* [U] e [C] **disillusione; disinganno.**
disillusionment [,disi'lu:ʒənmənt] *n.* [U] **disillusione.**
disincentive [,disin'sentiv] *n.* [C] **freno.**
disinclination [,disinkli'neiʃən] *n. (generalm. con l'art. indeterm.)* **antipatia; avversione; ripugnanza.**
to **disincline** [,disin'klain] *v. t.* **distogliere** • *to be*

disinclined to do st., essere riluttante a fare q.c.
to **disinfect** [ˌdisin'fekt] *v. t.* disinfettare.
disinfectant [ˌdisin'fektənt] *a.* e *n.* [C] disinfettante.
disinfection [ˌdisin'fekʃən] *n.* [U] disinfezione.
to **disinfest** [ˌdisin'fest] *v. t.* disinfestare.
disinfestation [disˌinfes'teiʃən] *n.* [U] disinfestazione.
disinformation [ˌdisinfə'meiʃən] *n.* [U] *(specialm. polit.)* *1* disinformazione *2* false informazioni (fornite a spie di un altro paese).
disingenuous [ˌdisin'dʒenjuəs] *a.* falso; insincero.
to **disinherit** [ˌdisin'herit] *v. t.* diseredare.
disinheritance [ˌdisin'heritəns] *n.* [U] diseredamento.
disinhibited [ˌdisin'hibitid] *a. (psic.)* disinibito.
disinhibition [disˌin*h*i'biʃən] *n.* [U] *(psic.)* disinibizione.
disinhibitory [ˌdisin'hibitəri] *a. (psic.)* disinibitorio.
to **disintegrate** [dis'intigreit] *v. t.* e *i.* disintegrare, disintegrarsi.
disintegration [disˌinti'greiʃən] *n.* [U] disintegrazione.
to **disinter** [ˌdisin'tə:*] *v. t.* dissotterrare; disseppellire; esumare.
disinterested [dis'intristid] *a.* disinteressato; imparziale.
disinterment [ˌdisin'tə:ment] *n.* [C] e [U] dissotterramento; esumazione.
to **disjoin** [dis'dʒɔin] ***A*** *v. t.* disgiungere; dividere; separare ***B*** *v. i.* disgiungersi; dividersi.
disjointed [dis'dʒɔintid] *a.* *1* slogato *2* sconnesso.
disjunction [dis'dʒʌŋkʃən] *n.* [U] e [C] disgiunzione; disgiungimento.
disjunctive [dis'dʒʌŋ*k*tiv] *a. (gramm.)* disgiuntivo.
disk [disk] *(USA) V.* **disc.**
to **dislike** [dis'laik] *v. t.* provare antipatia per (q. o q.c.); non piacere *(impers.)*: *I strongly d. tea,* a me il tè non piace affatto.
dislike [dis'laik] *n.* [C] antipatia: *to take a d. to sb.,* prendere q. in antipatia.
to **dislocate** ['disləkeit] *v. t.* *1* slogare; lussare *2* intralciare.
dislocation [ˌdislə'kəiʃən] *n.* [U] e [C] *1* slogatura; lussazione *2* intralcio *3* *(geol.)* dislocazione.
to **dislodge** [dis'lɔdʒ] *v. t.* *1* sloggiare; far sgombrare *2* rimuovere; togliere.
disloyal [dis'lɔiəl] *a.* sleale; infedele.
disloyalty [dis'lɔiəlti] *n.* [U] e [C] slealtà; infedeltà.
dismal ['dizməl] *a.* cupo; fosco; lugubre; tetro; triste.
to **dismantle** [dis'mæntl] *v. t.* *1* smantellare *2* *(mecc.)* smontare.
dismantlement [dis'mæntlmənt] *n.* [U] *1* smantellamento *2* *(mecc.)* smontaggio.
to **dismast** [dis'ma:st] *v. t. (naut.)* disalberare (una nave).
to **dismay** [dis'mei] *v. t.* costernare; sgomentare.
dismay [dis'mei] *n.* [U] costernazione; sgomento.
to **dismember** [dis'membə*] *v. t.* smembrare.
to **dismiss** [dis'mis] *v. t.* *1* congedare; licenziare; accomiatare *2* destituire; rimuovere *3* bandire *(fig.)*; scacciare *4* *(leg.)* rigettare; respingere ● *(mil.) D.!,* rompete le righe!
dismissal [dis'misəl] *n.* [U] e [C] *1* congedo; licenziamento *2* destituzione; espulsione *3* *(leg.)* rigetto (d'una domanda).
to **dismount** [dis'maunt] ***A*** *v. i.* smontare, scendere (da cavallo, dalla bicicletta, ecc.) ***B*** *v. t.* *1* far smontare; far scendere *2* appiedare; disarcionare *3* *(mil., mecc.)* smontare.
disobedience [ˌdisə'bi:djəns] *n.* [U] disubbidienza, disobbedienza.
disobedient [ˌdisə'bi:djənt] *a.* disubbidiente, disobbediente.
to **disobey** [ˌdisə'bei] *v. t.* e *i.* disubbidire, disobbedire.
to **disoblige** [ˌdisə'blaidʒ] *v. t.* essere scompiacente verso (q.).
disorder [dis'ɔ:də*] *n.* *1* [U] disordine; confusione *2* [U] e [C] tumulto popolare *3* [C] e [U] disturbo (fisico); indisposizione.
to **disorder** [dis'ɔ:də*] *v. t.* disordinare; mettere in disordine.
disorderliness [dis'ɔ:dəlinis] *n.* [U] *1* disordine; confusione *2* turbolenza; riottosità.
disorderly [dis'ɔ:dəli] *a.* *1* disordinato; confuso; in disordine *2* tumultuoso; riottoso: *a d. crowd,* una folla tumultuosa.
disorganization [disˌɔ:gənai'zeiʃən] *n.* [U] disorganizzazione.
to **disorganize** [dis'ɔ:gənaiz] *v. t.* disorganizzare.
to **disorientate** [dis'ɔ:riənteit] *v. t.* disorientare.
to **disown** [dis'oun] *v. t.* disconoscere; rinnegare; ripudiare.
to **disparage** [dis'pæridʒ] *v. t.* screditare; denigrare.
disparagement [dis'pæridʒmənt] *n.* [U] svilimento; svalutazione; discredito; denigrazione.
disparaging [dis'pæridʒiŋ] *a.* *1* denigratorio *2* di disprezzo; sprezzante.
disparate ['dispərit] ***A*** *a.* disparato ***B*** *n. (al pl.)* cose disparate.
disparity [dis'pæriti] *n.* [U] e [C] disparità; differenza.
dispassionate [dis'pæʃnit] *a.* spassionato; equo, imparziale.
to **dispatch** [dis'pætʃ] *v. t.* *1* spedire; inviare; mandare *2* sbrigare; smaltire; liquidare *(fig.)* *3* spacciare; uccidere.
dispatch [dis'pætʃ] *n.* *1* [U] spedizione; invio *2* [C] dispaccio; messaggio *2* [U] prontezza; rapidità: *with d.,* con prontezza; alla svelta ● *d.-box* (o *d.-case),* valigia diplomatica □ *(mil.) d.-rider,* portaordini.
to **dispel** [dis'pel] *v. t.* disperdere; dissipare; scacciare.
dispensable [dis'pensəbl] *a.* dispensabile; superfluo.
dispensary [dis'pensəri] *n.* [C] dispensario.
dispensation [ˌdispen'seiʃən] *n.* *1* [U] dispensa; distribuzione *2* [U] e [C] esenzione; dispensa *3* [C] legge; religione *4* [U] e [C] ordine; ordinamento (naturale o della Provvidenza).
dispensatory [dis'pensətəri] ***A*** *a.* di dispensa; dispensativo *(lett.)* ***B*** *n.* [C] farmacopea.
to **dispense** [dis'pens] *v. t.* *1* dispensare; distribuire *2* esimere; esentare *3* amministrare *4* somministrare (medicine) ● *to d. with st.,* fare a meno di q.c.
dispenser [dis'pensə*] *n.* chi somministra medicine (o lavora in un dispensario).
to **dispeople** [dis'pi:pl] *v. i.* spopolare.
dispersal [dis'pə:səl] *n.* [U] dispersione.
to **disperse** [dis'pə:s] *v. t.* e *i.* *1* disperdere, disperdersi *2* spargere, spargersi; sparpagliare, sparpagliarsi.
dispersion [dis'pə:ʃən] *n.* [U] e [C] dispersione.
dispersive [dis'pə:siv] *a.* dispersivo.
to **dispirit** [di'spirit] *v. t.* abbattere; deprimere; scoraggiare.
dispirited [di'spiritid] *a.* abbattuto; depresso; scoraggiato.
to **displace** [dis'pleis] *v. t.* *1* spostare; rimuovere *2* destituire; dimettere *3* sostituire; supplire; subentrare nel posto di (q.) *4* *(naut.)* dislocare *5* *(med.)* slogare ● *displaced person,* perseguitato politico; profugo.
displacement [dis'pleismənt] *n.* [U] *1* spostamento; rimozione *2* destituzione *3* sostituzione *4* *(naut.)* dislocamento *5* *(med.)* slogatura.
to **display** [dis'plei] *v. t.* *1* mostrare; mettere in mostra; esporre; sfoggiare; ostentare *2* mostrare d'avere; dimostrare; rivelare *3* spiegare (le penne, la coda, ecc.).
display [dis'plei] *n.* [C] e [U] mostra; esposizione; sfoggio; spiegamento; ostentazione: *to make a d. of one's wealth,* fare sfoggio della propria ricchezza ● *d. artist,* vetrinista.
to **displease** [dis'pli:z] *v. t.* dispiacere a; dare un

dispiacere a; scontentare • *to be displeased with*, essere scontento di.
displeasure [dis'pleʒə*] *n.* [U] **dispiacere; scontentezza** • *to incur sb.'s d.*, **incorrere nella disapprovazione di q.**
disposable [dis'pouzəbl] *a.* **1 disponibile 2 eliminabile; da buttar via.**
disposal [dis'pouzəl] *n.* [U] **1 disposizione; collocazione; distribuzione; schieramento**: *to be at sb.'s d.*, essere a disposizione di q. **2 sistemazione; disbrigo 3 eliminazione; cessione; vendita.**
to **dispose** [dis'pouz] *v. t.* e *i.* **1 disporre; collocare; distribuire; schierare 2** — *to d. of*, sistemare; sbrigare **3** — *to d. of*, sbarazzarsi di, disporre di, cedere, vendere (beni, ecc.): alienare *(leg.)*; liquidare **4 predisporre.**
disposed [dis'pouzd] *a.* **disposto; incline; propenso** • *ill-d. towards sb.*, maldisposto verso q. □ *well-d. towards sb.*, bendisposto verso q.
disposition [ˌdispə'ziʃən] *n.* [C] e [U] *(generalm. al sing.)* **1 disposizione; attitudine; inclinazione; carattere; temperamento**: *to have a d. to st.*, avere disposizione per q.c. **2 disposizione; collocazione 3 disposizione; comando; ordine 4 autorità** (o **potere) di disporre 5** *(med.)* **predisposizione.**
to **dispossess** [ˌdispə'zes] *v. t.* **1** *(leg.)* **spodestare; espropriare 2 spogliare; privare.**
dispossession [ˌdispə'zeʃən] *n.* [U] **esproprio; espropriazione.**
disproof [dis'pru:f] *n.* [U] e [C] **confutazione; smentita.**
disproportion [ˌdisprə'pɔ:ʃən] *n.* [C] e [U] **sproporzione.**
disproportionate [ˌdisprə'pɔ:ʃnit] *a.* **sproporzionato.**
to **disprove** [dis'pru:v] *v. t.* **confutare; smentire.**
disputable [dis'pju:təbl] *a.* **discutibile; opinabile.**
disputant [dis'pju:tənt] *a.* e *n.* **disputante; disputatore.**
disputation [ˌdispju'teiʃən] *n.* [U] e [C] **disputa; discussione.**
to **dispute** [dis'pju:t] *v. i.* e *t.* **1 disputare; discutere; dibattere 2 litigare; bisticciare 3 mettere in discussione; cercare d'invalidare** • *(leg.) to d. a claim*, contestare un diritto □ *(leg.) to d. a will*, impugnare un testamento.
dispute [dis'pju:t] *n.* **1** [U] e [C] **disputa; controversia; discussione; dibattito 2** [C] **lite; contesa** • *beyond* (o *past) d.*, indiscutibilmente; fuori discussione.
disqualification [disˌkwɔlifi'keiʃən] *n.* **1** [U] e [C] **squalifica 2** [U] (anche *leg.*) **incapacità.**
to **disqualify** [dis'kwɔlifai] *v. t.* **1 squalificare 2 rendere incapace; inabilitare 2** *(leg.)* **dichiarare incapace.**
to **disquiet** [dis'kwaiət] *v. t.* **inquietare; mettere in ansia.**
disquiet [dis'kwaiət] *n.* [U] **inquietudine; ansia; ansietà.**
disquietude [dis'kwaiitju:d] *n.* [U] **inquietudine; ansia.**
disquisition [ˌdiskwi'ziʃən] *n.* [C] **disquisizione; dissertazione.**
to **disregard** [ˌdisri'ga:d] *v. t.* **non curarsi di; trascurare.**
disregard [ˌdisri'ga:d] *n.* [U] **noncuranza; indifferenza.**
disrepair [ˌdisri'pεə*] *n.* [U] **cattivo stato; rovina; sfacelo.**
disreputable [dis'repjutəbl] *a.* **malfamato; indecoroso.**
disrepute [ˌdisri'pju:t] *n.* [U] **cattiva reputazione; discredito.**
disrespect [ˌdisris'pekt] *n.* [U] **mancanza di rispetto; scortesia.**
disrespectful [ˌdisris'pektful] *a.* **irriverente; scortese.**
to **disrobe** [dis'roub] *v. t.* e *i.* **svestire, svestirsi.**
to **disrupt** [dis'rʌpt] *v. t.* **disgregare; spezzare; scindere.**
disruption [dis'rʌpʃən] *n.* [U] e [C] **disgregamento; scissione.**
disruptive [dis'rʌptiv] *a.* **1 disgregante 2** *(mil.)* **dirompente 3** *(elettr.)* **disruttivo.**
dissatisfaction [disˌsætis'fækʃən] *n.* [U] **insoddisfazione; malcontento; scontentezza.**
dissatisfied [dis'sætisfaid] *a.* **insoddisfatto; scontento**: *to be d. with st.*, essere scontento di q.c.
to **dissatisfy** [dis'sætisfai] *v. t.* **non soddisfare; scontentare.**
to **dissect** [di'sekt] *v. t.* **1 sezionare; anatomizzare 2 analizzare.**
dissection [di'sekʃən] *n.* **1** [U] **dissezione 2** [C] **sezione anatomica 3** [U] e [C] **analisi.**
to **dissemble** [di'sembl] *v. t.* e *i.* **1 dissimulare; celare 2 simulare; atteggiarsi a.**
dissembler [di'semblə*] *n.* **dissimulatore; simulatore.**
to **disseminate** [di'semineit] *v. t.* **disseminare; diffondere.**
dissemination [diˌsemi'neiʃən] *n.* [U] **disseminazione; diffusione**: *the d. of advertising*, la diffusione della pubblicità commerciale.
dissension [di'senʃən] *n.* **1** [U] **dissenso; dissidio 2** [C] **lite; litigio.**
to **dissent** [di'sent] *v. i.* **1 dissentire 2** *(relig.)* **essere dissidente.**
dissent [di'sent] *n.* [U] **1 dissenso; dissidio 2** *(relig.)* **dissidenza.**
dissenter [di'sentə*] *n.* **dissenziente; dissidente.**
dissertation [ˌdisə(:)'teiʃən] *n.* [C] **dissertazione; disquisizione.**
dissertator ['disəˌteitə*] *n.* **dissertatore.**
disservice [dis'sə:vis] *n.* [U] *(o al sing. con l'art. indeterm.)* **cattivo servizio; danno**: *to do oneself a d.*, rendere un cattivo servizio a se stesso.
to **dissever** [di'sevə*] *v. t.* **dividere; separare.**
dissidence ['disidəns] *n.* [U] **dissidenza; dissidio; dissenso.**
dissident ['disidənt] *a.* e *n.* **dissidente.**
dissimilar [di'similə*] *a.* **dissimile; diverso.**
dissimilarity [ˌdisimi'læriti] *n.* [U] e [C] **dissomiglianza.**
to **dissimulate** [di'simjuleit] *v. t.* e *i.* **dissimulare; fare l'ipocrita.**
dissimulation [diˌsimju'leiʃən] *n.* [U] e [C] **dissimulazione; ipocrisia.**
dissimulator [di'simjuˌleitə*] *n.* **dissimulatore; ipocrita.**
to **dissipate** ['disipeit] **A** *v. t.* **dissipare; disperdere; scialacquare B** *v. i.* **1 dissiparsi; disperdersi 2 darsi ai bagordi.**
dissipated ['disipeitid] *a.* **dissipato; dissoluto.**
dissipation [ˌdisi'peiʃən] *n.* [U] **1 dissipazione; dispersione 2 dissipatezza; dissolutezza; vita dissoluta; bagordi.**
dissociable (*def. 1* [di'souʃiəbl], *def. 2* [di'souʃəbl]) *a.* **1 dissociabile; separabile 2 non socievole.**
to **dissociate** [di'souʃieit] *v. t.* e *i.* **dissociare, dissociarsi; scindere, scindersi.**
dissociation [diˌsousi'eiʃən] *n.* [U] **dissociazione; scissione.**
dissoluble [di'sɔljubl] *a.* **dissolubile.**
dissolute ['disəlu:t] *a.* **dissoluto; licenzioso.**
dissoluteness ['disəlu:tnis] *n.* [U] **dissolutezza.**
dissolution [ˌdisə'lu:ʃən] *n.* [C] e [U] **dissoluzione; dissolvimento; scioglimento.**
to **dissolve** [di'zɔlv] **A** *v. t.* **1 dissolvere; disciogliere; sciogliere 2** *(leg.)* **risolvere** (un contratto); **sciogliere** (una società) **B** *v. i.* **1 dissolversi; sciogliersi 2 scomparire; svanire.**
dissolve [di'zɔlv] *n.* [C] e [U] *(cinem., telev.)* **dissolvenza.**
dissolvent [di'zɔlvənt] **A** *a.* **dissolvente B** *n.* [C] *(chim.)* **solvente.**
dissonance ['disənəns] *n.* [U] e [C] (specialm. *mus.)* **dissonanza.**
dissonant ['disənənt] *a.* **dissonante; discordante.**
to **dissuade** [di'sweid] *v. t.* **dissuadere; sconsigliare.**
dissuasion [di'sweiʒən] *n.* [U] **dissuasione.**

dissyllabic [ˌdisi'læbik] *a.* **bisillabo.**
dissyllable [di'siləbl] *n.* [C] **bisillabo.**
distaff ['dista:f] *n.* [C] **conocchia; rocca.**
distance ['distəns] *n.* [C] e [U] **distanza** (anche *fig.*); **lontananza**: *It could be seen in the d.*, si vedeva in lontananza ● *from (o at) a d.*, di lontano □ *to keep one's d.*, tenere le distanze □ *to keep sb. at a d.*, tenere q. a (o alla debita) distanza □ (*tel.*) *a long-d. call*, una chiamata interurbana □ *to look back over a d. of fifty years*, riandare indietro di cinquant'anni □ *within striking d.*, a (portata di) tiro.
to **distance** ['distəns] *v. t.* **distanziare; lasciare addietro.**
distant ['distənt] *a.* ***1*** **distante; lontano; remoto**: *to be ten miles d.*, essere alla distanza di dieci miglia □ *d. ages*, età remote ***2*** **freddo** (*fig.*); **riservato** ● *to be... d.*, distare.
distantly ['distəntli] *avv.* ***1*** **di lontano; alla lontana**: *He is d. related to me*, è imparentato con me alla lontana ***2*** **freddamente.**
distaste [dis'teist] *n.* (*al sing. con l'art. indeterm.*) **disgusto; antipatia; avversione.**
distasteful [dis'teistful] *a.* **disgustoso; ripugnante.**
(1) distemper [dis'tempə*] *n.* [U] (*vet.*) **cimurro.**
to **distemper** [dis'tempə*] *v. t.* ***1*** **stemperare** (un colore) ***2*** **dipingere a tempera.**
(2) distemper [dis'tempə*] *n.* [U] **tempera.**
to **distend** [dis'tend] *v. t.* e *i.* **dilatare, dilatarsi; gonfiare, gonfiarsi.**
distensible [dis'tensəbl] *a.* **dilatabile.**
distension, distention [dis'tenʃən] *n.* [U] **dilatazione; rigonfiamento.**
distich ['distik] *n.* [C] (*poesia*) **distico.**
to **distil** [dis'til] ***A*** *v. t.* ***1*** **distillare** ***2*** **far stillare** ***B*** *v. i.* **stillare.**
distillate ['distilit] *n.* [C] (*chim.*) **distillato.**
distillation [ˌdisti'leiʃən] *n.* [U] e [C] **distillazione.**
distiller [dis'tilə*] *n.* **distillatore** (anche l'apparecchio).
distillery [dis'tiləri] *n.* [C] **distilleria.**
distinct [dis'tiŋkt] *a.* **distinto; chiaro; deciso; netto; spiccato.**
distinction [dis'tiŋkʃən] *n.* ***1*** [U] e [C] **distinzione** ***2*** [C] **caratteristica** ***3*** [U] **eccellenza; eminenza** ***4*** [C] **decorazione; onorificenza**: *to confer a d. upon sb.*, conferire un'onorificenza a q. ● *the distinctions of birth*, le differenze sociali.
distinctive [dis'tiŋktiv] *a.* **distintivo; caratteristico; particolare** ● *a d. badge*, un (segno) distintivo.
to **distinguish** [dis'tiŋgwiʃ] ***A*** *v. t.* e *i.* **distinguere** (in ogni senso) ***B*** to **distinguish oneself** *v. rifl.* **distinguersi.**
distinguished [dis'tiŋgwiʃt] *a.* **distinto; di grande distinzione; famoso; eminente; insigne.**
to **distort** [dis'tɔ:t] *v. t.* ***1*** **distorcere; storcere; scomporre; deformare** ***2*** (*fig.*) **alterare; falsare; travisare.**
distorted [dis'tɔ:tid] *a.* ***1*** **distorto; deformato** ***2*** **alterato; falso; travisato.**
distortion [dis'tɔ:ʃən] *n.* [U] e [C] ***1*** **distorsione; deformazione** ***2*** (*fig.*) **alterazione; travisamento.**
to **distract** [dis'trækt] *v. t.* ***1*** **distrarre; distogliere; sviare**: *to d. sb.'s attention*, distrarre l'attenzione di q. ***2*** **confondere; sconcertare; turbare** ***3*** **fare impazzire.**
distracted [dis'træktid] *a.* ***1*** **confuso; sconcertato; turbato** ***2*** **pazzo; matto.**
distraction [dis'trækʃən] *n.* ***1*** [C] **distrazione; divertimento; svago** ***2*** [C] **fastidio; turbamento** ***3*** [U] **pazzia; follia; frenesia**: *to love sb. to d.*, amare q. alla follia □ *to drive sb. to d.*, spingere q. alla pazzia.
to **distrain** [dis'trein] *v. t.* e *i.* (*leg.*) **sequestrare.**
distraint [dis'treint] *n.* [U] (*leg.*) **sequestro.**
distraught [dis'trɔ:t] *a.* ***1*** **sconvolto; turbato** ***2*** **pazzo; folle.**
distress [dis'tres] *n.* ***1*** [U] (*anche al sing. con l'art. indeterm.*) **angoscia; dolore** ***2*** [U] **bisogno; indigenza** ***3*** [U] **pericolo**: *a d. signal*, un segnale di pericolo ***4*** [U] e [C] (*leg.*) **sequestro.**
to **distress** [dis'tres] *v. t.* **angosciare; affliggere; addolorare.**
distressful [dis'tresful], **distressing** [dis'tresiŋ] *a.* **angoscioso; doloroso.**
to **distribute** [dis'tribju(:)t] *v. t.* ***1*** **distribuire; ripartire; cospargere** ***2*** (*comm.*) **distribuire, smistare** (merci, pacchi, ecc.).
distribution [ˌdistri'bju:ʃən] *n.* [U] e [C] **distribuzione; ripartizione.**
distributive [dis'tribjutiv] *a.* (anche *gramm.*) **distributivo.**
distributor [di'stribjutə*] *n.* ***1*** **distributore** ***2*** (*tipogr.*) **scompositore** ***3*** (*elettr.*) **distributore** ***4*** (*autom.*) **spinterogeno.**
district ['distrikt] *n.* [C] ***1*** **distretto** (anche *leg.*); **circoscrizione** ***2*** **regione**: *the English Lake D.*, la regione dei laghi del Cumberland ***3*** **quartiere** (d'una città).
distrust [dis'trʌst] *n.* [U] **sfiducia; diffidenza.**
to **distrust** [dis'trʌst] *v. t.* **diffidare di; non aver fiducia in.**
distrustful [dis'trʌstful] *a.* **diffidente; sospettoso.**
to **disturb** [dis'tə:b] *v. t.* ***1*** **disturbare; turbare**: *Please don't disturb yourself for me*, non disturbarti per me ***2*** **mettere in disordine; buttare all'aria** ● (*leg.*) *to d. the peace*, turbare l'ordine pubblico.
disturbance [dis'tə:bəns] *n.* [U] e [C] ***1*** **disturbo; incomodo** ***2*** **agitazione; disordine; scompiglio; tumulto** ● (*leg.*) *to cause a d.*, turbare l'ordine pubblico (o la quiete pubblica).
disturbed [dis'tə:bd] *a.* ***1*** **disturbato** ***2*** (*psic.*) **affetto da turbe psichiche.**
disunion [dis'ju:njən] *n.* [U] **disunione; disaccordo.**
to **disunite** [ˌdisju:'nait] ***A*** *v. t.* **disunire; separare** ***B*** *v. i.* **disunirsi.**
disuse [dis'ju:s] *n.* [U] **disuso; mancanza d'uso**: *to fall into d.*, cadere in disuso.
disyllabic [ˌdisi'læbik], **disyllable** [di'siləbl] *V.* **dissyllabic, dissyllable.**
ditch [ditʃ] *n.* [C] ***1*** **fossa; fosso; fossato** ***2*** **canale d'irrigazione; canale di scolo.**
to **ditch** [ditʃ] *v. t.* e *i.* ***1*** **scavare fossi** ***2*** **provvedere di fossi** (o **canali di scolo**) ***3*** **mandare in un fosso** ***4*** (*pop.*) **abbandonare; liberarsi di.**
ditcher ['ditʃə*] *n.* ***1*** **scavatore; sterratore** ***2*** (*agric.*) **scavafossi; scavatrice per fossi.**
to **dither** ['diðə*] *v. i.* ***1*** **tremare** ***2*** **esitare.**
dither ['diðə*] *n.* (*al sing. con l'art. indeterm.*) ***1*** **tremito** ***2*** (*fam.*) **agitazione; eccitazione.**
dithyramb ['diθiræmb] *n.* [C] (*poesia* e *fig.*) **ditirambo.**
ditto ['ditou] *a.* e *n.* (*pl.* **dittos**) (*comm.*) **idem** ● (*fam.*) *to say d. to sb.*, dichiararsi dello stesso parere di q.
ditty ['diti] *n.* [C] **canzoncina; arietta** (parole e musica).
diuretic [ˌdaijuə'retik] *a.* e *n.* [C] (*farm.*) **diuretico.**
diurnal [dai'ə:nl] *a.* (*astron., zool.*) **diurno.**
to **divagate** ['daivəgeit] *v. i.* **divagare; digredire.**
divagation [ˌdaivə'geiʃən] *n.* [U] e [C] **divagazione; digressione.**
divalent ['daiˌveilənt] *a.* (*chim.*) **bivalente.**
divan [di'væn] *n.* [C] **divano.**
to **dive** [daiv] ***A*** *v. i.* ***1*** **tuffarsi; fare tuffi; immergersi** (anche *fig.*); **gettarsi a capofitto** ***2*** (*aeron.*) **discendere in picchiata** ***B*** *v. t.* **tuffare.**
dive [daiv] *n.* [C] ***1*** **tuffo** ***2*** (*aeron.*) **picchiata** ***3*** (*naut.*) **immersione** (d'un sottomarino) ***4*** **taverna** ● (*aeron.*) *nose d.*, (picchiata in) candela.
dive-bomber ['daivˌbɔmə*] *n.* [C] (*aeron.*) **bombardiere da picchiata.**
diver ['daivə*] *n.* ***1*** **tuffatore** ***2*** (*naut.*) **palombaro** ***3*** (*zool.*, Colymbus ruficollis) **tuffetto.**
to **diverge** [dai'və:dʒ] ***A*** *v. i.* **divergere** ***B*** *v. t.* **far divergere; deflettere.**
divergence [dai'və:dʒəns], **divergency** [dai'və:dʒənsi] *n.* [U] e [C] **divergenza.**
divers ['daivə:z] *a.* (*arc.* o *scherz.*) **diversi; vari; parecchi.**
diverse [dai'və:s] *a.* **diverso; differente.**
diversification [daiˌvə:sifi'keiʃən] *n.* [U] e [C] **diversificazione.**

to **diversify** [dai'vəːsifai] *v. t.* **rendere diverso; variare.**
diversion [dai'vəːʃən] *n.* **1** [U] e [C] **diversione; deviazione 2** [C] *(mil.)* **diversione 3** [C] **passatempo; divertimento.**
diversionary [dai'vəːʃənəri] *a.* **diversivo.**
diversity [dai'vəːsiti] *n.* [U] **diversità; differenza; varietà.**
to **divert** [dai'vəːt] *v. t.* **1 deviare; deflettere; stornare 2 distrarre, distogliere** (l'attenzione, ecc.) **3** *(autom., aeron., naut.)* **dirottare; far deviare.**
divertimento [diˌvəːti'mentou] *(ital.) n.* (*pl.* **divertimenti** [diˌvəːti'menti]) *(mus.)* **divertimento.**
divertissement [di'vəːtismənt] *(franc.) n.* [C] **1 distrazione; divertimento 2** *(mus.)* **divertimento.**
to **divest** [dai'vest] **A** *v. t.* **1 svestire; spogliare 2** *(leg.)* **privare** (di un diritto, di un potere) **B** to **divest oneself** *v. rifl.* **liberarsi** (di q.c.).
to **divide** [di'vaid] **A** *v. t.* **1 dividere; separare; ripartire; spartire**: *to d. 20 by 4,* dividere 20 per 4 **2** (di un numero) **essere divisore di** (un altro) **B** *v. i.* **dividersi; separarsi; ripartirsi** ● *divided payments,* pagamenti rateali.
divide [di'vaid] *n.* [C] *(geogr.)* **spartiacque.**
dividend ['dividend] *n.* [C] *(mat., fin., leg.)* **dividendo.**
divider [di'vaidə*] *n.* **1 divisore 2** *(al pl.)* **compasso a punte fisse.**
divination [ˌdivi'neiʃən] *n.* [U] e [C] **divinazione; predizione.**
divine [di'vain] **A** *a.* **1 divino**: *by d. right,* per diritto divino **2** *(fam.)* **magnifico; splendido B** *n.* **teologo; ecclesiastico.**
to **divine** [di'vain] *v. t.* e *i.* **divinare; predire; presagire; indovinare.**
diviner [di'vainə*] *n.* **1 divinatore; indovino 2 rabdomante.**
diving ['daiviŋ] *n.* [U] **tuffo; immersione** ● *d. bell,* campana subacquea □ *d. board,* trampolino □ *d. dress (o d. suit),* scafandro da palombaro.
divinity [di'viniti] *n.* **1** [U] e [C] **divinità 2** [U] **teologia**: *a doctor of d.,* un dottore in teologia.
divisibility [diˌvizi'biliti] *n.* [U] (anche *mat.*) **divisibilità.**
divisible [di'vizəbl] *a.* (anche *mat.*) **divisibile.**
division [di'viʒən] *n.* **1** [U] e [C] (anche *mat.*) **divisione 2** [C] **divisione degli animi; discordia 3** [C] *(filos.)* **classificazione; distinzione 4** [C] **linea di divisione; confine 5** [C] *(polit.)* **votazione per divisione 6** [C] **categoria; grado 7** [C] *(sport)* (calcio, ecc.) **serie;** (pugilato) **categoria.**
divisional [di'viʒənl] *a.* (specialm. *mil.*) **divisionale.**
divisor [di'vaizə*] *n.* [C] *(mat.)* **divisore.**
divorce [di'vɔːs] *n.* **1** [U] e [C] **divorzio 2** [C] *(fig.)* **separazione; dissidio.**
to **divorce** [di'vɔːs] *v. t.* **1 accordare il divorzio a 2 divorziare da 3** *(fig.)* **separare; scindere.**
divorcee [diˌvɔː'siː] *n.* **divorziato, divorziata.**
to **divulge** [dai'vʌldʒ] *v. t.* **divulgare.**
Dixie ['diksi] *n.* *(USA)* **gli Stati del Sud.**
dixie, dixy ['diksi] *n.* [C] *(mil.)* **marmitta; pentolone.**
dizziness ['dizinis] *n.* [U] **vertigini** *(pl.)*; **capogiro.**
dizzy ['dizi] *a.* **1 che ha le vertigini; stordito**: *to feel d.,* avere le vertigini (o il capogiro) **2 vertiginoso.**
to **dizzy** ['dizi] *v. t.* **far venire il capogiro a** (q.); **stordire.**
to **do** [duː, du, də] (*pass.* **did** [did], *p.p.* **done** [dʌn]) **A** *v. t.* **1 fare; compiere; eseguire**: *to do one's duty,* fare il proprio dovere □ *to do a deed,* compiere un'azione **2** *(al p.p. e nei tempi composti)* **fare; finire**: *to have done working,* avere finito di lavorare **3 cuocere**: *to be done to a turn,* essere cotto a puntino **4** *(fam.)* **visitare 5 rendere**: *to do honour to the great dead,* rendere onore ai grandi del passato **6** *(fam.)* **ingannare; imbrogliare; farla a** (q.) **7** *(fam.)* **trattare** (un ospite); **fare un trattamento a** (q.) **8 rovinare B** *v. i.* **1 fare; agire 2** *(nei tempi composti)* **finire; cessare; smettere**: *I have done with day-dreaming,* ho smesso di fare castelli in aria **3 stare** (di salute); **passarsela; fare affari**: *Mother and child are doing very well,* la madre e il bambino stanno benissimo **4 fare; bastare; andare**: *That will do,* ciò andrà bene; basta così **C** *v. ausiliare* **1 fare** *(determinato dal verbo precedente, di cui evita la ripetizione)*: *If you want to tell him, do it now,* se vuoi dirglielo, fallo ora □ *(idiom.)* « *Who took my hat?* » « *I did* », « chi ha preso il mio cappello? » « sono stato io » □ « *I didn't do my homework* » « *Neither did I* », « non ho fatto il compito » « nemmeno io » **2** *(enfatico; idiom.)* *Do tell me!,* dimmelo, te ne prego □ *I did see him,* sì che l'ho visto **3** *(nelle frasi interr., neg. o per fare la costruzione inversa)*: *Do you understand?,* capisci? □ *I don't understand,* non capisco □ *Little did he realize that...,* stentava a rendersi conto che... **D** *verbi composti* **1** *to do away with,* abolire; eliminare; sopprimere **2** *to do by sb.,* comportarsi con q.; trattare q. **3** *to do for oneself,* aver cura di (o badare a) se stesso □ *(fam.)* *to do for sb.,* aver cura di q. (come domestico, ecc.); lavorare per q. □ *(pop.)* *to do for sb.,* rovinare q.; far fuori q. □ *(fam.)* *to be done for,* essere rovinato (o spacciato): *I am done for,* sono spacciato **4** *(pop.)* *to do sb. in,* far fuori q. **5** *to do st. out,* pulire (o ordinare, riordinare) q.c. □ *to do sb. out of st.,* rubare (*pop.* far fuori) q.c. a q. **6** *to do up,* pulire, riordinare; imbiancare; impaccare, incartare; abbottonare; allacciare, agganciare; estenuare, stancare, stremare **7** *to do with,* sopportare, tollerare; accontentarsi di **8** *to do without st.,* fare a meno di q.c. ● *to do all one can (o one's utmost, everything in one's power),* fare di tutto (o l'impossibile): *I did all I could to help her,* feci di tutto per aiutarla □ *to do the bedrooms,* rifare le camere □ *to do one's best (o the best one can),* fare del proprio meglio □ *to do sb. a favour,* fare un favore a q. □ *to do one's hair,* acconciarsi (o pettinarsi, spazzolarsi, mettersi in ordine) i capelli □ *to do the ironing,* stirare (i panni) □ *to do one's nails,* tagliarsi (*fam.* farsi) le unghie □ *to do piece-work,* lavorare a cottimo □ *to do a room,* riordinare una stanza □ *to do the washing-up,* lavare i piatti □ *to do one's worst,* fare il diavolo a quattro □ *a do-nothing,* un fannullone □ *to make st. do,* far bastare q.c. □ *well-to-do,* benestante □ *How do you do?,* come sta? (quando si conosce già la persona, ma non c'è intimità); piacere (di conoscerLa), onorato, fortunatissimo (alla persona cui si è presentati, la quale risponde ripetendo la stessa frase) □ *(scherz.)* *I could do with a drink,* una bevutina non ci starebbe male □ *It's as good as done,* (ormai) è cosa fatta □ *Well done!,* bravo; benissimo! □ *Easier said than done,* si fa presto a dirlo!; fra il dire e il fare c'è di mezzo il mare *(prov.)*.
(1) do [duː] *n.* (*pl.* **dos, do's** [duːz]) **1** *(pop.)* **imbroglio; truffa 2** *(fam.)* **festa; trattenimento.**
(2) do [dou] *n.* (*pl.* **dos** [douz]) *(mus.)* **do** (nota).
doable ['duːəbl] *a.* **fattibile; attuabile; realizzabile.**
doc [dɔk] *n.* *(pop.)* **dottore** (medico).
docile ['dousail] *n.* **docile.**
docility [dou'siliti] *n.* [U] **docilità.**
(1) dock [dɔk] *n.* **1** [C] e [U] *(naut.)* **bacino** (d'arsenale o cantiere): *a dry d.,* un bacino di carenaggio □ *a floating d.,* un bacino di carenaggio galleggiante □ *a wet d.,* un bacino a livello d'acqua costante; una darsena **2** [C] *(ferr.)* **piattaforma di carico** ● *d.-master,* direttore dell'arsenale; capo di cantiere navale □ *d. workers,* (lavoratori) portuali.
(1) to **dock** [dɔk] *(naut.)* **A** *v. t.* **1 mettere in bacino** (una nave) **2 provvedere** (un porto) **di bacini B** *v. i.* (di nave) **entrare in bacino.**
(2) dock [dɔk] *n.* *(leg.)* **banco degli imputati**: *to be in the d.,* essere al banco degli imputati; essere sotto accusa.
(3) dock [dɔk] *n.* [C] **1 mozzicone di coda; coda mozza** (di cane, ecc.) **2 sottocoda** (nei finimenti del cavallo).
(2) to **dock** [dɔk] *v. t.* **1 mozzare** (specialm. la coda); **mozzare la coda a** (un animale) **2 tagliar corti** (i capelli) **3** *(fig.)* **diminuire; ridurre.**
docker ['dɔkə*] *n.* **scaricatore di porto; portuale.**
docket ['dɔkit] *n.* [C] **1** *(leg.)* **lista delle cause da discutere; estratto di sentenza 2** *(bur.)* **attergato 3** *(comm.)* **scontrino doganale** (attestante il pagamento del dazio) **4** *(comm.)* **autorizzazione per l'acquisto di**

merci razionate.
to **docket** ['dɔkit] *v. t.* **1** *(leg.)* **registrare** (una sentenza) **2** *(bur.)* **attergare** (una pratica).
dockyard ['dɔkja:d] *n.* [C] **arsenale; cantiere navale; darsena.**
doctor ['dɔktə*] *n.* **dottore; medico**: *the Doctors of the Church,* i Dottori della Chiesa □ *a d. of laws (Divinity, etc.),* un dottore in legge (in teologia, ecc.).
to **doctor** ['dɔktə*] *v. t.* **1 addottorare; conferire la laurea a** (q.) **2** *(fam.)* **curare; medicare 3 adulterare; fatturare; manipolare 4 falsare; falsificare.**
doctorate ['dɔktərit] *n.* [C] **dottorato; laurea.**
doctrinaire [ˌdɔktri'nɛə*] **A** *n.* **dottrinario; teorico B** *a.* **dottrinale; teorico.**
doctrinal [dɔk'trainl] *a.* **dottrinale.**
doctrine ['dɔktrin] *n.* [C] e [U] **dottrina; teoria.**
document ['dɔkjumənt] *n.* [C] **documento; certificato; attestato.**
to **document** ['dɔkjument] *v. t.* **documentare; attestare.**
documentary [ˌdɔkju'mentəri] *a.* e *n.* **documentario.**
documentation [ˌdɔkjumen'teiʃən] *n.* [U] **documentazione.**
to **dodder** ['dɔdə*] *v. i.* **barcollare; vacillare.**
doddery ['dɔdəri] *a.* **debole; fiacco; malfermo.**
doddle ['dɔdl] *n.* *(generalm. al sing.) (fam.)* **cosa facilissima; inezia; bazzecola.**
to **dodge** [dɔdʒ] *v. i.* e *t.* **1 scansare, scansarsi; schivare, schivarsi 2** *(fig.)* **eludere; usar sotterfugi; raggirare.**
dodge [dɔdʒ] *n.* [C] **1 balzo 2 gherminella; sotterfugio; trucco 3** *(fam.)* **espediente.**
Dodgem ['dɔdʒəm] *n.* [C] *(marchio)* (anche *bumper car*) **autoscontro** (automobilina elettrica).
dodger ['dɔdʒə*] *n.* **imbroglione; furfante; furbacchione.**
dodgy ['dɔdʒi] *a.* **1 difficoltoso; rischioso 2 subdolo; ingannevole 3** (di un tavolo, ecc.) **malfermo; insicuro.**
dodo ['doudou] *n.* (*pl.* **dodoes, dodos**) *(zool.,* Raphus cucullatus) **dronte; dodo.**
doe [dou] *n.* *(zool.)* **daina; coniglia; lepre femmina.**
doer ['du:ə*] *n.* **chi fa** (o **agisce, opera**): *He is a d., not a talker,* è uno che agisce, senza tante chiacchiere ● *evil-d.,* malfattore.
does [dʌz, dəz] *3ª pers. sing.* del *pres. ind.* di to **do.**
doeskin ['douˌskin] *n.* [C] e [U] **pelle di daino.**
doesn't ['dʌzənt] *contraz.* di **does not** (*V.* to **do**).
to **doff** [dɔf] *v. t.* **togliersi** (l'abito); **levarsi** (il cappello).
dog [dɔg] *n.* **1 cane** (anche *fig.*) **2** *(pop.)* **tipo; individuo**: *a sly dog,* un tipo astuto **3** *(astron.)* **costellazione del Cane**: *Greater Dog,* Cane Maggiore □ *Lesser Dog,* Cane Minore **4** *(mecc.)* **dente d'arresto; gancio; grappa 5** (*al pl.,* anche *fire-dogs*) **alari** (del focolare) ● *(fam.) the dogs,* le corse dei cani □ *dog-collar,* collare di cane; *(fig.)* colletto alto inamidato □ *(zool.) dog-fox,* maschio della volpe □ *dog Latin,* latino maccheronico □ *dog-racing track,* cinodromo □ *(fam.) dog-tired,* stanco morto; stremato □ *(zool.) dog-wolf,* lupo maschio □ *to die like a dog* (o *to die a dog's death),* morire come un cane □ *to give* (o *to throw) st. to the dogs,* sprecare q.c.; gettar perle ai porci □ *to go to the dogs,* andare in malora □ *to help a lame dog over a stile,* soccorrere q. in un momento di bisogno □ *to lead a cat-and-dog life,* vivere come cane e gatto (litigando continuamente) □ *to lead a dog's life,* fare una vita da cani □ *not to have a dog's chance,* non avere nessuna probabilità di cavarsela □ *to rain cats and dogs,* piovere a dirotto (o a catinelle) □ *to be a dog in the manger,* essere come il cane nella mangiatoia (da una favola d'Esopo).
to **dog** [dɔg] *v. t.* **1 seguire; pedinare 2** *(fig.)* **perseguitare.**
dogberry ['dɔgbəri] *n.* *(bot.* Cornus sanguinea) **sanguinella.**
dogcart ['dɔgka:t] *n.* [C] **biroccino.**
dog-catcher ['dɔgˌkætʃə*] *n.* **accalappiacani.**
dog-days ['dɔgdeiz] *n. pl.* *(meteorologia)* **canicola; solleone.**
doge [doudʒ] *n.* *(stor.)* **doge.**
dog-eared ['dɔgiəd] *a.* (di libro) **con le orecchie.**
dogfight ['dɔgfait] *n.* [C] **1 lotta accanita 2** *(mil.)* **combattimento ravvicinato** (fra aerei da caccia o carri armati).
dogfish ['dɔgfiʃ] *n.* *(zool.,* Etmopterus; Centroscymnus, ecc.) **squalo.**
dogged ['dɔgid] *a.* **caparbio; ostinato; accanito.**
doggerel ['dɔgərəl] *n.* [U] **versi zoppicanti; poesia burlesca.**
(1) doggy, doggie ['dɔgi] *n.* **cagnolino; cagnetto.**
(2) doggy ['dɔgi] *a.* **1 di** (o **da**) **cane; canino 2 amante dei cani.**
dog-lover ['dɔgˌlʌvə*] *n.* **cinofilo.**
dogma ['dɔgmə] *n.* (*pl.* **dogmas, dogmata** ['dɔgmətə]) (anche *relig.*) **dogma.**
dogmatic [dɔg'mætik] *a.* **dogmatico.**
dogmatics [dɔg'mætiks] *n. pl.* *(col verbo al sing.) (relig.)* **dogmatica.**
dogmatism ['dɔgmətizəm] *n.* [U] **dogmatismo.**
to **dogmatize** ['dɔgmətaiz] *v. t.* e *i.* **dogmatizzare.**
dog-rose ['dɔgˌrouz] *n.* [C] *(bot.,* Rosa canina) **rosa canina.**
Dog-Star ['dɔgsta:*] *n.* *(astron.)* **Sirio.**
dogwood ['dɔgwud] *n.* [U] *(bot.,* Cornus Sanguinea) **sanguinella.**
doh [dou] *n.* *(mus.)* **do** (nota).
doily ['dɔili] *n.* [C] **sottocoppa; centrino** (ricamato o di merletto).
doings ['du:iŋz] *n. pl.* **azioni; fatti.**
do-it-yourself ['du:itjɔ:ˌself] **A** *a.* **da costruire** (**montare**, ecc.) **da soli B** *n.* **(il) « fatelo da voi ».**
doldrums ['dɔldrəmz] *n. pl.* **malinconia; depressione** ● *to be in the d.,* essere malinconico (o depresso, giù di tono).
dole [doul] *n.* [C] **1 elemosina 2** *(fam.)* **sussidio di disoccupazione** ● *to be on the d.,* percepire il sussidio di disoccupazione.
to **dole** [doul] *v. t.* (di solito *to d. out*) **distribuire** (in elemosina).
doleful ['doulful] *a.* **addolorato; malinconico.**
dolina [də'li:nə], **doline** [də'li:n] *n.* [C] *(geol.)* **dolina.**
doll [dɔl] *n.* [C] **1 bambola, pupattola** (anche *fig.*) **2** *(pop.)* **pupa; ragazza**: *guys and dolls,* bulli e pupe.
to **doll up** [dɔlˌʌp] *v. t.* e *i.* *(fam.)* **agghindare, agghindarsi.**
dollar ['dɔlə*] *n.* [C] **1 dollaro 2** *(fam., stor.)* **corona** (cinque scellini).
dolly ['dɔli] *n.* [C] **1** *(dim., specialm. al vocat.)* **bambola; bambolina 2** *(mecc., ind., cinem., telev.)* **carrello 3** *(mecc.)* **controstampo** ● *(cinem., telev.) d. shot,* carrellata.
to **dolly** ['dɔli] *v. i.* *(cinem., telev.)* **carrellare; fare una carrellata.**
dolomite ['dɔləmait] *n.* [U] *(miner.)* **dolomite.**
dolorous ['dɔlərəs] *a.* *(poet.)* **doloroso; addolorato; dolente; triste.**
dolphin ['dɔlfin] *n.* [C] *(zool.,* Delphinus delphis) **delfino.**
dolt [doult] *n.* **stupido; stolto; zuccone** *(pop.).*
doltish ['doultiʃ] *a.* **stupido; ottuso.**
domain [də'mein] *n.* [C] **dominio** (anche *fig.*).
dome [doum] *n.* [C] *(archit.)* **cupola; volta a cupola.**
domed [doumd] *a.* **fornito di cupola; fatto a volta.**
domestic [də'mestik] **A** *a.* **1 domestico**: *d. animals,* animali domestici **2 nazionale; interno**: *d. goods,* prodotti nazionali **B** *n.* [C] **domestico; servitore** ● *d. science,* economia domestica.
to **domesticate** [də'mestikeit] *v. t.* **1 rendere casalingo; rendere esperto nelle faccende domestiche 2 addomesticare** (animali).
domesticity [ˌdoumes'tisiti] *n.* **1** [U] **vita familiare 2** [U] **amore per la vita domestica 3** *(al pl.)* **faccende domestiche; affari di casa.**
domicile ['dɔmisail] *n.* [C] *(leg.)* **domicilio** ● *to fix one's d.,* domiciliarsi; prendere domicilio.

to **domicile** ['dɔmisail] *v. t.* **1 stabilire la residenza di** (q. in un posto) **2** *(comm.)* **domiciliare** (una cambiale).
dominance ['dɔminəns]. **dominancy** ['dɔminənsi] *n.* [U] **dominio; predominio.**
domiciliary [ˌdɔmi'siljəri] *a.* **domiciliare.**
dominant ['dɔminənt] **A** *a.* **1** (anche *mus., biol.*) **dominante 2 più importante; più autorevole B** *n.* *(mus.)* **nota dominante.**
to **dominate** ['dɔmineit] *v. t.* e *i.* **dominare** (in ogni senso).
domination [ˌdɔmi'neiʃən] *n.* [U] **dominazione.**
to **domineer** [ˌdɔmi'niə*] *v. i.* **spadroneggiare; tiranneggiare**: *to d. over sb.*, tiranneggiare q. ● *a domineering fellow,* un tipo prepotente.
dominical [də'minikəl] *a.* **1 dominicale; di Dio; del Signore 2 domenicale; della domenica.**
Dominican [də'minikən] *a.* e *n.* *(relig.)* **(frate) domenicano.**
dominion [də'minjən] *n.* **1** [U] **dominio** (anche *leg.*); **potere; sovranità 2** [C] **dominio; territorio dominato 3** [C] **dominion** (stato membro del « Commonwealth » britannico).
domino ['dɔminou] *n.* (*pl.* **dominoes, dominos**) **domino** (veste da maschera; singolo pezzo del gioco) ● *dominoes,* gioco del domino.
don [dɔn] *n.* (a Oxford e a Cambridge) **professore d'un « college ».**
to **don** [dɔn] *v. t.* **indossare; mettersi.**
to **donate** [dou'neit] *v. t.* **donare.**
donation [dou'neiʃən] *n.* [U] e [C] **donazione.**
done [dʌn] *p.p.* di to **do** ● *d. brown,* ben cotto; *(fig.)* ingannato; messo nel sacco *(fig.)* □ *d. up* (*fam. d. in*), stanco morto; stremato □ (di cibo) *half-d.,* cotto a metà □ *well-d.,* ben cotto.
donee [dou'ni:] *n.* *(leg.)* **donatario.**
donkey ['dɔŋki] *n.* [C] **asino, ciuco, somaro** (anche *fig.*) ● *d. engine, (naut.)* motore ausiliario; *(ferr.)* locomotiva da manovra □ *(pop.) d.'s years,* molto tempo; secoli.
donnish ['dɔniʃ] *a.* **meticoloso; preciso; pedantesco.**
donor ['dounə*] *n.* [C] **donatore**: *a blood d.,* un donatore di sangue.
don't [dount] **A** *contraz.* di **do not B** *n.* *(scherz.)* **divieto.**
don't-know ['dountˌnou] *n.* *(fam.)* **persona indecisa.**
to **doodle** ['du:dl] *v. i.* *(fam.)* **fare scarabocchi; scarabocchiare.**
doodle ['du:dl] *n.* [C] **ghirigoro; scarabocchio.**
doom [du:m] *n.* **1** *(generalm. al sing.)* **destino; fato; distruzione; rovina; morte 2 giudizio universale.**
to **doom** [du:m] *v. t.* **condannare; predestinare.**
doomsday ['du:mzdei] *n.* **il giorno del Giudizio (Universale).**
door [dɔ:*] *n.* [C] **1 porta; uscio**: *the back d.,* la porta posteriore (o di servizio) □ *the front d.,* la porta principale (o d'ingresso) **2 sportello** (di mobile, automobile, treno, ecc.) ● *d.-stop,* fermaporta □ *to go from d. to d.,* andare di porta in porta (o di casa in casa) □ *(fig.) to lay st. at sb.'s d.,* imputare q.c. a q. □ *next d.,* nella casa accanto □ *(fig.) next d. to,* quasi; pressoché: *to be next d. to crazy,* essere quasi pazzo □ *our next-d. neighbour,* il nostro vicino di casa □ *to show sb. the d.,* mettere q. alla porta □ *within doors,* in casa; al chiuso □ *They live three doors off,* abitano nella terza casa dopo la nostra.
doorbell ['dɔ:bel] *n.* [C] **campanello della porta.**
doorkeeper ['dɔ:ˌki:pə*] *n.* [C] **portiere; portinaio.**
doormat ['dɔ:mæt] *n.* [C] **stuoia della porta; zerbino.**
doornail ['dɔ:neil] *n.* [C] **borchia sulla porta** ● *to be as dead as a d.,* essere morto stecchito.
doorplate ['dɔ:pleit] *n.* [C] **targhetta sulla porta.**
doorstep ['dɔ:step] *n.* [C] **gradino davanti alla porta.**
doorway ['dɔ:wei] *n.* [C] **1 vano della porta 2** *(fig.)* **via d'accesso.**
dope [doup] *n.* [U] **1 vernice impermeabilizzante 2** *(fam.)* **narcotico; stupefacente 3** *(pop.)* **informazioni riservate** ● *d. fiend,* morfinomane.
to **dope** [doup] *v. t.* **somministrare stupefacenti a** (q.); **drogare.**
doping ['doupiŋ] *n.* [U] *(sport)* **doping; drogaggio.**
Doric ['dɔrik] *a.* **dorico**: *(archit.) the D. order,* l'ordine dorico.
dormant ['dɔ:mənt] *a.* **1 inattivo 2** *(biol.)* **in letargo 3** *(bot.)* **quiescente 4** *(fig.)* **latente 5** *(araldica)* **disteso; accovacciato.**
dormer ['dɔ:mə*] *n.* [C] (anche *d. window*) **abbaino.**
dormitory ['dɔ:mitri] *n.* [C] **dormitorio.**
dormouse ['dɔ:maus] *n.* (*pl.* **dormice** ['dɔ:mais]) (*zool.,* Glis glis) **ghiro.**
dorsal ['dɔ:səl] *a.* *(anat.)* **dorsale.**
dory ['dɔ:ri] *n.* **barca da pesca a fondo piatto.**
dosage ['dousidʒ] *n.* [U] **dosatura, dosaggio** (di medicine, ecc.); **posologia.**
dose [dous] *n.* [C] **dose** (anche *fig.*).
to **dose** [dous] *v. t.* **somministrare** (una medicina) **a dosi.**
doss [dɔs] *n.* [C] *(pop.)* **letto; branda.**
doss-house ['dɔshaus] *n.* [C] *(pop.)* **dormitorio pubblico.**
dossier ['dɔsiei] *n.* [C] **incartamento; dossier.**
dot [dɔt] *n.* [C] **1 punto; puntino; macchiolina**: *(tel.) dots and dashes,* punti e linee **2** *(mat.)* **virgola** ● *(pop.) to be off one's dot,* essere un po' tocco □ *(fam.) on the dot,* all'ora precisa.
to **dot** [dɔt] *v. t.* **1 mettere il puntino su 2 punteggiare** ● *to dot one's i's and cross one's t's,* mettere i puntini sulle « i »; essere meticoloso □ *(pop.) to dot sb. one,* assestare un colpo a q.
dotage ['doutidʒ] *n.* [U] **rimbambimento** ● *to be in one's d.,* essere rimbambito.
dotard ['doutəd] *n.* **vecchio rimbambito.**
to **dote** [dout] *v. i.* **1 essere rimbambito 2** — *to d. on,* amare svisceratamente; essere infatuato di (q.).
dotted ['dɔtid] *a.* **1 punteggiato**: *a d. line,* una linea punteggiata **2** *(fig.)* **punteggiato; costellato; trapunto**: *dotted with stars,* trapunto di stelle **3** *(mus.)* **puntato** ● *(fam.) to sign on the d. line,* accettare senza riserve.
dottle ['dɔtl] *n.* [C] **residuo di tabacco** (in una pipa).
dotty ['dɔti] *a.* **1 punteggiato 2** *(fam.)* **mezzo matto; un po' tocco.**
(1) double ['dʌbl] **A** *a.* **doppio; duplice**: *a d. consonant,* una (consonante) doppia **B** *avv.* **1 (il) doppio; due volte**: *to see d.,* vederci doppio **2 a due; in due** ● *(mecc.) d.-acting,* a doppio effetto □ *d.-barrelled,* (di fucile) a due canne; *(fig.)* ambiguo □ (di giacca) *d.-breasted,* a doppio petto □ *a d. coat of paint,* due mani di vernice □ *d.-edged,* a doppio taglio (anche *fig.*) □ *(rag.) d. entry,* partita doppia □ *d.-quick,* velocissimo □ *a man with a d. character,* un uomo dalla duplice natura □ *a sword with a d. edge,* una spada a doppio taglio □ *to wear a d. face,* essere doppio (o ipocrita).
(2) double ['dʌbl] *n.* **1 doppio**: *Ten is the d. of five,* dieci è il doppio di cinque **2 duplicato; doppione; ritratto** *(fig.)* **3** *(teatr.)* **sostituto;** *(cinem.)* **controfigura** ● *(mil.) at the d.,* a passo di corsa.
to **double** ['dʌbl] **A** *v. t.* **1 raddoppiare 2 piegare in doppio; piegare in due 3 duplicare; ripetere 4** *(naut.)* **doppiare 5** *(cinem., telev.)* **doppiare B** *v. i.* **1 raddoppiare 2 voltarsi di scatto 3** *(teatr., cinem.)* **fare il sostituto; fare la controfigura 4** *(mil.)* **andare a passo di corsa** ● *to d. back,* tornare indietro improvvisamente □ *to d. one's fists,* stringere i pugni □ *to d. up,* piegarsi in due.
double-bass [ˌdʌbl'beis] *n.* [C] *(mus.)* **contrabbasso.**
to **double-cross** [ˌdʌbl'krɔs] *v. t.* *(pop.)* **fare il doppio gioco con** (q.); **ingannare.**
double-dealer [ˌdʌbl'di:lə*] *n.* **uomo doppio; ipocrita.**
double-dealing [ˌdʌbl'di:liŋ] *n.* [U] **doppiezza; falsità; ipocrisia.**
double-decker [ˌdʌbl'dekə*] *n.* [C] **1** *(naut.)* **nave a due ponti 2 autobus a due piani.**

double-Dutch [ˌdʌblˈdʌtʃ] *n.* [U] **lingua incomprensibile; turco** *(fig.)*.
double-dyed [ˌdʌblˈdaid] *a. (fig.)* **matricolato; di tre cotte.**
double-faced [ˌdʌblˈfeist] *a.* ***1*** **bifronte** ***2*** (di tessuto) **double face** *(franc.)* ***3*** *(fig.)* **doppio; finto; ipocrita.**
to **double-glaze** [ˌdʌblˈgleiz] *v. t.* **mettere i doppi vetri a** (una finestra).
to **double-lock** [ˌdʌblˈlɔk] *v. t.* **chiudere a doppia mandata.**
to **double-park** [ˌdʌblˈpa:k] *v. t.* e *i. (autom.)* **parcheggiare in seconda** (o **doppia) fila.**
doublet [ˈdʌblit] *n.* [C] ***1*** *(stor.)* **farsetto** ***2*** **doppione; duplicato** ***3*** *(linguistica)* **allotropo.**
double-talk [ˈdʌbltɔ:k] *n.* [U] **linguaggio ambiguo.**
doubly [ˈdʌbli] *avv.* **doppiamente.**
doubt [daut] *n.* [U] e [C] **dubbio** ● (di esito) *to be in d.*, essere in dubbio; essere incerto □ *no d.*, senza dubbio; certamente; *(fam.)* con tutta probabilità.
to **doubt** [daut] ***A*** *v. i.* **dubitare; essere in dubbio** ***B*** *v. t.* **mettere in dubbio; nutrire dubbi su**: *to d. sb.'s word,* mettere in dubbio la parola di q.
doubtful [ˈdautful] *a.* ***1*** **dubbioso; dubbio; incerto; indeciso** ***2*** **discutibile** ***3*** **di dubbia fama; ambiguo; equivoco.**
doubtless [ˈdautlis] *avv.* ***1*** **indubbiamente; senza dubbio** ***2*** **con tutta probabilità.**
douche [du:ʃ] *n.* [C] **doccia** (bagno) ● *(fig., fam.) a cold d.*, una doccia fredda.
dough [dou] *n.* [U] ***1*** **impasto per il pane** ***2*** *(pop.)* **denaro; grana** *(pop.)*.
doughnut [ˈdounʌt] *n.* [C] **bombolone; frittella dolce.**
doughy [ˈdoui] *a.* **pastoso; molle; soffice.**
dour [ˈduə*] *a. (scozz.)* **severo; cupo; arcigno.**
to **douse** [daus] *v. t.* ***1*** **immergere** (q.c.) **nell'acqua** ***2*** **gettare acqua su** (q.c.); **bagnare** ***3*** *(fam.)* **spegnere.**
dove [dʌv] *n.* ***1*** *(zool.,* Columba, ecc.) **colombo, colomba; piccione** ***2*** *(polit.)* **colomba** (fautore della pace, del compromesso, ecc.) ● *ring-d.* (Columba palumbus), colombaccio □ *turtle-d.* (Streptopelia turtur), tortora.
dove-cot(e) [ˈdʌvkɔt; ˈdʌvkout] *n.* [C] **colombaia; piccionaia.**
dove-like [ˈdʌvˌlaik] *a.* **mansueto; mite; dolce; gentile.**
dovetail [ˈdʌvteil] *n.* [C] **incastro a coda di rondine.**
to **dovetail** [ˈdʌvteil] ***A*** *v. t.* ***1*** **congiungere** (o **incastrare) a coda di rondine** ***2*** *(fig.)* **collegare** (fatti, ecc.) ***B*** *v. i.* **combaciare.**
dowager [ˈdauədʒə*] *n.* ***1*** **vedova nobile, titolata** ***2*** *(fam.)* **vecchia signora distinta.**
dowdy [ˈdaudi] *a.* **sciatto, trascurato, trasandato** (nel vestire).
dowel [ˈdauəl] *n. (falegnameria)* **caviglia.**
to **dowel** [ˈdauəl] *v. t.* **congiungere** (o **unire)** (q.c.) **con caviglie.**
dower [ˈdauə*] *n.* ***1*** [U] *(leg.)* **quota del patrimonio del marito di cui è usufruttuaria la vedova** ***2*** [C] **dote** ***3*** [C] *(fig.)* **dote naturale; talento.**
to **dower** [ˈdauə*] *v. t.* ***1*** **assegnare una dote a** (una donna) ***2*** *(fig.)* **avere (doti)**: *He is dowered with many talents,* ha molte doti.
(1) down [daun] *n.* [C] **collina erbosa.**
(2) down [daun] *n.* [U] ***1*** **piumino; calugine** ***2*** **lanugine; peluria.**
(3) down [daun] *avv.* ***1*** **giù, in giù; abbasso; a terra** ***2*** *(idiom.)*: *Fifty dollars d. and the remainder in instalments,* cinquanta dollari in contanti e il resto a rate □ *D. with the tyrant!,* abbasso il tiranno! □ *He is up, but not d. yet,* s'è alzato, ma non è ancora sceso (dalla sua camera) □ *The blinds were d.*, le persiane erano abbassate □ *The sun is d.*, il sole è tramontato □ *The tide is d.*, la marea è calata ● *(fam.) to be d. and out,* essere messo fuori combattimento; essere rovinato □ *to be d. (for),* essere in lista □ *(fam.) to be d. in the mouth,* essere abbattuto (o scoraggiato, triste) □ *to be d. on one's luck,* essere sfortunato □ *to be d. on sb.*, avercela con q. □ *d. under,* agli antipodi □ *to be d. with fever,* essere a letto con la febbre □ *to come d. in the world,* scendere nella scala sociale; decadere □ *to be* (o *to feel) d. (in spirits),* essere giù (di morale); essere abbattuto (o scoraggiato, avvilito) □ *to get st. d. on paper,* mettere q.c. per iscritto □ *to put sb. d.*, sconfiggere q. □ *to put st. d.*, abolire q.c.; far cessare q.c. □ *up and d.*, su e giù.
(4) down [daun] *a.* **(che va) in giù; rivolto in basso; discendente; in discesa; in pendenza** ● *(ferr.) d. train,* treno che dalla città principale porta in provincia.
(5) down [daun] *prep.* **giù per**: *to run d. a hill,* correre giù per un colle ● *d. the ages,* attraverso i secoli.
(6) down [daun] *n.* [C] **basso; rovescio** (della sorte): *the ups and downs of life,* gli alti e bassi della vita ● *(fam.) to have a d. on sb.*, sentire avversione (o antipatia) per q.
to **down** [daun] *v. t. (fam.)* ***1*** **abbattere** (un aeroplano, ecc.); **gettare a terra, sconfiggere** (un avversario); **mettere a terra** ***2*** **bere fino in fondo; scolarsi** *(pop.)* ● *to d. tools,* incrociare le braccia; scioperare.
down-and-out [ˌdaunəndˈaut] *a.* ***1*** **rovinato; senza un soldo; al verde** ***2*** **malandato; malato** ***3*** *(sport)* **suonato**: *a d. boxer,* un pugile suonato.
down-at-heel [ˌdaunətˈhi:l] *a.* ***1*** (di calzatura) **scalcagnato** ***2*** **scalcinato** ***3*** (di persona) **male in arnese; transandato.**
downcast [ˈdaunka:st] *a.* ***1*** **abbattuto; depresso; scoraggiato** ***2*** (d'occhi) **basso**: *with d. eyes,* con gli occhi bassi.
downfall [ˈdaunfɔ:l] *n.* [C] ***1*** **caduta; rovina** ***2*** **forte precipitazione atmosferica**: *a d. of rain,* una grande pioggia.
to **downgrade** [ˈdaungreid] *v. t.* **retrocedere, degradare** (un funzionario, ecc.).
down-hearted [ˌdaunˈha:tid] *a.* **scoraggiato; abbattuto.**
downhill [ˌdaunˈhil] ***A*** *a.* e *avv.* **in discesa; in pendìo**: *to go d.*, andare in discesa; *(fig.)* peggiorare; essere in decadenza; essere sempre più malandato (in salute) ***B*** *n.* **declivio; pendìo; declino** ● *(sci) d. racer,* discesista.
downhiller [ˌdaunˈhilə*] *n. (sci)* **discesista.**
downpour [ˈdaunpɔ:*] *n.* [C] **acquazzone; scroscio di pioggia.**
downright [ˈdaunrait] ***A*** *a.* ***1*** **onesto; franco; sincero; schietto** ***2*** **assoluto; perfetto; bell'e buono** ***B*** *avv.* **assolutamente; del tutto; proprio.**
downrightness [ˈdaunˌraitnis] *n.* [U] **onestà; franchezza; sincerità; schiettezza.**
downstage [ˌdaunˈsteidʒ] *(teatr.)* ***A*** *n.* **ribalta** ***B*** *a.* **della ribalta** ***C*** *avv.* **alla ribalta; verso la ribalta.**
downstairs [ˌdaunˈstεəz] ***A*** *avv.* **giù; di sotto; al piano di sotto**: *to go d.*, andare di sotto; scendere le scale ***B*** *a.* (anche *downstair*) **al piano inferiore;** *(specialm.)* **al piano terreno**: *a d. room,* una stanza al piano inferiore.
downstream [ˌdaunˈstri:m] *a.* e *avv.* **lungo la corrente** (d'un fiume).
downtown [ˌdaunˈtaun] *(*specialm. *USA)* ***A*** *n.* **centro** (d'una città); **centro commerciale** ***B*** *a.* **del centro** ***C*** *avv.* **verso il centro** ● *to go d.*, andare in centro.
downtrodden [ˈdaunˌtrɔdn] *a.* **calpestato; oppresso.**
(1) downward [ˈdaunwəd] *a.* **in discesa; in pendìo** ● *(econ.) a d. trend,* una tendenza al ribasso.
(2) downward(s) [ˈdaunwəd(z)] *avv.* ***1*** **in giù; verso il basso** ***2*** **verso tempi più recenti.**
downwind [ˌdaunˈwind] *a.* e *avv.* (anche *naut.)* **sottovento.**
downy [ˈdauni] *a.* ***1*** **coperto di piume; coperto di peluria** ***2*** **lanuginoso; morbido; soffice** ***3*** *(pop.)* **sveglio; astuto.**
dowry [ˈdauəri] *n.* [C] ***1*** *(leg.)* **dote** ***2*** *(fig.)* **dote; dono; talento.**
(1) to **dowse** [daus] *V.* to **douse.**
(2) to **dowse** [dauz] *v. i.* **cercare acqua** (o **minerali) con la bacchetta da rabdomante.**

dowser ['dauzə*] *n.* **rabdomante.**
dowsing ['dauziŋ] *n.* [U] **rabdomanzia.**
doyen ['dɔiən] *n.* **decano** (specialm. di corpo diplomatico).
to **doze** [douz] *v. i.* **sonnecchiare** ● *to d. off,* appisolarsi.
doze [douz] *n.* [C] **sonnellino; pisolo; pisolino.**
dozen ['dʌzn] *n.* [C] **dozzina**: *20 pence a d.*, 20 penny la dozzina □ *three d. bottles of wine,* tre dozzine di bottiglie di vino □ *some dozens of people,* alcune dozzine di persone □ *in dozens,* a dozzine ● *to talk nineteen to the d.,* parlare ininterrottamente.
dozy ['douzi] *a.* **sonnolento.**
drab [dræb] *a.* ***1*** **bruno-giallastro; grigiastro** ***2*** *(fig.)* **grigio; monotono.**
to **drabble** ['dræbl] ***A*** *v. t.* **imbrattare; sporcare** (trascinando nel fango) ***B*** *v. i.* **imbrattarsi; sporcarsi**: *to d. through mud,* diguazzare nel fango.
drachm [dræm] ***1*** *V.* **drachma** ***2*** *V.* **dram.**
drachma ['drækmə] *n.* (*pl.* **drachmas** ['drækməz], **drachmae** ['drækmi:]) **dracma** (moneta greca).
Draconian [drei'kounjən] *a.* *(stor.* e *fig.)* **draconiano.**
draft [dra:ft] *n.* [C] ***1*** **abbozzo; bozza; schizzo** ***2*** *(fin.)* **tratta; cambiale tratta** ***3*** *(mil.)* **distaccamento; reparto** ***4*** *(USA) V.* **draught.**
to **draft** [dra:ft] *v. t.* ***1*** **abbozzare; fare una bozza di; redigere** ***2*** *(mil.)* **distaccare** (un reparto); **mandare in missione** (soldati) ***3*** *(USA)* **chiamare alle armi; arruolare.**
draftee [dra:f'ti:] *n.* *(USA, mil.)* **coscritto; soldato di leva.**
draftsman ['dra:ftsmən] *n.* (*pl.* **draftsmen** ['dra:ftsmən]) ***1*** *(arti grafiche)* **disegnatore tecnico; progettista** ***2*** **estensore di bozze di documenti; redattore di schemi di disegni di legge.**
to **drag** [dræg] ***A*** *v. t.* ***1*** **trascinare; strascinare; strascicare; tirare** (a fatica, con sforzo): *to d. one's feet,* strascicare i piedi ***2*** *(agric.)* **erpicare** ***3*** **dragare, rastrellare** (il fondo d'un fiume) ***B*** *v. i.* ***1*** (anche *to d. on*) **trascinarsi; passare lentamente** ***2*** *(naut.)* **arare** ● *(fig.) to d. one's feet,* tirarsi indietro, essere riluttante (a fare q.c.) □ *to d. on,* protrarsi; tirare avanti, in modo noioso □ *(fam.) to d. up a child,* tirar su un ragazzo alla meglio.
drag [dræg] *n.* [C] ***1*** **erpice pesante** ***2*** (anche *dragnet*) **rete a strascico** (da pesca o per selvaggina) ***3*** **draga** ***4*** *(fig.)* **impedimento; ostacolo; peso** ***5*** *(pop.)* **noia; seccatura; scocciatura** *(fam.)* ***6*** *(pop.)* **individuo noioso; barba** *(pop.)*.
to **draggle** ['drægl] ***A*** *v. t.* **infangare; inzaccherare** ***B*** *v. i.* ***1*** **infangarsi; inzaccherarsi** ***2*** **trascinarsi in coda; restare indietro.**
draggy ['drægi] *a.* *(fam.)* **noioso; barboso** *(pop.)*.
dragnet ['drægnet] *n.* ***1*** **rete a strascico** ***2*** *(fig.)* **retata** (della polizia, ecc.).
dragoman ['drægoumən] *n.* (*pl.* **dragomans, dragomen** ['drægoumən]) **dragomanno;** *(per estens.)* **interprete.**
dragon ['drægən] *n.* [C] *(mitol.)* **dragone; drago.**
dragonfly ['drægənflai] *n.* [C] (*zool.*, Libellula) **libellula.**
dragoon [drə'gu:n] *n.* [C] *(mil.)* **dragone.**
to **dragoon** [drə'gu:n] *v. t.* **infierire su** (q.) **con l'impiego di dragoni** ● *to d. sb. into st.,* costringere q. a fare q.c. con la forza.
to **drain** [drein] ***A*** *v. t.* ***1*** **prosciugare** (anche *fig.*); **logorare; esaurire** ***2*** **fare uscire, togliere** (un liquido); **scolare**: *to d. a bottle of beer,* bersi un'intera (*pop.*: scolarsi una) bottiglia di birra ***3*** *(med.)* **drenare** ***4*** **filtrare** ***B*** *v. i.* ***1*** **defluire; fluire via; sfociare** ***2*** **scaricare le acque** ***3*** **ricevere le acque di** (un territorio) ***4*** **asciugare, asciugarsi; prosciugarsi.**
drain [drein] *n.* [C] ***1*** **canale di scolo; fogna; chiavica;** (anche *drainpipe*) **tubo di scarico (o di scolo, di spurgo)** ***2*** *(al pl.)* **fognature** ***3*** (*med.*, anche *d.-tube*) **tubo di drenaggio** ***4*** *(fig.)* **consumo; salasso** ***5*** *(pop.)* **sorso.**
drainage ['dreinidʒ] *n.* [U] ***1*** **prosciugamento; bonifica** ***2*** **scolo; spurgo** ***3*** **acque di scarico** ***4*** **rete delle fognature** ***5*** *(med.)* **drenaggio.**
drainer ['dreinə*] *n.* [C] **scolatoio.**
drake [dreik] *n.* *(zool.)* **maschio dell'anatra.**
dram [dræm] *n.* [C] ***1*** **dracma, dramma** ***2*** **sorso di bevanda alcolica; bicchierino; cicchetto.**
drama ['dra:mə] *n.* [C] e [U] **dramma** (anche *fig.*); **lavoro teatrale; teatro** *(fig.)*.
dramatic [drə'mætik] *a.* ***1*** **drammatico; teatrale** ***2*** *(fig.)* **drammatico; sensazionale.**
dramatics [drə'mætiks] *n. pl.* *(col verbo al sing.)* **arte drammatica.**
dramatist ['dræmətist] *n.* **drammaturgo.**
dramatization [ˌdræmətai'zeiʃən] *n.* [U] **drammatizzazione; riduzione** (d'un romanzo, ecc.) **in forma di dramma.**
to **dramatize** ['dræmətaiz] *v. t.* ***1*** **sceneggiare** (un romanzo, ecc.) ***2*** **rendere drammatico, drammatizzare** (un avvenimento, ecc.).
drank [dræŋk] *pass.* di to **drink.**
to **drape** [dreip] *v. t.* ***1*** **drappeggiare** ***2*** **coprire** (di drappi): **ornare.**
drape [dreip] *n.* [C] **drappo; drappeggio.**
draper ['dreipə*] *n.* **negoziante di stoffe.**
drapery ['dreipəri] *n.* [U] e [C] ***1*** **stoffe; tessuti; tendaggi** ***2*** **drappeggio** ***3*** **commercio di stoffe.**
drastic ['dræstik] *a.* **drastico.**
drat [dræt] *inter.* *(pop.)* **accidenti** (a); **maledetto.**
draught [dra:ft] *n.* ***1*** [U] **tiro**: *beasts of d.,* bestie da tiro ***2*** [C] **tirata** (di rete da pesca); **retata** (di pesce) ***3*** [C] (di liquido) **sorso; sorsata** ***4*** [U] **spillatura** (dalla botte, ecc.) ***5*** [C] *(med.)* **pozione** ***6*** [U] *(naut.)* **pescaggio** ***7*** [C] **corrente d'aria; spiffero** *(fam.)* ***8*** [U] (di camino, ecc.) **tiraggio** ***9*** *(al pl.)* **gioco della dama** ***10*** [C] (anche *draft*) **abbozzo; bozza; schema; schizzo; disegno** ● *d. beer,* birra alla spina □ *to drink at one d.,* bere d'un fiato.
draughtsman (*def. 1, 2* ['dra:ftsmən], *def. 3* ['dra:ftsmæn]) *n.* (*pl.* **draughtsmen** ['dra:ftsmən]) ***1*** **disegnatore** ***2*** **estensore di bozze di documenti; redattore di schemi di disegni di legge** ***3*** **pedina** (nel gioco della dama).
draughty ['dra:fti] *a.* **pieno di (o esposto alle) correnti d'aria.**
to **draw** [drɔ:] (*pass.* **drew** [dru:], *p.p.* **drawn** [drɔ:n]) ***A*** *v. t.* e *i.* ***1*** **tirare; trarre; attingere; tendere; trascinare; cavare; ricavare; estrarre**: *to d. the bow,* tendere l'arco □ *to d. blood,* cavar sangue □ *to d. water from a well,* attingere acqua da un pozzo □ *to d. a deep breath,* tirare un profondo respiro ***2*** **attirare; attrarre**: *to d. sb.'s attention,* attirare l'attenzione di q. ***3*** **ottenere; ricevere; ricavare; trarre**: *to d. information from sb.,* ottenere informazioni da q. ***4*** **tirare; disegnare; descrivere**: *to d. a line,* tirare una riga □ *to d. a picture,* disegnare un quadro; descrivere una scena ***5*** **formulare; stendere; redigere**: *to d. a contract,* stendere un contratto □ *to d. a deed,* redigere un atto legale ***6*** *(comm.)* **spiccare** (una tratta); **trarre, prelevare** (denaro) ***7*** **contrarre; tirare** *(pop.)*: *His face was drawn with pain,* aveva il viso contratto per il dolore ***8*** (*seguito da una prep.*, quali *to, near,* ecc.) **muoversi** (verso); **avvicinarsi** (a) ***9*** *(metall.)* **trafilare** ***10*** (nella caccia) **stanare** ***11*** *(med.)* **far spurgare; drenare** ***12*** (nei giochi di carte) **prendere** (una carta dal mazzo); **far giocare** ***13*** **sventrare** ***14*** **spillare** (un liquido): *to d. beer from a barrel,* spillare birra da un barile ***15*** **tenere in infusione; stare in infusione** ***16*** **tirare a sorte** ***17*** **finire alla pari;** *(sport)* **pareggiare** ***B*** *verbi composti* ***1*** *to d. sb. aside,* tirare q. da parte (o in disparte) □ *to d. st. aside,* tirar q.c. da parte ***2*** *to d. away from sb.,* allontanarsi da q. ***3*** *to d. back,* tirarsi indietro (anche *fig.*); indietreggiare ***4*** *to d. down,* tirare giù; abbassare □ *to d. down sb.'s anger on oneself,* tirarsi addosso l'ira di q. ***5*** *to d. forth,* causare; provocare ***6*** *to d. in,* accorciarsi; volgere al termine; fare economia □ *(fig.) to d. in one's horns,* mettere giudizio; farsi prudente □ *to d. st. in,* tirar su q.c.; ritirare q.c.; limitare (o ridurre) q.c. ***7*** *to d. off,* partire; andarsene □ *to d. st. off,* cavare (o togliere) q.c. ***8*** *to d. on,* avvicinarsi □ *to d. on (o upon) st.,* fare appello a q.c.; ricorrere a q.c. □ *to d. st. on,* mettersi (o infilarsi) q.c. ***9*** *to d. out,* allungarsi; protrarsi; partire □ *to d. sb. out,* far parlare q.; far cantare q. *(pop.)* ***10*** *to d.*

round, avvicinarsi; disporsi in circolo ***11*** *to d. together,* avvicinarsi; accostarsi ***12*** *to d. up,* arrestarsi; fermarsi; avvicinarsi □ *to d. up with (o to) sb.,* raggiungere q. □ *to d. st. up,* tirar su (o attingere) q.c.; compilare (o redigere, stendere) q.c.: *to d. up a contract,* stendere un contratto ● *(fig.) to d. a blank,* restare con un pugno di mosche □ *to d. one's first breath,* emettere il primo vagito; nascere □ *to d. a game (a match),* chiudere una partita (un incontro) alla pari □ *(fam.) to d. it mild,* non esagerare; essere modesto □ *to d. one's last breath,* dare l'ultimo respiro; esalare l'anima □ *to d. oneself up,* tirarsi su; drizzare la schiena; ergersi □ *to d. a prize,* vincere un premio (per es., alla lotteria); tirar su un numero vincente □ *to d. the winner,* prendere un biglietto col nome del cavallo vincente; *(fig.)* aver successo.

draw [drɔ:] *n.* C ***1*** **strattone; tirata; strappo *2* estrazione; sorteggio *3* attrazione**: *to be a great d.,* essere una grande attrazione ***4*** *(sport)* **pareggio** ● *to be quick on the d.,* essere rapido nello sguainare la spada.

drawback ['drɔ:bæk] *n.* ***1*** C **inconveniente; svantaggio *2*** U *(comm.)* **rimborso del dazio doganale** (quando la merce è riesportata).

drawbridge ['drɔ:bridʒ] *n.* C **ponte levatoio; ponte girevole.**

drawee [drɔ:'i:] *n.* *(comm.)* **trattario.**

drawer *(def. 1* ['drɔ:ə*]; *def. 2* [drɔ:*]; *def. 3* [drɔ:z]) *n.* C ***1*** *(comm.)* **traente *2* cassetto**: *a chest of drawers,* un cassettone ***3*** *(al pl.)* **mutande lunghe.**

drawing ['drɔ:iŋ] *n.* U e C ***1*** **disegno *2*** *(comm.)* **prelevamento** (di denaro) ***3*** *(metall.)* **trafilatura** (d'un metallo) ***4*** **sorteggio; estrazione a sorte** ● *d. block,* quaderno da disegno □ *d. board,* tavolo da disegno □ *d. pen,* tiralinee □ *d. pin,* puntina da disegno.

drawing-room ['drɔ:iŋrum] *n.* C **salotto.**

to **drawl** [drɔ:l] ***A*** *v. i.* **strascicare le parole *B*** *v. t.* **strascicare**: *to d. (out) one's words,* strascicare le parole.

drawl [drɔ:l] *n.* *(con l'art. indeterm.)* **pronuncia lenta, strascicata.**

drawn [drɔ:n] *p.p.* di to **draw** ● *d.-work,* ricamo sfilato □ *horse-d.,* a cavalli; ippotrainato □ *with a d. face,* con il viso contratto, teso □ *with d. swords,* con le spade sguainate.

dray [drei] *n.* C **carro pesante; barroccio** ● *d.-horse,* cavallo da tiro.

drayman ['dreimən] *n.* (*pl.* **draymen** ['dreimən]) **barrocciaio.**

to **dread** [dred] *v. t.* e *i.* **temere; aver paura** (di); **tremare** *(fig.).*

dread [dred] *n.* U *(spesso con l'art. indeterm.)* **timore; paura; terrore.**

dreadful ['dredful] *a.* **terribile; tremendo; orribile; spaventoso.**

dreadnought ['dednɔ:t] *n.* C *(naut., mil.)* **corazzata.**

dream [dri:m] *n.* C (anche *fig.*) **sogno**: *to have bad dreams,* fare brutti sogni ● *d.-land,* il paese dei sogni □ *to look a perfect d.,* parere una creatura di sogno.

to **dream** [dri:m] (*pass.* e *p.p.* **dreamt** [dremt] o **dreamed** [dri:md]) *v. t.* e *i.* **sognare, sognarsi** (anche *fig.*); **fantasticare; immaginare**: *to d. of home,* sognare la propria casa □ *to d. of doing st.,* sognare di fare q.c. □ *He little dreamed that...,* non immaginava nemmeno lontanamente che... ● *to d. away one's time,* passare il tempo in fantasticherie □ *to d. a dream,* fare un sogno.

dreamboat ['dri:mbout] *n.* *(pop.)* ***1*** **(l')uomo dei propri sogni *2* (la) ragazza dei propri sogni; (una) ragazza di sogno.**

dreamer ['dri:mə*] *n.* **sognatore, sognatrice.**

dreamless ['dri:mlis] *a.* **senza sogni.**

dreamscape ['dri:mskeip] *n.* C **paesaggio irreale** (o **di sogno).**

dreamt [dremt] *pass.* e *p.p.* di to **dream.**

dreamy ['dri:mi] *a.* ***1*** **sognante *2* vago; come di sogno.**

dreariness ['driərinis] *n.* U **desolazione; tetraggine; squallore.**

dreary ['driəri] *a.* **cupo; desolato; fosco; tetro.**

dredge [dredʒ] *n.* C **draga** (macchina).

(1) to **dredge** [dredʒ] *v. t.* e *i.* **dragare; scavare** (con la draga).

(2) to **dredge** [dredʒ] *v. t.* *(cucina)* **cospargere; spolverizzare.**

dredger ['dredʒə*] *n.* **draga** (battello).

dregs [dregz] *n. pl.* **feccia** (anche *fig.*); **posatura; sedimento**: *to drink to the dregs,* bere sino alla feccia *(per lo più fig.).*

to **drench** [drentʃ] *v. t.* **infradiciare; inzuppare**: *to be drenched with rain,* essere inzuppato di pioggia.

drench [drentʃ] *n.* C ***1*** **beverone** (specialm. medicamentoso) ***2*** **bagnata; infradiciata *3* rovescio; scroscio di pioggia.**

drenching [drentʃiŋ] *n.* *(con l'art. indeterm.)* **bagnata**: *to get a d.,* prendersi una bella bagnata.

to **dress** [dres] ***A*** *v. t.* ***1*** **vestire; abbigliare**: *to be dressed in black,* essere vestito di nero ***2*** **adornare; ornare; addobbare; decorare; pavesare** (una nave) ***3*** *(med.)* **medicare; fasciare** (una ferita) ***4*** **preparare** (per un determinato scopo); **rifinire**: *to d. leather,* conciare il cuoio □ *to d. one's hair,* acconciare i capelli ***5*** *(mil.)* **mettere in riga; allineare *6*** *(agric.)* **concimare** (campi); **potare, sarchiare** (piante) ***B*** *v. i.* ***1*** **vestire, vestirsi; abbigliarsi *2*** *(mil.:* di soldati) **mettersi in riga; allinearsi *C*** to **dress oneself** *v. rifl.* **vestirsi** ● *(fig.) to d. sb. down,* dare una strigliata a q. □ *to d. up,* vestirsi a festa; mettersi in ghingheri.

dress [dres] *n.* ***1*** U **abbigliamento; abiti; vestiti *2*** C **vestito** (da donna o bambina) ***3*** U **veste; piumaggio** ● *(teatr.) d. circle,* prima galleria □ *d. coat,* marsina; frac □ *(teatr.) d. rehearsal,* prova generale □ *in full d.,* in alta uniforme.

dressage ['dresa:ʒ] *(franc.) n.* U *(equitazione)* **dressage; dressaggio.**

(1) dresser ['dresə*] *n.* ***1*** **vetrinista *2* conciatore** (di cuoio, ecc.) ***3*** *(med.)* **assistente d'un chirurgo *4*** *(teatr., cinem., telev.)* **costumista.**

(2) dresser ['dresə*] *n.* **credenza** (il mobile).

dressing ['dresiŋ] *n.* U e C ***1*** **abbigliamento; vestiario; acconciatura *2* medicazione; medicamenti; bende *3* condimento; salsa *4*** *(agric.)* **concime *5*** *(ind. tessile)* **apprettatura; appretto** ● *(fam.) to give sb. a good d.-down,* dare una strigliata a q.; fare una ramanzina a q.

dressing-case ['dresiŋkeis] *n.* C **nécessaire da viaggio.**

dressing-gown ['dresiŋgaun] *n.* C **veste da camera; vestaglia.**

dressing-room ['dresiŋrum] *n.* C ***1*** **spogliatoio *2*** *(teatr.)* **camerino.**

dressing-table ['dresiŋ,teibl] *n.* C **toletta** (il mobile).

dressmaker ['dres,meikə*] *n.* **sarta, sarto** (da donna).

dressy ['dresi] *a.* *(fam.)* ***1*** **elegante; ricercato** (nel vestire) ***2*** (d'abito) **elegante; alla moda.**

drew [dru:] *pass.* di to **draw.**

to **dribble** ['dribl] ***A*** *v. i.* ***1*** **gocciolare; sbavare *2*** (gioco del calcio) **dribblare *3*** (biliardo) **andare in buca** (della palla) ***B*** *v. t.* ***1*** **far gocciolare; sgocciolare *2*** (gioco del calcio) **scartare; dribblare *3*** (biliardo) **mettere** (una palla) **in buca.**

dribble ['dribl] *n.* ***1*** C **goccia *2*** U **bava *3*** U (calcio) **dribblaggio.**

dribbling ['dribliŋ] *n.* U (calcio) **dribblaggio.**

driblet ['driblit] *n.* C ***1*** **gocciolina *2*** *(fig.)* **piccola quantità.**

dribs [dribz] *n. pl.* — *in d. and drabs,* un po' per volta; pochi per volta; alla spicciolata.

drier ['draiə*] *n.* C ***1*** **essiccatore *2* essiccatoio** ● *hair-d.,* asciugacapelli.

drift [drift] *n.* ***1*** U **moto; spostamento; movimento *2*** U **tendenza; inclinazione; piega** *(fig.)* ***3*** U **significato; senso *4*** C **turbine** (di pioggia, neve, ecc.); **cumulo, mucchio** (di neve, foglie secche, ecc.) ***5*** U **inazione; immobilismo *6*** U *(geol.)* **deposito alluvionale *7*** C *(mecc.)* **punteruolo; punzone *8*** U *(naut., aeron.)* **deriva.**

to **drift** [drift] ***A*** *v. i.* ***1*** **andare alla deriva** (anche *fig.*);

lasciarsi trasportare dalla corrente *2* accumularsi, ammucchiarsi (per l'azione del vento, ecc.) *B* v. t. (del vento, d'una corrente) trasportare; accumulare; ammucchiare.

driftage ['driftidʒ] n. [U] *1* (l')andare alla deriva *2* detriti; materiale di deposito.

drifter ['driftə*] n. *1* chi (o cosa che) va alla deriva *2* peschereccio con rete a deriva.

driftwood ['driftwud] n. [U] legname galleggiante.

(1) drill [dril] n. *1* [C] (mecc.) trapano *2* [C] (ind. mineraria) trivella; sonda *3* [C] e [U] (anche mil.) esercitazione; addestramento; esercizio: *a pronunciation d.*, un esercizio di pronuncia ● (mil.) *d.-ground*, terreno per esercitazioni; piazza d'armi.

(1) to **drill** [dril] *A* v. t. *1* forare; perforare; trapanare; trivellare *2* (anche mil.) esercitare; addestrare *B* v. i. *1* fare perforazioni (o trivellazioni, sondaggi) *2* fare esercitazioni (militari); esercitarsi.

(2) drill [dril] n. [C] (agric.) *1* seminatrice *2* solco (in cui seminare).

(2) to **drill** [dril] v. t. (agric.) *1* seminare a righe *2* coltivare (un campo) seminando a righe.

(3) drill [dril] n. [U] (ind. tessile) traliccio.

to **drink** [driŋk] (pass. **drank** [dræŋk], p.p. **drunk** [drʌŋk]) v. t. e i. *1* bere: *to d. sb.'s health*, bere alla salute di q. □ *to d. success to sb. (st.)*, bere al successo di q. (alla riuscita di q.c.) *2* spendere nel bere ● *to d. hard (o heavily, like a fish)*, bere come una spugna □ (fig.) *to d. st. in*, ascoltare q.c. con grande diletto (o interesse) □ *to d. oneself drunk*, bere tanto da ubriacarsi □ *to d. oneself to death*, uccidersi col bere □ *to d. to sb.*, bere alla salute di q. □ *to d. (st.) up (o off, down)*, bere (q.c.) in un sorso □ *drinking-song*, canzone conviviale □ *drinking-water*, acqua potabile.

drink [driŋk] n. *1* [U] e [C] bevanda; bibita *2* [C] bevuta; sorsata; sorso.

drinkable ['driŋkəbl] a. bevibile; potabile.

drinker ['driŋkə*] n. bevitore, bevitrice.

to **drip** [drip] v. i. e t. gocciolare; sgocciolare; colare; grondare: *to d. sweat*, grondare sudore ● *dripping wet*, bagnato fradicio; umidissimo.

drip [drip] n. *1* [U] gocciolamento; stillicidio *2* [C] (archit.) gocciolatoio *3* [C] (med.) fleboclisi *4* [C] (pop.) individuo insignificante; nullità.

drip-dry [ˌdrip'drai] a. che asciuga da sé; stendi e asciuga.

dripping ['dripiŋ] n. *1* [U] sgocciolatura *2* (di solito al pl.) grasso d'arrosto.

dripping-pan ['dripiŋpæn] n. [C] leccarda.

to **drive** [draiv] (pass. **drove** [drouv], p.p. **driven** ['drivn]) *A* v. t. e i. *1* spingere (anche fig.); cacciare *2* (nella caccia) scovare (la selvaggina); battere (un terreno) *3* (sport) battere, colpire, scagliare (una palla) *4* guidare; andare (guidando un veicolo); portare (q.) in automobile; scarrozzare *5* infilare; conficcare; piantare; avvitare *6* tagliare; scavare; costruire *7* (di solito al passivo) azionare; far funzionare *8* correre; affrettarsi; precipitarsi *9* (mil.) spingersi; addentrarsi *B* verbi composti *1* (fam.) *to d. at*, mirare a: *What is he driving at?*, a che cosa mira?; dove vuol andare a parare? □ *to d. (away) at st.*, lavorare assiduamente a q.c. *2* *to d. away (o off)*, allontanarsi (in un veicolo) *3* *to d. in*, entrare (con un veicolo) □ *to d. st. in*, conficcare q.c.; (fig.) portare q.c. a conclusione *4* *to d. out*, uscire (con un veicolo) □ *to d. sb. out*, scacciare q. *5* *to d. under*, reprimere (un sentimento) *6* *to d. up*, accostarsi, avvicinarsi (con un veicolo); fermarsi.

drive [draiv] n. *1* [C] gita (o passeggiata) in (o alla guida di un') automobile (o una carrozza); scarrozzata *2* [C] strada carrozzabile; (specialm.) viale d'accesso a una villa (in USA spesso driveway) *3* [C] (sport) colpo (dato a una palla); spinta; (tennis) colpo di dritto, drive *4* [U] energia; iniziativa *5* [C] (autom.) guida *6* [C] (mecc.) comando; trasmissione; presa.

drive-in ['draivˌin] n. [C] *1* drive-in; cineparco *2* banca (o spaccio) al cui sportello (o al cui banco) si accede in automobile.

to **drivel** ['drivl] v. i. *1* sbavare; avere la goccia al naso *2* parlare a vanvera; dire sciocchezze.

drivel [drivl] n. [U] *1* bava *2* ciance; discorsi sciocchi.

driveller ['drivlə*] n. ciancione; sciocco; stolto.

driven ['drivn] p.p. di to **drive** ● (di battello) *d. ashore*, tirato in secco □ *d. snow*, neve accumulata dal vento.

driver ['draivə*] n. [C] *1* conducente; guidatore; cocchiere; autista *2* (mecc.) elemento motore (ingranaggio, biella, ecc.) *3* (golf) mazza (tutta di legno) ● *cattle-d.*, mandriano □ *engine-d.*, macchinista □ (autom.) *test d.*, collaudatore □ *truck-d.*, camionista.

driveway ['draivˌwei] (USA) V. **drive,** def. 2.

driving ['draiviŋ] n. [U] (autom., ecc.) guida; modo di guidare ● (autom.) *d. mirror*, specchietto retrovisivo; retrovisore □ (autom.) *d. school*, scuola guida □ (autom.) *d. test*, esame di guida.

to **drizzle** ['drizl] v. i. piovigginare.

drizzle ['drizl] n. (con l'art. indeterm.) pioviggine; acquerugiola (fam.).

drizzly ['drizli] a. piovigginoso.

drogue [droug] n. [C] *1* (naut.) ancora galleggiante *2* (meteorologia) manica a vento *3* (aeron.) paracadute ritardatore *4* (aeron., mil.) bersaglio a rimorchio.

droll [droul] a. buffo; comico; faceto; strambo.

drollery ['drouləri] n. [U] e [C] buffoneria; facezia; stramberia.

dromedary ['drʌmədəri] n. (zool., Camelus dromedarius) dromedario.

drone [droun] n. *1* [C] (zool.) fuco; pecchione *2* [C] (fig.) scroccone (fam.); fannullone; ozioso *3* [C] (aeron.) piccolo velivolo teleguidato *4* [U] ronzio.

to **drone** [droun] v. i. *1* ronzare *2* parlare in modo monotono *3* oziare; bighellonare (fam.) ● *to d. away one's life*, passare la vita nell'ozio.

to **droop** [dru:p] *A* v. i. *1* chinarsi; curvarsi; inclinarsi; piegarsi *2* declinare; languire; venir meno *3* (di fiori) appassire *B* v. t. abbassare (gli occhi, ecc.); piegare, chinare (il capo).

droop [dru:p] n. [U] abbassamento; (fig.) abbattimento, sconforto.

drop [drɔp] n. [C] *1* goccia (anche fig.); goccio(lo); stilla; sorso: *drops of rain (dew, blood, etc.)*, gocce di pioggia (di rugiada, di sangue, ecc.) *2* caramellina *3* caduta; abbassamento; ribasso; calo *4* differenza in altezza; salto *5* trabocchetto; botola ● (teatr.) *d. curtain*, sipario □ (metall.) *d.-forging*, stampaggio con maglio meccanico; fucinatura a stampo □ (metall.) *d. hammer*, maglio a caduta libera; maglio meccanico □ *a d. in the bucket (o in the ocean)*, una goccia nel mare □ (sport) *d.-kick*, calcio di rimbalzo □ *at the d. of a hat*, a un cenno; subito; ben volentieri □ *in drops*, a gocce; a goccia a goccia.

to **drop** [drɔp] *A* v. i. *1* gocciolare; gocciare; stillare *2* cadere (anche fig.); lasciarsi cadere; stramazzare *3* abbassarsi; calare; diminuire *4* cessare; finire *B* v. t. *1* far cadere a gocce; gocciolare; spruzzare *2* lasciar cadere; lanciare; sganciare (bombe); imbucare (lettere) *3* abbattere *4* (di animali) partorire *5* omettere; non pronunciare; tralasciare *6* scrivere (in fretta); mandare, spedire (una lettera): *to d. a line*, scrivere un rigo *7* abbandonare; rinunciare a; perdere *8* rompere i rapporti con (q.) *9* abbassare: *to d. one's eyes*, abbassare gli occhi *10* (fam.) far scendere (da un'automobile, ecc.); lasciare; depositare: *Where shall I d. you?*, dove devo farti scendere? ● (fam.) *to d. across sb.*, imbattersi in q. □ *to d. a hint*, dire una mezza parola (come suggerimento, allusione, invito, ecc.) □ *to d. in (on sb.)*, fare una visita inaspettata a q.; fare un salto da q. □ *to d. off (o away)*, andar via; scomparire; addormentarsi □ *to d. on sb.*, rimproverare q. □ *to d. out*, dare le dimissioni, andarsene (da un'associazione, un partito, ecc.) □ *to d. through*, finire in niente; fallire.

to **drop-kick** ['drɔpˌkik] v. t. e i. (sport) *1* calciare di rimbalzo *2* ottenere (una porta) con un calcio di rimbalzo.

droplet ['drɔplit] n. gocciolina; stilla.

dropper ['drɔpə*] n. contagocce.

droppings ['drɔpiŋz] n. pl. *1* gocce di cera (cadute da una candela) *2* sterco.

drop-scene ['drɔpsi:n] n. [C] (teatr.) scena finale (anche fig.).

dropsical ['drɔpsikəl] *a. (med.)* **idropico.**
dropsy ['drɔpsi] *n.* [U] *(med.)* **idropisia.**
dross [drɔs] *n.* [U] **scoria; avanzo; rifiuto.**
drossy ['drɔsi] *a.* **1 pieno di scorie 2** *(fig.)* **privo di valore.**
drought [draut] *n.* [C] e [U] **siccità; mancanza d'acqua.**
(1) drove [drouv] *pass.* di to **drive.**
(2) drove [drouv] *n.* [C] **1 branco; gregge; mandria 2** *(fig.)* **folla; moltitudine** (specialm. se in movimento) **3 scalpello** (da sbozzo).
drover ['drouvə*] *n.* **1 bovaro; mandriano 2 mercante di bestiame.**
to **drown** [draun] *v. i.* e *t.* **1 affogare; annegare 2 allagare; inondare; sommergere 3 coprire; soffocare** ● *to d. whisky,* mettere troppa acqua nel whisky □ *to be drowned out,* essere costretti ad abbandonare la casa (per un'inondazione).
to **drowse** [drauz] *v. i.* **essere assopito; sonnecchiare** ● *to d. away one's time,* passare il tempo sonnecchiando.
drowse [drauz] *n.* [C] **assopimento; sopore.**
drowsiness [drauzinis] *n.* [U] **sonnolenza; sopore.**
drowsy ['drauzi] *a.* **1 assopito; sonnolento 2 soporifero.**
to **drub** [drʌb] *v. t.* **battere; bastonare.**
drubbing ['drʌbiŋ] *n. (con l'art. indeterm.)* **bastonatura; botte; legnate.**
drudge [drʌdʒ] *n.* **chi fa lavori duri** (o **sgradevoli**); **sgobbone, sgobbona.**
to **drudge** [drʌdʒ] *v. i.* **fare un lavoro duro** (o **ingrato**); **sgobbare; sfacchinare** *(fam.).*
drudgery ['drʌdʒəri] *n.* [U] **lavoro faticoso** (o **ingrato**).
drug [drʌg] *n.* [C] **1 farmaco 2 droga; narcotico; stupefacente 3** (*comm., di solito d. on the market*) **articolo poco richiesto** ● *d. addict,* tossicomane; drogato □ *d. addiction,* tossicomania; tossicodipendenza □ *d. pusher,* spacciatore di droga.
to **drug** [drʌg] *v. t.* **1 drogare 2 narcotizzare.**
druggist ['drʌgist] *n. (USA)* **commerciante di medicinali; farmacista.**
drugster ['drʌgstə*] *n.* **drogato.**
drugstore ['drʌgstɔ:] *n. (USA)* **farmacia** (*cfr. ingl. chemist's shop*; si noti che i « drugstores » americani vendono anche cosmetici, tabacco, libri, ecc.); **emporio.**
Druid ['dru:id] *n. (stor.)* **druido, druida.**
Druidism ['dru:idizəm] *n.* [U] *(stor.)* **druidismo.**
drum [drʌm] *n.* [C] **1** *(mus., archit., mecc.)* **tamburo 2 oggetto cilindrico; barattolo; bidone 3** *(mecc.)* **cilindro 4** (*anat.*, anche *ear-drum*) **timpano** ● *(mus.) big d.,* grancassa □ *(mus.) kettle d.,* timpano □ *(mus.) set of drums,* batteria.
to **drum** [drʌm] **A** *v. i.* **1 suonare il tamburo; tambureggiare 2 tamburellare 3** (di uccelli o insetti) **fare un frullo d'ali B** *v. t.* **1 suonare** (un motivo) **sul tamburo 2** (anche *to d. up*) **radunare a rullo di tamburo** ● *to d. a lesson into sb.'s head,* fare entrare una lezione in testa a q. a forza di battere e ribattere.
drumhead ['drʌmhed] *n.* [C] **1 pelle del tamburo 2** *(anat.)* **membrana del timpano** ● *(mil.) d. court martial,* corte marziale straordinaria.
drummer ['drʌmə*] *n.* **tamburino.**
drumstick ['drʌm,stik] *n.* [C] **1 bacchetta** (di tamburo) **2 coscia di pollo** (cotta).
drunk [drʌŋk] **A** *p.p.* di to **drink B** *a. pred.* **ubriaco; ebbro** (anche *fig.*): *to be d. with joy,* essere ebbro di gioia **C** *n. (pop.)* **ubriaco** ● *to be as d. as a lord,* essere ubriaco fradicio □ *to be half d.,* essere alticcio (o brillo).
drunkard ['drʌŋkəd] *n.* **ubriacone, ubriacona; beone, beona.**
drunken ['drʌŋkən] *a. attr.* **1 ubriaco; ebbro 2 da ubriaco; dovuto a ubriachezza.**
drupe [dru:p] *n.* [C] *(bot.)* **drupa.**
dry [drai] *a.* **1 asciutto; secco; arido**: *dry weather,* tempo asciutto □ *dry wine,* vino secco **2** *(fam.)* **assetato**: *to feel dry,* essere assetato; aver sete **3 solido**: *dry goods,* merci solide; cereali **4 nudo** *(fig.)*: **preciso 5 arido; privo d'interesse; noioso; infruttuoso 6 pungente; caustico** ● *(elettr.) dry battery,* batteria a secco □ *(USA) dry State,* Stato dove vige il proibizionismo □ *to dry-clean,* pulire (abiti) a secco □ *dry-cleaning,* pulitura a secco □ *to dry-cure* (o *to dry-salt*), conservare sotto sale □ *(arte) dry-point,* (punta per) incisione a secco □ *to dry-point,* incidere a puntasecca □ *dry-stone wall,* muro a secco.
to **dry** [drai] *v. t.* e *i.* **asciugare, asciugarsi; seccare, seccarsi**: *to dry one's hands,* asciugarsi le mani ● *to dry st. up,* asciugare completamente q.c.; prosciugare q.c. □ *to dry up,* seccarsi; inaridirsi □ *(fam.) Dry up!,* smettila!; piantala!
dryad ['draiæd] *n.* [C] *(mitol.)* **driade.**
dryasdust ['draiəzdʌst] *a.* **pedantesco; noioso.**
dryer ['draiə*] *V.* **drier.**
dryness ['drainis] *n.* [U] **1 aridità; secchezza; siccità 2 monotonia; noiosità 3 ironia pungente; causticità.**
dry-shod [,drai'ʃɔd] *a.* **a piedi asciutti.**
dual ['dju:əl] *a.* **duplice; doppio.**
dualism ['dju(:)əlizəm] *n.* [U] **1 dualità; duplicità 2** *(filos.)* **dualismo.**
dualist ['dju(:)əlist] *n. (filos.)* **dualista.**
duality [dju(:)'æliti] *n.* [C] **dualità.**
(1) to **dub** [dʌb] *v. t.* **1** *(stor.)* **creare** (q.) **cavaliere 2 conferire un titolo a** (q.); **nominare 3 soprannominare 4** *(ind.)* **ammorbidire** (il cuoio) **strofinandolo con sego.**
(2) to **dub** [dʌb] *v. t. (cinem., telev.)* **doppiare.**
dubber ['dʌbə*] *n. (cinem., telev.)* **doppiatore, doppiatrice.**
dubbing ['dʌbiŋ] *n.* [U] e [C] *(cinem., telev.)* **doppiaggio.**
dubiety [dju:'baiəti] *n.* **1** [U] **dubbiosità; incertezza 2** [C] **cosa dubbia.**
dubious ['dju:bjəs] *a.* **1 dubbio; dubbioso; incerto; vago; ambiguo**: *to feel d. (as to) what to do,* essere dubbioso sul da farsi **2 di dubbia fama** (o **reputazione**) ● *to be d. of st.,* avere dubbi su q.c.
dubitative ['dju:bitətiv] *a.* **1 dubitativo 2 dubbioso.**
Dubliner ['dʌblinə*] *n.* **dublinese.**
ducal ['dju:kəl] *a.* **ducale.**
ducat ['dʌkət] *n.* [C] *(stor.)* **ducato** (moneta).
duchess ['dʌtʃis] *n.* **duchessa.**
duchy ['dʌtʃi] *n.* [C] **ducato** (territorio).
(1) duck [dʌk] *n.* **1** [C] (*zool.*, Anas) **anatra 2** [U] (carne di) **anatra 3** *(fam., specialm. al vocat.)* **caro; tesoro 4** [C] (*cricket*, anche *d.'s egg*) **zero** (nel punteggio) **5** [C] *(pop.)* **individuo; tipo**: *a queer d.,* un tipo strano **6** [C] *(gergo mil.)* **anfibio; mezzo da sbarco** ● *(fig.) lame d.,* minorato fisico; zoppo; *(Borsa)* debitore moroso □ *to be like a d. in a thunderstorm,* avere un'aria smarrita □ *(fig.) to be like water off a d.'s back,* non sortire effetto alcuno □ *to play ducks and drakes with one's money,* sperperare il proprio denaro □ *to take to st. like a d. to water,* fare q.c. con naturalezza.
to **duck** [dʌk] **A** *v. t.* **1 immergere; tuffare; cacciare sott'acqua 2 chinare; piegare 3** *(fam.)* **evitare** (una persona) **B** *v. i.* **1 immergersi; tuffarsi 2 chinarsi; piegarsi.**
(2) duck [dʌk] *n.* [C] **1 rapida immersione; tuffo 2 breve inchino.**
(3) duck [dʌk] *n.* **1** [U] *(ind. tessile)* **tela olona; tela da vele 2** *(al pl.)* **calzoni di tela grezza.**
duck-bill ['dʌkbil] *n.* [C] (*zool.*, Ornithorhynchus) **ornitorinco.**
ducking ['dʌkiŋ] *n.* [C] **tuffo; immersione; bagnata.**
duckling ['dʌkliŋ] *n.* **anatroccolo.**
ducky ['dʌki] *n. (fam., specialm. al vocat.)* **caro; tesoro; tesoruccio.**
duct [dʌkt] *n.* [C] **1 condotto; tubo 2** *(anat.)* **canale; dotto; tromba.**
ductile ['dʌktail] *a.* **duttile** (anche *fig.*).
ductility [dʌk'tiliti] *n.* [U] **duttilità** (anche *fig.*).
dud [dʌd] *(pop.)* **A** *n.* [C] **1 proiettile che fa cilecca 2 progetto che va a vuoto; persona che non riesce a cavare un ragno da un buco** *(fam.)* **3** *(al pl.)* **vestiti; stracci B** *a.* **falso; inutile.**

dude [dju:d] *n. (USA)* **1** *(raro)* bellimbusto; damerino; elegantone **2** *(pop.*, nel West) turista (specialm. della costa atlantica).

dudgeon ['dʌdʒən] *n.* [U] *(arc.)* risentimento; sdegno ● *to be in high d.*, essere molto risentito.

(1) due [dju:] **A** *a.* **1** dovuto; debito; doveroso; adeguato: *in due time* (o *in due course)*, a tempo debito □ *with due care*, con la debita cura □ *after due consideration*, dopo adeguata riflessione **2** *(comm., leg.)* dovuto; esigibile; che scade **3** atteso; in arrivo (secondo l'orario) **B** *avv.* (con i punti cardinali) esattamente, precisamente (in direzione, verso) ● (di persone) *to be due*, dovere □ *(leg.) due notice*, avviso dato nei termini di legge □ *(fam.) due to*, a causa di □ *(comm.) to fall due*, scadere □ *to be overdue*, essere in forte ritardo.

(2) due [dju:] *n.* **1** *(soltanto sing.)* ciò che è dovuto, ciò che spetta (a q.): *to give sb. his due*, dare a q. quel che gli spetta **2** *(al pl.)* diritti; dazi; tasse: *harbour dues*, diritti portuali **3** *(al pl.)* contributi sindacali.

duel ['dju(:)əl] *n.* [C] duello; *(fig.)* contesa ● *to fight a d.*, battersi in duello.

to **duel** ['dju(:)əl] *v. i.* duellare.

duellist ['dju:əlist] *n.* duellante; duellatore *(raro)*.

duenna [dju:'enə] *n.* governante; dama di compagnia.

duet [dju:'et] *n.* [C] *(mus.)* duetto (anche *fig.)*.

duffel ['dʌfəl] *n.* [U] tessuto di lana grezza ● *d. bag*, sacca da viaggio □ *(moda) d. coat*, montgomery.

duffer ['dʌfə*] *n.* [C] **1** moneta falsa; quadro falso **2** persona incompetente.

duffle ['dʌfəl] *V.* **duffel.**

(1) dug [dʌg] *pass.* e *p.p.* di to **dig.**

(2) dug [dʌg] *n.* [C] mammella, capezzolo (d'animale).

dugong ['du:gɔŋ] *n.* *(zool.*, Dugong) dugongo.

dug-out ['dʌgaut] *n.* [C] **1** piroga **2** rifugio; riparo antiaereo.

duke [dju:k] *n.* **1** duca **2** (Bibbia) capo tribù.

dukedom ['dju:kdəm] *n.* [C] ducato (grado, titolo, territorio).

dulcet ['dʌlsit] *a.* (di suono) dolce; melodioso.

to **dulcify** ['dʌlsifai] *v. t.* dolcificare; addolcire.

dulcimer ['dʌlsimə*] *n.* [C] *(mus.)* dulcimer.

dull [dʌl] *a.* **1** ottuso (anche *fig.)*; smussato; spuntato; insensibile; tardo; cupo **2** lento (nei movimenti); pigro; tardo **3** monotono; noioso; tedioso **4** depresso; scoraggiato **5** fosco; nebbioso; opaco; scuro; smorto: *d. weather*, tempo fosco □ *a d. colour*, un colore opaco (o smorto) **6** *(comm.)* fermo; inattivo; stagnante ● *to be as d. as ditchwater*, essere noioso da morire.

to **dull** [dʌl] *v. t.* **1** ottundere (anche *fig.)*; smussare; intorpidire **2** attutire; lenire **3** attenuare; smorzare.

dullard ['dʌləd] *n.* individuo ottuso.

dull-brained ['dʌlbreind] *a.* ottuso; tardo di mente.

dullness ['dʌlnis] *n.* [U] **1** ottusità; insensibilità **2** lentezza **3** monotonia; tediosità **4** tetraggine **5** *(comm.)* ristagno.

duly ['dju:li] *avv.* **1** debitamente; adeguatamente **2** a tempo debito.

dumb [dʌm] *a.* **1** muto; silenzioso **2** *(pop.)* stupido ● *d.-bell*, manubrio (per ginnastica) □ *d. show*, pantomima □ *d.-waiter*, servitore muto; montavivande □ *to strike d.*, fare ammutolire.

to **dumb** [dʌm] *v. t.* fare ammutolire.

to **dumbfound** [dʌm'faund] *v. t.* fare ammutolire; stupire; stordire.

dumbness ['dʌmnis] *n.* [U] mutismo; taciturnità.

dum-dum ['dʌmdʌm] *a.* dum-dum: *a d. (bullet)*, un proiettile dum-dum.

(1) dummy ['dʌmi] *n.* [C] **1** *(pop.)* sordomuto **2** manichino (da sartoria); fantoccio **3** *(fig.)* uomo di paglia **4** imbecille; tonto **5** tettarella di gomma **6** (nei giochi di carte) morto **7** *(tipogr.)* menabò.

(2) dummy ['dʌmi] *a.* falso; finto; fittizio ● *(sport) d. hare*, lepre meccanica (nei cinodromi).

to **dump** [dʌmp] *v. t.* **1** buttare; gettare; scaricare (alla rinfusa) **2** *(comm.)* vendere sottocosto (su mercato straniero).

dump [dʌmp] *n.* [C] **1** mucchio di rifiuti **2** luogo di scarico dei rifiuti **3** tonfo **4** *(mil.)* deposito (di munizioni, ecc.).

dumper ['dʌmpə*] *n.* [C] (anche *d. truck)* autocarro con cassone ribaltabile.

dumpling ['dʌmpliŋ] *n.* [C] *(cucina)* budino.

dumps [dʌmps] *n.* — *to be in the dumps*, essere depresso.

dumpy [dʌmpi] *a.* tozzo; basso e pingue ● *(topografia) d. level*, livello a cannocchiale.

(1) dun [dʌn] *a.* e *n.* (color) bigio, grigio-marrone ● (nella pesca) *d. fly*, mosca artificiale.

to **dun** [dʌn] *v. t.* chiedere insistentemente, sollecitare (il pagamento d'un debito) ● *(comm.) dunning letter*, lettera di sollecitazione.

(2) dun [dʌn] *n.* [C] **1** creditore insistente **2** esattore di crediti **3** sollecitazione di pagamento.

dunce [dʌns] *n.* [C] asino *(fig.)*; ignorante.

dunderhead ['dʌndəhed] *n.* [C] testone *(fam.)*; testa di legno.

dune [dju:n] *n.* [C] duna.

dung [dʌŋ] *n.* [U] **1** sterco; letame; concime **2** sporcizia; sudiciume.

dungaree [,dʌŋgə'ri:] *n.* **1** [U] tela grezza di cotone **2** *(al pl.)* tuta.

dungeon ['dʌndʒən] *n.* [C] prigione sotterranea.

dunghill ['dʌŋhil] *n.* [C] letamaio.

to **dunk** [dʌŋk] *v. t.* inzuppare (pane, ecc. prima di mangiarlo).

dunnage ['dʌnidʒ] *n.* [U] **1** *(naut.)* pagliolo **2** *(fam.)* bagaglio; oggetti personali.

duo ['dju(:)ou] *n.* (*pl.* **duos**) *(mus.)* duetto; duo.

duodecimal [,dju(:)ou'desiməl] *(mat.)* **A** *a.* duodecimo; dodicesimale **B** *n. pl.* sistema dodicesimale.

duodenal [,dju(:)ou'di:nəl] *a.* *(anat.)* duodenale.

duodenum [,dju(:)ou'di:nəm] *n.* (*pl.* **duodena** [,dju(:)ou'di:nə], **duodenums**) *(anat.)* duodeno.

duologue ['djuəlɔg] *n.* [C] dialogo (specialm. di dramma); scena a due.

dupe [dju:p] *n.* babbeo; gonzo; credulone.

to **dupe** [dju:p] *v. t.* gabbare; imbrogliare.

duple [dju:pl] *a.* doppio.

duplex ['dju:pleks] *a.* duplice; doppio.

duplicate ['dju:plikit] **A** *a.* **1** duplice; doppio **2** esattamente uguale (a un altro); gemello: *a d. key*, una chiave gemella **B** *n.* [C] **1** duplicato **2** doppione ● *documents made in d.*, documenti redatti in duplice copia.

to **duplicate** ['dju:plikeit] *v. t.* **1** duplicare; fare una seconda copia di (q.c.); raddoppiare **2** ciclostilare **3** ripetere.

duplication [,dju:pli'keiʃən] *n.* **1** [U] duplicazione **2** [C] duplicato; copia.

duplicator ['dju:plikeitə*] *n.* [C] duplicatore; ciclostile.

duplicity [dju:'plisiti] *n.* [U] duplicità; doppiezza; finzione.

durability [,djuərə'biliti] *n.* [U] durabilità; durevolezza.

durable ['djuərəbl] *a.* durevole; durabile; duraturo.

durableness ['djuərəblnis] *V.* **durability.**

Duralumin [djuə'ræljumin] *n.* [U] *(marchio; metall.)* duralluminio.

duramen [djuə'reimen] *n.* [U] *(bot.)* durame.

duration [djuə'reiʃən] *n.* [U] durata.

duress [djuə'res] *n.* [U] **1** prigionia **2** coercizione; costrizione.

during ['djuəriŋ] *prep.* durante; nel corso di: *d. the day*, durante il giorno □ *d. one's lifetime*, vita natural durante.

durra ['durə] *n.* [U] *(bot.*, Sorghum vulgare) sorgo.

durst [də:st] *pass.* di to **dare.**

dusk [dʌsk] *n.* [U] crepuscolo ● *at d.*, sull'imbrunire.

dusky ['dʌski] *a.* **1** fosco; oscuro; cupo **2** *(spreg.:* di persona) di colore.

dust [dʌst] *n.* [U] **1** polvere; polverio **2** spazzatura **3** (anche *yellow d.)* polline **4** *(poet., lett.)* polvere; ceneri

5 *(con l'art. indeterm.)* **confusione; strepito**: *to make (o to raise) a d.*, sollevare un polverone; *(fig.)* fare una gran confusione **6** *(pop.)* **soldi; quattrini** • *d. cover,* foderina, copertina; sopraccoperta (di libro) □ *d. jacket,* sopraccoperta (di libro) □ *(fig.) to bite the d.*, mordere la polvere □ *(fig.) to shake the d. off one's feet,* andarsene adirato (o indignato, sdegnato) □ *to throw d. in sb.'s eyes,* gettare la polvere negli occhi a q.; ingannare q.

to **dust** [dʌst] **A** *v. t.* **1 spolverare 2 impolverare 3 cospargere**: *to d. a cake with sugar,* cospargere di zucchero un dolce **B** *v. i.* **spolverare; levare la polvere** • *(fig.) to d. sb.'s jacket,* spolverare le spalle a q.; bastonare q. □ *to d. off,* rispolverare *(fig.)*.

dustbin ['dʌstbin] *n.* [C] **pattumiera; bidone dell'immondizia.**

dustcart ['dʌstka:t] *n.* **camion della nettezza urbana; autoimmondizie.**

duster [dʌstə*] *n.* [C] **1 straccio per la polvere 2 vasetto per spolverizzare 3 spolverino** (soprabito leggero) **4** *(agric.)* **polverizzatore.**

dusting ['dʌstiŋ] *n.* *(generalm. con l'art. indeterm.)* **1 spolveratura; spolverata 2** *(pop.)* **bastonatura; botte.**

dustman ['dʌstmən] *n.* *(pl.* **dustmen** ['dʌstmən]) **spazzino.**

dustpan ['dʌstpæn] *n.* [C] **paletta per la spazzatura.**

dusty ['dʌsti] *a.* **1 polveroso; coperto di polvere 2 incerto; vago**: *a d. answer,* una risposta vaga • *(pop.) not so d.*, discreto; abbastanza buono.

Dutch [dʌtʃ] **A** *a.* **olandese**: *the D.*, gli olandesi **B** *n.* **(lingua) olandese** • *D. courage,* coraggio fittizio, prodotto da eccitanti □ *(fam.) D. treat,* pasto (al ristorante, ecc.) in cui ogni invitato paga la sua parte di spese □ *(pop.) to beat the D.*, superare ogni aspettativa □ *double D.*, linguaggio incomprensibile; turco *(fig.)* □ *(fam.) to go D.*, fare alla romana; pagare ciascuno per sé □ *(stor., filol.) High (Low) D.*, alto (basso) tedesco □ *to talk to sb. like a D. uncle,* fare una paternale a q.

Dutchman ['dʌtʃmən] *n.* *(pl.* **Dutchmen** ['dʌtʃmən]) **olandese.**

Dutchwoman ['dʌtʃ,wumən] *n.* *(pl.* **Dutchwomen** ['dʌtʃ,wimin]) **olandese** (donna).

duteous ['dju:tjəs] *a.* **obbediente; ligio al dovere.**

dutiable ['dju:tjəbl] *a.* *(comm.)* **soggetto a dazio** (o a **dogana).**

dutiful ['dju:tiful] *a.* **ligio al dovere; deferente.**

dutifulness ['dju:tifulnis] *n.* [U] **obbedienza; rispetto e sottomissione; deferenza.**

duty ['dju:ti] *n.* **1** [U] e [C] **dovere** *(anche leg.)*; **obbligo morale**: *to do one's d.*, fare il proprio dovere **2** [C] **compito; funzione; mansione 3** [C] e [U] *(econ., comm.)* **dazio; imposta; tassa**: *customs d.*, dazio doganale • (di merce) *d.-free,* franco di dazio □ *(comm.) d. unpaid,* dazio escluso (da pagare) □ *to do d. for,* servire da □ *to come off d.*, smontare dal servizio □ *to be off d.*, essere fuori servizio □ *to be on d.*, essere in servizio.

dwarf [dwɔ:f] *n.* e *a.* **nano, nana.**

to **dwarf** [dwɔ:f] *v. t.* **1 impedire la crescita di** (una pianta, ecc.) **2 rimpicciolire 3 far apparire piccolo.**

dwarfish ['dwɔ:fiʃ] *a.* **1 di** (o **da) nano 2 piccolissimo; minuscolo.**

dwarfism ['dwɔ:fizəm] *n.* [U] *(med.)* **nanismo.**

to **dwell** [dwel] *(pass.* e *p.p.* **dwelt** [dwelt], **dwelled**) *v. i.* *(lett.)* **dimorare; abitare; risiedere** *(anche leg.)*; **soggiornare; stare**: *to d. in the country,* abitare in campagna • *to d. on (o upon) st.*, indugiare su q.c.; trattare ampiamente q.c.

dwell [dwel] *n.* [C] *(mecc.)* **pausa, sosta** (nel movimento di una macchina).

dweller ['dwelə*] *n.* **abitante; abitatore, abitatrice.**

dwelling ['dweliŋ] *n.* [C] **abitazione; dimora** • *d.-place,* luogo di residenza.

dwelt [dwelt] *pass.* e *p.p.* di to **dwell.**

to **dwindle** ['dwindl] *v. i.* **diminuire; decrescere; rimpicciolire.**

dyad ['daiæd] *n.* [C] **1** *(mat.)* **coppia 2** *(chim.)* **elemento bivalente.**

dye [dai] *n.* [C] e [U] **tinta; tintura** • *dye-works,* tintoria □ *dye-stuff,* sostanza colorante □ *a scoundrel of the deepest dye,* un furfante della peggiore specie.

to **dye** [dai] **A** *(pass.* e *p.p.* **dyed** [daid], *part. pres.* **dyeing** ['daiiŋ]) *v. t.* **tingere; colorare B** *v. i.* (di stoffa) **tingersi; colorarsi; prendere il colore.**

dyeing ['daiiŋ] *n.* [U] **tintura; tintoria** (arte del tingere).

dyer ['daiə*] *n.* **tintore** • *(bot.) d.'s broom* (Genista tinctoria) ginestrella.

dying ['daiiŋ] *a.* **1 morente; moribondo**: *a d. man,* un moribondo **2 estremo; ultimo** • *d. bed,* letto di morte.

dyke [daik] *V.* **dike.**

(1) dynamic [dai'næmik] *n.* *(con l'art. indeterm.)* **energia; forza dinamica.**

(2) dynamic [dai'næmik] *a.* **dinamico.**

dynamics [dai'næmiks] *n. pl.* *(col verbo al sing.)* **dinamica.**

dynamism ['dainəmizəm] *n.* [U] **dinamismo** *(anche fig.)*.

dynamitard ['dainəmita:d], **dynamiter** ['dainəmaitə*] *n.* **dinamitardo.**

dynamite ['dainəmait] *n.* [U] **dinamite.**

to **dynamite** ['dainəmait] *v. t.* **far saltare con la dinamite.**

dynamo ['dainəmou] *(pl.* **dynamos**) *n.* *(fis.)* **dinamo.**

dynamometer [,dainə'mɔmitə*] *n.* **dinamometro.**

dynast ['dinəst] *n.* **dinasta; sovrano.**

dynastic(al) [di'næstik(əl)] *a.* **dinastico.**

dynasty ['dinəsti] *n.* [C] **dinastia.**

dyne [dain] *n.* [C] *(fis.)* **dina.**

dysentery ['disntri] *n.* [U] *(med.)* **dissenteria.**

dyspepsia [dis'pepsiə] *n.* [U] *(med.)* **dispepsia.**

dyspeptic [dis'peptik] *a.* e *n.* *(med.)* **dispeptico.**

dyspnoea [dis'pni:ə] *n.* [U] *(med.)* **dispnea.**

dyspnoeic [dis'pniik] *a.* *(med.)* **dispnoico.**

dysprosium [dis'prousiəm] *n.* [U] *(chim.)* **disprosio.**

dystrophy ['distrəfi] *n.* [U] *(med.)* **distrofia.**

dysuria [dis'juəriə] *n.* [U] *(med.)* **disuria.**

E

E, e [i:] *n.* (*pl.* **E's, e's; Es, es**) ***1*** E, e ***2*** *(mus.)* **mi** ● *(tel.) e for Edward,* e come Empoli.
each [i:tʃ] ***A*** *a.* e *pron.* **ciascuno; ogni; ognuno**: *E. of us has a book,* ciascuno di noi ha un libro ***B*** *avv.* **a testa; l'uno**: *They cost a pound e.,* costano una sterlina l'uno ● *e. other,* l'un l'altro □ *for e. other,* l'uno per l'altro.
eager ['i:gə*] *a.* ***1*** **ansioso; bramoso; desideroso; impaziente**: *to be e. to do st.,* essere ansioso (o impaziente) di fare q.c. ***2*** (di sentimento, ecc.) **ardente; vivo.**
eagerness ['i:gənis] *n.* 🅄 ***1*** **ansia; brama; vivo desiderio** ***2*** **ardore; entusiasmo.**
eagle ['i:gl] *n.* (*zool.,* Aquila) **aquila.**
eagle-eyed [ˌi:gl'aid] *a.* **dall'occhio d'aquila.**
eagle-owl [ˌi:gl'aul] *n.* (*zool.,* Bubo bubo) **gufo reale.**
eaglet ['i:glit] *n.* **aquilotto.**
(1) ear [iə*] *n.* 🄲 ***1*** **orecchio, orecchia**: *to have an ear for music,* avere orecchio per la musica ***2*** (d'una brocca, ecc.) **ansa; manico** ● *to be all ears,* essere tutt'orecchi □ *to give ear (o to lend an ear) to sb.,* prestare orecchio a q. □ *to go in at one ear and out at the other,* entrare da un orecchio ed uscire dall'altro □ *to be in debt (trouble, etc.) up to the ears,* essere indebitato (nei guai, ecc.) fino al collo □ *to be over head and ears in debt (in love),* essere indebitato fino al collo (innamorato cotto) □ *to play by ear,* suonare a orecchio □ *to set by the ears,* seminare zizzania.
(2) ear [iə*] *n.* 🄲 *(bot.)* **spiga; pannocchia.**
ear-ache ['iəreik] *n.* (*con l'art. indeterm.*) **mal d'orecchi.**
ear-drop ['iədrɔp] *n.* 🄲 **orecchino (a goccia).**
ear-drum ['iədrʌm] *n.* *(anat.)* **timpano.**
eared [iəd] *a.* ***1*** *(zool.)* **fornito d'orecchie** ***2*** *(nei composti)* **dalle orecchie**: *long-e.,* dalle orecchie lunghe.
earflaps ['iəflæps] *n. pl.* **paraorecchie** (di berretto).
earl [ə:l] *n.* **conte.**
earldom ['ə:ldəm] *n.* 🄲 **contea** (titolo e territorio).
early ['ə:li] ***A*** *a.* ***1*** **mattiniero; mattutino; di buon mattino** ***2*** **primo; appena iniziato** ***3*** **prossimo; vicino** (nel tempo) ***4*** **primitivo; antico; remoto**: *e. ages,* età remote ***5*** **precoce; primaticcio** ***6*** **anticipato; prematuro**: *an e. death,* una morte prematura ***B*** *avv.* **presto; di buon'ora; di buon mattino; per tempo**: *to get up e.,* alzarsi di buon'ora ● *to be e.,* essere in anticipo; arrivare per tempo □ *the e. part of the century,* gli inizi del secolo □ *to be an e. riser (fam. an e. bird),* essere mattiniero □ *to keep e. hours,* andare a letto presto e levarsi di buon'ora.
earmark ['iəma:k] *n.* 🄲 ***1*** **marchio** (sull'orecchio d'un animale) ***2*** *(fig.)* **contrassegno; caratteristica.**
to **earmark** ['iəma:k] *v. t.* ***1*** **marchiare, marcare** (bestiame) ***2*** **contrassegnare; distinguere** ***3*** *(fig.)* **mettere da parte** (per uno scopo particolare); **destinare.**
earmuffs ['iəmʌfs] *n. pl.* **paraorecchie.**
to **earn** [ə:n] *v. t.* ***1*** **guadagnare; meritare**: *to e. one's daily bread,* guadagnarsi il pane ***2*** **procurarsi; ottenere.**
(1) earnest ['ə:nist] *a.* ***1*** **serio; sincero; convinto; zelante; assiduo** ***2*** **ardente; caloroso; pressante** ● *in e.,* sul serio, seriamente □ *to be perfectly in e.,* fare proprio sul serio.
(2) earnest ['ə:nist] *n.* 🄲 ***1*** *(comm.)* (anche *e. money*) **caparra** ***2*** **garanzia; pegno.**
earnings ['ə:niŋz] *n. pl.* **guadagni; profitti.**
earphone ['iəfoun] *n.* ***1*** *(generalm. al pl.)* *(radio)* **auricolare; cuffia** ***2*** *(tel.)* **ricevitore.**
earpiece ['iəpi:s] *n.* ***1*** *V.* **earphone** ***2*** **stanghetta** (d'occhiali) ***3*** *(generalm. al pl.)* **paraorecchie.**
earplug ['iəplʌg] *n.* **tappo auricolare.**
earring ['iəriŋ] *n.* **orecchino.**
earshot ['iəʃɔt] *n.* 🅄 **portata d'orecchio**: *within e.,* a portata d'orecchio.
ear-splitting ['iəsplitiŋ] *a.* **assordante.**
earth [ə:θ] *n.* ***1*** *(sing., con l'art. determ.)* **terra**: *The e. goes round the sun,* la terra gira intorno al sole ***2*** 🅄 **terra; terriccio**: *to fill a hole with e.,* riempire un buco di terra ***3*** 🄲 e 🅄 **covo, tana** (di volpe, tasso, ecc.): *The fox ran to e.,* la volpe fuggì dentro la sua tana □ *to stop an e.,* chiudere una tana ***4*** 🄲 e 🅄 *(fis.)* **terra; massa** ● *(fig.) to come back (down) to e.,* rimettere i piedi in terra; tornare alla realtà □ *the greatest scientist on e.,* il più grande scienziato del mondo □ *Why on e. didn't you come?,* perché mai non sei venuto?
to **earth** [ə:θ] ***A*** *v. t.* ***1*** (anche *to e. up*) **coprire di terra** ***2*** *(elettricità)* **mettere a terra** ***B*** *v. i.* (di volpe, ecc.) **rintanarsi.**
earth-born ['ə:θbɔ:n] *a.* ***1*** *(mitol.)* **nato dalla terra** ***2*** **mortale.**
earth-bound ['ə:θbaund] *a.* **attaccato alle cose terrene.**
earthen ['ə:θən] *a.* ***1*** **di terra** ***2*** **di terracotta.**
earthenware ['ə:θənwɛə*] *n.* 🅄 **terraglie** ● *e. vessels,* recipienti di terracotta.
earthiness ['e:θinis] *n.* 🅄 ***1*** **(l')essere terroso** ***2*** **(l')essere terreno** (o **terrestre); mondanità.**
earthing ['ə:θiŋ] *n.* *(elettricità)* **messa a terra.**
earthliness ['ə:θlinis] *n.* 🅄 **(l')essere terreno** (o **terrestre); mondanità.**
earthling ['ə:θliŋ] *n.* 🄲 *(fantascienza)* **(creatura) terrestre; abitante della terra.**
earthly ['ə:θli] *a.* ***1*** **terreno; terrestre; mondano** ***2*** *(fam.)* **possibile; immaginabile** ● *no e. reason,* non una ragione al mondo.
earthquake ['ə:θkweik] *n.* 🄲 ***1*** **terremoto** ***2*** *(fig.)* **sconvolgimento.**
earthward(s) ['ə:θwəd(z)] *avv.* **verso (la) terra.**
earthwork ['ə:θwə:k] *n.* 🄲 **terrapieno.**
earthworm ['ə:θwə:m] *n.* 🄲 **lombrico.**
earthy ['ə:θi] *a.* ***1*** **terroso; di terra** ***2*** **terreno; terrestre; mondano** ***3*** *(fig.)* **grossolano; rusticano.**
ear-trumpet ['iəˌtrʌmpit] *n.* 🄲 **cornetto acustico.**
earwax ['iəwæks] *n.* 🅄 **cerume.**
earwig ['iəwig] *n.* (*zool.,* Forficula auricularia) **forfecchia; forbicina.**
ear-witness ['iəˌwitnis] *n.* 🄲 *(leg.)* **testimone auricolare.**
ease [i:z] *n.* 🅄 ***1*** **agio; comodo; tranquillità**: *a life of e.,* una vita di agi (o agiata) ***2*** **facilità; disinvoltura** ● *to be ill at e.,* trovarsi a disagio; essere inquieto □ *to take one's e.,* mettersi a proprio agio □ *(mil.) Stand at e.!,* riposo!
to **ease** [i:z] *v. t.* ***1*** **alleviare; calmare; lenire** ***2*** **allentare** ***3*** (anche *to e. off*) **facilitare; rendere più agevole** ***4*** **rallentare** ***5*** **mettere a posto; sistemare con cautela** ***6*** *(scherz.)* **alleggerire; derubare** ● *to e. off,* calmarsi; distendersi.
easel ['i:zl] *n.* 🄲 **cavalletto** (da pittore, per lavagna, ecc.).
easement ['i:zmənt] *n.* 🄲 *(leg.)* **servitù; diritto d'uso.**
easily ['i:zili] *avv.* ***1*** **agevolmente; facilmente; comodamente** ***2*** **bene; senza intoppi** ***3*** **con disinvoltura** ***4*** **di gran lunga; senza dubbio.**
easiness ['i:zinis] *n.* 🅄 ***1*** **agevolezza; facilità; comodità** ***2*** **disinvoltura; tranquillità** ***3*** **arrendevolezza** ***4*** *(fin.)* **ristagno.**
east [i:st] ***A*** *n.* **oriente; levante; est; parte orientale**: *China is in the e. of Asia,* la Cina è nella parte orientale dell'Asia □ *Japan is to the e. of China,* il Giappone è a est della Cina ***B*** *a.* **orientale; di levante**: *E. Africa,* Africa Orientale ***C*** *avv.* **verso oriente; ad est.**
Easter ['i:stə*] *n.* **Pasqua**: *E. eggs,* uova di Pasqua.
easterly ['i:stəli] ***A*** *a.* **dall'est; di (o verso) levante** ***B*** *avv.* **da levante; dall'est.**
eastern ['i:stən] *a.* ***1*** **orientale; d'oriente**: *e. countries,* paesi orientali ***2*** **orientale; che guarda a est; volto a oriente**: *the e. side,* il lato orientale.
Easterner ['i:stənə*] *n.* ***1*** **(abitante d'un paese)**

orientale *2* *(USA)* **abitante di uno degli Stati dell'est.**
eastward ['i:stwəd] ***A*** *a.* **verso est; di levante** ***B*** *avv.* (anche *eastwards*) **verso levante.**
easy ['i:zi] ***A*** *a.* ***1*** **agevole; facile; comodo; agiato**: *an e. life,* una vita comoda (o agiata) ***2*** **calmo; sereno; tranquillo** ***3*** **a proprio agio; disinvolto**: *e. manners,* maniere disinvolte ***4*** **arrendevole; compiacente; indulgente** ***5*** **abbondante; comodo**: *an e. coat,* una giacca comoda ***6*** *(comm.:* di mercato) **moderato; poco attivo;** (di articolo) **poco richiesto** ***B*** *avv.* ***1*** **facilmente** ***2*** **comodamente; con calma** ● *e. of access,* di facile accesso; (di persona) alla mano, alla buona □ *an e.-going man,* un facilone; un pacioccone □ *(fam.) to take it e.,* non prendersela; prendersela comoda □ *It's an e. place to get to,* è un luogo di facile accesso.
to **eat** [i:t] (*pass.* **ate** [et], *p.p.* **eaten** ['i:tn]) *v. t.* e *i.* ***1*** **mangiare** *(anche fig.)*; **mangiarsi; corrodere; intaccare; distruggere; divorare; rodere**: *to eat (into) st.,* corrodere (o intaccare) q.c. □ *to be eaten up with envy,* essere roso dall'invidia ***2*** **consumare** (pasti): *to eat one's meals in a restaurant,* consumare i pasti al ristorante ***3*** **aprirsi** (la strada) **con i denti; scavare** ● *(fam.) to eat one's heart out,* rodersi il fegato □ *to eat up,* distruggere; divorare, finire (un pasto) □ *to eat one's words,* ritrattare le proprie parole.
eatable ['i:təbl] ***A*** *a.* **mangiabile; commestibile** ***B*** *n.* *(al pl.)* **commestibili; vivande; viveri.**
eaten ['i:tn] *p.p.* di to **eat.**
eater ['i:tə*] *n.* **mangiatore; forchetta** *(fig.)*: *He is a good (o a big) e.,* è un gran mangiatore (o una buona forchetta).
eating-house ['i:tiŋhaus] *n.* [C] **trattoria.**
eau [ou] *(franc.)* *n.* **acqua**: *eau-de-Cologne,* acqua di Colonia.
eaves [i:vz] *n. pl.* *(edil.)* **gronda; cornicione.**
to **eavesdrop** ['i:vzdrɔp] *v. i.* **origliare; ascoltare di nascosto.**
ebb [eb] *n.* *(solo al sing.)* ***1*** **riflusso**: *the ebb and flow of the sea,* il flusso e riflusso del mare ***2*** *(fig.)* **decadenza; declino**: *to be at a low ebb,* essere in decadenza ● *ebb-tide,* riflusso della marea; bassa marea.
to **ebb** [eb] *v. i.* ***1*** (della marea) **rifluire; abbassarsi; calare** ***2*** *(fig.)* **decadere; declinare; venir meno**: *Daylight was ebbing away,* la luce del giorno declinava □ *His strength was beginning to ebb,* la forza cominciava a venirgli meno (o ad abbandonarlo).
ebonite ['ebənait] *n.* [U] *(ind.)* **ebanite.**
ebony ['ebəni] ***A*** *n.* ***1*** [U] *(legno)* **ebano** ***2*** [C] *(bot., Diospyros ebenum)* **ebano** ***B*** *a.* ***1*** **(fatto) d'ebano** ***2*** **nero come l'ebano.**
ebullience [i'bʌljəns] *n.* [U] ***1*** **ebollizione** *(anche fig.)* ***2*** **esuberanza.**
ebullient [i'bʌljənt] *a.* ***1*** **in ebollizione; bollente** ***2*** **esuberante.**
ebullition [ˌebə'liʃən] *n.* ***1*** [U] **ebollizione; effervescenza** ***2*** [C] *(fig.)* **scoppio improvviso.**
eccentric [ik'sentrik] ***A*** *a.* (anche *geom., mecc.*) **eccentrico;** *(fig.)* **originale, stravagante** ***B*** *n.* **eccentrico.**
eccentricity [ˌeksen'trisiti] *n.* [U] e [C] **eccentricità** (in ogni senso).
ecchymosis [ˌeki'mousis] *n.* [U] *(med.)* **ecchimosi.**
ecclesiastic [iˌkli:zi'æstik] *n.* **ecclesiastico; sacerdote.**
ecclesiastical [iˌkli:zi'æstikəl] *a.* **ecclesiastico.**
ecclesiologist [iˌkli:zi'ɔlədʒist] *n.* **ecclesiologo.**
ecclesiology [iˌkli:zi'ɔlədʒi] *n.* [U] **ecclesiologia.**
echelon ['eʃəlɔn] *n.* ***1*** [C] e [U] *(mil.)* **scaglione**: *in e.,* a scaglioni ***2*** [C] *(fig.)* **gradino; grado.**
to **echelon** ['eʃəlɔn] *(mil.)* ***A*** *v. t.* **scaglionare; disporre** (truppe) **a scaglioni** ***B*** *v. i.* **avanzare a scaglioni.**
echo ['ekou] *n.* (*pl.* **echoes**) **eco** *(anche fig.)* ● *(naut.) e. sounder,* ecometro; ecoscandaglio.
to **echo** ['ekou] ***A*** *v. i.* ***1*** **echeggiare; riecheggiare** ***2*** **dare un'eco** ***B*** *v. t.* **rimandare** (echeggiando; anche *fig.*); **ripetere.**
éclair [ei'klɛə*] *(franc.)* *n.* [C] *(cucina)* **cannolo; pasta ripiena di crema.**
éclat [ei'kla:] *(franc.)* *n.* [U] ***1*** **fulgore; sfavillio** ***2*** **successo clamoroso.**
eclectic [ek'lektik] *a.* e *n.* **eclettico.**
eclecticism [ek'lektisizəm] *n.* [U] **eclettismo.**
eclipse [i'klips] *n.* [C] ***1*** *(astron.)* **eclissi, eclisse** ***2*** *(fig.)* **attimo d'oscuramento; periodo d'oscurità** ● *to be in e.,* essere in declino.
to **eclipse** [i'klips] *v. t.* **eclissare** (anche *fig.*); **sorpassare; superare.**
(1) ecliptic(al) [i'kliptik(əl)] *a.* *(astron.)* **eclittico.**
(2) ecliptic [i'kliptik] *n.* [C] *(astron.)* **eclittica.**
eclogue ['eklɔg] *n.* [C] **egloga, ecloga.**
eco- ['i:kou, 'i:kə] *pref.* **eco-** (primo elemento di composti della terminologia scientifica col significato di « ambiente », « ecologia », « ecologico »).
ecocide ['i:kəˌsaid] *n.* [U] **distruzione ecologica; ecocidio.**
ecological [ˌi:kə'lɔdʒikəl] *a.* **ecologico.**
ecologist [i'kɔlədʒist] *n.* **ecologo.**
ecology [i'kɔlədʒi] *n.* [U] *(biol.)* **ecologia.**
economic [ˌi:kə'nɔmik] *a.* **economico; che concerne l'economia**: *e. geography,* geografia economica.
economical [ˌi:kə'nɔmikəl] *a.* ***1*** **economico; che fa risparmiare**: *an e. stove,* una stufa economica ***2*** **economo; parsimonioso** ***3*** **economico; che concerne l'economia.**
economics [ˌi:kə'nɔmiks] *n. pl.* *(col verbo al sing.)* **economia** (la scienza).
economist [i:'kɔnəmist] *n.* ***1*** **economista** ***2*** *(arc.)* **economo.**
to **economize** [i:'kɔnəmaiz] *v. t.* e *i.* **economizzare.**
economy [i'kɔnəmi] *n.* [C] e [U] **economia** (in ogni senso); **parsimonia.**
ecosystem ['i:kouˌsistəm] *n.* [C] *(ecologia)* **ecosistema.**
ecstasy ['ekstəsi] *n.* [C] e [U] **estasi** (anche *med., fig.*); **rapimento mistico; trasporto**: *in an e. of delight,* in un trasporto di gioia.
ecstatic [eks'tætik] *a.* **estatico; rapito; entusiasta.**
ecumenic(al) [ˌi:kju(:)'menik(əl)] *a.* **ecumenico.**
eczema ['eksimə] *n.* [U] *(med.)* **eczema.**
edacious [i'deiʃəs] *a.* (pedantesco) **edace** *(lett.)*; **vorace.**
eddy ['edi] *n.* [C] **gorgo; mulinello; turbine; vortice; spira**: *in an e. of dust,* in un turbine di polvere □ *eddies of mist,* spire di nebbia.
to **eddy** ['edi] *v. i.* **mulinare; turbinare; girare vorticosamente.**
edelweiss ['eidlvais] *n.* [U] (*bot.,* Leontopodium alpinum) **stella alpina.**
Eden ['i:dn] *n.* (anche *fig.*) **eden; paradiso terrestre.**
edge [edʒ] *n.* [C] ***1*** **estremità; margine; orlo; spigolo; sponda**: *the e. of a lake,* la sponda di un lago ***2*** **filo; taglio**: *a razor's e.,* il filo d'un rasoio ***3*** *(fam.)* **vantaggio**: *to have the e. on sb.,* essere in vantaggio su q.; tenere il coltello dalla parte del manico *(fig.)* ● *(fig.) to be on e.,* avere i nervi tesi; essere nervoso □ *to set sb.'s teeth on e.,* fare allegare i denti a q.; irritare q.
to **edge** [edʒ] ***A*** *v. t.* ***1*** **affilare; arrotare** ***2*** **orlare** ***B*** *v. i.* **muoversi di fianco (o di traverso)** ● *to e. away,* allontanarsi; andarsene alla chetichella □ *to e. one's way through the crowd,* farsi largo attraverso la folla.
edgeways ['edʒweiz], **edgewise** ['edʒwaiz] *avv.* **di taglio; di fianco; di traverso.**
edging ['edʒiŋ] *n.* [C] **orlo; frangia; guarnizione.**
edgy ['edʒi] *a.* ***1*** **affilato; tagliente** ***2*** *(fig.)* **irascibile; irritabile** ***3*** (di disegno) **a linee troppo aspre, dure.**
edible ['edibl] *a.* **commestibile; mangereccio.**
edict ['i:dikt] *n.* [C] **editto; ordine; proclama.**
edification [ˌedifi'keiʃən] *n.* [U] **edificazione** *(fig.)*.
edifice ['edifis] *n.* [C] **edificio** (anche *fig.*).
to **edify** ['edifai] *v. t.* **edificare; ammaestrare** (con l'esempio).
to **edit** ['edit] *v. t.* ***1*** **curare l'edizione di; dare alle stampe** (opere altrui) ***2*** **rivedere** (un manoscritto) **per la stampa** ***3*** **dirigere** (giornali, riviste, ecc.) ***4*** *(cinem.,*

telev.) montare • (d'un libro) *edited by,* a cura di.

edition [i'diʃən] *n.* [C] 1 edizione: *a pocket e.,* un'edizione tascabile 2 *(fig.)* copia; riproduzione.

editor ['editə*] *n.* 1 chi cura l'edizione (d'opere altrui) 2 direttore (di giornale, rivista, ecc.) 3 scrittore di articoli di fondo; editorialista 4 *(cinem., telev.)* tecnico del montaggio.

editorial [ˌedi'tɔ:riəl] A *a.* 1 editoriale: *e. work,* lavoro editoriale 2 del direttore (d'un giornale); redazionale B *n.* [C] articolo di fondo; editoriale • *e. staff,* redazione (di giornale).

editorship ['editəˌʃip] *n.* [U] direzione (d'un giornale, ecc.).

editress ['editris] *n.* direttrice, redattrice (d'un giornale, ecc.).

to **educate** ['edju(:)keit] A *v. t.* 1 istruire; provvedere all'istruzione di (q.) 2 educare, coltivare, affinare (l'indole, le qualità) 3 allevare, ammaestrare (un animale) B to **educate oneself** *v. rifl.* istruirsi.

educated ['edju(:)keitid] *a.* colto; istruito • *(fam.) e. guess,* ipotesi fondata.

education [ˌedju(:)'keiʃən] *n.* [U] 1 (di persone) istruzione: *high-school (o secondary) e.,* istruzione secondaria 2 educazione, affinamento (di qualità naturali, ecc.) • *Ministry of E.,* Ministero della Pubblica Istruzione.

educational [ˌedju(:)'keiʃənl] *a.* 1 istruttivo; educativo: *an e. film,* una pellicola istruttiva 2 pertinente all'insegnamento; didattico • *e. psychologist,* psicopedagogista □ *e. psychology,* psicopedagogia.

educationalist [ˌedju(:)'keiʃnəlist] *n.* pedagogista.

educator ['edju(:)keitə*] *n.* 1 educatore; docente 2 pedagogista.

to **educe** [i'dju:s] *v. t.* 1 estrarre; portare alla luce 2 *(chim.)* liberare (un elemento da un composto) 3 dedurre; inferire.

eduction [i'dʌkʃən] *n.* [U] e [C] 1 *(mecc.)* scarico: *an e.-pipe,* un tubo di scarico (di macchina a vapore) 2 deduzione.

Edwardian [ed'wɔ:djən] *a.* edoardiano (del regno di Edoardo VII).

eel [i:l] *n.* *(zool.,* Anguilla) anguilla.

eerie, eery ['iəri] *a.* misterioso; soprannaturale.

to **efface** [i'feis] A *v. t.* 1 cancellare; obliterare 2 eclissare; sorpassare B to **efface oneself** *v. rifl.* tenersi in disparte; eclissarsi.

effaceable [i'feisəbl] *a.* cancellabile.

effacement [i'feismənt] *n.* [U] cancellatura; obliterazione.

effect [i'fekt] *n.* 1 [C] e [U] effetto; risultato; conseguenza; vigore 2 [U] senso; significato; tenore 3 *(al pl.)* beni; oggetti; effetti: *household effects,* oggetti domestici; masserizie □ *personal effects,* effetti personali • *to bring st. to e.,* mandare a effetto (o mettere in atto, eseguire) q.c. □ *to give e. to,* attuare (una promessa, un provvedimento) □ *in e.,* effettivamente; praticamente □ *of no e.,* inefficace; inutile □ *to take e.,* avere effetto; (di legge, ecc.) entrare in vigore.

to **effect** [i'fekt] *v. t.* 1 effettuare; compiere; eseguire 2 causare; determinare.

effective [i'fektiv] A *a.* 1 efficace; efficiente 2 che fa effetto; che colpisce *(fig.)* 3 *(econ., mil.)* effettivo B *n.* [C] *(mil.)* effettivo.

effectiveness [i'fektivnis] *n.* [U] efficacia; efficienza.

effectual [i'fektjuəl] *a.* efficace; decisivo.

effectualness [i'fektjuəlnis] *n.* [U] efficacia.

to **effectuate** [i'fektjuəit] *v. t.* effettuare; compiere.

effeminacy [i'feminəsi] *n.* [U] effeminatezza.

effeminate [i'femineit] *a.* effeminato.

to **effervesce** [ˌefə'ves] *v. i.* essere effervescente (anche *fig.*).

effervescence [ˌefə'vesəns] *n.* [U] effervescenza (anche *fig.*).

effervescent [ˌefə'vesənt] *a.* effervescente (anche *fig.*).

effete [e'fi:t] *a.* esausto; logoro; sorpassato; vecchio.

efficacious [ˌefi'keiʃəs] *a.* efficace.

efficaciousness [ˌefi'keiʃəsnis], **efficacy** ['efikəsi] *n.* [U] efficacia.

efficiency [i'fiʃənsi] *n.* [U] 1 efficienza 2 *(mecc.)* rendimento effettivo (d'una macchina, ecc.).

efficient [i'fiʃənt] *a.* efficiente.

effigy ['efidʒi] *n.* [C] effigie, effige • *to hang (to burn) sb. in e.,* impiccare (bruciare) q. in effigie.

to **effloresce** [ˌeflɔ:'res] *v. i.* 1 *(bot.)* fiorire (anche *fig.*); sbocciare; schiudersi 2 *(chim.)* formare (o coprirsi di) efflorescenze.

efflorescence [ˌeflɔ:'resəns] *n.* [U] 1 *(bot.)* fioritura (anche *fig.*) 2 *(chim.)* efflorescenza.

efflorescent [ˌeflɔ:'resənt] *a.* 1 *(bot.)* fiorito; in fiore 2 *(chim.)* efflorescente.

effluence ['efluəns] *n.* [U] efflusso; effusione.

effluent ['efluənt] *n.* [C] 1 *(geogr.)* emissario 2 scarico (di fogna, ecc.).

effluvium [e'flu:vjəm] *n.* *(pl.* **effluvia** [e'flu:vjə]) effluvio.

efflux ['eflʌks] *n.* [U] e [C] efflusso.

effort ['efət] *n.* 1 [U] e [C] sforzo; fatica: *to make an e.,* fare uno sforzo; sforzarsi; fare il possibile 2 [C] *(fam.)* impresa.

effortless ['efətlis] *a.* 1 che non richiede sforzo; facile 2 spontaneo; disinvolto.

effrontery [e'frʌntəri] *n.* [U] e [C] sfrontatezza; impudenza; sfacciataggine.

effulgence [e'fʌldʒəns] *n.* [U] fulgore; fulgidezza; splendore.

effulgent [e'fʌldʒənt] *a.* fulgido; splendido; splendente.

effuse [e'fju:s] *a.* *(bot.)* effuso.

to **effuse** [e'fju:z] *v. t.* effondere; emanare; spargere; versare.

effusion [i'fju:ʒən] *n.* [U] e [C] effusione.

effusive [i'fju:siv] *a.* effusivo; espansivo; profuso.

egalitarian [iˌgæli'tɛəriən] *a.* e *n.* *(polit.)* egualitario.

egalitarianism [iˌgæli'tɛəriənizəm] *n.* [U] *(polit.)* egualitarismo.

egg [eg] *n.* 1 uovo: *to lay an egg,* fare un uovo 2 *(pop.)* individuo; tipo: *a bad egg,* un tipaccio • *egg-shell,* guscio d'uovo □ *egg-whisk,* frullino per montare le uova □ *(fam.) as sure as eggs is eggs,* senza possibilità di dubbio □ *(fig.) in the egg,* allo stato embrionale; in potenza □ *(fig.) to put all one's eggs in one basket,* giocare tutto per tutto □ *(fig.) to teach one's grandmother to suck eggs,* dare consigli a chi ha più esperienza di noi.

to **egg** [eg] *v. t.* — *to egg on,* incitare; istigare; stimolare.

egg-cup ['egkʌp] *n.* [C] portauovo.

egg-flip [eg'flip] *n.* [U] e [C] zabaione.

egghead ['eghed] *n.* *(pop.)* intellettuale; testa d'uovo *(fig., iron.).*

egg-nog [eg'nɔg] *V.* **egg-flip**.

egg-plant ['egpla:nt] *n.* [C] *(bot.,* Solanum melongena) melanzana.

eglantine ['egləntain] *n.* [U] *(bot.,* Rosa canina) rosa canina; rosa di macchia.

ego ['egou] *n.* *(pl.* **egos**) *(filos., psicanalisi)* io; ego.

egocentric [ˌegou'sentrik] *a.* e *n.* egocentrico.

egoism ['egouizəm] *n.* [U] 1 egoismo 2 egotismo; egocentrismo.

egoist ['egouist] *n.* 1 egoista 2 persona egocentrica.

egoistic(al) [ˌegou'istik(əl)] *a.* 1 egoistico 2 egocentrico.

egotism ['egoutizəm] *n.* [U] 1 egotismo; egocentrismo 2 egoismo.

egotist ['egoutist] *n.* 1 persona egocentrica 2 egoista.

egotistic(al) [ˌegou'tistik(əl)] *a.* 1 egotistico 2 egoistico.

egregious [i'gri:dʒəs] *a.* enorme; madornale.

egress ['i:gres] *n.* [U] 1 uscita; egresso *(raro)* 2 [C] via d'uscita (anche *fig.*).

egret ['i:gret] *n.* [C] **1** (*zool.*, Casmerodius albus) airone bianco **2** *(moda)* aigrette; ciuffo di penne.
Egyptian [i'dʒipʃən] *a.* e *n.* egiziano.
Egyptologist [ˌi:dʒip'tɔlədʒist] *n.* egittologo.
Egyptology [ˌi:dʒip'tɔlədʒi] *n.* [U] egittologia.
eh [ei] *inter.* eh!; eh?
eider ['aidə*] *n.* (*zool.*, Somateria mollissima) edredone.
eiderdown ['aidəˌdaun] *n.* **1** [U] piuma di edredone **2** [C] piumino.
eight [eit] *a.* e *n.* otto.
eighteen [ei'ti:n] *a.* e *n.* diciotto.
eighteenth [ei'ti:nθ] *a.* e *n.* diciottesimo.
eighth [eitθ] *a.* e *n.* ottavo ● *(USA, mus.) e. note,* croma.
eightieth ['eitiiθ] *a.* e *n.* ottantesimo.
eighty ['eiti] *a.* e *n.* ottanta ● *the eighties,* gli anni fra 80 e 89 (nell'età d'una persona o in un secolo) □ *to be in one's eighties,* essere fra gli 80 e i 90 anni d'età.
einsteinium ['ainˌstainiəm] *n.* [U] *(chim.)* einsteinio.
either ['aiðə*, 'i:ðə*] **A** *a.* e *pron.* l'uno o l'altro; uno dei due; l'uno e l'altro; entrambi; tutt'e due; ambo: *on e. side,* da ambo i lati **B** *avv. (dopo una neg.)* neanche; nemmeno; neppure: *I didn't go e.,* non ci sono andato nemmeno io □ *I don't want that, e.,* non voglio neanche quello **C** *cong.* o: *e. in Rome or in Florence,* o a Roma o a Firenze.
either-or [ˌaiðə'ɔ:*] **A** *n.* [C] alternativa; dilemma **B** *a. attr.* (che si presenta) in forma di alternativa; dilemmatico.
to **ejaculate** [i'dʒækjuleit] *v. t.* **1** esclamare **2** *(fisiologia)* eiaculare.
ejaculation [iˌdʒækju'leiʃən] *n.* [C] **1** esclamazione **2** (anche [U]) *(fisiologia)* eiaculazione.
ejaculatory [i'dʒækjulətəri] *a.* **1** esclamativo; veemente **2** *(fisiologia)* eiaculatorio ● *(relig.) e. prayer,* giaculatoria.
to **eject** [i(:)'dʒekt] *v. t.* **1** emettere **2** espellere; sfrattare.
ejection [i(:)'dʒekʃən] *n.* [U] e [C] **1** emissione **2** espulsione; sfratto.
ejector [i(:)'dʒektə*] *n.* [C] espulsore (d'arma da fuoco) ● *(aeron.) e. seat,* seggiolino eiettabile.
to **eke** [i:k] *v. t.* — *to eke out,* integrare; arrotondare ● *to eke out a living,* sbarcare il lunario.
elaborate [i'læbərit] *a.* elaborato; complicato; minuzioso.
to **elaborate** [i'læbəreit] *v. t.* elaborare.
elaboration [iˌlæbə'reiʃən] *n.* [U] e [C] elaborazione.
to **elapse** [i'læps] *v. i.* (del tempo) passare; scorrere; trascorrere.
elastic [i'læstik] **A** *a.* elastico (anche *fig.*); dotato di capacità di recupero **B** *n.* [U] elastico: *a piece of e.,* un pezzo d'elastico ● *e. band,* elastico (strisciolina di gomma ad anello).
elasticity [ˌi:læs'tisiti] *n.* [U] elasticità (anche *fig.*).
elasticized [i'læstisaizd] *a. (ind.)* elasticizzato.
elated [i'leitid] *a.* esaltato; esultante; euforico.
elation [i'leiʃən] *n.* [U] esaltazione; esultanza; giubilo; euforia.
elbow ['elbou] *n.* [C] gomito (anche *fig.*) ● *(fig.) e. grease,* sfregamento energico; olio di gomito *(fig.)* □ *e.-room,* spazio in cui muoversi □ *at one's e.,* a portata di mano □ *to be out at (the) elbows,* (di giacca) essere sdrucita ai gomiti; *(fig.:* di persona) essere male in arnese.
to **elbow** ['elbou] **A** *v. t.* dare gomitate a; spostare a gomitate: *to e. oneself forward,* farsi avanti a gomitate **B** *v. i.* farsi largo a gomitate ● *to e. one's way through the crowd,* farsi largo fra la folla a gomitate.
(1) elder ['eldə*] **A** *a.* (*compar. irr.* di **old**) più vecchio; maggiore (d'età, fra due membri d'una famiglia) **B** *n. pl.* maggiori (d'età); anziani (in una comunità religiosa) ● *(stor.) William Pitt the E.,* William Pitt il Vecchio.
(2) elder ['eldə*] *n.* [C] e [U] (*bot.*, Sambucus nigra) sambuco.
elderberry ['eldəˌberi] *n.* [C] bacca di sambuco.
elderly ['eldəli] *a.* anziano; attempato.
eldest ['eldist] *a.* (*superl. irr.* di **old**) più vecchio; maggiore; primogenito.
El Dorado [ˌeldɔ'ra:dou] *n.* (*pl.* **El Dorados**) eldorado.
elect [i'lekt] *a.* eletto; prescelto.
to **elect** [i'lekt] *v. t.* **1** eleggere: *to e. sb. to the presidency,* eleggere q. alla presidenza **2** decidere.
election [i'lekʃən] *n.* [U] e [C] elezione.
to **electioneer** [iˌlekʃə'niə*] *v. i.* fare propaganda elettorale.
electioneering [iˌlekʃə'niəriŋ] *n.* [U] propaganda elettorale.
elective [i'lektiv] *a.* elettivo.
elector [i'lektə*] *n.* **1** elettore **2** *(stor.)* principe elettore.
electoral [i'lektərəl] *a.* elettorale.
electorate [i'lektərit] *n.* [C] elettorato.
electress [i'lektris] *n.* **1** elettrice **2** *(stor.)* consorte di principe elettore.
electric [i'lektrik] *a.* elettrico: *e. light,* luce elettrica ● *(ferr.) e. train,* elettrotreno □ *(fam.) He got the e. chair,* fu condannato alla sedia elettrica.
electrical [i'lektrikəl] *a.* **1** elettrico **2** di energia elettrica: *e. output,* erogazione di energia elettrica ● *e. engineer,* ingegnere elettrotecnico □ *e. engineering,* elettrotecnica.
electrician [ilek'triʃən] *n.* elettricista.
electricity [ilek'trisiti] *n.* [U] elettricità.
electrifiable [i'lektriˌfaiəbl] *a.* **1** elettrificabile **2** elettrizzabile.
electrification [iˌlektrifi'keiʃən] *n.* [U] e [C] elettrificazione.
to **electrify** [i'lektrifai] *v. t.* **1** elettrificare **2** elettrizzare (anche *fig.*).
electro- [i'lektrou] *pref.* elettro- (primo elemento di composizione nominale, che significa "elettrico", "dell'elettricità", "che è mosso dalla energia elettrica").
electrocardiogram [iˌlektrou'ka:djougræm] *n.* [C] *(med.)* elettrocardiogramma.
electrocardiograph [iˌlektrou'ka:djougra:f] *n.* [C] *(med.)* elettrocardiografo.
electrochemistry [iˌlektrou'kemistri] *n.* [U] elettrochimica.
to **electrocute** [i'lektrəkju:t] *v. t.* **1** *(leg.)* giustiziare sulla sedia elettrica **2** fulminare (con la scossa elettrica).
electrode [i'lektroud] *n.* [C] elettrodo.
electrodynamics [iˌlektroudai'næmiks] *n. pl. (col verbo al sing.)* elettrodinamica.
electroencephalogram [iˌlektrouen'sefələgræm] *n.* [C] *(med.)* elettroencefalogramma.
electroencephalograph [iˌlektrouen'sefələgræf] *n.* [C] *(med.)* elettroencefalografo.
electrolysis [ilek'trɔlisis] *n.* [U] *(chim.)* elettrolisi.
electrolyte [i'lektroulait] *n.* [C] elettrolito, elettrolita.
electromagnet [iˌlektrou'mægnit] *n.* [C] elettromagnete.
electromagnetic [iˌlektroumæg'netik] *a.* elettromagnetico.
electromagnetism [iˌlektrou'mægnətizəm] *n.* [U] elettromagnetismo.
electrometer [ilek'trɔmitə*] *n.* [C] elettrometro.
electromotive [iˌlektrou'moutiv] *a.* elettromotore ● *e. force,* forza elettromotrice.
electromotor [iˌlektrou'moutə*] *n.* [C] **1** motore elettrico **2** generatore d'energia elettrica.
electron [i'lektrɔn] *n.* [C] *(fis.)* elettrone.
electronic [ilek'trɔnik] *a.* elettronico.
electronics [ilek'trɔniks] *n. pl. (col verbo al sing.)* elettronica.
to **electroplate** [i'lektroupleit] *v. t. (ind.)* trattare elettroliticamente; trattare con galvanostegia.
electroplate [i'lektroupleit] *n.* [U] *(ind.)* oggetti placcati (mediante galvanostegia).
electroscope [i'lektrəskoup] *n.* [C] elettroscopio.
electroshock [i'lektrouʃɔk] *n.* [U] e [C] *(med.)* elettroshock ● *e. therapy,* elettroshockterapia; elettroshock *(fam.).*

electrostatics [iˌlektroustætiks] *n. pl. (col verbo al sing.)* **elettrostatica.**
electrotechnician [iˌlektroutek'niʃən] *n.* **elettrotecnico.**
electrotechnics [iˌlektrou'tekniks] *n. pl. (col verbo al sing.)* **elettrotecnica.**
electrotherapeutics [iˌlektrouθerə'pju:tiks] *n. pl. (col verbo al sing.) (med.)* **elettroterapia.**
electrum [i'lektrəm] *n.* [U] *(miner.)* **lega naturale d'oro e d'argento.**
elegance ['eligəns] *n.* [U] **eleganza; grazia; finezza.**
elegant ['eligənt] *a.* **elegante; aggraziato; fine.**
elegiac [ˌeli'dʒaiək] ***A*** *a.* **elegiaco**: *e. couplets,* distici elegiaci ***B*** *n. pl.* **versi elegiaci.**
elegy ['elidʒi] *n.* [C] **elegia.**
element ['elimənt] *n.* [C] **elemento; fattore; nozione elementare; rudimento** ● *to be in (out of) one's e.,* trovarsi nel (fuori del) proprio elemento.
elemental [ˌeli'mentəl] *a.* ***1*** **degli elementi della natura**: *e. worship,* culto degli elementi della natura ***2*** **fondamentale; primitivo; primordiale** ***3*** *(chim.)* **elementare; semplice.**
elementary [ˌeli'mentəri] *a.* **elementare; rudimentale.**
elephant ['elifənt] *n.* (*zool.,* Elephas) **elefante** ● *cow e.,* elefantessa □ *(fig.) white e.,* cosa che costa di manutenzione più di quel che vale.
elephantiasis [ˌelifən'taiəsis] *n.* [U] *(med.)* **elefantiasi.**
elephantine [ˌeli'fæntain] *a.* ***1*** **di elefante; degli elefanti** ***2*** **elefantesco; mastodontico; pesante; sgraziato.**
to **elevate** ['eliveit] *v. t.* **elevare** (anche *fig.*); **innalzare; alzare; esaltare**: *to e. sb. to the peerage,* elevare q. alla carica di Pari.
elevated ['eliveitid] *a.* ***1*** **elevato; nobile; sublime** ***2*** **sopraelevato** ***3*** *(fam. arc.)* **alticcio; brillo.**
elevation [ˌeli'veiʃən] *n.* ***1*** [U] e [C] **elevazione; innalzamento** ***2*** [C] **altura** ***3*** [U] **elevatezza; nobiltà** ***4*** [C] *(geogr.)* **altezza; altitudine** ***5*** [C] *(mil.)* **angolo d'elevazione** (di arma da fuoco).
elevator ['eliveitə*] *n.* [C] ***1*** **elevatore; montacarichi** ***2*** *(USA)* **ascensore** (*Cfr. ingl. lift*) ***3*** *(agric.)* **silo; magazzino per cereali.**
eleven [i'levn] *a.* e *n.* **undici** ● *(fam.) elevens(es),* spuntino intorno alle undici del mattino.
eleventh [i'levənθ] *a.* e *n.* **undicesimo; undecimo; decimo primo** ● *at the e. hour,* all'ultimo momento; appena in tempo.
elf [elf] *n.* (*pl.* **elves** [elvz]) *(mitol.)* **elfo; folletto** (anche *fig.*).
elfin ['elfin] *a.* **di elfo** (o **folletto).**
elfish ['elfiʃ] *a.* ***1*** **di elfo** (o **folletto)** ***2*** **birichino; malizioso.**
to **elicit** [i'lisit] *v. t.* ***1*** **far uscire, cavar fuori, strappare** (di solito *fig.*) ***2*** **dedurre; ricavare.**
to **elide** [i'laid] *v. t.* **elidere; sopprimere.**
eligibility [ˌelidʒə'biliti] *n.* [U] **eleggibilità** (anche *leg.*); **idoneità.**
eligible ['elidʒəbl] *a.* **eleggibile** (anche *leg.*); **adatto; idoneo; che ha i requisiti necessari per; che ha diritto a** ● *an e. young man,* un buon partito.
to **eliminate** [i'limineit] *v. t.* **eliminare; rimuovere; scartare.**
elimination [iˌlimi'neiʃən] *n.* [U] e [C] **eliminazione.**
elision [i'liʒən] *n.* [U] e [C] **elisione.**
élite [ei'li:t] *(franc.) n. (collett., con l'art. determ.)* **parte eletta; fior fiore.**
elixir [i'liksə*] *n.* [C] **elisir; panacea.**
Elizabethan [iˌlizə'bi:θən] *a.* e *n.* **elisabettiano.**
elk [elk] *n.* (*zool.,* Alces alces) **alce.**
ell [el] *n.* [C] **antica misura di lunghezza (pari a circa 114 cm)** ● *Give him an inch and he'll take an ell,* se gli dai un dito, si prende il braccio.
ellipse [i'lips] *n.* [C] *(geom.)* **ellisse.**
ellipsis [i'lipsis] *n.* (*pl.* **ellipses** [i'lipsi:z]) [U] e [C] *(gramm.)* **ellissi.**
elliptic(al) [i'liptik(əl)] *a.* ***1*** *(geom.)* **che ha forma d'ellisse; ellittico** ***2*** *(gramm.)* **ellittico.**
elm [elm] *n.* [C] e [U] (*bot.,* Ulmus) **olmo.**

elocution [ˌelə'kju:ʃən] *n.* [U] **elocuzione.**
elocutionist [ˌelə'kju:ʃnist] *n.* ***1*** **maestro d'elocuzione** ***2*** **dicitore; declamatore.**
to **elongate** ['i:lɔŋgeit] *v. t.* e *i.* **allungare, allungarsi.**
elongation [ˌi:lɔŋ'geiʃən] *n.* [U] e [C] **allungamento; prolungamento.**
to **elope** [i'loup] *v. i.* **fuggire, scappare** (con un amante o un innamorato).
elopement [i'loupmənt] *n.* [C] e [U] **fuga** (con un amante o un innamorato).
eloquence ['eləkwəns] *n.* [U] **eloquenza.**
eloquent ['eləkwənt] *a.* **eloquente** (anche *fig.*).
else [els] ***A*** *a.* e *avv. (dopo un pron. interr. o un composto di some, any, no, every)* **altro; (di) più**: *What e. could I say?,* che altro potevo dire? □ *nothing e.,* nient'altro; nulla più □ *everybody e.,* tutti gli altri □ *nowhere e.,* in nessun altro luogo ***B*** *avv.* **altrimenti; se no.**
elsewhere [ˌels'wɛə*] *avv.* **altrove; in qualche altro luogo.**
to **elucidate** [i'lu:sideit] *v. t.* **delucidare; spiegare.**
elucidation [iˌlu:si'deiʃən] *n.* [C] **delucidazione; chiarimento.**
elucidatory [i'lu:sideitəri] *a.* **esplicativo.**
to **elude** [i'lu:d] *v. t.* **eludere; schivare; sfuggire a; sottrarsi a.**
elusion [i'lu:ʒən] *n.* [U] e [C] **elusione** *(raro)*; **(lo) schivare.**
elusive [i'lu:siv] *a.* ***1*** **elusivo; evasivo** ***2*** **fuggevole; sfuggente; difficile da afferrare** (anche *fig.*).
elusory [i'lu:səri] *a.* **ingannevole; illusorio.**
elver ['elvə*] *n.* [C] *(zool.)* **ceca; anguilla giovine.**
elvish ['elviʃ] *V.* **elfish.**
Elzevir ['elziviə*] *a.* e *n. (tipogr.)* **elzeviro.**
'em [em, əm] *pron. pers.* (*abbr. fam.* di **them**) **loro; li, le.**
emaciated [i'meiʃieitid] *a.* **emaciato; smunto.**
emaciation [iˌmeisi'eiʃən] *n.* [U] **emaciazione; deperimento.**
to **emanate** ['eməneit] *v. i.* **emanare; derivare; scaturire.**
emanation [ˌemə'neiʃən] *n.* [U] e [C] **emanazione.**
to **emancipate** [i'mænsipeit] *v. t.* **emancipare.**
emancipation [iˌmænsi'peiʃən] *n.* [U] **emancipazione.**
to **emasculate** [i'mæskjuleit] *v. t.* ***1*** **evirare** ***2*** *(fig.)* **effeminare.**
emasculate [i'mæskjulit] *a.* ***1*** **evirato** ***2*** *(fig.)* **effeminato.**
emasculation [iˌmæskju'leiʃən] *n.* [U] ***1*** **evirazione** ***2*** *(fig.)* **effeminatezza; indebolimento.**
to **embalm** [im'ba:m] *v. t.* ***1*** **imbalsamare** ***2*** **rendere balsamico.**
embalmer [im'ba:mə*] *n.* **imbalsamatore.**
to **embank** [im'bæŋk] *v. t.* **arginare** (un fiume).
embankment [im'bæŋkmənt] *n.* [C] **argine; terrapieno.**
embargo [em'ba:gou] *n.* (*pl.* **embargoes)** ***1*** *(leg., naut.)* **embargo; fermo imposto a navi mercantili** ***2*** *(fig.)* **divieto; proibizione** ● *to be under an e.,* essere sotto embargo.
to **embargo** [em'ba:gou] *v. t. (leg., naut.)* ***1*** **mettere l'embargo su** (navi, merci) ***2*** **requisire, sequestrare** (navi, merci).
to **embark** [im'ba:k] *v. t.* e *i.* **imbarcare, imbarcarsi** (anche *fig.*): *to e. on a new business undertaking,* imbarcarsi in una nuova impresa commerciale.
embarkation [ˌemba:'keiʃən] *n.* [U] e [C] **imbarco.**
to **embarrass** [im'bærəs] *v. t.* **imbarazzare; confondere.**
embarrassing [im'bærəsiŋ] *a.* **imbarazzante.**
embarrassment [im'bærəsmənt] *n.* ***1*** [U] **imbarazzo; perplessità** ***2*** [C] **difficoltà**: *financial embarrassments,* difficoltà finanziarie.
embassy ['embəsi] *n.* [C] ***1*** **ambasciata** ***2*** **ambasceria.**
to **embattle** [im'bætl] *v. t. (mil.)* **schierare in ordine di battaglia.**
to **embed** [im'bed] *v. t.* ***1*** **conficcare; incassare;**

incastrare **2** *(fig.)* **imprimere.**
to **embellish** [im'beliʃ] *v. t.* **abbellire.**
embellishment [im'beliʃmənt] *n.* [U] e [C] **abbellimento.**
ember ['embə*] *n. (di solito al pl.)* **brace; tizzone.**
Ember days ['embədeiz] *n. pl. (relig.)* **(giorni del digiuno delle) Quattro Tempora.**
to **embezzle** [im'bezl] *v. t. (leg.)* **malversare.**
embezzlement [im'bezlmənt] *n.* [U] *(leg.)* **peculato; malversazione.**
embezzler [im'bezlə*] *n. (leg.)* **malversatore.**
to **embitter** [im'bitə*] *v. t.* **amareggiare; esacerbare.**
to **emblazon** [im'bleizən] *v. t.* **1 adornare di stemma gentilizio 2** *(fig.)* **celebrare; elogiare.**
emblazonry [im'bleizənri] *V.* **blazonry.**
emblem ['embləm] *n.* [C] **emblema; simbolo.**
emblematic [ˌemblə'mætik] *a.* **emblematico; simbolico.**
embodiment [im'bɔdimənt] *n.* [C] **incarnazione; personificazione.**
to **embody** [im'bɔdi] *v. t.* **1 incarnare; concretare; tradurre** *(fig.)*; **personificare; rappresentare 2 incorporare; racchiudere** • *(leg.) to e. a clause,* inserire una clausola.
to **embolden** [im'bouldən] *v. t.* **imbaldanzire; incoraggiare.**
embolism ['embəlizəm] *n.* [U] *(med.)* **embolia.**
embolus ['embələs] *n.* (*pl.* **emboli** ['embəˌlai]) *(med.)* **embolo.**
to **embosom** [im'buzəm] *v. t.* **avvolgere; cingere; circondare.**
to **emboss** [im'bɔs] *v. t.* **lavorare a sbalzo; incidere** (o **modellare, stampare) in rilievo.**
embossed [im'bɔst] *a.* **in rilievo; a sbalzo.**
to **embrace** [im'breis] *v. t.* **1 abbracciare** (anche *fig.*) **2 accettare; afferrare; cogliere 3 comprendere.**
embrace [im'breis] *n.* [C] **abbraccio; amplesso; stretta.**
embrasure [im'breiʒə*] *n.* [C] **1** *(archit.)* **strombatura; strombo 2** *(mil.)* **cannoniera; feritoia per cannone.**
embrocation [ˌembou'keiʃən] *n.* [C] e [U] *(farm.)* **embrocazione; linimento.**
to **embroider** [im'brɔidə*] *v. t.* e *i.* **ricamare** (anche *fig.*).
embroideress [im'brɔidəris] *n.* **ricamatrice.**
embroidery [im'brɔidəri] *n.* [U] e [C] **ricamo** (anche *fig.*).
to **embroil** [im'brɔil] *v. t.* **coinvolgere; immischiare.**
embroilment [im'brɔilmənt] *n.* [C] **1 imbroglio; pasticcio 2 tumulto; parapiglia.**
embryo ['embriou] *n.* (*pl.* **embryos**) **embrione** (anche *fig.*) • *in e.,* in embrione.
embryologist [ˌembri'ɔlədʒist] *n.* **embriologo.**
embryology [ˌembri'ɔlədʒi] *n.* [U] **embriologia.**
embryonic [ˌembri'ɔnik] *a.* **embrionale** (anche *fig.*).
to **emend** [i(:)'mend] *v. t.* **emendare, correggere** (un testo e sim.).
emendation [ˌi:men'deiʃən] *n.* [U] e [C] **emendamento; correzione.**
emerald ['emərəld] **A** *n.* [C] **smeraldo B** *a.* **color smeraldo; smeraldino.**
to **emerge** [i'mə:dʒ] *v. i.* **emergere; spuntare; apparire.**
emergence [i'mə:dʒəns] *n.* [U] **emersione; apparizione.**
emergency [i'mə:dʒənsi] *n.* [C] **emergenza; circostanza imprevista, pericolosa** • *e. exit,* uscita di sicurezza □ *e. fund,* fondo di riserva □ *(autom.) e. lane,* corsia d'emergenza □ *(med.) e. ward,* (reparto di) pronto soccorso.
emeritus [i(:)'meritəs] *(lat.) a.* **emerito.**
emersion [i(:)'mə:ʃən] *n.* [U] e [C] **emersione.**
emery ['eməri] *n.* [U] **smeriglio** • *e. cloth,* tela smeriglio □ *e. paper,* carta smerigliata □ *e. wheel,* mola a smeriglio.
emetic [i'metik] *a.* e *n.* [C] *(farm.)* **emetico.**
emigrant ['emigrənt] *a.* e *n.* **emigrante; emigrato.**
to **emigrate** ['emigreit] *v. i.* **emigrare.**
emigration [ˌemi'greiʃən] *n.* [U] e [C] **emigrazione.**
eminence ['eminəns] *n.* [U] e [C] **eminenza** (in ogni senso) • *His E.,* Sua Eminenza.
eminent ['eminənt] *a.* **1 eminente; prominente; celebre 2 considerevole; ragguardevole.**
eminently ['eminəntli] *avv.* **notevolmente; assai; molto.**
emir [e'miə*] *n.* **emiro.**
emissary ['emisəri] *n.* **emissario; spia.**
emission [i'miʃən] *n.* [U] e [C] *(fis., fisiologia, radio)* **emissione.**
to **emit** [i'mit] *v. t.* **emettere** (in ogni senso).
emollient [i'mɔliənt] *a.* e *n.* [C] *(farm.)* **emolliente.**
emolument [i'mɔljumənt] *n.* [C] **emolumento; retribuzione.**
emotion [i'mouʃən] *n.* [U] e [C] **emozione.**
emotional [i'mouʃənl] *a.* **1 emotivo; impressionabile 2 commovente.**
emotionalism [i'mouʃnəlizəm] *n.* [U] **1 emotività 2** *(psic.)* **temperamento emotivo.**
emotive [i'moutiv] *a.* **emotivo.**
to **empanel** [im'pænl] *v. t. (leg.)* **iscrivere nella lista dei giurati.**
emperor ['empərə*] *n.* **imperatore.**
emphasis ['emfəsis] *n.* [U] e [C] (*pl.* **emphases** ['emfəsi:z]) **1 enfasi 2 importanza; rilievo**: *to lay great e. on st.,* dare grande importanza a q.c.
to **emphasize** ['emfəsaiz] *v. t.* **1 pronunciare con enfasi; enfatizzare; accentuare 2 mettere in evidenza; mettere in rilievo; sottolineare** *(fig.)*.
emphatic [im'fætik] *a.* **1 enfatico; accentuato 2 energico; risoluto 3 decisivo; netto.**
emphysema [ˌemfi'si:mə] *n.* [U] *(med.)* **enfisema.**
empire ['empaiə*] **A** *n.* **1** [C] **impero**: *the British E.,* l'Impero Britannico **2** [U] **impero; potere supremo; autorità assoluta B** *a. attr.* **stile impero.**
empiric [em'pirik] *a.* e *n.* **empirico.**
empirical [em'pirikəl] *a.* **empirico.**
empiricism [em'pirisizəm] *n.* [U] **empirismo.**
emplacement [im'pleismənt] *n.* [U] e [C] **1 collocazione 2** *(mil.)* **postazione.**
to **emplane** [im'plein] **A** *v. i.* **salire a bordo d'un aeroplano B** *v. t.* **far salire** (o **imbarcare) su un aeroplano.**
to **employ** [im'plɔi] **A** *v. t.* **impiegare; adoperare; usare; valersi di; dare lavoro a; assumere B** to **employ oneself** *v. rifl.* **occuparsi** (di); **dedicarsi** (a).
employ [im'plɔi] *n.* **impiego** • *to be in the e. of sb.,* essere alle dipendenze di q.
employable [im'plɔiəbl] *a.* **idoneo al lavoro.**
employee [ˌemplɔi'i:] *n.* **impiegato; dipendente.**
employer [im'plɔiə*] *n.* **datore di lavoro; principale.**
employment [im'plɔimənt] *n.* [U] e [C] **impiego; occupazione; professione; mestiere** • *e. bureau,* ufficio di collocamento □ *e. card,* libretto di lavoro.
emporium [em'pɔ:riəm] *n.* [C] **emporio; centro commerciale.**
to **empower** [im'pauə*] *v. t.* **1 conferire poteri a; autorizzare 2 mettere in grado di; rendere capace di.**
empress ['empris] *n.* **imperatrice.**
empty ['empti] **A** *a.* **1 vuoto; vacuo; vano; sterile**: *an e. room,* una stanza vuota □ *e. words,* parole vuote **2** *(fam.)* **a stomaco vuoto; affamato**: *to feel e.,* sentirsi lo stomaco vuoto **B** *n.* [C] (recipiente, imballaggio, ecc.) **vuoto**: *Please return empties,* si prega di restituire i vuoti.
to **empty** ['empti] **A** *v. t.* **vuotare; evacuare; sgombrare**: *to e. out a drawer,* sgombrare un cassetto **B** *v. i.* **vuotarsi; scaricarsi;** (di fiume) **sfociare.**
empty-handed [ˌempti'hændid] *a.* **a mani vuote.**
empty-headed [ˌempti'hedid] *a.* **sciocco.**
to **empurple** [im'pə:pl] *v. t.* **imporporare.**
empyreal [ˌempai'ri(:)əl] *a.* **empireo.**
empyrean [ˌempai'ri(:)ən] *a.* e *n. (con l'art. determ.)* **empireo.**

emu ['i:miu:] *n.* (*zool.*, Dromiceius novae-hollandiae) emù.
to **emulate** ['emjuleit] *v. t.* emulare.
emulation [,emju'leiʃən] *n.* [U] emulazione.
emulator ['emju,leitə*] *n.* emulatore; emulo.
to **emulsify** [i'mʌlsifai] *v. t.* emulsionare.
emulsion [i'mʌlʃən] *n.* [C] e [U] emulsione.
to **enable** [i'neibl] *v. t.* rendere capace di; mettere in grado di.
to **enact** [i'nækt] *v. t.* **1** (*leg.*) decretare; sancire; approvare (un disegno di legge); promulgare (un decreto, una legge) **2** recitare; rappresentare ● (*leg.*) *the enacting clause,* la formula di promulgazione di una legge.
enactment [i'næktmənt] *n.* (*leg.*) **1** [U] promulgazione; approvazione; sanzione **2** [C] decreto; legge.
enamel [i'næməl] *n.* [U] smalto.
to **enamel** [i'næməl] *v. t.* smaltare; decorare a smalto.
enameller [i'næmələ*], **enamellist** [i'næməlist] *n.* smaltatore.
to **enamour** [i'næmə*] *v. t.* innamorare.
to **encamp** [in'kæmp] *v. t.* e *i.* (*mil.*) accampare, accamparsi.
encampment [in'kæmpmənt] *n.* [C] (*mil.*) accampamento.
to **encase** [in'keis] *v. t.* racchiudere; ricoprire.
to **encash** [in'kæʃ] *v. t.* (*comm.*) incassare.
encephalitis [,ensefə'laitis] *n.* [U] (*med.*) encefalite.
to **enchain** [in'tʃein] *v. t.* incatenare (anche *fig.*).
to **enchant** [in'tʃa:nt] *v. t.* incantare; affascinare; ammaliare.
enchanter [in'tʃa(:)ntə*] *n.* incantatore; mago.
enchanting [in'tʃa(:)ntiŋ] *a.* incantevole.
enchantment [in'tʃa(:)ntmənt] *n.* [U] e [C] incantesimo; incanto.
enchantress [in'tʃa(:)ntris] *n.* incantatrice; maga; maliarda.
to **encircle** [in'sə:kl] *v. t.* accerchiare; attorniare.
encirclement [in'sə:klmənt] [U] accerchiamento.
enclave ['enkleiv] *n.* [C] (*polit.*) enclave; oasi territoriale.
enclitic [in'klitik] (*gramm.*) **A** *a.* enclitico **B** *n.* [C] enclitica.
to **enclose** [in'klouz] *v. t.* **1** circondare; cingere; recingere **2** accludere; allegare.
enclosure [in'klouʒə*] *n.* **1** [U] chiusura; recinzione **2** [C] recinto; muro di cinta; steccato **3** [C] recinto; terreno recintato **4** [C] allegato.
encomium [en'koumiəm] *n.* (*generalm. al pl.*) encomio.
to **encompass** [in'kʌmpəs] *v. t.* **1** attorniare **2** racchiudere.
to **encore** ['ɔŋkɔ:*] *v. t.* chiedere il bis a (q.).
encore ['ɔŋkɔ:*] **A** *inter.* bis! **B** *n.* [C] bis: *to give an e.,* concedere il bis.
to **encounter** [in'kauntə*] *v. t.* e *i.* **1** incontrare per caso; imbattersi in **2** scontrarsi (con).
encounter [in'kauntə*] *n.* [C] **1** incontro **2** scontro; battaglia.
to **encourage** [in'kʌridʒ] *v. t.* incoraggiare; favorire; promuovere.
encouragement [in'kʌridʒmənt] *n.* [U] e [C] incoraggiamento.
encouraging [in'kʌridʒiŋ] *a.* incoraggiante.
to **encroach** [in'kroutʃ] *v. i.* **1** abusare di; usurpare; invadere: *to e. upon sb.'s rights,* usurpare i diritti di q. **2** (*leg.*) ledere (specialm. il diritto di proprietà altrui).
encroachment [in'kroutʃmənt] *n.* [U] e [C] **1** abuso; usurpazione **2** (*leg.*) lesione (in particolare, del diritto di proprietà altrui).
to **encrust** [in'krʌst] **A** *v. t.* **1** incrostare **2** tempestare (di pietre preziose) **B** *v. i.* incrostarsi.
to **encumber** [in'kʌmbə*] *v. t.* **1** ingombrare; intralciare **2** gravare: *to be encumbered with debts,* essere gravato di debiti.
encumbrance [in'kʌmbrəns] *n.* [C] **1** ingombro; impaccio **2** gravame; carico (anche di famiglia) **3** (*leg.*) carico ipotecario.
encyclic(al) [en'siklik(əl)] **A** *a.* enciclico **B** *n.* [C] enciclica.
encyclop(a)edia [en,saiklou'pi:djə] *n.* [C] enciclopedia.
encyclop(a)edic(al) [en,saiklou'pi:dik(əl)] *a.* enciclopedico.
end [end] *n.* [C] **1** fine; estremità; capo; limite; morte: *the other end of the world,* l'altro capo del mondo □ *the end of the day (of the year, etc.),* la fine del giorno (dell'anno, ecc.) **2** fine; intento; scopo; mira (*fig.*): *to gain one's end,* raggiungere il proprio fine □ *for this end,* a questo scopo **3** mozzicone; residuo: *cigarette ends,* mozziconi di sigarette ● *to be at an end,* aver finito; essere finito □ (*fam.*) *to be at a loose end,* essere sfaccendato; non avere nulla da fare □ *to come to an end,* arrivare alla fine; finire □ *to come to a bad end,* fare una brutta fine □ *the East End,* il quartiere orientale di Londra □ *to go off the deep end,* dare in escandescenze; uscire dai gangheri (*fig.*) □ *to make both ends meet,* sbarcare il lunario; far quadrare il bilancio familiare □ (*fam.*) *no end,* assai; molto □ *no end of,* un sacco di; moltissimo; grande: *to have no end of money,* avere moltissimo denaro; avere un sacco di quattrini □ *on end,* di seguito □ *for hours on end,* ore e ore di seguito □ *to place end to end,* mettere in fila (o di seguito) □ *to place on end,* mettere ritto; rizzare □ *to put an end to,* mettere fine a; porre termine a □ *the West End,* il quartiere occidentale di Londra □ *without end,* senza fine: *trouble without end,* guai senza fine; infiniti guai □ *Now, make an end of it!,* via, falla finita!
to **end** [end] *v. t.* e *i.* finire; terminare; concludere; cessare; morire: *to end one's life in poverty,* finire la vita in miseria ● *to end by doing st.,* finire col fare q.c. □ *to end in smoke,* finire in nulla; andare in fumo □ *to end up in prison,* finire in prigione.
to **endanger** [in'deindʒə*] *v. t.* rischiare; mettere in pericolo; compromettere: *to e. one's life,* rischiare la vita.
to **endear** [in'diə*] **A** *v. t.* accattivare; affezionare; rendere caro **B** to **endear oneself to** *v. rifl.* accattivarsi la benevolenza (o simpatia) di (q).
endearing [in'diəriŋ] *a.* affettuoso; dolce; tenero.
endearment [in'diəmənt] *n.* **1** [U] affetto; tenerezza **2** [C] parola affettuosa; carezza ● *a term of e.,* un appellativo affettuoso; un vezzeggiativo.
to **endeavour** [in'devə*] *v. i.* cercare; sforzarsi; tentare.
endeavour [in'devə*] *n.* [C] sforzo; tentativo.
endemic [en'demik] (*med.*) **A** *a.* endemico **B** *n.* [C] endemia.
ending ['endiŋ] *n.* [C] **1** fine; conclusione **2** (*gramm.*) desinenza.
endive ['endaiv] *n.* [U] (*bot.*, Cichorium endivia) indivia.
endless ['endlis] *a.* **1** infinito; sconfinato; interminabile **2** continuo; incessante **3** (*mecc.*) continuo.
endocrine ['endoukrain] *a.* (*anat.*) endocrino.
endocrinology [,endoukri'nɔlədʒi] *n.* [U] (*med.*) endocrinologia.
endogenous [en'dɔdʒənəs] *a.* (*biol.*, *geol.*) endogeno.
to **endorse** [in'dɔ:s] *v. t.* **1** (anche *comm.*) attergare; firmare a tergo; girare: *to e. a cheque,* firmare un assegno **2** (*fig.*) approvare; sanzionare.
endorsee [,endɔ:'si:] *n.* (*comm.*) giratario.
endorsement [in'dɔ(:)smənt] *n.* [U] e [C] **1** (anche *comm.*) attergato; girata **2** (*fig.*) approvazione; sanzione.
endorser [in'dɔ(:)sə*] *n.* (*comm.*) girante.
endoscope ['endouskoup] *n.* [C] (*med.*) endoscopio.
endothermic [,endou'θə:mik] *a.* (*chim.*, *fis.*) endotermico.
to **endow** [in'dau] *v. t.* dotare; assegnare; fare una donazione a: *to be endowed with st.,* essere dotato di q.c.
endowment [in'daumənt] *n.* **1** [U] (*leg.*) costituzione di dote **2** [C] dote (anche *fig.*); donazione; lascito: *mental endowments,* doti intellettuali.
endpaper ['end,peipə*] *n.* (*generalm. al pl.*) (*legatoria*)

risguardo.
to **endue** [in'dju:] *v. t.* **fornire, provvedere** (q., di qualità o poteri); **investire** (q., d'autorità).
endurable [in'djuərəbl] *a.* **sopportabile; tollerabile.**
endurance [in'djuərəns] *n.* [U] **1 sopportazione; tolleranza; resistenza 2** *(mecc.)* **durata** • *past (o beyond) e.*, insopportabile.
to **endure** [in'djuə*] **A** *v. t.* **sopportare; resistere a; soffrire; tollerare B** *v. i.* **1 resistere; tener duro 2 durare; permanere.**
enduring [in'djuəriŋ] *a.* **durevole; duraturo.**
endways ['endweiz], **endwise** ['endwaiz] *avv.* **1 di faccia; di punta 2 in posizione verticale; per ritto 3 per il lungo.**
enema ['enimə] *n.* [C] *(med.)* **clistere; clisma.**
enemy ['enimi] **A** *n.* [C] (anche *collett. con l'art. determ.*) **nemico; avversario**: *The e. were advancing*, il nemico avanzava **B** *a. attr.* **nemico; del nemico**: *e. aircraft*, aeroplani nemici.
energetic [ˌenə'dʒetik] *a.* **1 energico; attivo 2 energetico.**
energetics [ˌenə'dʒetiks] *n. pl.* *(col verbo al sing.)* *(fis.)* **energetica.**
to **energize** ['enədʒaiz] **A** *v. t.* **infondere energia in** (q.) **B** *v. i.* **agire con energia.**
energumen [ˌenə:'gju:men] *n.* [C] **energumeno.**
energy ['enədʒi] *n.* [U] *(anche al pl.)* **energia**: *to be full of e.*, essere pieno d'energia □ *to waste one's energies*, sprecare le proprie energie.
to **enervate** ['enə:veit] *v. t.* **snervare; debilitare; infiacchire.**
enervate ['enə:veit] *a.* **snervato; debilitato; fiacco.**
enervation [ˌenə:'veiʃən] *n.* [U] **snervamento; debilitazione; infiacchimento.**
to **enfeeble** [in'fi:bl] *v. t.* **indebolire; debilitare.**
enfeeblement [in'fi:blmənt] *n.* [U] **indebolimento; debilitazione.**
to **enfilade** [ˌenfi'leid] *v. t.* *(mil.)* **battere, colpire** (truppe, ecc.) **d'infilata.**
to **enfold** [in'fould] *v. t.* **1 avvolgere 2 abbracciare.**
to **enforce** [in'fɔ:s] *v. t.* **1 rafforzare 2 costringere; obbligare 3 imporre; far valere**: *to e. silence*, imporre il silenzio □ *to e. a right*, far valere un diritto **4 applicare**: *to e. a law*, applicare una legge.
enforcement [in'fɔ(:)smənt] *n.* [U] **1 rafforzamento 2 costrizione; imposizione 3 applicazione** (di una legge).
to **enfranchise** [in'fræntʃaiz] *v. t.* **1 affrancare; emancipare; liberare** (schiavi, ecc.) **2 concedere il diritto di voto a** (q.).
enfranchisement [in'fræntʃizmənt] *n.* [U] e [C] **1 affrancamento; emancipazione 2 concessione del diritto di voto.**
to **engage** [in'geidʒ] **A** *v. t.* **1 impegnare; occupare; prenotare; prendere; assumere; noleggiare**: *to e. a room in a hotel*, prenotare una camera in albergo □ *to e. sb. as a guide*, prendere q. come guida □ *to e. a servant*, assumere un domestico □ *to e. a cab*, noleggiare una carrozza **2** *(di solito al passivo)* **attirare; attrarre 3** *(mil.)* **impegnare; attaccare 4** *(mecc.)* **innestare B** *v. i.* **1** (anche *rifl.*) **impegnarsi;** (anche *leg.*) **obbligarsi 2** *(mil.)* **impegnare il combattimento 3** *(mecc.)* **ingranare; innestarsi** • *to e. for*, garantire di.
engaged [in'geidʒd] *a.* **1** *(di persona)* **impegnato; occupato 2 riservato; occupato**: *Is this seat e.?*, è occupato questo posto? **3** *(tel.)* **occupato 4 fidanzato**: *to be e. to sb.*, essere fidanzato con q. **5** *(mil.)* **impegnato in combattimento 6** *(mecc.)* **ingranato; innestato 7** *(archit.)* **incassato** • *an e. couple*, una coppia di fidanzati □ *to get e. to sb.*, fidanzarsi con q.
engagement [in'geidʒmənt] *n.* [C] **1 impegno; promessa; appuntamento**: *to break an e.*, non tener fede a un impegno; mancare a un appuntamento **2 assunzione; nomina 3** *(mil.)* **combattimento; scontro 4 promessa di matrimonio; fidanzamento**: *an e. ring*, un anello di fidanzamento **5** (anche [U]) *(mecc.)* **ingranaggio 6** (soltanto [U]) *(letter.)* **impegno** (attivo interessamento ai problemi politici e sociali del momento).
engaging [in'geidʒiŋ] *a.* **attraente; affascinante; seducente.**
to **engender** [in'dʒendə*] *v. t.* **ingenerare; generare** *(fig.)*; **causare.**
engine ['endʒin] *n.* [C] **1** *(mecc.)* **motore; macchina** (di nave, ecc.) **2** *(ferr.)* **locomotiva** • *e. driver*, macchinista.
engineer [ˌendʒi'niə*] *n.* **1 ingegnere**: *a civil e.*, un ingegnere civile **2 macchinista; motorista 3 tecnico specializzato 4** *(USA, ferr.)* **macchinista** (*cfr. ingl. engine driver*) **5** *(mil.)* **geniere** • *(naut.) E. Branch*, Corpo del Genio Navale □ *(mil.) E. Corps*, Arma del Genio.
to **engineer** [ˌendʒi'niə*] **A** *v. t.* **1 dirigere i lavori di; costruire**: *to e. a railway*, dirigere i lavori di costruzione d'una ferrovia **2 organizzare**: *to e. an advertising campaign*, organizzare una campagna pubblicitaria **3 architettare** *(fig.)*; **macchinare B** *v. i.* **fare l'ingegnere.**
engineering [ˌendʒi'niəriŋ] *n.* [U] **1 ingegneria 2 tecnica**: *radio e.*, radiotecnica **3 macchinazione; manovra** *(fig.)* • *school of e.*, politecnico.
to **engirdle** [in'gə:dl] *v. t.* **cingere; circondare.**
English ['iŋgliʃ] **A** *a.* **inglese B 1** (la lingua) **inglese 2** — *(collett.) the E.*, gl'inglesi • *the E. Channel*, il canale della Manica □ *in plain E.*, esplicitamente □ *the King's (o the Queen's) E.*, l'inglese puro □ *Old E.*, l'inglese antico.
Englishman ['iŋgliʃmən] *n.* (*pl.* **Englishmen** ['iŋgliʃmən]) **inglese** (uomo).
English-speaking ['iŋgliʃˌspi:kiŋ] *a.* **di lingua inglese.**
Englishwoman ['iŋgliʃˌwumən] *n.* (*pl.* **Englishwomen** ['iŋgliʃˌwimin]) **inglese** (donna).
to **engraft** [in'gra:ft] *v. t.* **1** *(agric.)* **innestare 2 inculcare.**
to **engrain** [in'grein] *v. t.* **1** *(arc.)* **far penetrare** (la tinta, ecc.) **in** (q.c.); **tingere a forti colori 2** *(fig.)* **inculcare; radicare**: *engrained habits (prejudices)*, abitudini inveterate (pregiudizi fortemente radicati).
to **engrave** [in'greiv] *v. t.* **incidere; intagliare;** *(fig.)* **imprimere**: *to be engraved on one's memory*, essere impresso nella propria memoria.
engraver [in'greivə*] *n.* **incisore; intagliatore.**
engraving [in'greiviŋ] *n.* [U] e [C] **incisione; cesellatura.**
to **engross** [in'grous] *v. t.* **1 monopolizzare; assorbire; occupare** (o **prendere**) **totalmente; avvincere**: *to be engrossed in study*, essere totalmente preso dallo studio **2** *(econ.)* **accaparrare 3** *(leg.)* **redigere** (un atto legale).
engrossing [in'grousiŋ] *a.* **avvincente; assai interessante.**
to **engulf** [in'gʌlf] *v. t.* **sommergere; inghiottire.**
to **enhance** [in'ha:ns] *v. t.* **1 aumentare; accrescere 2 magnificare; esagerare.**
enhancement [in'ha:nsmənt] *n.* [U] e [C] **1 aumento; accrescimento 2 esagerazione.**
enigma [i'nigmə] *n.* [C] **enigma.**
enigmatic(al) [ˌenig'mætik(əl)] *a.* **enigmatico.**
to **enjoin** [in'dʒɔin] *v. t.* **1 comandare; ingiungere; imporre; intimare**: *to e. sb. to do st.*, imporre a q. di fare q.c. □ *to e. silence on sb.*, ingiungere a q. di far silenzio **2** (specialm. *USA*) **ammonire; diffidare.**
to **enjoy** [in'dʒɔi] **A** *v. t.* **godere; provar gioia; trarre diletto da; avere molto piacere**: *I enjoyed that film very much*, ho tratto grande diletto da quel film; quel film mi è piaciuto moltissimo □ *to e. good health*, godere buona salute **B** to **enjoy oneself** *v. rifl.* **divertirsi.**
enjoyable [in'dʒɔiəbl] *a.* **dilettevole; divertente; piacevole.**
enjoyment [in'dʒɔimənt] *n.* [U] e [C] **diletto; piacere; gioia.**
to **enkindle** [in'kindl] *v. t.* (anche *fig.*) **accendere; infiammare.**
to **enlarge** [in'la:dʒ] **A** *v. t.* **ampliare; ingrandire; allargare**: *to e. a photograph*, ingrandire una fotografia **B** *v. i.* **ampliarsi; ingrandirsi; allargarsi** • *to e. on st.*, dilungarsi su q.c.

enlargement [in'la:dʒmənt] *n.* **1** U e C **ingrandimento** (specialm. *fotogr.*); **ampliamento; allargamento 2** C **aggiunta** • *an e. to a building,* una parte nuova aggiunta a un edificio.
enlarger [in'la:dʒə*] *n.* (*fotogr.*) **ingranditore.**
to **enlighten** [in'laitn] *v. t.* **1 illuminare** (*fig.* o *poet.*) **2 chiarire; dare schiarimenti; illuminare** (*scherz.*).
enlightened [in'laitnd] *a.* **illuminato** (*fig.*); **libero da pregiudizi.**
enlightenment [in'laitnmənt] *n.* U **1 diffusione della cultura 2 schiarimento** • (*stor., filos.*) *the E.,* l'Illuminismo.
to **enlist** [in'list] **A** *v. t.* **1** (*mil.*) **arruolare**: *to e. volunteers,* arruolare volontari **2 prendere** (q.) **a fare parte di; iscrivere** (*fig.*) **3 ottenere, procurarsi** (l'aiuto, l'appoggio di q.) **B** *v. i.* **1** (*mil.*) **arruolarsi**: *to e. as a volunteer,* arruolarsi volontario **2** (*fig.*) **schierarsi.**
enlistment [in'listmənt] *n.* U e C (*mil.*) **arruolamento.**
to **enliven** [in'laivn] *v. t.* **animare; ravvivare; rallegrare.**
to **enmesh** [in'meʃ] *v. t.* **irretire; avviluppare.**
enmity ['enmiti] *n.* U e C **inimicizia; ostilità; odio** • *to be at e. with sb.,* essere nemico di q.
to **ennoble** [i'noubl] *v. t.* **nobilitare; elevare.**
ennui [ɔn'wi:] (*franc.*) *n.* U **noia; tedio.**
enormity [i'nɔ:miti] *n.* **1** U **enormità** (d'una colpa e sim.); **mostruosità 2** C **atrocità; atto scellerato.**
enormous [i'nɔ:məs] *a.* **enorme; smisurato.**
enough [i'nʌf] **A** *a., n.* e *avv.* **1 abbastanza; a sufficienza; sufficiente**: *to sing well e.,* cantare abbastanza bene □ *to have beer e.* (o *e. beer*), avere birra a sufficienza □ *large e.,* abbastanza grande □ *to have had e. of sb.,* averne abbastanza di q. **2 molto; assai; ben**: *You know well e. what I mean,* sai benissimo quel che voglio dire **B** *inter.* **basta!**: *E. of this nonsense!,* basta, con queste sciocchezze! • *to cry « e. »,* darsi per vinto □ *to do more than e.,* fare anche troppo □ *to have e. and to spare,* averne anche di troppo □ *Oddly e., he wasn't there,* strano a dirsi, non c'era.
to **enounce** [i(:)'nauns] *v. t.* **enunciare; proclamare.**
to **enquire** [in'kwaiə*], **enquiry** [in'kwaiəri] *V.* to **inquire, inquiry.**
to **enrage** [in'reidʒ] *v. t.* **irritare; esasperare; far andare in collera.**
enraged [in'reidʒd] *a.* **adirato; infuriato; incollerito.**
to **enrapture** [in'ræptʃə*] *v. t.* **mandare in estasi.**
enraptured [in'ræptʃəd] *a.* **rapito** (*fig.*); **estasiato; in estasi.**
to **enrich** [in'ritʃ] *v. t.* **arricchire** (anche *fig.*); **fertilizzare; integrare.**
to **enrol(l)** [in'roul] **A** *v. t.* **1 elencare; registrare 2** (*mil.*) **arruolare 3 iscrivere B** *v. i.* **1** (*mil.*) **arruolarsi 2 iscriversi.**
enrol(l)ment [in'roulmənt] *n.* U e C **1 elencazione; registrazione 2** (*mil.*) **arruolamento 3 iscrizione.**
to **ensconce** [in'skɔns] **A** *v. t.* **nascondere; mettere al sicuro B** to **ensconce oneself** *v. rifl.* **1 nascondersi 2 sistemarsi comodamente.**
ensemble [ɔn'sɔmbl] (*franc.*) *n.* C **1 insieme; complesso 2** (*mus.*) **complesso 3** (*moda*) **completo; insieme 4 effetto d'insieme.**
to **enshrine** [in'ʃrain] *v. t.* **1 mettere in un reliquiario 2** (*fig.*) **conservare come una reliquia; custodire gelosamente.**
to **enshroud** [in'ʃraud] *v. t.* **avvolgere** (come in un sudario); **ricoprire completamente; celare alla vista.**
ensign ['ensain] *n.* C **1 insegna; emblema; bandiera; stendardo; vessillo 2** (*mil.*) **alfiere 3** (*USA, naut. mil.*) **guardiamarina.**
to **enslave** [in'sleiv] *v. t.* **asservire; assoggettare; fare schiavo.**
to **ensnare** [in'snɛə*] *v. t.* **prendere in trappola, intrappolare** (anche *fig.*).
to **ensue** [in'sju:] *v. i.* **seguire; conseguire; derivare.**
to **ensure** [in'ʃuə*] *v. t.* **assicurare; affermare con sicurezza; garantire; dare per sicuro.**
entablature [en'tæblətʃə*] *n.* C (*archit.*) **trabeazione.**
to **entail** [in'teil] *v. t.* **1 comportare; implicare 2** (*leg.*) **lasciare in eredità** (terre, ecc.) **con vincolo d'inalienabilità.**
entail [in'teil], **entailment** [in'teilmənt] *n.* U e C **1** (*leg.*) **lascito soggetto a vincolo d'inalienabilità 2 conseguenza inevitabile.**
to **entangle** [in'tæŋgl] *v. t.* **1 impigliare; intricare 2** (*fig.*) **intrappolare; irretire 3 imbrogliare; confondere.**
entanglement [in'tæŋglmənt] *n.* U e C **1 imbroglio; intrico; groviglio 2** (*mil.*) **reticolato.**
entente [ɑ̃:n'tɑ̃:nt] (*franc.*) *n.* C (*polit.*) **intesa.**
to **enter** ['entə*] **A** *v. t.* **1 entrare in; penetrare in**: *to e. a tunnel,* entrare in una galleria **2 entrare a far parte di**: *to e. a political party,* entrare a far parte di (o iscriversi a) un partito politico **3 annotare; segnare;** (*comm.*) **registrare 4** (*leg.*) **presentare**: *to e. evidence,* presentare prove **B** *v. i.* **entrare; penetrare** • *to e. into conversation (negotiations) with sb.,* entrare in conversazione (in trattative) con q. □ *to e. the Navy,* andare in marina □ *to e. oneself* (o *one's name*) *for a contest (race, etc.),* iscriversi a una competizione (corsa, ecc.) □ *to e. upon an inheritance,* entrare in possesso d'una eredità □ *to e. upon a new career,* cominciare una nuova carriera □ *to e. upon a subject,* cominciare a trattare un argomento.
enteric [en'terik] *a.* (*anat., med.*) **enterico.**
enteritis [,entə'raitis] *n.* U (*med.*) **enterite.**
enterprise ['entəpraiz] *n.* **1** C **impresa**: *to embark on a new e.,* accingersi a una nuova impresa **2** U **intraprendenza; iniziativa**: *private e.,* l'iniziativa privata.
enterprising ['entəpraiziŋ] *a.* **intraprendente; pieno d'iniziativa.**
to **entertain** [,entə'tein] **A** *v. t.* **1 intrattenere; divertire 2 ospitare; trattenere 3 avere** (in mente, in animo); **nutrire**: *to e. hopes of success,* nutrire speranze di buona riuscita **4 prendere in considerazione; considerare**: *to e. an offer,* considerare un'offerta **B** *v. i.* **dare ricevimenti; avere ospiti.**
entertainer [,entə'teinə*] *n.* **canzonettista, comico** (di « night club », ecc.).
entertaining [,entə'teiniŋ] *a.* **divertente; piacevole.**
entertainment [,entə'teinmənt] *n.* **1** U **divertimento 2** C **spettacolo 3** C **trattenimento; ricevimento 4** U **ospitalità; trattamento.**
to **enthral(l)** [in'θrɔ:l] *v. t.* **1 asservire 2 affascinare; incantare.**
to **enthrone** [in'θroun] *v. t.* **1 insediare** (sul trono) **2** (*fig.*) **esaltare; mettere su un piedistallo** (*fig.*).
to **enthuse** [in'θju:z] *v. t.* e *i.* (*fam.*) **entusiasmare, entusiasmarsi**: *to e. about* (o *over*) *st.,* entusiasmarsi per q.c.
enthusiasm [in'θju:ziæzəm] *n.* U e C **entusiasmo**: *to be full of e. for* (o *about*) *st.,* essere pieno d'entusiasmo per q.c.
enthusiast [in'θu:ziæst] *n.* **entusiasta**: *to be an e. for* (o *about*) *st.,* essere un entusiasta di q.c.
enthusiastic [in,θju:zi'æstik] *a.* **entusiastico.**
to **entice** [in'tais] *v. t.* **allettare; adescare; istigare; lusingare;** (anche *leg.*) **sedurre**: *to e. sb. to do* (o *into doing*) *st. wrong,* istigare q. a fare q.c. di male.
enticement [in'taismənt] *n.* **1** U **allettamento; adescamento; istigazione;** (anche *leg.*) **seduzione 2** C **attrattiva; lusinga.**
enticing [in'taisiŋ] *a.* **allettante; attraente; seducente.**
entire [in'taiə*] *a.* **intero; completo; integro; intatto.**
entirely [in'taiəli] *avv.* **interamente; completamente.**
entirety [in'taiəti] *n.* U **1 interezza; completezza 2 complesso; insieme.**
to **entitle** [in'taitl] *v. t.* **1 intitolare 2 conferire un diritto a** (q.); **dare a** (q.) **il diritto** (di).
entity ['entiti] *n.* **1** U **entità 2** C **cosa reale, concreta.**

to **entomb** [in'tu:m] *v. t.* **seppellire** (anche *fig.*).
entombment [in'tu:mmənt] *n.* [U] e [C] **seppellimento.**
entomologist [ˌentə'mɔlədʒist] *n.* **entomologo.**
entomology [ˌentə'mɔlədʒi] *n.* [U] **entomologia.**
entr'acte ['ɔntrækt] *(franc.) n.* [C] *(mus., teatr.)* **intermezzo.**
entrails ['entreilz] *n. pl.* **interiora; intestini; viscere** (anche *fig.*).
to **entrain** [in'trein] ***A*** *v. t.* **mettere sul treno** ***B*** *v. i.* **mettersi in treno.**
entrance ['entrəns] *n.* [C] e [U] ***1*** **entrata; accesso; ingresso**: *the front e.*, l'entrata principale □ *free e.*, ingresso libero ***2*** **ammissione; iscrizione**: *e. fee,* tassa d'iscrizione ● *No e.!*, divieto d'accesso (su un cartello stradale).
to **entrance** [in'tra(:)ns] *v. t.* ***1*** **ipnotizzare** ***2*** *(fig.)* **estasiare; incantare; rapire** *(fig.)*.
entrant ['entrənt] *n.* ***1*** **candidato** ***2*** *(sport)* **concorrente.**
to **entrap** [in'træp] *v. t.* **prendere in trappola; intrappolare; irretire** ● *to e. sb. into contradiction,* far cadere q. in contraddizione.
to **entreat** [in'tri:t] *v. t.* **implorare; pregare; supplicare**: *to e. sb. to do st.*, supplicare q. di fare q.c.
entreaty [in'tri:ti] *n.* [U] e [C] **implorazione; preghiera; supplica.**
entrée ['ɔntrei] *(franc.) n.* ***1*** [C] e [U] **accesso; adito** ***2*** [C] *(cucina)* **prima portata.**
to **entrench** [in'trentʃ] ***A*** *v. t.* **trincerare; fortificare** ***B*** *v. i.* **usurpare**: *to e. upon a right,* usurpare un diritto ***C*** to **entrench oneself** *v. rifl.* **trincerarsi** (anche *fig.*).
entrenchment [in'trenʃmənt] *n.* [U] e [C] **trinceramento.**
entrepreneur [ˌɔntrəprə'nə:*] *(franc.) n. (econ.)* **imprenditore; operatore economico.**
entresol ['ɔntrəsɔl] *(franc.) n.* [C] *(edil.)* **mezzanino; ammezzato.**
to **entrust** [in'trʌst] *v. t.* **affidare**: *to e. a task to sb.* (o *to e. sb. with a task),* affidare un compito a q.
entry ['entri] *n.* [C] ***1*** **entrata; ingresso; atrio; passaggio** ***2*** **annotazione; registrazione** ***3*** *(comm., naut.)* **dichiarazione d'entrata** (d'un carico o d'una nave alla dogana) ***4*** *(sport)* **iscrizione, iscritto** (a una gara); **concorrente** ***5*** *(rag.)* **voce** (contabile); **partita** ***6*** (di dizionario) **lemma; voce** ***7*** *(elab.)* **immissione; registrazione; entrata** ● *(rag.) double-e. book-keeping,* contabilità in partita doppia □ *(rag.) single-e. book-keeping,* contabilità in partita semplice.
to **entwine** [in'twain] *v. t.* e *i.* **intrecciare, intrecciarsi.**
to **enucleate** [i'nju(:)klieit] *v. t.* ***1*** *(biol.)* **privare del nucleo** ***2*** *(med.)* **enucleare.**
enucleation [iˌnju(:)kli'eiʃən] *n.* [U] e [C] ***1*** *(biol.)* **asportazione del nucleo** ***2*** *(med.)* **enucleazione.**
to **enumerate** [i'nju:məreit] *v. t.* **enumerare; contare.**
enumeration [iˌnju:mə'reiʃən] *n.* [U] e [C] **enumerazione.**
to **enunciate** [i'nʌnsieit] ***A*** *v. t.* ***1*** **enunciare** ***2*** **articolare; pronunciare** ***B*** *v. i.* **pronunciare.**
enunciation [iˌnʌnsi'eiʃən] *n.* [U] e [C] ***1*** **enunciazione** ***2*** **annuncio; proclama** ***3*** **pronuncia.**
to **enure** [i'njuə*] *V.* to **inure.**
enuresis [ˌenjuə'ri:sis] *n.* [U] *(med.)* **enuresi.**
to **envelop** [in'veləp] *v. t.* **avvolgere; avviluppare; nascondere.**
envelope ['enviloup] *n.* [C] ***1*** **busta** ***2*** **copertura; involucro.**
envelopment [in'veləpmənt] *n.* ***1*** [U] **avvolgimento** ***2*** [C] (anche *bot., biol.*) **involucro.**
to **envenom** [in'venəm] *v. t.* **avvelenare** (anche *fig.*).
enviable ['enviəbl] *a.* **invidiabile.**
envious ['enviəs] *a.* **invidioso** ● *an e. glance,* un'occhiata d'invidia.
to **environ** [in'vaiərən] *v. t.* **attorniare; circondare.**
environment [in'vaiərənmənt] *n. (per lo più collett. sing.)* ***1*** **territorio circostante; dintorni** ***2*** **ambiente; condizioni** *(ambientali)*.
environs ['envirənz, in'vaiərənz] *n. pl.* **dintorni; periferia; sobborghi.**
to **envisage** [in'vizidʒ] *v. t.* ***1*** *(arc.)* **guardare in faccia** *(fig.)* ***2*** **immaginare.**
(1) envoy ['envɔi] *n.* ***1*** **inviato; delegato; messo** ***2*** *(polit.)* **inviato straordinario.**
(2) envoy ['envɔi] *n. (letter.)* **commiato; congedo** (per lo più versi, a volte dedicatori, che concludevano certe composizioni poetiche).
envy ['envi] *n.* [U] **invidia**: *out of e.*, per pura invidia.
to **envy** ['envi] *v. t.* **invidiare.**
to **enwrap** [in'ræp] *v. t.* **avvolgere; avviluppare.**
enzyme ['enzaim] *n.* [C] *(chim.)* **enzima.**
Eolithic [ˌi(:)ou'liθik] *a. (geol.)* **protolitico.**
eon ['i(:)ən] *V.* **aeon.**
epaulet(te) ['epouˌlet] *n.* [C] *(mil.)* **spallina.**
ephemera [i'femərə] *n.* (*pl.* **ephemerae** [i'femeri:], **ephemeras**) ***1*** (*zool.*, Ephemera vulgata) **effimera** ***2*** **cosa effimera.**
ephemeral [i'femərəl] *a.* **effimero; passeggero.**
ephemeris [i'femərls] *n.* (*pl.* **ephemerides** [ˌefi'meridi:z]) *(astron.)* **effemeride.**
ephemeron [i'femərɔn] *n.* (*pl.* **ephemera** [i'femərə], **ephemerons**) (*zool.*, Ephemera vulgata) **effimera.**
epic ['epik] ***A*** *n.* [C] **poema epico; epopea** ***B*** *a.* **epico.**
epical ['epikəl] *a.* **epico.**
epicene ['episi:n] *a.* e *n.* ***1*** *(gramm.)* **epiceno** ***2*** *(biol.)* **ermafrodito.**
epicentre ['episentə*] *n.* [C] *(geol.)* **epicentro.**
epicure ['epikjuə*] *n.* **epicureo.**
Epicurean [ˌepikjuə'ri(:)ən] *a.* e *n.* ***1*** *(filos.)* **epicureo** ***2*** *(con la minuscola, spreg.)* **epicureo.**
Epicureanism [ˌepikjuə'ri(:)ənizəm], **Epicurism** ['epikjuərizəm] *n.* [U] **epicureismo** (la dottrina d'Epicuro; vita da epicureo).
epidemic [ˌepi'demik] *(med.)* ***A*** *a.* **epidemico** ***B*** *n.* [C] **epidemia** (anche *fig.*).
epidermal [ˌepi'də:məl], **epidermic** [ˌepi'də:mik] *a.* *(anat.)* **epidermico.**
epidermis [ˌepi'də:mis] *n.* [U] e [C] *(anat.)* **epidermide.**
epigastrium [ˌepi'gæstriəm] *n.* (*pl.* **epigastria** [ˌepi'gæstriə]) *(anat.)* **epigastrio.**
epiglottis [ˌepi'glɔtis] *n.* [C] *(anat.)* **epiglottide.**
epigram ['epigræm] *n.* [C] **epigramma.**
epigrammatic [ˌepigrə'mætik] *a.* **epigrammatico.**
epigrammatist [ˌepi'græmətist] *n.* **epigrammista.**
epigraph ['epigra:f] *n.* [C] **epigrafe; iscrizione.**
epigraphic [ˌepi'græfik] *a.* **epigrafico.**
epigraphist [e'pigrəfist] *n.* **epigrafista.**
epigraphy [e'pigrəfi] *a.* [U] **epigrafia.**
epilepsy ['epilepsi] *n.* [U] *(med.)* **epilessia.**
epileptic [ˌepi'leptik] *a.* e *n.* **epilettico.**
epilogue ['epilɔg] *n.* [C] **epilogo.**
Epiphany [i'pifəni] *n. (relig.)* **Epifania.**
episcopacy [i'piskəpəsi] *n.* [C] **episcopato.**
episcopal [i'piskəpəl] *a.* **episcopale; vescovile.**
Episcopalian [iˌpiskə'peiljən] *a.* e *n.* *(relig.)* **episcopaliano.**
episcopate [i'piskəpit] *n.* [C] **episcopato; vescovato**: *the e.*, l'episcopato (i vescovi).
episode ['episoud] *n.* [C] **episodio.**
episodic(al) [ˌepi'sɔdik(əl)] *a.* **episodico.**
epistle [i'pisl] *n.* [C] **epistola**: *the Epistles,* le Epistole degli Apostoli.
epistolary [i'pistələri] *a.* **epistolare.**
epitaph ['epita:f] *n.* [C] **epitaffio.**
epithelium [ˌepi'θi:ljəm] *n.* [C] *(anat.)* **epitelio.**
epithet ['epiθet] *n.* [C] **epiteto.**
epitome [i'pitəmi] *n.* [C] ***1*** *(raro)* **epitome; compendio; sommario** ***2*** **incarnazione; personificazione.**
to **epitomize** [i'pitəmaiz] *v. t.* ***1*** *(raro)* **compendiare** ***2*** **incarnare; impersonare.**
epoch ['i:pɔk] *n.* [C] **epoca; età**: *the Elizabethan e.*, l'età elisabettiana ● *e.-making,* che fa (o fece) epoca.
epochal ['epɔkəl] *a.* **caratteristico di un'epoca.**
epopee ['epoupi:] *n.* [C] **epopea.**
epos ['epɔs] *n.* [C] **epos** (poema epico; epopea).

Epsom salt(s) [ˌepsəm'sɔ:lt(s)] *n. (farm.)* **sale inglese.**
equability [ˌekwə'biliti] *n.* [U] **1 equabilità** *(lett.)*; **uniformità 2 calma; serenità.**
equable ['ekwəbl] *a.* **1 equabile** *(raro)*; **uniforme 2 calmo; sereno.**
equal ['i:kwəl] **A** *a.* **1 uguale; pari**: *two e. parts,* due parti uguali □ *to be e. to the occasion,* essere pari alle necessità (o all'altezza della situazione) **2 equo; giusto**: *e. laws,* leggi eque **3 calmo; sereno B** *n.* [C] **pari; uguale**: *to mix with one's equals,* frequentare i propri pari ● *to be on e. terms with sb.,* trattare q. da pari a pari □ *to feel e. to doing st.,* sentirsi di fare q.c.
to **equal** ['i:kwəl] *v. t.* **uguagliare; essere uguale** (o **pari) a.**
equalitarian [i(:)ˌkwɔli'tɛəriən] *a.* e *n. (polit.)* **egualitario.**
equalitarianism [iˌkwɔli'tɛəriənizəm] *n.* [U] *(polit.)* **egualitarismo.**
equality [i(:)'kwɔliti] *n.* [U] **uguaglianza; parità.**
equalization [ˌi:kwəlai'zeiʃən] *n.* [U] e [C] **1 pareggiamento; uguagliamento; livellamento; perequazione 2** *(sport)* **pareggio.**
to **equalize** ['i:kwəlaiz] *v. t.* e *i.* **pareggiare; uguagliare** (rendere uguale, uniforme); **livellare; equiparare**: *(sport) to e. a match,* pareggiare una partita.
equally ['i:kwəli] *avv.* **1 ugualmente 2 in parti uguali; equamente.**
equanimity [ˌi:kwə'nimiti] *n.* [U] **equanimità; serenità; calma.**
to **equate** [i'kweit] *v. t.* **1** *(mat.)* **esprimere in forma d'equazione 2 considerare uguale; equiparare.**
equation [i'kweiʃən] *n.* **1** [C] *(mat.)* **equazione 2** [U] **equiparazione; livellamento**: *(econ.) the e. of demand and supply,* il livellamento della domanda e dell'offerta.
equator [i'kweitə*] *n. (geogr., astron.)* **equatore.**
equatorial [ˌekwə'tɔ:riəl] *a.* **equatoriale.**
equerry [i'kweri] *n.* **scudiero** (carica di corte).
equestrian [i'kwestriən] **A** *a.* **equestre**: *an e. statue,* una statua equestre **B** *n.* **cavallerizzo.**
equiangular [ˌi:kwi'æŋgjulə*] *a. (geom.)* **equiangolo.**
equidistant [ˌi:kwi'distənt] *a.* **equidistante.**
equilateral [ˌi:kwi'lætərəl] *a. (geom.)* **equilatero.**
to **equilibrate** [ˌi:kwi'laibreit] *v. t.* e *i.* **equilibrare, equilibrarsi.**
equilibrist [i(:)'kwilibrist] *n.* **equilibrista; acrobata.**
equilibrium [ˌi:kwi'libriəm] *n.* [U] **equilibrio** (anche *fig.*).
equine ['i:kwain] *a.* **equino.**
equinoctial [ˌi:kwi'nɔkʃəl] *a. (astron., geogr.)* **equinoziale.**
equinox ['i:kwinɔks] *n.* [C] *(astron.)* **equinozio.**
to **equip** [i'kwip] *v. t.* **equipaggiare, allestire** (una nave, un esercito); **attrezzare; corredare; fornire.**
equipage ['ekwipidʒ] *n.* [C] **equipaggio** (carrozza signorile con più cavalli e servi).
equipment [i'kwipmənt] *n.* [U] **1 equipaggiamento; attrezzatura; apparecchiatura 2** *(ferr.)* **materiale rotabile.**
equipoise ['ekwipɔiz] *n.* **1** [U] **equilibrio 2** [C] **contrappeso.**
equipollent [ˌi(:)kwi'pɔlənt] *a.* **equipollente; equivalente.**
equitable ['ekwitəbl] *a.* **equo; giusto; ragionevole.**
equitation [ˌekwi'teiʃən] *n.* [U] **equitazione.**
equity ['ekwiti] *n.* **1** [U] **equità; giustizia 2** *(al pl., fin.)* **azioni ordinarie a interesse variabile.**
equivalence [i'kwivələns] *n.* [U] e [C] **equivalenza.**
equivalent [i'kwivələnt] *a.* e *n.* **equivalente.**
equivocal [i'kwivəkəl] *a.* **1 equivoco; ambiguo 2 dubbio; incerto.**
to **equivocate** [i'kwivəkeit] *v. i.* **esprimersi in modo ambiguo; giocare sull'equivoco.**
equivocation [iˌkwivə'keiʃən] *n.* **1** [U] **equivoco 2** [C] **espressione equivoca.**
equivocator [i'kwivəˌkeitə*] *n.* **chi gioca sull'equivoco.**
er [ə:*] *inter.* **ehm** (esprime esitazione parlando).
era ['iərə] *n.* [C] **era; epoca; età**: *the Christian era,* l'era cristiana □ *the Victorian era,* l'epoca vittoriana.
to **eradiate** [i'reidieit] *v. i.* **irradiare; irraggiare.**
to **eradicate** [i'rædikeit] *v. t.* **sradicare; estirpare.**
eradication [iˌrædi'keiʃən] *n.* [U] **sradicamento; estirpazione.**
erasable [i'reizəbl] *a.* **cancellabile.**
to **erase** [i'reiz] *v. t.* **cancellare** (anche *fig.*); **cassare; raschiare via.**
eraser [i'reizə*] *n.* **1 gomma** (per cancellare); **raschino 2** (anche *blackboard e.*) **cimosa** (da lavagna).
erasion [i'reiʒən] *n.* [U] e [C] **1 cancellazione; cancellatura; raschiatura 2** *(med.)* **raschiamento.**
erasure [i'reiʒə*] *n.* [U] e [C] **cancellatura.**
erbium ['ə:biəm] *n.* [U] *(chim.)* **erbio.**
ere [ɛə*] *prep., cong.* e *avv. (poet.)* **prima; prima di; prima che.**
erect [i'rekt] *a.* **eretto; diritto; ritto.**
to **erect** [i'rekt] *v. t.* **1 erigere; costruire; alzare 2 costituire; fondare.**
erectile [i'rektail] *a. (med.)* **erettile**: *e. tissue,* tessuto erettile.
erection [i'rekʃən] *n.* **1** [U] **erezione; costruzione 2** [C] **edificio; struttura 3** [C] e [U] *(fisiologia)* **erezione.**
eremite ['erimait] *n.* **eremita.**
erg [ə:g] *n.* [C] *(fis.)* **erg.**
ergo ['ə:gou] *(lat.) cong.* **ergo; dunque.**
ergo- [ˌə:gə, ˌə:gou] **ergo-** (primo elemento di composizione nominale, col significato di "lavoro").
ergonomics [ˌə:gə'nɔmiks] *n. pl. (col verbo al sing.)* **ergonomia.**
Eritrean [ˌeri'triən] *a.* e *n.* **eritreo.**
ermine ['ə:min] *n.* (*zool.,* Mustela erminea) **ermellino** (anche la pelliccia) ● *(fig.) to wear the e.,* vestire la toga; essere giudice.
ermined ['ə:mind] *a.* **vestito** (o **foderato) d'ermellino.**
to **erode** [i'roud] *v. t.* **erodere; corrodere; consumare.**
erosion [i'rouʒən] *n.* [U] e [C] **erosione.**
erosive [i'rousiv] *a.* **erosivo.**
erotic [i'rɔtik] *a.* **erotico.**
erotica [i'rɔtikə] *n. pl.* **letteratura** (o **arte) erotica.**
eroticism [i'rɔtisizəm], **erotism** ['irɔtizəm] *n.* [U] **erotismo.**
to **err** [ə:*] *v. i.* **1 errare; sbagliare 2 peccare.**
errand ['erənd] *n.* [C] **commissione; ambasciata; messaggio**: *to go on (o to run) errands,* fare commissioni; portare ambasciate.
errand-boy ['erəndbɔi] *n.* **fattorino.**
errant ['erənt] *a.* **errante; vagante**: *a knight-e.,* un cavaliere errante.
erratic [i'rætik] *a.* **1 eccentrico; strambo 2 irregolare 3** *(geol.)* **erratico.**
erratum [i'ra:təm] *(lat.) n.* (*pl.* **errata** [i'ra:tə]) **errore di stampa.**
erroneous [i'rouniəs] *a.* **erroneo; sbagliato.**
error [erə*] *n.* [C] e [U] **errore; colpa; fallo; sbaglio**: *to make an e.,* fare un errore □ *to lead sb. into e.,* indurre q. in errore □ *to do st. in e.,* fare q.c. per sbaglio □ *to repent the errors of one's youth,* pentirsi degli errori giovanili □ *(comm.) errors and omissions excepted,* salvo errori e omissioni.
ersatz ['eəzæts] *(ted.) a.* e *n.* **surrogato.**
Erse [ə:s] *a.* e *n.* [U] **gaelico.**
to **eruct** [i'rʌkt], to **eructate** [i'rʌkteit] *v. t.* e *i.* **eruttare; ruttare.**
erudite ['eru(:)dait] *a.* **erudito; dotto.**
erudition [ˌeru(:)'diʃən] *n.* [U] **erudizione; dottrina.**
to **erupt** [i'rʌpt] **A** *v. i.* **1** (d'un vulcano) **entrare in eruzione 2** (di lava, ecc.) **erompere; sgorgare B** *v. t.* (di vulcano) **eruttare.**
eruption [i'rʌpʃən] *n.* [U] e [C] *(geol., med.)* **eruzione.**
eruptive [i'rʌptiv] *a.* **eruttivo.**
erysipelas [ˌeri'sipiləs] *n.* [U] *(med.)* **erisipela; risipola** *(pop.).*
to **escalade** [ˌeskə'leid] *v. t.* **dar la scalata a; sca-**

lare.
to **escalate** ['eskə,leit] *v. t.* e *i.* **aumentare; intensificare, intensificarsi.**
escalation [,eskə'leiʃən] *n.* [U] **scalata** *(fig.)*.
escalator ['eskəleitə*] *n.* [C] *(mecc.)* **scala mobile.**
escallop [is'kɔləp] *V.* **scallop.**
escapade [,eskə'peid] *n.* [C] **scappata; scappatella; avventura.**
to **escape** [is'keip] ***A*** *v. i.* ***1*** **scappare; fuggire; evadere *2* salvarsi; scamparla; cavarsela; uscire indenne *3* uscire; svanire *B*** *v. t.* **sfuggire a; sottrarsi a; evitare; schivare**: *to e. punishment,* sfuggire alla punizione.
escape [is'keip] *n.* ***1*** [C] e [U] **fuga; evasione *2*** [C] **scampo *3*** [C] **svago; distrazione *4*** [C] *(mecc.)* **scappamento; scarico** ● *fire-e.,* uscita di sicurezza (in caso d'incendio) □ *to have a narrow* (o *a hairbreath) e.,* scamparla per miracolo (o per un pelo) □ *literature of e.,* letteratura d'evasione.
escapee [is,kei'pi:] *n.* **evaso; fuggiasco.**
escapement [is'keipmənt] *n.* [C] *(mecc.)* **scappamento.**
escapism ['is'keipizəm] *n.* [U] **evasione dalla realtà.**
escapist [is'keipist] *n.* **persona che cerca d'evadere dalla realtà.**
escarpment [is'ka:pmənt] *n.* [C] **scarpata.**
eschatological [,eskətə'lɔdʒikəl] *a.* **escatologico.**
eschatology [,eskə'tɔlədʒi] *n.* [U] *(relig., filos.)* **escatologia.**
escheat [is'tʃi:t] *n.* [U] *(leg.)* **incameramento** (da parte dello Stato di proprietà privata per mancanza d'eredi e in assenza di testamento).
to **escheat** [is'tʃi:t] ***A*** *v. t. (leg.)* **incamerare; indemaniare *B*** *v. i.* **passare allo Stato.**
to **eschew** [is'tʃu:] *v. t.* **evitare; rifuggire da.**
escort ['eskɔ:t] *n.* [C] ***1*** **scorta; accompagnatore; gruppo d'accompagnatori *2*** *(mil.)* **scorta;** *(naut.)* **convoglio** ● *e. agency,* agenzia che procura accompagnatori o accompagnatrici (cavalieri o ragazze).
to **escort** [is'kɔ:t] *v. t.* **scortare** (anche *mil.*)**; accompagnare.**
esculent ['eskjulənt] *a.* **esculento; commestibile.**
escutcheon [is'kʌtʃən] *n.* [C] ***1*** **scudo; arme gentilizia; blasone *2* bocchetta** ● *(fig.) a blot on one's e.,* una macchia sul proprio onore.
Eskimo ['eskimou] *a.* e *n.* (*pl.* **Eskimo, Eskimos**) **eschimese.**
esophagus [i(:)'sɔfəgəs] *n.* (*pl.* **esophagi** [i(:)'sɔfəgai]) *(anat.)* **esofago.**
esoteric(al) [,esou'terik(əl)] *a.* **esoterico; riservato agli iniziati.**
espalier [is'pæljə*] *(franc.) n.* [C] ***1*** **spalliera *2* pianta che cresce a spalliera.**
esparto [es'pa:tou] *n.* [U] (*bot.*, Lygeum spartum) (anche *e. grass*) **sparto.**
especial [is'peʃəl] *a.* **speciale; particolare; eccezionale.**
Esperantist [,espə'ræntist] *n.* **esperantista.**
Esperanto [,espə'ræntou] *n.* **esperanto.**
espial [is'paiəl] *n.* [U] **(lo) spiare; spiamento** *(raro).*
espionage [,espiə'na:ʒ] *n.* [U] **spionaggio.**
esplanade [,esplə'neid] *n.* [C] **passeggiata** (specialm. a mare).
to **espouse** [is'pauz] *v. t.* **sposare** (anche *fig.*)**; adottare** *(fig.)*.
espresso [es'presou] *(ital.) n.* (*pl.* **espressos**) ***1*** [U] e [C] (anche *e. coffee*) **(caffè) espresso *2*** [C] (anche *e. machine*) **macchina (per caffè) espresso** ● *e. bar,* bar dove si beve il caffè espresso (all'italiana).
esprit ['espri:] *(franc.) n.* [U] **spirito.**
to **espy** [is'pai] *v. t.* **scorgere; vedere.**
esquire [is'kwaiə*] *n.* ***1*** *(stor.)* **scudiero *2*** (titolo di cortesia, usato nell'indirizzare lettere a persone di riguardo; di solito abbreviato in *Esq.*) **Egregio Signor**: *Robert Smith, Esq.,* Egregio Sig. Robert Smith.
essay ['esei] *n.* [C] ***1*** **saggio** (anche letterario) ***2*** (a scuola) **composizione; tema.**
to **essay** [e'sei] *v. t.* e *i.* **saggiare; provare; cercare; tentare**: *to e. to do st.,* cercare di fare q.c. (o cimentarsi in q.c.).
essayist ['eseiist] *n.* **saggista.**
essence ['esns] *n.* ***1*** [U] **essenza; sostanza *2*** [C] e [U] **estratto**: *meat e.,* estratto di carne.
essential [i'senʃəl] ***A*** *a.* **essenziale; indispensabile *B*** *n.* [C] **elemento essenziale.**
essentially [i'senʃəli] *avv.* ***1*** **essenzialmente; fondamentalmente; in fondo *2* necessariamente.**
to **establish** [is'tæbliʃ] ***A*** *v. t.* ***1*** **stabilire; costituire; fondare; impiantare *2* sistemare; insediare; nominare *3* enunciare, provare** (in modo definitivo) ***4*** **istituire** (una Chiesa) **come religione ufficiale dello Stato *B*** to **establish oneself** *v. rifl.* **impiantarsi; mettersi negli affari; metter su negozio** ● *the Established Church,* la Chiesa nazionale inglese (anglicana).
establishment [is'tæbliʃmənt] *n.* ***1*** [U] **fondazione; costituzione *2*** [C] **stabilimento; azienda; fabbrica; officina *3*** [C] **famiglia e servitù**: *to keep a very large e.,* avere una famiglia e una servitù assai numerose ***4*** — *(polit.)* **E., establishment; classe dirigente; (il) sistema** ● *(mil.) war e.,* effettivi di guerra.
estate [is'teit] *n.* ***1*** [C] **stato; classe sociale; ceto**: *the Three Estates,* i tre Stati (clero, nobiltà, borghesia) ***2*** [C] e [U] **proprietà** (specialm. terriera)**; beni; patrimonio; possedimento; podere; fondo**: *real e.,* beni immobili □ *personal e.,* proprietà personale; beni d'uso ● *e. agency,* agenzia immobiliare □ *e. agent,* agente immobiliare; fattore, sovrintendente (di azienda agricola) □ *(autom.) e. car,* giardinetta □ *e. duty,* tassa di successione (su beni immobili).
to **esteem** [is'ti:m] *v. t.* ***1*** **stimare; apprezzare *2* reputare; considerare** ● *(comm.) Your esteemed letter,* la Vostra pregiata lettera.
esteem [is'ti:m] *n.* [U] **stima; considerazione** ● *to hold sb. in high e.,* fare gran conto di q.; avere q. in grande stima.
ester ['estə*] *n.* [C] *(chim.)* **estere.**
esthete ['i:sθi:t], **esthetic** [i:s'θetik] e *deriv. V.* **aesthete, aesthetic** e *deriv.*
Esthonian [es'tounjən] *a.* e *n.* **estone.**
estimable ['estiməbl] *a.* **stimabile; pregevole.**
to **estimate** ['estimeit] ***A*** *v. t.* ***1*** *(comm.)* **stimare; determinare il prezzo di; valutare; preventivare *2*** *(fig.)* **calcolare; giudicare; prevedere *B*** *v. i. (comm.)* **fare un preventivo.**
estimate ['estimit] *n.* [C] ***1*** *(comm.)* **stima; preventivo *2*** *(fig.)* **opinione; giudizio; idea *3*** *(stat.)* **stima; calcolo** ● *the Estimates,* il bilancio preventivo dello Stato □ *a rough e.,* un calcolo approssimativo.
estimation [,esti'meiʃən] *n.* [U] ***1*** **opinione; giudizio; avviso**: *in my e.,* a mio avviso ***2*** **stima; considerazione; conto**: *to be held in high e.,* essere tenuto in grande considerazione.
estimator ['estimeitə*] *n.* **stimatore; perito in preventivi.**
to **estrange** [is'treindʒ] *v. t.* **alienare.**
estrangement [is'treindʒmənt] *n.* [U] e [C] **alienamento; estraniazione.**
estrogen ['estrədʒən] *n.* [U] e [C] *(biol.)* **estrogeno.**
estuary ['estjuəri] *n.* [C] *(geogr.)* **estuario.**
et cetera [,et'setərə] *(lat.) locuz. avv.* (*abbr.* **etc.**) **eccetera.**
to **etch** [etʃ] *v. t.* e *i.* **incidere all'acquaforte.**
etcher ['etʃə*] *n.* **acquafortista.**
etching ['etʃiŋ] *n.* ***1*** [U] **arte dell'acquaforte *2*** [C] **incisione all'acquaforte; acquaforte.**
eternal [i(:)'tə:nl] *a.* ***1*** **eterno *2*** *(fam.)* **continuo; incessante.**
to **eternalize** [i(:)'tə:nəlaiz] *v. t.* **eternare; immortalare.**
eternity [i(:)'tə:niti] *n.* ***1*** [U] **eternità *2*** *(con l'art. indeterm.)* **eternità; tempo lunghissimo *3*** *(al pl.)* **verità eterne.**
ether ['i:θə*] *n.* [U] **etere** (in ogni senso).
ethereal [i(:)'θiəriəl] *a.* ***1*** **etereo *2*** *(chim.)* **etereo; eterico.**
ethic ['eθik] ***A*** *a.* **etico; morale *B*** *n.* **etica.**
ethical ['eθikl] *a.* **etico; morale** ● *(gramm.) e. dative,* dativo etico.
ethics ['eθiks] *n. pl. (col verbo al sing.)* **etica.**

Ethiopian [ˌi(:)θi'oupjən] *a.* e *n.* **etiope.**
ethnic(al) ['eθnik(əl)] *a.* **etnico.**
ethnographic(al) [ˌeθnou'græfik(əl)] *a.* **etnografico.**
ethnography [eθ'nɔgrəfi] *n.* [U] **etnografia.**
ethnologic(al) [ˌeθnou'lɔdʒik(əl)] *a.* **etnologico.**
ethnologist [eθ'nɔlədʒist] *n.* **etnologo.**
ethnology [eθ'nɔlədʒi] *n.* [U] **etnologia.**
ethos ['i:θɔs] *n.* [U] **ethos; costume; norma di vita.**
ethyl ['eθil] *n.* [U] *(chim.)* **etile** ● *e. alcohol,* alcol etilico.
ethylene ['eθili:n] *n.* [U] *(chim.)* **etilene.**
ethylic [e'θilik] *a.* *(chim.)* **etilico.**
to **etiolate** ['i:tiouleit] *v. t.* **far scolorire** (o **sbiadire**) (per mancanza di sole) ● *(bot.) an etiolated plant,* una pianta eziolata.
etiquette [eti'ket] *n.* [U] ***1*** **etichetta; cerimoniale; galateo *2* etica professionale.**
etna ['etnə] *n.* [C] **fornello a spirito.**
Etonian [i(:)'tounjən] ***A*** *a.* **di Eton** ***B*** *n.* **(ex-)studente di Eton.**
Etruscan [i'trʌskən] *a.* e *n.* **etrusco.**
etymologic(al) [ˌetimə'lɔdʒik(əl)] *a.* **etimologico.**
etymologist [ˌeti'mɔlədʒist] *n.* **etimologista; etimologo.**
etymology [ˌeti'mɔlədʒi] *n.* [U] e [C] **etimologia.**
etymon ['etimɔn] *n.* [C] *(linguistica)* **etimo.**
eucalyptus [ˌju:kə'liptəs] *n.* [C] (*bot.*, Eucalyptus) **eucalipto.**
Eucharist ['ju:kərist] *n.* *(relig.)* **eucaristia, eucarestia.**
Eucharistic(al) [ˌju:kə'ristik(əl)] *a.* *(relig.)* **eucaristico.**
euchre ['ju:kə*] *n.* « **euchre** » (gioco di carte americano).
to **euchre** ['ju(:)kə*] *v. t.* ***1*** **guadagnare due punti su** (un avversario) **al gioco dello « euchre »** ***2*** *(fig.)* **sconfiggere; superare; farla a** (q.).
Euclidean, Euclidian [ju:'klidiən] *a.* **euclideo.**
eugenic [ju:'dʒenik] *a.* *(biol.)* **eugenetico.**
eugenics [ju(:)'dʒeniks] *n. pl.* *(col verbo al sing.)* **eugenetica.**
eulogist ['ju:lədʒist] *n.* **elogiatore; panegirista.**
eulogistic [ˌju:lə'dʒistik] *a.* **elogiativo; laudativo.**
to **eulogize** ['ju:lədʒaiz] *v. t.* **elogiare; lodare vivamente.**
eulogy ['ju:lədʒi] *n.* [C] e [U] **elogio; panegirico.**
eunuch ['ju:nək] *n.* **eunuco.**
euphemism ['ju:fimizəm] *n.* [U] e [C] **eufemismo.**
euphemistic(al) [ˌju:fi'mistik(əl)] *a.* **eufemistico.**
euphonic(al) [ju:'fɔnik(əl)], **euphonious** [ju:'founjəs] *a.* **eufonico.**
euphony ['ju:fəni] *n.* [U] **eufonia.**
euphoria [ju(:)'fɔ(:)riə] *n.* [U] **euforia.**
euphoric [ju(:)'fɔ(:)rik] *a.* **euforico.**
euphuism ['ju:fju(:)izəm] *n.* [U] e [C] *(letter.)* **eufuismo.**
euphuist ['ju(:)fju(:)ist] *n.* **eufuista; scrittore ampolloso.**
euphuistic(al) [ˌju:fju(:)'istik(əl)] *a.* **eufuistico; ampolloso.**
Eurasian [juə'reiʒjən] *a.* e *n.* *(antropologia)* **eurasiano.**
Eurocommunism [ˌjuərou'kɔmjuˌnizəm] *n.* [U] *(polit.)* **eurocomunismo.**
Eurocrat ['juəroukræt] *n.* *(econ.)* **eurocrate.**
Eurodollar ['juərouˌdɔlə*] *n.* [C] *(fin.)* **eurodollaro.**
European [ˌjuərə'pi(:)ən] *a.* e *n.* **europeo.**
Europeanism [ˌjuərə'pi(:)ənizəm] *n.* [U] e [C] **europeismo.**
to **Europeanize** [ˌjuərə'pi(:)ənaiz] *v. t.* **europeizzare.**
europium [juə'roupjəm] *n.* [U] *(chim.)* **europio.**
Eurovision ['juərəviʒən] *n.* [U] *(telev.)* **eurovisione.**
euthanasia [ˌju:θə'neizjə] *n.* [U] **eutanasia.**
evacuant [i'vækjuənt] *a.* e *n.* [C] *(farm.)* **evacuante** *(raro)*; **purgante.**
to **evacuate** [i'vækjueit] *v. t.* e *i.* **evacuare; sgombrare; sfollare.**
evacuation [iˌvækju'eiʃən] *n.* [U] e [C] **evacuazione; sfollamento.**
evacuee [iˌvækju(:)'i:] *n.* **sfollato.**
to **evade** [i'veid] *v. t.* **eludere; evitare; schivare; sfuggire a; sottrarsi a**: *to e. a blow,* schivare un colpo □ *to e. a question (the law, etc.),* eludere una domanda (la legge, ecc.).
evader [i'veidə*] *n.* **evasore**: *tax e.,* evasore fiscale.
to **evaluate** [i'væljueit] *v. t.* ***1*** (anche *econ., fin., stat.*) **valutare** ***2*** *(mat.)* **calcolare** (il valore numerico di una espresssione).
evaluation [iˌvælju'eiʃən] *n.* [U] e [C] ***1*** (anche *econ., fin., stat.*) **valutazione** ***2*** *(mat.)* **valutazione; calcolo.**
to **evanesce** [ˌevə'nes] *v. i.* **svanire; scomparire.**
evanescence [ˌevə'nesns] *n.* [U] **evanescenza.**
evanescent [ˌevə'nesənt] *a.* **evanescente.**
evangelic(al) [ˌi:væn'dʒelik(əl)] *a.* **evangelico.**
evangelicalism [ˌi(:)væn'dʒelikəlizəm] *n.* [U] **evangelicalismo.**
evangelist [i'vændʒilist] *n.* ***1*** **evangelista** ***2*** **predicatore evangelico.**
evangelization [iˌvændʒilai'zeiʃən] *n.* [U] **evangelizzazione.**
to **evangelize** [i'vændʒilaiz] *v. t.* **evangelizzare.**
to **evaporate** [i'væpəreit] ***A*** *v. i.* ***1*** **evaporare** ***2*** *(fig., fam.)* **svanire; dissolversi** ***B*** *v. t.* **far evaporare.**
evaporation [iˌvæpə'reiʃən] *n.* [U] e [C] **evaporazione.**
evaporator [i'væpəreitə*] *n.* *(tecn.)* **evaporatore.**
evasion [i'veiʒən] *n.* ***1*** [U] **evasione** ***2*** [C] **pretesto; scappatoia; espediente.**
evasive [i'veisiv] *a.* **evasivo; elusivo; ambiguo.**
eve [i:v] *n.* [C] **vigilia**: *Christmas Eve,* la vigilia di Natale ● *New Year's Eve,* l'ultimo giorno dell'anno.
(1) even ['i:vən] *a.* ***1*** **pari; piano; liscio; piatto; uniforme; regolare; uguale**: *e. numbers,* numeri pari □ *e. breathing,* respiro regolare ***2*** **calmo; placido; sereno; tranquillo** ***3*** **equo; giusto** ***4*** **esatto; preciso** ● *to get e. with sb.,* saldare i conti con q. □ *Our scores are e.,* siamo pari (al gioco).
(2) even ['i:vən] *avv.* ***1*** **anche; perfino; persino; addirittura** ***2*** **proprio; esattamente** ● *e. if* (o *e. though),* anche se □ *not e.* (o *never e.),* neanche, nemmeno, neppure.
to **even** ['i:vən] ***A*** *v. t.* (anche *to e. up*) **pareggiare; eguagliare; livellare** ***B*** *v. i.* ***1*** **eguagliarsi** ***2*** (anche *to e. out)* **livellarsi.**
(3) even ['i:vən] *n.* *(poet.)* **sera; vespro.**
even-handed [ˌi:vən'hændid] *a.* **imparziale.**
evening ['i:vniŋ] *n.* [C] ***1*** **sera; serata**: *on the e. of the 10th,* la sera del dieci □ *in the e.,* di sera; la sera □ *on Sunday e.,* domenica sera □ *a musical e.,* una serata musicale ***2*** *(fig.)* **tramonto; declino**: *in the e. of life,* nel tramonto della vita ● *e. dress,* abito da sera.
even-minded [ˌi:vən'maindid] *a.* **equanime; imparziale.**
evensong ['i:vənsɔŋ] *n.* [C] *(relig.)* **vespro.**
event [i'vent] *n.* [C] ***1*** **evento; avvenimento; caso; circostanza; eventualità**: *at all events,* in ogni caso; qualunque cosa accada □ *in that e.,* in quel caso ***2*** *(sport)* **avvenimento sportivo; competizione; gara** ● *in the natural course of events,* nell'ordine naturale delle cose.
eventful [i'ventful] *a.* **pieno d'eventi; avventuroso.**
eventide ['i:vəntaid] *n.* *(poet.)* **sera; vespro.**
eventual [i'ventjuəl] *a.* **definitivo; conclusivo; finale.**
eventuality [iˌventju'æliti] *n.* [C] **eventualità; evenienza.**
eventually [i'ventjuəli] *avv.* **alla fine; infine.**
to **eventuate** [i'ventjueit] *v. i.* **andare a finire; risolversi.**
ever ['evə*] *avv.* ***1*** **alcuna volta; mai**: *Nothing e. happens here,* qui non succede mai niente □ *Did you e. hear such nonsense?,* hai mai sentito una simile sciocchezza? ***2*** *(fam., idiom.)* **mai; diamine**: *Why e. didn't you say so?,* perché mai non l'hai detto? □ *It is e. so much easier,* è tanto più facile ● *e. after,* da allora in poi □ *e.*

since, fin da quando □ (nelle lettere) *E. yours,* sempre affettuosamente tuo □ *for e. (and e.),* per sempre.
everglade ['evəgleid] *n.* [C] *(USA)* **terreno paludoso.**
evergreen ['evəgri:n] *a.* e *n.* [C] **sempreverde.**
everlasting [ˌevə'la:stiŋ] *a.* ***1*** **eterno; immortale**: *e. glory,* gloria immortale ***2*** **continuo; interminabile** ● *the E.,* l'Eterno.
evermore [ˌevə'mɔ:*] *avv.* **sempre; eternamente.**
to **evert** [i'və:t] *v. t.* **rovesciare** (per es., una palpebra).
every ['evri] *a.* **ogni; ciascuno, ciascuna**: *e. day,* ogni giorno; tutti i giorni ● *e. bit,* tutto quanto □ *e. minute,* da un minuto all'altro □ *e. now and then* (o *e. now and again),* di quando in quando □ *e. one,* ognuno; ciascuno; tutti □ *e. other,* uno sì e uno no □ *e. three weeks* (o *e. third week),* ogni tre settimane □ *e. time,* ogni volta; tutte le volte (che) □ *in e. way,* in tutto e per tutto; sotto ogni aspetto.
everybody ['evribɔdi] *pron.* **ognuno; ciascuno; tutti** ● *e. else,* tutti gli altri.
everyday ['evridei] *a.* **di ogni giorno; di tutti i giorni; comune**: *an e. occurrence,* una cosa che succede tutti i giorni.
everyone ['evriwʌn] *pron.* **ognuno; ciascuno; tutti**: *E. likes to have his way,* a tutti piace fare a modo proprio.
everything ['evriθiŋ] *pron.* **ogni cosa; tutto** ● *e. else,* ogni altra cosa; tutto il resto □ *(fam.) and e.,* eccetera; e così sia.
everywhere ['evriwɛə*] *avv.* **in ogni luogo; dappertutto.**
to **evict** [i(:)'vikt] *v. t. (leg.)* ***1*** **evincere** ***2*** **sfrattare; escomiare.**
eviction [i(:)'vikʃən] *n.* [U] e [C] *(leg.)* ***1*** **evizione** ***2*** **sfratto; escomio.**
evidence ['evidəns] *n.* ***1*** [U] (anche *leg.*) **prova; testimonianza**: *There wasn't enough e. to condemn him,* non c'erano prove sufficienti per condannarlo ***2*** *(al pl.)* **segno; traccia** ***3*** [U] **evidenza**: *in e.,* in evidenza ● *to call sb. in e.,* chiamare q. a testimoniare □ *verbal e.,* deposizione verbale.
to **evidence** ['evidəns] *v. t.* **attestare; comprovare; testimoniare.**
evident ['evidənt] *a.* **evidente; chiaro; manifesto; ovvio.**
evil ['i:vl] ***A*** *a.* ***1*** **cattivo; dannoso; maligno; malvagio**: *e. thoughts,* pensieri cattivi □ *an e. tongue,* una lingua maligna; una malalingua ***2*** **funesto; disgraziato; sventurato** ***B*** *n.* [U] e [C] **male**: *to return good for e.,* ricambiare il bene per il male ***C*** *avv.* **male**: *to speak e. of sb.,* parlar male (o sparlare) di q. ● *the e. eye,* il malocchio; la iettatura □ *to fall on e. days,* cadere in miseria □ *to wish sb. e.,* desiderare il male di q.
evildoer [ˌi:vl'du(:)ə*] *n.* **malfattore.**
evil-minded [ˌi:vl'maindid] *a.* **malvagio.**
to **evince** [i'vins] *v. t.* **dimostrare; manifestare; rivelare.**
to **eviscerate** [i'visəreit] *v. t.* **sventrare.**
evocation [ˌevou'keiʃən] *n.* [U] e [C] **evocazione.**
evocative [i'vɔkətiv], **evocatory** [i'vɔkətəri] *a.* **evocativo.**
to **evoke** [i'vouk] *v. t.* ***1*** **evocare** ***2*** **suscitare** ***3*** **fare appello a; richiamare.**
evolution [ˌi:və'lu:ʃən] *n.* [U] e [C] **evoluzione**: *the theory of e.,* la teoria dell'evoluzione □ *the evolutions of a skater,* le evoluzioni di un pattinatore.
evolutional [ˌi:və'lu:ʃənl], **evolutionary** [ˌi:və'lu:ʃnəri] *a.* **pertinente a (o prodotto da) evoluzione; evolutivo.**
evolutionism [ˌi:və'lu:ʃənizəm] *n.* [U] **evoluzionismo.**
evolutionist [ˌi:və'lu:ʃənist] ***A*** *n.* **evoluzionista** ***B*** *a. attr.* **evoluzionistico.**
to **evolve** [i'vɔlv] ***A*** *v. t.* **evolvere; sviluppare; svolgere**: *to e. a new theory,* sviluppare una nuova teoria ***B*** *v. i.* **evolversi; svilupparsi.**
ewe [ju:] *n. (zool.)* **pecora** (femmina).
ewer ['ju(:)ə*] *n.* [C] **brocca.**
ex [eks] *n. (fam.)* **ex marito; ex moglie.**
ex- [eks] *pref.* **ex; già; un tempo**: *the ex-president,* l'ex presidente.
to **exacerbate** [eks'æsə(:)beit] *v. t.* **esacerbare; inasprire.**
exact [ig'zækt] *a.* **esatto; preciso**: *the e. meaning,* il significato esatto □ *e. directions,* istruzioni precise.
to **exact** [ig'zækt] *v. t.* **esigere.**
exacting [ig'zæktiŋ] *a.* ***1*** **esigente; severo** ***2*** **arduo; difficile.**
exaction [ig'zækʃən] *n.* ***1*** [U] **esazione** (di denaro) ***2*** [C] **imposizione; richiesta eccessiva.**
exactly [ig'zæktli] *avv.* ***1*** **esattamente; proprio** ***2*** (nelle risposte) **proprio così; appunto.**
exactor [ig'zæktə*] *n.* **chi esige.**
to **exaggerate** [ig'zædʒəreit] *v. t.* e *i.* **esagerare.**
exaggerated [ig'zædʒəreitid] *a.* **esagerato.**
exaggeration [igˌzædʒə'reiʃən] *n.* [U] e [C] **esagerazione.**
to **exalt** [ig'zɔ:lt] *v. t.* ***1*** **innalzare; elevare** ***2*** **esaltare; magnificare** ● *to e. sb. to the skies,* portare q. alle stelle.
exaltation [ˌegzɔ:l'teiʃən] *n.* [U] **esaltazione.**
exalted [eg'zɔ(:)ltid] *a.* ***1*** **elevato; eminente**: *a man of e. position,* un uomo che occupa una posizione eminente ***2*** **esaltato; eccitato.**
exam [ig'zæm] *n.* [C] (*abbr. fam.* di **examination**) **esame.**
examination [igˌzæmi'neiʃən] *n.* [U] e [C] **esame**: *to pass an e.,* superare un esame □ *an e. in history,* un esame di storia □ *the e. of the prisoner,* l'esame (o l'interrogatorio) dell'accusato ● *e. paper,* tema d'esame; compito (scritto); elaborato □ *a medical e.,* una visita medica.
to **examine** [ig'zæmin] *v. t.* **esaminare; interrogare; verificare;** *(med.)* **visitare**: *to e. students in geography,* esaminare studenti in geografia □ *to e. a witness in a law-court,* interrogare un testimone in tribunale.
examinee [igˌzæmi'ni:] *n.* **candidato** (a un esame); **esaminando.**
examiner [ig'zæminə*] *n.* ***1*** **esaminatore** ***2*** **ispettore.**
example [ig'za:mpl] *n.* [C] ***1*** **esempio; modello; esemplare** ***2*** **avvertimento; punizione esemplare**: *to make an e. of sb.,* infliggere a q. una punizione che serva d'esempio (agli altri) ● *for e.,* per esempio □ *without e.,* senza precedenti.
exanimate [eks'ænimit] *a. (raro)* **esanime; senza vita** (anche *fig.*).
to **exasperate** [ig'za:spəreit] *v. t.* **esasperare; inasprire.**
exasperation [igˌza:spə'reiʃən] *n.* [U] **esasperazione.**
to **excavate** ['ekskəveit] *v. t.* **scavare; portare alla luce.**
excavation [ˌekskə'veiʃən] *n.* [U] e [C] **scavo; sterro.**
excavator ['ekskəveitə*] *n.* ***1*** **scavatore; sterratore** ***2*** *(mecc.)* **escavatore; escavatrice.**
to **exceed** [ik'si:d] ***A*** *v. t.* **eccedere; oltrepassare; sorpassare; superare** ***B*** *v. i.* **eccedere.**
exceeding [ik'si:diŋ] *a.* **eccessivo; estremo; straordinario.**
to **excel** [ik'sel] ***A*** *v. i.* **eccellere**: *to e. in courage,* eccellere per il coraggio ***B*** *v. t.* **sorpassare; superare.**
excellence ['eksələns] *n.* ***1*** [U] **eccellenza; superiorità** ***2*** [C] **merito; pregio.**
Excellency ['eksələnsi] *n.* **Eccellenza**: *Your E.,* Vostra Eccellenza.
excellent ['eksələnt] *a.* **eccellente.**
to **except** [ik'sept] ***A*** *v. t.* **eccettuare; escludere**: *nobody excepted,* nessuno eccettuato ***B*** *v. i. (raro)* **eccepire; obiettare.**
except [ik'sept] *prep.* **eccetto; salvo; all'infuori di; a eccezione di**: *every day e. Sunday,* tutti i giorni eccetto la domenica ● *e. for,* salvo per; fatta eccezione per □ *e. that,* eccetto che; se non che.
excepted [ik'septid] *a.* **eccettuato; escluso** ● *not e.,* compreso.
excepting [ik'septiŋ] *prep.* **eccetto; salvo** ● *not e.* (o

without e.), senza escludere; compreso.

exception [ik'sepʃən] *n.* ***1*** [C] **eccezione**: *with the e. of*, a eccezione di □ *exceptions to a rule*, eccezioni a una regola ***2*** [U] **obiezione**: *to take e. to st.*, muovere obiezione a q.c. ● *by way of e.*, in via (del tutto) eccezionale.

exceptionable [ik'sepʃnəbl] *a.* **eccepibile; criticabile.**

exceptional [ik'sepʃənḷ] *a.* **eccezionale; insolito; straordinario.**

excerpt ['eksə:pt] *n.* [C] **estratto; brano; passo.**

excess [ik'ses] ***A*** *n.* ***1*** [U] e [C] **eccesso**: *an e. of kindness*, un eccesso di gentilezza ***2*** [U] **dismisura; smoderatezza**: *to drink to e.*, bere a dismisura ***3*** *(al sing. con l'art. indeterm.)* **eccedenza; sovrappiù** ***B*** *a. attr.* **in eccesso; in eccedenza; addizionale; aggiuntivo**: *e. luggage*, bagaglio in eccedenza ● *(ferr.) e. fare*, supplemento di tariffa.

excessive [ik'sesiv] *a.* **eccessivo; smoderato.**

to **exchange** [iks'tʃeindʒ] ***A*** *v. t.* **cambiare; barattare; scambiare**: *to e. st. for st. else*, cambiare q.c. con q.c. altro ***B*** *v. i.* **fare un cambio** (o **un baratto**) ● *to e. words with sb.*, venire a parole con q.

exchange [iks'tʃeindʒ] *n.* ***1*** [U] e [C] *(anche comm.)* **cambio; baratto; scambio**: *e. of goods*, scambio di merci □ *in e. for*, in cambio di ***2*** [C] *(fin.)* **Borsa**: *the Stock E.*, la Borsa Valori ***3*** [C] **centrale; centralino**: *a telephone e.*, un centralino telefonico.

exchequer [iks'tʃekə*] *n.* **finanze; erario; scacchiere**: *Chancellor of the E.*, Cancelliere dello Scacchiere.

excise [ek'saiz] *n.* [U] *(fin.)* **imposta indiretta; dazio di consumo** ● *e. officer*, daziere.

to **excise** [ik'saiz] *v. t.* **tagliare; recidere; asportare.**

exciseman ['eksaizmæn] *n.* (*pl.* **excisemen** ['eksaizmen]) **agente delle imposte; daziere.**

excision [ek'siʒən] *n.* [U] e [C] **taglio; recisione; asportazione.**

excitability [ik,saitə'biliti] *n.* [U] **eccitabilità.**

excitable [ik'saitəbl] *a.* **eccitabile; impressionabile.**

excitant ['eksitənt] *a.* e *n.* [C] *(farm.)* **eccitante.**

excitation [,eksi'teiʃən] *n.* [U] **eccitazione.**

to **excite** [ik'sait] *v. t.* ***1*** **eccitare; agitare** *(fig.)*: *Don't e. yourself!*, non eccitarti! ***2*** **suscitare; provocare**: *to e. a riot*, provocare una rivolta.

excited [ik'saitid] *a.* **eccitato; agitato** ● *to get e.*, eccitarsi; agitarsi.

excitement [ik'saitmənt] *n.* [U] e [C] **eccitamento; eccitazione.**

exciting [ik'saitiŋ] *a.* **eccitante; emozionante.**

to **exclaim** [iks'kleim] *v. t.* e *i.* **esclamare** ● *to e. against sb.*, inveire contro q.

exclamation [,ekslə'meiʃən] *n.* [U] e [C] **esclamazione** ● *note of e.* (o *e. mark*), punto esclamativo.

esclamatory [eks'klæmətəri] *a.* **esclamativo.**

to **exclude** [iks'klu:d] *v. t.* **escludere; non ammettere.**

exclusion [iks'klu:ʒən] *n.* [U] **esclusione** ● *to the e. of*, a esclusione di.

exclusive [iks'klu:siv] *a.* ***1*** **esclusivo**: *an e. right*, un diritto esclusivo; un'esclusiva ***2*** **altezzoso** ***3*** **riservato; esclusivo; precluso ai più**: *e. social circles*, ambienti sociali preclusi ai più ● *e. of*, a esclusione di; escluso.

to **excogitate** [eks'kɔdʒiteit] *v. t.* **escogitare.**

excogitation [eks,kɔdʒi'teiʃən] *n.* [U] e [C] **escogitazione; invenzione.**

to **excommunicate** [,ekskə'mju:nikeit] *v. t.* **scomunicare.**

excommunication ['ekskə,mju:ni'keiʃən] *n.* [U] e [C] **scomunica.**

to **excoriate** [eks'kɔ:rieit] *v. t.* **escoriare; scorticare.**

excoriation [eks,kɔ:ri'eiʃən] *n.* [U] e [C] **escoriazione; scorticatura.**

excrement ['ekskrimənt] *n.* [U] e [C] **escremento.**

excrescence [iks'kresns] *n.* [C] **escrescenza.**

excreta [eks'kri(:)tə] *n. pl.* *(fisiologia)* **escrementi; escrezioni.**

to **excrete** [eks'kri:t] *v. t.* **espellere** (escrementi); **secernere** (sudore).

excretion [eks'kri:ʃən] *n.* [U] e [C] **escrezione.**

to **excruciate** [iks'kru:ʃieit] *v. t.* **crucciare; tormentare; torturare.**

excruciating [iks'kru(:)ʃieitiŋ] *a.* **straziante; atroce.**

to **exculpate** ['ekskʌlpeit] *v. t.* **discolpare; assolvere.**

exculpation [,ekskʌl'peiʃən] *n.* [U] **discolpa.**

excursion [iks'kə:ʃən] *n.* [C] **escursione; gita; viaggetto**: *to make (*o *to go on) an e.*, fare un'escursione; andare in gita ● *e. rates*, tariffe speciali (per gite) □ *e. train*, treno popolare.

excursionist [iks'kə:ʃṇist] *n.* **escursionista; gitante.**

excursive [iks'kə:siv] *a.* ***1*** **saltuario** ***2*** **digressivo.**

excusable [iks'kju:zəbl] *a.* **scusabile; giustificabile; perdonabile.**

excusatory [iks'kju:zətəri] *a.* **giustificativo; di scusa.**

to **excuse** [iks'kju:z] ***A*** *v. t.* ***1*** **scusare; perdonare; giustificare**: *to e. sb. for doing st.*, scusare q. per aver fatto q.c. ***2*** **dispensare; esonerare; condonare**: *to e. sb. from doing st.*, esonerare q. dal fare q.c. ***B*** to **excuse oneself** *v. rifl.* **scusarsi; giustificarsi** ● *Excuse me!*, scusami!; mi scusi!

excuse [iks'kju:s] *n.* [C] e [U] **scusa; giustificazione; pretesto**: *to offer excuses*, addurre scuse □ *Please give them my excuses*, ti prego di presentare loro le mie scuse ● *in e. of*, a giustificazione di □ *without e.*, senza giustificazione.

ex-directory [,eksdi'rektəri] *a.* *(tel.*: di numero*)* **non in elenco** ● *to go e.*, far togliere il proprio numero dall'elenco.

execrable ['eksikrəbl] *a.* ***1*** **esecrabile** ***2*** **orribile; pessimo.**

to **execrate** ['eksikreit] *v. t.* **esecrare; detestare.**

execration [,eksi'kreiʃən] *n.* ***1*** [U] **esecrazione; detestazione** *(lett.)* ***2*** [C] **imprecazione; maledizione.**

executant [ig'zekjutənt] *n.* **esecutore** (specialm. di musica).

to **execute** ['eksikju:t] *v. t.* ***1*** **eseguire; adempiere; mettere in esecuzione**: *to e. sb.'s orders*, eseguire gli ordini di q. ***2*** *(leg., comm.)* **perfezionare; firmare**: *to e. a contract*, perfezionare un contratto ***3*** **giustiziare.**

execution [,eksi'kju:ʃən] *n.* ***1*** [U] **esecuzione; adempimento**: *in the e. of one's duty*, nell'adempimento del proprio dovere ***2*** [U] e [C] **esecuzione capitale**: *e. by hanging*, esecuzione capitale per impiccagione ***3*** [U] **distruzione; strage** (anche *fig.*) ***4*** [U] *(leg., comm.)* **perfezionamento, firma** (d'un contratto, ecc.).

executioner [,eksi'kju:ʃnə*] *n.* **carnefice; boia.**

executive [ig'zekjutiv] ***A*** *a.* ***1*** **esecutivo** ***2*** **direttivo** ***B*** *n.* ***1*** *(polit., leg.)* **(potere) esecutivo** ***2*** **dirigente.**

executor [ig'zekjutə*] *n.* **esecutore** (specialm. testamentario).

executrix [ig'zekjutriks] *n.* (*pl.* **executrices** [ig'zekjutriksiz]) **esecutrice** (specialm. testamentaria).

exegesis [,eksi'dʒi:sis] *n.* [U] e [C] (*pl.* **exegeses** [,eksi'dʒi:si:z]) **esegesi.**

exegete ['eksi,dʒi:t] *n.* **esegeta.**

exegetic(al) [,eksi'dʒetik(əl)] *a.* **esegetico.**

exemplar [ig'zemplə*] *n.* [C] **esemplare; modello; prototipo.**

exemplary [ig'zempləri] *a.* **esemplare.**

exemplification [ig,zemplifi'keiʃən] *n.* [U] e [C] **esemplificazione.**

to **exemplify** [ig'zemplifai] *v. t.* **esemplificare.**

to **exempt** [ig'zempt] *v. t.* **esentare; esonerare; dispensare.**

exempt [ig'zempt] *a.* **esente**: *e. from duty*, esente da dazio.

exemption [ig'zempʃən] *n.* [U] e [C] **esenzione; esonero; dispensa**: *e. from taxation*, esenzione dalle imposte; esonero fiscale.

exercisable [,eksə'saizəbl] *a.* **esercitabile.**

exercise ['eksəsaiz] *n.* ***1*** [U] **esercizio; esercizio fisi-**

co: *Walking is a form of e.*, il camminare è una forma d'esercizio fisico **2** [C] **esercizio; esercitazione**: *military exercises*, esercitazioni militari □ *an e. in English composition*, un esercizio di composizione inglese ● *e.-book*, quaderno □ *to take some e.*, fare un po' di moto.
to **exercise** ['eksəsaiz] ***A*** *v. t.* ***1*** **esercitare; allenare; praticare**: *to e. patience*, esercitare la pazienza □ *to e. a function*, esercitare una funzione ***2*** *(generalm. al passivo)* **preoccupare**: *to be greatly exercised about st.*, essere molto preoccupato per q.c. ***B*** *v. i.* **esercitarsi; fare esercizio *C*** to **exercise oneself** *v. rifl.* **esercitarsi; allenarsi.**
to **exert** [ig'zə:t] ***A*** *v. t.* **esercitare; fare uso di**: *to e. one's influence*, fare uso della propria influenza ***B*** to **exert oneself** *v. rifl.* **sforzarsi.**
exertion [ig'zə:ʃən] *n.* ***1*** [U] **esercizio; applicazione *2*** [C] **sforzo.**
exeunt ['eksiʌnt] *(lat.) voce verb. (teatr.)* **escono** (nelle didascalie di drammi).
to **exfoliate** [eks'foulieit] *v. i.* ***1*** *(geol.)* **sfaldarsi *2*** *(med.: della pelle)* **squamarsi.**
exhalation [,ekshə'leiʃən] *n.* [C] e [U] **esalazione; emanazione.**
to **exhale** [eks'heil] ***A*** *v. t.* **esalare; emanare *B*** *v. i.* **evaporare.**
to **exhaust** [ig'zɔ:st] ***A*** *v. t.* **esaurire**: *to e. one's resources*, esaurire le proprie risorse □ *to e. a subject*, esaurire un argomento ***B*** to **exhaust oneself** *v. rifl.* **esaurirsi.**
exhaust [ig'zɔ:st] *n.* [C] e [U] *(mecc.)* **scarico; scappamento**: *an e. pipe*, un tubo di scarico.
exhausted [ig'zɔ:stid] *a.* **esaurito; esausto; spossato.**
exhaustion [ig'zɔ:stʃən] *n.* [U] **esaurimento.**
exhaustive [ig'zɔ:stiv] *a.* **esauriente.**
to **exhibit** [ig'zibit] *v. t.* e *i.* ***1*** **esporre; mettere in mostra *2*** **dimostrare**: *to e. bravery*, dimostrare valore ***3*** *(leg.)* **esibire** (documenti, prove, ecc.).
exhibit [ig'zibit] *n.* [C] ***1*** **esposizione; mostra *2*** **oggetto esposto; raccolta d'oggetti esposti *3*** *(leg.)* **documento (o oggetto) esibito.**
exhibition [,eksi'biʃən] *n.* ***1*** [C] **esposizione; mostra**: *an art e.*, un'esposizione d'arte ***2*** *(al sing. con l'art. determ. o indeterm.)* **esibizione; dimostrazione**: *an e. of one's knowledge*, un'esibizione del proprio sapere ***3*** [C] **borsa di studio** ● *e. hall*, sala d'esposizione □ *to make an e. of oneself*, mettersi in mostra.
exhibitioner [,eksi'biʃnə*] *n.* **borsista** (all'università).
exhibitionism [,eksi'biʃnizəm] *n.* [U] **esibizionismo.**
exhibitionist [,eksi'biʃnist] *n.* **esibizionista.**
exhibitor [ig'zibitə*] *n.* ***1*** **esibitore *2*** *(comm.)* **espositore.**
to **exhilarate** [ig'ziləreit] *v. t.* **esilarare; rallegrare.**
exhilaration [ig,zilə'reiʃən] *n.* [U] **ilarità; allegrezza.**
to **exhort** [ig'zɔ:t] *v. t.* **esortare; ammonire.**
exhortation [,egzɔ:'teiʃən] *n.* [U] e [C] **esortazione.**
exhortative [ig'zɔ:tətiv], **exhortatory** [ig'zɔ(:)tətəri] *a.* **esortativo.**
exhumation [,ekshju:'meiʃən] *n.* [U] e [C] **esumazione.**
to **exhume** [eks'hju:m] *v. t.* **esumare** *(anche fig.)*.
exigence ['eksidʒəns], **exigency** ['eksidʒənsi] *n.* [C] ***1*** **esigenza; necessità *2*** **emergenza.**
exigent ['eksidʒənt] *a.* ***1*** **urgente *2*** **esigente.**
exigible ['eksidʒibl] *a.* *(anche leg.)* **esigibile.**
exiguity [,eksi'gju(:)iti] *n.* [U] **esiguità; tenuità.**
exiguous [eg'zigjuəs] *a.* **esiguo; piccolo; tenue.**
exile ['eksail] *n.* ***1*** [U] **esilio; bando *2*** [C] **esule; esiliato.**
to **exile** ['eksail] *v. t.* **esiliare; bandire.**
to **exist** [ig'zist] *v. i.* **esistere; vivere; esserci.**
existence [ig'zistəns] *n.* [U] e [C] **esistenza; vita** ● *to come into e.*, avere origine; nascere *(fig.)* □ *in e.*, esistente.
existent [ig'zistənt] *a.* **esistente.**
existentialism [,egzis'tenʃəlizəm] *n.* [U] *(filos.)* **esistenzialismo.**
existentialist [,egzis'tenʃəlist] *a.* e *n.* *(filos.)* **esistenzialista.**
(1) exit ['eksit] *n.* [C] e [U] ***1*** **uscita**: *emergency e.*, uscita di sicurezza ***2*** *(fig.)* **fine; morte; dipartita** ● *to make an e.*, uscire; andarsene.
(2) exit ['eksit] *(lat.) voce verb. (teatr.)* **esce** (nelle didascalie di drammi).
exodus ['eksədəs] *n.* [C] **esodo;** *(fig.)* **partenza in massa.**
ex officio [,eksə'fiʃiou] *(lat.) a.* e *avv.* **ex officio; di diritto.**
to **exonerate** [ig'zɔnəreit] *v. t.* ***1*** **discolpare; prosciogliere**: *to e. sb. from a charge*, prosciogliere q. da un'accusa ***2*** **esonerare.**
exoneration [ig,zɔnə'reiʃən] *n.* [U] ***1*** **proscioglimento *2*** **esonero.**
exorbitance [ig'zɔ:bitəns], **exorbitancy** [ig'zɔ:bitənsi] *n.* [U] **esorbitanza; eccessività.**
exorbitant [ig'zɔ:bitənt] *a.* **esorbitante; eccessivo.**
to **exorcise** ['eksɔ:saiz] *V.* to **exorcize.**
exorcism ['eksɔ:sizəm] *n.* [U] **esorcismo.**
exorcist ['eksɔ:sist] *n.* **esorcista.**
to **exorcize** ['eksɔ:saiz] *v. t.* **esorcizzare.**
exordium [ek'sɔ:djəm] *n.* [C] **esordio; proemio.**
exotic [eg'zɔtik] ***A*** *a.* **esotico *B*** *n.* [C] *(bot.)* **pianta esotica** *(anche fig.)*.
exoticism [eg'zɔtisizəm] *n.* ***1*** [U] **esotismo; esoticità *2*** [C] *(linguistica)* **esotismo; forestierismo.**
to **expand** [iks'pænd] ***A*** *v. t.* ***1*** **espandere; allargare; ampliare; dilatare *2*** **distendere; spiegare *3*** *(anche mat.)* **sviluppare *B*** *v. i.* ***1*** **espandersi; allargarsi; ampliarsi; dilatarsi *2*** **distendersi; spiegarsi *3*** *(fig.)* **diventare espansivo; aprirsi** *(fig.)*.
expanse [iks'pæns] *n.* [C] **distesa; estensione.**
expansion [iks'pænʃən] *n.* ***1*** [U] **espansione; allargamento; ampliamento; dilatazione *2*** [C] **aumento; estensione *3*** [U] *(anche mat.)* **sviluppo.**
expansionism [iks'pænʃənizəm] *n.* [U] *(polit., econ.)* **espansionismo.**
expansionist [iks'pænʃənist] *a.* e *n.* *(polit., econ.)* **espansionista.**
expansive [iks'pænsiv] *a.* ***1*** **espansivo *2*** **ampio; esteso.**
to **expatiate** [eks'peiʃieit] *v. i.* **diffondersi; spaziare** *(fig.)*.
to **expatriate** [eks'pætrieit] ***A*** *v. t.* **esiliare; bandire *B*** *v. i.* **espatriare *C*** to **expatriate oneself** *v. rifl.* ***1*** **espatriare *2*** **rinunciare alla propria nazionalità.**
expatriation [eks,pætri'eiʃən] *n.* [U] **espatrio.**
to **expect** [iks'pekt] *v. t.* ***1*** **aspettare, aspettarsi; contare su; presumere; prevedere**: *I was expecting a letter from him*, aspettavo una sua lettera □ *I expect to be back on Monday*, presumo che sarò di ritorno lunedì □ *I expect him to come (o that he will come)*, prevedo che verrà ***2*** **esigere; pretendere *3*** *(fam.)* **credere; supporre**: *I don't expect so*, credo di no ● *(fam.) to be expecting*, essere in stato interessante.
expectancy [iks'pektənsi] *n.* [U] **attesa; aspettazione; aspettativa** *(anche leg.)*.
expectant [iks'pektənt] *a.* **in grande attesa; ansioso; speranzoso** ● *an e. mother*, una donna incinta.
expectation [,ekspek'teiʃən] *n.* ***1*** [U] *(spesso al plur.)* **aspettazione; aspettativa; attesa; previsione; prospettiva; speranza**: *beyond e.*, oltre le previsioni □ *contrary to e.*, contro ogni aspettativa □ *to fall short of (o not to come up to) sb.'s expectations*, deludere le aspettative di q. □ *great expectations*, grandi speranze ***2*** [U] *(stat.)* **probabilità**: *(mat. attuariale) e. of life*, probabilità di vita.
expectorant [eks'pektərənt] *a.* e *n.* [C] *(farm.)* **espettorante.**
to **expectorate** [eks'pektəreit] *v. t.* e *i.* **espettorare.**
expectoriation [eks,pektə'reiʃən] *n.* [U] *(med.)* ***1*** **espettorazione *2*** **espettorato.**
expedience [iks'pi:djəns], **expediency** [iks'pi:djənsi] *n.* [U] ***1*** **convenienza; opportunità *2*** **opportunismo.**
expedient [iks'pi:djənt] ***A*** *a.* **conveniente; opportu-**

no; vantaggioso ***B*** *n.* [C] **espediente; ripiego.**
to **expedite** ['ekspidait] *v. t.* **accelerare; facilitare; sbrigare.**
expedition [,ekspi'diʃən] *n.* ***1*** [C] **spedizione** ***2*** [U] **speditezza; prontezza.**
expeditious [,ekspi'diʃəs] *a.* **spedito; pronto; sollecito.**
expeditiousness [,ekspi'diʃəsnis] *n.* [U] **speditezza; prontezza; sollecitudine.**
to **expel** [iks'pel] *v. t.* **espellere; cacciare; scacciare.**
to **expend** [iks'spend] *v. t.* **spendere; consumare.**
expendable [iks'pendəbl] *a.* ***1*** **spendibile; consumabile** ***2*** *(mil.)* **che si può sacrificare.**
expenditure [iks'penditʃə*] *n.* ***1*** [U] e [C] **spesa** ***2*** [U] **consumo; dispendio** ***3*** [U] *(fin., rag.)* **uscita, uscite.**
expense [iks'pens] *n.* ***1*** [U] **spesa; costo**: *to spare no e.*, non badare a spese □ *to learn st. at one's own e.*, imparare q.c. a proprie spese □ *at the e. of*, a costo di ***2*** *(generalm. al pl.)* **spese**: *travelling expenses*, spese di viaggio.
expensive [iks'pensiv] *a.* **costoso; caro; dispendioso.**
experience [iks'piəriəns] *n.* [U] e [C] **esperienza; pratica; prova**: *a pleasant e.*, una piacevole esperienza □ *to learn by e.*, imparare con l'esperienza.
to **experience** [iks'piəriəns] *v. t.* **fare esperienza di; provare; sentire; subire.**
experienced [iks'piəriənst] *a.* **esperto; pratico.**
experiential [iks,piəri'enʃəl] *a.* **sperimentale; empirico.**
experientialism [iks,piəri'enʃəlizəm] *n.* [U] *(filos.)* **empirismo.**
experientialist [iks,piəri'enʃəlist] *n.* *(filos.)* **empirista.**
experiment [iks'perimənt] *n.* ***1*** [C] **esperimento**: *to make an e. in chemistry*, fare un esperimento di chimica ***2*** [U] **sperimentazione** ● *e. station*, centro sperimentale.
to **experiment** [iks'periment] *v. i.* **sperimentare; fare esperimenti**: *to e. with new methods*, sperimentare nuovi metodi □ *to e. on animals*, fare esperimenti su animali.
experimental [eks,peri'mentl] *a.* **sperimentale; empirico.**
experimentalism [eks,peri'mentəlizəm] *n.* [U] *(filos.)* **sperimentalismo; empirismo.**
experimentalist [eks,peri'mentəlist] *n.* *(filos.)* **sperimentalista; empirista.**
experimentation [eks,perimen'teiʃən] *n.* [U] **sperimentazione.**
experimenter [eks'peri,mentə*] *n.* **sperimentatore.**
expert ['ekspə:t] ***A*** *a.* **esperto; pratico; versato** ***B*** *n.* **perito; specialista**: *a chemical e.*, un perito chimico ● *e. in commercial law*, commercialista.
expertise [,ekspə(:)'ti(:)z] *n.* [U] **competenza; perizia.**
expertness ['ekspə:tnis] *n.* [U] **abilità; competenza; perizia.**
expiable ['ekspiəbl] *a.* **espiabile.**
to **expiate** ['ekspieit] *v. t.* **espiare.**
expiation [,ekspi'eiʃən] *n.* [U] **espiazione.**
expiatory ['ekspiətəri] *a.* **espiatorio.**
expiration [,ekspi'reiʃən] *n.* [U] ***1*** **espirazione** ***2*** **termine; scadenza.**
to **expire** [iks'paiə*] ***A*** *v. i.* ***1*** *(lett.)* **spirare; morire** ***2*** **finire; terminare; scadere** ***B*** *v. t.* **espirare.**
expiry [iks'paiəri] *n.* [U] **fine; termine; scadenza.**
to **explain** [iks'plein] ***A*** *v. t.* **spiegare; chiarire** ***B*** *v. i.* **dare spiegazioni; giustificarsi** ***C*** to **explain oneself** *v. rifl.* **spiegarsi; dare spiegazioni.**
explainable [iks'pleinəbl] *a.* **spiegabile.**
explanation [,eksplə'neiʃən] *n.* [U] e [C] **spiegazione; (s)chiarimento; giustificazione**: *in e. of*, a giustificazione di.
explanatory [iks'plænətəri] *a.* **esplicativo.**
expletive [iks'pli:tiv] *n.* [C] **imprecazione.**
to **explicate** ['eksplikeit] *v. t.* **esplicare; spiegare.**
explication [,ekspli'keisən] *n.* [U] e [C] **esplicazione; spiegazione.**
explicative [eks'plikətiv] *a.* **esplicativo.**
explicit [iks'plisit] *a.* **esplicito; chiaro; franco**: *to be quite e. about st.*, essere molto franco su q.c.
explicitness [iks'plisitnis] *n.* [U] **chiarezza; franchezza.**
to **explode** [iks'ploud] *v. t.* e *i.* ***1*** **esplodere; scoppiare; far scoppiare**: *to e. with rage*, scoppiare dalla rabbia ***2*** **screditare; dimostrare la falsità di** (q.c.).
exploit ['eksplɔit] *n.* [C] **impresa; atto eroico; prodezza.**
to **exploit** [iks'plɔit] *v. t.* **servirsi di; utilizzare; sfruttare.**
exploitation [,eksplɔi'teiʃən] *n.* [U] **sfruttamento.**
exploiter [iks'plɔitə*] *n.* **sfruttatore, sfruttatrice.**
exploration [,eksplɔ:'reiʃən] *n.* [U] e [C] **esplorazione.**
to **explore** [iks'plɔ:*] *v. t.* **esplorare; indagare; investigare.**
explorer [iks'plɔ:rə*] *n.* **esploratore, esploratrice.**
explosion [iks'plouʒən] *n.* [C] **esplosione; scoppio.**
explosive [iks'plousiv] ***A*** *a.* (anche *fonetica)* **esplosivo;** *(fonetica)* **occlusivo** ***B*** *n.* ***1*** [C] e [U] **esplosivo** ***2*** [C] *(fonetica)* **consonante esplosiva.**
explosiveness [iks'plousivnis] *n.* [U] **esplosività.**
expo ['ekspou] *n.* (*pl.* **expos**) (*abbr. fam.* di **exposition**) **esposizione; mostra.**
exponent [eks'pounənt] *n.* [C] ***1*** **espositore; interprete** ***2*** **esponente; rappresentante** ***3*** **fautore; sostenitore** ***4*** *(mat.)* **esponente; indice.**
to **export** [eks'pɔ:t] *v. t.* **esportare.**
export ['ekspɔ:t] *n.* *(econ.)* ***1*** [U] **esportazione** ***2*** [C] **prodotto d'esportazione.**
exportation [,ekspɔ:'teiʃən] *n.* [U] *(econ.)* **esportazione.**
exporter [eks'pɔ(:)tə*] *n.* *(econ.)* **esportatore, esportatrice.**
to **expose** [iks'pouz] ***A*** *v. t.* ***1*** **esporre; mettere in mostra** ***2*** **denunziare; smascherare** ***3*** *(fotogr.)* **impressionare** ***B*** to **expose oneself** *v. rifl.* **esporsi** ● *to e. a new-born child*, abbandonare un neonato.
exposition [,ekspə'ziʃən] *n.* ***1*** [C] **esposizione; mostra** ***2*** [U] e [C] **interpretazione; spiegazione.**
expositor [eks'pɔsitə*] *n.* **espositore; commentatore.**
to **expostulate** [iks'pɔstjuleit] *v. i.* **lagnarsi; fare rimostranze.**
expostulation [iks,pɔstju'leiʃən] *n.* [U] e [C] **lagnanza; rimostranza.**
exposure [iks'pouʒə*] *n.* ***1*** [U] e [C] **esposizione** ***2*** [U] e [C] **denunzia; smascheramento** ***3*** [U] **esposizione alle intemperie; assideramento**: *to die of e.*, morire per assideramento ***4*** [C] *(fotogr.)* **esposizione; posa** ● *(fotogr.) e. meter*, esposimetro.
to **expound** [iks'paund] *v. t.* **esporre; esprimere.**
to **express** [iks'pres] ***A*** *v. t.* ***1*** **esprimere; dichiarare; manifestare** ***2*** **spremere** ***3*** **mandare** (una lettera) **per espresso** ***B*** to **express oneself** *v. rifl.* **esprimersi.**
(1) express [iks'pres] ***A*** *a.* ***1*** **espresso; chiaro; esplicito; esatto; preciso**: *an e. reason*, un chiaro motivo ***2*** **espresso; direttissimo**: *an e. (train)*, un treno espresso □ *an e. letter*, una lettera espresso; un espresso ***B*** *avv.* **per espresso**: *to send a parcel e.*, mandare un pacco per espresso.
(2) express [iks'pres] *n.* ***1*** [C] **treno espresso;** (un tempo) **direttissimo** ***2*** [U] **agenzia di spedizioni per espresso.**
expressible [iks'presəbl] *a.* **esprimibile.**
expression [iks'preʃən] *n.* [U] e [C] *(anche mat.)* **espressione**: *without e.*, senza espressione □ *an idiomatic e.*, un'espressione idiomatica ● *beyond* (o *past*) *e.*, in modo inesprimibile; indicibilmente.
expressionism [iks'preʃnizəm] *n.* [U] *(arte, letter.)* **espressionismo.**
expressionist [iks'preʃənist] *a.* e *n.* *(arte, letter.)* **espressionista.**
expressionless [iks'preʃənlis] *a.* **senza espressione; inespressivo.**

expressive [iks'presiv] *a.* **espressivo; significativo.**

to **expropriate** [eks'prouprieit] *v. t.* **espropriare.**

expropriation [eks,proupri'eiʃən] *n.* [U] e [C] **espropriazione; esproprio.**

expulsion [iks'pʌlʃən] *n.* [U] e [C] **espulsione; cacciata.**

expunction [eks'pʌŋkʃən] *n.* [U] e [C] **espunzione.**

to **expunge** [eks'pʌndʒ] *v. t.* **espungere; cancellare; togliere.**

to **expurgate** ['ekspə:geit] *v. t.* **espurgare** (un'opera letteraria).

expurgation [,ekspə:'geiʃən] *n.* [U] e [C] **espurgazione.**

exquisite ['ekskwizit] ***A*** *a.* ***1*** **squisito; delicato; raffinato** ***2*** **acuto; intenso; vivo** ***B*** *n.* **elegantone; gagà.**

exquisiteness ['ekskwizitnis] *n.* [U] ***1*** **squisitezza; delicatezza; raffinatezza; ricercatezza** ***2*** **acutezza; intensità.**

ex-service [,eks'sə:vis] *a.* *(mil.)* **già appartenente alle forze armate.**

ex-serviceman [,eks'sə:vismən] *n.* (*pl.* **ex-servicemen** [,eks'sə:vismən]) *(mil.)* **ex combattente; veterano.**

to **exsiccate** ['eksikeit] *v. t.* **essiccare; asciugare; prosciugare.**

extant [eks'tænt] *a.* (di documento, opera e sim.) **ancora esistente.**

extemporaneous [eks,tempə'reinjəs] *a.* **estemporaneo; improvvisato**: *an e. speech,* un discorso estemporaneo.

extemporary [iks'tempərəri] *a.* **estemporaneo; improvvisato.**

extempore [eks'tempəri] ***A*** *a.* **estemporaneo** ***B*** *avv.* **estemporaneamente; improvvisando**: *to speak e.,* parlare improvvisando.

extemporization [eks,tempərai'zeiʃən] *n.* [U] e [C] **improvvisazione.**

to **extemporize** [iks'tempəraiz] *v. t.* e *i.* **improvvisare.**

to **extend** [iks'tend] ***A*** *v. t.* ***1*** **estendere; allargare; ampliare; allungare; prolungare; protrarre; stendere; tendere**: *to e. the city boundaries,* allargare i confini della città □ *to e. a school building,* ampliare un edificio scolastico □ *to e. a wall,* prolungare un muro □ *to e. one's stay,* protrarre la propria permanenza ***2*** **offrire; porgere; accordare; concedere**: *to e. a warm welcome to sb.,* porgere un caloroso benvenuto a q. ***3*** *(comm.)* **dilazionare, prorogare** (un pagamento) ***B*** *v. i.* **estendersi; protrarsi; prolungarsi.**

extendible [iks'tendəbl], **extensible** [iks'tensəbl] *a.* **estendibile; estensibile; allungabile.**

extension [iks'tenʃən] *n.* ***1*** [U] e [C] **estensione; ampiezza; allargamento; allungamento; aggiunta** ***2*** [C] *(comm.)* **dilazione; proroga** ***3*** [C] *(gramm.)* **apposizione** ***4*** [C] *(tel.)* **(numero) interno.**

extensive [iks'tensiv] *a.* ***1*** **esteso; ampio; vasto; esauriente** ***2*** *(agric.)* **estensivo** ● *e. repairs,* riparazioni su larga scala.

extensor [iks'tensə*] *n.* [C] *(anat.)* (anche *e. muscle*) **muscolo estensore.**

extent [iks'tent] *n.* ***1*** [U] **estensione; ampiezza; vastità** ***2*** *(al sing. con l'art. determ. o indeterm.)* **grado; limite; punto**: *to the full e. of one's power,* fino all'estremo limite della propria capacità □ *to a certain e.,* fino a un certo punto ● *to a great e.,* in larga misura □ *(comm.) to the e. of,* fino alla concorrenza di □ (anche *leg.) writ of e.,* ordine di confisca.

to **extenuate** [eks'tenjueit] *v. t.* **attenuare; diminuire** ● *(leg.) extenuating circumstances,* circostanze attenuanti.

extenuation [eks,tenju'eiʃən] *n.* ***1*** [U] **attenuazione; diminuzione** ***2*** [C] **circostanza attenuante.**

exterior [eks'tiəriə*] ***A*** *a.* **esteriore; esterno** ***B*** *n.* [C] ***1*** **esterno; parte esterna** ***2*** **aspetto (esteriore)** ● *(cinem., telev.) e. shooting,* esterno.

exteriority [eks,tiəri'ɔriti] *n.* [U] **esteriorità.**

to **exteriorize** [eks'tiəriəraiz] *v. t.* ***1*** **estrinsecare; manifestare** ***2*** *(psic.)* **esteriorizzare.**

to **exterminate** [eks'tə:mineit] *v. t.* **sterminare; estirpare.**

extermination [eks,tə:mi'neiʃən] *n.* [U] **sterminio.**

external [eks'tə:nl] ***A*** *a.* ***1*** **esterno; esteriore**: *for e. use,* per uso esterno □ *the e. world,* il mondo esterno ***2*** (anche *leg.*) **estrinseco** ***B*** *n. pl.* **esteriorità; apparenze.**

to **externalize** [eks'tə:nəlaiz] *v. t.* ***1*** **estrinsecare; manifestare** ***2*** *(psic.)* **esteriorizzare.**

exterritorial [,eksteri'tɔ:riəl] *a.* **extraterritoriale.**

extinct [iks'tiŋkt] *a.* **estinto; spento; morto; distrutto.**

extinction [iks'tiŋkʃən] *n.* [U] **estinzione** (in ogni senso).

to **extinguish** [iks'tiŋgwiʃ] *v. t.* **estinguere; spegnere; distruggere.**

extinguisher [iks'tiŋguiʃə*] *n.* ***1*** (anche *fire e.*) **estintore** ***2*** **spegnitoio** (per candele); **spegnimoccolo.**

to **extirpate** ['ekstə:peit] *v. t.* **estirpare; sradicare; distruggere.**

extirpation [,ekstə:'peiʃən] *n.* [U] **estirpazione; sradicamento.**

to **extol** [iks'tɔl] *v. t.* **decantare; esaltare.**

to **extort** [iks'tɔ:t] *v. t.* **estorcere; strappare** (con la forza o con minacce): *to e. a confession,* estorcere una confessione.

extortion [iks'tɔ:ʃən] *n.* ***1*** [U] **estorsione** ***2*** [C] **denaro estorto.**

extortionate [iks'tɔ:ʃnit] *a.* **eccessivo; esorbitante.**

extortioner [iks'tɔ:ʃnə*], **extortionist** [iks'tɔ:ʃənist] *n.* **strozzino.**

extra ['ekstrə] ***A*** *a.* ***1*** **addizionale; aggiuntivo; supplementare; straordinario;** *(comm.)* **extra** ***2*** **eccellente; eccezionale; di qualità superiore;** *(comm.)* **extra** ***B*** *avv.* **eccezionalmente; straordinariamente;** *(comm.)* **extra** ***C*** *n.* [C] ***1*** **aggiunta; supplemento; spesa aggiuntiva;** *(comm.)* **extra** ***2*** **edizione straordinaria** (di un giornale) ***3*** *(cinem.)* **comparsa** ● *e.-special,* specialissimo; ultimissima edizione (d'un giornale della sera) □ *to work e.,* fare del lavoro straordinario.

extra- ['ekstrə] *pref.* **extra-, estra-** (col significato di "fuori", inoltre conferisce grado superlativo ad aggettivi).

to **extract** [iks'trækt] *v. t.* ***1*** (anche *mat.*) **estrarre** ***2*** **ottenere; ricavare** ***3*** **scegliere; togliere** ● *(fam.) to e. money from sb.,* spillare denaro a q.

extract ['ekstrækt] *n.* ***1*** [U] e [C] **estratto; essenza** ***2*** [C] **brano; passo.**

extractable, extractible [iks'træktəbl] *a.* **estraibile; ricavabile.**

extraction [iks'trækʃən] *n.* [U] ***1*** **estrazione** ***2*** **discendenza; lignaggio; origine**: *people of humble e.,* gente di umile origine.

extractor [iks'træktə*] *n.* (anche *mecc.*) **estrattore.**

extracurricular [,ekstrəkə'rikjulə*] *a.* **che esula dal piano normale di studi; fuori curricolo.**

to **extradite** ['ekstrədait] *v. t.* ***1*** *(leg.)* **estradare** ***2*** **ottenere l'estradizione di** (q.).

extradition [,ekstrə'diʃən] *n.* [U] e [C] *(leg.)* **estradizione.**

extra-European [,ekstrəjuərə'pi:ən] *a.* *(geogr.)* **extraeuropeo.**

extramarital [,ekstrə'mæritl] *a.* **extraconiugale.**

extramural [,ekstrə'mjuərəl] *a.* ***1*** **fuori delle mura** (d'una città) ***2*** **fuori dell'università; libero**: *e. classes,* corsi liberi.

extraneous [eks'treinjəs] *a.* **estraneo.**

extraordinary [iks'trɔ:dənəri] *a.* **straordinario; eccezionale.**

to **extrapolate** [eks'træpəleit] *v. t.* *(mat., stat.)* **estrapolare.**

extrapolation [eks,træpou'leiʃən] *n.* [U] *(mat., stat.)* **estrapolazione.**

extraterrestrial [,ekstrəti'restriəl] ***A*** *a.* *(astron.)* **extraterrestre** ***B*** *n.* *(fantascienza)* **extraterrestre.**

extraterritorial [,ekstrəteri'tɔ:riəl] *a.* **extraterritoriale.**

extravagance [iks'trævigəns] *n.* ***1*** [U] e [C] **strava-**

ganza; bizzarria ***2*** [U] **dissipazione; prodigalità.**
extravagant [iks'trævigənt] *a.* ***1*** **stravagante; bizzarro** ***2*** **dispendioso; prodigo** ***3*** **eccessivo; esorbitante.**
extravaganza [iks,trævə'gænzə] *n.* ***1*** [U] **condotta (**o **linguaggio) stravagante** ***2*** [C] *(letter., teatr., mus.)* **composizione fantastica; fantasia; farsa.**
to **extravasate** [eks'trævəseit] *v. t. (med.)* **far travasare** (sangue e sim.).
extravasation [eks,trævə'seiʃən] *n.* [U] e [C] *(med.)* **travaso.**
extreme [iks'tri:m] ***A*** *a.* ***1*** **estremo; ultimo**: *in e. old age,* nell'estrema vecchiaia □ *the e. left,* l'estrema sinistra ***2*** **da estremista**: *e. views,* opinioni da estremista ***B*** *n.* [C] **estremo** (anche *mat.*)**; punto estremo; eccesso** ● *to go to extremes,* spingere le cose all'estremo □ *in the e.,* estremamente; sommamente; assai.
extremism [iks'tri:mizəm] *n.* [U] *(polit.)* **estremismo.**
extremist [iks'tri:mist] *n. (polit.)* **estremista.**
extremity [iks'tremiti] *n.* [C] ***1*** **estremità; punto estremo** ***2*** *(solo al sing.)* **eccesso; colmo**: *an e. of pain (joy),* un eccesso di dolore (gioia) ***3*** **caso estremo; situazione grave; estremo pericolo** ***4*** *(generalm. al pl.)* **misura estrema; provvedimento eccezionale**: *to go (*o *to proceed, to resort) to extremities,* adottare misure estreme.
to **extricate** ['ekstrikeit] *v. t.* **districare; liberare; sbrogliare.**
extrication [,ekstri'keiʃən] *n.* [U] **(il) districarsi; liberazione.**
extrinsic [eks'trinsik] *a.* **estrinseco.**
extroversion [,ekstrou'və:ʃən] *n.* [U] *(psic.)* **estroversione.**
extrovert ['ekstrouvə:t] *n. (psic.)* **estroverso.**
to **extrude** [eks'tru:d] *v. t.* ***1*** *(mecc., metall.)* **estrudere** ***2*** **espellere.**
extrusion [eks'tru:ʒən] *n.* [U] e [C] ***1*** *(mecc., metall.)* **estrusione** ***2*** **espulsione.**
exuberance [ig'zju:bərəns] *n. (generalm. al sing. con l'art. indeterm.)* **esuberanza; sovrabbondanza.**
exuberant [ig'zju:bərənt] *a.* **esuberante; lussureggiante.**
exudation [,eksju:'deiʃən] *n.* [U] e [C] *(med.)* ***1*** **essudazione** ***2*** **essudato.**
to **exude** [ig'zju:d] *v. t.* e *i.* **trasudare; stillare.**
to **exult** [ig'zʌlt] *v. i.* **esultare; gioire; rallegrarsi**: *to e. in (*o *at) st.,* gioire per q.c.
exultant [ig'zʌltənt] *a.* **esultante.**
exultation [,egzʌl'teiʃən] *n.* [U] **esultazione; giubilo.**
to **exuviate** [ig'zju:vieit] *v. i. (biol.)* **spogliarsi; mutar pelle.**
eyas ['aiəs] *n.* **falco giovane** (da ammaestrare).
eye [ai] *n.* [C] ***1*** **occhio;** *(fig.)* **sguardo**: *to cast an eye on st.,* gettare l'occhio su q.c. □ *He got a black eye,* gli hanno fatto un occhio nero (con un pugno) ***2*** **cruna** (di ago) ***3*** *(bot.)* **gemma** ***4*** *(naut.)* **gassa** ● *eye-glass,* lente (per vista difettosa); monocolo □ *eye-glasses,* occhiali □ *(fig.) eye-opener,* cosa che fa aprire gli occhi □ *(cosmesi) e. shadow,* ombretto □ *(pop.) eye-tooth,* dente canino superiore □ *to be all eyes,* essere tutt'occhi □ *to catch sb.'s eye,* attirare l'attenzione di q. □ *to feast one's eyes on st.,* saziare gli occhi ammirando q.c. □ *hook and eye,* allacciatura a gancio □ *to have an eye for,* avere occhio per: *to have no eye for beauty,* non avere occhi per le cose belle □ *to have an eye to,* mettere gli occhi su; avere come mira □ *in the eye of the law,* agli occhi della legge □ *to be in the public eye,* essere ben conosciuto □ *to keep an eye on sb.,* tener d'occhio q. □ *to keep one's eyes open,* tenere gli occhi aperti □ *to make eyes at sb.,* fare l'occhio di triglia a q. □ *to open sb.'s eyes to st.,* aprire gli occhi a q. su q.c. □ *(spreg.) to pipe one's eye,* frignare; piagnucolare □ *to run one's eyes over st.,* dare una scorsa a q.c. □ *to see eye to eye with sb.,* essere pienamente d'accordo con q. □ *to see st. with half an eye,* capire q.c. a prima vista; accorgersi di q.c. a un'occhiata □ *to set one's eyes on sb.,* posare gli occhi su q. □ *to be up to the eyes in debt (in work),* essere indebitato fino agli occhi (essere immerso nel lavoro fin sopra i capelli) □ *(mil.) Eyes right (left)!,* attenti a destra (a sinistra)! □ *If you had half an eye...,* se tu non fossi cieco (o ottuso)... □ *Mind your eye!,* occhio!; attenzione! □ *My eye(s)!,* accidenti!; perbacco!
to **eye** [ai] *v. t.* **guardare; osservare; squadrare.**
eyeball ['aibɔ:l] *n.* [C] *(anat.)* **globo dell'occhio; bulbo oculare.**
eyebrow ['aibrau] *n.* [C] **sopracciglio**: *e. pencil,* matita per le sopracciglia ● *to knit one's eyebrows,* aggrottare le ciglia.
eyed [aid] *a.* ***1*** *(nei composti)* **dagli occhi**: *blue-e.,* dagli occhi azzurri ***2*** **occhiato; occhiuto**: *the e. feathers of the peacock,* le penne occhiute del pavone.
eyeful ['aiful] *n. (solo al sing.) (fam.)* ***1*** **occhiata** ***2*** **cosa che riempie gli occhi** ***3*** **cosa assai bella** ***4*** **donna bellissima.**
eyehole ['aihoul] *n.* [C] ***1*** **orbita dell'occhio; occhiaia** ***2*** **spioncino** (di porta).
eyelash ['ailæʃ] *n.* [C] **ciglio.**
eyeless ['ailis] *a.* **senz'occhi; cieco.**
eyelet ['ailit] *n.* [C] **occhiello; occhiello metallico.**
eyelid ['ailid] *n.* [C] **palpebra.**
eyeliner ['ai,lainə*] *n.* [C] **matita per il trucco degli occhi.**
eyepiece ['aipi:s] *n.* [C] **oculare.**
eyeshot ['aiʃɔt] *n.* [U] **portata d'occhio; vista**: *within e.,* a portata d'occhio □ *beyond e.,* fuori di vista; a perdita d'occhio.
eyesight ['aisait] *n.* [U] **vista**: *a person with good e.,* una persona dalla vista buona.
eyesore ['aisɔ:*] *n.* [C] **pugno nell'occhio** *(fig.)*.
eyestrain ['aistrein] *n.* [U] **stanchezza degli occhi** (per il troppo leggere, ecc.).
eyewash ['aiwɔʃ] *n.* [U] ***1*** **lozione per gli occhi; collirio** ***2*** *(pop.)* **polvere negli occhi** *(fig.)*.
eyewink ['aiwiŋk] *n.* [C] **batter d'occhi**: *in an e.,* in un batter d'occhio.
eyewitness ['ai,witnis] *n.* [C] *(leg.)* **testimone oculare.**
eyot [eit] *n.* **isoletta; isolotto.**
eyre [ɛə*] *n. (leg., stor.)* **corte di giustizia ambulante** ● *justices in e.,* giudici ambulanti.
eyrie, eyry ['aiəri] *n.* [C] **nido d'aquila** (o di altro uccello da preda).

F

F, f [ef] *n.* (*pl.* **F's, f's; Fs, fs**) **1** F, f **2** *(mus.)* fa ● *(tel.)* *f. for Fred,* f come Firenze.
fa [fa:] *n.* *(mus.)* fa (nota).
Fabian ['feibjən] **A** *a.* temporeggiante **B** *n.* fabiano (membro della *Fabian Society*).
fable ['feibl] *n.* [C] **1** favola **2** mito; leggenda **3** fandonia.
fabled ['feibld] *a.* favoloso; leggendario; mitico.
fabric ['fæbrik] *n.* **1** [U] e [C] stoffa; tessuto: *woollen (silk) fabrics,* tessuti di lana (di seta) **2** [U] *(fig.)* struttura: *the f. of society,* la struttura della società.
to **fabricate** ['fæbrikeit] *v. t.* falsare; falsificare; contraffare.
fabrication [ˌfæbri'keiʃən] *n.* [U] e [C] falsificazione; contraffazione.
fabulist ['fæbjulist] *n.* favolista.
fabulous ['fæbjuləs] *a.* favoloso.
façade [fə'sa:d] *n.* [C] *(archit.)* facciata (anche *fig.*).
face [feis] *n.* [C] **1** faccia; viso; volto; muso; aspetto; sembianza; sfacciataggine: *to look sb. in the f.,* guardare q. in faccia □ *to save one's f.,* salvare la faccia □ *to meet f. to f.,* incontrarsi faccia a faccia (con q.) □ *to have the f. to do st.,* avere la faccia (o la sfacciataggine) di fare q.c. □ *A cube has six faces,* il cubo ha sei facce **2** quadrante (d'orologio) **3** *(edil.)* facciata; fronte **4** (di monte) parete **5** (di stoffa) diritto **6** *(tipogr.)* occhio ● *f. down,* a faccia in giù □ *(med.) f.-lifting,* chirurgia plastica facciale □ *to fly in the f. of sb.,* sfidare q. □ *in the f. of,* di fronte a; a dispetto di □ *to make* (o *to pull*) *faces at sb.,* fare le boccacce a q. □ *on the f. of it,* a prima vista; a giudicare dalle apparenze □ *to put a bold f. on st.,* affrontare q.c. a viso aperto □ *to put a good f. on st.,* fare buon viso a q.c. □ *to put a new f. on st.,* conferire un aspetto nuovo a q.c. □ *to put on* (o *to wear*) *a long f.,* fare il muso lungo □ *to set one's f. against sb.,* contrastare q. □ *to throw st. in sb.'s f.,* rinfacciare q.c. a q. □ *to take st. at its f. value,* giudicare q.c. dalle apparenze.
to **face** [feis] *v. t.* e *i.* **1** fronteggiare; essere (o stare) di fronte a; guardare verso; essere volto a: *a house facing the public park,* una casa di fronte al parco pubblico **2** affrontare; far fronte a; tener testa a: *to f. danger (death, etc.),* affrontare il pericolo (la morte, ecc.) **3** ricoprire; rivestire: *to f. a wall with concrete,* rivestire di calcestruzzo un muro **4** *(mil.)* voltarsi; girarsi: *About f.!,* dietro front! □ *Left (right) f.!,* fronte a sinistra (a destra)! ● *(fam.) to f. sb. down,* sopraffare q. □ *(fig.) to f. the music,* affrontare coraggiosamente una situazione difficile □ *(fam.) to f. it out,* tener duro.
face-ache ['feisˌeik] *n.* [U] nevralgia facciale.
faced [feist] *a.* *(nei composti)* dalla faccia; dal viso; *full-f.,* dalla faccia tonda; paffuto.
facer ['feisə*] *n.* [C] *(fam.)* difficoltà improvvisa; batosta.
facet ['fæsit] *n.* [C] faccetta; sfaccettatura.
to **facet** ['fæsit] *v. t.* sfaccettare.
facetiae [fə'si:ʃii:] *(lat.)* *n. pl.* facezie.
facetious [fə'si:ʃəs] *a.* faceto; arguto; lepido.
facetiousness [fə'si(:)ʃəsnis] *n.* [U] arguzia; lepidezza.
facial ['feiʃəl] *a.* facciale: *(med.) f. surgery,* chirurgia facciale.
facile ['fæsail] *a.* **1** facile **2** affabile; condiscendente; remissivo **3** abile; svelto.
to **facilitate** [fə'siliteit] *v. t.* facilitare; agevolare.
facilitation [fəˌsili'teiʃən] *n.* [U] facilitazione; agevolazione.
facility [fə'siliti] *n.* **1** [U] facilità; abilità; destrezza **2** *(al pl.)* facilitazioni; agevolazioni **3** *(al pl.)* attrezzature; mezzi; servizi.
facing ['feisiŋ] *n.* [C] **1** (d'un abito) risvolto **2** rivestimento: *a brick wall with a f. of concrete,* un muro di mattoni con un rivestimento di calcestruzzo **3** *(al pl.)* *(mil.)* conversioni; evoluzioni.
facsimile [fæk'simili] *n.* [C] facsimile; copia esatta.
fact [fækt] *n.* **1** [C] fatto **2** [U] realtà ● *f.-finding board,* commissione d'inchiesta □ *after the f.,* a fatto compiuto □ *as a matter of f.,* effettivamente; per la verità □ *(fam.) the facts of life,* i fatti riguardanti la vita sessuale.
faction ['fækʃən] *n.* **1** [C] fazione; setta **2** [U] discordia.
factious ['fækʃəs] *a.* fazioso; settario.
factiousness ['fækʃəsnis] *n.* [U] faziosità; spirito di parte.
factitious [fæk'tiʃəs] *a.* fittizio; artificiale; artificioso.
factor ['fæktə*] *n.* [C] **1** (anche *mat.*) fattore; coefficiente; elemento **2** *(comm.)* agente commissionario **3** *(scozz.)* fattore; agente agricolo.
factory ['fæktəri] *n.* [C] fabbrica; stabilimento; manifattura; opificio ● *(stor.) F. Acts,* leggi sul lavoro industriale.
factotum [fæk'toutəm] *n.* [C] factotum; tuttofare.
factual ['fæktjuəl] *a.* effettivo; reale.
facultative ['fækəltətiv] *a.* facoltativo.
faculty ['fækəlti] *n.* [C] **1** facoltà: *the mental faculties,* le facoltà mentali □ *the F. of Law,* la facoltà di giurisprudenza **2** abilità; capacità **3** corpo insegnante; senato accademico.
fad [fæd] *n.* [C] capriccio; mania *(fig.)*; moda passeggera.
faddist ['fædist] *n.* persona piena di capricci; persona stramba; maniaco *(fig.)*.
to **fade** [feid] **A** *v. i.* **1** appassire; avvizzire; deperire **2** scolorire; sbiadire; stingersi **3** svanire **B** *v. t.* **1** far appassire; far avvizzire **2** scolorare; sbiadire; stingere ● *to f. in,* *(cinem.)* aprire (una pellicola) in dissolvenza; *(radio, telev.:* di suono, immagine) aumentare per gradi d'intensità □ *to f. out,* *(cinem.)* chiudere in dissolvenza; *(radio, telev.* e *fig.)* dissolversi, scomparire a poco a poco.
fading ['feidiŋ] *n.* [U] **1** *(cinem., telev.)* dissolvenza **2** *(radio, telev.)* fading; evanescenza.
faeces ['fi:si:z] *n. pl.* feci; escrementi.
faerie, faery ['feiəri] **A** *n.* **1** (il) paese delle fate **2** fata **B** *a.* fatato; immaginario.
to **fag** [fæg] **A** *v. i.* **1** faticare; sgobbare; sfacchinare **2** *(nelle scuole inglesi)* fare piccoli servizi (per uno studente più anziano) **B** *v. t.* **1** affaticare; stancare **2** far fare piccoli servizi a (uno studente di corso inferiore).
fag [fæg] *n.* **1** *(solo al sing.)* *(fam.)* lavoro ingrato; faticata; sgobbata **2** *(nelle scuole inglesi)* studente di corso inferiore che fa piccoli servizi a un anziano **3** *(pop.)* sigaretta ● *(pop.) fag-end,* mozzicone; rimasuglio; estremità sfilacciata (di corda o tessuto).
faggot ['fægət] *n.* [C] **1** fascina; fascio (di legna o di sbarre metalliche) **2** *(cucina)* polpetta (specialm. di fegato di maiale) **3** *(pop.)* omosessuale; finocchio *(pop.)*.
faience [fai'ɑ̃:ns] *n.* [U] ceramica; porcellana.
to **fail** [feil] **A** *v. i.* **1** fallire; fare fiasco; mancare; venir meno: *Don't f. to let me know,* non mancare d'informarmi □ *Words f. me,* mi mancano le parole **2** non riuscire: *to fail to pass an examination,* non riuscire a superare un esame **3** essere privo (di); mancare (di): *to fail in perseverance,* mancare di tenacia **4** essere respinto (o riprovato, bocciato) **5** *(mecc.)* guastarsi; arrestarsi **B** *v. t.* **1** respingere; riprovare; bocciare **2** essere respinto in; non superare.
fail [feil] *n.* [C] insuccesso ● *without f.,* senza fallo; certamente.
failing ['feiliŋ] **A** *n.* **1** [C] debolezza; difetto; manchevolezza **2** *V.* **failure** **B** *prep.* in mancanza di; venendo meno.
failure ['feiljə*] *n.* **1** [U] e [C] (anche *fin.*) fallimento; insuccesso; fiasco *(fig.)* **2** [U] e [C] mancanza; difetto; insufficienza **3** [C] fallimento; fallito, fallita *(fig.)* **4** [U] *(med.)* collasso **5** [C] *(mecc.)* guasto **6** [U] incapacità ● *to meet with f.,* fallire; far fiasco.
fain [fein] *(arc.)* **A** *a. pred.* **1** contento (di) **2** disposto

(a) ***B*** *avv.* **volentieri; di buon grado.**
(1) faint [feint] *a.* ***1*** **debole; fievole; flebile; indistinto; pallido; vago; timido**: *a f. attempt,* un debole tentativo □ *f. sounds,* suoni fievoli □ *a f. hope,* una vaga speranza ***2*** **languido; fiacco; estenuato** ● *to become (o to grow) f.,* affievolirsi □ *to feel f.,* sentirsi svenire.
(2) faint [feint] *n.* C **svenimento; deliquio**: *to go off in a f.,* cadere in deliquio.
to **faint** [feint] *v. i.* ***1*** **svenire; venir meno** ***2*** **languire; perdersi d'animo** ● *to f. away,* svanire.
faint-hearted [ˌfeint'ha:tid] *a.* **pusillanime.**
(1) fair [fɛə*] *n.* C ***1*** **fiera; mercato; mostra** ***2*** **fiera di beneficenza** ● *(fig.) a day after the f.,* troppo tardi.
(2) fair [fɛə*] *a.* ***1*** **bello; buono; gentile; favorevole**: *the f. sex,* il gentil sesso □ *a f. name,* un buon nome (o una buona rinomanza) □ *in f. or foul weather,* col buono o col cattivo tempo (*fig.*: nella fortuna e nell'avversità) □ *a f. wind,* un vento favorevole ***2*** **biondo; chiaro**: *f. hair,* capelli biondi □ *a f. complexion,* una carnagione chiara ***3*** **giusto; equo; imparziale; leale; onesto**: *a f. price,* un prezzo giusto □ *f. treatment,* trattamento imparziale □ *a f. share,* una parte equa ***4*** **discreto; abbastanza buono**: *a f. knowledge of English,* un discreta conoscenza della lingua inglese ***5*** *(sport)* **corretto** ● *f. play,* lealtà; lo stare alle regole del gioco □ *f.-weather friends,* amici della buona sorte (infidi, incostanti) □ *by f. means,* con mezzi leciti □ *to be in a f. way to,* essere bene incamminato verso; avere buone probabilità di.
(3) fair [fɛə*] *avv.* ***1*** **correttamente; lealmente; onestamente**: *to play f. (and square),* agire lealmente ***2*** **esattamente; proprio**: *to strike sb. f. on the face,* colpire q. proprio in faccia ***3*** **in bei caratteri; in bella copia.**
fair-haired ['fɛə'hɛəd] *a.* **dai capelli biondi; biondo.**
fairing ['fɛəriŋ] *n.* C *(aeron.)* **carenatura.**
fairly ['fɛəli] *avv.* ***1*** **con giustizia; equamente; onestamente** ***2*** **discretamente; abbastanza** ***3*** **completamente; del tutto.**
fair-minded [ˌfɛə'maindid] *a.* **equanime; imparziale.**
fairness ['fɛənis] *n.* U ***1*** **bellezza; bontà** ***2*** (di capelli) **(l')esser biondi, biondezza;** (di carnagione) **(l')esser chiara, chiarezza** ***3*** **equità; equanimità; imparzialità; onestà.**
fairway ['fɛəwei] *n.* C *(naut.)* **canale di accesso.**
fairy ['fɛəri] ***A*** *n.* ***1*** **fata** ***2*** *(pop.)* **invertito; finocchio** *(pop.)* ***B*** *a. attr.* **di (o da) fata; delicato; leggiadro** ● *f. lamps,* lanternine colorate □ *f. tale,* racconto di fate; fiaba *(anche fig.).*
fairyland ['fɛərilænd] *n.* U ***1*** **(il) regno delle fate** ***2*** *(fig.)* **luogo incantevole.**
faith [feiθ] *n.* ***1*** U e C **fede**: *to have f. in God,* avere fede in Dio □ *the Catholic f.,* la fede cattolica ***2*** U **fiducia; fede**: *in bad (good) f.,* in mala (buona) fede □ *to put one's f. into sb. (st.),* riporre la propria fiducia in q. (q.c.) ***3*** U **promessa; parola (d'onore)**: *to break (to keep) f. with sb.,* mancare alla (mantenere la) parola data □ *to give (o to pledge) one's f. to sb.,* dare la propria parola a q.
faithful ['feiθful] *a.* ***1*** **fedele; leale** ***2*** **accurato; esatto** ● *(relig., collett.) the f.,* i fedeli; i credenti.
faithfully ['feiθfuli] *avv.* **fedelmente; lealmente** ● (nelle lettere) *Yours f.,* distinti saluti (e sim.).
faithfulness ['feiθfulnis] *n.* U ***1*** **fedeltà; lealtà** ***2*** **accuratezza; precisione.**
faith-healer ['feiθˌhi:lə*] *n.* **guaritore (per mezzo della preghiera).**
faith-healing ['feiθˌhi:liŋ] *n.* U **guarigione** (di malato) **per mezzo della preghiera.**
faithless ['feiθlis] *a.* **infedele; infido.**
faithlessness ['feiθlisnis] *n.* U **infedeltà; slealtà.**
to **fake** [feik] *v. t.* **alterare; contraffare; falsare; falsificare.**
fake [feik] ***A*** *n.* C **contraffazione; falso** ***B*** *a. attr.* **contraffatto; falso.**
faker ['feikə*] *n.* **contraffattore, contraffattrice; falsificatore, falsificatrice.**
fakir ['fa:kiə*] *n.* **fachiro.**
Falangist [fə'lændʒist] *n.* *(stor., polit.)* **falangista.**
falcon ['fɔ:lkən] *n.* *(zool.,* Falco) **falco; falcone.**
falconer ['fɔ:lkənə*] *n.* **falconiere.**
falconry ['fɔ:lkənri] *n.* U **falconeria.**
faldstool ['fɔ:ldstu:l] *n.* C ***1*** *(Chiesa cattolica)* **faldistorio** ***2*** **inginocchiatoio.**
to **fall** [fɔ:l] (*pass.* **fell** [fel], *p.p.* **fallen** ['fɔ:lən]) ***A*** *v. i.* ***1*** **cadere; cascare; precipitare; stramazzare; crollare; scendere; calare; diminuire**: *to f. out of a window,* precipitare da una finestra □ *to f. in battle,* cadere in battaglia □ *The barometer has fallen,* il barometro è sceso □ *Prices will f.,* i prezzi diminuiranno ***2*** **spettare; toccare; andare** (di diritto): *The inheritance falls to the widow,* l'eredità spetta alla vedova ***3*** (di parole, ecc.) **uscire** (di bocca); **venire da**: *Not a word fell from his lips,* non una parola gli uscì di bocca ***4*** **dividersi, suddividersi**: *It falls into three divisions,* si suddivide in tre parti ***5*** (di fiume, ecc.) **sboccare; sfociare** ***B*** *verbi composti* ***1*** *to f. away,* deperire; (di cose) scomparire, svanire □ *to f. away from sb.,* abbandonare q. ***2*** *to f. back,* indietreggiare; ritirarsi □ *(fig.) to f. back on (o upon),* ricorrere a; far ricorso a ***3*** *to f. behind,* rimanere indietro ***4*** *(fam.) to f. for,* prendere una cotta per (una ragazza, ecc.); aderire a (un suggerimento) ***5*** *to f. in,* (di un edificio) crollare, sprofondare; (di contratto, debito) scadere; *(mil.)* fare allineare, allinearsi; (di un solo soldato) mettersi in riga □ *to f. in with,* imbattersi in; accordarsi con ***6*** *to f. off,* cadere; diminuire; *(naut.)* deviare la rotta sottovento; (di sudditi) ribellarsi ***7*** *to f. on (o upon),* gettarsi su; attaccare □ *to f. on one's feet,* cadere in piedi; uscire incolume da una disgrazia □ *to f. on one's sword,* gettarsi sulla spada (per uccidersi) ***8*** *to f. out,* accadere, succedere; litigare; *(mil.)* rompere le righe □ *to f. out of a habit,* perdere un'abitudine □ *to f. out well,* avere un buon esito ***9*** *to f. through,* fallire; far fiasco ***10*** *to f. to,* attaccare; mettersi all'opera; mettersi a mangiare □ *to f. to doing st.,* mettersi a fare q.c. ***11*** *to f. under,* dividersi in; essere classificato: *The subject falls under three heads,* l'argomento si divide in tre parti.
fall [fɔ:l] *n.* C ***1*** **caduta** *(anche fig.)*; **cascata; crollo; precipitazione atmosferica**: *a f. from a horse,* una caduta da cavallo □ *the f. of the Roman Empire,* la caduta dell'impero romano ***2*** (anche *waterfall)* **cascata** ***3*** **declivio; discesa; pendio** ***4*** **diminuzione; calo; ribasso; abbassamento**: *a f. in prices,* un ribasso dei prezzi ***5*** *(USA)* **autunno** ***6*** **figliata** (specialm. di agnelli) ● *the f. of the curtain,* il calare del sipario □ *f.-trap,* trabocchetto.
fallacious [fə'leiʃəs] *a.* **fallace; falso; ingannevole.**
fallacy ['fæləsi] *n.* ***1*** U **fallacia; ingannevolezza** ***2*** C **errore; credenza errata; ragionamento falso; sofisma.**
fallal [fæ'læl] *n.* C ***1*** **falpalà** ***2*** **ninnolo; fronzolo.**
fallen ['fɔ:lən] *p.p.* di to **fall** ● *(collett.) the f.,* i caduti (in guerra).
fallibility [ˌfæli'biliti] *n.* U **fallibilità.**
fallible ['fæləbl] *a.* **fallibile.**
falling ['fɔ:liŋ] ***A*** *a.* **cadente** (anche *fig.*) ***B*** *n.* ***1*** **caduta** ***2*** **decadimento; abbassamento** ***3*** **diminuzione** ● *f. in,* crollo; sprofondamento □ *f. off,* declino; diminuzione □ *f. out,* dissidio; litigio □ *F. (o fallen) rocks,* **caduta massi** (cartello).
fallout ['fɔ:lˌaut] *n.* U *(fis. nucl.)* **pioggia radioattiva.**
fallow ['fælou] ***A*** *n.* U *(agric.)* **maggese** ***B*** *a.* **incolto; lasciato a maggese.**
to **fallow** ['fælou] *v. t.* *(agric.)* **maggesare; tenere a maggese.**
fallow-deer ['fæloudiə*] *n.* *(invar. al pl.; zool.,* Dama dama) **daino.**
falls [fɔ:lz] *n. pl.* **cascate** (specialm. nei toponimi): *Niagara Falls,* le cascate del Niagara.
false [fɔ:ls] ***A*** *a.* ***1*** **falso; contraffatto; artificiale; finto; posticcio**: *a f. alarm,* un falso allarme □ *f. coins,* monete false □ *f. teeth,* denti artificiali (o finti) □ *a f. drawer,* un cassetto finto ***2*** **errato; erroneo; sbagliato**: *a f. verdict,* un verdetto errato ***3*** **illusorio; infondato**: *f.*

hopes, speranze illusorie **B** *avv.* **slealmente**: *to play sb. f.*, trattare q. slealmente; ingannare q. ● *f. bottom*, doppiofondo □ *f.-faced*, ipocrita □ *f.-hearted*, perfido; sleale □ *to be f. to one's word*, non tener fede ad una promessa □ *to give f. witness*, testimoniare il falso □ *to sail under f. colours*, *(naut.)* navigare sotto falsa bandiera; *(fig.)* spacciarsi per quello che non si è □ *(anche fig.) to take a f. step*, fare un passo falso.

falsehood ['fɔ:lshud] *n.* [C] e [U] **falsità; menzogna.**

falsetto [fɔ:l'setou] *(ital.) (mus.)* **A** *n.* *(pl.* **falsettos**) e *a.* **falsetto B** *avv.* **in falsetto.**

falsies ['fɔ:lsiz] *n. pl.* *(fam.)* **seno finto.**

falsification [,fɔ:lsifi'keiʃən] *n.* [U] e [C] **falsificazione; contraffazione.**

to **falsify** ['fɔ:lsifai] *v. t.* **1 falsificare; contraffare 2 deludere.**

falsity ['fɔ:lsiti] *n.* [U] e [C] **falsità; menzogna.**

to **falter** ['fɔ:ltə*] *v. i.* **1 incespicare; esitare; vacillare 2 balbettare.**

faltering ['fɔ:ltəriŋ] *a.* **esitante; incerto; vacillante.**

fame [feim] *n.* [U] **fama; rinomanza; reputazione.**

famed [feimd] *a.* **famoso; rinomato.**

familial [fə'miljəl] *a.* **familiare; della (o di una) famiglia**: *f. background*, ambiente familiare.

familiar [fə'miljə*] **A** *a.* **1 familiare; comune; consueto**: *This sight is f. to me*, questa vista mi è familiare **2 confidenziale**: *to make oneself too f. with sb.*, comportarsi con q. in modo troppo confidenziale (o sfacciatamente) **B** *n.* **amico intimo** ● *to be f. with st.*, avere dimestichezza con q.c.; conoscere bene q.c. □ *to be on f. terms with sb.*, avere familiarità con q.

familiarity [fə,mili'æriti] *n.* **1** [U] **familiarità; confidenza; dimestichezza 2** *(per lo più al pl.)* **eccessiva confidenza; sfacciataggine; sfrontatezza.**

to **familiarize** [fə'miljəraiz] **A** *v. t.* **1 diffondere; rendere universalmente noto 2 far acquistare dimestichezza a; addestrare B** to **familiarize oneself** *v. rifl.* **familiarizzarsi.**

family ['fæmili] **A** *n.* **1** [C] e [U] **famiglia**: *almost every f. in the village*, quasi tutte le famiglie del paese □ *a girl of good f.*, una ragazza di buona famiglia **2** *(collett.)* **figli; prole**: *to have a large f.*, avere molti figli; avere una famiglia numerosa **3** [C] **famiglia; gruppo**: *the Germanic f. of languages*, il gruppo delle lingue germaniche **B** *a. attr.* **1 familiare 2 in famiglia 3 per famiglie 4 per uso familiare** ● *f. hotel*, albergo di tipo familiare □ *a f. man*, un uomo tutto famiglia □ (di donna) *to be in the f. way*, essere incinta.

famine ['fæmin] *n.* [U] e [C] **carestia.**

to **famish** ['fæmiʃ] **A** *v. t.* **affamare; far patire la fame a B** *v. i.* **essere affamato; patire la fame** ● *(fam.) to be famishing*, avere una fame da lupo.

famous ['feiməs] *a.* **1 famoso; celebre 2** *(fam.)* **eccellente.**

(1) fan [fæn] *n.* [C] **1 ventaglio 2 ventola; sventola 3** *(mecc.)* **ventilatore 4** *(naut.)* **pala dell'elica 5 coda** (del pavone) ● *(zool.) fan tail*, coda a ventaglio.

to **fan** [fæn] **A** *v. t.* **1 sventolare; far vento a**: *to fan the fire*, far vento al fuoco **2** *(agric.)* **ventilare; vagliare 3 distendere a ventaglio 4** (del vento) **soffiare lievemente su B** *v. i.* **aprirsi a ventaglio C** to **fan oneself** *v. rifl.* **farsi vento; sventolarsi** ● *(anche fig.) to fan the flames*, soffiare sul fuoco.

(2) fan [fæn] *n.* *(fam.)* **ammiratore, ammiratrice; appassionato; fanatico; tifoso**: *football fans*, tifosi del calcio.

fanatic [fə'nætik] *a.* e *n.* **fanatico; entusiasta.**

fanatical [fə'nætikəl] *a.* **fanatico.**

fanaticism [fə'nætisizəm] *n.* [U] e [C] **fanatismo; tifo** *(pop.)*.

fancier ['fænsiə*] *n.* **1 amatore; cultore; intenditore 2 allevatore** (di animali); **coltivatore** (di piante): *a bird f.*, un allevatore di uccelli.

fanciful ['fænsiful] *a.* **fantastico; fantasioso; immaginoso; immaginario; (di) fantasia.**

fancifulness ['fænsifulnis] *n.* [U] **(l')esser fantasioso; bizzarria.**

fancy ['fænsi] **A** *n.* **1** [U] e [C] **immaginazione; fantasia 2** [C] **idea; impressione**: *I have a f. that...*, ho idea (o l'impressione) che... **3** [C] **gusto; simpatia**: *to take a f. to sb.*, provare simpatia per q.; affezionarsi a q. **B** *a. attr.* **1 (di) fantasia**: *a f. necktie*, una cravatta fantasia **2 d'affezione; esorbitante**: *a f. price*, un prezzo d'affezione **3 elaborato; bizzarro; stravagante 4** *(comm.)* **extra; di prima qualità**: *f. cakes*, pasticcini extra **5 di vari colori; multicolore 6** (di animali) **di razza (scelta)** ● *f. bread*, pane speciale □ *f. dress*, costume (per maschera) □ *f.-dress ball (o f. ball)*, ballo in maschera □ *f. fair*, fiera di beneficenza con vendita di articoli vari □ *f.-free*, spensierato; non fidanzato □ *(fam.) f. woman*, amante (donna) □ *a passing f.*, un capriccio passeggero.

to **fancy** ['fænsi] *v. t.* **1 immaginare, immaginarsi; figurarsi; supporre; pensare**: *I can't f. his doing such a thing*, non riesco a immaginare che abbia potuto (o che possa) fare una cosa simile □ *I f. he won't come at all*, suppongo che non verrà affatto **2 gradire; andare a genio a** *(impers.)*: *What do you f. for your dinner?*, che cosa gradisci mangiare a pranzo? □ *Do you f. the idea of a picnic?*, ti va l'idea di fare una merenda all'aperto? ● *(fam.) to f. oneself*, avere un'alta stima di sé □ *F. that!*, pensa un po'!; strano! □ *Just f.!*, immaginati!; figurati!

fancywork ['fænsiwə:k] *n.* [U] **ricamo.**

fandangle [fæn'dæŋgl] *n.* [C] *(fam.)* **ornamento bizzarro.**

fandango [fæn'dæŋgou] *n.* *(pl.* **fandangos**) **fandango** (danza e musica).

fane [fein] *n.* [C] *(poet.)* **tempio.**

fanfare ['fænfɛə*] *n.* [C] **fanfara.**

fanfaronade [,fænfærə'na:d] *n.* [C] **fanfaronata; spacconata.**

fang [fæŋ] *n.* [C] **1 zanna 2 dente** (di serpente velenoso).

fanlight ['fænlait] *n.* [C] *(archit.)* **lunetta a ventaglio; lunetta.**

fanny ['fæni] *n.* [C] **1** *(volg.)* **fica** *(volg.)*; **vulva 2** *(pop. USA)* **culo** *(volg.)*; **sedere; deretano.**

fantail ['fænteil] *n.* [C] *(zool.)* **1 coda a ventaglio 2 piccione con la coda a ventaglio.**

fantasia [fæn'teizjə] *n.* [C] *(mus.)* **fantasia.**

fantastic(al) [fæn'tæstik(əl)] *a.* **1 fantastico; bizzarro; stravagante 2** *(fam.)* **fantastico; splendido; eccellente.**

fantasy ['fæntəsi] *n.* **1** [U] **fantasia 2** [C] **chimera; fantasticheria 3** [C] *(mus.)* **fantasia.**

faquir ['fa:kiə*] *n.* **fachiro.**

(1) far [fa:*] *avv.* *(compar.* **farther** ['fa:ðə*], **further** ['fə:ðə*]; *superl. relat.* **farthest** ['fa:ðist], **furthest** ['fə:ðist]) **1 lontano 2 assai; molto; di gran lunga 3 a fondo; fino in fondo** ● *far and near*, vicino e lontano; dappertutto □ *far and wide*, in lungo e in largo; dappertutto □ *far-away*, lontano; distante; remoto; *(fig.)* assente, sognante □ *far-famed*, di vasta rinomanza; famoso □ *far-fetched*, affettato; ricercato □ *Far from it!*, al contrario!; Dio me ne guardi! □ *far-off*, lontano; distante; remoto □ *far-reaching*, di vasta portata □ *far-seeing*, lungimirante; previdente; perspicace □ *far-sighted*, *(med.)* presbite; *(fig.)* lungimirante, previdente, perspicace □ *as (o so) far as*, fino a: *to go as far as the station*, andare fino alla stazione □ *(fig.) to go far*, andare lontano; fare molta strada □ *by far*, di gran lunga □ *How far?*, fino a che punto?; fin dove? □ *How far is it from here to Rome?*, quanto c'è di qui a Roma? □ *so far*, fino a questo punto; fin qui; finora □ *(in) so far as (o as far as)*, per quello che; per quanto: *in so far as I am concerned...*, per quanto mi riguarda... □ *as far as I know*, per quel che so io; per quel che mi consta □ *He is far from well*, sta tutt'altro che bene.

(2) far [fa:*] *a.* *(compar.* **farther** ['fa:ðə*], **further** ['fə:ðə*]; *superl. relat.* **farthest** ['fa:ðist], **furthest** ['fə:ðist]) **1 lontano; distante; remoto 2 lungo 3 opposto; altro**: *a house on the far side of the hill*, una casa sull'altro fianco della collina ● *the Far East*, l'Estremo Oriente.

farad ['færəd] *n.* [C] *(fis.)* **farad.**

farce [fa:s] *n.* [C] e [U] **farsa** *(anche fig.)*.

farcical ['fa:sikəl] *a.* **farsesco.**

fare [fɛə*] *n.* **1** [C] **prezzo di una corsa; tariffa**: *railway* *fares,* tariffe ferroviarie **2** [C] **passeggero** (di treno, autobus, tassì, ecc.) **3** [U] **cibo; vitto** ● *bill of f.*, lista delle vivande.

to **fare** [fɛə*] *v. i.* **1 passarsela; andare**: *How did it f. with him?*, come gli è andata? **2** *(poet.)* **viaggiare.**

farewell [ˌfɛə'wel] **A** *inter.* **addio B** *n.* [C] **addio; congedo; commiato.**

farina [fə'rainə] *n.* [U] **1 farina 2** *(chim.)* **amido 3** *(bot.)* **polline.**

farinaceous [ˌfæri'neiʃəs] *a.* **farinaceo.**

farm [fa:m] *n.* [C] **1 podere 2 fattoria; casa colonica** (anche *farmhouse*) **3 allevamento**: *an oyster f.*, un allevamento di ostriche ● *f. holidays,* agriturismo □ *f. implements,* attrezzi agricoli □ *f. labourer (o f. hand, f. worker),* bracciante agricolo □ *f. produce,* prodotti agricoli.

to **farm** [fa:m] *v. t.* e *i.* **1 coltivare; fare l'agricoltore 2 allevare**: *sheep-farming,* l'allevamento delle pecore **3 affittare; dare in affitto** (terreni e anche mano d'opera) **4 appaltare; dare in appalto.**

farmer ['fa:mə*] *n.* **1 coltivatore** (diretto o affittuario); **colono; agricoltore 2 allevatore**: *a sheep-farmer,* un allevatore di pecore ● *farmers' union,* corsorzio agrario.

farming ['fa:miŋ] *n.* [U] **agricoltura; coltivazione.**

farmstead ['fa:msted] *n.* [C] **casa colonica; cascina.**

farmyard ['fa:mja:d] *n.* **aia; corte** (di casa colonica).

faro ['fɛərou] *n.* [U] **faraone** (gioco d'azzardo).

farraginous [fə'reidʒinəs] *a.* **farraginoso.**

farrago [fə'ra:gou] *n.* (*pl.* **farragoes**) **farragine.**

farrier ['færiə*] *n.* **maniscalco.**

farriery ['færiəri] *n.* [U] **mascalcia; bottega (o lavoro) di maniscalco.**

farrow ['færou] *n.* [C] **figliata** (di scrofa).

to **farrow** ['færou] *v. t.* e *i.* (di scrofa) **figliare.**

fart [fa:t] *n.* [C] *(volg.)* **peto; scor(r)eggia** *(volg.).*

to **fart** [fa:t] *v. i.* *(volg.)* **fare un peto; scor(r)eggiare** *(volg.).*

farther ['fa:ðə*] (*compar.* di **far**) **A** *avv.* **più lontano; oltre; più oltre B** *a.* **più lontano; più distante** ● *f. back,* più indietro □ *f. on,* più avanti □ *f. off,* più lontano.

farthermost ['fa:ðəmoust] *a.* **(il) più lontano; (il) più distante.**

farthest ['fa:ðist] (*superl. relat.* di **far**) **A** *a.* **(il) più lontano (o distante, remoto) B** *avv.* **il più lontano possibile** ● *at (the) f.*, al massimo; al più tardi.

farthing ['fa:ðiŋ] *n.* [C] *(stor.)* **farthing** (moneta ingl.; quarta parte d'un *penny*) ● *I don't care a f.*, non me ne importa un fico (secco) □ *It isn't worth a (brass) f.*, non vale un soldo.

farthingale ['fa:ðiŋgeil] *n.* [C] *(stor.)* **guardinfante.**

fascicle ['fæsikl] *n.* [C] **1** (anche *bot.*) **fascetto 2** *(anat.)* **fascicolo 3 fascicolo** (di pubblicazione a puntate); **dispensa.**

fascicule ['fæsikju:l] *n.* [C] *(scient.)* **fascio; fascetto.**

to **fascinate** ['fæsineit] *v. t.* **affascinare; ammaliare; incantare.**

fascinating ['fæsineitiŋ] *a.* **affascinante; incantevole; seducente.**

fascination [ˌfæsi'neiʃən] *n.* [U] e [C] **fascino; incanto.**

fascine [fæ'si:n] *n.* [C] **fascina** (per rafforzare trincee, argini e sim.) ● *f. dwellings,* abitazioni su palafitte.

Fascism ['fæʃizəm] *n.* [U] *(stor.)* **fascismo.**

Fascist ['fæʃist] *n.* [C] e *a.* *(stor.)* **fascista.**

fashion ['fæʃən] *n.* **1** *(solo al sing.)* **foggia; maniera; modo; uso**: *in a strange f.*, in modo strano **2** [C] e [U] **moda; voga** ● *f. designer,* figurinista □ (anche *fig.*) *f. plate,* figurino □ *f. show,* sfilata di moda □ *after (o in) a f.*, in qualche modo; alla meglio □ *after the f. of,* a mo' di; secondo la moda di: *after the Spanish f.*, alla spagnola □ *to bring into f.*, far diventare di moda □ *in f.*, alla moda □ *out of fashion,* fuori di moda □ *people of f.*, gente di mondo □ *to set the fashion,* dettare la moda.

to **fashion** ['fæʃən] *v. t.* **foggiare; formare; modellare.**

fashionable ['fæʃənəbl] *a.* **alla moda; di moda; elegante** ● *the f. society,* il bel mondo.

fashionably ['fæʃənəbli] *avv.* **alla moda; con eleganza; elegantemente.**

(1) fast [fa:st] *n.* [C] e [U] **digiuno; vigilia**: *a f.-day,* un giorno di vigilia.

to **fast** [fa:st] *v. i.* **digiunare; far vigilia.**

(2) fast [fa:st] **A** *a.* **1 fermo; fisso; saldo; solido; stretto**: *f. colours,* colori solidi □ *a f. friendship,* una salda amicizia **2 celere; rapido; veloce 3 che consente alte velocità 4** (d'orologio) **che è (o va) avanti**: *My watch is half an hour f.*, il mio orologio è avanti di mezz'ora **5 dissoluto; gaudente B** *avv.* **1 fermamente; saldamente; solidamente 2 in fretta; presto; rapidamente** ● *to be f. asleep,* essere profondamente addormentato □ *a f. train,* un treno diretto □ *hard and f. rules,* regolamenti severissimi □ *to hold f. to st.*, tenersi stretto a q.c. □ *(raro) to live f.*, condurre una vita dissoluta □ *to play f. and loose,* fare a tira e molla □ *to stand f.*, rimanere immobile; tener duro □ *It is raining f.*, piove a dirotto.

to **fasten** ['fa:sn] **A** *v. t.* **1 assicurare; fermare; fissare; chiudere (a chiave) 2 allacciare; attaccare; legare; affibbiare** (anche *fig.*): *to f. a nickname upon sb.*, affibbiare un soprannome a q. **3 attribuire; imputare**: *to f. a crime upon sb.*, imputare q. di un delitto **B** *v. i.* **chiudersi; fissarsi; allacciarsi**: *to f. down the back,* allacciarsi di dietro ● *to f. one's eyes on sb.*, fissare lo sguardo su q. □ *to f. on (o upon) st.*, attaccarsi (o tenersi stretto) a q.c.

fastener ['fa:snə*] *n.* [C] **chiusura; fermaglio; bottone**: *a zip f.*, una chiusura lampo □ *a paper f.*, un fermaglio per fogli di carta □ *snap fasteners,* bottoni automatici.

fastening ['fa:sniŋ] *n.* [C] **chiavistello; catenaccio; serratura.**

fastidious [fæs'tidiəs] *a.* **esigente; meticoloso; schifiltoso; pignolo** *(fam.)*: *to be f. about one's clothes,* essere meticoloso nel vestire.

fastidiousness [fæs'tidiəsnis] *n.* [U] **meticolosità; pignoleria** *(fam.).*

fastness ['fa:stnis] *n.* **1** [U] **fermezza; saldezza; solidità** (di colori e sim.) **2** [C] **forte; luogo fortificato; covo.**

(1) fat [fæt] *a.* **1 grasso; pingue; fertile**: *a fat man,* un uomo grasso □ *fat lands,* terreni fertili **2** *(fig.)* **ben fornito; ben pagato; lucroso** ● *(pop.) a fat lot,* assai; molto: *(iron.) A fat lot you care!*, te ne importa assai! □ *(pop., teatr.) a fat part,* un pezzo di bravura □ *to get fat,* ingrassare.

(2) fat [fæt] *n.* [U] **grasso** (animale o vegetale): *to fry st. in deep fat,* friggere q.c. in molto grasso ● *to live on the fat of the land,* avere ogni ben di Dio □ *(fig.) The fat is in the fire,* ci siamo!; adesso viene il bello!

to **fat** [fæt] *v. t.* e *i.* **ingrassare**: *to fat (up) pigs for the market,* ingrassare maiali per venderli.

fatal ['feitl] *a.* **fatale; fatidico; decisivo; funesto; disastroso.**

fatalism ['feitəliʒəm] *n.* [U] **fatalismo.**

fatalist ['feitəlist] *n.* **fatalista.**

fatality [fə'tæliti] *n.* **1** [C] **fatalità; avvenimento fatale 2** [U] **effetto funesto; esito mortale 3** [C] **incidente mortale; morte violenta.**

fate [feit] *n.* [U] e [C] **fato; destino; sorte** ● *the Fates,* le Parche □ *as sure as f.*, sicurissimo; quanto è vero Iddio □ *to go to one's f.*, andare incontro al proprio destino.

to **fate** [feit] *v. t.* *(arc., eccetto al passivo)* **destinare**: *He was fated to be killed in war,* era destinato a morire in guerra.

fateful ['feitful] *a.* **fatale; fatidico.**

fat-head ['fæthed] *n.* [C] *(pop.)* **testa dura; zuccone.**

father ['fa:ðə*] *n.* **padre** (anche *relig.*): *the Holy F.*, il Santo Padre (il Papa) ● *F. Christmas,* Babbo Natale □ *to sleep with one's fathers,* riposare con i propri antenati; essere nella tomba.

to **father** ['fa:ðə*] *v. t.* **1 mettere al mondo; generare 2 fare da padre a** (q.) **3** *(fig.)* **essere l'autore di** (un libro) **4 assumere la responsabilità di** (una dichiarazione e sim.).

fatherhood ['fa:ðəhud] *n.* [U] **paternità.**

father-in-law ['fa:ðərinlɔ:] *n.* (*pl.* **fathers-in-law** ['fa:ðəzinlɔ:]) **suocero.**

fatherland ['fa:ðəlænd] *n.* [C] **paese d'origine; patria.**

fatherless ['fa:ðəlis] *a.* **senza padre; orfano di padre.**

fatherly ['fa:ðəli] *a.* **paterno** ● *in a f. way,* paternamente.

fathom ['fæðəm] *n.* [C] *(naut.)* **fathom; braccio** (misura di profondità).

to **fathom** ['fæðəm] *v. t.* ***1*** **scandagliare; sondare** ***2*** *(fig.)* **andare al fondo di; capire bene.**

fathomless ['fæðəmlis] *a.* ***1*** **incommensurabile; senza fondo** ***2*** *(fig.)* **impenetrabile; incomprensibile.**

fatigue [fə'ti:g] *n.* ***1*** [U] **stanchezza**: *bodily (mental) f.,* stanchezza fisica (mentale) ***2*** [C] **fatica** ***3*** [U] *(mecc.)* **fatica** ● *f. duty, (mil.)* corvé; *(naut.)* comandata □ *(mil.) f. party,* squadra di corvé.

fatigued [fə'ti:gd] *a.* **affaticato; stanco.**

fatless ['fætlis] *a.* **senza grasso; senza grassi**: *a f. diet,* una dieta senza grassi.

fatling ['fætliŋ] *n.* [C] **bestia giovane da ingrasso.**

fatness ['fætnis] *n.* [U] ***1*** **grassezza; pinguedine** ***2*** *(fig.)* **fertilità.**

to **fatten** ['fætn] *v. t.* e *i.* **ingrassare; impinguare** (anche *fig.*).

fattish ['fætiʃ] *a.* **grassoccio; grassottello.**

fatty ['fæti] ***A*** *a.* **grasso; untuoso; unto** ***B*** *n. (fam.)* **grassone; ciccione.**

fatuity [fə'tju:iti] *n.* [U] e [C] **fatuità; stoltezza.**

fatuous ['fætjuəs] *a.* **fatuo; stolto; sciocco.**

fauces ['fɔ:si:z] *n. pl. (anat.)* **fauci; gola.**

faucet ['fɔ:sit] *n.* [C] (specialm. *USA)* **rubinetto.**

faugh [fɔ:] *inter.* (di disgusto, disprezzo) **puh!**

fault [fɔ:lt] *n.* ***1*** [C] **difetto; manchevolezza** ***2*** *(solo al sing.)* **colpa**: *It is your f., not mine,* è colpa tua, non mia ***3*** [C] **errore; sbaglio** ***4*** [C] *(geol.)* **faglia; frattura** (degli strati) ***5*** [C] *(sport)* **fallo** ● *to be at f.,* essere colpevole; essere perplesso; essere in fallo □ *to find f. (with),* trovare da ridire (su) □ *to a f.,* eccessivamente; troppo.

to **fault** [fɔ:lt] *(geol.)* ***A*** *v. t.* **provocare una faglia in** (uno strato) ***B*** *v. i.* **acquisire una faglia.**

faultiness ['fɔ:ltinis] *n.* [U] **imperfezione; difettosità.**

faultess ['fɔ:ltlis] *a.* **senza difetti; impeccabile; irreprensibile.**

faultlessness ['fɔ:ltlisnis] *n.* [U] **perfezione; irreprensibilità.**

faulty ['fɔ:lti] *a.* ***1*** **difettoso; imperfetto** ***2*** **scorretto.**

faun [fɔ:n] *n.* [C] *(mitol.)* **fauno.**

fauna ['fɔ:nə] *n.* (*pl.* **faunae** ['fɔ:ni:], **faunas** ['fɔ:nəz]) **fauna.**

favour ['feivə*] *n.* ***1*** [U] **favore; benevolenza; protezione**: *to win sb.'s f.,* accattivarsi la benevolenza di q.; entrare nelle grazie di q. ***2*** [C] **favore; cortesia**: *to ask a f. of sb.,* chiedere un favore a q. □ *to do sb. a f.,* fare un favore a q. ***3*** *(arc., comm.)* **lettera** ***4*** [C] **distintivo** (d'appartenenza a un'associazione, ecc.) ● (sulla busta di lettera consegnata a mano) *by f. of Mr X,* a mezzo del Sig. X □ *(comm.) a cheque drawn in f. of sb.,* un assegno emesso a favore di q. □ (di donna) *to grant one's favours to sb.,* concedere i propri favori a q. □ *to be (o to stand) high in sb.'s f.,* essere molto stimato da q. □ *to be in f. of st.,* essere favorevole a q.c. □ *to look on sb. with f.,* avere q. nelle proprie grazie; avere q. in simpatia □ *to be out of f. with sb.,* non godere il favore di q.

to **favour** ['feivə*] *v. t.* ***1*** **favorire; aiutare; proteggere** ***2*** **prediligere** ***3*** *(fam.)* **somigliare a; rassomigliare a.**

favourable ['feivərəbl] *a.* **favorevole; ben disposto; propizio; vantaggioso** ● *to have a f. reception,* essere bene accolto.

favoured ['feivəd] *a.* **favorito; privilegiato.**

favourite ['feivərit] ***A*** *a.* **favorito; preferito** ***B*** *n.* **favorito, favorita.**

favouritism ['faivəritizəm] *n.* [U] **favoritismo.**

fawn [fɔ:n] ***A*** *n. (zool.)* **daino, cerbiatto** (di età inferiore all'anno) ***B*** *n.* [U] e *a.* **(color) fulvo chiaro.**

(1) to **fawn** [fɔ:n] *v. t.* e *i.* (di cerva, daina) **figliare.**

(2) to **fawn** [fɔ:n] *v. i.* ***1*** (del cane) **fare festa; far le feste** ***2*** *(fig.)* **adulare ignobilmente; essere servile e strisciante**: *to f. on sb.,* **adulare q. ignobilmente.**

fawner ['fɔ:nə*] *n.* **adulatore servile; leccapiedi.**

fealty ['fi:əlti] *n.* [U] *(stor.)* **omaggio, fedeltà** (di vassallo): *to make f. to one's lord,* fare atto di omaggio al proprio signore (feudale).

fear [fiə*] *n.* ***1*** [U] e [C] **paura; timore; tema** *(lett.)*: *a man without f.,* un uomo senza paura □ *the f. of God,* il timore di Dio □ *for f. that,* per tema di ***2*** [U] **pericolo** *(fam.)*: *No f.!,* non c'è pericolo! ● *to be in f. of one's life,* temere per la propria vita.

to **fear** [fiə*] *v. t.* e *i.* **aver paura (di); temere**: *to f. death,* temere la morte □ *to f. for sb.'s safety,* temere per la salvezza di q. ● *Never f.!,* niente paura!; sta' tranquillo!

fearful ['fiəful] *a.* ***1*** **terribile; tremendo; spaventoso** ***2*** **pauroso; timoroso; apprensivo** ***3*** **impaurito; spaurito; spaventato.**

fearfully ['fiəfuli] *avv.* **paurosamente; spaventosamente; tremendamente; terribilmente.**

fearfulness ['fiəfulnis] *n.* [U] ***1*** **terribilità; spaventosità** ***2*** **apprensione; timidezza.**

fearless ['fiəlis] *a.* **senza paura; impavido; intrepido.**

fearsome ['fiəsəm] *a.* (spesso *scherz.)* **terribile; spaventoso.**

feasibility [ˌfi:zə'biliti] *n.* [U] **(l')esser fattibile; fattibilità.**

feasible ['fi:zəbl] *a.* **fattibile; possibile.**

feast [fi:st] *n.* [C] ***1*** **festa** ***2*** **banchetto; convito** ***3*** *(fig.)* **diletto; piacere** ● *a f. day,* un giorno festivo.

to **feast** [fi:st] ***A*** *v. i.* **banchettare** ***B*** *v. t.* **festeggiare; intrattenere a banchetto** ● *to f. one's eyes on beauty,* saziare gli occhi di bellezza.

feat [fi:t] *n.* ***1*** [C] **atto di valore; impresa** ***2*** *(al pl.)* **gesta.**

feather ['feðə*] *n.* ***1*** [C] **penna; piuma**: *as light as a f.,* leggero come una piuma ***2*** *(collett.)* **piumaggio** ● *f.-bed,* materasso di piume □ *(fig.) a f. in one's cap,* un motivo d'orgoglio □ *(fig.) birds of a f.,* gente della stessa risma □ *to be in high f.,* essere su di morale □ *to show the white f.,* mostrarsi vile.

to **feather** ['feðə*] ***A*** *v. t.* ***1*** **mettere le penne a; adornare di piume** ***2*** *(naut.)* **spalare** ***B*** *v. i.* (d'uccelli) **mettere le penne** ● *(fig.) to f. one's nest,* arricchire approfittando delle circostanze; farsi il nido *(pop.).*

to **featherbed** ['feðəbed] ***A*** *v. t.* ***1*** **tenere** (q.) **nella bambagia** ***2*** *(econ.)* **sovvenzionare** (un'azienda, ecc.) ***B*** *v. i. (econ.)* **impiegare manodopera superflua.**

featherbedding ['feðəbediŋ] *n.* [U] *(econ.)* **mantenimento di un tasso di occupazione artificialmente alto.**

feather-brained ['feðəbreind] *a.* **sciocco; vuoto** (senza cervello).

feathered ['feðəd] *a.* ***1*** **pennuto; piumato** ***2*** *(fig.)* **alato; veloce.**

feathering ['feðəriŋ] *n.* [U] ***1*** **piumaggio** ***2*** **penne attaccate a una freccia** ***3*** *(archit.)* **ornamento a fogliami.**

featherless ['feðəlis] *a.* **senza penne; implume.**

feather-weight ['feðəweit] *n.* [C] *(sport)* **peso piuma.**

feathery ['feðəri] *a.* ***1*** **pennuto; piumato** ***2*** **leggero; soffice.**

feature ['fi:tʃə*] *n.* [C] ***1*** **fattezza; lineamento** ***2*** **caratteristica; aspetto** ***3*** **attrattiva principale** (d'uno spettacolo); **numero; servizio speciale** (in un giornale) ● *(cinem.) f. film,* lungometraggio.

to **feature** ['fi:tʃə*] *v. t.* ***1*** **rappresentare; ritrarre** ***2*** **mettere in evidenza** ***3*** *(cinem., teatr.)* **presentare** (nelle parti principali): *a film featuring famous actors,* una pellicola che presenta attori famosi.

featureless ['fi:tʃəlis] *a.* **informe; piatto.**

febrifuge ['febrifju:dʒ] *a.* e *n.* [C] *(farm.)* **febbrifugo; antipiretico.**

febrile ['fi:brail, 'febril] *a.* *(med.)* **febbrile.**
February ['februəri] *n.* **febbraio.**
feces ['fi:si:z] *(USA) V.* **faeces.**
feckless ['feklis] *a.* ***1*** **inefficiente; inetto *2* debole; indifeso.**
feculence ['fekjuləns] *n.* [U] **feccia; sudiciume.**
feculent ['fekjulənt] *a.* ***1*** **stercorario *2* sudicio; torbido.**
fecund ['fekənd, 'fi:kənd] *a.* **fecondo; fertile; prolifico.**
to **fecundate** ['fi:kəndeit] *v. t.* **fecondare; rendere fertile.**
fecundation [ˌfi:kən'deiʃən] *n.* [U] **fecondazione; fertilizzazione.**
fecundity [fi'kʌnditi] *n.* [U] **fecondità; fertilità; prolificità.**
fed [fed] *pass.* e *p.p.* di to **feed** ● *(fam.) fed up,* stufo; arcistufo; seccato: *I am fed up with you,* sono stufo di te.
federal ['fedərəl] *a.* **federale.**
federalism ['fedərəlizəm] *n.* [U] **federalismo.**
federalist ['fedərəlist] *n.* e *a.* **federalista.**
federate ['fedərit] *a.* **federato; confederato.**
to **federate** ['fedəreit] ***A*** *v. t.* **federare *B*** *v. i.* **federarsi.**
federation [ˌfedə'reiʃən] *n.* [C] e [U] **federazione; confederazione.**
fee [fi:] *n.* [C] ***1*** **onorario *2* tassa; quota; diritto**: *school fees,* tasse scolastiche ***3*** *(stor.)* **feudo** ● *(leg.) to hold st. in fee,* detenere q.c. in proprietà assoluta.
to **fee** [fi:] *v. t.* **rimunerare** (un professionista).
Feebie [fi:'bai] *n.* *(pop. USA)* **agente della FBI.**
feeble ['fi:bl] *a.* **debole; fiacco; fievole; fragile.**
feeble-minded [ˌfi:bl'maindid] *a.* **debole di mente; deficiente.**
feebleness ['fi:blnis] *n.* [U] **debolezza; fiacchezza; fragilità.**
to **feed** [fi:d] (*pass.* e *p.p.* **fed** [fed]) ***A*** *v. t.* ***1*** **alimentare** (anche *fig.* e *mecc.*); **cibare; nutrire; dar da mangiare a *2* pascolare** (bestiame) ***B*** *v. i.* (specialm. d'animali) **mangiare; pascolare *C*** to **feed oneself** *v. rifl.* **mangiare da solo**: *The baby can't f. itself yet,* il bambino non sa ancora mangiare da solo ● *(teatr.) to f. an actor,* suggerire la battuta a un attore □ *to f. on st.,* nutrirsi (o cibarsi) di q.c. □ *to f. sb. up,* nutrire bene q. □ *to f. up animals,* ingrassare animali □ *to f. sb. with hope,* alimentare le speranze di q. □ *(fam.) to be fed up with st.,* essere stufo di q.c.
feed [fi:d] *n.* ***1*** [C] **pasto** (specialm. d'animali); *(fam.)* **mangiata *2*** [U] **pascolo; foraggio; mangime**: *to be out at f.,* essere al pascolo ***3*** [U] *(mecc.)* **alimentazione**: *a f.-pump,* una pompa d'alimentazione ***4*** [C] *(teatr.)* **chi dà la battuta; spalla** *(fig.).*
feedback ['fi:dbæk] *n.* [U] *(elettron.)* **feedback; retrazione.**
feeder ['fi:də*] *n.* [C] ***1*** *(mecc.)* **alimentatore *2* bavaglino** (per bimbo) ***3*** **poppatoio *4* affluente** (di fiume); **immissario** (di lago) ***5*** *(ferr.)* **raccordo.**
feeding-bottle ['fi:diŋˌbɔtl] *n.* [C] **poppatoio.**
feedstuff ['fi:dstʌf] *n.* [U] e [C] *(zootecnia)* **mangime.**
feel [fi:l] *n.* *(solo al sing.)* ***1*** **tatto**: *soft to the f.,* soffice al tatto ***2*** **sensazione** (tattile) ***3*** *(fig.)* **aria; atmosfera** ● *to have a f. of st.,* toccare (o tastare) q.c.
to **feel** [fi:l] (*pass.* e *p.p.* **felt** [felt]) *v. t.* e *i.* ***1*** **sentire** (con l'animo; con i sensi; specialm. col tatto); **percepire; provare; tastare; toccare; palpare**: *to f. pity for sb.,* sentire compassione per q. □ (anche *fig.*) *to f. sb.'s pulse,* tastare il polso a q. □ *I felt something terrible was going to happen,* sentivo che stava per succedere qualcosa di terribile ***2*** **dare la sensazione d'essere; essere (o sembrare) al tatto**: *Velvet feels smooth,* il velluto è liscio al tatto □ *The air feels chilly,* l'aria è piuttosto fredda ***3*** **sentirsi**: *to f. better,* sentirsi meglio □ *I f. sad to-day,* mi sento triste oggi ● *to f. angry,* essere adirato □ *to f. as if...,* avere l'impressione che... □ *to f. for sb.,* provare compassione per q. □ *to f. for st.,* cercare q.c. brancicando □ *to f. funny,* sentirsi strano; non sentirsi bene □ *to f. in one's bones,* sentire nell'intimo; sentirsela □ (di persona) *to f. like,* aver voglia di: *I don't f. like eating now,* non ho voglia di mangiare ora □ (di cosa) *to f. like,* sembrare (al tatto): *It feels like glass,* sembra vetro, a toccarlo □ *to f. (quite) oneself,* sentirsi bene □ *to f. up to st.,* sentirsi in grado di fare q.c. □ *to f. one's way,* andare a tentoni; *(fig.)* tastare il terreno □ *Please feel free to ask questions!,* fate pure domande!
feeler ['fi:lə*] *n.* [C] ***1*** (d'animale) **antenna; tentacolo *2* sondaggio**: *to put* (o *to throw) out a f.,* fare un sondaggio.
(1) feeling ['fi:liŋ] *n.* ***1*** [C] **sentimento; sensazione**: *a f. of gratitude,* un sentimento di gratitudine □ *to have a f. that...,* avere la sensazione che... □ *to hurt sb.'s feelings,* ferire i sentimenti di q.; urtare la suscettibilità di q. ***2*** [U] **sensibilità**: *I've lost all f. in my right leg,* la mia gamba destra ha perso ogni sensibilità ***3*** *(al pl.)* **emozioni**: *to rouse the feelings of the audience,* risvegliare le emozioni dell'uditorio ***4*** [U] **compassione; comprensione *5*** [U] **(senso del) tatto** ● *to appeal to sb.'s better feelings,* fare appello al lato migliore di q. □ *good f.,* sentimento di simpatia □ *ill f.,* sentimento d'avversione; animosità.
(2) feeling ['fi:liŋ] *a.* **sensibile; sensibile alla pietà.**
feet [fi:t] *pl.* di **foot.**
to **feign** [fein] ***A*** *v. t.* e *i.* ***1*** **fingere; far finta di; simulare; ostentare**: *to f. illness,* simulare una malattia □ *to f. indifference,* ostentare indifferenza ***2*** **inventare; contraffare; falsificare**: *to f. an excuse,* inventare una scusa ***B*** to **feign oneself** *v. rifl.* **fingersi.**
feigned [feind] *a.* ***1*** **finto; simulato *2* contraffatto; falso.**
feint [feint] *n.* [C] ***1*** (anche *sport*) **finta *2*** *(mil.)* **finto attacco.**
to **feint** [feint] *v. i.* ***1*** (anche *sport*) **fare una finta *2*** *(mil.)* **lanciare un finto attacco.**
feldspar ['feldspa:*] *n.* [U] *(miner.)* **feldspato; feldispato.**
to **felicitate** [fi'lisiteit] *v. t.* **congratularsi con**: *to f. sb. on st.,* congratularsi con q. per q.c.
felicitations [fiˌlisi'teiʃənz] *n. pl.* **congratulazioni; felicitazioni.**
felicitous [fi'lisitəs] *a.* **felice; appropriato; calzante**: *a f. style,* uno stile felice.
felicity [fi'lisiti] *n.* ***1*** [U] **felicità; letizia *2*** [U] **appropriatezza; proprietà *3*** [C] **espressione felice (**o **appropriata).**
feline ['fi:lain] *a.* e *n.* *(zool.)* **felino.**
to **fell** [fel] *v. t.* ***1*** **abbattere; atterrare *2*** (nel cucito) **ribattere.**
(1) fell [fel] *pass.* di to **fall.**
(2) fell [fel] *n.* [C] **pelle; vello.**
(3) fell [fel] *a.* *(lett.)* ***1*** **crudele; feroce *2* mortale.**
fellmonger ['felˌmʌŋgə*] *n.* **pellaio; commerciante di pelli.**
fellow ['felou] *n.* ***1*** [C] *(fam.)* **individuo; tipo; diavolo** *(fig.)*: *a pleasant f.,* un tipo simpatico □ *a good f.,* un buon diavolo □ *Poor f.!,* povero diavolo!; poveretto!; poverino! ***2*** *(di solito al pl.)* **compagno; camerata; collega; complice**: *to be fellows in good fortune,* essere compagni nella buona sorte ***3*** — *F.,* (professore universitario) membro d'un college; membro (di un'accademia e sim.): *a F. of the British Academy,* un membro dell'Accademia Britannica ***4*** **compagno** (di cose appaiate) ● *f. citizen,* concittadino □ *f. countryman,* compatriota □ *one's f. creatures,* i propri simili □ *f. feeling,* cameratismo; simpatia □ *f. traveller,* compagno di viaggio; *(polit.)* filocomunista □ *He shall never find his f.,* non troverà mai l'uguale; nessuno l'eguaglierà mai.
fellowship ['felouʃip] *n.* ***1*** [U] **compagnia; amicizia; cameratismo; fratellanza *2*** [C] **associazione *3*** [C] (nelle università) **borsa di studio** (per compiere ricerche scientifiche).
(1) felon ['felən] *n.* *(leg.)* **criminale.**
(2) felon ['felən] *n.* [C] *(med.)* **patereccio; giradito.**
felonious [fi'lounjəs] *a.* *(leg.)* **criminoso; delittuoso.**
felony ['feləni] *n.* [U] e [C] *(leg.)* **crimine.**
felspar ['felspa:*] *n.* [U] *(miner.)* **feldspato.**

(1) felt [felt] *pass.* e *p.p.* di to **feel.**
(2) felt [felt] *n.* **feltro**: *a f. hat,* un cappello di feltro.
to **felt** [felt] ***A*** *v. t.* **feltrare** ***B*** *v. i.* (di panno e sim.) **infeltrire, infeltrirsi.**
felucca [fe'lʌkə] *n.* [C] *(naut.)* **feluca** (imbarcazione).
female ['fi:meil] ***A*** *a.* **femminile; femmineo**: *the f. sex,* il sesso femminile ***B*** *n.* ***1*** **femmina** ***2*** *(fam.)* **donna** ● *a f. child,* una bambina □ *f. operatives,* operaie (di fabbrica) □ *(leg.) f. ward,* minore sotto tutela; pupilla.
femineity [ˌfemi'ni:iti] *n.* [U] **femminilità.**
feminine ['feminin] *a.* **femminile** (anche *gramm.*); **femminino; femmineo**: *a f. noun,* un nome femminile.
femminity [ˌfemi'niniti] *n.* ***1*** [U] **femminilità** ***2*** *(collett.)* **(le) donne.**
feminism ['feminizəm] *n.* [U] **femminismo.**
feminist ['feminist] *n.* e *a.* **femminista.**
to **feminize** ['feminaiz] *v. t.* e *i.* ***1*** **rendere (o diventare) femminile** ***2*** **effeminare, effeminarsi.**
femoral ['femərəl] *a.* *(anat.)* **femorale.**
femur ['fi:mə*] *n.* (*pl.* **femurs** ['fi:məz], **femora** ['femərə, 'fi:mərə]) *(anat.)* **femore.**
fen [fen] *n.* [C] **palude; maremma** ● *fen fire,* fuoco fatuo.
fence [fens] *n.* ***1*** [C] **recinto; palizzata; staccionata; steccato** ***2*** [U] **scherma**: *a master of f.,* un maestro di scherma; un abile schermidore ***3*** [C] *(pop.)* **ricettatore** ***4*** [C] *(ippica)* **steccato** ● *(fig.) to come down on the right side of the f.,* prendere le parti del vincitore □ *(fig.) to sit on the f.,* rimanere neutrale (in una contesa).
to **fence** [fens] ***A*** *v. t.* **recingere; chiudere tutto intorno** ***B*** *v. i.* ***1*** **tirar di scherma** ***2*** (di cavallo) **saltare steccati** ***3*** *(pop.)* **fare il ricettatore** ● *to f. off,* recintare; *(fig.)* porre riparo a, evitare □ *(fig.) to f. with,* schermirsi da; eludere.
fencer ['fensə*] *n.* **schermidore.**
fencing ['fensiŋ] *n.* ***1*** [U] **scherma; arte della scherma** ***2*** *(collett.)* **recinti; staccionate; steccati.**
to **fend** [fend] *(poet.)* ***A*** *v. t.* **difendere** ***B*** *v. i.* **difendersi** ● *to f. for oneself,* provvedere a se stesso □ *to f. off,* parare; schivare.
fender ['fendə*] *n.* [C] ***1*** **parafuoco** (davanti a un camino) ***2*** **paraurti** (di tram, locomotiva, ecc.) ***3*** *(naut.)* **parabordo d'accosto.**
fenestration [ˌfenis'treiʃən] *n.* *(archit.)* **disposizione delle finestre** (in un edificio).
fennel ['fenl] *n.* [U] *(bot.,* Foeniculum vulgare) **finocchio.**
fenny ['feni] *a.* ***1*** **paludoso; pantanoso** ***2*** **palustre.**
feoff [fef, fi:f] *V.* **fief.**
feoffee [fe'fi:, fi:'fi:] *n.* ***1*** *(stor.)* **feudatario** ***2*** *(leg.)* **donatario; cessionario.**
feoffment ['fefmənt, 'fi:fmənt] *n.* [U] e [C] *(stor.)* **infeudamento; infeudazione.**
(1) feral ['fiərəl] *a.* **ferino; bestiale; selvaggio.**
(2) feral ['fiərəl] *a.* **funereo; tetro.**
ferial ['fiəriəl] *a.* (specialm. *relig.)* **feriale.**
ferine ['fiərain] *a.* **ferino; bestiale; selvaggio; selvatico.**
ferment ['fə:ment] *n.* [C] ***1*** **fermento; lievito** ***2*** *(fig.)* **fermento; agitazione**: *to be in a f.,* essere in fermento.
to **ferment** [fə(:)'ment] ***A*** *v. i.* ***1*** **fermentare** ***2*** *(fig.)* **agitarsi; essere in fermento** ***B*** *v. t.* ***1*** **far fermentare** ***2*** *(fig.)* **agitare; mettere in fermento.**
fermentation [ˌfə:men'teiʃən] *n.* [U] ***1*** **fermentazione** ***2*** *(fig.)* **fermento; agitazione.**
fermium ['fə:miəm] *n.* [U] *(chim.)* **fermio.**
fern [fə:n] *n.* *(bot.)* **felce;** *(collett.)* **felci.**
ferocious [fə'rouʃəs] *a.* ***1*** **feroce; crudele** ***2*** *(fam.)* **enorme.**
ferocity [fə'rɔsiti] *n.* [U] **ferocia; crudeltà.**
(1) ferret ['ferit] *n.* (*zool.,* Mustela furo) **furetto.**
to **ferret** ['ferit] *v. t.* e *i.* ***1*** **stanare** (conigli, ecc.) **con il furetto** ***2*** *(fig.)* **indagare; investigare** ● *to f. about,* frugare; rovistare □ *to f. out a secret,* scoprire un segreto (a forza di indagare).
(2) ferret ['ferit], **ferreting** ['feritiŋ] *n.* [U] **fettuccia; nastro.**
ferriage ['feriidʒ] *n.* [U] **(prezzo del) trasporto in nave traghetto.**
Ferris wheel ['ferisˌwi:l] *n.* [C] **ruota gigante** (nei parchi di divertimenti).
ferro-concrete [ˌferou'kɔŋkri:t] *n.* [U] *(edil.)* **cemento armato.**
ferrous ['ferəs] *a.* *(chim.)* **ferroso.**
ferruginous [fe'ru:dʒinəs] *a.* ***1*** **ferruginoso** ***2*** **ferrigno.**
ferrule ['feru:l] *n.* [C] ***1*** *(mecc.)* **ghiera** ***2*** *(falegnameria)* **puntale.**
ferry ['feri] *n.* [C] ***1*** **traghetto** ***2*** (anche *ferryboat)* **nave traghetto** ***3*** *(leg.)* **diritto di traghetto** ***4*** *(aeron.)* **trasporto aereo.**
to **ferry** ['feri] *v. t.* e *i.* **traghettare.**
ferryman ['ferimən] *n.* (*pl.* **ferrymen** ['ferimən]) **traghettatore.**
fertile ['fə:tail] *a.* (anche *fig.)* **fertile; fecondo.**
fertility [fə:'tiliti] *n.* [U] (anche *fig.)* **fertilità; fecondità.**
fertilization [ˌfə:tilai'zeiʃən] *n.* [U] **fertilizzazione; fecondazione.**
to **fertilize** ['fə:tilaiz] *v. t.* **fertilizzare; fecondare.**
fertilizer ['fə:tilaizə*] *n.* [U] e [C] **fertilizzante.**
ferule ['feru:l] *n.* [C] **ferula; bacchetta** (per punire i ragazzi).
fervency ['fə:vənsi] *n.* [U] **fervore; ardore; calore** *(fig.)*; **zelo.**
fervent ['fə:vənt] *a.* **fervente; fervido; ardente; caloroso.**
fervid ['fə:vid] *a.* **fervido; ardente.**
fervour ['fə:və*] *n.* [U] **fervore; ardore; calore; zelo.**
festal ['festl] *a.* ***1*** **festivo; di festa** ***2*** **festoso; allegro.**
to **fester** ['festə*] ***A*** *v. i.* ***1*** *(med.)* **suppurare** ***2*** *(fig.)* **farsi più aspro (o più amaro)** ***3*** *(fig.)* **corrompersi; guastarsi** ***B*** *v. t.* ***1*** *(med.)* **far suppurare** ***2*** *(fig.)* **ingigantire** (un affronto, ecc.).
fester ['festə*] *n.* [C] *(med.)* **ferita suppurante; piaga.**
festival ['festəvəl] ***A*** *n.* [C] ***1*** **festa; festività**: *Church festivals,* festività religiose ***2*** **festival**: *a pop f.,* un festival di musica pop ***B*** *a. attr.* **festivo; di festa.**
festive ['festiv] *a.* **festivo; festoso; gioioso.**
festivity [fes'tiviti] *n.* ***1*** [U] **festività; festosità** ***2*** *(al pl.)* **festeggiamenti.**
festoon [fes'tu:n] *n.* [C] (anche *archit.)* **festone.**
to **festoon** [fes'tu:n] *v. t.* **ornare di festoni.**
to **fetch** [fetʃ] *v. t.* e *i.* ***1*** **andare a prendere; portare** ***2*** **raggiungere** (un prezzo); **fruttare; rendere** ***3*** **assestare; appioppare** ● *to f. and carry (for sb.),* fare da servitore (a q.) □ *to f. back,* riportare □ *to f. blood,* cavar sangue □ *to f. a sigh,* trarre un sospiro □ *to f. tears,* strappare le lacrime.
fetch [fetʃ] *n.* [C] **stratagemma; trucco.**
fetching ['fetʃiŋ] *a.* *(fam.)* **attraente; seducente.**
fête [feit] *n.* [C] **festa; trattenimento** ● *f.-day,* giorno onomastico.
to **fête** [feit] *v. t.* **festeggiare; fare grandi feste a** (q.).
feticide ['fi:tiˌsaid] *n.* [U] *(leg.)* **feticidio.**
fetid ['fetid] *a.* **fetido.**
fetish, fetich ['fetiʃ, 'fi:tiʃ] *n.* [C] (anche *fig.)* **feticcio.**
fetishism ['fetiʃizəm, 'fi:tiʃizəm] *n.* [U] **feticismo.**
fetlock ['fetlɔk] *n.* [C] (di cavallo) **garretto; barbetta** (ciuffo di peli sul garretto).
fetor ['fi:tə*] *n.* [C] **fetore.**
fetter ['fetə*] *n.* ***1*** [C] **catena** (da mettere ai piedi) ***2*** *(al pl.)* **ceppi; ferri** ***3*** *(al pl.) (fig.)* **impedimenti; ostacoli; pastoie.**
to **fetter** ['fetə*] *v. t.* ***1*** **mettere in ceppi (o ai ferri); incatenare** ***2*** (di cavallo) **impastoiare** ***3*** *(fig.)* **impedire; ostacolare.**
fettle ['fetl] *n.* [U] **condizione; stato; forma** *(fam.).*
fetus ['fi:təs] *n.* [C] **feto.**
(1) feud [fju:d] *n.* [C] e [U] **contesa; lotta; ostilità:** *to be*

at f. with sb., essere in lotta con q.
(2) feud [fju:d] *n.* [C] *(stor.)* **feudo.**
feudal ['fju:dl] *a. (stor.)* **feudale**: *the f. system*, il sistema feudale.
feudalism ['fju:dəlizəm] *n.* [U] *(stor.)* **feudalesimo.**
to **feudalize** ['fju:dəlaiz] *v. t. (stor.)* **rendere feudale.**
feudatory ['fju:dətəri] *n. (stor.)* **feudatario; vassallo.**
fever ['fi:və*] *n. (generalm. al sing. con l'art. indeterm.)* **febbre** (anche *fig.*): *to have a high f.*, avere la febbre alta ● *a f. of anxiety*, un'ansia febbrile □ *scarlet f.*, scarlattina.
feverish ['fi:vəriʃ] *a.* **1 febbricitante 2 febbrile 3 dovuto alla febbre 4 che dà la febbre.**
few [fju:] *a.* e *pron.* **1 pochi, poche; scarsi, scarse**: *a man of few words*, un uomo di poche parole **2** — *a few*, alcuni, alcune; alquanti; qualcuno; qualche: *a few words*, qualche parola ● *the few*, la minoranza □ *a few more*, degli altri, delle altre; ancora □ *every few minutes*, a intervalli di pochi minuti □ *a good few* (o *quite a few*), parecchi; molti □ *not a few*, non pochi □ *no fewer than*, non meno di.
fewer ['fjuə*] *a.* (*compar.* di **few**) **meno** (con nomi pl.).
fewest ['fju:ist] *a.* (*superl. relat.* di **few**) **meno** (con nomi pl.); **(il) minor numero di.**
fewness ['fju:nis] *n.* [U] **scarsità; numero ristretto.**
fey [fei] *a.* (specialm. *scozz.*) **condannato a morire; sul punto di morire.**
fez [fez] *n.* [C] **fez** (berretto turco).
fiancé [fi'ɑ̃:nsei] *(franc.) n.* **fidanzato.**
fiancée [fi'ɑ̃:nsei] *(franc.) n.* **fidanzata.**
fiasco [fi'æskou] *(ital.) n.* (*pl.* **fiascos**) **fallimento; fiasco; insuccesso.**
fiat ['faiæt] *n.* [C] **decreto; ordine.**
fib [fib] *n.* [C] *(fam.)* **bugia; fandonia; frottola.**
to **fib** [fib] *v. i.* **dir bugie; contar frottole.**
fibre ['faibə*] *n.* [C] e [U] **fibra** (anche *fig.*).
fibreglass ['faibəgla:s] *n.* [U] *(ind.)* **lana di vetro.**
fibriform ['faibrifɔ:m] *a.* **fibriforme.**
fibroid ['faibrɔid] **A** *a.* **fibroso B** *n.* [C] *(med.)* **fibroma; tumore fibroso.**
fibrous ['faibrəs] *a.* **fibroso.**
fibula ['fibjulə] *n.* (*pl.* **fibulae** ['fibjuli:], **fibulas** ['fibjuləz]) **1** *(anat.)* **fibula; perone 2** *(archeol.)* **fibula; fibbia.**
fichu ['fi:ʃu:] *(franc.) n.* [C] **fisciù; fazzoletto da collo; scialletto.**
fickle ['fikl] *a.* **incostante; instabile; mutevole; volubile.**
fickleness ['fiklnis] *n.* [U] **incostanza; instabilità; volubilità.**
fictile ['fiktil] *a.* **1 fittile; di terracotta 2 dell'arte ceramica.**
fiction ['fikʃən] *n.* **1** [U] *(letter.)* **narrativa**: *works of f.*, opere di narrativa **2** [C] **invenzione; finzione; fantasia**: *a legal f.*, una finzione legale.
fictional ['fikʃənl] *a.* **1** *(letter.)* **romanzesco 2 romanzato.**
to **fictionalize** ['fikʃənəlaiz] *v. t.* **romanzare.**
fictionist ['fikʃənist] *n.* **narratore; romanziere; novellista.**
fictitious [fik'tiʃəs] *a.* **fittizio; immaginario.**
fictive ['fiktiv] *a.* **fittizio.**
fiddle ['fidl] **A** *n.* [C] *(fam.* o *spreg.)* **violino B** *inter.* **sciocchezze!** ● *to be as fit as a f.*, essere sano come un pesce □ *to have a face as long as a f.*, avere una faccia da funerale □ *(fig.) to play second f.*, avere una parte di secondaria importanza.
to **fiddle** ['fidl] *v. t.* e *i.* **1** *(fam.)* **suonare il violino 2** (anche *to f. about*) **baloccarsi; gingillarsi 3** *(fam.)* **imbrogliare; truffare 4 alterare; contraffare.**
fiddle-de-dee [ˌfidldi'di:] *inter.* **sciocchezze!**
fiddle-faddle ['fidlˌfædl] *n.* [U] **inezie; sciocchezze.**
to **fiddle-faddle** ['fidlˌfædl] *v. i.* **dire sciocchezze; perdersi in inezie; fare molto chiasso per nulla.**
fiddler ['fidlə*] *n. (fam.)* **1 violinista; strimpellatore** (di violino) **2 imbroglione; truffatore.**
fiddlestick ['fidlstik] *n.* [C] **archetto del violino** ● *fiddlesticks!*, sciocchezze!
fiddling ['fidliŋ] *a.* **futile; inutile.**
Fidelism [fə'delˌizəm] *n.* [U] *(polit.)* **castrismo.**
Fidelist [fə'delist] *n.* e *a. (polit.)* **castrista.**
fidelity [fi'deliti] *n.* [U] **fedeltà; esattezza; precisione.**
fidget ['fidʒit] *n.* **1** *(al pl.)* **nervosismo; irrequietezza 2 persona irrequieta** ● *to have the fidgets*, essere agitato; star sulle spine.
to **fidget** ['fidʒit] **A** *v. i.* **agitarsi; dimenarsi; giocherellare** (nervosamente) **B** *v. t.* **mettere a disagio; infastidire.**
fidgety ['fidʒiti] *a.* **agitato; irrequieto; nervoso.**
fiducial [fi'dju:ʃjəl] *a. (astron., agrimensura)* **di riferimento**: *a f. point*, un punto di riferimento.
fiduciary [fi'dju:ʃjəri] *a.* e *n.* (anche *leg., fin.*) **fiduciario.**
fie [fai] *inter. (arc.* o *scherz.)* **vergogna!** ● *Fie upon you!*, vergognati!
fief [fi:f] *n.* [C] *(stor.)* **feudo.**
field [fi:ld] *n.* [C] **1 campo** (in molti sensi, anche *fig.*): *a f. of wheat*, un campo di grano □ *the f. of politics*, il campo della politica **2** *(geol.)* **giacimento**: *a coal-f.*, un giacimento carbonifero **3** *(mil.)* **campagna; battaglia**: *a hard-fought f.*, una battaglia aspramente combattuta **4 distesa; banco**: *a f. of ice* (o *an ice-f.*), un banco di ghiaccio **5** *(sport)* **(i) concorrenti in campo 6** *(ippica)* **(i) cavalli iscritti a una corsa 7** *(fig.)* **settore** (di studio) ● *(mil.) f.-allowance*, indennità di campagna □ *f.-artillery*, artiglieria da campo □ *f.-day*, giornata campale (anche *fig.*) □ *(sport) f.-events*, atletica leggera □ *f.-officer*, ufficiale superiore □ *(mil.) to hold the f.*, tenere il campo; non cedere terreno □ *(mil.) to lose the f.*, perdere il campo; essere sconfitto □ *to take the f.*, *(mil., sport)* scendere in campo; *(fig.)* dare inizio a un'attività.
to **field** [fi:ld] *(sport) v. t.* **1** (in vari giochi) **prendere e rilanciare** (la palla) **2 mettere in campo.**
fielder ['fi:ldə*] *n. (baseball, cricket)* **giocatore che prende e rilancia la palla.**
fiend [fi:nd] *n.* [C] **demonio; diavolo** (anche *fig.*) ● *cigarette f.*, fumatore accanito □ *drug f.*, tossicodipendente.
fiendish ['fi:ndiʃ] *a.* **demoniaco; diabolico; infernale.**
fiendishness ['fi:ndiʃnis] *n.* [U] **diabolicità; malvagità infernale.**
fierce [fiəs] *a.* **1 feroce; crudele; furioso; violento 2** *(sport)* **grintoso.**
fierceness ['fiəsnis] *n.* [U] **1 ferocia; crudeltà; furia; violenza 2** *(sport)* **grinta.**
fieriness ['faiərinis] *n.* [U] **ardore; foga; impeto.**
fiery ['faiəri] *a.* **1 infocato; ardente; focoso 2 fiammeggiante.**
fife [faif] *n.* [C] *(mus.)* **piffero.**
to **fife** [faif] *v. t.* e *i.* **suonare il piffero; suonare col piffero.**
fifer ['faifə*] *n.* **pifferaio, pifferaro.**
fifteen [fif'ti:n] *a.* e *n.* [C] **quindici.**
fifteenth [fif'ti:nθ] *a.* e *n.* [C] **quindicesimo; (la) quindicesima parte.**
fifth [fifθ] *a.* e *n.* [C] **quinto; (la) quinta parte** ● *(polit.) f. column*, quinta colonna; spie □ *f. columnist*, spia □ *f. wheel*, *(autom.)* ruota di scorta; *(fig.)* persona di nessun conto.
fifthly ['fifθli] *avv.* **in quinto luogo.**
fiftieth ['fiftiiθ] *a.* e *n.* [C] **cinquantesimo; (la) cinquantesima parte.**
fifty ['fifti] *a.* e *n.* [C] **cinquanta** ● *the fifties*, gli anni fra i 50 e i 60 (nella vita di q.); gli anni fra i '50 e i '60 (in un secolo) □ *to go f.-f. with sb.*, fare a metà con q. (nel pagamento di q.c.).
fig [fig] *n.* [C] **fico** (anche l'albero): *green figs*, fichi freschi □ *dried figs*, fichi secchi ● *I don't care a fig for him*, non me ne importa un fico, di lui □ *It isn't worth a fig*, non vale un fico (secco).
to **fight** [fait] (*pass.* e *p.p.* **fought** [fɔ:t]) **A** *v. i.* **1 combattere; lottare; battersi 2 azzuffarsi; fare a pugni B** *v. t.* **1 combattere** (anche *fig.*): *to f. a battle*, combattere una battaglia **2 far combattere; manovrare**

in battaglia: *to f. cocks,* far combattere i galli ● *to f. it out,* combattere fino in fondo □ *to f. off,* respingere (q.) combattendo; stroncare (una malattia).

fight [fait] *n.* **1** [C] **combattimento; battaglia; lotta; conflitto 2** [C] **mischia; zuffa**: *a f. between dogs,* una zuffa fra due cani **3** [U] **ardore combattivo; volontà di combattere** ● *to put up a good (poor) f.,* battersi bene (male) □ *to show f.,* mostrarsi combattivo; mostrare i denti *(fig.).*

fighter ['faitə*] *n.* **1 combattente 2** *(mil.)* **(aeroplano da) caccia.**

fighter-bomber ['faitəˌbɔmə*] *n. (mil.)* **cacciabombardiere.**

fighting ['faitiŋ] **A** *n.* [U] **combattimento; lotta B** *a.* **1 combattente; battagliero 2 di** (o **da**) **combattimento** ● *f. line,* linea del fuoco; prima linea.

figment ['figmənt] *n.* [C] **finzione; invenzione; fantasma.**

figurant ['figjurənt], **figurante** [ˌfigju'rænti] *n. (teatr.)* **figurante; comparsa; ballerino, ballerina** (di balletto).

figuration [ˌfigju'reiʃən] *n.* [U] e [C] **1** (anche *arte*) **figurazione; rappresentazione; ornamentazione 2 allegoria 3** *(mus.)* **contrappunto fiorito.**

figurative ['figjurətiv] *a.* **1 figurato; metaforico; traslato 2 allegorico; simbolico 3 figurativo**: *f. arts,* arti figurative.

figure ['figə*] *n.* [C] **1 figura** (anche *geom.*); **aspetto; immagine**: *(geom.) a solid f.,* una figura solida □ *figures of speech,* figure retoriche **2** *(mat.)* **cifra; numero;** *(al pl.)* **aritmetica**: *in round figures,* in cifra tonda □ *to be good at figures,* essere bravo coi numeri (o in aritmetica) ● *f.-dance,* ballo figurato □ *(fam.) a f. of fun,* una persona grottesca; un tipo ridicolo □ *f. skating,* pattinaggio artistico □ *to cut a fine (a bad) f.,* fare una buona (una cattiva) figura □ *double figures,* numeri di due cifre □ *to get st. at a high f.,* pagare q.c. una bella cifra □ *to keep one's f.,* mantenere la linea.

to **figure** ['figə*] **A** *v. t.* **1 figurare; raffigurare; rappresentare; simboleggiare 2** (anche *to f. to oneself*) **immaginare; figurarsi 3 adornare** (q.c.) **con figure** (o **disegni**) **4 segnare** (q.c.) **con numeri** (o **cifre**) **5** *(fam.)* **calcolare B** *v. i.* **figurare; spiccare; avere un posto preminente** ● *to f. out,* calcolare; risolvere col calcolo; comprendere; capire □ *to f. up,* calcolare l'ammontare di.

figured ['figəd] *a.* **1 figurato; decorato; ornato con figure 2** *(ind. tessile)* **stampato.**

figure-head ['figəhed] *n.* [C] **1** *(naut.)* **polena 2** *(fig.)* **prestanome.**

figurine ['figjuri:n] *n.* [C] **figurina; statuetta.**

filament ['filəmənt] *n.* [C] **filamento** (in ogni senso) ● *(elettr.) f. lamp,* lampada a incandescenza.

filamentary [ˌfilə'mentəri], **filamentous** [ˌfilə'mentəs] *a.* **filamentoso.**

filature ['filətjuə*] *n.* **1** [U] e [C] **filatura 2** [C] **filatoio 3** [C] **filanda.**

filbert ['filbə(:)t] *n.* [C] **1 nocciola; avellana 2** *(bot.,* Corylus avellana*)* **nocciolo; avellano.**

to **filch** [filtʃ] *v. t.* **rubacchiare.**

(1) file [fail] *n.* [C] **1 filza** (di documenti e sim.); **schedario; archivio 2 collezione** (di documenti, giornali, ecc.); **raccolta; incartamento** ● *f. card,* cartellino; scheda □ *f. clerk,* archivista □ *f. holder,* raccoglitore.

(1) to **file** [fail] *v. t.* **1 registrare; schedare; archiviare 2 presentare** (un documento); **passare agli atti.**

(2) file [fail] *n.* [C] e [U] (anche *mil.*) **fila**: *in Indian f.,* in fila indiana □ *to march in f.,* marciare in fila; sfilare.

(2) to **file** [fail] **A** *v. i.* **marciare in fila; sfilare B** *v. t.* **far sfilare.**

(3) file [fail] *n.* [C] *(tecn.)* **lima** ● *f. dust,* limatura.

(3) to **file** [fail] *v. t.* **limare** (anche *fig.*).

filemot ['filimɔt] *a.* e *n.* **(del) colore delle foglie morte.**

filial ['filjəl] *a.* **filiale.**

filiation [ˌfili'eiʃən] *n.* [U] **filiazione.**

filibuster ['filibʌstə*] *n.* [C] **1 filibustiere 2** *(USA, polit.)* **ostruzionista.**

to **filibuster** ['filibʌstə*] *v. i.* **1 fare il filibustiere 2** *(USA)* **fare dell'ostruzionismo** (in Parlamento).

filiform ['filifɔ:m] *a.* **filiforme.**

filigree ['filigri:] *n.* [U] **filigrana.**

filings ['failiŋz] *n. pl.* **limatura**: *iron f.,* limatura di ferro.

Filipino [ˌfili'pi:nou] *n.* (*pl.* **Filipinos**) e *a.* **Filippino; (abitante) delle Filippine.**

to **fill** [fil] **A** *v. t.* **1 riempire; colmare; empire; otturare; turare**: *to f. a hole with sand,* riempire un buco di sabbia □ *to f. a tooth,* otturare un dente **2 adempiere; compiere** (un dovere, una mansione); **occupare** (un posto); **impiegare** (il proprio tempo) **3** *(comm.)* **eseguire**: *to f. an order,* eseguire un'ordinazione **4 caricare**: *to f. one's pipe,* caricare la pipa **5** *(naut.)* **gonfiare**: *to f. the sails,* gonfiare le vele **B** *v. i.* **1 riempirsi; colmarsi 2** *(naut.:* delle vele*)* **gonfiarsi** ● *to f. in,* riempire; compilare: *to f. in a form,* compilare un modulo □ *to f. out,* ingrandire; ingrassare □ *to f. out a cheque,* riempire un assegno □ *to f. up,* riempire, riempirsi (del tutto); *(autom.)* fare il pieno (della benzina).

fill [fil] *n.* **1** [U] **sazietà; sufficienza**: *to eat one's f.,* mangiare a sazietà **2** [C] **carica** (della pipa) **3** [C] *(autom.)* **pieno.**

filler ['filə*] *n.* [C] **1 riempitivo 2 dispositivo** (pompetta e sim.) **di riempimento** (in una stilografica) **3** *(giornalismo)* **tappabuco.**

fillet ['filit] *n.* [C] **1 nastro** (per capelli, ecc.) **2** *(cucina)* **filetto 3** *(archit.)* **listello.**

to **fillet** ['filit] *v. t.* **1 adornare di nastri 2** *(cucina)* **disossare, diliscare** (carne, pesce) **e tagliare in filetti.**

filling ['filiŋ] *n.* [U] e [C] **1 riempimento; riempitura 2 (materiale da) otturazione 3** *(ind. tessile)* **trama 4** *(geol.)* **colmata 5** *(ind. costr.)* **riporto 6** *(cucina)* **ripieno 7** *(comm.)* **esecuzione, evasione** (di ordini) ● *(autom.) f. station,* stazione di rifornimento.

fillip ['filip] *n.* [C] **1 buffetto; schiocco** (delle dita) **2** *(fig.)* **incentivo.**

to **fillip** ['filip] **A** *v. t.* **1 dare buffetti a 2** *(fig.)* **incitare; stimolare B** *v. i.* **dare buffetti; schioccare le dita.**

filly ['fili] *n.* **1 puledra; cavallina 2** *(fig., pop.)* **ragazzina vivace.**

film [film] *n.* **1** [C] **pellicola; membrana; strato sottile 2** [U] e [C] *(fotogr.)* **pellicola**: *a roll of f. for a camera,* una bobina (o un rotolo di pellicola) per una macchina fotografica **3** [C] *(cinem.)* **pellicola; film**: *a silent (sound) f.,* un film muto (sonoro) **4** [C] **patina; velo**: *a f. of mist,* un velo di nebbia ● *(telev.) f. clip,* filmato □ *f. library,* cineteca □ *f. script,* copione cinematografico □ *f. society,* cineclub □ *f. star,* divo, diva (dello schermo) □ *f. test,* provino cinematografico □ *short f.,* cortometraggio.

to **film** [film] *v. t.* e *i.* **1 filmare; girare un film; adattare per il cinema 2 coprire** (o **ricoprirsi**) **d'una patina; annebbiare, annebbiarsi 3 prestarsi a un adattamento per il cinema.**

filmable ['filməbl] *a. (cinem.)* **1 filmabile 2 fotogenico.**

filminess ['filminis] *n.* [U] **nebulosità; trasparenza.**

filmy ['filmi] *a.* **1 nebuloso; annebbiato; velato 2 trasparente.**

filter ['filtə*] *n.* [C] **filtro.**

to **filter** ['filtə*] *v. t.* e *i.* **1 filtrare 2** *(fig.)* **penetrare; trapelare.**

filth [filθ] *n.* [U] **1 lordura; sporcizia; sozzura 2 oscenità.**

filthy ['filθi] *a.* **1 lordo; sporco; sozzo 2 osceno; ripugnante.**

filtrate ['filtrit] *n.* [C] **liquido filtrato.**

to **filtrate** ['filtreit] *v. t.* e *i.* **filtrare.**

fin [fin] *n.* [C] **1** (di pesce) **pinna;** (di mammifero acquatico) **natatoia 2** *(aeron., naut.)* **pinna; deriva 3** *(mecc.)* **aletta 4** *(pop.)* **mano; zampa** *(fig.).*

final ['fainl] **A** *a.* **1** (anche *gramm.*) **finale 2 definitivo; decisivo; conclusivo; irrevocabile B** *n.* **1** *(sport)* **finale**: *the tennis finals,* le finali di tennis **2** *(fam.)* **esame finale**: *to take one's finals,* sostenere gli esami finali **3** *(fam.)* **ultima edizione** (d'un giornale).

finale [fi'na:li] *n.* [C] *(mus.)* **finale.**

finalist ['fainəlist] *n. (sport)* **finalista.**

finality [fai'næliti] *n.* [U] **1 finalità 2 carattere defini-**

tivo.
to **finalize** ['fainəlaiz] *v. t.* ***1*** **ultimare** ***2*** **rendere definitivo.**
finally ['fainəli] *avv.* ***1*** **finalmente; alla fine** ***2*** **definitivamente.**
finance [fai'næns] *n.* **finanza; finanze.**
to **finance** [fai'næns] *v. t.* **finanziare.**
financial [fai'nænʃəl] *a.* **finanziario**: *the f. year,* l'anno finanziario.
financier [fai'nænsiə*] *n.* ***1*** **finanziere** ***2*** **finanziatore.**
finch [fintʃ] *n.* (*zool.*, Fringilla) **fringuello.**
to **find** [faind] (*pass.* e *p.p.* **found** [faund]) ***A*** *v. t.* ***1*** **trovare; scoprire; ritrovare**: *to f. it difficult to do st.*, trovar difficile fare q.c. □ *to f. one's tongue,* ritrovare la favella ***2*** **accorgersi**: *to f. that one has been mistaken,* accorgersi di aver sbagliato ***3*** **provvedere; provvedersi di; procurare** ***4*** (*leg.*) **giudicare; dichiarare** ***B*** *v. i.* (*leg.*) **emettere una sentenza** (o **un verdetto**) ● *to f. one's bearings,* orientarsi □ *to f. favour with sb.*, incontrare il favore (o la simpatia) di q. □ *to f. sb. in (up, in bed, etc.),* trovare q. in casa (alzato, a letto, ecc.) □ *to f. oneself,* scoprire la propria vocazione □ *to f. out,* scoprire; cogliere in fallo; calcolare □ *all found,* tutto (alloggio, vitto, ecc.) compreso.
find [faind] *n.* [C] **scoperta.**
finder ['faində*] *n.* [C] ***1*** (*fotogr., fis.*) **mirino; traguardo** (per es., di macchina fotografica) ***2*** (*astron.*) **cannocchiale cercatore** ● *Lost, a gold watch: f. will be rewarded,* smarrito un orologio d'oro: ricompensa a chi lo troverà.
fin de siècle [ˌfæn də'sjeklə] (*franc.*) *a.* **fin de siècle; (della) fine Ottocento.**
finding ['faindiŋ] *n.* [C] ***1*** **ritrovamento; scoperta** ***2*** (*leg.*) **sentenza; verdetto** ***3*** (*al pl.*) **conclusioni, risultanze** (d'un lavoro di ricerca).
(1) fine [fain] ***A*** *a.* ***1*** **bello** (anche *iron.*); **bravo;** (del tempo) **buono; elegante**: *the f. arts,* le belle arti □ *You're looking very f. to-day,* sei molto elegante, oggi ***2*** **fine; fino; acuto; aguzzo; sottile**: *f. sand,* sabbia fine □ *a f. distinction,* una distinzione sottile ***3*** (*sport*) **in buona forma** ***4*** **raffinato; ricercato** ***B*** *avv.* (*fam.*) **bene; benissimo** ● *a f. pen,* una penna dalla punta sottile □ *one f. day,* un bel giorno (nelle narrazioni) □ *one of these f. days,* un bel giorno, un giorno o l'altro (nelle previsioni).
(1) to **fine** [fain] *v. t.* **chiarificare; schiarire** (birra, vino, ecc.); **raffinare** (spesso *to f. down*) ***B*** *v. i.* **diventare limpido.**
(2) fine ['fain] *n.* [C] **multa; contravvenzione; ammenda.**
(2) to **fine** [fain] *v. t.* **multare; fare la contravvenzione a.**
to **fine-draw** [ˌfain'drɔ:] (*pass.* **fine-drew** [ˌfain'dru:], *p.p.* **fine-drawn** [ˌfain'drɔ:n]) *v. t.* **rammendare con grande precisione.**
finely ['fainli] *avv.* ***1*** **benissimo; magnificamente** ***2*** **finemente; delicatamente** ***3*** **finemente; fine**: *f. cut meat,* carne tritata fine.
fineness ['fainnis] *n.* [U] ***1*** **bellezza** ***2*** **finezza; acutezza** ***3*** **raffinatezza; ricercatezza.**
finery ['fainəri] *n.* [U] **eleganza;** (*fig.*) **splendore** ● *to put on one's f.,* mettersi in ghingheri.
finesse [fi'nes] *n.* [U] ***1*** **finezza; diplomazia; tatto** ***2*** **artificio; astuzia.**
to **finesse** [fi'nes] *v. i.* **usare diplomazia.**
finger ['fiŋgə*] *n.* [C] ***1*** **dito** (di mano o di guanto) ***2*** (*mecc.*) **lancetta** ***3*** (*cucina*) **bastoncino** (di pesce) ● *f.-mark,* ditata □ *f.-nail,* unghia □ *f.-stall,* copridito □ *to have st. at one's f.-tips* (o *f.-ends*), sapere q.c. a menadito □ *to let st. slip through one's fingers,* lasciarsi sfuggire q.c. di mano □ *little f.*, mignolo □ *middle f.*, dito medio □ *ring-f.*, anulare □ *to turn* (o *to twist*) *sb. round one's (little) f.*, rigirare q. come si vuole □ *His fingers are all thumbs,* è una persona assai maldestra □ *My fingers itch,* mi prudono le dita; (*fig.*) sono impaziente.
to **finger** ['fiŋgə*] *v. t.* ***1*** **toccare; tastare; palpare** ***2*** (*mus.*) **diteggiare.**
finger-alphabet ['fiŋgərˌælfəbit] *n.* [C] **linguaggio dei segni** (usato dai sordomuti).
finger-board ['fiŋgəˌbɔ:d] *n.* [C] (*mus.*) **tastiera.**
finger-bowl ['fiŋgəˌboul] *n.* [C] **vaschetta lavadita.**
fingered ['fiŋgəd] *a.* ***1*** (*nei composti*) **dalle dita**: *light-f.*, dalle dita leggere; (*fig.*) dalle mani lunghe ***2*** (anche *finger-marked*) **segnato da ditate** ***3*** (*bot.*) **digitato** ***4*** (*mus.*) **diteggiato.**
fingering ['fiŋgəriŋ] *n.* [U] ***1*** **tocco** ***2*** (*mus.*) **diteggiatura.**
finger-post ['fiŋgəˌpoust] *n.* [C] **indicatore stradale.**
fingerprint ['fiŋgəˌprint] *n.* [C] ***1*** **impronta digitale** ***2*** (*fig.*) **caratteristica; peculiarità.**
to **fingerprint** ['fiŋgəˌprint] *v. t.* **prendere le impronte digitali a** (q.).
finical ['finikəl] *a.* **esigente; meticoloso; pignolo; schizzinoso.**
finicking ['finikiŋ], **finicky** ['finiki] *V.* **finical.**
to **finish** ['finiʃ] ***A*** *v. t.* **finire; compiere; completare; concludere; terminare**: *to f. doing st.*, finir di fare q.c. ***B*** *v. i.* **finire; cessare; terminare** ● *to f. off* (o *up*), finire; mangiar tutto; (*fam.*) uccidere, spacciare.
finish ['finiʃ] *n.* (*solo al sing.*) ***1*** **fine; finale; ultima fase** ***2*** **finitura; rifinitura; ultimo tocco** ***3*** **raffinatezza; perfezione** ● *to fight to a f.*, combattere a oltranza.
finished ['finiʃt] *a.* ***1*** **finito; rifinito; perfetto; raffinato** ***2*** **finito; che non vale più niente.**
finisher ['finiʃə*] *n.* [C] ***1*** **rifinitore; finitore** ***2*** (*mecc.*) **macchina per rifinire; finitrice** ***3*** (*fam.*) **colpo di grazia.**
finishing ['finiʃiŋ] ***A*** *n.* [U] **finitura; rifinitura** ***B*** *a.* **ultimo.**
finite ['fainait] *a.* ***1*** **limitato; circoscritto** ***2*** (*mat., gramm.*) **finito.**
Finn [fin] *n.* **Finlandese.**
Finnic ['finik] *a.* **finnico** (dei Finni).
Finnish ['finiʃ] ***A*** *a.* **finlandese** ***B*** *n.* **(lingua) finlandese.**
finny ['fini] *a.* (*zool.*) **fornito di pinne.**
fiord [fjɔ:d] *n.* [C] (*geogr.*) **fiordo.**
fir [fə:*] *n.* [C] e [U] (anche *fir-tree*) **abete** ● *fir-cone,* pigna (d'abete).
fire ['faiə*] *n.* ***1*** [C] e [U] **fuoco; incendio** ***2*** [U] (*mil.*) **fuoco; tiro** ***3*** [U] (*fig.*) **fuoco; ardore; foga; slancio** ● *f. and sword,* ferro e fuoco □ *f.-arms,* armi da fuoco □ *f.-bomb,* bomba incendiaria □ *f.-box,* focolare (di caldaia); fornello (di stufa) □ *f.-brick,* mattone refrattario □ *f.-eater,* mangiafuoco; (*fig.*) attaccabrighe □ *f.-extinguisher,* estintore □ *f.-guard,* parafuoco (schermo metallico) □ *f. insurance,* assicurazione contro l'incendio □ *f. irons,* ferri per il caminetto (molle, paletta, attizzatoio, ecc.) □ *f.-pan,* braciere □ (*ass.*) *f.-policy,* polizza antincendio □ *f. screen,* parafuoco (schermo metallico) □ *f. station,* caserma dei pompieri □ *f.-stone,* pietra refrattaria □ (*fig.*) *to be between two fires,* trovarsi fra due fuochi □ *to go through f. and water (for sb.),* buttarsi nel fuoco (per q.) □ *to lay a f.*, preparare il fuoco □ *to light a f.*, accendere il fuoco □ *on f.*, in fiamme □ *a running f.*, una scarica (d'arma da fuoco); un fuoco di fila (anche di domande, critiche e sim.) □ *to set st. on f.* (o *to set f. to st.*), dar fuoco a q.c. □ (*fig.*) *to set the Thames on f.*, fare q.c. di straordinario; fare colpo □ (*med.*) *St. Anthony's f.*, fuoco di Sant'Antonio; herpes zoster □ *F.!*, al fuoco!
to **fire** ['faiə*] ***A*** *v. t.* ***1*** **sparare; scaricare** (un'arma) ***2*** **dar fuoco a; appiccare il fuoco a; incendiare** ***3*** (*fig.*) **infiammare; eccitare; stimolare** ***4*** **alimentare, rifornire** (di combustibile) ***5*** **cuocere; seccare**: *to f. bricks,* cuocere mattoni ***6*** (*fam.*, specialm. *USA*) **licenziare** ***7*** (*fam.*) **lanciare, scagliare; chiedere a bruciapelo**: *to f. questions,* fare domande a bruciapelo ***8*** (*vet.*) **cauterizzare** ***B*** *v. i.* ***1*** **far fuoco; sparare** ***2*** **accendersi; prendere fuoco;** (*fig.*) **infiammarsi, eccitarsi** ***3*** **lasciar partire un colpo** ● *to f. away,* continuare a sparare; (*fam.*) cominciare, attaccare (a fare q.c.; specialm. a far domande).
fireball ['faiəbɔ:l] *n.* [C] ***1*** (*astron.*) **bolide; meteorite** ***2*** (*fis. nucl.*) **sfera di fuoco.**
firebrand ['faiəbrænd] *n.* [C] ***1*** **tizzone ardente** ***2*** (*fig.*) **agitatore.**
fire-brigade ['faiəbriˌgeid] *n.* [C] **corpo dei pompieri.**
firebug ['faiəbʌg] *n.* [C] (*fam.*) **incendiario; piroma-**

ne.
fire-dog ['faiədɔg] *n.* [C] **alare** (del camino).
fire-engine ['faiər,endʒin] *n.* [C] **autopompa.**
fire-escape ['faiəris,keip] *n.* [C] **scala antincendio.**
firefly ['faiəflai] *n.* [C] *(zool.*, Lampyris noctiluca) **lucciola.**
firelock ['faiəlɔk] *n.* [C] *(mil.)* **moschetto antiquato; cacafuoco** *(scherz.).*
fireman ['faiəmən] *n.* (*pl.* **firemen** ['faiəmən]) ***1*** **pompiere; vigile del fuoco *2* fochista** (di locomotiva, fornace, ecc.).
fireplace ['faiəpleis] *n.* [C] **focolare; camino; caminetto.**
firepower ['faiə,pauə*] *n.* [U] *(mil.)* **potenza di fuoco.**
fireproof ['faiəpru:f] *a.* **incombustibile; antincendio.**
fireside ['faiəsaid] *n.* *(al sing. con l'art. determ.)* **cantuccio del focolare; focolare** ● *a f. scene,* una scena di intimità familiare.
firewater ['faiə,wɔ:tə] *n.* [U] **liquore molto forte; acquavite.**
firewood ['faiəwud] *n.* [U] **legna da ardere.**
fireworks ['faiəwə:ks] *n. pl.* **fuochi artificiali** (o **d'artificio).**
firing ['faiərin] *n.* [U] ***1*** **cottura** (di ceramiche e sim.) ***2*** **(il) rifornire di combustibile** (una fornace, ecc.); **alimentazione *3*** *(mil.)* **(il) far fuoco; sparatoria; spari; tiro *4* materiale da ardere; combustibile *5* brillamento, esplosione** (d'una mina, ecc.) ***6*** *(fam.)* **licenziamento** ● *(mil.) f.-charge,* innesco □ *(mil.) f. ground,* campo di tiro; poligono □ *f. line, (mil.)* linea del fuoco; *(fig.)* prima linea □ *(naut.) the f. of a torpedo,* il lancio d'un siluro □ *(mil.) f. party,* squadra che spara salve di saluto; plotone d'esecuzione □ (nelle armi) *f. pin,* percussore □ *(mil.) f. squad,* plotone d'esecuzione □ *(mil.) f. step,* banchina del fuoco.
firkin ['fə:kin] *n.* [C] ***1*** **barilotto *2* firkin** (misura di capacità pari a 9 galloni).
(1) firm [fə:m] *a.* **fermo; saldo; solido; sodo; stabile; risoluto**: *as f. as a rock,* saldo come una roccia □ *(comm.) f. prices,* prezzi stabili.
(2) firm [fə:m] *n.* [C] **ditta; azienda; casa commerciale** ● *f. name,* ragione sociale.
firmament ['fə:məmənt] *n.* *(generalm. al sing. con l'art. determ.)* **firmamento; cielo.**
firmness ['fə:mnis] *n.* [U] **fermezza; saldezza; solidità; stabilità.**
(1) first [fə:st] *a.* **primo; principale; più importante**: *the f. of January,* il primo di gennaio □ *Henry the F.,* Enrico Primo □ *the f. two (three, etc.),* i primi due (tre, ecc.) □ *to come in f.,* arrivare primo (in una corsa) ● *(med.) f. aid,* pronto soccorso □ *f.-aid kit,* cassetta di pronto soccorso □ *f. fruits,* primizie; *(fig.)* primi frutti del proprio lavoro □ *(naut.) f. mate (o f. officer),* primo ufficiale di bordo.
(2) first [fə:st] *n.* ***1*** **(il) primo, (la) prima *2*** *(al pl.)* **merce di prima qualità *3*** [C] *(negli esami)* **massimo (dei voti)** ● *at f.,* in principio; dapprima □ *from f. to last,* dall'inizio alla fine; da cima a fondo □ *from the f.,* fin dal principio.
(3) first [fə:st] *avv.* ***1*** **prima; anzitutto; per prima cosa**: *f. of all,* prima di tutto ***2*** **(per) la prima volta** ● *f. and last,* tutto considerato; tutto sommato.
firstborn ['fə:stbɔ:n] *a.* e *n.* **primogenito.**
first-class ['fə:st'kla:s] *a.* **di prima classe; di prima qualità; eccellente.**
firstling ['fə:stliŋ] *n.* ***1*** *(di solito al pl.)* **primizia *2*** (d'animali) **primo nato.**
firstly ['fə:stli] *avv.* **in primo luogo** (nelle enumerazioni).
first-rate ['fə:st'reit] *a.* **di prima qualità; di prim'ordine; eccellente.**
firth [fə:θ] *n.* [C] *(geogr.)* **estuario; fiordo.**
fiscal ['fiskəl] *a.* **fiscale; del fisco**: *f. charges,* oneri fiscali □ *(econ., fin.) f. drag,* fiscal drag; drenaggio fiscale ● *f. reform,* riforma tributaria.
(1) fish [fiʃ] *n.* ***1*** *(generalm. invar. al pl.)* **pesce**: *f., flesh and fowl,* pesce, carne e pollame ***2*** *(fam.)* **individuo; tipo; merlo** *(fig.)*: *a queer f.,* un tipo strano ***3*** — *(astron., astrologia) the F.* (o *the Fishes),* i Pesci ● *f.-and-chip shop,* piccolo ristorante popolare, che vende pesce e patatine fritte □ *f.-bone,* lisca; spina (di pesce) □ *f.-breeding* (o *f. culture),* piscicoltura □ *(cucina) f. finger,* bastoncino di pesce □ *f.-globe,* vaso per i pesci rossi □ *f.-pond,* vasca dei pesci; peschiera □ *(cucina) f.-slice,* paletta da pesce □ *as dull as a f.,* stupido come una gallina □ *to drink like a f.,* bere come una spugna □ *(fig.) to feed the fishes,* andare in pasto ai pesci; affogare □ *to feel like a f. out of water,* sentirsi come un pesce fuor d'acqua □ *(fig.) to have other f. to fry,* avere cose più importanti da fare; avere altro per il capo □ *to be neither f., flesh, nor fowl* (o *nor good red herring),* non essere né carne né pesce.
to **fish** [fiʃ] *v. t.* e *i.* ***1*** **pescare *2* cercare** (d'ottenere); **sollecitare**: *to f. for compliments,* sollecitare (o andare in cerca di) complimenti ● *(fig.) to f. in troubled waters,* pescare nel torbido □ *to f. out,* tirar fuori; cavare □ *to f. out a secret,* scoprire un segreto □ *to go fishing,* andare a pesca.
(2) fish [fiʃ] *n.* *(invar. al pl.)* (nei giochi di carte) **gettone.**
fishcake ['fiʃkeik] *n.* [C] *(cucina)* **crocchetta di pesce.**
fisher ['fiʃə*] *n.* ***1*** **pescatore *2*** *(naut., raro)* **peschereccio *3* animale che si ciba di pesce** ● (nel Vangelo) *f. of men,* pescatore d'uomini.
fisherman ['fiʃəmən] *n.* (*pl.* **fishermen** ['fiʃəmən]) **pescatore.**
fishery ['fiʃəri] *n.* ***1*** [U] **pesca; industria della pesca *2*** [C] **zona di pesca.**
fishiness [fiʃinis] *n.* [U] ***1*** **pescosità *2* ottusità; stupidità *3*** *(fam.)* **ambiguità.**
fishing [fiʃiŋ] *n.* [U] **pesca**: *deep-sea f.,* pesca oceanica ● *f.-boat,* peschereccio; barca da pesca □ *f.-line,* lenza □ *f.-net,* rete da pesca □ *f.-rod,* canna da pesca □ *f.-tackle,* arnesi da pesca.
fishmonger ['fiʃ,mʌŋgə*] *n.* **pescivendolo.**
fishwife ['fiʃwaif] *n.* (*pl.* **fishwives** ['fiʃwaivz]) **pescivendola.**
fishy ['fiʃi] *a.* ***1*** **pescoso *2* di pesce *3* ottuso; vitreo *4*** *(fam.)* **ambiguo; sospetto.**
fissile ['fisail] *a.* *(fis. nucl.)* **fissile; fissionabile.**
fission ['fiʃən] *n.* [U] ***1*** *(biol.)* **scissione *2*** *(fis. nucl.)* **fissione.**
fissure ['fiʃə*] *n.* [C] **fessura; fenditura; crepa.**
fist [fist] *n.* [C] ***1*** **pugno *2*** *(fam.)* **mano *3*** *(fam.)* **(calli)grafia.**
fistful ['fistfəl] *n.* [C] **manciata; pugno.**
fisticuffs ['fistikʌfs] *n. pl.* **scazzottatura.**
fistula ['fistjulə*] *n.* [C] *(med.)* **fistola.**
fistular ['fistjulə*], **fistulous** ['fistjuləs] *a.* **fistoloso.**
(1) fit [fit] *a.* ***1*** **adatto; atto; appropriato; conveniente; idoneo *2* forte; sano; in forma; in grado** (di); **in condizione** (di): *to keep fit,* tenersi in forma □ *not to be fit for work,* non essere in condizione di poter lavorare ***3*** **pronto**: *fit for action,* pronto a entrare in azione ● *fit for nothing,* buono a nulla □ *to be fit to drop,* non poterne più.
(2) fit [fit] *n.* *(generalm. al sing. con l'art. indeterm.)* **linea, taglio** (d'un abito): *a slightly tight fit,* un taglio un po' stretto.
to **fit** [fit] *v. t.* e *i.* ***1*** **adattare, adattarsi a; andare, stare** (bene, male, ecc.): *This coat doesn't fit well* (o *doesn't fit me),* questa giacca non (mi) sta bene ***2*** **preparare; rendere idoneo** (a); **mettere in grado** (di): *to fit oneself for one's new duties,* prepararsi alle nuove mansioni ***3*** *(mecc.)* **aggiustare** ● *to fit st. in,* inserire q.c.; mettere q.c. a posto □ *to fit in with,* accordarsi con □ *to fit out a ship,* equipaggiare una nave □ *(fam.) to fit sb. up for the night,* sistemare q. (alla meglio) per la notte.
(3) fit [fit] *n.* [C] ***1*** *(med.)* **accesso; attacco**: *a fit of fever,* un accesso di febbre ***2*** *(med.)* **convulsione; parossismo**: *to fall down in a fit,* cadere a terra in preda alle convulsioni ***3*** **scatto; scoppio; momento; slancio**: *a fit of anger,* uno scatto d'ira ● *by fits and starts,* a sbalzi □ *(fam., fig.) to give sb. a fit* (o *the fits),* far venire un colpo a q. □ *when the fit is on him,* quando è in vena.

fitch [fitʃ], **fitchew** ['fitʃu:] *n.* (*zool.*, Mustela putorius) **puzzola.**
fitful ['fitful] *a.* **irregolare; intermittente; saltuario.**
fitment ['fitmənt] *n.* [C] **articolo d'arredamento; mobile.**
fitness ['fitnis] *n.* [U] ***1*** **appropriatezza; idoneità *2* buona salute.**
fitted ['fitid] *a.* ***1*** **attrezzato; equipaggiato *2*** (d'abito) **aderente; attillato.**
fitter ['fitə*] *n.* ***1*** *(sartoria)* **tagliatore; maestro sarto *2*** *(mecc.)* **aggiustatore meccanico; montatore.**
(1) fitting ['fitiŋ] *n.* [C] e [U] ***1*** **prova** (di abiti) ***2*** *(mecc.)* **montaggio *3*** *(al pl.) (mecc.)* **accessori *4*** *(al pl.)* **apparecchiature; impianti; articoli d'arredamento**: *office fittings,* mobili per ufficio ● *f. room,* sala di prova (di sarto); camerino di prova (di negozio di confezioni).
(2) fitting ['fitiŋ] *a.* **appropriato; adatto; conveniente.**
fit-up ['fit,ʌp] *n.* [C] *(teatr.)* **scenario mobile** ● *f. company,* compagnia di prosa ambulante.
five [faiv] *a.* e *n.* **cinque** ● *f.-day week,* settimana di cinque giorni lavorativi.
fivefold ['faivfould] *a.* ***1*** **quintuplo *2* quintuplice.**
fivepence ['faifpəns] *n.* **cinque penny** (il valore).
fiver ['faivə*] *n.* [C] *(pop.)* **banconota da cinque sterline (o da cinque dollari).**
fives [faivz] *n.* *(sport)* **gioco della palla a muro.**
to **fix** [fiks] ***A*** *v. t.* ***1*** **fissare; fermare; imprimere**: *to fix one's eyes on st.,* fissare gli occhi su q.c. □ *to fix a date in one's mind,* imprimersi una data nella mente □ *to fix a date,* fissare una data ***2*** (anche *to fix up*) **accomodare; riparare *3*** *(fam. USA)* (anche *to fix up*) **sistemare; mettere in ordine**: *to fix one's hair,* mettersi in ordine i capelli ***4*** *(fam.)* **influire sul risultato di** (un'elezione, una gara, ecc.) **con la corruzione; truccare** (un incontro di pugilato, una partita di calcio, ecc.) ***B*** *v. i.* **fissarsi; diventare solido** ● *to fix one's affection upon sb.,* riporre il proprio affetto in q. □ *(mil.) to fix bayonets,* inastare la baionetta □ *to fix on (o upon) st.,* fermare la propria scelta su q.c. □ *to fix up a quarrel,* comporre una lite □ *to fix up sb. for the night,* sistemare q. per la notte.
fix [fiks] *n.* *(al sing. con l'art. indeterm.) (fam.)* **situazione difficile** (o **imbarazzante**)**; imbroglio; pasticcio**: *to be in a (bad) fix,* essere in un brutto pasticcio.
fixation [fik'seiʃən] *n.* ***1*** [U] **fissaggio *2*** [C] *(psic.)* **fissazione: mania.**
fixative ['fiksətiv] *a.* e *n.* [C] **fissatore.**
fixed [fikst] *a.* ***1*** **fisso; fermo; stabile**: *(comm.) f. charges,* spese fisse □ *a f. idea,* un'idea fissa ***2*** *(fam.)* **truccato** ● *f. property,* beni immobili.
fixer ['fiksə*] *n.* ***1*** **persona** (o **cosa**) **che fissa *2*** *(chim., fotogr.)* **fissatore *3*** *(fam.)* **corruttore; intrallazzatore.**
fixing ['fiksiŋ] *n.* [U] *(mecc., chim., fotogr.)* **fissaggio.**
fixture ['fikstʃə*] *n.* [C] ***1*** **apparecchiatura; attrezzatura *2*** *(al pl.)* **impianti; installazioni *3*** *(sport)* **avvenimento del calendario sportivo**: *football fixtures,* partite di calcio fissate nel calendario ***4*** *(fam.)* **persona che ha messo radici in un posto.**
fizgig ['fizgig] ***A*** *n.* ***1*** *(arc.)* **ragazza leggera; farfallina** *(fig.)* ***2*** **petardo; castagnola *B*** *a.* **leggero; volubile; capriccioso.**
fizz [fiz] *n.* [U] ***1*** **sibilo *2* effervescenza *3*** *(pop.)* **spumante; champagne.**
to **fizz** [fiz] *v. i.* ***1*** **sibilare *2* spumeggiare** (del vino).
to **fizzle** ['fizl] *v. i.* **frizzare** ● *(fam.) to f. out,* finire in nulla.
fizzle ['fizl] *n.* ***1*** [U] **sibilo *2*** [U] **effervescenza *3*** [C] *(fam.)* **fallimento; fiasco.**
fizzy ['fizi] *a.* **frizzante; effervescente.**
fjord [fjɔ:d] *n.* [C] *(geogr.)* **fiordo.**
to **flabbergast** ['flæbəga:st] *v. t.* *(fam.)* **sbalordire.**
flabbiness ['flæbinis] *n.* [U] ***1*** **flaccidezza; flaccidità *2* fiacchezza** (di carattere, ecc.).
flabby ['flæbi] *a.* ***1*** **flaccido; floscio; cascante *2* fiacco; debole.**
flaccid ['flæksid] *a.* ***1*** **flaccido; floscio *2* fiacco; debole.**
(1) flag [flæg] *n.* [C] **bandiera, bandierina** (da segnalazioni, ecc.); **insegna; pavese; vessillo**: *white f.,* bandiera bianca (in segno di resa o per parlamentare) □ *yellow f.,* bandiera gialla (di quarantena) ● *f.-captain,* capitano di nave ammiraglia.
(1) to **flag** [flæg] *v. t.* ***1*** **imbandierare; pavesare *2* fare segnalazioni con bandierine *3*** (spesso *to f. down*) **chiamare, fermare** (un tassì e sim.).
(2) flag [flæg] *n.* ***1*** **pietra per lastricare *2*** *(al pl.)* **lastrico.**
(2) to **flag** [flæg] *v. t.* **lastricare.**
(3) to **flag** [flæg] *v. i.* ***1*** **pendere; ciondolare *2* avvizzire; languire; venir meno.**
flagellant ['flædʒilənt] *n.* *(relig.)* **flagellante.**
to **flagellate** ['flædʒəleit] *v. t.* *(relig.)* **flagellare.**
flagellation [,flædʒə'leiʃən] *n.* [U] e [C] *(relig.)* **flagellazione.**
flagellum [flə'dʒeləm] *n.* (*pl.* **flagella** [flə'dʒelə]) *(bot., zool.)* **flagello.**
flageolet [,flædʒə'let] *n.* [C] *(mus.)* **zufolo.**
flagging ['flægiŋ] *a.* **fiacco; debole; cadente.**
flagitious [flə'dʒiʃəs] *a.* **infame; scellerato.**
flagon ['flægən] *n.* [C] ***1*** **caraffa *2* bottiglione; fiasco.**
flagrancy ['fleigrənsi] *n.* [U] ***1*** **flagranza; evidenza *2* atrocità; enormità.**
flagrant ['fleigrənt] *a.* ***1*** **flagrante; evidente *2* famigerato.**
flagship [,flægʃip] *n.* [C] **nave ammiraglia.**
flagstaff ['flægsta:f] *n.* [C] **asta della bandiera.**
flagstone ['flægstoun] *n.* [C] **pietra per lastricare.**
flail [fleil] *n.* [C] *(agric.)* **correggiato.**
flair [flɛə*] *n.* *(al sing. con l'art. indeterm.)* ***1*** **acume; fiuto; intuito**: *to have a f. for business,* aver fiuto per gli affari ***2*** **attitudine; disposizione.**
flak [flæk] *n.* [U] *(mil.)* ***1*** **artiglieria antiaerea *2* fuoco contraereo** ● *f. jacket,* giubbotto antiproiettile.
flake [fleik] *n.* [C] ***1*** **fiocco; falda**: *flakes of snow,* fiocchi di neve ***2*** **scaglia**: *soap-flakes,* scaglie di sapone.
to **flake** [fleik] ***A*** *v. i.* ***1*** **cadere a fiocchi (o a falde) *2*** (anche *to f. off*) **sfaldarsi, squamarsi *B*** *v. t.* **sfaldare; squamare.**
flaky ['fleiki] *a.* ***1*** **a falde; a scaglie; scaglioso *2*** *(geol.:* di roccia) **lamellare; che si sfalda** ● *f. pastry,* pasta sfoglia.
flam [flæm] *n.* [C] **imbroglio; inganno; fandonia; frottola.**
flambeau ['flæmbou] *n.* [C] **fiaccola; torcia.**
flamboyant [flæm'bɔiənt] *a.* ***1*** *(archit.)* **fiammeggiante *2* sgargiante; sfavillante.**
flame [fleim] *n.* [C] ***1*** **fiamma** (anche *fig.*); **vampa**: *to burst into flames,* andare in fiamme ***2*** *(fig.)* **fiammata; vampata**: *a f. of anger,* una vampata d'ira ● *(mil.) f.-thrower,* lanciafiamme □ *to commit st. to the flames,* dare q.c. alle fiamme.
to **flame** [fleim] *v. i.* **fiammeggiare; ardere; avvampare; infiammarsi; accendersi**: *Her face flamed with anger,* il viso le avvampò d'ira ● *to f. out,* divampare □ *to f. up,* aver le fiamme al viso; arrossire.
flaming ['fleimiŋ] *a.* ***1*** **fiammeggiante; ardente; focoso *2* esagerato; entusiastico *3* di colore acceso; sgargiante *4* dannato; maledetto.**
flamingo [flə'miŋgou] *n.* (*pl.* **flamingos, flamingoes**) *(zool.)* **fenicottero.**
flammable ['flæməbl] *a.* *(tecn.)* **infiammabile** ● *non-f.,* ininfiammabile.
flan [flæn] *n.* [C] **flan; timballo.**
flange [flændʒ] *n.* [C] *(mecc., ferr.)* **flangia; bordo.**
to **flange** [flændʒ] *v. t.* *(mecc.)* **flangiare.**
flank [flæŋk] *n.* [C] **fianco** (in ogni senso).
to **flank** [flæŋk] *v. t.* ***1*** **fiancheggiare**: *a road flanked with trees,* una strada fiancheggiata da alberi ***2*** *(mil.)* **proteggere il fianco di** (un'unità amica); **aggirare il fianco di** (un'unità nemica).
flannel ['flænl] ***A*** *n.* ***1*** [U] **flanella *2*** *(al pl.)* **pantaloni di flanella *3*** [C] **panno di flanella *B*** *a.* **di flanella.**
flannelette [,flænl'et] *n.* [U] **flanella di cotone.**

flap [flæp] *n.* [C] **1** falda; lembo; ala; tesa (di cappello); risvolto, patta (di tasca); ribalta (di tavolo, scrivania, ecc.) **2** battito; colpo (d'ala e sim.) **3** scacciamosche **4** *(med.)* lembo di pelle (o di carne) (per trapianti) **5** *(aeron.)* flap; ipersostentatore **6** *(fam.)* eccitazione; agitazione ● *(fam.) to be in a f.*, essere agitato (o eccitato).

to **flap** [flæp] **A** *v. t.* **1** agitare; battere; starnazzare **2** colpire (con l'ala o con q.c. di largo e piatto); scacciare **B** *v. i.* **1** sbattere **2** *(fam.)* agitarsi.

flapdoodle ['flæpˌdu:dl] *n.* [U] *(fam.)* sciocchezze; idiozie.

flapjack ['flæpdʒæk] *n.* [C] *(cucina)* frittella.

flapper ['flæpə*] *n.* [C] **1** falda, lembo che pende **2** scacciamosche **3** raganella; spaventapasseri **4** grossa pinna **5** *(pop.)* mano.

to **flare** [flɛə*] *v. i.* **1** ardere; scintillare; sfolgorare **2** *(mil.)* far segnali con razzi **3** (dei fianchi d'una nave, d'una gonna, ecc.) allargarsi; essere svasato ● *to f. up*, prender fuoco; *(fig.)* infiammarsi, adirarsi.

flare [flɛə*] *n.* **1** *(solo al sing.)* bagliore; lampo **2** [C] *(mil.)* razzo; segnale luminoso **3** [U] scampanatura; svasatura ● *f.-up*, fiammata; scoppio d'ira.

flared [flɛəd] *a.* *(moda)* scampanato; svasato.

flaring ['flɛəriŋ] *a.* **1** abbagliante; sfolgorante **2** sfarzoso; sgargiante; vistoso **3** svasato.

(1) flash [flæʃ] *n.* [C] **1** bagliore; lampo; sprazzo: *a f. of lightning*, un lampo □ *in a f.*, in un lampo; in un attimo □ *a f. of hope*, uno sprazzo di speranza **2** (*cinem.*, anche *flashback*) scena retrospettiva **3** *(giornalismo)* notizia lampo **4** (anche [U]) *(fotogr.)* flash; lampo di magnesio **5** (anche [U]) *(metall.)* bava; bavatura ● (in un motore) *f.-back*, ritorno di fiamma □ *a f. in the pan*, una bolla di sapone *(fig.)* □ *f.-light*, luce intermittente (di faro o per segnalazioni); torcia elettrica.

(2) flash [flæʃ] *a.* **1** abbagliante; sgargiante; appariscente **2** falso **3** della malavita.

to **flash** [flæʃ] **A** *v. i.* **1** balenare; lampeggiare; dardeggiare; guizzare (luminoso): *An excellent idea flashed into (o through) my mind*, un'idea eccellente mi balenò in mente □ *His eyes flashed with anger*, gli occhi gli lampeggiavano d'ira **2** passare in un lampo; saettare **B** *v. t.* **1** far balenare; proiettare, gettare, mandare (luce e sim.): *to f. a light into sb.'s face*, gettare un fascio di luce in faccia a q. □ *His eyes flashed fire*, i suoi occhi mandavano fuoco **2** trasmettere **3** *(fam.)* mettere in mostra; cavar fuori mettendo in bella vista ● *to f. in the pan*, far fiasco dopo un brillante inizio □ *to f. up*, avvampare d'ira.

flashback ['flæʃbæk] *n.* [C] e [U] *(cinem.)* flashback; scena retrospettiva.

flasher ['flæʃə*] *n.* **1** *(elettr., autom.)* lampeggiatore **2** *(fotogr.)* lampo di magnesio **3** *(pop.)* esibizionista.

flashiness ['flæʃinis] *n.* [U] vistosità; volgarità; scarso valore intrinseco.

flashy ['flæʃi] *a.* sgargiante; vistoso, ma di poco prezzo.

flask [fla:sk] *n.* [C] **1** fiasco (per vino, olio, ecc.) **2** fiaschetta; borraccia; bottiglietta tascabile (per liquore).

(1) flat [flæt] **A** *a.* **1** piano; piatto; liscio; uguale; uniforme; monotono (anche *fig.*); fisso (non suscettibile di variazioni) **2** netto; reciso; secco (*fig.*); puro e semplice; bell'e buono: *to give sb. a f. denial*, dare a q. un netto rifiuto □ *That's f. nonsense*, questa è una sciocchezza pura e semplice **3** *(comm.)* inattivo; rigido: *Prices are f.*, i prezzi sono rigidi **4** (di cibo) guasto, stantio; (di bevanda) non più effervescente **5** (di persona) ottuso; tardo di comprendonio **6** *(autom.)* sgonfio; a terra **7** *(mus.)* bemolle **8** disteso: *to fall f.*, cadere disteso (bocconi o supino); *(fig.)* fare fiasco **B** *avv.* **1** apertamente; scopertamente **2** nettamente; recisamente; seccamente **3** *(fam.)* esattamente; precisamente ● *f. racing*, corsa piana (non a ostacoli) □ *(fam.) And that's f.!*, non ci sono dubbi!

(2) flat [flæt] *n.* **1** parte piatta; palmo: *the f. of the hand*, il palmo della mano **2** [C] piano; pianura; terreno basso **3** [C] *(mus.)* bemolle **4** [C] *(teatr.)* fondale.

to **flat** [flæt] *v. t.* e *i.* *(mecc.)* spianare, spianarsi.

(3) flat [flæt] *n.* [C] appartamento.

flatfoot ['flætfut] *n.* **1** [U] *(med.)* piede piatto **2** [C] *(pop.)* poliziotto; piedipiatti *(pop.)*.

flat-footed ['flæt'futid] *a.* dai piedi piatti.

flatiron ['flæt'aiən] *n.* [C] ferro da stiro.

to **flatten** ['flætn] **A** *v. t.* **1** appiattire; spianare **2** abbattere; gettare a terra; deprimere **B** *v. i.* **1** appiattirsi; spianarsi **2** abbattersi; deprimersi ● *to f. out*, appiattire, appiattirsi; *(aeron.)* riportare (un aereo) in linea di volo.

to **flatter** ['flætə*] **A** *v. t.* **1** adulare; blandire; lusingare **2** abbellire **B** to **flatter oneself** *v. rifl.* illudersi; lusingarsi.

flatterer ['flætərə*] *n.* adulatore, adulatrice; lusingatore, lusingatrice.

flattering ['flætəriŋ] *a.* adulatorio; lusinghiero.

flattery ['flætəri] *n.* [U] e [C] adulazione; lusinga.

flatting ['flætiŋ] *n.* [U] **1** appiattimento **2** smorzamento (di colori) **3** *(metall.)* laminazione.

flatulence ['flætjuləns] *n.* **1** flatulenza **2** *(fig.)* boria; vanagloria.

flatulent ['flætjulənt] *a.* **1** flatulento **2** *(fig.)* tronfio; borioso.

to **flaunt** [flɔ:nt] **A** *v. i.* **1** gloriarsi; pavoneggiarsi **2** sventolare; garrire **B** *v. t.* fare mostra di; ostentare.

flautist ['flɔ:tist] *n.* *(mus.)* flautista.

flavour ['fleivə*] *n.* [U] e [C] aroma; fragranza; gusto; sapore.

to **flavour** ['fleivə*] *v. t.* aromatizzare; insaporire; dare a (q.c.) il gusto (di).

flavouring ['fleivəriŋ] *n.* [U] e [C] aroma; essenza; estratto.

flavourless ['fleivəlis] *a.* senza aroma; insaporo; insipido.

(1) flaw [flɔ:] *n.* [C] **1** crepa; incrinatura; screpolatura **2** difetto; magagna; pecca **3** *(leg.)* vizio.

to **flaw** [flɔ:] *v. t.* e *i.* incrinare, incrinarsi; screpolare, screpolarsi.

(2) flaw [flɔ:] *n.* [C] **1** folata di vento **2** ondata di maltempo.

flawless ['flɔ:lis] *a.* **1** senza crepe; integro **2** senza difetti; perfetto.

flax [flæks] *n.* [U] lino (pianta e fibra) ● *f.-seed*, seme di lino.

flaxen ['flæksən] *a.* **1** di lino **2** biondo chiaro; paglierino.

to **flay** [flei] *v. t.* **1** scorticare (anche *fig.*); scuoiare; pelare **2** stroncare; criticare severamente.

flea [fli:] *n.* *(zool.)* pulce ● *f.-bite*, morso di pulce; *(fig.)* piccola contrarietà; spesa minima □ *f.-bitten*, morsicato (o infestato) dalle pulci □ *a f. in one's ear*, un rimprovero; un rabbuffo.

fleam [fli:m] *n.* *(veterinaria)* lancetta (per cavar sangue).

fleck [flek] *n.* [C] **1** chiazza; macchiolina **2** (anche in *fonderia*) fiocco; granello.

to **fleck** [flek] *v. t.* chiazzare; macchiettare; variegare.

fled [fled] *pass.* e *p.p.* di to **flee.**

to **fledge** [fledʒ] **A** *v. t.* **1** allevare (un uccello) finché sia in grado di volare **2** coprire, provvedere (una freccia, ecc.) di penne **B** *v. i.* (d'un uccello) metter le penne (per volare).

fledged [fledʒd] *a.* pennuto; in grado di volare.

fledg(e)ling ['fledʒliŋ] *n.* **1** uccellino (che ha appena lasciato il nido) **2** *(fig.)* giovane inesperto; pivello.

to **flee** [fli:] (*pass.* e *p.p.* **fled** [fled]) **A** *v. i.* **1** fuggire **2** svanire; passare **B** *v. t.* abbandonare; fuggire da.

fleece [fli:s] *n.* [C] e [U] **1** vello **2** quantità di lana ricavata in una tosatura **3** *(per estens.)* folta chioma.

to **fleece** [fli:s] *v. t.* tosare (anche *fig.*); derubare; pelare; spogliare: *to f. sb. of all his money*, spogliare q. di tutto il suo denaro.

fleecy ['fli:si] *a.* **1** villoso; lanoso **2** leggero e soffice: *f. snow*, neve leggera e soffice ● *f. clouds*, cielo a pecorelle.

to **fleer** [fliə*] *v. i.* ghignare; sogghignare ● *to f. at sb.*, deridere q.

(1) fleet [fli:t] *n.* [C] ***1*** *(naut., mil.)* **flotta *2*** *(naut., aeron.)* **flotta; flottiglia *3* parco** (di autobus, autocarri, tassì, ecc.).
(2) fleet [fli:t] *a. (poet., lett.)* **agile; svelto; veloce.**
to **fleet** [fli:t] ***A*** *v. i.* ***1*** **muoversi** (o **passare, trascorrere) rapidamente *2*** *(naut.)* **spostarsi; cambiar posizione *B*** *v. t. (naut.)* **spostare.**
fleeting ['fli:tiŋ] *a.* **fugace; passeggero.**
Fleming ['flemiŋ] *n.* **fiammingo.**
Flemish ['flemiʃ] ***A*** *a.* **fiammingo *B*** *n.* **fiammingo** (la lingua).
to **flench** [flentʃ], to **flense** [flens] *v. t.* **fare a pezzi, togliere il grasso a** (una balena); **scuoiare** (una foca).
flesh [fleʃ] *n.* [U] ***1*** **carne** (di animale vivo; anche *fig.*): *the sins of the f.*, i peccati della carne (o carnali) ***2*** **parte carnosa; polpa** (di frutta, ecc.) ● *f. and blood,* la carne; la natura umana □ *a f.-eating animal,* un animale carnivoro □ *to demand one's pound of f.*, esigere il pagamento d'un debito fino all'ultimo centesimo □ *to go the way of all f.*, morire □ *in the f.*, in carne e ossa □ *to lose f.*, dimagrire □ *one's own f. and blood,* carne della propria carne; sangue del proprio sangue □ *to put on f.*, rimettersi in carne; ingrassare.
to **flesh** [fleʃ] *v. t.* ***1*** **aizzare, incitare** (animali dando loro da mangiare pezzi di carne) ***2*** *(fig.)* **indurire; temprare *3* immergere** (la spada, ecc.) **nella carne; insanguinare** (la spada, ecc.) **per la prima volta *4* ingrassare *5* scarnare; scarnire; scarnificare** (pelli) ● *to f. one's pen,* usare la penna per la prima volta; dare il primo saggio di sé come scrittore.
flesh-coloured ['fleʃˌkʌləd] *a.* **color carne; carnicino.**
flesh-fly ['fleʃflai] *n.* (*zool.*, Sarcophaga) **sarcofaga.**
fleshings ['fleʃiŋz] *n. pl.* **calzamaglia color carne.**
fleshliness ['fleʃlinis] *n.* [U] **carnalità; sensualità; mondanità.**
fleshly ['fleʃli] *a.* ***1*** **carnale; sensuale *2*** **materiale; corporeo.**
fleshpots ['fleʃpɔts] *n. pl.* **(la) vita lussuosa; (il) lusso.**
fleshy ['fleʃi] *a.* **carnoso; grasso; polposo.**
fleur-de-lis [ˌflə:də'li:] *n.* (*pl.* **fleurs-de-lis**) ***1*** (*bot.*, Iris pseudacorus) **acoro falso; giglio giallo *2*** *(araldica)* **fiordaliso; giglio.**
flew [flu:] *pass.* di to **fly.**
to **flex** [fleks] ***A*** *v. t. (scient.)* **flettere; contrarre** (un muscolo, ecc.) ***B*** *v. i.* **flettersi; piegarsi.**
flex [fleks] *n.* [C] e [U] *(elettr.)* **cordoncino; filo flessibile.**
flexibility [ˌfleksə'biliti] *n.* [U] ***1*** **flessibilità *2*** **arrendevolezza; docilità.**
flexible ['flexsəbl] *a.* ***1*** **flessibile *2*** **arrendevole; docile.**
flexion ['flekʃən] *n.* [U] e [C] **flessione** (quasi in ogni senso).
flexor ['fleksə*] *n.* [C] *(anat.)* **(muscolo) flessore.**
flexuous ['fleksjuəs] *a.* **flessuoso; sinuoso.**
flexure ['flekʃə*] *n.* [U] e [C] ***1*** *(scient.)* **flessione *2*** *(mat.)* **curvatura *3*** *(geol.)* **flessura.**
flibbertigibbet [ˌflibəti'dʒibit] *n.* **persona frivola e volubile.**
flick [flik] *n.* [C] ***1*** **colpo secco; buffetto; colpo di frusta; schiocco *2* movimento improvviso; scarto** ● *(fam.) f.-knife,* coltello a molla.
to **flick** [flik] ***A*** *v. t.* ***1*** **colpire leggermente; dare un colpetto** (o **un buffetto, una frustatina**) **a *2*** **(far) schioccare *B*** *v. i.* **muoversi a scatti.**
to **flicker** ['flikə*] *v. i.* ***1*** (anche *fig.*) **guizzare; tremolare *2* agitarsi; fremere; vacillare *3*** (di un uccello) **battere le ali.**
flicker ['flikə*] *n. (generalm. al sing.)* ***1*** (di fiamma, luce, ecc.) **guizzo; tremolio**: *the f. of a candle,* il guizzo d'una candela ***2*** **fremito.**
flier ['flaiə*] *V.* **flyer.**
(1) flight [flait] *n.* ***1*** [U] e [C] **volo** (anche *fig.*); **migrazione** (d'uccelli) ***2*** [C] **stormo** (d'uccelli o aeroplani); **sciame** (d'insetti) ***3*** [U] **traiettoria; portata**: *the f. of an arrow,* la traiettoria d'una freccia ***4*** [C] **rampa di scale** ● *(aeron.) f. formation,* formazione di volo □ *(fig.) in the highest f.*, di primaria importanza □ *to take one's f.*, prendere il volo.
(2) flight [flait] *n.* [U] e [C] (anche *fig.*) **fuga**: *a f. of capital,* una fuga di capitali all'estero □ *to put sb. to f.*, mettere in fuga q. □ *to take (to) f.*, darsi alla fuga.
flighty ['flaiti] *a.* **estroso; volubile.**
flimsy ['flimzi] ***A*** *a.* ***1*** **fragile; debole; cedevole *2*** **frivolo; inconsistente; superficiale *B*** *n.* [C] ***1*** **foglio di carta velina *2*** *(fam.)* **velina; copia *3*** *(pop.)* **biglietto di banca.**
to **flinch** [flintʃ] *v. i.* **ritirarsi; farsi indietro; sottrarsi (a).**
to **fling** [fliŋ] (*pass.* e *p.p.* **flung** [flʌŋ]) ***A*** *v. t.* ***1*** **lanciare; gettare; scagliare; buttare**: *to f. a stone at sb.*, scagliare una pietra contro q. ***2*** (di cavallo, lottatore, ecc.) **gettare a terra** (il cavaliere, l'avversario) ***B*** *v. i.* **lanciarsi; gettarsi; precipitarsi** ● *to f. one's clothes on,* vestirsi in fretta e furia □ *to f. a door open,* spalancare una porta □ *to f. off one's pursuers,* lasciarsi alle spalle gli inseguitori □ *to f. out one's arms,* spalancare le braccia □ *to f. st. into sb.'s teeth,* rinfacciare q.c. a q.
fling [fliŋ] *n.* [C] ***1*** **lancio; getto; tiro *2*** **balzo; slancio;** (di cavallo) **impennata, scarto** ● *to have a f. at,* fare un tentativo di; lanciare una frecciata a *(fig.)* □ *to have one's f.*, godersela; correre la cavallina.
flint [flint] *n.* ***1*** [U] *(miner.)* **selce *2*** [C] **pietra focaia *3*** [C] **pietrina** (di accendisigari) ***4*** [U] e [C] **pietra; sasso** ● *(fig.) to wring water from a f.*, cavar sangue da una rapa; far miracoli.
flinty ['flinti] *a.* ***1*** **di selce; siliceo *2*** **crudele; spietato.**
to **flip** [flip] ***A*** *v. t.* ***1*** **dare un buffetto** (o **un colpetto**) **a *2*** **lanciare** (q.c., con il pollice e l'indice) ***B*** *v. i.* **dare un colpetto** ● *to f. up,* (lanciare una moneta per) fare testa o croce □ *flipped eggs,* uova sbattute.
flip [flip] *n.* [C] **buffetto; colpetto; frustatina.**
flippancy ['flipənsi] *n.* [U] e [C] **frivolezza; impertinenza; irriverenza.**
flippant ['flipənt] *a.* **frivolo; impertinente; irriverente.**
flipper ['flipə*] *n.* [C] ***1*** *(zool.)* **natatoia** (di mammiferi acquatici); **ala atta al nuoto** (dei pinguini) ***2*** **pinna** (di sommozzatore) ***3*** *(pop.)* **mano.**
flipping ['flipiŋ] *a. (pop.)* **maledetto; dannato.**
to **flirt** [flə:t] *v. i.* **amoreggiare; civettare** *(fig.)*.
flirt [flə:t] *n.* ***1*** **civetta, fraschetta** *(fig.)* ***2*** **vagheggino.**
flirtation [flə:'teiʃən] *n.* [U] e [C] **amoreggiamento; flirt.**
flirtatious [flə:'teiʃəs] *a.* **civettuolo; galante; che ama civettare.**
flirty ['flə:ti] *V.* **flirtatious.**
to **flit** [flit] *v. i.* ***1*** **aleggiare; svolazzare; volteggiare *2*** **passare rapidamente *3* sloggiare; andarsene di soppiatto** (per non pagare i debiti, ecc.).
flit [flit] *n.* [C] ***1*** **battito; movimento rapido e leggero *2*** **trasloco (fatto) alla chetichella.**
flitch [flitʃ] *n.* [C] **lardello.**
to **flitter** ['flitə*] *v. i.* **svolazzare; volteggiare.**
flivver ['flivə*] *n.* [C] *(pop.)* **automobile di poco prezzo; macinino** *(fig.)*.
float [flout] *n.* [C] ***1*** **zattera; chiatta *2*** **galleggiante; sughero** (della lenza o di rete da pesca) ***3*** **massa galleggiante *4* carro carnevalesco *5*** *(spesso al pl.)* **luci della ribalta** ● *on the f.*, a galla.
to **float** [flout] ***A*** *v. i.* ***1*** **galleggiare; stare a galla;** (nel nuoto) **fare il morto *2*** **librarsi (in volo); essere sospeso *3* lasciarsi trasportare dalla corrente *4*** **agitarsi; fluttuare *5*** *(fin.)* **fluttuare *B*** *v. t.* ***1*** **far galleggiare; tenere a galla *2*** **inondare *3*** *(comm.)* **lanciare; promuovere**: *to f. a new business company,* lanciare una nuova impresa commerciale.
floatage ['floutidʒ] *n. (naut.)* ***1*** [U] **galleggiamento *2*** [U] **diritto d'impadronirsi d'un relitto galleggiante di nave *3*** *(collett.)* **imbarcazioni.**
floatation [flou'teiʃən] *n.* [U] e [C] *(comm.)* **costituzione, lancio** (di un'impresa o società commerciale).

floater ['floutə*] *n.* **1** *(comm.)* **promotore** (d'una società commerciale) **2** *(pop.)* **gaffe; sproposito.**
floating ['floutiŋ] *a.* **1 galleggiante 2 fluttuante; oscillante; incerto 3** *(med.)* **mobile** ● *(fin.) f. capital,* capitale circolante.
(1) flock [flɔk] *n.* ☐C **1 gregge** (anche *fig.*) **2 stormo** (d'uccelli) **3** (di persone) **folla; massa; stuolo.**
to **flock** [flɔk] *v. i.* **adunarsi; affollarsi; congregarsi; riunirsi** (in gregge, in stormo, ecc.); **accalcarsi.**
(2) flock [flɔk] *n.* **1** ☐C **fiocco** (di lana, ecc.); **bioccolo; ciuffo** (di capelli) **2** *(al pl.)* **cascami; frammenti di fibra** (da cimatura o garzatura).
floe [flou] *n.* ☐C **banco di ghiaccio galleggiante.**
to **flog** [flɔg] *v. t.* **frustare; fustigare; sferzare** ● *(fig.) to f. a dead horse,* sprecare le proprie energie □ *to f. st. into a boy,* ficcare q.c. in testa a un ragazzo, a forza di frustate.
flogging ['flɔgiŋ] *n.* ☐U e ☐C **frustatura; fustigazione.**
flong [flɔŋ] *n.* ☐C *(tipogr.)* **flano.**
flood [flʌd] *n.* ☐C **1 diluvio** (anche *fig.*); **allagamento; alluvione; inondazione 2** (anche *f.-tide*) **flusso** (della marea) ● *the F.,* il diluvio universale □ *to be in f.,* essere in piena.
to **flood** [flʌd] **A** *v. t.* **1 allagare; inondare; sommergere** (anche *fig.*) **2** (d'acqua) **gonfiare B** *v. i.* (di fiumi) **gonfiarsi; straripare** ● *to f. in,* (dell'acqua) irrompere (allagando); *(fig.)* affluire abbondantemente, fioccare *(fig.)* □ *flooded light,* luce diffusa.
floodgate ['flʌdgeit] *n.* ☐C **chiusa; paratoia.**
floodlight ['flʌdlait] *n.* ☐C **(potente) riflettore.**
to **floodlight** ['flʌdlait] (*pass.* e *p.p.* **floodlit** ['flʌdlit]) *v. t.* **illuminare a giorno.**
floor [flɔ:*] *n.* ☐C **1 pavimento** (anche di legno); **impiantito; mattonato 2 piano** (d'edificio): *the first f.,* il primo piano; *(USA)* il pianterreno **3 fondo; parte più bassa 4 base; fondamento** ● *f. lamp,* lampada a stelo □ *(comm.) f. price,* prezzo minimo □ *f. show,* spettacolo di varietà (sulla pista di un night) □ *(fig.) to hold the f.,* tenere il bandolo della conversazione □ *to take the f.,* partecipare a un dibattito (alla Camera).
to **floor** [flɔ:*] *v. t.* **1 pavimentare 2 gettare a terra; atterrare 3** *(fig.)* **battere; sconfiggere.**
flooring ['flɔ:riŋ] *n.* ☐U **materiale da pavimentazione.**
floor-layer ['flɔ:ˌleiə*] *n. (edil.)* **pavimentista.**
floor-polisher ['flɔ:ˌpɔliʃə*] *n.* **lucidatrice (elettrica) per pavimenti.**
floozy ['flu:zi] *n.* *(pop.)* **sgualdrina; puttana** *(volg.)*.
to **flop** [flɔp] **A** *v. i.* **1 dimenarsi; dibattersi 2 cadere a terra con un tonfo; fare un tonfo; lasciarsi cadere pesantemente 3** *(fam.)* **fallire; far fiasco B** *v. t.* **buttar giù** (o **a terra**); **lasciar cadere.**
flop [flɔp] **A** *n.* ☐C **1 tonfo 2** *(fam.)* **fiasco; insuccesso B** *avv.* **con un tonfo**: *to fall f. into a pond,* cadere con un tonfo in uno stagno.
flop-eared ['flɔpˌiəd] *a.* **con lunghe orecchie a penzoloni.**
floppy ['flɔpi] *a.* **1 allentato; lento 2** (anche *fig.*) **floscio.**
flora ['flɔ:rə] *n.* (*pl.* **florae** ['flɔ:ri:], **floras** ['flɔ:rəz]) *(bot.)* **flora.**
floral ['flɔ:rəl] *a.* **floreale.**
Florentine ['flɔrəntain] *a.* e *n.* **fiorentino.**
florescence [flɔ:'resns] *n.* ☐U *(bot.)* **florescenza; fioritura** (anche *fig.*).
floriculture ['flɔ:riˌkʌltʃə*] *n.* ☐U **floricultura, floricoltura.**
floriculturist [ˌflɔ:ri'kʌltʃərist] *n.* **floricultore, floricoltore.**
florid ['flɔrid] *a.* **1 florido; colorito 2 fiorito** *(fig.)*; **elaborato 3 sgargiante; vistoso.**
floridity [flɔ'riditi], **floridness** ['flɔridnis] *n.* ☐U **1 floridità; freschezza 2 (l')esser fiorito** *(fig.)*; **elaboratezza 3 vistosità.**
florin ['flɔrin] *n.* ☐C **1 fiorino 2** *(stor.)* **moneta inglese da due scellini.**
florist ['flɔrist] *n.* **fioraio, fioraia; fiorista.**
floss [flɔs] *n.* ☐U **1** *(ind. tessile)* **bava** (del bozzolo) **2** **lanugine** (di piante).
flotilla [flou'tilə] *n.* ☐C *(naut.)* **flottiglia.**
flotsam ['flɔtsəm] *n.* ☐U *(leg., naut.)* **relitti (o rottami) galleggianti** ● *f. and jetsam, (naut.)* relitti galleggianti (o portati a riva); *(fig.)* cianfrusaglie; *(fig.)* rettili umani.
(1) to **flounce** [flauns] *v. i.* **agitarsi; dibattersi; dimenarsi.**
(1) flounce [flauns] *n.* ☐C **balzo; scatto; gesto d'impazienza.**
(2) flounce [flauns] *n.* ☐C **balza; gala; falpalà.**
(2) to **flounce** [flauns] *v. t.* **ornare di balze** (o **gale**).
to **flounder** ['flaundə*] *v. i.* **1 agitarsi; dibattersi 2 impappinarsi.**
flounder ['flaundə*] *n.* (*zool.,* Pleuronectes flesus) **passera.**
flour ['flauə*] *n.* ☐U **farina; fior di farina** ● *f.-bin,* madia.
to **flour** ['flauə*] *v. t.* **infarinare.**
to **flourish** ['flʌriʃ] **A** *v. i.* **1 fiorire** *(fig.)*; **prosperare; essere fiorente; godere salute florida 2 usare uno stile fiorito; fare svolazzi** (scrivendo) **3** *(mus.)* **eseguire una fioritura;** (di trombe) **suonare una fanfara, squillare B** *v. t.* **1 agitare; brandire; sventolare 2 infiorare** *(fig.)*.
flourish ['flʌriʃ] *n.* ☐C **1 (il) brandire; (lo) sventolare; mulinello** (di spada, ecc.) **2 arabesco; ghirigoro; svolazzo 3** (di tromba) **fanfara; squillo 4** *(mus.)* **fioritura 5** *(fig.)* **metafora ornata.**
flourishing ['flʌriʃiŋ] *a.* **fiorente; prosperoso; rigoglioso.**
floury ['flauəri] *a.* **1 farinoso 2 coperto di farina; infarinato.**
to **flout** [flaut] *v. t.* **disprezzare; schernire; respingere con disprezzo.**
to **flow** [flou] *v. i.* **1 fluire; scorrere;** (di sangue) **circolare;** (di stile, ecc.) **essere fluido;** (della marea) **innalzarsi, salire 2 sgorgare 3 ricadere; scendere 4 derivare; provenire** ● *to f. back,* rifluire □ *to f. in,* affluire □ *to f. out,* defluire □ *to f. over,* straripare; traboccare.
flow [flou] *n.* *(soltanto al sing.)* **1 flusso** (anche di marea); **corrente**: *ebb and f.,* flusso e riflusso (della marea) **2 portata; gettito 3 (il) fluire** (d'acque; o *fig.*).
flower ['flauə*] *n.* ☐C e ☐U **fiore** (anche *fig.*): *in the f. of one's age,* nel fiore degli anni □ *to be in f.,* essere in fiore ● *f. girl,* fioraia □ *f.-pot,* vaso da fiori □ *f.-show,* esposizione di fiori □ *(letter.) flowers of speech,* fiori retorici.
to **flower** ['flauə*] **A** *v. i.* **fiorire** (anche *fig.*) **B** *v. t.* **1 far fiorire** (una pianta) **2 ornare di fiori (o disegni floreali).**
flower-bed ['flauəbed] *n.* ☐C **aiuola.**
flower-cup ['flauəkʌp] *n.* ☐C *(bot.)* **calice.**
flowered ['flauəd] *a.* **1 fiorito; in fiore 2 a fiori; fiorami.**
floweret ['flauərit] *n.* ☐C **fiorellino; fioretto.**
flowery ['flauəri] *a.* **fiorito; in fiore; infiorato.**
flowing ['flouiŋ] *a.* **1** (anche *fig.*) **fluente; fluido 2** (di marea) **crescente 3** (di abito) **non aderente; che ha una linea morbida.**
flown [floun] *p.p.* di to **fly.**
flu [flu:] *n.* (*med., abbr. fam.* di **influenza**) **influenza.**
fluctuant ['flʌktjuənt] *a.* **fluttuante; oscillante.**
to **fluctuate** ['flʌktjueit] *v. i.* **fluttuare** (soprattutto *fig.*); **oscillare.**
fluctuation [ˌflʌktju'eiʃən] *n.* ☐U e ☐C **fluttuazione; oscillazione.**
flue [flu:] *n.* ☐C **1 condotto** (del fumo, in una caldaia, ecc.); **tubo** (dell'aria calda e sim.) **2 canna fumaria; gola del camino.**
to **flue** [flu:] **A** *v. t.* **allargare, svasare, strombare** (un'apertura) **B** *v. i.* **allargarsi** (verso l'interno o verso l'esterno).
fluency ['flu:ənsi] *n.* ☐U **scorrevolezza; facilità di parola; facondia.**
fluent ['flu:ənt] *a.* **scorrevole; fluente** ● *to speak f. English,* parlare l'inglese correntemente.

fluently ['flu:əntli] *avv.* **correntemente; scorrevolmente.**
fluff [flʌf] *n.* ***1*** [U] **lanugine; peluria** ***2*** [C] (gergo teatr., della radio, ecc.) **papera.**
to **fluff** [flʌf] *v. t.* e *i.* ***1*** **arruffare, arruffarsi** ***2*** *(teatr., ecc.)* **impaperarsi; prendere una papera.**
fluffiness ['flʌfinis] *n.* [U] **lanosità; morbidezza.**
fluffy ['flʌfi] *a.* **lanuginoso; soffice.**
fluid ['flu:id] ***A*** *a.* ***1*** **fluido** ***2*** *(fig.)* **mutevole** ***B*** *n.* [C] e [U] **fluido.**
fluidity [flu:'iditi] *n.* [U] **fluidità.**
(1) fluke [flu:k] *n.* [C] *(naut.)* **patta; palma.**
(2) fluke [flu:k] *n.* [C] ***1*** **tiro fortunato** ***2*** **colpo di fortuna.**
to **fluke** [flu:k] ***A*** *v. i.* **avere un colpo di fortuna** ***B*** *v. t.* **ottenere** (q.c.) **per (un) caso (fortunato).**
flume [flu:m] *n.* [C] **canale artificiale** (per usi industriali).
flummery ['flʌməri] *n.* [U] ***1*** *(cucina)* **farinata d'orzo** ***2*** *(fig.)* **adulazioni; blandizie; chiacchiere; fandonie.**
to **flummox** ['flʌməks] *v. t.* *(fam.)* **sconcertare.**
to **flump** [flʌmp] ***A*** *v. i.* **cadere con un tonfo** ***B*** *v. t.* **buttar giù** (q.c.) **con un tonfo.**
flump [flʌmp] *n.* [C] **colpo sordo; tonfo.**
flung [flʌŋ] *pass.* e *p.p.* di to **fling.**
to **flunk** [flʌŋk] *(fam. USA)* ***A*** *v. t.* ***1*** **essere riprovato** (o **bocciato) in** (un esame) ***2*** **bocciare** (uno studente) ***B*** *v. i.* **essere bocciato.**
flunkey ['flʌŋki] *n.* **lacchè** (anche *fig.*); **tirapiedi.**
fluorescence [fluə'resns] *n.* [U] *(fis.)* **fluorescenza.**
fluorescent [fluə'resənt] *a.* *(fis.)* **fluorescente** ● *f. lighting,* illuminazione a fluorescenza.
fluorine ['fluəri:n] *n.* [U] *(chim.)* **fluoro.**
flurry ['flʌri] *n.* [C] **folata, raffica** (di vento); **scroscio** (di pioggia); **tempesta improvvisa** (di neve) ● *(fig.) to be in a f.,* essere agitato.
to **flurry** ['flʌri] *v. t.* **agitare; sconvolgere.**
(1) to **flush** [flʌʃ] ***A*** *v. i.* ***1*** (di liquido) **sgorgare** ***2*** **arrossire** ***B*** *v. t.* ***1*** **ripulire** (con un getto d'acqua); **sciacquare; irrigare** ***2*** **fare arrossire; far salire il sangue a** ***3*** *(fig.)* **animare; infiammare** *(fig.)* ● *to f. the toilet,* tirare lo sciacquone.
(1) flush [flʌʃ] *n.* ***1*** [C] **getto d'acqua** ***2*** [C] **afflusso di sangue al volto; rossore; vampa** (di febbre, ecc.) ***3*** [U] *(poet.)* **bagliore** ***4*** [U] **ebbrezza; trasporto** *(fig.)* ***5*** [U] **rigoglio; vigore.**
(2) flush [flʌʃ] ***A*** *a.* ***1*** **pari; a livello** ***2*** **pieno; ben fornito**: *to be f. (with money),* essere pieno di quattrini; avere molto denaro ***3*** **generoso; prodigo**: *to be f. with one's money,* essere prodigo del proprio denaro ***4*** (di fiume) **in piena** ***B*** *avv.* ***1*** **a fior d'acqua** ***2*** **direttamente; in pieno.**
(2) to **flush** [flʌʃ] ***A*** *v. i.* (di uccelli) **levarsi in volo** ***B*** *v. t.* **far alzare in volo.**
(3) flush [flʌʃ] *n.* [C] (nel poker) **colore** ● *straight f.,* scala reale.
flushometer [flʌ'ʃɔmitə*] *n.* [C] **sciacquone.**
to **fluster** ['flʌstə*] *v. t.* **agitare; eccitare; innervosire.**
fluster ['flʌstə*] *n.* *(al sing. con l'art. indeterm.)* **stato di agitazione** ● *to be in a f.,* essere eccitato (o sconvolto, turbato).
flute [flu:t] *n.* [C] ***1*** *(mus.)* **flauto** ***2*** *(archit., mecc., metall.)* **scanalatura.**
to **flute** [flu:t] ***A*** *v. i.* **suonare il flauto** ***B*** *v. t.* ***1*** **suonare** (un pezzo) **sul flauto** ***2*** **scanalare, fare scanalature in** (una colonna, ecc.).
flutist ['flu:tist] *n.* *(mus.)* **flautista.**
to **flutter** ['flʌtə*] ***A*** *v. i.* ***1*** **battere le ali; starnazzare; svolazzare** ***2*** **ondeggiare; sventolare** ***3*** **agitarsi; dimenarsi; andare su e giù senza posa; palpitare** (del cuore e *fig.*) ***B*** *v. t.* ***1*** **battere** (le ali, le palpebre, ecc.) ***2*** **sventolare** (una bandiera e sim.) ***3*** **agitare; scompigliare.**
flutter ['flʌtə*] *n.* ***1*** *(al sing.)* **battito; frullìo** (d'ali e sim.) ***2*** *(al sing. con l'art. indeterm.)* **stato di agitazione** ***3*** [U] *(aeron.)* **vibrazione** ***4*** [C] *(pop.)* **speculazione** ● *to be in a f.,* essere agitato □ *to make a f.,* far colpo.
fluty ['flu:ti] *a.* **flautato.**
fluvial ['flu:vjəl] *a.* **fluviale.**
flux [flʌks] *n.* ***1*** *(soltanto al sing.)* (anche *fig.*) **flusso; espulsione** ***2*** [U] **continuo mutamento**: *in a state of f.,* in continuo mutamento ***3*** [C] e [U] *(fonderia)* **fondente.**
to **flux** [flʌks] ***A*** *v. t.* **trattare con fondente** ***B*** *v. i.* (di metalli) **fondersi.**
fluxion ['flʌkʃən] *n.* [C] *(raro)* **flusso; flussione.**
(1) fly [flai] *n.* **mosca** ● *fly-flap* (o *fly-whisk),* scacciamosche □ *(fig.) a fly on the wheel,* un individuo presuntuoso, tronfio □ *fly-paper,* carta moschicida □ *(fig.) to break a fly on the wheel,* sprecare le proprie energie per un nonnulla □ *(pop.) There are no flies on him,* non c'è nulla da ridire su di lui; è un uomo in gamba.
to **fly** [flai] (*pass.* **flew** [flu:], *p.p.* **flown** [floun]) ***A*** *v. i.* ***1*** **volare** (anche *fig.*); **andare in aeroplano; correre a precipizio** ***2*** **aleggiare; sventolare** ***3*** **fuggire; scappare** ***B*** *v. t.* ***1*** **far volare; lanciare** (un aquilone, ecc.); **pilotare** (un aeroplano); **trasportare** (in aeroplano) ***2*** (anche *to fly over, to fly across*) **sorvolare; trasvolare** ***3*** **agitare; sventolare; battere** (bandiera) ***4*** **sottrarsi a; fuggire da** ***C*** *verbi composti* ***1*** *to fly about,* svolazzare ***2*** *to fly at* (o *upon) sb.,* attaccare q.; lanciarsi su q. ***3*** *to fly away,* volar via; involarsi, fuggire ***4*** *to fly back,* tornare a volo; fare un salto indietro ***5*** *to fly down,* scendere volando ***6*** *to fly off,* fuggire; scappar via; andarsene in fretta; *(aeron.)* decollare ***7*** *to fly out,* lanciarsi fuori; esplodere (in parole d'ira, ecc.) ***8*** *to fly up,* alzarsi in volo ● *to fly high,* volare in alto; *(fig.)* mirare in alto, essere ambizioso □ *to fly into a rage* (o *a passion, a temper),* montare in collera; infuriarsi □ *to fly to arms,* correre alle armi □ *to let fly at sb.,* sparare a q.; attaccare q. (a sassate, ecc.; o anche a parole) □ *(fig.) to make the feathers* (o *the dust) fly,* seminare zizzania; far scoppiare una lite □ *to send sb. flying,* scacciare q. □ *to send things flying,* buttare tutto all'aria □ *(fig.) The bird has flown,* s'è reso uccel di bosco.
(2) fly [flai] *n.* [C] ***1*** **patta; finta** (per es., dei pantaloni) ***2*** *(mecc.;* anche *flywheel)* **volano** ***3*** *(arc.)* **carrozza** (o **vettura) da nolo** ***4*** *(al pl., teatr.)* **spazio sovrastante il proscenio** (occupato dal macchinario) ● *on the fly,* in volo.
(3) fly [flai] *a.* *(pop.)* **furbo; sveglio.**
flyblow ['flaiblou] *n.* *(generalm. al pl.)* **uovo di mosca.**
flyblown ['flaibloun] *a.* ***1*** **guasto, contaminato (dalle uova di mosche)** ***2*** *(fig.)* **screditato.**
flycatcher ['flai,kætʃə*] *n.* *(zool.,* Muscicapa grisola) **pigliamosche.**
flyer ['flaiə*] *n.* **aviatore.**
(1) flying ['flaiiŋ] *a.* ***1*** **volante;** (d'animale) **atto al volo;** *(fig.)* **rapido, veloce** ***2*** **spiegato; al vento** ***3*** **breve; frettoloso** ***4*** *(aeron.)* **d'aviazione; di volo** ● *f. boat,* idrovolante a scafo centrale □ *f. bridge,* ponte provvisorio □ *(archit.) f. buttress,* arco rampante □ *f. jump,* salto con rincorsa □ *f. saucer,* disco volante.
(2) flying ['flaiiŋ] *n.* [U] **volo** ● *f. club,* aeroclub □ *(aeron.) f. school,* scuola di pilotaggio.
flyleaf ['flaili:f] *n.* [C] *(tipogr.)* **risguardo.**
flyover ['flai,ouvə*] *n.* [C] **cavalcavia.**
fly-sheet ['flaiʃi:t] *n.* [C] **volantino.**
flyweight ['flai'weit] *n.* *(pugilato)* **peso mosca.**
flywheel ['flaiwi:l] *n.* [C] *(autom., mecc.)* **volano.**
foal [foul] *n.* *(zool.)* **puledro** ● (di cavalla o asina) *to be in* (o *with) f.,* essere pregna.
to **foal** [foul] *v. t.* e *i.* (di cavalla, asina) **figliare.**
foam [foum] *n.* [U] ***1*** **schiuma; spuma** ***2*** **bava** ● *f. rubber,* gommapiuma.
to **foam** [foum] ***A*** *v. i.* **spumare; spumeggiare;** (del sapone) **schiumare** ***B*** *v. t.* **far schiumare** ● *to f. at the mouth,* avere la schiuma alla bocca □ *to f. with rage,* essere furibondo.
foamy ['foumi] *a.* **spumeggiante; spumante; spumoso; schiumoso.**
fob [fɔb] *n.* ***1*** **taschino per l'orologio** (nei pantaloni) ***2*** **catenella** (cui appendere l'orologio) ● *fob watch,* orologio da tasca.
to **fob** [fɔb] *v. t.* *(arc.)* **gabbare; imbrogliare** ● *to fob st. off on sb.,* appioppare q.c. a q.
focal ['foukəl] *a.* *(fis.)* **focale.**
focalization [,foukəlai'zeiʃən] *n.* [U] *(fotogr.)* **messa a**

fuoco; focalizzazione.
to **focalize** ['foukəlaiz] *v. t.* *(fotogr.)* mettere a fuoco; focalizzare.
fo'c'sle ['fouksl] *V.* **forecastle.**
focus ['foukəs] *n.* (*pl.* **foci** ['fousai], **focuses** ['foukəsiz]) **1** *(fis., geom.)* fuoco **2** (di terremoto) epicentro **3** *(fig.)* focolaio; centro ● *to bring into f.*, mettere a fuoco □ *The image is out of f.*, l'immagine è sfocata.
to **focus** ['foukəs] **A** *v. t.* **1** *(fis.)* mettere a fuoco **2** concentrare; far convergere **B** *v. i.* (*fis.*: di raggi, ecc.) convergere.
fodder ['fɔdə*] *n.* [U] foraggio secco ● *f. trough*, mangiatoia.
to **fodder** ['fɔdə*] *v. t.* foraggiare.
foe [fou] *n.* *(poet.)* nemico (anche *fig.*).
foetal ['fi:tl] *a.* *(biol., med.)* fetale; di feto.
foetus ['fi:təs] *n.* [C] feto.
fog [fɔg] *n.* [U] e [C] **1** nebbia (anche *fig.*) **2** *(fotogr.)* velo, velatura (sulla pellicola) ● *(fig.)* *to be in a fog*, essere perplesso.
to **fog** [fɔg] **A** *v. t.* **1** annebbiare **2** offuscare; appannare **3** *(fotogr.)* velare (una pellicola) **4** *(fig.)* confondere; rendere perplesso **B** *v. i.* **1** annebbiarsi **2** offuscarsi.
fogbank ['fɔgbæŋk] *n.* [C] banco di nebbia.
fogbound ['fɔgbaund] *a.* **1** avvolto nella nebbia **2** (d'aereo, di nave) fermo per la nebbia **3** (di viaggiatore) bloccato dalla nebbia.
fogey ['fougi] *V.* **fogy.**
foggy ['fɔgi] *a.* **1** nebbioso **2** *(fig.)* nebuloso; vago **3** *(fig.)* confuso; perplesso.
foghorn ['fɔghɔ:n] *n.* [C] *(naut.)* sirena da nebbia.
fogy ['fougi] *n.* (di solito *old f.*) persona all'antica; matusa *(fam.)*.
foible ['fɔibl] *n.* [C] debole; punto debole.
(1) foil [fɔil] *n.* **1** [U] lamina (di metallo) **2** [C] *(fig.)* contrapposizione; contrasto: *to serve as a f. to sb.*, fare da contrasto a q. ● *tin f.*, stagnola.
to **foil** [fɔil] *v. t.* **1** (nella caccia) disperdere (le tracce) **2** frustrare.
(2) foil [fɔil] *n.* [C] (nella caccia) pista; traccia.
(3) foil [fɔil] *n.* [C] fioretto.
foilsman ['fɔilzmən] *n.* (*pl.* **foilsmen** ['fɔilzmən]) fiorettista.
to **foist** [fɔist] *v. t.* affibbiare; rifilare; sbolognare *(fam.)*: *to f. st. (off) on sb.*, sbolognare q.c. a q.
(1) to **fold** [fould] **A** *v. t.* **1** piegare; ripiegare **2** avviluppare; avvolgere **3** chiudere **4** serrare, stringere (fra le braccia, ecc.) **B** *v. i.* chiudersi; piegarsi ● *to f. one's arms*, incrociare le braccia □ *to f. back the sleeves of one's shirt*, rimboccarsi le maniche della camicia □ *folding bed*, branda □ *folding seat*, sedile ribaltabile □ *with folded arms*, a braccia conserte.
(1) fold [fould] *n.* [C] **1** (anche *geol.*) piega; piegatura **2** recesso (fra i monti) **3** battente (di porta) **4** spira (di serpente, ecc.) **5** *(anat.)* plica; piega.
(2) fold [fould] *n.* [C] **1** ovile **2** gregge (anche *fig.*).
(2) to **fold** [fould] *v. t.* chiudere (pecore) nell'ovile.
folder ['fouldə*] *n.* [C] **1** cartella (di cartone, per tenervi fogli) **2** dépliant; pieghevole **3** (*tipogr.*, anche *folding machine*) (macchina) piegafoglio.
foliage ['fouliidʒ] *n.* [U] *(bot., archit.)* fogliame.
to **foliate** ['foulieit] **A** *v. t.* **1** *(archit.)* decorare con foglie **2** numerare i fogli di (un libro) **3** ridurre (un metallo) in lamine **B** *v. i.* dividersi in lamine; sfaldarsi.
foliation [ˌfouli'eiʃən] *n.* [U] e [C] **1** (anche *geol.*) fogliazione **2** laminazione (d'un metallo) **3** numerazione dei fogli (d'un libro).
folio ['fouliou] *n.* (*pl.* **folios**) **1** *(tipogr.)* foglio; pagina in-folio **2** volume in-folio.
folk [fouk] *n.* **1** *(collett., col verbo al plur.)* gente: *country f.*, gente di campagna **2** — *one's folks*, i parenti; i familiari ● *f. dance*, danza popolare □ *f. psychology*, demopsicologia □ *f. singer*, cantante folk □ *f. song*, canto popolare; canzone folk.
folklore ['fouklɔ:*] *n.* [U] **1** folclore; demologia **2** folclore; usi e costumi popolari; tradizioni popolari.
foklorist ['fouk,lɔ:rist] *n.* folclorista.
folknik ['fouknik] *n.* *(pop.)* appassionato della musica folk.
folksy ['fouksi] *a.* *(fam.)* **1** popolaresco **2** socievole; cordiale **3** *(spreg.)* rozzo; sgraziato.
follicle ['fɔlikl] *n.* [C] *(anat., bot.)* follicolo.
follicular [fə'likjulə*] *a.* *(med.)* follicolare.
to **follow** ['fɔlou] **A** *v. t.* **1** seguire; imitare **2** esercitare, fare (un mestiere e sim.): *to f. the sea (the law, the plough, etc.)*, fare il marinaio (l'avvocato, il contadino, ecc.) **3** succedere a (q., in un ufficio) **4** derivare da; procedere da **B** *v. i.* **1** seguire; venire dopo **2** conseguire; derivare ● *to f. on*, continuare; perseverare □ *to f. st. out*, portare q.c. a compimento □ *to f. st. up*, approfittare di q.c.; sfruttare q.c.
follower ['fɔlouə*] *n.* **1** seguace; discepolo **2** *(sport)* sostenitore; tifoso.
following ['fɔlouiŋ] **A** *a.* seguente; successivo **B** *n.* [C] **1** seguito (insieme di seguaci) **2** *(giornalismo)* lettori **3** *(teatr.)* spettatori **4** *(sport)* sostenitori; tifosi.
follow-up ['fɔlouʌp] **A** *a.* successivo; ulteriore **B** *n.* [C] **1** seguito (di un'azione, di un articolo, ecc.) **2** lettera di sollecitazione.
folly ['fɔli] *n.* [U] e [C] follia; pazzia.
to **foment** [fou'ment] *v. t.* **1** *(med.)* applicare un fomento (o un impacco) a **2** *(fig.)* fomentare; istigare; provocare.
fomentation [ˌfoumen'teiʃən] *n.* **1** [U] fomentazione; applicazione d'impacchi **2** [C] fomento; impacco caldo **3** [U] *(fig.)* fomentazione; istigazione.
fond [fɔnd] *a.* **1** amorevole; amoroso; tenero **2** (di desideri, speranze, ecc.) ardente; vivo, ma infondato ● *to be fond of*, amare; voler molto bene a; essere amante di.
fondant ['fɔndənt] *n.* [C] *(cucina)* fondente.
to **fondle** ['fɔndl] *v. t.* accarezzare; vezzeggiare; coccolare.
fondness ['fɔndnis] *n.* [U] **1** amorevolezza; tenerezza **2** inclinazione.
fondue ['fɔndju:] *(franc.)* *n.* [C] e [U] *(cucina)* fonduta.
font [fɔnt] *n.* [C] **1** fonte battesimale **2** acquasantiera **3** *(poet.)* fonte.
food [fu:d] *n.* [U] **1** nutrimento (anche *fig*); cibo; vitto; viveri **2** *(fig.)* materia; oggetto ● *f. card*, tessera annonaria □ *(pop.)* *to be f. for worms*, essere morto e sepolto □ *f.-stuffs*, generi alimentari □ *to be off one's f.*, soffrire d'inappetenza.
fool [fu:l] *n.* **1** sciocco; scimunito; stolto **2** *(un tempo)* buffone; giullare ● *f.'s cap*, berretto da giullare; berretto conico (imposto a uno scolaro zuccone) □ *to be a f. for one's pains*, darsi da fare per nulla □ *All Fools' Day*, il primo aprile □ *April f.*, persona a cui è stato fatto un pesce d'aprile □ *to make a f. of sb.*, raggirare q.; prendere in giro q. □ *to be no f.*, non essere uno stupido □ *to play the f.*, fare il buffone; fare lo stupido.
to **fool** [fu:l] **A** *v. i.* fare il buffone; comportarsi da sciocco **B** *v. t.* imbrogliare; raggirare ● *to f. about*, perdere tempo in sciocchezze □ *to f. sb. into doing st.*, persuadere q., con inganni, a fare q.c. □ *to f. st. out of sb.*, ottenere q.c. da q. con la frode.
foolery ['fu:ləri] *n.* [U] e [C] stupidità; idiozia; scempiaggine.
foolhardiness ['fu:lˌha:dinis] *n.* [U] avventatezza; temerità.
foolhardy ['fu:lˌha:di] *a.* avventato; temerario.
foolish ['fu:liʃ] *a.* sciocco; stolto; insensato; assurdo.
foolishness ['fu:liʃnis] *n.* [U] sciocchezza; stoltezza; insensatezza.
foolproof ['fu:lpru:f] *a.* **1** (di apparecchio e sim.) di semplice funzionamento; sicurissimo **2** (di metodo) infallibile **3** (di avvertimento, ecc.) chiarissimo.
foolscap ['fu:lzkæp] *n.* [U] carta protocollo.
foot [fut] *n.* (*pl.* **feet** [fi:t]) **1** piede (quasi in ogni senso; anche in poesia; misura di lunghezza pari a cm. 30,48): *a man five f. four*, un uomo alto cinque piedi e quattro pollici □ *at the f. of the page*, a piè di pagina **2**

passo: *to be swift of f.*, avere il passo veloce ***3*** [U] *(mil.)* **fanteria**: *f. and horse,* fanteria e cavalleria ***4*** (*chim.*: *pl.* **foots**) **residuo; sedimento** ● *f.-bath,* pediluvio □ *f.--bridge,* passerella □ *f.-mark,* impronta (d'un piede); orma □ *f.-passenger,* pedone □ *f.-path,* passaggio pedonale □ *f.-race,* gara podistica □ *(fig.) to have one f. in the grave,* avere un piede nella fossa □ *to keep one's feet,* rimanere in piedi; non perdere l'equilibrio □ *on f.*, a piedi; in movimento; in azione □ *on one's feet,* in piedi; in buona salute; finanziariamente indipendente □ *(fig.) to put one's f. down,* puntare i piedi □ *to put one's f. into it,* fare una gaffe □ *to set st. on f.*, dare l'avvio a q.c. □ *(fam.) My f.!*, un accidente!; un corno!

to **foot** [fut] *v. t.* ***1*** **ballare** ***2*** **rifare il piede a** (una calza) ***3*** *(fam.)* **pagare** ● *to f. it,* andare a piedi □ *to f. up an account,* fare la somma (delle varie voci di un conto) □ *to f. up to,* ammontare a.

footage ['futidʒ] *n.* [U] ***1*** **lunghezza in piedi** ***2*** *(cinem.)* **metraggio.**

football ['futbɔ:l] *n.* *(sport)* ***1*** [C] **pallone** (da calcio) ***2*** [U] **gioco del calcio.**

footballer ['futbɔ:lə*] *n.* *(sport)* **calciatore.**

footboard ['futbɔ:d] *n.* [C] **predellino; pedana.**

footboy ['futbɔi] *n.* **paggio; fattorino.**

footed ['futid] *a.* *(nei composti)* ***1*** **che ha un certo numero di piedi**: *four-f.*, quadrupede ***2*** **dai piedi**: *flat--f.*, dai piedi piatti.

footfall ['futfɔ:l] *n.* [C] **rumore di un passo; passo.**

foothold ['futhould] *n.* [C] ***1*** **appiglio; punto d'appoggio** (per es., in una scalata) ***2*** *(fig.)* **posizione sicura; credito.**

footing ['futiŋ] *n.* [C] ***1*** **punto d'appoggio** (per il piede) ***2*** *(soltanto al sing.) (fig.)* **base; posizione; appoggio**: *to get a f. in society,* farsi una posizione in società ***3*** *(soltanto al sing.)* **rapporto; relazione**: *to be on a friendly f. with sb.*, essere in rapporti amichevoli con q. ***4*** *(edil.)* **plinto; basamento** (d'una colonna, d'un muro) ● *to miss one's f.*, mettere il piede in fallo □ *(fig.) on an equal f.*, in condizioni di parità.

to **footle** ['fu:tl] *v. i.* *(pop.)* **fare lo stupido; dire sciocchezze.**

footlights ['futlaits] *n. pl.* ***1*** **luci della ribalta** ***2*** *(fig.)* **(il) teatro.**

footman ['futmən] *n.* (*pl.* **footmen** ['futmən]) **domestico in livrea; lacchè; valletto.**

footnote ['futnout] *n.* [C] **nota a piè di pagina; nota in calce.**

to **footnote** ['futnout] *v. t.* **corredare di note in calce.**

footprint ['futprint] *n.* [C] **impronta di piede; orma.**

footsore ['futsɔ:*] *a.* **con i piedi doloranti.**

footstep ['futstep] *n.* [C] ***1*** **passo; rumore di un passo** ***2*** **impronta di piede; orma**: *to follow in sb.'s footsteps,* seguire le orme di q.

footstool ['futstu:l] *n.* [C] **sgabello** (per i piedi); **poggiapiedi.**

footwarmer ['futˌwɔ:mə*] *n.* [C] **scaldapiedi; scaldino.**

footwear ['futwɛə*] *n.* [U] **calzature.**

fop [fɔp] *n.* **bellimbusto; damerino; zerbinotto.**

foppery ['fɔpəri] *n.* [U] **affettazione; fatuità; frivolezza; posa; vanità.**

foppish ['fɔpiʃ] *a.* **affettato; fatuo; frivolo; vanitoso.**

(1) for [fɔ:*, fə*] *prep.* ***1*** **per**: *the train for London,* il treno per Londra □ *to walk for hours,* camminare per ore □ *to have an ear for music,* avere orecchio per la musica ***2*** **a; adatto a**: *to be good for the health,* fare bene alla salute □ *He is the man for that job,* è l'uomo adatto a quel posto ***3*** **di**: *anxious for peace,* ansioso di pace □ *a cheque for ten pounds,* un assegno di dieci sterline ***4*** **per; come; in qualità di; da**: *for my part,* per me; da parte mia ***5*** **in rapporto a; come; per**: *It is very cool for a summer day,* è molto fresco per (essere) una giornata d'estate ***6*** **a dispetto di; nonostante**: *for all that,* a dispetto di tutto ciò □ *for all you say,* nonostante ciò che dici ***7*** *(nella « duration form »)* **da**: *I have been waiting for an hour,* aspetto da un'ora; è un'ora che aspetto □ *It hadn't rained for two weeks,* non pioveva da due settimane; erano due settimane che non pioveva ***8*** *(seguito da compl. ogg. e inf.)*: *It's necessary for you to leave at once,* è necessario che tu parta subito □ *It isn't for you to decide,* non sta (o non tocca) a te decidere ● *for all I know,* per quel che so □ *for oneself,* da solo; per conto proprio □ *as for me (him, her, etc.),* quanto a me (a lui, a lei, ecc.) □ *to be out for,* andare in cerca di □ *to work for one's living,* lavorare per vivere □ *(fam.) Now you are in for it!*, l'hai fatta bella! □ *Alas for him!*, ahi lui!; poveretto! □ *It's good enough for me,* per me, va bene □ *It's time for school,* è ora d'andare a scuola □ *Now for it!*, e ora, a noi (al lavoro, ecc.)!

(2) for [fɔ:*, fə*] *cong.* **perché; poiché.**

forage ['fɔridʒ] *n.* [U] **foraggio** ● *(mil.) f. cap,* berretto a busta; bustina.

to **forage** ['fɔridʒ] ***A*** *v. i.* *(mil.)* **foraggiare; cercare foraggi e vettovaglie** ***B*** *v. t.* ***1*** *(mil.)* **saccheggiare** ***2*** **provvedere di foraggio.**

forasmuch as [fərəz'mʌtʃez] *cong.* *(lett.)* **giacché; considerato che.**

foray ['fɔrei] *n.* [C] *(mil.)* **incursione; scorreria.**

to **foray** ['fɔrei] *v. i.* *(mil.)* **fare un'incursione; fare una scorreria.**

forbad [fə'bæd], **forbade** [fə'beid] *pass.* di to **forbid.**

forbear ['fɔ:bɛə*] *n.* *(di solito al pl.)* **antenato; progenitore.**

to **forbear** [fɔ:'bɛə*] (*pass.* **forbore** [fɔ:'bɔ:*], *p.p.* **forborne** [fɔ:'bɔ:n] *v. t.* e *i.* **astenersi** (da); **evitare** (di); **fare a meno** (di); **trattenersi** (da): *to f. from doing (o to do) st.*, astenersi dal fare q.c.

forbearance [fɔ:'bɛərəns] *n.* [U] **pazienza; indulgenza; tolleranza.**

forbearing [fɔ:'bɛəriŋ] *a.* **paziente; indulgente; tollerante.**

to **forbid** [fə'bid] (*pass.* **forbade** [fə'beid], **forbad** [fə'bæd]; *p.p.* **forbidden** [fə'bidn]) *v. t.* ***1*** **impedire; proibire; vietare** ***2*** **vietare l'accesso a; bandire da** ● *God forbid!*, Dio non voglia!; Dio ne scampi e liberi!

forbidden [fə'bidn] ***A*** *p.p.* di to **forbid** ***B*** *a.* **proibito; vietato** ● *f. ground,* luogo a cui è fatto divieto d'accesso; *(fig.)* argomento tabù.

forbidding [fə'bidiŋ] *a.* **arcigno; minaccioso.**

forbore [fɔ:'bɔ:*] *pass.* di to **forbear.**

forborne [fɔ:'bɔ:n] *p.p.* di to **forbear.**

force [fɔ:s] *n.* ***1*** [U] **forza; energia; potenza; vigore; validità; efficacia**: *(fis.) the f. of gravity,* la forza di gravità ***2*** [U] **significato; valore**: *the f. of a word,* il valore d'una parola ***3*** [C] *(mil.)* **reparto**: *a small f. of infantry,* un piccolo reparto di fanteria ● *the f.*, la forza pubblica □ *by f. of,* a forza di; per mezzo di □ *in f., (mil.)* in forze, in gran numero; *(leg.)* in vigore □ (d'una legge) *to come into f.*, entrare in vigore □ (anche *mil.*) *to join forces with sb.*, unire le proprie forze a quelle di q.; unirsi a q. □ *(mil.) land forces,* effettivi terrestri □ *(mil.) landing forces,* truppe da sbarco.

to **force** [fɔ:s] *v. t.* ***1*** **forzare; costringere; obbligare; sforzare**: *to f. sb. to do st.*, costringere q. a fare q.c. □ *to f. a lock (a door),* forzare una serratura (scassinare una porta) □ *to f. one's voice,* forzare la voce ***2*** **strappare** (con la forza o *fig.*): *to f. the facts out of sb.*, strappare la verità a q. ***3*** — *to f. on (o upon),* imporre a ● *to f. back,* respingere; fare indietreggiare □ *to f. down,* far discendere; far calare (prezzi, ecc.) □ *to f. in,* far entrare per forza; conficcare (un palo, ecc.) □ *to f. sb. into doing st.*, far fare q.c. a q., con la forza □ *to f. out,* spingere fuori □ *to f. a passage,* aprirsi un varco □ *to f. a smile,* fare un sorriso forzato □ *to f. up,* far salire; fare aumentare (prezzi, ecc.) □ *to f. one's way through the crowd,* farsi largo tra la folla.

forced [fɔ:st] *a.* ***1*** **forzato; obbligato** ***2*** **forzato; artefatto.**

to **force-feed** ['fɔ:sfi:d] (*pass.* e *p.p.* **force-fed** ['fɔ:sfed]) *v. t.* ***1*** **sottoporre** (q.) **ad alimentazione forzata** ***2*** *(fig.)* **imporre con la forza.**

forceful ['fɔ:sful] *a.* **forte; forte di carattere; vigoroso; energico.**

forcefulness ['fɔ:sfulnis] *n.* [U] **forza; vigore; energia.**

forcemeat ['fɔ:sˌmi:t] *n.* [U] **(carne da) ripieno.**

forceps ['fɔ:seps] *n. (sing. e pl.)* **1** *(med.)* forcipe **2** pinze (da dentista).
forcible ['fɔ:səbl] *a.* **1** violento; (fatto) con l'uso della forza **2** forte; energico; vigoroso; convincente.
ford [fɔ:d] *n.* [C] guado.
to **ford** [fɔ:d] *v. t.* guadare; passare a guado.
fordable ['fɔ:dəbl] *a.* guadabile.
fore [fɔ:*] **A** *avv. (naut.)* a prua; di prora **B** *a.* anteriore; frontale **C** *n.* **1** (la) parte anteriore; (il) davanti **2** *(naut.)* prua; prora ● *(fig.) to come to the f.*, mettersi in vista; venire alla ribalta.
fore- [fɔ:*] *pref.* **1** (per indicare un rapporto di anteriorità nel tempo) pre- **2** (per indicare anteriorità, precedenza nel tempo o nello spazio) ante-, anti-; avam-, avan-; anteriore.
forearm ['fɔ:ra:m] *n.* [C] avambraccio.
to **forearm** [fɔ:'ra:m] *v. t.* preparare alla difesa; premunire.
forebear ['fɔ:bɛə*] *n. (di solito al pl.)* antenato; progenitore.
to **forebode** [fɔ:'boud] *v. t.* **1** presagire; essere presagio di **2** presentire; avere un presentimento di.
foreboding [fɔ:'boudiŋ] *n.* [C] e [U] presagio; (cattivo) presentimento.
to **forecast** ['fɔ:ˌka:st] (*pass.* e *p.p.* **forecast, forecasted** ['fɔ:ˌka:stid]) *v. t.* prevedere; predire; pronosticare.
forecast ['fɔ:ˌka:st] *n.* [C] previsione; predizione; pronostico.
forecastle ['fouksl] *n.* [C] *(naut.)* castello di prua.
to **foreclose** [fɔ:'klouz] v. t. **1** precludere; escludere **2** *(leg.)* privare (q.) del diritto di cancellare un'ipoteca.
forecourt ['fɔ:ˌkɔ:t] *n.* [C] **1** cortile anteriore; corte esterna **2** *(tennis)* zona di servizio.
to **foredoom** [fɔ:'du:m] *v. t.* condannare (in anticipo); predestinare.
forefather ['fɔ:ˌfa:ðə*] *n.* [C] antenato; avo; progenitore.
forefinger ['fɔ:ˌfiŋgə*] *n.* (dito) indice.
forefoot ['fɔ:fut] *n.* (*pl.* **forefeet** ['fɔ:fi:t]) zampa anteriore.
forefront ['fɔ:frʌnt] *n. (al sing. con l'art. determ.)* **1** parte anteriore **2** *(mil.)* prima linea **3** *(fig.)* avanguardia.
foregoer [fɔ:'gouə*] *n.* predecessore; precursore.
foregoing [fɔ:'gouiŋ] *a.* precedente; anteriore.
foregone [fɔ:'gɔ:n] *a.* **1** precedente; anteriore **2** previsto; scontato.
foreground ['fɔ:graund] *n.* [C] **1** *(arti figurative)* primo piano **2** *(fig.)* posizione preminente ● *(fig.) to be in the f.*, essere molto in vista.
forehand ['fɔ:hænd] *a.* diritto: *a f. stroke*, un colpo diritto.
forehead ['fɔrid] *n.* [C] *(anat.* e *fig.)* fronte.
foreign ['fɔrin] *a.* **1** straniero; forestiero; estero **2** estraneo; alieno ● *the F. Office*, il Ministero degli Esteri *(in G.B.)*.
foreigner ['fɔrinə*] *n.* straniero, straniera; forestiero, forestiera.
to **foreknow** [fɔ:'nou] (*pass.* **foreknew** [fɔ:'nju:], *p.p.* **foreknown** [fɔ:'noun]) *v. t.* conoscere in anticipo; prevedere.
foreknowledge [fɔ:'nɔlidʒ] *n.* [U] preconoscenza; prescienza.
foreknown [fɔ:'noun] *p.p.* di to **foreknow.**
foreland ['fɔ:lənd] *n.* [C] capo; promontorio.
foreleg ['fɔ:leg] *n.* [C] zampa anteriore (di quadrupede).
forelock ['fɔ:lɔk] *n.* [C] ciocca di capelli sulla fronte; ciuffo ● *to take time by the f.*, cogliere il momento opportuno.
foreman ['fɔ:mən] *n.* (*pl.* **foremen** ['fɔ:mən]) **1** caposquadra; capomastro **2** *(leg.)* capo della giuria; primo giurato **3** *(tipogr.)* proto.
foremast ['fɔ:ma:st] *n.* [C] *(naut.)* albero di trinchetto.
foremost ['fɔ:moust] **A** *a.* primo; principale; più eminente **B** *avv.* **1** in prima fila; in testa **2** anzitutto; per prima cosa (di solito *first and f.*) ● *with one's head f.*, a capofitto.
forename ['fɔ:neim] *n.* [C] prenome; nome di battesimo.
forenoon ['fɔ:nu:n] *n.* [C] mattina; mattinata.
forensic [fə'rensik] *a.* forense ● *f. medicine*, medicina legale.
forepart ['fɔ:ˌpa:t] *n.* [C] parte anteriore.
to **forerun** [fɔ:'rʌn] (*pass.* **foreran** [fɔ:'ræn], *p.p.* **forerun**) *v. t.* precorrere; essere un precursore di.
forerunner ['fɔ:ˌrʌnə*] *n.* **1** precursore **2** araldo **3** presagio; indizio.
foresail ['fɔ:seil] *n.* [C] *(naut.)* vela di trinchetto.
to **foresee** [fɔ:'si:] (*pass.* **foresaw** [fɔ:'sɔ:], *p.p.* **foreseen** [fɔ:'si:n]) *v. t.* prevedere; presentire; antivedere.
foreseeable [fɔ:'si:əbl] *a.* **1** prevedibile **2** prossimo; immediato.
foreseer [fɔ:'si:ə*] *n.* veggente; profeta, profetessa.
to **foreshadow** [fɔ:'ʃædou] *v. t.* adombrare; prefigurare; presagire.
to **foreshorten** [fɔ:'ʃɔ:tən] *v. t.* disegnare in prospettiva.
foresight ['fɔ:ˌsait] *n.* **1** [U] previdenza; preveggenza **2** [C] mirino (di arma da fuoco).
forest ['fɔrist] *n.* [C] e [U] foresta; bosco; selva (anche *fig.)*.
to **forestall** [fɔ:'stɔ:l] *v. t.* prevenire; precedere.
forester ['fɔristə*] *n.* **1** guardia forestale; guardaboschi **2** silvicoltore, selvicoltore.
forestry ['fɔristri] *n.* [U] silvicoltura, selvicoltura.
foretaste ['fɔ:ˌteist] *n.* [C] pregustazione; anticipo *(fig.)*.
to **foretaste** [fɔ:'teist] *v. t.* pregustare.
to **foretell** [fɔ:'tel] (*pass.* e *p.p.* **foretold** [fɔ:'tould]) *v. t.* predire.
forethought ['fɔ:ˌθɔ:t] *n.* [U] previdenza; preveggenza.
foretold [fɔ:'tould] *pass.* e *p.p.* di to **foretell.**
forever [fə'revə*] *avv.* sempre; per sempre.
to **forewarn** [fɔ:'wɔ:n] *v. t.* preavvisare; preavvertire.
forewoman ['fɔ:ˌwumən] *n.* (*pl.* **forewomen** ['fə:ˌwimin]) **1** prima operaia; maestra (di lavoro) **2** *(leg.)* prima giurata.
foreword ['fɔ:wə:d] *n.* [C] prefazione; introduzione.
forfeit ['fɔ:fit] *n.* [C] **1** ammenda; penalità **2** *(fig.)* fio; pena **3** (nei giochi) pegno; posta **4** *(al pl.)* giochi di società con pegni.
to **forfeit** ['fɔ:fit] *v. t.* perdere; essere privato di (q.c., per confisca, colpa propria, ecc.).
forfeiture ['fɔ:fitʃə*] *n.* [U] *(leg.)* confisca; perdita.
to **forgather** [fɔ:'gæðə*] *v. i.* adunarsi; riunirsi.
forgave [fə'geiv] *pass.* di to **forgive.**
forge [fɔ:dʒ] *n.* [C] **1** fucina **2** fornace ● *f. hammer*, maglio (per fucinare).
(1) to **forge** [fɔ:dʒ] *v. t.* e *i.* **1** fucinare, forgiare (metalli, ecc.) **2** contraffare; falsificare.
(2) to **forge** [fɔ:dʒ] *v. i.* andare avanti per gradi, con difficoltà; tirare avanti ● *to f. ahead*, avanzare con decisione; *(fig.)* fare progressi.
forger ['fɔ:dʒə*] *n.* **1** contraffattore; falsario **2** *(metall.)* fucinatore; forgiatore.
forgery ['fɔ:dʒəri] *n.* **1** [U] contraffazione; falsificazione **2** [C] documento falso; firma falsa; falso ● *(leg.) crime of f.*, reato di falso.
to **forget** [fə'get] (*pass.* **forgot** [fə'gɔt], *p.p.* **forgotten** [fə'gɔtn]) **A** *v. t.* e *i.* **1** dimenticare, dimenticarsi; scordare, scordarsi; non ricordare: *I forgot about it*, me ne sono scordato **2** non tenere in nessun conto; trascurare **B** to **forget oneself** *v. rifl.* **1** comportarsi indecorosamente **2** pensare solo agli altri; essere altruista ● *to forgive and f.*, metterci una pietra sopra *(fig.)*.
forgetful [fə'getful] *a.* **1** immemore; smemorato **2** dimentico; noncurante.
forgetfulness [fə'getfulnis] *n.* [U] **1** smemoratezza **2** dimenticanza; oblio *(lett.)* **3** noncuranza; negligenza.

forget-me-not [fə'getminɔt] *n.* [C] (*bot.*, Myosotis palustris) **nontiscordardimé; miosotide.**
forging ['fɔ:dʒiŋ] *n.* **1** [U] **fucinatura, forgiatura** (di metalli) **2** [C] **pezzo fucinato** (o **forgiato**) ● *(metall.) f. machine,* fucinatrice; forgiatrice □ *(metall.) f. press,* pressa per fucinatura.
forgivable [fə'givəbl] *a.* **perdonabile.**
to **forgive** [fə'giv] (*pass.* **forgave** [fə'geiv], *p.p.* **forgiven** [fə'givn]) *v. t.* e *i.* **1 perdonare; perdonare a 2 condonare.**
forgiveness [fə'givnis] *n.* [U] **1 perdono**: *to ask for f.,* chieder perdono **2 condono; remissione 3 clemenza; indulgenza.**
forgiving [fə'giviŋ] *a.* **clemente; indulgente.**
to **forgo** [fɔ:'gou] (*pass.* **forwent** [fɔ:'went], *p.p.* **forgone** [fɔ:'gɔn]) *v. t.* **astenersi da; rinunziare a.**
forgot [fə'gɔt] *pass.* di to **forget.**
forgotten [fə'gɔtn] *p.p.* di to **forget.**
fork [fɔ:k] *n.* [C] **1 forchetta 2** *(agric.)* **forca; forcone 3 ramo biforcuto; forcella** (d'albero) **4 biforcazione; bivio 5** *(mecc.)* **forcella 6** (*mus.*: anche *tuning f.*) **diapason.**
to **fork** [fɔ:k] **A** *v. t.* **1** *(agric.)* **smuovere** (o **spostare, trasportare**) **con la forca; inforcare 2 biforcare B** *v. i.* **biforcarsi** ● *(pop.) to f. out,* sborsare (denaro).
forked [fɔ:kt] *a.* **1 forcuto; biforcuto 2 a zig-zag 3** *(mecc.)* **a forcella.**
forkful ['fɔ:kful] *n.* [C] **1 forchettata 2** *(agric.)* **forcata.**
forlorn [fə'lɔ:n] *a.* **1 abbandonato; derelitto 2 misero; sconsolato.**
form [fɔ:m] *n.* **1** [U] e [C] **forma** (quasi in ogni senso); **aspetto; apparenza; figura** (anche umana); **sagoma; formalità; convenzione; formula; stile;** *(gramm.)* **forma, voce 2** [C] **modulo; scheda**: *a telegraph f.,* un modulo telegrafico **3** [C] (anche *f. letter*) **(lettera) circolare 4** [U] **condizioni fisiche e mentali; vena** *(fig.)*; **forma**: *to be out of f.,* non essere in forma □ (d'atleta, ecc.) *to lose one's f.,* andar giù di forma **5** [C] **banco; panca 6** [C] **classe** (specialm. di « public school ») ● *as a matter of f.,* pro forma □ *for f.'s sake,* per salvare la forma □ *in due f.,* nella debita forma; come si conviene □ *to take the f. of,* apparire in veste di □ *That is bad f.!,* non sta bene!; non è buona creanza!
to **form** [fɔ:m] **A** *v. t.* **1 formare; costituire; costruire; formulare**: *to f. the plural of a noun,* formare il plurale d'un nome **2** (specialm. *mil.*) **ordinare; disporre**: *to f. a regiment into columns,* disporre un reggimento in colonne **B** *v. i.* **1 formarsi; costituirsi 2** (specialm. *mil.*) **ordinarsi; disporsi** ● *(mil.) to f. fours,* mettersi per quattro.
formal ['fɔ:məl] *a.* **1 formale 2 convenzionale; cerimonioso; da cerimonia; di convenienza**: *a f. dress,* un abito da cerimonia □ *a f. call,* una visita di convenienza **3 geometrico; simmetrico 4 apparente; non essenziale** ● *The dance will be f.,* il ballo sarà di gala.
formaldehyde [fɔ:'mældihaid] *n.* [U] *(chim.)* **formaldeide.**
formalin ['fɔ:məlin] *n.* [U] *(chim.)* **formalina.**
formalism ['fɔ:məlizəm] *n.* [U] **formalismo.**
formalist ['fɔ:məlist] **A** *n.* **formalista B** *a.* **formalistico.**
formalistic [,fɔ:mə'listik] *a.* **formalistico.**
formality [fɔ:'mæliti] *n.* [U] e [C] **formalità.**
to **formalize** ['fɔ:məlaiz] **A** *v. t.* **1 formulare; foggiare 2 rendere formale** (o **formalistico**) **B** *v. i.* **essere cerimonioso.**
format ['fɔ:mæt] *n.* [C] **formato** (d'un libro e sim.).
formation [fɔ:'meiʃən] *n.* [U] e [C] **formazione** (anche *geol., mil.*); **composizione; costituzione; struttura;** *(mil.)* **ordine.**
formative ['fɔ:mətiv] *a.* **formativo.**
former ['fɔ:mə*] **A** *a.* **precedente; passato; andato**: *on a f. occasion,* in un'occasione precedente **B** *a.* e *pron.* **primo** (di due); **questo; (l')uno**: *the f.... the latter,* questo... quello; l'uno... l'altro.
formerly ['fɔ:məli] *avv.* **tempo addietro; un tempo; in passato.**
formic ['fɔ:mik] *a.* *(chim.)* **formico**: *f. acid,* acido formico.
Formica [fɔ:'maikə] *n.* [U] *(marchio: ind.)* **formica.**
formidable ['fɔ:midəbl] *a.* **1 formidabile; spaventoso 2 arduo.**
formless ['fɔ:mlis] *a.* **informe; amorfo.**
formula ['fɔ:mjulə] *n.* (*pl.* **formulae** ['fɔ:mjuli:], **formulas** ['fɔ:mjuləz]) **1 formula 2 ricetta (medica) 3** *(sport)* **formula**: *a f.-one car,* una macchina di formula uno.
to **formulate** ['fɔ:mjuleit] *v. t.* **1 ridurre in formule 2 formulare.**
formulation [,fɔ:mju'leiʃən] *n.* [U] e [C] **1 riduzione in formule 2 formulazione.**
to **fornicate** ['fɔ:nikeit] *v. i.* **fornicare.**
fornication [,fɔ:ni'keiʃən] *n.* [U] **fornicazione.**
fornicator ['fɔ:ni,keitə*] *n.* **fornicatore.**
to **forsake** [fə'seik] (*pass.* **forsook** [fə'suk], *p.p.* **forsaken** [fə'seikən]) *v. t.* **abbandonare.**
forsaken [fə'seikən] **A** *p.p.* di to **forsake B** *a.* **abbandonato; desolato; derelitto.**
forsook [fə'suk] *pass.* di to **forsake.**
forsooth [fə'su:θ] *(arc., iron.)* **in verità; affé!**
to **forswear** [fɔ:'swεə*] (*pass.* **forswore** [fɔ:'swɔ:*], *p.p.* **forsworn** [fɔ:'swɔ:n]) **A** *v. t.* **abiurare; rinnegare B** to **forswear oneself** *v. rifl.* **spergiurare.**
forsworn [fɔ:'swɔ:n] **A** *p.p.* di to **forswear B** *a.* **spergiuro.**
fort [fɔ:t] *n.* [C] *(mil.)* **forte; fortezza; fortino.**
(1) forte [fɔ:t] *n.* [C] **forte; punto forte.**
(2) forte ['fɔ:ti] *(ital.) a.* e *avv.* *(mus.)* **forte.**
forth [fɔ:θ] *avv.* **1 avanti; innanzi**: *from this time f.,* d'ora innanzi **2 fuori; in vista** ● *and so f.,* e così via; eccetera □ *to set f.,* mettersi in viaggio.
forthcoming [fɔ:θ'kʌmiŋ] *a.* **1 prossimo; venturo 2 in corso di stampa 3 disponibile; pronto 4** *(fam.)* **cordiale; affabile; alla mano.**
forthright ['fɔ:θ,rait] *a.* **franco; esplicito; schietto.**
forthwith [,fɔ:θ'wiθ] *avv.* **immediatamente; subito.**
fortieth ['fɔ:tiiθ] *a.* e *n.* [C] **quarantesimo.**
fortification [,fɔ:tifi'keiʃən] *n.* [U] e [C] **fortificazione.**
to **fortify** ['fɔ:tifai] **A** *v. t.* **fortificare; rafforzare; corroborare B** to **fortify oneself** *v. rifl.* **fortificarsi; corroborarsi** ● *fortified wine,* vino alcolizzato.
fortitude ['fɔ:titju:d] *n.* [U] **forza d'animo; coraggio morale.**
fortnight ['fɔ:tnait] *n.* [C] **due settimane; quindici giorni**: *a f.'s holiday,* quindici giorni di vacanza ● *a f. today* (o *today f.*), oggi a quindici.
fortnightly ['fɔ:t,naitli] **A** *a.* **quindicinale; bimensile**: *a f. review,* una rivista quindicinale **B** *avv.* **ogni due settimane; ogni quindici giorni C** *n.* [C] **quindicinale** (pubblicazione).
fortress ['fɔ:tris] *n.* [C] **fortezza; città fortificata; piazzaforte.**
fortuitous [fɔ:'tju(:)itəs] *a.* **fortuito; accidentale; casuale.**
fortuity [fə'tju(:)iti] *n.* **1** [U] **accidentalità; casualità 2** [C] **avvenimento fortuito.**
fortunate ['fɔ:tʃnit] *a.* **1 fortunato 2 favorevole; propizio.**
fortune ['fɔ:tʃən] *n.* [U] e [C] **fortuna** (quasi in ogni senso); **sorte**: *to try one's f.,* tentare la sorte □ *to tell sb. his (o her) f.,* predire la fortuna a q. □ *to make a f.,* accumulare una fortuna ● *a man of f.,* un uomo ricco □ *to marry a f.,* sposare una donna molto ricca □ *(stor.) soldier of f.,* soldato di ventura.
fortune-hunter ['fɔ:tʃən,hʌntə*] *n.* **cacciatore di dote.**
fortune-teller ['fɔ:tʃən,telə*] *n.* **indovino, indovina.**
forty ['fɔ:ti] *a.* e *n.* **quaranta** ● *the forties,* gli anni dai 40 ai 50 (nella vita di q.); gli anni dal '40 al '50 (in un secolo) □ *to be over f.,* aver passato la quarantina.
forum ['fɔ:rəm] *n.* [C] **1** *(stor.* e *fig.)* **fòro; tribunale 2** *(fig.)* **tribuna** *(fig.)*: *to hold a f. on politics,* fare una tribuna politica.
(1) forward ['fɔ:wəd] **A** *a.* **1 in avanti; primo**: *the f. ranks of a column,* le prime file d'una colonna **2 avanzato; in anticipo; precoce; primaticcio; progressi-**

sta; d'avanguardia *3* pronto; premuroso; sollecito *4* impertinente; insolente *5* *(comm.)* **futuro *B*** *n. (sport)* **avanti; attaccante.**
(2) forward ['fɔ:wəd] *avv.* **avanti; innanzi; in avanti**: *from this time f.*, d'ora in avanti; d'ora innanzi; d'ora in poi □ *to go f.*, andare avanti; progredire ● *(leg.) to bring f. evidence,* produrre prove □ *to bring f. new ideas,* avanzare idee nuove □ *(comm.) to date f.*, postdatare; apporre (a un documento) una data posticipata □ *to look f.*, guardare innanzi a sé; pensare al futuro □ *to look f. to,* attendere con ansia; non vedere l'ora di: *I am looking f. to meeting you,* non vedo l'ora d'incontrarti.
to **forward** ['fɔ:wəd] *v. t.* ***1*** **promuovere; favorire; appoggiare *2* inoltrare; rispedire; far proseguire**: (sulla busta d'una lettera) *Please f.*, con preghiera d'inoltrare ***3*** *(comm.)* **spedire; inviare.**
forwarding ['fɔ:wədiŋ] *n. (comm.)* **spedizione** ● *(comm.) f. agent,* spedizioniere.
forwardness ['fɔ:wədnis] *n.* [U] ***1*** **precocità *2* prontezza; premura; sollecitudine *3* impertinenza; insolenza.**
forwards ['fɔ:wədz] *V.* **(2) forward.**
forwent [fɔ:'went] *pass.* di to **forgo.**
fosse [fɔs] *n.* [C] ***1*** **fossato** (specialm. di fortezza) ***2*** *(anat.)* **fossa.**
fossil ['fɔsl] *a.* e *n.* [C] (anche *fig.)* **fossile.**
to **fossilize** ['fɔsilaiz] *v. t.* e *i.* (anche *fig.)* **fossilizzare, fossilizzarsi.**
to **foster** ['fɔstə*] *v. t.* ***1*** **allevare; nutrire** (anche *fig.)* ***2*** **favorire; promuovere** ● *f.-brother,* fratello di latte □ *f.-child,* bambino adottato; bambino dato a balia □ *f.--father,* padre adottivo □ *f.-mother,* madre adottiva; balia; nutrice □ *f.-parents,* genitori adottivi □ *f.-sister,* sorella di latte.
fosterage ['fɔstəridʒ] *n.* [U] ***1*** **allevamento** (di bambini); **baliatico *2* (l')essere un figlio adottivo *3* (il) promuovere.**
fosterling ['fɔstəliŋ] *n.* ***1*** **bambino adottivo *2* favorito.**
fought [fɔ:t] *pass.* e *p.p.* di to **fight.**
(1) foul [faul] *a.* ***1*** **brutto, cattivo** (di tempo, ecc.); **fetido; immondo; impuro; sporco; viziato** (d'aria); *(pop.)* **ripugnante, schifoso**: *a f. smell,* un cattivo odore □ *f. water,* acqua impura (o torbida) ***2*** **corrotto; disonesto; perfido; scorretto; sleale**: *(sport) f. play,* gioco sleale; gioco falloso ***3*** **osceno; sconcio *4* impigliato; incagliato *5*** (di vento) **contrario; sfavorevole** ● *(sport) a f. blow,* un colpo proibito □ *the f. fiend,* il demonio; il Maligno □ *f.-mouthed,* sboccato; triviale □ *by fair means or f.*, con mezzi onesti o sleali; di riffa o di raffa.
(2) foul [faul] *n.* [C] ***1*** **atto sleale *2*** *(sport)* **fallo** ● *through fair and f.*, nella buona e nella cattiva sorte; nel bene e nel male.
(3) foul [faul] *avv.* **disonestamente; slealmente** ● *to fall* (o *to run) f. of,* (di nave) entrare in collisione con; (di persona) litigare con (q.) □ *to play sb. f.*, imbrogliare q.; trattare q. in modo sleale.
to **foul** [faul] ***A*** *v. t.* ***1*** (anche *fig.)* **imbrattare; insozzare; sporcare; contaminare; inquinare**: *to f. the air,* inquinare l'aria ***2*** (specialm. *naut.)* **impigliare; incagliare *3*** *(naut.)* **investire; urtare *B*** *v. i.* ***1*** **imbrattarsi; insozzarsi; sporcarsi *2*** (di tubazioni e sim.) **intasarsi; otturarsi *3* impigliarsi; incagliarsi *4*** *(naut.)* **entrare in collisione *5* imbrogliare; essere sleale** ● *(fig.) to f. one's own nest,* tirare sassi in colombaia *(fig.).*
foulard [fu:'la:d] *(franc.) n.* [C] e [U] **(fazzoletto di) seta; foulard.**
foulness ['faulnis] *n.* [U] ***1*** **immondezza; sozzura; sporcizia *2* oscenità; sconcezza *3* disonestà; perfidia; slealtà.**
found [faund] *pass.* e *p.p.* di to **find.**
(1) to **found** [faund] *v. t.* **fondare; basare; costituire; istituire; iniziare la costruzione di** (un edificio).
(2) to **found** [faund] *v. t. (metall.)* **fondere; colare** (un metallo).
foundation [faun'deiʃən] *n.* [U] e [C] ***1*** **fondazione; fondamento; base; costituzione; istituzione**: *the foundations of a house,* le fondamenta d'una casa □ *the foundations of civilization,* le basi della civiltà ***2*** (anche *f. garment)* **busto, guaina** (da donna) ***3*** *(cosmesi)* **crema base** ● *f. stone, (edil.)* prima pietra; *(fig.)* pilastro.
(1) founder ['faundə*] *n.* **fondatore; promotore; capostipite.**
(2) founder ['faundə*] *n. (metall.)* **fonditore.**
to **founder** ['faundə*] ***A*** *v. i.* ***1*** (di nave) **affondare; andare a picco *2*** (di cavallo) **cadere a terra; azzopparsi *3*** (d'un edificio) **crollare;** (d'un argine) **franare *B*** *v. t.* ***1*** **affondare** (una nave) ***2*** **azzoppare** (un cavallo).
foundling ['faundliŋ] *n.* **trovatello, trovatella** ● *f. hospital,* ospizio dei trovatelli; brefotrofio.
foundress ['faundris] *n.* **fondatrice.**
foundry ['faundri] *n.* [C] *(metall.)* **fonderia.**
(1) fount [faunt] *n.* [C] *(poet.* e *fig.)* **fonte; sorgente.**
(2) fount [faunt, fɔnt] *n.* [C] *(tipogr.)* **serie di caratteri dello stesso corpo e tipo.**
fountain ['fauntin] *n.* [C] ***1*** **fontana; fonte** (anche *fig.)* ***2*** **getto d'acqua *3* serbatoio** ● *f.-head,* sorgente; *(fig.)* fonte, origine.
fountain-pen ['fauntin,pen] *n.* [C] **penna stilografica.**
four [fɔ:*] *a.* e *n.* **quattro** ● *a f.-leaf clover,* un quadrifoglio □ *(fig.) a f.-letter word,* una parolaccia □ *f.--square,* quadrato; solido □ *a carriage and f.*, (una carrozza con) tiro a quattro □ *on all fours,* carponi □ *(mil.) Form fours!*, per quattro!
foureyes ['fɔ:raiz] *n. (fam., scherz.)* **quattrocchi.**
fourfold ['fɔ:,fould] ***A*** *a.* ***1*** **quadruplice *2* quadruplo *B*** *avv.* **quattro volte (tanto, tanti, ecc.).**
four-footed [,fɔ:'futid] *a. (zool.)* **quadrupede.**
four-handed [,fɔ:'hændid] *a.* ***1*** *(zool.)* **quadrumane *2*** *(di gioco)* **che si gioca in quattro *3*** *(mus.)* **a quattro mani.**
four-party ['fɔ:,pa:ti] *a. (polit.)* **quadripartito.**
fourpence ['fɔ:pəns] *n.* **(somma di) quattro penny.**
fourpenny ['fɔ:pəni] *a.* **che costa quattro penny**: *a f. stamp,* un francobollo da quattro penny.
four-poster [,fɔ:'poustə*] *n.* [C] **letto a quattro colonne.**
fourscore [,fɔ:'skɔ:*] *a.* e *n. (arc.)* **ottanta.**
foursome ['fɔ:səm] *n.* [C] ***1*** *(golf)* **partita giocata da due coppie *2*** *(fam.)* **comitiva di quattro persone; quartetto.**
fourteen [,fɔ:'ti:n] *a.* e *n.* **quattordici.**
fourteenth [,fɔ:'ti:nθ] *a.* e *n.* **quattordicesimo; decimoquarto.**
fourth [fɔ:θ] ***A*** *a.* e *n.* **quarto *B*** *n.* ***1*** *(mus.)* **quarta *2*** *(autom.)* **quarta** ● *the f. estate,* il quarto potere; la stampa.
fourthly ['fɔ:θli] *avv.* **in quarto luogo** (nelle enumerazioni).
fowl [faul] *n.* ***1*** *(raro)* **uccello, volatile** (in genere) ***2*** [C] **pollo**: *to keep fowls,* allevare polli ***3*** [U] **carne di pollo** ● *f.-house,* pollaio (la costruzione) □ *f.-run,* pollaio (il recinto).
fowler ['faulə*] *n.* **cacciatore** (d'uccelli); **uccellatore.**
fowling ['fauliŋ] *n.* [U] **uccellagione** ● *f.-piece,* fucile da caccia.
fox [fɔks] *n.* **volpe** (anche *fig.)* ● *fox-cub,* volpacchiotto □ *fox-hunt,* caccia alla volpe.
to **fox** [fɔks] ***A*** *v. i.* ***1*** **usare astuzie volpine; volpeggiare *2*** (di birra) **inacidire *3*** (di pagine di un libro) **scolorire, formando macchie giallastre *4*** *(fam.)* **fare finta; darla a bere** *(fig.)* ***B*** *v. t.* ***1*** **inacidire** (birra) ***2*** **scolorare** (pagine, stampe, ecc.) **con macchie giallastre *3*** *(fam.)* **ingannare; truffare *4*** *(fam.)* **fregare** *(pop.)*; **mettere nel sacco** *(fig.).*
foxglove ['fɔksglʌv] *n.* [U] *(bot.,* Digitalis purpurea) **digitale.**
foxhole ['fɔkshoul] *n.* [C] *(mil.)* **appostamento a buca.**
foxhound ['fɔkshaund] *n.* **cane da volpe; bracco.**
foxtail ['fɔksteil] *n.* ***1*** **coda di volpe *2*** *(bot.,* Alopecurus pratensis) **coda di volpe *3*** *(bot.,* Lycopodium clavatum) **licopodio.**
foxy ['fɔksi] *a.* **astuto; scaltro; volpino.**

foyer ['fɔiei] *(franc.)* *n.* [C] **1** *(teatr.)* **ridotto 2 atrio; sala d'attesa.**

fracas ['frækaː] *n.* (*pl.* **fracas** ['frækaːz]) **rissa.**

fraction ['frækʃən] *n.* [C] **1** *(mat.)* **frazione 2 frammento; pezzetto.**

fractional ['frækʃənl] *a.* **1** *(mat.)* **frazionario 2** *(fam.)* **piccolo; esiguo.**

to **fractionize** ['frækʃənaiz] *v. t.* *(mat.)* **frazionare; dividere in parti.**

fractious ['frækʃəs] *a.* **irritabile; litigioso; stizzoso.**

fractiousness ['frækʃəsnis] *n.* [U] **litigiosità; permalosità; stizzosità.**

fracture ['fræktʃə*] *n.* [U] e [C] *(med., geol.)* **frattura.**

to **fracture** ['fræktʃə*] *v. t.* e *i.* **fratturare, fratturarsi.**

fragile ['frædʒail] *a.* **1 fragile; delicato 2 debole; giù di corda** *(fam.)*.

fragility [frə'dʒiliti] *n.* [U] **fragilità; delicatezza.**

fragment ['frægmənt] *n.* [C] **frammento; pezzo; pezzetto.**

fragmentary ['frægməntəri] *a.* **frammentario.**

fragmentation [ˌfrægmen'teiʃən] *n.* [C] e [U] **frammentazione.**

fragrance ['freigrəns] *n.* [U] **fragranza; profumo.**

fragrant ['freigrənt] *a.* **1 fragrante; profumato 2** *(fig.)* **delizioso.**

frail [freil] *a.* **fragile; debole** (di salute o moralmente); **delicato** ● *a f. chance,* una vaga possibilità.

frailty ['freilti] *n.* **1** [U] **fragilità 2** [U] e [C] **debolezza.**

fraise [freiz] *n.* *(mecc.)* **fresa.**

to **frame** [freim] **A** *v. t.* **1 formare; costituire; concepire; redigere; formulare; elaborare; enunciare; costruire 2 incorniciare; inquadrare 3** *(fam.)* **tramare contro** (q.); **montare un'accusa contro** (q.) **B** *v. i.* (di piani, ecc.) **svilupparsi** ● *(fam.)* *to f. up,* montare (un'accusa); truccare (un'elezione).

frame [freim] *n.* [C] **1 intelaiatura; incastellatura; impalcatura; armatura; telaio**: *the f. of a window,* il telaio d'una finestra **2** (anche [U]) **costituzione fisica; ossatura; taglia 3 cornice 4 forma; struttura 5 stato d'animo; disposizione di spirito; umore**: *to be in a happy f. (of mind),* essere di buon umore **6 fusto** (di ombrello) **7 montatura** (di occhiali) **8** *(telev.)* **quadro** (dell'immagine) **9** *(cinem.)* **fotogramma.**

framer ['freimə*] *n.* **1 artefice; costruttore; formulatore; enunciatore 2** (anche *picture-f.*) **fabbricante di cornici; corniciaio.**

frame-up ['freimˌʌp] *n.* [C] **macchinazione; montatura** *(fig.)*.

framework ['freimwəːk] *n.* [C] **1 intelaiatura; impalcatura; ossatura; traliccio 2 composizione; struttura 3** *(fig.)* **contesto; quadro**: *the political f.,* il quadro politico.

framing ['freimiŋ] *n.* [U] e [C] **1 composizione; costruzione; formulazione; enunciazione; ideazione; struttura 2 incorniciatura; inquadramento 3** *(cinem., telev.)* **inquadratura.**

franc [fræŋk] *n.* [C] **franco** (moneta francese, belga o svizzera).

franchise ['fræntʃaiz] *n.* **1** [U] *(polit.)* **diritto di voto 2** [C] (specialm. *USA*) **franchigia; privilegio; concessione.**

Franciscan [fræn'siskən] **A** *a.* **francescano B** *n.* **(frate) francescano.**

francium ['frænsiəm] *n.* [U] *(chim.)* **francio.**

Franco- ['frænkou] *(nei composti)* **franco-** (fa riferimento alla Francia o ai francesi).

Francoism ['fræŋkouizəm] *n.* [U] *(stor., polit.)* **franchismo.**

Francoist ['fræŋkouist] *n.* *(stor., polit.)* **franchista.**

Francophile ['fræŋkoufail] *a.* e *n.* **francofilo.**

Francophobe ['fræŋkoufoub] *a.* e *n.* **francofobo.**

frangipane ['frændʒipein] *n.* [C] e [U] **1** *(cucina)* **dolce a base di crema e mandorle 2** (anche *frangipani*) *(bot.,* Plumiera rubra*)* **gelsomino rosso 3** (anche *frangipani*) **profumo di gelsomino rosso.**

Frank [fræŋk] *n.* *(stor.)* **Franco**: *the Franks,* i Franchi.

frank [fræŋk] *a.* **franco; aperto** *(fig.)*; **sincero; schietto.**

to **frank** [fræŋk] *v. t.* **spedire** (una lettera) **in franchigia.**

frankfurt ['fræŋkfəːt], **frankfurter** ['fræŋkfəːtə*] *n.* *(USA)* **frankfurter; salsicciotto di tipo tedesco.**

frankincense ['fræŋkinˌsens] *n.* [U] **incenso.**

franklin ['fræŋklin] *n.* *(stor.)* **libero proprietario terriero d'origine plebea.**

frankness ['fræŋknis] *n.* [U] **franchezza; schiettezza.**

frantic ['fræntik] *a.* **frenetico; furibondo; furioso.**

frappé [fræ'pei] *(franc.)* **A** *a.* (di vino) **ghiacciato B** *n.* [C] **1 liquore con ghiaccio tritato 2 frappé; frullato.**

fraternal [frə'təːnl] *a.* **fraterno.**

fraternity [frə'təːniti] *n.* **1** [U] **fraternità; fratellanza 2** [C] **confraternita; associazione; congregazione; comunità.**

fraternization [ˌfrætənai'zeiʃən] *n.* [U] **fraternizzazione.**

to **fraternize** ['frætənaiz] *v. i.* **affratellarsi; fraternizzare.**

fratricidal [ˌfrætri'saidl] *a.* **fratricida.**

fratricide ['frætrisaid] *n.* **1** [U] **fratricidio 2** [C] **fratricida.**

fraud [frɔːd] *n.* **1** [U] (anche *leg.*) **frode 2** [C] **impostura; imbroglio; truffa 3** [C] **impostore; imbroglione; truffatore.**

fraudulence ['frɔːdjuləns], **fraudulency** ['frɔːdjulənsi] *n.* [U] **fraudolenza; dolo.**

fraudulent ['frɔːdjulənt] *a.* **fraudolento; doloso.**

fraught [frɔːt] *a. pred.* **carico; pieno** *(fig.)*: *an expedition f. with risks,* una spedizione piena di rischi.

fray [frei] *n.* [C] **lotta; mischia.**

to **fray** [frei] **A** *v. t.* **consumare** (per sfregamento); **logorare; sfilacciare B** *v. i.* **consumarsi; logorarsi; sfilacciarsi.**

frazzle ['fræzl] *n.* *(solo al sing.)* *(fam.)* **1 consunzione; logorio 2 spossatezza 3 sfilacciatura 4 cencio; straccio** ● *worn to a f.,* ridotto un cencio.

to **frazzle** ['fræzl] *(fam.)* **A** *v. t.* **consumare; logorare; stancare B** *v. i.* **consumarsi; logorarsi; stancarsi.**

freak [friːk] *n.* **1** [C] e [U] **capriccio; bizzarria; ghiribizzo 2** [C] (anche *f. of nature*) **mostro; scherzo di natura 3** [C] *(pop.)* **fan; tifoso; patito**: *a jazz f.,* un patito del jazz.

freaked [friːkt] *a.* **screziato; striato; variegato.**

freakish ['friːkiʃ] *a.* **capriccioso; bizzarro; strambo.**

freakishness ['friːkiʃnis] *n.* [U] **capricciosità; bizzarria; stramberia.**

freckle ['frekl] *n.* [C] **lentiggine; efelide.**

to **freckle** ['frekl] **A** *v. t.* **coprire di lentiggini B** *v. i.* **coprirsi di lentiggini.**

freckled ['frekld], **freckly** ['frekli] *a.* **lentigginoso.**

(1) free [friː] *a.* **1 libero;** (anche *comm.*) **franco; gratuito; esente; privo; scevro; sciolto; spontaneo**: *admission f.,* ingresso gratuito □ *a f. translation,* una traduzione libera □ *f. port,* porto franco □ *f. on board,* franco a bordo □ *f. of duty,* esente da dazio □ *to do st. of one's own f. will,* fare q.c. di propria spontanea volontà **2 agile; disinvolto; spigliato; felice** *(fig.)*: *f. gestures and movements,* gesti e movimenti spigliati **3 confidenziale; familiare; libero**: *f. manners,* maniere confidenziali; familiarità (anche eccessiva) **4 abbondante; generoso; prodigo**: *to be f. with one's advice,* essere prodigo di consigli **5** *(naut.:* di vento*)* **favorevole 6** *(ginnastica)* **a corpo libero 7** *(sport)* **libero**: *f. skating,* pattinaggio libero ● *f. and easy,* disinvolto; senza cerimonie □ *the F. Churches,* le Chiese non conformiste (d'Inghilterra) □ *a f.-hand drawing,* un disegno a mano libera □ *f. range chicken,* pollo ruspante □ *f. speech,* libertà di parola □ *f. thought,* libertà di pensiero □ *to give sb. a f. hand in st.,* dare campo libero (o carta bianca) a q. in q.c.

(2) free [friː] *avv.* **gratis; gratuitamente; per niente.**

to **free** [friː] *v. t.* **liberare; affrancare; esonerare;**

svincolare.

freebooter ['fri:ˌbu:tə*] *n.* filibustiere; pirata; predone.

freedman ['fri:dmæn] *n.* (*pl.* **freedmen** ['fri:dmen]) (*stor. romana*) liberto.

freedom ['fri:dəm] *n.* [U] e [C] **1** libertà; indipendenza; franchezza; familiarità (anche eccessiva); disinvoltura, scioltezza, spigliatezza (di movimenti, d'azione): *f. of speech,* libertà di parola □ *to take freedoms with sb.*, prendersi delle libertà con q. **2** (*stor.*) franchigia **3** (anche *f. of the city*) cittadinanza onoraria ● *to give a friend the f. of one's house,* mettere la propria casa a disposizione d'un amico.

free-handed ['fri:ˌhændid] *a.* generoso; prodigo.

freehold ['fri:hould] *n.* [C] e [U] (*leg.*) (terreno tenuto in) proprietà assoluta.

freeholder ['fri:ˌhouldə*] *n.* (*leg.*) chi possiede (terreni, ecc.) in proprietà assoluta.

freelance ['fri:ˌla:ns] *n.* [C] **1** soldato di ventura; mercenario **2** giornalista indipendente ● *f. photographer,* fotografo libero professionista.

freely ['fri:li] *avv.* **1** liberamente; spontaneamente **2** generosamente; prodigamente **3** gratuitamente **4** senza cerimonie.

freeman *def. 1* ['fri:mæn], *def. 2* ['fri:mən] *n.* (*pl.* **freemen** ['fri:mən]) **1** (*stor.*) uomo libero **2** cittadino onorario.

freemartin ['fri:ˌma:tin] *n.* (*veterinaria*) vitella sterile.

freemason ['fri:ˌmeisn] *n.* massone; frammassone.

freemasonry ['fri:ˌmeisnri] *n.* [U] massoneria; frammassoneria.

freepost ['fri:poust] *n.* [U] spese postali a carico del destinatario.

freesia ['fri:zjə] *n.* [C] (*bot.*, Freesia) fresia.

free-spoken [ˌfri:'spoukən] *a.* esplicito; franco.

freestone ['fri:ˌstoun] *n.* **1** [U] pietra da taglio **2** [C] (*bot.*) frutto spiccagnolo.

freethinker [ˌfri:'θiŋkə*] *n.* libero pensatore.

to **free-wheel** [ˌfri:'wi:l] *v. i.* andare a ruota libera (senza pedalare, in bicicletta); (*autom.*) andare in folle.

free-will [ˌfri:'wil] *a.* volontario; spontaneo.

to **freeze** [fri:z] (*pass.* **froze** [frouz], *p.p.* **frozen** ['frouzn]) **A** *v. t.* **1** congelare; gelare; agghiacciare **2** (*econ.*) congelare, bloccare (prezzi, salari, ecc.) **B** *v. i.* **1** gelare, gelarsi; coprirsi di ghiaccio **2** sentirsi gelare; morire dal freddo (*fig.*) **3** attaccarsi, rimanere attaccato (per il gelo) ● *to f. sb.'s blood,* far gelare il sangue a q. □ (*pop.*) *to f. on to,* tenersi stretto a □ (*pop.*) *to f. sb. out,* tagliar fuori (o boicottare) q. □ *to f. over,* gelare; coprirsi di ghiaccio.

freeze [fri:z] *n.* [C] **1** gelo; gelata **2** (*econ.*) congelamento, blocco (di prezzi, salari, ecc.).

freezer ['fri:zə*] *n.* [C] impianto refrigerante; cella frigorifera.

freezing ['fri:ziŋ] **A** *a.* **1** gelato; molto freddo **2** (di maniere) gelido; glaciale **B** *n.* **1** congelamento **2** (*econ.*) congelamento, blocco (di salari, ecc.) ● *f. mixture,* miscela frigorifera.

freezing-point ['fri:ziŋpɔint] *n.* punto di congelamento.

freight [freit] *n.* **1** [U] trasporto di merci **2** [U] nolo marittimo; noleggio (specialm. di nave) **3** [C] carico (specialm. di nave).

to **freight** [freit] *v. t.* **1** (anche *fig.*) caricare **2** noleggiare (specialm. una nave) **3** (*USA*) spedire, trasportare (merci, con qualsiasi mezzo).

freightage ['freitidʒ] *n.* [U] **1** nolo, noleggio (specialm. di nave); spese di trasporto **2** carico (specialm. di nave).

freighter ['freitə*] *n.* **1** noleggiatore marittimo **2** nave da carico; aeroplano per trasporto merci; cargo.

freightliner ['freitˌlainə*] *n.* [C] (*ferr.*) treno merci per contenitori.

French [frentʃ] **A** *a.* francese **B** *n.* **1** il francese; la lingua francese **2** — (*collett.*) *the F.*, i francesi ● *F. chalk,* gesso da sarto □ (*cucina*) *F. dressing,* olio e aceto (come condimento) □ (*USA*) *F. fries,* patatine fritte □ *a F. lesson,* una lezione di francese □ (*fam.*) *F. letter,* preservativo □ *F. loaf,* filone (di pane) □ *F. polish,* vernice a spirito a base di gommalacca (per mobili) □ *F. roll,* panino.

to **Frenchify** ['frentʃifai] *v. t.* infrancesare; francesizzare.

Frenchman ['frentʃmən] *n.* (*pl.* **Frenchmen** ['frentʃmən]) francese.

Frenchwoman ['frentʃˌwumən] *n.* (*pl.* **Frenchwomen** ['frentʃˌwimin]) francese (donna).

frenetic(al) [frə'netik(əl)] *a.* frenetico; forsennato.

frenzied ['frenzid] *a.* frenetico; forsennato; delirante.

frenzy ['frenzi] *n.* [U] frenesia; delirio; parossismo ● *in a f. of despair,* in un accesso violento di disperazione.

frequency ['fri:kwənsi] *n.* [U] e [C] (anche *fis.*, *mat.*, *radio*, *telev.*) frequenza: *high (medium, low) f.*, alta (media, bassa) frequenza.

frequent ['fri:kwənt] *a.* **1** frequente **2** abituale.

to **frequent** [fri'kwent] *v. t.* frequentare.

frequently ['fri:kwəntli] *avv.* frequentemente; di frequente.

fresco ['freskou] *n.* (*pl.* **frescos, frescoes**) affresco ● (*arte*) *f.-painter,* affreschista.

to **fresco** ['freskou] *v. t.* affrescare.

fresh [freʃ] **A** *a.* **1** fresco; recente; nuovo; vigoroso; in forza; gagliardo: *a f. spring day,* una fresca giornata di primavera □ *f. information,* informazioni recenti **2** arrivato di fresco; inesperto: *a boy f. from school,* un ragazzo che ha appena terminato gli studi **3** (*fam.*) sfacciato; impertinente **B** *n.* **1** (il) fresco; freschezza **2** piena (di fiume) **C** *avv.* di fresco; di recente; di nuovo; appena: *f.-coined,* coniato di recente ● *f. from the wash,* (fresco) di bucato □ *to be as f. as a daisy,* essere fresco come una rosa □ *to go out for some f. air,* andare a prendere una boccata d'aria □ *to make a f. start,* cominciare daccapo.

to **freshen** ['freʃn] *v. t.* e *i.* **1** rinfrescare, rinfrescarsi **2** rinforzare.

freshet ['freʃit] *n.* [C] **1** corso d'acqua; torrentello **2** piena (di fiume).

freshly ['freʃli] *avv.* (*seguito da p.p.*) di fresco; di recente; appena: *f. gathered flowers,* fiori appena colti.

freshman ['freʃmən] *n.* (*pl.* **freshmen** ['freʃmən]) (*gergo studentesco*) studente (universitario) del primo anno; matricola.

freshness ['freʃnis] *n.* [U] **1** freschezza **2** novità **3** vigore.

freshwater ['freʃˌwɔ:tə*] *a.* d'acqua dolce.

(1) fret [fret] *n.* [C] (anche *archit.*) (anche *Greek f.*) greca.

(1) to **fret** [fret] *v. t.* (anche *archit.*) adornare di greche.

(2) to **fret** [fret] **A** *v. t.* **1** consumare; corrodere; logorare **2** agitare; affliggere; crucciare; irritare **B** *v. i.* **1** consumarsi; corrodersi; logorarsi **2** agitarsi; affliggersi; crucciarsi; irritarsi ● *to f. and fume,* essere molto irritato e impaziente; rodersi il fegato (*fig.*).

(2) fret [fret] *n.* [U] e [C] **1** corrosione **2** agitazione; afflizione; irritazione; cruccio ● *to be in a f.*, essere afflitto (o corrucciato, irritato).

(3) fret [fret] *n.* [C] (*mus.*) stanghetta trasversale, tasto (di strumento a corda).

fretful ['fretful] *a.* irritabile; scontroso; stizzoso.

fretfulness ['fretfulnis] *n.* [U] irritabilità; scontrosità; stizza.

fretsaw ['fretsɔ:] *n.* [C] sega da traforo.

fretwork ['fretwə:k] *n.* [U] **1** lavoro d'ornato **2** lavoro di traforo.

Freudian ['frɔidiən] (*psic.*) **A** *a.* freudiano **B** *n.* seguace di Freud.

friability [ˌfraiə'biliti] *n.* [U] friabilità.

friable ['fraiəbl] *a.* friabile.

friar ['fraiə*] *n.* frate ● *Austin Friars,* agostiniani □ *Black Friars,* domenicani □ *Grey Friars,* francescani □ *White Friars,* carmelitani.

friary ['fraiəri] *n.* [C] frateria; convento di frati.

to **fribble** ['fribl] *v. i.* **frivoleggiare; essere frivolo; gingillarsi.**
fricandeau ['frikən,dou] *n.* [C] *(cucina)* **fricandò.**
fricassee [,frikə'si:] *n.* [C] e [U] *(cucina)* **fricassea; spezzatino.**
fricative ['frikətiv] *(fon.)* ***A*** *a.* **fricativo *B*** *n.* [C] **(consonante) fricativa.**
friction ['frikʃən] *n.* ***1*** [U] *(mecc.)* **attrito; frizione *2*** [U] e [C] **attrito; dissenso; disaccordo.**
frictional ['frikʃənl] *a.* *(mecc.)* **di attrito.**
Friday ['fraidi] *n.* **venerdì**: *Good F.*, il Venerdì Santo.
fridge [fridʒ] *n.* *(fam.)* **frigorifero; frigo** *(fam.)*.
fried [fraid] ***A*** *pass.* e *p. p.* di to **fry *B*** *a.* **fritto**: *f. fish,* pesce fritto.
friend [frend] *n.* ***1*** **amico, amica *2*** — *(relig.) F.*, quacchero, quacchera: *the Society of Friends,* i quaccheri ● *to make friends again,* rifare amicizia □ *to make friends with sb.*, fare amicizia con q. □ *(polit.) my honourable f.*, il mio onorevole collega.
friendless ['frendlis] *a.* **senza amici; privo d'amici; solo.**
friendliness ['frendlinis] *n.* [U] **benevolenza; cortesia.**
friendly ['frendli] *a.* ***1*** **amico; amichevole; benevolo; cortese *2*** **propizio; favorevole** ● *F. Society,* società di mutuo soccorso □ *in a f. way,* amichevolmente.
friendship ['frendʃip] *n.* [U] e [C] **amicizia** (in ogni senso).
frieze [fri:z] *n.* [C] (anche *archit.*) **fregio.**
frigate ['frigit] *n.* [C] *(stor., naut.)* **fregata.**
fright [frait] *n.* ***1*** [U] e [C] **paura; spavento *2*** [C] *(fam.)* **persona** (o **cosa) ridicola; spauracchio** ● *to give sb. a f.*, spaventare q. □ *to take f. at st.*, spaventarsi di q.c.
to **fright** [frait] *v. t.* *(lett.)* **spaventare.**
to **frighten** ['fraitn] *v. t.* **spaventare; impaurire; intimorire** ● *to f. sb. away,* spaventare q. tanto da farlo fuggire □ *to f. sb. into (out of) doing st.*, far fare q.c. a q. (far desistere q. dal fare q.c.), intimorendolo □ *to f. sb. to death,* far morire q. di paura.
frightened ['fraitnd] *a.* **spaventato; intimorito; impaurito** ● *to be f. at st.*, spaventarsi per q.c. □ *to be f. of sb., st.*, aver paura di q., q.c.
frightful ['fraitful] *a.* **spaventoso; spaventevole; terribile; tremendo.**
frightfulness ['fraitfulnis] *n.* [U] **spaventosità, orribilità** *(rari)*; **orrore.**
frigid ['fridʒid] *a.* ***1*** **frigido; molto freddo; glaciale *2*** *(med.)* **frigido.**
frigidity [fri'dʒiditi] *n.* [U] ***1*** **frigidità; freddezza *2*** *(med.)* **frigidità.**
frill [fril] *n.* ***1*** [C] **gala increspata; trina *2*** *(al pl.)* **fronzoli *3*** **collare, collarino** (di peli o penne, in un animale) ● *(fig.) to put on frills,* darsi delle arie.
to **frill** [fril] ***A*** *v. t.* **ornare di gale** (o **trine) *B*** *v. i.* **arricciarsi.**
fringe [frindʒ] *n.* [C] ***1*** **frangia; frangetta**: *to wear a f.*, portare la frangetta ***2*** **orlo; margine; confine *3*** **frangia ornamentale; penero *4*** (anche *f. group)* **frangia**: *the extreme-left f.*, la frangia dell'ultrasinistra.
to **fringe** [frindʒ] *v. t.* ***1*** **ornare di frange; frangiare *2*** **orlare.**
Fringlish ['friŋgliʃ] *n.* [U] **inglese pieno di francesismi.**
frippery ['fripəri] *n.* [U] **cianfrusaglie; fronzoli.**
Frisbee ['frizbi:] *n.* [C] *(marchio)* **disco di plastica** (da lanciare per gioco).
Frisian ['fri:ziən] *a.* e *n.* **frisone.**
frisk [frisk] *n.* [C] ***1*** **salto; sgambetto; capriola *2*** **colpo** (di coda).
to **frisk** [frisk] ***A*** *v. i.* **saltellare; sgambettare; far capriole; ruzzare *B*** *v. t.* ***1*** **agitare; scuotere *2*** *(fam.)* **perquisire.**
friskiness ['friskinis] *n.* [U] **allegrezza; vivacità.**
frisky ['friski] *a.* ***1*** **saltellante; sgambettante *2*** **vivace; vispo.**
frisson [fri:'sɔ̃] *(franc.)* *n.* [C] **brivido; fremito.**
frit [frit] *n.* [U] ***1*** *(ind. del vetro)* **vetro poroso *2*** *(ind. ceramica)* **fritta; vetrina.**
frith [friθ] *V.* **firth.**
fritter ['fritə*] *n.* [C] *(cucina)* **frittella.**
to **fritter** ['fritə*] *v. t.* *(raro)* **sminuzzare** ● *to f. away,* sprecare.
Fritz [frits] *n.* *(pop., spreg.)* **tedesco; soldato tedesco.**
to **frivol** ['frivəl] *v. i.* **frivoleggiare; essere frivolo** ● *to f. away,* sprecare; scialacquare.
frivolity [fri'vɔliti] *n.* [U] e [C] **frivolezza; futilità.**
frivolous ['frivələs] *a.* **frivolo; futile; leggero.**
friz, frizz [friz] *n.* [C] **ricciolo; ciocca di riccioli.**
to **frizz** [friz] *v. t.* e *i.* ***1*** (di capelli) **arricciare, arricciarsi *2*** (di pelo di stoffa) **aggrovigliare, aggrovigliarsi.**
(1) to **frizzle** ['frizl] *v. t.* e *i.* (di capelli) **arricciare, arricciarsi.**
(2) to **frizzle** ['frizl] ***A*** *v. t.* **friggere; cuocere sulla griglia *B*** *v. i.* **friggere; sfrigolare.**
frizzly ['frizli], **frizzy** ['frizi] *a.* (di capelli) **riccio; crespo.**
fro [frou] *avv. nella locuz.*: *to and fro,* avanti e indietro; su e giù.
frock [frɔk] *n.* [C] ***1*** **abito, vestito** (da donna o da bambino) ***2*** **tonaca** (di frate) ***3*** (anche *f.-coat)* **finanziera *4*** **camiciotto** (da marinaio o da operaio).
to **frock** [frɔk] *v. t.* **rivestire dell'abito talare; ordinare sacerdote.**
frog [frɔg] *n.* [C] ***1*** **rana; ranocchio *2*** **alamaro** (di giubba militare e sim.).
Frog [frɔg], **Froggy** ['frɔgi] *n.* *(pop., spreg.)* **francese; « mangiarane ».**
frogman ['frɔgmən] *n.* (*pl.* **frogmen** ['frɔgmən]) *(mil.)* **uomo rana; sommozzatore.**
to **frogmarch** ['frɔgma:tʃ] *v. t.* ***1*** **spingere avanti** (q.) **che ha le braccia strette dietro la schiena *2*** **trascinare** (q.) **a faccia in giù.**
frolic ['frɔlik] *n.* [C] **scherzo; monelleria** ● *to have a f.*, divertirsi (o giocare) un poco.
to **frolic** ['frɔlik] *v. i.* **ruzzare; far birichinate.**
frolicsome ['frɔliksəm] *a.* **allegro; birichino; sbarazzino.**
from [frɔm, frəm] *prep.* ***1*** **da; di; per, a causa di; a decorrere da**: *to start f. London,* partire da Londra □ *to be far f. home,* essere lontano da casa □ *to be different f. others,* essere diverso dagli altri □ *Where are you f.?,* di dove sei? □ *f. next Monday,* da lunedì prossimo □ *gifts f. Providence,* doni della Provvidenza □ *to speak f. experience,* parlare per esperienza ***2*** **a**: *to take st. f. sb.*, prendere q.c. a q. □ *to hide the truth f. sb.*, nascondere la verità a q. □ *to keep a secret f. others,* nascondere un segreto agli altri ***3*** **da parte di**: *Tell him f. me that he must keep away,* digli da parte mia che deve stare alla larga ***4*** **con**: *Flour is made f. wheat,* la farina si fa col grano ● *f. no fault of my own,* non per colpa mia □ *to paint f. life,* dipingere dal vero □ *(mus.) to play f. memory,* suonare a memoria.
frond [frɔnd] *n.* [C] *(bot.)* **fronda** (di palma e sim.).
Fronde [frɔnd] *(franc.)* *n.* ***1*** *(stor. franc.)* **Fronda *2*** *(fig.)* **fronda; malcontento.**
front [frʌnt] ***A*** *n.* ***1*** *(generalm. al sing. con l'art. determ.)* **fronte; facciata; (il) davanti; parte anteriore**: *the f. of a building,* la facciata d'un edificio □ *(polit.) the popular f.*, il fronte popolare ***2*** [C] *(mil.)* **fronte; prima linea**: *to be sent to the f.*, essere mandato al fronte □ *a f. of 100 miles,* un fronte lungo 100 miglia ***3*** *(al sing. con l'art. determ.)* **lungomare**: *to have a walk along the (sea-)f.*, fare una passeggiata sul lungomare ***4*** [C] **petto, pettino** (di camicia); **sparato *5*** [U] **sfacciataggine; faccia tosta**: *to have the f. to do st.*, avere la sfacciataggine di fare q.c. ***B*** *a. attr.* ***1*** **anteriore; frontale; sul davanti; primo**: *a f. seat,* un posto a sedere di prima fila □ *the f. page of a newspaper,* la prima pagina d'un giornale ***2*** *(fon.)* **frontale** ● *(ferr.) f.-carriage,* carrozza di testa □ *to come to the f.*, mettersi in vista □ *in f.*, davanti; nelle prime file, nei primi posti □ *in f. of,* di fronte a; dirimpetto a; davanti a □ *to show a bold f.*, tener fronte coraggiosamente (al nemico, ecc.) □ *(mil.) Eyes f.!,* fissi!
to **front** [frʌnt] *v. t.* **essere prospiciente a; dare su; essere di fronte** (o **di faccia, dirimpetto) a**: *The hotel fronts the sea,* l'albergo dà sul mare ● *to f. on,* guardare

su; dare su □ *(mil.) F. right!*, fronte a destra!
frontage ['frʌntidʒ] *n.* [C] **1 lato di terreno prospiciente la strada 2 (lunghezza della) facciata** (d'una casa).
frontal ['frʌntl] *a.* *(anat., mil., ecc.)* **frontale.**
frontier ['frʌntjə*] **A** *n.* [C] **frontiera; confine** *(anche fig.)* **B** *a. attr.* **di frontiera; di confine.**
frontiersman ['frʌntjəzmən] *n.* *(pl.* **frontiersmen** ['frʌntjəzmən]) **1 abitante di una zona di confine 2** *(stor., USA)* **pioniere.**
frontispiece ['frʌntispi:s] *n.* [C] **1 illustrazione nell'antiporta** (pagina precedente il frontespizio d'un libro) **2** *(archit.)* **frontespizio.**
frontward ['frʌntwəd] *a.* e *avv.*, **frontwards** *avv.* **verso il davanti; verso la parte anteriore.**
frost [frɔst] *n.* **1** [U] e [C] **gelo; gelata 2** [U] *(anche hoarfrost, white f.)* **brina; brinata 3** [U] *(fig.)* **gelo; freddezza 4** [C] *(pop.)* **fiasco** *(fig.)* ● *black f.*, freddo intenso (senza brina) □ *Jack F.*, il Gelo (personificato).
to **frost** [frɔst] *v. t.* **1 coprire di brina** (o **di ghiaccio) 2 danneggiare** (o **distruggere, uccidere) col gelo 3** *(cucina)* **glassare 4 smerigliare** (vetro).
frost-bite ['frɔstbait] *n.* [U] *(med.)* **congelamento.**
frost-bitten ['frɔst,bitn] *a.* *(med.)* **congelato.**
frostiness ['frɔstinis] *n.* [U] **1 gelo; freddo intenso 2** *(fig.)* **freddezza.**
frosting ['frɔstiŋ] *n.* [U] **1** *(cucina)* **glassa; glassatura 2 smerigliatura** (del vetro, ecc.).
frostproof ['frɔstpru:f] *a.* **resistente al gelo.**
frosty ['frɔsti] *a.* **1 gelido; di gelo; glaciale** *(fig.)* **2 ghiacciato; gelato; coperto di brina.**
froth [frɔθ] *n.* [U] **1 schiuma; spuma 2** *(med., zool.)* **bava 3** *(fig.)* **frivolezze; ciance.**
to **froth** [frɔθ] **A** *v. i.* **1 spumeggiare; spumare 2 far la bava; sbavare B** *v. t.* **1 far spumare 2 coprire di schiuma.**
frothiness ['frɔθinis] *n.* [U] **1 schiumosità; spumosità 2** *(fig.)* **frivolezza; inconsistenza; leggerezza.**
frothy ['frɔθi] *a.* **1 schiumoso; spumoso; spumante; spumeggiante**: *f. beer*, birra spumeggiante **2** *(fig.)* **frivolo; leggero.**
froufrou ['fru:,fru:] *n.* **1 fru fru, fruscìo** (di abiti, gonne) **2** *(fam.)* **eleganza affettata.**
frown [fraun] *n.* [C] **aggrottamento delle ciglia; cipiglio.**
to **frown** [fraun] *v. i.* **aggrottare le ciglia; accigliarsi; corrugare la fronte** ● *to f. at sb.*, guardare q. in cagnesco □ *to f. disapproval*, esprimere la propria disapprovazione aggrottando le ciglia □ *to f. upon st.*, disapprovare q.c.
frowning ['frauniŋ] *a.* **accigliato; corrucciato; minaccioso.**
frowst [fraust] *n.* *(solo al sing.)* **caldo malsano; aria viziata; tanfo** (in una stanza).
frowsty ['frausti] *a.* *(fam.)* **che sa di rinchiuso.**
frowzy ['frauzi] *a.* **1 sciatto; trasandato 2 che sa di rinchiuso.**
froze [frouz] *pass.* di to **freeze.**
frozen ['frouzn] **A** *p.p.* di to **freeze B** *a.* **1 gelato; ghiacciato 2** (anche *fin.*: di crediti, ecc.) **congelato** ● *(fig.) f. stiff*, agghiacciato dal terrore.
fructiferous [frʌk'tifərəs] *a.* *(bot.)* **fruttifero.**
to **fructify** ['frʌktifai] **A** *v. i.* **fruttificare; produrre frutti** *(anche fig.)* **B** *v. t.* *(bot.)* **rendere fruttifero; fecondare.**
fructuous ['frʌktjuəs] *a.* *(anche fig.)* **fruttuoso.**
frugal ['fru:gəl] *a.* **frugale; parco; parsimonioso; sobrio.**
frugality [fru:'gæliti] *n.* [U] **frugalità; parsimonia; sobrietà.**
frugivorous [fru:'dʒivərəs] *a.* *(zool.)* **frugivoro.**
fruit [fru:t] *n.* **1** *(generalm. sing., collett.)* **frutta**: *to eat much f.*, mangiare molta frutta **2** [C] *(bot.)* **frutto 3** *(al pl.)* **frutti**: *the fruits of the earth*, i frutti della terra **4** *(spesso al pl.) (fig.)* **frutto; profitto**: *the fruits of industry*, i frutti dell'industria ● *f.-cake*, panfrutto □ *f. knife*, coltello da frutta □ *f.-tree*, albero da frutto.
to **fruit** [fru:t] *v. i.* **fruttificare; dare frutti** *(anche fig.)*.
fruiter ['fru:tə*] *n.* **1 frutticultore 2 nave per il trasporto di frutta 3 albero che dà frutti.**
fruiterer ['fru:tərə*] *n.* **fruttivendolo; fruttaiolo.**
fruitful ['fru:tful] *a.* **fruttifero; fruttuoso** *(anche fig.)*; **fecondo; fertile; redditizio.**
fruitfulness ['fru:tfulnis] *n.* [U] **fruttuosità; fecondità; fertilità.**
fruition [fru:'iʃən] *n.* [U] **1 fruizione; godimento 2 realizzazione; adempimento.**
fruitless ['fru:tlis] *a.* **infruttuoso; sterile; inutile; vano.**
fruitlessness ['fru:tlisnis] *n.* [U] **infruttuosità; sterilità; inutilità.**
fruity ['fru:ti] *a.* **1 che ha il sapore** (o **l'odore) della frutta 2 gustoso; saporoso; sapido** *(lett.)* **3 morbido; pastoso 4** *(fam.)* **salace; spinto 5** *(spreg.)* **melato.**
frump [frʌmp] *n.* **donna sciatta, malvestita.**
frumpish ['frʌmpiʃ], **frumpy** ['frʌmpi] *a.* **sciatto; trasandato.**
to **frustrate** [frʌs'treit] *v. t.* **frustrare; rendere vano; deludere.**
frustration [frʌs'treiʃən] *n.* [U] e [C] **frustrazione.**
frustum ['frʌstəm] *n.* [C] *(geom.)* **segmento solido.**
(1) fry [frai] *n.* *(invar. al pl.)* **avannotto** ● *small f.*, bambini; *(spreg.)* persone di nessun conto.
to **fry** [frai] *v. t.* e *i.* **friggere.**
(2) fry [frai] *n.* [U] **frittura; fritto.**
fryer ['fraiə*] *n.* **1 friggitore; chi frigge** (specialm. pesce) **2 padella** (per friggere) **3** *(cucina)* **pollo novello.**
frying-pan ['fraiiŋ,pæn] *n.* [C] **padella**: *(fig.) to fall out of the f. into the fire*, cascare dalla padella nella brace.
fuchsia ['fju:ʃə] *n.* [C] *(bot.*, Fuchsia) **fucsia.**
to **fuck** [fʌk] *v. t.* *(volg.)* **fottere** *(anche fig.)*; **chiavare** *(volg.)* ● *to f. around*, fare fesserie □ *to f. off*, (andare a) farsi fottere *(volg.)*.
(1) fuck [fʌk] *n.* *(volg.)* **chiavata** *(volg.)*.
(2) fuck [fʌk] *inter.* *(volg.)* **cazzo!** *(volg.)*; **maledizione!**
fucker ['fʌkə*] *n.* *(volg.)* **1 fottitore** *(volg.)* **2 fesso; stronzo** *(volg.)*.
fucking ['fʌkiŋ] *a.* *(volg.)* **fottuto** *(volg.)*; **dannato.**
to **fuddle** ['fʌdl] *v. t.* **ubriacare; stordire** (con l'alcol).
fuddle ['fʌdl] *n.* *(solo al sing.)* **ubriacatura; sbornia; stordimento** (prodotto dall'alcol) ● *to be on the f.*, esser brillo □ *to get in a f.*, confondersi.
fuddy-duddy ['fʌdi,dʌdi] *n.* [C] *(fam.)* **persona antiquata; matusa.**
fudge [fʌdʒ] **A** *n.* [U] **caramella fondente** (per lo più al cioccolato o al caffè) **B** *inter.* **frottole!**
to **fudge** [fʌdʒ] *v. t.* **1 abborracciare; rabberciare 2 falsificare 3 evitare; sottrarsi a** (q.c.).
fuel [fjuəl] *n.* [U] **1 combustibile; carburante 2** *(fig.)* **alimento; esca** ● *f. oil*, olio combustibile; nafta □ *(fig.) to add f. to the flames*, versare olio sul fuoco.
to **fuel** ['fjuəl] **A** *v. t.* **1 alimentare** (il fuoco) **2 rifornire di combustibile** (o **di carburante) B** *v. i.* **rifornirsi di carburante; far rifornimento.**
fug [fʌg] *n.* [C] *(fam.)* **aria viziata, odore di chiuso** (in una stanza).
fugacious [fju:'geiʃəs] *a.* **fugace; fuggevole; effimero; transitorio.**
fuggy ['fʌgi] *a.* **che sa di chiuso.**
fugitive ['fju:dʒitiv] **A** *a.* **1 fuggitivo; fuggiasco; evaso 2** *(attr.)* **fugace; fuggevole; effimero; d'interesse passeggero B** *n.* **fuggiasco; evaso; profugo; disertore.**
fugleman ['fju:glmæn] *n.* *(pl.* **fuglemen** ['fju:glmen]) **1** *(mil.)* **capofila; guida 2** *(fig.)* **capopartito; esponente; fautore; portavoce.**
fugue [fju:g] *n.* [C] *(mus.)* **fuga.**
fuguist ['fjugist] *n.* *(mus.)* **compositore** (o **esecutore) di fughe.**
fulcrum ['fʌlkrəm] *n.* *(pl.* **fulcra** ['fʌlkrə], **fulcrums)** *(fis., mecc.)* **fulcro** *(anche fig.)*; **punto d'appoggio.**
to **fulfil** [ful'fil] **A** *v. t.* **1 adempiere; compiere; eseguire**: *to f. one's duty*, compiere il proprio dovere □ *to f. an order*, eseguire un ordine **2 appagare; esaudire 3**

completare; effettuare ***B*** to **fulfil oneself** *v. rifl.* **realizzare i propri sogni; realizzarsi** ● *to f. sb.'s expectations,* rispondere pienamente alle aspettative di q. □ *to f. a promise,* mantenere una promessa.

fulfilment [ful'filmənt] *n.* [U] ***1*** **adempimento; compimento; esecuzione *2* appagamento *3* completamento *4* realizzazione.**

fulgurating ['fʌlgju,reitiŋ] *a. (med.)* **folgorante; lancinante.**

full [ful] ***A*** *a.* ***1*** **pieno** (in ogni senso); **ripieno; colmo; completo**: *a room f. of people,* una stanza piena di gente ***2*** **intero**: *a f. hour,* un'ora intera ***3*** **ampio; abbondante; largo; copioso**: *a f. supply,* un'abbondante provvista □ *a f. meal,* un pasto abbondante ***B*** *n.* **pieno; colmo *C*** *avv.* **completamente; interamente; pienamente; del tutto**: *a f.-blown flower,* un fiore completamente aperto ● *f. age,* maggiore età □ *f.-aged,* maggiorenne □ *(sport) f.-back,* terzino (nel gioco del calcio) □ *f. daylight,* pieno giorno □ *(poet.) f. many,* moltissimi □ *(mus.) f. orchestra,* orchestra al completo □ *f. six miles,* ben sei miglia □ *a f.-size drawing,* un disegno a grandezza naturale □ *f. to overflowing,* pieno fino a traboccare □ *(fam.) f. up,* satollo; pieno *(fam.)* □ *f. well,* benissimo □ *at f. speed,* a tutta velocità □ *to fill (st.) f.,* colmare; riempire □ *to give f. details,* dare ampi ragguagli; fornire ogni particolare □ *half f.,* pieno a metà; mezzo vuoto □ *in f.,* completamente; pienamente; per intero □ *in f. career,* di gran carriera □ *to the f.,* appieno; completamente: *to enjoy oneself to the f.,* divertirsi moltissimo □ *to turn st. to f. account,* trarre il massimo profitto da q.c. □ *(naut.) F. speed ahead!,* avanti a tutta forza!

(1) to **full** [ful] *v. t.* **raccogliere in ampie pieghe.**

(2) to **full** [ful] *v. t. (ind. tessile)* **follare.**

full-blooded [,ful'blʌdid] *a.* ***1*** **di razza pura *2* esuberante; vigoroso.**

full-bodied [,ful'bɔdid] *a.* ***1*** (di vino) **che ha corpo; corposo *2*** (d'uomo) **corpulento; robusto.**

full-fledged [,ful'fledʒd] *a.* ***1*** (di uccello) **che ha messo tutte le penne; capace di volare *2*** *(fig.)* **esperto.**

full-grown [,ful'groun] *a.* **adulto; maturo.**

full-mouthed [,ful'mauðd] *a.* ***1*** (di bestiame) **dalla dentatura completa *2*** (di stile, oratoria, ecc.) **vigoroso; risonante.**

fullness ['fulnis] *n.* [U] ***1*** **pienezza; completezza *2* sazietà *3* ampiezza; abbondanza; copia** *(lett.)* ***4*** (di suono) **ampiezza; volume *5*** (di colore) **vivezza** ● *in the f. of time,* a tempo debito.

full-scale [,ful'skeil] *a.* ***1*** (di modello) **in scala al naturale *2*** *(fig.)* **completo; esauriente *3*** *(mil.:* di attacco*)* **in grande scala *4*** (di conflitto) **vero e proprio.**

full-throated [,ful'θroutid] *a.* **a piena gola.**

full-time [,ful'taim] *a.* **a tempo pieno.**

fully [fuli] *avv.* ***1*** **pienamente; completamente; interamente; del tutto *2* esattamente; precisamente *3* non meno di**: *f. five hundred people,* non meno di cinquecento persone.

fully-fashioned [,fuli'fæʃənd] *a. (moda)* **ben aderente.**

fulminant ['fʌlminənt] *a.* (anche *med.*) **fulminante.**

fulminate ['fʌlmineit] *n. (chim.)* **fulminato**: *f. of mercury,* fulminato di mercurio.

to **fulminate** ['fʌlmineit] ***A*** *v. i.* ***1*** (soprattutto *fig.*) **scagliar fulmini; inveire *2* esplodere; detonare *B*** *v. t.* ***1*** **scagliare** (denunce, invettive, ecc.) ***2*** **far esplodere.**

fulmination [,fʌlmi'neiʃən] *n.* [U] e [C] ***1*** **denuncia violenta *2* esplosione.**

fulsome ['fulsəm] *a.* **disgustoso; smaccato; stomachevole; stucchevole.**

fulsomeness ['fulsəmnis] *n.* [U] **(l')esser disgustoso; stucchevolezza.**

fulvous ['fʌlvəs] *a.* **fulvo.**

fumade [fju'meid] *n.* **sardina affumicata.**

fumarole ['fju:məroul] *n.* [C] *(geol.)* **fumarola; soffione.**

to **fumble** ['fʌmbl] ***A*** *v. i.* ***1*** **armeggiare; annaspare; frugare *2* brancolare; andare a tentoni *B*** *v. t.* **maneggiare** (q.c.) **in modo maldestro** ● *(fig.) to f. for words,* cercare le parole.

to **fume** [fju:m] ***A*** *v. i.* ***1*** **fumare; esalare vapore *2*** *(fig.)* **adirarsi; essere furioso; smaniare *B*** *v. t.* **affumicare; annerire; patinare; tingere** (di fumo).

fume [fju:m] *n. (generalm. al pl.)* **fumo** (anche *fig.*); **esalazione; vapore**: *the fumes of a volcano,* le esalazioni d'un vulcano ● *to be in a f.,* essere furibondo.

to **fumigate** ['fju:migeit] *v. t.* **suffumicare.**

fumigation [,fju:mi'geiʃən] *n.* [U] e [C] **suffumigio.**

fun [fʌn] *n.* [U] **divertimento; scherzo; spasso**: *to say st. for* (o *in*) *fun,* dire q.c. per scherzo ● *(moda) fun fur,* pelliccia sintetica (o di pelli miste, di poco valore) □ *to have fun,* divertirsi; spassarsela □ *to make fun of* (o *to poke fun at*) *sb.,* prendersi gioco di q.; mettere q. in ridicolo □ *He's fond of fun,* gli piace divertirsi □ *I don't see the fun of it,* non vedo che cosa ci sia di buffo (o da ridere).

funambulism [fju'næmbjulizəm] *n.* [U] **funambolismo.**

funambulist [fju:'næmbjulist] *n.* **funambolo.**

function ['fʌŋkʃən] *n.* [C] ***1*** **funzione** (anche *med., mat.*): **compito; mansione; ufficio *2* cerimonia** (anche non *relig.*).

to **function** ['fʌŋkʃən] *v. i.* **funzionare; fungere** (da); **operare; agire.**

functional ['fʌŋkʃənl] *a.* **funzionale.**

functionalism ['fʌŋkʃənəlizəm] *n.* [U] (anche *archit., psic.*) **funzionalismo.**

functionalist ['fʌŋkʃənəlist] *n.* **fautore** (o **seguace**) **del funzionalismo.**

functionary ['fʌŋkʃnəri] *n.* **funzionario; (piccolo) burocrate.**

fund [fʌnd] *n.* ***1*** [C] (anche *fin.*) **fondo**; *(fig.)* **provvista, riserva; stanziamento; cassa**: *a relief f.,* un fondo per l'assistenza □ *sickness f.,* cassa malattia ***2*** *(al pl.)* **titoli di Stato** ● *(fin.) f.-holder,* possessore di titoli di Stato □ *(fam.) to be in funds,* star bene a quattrini.

to **fund** [fʌnd] *v. t. (fin.)* ***1*** **consolidare** (un debito) ***2*** **investire** (denaro) **in titoli di Stato *3* sovvenzionare; finanziare.**

fundament ['fʌndəmənt] *n.* [C] **fondo della schiena; deretano.**

fundamental [,fʌndə'mentl] ***A*** *a.* **fondamentale; basilare; essenziale *B*** *n. (di solito al pl.)* **fondamento; elemento; base.**

funeral ['fju:nərəl] ***A*** *a. attr.* **funebre; funerario**: *a f. urn,* un'urna funeraria ***B*** *n.* [C] ***1*** **funerale *2* corteo funebre** ● *f. director,* impresario di pompe funebri □ *(fam.) That's your f.,* sono affari tuoi; fatti tuoi!

funerary ['fju:nərəri] *a.* **funebre; funerario.**

funereal [fju(:)'niəriəl] *a.* **funereo; lugubre; tetro; da funerale.**

funfair ['fʌn,fɛə*] *n.* [C] **parco divertimenti; luna park.**

fungicide ['fʌndʒisaid] *n.* [C] *(agric.)* **fungicida; anticrittogamico.**

fungoid ['fʌngɔid] *a.* **fungoso; a forma di fungo.**

fungous ['fʌŋgəs] *a.* ***1*** **fungoso *2*** *(fig.)* **che cresce come un fungo.**

fungus ['fʌŋgəs] *n.* (*pl.* **fungi** ['fʌŋgai], **funguses** ['fʌŋgəsiz]) ***1*** [C] (*bot.,* Fungus) **fungo *2*** [U] *(med.)* **fungosità; fungo.**

funicle ['fju:nikl] *n. (anat., bot.)* **funicolo.**

funicular [fju(:)'nikjulə*] ***A*** *a.* **funicolare *B*** *n.* [C] (anche *f. railway*) **funicolare; funivia.**

funiculus [fju(:)'nikjuləs] *n.* (*pl.* **funiculi** [fju(:)'nikjulai]) *(anat., bot.)* **funicolo.**

funk [fʌŋk] *n. (fam.)* ***1*** *(al sing. con l'art. indeterm.)* **paura; tremarella, fifa** *(fam.)*: *to be in a blue f.,* avere una fifa da morire ***2*** **vigliacco; fifone** *(fam.)*.

to **funk** [fʌŋk] *(fam.)* ***A*** *v. i.* **aver paura; avere fifa** *(fam.)* ***B*** *v. t.* ***1*** **temere *2* (cercare di) sottrarsi a; evitare.**

funky ['fʌŋki] *a.* (specialm. *USA*) *(pop.)* **bello; eccellente; straordinario.**

funnel ['fʌnl] *n.* [C] ***1*** **imbuto *2* fumaiolo; ciminiera** (di nave, ecc.) ***3*** **tubo d'aerazione.**

funnily ['fʌnili] *avv.* **in modo divertente** (o **buffo**) ● *f.*

enough, strano a dirsi.
funniness ['fʌninis] *n.* [U] **1 (l')essere divertente** (o **buffo); comicità 2 bizzarria; stranezza.**
funny ['fʌni] *a.* **1 divertente; buffo; comico 2 bizzarro; strano 3 strano; inspiegabile 4** *(fam.)* **furbo 5** *(fam.)* **indisposto; giù di corda** *(fam.)*; **strano 6** *(fam.)* **un po' matto** ● *(fam.) f. business,* faccenda poco chiara; affare poco pulito.
funny-bone ['fʌniboun] *n.* [C] *(anat.)* **osso cubitale.**
fur [fə:*] *n.* **1** [U] **pelo** (d'animale); **pelame 2** [C] **pelliccia 3** [U] **incrostazione** (in una pentola, ecc.); **patina** (sulla lingua) ● *a fur coat,* una pelliccia □ *fur-dresser,* pellicciaio, pellicciaia.
to **fur** [fə:*] **A** *v. t.* **1 foderare** (o **guarnire) di pelliccia 2 coprire d'incrostazione** (o **di patina) B** *v. i.* **coprirsi d'incrostazioni;** (di lingua) **coprirsi di patina.**
furbelow ['fə:bilou] *n.* **1** [C] **falpalà 2** *(al pl., fig.)* **ornamenti vistosi; fronzoli.**
to **furbish** ['fə:biʃ] *v. t.* **forbire; lucidare; lustrare** ● *(fig.) to f. up,* rispolverare; rinfrescare.
furcate ['fə:keit] *a.* **forcuto; biforcuto.**
to **furcate** ['fə:keit] *v. i.* **biforcarsi.**
furfur ['fə:fə*] *n.* (*pl.* **furfures** ['fə:fjuri:z]) **forfora.**
furious ['fjuəriəs] *a.* **furioso; furibondo; infuriato** ● *at a f. pace,* a rotta di collo.
to **furl** [fə:l] **A** *v. t.* **1** (anche *naut.*) **ammainare; serrare 2 chiudere; arrotolare B** *v. i.* **chiudersi; ripiegarsi** ● (di nubi) *to f. away,* dissiparsi.
furlong ['fə:lɔŋ] *n.* [C] **furlong** (misura di lunghezza).
furlough ['fə:lou] *n.* [C] e [U] **1** *(mil.)* **licenza 2 congedo.**
furnace ['fə:nis] *n.* [C] **forno; fornace** (anche *fig.*).
to **furnish** ['fə:niʃ] *v. t.* **1 fornire; provvedere**: *to f. with st.,* fornire di q.c. **2 ammobiliare; arredare.**
furnisher ['fə:niʃə*] *n.* **fornitore, fornitrice** ● *house f.,* mobiliere.
furnishings ['fə:niʃiŋz] *n. pl.* **mobilia; arredamento.**
furniture ['fə:nitʃə*] *n.* [U] **1 mobilia; mobili**: *a piece of f.,* un mobile **2 attrezzatura; attrezzi 3** *(tipogr.)* **marginatura.**
furore [fjuə'rɔ:ri] *n.* *(solo al sing.)* **furore; entusiasmo**: *to create a f.,* far furore.
furrier ['fʌriə*] *n.* **pellicciaio; commerciante in pellicce.**
furriery ['fʌriəri] *n.* [U] **pellicceria; arte del pellicciaio.**
furring ['fə:riŋ] *n.* [U] e [C] **1 guarnizione di pelliccia 2 incrostazione 3 patina** (sulla lingua) **4** *(edil.)* **rivestimento.**
furrow ['fʌrou] *n.* [C] **1 solco** (dell'aratro, di carri sulla strada, ecc.) **2 grinza; ruga 3** *(naut.)* **solco della nave; scia 4** *(arch., falegnameria)* **scanalatura.**
to **furrow** ['fʌrou] *v. t.* **1 solcare** (anche, di nave, il mare); **arare 2 segnare di rughe 3** *(arch., falegnameria)* **scanalare.**
furry ['fə:ri] *a.* **1 (fatto) di pelliccia 2 coperto di pelliccia 3** (di tessuto) **simile a pelliccia 4** (della lingua) **impastata; sporca.**
further ['fə:ðə*] (*compar.* di **far**) **A** *a.* **1 più lontano** (di due); **altro**: *on the f. side of the mountain,* sull'altro versante del monte **2 ulteriore; nuovo**: *f. information,* ulteriori informazioni **B** *avv.* **1 più lontano; oltre**: *It's not safe to go any f.,* non è prudente andare oltre **2** (anche *furthermore*) **inoltre; per di più** ● *f. to,* facendo seguito a □ *to enquire f.,* fare ulteriori indagini.
to **further** ['fə:ðə*] *v. t.* **agevolare; favorire; promuovere.**
furtherance ['fə:ðərəns] *n.* [U] **appoggio; aiuto.**
furthermore ['fə:ðə'mɔ:*] *avv.* **inoltre; per di più.**
furthermost ['fə:ðəmoust] *a.* **(il) più lontano; estremo; remoto.**
furthest ['fə:ðist] (*superl. relat.* di **far**) **A** *a.* **(il) più lontano; estremo; remoto B** *avv.* **più lontano.**
furtive ['fə:tiv] *a.* **furtivo; clandestino; occulto; segreto.**
furuncle ['fjuərʌŋkl] *n.* [C] *(med.)* **foruncolo.**
fury ['fjuəri] *n.* **1** [U] e [C] **furia; furore 2** [C] **persona** (specialm. donna) **furibonda; furia** ● *(mitol.) the Furies,* le Furie □ *to fly into a f.,* andare su tutte le furie □ *to be in a f.,* essere infuriato □ *to work like f.,* lavorare accanitamente.
furze ['fə:z] *n.* [U] (*bot.,* Ulex europaeus) **ginestrone.**
(1) fuse [fju:z] *n.* [C] **1 miccia 2** *(mil.)* **detonatore; spoletta.**
(2) fuse [fju:z] *n.* [C] *(elettr.)* **fusibile; valvola.**
to **fuse** [fju:z] *v. t.* e *i.* **1** (anche *fig.*) **fondere, fondersi; unire, unirsi 2** (di ossa) **riattaccarsi; saldarsi 3** (di valvola) **saltare.**
fusee [fju:'zi:] *n.* **1** (d'orologio antico) **piramide 2 fiammifero antivento.**
fuselage ['fju:zila:ʒ] *n.* [C] *(aeron.)* **fusoliera.**
fusible ['fju:zəbl] *a.* **fusibile.**
fusilier [,fju:zi'liə*] *n.* *(stor., mil.)* **fuciliere.**
fusillade [,fju:zi'leid] *n.* [C] *(mil.)* **scarica** (d'armi da fuoco).
fusion ['fju:ʒən] *n.* [U] e [C] **fusione** (anche *fig.*) ● *(mil.) f. bomb,* bomba nucleare.
fusionism ['fjuʒənizəm] *n.* [U] *(polit.)* **fusionismo.**
fusionist ['fjuʒənist] *n.* *(polit.)* **fusionista.**
fuss [fʌs] *n.* [U] *(con l'art. indeterm.)* **1 chiasso; confusione; scalpore**: *to make a great f. about trifles,* fare un gran chiasso per nulla **2 affaccendamento; briga**: *to make a great f. of sb.,* darsi molta briga per q.
to **fuss** [fʌs] **A** *v. i.* **agitarsi; darsi briga; affannarsi B** *v. t.* **mettere in agitazione; fare inquietare; innervosire.**
fussiness ['fʌsinis] *n.* [U] **(il) darsi briga; meticolosità; puntiglio; esigenza; pignoleria** *(fam.)*.
fusspot ['fʌspɔt] *n.* [C] *(pop.)* **chi fa un sacco di storie; pignolo** *(fam.)*.
fussy ['fʌsi] *a.* **meticoloso; esigente; pignolo** *(fam.)*.
fustian ['fʌstiən] **A** *n.* [U] **1 fustagno 2** *(fig.)* **discorso ampolloso B** *a. attr.* **1 di fustagno 2 ampolloso; pomposo; pretenzioso.**
fusty ['fʌsti] *a.* **1 ammuffito; che sa di chiuso; stantio 2** *(fig.)* **antiquato; arretrato.**
futile ['fju:tail] *a.* **futile.**
futility [fju(:)'tiliti] *n.* [U] e [C] **futilità.**
futtock ['fʌtək] *n.* [C] *(naut.)* **scalmo.**
future ['fju:tʃə*] **A** *a.* **futuro; venturo B** *n.* **1 futuro** (anche *gramm.*); **avvenire 2** *(al pl., fin.)* **contratti per consegne a termine** ● *(gramm.) f. perfect,* futuro anteriore □ *in f.* (o *for the f.*), in futuro; per l'avvenire; d'ora innanzi.
futureless ['fju:tʃəlis] *a.* **senza futuro; senza avvenire.**
futurism ['fju:tʃərizəm] *n.* [U] *(arte, letter.)* **futurismo.**
futurist ['fju:tʃərist] *n.* *(arte, letter.)* **futurista.**
futurity [fju(:)'tjuəriti] *n.* [U] **futuro; avvenire; vita futura.**
futurologist [,fju:tʃə'rɔlədʒist] *n.* **futurologo.**
futurology [,fju:tʃə'rɔlədʒi] *n.* [U] **futurologia.**
fuzz [fʌz] *n.* [U] **1 lanugine; peluria 2 capelli crespi 3** *(pop.)* **polizia; poliziotto.**
fuzzy ['fʌzi] *a.* **1** (di capello) **crespo 2 sfilacciato 3 coperto di lanugine** (o **di peluria) 4** (d'immagine, fotografia) **sfocato.**

G

G, g [dʒi:] *n.* (*pl.* **G's, g's; Gs, gs**) ***1*** **G, g** ***2*** *(mus.)* **sol** ● *(tel.) g for George,* g come Genova □ *G-string, (mus.)* corda del sol; tanga; (di spogliarellista) puntino.
gab [gæb] *n.* [U] *(fam.)* **chiacchiera; parlantina**: *to have the gift of the gab,* avere una gran chiacchiera; avere lo scilinguagnolo sciolto.
to **gab** [gæb] *v. i. (fam.)* **chiacchierare; ciarlare; cianciare.**
gabardine [ˌgæbəˈdi:n] *n.* [U] *(ind. tessile)* **gabardina.**
to **gabble** [ˈgæbl] ***A*** *v. i.* ***1*** **ciangottare; farfugliare** ***2*** **cianciare; ciarlare** ***B*** *v. t.* **borbottare; ciancicare.**
gabble [ˈgæbl] *n.* [U] **ciance; discorso a vanvera.**
gaberdine [ˈgæbədi:n] *n.* ***1*** [C] **gabbana** ***2*** *V.* **gabardine.**
gable [ˈgeibl] *n.* [C] *(archit.)* **frontone; timpano.**
gaby [ˈgeibi] *n. (fam.)* **sempliciotto; semplicione.**
Gad, gad [gæd] *inter.* **perbacco!; perdiana!; perdinci!**
to **gad** [gæd] *v. i. (fam.)* **gironzolare; girandolare.**
gadabout [ˈgædəbaut] *n. (fam.)* **girandolone, girandolona.**
gadfly [ˈgædflai] *n.* ***1*** *(zool.,* Tabanus*)* **tafano** ***2*** *(fig.)* **zanzara** *(fig.)*; **seccatore.**
gadget [ˈgædʒit] *n.* [C] *(fam.)* **aggeggio; congegno; dispositivo.**
gadgetry [ˈgædʒitri] *n.* [U] **aggeggi; congegni; dispositivi.**
gadolinium [ˌgædəˈliniəm] *n.* [U] *(chim.)* **gadolinio.**
Gael [geil] *n.* **celta gaelico** (specialm. delle « Highlands » scozzesi).
Gaelic [ˈgeilik] ***A*** *a.* **gaelico** ***B*** *n.* **gaelico** (la lingua).
(1) gaff [gæf] *n.* [C] **arpione; fiocina; rampone.**
to **gaff** [gæf] *v. t.* **arpionare, fiocinare** (un pesce).
(2) gaff [gæf] *n.* [U] *(pop.)* **sciocchezze; fandonie** ● *to blow the g.,* rivelare un segreto; svelare una trama.
gaffe [gæf] *n.* [C] **gaffe; cantonata** *(fig.)*; **topica.**
gaffer [ˈgæfə*] *n.* **compare; vecchio campagnolo.**
gag [gæg] *n.* [C] ***1*** **bavaglio** (anche *fig.*) ***2*** *(med.)* **apribocca** (usato, per es., dai dentisti) ***3*** *(teatr.)* **gag; battuta improvvisata; trovata comica** ***4*** **frizzo; facezia.**
to **gag** [gæg] ***A*** *v. t.* **imbavagliare; mettere il bavaglio a** (q.; anche *fig.*) ***B*** *v. i.* (di attore) **improvvisare battute.**
gaga [ˈgæga:] *a. (pop.)* ***1*** **fatuo; sciocco** ***2*** **rimbambito** ● *to go g.,* rimbambirsi.
(1) gage [geidʒ] *n.* [C] ***1*** **pegno** *(leg.)*; **caparra; garanzia** *(leg.)* ***2*** **guanto** *(fig.)*; **sfida.**
to **gage** [geidʒ] *v. t.* **dare in pegno; dare come garanzia.**
(2) gage [geidʒ] *(USA) V.* **gauge.**
gaggle [ˈgægl] *n.* [C] **branco d'oche.**
to **gaggle** [ˈgægl] *v. i.* (d'oche) **schiamazzare.**
gaiety [ˈgeiəti] *n.* ***1*** [U] **gaiezza; allegria; giocondità; vivacità** ***2*** *(al pl.)* **feste; divertimenti.**
gaily [ˈgeili] *avv.* **gaiamente; allegramente; giocondamente.**
gain [gein] *n.* ***1*** [U] e [C] **guadagno; profitto; vincita** ***2*** [C] **aumento; miglioramento**: *a g. in weight,* un aumento di peso.
to **gain** [gein] ***A*** *v. t.* ***1*** **guadagnare; acquistare; conseguire; ottenere; vincere**: *to g. one's living,* guadagnarsi da vivere □ *to g. experience,* acquistare esperienza □ *to g. ground,* guadagnar terreno ***2*** **aumentare di** (peso) ***3*** (d'orologio) **andare avanti** (di) ***B*** *v. i.* ***1*** **guadagnarci; profittare** ***2*** **progredire; aumentare** ● *to g. on (o upon),* guadagnar terreno su; lasciare addietro □ *to g. sb. over,* trarre q. al proprio partito □ *to g. the upper hand (over sb.),* avere la meglio (su q.).
gainful [ˈgeinful] *a.* **lucrativo; remunerativo.**
gainings [ˈgeiniŋz] *n. pl.* **guadagni; profitti; utili; vincite.**
to **gainsay** [geinˈsei] *v. t.* (*pass.* e *p.p.* **gainsaid** [geinˈsed]) ***1*** **negare** ***2*** **contraddire.**
gait [geit] *n.* [C] **andatura; passo** *(fig.)*.
gaiter [ˈgeitə*] *n.* [C] **ghetta; uosa.**
gal [gæl] *n. (pop.)* **ragazza.**
gala [ˈga:lə] ***A*** *n.* [U] **gala** ***B*** *a. attr.* **di gala**: *a g. dress,* un abito di gala □ *a g. night,* una serata di gala.
galactic [gəˈlæktik] *a. (astron.)* **galattico.**
galantine [ˈgælənti:n] *n.* [U] e [C] *(cucina)* **galantina.**
galaxy [ˈgæləksi] *n.* ***1*** *(astron.)* **galassia** ***2*** *(astron.: the G.)* **Galassia; Via Lattea** ***3*** [C] *(fig.)* **costellazione.**
gale [geil] *n.* [C] ***1*** **vento forte, violento** ***2*** *(naut.)* **burrasca; fortunale** ***3*** *(poet.)* **brezza** ***4*** **scoppio**: *a g. of laughter,* uno scoppio di risa.
galena [gəˈli:nə] *n.* [U] *(miner.)* **galena.**
(1) Galilean [ˌgæliˈli:ən] *a.* e *n.* **galileo** ● *the G.,* il Galileo (Cristo).
(2) Galilean [ˌgæliˈli:ən] *a.* **galileiano; di Galileo** (lo scienziato).
(1) gall [gɔ:l] *n.* [U] ***1*** **bile; fiele** ***2*** *(fig.)* **bile; fiele; amarezza; rancore** ● *(anat.) g.-bladder,* cistifellea □ *(med.) g.-stone,* calcolo biliare.
(2) gall [gɔ:l] *n.* [C] ***1*** *(vet.)* **galla, piccolo tumore** (del cavallo) ***2*** **escoriazione.**
to **gall** [gɔ:l] *v. t.* ***1*** **irritare** (la pelle) **per sfregamento; scorticare** ***2*** *(fig.)* **irritare; infastidire.**
(3) gall [gɔ:l] *n.* [C] *(bot.)* **galla.**
gallant [ˈgælənt] ***A*** *a.* ***1*** **coraggioso; prode; valoroso** ***2*** **bello; sfarzoso**: *a g. show,* uno spettacolo sfarzoso ***3*** **galante**: *g. adventures,* avventure galanti ***B*** *n.* **cicisbeo; damerino.**
gallantry [ˈgæləntri] *n.* ***1*** [U] **coraggio; prodezza; valore** ***2*** [U] **galanteria; cavalleria** ***3*** [C] **intrigo amoroso.**
galleon [ˈgæliən] *n.* [C] *(stor., naut.)* **galeone.**
gallery [ˈgæləri] *n.* [C] *(archit., arte, min., ecc.)* **galleria** (in ogni senso); **loggione** (di teatro); **tribuna; veranda**: *an art g.,* una galleria d'arte □ *(fig.) to play to the g.,* recitare per il loggione; cercare di far colpo sul grosso pubblico □ *the press g.,* la tribuna per la stampa.
galley [gæli] *n.* [C] ***1*** *(stor., naut.)* **galea** ***2*** *(naut.)* **cambusa; cucina di bordo** ● *g.-proofs,* bozze in colonna (non impaginate) □ *g.-slave,* rematore di galea; galeotto.
Gallic [ˈgælik] *a.* ***1*** *(stor.)* **gallico** ***2*** **francese** (di solito *scherz.*).
gallicism [ˈgælisizəm] *n.* [C] **gallicismo; francesismo.**
gallimaufry [ˌgæliˈmɔ:fri] *n.* [C] **miscuglio; guazzabuglio.**
gallinacean [ˌgæliˈneiʃən] *n. (zool.)* **gallinaceo.**
galling [ˈgɔ:liŋ] *a.* **irritante; molesto; seccante.**
gallium [ˈgæliəm] *n.* [U] *(chim.)* **gallio.**
to **gallivant** [ˈgæliˌvænt] *v. i.* **bighellonare; andare a zonzo.**
Gallomania [ˌgælouˈmeinjə] *n.* [U] **gallomania.**
gallon [ˈgælən] *n.* [C] **gallone** (misura di capacità per liquidi).
galloon [gəˈlu:n] *n.* [U] **gallone** (sorta di guarnizione).
gallop [ˈgæləp] *n.* ***1*** [U] *(spesso con l'art. indeterm.)* **galoppo**: *at full g.,* al gran galoppo □ *at a g.,* al (o di) galoppo ***2*** [C] **galoppata**: *to go for a g.,* andare a fare una galoppata.
to **gallop** [ˈgæləp] ***A*** *v. i.* (anche *fig.*) **galoppare; andare al galoppo** ***B*** *v. t.* **far galoppare** ● *to g. off,* partire al galoppo.
Gallophobia [ˌgælouˈfoubjə] *n.* [U] **gallofobia; francofobia.**
galloping [ˈgæləpiŋ] *a.* **galoppante; che galoppa** ● *(econ.) g. inflation,* inflazione galoppante □ *(med.) g. phthisis,* tisi galoppante.
gallows [ˈgælouz] *n. pl. (di solito col verbo al sing.)* **forca; patibolo**: *to send sb. to the g.,* mandare q. alla forca ● *(fam.) g. bird,* uomo da capestro □ *g. tree,* forca; patibolo.
Gallup poll [ˈgæləp, poul] *n. (stat.)* **sondaggio Gallup** (per previsioni); **indagine demoscopica.**

galoot [gə'lu:t] *n.* *(pop.)* zoticone.

galore [gə'lɔ:*] *avv.* in abbondanza; a bizzeffe; a iosa.

galosh [gə'lɔʃ] *n.* [C] caloscia, galoscia; soprascarpa.

to **galumph** [gə'lʌmf] *v. i.* saltare dalla gioia; esultare.

galvanic [gæl'vænik] *a.* **1** *(fis.)* galvanico **2** *(fig.)* galvanizzante; elettrizzante.

galvanism ['gælvənizəm] *n.* [U] *(fis.)* galvanismo.

to **galvanize** ['gælvənaiz] *v. t.* galvanizzare (anche *fig.*) ● *to g. sb. into doing st.*, stimolare q. a fare q.c. □ *galvanized iron,* ferro zincato.

galvanometer [,gælvə'nɔmitə*] *n.* *(tecn.)* galvanometro.

gambit ['gæmbit] *n.* [C] **1** (nel gioco degli scacchi) gambetto **2** *(fig.)* mossa iniziale; prima mossa.

to **gamble** ['gæmbl] **A** *v. i.* **1** giocare d'azzardo **2** azzardare; speculare **B** *v. t.* — *to g. away,* perdere (o sperperare) al gioco.

gamble ['gæmbl] *n.* [C] **1** gioco d'azzardo **2** azzardo; rischio.

gambler ['gæmblə*] *n.* giocatore d'azzardo; biscazziere.

gambling ['gæmbliŋ] *n.* [U] gioco d'azzardo ● *g. house,* bisca.

gamboge [gæm'bu:ʒ] *n.* [U] *(ind.)* gommagutta.

to **gambol** ['gæmbəl] *v. i.* saltellare; sgambettare; far capriole.

gambol ['gæmbəl] *n.* (*generalm. al pl.*) capriola; salto; sgambetto.

(1) game [geim] *n.* **1** [C] gioco (per lo più rispondente a regole precise; cfr. *play*); partita: *a g. of tennis,* una partita di tennis □ *to win the g.*, vincere la partita □ *the Olympic Games,* i Giochi Olimpici **2** [C] piano; progetto; giochetto; tranello: *None of your little games!,* non cercare di farmi uno dei tuoi giochetti! **3** punteggio: *At half-time the g. was three to one,* alla fine del primo tempo il punteggio era di tre a uno **4** [U] cacciagione; selvaggina: *big g.*, selvaggina grossa □ *to eat g.*, mangiare cacciagione ● *g.-bag,* carniere □ *g.-cock,* gallo da combattimento □ *g.-laws,* leggi venatorie □ *g.--licence,* licenza di caccia □ *a g. of swans,* un branco di cigni □ *to have the g. in one's hands,* avere la vittoria in pugno □ *(sport) to be on (off) one's g.*, essere in forma (giù di forma) □ *(fig.) to play a double g.*, fare il doppio gioco □ *to play a good (a poor) g.*, essere un buon (un cattivo) giocatore □ *(fig.) to play sb.'s g.*, fare il gioco di q. □ *to play the g.*, stare alle regole del gioco □ *The g. is up,* la partita è persa; il piano è fallito □ *(fig.) What's your little g.?,* a che gioco giochiamo? *(fig).*

(2) game [geim] *a.* **1** ardimentoso; coraggioso; animoso **2** pronto: *I am g. for anything,* sono pronto a tutto.

(3) game [geim] *a.* (*fam.*: d'arto) leso; rattrappito; zoppo.

to **game** [geim] *v. i.* giocare d'azzardo.

gamekeeper ['geim,ki:pə*] *n.* guardacaccia.

gamesome ['geimsəm] *a.* allegro; gaio; giocoso.

gamester ['geimstə*] *n.* giocatore (d'azzardo); biscazziere.

gamete [gə'mi:t] *n.* *(biol.)* gamete.

gaming ['geimiŋ] *n.* [U] gioco, il giocare (d'azzardo) ● *g. house,* casa da gioco; bisca □ *g. table,* tavolo da gioco.

gamma ['gæmə] *n.* [C] (terza lettera dell'alfabeto greco) gamma ● *(fis.) g. rays,* raggi gamma.

(1) gammon ['gæmən] *n.* *(cucina)* **1** [U] prosciutto affumicato **2** [C] quarto di maiale.

(2) gammon ['gæmən] *n.* [U] *(fam.)* fandonie; frottole.

to **gammon** ['gæmən] *(fam.)* **A** *v. i.* dir fandonie; raccontar frottole **B** *v. t.* imbrogliare; ingannare.

gammy ['gæmi] *V.* **(3) game.**

gamo- ['gæmə] *(nei composti)* gamo- (primo elemento di composti nominali, col significato di "accoppiamento", "riproduzione" o anche "unione", "congiunzione").

gamopetalous [,gæmə'petələs] *a.* *(bot.)* gamopetalo.

gamosepalous [,gæmə'sepələs] *a.* *(bot.)* gamosepalo.

gamp [gæmp] *n.* [C] *(fam.)* ombrello; ombrellaccio.

gamut ['gæmət] *n.* [C] *(mus.)* gamma (anche *fig.*).

gamy ['geimi] *a.* **1** ricco di selvaggina **2** che ha il gusto (o l'odore) della cacciagione **3** *(raro)* animoso; ardimentoso; coraggioso.

gander ['gændə*] *n.* *(zool.)* papero.

gang [gæŋ] *n.* [C] **1** squadra; gruppo **2** banda; combriccola; ganga.

to **gang** [gæŋ] *v. i.* (spesso *to g. up*) formare una banda; riunirsi in una combriccola: *to g. with sb.*, far combriccola con q.

ganger ['gæŋə*] *n.* caposquadra (d'operai).

gangling ['gæŋgliŋ] *a.* (anche *gangly*) allampanato; magro e dinoccolato.

ganglion ['gæŋgliən] *n.* (*pl.* **ganglia** ['gæŋgliə], **ganglions** ['gæŋglionz]) *(anat.)* ganglio (anche *fig.*).

gangplank ['gæŋplæŋk] *n.* [C] *(naut.)* passerella.

gangrene ['gæŋgri:n] *n.* [U] *(med.)* cancrena (anche *fig.*).

to **gangrene** ['gæŋgri:n] *(med.)* **A** *v. i.* andare in cancrena; incancrenire **B** *v. t.* far incancrenire; mandare in cancrena.

gangrenous ['gæŋgrinəs] *a.* *(med.)* cancrenoso.

gangster ['gæŋstə*] *n.* bandito; malvivente; gangster.

gangue [gæŋ] *n.* *(miner.)* ganga.

gangway ['gæŋwei] **A** *n.* [C] **1** passaggio; corridoio; corsia **2** *(naut.)* passerella; pontile **3** *(nella Camera dei Comuni)* corridoio trasversale (fra i banchi del governo) **B** *inter.* (fate) largo!

gantry ['gæntri] *n.* [C] **1** *(ind.)* cavalletto **2** (*ferr.*, *mecc.*) incastellatura a cavalletto ● *g. crane,* gru a portale.

gaol [dʒeil] *n.* [C] carcere; prigione; galera ● *to be sent to g.*, essere mandato in prigione.

to **gaol** [dʒeil] *v. t.* incarcerare; mettere in prigione.

gaol-bird ['dʒeilbə:d] *n.* galeotto; avanzo di galera.

gaoler ['dʒeilə*] *n.* carceriere.

gaol-fever ['dʒeil,fi:və*] *n.* [U] *(med.)* febbre tifoide.

gap [gæp] *n.* [C] **1** apertura; breccia; buco; varco **2** passo (fra monti); valico **3** lacuna; differenza; divario ● *to fill* (o *to stop, to bridge*) *a gap,* colmare una lacuna.

to **gape** [geip] *v. i.* **1** aprirsi; spalancarsi: *a gaping wound,* una ferita aperta **2** spalancare la bocca; restare a bocca aperta **3** *(arc.)* sbadigliare ● *to g. at sb. (st.)*, guardare q. (q.c.) a bocca aperta.

gape [geip] *n.* [C] **1** sguardo fisso a bocca aperta **2** apertura; spaccatura **3** *(anat.)* apertura boccale.

gap-toothed [,gæp'tu:θt] *a.* dai denti radi.

garage ['gæra:ʒ] *n.* [C] **1** autorimessa **2** stazione di rifornimento.

to **garage** ['gæra:ʒ] *v. t.* mettere in autorimessa.

garb [ga:b] *n.* [U] abbigliamento; abito; foggia del vestire.

to **garb** [ga:b] *v. t.* abbigliare; vestire.

garbage ['ga:bidʒ] *n.* [U] **1** immondizie; rifiuti **2** *(fig.)* ciarpame.

to **garble** ['ga:bl] *v. t.* alterare, mutilare (una storia, ecc., svisando fatti).

garden ['ga:dn] **A** *n.* [C] e [U] **1** giardino **2** (anche *kitchen-g.*) orto **B** *a. attr.* di (o da) giardino: *g. plants,* piante da giardino ● *g. city,* città giardino □ *g. party,* trattenimento all'aperto □ *botanical gardens,* giardino (o orto) botanico □ *(pop.) to lead sb. up the g. path,* fuorviare q. □ *roof g.*, giardino pensile □ *zoological gardens,* giardino zoologico.

to **garden** ['ga:dn] **A** *v. t.* tenere (un terreno) a giardino **B** *v. i.* fare del giardinaggio.

gardener ['ga:dnə*] *n.* **1** giardiniere **2** ortolano.

gardenia [ga:'di:njə] *n.* [C] (*bot.*, Gardenia) gardenia.

gardening ['ga:dniŋ] *n.* [U] **1** giardinaggio **2** orticoltura.

gargantuan [ga:'gæntjuən] *a.* enorme; gigantesco;

gargantuesco.
to **gargle** ['ga:gl] *v. i.* fare gargarismi.
gargle ['ga:gl] *n.* [C] gargarismo.
gargoyle ['ga:gɔil] *n.* [C] *(archit.)* gargolla; gargouille *(franc.)*.
garish ['gɛəriʃ] *a.* sfarzoso; sgargiante; vistoso.
garishness ['gɛəriʃnis] *n.* [U] sfarzo; vistosità.
garland ['ga:lənd] *n.* [C] *1* ghirlanda; serto *(poet.)* *2* *(letter.)* florilegio; antologia.
to **garland** ['ga:lənd] *v. t.* inghirlandare; formar ghirlanda a (q.c.).
garlic ['ga:lik] *n.* [U] (*bot.*, Allium sativum) aglio.
garment ['ga:mənt] *n.* *1* [C] capo di vestiario *2* *(al pl.)* abiti; indumenti.
to **garner** ['ga:nə*] *v. t.* ammassare; raccogliere.
garnet ['ga:nit] *n.* [U] e [C] *(miner.)* granato.
to **garnish** ['ga:niʃ] *v. t.* (specialm. *cucina*) guarnire.
garnish ['ga:niʃ] *n.* guarnizione; ornamento; contorno (a una pietanza).
garnishment ['ga:niʃmənt] *n.* [C] guarnizione; decorazione.
garret ['gærət] *n.* [C] *1* soffitta; solaio *2* *(pop.)* testa; cervello: *to be wrong in the g.*, non avere il cervello a posto.
garrison ['gærisn̩] *n.* [C] *(mil.)* *1* guarnigione; presidio *2* piazza fortificata; fortezza ● *g. town,* città sede di presidio.
to **garrison** ['gærisn̩] *v. t.* *(mil.)* *1* fornire di guarnigione; presidiare *2* mandare (soldati) in servizio di guarnigione.
garrot ['gærət] *n.* (*zool.*, Bucephala clangula) quattrocchi.
garrotte [gə'rɔt] *n.* [C] garrotta; (strumento per il) supplizio dello strangolamento.
garrulity [gæ'ru:liti] *n.* [U] garrulità; loquacità.
garrulous ['gæruləs] *a.* garrulo; ciarliero; loquace.
garter ['ga:tə*] *n.* [C] giarrettiera ● *Order of the G.*, Ordine della Giarrettiera (massima onorificenza inglese).
garth [ga:θ] *n.* [C] *(dial.)* cortile cintato; recinto.
gas [gæs] *n.* *1* [U] e [C] gas *2* [U] *(USA, fam.)* benzina *3* [U] *(fig., fam.)* ciarle; ciance *4* [C] *(generalm. al sing.)* *(pop.)* bel divertimento (anche *iron.*); pacchia *(pop.)* ● *gas-bag, (aeron.)* pallonetto; *(fam., spreg.)* ciancione □ *gas-bottle,* bombola per gas □ *gas-fire,* stufa a gas □ *gas-fitter,* gassista □ *gas-fittings,* impianto del gas □ *gas-main,* conduttura del gas □ *gas-mask,* maschera antigas □ *gas-meter,* contatore del gas □ *gas-ring,* fornello a gas □ *gas-works,* officina del gas □ *tear-gas,* gas lacrimogeno □ *to turn on (off) the gas,* accendere (spegnere) il gas.
to **gas** [gæs] *A* *v. t.* *1* fornire di gas *2* *(chim.)* sottoporre all'azione del gas *3* *(mil.)* attaccare con gas tossici *4* *(di solito al passivo)* avvelenare col gas *B* *v. i.* *1* emettere gas *2* *(fam.)* chiacchierare; parlare a vanvera.
gaseous ['gæsiəs] *a.* gassoso.
gash [gæʃ] *n.* [C] ferita; sfregio; squarcio.
to **gash** [gæʃ] *v. t.* sfregiare; tagliare.
gasholder ['gæs,houldə*] *n.* [C] gasometro.
gasification [,gæsifi'keiʃən] *n.* [U] *(ind. chim.)* gassificazione.
to **gasify** ['gæsifai] *v. t.* *(ind. chim.)* gassificare.
gasket ['gæskit] *n.* [C] *1* *(mecc.)* guarnizione *2* *(naut.)* matafione.
gaslight ['gæslait] *n.* [U] illuminazione a gas.
gasolene, gasoline ['gæsəli:n] *n.* [U] gasolina; benzina.
gasometer [gæ'sɔmitə*] *n.* [C] gasometro.
to **gasp** [ga:sp] *v. i.* *1* boccheggiare; ansare; ansimare *2* restare senza fiato ● *to g. for breath,* fare sforzi per respirare □ *to g. out,* dire a fatica, boccheggiando.
gasp [ga:sp] *n.* [C] anelito; respiro affannoso ● *to be at one's last g.*, essere moribondo.
gasper ['ga:spə*] *n.* [C] *(pop.)* sigaretta che mozza il fiato.
gasping ['ga:spiŋ] *a.* boccheggiante; ansimante; trafelato.
gassy ['gæsi] *a.* *1* gassoso; pieno di gas *2* *(fam.)* verboso; pomposo.
gastric ['gæstrik] *a.* *(fisiologia)* gastrico: *f. juice,* succo gastrico □ *(med.)* *g. ulcer,* ulcera gastrica.
gastritis [gæs'traitis] *n.* [U] *(med.)* gastrite.
gastroenteritis [,gæstrou,entə'raitis] *n.* [U] *(med.)* gastroenterite.
gastronome ['gæstrounoum], **gastronomer** [gæs'trɔnəmə*] *n.* gastronomo.
gastronomic(al) [,gæstrə'nɔmik(əl)] *a.* gastronomico.
gastronomist [gæs'trɔnəmist] *n.* gastronomo.
gastronomy [gæs'trɔnəmi] *n.* [U] gastronomia.
gat [gæt] *n.* (*abbr. pop.* di **Gatling gun**) pistola.
gate [geit] *n.* [C] *1* porta (di città); portone (d'accesso a un cortile); cancello *2* chiusa; cateratta *3* *(sport)* numero di entrate a pagamento *4* *(ferr.)* barriera; cancello di passaggio ● *g.-keeper,* portinaio (d'una villa con parco); *(ferr.)* custode di passaggio a livello □ *g.-legged table,* tavolo allungabile □ *between you and me and the g.-post,* detto in confidenza.
to **gatecrash** ['geitkræʃ] *v. i.* *(fam.)* partecipare a una festa senza avere l'invito; intrufolarsi *(fam.)*.
gatecrascher ['geit,kræʃə*] *n.* *(fam.)* ospite non invitato; intruso.
gatehouse ['geithaus] *n.* [C] casetta del portinaio (all'entrata del parco d'una villa).
gateway ['geit,wei] *n.* [C] *1* entrata; ingresso *2* *(fig.)* porta; strada; via.
to **gather** ['gæðə*] *A* *v. t.* *1* ammassare; cogliere; raccogliere; radunare: *to g. flowers,* cogliere fiori □ *to g. one's things,* radunare le proprie cose *2* acquistare; assumere; prendere: *to g. strength,* acquistare forza □ *to g. information,* assumere informazioni *3* dedurre; desumere; capire *4* corrugare; increspare: *to g. the brows,* corrugare la fronte; inarcare le sopracciglia □ *to g. a skirt at the waist,* increspare una sottana alla vita *B* *v. i.* *1* accumularsi; assembrarsi; raccogliersi; radunarsi; addensarsi *2* aumentare; gonfiarsi *3* *(med.)* suppurare; (d'ascesso e sim.) maturare ● *to g. grapes,* vendemmiare □ *to g. oneself together,* chiamare a raccolta le proprie energie □ *to g. up,* raccogliere; mettere insieme; riunire; chiamare a raccolta □ *to g. up into a ball,* appallottolarsi □ *to be gathered to one's fathers,* andare a raggiungere i propri antenati; morire.
gathering ['gæðəriŋ] *n.* [C] *1* adunata; adunanza; assemblea; riunione *2* raccolta; colletta *3* *(med.)* ascesso; suppurazione.
gathers ['gæðəz] *n. pl.* increspature; crespe; pieghe.
gauche [gouʃ] *(franc.)* *a.* goffo; privo di tatto.
gaucherie ['gouʃəri(:)] *(franc.)* *n.* [U] e [C] goffaggine; mancanza di tatto.
gaucho ['gautʃou] *n.* (*pl.* **gauchos**) gaucho.
gaud [gɔ:d] *n.* [C] fronzolo; ninnolo.
gaudy ['gɔ:di] *a.* fastoso; sfarzoso; vistoso; di cattivo gusto.
gauge [geidʒ] *n.* *1* [C] *(mecc.)* calibro; indicatore di livello; manometro *2* (anche *fig.*) misura base; stima: *to take the g. of st.*, fare la stima di q.c. *3* [U] *(ferr.)* scartamento: *standard g.*, scartamento normale □ *a narrow-g. railway,* una ferrovia a scartamento ridotto *4* *(naut.)* posizione rispetto al vento e a un'altra nave: *to have the weather g. of a ship,* avere il vantaggio del vento su una nave *5* *(autom.)* carreggiata.
to **gauge** [geidʒ] *v. t.* *1* misurare (con uno strumento di precisione) *2* *(fig.)* calcolare; stimare; valutare *3* *(mecc.)* calibrare ● *gauging-rod,* asta di sonda; stazza.
gauger ['geidʒə*] *n.* *1* stazzatore *2* agente del dazio (in genere).
Gaul [gɔ:l] *n.* *(stor.)* abitante della Gallia; Gallo.
Gaulish ['gɔ:liʃ] *(stor.)* *A* *a.* gallico *B* *n.* [U] gallico (lingua dei Galli).
Gaullism ['goulizəm] *n.* [U] *(polit.)* gollismo.
Gaullist ['goulist] *a.* e *n.* *(polit.)* gollista.
gaunt [gɔ:nt] *a.* *1* macilento; scarno; sparuto *2* desolato; arido.
(1) gauntlet ['gɔ:ntlit] *n.* [C] *1* *(stor.)* guanto d'armatura; *(fig.)* guanto di sfida: *to throw down the g.*, gettare il guanto; lanciare una sfida □ *to pick (o to take)*

up the g., raccogliere il guanto; accettare una sfida **2 guanto lungo** (per guidare l'automobile, per la scherma, ecc.).
(2) gauntlet ['gɔ:ntlit] *n.* — *to run the g., (stor.)* passare per le bacchette (antica punizione); *(fig.)* esporsi agli attacchi (o alle critiche).
gauntness ['gɔ:ntnis] *n.* [U] ***1*** **estrema magrezza *2* desolazione; aridità.**
gauss [gaus] *n.* [C] *(fis.)* **gauss** (unità di misura dell'induzione magnetica).
gauze [gɔ:z] *n.* [U] **garza; velo.**
gauzy [gɔ:zi] *a.* **diafano; trasparente.**
gave [geiv] *pass.* di to **give.**
gavel ['gævəl] *n.* [C] **martelletto** (di presidente d'assemblea, di banditore d'asta pubblica, o di giudice in USA).
gavotte [gə'vɔt] *n.* [C] **gavotta** (danza e musica).
gawk [gɔ:k] *n.* **individuo balordo (o tonto, goffo).**
gawky ['gɔ:ki] *a.* **balordo; tonto; goffo.**
gay [gei] ***A*** *a.* ***1*** **gaio; allegro; festevole; giocondo; vivace *2* dissoluto; gaudente; licenzioso; immorale**: *a gay dog,* un (individuo) dissoluto ***3*** *(pop.)* **omosessuale; gay *B*** *n.* *(pop.)* **omosessuale; finocchio** *(pop.)*; **gay.**
to **gaze** [geiz] *v. i.* **guardare fisso**: *to g. at (o on, upon) sb. (st.),* fissare q. (q.c).
gaze [geiz] *n.* *(soltanto al sing.)* **sguardo fisso.**
gazebo [gə'zi:bou] *n.* *(pl.* **gazebos, gazeboes**) *(archit.)* **belvedere; torretta** (in cima a una casa); **chiosco** (da giardino).
gazelle [gə'zəl] *n.* *(zool.,* Gazella*)* **gazzella.**
gazette [gə'zet] *n.* [C] **gazzetta; gazzetta ufficiale.**
to **gazette** [gə'zet] *v. t.* *(soprattutto al passivo)* **pubblicare sulla gazzetta ufficiale.**
gazetteer [,gæzi'tiə*] *n.* [C] **dizionario geografico.**
gear [giə*] *n.* ***1*** [C] *(mecc.)* **congegno; dispositivo; meccanismo; ingranaggio;** (di bicicletta) **moltiplica;** (di automobile) **marcia *2*** [U] **arnesi; attrezzi; equipaggiamento**: *hunting g.*, equipaggiamento per la caccia ● *(mecc.) g.-wheel,* ruota dentata □ *(autom.) bottom g.*, prima velocità □ *(autom.) to change to high g.*, mettere la quarta (o la marcia più alta) □ *(naut.) diving g.*, scafandro (di palombaro) □ *to be in g., (autom.)* avere la marcia ingranata; *(fig.)* essere a posto (o in ordine) □ *(autom.) low g.*, prima velocità □ *to be out of g., (autom.)* essere in folle; *(fig.)* non essere in ordine, non funzionare □ *(mecc., autom.) to shift gears,* cambiare (velocità) □ *(autom.) to slip out of g.*, disinnestarsi.
to **gear** [giə*] ***A*** *v. t.* ***1*** *(mecc.)* **provvedere** (una macchina, ecc.) **d'ingranaggi *2*** *(mecc.)* **innestare** (un congegno); **ingranare** (una marcia) ***3*** (spesso *to g. up*) **bardare** (una bestia da tiro) ***B*** *v. i.* *(mecc.)* **ingranare** ● *to g. down,* diminuire il numero di giri del motore (di un'automobile) □ *to g. up,* aumentare il numero di giri del motore (di un'automobile).
gearing ['giəriŋ] *n.* [U] *(mecc.)* **sistema d'ingranaggi.**
gearshift ['giəʃift] *n.* *(mecc., autom.)* **cambio di velocità** ● *(autom.) steering-column g.*, (leva del) cambio sul volante.
gecko ['gekou] *n.* *(pl.* **geckos, geckoes**) *(zool.)* **geco.**
(1) gee [dʒi:], **gee-gee** ['dʒi:dʒi:] *n.* [C] *(fam.)* **cavallino; cavalluccio.**
(2) gee [dʒi:], **gee-ho** ['dʒi:ou] *inter.* (per incitare cavalli) **arri!; ih!; hop!**
(3) gee [dʒi:] *inter.* *(pop. USA)* **gesummaria!; gesummio!**
geese [gi:s] *pl.* di **goose.**
geezer ['gi:zə*] *n.* *(pop.)* **vecchio bislacco** (o **eccentrico**).
geisha ['geiʃə] *n.* **geisha.**
gel [dʒel] *n.* [C] e [U] *(chim.)* **gel.**
gelatin(e) [,dʒelə'ti(:)n] *n.* [U] **gelatina.**
to **gelatinize** [dʒi'lætinaiz] ***A*** *v. t.* ***1*** **gelatinizzare *2*** *(fotogr.)* **coprire con uno strato di gelatina *B*** *v. i.* **gelatinizzarsi.**
gelatinous [dʒi'lætinəs] *a.* **gelatinoso.**
to **geld** [geld] *v. t.* **castrare.**
gelding ['geldiŋ] *n.* ***1*** [C] **castrone; cavallo castrato *2*** [U] **castratura.**
gelid ['dʒelid] *a.* **gelido.**
gelignite ['dʒelignait] *n.* [U] **gelignite; gelatina esplosiva.**
gem [dʒem] *n.* [C] **gemma** (anche *fig.*); **pietra preziosa; gioiello.**
to **gem** [dʒem] *v. t.* **ingemmare; ornare con gemme.**
geminate ['dʒeminit] *a.* **geminato.**
to **geminate** ['dʒemineit] *v. t.* **geminare.**
gemination [,dʒemi'neiʃən] [U] *n.* **geminazione.**
Gemini ['dʒemini] *n. pl.* *(astron., astrologia)* **Gemelli.**
gemma ['dʒemə] *n.* *(pl.* **gemmae** ['dʒemi:]) *(bot.)* **gemma.**
gemmate ['dʒemit] *a.* *(biol.)* **gemmato.**
to **gemmate** ['dʒemeit] *v. i.* *(biol.)* **riprodursi per gemmazione.**
gen [dʒen] *n.* [U] *(abbr. pop.* di **general information**) **informazioni.**
gender ['dʒendə*] *n.* [C] e [U] *(gramm.)* **genere.**
gene [dʒi:n] *n.* *(biol.)* **gene.**
genealogical [,dʒi:njə'lɔdʒikəl] *a.* **genealogico.**
genealogist [,dʒi:ni'ælədʒist] *n.* **genealogista.**
genealogy [,dʒi:ni'ælədʒi] *n.* [U] e [C] **genealogia.**
genera ['dʒenərə] *pl.* di **genus.**
(1) general ['dʒenərəl] *a.* ***1*** **generale; comune; pubblico; universale**: *a matter of g. interest,* una faccenda d'interesse generale □ *a g. strike,* uno sciopero generale □ *a g. notion,* un concetto universale ***2*** **generico; vago**: *in g. terms,* in termini generici ● *G. Post Office,* posta centrale; direzione generale delle Poste □ *as a g. rule,* in genere; di regola □ *in g.*, in genere; generalmente □ *in a g. way,* ordinariamente; di solito □ *inspector-g.*, ispettore generale.
(2) general ['dʒenərəl] *n.* *(mil.)* **generale**: *brigadier g.*, generale di brigata.
generalissimo [,dʒenərə'lisimou] *n.* *(pl.* **generalissimos**) *(mil.)* **generalissimo.**
generality [,dʒenə'ræliti] *n.* ***1*** [C] **generalità; idea generale *2*** *(al sing. con l'art. determ.)* **maggioranza; maggior parte** ● *to speak in generalities,* tenersi sulle generali.
generalization [,dʒenərəlai'zəiʃən] *n.* [U] e [C] **generalizzazione.**
to **generalize** ['dʒenərəlaiz] *v. t.* e *i.* **generalizzare.**
generally ['dʒenərəli] *avv.* ***1*** **generalmente; in genere; di solito *2*** **generalmente; universalmente.**
generalship ['dʒenərəlʃip] *n.* [U] ***1*** **generalato; grado di generale *2*** **abilità militare; strategia; tattica *3*** **diplomazia; tatto.**
to **generate** ['dʒenəreit] *v. t.* **generare; produrre.**
generation [,dʒenə'reiʃən] *n.* ***1*** [U] **generazione; produzione *2*** [C] **generazione**: *the rising g.*, la nuova generazione; i giovani.
generator ['dʒenəreitə*] *n.* (specialm. *fis., mecc.*) **generatore.**
generatricx ['dʒenə,reitriks] *n.* *(pl.* **generatrices** ['dʒenə,reitri,si:z]) *(geom.)* **generatrice.**
generic [dʒi'nerik] *a.* **generico.**
generosity [,dʒenə'rɔsiti] *n.* ***1*** [U] **generosità; liberalità *2*** [C] **atto generoso.**
generous ['dʒenərəs] *a.* ***1*** **generoso; liberale *2*** **abbondante; ricco *3*** (di vino) **generoso; forte.**
genesis ['dʒenisis] *n.* *(pl.* **geneses** ['dʒeni,si:z]) **genesi; origine.**
genet ['dʒenit], **genette** [dʒə'net] *n.* ***1*** *(zool.,* Genetta*)* **genetta *2*** **pelliccia di genetta.**
genetic [dʒi'netik] *a.* **genetico.**
genetics [dʒi'netiks] *n. pl.* *(col verbo al sing.)* **genetica.**
Genevan [dʒi'ni:vən], **Genevese** [,dʒeni'vi:z] *a.* e *n.* **ginevrino.**
genial ['dʒi:njəl] *a.* ***1*** **cordiale; gioviale; socievole *2*** **benefico; benigno; clemente; mite**: *a g. climate,* un clima mite.
geniality [,dʒi:ni'æliti] *n.* [U] ***1*** **cordialità; giovialità; socievolezza *2*** **benignità; clemenza; mitezza.**
genie ['dʒi:ni] *n.* *(pl.* **genii** ['dʒi:niai], **genies**) **genio; spirito; demone.**

genista [dʒi'nistə] *n. (bot.,* Genista*)* **ginestra.**
genital ['dʒenitl] *a. (anat.)* **genitale.**
genitals ['dʒenitlz] *n. pl. (anat.)* **genitali.**
genitive ['dʒenitiv] *a.* e *n. (gramm.)* **genitivo.**
genius ['dʒi:njəs] *n.* ***1*** [U] e [C] (*pl.* **geniuses** ['dʒi:njəsiz]) **genio** (in ogni senso); **ingegno sommo**: *a man of g.*, un uomo di genio □ *a mathematical g.*, un genio della matematica ***2*** (*pl.* **genii** ['dʒi:niai]) **genio; spirito; demone** ***3*** *(generalm. al sing. con l'art. determ.)* **carattere fondamentale** ● *to have a g. for st.*, essere tagliato per q.c.
genned-up [ˌdʒend'ʌp] *a. pred. (pop.)* **bene informato; informatissimo.**
genocide ['dʒenousaid] *n.* [U] **genocidio.**
Genoese [ˌdʒenou'i:z] *a.* e *n.* **genovese.**
genre [ʒã:ŋr] *(franc.) n.* ***1*** [C] **genere letterario** ***2*** [U] (anche *g.-painting*) **pittura di genere.**
gent [dʒent] *n. (abbr. pop.* di **gentleman***)* **gentiluomo; signore** ● *(fam.)* « *Gents* », (gabinetto per) « signori » (in un albergo e sim.).
genteel [dʒen'ti:l] *a. (iron.)* **raffinato; manieroso; snob.**
gentian ['dʒenʃiən] *n.* [C] *(bot.,* Gentiana*)* **genziana.**
gentile ['dʒentail] *a.* e *n.* **gentile** *(lett.)*; **pagano.**
gentility [dʒen'tiliti] *n.* [U] (di solito *iron.*) **raffinatezza; modi raffinati.**
gentle ['dʒentl] *a.* ***1*** **garbato; cortese** ***2*** **delicato; lieve; mite; tenero** ***3*** *(arc.)* **nobile.**
gentlefolk(s) ['dʒentlfouk(s)] *n.* **gente di qualità; nobili.**
gentleman ['dʒentlmən] *n.* (*pl.* **gentlemen** ['dʒentlmən]) **gentiluomo; signore** ● *a g.'s agreement*, un accordo leale (sulla parola) □ *g. farmer*, gentiluomo di campagna.
gentleman-at-arms [ˌdʒentlmənət'a:mz] *n.* (*pl.* **gentlemen-at-arms** [ˌdʒentlmənət'a:mz]) **membro della guardia del corpo del re** (o **della regina**).
gentlemanlike ['dʒentlmənlaik] *a.* **signorile; distinto.**
gentlemanly ['dʒentlmənli] *a.* **signorile; distinto.**
gentleness ['dʒentlnis] *n.* [U] ***1*** **dolcezza** (di modi, ecc.); **garbo; grazia** ***2*** **delicatezza; mitezza; tenerezza.**
gentlewoman ['dʒentlˌwumən] *n.* (*pl.* **gentlewomen** ['dʒentlˌwimin]) ***1*** **gentildonna; signora** (ora più comune *lady*) ***2*** *(stor.)* **gentildonna del seguito** (della regina).
gently ['dʒentli] *avv.* ***1*** **dolcemente; delicatamente; lievemente; teneramente** ***2*** **adagio; a bassa voce.**
gentry ['dʒentri] *n. (pl. collett., con l'art. determ.)* ***1*** **nobiltà minore; piccola nobiltà** ***2*** *(iron., spreg.)* **gente** ● *the landed g.*, la nobiltà terriera □ *the newspaper g.*, i giornalisti.
to **genuflect** ['dʒenju:flekt] *v. i.* **genuflettersi.**
genuflection [ˌdʒenju:'flekʃən] *n.* [C] **genuflessione.**
genuine ['dʒenjuin] *a.* **genuino; autentico; schietto.**
genuineness ['dʒenjuinnis] *n.* [U] **genuinità; autenticità; schiettezza.**
genus ['dʒi:nəs] *n.* (*pl.* **genera** ['dʒenərə]) **genere** (specialm. in *biol., filos.*): *the g. Homo,* il genere umano.
geo- [ˌdʒi:ou] *(nei composti)* **geo-** (primo elemento di composti nominali, col significato di « terra », « globo terrestre »).
geocentric(al) [ˌdʒi:ou'sentrik(əl)] *a. (astron.)* **geocentrico.**
geochemistry [ˌdʒi:ou'kemistri] *n.* [U] **geochimica.**
geodesy [dʒi:'ɔdisi] *n.* [U] **geodesia.**
geographer [dʒi'ɔgrəfə*] *n.* **geografo.**
geographic(al) [dʒiə'græfik(əl)] *a.* **geografico.**
geography [dʒi'ɔgrəfi] *n.* [U] **geografia.**
geoid ['dʒi:ɔid] *n.* [C] *(scient.)* **geoide.**
geologic(al) [dʒiə'lɔdʒik(əl)] *a.* **geologico.**
geologist [dʒi'ɔlədʒist] *n.* **geologo.**
geology [dʒi'ɔlədʒi] *n.* [U] **geologia.**
geometer [dʒi'ɔmitə*], **geometrician** [ˌdʒioumə'triʃən] *n.* **geometra** *(raro)*; **esperto di geometria.**
geometric(al) [dʒiə'metrik(əl)] *a.* **geometrico.**
geometry [dʒi'ɔmitri] *n.* [U] **geometria.**
geophysical [ˌdʒi:ou'fizikəl] *a.* **geofisico.**
geophysics [ˌdʒi:ou'fiziks] *n. pl. (col verbo al sing.)* **geofisica.**
geopolitics [ˌdʒi:ou'pɔlitiks] *n. pl. (col verbo al sing.)* **geopolitica.**
georgette [dʒɔ:'dʒet] *n.* [U] *(ind. tessile)* **georgette.**
(1) Georgian ['dʒɔ:dʒjən] *a.* **georgiano** (dell'epoca dei re d'Inghilterra Giorgio I, II, III, IV o dei re Giorgio V e VI).
(2) Georgian ['dʒɔ:dʒjən] *a.* e *n.* **georgiano; (abitante) della Georgia.**
georgic ['dʒɔ:dʒik] ***A*** *a.* **georgico** ***B*** *n.* [C] **poema georgico.**
geotropism [dʒi'ɔtrəpizəm] *n.* [U] *(bot.)* **geotropismo.**
geranium [dʒi'reiŋjəm] *n.* [C] *(bot.,* Geranium*)* **geranio.**
geriatric [ˌdʒeri'ætrik] *a. (med.)* **geriatrico.**
geriatrician [ˌdʒeriə'triʃən] *V.* **geriatrist.**
geriatrics [ˌdʒeri'ætriks] *n. pl. (med., col verbo al sing.)* **geriatria; gerontoiatria.**
geriatrist ['dʒeriətrist] *n. (med.)* **geriatra.**
germ [dʒə:m] *n.* [C] **germe** (in ogni senso); **germoglio; embrione** ● *(mil.) g. warfare*, guerra batteriologica.
to **germ** [dʒə:m] *v. i.* **germogliare** *(fig.)*.
german ['dʒə:mən] *a.* **germano**: *brother-g.*, fratello germano.
German ['dʒə:mən] *a.* e *n.* **tedesco** (anche la lingua): *High G.*, alto tedesco □ *Low G.*, basso tedesco.
germane [dʒə:'mein] *a.* **appropriato; pertinente.**
Germanic [dʒə:'mænik] *a.* e *n.* **germanico.**
Germanism ['dʒə:mənizəm] *n.* ***1*** [C] **germanismo** ***2*** [U] **germanesimo.**
Germanist ['dʒə:mənist] *n.* **germanista.**
Germanistics [ˌdʒə:mə'nistiks] *n. pl. (col verbo al sing.)* **germanistica.**
germanium [dʒə(:)meinjəm] *n.* [U] *(chim.)* **germanio.**
to **Germanize** ['dʒə:mənaiz] *v. t.* e *i.* **germanizzare, germanizzarsi.**
germicidal [ˌdʒə:mi'saidl] *a.* **germicida.**
germicide ['dʒə:misaid] *n.* [C] *(chim., med.)* **(sostanza) germicida.**
germinal ['dʒə:minl] *a.* ***1*** **germinale** ***2*** **embrionale.**
germinant ['dʒə:minənt] *a.* **germinante; che germoglia.**
to **germinate** ['dʒə:mineit] *v. i.* e *t.* **(far) germinare, germogliare.**
germination [ˌdʒə:mi'neiʃən] *n.* [U] **germinazione; germogliamento.**
gerontologist [ˌdʒərɔn'tɔlədʒist] *n.* **gerontologo.**
gerontology [ˌdʒərɔn'tɔlədʒi] *n.* [U] **gerontologia.**
to **gerrymander** ['dʒerimændə*] *v. t.* **manipolare** (un collegio elettorale).
gerrymander ['dʒerimændə*] *n.* [U] e [C] **manipolazione** (di collegi elettorali).
gerund ['dʒerənd] *n.* [C] *(gramm.)* **gerundio.**
gerundive [dʒi'rʌndiv] *n.* [C] *(gramm.)* **gerundivo.**
gestation [dʒes'teiʃən] *n.* [U] **gestazione** (anche *fig.*); **gravidanza.**
gestatorial [ˌdʒestə'tɔ:riəl] *a.* **gestatorio**: *g. chair*, sedia gestatoria.
to **gesticulate** [dʒes'tikjuleit] ***A*** *v. i.* **gesticolare** ***B*** *v. t.* **esprimere a gesti.**
gesticulation [dʒesˌtikju'leiʃən] *n.* ***1*** [U] **gesticolazione; gesticolamento** ***2*** [C] **gesto.**
gesture ['dʒestʃə*] *n.* ***1*** [C] **gesto** (anche *fig.*) ***2*** [U] **(il) gestire; mimica.**
to **gesture** ['dʒestʃə*] *v. i.* **gestire; gesticolare.**
to **get** [get] (*pass.* **got** [gɔt], *p.p.* **got** e — *arc.* e *USA* — **gotten** ['gɔtn]) ***A*** *v. t.* ***1*** **ottenere; procurarsi; acquistare; comprare; prendere; andare a prendere; guadagnare; ricevere; buscarsi**: *to get a job,* ottenere un impiego □ *to get a bad cold,* buscarsi un brutto raffreddore □ *to get a letter,* ricevere una lettera □ *You've got little by it,* ci hai guadagnato ben poco ***2*** *(fam.)* **afferrare; capire** ***3*** **far pervenire; inviare; mandare; portare** ***4*** **preparare** ***5*** *(fam.)* **consumare** (un pasto); **mangiare** ***6*** **convincere; persuadere; fare**: *to get sb.*

to do st., convincere q. a fare q.c.; far fare q.c. a q. □ *to get st. done,* far fare q.c. ***7*** *(seguito da una prep. di luogo)* **fare** *(più inf. di verbo di moto)*: *Get that dog out of my room*, fa' uscire quel cane dalla mia stanza! ***8*** *(fam.)* **avere la meglio su** (q.) ***9*** *(fam.)* **confondere; rendere perplesso; superare le capacità di** (q.) ***10*** *(fam.)* **eccitare; dare ai nervi a** (q.) ***11*** *(fam.)* **cogliere in fallo; sorprendere**: *I've got you there!*, ti ho preso! ***12*** *(fam.)* **notare; osservare** ***13*** (*idiom.*, in alcune locuz.; per es.:) *to get breakfast ready,* preparare la colazione □ *to get one's hands dirty,* sporcarsi le mani □ *to get one's head broken,* rompersi la testa ***B*** *v. i.* ***1*** **andare; arrivare; giungere; pervenire** ***2*** **diventare; divenire; farsi**: *It's getting late,* si fa tardi ***3*** (*idiom.*, in numerose espressioni indicanti cambiamento o trasformazione, per es.:) *to get angry,* adirarsi □ *to get cold,* raffreddarsi □ *to get ill,* ammalarsi □ *to get married,* sposarsi □ *to get old,* invecchiare □ *to get ready,* prepararsi □ *to get rich,* arricchire □ *to get tired,* stancarsi ***4*** **essere; rimanere; venire** (nella coniugazione passiva) ***5*** *(fam.)* **cominciare; mettersi a; principiare** ***6*** — *(fam.) to have got,* avere; possedere ***7*** — *(fam.) to have got to,* avere da; dovere ***C*** *verbi composti* ***1*** *to get about,* andare in giro, muoversi; diffondersi ***2*** *to get above oneself,* montarsi la testa ***3*** *to get abroad,* diffondersi; divulgarsi ***4*** *to get across,* attraversare; passare dall'altra parte ***5*** *to get ahead,* far progressi; aver successo □ *to get ahead of sb.*, superare q. ***6*** *to get along,* farcela, tirare avanti; passarsela; andare d'accordo ***7*** *to get at,* arrivare a prendere, raggiungere; scoprire; *(fam.)* corrompere ***8*** *to get away,* andarsene, andare via; fuggire, scappare □ *to get (sb., st.) away,* mandar via, rimuovere (q., q.c.) □ *(fam.) to get away with it,* cavarsela; farla franca (o pulita) ***9*** *to get back,* tornare indietro; ritornare □ *to get st. back,* farsi restituire q.c. ***10*** *to get behind,* rimanere indietro ***11*** *to get by,* passare ***12*** *to get down,* discendere, scendere □ *to get (sb., st.) down,* far scendere, tirare giù (q., q.c.) □ *to get down to st.*, mettersi a fare q.c. ***13*** *to get in,* entrare; arrivare; (anche *polit.*) essere eletto □ *to get (sb., st.) in,* far entrare, portar dentro (q., q.c.) ***14*** *to get into,* entrare, penetrare in; montare in (macchina), salire in (treno, ecc.); infilarsi, mettersi (un vestito) □ *to get into a rage,* infuriarsi □ *to get it into one's head,* mettersi in testa ***15*** *to get off,* andar via, andarsene; scendere, smontare (dal treno e sim.); cavarsela, farla franca, farla pulita □ *to get off to sleep,* addormentarsi; prender sonno ***16*** *to get on,* montare, salire; passarsela; aver successo; andare d'accordo: *How are you getting on?*, come te la passi?; come va (la vita)? □ *to get st. on,* indossare (o mettersi) q.c. □ *to get on sb.'s nerves,* dare ai nervi a q. □ *to be getting on in years,* andare avanti con gli anni ***17*** *to get out,* uscire, andare via; scendere, smontare (da un veicolo e sim.) □ *to get out of a habit,* togliersi un'abitudine □ *to get out of sight,* scomparire alla vista ***18*** *to get over st.*, scavalcare q.c.; riaversi da q.c. □ *to get st. over,* liberarsi di q.c., togliersi il pensiero di q.c. ***19*** *to get round sb.*, raggirare, circuire q. □ *to get round st.*, eludere q.c. ***20*** *to get through,* arrivare, giungere; superare un esame; passare (di legge) □ *to get through with one's work,* finire il proprio lavoro ***21*** *to get to st.*, mettersi a fare q.c.: *Let's get to business,* mettiamoci al lavoro; veniamo al sodo ***22*** *to get together,* adunarsi; associarsi; radunarsi; riunirsi □ *to get (things, persons) together,* radunare, riunire (cose, persone) ***23*** *to get (st.) under,* domare (q.c.) ***24*** *to get up,* alzarsi □ *to get up to,* arrivare fino a □ *to get (st.) up,* preparare, organizzare (q.c.) □ *to get up a tree,* arrampicarsi su un albero ● *to get home,* arrivare a casa; *(fig.)* colpire nel segno □ *to get sb. home,* condurre q. a casa □ *to get it,* essere rimproverato; prenderle □ *to get to like sb.*, prendere q. in simpatia □ *to get nowhere,* non concludere niente □ *to get somewhere,* ottenere qualche risultato; concludere qualcosa □ *(fam.) to get there,* farcela; arrivarci; riuscire □ *(fam.) Get along* (o *away*) *with you!*, via via!; va là; non raccontarmi frottole!

get-at-able [get'ætəbl] *a.* *(fam.)* **accessibile; raggiungibile.**

getaway ['getəwei] *n.* [C] ***1*** *(sport)* **partenza** ***2*** **fuga.**

get-off ['getɔ:f] *n.* [C] *(aeron.)* **decollo.**

get-out ['getaut] *n.* [C] *(fam.)* **fuga; evasione.**

get-together ['gettə,geðə*] *n.* [C] *(fam.)* **riunione familiare.**

get-up ['getʌp] *n.* [C] *(fam.)* ***1*** **abbigliamento; modo di vestire** ***2*** **aspetto, composizione, veste** (d'un libro, ecc.).

gewgaw ['gju:gɔ:] *n.* [C] **fronzolo; gingillo; ninnolo.**

geyser (*def. 1* ['gaizə*], *def. 2* ['gi:zə*]) *n.* [C] ***1*** *(geol.)* **geyser** ***2*** **scaldabagno** (elettrico o a gas).

ghastliness ['ga:stlinis] *n.* [U] ***1*** **orrore; squallore** ***2*** **pallore di morte; pallidezza spettrale.**

ghastly ['ga:stli] *a.* ***1*** **orribile; orrendo; spaventoso** ***2*** **pallido come la morte; spettrale** ***3*** *(fam.)* **pessimo; disgustoso.**

gherkin ['gə:kin] *n.* [C] **cetriolo verde; cetriolino.**

ghetto ['getou] *n.* (*pl.* **ghettos, ghettoes**) *(stor., urbanistica)* **ghetto.**

to **ghetto** ['getou], to **ghettoize** ['getouaiz] *v. t.* **ghettizzare.**

Ghibelline ['gibilain] *a.* e *n.* *(stor.)* **ghibellino.**

ghost [goust] *n.* [C] ***1*** **fantasma; spettro; spirito**: *to raise a g.*, evocare un fantasma ***2*** (*ottica, telev.*) **falsa immagine** ***3*** (anche *g. writer*) **scrittore fantasma; negro** *(gergo)* ● *g. story,* storia di spettri □ *g. town,* città abbandonata □ *the Holy G.*, lo Spirito Santo □ *not to have the g. of a chance,* non avere la minima probabilità di successo.

to **ghost** [goust] *v. t.* e *i.* **scrivere per conto d'altri.**

ghostlike ['goustlaik] *a.* **spettrale.**

ghostly ['goustli] *a.* ***1*** **spettrale** ***2*** *(arc.)* **spirituale.**

ghoul [gu:l] *n.* [C] ***1*** *(mitol. orientale)* **demonio che divora i cadaveri** ***2*** *(fig.)* **predatore di tombe; individuo crudele e rapace.**

ghoulish ['gu:liʃ] *a.* **demoniaco; orrendo; mostruoso.**

giant ['dʒaiənt] ***A*** *n.* [C] **gigante** (anche *fig.*) ***B*** *a. attr.* **gigante; gigantesco.**

giantess ['dʒaiəntis] *n.* **gigantessa** (*scherz.* o *spreg.*).

giantism ['dʒaiəntizəm] *n.* [U] *(med.* e *fig.)* **gigantismo.**

giaour [dʒauə*] *n.* **giaurro** (designazione spreg. attribuita ai cristiani dai Turchi).

to **gibber** ['dʒibə*] *v. i.* **barbugliare; borbottare; farfugliare.**

gibberish ['gibəriʃ] *n.* [U] **barbugliamento; borbottìo.**

gibbet ['dʒibit] *n.* [C] *(stor.)* **forca; patibolo.**

to **gibbet** ['dʒibit] *v. t.* ***1*** **impiccare** ***2*** *(fig.)* **mettere alla berlina.**

gibbous ['gibous] *a.* **gibboso; gobbo.**

to **gibe** [dʒaib] *v. i.* e *t.* **beffare, beffarsi; schernire**: *to g. at sb.*, beffarsi di q.

gibe [dʒaib] *n.* [C] **beffa; scherno.**

gibingly ['dʒaibiŋli] *avv.* **con scherno.**

giblets ['dʒiblits] *n. pl.* **frattaglie; rigaglie; interiora.**

giddiness ['gidinis] *n.* [U] ***1*** **capogiro; vertigini** ***2*** **vorticosità** ***3*** **frivolezza.**

giddy ['gidi] *a.* ***1*** **che ha il capogiro (o le vertigini); stordito** ***2*** **vertiginoso; che dà il capogiro (o le vertigini)** ***3*** **vorticoso** ***4*** **frivolo; scervellato** ● *to feel g.*, avere il capogiro (o le vertigini) □ *to play the g. goat,* fare lo stupido.

gift [gift] *n.* ***1*** [C] **dono; regalo; strenna** ***2*** [U] *(leg.)* **donazione**: *by (free) g.*, in donazione ***3*** [C] *(fig.)* **dono; dote; disposizione; talento**: *to have a g. for poetry,* avere il dono della poesia ***4*** [U] *(arc.)* **facoltà di dare.**

to **gift** [gift] *v. t.* ***1*** **donare; regalare** ***2*** **fare un dono a** (q.).

gifted ['giftid] *a.* **dotato d'ingegno; che ha talento.**

gig [gig] *n.* [C] ***1*** **barroccino; calesse** ***2*** *(naut.)* **lancia** ● *(pop.) gig-lamps,* occhiali.

gigantic [dʒai'gæntik] *a.* **gigantesco; enorme.**

gigantism ['dʒaigæn,tizəm] *n.* [U] *(med., bot.)* **gigan-**

tismo.

to **giggle** ['gigl] *v. i.* ridere scioccamente; ridacchiare.

giggle ['gigl] *n.* [C] risolino; risatina sciocca ● *(fam.) to have the giggles,* avere la ridarella.

gigolo ['ʒigəlou] *n.* (*pl.* **gigolos**) *1* gigolo; mantenuto *2* ballerino a pagamento.

gigot ['dʒigət] *n.* [C] gigotto; cosciotto d'agnello (o capretto) ● *g. sleeve,* manica con un grande rigonfio sopra il gomito.

gigue [ʒi:g] *n.* [C] *(mus.)* giga.

to **gild** [gild] (*pass.* e *p.p.* **gilded** [gildid], **gilt** [gilt]) *v. t.* dorare; indorare (anche *fig.*): *to g. the pill,* indorare la pillola.

gilded [gildid] *a.* dorato; indorato ● *g. youth,* gioventù dorata.

gilder ['gildə*] *n.* doratore, doratrice; indoratore, indoratrice.

gilding ['gildiŋ] *n.* [U] doratura; indoratura.

(1) gill [gil] *n. (di solito al pl.) 1 (zool.)* branchia *2 (zool.)* bargiglio; bargiglione ● *(fig.) to be rosy about the gills,* avere l'aspetto fresco e sano.

(2) gill [gil] *n.* [C] *1* burrone; gola *2* torrentello.

(3) gill [dʒil] *n.* [C] gill (misura di capacità).

gilt [gilt] *A pass.* e *p. p.* di to **gild** *B a.* dorato; indorato *C n.* [U] doratura; indoratura ● *a g.-edged book,* un libro a taglio dorato □ *(fin.) g.-edged securities (stocks),* titoli (azioni) di prim'ordine.

gimbals ['dʒimbəlz] *n. pl. (mecc.)* sospensione cardanica.

gimcrack ['dʒimkræk] *A n.* [C] fronzolo *B a.* appariscente; vistoso.

gimcrackery ['dʒim,krækəri] *n.* [U] paccottiglia; cianfrusaglie.

gimlet ['gimlit] *n.* [C] *(falegnameria)* succhiello.

gimlet-eyed ['gimlit,aid] *a.* dalla vista acuta; dallo sguardo penetrante.

gimmick ['gimik] *n.* [C] *(fam.) 1* trucco *2* aggeggio *3* idea (o trovata) ingegnosa.

gimp [gimp] *n.* [U] cordoncino.

(1) gin [dʒin] *n.* [U] gin.

(2) gin [dʒin] *n.* [C] *1 (ind. tessile)* sgranatrice (di cotone; di solito *cotton gin*) *2* trappola (per selvaggina o pesce) *3* argano; paranco.

to **gin** [dʒin] *v. t. 1 (ind. tessile)* sgranare (cotone) *2* prendere in trappola; intrappolare; irretire.

ginger ['dʒindʒə*] *A n.* [U] *1 (bot.,* Zingiber officinale) zenzero *2 (fam.)* energia; spirito *3* color zenzero; color fulvo *B a. attr.* rossiccio; fulvo ● *g. ale* (o *beer, pop),* bevanda gassosa, aromatizzata con zenzero □ *g. nut,* biscotto allo zenzero.

to **ginger** ['dʒindʒə*] *v. t. 1* aromatizzare con zenzero *2* (di solito *to g. up*) animare; ravvivare.

gingerbread ['dʒindʒəbred] *A n.* [U] pan di zenzero; pampepato *B a. attr.* pretenzioso; vistoso.

gingerly ['dʒindʒəli] *A a.* cauto; circospetto; guardingo *B avv.* cautamente; con circospezione.

gingery ['dʒindʒəri] *a. 1* simile allo zenzero; aromatizzato con zenzero *2* rossiccio.

gingham ['giŋəm] *n. 1* [U] percalle *2* [C] *(fam.)* ombrello.

gingival [dʒin'dʒaivəl] *a. (anat.)* gengivale.

gingivitis [,dʒindʒi'vaitis] *n.* [U] *(med.)* gengivite.

ginseng ['dʒinseŋ] *n. (bot.,* Panax ginseng) ginseng (anche la radice).

gipsy ['dʒipsi] *A n.* zingaro, zingara *B a. attr.* zingaresco; di (o da) zingaro.

giraffe [dʒi'ra:f] *n. (zool.,* Giraffa camelopardalis) giraffa.

girandole ['dʒirəndoul] *n. 1* girandola *2* candeliere a bracci *3* orecchino a pendaglio con pietre incastonate.

girasol(e) ['dʒirəsoul] *n.* [C] *(miner.)* girasole (varietà d'opale).

to **gird** [gə:d] (*pass.* e *p.p.* **girded** ['gə:did], **girt** [gə:t]) *v. t.* cingere; circondare ● *to g. a rope round st.,* passare una corda intorno a q.c.

girder ['gə:də*] *n.* [C] *(edil.)* trave maestra.

(1) girdle ['gə:dl] *n.* [C] *1* (anche *anat.* o *fig.*) cintura; cintola *2* busto; guaina.

(2) girdle ['gə:dl] *n.* [C] lastra di ferro su cui cuocere focacce.

to **girdle** ['gə:dl] *v. t.* cingere; circondare.

girl [gə:l] *n. 1* ragazza; fanciulla; giovinetta: *an office g.,* una ragazza d'ufficio *2* figlia; figliola; bambina *3 (fam.,* spesso *best g.)* innamorata; fidanzata; ragazza *(fam.) 4* domestica; donna, ragazza *(fam.) 5* donna nubile; zitella; ragazza *(pop.)* ● *G. Guide,* giovane esploratrice □ *flower g.,* fioraia □ *shop g.,* commessa (di negozio).

girlhood ['gə:lhud] *n.* [U] (di ragazza) adolescenza.

girlish ['gə:liʃ] *a.* fanciullesco; di (o da) ragazza.

giro ['dʒairou] *n.* (*pl.* **giros**) *(fin.)* giroconto; postagiro.

(1) girt [gə:t] *V.* **girth.**

(2) girt [gə:t] *pass.* e *p.p.* di to **gird.**

girth [gə:θ] *n. 1* [C] (di cavallo) cinghia; sottopancia *2* [U] contorno; circonferenza.

gist [dʒist] *n. (al sing. con l'art. determ.)* essenza; sostanza; succo *(fig.).*

to **give** [giv] (*pass.* **gave** [geiv], *p.p.* **given** ['givn]) *A v. t. 1* dare; donare; consegnare; concedere; accordare: *I gave him a book,* gli diedi un libro □ *I gave it (to) him,* glielo diedi □ *He was given a book* (o *A book was given to him),* gli fu dato un libro □ *to g. one's confidence,* concedere la propria fiducia □ *to g. one's word,* dare la propria parola □ *to g. a message,* consegnare un messaggio *2* pagare: *How much did you g. for that hat?,* quanto hai pagato quel cappello? *3 (fam.)* trasmettere; attaccare (una malattia) *4* (di solito *to g. in marriage)* dare in moglie (o in sposa) *5* fare: *to g. sb.'s name,* fare il nome di q. *6* rappresentare; rendere (artisticamente) *7* dedicare *8 (mat.)* dare come risultato; fare: *Ten plus five gives fifteen,* dieci più cinque fa quindici *9* segnare: *My watch doesn't give the right time,* il mio orologio non segna l'ora giusta *B v. i. 1* dare (o fare) doni (o elargizioni) *2* cedere; piegarsi; essere cedevole *C verbi composti 1 to g. away,* dar via, distribuire; rivelare; tradire □ *to g. the bride away,* condurre la sposa all'altare □ *to g. oneself away,* tradirsi *2 to g. back,* rendere, restituire, ridare; riflettere (immagini): *to g. st. back to its owner,* restituire q.c. al proprietario *3 to g. forth,* annunciare; emettere; rendere noto (un rapporto, ecc.) *4 to g. in,* arrendersi; cedere; darsi per vinto □ *to g. st. in,* consegnare q.c. □ *to g. in one's name,* dare il proprio nome (come candidato, ecc.) *5 to g. into,* dare accesso a; dare in *6 to g. off,* emettere; mandar fuori *7 to g. on* (o *upon),* dare su *8 to g. out,* calare; diminuire; cedere; esaurirsi; estinguersi; spegnersi □ *to g. st. out,* distribuire q.c.; annunciare q.c. □ *to g. oneself out to be...* (o *for, as...),* spacciarsi per ...; farsi passare per ... *9 to g. over,* cessare; smettere □ *to g. over doing st.,* smettere di fare q.c. □ *to g. st. over,* consegnare q.c. *10 to g. up,* abbandonare; cedere; rinunciare □ *to g. up doing st.,* smettere di fare q.c. □ *to g. up a fugitive to the police,* consegnare un evaso alla polizia □ *to g. up the ghost,* esalare lo spirito □ *to g. oneself up to st.,* dedicarsi (o darsi) a q.c. □ *to g. oneself up to the police,* costituirsi alla polizia ● *(pop.) to g. it to sb.* (spesso *to g. it to sb. hot*), dare una (bella) lavata di capo a q.; punire q. □ *(pop.) to g. sb. what for,* darle a q.; picchiare q.; sgridare q. □ *G. me the good old times!,* oh, poter tornare ai bei tempi passati! □ *G. me liberty or g. me death!,* la libertà o la morte!

give [giv] *n.* [U] cedevolezza; elasticità ● *g.-and-take,* concessioni reciproche; compromesso.

giveaway ['givəwei] *n. 1 (solo al sing.)* rivelazione involontaria *2* (specialm. *USA*) *(comm.)* (articolo in) omaggio *3 (USA)* trasmissione a premi (alla radio o alla TV).

given ['givn] *A p.p.* di to **give** *B a. 1* dato; prestabilito; fissato: *at a g. time,* a una data ora *2* dedito: *to be g. to st.,* essere dedito a q.c. ● *(leg.) G. under my hand and seal, etc.,* dato, firmato e sigillato, ecc.

giver ['givə*] *n.* datore, datrice; donatore, donatrice.

gizzard ['gizəd] *n.* [C] *1* ventriglio *2 (fam., scherz.)* stomaco ● *That sticks in my g.,* questa non la mando giù (o mi sta sullo stomaco).

glabrous ['gleibrəs] *a.* glabro.

glacé ['glæsei] *(franc.) a.* **1** (di cuoio, ecc.) **glacé; lucido** **2** (di frutta) **glacé; candito** **3** *(cucina)* **glacé; glassato.**

glacial ['gleisjəl] *a. (geol., chim., fig.)* **glaciale.**

glaciation [ˌglæsi'eiʃən] *n.* [U] *(geol.)* **glaciazione.**

glacier ['glæsjə*] *n.* [C] *(geol.)* **ghiacciaio.**

glacis ['glæsis] *n.* [C] **1 pendio dolce** **2** *(mil.)* **spalto** (di fortificazione).

glad [glæd] *a.* **contento; lieto; felice**: *I am g. of it,* ne sono lieto □ *I am g. to see you,* sono contento di vederti ● *(pop.) to give sb. the g. eye,* fare l'occhio di triglia a q. □ *(iron.) I should be g. to know,* mi piacerebbe proprio saperlo.

to **gladden** ['glædn] *v. t.* **allietare; rallegrare.**

glade [gleid] *n.* [C] **radura.**

gladiator ['glædieitə*] *n. (stor.)* **gladiatore.**

gladiolus [ˌglædi'ouləs] *n.* (*pl.* **gladioli** [ˌglædi'oulai] **gladioluses** [ˌglædi'ouləsiz]) (*bot.*, Gladiolus) **gladiolo.**

gladly ['glædli] *avv.* **con piacere; di buon grado; volentieri.**

gladness ['glædnis] *n.* [U] **contentezza; gioia; letizia.**

Gladstone ['glædstən] *n.* (anche *G. bag*) **valigia a soffietto.**

glair [glɛə*] *n.* [U] **albume; bianco dell'uovo; chiara** *(pop.).*

glairy ['glɛəri] *a.* **albuminoso; coperto d'albume.**

to **glamorize** ['glæməraiz] *v. t.* **1 rendere affascinante** **2 mettere in risalto il lato affascinante di** (q.c.).

glamorous ['glæmərəs] *a.* **affascinante; attraente; incantevole.**

glamour ['glæmə*] *n.* [U] **fascino; incanto; malia** ● *(fam.) g. girl,* ragazza affascinante.

to **glance** [gla:ns] **A** *v. i.* **1** — *to g. at,* gettare uno sguardo (o dare un'occhiata) a (q., q.c.); *(fig.)* accennare a (q.c.) **2 balenare; brillare** **3** — *to g. off,* deviare; rimbalzare; scivolare **B** *v. t.* **far deviare; far rimbalzare** ● *to g. down,* abbassare lo sguardo □ *to g. st. over,* dare una scorsa a q.c. □ *to g. up,* alzare gli occhi.

glance [gla:ns] *n.* [C] **1 occhiata; sguardo; colpo d'occhio; occhiatina**: *to take a g. at the newspaper,* dare un'occhiata al giornale □ *to see st. at a g.,* capire q.c. a colpo d'occhio **2 balenìo; lampo** *(fig.)* **3 colpo deviato** (per es., di spada).

glancingly ['gla:nsiŋli] *avv.* **fugacemente; di sfuggita.**

(1) gland [glænd] *n.* [C] *(anat.)* **ghiandola, glandola.**

(2) gland [glænd] *n.* [C] *(mecc.)* **premistoppa.**

glanders ['glændəz] *n. pl. (col verbo al sing.) (vet.)* **morva.**

glandular ['glændjulə*] *a. (anat., med.)* **ghiandolare; glandolare; delle ghiandole.**

to **glare** [glɛə*] **A** *v. i.* **1 sfolgorare; risplendere di luce abbagliante** **2** — *to g. at,* guardar fisso; guardare di traverso (o con occhio torvo) **B** *v. t.* **esprimere** (odio, sfida e sim.) **con lo sguardo.**

glare [glɛə*] *n. (solo al sing.)* **1 bagliore; barbaglio; luce abbagliante** **2 sguardo feroce** (o **irato**) ● *(autom.) non-g.,* anabbagliante.

glaring ['glɛəriŋ] *a.* **1 abbagliante; accecante; sfolgorante** **2** (di colore, ecc.) **troppo vivo; sgargiante; vistoso** **3 fiero; irato; torvo** **4 evidente; manifesto; madornale.**

glass [gla:s] **A** *n.* **1** [U] **vetro; cristallo** **2** [C] **oggetto di vetro; bicchiere; specchio** (anche *looking-g.*); **barometro; canocchiale; microscopio; clessidra** (anche *hour-glass*) **3** [U] **oggetti di vetro; vetrame; cristalli** **4** *(al pl.)* **occhiali, lenti** (anche *eyeglasses*) **5** *(al pl.)* **binocolo** **B** *a. attr.* **di vetro**: *a g. eye,* un occhio di vetro ● *to have had a g. too much,* aver bevuto un bicchiere di troppo □ *magnifying g.,* lente d'ingrandimento.

to **glass** [gla:s] *v. t.* **specchiare; riflettere**: *trees glassing themselves in the lake,* alberi che si specchiano nel lago.

glass-blower ['gla:sˌblouə*] *n.* [C] **soffiatore** (di vetro).

glass-cutter ['gla:sˌkʌtə*] *n.* [C] **1 tagliatore di lastre di vetro** **2 rotella tagliavetro; diamante.**

glassful ['gla:sful] *n.* [C] **(contenuto di un) bicchiere; bicchierata.**

glasshouse ['gla:shaus] *n.* [C] **1 serra** **2** *(pop.)* **prigione militare.**

glassiness ['gla:sinis] *n.* [U] **vetrosità; trasparenza.**

glass-paper ['gla:sˌpeipə*] *n.* [U] **carta vetrata.**

glassware ['gla:swɛə*] *n.* [U] **1 articoli di vetro; vetrerie** **2 cristalleria.**

glasswork ['gla:swə:k] *n.* **1** *(al pl., col verbo al sing.)* **vetreria** **2** *V.* **glassware.**

glassy ['gla:si] *a.* **1 vetroso; vitreo** **2 calmo; limpido; liscio.**

glaucoma [glɔ:'koumə] *n.* [U] *(med.)* **glaucoma.**

glaucous ['glɔ:kəs] *a.* **1 glauco; verdazzurro** **2** *(bot.)* **pruinoso.**

to **glaze** [gleiz] **A** *v. t.* **1 fornire di vetri; invetriare; racchiudere con vetri** (anche *to g. in*) **2 smaltare** (ceramiche); **lucidare** (cuoio) **3** *(cucina)* **candire** (frutta); **glassare** (dolci) **B** *v. i.* (dell'occhio) **appannarsi; diventare vitreo.**

glaze [gleiz] *n.* [U] e [C] **1 smalto; vernice trasparente** **2** *(ceramica)* **vetrina** **3** *(cucina)* **gelatina** (sulla carne); **glassa** (di dolce).

glazer ['gleizə*] *n.* **verniciatore a smalto; smaltatore.**

glazier ['gleizjə*] *n.* **vetraio.**

glazing ['gleiziŋ] *n.* [U] **1 lavoro di vetraio** **2** *(edil.)* **messa in opera dei vetri** **3 verniciatura a smalto; smaltatura** **4** *(ceramica)* **vetrinatura** **5** *(fotogr.)* **lucidatura; smaltatura.**

glazy ['gleizi] *a.* **vetroso; vitreo.**

gleam [gli:m] *n.* [C] **barlume, sprazzo** (anche *fig.*).

to **gleam** [gli:m] *v. i.* **brillare** (di luce fioca); **baluginare.**

to **glean** [gli:n] *v. t.* e *i.* **spigolare** (anche *fig.*).

gleaner ['gli:nə*] *n.* **spigolatore, spigolatrice.**

gleaning ['gli:niŋ] *n.* [U] e [C] **spigolatura** (anche *fig.*).

gleanings ['gli:niŋz] *n. pl. (fig.)* **spigolature; notizie racimolate.**

glee [gli:] *n.* [U] **allegrezza; allegria; gaiezza; gioia.**

gleeful ['gli:ful] *a.* **allegro; gaio; giulivo.**

gleeman ['gli:mən] *n.* (*pl.* **gleemen** ['gli:mən]) **menestrello.**

gleesome ['gli:səm] *a.* **allegro; gaio; giulivo.**

glen [glen] *n.* [C] **valletta.**

glengarry [glen'gæri] *n.* (anche *G. bonnet*) **berretto scozzese.**

glib [glib] *a.* **1** (di persona) **facondo; loquace; dalla lingua sciolta** **2** (di discorso, ecc.) **scorrevole; sciolto.**

glibness ['glibnis] *n.* [U] **1 facondia; loquacità** **2 scorrevolezza; scioltezza.**

to **glide** [glaid] *v. i.* **1 scivolare; sdrucciolare; passare inosservato** **2 fluire; scorrere placido** **3** *(aeron.)* **planare.**

glide [glaid] *n.* [C] **1 scivolata** **2** *(aeron.)* **planata.**

glider ['glaidə*] *n.* [U] *(aeron.)* **aliante.**

gliding ['glaidiŋ] *n.* [U] **1** *(sport)* **volo a vela** **2** *(aeron.)* **volo planato.**

to **glimmer** ['glimə*] *v. i.* **splendere; brillare** (di luce debole, intermittente); **baluginare.**

glimmer ['glimə*] *n.* [C] e [U] **barlume** (anche *fig.*); **luce debole, intermittente.**

glimmering ['glimərin] *V.* **glimmer.**

glimpse [glimps] *n.* [C] **1 occhiata di sfuggita; rapido sguardo** **2 breve apparizione** **3 bagliore; lampo** **4 barlume** *(fig.)* ● *to catch a g. of st.,* vedere q.c. di sfuggita.

to **glimpse** [glimps] **A** *v. t.* **vedere di sfuggita; intravedere** **B** *v. i. (lett.)* **far capolino; albeggiare** ● *to g. at st.,* guardare q.c. di sfuggita.

to **glint** [glint] *v. i.* **brillare** (di luce debole); **luccicare.**

glint [glint] *n.* [C] **1 bagliore; barlume; riflesso** **2** *(fig.)* **sprazzo; scintilla.**

glissade [gli'sa:d] *n.* [C] **1 scivolata** **2** *(danza)* **passo strisciato.**

to **glissade** [gli'sa:d] *v. i.* **scivolare; discendere scivolando.**

to **glisten** ['glisn] *v. i.* **brillare; luccicare; sfavillare; scintillare.**
glisten ['glisn] *n. (solo sing.)* **luccichìo; scintillìo.**
to **glitter** ['glitə*] *v. i.* **brillare; luccicare; scintillare.**
glitter ['glitə*] *n. (solo sing.)* **luccichìo; scintillìo; splendore.**
glittering ['glitəriŋ] *a.* **brillante; scintillante; splendente.**
gloaming ['gloumiŋ] *n. (solo al sing. con l'art. determ.)* **crepuscolo.**
to **gloat** [glout] *v. i.* — *to g. on (o over),* covare con gli occhi; gongolare per (q.c.); provare un piacere maligno per (q.c.).
gloatingly ['gloutiŋli] *avv.* **avidamente; con gioia maligna; gongolando.**
global ['gloubl] *a.* ***1*** **a forma di globo; sferico *2* mondiale; universale *3* globale; complessivo.**
globe [gloub] *n.* [C] **globo; sfera; mappamondo; orbe.**
globe-trotter ['gloubˌtrɔtə*] *n.* [C] **giramondo.**
globose ['gloubous], **globous** ['gloubəs] *a.* **globoso; a forma di globo.**
globular ['glɔbjulə*] *a.* ***1*** **globoso; sferico *2* globulare.**
globule ['glɔbju:l] *n.* [C] ***1*** **globulo *2* corpuscolo; gocciolina.**
globulin ['glɔbjulin] *n.* [C] *(biol.)* **globulina** ● *gamma g.*, gammaglobulina.
glomerate ['glɔmərit] *a. (bot., anat.)* **agglomerato.**
gloom [glu:m] *n.* [U] ***1*** **oscurità; buio *2* malinconia; tristezza; tetraggine** ● *to throw a g. over,* rattristare.
gloominess ['glu:minis] *n.* [U] ***1*** **oscurità; buio; tenebre *2* malinconia; tristezza; tetraggine.**
gloomy ['glu:mi] *a.* ***1*** **oscuro; buio; cupo; fosco *2* malinconico; triste; tetro; lugubre *3* depresso; sfiduciato; pessimista.**
Gloria ['glɔ:riə] *n.* [C] *(relig., mus.)* **gloria.**
glorification [ˌglɔ:rifi'keiʃən] *n.* [U] **glorificazione.**
to **glorify** ['glɔ:rifai] *v. t.* **glorificare.**
glorious ['glɔ:riəs] *a.* ***1*** **glorioso; illustre; preclaro *2* magnifico; splendido;** *(iron.)* **bello**: *a g. day,* una splendida giornata □ *a g. mess,* un bel pasticcio *(fig.)*.
glory ['glɔ:ri] *n.* [U] e talvolta [C] ***1*** **gloria *2* magnificenza; splendore *3* colmo del successo *4* aureola** ● *(fam.) to go to g.*, andare al Creatore □ *(fam.) to send sb. to g.*, mandare q. al Creatore.
to **glory** ['glɔ:ri] *v. i.* — *to g. in,* gloriarsi di.
glory-hole ['glɔ:rihoul] *n.* [C] *(fam.)* **ripostiglio.**
(1) gloss [glɔs] *n.* ***1*** [U] **lucentezza; lustro *2*** *(con l'art. indeterm.)* **parvenza; vernice** *(fig.)*.
(1) to **gloss** [glɔs] *v. t.* ***1*** **lucidare; lustrare *2*** (spesso *to g. over*) **coprire; dissimulare; mascherare.**
(2) gloss [glɔs] *n.* [C] **glossa; chiosa; annotazione.**
(2) to **gloss** [glɔs] *v. t.* e *i.* **glossare; chiosare; annotare.**
glossary ['glɔsəri] *n.* [C] **glossario.**
glossiness ['glɔsinis] *n.* [U] **lucentezza.**
glossitis [glɔ'saitis] *n.* [U] *(med.)* **glossite.**
glossology [glɔ'sɔlədʒi] *n.* [U] *(arc.)* **glottologia.**
glossy ['glɔsi] *a.* **lucente; lucido** ● *g. magazine,* rivista su carta patinata.
glottal ['glɔtl] *a.* ***1*** *(anat.)* **della glottide *2*** *(fon.)* **glottale; linguale.**
glottis ['glɔtis] *n.* [C] *(anat.)* **glottide.**
glottology [glɔ'tɔlədʒi] *n.* [U] **glottologia.**
glove [glʌv] *n.* [C] ***1*** **guanto *2*** (anche *boxing-g.*) **guanto da pugilato; guantone** ● *(autom.) g. compartment,* vano portaoggetti □ *g. manufacturer,* guantaio (fabbricante) □ *to fit like a g.*, stare a pennello; calzare alla perfezione □ *to be hand in g. with sb.*, essere in combutta con q. □ *to throw down the g. to sb.*, sfidare q.
glover ['glʌvə*] *n.* **guantaio, guantaia.**
to **glow** [glou] *v. i.* ***1*** **ardere; bruciare senza fiamma; essere incandescente**: *glowing embers,* tizzoni ardenti ***2*** *(fig.)* **ardere; infiammarsi; brillare**: *to be glowing with enthusiasm,* ardere d'entusiasmo ***3*** **fiammeggiare** *(fig.)*; **rosseggiare** ● *to be glowing with health,* avere una splendida cera.
glow [glou] *n. (soltanto al sing. con l'art. determ. o indeterm.)* ***1*** **bagliore; luminescenza; incandescenza *2*** (anche *fig.*) **ardore; calore; fuoco.**
to **glower** ['glauə*] *v. i.* (di solito *to g. at*) **guardare in cagnesco.**
gloweringly ['glauəriŋli] *avv.* **in cagnesco; torvamente.**
glowing ['glouiŋ] *a.* ***1*** **ardente; brillante *2*** *(fig.)* **acceso; animato; caloroso; fervido.**
glow-worm ['glouwə:m] *n.* [C] *(zool.,* Lampyris noctiluca) **lampiride nottiluca; lucciola.**
to **gloze** [glouz] *v. t.* **coprire** *(fig.)*; **mascherare; palliare.**
glucose ['glu:kous] *n.* [U] *(chim.)* **glucosio; destrosio.**
glue [glu:] *n.* [U] **colla**: *fish g.*, colla di pesce.
to **glue** [glu:] *v. t.* **incollare** (anche *fig.*); **appiccicare.**
gluey ['glu:i] *a.* **colloso; viscoso; appiccicoso.**
glum [glʌm] *a.* **accigliato; depresso; cupo.**
glumness ['glʌmnis] *n.* [U] **cupezza; tristezza; tetraggine.**
to **glut** [glʌt] *v. t.* ***1*** **saziare** (anche *fig.*); **satollare; rimpinzare *2* saturare**: *to g. the market,* saturare il mercato.
glut [glʌt] *n.* [C] **quantità eccessiva; saturazione.**
gluten ['glu:tən] *n.* [U] **glutine.**
glutinous ['glu:tinəs] *a.* **glutinoso.**
glutton ['glʌtn] *n.* [C] ***1*** *(zool.,* Gulo gulo) **ghiottone *2* ghiottone; goloso.**
gluttonous ['glʌtn̩əs] *a.* **ghiotto; goloso; ingordo.**
gluttony ['glʌtn̩i] *n.* [U] **ghiottoneria; golosità; ingordigia.**
glycerin(e) [ˌglisə'ri:n] *n.* [U] *(chim.)* **glicerina.**
glyph [glif] *n.* [C] *(archit.)* **glifo.**
glyptics ['gliptiks] *n. pl. (col verbo al sing.)* **glittica.**
G-man ['dʒi:mæn] *n.* (*pl.* **G-men** ['dʒi:men]) *(fam. USA)* **agente investigativo** (del *Federal Bureau of Investigation: G* = Government).
gnarl [na:l] *n.* [C] **nodo** (di legno d'albero); **nocchio.**
gnarled [na:ld], **gnarly** ['na:li] *a.* ***1*** (d'albero) **nodoso *2*** (*fig.*: di persona) **dall'aspetto ruvido; dal viso grinzoso.**
to **gnash** [næʃ] *v. t.* e *i.* **digrignare (i denti).**
gnat [næt] *n.* [C] *(zool.)* ***1*** **moscerino *2*** (Culex pipiens) **zanzara.**
to **gnaw** [nɔ:] (*pass.* **gnawed** [nɔ:d], *p.p.* **gnawed, gnawn** [nɔ:n]) *v. t.* e *i.* ***1*** **rodere; rosicchiare**: *to g. (at) a bone,* rosicchiare un osso ***2*** **rodere** *(fig.)*; **logorare; tormentare.**
gnawing ['nɔ:iŋ] ***A*** *a.* ***1*** **rodente; rosicante *2* tormentoso; che attanaglia**: *g. hunger,* fame che attanaglia ***B*** *n. (spesso al pl.)* **morso** *(fig.)*; **rimorso.**
gnawn [nɔ:n] *p.p.* di to **gnaw.**
gneiss [nais] *n.* [U] *(geol.)* **gneiss.**
(1) gnome [noum] *n.* [C] *(mitol.)* **gnomo; nano.**
(2) gnome ['noumi:] *n.* [C] **gnome** *(lett.)*; **aforisma.**
gnomic ['noumik] *a.* **gnomico** *(lett.)*; **sentenzioso.**
gnomon ['noumɔn] *n.* [C] (anche *geom.*) **gnomone.**
gnu [nu:] *n.* (*zool.,* Connochaetes gnu) **gnu.**
to **go** [gou] (*pass.* **went** [went], *p.p.* **gone** [gɔn]) ***A*** *v. i.* ***1*** **andare** (in quasi tutti i sensi): *to go by train,* andare in treno □ *to go to Australia,* andare in Australia □ *All his money goes on books,* tutto il suo denaro va in libri □ *(mil.) Who goes there?*, chi va là? ***2*** **andarsene; passare; cedere; morire**: *Be gone!*, vattene! □ *The pain has gone,* il dolore mi è passato ***3*** **stare a; tendere a**: *That goes to prove that he is wrong,* ciò sta (o tende) a provare che ha torto ***4*** *(seguito da un agg.)* **diventare**: *to go blind,* diventare cieco ***5*** *(seguito da un part. pres.)* **andare a**: *to go shooting,* andare a caccia ***6*** **fare; suonare**: *The refrain goes like this,* il ritornello fa così ***B*** *v. t.* ***1*** **scommettere *2*** (nei giochi di carte) **dichiarare *C*** *verbi composti* ***1*** *to go about,* andare in giro, andare qua e là; (di diceria, voce, ecc.) circolare, correre □ *to go*

about st., occuparsi di q.c. □ *to go about one's business,* badare ai propri affari ***2*** *to go after st.*, stare dietro a q.c.; cercare di ottenere q.c. □ *to go after a girl,* corteggiare una ragazza ***3*** *to go against,* essere contrario a; andare male per ***4*** *to go ahead,* andare avanti; tirare dritto, non avere esitazioni; fare progressi ***5*** *to go along,* andare avanti, procedere; fare progressi □ *to go along with,* accompagnare ***6*** *to go at (sb., st.),* attaccare, scagliarsi contro (q.); impegnarsi in (q.c.) ***7*** *to go away,* andar via; andarsene ***8*** *to go back,* ritornare; *(fig.)* fare marcia indietro □ *to go back to,* risalire a □ *to go back (up)on one's word,* rimangiarsi la parola ***9*** *to go before,* venire prima (di); precedere ***10*** *to go between,* mettersi in mezzo; fare da intermediario ***11*** *to go beyond,* eccedere; oltrepassare ***12*** *to go by,* passare; (di tempo) scorrere ***13*** *to go down,* andar giù; (di nave) affondare; (del sole, della luna) tramontare; (del vento, del mare) calmarsi; (di prezzi) calare □ *to go down in history,* passare alla storia □ *to go down on all fours,* mettersi carponi □ (di un libro) *to go down to,* arrivare fino a □ *(teatr.) to go down well,* essere accolto con favore ***14*** *to go far,* (anche *fig.)* andare lontano, fare strada □ *to go so far as to...,* giungere al punto di...; arrivare a ***15*** *to go for,* andare a prendere □ *to go for nothing (little, etc.),* essere tenuto in nessun (poco, ecc.) conto; non contare niente (contare poco, ecc.) □ *to go for a walk (ride, swim),* andare a fare una passeggiata (cavalcata, nuotata) ***16*** *to go forth,* essere pubblicato; essere emanato ***17*** *to go forward,* avanzare; (di cose) progredire, procedere ***18*** *to go in,* entrare; (del sole, della luna) nascondersi; (in una gara) scendere in campo □ *to go in for,* dedicarsi a, interessarsi di; sostenere, iscriversi a (un esame, una gara) ***19*** *to go into,* entrare in; andare al fondo di; approfondire □ *to go into a profession,* avviarsi a una professione ***20*** *to go off,* scappare, andarsene; esplodere, scoppiare (anche *fig.)*; perdere coscienza; addormentarsi, assopirsi; *(teatr.)* lasciare la scena; (*comm.*: di merce) scadere in qualità, peggiorare; andare, vendersi □ *(fam.) to go off one's head,* perdere la testa; farne di cotte e di crude □ *to go off well (badly),* andare a finire bene (male) ***21*** *to go on,* continuare, perseverare; (del tempo) passare; accadere, succedere; *(teatr.)* entrare in scena; (di capi di vestiario) andare, entrare ***22*** *to go out,* uscire; (di governo) dimettersi; (di fuoco, luce) spegnersi; (d'abiti, ecc.) passar di moda; (dell'anno) finire □ *to go out (on strike),* mettersi in sciopero ***23*** *to go over,* esaminare, ispezionare (q.c.); ripetere (una lezione) □ *to go over to,* passare a (cambiar partito, religione) ***24*** *to go round,* (di una ruota, ecc.) girare; (di una diceria) diffondersi; fare il giro (distribuendo q.c.); andare in giro per (una città); girare, visitare (un luogo) □ *to go round to see sb.*, fare una visitina a q. ***25*** *to go through,* attraversare (un luogo); trapassare (un corpo, ecc.); andare al fondo di (q.c.), esaminare attentamente; portare a termine (una cerimonia, un esercizio); (di un libro) venire venduto (in un certo numero di copie) □ *to go through with,* andare sino in fondo in (q.c.) ***26*** *to go together,* (di cose) andare (o stare) bene insieme; armonizzare ***27*** *to go under,* fallire, far fiasco; affondare; soccombere ***28*** *to go up,* salire; (di prezzi) aumentare; saltare in aria (per un'esplosione); essere costruito ***29*** *to go with,* andare con; essere d'accordo con; intonarsi con; essere venduto in blocco con ***30*** *to go without st.*, fare senza q.c. ● *to go all out,* mettercela tutta □ *to go (one) better,* superare (per un punto); *(comm.)* offrire un prezzo più alto □ *(pop.) to go it,* darci sotto; far baldoria □ *to be going on for,* andare per, avvicinarsi a (una certa età) □ *to be going to (seguito da inf.),* stare per, essere sul punto di: *It is going to rain,* sta per piovere □ *(pop.) to be gone on sb.*, essere innamorato cotto di q. □ *as things go,* stando così le cose □ *as times go,* coi tempi che corrono □ *(fam.) to get going,* mettersi in moto; partire □ *(fig.) to let oneself go,* lasciarsi andare □ *Go it!*, forza! dacci sotto! □ *(sport) One, two, three... go!*, uno, due, tre... via! □ *Let go!*, lascia andare! molla! □ (a un cane, tirando un sasso, ecc.) *Go fetch!*, porta!; da' qui! □ *Go along (with you)!*, va' là!

go [gou] *n.* (*pl.* **goes** [gouz]) ***1*** *(generalm al sing.)* **(l')andare; movimento**: *a come and go,* un andare e venire; un andirivieni ***2*** [U] *(fam.)* **brio; energia; entusiasmo; vigore**: *to be full of go,* essere pieno di brio (o d'energia, di vigore) ***3*** [C] *(fam.)* **situazione; stato di cose**: *What a go!*, che situazione! ***4*** [C] *(fam.)* **prova; tentativo**: *Let's have a go at it,* facciamo un tentativo!; proviamo! ***5*** *(fam.)* **moda; voga**: *to be all* (o *quite) the go,* essere in gran voga ● *to be on the go,* essere in moto; essere in piena attività □ *(fam.) It's no go,* non c'è niente da fare; è impossibile □ *It was a near go* (o *a touch and go),* ce la siamo cavata per un pelo.

goad [goud] *n.* [C] **pungolo;** *(fig.)* **incitamento, stimolo.**

to **goad** [goud] *v. t.* **pungolare;** *(fig.)* **incitare, stimolare, spronare**: *to g. sb. into doing st.*, spronare q. a fare q.c.

go-ahead ['gouəhed] ***A*** *a.* *(fam.)* **intraprendente; audace** ***B*** *n.* **(il) via; (il) permesso di agire.**

goal [goul] *n.* [C] ***1*** **meta** (anche *fig.)*; **traguardo; scopo; fine** ***2*** *(gioco del calcio e sim.)* **porta; rete**: *to score a g.*, segnare una rete □ *to win by two goals to nil,* vincere per due reti a zero.

goalie ['gouli] *n.* *(fam.)* **portiere** (nel gioco del calcio e sim.).

goalkeeper ['goul,ki(:)pə*] *n.* **portiere** (nel gioco del calcio e sim.).

go-as-you-please [,gouəzju(:)'pli:z] *a.* *(fam.)* ***1*** **libero; non vincolato da convenzioni** ***2*** **alla mano; che tira a campare.**

goat [gout] *n.* ***1*** **capra** ***2*** — *(astron., astrologia) the G.*, il Capricorno ***3*** *(fig.)* **persona dissoluta** ● *(pop.) to get sb.'s g.*, far perdere la pazienza a q. □ *he-g.* (o *billy-g.)*, capro; caprone; becco □ *(fig.) to separate the sheep from the goats,* separare i buoni dai cattivi.

goatee [gou'ti:] *n.* [C] **barbetta a punta; pizzo.**

goatherd ['gouthə:d] *n.* [C] **capraio, capraia.**

goatish ['goutiʃ] *a.* ***1*** **caprino** ***2*** *(fig.)* **dissoluto; lascivo.**

goatskin ['goutskin] *n.* [C] e [U] **pelle di capra.**

goatsucker ['gout,sʌkə*] *n.* (*zool.*, Caprimulgus europaeus) **succiacapre; caprimulgo.**

gob [gɔb] *n.* *(pop.)* **bocca.**

(1) to **gobble** ['gɔbl] *v. t.* e *i.* **ingoiare; ingollare; trangugiare; mangiare in fretta e avidamente.**

(2) to **gobble** ['gɔbl] *v. i.* (del tàcchino) **gloglottare; fare glu glu.**

gobble ['gɔbl] *n.* (del tacchino) **gloglottio; glo glo; glu glu.**

gobbledegook, gobbledygook ['gɔbldi,gu:k] *n.* [U] *(fam.)* **gergo burocratico; linguaggio pomposo.**

(1) gobbler ['gɔblə*] *n.* **ghiottone; mangione.**

(2) gobbler ['gɔblə*] *n.* *(fam.)* **tacchino** (il maschio).

go-between ['goubi,twi:n] *n.* [C] **intermediario;** *(spreg.)* **mezzano.**

goblet ['gɔblit] *n.* [C] **calice; coppa.**

goblin ['gɔblin] *n.* [C] **folletto; spiritello maligno.**

gobo ['goubou] *n.* (*pl.* **gobos, goboes**) *(cinem., telev.)* ***1*** **schermo paraluce** ***2*** **pannello antisonoro.**

goby ['goubi] *n.* (*zool.*, Gobius) **ghiozzo.**

go-cart ['gou,ka:t] *n.* [C] **girello** (per bambini).

god [gɔd] *n.* ***1*** [C] **dio** (anche *fig.)*; **divinità pagana** ***2*** — *God,* Dio; Iddio: *to pray to God,* pregare Iddio □ *God willing,* se Dio lo vuole; a Dio piacendo □ *God knows!*, lo sa Iddio!; Dio solo lo sa! ● *(teatr.) the gods,* il (pubblico del) loggione □ *God's acre,* il camposanto □ *a (little) tin god,* un (piccolo) burocrate che si dà arie da dio; un piccolo padreterno □ *a sight for the gods,* uno spettacolo divino.

godchild ['gɔdtʃaild] *n.* (*pl.* **godchildren** ['gɔd,tʃildrən]) **figlioccio, figlioccia.**

goddamned [,gɔd'dæmd], **goddam(n)** [,gɔd'dæm] *a.* *(volg.)* **dannato; maledetto.**

goddaughter ['gɔd,dɔ:tə*] *n.* **figlioccia.**

goddess ['gɔdis] *n.* **dea** (anche *fig.)*.

godfather ['gɔd,fa:ðə*] *n.* **padrino.**

god-fearing ['gɔd,fiəriŋ] *a.* **timorato di Dio; pio; devoto.**

god-forsaken ['gɔdfə,seikn] *a.* ***1*** (di persona) **malvagio** ***2*** (di luogo) **dimenticato da Dio; desolato.**

godhead ['gɔdhed] *n.* [U] **divinità; natura divina.**

godless ['gɔdlis] *a.* ***1*** **ateo** ***2*** **empio; malvagio.**
godlessness ['gɔdlisnis] *n.* [U] ***1*** **ateismo** ***2*** **empietà; malvagità.**
godlike ['gɔdlaik] *a.* **divino.**
godliness ['gɔdlinis] [U] *n.* **devozione; pietà; religiosità.**
godly ['gɔdli] *a.* **devoto; pio; religioso.**
godmother ['gɔd,mʌðə*] *n.* **madrina.**
godown ['goudaun] *(anglo-ind.) n.* [C] **deposito; magazzino.**
godparent ['gɔd,pɛərənt] *n.* **padrino; madrina.**
godsend ['gɔdsend] *n.* [C] **dono del Cielo; fortuna impensata.**
godship ['gɔdʃip] *n.* [U] **divinità; natura divina.**
godson ['gɔdsʌn] *n.* **figlioccio.**
godspeed [,gɔd'spi:d] *n.* [U] *(arc.)* **buona fortuna; successo; buon viaggio**: *to wish sb. g.*, augurare buon viaggio a q.
godwit ['gɔdwit] *n. (zool.,* Limosa*)* **pittima; beccaccia d'acqua.**
goer ['gouə*] *n.* [C] ***1*** **persona che va; camminatore** ***2*** *(nei composti)* **frequentatore**: *a theatre-g.*, un frequentatore di teatri ***3*** *(fam.)* **tipo intraprendente.**
to **goffer** ['gɔfə*] *v. t.* **arricciare; increspare; pieghettare; stirare a cannoncini.**
goffer ['gɔfə*] *n.* [C] ***1*** **ferro per arricciare (**o **pieghettare)** ***2*** **crespa; cannoncino; pieghettatura.**
go-getter ['gou,getə*] *n. (fam.)* **tipo intraprendente.**
to **goggle** ['gɔgl] *v. t.* e *i.* ***1*** **roteare, stralunare (gli occhi)** ***2*** **guardare stralunato** ***3*** (degli occhi) **essere sporgenti.**
(1) goggle ['gɔgl] *n.* ***1*** *(al pl.)* **occhialoni; occhiali di protezione;** *(pop.)* **occhiali con le lenti tonde** ***2*** — *(pop.) the g.*, la televisione.
(2) goggle ['gɔgl] *a.* (d'occhio) **roteante; sporgente; stralunato.**
gogglebox ['gɔgl,bɔks] *n. (pop.)* **televisore.**
goggle-eyed ['gɔgl,aid] *a.* **dagli occhi sporgenti.**
(1) going ['gouiŋ] *n.* ***1*** [C] **andata; partenza** ***2*** [U] **andatura; velocità** ***3*** [U] **(l')andare; condizione, stato** (del terreno, d'una strada, ecc.) ● *coming and g.*, andirivieni; viavai □ *g.-down*, discesa, calata; abbassamento (di acque); diminuzione (di prezzi, ecc.) □ *(fam.) goings-on*, comportamento, condotta (specialm. se riprovevole).
(2) going ['gouiŋ] *a.* ***1*** **efficiente; che funziona** ***2*** *(comm.)* **bene avviato** ***3*** *(comm.)* **corrente** ***4*** **di moda; in voga** ***5*** **esistente; al mondo** ***6*** *(comm.)* **disponibile; in vendita; sul mercato** ● *(fam.) Is there any food g.?*, c'è niente da mangiare?
goitre ['gɔitə*] *n.* [C] *(med.)* **gozzo.**
go-kart ['gou,ka:t] *n.* [C] *(sport)* **go-kart** (automobilina da corsa).
gold [gould] ***A*** *n.* [U] ***1*** *(chim.)* **oro** (anche *fig.*): *the age of g.*, l'età dell'oro □ *the red and g. of autumn*, il rosso e l'oro dell'autunno ***2*** **denaro** ***B*** *a. attr.* **d'oro; aureo**: *a g. coin*, una moneta d'oro ● *g.-beater*, battiloro □ *g.-digger*, cercatore d'oro □ *g.-field*, giacimento aurifero □ *g.-mine*, miniera d'oro (anche *fig.*) □ *g.-rush*, corsa all'oro; febbre dell'oro □ *to be as good as g.*, essere buono come il pane.
golden ['gouldən] *a.* **d'oro; dorato; aureo; eccellente; prezioso**: *g. hair*, capelli d'oro □ *a g. opportunity*, un'occasione eccellente.
goldfinch ['gouldfintʃ] *n. (zool.,* Carduelis carduelis*)* **cardellino.**
goldfish ['gouldfiʃ] *n. (generalm. invar. al pl.) (zool.,* Carassius auratus*)* **carassio dorato; pesce rosso.**
to **gold-plate** [,gould'pleit] *v. t.* **placcare in oro; dorare.**
goldsmith ['gouldsmiθ] *n.* **orefice; orafo.**
golf [gɔlf] *n.* [U] *(sport)* **golf** ● *g. club*, mazza da golf □ *g. course (*o *g. links)*, campo di golf.
to **golf** [gɔlf] *v. i.* **giocare a golf.**
golfer ['gɔlfə*] *n.* **giocatore (**o **giocatrice) di golf.**
golliwog ['gɔliwɔg] *n.* [C] **bambolotto negro; fantoccio grottesco.**
golly ['gɔli] *inter.* **perbacco!; perdinci!**
golosh [gə'lɔʃ] *n.* [C] **caloscia, galoscia; soprascarpa di gomma.**
golpe [gɔlp] *(spagn.) n.* [C] *(mil., polit.)* **golpe.**
gonad ['gɔnæd] *n.* [C] *(biol.)* **gonade.**
gondola ['gɔndələ] *n.* [C] ***1*** **gondola** ***2*** *(aeron.)* **navicella** (di dirigibile).
gondolier [,gɔndə'liə*] *n.* **gondoliere.**
gone [gɔn] ***A*** *p.p.* di to **go** ***B*** *a.* ***1*** **andato; finito; passato**: *a g. man*, un uomo finito ***2*** **debole; sfinito** ● *dead and g.*, morto e sepolto □ *to be far g.*, essere gravemente ammalato; essere più di là che di qua □ *(fam.) She is six months g.*, è (incinta) di sei mesi.
goner ['gɔnə*] *n. (fam.)* ***1*** **uomo finito** ***2*** **caso disperato.**
gonfalon ['gɔnfələn] *n.* [C] *(stor.)* **gonfalone.**
gonfalonier [,gɔnfələ'niə*] *n. (stor.)* **gonfaloniere.**
gong [gɔŋ] *n.* [C] ***1*** **gong** ***2*** *(pop.)* **medaglia.**
to **gong** [gɔŋ] ***A*** *v. i.* **suonare il gong** ***B*** *v. t.* (della polizia stradale) **intimare a** (un automobilista) **di fermarsi** (suonando un gong, ecc.).
goniometer [,gouni'ɔmitə*] *n.* [C] **goniometro.**
gonorrhoea [,gɔnə'riə] *n.* [U] *(med.)* **gonorrea; blenorragia.**
(1) good [gud] *a. (compar.* **better** ['betə*]; *superl. relat.* **best** [best]) ***1*** **buono** (in ogni senso); **adatto; bello; bravo; dabbene; genuino; propizio; vantaggioso; valido**: *to be of a g. family*, essere di buona famiglia □ *g. deeds*, opere buone □ *to have a g. drink*, fare una bella bevuta □ *to get a g. scolding*, ricevere una buona lavata di capo □ *to be g. at Latin*, essere bravo in latino □ *It is g. to be here!*, è bello essere qui! □ *g. manners*, belle maniere; buona educazione ***2*** **felice; piacevole**: *Life is g. here*, la vita è piacevole qui ● *a g. fellow*, una persona cordiale (o gioviale, socievole) □ *g. fellowship*, cordialità; giovialità; socievolezza □ (di persona) *to be g. for*, sentirsela di; essere capace di □ (di cose) *to be g. for sb. (*o *for sb.'s health)*, fare bene a q. □ *a g. hour*, un'ora buona □ (nelle fiabe) *the g. people*, le fate □ *to be g. to sb.*, essere gentile con q. □ *as g. as*, praticamente; come; quasi: *to be as g. as dead*, essere come morto □ *G. luck to you!*, buona fortuna!; tanti auguri! □ *How g. of you!*, molto gentile da parte tua! □ *It seemed g. to do it*, parve bene farlo □ *These apples are g. eating*, queste mele sono buone (a mangiarsi) □ *His word is as g. as his bond*, è un uomo di parola □ *All in g. time*, a suo tempo; al momento giusto.
(2) good [gud] *n.* ***1*** [U] **bene; beneficio; profitto; vantaggio** ***2*** *(al pl.)* **beni mobili; merce, merci** ● *(leg.) goods and chattels*, beni mobili □ *(ferr.) goods station*, scalo merci □ *goods train*, treno merci □ *(comm.) by goods train*, a piccola velocità □ *to come to no g.*, andare a finir male □ *to do g.*, fare del bene; compiere opere buone □ *to do sb. g.*, fare bene (alla salute) □ *for g. (and all)*, una buona volta; una volta per tutte; definitivamente □ *to the g.*, in attivo □ *What g. will it do?*, a che servirà?; a che pro? □ (spesso *iron.*) *Much g. may it do you!*, buon pro ti faccia! □ *It is no g.*, non serve a nulla; è inutile □ *What is the g. of it?*, a che serve?; a che pro? □ *He is up to no g.*, sta combinando qualche guaio.
(3) good [gud] *inter.* ***1*** **bene!; bravo!; ben fatto!** ***2*** **d'accordo!**
good-bye [,gud'bai] ***A*** *inter.* **addio!** ***B*** *n.* [C] **addio** ● *g. for the present!*, arrivederci!
good-for-nothing ['gudfə,nʌθiŋ] *a.* e *n.* **buono a nulla.**
good-humoured [,gud'hju:məd] *a.* **di buon umore; bonario; amabile.**
goodish ['gudiʃ] *a.* ***1*** **abbastanza buono** ***2*** **abbastanza grande.**
good-looking [,gud'lukiŋ] *a.* **di bell'aspetto; bello.**
goodly ['gudli] *a.* ***1*** **avvenente; di bell'aspetto** ***2*** **considerevole.**
good-natured [,gud'neitʃəd] *a.* **di buon carattere.**
goodness ['gudnis] *n.* [U] ***1*** **bontà; benevolenza; cortesia; gentilezza**: *g. of heart*, bontà di cuore ***2*** **(il) buono; essenza** ● *G. knows*, lo sa Iddio □ *G. me! (*o *G. gracious!)*, buon Dio!; Dio mio! □ *For g.' sake!*, per amor di Dio! □ *Thank g.!*, sia lodato il Cielo!
goodwill [,gud'wil] *n.* [U] ***1*** **benevolenza; amicizia; simpatia** ***2*** **buona volontà; zelo.**

(1) goody ['gudi] *n.* [C] **caramella; chicca** *(fam.).*
(2) goody(-goody) ['gudi(,gudi)] *n. (fam.)* **santocchio, santocchia; santerello, santerella.**
goof [gu:f] *n. (pop.)* **babbeo; stolto; credulone.**
goofy ['gu:fi] *a. (pop.)* **sciocco; stolto.**
goon [gu:n] *n. (pop.)* **individuo goffo, stupido.**
goosander [gu:'sændə*] *n. (zool.,* Mergus merganser) **smergo maggiore.**
goose [gu:s] *n.* **1** *(pl.* **geese** [gi:s]) **oca** (anche *fig.)*; *(fig.)* **babbeo 2** *(pl.* **gooses**) **ferro da stiro per sarto** ● *(fig.) g.-flesh,* pelle d'oca □ *(mil.) g.-step,* passo dell'oca □ *(fam.) to cook sb.'s g.,* rompere le uova nel paniere a q. □ *to kill the g. that lays the golden eggs,* uccidere la gallina dalle uova d'oro; sacrificare un bene futuro per una necessità immediata □ *to be unable to say boo to a g.,* essere timidissimo □ *All his geese are swans,* vede il mondo con gli occhiali rosa.
gooseberry ['guzbəri] *n.* [C] *(bot.,* Ribes grossularia) **uva spina** ● *to play g.,* reggere il moccolo (a due innamorati).
(1) gopher ['goufə*] *V.* **goffer.**
(2) gopher ['goufə*] *n. (zool.)* **1** (Gopherus polyphemus) **tartaruga gopher 2** (Citellus) **citello.**
Gordian knot [,gɔ:diən 'nɔt] *n.* (anche *fig.*) **nodo gordiano.**
(1) gore [gɔ:*] *n.* [U] *(lett.)* **sangue coagulato** (di ferita).
(2) gore [gɔ:*] *n.* [C] **gherone.**
(1) to **gore** [gɔ:*] *v. t.* **inserire un gherone (o gheroni).**
(2) to **gore** [gɔ:*] *v. t.* **incornare; trafiggere** (con le corna).
gorge [gɔ:dʒ] *n.* [C] **1 gola; strozza 2 gola; burrone; forra** ● *to make sb.'s g. rise,* far venire il voltastomaco a q. □ *My g. rises at the thought of it,* mi si rivolta lo stomaco solo a pensarci.
to **gorge** [gɔ:dʒ] *v. t.* e *i.* **rimpinzare, rimpinzarsi.**
gorgeous ['gɔ:dʒəs] *a.* **sfarzoso; splendido; magnifico; sontuoso.**
gorgeousness ['gɔ:dʒəsnis] *n.* [U] **sfarzo; magnificenza; fasto; sontuosità.**
gorget ['gɔ:dʒit] *n.* [C] **1** *(stor.)* **gorgiera 2 collare.**
Gorgonzola [,gɔ:gən'zoulə] *(ital.) n.* [U] (anche *G. cheese*) **(formaggio) gorgonzola.**
gorilla [gə'rilə] *n.* [C] *(zool.,* Gorilla gorilla) **gorilla.**
gormand ['gɔ:mənd] *V.* **gourmand.**
to **gormandize** ['gɔ:məndaiz] *v. i.* **rimpinzarsi; mangiare avidamente.**
gormandizer ['gɔ:məndaizə*] *n.* **ghiottone, ghiottona.**
gormless ['gɔ:mlis] *a. (fam.)* **scervellato; sciocco.**
gorse [gɔ:s] *n.* [U] *(bot.,* Ulex europaeus) **ginestrone.**
gory ['gɔ:ri] *a.* **1 insanguinato; imbrattato di sangue 2 cruento; sanguinoso.**
gosh [gɔʃ] *inter. (pop.)* (anche *by g.*) **perbacco!; perdinci!**
goshawk ['gɔshɔ:k] *n. (zool.,* Accipiter gentilis) **astore.**
gosling ['gɔzliŋ] *n. (zool.)* **papero, papera.**
go-slow [,gou'slou] *n.* [C] **sciopero bianco.**
gospel ['gɔspəl] *n.* [C] **vangelo** (anche *fig.*): *the G. according to St John,* il Vangelo secondo San Giovanni □ *to preach the G.,* predicare il Vangelo ● *G. oath,* giuramento (fatto) sul Vangelo □ *g. truth,* verità sacrosanta.
gospeller ['gɔspələ*] *n.* **1 lettore dei Vangeli** (nelle Chiese protestanti) **2 evangelizzatore** ● *a hot g.,* un puritano zelante.
gossamer ['gɔsəmə*] **A** *n.* **1** [C] e [U] **(filo di) sottile ragnatela 2** [U] **garza; stoffa sottilissima B** *a. attr.* **sottilissimo; trasparente.**
gossip ['gɔsip] *n.* **1** [U] **chiacchiera, chiacchiere; pettegolezzo, pettegolezzi 2** [C] **chiacchierone, chiacchierona; pettegolo, pettegola 3** [C] **chiacchierata; quattro chiacchiere** *(fam.)* ● *(nei giornali) the g. column,* la colonna degli avvenimenti mondani.
to **gossip** ['gɔsip] *v. i.* **chiacchierare; pettegolare; fare della maldicenza.**
gossipmonger ['gɔsipmʌŋgə*] *n.* **pettegolo, pettegola; malalingua.**
gossipy ['gɔsipi] *a.* **chiacchierone; pettegolo; maldicente.**
gossoon [gɔ'su:n] *(irl.) n.* **ragazzo; garzone; giovane domestico.**
got [gɔt] *pass.* e *p.p.* di to **get** ● *got-up,* artificiale; falso; ingannevole; tutto apparenza.
Goth [gɔθ] *n.* **1** *(stor.)* **Goto 2** *(fig.)* **barbaro.**
Gotham *(def. 1* ['goutəm]; *def. 2* ['gɔθəm]) *n.* **1 tipica città di sciocchi** (dal nome d'un paese presso Nottingham) **2** *(fam. USA)* **la città di New York.**
Gothic ['gɔθik] **A** *a.* **1 gotico** (in ogni senso) **2 barbarico B** *n.* [U] **1 (linguaggio) gotico 2 (stile) gotico 3** *(tipogr.)* **gotico; caratteri gotici.**
gotten ['gɔtn] *(arc.* o *USA) p.p.* di to **get.**
gouache [gu'a:ʃ] *(franc.) n.* [U] *(pitt.)* **guazzo; pittura a guazzo.**
gouge [gaudʒ] *n.* [C] *(falegnameria)* **sgorbia; scalpello concavo.**
to **gouge** [gaudʒ] *v. t.* **scanalare, scavare, perforare** (con la sgorbia) ● *to g. out,* cavare.
goulash ['gu:læʃ] *n.* [U] e [C] *(cucina)* **gulasch** (piatto nazionale ungherese).
gourd [guəd] *n.* [C] **1** *(bot.)* **pianta (o frutto) delle cucurbitacee** (zucca, cetriolo, cocomero, ecc.) **2 zucca vuota** (recipiente).
gourmand ['guəmənd] *(franc.) n.* **ghiottone.**
gourmet ['guəmei] *(franc.) n.* **buongustaio.**
gout [gaut] *n.* [U] *(med.)* **gotta.**
gouty ['gauti] *a. (med.)* **gottoso; affetto da gotta.**
to **govern** ['gʌvən] *v. t.* e *i.* **1 governare; dirigere; guidare; amministrare 2 tenere a freno; controllare 3** *(gramm.)* **reggere 4** *(mecc.)* **regolare; registrare.**
governability [,gʌvənə'biliti] *n.* [U] **1 governabilità 2 controllabilità.**
governable ['gʌvənəbl] *a.* **1 governabile 2 docile; controllabile.**
governance ['gʌvənəns] *n.* [U] **governo; direzione; dominio; potere.**
governess ['gʌvənis] *n.* **governante; istitutrice.**
government ['gʌvnmənt] *n.* [U] e [C] **governo; amministrazione** ● *(fin.) G. securities,* titoli di Stato.
governmental [,gʌvən'mentl] *a.* **governativo; statale.**
governor ['gʌvənə*] *n.* [C] **1 governatore** (in ogni senso); **amministratore 2** *(fam.)* **padrone; capo; padre 3** *(mecc.)* **regolatore** ● *g.-general,* governatore generale.
governorship ['gʌvənəʃip] *n.* [C] **governatorato.**
gowan ['gauən] *n. (scozz.) (bot.,* Bellis perennis) **margheritina.**
gowk [gauk] *n. (dial.)* **sciocco; stupido; merlo** *(fig., fam.).*
gown [gaun] *n.* [C] **1 abito lungo** (specialm. da donna): *an evening g.,* un abito da sera **2 toga** (di giudice, avvocato, ecc.); **toga, cappa** (di professore) **3** *(stor.)* **tunica romana 4** (anche *night-g.*) **camicia da notte 5** (anche *dressing-g.*) **veste da camera.**
to **gown** [gaun] *v. t.* **rivestire di toga.**
to **grab** [græb] *v. t.* **1 afferrare; agguantare; arraffare 2 catturare; arrestare** ● *to g. at st.,* tentare d'afferrare q.c.
grab [græb] *n.* [C] **1 presa violenta; stretta improvvisa 2** *(mecc.)* **benna 3** *(gioco a carte)* **rubamazzo** ● *(pop.) to have (to get) the g. on sb.,* avere (riuscire ad avere) un forte vantaggio su q. □ *to make a g. at st.,* tentare d'afferrare q.c.
grabber ['græbə*] *n.* **1 arraffone, arraffona 2 persona avida.**
to **grabble** ['græbl] *v. i.* **1 procedere a tentoni 2 andare carponi** ● *to g. for st.,* cercar q.c. a tentoni.
grace [greis] *n.* **1** [U] **grazia; leggiadria; cortesia; favore; clemenza 2** [C] e [U] **benedicite; breve preghiera di ringraziamento**: *to say (a) g. before a meal,* rendere grazie al Signore prima di un pasto **3** [U] *(comm.)* **grazia; (concessione d'una) dilazione**: *days of g.,* giorni di grazia **4** — *(mitol.) the Graces,* le Grazie **5** [C] *(mus.)* **fioritura; abbellimento** ● *airs and graces,* arie e modi affettati; vezzi □ *His G. (Your G., etc.),* Sua Grazia (Vostra Grazia, ecc.) (titolo per duchi, duchesse

e arcivescovi) □ *to be in sb.'s good graces,* essere nelle grazie di q. □ *(relig.) state of g.*, stato di grazia □ *with (a) bad g.*, di mala grazia; sgarbatamente; malvolentieri □ *with (a) good g.*, di buona grazia; con garbo; volentieri.
to **grace** [greis] *v. t.* **1 abbellire; ornare 2 onorare.**
graceful ['greisful] *a.* **aggraziato; garbato; leggiadro.**
gracefulness ['greisfulnis] *n.* [U] **grazia; eleganza; garbo; leggiadria.**
graceless ['greislis] *a.* **sgraziato; sgarbato; indecoroso.**
grace-note ['greisnout] *n.* [C] *(mus.)* **fioritura; abbellimento.**
gracile ['græsil] *a.* **gracile; esile.**
gracility [græ'siliti] *n.* [U] **gracilità; esilità.**
gracious ['greiʃəs] *a.* **1 grazioso; benevolo; benigno 2** (di Dio) **dispensatore di grazie; clemente; misericordioso** ● *Good g.!,* Dio mio!; perbacco! □ *G. me!* (o *G. goodness!),* Dio mio!; perdinci!
graciousness ['greiʃəsnis] *n.* [U] **1 grazia; benevolenza; benignità 2 clemenza; misericordia.**
to **gradate** [grə'deit] **A** *v. t.* **1 graduare 2 sfumare** (colori) **B** *v. i.* (di colori) **sfumare.**
gradation [grə'deiʃən] *n.* [C] e [U] **1 gradazione 2** (di un colore) **sfumatura.**
gradational [grə'deiʃənl] *a.* **graduale; di gradazione.**
grade [greid] *n.* [C] **1 grado; divisione; gradino** *(fig.)* **2 categoria; classe; qualità 3** *(USA)* **classe** (di scuola); **anno di corso** (*cfr. ingl. class, form*) **4** *(USA)* **voto** (scolastico; *cfr. ingl. mark*) ● *on the down g.*, in discesa; *(fig.)* in declino □ *on the up g.*, in salita; *(fig.)* in rialzo.
to **grade** [greid] *v. t.* **graduare; classificare.**
gradely ['greidli] *a.* *(dial.)* **1 eccellente; perfetto 2 bello; avvenente 3 reale; vero e proprio.**
grader ['greidə*] *n.* **1 classificatore; selezionatore 2 livellatrice.**
gradient ['greidjənt] *n.* [C] **1 pendenza, inclinazione** (d'una strada, ferrovia, ecc.): *a g. of 1 in 4,* una pendenza del 25 per cento **2** *(fis., meteorologia)* **gradiente.**
gradin ['greidin], **gradine** [grə'di:n] *n.* [C] **1 gradino d'anfiteatro; fila di posti a sedere 2 mensola dietro l'altare** (per candelabri, ecc.).
(1) gradual ['grædjuəl] *a.* **graduale.**
(2) gradual ['grædjuəl] *n.* *(relig.)* **graduale.**
graduand ['grædjuənd] *n.* **laureando, laureanda.**
to **graduate** ['grædjueit] **A** *v. t.* **1** (soprattutto *USA*) **laureare; conferire la laurea a 2** *(USA)* **diplomare; rilasciare un diploma a 3 graduare; distinguere in gradi; segnare i gradi su** (un oggetto) **B** *v. i.* **1 laurearsi; conseguire la laurea 2** *(USA)* **diplomarsi.**
graduate ['grædjuit] *n.* **1 laureato, laureata**: *London graduates,* laureati dell'Università di Londra **2** *(USA)* **diplomato, diplomata**: *a g. nurse,* un'infermiera diplomata **3 cilindro graduato** (di chimico o farmacista).
graduation [,grædju'eiʃən] *n.* **1** [U] **(conseguimento della) laurea 2** [U] *(USA)* **(conseguimento del) diploma** (di scuola secondaria) **3** [C] e [U] **graduazione; classificazione 4** [C] **grado; segno di divisione.**
Graecism ['gri:sizəm] *n.* [C] **grecismo.**
to **Graecize** ['gri:saiz] *v. t.* **grecizzare.**
Graeco-Roman [,gri:kou'roumən] *a.* **greco-romano.**
graffito [gra:'fi:tou] *n.* (*pl.* **graffiti** [gra:'fi:ti]) **graffito.**
graft [gra:ft] *n.* **1** [C] *(agric.)* **innesto 2** [C] *(med.)* **trapianto 3** [U] *(origin. USA)* **peculato; prevaricazione.**
to **graft** [gra:ft] **A** *v. t.* **1** *(agric.)* **innestare 2** *(med.)* **trapiantare** (anche *fig.*) **3** *(agric.)* **produrre** (fiori, frutti) **per innesto 4 procurarsi** (denaro, ecc.) **con mezzi illeciti B** *v. i.* (specialm. *USA*) **prevaricare; rendersi colpevole di peculato.**
grafter ['gra:ftə*] *n.* **1 innestatore; trapiantatore 2** (specialm. *USA*) **prevaricatore.**
grain [grein] *n.* **1** [U] **grano; granaglie; cereali 2** [C] **granello** (anche *fig.*); **chicco**: *a g. of sand,* un granello di sabbia □ *grains of rice,* chicchi di riso **3** [C] **grano** (la più piccola unità di peso ingl.) **4** [U] **grana** (di metalli, marmi, ecc.); **venatura** (del legno): *metals of coarse (fine) g.*, metalli a grana grossa (fine) ● *(fig.) against the g.*, di malavoglia; contro la propria inclinazione.
to **grain** [grein] **A** *v. t.* **1 granire; ridurre in grani 2 granire; marmorare; venare; marezzare B** *v. i.* *(bot.)* **formare grani; granire.**
grainy ['greini] *a.* **1 ricco di cereali 2 granuloso.**
gralloch ['grælɔk] *n.* [U] **interiora** (di cervo e sim.).
(1) gram [græm] *n.* [C] **grammo.**
(2) gram [græm] *n.* [C] *(bot.,* Cicer arietinum*)* **cece.**
graminaceous [,græmi'neiʃəs], **gramineous** [grə'miniəs] *a.* *(bot.)* **graminaceo.**
graminivorous [,græmi'nivərəs] *a.* **frugivoro; erbivoro.**
grammar ['græmə*] *n.* **1** [U] **grammatica**: *a g. lesson,* una lezione di grammatica **2** [C] (anche *g. book*) **grammatica** (il libro) ● *g.-school, (in G.B.)* scuola secondaria a indirizzo umanistico.
grammarian [grə'mɛəriən] *n.* **grammatico; filologo.**
grammatical [grə'mætikəl] *a.* **grammaticale.**
gramme [græm] *n.* [C] **grammo.**
gramophone ['græməfoun] *n.* [C] **grammofono.**
grampus ['græmpəs] *n.* [C] **1** *(zool.,* Grampus griseus*)* **grampo 2** *(zool.,* Orcinus orca*)* **orca** ● *to puff (o to blow) like a g.*, soffiare come un mantice.
granary ['grænəri] *n.* [C] **granaio** (anche *fig.*).
(1) grand [grænd] *a.* **1 grande; grandioso; imponente; magnifico; splendido; superbo 2 grande; importante; principale 3 complessivo; totale; al completo**: *a g. orchestra,* un'orchestra al completo **4** *(fam.)* **eccellente; ottimo** ● *G. Master,* Gran Maestro (d'un ordine cavalleresco o della massoneria) □ *g. piano,* pianoforte a coda □ *(sport) g. stand,* tribuna principale coperta □ *(fam.) to have a g. time,* divertirsi un mondo.
(2) grand [grænd] *n.* [C] *(mus.)* **pianoforte a coda.**
grand-aunt ['grænda:nt] *n.* **prozia.**
grandchild ['grændtʃaild] *n.* (*pl.* **grandchildren** ['grænd,tʃildrən]) **nipote** (di nonni).
granddad ['grændæd] *n.* *(fam.)* **nonno; nonnino.**
granddaughter ['græn,dɔ:tə*] *n.* **nipote** (femmina, di nonni).
grandee [græn'di:] *n.* [C] **1 grande di Spagna 2 personaggio importante.**
grandeur ['grændʒə*] *n.* [U] **grandiosità; magnificenza; splendore.**
grandfather ['grænd,fa:ðə*] *n.* **1 nonno 2 antenato; avo** ● *g. clock,* orologio a pendolo (a colonna) □ *great-g.*, bisnonno.
grandiloquence [græn'diləkwəns] *n.* [U] **magniloquenza.**
grandiloquent [græn'diləkwənt] *a.* **magniloquente; ampolloso.**
grandiose ['grændious] *a.* **1 grandioso 2 fastoso; pomposo.**
grandiosity [,grændi'ɔsiti] *n.* [U] **1 grandiosità 2 fasto; pompa.**
grandma ['grændma:] *n.* *(fam.)* **nonna; nonnina.**
grandmother ['grænd,mʌðə*] *n.* **1 nonna 2 antenata; ava** ● *great-g.*, bisnonna.
grand-nephew ['grænd,nevju:] *n.* **pronipote** (maschio, di zii).
grand-niece ['grændni:s] *n.* **pronipote** (femmina, di zii).
granpa ['grænpa:] *n.* *(fam.)* **nonno; nonnino.**
grandparent ['grænd,pɛərənt] *n.* **nonno, nonna.**
grandson ['grændsʌn] *n.* **nipote** (maschio, di nonni).
grand-uncle ['grænd,ʌŋkl] *n.* **prozio.**
grange [greindʒ] *n.* [C] **casa colonica; fattoria; cascina.**
granite ['grænit] *n.* [U] *(geol.)* **granito.**
granitic [græ'nitik] *a.* *(geol.* e *fig.)* **granitico.**
granivorous [græ'nivərəs] *a.* *(zool.)* **granivoro.**
granny ['græni] *n.* *(fam.)* **1 nonna; nonnina 2 vecchia.**

to **grant** [gra:nt] *v. t.* **1 accordare; concedere; assegnare; ammettere; riconoscere**: *to g. sb. permission to do st.*, accordare a q. il permesso di fare q.c. **2 accogliere; esaudire**: *to g. a request*, accogliere una richiesta **3** *(leg.)* **trasferire, attribuire** (beni, proprietà, diritti) ● *to take st. for granted*, dare q.c. per scontato □ *granting this to be true* (o *that this is true*), ammesso che ciò sia vero.

grant [gra:nt] *n.* [C] e [U] **1 concessione; assegnazione 2 accoglimento; esaudimento 3** *(leg.)* **trasferimento, attribuzione** (di beni, ecc.) **4 borsa di studio.**

grantee [gra:n'ti:] *n. (leg.)* **concessionario; assegnatario; beneficiario.**

grantor [gra:n'tɔ:*] *n. (leg.)* **concedente; cedente.**

granular ['grænjulə*] *a.* **granulare; granuloso.**

to **granulate** ['grænjuleit] ***A*** *v. t.* **1 granulare; ridurre in granelli 2** *(ind.)* **cristallizzare *B*** *v. i.* **ridursi in granelli.**

granule ['grænju:l] *n.* [C] **granulo; granello.**

granulous ['grænjuləs], **granulose** ['grænjulous] *a.* **granuloso.**

grape [greip] *n.* **1** [C] **acino; chicco d'uva 2** *(al pl.)* **uva**: *a bunch of grapes*, un grappolo d'uva ● *g.-gatherer*, vendemmiatore, vendemmiatrice □ *g.-harvest*, vendemmia □ *g.-stone*, vinacciolo □ *g.-sugar*, zucchero d'uva; glucosio, destrosio.

grapefruit ['greipfru:t] *n.* [C] (*bot.*, Citrus paradisi; anche il frutto) **pompelmo.**

grapery ['greipəri] *n.* [C] **1 vigna 2 serra per viti.**

grape-shot ['greipʃɔt] *n.* [U] **mitraglia.**

grape-vine ['greipvain] *n.* [C] **vite.**

graph [græf] *n.* [C] *(mat., stat.)* **grafico; diagramma.**

graphic ['græfik] *a.* **1 grafico 2 pittoresco; vivido.**

graphite ['græfait] *n.* [U] **grafite.**

graphologist [græ'fɔlədʒist] *n.* **grafologo.**

graphology [græ'fɔlədʒi] *n.* [U] **grafologia.**

grapnel ['græpnəl] *n.* [C] *(naut.)* **grappino; ancorotto.**

to **grapple** ['græpl] ***A*** *v. t.* **abbrancare; afferrare; agganciare *B*** *v. i.* **venire alle strette; lottare corpo a corpo** ● *to g. with*, lottare con; *(fig.)* cimentarsi con.

grapple ['græpl] *n.* [C] **1 grappino; raffio 2 lotta corpo a corpo.**

grappling [,græpling] *n.* [U] **presa; stretta** ● *(naut.) g. iron*, grappino; rampino.

to **grasp** [gra:sp] *v. t.* **1 afferrare; agguantare; impugnare 2 afferrare; comprendere; capire** ● *to g. at*, cercare d'afferrare.

grasp [gra:sp] *n. (generalm. al sing.)* **1 presa; stretta 2 padronanza; controllo; portata di mano;** *(fig.)* **mani, pugno**: *to be in the g. of a cruel enemy*, essere nelle mani di (o in pugno a) un nemico crudele **3 comprensione** ● *to take a g. on oneself*, controllarsi.

grasping ['gra:spiŋ] *a.* **avido; cupido.**

grass [gra:s] *n.* **1** *(collett.)* **erba 2** (*pl.* **grasses**) **pianta graminacea 3** [U] **pascolo**: *to send the cattle to g.*, mandare il bestiame al pascolo **4** [C] *(pop.)* **delatore; informatore** (della polizia) **5** [U] *(pop.)* **erba** (gergo dei drogati); **marijuana** ● *(fig.) to hear the g. grow*, sentir crescere l'erba; avere l'udito finissimo □ *(fig.) not to let the g. grow under one's feet*, non perdere tempo □ *Keep off the g.!*, è vietato calpestare l'erba!

to **grass** [gra:s] ***A*** *v. t.* **1 ricoprire d'erba 2 pascolare 3** *(fam.)* **atterrare** (un avversario) ***B*** *v. i. (pop.)* **informare la polizia; essere un delatore.**

grasshopper ['gra:s,hɔpə*] *n.* [C] *(zool.)* **cavalletta** ● *(fam.) to be knee-high to a g.*, essere alto come un soldo di cacio.

grassiness ['gra:sinis] *n.* [U] **erbosità.**

grassland ['gra:slænd] *n.* [U] **terreno coltivato a erba; prateria.**

grass-plot ['gra:s,plɔt] *n.* [C] **praticello; tappeto erboso.**

grassy ['gra:si] *a.* **erboso; ricco d'erba.**

grate [greit] *n.* [C] **1 grata; inferriata; griglia 2 graticola.**

(1) to **grate** [greit] *v. t.* **munire di grata** (o **d'inferriata).**

(2) to **grate** [greit] *v. t.* e *i.* **1 grattugiare**: *to g. cheese*, grattugiare il formaggio **2 sfregare; strofinare 3 digrignare; far stridere** (i denti) **4 cigolare; stridere 5** — *to g. on*, irritare; urtare **6** — *to g. on*, (di voce) lacerare i timpani, straziare le orecchie (a q.).

grateful ['greitful] *a.* **1 grato; riconoscente 2 gradito; gradevole; piacevole.**

gratefully ['greitfuli] *avv.* **con gratitudine; con riconoscenza.**

gratefulness ['greitfulnis] *n.* [U] **gratitudine; riconoscenza.**

grater ['greitə*] *n.* [C] **grattugia.**

gratification [,grætifi'keiʃən] *n.* [U] e [C] **appagamento; soddisfacimento.**

to **gratify** ['grætifai] *v. t.* **appagare; compiacere; soddisfare** ● *to g. a wish*, esaudire un desiderio.

gratifying ['grætifaiiŋ] *a.* **gradito; piacevole; soddisfacente.**

(1) grating ['greitiŋ] *a.* **stridente; stridulo** ● *g. sound*, stridore.

(2) grating ['greitiŋ] *n.* [C] **1 grata; inferriata 2 griglia** (di fornace).

gratis ['greitis] ***A*** *avv.* **gratuitamente; gratis *B*** *a.* **gratuito; libero.**

gratitude ['grætitju:d] *n.* [U] **gratitudine; riconoscenza.**

gratuitous [grə'tju:itəs] *a.* **gratuito** (anche *fig.*).

gratuity [grə'tju:iti] *n.* [C] **1 gratifica; mancia 2** *(mil.)* **indennità di congedo 3** *(econ. ingl.)* **liquidazione; indennità di buonuscita** ● *No gratuities*, non si accettano mance.

(1) grave [greiv] *n.* [C] **tomba** (anche *fig.*); **fossa**: *to make sb. turn in his g.*, far rivoltare q. nella tomba.

to **grave** [greiv] (*pass.* **graved,** *p.p.* **graven** ['greivən], **graved**) *v. t. (lett.)* **incidere; scolpire.**

(2) grave [greiv] *a.* **1 grave; austero; solenne 2 cupo; tetro 3** *(fon.)* **grave**: *a g. accent*, un accento grave.

grave-digger ['greiv,digə*] *n.* [C] **becchino.**

gravel ['grævəl] *n.* [U] **1 ghiaia;** *(costr.)* **ghiaietto 2** *(med.)* **renella** ● *(costr.) pebble g.*, ghiaia.

to **gravel** ['grævəl] *v. t.* **1 inghiaiare 2** *(fig.)* **imbarazzare.**

gravelly ['grævəli] *a.* **1 ghiaiato; ghiaioso 2** *(med.)* **calcoloso.**

graven ['greivən] *p.p.* di to **grave** ● *g. image*, idolo.

graveness ['greivnis] *n.* [U] **gravità; austerità; serietà; importanza.**

graver ['greivə*] *n.* [C] **1 bulino 2 incisore; scultore.**

gravestone ['greivstoun] *n.* [C] **pietra tombale; lapide funeraria.**

graveyard ['greiv,ja:d] *n.* [C] **cimitero; camposanto.**

gravid ['grævid] *a.* **gravido.**

graving ['greiviŋ] *n.* [U] *(naut.)* **raddobbo; carenaggio**: *g. dock*, bacino di carenaggio.

to **gravitate** ['græviteit] *v. i.* **gravitare** (anche *fig.*); **essere attratto.**

gravitation [,grævi'teiʃən] *n.* [U] **1** *(fis.)* **gravitazione 2 attrazione.**

gravitational [,grævi'teiʃənəl], **gravitative** ['grævi,teitiv] *a. (fis.)* **gravitazionale.**

gravity ['græviti] *n.* [U] **gravità** (in ogni senso); **peso;** *(fig.)* **austerità, solennità**: *(fis.) centre of g.*, centro di gravità □ *(scient.) specific g.*, peso specifico.

gravure [grə'vjuə*] *n.* [U] e [C] (*contraz.* di **photogravure**) **fotoincisione** ● *g. printing*, rotocalco (il processo).

gravy ['greivi] *n.* [U] **1 sugo** (di carne) **2 salsa, intingolo** (a base di sugo di carne) ● *g. boat*, salsiera.

gray [grei] e deriv. *V.* **grey** e deriv.

grayling ['greiliŋ] *n. (zool.*, Thymallus thymallus*)* **temolo.**

(1) to **graze** [greiz] *v. i.* e *t.* **pascolare; pascere; far pascolare** ● *grazing-land*, terreno da pascolo.

(2) to **graze** [greiz] *v. t.* e *i.* **1 scalfire 2 rasentare; sfiorare** ● *(aeron.) grazing flight*, volo radente.

graze [greiz] *n.* [C] **1 abrasione; escoriazione 2 tocco**

(o **colpo) di striscio.**
grazier ['greizjə*] *n.* **allevatore di bestiame.**
grazing ['greiziŋ] *n.* [U] **pascolo; pastura.**
grease [gri:s] *n.* [U] ***1*** **grasso; unto *2* grasso animale; sugna *3* brillantina *4*** *(ind. tessile)* **lana sucida** ● *g. gun,* pistola per ingrassaggio; ingrassatore a pressione □ *(teatr.) g.-paint,* cerone □ *(scherz.) elbow-g.,* olio di gomito.
to **grease** [gri:z] *v. t.* **lubrificare; ingrassare; ungere** ● *(fig.) to g. sb.'s palm,* ungere q.; corrompere q.
grease-proof ['gri:spru:f] *a.* **oleato**: *g. paper,* carta oleata.
greaser ['gri:zə*] *n.* [C] ***1*** **lubrificatore; ingrassatore *2*** *(pop. USA, spreg.)* **messicano; sudamericano *3*** *(gergo naut.)* **macchinista.**
greasiness ['gri:sinis] *n.* [U] **untuosità** (anche *fig.*); **oleosità.**
greasy ['gri:si] *a.* ***1*** **untuoso** (anche *fig.*); **oleoso *2* scivoloso; viscido** ● *g. pole,* albero della cuccagna.
great [greit] *a.* ***1*** **grande *2*** *(fam.)* **eccellente; magnifico; meraviglioso**: *That's g.!,* è una cosa magnifica! ***3*** **famoso; insigne; eminente**: *g. Victorians,* uomini famosi dell'età vittoriana ● *the g.,* i grandi; gli uomini grandi □ *(fam.) to be g. at st.,* essere assai bravo in q.c. □ *g.-aunt,* prozia □ *G. God!,* Dio buono! □ *g.-grandchild,* pronipote (di nonni) □ *g.-granddaughter,* pronipote (femmina, di nonni) □ *g.-grandfather,* bisnonno □ *g.-grandmother,* bisnonna □ *g.-grandson,* pronipote (maschio, di nonni) □ *g.-g.-grandfather,* trisavolo □ *g.-g.-grandmother,* trisavola □ *g.-nephew,* pronipote (maschio, di zii) □ *g.-niece,* pronipote (femmina, di zii) □ *(fam.) to be g. on st.,* essere assai versato in q.c. □ *g. thoughts,* pensieri nobili, elevati □ *g.-uncle,* prozio □ *the g. world,* il gran mondo; l'aristocrazia □ *Alexander the G.,* Alessandro Magno □ *Greater London,* Londra e i sobborghi □ *(mat.) the greatest common divisor,* il massimo comun divisore.
greatcoat ['greit,kout] *n.* [C] **soprabito pesante; cappotto.**
great-hearted ['greit,ha:tid] *a.* **di gran cuore; magnanimo; nobile e generoso.**
greatly ['greitli] *avv.* **grandemente; molto; assai; di gran lunga.**
greatness ['greitnis] *n.* [U] **grandezza.**
(1) greaves [gri:vz] *n. pl.* *(stor.)* **gambiere** (d'armatura); **schinieri.**
(2) greaves [gri:vz] *n. pl.* **ciccioli.**
grebe [gri:b] *n.* *(zool.,* Podiceps) **svasso; tuffetto.**
Grecian ['gri:ʃən] ***A*** *a.* **greco**: *a G. urn,* un'urna greca ***B*** *n.* **grecista.**
greed [gri:d], **greediness** ['gri:dinis] *n.* [U] ***1*** **avidità; bramosia; cupidigia *2* ghiottoneria; golosità; ingordigia.**
greedy ['gri:di] *a.* ***1*** **avido; bramoso; cupido**: *to be g. for st.,* essere avido di q.c. ***2*** **ghiotto; goloso; ingordo**: *a g. boy,* un ragazzo goloso.
Greek [gri:k] ***A*** *a.* **greco *B*** *n.* ***1*** **greco *2* greco** (la lingua) ● *(archit.) G. fret,* greca □ *(fam.) It's G. to me!,* è arabo per me!; non ci capisco un'acca!
green [gri:n] ***A*** *a.* ***1*** **verde**: *g. peaches,* pesche ancora verdi (o acerbe) □ *g. wood,* legna verde ***2*** *(fig.)* **verde; giovane; fresco; nuovo; vigoroso; vivido**: *in my g. years,* nei miei verd'anni ***3*** *(fig.)* **inesperto; ingenuo *4*** (di stagione, ecc.) **mite; senza neve**: *a g. Christmas,* un Natale senza neve ***5*** *(fam.)* **verde** (d'invidia, ecc.) ***B*** *n.* ***1*** **(color) verde; (il) verde**: *a girl dressed in g.,* una ragazza vestita di verde ***2*** **prato; spiazzo erboso; campo** (da gioco): *a bowling g.,* un campo per il gioco delle bocce ***3*** *(al pl.)* **ortaggi, erbe, verdura; fogliame, fronde** ● *g.-blue,* verdazzurro □ *(zool.) g. linnet* (*Chloris chloris*), verdone □ *(teatr.) g.-room,* camerino □ *bottle-g.,* verde bottiglia □ *sea g.,* verdemare.
to **green** [gri:n] ***A*** *v. t.* **rendere verde; inverdire *B*** *v. i.* **diventar verde.**
greenback ['gri:nbæk] *n.* *(USA)* **biglietto di banca.**
greenery ['gri:nəri] *n.* [U] **fogliame; fronde; vegetazione; verzura** *(lett.)*.
green-eyed ['gri:naid] *a.* ***1*** **dagli occhi verdi *2*** *(fig.)* **geloso; invidioso.**
greenfinch ['gri:nfintʃ] *n.* [C] *(zool.,* Chloris chloris) **verdone.**
greengage ['gri:ngeidʒ] *n.* [C] *(bot.)* **susina regina Claudia.**
greengrocer ['gri:n,grousə*] *n.* **erbivendolo; fruttivendolo.**
greengrocery ['gri:n,grousəri] *n.* ***1*** [C] **negozio d'erbivendolo (o di fruttivendolo) *2*** [U] e [C] **erbe; ortaggi; verdura e frutta.**
greenhorn ['gri:nhɔ:n] *n.* [C] **sempliciotto; sbarbatello; babbeo.**
greenhouse ['gri:nhaus] *n.* [C] **serra.**
greening ['gri:niŋ] *n.* *(bot.)* **mela dalla buccia verde.**
greenish ['gri:niʃ] *a.* **verdastro; verdognolo.**
Greenlander ['gri:nləndə*] *n.* **groenlandese.**
greenly ['gri:nli] *avv.* ***1*** **in verde *2* immaturamente; con poca esperienza.**
greenness ['gri:nnis] *n.* [U] ***1*** **verde *2*** *(fig.)* **freschezza; vigore *3*** *(fig.)* **inesperienza; immaturità.**
Greenwich ['grinidʒ] *n.* *(geogr.)* **Greenwich** (presso Londra): *G. (mean) time,* ora (o tempo medio) di Greenwich.
greenwood ['gri:nwud] *n.* [C] **foresta frondosa; bosco fronzuto.**
greeny ['gri:ni] *a.* *(specialm. nei composti)* **verde.**
(1) to **greet** [gri:t] *v. t.* **salutare** (q., incontrandolo); **accogliere; dare il benvenuto a; ossequiare.**
(2) to **greet** [gri:t] *v. i.* *(scozz.)* **piangere.**
greeting ['gri:tiŋ] *n.* ***1*** [U] e [C] **saluto; accoglienza; benvenuto *2*** *(al pl.)* **saluti; auguri.**
gregarious [gri'gɛəriəs] *a.* ***1*** *(zool.)* **gregario *2*** *(bot.)* **gregario; che cresce in grappoli *3*** (di persona) **amante della compagnia; socievole.**
gregariousness [gri'gɛəriəsnis] *n.* [U] ***1*** *(biol.)* **gregarismo *2* socievolezza.**
Gregorian [gri'gɔ:riən] *a.* **gregoriano**: *G. chant,* canto gregoriano.
gremlin ['gremlin] *n.* *(gergo aeron.)* **folletto; spiritello maligno.**
grenade [gri'neid] *n.* [C] *(mil.)* **granata; bomba.**
grenadier [,grenə'diə*] *n.* *(mil.)* **granatiere.**
(1) grenadine [,grenə'di:n] *n.* [U] *(ind. tessile)* **grenadine; organzino.**
(2) grenadine [,grenə'di:n] *n.* [U] **granatina** (bibita).
grew [gru:] *pass.* di to **grow.**
grey [grei] ***A*** *a.* **grigio; bigio; cenerognolo**: *(anat.* e *fig.) g. matter,* materia grigia ***B*** *n.* ***1*** **(color) grigio *2* cavallo bigio.**
to **grey** [grei] ***A*** *v. t.* **rendere grigio *B*** *v. i.* **diventare grigio.**
greybeard ['greibiəd] *n.* [C] **uomo dalla barba grigia; vecchione.**
grey-haired [,grei'hɛəd] *a.* **dai capelli grigi; brizzolato.**
greyhound ['greihaund] *n.* **levriere** ● *(sport) g. racing,* corse dei cani.
greyish ['greiiʃ] *a.* **grigiastro.**
greylag ['greilæg] *n.* *(zool.,* Anser anser) **oca selvatica.**
greyness ['greinis] *n.* [U] **grigiore.**
grid [grid] *n.* [C] ***1*** **grata; inferriata *2*** *(elettr., elab., elettron.)* **griglia *3* reticolato** (di cartina topografica, ecc.) ***4*** **rete** (di linee elettriche) ***5*** **graticola.**
griddle ['gridl] *a.* [C] **piastra metallica rotonda** (su cui cuocere focacce).
to **gride** [graid] *v. t.* **grattare, raschiare, tagliare** (q.c.) **con grande stridore** ● *to gride one's way,* aprirsi la strada (o farsi largo) con stridore.
gridiron ['grid,aiən] *n.* [C] **graticola; gratella.**
grief [gri:f] *n.* [U] e [C] **afflizione; cordoglio; dolore; angoscia; pena**: *to die of g.,* morire di dolore ● *to bring sb. to g.,* far passare dei guai a q. □ *to come to g.,* finir male.
grievance ['gri:vəns] *n.* [C] ***1*** **lagnanza; reclamo *2* rancore; risentimento; ruggine** *(fig.)*: *to nurse a g. against sb.,* nutrire rancore verso q.
to **grieve** [gri:v] ***A*** *v. t.* **addolorare; affliggere; rattri-**

stare **B** *v. i.* **addolorarsi; affliggersi; rattristarsi**: *to g. for (o over, at) st.*, rattristarsi per q.c.

grievous ['gri:vəs] *a.* **1 angoscioso; doloroso; penoso 2 atroce; terribile** ● *(leg.) g. bodily harm,* grave danno fisico.

griffin ['grifin], **griffon** ['grifən] *n.* [C] *(mitol.)* **grifone; grifo** ● *(zool.) griffon(-vulture)* (Gyps fulvus) grifone.

grig [grig] *n.* **1** *(zool.)* **piccola anguilla 2** *(dial.)* **grillo; cavalletta** ● *as merry (lively) as a g.*, allegro (vispo) come un passerotto.

grill [gril] *n.* [C] **1 graticola; gratella; griglia 2** *(cucina)* **carne** (o **pesce**) **alla griglia; grigliata 3** (anche *g.-room*) **rosticceria 4** (anche *motorway g.*) **autogrill.**

to **grill** [gril] *v. t.* e *i.* **1 cuocere ai ferri; arrostire sulla graticola 2** *(fig.)* **arrostire**: *to lie grilling in the sunshine,* starsene sdraiato ad arrostire al sole **3 sottoporre** (q.) **a un severo interrogatorio.**

grillage ['grilidʒ] *n.* [C] *(costr.)* **intelaiatura di fondazione.**

grille [gril] *n.* [C] **grata; inferriata.**

grilled [grild] *a.* **1 munito di grata; provvisto d'inferriata 2** *(cucina)* **ai ferri; alla griglia.**

grim [grim] *a.* **1 arcigno; severo; torvo; truce 2 deciso; risoluto; spietato 3 macabro; sinistro 4 odioso; repellente.**

grimace [gri'meis] *n.* [C] **boccaccia; smorfia.**

to **grimace** [gri'meis] *v. i.* **fare smorfie** (o **boccacce**).

grimalkin [gri'mælkin] *n.* [C] **1 vecchia gatta; gattaccia 2** *(fig.)* **vecchia dispettosa, cattiva; megera.**

grime [graim] *n.* [U] **sporcizia; sudiciume.**

to **grime** [graim] *v. t.* **sporcare; insudiciare; imbrattare.**

grimness ['grimnis] *n.* [U] **1 aria arcigna; severità; aspetto torvo 2 decisione; risolutezza 3 aspetto sinistro.**

grimy ['graimi] *a.* **sporco; sudicio; fuligginoso.**

to **grin** [grin] **A** *v. i.* **ghignare; sogghignare; sorridere** (mostrando i denti); **fare una smorfia** (specialm. di dolore) **B** *v. t.* **esprimere** (o **manifestare**) (q.c.) **con un ghigno** (o **con un largo sorriso**) ● *to g. and bear it,* fare buon viso a cattivo gioco.

grin [grin] *n.* [C] **ghigno; sogghigno; largo sorriso.**

to **grind** [graind] (*pass.* e *p.p.* **ground** [graund]) *v. t.* e *i.* **1 macinare; frantumare; sgretolare; stritolare**: *to g. corn into flour,* macinare il grano facendone farina □ *to g. a bone,* stritolare un osso **2 fare, produrre** (macinando) **3** (*fig.*, spesso *to g. down*) **opprimere 4 affilare; arrotare 5 levigare;** *(mecc.)* **molare, rettificare, smerigliare 6 digrignare** (i denti); **fregare, sfregare 7 azionare; girare la manovella di 8** *(fig., fam.)* **insegnare con grande impegno**: *to g. grammar into a boy's head,* sudare sette camicie per insegnare la grammatica a un ragazzo **9** *(fig., fam.)* **lavorar sodo; sgobbare 10 macinarsi** ● *(fig.) to have an axe to g.*, avere un interesse personale, egoistico.

grind [graind] *n.* [C] **1** *(fam.)* **faticata; sgobbata 2** *(fam. USA)* **sgobbone.**

grinder ['graində*] *n.* [C] **1** (anche *knife-g.*) **arrotino 2** (anche *organ-g.*) **suonatore d'organetto 3** *(anat.)* **(dente) molare 4 macina** (di mulino) **5** (anche *coffee-g.*) **macinino da caffè 6** *(mecc.)* **affilatrice; molatrice; rettificatrice; smerigliatrice 7** *(al pl., fam.)* **denti.**

grindery ['graindəri] *n.* [C] **bottega d'arrotino.**

grindstone ['graindstoun] *n.* [C] **mola** ● *(fig.) to keep one's nose to the g.*, lavorar sodo; sgobbare.

gringo ['griŋgou] *(spagn.) n.* (*pl.* **gringos**) *(spreg.)* **gringo; forestiero** (specialm., nell'America latina, un nordamericano o un inglese).

grip [grip] *n.* *(generalm. al sing.)* **1 presa; stretta 2 impugnatura 3** *(fig.)* **dominio; padronanza 4** *(USA)* **borsa da viaggio; valigetta 5** *(med.)* **fitta; spasmo** ● *to come to grips,* venire alle prese □ *to take a g. on st.*, afferrare q.c. □ *Get a g. on yourself!*, controllati!

to **grip** [grip] *v. t.* **1 afferrare; stringere; impugnare; far presa 2** *(fig.)* **avvincere; tenere avvinto**: *to g. the attention of one's audience,* tenere avvinta l'attenzione del proprio uditorio.

to **gripe** [graip] *v. t.* **1 affliggere 2 dare i crampi a** (q.); **provocare il mal di ventre a** (q.).

gripes [graipz] *n. pl.* *(con l'art. determ.) (fam.)* **mal di ventre; colica.**

griping ['graipiŋ] *a.* **1 avido; rapace 2** (di dolore) **lancinante.**

grippe [grip] *n.* *(con l'art. determ.) (med.)* **influenza.**

grisly ['grizli] *a.* **1 orribile; orrendo 2 macabro.**

grist [grist] *n.* [U] **cereale** (grano, granturco, ecc.) **da macinare** ● *(fig.) to bring g. to the (o to one's) mill,* tirare acqua al proprio mulino □ *All is g. that comes to his mill,* per lui, tutto è buono.

gristle ['grisl] *n.* [U] **cartilagine.**

gristly ['grisli] *a.* **cartilaginoso.**

grit [grit] *n.* [U] **1 tritume di pietra 2** (anche *gritstone*) **arenaria 3 grana** (della pietra) **4** *(fig.)* **coraggio; fermezza; fegato** *(fig.)*.

to **grit** [grit] **A** *v. t.* **1 digrignare** (i denti) **2 coprire di tritume di pietra B** *v. i.* **stridere; raschiare.**

grits [grits] *n. pl.* **farina d'avena macinata grossa.**

gritstone ['gritstoun] *n.* [U] **arenaria.**

gritty ['griti] *a.* **arenoso; ghiaioso; renoso; sabbioso.**

to **grizzle** ['grizl] *v. i.* *(fam.)* **frignare; piagnucolare.**

grizzled ['grizld] *a.* **1 grigio 2 dai capelli grigi; brizzolato.**

grizzly ['grizli] *a.* **1 grigio; grigiastro 2 brizzolato** ● *(zool.) g. (bear),* (Ursus horribilis) orso grigio; grizzly.

to **groan** [groun] **A** *v. i.* **gemere; mandar gemiti; scricchiolare**: *to g. under injustice,* gemere sotto il peso dell'ingiustizia **B** *v. t.* (spesso *to g. out*) **esprimere** (o **dire, raccontare**) **con voce lamentosa** ● *to g. sb. down,* zittire q. (con mormorii di disapprovazione).

groan [groun] *n.* [C] **1 gemito 2 mormorio** (di disapprovazione, fastidio, ecc.) **3 scricchiolio; cigolio.**

groat [grout] *n.* [C] *(stor.)* **moneta del valore di quattro penny.**

groats [grouts] *n. pl.* **cereali** (specialm. avena) **essiccati e frantumati.**

grocer ['grousə*] *n.* **droghiere.**

grocery ['grousəri] *n.* **1** [C] **drogheria 2** *(al pl.)* **generi di drogheria.**

grog [grɔg] *n.* [U] **grog** (specie di ponce).

groggy ['grɔgi] *a.* **1 ebbro; brillo 2 barcollante; intontito; malsicuro 3** (di tavola, sedia) **traballante; vacillante 4** *(sport)* **groggy; suonato** *(fam.)*.

grogram ['grɔgrəm] *n.* [U] *(ind. tessile)* **grossagrana** (tessuto).

groin [grɔin] *n.* [C] **1** *(anat.)* **inguine 2** *(archit.)* **nervatura; ogiva; costolone.**

to **groin** [grɔin] *v. t.* *(archit.)* **munire di nervature (o di ogive, di costoloni).**

gromwell ['grɔmwəl] *n.* [U] (*bot.*, Lithospermum officinale) **migliarino.**

groom [gru:m] *n.* **1 stalliere; mozzo di stalla; palafreniere 2** (*abbr.* di **bridegroom**) **sposo.**

to **groom** [gru:m] *v. t.* **1 governare, strigliare** (cavalli) **2 ripulire; azzimare 3 avviare** (a una carriera, ecc.) ● *well-groomed,* ben curato; tutto azzimato.

groove [gru:v] *n.* [C] **1 scanalatura; incavo; incastro; solco 2** *(pop.)* **cosa assai gradevole; esperienza eccitante** ● *(fig.) to get into a g.*, diventare schiavo delle abitudini.

to **groove** [gru:v] **A** *v. t.* **scanalare; incavare; solcare B** *v. i.* *(pop.)* **godersela; andare su di giri.**

groover ['gru:və*] *n.* *(pop.)* **tipo alla moda.**

groovy ['gru:vi] *a.* **1 scanalato 2** *(pop.)* **all'ultima moda; magnifico.**

to **grope** [group] *v. i.* **brancolare; andar tentoni; andare a tastoni** ● *to g. for (o after) st.*, cercare q.c. a tentoni (o a tastoni) □ *to g. one's way,* cercare la strada a tastoni.

gropingly ['groupiŋli] *avv.* **(a) tentoni; (a) tastoni.**

grosbeak ['grousbi:k] *n.* (*zool.*, Coccothraustes coccothraustes) **frosone.**

(1) gross [grous] *n.* *(invar. al pl.)* **grossa** (dodici dozzine) ● *great g.*, dodici grosse.

(2) gross [grous] **A** *a.* **1 grossolano; grezzo; rozzo; volgare 2 grosso; grave 3 grasso; pingue 4 lussu-**

reggiante; fittissimo *5* (dei sensi) ottuso; poco fine *6* *(comm.)* complessivo; lordo; totale: *the g. amount*, l'ammontare complessivo □ *(rag.) g. profit(s)*, utile lordo *B* *n.* blocco; (il) complesso; (l')insieme: *in (the) g.*, nel complesso; in blocco; *(comm.)* all'ingrosso.
grossness ['grousnis] *n.* [U] *1* grossolanità; volgarità *2* enormità.
grotesque [grou'tesk] *A* *a.* grottesco; assurdo; bizzarro *B* *n.* *1* *(arte)* grottesco *2* *(fam.)* figura grottesca; tipo grottesco.
grotesqueness [grou'tesknis] *n.* [U] (l'esser) grottesco; bizzarria.
grotto ['grɔtou] *n.* (*pl.* **grottoes, grottos**) grotta.
grotty ['grɔti] *a.* *(pop.)* brutto; orrendo.
grouch [grautʃ] *n.* [C] *(fam.*, specialm. *USA)* *1* brontolone, brontolona *2* malumore.
to **grouch** [grautʃ] *v. i.* *(fam.*, specialm. *USA)* *1* brontolare *2* essere di cattivo umore.
(1) ground [graund] *A* *pass.* e *p.p.* di to **grind** *B* *a.* *1* macinato; frantumato; in polvere *2* *(mecc.)* rettificato; molato; smerigliato.
(2) ground [graund] *n.* *1* *(al sing. con l'art. determ.)* terra; suolo: *to till the g.*, coltivare la terra □ *to fall to the g.*, cadere a terra *2* [C] campo (di gioco, ecc.): *a football g.*, un campo di calcio *3* [U] terreno: *to gain (to lose) g.*, guadagnare (perdere) terreno (anche *fig.*) *4* [U] *(naut.)* fondo (del mare e sim.): (di nave) *to touch g.*, toccare il fondo *5* [U] (o *al pl.*) fondamento; motivo; ragione: *There is no g. for anxiety*, non c'è motivo di preoccuparsi □ *(leg.) grounds for divorce*, motivi per concedere il divorzio *6* [C] campo; fondo; sfondo *7* *(al pl.)* fondi; feccia; deposito: *coffee-grounds*, fondi di caffè ● *(elettr.) g. cable*, conduttore di terra □ *g.-man*, custode di campo da gioco □ *g. floor*, pianterreno □ *(elettr.) g. wire*, filo di messa a terra □ *to break fresh g.*, dissodare terreno vergine; *(fig.)* essere un pioniere □ *to cover much g.*, fare molta strada; *(fig.)* trattare molti argomenti □ *(fig.) to cut the g. from under sb.'s feet*, far mancare il terreno sotto i piedi a q. □ *fishing-grounds*, zone di pesca □ *forbidden g.*, terreno proibito; *(fig.)* argomento da evitarsi □ *(fig.) to hold* (o *to keep) one's g.*, restare sulle proprie posizioni; non cedere □ *on the grounds of*, a causa di; per motivi di □ *(fig.) to shift one's g.*, mutare la propria posizione; mutare avviso □ *(fig.) to touch g.*, venire al sodo.
to **ground** [graund] *A* *v. t.* *1* *(naut.)* fare arenare; incagliare *2* *(aeron.)* tenere a terra; costringere ad atterrare *3* basare; fondare *4* mettere a terra (anche un filo elettrico); mettere giù *5* dare le basi a; istruire nei primi elementi *B* *v. i.* *1* (di nave) arenarsi; incagliarsi *2* cadere a terra.
grounding ['graundiŋ] *n.* [U] *1* *(con l'art. indeterm.)* fondamento; basi *2* *(elettr.)* messa a terra.
groundless ['graundlis] *a.* infondato; ingiustificato.
groundlessness ['graundlisnis] *n.* [U] infondatezza; mancanza di fondamento.
groundling ['graundliŋ] *n.* *(stor.)* spettatore di platea (nei teatri elisabettiani).
groundwork ['graund,wəːk] *n.* [U] basi; fondamenti.
group [gruːp] *n.* [C] *1* gruppo; crocchio *2* *(chim.)* radicale *3* *(fin.)* gruppo finanziario ● *(psic.) g. therapy*, terapia di gruppo.
to **group** [gruːp] *A* *v. t.* raggruppare; radunare *B* *v. i.* e to **group oneself** *v. rifl.* raggrupparsi; radunarsi.
grouper ['gruːpə*] *n.* *(zool.*, Epinephelus) cernia.
grouping ['gruːpiŋ] *n.* [C] raggruppamento.
groupuscule ['gruːpə,skjuːl] *n.* *(polit.*, ecc.) gruppuscolo ● *member of a g.*, gruppettaro.
(1) grouse [graus] *n.* *(invar. al pl.)* *(zool.*, Tetrao urogallus) gallo cedrone.
(2) grouse [graus] *n.* [C] *(pop.)* brontolìo.
to **grouse** [graus] *v. i.* *(pop.)* brontolare.
grout [graut] *n.* [U] *(costr.)* malta liquida.
to **grout** [graut] *v. t.* *(costr.)* riempire di malta; intonacare.
grove [grouv] *n.* [C] *(lett.)* boschetto.
to **grovel** ['grɔvl] *v. i.* *1* giacere prono (o bocconi); strisciare per terra *2* *(fig.)* strisciare; avvilirsi; umiliarsi.
groveller ['grɔvələ*] *n.* persona strisciante, abietta, vile.
grovelling ['grɔvəliŋ] *a.* strisciante *(fig.)*; abietto; vile.
to **grow** [grou] (*pass.* **grew** [gruː], *p.p.* **grown** [groun]) *A* *v. i.* *1* crescere; aumentare; ingrandire; allignare; venir su: *to let one's hair g.*, farsi crescere i capelli *2* diventare (specialm. per gradi); divenire; farsi: *to g. rich*, diventar ricco; arricchire *B* *v. t.* *1* far crescere; coltivare: *to g. roses*, coltivare rose □ *to g. a beard*, farsi crescere la barba *2* (*al passivo;* spesso *to g. up, to g. over*) ricoprire ● (di un'unghia) *to g. in*, incarnarsi □ *to g. less*, calare; diminuire; scemare □ *to g. on sb.*, crescere nella stima di q.; piacere sempre più □ *to g. out of fashion*, passare di moda □ *to g. out of a habit*, perdere un'abitudine, con l'età □ *to g. out of one's clothes*, non star più nei vestiti (per essere cresciuto troppo) □ *to g. up*, crescere; farsi grande, diventare adulto; (di piante) spuntare, attecchire; (d'abitudini, costumanze, ecc.) prender piede, diffondersi □ *G. up!*, sii uomo!; non fare il bambino!
grower ['grouə*] *n.* coltivatore: *a rose-g.*, un coltivatore di rose.
to **growl** [graul] *A* *v. i.* *1* ringhiare *2* grugnire; brontolare; borbottare rabbiosamente *B* *v. t.* (anche *to g. out)* esprimere (q.c.) borbottando.
growl [graul] *n.* [C] *1* ringhio *2* grugnito; borbottìo rabbioso.
growler ['graulə*] *n.* brontolone.
grown [groun] *A* *p.p.* di to **grow** *B* *a.* adulto; maturo: *a g. man*, un uomo maturo.
grown-up ['grounʌp] *a.* e *n.* adulto.
growth [grouθ] *n.* *1* [U] crescita; aumento; sviluppo *2* [U] coltivazione; produzione (di frutta e sim.) *3* [C] vegetazione *4* [C] *(med.)* escrescenza; tumore ● *a four-days' g. of beard*, una barba di quattro giorni.
groyne [grɔin] *n.* [C] frangiflutti.
to **grub** [grʌb] *A* *v. i.* *1* scavare; vangare; zappare *2* lavorare sodo; sgobbare *3* (generalm. *to g. about*) rovistare; grufolare *4* *(pop.)* mangiare *B* *v. t.* *1* (spesso *to g. up*) estirpare; sradicare; estrarre *2* ripulire (un terreno) di erbacce *3* (generalm. *to g. up)* scoprire (q.c.) rovistando *4* *(pop.)* cibare; dar da mangiare a.
grub [grʌb] *n.* *1* [C] *(zool.)* larva di insetto; bruco; verme *2* [C] chi fa un lavoro ingrato; sgobbone *3* [U] *(pop.)* cibo; roba da mangiare.
grubby ['grʌbi] *a.* *1* infestato da larve; verminoso *2* sporco; sudicio.
Grub Street ['grʌb,striːt] *n.* ambiente degli scrittori da strapazzo.
to **grudge** [grʌdʒ] *v. i.* *1* invidiare: *to g. sb. st.*, invidiare q.c. a q. *2* dare di malavoglia; lesinare.
grudge [grʌdʒ] *n.* [C] rancore; risentimento; malanimo; ruggine *(fig.)*: *to have a g. against sb.* (o *to bear sb. a g.)*, serbare rancore verso q.; avercela con q.
grudging ['grʌdʒiŋ] *a.* *1* invidioso *2* avaro; riluttante (a dare q.c.).
grudgingly ['grʌdʒiŋli] *avv.* di malavoglia; a malincuore.
gruel [gruəl] *n.* [U] farinata d'avena ● *(fig.) to give sb. his g.*, punire q.; sconfiggere q.
gruelling ['gruəliŋ] *a.* duro; faticoso; snervante.
gruesome ['gruːsəm] *a.* orrendo; orribile; raccapricciante.
gruff [grʌf] *a.* *1* arcigno; burbero; rude *2* (di voce, suono, ecc.) aspro; rauco; roco.
gruffness ['grʌfnis] *n.* [U] *1* rudezza; sgarbataggine *2* asprezza; (della voce) raucedine.
to **grumble** ['grʌmbl] *A* *v. i.* brontolare; borbottare; lagnarsi: *to g. at* (o *over, about) st.*, lagnarsi di q.c. *B* *v. t.* (anche *to g. out*) esprimere (q.c.) borbottando; borbottare.
grumble ['grʌmbl] *n.* [C] brontolìo; lagnanza; lamentela.
grumbler ['grʌmblə*] *n.* brontolone, brontolona.
grumpiness ['grʌmpinis] *n.* [U] irritabilità; scontrosità.
grumpy ['grʌmpi] *a.* burbero; irritabile; scontroso.

Grundyism ['grʌndiizəm] *n.* [U] **gretta convenzionalità; ristrettezza di vedute; ipocrisia puritana.**

to **grunt** [grʌnt] ***A*** *v. i.* **grugnire;** *(fig.)* **borbottare, brontolare** ***B*** *v. t.* (spesso *to g. out*) **esprimere grugnendo; borbottare.**

grunt [grʌnt] *n.* [C] **grugnito;** *(fig.)* **borbottìo, brontolio.**

Gruyère ['gru:jɛə*] *(franc.) n.* [U] **groviera** (formaggio svizzero).

gryphon ['grifən] *n.* [C] *(mitol.)* **grifone.**

guana ['gwa:nə] *n.* *(zool.,* Iguana) **iguana.**

guano ['gwa:nou] *n.* [U] **guano; concime artificiale** (in genere).

guarantee [ˌgærən'ti:] *n.* [C] ***1*** **garanzia; avallo; mallevadorìa; cauzione** ***2*** **garante; avallante; mallevadore, mallevadrice** ***3*** *(fig.)* **assicurazione; promessa.**

to **guarantee** [ˌgærən'ti:] *v. t.* ***1*** **garantire; avallare; fare da mallevadore a** (q.); **farsi mallevadore di** (q.c.) ***2*** **assicurare; promettere.**

guarantor [ˌgærən'tɔ:*] *n.* *(leg.)* **garante; avallante.**

guaranty [ˌgærənti] *n.* [C] *(leg.)* ***1*** **garanzia** ***2*** **fideiussione.**

guard [ga:d] *n.* ***1*** [U] **guardia; custodia; vigilanza**: *to be on g.*, essere di guardia □ *to mount g.*, montare la guardia □ *to relieve g.*, dare il cambio alla guardia ***2*** [C] **guardia; guardiano; custode; sorvegliante** ***3*** [C] *(ferr.)* **capotreno** ● *(naut.) g.-boat,* battello di ronda □ *g.-chain,* catena di sicurezza (d'orologio, ecc.) □ *g.-rail, (autom.)* guardavia; *(ferr.)* controrotaia; *(naut.)* battagliola; *(edil.)* corrimano □ *to be caught off one's g.*, essere preso alla sprovvista □ *(mil.) the Horse Guards,* le Guardie a cavallo □ *the Imperial Guards,* la Guardia Imperiale.

to **guard** [ga:d] ***A*** *v. t.* ***1*** **custodire; difendere; proteggere; salvaguardare; sorvegliare; fare la guardia a** (q. o q.c.): *to g. a camp (prisoners, etc.),* fare la guardia a un campo (a prigionieri, ecc.) ***2*** **tenere a freno** (i pensieri); **misurare** (le parole) ***B*** *v. i.* **guardarsi; stare in guardia; difendersi**: *to g. against st.*, guardarsi da q.c.; mettersi in guardia contro q.c. ● *to g. one's tongue,* tenere a freno la lingua.

guarded ['ga:did] *a.* ***1*** **guardingo; cauto; circospetto; prudente** ***2*** **guardato a vista; scortato.**

guardedness ['ga:didnis] *n.* [U] **cautela; circospezione; prudenza.**

guardhouse ['ga:dhaus] *n.* [C] *(mil.)* ***1*** **corpo di guardia** ***2*** **guardina.**

guardian ['ga:djən] ***A*** *n.* ***1*** **guardiano; custode** ***2*** *(leg.)* **tutore, tutrice** ***3*** *(relig.)* **(padre) guardiano** ***B*** *a. attr.* **custode; tutelare**: *(relig.) g. angel,* angelo custode *(anche fig.).*

guardianship ['ga:djənʃip] *n.* [U] *(leg.)* **tutela; curatela.**

guardroom ['ga:dˌrum] *V.* **guardhouse.**

guardsman ['ga:dzmən] *n.* *(pl.* **guardsmen** ['ga:dzmən]) *(in G.B.)* **soldato (o ufficiale) delle Guardie reali.**

Guatemalan [ˌgwæti'ma:lən] *a.* e *n.* **guatemalteco.**

gubernatorial [ˌgju(:)bənə'tɔ:rjəl] *a.* **governatoriale; di governatore (o governatorato)**: *a g. election,* l'elezione d'un governatore.

(1) gudgeon ['gʌdʒən] *n.* [C] ***1*** *(zool.,* Gobio gobio) **gobione** ***2*** *(zool.,* Gobius) **ghiozzo** ***3*** *(fig.)* **credulone; gonzo.**

(2) gudgeon ['gʌdʒən] *n.* [C] *(mecc.)* **perno.**

guelder-rose ['geldəˌrouz] *n.* [C] *(bot.,* Viburnum opulus) **pallone di maggio; viburno.**

Guelf, Guelph [gwelf] *n.* *(stor.)* **guelfo.**

Guelfic, Guelphic ['gwelfik] *a.* *(stor.)* **guelfo.**

guerdon ['gə:dən] *n.* [C] *(poet.)* **guiderdone; ricompensa.**

guerilla, guerrilla [gə'rilə] *n.* [C] ***1*** (generalm. *g. warfare*) **guerriglia; guerra partigiana** ***2*** **guerrigliero; partigiano.**

to **guess** [ges] *v. t.* e *i.* ***1*** **calcolare** (a un dipresso); **tirare a indovinare; dire approssimativamente**: *to g. at sb.'s age,* tirare a indovinare l'età di q. ***2*** **indovinare; azzeccare; risolvere** ***3*** *(fam. USA)* **credere; supporre** ● *to g. wrong,* non indovinare; sbagliare (facendo una congettura) □ *to keep sb. guessing,* tenere q. sulla corda.

guess [ges] *n.* [C] **congettura; supposizione** ● *g.-work,* congettura; supposizione □ *by g. (o at a g.),* a occhio e croce □ *to make a good g.*, azzeccare giusto; cogliere nel segno □ *Your g. is as good as mine,* ne so quanto te.

guest [gest] *n.* [C] ***1*** **ospite; convitato; invitato** ***2*** **cliente, ospite** (d'albergo); **pensionante** ***3*** *(bot., zool.)* **inquilino** ● *g.-room,* camera degli ospiti □ *paying g.*, pensionante; dozzinante.

guest-rope ['gestˌroup] *n.* [C] *(naut.)* **tonneggio.**

guffaw [gʌ'fɔ:] *n.* [C] **risata sguaiata; sghignazzata.**

to **guffaw** [gʌ'fɔ:] *v. i.* **ridere sguaiatamente; sghignazzare.**

guidance ['gaidəns] *n.* [U] ***1*** **guida** ***2*** **norma.**

guide [gaid] *n.* [C] ***1*** **guida** (in molti sensi); **cicerone** ***2*** (anche *Girl-G.*) **guida** (giovane esploratrice) ***3*** **cartello indicatore** ● *g.-board,* cartello segnaletico (stradale) □ *g.-book,* guida turistica (libro) □ *g.-post,* indicatore stradale.

to **guide** [gaid] *v. t.* **guidare; condurre; dirigere** ● *(mil.) guided missile,* missile telecomandato.

guideline ['gaidlain] *n.* [C] ***1*** **fune di sicurezza** ***2*** *(fig.)* **linea di condotta; orientamento**: *the guidelines of a programme,* gli orientamenti di un programma.

guild [gild] *n.* [C] ***1*** *(stor.)* **corporazione (d'arti e mestieri); gilda** ***2*** **associazione** (di mutua assistenza, ecc.).

guildhall ['gild'hɔ:l] *n.* [C] ***1*** **palazzo delle corporazioni** ***2*** **palazzo municipale.**

guile [gail] *n.* [U] ***1*** **astuzia; scaltrezza** ***2*** **artificio; stratagemma; inganno.**

guileful ['gailful] *a.* **astuto; furbo; scaltro.**

guileless ['gaillis] *a.* **ingenuo; schietto; semplice.**

guillotine [ˌgilə'ti:n] *n.* [C] ***1*** *(stor.)* **ghigliottina** ***2*** *(mecc.)* **cesoia a ghigliottina** ***3*** *(legatoria)* **taglierina** ***4*** *(polit.)* **procedura parlamentare che limita i tempi di discussione di un disegno di legge, fissando la data della votazione.**

to **guillotine** [ˌgilə'ti:n] *v. t.* **ghigliottinare.**

guilt [gilt] *n.* [U] **colpa; colpevolezza.**

guiltiness ['giltinis] *n.* [U] **colpevolezza.**

guiltless ['giltlis] *a.* **senza colpa; innocente.**

guiltlessness ['giltlisnis] *n.* [U] **innocenza.**

guilty ['gilti] *a.* **colpevole; reo**: *(leg.) to plead g.*, dichiararsi colpevole ● *a g. conscience,* la coscienza sporca □ *(leg.) not g.*, innocente.

guinea ['gini] *n.* [C] **ghinea** (moneta di conto pari a 21 scellini).

guinea-fowl ['ginifaul] *n.* [C] *(zool.,* Numida meleagris) **faraona.**

guinea-pig ['ginipig] *n.* [C] *(zool.,* Cavia cobaya) **cavia; porcellino d'India.**

guise [gaiz] *n.* [C] ***1*** **guisa; foggia; sembianza** ***2*** **apparenza; maschera** *(fig.)*: *under* (o *in*) *the g. of friendship,* sotto la maschera dell'amicizia.

guitar [gi'ta:*] *n.* [C] *(mus.)* **chitarra**: *an electric g.*, una chitarra elettrica.

guitarist [gi'ta:rist] *n.* **chitarrista.**

gulch [gʌltʃ] *n.* [C] *(USA)* **valle stretta e rocciosa; burrone.**

gulden ['guldən] *n.* [C] **fiorino olandese.**

gules [gju:lz] *n.* e *a. attr.* *(araldica)* **(color) rosso.**

gulf [gʌlf] *n.* [C] ***1*** **golfo** ***2*** **abisso** (anche *fig.*) ***3*** **vortice.**

(1) gull [gʌl] *n.* [C] *(zool.,* Larus) **gabbiano.**

(2) gull [gʌl] *n.* [C] **gonzo; minchione** *(pop.)*; **semplicione.**

to **gull** [gʌl] *v. t.* **gabbare; imbrogliare; truffare.**

gullet ['gʌlit] *n.* [C] *(anat.)* **gola; esofago.**

gullibility [ˌgʌli'biliti] *n.* [U] **credulità; minchioneria** *(pop.).*

gullible ['gʌləbl] *a.* **credulo; credulone; ingenuo.**

gully ['gʌli] *n.* [C] ***1*** **burrone; gola** ***2*** **canale; condotto di scolo.**

to **gully** ['gʌli] *v. t.* ***1*** **fare canali in** (un terreno) ***2*** (dell'acqua) **scavare** (terreno) **per erosione.**

to **gulp** [gʌlp] *v. t.* e *i.* **inghiottire; ingozzare; tracannare; trangugiare**: *to g. (down) a glass of wine,* tracannare un bicchier di vino □ *to g. down one's tears,* inghiottire le lacrime.
gulp [gʌlp] *n.* [C] **boccata; boccone; sorso**: *to empty a glass at one g.,* vuotare un bicchiere in un sorso (o d'un fiato).
(1) gum [gʌm] *n. (generalm. al pl.) (anat.)* **gengiva.**
(2) gum [gʌm] *n.* ***1*** [U] **gomma *2*** [U] **cispa *3*** [C] (anche *gumdrop*) **giuggiola; caramella gommosa *4*** [C] (anche *gumtree*) **albero della gomma; eucalipto *5*** (*al pl.*; anche *gumboots*) **stivali di gomma ●** *gum arabic,* gomma arabica.
to **gum** [gʌm] ***A*** *v. t.* **ingommare; incollare *B*** *v. i.* **secernere gomma.**
gumboil ['gʌmbɔil] *n.* [C] *(med.)* **ascesso alle gengive.**
gumma ['gʌmə] *n.* [C] *(med.)* **gomma sifilitica.**
gummy ['gʌmi] *a.* **gommoso; appiccicaticcio.**
gumption ['gʌmpʃən] *n.* [U] *(fam.)* ***1*** **buon senso; senso pratico *2*** **spirito d'iniziativa; intraprendenza.**
gun [gʌn] *n.* [C] ***1*** *(mil.)* **arma da fuoco; cannone; fucile; schioppo; carabina; moschetto *2*** *(fam. USA)* **pistola; rivoltella *3*** (anche *spray gun*) **pistola a spruzzo *4*** **cacciatore** (che fa parte d'una comitiva) ***5*** *(fam. USA)* **sicario ●** *gun-fire,* cannoneggiamento □ *(fam.) gun-fodder,* carne da cannone □ *gun-house,* piazz(u)ola □ *gun-room, (naut.)* quadrato dei subalterni; (in una casa) sala delle armi □ *gun-runner,* contrabbandiere d'armi □ *gun-running,* contrabbando d'armi □ (del vento) *to blow great guns,* soffiare fortissimo □ *(fig.) great* (o *big) gun,* pezzo grosso; persona importante □ *machine--gun,* mitragliatrice □ *sporting gun* (o *shotgun*), fucile da caccia □ *(fig.) to stand* (o *to stick) to one's guns,* tener duro; star saldo □ *(fam.) as sure as a gun,* senza il minimo dubbio; com'è vero Iddio.
gunboat ['gʌnbout] *n.* [C] *(mil., naut.)* **cannoniera.**
gunman ['gʌnmən] *n.* (*pl.* **gunmen** ['gʌnmən]) *(fam.)* **bandito; gangster.**
gunner ['gʌnə*] *n.* ***1*** *(mil.)* **artigliere *2*** (*naut.* anche *seaman g.*) **capo cannoniere *3*** **cacciatore ●** *(mil.) machine-g.,* mitragliere.
gunnery ['gʌnəri] *n.* [U] *(mil.)* ***1*** **artiglieria *2*** **balistica.**
gunpoint ['gʌn,pɔint] *n.* **mira ●** *at g.,* sotto tiro; sotto la minaccia di un'arma da fuoco.
gunpowder ['gʌn,paudə*] *n.* [U] **polvere da sparo; polvere pirica ●** *(stor.) the G. Plot,* la Congiura delle Polveri (5 novembre 1605).
gunshot ['gʌn,ʃɔt] *n.* ***1*** [C] **colpo d'arma da fuoco; sparo *2*** [U] **portata** (d'arma da fuoco): *within g.,* a un tiro di schioppo.
gunsmith ['gʌn,smiθ] *n.* **armaiolo.**
gunwale ['gʌnl] *n.* [C] *(naut.)* **parapetto superiore;** (d'imbarcazione) **falchetta.**
gup [gʌp] *(anglo-ind.) n.* **pettegolezzo; chiacchiera.**
gurgitation [,gə:dʒi'teiʃən] *n.* [U] **ribollimento; rigurgito; gorgoglìo.**
to **gurgle** ['gə:gl] ***A*** *v. i.* ***1*** **gorgogliare *2*** (di bambini, ecc.) **borbottare; farfugliare *B*** *v. t.* **borbottare; farfugliare.**
gurgle ['gə:gl] *n.* [U] e [C] ***1*** **gorgoglìo *2*** **borbottìo; farfugliamento.**
guru ['guru:] *n.* [C] **guru; guida spirituale** (in India).
to **gush** [gʌʃ] ***A*** *v. i.* ***1*** **sgorgare; scaturire; zampillare *2*** *(fig.)* **effondersi smodatamente; entusiasmarsi troppo *B*** *v. t.* **far sgorgare.**
gush [gʌʃ] *n.* [C] ***1*** **fiotto; getto; zampillo *2*** *(fig.)* **effusione; scoppio.**
gusher ['gʌʃə*] *n.* [C] ***1*** **pozzo di petrolio a eruzione spontanea *2*** **persona espansiva, facile all'entusiasmo.**
gushing ['gʌʃiŋ] *a.* ***1*** **sgorgante; zampillante *2*** *(fig.)* **espansivo; esuberante ●** *g. compliments,* complimenti entusiastici.
gushy ['gʌʃi] *a.* **espansivo; esuberante; che s'entusiasma facilmente.**
gusset ['gʌsit] *n.* [C] **gherone; pezzo di stoffa triangolare.**
gust [gʌst] *n.* [C] ***1*** **raffica di vento *2*** **scroscio di pioggia *3*** *(fig.)* **accesso; scoppio.**
gustation [gʌs'teiʃən] *n.* [U] **degustazione.**
gustative ['gʌstətiv], **gustatory** ['gʌstətəri] *a.* **gustativo.**
gusto ['gʌstou] *n.* [U] ***1*** **ardore; fervore; entusiasmo *2*** **gusto; godimento; piacere.**
gusty ['gʌsti] *a.* **burrascoso; tempestoso.**
gut [gʌt] *n.* ***1*** *(al pl., fam.)* **budella; intestino *2*** *(al pl., fig.)* **sostanza, succo; coraggio, risolutezza; fegato** *(fig.)*: *a man with plenty of guts,* un uomo di fegato ***3*** [U] (anche *catgut*) **minugia; catgut.**
to **gut** [gʌt] *v. t.* ***1*** **sbudellare; sventrare; sviscerare; pulire** (per cuocere): *to gut a fowl,* sventrare un pollo ***2*** *(fig.)* **sventrare.**
gutless ['gʌtlis] *a. (fam.)* **pauroso; vigliacco.**
gutta-percha [,gʌtə'pə:tʃə] *n.* [U] **guttaperca.**
gutter ['gʌtə*] *n.* [C] ***1*** **grondaia *2*** **cunetta; zanella *3*** *(fig.)* **fogna; fango; strada; marciapiede** *(fig.)*: *to take a child out of the g.,* togliere un ragazzo dalla strada ● *g.-snipe,* monello; scugnizzo □ *g. press,* stampa prezzolata.
to **gutter** ['gʌtə*] ***A*** *v. i.* (d'una candela) **colare; sgocciolare *B*** *v. t.* ***1*** **provvedere di grondaie *2*** **provvedere di cunette.**
guttural ['gʌtərəl] ***A*** *a. (anat., fon.)* **gutturale *B*** *n.* [C] *(fon.)* **suono gutturale.**
(1) guy [gai] *n.* [C] **cavo** (o **catena**) **di ritegno.**
(2) guy [gai] *n.* [C] ***1*** **fantoccio; pupazzo *2*** **spauracchio; persona vestita in modo strano *3*** *(fam. USA)* **individuo; tipo ●** *(pop.) to do a guy,* tagliare la corda.
to **guy** [gai] *v. t.* **mostrare in effigie; mettere in ridicolo.**
to **guzzle** ['gʌzl] ***A*** *v. i.* **darsi ai bagordi; gozzovigliare *B*** *v. t.* **tracannare; trincare.**
guzzler ['gʌzlə*] *n.* **beone, beona; crapulone, crapulona.**
gym [dʒim] *n. (fam.)* ***1*** (*abbr.* di **gymnasium**) **palestra *2*** (*abbr.* di **gymnastics**) **ginnastica ●** *gym shoes,* scarpe da ginnastica.
gymkhana [dʒim'ka:nə] *n.* [C] *(sport)* **gincana.**
gymnasium [dʒim'neizjəm] *n.* [C] ***1*** **palestra *2*** **ginnasio, liceo classico** (in Europa).
gymnast ['dʒimnæst] *n.* **ginnasta.**
gymnastic [dʒim'næstik] *a.* **ginnastico; ginnico.**
gymnastics [dʒim'næstiks] *n. pl.* **ginnastica; esercizi ginnici.**
gymnotus [dʒim'noutəs] *n.* (*zool.,* Gymnotus) **gimnoto.**
gynaeceum [,dʒaini'si:əm] *n.* (*pl.* **gynaecea** [,dʒaini'si:ə]) *(stor., bot.)* **gineceo.**
gynaecological [,gainikə'lɔdʒikəl] *a. (med.)* **ginecologico.**
gynaecologist [,gaini'kɔlədʒist] *n. (med.)* **ginecologo.**
gynaecology [,gaini'kɔledʒi] *n.* [U] *(med.)* **ginecologia.**
gyp [dʒip] *n.* [U] — *(pop.) to give sb. gyp,* punire q. severamente; far soffrire q.; far vedere le stelle a q.
gypsum ['dʒipsəm] *n.* [U] *(miner.)* **gesso** (solfato di calcio idrato); **pietra da gesso.**
gypsy ['dʒipsi] *V.* **gipsy.**
to **gyrate** [,dʒai'reit] *v. i.* **girare; roteare; turbinare.**
gyration [,dʒai'reiʃən] *n.* [C] e [U] **rotazione.**
gyratory ['dʒaiərətəri] *a.* **circolare; rotatorio.**
gyrocompass ['dʒaiərou,kʌmpəs] *n. (fis., naut.)* **bussola giroscopica; girobussola.**
gyropilot ['dʒaiərou,pailət] *n. (aeron.)* **pilota automatico; giropilota.**
gyroplane ['dʒaiərouplein] *n. (aeron.)* **autogiro.**
gyroscope ['dʒaiərəskoup] *n.* [C] *(ing.)* **giroscopio.**
gyroscopic [,dʒaiərəs'kɔpik] *a.* **giroscopico.**
gyrose ['dʒaiərous] *a. (bot.)* **ondulato; pieghettato.**
gyrostabilizer ['dʒaiərou'steibilaizə*] *n.* [C] *(aeron., naut.)* **girostabilizzatore.**
to **gyve** [dʒaiv] *v. t. (poet.)* **incatenare; mettere in ceppi.**
gyves [dʒaivz] *n. pl. (poet.)* **ceppi; ferri; catene.**

H

H, h [eitʃ] *n.* (*pl.* **H's, h's; Hs, hs**) H, h: *to drop one's h's* (*o aitches*), non pronunciare l'acca ● (*mil.*) *H-bomb*, bomba H; bomba all'idrogeno □ (*tel.*) *h for Harry*, h come hotel.
ha [ha:] *inter.* **ah!**
habeas corpus [ˌheibjəs'kɔ:pəs] (*lat.*) *n.* [U] (*leg.*) **habeas corpus; mandato di comparizione** (dell'arrestato) **di fronte al magistrato** (che decide della legalità dell'arresto).
haberdasher ['hæbədæʃə*] *n.* **merciaio, merciaia.**
haberdashery ['hæbədæʃəri] *n.* [U] **merceria, mercerie.**
habergeon ['hæbədʒən] *n.* [C] (*stor.*) **usbergo.**
habit ['hæbit] *n.* **1** [C] e [U] **abitudine; consuetudine; usanza**: *to fall into bad habits*, prendere brutte abitudini □ *to do st. out of h.*, fare q.c. per abitudine □ *to be in the h. of doing st.*, avere l'abitudine di fare q.c. □ *to fall* (*o to get*) *into the h. of doing st.*, prendere l'abitudine di (o abituarsi a) fare q.c. **2** [C] **abito** (specialm. di monaco).
habitability [ˌhæbitə'biliti] *n.* [U] **abitabilità.**
habitable ['hæbitəbl] *a.* **abitabile.**
habitant (*def. 1* ['hæbitənt]; *def. 2* ['hæbitɔ̃:ŋ]) *n.* **1** **abitante 2 canadese d'origine francese.**
habitat ['hæbitæt] *n.* [C] (*zool., bot.*) **habitat.**
habitation [ˌhæbi,teiʃən] *n.* [U] e [C] **abitazione.**
habitual [hə'bitjuəl] *a.* **1 abituale; consueto; ordinario; solito 2 impenitente**: *a h. drunkard*, un bevitore impenitente.
to **habituate** [hə'bitjueit] *v. t.* **abituare; assuefare; avvezzare.**
habitude ['hæbitju:d] *n.* [U] **abitudine; consuetudine.**
habitué [hə'bitjuei] (*franc.*) *n.* **habitué; frequentatore abituale, cliente assiduo** (di un locale, ecc.).
(1) hack [hæk] *n.* [C] **1 zappa; marra; piccone 2 taglio; ferita 3 tacca.**
(1) to **hack** [hæk] *v. t.* **1 tagliare** (in modo irregolare): **tagliuzzare; fare a pezzi 2 intaccare; incidere 3** (*sport*) **dare un calcio nello stinco a** (un avversario) ● *h.-saw*, seghetto □ *a hacking cough*, una tosse secca, insistente.
(2) hack [hæk] *n.* [C] **1 cavallo da nolo 2 ronzino 3** (*fig.*) **travet; povero impiegato; scribacchino** ● *h. work*, lavoro mercenario □ *h. writer*, scrittore prezzolato; « negro ».
(2) to **hack** [hæk] **A** *v. t.* **1 dare a nolo** (un cavallo, ecc.) **2 servirsi di** (q.) **come impiegatuccio** (o **scribacchino**) **B** *v. i.* **cavalcare al passo.**
hackle ['hækl] *n.* **1** [C] (*ind. tessile*) **pettine** (per canapa, lino) **2** (*al pl.*) **penne del collo** (di gallo, piccione, ecc.) **3** [C] **mosca artificiale** (per la pesca).
(1) to **hackle** ['hækl] *v. t.* (*ind. tessile*) **pettinare** (canapa, lino).
(2) to **hackle** ['hækl] *v. t.* **tagliare; tagliuzzare; fare a pezzi.**
hackney ['hækni] *n.* [C] **cavallo da nolo; cavallo** (da tiro o da sella) ● *h. carriage*, carrozza da nolo.
hackneyed ['hæknid] *a.* **comune; trito; vieto.**
had [hæd, həd, əd] *pass.* e *p.p.* di to **have.**
haddock ['hædək] *n.* (*invar. al pl.*) (*zool.*, Gadus aeglefinus) **eglefino.**
Hades ['heidi:z] *n.* (*mitol.*) **Ade; Averno.**
hadn't ['hædnt] *contraz.* di **had not.**
haemal ['hi:məl] *a.* (*anat.*) **emale**: *h. arch*, arco emale.
haematic [hi'mætik] *a.* (*fisiologia*) **ematico; del sangue.**
haematite ['hemətait] *n.* [U] (*miner.*) **ematite.**
haematoma [ˌhi:mə'toumə] *n.* [C] (*med.*) **ematoma.**
haemo- ['hi:mə, 'hemə] (*in parole composte*) **emo-** (significa "sangue", "sanguigno").
haemoglobin [ˌhi:mou'gloubin] *n.* [U] (*chim. biol.*) **emoglobina.**
haemophilia [ˌhi:mou'filiə] *n.* (*med.*) **emofilia.**
haemorrhage ['hemərid3] *n.* [U] e [C] (*med.*) **emorragia.**
haemorrhoids ['hemərɔidz] *n. pl.* (*med.*) **emorroidi.**
haemostatic [ˌhi:mou'stætik] *a.* e *n.* [C] (*farm.*) **emostatico.**
hafnium ['hæfniəm] *n.* [U] (*chim.*) **afnio.**
to **haft** [ha:ft] *v. t.* **1 mettere il manico a** (un coltello, ecc.) **2 fornire d'elsa** (una spada, ecc.).
haft [ha:ft] *n.* [C] **1 manico** (d'ascia, coltello, ecc.) **2 impugnatura** (di pugnale); **elsa** (di spada).
hag [hæg] *n.* **1 strega 2 vecchia brutta e maligna; vecchiaccia.**
haggard ['hægəd] **A** *a.* **allampanato; sparuto; dall'aria smarrita; dall'aspetto stanco B** *n.* **falco non addomesticato.**
haggardness ['hægədnis] *n.* [U] **sparutezza; aria smarrita; aspetto stanco.**
haggish ['hægiʃ] *a.* **di** (o **da, simile a**) **strega; vecchio e brutto.**
to **haggle** ['hægl] *v. i.* **discutere sul prezzo; mercanteggiare.**
hagiographer [ˌhægi'ɔgrəfə*] *n.* **agiografo.**
hagiography [ˌhægi'ɔgrəfi] *n.* [U] **agiografia.**
hagiologist [ˌhægi'ɔlədʒist] *n.* **agiologo.**
hagiology [ˌhægi'ɔlədʒi] *n.* [U] **agiologia.**
hag-ridden ['hæg,ridn̩] *a.* **ossessionato; oppresso da incubi.**
hah [ha:] *V.* **ha.**
ha-ha [ha(:)'ha:] *inter.* (indicante ilarità) **ah ah!**
haick, haik [haik] *n.* [C] **barracano.**
(1) hail [heil] *n.* **1** [U] (*meteorologia*) **grandine 2** (*generalm. con l'art. indeterm.*) (*fig.*) **grandine**: *a h. of stones*, una grandine di sassi.
(1) to **hail** [heil] **A** *v. i.* (*di solito, impers.*) **grandinare B** *v. t.* (*fig.*) **lanciare; scagliare; dare una scarica di** (colpi, ecc.) **a**: *to h. curses upon sb.*, scagliare maledizioni contro q.
(2) hail [heil] *inter.* (specialm. *lett., poet.*) **salve!; salute!; ave!**
(2) to **hail** [heil] *v. t.* e *i.* **1 salutare; chiamare** (a gran voce): **accogliere**: *to h. a taxi*, chiamare un tassì **2 acclamare; proclamare a gran voce** ● (di nave e *fam.*, di persona) *to h. from*, venire da.
(3) hail [heil] *n.* [C] **saluto; acclamazione** ● *to be within h.*, essere a portata di voce.
hail-fellow-well-met [ˌheilfelouwel'met] *a.* **cameratesco; (troppo) espansivo; cordiale.**
hailstone ['heil,stoun] *n.* [C] **chicco di grandine.**
hailstorm ['heil,stɔ:m] *n.* [C] **grandinata; tempesta di grandine.**
hair [hɛə*] *n.* **1** (*sing. collett.*) **capelli; chioma; capigliatura**: *to have one's h. cut*, farsi tagliare i capelli **2** [C] **capello, pelo** (anche *fig.*): *to escape death by a h.*, salvarsi dalla morte per un capello **3** [U] **pelo** (anche di pianta e *fig.*): *a cat with a fine coat of h.*, un gatto con un bel pelo **4** [U] (*ind. tessile*) **crine** ● *h.-cut*, taglio dei capelli □ (*fam.*) *h.-do*, acconciatura, pettinatura (di donna) □ *h.-set*, messa in piega □ *h. slide*, fermaglio per capelli □ *against the h.*, contropelo; contro voglia □ *to a h.*, a capello, esattamente; appuntino □ *to comb one's h.*, pettinarsi □ (di donna) *to let one's h. down*, sciogliersi i capelli □ *to make sb.'s h. stand on end*, far rizzare i capelli a q. (per lo spavento) □ *not to turn a h.*, non batter ciglio; restare impassibile □ (di donna) *to put up one's h.*, pettinarsi all'insù; tirarsi su i capelli □ *to split hairs*, spaccare un capello in quattro; cercare il pelo nell'uovo; andare per il sottile □ *My h. stood on end*, mi si rizzarono i capelli.
hairbreadth ['hɛəbredθ] **A** *n.* [C] **pelo** (*fig.*): *to escape death by a h.*, sfuggire alla morte per un pelo **B** *a. attr.* **per un pelo** (*fig.*): **miracoloso**: *to have a h. escape*, salvarsi per un pelo.
hairbrush ['hɛəbrʌʃ] *n.* [C] **spazzola per i capelli.**
haircloth ['hɛəklɔθ] *n.* [U] (*ind. tessile*) **tessuto di crine; crine.**
hairdresser ['hɛə,dresə*] *n.* **parrucchiere, parruc-**

chiera.
hairdressing ['hɛə,dresiŋ] *n.* [U] **lavoro di parrucchiere** ● *(USA) h. salon,* bottega di barbiere; salone di parrucchiere.
haired [hɛəd] *a. (nei composti)* **dai capelli**: *a red-h. girl,* una ragazza dai capelli rossi.
hairiness ['hɛərinis] *n.* [U] **pelosità; aspetto irsuto.**
hairless ['hɛəlis] *a.* **1 senza capelli; calvo 2 senza peli; glabro.**
hairline ['hɛəlain] **A** *n.* [C] **1 attaccatura dei capelli 2** *(tipogr.)* **linea sottile B** *a. attr.* **1 finissimo; sottile 2** *(fig.)* **esatto; preciso.**
hairnet ['hɛənet] *n.* [C] **reticella** (o **retina) per capelli.**
hairpin ['hɛəpin] *n.* [C] **forcina; forcella** (per capelli) ● *h. bend,* tornante.
hair-raising ['hɛə,reiziŋ] *a.* **che fa rizzare i capelli** *(fam.)*; **raccapricciante; orripilante.**
hair-remover ['hɛəri,mu:və*] *n.* [C] **depilatore.**
hair-restorer ['hɛəri,stɔ:rə*] *n.* [C] **rigeneratore per capelli.**
hair-splitter ['hɛə,splitə*] *n.* **cavillatore; pedante; pignolo.**
hair-splitting ['hɛə,splitiŋ] *a.* **pedante; meticoloso; pignolo.**
hairy ['hɛəri] *a.* **1 irsuto; peloso 2** *(pop.)* **emozionante; pericoloso.**
hake [heik] *n. (zool.,* Merluccius merluccius) **nasello.**
halberd ['hælbə(:)d] *n.* [C] *(stor.)* **alabarda.**
halberdier [,hælbə(:)'diə*] *n. (stor.)* **alabardiere.**
halcyon ['hælsiən] **A** *n.* [C] *(mitol., poet.)* **alcione B** *a. attr.* **alcionico; alcionio**: *h. days,* giorni alcionii (calmi, sereni).
hale [heil] *a.* **vigoroso; arzillo.**
to **hale** [heil] *v. t. (arc.)* **trascinare a forza.**
half [ha:f] **A** *n. (pl.* **halves** [ha:vz]) **1 metà; mezzo**: *Two halves make a whole,* due mezzi fanno un intero □ *two pounds and a h. (o two and a h. pounds),* due libbre e mezzo **2** *(sport,* anche *h.-back)* **mediano 3** *(sport)* **tempo 4** *(sport)* **metà campo B** *a.* **mezzo; semi-; (la) metà** (di): *a h. length,* una mezza lunghezza □ *h. a pound,* mezza libbra □ *h. an hour,* mezz'ora □ *a h.-hour,* una mezz'ora □ *to waste h. (of) one's time,* sciupare metà del proprio tempo **B** *avv.* **1 a mezzo; a metà; mezzo**: *h. dead,* mezzo morto □ *h. past two (three, etc.),* le due (le tre, ecc.) e mezzo **2** *(fam.)* **quasi**: *I h. wish...,* desidero quasi... **3** *(fam.)* **affatto; per niente**: *not h. bad,* niente affatto male *(fam.)* ● *h.-and-h.,* mezz'e mezzo □ *h.-blood,* parentela per parte di un solo genitore; meticcio, meticcia; (di cavallo) mezzosangue □ *h.-blooded,* (d'uomo) di razza mista; (d'animale) ibrido, bastardo □ *h.-boot,* stivaletto □ (di libro) *h.-bound,* rilegato in mezza tela □ *h.-bred,* di razza mista; ibrido; bastardo □ *h.-breed,* persona di razza mista; meticcio, meticcia; animale ibrido; pianta ibrida □ *h.-brother,* fratellastro □ *h.-crown,* mezza corona (la moneta; per il valore, di solito *h. a crown)* □ *h.-length,* (di quadro) a mezzo busto; *(sost.)* mezzobusto □ *h.(-)price,* a metà prezzo □ *(fam.) h.-seas-over,* brillo; mezzo ubriaco □ *h.-sister,* sorellastra □ *h.-time,* orario ridotto; *(sport)* intervallo (fra due tempi di una partita) □ *h.-way,* a mezza strada □ *h.-way measures,* mezze misure □ *h.-yearly,* semestrale; semestralmente □ *to cry halves,* reclamare la metà (di q.c.) □ *to do things by halves,* fare le cose a metà □ *to go halves,* fare metà e metà; stare a mezzo *(pop.)*; fare alla romana □ *to meet sb. h.-way,* incontrare q. a mezza strada; *(fig.)* raggiungere un compromesso.
half-baked [,ha:f'beikt] *a.* **1 cotto a metà 2** *(fig., fam.)* **incompleto; immaturo; inesperto; sempliciotto; sciocco**: *h. ideas,* idee sciocche.
half-hearted [,ha:f'ha:tid] *a.* **apatico; indifferente.**
halfpenny ['heipni] *n.* **1** *(pl.* **halfpennies** ['heipniz]) **mezzo penny** (la moneta) **2** *(pl.* **halfpence** ['heipəns]) **mezzo penny** (il valore): *twopence h.,* due penny e mezzo □ *three halfpence,* un penny e mezzo.
halfpennyworth ['heipniwəθ] *n. (solo al sing.)* **valore di un mezzo penny; mezzo penny.**
half-witted [,ha:f'witid] *a.* **idiota; stupido.**
halibut ['hælibət] *n. (zool.,* Hippoglossus hippoglossus) **ippoglosso.**
halitosis [,hæli'tousis] *n.* [U] *(med.)* **alitosi.**
hall [hɔ:l] *n.* [C] **1 sala; salone 2 palazzo; maniero; grande villa** (di un nobile): *the Town (o City) H.,* il municipio **3 atrio; vestibolo.**
hallelujah [,hæli'lu:jə] *n.* [C] e *inter.* **alleluia.**
hallmark ['hɔ:l,ma:k] *n.* [C] **1 marchio di garanzia** (sull'oro e sull'argento) **2** *(fig.)* **caratteristica.**
hallo [hə'lou] *inter.* e *n. (pl.* **hallos**) **1** (incontrandosi) **ciao 2** (al telefono) **pronto.**
halloo [hə'lu:] *inter.* e *n.* **1 hallalì 2 ehi!; ohé!; olà!**
to **halloo** [hə'lu:] **A** *v. i.* **1 gridare « hallalì! » 2 gridare « ehi! »** (o **« ohé! », « olà! »**)**; lanciare un richiamo B** *v. t.* **1 aizzare, incitare** (specialm. cani da caccia) **2 chiamare a gran voce** (q.).
to **hallow** ['hælou] *v. t.* **1 santificare; consacrare 2 venerare.**
Halloween, Hallowe'en [,hælou'i:n] *n. (relig.)* **vigilia di Ognissanti.**
Hallowmas ['hæloumæs] *n. (raro)* **Ognissanti.**
to **hallucinate** [hə'lu:sineit] *v. t.* **allucinare.**
hallucination [hə,lu:si'neiʃən] *n.* [C] e [U] **allucinazione.**
hallucinogen [hə'lu:sinə,dʒən] *n.* [C] *(farm.)* **allucinogeno.**
hallucinogenic [hə,lu:sinou'dʒenik] *a. (farm.)* **allucinogeno.**
halo ['heilou] *n. (pl.* **halos, haloes**) **1** *(astron., fis.)* **alone 2** *(relig., pitt.)* **aureola** (anche *fig.).*
to **halo** ['heilou] *v. t.* **circondare d'un alone** (o **di un'aureola).**
(1) halt [hɔ:lt] *n.* [C] **1** *(mil.)* **alt; ordine di fermarsi 2 fermata; sosta** ● *to come to a h.,* arrestarsi; fermarsi.
(1) to **halt** [hɔ:lt] **A** *v. i.* **1** *(mil.)* **fare alt 2 arrestarsi; fermarsi B** *v. t.* (specialm. *mil.)* **fermare; dare l'alt a.**
(2) halt [hɔ:lt] *a. (arc.)* **zoppo; storpio.**
(2) to **halt** [hɔ:lt] *v. i.* **1 zoppicare** (anche *fig.:* di versi, ecc.)**; camminare zoppicando 2** *(fig.)* **esitare; vacillare.**
halter ['hɔ:ltə*] *n.* [C] **1 cavezza 2 capestro.**
to **halter** ['hɔ:ltə*] *v. t.* **1 mettere la cavezza a** (un cavallo); **legare** (un animale) **con la cavezza** (spesso *to h. up)* **2 mettere il capestro al collo di** (q.); **impiccare.**
halterneck ['hɔltənek] *a. (moda:* di abito da donna) **con ampia scollatura posteriore.**
halting ['hɔ:ltiŋ] *a.* **1 zoppicante 2** *(fig.)* **esitante.**
to **halve** [ha:v] *v. t.* **1 dimezzare; smezzare; dividere per metà; ridurre di metà 2 dividere equamente; fare a metà di** (q.c.).
halves [ha:vz] *pl.* di **half.**
halyard ['hæljəd] *n.* [C] *(naut.)* **drizza; sagola.**
ham [hæm] *n.* **1** [C] e [U] **prosciutto**: *a ham sandwich,* un panino imbottito di prosciutto **2** (specialm. di animali) **coscia e natica 3** *(fam., teatr.)* **gigione 4** *(fam.)* **radioamatore** ● *(pop.) ham-fisted,* maldestro, impacciato (nell'usar le mani).
hamburger ['hæmbə:gə*] *n.* [C] **hamburger.**
hamlet ['hæmlit] *n.* [C] **piccolo villaggio; casale.**
hammer ['hæmə*] *n.* [C] **1 martello** (anche *anat.)*; **maglio; mazza; mazzuolo** (anche di banditore d'asta pubblica) **2 martelletto** (specialm. di pianoforte) **3** (d'arma da fuoco) **cane** ● *(polit.) h. and sickle,* falce e martello □ *h.-head,* testa del martello; *(zool.,* Sphyrna) pesce martello □ *to be (o to go) at it h. and tongs,* mettercela tutta; fare q.c. con foga □ *(comm.) to come under the h.,* essere venduto all'asta.
to **hammer** ['hæmə*] *v. t.* e *i.* **1 battere** (o **picchiare, piantare) con il martello**: *to h. a nail in,* piantare un chiodo con il martello **2 martellare** (anche *fig.)*; **battere**: *to h. at the door,* martellare all'uscio **3** *(Borsa Valori)* **dichiarare** (q.) **debitore moroso** ● *(fig.) to h. (away) at st.,* lavorare a q.c. di buona lena □ *to h. down a lid,* inchiodare un coperchio □ *to h. an idea into sb.'s head,* far entrare un'idea in testa a q. □ *(fig.) to h. it out,*

spuntarla □ *to h. out a scheme,* elaborare un piano □ *to h. a piece of metal flat (o out),* spianare col martello un pezzo di metallo.

hammock ['hæmək] *n.* [C] **amaca;** *(naut.)* **branda.**

to **hamper** ['hæmpə*] *v. t.* **impedire; intralciare; ostacolare.**

hamper ['hæmpə*] *n.* [C] **cesta** (con coperchio); **paniere** ● *a Christmas h.*, una cassetta natalizia.

to **hamshackle** ['hæmʃækl] *v. t.* **impastoiare** (un cavallo, ecc.).

hamster ['hæmstə*] *n.* [C] *(zool.,* Cricetus cricetus*)* **criceto; hamster.**

hamstring ['hæm,striŋ] *n.* [C] *(anat.)* **1 tendine del ginocchio** (nell'uomo) **2 tendine del garretto** (nei quadrupedi).

to **hamstring** ['hæm,striŋ] *v. t.* **azzoppare; rendere storpio.**

hand [hænd] *n.* **1** [C] **mano** *(anche fig.)*: *to fall into the enemy's hands,* cadere in mano al nemico □ *to ask for a lady's h.*, chiedere la mano (di sposa) d'una donna **2** *(con l'art. indeterm.)* **grafia; scrittura**: *to write a good h.*, avere una bella grafia **3** *(solo al sing.) (leg.)* **firma**: *to set one's h. to a document,* apporre la propria firma a un documento **4** *(al pl.)* **mano d'opera; maestranze;** *(naut.)* **equipaggio, ciurma 5** [C] **operaio;** *(naut.)* **membro dell'equipaggio, marinaio**: *All hands on deck!,* tutti (i marinai) in coperta! **6** [C] **lancetta** (di orologio); **indice** (di meridiana) **7** [C] **giocatore** (di carte) **8** [C] (gioco delle carte) **partita 9** *(con l'art. indeterm.)* (gioco delle carte) **mano 10** *(con l'art. indeterm.) (gergo teatr.)* **applauso 11** [C] **casco** (di banane); **mazzo** (di foglie di tabacco) ● *h. in h.*, tenendosi per mano □ *h.-sewn,* cucito a mano □ *a h. to h. fight,* un combattimento corpo a corpo □ *at h.*, a portata di mano; vicino, imminente □ *at first (at second) h.*, di prima (di seconda) mano □ *to bind sb. h. and foot,* legare q. mani e piedi □ *to bring up a baby by h.*, allevare artificialmente un bambino □ *by h.*, a mano □ *(comm.) to come to h.*, pervenire □ *for one's own h.*, per proprio conto; a proprio vantaggio □ *to get st. off one's hands,* liberarsi (o sbarazzarsi, disfarsi) di q.c. □ *(fig.) to go h. in h. with sb.*, andare di pari passo con q. □ *to be a good h. at st.*, essere bravo in q.c. □ *(fig.) to have one's hands full,* essere occupatissimo □ *(fig.) in h.*, in serbo, di riserva; per le mani □ *to keep a firm h. on sb.*, tenere in pugno q. □ *to keep one's h. in,* stare in esercizio □ *to lay hands on sb.*, metter le mani addosso a q. □ *to lend a h.*, dare una mano; aiutare □ *to live from h. to mouth,* vivere alla giornata □ *(fig.) not to lift a h.*, non muovere un dito □ *on all hands,* da tutte le parti □ *on h.*, a disposizione; disponibile □ *(correlativi) on the one h..., on the other h...*, da un lato..., dall'altro... □ *on the other h.*, d'altra parte; d'altro canto; però □ *to play a good h.*, giocar bene (a carte) □ *(fig.) to play into sb.'s hands,* fare il gioco di q. □ *to put (o to set) one's h. to st.*, mettere mano a q.c. □ *to rule with a heavy (o an iron) h.*, governare con il pugno di ferro □ *to serve (o to wait on) sb. h. and foot,* fare ogni sorta di servigi a q. □ *to shake hands with sb.*, stringere (o dare) la mano a q. □ *(fig.) to show one's h.*, mettere le carte in tavola; scoprire il proprio gioco □ *to take sb. in h.*, disciplinare q. □ *with a high (o bold) h.*, con arroganza; in modo prepotente □ *Hands off!,* giù le mani! □ *Hands up!,* mani in alto!

to **hand** [hænd] *v. t.* **1 dare; porgere; consegnare**: *Please h. me that book,* per favore, dammi quel libro **2 aiutare; guidare, sorreggere** (con la mano) **3** *(naut.)* **serrare, ammainare** (le vele) ● *to h. back,* restituire □ *to h. down,* lasciare in eredità; trasmettere (ai posteri) □ *to h. over,* consegnare.

handbag ['hænd*bæg] *n.* [C] **borsa da signora; borsetta.**

handbill ['hænd*bil] *n.* [C] **volantino; foglietto pubblicitario.**

handbook ['hænd*buk] *n.* [C] **manuale; prontuario; guida.**

handcart ['hænd*ka:t] *n.* [C] **carretto a mano; carrettino.**

to **handcuff** ['hænd*kʌf] *v. t.* **ammanettare; mettere le manette a** (q.).

handcuffs ['hænd*kʌfs] *n. pl.* **manette.**

handed ['hændid] *a. (nei composti)* **dalla mano...; che ha la mano...**: *heavy-h.*, che ha la mano pesante; fatto con mano pesante ● *left-h.*, mancino □ *open-h.*, generoso.

handful ['hænd*ful] *n.* [C] **1 manciata; manata 2 manipolo; pugno** (d'uomini); **gruppetto 3** *(fam.)* **persona indisciplinata, irrequieta** ● *That young boy is quite a h.*, quel ragazzino è un piccolo demonio.

handgrip ['hænd*grip] *n.* [C] **1 stretta di mano 2 stretta; presa 3 manopola** (di manubrio di bicicletta).

handhold ['hændhould] *n.* [C] **1 appiglio** (per la mano) **2 stretta; presa.**

handicap ['hændikæp] *n.* [C] **1** *(sport)* **abbuono** (di spazio o di tempo, di peso); **handicap 2** *(sport)* **corsa a compensazione; corsa handicap; handicap 3** *(fig.)* **ostacolo; svantaggio.**

to **handicap** ['hændikæp] *v. t.* **1** *(sport)* **assegnare a** (un concorrente) **un handicap 2** *(fig.)* **(h)andicappare; mettere in condizione d'inferiorità.**

handicapped ['hændikæpt] *a.* **1** *(sport)* **che ha un handicap 2** *(fig.)* **(h)andicappato; svantaggiato 3** *(med.)* **(h)andicappato; minorato.**

handicapper ['hændi,kæpə*] *n.* *(sport)* **periziatore.**

handicraft ['hændikra:ft] *n.* **1** [C] **arte manuale 2** [U] **artigianato.**

handicraftsman ['hændi,kra:ftsmən] *n.* (*pl.* **handicraftsmen** ['hændi,kra:ftsmən]) **artigiano.**

handie-talkie ['hændi,tɔ:ki] *n.* [C] *(radio)* **ricetrasmittente portatile.**

handiness ['hændinis] *n.* [U] **1 maneggevolezza; praticità; manovrabilità 2 comodità.**

handiwork ['hændiwə:k] *n.* [U] e [C] **lavoro manuale.**

handkerchief ['hæŋkətʃif] *n.* [C] **fazzoletto.**

handle ['hændl] *n.* [C] **1 manico; maniglia; ansa** (d'anfora, vaso, ecc.) **2 impugnatura** (della spada, ecc.) **3** *(fig.)* **appiglio; pretesto 4** *(fam.)* **titolo** (per lo più nobiliare) ● *(fam.) to fly off the h.*, andare su tutte le furie.

to **handle** ['hændl] **A** *v. t.* **maneggiare; manipolare; toccare 2** *(naut.)* **manovrare 3 trattare; occuparsi di;** *(fig.)* **risolvere B** *v. i.* **essere** (più o meno) **maneggevole.**

handlebar ['hændlba:*] *n.* [C] **manubrio** (di bicicletta, motocicletta).

handler [hændlə*] *n.* **chi maneggia** (q.c.); **manipolatore.**

handling ['hændliŋ] *n.* [U] **1 maneggio; manipolazione 2 trattamento 3** *(naut.)* **manovra.**

handmade [,hænd*'meid] *a.* **fatto a mano.**

handmaid ['hænd*meid] *n.* *(arc., salvo al fig.)* **ancella; fantesca.**

hand-me-down ['hændmi,daun] *(fam.)* *a.* e *n.* [C] **(abito) (già) confezionato** (o **di seconda mano).**

hand-out ['hændaut] *n.* [C] **1 elemosina** (fatta a un mendicante) **2** *(fam.)* **informazione, notizia** (comunicata alla stampa) **3** *(fam.)* **foglietto pubblicitario; volantino.**

handrail ['hænd,reil] *n.* [C] **corrimano; ringhiera.**

handsaw ['hændsɔ:] *n.* [C] **sega a mano.**

handsel ['hænsəl] *n.* [C] **1 strenna; dono augurale 2** *(comm.)* **caparra.**

handshake ['hændʃeik] *n.* [C] **stretta di mano.**

handsome ['hænsəm] *a.* **1 bello; di belle forme; di bell'aspetto; avvenente 2** *(fig.)* **considerevole; sostanzioso.**

handstand ['hændstænd] *n.* *(ginnastica)* **verticale sulle mani.**

handwork ['hændwə:k] *n.* [U] **lavoro eseguito a mano.**

handwriting ['hænd,raitiŋ] *n.* [C] **scrittura; grafia** ● *h. expert,* perito calligrafo.

handwritten ['hænd,ritn] *a.* **scritto a mano.**

handy ['hændi] *a.* **1 abile** (di mano); **destro 2 comodo; utile 3 maneggevole; maneggiabile; manovrabile 4** *(fam.)* **a portata di mano; sottomano** ● *h. man,* uomo che sa fare un po' di tutto □ *to come in h.*, rivelarsi utile.

to **hang** [hæŋ] (*pass.* e *p.p.* **hung** [hʌŋ], ma **hanged** [hæŋd] nel significato di « impiccare ») **A** *v. t.* **1 appendere; sospendere; attaccare; stendere** (ad asciugare):

H. up your raincoat, appendi il tuo impermeabile □ *to h. wallpaper,* attaccare carta da parati □ *to h. out the washing,* stendere il bucato **2 decorare; ornare**: *The hall was hung with flags,* la sala era ornata di bandiere **3 collocare, montare** (su cardini e sim.) **4 appendere** (carne) **a essiccare; frollare** (selvaggina) **5 impiccare**: *to be hanged for murder,* essere impiccato per assassinio ***B*** *v. i.* **1 pendere; penzolare; essere appeso; star sospeso;** (di abiti, capelli) **cadere, scendere**: *a lamp hanging from the ceiling,* una lampada che pende dal soffitto □ *pictures hanging on the wall,* quadri appesi al muro **2 essere collocato, girare** (su cardini e sim.) ***C*** to **hang oneself** *v. rifl.* **impiccarsi** ● *to h. about,* stare in ozio; bighellonare □ *to h. back,* esitare; essere riluttante; tirarsi indietro □ *to h. behind,* rimanere indietro; attardarsi □ *to h. by a hair* (o *by a single thread*), essere sospeso a un filo *(fig.)* □ *to h. one's head,* abbassare la testa, stare a capo chino (per vergogna) □ (di stoffa, ecc.) *to h. in folds,* ricadere in pieghe □ *to h. on* (o *upon*), tenersi stretto (a); tenere duro; appoggiarsi a; dipendere da □ *to h. on* (o *upon*) *sb.'s lips* (o *words*), pendere dalle labbra di q.; ascoltare q. attentamente □ *to h. out,* sporgersi; *(pop.)* stare, risiedere □ *to h. over,* stare vicino a; essere sospeso sopra, incombere su □ *to h. together,* rimanere uniti □ *to h. up,* appendere; riagganciare, interrompere una comunicazione (al telefono); rimandare, rinviare □ *H. it (all)!,* accidenti!; maledizione! □ *I'll be hanged if I know!,* mi venga un accidente se lo so!

hang [hæŋ] *n. (soltanto al sing.)* **1 modo di cadere** (di stoffe, vestiti e sim.) **2** *(fam.)* **significato; senso** ● *(fam.) I don't care a h.,* non me ne importa un fico (secco) □ *(fam.) I can't get the h. of it,* non ci capisco niente; non ci riesco proprio.

hangar ['hæŋə*] *n.* [C] *(aeron.)* **aviorimessa.**

hangdog ['hæŋdɔg] ***A*** *a.* **abbattuto; vergognoso** ***B*** *n.* **individuo spregevole** ● *a h. look,* un'aria da cane bastonato.

hanger ['hæŋə*] *n.* [C] **1 gancio; uncino; catena** (del focolare) **2 daga; spadino 3** *(mecc.)* **staffa** ● *clothes-h.,* gruccia (per abiti).

hanger-on ['hæŋər'ɔn] *n.* [C] **parassita; tirapiedi** *(fig.).*

hang-glider ['hæŋ,glaidə*] *n. (sport)* **deltaplano.**

hang-gliding ['hæŋ,glaidiŋ] *n.* [U] **sport del deltaplano.**

(1) hanging ['hæŋiŋ] *n.* **1** [U] e [C] **impiccagione 2** *(al pl.)* **tappezzeria; tende; arazzi.**

(2) hanging ['hæŋiŋ] *a.* **sospeso; pendente; pensile.**

hangman ['hæŋmən] *n.* (*pl.* **hangmen** ['hæŋmən]) **boia; carnefice.**

hangnail ['hæŋneil] *n.* [C] **pipita.**

hangover ['hæŋ,ouvə*] *n. (fam.)* **postumi d'una sbornia.**

hang-up ['hæŋʌp] *n.* [C] **1** *(elab.)* **sospensione 2** *(pop.)* **problema** (sentimentale, psicologico, ecc.); **difficoltà; fissazione.**

hank [hæŋk] *n.* [C] **matassa**: *a h. of wool,* una matassa di lana.

to **hanker** ['hæŋkə*] *v. i.* — *to h. after* (o *for*), **agognare; bramare; desiderare ardentemente.**

hankering ['hæŋkəriŋ] *n. (generalm. con l'art. indeterm.)* **brama; bramosia; desiderio ardente.**

hanky ['hæŋki] *n.* [C] *(fam.)* **fazzoletto.**

hanky-panky [,hæŋki'pæŋki] *n.* [U] *(fam.)* **imbroglio; trucco.**

Hanoverian [,hænou'viəriən] ***A*** *a.* **1 di Hannover 2** *(stor.)* **della casa di Hannover** ***B*** *n. (stor.)* **membro** (o **seguace**) **della casa di Hannover.**

Hansard ['hænsəd] *n.* **raccolta ufficiale degli atti parlamentari inglesi** (dal nome del primo compilatore e tipografo).

hansom ['hænsəm] *n.* [C] **carrozzella a due ruote.**

hap [hæp] *n.* [U] *(arc.)* **caso; sorte; ventura.**

to **hap** [hæp] *v. i. (arc.)* **accadere per caso.**

haphazard [,hæp'hæzəd] ***A*** *n.* [U] **accidente; caso**: *at* (o *by*) *h.,* per caso ***B*** *a.* **accidentale; casuale; fortuito** ***C*** *avv.* **accidentalmente; casualmente.**

hapless ['hæplis] *a. (lett.)* **sfortunato; sventurato; infelice.**

to **happen** ['hæpən] *v. i.* **accadere; avvenire; capitare; succedere**: *What happened?,* che cosa accadde? □ *I happened to have no money with me,* mi accadde di non avere denaro con me ● *As it happens, I've left the book at home,* si dà il caso che abbia lasciato il libro a casa.

happening ['hæpəniŋ] *n.* **1** *(di solito al pl.)* **avvenimento; evento 2** [C] **happening** (forma di spettacolo collettivo improvvisato).

happily ['hæpili] *avv.* **1 felicemente 2 per fortuna; fortunatamente.**

happiness ['hæpinis] *n.* [U] **felicità; contentezza; gioia.**

happy ['hæpi] *a.* **felice; contento; lieto; fortunato** ● *to be as h. as a king* (o *as the day is long*), essere felice come una Pasqua.

happy-go-lucky ['hæpigou,lʌki] *a.* **spensierato.**

harakiri [,hærə'kiri] *(giapponese) n.* [U] **karakiri.**

harangue [hə'ræŋ] *n.* [C] **arringa; tirata; sproloquio.**

to **harangue** [hə'ræŋ] ***A*** *v. t.* **arringare** ***B*** *v. i.* **fare un'arringa.**

to **harass** ['hærəs] *v. t.* **1 molestare; tormentare; turbare; infastidire 2** *(mil.)* **impegnare** (il nemico) **con ripetuti attacchi.**

harassment ['hærəsmənt] *n.* [U] e [C] **molestia; tormento; fastidio; vessazione.**

harbinger ['ha:bindʒə*] *n.* [C] **annunziatore; araldo; messaggero.**

to **harbinger** ['ha:bindʒə*] *v. t.* **annunziare; esser foriero di.**

harbour ['ha:bə*] *n.* [C] *(naut.)* **porto** (anche *fig.*); **asilo, rifugio** ● *h. dues,* diritti portuali □ *h.-master,* capitano di porto.

to **harbour** ['ha:bə*] ***A*** *v. t.* **1 albergare; alloggiare; dar ricetto a 2 covare; nutrire** *(fig.)*: *to h. a grudge,* nutrire rancore ***B*** *v. i. (naut.)* **entrare in porto.**

harbourage ['ha:bəridʒ] *n.* [U] **1 asilo; rifugio 2** *(naut.)* **ancoraggio.**

(1) hard [ha:d] *a.* **1 duro; saldo; fermo; sodo; aspro; gravoso; rigoroso; rigido; severo**: *as h. as steel,* duro come l'acciaio □ *a h. winter,* un inverno rigido □ *a h. father,* un padre severo □ *a h. fight,* una dura lotta **2 difficile**: *h. times,* tempi difficili **3 forte; robusto** ● (di legge, regolamento, ecc.) *h. and fast,* rigido; ferreo □ *h. cash,* denaro in contanti; denaro sonante □ *h. coal,* antracite □ *h. drug,* droga pesante □ *h. feelings,* inimicizia; rancore □ *h. luck,* sfortuna; malasorte; disdetta □ *h. of hearing,* duro d'orecchi □ *to be h. on sb.,* trattare q. con durezza □ *(autom.) h. shoulder,* corsia d'emergenza (d'autostrada) □ *h. to please,* difficile da contentare; esigente □ *a h. worker,* un gran lavoratore; uno che lavora sodo □ *to have h. luck,* essere sfortunato □ *to have a h. time,* passarsela male.

(2) hard [ha:d] *avv.* **1 molto; forte; fortemente; intensamente; sodo**: *to work (to study, etc.) h.,* lavorare sodo (studiare molto, ecc.) □ *It's raining h.,* piove forte (o a dirotto) □ *to think h.,* pensare intensamente **2 da vicino; da presso**: *to follow h. after* (o *upon, behind*) *sb.,* seguire q. da vicino □ *We live h. by,* abitiamo proprio qui vicino ● *to be h. hit,* ricevere un duro colpo *(fig.)* □ *to be h. pressed,* essere inseguito da presso; *(fig.)* trovarsi in difficoltà □ *to be h. put to it,* trovarsi in difficoltà □ *to be h. up,* essere al verde (o a corto di quattrini) □ *to be h. up for ideas,* essere a corto di idee □ *to look* (o *to gaze, to stare*) *h. at sb.,* guardare fisso q.

hardbake ['ha:d,beik] *n.* [U] **croccante.**

hard-bitten [,ha:d'bitn] *a.* **tenace; ostinato.**

hard-boiled [,ha:d'bɔild] *a.* **1** (di uovo) **sodo 2** *(fig.)* **duro; incallito.**

hard-core [,ha:d'kɔ:*] *a.* **intransigente**: *h. opposition,* opposizione intransigente ● *a h. film,* un film pornografico.

to **harden** ['ha:dn] ***A*** *v. t.* **indurire** (anche *fig.*); **rassodare; temprare; irrobustire; incallire** *(fig.)* ***B*** *v. i.* **indurire, indurirsi; rassodarsi; irrobustirsi; incallirsi** *(fig.).*

hard-fisted [,ha:d'fistid] *a.* **avaro; tirchio.**

hard-headed [ˌha:d'hedid] *a.* **pratico; realista.**
hard-hearted [ˌha:d'ha:tid] *a.* **duro di cuore; insensibile.**
hardihood ['ha:dihud] *n.* [U] **ardimento; audacia.**
hardily ['ha:dili] *avv.* **audacemente; intrepidamente.**
hardiness ['ha:dinis] *n.* [U] ***1*** **resistenza; robustezza** ***2*** **ardimento; audacia; intrepidezza.**
hardly ['ha:dli] *a.* ***1*** **appena; a mala pena; a fatica; a stento**: *I could h. understand him,* a stento riuscii a capirlo ***2*** **duramente; severamente** ● *h. anybody,* quasi nessuno □ *h. anything,* quasi niente □ *h. ever,* quasi mai.
hard-mouthed [ˌha:d'mauðd] *a.* ***1*** (di cavallo) **ribelle al morso** ***2*** *(fig.)* **testardo; ostinato.**
hardness ['ha:dnis] *n.* [U] ***1*** **durezza** (anche *fig.*); **compattezza; saldezza; asprezza; rigidezza; severità** ***2*** **difficoltà.**
hardship ['ha:dʃip] *n.* [C] e [U] **avversità; privazione; stento.**
hardware ['ha:dˌwɛə*] *n.* [U] ***1*** **ferramenta; articoli di ferro** ***2*** *(elab.)* **hardware; componenti di macchina; struttura fisica.**
hardwood ['ha:dˌwud] *n.* [U] **legno duro.**
hardy ['ha:di] *a.* ***1*** **ardito; audace** ***2*** **resistente; forte; robusto.**
hare [hɛə*] *n.* *(zool.,* Lepus) **lepre** ● *as mad as a March h.,* matto da legare □ *to run with the h. and hunt with the hounds,* tenere il piede in due staffe; fare il doppio gioco.
harebell ['hɛəbel] *n.* [C] *(bot.,* Campanula rotundifolia) **campanula; campanella.**
hare-brained ['hɛəbreind] *a.* **avventato; scervellato.**
harelip ['hɛə'lip] *n.* [C] e [U] *(med.)* **labbro leporino.**
harem ['hɛərəm] *n.* [C] **harem.**
haricot ['hærikou] *n.* [C] (anche *h. bean*) **fagiolo bianco.**
to **hark** [ha:k] *v. i.* **ascoltare** ● *to h. back,* (di cani) ritrovare la traccia (della selvaggina); *(fig.)* ritornare su (o riprendere) (un argomento).
harlequin ['ha:likwin] *n.* [C] **arlecchino.**
harlequinade [ˌha:likwi'neid] *n.* [C] **arlecchinata.**
harlot ['ha:lət] *n.* **meretrice; prostituta.**
harlotry ['ha:lətri] *n.* [U] **meretricio; prostituzione.**
harm [ha:m] *n.* [U] **danno; male**: *to do no h.,* non fare alcun male ● *to mean no h.,* non aver l'intenzione d'offendere □ *to be out of h.'s way,* essere al sicuro.
to **harm** [ha:m] *v. t.* **danneggiare; far male a; far torto a.**
harmful ['ha:mful] *a.* **dannoso; nocivo.**
harmfulness ['ha:mfulnis] *n.* [U] **dannosità; nocività.**
harmless ['ha:mlis] *a.* **innocuo; inoffensivo.**
harmlessness ['ha:mlisnis] *n.* [U] **innocuità.**
harmonic [ha:'mɔnik] *a.* *(mus., mat., ecc.)* **armonico.**
harmonica [ha:'mɔnikə] *n.* [C] *(mus.)* ***1*** **armonica** ***2*** **armonica a bocca.**
harmonically [ha:'mɔnikəli] *avv.* ***1*** *(mus., mat.)* **armonicamente** ***2*** *(lett.)* **armoniosamente.**
harmonics [ha:'mɔniks] *n. pl.* *(col verbo al sing.)* *(mus.)* **armonica** (arte musicale; scienza degli intervalli dei suoni).
harmonious [ha:'mounjəs] *a.* ***1*** **armonioso; melodioso** ***2*** **armonico; ben proporzionato** ***3*** **che vive in buon'armonia.**
harmonium [ha:'mounjəm] *n.* [C] *(mus.)* **armonio; armonium.**
to **harmonize** ['ha:mənaiz] *v. t.* e *i.* **armonizzare.**
harmony ['ha:məni] *n.* [U] e [C] (anche *mus.*) **armonia.**
harness ['ha:nis] *n.* [U] ***1*** **finimenti; bardatura** ***2*** *(stor.)* **armatura** ***3*** **briglie** (per un bambino che muove i primi passi) ***4*** *(aeron.)* **imbracatura** (di paracadute) ● *(fig.)* *to die in h.,* morire sulla breccia □ *(fig.)* *to work in double h.,* lavorare in collaborazione.
to **harness** ['ha:nis] *v. t.* ***1*** **bardare; mettere i finimenti a** (un cavallo) ***2*** **imbrigliare** (un fiume, ecc.); **sfruttare** (una cascata).
harp [ha:p] *n.* [C] *(mus.)* **arpa.**
to **harp** [ha:p] *v. i.* **suonare l'arpa; arpeggiare** ● *to h. on a subject,* insistere tediosamente su un argomento.
harper ['ha(:)pə*], **harpist** ['ha(:)pist] *n.* **arpista.**
harpoon [ha:'pu:n] *n.* [C] **arpione; fiocina; rampone.**
to **harpoon** [ha:'pu:n] *v. t.* **arpionare; fiocinare.**
harpsichord ['ha:psikɔ:d] *n.* [C] *(mus.)* **arpicordo.**
harpy ['ha:pi] *n.* *(mitol.)* **arpia** (anche *fig.*).
harquebus ['ha:kwibəs] *n.* [C] *(stor.)* **archibugio.**
harquebusier [ˌha(:)kwibə'si:ə*] *n.* *(stor.)* **archibugiere.**
harridan ['hæridən] *n.* **vecchia bisbetica, maligna; vecchiaccia.**
harrier ['hæriə*] *n.* ***1*** *(zool.)* **cane per la caccia alla lepre** ***2*** *(sport)* **podista** (di corsa campestre).
harrow ['hærou] *n.* [C] *(agric.)* **erpice.**
to **harrow** ['hærou] *v. t.* ***1*** *(agric.)* **erpicare** ***2*** *(fig.)* **straziare; tormentare.**
harrowing ['hærouiŋ] *a.* **straziante; atroce.**
to **harry** ['hæri] *v. t.* ***1*** **devastare; saccheggiare** ***2*** **tormentare.**
harsh [ha:ʃ] *a.* ***1*** **aspro; ruvido** ***2*** **duro; severo** ***3*** **rauco** ***4*** **stridente.**
harshness ['ha:ʃnis] *n.* [U] ***1*** **asprezza; ruvidezza** ***2*** **durezza; severità** ***3*** **stridore.**
hart [ha:t] *n.* *(zool.)* **cervo maschio.**
harum-scarum ['hɛərəm'skɛərəm] ***A*** *a.* **avventato; irresponsabile** ***B*** *n.* **persona (o azione) avventata.**
harvest ['ha:vist] *n.* [C] **raccolto; messe;** *(fig.)* **frutto**: *the h. season,* la stagione del raccolto.
to **harvest** ['ha:vist] *v. t.* **fare il raccolto di; raccogliere; mietere** (anche *fig.*).
harvester ['ha:vistə*] *n.* ***1*** **mietitore, mietitrice** ***2*** *(mecc.)* **mietitrice** ● *h.-thresher,* mietitrebbia.
has [hæz, həz, əz] *3ª pers. sing.* del *pres. ind.* di to **have.**
has-been ['hæzˌbi:n] *n.* *(fam.)* ***1*** **persona superata; uomo finito** ***2*** (di donna) **bellezza sfiorita** ***3*** **cosa sorpassata.**
to **hash** [hæʃ] *v. t.* ***1*** (anche *to h. up*) **triturare, tritare** (carne) ***2*** *(fig.)* **impasticciare; fare un guazzabuglio di** (q.c.).
hash [hæʃ] *n.* [C] e [U] ***1*** **piatto di carne e verdura tritate; polpettone** ***2*** *(fig.)* **guazzabuglio; pasticcio**: *to make a h. of st.,* fare un bel pasticcio di q.c. ● *to settle sb.'s h.,* sistemare q. a dovere.
hashish ['hæʃi:ʃ] *n.* [U] (anche *hash, pop.*) **hascisc; ascisc.**
hasn't ['hæznt] *contraz.* di **has not.**
hasp [ha:sp] *n.* [C] ***1*** **cerniera di chiusura; fermaglio** ***2*** **matassa.**
hassock ['hæsək] *n.* [C] **cuscino** (specialm. se usato come inginocchiatoio).
hast [hæst] *(arc.)* *2ª pers. sing.* del *pres. indic.* di to **have.**
hastate ['hæsteit] *a.* *(bot.)* **lanceolato.**
haste [heist] *n.* [U] **fretta; furia** ● *in hot h.,* in fretta e furia □ *to make h.,* affrettarsi; sbrigarsi.
to **hasten** ['heisn] ***A*** *v. t.* **affrettare; accelerare; sollecitare** ***B*** *v. i.* **affrettarsi; sbrigarsi; spicciarsi** ● *to h. away,* andar via in fretta; filar via *(fam.)* □ *to h. home,* andare a casa in gran fretta.
hastiness ['heistinis] *n.* [U] ***1*** **fretta; precipitazione** ***2*** **avventatezza; sconsideratezza** ***3*** **impazienza; irritabilità.**
hasty ['heisti] *a.* ***1*** **frettoloso; affrettato** ***2*** **avventato; sconsiderato** ***3*** **impaziente; irritabile.**
hat [hæt] *n.* [C] **cappello** ● *hat in hand,* col cappello in mano; *(fig.)* servilmente □ *hat-maker,* cappellaio □ *hat stand,* attaccapanni a stelo □ *(pop.)* *a bad hat,* un individuo disonesto; un tipaccio □ *to send* (o *to pass*) *round the hat,* fare una colletta □ *(pop.)* *to talk through one's hat,* spararle grosse *(pop.)*; dire sciocchezze □ *to throw one's hat into the ring,* entrare in lizza.
hatband ['hætbænd] *n.* [C] **nastro da cappello.**
hatbox ['hætbɔks] *n.* [C] **cappelliera.**
(1) hatch [hætʃ] *n.* [C] ***1*** **portello** ***2*** *(naut.)* **portello di**

boccaporto; boccaporto ● *(naut.) under hatches,* sotto coperta.

(1) to **hatch** [hætʃ] ***A*** *v. t.* ***1*** **far nascere; covare** (anche *fig.*) ***2*** **macchinare; tramare** ***B*** *v. i.* **uscire dall'uovo;** (di uova) **schiudersi.**

(2) hatch [hætʃ] *n.* [C] **covata.**

(2) to **hatch** [hætʃ] *v. t. (arte)* **tratteggiare; ombreggiare.**

hatchery ['hætʃəri] *n.* [C] **vivaio**: *a trout-h.*, un vivaio di trote.

hatchet [hætʃit] *n.* [C] **accetta; ascia; ascia di guerra** ● *h.-face,* faccia affilata □ *to bury the h.*, fare la pace □ *to dig up the h.*, iniziare le ostilità.

hatching ['hætʃiŋ] *n.* [U] *(arte)* **tratteggio; ombreggiatura.**

hatchway ['hætʃwei] *n.* [C] *(naut.)* **boccaporto.**

hate [heit] *n.* [U] **odio; avversione** ● *(fam.) He's my pet h.*, lo vedo come il fumo negli occhi.

to **hate** [heit] *v. t.* **odiare; avere in odio; detestare.**

hateable ['heitəbl] *a.* **odiabile; odioso; detestabile.**

hateful ['heitful] *a.* **odioso; detestabile.**

hatefulness ['heitfulnis] *n.* [U] **odiosità.**

hatful ['hætful] *n.* [C] **cappellata** (quanto sta in un cappello).

hath [hæθ] *(arc.) 3ª pers. sing.* del *pres. indic.* di to **have.**

hatred ['heitrid] *n.* [U] **odio; astio; avversione.**

hatter ['hætə*] *n.* **cappellaio** ● *as mad as a h.*, matto da legare.

hauberk ['hɔ:bə:k] *n.* [C] *(stor.)* **usbergo; cotta di maglia.**

haughtiness ['hɔ:tinis] *n.* [U] **altezzosità; alterigia; arroganza.**

haughty ['hɔ:ti] *n.* **altezzoso; altero; arrogante.**

to **haul** [hɔ:l] *v. t.* e *i.* ***1*** **tirare;** *(naut.)* **alare; rimorchiare; trainare; trascinare**: *(naut.) to h. ashore,* tirare a secco ***2*** **trasportare** (su carro, autocarro e sim.); **convogliare** ***3*** *(naut.)* **virare; far mutare rotta a** (una nave) ***4*** (del vento) **girare; mutare direzione** ***5*** *(fig.)* **cambiare idea; mutar corso d'azione** ● *(naut.) to h. down one's flag* (o *colours),* ammainare la bandiera; *(fig.)* arrendersi □ *(naut.) to h. upon the wind,* orzare.

haul [hɔ:l] *n.* [C] ***1*** **forte strappo** ***2*** **distanza percorsa** (da un carico); **tirata** *(fam.)*; **quantità di merce trasportata** ***3*** **retata** (di pesce) ***4*** *(fig.)* **guadagno; profitto** ***5*** *(fig.)* **bottino.**

haulage ['hɔ:lidʒ] *n.* [U] ***1*** *(comm.)* **trasporto; convogliamento** ***2*** *(comm.)* **costo del trasporto** ***3*** *(naut.)* **alaggio.**

haulaway ['hɔ:ləwei] *n.* *(autom.)* **cicogna, bisarca** (autotreno per il trasporto di automobili).

haulier ['hɔ:ljə*], *(USA)* **hauler** ['hɔ:lə*] *n.* ***1*** **chi fa trasporti** (specialm. nelle miniere) ***2*** **carrettiere** ***3*** *(naut.)* **rimorchiatore.**

haulm [hɔ:m] *n. (sing. collett.)* **stoppia; paglia** (per ricoprire tetti, ecc.).

haunch [hɔ:ntʃ] *n.* [C] ***1*** *(anat.)* **anca** ***2*** *(macelleria)* **coscia; quarto** ***3*** *(archit.)* **fianco** (di arco).

to **haunt** [hɔ:nt] *v. t.* ***1*** **bazzicare; frequentare** ***2*** (di fantasmi, spettri) **infestare** ***3*** *(fig.)* **ossessionare; perseguitare.**

haunt [hɔ:nt] *n.* [C] **luogo di ritrovo; rifugio** (d'animali); **covo** (di criminali).

haunted ['hɔ:ntid] *a.* ***1*** **infestato dagli spettri** ***2*** *(pred., fig.)* **ossessionato; perseguitato.**

haunting ['hɔ:ntiŋ] *a.* **ossessionante; indimenticabile.**

hautboy ['oubɔi] *n.* [C] *(mus.)* **oboe.**

Havana [hə'vænə] *n.* [C] **(sigaro) avana.**

to **have** [hæv, həv, əv] (*pass.* e *p.p.* **had** [hæd, həd, əd]) ***A*** *v. t.* ***1*** *(ausiliare, nella voce attiva)* **avere; essere**: « *Have you seen it?* » « *Yes, I have (No, I haven't)* », « l'hai visto? » « sì, l'ho visto (no, non l'ho visto) » □ *He has been here,* è stato qui ***2*** **avere; possedere; ottenere; ricevere**: *I had my work to do,* avevo il mio lavoro da fare □ *I had your wire last night,* ebbi (o ricevetti) il tuo telegramma ieri sera ***3*** **prendere**: *May I h. this one?*, posso prendere questo? □ *Do you h. tea or coffee for breakfast?*, prendi tè o caffè a colazione? ***4*** **fare**: *to h. a walk (a ride, a swim, a bath, a game, etc.),* fare una passeggiata (una cavalcata, una nuotata, un bagno, una partita, ecc.) □ *to h. breakfast,* far colazione □ *to h. one's hair cut,* farsi tagliare i capelli ***5*** **avere da; dovere; toccare** (impers.): *to h. to go to the dentist's,* dover andare dal dentista □ *You haven't* (*fam.*: *haven't got; USA*: *don't h.) to go to school to-day, h. you?*, non devi andare a scuola oggi, vero? ***6*** *(fam.)* **tenere in pugno** *(fig.)*; **avere la meglio su** (q.) ***7*** *(fam.)* **imbrogliare; ingannare; farla a** (q.) ***8*** *(seguito da it)* **dire; scrivere; asserire; sostenere**: *As Plato has it,* come dice Platone ***9*** **conoscere; sapere**: *He has little Latin and less Greek,* conosce poco il latino e ancora meno il greco ***B*** *verbi composti* ***1*** *to h. at sb.*, dare addosso a q.; attaccare q. ***2*** *to h. sb. back,* far ritornare q. □ *to h. st. back,* ottenere la restituzione di q.c.; farsi restituire q.c. ***3*** *to h. sb. down,* avere q. come ospite ***4*** *to h. sb. in,* far entrare q.; avere q. (operai, ecc.) in casa ***5*** *to h. on,* portare; indossare: *He had a raincoat on,* indossava un impermeabile ***6*** *to h. st. out with sb.*, mettere q.c. in chiaro con q.; fare i conti con q. *(fig.)* □ *to h. a tooth out,* farsi cavare un dente ***7*** *to h. sb. up,* far venire q.; invitare q. (in città) □ *to h. sb. up (in court),* citare q. in giudizio ● *I (you, etc.) will h.*, voglio (vuoi, ecc.): *Will you h. another cup of tea?*, vuoi un'altra tazza di tè? □ *I won't h. you say* (o *saying) such things,* non voglio che tu dica simili cose □ *I (you, etc.) would h.*, vorrei (vorresti, ecc.); volli, volevo (volesti, volevi, ecc.): *I wouldn't h. you meet him,* non vorrei che tu lo incontrassi □ *(fam.) Let him h. it!*, puniscilo; sgridalo; digli il fatto suo □ *I h. done with him,* l'ho fatta finita (o ho rotto i ponti) con lui □ *H. done with it!*, smettila; piantala *(fam.)* □ *(pop.) He has had it,* è spacciato □ *(fam.) You h.* (o *you've got) me there!*, mi hai preso in castagna!; un punto a tuo favore!; mi arrendo! *(fig.)*.

have [hæv] *n.* ***1*** [C] *(fam.)* **imbroglio** ***2*** — *the haves and have-nots,* i ricchi e i poveri; le nazioni ricche e quelle povere.

haven ['heivn] *n.* [C] ***1*** *(naut.)* **porto** ***2*** *(fig.)* **asilo; rifugio.**

haven't ['hævnt] *contraz.* di **have not.**

haversack ['hævəsæk] *n.* [C] **tascapane; sacco** (per viveri, ecc.).

havings ['hæviŋz] *n. pl.* **proprietà; averi.**

havoc ['hævək] *n.* [U] **devastazione; distruzione; strage** ● *(stor.* e *fig.) to cry h.*, dare il segnale del saccheggio □ *to make h. of,* far strage di □ *to play h. with* (o *among),* distruggere; devastare.

haw [hɔ:] *n.* [C] *(bot.,* Crataegus oxyacantha*)* **(bacca del) biancospino.**

Hawaiian [ha:'waiiən] *a.* e *n.* **hawaiano.**

haw-haw ['hɔ:ˌhɔ:] ***A*** *inter.* **ah! ah!** ***B*** *n.* [C] **risata fragorosa.**

(1) hawk [hɔ:k] *n.* ***1*** *(zool.,* Falco*)* **falco;** (Accipiter) **sparviero** ***2*** *(fig.)* **avvoltoio; persona rapace** ***3*** *(fig., polit.)* **falco.**

(1) to **hawk** [hɔ:k] ***A*** *v. i.* **cacciare col falco** ***B*** *v. t.* **assalire dall'alto.**

(2) to **hawk** [hɔ:k] *v. t.* ***1*** **vendere** (merce) **per la strada (o di casa in casa)** ***2*** *(fig.)* **diffondere; divulgare.**

(2) hawk [hɔ:k] *n.* [C] *(edil.)* **sparviero.**

(3) to **hawk** [hɔ:k] *v. i.* **raschiarsi la gola.**

(1) hawker ['hɔ:kə*] *n.* **falconiere.**

(2) hawker ['hɔ:kə*] *n.* **venditore ambulante.**

hawk-eyed ['hɔ:kˌaid] *a.* **dagli occhi di falco.**

hawk-nosed ['hɔ:kˌnouzd] *a.* **dal naso aquilino.**

hawse [hɔ:z] *n.* [C] *(naut.)* **cubia; occhio di cubia** ● *h. flaps,* portelli di cubia □ *h. holes,* occhi di cubia.

hawser ['hɔ:zə*] *n.* [C] *(naut.)* **gomena.**

hawthorn ['hɔ:θɔ:n] *n.* [U] e [C] *(bot.,* Crataegus oxyacantha*)* **biancospino.**

hay [hei] *n.* [U] **fieno** ● *(med.) hay fever,* febbre da fieno □ *hay-fork,* forca da fieno; forcone □ *to make hay,* falciare il fieno ed esporlo al sole □ *(fig.) to make hay of st.*, mettere q.c. sottosopra □ *(fig.) to make hay while the sun shines,* battere il ferro finché è caldo.

haycock ['heiˌkɔk] *n.* [C] **mucchio di fieno** (nel campo).

hayloft ['hei,lɔft] *n.* [C] **fienile.**

haymaking ['hei,meikiŋ] *n.* [U] **fienagione.**

hayrack ['heiræk] *n.* [C] **rastrelliera per il fieno.**

hayrick ['heirik] *n.* [C] **cumulo di fieno; pagliaio.**

hayseed ['heisi:d] *n.* ***1*** **semente del fieno** ***2*** *(pop. USA)* **contadino; villano.**

haystack ['hei,stæk] *V.* **hayrick.**

hayward ['heiwəd] *n. (stor.)* **guardia campestre.**

haywire ['heiwaiə*] *a. pred. (fam.)* **aggrovigliato; confuso** ● *to go h.,* perdere il controllo di sé; impazzire.

hazard ['hæzəd] *n.* ***1*** [U] **gioco d'azzardo coi dadi** ***2*** [C] **azzardo; rischio; pericolo** ***3*** [U] **caso; sorte** ● *at all hazards,* a qualunque costo.

to **hazard** ['hæzəd] *v. t.* ***1*** **rischiare; mettere a repentaglio** ***2*** **azzardare; arrischiare.**

hazardous ['hæzədəs] *a.* **azzardato; rischioso; pericoloso.**

haze [heiz] *n.* [U] e [C] ***1*** **foschia; nebbia leggera** ***2*** *(fig.)* **confusione mentale.**

hazel ['heizl] *n.* ***1*** [C] *(bot.,* Corylus avellana*)* **nocciolo; avellano** ***2*** [C] (anche *hazelnut)* **nocciola; avellana** ***3*** [U] **color nocciola.**

hazel-eyed ['heizl,aid] *a.* **dagli occhi color nocciola.**

haziness ['heizinis] *n.* [U] **nebbiosità.**

hazy ['heizi] *a.* ***1*** **nebbioso** ***2*** **confuso; indistinto; vago.**

H-bomb ['eitʃbɔm] *n.* [C] *(mil.)* **bomba H; bomba all'idrogeno.**

(1) he [hi:, hi] ***A*** *pron pers. 3ª pers. sing. m.* ***1*** **egli** *(spesso sottinteso in ital.)* ***2*** *(lett.)* **colui** ***B*** *n.* (rif. a nomi d'animali) **maschio** ***C*** *a. attr.* **maschio** (spesso *idiom.)*: *a he-goat,* un capro (o caprone, becco).

(2) he [hi(:)] *inter.* (di allegria, derisione) **ih!**

head [hed] ***A*** *n.* [C] ***1*** **testa, capo** (anche *fig.)*; **cima; capezzale; testata; estremità; promontorio; fonte; origine**: *to hit sb. on the h.,* colpire q. sulla testa □ *the h. of a nail,* la testa d'un chiodo □ *to be at the h. of a business,* essere alla testa di un'azienda □ *the h. of a family,* il capo d'una famiglia; un capofamiglia □ *three hundred h. of cattle,* trecento capi di bestiame ***2*** *(geogr.)* **inizio** (d'un lago); **punto d'immissione** (d'un fiume) ***3*** **bacino** (per es., idroelettrico); **canale d'afflusso** (a un mulino) ***4*** *(fis.)* **pressione** ***5*** *(bot.)* **capolino; cespo; palla** ***6*** **cappello di panna; colletto di schiuma** ***7*** **capocchia** ***8*** **fondo**: *the h. of a barrel,* il fondo d'un barile ***9*** **punta; lama; taglio**: *the h. of an arrow,* la punta d'una freccia ***10*** **capo, capitolo; intestazione, titolo; punto, suddivisione; voce** (*V. heading)*: *to treat a question under several heads,* trattare un problema per diversi capi ***11*** **conclusione; soluzione; termine**: *to come to a h.,* giungere a una conclusione ***12*** **direttore, preside** (di scuola) ***13*** *(fam.)* **mal di testa** ***14*** *(naut.)* **prora, prua** ***B*** *a. attr.* **capo; principale; primo**: *the h. waiter,* il capo cameriere ● *h.-dress,* acconciatura; ornamento (per il capo) □ *a h. of hair,* una (bella) testa di capelli □ *h.-on,* a testa avanti; frontalmente □ *h. over heels,* sulla testa, a gambe all'aria; *(fig.)* fino in fondo, completamente □ *to be h. over heels in debt,* essere indebitato fin sopra i capelli □ *to be h. over heels in love,* essere innamorato cotto □ *h.-work,* lavoro mentale; lavoro di testa *(fam.)* □ *to be at the h. of the class,* essere il primo della classe □ *to fall h. first* (o *h. foremost),* cadere a capo in giù (o a capofitto) □ *from h. to foot,* da capo a piedi; da cima a fondo □ *to go to the h.,* dare alla testa □ *(fig.) to have a (good) h. on one's shoulders,* avere la testa sulle spalle □ *to keep one's h.,* tener la testa a posto; non perdere la testa □ *(fig.) to keep one's h. above water,* tenersi a galla; *(fig.)* non far debiti □ *to make h. against sb.,* tener testa a q. □ *to be off one's h.,* essere fuori di sé; esser pazzo □ *to put an idea out of one's h.,* togliersi un'idea dalla testa □ *to take (st.) into one's h.,* mettersi (q.c.) in testa □ *to talk over sb.'s h.,* parlare troppo difficile (perché q. possa capire) □ *to talk sb.'s h. off,* stordire q. a furia di parlare □ *to be unable to make h. or tail of it,* non saperci trovare né capo né coda; non capirci un'acca □ *to be weak in the h.,* avere scarso comprendonio □ *(pop.) I could do it standing on my h.,* io saprei farlo a occhi chiusi □ « *Heads or tails?* » « *Heads — I win!* », « testa o croce? » « testa — ho vinto io! ».

to **head** [hed] ***A*** *v. t.* ***1*** **capeggiare; capitanare; essere in testa a** ***2*** **intestare; intitolare** ***3*** *(sport)* **colpire** (la palla) **di testa** ***4*** **condurre; dirigere** ***5*** **far fronte a** (q.) ***B*** *v. i.* ***1*** **dirigersi;** *(naut.)* **fare rotta** ***2*** (di fiume) **aver capo; nascere** ● *to h. off,* arrestare, intercettare; deviare, stornare, prevenire □ *(fig.) He's heading for trouble,* va in cerca di guai.

headache ['hedeik] *n.* [C] e [U] ***1*** **mal di testa; mal di capo**: *to have a bad h.,* aver un gran mal di testa ***2*** *(fam.)* **grattacapo; seccatura.**

headband ['hedbænd] *n.* [C] **benda** (intorno al capo); **fermacapelli.**

headed ['hedid] *a.* ***1*** *(nei composti)* **dalla testa...**: *hot--h.,* dalla testa calda; focoso; impetuoso ***2*** **intestato**: *h. notepaper,* carta da lettere intestata.

header ['hedə*] *n.* [C] ***1*** *(edil.)* **mattone messo di punta** ***2*** *(fam.)* **caduta a capofitto** ***3*** *(sport)* **colpo di testa** (nel gioco del calcio).

headgear ['hedgiə*] *n.* [U] e [C] ***1*** **copricapo** ***2*** **testiera** (di un cavallo).

head-hunter ['hed,hʌntə*] *n.* ***1*** **cacciatore di teste** ***2*** *(fig.)* **cacciatore di talenti.**

heading ['hediŋ] *n.* [C] **intestazione; titolo;** *(tipogr.)* **testata di pagina.**

headlamp ['hedlæmp] *n.* [C] *(autom.)* **faro (anteriore).**

headland ['hedlənd] *n.* [C] **capo; promontorio.**

headless ['hedlis] *a.* ***1*** (anche *mecc.)* **senza testa**: *a h. bolt,* un bullone senza testa ***2*** **senza capo; senza guida** ***3*** *(fam.)* **scervellato; senza testa; sventato.**

headlight ['hedlait] *n.* [C] *(autom.)* **faro; proiettore.**

headline ['hedlain] *n.* ***1*** [C] (in un giornale, ecc.) **titolo; testata** ***2*** *(al pl., radio, telev.)* **sommario** ● *(fam.) to hit the headlines,* fare notizia; (di persona) avere gli onori della cronaca, diventare famoso.

headlong ['hedlɔŋ] ***A*** *avv.* ***1*** **a testa avanti; a capofitto** ***2*** *(fig.)* **precipitosamente; impetuosamente** ***B*** *a.* ***1*** **a capofitto** ***2*** *(fig.)* **precipitoso; avventato.**

headman ['hedmæn] *n.* (*pl.* **headmen** ['hedmen]) **capo; capotribù.**

headmaster [,hed'ma:stə*] *n.* **direttore, preside** (di scuola).

hedmistress [,hed'mistris] *n.* **direttrice, preside** (di scuola).

headmost ['hedmoust] *a.* **più avanzato; primo.**

headphones ['hedfounz] *n. pl. (tel., radio)* **cuffia; auricolare.**

headpiece ['hedpi:s] *n.* [C] ***1*** **copricapo;** (specialm.) **elmo, elmetto** ***2*** *(fig.)* **testa; cervello** ***3*** *(tel., radio)* **cuffia** ***4*** *(tipogr.)* **capopagina; frontone; testata.**

headquarters ['hed,kwɔ:təz] *n. pl.* ***1*** *(mil.)* **quartier generale** ***2*** **sede centrale.**

headrest ['hedrest] *n.* [C] **poggiacapo.**

headship ['hedʃip] *n.* [C] **comando; autorità suprema.**

headshrinker ['hed,ʃriŋkə*] *n. (scherz.)* **psichiatra.**

headsman ['hedzmən] *n. (pl.* **headsmen** ['hedzmən]) **boia; carnefice.**

headstone ['hedstoun] *n.* [C] ***1*** **pietra tombale; lapide** ***2*** *(edil.)* **pietra angolare.**

headstrong ['hedstrɔŋ] *a.* **caparbio; ostinato; testardo.**

headway ['hedwei] *n.* [U] **movimento in avanti;** *(fig.)* **progresso** ● *(fig.) to make h.,* fare progressi.

headword ['hedwə:d] *n.* [C] *(tipogr.)* **esponente; lemma.**

heady ['hedi] *a.* ***1*** **impetuoso; avventato** ***2*** (di bevanda alcolica) **inebriante** (anche *fig.)* ***3*** **caparbio; testardo.**

to **heal** [hi:l] ***A*** *v. t.* ***1*** **guarire; sanare; risanare** ***2*** *(fig.)* **comporre; rimediare** ***B*** *v. i.* ***1*** **rimettersi in salute** ***2*** (di ferita) **cicatrizzarsi; rimarginarsi.**

heal-all ['hi:l,ɔ:l] *n.* [C] **rimedio universale; panacea.**

healer ['hi:lə*] *n.* ***1*** **guaritore; risanatore** ***2*** **rimedio.**

healing ['hi:liŋ] *a.* **curativo; medicamentoso; salutare.**

health [helθ] *n.* [U] **salute; sanità** ● *h. inspection,* controllo sanitario □ *h. officer (*o *officer of h.),* ufficiale sanitario □ *to drink a h. to sb.,* bere alla salute di (o fare un brindisi a) q. □ *Ministry of H.,* Ministero della Sanità.

healthful ['helθful] *a.* **salubre; salutare; igienico.**

healthy ['helθi] *a.* ***1*** **sano** ***2*** **salubre; salutare; igienico** ***3*** *(fam.)* **forte; vigoroso**: *a h. appetite,* un forte appetito.

heap [hi:p] *n.* [C] **mucchio; cumulo; ammasso; catasta; monte** *(fig., fam.)* ● *(fam.) heaps of time,* un sacco di tempo □ *(fam.) heaps of times,* un mucchio di volte; spessissimo □ *(fam.) to feel heaps better,* stare molto meglio.

to **heap** [hi:p] *v. t.* ***1*** **ammucchiare; accumulare; ammassare**: *to h. up riches,* accumulare ricchezze ***2*** **profondere; riversare** ***3*** **caricare; colmare** ● *to h. insults on sb.,* coprire q. d'insulti.

to **hear** [hiə*] (*pass.* e *p.p.* **heard** [hə:d]) *v. t.* e *i.* ***1*** **udire; sentire**: *I can h. nothing,* non sento nulla □ *We heard him groan,* l'udimmo lamentarsi ***2*** **ascoltare; dare ascolto**: *I cannot h. you now,* non posso darti ascolto ora ***3*** **sentire; apprendere; ricevere notizie** (da); **sentir parlare** (di): *I haven't heard from him for a month,* è un mese che non ricevo sue notizie □ *I've never heard of him,* non ho mai sentito parlare di lui ***4*** *(leg.)* **ascoltare; esaminare; giudicare** ● *to h. sb. out,* ascoltare q. sino in fondo □ *He will not h. of it,* non vuol sentirne parlare; non vuol saperne □ *I won't h. of such a thing,* neanche a parlarne!

hearable ['hiərəbl] *a.* **udibile.**

heard [hə:d] *pass.* e *p. p.* di to **hear.**

hearing ['hiəriŋ] *n.* ***1*** [U] **udito** ***2*** [C] **udienza; ascolto**: *to give sb. a h.,* dare udienza a q. ● *(med.) h. aid,* protesi acustica □ *to be hard of h.,* esser duro d'orecchi □ *out of h.,* troppo lontano per essere udito □ *within h.,* a portata d'orecchio.

to **hearken** ['ha:kən] *v. i.* — *(lett.) to h. to,* ascoltare attentamente (q.).

hearsay ['hiəsei] *n.* [U] **sentito dire; diceria; voce**: *to know st. by h.,* saper q.c. per sentito dire.

hearse [hə:s] *n.* [C] ***1*** **carro funebre** ***2*** *(arc.)* **bara.**

heart [ha:t] *n.* ***1*** [C] **cuore** (anche *fig.*): *a h. attack,* un attacco di cuore □ *a man with a kind h.,* un uomo dal cuore gentile □ *to break sb.'s h.,* spezzare il cuore a q. □ *the queen of hearts,* la regina di cuori (nelle carte) ***2*** [U] **animo; coraggio**: *to take h.,* prendere coraggio; farsi animo ***3*** *(con l'art. determ.)* **cuore; centro; parte centrale; nocciolo** *(fig.)*: *in the h. of the forest,* nel cuore della foresta □ *the h. of the matter,* il nocciolo della faccenda ***4*** [U] (di terreno) **fertilità; produttività** ● *h. and soul,* anima e corpo; con tutta l'anima □ *h. disease,* malattia di cuore □ *(fig.) h.-strings,* le corde del cuore; i sentimenti più profondi □ *a h.-to-h. talk,* un discorso fatto col cuore in mano □ *h.-whole,* che ha il cuore libero, non innamorato □ *after one's (own) h.,* secondo i propri desideri □ *at h.,* in cuor proprio; fondamentalmente □ *to cry one's h. out,* sciogliersi in lacrime □ *to die of a broken h.,* morire di crepacuore □ *to eat one's h. out,* consumarsi dal dolore □ *from the bottom of one's h.,* di cuore; sinceramente □ *to get (*o *to learn) st. by h.,* imparare q.c. a memoria □ *(fam.) to have one's h. in one's mouth,* avere il cuore in gola; esser spaventato □ *in one's h. of hearts,* nell'intimo del cuore □ *to lay st. to h.,* fare gran conto di q.c. □ *to lose one's h. to sb.,* innamorarsi perdutamente di q. □ *to be out of h.,* essere scoraggiato □ *to set one's h. on st.,* desiderare ardentemente q.c. □ *to take st. to h.,* prender q.c. a cuore □ *(fam.) to wear one's h. upon one's sleeve,* parlare col cuore in mano □ *(vocat.) dear (*o *sweet) h.!,* anima mia!

heartache ['ha:t,eik] *n.* [U] **angoscia.**

heartbeat ['ha:t,bi:t] *n.* [C] **battito del cuore; pulsazione.**

heart-break ['ha:t,breik] *n.* [U] **crepacuore.**

heart-breaking ['ha:t,breikiŋ] *a.* **straziante.**

heart-broken ['ha:t,broukən] *a.* **col cuore infranto; affranto; straziato.**

heartburn ['ha:t,bə:n] *n.* [U] *(med.)* **bruciore di stomaco.**

heart-burning ['ha:t,bəniŋ] *n.* [U] *(anche al pl.)* **astio; rancore.**

hearted ['ha:tid] *a.* *(nei composti)* **dal cuore...; che ha il cuore...**: *broken-h.,* dal cuore spezzato; straziato dal dolore □ *hard-h.,* che ha il cuore duro (o di sasso); insensibile.

to **hearten** ['ha:tn] *v. t.* (spesso *to h. up)* **rincorare; incoraggiare.**

heartfelt ['ha:tfelt] *a.* **profondo** *(fig.)*; **sincero; vivo.**

hearth [ha:θ] *n.* [C] **focolare;** *(fig.)* **focolare domestico.**

hearthstone ['ha:θ,stoun] *n.* [C] **pietra del focolare.**

heartily ['ha:tili] *avv.* ***1*** **cordialmente; di cuore** ***2*** **con grande entusiasmo** ***3*** **di buon appetito** ***4*** **assolutamente; assai; molto.**

heartiness ['ha:tinis] *n.* [U] ***1*** **cordialità; sincerità** ***2*** **vigoria.**

heartless ['ha:tlis] *a.* ***1*** **senza cuore; insensibile** ***2*** **scoraggiato.**

heart-rending ['ha:t,rendiŋ] *a.* **straziante.**

heartsick ['ha:t,sik] *a.* **afflitto; affranto.**

heartsore ['ha:t,sɔ:*] *a.* **accorato; addolorato.**

heart-warming ['ha:t,wɔ:miŋ] *a.* **che fa bene al cuore; caloroso** *(fig.)*.

heartwood ['ha:t,wud] *n.* [U] *(bot.)* **durame.**

hearty ['ha:ti] *a.* ***1*** **cordiale; caloroso** *(fig.)*; **sincero; vivo**: *a h. welcome,* calorose accoglienze ***2*** **profondo** *(fig.)*: **forte** ***3*** **sano; vigoroso; vegeto**: *hale and h.,* arzillo e vegeto ***4*** **abbondante**: *a h. meal,* un pasto abbondante ● *a h. eater,* una buona forchetta *(fig.)* □ *a h. laugh,* una risata di cuore.

heat [hi:t] *n.* ***1*** [U] **calore** (anche *fig.*): **caldo; ardore, fervore, foga, impeto**: *to speak with great h.,* parlare con gran calore □ *in the h. of the debate,* nella foga della discussione □ *in the h. of the battle,* nel fervore della battaglia ***2*** [U] **sapore piccante** ***3*** [C] *(sport)* **eliminatoria; batteria** ● *(med.) h. rash,* infiammazione cutanea; calore *(fam.)* □ *(med.) h.-treatment,* termoterapia □ *(med.) h.-stroke,* colpo di sole □ *h.-wave,* ondata di caldo □ (d'animali) *to be on (*o *in) h.,* essere in calore.

to **heat** [hi:t] ***A*** *v. t.* **scaldare; riscaldare; infiammare** *(fig.)*: *to h. up some cold meat,* riscaldare della carne fredda ***B*** *v. i.* **scaldarsi; riscaldarsi; infiammarsi** *(fig.)*.

heated ['hi:tid] *a.* ***1*** **riscaldato** ***2*** *(fig.)* **accalorato; acceso; animato** ***3*** *(fig.)* **adirato; arrabbiato.**

heater ['hi:tə*] *n.* [C] **calorifero; riscaldatore** ● *bath h.,* scaldabagno □ *electric h.,* stufa elettrica □ *food h.,* scaldavivande.

heath [hi:θ] *n.* ***1*** [C] **brughiera; landa** ***2*** [U] *(bot.,* Erica*)* **erica.**

heathen ['hi:ðən] ***A*** *n.* ***1*** **pagano, pagana** ***2*** **barbaro; selvaggio** (anche *fig.*) ***B*** *a.* ***1*** **pagano** ***2*** **barbaro.**

heathendom ['hi:ðəndəm] *n.* [U] ***1*** **paganesimo** ***2*** **mondo pagano.**

heathenism ['hi:ðənizəm] *n.* [U] ***1*** **paganesimo** ***2*** **barbarie.**

heather ['heðə*] *n.* [U] *(bot.,* Erica*)* **erica** ● *h. mixture,* tessuto di colori misti (somiglianti al colore dell'erica).

heathery ['heðəri] *a.* ***1*** **coperto d'erica** ***2*** **del colore dell'erica; simile all'erica.**

heating ['hi:tiŋ] *n.* [U] **riscaldamento**: *central h.,* riscaldamento centrale ● *h. apparatus,* calorifero; termosifone.

heat-proof ['hi:t,pru:f] *a.* **a prova di calore.**

to **heave** [hi:v] (*pass.* e *p.p.* **heaved** [hi:vd] o **hove** [houv]) ***A*** *v. t.* ***1*** **sollevare, alzare** (lentamente, con sforzo); *(naut.)* **tirare, levare**: *to h. the anchor,* levare l'ancora ***2*** **emettere**: *to h. a sigh,* emettere un sospiro ***3*** *(fam.)* **gettare; lanciare**: *to h. st. overboard,* gettare q.c. a mare ***B*** *v. i.* ***1*** **sollevarsi, alzarsi** (con moto ritmico); (del mare) **gonfiarsi** ***2*** **anelare; palpitare** ***3*** *(naut.)* **virare** ● *(naut.) to h. in sight,* apparire all'orizzonte □ (di nave) *to h. to,* mettersi in panna □ *to h. up,* vomitare □ (gergo naut.) H. ho! (o H. away!), issa!

heave [hi:v] n. 1 [C] sforzo; sollevamento; lancio 2 (al pl., vet.) bolsaggine (del cavallo).

heaven ['hevn] n. cielo; paradiso: to be in h., essere in cielo □ the seventh h. (o the h. of heavens), il settimo cielo ● h.-born, d'origine divina; celeste; divino □ h.-sent, provvidenziale □ H. forbid!, il Cielo non voglia! □ For H.'s sake!, per amor del Cielo! □ Good Heavens!, santo Cielo! □ (fig.) to move h. and earth, muovere mari e monti; fare di tutto.

heavenly ['hevn̩li] a. 1 celeste; celestiale; divino 2 (fam.) eccellente; squisito.

heavenward(s) ['hevn̩wəd(z)] avv. verso il cielo.

heaver ['hi:və*] n. 1 sollevatore 2 scaricatore (di porto).

heavily ['hevili] avv. 1 pesantemente 2 assai; molto 3 gravosamente; duramente; fortemente 4 densamente.

heaviness ['hevinis] n. [U] 1 pesantezza; gravezza 2 (fig.) languore.

heavy ['hevi] a. 1 pesante (anche fig.); grave; gravoso; opprimente; indigesto: h. artillery, artiglieria pesante □ a h. responsibility, una grave responsabilità □ h. food, cibo pesante 2 grande; grosso; forte; violento; abbondante: a h. crop, un raccolto abbondante □ a h. storm, una violenta tempesta □ h. expenses, forti spese 3 malinconico; triste; rattristato: with a h. heart, col cuore rattristato 4 (di strada, ecc.) fangoso; di difficile transito 5 (del cielo) coperto; nuvoloso 6 (di persona) lento, tardo (nel parlare, pensare, ecc.) ● to be h. with sleep (with wine), essere appesantito dal sonno (dal vino) □ to lie h. on, pesare su (fig.), essere di peso a □ (teatr.) to play the part of the h. father, fare la parte del padre nobile □ Time hangs h., il tempo passa lentamente; le ore si succedono monotone.

heavy-handed [,hevi'hændid] a. maldestro; goffo.

heavy-hearted [,hevi'ha:tid] a. malinconico; triste.

heavy-laden [,hevi'leidn] a. 1 che porta un grave carico 2 (fig.) oppresso.

heavy-set [,hevi'set] a. atticciato; tracagnotto; ben piantato.

heavyweight ['heviweit] n. [C] (pugilato) peso massimo.

hebdomadal [heb'dɔmədl] a. ebdomadario; settimanale.

hebetude ['hebitju:d] n. [U] ebetismo; stupidità.

Hebraic [hi(:)'breiik] a. ebraico.

Hebraism ['hi:breiizəm] n. [U] e [C] ebraismo.

Hebrew ['hi:bru:] A a. ebreo; ebraico B n. 1 ebreo, ebrea; israelita 2 ebraico (la lingua).

hecatomb ['hekətoum] n. [C] ecatombe (anche fig.).

heck [hek] A n. (pop. per hell) inferno; diavolo B inter. diamine!; diavolo!

to **heckle** [hekl] v. t. 1 (ind. tessile) pettinare (lino, canapa) 2 (fig.) interrompere con domande imbarazzanti (un oratore).

hectare ['hekta:*] n. [C] ettaro.

hectic ['hektik] A a. 1 (med.) etico; tisico 2 febbrile; acceso 3 (fam.) febbrile (fig.): sfrenato; tumultuoso B n. (med.) 1 febbre etica 2 (raro) tisico.

hectogram(me) ['hektougræm] n. [C] ettogrammo; etto (fam.).

hectograph ['hektougra:f] n. [C] poligrafo.

hectolitre ['hektou,li:tə*] n. [C] ettolitro.

hectometre ['hektou,mi:tə*] n. [C] ettometro.

hector ['hektə*] n. gradasso; spaccone.

to **hector** ['hektə*] A v. t. minacciare; intimidire B v. i. fare il gradasso; fare lo spaccone.

he'd [hi:d] contraz. di: 1 he had 2 he would.

hedge [hedʒ] n. [C] siepe; (fig.) barriera ● (fin.) h. funds, fondi di copertura □ (zool.) h. sparrow (Prunella modularis), passera scopaiola.

to **hedge** [hedʒ] A v. t. 1 circondare con una siepe 2 (fig.; di solito to h. in) circondare; vincolare B v. i. 1 fare siepi 2 cimare siepi 3 coprirsi dai rischi (per es., nelle scommesse) 4 eludere una domanda.

hedgehog ['hedʒ,hɔg] n. [C] 1 (zool., Erinaceus europaeus) riccio; (Erethizon) porcospino 2 (mil.) posizione fortificata.

to **hedgehop** ['hedʒ,hɔp] v. i. (aeron.) volare a volo radente.

hedgerow ['hedʒ,rou] n. [C] siepe d'arbusti (o di cespugli).

hedonism ['hi:dənizəm] n. [U] edonismo.

hedonist ['hi:dənist] n. edonista.

hedonistic [,hi:də'nistik] a. edonistico.

heebie-jeebies [,hi:bi'dʒi:biz] n. pl. (fam.) 1 ansia; nervosismo; paura 2 avversione; fastidio; insofferenza.

to **heed** [hi:d] A v. t. badare a; dar retta a B v. i. prestare attenzione.

heed [hi:d] n. [U] attenzione; cura ● to give (o to pay) h. to, dare ascolto (o dar retta) a □ to take h. (of), badare (a).

heedful ['hi:dful] a. attento; accorto; cauto.

heedfulness ['hi:dfulnis] n. [U] attenzione; cautela.

heedless ['hi:dlis] a. disattento; sbadato; trascurato.

heedlessness ['hi:dlisnis] n. [U] disattenzione; incuria; noncuranza; sbadataggine; trascuratezza.

heehaw ['hi:,hɔ:] n. [C] 1 raglio 2 (fig.) risata rumorosa.

to **heehaw** ['hi:,hɔ:] v. i. 1 ragliare 2 (fig.) ridere rumorosamente.

heel [hi:l] n. [C] 1 (anat.) calcagno, tallone (anche di calza o calzino) 2 tacco (di scarpa o d'arnese) 3 (pop.) individuo spregevole 4 (pop.) garretto (di cavallo) ● heels over head (o head over heels), a testa in giù; a capofitto □ to be down at h., (di scarpa) essere scalcagnata; (fig.) essere scalcagnato (o sciatto, trasandato) □ to kick (o to cool) one's heels, essere lasciato ad aspettare □ to kick up one's heels, fare salti per la gioia □ to lay sb. by the heels, incarcerare q. □ to be out at heel(s), avere i buchi nelle calze (o nei calzini); (fig.) essere sciatto (o male in arnese, trasandato) □ to take to one's heels (o to show a clean pair of heels), mostrare le calcagna; darsela a gambe □ to turn on one's heel(s), girare sui tacchi; voltarsi d'un tratto.

(1) to **heel** [hi:l] v. t. 1 fare (o mettere, rifare) i tacchi a 2 (sport) colpire di tacco (il pallone) 3 stare alle calcagna di; inseguire dappresso.

(2) to **heel** [hi:l] (naut.) A v. t. far sbandare B v. i. sbandare; ingavonarsi.

heeltap ['hi:l,tæp] n. [C] soprattacco ● No heeltaps!, vuotare i bicchieri (fino in fondo)!

to **heft** [heft] (fam.) A v. t. 1 alzare; sollevare 2 soppesare; cercare di calcolare il peso di (un oggetto, sollevandolo) B v. i. pesare.

hefty ['hefti] a. (fam.) 1 forte; gagliardo; vigoroso 2 (di cosa) ingombrante.

Hegelian [hei'gi:ljən] a. e n. (filos.) hegeliano.

hegemonic [,hi(:)dʒi'mɔnik] a. egemonico.

hegemony [hi(:)'dʒeməni] n. [U] egemonia.

Hegira ['hedʒirə] n. (stor.) egira.

heifer ['hefə*] n. [C] giovenca.

heigh [hei] inter. eh!

heigh-ho [,hei'hou] inter. ahimè!; ohimè!

height [hait] n. 1 [U] altezza; (aeron.) quota; statura 2 [C] altura; cima 3 (fig.) apice; colmo; culmine: the h. of perfection, l'apice della perfezione ● to be six feet in h., essere alto sei piedi □ What is your h.?, quanto sei alto?

to **heighten** ['haitn] A v. t. 1 elevare; innalzare 2 (fig.) accrescere; aumentare; intensificare B v. i. aumentare.

heinous ['heinəs] a. atroce; efferato; nefando; odioso.

heir [ɛə*] n. (leg.) erede (maschio): h. apparent, erede in linea diretta □ sole h., unico erede; erede universale ● h.-at-law, erede legittimo □ h. presumptive, erede presunto.

heirdom ['ɛədəm] n. 1 [U] condizione d'erede 2 [C] eredità.

heiress ['ɛəris] n. 1 (leg.) erede (donna) 2 ereditiera.

heirloom ['ɛəlu:m] n. [C] 1 (leg.) bene mobile di famiglia, spettante all'erede legittimo 2 cimelio di

famiglia *3* *(fig.)* **retaggio.**
held [held] *pass.* e *p.p.* di to **hold.**
heli- ['heli] *(nei composti)* **eli-** (indica relazione con l'elicottero).
helibus ['helibʌs] *n.* [C] **elibus.**
helical ['helikəl] *a.* *(mecc.)* **elicoidale; a spirale.**
helicoid ['heli,kɔid] **A** *a.* *(geom., biol.)* **elicoidale; elicoide B** *n.* [C] *(geom.)* **elicoide.**
helicopter ['helikɔptə*] *n.* [C] *(aeron.)* **elicottero.**
to **helilift** ['helilift] *v. t.* *(aeron., mil.)* **trasportare con elicotteri.**
heliocentric [,hi:liou'sentrik] *a.* *(astron.)* **eliocentrico.**
heliochromy ['hi:liou,kroumi] *n.* [U] **eliocromia** (il processo).
heliograph ['hi:liougra:f] *n.* [C] **eliografo.**
heliography [,hi:li'ɔgrəfi] *n.* [U] **eliografia.**
heliotherapy [,hi:liou'θerəpi] *n.* [U] *(med.)* **elioterapia.**
heliotrope ['heljətroup] *n.* [C] **1** (*bot.*, Heliotropium) **eliotropio 2** *(miner.)* **eliotropio.**
heliotropism [,hi:li'ɔtrəpizəm] *n.* [U] *(bot.)* **eliotropismo.**
heliport ['helipɔ:t] *n.* [C] *(aeron.)* **eliporto.**
helium ['hi:ljəm] *n.* [U] *(chim.)* **elio.**
helix ['hi:liks] *n.* (*pl.* **helixes** ['hi:liksiz], **helices** ['helisi:z]) **1** *(geom., mecc.)* **elica; spirale 2** *(anat.)* **elice 3** *(archit.)* **voluta 4** (*zool.*, Helix) **elice.**
hell [hel] **A** *n.* **inferno** (anche *fig.*): *to go to h.*, andare all'inferno □ *to make sb.'s life a h.*, far condurre a q. una vita d'inferno **B** *inter.* *(fam.)* **accidenti!; maledizione!; diavolo!**: *Oh, h.!*, accidenti! □ *The h. with it!*, alla malora!; al diavolo! ● *h.-cat*, donna bisbetica; furia; strega □ *like h.*, a rotta di collo; assai, moltissimo □ *(fam.) to raise h.*, fare il diavolo a quattro □ *to ride h. for leather*, andare di gran galoppo, a briglia sciolta □ *What the h. do you want?*, che diamine vuoi?
he'll [hi:l] *contraz.* di: **he will, he shall.**
hellebore ['helibɔ*] *n.* [U] (*bot.*, Helleborus) **elleboro.**
Hellenic [he'li:nik] *a.* *(stor., geogr.)* **ellenico.**
Hellenism ['helinizəm] *n.* [U] **ellenismo.**
Hellenist ['helinist] *n.* **ellenista; grecista.**
Hellenistic [,heli'nistik] *a.* **ellenistico.**
hellish ['heliʃ] *a.* **infernale; diabolico.**
(to) **hello** [he'lou] *V.* (to) **hallo.**
helm [helm] *n.* [C] *(naut.)* **timone**: *to take the h.*, prendere il timone (anche *fig.*) ● *(fig.) the h. of the State*, il governo dello Stato.
helmet ['helmit] *n.* [C] **1 elmo; elmetto 2 casco** (per es., di pilota).
helmeted ['helmitid] *a.* **munito d'elmo** (o **d'elmetto, di casco).**
helmsman ['helmzmən] *n.* (*pl.* **helmsmen** ['helmzmən]) *(naut.)* **timoniere.**
helot ['helət] *n.* *(stor.)* **ilota; schiavo.**
to **help** [help] **A** *v. t.* **1 aiutare; assistere; soccorrere**: *to h. sb. (to) do st.* (o *to h. sb. with st.*), aiutare q. a fare q.c. **2 dare, passare, versare** (cibo o bevanda, a tavola): **servire**: *May I h. you to some more meat?*, posso darti dell'altra carne? **3** (preceduto da *can, could*) **evitare; impedire; fare a meno di**: *I couldn't h. laughing*, non potei fare a meno di ridere **4 favorire; promuovere 5 alleviare; porre rimedio a**: *It can't be helped*, non c'è rimedio; non c'è niente da fare **B** *v. i.* **giovare; essere di giovamento; servire**: *That doesn't h. at all*, ciò non giova affatto **C** to **help oneself** *v. rifl.* **servirsi** (a tavola); **prendere**: *H. yourself, please!*, si serva, prego! ● *to h. sb. down (up)*, aiutare q. a scendere (a salire) □ *to h. sb. in (out)*, aiutare q. a entrare (a uscire) □ *to h. sb. out of a difficulty*, aiutare q. a trarsi d'impaccio □ *to h. sb. to a decision*, aiutare q. a prendere una decisione □ *Don't tell him more than you can h.*, non dirgli più di quanto è necessario □ *How can I h. it?*, che cosa posso farci?
help [help] *n.* [U] e [C] **1 aiuto; assistenza; soccorso**: *Can I be of any h. to you?*, posso esserti d'aiuto? □ *to be a great h. to sb.*, essere di grande aiuto a q. **2 rimedio; via d'uscita; scampo**: *There's no h. for it*, non c'è rimedio **3 persona di servizio** (a ore): **domestico, domestica; operaio giornaliero 4 porzione** (di cibo).
helper ['helpə*] *n.* **aiutante; assistente; aiuto** *(fam.)*.
helpful ['helpful] *a.* **1 giovevole; utile 2 servizievole.**
helpfulness ['helpfulnis] *n.* [U] **(l')esser giovevole** (o **servizievole); utilità.**
helping ['helpiŋ] **A** *n.* [C] **porzione** (di cibo) **B** *a. attr.* **che è d'aiuto; utile** ● *to give sb. a h. hand*, dare una mano a q. *(fig.)*.
helpless ['helplis] *a.* **1 senz'aiuto; indifeso; debole; inerme 2 incapace; incompetente.**
helplessness ['helplisnis] *n.* [U] **1 debolezza; impotenza 2 incapacità; incompetenza.**
helpmate ['helpmeit] *n.* **compagno, compagna; consorte.**
helter-skelter [,heltə'skeltə*] **A** *avv.* **in fretta e furia; alla rinfusa B** *a.* **affrettato e confuso; disordinato.**
helve [helv] *n.* [C] **1 manico** (di un arnese) **2 impugnatura** (di un'arma).
Helvetic [hel'vetik] *a.* **elvetico; svizzero.**
(1) hem [hem] *n.* [C] **orlo** (specialm. d'indumento); **orlatura; margine** ● *hem-stitch*, punto a giorno □ *to hem-stitch*, orlare a giorno.
(1) to **hem** [hem] *v. t.* **orlare; fare l'orlo a** (q.c.) ● *to hem in*, circondare.
(2) hem [hm] **A** *inter.* **ehm! B** *n.* **« ehm ».**
(2) to **hem** [hm] *v. i.* **1 fare « ehm »; schiarirsi la voce 2** (anche *to hem and haw*) **esitare nel parlare; titubare.**
hematite ['hemətait] *n.* [U] *(miner.)* **ematite.**
hemi- ['hemi] *(in parole composte)* **emi-** (significa "mezzo", "metà").
hemicycle ['hemi,saikl] *n.* [C] **emiciclo.**
hemiplegia [,hemi'pli:dʒiə] *n.* [U] *(med.)* **emiplegia.**
hemisphere ['hemisfiə*] *n.* [C] **1** *(anat., geogr.)* **emisfero 2** *(geom.)* **semisfera.**
hemlock ['hemlɔk] *n.* **1** [C] (*bot.*, Conium maculatum) **cicuta 2** [U] **cicuta** (il veleno).
hemo- ['hi:mə, 'hemə] *V.* **haemo-.**
hemorrhage ['hemərid3] *V.* **haemorrhage.**
hemp [hemp] *n.* [U] (*bot.*, Cannabis sativa) **canapa** (anche *ind. tessile*).
hempen ['hempən] *a.* **di canapa; simile a canapa; canapino.**
hen [hen] *n.* **1 gallina; chioccia 2** *(nei composti)* **femmina** (di volatili) ● *hen-coop*, gabbia per polli □ *(fam., scherz.) hen party*, riunione di sole donne □ *hen-roost*, posatoio; pollaio.
henbane ['henbein] *n.* [U] (*bot.*, Hyoscyamus niger) **giusquiamo.**
hence [hens] **A** *avv.* **1** *(lett.)* **di qui; di qua 2 da adesso; da ora; di qui a**: *a week h.*, di qui a una settimana (o fra una settimana) **3 indi; quindi; perciò B** *inter.* *(arc.)* **via (di qui)!**
henceforth [,hens'fɔ:θ], **henceforward** [,hens'fɔ:wəd] *avv.* **d'ora innanzi; d'ora in poi.**
henchman ['hentʃmən] *n.* (*pl.* **henchmen** ['hentʃmən]) **accolito; partigiano; seguace.**
hendecasyllabic [hen,dekəsi'læbik] *a.* *(poesia)* **endecasillabo.**
hendecasyllable ['hendekə,siləbl] *n.* [C] *(poesia)* **endecasillabo.**
hendiadys [hen'daiədis] *n.* [U] *(gramm.)* **endiadi.**
henna ['henə] *n.* [U] **1 henna** (la tintura) **2** (*bot.*, Lawsonia inermis) **henna; alcanna.**
henpecked ['henpekt] *a.* **bistrattato dalla moglie.**
hepatic [hi'pætik] *a.* *(anat., med.)* **epatico.**
hepatitis [,hepə'taitis] *n.* [U] *(med.)* **epatite.**
heptad ['heptæd] *n.* [C] **gruppo** (o **serie) di sette.**
heptagon ['heptəgən] *n.* [C] *(geom.)* **ettagono.**
heptagonal [hep'tægənl] *a.* *(geom.)* **ettagonale; eptagonale.**
heptarchy ['hepta:ki] *n.* [C] *(stor.)* **eptarchia.**
her [hə:*, hə*] **A** *pron. pers. 3ª pers. sing. f. (compl.)* **lei; la; a lei, le**: *I saw her*, la vidi □ *Give her the book*, dalle il libro **B** *a. poss. (riferito a possessore femm.)* **suo, sua; suoi, sue; di lei**: *Mary and her baby*, Maria e il suo bambino.

herald [ˈherəld] *n.* **1** *(stor.)* **araldo; messaggero** *(anche fig.)* **2** *(fig.)* **precursore.**

to **herald** [ˈherəld] *v. t.* **1 annunciare 2** *(fig.)* **essere foriero di.**

heraldic [heˈrældik] *a.* **araldico.**

heraldry [ˈherəldri] *n.* [U] **araldica.**

herb [hə:b] *n.* [C] **erba** (specialm. medicinale) ● *h. tea,* infuso medicamentoso d'erbe; tisana □ *sweet herbs,* erbe aromatiche.

herbaceous [hə:ˈbeiʃəs] *a.* **erbaceo** ● (nei giardini) *h. border,* orlo d'aiuola piantato a erbe e fiori perenni.

herbage [ˈhə:bidʒ] *n.* [U] **1** *(collett.)* **erba; erbe; vegetazione erbacea 2** *(leg.)* **diritto di pascolo; erbatico.**

herbal [ˈhə:bəl] ***A*** *a.* **erbaceo; delle erbe *B*** *n.* **erbario.**

herbalist [ˈhə:bəlist] *n.* **erborista.**

herbarium [hə:ˈbɛəriəm] *n.* [C] **erbario.**

herbicide [ˈhə:biˌsaid] *n.* [C] **erbicida.**

herbivore [ˈhə:biˌvɔ*] *n.* [C] *(zool.)* **erbivoro.**

herbivorous [hə:ˈbivərəs] *a.* *(zool.)* **erbivoro.**

herborist [ˈhə:bərist] *n.* **erborista.**

Herculean [ˌhə:kjuˈli:ən] *a.* **erculeo** *(anche fig.).*

Hercules [ˈhə:kjuli:z] *n.* *(mitol., astron.)* **Ercole** ● *the Pillars of H.,* le Colonne di Ercole.

(1) herd [hə:d] *n.* [C] **armento; mandria; branco; gregge** ● *the common (o vulgar) h.,* il gregge *(fig.)*; il volgo.

to **herd** [hə:d] ***A*** *v. i.* **far gregge; aggregarsi *B*** *v. t.* **custodire** (bestiame).

(2) herd [hə:d], **herdsman** [ˈhə:dzmən] *n.* (*pl.* **herdsmen** [ˈhə:dzmən]) **mandriano; guardiano** (di bestie): **pastore.**

here [hiə*] *avv.* **qui; qua; a questo punto**: *Come h.!,* vieni qui (o qua) □ *He doesn't belong h.,* non è di qui ● *h. below,* quaggiù; in questo mondo □ *h., there, and everywhere,* dappertutto □ *down h.,* quaggiù □ *near h.,* qui vicino □ *up h.,* quassù □ *H. you are!,* eccoti!; eccoti servito! □ *H.'s to you!,* alla vostra salute! □ *(fam.) H. goes!,* pronti!; cominciamo! □ (rispondendo a un appello) *H.!,* presente!

hereabout(s) [ˈhiərəˌbaut(s)] *avv.* **qui vicino; qui intorno.**

hereafter [ˌhiərˈa:ftə*] ***A*** *avv.* **1 in avvenire; in futuro 2 nell'aldilà; nell'altro mondo *B*** *n.* — *the h.* **1 il futuro; l'avvenire 2 l'aldilà.**

hereat [ˌhiərˈæt] *avv.* *(arc.)* **a questo; a ciò; al che.**

hereby [ˌhiəˈbai] *avv.* *(leg.)* **con questo mezzo.**

hereditament [ˌheriˈditəmənt] *n.* [C] *(leg.)* **asse ereditario.**

hereditary [hiˈreditəri] *a.* **1 ereditario 2 tramandato di generazione in generazione; tradizionale 3 per diritto ereditario.**

heredity [hiˈrediti] *n.* [U] *(scient.)* **1 ereditarietà 2 caratteri ereditari.**

herein [ˌhiərˈin] *avv.* *(bur.)* **qui**: *h. enclosed,* qui accluso.

hereinafter [ˌhiərinˈa:ftə*] *avv.* *(bur.)* **in seguito; sotto; più avanti.**

hereinbefore [ˌhiərinbiˈfɔ:] *avv.* *(bur.)* **in precedenza; sopra.**

hereof [ˌhiərˈɔv] *avv.* *(bur.)* **di questo; di ciò.**

heresiarch [heˈri:ziˌa:k] *n.* [C] **eresiarca.**

heresy [ˈherəsi] *n.* [U] e [C] **eresia** *(anche fig.).*

heretic [ˈherətik] *n.* **eretico.**

heretical [hiˈretikəl] *a.* **eretico.**

hereto [ˌhiəˈtu:] *avv.* **1** *(lett.)* **finora; fin qui 2** *(bur.)* **a questo; qui.**

heretofore [ˌhiətuˈfɔ:*] *avv.* *(arc.* o *leg.)* **1 prima d'ora 2 finora.**

hereunder [ˌhiərˈʌndə*] *avv.* *(bur.)* **più avanti; sotto.**

hereupon [ˌhiərəˈpɔn] *avv.* **al che; in conseguenza di ciò; subito dopo.**

herewith [ˌhiəˈwið] *avv.* *(bur.)* **per questo mezzo; insieme con questo; qui.**

heritable [ˈheritəbl] *a.* *(leg.)* **1 ereditabile 2 capace di ereditare.**

heritage [ˈheritidʒ] *n.* [C] **1** *(leg.)* **eredità immobiliare 2** *(fig.)* **retaggio.**

hermaphrodite [hə:ˈmæfrədait] *n.* [C] e *a.* *(bot., zool.)* **ermafrodito.**

hermaphroditism [hə(:)ˈmæfrəditizəm] *n.* [U] *(bot., zool.)* **ermafroditismo.**

hermeneutics [ˌhə(:)miˈnju:tiks] *n. pl.* *(col verbo al sing.)* **ermeneutica.**

hermetic(al) [hə:ˈmetik(əl)] *a.* **ermetico** ● *h. art,* alchimia.

hermeticism [hə:ˈmedəˌsizəm], **hermetism** [ˈhə:miˌtizəm] *n.* [U] *(filos., arte, letter.)* **ermetismo.**

hermit [ˈhə:mit] *n.* **eremita; romito.**

hermitage [ˈhə:mitidʒ] *n.* [C] **eremitaggio; eremo; romitaggio.**

hermit-crab [ˈhə:mitˌkræb] *n.* *(zool.,* Pagurus*)* **paguro.**

hernia [ˈhə:njə] *n.* [U] *(med.)* **ernia.**

hernial [ˈhə:njəl], **herniary** [ˈhə:njəri] *a.* *(med.)* **erniario; dell'ernia.**

hero [ˈhiərou] *n.* (*pl.* **heroes** [ˈhiərouz]) **eroe; protagonista** ● *h. worship,* culto degli eroi.

heroic [hiˈrouik] *a.* **eroico** ● *(poesia) h. couplet,* distico eroico.

heroical [hiˈrouikəl] *V.* **heroic.**

heroicomic [hiˌrouiˈkɔmik] *a.* **eroicomico.**

heroics [hiˈrouiks] *n. pl.* **1** *(poesia)* **versi eroici 2 linguaggio retorico, reboante.**

heroin [ˈherouin] *n.* [U] *(chim., farm.)* **eroina.**

heroine [ˈherouin] *n.* **eroina; protagonista.**

heroism [ˈherouizəm] *n.* [U] **eroismo.**

to **heroize** [ˈhiərouaiz] ***A*** *v. t.* **eroicizzare *B*** *v. i.* **far l'eroe.**

heron [ˈherən] *n.* [C] *(zool.,* Ardea*)* **airone.**

herpes [ˈhə:pi:z] *n.* [U] *(med.)* **erpete.**

herring [ˈheriŋ] *n.* [C] *(zool.,* Clupea harengus*)* **aringa** ● *h.-bone pattern,* disegno (di stoffa, ecc.) a spina di pesce □ *h.-bone stitch,* punto spina; punto strega □ *to be packed as close as herrings,* essere pigiati come acciughe.

hers [hə:z] *pron. poss.* *(rif. a possessore femm.)* **(il) suo, (la) sua; (i) suoi, (le) sue; di lei**: *Is this book his or hers?,* questo libro è di lui o di lei?

herself [hə:ˈself] ***A*** *pron. rifl. 3ª pers. f. sing.* **se stessa; si**: *She hurt h.,* si fece male ***B*** *pron. enfatico* **(ella) stessa; lei stessa; in persona; proprio; per l'appunto**: *She h. went there,* ci andò lei stessa ***C*** *n.* **se stessa; lei; sé**: *She is not h. to-day,* oggi non sembra nemmeno lei ● *(all) by h.,* da sé; (da) sola.

hertz [hə:ts] *n.* (*pl.* **hertz**) *(fis.)* **hertz.**

hertzian [ˈhə:tsiən] *a.* *(fis.)* **hertziano**: *h. waves,* onde hertziane.

he's [hi:z] *contraz.* di **he is, he has.**

hesitance [ˈhezitəns], **hesitancy** [ˈhezitənsi] *n.* [U] **esitazione; titubanza.**

hesitant [ˈhezitənt] *a.* **esitante; titubante.**

to **hesitate** [ˈheziteit] *v. i.* **esitare; essere indeciso; titubare.**

hesitatingly [ˈheziteitiŋli] *avv.* **con esitazione.**

hesitation [ˌheziˈteiʃən] *n.* [U] *(anche al pl.)* **esitazione; titubanza.**

hessian [ˈhesiən] *n.* [U] *(ind. tessile)* **tela grezza di canapa** (o **iuta).**

Hessian [ˈhesiən] *a.* e *n.* **(abitante, soldato) dell'Assia.**

hetaera [hiˈtiərə] *n.* (*pl.* **hetaerae** [hiˈtiəri:]) **etera.**

heteroclite [ˈhetərouklait] ***A*** *a.* (specialm. *gramm.*) **eteroclito *B*** *n.* [C] **nome eteroclito.**

heterodox [ˈhetərədɔks] *a.* **eterodosso.**

heterodoxy [ˈhetərədɔksi] *n.* [U] **eterodossia.**

heterogeneity [ˌhetəroudʒiˈni:iti] *n.* [U] **eterogeneità.**

heterogeneous [ˌhetərouˈdʒi:njəs] *a.* **eterogeneo.**

heterosexual [ˌhetərouˈseksjuəl] *a.* e *n.* **eterosessuale.**

heterosexuality [ˌhetərouˌseksjuˈæliti] *n.* [U] **eterosessualità.**

het-up [ˌhetˈʌp] *a.* *(pop.)* **1 arrabbiato 2 eccitato; nervoso.**

heuristics [hjuəˈristiks] *n. pl.* *(col verbo al sing.)*

euristica.
to **hew** [hju:] (*pass.* **hewed** [hju:d], *p.p.* **hewed** o **hewn** [hju:n]) ***A*** *v. t.* **tagliare; spaccare**: *to hew wood,* spaccare legna ***B*** *v. i.* **dare colpi d'ascia; tirare fendenti** ● *to hew down a tree,* abbattere un albero (con l'ascia) □ *to hew out,* sbozzare.
hewn [hju:n] *p. p.* di to **hew.**
hexagon ['heksəgən] *n.* [C] *(geom.)* **esagono.**
hexagonal [hek'sægənl] *a. (geom.)* **esagonale.**
hexagram ['heksəgræm] *n.* [C] **stella di David.**
hexahedral [,heksə'hedrəl] *a. (geom.)* **esaedrico.**
hexahedron [,heksə'hedrən] *n.* [C] *(geom.)* **esaedro.**
hexameter [hek'sæmitə*] *n.* [C] *(poesia)* **esametro.**
hey [hei] *inter.* **ehi!; olà!** ● *hey for Jack!,* evviva! □ *(fam.) hey presto,* all'improvviso; (di prestigiatore) oplà!; voilà *(franc.).*
heyday ['heidei] *n. (solo al sing.)* **apice; apogeo; fiore, primavera** *(fig.)*: *in the h. of youth,* nel fiore degli anni; nella primavera della vita.
hi [hai] *inter.* **ehi!**
hiatus [hai'eitəs] *n.* (*pl.* **hiatuses** [hai'eitəsiz]) ***1*** *(gramm., anat., geol.)* **iato** ***2*** *(fig.)* **lacuna.**
to **hibernate** ['haibə:neit] *v. i.* ***1*** *(zool.)* **ibernare; svernare; passare l'inverno in letargo** ***2*** *(fig.)* **oziare.**
hibernation [,haibə:'neiʃən] *n.* [U] *(zool.)* **ibernazione.**
Hibernian [hi'bə:njən] *a.* e *n. (poet.)* **irlandese.**
hibiscus [hi'biskəs] *n. (bot.,* Hibiscus*)* **ibisco.**
hiccup, hiccough ['hikʌp] *n.* [C] **singhiozzo, singulto** (nervoso; non di pianto) ● *to have hiccups,* avere il singhiozzo.
to **hiccup,** to **hiccough** ['hikʌp] ***A*** *v. i.* **avere il singhiozzo; avere il singulto** ***B*** *v. t.* — *to h. out,* dire singhiozzando.
hickory ['hikəri] *n.* [C] e [U] *(bot.,* Carya*)* **hickory; noce americano.**
hid [hid] *pass.* e *p.p.* di to **hide.**
hidden ['hidn] ***A*** *p.p.* di to **hide** ***B*** *a.* **ignoto; misterioso; riposto; segreto**: *a h. meaning,* un significato riposto.
(1) to **hide** [haid] (*pass.* **hid** [hid], *p.p.* **hidden** ['hidn] o **hid**) ***A*** *v. t.* **nascondere; celare**: *to h. st. from sb.,* nascondere q.c. a q. ***B*** *v. i.* **nascondersi; celarsi** ***C*** to **hide oneself** *v. rifl.* **nascondersi; celarsi.**
(1) hide [haid] *n.* [C] **nascondiglio.**
(2) hide [haid] *n.* [C] **pelle** (d'animale, conciata o no): **cuoio**: *to tan hides,* conciare pelli ● *(fam.) to save one's h.,* salvare la pelle □ *(fam.) to tan sb.'s h.,* picchiare (o bastonare) q.
(2) to **hide** [haid] *v. t.* ***1*** **spellare; scoiare** ***2*** *(fam.)* **picchiare; bastonare.**
hide-and-seek ['haidənd,si:k] *n.* [U] **rimpiattino; nascondino.**
hideaway ['haidə,wei] *n.* [C] **nascondiglio; rifugio.**
hidebound ['haidbaund] *a.* **di mente ristretta; gretto.**
hideous ['hidiəs] *a.* **odioso; orrendo; orribile; ripugnante.**
hideousness ['hidiəsnis] *n.* [U] **odiosità; orrore.**
(1) hiding ['haidiŋ] *n.* [U] **occultamento; (il) nascondere** ● *to be in h.,* tenersi nascosto □ *to go into h.,* nascondersi.
(2) hiding ['haidiŋ] *n. (con l'art. indeterm.) (fam.)* **bastonatura; legnate**: *to give sb. a good h.,* dare a q. un sacco di legnate.
hiding-place ['haidiŋ,pleis] *n.* [C] **nascondiglio.**
to **hie** [hai] *v. i. (poet., scherz.)* **affrettarsi.**
hierarch ['haiəra:k] *n.* [C] **gerarca; alto prelato.**
hierarchic(al) [,haiə'ra:kik(əl)] *a.* **gerarchico.**
hierarchy ['haiəra:ki] *n.* [C] e [U] **gerarchia.**
hieratic(al) [,haiə'rætik(əl)] *a.* **ieratico; sacerdotale.**
hieroglyph ['haiərəglif] *n.* [C] **geroglifico** (anche *fig.*).
hieroglyphic(al) [,haiərə'glifik(əl)] *a.* **geroglifico.**
hi-fi ['hai'fai] *a.* e *n. (fam., radio, mus.)* **(ad) alta fedeltà** ● *hi-fi (set),* apparecchio ad alta fedeltà.
to **higgle** ['higl] *v. i.* **mercanteggiare; tirare sul prezzo.**
higgledy-piggledy [,higldi'pigldi] *avv.* e *a.* **(messo) a catafascio; alla rinfusa.**
high [hai] ***A*** *a.* ***1*** **alto; elevato;** *(fig.)* **grande, eminente, nobile**: *The house is thirty feet h.,* la casa è alta trenta piedi □ *at a h. speed,* a una velocità elevata □ *h. treason,* alto tradimento ***2*** **caro; costoso** ***3*** **avanzato; inoltrato; pieno**: *It was h. summer,* era piena estate ***4*** (di carne, selvaggina) **passato; frollo** ***5*** *(fam.)* **alticcio; brillo** ***B*** *avv.* **in alto** (anche *fig.*): *to climb h.,* arrampicarsi in alto ● *h. altar,* altar maggiore □ *h. and dry,* (di nave) in secca; *(fig.)* nei guai, in difficoltà □ *h. and low,* (gente) di ogni condizione; *(avv.)* dappertutto □ *h. chair,* seggiolone (per bambini) □ *(mil.) h. command,* comando supremo □ *a h. complexion,* una carnagione colorita □ *h. farming,* agricoltura intensiva □ *(radio, mus.) h. fidelity,* alta fedeltà □ *h. life,* il gran mondo; l'alta società □ *h. lights,* parti in luce (d'una fotografia, d'un quadro); *(fig.)* cose (o avvenimenti, personaggi) in vista □ *a h. road,* una strada maestra □ *a H. School,* una scuola secondaria; un istituto superiore □ *H. Street,* il Corso (la via principale d'una città) □ *a h. wind,* un forte vento □ *h. words,* parole grosse; accenti d'ira □ *to have a h. (old) time (*o *to have h. jinks),* divertirsi un mondo □ *to fly h.,* volare a grande altezza; *(fig.)* mirare in alto, essere ambizioso □ *from on h.,* dall'alto; dal cielo □ *to hold one's head h.,* andare a testa alta □ *to live h.,* vivere nel lusso □ *the Most H.,* l'Altissimo; Dio □ *on h.,* in alto; in cielo □ *(fig.) to be on the h. ropes,* essere su di giri *(fig.)*; essere di buon umore; (anche) essere adirato, sdegnato □ *to pay h.,* pagare a caro prezzo □ *to play h.,* rischiare una grossa posta □ *to search h. and low,* cercare per terra e per mare.
highball ['haibɔ:l] *n. (fam. USA)* **bevanda alcolica allungata con seltz** (servita in un bicchiere alto).
high-born ['haibɔ:n] *a.* **d'alto lignaggio; di nobili natali.**
highbrow ['hai,brau] ***A*** *n.* [C] *(fam.)* **intellettuale;** *(spreg.)* **intellettualoide** ***B*** *a.* **di (**o **da) intellettuale;** *(spreg.)* **di (**o **da) intellettualoide.**
high-class ['haikla:s] *a.* **di prim'ordine; di prima qualità; d'alta classe.**
high-day ['haidei] *n.* [C] **giorno di festa.**
higher ['haiə*] *a.* (*compar. di* **high**) **superiore; più elevato**: *h. education,* istruzione superiore.
highest ['haiist] *a.* (*superl.* di **high**) **massimo; (il) più elevato; (il) più alto** ● *(comm.) the h. bidder,* il miglior offerente.
highfaluting [,haifə'lu:tiŋ] *a. (fam.)* **ampolloso; pomposo.**
high-flown ['haifloun] *a.* **ampolloso; pomposo.**
high-frequency ['hai,fri:kwənsi] *a. attr. (elettr., elettron.)* **ad alta frequenza.**
high-handed [,hai'hændid] *a.* **prepotente; tirannico.**
Highlander ['hailəndə*] *n.* **abitante delle « Highlands ».**
highlander ['hailəndə*] *n.* **montanaro** (specialm. scozzese).
highlands ['hailəndz] *n. pl.* **montagne; paese montagnoso.**
to **highlight** ['hailait] *v. t.* **lumeggiare** (anche *fig.*)*;* **dar rilievo a.**
highly ['haili] *avv.* **altamente; estremamente; in sommo grado; assai, molto; bene**: *h. amusing,* assai divertente □ *a h. paid official,* un funzionario ben retribuito ● *h. descended,* di nobili origini □ *to speak h. of sb.,* parlare favorevolmente di q. □ *to think h. of sb.,* avere molta stima di q.
high-minded [,hai'maindid] *a.* **magnanimo; di nobili sentimenti.**
highness ['hainis] *n.* **altezza** *(fig.)*; **elevatezza; nobiltà**: *His Royal H.,* Sua Altezza Reale.
high-pitched [,hai'pitʃt] *a.* ***1*** (di suono) **acuto** ***2*** (di tetto) **aguzzo.**
high-sounding [,hai'saundiŋ] *a.* **altisonante; ampolloso; reboante.**
high-strung [,hai'strʌŋ] *a.* **ipersensibile; eccitabile; nervoso.**
highway ['haiwei] *n.* [C] **strada pubblica; strada mae-**

stra (anche *fig.*): **via**: *a h. to success,* la strada maestra del successo.
highwayman ['haiweimən] *n.* (*pl.* **highwaymen** ['haiweimən]) **bandito; rapinatore.**
to **hijack** ['hai,dʒæk] *v. t.* **1 dirottare** (un aereo, ecc.) **2** (*fam. USA*) **depredare, rapinare** (contrabbandieri e sim.).
hijacker ['hai,dʒækə*] *n.* **1 dirottatore; pirata** (d'aerei) **2** (*fam. USA*) **chi depreda** (o **rapina**) (contrabbandieri e sim.).
hijacking ['hai,dʒækiŋ] *n.* [U] e [C] **dirottamento** (d'aerei, ecc.); **pirateria aerea.**
hike [haik] *n.* [C] (*fam.*) **escursione a piedi.**
to **hike** [haik] *v. i.* (*fam.*) **andare in gita; fare un'escursione a piedi.**
hilarious [hi'lεəriəs] *a.* **ilare; giulivo; allegro.**
hilariousness [hi'lεəriəsnis], **hilarity** [hi'læriti] *n.* [U] **ilarità; allegria.**
hill [hil] *n.* [C] **1 collina; colle; altura 2 cumulo; mucchio; montagnola** ● (*autom.*) *h. climb,* gara (o corsa) in salita □ *ant-h.,* formicaio □ *down h.,* in discesa □ *up h.,* in salita
hilliness ['hilinis] *n.* [U] **montuosità.**
hillock ['hilək] *n.* [C] **1 collinetta; monticello 2 montagnola; cumulo di terra.**
hillside ['hil,said] *n.* [C] **fianco** (o **pendio**) **di colle.**
hilltop ['hil,tɔp] *n.* [C] **cima** (o **vetta**) **di colle.**
hilly ['hili] *a.* **collinoso; collinare.**
hilt [hilt] *n.* [C] **elsa; impugnatura** ● (*fig.*) *(up) to the h.,* completamente; fino in fondo.
him [him, im] *pron. pers. 3ª pers. sing. m.* (*compl.*) **lui; lo; gli**: *I saw him yesterday,* lo vidi ieri □ *Tell him!,* diglielo!
Himalayan [,himə'leiən] *a.* e *n.* **imalaiano.**
himself [him'self] **A** *pron. rifl. 3ª pers. m. sing.* **se stesso; si**: *He hurt h.,* si fece male **B** *pron. enfatico* **(egli) stesso; lui stesso; in persona; proprio; per l'appunto**: *He h. says so,* lo dice egli stesso **C** *n.* **se stesso; lui; sé**: *He is not quite h. to-day,* non è proprio in sé oggi ● *(all) by h.,* da sé; (da) solo.
(1) hind [haind] *n.* (*zool.*) **cerva** (specialm. di tre anni o più).
(2) hind [haind] *a. attr.* **posteriore.**
to **hinder** ['hində*] *v. t.* **impedire; intralciare; ostacolare**: *to h. sb. from doing st.,* impedire a q. di fare q.c.
hinder ['haində*] *a. attr.* **posteriore; di dietro.**
Hindi ['hindi:] *a.* e *n.* **(lingua, dialetto) hindi.**
hindmost ['haindmoust] *a.* (*arc.*: *superl.* di **hind**) **ultimo.**
hindquarters ['haind,kwɔ:təz] *n. pl.* **1 quarti posteriori** (d'un animale) **2** (*fam.*) **deretano.**
hindrance ['hindrəns] *n.* [C] **ostacolo; impedimento; intralcio.**
Hindu ['hindu:] (*geogr., relig.*) **A** *n.* **indù B** *a.* **1 indù 2 indiano.**
Hinduism ['hindu(:)izəm] *n.* [U] (*relig.*) **induismo.**
hinge [hindʒ] *n.* [C] **cardine; perno** (anche *fig.*); **ganghero.**
to **hinge** [hindʒ] **A** *v. t.* **munire di cardini; incardinare; provvedere di gangheri B** *v. i.* **1** (di porta, ecc.) **girare sui cardini 2** — (*fig.*) *to h. (up)on,* dipendere da.
hinny ['hini] *n.* [C] (*zool.*) **bardotto.**
hint [hint] *n.* [C] **1 accenno; cenno; indizio; allusione; suggerimento 2 pizzico; traccia; ombra** ● *to take a h.,* capire al volo (una allusione).
to **hint** [hint] *v. t.* e *i.* **accennare (a); alludere (a); insinuare; suggerire**: *to h. at st.,* fare allusione a q.c.; insinuare q.c.
hinterland ['hintəlænd] (*ted.*) *n.* [U] e [C] **hinterland; retroterra.**
(1) hip [hip] *n.* [C] (*anat.*) **anca; fianco** ● *hip-bath,* semicupio □ (*anat.*) *hip-bone,* osso iliaco □ (*anat.*) *hip-joint,* articolazione coxofemorale □ *to sway one's hips,* ancheggiare.
(2) hip [hip] *n.* [C] (*bot.*) **frutto della rosa canina.**
(3) hip [hip] *n.* (*abbr.* di **hypochondria**) **ipocondria.**
(4) hip [hip] *inter.* — *hip, hip, hurrah!,* evviva!
hip, hip, hurray! ['hip hip hə,rei] *inter.* **evviva!**
hipped [hipt] *a.* (*fam.*) **malinconico; triste.**
hippie ['hipi] *n.* **hippy.**
hippo ['hipou] *n.* (*pl.* **hippos;** *abbr. fam.* di **hippopotamus**) **ippopotamo.**
hippocampus [,hipou'kæmpəs] *n.* (*pl.* **hippocampi** [,hipou'kæmpai]) **1** (*mitol.*) **animale mezzo cavallo e mezzo pesce 2** (*anat.*) **ippocampo.**
hippodrome ['hipədroum] *n.* [C] **1 ippodromo 2 arena; circo.**
hippogriff, hippogryph ['hipougrif] *n.* (*mitol.*) **ippogrifo.**
hippopotamus [,hipə'pɔtəməs] *n.* (*pl.* **hippopotamuses** [,hipə'pɔtəməsiz], **hippopotami** [,hipə'pɔtəmai]) (*zool.*, Hippopotamus amphibius) **ippopotamo.**
hippy ['hipi] *n.* **hippy.**
hircine ['hə:sain] *a.* **ircino** (*lett.*); **caprino; caprigno** (*raro*).
hire ['haiə*] *n.* [U] **1 nolo; noleggio; affitto** (d'un locale, per breve tempo): *to let out horses on h.,* dare cavalli a nolo **2 salario** ● (*comm.*) *h.-purchase,* pagamento rateale; vendita a rate □ *for h.,* (di cose) da nolo; (di tassì) libero.
to **hire** ['haiə*] *v. t.* **1 noleggiare; prendere a nolo; dare a nolo; prendere in affitto** (per breve tempo): *to h. a car,* noleggiare un'automobile **2 assumere; dare lavoro a**: *to h. a servant,* assumere un domestico ● *to h. out,* noleggiare; dare a nolo; affittare □ *hired soldiers,* mercenari.
hireling ['haiəliŋ] *n.* **mercenario; individuo prezzolato.**
hirsute ['hə:sju:t] *a.* **irsuto; ispido; peloso.**
his [hiz, iz] *a.* e *pron. poss.* (*rif. a possessore masch.*) **suo, sua; suoi, sue; di lui**: *We saw his wife,* vedemmo sua moglie □ *Are you a friend of his (of John's)?,* sei un suo amico (un amico di John)?
Hispanic [his'pænik] *a.* **ispanico; spagnolo.**
Hispanicism [his'pænisizəm] *n.* [C] **ispanismo; spagnolismo.**
Hispanist ['hispənist] *n.* **ispanista.**
hispid ['hispid] *a.* **ispido; irto.**
to **hiss** [his] **A** *v. i.* **fischiare; sibilare B** *v. t.* **fischiare** (a teatro): *to h. an actor off the stage,* costringere un attore a lasciare il palcoscenico a forza di fischi.
hiss [his] *n.* [C] **fischio; sibilo.**
hist [hist] *inter.* **sst!; zitto, zitti.**
histamine ['histəmi:n] *n.* [U] (*biol.*) **istamina.**
histological [,histə'lɔdʒikəl] *a.* (*scient.*) **istologico.**
histology [his'tɔlədʒi] *n.* [U] (*scient.*) **istologia.**
historian [his'tɔ:riən] *n.* **storico; storiografo.**
historiated [his'tɔ:rieitid] *a.* (*arte*) **istoriato.**
historic [his'tɔrik] *a.* **storico** (anche *gramm.*); **famoso nella storia.**
historical [his'tɔrikəl] *a.* **storico; relativo alla storia; reale**: *a h. novel,* un romanzo storico.
historicism [his'tɔrisizəm] *n.* [U] (*filos.*) **storicismo.**
historicity [,histə'risiti] *n.* [U] **storicità.**
historiographer [,histɔ:ri'ɔgrəfə*] *n.* **storiografo.**
historiography [his,tɔ:ri'ɔgrəfi] *n.* [U] **storiografia.**
history ['histəri] *n.* [U] e [C] **storia**: *a h. lesson,* una lezione di storia.
histrion ['histriən] *n.* **istrione.**
histrionic [,histri'ɔnik] **A** *a.* **1 istrionico 2 melodrammatico; teatrale B** *n. pl.* **1** (*col verbo al sing.*) **arte drammatica 2 teatralità.**
histrionism ['histriə,nizəm] *n.* [U] (anche *psic.*) **istrionismo.**
to **hit** [hit] (*pass.* e *p.p.* **hit**) *v. t.* e *i.* **1 battere; colpire; percuotere; picchiare**: *to hit a nail,* battere un chiodo □ *to hit sb. on the head,* percuotere q. sulla testa **2 assestare, dare** (un colpo) **3** (*fig.*) **ferire, urtare** (nei sentimenti) **4 cogliere; azzeccare; indovinare**: *to hit the mark,* cogliere nel segno (anche *fig.*) □ *to hit the right answer,* indovinare la risposta esatta **5** (*sport*) **fare; segnare**: *to hit a goal,* segnare un gol ● *to hit at sb.,* cercare di colpire q. □ *to hit back,* replicare ai colpi; (*pugilato*) contrattaccare; (*sport*) battere di rimando □ *to hit below the belt,* (*pugilato*) assestare un colpo proibito (sotto la cintura); (*fig.*) agire in modo sleale □ *to hit it off well with sb.,* andare molto d'accordo con q. □ (*fig.*) *to*

hit the nail on the head (o *to hit it*), cogliere nel segno; imbroccare giusto □ *to hit (up)on*, imbattersi in; trovare per caso; escogitare.

hit [hit] *n.* [C] ***1*** **colpo; botta; percossa; urto:** *(sport) a clever hit*, un colpo ben assestato; un bel colpo ***2*** **colpo messo a segno** ***3*** (anche *lucky hit*) **colpo di fortuna; cosa che ha successo**: *to be quite a hit*, avere un grande successo □ *to make a hit*, far colpo ***4*** **bottata; frecciata** *(fig.)* ***5*** *(pop.)* **iniezione di droga; buco** *(pop.)* ● *hit-and-run driver*, pirata della strada □ *hit parade*, rassegna di successi musicali.

to **hitch** [hitʃ] ***A*** *v. i.* ***1*** **muoversi a sbalzi** (o **a strattoni)** ***2*** **impigliarsi; restare attaccato** ***B*** *v. t.* ***1*** **spostare** (q.c.) **a strattoni; strappar via** ***2*** (anche *to h. up*) **attaccare; legare** ***3*** — *to h. up*, tirar su: *to h. up one's trousers*, tirarsi su i pantaloni.

hitch [hitʃ] *n.* [C] ***1*** **sbalzo; sobbalzo; strappo; strattone** ***2*** *(naut.)* **nodo** ***3*** *(fig.)* **difficoltà; impedimento; intoppo.**

to **hitch-hike** ['hitʃhaik] *v. i.* **fare l'autostop; viaggiare con l'autostop.**

hitch-hiker ['hitʃ,haikə*] *n.* **autostoppista.**

hitch-hiking ['hitʃ,haikiŋ] *n.* [U] **autostop.**

hither ['hiðə*] *avv. (lett.)* (di moto) **qui, qua; di qui, di qua.**

hitherto [,hiðə'tu:] *avv.* **fin qui; finora.**

hitherward ['hiðəwəd] *avv. (arc.)* **verso questo posto; da questa parte.**

Hitlerian [hit'li:riən] *a. (stor.)* **hitleriano.**

Hitlerism ['hitlə,rizəm] *n.* [U] *(stor.)* **hitlerismo.**

Hitlerite ['hitlərait] *a.* e *n. (stor.)* **hitleriano.**

Hittite ['hitait] *n.* e *a. (stor.)* **ittita** (anche la lingua).

hive [haiv] *n.* [C] ***1*** **alveare; arnia** ***2*** **sciame** (d'api e *fig.*).

to **hive** [haiv] ***A*** *v. t.* ***1*** **porre** (api) **in un alveare** ***2*** **ammassare** (miele e *fig.*) ***B*** *v. i.* **vivere in comunità.**

hives [haivz] *n. pl. (med.)* **orticaria.**

ho [hou] *inter.* **oh!; ohé!; olà.**

hoar [hɔ:*] *a.* **bianco** (per es., di brina); *(fig.)* **canuto.**

hoard [hɔ:d] *n.* [C] **ammasso; mucchio; cumulo; gruzzolo; provvista.**

to **hoard** [hɔ:d] *v. t.* e *i.* **ammassare; ammucchiare; accumulare.**

hoarding ['hɔ:diŋ] *n.* [C] ***1*** **staccionata; steccato** ***2*** **riquadro per affissioni.**

hoarfrost ['hɔ:,frɔst] *n.* [U] **brina.**

hoariness ['hɔ:rinis] *n.* [U] ***1*** **bianchezza, biancore** (per es., di brina) ***2*** **canizie.**

hoarse [hɔ:s] *a.* **rauco; fioco.**

hoarseness ['hɔ:snis] *n.* [U] **raucedine.**

hoary ['hɔ:ri] *a.* ***1*** **bianco; canuto; incanutito** ***2*** *(fig.)* **antico.**

hoax [houks] *n.* [C] **beffa; burla; tiro mancino.**

to **hoax** [houks] *v. t.* **beffare; burlare; fare un tiro a** (q.).

hob [hɔb] *n.* [C] **mensola d'un focolare** (su cui tenere calde le vivande).

to **hobble** ['hɔbl] ***A*** *v. i.* ***1*** **zoppicare; camminare goffamente** ***2*** *(fig.)* **incespicare; titubare** ***B*** *v. t.* **impastoiare** ● *to h. along*, procedere zoppicando; trascinarsi a stento.

hobble ['hɔbl] *n.* [C] ***1*** **andatura zoppicante** ***2*** *(fig.)* **intralcio; impaccio** ***3*** **pastoia.**

hobbledehoy [,hɔbldi'hɔi] *n. (raro)* **adolescente goffo.**

(1) hobby ['hɔbi] *n.* [C] **hobby; passatempo preferito; passione; pallino** *(fam.)*: *Fishing is his h.*, la pesca è la sua passione.

(2) hobby ['hɔbi] *n.* (*zool.*, Falco subbuteo) **falco lodolaio; falco barletta.**

hobbyhorse ['hɔbihɔ:s] *n.* [C] ***1*** **cavalluccio di legno** (giocattolo o di una giostra) ***2*** *(fig.)* **cavallo di battaglia** *(fig.)*; **argomento preferito; pallino** *(fam.)*.

hobgoblin ['hɔb,gɔblin] *n.* [C] ***1*** **folletto** ***2*** **babau; uomo nero.**

hobnail ['hɔbneil] *n.* [C] **chiodo a capocchia grossa; chiodo da scarponi.**

hobnailed ['hɔbneild] *a.* **munito di chiodi; chiodato.**

to **hobnob** ['hɔbnɔb] *v. i.* ***1*** **bere insieme** (con q.) ***2*** **essere in grande amicizia** (con q.).

hobo ['houbou] *n.* (*pl.* **hobos, hoboes**) *(pop. USA)* **vagabondo.**

Hobson's choice [,hɔbsnz'tʃɔis] *n.* **scelta forzata; nessuna scelta; « prendere o lasciare ».**

(1) hock [hɔk] *n.* [C] **garretto** (di cavallo).

(2) hock [hɔk] *n.* [U] **vino bianco del Reno.**

(3) hock [hɔk] *n.* — *(pop.) in h.*, impegnato, pignorato; (di persona) indebitato; in galera.

to **hock** [hɔk] *v. i. (pop.)* **impegnare; pignorare.**

hockey ['hɔki] *n.* [U] *(sport)* **hockey** (su prato) ● *h. player*, giocatore di hockey; hockeista □ *ice h.*, hockey su ghiaccio.

to **hocus** ['houkəs] *v. t.* ***1*** **imbrogliare** ***2*** **drogare.**

hocus-pocus [,houkəs'poukəs] *n.* [U] **gherminella; imbroglio.**

hod [hɔd] *n.* [C] *(edil.)* **sparviero.**

hodgepodge ['hɔdʒpɔdʒ] *V.* **hotchpotch.**

hodman ['hɔdmən] *n.* (*pl.* **hodmen** ['hɔdmən]) **manovale.**

hoe [hou] *n.* [C] **zappa; marra.**

to **hoe** [hou] *v. t.* e *i.* **zappare** ● *to hoe up weeds*, sarchiare (o estirpare) le erbacce.

hoeing-machine ['houiŋ,məʃi:n] *n.* [C] *(agric.)* **sarchiatrice** (macchina).

hoer ['houə*] *n.* **zappatore, zappatrice.**

hog [hɔg] *n.* [C] **porco, maiale** (anche *fig.*) ● *hog-wash*, broda per maiali □ *to go the whole hog*, andare fino in fondo □ *(pop.) road hog*, pirata della strada.

to **hog** [hɔg] *v. t. (pop.)* **arraffare; trangugiare.**

hogback ['hɔg,bæk] *n.* [C] *(geogr.)* **dorsale.**

hoggish ['hɔgiʃ] *a.* **porcino; maialesco; avido; ingordo; sporco.**

Hogmanay ['hɔgmənei] *n. (scozz.)* **ultimo giorno dell'anno.**

hogshead ['hɔgz,hed] *n.* [C] **botte** (per birra, ecc.).

to **hoick** [hɔik] ***A*** *v. t.* **fare impennare** (un aeroplano) ***B*** *v. i.* **impennarsi.**

to **hoist** [hɔist] *v. t.* **innalzare; inalberare; sollevare;** *(naut.)* **issare.**

(1) hoist [hɔist] *n.* [C] ***1*** **montacarichi; paranco** ***2*** *(fam.)* **spinta** (verso l'alto): *to give sb. a h.*, dare una spinta a q.

(2) hoist [hɔist] *p.p. (del verbo arc.* to **hoise;** *nella frase)*: *h. with his own petard*, fatto saltare in aria dal suo stesso ordigno; *(fig.)* caduto nella propria trappola.

hoity-toity [,hɔiti'tɔiti] ***A*** *a. (fam.)* **altezzoso; arrogante** ***B*** *inter.* **ohibò!**

hokey-pokey ['houki'pouki] *n.* ***1*** [U] *V.* **hocus-pocus** ***2*** [C] *(pop.)* **gelatino** (di quelli venduti dagli ambulanti).

to **hold** [hould] (*pass.* e *p.p.* **held** [held] ***A*** *v. t.* ***1*** **tenere** (in molti sensi): **trattenere; detenere; possedere; mantenere; occupare; contenere; reputare; considerare**: *(sport) to h. a record*, detenere un primato □ *to h. sb. in great esteem*, tenere q. in grande stima □ *to h. classes*, tenere (o fare) lezione □ *This trunk cannot h. all my clothes*, questo baule non può contenere tutti i miei abiti ***2*** (anche *to h. up*) **sostenere** ***3*** **tenere avvinto; tener desta l'attenzione di**: *to h. the audience*, tenere avvinto l'uditorio ***4*** (della polizia) **fermare; tenere in carcere** ***5*** **tenere in serbo; riservare** ***6*** **occupare, ricoprire** (una carica, ecc.) ***7*** **giudicare** (specialm. *leg.*) ***8*** *(mus.)* **prolungare, sostenere** (una nota) ***9*** *(elab.)* **conservare; trattenere** ***B*** *v. i.* ***1*** **tenere; reggere; resistere** ***2*** **continuare; durare; persistere** ***3*** (anche *to h. good*) **essere valido** ***C*** *verbi composti* ***1*** *to h. (oneself) aloof*, tenersi in disparte ***2*** *to h. back*, esitare; tirarsi indietro □ *to h. sb. back*, tenere a bada (o a freno) q. □ *to h. st. back*, trattenere (o frenare, rifiutarsi di dare) q.c. ***3*** *to h. by* (o *to*), attenersi a ***4*** *to h. forth*, parlare in pubblico; dissertare □ *to h. st. forth*, offrire q.c. ***5*** *to h. st. in*, tenere a freno q.c. ***6*** *to h. off*, tenersi a distanza; stare alla larga □ *to h. sb. off*, tenere a freno (o tenere lontano) q. ***7*** *to h. st. on*, tenere fermo (o tenere a posto) q.c. □ *to h. on to*, tenersi stretto a ***8*** *to h. out*, stendere, allungare; offrire, dare: *H. your arms out!*, stendi le braccia! □ *(fig.) to h. out,* tenere duro **9** *to h. st. over,* mettere da parte (o accantonare, tenere in serbo) q.c. **10** *to h. to, V. to h. by* **11** *to h. together,* tenere uniti, tenere insieme; restare uniti **12** *to h. up,* tenere (un braccio, ecc.) alzato; trattenere; impedire; fermare, ritardare; (del tempo) mantenersi bello, durare □ *to h. sb. up,* assaltare (o rapinare) q. □ *to h. sb. up to ridicule,* esporre q. alla derisione; mettere q. in ridicolo □ *to h. st. up to view,* tenere q.c. in evidenza; mettere q.c. in bella vista ● (di legge, ecc.) *to h. good (o true),* essere valido □ *(polit.) to h. office,* essere in carica; restare al potere □ *to h. one's sides with laughter,* tenersi la pancia per le risa □ *(leg.) to h. sb. to bail,* vincolare q. con il versamento d'una cauzione □ *(fig.) not to h. water,* non essere valido; fare acqua da tutte le parti □ *(tel.) Hold the line!,* resti in linea!

(1) hold [hould] *n.* [C] e [U] **1 presa** (anche nella lotta); **stretta 2 appiglio; appoggio; sostegno 3** *(fig.)* **autorità; potere**: *to have a great h. over sb.*, esercitare una grande autorità su q. ● *to catch (o to get, to lay, to take) h. of,* afferrare; dar di piglio a □ *to have h. of st.*, tenere stretto q.c. □ *to lose h. of st.*, lasciarsi sfuggire di mano q.c.

(2) hold [hould] *n.* [C] *(naut., aeron.)* **stiva.**

holdall ['hould ɔ:l] *n.* [C] **grande valigia; sacca da viaggio.**

holdback ['houldbæk] *n.* [C] **1 intoppo; impedimento; ostacolo 2 trattenuta** (sul salario e sim.).

holder ['houldə*] *n.* **1 possessore;** *(comm.)* **detentore, portatore 2 contenitore.**

holdfast ['houldfa:st] *n.* [C] **gancio; morsetto; rampone; uncino.**

holding ['houldiŋ] *n.* **1** [C] *(agric.)* **tenuta; podere 2** *(di solito al pl.)* **proprietà, beni;** *(fin.)* **azioni, titoli.**

holdup ['houldʌp] *n.* [C] **1 rapina (a mano armata) 2 arresto, blocco, ingorgo** (del traffico, ecc.) **3** *(autom.)* **guasto meccanico 4** *(ind.)* **arresto; interruzione.**

hole [houl] *n.* [C] **1 buco** (anche *fig.*); **foro; pertugio 2 buca; fossa; cavità 3 tana** (anche *fig.*) **4** *(golf)* **buca 5** *(naut.)* **falla** ● *(fam.) h.-and-corner,* segreto; nascosto; sottobanco □ *caught like a rat in a h.*, preso in trappola □ *(fig.) to pick holes in st.*, trovar da ridire su q.c. □ *(fig.) to put sb. in a h.*, mettere q. in imbarazzo.

to **hole** [houl] **A** *v. t.* **1 bucare; forare; perforare 2** *(naut.)* **squarciare il fianco di** (una nave) **3** *(golf,* anche *to h. out)* **mettere in buca B** *v. i. (ind. mineraria)* **fare perforazioni.**

holiday ['hɔlədei] *n.* [C] **1 giorno festivo 2** *(spesso al pl.)* **vacanza, vacanze; ferie; villeggiatura**: *the Christmas holidays,* le vacanze di Natale □ *to take a month's h. in summer,* prendere un mese di vacanza in estate **B** *a. attr.* **festivo; di festa, della festa** ● *h.-maker,* villeggiante; gitante; vacanziere □ *to be on (a) h.*, essere in vacanza □ *to take a h.*, prendersi una vacanza.

to **holiday** ['hɔlədei] *v. i.* **passare le vacanze; essere in villeggiatura.**

holiness ['houlinis] *n.* [U] **santità** ● *His H.*, Sua Santità; il Papa.

holland ['hɔlənd] *n.* [U] *(ind. tessile)* **tela d'Olanda; olanda.**

Hollander ['hɔləndə*] *n.* **Olandese.**

to **holler** ['hɔlə*] *v. i.* e *t. (fam.)* **gridare; urlare; vociare.**

holler ['hɔlə*] *n.* [C] *(fam.)* **grido; urlo.**

hollo ['hɔlou] *inter.* **olà!; ohilà!; chi è là?**

to **hollo** ['hɔlou] **A** *v. i.* **gridare; vociare B** *v. t.* **1 chiamare** (q.) **con grida 2 incitare** (cani da caccia).

hollow ['hɔlou] **A** *a.* **1 cavo; incavato; vuoto**: *h. cheeks,* guance incavate **2** (di suono) **cupo; sordo 3** *(fig.)* **falso; bugiardo; vano**: *h. promises,* promesse bugiarde **B** *n.* [C] **1 cavità; cavo 2 depressione** (del terreno) ● *(fam.) to beat sb. h.*, battere q. completamente.

to **hollow** ['hɔlou] *v. t.* (anche *to h. out)* **scavare; incavare.**

hollow-eyed ['hɔlou,aid] *a.* **dagli occhi infossati.**

holly ['hɔli] *n.* [U] *(bot.,* Ilex aquifolium) **agrifoglio.**

hollyhock ['hɔlihɔk] *n.* [C] *(bot.,* Althaea rosea) **malvarosa; malvone.**

holm [houm] *n.* [C] *(bot.,* Quercus ilex) (anche *h.-oak)* **leccio.**

holmium ['houlmiəm] *n.* [U] *(chim.)* **olmio.**

holocaust ['hɔləkɔ:st] *n.* [C] **olocausto.**

Holocene ['hɔlə,si:n] *(geol.)* **A** *n.* **olocene B** *a. attr.* **olocenico.**

holograph ['hɔləgra:f] *a.* e *n.* [C] (anche *leg.)* **(documento) olografo.**

holster ['houlstə*] *n.* [C] **fondina** (di pistola).

holt [hoult] *n.* [C] **covo, tana** (specialm. di lontra).

holy ['houli] *a.* **santo; sacro**: *the H. Ghost,* lo Spirito Santo ● *(stor.) the H. Alliance,* la Santa Alleanza □ *h. day,* festa religiosa □ *the h. of holies,* il sancta sanctorum (anche *fig.)* □ *(pop.) a h. terror,* un bambino terribile; una vera peste □ *to live a h. life,* vivere santamente.

holystone ['houlistoun] *n.* [U] e [C] **mattone inglese.**

homage ['hɔmidʒ] *n.* [U] **omaggio; ossequio;** *(stor.)* **atto di vassallaggio**: *to pay h. to sb.*, rendere omaggio a q.

homburg ['hɔmbə:g] *n.* [C] **cappello di feltro** (con incavo nel cocuzzolo e tesa rialzata ai lati).

home [houm] **A** *n.* **1** [U] **casa** (natale o dove si abita); **dimora; focolare domestico; vita familiare**: *to make one's h. in the country,* mettere su casa in campagna □ *the pleasures of h.*, le gioie della vita familiare **2** [U] **patria** (anche *fig.)*: **terra natia; ambiente naturale**: *to leave India for h.*, lasciare l'India per tornare in patria **3** [C] **asilo; ricovero; casa**: *a h. for the old,* un ricovero per gli anziani **4** [U] *(sport)* **meta, traguardo;** *(baseball)* **casa base B** *a. attr.* **1 casalingo; domestico; familiare**: *h.-made,* di fattura casalinga □ *h. life,* vita familiare **2 interno; nazionale; nostrano**: *h. products,* prodotti nazionali □ *h. affairs,* affari interni **C** *avv.* **1 a casa**: *to go h.*, andare a casa **2 in patria 3 nel segno; a fondo**: *to drive a nail h.*, piantare a fondo un chiodo ● *h.-born,* nativo; indigeno □ (di birra, ecc.) *h.-brewed,* fatto in casa □ *h.-coming,* ritorno (a casa, in patria); *(USA)* raduno (di ex-studenti) □ *h. economics,* economia domestica (materia di studio) □ *(sport) a h. game,* una partita giocata in casa □ *h.-made goods,* merci di produzione nazionale □ *H. Office,* Ministero dell'Interno □ *(polit.) h. rule,* autogoverno (specialm. dell'Irlanda) □ *H. Secretary,* Ministro dell'Interno □ *an at-h.*, un ricevimento (dato in casa) □ *to be (to feel, to make oneself) at h.*, essere (sentirsi, mettersi) a proprio agio □ *to bring h. to sb. the importance of st.*, convincere q. dell'importanza di q.c. □ *not to be at h. to sb.*, non essere in casa per q. □ *to see sb. h.*, accompagnare q. a casa □ *(fam.) It's nothing to write h. about,* è cosa di nessun conto; non è un gran che.

to **home** [houm] *v. i.* (specialm. di piccioni viaggiatori) **tornare a casa; tornare alla base** (di partenza).

homeland ['houmlænd] *n.* [C] **terra natia; patria.**

homeless ['houmlis] *a.* **senza casa; senza tetto** ● *the h.*, i senzatetto.

homelike ['houmlaik] *a.* **1 familiare; semplice; alla buona 2 accogliente; comodo.**

homely ['houmli] *a.* **1 semplice; senza pretese; alla buona; alla mano 2** (specialm. *USA)* **bruttino 3 casalingo; domestico; familiare.**

(1) homer ['houmə*] *n.* [C] **piccione viaggiatore.**

(2) homer ['houmə*] *n. (fam., baseball)* **corsa alla casa base.**

Homeric [hou'merik] *a.* **omerico** ● *H. laughter,* risata omerica.

homesick ['houm,sik] *a.* **nostalgico; che soffre di nostalgia.**

homesickness ['houm,siknis] *n.* [U] **nostalgia.**

homespun ['houm,spʌn] **A** *a.* **1 tessuto in casa 2** *(fig.)* **casalingo; semplice; senza pretese B** *n.* [C] **stoffa tessuta in casa.**

homestead ['houm,sted] *n.* [C] **casa colonica; fattoria; masseria.**

homestretch [,houm'stretʃ] *n.* [C] *(sport)* **dirittura d'arrivo;** *(fig.)* **fase finale.**

home-thrust [,houm'θrʌst] *n.* [C] **stoccata (a fondo).**

homeward ['houmwəd] **A** *avv.* (anche *homewards)*

verso casa; verso la patria ***B*** *a.* **di ritorno**: *on a h. course,* sulla via del ritorno.
homework ['houmwə:k] *n.* [U] **compito** (o **compiti**) **per casa.**
homey ['houmi] *a.* *(fam.)* **casalingo; domestico; familiare; intimo; comodo; piacevole.**
homicidal [ˌhɔmi'saidl] *a.* **omicida** ● *a h. maniac,* un pazzo criminale.
homicide ['hɔmisaid] *n.* ***1*** [C] **omicida *2*** [U] **omicidio.**
homiletics [ˌhɔmi'letiks] *n. pl.* *(col verbo al sing.)* **omiletica.**
homilist ['hɔmilist] *n.* **omileta; scrittore d'omelie.**
homily ['hɔmili] *n.* [C] **omelia; predica** (anche *fig.*); **sermone.**
homing ['houmiŋ] *a.* **diretto a casa; che torna in patria** ● *h.-pigeon,* piccione viaggiatore.
hominid ['hɔminid] *n.* *(zool.)* **ominide.**
homo- ['houmou, 'hɔmə] *(nei composti)* **omo-** (indica "uguaglianza", "identità" o anche "somiglianza").
homoeopath ['houmioupæθ] *n.* *(med.)* **omeopatista.**
homoeopathic [ˌhoumiou'pæθik] *a.* *(med.)* **omeopatico** (anche *fig.*).
homoeopathy [ˌhoumi'ɔpəθi] *n.* [U] *(med.)* **omeopatia.**
homogeneity [ˌhoumoudʒi'ni:iti] *n.* [U] **omogeneità.**
homogeneous [ˌhoumou'dʒi:njəs] *a.* (anche *mat.*) **omogeneo.**
to **homogenize** [hou'mɔdʒənaiz] *v. t.* **omogeneizzare.**
homograph ['hɔməˌgra:f] *n.* [C] *(linguistica)* **omografo.**
to **homologate** [hɔ'mɔləgeit] *v. t.* *(leg., sport)* **omologare.**
homologation [houˌmɔlə'geiʃən] *n.* [U] *(leg., sport)* **omologazione.**
homological [ˌhɔmə'lɔdʒikəl] *a.* *(lett., scient.)* **omologico.**
homologous [hou'mɔləgəs] *a.* *(lett., scient.)* **omologo.**
homology [hou'mɔlədʒi] *n.* [U] *(lett., scient.)* **omologia.**
homonym ['hɔmənim] *n.* [C] **omonimo** (anche *linguistica*).
homonymous [hɔ'mɔniməs] *a.* **omonimo** (anche *linguistica*).
homonymy [hɔ'mɔnimi] *n.* [U] **omonimia.**
homophone ['hɔməfoun] *n.* [C] *(linguistica)* **omofono.**
homophony [hɔ'mɔfəni] *n.* [U] *(linguistica, mus.)* **omofonia.**
homosexual [ˌhoumou'seksjuəl] *a.* e *n.* **omosessuale.**
homosexuality [ˌhoumouseksju'æliti] *n.* [U] **omosessualità.**
hone [houn] *n.* [C] **cote; pietra per affilare** (specialm. rasoi).
to **hone** [houn] *v. t.* **affilare sulla cote.**
honest ['ɔnist] *a.* ***1*** **onesto; dabbene; leale; integro; schietto**: *an h. man,* un uomo onesto; un galantuomo ***2*** **genuino; puro** ● *to earn an h. penny,* guadagnarsi la vita onestamente.
honestly ['ɔnistli] ***A*** *avv.* ***1*** **onestamente; lealmente; sinceramente *2* davvero; sul serio**: *H., I'll do it,* lo farò, davvero ***B*** *inter.* **ma insomma!; ma via!**
honest-to-goodness [ˌɔnist tə'gudnis] *a.* *(fam.)* **genuino.**
honesty ['ɔnisti] *n.* [U] **onestà; lealtà; integrità; schiettezza.**
honey ['hʌni] *n.* ***1*** [U] **miele;** *(fig.)* **dolcezza *2*** [C] *(fam.)* **caro, cara; tesoro** ● *(zool.) h.-bee* (Apis mellifera), ape domestica □ *h.-dew,* melata.
honeycomb ['hʌnikoum] ***A*** *n.* [C] e [U] **favo *B*** *a.* **a nido d'ape.**
to **honeycomb** ['hʌnikoum] *v. t.* **crivellare; perforare.**
honeyed ['hʌnid] *a.* **melato; dolce;** *(fig.)* **mellifluo, sdolcinato.**
honeymoon ['hʌnimu:n] *n.* [C] **luna di miele.**
to **honeymoon** ['hʌnimu:n] *v. i.* **passare la luna di miele.**
honey-mouthed ['hʌniˌmauðd] *a.* **mellifluo.**
honeysuckle ['hʌniˌsʌkl] *n.* [U] *(bot.,* Lonicera caprifolium*)* **caprifoglio.**
honk [hɔŋk] *n.* [C] ***1*** **richiamo** (o **verso**) **dell'anitra selvatica *2* colpo di clacson.**
to **honk** [hɔŋk] *v. i.* ***1*** (dell'anitra) **fare il suo verso *2* suonare il clacson *3*** (del clacson) **suonare.**
honorarium [ˌɔnə'rɛəriəm] *n.* [C] **onorario.**
honorary ['ɔnərəri] *a.* **onorario; onorifico** ● *an h. degree,* una laurea ad honorem.
honorific [ˌɔnə'rifik] *a.* **onorifico**: *an h. title,* un titolo onorifico.
honour ['ɔnə*] *n.* [U] e [C] **onore**: *to be an h. to one's family,* fare onore alla propria famiglia □ *military honours,* onori (o onoranze) militari □ *to do h. to sb.,* fare onore (o atto d'omaggio, d'ossequio) a q. ● *honours degree,* laurea con lode □ *(mil.) the honours of war,* l'onore delle armi □ *to be bound in h. to do st.,* essere tenuto a fare q.c. (per lealtà) □ *to do the honours of the house,* far gli onori di casa □ *to show h. to one's parents,* onorare il padre e la madre □ *Upon my h.! (fam. H. bright!),* parola d'onore! □ *(vocat.,* a un giudice) *Your H.,* Vostro Onore.
to **honour** ['ɔnə*] *v. t.* ***1*** **onorare; far onore a; conferire un'onorificenza a *2*** *(comm.)* **onorare; far onore a**: *to h. a bill,* onorare una cambiale □ *to h. one's signature,* fare onore alla propria firma.
honourable ['ɔnərəbl] *a.* **onorevole; onorato; d'onore**: *an h. man,* un uomo d'onore ● *an h. burial,* un funerale solenne □ *Most H.,* « Onorevolissimo » □ *Right H.,* « Molto Onorevole ».
hood [hud] *n.* [C] ***1*** **cappuccio *2*** *(autom.)* **cappotta, capote** (d'automobile aperta) ***3*** **soffietto** (di carrozzina per bambini) ***4*** *(fotogr.)* **paraluce.**
to **hood** [hud] *v. t.* ***1*** **incappucciare *2*** *(autom.)* **mettere la capotta a.**
hooded ['hudid] *a.* ***1*** **incappucciato *2* a forma di cappuccio** ● *h. eyes,* occhi socchiusi.
hoodlum ['hudləm] *n.* *(fam. USA)* **teppista.**
hoodoo ['hu:du:] *n.* *(fam.,* specialm. *USA)* ***1*** [U] **sfortuna; iella** *(pop.)* ***2*** [C] **iettatore; menagramo.**
to **hoodoo** ['hu:du:] *v. t.* *(fam.,* specialm. *USA)* **portare sfortuna a.**
to **hoodwink** ['hudwiŋk] *v. t.* **abbindolare; ingannare; infinocchiare** *(pop.)*.
hooey ['hu:i] *n.* [U] e *inter.* *(pop. USA)* **sciocchezze; fesserie** *(pop.)*.
hoof [hu:f] *n.* *(pl.* **hoofs** [hu:fs], **hooves** [hu:vz]) ***1*** **zoccolo; unghia** (di cavallo, ecc.) ***2*** *(pop., scherz.)* **piede** (d'uomo); **zampa** *(pop.)* ● (di bestiame) *on the h.,* vivo; non macellato.
to **hoof** [hu:f] *v. t.* **colpire con lo zoccolo** ● *(pop.) to h. it,* andare a piedi.
hoo-ha ['hu:ha:] *n.* [U] ***1*** **blablà; chiacchiericcio *2*** **baccano.**
hook [huk] *n.* [C] ***1*** **gancio; uncino *2*** (anche *fish-h.*) **amo; rampino *3*** *(fig.)* **trappola *4*** *(pugilato)* **gancio *5*** *(geogr.)* **ansa** (di fiume, ecc.) ● *(agric.) bill-h.,* roncola □ *by h. or by crook,* di riffa o di raffa; con le buone o con le cattive □ *(pop.) to drop off the hooks,* tirar le cuoia; morire □ *(pop.) to take one's h.,* svignarsela; tagliare la corda □ *(zool.) h.-worm* (Ancylostoma), anchilostoma.
to **hook** [huk] *v. t.* e *i.* ***1*** **agganciare, agganciarsi *2*** **prendere all'amo;** *(fig.)* **accalappiare *3* curvare** (o **piegare**) **a uncino *4*** *(pugilato)* **colpire con un gancio** ● *(pop.) to h. it,* svignarsela; tagliare la corda.
hookah ['hukə] *n.* [C] **narghilè; pipa turca.**
hooked [hukt] *a.* ***1*** **ricurvo; a becco *2* provvisto di ganci** (o **di uncini**) ***3*** **fatto all'uncinetto**: *a h. rug,* un tappeto fatto all'uncinetto ***4*** *(pop.)* **sposato *5*** *(pop.)* **drogato; tossicodipendente.**
hook(e)y ['huki] *n.* — *(pop. USA) to play h.,* marinare la scuola.
hook-nosed [ˌhuk'nouzd] *a.* **dal naso a becco; dal naso aquilino.**
hook-up ['hukʌp] *n.* [C] ***1*** *(radio, telev.)* **collegamento; schema di montaggio *2*** *(autom.)* **rimando (ai) freni *3***

(fig.) **aggancio; connessione.**

hooligan ['hu:ligən] *n.* **teppista; vandalo.**

hooliganism ['hu:ligənizem] *n.* [U] **teppismo; vandalismo.**

(1) hoop [hu:p] *n.* [C] ***1*** **cerchio; cerchione; anello metallico** ***2*** **guardinfante; crinolina.**

(1) to **hoop** [hu:p] *v. t.* **cerchiare** (una botte).

(2) to **hoop** [hu:p] *v. i.* **emettere un suono secco** (come nella pertosse) ● *(med.) hooping cough,* pertosse; tosse asinina.

(2) hoop [hu:p] *n.* [C] ***1*** **suono secco** (emesso nella pertosse) ***2*** **grido.**

hoopla ['hu:pla:] *n.* [U] **gioco del lancio degli anelli.**

hoopoe ['hu:pu:] *n.* [C] *(zool.,* Upupa epops*)* **upupa.**

hooray [hu'rei] *V.* **hurrah.**

to **hoot** [hu:t] *v. i.* e *t.* ***1*** (della civetta) **chiurlare; stridere; squittire** ***2*** *(autom.)* **suonare il clacson** ***3*** (di locomotiva) **fischiare** ***4*** (di persona) **gridare** (contro q.); **fischiare**: *to h. at sb.,* fischiare q. ● *to h. sb. down,* subissare q. di urla.

hoot [hu:t] *n.* [C] ***1*** **grido** (specialm. della civetta); **strido; urlo** ***2*** *(autom.)* **colpo di clacson** ***3*** (di locomotiva, sirena, ecc.) **fischio** ● *(pop.) I don't care a h.,* non me ne importa un fico □ *(pop.) It isn't worth two hoots,* non vale un fico (secco).

hooter ['hu:tə*] *n.* [C] ***1*** *(autom.)* **clacson** ***2*** **sirena** (di fabbrica) ***3*** *(pop.)* **naso.**

Hoover ['hu:və*] *n.* [C] *(marchio)* **aspirapolvere.**

to **hoover** ['hu:və*] *v. t.* **pulire con l'aspirapolvere.**

(1) hop [hɔp] *n.* [C] ***1*** *(bot.,* Humulus lupulus*)* **luppolo** ***2*** *(pop.)* **droga.**

(1) to **hop** [hɔp] *v. i.* **raccogliere luppoli.**

(2) to **hop** [hɔp] *v. i.* e *t.* ***1*** **saltare, saltellare** ***2*** *(fam.)* **fare quattro salti; ballare** ● *(pop.) to hop it,* andarsene □ *(pop.) to hop the twig,* andarsene improvvisamente; morire.

(2) hop [hɔp] *n.* [C] ***1*** **salto** (su una gamba); **saltello; salterello** ***2*** *(fam.)* **quattro salti; ballo** ***3*** *(fam.)* **volo** (in aereo); **balzo** ● *(fam.) to be on the hop,* essere indaffarato; darsi da fare.

hope [houp] *n.* [C] e [U] **speranza** ● *to hope against h.,* sperare anche quando non c'è più motivo di speranza □ *past (o beyond) h.,* senza speranza.

to **hope** [houp] *v. i.* e *t.* **sperare**: *to h. for the best,* sperare che le cose vadano per il meglio ● *to h. against hope,* sperare nell'impossibile □ *I hope not,* spero di no □ *I hope so,* spero di sì.

hopeful ['houpful] *a.* ***1*** **pieno di speranza; speranzoso; fiducioso** ***2*** **promettente; che promette bene** ● *a young h.,* un (o una) giovane di belle speranze.

hopefulness ['houpfulnis] *n.* [U] **buona speranza; aspettazione; fiducia.**

hopeless ['houplis] *a.* ***1*** **senza speranza; disperato** ***2*** **incurabile.**

hopelessness ['houplisnis] *n.* [U] ***1*** **disperazione; irreparabilità** ***2*** **incurabilità.**

hopper ['hɔpə*] *n.* [C] **tramoggia.**

hopple ['hɔpl] *n.* *(generalm. al pl.)* **pastoia.**

hopscotch ['hɔpskɔtʃ] *n.* [U] **gioco della campana** (o **della settimana).**

horary ['hɔ:rəri] *a.* **orario.**

horde [hɔ:d] *n.* [C] **orda** (anche *fig.*); **accozzaglia.**

horehound ['hɔ:,haund] *n.* *(bot.,* Marrubium vulgare*)* **marrubio.**

horizon [hə'raizn] *n.* [C] *(astron.)* **orizzonte** (anche *fig.*): *on the h.,* all'orizzonte.

horizontal [,hɔri'zɔntl] *a.* **orizzontale.**

hormonal [hɔ:'mounl] *a.* *(biol.)* **ormonale.**

hormone ['hɔ:moun] *n.* [C] *(biol.)* **ormone.**

hormonic [hɔ:'mɔnik] *a.* *(biol.)* **ormonico.**

horn [hɔ:n] *n.* ***1*** [C] e [U] **corno** (in ogni senso); **antenna** (d'insetto): *the horns of a snail,* le corna d'una lumaca □ *a knife with a handle of h.,* un coltello col manico di corno □ *to blow a h.,* suonare il corno ***2*** [C] *(autom.)* **tromba; clacson**: *a motor-h.,* una tromba d'automobile □ *to sound the h.,* suonare il clacson ***3*** [C] *(mus.)* **tromba** (del fonografo) ● *hunting-h.,* corno da caccia □ *to be on the horns of a dilemma,* non sapere che pesci prendere □ *shoe-h.,* corno per calzare le scarpe; calzatoio.

to **horn** [hɔ:n] *v. t.* **ferire con le corna; dare cornate a.**

hornbeam ['hɔ:nbi:m] *n.* [C] *(bot.,* Carpinus betulus*)* **carpino.**

hornblende ['hɔ:nblend] *n.* [U] *(miner.)* **orneblenda.**

horned ['hɔ:nd] *a.* *(zool.)* **cornuto.**

hornet ['hɔ:nit] *n.* [C] *(zool.,* Vespa crabro*)* **calabrone** ● *(fig.) to stir up a h.'s nest,* suscitare un vespaio.

hornless ['hɔ:nlis] *a.* **senza corna;** (d'insetto) **senza antenne.**

horny [hɔ:ni] *a.* ***1*** **corneo; di corno** ***2*** *(fig.)* **calloso; incallito.**

horologe ['hɔrəlɔdʒ] *n.* [C] *(raro)* ***1*** **orologio** ***2*** **meridiana.**

horologist [hɔ'rɔlədʒist] *n.* *(raro)* **orologiaio.**

horology [hɔ'rɔlədʒi] *n.* [U] **orologeria.**

horoscope ['hɔrəskoup] *n.* [C] **oroscopo.**

horrendous [hɔ'rendəs] *a.* **orrendo; orribile.**

horrible ['hɔrəbl] *a.* **orribile; orrendo; tremendo.**

horrid ['hɔrid] *a.* ***1*** **orrido; orrendo** ***2*** *(fam.)* **cattivo; antipatico** ● *(fam.) to be h. to sb.,* comportarsi malissimo con q.

horrific [hɔ'rifik] *a.* **orrendo; orripilante.**

to **horrify** ['hɔrifai] *v. t.* ***1*** **far inorridire** ***2*** *(fam.)* **sconvolgere; scandalizzare.**

horripilation [hɔ,ripi'leiʃən] *n.* [U] **orripilazione; pelle d'oca** *(fig.).*

horror ['hɔrə*] *n.* [C] e [U] **orrore** ● *(pop.) the horrors,* delirium tremens; allucinazioni □ *h. film,* film dell'orrore □ *h.-struck (o h.-stricken),* inorridito □ *chamber of horrors,* camera degli orrori □ *to have a h. of st.,* provare ribrezzo per q.c.

hors [ɔ:] *(franc.)* avv. e prep. **fuori**: *h. de combat,* fuori combattimento ● *h. d'oeuvre,* antipasto.

horse [hɔ:s] *n.* ***1*** [C] *(zool.,* Equus caballus*)* **cavallo** (anche l'attrezzo da ginnastica): *to mount (to ride, to be on) a h.,* montare un (andare a, essere a) cavallo □ *a race-h.,* un cavallo da corsa □ *a saddle h.,* un cavallo da sella ***2*** [C] **cavalletto; sostegno; trespolo** ***3*** *(mil., collett.)* **cavalleria**: *h. and foot,* cavalleria e fanteria □ *light h.,* cavalleria leggera; cavalleggeri ***4*** *(pop.)* **eroina** (droga) ● *h.-breaker,* domatore di cavalli; scozzone □ *h.-cloth,* gualdrappa; groppiera □ *h. laugh,* risata fragorosa, sguaiata □ *(pop. USA) h. opera,* film western □ *h.-race,* corsa ippica □ *h.-racing,* ippica □ *(bot.) h.-radish* (Cochlearia armoracia), barbaforte □ *h.-riding,* equitazione □ *(fam.) h. sense,* buon senso □ *h.-tail,* coda di cavallo; *(bot.,* Equisetum*)* equiseto, coda di cavallo □ *to eat like a h.,* mangiare come un lupo □ *to mount (o to be on, to ride) one's high h.,* darsi grandi arie □ *to work like a h.,* lavorare come un mulo □ *(fig.) It's a h. of another colour,* è tutt'altra faccenda; è un altro paio di maniche.

to **horse** [hɔ:s] ***A*** *v. t.* ***1*** **provvedere** (q.) **di cavallo** (o **di cavalli)** ***2*** **portare** (q.) **a cavalluccio** ***B*** *v. i.* **montare a cavallo; cavalcare.**

horseback ['hɔ:sbæk] *n.* — *on h.,* a cavallo.

horse-chestnut ['hɔ:s'tʃestnʌt] *n.* [C] *(bot.,* Aesculus hippocastanum*)* **ippocastano.**

horseflesh ['hɔ:sfleʃ] *n.* ***1*** [U] **carne di cavallo** ***2*** *(collett.)* **cavalli.**

horse-fly ['hɔ:sflai] *n.* [C] *(zool.)* ***1*** (Tabanus) **tafano** ***2*** (Hippobosca equina) **mosca cavallina.**

horsehair ['hɔ:sheə*] *n.* [U] **crine.**

horseman ['hɔ:smən] *n.* *(pl.* **horsemen** ['hɔ:smən]) ***1*** **cavaliere; cavallerizzo** ***2*** *(mil.)* **soldato di cavalleria.**

horsemanship ['hɔ:smənʃip] *n.* [U] **equitazione.**

horseplay ['hɔ:s,plei] *n.* [U] **giochi rumorosi; scherzi rozzi.**

horsepower ['hɔ:s,pauə*] *n.* [U] *(fis.)* **cavallo vapore.**

horseshoe ['hɔ:s,ʃu:] *n.* [C] **ferro di cavallo.**

horsewhip ['hɔ:s,wip] *n.* [C] **frusta, frustino; sferza; staffile.**

to **horsewhip** ['hɔ:s,wip] *v. t.* **frustare; sferzare; staffilare.**

horsewoman ['hɔ:s,wumən] *n.* *(pl.* **horsewomen** ['hɔ:s,wimin]) **amazzone; cavallerizza.**

horsy ['hɔ:si] *a.* ***1*** **cavallino** ***2*** **appassionato di cavalli.**
hortative ['hɔ:tətiv], **hortatory** ['hɔ:tətəri] *a.* **esortativo.**
horticultural [,hɔ:ti'kʌltʃərəl] *a.* **orticolo**: *a h. show*, una mostra orticola.
horticulture ['hɔ:tikʌltʃə*] *n.* [U] **orticoltura.**
horticulturist [,hɔ:ti'kʌltʃərist] *n.* **orticoltore.**
hosanna [hou'zænə] *n.* [C] e *inter.* **osanna.**
hose [houz] *n.* ***1*** *(pl. collett.) (comm.)* **calze; calzetteria** ***2*** [C] e [U] **tubo flessibile; tubo di gomma** ***3*** [C] *(mecc.)* **manicotto.**
to **hose** [houz] *v. t.* **bagnare (o annaffiare) con un tubo flessibile** (di gomma o altro) ● *to h. down one's car*, lavare l'automobile.
hosier ['houʒə*] *n.* **negoziante di maglieria intima.**
hosiery ['houʒəri] *n.* [U] ***1*** **calze e calzini; calzetteria** ***2*** **maglieria.**
hospice ['hɔspis] *n.* [C] **ospizio; ricovero.**
hospitable ['hɔspitəbl] *a.* **ospitale.**
hospital ['hɔspitl] *n.* [C] e [U] **ospedale** ● *h. nurse*, infermiere, infermiera.
hospitality [,hɔspi'tæliti] *n.* [U] **ospitalità.**
hospitalization [,hɔspitəlai'zeiʃən] *n.* [U] ***1*** **ospedalizzazione; ricovero in ospedale** ***2*** *(fam. USA)* **assicurazione ospedaliera.**
to **hospitalize** ['hɔspitəlaiz] *v. t.* **ricoverare in ospedale.**
hospital(l)er ['hɔspitlə*] *n.* **frate ospedaliero.**
(1) host [houst] *n.* ***1*** **ospite; anfitrione** ***2*** **oste; albergatore.**
(2) host [houst] *n.* [C] ***1*** *(lett.)* **esercito; oste** *(raro)* ***2*** **folla; moltitudine; schiera.**
Host [houst] *n.* *(relig.)* **ostia (consacrata).**
hostage ['hɔstidʒ] *n.* [C] **ostaggio.**
hostel ['hɔstəl] *n.* [C] **ostello; pensionato; casa dello studente (o per lavoratori)**: *a youth h.*, un ostello della gioventù.
hostelry ['hɔstəlri] *n.* [C] *(arc.* o *scherz.)* **ostello; locanda; osteria.**
hostess ['houstis] *n.* ***1*** **ospite** (donna); **padrona di casa** ***2*** **albergatrice; locandiera** ***3*** **assistente turistica** ***4*** *(aeron.)* **hostess; assistente di volo** ***5*** **entraineuse** (in un locale notturno).
hostile ['hɔstail] *a.* **ostile; nemico; avverso.**
hostility [hɔs'tiliti] *n.* ***1*** [U] **ostilità; inimicizia** ***2*** *(al pl., mil.)* **ostilità.**
hostler ['ɔslə*] *n.* **stalliere; mozzo di stalla.**
hot [hɔt] *a.* ***1*** **caldo; molto caldo; rovente** *(anche fig.)*: *hot words*, parole roventi ***2*** **piccante** ***3*** *(fig.)* **ardente; fervido; focoso; violento** ***4*** **ancora caldo; fresco; recente;** *(fam.)* **nuovo di zecca**: *hot news*, notizie recenti ***5*** (*pop.*: di merce rubata) **che scotta**: *hot jewellery*, gioielli che scottano ● *to be (o to feel) h.*, aver caldo □ *(pop., fig.) hot air*, parole vuote □ *(fam. USA) hot dog*, panino imbottito di salsiccia calda □ *to be hot on the track of sb.*, inseguire q. da presso □ *(moda) hot pants*, hot pants (pantaloncini femminili molto corti) □ *hot pepper*, peperoncino (rosso) □ *(cucina) hot-pot*, carne in umido con patate □ *(mil., polit.) hot spot*, zona calda □ *(pop.) hot stuff*, un tipo in gamba □ *hot well*, sorgente termale □ *to blow hot and cold*, cambiar parere di continuo; essere una banderuola al vento □ *to get hot*, farsi caldo; scaldarsi, riscaldarsi □ *(fig.) to get into hot water*, mettersi nei guai □ *to go hot all over*, avere vampate di caldo □ *in hot haste*, in fretta e furia □ *to make a place too hot for sb.*, far scottare il terreno sotto i piedi a q.
to **hot** [hɔt] *v. t.* e *i.* — *to hot up*, riscaldare, riscaldarsi; *(fig.)* **rinfocolare, rinfocolarsi.**
hotbed ['hɔtbed] *n.* [C] **focolaio.**
hot-blooded [,hɔt'blʌdid] *a.* **ardente; appassionato; focoso.**
hotchpotch ['hɔtʃpɔtʃ], **hotchpot** ['hɔtʃpɔt] *n.* [U] e [C] ***1*** *(cucina)* **stufato di castrato (o di manzo); carne in umido con legumi** ***2*** *(fig.)* **guazzabuglio; miscuglio** ***3*** *(leg.)* **collazione.**
hotel [hou'tel] *n.* [C] **albergo** ● *h.-keeper*, albergatore, albergatrice.
hotelier [hou'teliə*] *n.* **albergatore, albergatrice.**
hotfoot [,hɔt'fut] *avv.* *(fam.)* **in fretta e furia.**
hothead ['hɔthed] *n.* [C] **testa calda** *(fig.)*.
hot-headed [,hɔt'hedid] *a.* **focoso; impetuoso; irruente.**
hothouse ['hɔthaus] *n.* [C] **serra** ● *h. flowers*, fiori di serra.
hotly ['hɔtli] *avv.* ***1*** **caldamente; calorosamente** ***2*** **violentemente** ***3*** **rabbiosamente** (anche *fig.*).
hotness ['hɔtnis] *n.* [U] **calore;** *(fig.)* **ardore, foga, veemenza.**
hot-tempered [,hɔt'tempəd] *a.* **collerico; irascibile.**
Hottentot ['hɔtntɔt] *n.* **ottentotto** (anche *fig.*).
hough [hɔk] *n.* [C] **garretto** (di quadrupede).
to **hough** [hɔk] *v. i.* **tagliare i garretti a** (un animale); **azzoppare.**
hound [haund] *n.* [C] ***1*** **cane da penna; bracco; segugio; levriere** ***2*** *(fig.)* **cane; individuo spregevole** ● *to follow the hounds* (o *to ride to hounds*), cacciare a cavallo, con una muta di cani.
to **hound** [haund] *v. t.* ***1*** **cacciare con i cani** ***2*** *(fig.)* **perseguitare.**
hour ['auə*] *n.* ***1*** [C] **ora** (anche *fig.*): *to hire a car by the h.*, noleggiare un'automobile a ore □ *office hours*, ore d'ufficio ***2*** *(al pl.)* **orario** ● *h. after h.*, per ore e ore □ *h.-hand*, lancetta delle ore □ *at an early h.*, di buon'ora; presto □ *at the eleventh h.*, all'ultim'ora; all'ultimo momento □ *half an h.*, mezz'ora □ *to keep early (o good) hours*, rincasare (o andare a letto) presto □ *to keep late (o bad) hours*, rincasare (o andare a letto) tardi; far le ore piccole □ *the question of the h.*, il problema del momento □ *He's the man of the h.*, è l'uomo del giorno.
hourly ['auəli] ***A*** *a.* ***1*** **orario; di ogni ora; ogni ora**: *the h. output*, la produzione oraria ***2*** **continuo** ***B*** *avv.* ***1*** **ogni ora; d'ora in ora; da un momento all'altro** ***2*** **continuamente.**
house [haus] *n.* [C] ***1*** **casa; abitazione; edificio; dimora; domicilio; casato; dinastia; casa commerciale**: *at one's h.*, a casa propria □ *to keep h.*, tenere casa; occuparsi della casa □ *an old trading h.*, una vecchia casa commerciale ***2*** *(polit.)* **Camera**: *the H. of Commons*, la Camera dei Comuni □ *the H. of Lords*, la Camera dei Lord ***3*** **teatro; pubblico** (a teatro): *a full h.*, un teatro pieno; un pienone *(fam.)* ***4*** **spettacolo teatrale** ***5*** (anche *eating-h.*) **locanda, trattoria;** (anche *public h.*) **osteria** ***6*** **capannone; recinto** ● *one's h. and home*, i propri penati □ *h.-dog*, cane da guardia □ *(teatr.) h. lights*, luci di sala □ *a h. of cards*, un castello di carte da gioco; *(fig.)* un castello in aria □ *h.-physician*, medico interno (in un ospedale) □ *h. tax*, imposta sui fabbricati □ *h.-warming*, festa d'inaugurazione di una nuova residenza □ *(fam.) to go h.-hunting*, cercare casa □ *to keep the h.*, starsene in casa □ *to proclaim st. from the h.-tops*, proclamare q.c. ai quattro venti.
to **house** [hauz] ***A*** *v. t.* ***1*** **dare una casa a; albergare; alloggiare; ospitare** ***2*** **riporre; sistemare** ***B*** *v. i.* **trovar ricovero; rifugiarsi.**
house-agent ['haus,eidʒənt] *n.* [C] **agente immobiliare; mediatore di case.**
houseboat ['hausbout] *n.* [C] **casa galleggiante.**
housebound ['hausbaund] *a.* **costretto a stare a casa; chiuso in casa.**
housebreaker ['haus,breikə*] *n.* ***1*** **scassinatore; ladro** ***2*** **demolitore di case vecchie.**
housebreaking ['haus,breikiŋ] *n.* [U] ***1*** *(leg.)* **violazione di domicilio; furto con scasso** ***2*** **demolizione di case vecchie.**
housecoat ['haus,kout] *n.* [C] **vestaglia.**
houseful ['hausful] *n.* [C] **casa piena** (di gente).
household ['haus,hould] *n.* [C] **casa; famiglia**: *the Royal H.*, la Casa Reale ● *h. affairs*, affari domestici □ *h. gods*, penati.
householder ['haus,houldə*] *n.* ***1*** **padrone di casa** ***2*** **locatario di casa** ***3*** **capofamiglia.**
housekeeper ['haus,ki:pə*] *n.* **governante** (che sovrintende alla casa).
housekeeping ['haus,ki:piŋ] *n.* [U] **governo della casa.**
houseless ['hauslis] *a.* **senza casa; senza tetto.**

housemaid ['haus,meid] *n.* **domestica; cameriera.**
housewife (*def. 1* ['hauswaif]; *def. 2* ['hʌzif]) *n.* (*pl.* **housewives,** *def. 1* ['hauswaivz]; *def. 2* ['hʌzivz]) ***1*** **casalinga; donna di casa; massaia *2* astuccio da lavoro** (con aghi, filo, ecc.).
housewifery ['hauswifəri] *n.* [U] **governo della casa; amministrazione domestica.**
housework ['hauswə:k] *n.* [U] **faccende domestiche.**
(1) housing ['hauziŋ] *n.* [U] e [C] ***1*** **alloggio; casa; sistemazione in alloggi**: *the h. problem,* il problema della casa ***2*** **ricovero; rifugio *3*** *(mecc.)* **carcassa; incastellatura.**
(2) housing ['hauziŋ] *n.* ***1*** [C] **gualdrappa *2*** *(al pl.)* **finimenti.**
hove [houv] *pass.* e *p.p.* di to **heave.**
hovel ['hɔvəl] *n.* [C] **casupola; tugurio.**
to **hover** ['hɔvə*] *v. i.* ***1*** **librarsi; librarsi a volo; volteggiare *2*** — *to h. about,* aggirarsi; gironzolare (intorno) ***3*** *(fig.)* **essere sospeso**: *to h. between life and death,* esser sospeso fra la vita e la morte.
hovercraft ['hɔvə,kra:ft] *n.* *(invar. al pl.)* *(naut.)* **hovercraft; veicolo a cuscino d'aria.**
hoverport ['hɔvə,pɔ:t] *n.* [C] *(naut.)* **porto di hovercraft.**
how [hau] ***A*** *avv.* **come; in qual modo; in che modo; quanto**: *Tell him how to do it,* digli in che modo si fa □ *How long is it?,* quant'è lungo? □ *How are you?,* come stai (di salute)? □ *How lovely!,* com'è bello! □ *How far it is!,* com'è lontano! ***B*** *n.* **(il) come; modo**: *Tell me the how and why,* ditemi il come e il perché (*fam.*, il perché e il percome) ***C*** *cong.* **come;** *(lett.)* **che** ● *How about going out at once?,* che ne diresti d'uscire subito? □ *How do you do?* (formula di saluto o presentazione), *V.* *to do* □ *How do you like it?,* ti piace?; che cosa ne dici? □ *how much,* quanto: *How much sugar have you got?,* quanto zucchero hai? □ *How now?,* che vuoi dire?; e allora? □ *How so?,* come può essere?; spiegati meglio! □ *How's that?,* come mai?; come te lo spieghi?
howdah ['haudə] *n.* [C] **palanchino** (sul dorso d'un elefante).
however [hau'evə*] ***A*** *avv.* **comunque; in qualunque modo; per quanto**: *h. that may be,* comunque stiano le cose □ *h. rich you may be,* per quanto ricco tu sia ***B*** *cong.* **nondimeno; tuttavia.**
howitzer ['hauitsə*] *n.* [C] *(mil.)* **obice.**
to **howl** [haul] ***A*** *v. i.* ***1*** **ululare; mugolare *2* urlare; gridare *B*** *v. t.* **dire** (q.c.) **urlando; gridare** ● *to h. down a speaker,* far tacere un oratore a forza di urla □ *(fam.)* *to h. with laughter,* sbellicarsi dalle risa.
howl [haul] *n.* [C] ***1*** **ululato; ululo; mugolìo *2* grido; urlo.**
howler ['haulə*] *n.* [C] ***1*** *(zool.,* Alouatta*)* **aluatta; scimmia urlatrice *2*** *(fam.)* **errore madornale; strafalcione.**
howling ['hauliŋ] *a.* *(fam.)* **enorme; strepitoso.**
howsoever [,hausou'evə*] *avv.* *(lett.)* **comunque; in qualunque modo.**
hoy [hɔi] *inter.* **ohi!; ehilà!; olà!**
hoyden ['hɔidn] *n.* **ragazza chiassosa, sguaiata; maschiaccio** *(scherz.)*.
hub [hʌb] *n.* [C] ***1*** *(mecc.)* **mozzo** (di ruota) ***2*** *(fig.)* **fulcro; centro.**
hubble-bubble ['hʌbl,bʌbl] *n.* [C] ***1*** **narghilè *2* gorgoglio *3* chiasso; baccano.**
hubbub ['hʌbʌb] *n.* [U] *(anche con l'art. indeterm.)* **chiasso; baccano; baraonda.**
hubby ['hʌbi] *n.* [C] *(fam.)* **marito; maritino.**
hubcap ['hʌbkæp] *n.* [C] *(autom.)* **coprimozzo.**
hubris ['hju:bris] *(greco)* *n.* [U] **alterigia; tracotanza.**
huckaback ['hʌkəbæk] *n.* [U] **tela operata** (per asciugamani, ecc.).
huckleberry ['hʌklberi] *n.* [C] (*bot.*, Vaccinium myrtillus) **mirtillo.**
huckster ['hʌkstə*] *n.* **venditore ambulante.**
to **huddle** ['hʌdl] ***A*** *v. i.* **accalcarsi; affollarsi; stringersi insieme *B*** *v. t.* ***1*** **ammonticchiare; ammucchiare *2* calcare; pigiare; stipare** ● *to h. (oneself) up,* raggomitolarsi; rannicchiarsi □ *to h. up st.,* abborracciare q.c.
huddle ['hʌdl] *n.* *(con l'art. indeterm.)* ***1*** **mucchio; calca; folla *2* confusione; trambusto.**
hue [hju:] *n.* [C] **colore; tinta; sfumatura.**
hue and cry [,hju:ən'krai] *n.* [U] *(anche con l'art. indeterm.)* **clamore** (o **grida**) (di chi insegue un presunto criminale) ● *(fig.)* *to raise a hue and cry against sb.,* sollevare l'indignazione popolare contro q.
to **huff** [hʌf] *v. t.* (nel gioco della dama) **buffare, soffiare** (un pezzo).
huff [hʌf] *n.* *(con l'art. indeterm.)* **risentimento; stizza** ● *to get into a h.,* stizzirsi □ *to be in a h.,* essere stizzito (o imbronciato).
huffish ['hʌfiʃ] *a.* **irascibile; permaloso.**
huffy ['hʌfi] *a.* ***1*** **irascibile; permaloso *2* adirato; offeso; stizzito.**
to **hug** [hʌg] *v. t.* ***1*** **abbracciare; stringere fra le braccia *2*** *(fig.)* **essere attaccato a *3* tenersi molto vicino a; rasentare** ● *(naut.)* *to hug the wind,* stringere il vento □ *to hug oneself on (o for, over) st.,* compiacersi di q.c.; congratularsi (con se stesso) di q.c.
hug [hʌg] *n.* [C] **abbraccio; stretta.**
huge [hju:dʒ] *a.* **enorme; immenso; smisurato.**
hugeness ['hju:dʒnis] *n.* [U] **enormità; immensità; smisuratezza.**
hugger-mugger ['hʌgə,mʌgə*] ***A*** *a.* ***1*** **segreto *2* confuso; impasticciato *B*** *avv.* ***1*** **segretamente *2* confusamente *C*** *n.* [U] ***1*** **segretezza *2* confusione; disordine.**
Huguenot ['hju:gənɔt] *n.* *(stor.)* **ugonotto.**
huh [hə] *inter.* **uh!; uhm!**
hula ['hu:lə], **hula-hula** [,hu:lə'hu:lə] *n.* [C] **hula** (danza hawaiana).
hulk [hʌlk] *n.* [C] ***1*** *(naut.)* **carcassa; scafo** (smantellato) ***2*** *(fig.)* **uomo grosso e goffo; omaccione.**
hulking ['hʌlkiŋ] *a.* ***1*** (di persona) **grosso e goffo *2*** (di oggetto) **ingrombrante.**
(1) hull [hʌl] *n.* [C] *(bot.)* **guscio; baccello; mallo** (di noci).
(1) to **hull** [hʌl] *v. t.* **sgusciare; togliere il baccello** (o **il mallo**) **a.**
(2) hull [hʌl] *n.* [C] *(naut.)* **scafo; carena.**
(2) to **hull** [hʌl] *v. t.* *(naut.)* **colpire** (una nave) **in pieno.**
hullabaloo [,hʌləbə'lu:] *n.* [C] **clamore; baccano; schiamazzo.**
hully(-)gully ['hʌli'gʌli] *n.* [C] **hully-gully** (ballo).
hullo ['hʌ'lou] *V.* **hallo.**
to **hum** [hʌm] ***A*** *v. i.* ***1*** **ronzare *2* canterellare; canticchiare** (a bocca chiusa) ***3*** (di solito *to hum and haw*) **fare « ehm »; titubare *4*** *(pop.)* **mandare cattivo odore *5*** *(fam.)* **fervere *B*** *v. t.* **canticchiare** (una canzone) ● *to hum a child to sleep,* far addormentare un bambino canticchiandogli una canzoncina □ *to make things hum,* far procedere le cose alla svelta.
(1) hum [hʌm] *n.* *(solo al sing.)* **ronzio; rumore sordo e continuo.**
(2) hum [hʌm] *inter.* **ehm!; uhm!**
human ['hju:mən] ***A*** *a.* **umano**: *a h. being,* una creatura umana ***B*** *n.* **creatura umana.**
humane [hju(:)'mein] *a.* ***1*** **benigno; mite; umano *2* umanitario *3* umanistico**: *h. studies,* studi umanistici.
humaneness [hju(:)'meinnis] *n.* [U] **benignità; cortesia; mitezza; umanità.**
humanism ['hju:mənizəm] *n.* [U] ***1*** *(letter.)* **umanesimo *2*** *(filos.)* **umanitarismo *3* studi umanistici.**
humanist ['hju:mənist] *n.* **umanista; studioso dei classici.**
humanistic [,hju:mə'nistik] *a.* *(letter.)* **umanistico.**
humanitarian [hju(:),mæni'tɛəriən] ***A*** *n.* **filantropo *B*** *a.* **umanitario; filantropico.**
humanitarianism [hju(:),mæni'tɛəriənizəm] *n.* [U] **umanitarismo; filantropia.**
humanity [hju(:)'mæniti] *n.* ***1*** [U] **umanità *2*** *(al pl.)* **studi umanistici.**
to **humanize** ['hju:mənaiz] *v. t.* e *i.* **umanizzare, umanizzarsi.**
humankind [,hju:mən'kaind] *n.* [U] **genere umano; umanità.**
humble ['hʌmbl] *a.* **umile; modesto** ● *(fig.)* *to eat h.*

pie, umiliarsi; andare a Canossa.

to **humble** ['hʌmbl] ***A*** *v. t.* **umiliare** ***B*** to **humble oneself** *v. rifl.* **umiliarsi.**

humblebee ['hʌmblbi:] *n. (zool.,* Bombus*)* **bombo.**

humbleness ['hʌmblnis] *n.* [U] **umiltà.**

humbly ['hʌmbli] *avv.* **umilmente; con umiltà** ● *h. born,* di umili natali.

humbug ['hʌmbʌg] ***A*** *n.* ***1*** [U] e [C] **imbroglio; inganno; impostura** ***2*** [C] **imbroglione; impostore** ***3*** [C] **caramella alla menta** ***B*** *inter.* **fandonie!**

to **humbug** ['hʌmbʌg] *v. t.* **imbrogliare; ingannare; corbellare** *(pop.).*

humdrum ['hʌmdrʌm] *a.* **monotono; noioso; banale; trito.**

humeral ['hju:mərəl] *a. (anat.)* **omerale.**

humerus ['hju:mərəs] *n.* (*pl.* **humeri** ['hju:mərai]) *(anat.)* **omero.**

humid ['hju:mid] *a.* **umido.**

humidifier [hju(:)'midifaiə*] *n.* **umidificatore.**

to **humidify** [hju(:)'midifai] *v. t.* **umidificare.**

humidity [hju(:)'miditi] *n.* [U] **umidità.**

to **humiliate** [hju(:)'milieit] *v. t.* **umiliare; mortificare; avvilire.**

humiliating [hju(:)'milieitiŋ] *a.* **umiliante.**

humiliation [hju(:),mili'eiʃən] *n.* [U] e [C] **umiliazione.**

humility [hju(:)'militi] *n.* [U] **umiltà.**

humming ['hʌmiŋ] *a.* ***1*** **ronzante** ***2*** *(fam.)* **attivo; energico.**

humming-bird ['hʌmiŋbə:d] *n.* [C] *(zool.)* **colibrì.**

humming-top ['hʌmiŋtɔp] *n.* [C] **trottola sonora.**

hummock ['hʌmək] *n.* [C] ***1*** **collinetta; poggio** ***2*** **cresta** (di un banco di ghiaccio).

(to) **humor** *(USA) V.* (to) **humour.**

humorist ['hju:mərist] *n.* ***1*** **umorista; scrittore umoristico** ***2*** *(per estens.)* **persona faceta.**

humoristic [,hju:mə'ristik] *a.* **umoristico.**

humorous ['hju:mərəs] *a.* ***1*** **umoristico; faceto** ***2*** **dotato di senso dell'umorismo.**

humour ['hju:mə*] *n.* [U] e [C] **umore** (in ogni senso); **stato d'animo; umorismo; vena**: *full of h.,* pieno d'umorismo □ *to have no sense of h.,* non avere il senso dell'umorismo □ *to be in a good (bad) h.,* essere di buono (di cattivo) umore □ *not to be in the h. for work,* non sentirsi in vena di lavorare ● *to be out of h.,* essere di cattivo umore.

to **humour** ['hju:mə*] *v. t.* **adattarsi agli umori di** (q.); **compiacere a** (q.); **darla vinta a** (q.).

hump [hʌmp] *n.* ***1*** [C] **gobba** ***2*** [C] **collinetta; montagnola** ***3*** *(solo al sing. con l'art. determ.) (pop.)* **malumore**: *It gives me the h.,* ciò mi mette di malumore.

to **hump** [hʌmp] *v. t.* **curvare; inarcare.**

humpback ['hʌmpbæk] *n.* [C] ***1*** **gobba** ***2*** **gobbo, gobba.**

humpbacked ['hʌmpbækt] *a.* **gobbo.**

humph [hʌmf] *inter.* **auff!; uff!**

humpty-dumpty ['hʌmpti'dʌmpti] *n.* [C] *(fam.)* **individuo piccolo e tozzo; tappo, tappetto** *(fam.).*

humpy ['hʌmpi] *a.* ***1*** **gobbo; gibboso** ***2*** *(pop.)* **di malumore.**

humus ['hju:məs] *n.* [U] *(agric.)* **humus.**

Hun [hʌn] *n.* ***1*** *(stor.)* **Unno** ***2*** *(fig.)* **barbaro; vandalo** ***3*** *(spreg.)* **tedesco; crucco** *(spreg.).*

to **hunch** [hʌntʃ] *v. t.* **curvare; arcuare; inarcare.**

hunch [hʌntʃ] *n.* [C] ***1*** **gobba; gibbosità** ***2*** **pezzo; tozzo**: *a h. of bread,* un tozzo di pane ***3*** *(fam.)* **sensazione; sospetto.**

hunchback ['hʌntʃbæk] *n.* [C] ***1*** **gobba** ***2*** **gobbo, gobba.**

hunchbacked ['hʌntʃbækt] *a.* **gobbo; gibboso.**

hundred ['hʌndrəd] *n.* e *a.* **cento; centinaio**: *a h. and twelve,* cento dodici □ *a few h. people,* alcune centinaia di persone □ *hundreds of men,* centinaia di uomini ● *(fam.) to have a h. and one things to do,* avere mille cose da fare □ *in hundreds,* a centinaia.

hundredth ['hʌndrədθ] *a.* e *n.* **centesimo.**

hundredweight ['hʌndrədweit] *n.* **hundredweight** (abbr. *cwt.*; misura di peso).

hung [hʌŋ] *pass.* e *p.p.* di **to hang.**

Hungarian [hʌŋ'gɛəriən] *a.* e *n.* **ungherese** (anche la lingua).

hunger ['hʌŋgə*] *n.* [U] **fame; appetito;** *(fig.)* **ardente desiderio**: *to die of h.,* morir di fame □ *a h. for adventure,* un ardente desiderio d'avventure ● *h. march,* marcia della fame □ *h.-marcher,* dimostrante che partecipa alla marcia della fame □ *h. strike,* sciopero della fame □ *h.-striker,* chi fa lo sciopero della fame.

to **hunger** ['hʌŋgə*] *v. i.* ***1*** **aver fame; esser affamato** ***2*** — *to h. for,* desiderare ardentemente; avere un grande desiderio di (q.c.).

hungry ['hʌŋgri] *a.* ***1*** **affamato; famelico**: *a h. look,* un aspetto famelico ***2*** *(fig.)* **bramoso; desideroso**: *to be h. for st.,* essere bramoso di q.c.; desiderare ardentemente q.c. ***3*** **che stimola l'appetito** ● *to be h.,* aver fame □ *to be as h. as a hunter,* avere una fame da lupo.

hunk [hʌŋk] *n.* [C] *(fam.)* **pezzo; tozzo.**

hunkers ['hʌŋkəz] *n. pl. (fam.)* **natiche; cosce** ● *on one's h.,* accosciato.

hunks [hʌŋks] *n.* [C] **persona gretta, spilorcia; avaro; taccagno.**

to **hunt** [hʌnt] *v. t.* e *i.* **cacciare; andare a caccia** (di); **dar la caccia a; inseguire; scacciare**: *to h. big game,* andare a caccia di selvaggina grossa ● *to h. down,* inseguire da presso; mettere alle strette □ *to h. for,* andare in cerca di □ *to h. out,* scovare □ *to h. up,* cercare (accanitamente); trovare □ *to go hunting,* andare a caccia.

hunt [hʌnt] *n.* ***1*** **caccia; partita di caccia; comitiva di cacciatori**: *to have a good h.,* far buona caccia ***2*** *(fig.)* **ricerca**: *to find st. after a long h.,* trovare q.c. dopo lunghe ricerche ***3*** **terreno di caccia.**

hunter ['hʌntə*] *n.* ***1*** **cacciatore** (anche *fig.*) ***2*** **cavallo da caccia** ***3*** **cane da caccia** ***4*** **orologio a doppia cassa.**

hunting ['hʌntiŋ] ***A*** *n.* [U] **caccia;** *(specialm.)* **caccia alla volpe** *(fox-h.)* ***B*** *a. attr.* **di (o da) caccia; per la caccia**: *a h.-box,* un capanno da caccia.

huntress ['hʌntris] *n.* **cacciatrice.**

huntsman ['hʌntsmən] *n.* (*pl.* **huntsmen** ['hʌntsmən]) ***1*** **cacciatore** ***2*** **capocaccia; bracchiere** (specialm. nella caccia alla volpe).

hurdle ['hə:dl] *n.* [C] ***1*** **graticcio; barriera portatile** ***2*** *(sport)* **ostacolo** (anche *fig.*) ***3*** (*al pl., sport*; anche *h.-race*) **corsa a ostacoli.**

to **hurdle** ['hə:dl] *v. t.* — *to h. off,* **recingere con un graticcio.**

hurdler ['hə:dlə*] *n. (sport)* **ostacolista.**

hurdy-gurdy ['hə:di,gə:di] *n.* [C] **organetto di Barberia; organino.**

to **hurl** [hə:l] ***A*** *v. t.* **lanciare; scagliare** ***B*** to **hurl oneself** *v. rifl.* **lanciarsi; scagliarsi**: *to h. oneself at* (o *upon*) *sb.,* lanciarsi contro q.

hurl [hə:l] *n.* [C] **lancio** (violento).

hurly-burly ['hə:li,bə:li] ***A*** *n.* [U] e [C] **confusione; chiasso; baccano** ***B*** *a.* **chiassoso; scompigliato.**

hurrah [hu'ra:], **hurray** [hu'rei] ***A*** *inter.* **urrà!; evviva!; viva!**: *H. for peace!,* viva la pace! ***B*** *n.* **evviva.**

to **hurrah** [hu'ra:], to **hurray** [hu'rei] ***A*** *v. i.* **gridare evviva; applaudire** ***B*** *v. t.* **applaudire; salutare** (q.) **con grida d'evviva.**

hurricane ['hʌrikən] *n.* [C] **uragano** (anche *fig.*); **ciclone** ● *h. lamp,* lanterna controvento.

hurried ['hʌrid] *a.* **affrettato; frettoloso.**

hurry ['hʌri] *n.* [U] **fretta; furia; premura; urgenza**: *There's no h.,* non c'è fretta ● *to be in a h.,* aver fretta; essere impaziente □ *to be in no h.,* non avere fretta; *(fam.)* non avere voglia (di fare q.c.) □ *to do st. in a h.,* fare q.c. in fretta e furia □ *I won't forget in a h.,* non lo dimenticherò tanto presto!

to **hurry** ['hʌri] ***A*** *v. i.* **affrettarsi; sbrigarsi; far presto; spicciarsi** ***B*** *v. t.* ***1*** **fare** (q.c.) **in fretta; affrettare; sbrigare; sollecitare** ***2*** **spedire in tutta fretta** ● *to h. along,* andare (o camminare) in fretta □ *to h. away,* andarsene precipitosamente □ *to h. sb. into doing st.,* sollecitare q. a fare q.c. □ *to h. off,* andarsene in fretta □ *H. up!,* sbrigati!; spicciati!

hurry-scurry ['hʌri'skʌri] *(fam.)* ***A*** *a.* **frettoloso; precipitoso** ***B*** *avv.* **in fretta e furia; precipitosamente.**

to **hurry-scurry** ['hʌri'skʌri] *v. i. (fam.)* **andare in**

fretta e furia; precipitarsi.
hurst [hə:st] *n.* [C] *(arc.)* *1* **collina; collinetta** *2* **banco di sabbia** *3* **bosco.**
to **hurt** [hə:t] *(pass.* e *p.p.* **hurt**) ***A*** *v. t.* **far male a; ferire** *(anche fig.)*; **danneggiare; offendere; nuocere a** ***B*** *v. i.* **far male; dolere**: *My leg hurts,* mi fa male la gamba ***C*** to **hurt oneself** *v. rifl.* **farsi male; ferirsi** ● *to h. sb.'s feelings,* urtare la suscettibilità di q.
hurt [hə:t] *n.* [U] *(o con l'art. indeterm.)* **male; ferita** *(anche fig.)*; **colpo** *(fig.)*.
hurtful ['hə:tful] *a.* *1* **dannoso; nocivo; pernicioso** *2* **che ferisce; offensivo.**
to **hurtle** ['hə:tl] ***A*** *v. i.* **fracassarsi; schiantarsi** ***B*** *v. t.* **lanciare; scagliare.**
husband ['hʌzbənd] *n.* **marito.**
to **husband** ['hʌzbənd] *v. t.* **economizzare; fare saggio uso di.**
husbandry ['hʌzbəndri] *n.* [U] *1* **lavoro dei campi** *2* **amministrazione.**
to **hush** [hʌʃ] ***A*** *v. t.* *1* **far tacere** *2* **assopire** ***B*** *v. i.* **tacere; far silenzio** ● *to h. up,* mettere a tacere; soffocare *(fig.)*.
hush [hʌʃ] ***A*** *n.* [U] **silenzio; quiete** ***B*** *inter.* **zitto!; silenzio!** ● *h. money,* prezzo del silenzio.
hushaby ['hʌʃəbai] *inter.* **ninna nanna!; fa' la nanna!**
hush-hush [ˌhʌʃ'hʌʃ] *a.* *(fam.)* **segretissimo.**
husk [hʌsk] *n.* *(generalm. al pl.)* *(agric.)* **buccia, guscio, pellicola** (specialm. di cereali); **cartoccio** (del granturco); **pula; loppa.**
to **husk** [hʌsk] *v. t.* *(agric.)* **sbucciare; mondare; spannocchiare.**
huskiness ['hʌskinis] *n.* [U] *1* **asprezza** (di voce, ecc.); **raucedine** *2* *(fam.)* **forza; robustezza.**
husky ['hʌski] *a.* *1* **pieno di bucce** (o **di gusci**); **simile a pellicola** *2* **rauco; secco; roco; fioco** *3* *(fam.)* **forte; robusto.**
Husky ['hʌski] *n.* **eschimese** (anche la lingua).
hussar [hu'za:*] *n.* *(mil.)* **ussero, ussaro.**
hussy ['hʌsi] *n.* *1* **donna leggera; fraschetta** *(fam.)* *2* **ragazza impertinente.**
hustings ['hʌstiŋz] *n. pl.* *(di solito col verbo al sing.)* *1* **campagna elettorale** *2* **tribuna** (degli oratori politici).
to **hustle** ['hʌsl] ***A*** *v. t.* **spingere; urtare; dare spintoni a; far fretta a; sollecitare** ***B*** *v. i.* *1* **affrettarsi; sbrigarsi; spicciarsi** *2* *(fam.)* **darsi da fare.**
hustle ['hʌsl] *n.* *(soltanto al sing.)* *1* **spinta, spinte; spintoni** *2* *(fam.)* **attività febbrile, incessante; trambusto.**
hustler ['hʌslə*] *n.* **persona energica, attiva.**
hut [hʌt] *n.* [C] *1* **capanna; casupola; tugurio** *2* *(mil.)* **baracca** ● *Alpine hut,* rifugio alpino; baita.
hutch [hʌtʃ] *n.* [C] *1* **gabbia** (specialm. per conigli); **conigliera** *2* **capanna; casupola** *3* *(ind. mineraria)* **carrello per montacarichi.**
hyacinth ['haiəsinθ] *n.* [C] *(bot.,* Hyacinthus orientalis*)* **giacinto.**
hyaena [hai'i:nə] *V.* **hyena.**
hyaline ['haiəlin] *a.* *(miner.)* **ialino; trasparente.**
hybrid ['haibrid] *a.* e *n.* [C] *(biol., linguistica, ecc.)* **ibrido.**
hybridism ['haibridizəm] *n.* [U] *(biol.)* **ibridismo** *(anche fig.)*.
hybridization [ˌhaibridai'zeiʃən] *n.* [U] *(biol.)* **ibridazione.**
to **hybridize** ['haibridaiz] *(biol.)* ***A*** *v. t.* **ibridare; incrociare** ***B*** *v. i.* **ottenere ibridi; fare incroci.**
hydra ['haidrə] *n.* [C] *(mitol.; zool.,* Hydra*)* **idra** *(anche fig.)*.
hydrangea [hai'dreindʒə] *n.* [C] *(bot.,* Hydrangea hortensis*)* **ortensia.**
hydrant ['haidrənt] *n.* [C] **idrante.**
hydrate ['haidreit] *n.* [C] e [U] *(chim.)* **idrato.**
to **hydrate** ['haidreit] *(chim.)* ***A*** *v. t.* **idratare** ***B*** *v. i.* **idratarsi.**
hydration [hai'dreiʃən] *n.* [U] *(chim.)* **idratazione.**
hydraulic [hai'drɔ:lik] *a.* **idraulico.**
hydraulics [hai'drɔ:liks] *n. pl.* *(col verbo al sing.)* **idraulica.**
hydro ['haidrou] *n.* *(pl.* **hydros**) *(fam.)* **stabilimento termale.**
hydro- ['haidrou, 'haidrə] *(in parole composte)* **idro-** (significa "acqua").
hydrobiology [ˌhaidroubai'ɔlədʒi] *n.* [U] *(scient.)* **idrobiologia.**
hydrocarbon [ˌhaidrou:'ka:bən] *n.* [C] *(chim.)* **idrocarburo.**
hydrocephalus [ˌhaidrou'sefələs] *n.* [U] *(med.)* **idrocefalo.**
hydrocephaly [ˌhaidrou'səfəli] *n.* [U] *(med.)* **idrocefalia.**
hydrochloric [ˌhaidrə'klɔrik] *a.* *(chim.)* **cloridrico**: *h. acid,* acido cloridrico; acido muriatico.
hydrodynamics [ˌhaidroudai'næmiks] *n. pl.* *(col verbo al sing.)* *(fis.)* **idrodinamica.**
hydroelectric [ˌhaidroui'lektrik] *a.* **idroelettrico.**
hydrofoil ['haidrəfɔil] *n.* [C] *(naut.)* *1* **piano idrodinamico** *2* **aletta idrodinamica** *3* (anche *h. boat)* **aliscafo.**
hydrogen ['haidrədʒən] *n.* [U] *(chim.)* **idrogeno** ● *h. bomb,* bomba all'idrogeno.
to **hydrogenate** [hai'drɔdʒəneit] *v. t.* *(chim.)* **idrogenare.**
hydrogenation [haiˌdrɔdʒə'neiʃən] *n.* [U] *(chim.)* **idrogenazione.**
to **hydrogenize** [hai'drɔdʒənaiz] *v. t.* *(chim.)* **idrogenare.**
hydrographer [hai'drɔgrəfə*] *n.* **idrografo.**
hydrographic(al) [ˌhaidrou'græfik(əl)] *a.* **idrografico.**
hydrography [hai'drɔgrəfi] *n.* [U] **idrografia.**
hydrology [hai'drɔlədʒi] *n.* [U] **idrologia.**
hydrolysis [hai'drɔlisis] *n.* [U] *(chim.)* **idrolisi.**
hydromechanics [ˌhaidroumi'kæniks] *n. pl.* *(col verbo al sing.)* *(fis.)* **idromeccanica.**
hydromel ['haidroumel] *n.* [U] *(lett.)* **idromele.**
hydrometer [hai'drɔmitə*] *n.* [C] *(fis.)* **idrometro.**
hydropathic [ˌhaidrə'pæθik] *a.* *(med.)* **idroterapico; termale**: *a h. establishment,* uno stabilimento idroterapico.
hydropathy [hai'drɔpəθi] *n.* [U] *(med.)* **idroterapia.**
hydrophobia [ˌhaidrə'foubjə] *n.* [U] *1* *(med.)* **idrofobia** *2* *(psic.)* **idrofobia; paura morbosa dell'acqua.**
hydrophobic [ˌhaidrə'foubik] *a.* *(med.)* **idrofobo.**
hydrophone ['haidrouˌfoun] *n.* [C] *(fis., naut.)* **idrofono.**
hydropic [hai'drɔpik] *a.* *(med.)* **idropico.**
hydroplane ['haidrouˌplein] *n.* [C] *(aeron.)* **idrovolante.**
hydroponics [ˌhaidrou'pɔniks] *n. pl.* *(col verbo al sing.)* *(bot.)* **idroponica; coltura idroponica.**
hydropsy ['haidrɔpsi] *n.* [U] *(arc., med.)* **idropisia.**
hydrosphere ['haidrouˌsfiə*] *n.* *(geogr.)* **idrosfera.**
hydrostat ['haidroustæt] *n.* [C] **regolatore di livello.**
hydrostatics [ˌhaidrou'stætiks] *n. pl.* *(col verbo al sing.)* *(fis.)* **idrostatica.**
hydrotherapy [ˌhaidrou'θerəpi] *n.* [U] *(med.)* **idroterapia.**
hydrous ['haidrəs] *a.* *(chim., miner.)* **idrato.**
hydroxide [hai'drɔksaid] *n.* [C] *(chim.)* **idrossido.**
hyena [hai'i:nə] *n.* [C] *(zool.,* Hyaena*)* **iena.**
hygiene ['haidʒi:n] *n.* [U] **igiene.**
hygienic(al) [hai'dʒi:nik(əl)] *a.* **igienico.**
hygienics [hai'dʒi:niks] *n. pl.* *(col verbo al sing.)* **igiene.**
hygienist ['haidʒinist] *n.* **igienista.**
hygrometer [hai'grɔmitə*] *n.* *(scient.)* **igrometro.**
hygroscope ['haigrəskoup] *n.* *(scient.)* **igroscopio.**
hygroscopic [ˌhaigrou'skɔpik] *a.* *(scient.)* **igroscopico.**
hymen ['haimən] *n.* *(anat.)* **imene.**
hymeneal [ˌhaime'ni(:)əl] *a.* *(lett.)* **delle nozze; imeneo.**
hymenopterans [ˌhaimə'nɔptərənz] *n. pl.* *(zool.,* Hymenoptera*)* **imenotteri.**
hymn [him] *n.* [C] **inno religioso** ● *h. book,* libro d'inni religiosi; innario.
to **hymn** [him] ***A*** *v. t.* **inneggiare a** ***B*** *v. i.* **inneggiare; cantare inni.**

hymnal ['himnəl] *n.* [C] **libro d'inni religiosi; innario.**
hymnist ['himnist], **hymnodist** ['himnədist], **hymnographer** [him'nɔgrəfə*] *n.* **innografo; compositore di inni.**
hyoid ['haiɔid] *(anat.)* ***A*** *a.* **ioide**: *h. bone,* osso ioide ***B*** *n.* **osso ioide.**
hypallage [hai'pælə,dʒi:] *n.* [U] e [C] *(retor.)* **ipallage.**
hyper- ['haipə*] *pref.* **iper-** (significa "sopra", "oltre", o indica quantità superiore al normale o eccessiva).
hyperbola [hai'pə:bələ] *n.* [C] *(geom.)* **iperbole.**
hyperbole [hai'pə:bəli] *n.* [U] e [C] *(retor.)* **iperbole.**
hyperbolic [,haipə(:)'bɔlik] *a.* *(geom.)* **iperbolico.**
hyperbolical [,haipə'bɔlikəl] *a.* *(retor.)* **iperbolico.**
hypercritic(al) [,haipə:'kritik(əl)] *a.* **ipercritico.**
hypermarket ['haipə,ma:kit] *n.* [C] *(comm.)* **ipermercato.**
hypermetric(al) [,haipə'metrik(əl)] *a.* *(poesia)* **ipermetro.**
hypermetropia [,haipə(:)mi'troupiə] *n.* [U] *(med.)* **ipermetropia.**
hypersensitive [,haipə(:)'sensitiv] *a.* **ipersensibile.**
hypersensitivity [,haipəsensi'tiviti] *n.* [U] **ipersensibilità.**
hypersonic [,haipə'sɔnik] *a.* *(fis.)* **ipersonico.**
hypertension [,haipə'tenʃən] *n.* [U] *(med.)* **ipertensione.**
hypertensive [,haipə'tensiv] *a.* e *n.* *(med.)* **iperteso.**
hypertrophic [,haipə(:)'trɔfik], **hypertrophied** [hai'pə(:)trəfid] *a.* *(med.)* **ipertrofico.**
hypertrophy [hai'pə:trəfi] *n.* [U] *(med.)* **ipertrofia.**
hyphen ['haifən] *n.* [C] **tratto d'unione; trattino; lineetta.**
to **hyphen** ['haifən], to **hyphenate** ['haifəneit] *v. t.* ***1*** **unire** (o **dividere**) **con una lineetta** ***2*** **scrivere** (una parola) **con una lineetta** ● *hyphenated words,* parole composte (che si scrivono con un trattino).
hyphenation [,haifə'neiʃən] *n.* [U] **unione** (di due parole) **mediante un trattino.**
hypnosis [hip'nousis] *n.* [U] **ipnosi.**
hypnotic [hip'nɔtik] ***A*** *a.* **ipnotico**: *in a h. state,* in stato ipnotico ***B*** *n.* [C] ***1*** **ipnotico** ***2*** **persona ipnotizzata.**
hypnotism ['hipnətizəm] *n.* [U] **ipnotismo.**
hypnotist ['hipnətist] *n.* **ipnotizzatore, ipnotizzatrice.**
to **hypnotize** ['hipnətaiz] *v. t.* **ipnotizzare.**
hypo- ['haipə,'haipou] *pref.* **ipo-** (significa "sotto" o indica quantità inferiore al normale).
hypochondria [,haipou'kɔndriə] *n.* [U] *(med.)* **ipocondria.**
hypochondriac [,haipou'kɔndriæk] *a.* e *n.* *(med.)* **ipocondriaco.**
hypocrisy [hi'pɔkrəsi] *n.* [U] e [C] **ipocrisia.**
hypocrite ['hipəkrit] *n.* **ipocrita.**
hypocritical [,hipə'kritikəl] *a.* **ipocrita.**
hypodermic [,haipə'də:mik] ***A*** *a.* *(med., anat.)* **ipodermico**: *a h. injection,* una iniezione ipodermica ***B*** *n.* **iniezione** (o **siringa**) **ipodermica.**
hypodermoclysis [,haipoudə'mɔklisis] *n.* (*pl.* **hypodermoclyses** [,haipoudə'mɔklisi:z]) *(med.)* **ipodermoclisi.**
hypogastric [,haipou'gæstrik] *a.* *(anat.)* **ipogastrico.**
hypogastrium [,haipou'gæstriəm] *n.* (*pl.* **hypogastria** [,haipou'gæstriə]) *n.* *(anat.)* **ipogastrio.**
hypophysis [hai'pɔfisis] *n.* (*pl.* **hypophyses** [hai'pɔfi,si:z]) *(anat.)* **ipofisi.**
hypostasis [hai'pɔstəsis] *n.* (*pl.* **hypostases** [hai'pɔstə,si:z]) *(med., filos., relig.)* **ipostasi.**
hypostatic(al) [,haipə'stætik(əl)] *a.* *(med., filos., relig.)* **ipostatico.**
hypotactic [,haipou'tæktik] *a.* *(linguistica)* **ipotattico.**
hypotaxis [,haipou'tæksis] *n.* [U] *(linguistica)* **ipotassi.**
hypotension [,haipou'tenʃən] *n.* [U] *(med.)* **ipotensione.**
hypotensive [,haipou'tensiv] *a.* e *n.* *(med.)* **ipoteso.**
hypotenuse [hai'pɔtinju:z] *n.* [C] *(geom.)* **ipotenusa.**
hypothecary [hai'pɔθikəri] *a.* *(leg.)* **ipotecario.**
to **hypothecate** [hai'pɔθikeit] *v. t.* *(leg.)* **ipotecare.**
hypothesis [hai'pɔθisis] *n.* (*pl.* **hypotheses** [hai'pɔθi,si:z]) **ipotesi.**
to **hypothesize** [hai'pɔθəsaiz] *v. i.* e *t.* **fare ipotesi; ipotizzare; supporre.**
hypothetic(al) [,haipou'θetik(əl)] *a.* **ipotetico.**
hypsometry [hip'sɔmitri] *n.* [U] *(geogr.)* **ipsometria.**
hyson ['haisn] *n.* [U] **tè verde della Cina.**
hyssop ['hisəp] *n.* [U] *(bot.,* Hyssopus officinalis*)* **issopo.**
hysterectomy [,histə'rektəmi] *n.* [U] e [C] *(med.)* **isterectomia.**
hysteria [his'tiəriə] *n.* [U] *(med.)* **isterismo.**
hysteric [his'terik] *(med.)* ***A*** *a.* **isterico** ***B*** *n.* **persona isterica.**
hysterical [his'terikəl] *a.* *(med.)* **isterico.**
hysterics [his'teriks] *n. pl.* *(talora col verbo al sing.)* **accesso d'isterismo; attacco isterico**: *to go into h.,* avere un attacco d'isterismo; avere una crisi di nervi.

I

(1) I, i [ai] *n.* (*pl.* **I's, i's; Is, is**) **I, i** ● *(tel.) i for Isaac,* i come Imola.
(2) I [ai] *pron. pers. 1ª pers. sing.* **io**: *you and I,* io e te □ *(lett.) It is I,* sono io (*cfr. fam.: It's me*).
iamb ['aiæmb] *n.* [C] *(poesia)* **giambo; piede giambico.**
iambic [ai'æmbik] *(poesia)* ***A*** *a.* **giambico** ***B*** *n. (generalm. al pl.)* ***1*** **giambo** ***2*** **verso giambico.**
iambus [ai'æmbəs] *V.* **iamb.**
Iberian [ai'biəriən] *a.* e *n.* **iberico.**
ibex ['aibeks] *n.* [C] (*zool.,* Capra ibex) **stambecco.**
ibidem ['ibidem, i'baidem] *(lat.) avv.* (*abbr.* **ibid., ib.**) **ibidem; nello stesso luogo.**
ibis ['aibis] *n.* [C] (*zool.,* Threskiornis) **ibis.**
ice [ais] *n.* ***1*** [U] **ghiaccio**: *ice cubes,* cubetti di ghiaccio ***2*** [C] **gelato**: *two strawberry ices,* due gelati di fragola ● *(geol.) ice age,* periodo glaciale □ *(naut.) ice-breaker,* (nave) rompighiaccio □ *(sport) ice hockey,* hockey sul ghiaccio □ *ice pick,* rompighiaccio (arnese) □ *ice water,* acqua ghiacciata □ *(fig.) to break the ice,* rompere il ghiaccio □ *(fam.) to cut no ice,* lasciare indifferente; non avere effetto.
to **ice** [ais] ***A*** *v. t.* ***1*** **ghiacciare; congelare** ***2*** **coprire di (o mettere in) ghiaccio** ***3*** *(cucina)* **glassare** ***B*** *v. i.* (spesso *to ice up, over*) **ghiacciare; gelare.**
ice-axe ['aisæks] *n.* [C] **piccozza.**
iceberg ['aisbə:g] *n.* [C] ***1*** **iceberg; montagna di ghiaccio galleggiante** ***2*** *(fig.)* **pezzo di ghiaccio; persona fredda, impassibile.**
iceblink ['aisbliŋk] *n.* [C] **riflesso del ghiaccio** (all'orizzonte).
icebound ['aisbaund] *a.* **bloccato dal ghiaccio.**
ice-box ['aisbɔks] *n.* [C] **ghiacciaia** (mobile).
ice-cream [ˌais'kri:m] *n.* [C] e [U] **gelato** ● *i. man (*o *vendor),* gelataio □ *i. shop,* gelateria.
ice-house ['aishaus] *n.* [C] **ghiacciaia** (costruzione sotterranea).
iced [aist] *a.* ***1*** **ghiacciato; coperto dal ghiaccio** ***2*** **ghiacciato; gelato; freddo** ***3*** *(cucina)* **glassato.**
Icelander ['aisləndə*] *n.* **islandese.**
Icelandic [ais'lændik] ***A*** *a.* **islandese** ***B*** *n.* **(lingua) islandese.**
ice-lolly [ˌais'lɔli] *n.* [C] **ghiacciolo** (da succhiare).
iceman ['aismæn] *n.* (*pl.* **icemen** ['aismen]) *(USA)* **« uomo del ghiaccio »; venditore di ghiaccio.**
to **ice-skate** ['aisˌskeit] *v. i. (sport)* **pattinare sul ghiaccio.**
ice-skater ['aisˌskeitə*] *n. (sport)* **pattinatore** (su ghiaccio).
ice-skating ['aisˌskeitiŋ] *n.* [U] *(sport)* **pattinaggio su ghiaccio.**
ichor ['aikɔ:*] *n.* [U] *(mitol., med.)* **icore.**
ichthyologic(al) [ˌikθiə'lɔdʒik(əl)] *a.* **ittiologico.**
ichthyologist [ˌikθi'ɔlədʒist] *n.* **ittiologo.**
ichthyology [ˌikθi'ɔlədʒi] *n.* [U] **ittiologia.**
ichthyosaurus [ˌikθiə'sɔ:rəs] *n.* (*pl.* **ichthyosauri** [ˌikθiə'sɔ:rai]) *(geol.)* **ittiosauro.**
icicle ['aisikl] *n.* [C] **ghiacciolo.**
icily ['aisili] *avv.* **gelidamente; con grande freddezza.**
iciness ['aisinis] *n.* [U] **gelidità; freddo glaciale.**
icing ['aisiŋ] *n.* [U] ***1*** *(cucina)* **glassa** ***2*** **formazione di ghiaccio.**
icon ['aikɔn] *n.* [C] **icona; icone** *(lett.).*
iconoclast [ai'kɔnəklæst] *n.* **iconoclasta** (anche *fig.*).
iconographic(al) [aiˌkɔnə'græfik(əl)] *a.* **iconografico.**
iconography [ˌaikə'nɔgrəfi] *n.* [U] **iconografia.**
icy ['aisi] *n.* **ghiacciato; gelato; gelido.**
id [id] *n. (psic.)* **id.**
I'd [aid] *contraz.* di: ***1*** **I had** ***2*** **I would** ***3*** **I should.**
idea [ai'diə] *n.* [C] **idea; opinione**: *to form an i. of st.,* farsi un'idea di q.c. □ *What an i.!,* che bell'idea! *(iron.)* □ *to force one's ideas on sb.,* imporre le proprie opinioni a q. ● *to get ideas into one's head,* mettersi idee (o fantasie) in testa □ *a man of ideas,* un uomo pieno di risorse; un uomo ingegnoso □ *The i. of it!,* figurarsi!; roba da matti!
ideal [ai'diəl] *a.* e *n.* [C] **ideale.**
idealism [ai'diəlizəm] *n.* [U] **idealismo.**
idealist [ai'diəlist] *n.* **idealista.**
idealistic [aiˌdiə'listik] *a.* **idealistico.**
idealization [aiˌdiəlai'zeiʃən] *n.* [U] e [C] **idealizzazione.**
to **idealize** [ai'diəlaiz] *v. t.* **idealizzare.**
idem ['idem, 'aidem] *(lat.) pron.* **idem; lo stesso.**
identical [ai'dentikəl] *a.* ***1*** **identico** ***2*** **medesimo; stesso; proprio.**
identifiable [aiˌdenti'faiəbl] *a.* **identificabile.**
identification [aiˌdentifi'keiʃən] *n.* [U] **identificazione; riconoscimento** ● *(leg.) i. parade,* confronto all'americana.
to **identify** [ai'dentifai] *v. t.* **identificare; riconoscere.**
identikit [ai'dentikit] *n.* [C] **identikit.**
identity [ai'dentiti] *n.* [U] e [C] (anche *mat.*) **identità** ● *i. card,* carta d'identità □ *(psic.) i. crisis,* crisi d'identità □ *(mil.) i. disk,* piastrina di riconoscimento.
ideogram ['idiougræm], **ideograph** ['idiougra(:)f] *n.* [C] **ideogramma.**
ideologic(al) [ˌaidiə'lɔdʒik(əl)] *a.* **ideologico.**
ideologist [ˌaidi'ɔlədʒist] *n.* **ideologo.**
ideology [ˌaidi'ɔlədʒi] *n.* [U] e [C] **ideologia.**
ides [aidz] *n. pl. (stor. romana)* **idi.**
id est [id'est] *locuz. lat.* (*spesso abbreviato in i.e.*) **cioè.**
idiocy ['idiəsi] *n.* [U] e [C] **idiozia.**
idiom ['idiəm] *n.* [C] ***1*** **idioma; linguaggio** ***2*** **idiotismo; espressione idiomatica; modo di dire.**
idiomatic(al) [ˌidiə'mætik(əl)] *a.* ***1*** **idiomatico; fraseologico**: *i. expressions,* espressioni idiomatiche ***2*** **ricco d'idiotismi.**
idiosyncrasy [ˌidiə'siŋkrəsi] *n.* [C] (anche *med.*) **idiosincrasia.**
idiot ['idiət] *n.* **idiota;** *(fam.)* **imbecille, stupido** ● *(pop., telev.) i. board,* gobbo □ *(pop.) i. box (*o *i.'s lantern),* televisore.
idiotic [ˌidi'ɔtik] *a.* **idiota; stupido; stolto.**
idle ['aidl] *a.* ***1*** **ozioso; pigro; inattivo; disoccupato** ***2*** *(fig.)* **futile; inutile; vano** ● *i. rumours,* voci infondate.
to **idle** ['aidl] ***A*** *v. i.* ***1*** **oziare; essere ozioso** ***2*** (d'un motore) **girare al minimo** ***B*** *v. t.* — *to i. away,* sprecare nell'ozio.
idleness ['aidlnis] *n.* [U] ***1*** **ozio; pigrizia; inattività** ***2*** *(fig.)* **oziosità; futilità; inutilità; vanità.**
idler ['aidlə*] *n.* **ozioso; pigro; fannullone.**
idly ['aidli] *avv.* ***1*** **oziosamente; pigramente** ***2*** *(fig.)* **inutilmente.**
idol ['aidl] *n.* [C] **idolo** (anche *fig.*).
idolater [ai'dɔlətə*] *n.* **idolatra** (uomo; anche *fig.*).
idolatress [ai'dɔlətris] *n.* **idolatra** (donna; anche *fig.*).
to **idolatrize** [ai'dɔlətraiz] *v. t.* e *i.* **idolatrare; idoleggiare.**
idolatrous [ai'dɔlətrəs] *a.* **idolatra; idolatrico.**
idolatry [ai'dɔlətri] *n.* [U] e [C] **idolatria** (anche *fig.*).
idolization [ˌaidəlai'zeiʃən] *n.* [U] **(l')idoleggiare; (l')idolatrare.**
to **idolize** ['aidəlaiz] *v. t.* **idoleggiare; idolatrare.**
idyl(l) ['aidil, 'idil] *n.* [C] **idillio.**
idyllic [ai'dilik, i'dilik] *a.* **idillico.**
if [if] ***A*** *cong.* ***1*** **se; nel caso che; qualora**: *I wouldn't go, if I were you,* se fossi in te, non andrei ***2*** **se; anche se; quand'anche; seppure**: *If I am wrong, you are wrong too,* se ho torto io, hai torto anche tu ***B*** *n.* [C] **se; condizione; dubbio**: *There are too many « ifs »,* ci sono troppi « se » ● *if anything,* se mai, semmai □ *if so,* se è così; se le cose stanno così □ *as if,* come se; quasi □ *If only he could come!,* se (soltanto) potesse venire! □ *He looks as if he were tired,* ha l'aria d'essere stan-

co.
igloo ['iglu:] *n.* [C] **iglù** (capanna eschimese, di ghiaccio).
igneous ['igniəs] *a.* **igneo.**
ignis fatuus [ˌignis'fætjuəs] *(lat.) n.* (*pl.* **ignes fatui** [ˌigni:z'fætjuai]) **fuoco fatuo** *(anche fig.)*.
to **ignite** [ig'nait] ***A*** *v. t.* **accendere; incendiare; infiammare** *(anche fig.)* ***B*** *v. i.* **accendersi; prendere fuoco.**
ignition [ig'niʃən] *n.* [U] ***1*** *(anche mecc., elettr.)* **accensione *2*** *(chim.)* **ignizione; accensione** ● *(autom.) i. key,* chiave dell'accensione.
ignoble [ig'noubl] *a.* **ignobile; turpe; vile.**
ignominious [ˌignə'miniəs] *a.* **ignominioso; infamante.**
ignominy ['ignəmini] *n.* [U] e [C] **ignominia; infamia.**
ignoramus [ˌignə'reiməs] *n.* [C] **ignorantone.**
ignorance ['ignərəns] *n.* [U] **ignoranza**: *from* (o *through) i.,* per ignoranza.
ignorant ['ignərənt] *a.* ***1*** **ignorante; rozzo *2* ignaro.**
to **ignore** [ig'nɔ:*] *v. t.* **fingere (o far finta) di non conoscere; ignorare; non tener conto di; trascurare.**
iguana [i'gwa:nə] *n.* [C] *(zool.,* Iguana) **iguana.**
ikebana [ˌi:kə'ba:nə] *n. (giapponese)* [U] **ikebana** (arte di disporre i fiori).
ileum ['iliəm] *n.* (*pl.* **ilea** ['iliə]) *(anat.)* **ileo.**
ilex ['aileks] *n.* [C] *(bot.,* Quercus ilex) **leccio.**
iliac ['iliæk] *a. (anat.)* **iliaco.**
Iliad ['iliəd] *n.* **Iliade.**
Ilium ['ailiəm] *n. (geogr. antica)* **Ilio.**
ilium ['iliəm] *n.* (*pl.* **ilia** ['iliə]) *(anat.)* **ilio.**
ilk [ilk] *(scozz.)* ***A*** *a.* **ogni; ciascuno *B*** *n.* **famiglia; classe; categoria.**
I'll [ail] *contraz.* di: ***1*** **I will *2* I shall.**
(1) ill [il] ***A*** *a.* (*compar.* **worse** [wə:s]; *superl. relat.* **worst** [wə:st]) ***1*** (di solito *pred.*) **ammalato; malato *2*** *(sempre attr.)* **cattivo; dannoso; malefico; nocivo; malo** *(lett.)*: *ill health,* cattiva salute □ *ill blood,* cattivo sangue; rancore □ *ill will,* cattiva volontà; malanimo ***3*** *(sempre attr.)* **cattivo; errato; sbagliato**: *ill management,* cattiva amministrazione (degli affari, ecc.) ***B*** *n.* ***1*** [U] **male**: *to do ill,* fare del male; commettere cattive azioni ***2*** *(al pl.)* **mali; disgrazie; sventure** ● *to fall* (o *to be taken) ill,* ammalarsi □ *to have ill luck,* essere sfortunato □ *a house of ill fame,* una casa di malaffare.
(2) ill [il] *avv.* ***1*** **male; malamente; in malo modo**: *to speak ill of sb.,* dire male di q. □ *to ill-treat sb.,* trattar male q. ***2*** **a mala pena; malamente; poco; scarsamente**: *to be ill provided with st.,* essere scarsamente provvisto di q.c.
ill-advised [ˌiləd'vaizd] *a.* **malaccorto; sconsiderato; imprudente.**
illation [i'leiʃən] *n.* [U] e [C] **illazione.**
ill-bred [ˌil'bred] *a.* **maleducato; rozzo.**
illegal [i'li:gəl] *a.* **illegale; illecito.**
illegality [ˌili(:)'gæliti] *n.* [U] e [C] **illegalità.**
illegibility [iˌledʒi'biliti] *n.* [U] **illeggibilità.**
illegible [i'ledʒəbl] *a.* **illeggibile; indecifrabile.**
illegitimacy [ˌili'dʒitiməsi] *n.* [U] **illegittimità.**
illegitimate [ˌili'dʒitimit] *a.* e *n.* **illegittimo.**
ill-fated [ˌil'feitid] *a.* **sfortunato; infausto.**
ill-gotten [ˌil'gɔtn] *a.* **male acquistato.**
ill-humoured [ˌil'hju:məd] *a.* **di cattivo umore; bisbetico.**
illiberal [i'libərəl] *a.* **illiberale; ingeneroso; gretto; meschino.**
illiberality [iˌlibə'ræliti] *n.* [U] **illiberalità; grettezza; meschinità.**
illicit [i'lisit] *a.* **illecito; illegale.**
illimitable [i'limitəbl] *a.* **illimitato; sconfinato; enorme.**
illiteracy [i'litərəsi] *a.* [U] ***1*** **analfabetismo *2* ignoranza.**
illiterate [i'litərit] ***A*** *a.* ***1*** **illetterato *2* incolto; ignorante *3* da persona incolta; scorretto *B*** *n.* ***1*** **analfabeta *2* persona incolta.**
ill-judged [ˌil'dʒʌdʒd] *a.* **sconsiderato; malaccorto.**
ill-mannered [ˌil'mænəd] *a.* **maleducato; rozzo.**
ill-natured [ˌil'neitʃəd] *a.* **di carattere cattivo.**
illness ['ilnis] *n.* [U] e [C] **malattia; infermità; malanno.**
illogical [i'lɔdʒikəl] *a.* **illogico.**
ill-omened [ˌil'oumend] *a.* **malaugurato; nefasto.**
ill-starred [ˌil'sta:d] *a.* **nato sotto cattiva stella; sfortunato.**
ill-timed [ˌil'taimd] *a.* **inopportuno; intempestivo.**
to **illuminate** [i'lju:mineit] *v. t.* ***1*** **illuminare** *(anche fig.)* ***2*** **delucidare; chiarire *3* miniare.**
illumination [iˌlju:mi'neiʃən] *n.* ***1*** [U] **illuminazione *2*** [U] *(fig.)* **delucidazione; chiarimento *3*** *(al pl.)* **luminaria *4*** [U] e [C] **miniatura** (di libri e sim.).
to **illumine** [i'lju:min] *v. t. (lett.)* **illuminare** *(anche fig.)*.
illusion [i'lu:ʒən] *n.* [C] e [U] **illusione.**
illusionism [i'lu:ʒənizəm] *n.* [U] **illusionismo.**
illusionist [i'lu:ʒənist] *n.* **illusionista.**
illusive [i'lu:siv], **illusory** [i'lu:səri] *a.* **illusorio; ingannevole.**
to **illustrate** ['iləstreit] *v. t.* ***1*** **illustrare; delucidare; spiegare *2* illustrare; fornire d'illustrazioni.**
illustrated [ˌiləs'treitid] ***A*** *a.* **illustrato**: *an i. magazine,* una rivista illustrata ***B*** *n.* ***1*** **quotidiano illustrato *2* rivista illustrata.**
illustration [ˌiləs'treiʃən] *n.* [U] e [C] ***1*** **illustrazione; delucidazione; spiegazione *2* illustrazione; figura.**
illustrative ['iləˌstreitiv] *a.* **illustrativo.**
illustrator ['iləˌstreitə*] *n.* **illustratore.**
illustrious [i'lʌstriəs] *a.* **illustre; celebre; famoso; insigne.**
I'm [aim] *contraz.* di **I am.**
image ['imidʒ] *n.* [C] ***1*** **immagine; effigie; idolo; ritratto** *(fig.)* ***2*** *(fig.)* **immagine; simbolo; specchio** *(fig.)* ***3*** *(retor.)* **figura retorica** ● *i. worship,* iconolatria.
to **image** ['imidʒ] *v. t.* ***1*** **raffigurare; rappresentare; ritrarre *2* riflettere; rispecchiare *3* immaginare, immaginarsi.**
imagery ['imidʒəri] *n.* [U] **immagini; linguaggio immaginoso; figure retoriche.**
imaginable [i'mædʒinəbl] *a.* **immaginabile.**
imaginary [i'mædʒinəri] *a.* **immaginario; irreale.**
imagination [iˌmædʒi'neiʃən] *n.* [U] e [C] **fantasia; immaginazione.**
imaginative [i'mædʒinətiv] *a.* **fantasioso; immaginoso.**
imaginativeness [i'mædʒinətivnis] *n.* [U] **immaginativa; fantasia.**
to **imagine** [i'mædʒin] ***A*** *v. t.* **immaginare, immaginarsi; figurarsi *B*** *v. i.* **fantasticare** ● *Just imagine (it)!,* immagina un po'!; te l'immagini?
imbalance [im'bæləns] *n.* [U] *(anche con l'art. indeterm.)* ***1*** **squilibrio; sperequazione *2*** *(econ.)* **squilibrio; sbilancio.**
imbecile ['imbisail] *a.* e *n.* **imbecille; ebete; scemo; stupido.**
imbecility [ˌimbi'siliti] *n.* [U] e [C] **imbecillità; imbecillaggine; scemenza.**
to **imbibe** [im'baib] *v. t.* ***1*** **aspirare; assorbire *2*** *(fig.)* **imbeversi di; assimilare *3*** *(fam.)* **bere.**
to **imbue** [im'bju:] *v. t.* ***1*** **imbevere; impregnare; permeare *2*** *(fig.)* **infondere; instillare.**
imitable ['imitəbl] *a.* **imitabile.**
to **imitate** ['imiteit] *v. t.* **imitare; contraffare; copiare.**
imitation [ˌimi'teiʃən] ***A*** *n.* [U] e [C] **imitazione; contraffazione *B*** *a. attr.* **contraffatto; artificiale; falso; finto** ● *i. leather,* finto cuoio; similpelle.
imitative ['imitətiv] *a.* ***1*** **imitativo**: *the i. arts,* le arti imitative (o figurative) ***2*** **onomatopeico.**
imitator ['imiteitə*] *n.* **imitatore, imitatrice; contraffattore, contraffattrice.**
immaculate [i'mækjulit] *a.* **immacolato; incontaminato; puro** ● *(relig.) the I. Conception,* l'Immacolata Concezione.
immanence ['imənəns] *n.* [U] *(filos.)* **immanenza.**
immanent ['imənənt] *a. (filos.)* **immanente.**
immaterial [ˌimə'tiəriəl] *a.* ***1*** **immateriale; spirituale *2* irrilevante; senza importanza.**
to **immaterialize** [ˌimə'tiəriəlaiz] *v. t.* **rendere imma-**

teriale.
immature [ˌimə'tjuə*] *a.* **immaturo** (anche *fig.*).
immaturity [ˌimə'tjuəriti] *n.* [U] **immaturità.**
immeasurability [iˌmeʒərə'biliti], **immeasurableness** [i'meʒərəblnis] *n.* [U] **incommensurabilità; immensurabilità** (*raro*).
immeasurable [i'meʒərəbl] *a.* **incommensurabile.**
immediacy [i'mi:djəsi] *n.* [U] ***1*** **immediatezza** ***2*** **prossimità; vicinanza.**
immediate [i'mi:djət] *a.* ***1*** **immediato; diretto** ***2*** **prossimo; stretto.**
immediately [i'mi:djətli] *avv.* **immediatamente; direttamente; subito; all'istante; senza indugio.**
immemorial [ˌimi'mɔ:riəl] *a.* **immemorabile; antichissimo**: *from time i.*, da tempo immemorabile.
immense [i'mens] *a.* **immenso; smisurato; enorme.**
immensity [i'mensiti] *n.* [U] **immensità; smisuratezza.**
immensurable [i'menʃurəbl] *a.* **immensurabile** (*raro*); **smisurato.**
to **immerse** [i'mə:s] ***A*** *v. t.* **immergere** (anche *fig.*) ***B*** to **immerse oneself** *v. rifl.* **immergersi** (anche (*fig.*): *to i. oneself in work,* immergersi nel lavoro.
immersion [i'mə:ʃən] *n.* [U] e [C] ***1*** **immersione** (anche *fig.*) ***2*** (*relig.*) **battesimo per immersione.**
immigrant ['imigrənt] *a.* e *n.* **immigrante.**
to **immigrate** ['imigreit] ***A*** *v. i.* **immigrare** ***B*** *v. t.* **far immigrare.**
immigration [ˌimi'greiʃən] *n.* [U] e [C] **immigrazione.**
imminence ['iminəns] *n.* [U] **imminenza.**
imminent ['iminənt] *a.* **imminente; prossimo.**
immiscible [i'misibl] *a.* **non mescolabile.**
immitigable [i'mitigəbl] *a.* **implacabile.**
immobile [i'moubail] *a.* **immobile.**
immobility [ˌimou'biliti] *n.* [U] **immobilità.**
immobilization [iˌmoubilai'zeiʃən] *n.* [U] **immobilizzazione.**
to **immobilize** [i'moubilaiz] *v. t.* ***1*** **immobilizzare** ***2*** (*econ.*) **ritirare** (moneta metallica) **dalla circolazione.**
immoderate [i'mɔdərit] *a.* **smoderato; smodato; eccessivo.**
immoderation [iˌmɔdə'reiʃən] *n.* [U] **smoderatezza; eccessività.**
immodest [i'mɔdist] *a.* ***1*** **immodesto; impudico** ***2*** **impudente; sfacciato; spudorato** ***3*** (d'abito, ecc.) **indecente; indecoroso.**
immodesty [i'mɔdisti] *n.* [U] ***1*** **immodestia; impudicizia** ***2*** **impudenza; sfacciataggine; spudoratezza** ***3*** **indecenza; indecorosità.**
to **immolate** ['imouleit] *v. t.* **immolare** (anche *fig.*); **sacrificare.**
immolation [ˌimou'leiʃən] *n.* [U] e [C] **immolazione; sacrificio.**
immoral [i'mɔrəl] *a.* **immorale; dissoluto.**
immorality [ˌimə'ræliti] *n.* [U] e [C] **immoralità; dissolutezza.**
immortal [i'mɔ:tl] *a.* **immortale; eterno; perenne; perpetuo.**
immortality [ˌimɔ:'tæliti] *n.* [U] **immortalità.**
to **immortalize** [i'mɔ:təlaiz] *v. t.* **immortalare.**
immortelle [ˌimɔ:'tel] *n.* [C] (*bot.*) **pianta perenne; sempreviva.**
immovability [iˌmu:və'biliti] *n.* [U] ***1*** **inamovibilità** ***2*** **irremovibilità** ***3*** **impassibilità.**
immovable [i'mu:vəbl] *a.* ***1*** **inamovibile; fisso** ***2*** **irremovibile** ***3*** (*leg.*) **immobile**: *i. property,* beni immobili ***4*** **imperturbabile; impassibile** ● (*leg.*) *immovables,* beni immobili.
immune [i'mju:n] *a.* **immune** (anche *med.*); **esente.**
immunity [i'mju:niti] *n.* [U] **immunità; esenzione.**
immunization [ˌimju(:)nai'zeiʃən] *n.* [U] (*med.*) **immunizzazione.**
to **immunize** ['imju(:)naiz] *v. t.* (*med.*) **immunizzare.**
immunologic(al) [iˌmjunou'lɔdʒik(əl)] *a.* (*med.*) **immunologico.**
immunologist [ˌimju'nɔlədʒist] *n.* (*med.*) **immunologo.**
immunology [ˌimju'nɔlədʒi] *n.* [U] (*med.*) **immunologia.**
immunotherapy [ˌimju(:)nou'θerəpi] *n.* [U] (*med.*) **immunoterapia.**
to **immure** [i'mjuə*] ***A*** *v. t.* **imprigionare; rinchiudere (fra quattro mura)** ***B*** to **immure oneself** *v. rifl.* ***1*** **rinchiudersi** ***2*** **immergersi, sprofondarsi** (*fig.*).
immutability [iˌmju:tə'biliti] *n.* [U] **immutabilità.**
immutable [i'mju:təbl] *a.* **immutabile.**
imp [imp] *n.* [C] ***1*** **diavoletto; demonietto; folletto** ***2*** (*fig.*) **diavoletto; monello.**
impact ['impækt] *n.* ***1*** [C] **collisione; cozzo; urto** ***2*** [U] **forza d'urto; pressione;** (*fig.*) **forte influsso.**
to **impact** [im'pækt] *v. t.* **configgere; ficcare; incuneare; comprimere.**
impaction [im'pækʃən] *n.* [U] **incuneamento; compressione.**
to **impair** [im'pɛə*] *v. t.* **danneggiare; deteriorare; intaccare; pregiudicare.**
impairment [im'pɛəmənt] *n.* [U] **danneggiamento; deterioramento; diminuzione; menomazione; peggioramento; riduzione.**
to **impale** [im'peil] *v. t.* ***1*** **impalare** ***2*** (*fig.*) **far restare impalato.**
impalpable [im'pælpəbl] *a.* ***1*** **impalpabile** ***2*** (*fig.*) **incomprensibile; impercettibile.**
imparisyllabic [imˌpærisi'læbik] *a.* (*gramm., poesia*) **imparisillabo.**
imparity [im'pæriti] *n.* [U] (*raro*) **imparità; disparità.**
to **impart** [im'pa:t] *v. t.* ***1*** **impartire** ***2*** **comunicare; rivelare.**
impartial [im'pa:ʃəl] *a.* **imparziale; equo; equanime.**
impartiality [imˌpa:ʃi'æliti] *n.* [U] **imparzialità; equità; equanimità.**
impassability [imˌpa:sə'biliti] *n.* [U] **impraticabilità; invalicabilità.**
impassable [im'pa:səbl] *a.* **impraticabile; invalicabile; inguadabile.**
impasse [im'pa:s] (*franc.*) *n.* (*generalm. al sing.*) ***1*** **vicolo cieco, impasse** (anche *fig.*); **situazione senza via d'uscita** ***2*** (*econ.*) **fase di stanchezza; ristagno.**
impassible [im'pæsibl] *a.* (*raro*) **impassibile; imperturbabile.**
to **impassion** [im'pæʃən] *v. t.* **appassionare; infiammare** (*fig.*).
impassioned [im'pæʃənd] *a.* **appassionato; infiammato** (*fig.*).
impassive [im'pæsiv] *a.* **impassibile; imperturbabile; insensibile.**
impassiveness [im'pæsivnis], **impassivity** [ˌimpæ'siviti] *n.* [U] **impassibilità; imperturbabilità; insensibilità.**
to **impaste** [im'peist] *v. t.* **impastare.**
impatience [im'peiʃəns] *n.* [U] **impazienza; insofferenza; intolleranza.**
impatient [im'peiʃənt] *a.* **impaziente; insofferente; intollerante.**
to **impeach** [im'pi:tʃ] *v. t.* ***1*** (*leg.*) **accusare; denunciare; incriminare**: *to i. sb. of* (o *with*) *a crime,* accusare q. d'un delitto ***2*** **mettere in dubbio; sollevare dubbi su**: *to i. sb.'s honour,* sollevare dubbi sull'onorabilità di q. ● (*leg.*) *to i. a witness,* censurare la deposizione di un teste.
impeachable [im'pi:tʃəbl] *a.* **accusabile; denunciabile; incriminabile.**
impeachment [im'pi:tʃmənt] *n.* [U] e [C] ***1*** (*leg.*) **accusa; denuncia; incriminazione** ***2*** **censura.**
impeccability [imˌpekə'biliti] *n.* [U] **impeccabilità; irreprensibilità; inappuntabilità.**
impeccable [im'pekəbl] *a.* **impeccabile; irreprensibile; inappuntabile.**
impecunious [ˌimpi'kju:njəs] *a.* **privo di denaro; povero.**
impedance [im'pi:dəns] *n.* [U] (*anche con l'art. indeterm.*) (*elettr.*) **impedenza.**
to **impede** [im'pi:d] *v. t.* **impedire; inceppare; intralciare; ostacolare.**

impediment [im'pedimənt] *n.* [C] **1 impedimento** (anche *leg.*); **ostacolo 2** (anche *speech i.*) **balbuzie.**
to **impel** [im'pel] *v. t.* **incitare; spronare; spingere**: *to i. sb. to do st.*, incitare q. a fare q.c.
impellent [im'pelənt] *a.* **impellente.**
to **impend** [im'pend] *v. i.* **incombere; essere imminente; sovrastare.**
impendent [im'pendənt] *a.* **incombente; imminente; sovrastante.**
impenetrability [im,penitrə'biliti] *n.* [U] **1 impenetrabilità;** *(fig.)* **incomprensibilità 2 ottusità.**
impenetrable [im'penitrəbl] *a.* **1 impenetrabile;** *(fig.)* **incomprensibile 2 ottuso.**
impenitence [im'penitəns], **impenitency** [im'penitənsi] *n.* [U] **impenitenza.**
impenitent [im'penitənt] *a.* **impenitente.**
imperative [im'perətiv] ***A*** *a.* **1 imperativo** (anche *gramm.*); **imperioso**: *(gramm.) the i. mood,* il modo imperativo **2 essenziale; necessario *B*** *n.* [C] *(gramm., filos.)* **imperativo.**
imperceptible [,impə'septəbl] *a.* **impercettibile.**
imperfect [im'pə:fikt] ***A*** *a.* (anche *gramm.*) **imperfetto *B*** *n.* [C] *(gramm.)* **imperfetto.**
imperfection [,impə'fekʃən] *n.* [U] e [C] **imperfezione.**
imperial [im'piəriəl] ***A*** *a.* **1 imperiale**: *His I. Majesty,* Sua Maestà Imperiale **2 maestoso; magnifico *B*** *n.* [C] **1 imperiale** (di carrozza, autobus, ecc.) **2 pizzo** (foggia di barba) **3 imperiale** (moneta russa).
imperialism [im'piəriəlizəm] *n.* [U] **imperialismo.**
imperialist [im'piəriəlist] *n.* **imperialista.**
imperialistic [im,piəriə'listik] *a.* **imperialistico.**
to **imperil** [im'peril] *v. t.* **mettere in pericolo.**
imperious [im'piəriəs] *a.* **1 imperioso 2 impellente; necessario.**
imperiousness [im'piəriəsnis] *n.* [U] **1 imperiosità 2 necessità.**
imperishable [im'periʃəbl] *a.* **imperituro; indistruttibile.**
impermanence [im'pə:mənəns], **impermanency** [im'pə:mənənsi] *n.* [U] **precarietà; temporaneità.**
impermanent [im'pə:mənənt] *a.* **precario; temporaneo.**
impermeability [im,pə:mjə'biliti] *n.* [U] **impermeabilità.**
impermeable [im'pə:mjəbl] *a.* **impermeabile.**
impersonal [im'pə:sənl] *a.* (anche *gramm.*) **impersonale.**
impersonality [im,pə:sə'næliti] *n.* [U] **impersonalità.**
to **impersonate** [im'pə:səneit] *v. t.* **1 impersonare; personificare 2 interpretare** (un personaggio) **3 spacciarsi per** (q.).
impersonation [im,pə:sə'neiʃən] *n.* [U] e [C] **1 personificazione 2 interpretazione** (d'una parte, a teatro); **imitazione** (d'un personaggio).
impersonator [im'pə:səneitə*] *n.* **1 chi impersona 2** *(teatr.)* **interprete 3 imitatore; chi fa l'imitazione di personaggi noti.**
to **impersonify** [,impə'sɔnifai] *v. t.* **impersonare; personificare.**
impertinence [im'pə:tinəns] *n.* [U] e [C] **1 impertinenza 2 non pertinenza; irrilevanza.**
impertinent [im'pə:tinənt] *a.* **1 impertinente 2 non pertinente; irrilevante.**
imperturbability [,impə(:)tə:bə'biliti] *n.* [U] **imperturbabilità.**
imperturbable [,impə(:)'tə:bəbl] *a.* **imperturbabile.**
impervious [im'pə:vjəs] *a.* **1 impervio; inaccessibile 2 impenetrabile 3** *(fig.)* **sordo; che non dà importanza.**
impetigo [,impi'taigou] *n.* [U] *(med.)* **impetigine.**
to **impetrate** ['impitreit] *v. t.* **impetrare.**
impetuosity [im,petju'ɔsiti] *n.* **1** [U] **impetuosità; impulsività 2** [C] **azione impetuosa; osservazione precipitosa.**
impetuous [im'petjuəs] *a.* **impetuoso; precipitoso; impulsivo.**
impetus ['impitəs] *n.* **1** [U] **impeto; foga; slancio; veemenza 2** [C] *(fig.)* **impulso; incentivo.**
impiety [im'paiəti] *n.* [U] e [C] **empietà.**
to **impinge** [im'pindʒ] *v. i.* — *to i. on (o upon, against),* urtare (o sbattere) contro; *(fig.)* violare.
impingement [im'pindʒmənt] *n.* [U] e [C] **1 urto 2 interferenza; violazione.**
impious ['impiəs] *a.* **empio.**
impish ['impiʃ] *a.* **birichino; malizioso; sbarazzino.**
implacability [im,plækə'biliti] *n.* [U] **implacabilità.**
implacable [im'plækəbl] *a.* **implacabile.**
to **implant** [im'pla:nt] *v. t.* **1 piantare; fissare 2** *(fig.)* **inculcare; imprimere; instillare.**
implant ['im,pla:nt] *n.* [C] *(med.)* **impianto.**
implantation [,impla:n'teiʃən] *n.* [U] **1 (il) piantare; fissamento 2** *(fig.)* **(l')inculcare; (l')imprimere 3** *(med.)* **impianto.**
implantology [,impla:n'tɔlədʒi] *n.* [U] *(med.)* **implantologia.**
implausibile [im'plɔ:zibl] *a.* **non plausibile.**
implement ['implimənt] *n.* [C] **attrezzo; arnese; utensile.**
to **implement** ['impli,ment] *v. t.* **adempiere; completare.**
to **implicate** ['implikeit] *v. t.* **implicare; coinvolgere.**
implication [,impli'keiʃən] *n.* [U] e [C] **implicazione** ● *by i.*, implicitamente □ *with the i. that,* sottintendendo che.
implicative [im'plikətiv], **implicatory** [im'plikətəri] *a.* **implicante; che implica.**
implicit [im'plisit] *a.* **1 implicito; tacito; sottinteso 2 assoluto; completo; incondizionato.**
implied [im'plaid] *a.* (anche *leg.*) **implicito; tacito.**
to **implore** [im'plɔ:*] *v. t.* **implorare; impetrare; supplicare**: *to i. sb. for st.*, implorare q. per q.c.
imploring [im'plɔ:riŋ] *a.* **implorante; supplichevole.**
imploringly [im'plɔ:riŋli] *avv.* **supplichevolmente.**
to **imply** [im'plai] *v. t.* **1 implicare 2 denotare 3 insinuare.**
impolite [,impə'lait] *a.* **scortese; sgarbato; maleducato.**
impoliteness [,impə'laitnis] *n.* [U] **scortesia; sgarbatezza; villania.**
impolitic [im'pɔlitik] *a.* **impolitico; imprudente; inopportuno.**
imponderability [im,pɔndərə'biliti] *n.* [U] **imponderabilità.**
imponderable [im'pɔndərəbl] *a.* **imponderabile.**
to **import** [im'pɔ:t] *v. t.* **1** *(econ.* e *fig.)* **importare; introdurre 2 implicare; significare 3 interessare a.**
import ['impɔ:t] *n.* **1** [U] **importanza; momento**: *a matter of great i.*, una questione di grande importanza **2** [U] **senso; significato 3** [U] e [C] *(econ.)* **importazione.**
importance [im'pɔ:təns] *n.* [U] **1 importanza 2** (anche *self-i.*) **sussiego.**
important [im'pɔ:tənt] *a.* **importante.**
importation [,impɔ:'teiʃən] *n.* [U] e [C] *(econ.)* **importazione.**
importer [im'pɔ:tə*] *n.* *(econ.)* **1 importatore, importatrice 2 ditta importatrice.**
importunate [im'pɔ:tjunit] *a.* **1 importuno; molesto 2 pressante.**
to **importune** [im'pɔ:tju:n] *v. t.* **importunare; molestare.**
importunity [,impɔ:'tjuniti] *n.* [U] **importunità.**
to **impose** [im'pouz] ***A*** *v. t.* **imporre** (in ogni senso): *to i. st. on (o upon) sb.*, imporre q.c. a q. ***B*** *v. i.* — *to i. on (o upon),* approfittare di.
imposing [im'pouziŋ] *a.* **imponente; grandioso; solenne.**
imposition [,impə'ziʃən] *n.* **1** [U] **imposizione 2** [C] **imposta; tributo 3** [C] **penso** *(arc.)*; **compito scolastico assegnato per punizione 4** [C] **imbroglio; inganno.**
impossibility [im,pɔsə'biliti] *n.* **1** [U] **impossibilità 2** [C] **cosa impossibile.**
impossible [im'pɔsəbl] *a.* **1 impossibile 2 assurdo; inverosimile 3** *(fam.)* **insopportabile; intrattabile.**

impost ['impoust] *n.* [C] *(fin., stor.)* **imposta; balzello.**
impostor [im'pɔstə*] *n.* **impostore; frodatore.**
imposture [im'pɔstʃə*] *n.* [U] e [C] **impostura; frode; inganno.**
impotence ['impətəns] *n.* [U] (anche *med.*) **impotenza.**
impotent ['impətənt] *a.* (anche *med.*) **impotente** ● *to be i. to do st.*, non essere in grado di fare q.c.
to **impound** [im'paund] *v. t.* *(leg.)* **confiscare; sequestrare.**
to **impoverish** [im'pɔvəriʃ] *v. t.* **impoverire; immiserire.**
impoverishment [im'pɔvəriʃmənt] *n.* [U] **impoverimento; immiserimento**: *the i. of the soil,* l'impoverimento del terreno.
impracticability [im,præktikə'biliti] *n.* ***1*** [U] **impraticabilità** ***2*** [U] e [C] **inattuabilità; impossibilità; cosa inattuabile** (o **impossibile).**
impracticable [im'præktikəbl] *a.* ***1*** **impraticabile** ***2*** **inattuabile; impossibile.**
impractical [im'præktikl] *a.* (specialm. *USA*) **non pratico.**
to **imprecate** ['imprikeit] *v. t.* **imprecare** *(lett.)*; **invocare.**
imprecation [,impri'keiʃən] *n.* [C] **imprecazione; maledizione.**
imprecatory ['impri,keitəri] *a.* **imprecatorio** *(raro)*; **imprecativo.**
imprecise [,impri'sais] *a.* **impreciso.**
impregnability [im,pregnə'biliti] *n.* [U] **imprendibilità; inespugnabilità.**
impregnable [im'pregnəbl] *a.* ***1*** **inespugnabile** ***2*** *(fig.)* **incrollabile; saldo.**
to **impregnate** ['impregneit] *v. t.* ***1*** *(biol.)* **impregnare** (anche *fig.*) ***2*** *(fig.)* **imbevere; saturare.**
impregnate [im'pregnit] *a.* ***1*** *(biol.* e *fig.)* **pregno; gravido** ***2*** *(fig.)* **impregnato; saturo.**
impregnation [,impreg'neiʃən] *n.* [U] *(biol.)* **impregnazione** (anche *fig.*); **ingravidamento; fecondazione.**
impresario [,imprə'sa:riou] *n.* (*pl.* **impresarios**) *(teatr.)* **impresario.**
imprescriptible [,impri'skriptibl] *a.* *(leg.)* **imprescrittibile.**
to **impress** [im'pres] *v. t.* ***1*** **imprimere** (anche *fig.*); **fissare**: *to i. one's seal on a document,* imprimere il proprio sigillo su un documento ***2*** **impressionare; fare impressione** (per lo più in senso buono) **a** (q.); **colpire** *(fig.)*.
impress ['impres] *n.* [C] **impronta** (anche *fig.*); **marchio.**
impressible [im'presəbl] *a.* **impressionabile; emotivo.**
impression [im'preʃən] *n.* ***1*** [C] **impressione** (in ogni senso); **impronta** ***2*** [C] *(tipogr.)* **stampa; tiratura** ***3*** [U] e [C] **effetto; risultato.**
impressionability [im,preʃn̩ə'biliti] *n.* [U] **impressionabilità; emotività.**
impressionable [im'preʃn̩əbl] *a.* **impressionabile; emotivo.**
impressionism [im'preʃn̩izəm] *n.* [U] *(arte)* **impressionismo.**
impressionist [im'preʃn̩ist] *n.* *(arte)* **impressionista.**
impressionistic [im,preʃə'nistik] *a.* *(arte)* **impressionistico; impressionista.**
impressive [im'presiv] *a.* **di grande effetto; solenne.**
impressiveness [im'presivnis] *n.* [U] **imponenza; solennità.**
impressment [im'presmənt] *n.* [U] e [C] ***1*** **arruolamento forzato** ***2*** **confisca; requisizione.**
imprimatur [,impri'meitə*] *(lat.)* *n.* [C] ***1*** *(relig.)* **imprimatur; licenza di dare alle stampe** ***2*** *(fig.)* **approvazione; sanzione.**
to **imprint** [im'print] *v. t.* **imprimere** (anche *fig.*); **stampare** *(fig.)*: *ideas imprinted on the mind,* idee impresse nella mente.
imprint ['imprint] *n.* [C] ***1*** **impronta** (anche *fig.*); **impressione; segno** ***2*** (anche *publisher's i.*) **sigla editoriale.**
to **imprison** [im'prizn̩] *v. t.* **imprigionare** (anche *fig.*).
imprisonment [im'priznmənt] *n.* ***1*** [U] **imprigionamento** ***2*** [C] **prigionia; reclusione** ● *life i.*, carcere a vita; ergastolo.
improbability [im,prɔbə'biliti] *n.* [U] e [C] **improbabilità; inverosimiglianza.**
improbable [im'prɔbəbl] *a.* **improbabile; inverosimile.**
improbity [im'proubiti] *n.* [U] **improbità; disonestà; malvagità.**
impromptu [im'prɔmptju:] ***A*** *a.* **estemporaneo; improvvisato** ***B*** *avv.* **estemporaneamente; all'impronta** ***C*** *n.* [C] *(mus.)* **improvviso.**
improper [im'prɔpə*] *a.* ***1*** **improprio; inadatto** ***2*** **erroneo; sbagliato** ***3*** **sconveniente** ● *(mat.) i. fraction,* frazione impropria.
to **impropriate** [im'prouprieit] *v. t.* **secolarizzare** (beni della Chiesa).
impropriety [,imprə'praiəti] *n.* ***1*** [U] e [C] **improprietà** ***2*** [U] **erroneità** ***3*** [U] **sconvenienza.**
improvable [im'pru:vəbl] *a.* **migliorabile; perfezionabile.**
to **improve** [im'pru:v] ***A*** *v. t.* ***1*** **migliorare; perfezionare** ***2*** **valorizzare** (un terreno); **ingrandire e abbellire** (una casa) ***3*** **profittare di; far buon uso di** ***B*** *v. i.* **migliorare; stare meglio** ● *to i. on st.*, migliorare q.c.
improvement [im'pru:vmənt] *n.* [U] e [C] ***1*** **miglioramento; perfezionamento** ***2*** **miglioria, valorizzazione** (d'un terreno); **ingrandimento e abbellimento** (d'una casa) ● *i. area,* zona di risanamento.
improvidence [im'prɔvidəns] *n.* [U] **imprevidenza.**
improvident [im'prɔvidənt] *a.* **imprevidente.**
improvisation [,imprəvai'zeiʃən] *n.* [U] e [C] **improvvisazione.**
improvisator [im'prɔvizeitə*] *n.* **improvvisatore.**
to **improvise** ['imprəvaiz] *v. t.* e *i.* **improvvisare.**
imprudence [im'pru:dəns] *n.* [U] e [C] **imprudenza.**
imprudent [im'pru:dənt] *a.* **imprudente; incauto.**
impudence ['impjudəns] *n.* [U] **impudenza; insolenza.**
impudent ['impjudənt] *a.* **impudente; insolente.**
to **impugn** [im'pju:n] *v. t.* *(leg.)* **impugnare.**
impugnment [im'pju:nmənt] *n.* [U] *(leg.)* **impugnazione.**
impuissance [im'pju(:)isəns] *n.* [U] **impotenza; debolezza.**
impuissant [im'pju(:)isənt] *a.* **impotente; debole.**
impulse ['impʌls] *n.* [U] e [C] **impulso; impeto; spinta; stimolo**: *to give an i. to trade,* dare impulso al commercio.
impulsion [im'pʌlʃən] *n.* [U] e [C] **impulso; impeto.**
impulsive [im'pʌlsiv] *a.* **impulsivo.**
impulsiveness [im'pʌlsivnis] *n.* [U] **impulsività.**
impunity [im'pju:niti] *n.* [U] **impunità** ● *with i.*, impunemente.
impure [im'pjuə*] *a.* **impuro; immondo; impudico.**
impurity [im'pjuəriti] *n.* [U] e [C] **impurità; impudicizia.**
imputable [im'pju:təbl] *a.* **imputabile; ascrivibile; attribuibile.**
imputation [,impju(:)'teiʃən] *n.* [U] e [C] **imputazione.**
to **impute** [im'pju:t] *v. t.* **imputare; ascrivere; attribuire**: *to i. a crime to sb.*, imputare q. di un delitto.
(1) in [in] *prep.* ***1*** *(compl. di stato in luogo, posizione, condizione)* **in; a; in mezzo a; di**: *in London,* a Londra □ *in a crowd,* in mezzo a una folla □ *to sit in the sun,* starsene seduti al sole □ *in the dark,* al buio □ *to write in ink,* scrivere a penna □ *to be dressed in rags (in black, in mourning),* essere vestito di stracci (in nero, a lutto) ***2*** *(compl. di tempo)* **in; entro; durante; fra; di**: *in April,* in aprile □ *in (the year) 1959,* nel 1959 □ *in an hour's time,* in un'ora □ *in the morning (afternoon, evening),* di mattina (pomeriggio, sera) ***3*** (invece di *into*) **in; dentro**: *to put st. in one's pocket,* mettersi q.c. in tasca ***4*** *(compl. di limitazione, misura, ecc.)* **in; di; su**: *to be*

wanting in courage, esser privo di coraggio □ *four in number,* quattro di numero □ *one in a hundred,* uno su cento ***5*** *(seguito da gerundio)* **in** (o *idiom.*): *In crossing the river, I fell into the water,* attraversando (o nell'attraversare) il fiume, caddi in acqua ***6*** **in fatto di; quanto a**: *This is the latest thing in language labs,* questa è l'ultima novità in fatto di laboratori linguistici ***7*** *(compl. di modo, condizione, ecc.)* **in; a; su; per**: *in rows,* in file □ *in tears,* in lacrime □ *in groups,* a gruppi □ *in earnest,* sul serio □ *in fun,* per scherzo ***8*** *(compl. di causa)* **per; a causa di**: *to cry in pain,* gridare per il dolore.

(2) in [in] *avv.* ***1*** **dentro; in casa (in ufficio,** ecc.): *Is anybody in?,* c'è nessuno (in casa, in ufficio, ecc.)? ***2*** (di fuoco e sim.) **acceso** ***3*** (di treno, nave, ecc.) **arrivato**: *Is the train in yet?,* è arrivato il treno? ***4*** (di partito politico) **al potere** ***5*** **di moda; in voga** ***6*** *(preceduto da un verbo, ne modifica il significato; per es.:) to go in,* andare dentro, entrare □ *to come in,* venir dentro, entrare □ *to give in,* cedere ● *to be in for it,* essere in ballo *(fig.)* □ *to be in for a prize,* concorrere a un premio □ *(sport) to be in for a race,* essere iscritto a una corsa □ *to be in for trouble,* doversi aspettare dei guai □ *(fam.) to be in on st.,* far parte di q.c. □ *to be (well) in with sb.,* esser in buoni rapporti con q. □ *(fam.) to have it in for sb.,* avercela con q. □ *In with it!,* coraggio!; forza! □ *In with you!,* su, entra!

(3) in [in] *a.* ***1*** **interno**: *an in-patient,* un paziente interno ***2*** **in arrivo** ***3*** *(polit.)* **al potere; in carica** ***4*** *(fam.)* **per pochi; per iniziati** ***5*** *(pop.)* **« in »; alla moda; in voga.**

(4) in [in] *n. (di solito al pl.)* — *the ins,* quelli che sono al potere □ *the ins and outs,* i retroscena *(fig.);* le alterne vicende; i particolari.

(1) in- [in] *pref.* (anche *il-, im-, ir-) (negativo e privativo)* **in-, im-; dis-.**

(2) in- [in] *pref.* (anche *im-) (introduttivo)* **in-, im-.**

inability [ˌinə'biliti] *n.* [U] **inabilità; incapacità.**

inaccessibility [ˌinæk,sesə'biliti] *n.* [U] **inaccessibilità.**

inaccessible [ˌinæk'sesəbl] *a.* **inaccessibile.**

inaccuracy [in'ækjurəsi] *n.* [U] e [C] **inesattezza.**

inaccurate [in'ækjurit] *a.* **impreciso; inesatto.**

inaction [in'ækʃən] *n.* [U] **inazione; inattività; inerzia.**

to **inactivate** [in'æktiveit] *v. t. (scient.)* **inattivare.**

inactive [in'æktiv] *a.* **inattivo; inoperoso.**

inactivity [ˌinæk'tiviti] *n.* [U] **inattività; inoperosità; inerzia.**

inadaptability [ˌinə,dæptə'biliti] *n.* [U] **inadattabilità.**

inadaptable [ˌinə'dæptəbl] *a.* **inadattabile.**

inadequacy [in'ædikwəsi] *n.* [U] ***1*** **inadeguatezza** ***2*** **incapacità.**

inadequate [in'ædikwit] *a.* ***1*** **inadeguato** ***2*** **incapace.**

inadmissibility [ˌinəd,misə'biliti] *n.* [U] **inammissibilità.**

inadmissible [ˌinəd'misəbl] *a.* **inammissibile.**

inadvertence [ˌinəd'və:təns] *n.* ***1*** [U] **inavvertenza; disattenzione** ***2*** [C] **svista.**

inadvertent [ˌinəd'və:tənt] *a.* ***1*** **disattento; sbadato** ***2*** **involontario.**

inalienability [in,eiljənə'biliti] *n.* [U] *(leg.)* **inalienabilità.**

inalienable [in'eiljənəbl] *a. (leg.)* **inalienabile.**

inalterable [in'ɔ:ltərəbl] *a.* **inalterabile; immutabile.**

inane [i'nein] *a.* **inane** *(lett.)*; **vacuo; insensato.**

inanimate [in'ænimit] *a.* **inanimato; esanime; senza vita** (anche *fig.*).

inanimation [in,æni'meiʃən] *n.* [U] **mancanza di vita.**

inanition [ˌinə'niʃən] *n.* [U] ***1*** *(med.)* **inanizione** ***2*** *(fig.)* **letargia** *(fig.)*.

inanity [i'næniti] *n.* [U] **inanità** *(lett.)*; **vacuità; insensatezza.**

inappeasable [ˌinə'pi:zəbl] *a.* **implacabile; inappagabile.**

inapplicability [in,æplikə'biliti] *n.* [U] **inapplicabilità.**

inapplicable [in'æplikəbl] *a.* **inapplicabile.**

inapposite [in'æpəzit] *a.* **improprio; non appropriato; fuori luogo.**

inappreciable [ˌinə'pri:ʃəbl] *a.* **impercettibile; trascurabile.**

inappreciation [ˌinə,pri:ʃi'eiʃən] *n.* [U] **mancanza d'apprezzamento; incapacità d'apprezzare.**

inappreciative [ˌinə'pri:ʃiətiv] *a.* **che non apprezza.**

inapprehensible [ˌinæpri'hensəbl] *a.* **inapprensibile; incomprensibile.**

inapproachable [ˌinə'proutʃəbl] *a.* **inaccessibile; inaccostabile.**

inappropriate [ˌinə'proupriit] *a.* **improprio; disadatto.**

inapt [in'æpt] *a.* ***1*** **improprio; fuori luogo** ***2*** **inabile; maldestro.**

inaptitude [in'æptitju:d] *n.* [U] ***1*** **improprietà** ***2*** **inabilità; incapacità.**

inarticulate [ˌina:'tikjulit] *a.* ***1*** **inarticolato** (anche *zool.*); **disarticolato** ***2*** **inespresso; tacito** ***3*** (di persona) **che s'esprime con difficoltà.**

inartistic [ˌina:'tistik] *a.* ***1*** **non artistico** ***2*** **privo di senso artistico; senza gusto artistico.**

inasmuch [ˌinəz'mʌtʃ] *avv.* **in quanto** ● *i. as (cong.),* in quanto (che); poiché.

inattention [ˌinə'tenʃən] *n.* [U] ***1*** **disattenzione** ***2*** **mancanza di riguardo.**

inattentive [ˌinə'tentiv] *a.* **disattento.**

inaudibility [in,ɔ:də'biliti] *n.* [U] **impercettibilità** (di suono, ecc.).

inaudible [in'ɔ:dəbl] *a.* **impercettibile** (di suono, ecc.).

inaugural [i'nɔ:gjurəl] *a.* **inaugurale.**

to **inaugurate** [i'nɔ:gjureit] *v. t.* ***1*** **insediare** (q.) **in carica** (con pubblica cerimonia) ***2*** **inaugurare** ***3*** *(fig.)* **avviare; iniziare; inaugurare** *(fig.)*.

inauguration [i,nɔ:gju'reiʃən] *n.* [C] ***1*** **insediamento in carica** ***2*** **inaugurazione.**

inauguratory [in'ɔ:gjurətəri] *a.* **inaugurale; inaugurativo.**

inauspicious [ˌinɔ:s'piʃəs] *a.* **inauspicato; infausto; malaugurato.**

in-between [ˌinbi'twi:n] ***A*** *a.* **intermedio** ***B*** *n.* [C] ***1*** **via di mezzo** ***2*** **intermediario.**

inboard ['in,bɔ:d] *(naut.)* ***A*** *avv.* **verso il centro della nave** ***B*** *a.* **entrobordo.**

inborn [ˌin'bɔ:n] *a.* **innato; congenito; connaturato.**

inbred [ˌin'bred] *a.* ***1*** **innato; congenito; connaturato** ***2*** (d'animale) **ottenuto mediante accoppiamento tra soggetti consanguinei.**

inbreeding ['in'bri:diŋ] *n.* [U] (di animali) **accoppiamento tra soggetti consanguinei.**

incalculability [in,kælkjulə'biliti] *n.* [U] ***1*** **incalcolabilità** ***2*** **imprevedibilità.**

incalculable [in'kælkjuləbl] *a.* ***1*** **incalcolabile** ***2*** **imprevedibile.**

to **incandesce** [ˌinkæn'des] ***A*** *v. i.* **divenire incandescente** ***B*** *v. t.* **rendere incandescente.**

incandescence [ˌinkæn'desns] *n.* [U] **incandescenza.**

incandescent [ˌinkæn'desənt] *a.* **incandescente.**

incantation [ˌinkæn'teiʃən] *n.* [U] e [C] **incanto; incantesimo.**

incapability [in,keipə'biliti] *n.* [U] **incapacità.**

incapable [in'keipəbl] *a.* **incapace**: *to be i. of doing st.,* essere incapace di fare q.c. ● *drunk and i.,* ubriaco fradicio.

incapably [in'keipəbli] *avv.* **da incapace; senza abilità.**

to **incapacitate** [ˌinkə'pæsiteit] *v. t.* (anche *leg.*) **inabilitare.**

incapacitation [ˌinkə,pæsi'teiʃən] *n.* [U] (anche *leg.*) **inabilitazione.**

incapacity [ˌinkə'pæsiti] *n.* [U] **incapacità** (anche giuridica); **inabilità.**

to **incarcerate** [in'ka:səreit] *v. t.* **incarcerare; imprigionare.**

incarceration [in,ka:sə'reiʃən] *n.* [U] **incarceramen-**

to; incarcerazione; carcerazione.
incarnadine [in'ka:nədain] *a.* *(poet.)* **1** incarnato **2** cremisi; vermiglio.
incarnate [in'ka:nit] *a.* **1** incarnato; personificato: *an i. fiend,* un diavolo incarnato □ *goodness i.,* la bontà personificata **2** incarnato; rosa carne.
to **incarnate** [in'ka:neit] *v. t.* incarnare; personificare; impersonare.
incarnation [ˌinka:'neiʃən] *n.* [U] e [C] incarnazione; personificazione.
incautious [in'kɔ:ʃəs] *a.* incauto; imprudente; sconsiderato.
incautiousness [in'kɔ:ʃəsnis] *n.* [U] mancanza di cautela; imprudenza; sconsideratezza.
incendiarism [in'sendjərizəm] *n.* [U] mania incendiaria.
incendiary [in'sendjəri] **A** *a.* incendiario (anche *fig.*) **B** *n.* [C] **1** incendiario **2** *(fig.)* agitatore; sovversivo **3** *(mil.)* bomba incendiaria.
incense ['insens] *n.* [U] **1** incenso **2** odore d'incenso; *(fig.)* fragranza **3** *(fig.)* adulazione ● *i.-burner,* incensiere; turibolo.
(1) to **incense** ['insens] *v. t.* incensare (anche *fig.*).
(2) to **incense** [in'sens] *v. t.* irritare; esasperare; infiammare d'ira.
incensory [in'sensəri] *n.* [C] incensiere; turibolo.
incentive [in'sentiv] *n.* [C] e [U] incentivo; stimolo.
inception [in'sepʃən] *n.* [C] inizio; principio.
inceptive [in'septiv] **A** *a.* **1** iniziale; introduttivo **2** *(gramm.)* incoativo **B** *n.* *(gramm.)* verbo incoativo.
incertitude [in'sə:titju:d] *n.* [U] incertezza; dubbiosità.
incessant [in'sesnt] *a.* incessante; continuo.
incest ['insest] *n.* [U] incesto.
incestuous [in'sestjuəs] *a.* incestuoso.
inch [intʃ] *n.* **1** [C] pollice (misura lineare ingl.): *a square i.,* un pollice quadrato **2** *(al pl.)* altezza; statura: *a man of your inches,* un uomo della tua statura ● *by inches* (o *i. by i.*), a poco a poco; gradatamente □ *every i.,* da capo a piedi; da cima a fondo; completamente □ *to flog sb. within an i. of his life,* fustigare q. quasi a morte □ (anche *fig.*) *not to yield an i.,* non cedere d'un millimetro □ *within an i. of,* a un pelo da.
to **inch** [intʃ] *v. t.* e *i.* muovere, muoversi, gradatamente ● *to i. one's way forward,* farsi strada a poco a poco.
inchoate [in'kouˌeit] *a.* incipiente; iniziale; rudimentale.
inchoative [in'kouətiv] *(gramm.)* **A** *a.* incoativo **B** *n.* verbo incoativo.
incidence ['insidəns] *n.* [U] (anche *scient.*) incidenza.
(1) incident ['insidənt] *n.* [C] **1** incidente; avvenimento; caso; episodio **2** *(leg.)* diritto accessorio; privilegio.
(2) incident ['insidənt] *a.* **1** inerente **2** *(fis.)* incidente **3** *(leg.)* accessorio.
incidental [ˌinsi'dentl] *a.* **1** inerente; insito **2** incidentale; accessorio; secondario **3** incidentale; occasionale; casuale ● *(cinem., teatr.)* *i. music,* musica di fondo.
incidentally [ˌinsi'dentḷi] *avv.* incidentalmente; per caso.
to **incinerate** [in'sinəreit] *v. t.* incenerire; ridurre in cenere.
incineration [inˌsinə'reiʃən] *n.* [U] incenerimento.
incinerator [in'sinəreitə*] *n.* [C] **1** inceneritore **2** forno per incenerimento dei rifiuti.
incipient [in'sipiənt] *a.* incipiente; iniziale.
to **incise** [in'saiz] *v. t.* incidere; tagliare; intagliare.
incision [in'siʒən] *n.* [U] e [C] incisione (anche *med.*); taglio; intaglio.
incisive [in'saisiv] *a.* incisivo (anche *fig.*); acuto; tagliente.
incisiveness [in'saisivnis] *n.* [U] incisività (anche *fig.*); acutezza.
incisor [in'saizə*] *n.* [C] *(anat.)* dente incisivo.
incitation [ˌinsai'teiʃən] *n.* [U] e [C] incitamento.
to **incite** [in'sait] *v. t.* **1** incitare; stimolare; spronare *(fig.)* **2** suscitare; provocare.
incitement [in'saitmənt] *n.* [U] e [C] incitamento; stimolo.
incivility [ˌinsi'viliti] *n.* [U] e [C] inciviltà; villania.
inclemency [in'klemənsi] *n.* [U] inclemenza.
inclement [in'klemənt] *a.* inclemente.
inclination [ˌinkli'neiʃən] *n.* [C] e [U] **1** inclinazione (in ogni senso); pendenza; disposizione; tendenza **2** flessione; piegamento **3** china; pendio.
to **incline** [in'klain] **A** *v. t.* **1** inclinare; chinare; piegare **2** *(fig.)* disporre; indurre **B** *v. i.* **1** inclinare, inclinarsi **2** *(fig.)* propendere; tendere.
incline ['inklain] *n.* [C] **1** *(mecc.)* piano inclinato **2** pendenza; pendio.
inclinometer [ˌinkli'nɔmitə*] *n.* *(tecn.)* inclinometro.
to **inclose** [in'klouz] *V.* to **enclose.**
to **include** [in'klu:d] *v. t.* includere; comprendere; racchiudere.
inclusion [in'klu:ʒən] *n.* **1** [U] inclusione **2** [C] oggetto racchiuso (in un altro).
inclusive [in'klu:siv] *a.* **1** incluso; compreso **2** inclusivo; comprensivo **3** complessivo; totale ● *i. of everything,* tutto compreso □ *(in un albergo)* *i. terms,* « tutto compreso ».
incoercible [ˌinkou'ə:sibl] *a.* incoercibile.
incognito [ˌinkɔg'ni:tou] **A** *a.* e *n.* (*pl.* **incognitos**) incognito **B** *avv.* in incognito.
incognizable [in'kɔgnizəbl] *a.* inconoscibile.
incognizant [in'kɔgnizənt] *a.* inconsapevole; inconscio (di q.c.).
incoherence [ˌinkou'hiərəns] *n.* [U] incoerenza.
incoherent [ˌinkou'hiərənt] *a.* incoerente.
incohesive [ˌinkou'hi:siv] *a.* incoerente; che manca di coesione.
incombustibility [ˌinkəmˌbʌstə'biliti] *n.* [U] incombustibilità.
incombustible [ˌinkəm'bʌstəbl] *a.* incombustibile.
income ['inkʌm] *n.* [U] e [C] *(econ., fin.)* entrata, entrate; reddito; rendita: *i.-tax,* imposta sul reddito ● *(rag.)* *i. account* (o *i. statement*), conto profitti e perdite □ *(fin.)* *i. surtax,* (imposta) complementare sul reddito □ *i. tax return,* dichiarazione dei redditi □ *to live on unearned i.,* vivere di rendita.
incomer ['inˌkʌmə*] *n.* **1** successore **2** immigrante **3** intruso.
(1) incoming ['inˌkʌmiŋ] *a.* **1** entrante; subentrante **2** sopravveniente; in arrivo **3** *(naut.)* montante.
(2) incoming ['inˌkʌmiŋ] *n.* **1** entrata; arrivo **2** *(di solito al pl.)* entrate; ricavi.
incommensurability [ˌinkəˌmenʃərə'biliti] *n.* [U] incommensurabilità.
incommensurable [ˌinkə'menʃərəbl] *a.* incommensurabile.
incommensurate [ˌinkə'menʃərit] *a.* **1** inadeguato; sproporzionato **2** incommensurabile.
to **incommode** [ˌinkə'moud] *v. t.* incomodare; scomodare.
incommodious [ˌinkə'moudjəs] *a.* incomodo; scomodo.
incommunicability [ˌinkəˌmju:nikə'biliti] *n.* [U] incomunicabilità.
incommunicable [ˌinkə'mju:nikəbl] *a.* incomunicabile.
incommunicado [ˌinkəˌmju(:)ni'ka:dou] **A** *a.* senza possibilità di comunicare; segregato **B** *avv.* in segregazione.
incommunicative [ˌinkə'mju:nikitiv] *a.* reticente; riservato.
incommunicativeness [ˌinkə'mju:nikitivnis] *n.* [U] reticenza; riservatezza.
incommutable [ˌinkə'mju:təbl] *a.* incommutabile; immutabile.
incomparability [inˌkɔmpərə'biliti] *a.* incomparabilità; (l')essere incomparabile.
incomparable [in'kɔmpərəbl] *a.* incomparabile; ineguagliabile.
incompatibility [ˌinkəmˌpætə'biliti] *n.* [U] incompatibilità: *i. of temper,* incompatibilità di carattere.

incompatible [ˌinkəm'pætəbl] *a.* **incompatibile.**
incompetence [in'kɔmpitəns], **incompetency** [in'kɔmpitənsi] *n.* [U] **incompetenza; incapacità.**
incompetent [in'kɔmpitənt] *a.* e *n.* **incompetente; incapace.**
incomplete [ˌinkəm'pli:t] *a.* **incompleto; incompiuto; imperfetto.**
incompleteness [ˌinkəm'pli:tnis] *n.* [U] **incompletezza.**
incomprehensibility [inˌkɔmprihensə'biliti] *n.* [U] **incomprensibilità.**
incomprehensible [inˌkɔmpri'hensəbl] *a.* **incomprensibile.**
incomprehension [inˌkɔmpri'henʃn̩] *n.* [U] **incomprensione.**
incompressible [ˌinkəm'presəbl] *a.* **incompressibile.**
incomputable [ˌinkəm'pju:təbl] *a.* **incomputabile.**
inconceivability [ˌinkənˌsi:və'biliti] *n.* [U] **inconcepibilità.**
inconceivable [ˌinkən'si:vəbl] *a.* ***1*** **inconcepibile** ***2*** *(fam., fig.)* **incredibile; straordinario.**
inconclusive [ˌinkən'klu:siv] *a.* **inconcludente; non risolutivo.**
inconclusiveness [ˌinkən'klu:sivnis] *n.* [U] **inconcludenza.**
incondensable [ˌinkən'densəbl] *a.* **che non si può condensare.**
incongruity [ˌinkɔŋ'gru:iti] *n.* [U] e [C] **incongruenza.**
incongruous [in'kɔŋgruəs] *a.* **incongruo; incongruente.**
inconsecutive [ˌinkən'sekjutiv] *a.* **non consecutivo; inconseguente.**
inconsequence [in'kɔnsikwəns] *n.* [U] **inconseguenza; illogicità; incoerenza.**
inconsequent [in'kɔnsikwənt] *a.* **inconseguente; illogico; incoerente.**
inconsequential [inˌkɔnsi'kwənʃəl] *a.* ***1*** **inconseguente; illogico** ***2*** **irrilevante; senza importanza.**
inconsiderable [ˌinkən'sidərəbl] *a.* **inconsiderabile; irrilevante.**
inconsiderate [ˌinkən'sidərit] *a.* ***1*** **inconsiderato; sconsiderato** ***2*** **irriverente; mancante di riguardo.**
inconsiderateness [ˌinkən'sidəritnis], **inconsideration** [ˌinkənˌsidə'reiʃən] *n.* [U] ***1*** **inconsideratezza; inconsiderazione** (poco comune); **sconsideratezza; avventatezza** ***2*** **irriverenza; mancanza di riguardo** (o **di rispetto).**
inconsistency [ˌinkən'sistənsi] *n.* ***1*** [U] **discordanza; incompatibilità** ***2*** [U] **incoerenza; incongruenza** ***3*** [C] **controsenso; notizia senza fondamento.**
inconsistent [ˌinkən'sistənt] *a.* ***1*** **contraddittorio; infondato** ***2*** **incoerente; incongruente** ***3*** **contrario** (a); **incompatibile** (con).
inconsolable [ˌinkən'souləbl] *a.* **inconsolabile.**
inconsonance [in'kɔnsənəns] *n.* [U] **disaccordo; discordanza; disarmonia.**
inconsonant [in'kɔnsənənt] *a.* **discordante; discorde; contrario.**
inconspicuous [ˌinkən'spikjuəs] *a.* **non appariscente** • *to make oneself i.*, non mettersi in evidenza.
inconstancy [in'kɔnstənsi] *n.* [U] **incostanza; instabilità; mutevolezza.**
inconstant [in'kɔnstənt] *a.* **incostante; instabile; mutevole.**
incontestability [ˌinkənˌtestə'biliti] *n.* [U] **incontestabilità.**
incontestable [ˌinkən'testəbl] *a.* **incontestabile.**
incontinence [in'kɔntinəns] *n.* [U] **incontinenza** (anche *med.*); **intemperanza.**
incontinent [in'kɔntinənt] *a.* **incontinente; intemperante; smodato.**
incontrollable [ˌinkən'trouləbl] *a.* **incontrollabile.**
incontrovertible [ˌinkɔntrə'və:təbl] *a.* **incontrovertibile.**
inconvenience [ˌinkən'vi:njəns] *n.* ***1*** [U] **disturbo; disagio; fastidio** ***2*** [C] **inconveniente; svantaggio.**
to **inconvenience** [ˌinkən'vi:njəns] *v. t.* **disturbare; importunare; infastidire; incomodare.**
inconvenient [ˌinkən'vi:njənt] *a.* **fastidioso; molesto; importuno; incomodo; scomodo.**
inconvertibility [ˌinkənˌvə:tə'biliti] *n.* [U] **inconvertibilità.**
inconvertible [ˌinkən'və:tabl] *a.* **inconvertibile.**
incoordinate [ˌinkou'ɔ:dənit] *a.* *(med.)* **incoordinato; atassico.**
incoordination [ˌinkouˌɔ:di'neiʃən] *n.* [U] ***1*** **mancanza di coordinazione** ***2*** *(med.)* **incoordinazione (motoria); atassia.**
incorporate [in'kɔ:pərit] *a.* ***1*** **incorporato** ***2*** (di istituto, associazione, ecc.) **eretto in ente giuridico.**
to **incorporate** [in'kɔ:pəreit] ***A*** *v. t.* ***1*** **incorporare** ***2*** **erigere in ente giuridico** ***3*** *(fin., leg.)* **costituire** (una società); **associare, collegare, fondere** (ditte e sim.) ***4*** **iscrivere come membro** ***B*** *v. i.* ***1*** **incorporarsi** ***2*** *(fin., leg.)* **associarsi; collegarsi; fondersi.**
incorporation [inˌkɔ:pə'reiʃən] *n.* [U] e [C] ***1*** **incorporazione; incorporamento** ***2*** **erezione in ente giuridico** ***3*** *(fin., leg.)* **costituzione, associazione, fusione** (di ditte, società, ecc.).
incorporeal [ˌinkɔ:'pɔ:riəl] *a.* **incorporeo; immateriale.**
incorporeity [inˌkɔ:pə'ri:iti] *n.* [U] **incorporeità.**
incorrect [ˌinkə'rekt] *a.* **scorretto; inesatto; sbagliato.**
incorrectness [ˌinkə'rektnis] *n.* [U] **scorrettezza; inesattezza; erroneità.**
incorrigibility [inˌkɔridʒə'biliti] *n.* [U] **incorreggibilità.**
incorrigible [in'kɔridʒəbl] *a.* **incorreggibile.**
incorrupt [ˌinkə'rʌpt] *a.* **incorrotto.**
incorruptibility [ˌinkəˌrʌptə'biliti] *n.* [U] **incorruttibilità.**
incorruptible [ˌinkə'rʌptəbl] *a.* **incorruttibile.**
to **increase** [in'kri:s] *v. t.* e *i.* **aumentare; accrescere; crescere.**
increase ['inkri:s] *n.* [U] e [C] **aumento; accrescimento; incremento**: *an i. in prices,* un aumento dei prezzi • *to be on the i.*, essere in aumento.
increasing [in'kri:siŋ] *a.* **in aumento; crescente.**
increasingly [in'kri:siŋli] *avv.* **in modo crescente; sempre più.**
incredibility [inˌkredi'biliti] *n.* [U] **incredibilità.**
incredible [in'kredəbl] *a.* ***1*** **incredibile** ***2*** *(fam.)* **enorme; straordinario.**
incredulity [ˌinkri'dju:liti] *n.* [U] **incredulità.**
incredulous [in'kredjuləs] *a.* **incredulo.**
increment ['inkrimənt] *n.* [U] e [C] **incremento** (anche *mat.*); **accrescimento; aumento** • *(econ.) unearned i.*, plusvalore.
to **incriminate** [in'krimineit] *v. t.* **incriminare.**
incrimination [inˌkrimi'neiʃən] *n.* [U] **incriminazione.**
incriminatory [in'kriminətəri] *a.* **incriminante; incriminatorio.**
incrustation [ˌinkrʌs'teiʃən] *n.* [U] e [C] **incrostazione** (anche *fig.*).
to **incubate** ['inkjubeit] ***A*** *v. t.* ***1*** *(zootecnia)* **covare** ***2*** *(med.)* **incubare** ***3*** *(ind.)* **tenere in incubatrice** ***4*** *(fig.)* **progettare** ***B*** *v. i.* ***1*** *(zootecnia)* **covare** ***2*** *(ind.)* **essere messo in incubatrice** ***3*** *(fig.)* **essere in incubazione.**
incubation [ˌinkju'beiʃən] *n.* [U] (anche *med.*) **incubazione.**
incubator ['inkjubeitə*] *n.* [C] **incubatrice.**
incubus ['inkjubəs] *n.* [C] **incubo** (anche *fig.*).
to **inculcate** ['inkʌlkeit] *v. t.* **inculcare.**
inculcation [ˌinkʌl'keiʃən] *n.* [U] **inculcazione.**
inculpable [in'kʌlpəbl] *a.* **incolpevole; innocente.**
to **inculpate** ['inkʌlpeit] *v. t.* **incolpare; incriminare.**
inculpation [ˌinkʌl'peiʃən] *n.* [U] **incriminazione.**
inculpatory [in'kʌlpətəri] *a.* **che incolpa; accusatorio; incriminatorio; d'accusa.**
incumbency [in'kʌmbənsi] *n.* [C] ***1*** *(relig.)* **beneficio ecclesiastico** ***2*** **incombenza; obbligo.**
(1) incumbent [in'kʌmbənt] *n.* **titolare d'un beneficio ecclesiastico.**
(2) incumbent [in'kʌmbənt] *a.* **incombente; sovra-**

stante ● *to be i. on sb.*, incombere (o spettare) a q.

incunabulum [ˌinkju(:)'næbjuləm] *(lat.) n.* (*pl.* **incunabula** [ˌinkju(:)'næbjulə]) **1 incunabolo 2** *(al pl.)* **fasi iniziali** (di q.c.); **inizi.**

to **incur** [in'kə:*] *v. t.* **1 incorrere in; esporsi a**: *to i. danger,* esporsi al pericolo **2 contrarre; fare**: *to i. debts,* contrarre debiti.

incurability [inˌkjuərə'biliti] *n.* [U] **incurabilità.**

incurable [in'kjuərəbl] **A** *a.* **1 incurabile; insanabile 2 incorreggibile B** *n.* [C] **malato incurabile; malato cronico.**

incuriosity [ˌinkjuəri'ɔsiti] *n.* [U] **mancanza di curiosità; indifferenza.**

incurious [in'kjuəriəs] *a.* **non curioso; indifferente.**

incursion [in'kə:ʃən] *n.* [C] **incursione; irruzione; scorreria.**

incursive [in'kə:siv] *a.* **d'incursione.**

to **incurvate** ['inkə:veit] *v. t.* e *i.* **incurvare, incurvarsi.**

incurved [ˌin'kə:vd] *a.* **incurvato; ricurvo.**

to **incuse** [in'kju:z] *v. t.* **1 imprimere** (una figura) **su una moneta 2 fregiare** (una moneta) **con una figura.**

indebted [in'detid] *a.* **1 indebitato** *(anche fig.)* **2 obbligato; grato** ● *(comm. e fig.) to be i. to sb.*, essere debitore verso q.

indebtedness [in'detidnis] *n.* [U] **debito** *(anche fig.)*; **obbligo; obbligazione; gratitudine.**

indecency [in'di:sənsi] *n.* [U] e [C] **1 indecenza; oscenità 2 sconvenienza.**

indecent [in'di:sənt] *a.* **1 indecente; osceno 2 sconveniente** ● *(leg.) i. assault,* tentata violenza carnale □ *(leg.) i. exposure,* (atto di) esibizionismo sessuale.

indecipherable [ˌindi'saifərəbl] *a.* **indecifrabile.**

indecision [ˌindi'siʒən] *n.* [U] **indecisione; esitazione; irresolutezza.**

indecisive [ˌindi'saisiv] *a.* **1 non decisivo 2 indeciso; irresoluto.**

indecisiveness [ˌindi'saisivnis] *n.* [U] **indecisione; esitazione; irresolutezza.**

indeclinable [ˌindi'klainəbl] *a. (gramm.)* **indeclinabile.**

indecomposable [inˌdi:kəm'pouzəbl] *a.* **indecomponibile.**

indecorous [in'dekərəs] *a.* **indecoroso; disdicevole; sconveniente.**

indecorum [ˌindi'kɔ(:)rəm] *n.* [U] e [C] **indecenza; sconvenienza.**

indeed [in'di:d] **A** *avv.* **davvero; invero; in verità; certamente; certo B** *inter.* **ma davvero!; ma va là!; guarda un po'!; e me lo domandi?**

indefatigability [ˌindiˌfætigə'biliti] *n.* [U] **infaticabilità.**

indefatigable [ˌindi'fætigəbl] *a.* **infaticabile; indefesso; instancabile.**

indefeasible [ˌindi'fi:zəbl] *a. (leg.)* **inalienabile; inoppugnabile.**

indefectible [ˌindi'fektəbl] *a.* **1 indefettibile 2 senza difetti; perfetto.**

indefensibility [ˌindiˌfensə'biliti] *n.* [U] **insostenibilità.**

indefensible [ˌindi'fensəbl] *a.* **indifendibile;** *(fig.)* **insostenibile.**

indefinable [ˌindi'fainəbl] *a.* **indefinibile.**

indefinite [in'definit] *a.* **indefinito, indeterminativo** *(anche gramm.)*; **impreciso; vago.**

indefinitely [in'defənitli] *avv.* **1 indefinitamente; a tempo indeterminato 2 in modo impreciso; vagamente.**

indefiniteness [in'definitnis] *n.* [U] **indefinitezza; indeterminatezza.**

indelible [in'delibl] *a.* **indelebile; incancellabile.**

indelicacy [in'delikəsi] *n.* [U] e [C] **indelicatezza; sconvenienza.**

indelicate [in'delikit] *a.* **indelicato; sconveniente.**

indemnification [inˌdemnifi'keiʃən] *n.* [U] e [C] **indennità; risarcimento; indennizzo.**

to **indemnify** [in'demnifai] *v. t.* **1 indennizzare; risarcire 2 assicurare**: *to i. oneself from* (o *against*) *damage,* assicurarsi contro i danni.

indemnity [in'demniti] *n.* [U] e [C] **1 indennità; indennizzo; risarcimento 2 assicurazione.**

(1) to **indent** [in'dent] **A** *v. t.* **1 dentellare; intaccare; fare incastri in** (q.c.) **2 frastagliare 3 redigere** (un documento) **in duplice copia 4** *(tipogr.)* **far rientrare** (l'inizio di una riga) **dal margine della pagina B** *v. i. (comm.)* **ordinare** (merci, specialm. dall'estero): *to i. upon sb. for st.*, ordinare q.c. a q.

(1) indent ['indent] *n.* **1** [U] e [C] **dentellatura; intaccatura 2** [C] **tacca 3** [C] *(tipogr.)* **rientranza; capoverso 4** [C] *(comm.)* **ordinazione di merci** (specialm. dall'estero).

(2) to **indent** [in'dent] *v. t.* **fare un incavo in** (q.c.).

(2) indent ['indent] *n.* [C] **incavo; solco.**

indentation [ˌinden'teiʃən] *n.* **1** [U] e [C] **dentellatura; incavatura 2** [C] **frastagliatura 3** [C] *(tipogr.)* **rientranza.**

indention [in'denʃən] *n.* [U] e [C] **1** *(tipogr.)* **rientranza; capoverso 2 intaccatura; tacca.**

indenture [in'dentʃə*] *n.* [C] **1** *(leg.)* **contratto 2 dentellatura; intaccatura; tacca** ● *to take up one's indentures,* finire l'apprendistato.

to **indenture** [in'dentʃə*] *v. t.* **vincolare con contratto** (specialm. un apprendista); **collocare come apprendista.**

independence [ˌindi'pendəns] *n.* [U] **indipendenza.**

independent [ˌindi'pendənt] **A** *a.* **indipendente B** *n.* (specialm. *polit.*) **indipendente** ● *to be i. of sb., st.*, non dipendere da q., q.c.

independently [ˌindi'pendəntli] *avv.* **indipendentemente** ● *i. of,* indipendentemente da; senza tenere conto di.

indescribable [ˌindis'kraibəbl] *a.* **indescrivibile.**

indestructibility ['indisˌtrʌktə'biliti] *n.* [U] **indistruttibilità.**

indestructible [ˌindis'trʌktəbl] *a.* **indistruttibile.**

indeterminable [ˌindi'tə:minəbl] *a.* **1 indeterminabile 2 che non può essere deciso.**

indeterminate [ˌindi'tə:minit] *a.* **indeterminato; incerto; vago.**

indeterminateness [ˌindi'tə:minitnis] *n.* [U] **indeterminatezza.**

indetermination [ˌindiˌtə:mi'neiʃən] *n.* [U] **indeterminazione; irresolutezza.**

index ['indeks] *n.* (*pl.* **indexes** ['indeksiz], **indices** ['indiˌsi:z]) **1** *(anat.)* **(dito) indice 2** (anche *elab., stat.*) **indice** *(anche fig.)* **3 indice alfabetico (o analitico)** (di un libro) **4 catalogo; schedario 5** *(mat.)* **indice; esponente** ● *(relig.) the I.*, l'Indice (dei libri proibiti) □ *i. card,* scheda □ *(econ., fin.) i.-linked,* indicizzato □ *(econ., fin.) i.-linking,* indicizzazione.

to **index** ['indeks] *v. t.* **1 fornire** (un libro) **di indice analitico 2 mettere** (una parola, ecc.) **nell'indice 3** *(relig.)* **mettere** (un libro) **all'Indice 4** *(elab.)* **indicizzare.**

indexation [ˌindek'seiʃən] *n.* [U] *(econ., fin.)* **indicizzazione.**

India ['indjə] *n. (geogr.)* **India** ● *I. paper,* carta d'India; carta Bibbia □ *i. rubber,* caucciù; gomma (anche per cancellare).

Indian ['indjən] *a.* e *n.* **indiano** ● *I. club,* clava (per ginnastica) □ *I. corn,* granturco □ *I. hemp,* canapa indiana □ *I. ink,* inchiostro di china □ *I. summer,* estate di S. Martino □ *Red I.*, pellerossa.

to **indicate** ['indikeit] *v. t.* **indicare; additare; mostrare** ● *to be indicated,* essere consigliabile (o opportuno).

indication [ˌindi'keiʃən] *n.* [U] e [C] **indicazione** *(anche med.)*; **cenno; segno; indizio.**

indicative [in'dikətiv] *a.* e *n. (gramm.)* **indicativo**: *the i. mood,* il modo indicativo ● *to be i. of st.*, essere indice di q.c.

indicator ['indikeitə*] *n.* [C] **indicatore** (persona o strumento).

indicatory [in'dikətəri] *a.* **indicativo.**

indices ['indiˌsi:z] *pl.* di **index.**

to **indict** [in'dait] *v. t. (leg.)* **accusare; incriminare.**

indictable [in'daitəbl] *a.* *(leg.)* ***1*** **incriminabile** ***2*** **passibile di pena.**
indictment [in'daitmənt] *n.* [C] e [U] *(leg.)* **accusa scritta; incriminazione** ● *bill of i.*, atto d'accusa; imputazione.
indifference [in'difrəns] *n.* [U] **indifferenza; apatia.**
indifferent [in'difrənt] *a.* ***1*** **indifferente; apatico; insensibile; neutrale** ***2*** **mediocre; scadente.**
indifferentism [in'difrəntizəm] *n.* [U] **indifferentismo.**
indigence ['indidʒəns] *n.* [U] **indigenza; povertà estrema.**
indigene ['indidʒi:n] *n.* [C] **indigeno; nativo.**
indigenous [in'didʒinəs] *a.* **indigeno; nativo.**
indigent ['indidʒənt] *a.* **indigente; poverissimo.**
indigested [ˌindi'dʒestid] *a.* *(arc.)* ***1*** **indigesto** ***2*** *(fig.)* **confuso; disordinato.**
indigestibility [ˌindiˌdʒestə'biliti] *n.* [U] **indigeribilità.**
indigestible [ˌindi'dʒestəbl] *a.* **indigeribile, indigesto** (anche *fig.*).
indigestion [ˌindi'dʒestʃən] *n.* ***1*** [U] **indigestione** (anche *fig.*) ***2*** *(med.)* **cattiva digestione; dispepsia.**
indigestive [ˌindi'dʒestiv] *a.* **indigesto.**
indignant [in'dignənt] *a.* **indignato; sdegnato.**
indignantly [in'dignəntli] *avv.* **con indignazione; sdegnosamente.**
indignation [ˌindig'neiʃən] *n.* [U] **indignazione; sdegno.**
indignity [in'digniti] *n.* ***1*** [U] **trattamento indegno** ***2*** [C] **offesa; oltraggio.**
indigo ['indigou] *n.* [U] **indaco** ● *i. blue,* blu indaco.
indirect [ˌindi'rekt] *a.* **indiretto** (anche *gramm.*)**; obliquo; traverso**: *i. speech,* discorso indiretto □ *i. roads,* vie traverse ● *i. dealings,* trattative sottobanco.
indirectness [ˌindi'rektnis] *n.* [U] **(l')essere indiretto; obliquità.**
indiscernible [ˌindi'sə:nəbl] *a.* **indiscernibile; impercettibile.**
indiscipline [in'disiplin] *n.* [U] **indisciplina.**
indiscreet [ˌindis'kri:t] *a.* **indiscreto; imprudente; sconsiderato.**
indiscrete [ˌindis'kri:t] *a.* **compatto.**
indiscretion [ˌindis'kreʃən] *n.* [U] e [C] **indiscrezione; indelicatezza.**
indiscriminate [ˌindis'kriminit] *a.* ***1*** **indiscriminato** ***2*** **che non discrimina; che non va** (o **non guarda**) **per il sottile** ● *to deal out i. blows,* menar botte da orbi.
indiscrimination [ˌindisˌkrimi'neiʃən] *n.* [U] **scarsa discriminazione; mancanza di discernimento.**
indispensability [ˌindisˌpensə'biliti] *n.* [U] **indispensabilità.**
indispensable [ˌindis'pensəbl] *a.* **indispensabile; necessario.**
to **indispose** [ˌindis'pouz] *v. t.* ***1*** **indisporre** ***2*** **inabilitare.**
indisposed [ˌindis'pouzd] *a.* ***1*** **indisposto; lievemente malato** ***2*** **maldisposto; avverso.**
indisposition [ˌindispə'ziʃən] *n.* [C] ***1*** **indisposizione; lieve malattia** ***2*** **cattiva disposizione d'animo; avversione.**
indisputability [ˌindisˌpju:tə'biliti] *n.* [U] **incontestabilità; indiscutibilità.**
indisputable [ˌindis'pju:təbl] *a.* **indisputabile; indiscutibile.**
indisputed [ˌindis'pju:tid] *a.* **indiscusso; indisputato** *(lett.)*.
indissolubility [ˌindiˌsɔlju'biliti] *n.* [U] **indissolubilità.**
indissoluble [ˌindi'sɔljubl] *a.* **indissolubile.**
indistinct [ˌindis'tiŋkt] *a.* **indistinto; confuso; vago.**
indistinctive [ˌindis'tiŋktiv] *a.* ***1*** **che non si distingue** ***2*** **incapace di distinguere.**
indistinguishable [ˌindis'tiŋgwiʃəbl] *a.* **indistinguibile.**
to **indite** [in'dait] *v. t.* **comporre; redigere.**
indium ['indiəm] *n.* [U] *(chim.)* **indio.**
individual [ˌindi'vidjuəl] ***A*** *a.* **individuale; personale** ***B*** *n.* [C] **individuo.**
individualism [ˌindi'vidjuəlizəm] *n.* [U] **individualismo.**
individualist [ˌindi'vidjuəlist] *n.* **individualista.**
individualistic [ˌindiˌvidjuə'listik] *a.* **individualistico.**
individuality [ˌindiˌvidju'æliti] *n.* ***1*** [U] **individualità** ***2*** [U] **personalità** (specialm. se forte e spiccata) ***3*** *(al pl.)* **gusti personali.**
individualization [ˌindiˌvidjuəlai'zeiʃən] *n.* [U] ***1*** **individuazione** ***2*** **individualizzazione.**
to **individualize** [ˌindi'vidjuəlaiz] *v. t.* ***1*** **individuare** ***2*** **considerare individualmente; specificare** ***3*** **individualizzare; personalizzare.**
individually [ˌindi'vidjuəli] *avv.* ***1*** **singolarmente; uno alla volta** ***2*** **individualmente; personalmente.**
to **individuate** [ˌindi'vidjueit] *v. t.* **individuare.**
indivisibility [ˌindiˌvizi'biliti] *n.* [U] **indivisibilità.**
indivisible [ˌindi'vizəbl] *a.* **indivisibile.**
Indo-Chinese ['indoutʃai'ni:z] *a.* e *n.* **indocinese.**
indocile [in'dousail] *a.* **indocile.**
indocility [ˌindou'siliti] *n.* [U] **indocilità.**
to **indoctrinate** [in'dɔktrineit] *v. t.* **addottrinare; istruire; indottrinare.**
indoctrination [inˌdɔktri'neiʃən] *n.* [U] **addottrinamento; istruzione; indottrinamento.**
Indo-European ['indouˌjuərə'pi:ən] *a.* e *n.* **indoeuropeo.**
Indo-Germanic ['indoudʒə:'mænik] *a.* e *n.* **indogermanico.**
indolence ['indələns] *n.* [U] **indolenza; neghittosità.**
indolent ['indələnt] *a.* ***1*** **indolente; neghittoso** ***2*** *(med.)* **indolente**: *i. tumour,* tumore indolente.
indomitable [in'dɔmitəbl] *a.* **indomabile** (anche *fig.*)**; indomito.**
Indonesian [ˌindou'ni:zjən] *a.* e *n.* **indonesiano.**
indoor ['indɔ:*] *a. attr.* **interno** (in un edificio)**; al coperto.**
indoors [ˌin'dɔ:z] *avv.* **in casa; al coperto; all'interno** (d'un edificio).
to **indorse** [in'dɔ:s] *V.* to **endorse.**
indrawn [ˌin'drɔ:n] *a.* ***1*** **inspirato** ***2*** *(fig.)* **introspettivo.**
indubitable [in'dju:bitəbl] *a.* **indubitabile; indubbio.**
to **induce** [in'dju:s] *v. t.* ***1*** **indurre; incitare; persuadere; spingere**: *to i. sb. to do st.*, indurre q. a fare q.c. ***2*** **cagionare; produrre.**
inducement [in'dju:smənt] *n.* [U] e [C] **incitamento; incentivo; persuasione; stimolo.**
to **induct** [in'dʌkt] *v. t.* **insediare; installare; investire**: *to i. sb. to a benefice,* investire q. di un beneficio ecclesiastico.
inductance [in'dʌktəns] *n.* [U] *(elettr.)* **induttanza.**
inductile [in'dʌktail] *a.* *(metall.)* **non duttile.**
induction [in'dʌkʃən] *n.* ***1*** [U] **insediamento; installamento; investitura** ***2*** [U] e [C] (anche *fis., med.*) **induzione.**
inductive [in'dʌktiv] *a.* (anche *fis.*) **induttivo.**
inductor [in'dʌktə*] *n.* [C] (anche *fis.*) **induttore.**
to **indulge** [in'dʌldʒ] ***A*** *v. t.* ***1*** **appagare; soddisfare** ***2*** **assecondare; compiacere; viziare** ***B*** *v. i.* e to **indulge oneself** *v. rifl.* **indulgere** (a)**; abbandonarsi** (a)**; concedersi il lusso** (di): *to i. in a holiday,* concedersi il lusso d'una vacanza.
indulgence [in'dʌldʒəns] *n.* ***1*** [U] e [C] (anche *relig.*) **indulgenza** ***2*** [U] (anche *self-i.*) **appagamento; compiacimento; (l')indulgere** (a q.c.) ***3*** [C] **piacere; debolezza; vizio.**
indulgent [in'dʌldʒənt] *a.* **indulgente; condiscendente.**
indult [in'dʌlt] *n.* [C] *(relig.)* **indulto.**
to **indurate** ['indjuəreit] *v. t.* e *i.* **indurire, indurirsi** (anche *fig.*).
induration [ˌindjuə'reiʃən] *n.* [U] **indurimento; incallimento; ostinazione.**
industrial [in'dʌstriəl] *a.* **industriale** ● *i. alcohol,* alcol per uso industriale □ *an i. disease,* una malattia professionale □ *i. estate,* zona industriale □ *i. injury,* infortunio sul lavoro □ *i. safety,* sicurezza sul lavoro.

industrialism [in'dʌstriəlizəm] *n.* [U] **industrialismo.**
industrialist [in'dʌstriəlist] *n.* **industriale.**
industrialization [in,dʌstriəlai'zeiʃən] *n.* [U] **industrializzazione.**
to **industrialize** [in'dʌstriəlaiz] *v. t.* e *i.* **industrializzare, industrializzarsi.**
industrious [in'dʌstriəs] *a.* **industrioso; industre** *(lett.)*; **laborioso.**
industry ['indəstri] *n.* ***1*** [C] e [U] **industria**: *the iron i.*, l'industria siderurgica ***2*** [U] **laboriosità; operosità.**
to **inebriate** [i'ni:brieit] *v. t.* **inebriare; ubriacare.**
inebriate [i'ni:briit] ***A*** *a.* **ubriaco; brillo** ***B*** *n.* **ubriacone; alcolizzato.**
inebriation [i,ni:bri'eiʃən] *n.* [U] **inebriamento; ebbrezza.**
inebriety [,ini(:)'braiəti] *n.* [U] **ubriachezza.**
inedible [in'edibl] *a.* **immangiabile; non commestibile.**
inedited [in'editid] *a.* ***1*** **inedito** ***2*** (di un libro, ecc.) **pubblicato senza commenti.**
ineffability [in,efə'biliti] *n.* [U] **ineffabilità.**
ineffable [in'efəbl] *a.* **ineffabile.**
ineffaceable [,ini'feisəbl] *a.* **indelebile; incancellabile.**
ineffective [,ini'fektiv] *a.* ***1*** **inefficace** ***2*** **poco efficiente.**
ineffectual [,ini'fektjuəl] *a.* **inefficace; inutile; vano.**
inefficacious [,inefi'keiʃəs] *a.* **inefficace; inutile; vano.**
inefficacy [in'efikəsi] *n.* [U] **inefficacia; inutilità; vanità.**
inefficiency [,ini'fiʃənsi] *n.* [U] **inefficienza; incapacità.**
inefficient [,ini'fiʃənt] *a.* **inefficiente; poco efficiente.**
inelastic [,ini'læstik] *a.* **non elastico;** *(fig.)* **inflessibile.**
inelasticity [,inilæs'tisiti] *n.* [U] **mancanza d'elasticità;** *(fig.)* **inflessibilità.**
inelegance [in'eligəns] *n.* [U] **ineleganza.**
inelegant [in'eligənt] *a.* **inelegante.**
ineligibility [in,elidʒə'biliti] *n.* [U] ***1*** **ineleggibilità** ***2*** **inabilità** (al servizio militare).
ineligible [in'elidʒəbl] *a.* ***1*** **ineleggibile** ***2*** **inabile** (al servizio militare).
ineluctability [,ini,lʌktə'biliti] *n.* [U] **ineluttabilità.**
ineluctable [,ini'lʌktəbl] *a.* **ineluttabile.**
inept [i'nept] *a.* ***1*** **inetto; inabile** ***2*** **fatuo; stolto.**
ineptitude [i'neptitju:d] *n.* [U] e [C] ***1*** **inettitudine** ***2*** **fatuità; stoltezza.**
inequable [in'ekwəbl] *a.* **non uniforme; mutevole.**
inequality [,ini(:)'kwɔliti] *n.* [U] e [C] **ineguaglianza; disuguaglianza; sperequazione; irregolarità.**
inequitable [in'ekwitəbl] *a.* **non equo; ingiusto; iniquo.**
inequity [in'ekwiti] *n.* [U] e [C] **ingiustizia; iniquità.**
ineradicable [,ini'rædikəbl] *a.* **inestirpabile.**
inerrable [in'erəbl] *a.* **infallibile.**
inert [i'nə:t] *a.* (anche *chim.*, *fis.*) **inerte.**
inertia [i'nə:ʃjə] *n.* [U] (anche *fis.*) **inerzia.**
inertness [i'nə:tnis] *n.* [U] **inerzia; indolenza; apatia.**
inescapable [,inis'keipəbl] *a.* **inevitabile.**
inessential [,ini'senʃəl] ***A*** *a.* **non essenziale** ***B*** *n.* [C] **cosa secondaria.**
inestimable [in'estiməbl] *a.* **inestimabile.**
inevitability [in,evitə'biliti] *n.* [U] **inevitabilità.**
inevitable [in'evitəbl] *a.* ***1*** **inevitabile** ***2*** *(fam.)* **immancabile.**
inexact [,inig'zækt] *a.* **inesatto; scorretto.**
inexactitude [,inig'zæktitju:d] *n.* [U] e [C] **inesattezza.**
inexcusable [,iniks'kju:zəbl] *a.* **inescusabile** *(lett.)*; **imperdonabile.**
inexecutable [in'eksikjutəbl] *a.* **ineseguibile.**
inexhaustibility [,inig,zɔ:stə'biliti] *n.* [U] ***1*** **inesauribilità** ***2*** **instancabilità.**
inexhaustible [,inig'zɔ:stəbl] *a.* ***1*** **inesauribile** ***2*** **instancabile.**
inexistent [,inig'zistənt] *a.* **inesistente.**
inexorability [in,eksərə'biliti] *n.* [U] **inesorabilità.**
inexorable [in'eksərəbl] *a.* **inesorabile.**
inexpediency [,iniks'pi:djənsi] *n.* [U] **inopportunità.**
inexpedient [,iniks'pi:djənt] *a.* **inopportuno.**
inexpensive [,iniks'pensiv] *a.* **poco costoso; di poco prezzo.**
inexperience [,iniks'piəriəns] *n.* [U] **inesperienza; imperizia.**
inexperienced [,iniks'piəriənst] *a.* **inesperto; senza esperienza.**
inexpert [in'ekspə:t] *a.* **inesperto; inabile; maldestro.**
inexpiable [in'ekspiəbl] *a.* **inespiabile.**
inexplicability [in,eksplikə'biliti] *n.* [U] **inesplicabilità.**
inexplicable [in'eksplikəbl] *a.* **inesplicabile.**
inexplicit [,iniks'plisit] *a.* **non esplicito; oscuro; vago.**
inexpressible [,iniks'presəbl] *a.* **inesprimibile; indicibile.**
inexpressive [,iniks'presiv] *a.* **inespressivo.**
inexpugnable [,iniks'pʌgnəbl] *a.* **inespugnabile; invincibile.**
inextinguishable [,iniks'tiŋgwiʃəbl] *a.* **inestinguibile** (anche *fig.*).
in extremis [,inik'stri:mis] *(lat.) avv.* **in extremis.**
inextricable [in'ekstrikəbl] *a.* **inestricabile.**
infallibility [in,fælə'biliti] *n.* [U] **infallibilità.**
infallible [in'fæləbl] *a.* **infallibile.**
infallibly [in'fæləbli] *avv.* ***1*** **infallibilmente** ***2*** *(fam.)* **immancabilmente; senza fallo.**
infamous ['infəməs] *a.* **infame; scellerato; ignominioso.**
infamy ['infəmi] *n.* [U] e [C] **infamia; scelleratezza; ignominia.**
infancy ['infənsi] *n.* [U] ***1*** **infanzia** (anche *fig.*) ***2*** *(leg.)* **minorità.**
infant ['infənt] ***A*** *n.* ***1*** **infante; bambino, bambina** ***2*** *(leg.)* **minorenne** ***B*** *a. attr.* ***1*** **infantile; da (o per) bambini** ***2*** *(fig.)* **nascente.**
infanticide [in'fæntisaid] *n.* ***1*** [U] e [C] **infanticidio** ***2*** [C] **infanticida.**
infantile ['infəntail] *a.* **infantile; puerile**: *(med.) i. paralysis,* paralisi infantile.
infantilism [in'fæntilizəm] *n.* [U] *(med.)* **infantilismo.**
infantry ['infəntri] *n. (collett.)* **fanteria.**
infantryman ['infəntrimən] *n.* (*pl.* **infantrymen** ['infəntrimən]) **soldato di fanteria; fante; fantaccino.**
infarct [in'fa:kt] *n.* [C] *(med.)* **infarto.**
to **infatuate** [in'fætjueit] *v. t.* **infatuare.**
infatuated [in'fætjueitid] *a.* **infatuato; invaghito.**
infatuation [in,fætju'eiʃən] *n.* [U] e [C] **infatuazione.**
to **infect** [in'fekt] *v. t.* ***1*** **infettare** (anche *fig.*); **contagiare** ***2*** *(fig.)* **comunicare a; trasmettere a**: *to i. sb. with st.*, trasmettere q.c. a q.
infected [in'fektid] *a.* **infetto** ● *to become i.*, infettarsi.
infection [in'fekʃən] *n.* [U] e [C] **infezione; contagio** (anche *fig.*).
infectious [in'fekʃəs] *a.* **infettivo; contagioso** (anche *fig.*) ● *(med.) i. hepatitis,* epatite virale.
infective [in'fektiv] *a.* *(med.)* **infettivo; contagioso.**
infecund [in'fi:kənd] *a.* **infecondo.**
infecundity [,infi'kʌnditi] *n.* [U] **infecondità.**
infelicity [,infi'lisiti] *n.* [U] **infelicità; inopportunità.**
to **infer** [in'fə:*] *v. t.* **inferire; dedurre; desumere.**
inferable [in'fə:rəbl] *a.* **deducibile; desumibile; arguibile.**
inference ['infərəns] *n.* [U] e [C] **illazione; deduzione** ● *by i.*, per illazione.
inferential [,infə'renʃəl] *a.* **deduttivo.**
inferior [in'fiəriə*] ***A*** *a.* ***1*** **inferiore** ***2*** **mediocre; scadente** ***B*** *n.* **inferiore; subalterno; subordinato.**
inferiority [in,fiəri'ɔriti] *n.* [U] **inferiorità**: *(psic.) i.*

complex, complesso d'inferiorità.
infernal [in'fə:nl] *a.* **infernale; diabolico.**
inferno [in'fə:nou] *n.* (*pl.* **infernos**) **inferno** (anche *fig.*).
infertile [in'fə:tail] *a.* **sterile; infecondo; improduttivo.**
infertility [ˌinfə(:)'tiliti] *n.* [U] **sterilità; infecondità.**
to **infest** [in'fest] *v. t.* **infestare**: *a house infested with rats,* una casa infestata dai topi.
infestation [ˌinfes'teiʃən] *n.* [U] e [C] **infestazione.**
infidel ['infidəl] ***A*** *n.* [C] ***1*** **ateo; miscredente** ***2*** *(stor.)* **infedele** ***B*** *a. attr.* ***1*** **ateo; miscredente; incredulo** ***2*** **sacrilego.**
infidelity [ˌinfi'deliti] *n.* [U] e [C] **infedeltà.**
infighting ['inˌfaitiŋ] *n.* [U] ***1*** *(pugilato)* **(lotta a) corpo a corpo** ***2*** *(fig.)* **lotte interne.**
to **infiltrate** ['infiltreit] ***A*** *v. t.* **filtrare dentro** ***B*** *v. i.* **infiltrarsi; insinuarsi** (anche *fig.*).
infiltration [ˌinfil'treiʃən] *n.* [U] e [C] **infiltrazione.**
infinite ['infinit] ***A*** *a.* ***1*** **infinito; illimitato** ***B*** *n.* ***1*** — *the i.,* l'infinito (lo spazio) ***2*** *(gramm.)* **(modo) infinito** ● *(relig.) the I.,* Dio.
infinitesimal [ˌinfini'tesiməl] ***A*** *a.* **infinitesimo;** *(mat.)* **infinitesimale**: *i. calculus,* calcolo infinitesimale ***B*** *n.* **infinitesimo.**
infinitive [in'finitiv] *(gramm.)* ***A*** *n.* **(modo) infinito** ***B*** *a.* **infinitivo.**
infinitude [in'finitju:d] *n.* [U] e [C] **infinità.**
infinity [in'finiti] *n.* [U] e [C] ***1*** **infinità** ***2*** *(mat., fis.)* **infinito.**
infirm [in'fə:m] *a.* ***1*** **malfermo; debole; fiacco** ***2*** **poco sicuro; non valido** ● *i. of purpose,* irresoluto.
infirmary [in'fə:məri] *n.* [C] ***1*** **infermeria** ***2*** **ospedale.**
infirmity [in'fə:miti] *n.* ***1*** [U] **debolezza; fiacchezza** ***2*** [C] e [U] **infermità** (fisica o mentale).
to **inflame** [in'fleim] *v. t.* e *i.* **infiammare, infiammarsi** (anche *fig.*).
inflammable [in'flæməbl] *a.* **infiammabile** (anche *fig.*).
inflammation [ˌinflə'meiʃən] *n.* [U] e [C] *(med.)* **infiammazione.**
inflammatory [in'flæmətəri] *a.* ***1*** *(med.)* **infiammatorio; flogistico** ***2*** *(fig.)* **incendiario; sedizioso.**
inflatable [in'fleitəbl] *a.* **gonfiabile;** (di canotto, ecc.) **pneumatico.**
to **inflate** [in'fleit] *v. t.* e *i.* ***1*** **gonfiare, gonfiarsi** (anche *fig.*) ***2*** *(fig.)* **inorgoglire; imbaldanzire** ***3*** *(econ.)* **inflazionare; far ricorso all'inflazione.**
inflated [in'fleitid] *a.* ***1*** **gonfio;** *(fig.)* **tronfio** ***2*** *(econ.)* **inflazionato.**
inflation [in'fleiʃən] *n.* [U] ***1*** **gonfiamento; gonfiatura; enfiagione** ***2*** (di stile, ecc.) **turgidità; turgidezza** ***3*** *(econ.)* **inflazione** ● *(econ.) i policy,* politica inflazionistica.
inflationary [in'fleiʃənəri] *a.* *(econ.)* **inflazionistico.**
inflationism [in'fleiʃənizəm] *n.* [U] *(econ.)* **inflazionismo.**
inflationist [in'fleiʃənist] *n.* *(econ.)* **inflazionista.**
to **inflect** [in'flekt] *v. t.* ***1*** **flettere; curvare; piegare** ***2*** **modulare** (la voce) ***3*** *(gramm.)* **flettere; declinare.**
inflexibility [inˌfleksə'biliti] *n.* [U] ***1*** **inflessibilità; rigidezza** ***2*** **inderogabilità; immutabilità.**
inflexible [in'fleksəbl] *a.* ***1*** **inflessibile** ***2*** **inderogabile; immutabile.**
inflexion [in'flekʃən] *n.* ***1*** [U] **inflessione** (anche *fis.*); **modulazione** (della voce) ***2*** [U] *(gramm.)* **flessione** ***3*** [C] *(gramm.)* **forma flessiva; desinenza.**
inflexional [in'flekʃənl] *a.* *(gramm.)* **flessivo.**
to **inflict** [in'flikt] *v. t.* **infliggere; imporre** ● *to i. a blow on sb.,* assestare un colpo a q.
infliction [in'flikʃən] *n.* [U] e [C] ***1*** **inflizione** ***2*** **pena.**
inflorescence [ˌinflə'resəns] *n.* [U] *(bot.)* **infiorescenza.**
inflow ['inflou] *n.* [U] e [C] **afflusso.**
influence ['influəns] *n.* [U] e [C] **influenza** (anche *astron., fis.*); **influsso; ascendente; autorità**: *to exercise one's i. over (o with) sb.,* far valere la propria autorità su q. □ *to have a bad i. on sb.,* esercitare un influsso malefico su q. ● *to be under the i. of st.,* essere sotto l'effetto di q.c.
to **influence** ['influəns] *v. t.* **influenzare; influire su** (q., q.c.).
influent ['influənt] ***A*** *a.* **che fluisce in; affluente** ***B*** *n.* *(geogr.)* **immissario; affluente.**
influential [ˌinflu'enʃəl] *a.* **influente; autorevole.**
influenza [ˌinflu'enzə] *n.* [U] *(med.)* **influenza.**
influx ['inflʌks] *n.* [U] e [C] **afflusso; affluenza; concorso** (di gente).
info ['infou] *n.* [U] (*abbrev. fam.* di **information**) **informazione, informazioni.**
to **inform** [in'fɔ:m] ***A*** *v. t.* **informare** (in ogni senso): *to i. sb. of st.,* informare q. di q.c. ***B*** *v. i.* ***1*** **dare informazioni;** (specialm.) **sporgere denuncia** ***2*** — *to i. against sb.,* denunciare q.
informal [in'fɔ:ml] *a.* ***1*** **irregolare** ***2*** **non ufficiale; senza formalità.**
informality [ˌinfɔ:'mæliti] *n.* ***1*** [U] e [C] **irregolarità** ***2*** [U] **mancanza di formalità; tono familiare.**
informally [in'fɔ:məli] *avv.* **senza formalità; senza cerimonie.**
informant [in'fɔ:mənt] *n.* **informatore, informatrice.**
informatics [ˌinfə'mætiks] *n. pl.* *(col verbo al sing.)* **informatica.**
information [ˌinfə'meiʃən] *n.* [U] ***1*** **informazione, informazioni; ragguagli**: *Can you give me any i. on (o about) this matter?,* puoi darmi informazioni su questa faccenda? □ *a useful piece of i.,* un'informazione utile ***2*** **sapere; scienza**: *a great desire for i.,* un grande desiderio di sapere.
informative [in'fɔ:mətiv] *a.* ***1*** **informativo** ***2*** **istruttivo.**
informed [in'fɔ:md] *a.* ***1*** **informato; al corrente**: *well-i.,* ben informato; istruito ***2*** **colto; educato**: *i. taste,* gusto educato.
informer [in'fɔ:mə*] *n.* **informatore** (specialm. della polizia), **informatrice.**
infra- ['infrə, ˌinfrə] *pref.* **infra-** (col significato di "più basso", "sottostante" o "posto più internamente").
infraction [in'frækʃən] *n.* [U] e [C] **infrazione.**
infrangible [in'frændʒibl] *a.* **infrangibile.**
infrared [ˌinfrə'red] *a.* *(fis.)* **infrarosso**: *i. rays,* raggi infrarossi.
infrasonic [ˌinfrə'sɔnik] *a.* *(fis.)* **infrasonico.**
infrastructure ['infrəˌstrʌktʃə*] *n.* [C] *(costr., econ., ecc.)* **infrastruttura.**
infrequency [in'fri:kwənsi] *n.* [U] **infrequenza; rarità.**
infrequent [in'fri:kwənt] *a.* **infrequente; raro.**
to **infringe** [in'frindʒ] *v. t.* **infrangere; contravvenire a; trasgredire** ● *to i. upon sb.'s rights,* calpestare i diritti di q.
infringement [in'frindʒmənt] *n.* [U] e [C] **infrazione; contravvenzione; trasgressione.**
to **infuriate** [in'fjuərieit] *v. t.* **rendere furibondo.**
infuriated [in'fjuərieitid] *a.* **infuriato; furente; furibondo.**
to **infuse** [in'fju:z] ***A*** *v. t.* ***1*** **fare un'infusione di** (q.c.) ***2*** *(fig.)* **infondere; instillare**: *to i. fresh courage into sb.,* infondere nuovo coraggio in q. ***B*** *v. i.* **stare in infusione.**
infuser [in'fju:zə*] *n.* [C] **recipiente per infusione.**
infusible [in'fju:zəbl] *a.* **infusibile; che non può essere fuso.**
infusion [in'fju:ʒən] *n.* ***1*** [U] e [C] **infusione** ***2*** [C] **infuso.**
ingathering ['inˌgæðəriŋ] *n.* [C] *(agric.)* **raccolto; messe.**
ingenious [in'dʒi:njəs] *a.* **ingegnoso.**
ingenue [ˌænʒei'nju:] *(franc.)* *n.* ***1*** **ragazza ingenua** ***2*** *(teatr.)* **ingenua.**
ingenuity [ˌindʒi'nju:iti] *n.* [U] **ingegnosità.**
ingenuous [in'dʒenjuəs] *a.* **ingenuo; senza malizia; aperto** *(fig.).*
ingenuousness [in'dʒenjuəsnis] *n.* [U] **ingenuità.**
to **ingest** [in'dʒest] *v. t.* **ingerire; mandar giù** (cibo, medicine, ecc.).

ingestion [in'dʒestjən] *n.* [U] **ingestione.**

ingle-nook ['iŋglnuk] *n.* [C] **cantuccio del focolare.**

inglorious [in'glɔ:riəs] *a.* **1 inglorioso; ignobile 2 poco noto; oscuro.**

ingoing ['in,gouiŋ] *a.* **entrante; subentrante.**

ingot ['iŋgət] *n.* [C] **lingotto; verga** (d'oro, ecc.).

to **ingraft** [in'gra:ft] *V.* to **engraft.**

ingrain ['ingrein] *a.* **1** (di tessuto) **tinto in filo, prima della lavorazione 2** *(fig.)* **inveterato; radicato.**

ingrained [in'greind] *a.* **inveterato; radicato.**

to **ingratiate** [in'greiʃieit] **A** *v. t.* **ingraziare B** to **ingratiate oneself (with sb.)** *v. rifl.* **ingraziarsi (q.).**

ingratiating [in'greiʃi,eitiŋ] *a.* **suadente; insinuante.**

ingratitude [in'grætitju:d] *n.* [U] **ingratitudine.**

ingredient [in'gri:djənt] *n.* [C] **1 ingrediente 2 elemento.**

ingress ['ingres] *n.* [U] **ingresso; entrata.**

in-group ['in,gru:p] *n.* [C] *(sociologia)* **gruppo ristretto; gruppo a sé.**

ingrowing ['in,grouiŋ] *a.* **1 che cresce verso l'interno 2** (d'unghia) **che tende a incarnirsi.**

ingrown ['in,groun] *a.* **1 cresciuto verso l'interno 2** (d'unghia) **incarnito.**

to **ingurgitate** [in'gə:dʒiteit] *v. t.* **1 ingurgitare 2** *(fig.)* **ingoiare.**

ingurgitation [in,gə:dʒi'teiʃən] *n.* [U] **ingurgitamento** *(raro).*

to **inhabit** [in'hæbit] *v. t.* **abitare.**

inhabitable [in'hæbitəbl] *a.* **abitabile.**

inhabitant [in'hæbitənt] *n.* **abitante.**

inhabitation [in,hæbi'teiʃən] *n.* [U] **(l')abitare; (l')esser abitato.**

inhabited [in'hæbitid] *a.* **abitato.**

inhalation [,inhə'leiʃən] *n.* [U] e [C] **inalazione.**

to **inhale** [in'heil] *v. t.* e *i.* **inalare; aspirare** (aria, fumo, ecc.).

inhaler [in'heilə*] *n.* [C] *(med.)* **inalatore.**

inharmonious [,inha:'mounjəs] *a.* **non armonioso; disarmonico.**

to **inhere** [in'hiə*] *v. i.* **essere inerente** (a); **esser proprio** (di).

inherence [in'hiərəns] *n.* [U] **inerenza** *(raro)*; **(l')esser inerente.**

inherent [in'hiərənt] *a.* **1 inerente 2 innato; insito ●** *(leg.) i. vice,* vizio intrinseco.

to **inherit** [in'herit] *v. t.* e *i.* **ereditare.**

inheritable [in'heritəbl] *a.* **ereditabile; ereditario.**

inheritance [in'heritəns] *n.* [U] e [C] **eredità;** *(fig.)* **retaggio, patrimonio**: *to receive st. by i.*, ricevere q.c. in eredità ● *(leg.) i. tax,* imposta di successione.

to **inhibit** [in'hibit] *v. t.* **1 inibire** (anche *psic.*); **tenere a freno 2** *(relig.)* **interdire.**

inhibited [in'hibitid] *a.* *(psic.)* **inibito.**

inhibition [,inhi'biʃən] *n.* [U] e [C] (anche *psic.*) **inibizione.**

inhibitory [in'hibitəri] *a.* (anche *psic.*) **inibitorio.**

inhospitable [in'hɔspitəbl] *a.* **inospitale.**

inhospitableness [in'hɔspitəblnis], **inhospitality** [in,hɔspi'tæliti] *n.* [U] **inospitalità.**

inhuman [in'hju:mən] *a.* **inumano; disumano.**

inhumane [,inhju:'mein] *a.* **inumano.**

inhumanity [,inhju(:)'mæniti] *n.* [U] e [C] **inumanità; disumanità.**

to **inhume** [in'hju:m] *v. t.* **inumare; seppellire; sotterrare.**

inimical [i'nimikəl] *a.* **ostile; nemico; avverso; contrario.**

inimitable [i'nimitəbl] *a.* **inimitabile; impareggiabile.**

iniquitous [i'nikwitəs] *a.* **iniquo; ingiusto; malvagio.**

iniquity [i'nikwiti] *n.* [U] e [C] **iniquità; ingiustizia; malvagità.**

initial [i'niʃəl] **A** *a.* **iniziale; primo B** *n.* *(generalm. al pl.)* **(lettera) iniziale.**

to **initial** [i'niʃəl] *v. t.* **apporre le iniziali a; siglare.**

to **initiate** [i'niʃieit] *v. t.* **iniziare** (in ogni senso).

initiate [i'niʃiit] **A** *a.* **iniziato; cominciato B** *n.* [C] **iniziato, iniziata.**

initiation [i,niʃi'eiʃən] *n.* [U] e [C] **1 iniziazione 2 inizio; avvio.**

initiative [i'niʃiətiv] *n.* [U] **iniziativa**: *to take the i.*, prendere l'iniziativa □ *to have no i.*, mancare di spirito d'iniziativa □ *on one's own i.*, di propria iniziativa.

to **inject** [in'dʒekt] *v. t.* **iniettare** (in ogni senso).

injection [in'dʒekʃən] *n.* [U] e [C] *(med., mecc.,* ecc.) **iniezione**: *to give an i. of penicillin,* fare un'iniezione di penicillina.

injector [in'dʒektə*] *n.* (anche *mecc.*) **iniettore.**

injudicious [,indʒu(:)'diʃəs] *a.* **imprudente; sconsiderato; sventato.**

injunction [in'dʒʌŋkʃən] *n.* [C] (anche *leg.*) **ingiunzione; ordine.**

to **injure** ['indʒə*] *v. t.* **danneggiare; nuocere a; ferire; offendere.**

injured ['indʒəd] *a.* **danneggiato; ferito; leso; offeso**: *(leg.) the i. party,* la parte lesa.

injurious [in'dʒuəriəs] *a.* **dannoso; nocivo; offensivo.**

injury ['indʒəri] *n.* **1** [U] **danno; lesione; offesa; torto 2** [C] **ferita; lesione 3** [C] *(leg.)* **atto illecito.**

injustice [in'dʒʌstis] *n.* [U] e [C] **ingiustizia; torto**: *to do sb. an i.*, far torto a q. (anche, giudicandolo male).

ink [iŋk] *n.* [U] **inchiostro** (d'ogni sorta; anche quello della seppia): *to write a letter in ink,* scrivere una lettera con l'inchiostro ● *(zool.) ink-bag,* tasca del nero (d'una seppia, ecc.) □ *ink-pot,* calamaio □ *invisible ink,* inchiostro simpatico □ *printer's ink,* inchiostro da stampa.

to **ink** [iŋk] *v. t.* **inchiostrare; macchiare d'inchiostro**: *to ink one's fingers,* inchiostrarsi le dita ● *to ink in a drawing,* ripassare a penna un disegno.

inkling ['iŋkliŋ] *n.* [C] **vaga idea; sentore; sospetto.**

inkstand ['iŋkstænd] *n.* [C] **calamaio** (da scrittoio).

inky ['iŋki] *a.* **1 sporco d'inchiostro; inchiostrato 2 nero come l'inchiostro.**

inlaid ['inleid] **A** *pass.* e *p.p.* di to **inlay B** *a.* **1 inserito** (in una decorazione); **impresso 2 intarsiato ●** *i. work,* intarsio.

inland ['inlənd] **A** *a.* **1 situato nell'entroterra; interno 2** (di commercio, ecc.) **interno B** *avv.* [in'lænd] **all'interno; verso l'interno; nell'entroterra**: *to go i.*, andare verso l'interno (d'un paese) **C** *n.* **interno del paese; entroterra ●** *I. Revenue,* fisco.

inlander ['inləndə*] *n.* [C] **abitante dell'interno** (d'un paese).

in-law ['inlɔ:] *n.* *(fam., di solito al pl.)* **parente acquisito.**

to **inlay** [in'lei] *(pass. e p.p.* **inlaid** [in'leid]) *v. t.* **intarsiare.**

inlay ['inlei] *n.* [U] e [C] **intarsiatura; intarsio.**

inlayer ['in,leiə*] *n.* **intarsiatore, intarsiatrice.**

inlet ['inlet] *n.* **1** [C] *(geogr.)* **braccio di mare; piccola baia; insenatura 2** *(mecc.)* **immissione.**

inmate ['inmeit] *n.* **paziente** (d'ospedale); **ricoverato** (in un ospizio); **carcerato ●** *the inmates of the house,* gl'inquilini della casa.

inmost ['inmoust] *a.* **intimo; (il) più interno; (il) più riposto; (il) più segreto ●** *in one's i. heart,* nell'intimo del cuore.

inn [in] *n.* [C] **locanda; alberghetto.**

innards ['inədz] *n. pl.* *(fam.)* **1 interno; parte interna 2 budella; visceri.**

innate [i'neit] *a.* **innato; congenito; naturale.**

inner ['inə*] *a.* **interno; intimo; riposto; segreto ●** *the i. man,* l'anima, lo spirito; *(scherz.)* lo stomaco, la gola □ *(rag.) i. reserve,* riserva occulta □ *(autom.) i. tube,* camera d'aria.

innermost ['inəmoust] *a.* **intimo; (il) più interno; (il) più recondito.**

to **innervate** ['inə:veit] *v. t.* **1** *(anat.)* **innervare 2** *(fig.)* **rinvigorire.**

innervation [,inə:'veiʃən] *n.* [U] *(anat.)* **innervazione.**

innings ['iniŋz] *n.* *(invar. al pl.)* **1** *(cricket, baseball,* ecc.) **turno** (del battitore) **2** *(fig.)* **periodo di permanenza** (d'un partito politico) **al potere; durata in carica.**

innkeeper [ˈinˌkiːpə*] *n.* **locandiere, locandiera; albergatore.**
innocence [ˈinəsəns] *n.* [U] ***1*** **innocenza *2* semplicità; ingenuità.**
innocent [ˈinəsənt] ***A*** *a.* ***1*** **innocente** (in ogni senso) ***2*** **semplice; ingenuo *3*** *(fam.)* **privo** (di): *a window i. of glass,* una finestra priva di vetri ***B*** *n.* ***1*** **(persona) innocente; bambino**: *the slaughter of the innocents,* la strage degli innocenti ***2*** **persona ingenua.**
innocuous [iˈnɔkjuəs] *a.* **innocuo; inoffensivo.**
innocuousness [iˈnɔkjuəsnis] *n.* [U] **innocuità.**
to **innovate** [ˈinouveit] *v. i.* **innovare; fare innovazioni.**
innovation [ˌinouˈveiʃən] *n.* [U] e [C] **innovazione.**
innovator [ˈinouveitə*] *n.* **innovatore.**
innoxious [iˈnɔkʃəs] *a.* **innocuo; inoffensivo.**
innuendo [ˌinju(ː)ˈendou] *n.* (*pl.* **innuendos, innuendoes**) **insinuazione.**
innumerable [iˈnjuːmərəbl] *a.* **innumerabile; innumerevole.**
inobservance [ˌinəbˈzəːvəns] *n.* [U] ***1*** **inosservanza *2* mancanza d'attenzione.**
inobservant [ˌinəbˈzəːvənt] *a.* ***1*** **inosservante *2* disattento.**
to **inoculate** [iˈnɔkjuleit] *v. t.* ***1*** **inoculare** *(med.* e *fig.);* **iniettare; instillare *2*** *(med.)* **immunizzare** (con inoculazione di vaccino, siero, ecc.); **vaccinare**: *to i. children against polio,* vaccinare i bambini contro la poliomielite.
inoculation [iˌnɔkjuˈleiʃən] *n.* [U] e [C] *(med.)* ***1*** **inoculazione *2* immunizzazione; vaccinazione.**
inoculator [iˈnɔkjuleitə*] *n.* *(med.)* **inoculatore** *(raro)*; **chi inocula.**
inodorous [inˈoudərəs] *a.* **inodoro.**
inoffensive [ˌinəˈfensiv] *a.* **inoffensivo; innocuo.**
inofficious [ˌinəˈfiʃəs] *a.* *(leg.)* **inofficioso.**
inoperable [inˈɔpərəbl] *a.* *(med.)* **inoperabile; che non si può operare.**
inoperative [inˈɔpərətiv] *a.* (di legge, ecc.) ***1*** **non operante *2* inefficace.**
inopportune [inˈɔpətjuːn] *a.* **inopportuno; intempestivo.**
inopportuneness [inˈɔpətjuːnnis] *n.* [U] **inopportunità; intempestività.**
inordinate [iˈnɔːdinit] *a.* **smoderato; eccessivo; sregolato.**
inorganic [ˌinɔːˈgænik] *a.* **inorganico** *(chim.* e *fig.);* **non organico**: *i. chemistry,* chimica inorganica.
in-patient [ˈinˌpeiʃənt] *n.* [C] *(med.)* **degente; paziente interno.**
to **inpour** [ˈinpɔ(ː)*] ***A*** *v. t.* **versare dentro *B*** *v. i.* **affluire.**
input [ˈinput] *n.* *(solo al sing.)* ***1*** *(mecc.)* **energia assorbita *2*** *(elettr.)* **alimentazione**: *i. circuit,* circuito di alimentazione ***3*** *(elab.)* **immissione; ingresso**: *i. data,* dati d'immissione ***4*** *(econ.)* **fattore produttivo.**
inquest [ˈinkwest] *n.* [C] *(leg.)* **inchiesta.**
inquietude [inˈkwaiitjuːd] *n.* [U] **inquietudine; turbamento.**
to **inquire** [inˈkwaiə*] ***A*** *v. i.* **informarsi; indagare; investigare; fare ricerche *B*** *v. t.* **domandare; chiedere; informarsi di**: *to i. a person's name,* chiedere il nome d'una persona □ *to i. how to do st.,* chiedere come (si fa a) fare q.c. ● *to i. about st.,* informarsi di q.c. □ *to i. after sb.,* informarsi della salute di q.; chiedere notizie di q. □ *to i. for st.,* chiedere q.c. (per comprare, procurarsi, ecc.) □ *to i. into st.,* indagare su q.c.
inquiring [inˈkwaiəriŋ] *a.* **indagatore; scrutatore.**
inquiry [inˈkwaiəri] *n.* ***1*** [U] **richiesta d'informazioni; indagine**: *to learn st. by i.,* apprendere q.c. attraverso indagini fatte ***2*** [C] **inchiesta; investigazione; indagine**: *to hold an official i. into st.,* fare un'inchiesta ufficiale su q.c. ● *i. office,* ufficio informazioni □ *board of i.,* commissione d'inchiesta.
inquisition [ˌinkwiˈziʃən] *n.* [U] e [C] **indagine; investigazione; inchiesta** ● *(stor.) the I.,* l'Inquisizione.
inquisitive [inˈkwizitiv] *a.* ***1*** **curioso; avido di sapere *2* indiscreto.**
inquisitiveness [inˈkwizitivnis] *n.* [U] ***1*** **curiosità; avidità di sapere *2* indiscrezione.**
inquisitor [inˈkwizitə*] *n.* ***1*** (anche *leg.*) **(magistrato) inquirente; indagatore *2*** *(stor.)* **inquisitore.**
inquisitorial [inˌkwiziˈtɔriəl] *a.* **inquisitorio.**
inroad [ˈinroud] *n.* [C] **incursione; irruzione; scorreria** ● *(fig.) to make inroads on st.,* danneggiare q.c.; intaccare gravemente q.c.
inrush [ˈinrʌʃ] *n.* [C] ***1*** **irruzione *2* afflusso.**
to **insalivate** [inˈsæliveit] *v. t.* **insalivare** (il cibo, masticando).
insalubrious [ˌinsəˈluːbriəs] *a.* **insalubre; malsano.**
insane [inˈsein] *a.* ***1*** **alienato; demente; folle; pazzo *2* dissennato; irragionevole; insensato** ● *an i. asylum,* un ricovero per alienati.
insanitary [inˈsænitəri] *a.* **malsano; insalubre; antigienico.**
insanity [inˈsæniti] *n.* [U] ***1*** **alienazione mentale; demenza; follia *2* dissennatezza; irragionevolezza; insensatezza.**
insatiable [inˈseiʃjəbl] *a.* **insaziabile** (anche *fig.*).
insatiate [inˈseiʃiit] *a.* **insaziato** *(lett.);* **insaziabile.**
to **inscribe** [inˈskraib] *v. t.* ***1*** *(geom.)* **inscrivere *2* iscrivere; incidere; scolpire** (anche, *fig.*, nella mente) ***3*** **scrivere *4* firmare; fare una dedica** (su un libro e sim.) ● *(fin.) inscribed stock,* titoli nominativi.
inscription [inˈskripʃən] *n.* [C] ***1*** *(geom.)* **inscrizione *2* iscrizione** (in ogni senso) ***3*** **dedica** (d'un libro, ecc.).
inscriptional [inˈskripʃənl], **inscriptive** [inˈskriptiv] *a.* **di iscrizione.**
inscrutability [inˌskruːtəˈbiliti] *n.* [U] **inscrutabilità** *(raro);* **imperscrutabilità.**
inscrutable [inˈskruːtəbl] *a.* **inscrutabile** *(raro);* **imperscrutabile.**
insect [ˈinsekt] *n.* [C] **insetto** (in ogni senso: *zool., pop.* e *fig.*) ● *i. powder,* polvere insetticida.
insectarium [ˌinsekˈtɛəriəm] *n.* [C] *(scient.)* **insettario.**
insecticide [inˈsektisaid] *n.* [C] **insetticida.**
insectivorous [ˌinsekˈtivərəs] *a.* *(zool., bot.)* **insettivoro.**
insectology [ˌinsekˈtɔlədʒi] *n.* [U] *(scient.)* **insettologia** *(raro)*; **entomologia.**
insecure [ˌinsiˈkjuə*] *a.* **insicuro; malsicuro; malfermo; instabile; infido.**
insecurity [ˌinsiˈkjuəriti] *n.* [U] **insicurezza; mancanza di sicurezza; instabilità.**
to **inseminate** [inˈsemineit] *v. t.* **fecondare** (anche *fig.*).
insemination [inˌsemiˈneiʃən] *n.* [U] e [C] **fecondazione.**
insensate [inˈsenseit] *a.* ***1*** **insensato; dissennato *2* insensibile.**
insensibility [inˌsensəˈbiliti] *n.* [U] ***1*** **insensibilità; impassibilità *2* incoscienza** ● *in a state of i.,* privo di sensi; svenuto.
insensible [inˈsensəbl] *a.* ***1*** **insensibile** (in ogni senso); **indifferente; impassibile *2* impercettibile *3* privo di sensi; svenuto *4* inconsapevole; inconscio.**
insensitive [inˈsensitiv] *a.* **insensibile.**
insensitiveness [inˈsensitivnis] *n.* [U] **insensibilità.**
inseparability [inˌsepərəˈbiliti] *n.* [U] **inseparabilità.**
inseparable [inˈsepərəbl] *a.* **inseparabile.**
to **insert** [inˈsəːt] *v. t.* **inserire; introdurre.**
insert [ˈinsəːt] *n.* [C] **foglio, fascicolo** (inserito in un giornale); **inserto.**
insertion [inˈsəːʃən] *n.* [U] e [C] **inserzione; avviso pubblicitario.**
inset [ˈinˌset] *n.* [C] ***1*** **inserto; riquadro *2* fascicolo supplementare; supplemento *3*** (in un abito) **aggiunta; applicazione.**
to **inset** [inˈset] *(pass.* e *p.p.* **inset** o **insetted** [inˈsetid]) *v. t.* **inserire; introdurre; aggiungere.**
inshore [ˌinˈʃɔː*] ***A*** *avv.* **presso (o verso) la riva *B*** *a.* ***1*** **costiero *2* diretto a riva.**
(1) inside [ˈinˈsaid] ***A*** *n.* ***1*** **parte interna; interno; didentro *2*** *(fam.; anche al pl.)* **intestino; ventre; pancia** *(pop.)*: *to have a pain in one's i.,* avere mal di ventre ***B*** *a. attr.* ***1*** **interno; interiore; situato all'interno**

2 intimo; riservato; segreto ● *(calcio) i. forward,* mezzala; interno □ *(calcio) i. left (right),* mezzala sinistra (destra) □ *i. out,* rovesciato; rivoltato.
(2) inside ['in'said] **A** *avv.* **dentro**: *Go i.*, va' dentro! **B** *prep.* **dentro; all'interno di** ● *(fam.) i. of a week,* in meno di una settimana.
insider [in'saidə*] *n.* [C] **1 membro** (di una società, di una cerchia ristretta) **2 iniziato.**
insidious [in'sidiəs] *a.* **insidioso**: *an i. disease,* un male insidioso.
insight ['insait] *n.* [U] **acume; discernimento; intuito** ● *to gain an i. into sb.'s mind,* intuire ciò che q. ha in animo.
insignia [in'signiə] *n. pl.* **1 insegne** (cavalleresche, reali, onorifiche) **2** *(mil.)* **mostrine.**
insignificance [,insig'nifikəns] *n.* [U] **esiguità; futilità.**
insignificant [,insig'nifikənt] *a.* **esiguo; futile; insignificante.**
insincere [,insin'siə*] *a.* **insincero; falso.**
insincerity [,insin'seriti] *n.* [U] **insincerità; falsità.**
to **insinuate** [in'sinjueit] **A** *v. t.* **insinuare** (specialm. *fig.*) **B** to **insinuate oneself** *v. rifl.* **insinuarsi**: *to i. oneself into sb.'s favour,* insinuarsi nelle grazie di q.
insinuation [in,sinju'eiʃən] *n.* [U] e [C] **insinuazione.**
insipid [in'sipid] *a.* **insipido** (anche *fig.*): **scipito; insulso.**
insipidity [,insi'piditi], **insipidness** [in'sipidnis], *n.* [U] **insipidezza, insipidità** (anche *fig.*); **scipitaggine; insulsaggine.**
insipience [in'sipiəns] *n.* [U] **insipienza; stoltezza.**
insipient [in'sipiənt] *a.* **insipiente; stolto.**
to **insist** [in'sist] *v. i.* e *t.* **insistere; sostenere**: *to i. on the rights of the minorities,* sostenere i diritti delle minoranze.
insistence [in'sistəns] *n.* [U] **insistenza.**
insistent [in'sistənt] *a.* **insistente; persistente.**
insobriety [,insou'braiəti] *n.* [U] **intemperanza; ubriachezza.**
insole ['insoul] *n.* [C] **soletta** (di scarpa e sim.).
insolence ['insələns] *n.* [U] **insolenza; arroganza; impertinenza.**
insolent ['insələnt] *a.* **insolente; arrogante; impertinente.**
insolubility [in,sɔlju'biliti] *n.* [U] *(chim.* e *fig.)* **insolubilità.**
insoluble [in'sɔljubl] *a. (chim.* e *fig.)* **insolubile; non solubile.**
insolvency [in'sɔlvənsi] *n.* [U] *(leg., comm.)* **insolvenza.**
insolvent [in'sɔlvənt] *(leg., comm.)* **A** *a.* **insolvente B** *n.* **debitore insolvente.**
insomnia [in'sɔmniə] *n.* [U] **insonnia.**
insomuch [,insou'mʌtʃ] *avv.* **a tal punto; talmente; tanto** ● *i. as,* inquantoché □ *i. that,* tanto che.
insouciance [in'su:siəns] *(franc.) n.* [U] **indifferenza; noncuranza.**
insouciant [in'su:siənt] *(franc.) a.* **indifferente; noncurante.**
to **inspect** [in'spekt] *v. t.* **ispezionare.**
inspection [in'spekʃən] *n.* [U] e [C] **ispezione.**
inspector [in'spektə*] *n.* **ispettore.**
inspectoral [in'spektərəl], **inspectorial** [,inspek'tɔ(:)riəl] *a.* **d'ispettore; ispettivo.**
inspectorate [in'spektərit] *n.* [C] **ispettorato** (in ogni senso).
inspectorship [in'spektəʃip] *n.* [C] **ispettorato** (ufficio, durata in carica).
inspiration [,inspə'reiʃən] *n.* **1** [U] **inspirazione; aspirazione 2** [U] (anche *relig.*) **ispirazione 3** [C] **ispiratore, ispiratrice 4** [C] *(fam.)* **idea luminosa.**
inspiratory [in'spaiərətəri] *a.* **inspiratore.**
to **inspire** [in'spaiə*] *v. t.* **1 inspirare; aspirare; respirare**: *to i. and expire air,* inspirare ed espirare l'aria **2 ispirare; infondere**: *Kindness inspires love,* la gentilezza ispira amore □ *to i. sb. with hope,* infondere speranza a q.
to **inspirit** [in'spirit] *v. t.* **animare; far animo a; incoraggiare.**
instability [,instə'biliti] *n.* [U] **instabilità** (anche *fig.*); **incostanza.**
to **install** [in'stɔ:l] **A** *v. t.* **installare, istallare; insediare** (q. in una carica) **B** to **install oneself** *v. rifl.* **insediarsi; stabilirsi; sistemarsi.**
installation [,instə'leiʃən] *n.* [U] e [C] **1 insediamento** (di q. in carica) **2 installazione; impianto.**
instal(l)ment [in'stɔ:lmənt] *n.* [C] **1** *(comm.)* **rata**: *by instalments,* a rate **2 puntata; dispensa**: *in instalments,* a puntate **3 quota** ● *(USA) i. plan,* (sistema di) vendita a pagamenti rateali.
instance ['instəns] *n.* [C] e [U] **1 esempio**: *for i.*, per esempio **2 caso**: *in this i.*, in questo caso **3** (anche *fig.*) **istanza; richiesta**: *at the i. of,* su richiesta di.
to **instance** ['instəns] *v. t.* **citare** (un fatto, ecc.) **a esempio.**
instancy ['instənsi] *n.* [U] **urgenza; insistenza.**
(1) instant ['instənt] *a.* **1 immediato; istantaneo**: *i. relief,* sollievo immediato **2 urgente**: *to be in i. need of st.*, avere urgente bisogno di q.c. **3 corrente; presente**: *in reply to your letter of the 6th instant (*abbr. *inst.),* in risposta alla vostra lettera del 6 corrente ● *i. coffee,* caffè solubile.
(2) instant ['instənt] *n.* [C] **istante; attimo; momento** ● *the i. (that),* (non) appena □ *on the i.*, immediatamente; subito.
instantaneous [,instən'teinjəs] *a.* **istantaneo; immediato.**
instantaneousness [,instən'teinjəsnis] *n.* [U] **istantaneità.**
instantly ['instəntli] **A** *avv.* **immediatamente; subito B** *cong.* **(non) appena.**
instead [in'sted] *avv.* **invece** ● *i. of,* invece di.
instep ['in,step] *n.* [C] **1 collo del piede 2 tomaia, tomaio** (di scarpa).
to **instigate** ['instigeit] *v. t.* **1 istigare; incitare**: *to i. sb. to do st.*, incitare q. a fare q.c. **2 fomentare.**
instigation [,insti'geiʃən] *n.* [U] e [C] **istigazione; incitamento.**
instigator ['instigeitə*] *n.* **1 istigatore; incitatore 2 fomentatore.**
to **instil** [in'stil] *v. t.* **instillare, istillare; infondere; inculcare.**
instillation [,insti'leiʃən], **instilment** [in'stilmənt] *n.* [U] **instillazione.**
instinct ['instiŋkt] *n.* **1** [U] **istinto**: *to act on i.*, agire d'istinto □ *to do st. by i.*, fare q.c. per istinto **2** [C] **istinto; propensione naturale.**
instinctive [in'stiŋktiv] *a.* **1 istintivo 2 innato; spontaneo.**
institute ['institju:t] *n.* [C] **istituto;** (anche *leg.*) **istituzione.**
to **institute** ['institju:t] *v. t.* **1 istituire 2 nominare; insediare**: *to i. sb. into office,* insediare q. in una carica **3** *(leg.)* **intentare**: *to i. (legal) proceedings against sb.*, intentare causa contro q.
institution [,insti'tju:ʃən] *n.* **1** [U] e [C] **istituzione**: *the i. of customs,* l'istituzione di consuetudini □ *That man has become quite an i.*, quell'uomo è diventato una vera e propria istituzione **2** [C] **istituto** (pubblico, assistenziale, ecc.); **associazione; organizzazione 3** [U] **nomina; insediamento.**
institutional [,insti'tju:ʃənl̩] *a.* **istituzionale.**
to **institutionalize** [,insti'tju:ʃənə,laiz] *v. t.* **istituzionalizzare.**
to **instruct** [in'strʌkt] *v. t.* **1 istruire; ammaestrare; insegnare a** (q.) **2 dare istruzioni a** (q.) **3 informare.**
instruction [in'strʌkʃən] *n.* **1** [U] **istruzione; ammaestramento; insegnamento 2** *(al pl.)* **istruzioni; avvertimenti; informazioni**: *instructions for use,* istruzioni per l'uso **3** *(al pl.)* **istruzioni; ordini** ● *(ind.) i. card,* foglio d'istruzioni.
instructional [in'strʌkʃənl̩] *a.* **istruttivo; educativo.**
instructive [in'strʌktiv] *a.* **1 istruttivo 2 informativo.**
instructor [in'strʌktə*] *n.* **istruttore; insegnante** ● *(autom.) driving i.*, istruttore di scuola guida □ *(aeron.) flying i.*, istruttore di volo.
instrument ['instrəmənt] *n.* [C] **1 strumento; appa-**

recchio: *scientific instruments,* strumenti scientifici **2** atto notarile **3** *(fig.)* strumento: *to be the i. of sb.'s revenge,* essere lo strumento della vendetta di q.

to **instrument** ['instrə,ment] *v. t. (mus.)* strumentare; orchestrare.

instrumental [,instrə'mentl] *a.* **1** che giova (a ottenere q.c.); di valido aiuto; strumentale **2** *(mus.)* strumentale.

instrumentalist [,instrə'mentəlist] *n. (mus.)* strumentista.

instrumentality [,instrəmen'tæliti] *n.* [U] mezzo: *by the i. of sb.,* per mezzo di q.

instrumentation [,instrəmen'teiʃən] *n.* [U] *(mus.)* strumentazione.

insubordinate [,insə'bɔ:dinit] *a.* insubordinato.

insubordination [,insə,bɔ:di'neiʃən] *n.* [U] e [C] insubordinazione.

insubstantial [,insəb'stænʃəl] *a.* **1** incorporeo; irreale; immaginario **2** inconsistente; privo di solidità.

insufferable [in'sʌfərəbl] *a.* insopportabile; intollerabile.

insufficiency [,insə'fiʃənsi] *n.* [U] insufficienza; inadeguatezza.

insufficient [,insə'fiʃənt] *a.* insufficiente; inadeguato.

to **insufflate** ['insəfleit] *v. t.* **1** insufflare *(lett.)*; soffiare dentro; far penetrare dentro (aria, gas) soffiando **2** *(med.)* insufflare.

insular ['insjulə*] *a.* **1** insulare; isolano **2** *(fig.)* gretto; di vedute ristrette.

insularism ['insjulərizəm] *V.* **insularity.**

insularity [,insju'læriti] *n.* [U] **1** insularità **2** *(fig.)* grettezza; limitatezza di vedute.

to **insulate** ['insjuleit] *v. t.* isolare (in ogni senso).

insulation [,insju'leiʃən] *n.* [U] **1** isolamento **2** materiale isolante.

insulator ['insjuleitə*] *n.* [C] **1** *(elettr.)* isolatore **2** *(fis., tecn.)* isolante.

insulin ['insjulin] *n.* [U] *(biol, farm.)* insulina.

insult ['insʌlt] *n.* [C] e [U] insulto; affronto; ingiuria; oltraggio.

to **insult** [in'sʌlt] *v. t.* insultare; ingiuriare; oltraggiare.

insuperability [in,sju:pərə'biliti] *n.* [U] insuperabilità.

insuperable [in'sju:pərəbl] *a.* insuperabile; insormontabile.

insupportable [,in:sə'pɔ:təbl] *a.* insopportabile; intollerabile.

insurable [in'ʃuərəbl] *a. (comm.)* assicurabile.

insurance [in'ʃuərəns] *n.* [U] e [C] *(comm.)* assicurazione: *i. against loss by fire,* assicurazione contro l'incendio □ *10,000 pounds i.,* un'assicurazioni di diecimila sterline ● *i. agent,* agente d'assicurazioni □ *i. company,* società d'assicurazioni □ *i. policy,* polizza d'assicurazione.

to **insure** [in'ʃuə*] *v. t. (comm.)* assicurare: *to i. oneself (o one's life) for 10,000 pounds,* assicurarsi sulla vita per la somma di diecimila sterline □ *to i. one's house against fire,* assicurare la casa contro gli incendi.

insured [in'ʃuəd] *a.* e *n. (comm.)* assicurato, assicurata.

insurer [in'ʃuərə*] *n. (comm.)* assicuratore, assicuratrice.

insurgent [in'sə:dʒənt] *a.* e *n.* insorto; ribelle; rivoltoso.

insurmountability [,insə(:),mauntə'biliti] *n.* [U] insormontabilità.

insurmountable [,insə(:)'mauntəbl] *a.* insormontabile.

insurrection [,insə'rekʃən] *n.* [U] e [C] insurrezione; sommossa.

insurrectional [,insə'rekʃənl], **insurrectionary** [,insə'rekʃṇəri] *a.* insurrezionale.

insusceptibility ['insə,septə'biliti] *n.* [U] mancanza di suscettibilità.

insusceptible [,insə'septəbl] *a.* non suscettibile.

intact [in'tækt] *a.* intatto; integro; intero.

intactness [in'tæktnis] *n.* [U] integrità.

intaglio [in'ta:liou] *n.* **1** [U] intaglio (arte, tecnica) **2** *(pl.* **intaglios)** intaglio (oggetto intagliato).

intake ['inteik] *n. (solo al sing.)* **1** *(ind., mecc.)* presa (d'acqua, d'aria, ecc.) **2** capacità di assorbimento; aspirazione (di pompa) **3** *(ind.)* assunzione; (capacità di) assorbimento (di manodopera).

intangibility [in,tændʒə'biliti] *n.* [U] **1** intangibilità; impalpabilità; incorporeità **2** *(fig.)* inafferrabilità; incomprensibilità.

intangible [in'tændʒəbl] *a.* **1** intangibile; impalpabile; incorporeo **2** *(fig.)* inafferrabile; incomprensibile.

integer ['intidʒə*] *n.* [C] **1** *(mat.)* numero intero **2** cosa completa in sé.

integral ['intigrəl] *a.* **1** integrante; integrale **2** integro; intero; completo **3** *(mat.)* integrale: *i. calculus,* calcolo integrale.

integrality [,inti'græliti] *n.* [U] (l')essere integrale; integrità; completezza.

to **integrate** ['intigreit] *v. t.* integrare (anche *mat.*); completare.

integrate ['intigrit] *a.* **1** composto di parti integranti **2** integro; intero; completo.

integrated [,inti'greitid] *a.* integrato (in ogni senso) ● *an i. school,* una scuola senza segregazione razziale □ *a well-i. person,* una persona integrata (nel sistema, ecc.).

integration [,inti'greiʃən] *n.* [U] (anche *mat.*) integrazione: *racial i.,* integrazione razziale.

integrative ['intigrətiv] *a.* integrativo.

integrity [in'tegriti] *n.* [U] integrità.

integument [in'tegjumənt] *n.* [C] *(anat., bot.)* tegumento.

intellect ['intilekt] *n.* [U] intelletto; intelligenza: *a man of i.,* un uomo di grande intelletto ● *the intellects of the age,* le belle menti della nostra epoca.

intellectual [,inti'lektjuəl] **A** *a.* **1** intellettuale: *the i. faculties,* le facoltà intellettuali **2** intelligente **B** *n.* [C] intellettuale.

intellectualism [,inti'lektjuəlizəm] *n.* [U] intellettualismo.

intellectualist [,inti'lektjuəlist] *n.* intellettualista.

intellectuality [,inti,lektju'æliti] *n.* [U] intellettualità.

to **intellectualize** [,inti'lektjuəlaiz] **A** *v. t.* intellettualizzare; rendere intellettuale **B** *v. i.* pensare; ragionare.

intelligence [in'telidʒəns] *n.* [U] **1** intelligenza; capacità intellettuale: *(psic.) i. quotient,* quoziente d'intelligenza **2** informazioni; notizie **3** *(mil.,* anche *i. service)* servizio informazioni; servizio segreto ● *(polit., mil.) the I. Department,* il Servizio Segreto.

intelligent [in'telidʒənt] *a.* intelligente.

intelligentsia [in,teli'dʒentsiə] *n. (collett., di solito con l'art. determ.)* intellighenzia; (gli) intellettuali (d'una nazione).

intelligibility [in,telidʒə'biliti] *n.* [U] intelligibilità; chiarezza.

intelligible [in'telidʒəbl] *a.* (anche *filos.*) intelligibile.

intemperance [in'tempərəns] *n.* [U] **1** intemperanza; smoderatezza; sregolatezza **2** intemperanza nel bere; alcolismo.

intemperate [in'tempərit] *a.* **1** intemperante; immoderato; smodato; sregolato **2** intemperante nel bere; alcolizzato.

to **intend** [in'tend] *v. t.* **1** intendere; aver intenzione di (fare q.c.); proporsi: *to i. to do (o doing) st.,* proporsi di fare q.c. **2** intendere; voler dire **3** designare; destinare ● *It was intended as a compliment,* voleva essere un complimento.

intended [in'tendid] **A** *a.* **1** intenzionale; deliberato; premeditato **2** designato; futuro **B** *n. (fam., scherz.)* fidanzato, fidanzata.

intense [in'tens] *a.* **1** intenso **2** fervente **3** (di persona) molto emotivo; ipersensibile.

intensification [in,tensifi'keiʃən] *n.* [U] e [C] intensificazione.

intensifier [in'tensifaiə*] *n.* [C] *(linguistica)* elemento

intensivo.
to **intensify** [in'tensifai] *v. t.* e *i.* **intensificare, intensificarsi.**
intensity [in'tensiti] *n.* [U] ***1*** **intensità** ***2*** **fervore.**
intensive [in'tensiv] *a.* ***1*** **intensivo** ***2*** **intenso** ● *(med.) i. care unit,* centro di rianimazione.
(1) intent [in'tent] *n.* [U] (specialm. *leg.)* **intento; intendimento; intenzione; proposito**: *with good i.*, con buone intenzioni ● *to all intents and purposes,* a tutti gli effetti.
(2) intent [in'tent] *a.* **intento; assorto; dedito**: *to be i. on st.*, essere intento a q.c.
intention [in'tenʃən] *n.* ***1*** [U] e [C] **intenzione; proposito; proponimento** ***2*** [C] *(filos.)* **idea; concetto.**
intentional [in'tenʃənḷ] *a.* **intenzionale; deliberato; premeditato.**
intentioned [in'tenʃənd] *a.* *(nei composti)* **intenzionato**: *well-i.*, benintenzionato □ *ill-i.*, malintenzionato.
inter- ['intə*] *pref.* **inter-** (indica "rapporto spaziale o temporale" compreso fra due punti di riferimento, "comunanza" o "reciprocità").
to **inter** [in'tə:*] *v. t.* **sotterrare; seppellire; inumare.**
interact ['intərækt] *n.* [C] *(teatr.)* **intermezzo.**
to **interact** [ˌintər'ækt] *v. i.* **esercitare un'azione reciproca.**
interaction [ˌintər'ækʃən] *n.* [U] **azione reciproca.**
interbank ['intəbænk] *a. attr. (fin.)* **interbancario.**
to **interbreed** [ˌintə(:)'bri:d] *(pass. e p.p.* **interbred** [ˌintə(:)'bred]) ***A*** *v. t.* **incrociare** (animali e piante) ***B*** *v. i.* (di animali, piante) **incrociarsi; generare ibridi.**
intercalary [in'tə:kələri] *a.* **intercalato; interpolato; frapposto.**
to **intercalate** [in'tə:kəleit] *v. t.* **intercalare; interpolare; inserire.**
to **intercede** [ˌintə(:)'si:d] *v. i.* **intercedere; farsi mediatore** (per q.): *to i. with sb. for (*o *on behalf of) a friend,* intercedere presso q. per un amico
to **intercept** [ˌintə(:)'sept] *v. t.* ***1*** **intercettare** ***2*** **fermare; impedire.**
interception [ˌintə(:)'sepʃən] *n.* [U] **intercettamento; intercettazione.**
interceptor [ˌintə'septə*] *n.* ***1*** **intercettatore** ***2*** *(aeron.)* **intercettore.**
intercession [ˌintə'seʃən] *n.* [U] e [C] **intercessione.**
intercessor [ˌintə'sesə*] *n.* **intercessore.**
to **interchange** [ˌintə(:)'tʃeindʒ] ***A*** *v. t.* ***1*** **scambiare; scambiarsi** ***2*** **alternare** ***B*** *v. i.* ***1*** **scambiarsi** ***2*** **alternarsi.**
interchange ['intə(:)ˌtʃeindʒ] *n.* [U] e [C] ***1*** **scambio** ***2*** **avvicendamento.**
interchangeable [ˌintə(:)'tʃeindʒəbl] *a.* **intercambiabile.**
interclass ['intəˌkla:s] *a. (polit.,* ecc.) **interclassista; interclassistico** ● *i. movement,* interclassismo.
intercollegiate [ˌintə(:)kə'li:dʒiət] *a.* **che si svolge fra college; interuniversitario; universitario**: *(sport) i. games,* giochi universitari.
intercolonial ['intə(:)kə'lounjəl] *a.* **intercoloniale.**
intercom ['intəkɔm] *n. (fam.)* **citofono; interfono.**
to **intercommunicate** [ˌintə(:)kə'mju:nikeit] *v. i.* ***1*** (di stanze, ecc.) **essere comunicanti; intercomunicare** ***2*** **comunicare** (con q.).
intercommunity [ˌintə(:)kə'mju:niti] *n.* [U] **comunanza.**
to **interconnect** ['intə(:)kə'nekt] *v. t.* **collegare.**
intercontinental [ˌintəˌkɔnti'nentl] *a.* **intercontinentale.**
intercostal [ˌintə(:)'kɔstl] *a. (anat.)* **intercostale.**
intercourse ['intə(:)kɔ:s] *n.* [U] ***1*** **rapporti; relazioni; contatti**: *social i.*, rapporti sociali ***2*** **rapporti sessuali.**
interdependence [ˌintə(:)di'pendəns] *n.* [U] **interdipendenza.**
interdependent [ˌintə(:)di'pendənt] *a.* **interdipendente.**
to **interdict** [ˌintə(:)'dikt] *v. t.* ***1*** **interdire** ***2*** **proibire.**
interdict ['intə(:)dikt] *n.* [C] ***1*** **interdizione** ***2*** *(relig.)* **interdetto.**
interdiction [ˌintə(:)'dikʃən] *n.* [U] e [C] **interdizione; proibizione.**
interdisciplinary [ˌintə'disiplinəri] *a.* **interdisciplinare.**
interest ['intrist] *n.* [U] e [C] **interesse** (in ogni senso); **frutto** (del denaro); **profitto; tornaconto**: *to pay 15% i. on a loan,* pagare un interesse del 15% su un prestito □ *events that arouse great i.*, avvenimenti che destano grande interesse □ *to look after one's own interests,* badare ai propri interessi ● *(fin.) i.-bearing,* fruttifero □ *the landed interests,* i proprietari terrieri *(collett.)* □ *to take a great i. in politics,* interessarsi molto di politica □ *(fig.) with i.*, con gli interessi.
to **interest** ['intrist] ***A*** *v. t.* **interessare; destare interesse in** (q.): *That doesn't i. me,* questo non mi interessa ***B*** to **interest oneself (in)** *v. rifl.* **interessarsi (di, a).**
interested ['intristid] *a.* **interessato; egoistico** ● *to be i. in st.*, interessarsi di q.c. □ *(leg.) the i. parties,* le parti interessate; gli interessati.
interesting ['intristiŋ] *a.* **interessante.**
interface ['intəˌfeis] *n.* [C] ***1*** *(scient., tecn.)* **interfaccia** ***2*** **punto d'incontro.**
to **interfere** [ˌintə'fiə*] *v. i.* **interferire; ingerirsi; inframmettersi; immischiarsi; intromettersi**: *to i. in other people's business,* ingerirsi nelle faccende altrui □ *to i. in a debate,* intromettersi in una discussione ● *to i. with,* ostacolare: *The harvest was interfered with by the rain,* il raccolto fu ostacolato dalla pioggia.
interference [ˌintə'fiərəns] *n.* ***1*** [U] **interferenza; inframmettenza; intromissione**: *(radio) i. from foreign broadcasting stations,* interferenza di (stazioni) emittenti straniere ***2*** [C] **impedimento; ostacolo.**
to **interfuse** [ˌintə(:)'fju:z] ***A*** *v. t.* **fondere; mescolare; mischiare** ***B*** *v. i.* **fondersi; mescolarsi; mischiarsi.**
interfusion [ˌintə(:)'fju:ʒən] *n.* [U] **fusione; mescolanza.**
interim ['intərim] *(lat.)* ***A*** *n.* **interim; intervallo** ***B*** *a. attr.* **temporaneo; provvisorio.**
interior [in'tiəriə*] ***A*** *a.* **interiore; interno; dell'interno** ***B*** *n.* **interno; regione interna; entroterra** ● *i. decoration,* arredamento □ *i. decorator,* **arredatore.**
to **interiorize** [in'tiəriəˌraiz] *v. t.* **interiorizzare.**
to **interject** [ˌintə(:)'dʒekt] *v. t.* **intercalare; interloquire.**
interjection [ˌintə(:)'dʒekʃən] *n.* ***1*** [U] **intromissione** ***2*** [C] *(gramm.)* **interiezione.**
to **interlace** [ˌintə(:)'leis] *v. t.* e *i.* **intrecciare, intrecciarsi.**
interlacement [ˌintə(:)'leismənt] *n.* [U] e [C] **intreccio** (di fibre tessili, ecc.); **incrocio; viluppo.**
to **interlard** [ˌintə(:)'la:d] *v. t.* **lardellare** *(fig.).*
interleaf ['intəˌli:f] *n. (pl.* **interleaves** ['intəˌli:vz]) **interfoglio.**
to **interleave** [ˌintə(:)'li:v] *v. t.* **interfogliare.**
to **interline** [ˌintə(:)'lain] *v. t.* **interlineare.**
interlinear [ˌintə(:)'liniə*] *a.* **interlineare.**
to **interlink** [ˌintə(:)'liŋk] *v. t.* **concatenare; collegare.**
to **interlock** [ˌintə(:)'lɔk] ***A*** *v. t.* **collegare; connettere** ***B*** *v. i.* **essere collegato (**o **connesso).**
interlocutor [ˌintə(:)'lɔkjutə*] *n.* **interlocutore.**
interlocutory [ˌintə'lɔkjutəri] *a.* (anche *leg.)* **interlocutorio.**
to **interlope** [ˌintə(:)'loup] *v. i.* **inframmettersi; intrufolarsi.**
interloper ['intə(:)ˌloupə*] *n.* **intruso.**
interlude ['intə(:)lu:d] *n.* [C] ***1*** *(mus.)* **interludio** ***2*** (anche *mus., teatr.)* **intermezzo** (in ogni senso); **intervallo;** *(fig.)* **parentesi.**
intermarriage [ˌintə(:)'mæridʒ] *n.* [U] ***1*** **matrimonio fra membri di famiglie (**o **caste, razze, tribù) diverse** ***2*** **matrimonio fra consanguinei.**
to **intermarry** ['intə(:)'mæri] *v. i.* ***1*** (di famiglie, tribù, ecc.) **imparentarsi** (per mezzo di matrimoni) ***2*** **sposarsi fra consaguinei.**
to **intermeddle** [ˌintə(:)'medl] *v. i.* **inframmettersi; immischiarsi; intromettersi.**

intermediary [ˌintə(:)'mi:djəri] ***A*** *a.* intermedio; intermediario ***B*** *n.* [C] intermediario; mediatore.
intermediate [ˌintə(:)'mi:djət] *a.* intermedio; medio.
to **intermediate** [ˌintə'mi(:)dieit] *v. i.* fare da intermediario; interporsi; intromettersi.
intermediation [ˌintəˌmi:di'eiʃən] *n.* [U] mediazione.
interment [in'tə:mənt] *n.* [U] e [C] inumazione; sepoltura.
intermezzo [ˌintə(:)'metsou] *n.* (*pl.* **intermezzi** [ˌintə(:)'metsi:], **intermezzos**) (*mus., teatr.*) intermezzo.
interminable [in'tə:minəbl] *a.* interminabile.
to **intermingle** [ˌintə(:)'miŋgl] ***A*** *v. t.* mescolare; mischiare ***B*** *v. i.* mescolarsi; mischiarsi.
intermission [ˌintə(:)'miʃən] *n.* [U] e [C] interruzione; intervallo.
to **intermit** [ˌintə(:)'mit] ***A*** *v. t.* interrompere; sospendere; rendere intermittente ***B*** *v. i.* interrompersi; cessare; essere intermittente.
intermittence [ˌintə'mitəns], **intermittency** [ˌintə'mitənsi] *n.* [U] intermittenza.
intermittent [ˌintə'mitənt] *a.* intermittente ● *i. strike,* sciopero a singhiozzo.
to **intermix** [ˌintə(:)'miks] *v. t.* e *i.* mescolare, mescolarsi.
intermixture [ˌintə(:)'mikstʃə*] *n.* [C] mescolanza; miscuglio.
to **intern** [in'tə:n] *v. t.* internare; confinare.
intern ['intə:n] *n.* medico interno; interno.
internal [in'tə:nl] *a.* interno; interiore ● *i. wars,* guerre civili.
to **internalize** [in'tə:nəlaiz] *v. t.* interiorizzare.
international [ˌintə(:)'næʃənl] ***A*** *a.* internazionale: *i. trade,* commercio internazionale ***B*** *n.* (*sport*) ***1*** atleta che partecipa a gare internazionali; nazionale (*gergo sportivo*) ***2*** competizione internazionale.
internationale [ˌintənæʃə'na:l] (*franc.*) *n.* (l')internazionale (l'inno del comunismo internazionale).
internationalism [ˌintə(:)'næʃnəlizəm] *n.* [U] internazionalismo.
internationalist [ˌintə(:)'næʃnəlist] *n.* internazionalista.
internationalization [ˌintə(:)ˌnæʃnəlai'zeiʃən] *n.* [U] (*polit., econ.*) internazionalizzazione.
to **internationalize** [ˌintə(:)'næʃnəlaiz] *v. t.* (*polit., econ.*) internazionalizzare.
internecine [ˌintə(:)'ni:sain] *a.* ***1*** micidiale ***2*** senza vinti né vincitori.
internee [ˌintə:'ni:] *n.* (*polit.*) internato, internata.
internist ['intə:nist] *n.* internista.
internment [in'tə:nmənt] *n.* [U] (*polit.*) internamento.
internode ['intənoud] *n.* [C] (*biol.*) internodio.
to **interpellate** [in'tə:pəleit] *v. t.* (*polit.*) interpellare; rivolgere una interpellanza a (un ministro).
interpellation [inˌtə:pe'leiʃən] *n.* [U] e [C] (*polit.*) interpellanza.
to **interpenetrate** [ˌintə(:)'penitreit] ***A*** *v. t.* compenetrare; permeare ***B*** *v. i.* compenetrarsi.
interpenetration [ˌintə(:)ˌpeni'treiʃən] *n.* [U] compenetrazione.
interplanetary [ˌintə(:)'plænitəri] *a.* (*astron.*) interplanetario.
interplay ['intə(:)ˌplei] *n.* [U] azione reciproca ● *i. of colours,* gioco di colori.
to **interpolate** [in'tə:pouleit] *v. t.* interpolare ● (*gramm.*) *an interpolated clause,* un inciso.
interpolation [inˌtə:pou'leiʃən] *n.* [U] e [C] interpolazione.
to **interpose** [ˌintə(:)'pouz] *v. t.* e *i.* ***1*** frapporre, frapporsi; interporre, interporsi ***2*** interrompere; esclamare (interrompendo chi parla).
interposition [inˌtə:pə'ziʃən] *n.* [U] e [C] interposizione; intervento.
to **interpret** [in'tə:prit] ***A*** *v. t.* interpretare (in ogni senso) ***B*** *v. i.* fare da interprete.
interpretation [inˌtə:pri'teiʃən] *n.* [U] e [C] interpretazione.
interpretative [in'tə:pritətiv] *a.* interpretativo.
interpreter [in'tə:pritə*] *n.* interprete.
interregnum [ˌintə'regnəm] *n.* [C] ***1*** interregno ***2*** (*fig.*) intervallo.
interrelation [ˌintə(:)ri'leiʃən] *n.* [C] e [U] interrelazione; rapporto reciproco; interdipendenza.
interrobang [in'terəbæŋ] *n.* [C] segno d'interpunzione composto da un punto esclamativo e da un punto interrogativo uniti.
to **interrogate** [in'terəgeit] *v. t.* interrogare.
interrogation [inˌterə'geiʃən] *n.* [U] e [C] interrogazione ● *note* (o *mark, point*) *of i.,* punto interrogativo.
interrogative [ˌintə'rɔgətiv] ***A*** *a.* interrogativo: *an i. pronoum,* un pronome interrogativo ***B*** *n.* [C] (*gramm.*) pronome interrogativo.
interrogatory [ˌintə'rɔgətəri] *a.* interrogatorio; interrogativo.
to **interrupt** [ˌintə'rʌpt] *v. t.* ***1*** interrompere; sospendere; troncare ***2*** ostacolare; impedire: *to i. the view,* impedire la vista.
interruption [ˌintə'rʌpʃən] *n.* [U] e [C] interruzione; sospensione.
to **intersect** [ˌintə(:)'sekt] *v. t.* e *i.* intersecare, intersecarsi.
intersection [ˌintə(:)'sekʃən] *n.* [U] e [C] intersecazione ● *street i.,* incrocio stradale.
interspace [ˌintə(:)'speis] *n.* [C] ***1*** intervallo (di spazio o di tempo) ***2*** (*edil.*) intercapedine.
to **intersperse** [ˌintə(:)'spə:s] *v. t.* cospargere; disseminare.
interspersion [ˌintə(:)'spə:ʃən] *n.* [U] cospargimento.
interstate ['intə(:)ˌsteit] *a.* (*USA*) interstatale: *i commerce,* commercio interstatale (fra Stati dell'Unione).
interstellar [ˌintə(:)'stelə*] *a.* (*astron.*) interstellare.
interstice [in'tə:stis] *n.* [C] interstizio.
to **intertwine** [ˌintə(:)'twain] ***A*** *v. t.* attorcigliare; intrecciare; intessere ***B*** *v. i.* attorcigliarsi; intrecciarsi.
interurban [ˌintər'ə:bən] *a.* interurbano.
interval ['intəvəl] *n.* [C] intervallo (in ogni senso): *at short intervals,* a brevi intervalli.
to **intervene** [ˌintə(:)'vi:n] *v. i.* ***1*** intervenire; avvenire, accadere (nel frattempo); interporsi; intromettersi: *to i. in a dispute,* intervenire in una disputa ***2*** intercorrere; trascorrere: *the years that intervened,* gli anni che intercorsero ***3*** esser situato; trovarsi.
intervenient [ˌintə'vi:niənt] *a.* ***1*** interveniente ***2*** frapposto; intercorrente; intermedio.
intervention [ˌintə(:)'venʃən] *n.* [U] e [C] intervento; interposizione; intromissione; mediazione: (*polit.*) *armed i.,* intervento armato.
interventionism [ˌintə'venʃənizəm] *n.* [U] (*polit.*) interventismo.
interventionist [ˌintə'venʃənist] *n.* (*polit.*) interventista.
interview ['intəvju:] *n.* [C] intervista; abboccamento; colloquio.
to **interview** ['intəvju:] *v. t.* intervistare; abboccarsi con (q.); avere un colloquio con (q.).
interviewer ['intəvjuə*] *n.* intervistatore, intervistatrice.
to **interweave** [ˌintə(:)'wi:v] (*pass.* **interwove** [ˌintə'wouv], *p.p.* **interwoven** [ˌintə'wouvən]) *v. t.* intessere; intrecciare.
to **interwind** [ˌintə(:)'waind] (*pass.* e *p.p.* **interwound** [ˌintə(:)'waund]) ***A*** *v. t.* avvolgere insieme; avviluppare ***B*** *v. i.* avvolgersi insieme; avvilupparsi.
interwove [ˌintə'wouv] *pass.* di to **interweave.**
interwoven [ˌintə'wouvən] *p. p.* di to **interweave.**
intestate [in'testit] *a.* (*leg.*) intestato; senza aver fatto testamento.
intestinal [in'testinl] *a.* (*anat.*) intestinale.
(1) intestine [in'testin] *n.* (*anat.; di solito al pl.*) intestino, intestini ● *large i.,* intestino crasso □ *small i.,* intestino tenue.

(2) intestine [in'testin] *a.* **intestino** *(lett.)*; **civile.**
intimacy ['intiməsi] *n.* ***1*** [U] **intimità** ***2*** [C] **atto affettuoso** (bacio, carezza); ***3*** *(spesso al pl.) (eufemistico)* **rapporti intimi.**
intimate ['intimit] ***A*** *a.* ***1*** **intimo; (il) più segreto**: *an i. friend,* un amico intimo □ *one's i. thoughts,* i pensieri più segreti ***2*** **profondo** ***B*** *n.* **(amico) intimo** ● *to be on i. terms with sb.,* essere in intimità con q.
to **intimate** ['intimeit] *v. t.* ***1*** **dichiarare, manifestare** (formalmente) ***2*** **accennare a; sottintendere** ***3*** *(leg.)* **intimare; notificare.**
intimation [ˌinti'meiʃən] *n.* [U] e [C] ***1*** **annuncio; dichiarazione** ***2*** **accenno; indizio** ***3*** *(leg.)* **intimazione; notificazione.**
to **intimidate** [in'timideit] *v. t.* **intimidire; intimorire; minacciare.**
intimidation [inˌtimi'deiʃən] *n.* [U] e [C] **intimidazione; minaccia.**
intimidatory [in'timideitəri] *a.* **intimidatorio.**
into ['intu, 'intə] *prep.* **dentro; in**: *to go i. the garden,* andare in giardino □ *to turn i. ice,* trasformarsi in ghiaccio □ *to translate from one language i. another,* tradurre da una lingua in un'altra ● *far i. the night,* fino a tarda notte.
intolerable [in'tɔlərəbl] *a.* **intollerabile; insopportabile.**
intolerance [in'tɔlərəns] *n.* [U] (anche *med.)* **intolleranza.**
intolerant [in'tɔlərənt] *a.* **intollerante.**
intonation [ˌintou'neiʃən] *n.* [U] e [C] *(mus., fon.,* ecc.) **intonazione.**
to **intone** [in'toun] *v. t.* e *i.* (anche *mus.)* **intonare.**
in toto [ˌin'toutou] *(lat.) avv.* **in toto; totalmente.**
intoxicant [in'tɔksikənt] ***A*** *a.* ***1*** **inebriante; alcolico** ***2*** *(med.)* **intossicante** ***B*** *n.* [C] ***1*** **bevanda alcolica** ***2*** *(med.)* **sostanza intossicante.**
to **intoxicate** [in'tɔksikeit] *v. t.* ***1*** **inebriare** (anche *fig.)*; **ubriacare** ***2*** *(med.)* **intossicare.**
intoxication [inˌtɔksi'keiʃən] *n.* [U] ***1*** **ebbrezza; ubriachezza; inebriamento** ***2*** *(med.)* **intossicazione.**
intra- [ˌintrə] *pref.* **intra-, endo-** (indicano riferimento alla parte interna di un corpo o di uno spazio).
intracellular [ˌintrə'seljulə*] *a. (biol.)* **intracellulare.**
intractable [in'træktəbl] *a.* **intrattabile; scontroso.**
intrados [in'treidɔs] *n.* [C] *(archit.)* **intradosso.**
intramuscular [ˌintrə'mʌskjulə*] *a. (med.)* **intramuscolare.**
intransigence [in'trænsidʒəns] *n.* [U] **intransigenza.**
intransigent [in'trænsidʒənt] *a.* **intransigente.**
intransitive [in'trænsitiv] *a.* e *n. (gramm.)* **intransitivo.**
intrauterine [ˌintrə'ju:tərain] *a.* **intrauterino**: *i. device (abbr. IUD),* contraccettivo intrauterino.
intravenous [ˌintrə'vi:nəs] *a. (med.)* **endovenoso.**
to **intrench** [in'trentʃ] *V.* to **entrench.**
intrepid [in'trepid] *a.* **intrepido; impavido.**
intrepidity [ˌintri'piditi] *n.* [U] **intrepidezza.**
intricacy ['intrikəsi] *n.* [U] e [C] **complessità; complicazione; difficoltà.**
intricate ['intrikit] *a.* **intricato; complesso; complicato; difficile.**
intrigant, intriguant ['intrigənt] *n. (raro)* **intrigante** (uomo).
to **intrigue** [in'tri:g] ***A*** *v. i.* ***1*** **intrigare; fare intrighi** ***2*** **avere una tresca** (o **una relazione amorosa)** ***B*** *v. t. (fam.)* **incuriosire; interessare; stuzzicare la curiosità di.**
intrigue [in'tri:g] *n.* ***1*** [U] e [C] **intrigo** ***2*** [C] **relazione amorosa; tresca.**
intriguing [in'tri:giŋ] *a.* ***1*** **intrigante** ***2*** *(fam.)* **interessante; affascinante.**
intrinsic(al) [in'trinsik(əl)] *a.* **intrinseco; reale.**
intro- [ˌintrə] *pref.* **intro-** (significa "dentro" e indica movimento, direzione verso l'interno, penetrazione).
to **introduce** [ˌintrə'dju:s] ***A*** *v. t.* ***1*** **introdurre** (in ogni senso) ***2*** **presentare; far conoscere**: *to i. two people,* presentare due persone (l'una all'altra) □ *Please i. me to your friend,* per favore, presentami al tuo amico ***3*** *(polit.)* **presentare; proporre** ***B*** to **introduce oneself** *v. rifl.* **presentarsi.**
introduction [ˌintrə'dʌkʃən] *n.* [U] e [C] ***1*** **introduzione** (in ogni senso) ***2*** **presentazione**: *a letter of i.,* una lettera di presentazione ***3*** *(polit.)* **presentazione; proposta.**
introductive [ˌintrə'dʌktiv], **introductory** [ˌintrə'dʌktəri] *a.* **introduttivo; preliminare.**
introit ['intrɔit] *n.* [C] *(relig.)* **introito.**
intromission [ˌintrou'miʃən] *n.* [U] ***1*** **introduzione** ***2*** **intromissione.**
to **intromit** [ˌintrou'mit] *v. t.* **introdurre; inserire.**
to **introspect** [ˌintrou'spekt] *v. i.* **esser introspettivo; analizzare i propri sentimenti.**
introspection [ˌintrou'spekʃən] *n.* [U] **introspezione.**
introspective [ˌintrou'spektiv] *a.* **introspettivo.**
introversion [ˌintrou'və:ʃən] *n.* [U] (specialm. *psic.)* **introversione.**
to **introvert** [ˌintrou'və:t] *v. t.* ***1*** *(psic.)* **introvertere** ***2*** *(zool.)* **introvertere; ritrarre.**
introvert ['introuvə:t] *a.* e *n. (psic.)* **introverso.**
introverted [ˌintrou'və:tid] *a. (psic.)* **introverso; introvertito.**
to **intrude** [in'tru:d] ***A*** *v. t.* ***1*** **intrudere** *(lett.)*; **intromettere** ***2*** **imporre**: *to i. st. upon sb.,* imporre q.c. a q. ***B*** *v. i.* e to **intrude oneself** *v. rifl.* **intrudersi** *(lett.)*; **intromettersi** ● *to i. upon sb.,* imporre la propria presenza a q. (come ospite indesiderato) □ *to i. upon sb.'s privacy,* intromettersi nella vita privata di q.
intruder [in'tru:də*] *n.* **intruso, intrusa; persona importuna.**
intrusion [in'tru:ʒən] *n.* [U] e [C] **intrusione.**
intrusive [in'tru:siv] *a.* ***1*** **importuno; invadente** ***2*** *(geol.)* **intrusivo.**
to **intrust** [in'trʌst] *V.* to **entrust.**
to **intuit** [in'tju:it] ***A*** *v. t.* **intuire** ***B*** *v. i.* **avere intuito.**
intuition [ˌintju(:)'iʃən] *n.* ***1*** [U] **intuizione; intuito** ***2*** [C] **intuizione** (cosa intuita).
intuitional [ˌintju(:)'iʃənl] *a.* **intuitivo.**
intuitive [in'tju(:)itiv] *a.* ***1*** **dotato d'intuito** ***2*** **intuitivo.**
intumescence [ˌintju(:)'mesəns] *n.* [U] e [C] *(med.)* **intumescenza; tumefazione.**
to **inundate** ['inʌndeit] *v. t.* **inondare** (anche *fig.)*; **sommergere.**
inundation [ˌinʌn'deiʃən] *n.* [U] e [C] **inondazione; allagamento.**
inurbane [ˌinə(:)'bein] *a.* **inurbano; incivile.**
inurbanity [ˌinə(:)'bæniti] *n.* **inurbanità; inciviltà; scortesia.**
to **inure** [i'njuə*] ***A*** *v. t.* **abituare; assuefare; avvezzare** ***B*** *v. i.* (specialm. *leg.)* **avere effetto; entrare in vigore.**
inurement [i'njuəmənt] *n.* [U] **assuefazione.**
to **inurn** [in'ə:n] *v. t.* **mettere** (ceneri) **nell'urna funeraria.**
inutility [ˌinju(:)'tiliti] *n.* [U] **inutilità.**
to **invade** [in'veid] *v. t.* ***1*** **invadere** (anche *fig.)* ***2*** **calpestare** *(fig.)*; **violare**: *to i. sb.'s rights,* calpestare i diritti di q.
invader [in'veidə*] *n.* ***1*** **invasore** ***2*** **chi calpesta** (diritti altrui); **violatore.**
to **invaginate** [in'vædʒineit] *v. t.* ***1*** **inguainare; invaginare** *(lett.)* ***2*** **rivoltare** (una guaina tubolare) **in dentro.**
(1) invalid ['invəli:d] *a.* e *n.* **invalido; infermo.**
to **invalid** [ˌinvə'li:d] ***A*** *v. t.* ***1*** **rendere invalido; inabilitare** ***2*** *(mil.)* **dichiarare inabile; congedare per invalidità; riformare** ***B*** *v. i.* **diventare invalido.**
(2) invalid [in'vælid] *a.* (anche *leg.)* **non valido; nullo**: *to declare i.,* dichiarare nullo; annullare.
to **invalidate** [in'vælideit] *v. t.* (anche *leg.)* **invalidare.**
invalidation [inˌvæli'deiʃən] *n.* [U] (anche *leg.)* **invalidazione.**
invalidity [ˌinvə'liditi] *n.* [U] (anche *leg.)* **invalidità.**
invaluable [in'væljuəbl] *a.* **inestimabile; prezioso.**
invariability [inˌvεəriə'biliti] *n.* [U] **invariabilità.**

invariable [in'vɛəriəbl] *a.* (anche *mat.*) **invariabile; costante; fisso.**
invasion [in'veiʒən] *n.* [U] e [C] **1 invasione** (anche *fig.*) **2 intromissione; intrusione; usurpazione; violazione.**
invective [in'vektiv] *n.* **1** [U] **invettiva 2** (*al pl.*) **male parole; ingiurie.**
to **inveigh** [in'vei] *v. i.* **inveire**: *to i. against sb.*, inveire contro q.
to **inveigle** [in'vi:gl] *v. t.* **adescare; allettare**: *to i. sb. into doing st.*, allettare q. a fare q.c.
to **invent** [in'vent] *v. t.* **inventare.**
invention [in'venʃən] *n.* **1** [U] e [C] **invenzione** (in ogni senso) **2** [C] **invenzione; storia inventata 3** [U] **inventiva.**
inventive [in'ventiv] *a.* **inventivo.**
inventiveness [in'ventivnis] *n.* [U] **inventiva.**
inventor [in'ventə*] *n.* **inventore.**
inventory ['invəntri] *n.* [C] **inventario.**
to **inventory** ['invəntri] *v. t.* (*leg., rag.*) **inventariare; fare l'inventario di** (beni, ecc.).
inverse [in'və:s] *a.* e *n.* **inverso; contrario; opposto**: (*mat.*) *in i. ratio,* in ragione inversa.
inversion [in'və:ʃən] *n.* [U] e [C] **inversione.**
inversive [in'və:siv] *a.* **che serve a invertire.**
to **invert** [in'və:t] *v. t.* **invertire.**
invert ['invə:t] *n.* [C] **1** (*archit.*) **arco rovescio 2** (*psic.*) **invertito.**
invertebrate [in'və:tibrit] *a.* e *n.* **1** (*zool.*) **invertebrato 2** (*fig.*) **smidollato.**
invertible [in'və:tibl] *a.* **invertibile.**
to **invest** [in'vest] **A** *v. t.* **1** (anche *fin.*) **investire; impiegare** (denaro) **2** (*mil.*) **assalire; assediare 3** (*raro, salvo al fig.*) **rivestire; adornare B** *v. i.* **1** (*fin.*) **investire denaro; fare investimenti 2** (*fam.*) **spendere denaro.**
to **investigate** [in'vestigeit] *v. t.* e *i.* **investigare; indagare; fare indagini su**: *to i. a crime,* fare indagini su un delitto.
investigating [in'vestigeitiŋ] *a.* (*leg.*) **inquirente** ● *i. magistrate,* giudice istruttore.
investigation [in,vesti'geiʃən] *n.* [U] e [C] **investigazione; indagine.**
investigative [in'vestigeitiv] *a.* **1 investigativo 2 curioso.**
investigator [in'vestigeitə*] *n.* **investigatore; indagatore.**
investigatory [in'vestigeitəri] *a.* **investigativo.**
investiture [in'vestitʃə*] *n.* [U] e [C] (anche *stor.*) **investitura.**
investment [in'vestmənt] *n.* **1** [U] e [C] (*fin.*) **investimento; impiego** (di denaro) **2** [U] (*mil.*) **assalto; assedio** ● (*econ.*) *i. goods,* beni d'investimento □ *i. policy,* politica degli investimenti.
investor [in'vestə*] *n.* (*fin.*) **investitore, investitrice.**
inveteracy [in'vetərəsi] *n.* [U] **cronicità** (d'una malattia).
inveterate [in'vetərit] *a.* **1 inveterato; radicato 2 impenitente 3** (*med.*) **cronico.**
invidious [in'vidiəs] *a.* **odioso; spiacevole; ingiusto; impopolare.**
to **invigilate** [in'vidʒileit] *v. i.* (di professori) **fare la vigilanza** (durante gli esami scritti).
invigilation [in,vidʒi'leiʃən] *n.* [U] **vigilanza** (generalm. agli esami scritti).
invigilator [in'vidʒileitə*] *n.* **insegnante incaricato della vigilanza** (durante gli esami scritti).
to **invigorate** [in'vigəreit] *v. t.* **rinvigorire; corroborare; rinforzare; rianimare.**
invincibility [in,vinsi'biliti] *n.* [U] **invincibilità.**
invincible [in'vinsəbl] *a.* **1 invincibile 2 irriducibile.**
inviolability [in,vaiələ'biliti] *n.* [U] **inviolabilità.**
inviolable [in'vaiələbl] *a.* **inviolabile** (anche *fig.*).
inviolate [in'vaiəlit] *a.* **inviolato; integro; intatto.**
invisibility [in,vizə'biliti] *n.* [U] **invisibilità.**
invisible [in'vizəbl] *a.* **invisibile; impercettibile** ● *i. ink,* inchiostro simpatico.
invitation [,invi'teiʃən] *n.* [U] e [C] **invito**: *a letter of i.,* una lettera d'invito □ *an i. to dinner,* un invito a pranzo ● *i. card,* biglietto d'invito.
to **invite** [in'vait] *v. t.* **1 invitare** (anche *fig.*): *to i. sb. to dinner,* invitare q. a pranzo **2 sollecitare; provocare**: *to i. questions,* sollecitare domande ● *to i. sb. in,* invitare q. a entrare (in casa propria, ecc.).
inviting [in'vaitiŋ] *a.* **invitante; allettante; attraente.**
invocation [,invou'keiʃən] *n.* [U] e [C] **invocazione; implorazione.**
invocatory [in'vɔkətəri] *a.* **invocatorio; invocativo.**
invoice ['invɔis] *n.* [C] (*comm.*) **fattura**: *a pro-forma i.,* una fattura pro forma.
to **invoice** ['invɔis] *v. t.* (*comm.*) **fatturare.**
to **invoke** [in'vouk] *v. t.* **1 invocare** (in ogni senso); **implorare; impetrare 2 evocare**: *to i. evil spirits,* evocare gli spiriti maligni.
involucre ['invə,lu:kə*] *n.* [C] (*anat., bot.*) **involucro.**
involuntary [in'vɔləntəri] *a.* **involontario.**
involute ['invəlu:t] *a.* (anche *zool., bot.*) **involuto.**
involution [,invə'lu:ʃən] *n.* **1** [U] e [C] (anche *fisiologia, biol.,* ecc.) **involuzione 2** [U] (*mat.*) **elevazione a potenza.**
to **involve** [in'vɔlv] *v. t.* **1 coinvolgere**: *to be involved in a bankruptcy,* essere coinvolto in un fallimento **2 complicare; rendere intricato 3 comportare, richiedere** (come conseguenza) **4 comprendere; contare 5** (*mat.*) **elevare a potenza** ● *to be involved in great difficulties,* essere alle prese con gravi difficoltà □ *to be deeply involved in debt,* essere carico di debiti.
involved [in'vɔlvd] *a.* **1 involuto** (*fig.*); **complesso; intricato 2 coinvolto; implicato 3** (*polit.,* ecc.) **impegnato.**
involvement [in'vɔlvmənt] *n.* [U] **1 coinvolgimento; implicazione 2** (*polit.,* ecc.) **impegno.**
invulnerability [in,vʌlnərə'biliti] *n.* [U] **invulnerabilità.**
invulnerable [in'vʌlnərəbl] *a.* **1 invulnerabile 2** (*fig.*) **inoppugnabile.**
(1) inward ['inwəd] *a.* **interno; interiore; intimo.**
(2) inward(s) ['inwəd(z)] *avv.* **1 all'interno; verso l'interno 2 nell'intimo** (dell'anima, del cuore); **interiormente; intimamente.**
inwardly ['inwədli] *avv.* **1 all'interno; dentro 2 nell'intimo; dentro di sé; interiormente; intimamente.**
inwardness ['inwədnis] *n.* [U] **essenza; intima natura.**
to **inweave** [in'wi:v] (*pass.* **inwove** [in'wouv], *p.p.* **inwoven** [in'wouvn]) *v. t.* **intessere, intrecciare** (anche *fig.*).
inwrought [,in'rɔ:t] *a.* (di tessuto e *fig.*) **adorno di ricami; figurato; ricamato; trapunto**: *star-i.,* trapunto di stelle.
iodate ['aiədeit] *n.* [C] (*chim.*) **iodato.**
iodic [ai'ɔdik] *a.* (*chim.*) **iodico**: *i. acid,* acido iodico.
iodine ['aiədi:n] *n.* [U] (*chim.*) **iodio.**
iodism ['aiədizəm] *n.* [U] (*med.*) **iodismo.**
iodized ['aiədaizd] *a.* (*chim.*) **iodato.**
ion ['aiən] *n.* [C] (*fis.*) **ione.**
Ionian [ai'ounjən] *a.* (*geogr.*) **ionio.**
Ionic [ai'ɔnik] *a.* (*stor., archit.*) **ionico.**
ionic [ai'ɔnik] *a.* (*fis.*) **ionico.**
ionization [,aiənai'zeiʃən] *n.* [U] (*fis.*) **ionizzazione.**
to **ionize** ['aiənaiz] (*fis.*) **A** *v. t.* **ionizzare B** *v. i.* **trasformarsi in ioni.**
ionosphere [ai'ɔnəsfiə*] *n.* (*con l'art. determ.*) (*scient.*) **ionosfera.**
iota [ai'outə] *n.* [C] **1** (nona lettera dell'alfabeto greco) **iota 2** (*fig.*) **ette; briciolo.**
iracund ['airəkʌnd] *a.* (*raro*) **iracondo.**
Iranian [i'reinjən] *a.* e *n.* **iraniano; persiano.**
Iraqi [i'ra:ki] (anche *Iraki*) *a.* e *n.* **iracheno.**
irascibility [i,ræsi'biliti] *n.* [U] **irascibilità; irritabilità.**
irascible [i'ræsibl] *a.* **irascibile; irritabile.**
irate [ai'reit] *a.* **irato; adirato.**
ire ['aiə*] *n.* [U] (*poet.*) **ira; corruccio; collera.**

ireful ['aiəful] *a.* *(poet.)* **irato; adirato.**
iridescence [ˌiri'desns] *n.* [U] **iridescenza.**
iridescent [ˌiri'desənt] *a.* **iridescente; cangiante.**
iridium [ai'ridiəm] *n.* [U] *(chim.)* **iridio.**
iris ['aiəris] *n.* (*pl.* **irises** ['aiərisiz], **irides** ['aiəriˌdi:z]) *1* *(meteorologia)* **iride; arcobaleno** *2* *(anat.)* **iride** (dell'occhio) *3* (*bot.*, Iris) **iris; giaggiolo.**
Irish ['aiəriʃ] ***A*** *a.* **irlandese** ***B*** *n.* *1* **(lingua) irlandese** *2* — *(collett.) the I.*, gli irlandesi ● *I. coffee,* caffè con panna, corretto con whisky □ *(stor.) the I. Free State,* lo Stato Libero d'Irlanda □ *(cucina) I. stew,* stufato (di castrato, ecc.) con cipolle e patate.
Irishman ['aiəriʃmən] *n.* (*pl.* **Irishmen** ['aiəriʃmən]) **irlandese** (uomo).
Irishwoman ['aiəriʃˌwumən] *n.* (*pl.* **Irishwomen** ['aiəriʃˌwimin]) **irlandese** (donna).
to **irk** [ə:k] *v. t.* **affliggere; infastidire; seccare.**
irksome ['ə:ksəm] *a.* **tedioso; fastidioso; seccante.**
iron ['aiən] ***A*** *n.* *1* [U] **ferro** (anche *fig.*): *as hard as i.*, duro come il ferro □ *a man of i.*, un uomo di ferro (o inflessibile) *2* [C] **strumento di ferro; ferro da stirare** *3* *(al pl.)* **ferri; catene; ceppi**: *to be put in irons,* esser messo ai ferri *4* [C] *(sport)* **mazza da golf** ***B*** *a. attr.* **di ferro** (anche *fig.*); **ferreo; tenace**: *i. gates,* cancelli di ferro □ *an i. will,* una volontà ferrea ● *the I. Age,* l'età del ferro □ *i. and steel industry,* industria siderurgica □ *i. foundry,* fonderia □ *i.-grey,* (color) grigio ferro □ *(med.) i. lung,* polmone d'acciaio □ *i. metallurgy,* siderurgia □ *(mil.) i. rations,* razioni d'emergenza; viveri di riserva □ *i. wire,* fil di ferro □ *cast i.*, ghisa (di seconda fusione) □ *to have too many irons in the fire,* avere troppa carne al fuoco *(fig.)* □ *pig i.*, ghisa (di prima fusione) □ *scrap i.*, rottami di ferro.
to **iron** ['aiən] ***A*** *v. t.* *1* **stirare** *2* **rivestire di ferro; ferrare** *3* **mettere** (q.) **ai ferri** ***B*** *v. i.* (di panni) **stirarsi** (bene, male, ecc.) ● *to i. out,* eliminare (pieghe, ecc.) col ferro (da stiro); *(fig.)* eliminare, appianare.
ironclad ['aiənklæd] ***A*** *a.* **corazzato** ***B*** *n.* [C] *(naut. mil.)* **corazzata.**
iron-handed [ˌaiən'hændid] *a.* **inflessibile; rigoroso.**
ironic(al) [ai'rɔnik(əl)] *a.* **ironico; che fa dell'ironia.**
ironing ['aiəniŋ] *n.* [U] **stiratura** ● *i. board,* asse da stiro.
ironist ['aiərənist] *n.* **ironista** *(lett.).*
ironmaster ['aiənˌma:stə*] *n.* **padrone di ferriera.**
ironmonger ['aiənˌmʌŋgə*] *n.* **negoziante di ferramenta.**
ironmongery ['aiənˌmʌŋgəri] *n.* [U] **ferramenta; ferraccia.**
ironsmith ['aiənsmiθ] *n.* **fabbro ferraio.**
ironware ['aiənwεə*] *n.* [U] **ferramenta.**
ironwork ['aiənwə:k] *n.* [U] **ferrame; oggetti di ferro.**
ironworker ['aiənˌwə:kə*] *n.* **(operaio) siderurgico.**
ironworks ['aiənwə:ks] *n. pl.* *(anche col verbo al sing.)* **ferriera.**
irony ['aiərəni] *n.* [U] e [C] **ironia.**
irradiance [i'reidjəns] *n.* [U] *(fis.)* **irradiazione; irraggiamento.**
irradiant [i'reidjənt] *a.* **raggiante.**
to **irradiate** [i'reidieit] *v. t.* *1* **irradiare; irraggiare; esser raggiante di** *2* **far luce su** (un argomento, ecc.).
irradiation [iˌreidi'eiʃən] *n.* [U] e [C] **irradiazione.**
irrational [i'ræʃənl] ***A*** *a.* **irrazionale; irragionevole** ***B*** *n.* [C] *(mat.)* **numero irrazionale.**
irrationalism [i'ræʃənəlizəm] *n.* [U] *(filos.)* **irrazionalismo.**
irrationality [iˌræʃə'næliti] *n.* [U] **irrazionalità; irragionevolezza.**
irreclaimable [ˌiri'kleiməbl] *a.* *1* **irrecuperabile** *2* (di terreno, ecc.) **non bonificabile.**
irrecognizable [i'rekəgnaizəbl] *a.* **irriconoscibile.**
irreconcilable [i'rekənsailəbl] *a.* **irreconciliabile; inconciliabile.**
irrecoverable [ˌiri'kʌvərəbl] *a.* **irrecuperabile; irreparabile.**
irrecusable [ˌiri'kju:zəbl] *a.* **irrecusabile.**
irredeemable [ˌiri'di:məbl] *a.* *1* (anche *fin.*) **irredimibile;** (di cartamoneta) **non convertibile** *2* **irreparabile; irrimediabile.**
irredentism [ˌiri'dentizəm] *n.* [U] *(stor., polit.)* **irredentismo.**
irredentist [ˌiri'dentist] *n.* *(stor., polit.)* **irredentista.**
irreducible [ˌiri'dju:səbl] *a.* (anche *mat.*) **irriducibile.**
irrefragable [i'refrəgəbl] *a.* **irrefragabile; inoppugnabile.**
irrefutable [i'refjutəbl] *a.* **irrefutabile.**
irregular [i'regjulə*] ***A*** *a.* *1* **irregolare** (anche *gramm.*); **disuguale; inuguale** *2* **disordinato; sregolato; sconveniente** ***B*** *n.* *(al pl.)* **milizie irregolari.**
irregularity [iˌregju'læriti] *n.* [U] e [C] *1* **irregolarità; ineguaglianza** *2* **disordine; sregolatezza; sconvenienza.**
irrelative [i'relətiv] *a.* *1* **non collegato; non connesso; senza relazione** *2* **non relativo; assoluto.**
irrelevance [i'relivəns], **irrelevancy** [i'relivənsi] *n.* *1* [U] **non pertinenza; irrilevanza** *2* [C] **domanda** (o **osservazione,** ecc.) **non pertinente.**
irrelevant [i'relivənt] *a.* **non appropriato; non pertinente; irrilevante.**
irreligious [ˌiri'lidʒəs] *a.* **irreligioso.**
irremediable [ˌiri'mi:djəbl] *a.* **irrimediabile; irreparabile.**
irremissible [ˌiri'misibl] *a.* *1* **irremissibile; imperdonabile** *2* **inderogabile.**
irremovable [ˌiri'mu:vəbl] *a.* **inamovibile.**
irreparable [i'repərəbl] *a.* **irreparabile; irrimediabile.**
irreplaceable [ˌiri'pleisəbl] *a.* **insostituibile.**
irrepressible [ˌiri'presəbl] *a.* **irrefrenabile.**
irreproachable [ˌiri'proutʃəbl] *a.* **irreprensibile; irriprovevole.**
irresistible [ˌiri'zistəbl] *a.* **irresistibile;** *(fig.)* **affascinante.**
irresolute [i'rezəlu:t] *a.* **irresoluto; indeciso.**
irresolution [iˌrezə'lu:ʃən] *n.* [U] **irresolutezza; indecisione.**
irresolvable [ˌiri'zɔlvəbl] *a.* *1* **indissolubile** *2* **insolubile.**
irrespective [ˌiris'pektiv] *a.* **noncurante** ● *i. of,* prescindendo da; senza curarsi di; senza riguardo a.
irresponsibility ['irisˌpɔnsə'biliti] *n.* [U] **irresponsabilità.**
irresponsible [ˌiris'pɔnsəbl] *a.* **irresponsabile; non responsabile.**
irresponsive [ˌiris'pɔnsiv] *a.* **che non reagisce; refrattario** *(fig.).*
irretrievable [ˌiri'tri:vəbl] *a.* *1* **irrecuperabile** *2* **irreparabile.**
irreverence [i'revərəns] *n.* [U] **irriverenza; empietà; insolenza.**
irreverent [i'revərənt] *a.* **irriverente; empio; insolente.**
irreversibility [ˌiriˌvə:sə'biliti] *n.* [U] *1* **irrevocabilità** *2* **irreversibilità.**
irreversible [ˌiri'və:səbl] *a.* *1* **irrevocabile** *2* **irreversibile.**
irrevocability [iˌrevəkə'biliti] *n.* [U] **irrevocabilità.**
irrevocable [i'revəkəbl] *a.* **irrevocabile; immutabile.**
irrigable ['irigəbl] *a.* **irrigabile.**
to **irrigate** ['irigeit] *v. t.* *(agric., med.)* **irrigare.**
irrigation [ˌiri'geiʃən] *n.* [U] *(agric., med.)* **irrigazione.**
irrigator ['irigeitə*] *n.* *(agric., med.)* **irrigatore.**
irritability [ˌiritə'biliti] *n.* [U] **irritabilità; irascibilità.**
irritable ['iritəbl] *a.* **irritabile; irascibile.**
irritant ['iritənt] ***A*** *a.* **irritante; fastidioso** ***B*** *n.* [C] **sostanza irritante.**
to **irritate** ['iriteit] *v. t.* **irritare; eccitare; stuzzicare.**
irritating ['iriteitiŋ] *a.* **irritante.**
irritation [ˌiri'teiʃən] *n.* [U] e [C] **irritazione.**

to **irrupt** [i'rʌpt] *v. i.* **irrompere; fare irruzione.**

irruption [i'rʌpʃən] *n.* [C] **irruzione; incursione; scorreria.**

is [iz] *3ª pers. sing.* del *pres. indic.* di to **be.**

ischium ['iskiəm] *n.* (*pl.* **ischia** ['iskiə]) (*anat.*) **ischio.**

isinglass ['aiziŋgla:s] *n.* [U] **colla di pesce; ittiocolla.**

Islam ['izla:m] *n.* **Islam; islamismo; (il) mondo islamico.**

Islamic [iz'læmik] *a.* **islamico.**

Islamism ['izləmizəm] *n.* [U] **islamismo.**

Islamite ['izləmait] *n.* **islamita.**

island ['ailənd] *n.* [C] ***1*** (*geogr., anat.;* anche *fig.*) **isola** ***2*** (*naut.*) **ponte di comando** (di portaerei); **isola** ***3*** **salvagente (stradale).**

islander ['ailəndə*] *n.* **isolano, isolana.**

isle [ail] *n.* [C] (*poet. o nei toponimi*) **isola; piccola isola.**

islet ['ailit] *n.* **isoletta; isolotto.**

ism ['izəm] *n.* [C] (di solito *spreg.*) **« ismo »; dottrina; teoria.**

isn't ['iznt] *contraz.* di **is not.**

iso- ['aisou] (*in parole composte*) **iso-** (indica "uguaglianza" o "affinità").

isobar ['aisouba:*] *n.* [C] (*meteorologia*) **(linea) isobara.**

isobaric [,aisou'bærik] *a.* (*meteorologia*) ***1*** **isobarico**: *an i. chart,* una carta isobarica ***2*** **isobaro**: *i. lines,* linee isobare.

isobath ['aisoubæθ] *n.* [C] (*geogr.*) **isobata.**

isochronism [ai'sɔkrənizəm] *n.* [U] (*fis.*) **isocronismo.**

isochronous [ai'sɔkrənəs] *a.* (*fis.*) **isocrono.**

isoclinal [,aisou'klainl] ***A*** *a.* (*geol.*) **isoclinale** ***B*** *n.* [C] (*geofisica*) (anche *isoclinic line*) **(linea) isoclina.**

isogonic [,aisou'gɔnik] (*geogr.*) ***A*** *a.* **isogono** ***B*** *n.* [C] **(linea) isogona.**

to **isolate** ['aisəleit] *v. t.* (*chim., fis., med.,* ecc.) **isolare; separare.**

isolated ['aisəleitid] *a.* **isolato** (in ogni senso).

isolation [,aisə'leiʃən] *n.* [U] **isolamento; completa solitudine.**

isolationism [,aisə'leiʃənizəm] *n.* [U] (*polit.*) **isolazionismo.**

isolationist [,aisə'leiʃənist] *n.* (*polit.*) **isolazionista.**

isolator ['aisouleitə*] *n.* (*elettr.*) **isolatore.**

isomer ['aisoumə*] *n.* [C] (*chim.*) **isomero.**

isomeric [,aisou'merik] *a.* (*chim.*) **isomerico.**

isomorphism [,aisou'mɔ:fizəm] *n.* [U] (*miner.*) **isomorfismo.**

isomorphous [,aisou'mɔ:fəs] *a.* (*miner.*) **isomorfo.**

isosceles [ai'sɔsili:z] *a.* (*geom.*) **isoscele**: *an i. triangle,* un triangolo isoscele.

isotherm ['aisouθə:m] *n.* [C] (*meteorologia*) **isoterma.**

isothermal [,aisou'θə:məl] *a.* ***1*** (*meteorologia*) **isotermo**: *i. lines,* linee isoterme ***2*** (*fis.*) **isotermico.**

isotope ['aisoutoup] *n.* [C] (*chim., fis.*) **isotopo.**

Israeli [iz'reili] *a.* e *n.* **(abitante) d'Israele; israeliano.**

Israelite ['izriəlait] *n.* e *a.* **israelita.**

issue ['iʃju:] *n.* ***1*** [U] e [C] **uscita; fuoruscita; sbocco** ***2*** [U] e [C] **emissione** (anche *fin.*); **distribuzione; rilascio**: *the i. of new stamps,* l'emissione di nuovi francobolli ***3*** [U] **pubblicazione; stampa; tiratura** ***4*** [C] **edizione; numero** (di un giornale) ***5*** [C] (anche *leg.*) **questione; problema**: *to argue political issues,* discutere questioni politiche ***6*** [U] **discussione; lite**: *to be at i. with sb.,* essere in lite con q. □ *to join i. with sb. on st.,* entrare in discussione con q. su q.c. ***7*** [C] **esito; conclusione; risultato** ***8*** [U] (*leg.*) **discendenza; prole; figli**: *without male i.,* senza figli maschi □ *to die without i.,* morire senza discendenza.

to **issue** ['iʃju:] ***A*** *v. i.* ***1*** **uscire; venir fuori; scaturire; sgorgare** ***2*** **derivare; discendere; aver origine; provenire**: *to i. from an ancient family,* discendere da una famiglia antica ***3*** — *to i. in,* finire in; aver come conseguenza ***4*** (di giornale, ecc.) **uscire; essere pubblicato** ***B*** *v. t.* ***1*** (anche *fin.*) **emettere; rilasciare; distribuire**: *to i. bank notes (stamps, etc.),* emettere banconote (francobolli, ecc.) ***2*** **pubblicare; mettere in circolazione** ***3*** (*leg.*) **emanare.**

isthmian ['isθmiən] *a.* **istmico**: *i. games,* giochi istmici.

isthmus ['isməs] *n.* [C] (*geogr., anat.*) **istmo.**

it [it] ***A*** *pron. neutro 3ª pers. sing.* (*sogg. e compl.*) ***1*** **esso, essa; lo, la; ciò** (*più spesso è idiom. e non ha equivalente in italiano*): *I don't want it,* non lo voglio □ *I don't want to do it,* non voglio farlo □ *Who is it?,* chi è? □ *It is I* (*fam.: it's me*), sono io □ *It's John,* è John ***2*** (*sogg. di verbo impers., anche passivo*): *It is raining (snowing, etc.),* piove (nevica, ecc.) □ *It is winter,* è inverno □ *It is five o'clock,* sono le cinque □ *It is forty miles to London,* ci sono quaranta miglia di qui a Londra ***3*** (*prolettico: introduce una frase*) *It is clear that he wants to go,* è chiaro che vuole andarsene □ *It is incredible that he should refuse,* è incredibile che rifiuti □ *It is absurd talking* (o *to talk*) *like that,* è ridicolo parlare così □ *What is it you want?,* che cosa (o che diamine) volete? □ *It was I who said that,* sono stato io a dirlo ***4*** (*in locuzioni idiom. particolari, per es.*): *to foot it,* camminare, andare a piedi □ *to lord it,* farla da padrone; comportarsi da gran signore ***B*** *n.* ***1*** (*fam.*) **non plus ultra** ***2*** (*fam.*) **un certo non so che.**

Italian [i'tæljən] *a.* e *n.* **italiano.**

Italianate [i'tæljənit] *a.* **italianizzato.**

Italianism [i'tæljənizəm] *n.* ***1*** [C] **italianismo** ***2*** [U] **italianità.**

to **Italianize** [i'tæljənaiz] ***A*** *v. t.* **italianizzare** ***B*** *v. i.* **italianizzarsi.**

Italic [i'tælik] *a.* ***1*** (*stor.*) **italico** ***2*** (*linguistica*) **italico**: *I. languages,* lingue italiche.

italic [i'tælik] (*tipogr.*) ***A*** *a.* **corsivo** ***B*** *n. pl.* **corsivo**: *in italics,* in corsivo.

to **italicize** [i'tælisaiz] *v. t.* (*tipogr.*) **stampare in corsivo.**

Italo- [i'tælou] (*in parole composte*) **italo-** (fa riferimento all'Italia o agli italiani): *an Italophile,* un italofilo □ *Italo-American,* italo-americano.

itch [itʃ] *n.* ***1*** (*con l'art. determ. o indeterm.*) **prurito** (anche *fig.*); **pizzicore**: *to have (to suffer from) the i.* (o *an i.*), avere (soffrire) il prurito ***2*** (*generalm. con l'art. indeterm. o con un agg. poss.*) **desiderio smodato; voglia**: *to have an i. for glory,* avere un desiderio smodato di gloria ***3*** (*med.*) **rogna; scabbia.**

to **itch** [itʃ] *v. i.* ***1*** **prudere; pizzicare** ***2*** **avere il prurito** ***3*** (*fig.*) **avere una gran voglia; non veder l'ora**: *The boy was itching to be off,* il ragazzo non vedeva l'ora di andare via.

itchy ['itʃi] *a.* ***1*** **che prude; che pizzica** ***2*** **che ha il prurito.**

item ['aitəm] *n.* [C] ***1*** (anche *comm.*) **articolo; voce** ***2*** (*teatr.*) **numero** (d'un programma) ***3*** **notizia** ***4*** (*elab.*) **elemento; articolo.**

to **itemize** ['aitəmaiz] *v. t.* **specificare; scrivere** (q.c.) **dando particolari.**

to **iterate** ['itəreit] *v. t.* **iterare, reiterare** (*lett.*); **ripetere.**

iteration [,itə'reiʃən] *n.* [U] e [C] **iterazione** (*lett.*); **ripetizione.**

iterative ['itərətiv] *a.* ***1*** **iterativo** ***2*** (*gramm.*) **frequentativo; iterativo.**

itineracy [i'tinərəsi], **itinerancy** [i'tinərənsi] *n.* [U] **(lo) spostarsi da luogo a luogo** (specialm. come magistrato o predicatore).

itinerant [i'tinərənt] ***A*** *a.* ***1*** **ambulante; girovago** ***2*** (di magistrato, predicatore, ecc.) **che si sposta da luogo a luogo** ***B*** *n.* **itinerante.**

itinerary [ai'tinərəri] *n.* [C] ***1*** **itinerario** ***2*** **piano di viaggio.**

to **itinerate** [ai'tinəreit] *v. i.* **spostarsi da luogo a luogo.**

it'll ['itəl] *contraz.* di ***1*** **it will** ***2*** **it shall.**

its [its] *a. poss. neutro* **(il) suo, (la) sua; (i) suoi, (le) sue**: *Nature and its mysteries,* la natura e i suoi misteri.

it's [its] *contraz.* di ***1*** **it is** ***2*** **it has.**

itself [it'self] *pron. neutro 3ª pers. sing.* ***1*** (*rifl.*) **esso stesso, essa stessa; se stesso, se stessa; si**: *The*

dog was scratching i., il cane si grattava ***2*** *(enf.)* **stesso, stessa**: *The frame i. is a work of art*, la cornice stessa è un'opera d'arte ● *by i.*, da solo, da sola; da sé □ *in i.*, in sé; in sé e per sé □ *of i.*, da solo, da sola □ *She is kindness i.*, ella è la gentilezza fatta persona.
itsy-bitsy [ˌitsi'bitsi] *a.* *(fam.)* **piccolissimo; minuscolo.**
I've [aiv] *contraz.* di **I have.**
ivied ['aivid] *a.* **coperto d'edera.**
ivory ['aivəri] ***A*** *n.* ***1*** [U] **avorio** ***2*** *(al pl., pop.)* **dadi; palle di biliardo; tasti del pianoforte** ***3*** *(al pl., pop.)* **denti** ***B*** *a. attr.* **d'avorio; eburneo; bianco come l'avorio.**
ivy ['aivi] *n.* [U] (*bot.*, Hedera helix) **edera.**

J

J, j [dʒei] *n.* (*pl.* **J's, j's; Js, js**) J, j ● *(tel.) j. for Jack*, j come jolly.
to **jab** [dʒæb] *v. t.* ***1*** **conficcare** ***2*** (anche *to jab at*) **vibrare colpi a; pugnalare** ***3*** *(pugilato)* **colpire con colpi leggeri** (di disturbo).
jab [dʒæb] *n.* [C] ***1*** **colpo; stilettata; stoccata** ***2*** *(pugilato)* **jab; colpo leggero** (di disturbo) ***3*** *(fam.)* **iniezione.**
to **jabber** ['dʒæbə*] ***A*** *v. i.* ***1*** **borbottare; farfugliare** ***2*** **ciarlare; cicalare** ***B*** *v. t.* **pronunciare** (parole) **in fretta, in modo indistinto; borbottare.**
jabber ['dʒæbə*] *n.* [U] ***1*** **borbottamento** ***2*** **cicalìo; ciarlìo.**
jabberer ['dʒæbərə*] *n.* **chiacchierone; ciarlone.**
jabot ['ʒæbou] *(franc.)* *n.* [C] *(moda)* **jabot.**
jacinth ['dzæsinθ] *n.* *(miner.)* **giacinto** (varietà rossa di zircone).
jack [dʒæk] *n.* [C] ***1*** (anche *J. Tar*) **marinaio** ***2*** *(mecc.)* **cricco; martinetto** ***3*** *(gioco delle bocce)* **boccino; pallino** ***4*** **bandiera** (di nave): *the Union J.*, la bandiera britannica ***5*** *(carte)* **fante** ***6*** **girarrosto** ***7*** **maschio** (di asino, falco, ecc.) ***8*** *(pop.)* **poliziotto** ● *j.-a-dandy*, elegantone; damerino □ *J. Frost*, il Gelo (personificato) □ *j.-in-the-box*, fantoccio a molla □ *j. in office*, funzionario che si dà delle arie □ *J. Ketch*, il boia □ *j. of all trades*, factotum □ *before you can say J. Robinson*, in un batter d'occhio; in men che non si dica.
to **jack** [dʒæk] *v. t.* **sollevare col cricco** (o **col martinetto**) ● *(fig.) to j. up prices*, alzare i prezzi.
jackal ['dʒækɔ:l] *n.* [C] ***1*** (*zool.*, Canis aureus) **sciacallo** ***2*** *(fig.)* **tirapiedi.**
jackanapes ['dʒækəneips] *n.* ***1*** **persona impudente;** (di bambino) **sfacciatello** ***2*** **damerino; vanesio.**
jackass ['dʒækæs] *n.* [C] (anche *fig.*) **asino; ciuco; somaro** ● *(zool.) laughing j.* (Dacelo gigas), alcione gigante.
jackboot ['dʒækbu:t] *n.* [C] **stivalone.**
jackdaw ['dʒækdɔ:] *n.* [C] (*zool.*, Corvus monedula) **taccola.**
jacket ['dʒækit] *n.* [C] ***1*** **giacca; giacchetta; giubba** ***2*** *(mecc.)* **camicia; rivestimento** ***3*** (di un libro) **sopraccoperta** ***4*** **buccia** (di patata) ● *dinner j.*, smoking □ *(naut.) life j.*, giubbotto di salvataggio.
to **jacket** ['dʒækit] *v. t.* ***1*** **mettere una giacca a** (q.) ***2*** **coprire** (q.c.) **con un rivestimento.**
jackknife ['dʒæknaif] *n.* (*pl.* **jackknives** ['dʒæknaivz]) **coltello a serramanico.**
jack-o'-lantern ['dʒækəˌlæntən] *n.* [C] ***1*** **fuoco fatuo** (anche *fig.*) ***2*** **lanterna fatta con una zucca.**
jackpot ['dʒækpɔt] *n.* ***1*** *(poker)* **piatto con apertura ai jack** (ai fanti) ***2*** *(fig.)* **massimo profitto** (che si può trarre da un'impresa).
Jacobean [ˌdʒækə'bi:ən] *(stor.)* ***A*** *a.* **del regno di Giacomo I d'Inghilterra** ***B*** *n.* **personaggio del tempo di Giacomo I.**
Jacobin ['dʒækəbin] *a.* e *n.* *(stor., polit., relig.)* **giacobino.**
Jacobinism ['dʒækəbinizəm] *n.* [U] *(stor., polit.)* **giacobinismo.**
Jacobite ['dʒækəbait] *(stor.)* ***A*** *n.* **giacobita** ***B*** *a.* **dei giacobiti.**
jaconet ['dʒækənit] *n.* [U] *(ind. tessile)* **giaconetta.**
jacquard ['dʒæka:d] *n.* [U] e [C] *(ind. tessile)* **tessuto operato; jacquard.**
(1) jade [dʒeid] ***A*** *n.* [U] *(miner.)* **giada** ***B*** *a.* **color verde giada.**
(2) jade [dʒeid] *n.* ***1*** **ronzino** ***2*** *(spreg.)* **donnaccia; sgualdrina.**
to **jade** [dʒeid] *v. t.* **affaticare; logorare; sfinire; spossare.**
jaded ['dʒeidid] *a.* **affaticato; logoro; sfinito.**
jag [dʒæg] *n.* [C] **sporgenza appuntita; punta, dente** (di

roccia, ecc.).
to **jag** [dʒæg] *v. t.* **frastagliare; dentellare; seghettare.**
jagged ['dʒægid] *a.* **frastagliato; dentellato; seghettato.**
jaggy ['dʒægi] *a.* **frastagliato; dentellato; seghettato.**
jaguar ['dʒægjuə*] *n.* [C] (*zool.*, Panthera onca) **giaguaro.**
jail [dʒeil] *n.* [C] e [U] **prigione; carcere.**
to **jail** [dʒeil] *v. t.* **carcerare; imprigionare.**
jail-bird ['dʒeilbə:d] *n.* [C] *(fam.)* **galeotto; avanzo di galera.**
jailbreak ['dʒeil͵breik] *n.* [C] **evasione.**
jailer ['dʒeilə*], **jailor** ['dʒeilə*] *n.* **carceriere.**
jalap ['dʒæləp] *n.* [U] (*bot.*, Ipomoea purga; *med.*) **gialappa; scialappa.**
jalopy, jaloppy [dʒə'lɔpi] *n.* *(pop. USA)* **vecchia automobile; macinino; vecchia carcassa.**
to **jam** [dʒæm] ***A*** *v. t.* ***1*** **comprimere; premere; pigiare *2* ostacolare; ostruire *3*** *(mecc.)* **bloccare; inceppare *4*** *(radio)* **disturbare con interferenze *B*** *v. i.* ***1*** *(mecc.)* **bloccarsi; incepparsi *2* cozzare** (per mancanza di spazio).
(1) jam [dʒæm] *n.* [C] ***1*** **compressione; pigiamento *2*** *(mecc.)* **blocco; inceppamento *3*** *(pop.)* **guaio; pasticcio** • *(pop.) jam session,* esibizione improvvisata di musica jazz □ *traffic jam,* ingorgo stradale.
(2) jam [dʒæm] *n.* [U] **marmellata.**
Jamaican [dʒə'meikən] *a.* e *n.* **giamaicano.**
jamb [dʒæm] *n.* [C] ***1*** **stipite** (di porta) ***2*** **strombo** (di finestra).
jamboree [͵dʒæmbə'ri:] *n.* [C] ***1*** *(fam.)* **festa chiassosa; baldoria *2* raduno di giovani esploratori.**
jam-jar ['dʒæmdʒa:*] *n.* [C] **vasetto di marmellata.**
jammy ['dʒæmi] *a.* ***1*** **appiccicoso; attaccaticcio *2*** *(pop.)* **facile *3*** *(pop.)* **fortunato.**
jam-packed [͵dʒæm'pækt] *a.* *(fam.)* **stipato; pieno zeppo.**
jams [dʒæmz] *n. pl.* ***1*** (*abbr. fam.* di **pyjamas**) **pigiama *2*** *(moda)* **calzoncini da bagno.**
to **jangle** ['dʒæŋgl] ***A*** *v. i.* ***1*** **dare un suono stridulo, aspro; stridere *2* bisticciare; litigare *B*** *v. t.* ***1*** **far suonare** (una campana, ecc.) **in modo stonato.**
jangle ['dʒæŋgl] *n.* [U] e [C] ***1*** **suono stridulo *2* baruffa.**
jangling ['dʒæŋgliŋ] *a.* **stridente; stonato.**
janitor ['dʒænitə*] *n.* ***1*** **portinaio; portiere *2* bidello** (di scuola).
janitress ['dʒænitris] *n.* ***1*** **portinaia; portiera *2* bidella** (di scuola).
janizary ['dʒænizəri] *n.* *(stor.)* **giannizzero.**
Jansenism ['dʒænsṇizəm] *n.* [U] *(relig.)* **giansenismo.**
Jansenist ['dʒænsṇist] *n.* *(relig.)* **giansenista.**
January ['dʒænjuəri] *n.* **gennaio.**
Jap [dʒæp] *a.* e *n.* (*abbr.* di **Japanese**; spesso *spreg.*) **giapponese.**
japan [dʒə'pæn] *n.* [U] ***1*** **lacca giapponese *2* oggetti laccati.**
to **japan** [dʒə'pæn] *v. t.* **verniciare** (con lacca giapponese).
Japanese [͵dʒæpə'ni:z] *a.* e *n.* (*pl.* **Japanese**) **giapponese.**
to **jape** [dʒeip] *v. i.* *(lett.)* **scherzare.**
jape [dʒeip] *n.* [C] *(lett.)* **scherzo.**
Japlish ['dʒæpliʃ] *n.* [U] **misto di giapponese e d'inglese** (lingua franca in Giappone).
japonica [dʒə'pɔnikə] *n.* [C] *(bot.)* ***1*** (Camellia japonica) **camelia *2*** (Pyrus japonica) **cotogno del Giappone.**
to **jar** [dʒa:*] ***A*** *v. i.* ***1*** **stridere *2*** (di oggetto colpito) **vibrare *3* altercare; bisticciare; litigare *4* essere discorde; cozzare *B*** *v. t.* ***1*** **far risuonare** (o **vibrare**) **per un urto improvviso *2*** *(fig.)* **urtare; scuotere**: *to jar on sb.,* urtare (o irritare) q. • *to jar on sb.'s nerves,* dare ai nervi a q.
(1) jar [dʒa:*] *n.* [C] ***1*** **suono discordante; vibrazione; scossa; stridore *2* dissonanza; stonatura *3*** *(fig.)* **colpo; urto; shock *4* baruffa; litigio.**
(2) jar [dʒa:*] *n.* [C] **barattolo; vasetto; giara; orcio.**
(3) jar [dʒa:*] *n.* — *(fam.) on the jar,* **socchiuso.**
jargon ['dʒa:gən] *n.* [U] ***1*** (spesso *spreg.*) **gergo; linguaggio convenzionale *2* balbettìo; ciangottìo *3* cinguettìo** (degli uccelli).
to **jargonize** ['dʒa:gənaiz] ***A*** *v. i.* **parlare (o scrivere) in gergo *B*** *v. t.* **esprimere** (q.c.) **in gergo.**
jarring ['dʒa:riŋ] *a.* **discordante; stridente; stonato.**
jasmin(e) ['dʒæsmin] *n.* [U] (*bot.*, Jasminum officinale) **gelsomino.**
jasper ['dʒæspə*] *n.* [U] *(miner.)* **diaspro.**
jaundice ['dʒɔ:ndis] *n.* [U] ***1*** *(med.)* **itterizia *2*** *(fig.)* **gelosia; invidia.**
jaundiced ['dʒɔ:ndist] *a.* ***1*** *(med.)* **affetto da itterizia *2*** *(fig.)* **geloso; invidioso; sospettoso.**
to **jaunt** [dʒɔ:nt] *v. i.* **andare in gita; fare una gita.**
jaunt [dʒɔ:nt] *n.* [C] **gita; escursione; viaggio di piacere.**
jauntiness ['dʒɔ:ntinis] *n.* [U] **disinvoltura; spigliatezza; allegria; brio; gaiezza; vivacità.**
jaunty ['dʒɔ:nti] *a.* **disinvolto; brioso; vivace** • *to wear one's hat at a j. angle,* portare il cappello sulle ventitré.
Javanese [͵dʒa:və'ni:z] *a.* e *n.* (*pl.* **Javanese**) **giavanese.**
javelin ['dʒævlin] *n.* [C] *(stor., sport)* **giavellotto.**
jaw [dʒɔ:] *n.* [C] ***1*** *(anat.)* **mascella; mandibola; ganascia *2*** *(al pl.)* **fauci; bocca *3*** *(mecc.)* **ganascia; ceppo** (di freno); **griffa *4*** *(al pl.)* **gola** (fra monti) ***5*** *(fam.)* **predica, lavata di capo** *(fig.)* • *(anat.) jaw-bone,* osso mascellare □ *(fig.) in the jaws of death,* in pericolo di vita □ *(fam.) Hold your jaw!,* tieni la lingua a posto!
to **jaw** [dʒɔ:] *(fam.)* ***A*** *v. t.* **fare una predica a, dare una lavata di capo a** (q.) *(fig.)* ***B*** *v. i.* ***1*** **chiacchierare *2* far prediche** *(fig.)*.
jaw-breaker ['dʒɔ:͵breikə*] *n.* [C] *(fam.)* **parola difficile a pronunziarsi.**
jaw-jaw ['dʒɔ:͵dʒɔ:] *n.* [C] *(pop.)* **lunga chiacchierata; lunga discussione.**
jay [dʒei] *n.* ***1*** (*zool.*, Garrulus glandarius) **ghiandaia *2*** *(fig., fam.)* **chiacchierone; sempliciotto.**
jay-walker ['dʒei͵wɔ:kə*] *n.* *(fam.)* **pedone disattento, che non bada al traffico.**
jazz [dʒæz] *(mus.)* ***A*** *n.* [U] **jazz; musica jazz** (anche *j. music*) ***B*** *a. attr.* **jazzistico**: *a j. band,* un complesso jazzistico.
to **jazz** [dʒæz] *(mus.)* ***A*** *v. i.* **suonare (o ballare) il jazz *B*** *v. t.* **suonare** (musica) **a tempo di jazz** • *(fam.) to j. up,* ravvivare; animare.
jazzy ['dʒæzi] *a.* ***1*** *(mus.)* **jazzistico *2* vivace; chiassoso.**
jealous ['dʒeləs] *a.* **geloso; invidioso; sospettoso.**
jealousy ['dʒeləsi] *n.* [U] e [C] **gelosia; invidia; sospetto.**
jean [dʒi:n] *n.* ***1*** [U] **tela molto resistente, di cotone *2*** *(al pl.)* **jeans; calzoni di tela ruvida e resistente.**
jeep [dʒi:p] *n.* [C] *(origin. USA)* **jeep; camionetta scoperta.**
to **jeer** [dʒiə*] *v. t.* e *i.* **beffarsi di; deridere; schernire; canzonare** *(fam.)*: *to j. at sb.,* schernire q.
jeer [dʒiə*] *n.* [C] **beffa; derisione; scherno; canzonatura.**
jeering ['dʒiəriŋ] *a.* **beffardo; derisorio; canzonatorio.**
jejune [dʒi'dʒu:n] *a.* **arido; sterile; gramo.**
jejuneness [dʒi'dʒu:nnis] *n.* [U] **aridità; sterilità; vacuità.**
jellied ['dʒelid] *a.* ***1*** **gelatinoso *2*** (di cibo) **in gelatina.**
jelly ['dʒeli] *n.* [U] e [C] **gelatina** (di carne o di frutta).
to **jelly** ['dʒeli] ***A*** *v. t.* ***1*** **trasformare in gelatina; rendere gelatinoso *2* mettere in gelatina *B*** *v. i.* **trasformarsi in gelatina.**
jelly-fish ['dʒelifiʃ] *n.* [C] *(zool.)* **medusa.**
jemmy ['dʒemi] *n.* [C] **grimaldello; piede di porco.**
jenny ['dʒeni] *n.* [C] ***1*** (anche *spinning j.*) **filatoio meccanico *2*** *(ferr.)* **gru per locomotiva *3*** (*zool.*, anche *j.*

ass) **asina.**
to **jeopardize** ['dʒepədaiz] *v. t.* **arrischiare; mettere a repentaglio.**
jeopardy ['dʒepədi] *n.* [U] **pericolo; rischio; repentaglio.**
jeremiad [ˌdʒeri'maiəd] *n.* [C] **geremiade.**
Jericho ['dʒerikou] *n. (Bibbia, geogr.)* **Gerico** ● *(pop.) Go to J.!,* vattene!; va' a farti benedire!
jerk [dʒə:k] *n.* [C] ***1*** **scossa; strattone; scatto; sobbalzo *2* spasmo; tic nervoso** ● *(fam.) physical jerks,* esercizi fisici; ginnastica.
to **jerk** [dʒə:k] ***A*** *v. t.* **dare una scossa** (o **uno strattone) a *B*** *v. i.* **muoversi a strappi; procedere a scosse** ● *to j. out one's words,* parlare a scatti.
jerkin ['dʒə:kin] *n.* [C] *(stor.)* **giustacuore** (di solito, di cuoio).
jerky ['dʒə:ki] *a.* **a scatti; a scosse; a sobbalzi; spasmodico.**
jeroboam [ˌdʒerə'bouəm] *n.* [C] **bottiglione; fiasca.**
jerry ['dʒeri] *n.* [C] *(pop.)* **vaso da notte.**
jerry-builder ['dʒeriˌbildə*] *n.* **costruttore di case per speculazione; imprenditore edile disonesto.**
jerry-built ['dʒeribilt] *a.* **costruito con materiale scadente.**
jersey ['dʒə:zi] *n.* ***1*** [U] *(ind. tessile)* **jersey *2*** [C] **maglia attillata di lana; golf.**
jessamine ['dʒesəmin] *V.* **jasmine.**
jest [dʒest] *n.* [C] ***1*** **burla; celia; scherzo *2* facezia; frizzo *3* oggetto di derisione; zimbello** ● *in j.,* per scherzo.
to **jest** [dʒest] *v. i.* **burlare; celiare; motteggiare; scherzare.**
jester ['dʒestə*] *n.* ***1*** **burlone *2*** (un tempo) **buffone** (di corte); **giullare.**
jesting ['dʒestiŋ] *a.* **faceto; scherzoso.**
Jesuit ['dʒezjuit] *n. (relig.)* **gesuita** (anche *fig.).*
Jesuitic(al) [ˌdʒezju'itik(əl)] *a. (relig.)* **gesuitico** (anche *fig.).*
Jesuitism [ˌdʒezjuitizəm] *n. (relig.)* **gesuitismo** (anche *fig.).*
(1) jet [dʒet] *n.* [C] ***1*** **getto** (di gas, vapore, ecc.); **zampillo** (d'acqua, ecc.) ***2*** **becco; beccuccio; tubo di scarico *3*** *(fam.,* anche *jet plane)* **aviogetto; reattore** *(fam.)* ● *(aeron.) jet engine,* motore a reazione.
to **jet** [dʒet] ***A*** *v. t.* **emettere a getti;** *(mecc.)* **eiettare *B*** *v. i.* ***1*** **uscire a getti; zampillare *2*** *(aeron.)* **viaggiare in aviogetto.**
(2) jet [dʒet] ***A*** *n.* [U] *(miner.)* **giavazzo; giaietto; ambra nera *B*** *a.* ***1*** **di giavazzo *2* nero come giavazzo.**
jet-black [ˌdʒet'blæk] *a.* **nero come l'ebano.**
jetborne ['dʒetbɔ:n] *a. (aeron.)* **trasportato in aviogetto.**
to **jet-hop** ['dʒethɔp] *v. i. (fam.)* **viaggiare in aviogetto.**
jetsam ['dʒetsəm] *n.* [U] *(naut.)* **merci gettate fuori bordo** (per alleggerire il carico d'una nave in pericolo).
jettison ['dʒetisn̩] *n.* [U] *(naut.)* **getto del carico** (o parte di esso) **a mare** (per alleggerire la nave in pericolo).
to **jettison** ['dʒetisn̩] *v. t.* ***1*** *(naut.)* **gettare a mare** (il carico o parte di esso) ***2*** *(fig.)* **gettar via; disfarsi di** (q.c.).
jetton ['dʒetən] *n.* **gettone** (con impressa una sigla).
jetty ['dʒeti] *n.* [C] *(naut.)* **banchina; molo; pontile.**
Jew [dʒu:] *n.* **ebreo** ● *Jew-baiting,* persecuzione degli ebrei.
jewel ['dʒu:əl] *n.* [C] ***1*** **gioiello** (anche *fig.)* ***2*** *(mecc.)* **rubino** (d'orologio) ● *j.-case,* cofanetto (per gioielli); portagioie.
to **jewel** ['dʒu:əl] *v. t.* **ingioiellare; adornare di gioielli.**
jeweller ['dʒu:ələ*] *n.* **gioielliere; orefice** ● *j.'s shop,* gioielleria.
jewel(le)ry ['dʒu:əlri] *n.* [U] ***1*** *(collett.)* **gioielli; pietre preziose; gioie *2* gioielleria** (arte) ● *(comm.) costume j.,* bigiotteria.
Jewess ['dʒu:is] *n.* **ebrea.**
Jewish ['dʒu:iʃ] *a.* **ebreo; giudaico; giudeo.**
Jewry ['dʒuəri] *n.* ***1*** *(collett.)* **gli ebrei**: *American J.,* gli ebrei dell'America ***2*** **(il) ghetto.**
jew's harp [ˌdʒu:z'ha:p] *n.* [C] *(mus.)* **scacciapensieri.**
jib [dʒib] *n.* [C] ***1*** *(naut.)* **fiocco *2*** *(mecc.)* **braccio** (di gru, d'argano) ● *(naut.) jib boom,* asta del fiocco □ *(fig., fam.) the cut of sb.'s jib,* l'aspetto esteriore di q. □ *(naut.) flying jib,* controfiocco.
to **jib** [dʒib] *v. i.* **recalcitrare** (anche *fig.)* ● *to jib at st.,* mostrare ripugnanza per q.c.
(to) **jibe** [dʒaib] *V.* (to) **gibe.**
jiff [dʒif], **jiffy** ['dʒifi] *n.* [C] *(fam.)* **attimo; istante; momento**: *in a j.,* in un momento; in un batter d'occhio.
jig [dʒig] *n.* [C] *(mus.)* **giga.**
to **jig** [dʒig] ***A*** *v. i.* ***1*** **ballare una giga *2* ballare** *(fig.);* **saltellare; salterellare *B*** *v. t.* ***1*** **ballare** (una giga) ***2*** **far ballare** *(fig.);* **far saltare.**
jigger ['dʒigə*] *n. (zool.,* Tunga penetrans*)* **pulce penetrante.**
to **jigger** ['dʒigə*] *v. t. (solo al passivo)* **dannare; maledire**: *I'll be jiggered if...,* ch'io sia dannato se...
jiggery-pokery [ˌdʒigəri'poukəri] *n.* [U] *(fam.)* **imbroglio; impostura.**
to **jiggle** ['dʒigl] ***A*** *v. t.* **dondolare; scuotere lievemente *B*** *v. i.* **dondolare; scuotersi.**
jigsaw ['dʒigsɔ:] *n.* [C] **sega per lavori di traforo** ● *j. puzzle,* gioco delle costruzioni.
jilt [dʒilt] *n.* **donna capricciosa e leggera; civetta** *(fig.);* **fraschetta** *(fig.).*
to **jilt** [dʒilt] *v. t.* **piantare** (un innamorato).
Jim Crow [ˌdʒim'krou] *n. (spreg., USA)* **negro.**
jimjams ['dʒimdʒæmz] *n. pl. (pop.)* ***1*** **ballo di san Vito *2* agitazione; nervosismo.**
jingle ['dʒiŋgl] *n.* [C] ***1*** **tintinnìo; scampanellio *2* filastrocca.**
to **jingle** ['dʒiŋgl] ***A*** *v. i.* **tintinnare, tintinnire; scampanellare *B*** *v. t.* **far tintinnare.**
jingo [d'ʒiŋgou] *n.* (*pl.* **jingoes**) **nazionalista fanatico; sciovinista** ● *by j.!,* perdinci!
jingoism ['dʒiŋgouizəm] *n.* [U] **sciovinismo.**
jingoist ['dʒiŋgouist] *n.* **sciovinista.**
jingoistic [ˌdʒiŋgou'istik] *a.* **sciovinistico.**
to **jink** [dʒiŋk] ***A*** *v. i.* **muoversi a zigzag *B*** *v. t.* **eludere.**
jink [dʒink] *n.* [C] **balzo; scarto** ● *high jinks,* allegria sfrenata.
jinx [dʒiŋks] *n.* [C] *(pop.)* **iettatore; menagramo.**
to **jinx** [dʒiŋks] *v. t. (pop.)* **portare iella** (o **scalogna) a** (q.).
to **jitter** ['dʒitə*] *v. i. (pop., origin. USA)* **essere nervoso** (o **innervosito).**
jitterbug ['dʒitəbʌg] *n. (pop., origin. USA)* **ballerino sfrenato di jazz; fanatico del jazz.**
jitters ['dʒitəz] *n. pl. (pop., origin. USA)* **nervosismo** ● *to have the j.,* essere nervoso; aver fifa *(pop.).*
jittery ['dʒitəri] *a. (pop., origin. USA)* **nervoso; innervosito.**
jive [dʒaiv] *n.* [U] *(pop.)* **varietà di jazz.**
to **jive** [dʒaiv] *v. i. (pop.)* **ballare a ritmo di jazz.**
job [dʒɔb] *n.* [C] ***1*** **lavoro; compito; mansione**: *to make a good job (of it),* fare un buon lavoro ***2*** **affare** (anche poco pulito): *(iron.) a pretty job!,* bell'affare! ***3*** *(fam.)* **impiego; mestiere; posto**: *to have a job as a typist,* avere un posto di dattilografa ***4*** *(fam.)* **compito difficile; impresa *5*** *(pop.)* **colpo** (di criminali); **rapina *6*** *(elab.)* **job; lavoro** ● *a job lot,* una partita di merce disparata, comprata a scopo speculativo □ *odd jobs,* lavori saltuari; lavoretti □ *(pop.) to be on the job,* essere impegnato nel proprio lavoro □ *(fam.) to be out of a job,* essere disoccupato □ *to be paid (to work) by the job,* essere pagato (lavorare) a cottimo □ *It's a bad job for you,* è un affare serio per te □ *It's a good job that...,* è una buona cosa che...; meno male che...
to **job** [dʒɔb] ***A*** *v. i.* ***1*** **fare lavori disparati** (o **saltuari); lavorare a cottimo *2*** *(comm.)* **trafficare *3*** *(fin.)* **speculare in Borsa *4*** (di funzionario e sim.) **essere corrotto; prevaricare *B*** *v. t.* ***1*** *(comm.)* **trafficare in** (certe merci) ***2*** *(Borsa)* **speculare in** (certi titoli) ***3*** **dare in appalto** (lavori) ***4*** **trattare** (affari pubblici) **in modo**

disonesto, a fin di lucro **5** noleggiare.
jobber ['dʒɔbə*] *n.* **1** *(comm.)* **affarista; trafficante 2** *(fin.)* **speculatore in Borsa 3** *(econ.)* **cottimista 4 noleggiatore 5 prevaricatore.**
jobbery ['dʒɔbəri] *n.* [U] **affarismo; prevaricazione.**
jobbing ['dʒɔbiŋ] *n.* [U] **1 lavorazione a cottimo 2 affarismo; speculazione 3 noleggio** (di cavalli e carrozze).
to **job-hop** ['dʒɔbhɔp] *v. i.* **cambiare lavoro** (o **posto**) **di continuo.**
jobless ['dʒɔblis] *a.* **disoccupato.**
jockey ['dʒɔki] *n.* *(sport)* **fantino** (*fam.*, *jock*) ● *(radio)* *disk-j.*, selezionatore e presentatore d'un programma di dischi fonografici.
to **jockey** ['dʒɔki] *v. t.* e *i.* **1** *(sport)* **montare** (un cavallo) **in una corsa 2 ingannare; gabbare; truffare** ● *to j. sb. into doing st.*, convincere, q. a fare q.c., con arti subdole □ *to j. sb. out of st.*, spogliare q. di q.c., con l'inganno.
jocko ['dʒɔkou] *n.* (*pl.* **jockos**) *(zool,* Pan troglodytes) **scimpanzé.**
jockstrap ['dʒɔk,stræp] *n.* [C] (anche *sport*) **sospensorio.**
jocose [dʒə'kous] *a.* **giocoso; faceto; scherzoso.**
jocoseness [dʒə'kousnis], **jocosity** [dzou'kɔsiti] *n.* [U] **giocosità; giovialità; scherzosità.**
jocular ['dʒɔkjulə*] *a.* **giocoso; gioviale; faceto.**
jocularity [,dʒɔkju'læriti] *n.* [U] **giocosità; giovialità; scherzosità 2** [C] **facezia; piacevolezza.**
jocund ['dʒɔkənd] *a.* **giocondo; gaio; gioviale; allegro.**
jocundity [dʒou'kʌnditi] *n.* [U] **giocondità; gaiezza; giovialità.**
jodhpurs ['dʒɔdpəz] *n. pl.* **calzoni alla cavallerizza.**
to **jog** [dʒɔg] **A** *v. t.* **1 spingere** (o **urtare, scuotere**) **lievemente; far sobbalzare; sballottare; sballottolare 2 dar di gomito a** (q.) **3** *(fig.)* **stimolare** (la memoria) **B** *v. i.* **1 avanzare a scatti; procedere a sbalzi 2** *(fam.)* **andarsene** ● *to jog along,* procedere a fatica; *(fig.)* seguire il solito trantran □ *to jog on,* tirare avanti.
jog [dʒɔg] *n.* [C] **1 lieve scossa; piccola spinta; leggero urto 2 colpetto di gomito 3** *(mecc.)* **movimento a intermittenza 4** *V.* **jogtrot.**
jogging ['dʒɔgiŋ] *n.* [U] **(il) fare corsette** (o **trotterellare) per tenersi in esercizio (per stare in salute,** ecc.).
to **joggle** ['dʒɔgl] **A** *v. t.* **1 far sobbalzare; sballottare 2 spostare a scatti B** *v. i.* **1 sobbalzare; essere sballottato 2 avanzare a scatti.**
joggle ['dʒɔgl] *n.* [C] **lieve scossa; piccola spinta; leggero urto.**
jogtrot ['dʒɔg,trɔt] *n.* [U] **1 piccolo trotto 2** *(fig.)* **routine; trantran.**
John Bull ['dʒɔn'bul] *n.* **1 l'inglese tipico 2 l'Inghilterra** (personificata).
johnny ['dʒɔni] *n.* *(fam.)* **individuo; tipo; tizio.**
to **join** [dʒɔin] **A** *v. t.* **1 congiungere; unire; collegare; connettere; riunire**: *to j. one thing to another,* collegare una cosa con un'altra □ *to j. two things (together),* congiungere due cose **2 entrare a far parte di; iscriversi a; arruolarsi in**: *to j. the army,* arruolarsi nell'esercito **3 unirsi a; raggiungere**: *to j. one's regiment,* raggiungere il proprio reggimento **4 confluire in; gettarsi in B** *v. i.* **1 congiungersi; unirsi; riunirsi; confluire 2 associarsi; consociarsi 3** — *to j. in,* prender parte a; partecipare a ● *to j. battle,* cominciare a combattere □ *to j. hands,* darsi la mano; *(fig.)* associarsi in un'impresa □ *(fam.) to j. up,* arruolarsi (nell'esercito).
join [dʒɔin] *n.* [C] **giuntura; punto di congiunzione.**
joinder ['dʒɔində*] *n.* [U] *(leg.)* **congiunzione, unione, riunione** (di cause).
joiner ['dʒɔinə*] *n.* **falegname.**
joinery ['dʒɔinəri] *n.* [U] **falegnameria.**
(1) joint [dʒɔint] *n.* [C] **1** *(mecc., falegnameria, anat.)* **giuntura; giunzione; connessione; giunto; articolazione** (di ossa); **snodatura; snodo 2 pezzo di bestia macellata** (con l'osso): *a nice j. of beef,* un bel pezzo di carne di manzo **3** *(pop. USA)* **bettola; osteria 4** *(pop.)* **sigaretta alla marijuana; spinello** ● *out of j.,* (d'osso) slogato; *(fig.)* squinternato.
(2) joint [dʒɔint] *a.* **unito; congiunto; comune; collegiale** ● *(banca) j. account,* conto in banca intestato a due (o più) persone □ *(leg.) j. owner,* comproprietario □ *(fin.) j. stock,* capitale sociale; capitale azionario □ *(fin.) j.-stock company,* società per azioni.
to **joint** [dʒɔint] *v. t.* **1** *(mecc., falegnameria,* ecc.) **congiungere; connettere; collegare 2 smembrare; fare a pezzi** (carne di bestia macellata, ecc.) **3** *(mecc.)* **rendere snodato 4 raccordare.**
jointer ['dʒɔintə*] *n.* [C] *(falegnameria)* **pialla grande.**
jointly ['dʒɔintli] *avv.* **1 congiuntamente; in comune 2** *(leg., fin.;* spesso *j. and severally)* **solidalmente; in solido.**
jointress ['dʒɔintris] *n.* *(leg.)* **vedova dotata di appannaggio.**
jointure ['dʒɔintʃə*] *n.* [C] *(leg.)* **appannaggio vedovile.**
joist ['dʒɔist] *n.* [C] *(edil.)* **travetto; travicello.**
joke [dʒouk] *n.* [C] **scherzo; burla; celia; facezia; barzelletta**: *a practical j.,* uno scherzo di cattivo genere; un tiro birbone (o mancino) □ *to play a j. on sb.,* fare uno scherzo a q. ● *the j. of the village,* lo zimbello del paese □ *the best of the j.,* la cosa più divertente □ *in j.,* per scherzo; per burla □ *It's no j.,* c'è poco da scherzare; è una cosa seria.
to **joke** [dʒouk] *v. i.* **scherzare; celiare; far per scherzo.**
joker ['dʒoukə*] *n.* **1 burlone; tipo ameno 2** (nei giochi di carte) **matta; jolly 3** *(pop.)* **individuo; tipo; tizio.**
jollification [,dʒɔlifi'keiʃən] *n.* [U] e [C] *(fam.)* **festa; baldoria.**
to **jollify** ['dʒɔli,fai] **A** *v. i.* *(fam.)* **far festa; far baldoria; stare allegro B** *v. t.* **rendere allegro.**
jolliness ['dʒɔlinis], **jollity** ['dʒɔliti] *n.* [U] **allegria.**
jolly ['dʒɔli] **A** *a.* **1 allegro; gaio; giocondo 2 alticcio; brillo 3** *(fam.)* **bello** (anche *iron.*) **B** *avv.* *(fam.)* **molto; proprio; veramente.**
to **jolly** ['dʒɔli] *v. t.* *(fam.)* **lisciare** *(fig.)*; **prendere** (q.) **con le buone.**
jolly boat ['dʒɔlibout] *n.* [C] *(naut.)* **iole.**
Jolly Roger [,dʒɔli'roudʒə*] *n.* *(stor.)* **(la) bandiera dei pirati.**
to **jolt** [dʒoult] **A** *v. i.* (di veicolo) **sobbalzare; procedere a sobbalzi B** *v. t.* **1 sballottare; scuotere 2** *(fig.)* **colpire** *(fig.)*; **sconvolgere.**
jolt [dʒoult] *n.* [C] **1 scossone; sobbalzo 2** *(fig.)* **colpo** *(fig.)*; **shock.**
jolty ['dʒoulti] *a.* **che procede a sobbalzi; traballante.**
Jonah ['dʒounə] *n.* *(fig.)* **iettatore; menagramo.**
jongleur [ʒɔ̃:ŋ'glə:*] *(franc.)* *n.* *(stor.)* **menestrello; giullare.**
jonquil ['dʒɔŋkwil] *n.* [C] *(bot.,* Narcissus jonquilla) **giunchiglia.**
Jordanian [dʒɔ:'deinjən] *a.* e *n.* **giordano.**
jorum ['dʒɔ:rəm] *n.* [C] **grande coppa; boccale.**
joss [dʒɔs] *n.* [C] **idolo cinese** ● *j. house,* tempio cinese.
josser ['dʒɔsə*] *n.* *(pop.)* **individuo; tizio.**
to **jostle** ['dʒɔsl] **A** *v. i.* **spingersi; pigiarsi B** *v. t.* **spingere; pigiare; sballottare** ● *to j. with sb. for st.,* lottare con q. per prendere q.c.
jostle ['dʒɔsl] *n.* [C] **spinta; spintone; urto.**
jot [dʒɔt] *n.* **iota, acca, ette** *(fig.)*; **nulla.**
to **jot** [dʒɔt] *v. t.* (di solito to *jot down*) **annotare in fretta.**
jotter ['dʒɔtə*] *n.* [C] **taccuino per appunti; block-notes.**
jotting ['dʒɔtiŋ] *n.* *(per lo più al pl.)* **breve appunto; annotazione frettolosa.**
joule [dʒu:l] *n.* *(fis.)* **joule** (unità di misura dell'energia o del lavoro).
journal ['dʒə:nl] *n.* [C] **1 giornale; rivista 2 diario 3** *(rag.)* **libro giornale 4** *(naut.)* **giornale di bordo 5** *(mecc.)* **perno.**
journalese [,dʒə:nə'li:z] *n.* [U] **gergo giornalistico.**

journalism ['dʒə:nəlizəm] *n.* [U] **giornalismo.**
journalist ['dʒə:nəlist] *n.* **giornalista.**
journalistic [,dʒə:nə'listik] *a.* **giornalistico.**
to **journalize** ['dʒə:nəlaiz] *v. t.* **1 annotare** (in un diario) **2** *(rag.)* **registrare a giornale.**
journey ['dʒə:ni] *n.* [C] **viaggio** (specialm. per via di terra); **tragitto**: *to make (o to take, to go on) a j.*, fare un viaggio □ *the j. out*, il viaggio d'andata.
to **journey** ['dʒə:ni] *v. i.* **viaggiare; fare un viaggio.**
journeyman ['dʒə:nimən] *n.* (*pl.* **journeymen** ['dʒə:nimən]) **operaio qualificato.**
joust [dʒaust] *n.* [C] *(stor.)* **giostra; torneo.**
to **joust** [dʒaust] *v. i. (stor.)* **giostrare; torneare.**
jovial ['dʒouvjəl] *a.* **gioviale; allegro; giocondo.**
joviality [,dʒouvi'æliti] *n.* [U] **giovialità; allegria; giocondità.**
jowl [dʒaul] *n.* [C] **1 mascella 2 guancia; gota 3 giogaia** (di bue, ecc.) **4 bargiglio.**
joy [dʒɔi] *n.* [U] e [C] **gioia; contentezza; letizia; felicità**: *both in joy and in sorrow*, sia nella felicità, sia nel dolore □ *the joys of life*, le gioie della vita □ *to dance for joy*, ballare dalla gioia.
to **joy** [dʒɔi] *v. i. (poet.)* **gioire; rallegrarsi.**
joyful ['dʒɔiful] *a.* **gioioso; allegro; felice; lieto.**
joyfulness ['dʒɔifulnis] *n.* [U] **gioia; felicità; letizia.**
joyless ['dʒɔilis] *a.* **senza gioia; mesto; triste.**
joylessness ['dʒɔilisnis] *n.* [U] **mestizia; tristezza.**
joyous ['dʒɔiəs] *a.* **gioioso; allegro; felice; lieto.**
joyousness ['dʒɔiəsnis] *n.* [U] **gioiosità; allegrezza, felicità; letizia.**
joystick ['dʒɔi,stik] *n. (pop.)* **barra di comando** (di un aeroplano).
jubilant ['dʒu:bilənt] *a.* **giubilante; esultante.**
to **jubilate** ['dʒu:bileit] *v. i.* **giubilare; esultare.**
jubilation [,dʒu:bi'leiʃən] *n.* **1** [U] **giubilo; esultanza 2** [C] **celebrazione solenne.**
jubilee ['dʒu:bili:] *n.* [C] **giubileo; cinquantenario; nozze d'oro** ● *diamond j.*, sessantesimo anniversario; nozze di diamante □ *silver j.*, venticinquesimo anniversario; nozze d'argento.
Judaean, Judean [dʒu:'diən] *a.* e *n. (stor.)* **giudeo.**
Judaic [dʒu:'deiik] *a.* **giudaico; ebreo.**
Judaism ['dʒu:deiizəm] *n.* [U] **giudaismo.**
Judaist ['dʒu:deiist] *n.* **seguace del giudaismo.**
judas ['dʒu:dəs] *n.* [C] **spia, spioncino** (in una porta).
Judas tree [,dʒu:dəs'tri:] *n.* [C] (*bot.*, Cercis siliquastrum) **albero di Giuda.**
to **judder** ['dʒʌdə*] *v. i.* **1 tremare violentemente 2** *(mecc.)* **vibrare fortemente.**
judge [dʒʌdʒ] *n.* **1** *(leg.)* **giudice; magistrato 2** *(sport)* **giudice; arbitro 3 giudice; autorità; intenditore**: *He's no j. of that*, non è un intenditore; non è un'autorità in materia.
to **judge** [dʒʌdʒ] *v. t.* e *i.* **1 giudicare** (in ogni senso); **reputare; stimare**: *to j. from appearances*, giudicare dalle apparenze **2 fare da arbitro in** (una controversia).
judg(e)ment ['dʒʌdʒmənt] *n.* **1** [U] e [C] (anche *leg.*) **giudizio; sentenza**: *to pass j. on sb.*, pronunziare un giudizio (o una sentenza) su q. **2** [U] **giudizio; discernimento; senno; criterio**: *a man of j.*, un uomo di giudizio (o assennato) **3** [U] e [C] **giudizio; avviso; parere**: *in my j.*, a mio giudizio; a mio avviso **4** [C] **castigo di Dio; punizione divina** ● *(relig.) the Last J.*, il Giudizio universale.
judicature ['dʒu:dikətʃə*] *n. (leg.)* **1** [C] **magistratura 2** [U] **amministrazione della giustizia.**
judicial [dʒu(:)'diʃəl] *a.* **1** *(leg.)* **giudiziario 2 legale**: *to take j. proceedings against sb.*, adire le vie legali contro q. **3 equo; imparziale** ● *the j. bench*, il banco dei giudici.
judiciary [dʒu(:)'diʃiəri] *n. (collett.)* **giudici; magistratura.**
judicious [dʒu(:)'diʃəs] *a.* **giudizioso; assennato.**
judiciousness [dʒu(:)'diʃəsnis] *n.* [U] **giudizio; assennatezza; prudenza.**
judo ['dʒu:dou] *n.* [U] *(sport)* **lotta giapponese; judo.**
judoist ['dʒu:douist] *n. (sport)* **judoista.**
jug [dʒʌg] *n.* [C] **1 brocca; caraffa; giara 2** (*pop.*, anche *stone jug*) **prigione; gattabuia** *(pop.)* ● *milk-jug*, lattiera □ *toby jug*, boccale da birra (raffigurante un vecchio).
to **jug** [dʒʌg] *v. t.* **1 mettere in una brocca (o in una caraffa, in una giara) 2 cuocere** (lepre, coniglio) **in salmì 3** *(pop.)* **imprigionare; mettere in gattabuia** *(pop.)*.
juggins ['dʒʌginz] *n. (pop.)* **sempliciotto; stupido.**
to **juggle** ['dʒʌgl] **A** *v. i.* **1 fare giochi di prestigio 2 ingannare B** *v. t.* **1 fare giochi di prestigio con** (palle, coltelli, ecc.) **2 imbrogliare; manipolare** ● *to j. sb. out of st.*, privare q. di q.c., con l'inganno □ *to j. with words*, equivocare.
juggle ['dʒʌgl] *n.* [C] e [U] **1 gioco di destrezza** (o **di prestigio) 2 imbroglio; inganno; impostura; manipolazione; truffa.**
juggler ['dʒʌglə*] *n.* **1 giocoliere; prestigiatore 2 imbroglione; impostore.**
jugglery ['dʒʌgləri] *n.* [U] **1 giochi di prestigio 2 gherminelle.**
Jugoslav ['ju:gou,sla:v] *a.* e *n.* **iugoslavo.**
jugular ['dʒʌgjulə*] *(anat.)* **A** *a.* **giugulare B** *n.* **vena giugulare.**
juice [dʒu:s] *n.* **1** [U] e [C] **succo; sugo;** *(fig.)* **essenza**: *the j. of an orange*, il succo di un'arancia □ *orange j.*, succo d'arancia **2** [U] *(pop.)* **benzina; nafta.**
juiciness ['dʒu:sinis] *n.* **succosità.**
juicy ['dʒu:si] *a.* **1 succoso; sugoso;** *(fig.)* **interessante, piccante 2** (specialm. *USA*) **redditizio; vantaggioso.**
jujitsu [dʒu:'dʒitsu:] *n. (sport)* **lotta giapponese; jujitsu.**
jujube ['dʒu:dʒu:b] *n.* **1** (*bot.*, Zizyphus jujuba) **giuggiolo; giuggiola 2** *(fam.)* **giuggiola** (pasticca).
jukebox ['dʒu:kbɔks] *n.* [C] **juke-box** (macchina a gettoni per suonare dischi).
julep ['dʒu:lep] *n.* [U] e [C] **1 giulebbe 2** (*USA;* anche *mint j.*) **whisky (o brandy) con zucchero e menta.**
July [dʒu(:)'lai] *n.* **luglio.**
to **jumble** ['dʒʌmbl] **A** *v. t.* **mischiare; ammucchiare; gettare alla rinfusa B** *v. i.* **mescolarsi; ammucchiarsi.**
jumble ['dʒʌmbl] *n.* [C] **mescolanza; miscuglio; guazzabuglio** ● *j. sale*, vendita di oggetti di poco prezzo; vendita di beneficenza.
jumbo ['dʒʌmbou] **A** *n.* **1** (*pl.* **jumbos**) **persona (o animale, cosa) di dimensioni enormi;** *(fig.)* **colosso, pachiderma 2** *(aeron.*, anche *j. jet)* **jumbo B** *a. attr.* (anche *j.-sized*) **enorme; maxi-.**
to **jump** [dʒʌmp] **A** *v. i.* **1 saltare; balzare; sobbalzare; sussultare**: *to j. over a fence*, saltare uno steccato □ *to j. to one's feet*, balzare in piedi □ *to j. for joy*, saltare dalla gioia **2** (*fig.:* di prezzi) **fare un balzo; salire improvvisamente 3** (a dama) **mangiare una pedina 4** *(sport)* **saltare un ostacolo B** *v. t.* **1 saltare; scavalcare 2 far saltare** ● *to j. at st.*, affrettarsi ad accettare q.c. □ *(fam.) to j. down sb.'s throat*, rispondere a q. bruscamente; tagliar corto con q. □ *to j. on sb.*, saltare addosso a q.; sgridare q. □ (di treno, tram) *to j. the rails (o the track)*, deragliare □ *to j. to conclusions*, affrettarsi a concludere.
jump [dʒʌmp] *n.* **1** [C] **salto** (anche *sport*); **balzo; sobbalzo; sbalzo**: *the high j.*, il salto in alto □ *the long j.*, il salto in lungo □ *a j. in prices*, un aumento improvviso dei prezzi **2** (*al pl., pop.*) **corea; ballo di San Vito.**
(1) jumper ['dʒʌmpə*] *n.* **saltatore; insetto saltatore.**
(2) jumper ['dʒʌmpə*] *n.* [C] **1 blusotto** (da marinaio) **2 golfino** (da donna).
jumpiness ['dʒʌmpinis] *n.* [U] **eccitabilità; nervosità; nervosismo.**
jumpy ['dʒʌmpi] *a.* **eccitabile; nervoso.**
junction ['dʒʌŋkʃən] *n.* **1** [U] e [C] **congiungimento; congiunzione;** *(mecc., falegnameria)* **giunzione 2** [C] *(ferr.)* **nodo ferroviario; stazione** (di raccordo).
juncture ['dʒʌŋktʃə*] *n.* [C] **1** *(mecc., falegnameria)* **congiunzione; giunzione 2 congiuntura; frangente:**

at this j., in questo frangente.
June [dʒu:n] *n.* **giugno.**
jungle ['dʒʌŋgl] *n.* [C] ***1*** **giungla *2* fitto bosco** (in genere) ***3*** *(fig.)* **giungla; groviglio** ● *(med.) j. fever,* febbre tropicale.
junior ['dʒu:njə*] ***A*** *a.* **junior;** (fra padre e figlio, dello stesso nome) **il giovane;** (di fratelli) **minore *B*** *n.* ***1*** **persona più giovane** (di un'altra): *He is my j. by two years,* è più giovane di me di due anni ***2*** **studente (universitario) del primo (**o **secondo) anno; matricola; fagiolo** *(scherz.)* ***3*** *(USA)* **studente (universitario) del terz'anno.**
juniper ['dʒu:nipə*] *n.* [C] e [U] *(bot.,* Juniperus communis) **ginepro.**
(1) junk [dʒʌŋk] *n.* [C] *(naut.)* **giunca.**
(2) junk [dʒʌŋk] *n.* ***1*** [U] **roba vecchia; cianfrusaglie *2*** [C] **pezzo; tozzo *3*** [U] *(gergo naut.)* **carne sotto sale *4*** [U] *(fam.)* **fesserie; idiozie *5*** [U] *(pop.)* **droga; eroina** ● *j. shop,* negozio di rigattiere.
junket ['dʒʌŋkit] *n.* ***1*** [U] e [C] **giuncata; ricotta *2*** [C] *(USA)* **gita; merenda all'aperto.**
to **junket** ['dʒʌŋkit] *v. t.* **far festa; divertirsi;** *(USA)* **andare in gita.**
junkie, junky ['dʒʌŋki] *n.* *(pop.)* **tossicomane; eroinomane.**
Junoesque [,dʒu:nou'esk] *a.* **giunonico.**
junta ['dʒʌntə] *n.* [C] *(polit.)* **giunta militare.**
junto ['dʒʌntou] *n.* (*pl.* **juntos**) ***1*** **fazione politica *2*** *(spreg.)* **cricca.**
Jupiter ['dʒu:pitə*] *n.* *(mitol., astron.)* **Giove.**
Jurassic [dʒu'ræsik] *a.* *(geol.)* **giurassico** ● *the J.,* il (periodo) giurassico.
juridic(al) [dʒuə'ridik(əl)] *a.* **giuridico; legale** ● *j. days,* giorni di udienza.
jurisconsult ['dʒuəriskən,sʌlt] *n.* **giureconsulto.**
jurisdiction [,dʒuəris'dikʃən] *n.* [U] *(leg.)* **giurisdizione.**
jurisdictional [,dʒuəris'dikʃənl] *a.* **giurisdizionale.**
jurisprudence ['dʒuəris,pru:dəns] *n.* [U] **giurisprudenza.**
jurisprudent ['dʒuəris,pru:dənt] ***A*** *n.* **giureconsulto; giurista *B*** *a.* **dotto in giurisprudenza.**
jurisprudential [,dʒuərispru:'denʃəl] *a.* **giurisprudenziale.**
jurist ['dʒuərist] *n.* **giurista.**
juror ['dʒuərə*] *n.* *(leg.)* **giurato; membro di giuria.**
jury ['dʒuəri] *n.* [C] *(leg.)* **giuria; giurì; giurati** (collett.) ● *j.-box,* banco dei giurati.
juryman ['dʒuərimən] *n.* (*pl.* **jurymen** ['dʒuərimən]) *(leg.)* **giurato.**
jury-mast ['dʒuərima:st] *n.* [C] *(naut.)* **albero di fortuna.**
jurywoman ['dʒuəri,wumən] *n.* (*pl.* **jurywomen** ['dʒuəri,wimin]) *(leg.)* **giurata.**
(1) just [dʒʌst] *a.* ***1*** **giusto; equo; retto *2*** **giustificato; meritato.**
(2) just [dʒʌst] *avv.* ***1*** **esattamente; precisamente; proprio; appunto; per l'appunto; giusto** *(fam.)*: *j. now,* proprio ora □ *j. then,* proprio allora □ *J. so!,* proprio così! ***2*** **appena; a mala pena; solamente; soltanto**: *I have j. enough money,* ho appena denaro a sufficienza ***3*** **appena; or ora; poco fa**: *I've j. seen him,* l'ho visto or ora ***4*** **per poco; per un pelo**: *I j. missed the pheasant,* ho mancato il fagiano per un pelo ***5*** *(idiom., per es.:) J. a moment, please,* un momento, prego □ *J. shut the door, will you?,* vuoi chiudere la porta, per favore? □ *(fam.) J. come here,* vieni un po' qui ● *(fam.) j. the same,* lo stesso: *I'll go j. the same,* andrò lo stesso □ *That's j. it,* appunto! □ *J. listen to him!,* sentilo un po'! □ *(fam.) It's j. beautiful,* è veramente bello, ecco! □ *(fam.) I should j. think so!,* vorrei vedere (che non fosse così)!
justice ['dʒʌstis] *n.* ***1*** [U] **giustizia** (in ogni senso, anche *leg.*): *to administer j.,* amministrare la giustizia ***2*** [C] *(leg.)* **giudice**: *J. of the Peace,* giudice conciliatore ***3*** [U] **giustezza; esattezza** ● *to do j. to sb.,* rendere giustizia a q. □ *to do j. to st.,* far onore a q.c. □ *to do oneself j.,* fare bella figura; farsi onore.
justiceship ['dʒʌstisʃip] *n.* *(leg.)* **ufficio (**o **durata in carica) di giudice.**
justiciable [dʒʌs'tiʃiəbl] *a.* *(leg.)* **processabile.**
justifiability [,dʒʌstifaiə'biliti] *n.* [U] ***1*** **(l')essere giustificabile *2*** *(leg.)* **legittimità** (di difesa).
justifiable ['dʒʌstifaiəbl] *a.* **giustificabile; lecito** ● *(leg.) j. homicide,* omicidio per legittima difesa.
justification [,dʒʌstifi'keiʃən] *n.* [U] **giustificazione; discolpa.**
to **justify** ['dʒʌstifai] ***A*** *v. t.* ***1*** **giustificare** (in ogni senso); **scusare; scagionare *2*** **comprovare; sostenere**: *to j. a statement,* comprovare una dichiarazione ***3*** *(tipogr.)* **giustificare *4*** *(elab.)* **allineare *B*** to **justify oneself,** *v. rifl.* **giustificarsi** ● *to be justified in doing st.,* avere buone ragioni per fare q.c.
justness ['dʒʌstnis] *n.* [U] **giustezza; esattezza; precisione.**
jut [dʒʌt] *n.* [C] (anche *mecc., costr.)* **sporgenza; aggetto.**
to **jut** [dʒʌt] *v. i.* (spesso *to jut out, forth*) **sporgere; protendersi;** *(costr.)* **aggettare.**
jute [dʒu:t] *n.* [U] *(ind. tessile)* **iuta.**
Jutes [dʒu:ts] *n. pl.* *(stor.)* **Juti.**
jutting ['dʒʌtiŋ] *a.* **sporgente.**
juvenescence [,dʒu:vi'nesəns] *n.* [U] **adolescenza.**
juvenescent [,dʒu:vi'nesənt] *a.* **adolescente.**
juvenile ['dʒu:vinail] ***A*** *a.* ***1*** **giovanile**: *a j. appearance,* un aspetto giovanile ***2*** **per la gioventù; per ragazzi**: *j. books,* libri per ragazzi ***B*** *n.* ***1*** **giovane *2*** *(teatr.)* **attor giovane *3*** *(al pl.)* **libri per ragazzi** ● *(leg.) j. court,* tribunale dei minorenni □ *(leg.) j. delinquent,* delinquente minorenne.
juvenilia [,dʒu(:)vi'niliə] *(lat.)* *n. pl.* **opere giovanili.**
juvenility [,dʒu:vi'niliti] *n.* [U] ***1*** **giovinezza *2*** **aspetto giovanile.**
to **juxtapose** ['dʒʌkstəpouz] *v. t.* **giustapporre.**
juxtaposition [,dʒʌkstəpə'ziʃən] *n.* [U] **giustapposizione.**

K

K, k [kei] *n.* (*pl.* **K's, k's; Ks, ks**) K, k ● *(tel.) k for king,* k come Kursaal.
kadi ['ka:di] *n.* **cadì.**
Kaf(f)ir ['kæfə*] *n.* **cafro.**
kail [keil] *V.* **kale.**
kaki ['ka(:)ki] *n.* [C] (*bot.,* Diospyros kaki) **cachi; kaki.**
kale [keil] *n.* [U] *(bot.)* **1** (Brassica napus) **ravizzone 2** (Brassica oleracea acephala) **cavolo verde.**
kaleidoscope [kə'laidəskoup] *n.* [C] **caleidoscopio** (anche *fig.*).
kaleidoscopic [kə,laidə'skɔpik] *a.* **caleidoscopico.**
kalends ['kælendz] *n. pl. (stor.)* **calende.**
kangaroo [,kæŋgə'ru:] *n.* [C] (*zool.,* Macropus) **canguro.**
Kantian ['kæntiən] *a.* e *n. (filos.)* **kantiano.**
Kantianism ['kæntiənizəm], **Kantism** ['kæntizəm] *n.* [U] *(filos.)* **kantismo; filosofia kantiana.**
kaolin ['keiəlin] *n.* [U] *(miner.)* **caolino.**
kapok ['keipɔk] *n.* [U] *(ind. tessile)* **capoc, kapok.**
kaput [ka(:)'pu(:)t] *(ted.) a. pred. (pop.)* **finito; rovinato; spacciato.**
karate [kə'ra:ti] *(giapponese) n.* [U] *(sport)* **karatè.**
karateka [kə'ra:ti:ka:] *(giapponese) n.* [C] *(sport)* **karateka.**
katabolism [kə'tæbəlizəm] *n.* [U] *(biol.)* **catabolismo.**
katyusha [kə'tju:ʃə] *(russo) n.* [C] *(mil.)* **katiuscia** (lanciarazzi).
kayak ['kaiæk] *n.* [C] **caiacco** (canoa eschimese).
to **keck** [kek] *v. i.* **avere conati di vomito.**
to **kedge** [kedʒ] *v. t. (naut.)* **tonneggiare.**
kedge [kedʒ] *n.* [C] (*naut.,* anche *k.-anchor)* **ancorotto.**
to **keek** [ki:k] *v. i. (scozz.)* **sbirciare; spiare.**
(1) keel [ki:l] *n.* [C] **1** *(naut.)* **chiglia 2** *(poet.)* **nave** ● *to lay down a k.,* mettere in cantiere una nuova nave.
to **keel** [ki:l] *(naut.)* **A** *v. t.* **capovolgere B** *v. i.* **capovolgersi.**
(2) keel [ki:l] *n.* [C] *(naut.)* **chiatta; barcone** (a fondo piatto).
keelson ['kelsn] *n.* [C] *(naut.)* **paramezzale.**
(1) keen [ki:n] *a.* **1 acuto** (anche *fig.*); **acuminato; aguzzo; affilato; tagliente; penetrante; pungente 2 appassionato; desideroso 3 intenso; vivo** ● *a k. appetite,* un buon appetito □ *(fam.) to be k. on st.,* essere appassionato di q.c. □ *(fam.) as k. as mustard,* entusiasta.
(2) keen [ki:n] *n. (irl.)* **lamento funebre.**
keenness ['ki:nnis] *n.* [U] **1 acutezza** (anche *fig.*) **2 brama; desiderio 3 intensità; vivezza.**
to **keep** [ki:p] (*pass.* e *p.p.* **kept** [kept]) **A** *v. t.* **1 tenere; avere; ritenere; trattenere; serbare; conservare**: *to k. one's hands in one's pockets,* tenere le mani in tasca □ *to k. a diary,* tenere un diario □ *I won't k. you long,* non ti tratterrò a lungo **2 mantenere; sostentare; provvedere a**: *to have a family to k.,* avere una famiglia da mantenere **3 tenere fede a; attenersi a; osservare; rispettare**: *to k. the law,* rispettare la legge **4 osservare; rispettare; celebrare**: *to k. Christmas,* celebrare il Natale **5 impedire; trattenere**: *to k. sb. from doing st.,* impedire a q. di fare q.c. **B** *v. i.* **1 tenersi; mantenersi; serbarsi; stare; restare**: *Meat doesn't k. in hot weather,* la carne non si mantiene col caldo □ *I hope you are keeping well,* spero che tu stia bene **2 continuare; durare; perseverare**: *It kept raining all the time,* continuò a piovere per tutto il tempo **3 tenere** (o **seguire**) **una strada**: *K. straight on for two miles,* segui la strada (o va' dritto) per due miglia! **4** — *to k. from,* astenersi da; fare a meno di **C** *verbi composti* **1** *to k. at sb.,* stare addosso a q.; non dare pace a q. □ *K. at it!,* dacci sotto!; non mollare! **2** *to k. away,* star lontano □ *to k. sb. away,* tener lontano q. **3** *to k. back,* tenersi indietro: *K. back!,* tenetevi indietro! □ *to k. sb. back,* trattenere q. □ *to k. st. back,* trattenere q.c.; tenere a freno q.c. □ *to k. st. back from sb.,* nascondere q.c. a q. **4** *to k. down,* restar giù; restare nascosto; rimanere seduto □ *to k. (st.) down,* trattenere, tenere a freno; reprimere □ *to k. prices down,* tenere bassi i prezzi **5** *to k. st. from sb.,* nascondere q.c. a q. **6** *to k. in* (o *indoors),* restare in casa **7** *to k. off,* stare lontano; girare al largo □ *to k. sb. off,* tener lontano q. □ *K. off the grass,* (si prega di) non calpestare l'erba **8** *to k. on,* continuare; perseverare □ *to k. on at sb.,* continuare a infastidire q. □ *to k. on doing st.,* continuare a fare q.c. □ *to k. sb. on,* continuare a tenere q. **9** *to k. out,* restare fuori; non immischiarsi: *K. out of their quarrels!,* non immischiarti nelle loro liti! **10** *to k. under,* tenere a freno; dominare; domare **11** *to k. up,* durare; mantenersi intatto □ *to k. st. up,* conservare q.c.; osservare (o rispettare) q.c. □ *to k. up appearances,* salvare le apparenze □ *to k. up one's English,* tenersi in esercizio con l'inglese □ *to k. up with,* andare di pari passo con: *to k. up with the times,* andare di pari passo con i tempi; essere all'altezza dei tempi ● *to k. one's hat on,* tenere il cappello in testa □ *to k. hold of sb. (st.),* tenere stretto q. (q.c.) □ *to k. it up,* mantenere il ritmo; perseverare; farcela □ *to k. open house,* essere ospitale □ *to k. st. for oneself,* tenere q.c. per sé □ *to k. (oneself) to oneself,* starsene per proprio conto; tenersi in disparte □ *to k. to the left (the right),* tenere la sinistra (la destra) □ *(piuttosto antiquato) God keep you!,* Dio ti guardi!
keep [ki:p] *n.* **1** [C] *(stor.)* **torrione; maschio 2** [U] **mantenimento; sostentamento; vitto e alloggio** ● *(pop.) for keeps,* per sempre □ *(pop.) to give sb. st. for keeps,* far dono di q.c. a q.
keeper ['ki:pə*] *n.* [C] **1 custode; guardiano; guardia; sorvegliante 2** (anche *gamekeeper*) **guardiacaccia 3 fermanello 4** (*sport,* anche *goalkeeper*) **portiere.**
keeping ['ki:piŋ] *n.* [U] **1 custodia; cura; guardia**: *in safe k.,* sotto sicura custodia; al sicuro **2 allevamento 3 mantenimento; conservazione 4 armonia; accordo**: *to be in (out of) k. with st.,* essere in armonia (in disaccordo) con q.c.
keepsake ['ki:pseik] *n.* [C] **ricordo** (oggetto); **pegno d'amicizia.**
keg [keg] *n.* [C] **barilotto.**
kelson ['kelsn] *V.* **keelson.**
Kelt [kelt], **Keltic** ['keltik] *V.* **Celt, Celtic.**
kemp [kemp] *n. (ind. tessile)* **fibra ruvida** (della lana).
ken [ken] *n.* [U] **comprensione; conoscenza**: *out of* (o *beyond) sb.'s k.,* al di là della comprensione di q.; non alla portata di q.
to **ken** [ken] *v. t.* e *i. (scozz.)* **conoscere.**
(1) kennel ['kenl] *n.* [C] **1 canile 2** *(fig.)* **tugurio 3 muta di cani 4** *(al pl.)* **canile (pubblico).**
(2) kennel ['kenl] *n.* [C] **fossetta di scolo; cunetta.**
kenning ['keniŋ] *n. (poet.)* **metafora; perifrasi.**
Kentish ['kentiʃ] *a. (geogr.)* **del Kent** ● *(pop.) K. fire,* scroscio d'applausi; rumori di dissenso.
kepi ['keipi] *n.* [C] *(stor.)* **chepì.**
kept [kept] *pass.* e *p.p.* di to **keep** ● *a k. woman,* una mantenuta.
keratin ['kerətin] *n.* [U] *(chim., biol.)* **cheratina.**
kerb [kə:b] *n.* [C] **orlo del marciapiede.**
kerchief ['kə:tʃif] *n.* [C] **fazzoletto da testa.**
kerf [kə:f] *n.* [C] **taglio, intaccatura** (specialm. d'ascia o di sega).
kermess [kə:'mes], **kermis** ['kə:mis] *n.* **kermesse.**
kern(e) [kə:n] *n.* [C] **1** *(stor.)* **fante irlandese** (con armatura leggera) **2 contadino irlandese 3** *(fig.)* **zoticone.**
kernel ['kə:nl] *n.* [C] **1 nocciolo** (anche *fig.*); **gheriglio** (di noce) **2 chicco, seme** (del grano, granturco, ecc.) **3** *(fis. nucl.)* **nucleo.**
kerosene ['kerəsi:n] *n.* [U] **cherosene.**
kersey ['kə:zi] *n.* [U] *(ind. tessile)* **tessuto di lana a coste.**
kestrel ['kestrəl] *n.* [C] (*zool.,* Falco tinnunculus) **gheppio.**

ketch [ketʃ] *n.* [C] *(naut.)* **ketch.**
ketchup ['ketʃəp] *n.* [U] *(cucina)* **salsa piccante.**
kettle ['ketl] *n.* [C] **bollitore**: *an electric k.*, un bollitore elettrico ● *(fig.) a pretty k. of fish,* un bel pasticcio.
kettledrum ['ketldrʌm] *n.* [C] *(mus.)* **timpano.**
(1) key [ki:] **A** *n.* [C] **1 chiave** (in ogni senso, anche *mus.* e *fig.*): *the key to a problem,* la chiave d'un problema □ *to write in a cheerful key,* scrivere in chiave allegra **2** *(mus., tel.,* ecc.) **tasto**: *the keys of a piano,* i tasti d'un pianoforte **3** *(fig.)* **tono; tonalità**: *in a minor key,* in tono smorzato **4** *(mecc.)* **chiavetta; bietta 5** *(archit.)* **chiave** (dell'arco, della volta) **6 appendice** (a un testo); **opuscolo con spiegazioni** (o **soluzioni**) **B** *a. attr.* **chiave**: *a key position,* una posizione chiave □ *key word,* parola chiave ● *key money,* buonuscita (per un appartamento).
to **key** [ki:] *v. t.* **1** *(mecc.)* **inchiavettare; assicurare con chiavetta** (spesso *to key in, to key on*) **2** *(mus.)* **accordare** (un pianoforte, ecc.) ● *to key up, (mus.)* alzare il tono di (uno strumento); *(fig.)* eccitare, stimolare.
(2) key [ki:] *n.* [C] *(geogr.)* **1 isolotto 2 scogliera.**
keyboard ['ki:bɔ:d] *n.* [C] (anche *mus.*) **tastiera** ● *k. operator,* tastierista.
keyhole ['ki:houl] *n.* [C] **buco della serratura.**
keynote ['ki:nout] *n.* [C] **1** *(mus.)* **tonica 2** *(fig.)* **nota dominante; concetto fondamentale.**
keypunch ['ki:pʌntʃ] *n.* [C] **perforatrice di schede.**
key-ring ['ki:riŋ] *n.* [C] **anello portachiavi.**
keystone ['ki:ˌstoun] *n.* [C] *(archit.)* **chiave di volta** (anche *fig.*).
khaki ['ka:ki] **A** *a.* **cachi; kaki B** *n.* **1 color cachi 2 tessuto di color cachi** ● *to get into k.,* arruolarsi.
khalif [ka:'li:f] *V.* **calif.**
(1) khan [ka:n] *n. (stor., polit.)* **can.**
(2) khan [ka:n] *n.* [C] **caravanserraglio.**
kibe [kaib] *n.* [C] **gelone ulcerato.**
kibosh ['kaibɔʃ] *n.* [U] *(pop.)* **sciocchezze; fandonie.**
kick [kik] *n.* **1** [C] **calcio; pedata 2** [U] *(mil.:* d'arma da fuoco) **rinculo 3** [C] *(sport)* **calciatore; giocatore** (di calcio): *a good k.,* un bravo calciatore **4** [U] e [C] *(fam.)* **divertimento; gusto; piacere 5** [U] *(fam.)* **energia; forza; spirito** ● *k.-starter,* pedale d'avviamento (di motocicletta) □ *(fig.) to get more kicks than halfpence,* ricevere più calci che carezze □ *(pop.) to get the k.,* essere licenziato.
to **kick** [kik] **A** *v. i.* **1 calciare; scalciare; tirar calci 2** *(mil.:* d'arma da fuoco) **rinculare 3** *(fam.)* **ricalcitrare** *(fig.)*; **protestare B** *v. t.* **1 dare calci a; prendere a calci** (o **a pedate**) **2** *(sport)* **calciare; mandare con un calcio**: *to k. a ball back to sb.,* rimandare una palla a q., con un calcio **3** *(sport)* **segnare** (una rete) **con un calcio** ● *(sport) to k. off,* dare il primo calcio al pallone □ *to k. sb. out,* buttare fuori q. a calci □ *to k. up a fuss (o a row),* scatenare un putiferio; fare una scenata □ *to k. up one's heels,* darsi alla pazza gioia □ *(fam.) to k. sb. upstairs,* promuovere q. a un posto più elevato ma di minore responsabilità.
kicker ['kikə*] *n.* **1 cavallo che tira calci 2** *(sport)* **chi effettua** (o **ha effettuato**) **un tiro.**
kickshaw ['kikʃɔ:] *n.* [C] **1 leccornia; manicaretto 2 gingillo; ninnolo.**
kid [kid] *n.* **1** [C] **capretto 2** [U] **pelle di capretto**: *kid gloves,* guanti di pelle di capretto **3** *(fam.)* **bimbo; piccino** ● *to handle* (o *to treat*) *sb. with kid gloves,* trattare q. coi guanti.
(1) to **kid** [kid] **A** *v. t.* **partorire** (un capretto) **B** *v. i.* (di capra) **figliare.**
(2) to **kid** [kid] *v. t. (fam.)* **prendere in giro** ● *He's only kidding,* sta scherzando.
kiddie ['kidi] *V.* **kiddy.**
kiddle ['kidl] *n.* [C] **pescaia.**
kiddy ['kidi] *n. (fam.)* **bimbo; piccino.**
to **kidnap** ['kidnæp] *v. t.* **rapire** (a scopo di estorsione).
kidnapper ['kidˌnæpə*] *n.* **rapitore** (specialm. di bambini).
kidnapping ['kidˌnæpiŋ] *n.* [U] **rapimento** (specialm. di bambini).
kidney ['kidni] *n.* **1** [C] *(anat.)* **rene 2** *(cucina)* **rognone 3** *(fig.)* **tempra; sorta** ● *(med.) k. machine,* rene artificiale □ *(med.) k. stone,* calcolo renale.
kidney-shaped ['kidniˌʃeipt] *a.* **a forma di rene; reniforme.**
kilderkin ['kildəkin] *n.* [C] **barilotto** (della capacità di 16-18 galloni).
to **kill** [kil] **A** *v. t.* **1 uccidere; ammazzare; far morire** (anche *fig.*): *to be killed in a train accident,* rimanere ucciso in un incidente ferroviario **2 distruggere; rovinare; sopprimere 3 respingere; bocciare 4** (di colori) **neutralizzare 5 imbarazzare; sopraffare**: *to k. sb. with kindness,* sopraffare q. di cortesie **B** *v. i.* **1 uccidere; ammazzare 2 essere ucciso; morire C** to **kill oneself** *v. rifl.* **uccidersi; suicidarsi** ● *to k. off,* distruggere; sterminare □ *to k. oneself with laughter,* crepare dal ridere □ *k.-time,* passatempo.
kill [kil] *n. (solo al sing.)* **1 uccisione** (specialm. nella caccia) **2 animali uccisi; caccia**: *a plentiful k.,* una buona caccia.
killer ['kilə*] *n.* **uccisore; assassino** ● *(zool.) k. whale* (Orcinus orca), orca.
killing ['kiliŋ] *a.* **1 mortale 2 faticoso 3** *(fam.)* **affascinante.**
killjoy ['kildʒɔi] *n.* [C] **guastafeste.**
kiln [kiln] *n.* [C] **1 forno; fornace 2 essiccatoio.**
kilo ['ki:lou] *n.* (*pl.* **kilos**) **1** (*abbr.* di **kilogram**) **chilo; chilogrammo 2** (*abbr.* di **kilometre**) **chilometro.**
kilocycle ['kilouˌsaikl] *n.* [C] *(fis.)* **chilociclo.**
kilogram(me) ['kiləgræm] *n.* [C] **chilogrammo.**
kilohertz ['kiləˌhə:ts] *n.* (*pl.* **kilohertz**) *(fis.)* **chilohertz.**
kilometre ['kiləˌmi:tə*] *n.* [C] **chilometro.**
kilowatt ['kiləwɔt] *n.* [C] *(elettr.)* **chilowatt.**
kilowatt-hour ['kiləwɔtˌauə*] *n.* [C] *(elettr..)* **chilowattora.**
kilt [kilt] *n.* [C] **kilt; gonnellino scozzese.**
to **kilt** [kilt] *v. t.* (specialm. *scozz.*) **1 tirarsi su** (la gonna) **2 pieghettare** (una gonna) ● *kilted regiments,* reggimenti scozzesi col kilt.
kimono [ki'mounou] *n.* (*pl.* **kimonos**) **chimono.**
kin [kin] **A** *n.* **1** [U] **ceppo; famiglia; stirpe 2** *(collett.)* **parentela; parenti**: *to be near of kin,* essere parenti stretti **B** *a. pred.* **parente; imparentato.**
(1) kind [kaind] *n.* **1** [U] **genere; razza 2** [C] **genere; sorta; specie; qualità; tipo**: *pears of several kinds,* pere di diverse qualità □ *something of the k.,* qualcosa del genere □ *a k. of doctor,* una specie di dottore □ *What k. of animal is this?,* che tipo d'animale è questo? **3** [U] **carattere; qualità; natura**: *They differ in k.,* sono cose di natura diversa ● *(fam.) k. of,* quasi; in un certo qual modo: *I k. of expected it,* quasi me l'aspettavo □ *of a k.,* della stessa specie; uguale: *two of a k.,* due cose (o persone) uguali □ *to pay in k.,* pagare in natura □ *to repay in k.,* ripagare della stessa moneta □ *Nothing of the k.,* niente affatto!
(2) kind [kaind] *a.* **gentile; cortese**: *to be kind to sb.,* essere gentile con q. □ *It's very k. of you,* è molto gentile da parte vostra ● *k. regards,* cordiali saluti.
kindergarten ['kindəˌga:tn] *(ted.) n.* [C] **giardino d'infanzia; asilo infantile.**
kind-hearted [ˌkaind'ha:tid] *a.* **d'animo gentile; di buon cuore; comprensivo; generoso.**
to **kindle** ['kindl] **A** *v. t.* **appiccare il fuoco a; dar fuoco a; accendere;** *(fig.)* **destare, suscitare B** *v. i.* (anche *fig.*) **prendere fuoco; accendersi; infiammarsi; avvampare;** *(fig.)* **splendere.**
kindliness ['kaindlinis] *n.* [U] **gentilezza; benevolenza; amabilità; amorevolezza; affabilità; bontà.**
kindling ['kindliŋ] *n.* [U] **fuscelli; legna minuta.**
(1) kindly [kaindli] *avv.* **1 gentilmente 2 per favore**: *Will you k. shut the door?,* vuoi chiudere la porta, per favore? ● *to take k. to sb.,* prendere q. in simpatia.
(2) kindly ['kaindli] *a.* **1 benevolo; amabile; affabile; buono**: *a man with a k. heart,* un uomo di buon cuore **2 dolce; mite.**
kindness ['kaindnis] *n.* [U] e [C] **gentilezza; cortesia**: *to do st. out of k.,* fare q.c. per gentilezza.
kindred ['kindrid] **A** *n.* **1** *(collett.)* **congiunti; parenti**

2 [U] *(leg.)* **parentela B** *a. attr.* **1 consanguineo; imparentato 2** *(fig.)* **affine; analogo; simile.**
kinema ['kinimə], **kinematograph** [ˌkaini'mætəgra:f] e *deriv. V.* **cinema, cinematograph** e *deriv.*
kinematics [ˌkaini'mætiks] *n. pl. (col verbo al sing.; fis.)* **cinematica.**
kinetic [kai'netik] *a. (fis.)* **cinetico**: *k. energy,* energia cinetica.
kinetics [kai'netiks] *n. pl. (col verbo al sing.; fis.)* **cinetica.**
king [kiŋ] *n.* **re** (in ogni senso); **monarca**: *the K. of England,* il re d'Inghilterra □ *the k. of painters,* il re dei pittori ● *(leg.) the K.'s bench,* la Corte suprema □ *(med.) the K.'s evil,* la scrofolosi □ *(fam.) a k.-size cigarette,* una sigaretta king-size (o lunga).
to **king** [kiŋ] **A** *v. i.* **1 fare il re 2** (specialm. *to k. it*) **fare il despota B** *v. t.* **creare** (q.) **re.**
kingbolt ['kiŋboult] *n.* [C] *(mecc.)* **perno di sterzaggio.**
kingcraft ['kiŋˌkra:ft] *n.* [U] **arte del regnare.**
kingcup ['kiŋˌkʌp] *n.* [C] *(bot.,* Ranunculus acris) **ranuncolo; botton d'oro.**
kingdom ['kiŋdəm] *n.* [C] **1 regno; reame**: *(polit.) the United K.,* il Regno Unito □ *the mineral k.,* il regno minerale **2 regno; mondo**: *the k. of thought,* il mondo delle idee ● *(fam.) k.-come,* l'altro mondo; l'al di là.
kingfisher ['kiŋˌfiʃə*] *n. (zool.,* Alcedo atthis) **martin pescatore.**
kinglet ['kiŋlit] *n.* **1 reuccio; piccolo re 2** *(zool.,* Regulus) **regolo.**
kingliness ['kiŋlinis] *n.* [U] **regalità.**
kingly ['kiŋli] *a.* **regale; augusto.**
kingpin ['kiŋˌpin] *n.* [C] *(mecc.)* **perno** (anche *fig.*).
kingpost ['kiŋˌpoust] *n.* [C] *(edil.)* **monaco; ometto.**
kingship ['kiŋʃip] *n.* [U] **regalità; dignità regale; potere sovrano.**
kink [kiŋk] *n.* [C] **1 nodo; cappio 2** *(fig.)* **capriccio; ghiribizzo.**
to **kink** [kiŋk] *v. t.* e *i.* **annodare, annodarsi; attorcigliare, attorcigliarsi.**
kinsfolk ['kinzfouk] *n. pl. (collett., lett.)* **parentado; parenti.**
kinship ['kinʃip] *n.* [U] **1 parentela; consanguineità 2** *(fig.)* **affinità; somiglianza.**
kinsman ['kinzmən] *n.* (*pl.* **kinsmen** ['kinzmən]) **parente; congiunto.**
kinswoman ['kinzˌwumən] *n.* (*pl.* **kinswomen** ['kinzˌwimin]) **parente; congiunta.**
kiosk [ki'ɔsk] *n.* [C] **1 chiosco; edicola 2 cabina di telefono pubblico.**
kip [kip] *n.* [C] *(pop.)* **1 pensione d'infimo ordine 2 posto per dormire; letto 3 sonnellino; dormitina**: *to have a kip,* fare una dormitina.
to **kip** [kip] *v. i. (pop.)* **andare a letto; dormire.**
kipper ['kipə*] *n.* [C] **1 aringa affumicata 2 salmone maschio.**
to **kipper** ['kipə*] *v. t.* **salare e affumicare** (aringhe).
kirk [kə:k] *n. (scozz.)* **chiesa.**
kirsch [kiəʃ] *(ted.) n.* [U] **kirsch** (acquavite di marasche).
kismet ['kismet] *n.* **destino; fato.**
kiss [kis] *n.* [C] **1 bacio 2** *(biliardo)* **rimpallo** ● *k. curl,* tirabaci □ *k. of life, (fam.)* rianimazione con respirazione bocca a bocca; *(fig.)* intervento provvidenziale, salvezza.
to **kiss** [kis] *v. t.* e *i.* **1 baciare 2** *(biliardo)* **rimpallare** ● *to k. the Book,* baciare la Bibbia (per giurare in tribunale) □ *(fig.) to k. the dust,* sottomettersi; mordere la polvere □ *to k. sb. goodnight,* dare a q. il bacio della buona notte □ *to k. sb.'s tears away,* asciugare a q. le lacrime con i baci.
(1) kit [kit] *n.* [U] e [C] **equipaggiamento; attrezzatura; attrezzi** ● *(mil.) kit-bag,* sacco militare.
(2) kit [kit] *n.* [C] *(abbr.* di **kitten**) **gattino, gattina.**
kitchen ['kitʃin] *n.* [C] **cucina** ● *k.-maid,* sguattera □ *k. range,* cucina economica.
kitchenette [ˌkitʃi'net] *n.* [C] **cucinotto; cucinino.**
kitchen-garden [ˌkitʃin'ga:dn] *n.* [C] **orto.**
kite [kait] *n.* [C] **1** *(zool.,* Milvus) **nibbio 2 aquilone; cervo volante**: *to fly a k.,* far volare un aquilone; *(fig.)* sondare l'opinione pubblica **3** *(gergo comm.)* **cambiale di comodo**: *to fly a k.,* emettere una cambiale di comodo ● *(aeron.) k. balloon,* pallone drago.
kith [kiθ] *n. (arc.)* **amici; conoscenti** ● *k. and kin,* amici e parenti.
kitsch [kitʃ] *(ted.) n.* [U] *(spreg.)* **1 arte (letteratura,** ecc.) **da due soldi 2 kitsch; cattivo gusto.**
kitten ['kitn] *n.* [C] **gattino, gattina; micino, micina.**
to **kitten** ['kitn] **A** *v. t.* **fare** (i gattini) **B** *v. i.* (di gatta) **figliare.**
kittenish ['kitn̩iʃ] *a.* **da gattino; giocoso; scherzoso.**
kittiwake ['kitiweik] *n. (zool.,* Rissa tridactyla) **gabbiano tridattilo.**
(1) kitty ['kiti] *n.* **micino** (us. anche come nome di gatto).
(2) kitty ['kiti] *n.* **1 piatto** (nel poker e in altri giochi di carte) **2 fondo comune 3** (nel gioco delle bocce) **boccino; pallino.**
kiwi ['ki:wi:] *n.* **1** *(zool.,* Apteryx) **kiwi 2** *(pop.)* **neozelandese.**
klaxon ['klæksn] *n.* [C] **clacson; tromba** (d'automobile).
kleenex ['kli:neks] *n.* [U] e [C] *(marchio)* **kleenex; fazzoletto di carta.**
kleptomania [ˌkleptou'meinjə] *n.* [U] *(psic.)* **cleptomania.**
kleptomaniac [ˌkleptou'meiniæk] *n. (psic.)* **cleptomane.**
knack [næk] *n. (generalm. al sing.)* **1 abilità; destrezza 2 inclinazione; tendenza 3 espediente; trucco** ● *to have a k. for st.,* essere tagliato per q.c.
knacker ['nækə*] *n.* **1 compratore e macellatore di cavalli vecchi 2 chi compra case** (o **navi,** ecc.) **vecchie, per utilizzarne il materiale.**
knackery ['nækəri] *n.* [C] **mattatoio di cavalli.**
knag [næg] *n.* [C] **nocchio; nodo** (del legno).
to **knap** [næp] *v. t.* **spaccare** (pietre) **col martello.**
knapsack ['næpsæk] *n.* [C] **zaino; sacco da montagna.**
knapweed ['næpwi:d] *n. (bot.,* Centaurea nigra) **centaurea.**
knar [na:*] *n.* [C] **nocchio; nodo** (del legno).
knave [neiv] *n.* [C] **1** *(arc.)* **canaglia; furfante 2** (nei giochi di carte) **fante.**
knavery ['neivəri] *n.* [U] e [C] *(arc.)* **furfanteria.**
knavish ['neiviʃ] *a.* **da canaglia; da furfante; furfantesco.**
to **knead** [ni:d] *v. t.* **1 impastare** (farina o argilla) **2 fare** (oggetti di ceramica) **impastando argilla 3 massaggiare** (muscoli, ecc.).
kneading-trough ['ni:diŋtrɔf] *n.* [C] **madia.**
knee [ni:] *n.* [C] **1 ginocchio**: *Down on your knees!,* in ginocchio! **2** *(mecc., falegnameria,* ecc.) **giunto a ginocchio; tubo a gomito** ● *k.-breeches,* calzoni al ginocchio □ *k.-cap, (anat.)* rotula; (anche) ginocchiera □ *k.-deep* (o *k.-high),* (che arriva) fino al ginocchio □ *(anat.) k.-pan,* rotula □ *to go (down) on one's knees,* buttarsi in ginocchio; inginocchiarsi.
to **knee** [ni:] *v. t.* **dare una ginocchiata a** (q.).
to **kneecap** ['ni:ˌkæp] *v. t.* **gambizzare.**
to **kneel** [ni:l] (*pass.* e *p.p.* **knelt** [nelt]) *v. i.* **inginocchiarsi; genuflettersi** (anche *to k. down*).
knell [nel] *n. (solo al sing.)* **rintocco funebre** (anche *fig.*).
to **knell** [nel] **A** *v. i.* **rintoccare; mandare rintocchi funebri; suonare a morto B** *v. t.* **1 annunciare con rintocchi funebri; suonare a morto per** (q.) **2** *(fig.)* **far presagire; esser presagio di.**
knelt [nelt] *pass.* e *p.p.* di to **kneel.**
knew [nju:] *pass.* di to **know.**
Knickerbocker ['nikəbɔkə*] *n.* **abitante di New York; newyorkese.**
knickerbockers ['nikəbɔkəz] *n. pl.* **calzoni alla zuava.**
knickers ['nikəz] *n. pl.* **1** *(abbr.) V.* **knickerbockers**

2 *(fam.)* **mutande lunghe** (da donna).
knick-knack ['niknæk] *n.* [C] **gingillo; ninnolo; soprammobile.**
knick-knackery ['nik,nækəri] *n.* *(collett.)* **ninnoli; soprammobili; cianfrusaglie.**
knife [naif] *n.* (*pl.* **knives** [naivz]) **coltello** ● *k.-edge,* filo del coltello □ *k.-grinder,* arrotino □ *(fig.) to get one's k. into sb.,* attaccare ferocemente q. □ *pocket-k.,* temperino □ *war to the k.,* guerra ad oltranza.
to **knife** [naif] *v. t.* **accoltellare; dare una coltellata a** (q.).
knight [nait] *n.* [C] **1** *(anche stor.)* **cavaliere 2** (negli scacchi) **cavallo** ● *(stor.) k.-errant,* cavaliere errante □ *(stor.) k. of the shire,* rappresentante della contea in parlamento.
to **knight** [nait] *v. t.* **creare** (q.) **cavaliere.**
knightage ['naitidʒ] *n.* **(la) classe dei cavalieri.**
knighthood ['naithud] *n.* [U] **1 cavalierato 2 (la) classe dei cavalieri 3** *(stor.)* **cavalleria; qualità cavalleresche.**
knightly ['naitli] *a.* **cavalleresco.**
to **knit** [nit] (*pass.* e *p.p.* **knitted** o **knit**) **A** *v. i.* **1 lavorare a maglia; fare la calza 2** (spesso *to k. together*) **attaccarsi; unirsi; saldarsi 3 aggrottarsi; corrugarsi; inarcarsi B** *v. t.* **1 fare** (q.c.) **a maglia 2** (spesso *to k. together*) **far attaccare; far combaciare; unire 3 aggrottare; corrugare; inarcare**: *to k. one's brows,* aggrottare le ciglia ● *a closely knit argument,* un'argomentazione serrata □ *a well-knit frame,* una corporatura robusta □ *(lavoro a maglia) knit one, purl one,* un diritto, un rovescio.
knitter ['nitə*] *n.* **1 magliaia 2** *(ind. tessile)* **telaio per maglieria.**
knitting ['nitiŋ] *n.* [U] **lavoro a maglia** ● *k.-machine,* macchina per maglieria.
knitwear [,nitwɛə*] *n.* [U] **indumenti a maglia; maglieria.**
knives ['naivz] *pl.* di **knife.**
knob [nɔb] *n.* [C] **1 protuberanza; nodo** (del legno) **2 pomo** (di bastone, ecc.); **pomello; manopola** (di apparecchio radio, ecc.) **3 pezzo** (tondeggiante); **zolla** ● *a k. of butter,* una noce di burro.
knobbly ['nɔbli] *a.* **nodoso; pieno di protuberanze.**
to **knock** [nɔk] **A** *v. t.* e *i.* **1 battere; bussare; colpire; picchiare**: *to k. one's head on* (o *against*) *the wall,* battere la testa contro il muro □ *to k. at the door,* bussare alla porta □ *to k. on the window,* battere alla finestra **2** *(fam.)* **impressionare; sbalordire; stupire 3 fare, produrre** (con un colpo) **B** *verbi composti* **1** *to k. about,* girovagare, vagare, viaggiare; sbattere qua e là, sballottare: *to k. about all the world over,* viaggiare in lungo e largo per il mondo **2** *to k. against,* sbattere contro; imbattersi in **3** *to k. down,* abbattere; gettare a terra; atterrare □ *to k. down machinery,* smontare macchine (per trasportarle) □ *(fam.) to k. down a price,* abbassare un prezzo □ *(comm.) to k. st. down to sb. at an auction,* aggiudicare (con un colpo di martello) q.c. a q. a un'asta pubblica **4** *to k. in,* piantare, assicurare, fissare (battendo): *to k. in a nail,* piantare un chiodo **5** *to k. off,* togliere, far saltare via (battendo colpi o colpetti); *(pop.)* uccidere, spacciare, far fuori □ *to k. off an article for a magazine,* buttar giù un articolo per una rivista □ *(fam.) to k. off a pound from a bill,* fare lo sconto di una sterlina su un conto **6** *to k. out, (pugilato)* mettere fuori combattimento; *(fig.)* sbalordire, stupire **7** *to k. together,* battere, sbattere; tremare; mettere insieme (alla svelta): *My knees knocked together,* mi tremavano le ginocchia **8** *to k. under,* arrendersi; darsi per vinto **9** *to k. up,* far alzare con un colpo; svegliare, dare la sveglia a; stancare, rendere esausto: *K. me up at five o'clock, will you?,* svegliami alle cinque, per favore □ *to k. st. up,* costruire q.c. in fretta; improvvisare q.c. ● *(fam.) to k. sb. flat,* gettare a terra (o atterrare) q. (con un colpo) □ *(fig.) to k. sb.'s head off,* superare facilmente q.
knock [nɔk] *n.* [C] **1 botta; bussata; colpo; percossa 2** *(autom.)* **battito in testa.**
knockabout ['nɔkəbaut] *a.* **1** *(teatr.)* **chiassoso; rumoroso 2 da strapazzo; resistente** ● *k. comedian,* guitto; pagliaccio.
knockdown ['nɔkdaun] *a.* **1** (di pugno) **che manda a terra 2** (di prezzo) **minimo; ridottissimo** ● (all'asta) *k. prices,* prezzi base.
knocker ['nɔkə*] *n.* [C] **1** (della porta) **batacchio; battente 2 venditore a domicilio; propagandista.**
knock-kneed ['nɔkni:d] *a.* **dalle gambe ad x.**
knockout ['nɔk,aut] **A** *a.* *(pugilato)* **(che mette) fuori combattimento B** *n.* [C] **1** *(pugilato)* **knock-out; colpo che mette fuori combattimento 2** *(pop.)* **persona** (o cosa) **straordinaria; cannonata, schianto** *(fig., pop.)* ● *k. competition,* gara ad eliminazione.
knoll [noul] *n.* [C] **collinetta; montagnola; poggio.**
(1) knot [nɔt] *n.* [C] **1 nodo** (anche *naut.*); **nodo del legno;** *(fig.)* **legame, vincolo; difficoltà, intoppo**: *to make a k.,* fare un nodo □ *the marriage k.,* il nodo coniugale **2 crocchio; capannello** ● *slip k.,* nodo scorsoio; cappio □ *(fig.) to tie oneself (up) in knots,* confondersi; imbrogliarsi.
to **knot** [nɔt] **A** *v. t.* **1 annodare; legare**: *to k. a parcel,* legare un pacco **2 fare** (una frangia, un orlo) **annodando insieme capi di cordoncino B** *v. i.* **annodarsi; aggrovigliarsi.**
(2) knot [nɔt] *n.* *(zool.,* Calidris canutus*)* **piovanello maggiore.**
knottiness ['nɔtinis] *n.* [U] **1 nodosità 2** *(fig.)* **difficoltà; complessità.**
knotty ['nɔti] *a.* **1 nodoso; nocchieruto 2** *(fig.)* **imbrogliato; intricato.**
knout [naut] *n.* [C] **knut; staffile.**
to **know** [nou] (*pass.* **knew** [nju:], *p.p.* **known** [noun]) *v. t.* e *i.* **1 sapere; conoscere; riconoscere**: *to k. English well,* conoscere bene l'inglese □ *Everybody knows that,* lo sanno tutti □ *I'd k. that face anywhere,* riconoscerei quella faccia fra mille **2 discernere; distinguere**: *to k. right from wrong,* distinguere tra il bene e il male ● *to k. about,* essere a conoscenza di; essere informato di □ *to k. better than,* avere più criterio (o buon senso) di □ *to k. better than to,* avere tanto criterio (o tanto buon senso) da non □ *to k. how,* sapere; saper fare: *Do you k. how to open this door?,* sai aprire questa porta? □ *to k. one's business* (o *to k. what's what; to k. a thing or two; to k. the ropes),* sapere il fatto proprio; avere buon senso □ *to be known as,* esser noto come □ *to make oneself known,* farsi conoscere □ *I k. better (than that),* so che le cose non stanno così; so che la verità è un'altra □ *There's no knowing when he will come back,* non c'è modo di sapere quando tornerà □ *Not that I k. of,* non che io sappia; no, a quanto ne so io.
know [nou] *n.* — *(fam.) to be in the k.,* essere al corrente; essere addentro alle segrete cose.
knowable ['nouəbl] *a.* **1 conoscibile; riconoscibile 2 apprendibile.**
know-all ['nouɔ:l] *n.* [C] **sapientone; saccente.**
know-how ['nouhau] *n.* [U] **abilità tecnica; pratica.**
knowing ['nouiŋ] *a.* **1 bene informato 2 accorto; che sa il fatto suo; perspicace; sveglio** *(fam.)* **3 d'intesa; furbesco.**
knowingly ['nouiŋli] *avv.* **1 a bella posta; di proposito 2 accortamente** ● *to look k. at sb.,* guardare q. con aria di chi la sa lunga.
knowingness ['nouiŋnis] *n.* [U] **accortezza; perspicacia; sagacia; furbizia.**
knowledge ['nɔlidʒ] *n.* [U] **1 conoscenza; cognizione 2 consapevolezza 3 sapere; dottrina; scienza; scibile**: *every branch of k.,* ogni branca del sapere **4 notizia** ● *not to my k.,* non che io sappia □ *to the best of my k.,* per quel che ne so io; a quanto mi consta □ *without my k.,* a mia insaputa.
knowledgeable ['nɔlidʒəbl] *a.* *(fam.)* **1 bene informato 2 intelligente; accorto; perspicace.**
known [noun] **A** *p.p.* di to **know B** *a.* **1** (anche *well-k.)* **noto 2 riconosciuto 3 provato; sperimentato; specchiato**: *a man of k. honesty,* un uomo di specchiata onestà.
know-nothing ['nou,nʌθiŋ] *n.* [C] **ignorantone.**
knuckle ['nʌkl] *n.* [C] **1** *(anat.)* **nocca 2** (d'animale macellato) **zampetto; piedino** ● *(mecc.) k. joint,* giunto a snodo □ *(fam.) near the k.,* poco meno che indecente; spinto.

to **knuckle** ['nʌkl] ***A*** *v. t.* **battere (o colpire, premere) con le nocche *B*** *v. i.* (spesso *to k. down*) **appoggiare le nocche a terra** (giocando alle palline) ● *to k. down to work,* mettersi al lavoro di buona lena □ *to k. under to sb.,* sottomettersi a q.
knucklebone ['nʌklboun] *n.* [C] *(anat.)* **(osso della) nocca.**
knuckle-duster ['nʌklˌdʌstə*] *n.* [C] **tirapugni.**
knur [nə:*] *n.* [C] ***1*** **nodo** (del legno); **nocchio *2* palla di legno.**
knurl [nə:l] *n.* [C] ***1*** **pomo; pomello *2* nodo** (del legno); **nocchio *3*** *(mecc.)* **zigrinatura.**
to **knurl** [knə:l] *v. t. (mecc.)* **zigrinare.**
koala [kouˈa:lə] *n.* (*zool.,* Phascolarctos cinereus) **koala.**
Koh-i-noor ['kouinuə*] *n.* **Koh-i-noor** (famoso diamante della Corona britannica).
kohl [koul] *n.* [U] **polvere d'antimonio** (us. in Oriente come cosmetico).
kohlrabi [ˌkoul'ra:bi] *n.* [U] e [C] (*pl.* **kohlrabies**) (*bot.,* Brassica oleracea caulorapa) **cavolo rapa.**
koodoo ['ku:du:] *n.* [C] (*zool.,* Strepsiceros strepsiceros) **cudù.**
kopeck, kopek ['koupek] *n.* [C] (anche *copeck*) **copeco.**
Koran [kɔ'ra:n] *n. (relig.)* **Corano.**
Korean [kə'riən] *a.* e *n.* **coreano.**
kosher ['kouʃə*] *a.* e *n.* **(cibo) puro** (secondo la legge ebraica).
kotow [ˌkou'tau], **kowtow** [ˌkau'tau] *n.* [C] **inchino cerimonioso** (alla maniera cinese).
to **kotow** [ˌkou'tau], to **kowtow** [ˌkau'tau] *v. i.* ***1*** **toccare il suolo con la fronte** (salutando); **inchinarsi ossequiosamente.**
kraal [kra:l] *n.* [C] (nell'Africa del Sud) ***1*** **kraal; villaggio di capanne, circondato da steccato *2* recinto per bestiame.**
Kremlin ['kremlin] *n.* **Cremlino.**
Kremlinologist [ˌkremli'nɔlədʒist] *n. (polit.)* **cremlinologo.**
Kremlinology [ˌkremli'nɔlədʒi] *n.* [U] *(polit.)* **cremlinologia.**
kris [kris] *n.* **kris, kriss** (pugnale indo-malese).
krona ['krounə] *n.* (*pl.* **kronor** ['krounɔ:*]) **corona** (moneta svedese).
krone ['krounə] *n.* (*pl.* **kroner** ['krounə*]) **corona** (moneta danese e norvegese).
krypton ['kriptɔn] *n.* [U] *(chim.)* **cripto, cripton.**
kudos ['kju:dɔs] *n.* [U] *(fam.)* **gloria; fama; prestigio; rinomanza.**
kudu ['ku:du:] *V.* **koodoo.**
kümmel ['kuməl] *(ted.) n.* [U] **kümmel.**
Kurd [kə:d] *n.* **curdo.**
Kurdish ['kə:diʃ] ***A*** *a.* **curdo *B*** *n.* **curdo** (la lingua).

L

L, l [el] *n.* (*pl.* **L's, l's; Ls, ls**) **L, l** ● *(tel.) l for Lucy,* l come Livorno □ *L-shaped,* a forma di L.
la [la:] *n. (mus.)* **la.**
laager ['la:gə*] *n.* [C] ***1*** **accampamento delimitato da carri disposti in cerchio *2*** *(mil.)* **parco di automezzi corazzati.**
to **laager** ['la:gə*] ***A*** *v. t.* ***1*** **disporre** (veicoli) **in cerchio *2* far accampare *B*** *v. i.* **accamparsi** (*V. laager*).
lab [læb] *n.* (abbr. fam. di **laboratory**) **laboratorio.**
label ['leibl] *n.* [C] ***1*** **cartellino; etichetta *2*** *(archit.)* **gocciolatoio *3*** *(fig.)* **etichetta; definizione; formula.**
to **label** [leibl] *v. t.* ***1*** **contrassegnare con un cartellino; mettere un'etichetta a *2*** *(fig.)* **etichettare; classificare.**
labial ['leibjəl] ***A*** *a. (fon., anat.)* **labiale *B*** *n.* [C] *(fon.)* **consonante labiale.**
laboratory [lə'bɔrətəri] *n.* [C] **laboratorio** (scientifico).
laborious [lə'bɔ:riəs] *a.* **laborioso; gravoso; faticoso.**
laboriousness [lə'bɔ:riəsnis] *n.* [U] ***1*** **laboriosità; fatica; operosità *2* elaborazione faticosa** (di uno stile).
labour ['leibə*] *n.* ***1*** [U] e [C] **lavoro; fatica; impresa**: *manual l.,* lavoro manuale □ *the labours of Hercules,* le fatiche d'Ercole ***2*** [U] **mano d'opera; lavoratori** *(collett.)*: *skilled l.,* mano d'opera specializzata ***3*** [U] *(med.)* **travaglio del parto; doglie**: *a woman in l.,* una donna (entrata) in travaglio ● *(econ.) L. and Capital,* il lavoro e il capitale □ *l. exchanges,* ufficio di collocamento □ *the L. Party,* il partito laburista □ *l. union,* sindacato □ *(leg.) hard l.,* lavori forzati.
to **labour** ['leibə*] ***A*** *v. i.* ***1*** **lavorare; operare**: *to l. at a task,* (lavorare per) assolvere un compito ***2*** **affaticarsi; sforzarsi *3* avanzare faticosamente; procedere con difficoltà *B*** *v. t.* **elaborare; discutere a fondo** ● *to l. under a false impression,* essere la vittima di un errore; avere un'impressione errata.
laboured ['leibəd] *a.* ***1*** **affaticato; difficile *2* elaborato; studiato.**
labourer ['leibərə*] *n.* **lavoratore; manovale; bracciante.**
Labourism ['leibərizəm] *n.* [U] *(polit.)* **laburismo.**
Labourite ['leibərait] *n. (polit.)* **laburista.**
laburnum [lə'bə:nəm] *n.* (*bot.,* Laburnum anagyroides) **laburno; maggiociondolo.**
labyrinth ['læbərinθ] *n.* [C] (anche *anat., mecc., fig.*) **labirinto.**
labyrinthine [ˌlæbə'rinθain] *a.* **labirintico; intricato.**
lac [læk] *n. (anglo-ind.)* **centomila; centomila rupie.**
lace [leis] *n.* ***1*** [U] **merletto, merletti; pizzo; trina, trine *2*** [C] **laccio; stringa**: *shoe-laces,* lacci da scarpe ***3*** [U] **gallone; spighetta** ● *l. pillow,* tombolo (cuscinetto per la lavorazione del merletto) □ *pillow l.,* (merletto a) tombolo.
to **lace** [leis] ***A*** *v. t.* ***1*** **allacciare; legare**: *to l. (up) one's shoes,* allacciarsi le scarpe ***2*** **ornare di trine (o merletti); gallonare *3* aggiungere liquore a** (caffè, latte, ecc.); **correggere** (una bevanda) ***4*** (*fam.,* anche *to l. into*) **battere; bastonare; frustare *B*** *v. i.* (anche *to l. up*) **allacciarsi.**
to **lacerate** ['læsəreit] *v. t.* **lacerare; strappare;** *(fig.)* **straziare** ● *to l. sb.'s feelings,* ferire q. nei sentimenti.
lacerate ['læsərit] *a.* **lacerato; lacero.**
laceration [ˌlæsə'reiʃən] *n.* [U] e [C] **lacerazione; strappo.**
laches ['leitʃiz] *n.* [U] *(leg.)* **negligenza; morosità;**

ritardo.
lachrymal ['lækriməl] *(anat.)* ***A*** *a.* **lacrimale** ***B*** *n. pl.* **ghiandole lacrimali.**
lachrymation [ˌlækri'meiʃən] *n.* [U] **lacrimazione.**
lachrymator ['lækrimətə*] *n.* *(chim., mil.)* **gas lacrimogeno.**
lachrymatory ['lækrimətəri] *a.* *(chim., mil.)* **lacrimogeno.**
lachrymose ['lækrimous] *a.* **lacrimoso.**
lack [læk] *n.* [U] **mancanza; difetto; scarsità**: *for l. of money,* per mancanza di denaro.
to **lack** [læk] ***A*** *v. t.* **mancare di; essere privo di**: *to l. experience,* essere privo di esperienza ***B*** *v. i.* *(per lo più nelle forme col part. pres.)* **far difetto; mancare; scarseggiare** ● *to be lacking in st.,* essere privo di q.c.
lackadaisical [ˌlækə'deizikəl] *a.* **apatico; fiacco; svogliato.**
lackey ['læki] *n.* **lacchè** (anche *fig.*).
to **lackey** ['læki] *v. t.* **fare da lacchè a** (q.); **comportarsi servilmente con** (q.).
lacklustre ['lækˌlʌstə*] *a.* **smorto; spento.**
laconic [lə'kɔnik] *a.* **laconico; di poche parole; conciso.**
laconicism [lə'kɔnisizəm], **laconism** ['lækənizəm] *n.* ***1*** [U] **laconicità; concisione** ***2*** [C] **detto** (o **motto) conciso.**
lacquer ['lækə*] *n.* [U] e [C] **lacca**: *Japanese l.,* lacca giapponese.
to **lacquer** ['lækə*] *v. t.* **laccare.**
lacrimal ['lækriməl] *V.* **lachrymal.**
lactation [læk'teiʃən] *n.* [U] *(fisiologia)* ***1*** **lattazione** ***2*** **allattamento.**
lacteal ['læktiəl] ***A*** *a.* ***1*** *(scient.)* **latteo; lattiginoso** ***2*** *(anat.)* **chilifero** ***B*** *n. pl.* *(anat.)* **vasi chiliferi.**
lacteous ['læktiəs] *a.* **latteo; lattiginoso.**
lactic ['læktik] *a.* *(chim.)* **lattico**: *l. acid,* acido lattico.
lactiferous [læk'tifərəs] *a.* ***1*** *(zool.)* **lattifero** ***2*** *(bot.)* **lattiginoso.**
lactose ['læktous] *n.* [U] *(chim.)* **lattosio.**
lacuna [lə'kju:nə] *n.* (*pl.* **lacunae** [lə'kju:ni:], **lacunas**) lacuna.
lacunar [lə'kju:nə*] *n.* [C] *(archit.)* **lacunare; soffitto a cassettoni.**
lacustrine [lə'kʌstrain] *a.* **lacustre.**
lacy ['leisi] *a.* **di** (o **simile a) pizzo; merlettato.**
lad [læd] *n.* **giovinetto; giovanotto; ragazzo.**
ladder ['lædə*] *n.* [C] ***1*** **scala** (non in muratura) ***2*** (di calza) **sfilatura; smagliatura** ● *(naut.) Jacob's l.,* biscaglina.
to **ladder** ['lædə*] ***A*** *v. t.* **smagliare** (una calza) ***B*** *v. i.* (di calze) **smagliarsi.**
ladderproof ['lædəpru:f] *a.* (di calza) **indemagliabile.**
laddie ['lædi] *V.* **lad.**
to **lade** [leid] (*p.p.* **laden** ['leidn]) *v. t.* (specialm. *naut.*) **caricare.**
laden ['leidn] ***A*** *p. p.* di to **lade** ***B*** *a.* ***1*** **carico**: *a ship l. with timber,* una nave carica di legname ***2*** *(fig.)* **gravato; afflitto.**
la-di-da [ˌla:di'da:] *a.* e *n.* **(individuo) affettato** (o **lezioso, manieroso).**
Ladin [lə'di(:)n] *n.* **ladino.**
lading ['leidiŋ] *n.* [U] *(naut.)* **carico**: *bill of l.,* polizza di carico.
ladle ['leidl] *n.* [C] ***1*** **mestolo; ramaiolo** ***2*** *(metall.)* **cucchiaione** ***3*** **pala** (di ruota idraulica).
to **ladle** ['leidl] *v. t.* **cavare con un mestolo; scodellare** ● *(fig.) to l. out,* distribuire a piene mani; impartire.
ladleful ['leidlful] *n.* [C] **mestolata.**
lady ['leidi] *n.* ***1*** **signora; padrona**: *the l. of the castle,* la signora del castello; la castellana □ *the l. of the house,* la padrona di casa □ *(vocat.) Ladies and gentlemen!,* signore e signori! ***2*** **Lady** (titolo onorifico) ***3*** *(us. come attr.)* **donna; femmina**: *l. president,* presidentessa □ *(scherz.) l. dog,* cagna ***4*** *(al pl., col verbo al sing.)* **toilette per signore** ● *(relig.) L. Chapel,* cappella dedicata alla Madonna □ *(relig.) L. Day,* festa dell'Annunciazione □ *l.-killer,* rubacuori; dongiovanni □ *l.-love,* donna amata □ *l.'s man* (o *ladies' man),* damerino □ *Our L.,* Nostra Signora; la Madonna □ *young l.,* signorina.
ladybird ['leidibə:d] *n.* [C] (*zool.*, Coccinella) **coccinella.**
lady-in-waiting ['ləidiin'weitiŋ] *n.* (*pl.* **ladies-in--waiting** ['leidizin'weitiŋ]) **dama di corte.**
ladylike ['leidilaik] *a.* ***1*** **distinto; signorile** ***2*** (d'uomo) **effeminato.**
ladyship ['leidiʃip] *n.* ***1*** [U] **condizione di gran dama** ***2*** [C] **signoria**: *Your L.,* Vossignoria □ *Her L.,* Sua Signoria.
(1) to **lag** [læg] *v. i.* ***1*** **attardarsi; restare indietro** ***2*** *(mecc.)* **ritardare** ***3*** (*fig.*, anche *econ.*) **ristagnare.**
(1) lag [læg] *n.* [C] **ritardo**: *with a time lag of one month,* con un mese di ritardo.
(2) to **lag** [læg] *v. t.* **rivestire** (specialm. con materiale isolante).
(3) to **lag** [læg] *v. t.* *(pop.)* **condannare ai lavori forzati; deportare.**
(2) lag [læg] *n.* *(pop.)* **ergastolano; forzato.**
lager ['la:gə*] *n.* [U] **birra chiara** (in origine tedesca).
laggard ['lægəd] *n.* ***1*** **ritardatario** ***2*** **indolente; infingardo.**
lagging ['lægiŋ] *n.* [U] **rivestimento isolante; isolamento.**
lagoon [lə'gu:n] *n.* [C] **laguna.**
lah-di-dah [ˌla:di'da:] *V.* **la-di-da.**
laic ['leiik] *a.* e *n.* **laico.**
laical ['leiikəl] *a.* **laico; laicale.**
to **laicize** ['leiisaiz] *v. t.* **laicizzare.**
laid [leid] *pass.* e *p.p.* di to **lay** ● *l. paper,* carta vergata □ *l.-up,* (di nave) disarmata; *(fam.)* infermo, costretto a letto □ *l. work,* punto piatto (nel ricamo).
lain [lein] *p.p.* di **(2)** to **lie.**
lair [lɛə*] *n.* [C] **covo, tana** (specialm. d'animale selvatico).
to **lair** [lɛə*] *v. i.* **rintanarsi; rifugiarsi nel covo.**
laird [lɛəd] *n.* *(scozz.)* **proprietario terriero; possidente.**
laissez-faire [ˌleisei'fɛə*] *(franc.)* *n.* [U] ***1*** *(polit.)* **non--interferenza** ***2*** *(econ.)* **liberismo.**
laity ['leiiti] *n.* [U] ***1*** **laicato; (i) laici** ***2*** **(i) profani.**
(1) lake [leik] *n.* [C] **lago** (anche *fig.*) ● *l. dweller,* palafitticolo □ *l. dwelling,* palafitta □ *(letter.) the L. poets,* i poeti laghisti.
(2) lake [leik] *n.* [U] *(ind., chim.)* **pigmento rosso.**
laky ['leiki] *a.* **lacuale; lacustre.**
to **lam** [læm] *v. t.* e *i.* *(pop.)* **battere; percuotere.**
lama ['la:mə] *n.* [C] **lama** (monaco buddista).
lamasery ['la:məsəri] *n.* [C] *(relig.)* **monastero di lama; lamasseria.**
lamb [læm] *n.* [C] e [U] **agnello** (anche *fig.*): *roast l.,* agnello arrosto ● *to be like a l.,* essere docile come un agnello.
to **lamb** [læm] *v. i.* (di pecora) **figliare.**
to **lambaste** ['læmˌbeist] *v. t.* *(pop.)* ***1*** **battere; percuotere** ***2*** **rimproverare; redarguire.**
lambent ['læmbənt] *a.* ***1*** (di fiamma) **lambente; guizzante** ***2*** (di cielo, occhi) **brillante; splendente** ***3*** (di umorismo) **sottile; brillante.**
lambkin ['læmkin] *n.* [C] **agnellino.**
lamblike ['læmlaik] *a.* **docile; mite.**
lambskin ['læmskin] *n.* [C] e [U] ***1*** **pelle d'agnello** ***2*** **pelliccia d'agnello; agnellino.**
lame [leim] *a.* ***1*** **zoppo** (anche *fig.*) ***2*** **debole; poco convincente; zoppicante.**
to **lame** [leim] *v. t.* ***1*** **azzoppare** ***2*** **storpiare.**
lamé ['la:mei] *(franc.)* *n.* [U] *(moda)* **lamé.**
lamely ['leimli] *avv.* ***1*** **zoppicando; zoppiconi** ***2*** *(fig.)* **debolmente; imperfettamente.**
lameness ['leimnis] *n.* [U] ***1*** **zoppaggine** ***2*** *(fig.)* **difettosità; imperfezione.**
to **lament** [lə'ment] *v. t.* e *i.* **lamentare; piangere; deplorare; dolersi di**: *to l. the death of a friend,* piangere la perdita d'un amico □ *the late lamented Mr J. Brown,* il compianto Sig. J. Brown.
lament [lə'ment] *n.* [C] **lamento**: *a funeral l.,* un lamento funebre.

lamentable ['læməntəbl] *a.* ***1*** **doloroso** ***2*** **deplorevole; mediocre; cattivo.**
lamentation [,læmen'teiʃən] *n.* [U] e [C] **lamentazione; lamento.**
lamina ['læminə] *n.* (*pl.* **laminae** ['læmini:]) *(scient.)* **lamina.**
laminar ['læminə*], **laminate** ['læminit] *a.* *(scient.)* **laminare; lamellare.**
to **laminate** ['læmineit] *v. t.* *(metall.)* ***1*** **laminare; rivestire di lamine** ***2*** **ridurre in lamine.**
lamination [,læmi'neiʃən] *n.* [U] e [C] ***1*** *(metall.)* **laminazione** ***2*** *(geol.)* **struttura laminare.**
Lammas ['læməs] *n.* **(il) primo d'agosto** (un tempo, festa del raccolto).
lamp [læmp] *n.* [C] ***1*** **lampada; lampadina; lanterna; lucerna; lampione; fanale**: *an electric l.*, una lampadina elettrica □ *a table l.*, una lampada da tavolo □ *a bicycle l.*, un fanale da bicicletta ***2*** *(autom.)* **faro; proiettore** ● *l.-post,* fanale, lampione (di strada) □ *l.-shade,* paralume □ *between you and me and the l.-post,* a quattr'occhi; in gran segreto.
lampblack ['læmpblæk] *n.* [U] **nerofumo** (di lampada).
lamp-holder ['læmp,houldə*] *n.* **portalampada.**
lampion ['læmpiən] *n.* [C] **lampioncino** (di vetro colorato, per luminarie).
lamplight ['læmp,lait] *n.* [U] **lume di lampada; luce artificiale.**
lamplighter ['læmp,laitə*] *n.* (un tempo) **lampionaio.**
lampoon [læm'pu:n] *n.* [C] **libello satirico; satira; pasquinata.**
to **lampoon** [læm'pu:n] *v. t.* [C] **satireggiare; scrivere satire contro** (q.).
lampooner [læm'pu:nə*], **lampoonist** [læm'pu:nist] *n.* **scrittore di libelli satirici; libellista.**
lamprey ['læmpri] *n.* [C] *(zool.,* Petromyzon) **lampreda.**
Lancastrian [læŋ'kæstriən] *a.* e *n.* *(geogr., stor.)* **lancastriano** (della contea o della Casa di Lancaster).
to **lance** [la:ns] *v. t.* ***1*** **trafiggere con una lancia** ***2*** *(med.)* **incidere con la lancetta.**
lance [la:ns] *n.* [C] ***1*** *(mil.)* **lancia** ***2*** *(mil.)* **lanciere** ***3*** **arpione** (da pesca).
lancer ['la:nsə*] *n.* *(mil.)* **lanciere.**
lancet ['la:nsit] *n.* [C] *(med.)* **lancetta** ● *(archit.) l. window,* finestra ogivale.
lancinating ['la:nsineitiŋ] *a.* *(med.)* **lancinante.**
land [lænd] *n.* ***1*** [U] **terra**: *to travel over l. and sea,* viaggiare per terra e per mare ***2*** [C] **terra; paese; contrada**: *to visit distant lands,* visitare terre lontane □ *one's native l.*, la terra natale; la patria ***3*** [U] **terra; suolo**: *good wheat l.*, suolo adatto alla coltivazione del grano □ *to work the l.*, lavorare la terra ***4*** [U] e [C] **terra; terreno**: *to own houses and lands,* possedere case e terreni ● *l. bank,* banca di credito agricolo □ *l. laws,* leggi terriere □ *l. tax,* imposta fondiaria □ *public l.*, terreno demaniale.
to **land** [lænd] ***A*** *v. t.* ***1*** *(naut., aeron.)* **sbarcare; scaricare** ***2*** **portare** (a destinazione) ***3*** *(aeron.)* **portare a terra; far atterrare** (un aeroplano); **far ammarare** (un idrovolante) ***4*** **tirare a riva** ***5*** *(fam.)* **acchiappare; prendere al laccio** (come marito, ecc.); **riuscire a procurarsi** ***6*** *(fam.)* **dare, assestare** (un colpo) ***7*** *(fam.)* **lanciare; scagliare** ***B*** *v. i.* ***1*** *(naut.)* **sbarcare; approdare** ***2*** **scendere** (da un veicolo): **arrivare** (a destinazione) ***3*** *(aeron.)* **atterrare; ammarare** ***4*** (di veicolo spaziale) **allunare** ● *to l. on one's feet,* cadere in piedi □ *to be landed in a strange city,* trovarsi in una città sconosciuta.
landau ['lændɔ:] *n.* [C] **landau; landò.**
landed ['lændid] *a.* **terriero; agricolo; fondiario**: *l. property,* proprietà fondiaria; beni fondiari.
landfall ['lændfɔ:l] *n.* [C] *(naut.)* **(primo) approdo.**
landholder ['lænd,houldə*] *n.* [C] ***1*** **proprietario terriero** ***2*** **affittuario.**
landing ['lændiŋ] *n.* [C] ***1*** *(naut.)* **sbarco; approdo** ***2*** *(mil.)* **sbarco** ***3*** *(aeron.)* **atterraggio; ammarraggio**: *a l. field,* un campo d'atterraggio ***4*** (*miss.*, anche *moon l.*) **allunaggio** ***5*** *(edil.)* **pianerottolo; ripiano** ● *(naut.) l. craft,* mezzo da sbarco □ *(mil.) l. force,* truppe da sbarco □ *l. place, (naut.)* approdo, banchina, molo; *(aeron.)* scalo □ *(naut.) l. stage,* pontile da sbarco; imbarcadero.
landlady ['lænd,leidi] *n.* ***1*** **padrona di casa; affittacamere** ***2*** **proprietaria** (d'albergo, pensione).
landlord ['lændlɔ:d] *n.* ***1*** **padrone di casa;** *(leg.)* **locatore** ***2*** **locandiere; oste.**
landlubber ['lænd,lʌbə*] *n.* *(gergo naut.)* **marinaio d'acqua dolce.**
landmark ['lændma:k] *n.* [C] ***1*** **pietra confinaria; segno di confine; pietra miliare** (anche *fig.*) ***2*** **punto di riferimento.**
landmine ['lændmain] *n.* [C] *(mil.)* **mina** (antiuomo o anticarro).
landowner ['lænd,ounə*] *n.* **proprietario terriero; possidente.**
Land-rover ['lænd,rouvə*] *n.* *(marchio)* **Land-rover; fuoristrada** (automobile).
landscape ['lænd,skeip] *n.* [C] e [U] (anche *arte*) **paesaggio; panorama** ● *l. painter,* paesista; pittore di paesaggi.
landscapist ['lænd,skeipist] *n.* *(arte)* **paesista.**
landslide ['lændslaid] *n.* [C] ***1*** **frana** ***2*** *(polit.)* **schiacciante vittoria elettorale.**
landslip ['lændslip] *n.* [C] **frana; smottamento.**
landsman ['lændzmən] *n.* (*pl.* **landsmen** ['lændzmən]) ***1*** **uomo della terraferma** ***2*** **marinaio inesperto.**
landward ['lændwəd] *a.* e *avv.* **(situato, che guarda) verso terra.**
landwards ['lændwədz] *avv.* **verso terra.**
lane [lein] *n.* [C] ***1*** **viottolo; vicolo; stradicciola** ***2*** *(aeron., autom.)* **corsia**: *a three-l. motorway,* un'autostrada a tre corsie ***3*** *(naut., aeron.)* **canale.**
lang syne [,læŋ'sain] *(scozz.)* ***A*** *avv.* **molto tempo fa** ***B*** *n.* **il bel tempo andato.**
language ['læŋgwidʒ] *n.* ***1*** [C] e [U] **lingua; linguaggio**: *foreign languages,* lingue straniere □ *the l. of poetry,* il linguaggio poetico □ *to use bad l.*, usare un linguaggio volgare (o da trivio) ***2*** [U] **favella** ● *l. laboratory,* laboratorio linguistico.
languid ['læŋgwid] *a.* ***1*** **languido; languente; fiacco** ***2*** **apatico; indifferente.**
to **languish** ['læŋgwiʃ] *v. i.* **languire; venir meno; struggersi.**
languishing ['læŋgwiʃiŋ] *a.* **languido; languente; fiacco; sentimentale; svenevole.**
languor ['læŋgə*] *n.* [U] ***1*** **languore; languidezza** ***2*** **apatia; indifferenza.**
languorous ['læŋgərəs] *a.* ***1*** **languido; svenevole** ***2*** **che dà languore.**
lank [læŋk] *a.* ***1*** **allampanato; macilento; smilzo; sparuto** ***2*** (di capello) **liscio.**
lanky ['læŋki] *a.* **allampanato; smilzo; dinoccolato.**
lanner ['lænə*] *n.* *(zool.,* Falco biarmicus*)* **lanario.**
lanolin(e) ['lænəlin] *n.* [U] *(ind.)* **lanolina.**
lansquenet ['la:nskə,net] *n.* *(stor.)* **lanzichenecco.**
lantern ['læntən] *n.* [C] **lanterna** (in ogni senso); **fanale; faro**: *a dark l.*, una lanterna cieca □ *a magic l.*, una lanterna magica (proiettore per diapositive) ● *l.-jawed,* macilento; scarno.
lanthanum ['lænθənəm] *n.* [U] *(chim.)* **lantanio.**
lanyard ['lænjəd] *n.* [C] *(naut.)* ***1*** **sagola** ***2*** **cordoncino** (portato al collo dai marinai, che vi appendono un fischietto o un coltello).
(1) lap [læp] *n.* [C] ***1*** **grembo** (anche *fig.*) ***2*** **lembo; falda** ***3*** *(sport)* **giro** (di pista); **tappa** ***4*** *(ind.)* **mola** (da vetraio, da gioielliere) ● *lap-dog,* cagnolino di lusso □ *(anat.) the lap of the ear,* il lobo dell'orecchio □ *to be in Fortune's lap,* essere il beniamino della fortuna.
(1) to **lap** [læp] ***A*** *v. t.* ***1*** **avvolgere; avviluppare** ***2*** **tenere in grembo; coccolare** ***3*** **sovrapporre (parzialmente); far sporgere** ***4*** **smerigliare, molare** (gemme, vetri) ***B*** *v. i.* ***1*** **essere piegato; rientrare** ***2*** — *to lap over,* coprire in parte; sporgere ● *(fig.) to be lapped in luxury,* vivere nel lusso (o nelle mollezze).
(2) to **lap** [læp] *v. t.* e *i.* ***1*** **leccare; lappare; papparsi; ingollare** ***2*** (d'acqua) **lambire; sciabordare** ● *to lap up compliments,* bearsi dei complimenti.

(2) lap [læp] *n.* *1* [C] **leccata** *2* [U] **pappa** (per cani o gatti) *3* [U] (d'acqua) **sciabordìo.**
laparotomy [ˌlæpə'rɔtəmi] *n.* [C] *(med.)* **laparotomia.**
lapel [lə'pel] *n.* [C] **risvolto, mostra** (di giacca, ecc.).
lapelled [lə'peld] *a.* (di giacca, ecc.) **con risvolti.**
lapidary ['læpidəri] **A** *a.* **lapidario** (anche *fig.*) **B** *n.* **lapidario.**
to **lapidate** ['læpideit] *v. t.* **lapidare.**
lapidation [ˌlæpi'deiʃən] *n.* [U] e [C] **lapidazione.**
lapillus [lə'piləs] *n.* (*pl.* **lapilli** [lə'pilai]) *(scient.)* **lapillo.**
lapis lazuli [ˌlæpis'læzjuli] *n.* [U] *(miner.)* **lapislazzuli.**
Laplander ['læplændə*] *n.* **lappone.**
Lapp [læp] *a.* e *n.* **lappone** (anche la lingua).
lappet ['læpit] *n.* [C] *1* **falda; lembo; risvolto** *2* *(zool.)* **bargiglio.**
Lappish ['læpiʃ] **A** *a.* **lappone** **B** *n.* **lappone** (la lingua).
lapse [læps] *n.* [C] *1* **svista; sbaglio; fallo; caduta** *(fig.)* *2* **intervallo; periodo**: *a long l. of time,* un lungo periodo di tempo *3* *(leg.)* **prescrizione** *4* *(ass.)* **cessazione di copertura.**
to **lapse** [læps] *v. i.* *1* **cadere; scivolare**: *to l. into oblivion,* cadere nell'oblio *2* (del tempo) **passare; trascorrere** *3* *(leg.)* **cadere in prescrizione** • *to l. into bad habits,* pigliare brutte abitudini □ *to l. into unconsciousness,* perdere i sensi.
lapsed [læpst] *a.* *1* **caduto in disuso; osboleto** *2* *(leg.)* **caduto in prescrizione; prescritto** *3* *(ass.)* **scaduto.**
lapwing ['læpwiŋ] *n.* (*zool.*, Vanellus vanellus) **pavoncella.**
lar [la:*] *n.* (*pl.* **lares** ['lɛəri:z]) *(mitol.)* **lare.**
larboard ['la:bəd] *(naut.)* **A** *n.* [U] **babordo** **B** *a.* **di** (o **a**) **babordo.**
larceny ['la:sini] *n.* [U] e [C] *(leg.)* **furto.**
larch [la:tʃ] *n.* [C] e [U] (*bot.*, Larix europaea) **larice** (albero e legno).
lard [la:d] *n.* [U] **lardo;** (specialm.) **sugna, strutto.**
to **lard** [la:d] *v. t.* *1* **lardellare** *2* *(fig.)* **infiorare; infarcire.**
larder ['la:də*] *n.* [C] **dispensa.**
lardon ['la:dən], **lardoon** [la:'du:n] *n.* [C] **pezzo di lardo; lardello.**
lares ['lɛəri:z] *pl.* di **lar.**
large [la:dʒ] **A** *a.* *1* **grande; grosso; ampio; vasto; numeroso**: *a l. house,* una casa grande □ *a l. sum of money,* una grossa somma di denaro □ *on a l. scale,* su vasta scala □ *a l. family,* una famiglia numerosa *2* **generoso; munifico; liberale; di vedute larghe**: *a l. heart,* un cuore generoso *3* (*naut.*: del vento) **favorevole** **B** *n.* — *at l.,* in libertà; diffusamente; curando tutti i particolari; in generale, nell'insieme; a casaccio; a vanvera: *to be at l.,* essere in libertà □ *to talk (to write) at l.,* parlare (scrivere) diffusamente □ *people at l.,* la gente in genere □ *to scatter imputations at l.,* lanciare accuse a casaccio.
large-hearted [ˌla:dʒ'ha:tid] *a.* **magnanimo; generoso.**
largely ['la:dʒli] *avv.* *1* **ampiamente; in larga misura** *2* **con larghezza; generosamente.**
large-minded [ˌla:dʒ'maindid] *a.* **di vedute larghe; di mente aperta.**
largeness ['la:dʒnis] *n.* [U] *1* **grandezza; grossezza; ampiezza** *2* **liberalità; generosità.**
largesse [la:'dʒes] *(franc.)* *n.* [U] **munificenza.**
largo ['la:gou] *avv.* e *n.* (*pl.* **largos**) *(mus.)* **largo.**
lariat ['læriət] *n.* [C] **laccio** (per prendere cavalli).
(1) lark [la:k] *n.* [C] (*zool.*, Alauda arvensis) **allodola** • *to rise with the l.,* alzarsi di buon'ora; levarsi al canto del gallo.
(2) lark [la:k] *n.* [C] **spasso; gioco; scherzo**: *What a l.!,* che spasso! □ *to do st. for a l.,* fare q.c. per scherzo.
to **lark** [la:k] *v. i.* **divertirsi; scherzare; fare scherzi** • *to l. about,* divertirsi; fare baldoria.
larky ['la:ki] *a.* **allegro; birichino; burlone; scherzoso.**
to **larrup** ['lærəp] *v. t.* *(fam.)* **bastonare; picchiare.**
larva ['la:və] *n.* (*pl.* **larvae** ['la:vi:]) *(zool.)* **larva.**
larval ['la:vəl] *a.* **larvale.**
laryngeal [ˌlærin'dʒi(:)əl], **laryngic** [læ'rindʒik] *a.* *1* *(anat.)* **laringeo** *2* *(fon.)* **laringale.**
laryngitis [ˌlærin'dʒaitis] *n.* [U] *(med.)* **laringite.**
laryngoscope [lə'riŋgəskoup] *n.* [C] *(med.)* **laringoscopio.**
larynx ['læriŋks] *n.* (*pl.* **larynges** [lə'rindʒi:z], **larynxes**) *(anat.)* **laringe.**
lasagna [lə'zænjə] *(ital.)* *n.* [U] *(cucina)* **lasagne.**
lascivious [lə'siviəs] *a.* **lascivo.**
lascivousness [lə'siviəsnis] *n.* [U] **lascivia.**
laser ['leizə*] *n.* [C] *(fis.)* **laser** • *(elab.) l. memory,* memoria laser.
laserphoto ['leizəˌfoutou] *n.* [C] e [U] *(tecn.)* **laserfoto.**
to **lash** [læʃ] **A** *v. t.* *1* **frustare; scudisciare; sferzare** (anche *fig.*) *2* **legare, assicurare** (con fune) **B** *v. i.* *1* **agitarsi violentemente; sferzare l'aria** *2* **dare sferzate; menar frustate** • *to l. oneself into a fury,* montare su tutte le furie □ *to l. out,* menar colpi alla cieca; (di cavallo) **sferrare calci.**
lash [læʃ] *n.* [C] *1* **sferza; scudiscio** *2* **frustata; sferzata** (anche *fig.*); **scudisciata** *3* **fustigazione**: *to be sentenced to the l.,* essere condannato alla fustigazione *4* (dell'occhio) (anche *eyelash*) **ciglio** *5* *(fig.)* **furia; sferza.**
lashing ['læʃiŋ] *n.* [U] e [C] *1* **fustigazione; botte; busse** *2* **legatura** *3* *(fam., al pl.)* **abbondanza; profusione**: *strawberries with lashings of cream,* fragole con panna a profusione.
lass [læs], **lassie** ['læsi] *n.* *(scozz.* o *poet.)* **ragazza.**
lassitude ['læsitju:d] *n.* [U] **stanchezza; languore; apatia.**
lasso ['læsou] *n.* (*pl.* **lassos, lassoes**) **laccio.**
to **lasso** ['læsou] *v. t.* **prendere con il laccio.**
(1) last [la:st] **A** *a.* (*superl. relat. irr.* di **late**) *1* **ultimo; estremo; definitivo**: *the l. thing in raincoats,* l'ultima novità in fatto d'impermeabili □ *one's l. hope,* l'ultima speranza □ *That's the l. thing I should do,* è l'ultima cosa che farei *2* **scorso; trascorso; passato**: *l. year,* l'anno scorso; l'anno passato *3* **estremo; massimo**: *a matter of the l. importance,* una cosa della massima importanza **B** *n.* — *the l.,* l'ultimo • *l. but not least,* ultimo, ma non da meno (degli altri) □ *at l.,* alla fine; finalmente □ *to hold on to the l.,* tener duro fino all'ultimo □ *to see the l. of sb.,* vedere q. per l'ultima volta; liberarsi di q.
(2) last [la:st] *avv.* (*superl. relat. irr.* di **late**) *1* **per ultimo; ultimo** *2* **l'ultima volta; ultimamente** *3* **da ultimo; in ultimo.**
to **last** [la:st] *v. i.* **durare; protrarsi; conservarsi.**
(3) last [la:st] *n.* [C] **forma da scarpe.**
lasting ['la:stiŋ] *a.* **durevole; duraturo; permanente.**
lastly ['la:stli] *avv.* **da ultimo; in ultimo; alla fine; infine.**
latch [lætʃ] *n.* [C] *1* **saliscendi; nottolino; chiavistello**: *on the l.,* chiuso col nottolino *2* **serratura a scatto.**
to **latch** [lætʃ] **A** *v. t.* **chiudere** (una porta) **col saliscendi** (o **col chiavistello**) **B** *v. i.* (di porta) **chiudersi col saliscendi** (o **col chiavistello**).
latchkey ['lætʃki:] *n.* [C] **chiave di serratura a scatto.**
(1) late [leit] *a.* (*compar.* **later** ['leitə*], **latter** ['lætə*]; *superl. relat.* **latest** ['leitist], **last** [la:st]) *1* *(pred.)* **in ritardo; tardi**: *It is too l. to go,* è troppo tardi per andare □ *I was l. for school,* arrivai a scuola in ritardo *2* *(attr.)* **tardo; tardivo**: *in l. summer,* nella tarda estate *3* *(attr.)* **recente; ultimo**: *of l. years,* negli ultimi anni; di recente *4* *(attr.)* **defunto; povero** *(fam.)*: *my l. husband,* il mio povero marito *5* *(attr.)* **già; ex-; precedente**: *the l. prime minister,* l'ex primo ministro • *of l.,* recentemente; ultimamente.
(2) late [leit] *avv.* (*compar.* **later** ['leitə*]; *superl. relat.* **latest** ['leitist], **last** [la:st]) **tardi; in ritardo; (fino) a tarda ora**: *to arrive l.,* arrivare in ritardo □ *to sit*

up l., stare alzato fino a tarda ora ● *(fam.) l. in the day,* a un'ora avanzata del giorno; tardi □ *l. in the season,* a stagione inoltrata □ *as l. as,* non più tardi di.

late-comer ['leit,kʌmə*] *n.* [C] **ritardatario.**

lateen [lə'ti:n] *a.* — *(naut.) l. sail,* vela latina.

lately ['leitli] *avv.* **di recente; ultimamente.**

latency ['leitənsi] *n.* [U] (anche *med., psic.*) **latenza.**

lateness ['leitnis] *n.* [U] **ritardo** ● *the l. of the hour,* l'ora tarda.

latent ['leitənt] *a.* **latente; nascosto** ● *(leg.) l. faults,* vizi occulti □ *(med., psic.) l. period,* periodo di latenza.

later ['leitə*] (*compar.* di **late**) ***A*** *a.* **posteriore; più recente; successivo**: *at a l. date,* in data posteriore ***B*** *avv.* **più tardi; poi; dopo** ● *l. on,* in seguito □ *sooner or l.,* prima o poi; presto o tardi; una volta o l'altra.

lateral ['lætərəl] *a.* **laterale.**

Lateran ['lætərən] ***A*** *n.* — *the L.,* **il Laterano** ***B*** *a.* **lateranense.**

latest ['leitist] *a.* (*superl. relat.* di **late**) **ultimo; (il) più recente; recentissimo**: *the l. news,* le ultime notizie ● *at (the) l.,* al più tardi □ *Have you heard the l.?,* la sai l'ultima?

latex ['leiteks] *n.* [U] *(bot.)* **lattice, latice.**

lath [la:θ] *n.* [C] *(edil.)* **assicella; listello; stecca; canniccio** ● *as thin as a l.,* magro come un chiodo.

lathe [leið] *n.* [C] *(mecc., falegnameria)* (anche *turning l.*) **tornio.**

to **lathe** [leið] *v. t. (mecc., falegnameria)* **tornire.**

lather ['la:ðə*] *n.* ***1*** [U] **schiuma di sapone** ***2*** [C] **saponata** ***3*** [U] (di cavallo) **schiuma.**

to **lather** ['la:ðə*] ***A*** *v. t.* ***1*** **insaponare** (specialm. la faccia) ***2*** **coprire di schiuma** ***3*** *(fam.)* **battere; bastonare; picchiare** ***B*** *v. i.* **fare la schiuma; schiumare.**

lathery ['la:ðəri] *a.* ***1*** (di sapone) **schiumoso** ***2*** (di cavallo) **coperto di schiuma.**

lathy ['la:θi] *a.* **secco come un chiodo; magro come uno stecco.**

Latin ['lætin] ***A*** *a.* **latino;** *(per estens.)* **neolatino**: *L. languages,* lingue neolatine (o romanze) ***B*** *n.* **latino**: *classical L.,* latino classico □ *the Latins,* i latini ● *L. America,* America Latina □ *thieves' L.,* gergo della malavita.

Latinism ['lætinizəm] *n.* [C] **latinismo.**

Latinist ['lætinist] *n.* **latinista.**

Latinity [lə'tiniti] *n.* [U] **latinità; stile latino.**

to **Latinize** ['lætinaiz] *v. t.* e *i.* **latinizzare, latinizzarsi.**

latitude ['lætitju:d] *n.* ***1*** [U] *(geogr., astron.)* **latitudine** ***2*** *(di solito al pl., geogr.)* **regione**: *warm latitudes,* regioni calde ***3*** [U] *(fig.)* **larghezza di vedute; tolleranza; libertà di pensiero.**

latitudinal [,læti'tju:dinl] *a. (geogr.)* **latitudinale; della latitudine.**

latitudinarian [,læti,tju:di'nɛəriən] *a.* e *n. (relig.)* **latitudinario.**

latrine [lə'tri:n] *n.* [C] **latrina** (specialm. di caserma, di campo militare, ecc.).

latter ['lætə*] *a.* (*compar. irr.* di **(1) late**) ***1*** **posteriore; più recente; ultimo; secondo**: *in the l. half of the century,* nella seconda metà del secolo ***2*** — *the l.,* il secondo (di due; in opposizione a *the former*); quest'ultimo.

latterly ['lætəli] *avv.* **recentemente; ultimamente; oggigiorno.**

lattice ['lætis] *n.* [C] ***1*** **graticcio; traliccio** ***2*** *(chim., fis.)* **reticolo.**

latticed ['lætist] *a.* ***1*** **a graticcio; a traliccio** ***2*** **munito di graticcio (o di traliccio).**

Latvian ['lætviən] *a.* e *n.* **lettone** (anche la lingua).

to **laud** [lɔ:d] *v. t. (lett.)* **laudare** (arc. o scherz.); **lodare** (specialm. Iddio).

laudable ['lɔ:dəbl] *a.* **lodevole.**

laudanum ['lɔdənəm] *n.* [U] *(farm.)* **laudano.**

laudatory ['lɔ:dətəri] *a.* **laudativo.**

to **laugh** [la:f] *v. i.* **ridere** (anche *fig.*) ● *to l. at,* ridere di; beffarsi di, deridere □ *to l. away sb.'s fears (doubts, etc.),* far scomparire i timori (i dubbi, ecc.) di q., ridendone □ *to l. away time,* passare il tempo ridendo □ *to l. in sb.'s face,* ridere in faccia a q. □ *to l. in (o up) one's sleeve,* ridere sotto i baffi □ *to l. oneself helpless,* non poterne più dal ridere □ *to l. on the wrong (o on the other) side of one's mouth,* passare dal riso al pianto □ *to l. sb. out of a foolish belief,* liberare q. da una sciocca credenza, ridendone.

laugh [la:f] *n.* [C] **risata**: *to break into a l.,* scoppiare in una risata ● *to raise a l.,* destare ilarità □ *Now I had the l. on my side,* potevo ben ridere io, ora.

laughable ['la:fəbl] *a.* **ridicolo; comico.**

laughing ['la:fiŋ] ***A*** *a.* **ridente; allegro; gioioso** ***B*** *n.* [U] **riso; ridere; risata** ● *(med.) l. gas,* gas esilarante □ *It is no l. matter!,* non è cosa da ridere!

laughing-stock ['la:fiŋstɔk] *n.* [C] **zimbello.**

laughter ['la:ftə*] *n.* [U] **riso; risata**: *to burst into l.,* scoppiare in una risata; scoppiare a ridere □ *to burst with l.,* scoppiare dal ridere; ridere a crepapelle □ *to split one's sides with l.,* sbellicarsi dalle risa.

to **launch** [lɔ:ntʃ] ***A*** *v. t.* ***1*** **lanciare** (anche *fig.*); **scagliare**: *to l. a rocket,* lanciare un razzo □ *to l. an author,* lanciare un autore ***2*** *(naut.)* **varare** (anche *fig.*) ***3*** **sferrare; vibrare** ***B*** *v. i.* — *to l. out,* lanciarsi (anche *fig.*) ● *to l. into strong language,* mettersi a usare parole grosse □ *to l. oneself into work,* ingolfarsi nel lavoro.

(1) launch [lɔ:ntʃ] *n.* [C] ***1*** *(naut.)* **varo** ***2*** *(miss.)* **lancio.**

(2) launch [lɔ:ntʃ] *n.* [C] *(naut.)* **motolancia; scialuppa.**

launching-pad ['lɔ:ntʃiŋ,pæd] *n.* [C] *(miss.)* **rampa di lancio.**

to **launder** ['lɔ:ndə*] ***A*** *v. t.* **lavare** (panni, ecc.); **lavare e stirare** ***B*** *v. i.* **lavarsi; sopportare il bucato** ● *freshly laundered,* di bucato.

launderette [,lɔ:ndə'ret] *n.* [C] **lavanderia a gettoni.**

laundress ['lɔ:ndris] *n.* **lavandaia; stiratrice.**

laundry ['lɔ:ndri] *n.* ***1*** [C] **lavanderia** ***2*** *(al sing. con l'art. determ.)* **biancheria da lavare; bucato.**

laureate ['lɔ:riit] ***A*** *a.* **coronato d'alloro** ***B*** *n.* — *the (Poet) L.,* il poeta laureato (in *G.B.*, è il poeta ufficiale della nazione).

laurel ['lɔrəl] *n.* [C] e [U] (*bot.,* Laurus nobilis) **lauro, alloro** (anche *fig.*): *to rest on one's laurels,* riposare sugli allori.

to **laurel** ['lɔrəl] *v. t.* **coronare d'alloro.**

lav [læv] *n.* (*abbr. fam.* di **lavatory**) **gabinetto; ritirata; latrina.**

lava ['la:və] ***A*** *n.* [U] *(geol.)* **lava** ***B*** *a. attr.* **lavico**: *l. flow,* colata lavica.

lavatory ['lævətəri] *n.* [C] **gabinetto** (di toilette); **ritirata; latrina.**

lavender ['lævində*] *n.* [U] ***1*** (*bot.,* Lavandula officinalis) **lavanda** ***2*** **(fiori di) lavanda** ***3*** **(color) lavanda.**

lavish ['læviʃ] *a.* ***1*** **prodigo; liberale; largo** (nel dare): *to be l. of one's praise,* essere prodigo di elogi ***2*** **eccessivo; stravagante.**

to **lavish** ['læviʃ] *v. t.* **prodigare; profondere.**

lavishness ['læviʃnis] *n.* [U] ***1*** **prodigalità; liberalità** ***2*** **profusione.**

law [lɔ:] *n.* ***1*** [U] *(leg.)* **legge; diritto; giurisprudenza**: *All are equal before the law,* la legge è uguale per tutti □ *to break the law,* violare la legge □ *a law student,* uno studente di legge □ *criminal law,* diritto penale ***2*** [C] **legge** (anche *leg.*); **norma; regola**: *the law of supply and demand,* la legge della domanda e dell'offerta □ *Newton's laws,* le leggi di Newton □ *the laws of painting,* le regole della pittura ● *law-officer,* magistrato; funzionario di polizia □ *the law of self-preservation,* l'istinto di conservazione □ *to follow (o to go in for) the law,* studiare da avvocato □ *to go to law against sb.,* intentare causa a q. □ *to lay down the law,* stabilire la legge; *(fig.)* dettar legge □ *to practise the law,* fare pratica come avvocato □ *to take the law into one's hands,* farsi giustizia da sé.

law-abiding ['lɔ:ə,baidiŋ] *a.* **osservante della legge.**

law-breaker ['lɔ:,breikə*] *n.* **violatore della legge.**

lawful ['lɔ:ful] *a. (leg.)* **legale; legittimo; lecito** ● *to*

reach l. age, raggiungere la maggior età; diventare maggiorenne.
lawfulness ['lɔ:fulnis] *n.* [U] *(leg.)* **legalità; legittimità.**
lawgiver ['lɔ:,givə*] *n.* **legislatore.**
lawks [lɔ:ks] *inter. (pop.)* **perbacco!; toh!**
lawless ['lɔ:lis] *a.* ***1*** **senza legge; in preda all'anarchia** ***2*** **illegale; contrario alla legge** ***3*** *(fig.)* **sfrenato; sregolato.**
lawlessness ['lɔ:lisnis] *n.* [U] ***1*** **mancanza di leggi; anarchia** ***2*** **illegalità** ***3*** *(fig.)* **sfrenatezza; sregolatezza; licenza.**
law-maker ['lɔ:,meikə*] *n.* **legislatore.**
(1) lawn [lɔ:n] *n.* [C] **prato; tappeto erboso** ● *l.-mower,* (macchina) falciatrice per prati □ *(sport) l. tennis,* tennis su prato.
(2) lawn [lɔ:n] *n.* [U] *(ind. tessile)* **rensa; (tela) batista.**
lawrencium [lɔ'rensiəm] *n.* [U] *(chim.)* **laurenzio.**
lawsuit ['lɔ:,sju:t] *n.* [C] *(leg.)* **causa civile; processo.**
lawyer ['lɔ:jə*] *n. (leg.)* **avvocato; legale.**
lax [læks] *a.* ***1*** **molle; rilassato** ***2*** **negligente; trascurato** ***3*** (dell'intestino) **affetto da diarrea.**
laxative ['læksətiv] *a.* e *n.* [C] *(fam.)* **lassativo.**
laxity ['læksiti] *n.* [U] e [C] ***1*** **mollezza** ***2*** **negligenza; trascuratezza.**
to **lay** [lei] (*pass.* e *p.p.* **laid** [leid]) ***A*** *v. t.* e *i.* ***1*** **posare; porre; mettere; collocare; distendere; stendere**: *to lay bricks,* posare i mattoni l'uno sull'altro □ *to lay the foundation of st.,* porre (o gettare) le fondamenta di q.c. □ *to lay the cloth,* stendere la tovaglia ***2*** **deporre, fare** (uova); **fare le uova** ***3*** **smorzare; fugare**: *to lay sb.'s doubts,* fugare ogni dubbio dalla mente di q. ***4*** **preparare; apparecchiare; elaborare**: *to lay a fire,* preparare il fuoco □ *to lay the table,* apparecchiare la tavola ***5*** **esporre; presentare** ***6*** **imporre; dare** (ordini, ecc.): *to lay heavy taxes on st.,* imporre balzelli gravosi su q.c. ***7*** **coprire; ricoprire; rivestire**: *to lay a wall with paper,* rivestire una parete di carta da parati ***8*** **scommettere; fare** (una scommessa); **fare scommesse**: *I'll lay you a bet that...,* scommetto che... ***9*** **spianare; lisciare** ***10*** *(mil.)* **puntare** (per es., i cannoni) ***B*** *verbi composti* ***1*** *to lay aside,* mettere da parte, risparmiare; mettere in disparte; abbandonare ***2*** *to lay by,* mettere da parte; risparmiare ***3*** *to lay down,* metter giù, deporre; dare (la vita): *to lay down arms,* deporre le armi □ *to lay down one's life,* dare la propria vita; sacrificarsi □ *to lay oneself down,* distendersi □ *to lay down a railway,* iniziare la costruzione di una ferrovia □ *to lay down a rule,* formulare una regola □ *to lay land down in (o to, with, under) grass,* convertire un terreno a pascolo ***4*** *to lay in,* mettere in serbo: *to lay in stores for the winter,* fare provviste per l'inverno ***5*** *to lay off,* riposare, stare in riposo; sospendere (dal lavoro), licenziare ***6*** *to lay on,* installare; applicare □ *to lay it on,* menar botte □ *(fig.) to lay it on thick,* fare elogi sperticati ***7*** *to lay out,* preparare; sistemare; spendere □ *to lay out a corpse,* comporre un morto □ *to lay oneself out,* darsi un gran daffare; farsi in quattro ***8*** *to lay up,* riporre, fare provvista di; *(naut.)* disarmare □ *to be laid up with a broken leg,* essere costretto a letto per una gamba rotta ● *(pop.) to lay sb. (fast) by the heels,* arrestare (o carcerare) q. □ *to lay a course, (naut.)* seguire una rotta; *(fig.)* seguire una linea di condotta □ (di cavallo) *to lay one's ears back,* abbassare le orecchie □ *to lay eyes on,* gettare l'occhio su □ *to lay a finger on,* toccare (con intenzioni ostili): *Don't dare to lay a finger on him,* non azzardarti a toccarlo neanche con un dito! □ *to lay hands on sb.,* mettere le mani addosso a q. □ *to lay hands on st.,* metter le mani su q.c.; impadronirsi di q.c. □ *to lay one's hopes on sb.,* riporre le proprie speranze in q. □ *to lay open,* scoprire, esporre; svelare; tagliare, spaccare □ *A beautiful landscape was laid out before us,* un paesaggio magnifico si stendeva davanti a noi.
(1) lay [lei] *n. (solo al sing.)* ***1*** **disposizione; posizione; configurazione** ***2*** *(pop.)* **ramo d'affari; lavoro.**
(2) lay [lei] *n.* [C] *(poet.)* **ballata; canzone.**
(3) lay [lei] *a. attr.* ***1*** **laico; secolare** ***2*** **profano** ● *(relig.) lay sister,* conversa.
(4) lay [lei] *pass.* di **(2)** to **lie.**
layabout ['leiəbaut] *n.* [C] *(fam.)* **sfaccendato; perdigiorno.**
lay-by ['leibai] *n.* [C] *(autom.)* **piazzuola** (di sosta).
lay days ['leideiz] *n. pl. (comm., naut.)* **stallie.**
layer ['leiə*] *n.* [C] ***1*** **strato** ***2*** *(agric.)* **margotta; propaggine** ***3*** **(gallina) ovaiola.**
to **layer** ['leiə*] ***A*** *v. t. (agric.)* **margottare, propagginare** (piante) ***B*** *v. i.* **riprodursi per propaggine.**
layerage ['leiəridʒ] *n.* [U] *(agric.)* **propagginazione.**
layette [lei'et] *(franc.) n.* [C] **corredino** (per neonato).
lay figure [,lei'figə*] *n.* [C] **manichino;** *(fig.)* **fantoccio.**
layman ['leimən] *n.* (*pl.* **laymen** ['leimən]) ***1*** **laico; secolare** ***2*** **profano.**
lay-off ['leiɔf] *n.* [C] **sospensione** (dal lavoro).
lay-out ['leiaut] *n.* [C] ***1*** **disposizione; posizione; configurazione** ***2*** **pianta; tracciato**: *the l. of a building,* la pianta d'un edificio ***3*** **piano; progetto** ***4*** *(tipogr.)* **impaginazione; impaginatura.**
lazaretto [,læzə'retou] *n.* (*pl.* **lazarettos**) **lazzaretto.**
to **laze** [leiz] *v. i. (fam.)* **oziare; fare il pigro.**
laziness ['leizinis] *n.* [U] **pigrizia; indolenza; infingardaggine.**
lazy ['leizi] *a.* ***1*** **pigro; indolente; infingardo** ***2*** **lento.**
lazy-bones ['leizi,bounz] *n. (fam.)* **pigrone; poltrone; scansafatiche.**
L-driver ['el,draivə*] *n. (autom.)* **chi fa scuola guida.**
lea [li:] *n.* [C] *(poet.)* **campo; prato.**
to **leach** [li:tʃ] *v. t.* ***1*** **colare, filtrare** (un liquido) ***2*** **lisciviare.**
(1) lead [led] *n.* ***1*** [U] *(chim.)* **piombo** ***2*** [C] *(naut.)* **piombo; piombino; scandaglio** ***3*** [U] (anche *black lead*) **grafite; mina** (di matita) ***4*** [C] *(tipogr.)* **interlinea** ***5*** *(al pl.)* **piombi** (listelli di vetrata antica; liste per ricoprire un tetto) ● *l. pencil,* matita (di grafite) □ *(med.) l.-poisoning,* saturnismo.
(1) to **lead** [led] *v. t.* ***1*** **impiombare** ***2*** *(tipogr.)* **interlineare.**
(2) to **lead** [li:d] (*pass.* e *p.p.* **led** [led]) ***A*** *v. t.* ***1*** **condurre; guidare; dirigere; capeggiare; essere a capo di; essere in testa a**: *to l. sb. away (out, etc.),* condurre via (fuori, ecc.) q. ***2*** **condurre; menare; fare; avere**: *to l. a double life,* avere una doppia vita ***3*** **far fare**: *to l. sb. a dog's life,* far fare a q. una vita da cani ***4*** **convincere; persuadere; indurre** ***5*** **cominciare; aprire**: *to l. the dance,* aprire le danze ***6*** **far passare, immettere** (acqua in un canale) ***7*** *(mus.)* **dirigere**: *to l. an orchestra,* dirigere un'orchestra ***8*** (nei giochi di carte) **giocare come prima carta; aprire il gioco con** ***B*** *v. i.* ***1*** **essere in testa; fare strada;** *(sport)* **condurre** ***2*** — *to l. to,* condurre a; portare a: *All paths l. to Rome,* tutte le strade portano a Roma ***3*** (nel pugilato) **attaccare** ***4*** (nei giochi di carte) **avere la mano; essere il primo a giocare** ***C*** *verbi composti* ***1*** *to l. about,* condurre in giro; portare a spasso ***2*** *to l. astray,* portare fuori strada; sviare; traviare ***3*** *to l. back,* ricondurre; riportare ***4*** *to l. off,* cominciare; principiare ***5*** *to l. on,* condurre; trascinare; *(fig.)* stimolare, incoraggiare ***6*** *to l. out,* condurre fuori; far uscire ***7*** *to l. up,* far salire (q.); (di scala, ecc.) portare, dare accesso □ *(fig.) to l. up to,* preparare il terreno per ● *(fig.) to l. nowhere,* non portare ad alcun risultato.
(2) lead [li:d] *n.* ***1*** *(al sing. con l'art. determ.)* **direzione; comando; guida**: *to take the l.,* prendere il comando ***2*** *(al sing. con l'art. determ. o indeterm.)* **esempio; suggerimento**: *to follow sb.'s l.,* seguire l'esempio di q. ***3*** *(al sing. con l'art. determ.)* **posizione di testa; primo posto; avanguardia** *(fig.)* ***4*** *(con l'art. indeterm.)* **vantaggio** ***5*** [C] **cinghia; guinzaglio; laccio**: *to be on the l.,* essere al guinzaglio ***6*** [C] *(teatr.)* **parte principale** (in un dramma); **primo attore, prima attrice** ***7*** [C] (nei giochi di carte) **mano; diritto di giocare per primo** ***8*** [C] **canale artificiale** (specialm., che porta

acqua a un mulino) ***9*** [C] *(elettr.)* **conduttore isolato.**
leaded ['ledid] *a.* ***1*** **piombato *2*** *(tipogr.)* **interlineato.**
leaden ['ledn] *a.* ***1*** **di piombo; plumbeo *2*** **grave; greve; pesante.**
leader ['li:də*] *n.* [C] ***1*** **comandante; capo; duce; guida *2*** **direttore**: *the l. of a choir,* il direttore d'un coro ***3*** *(polit.)* **capopartito *4*** *(leg.)* **primo avvocato**: *the l. for the defence,* il primo avvocato della difesa ***5*** *(giornalismo)* **articolo di fondo *6*** *(anat.)* **tendine; nervo *7*** *(mus.)* **primo esecutore** (primo violino, primo tenore, ecc.) ***8*** **cavallo di testa** (di un tiro) ***9*** *(bot.)* **germoglio terminale *10*** *(tipogr.)* **linea di puntini di guida** ● *(sport) team-l.,* capitano (d'una squadra).
leaderette [ˌli:də'ret] *n.* [C] *(giornalismo)* **breve articolo di fondo.**
leadership ['li:dəʃip] *n.* [U] ***1*** **comando; direzione; guida *2*** **primato; supremazia *3*** **attitudine al comando.**
lead-in ['li:dˌin] *n.* [C] *(elettr.)* **discesa d'antenna.**
leading ['li:diŋ] *a.* **autorevole; eminente; preminente; primo; principale** ● *l. article, (giornalismo)* articolo di fondo; *(comm.)* articolo offerto a un prezzo conveniente (per favorire le vendite) ⊔ *(teatr.) l. lady,* prima donna ⊔ *the l. men of the day,* i personaggi del giorno ⊔ (specialm. *leg.) l. question,* domanda capziosa ⊔ *l. reins,* dande ⊔ *(fig.) to be in l. strings,* essere sotto stretto controllo.
lead-off ['li:dˌɔ:f] *n.* [C] (specialm. *sport)* **prima mossa; inizio.**
leaf [li:f] *n.* (*pl.* **leaves** [li:vz]) ***1*** *(bot.)* **foglia**; *(pop.)* **petalo *2*** [U] (di metallo) **foglia; lamina *3*** (di libro, ecc.) **foglio *4*** (di tavola allungabile) **ribalta** ● (di piante) *to come into l.,* mettere le foglie ⊔ *(fig.) to take a l. out of sb.'s book,* seguire l'esempio di q. ⊔ *to turn over the leaves of a book,* sfogliare un libro ⊔ *to turn over a new l.,* voltar pagina; *(fig.)* cominciare una vita nuova.
to **leaf** [li:f] *v. i.* **mettere le foglie.**
leafage ['li:fidʒ] *n.* [U] **fogliame.**
leafiness ['li:finis] *n.* [U] **abbondanza di foglie.**
leafless ['li:fˌlis] *a.* **senza foglie; senza fronde; sfrondato.**
leaflet ['li:flit] *n.* [C] ***1*** *(bot.)* **fogliolina *2*** **volantino; manifestino.**
to **leaflet** ['li:flit] *v. i.* **distribuire volantini.**
leafletting ['li:fˌlitiŋ] *n.* [C] **volantinaggio.**
leafstalk ['li:fˌstɔ:k] *n.* [C] *(bot.)* **picciolo.**
leafy ['li:fi] *a.* **coperto di foglie; frondoso; fronzuto.**
(1) league [li:g] *n.* [C] **lega** (anche *sport*); **alleanza; società**: *the L. of Nations,* la Società delle Nazioni ● *(spreg.) to be in l. with sb.,* essere in combutta con q.
to **league** [li:g] ***A*** *v. t.* **unire in lega; alleare *B*** *v. i.* **formare una lega; allearsi.**
(2) league [li:g] *n.* [C] **lega** (misura itineraria).
leak [li:k] *n.* [C] ***1*** **crepa; fessura *2*** **fuga; perdita** (di liquido, ecc.) ***3*** *(naut.)* **falla *4*** *(elettr.)* **dispersione** ● *to spring a l.,* presentare una falla.
to **leak** [li:k] *v. i.* ***1*** **perdere; colare *2*** *(naut.)* **imbarcare acqua *3*** (spesso *to l. out*) **trapelare** (anche *fig.*) ● *to l. in,* infiltrarsi; penetrare.
leakage ['li:kidʒ] *n.* [U] e [C] ***1*** **perdita** (di liquido): **fuga** (di gas) ***2*** *(elettr.)* **dispersione *3*** **infiltrazione *4*** *(fig.)* **trapelamento** (di notizie).
leaky ['li:ki] *a.* ***1*** *(naut.)* **che imbarca acqua *2*** **che non tiene** (l'acqua).
(1) lean [li:n] ***A*** *a.* **magro** (anche *fig.*): **scarno; smilzo; sparuto *B*** *n.* [U] **magro; carne magra.**
to **lean** [li:n] (*pass.* e *p.p.* **leaned** [li:nd] o **leant** [lent]) ***A*** *v. i.* ***1*** **inclinarsi; pendere; piegarsi *2*** **appoggiarsi**: *to l. upon one's elbows,* appoggiarsi sui gomiti ***3*** **contare, fare affidamento** (su) ***4*** **propendere; essere propenso; tendere**: *to l. towards pacifism,* tendere al pacifismo ***B*** *v. t.* ***1*** **far inclinare; piegare *2*** **appoggiare; poggiare**: *to l. one's elbows on the table,* poggiare i gomiti sul tavolo ● *to l. out of a window,* sporgersi da una finestra.
(2) lean [li:n] *n.* [C] **inclinazione; pendenza.**
leaning ['li:niŋ] ***A*** *n.* [C] **inclinazione** (anche *fig.*); **propensione; tendenza *B*** *a.* **inclinato; pendente.**
leanness ['li:nnis] *n.* [U] **magrezza; sparutezza.**
leant [lent] *pass.* e *p.p.* di to **lean.**
lean-to ['li:nˌtu:] *a.* e *n.* [C] **(tetto) a una falda.**
to **leap** [li:p] (*pass.* e *p.p.* **leapt** [lept] o **leaped** [lept, li:pt]) ***A*** *v. i.* **saltare; far salti; balzare; sbalzare; lanciarsi**: *Look before you l.,* guarda prima di saltare!; *(fig.)* pensaci, prima di agire! ***B*** *v. t.* ***1*** **saltare *2*** **far saltare.**
leap [li:p] *n.* [C] **salto; balzo; sbalzo** ● *(fig.) a l. in the dark,* un salto nel buio ⊔ *l. year,* anno bisestile ⊔ *by leaps and bounds,* a salti e a sbalzi; *(fig.)* a passi di gigante.
leap-frog ['li:pfrɔg] *n.* [U] **cavallina** (gioco infantile).
leapt [lept] *pass. e p.p.* di to **leap.**
to **learn** [lə:n] (*pass.* e *p.p.* **learned** [lə:nt, lə:nd] o **learnt** [lə:nt]) *v. t.* e *i.* ***1*** **imparare**: *to l. how to do st.,* imparare a fare q.c. ***2*** **apprendere; venire a sapere *3*** *(dial.)* **insegnare a.**
learned ['lə:nid] *a.* **dotto; colto; erudito.**
learner ['lə:nə*] *n.* ***1*** **discente; studente; scolaro *2*** **apprendista** ● *(autom.) l.-driver,* principiante.
learning ['lə:niŋ] *n.* [U] ***1*** **cultura; erudizione; dottrina *2*** **apprendimento.**
learnt [lə:nt] *pass.* e *p.p.* di to **learn.**
lease [li:s] *n.* [C] e [U] *(comm.* e *leg.)* **contratto d'affitto; affitto**: *to take a farm on l.,* prendere un podere in affitto ● *a new l. of life,* nuove prospettive di vita.
to **lease** [li:s] *v. t. (comm.)* **affittare.**
leasehold ['li:should] *n.* [C] **proprietà in affitto.**
leaseholder ['li:sˌhouldə*] *n.* **affittuario; locatario.**
leash [li:ʃ] *n.* [C] **guinzaglio** ● *to hold in l.,* tenere al guinzaglio; *(fig.)* tenere a freno ⊔ *to strain at the l.,* tirare il guinzaglio; *(fig.)* mordere il freno.
to **leash** [li:ʃ] *v. t.* **tenere al guinzaglio.**
leasing ['li:siŋ] *n.* [U] *(fin.)* **leasing.**
least [li:st] (*superl. relat.* di **(1)** e **(3) little**) ***A*** *a.* **(il) più piccolo; minimo *B*** *n.* — *the l.,* il più piccolo; il minimo; il numero più piccolo ***C*** *avv.* **(il) meno**: *the l. expensive,* il meno costoso ● *at l.,* almeno, per lo meno; (anche *at the l.*) per lo meno, a dir poco ⊔ *not in the l.,* per nulla; (niente) affatto ⊔ *to say the l. of it.,* a dir poco.
leastwise ['li:stwaiz] *avv.* **almeno; per lo meno.**
leather ['leðə*] *n.* ***1*** [U] **cuoio; corame; pelle *2*** [C] (anche *stirrup-l.*) **striscia di cuoio; cinghia *3*** [C] *(sport)* **palla da cricket; pallone** (da gioco del calcio) ● *l. goods,* pelletteria ⊔ *patent l.,* cuoio verniciato; vernice.
to **leather** ['leðə*] *v. t.* ***1*** **rivestire di pelle *2*** **rilegare in pelle *3*** *(fam.)* **picchiare con una cinghia.**
leatherette [ˌleðə'ret] *n.* [U] **finta pelle; pegamoide; similpelle.**
leathern ['leðə:n] *a.* ***1*** **di cuoio; di pelle *2*** **coriaceo.**
leatheroid ['leðərɔid] *n.* [U] **fibra** (per valigie, borse, ecc.).
leathery ['leðəri] *a.* **coriaceo; duro come il cuoio.**
(1) to **leave** [li:v] (*pass.* e *p.p.* **left** [left]) ***A*** *v. t.* ***1*** **lasciare; abbandonare; partire da**: *We left Rome yesterday,* partimmo da Roma ieri ⊔ *Have you left me anything (to eat, etc.)?,* mi hai lasciato qualcosa (da mangiare, ecc.)? ⊔ *L. it to me!,* lascialo a me!; (anche) lascia fare a me! ***2*** *(mat.)* **fare; restare**: *Ten minus two leaves eight,* dieci meno due fa otto ***B*** *v. i.* **partire; andarsene**: *It's time for us to l.* (o *It's time we left),* è ora che ce ne andiamo ***C*** verbi composti ***1*** *to l. things about,* lasciare oggetti in giro ***2*** *to l. behind,* dimenticare; lasciar dietro di sé ***3*** *to l. off,* abbandonare, metter via; cessare, smettere ***4*** *to l. out,* omettere, tralasciare; lasciar fuori, trascurare ***5*** *to l. over,* lasciare in sospeso; rimandare ● *to l. sb. alone,* lasciar stare (o lasciare in pace) q. ⊔ *to l. st. to chance,* affidare q.c. alla sorte; lasciar decidere q.c. al caso ⊔ *to l. home,* andarsene da casa; scappare di casa ⊔ *to l. sb. in charge of st.* (o *to l. st. in sb.'s charge),* affidare (la custodia di) q.c. a q. ⊔ *(ferr.) to l. the rails,* deragliare ⊔ *(autom.) to l. the road,* uscire di strada ⊔ *to l. sb. to himself,* lasciare che q. faccia a modo suo; lasciare q. in balia di se stesso ⊔ *to l.*

st. unsaid, tacere q.c. □ *(di lettera, ecc.) to be left till called for,* fermo posta □ *to be well left,* ricevere una bella eredità □ *(fam.) Let's l. it at that,* lasciamo perdere! □ *This leaves me cold,* ciò mi lascia indifferente □ *I have only one pound left,* mi è rimasta solo una sterlina.

leave [li:v] *n.* **1** [U] **permesso; autorizzazione**: *You have my l. to go out,* ti do il permesso d'uscire □ *by your l.,* col vostro permesso **2** [U] e [C] (anche *l. of absence*) **permesso; licenza; congedo**: *to be on l.,* essere in congedo (o in licenza, in permesso) □ *a six months' l.,* sei mesi di congedo **3** [U] **congedo; commiato**: *to take l. of sb.,* prendere commiato da q.; accomiatarsi da q. ● *sick-l.,* congedo per motivi di salute; *(mil.)* licenza di convalescenza □ *to take one's l.,* accomiatarsi; congedarsi □ *to take French l.,* andarsene alla chetichella.

(2) to **leave** [li:v] *V.* to **leaf.**

leaved [li:vd] *a. (nei composti,* per es.:) *red-l.,* dalle foglie rosse □ *narrow-l.,* dalle foglie strette ● *four-l. clover,* quadrifoglio □ *a one-l. table,* una tavola allungabile con una sola ribalta.

leaven ['levn] *n.* [U] **lievito** *(anche fig.)*; **fermento.**

to **leaven** ['levn] *v. t.* **far lievitare; far fermentare.**

leaves [li:vz] *pl.* di **leaf.**

leavings ['li:viŋz] *n. pl.* **avanzi; residui; rifiuti; rimasugli.**

Lebanese [,lebə'ni:z] *a.* e *n.* **libanese.**

lecher ['letʃə*] *n.* **fornicatore; lussurioso.**

lecherous ['letʃərəs] *a.* **lascivo; lussurioso.**

lechery ['letʃəri] *n.* [U] e [C] **lascivia.**

lectern ['lektə:n] *n.* [C] *(relig.)* **leggio** (per poggiarvi la Bibbia, ecc.).

lecture ['lektʃə*] *n.* [C] **1 conferenza; lezione** (universitaria): *to go on a l. tour,* fare un giro di conferenze **2 predicozzo; ramanzina; paternale**: *to give sb. a good l.,* fare a q. una bella ramanzina ● *l. hall,* sala per conferenze.

to **lecture** ['lektʃə*] **A** *v. i.* **fare conferenze; tenere un corso di lezioni B** *v. t.* **1 fare una conferenza a; far lezione a** (una classe, ecc.) **2 fare un predicozzo** (o **una ramanzina) a; sgridare.**

lecturer ['lektʃərə*] *n.* **1 conferenziere 2 docente universitario.**

led [led] *pass.* e *p.p.* di to **lead.**

ledge [ledʒ] *n.* [C] **1 sporgenza; orlo; ripiano;** *(falegnameria)* **listello 2** (di montagna) **cornice; cengia 3 scoglio.**

ledger ['ledʒə*] *n.* [C] **1** *(rag.)* **libro mastro 2** *(edil.)* **traversa 3 pietra tombale** (orizzontale) ● *l. line, (pesca)* lenza fissa; *(mus.)* rigo supplementare.

lee [li:] **A** *n. (raramente al pl.)* **1 protezione, riparo** (dal vento) **2 luogo riparato;** *(naut.)* **(lato) sottovento B** *a. attr.* (specialm. *naut.*) **sottovento.**

leech [li:tʃ] *n.* [C] *(zool.,* Hirudo; anche *fig.)* **sanguisuga; mignatta**: *to stick like a l.,* attaccarsi come una mignatta.

leek [li:k] *n.* [C] *(bot.,* Allium porrum) **porro** ● *(fig.) to eat the l.,* mandar giù un rospo.

leer [liə*] *n.* [U] *(anche con l'art. indeterm.)* **sbirciata; sguardo maligno (o malizioso o lascivo).**

to **leer** [liə*] *v. i.* **sbirciare; dare occhiate maligne** (o **maliziose** o **lascive).**

leeringly ['liəriŋli] *avv.* **di sottecchi; sbirciando con malizia (o con bramosia, con lascivia).**

leery ['liəri] *a. (fam.)* **1 che la sa lunga; astuto; furbesco 2 diffidente** ● *to be l. of sb.,* diffidare di q.

lees [li:z] *n. pl.* **feccia; sedimento** ● *(fig.) to drink a cup to the l.,* bere l'amaro calice fino alla feccia.

leeward ['li:wəd] *(naut.)* **A** *a.* e *avv.* **(a) sottovento B** *n.* [U] **sottovento; lato sottovento** (di nave).

leewardly ['li:wədli] *a. (naut.:* di nave*)* **che scarroccia; che tende ad andare alla deriva.**

leeway ['li:wei] *n.* [U] **1** *(naut., aeron.)* **scarroccio; deriva 2** *(aeron.)* **angolo di deriva** ● *(naut., aeron.) to make l.,* scarrocciare □ *(fig.) to make up l.,* sforzarsi di rimettersi in sesto.

(1) left [left] **A** *a.* **1 sinistro; mancino**: *the l. hand,* la mano sinistra □ *the l. bank of a river,* la riva sinistra d'un fiume **2** *(polit.)* **a (o di) sinistra B** *n.* **1 sinistra; lato sinistro**: *Turn to the l.,* volta a sinistra! **2** *(pugilato)* **sinistro 3** *(mil.)* **ala sinistra, fianco sinistro** (d'un esercito) **C** *avv.* **a sinistra; a manca** *(lett.)*: *to turn l.,* voltare a sinistra ● *(polit.) the L.,* la Sinistra □ *(polit.) L.-Centre government,* governo di centrosinistra □ *(polit.) l.-wing,* di sinistra; radicale □ *left-winger, (polit.)* uomo di sinistra; *(spreg.)* sinistroide.

(2) left [left] **A** *pass.* e *p.p.* di to **leave B** *a.* **lasciato; rimasto** ● *to be l.,* avanzare; rimanere □ *(ferr.) l.-luggage office,* deposito bagagli □ (d'abito) *l.-off,* smesso.

left-hand ['lefthænd] *a.* **1 sinistro; a sinistra 2 fatto** (o **dato) con la mano sinistra.**

left-handed [,left'hændid] *a.* **1 mancino 2** *(fig.)* **goffo; impacciato 3** *(fig.)* **ambiguo** ● *l. marriage,* matrimonio morganatico.

left-hander [,left'hændə*] *n.* [C] **1 persona mancina 2** *(pugilato)* **sinistro.**

leftism ['leftizəm] *n.* [U] *(fam., polit.)* **sinistrismo.**

leftist ['leftist] *(fam., polit.)* **A** *a.* **di sinistra; sinistroide B** *n.* **uomo politico di sinistra; sinistroide.**

leftovers ['leftouvəz] *n. pl.* **avanzi; resti; rimasugli.**

leftward ['leftwəd] *a.* **a (o verso) sinistra.**

leftwards ['leftwədz] *avv.* **a (o verso) sinistra.**

lefty ['lefti] *n. (fam.)* **1** *(polit., spreg.)* **sinistroide 2** *(USA)* **mancino.**

leg [leg] *n.* [C] **1 gamba;** (d'animale) **zampa;** (di stivale) **gambale**: *a wooden leg,* una gamba di legno **2** (d'animale macellato) **coscia; cosciotto 3** *(geom.)* **lato** (di triangolo, esclusa la base) **4** *(fam.)* **sosta; tappa** (di un viaggio) ● *to be all legs,* essere tutto gambe; essere alto e magro □ (d'un bambino) *to feel (o to find) one's legs,* muovere i primi passi □ *to give sb. a leg up,* aiutare q. a montare in sella; *(fig.)* aiutare q. a far carriera □ *to keep one's legs,* rimanere in piedi; non cadere □ *(fig.) not to have a leg to stand on,* non avere un motivo valido □ *to be on one's last legs,* essere ridotto a mal partito; essere al lumicino □ *to be on one's legs* (*scherz.*: *on one's hind legs*) esser di nuovo in piedi (dopo una malattia); essere in piedi (per fare un discorso) □ *(fam.) to pull sb.'s leg,* prendere in giro q. □ *(fam.) to shake a leg,* far quattro salti □ *to stand on one's own legs,* reggersi da solo; *(fig.)* essere indipendente □ *to take to one's legs,* darsela a gambe □ *to walk sb. off his legs,* far venire il fiato corto a q. a forza di camminare.

to **leg** [leg] *v. i.* (di solito *to leg it*) **andare a piedi; camminare.**

legacy ['legəsi] *n.* [C] **1** *(leg.)* **legato; lascito 2** *(fig.)* **strascico** ● *(leg.) l. duty,* imposta di successione.

legal ['li:gəl] *a.* **1 legale; legittimo; giuridico 2 perseguibile a termini di legge** ● *l. rights,* diritti stabiliti dalla legge.

legalism ['li:gəlizəm] *n.* [U] **stretta legalità; legalismo.**

legalist ['li:gəlist] *n.* **legalista.**

legality [li(:)'gæliti] *n.* [U] **legalità; legittimità.**

legalization [,li:gəlai'zeiʃən] *n.* [U] **legalizzazione; legittimazione.**

to **legalize** ['li:gəlaiz] *v. t.* **legalizzare; legittimare.**

legate ['legit] *n. (relig.)* **legato pontificio; nunzio apostolico.**

legatee [,legə'ti:] *n.* [C] *(leg.)* **legatario, legataria.**

legation [li'geiʃən] *n.* [C] *(polit.)* **legazione.**

legato [li'ga:tou] *(ital.) a., avv.* e *n.* (*pl.* **legatos**) *(mus.)* **legato.**

legend ['ledʒənd] *n.* **1** [C] e [U] **leggenda; mito 2** [C] **leggenda; didascalia 3** [C] *(fig.)* **figura leggendaria.**

legendary ['ledʒəndəri] *a.* **leggendario; mitico.**

legerdemain [,ledʒədə'mein] *n.* [U] **prestidigitazione.**

legged [legd, 'legid] *a. (nei composti)* **che ha gambe; dalle gambe**: *long-l.,* dalle gambe lunghe ● *four-l.,* quadrupede.

leggings ['legiŋz] *n. pl.* **1 gambali 2 ghette lunghe.**

leg-guard ['leg,ga:d] *n.* [C] *(sport)* **gambiera; parastinchi.**

leggy ['legi] *a.* (di bambino, puledro, ecc.) **dalle gambe lunghe ed esili.**

leghorn [le'gɔ:n] *n.* [C] **1** (anche ['leghɔ:n]) cappello di paglia di Firenze **2** gallina livornese.
legible ['ledʒəbl] *a.* leggibile.
legion ['li:dʒən] *n.* [C] legione; *(fig.)* moltitudine • *the British L.*, Associazione dei Combattenti e Reduci (in *G.B.*) □ *the Foreign L.*, la Legione Straniera.
legionary ['li:dʒənəri] *a.* e *n.* [C] legionario.
to **legislate** ['ledʒisleit] *v. i.* legiferare; promulgare leggi.
legislation [ˌledʒis'leiʃən] *n.* [U] legislazione.
legislative ['ledʒislətiv] *a.* legislativo.
legislator ['ledʒisleitə*] *n.* legislatore.
legislature ['ledʒisleitʃə*] *n.* [C] corpo legislativo; assemblea legislativa.
legitimacy [li'dʒitiməsi] *n.* [U] *(leg.)* legittimità.
legitimate [li'dʒitimit] *a.* legittimo; lecito; valido.
to **legitimate** [li'dʒitimeit] *v. t.* legittimare; giustificare; scusare.
legitimation [liˌdʒiti'meiʃən] *n.* [U] legittimazione.
to **legitimatize** [li'dʒitimətaiz], to **legitimize** [li'dʒitimaiz] *v. t.* legittimare.
legless ['leglis] *a.* senza gambe.
legume ['legju(:)m], **legumen** [le'gju(:)mən] *n.* [C] *(bot.)* legume.
leguminous [le'gju:minəs] *a.* *(bot.)* delle leguminose.
lei [lei] *n.* [C] « lei » (ghirlanda di fiori hawaiana).
leisure ['leʒə*] *n.* [U] agio; comodo; tempo libero: *to do st. at one's l.*, fare q.c. con comodo □ *to wait sb.'s l.*, aspettare i comodi di q. • *l. hours*, ore di svago.
leisured ['leʒəd] *a.* che ha tempo libero • *the l. classes*, le classi agiate; i ricchi.
leisurely ['leʒəli] **A** *a.* comodo; fatto con comodo; tranquillo **B** *avv.* con comodo; senza fretta; tranquillamente; a proprio agio.
leitmotif, leitmotiv ['laitmouˌti:f] *(ted.)* *n.* [C] *(mus.* e *fig.)* leitmotiv.
lemma ['lemə] *n.* [C] *(mat., filol.)* lemma.
lemon ['lemən] *n.* **1** [C] e [U] *(bot.*, Citrus limonum; anche il frutto) limone **2** [U] color limone • *l. drop*, caramella al limone □ *l. squash*, spremuta di limone □ *l.-squeezer*, spremilimoni □ *(bot.)* *l. tree*, limone (l'albero).
lemonade [ˌlemə'neid] *n.* [U] e [C] limonata.
lemur ['li:mə*] *n.* [C] *(zool.*, Lemur) lemure.
to **lend** [lend] *(pass.* e *p.p.* **lent** [lent]) **A** *v. t.* prestare (anche *fig.*); imprestare; dare in prestito: *to l. sb. st.*, prestare q.c. a q. **B** to **lend oneself** *v. rifl.* prestarsi.
lender [lendə*] *n.* prestatore, prestatrice.
lending library ['lendiŋˌlaibrəri] *n.* [C] biblioteca circolante.
length [leŋθ] *n.* [U] e [C] **1** lunghezza (in ogni senso); (il) lungo: *the l. of a road*, la lunghezza d'una strada □ *four feet in l.*, quattro piedi in (o per il) lungo; lungo quattro piedi □ *to win by a l.*, vincere per una lunghezza **2** distanza; portata: *at arm's l.*, alla distanza d'un braccio **3** (di tempo) durata **4** (di stoffa) taglio • *at l.*, per esteso, esaurientemente; alla fine, finalmente □ *at full l.*, lungo disteso; (anche *at great l.*) per esteso, con tutti i particolari □ *to fall full l.*, cadere lungo disteso; stramazzare al suolo □ *a full-l. portrait*, un ritratto a figura intera, in piedi □ *(fig.)* *to go all lengths* (o *to any l.*), non fermarsi davanti ad alcun ostacolo.
to **lengthen** ['leŋθən] *v. t.* e *i.* allungare, allungarsi.
lengthiness ['leŋθinis] *n.* [U] lunghezza; lungaggine; prolissità.
lengthways ['leŋθweiz], **lengthwise** ['leŋθwaiz] **A** *avv.* per il lungo; longitudinalmente **B** *a.* messo per il lungo; longitudinale.
lengthy ['leŋθi] *a.* troppo lungo; prolisso.
lenience ['li:njəns], **leniency** ['li:njənsi] *n.* [U] clemenza; indulgenza; mitezza.
lenient ['li:njənt] *a.* clemente; indulgente; mite.
Leninism ['leninizəm] *n.* [U] *(polit.)* leninismo.
Leninist ['leninist], **Leninite** ['leninait] *n.* e *a.* *(polit.)* leninista.
lenitive ['lenitiv] *a.* e *n.* [C] *(farm.)* lenitivo; sedativo.
lenity ['leniti] *n.* [U] clemenza; indulgenza; mitezza.
lens [lenz] *n.* [C] **1** *(ottica)* lente **2** *(fis., fotogr.)* obiettivo **3** *(anat.)* cristallino.
lent [lent] *pass.* e *p.p.* di to **lend.**
Lent [lent] *n.* *(relig.)* quaresima • *(bot.)* *L. lily* (Narcissus pseudo-narcissus), trombone; giunchiglia grande.
Lenten ['lentən] *a.* *(relig.)* quaresimale: *L. services*, (prediche) quaresimali.
lentil ['lentil] *n.* [C] *(bot.*, Lens culinaris) lenticchia; lente.
lento ['lentou] *(ital.)* *a., avv.* e *n.* *(pl.* **lentos**) *(mus.)* lento.
Leo ['li:ou] *n.* *(astron., astrologia, stor.)* Leone.
leonine ['li:ənain] *a.* leonino.
leopard ['lepəd] *n.* [C] *(zool.*, Felis pardus) leopardo; pantera • *American l.* (Panthera onca), giaguaro.
leopardess ['lepədis] *n.* leopardo femmina.
leper ['lepə*] *n.* lebbroso, lebbrosa • *l. hospital*, lebbrosario.
leporine ['lepərain] *a.* leporino.
leprechaun ['leprəkɔ:n] *n.* [C] *(mitol. irl.)* gnomo; folletto.
leprosy ['leprəsi] *n.* [U] *(med.)* lebbra.
leprous ['leprəs] *a.* *(med.)* lebbroso.
lesbian ['lezbiən] **A** *a.* lesbico **B** *n.* lesbica.
Lesbian ['lezbiən] *a.* di Lesbio; lesbico; lesbio.
lese-majesty [ˌli:z'mædʒisti] *n.* [U] *(leg.)* lesa maestà; alto tradimento.
lesion ['li:ʒən] *n.* [C] (anche *med.*) lesione.
less [les] *(compar.* di **(1)** e **(3) little**) **A** *a.* meno; minore; più piccolo: *L. noise, please!*, meno rumore, prego! □ *of l. importance*, di minore importanza **B** *n.* meno **C** *avv.* meno; di meno **D** *prep.* meno • *l. and l.*, sempre meno □ *in l. than no time*, in men che non si dica □ *more or l.*, più o meno; all'incirca □ *no l. than*, non meno di □ *The l. you work, the l. you earn*, meno lavori, meno guadagni.
-less [les] *suff.* senza; privo di: *rainless*, senza pioggia □ *speechless*, senza parola; incapace di parlare.
lessee [le'si:] *n.* *(leg.)* affittuario; locatario.
to **lessen** ['lesn] *v. t.* e *i.* diminuire; rimpicciolire, rimpicciolirsi.
lesser ['lesə*] *a. attr.* *(compar.* di **(1) little**) minore; più piccolo; inferiore: *to choose the l. evil*, tra due mali, scegliere il minore.
lesson ['lesn] *n.* [C] lezione (in ogni senso): *an English l.*, una lezione d'inglese □ *a l. in music*, una lezione di musica.
to **lesson** ['lesn] *v. t.* dare una lezione a (q.); rimproverare; sgridare.
lessor [le'sɔ:*] *n.* *(leg.)* locatore.
lest [lest] *cong.* **1** per tema che; per paura che; affinché non **2** *(dopo espressioni indicanti timore)* che: *I was afraid l. he should fall*, temevo che cadesse.
to **let** [let] *(pass.* e *p.p.* **let**) **A** *v. t.* **1** lasciare; permettere; fare: *Don't let the fire go out*, non lasciar spegnere il fuoco! □ *Let me see*, fammi vedere **2** *(idiom.* e *us. come equivalente dell'imper. esortativo ital.*; per es.:) *Let him try*, provi pure! □ *Let me see...*, vediamo un po'... □ *(geom.)* *Let AB be equal to CD*, sia AB uguale a CD **3** affittare, dare in affitto; noleggiare, dare a nolo: *House to let*, casa da affittare □ *to let out horses*, noleggiare cavalli **B** *v. i.* affittarsi; appigionarsi **C** *verbi composti* **1** *to let sb. down*, abbandonare q.; piantare q. in asso; deludere q. □ *to let st. down*, abbassare q.c.; calare q.c. **2** *to let (sb., st.) in*, far entrare, lasciar entrare; causare, produrre □ *to let oneself in for st.*, impegnarsi (o lasciarsi convincere) a fare q.c. **3** *to let (sb.) into*, far entrare, lasciar entrare; far partecipe di: *to let sb. into a secret*, far partecipe q. d'un segreto **4** *to let (sb.) off*, lasciar andare; scusare; perdonare □ *to let (st.) off*, lasciar uscire, emettere (vapore, ecc.); scaricare (un fucile, ecc.); perdonare; esimere (q. da un dovere) **5** *(fam.)* *to let on*, svelare, rivelare, tradire (un segreto) **6** *to let out (at sb.)*, menare botte da orbi (a q.); usare parole grosse (con q.) □ *to let sb. out*, far uscire q. □ *to let (st.) out*, far uscire, scaricare (acqua, ecc.); svelare (un segreto); allungare, allargare (un vestito); affittare, dare in affitto; dare a nolo **7** *to let (sb., st.) through*, far passare **8** *(fam.)* *to let up*, cessare; smettere □ *to let sb.*

up, far salire q. ● *to let sb. alone,* lasciare in pace (o lasciar stare) q. □ *to let (sb., st.) be,* lasciar stare; lasciare in pace □ *to let drop,* lasciar cadere; lasciar perdere □ *to let fall,* lasciar cadere (anche *fig.*): *to let fall a hint,* fare un'allusione □ *to let go,* allentare; lasciare; lasciar andare, mollare □ *to let oneself go,* lasciarsi andare; abbandonarsi (a) □ *to let sb. know,* far sapere a q.; informare q. □ *to let loose,* sciogliere; mettere in libertà □ *to let st. pass,* tralasciare q.c.; trascurare q.c. □ *to let slip,* sciogliere, lasciar libero (un cane, ecc.); lasciarsi scappare (un segreto); perdere (un'occasione).

let [let] *n.* [C] *(tennis)* **colpo nullo.**

-let [lit] *suff.* (alterativo di sostantivi con valore diminutivo) **-ino; -etto**: *booklet,* libretto; opuscolo.

letdown ['letˌdaun] *n.* [C] *(fam.)* **delusione; disappunto.**

lethal ['li:θəl] *a.* **letale; mortale.**

lethargic [le'θa:dʒik] *a.* ***1*** **letargico *2* apatico.**

lethargy ['leθədʒi] *n.* [U] ***1*** **letargo *2* apatia.**

Lethe ['li:θi(:)] *n.* ***1*** *(mitol. classica)* **Lete *2*** *(fig.)* **completo oblio.**

let-out ['letˌaut] *n.* [C] ***1*** **via d'uscita** *(fig.)*; **scappatoia *2*** *(irl.)* **festino.**

let's [lets] *contraz.* di **let us.**

Lett [let] *n.* **lettone** (anche la lingua).

letter ['letə*] *n.* ***1*** [C] **lettera; carattere** (di stampa); **epistola; missiva**: *capital letters,* lettere maiuscole □ *small letters,* lettere minuscole □ *a registered l.,* una (lettera) raccomandata □ *a business l.,* una lettera d'affari □ *to carry out an order to the l.,* eseguire un ordine alla lettera ***2*** *(al pl.)* **lettere; belle lettere; letteratura**: *a man of letters,* un uomo di lettere; un letterato ● *l.-box,* cassetta per le lettere; buca delle lettere □ *l.-card,* biglietto postale □ *l.-head,* intestazione (di lettera) □ *l.-weight,* fermacarte.

to **letter** ['letə*] *v. t.* ***1*** **segnare (o classificare) con lettere *2* stampare il titolo su** (la copertina d'un libro).

lettered ['letəd] *a.* ***1*** **colto; dotto; istruito *2* scritto (in lettere).**

lettering ['letəriŋ] *n.* [U] ***1*** **caratteri a mano *2* iscrizione; titolo** (di un libro).

letterless ['letəlis] *a.* **illetterato.**

letterpress ['letəˌpres] *n.* [U] **materiale a stampa; testo** (di un libro; specialm. in quanto distinto dalle illustrazioni).

Lettic ['letik], **Lettish** ['letiʃ] ***A*** *a.* **lettone *B*** *n.* **lettone** (la lingua).

lettuce ['letis] *n.* [C] e [U] (*bot.,* Lactuca sativa) **lattuga** ● *cabbage l.* (Lactuca sativa capitata), lattuga cappuccia.

let-up ['letˌʌp] *n.* [C] e [U] **rallentamento; diminuzione; interruzione.**

leucocyte ['lju:kəsait] *n.* [C] *(biol.)* **leucocito.**

leucoma [lju:'koumə] *n.* [C] *(med.)* **leucoma.**

leukaemia [lju:'ki:miə] *n.* [U] *(med.)* **leucemia.**

Levant [li'vænt] *n.* *(geogr.)* **(il) Levante; (il) Vicino Oriente.**

to **levant** [li'vænt] *v. i.* **tagliare la corda** *(fig.)*; **svignarsela.**

levanter [li'væntə*] *n.* [C] **vento di levante; levante.**

Levantine ['levəntain] *a.* e *n.* *(geogr.)* **levantino.**

levator [li'veitə*] *n.* [C] ***1*** *(anat.)* **(muscolo) elevatore *2*** *(med.)* **leva chirurgica.**

levee ['levi] *n.* [C] **argine** (di fiume).

level ['levl] ***A*** *n.* ***1*** [C] e [U] **livello** (anche *fig.*): *above sea-l.,* sul livello del mare □ *to be on a l. with,* essere allo stesso livello di ***2*** [C] **livella *3*** [C] **spianata; piana *B*** *a.* ***1*** **piano; orizzontale; piatto; spianato *2* equilibrato; imparziale *3* raso**: *a l. teaspoonful,* un cucchiaino raso ***C*** *avv.* **a livello; allo stesso livello; alla pari** ● *l. crossing,* passaggio a livello □ *(aeron.) l. flight,* volo orizzontale □ *(fam.) to do one's l. best,* fare del proprio meglio □ *to keep a l. head,* restare calmo □ *(fam.) on the l.,* onesto; onestamente, su giuste basi.

to **level** ['levl] *v. t.* ***1*** **livellare** (anche *fig.*); **spianare; uguagliare; rendere uguale *2* demolire; radere al suolo**: *to l. a house with the ground,* radere al suolo una casa ***3*** **spianare, puntare** (un fucile, una pistola) ***4*** **lanciare, scagliare** (un'accusa, ecc.) ***5*** **appiattire** (prezzi, salari, ecc.) ● *to l. away distinctions,* abolire le distinzioni □ *to l. down (up),* abbassare (innalzare) allo stesso livello.

level-headed [ˌlevl'hedid] *a.* **equilibrato; dotato di buon senso.**

leveller ['levələ*] *n.* **egualitario.**

levelling ['levliŋ] *n.* [U] ***1*** **livellamento; appiattimento; spianamento *2*** *(topografia)* **livellazione *3* puntamento** (d'arma da fuoco).

lever ['li:və*] *n.* [C] *(fis., mecc.)* **leva** (anche *fig.*).

to **lever** ['li:və*] ***A*** *v. t.* **sollevare con una leva *B*** *v. i.* **fare da leva.**

leverage ['li:vəridʒ] *n.* [U] ***1*** *(fis., mecc.)* **potenza d'una leva *2*** *(mecc.)* **leveraggio *3*** *(fig.)* **influenza; autorità; influsso.**

leveret ['levərit] *n.* **leprotto** (specialm. sotto l'anno d'età).

leviable ['leviəbl] *a.* (di reddito, ecc.) **imponibile; soggetto a imposta.**

leviathan [li'vaiəθən] *n.* [C] *(Bibbia)* **leviatano; mostro marino.**

to **levitate** ['leviteit] *(parapsicologia)* ***A*** *v. i.* **levitare *B*** *v. t.* **far levitare.**

levitation [ˌlevi'teiʃən] *n.* [U] *(parapsicologia)* **levitazione.**

Levite ['li:vait] *n.* *(Bibbia)* **levita.**

levity ['leviti] *n.* [U] e [C] **frivolezza.**

levy ['levi] *n.* [C] ***1*** *(fin.)* **imposizione, esazione** (di tasse); **imposta, tassa *2*** *(mil.)* **leva; coscrizione;** *(collett.)* **soldati di leva, coscritti.**

to **levy** ['levi] *v. t.* ***1*** **imporre** (tasse, tributi, ecc.); **far pagare** (una multa) ***2*** *(mil.)* **arruolare** (truppe) ● *(leg.) to l. on sb.'s property,* agire esecutivamente sui beni di q. (per pagare i creditori) □ *to l. war upon (o against) sb.,* fare la guerra contro q.

lewd [lu:d] *a.* **dissoluto; lascivo; libidinoso.**

lewdness ['lu:dnis] *n.* [U] **dissolutezza; lascivia; libidine.**

lexeme ['leksi:m] *n.* [C] *(linguistica)* **lessema.**

lexical ['leksikəl] *a.* **lessicale.**

lexicographer [ˌleksi'kɔgrəfə*] *n.* **lessicografo.**

lexicography [ˌleksi'kɔgrəfi] *n.* [U] **lessicografia.**

lexicon ['leksikən] *n.* [C] **lessico; vocabolario; dizionario.**

lexis ['leksis] *n.* (*pl.* **lexes** ['leksi:z]) **lessico; patrimonio lessicale.**

liability [ˌlaiə'biliti] *n.* ***1*** [U] **responsabilità** (anche *leg.*); **(l')essere soggetto** (a); **predisposizione**: *to acknowledge one's l.,* riconoscere la propria responsabilità □ *l. to disease,* predisposizione alle malattie ***2*** *(fin., rag.; di solito al pl.)* **passivo; passività; debiti; impegni**: *assets and liabilities,* attivo e passivo □ *to meet one's liabilities,* far fronte ai propri impegni ***3*** [C] *(fig.)* **ostacolo; svantaggio; inconveniente.**

liable ['laiəbl] *a.* ***1*** **responsabile** (di); **obbligato, tenuto** (a) ***2*** **soggetto** (a) ***3*** **passibile**: *to be l. to st.,* esser passibile di q.c. ● *(leg.) l. to deferment,* prorogabile.

to **liaise** [li'eiz] *v. i.* ***1*** — *to l. with sb.,* allacciare una relazione con q. ***2*** *(mil.)* **fare l'ufficiale di collegamento.**

liaison [li(:)'eizɔn] *n.* ***1*** [C] **relazione** (specialm. amorosa) ***2*** [U] *(mil.)* **collegamento**: *a l. officer,* un ufficiale di collegamento ***3*** [U] e [C] *(fon.)* **legamento.**

liana [li'a:nə], **liane** [li'a:n] *n.* [C] *(bot.)* **liana.**

liar ['laiə*] *n.* **bugiardo, bugiarda; mentitore, mentitrice.**

libation [lai'beiʃən] *n.* [C] **libagione, libazione.**

libel ['laibəl] *n.* ***1*** [C] **libello (diffamatorio); calunnia;** *(fig.)* **offesa, oltraggio *2*** [U] *(leg.)* **diffamazione.**

to **libel** ['laibəl] *v. t.* ***1*** **diffamare** (a mezzo di libello) ***2*** *(fig.)* **far torto a.**

libellous ['laibələs] *a.* **diffamatorio; calunnioso.**

liberal ['libərəl] *a.* ***1*** **liberale; generoso; munifico *2* di larghe vedute; di mente aperta.**

Liberal ['libərəl] *a.* e *n.* *(polit.)* **liberale**: *the L. party,* il partito liberale.

liberalism ['libərəlizəm] *n.* [U] *(polit.)* **liberalismo.**

liberality [ˌlibə'ræliti] *n.* [U] ***1*** **liberalità; generosità;**

munificenza *2* **larghezza di vedute.**
liberalization [ˌlibərəlai'zeiʃən] *n.* [U] **liberalizzazione.**
to **liberalize** ['libərəlaiz] *v. t.* e *i.* **liberalizzare, liberalizzarsi.**
to **liberate** ['libəreit] *v. t.* **liberare**: *to l. slaves,* liberare schiavi.
liberation [ˌlibə'reiʃən] *n.* [U] **liberazione.**
liberator ['libəreitə*] *n.* **liberatore.**
Liberian [lai'biəriən] *a.* e *n.* **liberiano.**
libertarian [ˌlibə'tɛəriən] *n.* *1* *(relig.)* **seguace della dottrina del libero arbitrio** *2* **fautore delle piene libertà civili.**
liberticide [li'bə:tiˌsaid] *A n.* *1* **liberticida** *2* **liberticidio** *B a.* **liberticida.**
libertine ['libətain, 'libəti:n] *A n.* *1* **libertino** *2* *(stor.)* **liberto** *B a.* **libertino; dissoluto; vizioso.**
libertinism ['libə:tinizəm] *n.* [U] **libertinaggio.**
liberty ['libəti] *n.* [U] e [C] **libertà** (in ogni senso): *l. of conscience,* libertà di coscienza □ *l. of speech,* libertà di parola □ *to take the l. of doing st.,* prendersi la libertà di fare q.c. □ *to take liberties with sb.,* prendersi delle libertà con q. ● *the liberties of the City of London,* i privilegi della « City » di Londra □ *to be at l.,* essere in libertà; essere libero □ *to set sb. at l.,* mettere q. in libertà.
libidinous [li'bidinəs] *a.* **libidinoso; lascivo.**
libido [li'bi:dou] *n.* (*pl.* **libidos**) *1* **libidine** *2* *(psic.)* **libido.**
Libra ['li:brə] *n.* *(astron., astrologia)* **Bilancia; Libra.**
librarian [lai'brɛəriən] *n.* **bibliotecario, bibliotecaria.**
librarianship [lai'brɛəriənʃip] *n.* [U] *1* **ufficio di bibliotecario** *2* **biblioteconomia.**
library ['laibrəri] *n.* [C] **biblioteca**: *a circulating l.,* una biblioteca circolante ● *l. science,* biblioteconomia □ *film l.,* cineteca □ *record l.,* discoteca □ *(fig.) a walking l.,* una biblioteca ambulante.
to **librate** ['laibreit] *v. i.* *1* **librarsi** *2* **oscillare; ondeggiare.**
librettist [li'bretist] *n.* *(mus.)* **librettista.**
libretto [li'bretou] *n.* (*pl.* **librettos, libretti** [libreti:]) *(mus.)* **libretto.**
Libyan ['libiən] *a.* e *n.* **libico.**
lice [lais] *pl.* di **louse.**
licence ['laisəns] *n.* *1* [C] e [U] **licenza; permesso; autorizzazione; brevetto; patente**: *poetic l.,* licenza poetica □ *a driving l.,* una patente di guida *2* [U] **licenziosità; sregolatezza.**
to **license** ['laisəns] *v. t.* **dar licenza a** (q.); **permettere; autorizzare.**
licensee [ˌlaisən'si:] *n.* **concessionario di licenza; licenziatario.**
licenser ['laisənsə*] *n.* *1* **chi concede licenze** (o **permessi,** ecc.) *2* (anche *l. of the press, l. of plays*) **censore** (di libri o di drammi).
licentiate [lai'senʃiit] *n.* **persona abilitata** (all'esercizio d'una professione).
licentious [lai'senʃəs] *a.* **licenzioso; dissoluto; lascivo.**
licentiousness [lai'senʃəsnis] *n.* [U] **licenziosità; dissolutezza; lascivia.**
lichen ['laikən] *n.* [C] e [U] *(bot.)* **lichene.**
licit ['lisit] *a.* **lecito; legittimo.**
to **lick** [lik] *A v. t.* *1* **leccare; lambire; sfiorare** *2* *(fam.)* **bastonare** *3* *(fam.)* **battere; superare**: *That licks me,* questo supera la mia capacità di comprensione *B v. i.* *(fam.)* **andare; correre** ● *to l. clean,* pulire leccando □ *(fam.) to l. into shape,* modellare, plasmare; rendere efficiente □ *to l. sb.'s shoes,* leccare i piedi a q. *(fig.)*; adulare q. in modo servile.
lick [lik] *n.* [C] *1* **leccata** *2* **piccola quantità; leggero strato** *3* *(fam.)* **forte colpo** ● *(fam.) a l. and a promise,* una lavatina superficiale □ *(fam.) at full l.,* di gran corsa.
lickerish ['likəriʃ] *a.* *1* **ghiotto; goloso** *2* **lascivo; lussurioso.**
licking ['likiŋ] *n.* [C] *1* **leccatura** *2* *(fam.)* **bastonatura** *3* *(fam.)* **sconfitta.**
lickspittle ['likˌspitl] *n.* [C] **leccapiedi; basso adulatore.**
licorice ['likəris] *n.* *V.* **liquorice.**
lictor ['liktə*] *n.* [C] *(stor. romana)* **littore.**
lid [lid] *n.* [C] *1* **coperchio** *2* (anche *eyelid*) **palpebra.**
lidded ['lidid] *a.* **munito di coperchio** ● (di persona) *heavy-l.,* dalle palpebre pesanti.
lido ['li:dou] *n.* (*pl.* **lidos**) *1* **stabilimento balneare** *2* **piscina all'aperto.**
(1) lie [lai] *n.* [C] *1* **bugia; menzogna**: *to tell lies,* dir bugie *2* **idea fallace; falsa credenza** ● *lie-detector,* macchina della verità □ *to give sb. the lie,* smentire q. □ *a white lie,* una bugia pietosa.
(1) to **lie** [lai] (*p. pr.* **lying** ['laiiŋ], *pass.* e *p.p.* **lied** [laid]) *v. i.* *1* **mentire; dire bugie** *2* (di cose) **ingannare** ● *to lie oneself out of trouble,* cavarsi dai guai con una bugia.
(2) to **lie** [lai] (*p. pr.* **lying** ['laiiŋ], *pass.* **lay** [lei], *p.p.* **lain** [lein]) *A v. i.* *1* **giacere; star disteso; essere; stare; restare; rimanere; trovarsi; essere situato**: *to lie in bed,* stare a letto □ *to lie idle,* stare in ozio □ *to lie in the dust,* giacere nella polvere □ *to lie hidden,* restare nascosto □ *I know where my interest lies,* so da che parte sta il mio interesse *2* *(leg.)* **essere ammissibile** *B* *verbi composti* *1* *to lie about,* essere sparso qua e là; essere in disordine; (di persona) oziare *2* *to lie back (in an arm-chair, etc.),* adagiarsi (in una poltrona, ecc.) *3* *to lie by,* rimanere inutilizzato; restare in disparte *4* *to lie down,* sdraiarsi; stendersi □ *to lie down under an insult,* subire un insulto senza reagire *5* *to lie in,* poltrire a letto; essere a letto (in attesa di partorire) *6* *(naut.) to lie off,* stare al largo *7* *to lie over,* essere rinviato *8* *(naut.) to lie to,* essere alla cappa *9* *to lie up,* rimanere a letto (per malattia); *(naut.)* essere in disarmo ● *to lie open to st.,* essere esposto a q.c. □ *(fig.) to find out how the land lies,* scoprire come stanno le cose □ *to take st. lying down,* subire q.c. senza protestare □ *I'll do as far as in me lies,* farò del mio meglio □ *It lies with you to do it,* sta a te (o è compito tuo) fare ciò □ *You've made your bed, now you must lie on it,* hai quel che ti meriti.
(2) lie [lai] *n.* *(solo al sing.)* *1* **disposizione; configurazione** *2* *(fig.)* **(lo) stato delle cose.**
lie-abed ['laiˌəbed] *n.* **dormiglione; poltrone.**
lie-down ['laiˌdaun] *n.* [C] *(fam.)* **dormitina; sonnellino.**
lief [li:f] *avv.* *(raro)* **volentieri.**
liege [li:dʒ] *A a.* *(diritto feudale)* *1* **feudale**: *a l. lord,* un signore feudale *2* **ligio** (anche *fig.*) *B n.* *1* **feudatario** *2* **vassallo.**
liegeman ['li:dʒmæn] *n.* (*pl.* **liegemen** ['li:dʒmen]) *1* *(diritto feudale)* **vassallo** *2* *(fig.)* **seguace fedele; sostenitore fidato.**
lie-in ['laiˌin] *n.* [C] *1* *(fam.)* **(lo) starsene a letto più del solito** *2* **protesta fatta sdraiandosi per terra** (o **sui binari,** ecc.).
lien [liən] *n.* [C] *(leg.)* **diritto di garanzia; privilegio.**
lieu [lju:] *n.* **luogo** (nella locuz.): *in l. of,* in luogo di; invece di.
lieutenancy [lef'tenənsi] *n.* **luogotenenza.**
lieutenant (*def. 1* e *def. 3* [lef'tenənt], *def. 2* [lə'tenənt]; *USA* [lu:'tenənt]) *n.* *1* (nell'esercito) **tenente** *2* (nella marina) **tenente di vascello** *3* **luogotenente; vice** ● *l. colonel,* tenente colonnello.
life [laif] *n.* (*pl.* **lives** [laivz]) *1* [U] e [C] **vita** (quasi in ogni senso): *It is a matter of l. and death,* è questione di vita o di morte □ *at great sacrifice of l.,* con grave perdita di vite umane □ *to spend one's l. in idleness,* passare la vita nell'ozio □ *to live a double l.,* avere una doppia vita □ *country l.,* la vita di campagna □ *town l.,* la vita di città *2* [U] *(arte)* **naturale**: *to draw sb. to the l.,* ritrarre q. al naturale *3* [C] *(sport)* **occasione; opportunità** ● *l. interest,* rendita vitalizia □ *l.-office,* agenzia di assicurazioni sulla vita □ *l. science,* scienze umane □ *l. scientist,* cultore di scienze umane □ *(arte) l.-size* (o *l.-sized),* in grandezza naturale □ *(ind.) l. tests,* prove di durata □ *as large as l.,* in grandezza naturale; *(fam., scherz.)* in persona □ *to bring to l.,* rianimare; animare, vivificare □ *to come to l.,* nascere □ *to come back to l.,* tornare in sé; riaversi □ *for l.,* per tutta la vita; fino alla morte □ *(fam.) to have the time of one's l.,* divertirsi un mondo □ *a*

portrait to the l., un ritratto fedelissimo □ *to run for dear l.* (o *for very l.*), cercare scampo nella fuga □ *true to l.*, rispondente alla realtà; naturale.

lifebelt ['laifbelt] *n.* [C] *(naut.)* **cintura di salvataggio; salvagente.**

lifeboat ['laifbout] *n.* [C] *(naut.)* **scialuppa di salvataggio.**

lifebuoy ['laifbɔi] *n.* [C] *(naut.)* **boa di salvataggio.**

life-giving ['laif,giviŋ] *a.* **vivificatore; vivificante.**

life-guard ['laifga:d] *n.* [C] **1 guardia del corpo 2 bagnino** (per i salvataggi).

lifeless ['laif,lis] *a.* **1 senza vita; esanime; inanimato 2** *(fig.)* **senza vita; inerte; fiacco.**

lifelike ['laif,laik] *a.* **1 realistico; vivo; vivido 2** (di ritratto, ecc.) **fedele; somigliante; parlante** *(fig.)*.

lifeline ['laif,lain] *n.* [C] **1** *(naut.)* **sagola di salvataggio 2** *(chiromanzia)* **linea della vita.**

lifelong ['laif,lɔŋ] *a.* **che dura tutta la vita.**

life-preserver ['laifpri,zə:və*] *n.* [C] **1 bastone animato 2** *(USA)* **salvagente.**

lifer ['laifə*] *n.* *(pop.)* **1 ergastolano 2 ergastolo.**

liferaft ['laif,ra:ft] *n.* [C] *(naut.)* **zattera di salvataggio.**

lifetime ['laiftaim] *n.* [C] **(durata della) vita** ● *a l. job*, un lavoro fisso □ *the chance of a l.*, un'occasione unica.

to **lift** [lift] **A** *v. t.* **1 alzare; sollevare; levare; elevare**: *to l. (up) a trunk*, sollevare un baule **2 cavare; scavare**: *to l. potatoes*, cavar patate (dal terreno) **3** *(fig.)* **plagiare; prendere di sana pianta 4 abolire, togliere** (un divieto, ecc.) **5** *(pop.)* **rubare B** *v. i.* **alzarsi; levarsi; sollevarsi** ● *to l. sb.'s face*, fare il lifting a q. □ *to l. off*, *(aeron.)* decollare; *(miss.)* partire □ *to l. up a cry*, levare un grido; gridare □ *to l. up one's eyes*, sollevare lo sguardo □ *to l. up one's voice*, alzare la voce; gridare □ *not to l. a hand to help sb.*, non muovere un dito per aiutare q.

lift [lift] *n.* [C] **1 ascensore; montacarichi 2** *(autom.)* **passaggio**: *to give sb. a l.*, dare un passaggio a q.; *(fig.)* dare una spinta a q. **3** *(mecc.)* **alzata 4** *(aeron.)* **portanza 5 sollevamento; spinta** ● *l.-boy*, fattorino addetto all'ascensore □ *l. bridge*, ponte sollevabile.

lifting ['liftiŋ] *n.* [U] e [C] **1 sollevamento 2 abolizione; soppressione 3** *(med.)* **lifting** ● *l. power*, **portata massima** (per es., d'una gru).

liftman ['liftmæn] *n.* (*pl.* **liftmen** ['liftmen]) **ascensorista.**

lift-off ['lift,ɔf] *n.* [C] **1** *(aeron.)* **decollo 2** *(miss.)* **partenza.**

ligament ['ligəmənt] *n.* [C] (specialm. *anat.*) **legamento.**

ligature ['ligətʃuə*] *n.* [C] **1** *(mus., tipogr.)* **legatura 2** *(med.)* **laccio; filo per legature.**

(1) light [lait] *n.* **1** [U] e [C] **luce; lume; lampada; fanale**: *the l. of the sun*, la luce del sole □ *to read by the l. of a candle*, leggere a lume di candela □ *to throw new l. on a matter*, gettare nuova luce su una faccenda □ *to view sb.'s conduct in a favourable light*, considerare il comportamento di q. sotto una luce (o un aspetto) favorevole **2** [C] **fiammifero; fuoco**: *to strike a l.*, accendere un fiammifero **3** [C] **luminare 4** [C] *(edil.)* **luce; lucernario; finestra** ● *(arte) l. and shade*, luce e ombra; zone in luce e zone in ombra □ *the l. of sb.'s countenance*, l'approvazione di q. □ *to be the l. of one's life*, essere caro come la luce degli occhi □ *(astron.) l. year*, anno luce □ *to appear in the l. of a scoundrel*, fare la figura del mascalzone □ *to bring st. to l.*, portare q.c. alla luce; mettere q.c. in luce □ *by the l. of the moon*, al chiaro di luna □ *to come to l.*, venire in luce; manifestarsi □ *to do one's best according to one's lights*, fare del proprio meglio secondo i propri lumi (o le proprie capacità) □ *in the l. of*, alla luce di (fatti nuovi, ecc.) □ *to stand in one's own l.*, farsi ombra; *(fig.)* nuocere a se stesso □ *to stand in sb.'s l.*, fare ombra a q.; *(fig.)* ostacolare q.

(2) light [lait] *a.* **1 luminoso; pieno di luce**: *a l. day*, una giornata luminosa **2 chiaro; pallido**: *a l. complexion*, una carnagione chiara □ *l. green*, verde pallido.

(1) to **light** [lait] (*pass.* e *p.p.* **lighted** ['laitid] o **lit** [lit]) **A** *v. t.* **1 accendere; dar fuoco a**: *to l. a fire*, accendere un fuoco **2 illuminare; rischiarare**: *A smile lit up her face*, un sorriso le illuminò il viso **3 far luce a; illuminare la strada a B** *v. i.* **1 accendersi; prendere fuoco 2 illuminarsi; rischiararsi** ● *(fam.) to l. up*, accendere una sigaretta (o la pipa).

(3) light [lait] **A** *a.* **1 leggero** (in ogni senso); **lieve; agile;** *(fig.)* **frivolo, spensierato**: *a l. wind*, un lieve vento; un venticello □ *a l. meal*, un pasto leggero □ *l. wine*, vino leggero □ *l. music*, musica leggera □ *a l. sound*, un lieve suono □ *with l. footsteps*, a passi leggeri □ *to do st. with a l. heart*, fare q.c. a cuor leggero □ *a l. woman*, una donna frivola **2 troppo leggero; scarso** (di peso): *to give l. weight*, dare il peso scarso; rubare nel peso **3 friabile; soffice**: *l. bread*, pane soffice **B** *avv.* **leggermente; facilmente** ● *(sport) l. heavyweight*, peso mediomassimo □ *(mil.) l. horse*, cavalleria leggera □ *(mil.) l. infantry*, fanteria con armamento leggero □ *a l. railway*, una ferrovia secondaria (per traffico leggero) □ *(fam.) to get off l.*, cavarsela a buon mercato □ *to have a l. hand*, avere la mano leggera; essere abile (nel far dolci, ecc.); *(fig.)* essere pieno di tatto □ *to make l. of st.*, non dar peso a q.c. □ *to sleep l.*, avere il sonno leggero □ *to travel l.*, viaggiare con poco bagaglio.

(2) to **light** [lait] (*pass.* e *p.p.* **lighted** ['laitid] o **lit** [lit]) *v. i.* **1 atterrare; cadere**: *to l. on one's feet*, cadere in piedi **2** (di uccelli) **posarsi 3** — *to l. on* (o *upon*), imbattersi in; trovare per caso.

lighted ['laitid] *a. attr.* **1 illuminato 2 acceso.**

(1) to **lighten** ['laitn] **A** *v. t.* **illuminare** (anche *fig.*); **rischiarare B** *v. i.* **1 illuminarsi; rischiararsi 2 lampeggiare; balenare.**

(2) to **lighten** ['laitn] **A** *v. t.* **alleggerire;** *(fig.)* **alleviare, mitigare B** *v. i.* **alleggerirsi;** *(fig.)* **alleviarsi, mitigarsi.**

(1) lighter ['laitə*] *n.* [C] **1 accenditore 2** (anche *cigar-l.*, *cigarette-l.*) **accendisigaro; accendino** *(fam.)*.

(2) lighter ['laitə*] *n.* [C] *(naut.)* **chiatta; maona; pontone.**

lighterage ['laitəridʒ] *n.* [U] *(comm., naut.)* **1 trasporto su chiatte 2 spese di trasporto (o di discarica) su chiatte; zatteraggio.**

light-fingered [,lait'fiŋgəd] *a.* **1 dalle dita agili 2** *(fig.)* **svelto di mano.**

light-footed [,lait'futid] *a.* **agile; svelto.**

light-handed [,lait'hændid] *a.* **1 dalla mano leggera 2** *(fig.)* **che ha tatto.**

light-headed [,lait'hedid] *a.* **1 sventato; frivolo 2 stordito.**

light-hearted [,lait'ha:tid] *a.* **spensierato; allegro.**

lighthouse ['laithaus] *n.* [C] *(naut.)* **faro.**

lighting ['laitiŋ] *n.* [U] **1 illuminazione 2 accensione.**

lightless ['laitlis] *a.* **privo di luce; oscuro.**

lightly ['laitli] *avv.* **1 leggermente; lievemente 2 agilmente 3 poco 4 in modo frivolo 5 alla leggera; con leggerezza.**

light-minded [,lait'mainded] *a.* **frivolo; leggero.**

lightness ['laitnis] *n.* [U] **1 leggerezza 2 agilità 3 frivolità.**

lightning ['laitniŋ] *n.* [U] **1 lampo; baleno**: *thunder and l.*, lampi e tuoni □ *a flash of l.*, un lampo **2 fulmine; saetta** ● *l. rod* (o *l. conductor*), parafulmine □ *l. strike*, sciopero senza preavviso □ *like l.*, in un lampo; in un battibaleno.

lights [laits] *n. pl.* **frattaglie** (specialm. **polmoni) di animali macellati.**

lightship ['lait,ʃip] *n.* [C] *(naut.)* **nave faro; faro galleggiante.**

lightsome ['laitsəm] *a.* **1 grazioso; vivace 2 allegro; gaio 3 frivolo.**

lightweight ['laitweit] *n.* [C] *(sport)* **peso leggero.**

ligneous ['ligniəs] *a.* *(bot.)* **ligneo; legnoso.**

lignification [,lignifi'keiʃən] *n.* [U] *(bot.)* **lignificazione.**

to **lignify** ['ligni,fai] *(bot.)* **A** *v. t.* **lignificare B** *v. i.* **lignificarsi.**

lignite ['lignait] *n.* [U] *(geol.)* **lignite.**

Ligurian [li'gjuəriən] *a.* e *n.* *(geogr.)* **ligure.**

likable ['laikəbl] *a.* **amabile; piacente; simpatico.**

to **like** [laik] ***A*** *v. t.* ***1*** **piacere** *(impers.);* **gradire**: *Do you l. fish?,* ti piace il pesce? □ *I l. to see them now and then,* mi piace vederli di quando in quando □ *I l. people to tell the truth,* mi piace che la gente dica la verità ***2*** *(specialm. al condiz.)* **volere; piacere** *(impers.)*: *I should l. a cup of tea,* vorrei una tazza di tè □ *I shouldn't l. him to meet you,* non vorrei che ti incontrasse ***3*** *(in frasi neg.)* **dispiacere** *(impers.)*; **non volere**: *I don't l. troubling him,* mi dispiace disturbarlo ***B*** *v. i.* **volere**: *You may go whenever you l.,* puoi andartene quando vuoi (o quando ti pare e piace) ● *to l. better,* preferire (tra due) □ *to l. best,* preferire (tra più di due) □ *I l. his cheek!,* che faccia tosta!; che sfacciato! □ *Well! I l. that!,* questa è bella!; questa è grossa!

(1) like [laik] ***A*** *a.* **simile; somigliante; uguale; medesimo, stesso**: *(mat.) l. quantities,* quantità uguali □ *a cup of sugar and a l. amount of flour,* una tazza di zucchero e la stessa quantità di farina ***B*** *prep.* ***1*** **come; nello stesso modo di; alla maniera di; da**: *to sing l. a bird,* cantare come un uccello ***2*** **proprio da; in carattere**: *That's l. your impudence,* ciò è in carattere con la tua impudenza ***C*** *n.* ***1*** **(l') uguale; (il) pari; (il) simile**: *Mix with your likes,* frequenta i tuoi simili! ***2*** **cosa simile**: *I've never heard the l. (of it),* non ho mai udito una cosa simile! ***D*** *avv. (fam.)* **probabilmente; forse**: *L. as not, he is already there,* forse è già arrivato □ *l. enough,* probabilmente ***E*** *cong. (fam.;* invece di *as)* **come**: *It was just l. you said,* era proprio come dicevi tu ● *l. anything* (o *l. crazy, l. mad, l. the devil),* a più non posso; in fretta e furia; a crepapelle □ *(fam.) the likes of me,* i pari miei; la gente della mia condizione □ *l. that,* così, in questo modo; fatto così; siffatto: *Don't speak to me l. that,* non parlarmi in questo modo! □ *and the l.,* e simili; e così via; ecc. □ *to feel l. doing st.,* avere voglia (o sentirsela) di fare q.c. □ *to look l.,* sembrare: *The rain looks l. lasting,* sembra che la pioggia voglia durare □ *It looks l. snow,* sembra che voglia nevicare □ *something l.,* circa; quasi; a un dipresso: *something l. a million lire,* circa un milione di lire □ *This is something l. a day,* questo è un giorno memorabile □ *What is he l.?,* com'è?; che tipo è?

(2) like [laik] *n. nella locuz.*: *likes and dislikes,* simpatie e antipatie ● *(comm.) the likes and dislikes of the public,* i gusti del pubblico.

likeable ['laikəbl] *V.* **likable.**

likelihood ['laiklihud] *n.* [U] **probabilità; verosimiglianza.**

likely ['laikli] ***A*** *a.* ***1*** **probabile**: *It is l. to rain,* è probabile che piova □ *It is not l. that he will come,* non è probabile (o è improbabile) ch'egli venga ***2*** **verosimile; credibile** ***3*** **adatto**: *a l. place for deer,* un posto dove è facile trovare cervi ***4*** **promettente; che promette bene**: *a l. lad,* un ragazzo promettente ***B*** *avv.* **probabilmente** (di solito: *very l., most l.*) ● *to be l.,* essere probabile; potere; potersi dare *(impers.)*: *He is l. to come,* può darsi che venga □ *as l. as not,* forse.

like-minded [ˌlaik'maindid] *a.* **che la pensa allo stesso modo; che ha le stesse idee** (o **gli stessi gusti).**

to **liken** ['laikən] *v. t.* **comparare; paragonare.**

likeness ['laiknis] *n.* ***1*** [U] e [C] **somiglianza** ***2*** [U] **aspetto; sembianza; veste** *(fig.)*: *in the l. of a swan,* in sembianza di cigno ***3*** [C] **ritratto.**

likewise ['laikˌwaiz] *avv.* **similmente; nello stesso modo; parimenti.**

liking ['laikiŋ] *n.* ***1*** [C] **simpatia; inclinazione; preferenza**: *to have a l. for sb.,* avere simpatia per q. ***2*** [U] **gradimento; gusto**: *Is it to your l.?,* è di tuo gusto?

lilac ['lailək] ***A*** *n.* [C] e [U] *(bot.,* Syringa vulgaris) **serenella; lillà** ***B*** *n.* e *a.* **(color) lilla.**

Lilliputian [ˌlili'pjuːʃjən] *a.* e *n.* **lillipuziano** (anche *fig.).*

to **lilt** [lilt] *v. t.* e *i.* **cantare melodiosamente.**

lilt [lilt] *n.* [C] **cadenza; ritmo accentuato.**

lilting ['liltiŋ] *a.* **cadenzato; ritmico.**

lily ['lili] *n.* [C] *(bot.,* Lilium) **giglio** (anche *fig.)* ● *l. of the valley* (Convallaria majalis), mughetto.

lily-livered ['liliˌlivəd] *a.* **codardo; vile.**

lily-white [ˌlili'wait] *a.* **candido come un giglio; bianchissimo.**

(1) limb [lim] *n.* [C] ***1*** **membro;** *(anat.)* **arto**: *to rest one's tired limbs,* riposare le stanche membra ***2*** (d'albero) **grosso ramo** ***3*** *(fam.:* originariamente *l. of the devil, l. of Satan)* **monello; diavoletto** *(fig.)* ● *to escape with life and l.,* uscirne sano e salvo □ *to tear l. from l.,* squartare; smembrare.

to **limb** [lim] *v. t.* **squartare; fare a pezzi.**

(2) limb [lim] *n.* [C] *(astron., fis., bot.)* **lembo.**

(1) limber ['limbə*] *n.* [C] *(mil.)* **avantreno** (di cannone).

(2) limber ['limbə*] *a.* **agile; flessibile; pieghevole.**

to **limber** ['limbə*] *v. t.* (di solito *to l. up*) **rendere più agile.**

limbo ['limbou] *n.* *(pl.* **limbos)** *(relig.)* **limbo** (anche *fig.).*

(1) lime [laim] *n.* [U] ***1*** **calce; calcina**: *caustic l.* (o *quicklime),* calce viva □ *slaked l.,* calce spenta ***2*** (di solito *birdlime*) **pania; vischio.**

to **lime** [laim] *v. t.* ***1*** **calcinare** (pelli) ***2*** *(agric.)* **calcinare** (terreni) ***3*** **impaniare** (anche *fig.).*

(2) lime [laim] *n.* [C] *(bot.,* spesso *l.-tree;* Tilia europaea) **tiglio.**

(3) lime [laim] *n.* [C] *(bot.,* Citrus aurantifolia; anche il frutto) **limetta.**

limeade [ˌlaim'eid] *n.* [U] **spremuta di limetta.**

limekiln ['laimkiln] *n.* [C] **forno da calce.**

limelight ['laimlait] *n.* [U] ***1*** *(stor.)* **luce bianca** ***2*** *(teatr.)* **luci della ribalta;** *(fig.)* **pubblicità, notorietà** ● *to be in the l.,* essere alla ribalta *(fig.).*

limerick ['limərik] *n.* [C] **limerick** (poesiola scherzosa, di cinque versi).

limestone ['laimstoun] *n.* [U] *(miner.)* **calcare; pietra calcarea.**

limey ['laimi] *n.* *(pop. USA)* ***1*** **marinaio inglese** ***2*** **inglese.**

limit ['limit] *n.* [C] **limite; confine; termine**: *speed l.,* limite di velocità □ *within limits,* fino a un certo limite ● *(mil.,* specialm. *USA) off limits,* divieto d'entrata □ *without l.,* illimitatamente □ *(fam.) That's the l.!,* questo è il colmo!

to **limit** ['limit] ***A*** *v. t.* **limitare; circoscrivere; ridurre** ***B*** to **limit oneself** *v. rifl.* **limitarsi.**

limitable ['limitəbl] *a.* **limitabile.**

limitary ['limitəri] *a.* ***1*** **limitato; ristretto** ***2*** **limitativo; restrittivo.**

limitation [ˌlimi'teiʃən] *n.* [C] e [U] ***1*** **limitazione; restrizione; limite** ***2*** *(leg.)* **termine di prescrizione.**

limitative ['limitiтiv] *a.* **limitativo; restrittivo.**

limited ['limitid] *a.* **limitato; esiguo; scarso; ristretto** ● *(fin.) l. company,* società a responsabilità limitata □ *(tipogr.) l. edition,* edizione numerata □ *(polit.) a l. monarchy,* una monarchia costituzionale.

limitless ['limitlis] *a.* **illimitato; sconfinato; immenso.**

limnologist [lim'nɔlədʒist] *n.* *(scient.)* **limnologo.**

limnology [lim'nɔlədʒi] *n.* [U] *(scient.)* **limnologia.**

limonite ['laiməˌnait] *n.* [U] *(miner.)* **limonite.**

limousine ['limu(ː)ziːn] *n.* [C] *(autom.)* **limousine; berlina.**

to **limp** [limp] *v. i.* ***1*** **zoppicare; camminare zoppo** ***2*** (d'aeroplano, nave, ecc.) **procedere con difficoltà** ● *to l. off,* allontanarsi zoppicando.

(1) limp [limp] *n.* *(con l'art. indeterm.)* **andatura zoppicante** ● *to walk with a l.,* camminare zoppo.

(2) limp [limp] *a.* **floscio; flaccido;** *(fig.)* **fiacco** ● *to go l.,* accasciarsi.

limpet ['limpit] *n.* [C] *(zool.,* Patella) **patella** ● *to cling* (o *to hold on, to hang on) like a l.,* stare attaccato come un'ostrica.

limpid ['limpid] *a.* **limpido; chiaro; terso.**

limpidity [lim'piditi] *n.* [U] **limpidità; limpidezza.**

limpness ['limpnis] *n.* [U] **flaccidezza;** *(fig.)* **fiacchezza, debolezza.**

limy ['laimi] *a.* ***1*** **vischioso, viscoso; appiccicoso** ***2*** **calcareo.**

linage ['lainidʒ] *n.* [U] (anche *lineage)* ***1*** **numero di righe** (di testo a stampa) ***2*** **tariffa per riga.**

linchpin ['lintʃpin] *n.* [C] ***1*** *(mecc.)* **acciarino** (della ruota) ***2*** *(fig.)* **fulcro, perno, pernio** *(fig.)*.

linden ['lindən] *n.* [C] *(bot.,* Tilia europaea) **tiglio.**

line [lain] *n.* [C] e [U] ***1*** **linea** (in ogni senso); **tratto, segno** (grafico); **riga; fila; ordine di successione** (nella parentela): *a straight l.*, una linea retta □ *to stand in (a) l.*, stare in fila □ *a new bus l.*, una nuova linea di autobus □ *a descendant of King David in a direct l.*, un discendente in linea retta del re David □ *to drop a few lines,* scrivere poche righe □ *(mil.* e *fig.) to be successful all along the l.*, avere successo su tutta la linea ***2*** **corda; fune; filo; lenza;** *(naut.)* **cima, sagola**: *a clothes-l.*, una corda per stendere i panni ***3*** **ruga; solco** ***4*** **linea di confine; confine** ***5*** — *(geogr.) the L.*, l'equatore ***6*** **linea di condotta; metodo; base**: *to study st. on sound lines,* impostare lo studio di q.c. su basi solide ***7*** **genealogia; discendenza; razza; famiglia**: *to come of a good l.*, essere di buona razza □ *the last of his l.*, l'ultimo della sua famiglia ***8*** **verso** (di composizione poetica) ***9*** *(mil.)* **fila di tende; campo**: *to inspect the lines,* fare un'ispezione al campo ***10*** *(al pl.)* **fato; destino; fortuna**: *Hard lines!,* che sfortuna! ***11*** **genere** (o **ramo**) **d'affari**: *What is his l.?,* qual è il suo genere d'affari? ***12*** *(comm.)* **classe di merci; articoli** ***13*** *(al pl., teatr.)* **battute, parte** (d'un attore) ***14*** *(al pl., costr. navali)* **disegno; progetto** ***15*** *(sport)* **traguardo**: *to cross the l.*, tagliare il traguardo ● *(arte) l.-engraving,* incisione a tratto □ *(mil.) l.-firing,* fuoco di fila □ *l. space,* interlinea □ *l. spacer,* leva d'interlinea (di macchina da scrivere) □ *(fig.) to bring sb. into l.*, convincere q. ad accettare una determinata linea di condotta □ *(fig.) to draw the l.*, porre un limite □ *(fig.) in l. with,* d'accordo con □ *(ferr.) the Southern lines,* le ferrovie meridionali □ *(fig.) to take* (o *to keep to) one's own l.*, seguire una linea di condotta personale; andare per la propria strada □ *(fig.) to toe the l.*, rigare dritto; accettare la disciplina (di partito, ecc.) □ *(tel.) L. engaged (USA L. busy),* la linea è occupata!

(1) to **line** [lain] ***A*** *v. t.* ***1*** **segnare con linee** (o **con righe**)**; rigare** ***2*** **segnare, solcare** (di rughe) ***3*** (spesso *to l. up*) **mettere in fila** (o **in riga**)**; allineare** ***4*** **fiancheggiare** ***5*** **disporre** (**in fila**) **lungo** (q.c.) ***6*** *(tipogr.)* **allineare** ***B*** *v. i.* (di solito *to l. up*) **allinearsi; mettersi in fila** ● *to l. out,* allineare, allinearsi □ *to l. through,* cancellare con un frego: *L. this sentence through,* tira un frego su questa frase!

(2) to **line** [lain] *v. t.* ***1*** **foderare**: *to l. a dress,* foderare un abito ***2*** **rivestire**: *to l. a wall with tiles,* rivestire una parete di mattonelle ● *(fig.) to l. one's pocket well,* fare soldi.

lineage ['liniidʒ] *n.* [U] **lignaggio; discendenza; casato; stirpe.**

lineal ['liniəl] *a.* **in linea diretta; diretto**: *a l. heir,* un erede diretto.

lineament ['liniəmənt] *n.* *(generalm. al pl.)* ***1*** **lineamento; fattezza; tratto** (del viso) ***2*** **caratteristica; aspetto essenziale.**

linear ['liniə*] *a.* **lineare**: *l. measures,* misure lineari.

lineation [ˌlini'eiʃən] *n.* [C] **rigatura; divisione in linee.**

lineman ['lainmən] *n.* (*pl.* **linemen** ['lainmən]) ***1*** **guardafili** (di linea telefonica, ecc.) ***2*** *(ferr.)* **guardalinee** ***3*** *(sport)* **segnalinee; guardalinee.**

linen ['linin] *n.* [U] ***1*** **tela di lino** ***2*** **biancheria; panni**: *bed l.*, biancheria da letto □ *table l.*, biancheria da tavola ● *(fig.) to wash one's dirty l. at home,* lavare i panni sporchi in casa.

liner ['lainə*] *n.* [C] ***1*** *(naut.)* **nave di linea; transatlantico** ***2*** *(aeron.,* anche *airliner)* **aeroplano di linea** ***3*** (anche *eyeliner)* **matita per il trucco degli occhi.**

linertrain ['lainətrein] *n.* [C] *(ferr.,* anche *freightliner)* **treno merci per contenitori.**

linesman ['lainzmən] *n.* (*pl.* **linesmen** ['lainzmən]) ***1*** **guardafili** (di linea telefonica, ecc.) ***2*** *(ferr.)* **guardalinee** ***3*** *(mil.)* **fante di reggimento di linea** ***4*** *(sport)* **segnalinee; guardalinee.**

line-up ['lainʌp] *n.* [C] ***1*** **allineamento** ***2*** *(sport)* **formazione di gioco; schieramento** ***3*** *(mecc.)* **messa a punto.**

(1) ling [liŋ] *n.* [C] *(zool.,* Molva molva) **molva.**

(2) ling [liŋ] *n.* [U] *(bot.,* Calluna vulgaris) **brentolo; brugo.**

to **linger** ['liŋgə*] *v. i.* ***1*** **attardarsi; esitare; indugiare; soffermarsi** ***2*** — *to l. on,* essere prossimo alla fine; tirare avanti a stento ● *to l. away one's time,* perdere tempo □ *to l. behind,* restare indietro □ *to l. out one's life,* trascinare la vita a stento □ *to l. over a subject,* dilungarsi su un argomento.

lingerie ['lɛ̃:nʒəri:] *(franc.) n.* [U] **biancheria intima** (da donna).

lingering ['liŋgəriŋ] *a.* ***1*** **lungo; prolungato** ***2*** **lento; tardo.**

lingo ['liŋgou] *n.* (*pl.* **lingoes**) ***1*** *(fam.)* **lingua straniera** ***2*** **gergo; linguaggio tecnico.**

lingual ['liŋgwəl] *a. (anat., fon.)* **linguale** ● *l. studies,* studi linguistici.

linguist ['liŋgwist] *n.* ***1*** **linguista; glottologo** ***2*** **poliglotta.**

linguistic(al) [liŋ'gwistik(əl)] *a.* **linguistico; glottologico.**

linguistics [liŋ'gwistiks] *n. pl.* *(col verbo al sing.)* **linguistica.**

liniment ['linimənt] *n.* [C] e [U] *(farm.)* **linimento; unguento.**

lining ['lainiŋ] *n.* [C] e [U] ***1*** **fodera; foderame** ***2*** **rivestimento** (interno o isolante) ***3*** **guarnizione** (di cappello).

(1) link [liŋk] *n.* [C] ***1*** **anello** (d'una catena; anche *fig.*); **maglia** ***2*** « **link** » (misura lineare) ***3*** **collegamento; connessione; vincolo; legame** (anche *chim.)* ***4*** *(mecc.)* **giunto** ***5*** (anche *cuff-l., sleeve-l.)* **gemello da polsino.**

to **link** [liŋk] ***A*** *v. t.* ***1*** **collegare; connettere; congiungere; unire** ***2*** **giungere, congiungere** (le mani) ***B*** *v. i.* **collegarsi; congiungersi** ● *to l. one's arm in* (o *through) sb.'s arm,* prendere q. sottobraccio.

(2) link [liŋk] *n.* [C] *(arc.)* **fiaccola; torcia.**

linkage ['liŋkidʒ] *n.* [U] e [C] ***1*** (anche *elab.)* **collegamento** ***2*** *(polit.)* **interdipendenza.**

linkman ['liŋkmæn] *n.* (*pl.* **linkmen** ['liŋkmen]) *(radio, telev.)* **coordinatore.**

links [liŋks] *n. pl.* ***1*** **terreno erboso; dune erbose** ***2*** *(arc.) (sport)* **campo da golf.**

link-up ['liŋkˌʌp] *n.* [C] (anche *radio, telev.)* **collegamento.**

linnet ['linit] *n.* [C] *(zool.,* Carduelis cannabina) **fanello; montanello.**

linocut ['lainoukʌt] *n.* ***1*** [U] **incisione in linoleum** ***2*** [C] **stampa ottenuta con una incisione in linoleum.**

linoleum [li'nouljəm] *n.* [U] *(ind.)* **linoleum.**

linotype ['lainoutaip] *n.* [C] *(tipogr.)* **linotype; macchina linotipica.**

linotyper ['lainouˌtaipə*], **linotypist** ['lainouˌtaipist] *n. (tipogr.)* **linotipista.**

linseed ['linsi:d] *n.* [U] **semi di lino** ● *l. oil,* olio di lino.

lint [lint] *n.* [U] **filaccia; garza.**

lintel ['lintl] *n.* [C] *(archit.)* **architrave.**

lion ['laiən] *n.* [C] ***1*** *(zool.,* Panthera leo) **leone** ***2*** *(fig.)* **celebrità** (la cui presenza è ricercata nelle riunioni mondane) ***3*** — *(astron., astrologia) the L.*, il Leone ● *(fig.) a l. in the way* (o *in the path),* un ostacolo (specialm. immaginario).

lioness ['laiənis] *n.* [C] **leonessa.**

lion-hearted ['laiənˌha:tid] *a.* **dal cuore di leone**: *Richard the L.*, Riccardo Cuor di Leone.

to **lionize** ['laiənaiz] *v. t.* **trattare** (q.) **come una celebrità; idoleggiare.**

lionlike ['laiənlaik] *a.* **leonino.**

lip [lip] *n.* ***1*** [C] *(anat.)* **labbro;** *(fig.)* **orlo, margine**: *to lick one's lips,* leccarsi le labbra; *(fig.)* leccarsi i baffi □ *the lips of a wound,* i labbri d'una ferita ***2*** [C] **beccuccio** (di recipiente) ***3*** [U] *(pop.)* **impertinenza; impudenza; sfacciataggine**: *None of your lip!,* non fare lo sfacciato! ● *(fon.) lip consonant,* consonante labiale □ *lip religion,* religiosità superficiale □ *lip service,* devozione finta; rispetto puramente verbale □ *to hang on sb.'s lips,* pendere dalle labbra di q. □ *(fam.) to keep a stiff upper lip,* tener duro; non scoraggiarsi.

to **lip** [lip] *v. t.* ***1*** **toccare con le labbra; baciare** ***2*** *(mus.)* **imboccare** (uno strumento a fiato) ***3*** (d'acqua) **lambire; sfiorare.**

lipid ['lipid] *n.* [C] *(chim., biol.)* **lipide.**

to **lip-read** ['lipˌri:d] *v. t.* e *i.* *(pass.* e *p.p.* **lip-read** [ˌlip'red]) (dei sordi) **capire dal movimento delle labbra.**

lipsalve ['lipsa:v] *n.* [U] **pomata per le labbra.**

lipstick ['lipˌstik] *n.* [C] e [U] **rossetto** (per le labbra).

liquefaction [ˌlikwi'fækʃən] *n.* [U] **liquefazione.**

to **liquefy** ['likwifai] *v. t.* e *i.* **liquefare, liquefarsi.**

liquescent [li'kwesənt] *a.* *(fis.)* **liquescente.**

liqueur [li'kjuə*] *n.* [C] **liquore; bevanda alcolica.**

liquid ['likwid] ***A*** *n.* ***1*** [C] e [U] **liquido**: *Water is a l.,* l'acqua è un liquido ***2*** [C] *(fon.)* **consonante liquida** ***B*** *a.* ***1*** **liquido** (anche *fin.*); **acquoso; fluido**: *l. food,* cibo liquido □ *(fin.) l. assets,* attivo liquido ***2*** **chiaro, limpido; lucente**: *a l. sky,* un cielo limpido □ *l. eyes,* occhi lucenti ***3*** (di suono) **melodioso** ***4*** **inconsistente; instabile; mutevole.**

to **liquidate** ['likwideit] ***A*** *v. t.* **liquidare** (anche *fin.*); **sbarazzarsi di** (q.); **assassinare** ***B*** *v. i.* (*fin.*: di una società) **andare in liquidazione.**

liquidation [ˌlikwi'deiʃən] *n.* [U] ***1*** *(fin.)* **liquidazione** ***2*** **eliminazione.**

liquidator ['likwideitə*] *n.* *(fin.)* **liquidatore.**

liquidity [li'kwiditi] *n.* [U] ***1*** **liquidità; fluidità** ***2*** **limpidezza; trasparenza** ***3*** *(fin.)* **liquidità.**

to **liquor** ['likə*] *v. i.* (*pop.* anche *to l. up*) **bere liquori.**

liquor ['likə*] *n.* ***1*** [U] **liquido; succo**: *meat l.,* succo di carne ***2*** [U] e [C] **liquore; bevanda alcolica** ***3*** [U] *(chim.)* **soluzione** ● *to be the worse for l.,* essere ubriaco.

liquorice ['likəris] *n.* [U] (*bot.*, Glycyrrhiza glabra; *farm.*) **liquirizia.**

lira ['liərə] *n.* (*pl.* **lire** ['liəri], **liras**) **lira** (moneta).

lisle [lail] *n.* [U] **filo di Scozia.**

to **lisp** [lisp] *v. i.* e *t.* ***1*** **essere bleso; avere la lisca** *(pop.)*; **pronunciare in modo bleso** ***2*** (specialm. di bambino; anche *to l. out*) **biascicare; balbettare; farfugliare.**

lisp [lisp] *n.* *(us. al sing. con l'art. determ. o indeterm.)* ***1*** **blesità** ***2*** **mormorìo; fruscìo** ● *to have* (o *to speak with) a l.,* essere bleso.

lissom(e) ['lisəm] *a.* ***1*** **flessibile** ***2*** **agile; svelto.**

(1) list [list] *n.* ***1*** [C] **lista; elenco; catalogo; distinta; listino; nota**: *to make a l.,* fare un elenco □ *the l. of prices* (o *price-l.),* il listino dei prezzi ***2*** [U] **cimosa; vivagno** ***3*** [C] *(archit.)* **listello** ***4*** [C] **confine; limite** ***5*** *(al pl., stor.)* **lizza**; *(fig.)* **campo di combattimento**: *to enter the lists,* entrare in lizza ***6*** *(Borsa)* **bollettino; listino** ● *(mil.) the active l.,* il ruolo degli ufficiali in servizio attivo □ *free l., (teatr.)* lista delle entrate di favore; *(comm.)* elenco delle merci non soggette a dazio d'importazione □ *(mil.) the retired l.,* il ruolo degli ufficiali in congedo.

(1) to **list** [list] *v. t.* ***1*** **mettere in lista** ***2*** **elencare; catalogare** ***3*** **munire di vivagno l'orlo di** (q.c.).

(2) list [list] *n.* [C] (specialm. *naut.*) **sbandamento; inclinazione.**

(2) to **list** [list] *v. i.* (specialm. *naut.*) **sbandare; inclinarsi.**

to **listen** ['lisn] *v. i.* **ascoltare; dare ascolto; prestare orecchio**: *Don't l. to him,* non dargli ascolto! ● *to l. in,* ascoltare la radio; intercettare una conversazione telefonica.

listener ['lisṇə*] *n.* **ascoltatore** ● *l.-in,* radioascoltatore.

listless ['listlis] *a.* **disattento; incurante; indolente.**

lit [lit] *pass.* e *p.p.* di to **light** ● *(pop.) lit-up,* ubriaco.

litany ['litəni] *n.* [C] *(relig.)* **litania.**

literacy ['litərəsi] *n.* [U] **(il) saper leggere e scrivere.**

literal ['litərəl] ***A*** *a.* ***1*** **espresso in lettere** ***2*** **letterale; alla lettera**: *a l. translation,* una traduzione letterale ***3*** **prosaico; pratico** ***4*** **testuale; esatto; preciso** ***B*** *n.* [C] **errore di stampa; refuso** ● *a l. error,* un errore di stampa.

literalism ['litərəˌlizəm] *n.* [U] ***1*** **stretta aderenza alla lettera** ***2*** **prosaicità** ***3*** *(arte, letter.)* **realismo.**

to **literalize** ['litərəlaiz] *v. t.* **prendere** (q.c.) **alla lettera.**

literally ['litərəli] *avv.* **letteralmente; alla lettera** (in ogni senso).

literary ['litərəri] *a.* **letterario**: *(leg.) l. property,* proprietà letteraria ● *l. agent,* agente letterario □ *l. man,* uomo di lettere; letterato.

literate ['litərit] ***A*** *a.* ***1*** **che sa leggere e scrivere; istruito** ***2*** **colto; dotto; erudito** ***B*** *n.* ***1*** **chi sa leggere e scrivere** ***2*** **persona colta; letterato.**

literati [ˌlitə'ra:ti] *n. pl.* *(collett.)* **letterati; (la) classe colta.**

literature ['litəritʃə*] *n.* [U] e [C] ***1*** **letteratura** ***2*** **letteratura; complesso di pubblicazioni; materiale bibliografico**: *mathematical l.,* pubblicazioni di matematica.

lithe [laið] *a.* **flessibile; flessuoso; agile.**

litheness ['laiðnis] *n.* [U] **flessibilità; flessuosità; agilità.**

lithesome ['laiðsəm] *a.* **flessibile; agile; snello.**

lithium ['liθiəm] *n.* [U] *(chim.)* **litio.**

lithograph ['liθəgra:f] *n.* [C] **litografia** (riproduzione litografica).

to **litograph** ['liθəgra:f] ***A*** *v. t.* **litografare** ***B*** *v. i.* **fare litografie.**

lithographer [li'θɔgrəfə*] *n.* **litografo.**

lithographic(al) [ˌliθə'græfik(əl)] *a.* **litografico.**

lithography [li'θɔgrəfi] *n.* [U] **litografia** (il procedimento).

lithology [li'θɔlədʒi] *n.* [U] *(geol.)* **litologia; studio delle rocce.**

lithosphere ['liθousfiə*] *n.* *(geol.)* **litosfera.**

Lithuanian [ˌliθju(:)'einjən] *a.* e *n.* **lituano** (anche la lingua).

litigant ['litigənt] *(leg.)* ***A*** *a.* **contendente** ***B*** *n.* **parte in causa.**

to **litigate** ['litigeit] *v. t.* e *i.* *(leg.)* **essere in lite; muovere causa.**

litigation [ˌliti'geiʃən] *n.* [U] *(leg.)* **causa; vertenza.**

litigious [li'tidʒəs] *a.* *(leg.)* **pronto a intentare cause.**

litmus ['litməs] *n.* [U] *(chim.)* **tornasole**: *l. paper,* cartina al tornasole.

litotes ['laitouti:z] *n.* [U] e [C] *(invar. al pl.) (retor.)* **litote.**

litre ['li:tə*] *n.* [C] **litro** (misura di capacità).

(1) litter ['litə*] *n.* [C] **lettiga; barella** ● *l.-bearer,* barelliere; *(mil.)* portaferiti.

(2) litter ['litə*] *n.* ***1*** [U] **lettiera; strame** ***2*** [C] **figliata** (di animali) ***3*** [U] **rifiuti** ***4*** *(al sing. con l'art. indeterm.)* **confusione; disordine; scompiglio** ● *l.-bin (l.-basket),* recipiente (cestino) per i rifiuti.

to **litter** ['litə*] ***A*** *v. t.* ***1*** (di solito *to l. down*) **preparare la lettiera in** (una stalla); **spargere strame su** (un pavimento) ***2*** (spesso *to l. up*) **ingombrare; mettere in disordine** ***3*** **spargere; sparpagliare** ***B*** *v. i.* (specialm. di cagne e scrofe) **figliare.**

(1) little ['litl] *a.* ***1*** **piccolo; poco; piccino** (anche di mente); **corto; breve; esiguo; meschino**: *l. bread (money, etc.),* poco pane (denaro, ecc.) □ *the l. ones,* i piccoli; i bambini □ *a l. man,* un uomo piccolo; un omino ***2*** **piccolo; poco importante; comune**: *to worry about l. things,* preoccuparsi delle piccole cose ***3*** *(idiom., equivalente dei dim. ital.; per es.)*: *a pretty l. house,* una bella casetta □ *a l. bear,* un orsacchiotto □ *a l. ring,* un anellino □ *a l. boy,* un bambino □ *a l. girl,* una bambina ***4*** — *a l.,* un po' di: *a l. butter,* un po' di burro ● *(fam.) l. Mary,* il pancino □ *the l. people,* le fate; i folletti □ *a l. way,* un breve tratto, per un po' (di strada) □ *a l. while,* un po' di tempo; un poco □ *Here are the l. Joneses!,* ecco i bambini dei Jones!

(2) little ['litl] *n.* **poco; po'; pochino**: *to get very l. out of st.,* ricavare ben poco da q.c. □ *a l.,* un po' □ *to know a l. of everything,* sapere un po' di tutto □ *to see very little of sb.,* vedere q. pochissimo (o raramente) □ *to do what l. one can,* fare quel poco che si può ● *l. by l.,* a poco a poco □ *l. or nothing,* poco o nulla; quasi niente □ *after a l.,* dopo un po' (di tempo); di lì a poco □ *as l. as* *possible,* il meno possibile □ *Every l. helps,* tutto serve; tutto fa brodo *(pop.).*

(3) little ['litl] *avv.* ***1*** **poco**: *in l. more than an hour,* dopo poco più di un'ora ***2*** — *a l.,* un po'; alquanto: *I am a l. better today,* sto un po' meglio oggi ***3*** **non... affatto; niente... affatto; per niente; neanche lontanamente**: *He l. dreams that we know everything about him,* non se lo sogna neanche che noi sappiamo tutto sul suo conto ● *to think l. of doing st.,* non pensarci su due volte a fare q.c.

littleness ['litlnis] *n.* U **piccolezza; pochezza; scarsezza; grettezza.**

littoral ['litərəl] ***A*** *a.* **litorale; litoraneo** ***B*** *n.* C **litorale.**

liturgic(al) [li'tə:dʒik(əl)] *a. (relig.)* **liturgico.**

liturgist ['litədʒist] *n. (relig.)* **liturgista.**

liturgy ['litədʒi] *n.* C *(relig.)* **liturgia.**

livable ['livəbl] *a.* ***1*** (della vita) **degna d'essere vissuta** ***2*** (di casa, ecc.) **abitabile** ***3*** (di persona) **socievole; con cui si può vivere** ***4*** (di dolore) **sopportabile.**

livableness ['livəblnis] *n.* U ***1*** (di casa, ecc.) **abitabilità** ***2*** **socievolezza** ***3*** **sopportabilità.**

to **live** [liv] ***A*** *v. i.* ***1*** **vivere** (quasi in ogni senso); **campare; esistere; abitare; dimorare; nutrirsi**: *to l. to be old,* vivere fino a tarda età □ *to l. to oneself,* vivere per conto proprio (o far vita ritirata) □ *to l. in Rome,* abitare a Roma □ *to l. in the country,* vivere in campagna □ *to l. on fruit,* nutrirsi di frutta □ *to l. on one's salary,* vivere del proprio stipendio ***2*** (di cose) **durare; resistere** ***B*** *v. t.* ***1*** **vivere, fare** (una vita): *to l. a happy life,* vivere una vita felice □ *to l. a life of ease,* far vita comoda ***2*** **ispirare la propria vita a; mettere in pratica**: *to l. one's faith,* mettere in pratica i principi della propria fede ● *to l. down a slander,* sfatare coi fatti una calunnia □ *to l. from hand to mouth,* vivere alla giornata □ *to l. in (out),* essere a tutto (a mezzo) servizio; (di studente) essere interno (essere esterno) □ *to l. in a small way,* condurre una vita semplice, senza pretese □ *to l. on,* continuare a vivere □ *to l. on one's name* (o *one's reputation),* vivere di rendita *(fig.)*; vivere della gloria passata □ *to l. up to st.,* tener fede a q.c.; non venir meno a q.c. □ *to l. with sb.,* stare in casa di q.; coabitare con q. □ *L. and let l.,* vivi e lascia vivere!; tira a campare! *(fam.)* □ (di malato grave) *He won't l. through the night,* non passerà la notte □ *He has lived through two wars,* è sopravvissuto a due guerre □ *L. and learn,* c'è sempre qualcosa da imparare.

live [laiv] *a. attr.* ***1*** **vivo; vivente; vitale; acceso; ardente** ***2*** *(mil.)* **carico; inesploso** ***3*** **non utilizzato** ***4*** *(elettr.)* **sotto tensione** ***5*** *(radio, telev.)* **in collegamento diretto; in ripresa diretta** ***6*** *(scherz.)* **vivo e parlante; in carne e ossa; vero e proprio.**

liveable ['livəbl] *V.* **livable.**

livelihood ['laivlihud] *n.* C **mezzi di sussistenza; sostentamento; vita**: *to earn an honest l.,* guadagnarsi la vita onestamente.

liveliness ['laivlinis] *n.* U **vivacità; vivezza; brio; animazione.**

livelong ['livlɔŋ] *a. (lett.)* **lungo; eterno** *(fig.).*

lively ['laivli] *a.* ***1*** **vivace; vivo; vivido; brioso; animato**: *l. colours,* vividi colori □ *a l. imagination,* una fantasia vivace □ *a l. discussion,* una discussione animata ***2*** **realistico**: *to give sb. a l. idea of st.,* dare a q. un'idea realistica di q.c. ● *(fam.) to make things l. for sb.,* dare del filo da torcere a q.

to **liven** ['laivn̩] *v. t.* e *i.* (di solito *to l. up*) **ravvivare, ravvivarsi; animare, animarsi.**

(1) liver ['livə*] *n.* ***1*** C *(anat.)* **fegato** ***2*** U *(cucina)* **fegato** ● *(farm.) l. extract,* estratto di fegato □ *(med.) l. failure,* insufficienza epatica □ *l. sausage,* salsiccia di fegato.

(2) liver ['livə*] *n.* C **chi vive in un certo modo**: *a plain l.,* chi vive alla buona □ *an evil l.,* chi conduce una vita malvagia.

liveried ['livərid] *a.* **in livrea**: *a l. servant,* un domestico in livrea.

liverish ['livəriʃ] *a. (fam.)* **fegatoso; bilioso; astioso.**

Liverpudlian [,livə'pʌdliən] *a.* e *n.* **(abitante) di Liverpool.**

livery ['livəri] *n.* C e U ***1*** **livrea**: *in l.,* in livrea ***2*** **costume** (di una corporazione cittadina) ***3*** (anche *l. stable)* **stallaggio** ● *l. company,* corporazione (londinese) □ (di domestico) *out of l.,* senza livrea; in abito borghese.

liveryman ['livərimən] *n.* (*pl.* **liverymen** ['livərimən]) ***1*** **membro d'una corporazione londinese** ***2*** **stalliere** (padrone di stallatico).

lives [laivz] *pl.* di **life.**

livestock ['laivstɔk] *n.* U *(agric.)* **bestiame; scorte vive.**

livid ['livid] *a.* ***1*** **livido; bluastro**: *to be l. with cold,* essere livido per il freddo ***2*** *(fam.)* **livido di rabbia; furibondo** ● *l. mark,* livido; lividura.

lividity [li'viditi] *n.* U **lividezza; lividore.**

(1) living ['liviŋ] *a.* **vivo** (anche *fig.)*; **vivente; contemporaneo**: *l. languages,* lingue vive □ *a l. hope,* una viva speranza □ *the greatest l. painter,* il maggior pittore contemporaneo ● *(collett.) the l.,* i vivi □ *l. coals,* carboni accesi □ *No man l. could do better,* nessuno al mondo potrebbe far meglio.

(2) living ['liviŋ] *n.* ***1*** U e C **(il) vivere; mezzi di sussistenza; vita**: *to make* (o *to earn) a l. as a broker,* guadagnarsi da vivere (o la vita) facendo il mediatore □ *the art of l.,* l'arte di vivere □ *plain l.,* il vivere modestamente ***2*** C *(relig.)* **beneficio; prebenda** ● *l. conditions,* condizioni di vita □ *l. space, (polit.)* spazio vitale; *(edil.)* zona giorno □ *(econ.) l. standard,* tenore di vita.

living-room ['liviŋrum] *n.* C **(stanza di) soggiorno.**

lizard ['lizəd] *n.* C *(zool.,* Lacerta) **lucertola.**

llama ['la:mə] *n.* C *(zool.,* Lama glama) **lama.**

Lloyd's [lɔidz] *n. (comm., naut.)* **Compagnia del Lloyd** (di Londra).

lo [lou] *inter.* **guarda!; ecco!**

load [loud] *n.* C ***1*** **carico, peso** (anche *fig.)*; **fardello; soma**: *a l. of wood,* un carico di legna □ *to take a l. off sb.'s mind,* togliere un peso dall'animo a q. ***2*** **carica** (d'un fucile, ecc.) ● *a cart-l. of hay,* un carro di fieno □ *(fam.) to have loads of money,* avere un sacco di quattrini.

to **load** [loud] ***A*** *v. t.* ***1*** **caricare** (anche *fig.)*; **colmare; gravare, opprimere**: *to l. a cart (a ship, etc.),* caricare un carro (una nave, ecc.) □ *to l. sb. (down) with parcels,* caricare q. di pacchi □ *to l. a gun,* caricare un fucile □ *a heart loaded with sorrow,* un cuore oppresso dal dolore ***2*** **adulterare; alterare; sofisticare** ***B*** *v. i.* ***1*** (anche *to l. up)* **caricare; fare un carico** ***2*** **caricare un'arma da fuoco** ***3*** (d'arma) **caricarsi** ● *a loaded cane* (o *stick),* un bastone impiombato □ *loaded dice,* dadi truccati.

loader ['loudə*] *n.* **caricatore** (operaio e macchina).

loadstar ['loudsta:] *V.* **lodestar.**

loadstone ['loudstoun] *V.* **lodestone.**

(1) loaf [louf] *n.* (*pl.* **loaves** [louvz]) ***1*** **pagnotta; pane**: *a two-pound l.,* una pagnotta da due libbre □ *a brown l.,* una pagnotta di pane scuro ***2*** (anche *sugar-l.)* **pan di zucchero** ● *meat l.,* polpettone di carne.

to **loaf** [louf] ***A*** *v. i.* **bighellonare; oziare; andare a zonzo** ***B*** *v. t.* (anche *to l. away)* **passare nell'ozio**: *to l. away one's time,* sciupare il tempo nell'ozio ● *to l. through life,* passare la vita nell'ozio.

(2) loaf [louf] *n.* — *to have a l.,* starsene un po' in ozio.

loafer ['loufə*] *n.* **bighellone; fannullone; scioperato.**

loam [loum] *n.* U ***1*** **terriccio** ***2*** **argilla** (da formatore) ● *l. rock,* marna.

to **loam** [loum] *v. t.* **ricoprire di terriccio.**

loan [loun] *n.* C e U (anche *comm.* e *fin.)* **prestito; mutuo**: *to ask for the l. of st.,* chiedere q.c. in prestito □ *on l.,* in prestito □ *government loans,* prestiti governativi; debito pubblico ● *l. office,* ufficio per prestiti a privati (o per sottoscrizioni a un prestito governativo) □ *l. word,* prestito (linguistico).

to **loan** [loun] *v. t.* e *i.* (specialm. *USA)* **prestare; dare in prestito.**

loath [louθ] *a. pred.* **restio; riluttante**: *to be l. to do st.,* essere restio a fare q.c. ● *nothing l.,* ben disposto (a

fare q.c.).
to **loathe** [louð] *v. t.* **1 aborrire; detestare; provare disgusto per** (q.c.) **2** *(fam.)* **non poter soffrire** (una persona).
loathing ['louðiŋ] *n.* [U] **aborrimento; disgusto; ripugnanza.**
loathsome ['louðsəm] *a.* **disgustoso; ripugnante; schifoso.**
loaves [louvz] *pl.* di **(1) loaf.**
lob [lɔb] *n.* [C] *(sport)* **pallonetto.**
to **lob** [lɔb] **A** *v. i.* **1** (spesso *to lob along)* **muoversi a stento 2** *(sport)* **tirare alto; fare pallonetti B** *v. t.* *(sport)* **lanciare** (una palla) **in alto.**
lobar ['louba(:)*] *a.* *(anat.)* **lobare.**
lobate ['loubeit] *a.* *(bot., zool.)* **lobato.**
lobby ['lɔbi] *n.* [C] **1 atrio; corridoio; vestibolo 2** *(polit.)* **corridoio 3** *(polit.)* **gruppo di mestatori politici** (dediti a manovre di corridoio) **4** (di teatro) **ridotto.**
to **lobby** ['lɔbi] **A** *v. t.* **far approvare** (una legge) **con mene di corridoio B** *v. i.* **fare manovre di corridoio; esercitare pressioni politiche.**
lobe [loub] *n.* [C] *(anat., bot.)* **lobo.**
lobed [loubd] *a.* (specialm. *bot.)* **lobato.**
lobster ['lɔbstə*] *n.* [C] e [U] *(zool.,* Palinurus vulgaris) **aragosta.**
lobule ['lɔbju:l] *n.* [C] *(anat.)* **lobulo.**
local ['loukəl] **A** *a.* **1 locale; di (o del) luogo; localizzato**: *the l. doctor,* il dottore del luogo □ *a l. train,* un treno locale **2 d'interesse locale**: *l. news,* notizie d'interesse locale (o di cronaca cittadina) **3 campanilistico; limitato; ristretto B** *n.* **1 treno locale 2 notizia di cronaca cittadina 3** *(fam.)* **osteria** ● (scritto sulla busta d'una lettera) « *local* », « città » □ *l. government election,* elezioni amministrative.
localism ['loukəlizəm] *n.* **1** [U] **provincialismo; campanilismo 2** [C] **idiotismo** (di una regione).
locality [lo*u*'kæliti] *n.* [C] **località; luogo; posto; regione** ● *to have a good sense of l.,* avere uno spiccato senso dell'orientamento.
localization [,loukəlai'zeiʃən] *n.* [U] (anche *elab.)* **localizzazione.**
to **localize** ['loukəlaiz] *v. t.* **1 localizzare; circoscrivere 2 dare a** (q.c.) **le caratteristiche di un luogo 3** *(giornalismo)* **dare un'ambientazione locale a** (una notizia).
to **locate** [lo*u*'keit] *v. t.* **1 individuare** (la posizione di); **localizzare; trovare**: *to l. a town on a map,* trovare una città su una cartina geografica **2 collocare; fissare** ● *to be located,* essere situato; trovarsi.
location [lo*u*'keiʃən] *n.* **1** [U] **posizione; ubicazione 2** [C] **appezzamento di terreno**: *a suitable l. for a new school,* un appezzamento di terreno adatto alla costruzione d'una scuola ● *(cinem.) l. work,* esterni.
locative ['lɔkətiv] *a.* e *n.* *(gramm.)* **(caso) locativo.**
loch [lɔk, lɔx] *n.* [C] *(scozz.)* **1 lago 2 stretto braccio di mare.**
(1) lock [lɔk] *n.* [C] **1 ricciolo; riccio; ciocca 2 fiocco; bioccolo.**
(2) lock [lɔk] *n.* [C] **1 serratura** (di porta, cassetto, ecc.) **2** (d'arma da fuoco) **otturatore 3** (di fiume, canale, ecc.) **chiusa; cateratta 4** *(mecc.)* **blocco; fermo** ● *l. chain,* catena per bloccare le ruote d'un veicolo □ *l. gate,* chiusa □ *l.-keeper,* guardiano di chiusa □ *(fig.) l., stock, and barrel,* armi e bagagli □ *double l.,* serratura a doppia mandata □ *under l. and key,* sotto chiave; *(fig.)* al sicuro; (anche) in prigione, in gattabuia.
to **lock** [lɔk] **A** *v. t.* **1 chiudere a chiave; serrare; sprangare 2 chiudere** (anche *fig.)*; **rinchiudere; racchiudere**: *to have a secret locked (away) in one's breast,* tenersi chiuso in cuore un segreto **3 allacciare; collegare; congiungere 4** *(mecc.)* **bloccare 5 provvedere** (un canale, ecc.) **di chiuse B** *v. i.* **1 avere la serratura; chiudersi (a chiave) 2 serrarsi; stringersi 3** *(mecc.:* d'ingranaggi*)* **bloccarsi; incepparsi 4 allacciarsi; congiungersi** ● *to l. away,* mettere sotto chiave □ *to l. sb. in,* chiudere q. a chiave □ *to l. sb. out,* chiudere q. fuori (di casa, ecc.) □ *to l. out workers,* attuare una serrata □ *(modo prov.) to l. the stable door after the horse has been stolen,* chiudere la stalla dopo che i buoi sono scappati □ *to l. up,* chiudere a chiave; rinchiudere; imprigionare; investire, immobilizzare (denaro).
lockage ['lɔkidʒ] *n.* [C] e [U] **1** *(naut.)* **passaggio d'una chiusa 2** *(naut.)* **sistema di chiuse** (in un canale) **3** *(comm.)* **diritti di passaggio d'una chiusa.**
locker ['lɔkə*] *n.* [C] **armadietto; stipetto** ● *l. room,* spogliatoio (di palestra, ecc.).
locket ['lɔkit] *n.* [C] **medaglione** (che si porta appeso al collo).
lockjaw ['lɔkdʒɔ:] *n.* [U] *(med., fam.)* **trisma.**
locknut ['lɔknʌt] *n.* [C] *(mecc.)* **controdado.**
lockout ['lɔk'aut] *n.* [C] **serrata.**
locksmith ['lɔk,smiθ] *n.* **chiavaio; magnano.**
lockup ['lɔkʌp] *n.* [C] **1 chiusura; ora di chiusura 2** *(pop.)* **guardina 3** *(fin.)* **immobilizzo** (di capitali).
locomotion [,loukə'mouʃən] *n.* [U] **locomozione.**
locomotive [,loukə'moutiv] **A** *n.* [C] *(ferr.)* **locomotiva; locomotore B** *a.* **locomotivo; locomotore.**
locomotor [,loukə'moutə*] *a.* **locomotore.**
locum tenens [,loukəm'ti:nenz]) *(lat.) n.* (*pl.* **locum tenentes** [,loukəmtə'nenti:z] **facente funzione; sostituto.**
locus ['loukəs] *n.* (*pl.* **loci** ['lousai]) **1 località 2** *(geom.)* **luogo 3** *(letter.)* **passo.**
locust ['loukəst] *n.* [C] **1** *(zool.,* Locusta, Pachytylus) **locusta; cavalletta 2** *(fig.)* **persona avida, vorace 3** *(bot.,* anche *l. tree;* Ceratonia siliqua) **carrubo 4** *(bot.,* anche *l. tree;* Robinia pseudo-acacia) **robinia** ● *l. bean,* carruba.
locution [lo*u*'kju:ʃən] *n.* **1** [U] **dizione 2** [C] **locuzione.**
locutory ['lɔkjutəri] *n.* [C] **1 parlatorio** (specialm. di monastero) **2 grata di parlatorio.**
lode [loud] *n.* [C] *(ind. min.)* **filone a vene parallele.**
loden ['loudən] *(ted.) n.* [U] *(ind. tessile)* **loden.**
lodestar ['loudsta:*] *n.* **1** *(astron.)* **stella polare 2** [C] *(fig.)* **principio informatore; guida.**
lodestone ['loudstoun] *n.* **1** [U] *(miner.)* **magnetite 2** [C] **calamita** (anche *fig.)*.
lodge [lɔdʒ] *n.* [C] **1 casetta; casotto; annesso** (di edificio maggiore): *a hunting l.,* un casotto di caccia **2 portineria 3 loggia** (massonica) **4 tana** (di castoro, lontra, ecc.).
to **lodge** [lɔdʒ] **A** *v. t.* **1 alloggiare; albergare; sistemare 2 prendere** (q.) **a pensione** (o **come pensionante) 3** (di casa) **ospitare 4 assestare** (un colpo); **piantare** (una freccia, una pallottola): *to l. a blow on sb.'s head,* assestare un colpo in testa a q. **5** *(comm.)* **mettere; depositare**: *to l. one's money in a bank,* depositare il proprio denaro in banca **6** *(leg.)* **presentare**: *to l. a complaint,* presentare un reclamo **B** *v. i.* **1 alloggiare; abitare 2 stare a pensione 3 conficcarsi; piantarsi.**
lodg(e)ment ['lɔdʒmənt] *n.* **1** [U] **alloggio; alloggiamento 2** [U] *(leg.)* **presentazione**: *the l. of a complaint,* la presentazione d'un reclamo **3** [C] **deposito; accumulo 4** [C] *(comm.)* **deposito, versamento** (in banca).
lodger ['lɔdʒə*] *n.* **pensionante; pigionante; inquilino.**
lodging ['lɔdʒiŋ] *n.* [C] e [U] **1 alloggio**: *to find (a) l. for the night,* trovare alloggio per la notte **2** *(al pl.)* **appartamento, camera d'affitto** (ammobiliati) ● *l.-house,* casa con camere ammobiliate (da affittare) □ *board and l.,* vitto e alloggio □ *common l.-house,* dormitorio pubblico.
lo-fi ['lou,fai] *a.* (di registrazione, disco, ecc.) **di cattiva qualità.**
loft [lɔft] *n.* [C] **1 soffitta; solaio 2 fienile 3 piccionaia 4 galleria** (in chiese, ecc.).
to **loft** [lɔft] *v. t.* **1 mettere in soffitta (o in solaio) 2 tenere** (piccioni) **in piccionaia 3** *(golf)* **colpire** (la palla) **così da farle descrivere un'alta parabola.**
loftiness ['lɔftinis] *n.* [U] **1 altezza; elevatezza;** *(fig.)* **grandezza, nobiltà 2** *(fig.)* **alterigia; superbia.**
lofty ['lɔfti] *a.* **1 alto; elevato;** *(fig.)* **grande, nobile, sublime 2** *(fig.)* **altero; altezzoso; superbo.**
log [lɔg] *n.* [C] **1 tronco** (d'albero); **ceppo; ciocco 2** *(naut.)* **solcometro 3** *(naut., aeron.;* anche *logbook)*

giornale di bordo ● *(polit.,* specialm. *USA) log-rolling,* elogi reciproci, non disinteressati; scambio di favori □ *King Log,* il re Travicello.

to **log** [lɔg] ***A*** *v. t.* ***1*** **tagliare** (tronchi d'albero) **in ceppi** ***2*** *(naut., aeron.)* **registrare** (fatti) **nel giornale di bordo** ***B*** *v. i.* **tagliare e trasportare tronchi.**

logarithm ['lɔgəriθəm] *n.* [C] *(mat.)* **logaritmo.**

logarithmic [ˌlɔgə'riθmik] *a. (mat.)* **logaritmico.**

loggerhead ['lɔgəhed] *n.* [C] **testa di legno** *(fig.)* ● *to be at loggerheads with sb.,* essere ai ferri corti con q.

loggia ['lɔdʒiə] *n.* [C] *(arch.)* **loggia.**

logic ['lɔdʒik] *n.* [U] *(filos.)* **logica** (anche *fig.).*

logical ['lɔdʒikəl] *a.* **logico** ● *to have a l. mind,* saper ragionare.

logically ['lɔdʒikəli] *avv.* ***1*** *(filos.)* **logicamente** ***2*** **logicamente; a rigor** (o **a fil) di logica.**

logician [lə'dʒiʃən] *n. (filos.)* **logico.**

logistics [lə'dʒistiks] *n. pl. (col verbo al sing.) (mil.)* **logistica.**

logorrhoea [ˌlɔgə'riə] *n.* [U] *(psic.)* **logorrea.**

loin [lɔin] *n.* ***1*** *(anat.; di solito al pl.)* **lombo** ***2*** [C] e [U] (di animale macellato) **lombata; lonza** ● *(fig.) to gird up one's loins,* rimboccarsi le maniche.

loir ['lɔiə*] *n.* *(zool.,* Glis glis) **ghiro.**

to **loiter** ['lɔitə*] ***A*** *v. i.* **attardarsi; bighellonare** ***B*** *v. t.* (anche *to l. away*) **perdere, sciupare** (il tempo) **nell'ozio**: *to l. the hours away,* passare ore e ore nell'ozio.

loiterer ['lɔitərə*] *n.* **bighellone; fannullone.**

to **loll** [lɔl] ***A*** *v. i.* ***1*** **penzolare; pencolare; stare penzoloni** ***2*** **sedere in modo scomposto** ***B*** *v. t.* **lasciar penzolare** (la lingua); **far pencolare** (la testa).

Lollard ['lɔləd] *n. (stor.)* **lollardo** (eretico, seguace di John Wycliffe).

lollipop ['lɔlipɔp] *n.* [C] ***1*** **lecca lecca** *(fam.)* ***2*** (anche *ice-lolly)* **ghiacciolo** (da succhiare).

to **lollop** ['lɔləp] *v. i. (fam.)* **camminare goffamente.**

lolly ['lɔli] *n.* ***1*** *(fam.) V.* **lollipop** ***2*** *(pop.)* **denaro; grana** *(pop.).*

Lombard ['lɔmbəd] *a.* e *n.* ***1*** **lombardo** ***2*** *(stor.)* **longobardo.**

London ['lʌndən] ***A*** *n. (geogr.)* **Londra** ***B*** *a. attr.* **londinese** ● *(fam.) L. particular,* nebbia londinese □ *L. smoke,* color fumo di Londra.

Londoner ['lʌndənə*] *n.* **londinese.**

lone [loun] *a. attr.* **solo; solitario** ● *(fig.) l. wolf,* tipo solitario □ *(fig.) to play a l. hand,* battersi da solo.

loneliness ['lounlinis] *n.* [U] **solitudine; malinconia**: *to suffer from l.,* soffrire di malinconia; sentirsi solo.

lonely ['lounli] *a.* ***1*** **solitario; isolato; deserto; solingo; fuori mano** ***2*** **malinconico; triste**: *to feel l.,* sentirsi solo ● *l. hearts club,* club dei cuori solitari.

loner ['lounə*] *n. (fam.)* **tipo solitario.**

lonesome ['lounsəm] *a.* ***1*** **solitario; desolato** ***2*** **malinconico.**

(1) long [lɔŋ] *a.* **lungo**: *a l. journey,* un lungo viaggio □ *to be twenty feet l.,* essere lungo venti piedi □ *a l. vowel,* una vocale lunga ● *l.-ago,* del passato; remoto: *l.-ago battles,* battaglie del passato □ *(tel.) l.-distance line,* linea interurbana □ *(sport) l.-distance race,* corsa di fondo □ *to be l. doing st.,* metterci molto tempo a fare q.c. □ *l. dozen,* tredici □ *a l. face,* il viso lungo; *(fig.)* il muso lungo □ *a l. figure,* una cifra con molti zeri □ *l. odds,* scommessa fortemente ineguale; *(ippica)* quota alta; *(fig.)* scarse probabilità □ *l.-playing record,* microsolco □ *(mil.) l.-range guns,* cannoni a lunga gittata □ *(fin.) l.-term credit,* credito a lungo termine □ *(ind. tessile) l. wool,* lana a fibra lunga □ *(fig.) to have a l. head,* saperla lunga □ *That's a l. business,* le cose vanno per le lunghe.

(2) long [lɔŋ] *avv.* **a lungo; (per) molto tempo; lungamente**: *l. after,* molto tempo dopo □ *since l.,* da molto tempo □ *l. before,* molto tempo prima □ *l. ago,* molto tempo fa ● *any longer,* (non) più; (non) oltre □ *as l. as,* finché; per tutto il tempo che □ *at (the) longest,* alla più lunga; al più tardi; al massimo □ *so (o as) l. as,* purché; a condizione che □ *How l. will it take?,* quanto tempo ci vorrà? □ *Will you be l.?,* starai via molto? □ *So l.!,* ciao!; arrivederci!

(3) long [lɔŋ] *n.* ***1*** **molto tempo** ***2*** *(fon., poesia)* **(vocale** o **sillaba) lunga**: *the longs and the shorts,* le lunghe e le brevi ● *before l.,* presto; fra breve; di qui a poco □ *to tell the l. and the short of it,* per farla breve.

to **long** [lɔŋ] *v. i.* **anelare; bramare; desiderare ardentemente**: *to be longing to do st.,* desiderare ardentemente di fare q.c.

longboat ['lɔŋbout] *n.* [C] *(naut.)* **barcaccia** (di veliero).

longbow ['lɔŋbou] *n.* [C] *(mil., stor.)* **arco lungo.**

long-dated ['lɔŋ'deitid] *a.* **a lunga scadenza**: *a l. bill,* una cambiale a lunga scadenza.

long-drawn [ˌlɔŋ'drɔ:n], **long-drawn-out** [ˌlɔŋdrɔ:n-'aut] *a.* **tirato per le lunghe; protratto.**

long-eared ['lɔŋiəd] *a.* ***1*** **dalle orecchie lunghe** ***2*** *(fig.)* **stolto.**

longeron ['lɔndʒərən] *n.* [C] *(aeron.)* **longherone.**

longevity [lɔn'dʒevity] *n.* [U] **longevità.**

longevous [lɔn'dʒi:vəs] *a.* **longevo.**

long-forgotten [ˌlɔŋfə'gɔtn] *a.* **dimenticato da tempo.**

long-haired [ˌlɔŋ'hɛəd] *a.* ***1*** **dai capelli lunghi; capelluto** ***2*** *(fig.)* **capellone; intellettualoide.**

longhand ['lɔŋhænd] *n.* [U] **scrittura normale, a mano.**

long-headed [ˌlɔŋ'hedid] *a.* ***1*** **dolicocefalo** ***2*** *(fig.)* **accorto; avveduto.**

longing ['lɔŋiŋ] ***A*** *n.* [C] e [U] **brama; desiderio intenso** ***B*** *a.* **bramoso; desideroso** ● *to feel a l. for home,* sentire nostalgia di casa.

longitude ['lɔndʒitju:d] *n.* [U] e [C] *(geogr.)* **longitudine.**

longitudinal [ˌlɔndʒi'tju:dinl] *a. (geogr.)* **longitudinale.**

long-legged [ˌlɔŋ'legid] *a.* **dalle gambe lunghe; gambuto.**

long-lived [ˌlɔŋ'livd] *a.* **di lunga vita; duraturo.**

longshoreman ['lɔŋʃɔ:mən] *n.* (*pl.* **longshoremen** ['lɔŋʃɔ:mən]) **scaricatore** (di porto).

long-sighted [ˌlɔŋ'saitid] *a.* ***1*** *(med.)* **presbite** ***2*** *(fig.)* **oculato; previdente.**

long-standing [ˌlɔŋ'stændiŋ] *a.* **di vecchia data.**

long-suffering [ˌlɔŋ'sʌfəriŋ] *a.* **longanime; indulgente; paziente.**

longways ['lɔŋweiz], **longwise** ['lɔŋwaiz] *avv.* **per il lungo; nel senso della lunghezza.**

long-winded [ˌlɔŋ'windid] *a.* ***1*** **che ha il fiato lungo** ***2*** *(fig.)* **prolisso; tedioso.**

loo [lu:] *n.* (*pl.* **loos**) *(fam.)* **gabinetto; latrina; cesso; posticino** *(fam.).*

looby ['lu:bi] *n.* **zoticone; babbeo; tonto.**

look [luk] *n.* [C] ***1*** **occhiata; sguardo**: *to have a l. at st.,* dare un'occhiata a q.c. ***2*** **aspetto; apparenza; aria; cera** *(fig.);* **sembianza**: *to judge by looks,* giudicare dalle apparenze ● *good looks* (*fam.*: *looks*), bell'aspetto; bellezza.

to **look** [luk] ***A*** *v. i.* ***1*** **guardare; dare un'occhiata a; osservare; far attenzione;** (di edificio, finestra) **dare su, essere esposto a**: *to l. (up) at the ceiling,* guardare il soffitto □ *to l. (down) at the floor,* guardare il pavimento □ *The room looks to the south,* la camera è esposta a mezzogiorno ***2*** **apparire; parere; sembrare; aver l'aria di; essere** (all'aspetto): *to l. pale,* essere pallido □ *to l. like a fool,* sembrare uno stupido ***B*** *v. t.* ***1*** **guardare**: *to l. death in the face,* guardare in faccia la morte ***2*** **dimostrare, rivelare** (all'aspetto); **esprimere** (con lo sguardo): *to look one's age (o one's years),* dimostrare la propria età ***C*** *verbi composti* ***1*** *to l. about,* guardare in giro; guardarsi intorno ***2*** *to l. after,* badare a; prendersi cura di; seguire con lo sguardo □ *to l. after oneself,* riguardarsi ***3*** *to l. ahead,* guardare avanti; *(fig.)* pensare al futuro ***4*** *to l. back,* volgersi indietro; *(fig.)* riandare col pensiero (a q.c.) ***5*** *to l. down,* guardare in basso, guardare giù; abbassare gli occhi □ *to l. down on sb.,* guardare q. dall'alto in basso; trattare q. con alterigia □ *(fam.) to l. down one's nose at sb.,* guardare q. con disprezzo; guardare q. dall'alto in basso ***6*** *to l. for (sb.,* *st.),* cercare, andare in cerca di; aspettarsi ***7*** *to l. forward,* guardare avanti; *(fig.)* pensare al futuro □ *to l. forward to,* esser impaziente di; non veder l'ora di: *I am looking forward to meeting him,* non vedo l'ora d'incontrarlo ***8*** *(fam.) to l. in (on sb.),* fare una visitina a q.; fare un salto da q. ***9*** *to l. into st.,* guardare dentro q.c.; esaminare q.c. ***10*** *to l. on,* stare a vedere; essere spettatore □ *to l. on sb. as...,* considerare q. come... □ (di edificio, finestra) *to look on to st.,* dare su q.c. ***11*** *to l. out,* guardare fuori; stare in guardia: *L. out!,* sta attento! □ *to l. out st.,* cercare q.c. □ *to l. out for sb.,* stare in attesa di q. □ *to l. out for st.,* aspettarsi (o esser preparato a) q.c. ***12*** *to l. over st.,* esaminare q.c.; passare sopra a (o perdonare) q.c. ***13*** *to l. round,* voltarsi a guardare; guardarsi intorno (anche *fig.*); prendere tempo (prima di decidere) ***14*** *to l. through,* apparire; trasparire; trapelare □ *to l. through sb.,* far finta di non conoscere q. □ *to l. through st.,* esaminare q.c. ***15*** *to l. to st.,* badare a q.c.; stare attento a q.c.; provvedere a q.c. ***16*** *to l. up,* guardare in su; alzare gli occhi; *(comm.)* migliorare □ *(fam.) to l. sb. up,* fare una visitina a q. □ *to l. sb. up and down,* squadrare q. da capo a piedi □ *to l. (st.) up,* cercare: *to l. up a word in a dictionary,* cercare una parola in un dizionario □ *to l. up to sb.,* avere ammirazione per q.; rispettare q.● *to l. oneself again,* essere quello di prima; star bene di nuovo □ *(fig.) to l. black,* essere (d'umor) nero □ *(fig.) to l. blue,* avere l'aria triste (o malinconica) □ *to l. ill,* avere una brutta cera □ *to l. small,* apparire insignificante □ *to l. well,* avere una buona cera; (di un abito, ecc.) star bene □ *L. here!,* guarda qui!; senti un po'! □ *It looks like rain,* sembra voglia piovere; il tempo minaccia pioggia □ *It looks as if it is about to rain,* sembra che stia per piovere.

looker-on ['lukə,ɔn] *n.* *(pl.* **lookers-on**) **spettatore.**

look-in ['luk,in] *n.* [C] ***1*** **visitina**: *to give sb. a l.,* fare una visitina a q. ***2*** (anche *sport)* **probabilità di successo.**

looking ['lukiŋ] *a.* *(nei composti)* **di aspetto, dall'aspetto**: *good-l.,* di bell'aspetto; di bella presenza; avvenente.

looking-glass ['lukiŋgla:s] *n.* [C] **specchio.**

lookout ['luk,aut] *n.* ***1*** *(solo al sing.)* **guardia**: *to be on the l.,* stare in guardia (o all'erta) □ *to keep a good l.,* fare buona guardia ***2*** [C] *(mil.)* **posto d'osservazione; vedetta** ***3*** [C] *(naut.)* **marinaio di vedetta** ***4*** *(solo al sing.)* **prospettiva**: *It's a bad l. for him,* è una brutta prospettiva per lui ● *That's his l.,* questo è affar suo.

look-see ['luk,si:] *n.* [C] *(pop. USA)* **rapida occhiata.**

loom [lu:m] *n.* [C] *(ind. tessile)* **telaio** (per tessitura) ● *hand l.;* telaio a mano □ *power l.,* telaio meccanico.

to **loom** [lu:m] *v. i.* **apparire in lontananza; profilarsi** (anche *fig.)* ● *to l. large,* profilarsi grave; incombere.

loon [lu:n] *n.* [C] (*zool.,* Gavia) **strolaga.**

loony ['lu:ni] *a.* e *n.* *(pop.)* **matto; pazzo** ● *l. bin,* manicomio.

loop [lu:p] *n.* [C] ***1*** **cappio** ***2*** **maglietta; asola volante** ***3*** **anello di metallo** ***4*** (*ferr.;* anche *l.-line*) **raccordo anulare** ***5*** *(aeron.)* **gran volta; cerchio della morte** ***6*** *(elab.)* **ciclo; iterazione** ***7*** *(med.)* **spirale (intrauterina)** ● *l. knot,* nodo scorsoio □ *l.-stitch,* punto a maglia □ *(aeron.) to loop the l.,* fare il cerchio della morte.

to **loop** [lu:p] ***A*** *v. t.* ***1*** **far un cappio a** (q.c.); **allacciare** ***2*** **agganciare** ***B*** *v. i.* *(aeron.)* **eseguire la gran volta; fare il cerchio della morte.**

looper ['lu:pə*] *n.* ***1*** *(zool.)* **geometride; bruco misuratore** ***2*** *(mecc.)* **spoletta** (di macchina da cucire) **per fare asole volanti.**

loophole ['lu:phoul] *n.* [C] ***1*** **feritoia; stretta apertura** (in un muro) ***2*** *(fig.)* **scappatoia; espediente; via d'uscita** *(fig.).*

to **loophole** ['lu:phoul] *v. t.* **munire** (un muro) **di feritoie.**

loose [lu:s] *a.* ***1*** **sciolto; slegato; in libertà;** (anche *chim.)* **libero**: *l. hair,* capelli sciolti ***2*** **allentato; lento; staccato; (troppo) largo; slegato**: *a l. screw,* una vite allentata □ *a l. collar,* un colletto troppo largo ***3*** **approssimativo; impreciso; trasandato; senza capo né coda**: *a l. translation,* una traduzione approssimativa ***4*** **dissoluto; licenzioso; immorale**: *a l. woman,* una donna dissoluta □ *l. conduct,* condotta immorale ***5*** **non compatto; smosso; rado**: *l. soil,* terreno smosso ***6*** **sciolto; non legato; sfuso**: *l. sheets,* fogli sciolti ● *l. cash,* moneta spicciola □ *l.-fitting clothes,* abiti troppo larghi □ (d'abito) *l.-flowing,* non attillato; discinto □ *l. limbs,* membra non bene proporzionate □ *l. talk,* discorsi a vanvera □ *a l. tooth,* un dente che tentenna □ *to break l.,* sciogliersi; liberarsi (da legami, sbarre, ecc.); scappare; *(fig.)* sfogarsi □ *to come* (o *to get) l.,* allentarsi □ *to have l. bowels,* avere la sciolta *(fam.)*; soffrire di diarrea □ *(fig.) to have a screw l.,* mancare d'una rotella, essere svitato *(fam.)* □ *to have a l. tongue,* parlare troppo; spifferare tutto □ *(mil.:* di soldati*) in l. order,* in ordine sparso □ *to let l.,* liberare, sciogliere; sfogare □ *to be on the l.,* essere uccel di bosco; *(fam.)* correre la cavallina.

to **loose** [lu:s] *v. t.* ***1*** **allentare; slacciare; slegare; sciogliere**: *to l. a knot,* sciogliere un nodo ***2*** *(naut.)* **mollare** (gli ormeggi); **spiegare** (le vele).

to **loosen** ['lu:sn] ***A*** *v. t.* ***1*** **allentare; slacciare; slegare; sciogliere**: *to l. sb.'s tongue,* far sciogliere la lingua a q. ***2*** **allentare** (la disciplina, ecc.) ***3*** **liberare, sgombrare** (l'intestino) ***4*** **alleviare, ammorbidire** (la tosse secca) ***B*** *v. i.* **allentarsi; slacciarsi; slegarsi; sciogliersi** ● *to l. up,* rilassarsi; *(sport)* **sciogliere** (i muscoli).

looseness ['lu:snis] *n.* [U] ***1*** **scioltezza** ***2*** **inesattezza; imprecisione** ***3*** **dissolutezza; licenziosità** ● *(med.) l. of the bowels,* sciolta *(fam.)*; diarrea.

loot [lu:t] *n.* [U] **bottino; preda; spoglie** (di guerra).

to **loot** [lu:t] *v. t.* **saccheggiare; depredare.**

looter ['lu:tə*] *n.* **saccheggiatore.**

(1) to **lop** [lɔp] *v. t.* ***1*** **potare, rimondare** (alberi) ***2*** **mozzare, tagliare** (la testa, un braccio, ecc.) ● *to lop off* (o *away),* tagliar via; recidere.

lop [lɔp] *n.* [U] **rami tagliati** (potando); **potatura.**

(2) to **lop** [lɔp] ***A*** *v. i.* ***1*** **pencolare; penzolare** ***2*** — *to lop about,* bighellonare ***B*** *v. t.* **far pendere, tener penzoloni** (orecchie, ecc.).

to **lope** [loup] *v. i.* **procedere a lunghi balzi.**

lope [loup] *n.* [C] **falcata; andatura a balzi.**

lop-eared [,lɔp'iəd] *a.* **dalle orecchie penzolanti.**

loppings ['lɔpiŋz] *n. pl.* **potatura; rami potati.**

lop-sided [,lɔp'saidid] *a.* **inclinato su un fianco; sbilenco.**

loquacious [lou'kweiʃəs] *a.* **loquace; ciarliero.**

loquacity [lou'kwæsiti] *n.* [U] **loquacità.**

loquat ['loukwæt] *n.* [C] ***1*** (*bot.,* Eriobotrya japonica) **nespolo del Giappone** ***2*** **nespola del Giappone.**

lor, lor' [lɔ:*] *inter.* *(pop.)* **perdio!; perdinci!**

lord [lɔ:d] *n.* ***1*** **signore; sovrano**: *the l. of the manor,* il signore del castello ***2*** **lord** (titolo ingl.); **pari d'Inghilterra** ***3*** — *L.,* Signore; Dio; Iddio: *Our L.,* Nostro Signore ***4*** *(scherz.;* anche *l. and master)* **marito; padrone di casa** ***5*** *(fig.)* **magnate**: *the oil lords,* i magnati del petrolio ● *the L.'s day,* il giorno del Signore; la domenica □ *(relig.) the L.'s prayer,* il paternostro □ *(polit.) the Lords Spiritual,* i vescovi che siedono alla Camera dei Lord □ *(polit.) the Lords Temporal,* i Lord laici (della Camera dei Lord) □ *to act the l.,* darsi arie di gran signore □ *to live like a l.,* vivere da gran signore □ *to swear like a l.,* bestemmiare come un turco □ *L. knows who (how, etc.),* Dio sa chi (come, ecc.).

to **lord** [lɔ:d] *v. i.* — *to l. it over,* farla da padrone; spadroneggiare.

lordling ['lɔ:dliŋ] *n.* ***1*** **giovane lord** ***2*** *(spreg.)* **signorotto.**

lordly ['lɔ:dli] *a.* ***1*** **fastoso; magnifico** ***2*** **altero; altezzoso.**

lordship ['lɔ:dʃip] *n.* ***1*** [U] **signoria; dominio** ***2*** [C] **Signoria; Eccellenza**: *Your L.,* Vostra Signoria.

lore [lɔ:*] *n.* [U] **tradizioni; notizie**: *bird l.,* notizie sulla vita degli uccelli.

lorgnette [lɔ:'njet] *n.* [C] ***1*** **occhialetto** (col manico) ***2*** **binocolo da teatro** (col manico).

lorn [lɔ:n] *a.* *(poet.)* **abbandonato; desolato; deserto; solitario.**

lorry ['lɔri] *n.* [C] ***1*** **carro** (senza sponde) ***2*** **autocarro; camion** ● *l.-driver,* camionista □ *tipping l.,* autocarro con cassone ribaltabile.

to **lose** [lu:z] (*pass.* e *p.p.* **lost** [lɔst]) ***A*** *v. t.* ***1*** **perdere; smarrire**: *to l. one's keys,* perdere le chiavi ***2*** **sprecare; sciupare**: *to l. one's time,* sprecare il tempo ***3*** **liberarsi di; sbarazzarsi di** ***4*** **far perdere; costare**: *His negligence lost him his job,* la sua negligenza gli fece perdere l'impiego ***5*** *(sport)* **staccare, distanziare** (gli avversari, in una corsa) ***B*** *v. i.* ***1*** **perderci; rimetterci; scapitare** ***2*** (d'orologi) **restare indietro** ***3*** (anche *sport*) **perdere** ***C*** to **lose oneself** *v. rifl.* **perdersi; smarrirsi** ● *a losing game,* una partita persa in partenza (anche *fig.*) □ *to be lost,* smarrirsi; andare smarrito □ *to be lost in thought,* essere assorto nei propri pensieri □ *to be lost to all sense of duty (shame, etc.),* aver perso ogni senso del dovere (del pudore, ecc.) □ *to be lost upon sb.,* non sortire effetto su q.

loser ['lu:zə*] *n.* **perdente; perditore, perditrice** ● *to be a good (bad) l.,* saper perdere (non saper perdere).

loss [lɔs] *n.* [U] e [C] **perdita; sciupio; spreco; danno**: *l. of blood,* perdita di sangue □ *to suffer heavy losses,* subire gravi perdite ● *l. of appetite,* inappetenza □ *(comm.) l. in weight,* calo di peso □ *to be at a l.,* essere perplesso □ *to be at a l. for words,* non riuscire a trovare le parole □ *(comm.) to sell at a l.,* vendere in perdita.

lost [lɔst] ***A*** *pass.* e *p.p.* di to **lose** ***B*** *a.* ***1*** **perduto; smarrito**: *l. property,* oggetti smarriti ***2*** **perso; perduto; sprecato**: *a l. cause,* una causa persa ***3*** *(fig.)* **perduto; disorientato.**

lot [lɔt] ***A*** *n.* ***1*** [C] **destino; fato; sorte; ventura**: *His lot has been a hard one,* il destino è stato duro con lui ***2*** [U] **sorteggio**: *to choose by lot,* scegliere tirando a sorte (o per sorteggio) ***3*** [C] **lotto, appezzamento** (di terreno) ***4*** [C] *(comm.)* **partita** (di merce) ***5*** *(fam.,* anche *lots)* **gran quantità; gran numero; mucchio, sacco** *(fam.)*; **molto**: *a lot of money,* un sacco di soldi ***6*** *(fam.)* **individuo; tipo**: *a bad lot,* un individuo poco raccomandabile ***B*** *avv.* — *a lot,* assai; molto ● *the lot* (o *the whole lot),* tutto quanto, tutti quanti □ *(fam.) lots and lots,* una quantità enorme; moltissimi □ *to draw (o to cast) lots,* tirare a sorte □ *to throw* (o *to cast) in one's lot with sb.,* condividere la sorte di q. □ *(iron.) A lot you care,* te ne importa assai! □ *That's the lot!,* questo è tutto.

to **lot** [lɔt] *v. t.* ***1*** **dividere** (terreni) **in lotti; lottizzare** ***2*** *(comm.)* **dividere** (merce) **in partite.**

loth [louθ] *V.* **loath.**

lotion ['louʃən] *n.* [U] e [C] *(med.)* **lozione; unguento.**

lottery ['lɔtəri] *n.* [C] **lotteria** ● *l.-ticket,* biglietto di lotteria.

lotto ['lɔtou] *n.* [U] **tombola.**

lotus ['loutəs] *n.* [C] ***1*** *(bot.* Lotus) **loto** ***2*** **(frutto del) loto** ● *l.-eater,* lotofago.

loud [laud] ***A*** *a.* ***1*** (di suono) **forte; alto**: *in a l. voice,* a voce alta ***2*** **sonoro; rumoroso** ***3*** **insistente**: *l. denials,* insistenti dinieghi ***4*** (di colore, ecc.) **sgargiante; vistoso** ***5*** **grossolano; rozzo**: *l. manners,* modi grossolani ***B*** *avv.* **a voce alta; forte; sonoramente.**

loud-hailer [ˌlaud'heilə*] *n.* [C] **megafono.**

loudmouth ['laudmauθ] *n.* [C] *(fam.)* ***1*** **chiacchierone** ***2*** **spaccone.**

loudness ['laudnis] *n.* [U] ***1*** **livello sonoro; sonorità; forza** (d'un suono); **altezza** (della voce); **rumorosità** ***2*** **chiassosità; vistosità.**

loud-speaker [ˌlaud'spi:kə*] *n.* [C] **altoparlante.**

lough [lɔk] *(irl.) n.* [C] ***1*** **lago** ***2*** **stretto braccio di mare.**

to **lounge** [laundʒ] *v. i.* **bighellonare; gironzolare; oziare; poltrire** ● *to l. away one's time,* sciupare il tempo □ *to l. on a deck-chair,* stare disteso su una sedia a sdraio.

lounge ['laundʒ] *n.* [C] ***1*** **momento d'ozio; periodo di riposo**: *to have a l.,* prendersi un po' di riposo ***2*** **atrio; vestibolo; sala di ritrovo** ***3*** **salotto** (di casa privata) ***4*** (anche *l.-chair)* **poltrona** ● *(pop.) l. lizard,* gigolo □ *l. suit,* abito da passeggio (da uomo).

lounger ['laundʒə*] *n.* **bighellone; fannullone; perdigiorno.**

to **lour** ['lauə*] *v. i.* ***1*** **aggrottare le ciglia** ***2*** (del cielo) **oscurarsi; rabbuiarsi** ● *to l. at (o on, upon) sb.,* guardare q. in cagnesco (o di traverso).

louse [laus] *n.* ***1*** (*pl.* **lice** [lais]) (*zool.,* Pediculus) **pidocchio** ***2*** (*pl.* **louses)** *(pop.)* **individuo spregevole; verme** *(fig.)*.

lousiness ['lauzinis] *n.* [U] **(l')essere pidocchioso; sporcizia.**

lousy ['lauzi] *a.* ***1*** **pidocchioso** ***2*** *(pop.)* **disgustoso; ignobile** ● *(pop.) l. with money,* pieno di quattrini.

lout [laut] *n.* [C] **villano; zoticone.**

loutish ['lautiʃ] *a.* **grossolano; rozzo; villano; zotico.**

louvre, *(USA)* **louver** ['lu:və*] *n.* [C] ***1*** *(archit. medievale)* **torretta, lucernaio** (sul tetto d'un edificio) ***2*** (anche *l. board)* **stecca di persiana** ***3*** *(autom.)* **feritoia di ventilazione** (sul cofano).

lovable ['lʌvəbl] *a.* **amabile; simpatico.**

love [lʌv] *n.* ***1*** [U] **amore; affetto**: *l. of one's country,* amor di patria ***2*** [C] *(fam.)* **amore** (persona o cosa amata) ***3*** *(sport;* specialm. *tennis)* **zero punti**: *l.-all,* zero pari □ *a l. game,* una partita in cui il perdente ha fatto zero punti ● *l.-affair,* intrigo amoroso □ *l.-knot,* nodo d'amore □ *l.-letter,* lettera d'amore □ *l.-match,* matrimonio d'amore □ *l.-song,* canzone d'amore □ *l.-token,* pegno d'amore □ *to fall in l. with sb.,* innamorarsi di q. □ *for l.,* per amore; per diletto; gratis □ *to give one's l. to sb.,* porgere affettuosi saluti a q. □ *to be in l. with sb.,* essere innamorato di q. □ *to make l. to sb.,* corteggiare q.; fare all'amore con q. □ *to play for l.,* giocare per amore del gioco (non per denaro) □ *Isn't she a little l.?,* che amore di bambina!

to **love** [lʌv] *v. t.* ***1*** **amare; aver caro; voler bene a**: *to l. one's parents (one's country),* amare i genitori (la patria) ***2*** **piacere molto** *(impers.)*; **provar diletto in**: *I l. comfort,* mi piacciono le comodità □ *He loves playing tennis,* gli piace molto giocare a tennis □ *(fam.) I should l. to come with you,* mi piacerebbe molto venire con te.

loveable ['lʌvəbl] *V.* **lovable.**

lovebird ['lʌvbə:d] *n.* [C] *(zool.,* Agapornis) **inseparabile** (pappagallino).

loveless ['lʌvlis] *a.* **senz'amore; che non ama; che non è amato**: *a l. marriage,* un'unione senza amore.

loveliness ['lʌvlinis] *n.* [U] **bellezza; grazia; incanto; leggiadria.**

lovelock ['lʌvlɔk] *n.* [C] **tirabaci.**

lovelorn ['lʌvlɔ:n] *a.* **infelice in amore.**

lovely ['lʌvli] *a.* ***1*** **bello; grazioso; leggiadaro; piacevole**: *a l. woman,* una bella donna □ *l. hair,* bei capelli ***2*** *(fam.)* **delizioso; divertente** ● *to have a l. time,* divertirsi un mondo.

lover ['lʌvə*] *n.* ***1*** **innamorato, innamorata; amante** ***2*** **amante, appassionato** (di q.c.): *a l. of music,* un appassionato di musica.

lovesick ['lʌvsik] *a.* **malato d'amore; innamorato.**

lovey ['lʌvi] *n.* *(fam.)* **amore; tesoro.**

loving ['lʌviŋ] *a.* **amoroso; amorevole; affettuoso; affezionato; devoto; tenero** ● *l. cup,* coppa dell'amicizia.

lovingness ['lʌviŋnis] *n.* [U] **affettuosità; devozione; tenerezza.**

(1) low [lou] *a.* ***1*** **basso; di bassa condizione; umile; abietto; vile; volgare; triviale**: *a low wall,* un muro basso □ *low tastes,* gusti volgari □ *a man of low birth,* un uomo di umili natali □ *low manners,* maniere volgari; maleducazione □ *to speak in a low voice,* parlare a voce bassa □ *low prices,* prezzi bassi ***2*** **profondo; basso**: *a low bow,* un profondo inchino ***3*** **debole; depresso; lieve; leggero; scarso**: *a low diet,* una dieta leggera ***4*** **cattivo; poco buono**: *to be in a low state of health,* essere in cattive condizioni di salute ***5*** **assai scarso; quasi esaurito**: *Our stocks are low,* le nostre scorte sono quasi esaurite ● *low comedy,* commedia popolare; farsa □ *(fam.) low-down,* abietto; meschino □ *(pop.) the low-down,* le manovre dietro le quinte; le informazioni segrete □ *a low dress,* un vestito molto scollato □ *(polit.) the lower class(es),* il ceto operaio □ *(polit.) the Lower House,* la Camera Bassa □ *the lower regions,* gli inferi.

(2) low [lou] *avv.* 1 basso; in basso (anche *fig.*): *to hit low,* colpire basso 2 profondamente: *to bow low to sb.,* inchinarsi profondamente davanti a q. 3 a bassa voce; sottovoce; piano: *to speak low,* parlare a bassa voce 4 a buon mercato; a basso prezzo: *to buy st. low,* comprare q.c. a buon mercato ● *to bring sb. low,* tenere q. soggetto; umiliare q. □ *to lay sb. low,* abbattere q.; sopraffare q. □ *to lie low,* star disteso; essere prostrato; *(fam.)* stare nascosto □ *to play low,* giocare per una piccola posta □ *to play it low (down) upon sb.,* giocare un brutto tiro a q.

(3) low [lou] *n.* [C] 1 *(meteorologia)* zona di bassa pressione 2 *(mecc., autom.)* prima marcia; prima velocità 3 *(fam.)* punto basso; livello basso 4 *(Borsa)* quotazione minima.

(4) low [lou] *n.* [C] muggito.

to **low** [lou] *v. i.* muggire; mugghiare.

low-born [ˌlou'bɔːn] *a.* *(lett.)* di umili natali.

low-bred [ˌlou'bred] *a.* maleducato; rozzo; volgare.

low-brow ['loubrau] *(fam.)* A *n.* persona di media (o scarsa) cultura; persona di gusti facili B *a.* facile; popolare: *l. tastes,* gusti facili □ *l. amusements,* divertimenti popolari.

lower ['louə*] (*compar. di* **low**) A *a.* inferiore; più basso B *avv.* più basso; più in basso.

to **lower** ['louə*] A *v. t.* 1 abbassare; calare; diminuire; ridurre: *to l. a ceiling,* abbassare un soffitto □ *to l. one's voice,* abbassare la voce 2 debilitare; indebolire: *to l. sb.'s resistance,* indebolire la resistenza di q. 3 avvilire; umiliare 4 *(naut.)* ammainare B *v. i.* 1 calare; diminuire; ridursi 2 (anche *to l. oneself*) abbassarsi; umiliarsi.

lowermost ['louəmoust] *V.* **lowest.**

lowest ['louist] *a.* (*superl. di* **low**) infimo; (il) più basso ● *(mat.) l. common multiple,* minimo comune multiplo □ *(mat.) l. terms,* minimi termini □ *at (the) lowest,* a dir poco; almeno.

low-frequency ['louˌfriːkwənsi] *a. attr.* *(elettr., elettron.)* a bassa frequenza.

lowland ['loulənd] A *n.* [C] bassopiano; pianura B *a. attr.* della pianura.

lowlander ['louləndə*] *n.* 1 abitante della pianura; pianigiano 2 — *L.,* abitante della Scozia meridionale.

lowliness ['loulinis] *n.* [U] modestia; umiltà.

lowly ['louli] A *a.* modesto; umile B *avv.* modestamente; umilmente.

lowness ['lounis] *n.* [U] 1 bassezza; pochezza; bassezza d'animo; miseria; volgarità 2 profondità 3 debolezza (d'un suono) 4 avvilimento; depressione (d'animo) 5 modicità (di un prezzo).

low-pitched [ˌlou'pitʃt] *a.* 1 (di voce) dal tono basso 2 (di tetto) poco aguzzo.

loyal ['lɔiəl] *a.* fedele; fido; leale; devoto.

loyalism ['lɔiəlizəm] *n.* [U] *(polit.)* lealismo.

loyalist ['lɔiəlist] *n.* *(polit.)* lealista.

loyalty ['lɔiəlti] *n.* [U] fedeltà; lealtà; devozione.

lozenge ['lɔzindʒ] *n.* [C] 1 *(geom., archit., araldica)* losanga; rombo 2 pasticca; pastiglia: *cough lozenges,* pasticche per la tosse.

lozenged ['lɔzindʒd] *a.* 1 (di disegno, ecc.) a losanga; a rombi (di colori diversi) 2 (di vetrata) con vetri a losanga.

lubber ['lʌbə*] *n.* 1 zoticone; bestione 2 marinaio inesperto.

lubberly ['lʌbəli] *a.* goffo; maldestro; zotico; balordo.

lubricant ['luːbrikənt] *a.* e *n.* [C] e [U] lubrificante.

to **lubricate** ['luːbrikeit] *v. t.* e *i.* 1 *(mecc.)* lubrificare 2 *(fig.)* agevolare; facilitare 3 *(fig., fam.)* ungere le ruote a (q.).

lubrication [ˌluːbri'keiʃən] *n.* [U] e [C] lubrificazione.

lubricator ['luːbrikeitə*] *n.* 1 lubrificatore 2 *(mecc.)* oliatore; ingrassatore.

lubricity [luː'brisiti] *n.* [U] 1 scivolosità; viscidità 2 scurrilità 3 lascivia; lussuria 4 *(mecc.)* proprietà lubrificante.

lubricous ['luːbrikəs] *a.* 1 lubrico *(lett.)*; viscido; sdrucciolevole 2 scurrile 3 lascivo; lussurioso.

luce [ljuːs] *n.* *(zool.,* Esox lucius) luccio.

lucent ['luːsənt] *a.* 1 lucente; rilucente 2 traslucido; trasparente.

lucern(e) [luː'səːn] *n.* [U] *(bot.,* Medicago sativa) erba medica.

lucid ['luːsid] *a.* lucido (specialm. *fig.*); lustro; limpido; terso ● *in a l. interval,* in un intervallo di lucidità.

lucidity [luː'siditi] *n.* [U] 1 lucidità; chiarezza 2 lucidità mentale.

luck [lʌk] *n.* [U] fortuna; sorte: *bad l.,* mala sorte; sfortuna □ *Good l.!,* buona fortuna! ● *to bring good l.,* portar fortuna □ *to be in l.,* essere fortunato □ *to be out of l.,* essere sfortunato □ *to try one's l.,* tentare la sorte □ *Bad l. to him!,* accidenti a lui!; che il diavolo se lo porti! □ *(iron.) Just my l.!,* la mia solita (s)fortuna!

luckless ['lʌklis] *a.* sfortunato; disgraziato; infausto; sventurato.

lucky ['lʌki] *a.* 1 fortunato; fausto; felice; propizio 2 che porta fortuna: *a l. coin,* una moneta che porta fortuna ● *l. dip,* pesca (alle fiere, nei luna park, ecc.) □ *That was a l. guess!,* l'ho (l'hai, ecc.) azzeccata! □ *to have a l. escape,* cavarsela a buon mercato □ *(fam.) L. beggar!,* fortunato te!; beato te! □ *How l.!,* che fortuna! □ *(fam.) You're a l. dog!,* hai avuto una bella fortuna!

lucrative ['luːkrətiv] *a.* lucroso; lucrativo; proficuo; rimunerativo.

lucrativeness ['luːkrətivnis] *n.* [U] proficuità.

lucre ['luːkə*] *n.* [U] lucro; guadagno.

to **lucubrate** ['luːkju(ː)breit] *v. i.* fare elucubrazioni.

lucubration [ˌluːkju(ː)'breiʃən] *n.* [C] elucubrazione.

ludicrous ['luːdikrəs] *a.* risibile; ridicolo; comico; assurdo.

ludicrousness ['luːdikrəsnis] *n.* [U] ridicolezza; comicità; assurdità.

ludo ['luːdou] *n.* [U] « ludo » (gioco infantile con tabellone e gettoni).

luetic [lu'etik] *a.* e *n.* *(med.)* luetico.

to **luff** [lʌf] *(naut.)* A *v. i.* orzare; andare all'orza B *v. t.* mettere (una nave, il timone) all'orza ● *L. the helm!,* barra sottovento!

to **lug** [lʌg] *v. t.* tirare; trascinare (a forza); strascinare.

(1) lug [lʌg] *n.* [C] strattone; strappata; tirata.

(2) lug [lʌg] *n.* [C] *(mecc.)* aggetto; aletta.

luggage ['lʌgidʒ] *n.* [U] bagaglio ● *l. carrier,* portabagagli □ *l. rack,* portabagagli; reticella per i bagagli □ *(ferr.) l. van,* bagagliaio □ *hand l.,* bagaglio a mano □ *left-l. service,* (servizio di) deposito bagagli.

lugger ['lʌgə*] *n.* [C] *(naut.)* trabaccolo.

lugsail ['lʌgseil, 'lʌgsəl] *n.* [U] *(naut.)* vela al quarto (o al terzo).

lugubrious [luː'gjuːbriəs] *a.* lugubre; cupo; tetro.

lugworm ['lʌgwəːm] *n.* [C] *(zool.,* Arenicola) arenicola.

lukewarm [ˌluːk'wɔːm] *a.* tiepido, tepido; *(fig.)* indifferente.

to **lull** [lʌl] A *v. t.* 1 cullare; cantare la ninnananna a: *to l. a baby to sleep,* cullare un bambino (finché non s'addormenti) 2 acquietare; calmare; lenire; mitigare; placare; sopire: *to l. sb.'s fears,* placare i timori di q. B *v. i.* acquietarsi; calmarsi; placarsi.

lull [lʌl] *n.* [C] 1 momento di calma; bonaccia 2 *(fig.)* sosta 3 *(fig.)* ristagno, stasi (dell'attività, degli affari).

lullaby ['lʌləbai] *n.* [C] ninnananna.

lumbago [lʌm'beigou] *n.* [U] *(med.)* lombaggine.

lumbar ['lʌmbə*] *a.* *(anat.)* lombare.

lumber ['lʌmbə*] *n.* [U] 1 legname da costruzione 2 mobili vecchi (non più usati); roba vecchia ● *l. mill,* segheria □ *l.-room,* ripostiglio □ *l.-yard,* deposito di legname (all'aperto).

(1) to **lumber** ['lʌmbə*] *v. t.* 1 ingombrare; riempire alla rinfusa 2 ammonticchiare; accatastare 3 abbattere (alberi); tagliare (legname).

(2) to **lumber** ['lʌmbə*] *v. i.* muoversi pesantemen-

te, rumorosamente ● *to l. along (o past, by),* passare con grande frastuono.
lumberjack ['lʌmbəˌdʒæk] *V.* **lumberman,** *def. 1.*
lumberman ['lʌmbəmən] *n.* (*pl.* **lumbermen** ['lʌmbəmən]) *1* tagliaboschi; taglialegna; boscaiolo *2 (USA)* commerciante di legname.
luminary ['lu:minəri] *n.* [C] *1 (lett.)* astro *2 (fig.)* luminare.
luminescence [ˌlu:mi'nesəns] *n.* [U] *(fis.)* luminescenza.
luminescent [ˌlu:mi'nesənt] *a. (fis.)* luminescente.
luminosity [ˌlu:mi'nɔsiti] *n.* [U] luminosità.
luminous ['lu:minəs] *a.* luminoso; *(fig.)* chiaro, brillante ● *l. paint,* vernice fosforescente.
lumme, lummy ['lʌmi] *inter. (fam.)* perdiana!; perdinci!
lump [lʌmp] *n.* [C] *1* grumo; pezzo: *a l. of clay,* un pezzo d'argilla *2* zolletta: *a l. of sugar,* una zolletta di zucchero *3* protuberanza; bernoccolo *4 (fam.)* babbeo; salame *(fig.) 5 (metall.)* massello ● *a l. in the throat,* un groppo (o un nodo) alla gola □ *in the l.,* in blocco; nell'insieme; *(comm.)* all'ingrosso □ *on a l.-sum basis,* a forfait.
(1) to **lump** [lʌmp] ***A*** *v. t. 1* ammassare; ammucchiare *2* fare tutto un mucchio di (cose diverse); fare un solo conto di (spese, ecc.) ***B*** *v. i.* ammassarsi; ammucchiarsi ● *to l. along,* procedere faticosamente □ *to l. down,* sedersi di schianto □ *(fig.) to l. everything together,* fare d'ogni erba un fascio.
(2) to **lump** [lʌmp] *v. t. (fam.)* rassegnarsi di mala voglia a (q.c.).
lumping ['lʌmpiŋ] *a. (fam.)* grosso; abbondante.
lumpish ['lʌmpiʃ] *a. 1* corpulento *2* goffo *3* balordo; tonto.
lumpy ['lʌmpi] *a. 1* pieno di protuberanze *2* (di superficie d'acqua) increspato *3* balordo; tonto.
lunacy ['lu:nəsi] *n.* [U] demenza; follia; pazzia.
lunanaut ['lu:nənɔ:t] *V.* **lunarnaut.**
lunar ['lu:nə*] *a. 1 (astron.,* ecc.*)* lunare *2 (fig.)* fioco; pallido ● *l. rover,* veicolo lunare.
lunarnaut ['lu:nənɔ:t] *n.* lunauta.
lunate ['lu:neit] *a.* lunato; falcato; a forma di mezzaluna.
lunatic ['lu:nətik] ***A*** *a. 1* alienato; pazzo *2* folle; pazzesco ***B*** *n.* alienato, alienata; pazzo, pazza ● *l. asylum,* manicomio □ *(polit.) l. fringe,* frangia estremista (d'un partito, ecc.).
lunation [lu:neiʃən] *n.* [C] *(astron.)* lunazione.
lunch [lʌntʃ] *n.* [U] e [C] seconda colazione; pasto di mezzogiorno.
to **lunch** [lʌntʃ] *v. i.* fare la seconda colazione.
luncheon ['lʌntʃən] *n.* [C] seconda colazione ● *working l.,* colazione di lavoro.
lunchtime ['lʌntʃtaim] *n.* [U] ora della seconda colazione; ora di pranzo *(fam.).*
lunette [lu:'net] *n.* [C] *(archit., mil.)* lunetta.
lung [lʌŋ] *n.* [C] *(anat.)* polmone ● *(fig.) the lungs of London,* i polmoni di Londra (cioè, i suoi parchi).
(1) lunge [lʌndʒ] *n.* [C] *1 (scherma)* affondo; allungo *2 (pugilato)* allungo *3* balzo in avanti; balzo improvviso.
to **lunge** [lʌndʒ] *v. i. 1 (scherma)* fare un affondo *2 (pugilato)* colpire con un allungo *3* balzare, fare un balzo (in una direzione) ● *to l. out,* balzar fuori.
(2) lunge [lʌndʒ] *n.* [U] lunga corda per domare cavalli.
lungwort ['lʌŋwe:t] *n.* (*bot.,* Pulmonaria officinalis) polmonaria.
lunisolar [ˌlu:ni'soulə*] *a. (astrofisica)* lunisolare.
lunule ['lu:nju:l] *n.* [C] *(anat.)* lunula.
(1) lupin(e) ['lu:pin] *n.* [C] (*bot.,* Lupinus) lupino.
(2) lupine ['lu:pain] *a.* lupesco; lupino.
lupus ['lu:pəs] *n.* [U] e [C] *(med.)* lupus.
(1) lurch [lə:tʃ] *n.* [C] *1* scarto improvviso; sobbalzo *2 (naut.)* sbandata.
to **lurch** [lə:tʃ] *v. i. 1* barcollare; traballare *2 (naut.)* sbandare.
(2) lurch [lə:tʃ] *n.* — *to leave sb. in the l.,* piantare in asso q.
lure [ljuə*] *n.* [C] esca; richiamo; *(fig.)* allettamento, blandizia, lusinga: *the l. of the sea,* il richiamo del mare.
to **lure** [ljuə*] *v. t.* adescare; allettare; attrarre; blandire; lusingare.
lurid ['ljuərid] *a. 1* fosco; livido *(fig.);* minaccioso *2* impressionante; sensazionale: *a l. tale,* un racconto sensazionale ● *(fig.) to throw a l. light on st.,* gettare una luce sinistra su q.c.
luridness ['ljuəridnis] *n.* [U] *1* aspetto fosco; lividezza *(fig.) 2* natura sinistra.
to **lurk** [lə:k] *v. i. 1* appiattarsi; celarsi; nascondersi; tenersi in disparte; stare in agguato *2 (fig.)* celarsi; essere latente; aleggiare *(fig.)* ● *lurking-place,* nascondiglio.
luscious ['lʌʃəs] *a. 1* dolcissimo; delizioso; saporoso; succulento; voluttuoso: *a l. pear,* una pera succulenta □ *l. lips,* labbra voluttuose *2* (di stile, linguaggio) melato; troppo ornato *3* (di donna) bella; appetitosa *(fam.).*
(1) lush [lʌʃ] *a. 1* lussureggiante; rigoglioso; ricco di vegetazione *2* (di un frutto) succoso *3 (fam.)* melato; ridondante.
(2) lush [lʌʃ] *n. (pop. USA) 1* bevanda alcolica *2* beone; ubriacone.
lust [lʌst] *n. 1* [U] concupiscenza; lussuria; lascivia *2* [C] brama; cupidigia; desiderio smodato: *a l. for gold,* un desiderio smodato di ricchezza □ *the lusts of the flesh,* i desideri della carne.
to **lust** [lʌst] *v. i.* — *to l. after* (o *for),* agognare; bramare.
lustful ['lʌstful] *a. 1* lussurioso; lascivo *2* avido; bramoso.
lustfulness ['lʌstfulnis] *n.* [U] *1* concupiscenza; libidinosità; lussuria; lascivia *2* avidità; bramosia; cupidigia.
lustral ['lʌstrəl] *a.* lustrale: *l. water,* acqua lustrale.
lustre ['lʌstə*] *n.* [U] lustro (anche *fig.*); lucentezza; splendore; gloria: *the l. of silk,* la lucentezza della seta □ *to shed l. on a family,* dar lustro a una famiglia.
lustrous ['lʌstrəs] *a. (lett.)* lustro; lucente; brillante; splendente.
lustrum ['lʌstrəm] *n.* (*pl.* **lustra** ['lʌstrə], **lustrums**) lustro; quinquennio.
lusty ['lʌsti] *a.* forte; gagliardo; robusto; vigoroso.
lutanist ['lju:tənist] *n. (mus.)* liutista.
lute [lu:t] *n. (mus.)* liuto ● *l.-maker,* liutaio.
lutetium [liu'ti:ʃəm] *n.* [U] *(chim.)* lutezio.
Lutheran ['lu:θərən] *a.* e *n. (relig.)* luterano.
Lutheranism ['lu:θərənizəm] *n.* [U] *(relig.)* luteranesimo.
lutist ['lu:tist] *n. (mus.) 1* liutista *2* liutaio.
to **luxate** ['lʌkseit] *v. t. (med.)* lussare; slogare *(fam.).*
luxation [lʌk'seiʃən] *n.* [U] e [C] lussazione; lussatura.
luxuriance [lʌg'zjuəriəns] *n.* [U] *1* rigogliosità *2* esuberanza; sovrabbondanza *3* eccessiva ornatezza.
luxuriant [lʌg'zjuəriənt] *a. 1* lussureggiante; rigoglioso *2* eccessivo; esuberante; sovrabbondante *3* (di stile, ecc.) sovraccarico; troppo ornato ● *l. hair,* una folta chioma.
to **luxuriate** [lʌg'zjuərieit] *v. i. 1* (di vegetazione) lussureggiare; essere rigoglioso *2* godere; crogiolarsi: *to l. in the warm summer sunshine,* crogiolarsi al caldo sole d'estate.
luxurious [lʌg'zjuəriəs] *a. 1* lussuoso; fastoso; sontuoso *2* eccellente; ottimo *3* amante del lusso ● *to lead a l. life,* vivere nel lusso.
luxuriousness [lʌg'zjuəriəsnis] *n.* [U] lusso; sfarzo; sontuosità.
luxury ['lʌkʃəri] ***A*** *n. 1* [U] lusso; fasto; sontuosità: *to live in l.,* vivere nel lusso *2* [C] lusso; oggetto di lusso; cosa lussuosa ***B*** *a. attr.* di lusso; lussuoso: *l. articles,* articoli di lusso.
lycanthrope ['laikənθroup] *n.* [C] *(med.)* licantropo; lupo mannaro *(pop.).*
lycanthropy [lai'kænθrəpi] *n.* [U] *(med.)* licantropia.
lyceum [lai'siəm] *n.* [C] *1* sala per conferenze *2 (USA)*

associazione culturale.
lye [lai] *n.* [U] **liscivia; ranno.**
(1) lying ['laiiŋ] ***A*** *p. pr.* di **(1)** to **lie** ***B*** *a.* **bugiardo; falso; menzognero.**
(2) lying ['laiiŋ] *p. pr.* di **(2)** to **lie.**
lying-in [ˌlaiiŋ'in] *n.* [U] **degenza in clinica** (di una partoriente) ● *l. hospital,* maternità; clinica per partorienti.
lymph [limf] *n.* [U] *(fisiologia)* **linfa.**
lymphatic [lim'fætik] ***A*** *a.* ***1*** **linfatico** ***2*** **fiacco** ***B*** *n.* [C] *(anat.)* **vaso linfatico.**
lyncean [lin'si(:)ən] *a.* **linceo; dagli occhi di lince.**
to **lynch** [lintʃ] *v. t.* **linciare.**
lynching ['lintʃiŋ] *n.* [U] **linciaggio.**
lynx [liŋks] *n.* [C] *(zool.,* Lynx) **lince.**
lynx-eyed ['liŋksˌaid] *a.* **dagli occhi di lince.**
lyophilization [laiˌɔfilai'zeiʃən] *n.* [U] *(chim., ind.)* **liofilizzazione.**
to **lyophilize** [lai'ɔfilaiz] *v. t. (chim., ind.)* **liofilizzare.**
lyre ['laiə*] *n.* [C] *(stor. mus.)* **lira.**
lyre-bird ['laiəbə:d] *n.* [C] *(zool.,* Menura novaehollandiae) **uccello lira.**
lyric ['lirik] ***A*** *a.* **lirico**: *l. poetry,* la poesia lirica; la lirica ***B*** *n.* ***1*** [C] **lirica; componimento lirico** ***2*** *(al pl.)* **versi lirici** ***3*** *(al pl.)* **parole, testo** (di una canzone).
lyrical ['lirikəl] *a.* **lirico**: *a l. poet,* un poeta lirico ● *to become l.,* entusiasmarsi.
lyricism ['lirisizəm] *n.* [U] **lirismo; liricità.**
lyricist ['lirisist] *n.* ***1*** **poeta lirico** ***2*** **paroliere.**
lyrist *(def. 1* ['laiərist], *def. 2* ['lirist]) *n.* ***1*** **suonatore di lira** ***2*** **poeta lirico.**
lysol ['laisɔl] *n.* [U] *(ind., chim.)* **lisolo** (disinfettante).

M

M, m [em] *n.* (*pl.* **M's, m's; Ms, ms**) M, m ● *(tel.) m for Mary,* m come Milano.
ma [ma:] *n.* (*abbr. fam.* di **(1) mamma**) mamma.
ma'am [mæm] *n. (fam.)* **signora** (al vocat.).
mac [mæk] *n.* (*abbr. fam.* di **mackintosh**) **impermeabile.**
macabre [mə'ka:br] *a.* **macabro; orrido.**
macaco [mə'ka:kou, mə'keikou] *n.* (*pl.* **macacos**) *(zool.,* Lemur macaco*)* **lemure.**
macadam [mə'kædəm] *n.* [U] *(costr. stradali)* **macadam.**
to **macadamize** [mə'kædəmaiz] *v. t.* **macadamizzare.**
macaroni [ˌmækə'rouni] *n.* [U] *(cucina)* **maccherone, maccheroni** ● *m. cheese,* maccheroni al forno; pasticcio di maccheroni.
macaronic [ˌmækə'rɔnik] ***A*** *a.* **maccheronico** ***B*** *n. (al pl.)* **versi maccheronici.**
macaroon [ˌmækə'ru:n] *n.* [C] **amaretto** (pasticcino).
macaw [mə'kɔ:] *n.* [C] *(zool.,* Ara) **ara; macao.**
Maccabees ['mækəbi:z] *n. pl. (Bibbia)* **Maccabei.**
maccaboy ['mækəbɔi] *n.* [U] **macuba** (tabacco da fiuto).
(1) mace [meis] *n.* [C] ***1*** *(stor.)* **mazza** ***2*** **bastone da poliziotto** ● *m.-bearer,* mazziere.
(2) mace [meis] *n.* [U] *(bot.)* **macis.**
macedoine [ˌmæsi'dwa:n] *n.* [C] *(cucina)* **macedonia.**
Macedonian [ˌmæsi'dounjən] *a.* e *n.* **macedone.**
to **macerate** ['mæsəreit] *v. t.* e *i.* **macerare, macerarsi** (anche *fig.).*
maceration [ˌmæsə'reiʃən] *n.* [U] **macerazione** (anche *fig.).*
Machiavellian [ˌmækiə'veliən] ***A*** *a.* **machiavellico; machiavelliano** ***B*** *n.* **machiavellista.**
Machiavellism [ˌmækiə'velizəm] *n.* [U] **machiavellismo.**
to **machinate** ['mækineit] *v. t.* e *i.* **macchinare; ordire; tramare.**
machination [ˌmæki'neiʃən] *n.* [C] e [U] **macchinazione.**
machine [mə'ʃi:n] *n.* ***1*** [C] **macchina**: *a sewing m.,* una macchina da cucire ***2*** *(polit.)* **apparato** ● *(elab.) m. code,* codice macchina □ *m.-made,* fatto a macchina □ *m. shop,* officina meccanica □ *m. tool,* macchina utensile.
to **machine** [mə'ʃi:n] *v. t.* ***1*** **eseguire a macchina** ***2*** **cucire a macchina** ***3*** *(tipogr.)* **far andare** (un giornale) **in macchina.**
machine-gun [mə'ʃi:ngʌn] *n.* [C] *(mil.)* **mitragliatrice.**
machine-gunner [mə'ʃi:nˌgʌnə*] *n. (mil.)* **mitragliere.**
machinery [mə'ʃi:nəri] *n.* [U] ***1*** *(ind.)* **macchinario; macchine** ***2*** *(mecc.)* **meccanismo; ingranaggi** ***3*** *(fig.)* **macchina**: *the m. of government,* la macchina dello Stato ***4*** (d'opera letteraria) **macchinosità.**
machinist [mə'ʃi:nist] *n.* ***1*** **macchinista** ***2*** **meccanico.**
mack [mæk] *V.* **mac.**
mackerel ['mækrəl] *n.* *(zool.,* Scomber scombrus) **scombro; maccarello** ● *m. sky,* cielo a pecorelle.
mackintosh ['mækintɔʃ] *n.* [C] **impermeabile.**
macramé [mə'kra:mi] *n.* [U] **macramè.**
macro- ['mækrou] *(nei composti)* **macro-** (indica "proporzioni notevolmente ingrandite").
macrobiotic [ˌmækroubai'ɔtik] *a.* **macrobiotico.**
macrobiotics [ˌmækroubai'ɔtiks] *n. pl. (col verbo al sing.)* **macrobiotica.**
macrocephalic [ˌmækrousə'fælik], **macrocephalous** [ˌmækrou'sefələs] *a. (antropologia, med.)* **macrocefalo.**

macrocephaly [ˌmækrouˈsəfəli] *n.* U *(antropologia, med.)* **macrocefalia.**
macrocosm [ˈmækrəkɔzəm] *n.* C **macrocosmo.**
macroscopic [ˌmækrouˈskɔpik] *a.* **macroscopico.**
macula [ˈmækjulə] *n.* (*pl.* **maculae** [ˈmækjuli:]) *(scient.)* **macula; macchia** (specialm. del sole, della pelle).
to **maculate** [ˈmækjuleit] *v. t. (lett.)* **maculare; macchiare.**
mad [mæd] *a.* ***1*** **matto, pazzo** (anche *fig.*); **folle**: *mad with pain,* pazzo di dolore □ *What a mad thing to do!,* che pazzia (fare una cosa simile)! ***2*** *(fam.)* **arrabbiato; adirato; infuriato; furibondo**: *to be mad about* (o *at*) *missing the bus,* essere infuriato per aver perso l'autobus □ *to be mad with sb.,* essere furioso contro q. ***3*** (di cane) **arrabbiato; idrofobo** ***4*** *(fig.)* **entusiasta; appassionato** ● *to drive sb. mad,* far impazzire q. □ *to go mad,* impazzire □ *to have a mad time,* divertirsi un mondo □ *like mad,* come un matto, all'impazzata; furiosamente.
madam [ˈmædəm] *n.* **signora** (al vocat.).
madcap [ˈmædkæp] *n.* C **testa matta; testa calda; scervellato.**
to **madden** [ˈmædn] ***A*** *v. t.* ***1*** **far ammattire; far impazzire** ***2*** **far infuriare** ***B*** *v. i.* ***1*** **ammattire; impazzire** ***2*** **infuriarsi.**
maddening [ˈmædniŋ] *a.* ***1*** **da far impazzire** ***2*** *(fam.)* **fastidioso; seccante.**
madder [ˈmædə*] *n.* U (*bot.,* Rubia tinctorum) **robbia.**
made [meid] ***A*** *pass.* e *p.p.* di to **make** ***B*** *a.* **fatto; confezionato.**
Madeira [məˈdiərə] *n.* U **madera** (vino).
made-up [ˈmeidʌp] *a.* **inventato; falso; artificiale; truccato.**
madhouse [ˈmædhaus] *n.* C **manicomio** (anche *fig.*).
madman [ˈmædmən] *n.* (*pl.* **madmen** [ˈmædmən]) **matto; pazzo.**
madness [ˈmædnis] *n.* U ***1*** **pazzia; demenza; follia** (anche *fig.*) ***2*** **rabbia; furia; furore** ***3*** **entusiasmo; furore** (*fig.*).
Madonna [məˈdɔnə] *n. (relig., pitt.)* **Madonna** ● *(bot.) M. lily* (Lilium candidum), giglio bianco.
madrepore [ˌmædriˈpɔ:*] *n.* C (*zool.,* Madrepora) **madrepora.**
madreporic [ˌmædriˈpɔrik] *a. (zool.)* **madreporico.**
madrigal [ˈmædrigəl] *n.* C *(poesia, mus.)* **madrigale.**
madwoman [ˈmædˌwumən] *n.* (*pl.* **madwomen** [ˈmædˌwimin]) **matta; pazza.**
Maecenas [mi(:)ˈsi:næs] *n. (fig.)* **mecenate.**
maelstrom [ˈmeilstroum] *n.* C **vortice** (anche *fig.*): *the m. of war,* il vortice della guerra.
maenad [ˈmi:næd] *n.* C *(mitol.)* **menade.**
Mae West [ˈmeiˈwest] *n. (gergo aeron.)* **cintura di salvataggio.**
to **maffick** [ˈmæfik] *v. i. (arc.)* **esultare; far grande festa.**
mafia, maffia [ˈmæfiə] *n. (con l'art. determ.)* **mafia.**
mag [mæg] *n.* (*abbr. fam.* di **magazine**) **rivista; periodico.**
magazine [ˌmægəˈzi:n] *n.* C ***1*** **rivista; periodico** ***2*** **magazzino militare; deposito d'armi** ***3*** (d'arma da fuoco) **caricatore** ***4*** *(naut.)* **santabarbara** ***5*** (di macchina fotografica) **cassetta di caricamento.**
magenta [məˈdʒentə] *n.* U **magenta; color cremisi.**
maggot [ˈmægət] *n.* C ***1*** *(zool.)* **larva; baco** ***2*** *(fig.)* **grillo** (*fig.*); **ubbia**: *to have a m. in one's head,* aver grilli per il capo.
maggoty [ˈmægəti] *a.* ***1*** **bacato; verminoso** ***2*** *(fig.)* **capriccioso.**
Magi [ˈmeidʒai] *n. pl. (relig.)* **(i) Re Magi.**
(1) magic [ˈmædʒik] *n.* U ***1*** **magia** (anche *fig.*) ***2*** *(fig.)* **fascino; incanto.**
(2) magic [ˈmædʒik], **magical** [ˈmædʒikəl] *a.* **magico** (anche *fig.*) ● *(fam.) m. eye,* occhio magico (cellula fotoelettrica).
magician [məˈdʒiʃən] *n.* C **mago; stregone.**
magisterial [ˌmædʒisˈtiəriəl] *a.* ***1*** *(leg.)* **di** (o **da**) **magistrato** ***2*** **magistrale; autorevole; cattedratico.**
magistracy [ˈmædʒistrəsi] *n. (con l'art. determ.) (leg.)* **magistratura.**
magistrate [ˈmædʒistrit] *n.* C *(leg.)* **magistrato.**
magma [ˈmægmə] *n.* (*pl.* **magmata** [ˈmægmətə], **magmas**) *(geol., chim.)* **magma.**
magnanimity [ˌmægnəˈnimiti] *n.* U **magnanimità.**
magnanimous [mægˈnæniməs] *a.* **magnanimo.**
magnate [ˈmægneit] *n.* C **magnate.**
magnesia [mægˈni:ʃə] *n.* U *(ind., chim.)* **magnesia** ● *(farm.) milk of m.,* latte di magnesia.
magnesium [mægˈni:zjəm] *n.* U *(chim.)* **magnesio.**
magnet [ˈmægnit] *n.* C *(fis.)* **magnete; calamita** (anche *fig.*).
magnetic [mægˈnetik] *a.* ***1*** *(fis.)* **magnetico**: *a m. needle,* un ago magnetico ***2*** *(fig.)* **attraente; affascinante.**
magnetism [ˈmægnitizəm] *n.* U ***1*** *(fis.)* **magnetismo** ***2*** *(fig.)* **magnetismo; fascino** ● *animal m.,* magnetismo animale.
magnetite [ˈmægniˌtait] *n.* U *(miner.)* **magnetite.**
magnetization [ˌmægnitaiˈzeiʃən] *n.* U *(fis.)* **magnetizzazione.**
to **magnetize** [ˈmægnitaiz] *v. t.* ***1*** *(fis.)* **magnetizzare** ***2*** *(fig.)* **attrarre; affascinare.**
magneto [mægˈni:tou] *n.* (*pl.* **magnetos**) *(elettr.)* **magnete.**
magnetometer [ˌmægniˈtɔmətə*] *n.* C *(scient.)* **magnetometro.**
Magnificat [mægˈnifiˌkæt] *n.* C *(relig.)* **magnificat.**
magnification [ˌmægnifiˈkeiʃən] *n.* ***1*** *(fis.)* **ingrandimento** ***2*** **esaltazione.**
magnificence [mægˈnifisns] *n.* U **magnificenza; splendore.**
magnificent [mægˈnifisənt] *a.* **magnifico; splendido.**
magnifier [ˈmægnifaiə*] *n.* C **lente d'ingrandimento.**
to **magnify** [ˈmægnifai] *v. t.* ***1*** *(fis.)* **ingrandire** ***2*** **magnificare; esaltare** ● *(fis.) magnifying glass,* lente d'ingrandimento.
magniloquence [mægˈniləkwəns] *n.* U **magniloquenza.**
magniloquent [mægˈniləkwənt] *a.* **magniloquente; ampolloso.**
magnitude [ˈmægnitju:d] *n.* U e C ***1*** *(astron., mat.)* **grandezza** ***2*** *(fig.)* **importanza.**
magnolia [mægˈnouljə] *n.* C (*bot.,* Magnolia) **magnolia.**
magnum [ˈmægnəm] *n.* C **magnum; bottiglione.**
magpie [ˈmægpai] *n.* C ***1*** (*zool.,* Pica pica) **gazza** ***2*** *(fig.)* **chiacchierone.**
Magus [ˈmeigəs] *n.* (*pl.* **Magi** [ˈmeidʒai]) *(relig.)* **magio.**
Magyar [ˈmægja:*] *a.* e *n.* **magiaro** (anche la lingua).
maharaja(h) [ˌma:həˈra:dʒə] *n.* C **maragià.**
maharanee [ˌma:həˈra:ni:] *n.* C **maharani** (moglie di maragià).
mahlstick [ˈmɔ:lˌstik] *V.* **maulstick.**
mahogany [məˈhɔgəni] *n.* ***1*** C (*bot.,* Swietenia mahagoni) **mogano** ***2*** U **mogano** (il legno) ***3*** U **color mogano.**
Mahometan [məˈhɔmitən] *a.* e *n. (relig.)* **maomettano.**
maid [meid] *n.* C ***1*** (soprattutto *lett.*) **fanciulla; donzella; giovanetta** ***2*** **domestica; cameriera; donna di servizio** ● *(stor.) the M.,* la Pulzella (d'Orléans) □ *m. of honour,* damigella d'onore □ *house m.,* cameriera; domestica □ *old m.,* (vecchia) zitella.
maiden [ˈmeidn] ***A*** *n.* (soprattutto *lett.*) **fanciulla; donzella** ***B*** *a. attr.* **di** (o **da**) **fanciulla; puro; verginale** ● *(ippica) m. horse,* cavallo che non ha mai vinto una corsa □ *m. name,* nome da nubile □ *m. speech,* primo discorso (specialm. di un deputato al parlamento) □ *a ship's m. voyage,* il viaggio inaugurale di una nave.
maidenhair [ˈmeidnˌhεə*] *n.* U (*bot.,* Adiantum capillus-veneris) **capelvenere.**

maidenhead ['meidnhed] *n.* **1** [U] **verginità** **2** [C] *(anat.)* **imene.**

maidenhood ['meidnhud] *n.* [U] **verginità; fanciullezza.**

maidenly ['meidnli] *a.* **di** (o **da) fanciulla; verginale.**

maidservant ['meid,sə:vənt] *n.* [C] **cameriera; domestica.**

maieutic(al) [mei'ju:tik(əl)] *a.* *(filos.)* **maieutico.**

maieutics [mei'ju:tiks] *n. pl.* *(col verbo al sing.)* *(filos.)* **maieutica.**

(1) mail [meil] *n.* [U] *(stor.)* **maglia** (metallica, per armature): *a coat of m.*, una cotta di maglia.

(2) mail [meil] *n.* [U] **posta; corrispondenza** ● *m.-bag,* sacco della corrispondenza □ *(comm.) m. order,* ordinazione per corrispondenza □ *(ferr.) m.-train,* (treno) postale □ *m.-van,* furgone postale □ *by air-m.*, per via aerea.

to **mail** [meil] *v. t.* **1 spedire per posta 2 impostare; imbucare.**

mailbox ['meilbɔks] *n.* [C] *(USA)* **cassetta delle lettere.**

to **maim** [meim] *v. t.* **mutilare; storpiare** (anche *fig.*).

main [mein] **A** *n.* **1** [C] **conduttura principale** (d'acqua, gas); **linea principale** (d'elettricità); **collettore** (di fogne) **2** [U] **forza** (nell'espress.:) *with might and m.*, con tutta la propria forza **3** *(poet.)* **oceano B** *a.* **principale; primario; più importante; essenziale** ● *the m. body of an army,* il grosso d'un esercito □ *the m. chance,* la grande occasione □ *(gramm.) the m. clause,* la proposizione principale □ *by m. force,* a viva forza □ *to have an eye to the m. chance,* non perdere di vista il proprio interesse □ *in the m.*, nel complesso.

mainland ['meinlənd] *n.* *(con l'art. determ.)* **continente; terraferma.**

mainmast ['meinma:st] *n.* [C] *(naut.)* **albero maestro.**

mainsail ['meinseil] *n.* [C] *(naut.)* **vela maestra.**

mainspring ['mein,spriŋ] *n.* [C] **1** *(mecc.)* **molla principale; spirale** (d'un orologio) **2** *(fig.)* **molla; causa prima.**

mainstay ['mein,stei] *n.* [C] **1** *(naut.)* **straglio di maestra 2** *(fig.)* **sostegno principale.**

mainstream ['mein,stri:m] *n.* *(con l'art. determ.)* **corrente principale** (anche *fig.*).

to **maintain** [mein'tein] **A** *v. t.* **mantenere; conservare; sostentare; sostenere**: *to m. friendly relations with sb.*, mantenere relazioni amichevoli con q. □ *to m. one's reputation,* conservare il proprio buon nome □ *to m. one's innocence,* sostenere la propria innocenza **B** to **maintain oneself** *v. rifl.* **mantenersi.**

maintenance ['meintinəns] *n.* [U] **1 mantenimento; sostentamento 2 manutenzione 3 mezzi di sostentamento; alimenti.**

maison(n)ette [,meizə'net] *n.* [C] **casetta; appartamentino.**

maize [meiz] *n.* [U] (*bot.*, Zea mays) **granturco; mais.**

majestic(al) [mə'dʒestik(əl)] *a.* **maestoso.**

majesty ['mædʒisti] *n.* [U] **maestà** (in ogni senso): *the m. of the law,* la maestà della legge □ *Your M.*, Vostra Maestà.

majolica [mə'jɔlikə] *n.* [U] **maiolica; vasellame di maiolica.**

(1) major ['meidʒə*] *n.* *(mil.)* **maggiore** ● *m. general,* generale di divisione.

(2) major ['meidʒə*] **A** *a.* **maggiore; più anziano; più importante B** *n.* *(leg.)* **maggiorenne** ● *(mus.) m. scale,* scala maggiore □ *Brown m.*, il maggiore dei (due) fratelli Brown.

to **major** ['meidʒə*] *v. i.* *(USA)* **specializzarsi** (in una disciplina).

major-domo ['meidʒə'doumou] *n.* (*pl.* **major-domos**) **maggiordomo.**

majorette [,meidʒə'ret] *n.* (specialm. *USA;* anche *drum. m.*) **majorette.**

majority [mə'dʒɔriti] **A** *n.* **1** [C] **maggioranza**: *to be elected by a large m.*, essere eletto a grande maggioranza **2** *(leg.)* **maggiore età**: *to reach one's m.*, raggiungere la maggiore età; diventare maggiorenne **3** *(mil.)* **grado di maggiore B** *a. attr.* **di maggioranza**: *a m. vote,* un voto di maggioranza ● *(fig.) to join the great m.*, passare nel numero dei più; morire.

to **make** [meik] (*pass.* e *p.p.* **made** [meid]) **A** *v. t.* **1 fare; creare; costruire; comporre; confezionare; fabbricare; produrre; causare; nominare; rendere**: *God made man,* Dio creò l'uomo □ *to m. roads (bridges, etc.),* costruire strade (ponti, ecc.) □ *to m. hats,* fabbricare cappelli □ *to m. a noise,* far rumore □ *to m. sb. repeat st.*, far ripetere q.c. a q. □ *to m. sb. happy,* rendere felice q. **2 calcolare**: *I m. the distance about ten miles,* calcolo che la distanza sia di circa dieci miglia **3** (specialm. *naut.*) **raggiungere; toccare**: *to m. land,* toccar terra **4 diventare**: *to m. a good teacher,* diventare un buon insegnante **5 avere, farsi** (un dubbio, uno scrupolo, ecc.): *I m. a scruple about it,* me ne faccio uno scrupolo **B** *v. i.* **fare per; stare per; dirigersi**: *to m. to go,* fare per andarsene □ *to m. towards the church,* dirigersi verso la chiesa **C** to **make oneself** *v. rifl.* **farsi; rendersi**: *to m. oneself understood,* farsi capire **D** *verbi composti* **1** *to m. against sb.*, essere ostile a q. **2** *to m. away,* allontanarsi in fretta □ *to m. away with (sb., st.),* buttar via, dissipare (q.c.); spacciare, sopprimere (q.) □ *to m. away with oneself,* suicidarsi **3** *to m. back,* prendere la via del ritorno **4** *to m. for a place,* dirigersi verso un luogo □ *to m. for sb.*, scagliarsi contro q. **5** *to m. st. into st. else,* trasformare q.c. in q.c. altro **6** *to m. of,* capire; dedurre da: *I can m. nothing of it,* non ci capisco nulla **7** *to m. off,* fuggire; scappare; svignarsela **8** *to m. out (sb., st.),* compilare (una lista, ecc.); dare a intendere, far capire (q.c.); comprendere (q., q.c.); decifrare (q.c.); scorgere (q., q.c.) □ *(comm.) to m. out a cheque,* riempire un assegno □ *How do you m. that out?*, e tu come lo spieghi? **9** *to m. over (st.),* passare, trasferire (q.c.); ammodernare (q.c.) **10** *to m. up,* fare la pace, rappacificarsi; truccare, truccarsi; imbellettarsi: *She is very much made up,* è tutta imbellettata □ *(tipogr.) to m. up,* mettere in colonna; impaginare □ *to m. up for st.*, compensare, ricuperare q.c. □ *to m. up a list,* compilare un elenco □ *to m. it up to sb.*, ricompensare q. □ *to m. up to sb.*, adulare q.; fare la corte a q. □ *to m. up a story,* inventare una storia ● *to m. as if,* far mostra di; fingere di □ *to m. the best of a bad job,* fare buon viso a cattiva sorte □ *to m. st. do* (o *to m. do with st.),* far bastare q.c. □ *to m. a fool* (o *an ass) of oneself,* fare la figura dello stupido (o d'un asino) □ *to m. good sb.'s loss,* risarcire q. di una perdita subita □ *to m. good a promise,* tener fede a una promessa □ *to m. good a statement,* documentare un'asserzione □ *(fam.) to m. it,* farcela; riuscire □ *to m. much (little) of,* tenere in gran conto (in scarsa considerazione); trarre grande (scarso) vantaggio da □ *to m. one's way home,* prendere la strada di casa □ *This book makes pleasant reading,* questo libro è di piacevole lettura □ *What time do you m. it?*, che ora fai? □ *Will you m. one of the party?*, vuoi essere della comitiva?

make [meik] *n.* [C] e [U] **1 fabbricazione; produzione; fattura; marca; tipo;** (d'abito) **taglio**: *an overcoat of first-class m.*, un soprabito d'ottimo taglio □ *cars of all makes,* automobili di tutti i tipi **2 carattere; temperamento 3** *(elettr.)* **chiusura d'un circuito.**

make-believe ['meikbi,li:v] **A** *n.* [U] e [C] **finzione B** *a. attr.* **finto; simulato; irreale.**

make-peace ['meikpi:s] *n.* [C] **paciere; pacificatore.**

maker ['meikə*] *n.* **1 creatore; artefice; fattore** *(lett.)* **2 fabbricante** (specialm. nei composti) **3** *(comm.)* **emittente** (di un pagherò) ● *(fig.) to meet one's M.*, andare al creatore; morire.

makeshift ['meikʃift] **A** *n.* [C] **espediente; ripiego B** *a. attr.* **improvvisato; di fortuna.**

make-up ['meikʌp] *n.* **1** [C] **composizione; costituzione; formazione 2** [C] *(fig.)* **carattere 3** [U] **belletto; cosmetici; trucco 4** [C] *(teatr.)* **truccatura 5** [C] *(tipogr.)* **impaginazione.**

makeweight ['meik,weit] *n.* [C] **1 quantità aggiunta** (per fare il peso) **2** *(fig.)* **riempitivo.**

making ['meikiŋ] *n.* **1** [U] **fattura; composizione; creazione; fabbricazione 2** *(con l'art. determ.)* **causa del**

successo (di q.) 3 (*al pl.*) guadagni; profitti; ricavo 4 (*al pl.*) qualità necessarie; stoffa (*fig.*).

malacca cane [məˌlækə'kein] *n.* [C] 1 canna di Malacca 2 bastone da passeggio.

malachite ['mæləkait] *n.* [U] (*miner.*) malachite.

malacologist [ˌmælə'kɔlədʒist] *n.* (*zool.*) malacologo.

malacology [ˌmælə'kɔlədʒi] *n.* [U] (*zool.*) malacologia.

maladjusted [ˌmælə'dʒʌstid] *a.* (*psic.*) incapace d'adattarsi (specialm. all'ambiente sociale); disadattato.

maladjustment [ˌmælə'dʒʌstmənt] *n.* [U] (*psic.*) incapacità d'adattarsi (all'ambiente sociale).

maladministration [ˌmælədˌminis'treiʃən] *n.* [U] cattiva amministrazione; (specialm.) malgoverno.

maladroit [ˌmælə'drɔit] *a.* malaccorto; maldestro.

malady ['mælədi] *n.* [C] malattia (spesso *fig.*); male.

Malagasy [ˌmælə'gæsi] *a.* e *n.* malgascio; (abitante, lingua) del Madagascar.

malaise [mæ'leiz] *n.* (*generalm. al sing. con l'art. indeterm.*) malessere (anche *fig.*).

malaprop(ism) ['mæləprɔp(izəm)] *n.* [C] scambio di parole grossolano e ridicolo; uso erroneo di parole di suono simile; papera (*fig.*).

malapropos [ˌmælæprə'pou] **A** *avv.* a sproposito **B** *a.* inopportuno **C** *n.* cosa fatta (o detta) a sproposito.

malaria [mə'lɛəriə] *n.* [U] (*med.*) malaria.

malarial [mə'lɛəriəl] *a.* (*med.*) malarico.

Malay [mə'lei] *a.* e *n.* malese (anche la lingua).

Malayan [mə'leiən] *a.* e *n.* malese.

malcontent ['mælkənˌtent] *a.* e *n.* [C] malcontento.

male [meil] **A** *n.* [C] maschio **B** *a.* maschio; maschile ● *m. chauvinism,* maschilismo □ *m. chauvinist,* maschilista □ *in a m. voice,* con voce virile.

malediction [ˌmæli'dikʃən] *n.* [C] maledizione.

maledictory [ˌmæli'diktəri] *a.* maldicente.

malefactor ['mælifæktə*] *n.* [C] malfattore; criminale.

malefic [mə'lefik] *a.* malefico; dannoso.

maleficent [mə'lefisənt] *a.* malefico; maligno ● *m. to,* dannoso a.

malevolence [mə'levələns] *n.* [U] malevolenza; malignità.

malevolent [mə'levələnt] *a.* malevolo; maligno.

malfeasance [mæl'fi:zəns] *n.* (*leg.*) 1 [U] prevaricazione 2 [C] azione illecita; trasgressione.

malfeasant [mæl'fi:zənt] (*leg.*) **A** *n.* prevaricatore, prevaricatrice **B** *a.* illecito; disonesto.

malformation [ˌmælfɔ:'meiʃən] *n.* [U] e [C] (*med.*) malformazione; deformità.

malformed [mæl'fɔ:md] *a.* malformato; deforme.

malice ['mælis] *n.* [U] 1 malevolenza; malanimo; malignità: *to bear sb. no m.,* non avere malanimo verso q. 2 (*leg.*) intenzione criminosa; dolo ● (*leg.*) *m. aforethought,* premeditazione.

malicious [mə'liʃəs] *a.* 1 malevolo; maligno 2 (*leg.*) doloso.

malign [mə'lain] *a.* 1 dannoso; pernicioso 2 maligno; malefico.

to **malign** [mə'lain] *v. t.* dir male di (q.); calunniare; diffamare.

malignancy [mə'lignənsi] *n.* 1 [U] malignità; malevolenza 2 [U] (di malattia) carattere maligno 3 [C] (*med.*) tumore maligno.

malignant [mə'lignənt] *a.* 1 maligno; malevolo: *m. glances,* sguardi malevoli 2 (*med.*) maligno: *a m. tumour,* un tumore maligno.

malignity [mə'ligniti] *n.* [U] e [C] malignità.

to **malinger** [mə'liŋgə*] *v. i.* darsi malato; (*gergo mil.*) marcar visita.

malingerer [mə'liŋgərə*] *n.* chi si dà malato; (*gergo mil.*) chi marca visita; lavativo (*pop.*).

mall [mɔ:l, mæl] *n.* [C] viale; passeggiata pubblica.

mallard ['mæləd] *n.* (*zool.,* Anas boschas) germano reale.

malleability [ˌmæliə'biliti] *n.* [U] malleabilità (anche *fig.*).

malleable ['mæliəbl] *a.* malleabile (anche *fig.*).

malleolar [mə'li:oulə*] *a.* (*anat.*) malleolare.

malleolus [mə'li:ouləs] *n.* (*pl.* **malleoli** [mə'li:oulai]) (*anat.*) malleolo.

mallet ['mælit] *n.* [C] (anche *sport*) maglio; mazzuolo.

mallow ['mælou] *n.* [C] (*bot.,* Malva sylvestris) malva.

malmsey ['ma:mzi] *n.* [U] malvasia.

malnutrition [ˌmælnju(:)'triʃən] *n.* [U] cattiva alimentazione; denutrizione.

malodorous [mæ'loudərəs] *a.* maleodorante; puzzolente.

malpractice [ˌmæl'præktis] *n.* 1 [U] (*leg.*) prevaricazione 2 [U] (*leg., med.*) negligenza colposa 3 [C] azione illecita.

malt [mɔ:lt] *n.* [U] malto.

to **malt** [mɔ:lt] **A** *v. t.* 1 trasformare (orzo, ecc.) in malto 2 trattare (latte, ecc.) col malto **B** *v. i.* (d'orzo, ecc.) mutarsi in malto.

Maltese [ˌmɔ:l'ti:z] *a.* e *n.* maltese (anche la lingua): *the M.,* i maltesi ● *M. cross,* croce di Malta.

maltha ['mælθə] *n.* [U] malta.

Malthusian [mæl'θju:ziən] *a.* e *n.* (*econ.*) maltusiano.

maltose ['mɔ:ltous] *n.* [U] (*chim.*) maltosio.

to **maltreat** [mæl'tri:t] *v. t.* maltrattare; bistrattare; malmenare.

maltreatment [mæl'tri:tmənt] *n.* [U] maltrattamento; bistrattamento.

malversation [ˌmælvə:'seiʃən] *n.* [U] (*leg.*) malversazione; peculato.

mambo ['ma:mbou] *n.* (*pl.* **mambos**) (*danza, mus.*) mambo.

Mameluke ['mæmiˌlu:k] *n.* (*stor.*) mammalucco.

mamilla [mæ'milə] *n.* (*pl.* **mamillae** [mæ'mili:]) (*anat.*) capezzolo.

(1) mamma [mə'ma:] *n.* mamma.

(2) mamma ['mæmə] *n.* (*pl.* **mammae** ['mæmi:]) (*anat.*) 1 mammella 2 ghiandola mammaria.

mammal ['mæməl] *n.* [C] (*zool.*) mammifero.

mammalian [mæ'meiljən] *a.* e *n.* (*zool.*) mammifero.

mammary ['mæməri] *a.* (*anat.*) mammario.

mammogram ['mæməgræm], **mammograph** ['mæməgræf] *n.* [C] (*med.*) mammografia (lastra impressionata).

mammography [mæ'mɔgrəfi] *n.* [U] (*med.*) mammografia (il procedimento).

mammon ['mæmən] *n.* [U] (*Bibbia*) mammona.

mammoth ['mæməθ] **A** *n.* [C] (*paleontologia*) mammut **B** *a. attr.* gigantesco; mastodontico.

mammy ['mæmi] *n.* 1 mammina 2 (*USA*) bambinaia negra.

man [mæn] *n.* (*pl.* **men** [men]) 1 uomo: *Man is mortal,* l'uomo è mortale □ *a man of letters,* un uomo di lettere; un letterato 2 servitore; domestico; operaio; soldato; marinaio: *masters and men,* padroni e operai □ *officers and men,* ufficiali e soldati 3 marito: *to live as man and wife,* vivere come marito e moglie 4 (negli scacchi) pezzo; (nel gioco della dama) pedina 5 (*sport*) giocatore 6 (*al vocat.*) caro mio; ehi, tu ● *a man about town,* un uomo di mondo □ *man and boy,* fin da ragazzo □ *man Friday,* factotum □ (*econ.*) *man-hour,* ora di manodopera; ora lavorativa □ *the man in the street,* l'uomo della strada; l'uomo qualunque □ *a man of the world,* un uomo di mondo □ *any man,* chiunque □ *little man,* ometto, omino, omettino (anche, scherz., a un bambino) □ *no man,* nessuno □ *Old man!,* vecchio mio! □ *to be one's own man,* essere padrone di sé; poter fare a modo proprio □ *to a man* (o *to the last man*), tutti quanti; nessuno escluso □ *What can a man do in such a case?,* che cosa si può fare in un caso simile?

to **man** [mæn] **A** *v. t.* 1 (*mil.*) fornire d'uomini; equipaggiare 2 (specialm. *mil.*) prendere posto a: *Man the guns!,* prendete posto ai cannoni! **B** to **man oneself** *v. rifl.* farsi forza; farsi animo.

to **manacle** ['mænəkl] *v. t.* 1 ammanettare 2 (*fig.*) frenare.

manacles ['mænəklz] *n. pl.* manette (anche *fig.*).

to **manage** ['mænidʒ] **A** *v. t.* 1 maneggiare; manovrare **2 amministrare; dirigere; governare; reggere 3 avere autorità su** (q.); **rendere docile; tenere a freno 4** (*preceduto da* can, could, be able) **mettere a posto, sistemare;** (*fam.*) **mangiare**: *Can you m. it?*, puoi sistemare la faccenda?; puoi farcela? □ *Can you m. another slice of cake?*, ce la fai a mangiare un'altra fetta di torta? ***B*** *v. i.* **riuscire; farcela** (*fam.*).

manageable ['mænidʒəbl] *a.* ***1*** **maneggevole; trattabile 2 fattibile.**

management ['mænidʒmənt] *n.* [U] ***1*** **direzione** (di un'azienda); **amministrazione; gestione**: *bad m.*, cattiva amministrazione □ *new m.*, nuova gestione ***2*** **governo, cura** (specialm. di cavalli) ● *the m.*, la direzione; i dirigenti □ *m. functions*, funzioni manageriali; mansioni dirigenziali.

manager ['mænidʒə*] *n.* ***1*** **direttore** (d'azienda); **amministratore; gestore 2** (*teatr.*) **impresario 3** (*cinem.*) **regista 4 massaia** ● *assistant m.*, vicedirettore □ *staff m.*, capo del personale □ *stage m.*, direttore di scena.

manageress ['mænidʒəres] *n.* **direttrice** (d'azienda); **amministratrice; gestrice.**

managerial [,mænə'dʒiəriəl] *a.* **di direttore** (d'azienda); **della direzione** (d'affari); **direttivo; dirigenziale; manageriale**: *m. ability*, capacità direttiva.

managership ['mænidʒəʃip] *n.* [U] **direzione** (d'azienda).

managing ['mænidʒiŋ] *a.* **dirigente; direttivo.**

man-at-arms [,mænət'a:mz] *n.* (*pl.* **men-at-arms** [,menət'a:mz]) (*mil.*, *arc.*) **uomo d'armi; armigero.**

manatee [,mænə'ti:] *n.* [C] (*zool.*, Trichechus manatus) **lamantino.**

Manchu [mæn'tʃu:] *a.* e *n.* **manciù** (anche la lingua).

manciple ['mænsipl] *n.* [C] **economo** (di convento e sim.).

Mancunian [mæŋ'kju:njən] *a.* e *n.* **(abitante) di Manchester.**

mandamus [mæn'deiməs] *n.* [C] (*leg.*) **mandato.**

(1) mandarin ['mændərin] *n.* ***1*** [C] (*stor.*) **mandarino** (funzionario cinese) ***2*** — *M.*, lingua mandarina.

(2) mandarin ['mændərin] *n.* (anche *m. orange*) (*bot.*, Citrus nobilis; anche il frutto) **mandarino.**

mandate ['mændeit] *n.* [C] (*leg.*, *stor.*, *polit.*) **mandato.**

to **mandate** ['mændeit] *v. t.* (*stor.*, *polit.*) **affidare** (una colonia, un territorio) **al mandato di** (un'altra nazione); **porre sotto mandato.**

mandator [mæn'deitə*] *n.* (*leg.*) **mandante.**

mandatory ['mændətəri] ***A*** *a.* **di un mandato; obbligatorio; vincolante;** (*leg.*) **imperativo** ***B*** *n.* (*leg.*; anche *mandatary*) **mandatario.**

mandible ['mændibl] *n.* [C] (*anat.*) **mandibola.**

mandibular [mæn'dibjulə*] *a.* (*anat.*) **mandibolare.**

mandola [mæn'doulə] *n.* [C] (*mus.*) **mandola.**

mandolin ['mændəlin], **mandoline** [,mændə'li:n] *n.* [C] (*mus.*) **mandolino.**

mandragora [mæn'drægərə], **mandrake** ['mændreik] *n.* [U] (*bot.*, Mandragora) **mandragora.**

mandrel ['mændrəl] *n.* [C] (*mecc.*) **mandrino.**

mandrill ['mændril] *n.* (*zool.*, Mandrillus sphinx) **mandrillo.**

mane [mein] *n.* [C] **criniera** (anche *fig.*).

man-eater ['mæn,i:tə*] *n.* [C] **antropofago; cannibale.**

manège [mæ'neiʒ] *n.* [C] **maneggio; scuola d'equitazione.**

Manes ['ma:neiz] (*lat.*) *n. pl.* (*mitol. classica*) **Mani.**

maneuver [mə'nu:və*] e *deriv.* (*USA*) *V.* **manoeuvre** e *deriv.*

manful ['mænful] *a.* **virile; ardito; coraggioso; risoluto.**

manfulness ['mænfulnis] *n.* [U] **virilità; ardimento; coraggio; risolutezza.**

manganate ['mæŋgə,neit] *n.* [C] (*chim.*) **manganato.**

manganese [,mæŋgə'ni:z] *n.* [U] (*chim.*) **manganese.**

manganite ['mæŋgə,nait] *n.* [C] (*miner.*) **manganite.**

mange [meindʒ] *n.* [U] (*vet.*) **rogna; scabbia.**

manger ['meindʒə*] *n.* [C] ***1*** **mangiatoia; greppia 2** (*relig.*) **presepio.**

mangle ['mæŋgl] *n.* [C] **mangano.**

(1) to **mangle** ['mæŋgl] *v. t.* **manganare; dare il mangano a** (panni).

(2) to **mangle** ['mæŋgl] *v. t.* **far scempio di** (anche *fig.*); **lacerare; maciullare; mutilare; straziare;** (*fig.*) **maltrattare.**

mango ['mæŋgou] *n.* (*pl.* **mangoes, mangos**) (*bot.*, Mangifera indica; anche il frutto) **mango.**

mangrove ['mæŋgrouv] *n.* [C] (*bot.*, Rhizophora mangle) **mangrovia.**

mangy ['meindʒi] *a.* ***1*** **rognoso; scabbioso 2 squallido.**

to **manhandle** ['mæn,hændl] *v. t.* ***1*** **manovrare a mano 2** (*fam.*) **maltrattare.**

manhole ['mænhoul] *n.* [C] ***1*** **botola stradale 2 passo d'uomo** (in una caldaia, un serbatoio, ecc.) ● *m. cover*, chiusino, tombino (stradale).

manhood ['mænhud] *n.* [U] ***1*** **virilità 2 coraggio; risolutezza 3** (*collett.*) **(gli) uomini**: *the m. of England*, (tutti) gli uomini d'Inghilterra.

mania ['meinjə] *n.* ***1*** [U] (*psic.*) **mania; 2** [C] (*fig.*) **mania**: *to have a m. for st.*, avere la mania di q.c.

maniac ['meiniæk] *a.* e *n.* **maniaco; folle.**

maniacal [mə'naiəkəl] *a.* **maniaco**: *m. fury*, furore maniaco.

manic ['mænik] *a.* (*psic.*) **maniaco.**

manic-depressive [,mænikdi'presiv] *a.* (*psic.*) **maniaco-depressivo**: *m. psychosis*, psicosi maniaco-depressiva.

manicure ['mænikjuə*] *n.* [U] e [C] **manicure** (il trattamento): *to have a m. once a week*, farsi fare la manicure una volta alla settimana.

to **manicure** ['mænikjuə*] *v. t.* **fare la manicure a** (q.).

manicurist ['mænikjuərist] *n.* **manicure** (persona addetta alla cosmesi delle mani e specialm. delle unghie).

(1) manifest ['mænifest] *n.* [C] (*naut.*) **manifesto (di carico); nota di carico.**

(2) manifest ['mænifest] *a.* **manifesto; evidente; ovvio; palese.**

to **manifest** ['mænifest] *v. t.* ***1*** **manifestare; dichiarare; dimostrare; palesare 2** (*naut.*) **registrare** (q.c.) **sul manifesto di carico.**

manifestation [,mænifes'teiʃən,] *n.* [C] (anche *polit.*) **manifestazione; dimostrazione.**

manifesto [,mæni'festou] *n.* (*pl.* **manifestos, manifestoes**) **manifesto** (politico, ideologico, ecc.); **proclama.**

manifold ['mænifould] ***A*** *a.* **molteplice; multiforme; diverso; vario** ***B*** *n.* [C] ***1*** (*mecc.*, ecc.) **collettore 2 copia poligrafica** ● *m.-writer*, poligrafo (strumento).

to **manifold** ['mænifould] *v. t.* **poligrafare.**

manikin ['mænikin] *n.* [C] ***1*** **omino; ometto; omuncolo; nano 2** (*arte*, ecc.) **manichino 3** (*med.*) **modello anatomico** (del corpo umano).

Manil(l)a [mə'nilə] *n.* ***1*** [U] (anche *M. hemp*) **manilla; canapa di Manila 2** [C] (anche *M. cigar*) **manilla** (sigaro) ***3*** [U] (anche *M. paper*) **manilla** (tipo di carta da imballaggio).

manioc ['mæniɔk] *n.* (*bot.*, Manihot utilissima) **manioca.**

maniple ['mænipl] *n.* [C] (*stor.*, *relig.*) **manipolo.**

to **manipulate** [mə'nipjuleit] *v. t.* ***1*** **maneggiare; manovrare 2 manipolare; manovrare** (*fig.*); **abbindolare; falsificare.**

manipulation [mə,nipju'leiʃən] *n.* [U] e [C] ***1*** **manovra 2 manipolazione; falsificazione.**

mankind (*def. 1* [mæn'kaind], *def. 2* ['mænkaind]) *n.* [U] ***1*** **il genere umano; l'umanità 2 il sesso maschile; gli uomini.**

manlike ['mænlaik] *a.* ***1*** **virile; maschile; da uomo 2 antropomorfo.**

manliness ['mænlinis] *n.* [U] **virilità; coraggio; forza; risolutezza.**

manly ['mænli] *a.* ***1*** **virile; animoso; forte 2 maschile; di** (o **da**) **uomo.**

manna ['mænə] *n.* [U] (*Bibbia*) **manna** (anche *fig.* e *farm.).*

manned [mænd] *a.* **fornito di uomini; con equipaggio (a bordo).**

mannequin ['mænikin] *n.* [C] **1 indossatrice; modella 2 manichino.**

manner ['mænə*] *n.* [C] **1 maniera; modo; modo di fare**: *an adverb of m.*, un avverbio di modo □ *I don't like his manner,* non mi piace il suo modo di fare □ *bad manners,* maniere inurbane; cattiva educazione □ *good manners,* buone maniere; buona educazione **2** *(al pl.)* **consuetudini; usanze; costume**: *a comedy of manners,* una commedia di costume **3 specie; sorta; genere**: *all m. of things,* ogni sorta di cose; oggetti d'ogni specie ● *by no m. of means,* per nessuna ragione; in nessun modo □ *in a m.*, in un certo modo □ *He has no manners,* non ha creanza; è un maleducato □ *It is bad manners to stare at people,* non sta bene fissare la gente.

mannered ['mænəd] *a.* **manieroso; manierato; affettato** ● *bad-m.*, maleducato □ *well-m.*, beneducato.

mannerism ['mænərizəm] *n.* [U] *(arte, letter.)* **manierismo.**

mannerist ['mænərist] *n. (arte, letter.)* **manierista.**

mannerless ['mænəlis] *a.* **maleducato; screanzato.**

mannerly ['mænəli] *a.* **educato; cortese; urbano.**

mannish ['mæniʃ] *a.* **1** (di donna) **dall'aspetto maschile; che ha caratteri mascolini 2** **di** (o **da**) **uomo; poco femminile.**

mannite ['mænait], **mannitol** ['mænitəl] *n.* [U] *(chim.)* **mannite; mannitolo.**

manoeuvre [mə'nu:və*] *n.* [C] **1 manovra** (anche *fig.*) **2** *(fig.)* **raggiro; stratagemma.**

to **manoeuvre** [mə'nu:və*] ***A*** *v. t.* **1 manovrare 2** *(fig.)* **abbindolare; raggirare**: *to m. sb. out of st.*, raggirare q. così da togliergli q.c.; defraudare q. di q.c. ***B*** *v. i.* **1 far manovre; far manovra** (per es., con un'automobile) **2** *(fig.)* **usare maneggi** (o **raggiri, stratagemmi).**

man-of-war [,mænəv'wɔ:*] *n.* (*pl.* **men-of-war** [,menəv'wɔ:*]) **nave da guerra.**

manometer [mə'nɔmitə*] *n.* [C] *(fis.)* **manometro.**

manor ['mænə*] *n.* [C] **proprietà terriera; tenuta con villa annessa** ● *m. house,* casa padronale; villa; *(stor.)* maniero.

manorial [mə'nɔ:riəl] *a.* **di maniero; feudale**: *m. rights,* diritti feudali.

manpower ['mæn,pauə*] *n.* [U] **1** *(econ., stat.)* **forze di lavoro; manodopera 2 potenziale umano.**

manqué [maŋ'kei] *(franc.) a.* **mancato; fallito**: *an artist m.*, un artista mancato.

mansard ['mænsa:d] *n.* [C] **1** (anche *m. roof*) **tetto a mansarda 2 mansarda; stanza** (o **soffitta**) **sotto un tetto a mansarda.**

manservant ['mæn,sə:vənt] *n.* (*pl.* **menservants** ['men,sə:vənts]) **domestico; servitore.**

mansion ['mænʃən] *n.* [C] **1 casa signorile; palazzo 2** *(al pl., preceduto da nomi propri)* **edificio suddiviso in appartamenti** ● *m. house,* casa padronale; villa □ *the M. House,* la residenza ufficiale del sindaco di Londra.

manslaughter ['mæn,slɔ:tə*] *n.* [U] *(leg.)* **omicidio** (specialm., **colposo, preterintenzionale**).

mantel ['mæntl] *n.* [C] **1** (di solito *mantelpiece*) **struttura portante di caminetto 2** (di solito *mantelshelf*) **mensola di caminetto.**

mantic ['mæntik] *a.* **divinatorio; profetico.**

mantilla [mæn'tilə*] *n.* [C] **mantiglia.**

mantis ['mæntis] *n.* (*pl.* **mantises, mantes** ['mænti:z]) *(zool.,* Mantis) **mantide.**

mantle ['mæntl] *n.* [C] **manto** (anche *fig.*); **mantello; cappa.**

to **mantle** ['mæntl] ***A*** *v. t.* **ammantare;** *(fig.)* **coprire, nascondere *B*** *v. i.* **1** (di liquidi) **coprirsi di schiuma; velarsi 2 coprirsi** (o **soffondersi**) **di rossore 3 avvampare, infiammarsi** (di rossore).

man-to-man [,mæntə'mæn] *a.* **da uomo a uomo; schietto; franco.**

mantrap ['mæn,træp] *n.* [C] **bocca di lupo; trabocchetto.**

Mantuan ['mæntjuən] *a.* e *n.* **mantovano.**

manual ['mænjuəl] ***A*** *a.* **manuale**: *m. labour,* lavoro manuale ***B*** *n.* [C] **1 manuale 2** *(mus.)* **tastiera** (d'organo) **3** (*mil.* anche *m. exercise*) **maneggio delle armi** ● *m. alphabet,* alfabeto dei sordomuti.

manufactory [,mænju'fæktəri] *n.* [C] **fabbrica; opificio.**

manufacture [,mænju'fæktʃə*] *n.* **1** [U] **manifattura; fabbricazione**: *of English m.*, di fabbricazione inglese **2** [U] **industria**: *woollen m.*, l'industria della lana **3** *(al pl.)* **manufatti; prodotti.**

to **manufacture** [,mænju'fæktʃə*] *v. t.* **1 fabbricare; produrre; confezionare 2 lavorare** (metalli, lana, ecc.) **3** *(fig., spreg.)* **produrre in serie 4** *(fig.)* **inventare** (storie, scuse, ecc.).

manufacturer [,mænju'fæktʃərə*] *n.* **fabbricante; industriale.**

manufacturing [,mænju'fæktʃəriŋ] ***A*** *a.* **manifatturiero; industriale**: *a m. town,* una città industriale ***B*** *n.* **fabbricazione; confezione** ● *m. process,* processo produttivo (o di fabbricazione).

manumission [,mænju'miʃən] *n.* [U] *(stor.)* **manomissione; emancipazione.**

to **manumit** [,mænju'mit] *v. t. (stor.)* **manomettere, emancipare** (uno schiavo).

manure [mə'njuə*] *n.* [U] **concime; letame** ● *green m.*, sovescio.

to **manure** [mə'njuə*] *v. t. (agric.)* **concimare.**

manuring [mə'njuəriŋ] *n.* [U] *(agric.)* **concimazione.**

manuscript ['mænjuskript] *a.* e *n.* [C] **manoscritto.**

Manx [mæŋks] *a. (geogr.)* **dell'isola di Man.**

Manxman ['mæŋksmən] *n.* (*pl.* **Manxmen** ['mæŋksmən]) **abitante dell'isola di Man.**

many ['meni] *a.* e *pron.* (*pl.* di **much**; *compar.* **more** [mɔ:*]; *superl. relat.* **most** [moust]) **molti; numerosi**: *M.* (o *M. people) think so,* molti la pensano così □ *m. of us (you, them),* molti di noi (di voi, di loro) ● *the m.*, la maggioranza; la massa □ *(lett.) m. a man,* più di un uomo □ *(poet., retor.) m. a time (and oft),* spesso; più d'una volta □ *as m.*, altrettanti □ *as* (o *so) many as,* tanti quanti □ *a good m.*, molti □ *a great m.*, moltissimi □ *how m.?*, quanti? □ *one too m.*, uno di troppo □ *too m.*, troppi □ *too m. people,* troppa gente □ *He was one too m. for you,* te l'ha fatta (in barba).

many-coloured [,meni'kʌləd] *a.* **multicolore; variopinto.**

many-sided [,meni'saidid] *a.* **1 che ha molti lati 2** *(fig.)* **poliedrico; complesso.**

Maoism ['mau,izəm] *n.* [U] *(polit.)* **maoismo.**

Maoist ['mauist] *a.* e *n. (polit.)* **maoista.**

map [mæp] *n.* [C] **1 carta geografica** (o **topografica**); **mappa 2 carta astronomica** ● *(fam.) off the map,* senz'importanza; (di un luogo) inaccessibile □ *(fam.) on the map,* importante □ *town map,* pianta d'una città.

to **map** [mæp] *v. t.* **1 rappresentare su una carta geografica 2** — *to map out,* progettare; tracciare un piano di: *to m. out one's conduct,* tracciarsi una linea di condotta.

maple ['meipl] *n.* **1** [C] (*bot.*, Acer) **acero 2** [U] **acero** (il legno).

map-maker ['mæp,meikə*] *n.* [C] **cartografo.**

map-making ['mæp,meikiŋ] *n.* [U] **cartografia.**

to **mar** [ma:*] *v. t.* **danneggiare; guastare; rovinare.**

marabou ['mærəbu:] *n. (zool.,* Leptoptilus crumenifer) **marabù.**

maraschino [,mærə'ski:nou] *n.* [U] **maraschino.**

marathon ['mærəθən] *n.* [C] *(sport)* **maratona** (anche *fig.*).

to **maraud** [mə'rɔ:d] *v. i.* e *t.* **predare; saccheggiare.**

marauder [mə'rɔ:də*] *n.* **predatore; predone; saccheggiatore.**

marble ['ma:bl] *n.* **1** [U] **marmo 2** [C] **bilia; pallina** ● *m.-cutter,* marmista □ *m. paper,* carta marmorizzata □ *the Elgin marbles,* i marmi di Elgin (del Partenone; ora al British Museum).

to **marble** ['ma:bl] *v. t.* **marmorizzare** (carta, ecc.).

marc [ma:k] *n.* [U] **1 vinaccia 2 sorta di grappa.**

marcasite ['ma:kəsait] *n.* [U] *(miner.)* **marcasite, mar-**

cassite.

March [ma:tʃ] *n.* marzo.

(1) march [ma:tʃ] *n.* 1 [C] (*mil., mus.*) marcia: *a day's m.*, una giornata di marcia □ *a dead m.*, una marcia funebre 2 (*al sing. con l'art. determ.*) (*fig.*) corso; progresso: *the m. of events*, il corso degli avvenimenti ● (*mil.*) *a m.-past*, una sfilata □ *line of m.*, linea di marcia □ *on the m.*, in marcia □ (*fig.*) *to steal a m. on sb.*, avvantaggiarsi su q. a sua insaputa.

to **march** [ma:tʃ] **A** *v. i.* 1 marciare 2 camminare, incedere, avanzare (con passo più o meno militaresco) **B** *v. t.* far marciare (soldati) ● *to m. off*, allontanarsi a passo di marcia □ (*mil.*) *to m. past sb.*, sfilare davanti a q. □ *in marching order*, in ordine di marcia □ (*mil.*) *Quick m.!*, avanti marsc'!

(2) march [ma:tʃ] *n.* (*generalm. al pl.*) terra di confine; (*stor.*) marca.

marchioness ['ma:ʃənis] *n.* marchesa.

marchpane ['ma:tʃpein] *n.* [U] (*arc.*) marzapane.

marconigram [ma:'kounigræm] *n.* [C] marconigramma; radiotelegramma.

mare [mεə*] *n.* [C] cavalla; giumenta ● (*fig.*) *a m.'s nest*, una grossa delusione; una fandonia.

margarine [,ma:dʒə'ri:n] *n.* [U] margarina.

marge [ma:dʒ] *n.* [U] (*abbr. fam.* di **margarine**) margarina.

margin ['ma:dʒin] *n.* [C] margine (quasi in ogni senso); orlo; ciglio ● *m. release*, liberamargine (di macchina per scrivere) □ *m. stop*, marginatore (di macchina per scrivere).

to **margin** ['ma:dʒin] *v. t.* 1 marginare; provvedere d'un margine 2 fare annotazioni sul margine di (una pagina, ecc.).

marginal ['ma:dʒinəl] *a.* marginale; in margine: *m. notes*, annotazioni in margine ● *m. case*, caso limite □ *m. stop*, marginatore (di macchina per scrivere).

marginalia [,ma:dʒi'neiljə] (*lat.*) *n. pl.* annotazioni in margine.

to **marginate** ['ma:dʒineit] *v. t.* (*tipogr.*) marginare.

margrave ['ma:greiv] *n.* [C] (*stor.*) margravio.

marguerite [,ma:gə'ri:t] *n.* [C] (*bot.*, Chrysanthemum leucanthemum) margherita.

Marian ['mεəriən] *a.* 1 (*relig.*) mariano; di Maria Vergine 2 (*stor.*) di Maria la Cattolica 3 (*stor.*) di Maria Stuarda.

marigold ['mærigould] *n.* [C] (*bot.*, Calendula officinalis) calendola.

marihuana, marijuana [,mæri'wa:nə] *n.* [U] marijuana.

marimba [mə'rimbə] *n.* (*mus.*) marimba (sorta di xilofono).

marina [mə'ri:nə] *n.* [C] 1 porticciolo 2 lido (turistico).

marinade [,mæri'neid] *n.* (*cucina*) 1 [U] e [C] marinata 2 [C] vivanda marinata.

to **marinade** ['mæri,neid] *v. t.* (*cucina*) marinare (pesce, carne).

marine [mə'ri:n] **A** *a.* 1 marino: *m. plants*, piante marine 2 marittimo; nautico; navale **B** *n.* 1 (*solo al sing.*) marina: *the merchant m.*, la marina mercantile 2 [C] marine; fante di marina 3 [C] (*pitt.*) marina: *a m. painter*, un pittore di marine ● (*fam.*) *Tell that to the marines*, raccontalo a chi ci crede; vallo a raccontare a tua nonna.

mariner ['mærinə*] *n.* (*poet.* o *nel linguaggio ufficiale*) marinaio.

Marinism [mə'ri:nizəm] *n.* [U] (*letter. ital.*) marinismo.

Marinist [mə'ri:nist] *n.* [C] (*letter. ital.*) marinista.

marionette [,mæriə'net] *n.* [C] marionetta.

marital [mə'raitl] *a.* 1 maritale 2 coniugale; matrimoniale.

maritime ['mæritaim] *a.* marittimo: *m. law*, diritto marittimo.

marjoram ['ma:dʒərəm] *n.* [U] (*bot.*, Origanum vulgare; anche *wild m.*) origano ● *sweet m.* (Origanum majorana), maggiorana.

to **mark** [ma:k] *v. t.* 1 segnare; contrassegnare; marcare; marchiare: (nei giochi) *to m. the points*, segnare i punti 2 contraddistinguere; caratterizzare 3 dimostrare; manifestare; rivelare 4 fare attenzione a; osservare; notare: *M. my words*, fa' attenzione a quel che dico 5 correggere (compiti) dando il voto; classificare 6 mettere il cartellino del prezzo a (oggetti in vendita) 7 (*sport*) marcare (un avversario) ● *to m. down*, annotare; registrare; (*comm.*) ribassare il prezzo di (una merce) □ *to m. off*, delimitare; demarcare; tracciare □ *to m. out*, delimitare; tracciare □ *to m. sb. out for st.*, designare q. per q.c. □ (*mil.*) *to m. time*, segnare il passo (anche *fig.*) □ (*comm.*) *to m. up an article*, alzare il prezzo d'un articolo □ *A zebra is marked with stripes*, la zebra ha il mantello a strisce.

(1) mark [ma:k] *n.* 1 [C] segno; marca; marchio; contrassegno (del prezzo, ecc.); impronta; orma; traccia; macchia; voglia (*fam.*); bersaglio: *punctuation marks*, segni di punteggiatura □ *trade-m.*, marchio di fabbrica □ *a cat with a white m. on its breast*, un gatto con una macchia bianca sul petto □ *a birth-m.*, una voglia (sulla pelle) □ *to miss the m.*, mancare il bersaglio; non cogliere nel segno 2 [C] punto, voto (scolastico): *to get nine (marks out of ten) for geography*, avere (il voto di) nove (su dieci) in geografia 3 [C] punto di riferimento 4 [U] fama; successo; vaglia; valore: *to make one's m.*, conseguire la fama; avere un gran successo □ *a man of m.*, un uomo di valore 5 (*solo al sing.*) livello (anche *fig.*); livello medio 6 [C] (segno di) croce (fatto da un analfabeta) 7 (*sport*) linea di partenza: *to get off the m.*, partire (dalla linea di partenza) 8 (*Borsa*) punto ● (*fig.*) *to be beside* (o *wide of*) *the m.*, non cogliere nel segno □ (di persona) *not to feel quite up to the m.*, non sentirsi in forma (*fam.*) □ *That's beside the m.*, questo non c'entra.

(2) mark [ma:k] *n.* [C] marco (moneta ted.).

markdown ['ma:kdaun] *n.* [C] (*comm.*) riduzione di prezzo; ribasso.

marked [ma:kt] *a.* 1 contrassegnato; marcato 2 guardato a vista; sospetto 3 considerevole; notevole; forte; spiccato.

marker ['ma:kə*] *n.* [C] 1 chi segna (i punti d'un gioco, ecc.); marcatore 2 segnapunti (strumento) 3 segnalibro 4 (*mil., ferr.*) segnale 5 pietra miliare.

market ['ma:kit] *n.* 1 [C] mercato; (*comm.*) piazza; sbocco commerciale; operazioni di Borsa: *to go to (the) m. to buy st. (to sell st.)*, andare al mercato per comprare q.c. (per vendere q.c.) □ *to find new markets*, trovare nuovi mercati □ *the corn m.*, il mercato del grano 2 (*solo al sing.*) (*comm.*) domanda; richiesta: *There is no m. (a poor m.) for these goods*, non c'è richiesta (c'è scarsa richiesta) di questa merce ● *m. day*, giorno di mercato □ *m.-garden*, orto □ *m.-place*, piazza del mercato □ *m. price*, prezzo di mercato □ (*fig.*) *to bring one's eggs* (o *hogs*) *to a bad m.* (o *to the wrong m.*), far fiasco; bussare alla porta sbagliata □ *to come into* (o *to be on*) *the m.*, essere posto in vendita □ (*comm.*) *to put an article on the m.*, lanciare un articolo sul mercato.

to **market** ['ma:kit] **A** *v. t.* 1 portare (o spedire) (merce) al mercato 2 mettere in vendita; vendere **B** *v. i.* fare acquisti (o vendite).

marketable ['ma:kitəbl] *a.* vendibile; commerciabile; smerciabile.

marketing ['ma:kitiŋ] *n.* [U] 1 (*comm.*) compravendita 2 (*econ.*) marketing; tecnica delle ricerche di mercato.

marking ['ma:kiŋ] *n.* 1 [U] e [C] marcatura 2 [C] segno; marchio.

marksman ['ma:ksmən] *n.* (*pl.* **marksmen** ['ma:ksmən]) (*mil.*) tiratore scelto.

marksmanship ['ma:ksmənʃip] *n.* [U] (*mil.*) abilità nel tiro.

markup ['ma:kʌp] *n.* [C] (*comm.*) 1 aumento di prezzo; rincaro 2 margine di profitto.

marl [ma:l] *n.* [U] (*geol.*) marna ● *m.-pit*, marniera.

to **marl** [ma:l] *v. t.* (*agric.*) marnare (un terreno).

marly ['ma:li] *a.* marnoso.

marmalade ['ma:məleid] *n.* [U] marmellata d'arance (o di limoni).

marmoreal [ma(:)'mɔ:riəl] *a.* (*lett.*) marmoreo.

marmot ['ma:mət] *n.* [C] (*zool.*, Marmota) marmotta.

marocain [ˌmærəˈkein] *n.* [U] *(ind. tessile)* **marocain** (crespo di seta pesante a grana grossa).
(1) maroon [məˈru:n] *n.* e *a.* **(di) color marrone; marrone.**
(2) maroon [məˈru:n] *n.* [C] **castagnola; petardo.**
to **maroon** [məˈru:n] *v. t.* **abbandonare** (q.), **per punizione, su un'isola deserta** (o **su una costa disabitata).**
marplot [ˈma:plɔt] *n.* **guastafeste; guastamestieri.**
marquee [ma:ˈki:] *n.* [C] **grande tenda; padiglione.**
marquess [ˈma:kwis] *n.* **marchese.**
marquetry [ˈma:kitri] *n.* [U] **(lavoro d') intarsio.**
marquis [ˈma:kwis] *n.* **marchese.**
marquisate [ˈma:kwizit] *n.* [C] **marchesato.**
marquise [ma:ˈki:z] *n.* **marchesa** (titolo non ingl.).
marriage [ˈmæridʒ] *n.* [U] e [C] **matrimonio;** (anche *fig.*) **connubio; unione; nozze; sposalizio** ● *m. lines,* certificato di matrimonio □ *m. service,* cerimonia nuziale.
marriageable [ˈmæridʒəbl] *a.* **in età da marito.**
married [ˈmærid] *a.* ***1*** **sposato, sposata; ammogliato; maritata *2* matrimoniale; coniugale**: *m. life,* vita matrimoniale ● *a m. couple,* una coppia di sposi □ *to get m.,* sposarsi.
marrow [ˈmærou] *n.* ***1*** [U] *(anat.)* **midollo *2*** [U] *(fig.)* **essenza; nocciolo; succo *3*** [C] (*bot.,* Cucurbita pepo; anche *vegetable m.*) **zucchina, zucchino.**
marrowbone [ˈmærouboun] *n.* [C] *(cucina)* **ossobuco.**
marrowfat [ˈmæroufæt] *n.* [C] (anche *m. pea*) **pisello gigante.**
to **marry** [ˈmæri] ***A*** *v. t.* ***1*** **sposare; prendere per marito** (o **in moglie); dare in matrimonio; unire in matrimonio *2*** *(fig.)* **congiungere; unire strettamente *B*** *v. i.* **sposarsi; accasarsi; ammogliarsi; maritarsi** ● *to m. into a good family,* accasarsi bene □ *to m. off,* accasare.
Mars [ma:z] *n. (mitol., astron.)* **Marte.**
Marsala [ma:ˈsa:lə] *n.* [U] **marsala** (vino).
Marseillaise [ˌma:səˈleiz] *(franc.) n. (con l'art. determ.)* **(la) marsigliese** (inno).
marsh [ma:ʃ] *n.* [C] e [U] **palude; acquitrino** ● *m.-fever,* malaria □ *m.-gas,* gas di palude.
marshal [ˈma:ʃəl] *n.* [C] ***1*** *(mil.)* **maresciallo *2* cerimoniere *3*** *(USA)* **sceriffo *4*** *(leg.)* **ufficiale giudiziario.**
to **marshal** [ˈma:ʃəl] *v. t.* ***1*** **ordinare; schierare *2* condurre** (cerimoniosamente) ● *(ferr.) marshalling yard,* scalo merci.
marshy [ˈma:ʃi] *a.* ***1*** **paludoso; acquitrinoso *2* palustre.**
marsupial [ma:ˈsju:pjəl] *n.* [C] *(zool.)* **marsupiale.**
marsupium [ma:ˈsju:piəm] *n.* (*pl.* **marsupia** [ma:ˈsju:piə]) *(zool.)* **marsupio.**
mart [ma:t] *n.* [C] **mercato; centro commerciale.**
marten [ˈma:tin] *n.* [C] (*zool.,* Martes) **martora.**
martial [ˈma:ʃəl] *a.* **marziale; bellicoso; guerresco.**
Martian [ˈma:ʃjen] *a.* e *n.* [C] **marziano.**
martin [ˈma:tin] *n.* (*zool.,* Chelidon urbica) **balestruccio.**
martinet [ˌma:tiˈnet] *n.* [C] ***1*** **uomo molto severo, rigido, esigente *2*** *(fig.)* **caporale**: *She's a m.!,* (quella donna) è proprio un caporale!
martingale [ˈma:tiŋgeil] *n.* [C] ***1*** **martingala** (correggia del cavallo) ***2*** (nei giochi d'azzardo) **martingala** (raddoppiamento della posta perduta).
martini [ma:ˈti:ni] *(ital.) n.* [C] **martini** (tipo di cocktail).
Martinmas [ˈma:tinməs] *n.* **festa di San Martino.**
martyr [ˈma:tə*] *n.* [C] **martire** (anche *fig.*)*;* **vittima** ● *to make a m. of oneself,* sacrificarsi; fare la vittima.
to **martyr** [ˈma:tə*] *v. t.* **martirizzare; condannare al martirio.**
martyrdom [ˈma:tədəm] *n.* [U] e [C] **martirio** (anche *fig.*).
to **martyrize** [ˈma:təraiz] *v. t.* **martirizzare; martoriare.**
martyrology [ˌma:tiˈrɔlədʒi] *n.* [C] e [U] **martirologio.**
marvel [ˈma:vəl] *n.* [C] ***1*** **meraviglia; cosa meravigliosa *2*** *(fig.)* **miracolo; prodigio**: *a m. of patience,* un prodigio di pazienza □ *to work marvels,* fare miracoli.
to **marvel** [ˈma:vəl] *v. i.* **meravigliarsi; stupirsi.**
marvellous [ˈma:viləs] *a.* **meraviglioso; straordinario; stupendo.**
Marxian [ˈma:ksjən] *a.* e *n.* **marxiano.**
Marxism [ˈma:ksizəm] *n.* [U] *(polit.)* **marxismo.**
Marxist [ˈma:ksist] *n.* *(polit.)* **marxista.**
marzipan [ˌma:ziˈpæn] *n.* [U] *(cucina)* **marzapane.**
mascara [mæsˈka:rə] *n.* [U] **mascara.**
mascot [ˈmæskət] *n.* [C] **mascotte; portafortuna.**
masculine [ˈma:skjulin] ***A*** *a.* ***1*** **maschile** (anche *gramm.*)*;* **maschio; virile *2*** (di donna) **poco femminile *B*** *n. (gramm.)* **genere maschile.**
masculinist [ˈma:skjulinist] *n.* **maschilista.**
masculinity [ˌmæskjuˈliniti] *n.* [U] **mascolinità; virilità.**
maser [ˈmeizə*] *n.* [C] *(fis., elettron.)* **maser.**
mash [mæʃ] *n.* [U] ***1*** **infuso di malto** (in acqua calda) ***2*** **beverone, pastone** (per animali) ***3*** *(fam., cucina)* **passato; purè.**
to **mash** [mæʃ] *v. t.* ***1*** **macerare** (il malto) **nell'acqua calda *2* pestare, passare** (verdura, ecc.) ● *mashed potatoes,* purè di patate.
masher [ˈmæʃə*] *n.* [C] **passaverdura** ● *potato m.,* schiacciapatate.
mask [ma:sk] *n.* [C] ***1*** **maschera** (in molti sensi, anche *fig.*)*: (fig.) to throw off one's m.,* gettare la maschera □ *a gas-m.,* una maschera antigas ***2*** *V.* **masque *3*** *V.* **masker *4*** *(archit.)* **mascherone.**
to **mask** [ma:sk] ***A*** *v. t.* **mascherare** (anche *fig.*)*;* **celare; dissimulare *B*** *v. i.* **mascherarsi** ● *masked ball,* ballo in maschera.
masker [ˈma:skə*] *n.* [C] **maschera; persona mascherata.**
masochism [ˈmæsəkizəm] *n.* [U] *(psic.)* **masochismo.**
masochist [ˈmæsəkist] *n.* [C] *(psic.)* **masochista.**
masochistic [ˌmæsəˈkistik] *a.* *(psic.)* **masochistico.**
mason [ˈmeisn] *n.* [C] ***1*** **muratore *2* massone; frammassone.**
masonic [məˈsɔnik] *a.* **massonico.**
masonite [ˈmeisənait] *n.* [U] *(edil.)* **masonite.**
masonry [ˈmeisənri] *n.* [U] ***1*** **arte muraria *2* muratura**: *brick m.,* muratura in mattoni ***3*** **massoneria; frammassoneria.**
masque [ma:sk] *n.* [C] *(letter.)* **« masque »** (rappresentazione allegorica soprattutto coreografica e musicale).
masquerade [ˌmæskəˈreid] *n.* [C] ***1*** **ballo in maschera *2*** *(fig.)* **finzione; mascherata.**
to **masquerade** [ˌmæskəˈreid] *v. i.* **mascherarsi; travestirsi.**
(1) mass [mæs] *n.* [C] **massa; ammasso; grande quantità; moltitudine**: *the masses,* le masse; la massa del popolo ● *m. media,* mass media (mezzi di comunicazione di massa) □ *m.-meeting,* raduno popolare; comizio □ *m.-observation,* studio dei fenomeni di massa □ *(polit.) m. party,* partito di massa □ *in the m.,* nel complesso.
to **mass** [mæs] *v. t.* e *i.* **ammassare, ammassarsi.**
(2) mass, Mass [mæs] *n.* [C] e [U] *(relig., mus.)* **messa**: *to go to M.,* andare a messa □ *high M.,* messa cantata □ *low M.,* messa piana.
massacre [ˈmæsəkə*] *n.* [C] **massacro** (anche *fig.*)*;* **carneficina; strage.**
to **massacre** [ˈmæsəkə*] *v. t.* **massacrare.**
massage [ˈmæsa:ʒ] *n.* [C] e [U] **massaggio.**
to **massage** [ˈmæsa:ʒ] *v. t.* **massaggiare.**
masseur [mæˈsə*] *n.* **massaggiatore.**
masseuse [mæˈsə:z] *n.* **massaggiatrice.**
massif [ˈmæsi:f] *n.* [C] *(geol., geogr.)* **massiccio.**
massive [ˈmæsiv] *a.* ***1*** **massiccio; solido *2*** *(fig.)* **imponente.**
massiveness [ˈmæsivnis] *n.* [U] ***1*** **compattezza; solidità *2*** *(fig.)* **imponenza.**
massotherapist [ˌmæsouˈθerəpist] *n.* [C] *(med.)* **massoterapista.**

massotherapy [ˌmæsou'θerəpi] *n.* U *(med.)* **massoterapia.**
to **mass-produce** ['mæsprəˌdju:s] *v. t.* **produrre in serie; standardizzare.**
mass-production ['mæsprəˌdʌkʃən] *n.* U **produzione in serie; standardizzazione.**
massy ['mæsi] *a.* **compatto; solido; pesante.**
(1) mast [ma:st] *n.* C ***1*** *(naut.)* **albero;** *(al pl.)* **alberatura** ***2*** **asta** (di bandiera) ***3*** **(supporto di) antenna radio** (o **televisiva)** • *to sail before the m.*, navigare come semplice marinaio.
to **mast** [ma:st] *v. t. (naut.)* **alberare; munire** (una nave) **di alberi.**
(2) mast [ma:st] *n. (collett.)* **ghiande; faggiole; faggine.**
mastectomy [mæ'stektəmi] *n.* U *(med.)* **mastectomia.**
masted ['ma:stid] *a. (naut., nei composti, per es.:) a three-m. ship,* un veliero a tre alberi.
master ['ma:stə*] *n.* C ***1*** **padrone; datore di lavoro; capo**: *masters and men,* padroni e operai ***2*** **maestro** (quasi in ogni senso); **insegnante; professore**: *a dancing-m.*, un maestro di ballo □ *a m. builder (o mason),* un maestro muratore; un capomastro ***3*** *(naut.)* **capitano** (di mercantile) ***4*** *(leg.)* **giudice** ***5*** — *the M.*, il Maestro; Gesù ***6*** — *(come appellativo, us. dai domestici) M.*, signorino: *M. Teddy,* il signorino Teddy • *M. of Arts (abbr. M. A.),* dottore in lettere □ *M. of Ceremonies,* Maestro del cerimoniale; *(telev.)* presentatore □ *m.-key,* chiave maestra; passe-partout □ *M. of Science (abbr. M. Sc.),* dottore in scienze naturali □ *to make oneself m. of. a language,* impadronirsi di una lingua □ *to be one's own m.*, essere padrone di se stesso; non dipendere da nessuno □ *to be thoroughly m. of st.*, esser padrone di (o conoscere a fondo) q.c.
to **master** ['ma:stə*] *v. t.* **dominare; essere padrone di; conoscere a fondo**: *to m. one's temper,* dominare i propri impulsi □ *to m. the English language,* conoscere a fondo la lingua inglese.
master-at-arms [ˌma:stərət'a:mz] *n.* (*pl.* **masters--at-arms)** *(naut.)* **aiutante** (sottufficiale con compiti di polizia).
masterful ['ma:stəful] *a.* ***1*** **autoritario; imperioso; prepotente** ***2*** **da maestro; magistrale** ***3*** **ottimo; eccellente.**
masterfulness ['ma:stəfulnis] *n.* U ***1*** **imperiosità; prepotenza** ***2*** **maestria; bravura.**
masterly ['ma:stəli] *a.* **da maestro; magistrale; eccellente; ottimo.**
to **mastermind** ['ma:stəmaind] *v. t.* **ideare e dirigere** (un piano, ecc.).
masterpiece ['ma:stəpi:s] *n.* C **capolavoro.**
mastership ['ma:stəʃip] *n.* ***1*** C **posto di maestro** ***2*** U **magistero; ufficio di maestro** ***3*** U **dominio; potere** ***4*** U **maestria.**
masterstroke ['ma:stəˌstrouk] *n.* C **colpo magistrale** (o **da maestro).**
mastery ['ma:stəri] *n.* U ***1*** **dominio; padronanza** ***2*** **supremazia; sopravvento** ***3*** **maestria; abilità** ***4*** **padronanza** *(fig.)*; **conoscenza approfondita.**
masthead ['ma:stˌhed] *n.* C ***1*** *(naut.)* **testa d'albero** ***2*** **testata** (di giornale).
mastic ['mæstik] *n.* U **mastice.**
to **masticate** ['mæstikeit] *v. t.* **masticare.**
mastication [ˌmæsti'keiʃən] *n.* U **masticazione.**
masticatory ['mæstikətəri] *a.* e *n.* C **masticatorio.**
mastiff ['mæstif] *n.* C *(zool.)* **mastino.**
mastitis [mæs'taitis] *n.* U *(med.)* **mastite.**
mastodon ['mæstədɔn] *n.* C *(paleontologia)* **mastodonte.**
mastodontic [ˌmæstə'dɔntik] *a.* **mastodontico.**
mastoid ['mæstɔid] *(anat.)* ***A*** *a.* **mastoideo** ***B*** *n.* **mastoide.**
mastoiditis [ˌmæstɔi'daitis] *n.* U *(med.)* **mastoidite.**
to **masturbate** ['mæstəbeit] *v. i.* **masturbarsi.**
masturbation [ˌmæstə'beiʃən] *n.* U **masturbazione.**
(1) mat [mæt] *n.* C ***1*** **stuoia; zerbino** ***2*** **sottopiatto; sottocoppa; sottovaso** ***3*** **intreccio; viluppo; nodo** (di capelli, di peli) • *bath mat,* scendibagno.
(1) to **mat** [mæt] ***A*** *v. t.* ***1*** **coprire con stuoie; provvedere di stuoino** ***2*** **intrecciare; avviluppare; arruffare** ***B*** *v. i.* **intrecciarsi; avvilupparsi.**
(2) mat [mæt] *a.* **opaco; appannato; sbiadito; smorto.**
(2) to **mat** [mæt] *v. t.* ***1*** **rendere opaco; dare una finitura opaca a** (un metallo) ***2*** **rendere opaco** (un vetro).
matador ['mætədɔ:*] *(spagn.) n.* C **matador.**
(1) match [mætʃ] *n.* C **fiammifero; cerino; zolfanello.**
(2) match [mætʃ] *n.* C ***1*** *(sport)* **gara; incontro; partita** ***2*** **eguale; pari; simile** ***3*** **matrimonio**: *to make a good m.*, fare un buon matrimonio ***4*** **partito** (matrimoniale) • *to be a m. for sb.*, non essere da meno di q. □ *to meet one's m.*, trovare pane per i propri denti.
to **match** [mætʃ] ***A*** *v. t.* ***1*** **accoppiare; unire in matrimonio** ***2*** **opporre** (a); **misurare** (con) ***3*** **essere pari a; pareggiare; eguagliare; tener testa a**: *to m. sb. in st.*, tener testa a q. in q.c. ***4*** **armonizzare; accompagnare** ***5*** **confrontare; paragonare** ***B*** *v. i.* ***1*** *(arc.)* **accoppiarsi; sposarsi** ***2*** **accompagnarsi; intonarsi; andar bene insieme** • *to m.*, bene intonato: *a hat trimmed with ribbons to m.*, un cappellino adorno di nastri bene intonati □ *a well-matched couple,* una coppia bene assortita.
matchboard ['mætʃbɔ:d] *n.* C *(falegnameria)* **asse gemella; perlina.**
matchbox ['mætʃˌbɔks] *n.* C **scatola per fiammiferi.**
matchless ['mætʃlis] *a.* **senza pari; ineguagliabile; impareggiabile.**
matchlock ['mætʃlɔk] *n.* C *(stor.)* **fucile a miccia; archibugio.**
matchmaker ['mætʃˌmeikə*] *n.* **chi combina matrimoni.**
matchwood ['mætʃwud] *n.* U ***1*** **legno per far fiammiferi** ***2*** **legna minuta** (da ardere) • *(fig.) smashed to m.*, fatto a pezzi; fracassato.
mate [meit] *n.* C ***1*** **compagno; camerata** ***2*** **coniuge; consorte** ***3*** (d'animali appaiati) **compagno, compagna** ***4*** *(naut.)* **secondo** (di bordo) ***5*** (specialm. *naut.)* **aiutante; assistente.**
to **mate** [meit] ***A*** *v. t.* **accoppiare; appaiare; congiungere; unire** (anche in matrimonio) ***B*** *v. i.* ***1*** **accoppiarsi; appaiarsi** ***2*** **sposarsi.**
maté ['ma:tei] *n.* U *(bot.,* Ilex paraguariensis; la bevanda*)* **mate.**
mater ['meitə*] *n. (gergo studentesco)* **madre; mamma.**
material [mə'tiəriəl] ***A*** *a.* ***1*** **materiale; corporeo; fisico; grossolano** ***2*** **importante; essenziale** ***B*** *n.* ***1*** U e C **materiale; materia; sostanza**: *building m.*, materiale da costruzione □ *raw materials,* materie prime ***2*** U e C (anche *dress m.)* **stoffa; panno; tessuto** ***3*** U **materiale; argomenti; appunti**: *m. for a book,* materiale per un libro • *writing materials,* l'occorrente per scrivere.
materialism [mə'tiəriəlizəm] *n.* U *(filos.)* **materialismo.**
materialist [mə'tiəriəlist] *n. (filos.)* **materialista.**
to **materialize** [mə'tiəriəlaiz] ***A*** *v. t.* ***1*** **materializzare** ***2*** **rendere materiaistico** ***B*** *v. i.* ***1*** **materializzarsi** ***2*** **avverarsi; realizzarsi.**
maternal [mə'tə:nl] *a.* **materno.**
maternity [mə'tə:niti] *n.* U **maternità**: *a m. hospital,* una (clinica per la) maternità • *m. dress,* abito per gestanti.
matey ['meiti] *a. (fam.)* **socievole** • *to be m. with sb.*, essere in familiarità con q.
mathematical [ˌməθi'mætikəl] *a.* **matematico.**
mathematician [ˌmæθimə'tiʃən] *n.* **matematico.**
mathematics [ˌmæθi'mætiks] *n. pl. (col verbo al sing.)* **matematica.**
maths [mæθs] *n.* (*abbr. fam. di* **mathematics**) **matematica.**
matinée ['mætinei] *(franc.) n.* C *(teatr.)* **matinée; rappresentazione diurna.**
matins ['mætinz] *n. pl. (relig.)* **mattutino.**

matriarchal [ˌmeitri'a:kəl] *a.* **matriarcale.**
matriarchy ['meitria(:)ki] *n.* [U] **matriarcato.**
matricide ['meitrisaid] *n.* **1** [U] e [C] **matricidio 2** [C] **matricida.**
to **matriculate** [mə'trikjuleit] **A** *v. t.* **immatricolare; iscrivere** (q.) **all'università B** *v. i.* **immatricolarsi; iscriversi all'università.**
matriculation [məˌtrikju'leiʃən] *n.* [U] e [C] **immatricolazione** ● *m. exam,* esame d'ammissione all'università.
matrimonial [ˌmætri'mounjəl] *a.* **matrimoniale; coniugale.**
matrimony ['mætriməni] *n.* [U] **matrimonio.**
matrix ['meitriks] *n.* (*pl.* **matrices** ['meitrisi:z], **matrixes** ['meitriksiz]) *(anat., geol., tipogr., mat., elab.)* **matrice.**
matron ['meitrən] *n.* [C] **1 signora anziana; vedova; matrona 2 capo infermiera** (d'ospedale) **3** *(USA)* **guardiana** (di carcere).
matronly ['meitrənli] *a.* **matronale.**
matt [mæt] *V.* **(2) mat.**
matter ['mætə*] *n.* **1** [U] **materia; sostanza 2** [U] **argomento; soggetto; contenuto 3** [C] **affare; faccenda; cosa; questione**: *money matters,* questioni di denaro □ *It's a m. of a few days,* è cosa (o questione) di pochi giorni **4** [U] **importanza**: *It is (o makes) no m.,* non ha importanza **5** [U] *(med.)* **sostanza purulenta; pus** ● *a m. of course,* una cosa naturale □ *a m. of three weeks,* tre settimane, più o meno □ *as a m. of fact,* in realtà; in verità □ *for that m. (o for the m. of that),* in quanto a ciò □ *in the m. of,* quanto a; per ciò che concerne □ *to let the m. drop,* lasciar perdere □ *to make matters worse,* peggiorare la situazione □ *No m.!,* non importa!; non preoccuparti! □ *no m. how,* comunque □ *no m. what,* qualunque cosa □ *no m. where,* dovunque □ *postal m.,* corrispondenza □ *printed m.,* stampati; stampe □ *to take matters easy,* prender le cose alla leggera □ *What is the m.?,* che cosa c'è (che non va)?; di che si tratta? □ *(fam.) What's the m. with this?,* che cosa c'è che non va?; va bene, no?
to **matter** ['mætə*] *v. i.* **1** *(soprattutto nelle frasi interr., neg. e condiz.)* **importare; avere importanza**: *What does it m.?,* che importa? **2** (di ferita, ecc.) **suppurare.**
matter-of-fact [ˌmætərəv'fækt] *a.* **prosaico; pratico.**
matting ['mætiŋ] *n.* [U] **1 materiale per stuoie 2** *(collet.)* **stuoie.**
mattock ['mætək] *n.* [C] *(agric.)* **zappone.**
mattress ['mætris] *n.* [C] **materasso** ● *m.-maker,* materassaio, materassaia □ *foam-rubber m.,* materasso di gommapiuma.
maturation [ˌmætjuə'reiʃən] *n.* [U] **1 maturazione 2** *(med.)* **suppurazione.**
mature [mə'tjuə*] *a.* **1 maturo** (anche *fig.*): *after m. deliberation,* dopo maturo esame **2** *(comm.:* di cambiale, ecc.*)* **scaduto; in scadenza.**
to **mature** [mə'tjuə*] **A** *v. t.* **far maturare;** *(fig.)* **maturare** (un proposito, un piano, ecc.) **B** *v. i.* **1 maturare 2** *(comm.)* **scadere.**
maturity [mə'tjuəriti] *n.* [U] **1 maturità 2** *(comm.)* **scadenza.**
matutinal [ˌmætju(:)'tainl] *a.* **mattutino.**
maudlin ['mɔ:dlin] *a.* **1 lacrimoso; sentimentale; svenevole 2 alticcio; brillo.**
maul [mɔ:l] *n.* [C] **mazza; maglio.**
to **maul** [mɔ:l] *v. t.* **1 battere 2 malmenare; bistrattare.**
maulstick ['mɔ:lˌstik] *n.* [C] *(pitt.)* **appoggiamano.**
to **maunder** ['mɔ:ndə*] *v. i.* **1 girovagare 2 parlare a vanvera.**
maundy ['mɔ:ndi] *n.* [U] **1** *(relig. cattolica)* **cerimonia della lavatura dei piedi ai poveri 2** *(in G.B.)* **elemosina in denaro** (detto *m. money*) **fatta dall'elemosiniere della casa reale il giovedì santo.**
Maundy Thursday [ˌmɔ:ndi'θə:zdi] *n.* *(relig.)* **giovedì santo.**
mausoleum [ˌmɔ:sə'liəm] *n.* [C] **mausoleo.**
mauve [mouv] *n.* e *a.* **(color) malva; lilla tendente al rosa.**
maverick ['mævərik] *n.* [C] **1** *(USA)* **vitello** (o **torello) senza marchio 2** *(fig., fam.)* **indipendente; chi non appartiene a partiti** (o **a fazioni).**
maw [mɔ:] *n.* [C] **1 stomaco** (d'animale e, scherz., dell'uomo) **2** (degli uccelli) **gozzo 3** (d'animali voraci) **fauci.**
mawkish ['mɔ:kiʃ] *a.* **1 disgustoso; nauseabondo 2 sdolcinato; stucchevole; svenevole.**
mawkishness ['mɔ:kiʃnis] *n.* [U] **1 (l')esser disgustoso** (o **nauseabondo) 2 sdolcinatezza; svenevolezza.**
maxi ['mæksi] *(moda)* **A** *n.* [C] **indumento maxi B** *a. attr.* **maxi.**
maxicoat ['mæksikout] *n.* [C] *(moda)* **maxicappotto.**
maxillary [mæk'siləri] *a.* e *n.* *(anat.)* **mascellare.**
maxim ['mæksim] *n.* [C] **massima; precetto; sentenza.**
maximal ['mæksiməl] *a.* **massimale.**
maximalism ['mæksiməlizəm] *n.* [U] *(polit.)* **massimalismo.**
maximalist ['mæksiməlist] *n.* *(polit.)* **massimalista.**
to **maximize** ['mæksimaiz] *v. t.* **1 portare al massimo 2 portare** (una teoria) **alle estreme conseguenze.**
maximum ['mæksiməm] *a. attr.* e *n.* (*pl.* **maxima** ['mæksimə]) **massimo.**
maxiskirt ['mæksiskə:t] *n.* [C] *(moda)* **maxigonna.**
maxi-taxi ['mæksiˌtæksi] *n.* [C] **minibus.**
(1) May [mei] *n.* **1 maggio** (anche *fig.*) **2** — *(bot.)* *may,* (fiore di) biancospino ● *May Day,* primo di maggio; calendimaggio □ *May Queen,* reginetta di maggio □ *in the May of life,* nella primavera della vita.
(2) may [mei] *(al condiz. pres. e — nel discorso indir. — al pass. dell'indic.* **might** [mait]) *voce verb. difett.* **1 posso, puoi,** ecc.; **può darsi che; è possibile che**: *It may be true,* può essere vero; può darsi che sia vero □ *Tom may not be there,* può darsi che Tom non ci sia □ *He said that he might go there, after all,* disse che poteva anche andarci, dopotutto □ *That might be very difficult,* potrebbe essere molto difficile **2 posso, puoi,** ecc.; **ho, hai il permesso di**: *May I go out?,* posso uscire? □ *I may leave now, mayn't I?,* posso andarmene ora, vero? □ *Might I make a suggestion?,* potrei dare un suggerimento? **3** *(per esprimere augurio, speranza, richiesta, rimprovero, ecc.)* **posso, puoi,** ecc.: *May you be happy!,* possa tu essere (o sii) felice! □ *You might at least offer to help!,* potresti almeno offrire il tuo aiuto! □ *You might have told me,* avresti potuto dirmelo **4** *(idiom., per formare il congiuntivo;* per es.:) *I was afraid he might hurt himself,* temevo che si facesse male.
maybe ['meibi:] *avv.* **forse; probabilmente; può darsi.**
maybug ['meibʌg] *n.* [C] *(zool.,* Melolontha melolontha) **maggiolino.**
maybush ['meibuʃ] *n.* [C] *(bot.,* Crataegus oxyacantha) **biancospino.**
mayfly ['meiˌflai] *n.* [C] *(zool.,* Ephemera vulgata) **effimera.**
mayhem ['meihem] *n.* [U] *(stor., leg.)* **grave mutilazione** (inferta deliberatamente a q.).
mayn't [meint] *contraz.* di **may not.**
mayonnaise [ˌmeiə'neiz] *n.* [U] *(cucina)* **maionese.**
mayor [mɛə*] *n.* [C] **sindaco** ● *the Lord M. of London,* il sindaco di Londra.
mayoralty ['mɛərəlti] *n.* [U] **(durata in) carica di sindaco.**
mayoress ['mɛəris] *n.* [C] **1 moglie di sindaco 2 sindaca.**
maypole ['meiˌpoul] *n.* [C] **« albero di maggio »** (palo adorno di fiori attorno al quale si danzava durante la celebrazione del primo di maggio).
maze [meiz] *n.* [C] **1 labirinto; dedalo 2** *(fig.)* **perplessità** ● *to be in a m.,* essere perplesso.
mazed [meizd] *a.* *(raro)* **confuso; perplesso.**
mazurka [mə'zə:kə] *n.* [C] *(mus., danza)* **mazurka.**
mazy ['meizi] *a.* **1 intricato 2** *(fig.)* **confuso; sconcertato.**
McCarthyism [mə'ka:θiˌizəm] *n.* [U] *(stor., polit.)* **maccartismo.**
McCarthyist [mə'ka:θiˌist] *n.* [C] *(stor., polit.)* **maccartista.**

me [mi:, mi] *pron. pers. 1ª pers. sing. (compl.)* **me; mi; a me**: *He saw me,* mi vide □ *Come with me,* vieni con me! ● *Dear me!,* povero me! □ *(fam.) It's me,* sono io.
(1) mead [mi:d] *n.* [U] **idromele.**
(2) mead [mi:d] *n.* [C] *(poet.)* **prato.**
meadow ['medou] *n.* [U] e [C] **1 prato 2** (anche *meadowland*) **prateria** ● *m. mushroom,* fungo prataiolo □ *water m.,* marcita.
meagre ['mi:gə*] *a.* **1 magro; scarno; smunto 2 magro; povero; scarso.**
(1) meal [mi:l] *n.* [U] **farina**: *whole m.,* farina integrale.
(2) meal [mi:l] *n.* [C] **pasto.**
mealies ['mi:liz] *(sudafricano) n. pl.* **granturco.**
mealy ['mi:li] *a.* **1 farinoso 2 infarinato 3** (di carnagione) **pallido.**
mealy-mouthed [ˌmi:li'mauðd] *a.* **che si esprime con mezzi termini; insincero.**
to **mean** [mi:n] (*pass.* e *p.p.* **meant** [ment]) *v. t.* e *i.* **1 significare; voler dire**: *What does this word m.?,* che cosa significa questa parola? **2 intendere; avere intenzione** (di); **avere in animo** (di): *He means to go,* intende andarsene □ *I didn't m. you to go,* non intendevo che tu ci andassi □ *I'm sorry if I hurt you; I didn't m. to,* mi duole se t'ho offeso; non ne avevo l'intenzione **3 designare; destinare**: *He was meant for a soldier,* era destinato alla carriera militare ● *to m. mischief,* tramare q.c. di brutto; essere male intenzionato □ *to m. well by sb.,* essere ben intenzionato verso q. □ *Is this picture meant for me?,* è per me questo quadro?; (oppure) questo vuol essere il mio ritratto?
(1) mean [mi:n] *a.* **1 meschino; gretto; squallido; dappoco; basso; umile; misero; avaro**: *a m. house in a m. street,* una misera casa in una strada squallida □ *a man of m. birth,* un uomo di bassi natali (o d'umili origini) □ *to be rather m. over money matters,* essere piuttosto gretto in fatto di quattrini **2** *(fam.)* **irritabile; maligno; scortese; sgarbato**: *to be m. to sb.,* essere sgarbato con q. **3** *(fam.)* **pieno di vergogna; mortificato**: *to feel m.,* sentirsi mortificato, vergognarsi; *(fam. USA)* sentirsi poco bene.
(2) mean [mi:n] *a.* (specialm. *mat.*) **medio; intermedio** ● *Greenwich M. Time,* tempo universale; ora di Greenwich.
(3) mean [mi:n] *n.* **1** [C] **mezzo; giusto mezzo; via di mezzo**: *the golden* (o *happy) m.,* il giusto mezzo; l'aurea mediocrità **2** *(al pl., di solito col verbo al sing.)* **mezzo; espediente; modo; maniera**: *The end doesn't always justify the means,* il fine non sempre giustifica i mezzi □ *by means of,* per mezzo di □ *by all means,* in ogni modo; a ogni costo; a tutti i costi □ *by no means,* in nessun modo □ *by some means (or other),* in qualche modo; in un modo o nell'altro **3** *(al pl.)* **mezzi** (di sussistenza); proprietà; sostanze **4** *(mat.)* **media**: *arithmetical m.,* media aritmetica **5** *(mat.)* **medio** (nelle proporzioni) **6** *(filos.)* **termine medio** (di un sillogismo) ● *by fair means or foul,* per diritto o per traverso; di riffa o di raffa □ *to live within one's means,* seguire un tenore di vita conforme alla propria condizione □ *a man of means,* un benestante □ *ways and means,* modi; metodi.
meander [mi'ændə*] *n. (per lo più al pl.)* **meandro; giro tortuoso.**
to **meander** [mi'ændə*] *v. i.* **1** (di fiume) **serpeggiare 2** (di persona) **girovagare 3** *(fig.)* **divagare.**
meanderings [mi'ændəriŋz] *n. pl.* **meandri; serpeggiamenti**: *the meanderings of a river,* i meandri d'un fiume.
meaning ['mi:niŋ] ***A*** *n.* [C] e [U] **significato; senso *B*** *a.* **significativo.**
meaningful ['mi:niŋful] *a.* **significativo; pieno di significato.**
meaningless ['mi:niŋlis] *a.* **senza senso; insignificante.**
meanness ['mi:nnis] *n.* [U] **meschinità; grettezza; squallore; bassezza; mediocrità; avarizia.**
meant [ment] *pass.* e *p.p.* di to **mean.**
meantime ['mi:nˌtaim], **meanwhile** ['mi:nˌwail] *avv.* **nel frattempo; frattanto; intanto** ● *in the m.,* nel frattempo; in quel mentre.
measles ['mi:zlz] *n. pl. (col verbo al sing.) (med.)* **morbillo** ● *German m.,* rosolia.
measly ['mi:zli] *a.* **1 affetto da morbillo 2** *(fam.)* **meschino; misero.**
measurable ['məʒərəbl] *a.* **misurabile** ● *to come within m. distance of st.,* giungere a poca distanza da q.c.
measure ['meʒə*] *n.* **1** [C] e [U] **misura**: *a m. of length,* una misura di lunghezza □ *a liquid m.,* una misura per liquidi □ *to give full m.,* dare la misura giusta □ *clothes made to m.,* abiti fatti su misura **2** [U] e [C] **misura; limite**: *beyond m.,* oltre misura □ *to set measures to st.,* porre limiti a q.c. **3** [C] **disegno di legge 4** [C] **misura; provvedimento; precauzione**: *to take measures against sb.,* prendere provvedimenti contro q. **5** [C] *(mat.)* **divisore**: *the greatest common m.,* il massimo comun divisore **6** [U] *(poesia)* **metro 7** [U] *(mus.)* **tempo** ● *to take legal measures,* adire le vie legali □ *(fig.) to take sb.'s measure,* giudicare il carattere (o la capacità) di q. □ *tape-m.,* metro a nastro □ *to a great* (o *a large) m.,* in larga misura.
to **measure** ['meʒə*] *v. t.* e *i.* **1 misurare; dosare;** *(fig.)* **giudicare, stimare, valutare**: *to m. a piece of cloth,* misurare una pezza di stoffa □ *to m. one's strength with sb.,* misurare le proprie forze con q. **2 prendere la misura a 3 moderare** ● *(fig.) to m. one's length,* cadere lungo disteso □ *to m. off a yard of cloth,* tagliare una iarda di stoffa □ *to m. out,* misurare; distribuire □ *(fig.) to m. swords with sb.,* cimentarsi con q.
measured ['meʒəd] *a.* **1 misurato; moderato; regolato; equilibrato**: *m. words,* parole misurate **2 regolare; ritmico; cadenzato 3 calcolato; voluto.**
measureless ['meʒəlis] *a.* **smisurato; sterminato; immenso.**
measurement ['meʒəmənt] *n.* **1** [U] **misurazione 2** *(generalm. al plur.)* **misure; dimensioni**: *the measurements of a room,* le misure d'una stanza ● *the metric system of m.,* il sistema metrico decimale.
meat [mi:t] *n.* **1** [U] **carne** (d'animale macellato): *I seldom eat m.,* mangio carne di rado **2** *(con l'art. determ.)* **parte carnosa; parte commestibile; succo** (anche *fig.*): *the m. of a nut,* la parte commestibile d'una noce ● *m.-chopper,* tritacarne □ *m.-pie,* pasticcio di carne □ *m.-safe,* moscaiola □ *m. tea,* spuntino a base di carne, con tè come bevanda □ *This was m. and drink to him,* fu per lui un grande piacere (o una grande soddisfazione).
meatball ['mi:tˌbɔ:l] *n.* [C] *(cucina)* **polpetta (di carne).**
meatus [mi'eitəs] *n.* (*pl.* **meatuses, meatus**) *(anat.)* **meato.**
meaty ['mi:ti] *a.* **1 carnoso 2** *(fig.)* **sostanzioso.**
Meccano [me'ka:nou] *n. (marchio)* **meccano.**
mechanic [mi'kænik] *n.* **meccanico** ● *dental m.,* odontotecnico.
mechanical [mi'kænikəl] *a.* **meccanico**: *m. energy,* energia meccanica □ *m. movements,* movimenti meccanici □ *m. engineering,* ingegneria meccanica ● *m. transport,* trasporto motorizzato.
mechanician [ˌmekə'niʃən] *n.* **1 meccanico 2 progettista.**
mechanics [mi'kæniks] *n. pl. (col verbo al sing.)* **1 meccanica 2 meccanismo** (anche *fig.*).
mechanism ['mekənizəm] *n.* [C] **1 meccanismo** (anche *fig.*); **congegno 2** *(arte)* **tecnica; meccanica.**
mechanization [ˌmekənai'zeiʃən] *n.* [U] **meccanizzazione.**
to **mechanize** ['mekənaiz] *v. t.* **meccanizzare.**
medal ['medl] *n.* [C] **medaglia** ● *m. collection,* medagliere.
medalled ['medəld] *a.* **decorato di medaglia** (o **di medaglie).**
medallion [mi'dæljən] *n.* [C] (anche *arte)* **medaglione.**
medallist ['medlist] *n.* **1 medaglista 2 persona decorata di medaglia.**
to **meddle** ['medl] *v. i.* **ingerirsi; immischiarsi; intromettersi** ● *to m. with st.,* mettere le mani in q.c.; toccare q.c.
meddler ['medlə*] *n.* **intrigante; ficcanaso** *(fam.).*

meddlesome ['medlsəm], **meddling** [medliŋ], *a.* **intrigante.**
media ['mi:djə] *pl.* di **medium.**
mediaeval *V.* **medieval.**
medial ['mi:djəl] *a.* ***1*** **medio; di mezzo; mediano; di mezza taglia; di misura media** ***2*** *(anat.)* **mediale.**
median ['mi:djən] ***A*** *a.* **mediano; di mezzo** ***B*** *n.* *(geom., stat.)* **mediana.**
to **mediate** ['mi:dieit] ***A*** *v. i* **fare da mediatore; interporsi** ***B*** *v. t.* **ottenere** (q.c.) **con la propria mediazione.**
mediate ['mi:diit] *a.* ***1*** **mediato; indiretto** ***2*** **intermedio; interposto; frapposto** ● *(leg.)* *m. testimony,* testimonianza per procura.
mediation [ˌmi:di'eiʃən] *n.* U **mediazione; intervento.**
mediator ['mi:dieitə*] *n.* **mediatore; intercessore; paciere.**
medic ['medik] *n.* *(fam.)* ***1*** **medico** ***2*** **studente di medicina.**
medical ['medikəl] ***A*** *a.* **medico; di medicina**: *the m. profession,* la professione medica □ *a m. student,* uno studente di medicina ***B*** *n.* *(fam.)* **studente di medicina** ● *m. jurisprudence,* medicina legale □ *m. record,* cartella clinica.
medicament [me'dikəmənt] *n.* C **medicamento; farmaco.**
to **medicate** ['medikeit] *v. t.* ***1*** **medicare; curare** ***2*** **impregnare** (garza, ecc.) **di sostanze medicamentose.**
medication [ˌmedi'keiʃən] *n.* U e C **medicazione.**
medicative ['medikətiv] *a.* **medicamentoso; medicinale.**
Medicean [ˌmedi'tʃi:ən] *a.* *(stor.)* **mediceo.**
medicinal [me'disinl] *a.* **medicinale; medicamentoso.**
medicine ['medis*i*n] *n.* U e C **medicina** (in ogni senso) ● *m.-cabinet (*o *m.-chest),* armadietto farmaceutico □ *Doctor of M.,* dottore in medicina □ *(fig.) to take one's m.,* mandar giù la pillola.
medico ['medikou] *n.* (*pl.* **medicos**) *(fam., scherz.)* **dottore; medico.**
medieval [ˌmedi'i:vəl] *a.* **medievale, medioevale.**
mediocre ['mi:dioukə*] *a.* **mediocre.**
mediocrity [ˌmi:di'ɔkriti] *n.* U e C **mediocrità.**
to **meditate** ['mediteit] *v. t.* e *i.* **meditare**: *to m. revenge,* meditare la vendetta □ *to m. on one's misfortunes,* meditare sulle proprie sventure.
meditation [ˌmedi'teiʃən] *n.* U e C **meditazione.**
meditative ['meditətiv] *a.* **meditativo; cogitabondo; pensieroso.**
mediterranean [ˌmeditə'reinjən] *a.* **mediterraneo** ● *the M. (Sea),* il Mediterraneo.
medium ['mi:djəm] ***A*** *n.* (*pl.* **mediums, media** ['mi:djə]) ***1*** **mezzo; espediente; modo; strumento; veicolo** *(fig.)*; **tramite**: *the happy m.,* il giusto mezzo; l'aurea mediocrità □ *a m. of communication,* un mezzo di comunicazione ***2*** *(mat.)* **numero medio; quantità media** ***3*** *(biol.)* **ambiente; condizioni di vita** ***4*** (*pl.* **mediums**) *(parapsicologia)* **medium** ***5*** *(pitt.)* **solvente** ***B*** *a.* **medio; intermedio; mediano**: *(radio) m. waves,* onde medie.
mediumistic [ˌmi:djə'mistik] *a.* *(parapsicologia)* **medianico.**
medium-sized [ˌmi:djəm'saizd] *a.* **di misura media.**
medlar ['medlə*] *n.* C *(bot.)* ***1*** **nespola** ***2*** (anche *m.-tree,* Mespilus germanica) **nespolo.**
medley ['medli] *n.* C ***1*** **mescolanza; miscuglio; guazzabuglio; accozzaglia** ***2*** *(letter.)* **miscellanea; zibaldone** ***3*** *(mus.)* **pot-pourri.**
medula [mi'dʌlə] *(lat.)* *n.* (*pl.* **medullae** [mi'dʌli:]) *(anat., bot.)* **midollo.**
medullary [mi'dʌləri] *a.* *(anat.)* **midollare.**
medusa [mi'dju:zə] *n.* (*pl.* **medusae** [mi'dju:zi:], **medusas**) *(zool.)* **medusa.**
meed [mi:d] *n.* C *(poet.)* **ricompensa; guiderdone** *(lett.)*.
meek [mi:k] *a.* **mite; mansueto**: *as m. as a lamb,* mite come un agnello.
meekness ['mi:knis] *n.* U **mitezza; mansuetudine.**
meerschaum ['miəʃəm] *n.* ***1*** U *(miner.)* **schiuma di mare; sepiolite** ***2*** C (anche *m. pipe*) **pipa di schiuma** (di mare).
to **meet** [mi:t] (*pass.* e *p.p.* **met** [met]) ***A*** *v. t.* ***1*** **incontrare; andare** (o **venire) incontro a; andare all'arrivo di**: *to m. sb. at the station,* andare incontro a q. alla stazione □ *The hotel bus meets all the trains,* l'autobus dell'albergo va all'arrivo di tutti i treni ***2*** **conoscere; fare la conoscenza di** ***3*** **affrontare; far fronte a; fronteggiare; rispondere a; controbattere**: *to m. the enemy,* affrontare il nemico □ *to m. objections,* controbattere obiezioni ***4*** **venire incontro a** *(fig.)*; **conformarsi a; soddisfare**: *to m. sb.'s wishes,* venire incontro ai desideri di q. □ *to m. a demand,* soddisfare una richiesta ***5*** *(comm.)* **onorare; pagare**: *to m. a bill at maturity,* pagare una cambiale alla scadenza ***B*** *v. i.* ***1*** **incontrarsi; trovarsi; vedersi** ***2*** **adunarsi; riunirsi** ***3*** (d'eserciti, ecc.) **scontrarsi** ● *(comm.) to m. competition,* sostenere la concorrenza □ *to m. the eye,* saltare all'occhio □ *to m. sb.'s eye,* incontrare lo sguardo di q.; sostenere lo sguardo di q. □ *(fig.) to m. sb. half-way,* venire a un compromesso con q. □ *to m. with sb.,* imbattersi in q. □ *to m. with an accident,* avere un incidente □ *to m. with sb.'s approval,* incontrare l'approvazione di q. □ *to m. with obstacles,* imbattersi in ostacoli □ *(fig.) to make both ends m.,* sbarcare il lunario.
(1) meet [mi:t] *n.* C ***1*** **riunione di partecipanti** (per la caccia alla volpe) ***2*** *(USA)* **riunione** (sportiva).
(2) meet [mi:t] *a.* *(arc.)* **conveniente; opportuno.**
meeting ['mi:tiŋ] *n.* C ***1*** **incontro; riunione; raduno** ***2*** *(leg.)* **assemblea; adunanza; seduta** ***3*** *(polit.)* **comizio** ● *m.-place,* luogo di raduno; ritrovo □ *(geom.) m.-point,* punto d'intersezione.
mega- ['megə] *(in parole composte)* **mega-** (significa "grande" o indica sviluppo esagerato o abnorme; anteposto a un'unità di misura ne moltiplica il valore per un milione).
megacycle ['megəˌsaikl] *V.* **megahertz.**
megadeath ['megədeθ] *n.* **(un) milione di morti** (rif. a un'ipotetica guerra atomica).
megahertz ['megəhə:ts] *n.* *(fis.)* **megahertz.**
megalith ['megəliθ] *n.* C *(archeol.)* **megalito.**
megalithic [ˌmegə'liθik] *a.* *(archeol.)* **megalitico.**
megalomania ['megəlou'meinjə] *n.* U **megalomania.**
megalomaniac ['megəl*ou*'meiniæk] *a.* e *n.* **megalomane.**
megaphone ['megəfoun] *n.* C **megafono.**
megaton ['megətʌn] *n.* C *(fis. nucl., mil.)* **megaton.**
melancholia [ˌmelən'kouljə] *n.* U *(psic.)* **malinconia.**
melancholic [ˌmelən'kɔlik] *a.* ***1*** *(psic.)* **affetto da malinconia** ***2*** **malinconico; mesto; triste.**
melancholy ['melənkəli] ***A*** *n.* U **malinconia; mestizia; tristezza** ***B*** *a.* **malinconico; mesto; triste.**
mellifluous [me'lifluəs] *a.* **mellifluo; melato.**
mellow ['melou] *a.* ***1*** (di frutto) **dolce; polposo; succoso; maturo** ***2*** (di vino) **generoso; saporoso** ***3*** (di terreno) **fertile; ricco** ***4*** (di colore, luce, suono, voce) **caldo; pieno; suasivo** ***5*** (di persona, del carattere) **maturato dall'esperienza; comprensivo; dolce; mite** ***6*** *(fam.)* **cordiale; gioviale** ***7*** *(pop.)* **brillo; alticcio.**
to **mellow** ['melou] ***A*** *v. t.* **addolcire; ammorbidire; maturare** ***B*** *v. i.* ***1*** **addolcirsi; ammorbidirsi; maturarsi** ***2*** (del vino) **maturare; invecchiare.**
mellowness ['melounis] *n.* U ***1*** **dolcezza** (anche di carattere); **maturità; succosità** ***2*** (di vino) **generosità** ***3*** (di terreno) **fertilità** ***4*** (di colore, suono) **pienezza; calore** ***5*** *(fam.)* **cordialità; giovialità.**
melodic [mi'lɔdik] *a.* **melodico.**
melodious [mi'loudjəs] *a.* **melodioso.**
melodiousness [mi'loudjəsnis] *n.* U **melodiosità.**
melodrama ['meləˌdra:mə] *n.* C e U **melodramma** (anche *fig.*).
melodramatic [ˌmel*ou*drə'mætik] *a.* **melodrammatico.**
melodramatist [ˌmel*ou*'dræmətist] *n.* **autore di me-**

lodrammi.

melody ['melədi] *n.* **1** [U] **melodia 2** [C] **canto; aria.**

melon ['melən] *n.* [C] *(bot.)* **1** (Cucumis melo) **melone 2** (Citrullus vulgaris) **cocomero; anguria.**

to **melt** [melt] **A** *v. i.* **1 fondere; liquefare; sciogliere; struggere 2** *(fig.)* **far struggere; intenerire; commuovere B** *v. i.* **1 fondere, fondersi; liquefarsi; sciogliersi; struggersi 2** *(fig.)* **struggersi; intenerirsi** ● *to m. away,* sciogliersi (completamente); diradarsi; scomparire (a poco a poco) □ (di nubi) *to m. into rain,* sciogliersi in pioggia □ *to m. into tears,* sciogliersi in lacrime.

melt [melt] *n.* [C] **metallo fuso** ● *to be on the m.,* essere in fusione.

melting ['meltiŋ] **A** *n.* [U] **fusione**: *the m. point,* il punto di fusione **B** *a.* **1 in fusione 2** *(fig.)* **commovente; sentimentale; tenero.**

melting-pot ['meltiŋpɔt] *n.* [C] **crogiolo.**

member ['membə*] *n.* [C] **1 membro** (in ogni senso); **parte** (del corpo, d'un tutto); **associato, socio 2** *(mecc.)* **parte; elemento** ● *M. of Parliament (abbr. M.P.),* membro del Parlamento; deputato (ai Comuni).

membership ['membəʃip] *n.* **1** *(collett.)* **membri; soci 2** [C] **numero di soci** (o d'iscritti) **3** [U] **condizione di membro (o di socio)** ● *m. card,* tessera (d'iscrizione).

membrane ['membrein] *n.* [C] e [U] *(anat.)* **membrana.**

membranous ['membrənəs] *a.* **membranoso.**

memento [mi'mentou] *n.* (*pl.* **mementos, mementoes**) **1** (anche *relig.*) **memento 2 (oggetto tenuto per) ricordo.**

memo ['memou] *n.* (*pl.* **memos**) *(abbr. fam.* di **memorandum***)* **promemoria; appunto; nota.**

memoir ['memwa:*] *n.* **1** [C] **nota biografica; monografia 2** *(al pl.)* **memorie; ricordanze** *(poet.).*

memorable ['memərəbl] *a.* **memorabile.**

memorandum [,memə'rændəm] *n.* (*pl.* **memoranda** [,memə'rændə], **memorandums**) **1 memorandum; promemoria; appunto 2** *(comm.)* **comunicazione** (generalmente non firmata) ● *m.-book,* memorandum; agenda □ *(fin.) m. of association,* atto costitutivo d'una società.

memorial [mi'mɔ:riəl] **A** *a. attr.* **commemorativo; in memoria**: *a m. service,* una funzione religiosa in memoria di q. **B** *n.* **1** *(di solito al pl.)* **cronaca; testimonianza 2** [C] **monumento commemorativo**: *a war m.,* un monumento ai Caduti in guerra **3** [C] **memoriale; petizione** ● *(USA) M. Day,* giorno commemorativo dei Caduti in guerra.

to **memorize** ['meməraiz] *v. t.* **1 imparare a memoria 2 affidare alla memoria.**

memory ['meməri] *n.* [U] e [C] **memoria** (quasi in ogni senso); **ricordanza; rimembranza** *(lett.)*; **ricordo**: *to commit st. to m.,* mandare q.c. a memoria ● *speaking from m.,* citando a memoria □ *within living m.,* a memoria d'uomo.

men [men] *pl.* di **man.**

menace ['menəs] *n.* [C] e [U] **minaccia.**

to **menace** ['menəs] *v. t.* **minacciare.**

menacing ['menəsiŋ] *a.* **minaccioso.**

menagerie [mi'nædʒəri] *n.* [C] **serraglio** (di bestie feroci).

to **mend** [mend] **A** *v. t.* **1 accomodare; aggiustare; riparare; rammendare; rattoppare 2 emendare; correggere B** *v. i.* **1 emendarsi; correggersi 2 migliorare** (specialm. di salute) ● *to m. the fire,* ravvivare il fuoco □ *to m. one's pace,* affrettarsi □ *to m. one's ways,* ravvedersi; cambiar vita.

mend [mend] *n.* [C] **aggiustatura; rammendatura; rammendo** ● (di malato) *to be on the m.,* essere in via di guarigione.

mendacious [men'deiʃəs] *a.* **mendace; menzognero.**

mendacity [men'dæsiti] *n.* **1** [U] **mendacia 2** [C] **menzogna; falsità.**

mendelevium [,mendə'li:viəm] *n.* [U] *(chim.)* **mendelevio.**

mendicant ['mendikənt] **A** *a.* **mendicante; questuante**: *m. friars,* frati mendicanti **B** *n.* **1 mendicante; accattone 2 frate questuante.**

mendicity [men'disiti] *n.* [U] **mendicità; accattonaggio.**

menfolk ['menfouk] *n. (fam.)* **(gli) uomini** (specialm. d'una stessa famiglia).

menial ['mi:njəl] **A** *a.* **servile; umile B** *n. (spreg.)* **servo, serva** ● *the m. staff,* la servitù.

meningitis [,menin'dʒaitis] *n.* [U] *(med.)* **meningite.**

meninx ['mi:niŋks] *n.* (*pl.* **meninges** [mi'nindʒi:z]) *(anat.)* **meninge.**

meniscus [mi'niskəs] *n.* (*pl.* **menisci** [mi'nisai]) *(fis., mat., anat.)* **menisco.**

menopause ['menoupɔ:z] *n. (fisiologia)* **menopausa.**

menses ['mensi:z] *n. pl. (fisiologia)* **mestruazioni; mestruo.**

menstrual ['menstruel] *a.* **1** *(fisiologia)* **mestruale 2** *(astron.)* **mensile.**

menstruation [,menstru'eiʃən] *n.* [U] e [C] *(fisiologia)* **mestruazione.**

mensurable ['menʃurəbl] *a.* **misurabile.**

mensuration [,mensjuə'reiʃən] *n.* [U] **misurazione.**

mental ['mentl] **A** *a.* **mentale**: *m. powers,* facoltà mentali **B** *n. (fam.)* **alienato, alienata** ● *(leg.) m. capacity,* capacità d'intendere e volere □ *m. defective,* minorato psichico □ *m. home* (o *m. hospital),* manicomio □ *(leg.) m. incapacity,* incapacità d'intendere e volere □ *m. specialist,* specialista di malattie mentali □ *m. test,* prova delle facoltà mentali.

mentality [men'tæliti] *n.* [U] e [C] **mentalità.**

menthol ['menθɔl] *n.* [U] *(chim.)* **mentolo.**

mention ['menʃən] *n.* [U] e [C] **menzione.**

to **mention** ['menʃən] *v. t.* **menzionare; far menzione di; accennare a** ● *Don't m. it!,* non c'è di che; prego.

mentionable ['menʃənəbl] *a.* **menzionabile.**

mentor ['mentɔ:*] *n.* [C] **mentore** *(lett.)*; **consigliere** (saggio e fidato).

menu ['menju:] *n.* [C] **menu; lista delle vivande.**

Mephistophelean [,mefistə'fi:ljən] *a.* **mefistofelico.**

mephitic [me'fitik] *a.* **mefitico.**

mephitis [me'faitis] *n.* [U] *(scient.)* **mefite; miasma.**

mercantile ['mə:kəntail] *a* **mercantile**: *m. marine,* marina mercantile ● *(econ.) m. system,* mercantilismo.

mercantilism ['mə:kəntilizəm] *n.* [U] *(econ.)* **mercantilismo.**

mercantilist ['mə:kəntilist] *n.* e *a. (econ.)* **mercantilista.**

mercenary ['mə:sinəri] **A** *a.* **mercenario; prezzolato B** *n.* [C] **mercenario.**

mercer ['mə:sə*] *n.* [C] **merciaio; commerciante di tessuti.**

to **mercerize** ['mə:səraiz] *v. t. (ind. tessile)* **mercerizzare.**

merchandise ['mə:tʃəndaiz] *n.* [U] **mercanzia; merce.**

merchant ['mə:tʃənt] **A** *n.* **mercante; commerciante; grossista B** *a. attr.* **mercantile**: *a m. ship,* una nave mercantile ● *(pop.) speed-m.,* automobilista amante della velocità.

merchantman ['mə:tʃəntmən] *n.* (*pl.* **merchantmen** ['mə:tʃəntmən]) *(naut.)* **nave mercantile.**

merciful ['mə:siful] *a.* **misericordioso; pietoso; clemente.**

merciless ['mə:silis] *a.* **spietato; crudele; inesorabile.**

mercurial [mə'kjuəriəl] *a.* **1** *(farm.)* **mercuriale; a base di mercurio 2** *(fig.)* **vivace; pronto di mente 3** *(fig.)* **incostante; mutevole** ● *(med.) m. poisoning,* idrargirismo.

mercury ['mə:kjuri] *n.* [U] **1** *(chim.)* **mercurio 2** *(fig., arc.)* **vivacità; spirito.**

Mercury ['mə:kjuri] *n. (mitol., astron.)* **Mercurio.**

mercy ['mə:si] *n.* **1** [U] **misericordia; mercé; pietà; clemenza**: *to be at sb.'s mercy,* essere alla mercé di q. □ *to have m. on (o to show m. to) sb.,* aver pietà di q.; usare misericordia a q. □ *to throw oneself on sb.'s m.,* affidarsi alla clemenza di q. **2** [C] **grazia; dono del cielo**:

That's a m.!, è un dono del cielo!; è una manna! ● *M.!* (o *M. on us!),* misericordia! □ *m. killing,* eutanasia □ *(iron.) to be left to the tender mercies of sb.,* trovarsi all'altrui mercé.

(1) mere [miə*] *n.* [C] **lago** (specialm. nei toponimi); **laghetto; stagno.**

(2) mere [miə*] *a.* **mero; puro e semplice; niente altro che.**

merely ['miəli] *avv.* **solamente; soltanto; appena.**

meretricious [,meri'triʃəs] *a.* **appariscente; vistoso; artefatto.**

merganser [mə:'gænsə*] *n.* [C] *(zool.,* Mergus) **smergo.**

to **merge** [mə:dʒ] ***A*** *v. t.* ***1*** **mescolare** ***2*** *(fin.)* **fondere; incorporare; assorbire** ***B*** *v. i.* ***1*** **mescolarsi** ***2*** *(fin.)* **fondersi; incorporarsi.**

merger ['mə:dʒə*] *n.* [C] *(fin.)* **fusione; incorporazione.**

meridian [mə'ridiən] ***A*** *n.* [C] ***1*** *(geogr., astron.)* **meridiano** ***2*** *(fig.)* **apice; apogeo** ***B*** *a.* ***1*** **meridiano** ***2*** *(fig.)* **supremo.**

meridional [mə'ridiənl] ***A*** *a.* **meridionale; dell'Europa meridionale** ***B*** *n.* **meridionale;** (specialm.) **nativo del sud della Francia.**

meringue [mə'ræŋ] *n.* [C] *(cucina)* **meringa.**

merino [mə'ri:nou] *n.* ***1*** *(pl.* **merinos)** *(zool.)* (anche *m. sheep)* **merino** ***2*** [U] *(ind. tessile)* **merino.**

merit ['merit] *n.* ***1*** [U] **merito; pregio; valore**: *a man of m.,* un uomo di valore ***2*** *(al pl.,* specialm. *leg.)* **merito** ● *to judge a proposal on its merits,* giudicare una proposta valutando il pro e il contro.

to **merit** ['merit] *v. t.* **meritare, meritarsi.**

meritocracy [,meri'tɔkrəsi] *n.* [C] e [U] **meritocrazia.**

meritorius [,meri'tɔ:riəs] *a.* **meritorio; meritevole.**

merlin ['mə:lin] *n.* [C] *(zool.,* Falco aesalon) **smeriglio.**

merlon ['mə:lən] *n.* [C] *(archit.)* **merlone; merlo.**

mermaid ['mə:meid] *n.* [C] *(mitol.)* **sirena.**

merman ['mə:mæn] *n.* *(pl.* **mermen** ['mə:men]) *(mitol.)* **tritone.**

merriment ['merimənt] *n.* [U] **allegria; gaiezza; baldoria.**

merry ['meri] *a.* ***1*** **allegro; gaio; giocondo** ***2*** *(arc.)* **bello; ameno**: *m. England,* l'ameno paese d'Inghilterra ***3*** *(fam.)* **brillo; alticcio** ● *A m. Christmas!,* buon Natale! □ *to make m.,* far festa; far baldoria.

merry-andrew ['meri,ændru:] *n.* [C] **buffone; pagliaccio.**

merry-go-round ['merigou,raund] *n.* [C] **giostra; carosello.**

merry-making ['meri,meikiŋ] *n.* [U] **festa; baldoria.**

merrythought ['meriθɔ:t] *n.* [C] **sterno di pollo; forcella** *(pop.).*

mescalin(e) ['meskəli:n] *n.* [U] *(chim.)* **mescalina.**

mesh [meʃ] *n.* ***1*** [C] **maglia** (di rete): *the meshes of a net,* le maglie di una rete ***2*** *(al pl., fig.)* **rete; trappola** ● *(mecc.:* di ruota dentata) *in m.,* inserito; ingranato □ *(mecc.) out of m.,* disinserito.

to **mesh** [meʃ] ***A*** *v. t.* ***1*** **prendere nella rete;** *(fig.)* **irretire, intrappolare** ***2*** *(mecc.)* **ingranare** ***B*** *v. i.* *(mecc.)* **ingranare.**

mesmeric [mez'merik] *a.* *(psic.)* **mesmerico.**

mesmerism ['mezmərizəm] *n.* [U] *(psic.)* **mesmerismo.**

to **mesmerize** ['mezməraiz] *v. t.* ***1*** *(psic.)* **mesmerizzare** ***2*** *(fig.)* **ipnotizzare** *(fig.)*; **incantare.**

mess [mes] *n.* ***1*** *(con l'art. indeterm.)* **confusione; disordine**: *to be in a m.,* essere in disordine ***2*** *(con l'art. indeterm.)* **imbroglio; guaio; pasticcio**: *to get into a m.,* mettersi nei guai ***3*** [C] e [U] (specialm. *mil.)* **mensa**: *It's time to go to m.,* è ora d'andare alla mensa ● *m. hall,* mensa; refettorio □ *(mil.) m.-tin,* gavetta □ *to get into a m.,* (anche) insudiciarsi; sporcarsi □ *to make a m. of st.,* impasticciare q.c.; abborracciare q.c. □ *officers' m., (mil.)* mensa ufficiali; *(naut.)* quadrato ufficiali.

to **mess** [mes] ***A*** *v. t.* ***1*** **mettere in disordine** ***2*** **sporcare; insudiciare** ***3*** **impasticciare; guastare; mandare a monte** ***B*** *v. i.* **far mensa comune.**

message ['mesidʒ] *n.* [C] ***1*** **messaggio; annunzio; comunicazione;** *(fig.)* **profezia** ***2*** **ambasciata; commissione**: *to go on a m.,* andare a fare un'ambasciata ● *telephone m.,* fonogramma.

messenger ['mesindʒə*] *n.* ***1*** **messaggero; messo** ***2*** (anche *m.-boy)* **fattorino.**

Messiah [mi'saiə] *n.* *(relig.)* **Messia;** *(fig.)* **messia, liberatore.**

Messianic [,mesi'ænik] *a.* *(relig.)* **messianico.**

messmate ['mesmeit] *n.* [C] **commensale; compagno di mensa.**

messuage ['meswidʒ] *n.* [C] *(leg.)* **casa padronale con annessi e terreno circostante.**

messy ['mesi] *a.* ***1*** **disordinato; in disordine** ***2*** **imbrattato; sporco.**

mestizo [me'sti:zou] *n.* *(pl.* **mestizos, mestizoes)** **meticcio** (dell'America Latina).

met [met] *pass.* e *p.p.* di to **meet.**

meta- [,metə] *pref.* **meta-** (indica "trasformazione", "trasposizione" o "successione evolutiva"; indica, inoltre, una fase di attribuzioni che vanno oltre la sfera scientifica relativamente a fatti e fenomeni; in chimica, indica un composto che sia polimero o più complicato rispetto a quello considerato).

metabolic [,metə'bɔlik] *a.* *(biol.)* **metabolico.**

metabolism [me'tæbəlizəm] *n.* [U] *(biol.)* **metabolismo.**

metacarpus [,metə'ka:pəs] *n.* *(pl.* **metacarpi** [,metə'ka:pai]) *(anat.)* **metacarpo.**

metal ['metl] *n.* ***1*** [C] e [U] **metallo** ***2*** [U] (anche *road m.)* **breccia; brecciame; pietrisco** ***3*** [U] *(ind.)* **vetro fuso** ***4*** *(al pl., ferr.)* **binari; rotaie**: *to leave the metals,* uscire dai binari; deragliare ● *(elettron.) m. detector,* rivelatore di metalli □ *sheet m.,* lamiera.

to **metal** ['metl] *v. t.* **massicciare, macadamizzare** (una strada).

metalanguage ['metə,læŋgwidʒ] *n.* [C] e [U] *(linguistica)* **metalinguaggio.**

metallic [mi'tælik] *a.* **metallico.**

metalliferous [,metə'lifərəs] *a.* **metallifero.**

metalloid ['metəlɔid] *n.* [C] e *a.* *(chim.)* **metalloide.**

metallurgic(al) [,metə'lə:dʒik(əl)] *a.* **metallurgico.**

metallurgist [me'tælədʒist] *n.* **esperto in metallurgia.**

metallurgy [me'tælədʒi] *n.* [U] **metallurgia** ● *iron m.,* siderurgia.

metalworker ['metl,wə:kə*] *n.* **(operaio) metallurgico.**

metalworking ['metl,wə:kiŋ] *n.* [U] **lavorazione dei metalli; metallurgia.**

metamorphic [,metə'mɔ:fik] *a.* *(biol., geol.)* **metamorfico.**

metamorphism [,metə'mɔ:fizem] *n.* [U] *(biol., geol.)* **metamorfismo.**

to **metamorphose** [,metə'mɔ:fouz] *v. t.* e *i.* **trasformare, trasformarsi.**

metamorphosis [,metə'mɔ:fəsis] *n.* *(pl.* **metamorphoses** [,metə'mɔ:fəsi:z]) *(biol.)* **metamorfosi** (anche *fig.).*

metaphor ['metəfə*] *n.* [U] e [C] **metafora.**

metaphoric(al) [,metə'fɔrik(əl)] *a.* **metaforico.**

metaphysical [,metə'fizikəl] *a.* ***1*** *(filos., letter.)* **metafisico** ***2*** **astratto; astruso** ***3*** **incorporeo; soprannaturale; trascendentale.**

metaphysician [,metəfi'ziʃən] *n.* *(filos.)* **metafisico.**

metaphysics [,metə'fiziks] *n. pl.* *(col verbo al sing.)* ***1*** *(filos.)* **metafisica** ***2*** *(fig., pop.)* **astruseria.**

metastasis [me'tæstəsis] *n.* *(pl.* **metastases** [me'tæstəsi:z]) *(med.)* **metastasi.**

metatarsus [,metə'ta:səs] *n.* *(pl.* **metatarsi** [,metə'ta:sai]) *(anat.)* **metatarso.**

metathesis [me'tæθəsis] *n.* *(pl.* **metatheses** [me'tæθəsi:z]) *(gramm., chim.)* **metatesi.**

métayage ['meitəja:ʒ] *(franc.)* *n.* [U] **mezzadria.**

métayer [mi'teijə*] *(franc.)* *n.* **mezzadro.**

to **mete** [mi:t] *v. t.* *(lett.)* **misurare** ● *(lett.) to m. out,* assegnare; distribuire; ripartire.

mete [mi:t] *n.* *(raro)* **confine; limite; pietra di confine.**

metempsychosis [ˌmetempsai'kousis] *n.* [U] **metempsicosi.**
meteor ['mi:tjə*] *n.* [C] *(astron.)* **meteora** (anche *fig.*); **bolide.**
meteoric [ˌmi:ti'ɔrik] *a.* **1** *(astron.)* **meteorico 2** *(fig.)* **brillante; rapidissimo.**
meteorism ['mi:tiərizəm] *n.* [U] *(med.)* **meteorismo.**
meteorite ['mi:tiərait] *n.* [C] *(scient.)* **meteorite; aerolito.**
meteorologic(al) [ˌmi:tiərə'lɔdʒik(əl)] *a.* **meteorologico.**
meteorologist [ˌmi:tiə'rɔlədʒist] *n.* **meteorologo.**
meteorology [ˌmi:tiə'rɔlədʒi] *n.* [U] **meteorologia.**
(1) meter ['mi:tə*] *n.* [C] **contatore**: *a gas-m.*, un contatore del gas.
(2) meter ['mi:tə*] *(USA) V.* **(1) metre.**
methane ['meθein] *n.* [U] *(chim.)* **metano.**
methinks [mi'θiŋks] (*pass.* **methought** [mi'θɔ:t]) *voce verb. impers. (arc.)* **mi sembra; mi pare; penso (che)...**
method ['meθəd] *n.* [U] e [C] **metodo; sistema** • *a man of m.*, un uomo metodico.
methodical [mi'θɔdikəl] *a.* **metodico.**
Methodism ['meθədizəm] *n.* [U] *(relig.)* **metodismo.**
Methodist ['meθədist] *n.* e *a.* *(relig.)* **metodista.**
to **methodize** ['meθədaiz] *v. t.* **metodizzare; rendere metodico.**
methodological [ˌmeθədə'lɔdʒikəl] *a.* **metodologico.**
methodology [ˌmeθə'dɔlədʒi] *n.* [U] **metodologia.**
methought [mi'θɔ:t] *pass.* di **methinks.**
methyl ['meθil, 'mi:θail] *n.* [U] *(chim.)* **metile** • *m. alcohol*, alcol metilico.
to **methylate** ['meθileit] *v. t.* **denaturare** (alcol) **con l'aggiunta di alcol metilico** • *methylated spirits*, alcol denaturato.
meticulous [mi'tikjuləs] *a.* **meticoloso.**
metope ['metoup] *n.* [C] *(archit.)* **metopa, metope.**
(1) metre ['mi:tə*] *n.* [C] **metro** (100 cm).
(2) metre ['mi:tə*] *n.* [U] e [C] *(poesia)* **metro; ritmo.**
metric ['metrik] *a.* **metrico**: *the m. system*, il sistema metrico decimale.
metrical ['metrikəl] *a.* *(poesia)* **metrico; della metrica.**
metrics ['metriks] *n. pl.* *(col verbo al sing.)* **metrica; prosodia.**
metrology [me'trɔlədʒi] *n.* [U] *(fis.)* **metrologia.**
metronome ['metrənoum] *n.* [C] *(mus.)* **metronomo.**
metropolis [mi'trɔpəlis] *n.* [C] **metropoli.**
metropolitan [ˌmetrə'pɔlitən] **A** *a.* **metropolitano B** *n.* **1** *(relig.)* **metropolita 2 abitante d'una metropoli.**
mettle ['metl] *n.* [U] **ardore; coraggio; tempra; fegato** *(fig.)*: *a man of m.*, un uomo di fegato • *to be on one's m.*, essere impegnato a fondo □ *to put sb. on his m.*, mettere alla prova il coraggio di q.
mettlesome ['metlsəm] *a.* **focoso; animoso; ardente** *(fig.)*.
(1) mew [mju:] *n.* [C] (*zool.*, Larus canus) (anche *sea mew*) **gavina.**
(1) to **mew** [mju:] *v. t.* (spesso *to mew up*) **rinchiudere; segregare.**
(2) mew [mju:] *n.* **miagolìo; miao.**
(2) to **mew** [mju:] *v. i.* **miagolare; fare miao.**
to **mewl** [mju:l] *v. i.* **1 lamentarsi; miagolare** *(fig.)* **2** *(pop.)* **frignare.**
mews [mju:z] *n.* *(in origine pl.; ora sing.)* **scuderie; stalle.**
Mexican ['meksikən] *a.* e *n.* **messicano.**
mezzanine ['mezəni:n] *n.* [C] *(archit.)* **mezzanino.**
mezzo-soprano ['metsousə'pra:nou] *(ital.)* *n.* (*pl.* **mezzo-sopranos**) *(mus.)* **mezzo soprano.**
mezzotint ['metsouˌtint] *n.* [U] e [C] *(arte)* **mezzatinta.**
mi [mi:] *n.* *(mus.)* **mi** (nota).
miaow [mi:'au] **A** *n.* **miagolìo; miao B** *inter.* **miao!**
to **miaow** [mi:'au] *v. i.* **miagolare; fare miao.**
miasma [mi'æzmə] *n.* (*pl.* **miasmata** [mi'æzmətə], **miasmas**) **miasma.**
miasmal [mi'æzml], **miasmatic** [ˌmiəz'mætik] *a.* **miasmatico.**
mica ['maikə] *n.* [U] *(miner.)* **mica.**
mice [mais] *pl.* di **mouse.**
Michaelmas ['miklməs] *n.* **festa di San Michele.**
mickey ['miki] *n.* — *(fam.) to take the m. out of sb.*, farsi beffe di q.; prendere in giro q.
Mickey Mouse ['miki'maus] *n.* **Topolino** (nei disegni animati).
mickle ['mikl] *a.* e *n.* *(arc., scozz.)* **molto; assai; una gran quantità.**
micro- ['maikrou] *(in parole composte)* **micro-** (significa "piccolo", "che ha sviluppo insufficiente"; in alcuni casi significa "microscopico" o indica relazione col microscopio; premesso ad unità di misura, la divide per un milione).
microbe ['maikroub] *n.* [C] **microbio, microbo.**
microbiology [ˌmaikroubai'ɔlədʒi] *n.* [U] *(scient.)* **microbiologia.**
microcephalic ['maikrouse'fælik] *a.* e *n.* *(biol.)* **microcefalo.**
microcephaly ['maikrou'sefəli] *n.* [U] *(biol.)* **microcefalia.**
microcosm ['maikroukɔzəm] *n.* [C] **microcosmo.**
microelectronics [ˌmaikrouˌlek'trɔniks] *n. pl.* *(col verbo al sing.)* **microelettronica.**
microfilm ['maikroufilm] *n.* [C] e [U] *(fotogr.)* **microfilm.**
to **microfilm** ['maikroufilm] *v. t.* *(fotogr.)* **microfilmare; fotografare su microfilm.**
microgroove ['maikrougru:v] *n.* [C] **microsolco.**
micrometer [mai'krɔmitə*] *n.* [C] *(tecn.)* **micrometro.**
micron ['maikrɔn] *n.* [C] **micron; micrometro.**
microorganism [ˌmaikrou'ɔ:gənizəm] *n.* [C] *(scient.)* **microrganismo.**
microphone ['maikrəfoun] *n.* [C] **microfono.**
microscope ['maikrəskoup] *n.* [C] **microscopio.**
microscopic(al) [ˌmaikrə'skɔpik(əl)] *a.* **microscopico.**
microscopy [mai'krɔskəpi] *n.* [U] **microscopia.**
microsecond [ˌmaikrou'sekənd] *n.* [C] **microsecondo.**
microwave ['maikrouweiv] *n.* [C] *(elettr., radio)* **microonda.**
micturition [ˌmiktjuə'riʃən] *n.* [U] *(fisiologia)* **minzione.**
(1) mid [mid] *a.* **medio; di mezzo; mezzo**: *Mid Lent*, mezza quaresima • *from mid-April to mid-June*, da metà aprile a metà giugno □ *in mid-winter*, nel cuore dell'inverno.
(2) mid [mid], **'mid** [mid] *prep.* *(poet.)* **in mezzo a; fra, tra.**
midday ['middei] **A** *n.* **mezzogiorno; mezzodì B** *a. attr.* **di mezzogiorno.**
midden ['midn] *n.* [C] *(dial.)* **mucchio di letame; letamaio.**
middle ['midl] **A** *a. attr.* **medio; intermedio; mezzano; di mezzo B** *n.* **1** *(al sing. con l'art. determ.)* **mezzo; metà; centro**: *the m. of a room*, il centro d'una stanza **2** *(fam.)* **vita; cintura; cintola** • *m. age*, mezza età □ *the M. Ages*, il Medioevo □ *(sport) m.-distance race*, gara di mezzofondo □ *(fig.) to take a m. course*, seguire una via di mezzo.
to **middle** ['midl] **A** *v. t.* **1** *(tecn.)* **collocare nel centro 2** *(sport)* **collocare** (il pallone) **a centrocampo B** *v. i.* *(sport)* **effettuare una rimessa a centrocampo.**
middle-aged [ˌmidl'eidʒd] *a.* **di mezza età.**
middle-class [ˌmidl'kla:s] *a.* **borghese.**
middleman ['midlmæn] *n.* (*pl.* **middlemen** ['midlmen]) **intermediario; mediatore.**
middle-of-the-road [ˌmidləvðə'roud] *a.* (anche *polit.*) **di centro; moderato.**
middle-sized [ˌmidl'saizd] *a.* **di grandezza media; di media statura.**
middle-weight ['midlweit] *n.* [C] *(pugilato)* **peso medio.**
middling ['midliŋ] **A** *a.* **1 mediocre; ordinario; dozzinale 2 medio 3** *(fam.*, di salute*)* **né bene né male;**

così così ***B*** *n.* *(al pl.)* **merce di seconda qualità;** (specialm.) **farina grossa mescolata a crusca** ***C*** *avv.* *(fam.)* **abbastanza; discretamente**: *m. tall,* abbastanza alto.
midge [midʒ] *n.* [C] **moscerino** (anche *fig.*).
midget ['midʒit] ***A*** *n.* [C] **nano; nanerottolo** ***B*** *a. attr.* **minuscolo.**
midi ['midi] *(moda)* ***A*** *n.* [C] **indumento midi** (lungo fino a metà polpaccio) ***B*** *a. attr.* **midi.**
midiskirt ['midiskəːt] *n.* [C] *(moda)* **midigonna.**
midland ['midlənd] *(geogr.)* ***A*** *n.* **interno** ***B*** *a. attr.* **interiore; interno.**
midmost ['midmoust] ***A*** *a.* **(il) più centrale; centralissimo** ***B*** *avv.* **proprio nel centro** ***C*** *prep.* **nel bel mezzo di.**
midnight ['midnait] ***A*** *n.* **mezzanotte**: *at m.,* a mezzanotte ***B*** *a. attr.* **di mezzanotte** ● *the m. hours,* le ore nel cuore della notte □ *(fig.)* *to burn the m. oil,* lavorare fino a tarda notte.
midriff ['midrif] *n.* [C] *(anat.)* **diaframma.**
midship ['midʃip] *(naut.)* ***A*** *n.* **parte centrale della nave** ***B*** *a.* e *avv.* (più comune *midships*) **a mezzanave.**
midshipman ['midʃipmən] *n.* (*pl.* **midshipmen** ['midʃipmən]) *(naut.)* **cadetto di marina.**
midst [midst] ***A*** *n.* *(lett.)* **mezzo; punto medio; centro**: *in the m. of,* nel mezzo di; in mezzo a ***B*** *prep.* *(poet.)* **in mezzo a; fra, tra.**
midsummer ['mid,sʌmə*] *n.* [U] **mezza estate; piena estate** ● *M. Day,* il giorno di San Giovanni □ *m. madness,* il colmo della follia.
midway [,mid'wei] ***A*** *avv.* **a mezza strada; a metà strada** ***B*** *a.* **posto a mezza strada.**
midwife ['midwaif] *n.* (*pl.* **midwives** ['midwaivz]) **levatrice; ostetrica.**
midwifery ['midwifəri] *n.* [U] **ostetricia.**
midwinter ['midwintə*] *n.* [U] **cuore dell'inverno; pieno inverno.**
mien [miːn] *n.* [C] *(lett.)* ***1*** **aspetto; aria, cera** *(fig.)* ***2*** **comportamento; modo di fare.**
miffed [mift] *a.* *(fam.)* **arrabbiato; stizzito; scocciato** *(fam.)*.
(1) might [mait] *pass.* di **(2) may.**
(2) might [mait] *n.* [U] **forza; potenza; potere; energia; vigore**: *to work with all one's m.,* lavorare con tutte le proprie forze.
might-have-been ['maithəv,biːn] *n.* [C] ***1*** **quel che sarebbe potuto accadere** ***2*** **(un) fallito.**
mightily ['maitili] *avv.* ***1*** **possentemente; vigorosamente** ***2*** *(fam.)* **molto; estremamente.**
mightiness ['maitinis] *n.* [U] **potenza; potere.**
mightn't ['maitənt] *contraz.* di **might not.**
mighty ['maiti] ***A*** *a.* ***1*** **forte; possente; potente; poderoso; vigoroso** ***2*** *(fam.)* **ampio; enorme; vasto** ***B*** *avv.* *(fam.)* **molto; estremamente.**
mignonette [,minjə'net] *n.* [U] (*bot.,* Reseda odorata) **amorino; reseda.**
migraine ['miːgrein] *n.* [U] **emicrania.**
migrant ['maigrənt] ***A*** *a.* ***1*** **migrante** ***2*** **migratorio** ***B*** *n.* [C] ***1*** **migratore; uccello migratore** ***2*** **emigrante.**
to **migrate** [mai'greit] *v. i.* ***1*** (d'uccelli, ecc.) **migrare** ***2*** (di persone) **emigrare.**
migration [mai'greiʃən] *n.* [U] e [C] ***1*** **migrazione** ***2*** (di persone) **emigrazione.**
migratory ['maigrətəri] *a.* ***1*** **migratorio** ***2*** **migratore.**
mike [maik] *n.* (*abbr. fam.* di **microphone**) **microfono.**
to **mike** [maik] *v. i.* *(pop.)* **bighellonare.**
milady [mi'leidi] *n.* [C] **signora** (inglese); **nobildonna; milady.**
milage ['mailidʒ] *n.* [C] ***1*** **distanza in miglia** ***2*** **indennità di viaggio.**
Milanese [,milə'niːz] *a.* e *n.* **milanese** ● *the M.,* i milanesi.
milch [miltʃ] *a. attr.* **da latte; lattifero**: *a m. cow,* una mucca da latte; *(fig.)* una fonte di facile guadagno.
mild [maild] *a.* ***1*** **mite; mansueto; gentile** ***2*** **non forte; dolce; leggero**: *m. tobacco,* tabacco dolce □ *m. beer,* birra leggera ***3*** **lieve; non grave** ***4*** (di medicamento) **blando.**
mildew ['mildjuː] *n.* [U] ***1*** **muffa** ***2*** **ruggine delle piante.**
to **mildew** ['mildjuː] ***A*** *v. t.* **far ammuffire** ***B*** *v. i.* **ammuffire.**
mildly ['maildli] *avv.* ***1*** **mitemente; gentilmente** ***2*** **un poco** ● *to put it m.,* a dir poco; senza esagerare.
mildness ['maildnis] *n.* [U] **mitezza; dolcezza; gentilezza.**
mile [mail] *n.* [C] **miglio** (misura di lunghezza) ● *to live miles away,* abitare a casa del diavolo *(fam.)* □ *(fam.)* *It's miles better than...,* vale infinitamente più di... □ *(fam.)* *It's miles easier,* è di gran lunga più facile.
mileage ['mailidʒ] *V.* **milage.**
mileometer [mai'lɔmitə*] *n.* [C] *(autom.)* « **contamiglia** »; **tachimetro indicatore della velocità in miglia.**
milepost ['mailpoust] *n.* [C] **cartello** (stradale) **indicatore della distanza** (in miglia).
milestone ['mail,stoun] *n.* [C] **pietra miliare** (anche *fig.*).
milieu ['miːljəː] *(franc.)* *n.* **ambiente (sociale).**
militancy ['militənsi] *n.* [U] *(polit.)* **attivismo.**
militant ['militənt] ***A*** *a.* ***1*** **militante**: *the Church m.,* la Chiesa militante ***2*** **combattivo; bellicoso** ***B*** *n.* *(polit.)* **attivista.**
militarism ['militərizəm] *n.* [U] **militarismo.**
militarist ['militərist] *n.* **militarista.**
to **militarize** ['militəraiz] *v. t.* **militarizzare.**
military ['militəri] ***A*** *a.* **militare** ***B*** *n.* — *the m.,* i militari; l'esercito.
to **militate** ['militeit] *v. i.* **militare** (di solito *fig.*) ● *(fig.)* *to m. against,* essere d'ostacolo a; ostacolare.
militia [mi'liʃə] *n.* *(con l'art. determ.)* **milizia territoriale;** *(collett.)* **(i) territoriali.**
militiaman [mi'liʃəmən] *n.* (*pl.* **militiamen** ['mi'liʃəmən]) **soldato territoriale; soldato della riserva.**
milk [milk] *n.* [U] ***1*** **latte** ***2*** **latice, lattice** (d'alcune piante) ● *m.-and-water,* insipido; sciocco □ *m. bar,* latteria; gelateria □ *m. chocolate,* cioccolata al latte □ *(med.)* *m.-crust,* crosta lattea; lattime □ *m.-powder,* latte in polvere □ *m.-tooth,* dente di latte □ *m.-white,* bianco come il latte.
to **milk** [milk] ***A*** *v. t.* ***1*** **mungere;** *(fig.)* **spillar denaro a, sfruttare** ***2*** **estrarre il succo da** (una pianta) ***3*** **cavare il veleno a** (un serpente) ***B*** *v. i.* **dar latte; produrre latte.**
milker ['milkə*] *n.* ***1*** **mungitore, mungitrice** ***2*** **mungitrice meccanica** ● (di animale da latte) *to be a good (a bad) m.,* dare molto (poco) latte.
milkiness ['milkinis] *n.* [U] **lattiginosità.**
milking ['milkiŋ] *n.* [U] **mungitura** ● *m. machine,* mungitrice meccanica.
milkmaid ['milkmeid] *n.* ***1*** **mungitrice** ***2*** **lattaia.**
milkman ['milkmən] *n.* (*pl.* **milkmen** ['milkmən]) **lattaio.**
milksop ['milksɔp] *n.* [C] **uomo (o ragazzo) debole, effeminato.**
milky ['milki] *a.* ***1*** **latteo**: *(astron.)* *the M. Way,* la Via Lattea ***2*** (di pianta, di liquido) **lattiginoso** ***3*** *(fig.)* **debole; effeminato.**
mill [mil] *n.* [C] ***1*** **mulino** ***2*** **fabbrica; opificio; stabilimento** ***3*** **macinino**: *a coffee-m.,* un macinino da caffè ***4*** **spremifrutta; passaverdura** ***5*** *(pop.)* **incontro di pugilato** ***6*** *(mecc.)* **fresa** ● *m.-girl,* operaia (specialm. di cotonificio) □ *m.-hand,* operaio, operaia (di fabbrica) □ *m.-pond,* gora di mulino □ (di persona) *to go through the m.,* passare per tutta la trafila; superare una serie di prove □ *to put sb. through the m.,* far passare q. per una trafila; sottoporre q. a dure prove □ *water-m.,* mulino ad acqua □ *The sea is like a m.-pond,* il mare è liscio come l'olio.
to **mill** [mil] ***A*** *v. t.* ***1*** **macinare** (cereali o altro) ***2*** **follare, feltrare** (stoffa) ***3*** **zigrinare** (una moneta) ***4*** *(pop.)* **picchiare; prendere a pugni** ***5*** *(mecc.)* **fresare** ***B*** *v. i.* (spesso *to m. around*) **girare in tondo; muoversi in massa torno torno.**
millboard ['milbɔːd] *n.* [U] **cartone robusto** (usato in legatoria).

millenary [mi'lenəri] ***A*** *a.* **millenario; millenne** *(lett.)* ***B*** *n.* ***1*** **millennio *2* millenario.**
millennium [mi'leniəm] *n.* (*pl.* **millenia** [mi'leniə], **milleniums**) **millennio.**
millepede ['milipi:d] *n.* [C] (*zool.*) **millepiedi.**
miller ['milə*] *n.* [C] ***1*** **mugnaio *2*** (meno comune) **proprietario d'opificio *3*** *(mecc.)* **fresatrice; fresa.**
millesimal [mi'lesiməl] *a.* e *n.* *(mat.)* **millesimo.**
millet ['milit] *n.* [U] (*bot.*, Panicum miliaceum) **miglio.**
milli- ['mili] *pref.* **milli-** (anteposto ad un'unità di misura, ne divide il valore per mille).
milliard ['milja:d] *n.* [C] **bilione; miliardo.**
millibar ['miliba:*] *n.* *(fis., meteorologia)* **millibar.**
milligram(me) ['miligræm] *n.* [C] **milligrammo.**
millilitre ['mili,li:tə*] *n.* [C] **millilitro.**
millimetre ['mili,mi:tə*] *n.* [C] **millimetro.**
milliner ['milinə*] *n.* [C] **modista.**
millinery ['milinəri] *n.* [U] ***1*** **articoli di modisteria *2*** **mestiere della modista; modisteria.**
million ['miljən] *n.* e *a.* *(mat.)* **milione.**
millionaire [,miljə'nɛə*] *n.* [C] **milionario.**
millionairess [,miljə'nɛəris] *n.* [C] **milionaria.**
millionth ['miljənθ] *a.* e *n.* *(mat.)* **milionesimo.**
millipede ['milipi:d] *V.* **millepede.**
millstone ['mil,stoun] *n.* [C] ***1*** **macina *2*** *(fig.)* **grave peso** ● *(fig.) to be between the upper and nether m.*, essere fra l'incudine e il martello.
millwright ['milrait] *n.* [C] **costruttore di mulini.**
milometer [mai'lɔmitə*] *V.* **mileometer.**
milord [mi'lɔ:*] *n.* **milord.**
milt [milt] *n.* ***1*** [C] *(anat.)* **milza *2*** [U] *(pop.)* **latte** (o **sperma) di pesce.**
Miltonian [mil'tounjən], **Miltonic** [mil'tɔnik] *a.* *(letter.)* **miltoniano.**
mime [maim] *n.* [C] *(teatr.)* **mimo; pantomima.**
to **mime** [maim] *v. t.* e *i.* **mimare.**
mimeograph ['mimiəgra:f] *n.* [C] **ciclostile.**
to **mimeograph** ['mimiəgra:f] *v. t.* **ciclostilare.**
mimesis [mi'mi:sis] *n.* [U] *(biol.)* **mimetismo.**
mimetic [mi'metik] *a.* ***1*** **mimetico *2*** **mimico.**
mimic ['mimik] ***A*** *a.* ***1*** **mimico *2*** **mimetico *3*** **finto** ***B*** *n.* **mimo.**
to **mimic** ['mimik] (*pass.* e *p.p.* **mimicked** ['mimikt]) *v. t.* **imitare; parodiare; scimmiottare.**
mimicry ['mimikri] *n.* [U] ***1*** **mimica; parodia *2*** *(biol.)* **mimetismo.**
mimosa [mi'mouzə] *n.* [U] (*bot.*, Mimosa) **mimosa.**
minacious [mi'neiʃəs] *a.* **minaccioso.**
minaret [,minə'ret] *n.* [C] **minareto.**
minatory ['minətəri] *a.* **minatorio.**
to **mince** [mins] ***A*** *v. t.* **tritare; triturare; tagliuzzare; sminuzzare** ***B*** *v. i.* ***1*** **parlare con affettazione; fare smancerie *2*** **camminare a passettini** ● *not to m. matters (o one's words)*, dire le cose come stanno; non usare mezzi termini.
mince [mins] *n.* [U] **carne tritata** ● *(cucina) m. pie*, tortina ripiena di frutta secca.
mincemeat ['mins,mi:t] *n.* [U] *(cucina)* **farcia di frutta secca, mele trite, spezie, ecc.** ● *to make m. of*, fare a pezzi (anche *fig.*).
mincer ['minsə*] *n.* [C] **tritacarne.**
mincing ['minsiŋ] *a.* **affettato; lezioso; smanceroso.**
mind [maind] *n.* [C] e [U] **mente; ragione; idea; parere; intenzione**: *to lose one's m.*, perdere la ragione (o il bene dell'intelletto) □ *to have a (good) m. to do st.*, avere (proprio) intenzione di fare q.c. □ *to speak one's m.*, esprimere il proprio parere; parlar chiaro □ *to call st. to m.*, richiamare q.c. alla mente □ *to keep (o to bear) st. in m.*, tenere a mente q.c. □ *to change one's m.*, cambiare idea; mutar parere ● *absence of m.*, distrazione □ *a frame of m.*, uno stato d'animo □ *to give sb. a piece (o a bit) of one's m.*, dire a q. quel che si pensa di lui □ *to have st. on one's m.*, aver sempre in mente q.c.; essere preoccupato per q.c. □ *to be in two minds*, essere incerto □ *to keep one's m. on*, concentrare la propria attenzione su □ *to make up one's m.*, decidersi; prendere una risoluzione □ *to make up one's m. to st.*, rassegnarsi a q.c.□ *not to know one's own m.*, non saper bene quel che si vuole □ *to be of one m.*, essere d'accordo □ *to be of the same m.*, essere della stessa idea; pensarla allo stesso modo □ *presence of m.*, presenza di spirito □ *to put sb. in m. of st.*, rammentare q.c. a q. □ *to take one's m. off st.*, distogliere la propria attenzione da q.c.; levarsi dalla mente q.c. □ *to my m.*, a mio avviso; a mio parere; secondo me.
to **mind** [maind] *v. t.* e *i.* ***1*** **badare** (a); **fare attenzione** (a); **curarsi di; occuparsi di**: *M. the step (the dog, etc.)!*, sta' attento al gradino (al cane, ecc.)! □ *M. your own business!*, bada ai fatti tuoi! ***2*** **dar retta a** (q.) ***3*** **importare** *(impers.)*; **darsi pensiero**: *If I were you, I shouldn't m. at all*, se fossi in te, non me ne darei il minimo pensiero ***4*** **dispiacere, spiacere, rincrescere** *(impers.)*: *Do you m. if I smoke?*, ti dispiace (o ti disturbo) se fumo? □ *I shouldn't m. a glass of beer*, non mi spiacerebbe un bicchiere di birra ● *m. (you)*, sappi che...; intendiamoci... □ *Would you m. closing the door?*, vuoi chiudere la porta, per favore? □ *Would you m. holding your tongue?*, vuoi farmi il santo piacere di star zitto? □ *(pop.) M. your eye!*, sta' in guardia!; bada a quello che fai! □ *M. (out)!*, bada!; attento! □ *Never m.!*, non importa!; non prendertela!; non farci caso!
mind-blowing ['maind,blouiŋ] *a.* *(fam.)* ***1*** (di droga) **che dà allucinazioni *2*** *(fig.)* **scioccante.**
minded ['maindid] *a.* ***1*** *(solo pred.)* **disposto; intenzionato *2*** *(nei composti)* **di (o dalla) mente; di animo**: *right-m.*, d'animo retto □ *small-m.*, di mente ristretta.
mindful ['maindful] *a.* **attento** (a); **conscio** (di); **memore** (di).
mindless ['maindlis] *a.* ***1*** **irragionevole; stupido *2*** **incurante** (di).
(1) mine [main] *pron. poss.* **(il) mio, (la) mia; (i) miei, (le) mie**: *a friend of m.*, un mio amico □ *Is it m. or yours?*, è mio o tuo?
(2) mine [main] *n.* [C] ***1*** **miniera** (anche *fig.*): *a coal-m.*, una miniera di carbone ***2*** *(mil., naut.)* **mina; torpedine** ● *(mil.) m. detector*, rivelatore di mine; cercamine.
to **mine** [main] ***A*** *v. t.* ***1*** **scavare per estrarre** (minerali) ***2*** **estrarre; scavare**: *to m. (for) silver*, estrarre argento ***3*** *(mil.)* **minare** (anche *fig.*) ***4*** *(mil.)* **far saltare in aria** (con la dinamite) ***B*** *v. i.* ***1*** **estrarre minerali; estrarre carbone *2*** *(mil.)* **posare mine.**
minefield ['main,fi:ld] *n.* [C] *(mil.)* **campo minato.**
minelayer ['main,leiə*] *n.* [C] ***1*** *(naut. mil.)* **(nave) posamine *2*** *(aeron. mil.)* **(aereo) posamine.**
miner ['mainə*] *n.* ***1*** **minatore *2*** *(mil.)* **guastatore.**
mineral ['minərəl] *n.* [C] e *a.* **minerale**: *m. water*, acqua minerale.
to **mineralize** ['minərəlaiz] ***A*** *v. t.* **mineralizzare** ***B*** *v. i.* **fare raccolta di minerali** (a scopo di studio).
mineralogical [,minərə'lɔdʒikəl] *a.* **mineralogico.**
mineralogist [,minə'rælədʒist] *n.* **mineralogista.**
mineralogy [,minə'rælədʒi] *n.* [U] **mineralogia.**
minesweeper ['main,swi:pə*] *n.* [C] *(naut. mil.)* **dragamine.**
mingle ['miŋgl] ***A*** *v. t.* **mescolare; mischiare; unire** ***B*** *v. i.* **mescolarsi; mischiarsi; confondersi.**
mingy ['mindʒi] *a.* *(fam.)* **avaro; gretto; meschino; spilorcio.**
mini ['mini] ***A*** *n.* [C] *(moda)* **indumento mini** ***B*** *a. attr.* **mini.**
miniature ['minjətʃə*] ***A*** *n.* ***1*** [C] e [U] **miniatura**: *a portrait in m.*, un ritratto in miniatura ***2*** [C] **modello in scala ridotta** ***B*** *a. attr.* **in miniatura; in scala ridotta** ● *(fotogr.) m. camera*, microcamera □ *m. golf*, minigolf.
miniaturist ['minjətjuərist] *n.* **miniaturista.**
minibus ['minibʌs] *n.* [C] **minibus.**
minim ['minim] *n.* [C] *(mus.)* **minima.**
minimal ['miniməl] *a.* **minimo; minuscolo.**
minimalist ['minimәlist] *n.* *(polit.)* **minimalista.**
to **minimize** ['minimaiz] *v. t.* **ridurre al minimo; minimizzare.**
minimum ['miniməm] *a. attr.* e *n.* (*pl.* **minima** ['minimə], **minimums) minimo.**
mining ['mainiŋ] ***A*** *n.* [U] ***1*** **estrazione** (di minerali); **lavori di scavo; industria mineraria *2*** *(mil.)* **posa di mine** ***B*** *a.* **minerario.**

minion ['minjən] *n.* [C] ***1*** **favorito** ***2*** *(spreg.)* **adulatore; tirapiedi.**
minipill ['minipil] *n.* [C] *(farm.)* **minipillola** (anticoncezionale).
miniskirt ['mini,skə:t] *n.* [C] **minigonna.**
minister ['ministə*] *n.* [C] ***1*** **ministro** (quasi in ogni senso); **ministro del culto, pastore protestante; ministro plenipotenziario**: *the Prime M.*, il Primo Ministro ***2*** *(fig.)* **propagatore; strumento.**
to **minister** ['ministə*] *v. i.* ***1*** *(relig.)* **officiare** ***2*** — *to m. to,* soccorrere, prestar soccorso a (q.); servire (una causa); provvedere a (q.c.).
ministerial [,minis'tiəriəl] *a.* ***1*** **ministeriale; di ministro** ***2*** **di ministro del culto; pastorale; sacerdotale.**
ministration [,minis'treiʃən] *n.* ***1*** [U] *(relig.)* **ministero del sacerdozio** ***2*** [C] **assistenza; conforto** (religioso).
ministry ['ministri] *n.* ***1*** [C] (specialm. *polit.*) **ministero; Ministero**: *the Air M.*, il Ministero dell'Aeronautica ***2*** [U] *(relig.)* **sacerdozio.**
minium ['miniəm] *n.* [U] *(chim.)* **minio.**
miniver ['minivə*] *n.* [U] **vaio** (pelliccia).
mink [miŋk] *n.* ***1*** [C] (*zool.*, Mustela vison) **visone** ***2*** [U] **pelliccia di visone.**
minnow ['minou] *n.* [C] **pesciolino** (d'acqua dolce).
minor ['mainə*] ***A*** *a.* **minore; più piccolo; di second'ordine**: *a m. poet,* un poeta minore □ (nelle scuole) *Jones m.,* il minore dei Jones ***B*** *n.* ***1*** *(leg.)* **minorenne** ***2*** *(relig.)* **frate minore** ***3*** (*USA*, all'università) **materia complementare** ● *(mus.) m. scale,* scala minore □ *(fig.) in a m. key,* in tono minore.
minority [mai'nɔriti] ***A*** *n.* ***1*** [C] **minoranza** ***2*** [U] *(leg.)* **minorità** ***B*** *a. attr.* **di minoranza; minoritario.**
minster ['minstə*] *n.* [C] ***1*** **chiesa** (annessa a un monastero) ***2*** **cattedrale.**
minstrel ['minstrəl] *n.* [C] ***1*** *(stor.)* **menestrello; giullare** ***2*** **cantante (o ballerino, macchiettista)** (truccato da negro).
minstrelsy ['minstrəlsi] *n.* [U] *(stor.)* **arte (o poesia) dei menestrelli.**
(1) mint [mint] *n.* [C] ***1*** **zecca** ***2*** *(fig.)* **miniera; fonte inesauribile** ● *(fam.) a m. of money,* un mucchio di quattrini □ *in m. condition,* nuovo di zecca.
to **mint** [mint] *v. t.* **coniare** (anche *fig.*); **battere** (moneta).
(2) mint [mint] *n.* [U] e [C] (*bot.*, Mentha) **menta** ● *(cucina) m. sauce,* salsa di menta.
mintage ['mintidʒ] *n.* [U] **coniatura; conio.**
minuend ['minju,end] *n.* [C] *(mat.)* **minuendo.**
minuet [,minju'et] *n.* [C] *(mus.)* **minuetto.**
minus ['mainəs] ***A*** *prep.* ***1*** *(mat.)* **meno** ***2*** *(fam.)* **senza** ***B*** *a. (mat.)* **negativo** ***C*** *n.* [C] *(mat.)* ***1*** **meno** (segno di sottrazione) ***2*** **quantità negativa** ● *m. sign,* segno di sottrazione.
minuscule ['minə,skju:l] ***A*** *a.* (anche *tipogr.*) **minuscolo** ***B*** *n.* [C] *(tipogr.)* ***1*** **minuscola** (lettera) ***2*** **carattere minuscolo.**
(1) minute ['minit] *n.* [C] ***1*** **minuto;** *(fig.)* **istante, momento**: *in a m.*, in un momento ***2*** *(geom., geogr.)* **(minuto) primo** ***3*** *(al pl., leg.)* **verbale; resoconto sommario** ***4*** **minuta; nota; promemoria** ● *m.-book,* registro dei verbali □ *m.-hand,* lancetta dei minuti □ *this m.*, subito; immediatamente □ *to the m.*, preciso; esatto: *at four o' clock to the m.*, alle quattro precise.
to **minute** ['minit] *v. t.* ***1*** **cronometrare** ***2*** **verbalizzare.**
(2) minute [mai'nju:t] *a.* **minuto; minuscolo; minuzioso; preciso.**
(1) minutely ['minitli] *avv.* ***1*** **ogni minuto** ***2*** **incessantemente.**
(2) minutely [mai'nju:tli] *avv.* **minutamente; minuziosamente.**
minutia [mai'nju:ʃiə] *n.* (*pl.* **minutiae** [mai'nju:ʃii:]) **minuzia.**
minx [miŋks] *n.* [C] **sfacciata; civetta** *(fig.)*.
Miocene ['maiə,si:n] *(geol.)* ***A*** *n.* **miocene** ***B*** *a.* **miocenico.**
miracle ['mirəkl] *n.* [C] **miracolo;** *(fig.)* **meraviglia** ● *(stor., letter.) m. play,* miracolo; rappresentazione sacra.
miraculous [mi'rækjuləs] *a.* **miracoloso;** *(fig.)* **prodigioso, meraviglioso.**
mirage ['mira:ʒ] *n.* [C] ***1*** **miraggio** (anche *fig.*) ***2*** **illusione.**
mire ['maiə*] *n.* [U] **melma; mota; fango** (anche *fig.*); **pantano.**
to **mire** [maiə*] ***A*** *v. t.* **infangare** ***B*** *v. i.* **affondare nel fango.**
mirror ['mirə*] *n.* [C] **specchio** (anche *fig.*) ● *(autom.) driving-m.* (o *rear-view m.*), specchio retrovisore.
to **mirror** ['mirə*] *v. t.* (*lett.* o *fig.*) **rispecchiare; riflettere.**
mirth [mə:θ] *n.* [U] **allegria; gaiezza.**
mirthful ['mə:θful] *a.* **allegro; gaio.**
mirthless ['mə:θlis] *a.* **senza gioia; malinconico; triste.**
miry ['maiəri] *a.* ***1*** **melmoso; fangoso** ***2*** **infangato** ***3*** *(fig.)* **abietto.**
mis- [mis] *pref.* ***1*** **mis-** (ha valore negativo o peggiorativo) ***2*** **cattivo; falso; erroneo** ***3*** **male; erroneamente.**
misadventure [,misəd'ventʃə*] *n.* [C] e [U] **disavventura; disgrazia; infortunio; incidente** ● *(leg.)* death by m., morte accidentale.
misalliance [,misə'laiəns] *n.* [C] **matrimonio male assortito.**
misanthrope ['mizənθroup] *n.* [C] **misantropo.**
misanthropic(al) [,mizən'θrɔpik(əl)] a. **misantropico.**
misanthropist [mi'zænθrəpist] *n.* [C] **misantropo.**
misanthropy [mi'zænθrəpi] *n.* [U] **misantropia.**
to **misapply** [,misə'plai] *v. t.* ***1*** **fare un uso errato di** (q.c.) ***2*** **usare abusivamente; distrarre** (denaro altrui).
to **misapprehend** [,mis,æpri'hend] *v. t.* **fraintendere.**
to **misappropriate** [,misə'prouprieit] *v. t.* **appropriarsi indebitamente di** (denaro altrui).
misappropriation [,misə,proupri'eiʃən] *n.* [U] e [C] **appropriazione indebita.**
misbecoming [,misbi'kʌmiŋ] *a.* **sconveniente; disdicevole.**
misbegotten [,misbi'gɔtn̩] *a.* ***1*** **illegittimo; bastardo** ***2*** *(fam.)* **mal concepito; malfatto.**
to **misbehave** [,misbi'heiv] *v. i.* **comportarsi male.**
misbehaviour [,misbi'heivjə*] *n.* [U] **cattiva condotta.**
misbelief [,misbi'li:f] *n.* [U] **falsa credenza.**
misbeliever [,misbi'li:və*] *n.* **miscredente.**
to **miscalculate** [,mis'kælkjuleit] ***A*** *v. t.* **calcolare male** ***B*** *v. i.* **sbagliare i calcoli.**
to **miscall** [,mis'kɔ:l] *v. t.* **chiamare impropriamente.**
miscarriage [,mis'kæridʒ] *n.* [U] e [C] ***1*** **fallimento; insuccesso** ***2*** **disguido** (d'una lettera); **smarrimento** (d'un pacco, di merce) ***3*** *(med.)* **aborto** ● *(leg.) a m. of justice,* un errore giudiziario.
to **miscarry** [mis'kæri] *v. i.* ***1*** (di progetto, ecc.) **fallire; fare fiasco** ***2*** (di lettera, pacco, ecc.) **andare smarrito** ***3*** (di donna) **abortire.**
miscegenation [,misidʒi'neiʃən] *n.* [U] **incrocio di razze.**
miscellanea [,misi'leinjə] *n. pl.* **miscellanea.**
miscellaneous [,misi'leinjəs] *a.* ***1*** **miscellaneo; eterogeneo** ***2*** (di persona) **versatile.**
miscellany [mi'seləni] *n.* [C] ***1*** *(letter.)* **miscellanea** ***2*** **mescolanza; mistura.**
mischance [mis'tʃa:ns] *n.* [C] e [U] **disavventura; disgrazia; sfortuna**: *by m.*, per disgrazia; sfortunatamente.
mischief ['mistʃif] *n.* ***1*** [U] **danno; male; offesa; torto** ***2*** [U] **malanimo; discordia**: *to make m. between two persons,* mettere la discordia fra due persone ***3*** [U] **malestro; guaio; birbonata; birichinata**: *to keep out of (o not to get into) m.*, non combinar malestri ***4*** [C] *(fam.)* **birichino; birba; birbone** ● *m.-maker,* chi semina zizzania; attaccabrighe □ *eyes full of m.*, occhi birichini □ *He's up to m. again,* ne sta combinando una delle sue.

mischievous ['mistʃivəs] *a.* ***1*** **nocivo; compromettente** ***2*** **malefico; maligno** ***3*** **malizioso; furbo** ***4*** (di bambino) **birichino; cattivello** ● *m. tricks,* birichinate; marachelle.

mischievousness ['mistʃivəsnis] *n.* U ***1*** **dannosità; nocività** ***2*** **malignità; cattiveria** ***3*** **malizia** ***4*** (di bambino) **vivacità eccessiva; birichineria.**

to **misconceive** [ˌmiskən'si:v] *v. t.* ***1*** **giudicar male** ***2*** **fraintendere.**

misconception [ˌmiskən'sepʃən] *n.* C e U ***1*** **giudizio erroneo; idea sbagliata** ***2*** **equivoco; malinteso.**

misconduct [mis'kɔndəkt] *n.* U ***1*** **cattiva condotta; comportamento indegno** ***2*** **adulterio** ***3*** **cattiva amministrazione** (di un'azienda, ecc.).

to **misconduct** [ˌmiskən'dʌkt] ***A*** *v. t.* **condurre** (o **amministrare) male** ***B*** to **misconduct oneself** *v. rifl.* **comportarsi male; commettere adulterio.**

misconstruction [ˌmiskəns'trʌkʃən] *n.* U e C **interpretazione errata.**

to **misconstrue** [ˌmiskən'stru:] *v. t.* **fraintendere; interpretare male.**

to **miscount** [ˌmis'kaunt] ***A*** *v. t.* **contar male** ***B*** *v. i.* **sbagliare il conto.**

miscount [ˌmis'kaunt] *n.* C **conto sbagliato; conteggio erroneo.**

miscreant ['miskriənt] *a.* e *n.* **briccone; canaglia; furfante.**

miscue [ˌmis'kju:] *n.* C (al biliardo) **colpo sbagliato.**

to **misdate** [ˌmis'deit] *v. t.* ***1*** **mettere una data erronea a** (una lettera, ecc.) ***2*** **sbagliare la data di** (un avvenimento).

to **misdeal** [ˌmis'di:l] (*pass.* e *p.p.* **misdealt** [ˌmis'delt]) ***A*** *v. i.* **sbagliare a dar le carte** ***B*** *v. t.* **distribuire male** (le carte).

misdeed [ˌmis'di:d] *n.* C **misfatto; azione malvagia.**

misdemeanour [ˌmisdi'mi:nə*] *n.* C *(leg.)* **infrazione; trasgressione; reato** (di minore gravità).

to **misdirect** [ˌmisdi'rekt] *v. t.* ***1*** **sbagliare l'indirizzo di** (una lettera) ***2*** **rivolgere nella direzione sbagliata; far cattivo uso di** (q.c.) ***3*** **dare istruzioni erronee a** (q.) ***4*** **far sbagliare strada a** (q.).

misdirection [ˌmisdi'rekʃən] *n.* U e C **indicazione sbagliata; istruzione erronea; indirizzo sbagliato.**

misdoing [ˌmis'du:iŋ] *n.* *(di solito al pl.)* **malefatta; misfatto.**

mise en scène [ˌmi:zɑ̃:n'sein] *(franc.)* *n.* C ***1*** *(teatr.)* **messinscena; messa in scena** ***2*** *(fig.)* **scenario** *(fig.)*.

miser ['maizə*] *n.* **avaro, avara; persona spilorcia.**

miserable ['mizərəbl] *a.* ***1*** **misero; miserando; infelice; sventurato** ***2*** **insopportabile; deprimente; orribile**: *m. weather,* tempo orribile ***3*** **miserabile; meschino; povero; da poco** ● *to feel m.,* sentirsi depresso.

miserably ['mizərəbli] *avv.* ***1*** **miseramente; miserabilmente** ***2*** **estremamente; assai; molto.**

miserere [ˌmizə'riəri] *(lat.)* *n.* C *(relig.)* **miserere.**

miserly ['maizəli] *a.* **avaro; spilorcio; taccagno; tirchio.**

misery ['mizəri] *n.* ***1*** U *(spesso al pl.)* **miseria; infelicità; sofferenza**: *the miseries of mankind,* le miserie dell'umanità ***2*** U **dolore atroce; supplizio.**

to **misfire** [ˌmis'faiə*] *v. i.* ***1*** (d'arma da fuoco) **incepparsi; far cilecca** ***2*** (di motore) **accendersi irregolarmente.**

misfire [ˌmis'faiə*] *n.* U e C ***1*** **mancato scoppio; inceppamento; cilecca** ***2*** *(autom.)* **mancata accensione; accensione irregolare.**

misfit ['misfit] *n.* C ***1*** **indumento che non calza bene** ***2*** *(fig.)* **pesce fuor d'acqua; spostato** *(fam.)*.

misfortune [mis'fɔ:tʃən] *n.* U e C **sfortuna; sventura.**

to **misgive** [mis'giv] (*pass.* **misgave** [mis'geiv], *p.p.* **misgiven** [mis'givn]) *v. t.* **far sorgere un dubbio** (o **un timore, un presentimento) a** (q.) ● *His heart misgave him,* il suo cuore era pieno di tristi presagi.

misgiving [mis'giviŋ] *n.* C e U **apprensione; dubbio; timore.**

to **misgovern** [ˌmis'gʌvən] *v. t.* **governare male.**

misgovernment [ˌmis'gʌvənmənt] *n.* U **malgoverno.**

to **misguide** [ˌmis'gaid] *v. t.* ***1*** **fuorviare; sviare** ***2*** **traviare.**

misguided [ˌmis'gaidid] *a.* ***1*** **fuorviato** ***2*** **traviato.**

to **mishandle** [ˌmis'hændl] *v. t.* **maltrattare; malmenare.**

mishap ['mishæp] *n.* C e U **disavventura; contrattempo; incidente.**

to **mishear** [ˌmis'hiə*] (*pass.* e *p.p.* **misheard** [ˌmis'hə:d]) *v. t.* e *i.* **udire male; intendere male; fraintendere.**

mishmash ['miʃmæʃ] *n.* *(con l'art. indeterm.)* *(fam.)* **guazzabuglio; miscuglio.**

to **misinform** [ˌmisin'fɔ:m] *v. t.* **informare male; dare informazioni erronee a** (q.); **fuorviare.**

to **misinterpret** [ˌmisin'tə:prit] *v. t.* **interpretare male; dare un'interpretazione errata a** (q.c.).

to **misjudge** [ˌmis'dʒʌdʒ] *v. t.* **giudicare male.**

to **mislay** [mis'lei] (*pass.* e *p.p.* **mislaid** [mis'leid]) *v. t.* **mettere** (q.c.) **in un posto insolito e dimenticarsene; smarrire** (q.c.).

to **mislead** [mis'li:d] (*pass.* e *p.p.* **misled** [mis'led]) ***1*** **far sbagliare strada a** (q.); **mettere fuori strada; fuorviare; traviare** ***2*** **ingannare; trarre in inganno.**

misleading [mis'li:diŋ] *a.* **che induce in errore; ingannevole.**

misled [mis'led] *pass.* e *p.p.* di to **mislead.**

to **mismanage** [ˌmis'mænidʒ] *v. t.* **amministrare male.**

misnomer [ˌmis'noumə*] *n.* C **nome sbagliato; designazione erronea.**

misogamy [mi'sɔgəmi] *n.* U **misogamia.**

misogynist [mi'sɔdʒinist] *n.* **misogino.**

misogyny [mi'sɔdʒini] *n.* U **misoginia.**

misoneism [ˌmisou'ni:izəm] *n.* U **misoneismo.**

misoneist [ˌmisou'ni:ist] *n.* **misoneista.**

to **misplace** [ˌmis'pleis] *v. t.* ***1*** **mettere in un posto sbagliato** ***2*** **riporre male**: *to m. one's confidence,* riporre male la propria fiducia.

to **misprint** [mis'print] *v. t.* **stampare con errori.**

misprint ['misˌprint] *n.* C **errore di stampa; refuso.**

to **misprize** [mis'praiz] *v. t.* **spregiare; disistimare; sottovalutare.**

to **mispronounce** [ˌmisprə'nauns] *v. t.* **pronunciare scorrettamente.**

to **misquote** [ˌmis'kwout] *v. t.* **citare erroneamente.**

to **misread** [ˌmis'ri:d] (*pass.* e *p.p.* **misread** [ˌmis'red]) *v. t.* ***1*** **leggere male** ***2*** **fraintendere.**

to **misrepresent** [ˌmisrepri'zent] *v. t.* **svisare; travisare.**

misrepresentation [ˌmisreprizen'teiʃən] *n.* U e C ***1*** **travisamento** ***2*** *(leg.)* **dichiarazione falsa.**

misrule [ˌmis'ru:l] *n.* U **malgoverno.**

to **misrule** [mis'ru:l] *v. t.* **governar male.**

(1) miss [mis] *n.* ***1*** *(con lettera maiuscola)* **signorina** (di sorelle, seguito dal cognome per la primogenita, dal nome per le altre): *Miss Brown,* la signorina Brown (la maggiore) □ *Miss Mary,* la signorina Maria ***2*** *(scherz., spreg.)* **ragazza**: *a saucy m.,* una ragazzina impertinente ***3*** *(al vocat.,* us. dai domestici, commessi, ecc.*)* **signorina** ***4*** **miss**: *Miss Europe 1975,* Miss Europa 1975 ● *The Miss Smiths* (o *the Misses Smith),* le signorine Smith.

to **miss** [mis] ***A*** *v. t.* ***1*** **fallire; sbagliare; non colpire; non riuscire** (a fare q.c.): *to m. the target,* fallire il bersaglio □ *to m. one's aim,* sbagliar la mira ***2*** **perdere; far tardi a; mancare a**: *to m. a train,* perdere un treno □ *to m. an appointment,* mancare a un appuntamento ***3*** **evitare; scansare; sfuggire** (a): *to m. having an accident,* sfuggire a un incidente ***4*** **accorgersi della mancanza di** (q.c. o q.); **sentire la mancanza di** (q.): *When did you m. your keys?,* quando ti sei accorto d'aver perso le chiavi? □ *I miss him,* sento la sua mancanza ***5*** **non afferrare; non capire**: *to m. the point,* non afferrare l'essenziale ***B*** *v. i.* **fallire; sbagliare il colpo; far fiasco** ● *(fig.)* *to m. the bus,* perdere l'occasione (favorevole) □ *to m. one's mark,* sbagliare il bersaglio, mancare il colpo; *(fig.)* fallire, far fiasco □ *to m. out,* omettere; tralasciare □ *The house is at the corner; you can't m. it,* la casa è all'angolo; non puoi sbagliare.

(2) miss [mis] *n.* [C] **1 colpo mancato; colpo a vuoto 2 insuccesso; fiasco** *(fam.)* **3** *(fam.)* **aborto** ● *It was a lucky m.,* me la cavai (te la cavasti, ecc.) per un pelo (o per il rotto della cuffia).

missal ['misəl] *n.* [C] *(relig.)* **messale.**

misshapen [ˌmis'ʃeipən] *a.* **deforme; malformato.**

missile ['misail] *a. attr.* e *n.* [C] *(mil.)* **missile.**

missil(e)ry ['misəlri] *n.* [U] *(mil.)* **1 missilistica 2** *(collett.)* **missili.**

missing ['misiŋ] *a.* **1 mancante; smarrito 2** *(mil.)* **disperso** (in guerra) ● *to be m.,* mancare.

mission ['miʃən] *n.* [C] **missione** (quasi in ogni senso) ● *(mil.* e *fig.) m. accomplished,* missione compiuta.

missionary ['miʃənəri] *a.* e *n.* *(relig.)* **missionario, missionaria.**

missis ['misiz] *n.* *(fam.)* **1** *(us. dai domestici)* **signora; padrona 2 moglie**: *How's your m.?,* come sta tua moglie?

missive ['misiv] *n.* [C] (spesso *scherz.*) **missiva.**

to **misspell** [ˌmis'spel] (*pass.* e *p.p.* **misspelled, misspelt** [ˌmis'spelt] *v. t.* **compitare male; sbagliare l'ortografia di** (una parola).

misspelling [ˌmis'speliŋ] *n.* [C] **errore d'ortografia.**

misspelt [ˌmis'spelt] *pass.* e *p.p.* di to **misspell.**

to **misspend** [ˌmis'spend] (*pass.* e *p.p.* **misspent** [ˌmis'spent]) *v. t.* **spendere male; sciupare; sprecare.**

to **misstate** [ˌmis'steit] *v. t.* **esporre erroneamente; travisare.**

misstatement [ˌmis'steitmənt] *n.* [C] **affermazione errata.**

missus ['misiz] *V.* **missis.**

missy ['misi] *n.* *(fam., scherz.* o *spreg.)* **signorina; signorinella.**

mist [mist] *n.* **1** [C] e [U] **bruma; nebbia** (anche *fig.*); **foschia 2** [C] *(fig.)* **velo** ● *Scotch m.,* pioggerella; piovischio.

to **mist** [mist] **A** *v. i.* **1 cader nebbia 2** (anche *to m. over*) **annebbiarsi; appannarsi B** *v. t.* **coprire di nebbia; annebbiare; appannare.**

mistakable [mis'teikəbl] *a.* **confondibile; scambiabile.**

to **mistake** [mis'teik] (*pass.* **mistook** [mis'tuk], *p.p.* **mistaken** [mis'teikən]) *v. t.* e *i.* **1 sbagliare; errare 2 intendere male; fraintendere 3 prendere** (per q. altro, per q.c. altro); **scambiare** ● *There's no mistaking,* non c'è da sbagliare.

mistake [mis'teik] *n.* [C] **sbaglio; errore; fallo**: *to make a m.,* fare uno sbaglio ● *by m.,* per sbaglio; per errore □ *Make no m. about it!,* stanne certo!

mistaken [mis'teikən] **A** *p.p.* di to **mistake B** *a.* **sbagliato; errato; erroneo** ● *to be m.,* sbagliare, sbagliarsi; aver torto; essere in errore.

mister ['mistə*] *n.* **1** *(abbr. in Mr; prima del cognome o del nome e cognome)* **signore**: *Mr (John) Brown,* il signor (John) Brown **2** *(al vocat., per esteso; pop.)* **signore** ● *Mr Secretary,* signor segretario □ *Mr Speaker,* signor Presidente.

to **mistime** [ˌmis'taim] *v. t.* **1 fare (o dire)** (q.c.) **fuori luogo; non scegliere il momento giusto per** (q.c.) **2** *(sport)* **colpire** (la palla) **fuori tempo.**

mistiness ['mistinis] *n.* [U] **1 nebbiosità; foschia 2** *(fig.)* **nebulosità; vaghezza.**

mistletoe ['misltou] *n.* [U] *(bot.,* Viscum album) **vischio.**

mistook [mis'tuk] *pass.* di to **mistake.**

mistral ['mistrəl] *n.* **mistral** (maestrale della Francia meridionale).

to **mistranslate** [ˌmistræns'leit] *v. t.* **tradurre scorrettamente.**

mistress ['mistris] *n.* **1 padrona** (anche *fig.*); **padrona di casa 2** *(come titolo è arc.; sostituito ora da Mrs)* **signora**: *Mrs Jones,* la signora Jones **3 insegnante** (donna); **maestra; professoressa 4** *(poet.)* **donna amata 5 amante; mantenuta** ● (di donna) *to be m. of the situation,* dominare la situazione □ *head-m.,* direttrice, preside (di scuola).

to **mistrust** [ˌmis'trʌst] *v. t.* **diffidare di; non aver fiducia in.**

mistrust [ˌmis'trʌst] *n.* [U] **diffidenza; sfiducia.**

mistrustful [ˌmis'trʌstful] *a.* **diffidente; sospettoso.**

misty ['misti] *a.* **1 nebbioso; brumoso 2** *(fig.)* **confuso; vago.**

to **misunderstand** [ˌmisʌndə'stænd] (*pass.* e *p.p.* **misunderstood** [ˌmisʌndə'stud]) *v. t.* **capire male; fraintendere.**

misunderstanding [ˌmisʌndə'stændiŋ] *n.* [C] e [U] **incomprensione; equivoco; malinteso.**

misunderstood [ˌmisʌndə'stud] **A** *pass.* e *p.p.* di to **misunderstand B** *a.* **1 frainteso 2 incompreso.**

misusage [ˌmis'ju:zidʒ] *n.* [U] **1 cattivo uso; uso scorretto** (d'una parola, ecc.) **2 maltrattamento.**

to **misuse** [ˌmis'ju:z] *v. t.* **1 far cattivo uso di 2 maltrattare.**

misuse [ˌmis'ju:s] *n.* [U] e [C] **cattivo uso; uso scorretto.**

(1) mite [mait] *n.* [C] **1 obolo; piccola offerta; modesto contributo 2 oggetto minuscolo 3 piccino, piccina; bambinetto.**

(2) mite [mait] *n.* [C] *(zool.,* Acarus) **acaro.**

mithridatism ['miθrideitizəm] *n.* [U] *(med.)* **mitridatismo.**

mitigable ['mitigəbl] *a.* **mitigabile.**

to **mitigate** ['mitigeit] *v. t.* **mitigare; alleviare; lenire.**

mitigation [ˌmiti'geiʃən] *n.* [U] **mitigazione; alleviamento; lenimento.**

mitral ['maitrəl] *a.* *(anat.)* **mitrale.**

mitre ['maitə*] *n.* [C] **1** *(relig.)* **mitra 2** (*falegnameria,* anche *m. joint*) **giunto ad angolo retto; ugnatura.**

to **mitre** ['maitə*] *v. t.* **1** *(relig.)* **mitrare; insignire** (q.) **della mitra 2** *(falegnameria)* **commettere ad angolo retto; tagliare a ugna.**

mitt [mit], **mitten** ['mitn] *n.* [C] **1 mezzo guanto 2 manopola; muffola 3** *(fam.)* **guantone da pugile** ● *(fam.) to get the m.,* venir respinto; essere licenziato □ *(fam.) to give the m.,* piantare (in asso); licenziare (dal lavoro).

to **mix** [miks] **A** *v. t.* **1 mescolare; mischiare; frammischiare; mettere insieme 2 impastare; fare** (un dolce, ecc.) **3 incrociare** (animali) **B** *v. i.* **1 mescolarsi; mischiarsi 2 essere** (poco, molto) **socievole; andare d'accordo** ● *to mix up,* mescolare bene; confondere, scambiare; coinvolgere, immischiare: *to get mixed up in (o with) st.,* immischiarsi di q.c.; essere coinvolto in q.c.

mix [miks] *n.* [C] **1 mescolanza 2 miscela; conglomerato** ● *(fam.) mix-up,* confusione; baruffa.

mixed [mikst] *a.* **1 mescolato; misto 2 confuso; incerto 3 eterogeneo; promiscuo** ● *(fam.,* di persona) *to be m. up,* essere confuso □ *(fam.) to get m. up,* confondersi; rimanere perplesso.

mixer ['miksə*] *n.* **1 mescolatore; impastatore; impastatrice** (anche la macchina) **2** *(cucina)* **frullatore 3** *(radio)* **variatore di frequenza** ● *(fam.) a good (bad) m.,* una persona molto (poco) socievole.

mixing ['miksiŋ] *n.* [U] **1 mescolamento 2 miscelazione 3** *(cinem., telev.)* **missaggio.**

mixture ['mikstʃə*] *n.* [C] **1 mistura; mescolanza; miscela**: *a smoking m.,* una miscela di tabacco **2** *(scient., tecn.)* **miscuglio.**

miz(z)en ['mizn] *(naut.)* **A** *n.* [C] **1** (anche *mizzenmast*) **albero di mezzana 2** (anche *m. sail*) **vela di mezzana B** *a. attr.* **di mezzana.**

to **mizzle** ['mizl] *v. i.* *(impers.)* **piovigginare.**

mizzle ['mizl] *n.* *(con l'art. indeterm.)* **pioggerella; acquerugiola.**

mnemonic [ni:'mɔnik] *a.* **mnemonico.**

mnemonics [ni:'mɔniks] *n. pl.* *(col verbo al sing.)* **mnemonica.**

mo [mou] *n.* [C] (*abbr. fam.* di **moment**) **momento; minuto; attimo** ● *half a mo,* un minutino; un attimo.

moan [moun] *n.* [C] **lamento; gemito** (anche *fig.*).

to **moan** [moun] **A** *v. i.* **1 lamentarsi; gemere 2**

lagnarsi; brontolare; lamentarsi ***B*** *v. t.* lamentare; piangere.

moanful ['mounf*u*l] *a.* lamentoso; dolente.

moat [mout] *n.* [C] fossato (di difesa); fosso (di castello, ecc.).

mob [mɔb] *n.* [C] ***1*** folla tumultuante ***2*** *(spreg.)* plebe; plebaglia; gentaglia ***3*** *(pop.)* banda di delinquenti ● *mob law,* legge imposta dalla piazza.

to **mob** [mɔb] ***A*** *v. t.* ***1*** assalire tumultuando ***2*** affollarsi intorno a (q.) ***B*** *v. i.* affollarsi; accalcarsi.

mobile ['moubail] *a.* mobile; mutevole; incostante ● *m. library,* bibliobus; autolibro.

mobility [mo*u*'biliti] *n.* [U] mobilità; mutevolezza; incostanza.

mobilization [ˌmoubilai'zeiʃən] *n.* [C] e [U] *(mil.)* mobilitazione.

to **mobilize** ['moubilaiz] *v. t.* *(mil.* e *fig.)* mobilitare.

moccassin ['mɔkəsin] *n.* [C] mocassino.

mocha ['moukə] *n.* [U] (caffè) moca.

to **mock** [mɔk] *v. t.* ***1*** beffare; burlare; canzonare; deridere; farsi gioco di; schernire ***2*** sfidare *(fig.)*; tener testa a ***3*** deludere; ingannare ***4*** imitare; scimmiottare ● *to m. at,* burlarsi di; farsi beffe di.

mock [mɔk] *a.* finto; falso; contraffatto.

mocker ['mɔkə*] *n.* [C] beffeggiatore; schernitore; derisore.

mockery ['mɔkəri] *n.* ***1*** [U] derisione; dileggio; scherno ***2*** [C] contraffazione; scimmiottatura ***3*** [C] zimbello; ludibrio ● *to hold sb. up to m.,* esporre q. al ridicolo.

mock-heroic [ˌmɔkhi'ro*u*ik] *a.* *(letter.)* eroicomico.

mocking ['mɔkiŋ] *a.* beffardo; derisorio.

mockingbird ['mɔkiŋbə:d] *n.* [C] *(zool.,* Mimus polyglottus) tordo beffeggiatore.

mock-up ['mɔkʌp] *n.* [C] modello dimostrativo.

modal ['moudl] *a.* *(gramm., mus., filos.)* modale.

modality [mo*u*'dæliti] *n.* [U] modalità.

mod cons [ˌmɔd'kɔns] *n. pl.* *(abbr. fam.* di **modern conveniences**) comodità domestiche (moderne).

mode [moud] *n.* [C] ***1*** modo; maniera ***2*** *(mus.)* modo ***3*** (più comune *fashion)* moda.

model ['mɔdl] ***A*** *n.* [C] ***1*** modello (quasi in ogni senso) ***2*** modello (di casa di moda) ***3*** *(moda)* modella; indossatore, indossatrice ***4*** (di pittore, scultore, fotografo) modello, modella ***5*** *(fam.)* immagine; ritratto ***B*** *a. attr.* modello; esemplare; perfetto ● *m. aircraft,* aeromodello.

to **model** ['mɔdl] ***A*** *v. t.* ***1*** modellare (anche *fig.)*; formare; plasmare ***2*** (di indossatore, indossatrice) presentare (un modello) ***B*** *v. i.* ***1*** fare modelli ***2*** far da modello (o da modella) ***C*** to **model oneself** *v. rifl.* modellarsi: *to m. oneself after* (o *on) sb.,* modellarsi su q.; prendere a modello q.

modeller ['mɔdələ*] *n.* ***1*** modellatore, modellatrice ***2*** modellista.

moderate ['mɔdərit] ***A*** *a.* moderato; temperato; mite; modesto; modico; mediocre: *m. prices,* prezzi modici ***B*** *n.* *(polit.)* moderato.

to **moderate** ['mɔdəreit] ***A*** *v. t.* ***1*** moderare; frenare; mitigare; temperare ***2*** presiedere (una riunione) ***B*** *v. i.* moderarsi; mitigarsi; placarsi.

moderately ['mɔdəritli] *avv.* ***1*** moderatamente; modestamente ***2*** discretamente; abbastanza.

moderation [ˌmɔdə'reiʃən] *n.* [U] moderazione; moderatezza; temperanza; misura *(fig.)* ● *in m.,* con moderazione.

moderator ['mɔdəreitə*] *n.* ***1*** presidente di assemblea; moderatore ***2*** *(fis. nucl.)* moderatore.

modern ['mɔdən] *a.* e *n.* moderno.

modernism ['mɔdənizəm] *n.* ***1*** [U] modernità (di gusti, ecc.) ***2*** [C] neologismo ***3*** [U] *(arte, letter., relig.)* modernismo.

modernist ['mɔdənist] *n.* ***1*** persona d'idee (vedute, ecc.) moderne; amante delle novità ***2*** *(arte, letter., relig.)* modernista.

modernity [mɔ'də:niti] *n.* [U] modernità.

to **modernize** ['mɔdənaiz] *v. t.* rimodernare; render moderno.

modest ['mɔdist] *a.* modesto (in ogni senso).

modesty ['mɔdəsti] *n.* [U] modestia (in ogni senso).

modicum ['mɔdikəm] *n.* *(solo al sing.)* piccola quantità; (un) po'.

modifiable ['mɔdifaiəbl] *n.* modificabile.

modification [ˌmɔdifi'keiʃən] *n.* [U] e [C] modificazione; modifica.

modificatory ['mɔdifiˌkeitəri] *a.* modificativo.

to **modify** ['mɔdifai] *v. i.* ***1*** modificare ***2*** *(gramm.)* qualificare.

modillion [mə'diljən] *n.* [C] *(archit.)* modiglione.

modish ['moudiʃ] *a.* alla moda; (d'abito, ecc.) moderno.

modiste [mo*u*'di:st] *n.* ***1*** modista ***2*** sarta (di lusso).

modular ['mɔdjulə*] *a.* *(ind., tecn.)* modulare.

to **modulate** ['mɔdjuleit] ***A*** *v. t.* *(mus., elettron., radio)* modulare ***B*** *v. i.* *(mus.)* fare modulazioni.

modulation [ˌmɔdju'leiʃən] *n.* [U] e [C] *(mus., elettron., radio)* modulazione: *frequency m.,* modulazione di frequenza.

modulator ['mɔdjuleitə*] *n.* (anche *radio)* modulatore.

module ['mɔdjul] *n.* [C] *(archit., elab., miss.,* ecc.*)* modulo.

modulus ['mɔdjuləs] *n.* *(pl.* **moduli** ['mɔdjuˌlai]) *(fis., mat., mecc.)* modulo.

mofette [mo*u*'fet] *(franc.) n.* [C] *(geol.)* mofeta.

mohair ['mouhɛə*] *n.* [U] *(ind. tessile)* ***1*** mohair (pelo della capra d'Angora) ***2*** filato (o tessuto) di mohair.

Mohammedan [mo*u*'hæmidən] *a.* e *n.* maomettano.

moiety ['mɔiəti] *n.* [C] ***1*** *(leg.)* metà ***2*** *(per estens.)* parte.

to **moil** [mɔil] *v. i.* — *to toil and m.,* sgobbare come un mulo.

moire [mwa:*] *n.* [U] amoerro; seta marezzata.

moiré ['mwa:rei] *(franc.)* ***A*** *a.* (di tessuto) marezzato ***B*** *n.* [C] marezzatura.

moist [mɔist] *a.* ***1*** umido; umidiccio ***2*** (di tempo) umido; piovoso ● *to grow m.,* inumidirsi.

to **moisten** ['mɔisn] *v. t.* e *i.* inumidire, inumidirsi.

moisture ['mɔistʃə*] *n.* [U] umidità; umido.

to **moisturize** ['mɔistʃəraiz] *v. t.* ***1*** umidificare ***2*** *(cosmesi)* idratare.

moisturizer ['mɔistʃəraizə*] *n.* [C] *(cosmesi)* idratante.

moisturizing ['mɔistʃəraiziŋ] *a.* *(cosmesi)* idratante: *m. cream,* crema idratante.

moke [mouk] *n.* [C] *(pop.)* asino; ciuco; somaro.

molar ['moulə*] *a.* e *n.* [C] *(anat.)* molare.

molasses [mə'læsiz] *n. pl.* *(col verbo al sing.)* melassa.

Moldavian [mɔl'deivjən] *a.* e *n.* moldavo.

(1) mole [moul] *n.* [C] neo.

(2) mole [moul] *n.* [C] *(zool.,* Talpa; anche *fig.)* talpa.

(3) mole [moul] *n.* [C] molo; frangiflutti.

molecular [mo*u*'lekjulə*] *a.* *(chim., fis.)* molecolare.

molecule ['mɔlikju:l] *n.* [C] *(fis., chim.)* molecola.

molehill ['moulhil] *n.* [C] cumulo di terra sopra una tana di talpa ● *(fig.) to make a mountain out of a m.,* fare d'una mosca un elefante.

moleskin ['moulˌskin] *n.* [U] pelle di talpa (usata come pelliccia).

to **molest** [mo*u*'lest] *v. t.* molestare; disturbare; seccare.

molestation [ˌmoules'teiʃən] *n.* [U] molestia.

moll [mɔl] *n.* *(pop.)* ***1*** amante d'un bandito ***2*** prostituta.

to **mollify** ['mɔlifai] *v. t.* ***1*** ammorbidire; ammollire ***2*** calmare; lenire; placare; mitigare.

mollusc ['mɔləsk] *n.* [C] *(zool.)* mollusco.

molly ['mɔli] *n.* [C] (anche *mollycoddle)* uomo (o ragazzo) debole, effeminato, smidollato; cocco di mamma.

to **mollycoddle** ['mɔliˌkɔdl] *v. t.* coccolare; vezzeggiare.

Molotov cocktail [ˌmɔlətɔf'kɔkteil] *n.* [C] bottiglia

Molotov; molotov *(fam.)*.
molten ['moultən] *a.* **1 fuso**: *m. steel,* acciaio fuso **2 di metallo fuso.**
molybdenum [mɔ'libdinəm] *n.* [U] *(chim.)* **molibdeno.**
moment ['moumənt] *n.* **1** [C] **momento** (quasi in ogni senso); **attimo; istante**: *Please wait a m.*, aspetta un momento! □ *Just a m.!*, un momento! **2** [U] **importanza; peso** *(fig.)*: *an affair of great m.*, una faccenda di grande importanza • *the (very) m. (that),* non appena □ *(at) any m.*, in qualsiasi momento; da un momento all'altro □ *at this (that) m.*, in questo (quel) momento □ *a matter of m.*, una faccenda importante □ *a matter of no m.*, una faccenda senza importanza; una cosa da nulla □ *Not for a m.!*, giammai!
momentary ['mouməntəri] *a.* **momentaneo; passeggero.**
momentous [mou'mentəs] *a.* **di grande importanza; grave.**
momentousness [mou'mentəsnis] *n.* [U] **importanza; gravità.**
momentum [mou'mentəm] *n.* **1** (*pl.* **momenta** [mou'mentə], **momentums**) *(mecc.)* **quantità di moto; momento 2** [U] *(fam.)* **impeto; slancio.**
monachism ['mɔnəkizəm] *n.* [U] *(relig.)* **monachesimo.**
monad ['mɔnæd] *n.* [C] *(filos., biol., chim.)* **monade.**
monadism ['mɔnə,dizəm] *n.* [U] *(filos.)* **monadismo.**
monarch ['mɔnək] *n.* [C] **monarca; sovrano, sovrana** (anche *fig.*).
monarchic(al) [mɔ'na:kik(əl)] *a.* **monarchico.**
monarchism ['mɔnəkizəm] *n.* [U] **principi monarchici; monarchismo** *(raro)*.
monarchist ['mɔnəkist] *n.* e *a.* **monarchico.**
monarchy ['mɔnəki] *n.* [C] **monarchia.**
monastery ['mɔnəstəri] *n.* [C] **monastero.**
monastic [mə'næstik] *a.* **monastico** (anche *fig.*).
monaural [,mɔn'ɔ:rəl] *a.* *(tecn.)* **monoaurale.**
Monday ['mʌndi] *n.* **lunedì.**
Mondayish ['mʌndiiʃ] *a.* *(fam.)* **spossato, svogliato** (dopo il week-end).
monetary ['mʌnitəri] *a.* **1 monetario 2 finanziario.**
monetization [,mʌnitai'zeiʃən] *n.* [U] **monetazione.**
to **monetize** ['mʌnitaiz] *v. t.* **monetare; monetizzare.**
money ['mʌni] *n.* **1** [U] **denaro; moneta; valuta; quattrini; soldi** *(fam.)*: *paper m.*, moneta cartacea □ *to make m.*, accumulare denaro; far quattrini □ *silver m.*, valuta in argento **2** [U] **fondi; ricchezza**: *public m.*, fondi pubblici **3** *(al pl.; leg. o arc.)* **somme di denaro; importi** • *m. bill,* legge finanziaria □ *m.-box,* salvadanaio; cassetta per le offerte □ *m. changer,* cambiavalute □ *m.-grubber,* persona avida di denaro □ *m.-lender,* prestatore di denaro; *(spreg.)* usuraio, strozzino □ *m. market,* mercato monetario □ *to get one's m.'s worth,* spender bene il proprio denaro □ *to marry m.*, fare un matrimonio d'interesse □ *to pay m. down,* pagare in contanti.
moneyed ['mʌnid] *a.* **1 danaroso; ricco 2 finanziario.**
monger ['mʌŋgə*] *n.* **commerciante; venditore** (soprattutto nei composti).
Mongol ['mɔŋgɔl] *a.* e *n.* **mongolo.**
mongolism ['mɔŋgəlizəm] *n.* [U] *(med.)* **mongolismo.**
Mongoloid ['mɔŋgəlɔid] *a.* e *n.* [C] **1** *(antropologia)* **mongoloide 2** — *(med.) m.*, mongoloide.
mongoose ['mɔŋgu:s] *n.* [C] *(zool.,* Herpestes) **mangusta.**
mongrel ['mʌŋgrəl] **A** *n.* [C] **1 cane bastardo 2** *(spreg.)* **bastardo; ibrido; incrocio B** *a. attr.* **di razza mista; ibrido.**
monism ['mɔnizəm] *n.* [U] *(filos.)* **monismo.**
monist ['mɔnist] *n.* [C] *(filos.)* **monista.**
monition [mou'niʃən] *n.* [C] **1** (anche *relig.*) **ammonizione 2** *(leg.)* **citazione; mandato di comparizione.**
monitor ['mɔnitə*] *n.* [C] **1** (nelle scuole) **capoclasse 2** *(naut. mil.)* **monitore 3** *(radio, telev.)* **monitor; avvisatore.**
to **monitor** ['mɔnitə*] *v. t.* *(radio, telev.)* **controllare** (una emittente); **ricevere** (una trasmissione) **col monitor.**
monk [mʌŋk] *n.* [C] **monaco** • *(bot.) m.'s-hood* (Aconitum napellus), aconito.
monkey ['mʌŋki] *n.* [C] **1** *(zool.)* **scimmia 2** *(mecc.)* **battipalo 3** *(scherz., fig.:* di persona*)* **scimmia; pappagallo 4** *(pop.)* **cinquecento sterline** *(in G.B.)*; **cinquecento dollari** *(in USA)* **5** *(pop.)* **gobba** • *(pop.) to get one's m. up,* farsi saltare la mosca al naso □ *(pop.) to put sb.'s m. up,* far saltare la mosca al naso a q.
to **monkey** ['mʌŋki] **A** *v. i.* **giocare tiri mancini; combinar guai B** *v. t.* **scimmiottare.**
monkeyish ['mʌŋkiiʃ] *a.* **scimmiesco.**
monkey-jacket ['mʌŋki,dʒækit] *n.* [C] **giubba corta e stretta** (indossata dai marinai).
monkey-nut ['mʌŋki,nʌt] *n.* [C] (*bot.*, Arachis hypogaea) **arachide; nocciolina americana.**
monkey-wrench ['mʌŋki,rentʃ] *n.* [C] *(mecc.)* **chiave inglese a rullino.**
monkish ['mʌŋkiʃ] *a.* (spesso *spreg.)* **di (o da) monaco; monacale.**
mono ['mɔnou] *a.* (*abbr. fam.* di **monaural**) *(tecn.)* **mono; monoaurale.**
mono- ['mɔnou, 'mɔnə] *(in parole composte)* **mono-** (significa "uno", "uno solo", "costituito da uno solo").
monochord ['mɔnoukɔ:d] *n.* [C] *(mus.)* **monocordo.**
monochromatic [,mɔnoukrou'mætik] *a.* *(fis., arte)* **monocromatico.**
monochrome ['mɔnəkroum] **A** *n.* *(arte)* **1** [U] **monocromia 2** [C] **monocromato B** *a.* **monocromo.**
monocle ['mɔnəkl] *n.* [C] **monocolo; caramella** *(scherz.)*.
monocotyledon [,mɔnou,kɔti'li:dən] *n.* [C] *(bot.)* **monocotiledone.**
monody ['mɔnədi] *n.* [C] *(letter.)* **monodia.**
monogamist [mɔ'nɔgəmist] *n.* **monogamo.**
monogamous [mɔ'nɔgəməs] *a.* **monogamo.**
monogamy [mɔ'nɔgəmi] *n.* [U] **monogamia.**
monogram ['mɔnəgræm] *n.* [C] **monogramma.**
monograph ['mɔnəgra:f] *n.* [C] **monografia.**
monographic [,mɔnou'græfik] *a.* **monografico.**
monokini [,mɔnou'ki:ni] *n.* [C] **monokini.**
monolith ['mɔnouliθ] *n.* [C] **monolito.**
monolithic [,mɔnou'liθik] *a.* **monolitico.**
monologue ['mɔnəlɔg] *n.* [C] **monologo; soliloquio.**
monomania [,mɔnou'meinjə] *n.* [U] *(psic.)* **monomania.**
monomaniac [,mɔnou'meinjæk] *n.* *(psic.)* **monomane.**
monomaniacal [,mɔnoumə'naiəkl] *a.* *(psic.)* **monomaniaco.**
monomial [mə'noumiəl] *n.* [C] *(mat.)* **monomio.**
monophonic [,mɔnə'fɔnik] *a.* **monofonico**: *a m. recorder,* un registratore monofonico.
monoplane ['mɔnəplein] *n.* [C] *(aeron.)* **monoplano.**
monopolist [mə'nɔpəlist] *n.* **monopolista.**
monopolistic [mə,nɔpə'listik] *a.* **monopolistico.**
to **monopolize** [mə'nɔpəlaiz] *v. t.* **monopolizzare** (anche *fig.*).
monopolizer [mə'nɔpə,laizə*] *n.* **monopolizzatore** (anche *fig.*).
monopoly [mə'nɔpəli] *n.* **1** [C] **monopolio** (anche *fig.*) **2** [U] **monopoli** (gioco).
monorail ['mɔnoureil] *n.* **monorotaia.**
monosyllabic [,mɔnəsi'læbik] *a.* **monosillabico; monosillabo.**
monosyllable ['mɔnə,siləbl] *n.* [C] **monosillabo.**
monotheism ['mɔnouθi:,izəm] *n.* [U] *(relig.)* **monoteismo.**
monotheist ['mɔnouθi:ist] *n.* *(relig.)* **monoteista.**
monotint ['mɔnoutint] *V.* **monochrome.**
monotone ['mɔnətoun] **A** *n.* *(solo al sing.)* **monotonia**: *to read in a m.*, leggere con monotonia **B** *a.* **monotono.**
to **monotonize** [mə'nɔtənaiz] *v. t.* **rendere monotono.**
monotonous [mə'nɔtənəs] *a.* **monotono; uniforme.**

monotony [mə'nɔtəni] *n.* [U] **monotonia.**
Monotype ['mɔnətaip] *n.* [U] e [C] *(marchio, tipogr.)* **monotype; monotipo.**
monotypist [ˌmɔnə'taipist] *n. (tipogr.)* **monotipista.**
monoxide [mɔ'nɔksaid] *n.* [C] *(chim.)* **monossido.**
monsoon [mɔn'su:n] *n.* [C] **monsone.**
monster ['mɔnstə*] ***A*** *n.* [C] **mostro** (anche *fig.*): *a m. of cruelty,* un mostro di crudeltà ***B*** *a. attr.* **mostruoso; enorme.**
monstrance ['mɔnstrəns] *n.* [C] *(relig.)* **ostensorio.**
monstrosity [mɔns'trɔsiti] *n.* ***1*** [U] **mostruosità** ***2*** [C] **mostro; cosa mostruosa.**
monstrous ['mɔnstrəs] *a.* ***1*** **mostruoso; atroce** ***2*** *(fam.)* **assurdo; incredibile.**
montage [mɔn'ta:ʒ] *n.* [U] ***1*** *(cinem., telev.)* **montaggio** ***2*** (anche [C]) *(fotogr.)* **fotomontaggio.**
Montenegrin [ˌmɔnti'ni:grin] *a.* e *n.* **montenegrino.**
month [mʌnθ] *n.* [C] **mese** ● *(scherz.) a m. of Sundays,* un'eternità; l'anno del mai □ *this day m.,* oggi a un mese; tra un mese.
monthly ['mʌnθli] ***A*** *a.* **mensile** ***B*** *n.* ***1*** [C] **pubblicazione mensile** ***2*** *(al pl.)* **mestruazioni** ***C*** *avv.* **mensilmente; ogni mese** ● *m. pay,* paga mensile; mensile.
monument ['mɔnjumənt] *n.* [C] ***1*** (specialm. *archit.*) **monumento** ***2*** **monumento funebre; pietra tombale; lapide.**
monumental [ˌmɔnju'mentl] *a.* ***1*** **monumentale** (anche *fig.*) ***2*** **colossale; enorme; abissale** ● *m. mason,* lapidario; marmista.
moo [mu:] *n.* (*pl.* **moos**) **muggito; mugghio.**
to **moo** [mu:] *v. i.* **muggire; mugghiare.**
to **mooch** [mu:tʃ] *v. i.* — *(pop.) to m. about,* bighellonare; oziare.
(1) mood [mu:d] *n.* [C] **stato d'animo; umore; disposizione**: *to be in a merry m.,* essere d'umore allegro □ *to be in a bad m.,* essere di cattivo umore ● *to be in a m. for work,* aver voglia di lavorare □ *to be in no m. to do st.,* non aver voglia di fare q.c. □ *He's a man of moods,* è un lunatico.
(2) mood [mu:d] *n.* [C] *(gramm.)* **modo**: *the subjunctive m.,* il modo congiuntivo.
moodiness ['mu:dinis] *n.* [U] ***1*** **malumore** ***2*** **bizzarria; capricciosità; estro; umore variabile.**
moody ['mu:di] *a.* ***1*** **di malumore** ***2*** **estroso; lunatico.**
moon [mu:n] *n.* ***1*** *(con l'art. determ. o indeterm.) (astron.)* **luna**: *by the light of the m.,* al chiaro di luna □ *a full m.,* luna piena; plenilunio □ *Is there a m. tonight?,* c'è la luna questa sera? ***2*** [C] *(astron.)* **satellite** ***3*** [C] *(poet.)* **mese** ● *(miss.) m. car* (o *m. crawler, m. rover),* veicolo lunare □ *(fig.) to cry for the m.,* volere la luna nel pozzo □ *(fam.) once in a blue m.,* a ogni morte di papa.
to **moon** [mu:n] *v. i.* ***1*** **guardare con aria trasognata** ***2*** — *to m. about* (o *around),* bighellonare ***3*** *(miss.)* **allunare.**
moonbeam ['mu:nbi:m] *n.* [C] **raggio di luna; raggio lunare.**
mooncalf ['mu:nka:f] *n.* (*pl.* **mooncalves**) **sciocco; imbecille.**
mooncraft ['mu:nkra:ft] *n. (miss.)* **astronave** (per esplorazioni lunari).
to **moon-land** ['mu:nˌlænd] *v. i. (miss.)* **allunare.**
moon-landing ['mu:nˌlændiŋ] *n.* [U] *(miss.)* **allunaggio.**
moonlight ['mu:nlait] *n.* [U] **chiaro di luna**: *in the m.,* al chiaro di luna ● *a m. night,* una notte di luna.
to **moonlight** ['mu:nlait] *v. i. (fam.)* **avere** (o **fare**) **un secondo lavoro.**
moonlit ['mu:nlit] *a.* **rischiarato dalla luna.**
moonrise ['mu:nraiz] *n.* [C] e [U] **(il) sorgere della luna.**
moonset ['mu:nset] *n.* [C] e [U] **tramonto della luna.**
moonshine ['mu:nˌʃain] *n.* [U] ***1*** **chiaro di luna** ***2*** *(fig.)* **idee balzane; progetti strampalati** ***3*** *(fam. USA)* **liquore di contrabbando.**
moonship ['mu:nˌʃip] *V.* **mooncraft.**
moonstone ['mu:nˌstoun] *n.* [U] *(miner.)* **pietra di luna; lunaria.**
moonstricken ['mu:nˌstrikn̩], **moonstruck** ['mu:nˌstrʌk] *a.* **matto; pazzo.**
moonwalk ['mu:nwɔ:k] *n.* [C] *(miss.)* **passeggiata lunare.**
moonwalker ['mu:nwɔ:kə*] *n.* [C] *(miss.)* **esploratore lunare.**
moony ['mu:ni] *a. (fam.)* **svagato; che sta nel mondo della luna.**
moor [muə*] *n.* [C] e [U] **brughiera; landa.**
Moor [muə*] *n.* **moro; saraceno.**
to **moor** [muə*] *v. t.* e *i. (naut.)* **ormeggiare, ormeggiarsi.**
moorage ['muəridʒ] *n.* [U] *(naut.)* ***1*** **ormeggio** ***2*** **diritti d'ormeggio.**
moorhen ['muəhen] *n.* [C] (*zool.*, Gallinula chloropus) **gallinella d'acqua.**
mooring ['muəriŋ] *n. (naut., di solito al pl.)* **ormeggio.**
Moorish ['muəriʃ] *a.* **moresco.**
moorland ['muələnd] *n.* [C] e [U] **brughiera; landa.**
moose [mu:s] *n. (per lo più invar. al pl.)* (*zool.* Alces americanus) **alce americano.**
moot [mu:t] *a.* **discutibile; dubbio; controverso**: *a m. point,* un punto discutibile □ *a m. question,* una questione controversa.
to **moot** [mu:t] *v. t.* **mettere in discussione.**
mop [mɔp] *n.* [C] ***1*** **scopa di cotone; strofinaccio;** *(naut.)* **radazza** ***2*** (anche *mophead*) **massa di capelli; zazzera.**
to **mop** [mɔp] *v. t.* ***1*** **lavare, pulire, spazzare** (i pavimenti, ecc., con uno strofinaccio); *(naut.)* **radazzare** ***2*** **asciugare; tergere**: *to mop one's brow,* asciugarsi la fronte ● *to mop up,* asciugare; raccogliere; *(fam.)* mangiare, bere avidamente; papparsi, scolarsi; sbrigare; *(mil.)* rastrellare □ *(mil.) mopping-up operations,* operazioni di rastrellamento.
to **mope** [moup] *v. i.* **essere abbattuto** (o **depresso, imbronciato).**
mope [moup] *n.* ***1*** **individuo depresso** (o **imbronciato); musone** ***2*** *(al pl.)* **broncio; muso** *(fig.);* **abbattimento; depressione di spirito**: *to suffer from the mopes,* tenere il muso; essere depresso.
moped ['mouped] *n.* [C] *(autom.)* **ciclomotore; motorino** *(fam.).*
mophead ['mɔphed] *n.* [C] ***1*** **massa di capelli; zazzera** ***2*** **persona zazzeruta; capellone.**
mop-headed ['mɔpˌhedid] *a.* **capelluto; zazzeruto.**
mopish ['moupiʃ] *a.* **depresso; malinconico; triste.**
moquette [mɔ'ket] *n.* [U] *(ind. tessile)* **moquette; mochetta.**
moraine [mɔ'rein] *n.* [C] *(geol.)* **morena.**
moral ['mɔrəl] ***A*** *a.* **morale** (quasi in ogni senso); **etico; spirituale; virtuoso** ***B*** *n.* ***1*** **(la) morale; insegnamento morale**: *to draw the m. from a story,* trarre la morale da un racconto ***2*** *(al pl.)* **moralità.**
morale [mɔ'ra:l] *n.* [U] **(il) morale**: *The m. of the troops was excellent,* il morale dei soldati era altissimo.
moralism ['mɔrəlizəm] *n.* [U] **moralismo.**
moralist ['mɔrəlist] *n.* ***1*** **moralista** ***2*** **persona virtuosa.**
moralistic [ˌmɔrə'listik] *a.* **moralistico.**
morality [mə'ræliti] *n.* ***1*** [U] **moralità** ***2*** [C] **sistema morale; etica** ***3*** [C] (*stor., letter.,* anche *m. play*) **moralità** (dramma allegorico).
to **moralize** ['mɔrəlaiz] ***A*** *v. i.* **moraleggiare** ***B*** *v. t.* ***1*** **moralizzare; rendere morale** ***2*** **trarre una morale da** (q.c.).
morally ['mɔrəli] *avv.* ***1*** **moralmente** ***2*** **virtualmente.**
morass [mə'ræs] *n.* [C] **acquitrino; palude.**
moratorium [ˌmɔrə'tɔ:riəm] *(lat.) n.* (*pl.* **moratoria** [ˌmɔrə'tɔ:riə], **moratoriums**) *(leg.; comm.)* **moratoria.**
Moravian [mə'reivjən] *a.* e *n.* **moravo; (abitante) della Moravia.**
moray [mɔ'rei] *n.* [C] (anche *m. eel*) (*zool.*, Muraena) **murena.**
morbid ['mɔ:bid] *a. (med.)* **morboso** (anche *fig.*) ● *(med.) m. anatomy,* anatomia patologica.
morbidity [mɔ:'biditi] *n.* [U] ***1*** **morbosità** ***2*** *(med.)*

stato patologico **3** percentuale dei malati (in una data regione).

mordant ['mɔ:dənt] **A** *a.* mordace *(fig.)*; caustico; corrosivo **B** *n.* [C] *(chim., tintoria)* mordente.

mordent ['mɔ:dənt] *n.* [C] *(mus.)* mordente.

more [mɔ:*] (*compar.* di **much, many**) **A** *a.* e *n.* più; di più; dell'altro; ancora: *I have m. money than you (have),* ho più denaro di te □ *many m.,* molti di più □ *That is m. than enough,* (ciò) è più che sufficiente; ce n'è d'avanzo □ *I don't want any m.,* non ne voglio più **B** *avv.* più; di più; maggiormente: *to be m. frightened than hurt,* aver più paura che altro (alla lettera: essere più spaventato che malconcio) ● *m. and m.,* sempre più □ *m. or less,* più o meno; press'a poco □ *the m... the m.,* più... più: *The m. he has, the m. he wants,* più ha, più vorrebbe avere □ *and what is m.,* e quel che più conta □ *never m.,* mai più □ *nothing m.,* nient'altro □ *once m.,* ancora una volta; di nuovo □ *I hope to see m. of you,* spero di vederti più spesso.

morello [mə'relou] *n.* (*pl.* **morellos**) *(bot.)* marasca ● *m.-tree* (Prunus cerasus), marasco.

moreover [mɔ:'rouvə*] *avv.* inoltre; oltre a ciò; per di più.

Moresque [mə'resk] *a.* *(archit.)* moresco.

morganatic [ˌmɔ:gə'nætik] *a.* morganatico.

morgue [mɔ:g] *(franc.)* *n.* [C] obitorio.

moribund ['mɔribʌnd] *a.* moribondo; morente (anche *fig.*).

Mormon ['mɔ:mən] *n.* *(relig.)* mormone.

morn [mɔ:n] *n.* [C] *(poet.)* mattino.

morning ['mɔ:niŋ] *n.* [C] mattina; mattinata; mattino; *(poet., fig.)* alba, aurora: *in the m.,* la mattina; di mattina; al mattino □ *early in the m.,* di prima mattina; di buon mattino □ *the m. of life,* l'alba della vita ● *a m. paper,* un giornale del mattino □ *this m.,* stamattina; stamane □ *tomorrow m.,* domani mattina □ *Good m.!,* buon giorno!

Moroccan [mə'rɔkən] *a.* e *n.* marocchino; (abitante) del Marocco.

morocco [mə'rɔkou] *n.* [U] marocchino (cuoio).

moron ['mɔ:rɔn] *n.* [C] deficiente; mezzo idiota.

morose [mə'rous] *a.* imbronciato; immusonito *(fam.)*; scontroso.

morpheme ['mɔ:fi:m] *n.* [C] *(linguistica)* morfema.

morphia ['mɔ:fjə], **morphine** ['mɔ:fi(:)n] *n.* [U] *(farm.)* morfina.

morphinism ['mɔ:fiˌnizəm] *n.* [U] *(med.)* morfinismo.

morphological [ˌmɔ:fə'lɔdʒikəl] *a.* *(scient.)* morfologico.

morphology [mɔ:'fɔlədʒi] *n.* [U] *(scient.)* morfologia.

morrow ['morou] *n.* *(lett.)* **1** (il) domani **2** (il) futuro.

morse [mɔ:s] *n.* [C] (*zool.,* Odobenus rosmarus) tricheco.

Morse code [ˌmɔ:s'koud] *n.* alfabeto Morse.

morsel ['mɔ:səl] *n.* [C] boccone; pezzetto.

mortal ['mɔ:tl] **A** *a.* **1** mortale; fatale; letale; all'ultimo sangue, a oltranza: *a m. wound,* una ferita mortale □ *Man is m.,* l'uomo è mortale **2** *(fam.)* estremo; terribile: *to be in a m. hurry,* avere una fretta terribile **3** *(fam.)* interminabile **B** *n.* [C] mortale; uomo ● *(fam.) to try every m. thing,* non lasciare nulla d'intentato; tentare tutto il possibile.

mortality [mɔ:'tæliti] *n.* **1** [U] mortalità; caducità: *(stat.) m. tables,* tavole di mortalità **2** *(collett.)* i mortali; l'umanità.

mortar ['mɔ:tə*] *n.* **1** [C] mortaio (recipiente e bocca da fuoco) **2** [U] *(edil.)* malta.

to **mortar** ['mɔ:tə*] *v. t.* **1** *(edil.)* intonacare con la malta **2** *(mil.)* attaccare coi mortai.

mortar-board ['mɔ:təbɔ:d] *n.* [C] **1** sparviero (del muratore) **2** tocco accademico.

mortgage ['mɔ:gidʒ] *n.* [C] e [U] *(leg.)* ipoteca: *to pay off a m.,* estinguere un'ipoteca □ *to raise a m.,* accendere un'ipoteca.

to **mortgage** ['mɔ:gidʒ] *v. t.* **1** *(leg.)* ipotecare (anche *fig.*); gravare d'ipoteca **2** *(fig.)* dedicare; impegnare.

mortgagee [ˌmɔ:gə'dʒi:] *n.* [C] *(leg.)* creditore ipotecario.

mortgagor [ˌmɔ:gə'dʒɔ:*] *n.* [C] *(leg.)* debitore ipotecario.

mortician [mɔ:'tiʃən] *n.* [C] *(USA)* impresario di pompe funebri.

mortification [ˌmɔ:tifi'keiʃən] *n.* [U] **1** mortificazione **2** *(med.)* incancrenimento; cancrena; necrosi.

to **mortify** ['mɔ:tifai] **A** *v. t.* **1** mortificare: *to m. the flesh,* mortificare la carne **2** *(med.)* far andare in cancrena; necrotizzare **B** *v. i.* **1** mortificarsi **2** *(med.)* incancrenire.

mortise ['mɔ:tis] *n.* [C] *(falegnameria)* mortasa.

to **mortise** ['mɔ:tis] *v. t.* *(falegnameria)* **1** congiungere a mortasa **2** mortasare.

mortmain ['mɔ:tmein] *n.* [U] *(leg.)* manomorta.

mortuary ['mɔ:tjuəri] **A** *n.* [C] camera mortuaria **B** *a. attr.* funebre.

Mosaic [mə'zeiik] *a.* *(relig.)* mosaico.

mosaic [mə'zeiik] **A** *n.* [U] e [C] *(arte)* mosaico **B** *a.* musivo.

to **mosaic** [mə'zeiik] (*pass.* e *p.p.* **mosaicked** [mə'zeiikt]) *v. t.* **1** decorare con mosaici **2** comporre a mosaico.

mosaicist [mə'zeiisist] *n.* **1** *(arte)* mosaicista **2** venditore di mosaici.

Moslem ['mɔzlem] *a.* e *n.* mussulmano; maomettano.

mosque [mɔsk] *n.* [C] *(relig.)* moschea.

mosquito [məs'ki:tou] *n.* (*pl.* **mosquitoes, mosquitos**) (*zool.,* Culex; Anopheles, ecc.) zanzara ● *m.-bite,* puntura di zanzara □ *m.-net,* zanzariera.

moss [mɔs] *n.* [U] *(bot.)* muschio.

moss-grown ['mɔsgroun] *a.* coperto di muschio; muscoso.

mossy ['mɔsi] *a.* **1** coperto di muschio; muscoso **2** simile a muschio ● *m. green,* verde muschio; verde sottobosco.

most [moust] (*superl. relat.* di **much, many**) **A** *a.* e *n.* più; di più; il maggior numero (di); la maggior parte (di); (il) massimo: *John has m. friends of all,* John ha più amici di tutti □ *m. of us,* la maggior parte di noi □ *That's the m. I can do for you,* questo è il massimo che posso fare per te □ *M. people think so,* i più la pensano così **B** *avv.* **1** *(per formare il superl. relat.)* più: *the m. diligent pupil in the class,* lo scolaro più diligente della classe **2** di più; più di tutto; più di tutti: *That's what m. annoys me!,* è quel che m'irrita di più! **3** molto; moltissimo; estremamente: *a m. interesting novel,* un romanzo molto interessante (o interessantissimo) ● *m. certainly,* certissimamente □ *m. likely,* molto probabilmente; quasi certamente □ *m. of all,* soprattutto □ *at (the) m.,* al massimo □ *for the m. part,* per lo più □ *to make the m. of oneself,* farsi valere □ *to make the m. of st.,* sfruttare al massimo q.c.

mostly ['moustli] *avv.* per lo più; generalmente.

mote ['mout] *n.* [C] **1** atomo di pulviscolo **2** bruscolo; pagliuzza.

motel [mou'tel] *n.* [C] albergo per automobilisti; autostello; motel.

moth [mɔθ] *n.* [C] *(zool.)* **1** farfalla crepuscolare; falena **2** (anche *clothes-m.*; Tinea) tignola; tarma ● *m.-ball,* pallina antitarmica.

moth-eaten ['mɔθˌi:tn] *a.* **1** tarmato **2** *(fig.)* vecchio; antiquato.

(1) mother ['mʌðə*] *n.* madre; mamma ● *m. country,* patria; madrepatria □ *m. tongue,* madrelingua □ *m. wit,* buon senso naturale.

to **mother** ['mʌðə*] *v. t.* **1** dar vita a (di solito *fig.*) **2** far da madre a; aver cure materne per **3** (di donna) adottare (un bambino).

(2) mother ['mʌðə*] *n.* [U] (anche *m. of vinegar*) madre dell'aceto.

motherhood ['mʌðəhud] *n.* [U] maternità.

mother-in-law ['mʌðərinlɔ:] *n.* [C] suocera.

motherland ['mʌðəlænd] *n.* [C] **1** patria; paese natio **2** madrepatria; paese d'origine.

motherly ['mʌðəli] *a.* materno; di (o da) madre.

mother-of-pearl [ˌmʌðərəv'pə:l] *n.* [U] madreperla.

mothproof ['mɔθpru:f] *a.* che è stato sottoposto a

trattamento antitarmico; inattaccabile dalle tarme.
mothy ['mɔθi] *a.* 1 pieno di tarme 2 (di tessuto) tarmato.
motif [mou'ti:f] *n.* [C] *(mus., arte, letter.)* motivo; tema; idea dominante.
motion ['mouʃən] *n.* 1 [U] e [C] moto; movimento; movenza; gesto: *to put (o to set) st. in m.*, mettere in moto q.c. 2 [C] *(leg., polit.)* mozione; proposta 3 [C] evacuazione dell'intestino • *m. picture,* pellicola; film □ *of one's own m.*, di propria iniziativa; spontaneamente.
to **motion** ['mouʃən] A *v. t.* fare cenno a: *to m. sb. to do st.*, fare cenno (o segno) a q. di fare q.c. B *v. i.* fare cenni; fare gesti • *to m. sb. away,* far cenno a q. d'andarsene □ *to m. sb. in,* far cenno a q. d'entrare □ *to m. sb. to a seat,* far cenno a q. di sedersi.
motionless ['mouʃənlis] *a.* immobile; immoto; fermo.
to **motivate** ['moutiveit] *v. t.* 1 motivare; dare motivo a; causare 2 incitare; stimolare; spingere, spronare *(fig.)*.
motivation [ˌmouti'veiʃən] *n.* [U] e [C] 1 motivazione 2 incitamento; stimolo.
motive ['moutiv] A *n.* [C] 1 motivo; causa; ragione; movente 2 *V.* **motif** B *a. attr. (mecc.)* motore.
motivity [mou'tiviti] *n.* [U] *(fis.)* energia cinetica.
motley ['mɔtli] A *a.* 1 multicolore; variopinto; screziato 2 vario; eterogeneo B *n.* abito multicolore (indossato da un buffone) • *(fig.) to wear the m.*, fare il buffone.
motocross ['moutəˌkrɔs] *n.* [U] *(sport)* motocross • *m. track,* crossdromo.
motor ['moutə*] A *n.* [C] 1 motore: *an electric m.*, un motore elettrico 2 *(fam.)* automobile; auto; macchina 3 *(anat.)* muscolo (o nervo) motore B *a. attr.* 1 a motore 2 automobilistico: *the m. industry,* l'industria automobilistica 3 *(anat.)* motore • *m. show,* salone dell'automobile.
to **motor** ['moutə*] A *v. i.* andare in automobile B *v. t.* condurre in automobile.
motorbicycle ['moutəˌbaisikl] *n.* [C] ciclomotore; motocicletta.
motorbike ['moutəˌbaik] *n.* [C] *(fam.)* motocicletta; moto *(fam.)*.
motorboat ['moutəbout] *n.* [C] motobarca; motoscafo.
motorbus ['moutəˌbʌs] *n.* [C] autobus.
motorcade ['moutəkeid] *n.* [C] corteo d'automobili.
motorcar ['moutəka:*] *n.* [C] automobile.
motorcoach ['moutəˌkoutʃ] *n.* [C] torpedone.
motorcycle ['moutəˌsaikl] *n.* [C] motocicletta; moto *(fam.)*.
to **motorcycle** ['moutəˌsaikl] *v. i.* andare in motocicletta.
motorcyclist ['moutəˌsaiklist] *n.* [C] motociclista.
motordrome ['moutədroum] *n.* [C] autodromo.
motoring ['moutəriŋ] *n.* [U] automobilismo.
motorist ['moutərist] *n.* [C] automobilista.
motorization [ˌmoutərai'zeiʃən] *n.* [U] motorizzazione.
to **motorize** ['moutəraiz] *v. t.* motorizzare • *to become motorized,* motorizzarsi.
motor-lorry ['moutəˌlɔri] *n.* [C] autocarro; camion.
motorman ['moutəmæn] *n.* (*pl.* **motormen** ['moutəmen]) 1 conducente (di tram) 2 macchinista (di elettromotrice).
motor scooter ['moutəˌsku:tə*] *n.* [C] motoretta.
motor ship ['moutəʃip] *n.* [C] motonave.
motorway ['moutəwei] *n.* [C] autostrada.
motory ['moutəri] *a. (scient.)* motorio.
to **mottle** ['mɔtl] *v. t.* 1 chiazzare; screziare 2 *(ind.)* marezzare.
mottle ['mɔtl] *n.* [C] 1 disegno a chiazze (o a macchie, a venature) 2 chiazza; macchia; venatura 3 *(ind. tessile)* filato di lana multicolore.
motto ['mɔtou] *n.* (*pl.* **mottos, mottoes**) motto; massima; sentenza; *(araldica)* divisa.
mouf(f)lon ['mu:flɔn] *n.* [C] *(zool.,* Ovis musimon) muflone.
moujik ['mu:ʒik] *n.* [C] mugic; contadino russo.
(1) **mould** [mould] *n.* [U] terriccio.
(2) **mould** [mould] *n.* [C] 1 *(metall., mecc.,* ecc.) forma; matrice; modello; stampo 2 forma; sagoma 3 *(archit.)* modanatura 4 *(fig.)* carattere; stampo; tempra: *a man cast in a heroic m.*, un uomo di tempra eroica 5 *(edil.)* cassaforma • *(fig.) to be cast in the same m.*, essere perfettamente identici.
(1) to **mould** [mould] *v. t.* 1 (anche *fig.*) foggiare; modellare; plasmare: *to m. a head in (o out of) clay,* modellare una testa in creta 2 *(archit.)* modanare.
(2) to **mould** [mould] A *v. i.* ammuffire B *v. t.* far ammuffire.
(3) **mould** [mould] *n.* [U] muffa.
to **moulder** ['mouldə*] *v. i.* (spesso *to m. away*) andare in rovina; ridursi in polvere; polverizzarsi; sgretolarsi.
mouldiness ['mouldinis] *n.* [U] muffosità; (l')essere stantio.
moulding ['mouldiŋ] *n.* [U] e [C] 1 *(metall.)* modellatura 2 *(fonderia)* getto 3 *(archit.)* modanatura.
mouldy ['mouldi] *a.* 1 ammuffito 2 *(fig.)* stantio; antiquato • *to smell m.*, saper di muffa (all'olfatto) □ *to taste m.*, saper di stantio (al gusto).
to **moult** [moult] A *v. i.* mutare le penne; far la muta B *v. t.* mutare (le penne).
moult [moult] *n.* [U] e [C] muta delle penne; muda.
mound [maund] *n.* [C] 1 terrapieno 2 tumulo; rialzo (del terreno) 3 montagnola; monticello; collinetta.
to **mound** [maund] *v. t.* 1 cingere con un terrapieno 2 ammonticchiare.
(1) **mount** [maunt] *n.* [C] 1 monte, montagna (*lett. oppure nei toponimi; abbr.: Mt.*; cfr. *mountain*): *Mt. Everest,* il monte Everest 2 *(chiromanzia)* monte.
to **mount** [maunt] A *v. t.* 1 montare a (o su); salire; salire a (o su); ascendere; scalare: *to m. a horse,* montare a cavallo □ *to m. the stairs,* salire le scale 2 mettere (q.) a cavallo; provvedere (q.) di cavallo 3 (anche *mecc.*) montare; mettere in postazione; incastonare 4 *(mil.)* essere armato di 5 *(teatr.)* mettere in scena (un dramma) 6 *(zootecnia)* montare B *v. i.* 1 (spesso *to m. up*) salire 2 montare a cavallo • *mounted police,* polizia a cavallo.
(2) **mount** [maunt] *n.* [C] 1 montatura (di lenti, ecc.); cornice (di fotografia); incastonatura (di gemme) 2 cavalcatura 3 *(mil.)* affusto (di cannone) 4 *(mecc.)* supporto 5 *(zootecnia)* monta.
mountain ['mauntin] A *n.* [C] montagna; monte; *(fig.)* grande quantità, mucchio B *a. attr.* di montagna; montano; montanaro: *m. sickness,* mal di montagna □ *m. plants,* piante montane • *(fam.) m. dew,* whisky scozzese □ *(zool.) m. lion* (Felis concolor), puma.
mountaineer [ˌmaunti'niə*] *n.* 1 montanaro, montanara 2 alpinista.
to **mountaineer** [ˌmaunti'niə*] *v. i.* fare dell'alpinismo.
mountaineering [ˌmaunti'niəriŋ] *n.* [U] alpinismo.
mountainous ['mauntinəs] *a.* 1 montagnoso 2 *(fig.)* enorme.
mountebank ['mauntibæŋk] *n.* [C] saltimbanco; *(fig.)* ciarlatano.
mounting ['mauntiŋ] *n.* [C] e [U] 1 salita; ascensione 2 *(ind.)* montaggio 3 montatura; incastonatura 4 *(mecc.)* supporto; sostegno 5 *(teatr.)* messa in scena; allestimento.
to **mourn** [mɔ:n] A *v. i.* 1 portare il lutto 2 — *to m. for (o over),* addolorarsi per; lamentare; piangere: *to m. for a dead son,* piangere un figlio morto B *v. t.* lamentare; piangere.
mourner ['mɔ:nə*] *n.* 1 chi è in lutto 2 chi segue un funerale • *(stor.)* hired m., prefica.
mournful ['mɔ:nful] *a.* 1 dolente; afflitto 2 doloroso; luttuoso.
mournfulness ['mɔ:nfulnis] *n.* [U] afflizione; dolore; tristezza.
mourning ['mɔ:niŋ] A *n.* [U] 1 lutto; abiti da lutto; periodo di lutto: *deep m.*, lutto stretto □ *to be in m.*, essere in lutto □ *to go into m.*, prendere il lutto 2 cordoglio, pianto (per un defunto) B *a.* 1 addolorato; afflitto 2 doloroso; luttuoso • *m. band,* fascia da lutto □ *m. coach,* carro funebre.

mouse [maus] *n.* (*pl.* **mice** [mais]) ***1*** (*zool.*, Mus) **topo; sorcio *2* (*fig.*) pulcino bagnato; persona timida, ritrosa** ● *as poor as a church m.*, povero in canna □ *field m.*, topo di campagna □ *house m.*, topo domestico.

to **mouse** [mauz] *v. i.* **acchiappare topi; dar la caccia ai topi.**

mousetrap ['maus,træp] *n.* [C] **trappola per i topi.**

mousseline ['mu:sli:n] *n.* [U] (*ind. tessile*) **mussolina; mussola.**

moustache [məs'ta:ʃ] *n.* (*solo al sing.*) **baffi; mustacchi** (*scherz.*).

mousy ['mausi] *a.* ***1*** **simile a un topo *2* di color grigio topo *3*** (*fig.*) **quieto come un topolino; timido *4* pieno di topi.**

mouth [mauθ] *n.* [C] ***1*** **bocca** (anche *fig.*); **imboccatura; apertura; orifizio; bocca di fiume; foce *2* boccaccia; smorfia**: *to make mouths,* far boccacce ● (*fig.*) *m.-filling,* enfatico; reboante □ (*di cibo*) *m.-watering,* che fa venire l'acquolina in bocca □ (*fig.*) *to give m. to st.*, esprimere q.c. □ *to laugh on the wrong side of the m.*, ridere amaro (o a denti stretti) □ *to put words into sb.'s m.*, mettere parole in bocca a q. □ *to take the words out of sb.'s m.*, togliere le parole di bocca a q.

to **mouth** [mauð] ***A*** *v. t.* ***1*** **pronunciare con enfasi; declamare *2* mettere** (cibo, ecc.) **in bocca *3* sbaciucchiare *4* avvezzare** (un cavallo) **al morso *B*** *v. i.* ***1*** **declamare *2* far boccacce.**

mouthed [mauðd, mauθd] *a.* (*nei composti*) **dalla bocca; che ha la bocca**: *clean-m.*, che ha la bocca pulita.

mouthful ['mauθful] *n.* [C] ***1*** **boccone**: *at a m.*, in un boccone ***2*** (*fam.*) **parola (o frase) difficile da pronunciare.**

mouthpiece ['mauθpi:s] *n.* [C] ***1*** **imboccatura** (di strumento musicale, ecc.) ***2*** **bocchino** (di pipa) ***3*** **portavoce** (anche *fig.*).

mouthwash ['mauθ,wɔʃ] *n.* [C] e [U] (*farm.*) **collutorio.**

movable ['mu:vəbl] ***A*** *a.* **movibile; mobile; rimovibile**: (*relig.*) *a m. feast,* una festa mobile ***B*** *n.* (*al pl.*) ***1*** **mobili, mobilio *2*** (*econ.*) **beni mobili.**

to **move** [mu:v] ***A*** *v. t.* ***1*** **muovere; mettere in moto; spostare *2* indurre; stimolare; muovere, spingere** (*fig.*): *to m. sb. to tears (to laughter),* muovere q. alle lacrime (al riso) ***3*** **commuovere *4*** (anche *polit.*) **proporre *B*** *v. i.* ***1*** **muoversi; essere in moto; spostarsi *2*** (a scacchi, a dama) **muovere; fare una mossa *3*** (anche *to m. house*) **sgombrare; traslocare *4* muoversi** (*fig.*); **prendere l'iniziativa *5*** — *to m. for,* fare una richiesta di; chiedere ***6*** (dell'intestino) **sgombrarsi *7*** (*fam.*) **muoversi; incamminarsi *C*** *verbi composti* ***1*** *to m. about,* andare qua e là; muoversi intorno ***2*** *to m. along (down, up),* spostarsi avanti (in giù, in su) ***3*** *to m. away,* allontanarsi □ *to m. st. away,* allontanare (o portar via) q.c. ***4*** *to m. st. back,* rimettere q.c. a posto; spingere q.c. indietro ***5*** *to m. backwards,* indietreggiare ***6*** *to m. in,* prendere possesso di un appartamento nuovo ***7*** *to m. on,* andare innanzi; avanzare □ *to m. sb. on,* far muovere q.; far circolare q. ***8*** *to m. out,* sgombrare ● *to m. in good society,* frequentare l'alta società □ *« M. on, please! »*, circolare, prego! □ (in tram) *« M. along, please! »*, avanti c'è posto!

move [mu:v] *n.* [C] ***1*** **movimento; moto *2* mossa; manovra *3* cambiamento di casa; sgombro; trasloco** ● (*pop.*) *to get a m. on,* scuotersi; affrettarsi □ (*fam.*) *to be on the m.*, essere in moto □ (nei giochi) *It's your m.*, tocca a te muovere.

movement ['mu:vmənt] *n.* ***1*** [U] e [C] **movimento** (in ogni senso); **moto; mossa; gesto; cenno *2*** [C] (*fin.*) **oscillazione, variazione** (di quotazioni, ecc.) ***3*** [C] (*comm.*) **movimento** (di prezzi, ecc.) ***4*** [C] (*mecc.*) **meccanismo *5*** [C] (*med.*) **evacuazione** ● *without m.*, immobile.

mover ['mu:və*] *n.* ***1*** **promotore; fautore; proponente *2*** (nei giochi) **colui cui spetta la mossa *3*** (*USA*) **titolare d'agenzia di traslochi.**

movie ['mu:vi] *n.* (*fam.*, specialm. *USA*) ***1*** [C] **film *2*** (*al pl.*) **cinema; cinematografo.**

moving ['mu:viŋ] *a.* ***1*** **commovente; toccante *2*** **mobile**: *a m. staircase,* una scala mobile ***3*** **in moto *4*** (*mecc.*) **motore, motrice.**

Moviola [,mu:vi'oulə*] *n.* (*marchio, cinem.*) **moviola.**

to **mow** [mou] (*pass.* **mowed,** *p.p.* **mown** [moun], **mowed**) ***A*** *v. t.* **falciare** (anche *fig.*); **mietere** (erba, un campo) ***B*** *v. i.* **falciare l'erba.**

mow [mou] *n.* [C] ***1*** **mucchio di fieno (o di paglia) *2* fienile *3* granaio.**

mower ['mouə*] *n.* ***1*** **falciatore, falciatrice *2* falciatrice** (macchina).

mown [moun] *p.p.* di to **mow** ● *new-m. hay,* fieno falciato di fresco.

Mr ['mistə*] *n.* (*abbr.* di **mister**) **signor.**

Mrs ['misiz] *n.* (*abbr.* di **mistress**) **signora.**

Ms [miz] *n.* (*abbr.* di **Miss** o **Mrs**, di origine femminista) **signorina/signora** (non ha equivalente in ital.).

much [mʌtʃ] (*compar.* **more** ['mɔ:*]; *superl. relat.* **most** [moust]; *pl.* **many** ['meni]) ***A*** *a.* e *n.* **molto**: *m. wine,* molto vino □ *M. of what you say is true,* molto di ciò che dici è vero ***B*** *avv.* ***1*** **molto; assai; di gran lunga**: *He doesn't eat m.*, non mangia molto □ *m. surprised,* molto sorpreso □ *m. better,* molto meglio ***2*** **spesso *3* pressappoco; più o meno** ● *m. of a height,* quasi della stessa altezza □ *m. of a size,* quasi della stessa grandezza □ *m. to my surprise,* con mia grande sorpresa □ *as m. again,* altrettanto □ *as (o so) m. as,* (tanto)... quanto □ *how m.*, quanto: *How m. are eggs today?*, quanto costano le uova oggi? □ *to make (o to think) m. of,* dare grande importanza a; tenere in grande considerazione □ *nothing m.*, niente d'importante □ *so m. the better,* tanto meglio □ *so m. more that...*, tanto più che... □ *so m. the worse,* tanto peggio □ *too m.*, troppo □ *He isn't m. of a swimmer,* non è davvero un gran nuotatore □ *I thought as m.!*, me l'aspettavo!

muchness ['mʌtʃnis] *n.* — *much of a m.*, della stessa grandezza; quasi uguale □ (*modo prov.*) *It's much of a m.*, se non è zuppa è pan bagnato.

mucilage ['mju:silidʒ] *n.* [U] **mucillagine.**

mucilaginous [,mju:si'lædʒinəs] *a.* **mucillaginoso.**

muck [mʌk] *n.* [U] ***1*** **concime animale; letame; sterco *2* sudiciume; sporcizia *3*** (*fam.*) **porcheria** ● *m.-heap,* letamaio □ *to make a m. of st.*, insudiciare q.c.; guastare q.c.

to **muck** [mʌk] *v. t.* ***1*** **concimare** (un terreno) **col letame *2* insudiciare; sporcare; lordare *3*** — (*pop.*) *to m. up,* guastare; impasticciare ● (*pop.*) *to m. about,* gingillarsi; non combinare niente (di buono).

mucker ['mʌkə*] *n.* [C] (*pop.*) ***1*** **capitombolo; ruzzolone *2* giocatore sleale *3* zoticone; bifolco.**

to **muckrake** ['mʌk,reik] *v. i.* **indagare su scandali** (da denunciare).

muckraker ['mʌk,reikə*] *n.* **chi indaga su scandali** (da denunciare).

mucky ['mʌki] *a.* **sporco; sudicio; lurido.**

mucous ['mju:kəs] *a.* **mucoso.**

mucus ['mju:kəs] *n.* [U] **muco.**

mud [mʌd] *n.* [U] **fango** (anche *fig.*); **melma; mota**: *to throw mud at sb.*, gettar fango su q.; denigrare q. ● *mud-bath,* bagno di fango.

muddle ['mʌdl] *n.* (*generalm. al sing. con l'art. indeterm.*) **confusione; disordine; pasticcio** (*fig.*) ● *to make a m. of st.*, abborracciare (o impasticciare) q.c.

to **muddle** ['mʌdl] *v. t.* ***1*** **confondere (le idee a); intontire; far girare la testa a *2*** (anche *to m. up*) **abborracciare; impasticciare** ● *to m. on (o along),* tirare avanti a casaccio (alla meglio); arrabattarsi □ *to m. through,* cavarsela alla meno peggio.

muddler ['mʌdlə*] *n.* **confusionario; pasticcione; guastamestieri.**

muddy ['mʌdi] *a.* ***1*** **fangoso; infangato; inzaccherato *2* torbido *3* opaco; scuro *4*** (*fig.*) **confuso; oscuro; vago.**

to **muddy** ['mʌdi] *v. t.* ***1*** **infangare *2* confondere** (le idee, ecc.).

mudguard ['mʌdga:d] *n.* [C] (di autoveicoli, ecc.) **parafango.**

mudlark ['mʌdla:k] *n.* [C] **ragazzo di strada; monello.**

mudpack ['mʌd,pæk] *n.* [C] *(cosmesi)* **maschera di fango.**

muezzin [mu:'ezin] *n.* [C] **muezzin.**

(1) muff [mʌf] *n.* [C] (anche *mecc.*) **manicotto.**

(2) muff [mʌf] *n.* [C] ***1*** **individuo maldestro *2* balordo; babbeo *3*** (specialm. *sport*) **colpo mancato.**

to **muff** [mʌf] *v. t.* *(sport)* **sbagliare; fallire; mancare.**

muffin ['mʌfin] *n.* [C] *(cucina)* **focaccina; schiacciatella.**

to **muffle** ['mʌfl] *v. t.* ***1*** **avvolgere; imbacuccare; proteggere, riparare** (dal freddo): *to m. one's throat,* ripararsi la gola (con una sciarpa, ecc.) □ *to m. oneself up well,* imbacuccarsi tutto ***2*** **smorzare, attenuare** (un rumore, un suono) ● *to m. one's feelings,* nascondere i propri sentimenti □ *(fig.) to m. the press,* imbavagliare la stampa.

muffler ['mʌflə*] *n.* [C] ***1*** **sciarpa; scialle *2* guanto grosso; guanto da pugile; guantone *3*** *(mus.)* **feltro** (nel pianoforte) ***4*** *(USA) (autom., mecc.)* **silenziatore.**

mufti ['mʌfti] *n.* ***1*** [C] **muftì *2*** [U] **abito borghese**: *in m.,* in borghese.

(1) mug [mʌg] *n.* [C] ***1*** **boccale; gotto** (da birra, ecc.); **tazza alta** (per il latte) ***2*** *(pop.)* **faccia; ceffo; grugno; muso.**

(2) mug [mʌg] *n.* [C] *(fam.)* **babbeo; gonzo; sempliciotte.**

(1) to **mug** [mʌg] *(pop.)* ***A*** *v. i.* **sgobbare; studiare molto *B*** *v. t.* (anche *to mug up*) **imparare** (una materia) **sgobbando.**

(3) mug [mʌg] *n.* [C] *(pop.)* ***1*** **sgobbone *2* esame difficile.**

(2) to **mug** [mʌg] *v. t.* *(fam.)* **aggredire e derubare** (q.).

muggins ['mʌginz] *n.* [C] **babbeo; gonzo; sempliciotto.**

muggy ['mʌgi] *a.* (di tempo, ecc.) **afoso; caldo e umido.**

mugwump ['mʌgwʌmp] *n.* *(USA)* ***1*** **capo; caporione; pezzo grosso** *(fig., fam.)* ***2*** *(polit.)* **indipendente.**

mulatto [mju(:)'lætou] ***A*** *n.* (*pl.* **mulattos, mulattoes**) **mulatto, mulatta *B*** *a. attr.* ***1*** **mulatto *2* color mulatto.**

mulberry ['mʌlbəri] *n.* [C] *(bot.)* ***1*** (anche *m.-tree*) (Morus) **gelso *2* mora** (di gelso).

mulch [mʌltʃ] *n.* [U] e [C] *(agric.)* **concime naturale organico.**

to **mulct** [mʌlkt] *v. t.* **multare**: *to m. sb. ten dollars* (o *in ten dollars),* multare q. di dieci dollari.

(1) mule [mju:l] *n.* [C] ***1*** *(zool.)* **mulo** (anche *fig.*), **mula *2*** *(biol.)* **ibrido** (in genere) ***3*** *(ind. tessile)* **filatoio intermittente** ● *m.-track,* mulattiera.

(2) mule [mju:l] *n.* [C] **ciabatta; pianella.**

muleteer [,mju:li'tiə*] *n.* [C] **mulattiere.**

mulish ['mju:liʃ] *a.* ***1*** **mulesco *2*** *(fig.)* **caparbio; ostinato.**

(1) to **mull** [mʌl] *v. t.* **scaldare e aromatizzare** (vino, birra, ecc.).

(2) to **mull** [mʌl] *v. i.* **meditare**: *to m. over st.,* meditare su q.c.; rimuginare q.c.

mull [mʌl] *n.* *(scozz.)* **promontorio; capo** (nei toponimi).

mullein ['mʌlin] *n.* [U] *(bot.,* Verbascum thapsum*)* **tassobarbasso.**

muller ['mʌlə*] *n.* [C] ***1*** **pestello** (di pietra) ***2*** *(ind.)* **(mescolatore a) molazza.**

mullet ['mʌlit] *n.* [C] *(zool.* Mullus) **triglia.**

mullion ['mʌliən] *n.* [C] ***1*** *(archit.)* **colonnina** (di finestra bifora, trifora, ecc.) ***2*** *(falegnameria)* **regolo verticale** (di finestra).

mullioned ['mʌliənd] *a.* (di finestra) **a colonnine.**

multi- ['mʌlti, ,mʌlti] *(nei composti)* **multi-; pluri-** (significa "di molti", "che ha molti").

multiannual [,mʌlti'ænjuəl] *a.* **pluriennale.**

multicoloured ['mʌlti,kʌləd] *a.* **multicolore; policromo.**

multifarious [,mʌlti'fɛəriəs] *a.* **multiforme; molteplice; svariato.**

multiform ['mʌltifɔ:m] *a.* **multiforme.**

multilateral [,mʌlti'lætərəl] *a.* **multilaterale.**

multilingual [,mʌlti'liŋgwəl] *a.* **plurilingue; multilingue.**

multimillionaire [,mʌlti,miljə'nɛə*] *n.* **multimilionario.**

multinational [,mʌlti'næʃənl] *a.* **multinazionale.**

multiple ['mʌltipl] ***A*** *a.* ***1*** *(mat.)* **multiplo *2* molteplice; vario *B*** *n.* [C] *(mat.)* **multiplo**: *the least common m.,* il minimo comune multiplo ● *m. shop* (o *m. store),* negozio appartenente a una catena.

multiple-choice ['mʌltipl,tʃɔis] *a.* (di una domanda in un test) **che presenta diverse risposte (tra le quali dev'essere indicata quella esatta).**

multiplex ['mʌltipleks] ***A*** *a.* **molteplice *B*** *n.* **telegrafo multiplo.**

multipliable ['mʌltiplaiəbl], **multiplicable** [,mʌlti'plikəbl] *a.* *(mat.)* **moltiplicabile.**

multiplicand [,mʌltipli'kænd] *n.* [C] *(mat.)* **moltiplicando.**

multiplication [,mʌltipli'keiʃən] *n.* [U] e [C] *(mat.)* **moltiplicazione** ● *m. table,* tavola pitagorica.

multiplicity [,mʌlti'plisiti] *n.* [U] **molteplicità; varietà.**

multiplier ['mʌltiplaiə*] *n.* [C] *(mat., elettr., elettron.)* **moltiplicatore.**

to **multiply** ['mʌltiplai] ***A*** *v. t.* **moltiplicare** (in ogni senso): *to m. six by eight,* moltiplicare sei per otto ***B*** *v. i.* **moltiplicarsi; riprodursi.**

multipurpose [,mʌlti'pə:pəs] *a.* **pluriuso.**

multiracial [,mʌlti'reiʃəl] *a.* **multirazziale.**

multitude ['mʌltitju:d] *n.* [C] **moltitudine; gran numero** ● *the m.,* la massa; il popolo.

multitudinous [,mʌlti'tju:dinəs] *a.* ***1*** **numerosissimo; innumerevole *2* molteplice; svariato.**

(1) mum [mʌm] ***A*** *a.* **zitto; muto** *(fig.)* ***B*** *inter.* **zitto!, zitti!** ● *Mum's the word!,* acqua in bocca!

to **mum** [mʌm] *v. i.* **fare il mimo; partecipare a una pantomima.**

(2) mum [mʌm] *n.* **mamma, mammina** (parola infantile).

to **mumble** ['mʌmbl] *v. t.* e *i.* **borbottare; mormorare; biascicare.**

mumble ['mʌmbl] *n.* [C] **borbottìo; mormorìo.**

mumbo jumbo [,mʌmbou'dʒʌmbou] *n.* ***1*** (*pl.* **mumbo jumbos**) **idolo** (di certe tribù); **feticcio** (anche *fig.*) ***2*** [U] **gergo incomprensibile.**

mummer ['mʌmə*] *n.* ***1*** **mimo *2*** *(spreg.* o *scherz.)* **attore; guitto** *(spreg.).*

mummery ['mʌməri] *n.* ***1*** [C] **pantomima *2*** [C] **cerimonia ridicola; mascherata** *(fig.)* ***3*** [U] **cerimoniale ridicolo.**

mummification [,mʌmifi'keiʃən] *n.* [U] **mummificazione.**

to **mummify** ['mʌmifai] *v. t.* **mummificare.**

(1) mummy ['mʌmi] *n.* [C] **mummia** (anche *fig.*).

(2) mummy [mʌmi] *n.* **mamma, mammina** (parola infantile).

mumps [mʌmps] *n. pl.* *(col verbo al sing.)* ***1*** *(med.)* **parotite epidemica; orecchioni *2*** *(fam.)* **broncio.**

to **munch** [mʌntʃ] *v. t.* e *i.* **masticare rumorosamente; sgranocchiare.**

mundane ['mʌndein] *a.* **mondano; terreno.**

municipal [mju(:)'nisipəl] *a.* **municipale; comunale.**

municipalism [mju(:)'nisipəlizəm] *n.* [U] **municipalismo; campanilismo.**

municipalist [mju(:)'nisipəlist] *n.* **fautore del municipalismo; campanilista.**

municipality [mju(:),nisi'pæliti] *n.* ***1*** [C] **municipio; comune** (o **distretto**) **autonomo *2*** *(collett.)* **amministrazione comunale.**

to **municipalize** [mju(:)'nisipəlaiz] *v. t.* **municipalizzare.**

munificence [mju(:)'nifisns] *n.* [U] **munificenza.**

munificent [mju(:)'nifisənt] *a.* ***1*** **munifico *2* generoso.**

muniment ['mju:nimənt] *n.* *(di solito al pl.) (leg.)* **documento probatorio.**

munition [mju(:)'niʃən] *n.* *(di solito al pl.) (mil.)* **munizioni.**

to **munition** [mju(:)'niʃən] *v. t.* *(mil.)* **provvedere di munizioni.**
munnion ['mʌnjən] *V.* **mullion.**
mural ['mjuərəl] ***A*** *a.* **murale *B*** *n.* [C] **pittura murale.**
murder ['mə:də*] *n.* ***1*** [U] e [C] **assassinio** (anche *fig.*); (anche *wilful m.*) **omicidio premeditato *2*** [U] *(pop.)* **strage; macello** *(pop.)*: *It was sheer m.*, è stato un vero macello • *(pop.) to cry blue m.*, gridare a squarciagola.
to **murder** ['mə:də*] *v. t.* ***1*** **assassinare** (anche *fig.*) ***2*** **massacrare; storpiare.**
murderer ['mə:dərə*] *n.* **assassino; omicida.**
murderess ['mə:dəris] *n.* **assassina.**
murderous ['mə:dərəs] *a.* ***1*** **omicida; criminale; assassino *2*** **micidiale; massacrante.**
murex ['mjuəreks] *n.* (*pl.* **murices** ['mjuərisi:z], **murexes** ['mjuərəksiz]) (*zool.*, Murex) **murice.**
muriatic [,mjuəri'ætik] *a.* *(comm.)* **muriatico.**
murk [mə:k] *n.* [U] *(lett.)* **oscurità; tenebre.**
murky ['mə:ki] *a.* **oscuro; tenebroso; buio; nero** • *m. darkness*, buio fitto; buio pesto.
murmur ['mə:mə*] *n.* [U] e [C] ***1*** **mormorìo *2*** **sussurro; parola mormorata *3*** **mormorazione; lagnanza; protesta.**
to **murmur** ['mə:mə*] *v. t.* e *i.* ***1*** **mormorare; sussurrare *2*** **brontolare; borbottare; protestare**: *to m. at* (o *against) st.*, protestare contro q.c.
murphy ['mə:fi] *n.* [C] *(pop.)* **patata.**
murrain ['mʌrin] *n.* [U] *(vet.)* **moria del bestiame.**
muscat ['mʌskət], **muscatel** [,mʌskə'tel] *n.* ***1*** [U] **moscato** (vino) ***2*** [C] (anche *m. grapes*) **moscatello** (uva).
muscle ['mʌsl] *n.* ***1*** [C] *(anat.)* **muscolo *2*** [U] **muscolatura; muscoli** *(collett.)* ***3*** [U] **forza fisica** • *not to move a m.*, restare immobile.
to **muscle** ['mʌsl] *v. i.* *(fam.*, di solito *to m. in)* **farsi largo a spintoni.**
Muscovite ['mʌskəvait] *a.* e *n.* ***1*** **moscovita *2*** *(stor.)* **russo.**
muscular ['mʌskjulə*] *a.* ***1*** *(anat.)* **muscolare *2*** **muscoloso.**
musculature ['mʌskjulətʃə*] *n.* *(anat.)* **muscolatura; sistema muscolare.**
Muse [mju:z] *n.* ***1*** *(mitol.)* **Musa *2*** — *the m.*, la musa; l'ispirazione poetica.
to **muse** [mju:z] *v. i.* **meditare; riflettere**: *to m. upon* (o *on, over) st.*, meditare su q.c.
museum [mju(:)'ziəm] *n.* [C] **museo.**
(1) mush [mʌʃ] *n.* [U] ***1*** **poltiglia *2*** **sentimentalismo; sdolcinatezza.**
(2) mush [mʌʃ] *n.* [C] *(pop.)* **ombrello.**
mushroom ['mʌʃru:m] ***A*** *n.* [C] ***1*** **fungo mangereccio *2*** *(fig., fam.)* **nuovo ricco; parvenu** *(franc.)* ***3*** *(pop.)* **ombrello *B*** *a. attr.* ***1*** **a fungo *2*** **che cresce come un fungo; di rapida crescita** • *m. cloud*, fungo atomico.
to **mushroom** ['mʌʃru:m] *v. i.* ***1*** **raccogliere funghi *2*** **crescere come un fungo; svilupparsi rapidamente** • *to go mushrooming*, andare a cercare i funghi.
mushy ['mʌʃi] *a.* ***1*** **spappolato *2*** *(fam.)* **sentimentale; sdolcinato.**
music ['mju:zik] *n.* [U] **musica** • *m.-hall*, teatro di varietà; *(USA)* sala per concerti □ *m.-stand*, leggio (per musica) □ *academy of m.*, conservatorio □ *(fig., fam.) to face the m.*, subire le conseguenze (di quel che s'è fatto) □ *to set st. to m.*, mettere q.c. in musica.
musical ['mju:zikəl] ***A*** *a.* ***1*** **musicale** (in ogni senso) ***2*** (di persona) **amante della musica *B*** *n.* [C] *(fam.)* ***1*** **commedia (o film) musicale *2*** **serata musicale** • *m. box*, scatola armonica □ *m. play*, operetta.
musicale [,mju:zi'kæl] *n.* [C] *(USA)* **serata musicale.**
musicality [,mju(:)zi'kæliti], **musicalness** ['mju:zikəlnis] *n.* [U] **musicalità.**
musicassette ['mju:zəkæ,set] *n.* [C] *(mus.)* **musicassetta.**
musician [mju(:)'ziʃən] *n.* [C] **musicista** • *street m.*, suonatore ambulante.
musicologist [,mju:zi'kɔlədʒist] *n.* **musicologo.**
musicology [,mju(:)zi'kɔlədʒi] *n.* [U] **musicologia.**
musk [mʌsk] *n.* [U] *(profumeria)* **muschio.**
musk-deer ['mʌsk,diə*] *n.* *(invar. al pl.)* *(zool.*, Moschus moschiferus) **mosco.**
musket ['mʌskit] *n.* [C] *(stor.)* **moschetto** • *m. shot*, moschettata.
musketeer [,mʌski'tiə*] *n.* *(stor.)* **moschettiere.**
musketry ['mʌskitri] *n.* [U] *(mil.)* **esercitazioni di tiro.**
muskmelon ['mʌsk,melən] *n.* [C] *(bot.*, Cucumis melo) **melone.**
muskrat ['mʌsk,ræt] *n.* (anche *musquash*) ***1*** [C] *(zool.*, Ondatra zibethica) **topo muschiato *2*** [U] **pelliccia di topo muschiato; rat musqué** *(franc.)*.
musk-rose ['mʌsk,rouz] *n.* [C] *(bot.*, Rosa moschata) **rosa muschiata.**
musky ['mʌski] *a.* **muschiato; che ha odore di muschio.**
Muslem, Muslim ['muslim] *V.* **Moslem.**
muslin ['mʌzlin] *n.* [U] *(ind. tessile)* **mussola.**
musquash ['mʌskwɔʃ] *V.* **muskrat.**
mussel ['mʌsl] *n.* [C] *(zool.*, Mytilus edulis) **mitilo; cozza; muscolo.**
Mussulman ['mʌslmən] *n.* e *a.* **mussulmano; maomettano.**
(1) must [mʌst] *n.* [U] **mosto; vino nuovo** *(fam.)*.
(2) must [mʌst] *n.* [U] **muffa.**
(3) must [mʌst, məst] *voce verb. difett.* **devo (o debbo), devi, deve,** ecc.; **dovevo, dovevi, doveva,** ecc.: *You m. do as you're told*, devi fare quel che ti si dice □ *He m. be mad*, dev'esser matto! □ *It m. be late*, dev'essere tardi □ *It m. have been late when you arrived*, doveva essere tardi quando arrivasti □ *He m. keep his word, he thought*, pensò che doveva mantenere la parola data • *A solution m. be found*, bisogna trovare una soluzione □ *You m. have known what I meant*, sapevi benissimo quel che volevo dire.
(4) must [mʌst] *n.* [C] *(fam.)* **(una) cosa che si deve assolutamente fare (o conoscere, leggere, vedere,** ecc.**); (una) cosa di cui non si può fare a meno.**
mustachio [mə'sta:ʃiou] *n.* (*pl.* **mustachios**) **mustacchio; baffone** *(fam.)*.
mustard ['mʌstəd] *n.* [U] ***1*** (*bot.*, Sinapis) **senape *2*** *(cucina)* **senape; mostarda *3*** **color senape** • *m. plaster*, senapismo □ *m.-pot*, mostardiera □ *as keen as m.*, pieno d'entusiasmo.
muster ['mʌstə*] *n.* ***1*** [U] e [C] (specialm. *mil.*) **adunata; rassegna; rivista *2*** [C] **assembramento; raccolta** • *(fig.) to pass m.*, essere riconosciuto idoneo (a q.c.).
to **muster** ['mʌstə*] ***A*** *v. t.* ***1*** **chiamare** (specialm. soldati) **a raccolta; adunare; radunare *2*** **passare in rivista** (truppe) ***3*** *(fig.*, spesso *to m. up)* **fare appello a**: *to m. up all one's courage*, fare appello a tutto il proprio coraggio ***B*** *v. i.* (specialm. di soldati) **radunarsi.**
mustn't ['mʌsnt] *contraz.* di **must not.**
musty ['mʌsti] *a.* ***1*** **ammuffito; coperto di muffa *2*** *(fig.)* **antiquato; vieto; stantio.**
mutability [,mju:tə'biliti] *n.* [U] **mutabilità; mutevolezza.**
mutable ['mju:təbl] *a.* **mutabile; variabile; mutevole.**
mutation [mju(:)'teiʃən] *n.* [U] e [C] **mutazione; mutamento.**
mute [mju:t] ***A*** *a.* **muto** (anche *fig.*); **silenzioso; taciturno *B*** *n.* ***1*** **muto, muta**: *the deaf m.*, i sordomuti ***2*** *(fon.)* **consonante muta *3*** *(teatr.)* **comparsa *4*** *(mus.)* **sordina**: *to play with the m. on.*, suonare in sordina.
to **mute** [mju:t] *v. t.* *(mus.)* **mettere la sordina a** (uno strumento).
to **mutilate** ['mju:tileit] *v. t.* **mutilare** (anche *fig.*).
mutilation [,mju:ti'leiʃən] *n.* [U] e [C] **mutilazione.**
mutineer [,mju:ti'niə*] *n.* [C] ***1*** **ammutinato *2*** **ribelle; rivoltoso.**
mutinous ['mju:tinəs] *a.* ***1*** **ammutinato *2*** **ribelle; sedizioso.**
mutiny ['mju:tini] *n.* [U] e [C] **ammutinamento; rivolta.**
to **mutiny** ['mju:tini] *v. i.* **ammutinarsi; ribellarsi.**

mutism ['mju:tizəm] *n.* [U] **mutismo; ostinato silenzio.**

mutt [mʌt] *n.* [C] *(pop.)* **ignorante; testa di legno** *(fig., fam.)*.

to **mutter** ['mʌtə*] *v. i.* e *t.* **mormorare; borbottare; brontolare.**

mutter ['mʌtə*] *n.* [C] **mormorio; borbottìo; brontolìo.**

mutton ['mʌtn] *n.* [U] **carne di montone; castrato** ● *m.-chop,* costoletta di castrato □ *(fam.) m.-chop whiskers,* favoriti; fedine □ *(fam.) m.-head,* stupido; testa di legno *(fig., fam.)* □ *as dead as m.,* morto stecchito □ *to eat one's m. with sb.,* pranzare con q.

mutual ['mju:tʃuəl] *a.* **mutuo; reciproco** ● *on m. terms,* su basi di reciprocità □ *our m. friend,* il nostro comune amico.

mutuality [,mju:tʃu'æliti] *n.* [U] **mutualità; reciprocità.**

muzzle ['mʌzl] *n.* [C] ***1*** **muso** (di cane, cavallo, ecc.) ***2*** **museruola** ***3*** **bocca** (d'arma da fuoco) ● *m.-loader,* arma da fuoco ad avancarica.

to **muzzle** ['mʌzl] *v. t.* **mettere la museruola a** (anche *fig.*); **imbavagliare** *(fig.)*; **far tacere; costringere** (q.) **al silenzio.**

muzzy ['mʌzi] *a. (fam.)* **intontito; istupidito; inebetito; brillo.**

my [mai] ***A*** *a. poss.* **(il) mio, (la) mia; (i) miei, (le) mie** ***B*** *inter.* — *Oh, my!,* perbacco!; santo cielo!

mycologist [mai'kɔlədʒist] *n. (scient.)* **micologo.**

mycology [mai'kɔlədʒi] *n.* [U] *(scient.)* **micologia; micetologia.**

myelitis [,maiə'laitis] *n.* [U] *(med.)* **mielite.**

myocarditis [,maiouka:'daitis] *n.* [U] *(med.)* **miocardite.**

myocardium [,maiou'ka:diəm] *n.* (*pl.* **myocardia** [,maiou'ka:diə]) *(anat.)* **miocardio.**

myope ['maioup] *n.* [C] *(med.)* **miope.**

myopia [mai'oupjə] *n.* [U] *(med.)* **miopia.**

myopic [mai'ɔpik] *a. (med.)* **miope.**

myosotis [,maiə'soutis] *n.* [U] (*bot.*, Myosotis palustris) **miosotide; non-ti-scordar-di-me.**

myria- ['miriə] *(nei composti)* **miria-** (anteposto a un'unità di misura, la moltiplica per diecimila).

myriad ['miriəd] ***A*** *n.* [C] **miriade** ***B*** *a. attr.* **innumerevole.**

myrrh [mə:*] *n.* [U] **mirra.**

myrtaceous [mə:'teiʃəs] *a. (bot.)* **mirtaceo.**

myrtle ['mə:tl] *n.* [C] (*bot.*, Myrtus communis) **mirto; mortella.**

myself [mai'self] ***A*** *pron. rifl.* **me stesso; mi; me**: *I have hurt m.,* mi sono fatto male □ *I was speaking to m.,* parlavo fra me e me ***B*** *pron. enfatico* **io stesso; io in persona; proprio io**: *I saw it m.,* l'ho visto io stesso ● *by m.,* da me; da solo □ *I m. am afraid,* ho paura anch'io □ *I am not m. to-day,* oggi non mi sento troppo bene □ *I'm quite m. again,* mi sono rimesso del tutto; ora sto proprio bene.

mysterious [mis'tiəriəs] *a.* **misterioso; arcano; oscuro.**

mystery ['mistəri] *n.* ***1*** [U] e [C] **mistero** (quasi in ogni senso): *the m. of life,* il mistero della vita □ *wrapt in m.,* avvolto nel mistero □ *to make a m. of st.,* far mistero di q.c. ***2*** [C] (anche *m. play*) **mistero, miracolo** (rappresentazione sacra).

mystic ['mistik] ***A*** *a.* ***1*** *(relig.)* **mistico** ***2*** **esoterico; occulto**: *m. rites,* riti esoterici ***3*** **misterioso; enigmatico** ***B*** *n.* [C] **mistico.**

mystical ['mistikəl] *a.* **mistico; allegorico.**

mysticism ['mistisizəm] *n.* [U] *(relig.)* **misticismo.**

mystification [,mistifi'keiʃən] *n.* [U] e [C] **mistificazione.**

to **mystify** ['mistifai] *v. t.* ***1*** **mistificare** ***2*** **confondere; disorientare** ***3*** **avvolgere nel mistero; rendere oscuro.**

mystique [mis'ti:k] *n. (di solito al sing.)* **mistica.**

myth [miθ] *n.* ***1*** [C] e [U] **mito; leggenda** ***2*** [C] **figura mitica.**

mythic(al) ['miθik(əl)] *a.* ***1*** **mitico; leggendario** ***2*** **fittizio; immaginario; irreale.**

mythologic(al) [,miθə'lɔdʒik(əl)] *a.* **mitologico.**

mythologist [mi'θɔlədʒist] *n.* **mitologo.**

mythology [mi'θɔlədʒi] *n.* [U] e [C] **mitologia; miti** *(collett.)*.

mythomania [,miθə'meinjə] *n.* [U] *(psic.)* **mitomania.**

mythomaniac [,miθə'meiniæk] *a.* e *n. (psic.)* **mitomane.**

myxomatosis [,miksəmə'tousis] *n.* [U] *(vet.)* **mixomatosi.**

N

N, n [en] *n.* (*pl.* **N's, n's; Ns, ns**) ***1*** **N, n** ***2*** *(mat.)* **n** (simbolo di numero o potenza indefinita): *to the nth (power),* all'ennesima potenza (anche in senso fig.) ● *(tel.) n for Nellie,* n come Napoli.

to **nab** [næb] *v. t. (pop.)* **acchiappare; agguantare; afferrare.**

nabob ['neibɔb] *n.* [C] **nababbo** *(anche fig.).*

nacelle [nə'sel] *n.* [C] *(aeron.)* ***1*** **navicella** (di dirigibile) ***2*** **gondola (del motore); carlinga.**

nacre ['neikə*] *n.* [U] **madreperla.**

nacreous ['neikriəs] *a.* **madreperlaceo.**

nadir ['neidiə*] *n.* ***1*** *(astron.)* **nadir** ***2*** *(fig.)* **punto più basso.**

nag [næg] *n.* [C] ***1*** **cavallino; pony** ***2*** *(spreg.)* **ronzino.**

to **nag** [næg] ***A*** *v. t.* **rimbrottare; sgridare; infastidire** ***B*** *v. i.* **brontolare continuamente** ● *to nag at sb.,* sgridare (o infastidire) q. continuamente.

nagging ['nægiŋ] *n.* [U] **brontolamenti; continui rimproveri.**

naggy ['nægi] *a.* **bisbetico; fastidioso; irritante; seccante.**

naiad ['naiæd] *n.* [C] *(mitol.)* **naiade.**

to **nail** [neil] *v. t.* ***1*** **inchiodare** (anche *fig.*) ***2*** **chiodare; munire di chiodi** ***3*** *(fam.)* **acchiappare; afferrare** ● *to n. sb. down to a promise,* far mantenere una promessa a q. □ *to n. st. down,* inchiodare q.c. □ *to n. a lie to the counter,* smascherare una menzogna □ *to n. up,* inchiodare; fissare con chiodi: *to n. up a picture,* attaccare un quadro.

nail [neil] *n.* [C] ***1*** *(anat.)* **unghia** ***2*** (d'animale) **artiglio** ***3*** **chiodo** ● *n.-brush,* spazzolino da unghie □ *n.-head,* capocchia di chiodo □ *n.-scissors,* forbici per le unghie □ *n.-varnish,* smalto per unghie □ *as hard as nails,* (di corpo) sano come un pesce, in ottima salute; (d'animo) duro, spietato □ *to bite one's nails,* mangiarsi le unghie □ *to drive in a n.,* piantare un chiodo □ *(fig.) to hit the n. on the head,* colpire nel segno □ *(fam.) to pay on the n.,* pagare a tamburo battente; pagare in contanti.

nailer ['neilə*] *n.* **fabbricante di chiodi; chiodaio.**

nailery ['neiləri] *n.* [C] **fabbrica di chiodi; chioderia.**

naïve [na:'i:v] *a.* **ingenuo; candido; semplice; schietto.**

naïveté [na:ˌi:v'tei], **naïvety** [na:'i:vti] *n.* [U] **ingenuità; candore; semplicità; schiettezza.**

naked ['neikid] *a.* ***1*** **nudo, ignudo** (anche *fig.*); **spoglio;** *(fig.)* **disadorno, puro e semplice, schietto**: *n. savages,* selvaggi ignudi □ *the n. truth,* la verità nuda e cruda □ *the n. facts,* i fatti puri e semplici ***2*** **scoperto; palese; messo a nudo**: *in its n. absurdity,* nella sua palese assurdità ***3*** **scoperto; sguarnito; non protetto** ● *as n. as mother bore him,* nudo come l'ha fatto mamma □ *to see st. with the n. eye,* vedere q.c. a occhio nudo.

nakedness ['neikidnis] *n.* [U] **nudità.**

namby-pamby [ˌnæmbi'pæmbi] ***A*** *a.* **lezioso; sentimentale; sdolcinato; zuccheroso** *(fig.)* ***B*** *n.* **(persona) sentimentale; individuo sdolcinato.**

name [neim] *n.* ***1*** [C] e [U] **nome**: *a man of the n. of Jones,* un uomo di nome Jones □ *to know sb. by n.,* conoscere q. di nome ***2*** *(solo al sing.)* **nome; reputazione; fama**: *to win a good n. for oneself,* farsi un nome ***3*** [C] **personaggio famoso** ● *n.-day,* onomastico □ *n.-plate,* targa, targhetta (sulla porta di casa, ecc.) □ *to call sb. names,* insultare q. □ *Christian n., (USA) first n.,* nome di battesimo □ *family n.* (o *last n.*), cognome □ *full n.,* nome e cognome □ *in the n. of the law,* in nome della legge □ *to speak in one's own n.,* parlare a titolo personale □ *to take God's n. in vain,* nominare il nome di Dio invano □ *My name is Charles,* mi chiamo Charles □ *What's your name?,* come ti chiami?

to **name** [neim] *v. t.* ***1*** **nominare; metter nome a; chiamare**: *They named the child Andrew,* chiamarono il bambino Andrew ***2*** **dire il nome di** (q., q.c.) ***3*** **nominare; designare; eleggere**: *Mr Smith has been named for the directorship,* Mr Smith è stato designato ad assumere la direzione ***4*** **fissare; stabilire**: *N. your price,* fissa il prezzo! ● (di persona) *to be named,* chiamarsi □ *to be named after sb.,* prender nome da q.

to **namedrop** ['neimdrɔp] *v. i. (fam.)* **buttare là grossi nomi; fare sfoggio di amici altolocati.**

nameless ['neimlis] *a.* ***1*** **senza nome; anonimo** ***2*** **innominato; sconosciuto** ***3*** **innominabile; abominevole** ***4*** **indescrivibile; indicibile.**

namely ['neimli] *avv.* **vale a dire; cioè.**

namesake ['neim,seik] *n.* [C] **omonimo.**

nancy ['nænsi] *n.* [C] *(pop.)* ***1*** **uomo (o ragazzo) effeminato** ***2*** **omosessuale.**

nanism ['neinizəm] *n.* [U] *(med.)* **nanismo.**

nankeen [næŋ'ki:n] *n.* [U] *(ind. tessile)* **anchina; nanchino.**

nanny ['næni] *n.* [C] *(fam.)* **bambinaia; tata** (parola infantile).

nanny-goat ['nænigout] *n.* [C] **capra; capretta.**

(1) to **nap** [næp] *v. i.* **sonnecchiare; schiacciare un pisolino** ● *(fig.) to catch sb. napping,* prendere q. alla sprovvista.

(1) nap [næp] *n.* [C] **dormitina; sonnellino; pisolino**: *to have* (o *to take*) *a n.,* fare una dormitina; schiacciare un pisolino.

(2) nap [næp] *n.* [U] **pelo, peluria** (di tessuto, di piante).

(3) nap [næp] *n.* [U] **napoleone** (gioco di carte).

(2) to **nap** [næp] *v. t.* **dare** (un cavallo) **come vincente.**

napalm ['neipa:m] *n.* [U] *(mil.)* **napalm** ● *n. bomb,* bomba al napalm.

nape [neip] *n.* [C] **nuca; collottola** *(fam.).*

naphtha ['næfθə] *n.* [U] *(chim., ind.)* **nafta.**

naphthalene ['næfθəli(:)n] *n.* [U] *(chim.)* **naftalina.**

napkin ['næpkin] *n.* [C] ***1*** (anche *table n.*) **tovagliolo; salvietta** ***2*** **pannolino** (per bimbi piccoli; cfr. *USA diaper*) ● *n. ring,* portatovagliolo □ *sanitary n.,* assorbente igienico.

napoleon [nə'pouljən] *n.* ***1*** [C] *(numismatica)* **napoleone** ***2*** [U] **napoleone** (gioco di carte).

Napoleonic [nə,pouli'ɔnik] *a. (stor.)* **napoleonico.**

Napoleonist [nə'pouljənist] *n. (stor.)* **bonapartista.**

(1) nappy ['næpi] *n. (fam.)* **pannolino** (per bimbi piccoli).

(2) nappy ['næpi] *a.* **peloso.**

narcissism ['na:sisizəm] *n.* [U] *(psic.)* **narcisismo.**

narcissist ['na:sisist] *n.* [C] *(psic.)* **narcisista.**

narcissus [na:'sisəs] *n.* (*pl.* **narcissuses** [na:'sisəsiz], **narcissi** [na:'sisai]) (*bot.,* Narcissus poeticus) **narciso.**

narcosis [na:'kousis] *n.* [U] *(med.)* **narcosi.**

narcotic [na:'kɔtik] *a.* e *n.* [C] *(chim., fig.)* **narcotico.**

to **narcotize** ['na:kətaiz] *v. t. (med.)* **narcotizzare.**

narghile ['na:gili] *n.* [C] **narghilè.**

nark [na:k] *n.* [C] *(pop.)* **informatore della polizia; spia.**

to **narrate** [næ'reit] *v. t.* **narrare; raccontare.**

narration [næ'reiʃən] *n.* [U] e [C] **narrazione; racconto.**

narrative ['nærətiv] ***A*** *a. attr.* **narrativo** ***B*** *n.* [C] **racconto** ● *n. literature,* la narrativa.

narrator [næ'reitə*] *n.* **narratore.**

narrow ['nærou] ***A*** *a.* ***1*** **stretto; ristretto; angusto; limitato; gretto; esiguo**: *a n. circle of friends,* un ristretto numero d'amici □ *n. views,* vedute ristrette □ *a n. majority,* un'esigua maggioranza ***2*** **accurato; preciso; meticoloso**: *after a n. scrutiny,* dopo un esame meticoloso ***B*** *n.* ***1*** [C] **stretta; gola montana** ***2*** *(al pl.)* **stretto** ● *a n. victory,* una vittoria ottenuta a stento □ *to have a n. escape,* salvarsi per un pelo.

to **narrow** ['nærou] ***A*** *v. t.* **restringere; delimitare; circoscrivere** ***B*** *v. i.* **stringersi; restringersi.**

narrowly ['nærouli] *avv.* ***1*** **attentamente; da vicino** ***2***

a mala pena; per un pelo *(fam.)* **3** meticolosamente; con pignoleria.

narrow-minded [ˌnærou'maindid] *a.* **di mente ristretta; gretto.**

narthex ['na:θeks] *n.* [C] *(archit.)* **nartece.**

narwhal ['na:wəl] *n.* *(zool.,* Monodon monoceros*)* **narvalo.**

nasal ['neizəl] **A** *a.* **nasale B** *n.* [C] **suono nasale.**

nasality [nei'zæliti] *n.* [U] **nasalità; timbro nasale.**

to **nasalize** ['neizəlaiz] **A** *v. t.* **nasalizzare B** *v. i.* **parlare con voce nasale.**

nascent ['næsənt] *a.* **nascente** (anche *chim.*); **alle origini.**

nasturtium [nəs'tə:ʃəm] *n.* [C] *(bot.)* **1** (Nasturtium) **crescione 2** (Tropaeolum) **nasturzio.**

nasty ['na:sti] *a.* **1 sporco; indecente; osceno 2 disgustoso; nauseante; sgradevole**: *a n. smell,* un odore sgradevole **3 cattivo; brutto; grave; pericoloso**: *n. weather,* cattivo (o brutto) tempo □ *a n. corner,* una curva pericolosa □ *a n. illness,* una malattia grave **4 villano; irascibile** ● *a n. mind,* una fantasia che si compiace dell'osceno □ *a n. question,* una domanda molto imbarazzante.

natal ['neitl] *a.* **natale; natalizio.**

natality [nei'tæliti] *n.* [C] **natalità.**

natation [nei'teiʃən] *n.* [U] **nuoto.**

natatorial [ˌneitə'tɔ:riəl] *a.* **natatorio.**

nation ['neiʃən] *n.* [C] **nazione; popolo.**

national ['næʃənl] **A** *a.* **1 nazionale; patrio**: *the n. anthem of Great Britain,* l'inno nazionale della Gran Bretagna **2 patriottico B** *n.* [C] **1 cittadino 2** (in diplomazia) **compatriota; concittadino** ● *(fin.) n. debt,* debito pubblico □ *N. Health Service,* Servizio d'Assistenza Sanitaria □ *(stor.) N. Socialism,* nazionalsocialismo; nazismo.

nationalism ['næʃənəlizəm] *n.* [U] **nazionalismo; patriottismo.**

nationalist ['næʃənəlist] *n.* **nazionalista; patriota.**

nationalistic ['næʃənə'listik] *a.* **nazionalistico.**

nationality [ˌnæʃə'næliti] *n.* [U] e [C] **nazionalità; cittadinanza.**

nationalization [ˌnæʃənəlai'zeiʃən] *n.* [U] **nazionalizzazione.**

to **nationalize** ['næʃənəlaiz] *v. t.* **1 nazionalizzare 2 naturalizzare.**

nationwide ['neiʃənˌwaid] *a.* **diffuso in tutta la nazione; (a carattere) nazionale.**

(1) native ['neitiv] *a.* **1 nativo; natio; natale**: *one's n. country* (o *land),* il paese natio; la patria □ *one's n. place,* il luogo natio; il paese natio **2 innato; naturale; schietto; spontaneo**: *n. charm,* fascino naturale **3 indigeno; locale**: *n. plants,* piante indigene □ *n. industry,* industria locale.

(2) native ['neitiv] *n.* [C] **1 nativo; indigeno, indigena 2 animale indigeno; pianta indigena.**

nativity [nə'tiviti] *n.* [C] (specialm. *relig., arte)* **natività.**

to **natter** ['nætə*] *v. i.* *(fam.)* **1 chiacchierare; ciarlare 2 borbottare; brontolare.**

natter ['nætə*] *n.* *(solo al sing.)* *(fam.)* **chiacchierata.**

natty ['næti] *a.* *(fam.)* **attillato; elegante; inappuntabile.**

natural ['nætʃrəl] **A** *a.* **1 naturale** (quasi in ogni senso); **innato; congenito**: *to speak in a n. voice,* parlare con voce naturale □ *n. phenomena,* fenomeni naturali □ *a n. son,* un figlio naturale **2 per natura; nato**: *a n. orator,* un oratore nato **B** *n.* **1 deficiente congenito; idiota 2** *(mus.)* (anche *n. sign*) **bequadro** ● *n. historian,* naturalista □ *the n. man,* l'uomo allo stato di natura □ *the n. world,* il mondo della natura □ *to die a n. death,* morire di morte naturale □ *for the term of one's n. life,* vita natural durante.

naturalism ['nætʃrəlizəm] *n.* [U] *(letter., filos., arte)* **naturalismo.**

naturalist ['nætʃrəlist] *n.* **naturalista.**

naturalistic [ˌnætʃrə'listik] *a.* **naturalistico.**

naturalization [ˌnætʃrəlai'zeiʃən] *n.* [U] **1 naturalizzazione 2 adozione** (di parole straniere) **3** *(biol.)* **acclimazione; acclimatazione.**

to **naturalize** ['nætʃrəlaiz] **A** *v. t.* **1 naturalizzare; concedere la cittadinanza a** (q.) **2 introdurre e acclimatare** (animali esotici); **trapiantare** (piante esotiche, in un paese) **3 introdurre, adottare** (parole o costumanze straniere) **B** *v. i.* **naturalizzarsi.**

naturally ['nætʃrəli] *avv.* **1 naturalmente; spontaneamente 2 certamente; certo 3 per natura** ● *to behave n.,* comportarsi con naturalezza.

nature ['neitʃə*] *n.* **1** [U] e [C] **natura** (quasi in ogni senso); **carattere, indole; genere, specie, sorta**: *human n.,* la natura umana □ *to be proud by n.,* essere orgoglioso per natura; essere d'indole altera □ *things of this n.,* cose di questo genere **2** [U] **forza vitale 3** [U] **bisogni di natura** ● *n. poets,* poeti della natura □ *to be in the n. of st.,* aver l'aria d'essere q.c. □ *(arte) from n.,* dal vero; dal naturale □ *good n.,* bontà; gentilezza; altruismo □ *to pay the debt of n.* (o *one's debt to n.),* pagare il tributo alla natura; morire □ *a return to n.,* un ritorno (dell'uomo) allo stato di natura.

natured ['neitʃəd] *a.* *(nei composti)* **di indole; di carattere**: *good-n.,* di buon carattere; buono; cordiale □ *ill-n.,* di indole cattiva; cattivo; bisbetico.

naturism ['neitʃərizəm] *n.* [U] **naturismo; nudismo.**

naturist ['neitʃərist] *n.* **naturista; nudista.**

naturopath ['neitʃərəpæθ] *n.* [C] *(med.)* **naturista** (chi cura con metodi « naturali »).

naturopathy [ˌneitʃə'rɔpəθi] *n.* [U] *(med.)* **naturismo.**

naught [nɔ:t] *n.* **1 niente; nulla 2** *(mat.)* **zero** ● *to come to n.,* finire in nulla; fallire □ *to set at n.,* sfidare; sprezzare.

naughtiness ['nɔ:tinis] *n.* [U] **1** (specialm. di bambini e animali) **cattiveria; birichineria; impertinenza 2 salacità.**

naughty ['nɔ:ti] *a.* **1** (specialm. di bambino, animale) **cattivo; cattivello; birichino; disobbediente; impertinente 2 salace; piccante** ● *N. boy!,* cattivello!; birichino!

nausea ['nɔ:sjə] *n.* [U] *(med.)* **nausea;** *(fig.)* **disgusto, fastidio, avversione**: *to be overcome by n.,* essere preso dalla nausea.

to **nauseate** ['nɔ:sieit] *v. t.* **nauseare;** *(fig.)* **disgustare.**

nauseating ['nɔ:sieitiŋ] *a.* **nauseante; nauseabondo;** *(fig.)* **disgustoso**: *n. food,* cibo nauseante.

nauseous ['nɔ:sjəs] *a.* **nauseante; nauseabondo;** *(fig.)* **disgustoso.**

nautical ['nɔ:tikəl] *a.* *(naut.)* **nautico; navale; marinaresco; marino**: *a n. mile,* un miglio marino ● *n. science,* nautica.

nautilus ['nɔ:tiləs] *n.* *(pl.* **nautiluses, nautili** ['nɔ:tiˌlai]) *(zool.,* Nautilus) **nautilo.**

naval ['neivəl] *a.* **navale; di marina.**

(1) nave [neiv] *n.* [C] *(archit.)* **navata centrale; navata maggiore.**

(2) nave [neiv] *n.* [C] *(mecc.)* **mozzo** (di ruota).

navel ['neivəl] *n.* [C] *(anat.)* **ombelico.**

navigability [ˌnævigə'biliti] *n.* [U] **navigabilità.**

navigable ['nævigəbl] *a.* **navigabile** ● *a ship in n. condition,* una nave in condizione di navigare.

to **navigate** ['nævigeit] **A** *v. i.* **navigare B** *v. t.* **1 navigare** (fiumi, mari) **2 governare** (una nave); **regolare la rotta di** (un aeroplano).

navigation [ˌnævi'geiʃən] *n.* [U] **1** *(naut., aeron.)* **navigazione** (in ogni senso) **2** *(naut.)* **nautica** ● *n. officer,* ufficiale di rotta □ *river n.,* navigazione fluviale.

navigator ['nævigeitə*] *n.* **1 navigatore 2** *(naut., aeron.)* **ufficiale di rotta.**

navvy ['nævi] *n.* [C] **manovale; sterratore; terrazziere.**

navy ['neivi] *n.* [C] **marina militare** ● *n. blue,* blu marino □ *n. league,* lega navale □ *n. yard,* arsenale marittimo.

nay [nei] **A** *n.* [C] (anche *polit.)* **1 voto contrario; no 2 chi vota contro** ● *(in Parlamento) The nays have it!,* la proposta è respinta! **B** *avv.* **1** *(arc.)* **no 2** *(lett.)* **anzi; o piuttosto; o meglio.**

Nazarene [ˌnæzə'ri:n] *a.* e *n.* **nazzareno; (abitante) di Nazaret.**

naze [neiz] *n.* [C] *(geogr.)* **capo; promontorio.**

Nazi ['na:tsi] *a.* e *n.* [C] *(stor.)* **nazista.**
Nazism ['na:tsizəm] *n.* [U] *(stor.)* **nazismo.**
neap [ni:p] *n.* [C] *(naut.)* (anche *n. tide*) **marea di quadratura lunare.**
to **neap** [ni:p] *v. i.* *(naut.:* della marea*)* **tendere ad abbassarsi.**
neaped [ni:pt] *a.* *(naut.:* di nave*)* **in secco per la bassa marea.**
Neapolitan [niə'pɔlitən] *a.* e *n.* **napoletano.**
(1) near [niə*] ***A*** *avv.* ***1*** **vicino; dappresso** ***2*** (di solito *nearly*) **quasi; circa** ***B*** *prep.* **vicino a; presso (a); nei pressi di; accanto a**: *Come and sit n. me,* vieni a sederti accanto a me ● *n. at hand,* a portata di mano, sottomano; vicino (anche nel tempo) □ *to draw n.,* avvicinarsi □ *far and n.,* vicino e lontano; da ogni parte; dappertutto □ *That's nowhere n. enough,* non basta davvero; è tutt'altro che sufficiente.
(2) near [niə*] *a.* ***1*** **vicino** (soprattutto come agg. pred.; cfr. *n.by*); **prossimo;** (di parente) **stretto;** (d'amico) **vicino al cuore, intimo**: *friends who are n. and dear to us,* amici che ci sono carissimi ***2*** (di cavallo, veicolo, ecc.) **che sta a sinistra; di sinistra; sinistro**: *the n. front wheel,* la ruota anteriore sinistra ***3*** **diretto; breve**: *Can you tell me the nearest way to the station?,* sai dirmi qual è la strada più breve per la stazione? ***4*** *(fig.)* **di manica stretta; avaro; tirchio** ● *a n. miss,* un colpo per poco non andato a segno: *That was a n. miss,* c'è mancato poco che non facessimo centro □ *a n. resemblance,* una somiglianza quasi perfetta □ *a n. translation,* una traduzione aderente al testo □ *to give a n. guess,* indovinare o quasi □ *It was a n. escape* (o *a n. thing, a n. shave*), ce l'abbiamo (ce l'avete, ecc.) fatta per un pelo.
to **near** [niə*] ***A*** *v. t.* **avvicinarsi a; accostarsi a** ***B*** *v. i.* **avvicinarsi.**
nearby ['niəbai] ***A*** *a. attr.* **vicino**: *the n. town,* la città vicina ***B*** *avv.* **vicino; qui vicino; nelle vicinanze.**
nearly ['niəli] *avv.* ***1*** **quasi; press'a poco** ***2*** **da vicino; dappresso** ***3*** **strettamente** ● *not n.,* tutt'altro che; per niente □ *I n. missed the train,* per poco non persi il treno.
nearness ['niənis] *n.* [U] ***1*** **vicinanza; prossimità** ***2*** *(fig.)* **intimità** ***3*** *(fig.)* **grettezza; meschinità; tirchieria.**
nearside ['niə,said] *a. attr.* **di sinistra.**
near-sighted [,niə'saitid] *a.* **miope.**
(1) neat [ni:t] *a.* ***1*** **nitido; lindo; pulito; chiaro; preciso; terso** ***2*** **bello; ben fatto; ben proporzionato; elegante** ***3*** **acuto; abile** ***4*** **accurato; metodico; preciso** ***5*** (di vino, liquore) **puro; schietto; liscio**: *to drink one's whisky n.,* bere il whisky schietto.
(2) neat [ni:t] *n. (invar. al pl.)* ***1*** **bue; toro; vacca** ***2*** *(collett.)* **bovini.**
neatness ['ni:tnis] *n.* [U] ***1*** **nitidezza; lindezza; chiarezza; precisione** ***2*** **bellezza; eleganza** ***3*** **acutezza; concisione** ***4*** **accuratezza; metodicità.**
nebula ['nebjulə] *n.* (*pl.* **nebulae** ['nebjuli:], **nebulas**) *(astron.)* **nebulosa.**
nebulization [,nebjulai'zeiʃən] *n.* [U] e [C] (anche *med.*) **nebulizzazione.**
nebulizer ['nebjulaizə*] *n.* [C] *(med.)* **nebulizzatore.**
nebulosity [,nebju'lɔsiti] *n.* ***1*** [U] **nebulosità** ***2*** [C] *(astron.)* **nebulosa.**
nebulous ['nebjuləs] *a.* **nebuloso; nebbioso; indistinto; vago.**
necessarily ['nesisərili] *avv.* **necessariamente; di necessità.**
necessary ['nesisəri] ***A*** *a.* **necessario; indispensabile; obbligatorio**: *It's n. for him to leave at once* (o *that he should leave at once*), è necessario (o bisogna) ch'egli parta subito ***B*** *n.* [C] **cosa necessaria;** *(spesso al pl.)* **(il) necessario** ● *if n.,* in caso di bisogno; se sarà necessario; all'occorrenza.
necessitarian [ni,sesi'tεəriən] *(filos.)* ***A*** *n.* **determinista** ***B*** *a.* **deterministico.**
necessitarianism [ni,sesi'tεəriənizəm] *n.* [U] *(filos.)* **determinismo.**
to **necessitate** [ni'sesiteit] *v. t.* **rendere necessario; necessitare; richiedere.**
necessitous [ni'sesitəs] *a.* **bisognoso; indigente; povero** ● *to be in n. circumstances,* essere in gravi ristrettezze.
necessity [ni'sesiti] *n.* ***1*** [U] **necessità; bisogno; indigenza; povertà** ***2*** [C] **cosa necessaria; necessità della vita** ***3*** [C] **condizione necessaria; conseguenza naturale** ● *to be under the n. of doing st.,* essere costretto a fare q.c. □ *to bow to n.,* far buon viso a cattiva sorte □ *to make a virtue of n.,* fare di necessità virtù □ *of n.,* di necessità; necessariamente.
neck [nek] *n.* [C] ***1*** *(anat., mecc., metall.)* **collo** (anche *fig.*): *to break one's n.,* rompersi il collo □ *the n. of a bottle,* il collo d'una bottiglia ***2*** *(anat.)* **colletto** (di dente) ***3*** *(sport)* **incollatura** (di cavallo) ***4*** (di terra) **lingua; istmo** ***5*** (di mare) **braccio; stretto canale** ***6*** (di violino) **manico** ● *n. or nothing,* a rischio di perder tutto □ (di cavalli concorrenti) *to be n. and n.,* essere alla pari □ *(pop.) to get it in the n.,* ricevere un brutto colpo; essere punito severamente □ *to have a stiff n.,* avere il torcicollo □ *to risk one's n.,* rischiare la testa □ *to save one's n.,* evitare la forca; salvare la testa; *(fig.)* cavarsela per il rotto della cuffia.
to **neck** [nek] ***A*** *v. t.* **tirare il collo a** (un pollo) ***B*** *v. i.* *(pop.)* **sbaciucchiarsi; pomiciare** *(pop.).*
neckband ['nekbænd] *n.* [C] ***1*** **collo** (d'una camicia, ecc.) ***2*** **collarino.**
necked [nekt] *a.* *(nei composti)* **dal collo**: *long-n.,* dal collo lungo.
neckerchief ['nekətʃif] *n.* [C] **fazzoletto da collo.**
necking ['nekiŋ] *n.* [U] *(pop.)* **sbaciucchiamenti; (il) pomiciare** *(pop.).*
necklace ['neklis] *n.* [C] **collana.**
necklet ['neklit] *n.* [C] ***1*** **colletto; collo di pelliccia** ***2*** **collana a girocollo.**
neckline ['nek,lain] *n.* [C] **scollatura; collo** (di un abito).
necktie ['nek,tai] *n.* [C] **cravatta.**
neckwear ['nek,wεə*] *n.* [U] *(collett.)* **colletti; cravatte; sciarpe.**
necrological [,nekrou'lɔdʒikəl] *a.* **necrologico.**
necrology [ne'krɔlədʒi] *n.* [C] **necrologio** (registro dei morti; necrologia).
necromancer ['nekroumænsə*] *n.* **negromante.**
necromancy ['nekroumænsi] *n.* [U] **negromanzia.**
necrophilia [,nekrou'filiə], **necrophilism** [ne'krɔfilizəm] *n.* [U] *(psic.)* **necrofilia.**
necrophobia [,nekrou'foubjə] *n.* [U] *(psic.)* **necrofobia.**
necropolis [ne'krɔpəlis] *n.* [C] **necropoli.**
necrosis [ne'krousis] *n.* [U] *(med.)* **necrosi.**
necrotic [ne'krɔtik] *a.* *(med.)* **necrotico.**
nectar ['nektə*] *n.* [U] *(mitol., bot.)* **nettare** (anche *fig.*).
nectarine ['nektərin] *n.* [C] ***1*** *(bot.,* Prunus persica nectarina*)* **nocepesco** ***2*** (il frutto) **nocepesca; pesca nettarina.**
nectary ['nektəri] *n.* [C] *(bot.)* **nettario.**
née [nei] *(franc.) a.* **nata**: *Mrs Mary Burns, née Clark,* la signora Mary Burns, nata Clark.
need [ni:d] *n.* ***1*** [U] **bisogno; necessità**: *There is no n. to hurry,* non c'è bisogno di affannarsi ***2*** *(al pl.)* **bisogni; esigenze**: *daily needs,* esigenze quotidiane □ *My needs are few,* non ho molte esigenze ***3*** [U] **bisogno; indigenza; povertà**: *to be in n.,* essere nel bisogno ● *to be in n. of st.,* aver bisogno di q.c. □ *if n. be,* in caso di bisogno; se necessario.
to **need** [ni:d] *v. t.* *(costruzione pers.)* ***1*** **occorrere; aver bisogno di; abbisognare di**: *Do you n. any help?,* hai bisogno d'aiuto? □ *I don't n. that book,* non mi occorre quel libro ***2*** **occorrere; essere necessario; bisognare; importare**: *He n. not come* (o *he doesn't n. to come*), non importa (o non occorre) che venga □ *He needn't be told,* non è necessario dirglielo (è meglio che non lo sappia) □ *He doesn't n. to be told,* non c'è bisogno d'informarlo (lo sa già) □ *N. you go?,* occorre che tu vada?; devi andare? ● *He didn't n. to be told twice,* non se lo fece dire due volte □ *I n. hardly say that...,* non occorre ch'io dica che...; è quasi superfluo dire che... □ *It needed doing,* bisognava farlo □ *It will n. doing,* bisognerà farlo.
needful ['ni:dful] ***A*** *a.* **necessario**: *to do what is n.,*

fare quello che è necessario **B** *n.* — *the n.*, il necessario; *(pop.)* il denaro necessario.

needle ['ni:dl] *n.* [C] **1** (anche *bot., elab., mecc., med.*) **ago**: *a n. and thread,* ago e filo □ *the eye of a n.*, la cruna d'un ago □ *pine-tree needles,* aghi di pino **2 uncinetto; ferro da calza**: *a knitting-n.*, un ferro da calza □ *a crochet-n.*, un uncinetto **3 puntina** (di grammofono) **4 cima; guglia; vetta** ● *n.-case,* agoraio □ *(fig.) as sharp as a n.*, acuto; perspicace □ *(fig.) to look for a n. in a haystack,* cercare un ago in un pagliaio □ *(fig.) to be on pins and needles,* essere sulle spine □ *(fig.) pins and needles,* formicolìo, intorpidimento (in una parte del corpo).

to **needle** ['ni:dl] *v. t.* **1 cucire 2 forare** (o **pungere**) **con un ago 3** *(fam.)* **pungere** *(fig.)*; **punzecchiare.**

needleful ['ni:dlful] *n.* [C] **gugliata.**

needless ['ni:dlis] *a.* **inutile; superfluo** ● *n. to say,* inutile a dirsi; va da sé.

needlewoman ['ni:dlˌwumən] *n.* (*pl.* **needlewomen** ['ni:dlˌwimin]) **cucitrice** (donna che per mestiere fa lavori di cucito).

needlework ['ni:dlwə:k] *n.* [U] **cucito; ricamo.**

needn't ['ni:dnt] *contraz.* di **need not.**

needs [ni:dz] *avv.* **di necessità; assolutamente.**

needy ['ni:di] *a.* **bisognoso; indigente; povero.**

ne'er [nɛə*] *avv. (poet.)* **mai; giammai.**

ne'er-do-well ['nɛədu(:)ˌwel] *n.* [C] **buono a nulla; fannullone.**

nefarious [ni'fɛəriəs] *a.* **nefando; iniquo; malvagio; scellerato.**

nefariousness [ni'fɛəriəsnis] *n.* [U] **nefandezza; iniquità; malvagità; scelleratezza.**

to **negate** [ni'geit] *v. t.* **1 negare; non riconoscere** (l'esistenza, la verità, di q.c.) **2 annullare.**

negation [ni'geiʃən] *n.* **1** [U] e [C] **negazione; diniego; rifiuto 2** [C] *(logica)* **proposizione negativa.**

(1) negative ['negətiv] *a.* (anche *fis., mat.*) **negativo.**

(2) negative ['negətiv] *n.* [C] **1 negazione** (anche *gramm.*); **risposta negativa 2** *(mat.)* **quantità negativa 3** *(fis.)* **polo negativo 4** *(fotogr.)* **negativa** ● *The answer is in the n.*, la risposta è « no ».

to **negative** ['negətiv] *v. t.* **1 respingere; porre il veto a** (una mozione, un disegno di legge, ecc.) **2 negare; contraddire** (un'affermazione) **3 dimostrare l'infondatezza di** (q.c.) **4 neutralizzare.**

to **neglect** [ni'glekt] *v. t.* **1 trascurare 2 dimenticare; tralasciare**: *to n. to do st.*, tralasciare di fare q.c.

neglect [ni'glekt] *n.* [U] **1 negligenza; trascuratezza; noncuranza 2 abbandono; oblio**: *in a state of n.*, in uno stato d'abbandono.

neglectful [ni'glektful] *a.* **negligente; trascurato; noncurante** ● *to be n. of st.*, non curarsi di q.c.

negligee ['negliʒei] *n.* **1** [C] **vestaglia** (da donna); **négligé** *(franc.)* **2** [U] **abbigliamento alla buona.**

negligence ['neglidʒəns] *n.* [U] **1 negligenza; trascuratezza; noncuranza 2 abbandono; disordine; oblio.**

negligent ['neglidʒənt] *a.* **negligente; trascurato; noncurante; disattento** ● *to be n. of one's duties,* trascurare i propri doveri.

negligible ['neglidʒəbl] *a.* **trascurabile; insignificante.**

negotiable [ni'gouʃiəbl] *a.* **1** *(comm.)* **negoziabile 2** (di strada) **transitabile 3 sormontabile; valicabile.**

to **negotiate** [ni'gouʃieit] **A** *v. t.* **1** (specialm. *comm.*) **negoziare; prendere accordi per; trattare**: *to n. a bill of exchange,* negoziare una cambiale □ *to n. peace,* negoziare la pace **2 sormontare; superare; valicare**: *to n. an obstacle,* superare un ostacolo **B** *v. i.* **negoziare; intavolare le trattative; trattare.**

negotiation [niˌgouʃi'eiʃən] *n.* **1** [U] e [C] **negoziato; trattativa 2** [U] *(comm.)* **negoziazione.**

negotiator [ni'gouʃieitə*] *n.* **negoziatore.**

Negress ['ni:gris] *n.* **negra.**

Negro ['ni:grou] **A** *n.* (*pl.* **Negroes**) **negro B** *a.* **negro; dei negri.**

Negroid ['ni:grɔid] *a.* e *n. (antropologia)* **negroide.**

negus ['ni:gəs] *n.* [U] **vino caldo con spezie e succo di limone.**

to **neigh** [nei] *v. i.* **nitrire.**

neigh [nei] *n.* [C] **nitrito.**

neighbour ['neibə*] *n.* [C] **1 vicino, vicina**: *next-door neighbours,* vicini di casa **2 prossimo**: *Love thy n. as thyself,* ama il prossimo tuo come te stesso.

to **neighbour** ['neibə*] **A** *v. t.* **confinare con B** *v. i.* **1** — *to n. upon st.*, confinare con q.c. **2** — *to n. with sb.*, essere in rapporti di buon vicinato con q.

neighbourhood ['neibəhud] *n.* **1** [U] **dintorni; paraggi 2** [C] **distretto; regione; area; quartiere 3** [U] **vicinato; (i) vicini** (di casa) **4** [U] **vicinanza** ● *(fam.) in the n. of,* all'incirca; qualcosa come.

neighbouring ['neibəriŋ] *a.* **vicino; confinante; limitrofo.**

neighbourliness ['neibəlinis] *n.* [U] **buon vicinato; socievolezza; cortesia.**

neighbourly ['neibəli] *a.* **socievole; gentile; amichevole.**

neither ['naiðə*, 'ni:ðə*] **A** *a.* e *pron.* **né l'uno né l'altro; nessuno dei due B** *avv.* e *cong.* **1** (*correlativo di nor*) **né**: *N. you nor I,* né tu né io **2 nemmeno; neanche; neppure**: *If you don't go, n. shall I,* se non ci vai tu, non ci andrò neanch'io □ « *I don't like it* » « *N. do I* », « non mi piace » « neanche a me ».

nemesis ['nemisis] *n.* [U] e [C] (*pl.* **nemeses** ['nemiˌsi:z]) **nemesi.**

neo- ['ni:ou] *(in parole composte)* **neo-** (significa "nuovo", "recente", "moderno").

neoclassic(al) [ˌni:ou'klæsik(əl)] *a.* **neoclassico.**

neoclassicism [ˌni:ou'klæsisizəm] *n.* [U] *(arte, letter.)* **neoclassicismo.**

neoclassicist [ˌni:ou'klæsisist] *n. (arte, letter.)* **neoclassico; seguace del neoclassicismo.**

neodymium [ˌni:ou'dimi:əm] *n.* [U] *(chim.)* **neodimio.**

Neofascism [ˌni:ou'fæʃizəm] *n.* [U] *(polit.)* **neofascismo.**

Neofascist [ˌni:ou'fæʃist] *n.* [C] e *a. (polit.)* **neofascista.**

neolithic [ˌni:ou'liθik] *a. (geol.)* **neolitico.**

neologism [ni:'ɔlədʒizəm] *n.* [C] **neologismo.**

to **neologize** [ni:'ɔlədʒaiz] *v. i.* **introdurre** (o **inventare, usare**) **neologismi.**

neon ['ni:ən] *n.* [U] *(chim.)* **neon** ● *n. signs,* insegne al neon.

neophyte ['ni:oufait] *n.* [C] **neofita, neofito** (in ogni senso).

Neo-Platonism [ˌni:ou'pleitənizəm] *n.* [U] *(filos.)* **neoplatonismo.**

Neo-Platonist [ˌni:ou'pleitənist] *n.* [C] *(filos.)* **neoplatonico.**

Nepalese [ˌnepɔ:'li:z] *a.* e *n.* **nepalese.**

nephew ['nevju(:)] *n.* **nipote** (maschio; di zio o di zia).

nephritic [ne'fritik] **A** *a.* **1** *(med.)* **nefritico 2** *(anat.)* **renale B** *n. (med.)* **nefritico.**

nephritis [ne'fraitis] *n.* [U] *(med.)* **nefrite.**

nepotism ['nepətizəm] *n.* [U] **nepotismo.**

nepotist ['nepətist] *n.* [C] **nepotista.**

Neptune ['neptju:n] *n. (mitol., astron.)* **Nettuno.**

neptunium [nep'tju:njem] *n.* [U] *(chim.)* **nettunio.**

Nereid ['niəriid] *n.* [C] *(mitol.)* **nereide.**

nervation [nə(:)'veiʃən] *n.* [C] *(bot.)* **nervatura.**

nerve [nə:v] *n.* **1** [C] *(anat.)* **nervo** (anche *fig.*): *a fit of nerves,* un attacco di nervi □ *to have nerves of steel,* avere i nervi d'acciaio **2** *(al pl.)* **nerbo** *(fig.)*; **forza 3** [U] **coraggio; audacia; animo; sangue freddo** *(fig.)*: *to lose one's n.*, perdersi d'animo □ *a man of n.*, un uomo dotato di sangue freddo **4** [U] *(fam.)* **sfacciataggine; faccia tosta** ● *(anat.) n. cell,* cellula nervosa □ *(anat.) n. centre,* centro nervoso □ *to get on sb.'s nerves,* dare ai nervi a q. □ *war of nerves,* guerra dei nervi.

to **nerve** [nə:v] **A** *v. t.* **rinvigorire; fortificare; temprare** *(fig.)* **B** to **nerve oneself** *v. rifl.* **farsi forza; farsi animo.**

nerveless ['nə:vlis] *a.* **1 snervato; fiacco; inerte; sfibrato 2** *(zool.)* **privo di nervi 3** *(bot.)* **senza nervature.**

nerve-racking ['nə:vˌrækiŋ] *a.* **esasperante.**

nervine ['nə:vi:n] *a.* e *n.* [C] *(farm.)* **(medicamento)**

nervino.
nervous ['nə:vəs] *a.* ***1*** **nervoso; eccitabile**: *the n. system,* il sistema nervoso □ *a n. breakdown,* un collasso nervoso ***2*** **pauroso; timido**: *to be n. in the dark,* avere paura del buio ***3*** *(arc.)* **forte; vigoroso**: *a n. style,* uno stile vigoroso ● *to make sb. n.*, fare innervosire q.
nervure ['nə:vjə★] *n.* [C] *(bot., zool.)* **nervatura.**
nervy ['nə:vi] *a.* ***1*** *(fam.)* **nervoso; eccitabile** ***2*** *(fam. USA)* **impudente; sfacciato** ***3*** *(pop.)* **che dà ai nervi; irritante.**
nescience ['nesiəns] *n.* [U] **nescienza** *(lett.)*; **ignoranza.**
nescient ['nesiənt] *a.* **nesciente** *(lett.)*; **ignorante.**
ness [nes] *n.* [C] *(geogr.)* **capo, promontorio** (specialm. nei toponimi).
nest [nest] *n.* [C] ***1*** **nido** ***2*** *(fig.)* **nido; covo; tana**: *a n. of criminals,* un covo di criminali ***3*** **serie d'oggetti** (scatole, tavoli, ecc.) **che vanno l'uno dentro l'altro** ● *n.-egg,* endice, nidiandolo; *(fig.)* gruzzolo.
to **nest** [nest] *v. i.* ***1*** **fare il nido; nidificare;** (d'insetti) **annidarsi** ***2*** (di solito *to go nesting*) **andare a caccia di nidi.**
nestful ['nestful] *n.* [C] **nidiata.**
to **nestle** ['nesl] ***A*** *v. i.* ***1*** **annidarsi; accoccolarsi; rannicchiarsi; stringersi** ***2*** **nascondersi; essere nascosto** (fra) ***B*** *v. t.* **abbracciare; tener riparato** (come in un nido); **coccolare.**
nestling ['nesliŋ] *n.* [C] **uccellino di nido; uccellino implume.**
(1) net [net] *n.* ***1*** [C] e [U] **rete** (anche *ferr., radio, telev.*) **reticella;** *(fig.)* **trappola**: *a fishing-net,* una rete da pesca □ *a hair-net,* una reticella per capelli □ *wire net,* rete metallica ***2*** [C] **reticolato** ***3*** [U] **tulle** ● *net-bag,* rete per far la spesa.
(1) to **net** [net] *v. t.* ***1*** **irretire; prendere con la rete; accalappiare; intrappolare** ***2*** **porre** (o **tendere**) **reti in**: *to net a river,* porre le reti in un fiume ***3*** **coprire con reti** ● *(tennis) to net the ball,* mandare la palla in rete.
(2) net [net] *a.* *(comm.)* **netto**: *net weight,* peso netto.
(2) to **net** [net] *v. t.* *(comm.)* ***1*** **guadagnare; ricavare** ***2*** **dare un utile di.**
netful ['netful] *n.* [C] **retata.**
nether ['neðə★] *a.* *(lett.)* **inferiore; più basso** ● *the n. world,* l'inferno.
Netherlander ['neðələndə★] *n.* **abitante dei Paesi Bassi; olandese.**
nethermost ['neðəmoust] *a.* *(lett.)* **(il) più basso; infimo.**
netting ['netiŋ] *n.* [U] ***1*** **fabbricazione di reti** ***2*** **pesca con le reti.**
nettle ['netl] *n.* [C] *(bot.,* Urtica*)* **ortica** ● *(fig.) to grasp the n.,* prendere il toro per le corna.
to **nettle** ['netl] *v. t.* ***1*** **pungere** (q.) **con l'ortica** ***2*** *(fig.)* **punzecchiare; esasperare; irritare.**
nettlerash ['netlræʃ] *n.* [U] *(med.)* **orticaria.**
network ['net,wə:k] *n.* [C] ***1*** **reticolato** ***2*** **rete; sistema**: *a n. of railways,* una rete ferroviaria ***3*** *(radio; telev.)* **rete di emittenti.**
neuralgia [njuə'rældʒə] *n.* [U] *(med.)* **nevralgia.**
neuralgic [njuə'rældʒik] *a.* *(med.)* **nevralgico.**
neurasthenia [,njuərəs'θi:njə] *n.* [U] *(med.)* **nevrastenia.**
neurasthenic [,njuərəs'θenik] *a.* e *n.* *(med.)* **nevrastenico.**
neurine ['njuəri:n] *n.* [U] *(chim., biol.)* **neurina.**
neuritis [njuə'raitis] *n.* [U] *(med.)* **nevrite; neurite.**
neuro- ['njuərə] *(in parole composte)* **neuro-** (significa "nuovo", "nervoso", "che ha relazione con il sistema nervoso").
neurological [,njuərə'lɔdʒikəl] *a.* *(med.)* **neurologico.**
neurologist [njuə'rɔlədʒist] *n.* *(med.)* **neurologo.**
neurology [njuə'rɔlədʒi] *n.* [U] *(med.)* **neurologia.**
neuropath ['njuərəpæθ] *n.* *(med.)* **neuropatico.**
neuropathic [,njuərou'pæθik] *a.* *(med.)* **neuropatico.**
neuropathy [njuə'rɔpəθi] *n.* [U] *(med.)* **neuropatia.**
neurosis [njuə'rousis] *n.* [U] e [C] *(pl.* **neuroses** [njuə'rousi:z]) *(psic.)* **nevrosi; neurosi.**
neurosurgeon [,njuərou'sə:dʒən] *n.* [C] **neurochirurgo.**
neurosurgery [,njuərou'sə:dʒəri] *n.* [U] **neurochirurgia.**
neurotic [njuə'rɔtik] *a.* e *n.* *(psic.)* **nevrotico; neurotico.**
neuter ['nju:tə★] ***A*** *a.* ***1*** *(biol., gramm.)* **neutro** ***2*** **neutrale**: *to stand n.*, rimanere neutrale ***B*** *n.* [C] ***1*** *(gramm.)* **nome** (o **pronome,** ecc.) **neutro; genere neutro** ***2*** *(biol.)* **animale neutro; pianta neutra** ***3*** **animale castrato.**
neutral ['nju:trəl] ***A*** *a.* ***1*** **neutrale** ***2*** *(chim., fis., mecc.)* **neutro** ***B*** *n.* [C] *(polit.)* **potenza neutrale** ● (di un'automobile) *in n.*, in folle.
neutralism ['nju:trəlizəm] *n.* [U] *(polit.)* **neutralismo.**
neutralist ['nju:trəlist] *n.* *(polit.)* **neutralista.**
neutrality [nju:'træliti] *n.* [U] **neutralità.**
neutralization [,nju:trəlai'zeiʃən] *n.* [U] **neutralizzazione.**
to **neutralize** ['nju:trəlaiz] *v. t.* **neutralizzare** (in ogni senso).
neutrino [nju:'tri:nou] *n.* (*pl.* **neutrinos**) *(fis.)* **neutrino.**
neutron ['nju:trɔn] *n.* [C] *(fis.)* **neutrone.**
never ['nevə★] *avv.* **mai; non... mai; giammai**: *I shall n. forget him,* non lo dimenticherò mai ● *n. after,* mai più (da allora) □ *n. a one,* neanche uno □ *n. before,* mai prima d'ora (o d'allora) □ *n.-ending,* interminabile □ *N. fear!,* niente paura! □ *N. mind!,* non preoccuparti! □ *n.-to-be-forgotten,* indimenticabile □ *(pop.) to buy st. on the n.-n.,* comprare q.c. a rate □ *That will n. do!,* così non va bene □ *Well. I n.!,* è inaudito!; questa poi!
nevermore [,nevə'mɔ:★] *avv.* **mai più.**
nevertheless [,nevəðə'les] *avv.* e *cong.* **nondimeno; ciononostante; tuttavia.**
(1) new [nju:] *a.* **nuovo; novello; recente; fresco; moderno**: *a new idea,* un'idea nuova □ *new milk,* latte fresco □ *new potatoes,* patate novelle □ *the new look,* la moda moderna ● *the new rich,* gli arricchiti □ *as good as new,* come nuovo; quasi nuovo □ *to feel like a new man,* sentirsi rinato □ *That's nothing new,* non è una novità □ *A Happy New Year!,* Buon Anno!
(2) new [nju:] *avv.* *(di solito nei composti)* ***1*** **di recente; di fresco; da poco tempo; ultimamente; appena**: *new-made,* fatto di recente □ *new-laid eggs,* uova appena deposte; uova fresche ***2*** **di nuovo; nuovamente**: *new-built,* costruito di nuovo.
newborn ['nju:bɔ:n] *a.* ***1*** **neonato; appena nato** ***2*** **rinato; rigenerato.**
newcomer ['nju:kʌmə★] *n.* [C] **nuovo venuto.**
newfangled ['nju:,fæŋgld] *a.* *(spreg.)* **nuovo e strano; stravagante.**
Newfoundland [nju(:)'faundlənd] *n.* [C] (anche *N. dog*) **terranova.**
newly ['nju:li] *avv.* ***1*** **di recente; da poco tempo; appena** ***2*** **di nuovo; in modo nuovo** ● *(fam.) n.-weds,* sposini novelli.
newness ['nju:nis] *n.* [U] **novità; modernità.**
news [nju:z] *n. pl.* *(collett., col verbo al sing.)* **notizia, notizie; novità; informazioni**: *I have had no n. from him,* non ho avuto sue notizie □ *Is there any n.?,* ci sono novità? ● *n.-boy,* strillone □ *(radio) n. bulletin,* notiziario; giornale radio □ *(cinem.) n.-reel,* cinegiornale □ *n.-sheet,* notiziario; bollettino □ *n.-stall (o n.-stand),* edicola (di giornalaio) □ *n.-vendor,* venditore di giornali ; giornalaio □ *to break the n. to sb.*, dare una cattiva notizia a q. □ *a piece of n.*, una notizia: *Here's an interesting piece of n.*, ecco una notizia interessante □ *society n.*, cronaca mondana.
newsagent ['nju:z,eidʒənt] *n.* [C] **giornalaio; edicolante.**
newscast ['nju:zka:st] *n.* [C] ***1*** *(radio)* **giornale radio** ***2*** *(telev.)* **telegiornale.**
newscaster ['nju:zka:stə★] *n.* [C] *(radio, telev.)* **annunciatore, annunciatrice.**
newsmonger ['nju:z,mʌŋgə★] *n.* [C] **chiacchierone, chiacchierona; pettegolo, pettegola.**

newspaper ['nju:sˌpeipə*] *n.* **giornale; gazzetta** • *a daily n.*, un quotidiano □ *a weekly n.*, un settimanale.

newspaperman ['nju:zˌpeipəˌmæn] *n.* (*pl.* **newspapermen** ['nju:zˌpeipəˌmen]) **giornalista.**

newsreader ['nju:zˌri:də*] *n.* [C] *(radio, telev.)* **annunciatore, annunciatrice.**

newsworthy ['nju:zˌwə:ði] *a.* **che fa notizia; interessante.**

newsy ['nju:zi] *a.* *(fam.)* **ricco di notizie.**

newt [nju:t] *n.* [C] (*zool.*, Triturus) **tritone.**

New Yorker [ˌnju:'jɔ:kə*] *n.* [C] **abitante di Nuova York.**

New Zealander [ˌnju:'zi:ləndə*] *n.* [C] **neozelandese.**

next [nekst] ***A*** *a.* **prossimo; (il) più vicino; contiguo; seguente; successivo**: *the n. train,* il prossimo treno; il primo treno (dopo questo) □ *the n. stop,* la fermata successiva; la prima fermata (dopo questa) □ *the house n. to mine,* la casa vicina (o accanto) alla mia □ *n. Monday (*o *on Monday n.),* lunedì prossimo □ *n. week,* la prossima settimana □ *n. year,* l'anno prossimo; l'anno venturo ***B*** *n.* *(agg. sostantivato)* **prossimo; primo** (dopo un altro) ***C*** *avv.* ***1*** **in seguito; dopo; poi** ***2*** **la prossima volta; prossimamente** ***D*** *prep.* (*arc.;* ora *n. to*) ***1*** **vicino a; accanto a; presso**: *the building n. to the post office,* l'edificio vicino alla Posta ***2*** **subito dopo; dopo**: *the largest city n. to New York,* la città più grande dopo Nuova York • *the n. best (thing),* la migliore alternativa □ *N., please!,* avanti un altro! □ *n. to impossible,* quasi impossibile □ *n. to none,* quasi nessuno □ *n. to nothing,* quasi niente □ *to come n.*, venire subito dopo □ *the shop n. to the corner,* il negozio all'angolo □ *the Sunday n. before Easter,* l'ultima domenica prima della Pasqua (la Domenica delle Palme) □ *What n.?,* e poi? □ *(iron.) What n.!,* acciderba!; c'è da aspettarsi di tutto! □ *Who comes n.?,* a chi tocca ora?

nexus ['neksəs] *n.* [C] **nesso; legame; relazione.**

nib [nib] *n.* [C] (anche *pen-nib*) **pennino.**

to **nibble** ['nibl] *v. t.* e *i.* ***1*** **mordicchiare; morsicare; rosicchiare**: *to n. (at) st.*, rosicchiare q.c. ***2*** (di pecore) **brucare** ***3*** (di persone) **mangiucchiare; sgranocchiare** ***4*** **mostrare interesse per, stare per accettare** (un'offerta, ecc.) • (di pesci) *to n. (at) the bait,* abboccare.

nibble ['nibl] *n.* [C] **piccolo morso.**

nice [nais] *a.* ***1*** **bello; grazioso; attraente; gradevole; piacevole; simpatico; cortese; gentile**: *n. weather,* bel tempo □ *a n. little girl,* una graziosa ragazzina □ *n. to the taste,* gradevole al gusto □ *to be very n. to sb.*, essere molto gentile con q. □ *a n. fellow,* un tipo simpatico ***2*** (di cibo, pasto, ecc.) **buono; squisito** ***3*** **delicato; difficile; sottile**: *a n. distinction,* una sottile distinzione □ *n. shades of meaning,* sottili sfumature di significato ***4*** **retto; corretto** ***5*** **di gusti difficili; incontentabile; esigente; minuzioso; scrupoloso** • *n. and warm,* ben caldo □ *Their car is going n. and fast,* la loro automobile va a meraviglia.

nicely ['naisli] *avv.* ***1*** **esattamente** ***2*** *(fam.)* **gradevolmente; piacevolmente** ***3*** *(fam.)* **bene; proprio bene; a pennello.**

niceness ['naisnis] *n.* [U] ***1*** **sottigliezza; finezza** ***2*** **esattezza; precisione; scrupolosità** ***3*** *(fam.)* **gradevolezza; piacevolezza** ***4*** *(fam.)* **cortesia; gentilezza.**

nicety ['naisiti] *n.* ***1*** [U] **accuratezza; esattezza; precisione; meticolosità; scrupolosità** ***2*** [U] **delicatezza; difficoltà** ***3*** *(al pl.)* **finezze; sottigliezze; minuzie**: *the niceties of criticism,* le sottigliezze della critica • *to a n.*, esattamente; in modo preciso □ (di capo di vestiario, ecc.) *to fit to a n.*, stare a pennello.

niche [nitʃ] *n.* [C] *(archit.)* **nicchia** (anche *fig.*).

(1) nick [nik] *n.* [C] ***1*** **intaccatura; tacca** ***2*** *(pop.)* **prigione; gattabuia** *(pop.)* • *in the n. of time,* al momento giusto.

to **nick** [nik] *v. t.* ***1*** **intaccare; fare una tacca** (o **tacche) in** ***2*** **segnare** (punti, ecc.) **facendo tacche** ***3*** **afferrare; cogliere; intuire**: *to n. an opportunity,* cogliere un'occasione ***4*** **prendere al volo** *(fig.)* ***5*** *(fam.)* **prendere, arrestare** (un delinquente) ***6*** *(fam.)* **rubare; sgraffignare** *(fam.).*

(2) nick [nik] *n.* [U] *(pop.)* **condizioni; forma**: *in good n.*, in buone condizioni.

nickel ['nikl] *n.* ***1*** [U] *(chim.)* **nickel; nichel; nichelio** ***2*** [C] *(USA)* **moneta da cinque centesimi di dollaro** • *n.-plated,* nichelato □ *n. silver,* alpacca; argentone.

to **nickel** ['nikl] *v. t.* *(ind.)* **nichelare.**

nicker ['nikə*] *n.* *(invar. al pl.)* *(pop.)* **sterlina.**

nick-nack ['niknæk] *V.* **knick-knack.**

nickname ['nikneim] *n.* [C] **nomignolo; soprannome.**

to **nickname** ['nikneim] *v. t.* **soprannominare.**

nicotine ['nikəti:n] *n.* [U] *(chim.)* **nicotina.**

nicotinism ['nikəti:nizəm] *n.* [U] *(med.)* **nicotinismo; tabagismo.**

to **nidificate** ['nidifikeit], to **nidify** ['nidifai] *v. i.* **nidificare; fare il nido.**

to **nid-nod** ['nidˌnɔd] *v. i.* **ciondolare il capo** (per il sonno).

niece [ni:s] *n.* [C] **nipote** (femmina; di zio o di zia).

niello [ni'elou] *n.* [U] *(arte, metall.)* **niello.**

to **niello** [ni'elou] *v. t.* **niellare.**

niff [nif] *n.* *(solo al sing.)* *(pop.)* **cattivo odore; puzzo.**

niffy ['nifi] *a.* *(pop.)* **che puzza; maleodorante.**

nifty ['nifti] *a.* *(pop.)* **elegante; con i fiocchi.**

Nigerian [nai'dʒiəriən] *a.* e *n.* **nigeriano.**

niggard ['nigəd] *n.* [C] **avaro; spilorcio; tirchio.**

niggardly ['nigədli] *a.* ***1*** **avaro; gretto; spilorcio; taccagno; tirchio** ***2*** **misero; scarso.**

nigger ['nigə*] *n.* *(spreg.)* ***1*** **negro, negra** ***2*** **uomo** (o **donna) di colore** • *n. song,* canzone negra.

to **niggle** ['nigl] *v. i.* **fare il pignolo; preoccuparsi d'inezie.**

niggling ['nigliŋ] *a.* ***1*** **pignolo; minuzioso** ***2*** **insignificante.**

nigh [nai] *(poet.* o *dial.)* ***A*** *avv.* **vicino; accanto** ***B*** *prep.* **vicino a.**

night [nait] *n.* [C] e [U] **notte; nottata; sera; serata**: *Can you stay over n.?,* puoi passare la notte da noi? □ *n. and day,* giorno e notte; notte e dì □ *all n. (long),* tutta la notte □ *by n.*, di notte □ *at n.*, al calar della notte; di notte □ *to make a n. of it,* passare una serata magnifica (a far baldoria) • *n. bird,* uccello notturno; *(fig.)* nottambulo □ *n. club,* locale notturno □ *n.-dress (*o *n.-gown),* camicia da notte (da donna) □ *n.-light,* lumino da notte □ *(arte) n.-piece,* quadro con soggetto notturno □ *n.-shirt,* camicia da notte (da uomo) □ *n.-walker,* nottambulo □ *n. watch,* sorvegliante notturno; guardia notturna □ *to have a n. out,* passare la sera (e parte della notte) fuori di casa; far nottata divertendosi; (di domestico) avere una serata libera □ *in the dead of n.*, nel cuor della notte □ *in the n.-time,* di notte; nottetempo □ *late at n.*, a tarda notte; a notte inoltrata.

nightcap ['naitkæp] *n.* [C] ***1*** **berretto da notte** ***2*** *(fam.)* **bicchierino di liquore bevuto prima di andare a letto.**

nightfall ['naitfɔ:l] *n.* [U] **crepuscolo** • *at n.*, al calar della notte.

nightie ['naiti] *n.* [C] *(fam.)* **camicia da notte** (da donna).

nightingale ['naitiŋgeil] *n.* [C] (*zool.*, Luscinia) **usignolo.**

nightjar ['naitdʒa:*] *n.* [C] (*zool.*, Caprimulgus europaeus) **succiacapre.**

nightly ['naitli] ***A*** *a.* ***1*** **notturno; della notte** ***2*** **serale; d'ogni sera** ***B*** *avv.* ***1*** **di notte; ogni notte** ***2*** **di sera; ogni sera.**

nightmare ['naitmɛə*] *n.* [C] **incubo** (anche *fig.*); *(fig.)* **ossessione.**

nightshade ['naitˌʃeid] *n.* [U] (*bot.*, Solanum nigrum) **morella** • *deadly n.* (Atropa belladonna), belladonna.

nighty ['naiti] *V.* **nightie.**

nihilism ['naiilizəm] *n.* [U] *(polit., filos.)* **nichilismo.**

nihilist ['naiilist] *n.* [C] *(polit., filos.)* **nichilista.**

nil [nil] *n.* [U] ***1*** **niente; nulla** ***2*** *(sport)* **zero.**

nimble ['nimbl] *a.* **agile** (anche *fig.*); **lesto; svelto; pronto.**

nimbleness ['nimblnis] *n.* [U] **agilità; lestezza; svel-**

tezza; prontezza.

nimbus ['nimbəs] *n.* (*pl.* **nimbi** ['nimbai], **nimbuses**) **1** *(meteorologia)* **nembo 2 nimbo; aureola.**

niminy-piminy ['nimini'pimini] *a.* **affettato; lezioso.**

nincompoop ['ninkəmpu:p] *n.* [C] *(fam.)* **balordo; imbecille; semplicione.**

nine [nain] *a.* e *n.* **nove** ● *(mat.) to cast out nines,* fare la prova del nove □ *(fam.) dressed up to the nines,* vestito con ricercatezza; tutto azzimato □ *It's n. (o' clock),* sono le nove.

ninefold ['nainfould] **A** *a.* **1 nonuplo** *(raro)*; **(che è) nove volte maggiore 2 composto di nove parti B** *avv.* **nove volte tanto** (o **tanti).**

ninepin ['nain,pin] *n.* **1** [C] **birillo 2** *(al pl., col verbo al sing.)* **gioco dei birilli.**

nineteen [,nain'ti:n] *a.* e *n.* **diciannove** ● *to talk n. to the dozen,* parlare incessantemente.

nineteenth [,nain'ti:nθ] *a.* e *n.* **diciannovesimo; decimonono.**

ninetieth ['naintiiθ] *a.* e *n.* **novantesimo.**

ninety ['nainti] *a.* e *n.* **novanta** ● *the nineties,* gli anni fra i novanta e i cento (in un secolo o nella vita d'una persona): *to be in one's late nineties,* essere quasi centenario.

ninny ['nini] *n.* [C] **imbecille; sempliciotto; sciocco.**

ninth [nainθ] **A** *a.* **nono B** *n.* **1 nono**: *one n.,* un nono **2** *(mus.)* **nona.**

ninthly ['nainθli] *avv.* **in nono luogo.**

niobium [nai'oubjəm] *n.* [U] *(chim.)* **niobio.**

(1) to **nip** [nip] **A** *v. t.* **1 pizzicare; dare un pizzicotto a; pungere 2** — *to nip off,* strappare; staccare **3** (del gelo, del vento) **assiderare; gelare; distruggere 4** (*fam.*, anche *to nip up, out*) **arraffare; rubare B** *v. i.* **1 dar pizzicotti; pungere; morsicare 2 pungere** *(fig.)*; **essere gelido** ● *(fam.) to nip along,* affrettarsi; camminare in fretta □ *(fam.) to nip in,* entrare in fretta □ *(fig.) to nip st. in the bud,* distruggere q.c. in germe; arrestare q.c. all'inizio □ *(fam.) to nip off,* scappare di corsa.

(1) nip [nip] *n.* [C] **1 pizzico; pizzicotto; morso** (anche *fig.*) **2 sapore piccante** ● *There's a nip in the air,* l'aria è pungente.

(2) nip [nip] *n.* [C] **sorso, bicchierino** (di liquore); **cicchetto** *(fam.).*

(2) to **nip** [nip] **A** *v. i.* **bere un bicchierino** (di liquore) **B** *v. t.* **bere** (un liquore) **a sorsi.**

Nip [nip] *a.* e *n.* (*abbr.* di **Nipponese**) *(spreg.)* **nipponico; giapponese.**

nipper ['nipə*] *n.* **1** *(al pl.)* **pinze; pinzette; tenaglie 2** *(al pl.)* **occhiali a stringinaso 3** *(zool.)* **chela; pinza** (di granchio) **4** *(fam.)* **ragazzino.**

nipping ['nipiŋ] *a.* **pungente** (anche *fig.*).

nipple ['nipl] *n.* [C] **1** *(anat.)* **capezzolo 2 tettarella di gomma 3** *(mecc.)* **raccordo filettato** ● *(mecc.) lubricating n.,* ingrassatore; oliatore.

Nipponese [,nipə'ni:z] *a.* e *n.* **nipponico; giapponese.**

nippy ['nipi] *a.* **1 pungente; gelido 2** *(fam.)* **agile; lesto.**

nirvana [niə'va:nə] *n.* [U] e [C] *(relig.)* **nirvana.**

nisi ['naisai] *(lat.), cong. (leg.)* **a meno che non; se non.**

(1) nit [nit] *n.* [C] *(zool.)* **lendine.**

(2) nit [nit] *V.* **nitwit.**

nitpicking ['nit,pikiŋ] **A** *n.* [U] *(fam.)* **critiche minuziose e pedanti; pignoleria B** *a.* **pignolesco.**

nitrate ['naitreit] *n.* [U] e [C] *(chim.)* **nitrato.**

nitre ['naitə*] *n.* [U] *(chim.)* **1 nitro; nitrato di potassio 2 nitrato di sodio.**

nitric ['naitrik] *a. (chim.)* **nitrico**: *n. acid,* acido nitrico.

nitrogen ['naitrədʒən] *n.* [U] *(chim.)* **azoto.**

nitrogenous [nai'trɔdʒinəs] *a. (chim.)* **azotato.**

nitroglycerin(e) [,naitrou'glisə,ri:n] *n.* [U] *(chim.)* **nitroglicerina.**

nitrous ['naitrəs] *a. (chim.)* **nitroso**: *n. acid,* acido nitroso ● *n. oxide,* protossido d'azoto; gas esilarante.

nitty-gritty [,niti'griti] *n.* — *(fam.) to get down to the n.,* arrivare al nocciolo del problema.

nitwit ['nitwit] *n.* [C] *(fam.)* **imbecille; stupido.**

niveous ['niviəs] *a. (lett.)* **niveo.**

nix [niks] *(pop. USA)* **A** *n.* **niente; nulla B** *avv.* **no.**

to **nix** [niks] *v. t. (pop. USA)* **respingere** (una proposta); **bocciare** (un progetto).

(1) no [nou] **A** *particella neg.* **no**: *No, thank you,* no, grazie **B** *n.* (*pl.* **noes** [nouz]) **no; voto** (o **votante) contrario** ● *Two noes make a yes,* due negazioni affermano.

(2) no [nou] *a.* **nessuno, nessuna; non**: *I have no books at all,* non ho libri □ *He is no doctor,* non è affatto dottore □ *He's no fool,* non è stupido; è tutt'altro che stupido ● *no date,* senza data □ *no man,* nessuno: *no man's land,* terra di nessuno □ *no one,* nessuno □ *his faith or no-faith,* la sua fede o meglio la sua mancanza di fede □ *It's no distance,* è vicinissimo; è qui a due passi □ *Now no mistake!,* mi raccomando, niente sbagli! □ *There was no mistaking what he meant,* le sue parole (o le sue intenzioni) erano chiare.

(3) no [nou] *avv.* **1** *(prima d'un compar.)* **non**: *She's no better yet,* non si può dire che stia meglio □ *There were no fewer than a hundred people there,* c'erano non meno di cento persone **2** (*correlativo* di *or*) **no**: *Pleasant or no, it is true,* piaccia o no, è vero ● *It's no less than a scandal,* è uno scandalo bell'e buono □ *There's no such thing (as that),* non esiste una cosa simile.

(1) nob [nɔb] *n.* [C] *(pop.)* **testa; zucca** *(fig.).*

(2) nob [nɔb] *n.* [C] *(fam.)* **pezzo grosso.**

to **nob** [nɔb] *v. t. (pugilato)* **colpire** (l'avversario) **alla testa.**

to **nobble** ['nɔbl] *v. t. (pop.)* **1 danneggiare, drogare** (un cavallo) **2 vincere** (una corsa, una gara) **con la frode 3 corrompere, comprare** (un giudice, un arbitro) **4 ottenere in modo illecito** (denaro).

nobby ['nɔbi] *a. (pop.)* **elegante; alla moda.**

nobelium [nou'beliəm] *n.* [U] *(chim.)* **nobelio.**

nobiliary [nou'biljəri] *a.* **nobiliare.**

nobility [nou'biliti] *n.* **1** [U] **nobiltà 2** — *the n.,* la nobiltà: *a member of the n.,* un membro della nobiltà; un nobile.

noble ['noubl] **A** *a.* **1 nobile** (quasi in ogni senso): *a man of n. birth,* un uomo di nobili natali □ *n. actions (feelings, etc.),* azioni (sentimenti, ecc.) nobili **2 grandioso; magnifico; splendido**: *a n. view,* una splendida vista **B** *n.* **nobile.**

nobleman ['noublmən] *n.* (*pl.* **noblemen** ['noublmən]) **nobile.**

noble-minded [,noubl'maindid] *a.* **d'animo nobile; magnanimo.**

noble-mindedness [,noubl'maindidnis] *n.* [U] **nobiltà d'animo; magnanimità.**

noblesse [nou'bles] *n. (con l'art. determ.)* **(la) nobiltà; (i) nobili.**

noblewoman ['noubl,wumən] *n.* (*pl.* **noblewomen** ['noubl,wimin]) **nobildonna.**

nobody ['noubədi] **A** *pron. indef.* **nessuno**: *N. knows,* non lo sa nessuno; nessuno sa niente **B** *n.* [C] **persona di nessun conto; nullità.**

nock [nɔk] *n.* [C] **cocca** (della freccia).

to **nock** [nɔk] *v. t.* **accoccare** (una freccia).

noctambulism [nɔk'tæmbju,lizəm] *n.* [U] **sonnambulismo.**

noctambulist [nɔk'tæmbjulist] *n.* [C] **sonnambulo, sonnambula.**

noctule ['nɔktju(:)l] *n.* (*zool.*, Nyctalus noctula) **nottola.**

nocturnal [nɔk'tə:nl] *a.* **notturno.**

nocturne ['nɔktə:n] *n.* [C] *(arte, mus.)* **notturno.**

to **nod** [nɔd] *v. i.* **1 accennare col capo; accennare di sì; fare un cenno 2 ciondolare il capo** (per il sonno); **sonnecchiare 3 ondeggiare** (al vento, ecc.) ● *to nod one's approval,* manifestare la propria approvazione con un cenno del capo; fare un cenno di consenso □ *to nod one's farewell,* salutare con un cenno del capo.

nod [nɔd] *n.* [C] **cenno col capo; cenno**: *to give sb. a nod,* fare un cenno col capo a q. ● *the land of Nod,* il regno dei sogni.

nodal ['noudl] *a. (scient.)* **nodale.**

noddle ['nɔdl] *n.* [C] *(fam., scherz.)* **testa; zucca** *(fig.)*.
noddy ['nɔdi] *n.* [C] **babbeo; gonzo; semplicione.**
node [noud] *n.* [C] ***1*** *(scient.)* **nodo** ***2*** *(bot.)* **nocchio.**
nodose ['noudous], **nodous** ['noudəs] *a.* **nodoso; nocchieruto.**
nodosity [nou'dɔsiti] *n.* [U] e [C] **nodosità.**
nodular ['nɔdjulə*] *a. (scient.)* **nodulare.**
nodulated ['nɔdjuleitid] *a. (scient.)* **nodoso; a forma di nodulo.**
nodule ['nɔdju:l] *n.* [C] *(scient.)* **nodulo.**
nodulous ['nodjuləs] *a. (scient.)* **a noduli.**
nodus ['noudəs] *n.* (*pl.* **nodi** ['noudai]) **nodo** *(fig.)*; **difficoltà; intoppo; punto difficile; complicazione.**
Noel [nou'el] *n. (relig.)* **Natale.**
nog [nɔg] *n.* [C] *(edil.)* **tassello di legno.**
noggin ['nɔgin] *n.* [C] ***1*** (misura per liquori) **quarto di pinta** ***2*** *(pop.)* **testa; zucca** *(pop.)*.
nohow ['nouhau] *avv. (fam.)* **in nessun modo; per niente.**
noise [nɔiz] *n.* [C] e [U] **rumore; clamore; chiasso; baccano; frastuono**: *Don't make such a (loud) n.!*, non fate tanto chiasso! □ *the n. of traffic,* il frastuono del traffico ● *(fam.) a big n.*, un pezzo grosso; una persona importante □ *to make a n. about st.*, fare un gran chiasso per q.c. □ *to make a n. in the world,* far parlare molto di sé.
to **noise** [nɔiz] *v. t.* (specialm. *to n. abroad*) **divulgare; diffondere; strombazzare.**
noiseless ['nɔizlis] *a.* **silenzioso.**
noisiness ['nɔizinis] *n.* [U] **rumorosità; fragore; frastuono.**
noisome ['nɔisəm] *a.* ***1*** **malsano; nocivo** ***2*** **disgustoso; fetido.**
noisomeness ['nɔisəmnis] *n.* [U] ***1*** **dannosità; nocività** ***2*** **fetore.**
noisy ['nɔizi] *a.* **chiassoso** (anche *fig.*); **rumoroso; tumultuoso**: *n. children,* bambini chiassosi □ *n. colours,* colori chiassosi.
nomad ['noumæd] *n.* [C] e *a.* **nomade.**
nomadic [nou'mædik] *a.* **nomade.**
nomadism ['noumædizəm] *n.* [U] **nomadismo.**
nom de plume [ˌnɔmdə'plu:m] *(franc.) n.* [C] **pseudonimo; nome d'arte.**
nomenclature [nou'menklətʃə*] *n.* [C] e [U] **nomenclatura.**
nominal ['nɔminl̩] *a.* (anche *gramm.*) **nominale.**
to **nominate** ['nɔmineit] *v. t.* ***1*** **nominare; designare** ***2*** **proporre** (q.) **come candidato.**
nomination [ˌnɔmi'neiʃən] *n.* ***1*** [U] e [C] **nomina** ***2*** [U] **diritto di nomina** ***3*** [U] e [C] **candidatura.**
nominative ['nɔminətiv] *a.* e *n. (gramm.)* **nominativo.**
nominee [ˌnɔmi'ni:] *n.* [C] ***1*** **persona designata** (a un ufficio) ***2*** (specialm. *polit.*) **candidato.**
non-acceptance [ˌnɔnək'septəns] *n.* [U] (specialm. *comm.*) **mancata accettazione.**
nonage ['nounidʒ] *n.* [U] *(leg.)* **minorità; età minore.**
nonagenarian [ˌnounədʒi'nɛəriən] *a.* e *n.* [C] **nonagenario.**
non-aggression [ˌnɔnə'greʃən] *n.* [U] *(polit.)* **non aggressione** ● *n. pact,* patto di non aggressione.
non-alcoholic [ˌnɔnˌælkə'hɔlik] *a.* **non alcolico; analcolico.**
non-aligned [ˌnɔnə'laind] *a. (polit.)* **non impegnato; non allineato.**
non-alignment [ˌnɔnə'lainmənt] *n.* [U] *(polit.)* **disimpegno; non allineamento.**
non-appearance [ˌnɔnə'piərəns] *n.* [U] *(leg.)* **mancata comparizione; contumacia.**
non-belligerent [ˌnɔnbi'lidʒərənt] *a.* e *n.* [C] *(polit.)* **(nazione) non belligerante.**
nonce [nɔns] *n. (soltanto nella locuz.:) for the n.*, per il momento; per questa volta ● *n. word,* parola coniata per l'occasione.
nonchalance ['nɔnʃələns] *n.* [U] **noncuranza; disinvoltura.**
nonchalant ['nɔnʃələnt] *a.* **noncurante; disinvolto.**
non-combatant [ˌnɔn'kɔmbətənt] *n.* [C] *(mil.)* **militare non combattente** (cappellano, medico, ecc.).
non-commissioned officer [ˌnɔnkə'miʃənd'ɔfisə*] *n.* [C] *(mil.)* **sottufficiale.**
non-committal [ˌnɔnkə'mitl] *a.* **non impegnativo** ● (di persona) *to be n.*, non dire né sì né no; non pronunciarsi.
non-committed [ˌnɔnkə'mitid] *a. (polit.)* **non impegnato.**
non compos mentis [ˌnɔnˌkɔmpəs'mentis'] *(lat.) a. (leg.)* **incapace d'intendere e di volere.**
non-conductor [ˌnɔnkən'dʌktə*] *n.* [C] *(fis.)* **materiale isolante.**
nonconformism [ˌnɔnkən'fɔ:mizəm] *n.* [U] **anticonformismo.**
nonconformist [ˌnɔnkən'fɔ:mist] *n.* [C] **anticonformista; dissidente, dissenziente** (dalla religione ufficiale).
non-delivery [ˌnɔndi'livəri] *n.* [U] *(comm.)* **mancata consegna.**
nondescript ['nɔndiˌskript] ***A*** *a.* **di carattere non ben definito; indefinibile** ***B*** *n.* [C] **individuo** (o **oggetto) indefinibile.**
none [nʌn] ***A*** *pron. indef.* ***1*** **nessuno, nessuna**: *n. of them,* nessuno di loro ***2*** **niente; nulla**: *N. of this concerns me,* niente di tutto ciò mi riguarda ***3*** **non... ne; non**: *You have money and I have n.*, tu hai denaro e io non ne ho □ *If a doctor is wanted, I am n.*, se cercano un dottore, io non lo sono ***B*** *avv.* (*coi compar. e con so* e *too*) **non**: *You did it n. too well,* non l'hai (mica) fatto tanto bene ● *n. but,* nessuno tranne; solamente, soltanto □ *n. the less,* nondimeno; tuttavia □ *n. other but,* niente di meno che; appunto □ *N. of that!*, basta!; smettila!; smettetela! □ *That's n. of your business,* non sono affari tuoi!
non-effective [ˌnɔni'fektiv] *a.* ***1*** **inefficace** ***2*** *(mil.)* **inabile al servizio attivo.**
nonego [ˌnɔn'egou] *n. (filos.)* **(il) non-io.**
nonentity [nɔn'entiti] *n.* ***1*** [U] **inesistenza** ***2*** [C] **cosa inesistente** (o **immaginaria)** ***3*** [C] **nullità; uomo da nulla; zero** *(fig.)*.
nonesuch ['nʌnsʌtʃ] *V.* **nonsuch.**
non-existence [ˌnɔnig'zistəns] *n.* ***1*** [U] **inesistenza** ***2*** [C] **cosa inesistente.**
non-existent [ˌnɔnig'zistənt] *a.* **inesistente.**
non-feasance [ˌnɔn'fi:zəns] *n.* [U] *(leg.)* **omissione.**
non-fulfilment [ˌnɔnful'filmənt] *n.* [U] *(leg.)* **inadempienza.**
non-glare [ˌnɔn'glɛə*] *a. (autom.)* **anabbagliante.**
non-information [ˌnɔnˌinfə'meiʃən] *n.* [U] **disinformazione.**
non-interference [ˌnɔnˌintə'fiərəns], **non-intervention** [ˌnɔnˌintə'venʃən] *n.* [U] (specialm. *polit.*) **non intervento; neutralità.**
non-iron [ˌnɔn'aiən] *a.* (d'abito e sim.) **che non deve essere stirato; « lava e indossa ».**
non-observance [ˌnɔnəb'zə:vəns] *n.* [U] *(leg.)* **inosservanza.**
nonpareil [ˌnɔnpə'rel] ***A*** *a.* **senza pari; incomparabile; unico** ***B*** *n.* **persona** (o **cosa) incomparabile.**
non-payment [ˌnɔn'peimənt] *n.* [U] *(comm.)* **mancato pagamento.**
nonplus [ˌnɔn'plʌs] *n. (con l'art. indeterm.)* **imbarazzo; perplessità** ● *to be at a n.*, essere imbarazzato; non sapere che pesci pigliare *(fam.)*.
to **nonplus** [ˌnɔn'plʌs] *v. t.* **imbarazzare; sconcertare.**
non-proliferation [ˌnɔnprəˌlifə'reiʃən] *n.* [U] *(polit., mil.)* **non proliferazione** ● *n. treaty,* trattato di non proliferazione.
nonresident [ˌnɔn'rezidənt] *a.* e *n.* [C] **non residente** ● (di ristorante o bar annesso a un albergo) *open to nonresidents,* aperto al pubblico (a tutti, non solo agli ospiti).
non-returnable [ˌnɔnri'tə:nəbl] *a. (comm.)* **da non restituire; « a perdere ».**
nonsense ['nɔnsəns] *n.* [U] **nonsenso; controsenso; assurdità; frottole, sciocchezze, stupidaggini**: *That's all n.*, sono tutte sciocchezze! ● *N.!*, sciocchezze! □ *n.*

poems, poesie di un umorismo un po' assurdo.
nonsensical [nɔn'sensikəl] *a.* **insensato; assurdo; sciocco.**
non-skid [ˌnɔn'skid] *a.* *(autom.:* di pneumatico*)* **antisdrucciolevole.**
non-smoker [ˌnɔn'smoukə*] *n.* [C] ***1*** **non fumatore; chi non fuma *2*** *(ferr.)* **scompartimento per non fumatori.**
non-stop ['nɔn'stɔp] ***A*** *a.* ***1*** (di viaggio) **ininterrotto; senza fermate *2*** (di treno, autobus) **diretto *3*** *(aeron.)* **senza scalo *B*** *avv.* **senza pausa; ininterrottamente.**
nonsuch ['nʌnˌsʌtʃ] *n.* [C] **persona** (o **cosa**) **senza pari.**
nonsuit [ˌnɔn'sju:t] *n.* [C] *(leg.)* **« non luogo a procedere ».**
non-U [ˌnɔn'ju:] *a.* *(scherz.)* **poco fine.**
non-union [ˌnɔn'ju:njən] *a. attr.* (d'operaio, ecc.) **non iscritto a un sindacato.**
(1) noodle ['nu:dl] *n.* **gonzo; imbecille; semplicione; stupido.**
(2) noodle ['nu:dl] *n.* *(spesso al pl.)* **tagliatelle; taglierini.**
nook [nuk] *n.* [C] **angolo; angolino; cantuccio; recesso.**
noon [nu:n], **noonday** ['nu:ndei], **noontide** ['nu:ntaid] *n.* [U] ***1*** **mezzogiorno; mezzodì; meriggio *2*** *(fig.)* **culmine; apogeo.**
noose [nu:s] *n.* [C] **cappio; laccio** (anche *fig.*); *(fig.)* **trappola**: *to put one's head in the n.*, mettere la testa nel cappio; *(fig.)* cadere in trappola.
to **noose** [nu:s] *v. t.* **accalappiare; prendere al laccio.**
nope [noup] *avv.* *(fam.)* **no.**
(1) nor [nɔ:*, nə*] *cong.* **né; e non; neanche; nemmeno**: *I have neither time nor money,* non ho né tempo né denaro □ *I don't know, nor do I care,* non lo so e non me ne importa.
(2) nor [nɔ:*] *abbr.* di **north** (specialm. nei composti).
Nordic ['nɔ:dik] *a.* e *n.* *(etnologia)* **nordico.**
norm [nɔ:m] *n.* [C] ***1*** **norma *2*** **modello; tipo.**
normal ['nɔ:məl] ***A*** *a.* **normale *B*** *n.* *(solo al sing.)* **livello normale** ● *above (below) n.*, più che (men che) normale.
normality [nɔ:'mæliti] *n.* [U] **normalità.**
normalization [ˌnɔ:məlai'zeiʃən] *n.* [U] **normalizzazione.**
to **normalize** ['nɔ:məlaiz] *v. t.* **normalizzare; rendere normale.**
Norman ['nɔ:mən] *a.* e *n.* *(stor.)* **normanno.**
normative ['nɔ:mətiv] *a.* **normativo.**
Norse [nɔ:s] ***A*** *a.* **norvegese *B*** *n.* **lingua norvegese.**
Norseman [nɔ:smən] *n.* (*pl.* **Norsemen** ['nɔ:smən]) *(stor.)* **antico abitante della Scandinavia.**
north [nɔ:θ] ***A*** *n.* **nord; settentrione; tramontana**: *a cold wind from the n.*, un freddo vento di tramontana ***B*** *a.* ***1*** **nordico; settentrionale; del nord *2*** **che viene dal nord; di tramontana *3*** **volto a settentrione; che guarda a tramontana *C*** *avv.* **a nord; verso nord** ● *n.-east,* nord-est; a nord-est □ *n.-easter,* vento di nord-est □ *(astron.) the N. Star,* la Stella Polare □ *n.-west,* nord-ovest; a nord-ovest □ *n.-wester,* vento di nord-ovest.
northbound ['nɔ:θbaund] *a.* **diretto verso nord.**
northerly ['nɔ:ðəli] ***A*** *a.* **settentrionale; nord; del** (o **dal**) **nord; di tramontana *B*** *avv.* ***1*** **verso nord *2*** **da nord.**
northern ['nɔ:ðən] *a.* **nordico; settentrionale; boreale; del** (o **dal**) **nord; di tramontana**: *the n. hemisphere,* l'emisfero boreale □ *a n. wind,* un vento di tramontana ● *n. lights,* aurora boreale.
northerner ['nɔ:ðənə*] *n.* [C] ***1*** **settentrionale *2*** — *(USA) N.*, abitante (o nativo) d'uno Stato del Nord.
northernmost ['nɔ:ðənmoust] *a.* **(il) più settentrionale.**
northing ['nɔ:θiŋ] *n.* *(naut.)* **differenza di latitudine dall'ultimo rilevamento navigando verso nord.**
Northman ['nɔ:θmən] *n.* (*pl.* **Northmen** ['nɔ:θmən]) ***1*** *(stor.)* **abitante dell'antica Scandinavia; vichingo *2*** **abitante dell'Europa settentrionale.**
Northumbrian [nɔ:'θʌmbriən] *a.* e *n.* ***1*** *(stor.)* **(abitante, dialetto) della Northumbria *2*** **(abitante, parlata) del Northumberland.**
northward ['nɔ:θwəd] ***A*** *a.* **diretto** (o **rivolto**) **a nord *B*** *avv.* **verso nord.**
northwardly ['nɔ:θwədli] ***A*** *a.* ***1*** **diretto** (o **rivolto**) **a nord *2*** **da nord; di tramontana *B*** *avv.* **verso nord.**
northwards ['nɔ:θwədz] *avv.* **verso nord.**
Norwegian [nɔ:'wi:dʒən] *n.* e *a.* **norvegese** (anche la lingua).
nose [nouz] *n.* [C] ***1*** *(anat.)* **naso** (anche *fig.*); **odorato fine, fiuto *2*** *(mecc.)* **becco, beccuccio; sporgenza; canna, cannuccia; tubo *3*** *(naut.)* **prua; prora *4*** *(mil.)* **punta** (di proiettile, di siluro); **ogiva *5*** *(fig.)* **muso** (di un'automobile, di un aeroplano, ecc.) ● *(fig.) to bite* (o *to snap*) *sb.'s n. off,* dare una rispostaccia a q.; rispondere per le rime a q. □ *to count* (o *to tell*) *noses,* fare la conta (specialm. in una votazione) □ *to cut off one's n. to spite one's face,* darsi la zappa sui piedi □ *to follow one's n.*, andare sempre diritto □ *to lead sb. by the n.*, menare q. per il naso □ *(pop.) to make a long n.*, far marameo □ *(fam.) to pay through the n.*, pagare profumatamente (o un occhio della testa) □ *to poke* (o *to push, to thrust*) *one's n. into sb.'s business,* ficcare il naso negli affari di q. □ *(fig.) to put sb.'s n. out of joint,* rompere le uova nel paniere a q.; fare lo sgambetto a q. □ *to speak through the n.*, parlare col naso □ *to turn up one's n. (at sb., st.),* arricciare il naso (davanti a q., a q.c.) □ *under sb.'s very n.*, proprio sotto il naso di q.
to **nose** [nouz] *v. t.* e *i.* ***1*** (anche *to n. out*) **annusare; fiutare; sentire al fiuto;** *(fig.)* **scoprire *2*** **strofinare il naso contro;** (d'animali) **ammusare *3*** **farsi largo, farsi strada** (col muso) ● *to n. about,* annusare in giro; fiutare qua e là □ *to n. into st.*, ficcare il naso in q.c. □ *(aeron.) to n. up,* cabrare □ *to n. one's way,* farsi strada.
nosebag ['nouzbæg] *n.* [C] **sacchetto per la biada; musetta.**
noseband ['nouzbænd] *n.* [C] **museruola** (nelle briglie del cavallo).
nosebleed ['nouzbli:d] *n.* [C] *(med.)* **emorragia nasale.**
nosed [nouzd] *a.* *(nei composti)* **dal naso**: *big-n.*, dal naso grosso.
to **nose(-)dive** ['nouzdaiv] *v. i.* *(aeron.)* **gettarsi in picchiata.**
nosegay ['nouzgei] *n.* [C] **mazzo di fiori; mazzolino.**
nose-ring ['nouzriŋ] *n.* [C] ***1*** **anello per il naso; nasiera *2*** **anello al naso** (portato dai selvaggi).
nosey ['nouzi] *V.* **nosy.**
nosh [nɔʃ] *n.* *(pop.)* ***1*** [U] **cibo *2*** [C] **spuntino** ● *n.-up,* abbuffata; mangiata.
to **nosh** [nɔʃ] *v. i.* *(pop.)* **mangiare; fare uno spuntino** ● *to n. up,* abbuffarsi.
nostalgia [nɔs'tældʒiə] *n.* [U] **nostalgia.**
nostalgic [nɔs'tældʒik] *a.* **nostalgico.**
nostril ['nɔstril] *n.* [C] *(anat.)* **narice;** (di cavallo) **frogia.**
nostrum ['nɔstrəm] *n.* [C] **panacea; toccasana.**
nosy ['nouzi] *a.* ***1*** **nasuto *2*** *(fam.)* **inframmettente; curioso** ● *(fam.) n. parker,* ficcanaso.
not [nɔt] *avv.* ***1*** **non**: *They were not* (di solito: *weren't*) *there,* non c'erano □ *We do not* (di solito: *don't*) *know,* non lo sappiamo □ *I told him not to go,* gli dissi di non andare ***2*** **no; di no**: *I believe (think, hope, suppose, etc.) not,* credo (penso, spero, suppongo, ecc.) di no □ *perhaps not,* forse no □ *whether you like it or not,* ti piaccia o no ● *not at all,* niente affatto; per niente □ *not but what,* non che (seguito dal verbo neg.); per quanto □ *(pop.) not half,* molto; moltissimo; e come! □ *not to say,* per non dire.
notability [ˌnoutə'biliti] *n.* ***1*** [C] **notabile; persona importante *2*** [U] **notabilità; importanza.**
notable ['noutəbl] ***A*** *a.* **degno di nota; notevole; ragguardevole; importante; insigne *B*** *n.* **notabile; persona importante.**

notarial [nou'tɛəriəl] *a.* **notarile.**
to **notarize** ['noutəraiz] *v. t. (leg.)* (detto di notaio) **autenticare, legalizzare** (un documento, ecc.).
notary ['noutəri] *n. (leg.)* **notaio**: *a n. public,* un pubblico notaio.
notation [nou'teiʃən] *n.* **1** [U] (anche *mus.*) **notazione 2** [C] **segno; simbolo.**
notch [nɔtʃ] *n.* [C] **tacca; incisione.**
to **notch** [nɔtʃ] *v. t.* **1 dentellare; intaccare; fare tacche in** (q.c.) **2** (spesso *to n. up, to n. down*) **segnare** (punti, ecc.) **facendo tacche ●** *(fam.) to n. up another victory,* ottenere un'altra vittoria.
notched [nɔtʃt], **notchy** ['nɔtʃi] *a.* **dentellato.**
note [nout] *n.* **1** [C] **nota** (anche *mus.*); **appunto; chiosa; postilla; carattere; segno; accento; tono**: *to take notes,* prendere appunti □ *marginal notes,* note in margine □ *(fig.) to strike the right n.,* toccare la nota giusta □ *a n. of sadness,* una nota di tristezza **2** [C] **biglietto; breve lettera**: *a thank-you n.,* un biglietto di ringraziamento □ *a five-pound n.,* un biglietto da cinque sterline **3** [C] **segno d'interpunzione; punto**: *a n. of exclamation,* un punto esclamativo **4** [U] **chiara fama; grande distinzione; riguardo ●** *n.-paper,* carta da lettere □ *bank n.,* biglietto di banca; banconota □ *(comm.) credit (debit) n.,* nota di accredito (di addebito) □ *(comm.) delivery n.,* bolletta di consegna □ *(comm.) promissory n.,* pagherò cambiario □ *(fig.) to strike* (o *to sound*) *a false n.,* far risonare una nota stonata □ *to take n. of st.,* fare attenzione a q.c.
to **note** [nout] *v. t.* **1 fare attenzione a; notare; rilevare**: *N. my words,* fa' attenzione alle mie parole □ *Please n. that...,* favorite rilevare che... **2 annotare; prender nota di.**
notebook ['noutbuk] *n.* [C] **libretto per appunti; taccuino.**
notecase ['noutkeis] *n.* [C] *(raro)* **portafogli.**
noted ['noutid] *a.* **celebre; famoso; rinomato.**
noteworthy ['nout,wəːði] *a.* **degno di nota; ragguardevole.**
(1) nothing ['nʌθiŋ] *pron. indef.* e *n.* **1 niente; nulla**: *I have n. to say,* non ho niente da dire **2** *(seguito da un agg.)* **nessuna cosa; nessuna impresa**: *N. great is easy,* nessuna grande impresa è facile **3** *(con l'art. indeterm.)* **nullità; persona di nessun conto 4** *(mat.)* **zero 5** [C] **bazzecola; inezia; quisquilia; cosa di nessuna importanza ●** *n. else,* nient'altro □ *n. less than* (o *n. short of),* nient'altro che; addirittura □ *n. like,* niente di meglio che (o di) □ *n. much,* poco o nulla □ *to come to n.,* finire in nulla; andare in fumo □ *for n.,* per niente; gratis; senza motivo; invano □ *to have n. to do with sb.,* non avere nulla a che fare con q. □ *to make n. of,* non capire affatto; non dar peso a; non trarre profitto da □ *a mere n.,* un bel niente; nulla di nulla □ *to say n. of,* per non parlare di; a prescindere da □ *to think n. of,* non tenere in nessun conto □ *(fam.) N. doing!,* niente da fare! □ *He makes n. of walking ten miles,* per lui è cosa da nulla fare dieci miglia a piedi □ *That has n. to do with me,* ciò non mi riguarda; non è affar mio.
(2) nothing ['nʌθiŋ] *avv.* **niente affatto; per nulla; in nessun modo.**
nothingness ['nʌθiŋnis] *n.* [U] **1 non-essere; inesistenza 2 inutilità; insignificanza ●** *to pass into n.,* svanire nel nulla.
notice ['noutis] *n.* **1** [C] **annuncio, annunzio; avviso; comunicazione; notifica; manifesto; cartello**: *to put up a n.,* affiggere un avviso; attaccare un cartello □ *church notices,* annunzi religiosi □ *a n. board,* un tabellone per manifesti **2** [U] **preavviso; disdetta; preavviso di licenziamento**: *at short n.,* con breve preavviso □ *without n.,* senza preavviso **3** [U] **attenzione**: *to attract n.,* attirare l'attenzione □ *to bring st. to sb.'s n.,* richiamare q.c. all'attenzione di q. **4** [C] **breve articolo** (di giornale); **recensione ●** *to give n.,* comunicare □ *to give a servant a week's n.,* dare gli otto giorni a un domestico □ *to take n.,* osservare; rilevare; fare attenzione; badare □ *to take no n. of,* non osservare; far finta di non vedere; chiudere un occhio su *(fig.)* □ *till further n.,* fino a nuovo avviso.
to **notice** ['noutis] **A** *v. t.* **1 osservare; notare; accorgersi di; rilevare 2 interessarsi a, occuparsi di** (q.) **3 notare; far rilevare B** *v. i.* **badare; stare attento.**
noticeable ['noutisəbl] *a.* **1 ben visibile; evidente 2 notevole; ragguardevole.**
notification [,noutifi'keiʃən] *n.* [U] e [C] **1 notificazione;** *(leg.)* **notifica 2 denunzia** (di nascita, morte, malattia, ecc.).
to **notify** ['noutifai] *v. t.* **1 notificare a** *(leg.)*; **comunicare a; avvisare; informare 2 dichiarare** (all'autorità); **denunziare.**
notion ['nouʃən] *n.* [C] **1 nozione; idea; concetto 2** *(al pl., USA)* **articoli vari d'uso comune; chincaglierie ●** *as the n. takes him,* quando gli salta il ticchio.
notional ['nouʃənl] *a.* **1 speculativo; teorico 2 immaginario; fantastico; irreale 3** *(USA)* **che ha idee strane; bizzarro.**
notoriety [,noutə'raiəti] *n.* [U] **notorietà;** (specialm.) **brutta nomea.**
notorious [nou'tɔːriəs] *a.* **1** *(raro)* **notorio 2 famigerato; tristemente noto.**
notwithstanding [,nɔtwiθ'stændiŋ] **A** *prep.* **a dispetto di; nonostante B** *avv.* **nondimeno; tuttavia.**
nougat ['nuːgaː] *n.* [U] **torrone.**
nought [nɔːt] *n.* **1** [U] *(lett.)* **niente; nulla 2** [C] *(mat.)* **zero 3** [C] *(fig.)* **nullità; persona insignificante ●** *to set at n.,* sfidare; sprezzare.
noumenon ['nuːminən] *n.* (*pl.* **noumena** ['nuːminə]) *(filos.)* **noumeno.**
noun [naun] *n.* [C] *(gramm.)* **nome; sostantivo.**
to **nourish** ['nʌriʃ] *v. t.* **nutrire** (anche *fig.*); **alimentare; covare; coltivare** *(fig.)*: *to n. feelings of hatred,* nutrire sentimenti d'odio.
nourishing ['nʌriʃiŋ] *a.* **nutriente; nutritivo.**
nourishment ['nʌriʃmənt] *n.* [U] **nutrimento; alimento.**
nous [naus] *n.* [U] **1** *(filos.)* **nous; intelletto 2** *(fam.)* **buon senso.**
nouveau riche [,nuːvou'riːʃ] *(franc.) n.* (*pl.* **nouveax riches** [,nuːvou'riːʃ]) **nuovo ricco; pidocchio rifatto** *(spreg.)*.
(1) novel ['nɔvəl] *a.* **novello** *(lett.)*; **nuovo; insolito; strano.**
(2) novel ['nɔvəl] *n.* [C] **romanzo.**
novelette [,nɔvə'let] *n.* [C] **1 romanzo breve; novella; racconto 2 romanzo rosa 3** *(mus.)* **novelletta.**
novelettish [,nɔvə'letiʃ] *a.* **sdolcinato; sentimentale.**
novelist ['nɔvəlist] *n.* [C] **romanziere.**
to **novelize** ['nɔvəlaiz] *v. t.* **ridurre in forma di romanzo.**
novella [nou'velə] *(ital.) n. (letter.)* **romanzo breve; racconto lungo.**
novelty ['nɔvəlti] *n.* **1** [U] e [C] **novità; attualità 2** *(al pl.)* **oggettini di moda; minuterie; ninnoli.**
November [nou'vembə*] *n.* **novembre.**
novena [nou'viːnə] *n.* (*pl.* **novenae** [nou'viːniː], **novenas**) *(relig.)* **novena.**
novice ['nɔvis] *n.* [C] (anche *relig.*) **novizio, novizia; principiante.**
noviciate [nou'viʃiit], **novitiate** [nou'viʃieit] *n.* [C] (specialm. *relig.*) **1 noviziato 2 novizio, novizia.**
novocain(e) ['nouvou,kein] *n.* [U] *(farm.)* **novocaina.**
now [nau] **A** *avv.* **1 ora; adesso; in questo momento; subito 2** *(nelle narrazioni)* **allora; ormai; poi 3 ebbene; orbene; or dunque; dunque; (suv)via**: *Now what do you mean by it?,* ebbene, che cosa intendi dire con ciò? **B** *cong.* (spesso *now that*) **ora che ●** *now and then; (every) now and again,* di quando in quando □ *by now,*

ormai □ *from now on (o onwards),* d'ora in poi □ *just now,* or ora; proprio ora □ *up to now,* finora; sinora.

nowadays ['nauədeiz] *avv.* **oggi; oggigiorno; oggidì.**

nowhere ['nouwɛə*] *avv.* **in nessun luogo; da nessuna parte** ● *(fam.) n. near,* neanche lontanamente □ *(fig.) to be (o to come in) n.,* aver fatto fiasco; (in una corsa) non piazzarsi □ *to get n.,* non approdare a nulla.

nowise ['nouwaiz] *avv.* **in nessun modo; niente affatto; per nulla.**

noxious ['nɔkʃəs] *a.* **nocivo; dannoso; pernicioso.**

nozzle ['nɔzl] *n.* [C] **becco; beccuccio; boccaglio; ugello.**

nth [enθ] *a. (mat.* e *fig.)* **ennesimo**: *to the nth power,* all'ennesima potenza.

nuance [nju(:)'a:ns] *n.* [C] **sfumatura** *(anche fig.).*

nub [nʌb] *n.* ***1*** [C] **protuberanza *2*** [C] **pezzo** (specialm. di carbone) ***3*** *(solo sing.) (fam.)* **nocciolo; parte essenziale.**

nubile ['nju:bail] *a.* **nubile.**

nuclear ['nju:kliə*] *a. (fis., chim., biol.)* **nucleare** ● *(polit.) n. disarmament,* disarmo nucleare □ *n. warfare,* guerra atomica.

nucleonics [,nju:kli'ɔniks] *n. pl. (col verbo al sing.)* **nucleonica.**

nucleus ['nju:kliəs] *n.* (*pl.* **nuclei** ['nju:kliai]) *(anche fis., biol., astron., elab.)* **nucleo.**

nude [nju:d] ***A*** *a.* **nudo; ignudo *B*** *n.* [C] *(specialm. arte)* **nudo.**

to **nudge** [nʌdʒ] *v. t.* **toccare col gomito** (q. per richiamarne l'attenzione): **dare di gomito a** (q.).

nudge [nʌdʒ] *n.* [C] **colpetto di gomito.**

nudism ['nju:dizəm] *n.* [U] **nudismo.**

nudist ['nju:dist] *n.* **nudista.**

nudity ['nju:diti] *n.* [U] **nudità.**

nugatory ['nju:gətəri] *a.* **frivolo; futile; insignificante.**

nugget ['nʌgit] *n.* [C] **pepita.**

nuisance ['nju:sns] *n.* [C] ***1*** **fastidio; molestia; seccatura**: *What a n.!,* che seccatura! ***2*** **seccatore, seccatrice; rompiscatole** *(volg.)* ***3*** *(leg.)* **infrazione; danno** ● *(polit.) to have a n. value,* essere in grado di fare un'azione di disturbo.

null [nʌl] *a.* (specialm. *leg.)* **nullo; non valido** ● *(leg.) n. and void,* nullo.

nullification [,nʌlifi'keiʃən] *n.* [U] (specialm. *leg.)* **annullamento.**

to **nullify** ['nʌlifai] *v. t.* (specialm. *leg.)* **annullare; invalidare.**

nullity ['nʌliti] *n.* [U] e [C] (specialm. *leg.)* **nullità.**

numb [nʌm] *a.* ***1*** **intirizzito; intorpidito**: *fingers n. with cold,* dita intirizzite dal freddo ***2*** *(fig.)* **intontito; istupidito.**

to **numb** [nʌm] *v. t.* ***1*** **intirizzire; intorpidire *2*** *(fig.)* **intontire; istupidire.**

number ['nʌmbə*] *n.* ***1*** [C] **numero** *(anche gramm.)*; **cifra; gruppo** (di persone, di cose): **dispensa; fascicolo**: *telephone n.,* numero telefonico □ *to live at No. 42,* abitare al numero 42 □ *a back n.,* un numero arretrato; *(fig.)* una persona (o una cosa) antiquata □ *a novel issued in numbers,* un romanzo pubblicato a dispense ***2*** *(al pl.)* **preponderanza numerica** ● *numbers (of people),* una moltitudine; una gran quantità di gente □ *(autom.) n.-plate,* targa □ *(tel.) code n.,* prefisso □ *(fam.) to look after (o to take care of) n. one,* pensare a sé; badare al proprio interesse □ *(autom.) plate-n.,* numero di targa □ *times without n.,* innumerevoli volte.

to **number** ['nʌmbə*] *v. t.* ***1*** **numerare; dare un numero a *2*** **annoverare; contare; includere *3*** **ammontare a; essere** (di numero) ● *(fig.) His days are numbered,* ha i giorni contati.

numberless ['nʌmbəlis] *a.* **innumerevole.**

numbness ['nʌmnis] *n.* [U] ***1*** **intirizzimento; intorpidimento *2*** *(fig.)* **intontimento; torpore.**

numerable ['nju:mərəbl] *a.* **numerabile.**

numeral ['nju:mərəl] ***A*** *a. (mat., gramm.)* **numerale *B*** *n.* [C] **numero; cifra**: *Roman numerals,* numeri romani.

numeration [,nju:mə'reiʃən] *n.* [U] e [C] **numerazione.**

numerator ['nju:məreitə*] *n.* [C] *(mat.)* **numeratore.**

numerical [nju(:)'merikəl] *a.* **numerico.**

numerous ['nju:mərəs] *a.* **numeroso.**

numismatic [,nju:miz'mætik] *a.* **numismatico.**

numismatics [,nju:miz'mætiks] *n. pl. (col verbo al sing.)* **numismatica.**

numismatist [nju:'mizmətist] *n.* [C] **numismatico.**

numskull ['nʌmskʌl] *n.* [C] **imbecille; stupido; testone** *(fig.).*

nun [nʌn] *n.* [C] **monaca; suora.**

nuncio ['nʌnʃiou] *n.* (*pl.* **nuncios**) *(relig.)* **nunzio** (apostolico, pontificio).

nunlike ['nʌnlaik] *a.* **monacale.**

nunnery ['nʌnəri] *n.* [C] **convento.**

nuptial ['nʌpʃəl] *a.* **nuziale.**

nuptials ['nʌpʃəlz] *n. pl.* **nozze; sponsali** *(lett.).*

nurse [nə:s] *n.* [C] ***1*** (di solito *wet n.*) **balia; nutrice *2*** **bambinaia *3*** **infermiera, infermiere *4*** *(zool.)* **ape** (o **formica) operaia** ● *male n.,* infermiere □ *to put a child (out) to n.,* dare (o mettere) un bambino a balia □ *Red Cross n.,* crocerossina.

to **nurse** [nə:s] ***A*** *v. t.* ***1*** **allattare; nutrire al seno;** *(fig.)* **nutrire, covare, fomentare *2*** **aver cura di** (q., q.c.) ***3*** **far da infermiere** (o **infermiera) a** (q.); **curare, assistere** (un malato, un vecchio) ***4*** **accarezzare; coccolare; stringersi al seno *B*** *v. i.* ***1*** (di bambino) **poppare *2*** **allattare *3*** **fare l'infermiere** (o **l'infermiera)** ● *to n. a cold,* curarsi un raffreddore □ *to be nursed in luxury,* essere allevato nel lusso.

nurs(e)ling ['nə:s,liŋ] *n.* [C] **lattante; poppante.**

nursery ['nə:sri] *n.* [C] ***1*** **stanza dei bambini *2*** **nido d'infanzia *3*** **vivaio** *(anche fig.)*: **semenzaio; serra;** *(fig.)* **culla** ● *n. rhymes,* poesiole per bambini □ *n. school,* asilo infantile; scuola materna □ *n. tale,* fiaba □ *day n.,* asilo infantile.

nurseryman ['nə:srimən] *n.* (*pl.* **nurserymen** ['nə:srimən]) **proprietario di vivaio** (di piante): **vivaista.**

nursing ['nə:siŋ] *n.* [U] ***1*** **allattamento *2*** **professione d'infermiere** (o **d'infermiera) *3*** *(med.)* **assistenza infermieristica** ● *n. home,* casa di cura; casa di salute.

nurture ['nə:tʃə*] *n.* [U] ***1*** **allevamento; educazione *2*** **nutrimento.**

to **nurture** ['nə:tʃə*] *v. t.* ***1*** **allevare; educare *2*** **nutrire.**

nut [nʌt] *n.* [C] ***1*** *(bot.)* **noce; nocciola; avellana *2*** *(mecc.)* **dado *3*** *(pop.)* **testa; rotella** *(fig., pop.)*: *to be off one's nut,* mancare d'una rotella; essere matto ***4*** *(al pl.)* **piccoli pezzi di carbone** ● *(pop.) nuts,* matto; pazzo; *(anche inter.)* oibò!, uffa! □ *nut-butter,* burro di noci □ *nut-tree,* noce; nocciolo; avellano □ *(pop.) to go nuts,* impazzire □ *(fig.) a hard nut to crack,* un osso duro (da rodere) □ *(pop.) I can't do it for nuts,* non riesco a farcela in nessun modo.

to **nut** [nʌt] *v. i.* (di solito *to go nutting*) **andare a raccogliere noci.**

nut-brown ['nʌtbraun] *a.* e *n.* **(color) nocciola.**

nutcracker ['nʌt,krækə*] *n.* ***1*** *(spesso al pl.)* **schiaccianoci *2*** (*zool.,* Nucifraga caryocatactes) **nocciolaia.**

nuthouse ['nʌthaus] *n.* [C] *(pop.)* **manicomio.**

nutmeg ['nʌtmeg] *n.* [C] e [U] **noce moscata.**

nutria ['nju:triə] *n.* ***1*** (*zool.,* Myocastor coypus) **nutria; castorino; topo d'acqua *2*** **pelliccia di nutria.**

nutrient ['nju:triənt] *a.* **nutriente; nutritivo.**

nutriment ['nju:trimənt] *n.* [U] **nutrimento** (anche *fig.*).
nutrition [nju(:)'triʃən] *n.* [U] **nutrizione; alimentazione.**
nutritionist [nju(:)'triʃənist] *n.* [C] **alimentarista.**
nutritious [nju(:)'triʃəs] *a.* **nutritivo; nutriente.**
nutritive ['nju:tritiv] *a.* ***1*** **nutritivo; nutriente** ***2*** **alimentare.**
nutshell ['nʌt,ʃəl] *n.* [C] **guscio di noce** (anche *fig.*) ● *(fig.) in a n.,* in poche parole.
nutty ['nʌti] *a.* ***1*** **che sa di noci** ***2*** (di torta, ecc.) **pieno di noci** ***3*** *(pop.)* **matto; pazzo** ● *(pop.) to be n. on st.,* andar matto per q.c.
to **nuzzle** ['nʌzl] ***A*** *v. t.* **strofinare il muso contro** (q.c.) ***B*** *v. i.* ***1*** (di cane, ecc.) **annusare** ***2*** (di porco) **grufolare** ***3*** (anche *to n. oneself*) **accoccolarsi; rannicchiarsi.**
Nyasa [ni'æsə] *a.* e *n.* **(abitante) del Niassa.**
nylon ['nailən] *n.* ***1*** [U] *(ind. tessile)* **nailon** ***2*** *(al pl., fam.)* **calze di nailon.**
nymph [nimf] *n.* [C] *(mitol., zool.)* **ninfa** (anche *fig.*).
nymphal ['nimfəl] *a.* *(mitol.)* **ninfale** *(lett.)*; **di ninfa; delle ninfe.**
nymphet ['nimfit] *n.* [C] **ninfetta.**
nymphomania [,nimfə'meinjə] *n.* [U] *(psic.)* **ninfomania.**
nymphomaniac [,nimfə'meinjæk] *a.* e *n.* *(psic.)* **ninfomane.**

O

(1) O, o [ou] *n.* (*pl.* **O's, o's; Os, os**) ***1*** O, o ***2*** **zero** (specialm. compitando numeri telefonici) ● *(tel.) o for Oliver,* o come Otranto.
(2) O [ou] *inter.* ***1*** **oh!; ah!** ***2*** (come rafforzativo del vocat.) **o**: *O wild West Wind,* o vento selvaggio dell'Ovest.
o' [ə] *prep.* ***1*** (*abbr.* di **of**) **di**: *It's five o' clock,* sono le cinque ***2*** (*abbr.* di **on**) **su; di** ● *I cannot sleep o' nights,* non riesco a dormire la notte.
oaf [ouf] *n.* [C] ***1*** **bambino deforme** ***2*** **balordo; gonzo** ***3*** **tanghero.**
oafish ['oufiʃ] *a.* ***1*** **balordo; stupido** ***2*** **rozzo; zotico.**
oak [ouk] *n.* [C] e [U] (*bot.,* Quercus) **quercia** (albero e legno): *oak panels,* pannelli di quercia ● *oak-apple* (o *oak-gall),* galla di quercia □ *(bot.) bay oak* (Quercus robur), rovere.
oaken ['oukən] *a.* **di quercia.**
oakum ['oukəm] *n.* [U] **stoppa.**
oar [ɔ:*] *n.* [C] *(naut.)* ***1*** **remo** ***2*** **rematore; vogatore** ● *(naut.) four-oar,* barca a quattro remi □ *to pull a good oar,* essere un buon rematore □ *(fam.) to put one's oar in,* intromettersi; interloquire □ *(fig.) to rest on one's oars,* prendersi un po' di riposo.
to **oar** [ɔ:*] *v. i.* **remare; vogare.**
oared [ɔ:d] *a (naut.)* **munito di remi; a remi.**
oarlock ['ɔ:lɔk] *n.* [C] *(naut. USA)* **scalmo.**
oarsman ['ɔ:zmən] *n.* (*pl.* **oarsmen** ['ɔ:zmən]) **rematore; vogatore; canottiere.**
oarswoman ['ɔ:z,wumə] *n.* (*pl.* **oarswomen** ['ɔ:z,wimin]) **rematrice; vogatrice.**
oasis [ou'eisis] *n.* (*pl.* **oases** [ou'eisi:z]) **oasi** (anche *fig.*).
oast [oust] *n.* [C] **forno per l'essiccazione del luppolo.**
oat [out] *n.* ***1*** (*bot.,* Avena sativa; di solito *oats*) **avena** ***2*** *(poet.)* **piffero; zampogna** ● *(fig.) to sow one's wild oats,* correre la cavallina.
oatcake ['out,keik] *n.* [C] **focaccia di farina d'avena.**
oaten ['outn] *a.* **d'avena; di farina d'avena.**
oath [ouθ] *n.* [C] ***1*** **giuramento**: *on (one's) o.,* sotto giuramento □ *to take (o to make, to swear) an o.,* fare un giuramento; giurare ***2*** **imprecazione; bestemmia.**
oatmeal ['outmi:l] *n.* [U] **farina d'avena.**
obduracy ['ɔbdjurəsi] *n.* [U] ***1*** **durezza** (d'animo) ***2*** **caparbietà; ostinazione.**
obdurate ['ɔbdjurit] *a.* ***1*** **duro** (d'animo) ***2*** **caparbio; ostinato.**
obedience [ə'bi:djəns] *n.* [U] **obbedienza.**
obedient [ə'bi:djənt] *a.* **obbediente, ubbidiente.**
obeisance [ou'beisəns] *n.* ***1*** [C] **inchino; riverenza** ***2*** [U] **omaggio**: *to do (o to make, to pay) o. to sb.,* rendere omaggio a q.
obelisk ['ɔbilisk] *n.* [C] *(archit.)* **obelisco.**
obese [ou'bi:s] *a.* **obeso; corpulento.**
obesity [ou'bi:siti] *n.* [U] **obesità.**
to **obey** [ə'bei] *v. t.* e *i.* **ubbidire** (a).
to **obfuscate** ['ɔbfʌskeit] *v. t.* ***1*** **offuscare** ***2*** *(fig.)* **ottenebrare.**
obituarese [ə,bitjuə'ri:z] *n.* [U] **linguaggio dei necrologi.**
obituarist [ə'bitjuərist] *n.* **necrologista; scrittore di necrologie.**
obituary [ə'bitjuəri] ***A*** *n.* [C] **necrologia; necrologio** ***B*** *a.* **necrologico; funebre.**
object ['ɔbdʒikt] *n.* [C] ***1*** *(filos., gramm.,* ecc.) **oggetto** ***2*** **scopo; intento; fine**: *to succeed in one's o.,* riuscire nel proprio intento ***3*** *(fam.)* **persona (o cosa) ridicola; orrore** *(fig.)* ● *(fis.) o. glass,* obiettivo (di telescopio, microscopio, ecc.) □ *o. lesson,* lezione pratica □ *(gramm.) direct o.,* complemento oggetto (o diretto) □

(gramm.) indirect o., complemento indiretto.
to **object** [əb'dʒekt] *v. t.* e *i.* ***1*** **obiettare; opporre** (discutendo): *to o. facts to a theory,* opporre fatti a una teoria ***2*** **opporsi** (a); **disapprovare; protestare; non tollerare**: *I o. to being treated like that,* non tollero d'essere trattato così ● *if you don't o.*, se non hai niente in contrario.
to **objectify** [ɔb'dʒektifai] *v. t.* **oggettivare.**
objection [əb'dʒəkʃən] *n.* ***1*** [C] e [U] **obiezione**: *to raise an o.*, sollevare un'obiezione ***2*** [C] **inconveniente; ostacolo** ● *to take o. to st.*, disapprovare q.c. □ *I have no o.*, non ho nulla in contrario.
objectionable [əb'dʒekʃnəbl] *a.* ***1*** **deplorevole; riprovevole** ***2*** **sgradevole; spiacevole.**
objective [ɔb'dʒektiv] ***A*** *a. (filos., gramm.,* ecc.*)* **obiettivo; oggettivo** ***B*** *n.* [C] *(mil., fis.,* ecc.*)* **obiettivo.**
objectivity [ˌɔbdʒek'tiviti] *n.* [U] **obiettività; oggettività.**
objectless ['ɔbdʒiktlis] *a.* ***1*** **senza scopo; inutile** ***2*** **vuoto; deserto.**
objector [əb'dʒektə*] *n.* **obiettore; oppositore.**
(1) oblate ['ɔbleit] *n. (relig.)* **oblato, oblata.**
(2) oblate ['ɔbleit] *a. (geom.)* **schiacciato ai poli.**
oblation [ɔ'bleiʃən] *n.* [C] (anche *relig.)* **oblazione; offerta.**
to **obligate** ['ɔbligeit] *v. t.* (specialm. *leg.)* **obbligare.**
obligation [ˌɔbli'geiʃən] *n.* [C] **obbligazione** (anche *leg.)*; **obbligo; impegno**: *to be under an o. to sb.*, avere un obbligo (di riconoscenza) verso q. □ *(comm.) to meet one's obligations,* far fronte ai propri impegni ● *to repay an o.*, ricambiare un favore.
obligatory [ɔ'bligətəri] *a.* **obbligatorio.**
to **oblige** [ə'blaidʒ] *v. t.* ***1*** **obbligare; costringere**: *to o. sb. to do st.*, obbligare q. a fare q.c. ***2*** **fare un favore a** (q.) ● *I am much obliged to you,* Le sono obbligatissimo (o molto riconoscente).
obliging [ə'blaidʒiŋ] *a.* **affabile; cortese; compiacente; servizievole.**
oblique [ə'bli:k] *a.* **obliquo** (in ogni senso); *(fig.)* **tortuoso, subdolo.**
obliquity [ə'blikwiti] *n.* [U] **obliquità.**
to **obliterate** [ə'blitəreit] *v. t.* **obliterare; annullare.**
obliteration [əˌblitə'reiʃən] *n.* [U] e [C] **obliterazione.**
obliterator [ə'blitəˌreitə*] *n.* [C] *(tecn.)* **macchina obliteratrice.**
oblivion [ə'bliviən] *n.* [U] **oblio**: *to fall* (o *to sink) into o.*, cadere nell'oblio.
oblivious [ə'bliviəs] *a.* **dimentico; immemore** ● *o. to danger,* ignaro del pericolo.
oblong ['ɔblɔŋ] *a.* **oblungo; bislungo.**
obloquy ['ɔbləkwi] *n.* [U] ***1*** **ingiuria; offesa** (verbale o scritta) ***2*** **infamia; onta.**
obnoxious [əb'nɔkʃəs] *a.* **disgustoso; sgradevole; spiacevole.**
obnoxiousness [əb'nɔkʃəsnis] *n.* [U] **sgradevolezza.**
oboe ['oubou] *n.* [C] *(mus.)* **oboe.**
oboist ['oubouist] *n.* [C] *(mus.)* **oboista.**
obscene [ɔb'si:n] *a.* **osceno; impudico; turpe.**
obscenity [ɔb'si:niti] *n.* [U] e [C] **oscenità; impudicizia; turpitudine.**
obscurantism [ˌɔbskjuə'ræntizəm] *n.* [U] **oscurantismo.**
obscurantist [ɔb'skjuərəntist] *n.* **oscurantista.**
obscuration [ˌɔbskjuə'reiʃən] *n.* [U] e [C] **oscuramento.**
obscure [əb'skjuə*] *a.* **oscuro** (anche *fig.).*
to **obscure** [əb'skjuə*] *v. t.* ***1*** **oscurare** (anche *fig.)* ***2*** **nascondere in parte; far dimenticare** ***3*** **confondere; rendere più confuso.**
obscurity [əb'skjuəriti] *n.* [U] **oscurità** (anche *fig.);* **tenebre.**
obsequies ['ɔbsikwiz] *n. pl.* **esequie; cerimonie funebri.**
obsequious [əb'si:kwiəs] *a.* **ossequioso; adulatorio; servile.**
obsequiousness [əb'si:kwiəsnis] *n.* [U] **ossequiosità; servilità.**
observable [əb'zə:vəbl] *a.* ***1*** **osservabile** ***2*** **notevole.**
observance [əb'zə:vəns] *n.* [U] e [C] (anche *relig.)* **osservanza; pratica.**
observant [əb'zə:vənt] *a.* ***1*** **dotato di spirito d'osservazione; attento; perspicace** ***2*** **osservante; rispettoso.**
observation [ˌɔbzə(:)'veiʃən] *n.* ***1*** [U] e [C] **osservazione** (in ogni senso): *to keep sb. under o.*, tenere q. sotto osservazione ***2*** [U] **spirito d'osservazione** ● *(ferr.) o. car,* carrozza belvedere □ *(mil.) o. post,* osservatorio □ *to escape o.*, passare inosservato.
observatory [əb'zə:vətri] *n.* [C] *(scient.)* **osservatorio.**
to **observe** [əb'zə:v] *v. t.* e *i.* ***1*** **osservare** (in ogni senso) ***2*** **celebrare**: *to o. Christmas,* celebrare il Natale ● *to o. good manners,* rispettare il galateo □ *to o. silence,* mantenere il silenzio.
observer [əb'zə:və*] *n.* ***1*** **osservatore, osservatrice** ***2*** **osservante.**
to **obsess** [əb'ses] *v. t.* **ossessionare; opprimere.**
obsessed [əb'sest] *a.* **ossessionato** ● *an o. person,* un ossesso.
obsession [əb'seʃən] *n.* [U] e [C] *(psic.)* **ossessione; fissazione.**
obsessional [əb'seʃənəl] ***A*** *a.* ***1*** *(psic.)* **che soffre d'ossessioni** ***2*** (di un'idea) **ossessivo** ***B*** *n.* [C] *(psic.)* **chi soffre d'ossessioni.**
obsessive [əb'sesiv] *a.* **ossessivo.**
obsidian [ɔb'sidiən] *n.* [U] *(geol.)* **ossidiana.**
obsolescent [ˌɔbsə'lesənt] *a.* **che sta cadendo in disuso.**
obsolete ['ɔbsəli:t] *a.* **desueto** *(lett.)*; **obsoleto; caduto in disuso; antiquato; vieto.**
obstacle ['ɔbstəkl] *n.* [C] **ostacolo; impedimento** ● *(sport) o. race,* corsa agli ostacoli.
obstetric(al) [ɔb'stetrik(əl)] *a. (med.)* **ostetrico.**
obstetrician [ˌɔbste'triʃən] *n. (med.)* **ostetrico.**
obstetrics [ɔb'stetriks] *n. pl. (col verbo al sing.) (med.)* **ostetricia.**
obstinacy ['ɔbstinəsi] *n.* [U] **ostinatezza; ostinazione; caparbietà.**
obstinate ['ɔbstinit] *a.* **ostinato; caparbio; testardo; accanito.**
obstreperous [əb'strepərəs] *a.* ***1*** **chiassoso; clamoroso; tumultuoso** ***2*** **turbolento.**
to **obstruct** [əb'strʌkt] ***1*** **ostruire; occludere; sbarrare** ***2*** **impedire; ostacolare** ***3*** **intercettare.**
obstruction [əb'strʌkʃən] *n.* [U] e [C] ***1*** **ostruzione; occlusione; sbarramento** ***2*** **ostacolo; impedimento.**
obstructionism [əb'strʌkʃənizəm] *n.* [U] (specialm. *polit.)* **ostruzionismo.**
obstructionist [əb'strʌkʃənist] *n.* (specialm. *polit.)* **ostruzionista.**
obstructionistic [əbˌstrʌkʃə'nistik] *a.* (specialm. *polit.)* **ostruzionistico.**
obstructive [əb'strʌktiv], *a.* **ostruttivo; che tende a ostruire.**
to **obtain** [əb'tein] ***A*** *v. t.* **ottenere; conseguire; raggiungere** ***B*** *v. i.* ***1*** **essere in vigore; essere vivo** *(fig.)* ***2*** **prevalere; affermarsi.**
obtainable [əb'teinəbl] *a.* ***1*** **ottenibile; conseguibile; raggiungibile** ***2*** *(fin., comm.)* **disponibile.**
to **obtrude** [əb'tru:d] ***A*** *v. t.* ***1*** **spingere avanti** (o **fuori); protendere;** ***2*** **imporre**: *to o. one's opinions upon others,* imporre agli altri le proprie opinioni ***B*** *v. i.* e to **obtrude oneself** *v. rifl.* **intrudersi; intromettersi; imporsi.**
obtrusion [əb'tru:ʒən] *n.* [U] e [C] **intrusione; intromissione; invadenza.**
obtrusive [əb'tru:siv] *a.* **inframmettente; importuno; invadente.**
to **obturate** ['ɔbtjuəˌreit] *v. t.* **otturare.**
obturator ['ɔbtjuəˌreitə*] *n.* [C] **otturatore** (specialm. d'arma da fuoco).
obtuse [əb'tju:s] *a.* ***1*** **ottuso** (anche *fig.)* ***2*** *(fig.)* **stolido.**

obtuseness [əb'tju:snis] *n.* [U] **1 ottusità** (specialm. *fig.*) **2** *(fig.)* **stolidità.**
obverse ['ɔbvə:s] **A** *a.* **opposto B** *n.* (di medaglia, moneta) **diritto; retto.**
to **obviate** ['ɔbvieit] *v. t.* **ovviare a; evitare; risolvere.**
obvious ['ɔbviəs] *a.* **ovvio; chiaro; evidente; manifesto.**
obviousness ['ɔbviəsnis] *n.* [U] **ovvietà; evidenza.**
ocarina [,ɔkə'ri:nə] *n.* [C] *(mus.)* **ocarina.**
occasion [ə'keiʒən] *n.* **1** [C] **occasione; circostanza**: *on the o. of our last meeting,* in occasione del nostro (ultimo) incontro **2** [U] **motivo; causa**: *There is no o. for laughter,* non c'è motivo di ridere ● *to give o. to st.*, cagionare q.c.; provocare q.c. □ *on o.*, all'occasione; di quando in quando □ *to rise to the o.*, essere all'altezza della situazione □ *to take o. to do st.*, coglier l'occasione per fare q.c.
to **occasion** [ə'keiʒən] *v. t.* **cagionare; esser causa di; provocare.**
occasional [ə'keiʒənl] *a.* **1 occasionale; accidentale; casuale; fortuito 2 di circostanza; celebrativo 3 saltuario.**
occasionally [ə'keiʒənəli] *avv.* **saltuariamente; di quando in quando.**
Occident ['ɔksidənt] *n.* **Occidente.**
Occidental [,ɔksi'dentl] *a.* e *n.* **Occidentale.**
Occidentalism [,ɔksi'dentəlizəm] *n.* [U] **occidentalismo.**
Occidentalist [,ɔksi'dentəlist] **occidentalista.**
to **Occidentalize** [,ɔksi'dentəlaiz] *v. t.* **occidentalizzare; rendere occidentale** (nel carattere, nei costumi, ecc.).
occipital [ɔk'sipitl] *a.* *(anat.)* **occipitale.**
occiput ['ɔksipʌt] *n.* [C] *(anat.)* **occipite.**
to **occlude** [ə'klu:d] *v. t.* **1 occludere; ostruire 2** *(chim.)* **assorbire** (per es., i gas).
occlusion [ə'klu:ʒən] *n.* [U] e [C] **1 occlusione 2** *(chim.)* **assorbimento.**
occlusive [ə'klu:siv] *a.* (specialm. *fon.*) **occlusivo.**
occult [ɔ'kʌlt] *a.* **occulto.**
to **occult** [ɔ'kʌlt] **A** *v. t.* (specialm. *astron.*) **occultare; nascondere** (alla vista) **B** *v. i.* **occultarsi.**
occultation [,ɔkəl'teiʃən] *n.* [U] e [C] (anche *astron.*) **occultazione.**
occultism ['ɔkəltizəm] *n.* [U] **occultismo.**
occultist ['ɔkəltist] *n.* **occultista.**
occupancy ['ɔkjupənsi] *n.* [U] (specialm. *leg.*) **occupazione.**
occupant ['ɔkjupənt] *n.* [C] **1** (specialm. *leg.*) **occupante; locatario; affittuario 2** (di posto, impiego) **titolare.**
occupation [,ɔkju'peiʃən] *n.* **1** [U] **occupazione; presa di possesso 2** [C] **occupazione; impiego; professione.**
occupational [,ɔkju:'peiʃənl] *a.* **professionale**: *o. disease,* malattia professionale ● *(med.) o. therapy,* terapia occupazionale; ergoterapia.
to **occupy** ['ɔkjupai] **A** *v. t.* **occupare** (in ogni senso); **impiegare; essere in possesso di; avere in affitto B** to **occupy oneself (with)** *v. rifl.* **occuparsi** (di) ● *to be occupied in doing st.*, essere occupato a fare q.c.
to **occur** [ə'kə:*] *v. i.* **1 accadere; capitare; succedere 2 venire in mente**: *It occurs to me that...*, mi viene in mente che... **3 esserci; trovarsi.**
occurrence [ə'kʌrəns] *n.* [C] **avvenimento; evento; fatto**: *an everyday o.*, un fatto di tutti i giorni ● *a thing of frequent o.*, una cosa che capita spesso.
ocean ['ouʃən] *n.* [C] **oceano** (anche *fig.*) ● *(naut.) o. lane,* rotta oceanica □ *(fam.) oceans of money,* denaro a palate.
ocean-going ['ouʃən,gouiŋ] *a.* *(naut.)* **di lungo corso**: *an o. ship,* una nave di lungo corso.
Oceanian [,ouʃi'einjən] *a.* e *n.* **(nativo) dell'Oceania.**
oceanic [,ouʃi'ænik] *a.* **oceanico.**
oceanographic(al) [,ouʃənou'græfik(əl)] *a.* **oceanografico.**
oceanography [,ouʃə'nɔgrəfi] *n.* [U] **oceanografia.**
ocellus [ou'seləs] *n.* (*pl.* **ocelli** [ou'selai]) *(scient.)* **1 ocello 2 macchia a forma d'occhio** (del pavone, per es.).
ocelot ['ousilɔt] *n.* [C] *(zool.,* Felis pardalis) **gattopardo americano; ocelot.**
ochre ['oukə*] *n.* [U] **1** *(miner.)* **ocra 2 color ocra.**
octa- ['ɔktə] *V.* **octo-.**
octad ['ɔktæd] *n.* [C] **1** *(mat.)* **gruppo (o serie) di otto** (cose, oggetti) **2** *(chim.)* **elemento con valenza 8.**
octagon ['ɔktəgən] *n.* [C] *(geom.)* **ottagono.**
octagonal [ɔk'tægənl] *a.* *(geom.)* **ottagonale.**
octahedral [,ɔktə'hi:drəl] *a.* *(geom.)* **ottaedrico.**
octahedron ['ɔktə'hi:drən] *n.* [C] *(geom., miner.)* **ottaedro.**
octane ['ɔktein] *n.* [U] *(chim.)* **ottano.**
octant ['ɔktənt] *n.* [C] *(geom., astron., naut.)* **ottante.**
octave ['ɔktiv] *n.* [C] *(relig., mus., poesia)* **ottava** ● *o. flute,* ottavino.
octavo [ɔk'teivou] *(tipogr.)* **A** *n.* (*pl.* **octavos**) **volume in ottavo B** *a. attr.* **in ottavo.**
octennial [ɔk'tenjəl] *a.* **1 che dura otto anni 2 che ricorre ogni otto anni.**
octet(te) [ɔk'tet] *n.* [C] **1** *(mus.)* **ottetto 2** *(poesia)* **ottava.**
octo- ['ɔktə] *(nei composti)* **octa-, otta-** (valgono "otto").
October [ɔk'toubə*] *n.* **ottobre.**
octodecimo [,ɔktou'desimou] *(tipogr.)* **A** *n.* (*pl.* **octodecimos**) **volume in diciottesimo B** *a. attr.* **in diciottesimo.**
octogenarian [,ɔktoudʒi'nɛəriən] *a.* e *n.* [C] **ottuagenario; ottantenne.**
octonary ['ɔktənəri] *a.* e *n.* [C] *(poesia)* **(verso) ottonario.**
octopus ['ɔktəpəs] *n.* [C] *(zool.,* Octopus) **ottopode; polpo.**
octosyllabic [,ɔktousi'læbik] *a.* e *n.* *(poesia)* **(verso) ottonario.**
octosyllable ['ɔktou,siləbl] *n.* [C] **1** *(poesia)* **ottonario 2 parola di otto sillabe.**
octuple ['ɔktju(:)pl] *a.* e *n.* *(mat.)* **ottuplo.**
ocular ['ɔkjulə*] *a.* **oculare.**
oculist ['ɔkjulist] *n.* **oculista.**
odalisk, odalisque ['oudəlisk] *n.* [C] **odalisca.**
odd [ɔd] *a.* **1 dispari**: *odd numbers,* numeri dispari **2 scompagnato; spaiato**: *an odd shoe,* una scarpa spaiata **3 occasionale; saltuario**: *odd jobs,* lavori occasionali **4 strano; bizzarro; eccentrico; originale 5 in soprannumero** ● *odd-come-shorts,* oggetti spaiati; ritagli; scampoli □ *odd-job man,* (uomo) tuttofare □ *odd man out,* persona in soprannumero □ *to do st. at odd moments,* fare q.c. a tempo perso □ *fifty thousand odd,* cinquantamila e passa; oltre cinquantamila □ *in some odd corner,* da qualche parte; chissà dove.
oddity ['ɔditi] *n.* **1** [U] **stranezza; bizzarria; eccentricità 2** [C] **persona (o cosa) strana, bizzarra; (un) originale.**
oddly ['ɔdli] *avv.* **stranamente** ● *o. enough,* strano a dirsi.
oddments ['ɔdmənts] *n. pl.* **1 oggetti scompagnati; pezzi spaiati 2** *(comm.)* **rimanenze, rimasugli; ritagli; scampoli.**
oddness ['ɔdnis] *n.* [U] **1 disparità 2 stranezza; bizzarria; eccentricità.**
odds [ɔdz] *n. pl.* *(a volte col verbo al sing.)* **1 disparità; ineguaglianza, differenza 2 probabilità**: *The o. are against us,* le probabilità (di successo) sono scarse per noi **3** *(sport)* **abbuono; compensazione; vantaggio; handicap**: *to give (to receive) o.*, concedere (ricevere) un vantaggio **4** *(sport:* nelle scommesse) **quota** (dell'allibratore): (di chi fa la puntata) *to take o. of ten to one,* accettare una quota di dieci a uno ● *o. and ends,* oggetti spaiati; cianfrusaglie; ritagli; scampoli □ *to be at o. with fate,* lottare contro il fato avverso □ *to lay o. of ten to one,* scommettere dieci contro uno □ *It makes no o.*, non importa.
ode [oud] *n.* [C] *(poesia)* **ode.**
odious ['oudjəs] *a.* **odioso; disgustoso; ripugnante.**

odiousness ['oudjəsnis] *n.* [U] **odiosità.**
odium ['oudjəm] *n.* [U] **odio.**
odometer [ou'dɔmitə*] *n.* **odometro.**
odontology [ˌɔdɔn'tɔlədʒi] *n.* [U] *(med.)* **odontologia; odontoiatria.**
odoriferous [ˌoudə'rifərəs] *a.* **odorifero; fragrante.**
odorous ['oudərəs] *a.* (specialm. *poet.)* **odoroso; fragrante; profumato.**
odour ['oudə*] *n.* ***1*** [C] **odore**: *a bad o.*, un cattivo odore ***2*** [U] *(fig.)* **odore; fama; reputazione**: *to be in bad o.*, avere una cattiva reputazione.
odourless ['oudəlis] *a.* **inodoro.**
Odyssey ['ɔdisi] *n.* ***1*** **Odissea** ***2*** — *(fig.) o.*, odissea.
oecology [i(:)'kɔlədʒi] *n.* [U] *(scient.)* **ecologia.**
oecumenical [ˌi:kju:'menikəl] *a.* *(relig.)* **ecumenico; universale.**
oedema [i(:)'di:mə] *n.* [U] *(med.)* **edema.**
oenological [ˌi:nou'lɔdʒikəl] *a.* **enologico.**
oenologist [i:'nɔlədʒist] *n.* **enologo.**
oenology [i:'nɔlədʒi] *n.* [U] **enologia.**
o'er ['oə*] *(poet.)* *V.* **over.**
oesophagus [i:'sɔfəgəs] *n.* (*pl.* **oesophagi** [i:'sɔfəgai]) *(anat.)* **esofago.**
oestrogen ['i:strədʒən] *n.* [C] e [U] *(biol.)* **estrogeno.**
oestrum ['i:strəm], **oestrus** ['i:strəs] *n.* [U] e [C] *(biol.)* **estro.**
of [ɔv, əv] *prep.* ***1*** **di**: *the wall of the garden,* il muro del giardino □ *the city of Dublin,* la città di Dublino □ *to die of hunger,* morire di fame □ *to be robbed of one's money,* essere derubato del proprio denaro ***2*** **da**: *to rid sb. of st.*, liberare q. da q.c. □ *within a mile of the station,* a un miglio dalla stazione □ *to learn st. of sb.*, imparare q.c. da q. □ *to borrow st. of sb.*, prendere q.c. a prestito da q. ***3*** **da parte di**: *It was kind of you to meet us,* è stato gentile da parte tua venirci incontro ● *he of all men,* lui fra tutti; proprio lui □ *to make a fool of oneself,* fare la figura dello stupido; rendersi ridicolo □ *a man of no importance,* un uomo senza importanza □ *We had a bad time of it,* ce la passammo male.
(1) off [ɔ:f] *avv.* ***1*** **via; lontano; distante; a distanza; alla larga**: *The road is two miles off,* la strada è lontana due miglia (o è a due miglia di distanza) □ *Keep off!,* sta' alla larga! ***2*** *(in locuz. col verbo* to be, *è idiom.; per es.:) to be well (badly) off,* essere in buone (cattive) condizioni finanziarie □ *The lid was off,* il coperchio era stato tolto □ *They're off,* sono partiti; se ne sono andati □ *I must be off,* devo andarmene □ *The bargain is off,* l'affare è sfumato □ *The meeting is off,* la riunione è sospesa □ *(fig.) The gilt is off,* il bel sogno è svanito ● *far off,* lontano: *Christmas is not far off,* il Natale non è lontano □ *from far off,* da lungi; di lontano □ *on and off,* a intervalli; in modo intermittente □ *Off with you!,* va' via!; vattene!; fuori dai piedi! □ *My holidays are only two weeks off,* mancano solo due settimane alle mie vacanze □ *Drink it off,* bevilo tutto □ *Let's take a day off,* prendiamoci un giorno di vacanza □ *Hands off!,* giù le mani! □ *Hats off!,* giù il cappello!
(2) off [ɔ:f] *prep.* ***1*** **da; lontano da; fuori di; giù da**: *to fall off a ladder,* cadere da una scala □ *The house stands off the main road,* la casa è lontana dalla strada maestra ***2*** *(naut.)* **al largo di; a poca distanza da**: *The ship was off the island,* la nave era al largo dell'isola ***3*** **in meno di;** *(sport)* **con lo svantaggio di**: *at five per cent off the regular price,* al cinque per cento in meno del prezzo normale □ *to play off ten,* giocare con lo svantaggio di dieci punti ***4*** **per mezzo di; con**: *to dine off a leg of mutton,* pranzare con una coscia di castrato ● *to take st. off the price,* detrarre q.c. dal prezzo; concedere uno sconto □ *to take the cover off a dish,* togliere il coperchio a un piatto da portata □ *to take a matter off sb.'s hands,* sollevare q. d'una responsabilità □ *(fam.) He's off smoking,* ha smesso di fumare.
(3) off [ɔ:f] *a.* ***1*** **lontano; remoto; altro**: *on the off side of the wall,* dall'altra parte del muro ***2*** **laterale; secondario; di secondaria importanza**: *an off street,* una via secondaria ***3*** **destro; di destra**: *the off side of the road,* il lato destro della strada □ *the off horse,* il cavallo di destra (d'una pariglia) ***4*** **piccolo; esiguo; scarso; vago**: *on the off chance of seeing sb.*, con la vaga speranza di vedere q. ***5*** (di cibo) **non fresco; passato; guasto** ***6*** (di pietanza o piatto) **esaurito** ***7*** *(elettr.)* **disinserito; staccato** ***8*** *(mecc.)* **disinnestato** ● *an off day,* un giorno libero □ *(tipogr.) off-print,* estratto (di articolo di rivista, ecc.) □ *to feel rather off,* non sentirsi in forma □ *I'll do it in my off time,* lo farò nelle mie ore di libertà (o a tempo perso) □ *You are off in your calculations,* hai sbagliato a fare i conti.
offal ['ɔfəl] *n.* [U] ***1*** **frattaglie; interiora; rigaglie** ***2*** **avanzi; rifiuti; rimasugli.**
offence [ə'fens] *n.* [C] e [U] ***1*** **offesa; ingiuria; insulto;** *(mil.)* **attacco**: *an o. against good manners,* un'offesa alla buona educazione □ *to give o. to sb.*, recare offesa a q. ***2*** *(leg.)* **contravvenzione; trasgressione; reato**: *an o. against the law,* una trasgressione alla legge ● *to take o. at st.*, aversene a male di q.c. □ *He's quick to take o.*, s'offende facilmente; è permaloso □ *I meant no o.*, non intendevo offendere.
to **offend** [ə'fend] ***A*** *v. t.* **offendere; insultare; oltraggiare**: *I'm sorry if I've offended you,* mi dispiace d'averti offeso □ *He was offended at (o by) my words,* si sentì offeso dalle mie parole ***B*** *v. i.* ***1*** **commettere una colpa (o un reato)** ***2*** **recare offesa; suscitare risentimento** ● *to o. against the law,* violare la legge □ *(leg.) the offended party,* la parte lesa.
offender [ə'fendə*] *n.* ***1*** **offensore** ***2*** *(leg.)* **trasgressore; reo; delinquente** ● *a first o.*, un (reo) incensurato □ *an old o.*, un recidivo.
offensive [ə'fensiv] ***A*** *a.* ***1*** **offensivo; aggressivo; ingiurioso; oltraggioso** ***2*** **disgustoso; ripugnante; sgradevole; spiacevole**: *an o. smell,* un odore sgradevole ***B*** *n.* *(mil.)* **offensiva** (anche *fig.)*: *to take (o to act on) the o.*, prendere l'offensiva.
to **offer** ['ɔfə*] ***A*** *v. t.* **offrire; porgere; presentare**: *to o. one's apologies,* porgere le proprie scuse □ *to o. one's services,* offrire i propri servigi ***B*** *v. i.* **offrirsi; presentarsi; profferirsi**: *the first opportunity that offers,* la prima occasione che si presenti ● *to o. battle,* mostrarsi pronti a combattere □ *to o. one's hand,* porgere la mano; fare una proposta di matrimonio □ *as occasion offers,* quando se ne presenti l'occasione; all'occasione.
offer ['ɔfə*] *n.* [C] (anche *comm.)* **offerta; proposta** ● *(comm.) on o.*, in vendita.
offerer ['ɔfərə*] *n.* [C] **offerente.**
offering ['ɔfəriŋ] *n.* [U] e [C] **offerta**: *a peace o.*, un'offerta di pace.
offertory ['ɔfətəri] *n.* *(relig.)* [C] ***1*** **offertorio** ***2*** **raccolta delle offerte.**
off-hand [ˌɔ:f'hænd] ***A*** *a.* (anche **off-handed** [ˌɔ:f'hændid]) ***1*** **estemporaneo; improvvisato** ***2*** **spiccio; sbrigativo** ***B*** *avv.* ***1*** **estemporaneamente; all'impronta; lì per lì** ***2*** **in modo spiccio (o sbrigativo).**
office ['ɔfis] *n.* ***1*** [C] **ufficio; gabinetto; studio**: *a post o.*, un ufficio postale □ *a lawyer's o.*, lo studio di un avvocato ***2*** — *O.*, Ministero □ *the Foreign O.*, il Ministero degli Esteri ***3*** [U] (specialm. *polit.)* **carica; potere; governo**: *to be in o.*, essere al potere (o al governo) □ *to enter upon o.*, entrare in carica; assumere un incarico ministeriale □ *to resign o.*, lasciare una carica; dimettersi ***4*** [C] *(relig.)* **uffizio**: *the o. for the dead,* l'uffizio dei defunti ***5*** *(al pl.)* **uffici; interessamento**: *to get st. through the good offices of sb.*, ottenere q.c. per l'interessamento di q. ***6*** *(al pl.)* **servizi** (in una casa) ***7*** *(polit.*, anche *party o.)* **sezione** (di partito) ● *o. boy,* fattorino; ragazzo d'ufficio □ *o. hours,* orario d'ufficio □ *(comm.) head o.*, sede principale □ *(relig.) the Holy O.*, il Sant'Uffizio □ *inquiry o.*, ufficio informazioni □ *lost-property o.*, ufficio oggetti smarriti □ *(comm.) our Asti o.*, la nostra sede (o la succursale) di Asti □ *(polit.) out of o.*, all'opposizione.
officer ['ɔfisə*] *n.* [C] ***1*** *(mil., naut.)* **ufficiale**: *army officers,* ufficiali dell'esercito ***2*** **funzionario; dirigente**: *a customs o.*, un funzionario della dogana ***3*** **poliziotto; agente di polizia** ● *commissioned o.*, ufficiale □ *non-commissioned o.*, sottufficiale □ *(naut.) petty o.*, sottufficiale.
to **officer** ['ɔfisə*] *v. t.* *(mil.)* ***1*** **fornire d'ufficiali; fornire i quadri a** (un reparto) ***2*** **comandare**: *My*

company was officered by Capt. Wright, la mia compagnia era comandata dal capitano Wright.

official [ə'fiʃəl] **A** *a.* **1** ufficiale **2** burocratico; cerimonioso; solenne **B** *n.* [C] funzionario; impiegato; pubblico ufficiale: *government officials,* funzionari statali.

officialdom [ə'fiʃəldəm] *n.* [U] burocrazia.

officialese [ə,fiʃə'li:z] *n.* [U] linguaggio della burocrazia; gergo burocratico.

officiant [ə'fiʃiənt] *n.* (*relig.*) officiante, ufficiante.

to **officiate** [ə'fiʃieit] *v. i.* **1** fare le funzioni di; fare da: *to o. as best man at a wedding,* fare da testimone a un matrimonio **2** (*relig.*) ufficiare ● (*relig.*) *the officiating priest,* l'officiante.

officinal [,ɔfi'sainl] *a.* (di erba) officinale; farmaceutico.

officious [ə'fiʃəs] *a.* **1** inframmettente; importuno; invadente **2** ufficioso.

officiousness [ə'fiʃəsnis] *n.* [U] **1** inframmettenza; ingerenza; invadenza **2** ufficiosità.

offing ['ɔfiŋ] *n.* [C] (*naut.*) (il) largo; mare aperto: (di nave) *to gain (to keep) an o.,* andare (restare) al largo □ *in the o.,* al largo; in vista (anche *fig.*).

offish ['ɔfiʃ] *a.* (*fam.*) altero; altezzoso.

offishness ['ɔfiʃnis] *n.* [U] (*fam.*) alterigia; altezzosità.

off-putting ['ɔf,putiŋ] *a.* (*fam.*) **1** scostante; sgradevole **2** sconcertante.

offscourings ['ɔ:f,skauəriŋz] *n. pl.* rifiuti; scarti; feccia.

offset ['ɔ:fset] *n.* [C] **1** (*bot.*) germoglio; pollone **2** (*archit.*) risega **3** (*tipogr.*) offset; fotolito ● (*tipogr.*) *o. process,* rotocalcografia; stampa offset.

to **offset** [,ɔ:f'set] *v. t.* e *i.* **1** compensare; controbilanciare **2** (*tipogr.*) stampare in offset (o in fotolito).

offshoot ['ɔ:fʃu:t] *n.* [C] germoglio; ramo; rampollo (anche *fig.*).

offside [,ɔ:f'said] *a., avv.* e *n.* (*sport*) fuorigioco.

offspring ['ɔ:fspriŋ] *n.* (*invar. al pl.*) **1** discendente; discendenza; prole **2** (*fig.*) frutto; prodotto.

offstage [,ɔ:f'steidʒ] *a.* e *avv.* (*teatr.*) (che avviene) dietro le quinte.

off-the-record [,ɔfðə'rekɔ:d] **A** *a.* ufficioso; da non verbalizzare **B** *avv.* ufficiosamente.

off-white [,ɔ:f'wait] *a.* biancastro.

oft [ɔ:ft] *avv.* (*poet.*) spesso.

often ['ɔ:fn] *avv.* spesso; sovente; spesse volte; frequentemente ● *How o.?,* quante volte?; ogni quanto (tempo)?

ogee ['oudʒi:] *n.* [C] (*archit.*) modanatura a S.

ogival [ou'dʒaivəl] *a.* (*archit.*) ogivale; a sesto acuto.

ogive ['oudʒaiv] *n.* [C] (*archit.*) ogiva.

to **ogle** ['ougl] *v. t.* e *i.* occhieggiare; vagheggiare; fare l'occhiolino.

ogle ['ougl] *n.* [C] sguardo amoroso.

ogre ['ougə*] *n.* [C] orco (anche *fig.*).

ogress ['ougris] *n.* [C] orchessa.

oh [ou] *inter.* **1** oh!; ah! **2** ehi!; senta! ● *Oh dear!,* Dio mio!; povero me!

ohm [oum] *n.* [C] (*elettr.*) ohm.

oho [ou'hou] *inter.* oh!; ah!; evviva!

oil [ɔil] *n.* [C] e [U] **1** olio: *mineral (vegetable) oils,* oli minerali (vegetali) □ *olive oil,* olio di oliva **2** petrolio: *to strike oil,* trovare il petrolio; (*fig.*) arricchire improvvisamente **3** *V.* **oil-colour** ● (*mecc.*) *oil-feeder,* oliatore □ *oil-mill,* frantoio □ *oil-press,* torchio per olio □ (*naut.*) *oil-tanker,* petroliera □ *oil-well,* pozzo petrolifero; □ *in oil,* sott'olio □ *painted in oils,* dipinto a olio □ (*fig.*) *to pour oil on the flames,* gettar olio sul fuoco □ (*fig.*) *to pour oil on troubled waters,* mettere pace; rappacificare gli animi □ (d'opera letteraria) *to smell of oil,* essere frutto di un assiduo lavoro.

to **oil** [ɔil] *v. t.* lubrificare; oliare ● (*fig., fam.*) *to oil sb.'s palm,* corrompere q. □ (*fig., fam.*) *to oil the wheels* (o *the works*), ungere le ruote □ (*pop.,* di persona) *oiled,* alticcio; brillo □ *oiled sardines,* sardine sott'olio.

oil-bearing ['ɔil,bɛəriŋ] *a.* petrolifero.

oilcake ['ɔil,keik] *n.* [U] panello.

oilcan ['ɔil,kæn] *n.* [C] **1** (*mecc.*) oliatore **2** latta di petrolio.

oilcloth ['ɔil,klɔθ] *n.* [U] tela cerata; incerata.

oil-colour ['oil,kʌlə*] *n.* [C] colore a olio.

oiler ['ɔilə*] *n.* [C] **1** (*mecc.*) oliatore **2** (*naut.*) petroliera.

oilfield ['ɔil,fi:ld] *n.* [C] giacimento petrolifero.

oiliness ['ɔilinis] *n.* [U] oleosità; untuosità (anche *fig.*).

oilman ['ɔilmən] *n.* (*pl.* **oilmen** ['ɔilmən]) negoziante d'olio.

oil-painting ['ɔil,peintiŋ] *n.* **1** [U] pittura a olio **2** [C] quadro a olio.

oilpaper ['ɔil,peipə*] *n.* [U] carta oleata.

oilskin ['ɔil,skin] *n.* **1** [U] tela cerata **2** (*al pl.*) indumenti di tela cerata.

oily ['ɔili] *a.* **1** oleoso; untuoso (anche *fig.*) **2** unto; sporco d'olio.

ointment ['ɔintmənt] *n.* [C] e [U] unguento; pomata.

okay, O.K. [,ou'kei] (*fam.*) **A** *a.* esatto; corretto **B** *avv.* bene; benissimo **C** *inter.* va bene!; sta bene!; d'accordo **D** *n.* approvazione; consenso.

to **okay** [,ou'kei], to **O.K.** [,ou'kei] *v. t.* (*fam.*) approvare.

old [ould] *a.* (*compar.* **older** [ouldə*], **elder** ['eldə*]; *superl. relat.* **oldest** [ouldist], **eldest** ['eldist]) **1** vecchio; antico; antiquato: *old clothes,* abiti vecchi □ *old customs,* vecchie usanze; antiche costumanze □ *old fashions,* mode antiquate **2** — *old in,* esperto in; incallito (o indurito) in: *old in vice,* incallito nel vizio **3** (*in locuz. esprimenti il concetto d'età, è idiom.*) *a baby two months old,* un bambino di due mesi □ (*ippica*) *a four-year-old,* un cavallo di quattro anni □ *a four-year-old child,* un bambino di quattro anni □ *How old are you?,* quanti anni hai? □ *I am twenty years old,* ho vent'anni □ *You are old enough to know better,* sei grande, ormai; dovresti avere più giudizio ● *the old,* i vecchi (*collett.*) □ *old age,* vecchiaia □ *as old as the hills,* vecchio come il mondo □ (*fam., al vocat.*) *old man* (o *old boy, chap, fellow*), vecchio mio!; caro mio!; ragazzo mio! □ *the old one* (o *the old gentleman, old Harry, old Nick*), il diavolo; il demonio □ *to grow old,* invecchiare □ *in days of old,* nei tempi antichi; un tempo □ *the men of old,* gli uomini d'una volta □ *young and old,* giovani e vecchi; tutti quanti □ *He's old in cunning,* è una vecchia volpe □ *Of old there were giants,* al tempo dei tempi esistevano i giganti.

olden ['ouldən] *a.* (*lett.*) antico; vecchio; antiquato; all'antica.

old-fashioned [,ould'fæʃənd] *a.* all'antica; vecchio stile; fuori moda; antiquato.

oldster ['ouldstə*] *n.* [C] (*fam.*) vecchio; vegliardo; uomo anziano.

old-timer [,ould'taimə*] *n.* [C] (specialm. *polit.*) tradizionalista; individuo all'antica.

old-world ['ouldwə:ld] *a.* del continente antico; vecchio stile.

oleaginous [,ouli'ædʒinəs] *a.* oleoso.

oleander [,ouli'ændə*] *n.* [C] (*bot.,* Nerium oleander) oleandro.

oleograph ['ouliougra:f] *n.* [C] oleografia.

oleographic [,ouliou'græfik] *a.* oleografico.

oleography [,ouli'ɔgrəfi] *n.* [U] oleografia (il processo di stampa).

olfactory [ɔl'fæktəri] *a.* olfattorio; olfattivo.

olid ['ɔlid] *a.* maleodorante; fetido.

oligarch ['ɔliga:k] *n.* [C] oligarca.

oligarchic(al) [,ɔli'ga:kik(əl)] *a.* oligarchico.

oligarchy ['ɔliga:ki] *n.* [U] e [C] oligarchia.

olive ['ɔliv] **A** *n.* **1** [C] (*bot.,* Olea europaea) olivo, ulivo (anche *o. tree*) **2** [C] oliva, uliva **3** [U] colore olivastro; color verde oliva **B** *a.* verde oliva; olivastro ● *o.-green,* verde oliva □ *o.-grove,* oliveto, uliveto □ (*fig.*) *to hold out the o. branch,* porgere il ramoscello d'olivo; fare profferte di pace □ *pickled olives,* olive in salamoia □ *stuffed olives,* olive farcite.

olivine [,ɔli'vi:n], **olivin** ['ɔlivin] *n.* [U] (*miner.*) olivina.

Olympiad [ou'limpiæd] *n.* [C] (*stor., sport*) olimpiade.

Olympian [ou'limpjən] ***A*** *a.* **olimpico; olimpiaco *B*** *n.* Ⓒ ***1*** *(mitol.)* **divinità dell'Olimpo *2*** *(sport)* **olimpionico.**
Olympic [ou'limpik] *a.* **olimpico; olimpiaco**: *O. games,* giochi olimpici ● *the Olympics,* i giochi olimpici; le Olimpiadi.
Olympus [ou'limpəs] *n. (mitol.)* **Olimpo** (anche *fig.*).
ombrometer [ɔm'brɔmitə*] *n.* Ⓒ *(scient.)* **ombrometro; pluviometro.**
omega ['oumigə] *n.* Ⓒ (ultima lettera dell'alfabeto greco) **omega** (anche *fig.*).
omelette ['ɔmlit] *n.* Ⓒ *(cucina)* **omelette; frittata.**
omen ['oumən] *n.* Ⓒ **augurio; auspicio; presagio.**
to **omen** ['oumən] *v. t.* **esser un auspicio di; presagire.**
ominous ['ɔminəs] *a.* **di malaugurio; infausto; sinistro.**
omissible [ou'misibl] *a.* **che si può omettere; tralasciabile.**
omission [ou'miʃən] *n.* Ⓤ e Ⓒ **omissione.**
to **omit** [ou'mit] *v. t.* **omettere; tralasciare; trascurare**: *to o. doing* (o *to do*) *st.,* omettere (o trascurare) di fare q.c.
omnibus ['ɔmnibəs] ***A*** *n.* Ⓒ **autobus** (di solito *bus*) ***B*** *a. attr.* **che include più cose; che serve a più scopi** ● *o. book* (o *o. volume*), antologia; raccolta di opere; volume alla portata di tutti □ *(teatr.) o. box,* palco preso in affitto da più abbonati □ *(ferr.) o. train,* omnibus.
omnifarious [,ɔmni'fɛəriəs] *a.* **di ogni genere; svariato.**
omnipotence [ɔm'nipətəns] *n.* Ⓤ **onnipotenza.**
omnipotent [ɔm'nipətənt] *a.* **onnipotente.**
omnipresence [,ɔmni'presənz] *n.* Ⓤ **onnipresenza.**
omnipresent [,ɔmni'prezənt] *a.* **onnipresente.**
omniscience [ɔm'nisiəns] *n.* Ⓤ **onniscienza.**
omniscient [ɔm'nisiənt] *a.* **onnisciente.**
omnivore ['ɔmnivɔ:*] *n.* Ⓒ *(zool.)* **(animale) onnivoro.**
omnivorous [ɔm'nivərəs] *a.* **onnivoro** ● *(fig.) an o. reader,* un divoratore di libri.
omphalos ['ɔmfəlɔs] *n. (anat., lett.)* **ombelico;** *(fig.)* **centro.**
(1) on [ɔn] *prep.* ***1*** **su; sopra; in; a**: *a carpet on the floor,* un tappeto sul pavimento □ *a lecture on Dante,* una conferenza su Dante □ *to fall on one's knees,* cadere in ginocchio □ *to get on a horse,* montare a cavallo □ *on foot,* a piedi □ *on fire,* in fiamme ***2*** (di tempo; *idiom.*) *on Sunday,* domenica □ *on Sundays,* di domenica; tutte le domeniche □ *on that day,* quel giorno □ *on the first of the month,* il primo del mese ● *on penalty of death,* pena la morte □ *on reaching home,* quando arrivai (arrivasti, ecc.) a casa □ *ruin on ruin,* rovina su rovina; una rovina sull'altra □ *Have you a match on you?,* hai un fiammifero?
(2) on [ɔn] *avv.* ***1*** **avanti; innanzi**: *Go on!,* va' avanti! □ *to hurry on,* tirare innanzi in gran fretta ***2*** **addosso; in testa**: *to have nothing on,* non avere nulla addosso □ *He came in with his hat on,* entrò col cappello in testa ***3*** (*in locuz. col verbo* to be, *è idiom.; per es.:*) *(mecc.) The engine is on,* il motore è avviato □ *The lights were all on,* le luci erano tutte accese □ *The gas is on,* il gas è aperto □ *What's on this evening?,* che cosa danno (al cinema, a teatro, ecc.) questa sera? □ *It was well on in the day,* era giorno inoltrato ● *on and on,* incessantemente; senza posa □ *on to,* su; sopra: *to jump on to the shore,* saltare (per es. dalla barca) sulla spiaggia □ *far on in the night,* a notte avanzata □ *from that day on,* da quel giorno in poi □ *to go on,* continuare □ *to look on,* stare a guardare □ *to read (to speak, to work, etc.) on,* continuare a leggere (a parlare, a lavorare, ecc.) □ *Time is getting on,* il tempo passa □ *He's well on in years,* è avanti con gli (o negli) anni □ *It's getting on for ten o'clock,* si stanno facendo le dieci; manca poco alle dieci □ *Come on!,* suvvia! □ *Have you anything on tomorrow?,* hai impegni domani? □ *On with the show!,* si dia inizio allo spettacolo!
onager ['ɔnəgə*] *n.* Ⓒ ***1*** *(zool.,* Equus onager*)* **onagro *2*** *(stor.)* **onagro.**
onanism ['ounənizəm] *n.* Ⓤ **onanismo; masturbazione.**
once [wʌns] ***A*** *avv.* **una volta; una volta sola; un tempo; in passato; un giorno**: *I've been there o.,* ci sono stato una volta (sola) □ *o. a day,* una volta al giorno ***B*** *cong.* **non appena; quando *C*** *n.* **una volta; una sola volta; una volta tanto**: *O. is enough for me,* a me basta una volta ● *o. and again* (o *o. in a while*), di quando in quando; di tanto in tanto □ *o. (and) for all,* una volta per sempre □ *o. or twice,* una volta o due □ *all at o.,* tutto in una volta; tutto a un tratto; tutti (o tutte) insieme □ *at o.,* subito; immediatamente □ *at o. clever and humble,* intelligente e umile a un tempo □ *for (this) o.,* per questa volta; una volta tanto □ *O. upon a time there was a king,* c'era una volta un re.
oncologist [ɔŋ'kɔlədʒist] *n.* Ⓒ *(med.)* **oncologo.**
oncology [ɔŋ'kɔlədʒi] *n.* Ⓤ *(med.)* **oncologia.**
oncoming ['ɔn,kʌmiŋ] ***A*** *a.* **che s'avvicina; prossimo *B*** *n.* **(l') approssimarsi; (l') avvicinarsi.**
one [wʌn] ***A*** *a. num.* e *indef.* **un, uno; un solo; unico**: *one million,* un milione □ *a hundred and one,* cento uno □ *one pound eleven,* una sterlina e undici « penny » □ *one day,* un giorno □ *from one end of the street to the other,* da un capo all'altro della strada □ *That's the one way to do it,* questo è l'unico modo di farlo ***B*** *n.* **uno; numero uno**: *One is the half of two,* uno è la metà di due □ *Ten ones are ten,* dieci per uno fa dieci ***C*** *pron. indef.* **uno, una; un certo, una certa; si** *(impers.)*: *One has to do one's best,* si deve (o bisogna) fare del proprio meglio □ *one Mr Jones,* un certo (signor) Jones ***D*** *pron. dimostrativo* ***1*** **quello, quella**: *I don't want the black pencil; I want the red one,* non voglio la matita nera; voglio (quel)la rossa ***2*** *(idiom.) this one or that one,* questo o quello □ *Which one do you prefer?,* quale (di questi, di quelli) preferisci? ● *one after another,* l'uno dopo l'altro □ *one and all,* tutti quanti□ *one another,* l'un l'altro; reciprocamente □ *one by one,* a uno a uno; uno alla volta □ *one hundred,* cento □ *one or two people,* una o due persone □ *(comm.) one price only,* « prezzi fissi » □ *one's,* il proprio; si *(rifl.)*: *one's parents,* i propri genitori □ *to cut one's finger,* tagliarsi un dito □ *one's little ones,* i piccoli; i bambini □ *one-time,* già; ex-: *the one-time governor,* l'ex-governatore □ *(ferr.) a one--track railway,* una ferrovia a un solo binario □ *a one--way street,* una strada a senso unico □ *(ferr.) a one--way ticket,* un biglietto di solo andata □ *(all) in one,* tutt'insieme; al tempo stesso □ *to be at one,* essere uniti □ *by ones and twos,* a uno o due alla volta; alla spicciolata □ *every one of you,* ciascuno di voi □ *for one,* quanto a me (a te, ecc.); per esempio; per fare un caso: *Smith, for one, will not agree,* Smith, per esempio, non sarà d'accordo □ *for one thing,* tanto per dirne una; tanto per cominciare □ *Iliad, book one,* Iliade, libro primo □ *lesson one,* lezione prima □ *to be made one,* (di oggetti, elementi) essere unificati; (di persone) essere uniti in matrimonio □ *to make one of,* unirsi a; andare con: *Will you make one of us?,* verrai con noi?; sarai dei nostri? □ *(lett.) many a one,* molti; molta gente □ *no one,* nessuno □ *(fig.) number one,* se stesso: *He's always thinking of number one,* pensa sempre a se stesso □ *to talk about one thing and another,* parlare del più e del meno □ *I'm not (the) one to do that,* non sono tipo da farlo □ *(fam.) You're a one!,* sei un bel tipo! □ *It's all one to me what you do,* qualunque cosa tu faccia, mi è indifferente.
one-armed [,wʌn'a:md] *a.* **con un braccio solo; monco** ● *(fam.) o. bandit,* macchina mangiasoldi.
one-eyed [,wʌn'aid] *a.* **con un occhio solo.**
one-horse [,wʌn'hɔ:s] *a.* ***1*** **tirato da un cavallo *2*** *(fig., fam.)* **insignificante; meschino; povero.**
one-legged [,wʌn'legd] *a.* ***1*** **che ha una gamba sola; mutilato d'una gamba *2*** *(fig.)* **difettoso; zoppicante.**
one-man [,wʌn'mæn] *a.* **individuale; di un singolo** ● *o. show,* mostra personale.
oneness ['wʌnnis] *n.* Ⓤ ***1*** **unità *2*** **unicità *3*** **accordo *4*** **identità.**
oner ['wʌnə*] *n.* Ⓒ *(pop.)* ***1*** **asso, fenomeno** *(fam.)* ***2*** *(sport)* **colpo formidabile.**
onerous ['ɔnərəs] *a.* **oneroso; gravoso.**
oneself [wʌn'self] *pron. rifl.* **sé; se stesso, se stessa;**

si *(rifl.)*: *to wash o.*, lavarsi ● *to be o.*, essere se stesso; essere normale; essere naturale; essere spontaneo □ *by o.*, da sé; da solo; senza aiuto.

one-sided [ˌwʌn'saidid] *a.* ***1*** **unilaterale** ***2*** *(fig.)* **parziale.**

one-step ['wʌnstep] *n. (mus., danza)* **one-step.**

onfall ['ɔnfɔ:l] *n.* [C] **attacco; assalto.**

ongoings ['ɔnˌgouiŋz] *n. pl.* ***1*** **avvenimenti** ***2*** **condotta, comportamento** (specialm. riprovevole).

onion ['ʌnjən] *n.* [C] *(bot.,* Allium cepa) **cipolla** ● *(pop.) to know one's onions,* saperla lunga □ *(pop.) to be off one's o.*, aver poco sale in zucca.

onlooker ['ɔnˌlukə*] *n.* [C] **spettatore, spettatrice.**

only ['ounli] ***A*** *a.* **solo; unico**: *He was an o. son,* era figlio unico □ *He's the o. man that can do it,* è il solo che possa farlo; lui solo può farlo ***B*** *avv.* **solamente; soltanto; unicamente; non... che; solo**: *I saw o. him,* vidi solamente lui □ *I o. saw him,* lo vidi soltanto (non gli parlai) □ *That o. makes matters worse,* ciò non fa che peggiorare la situazione ***C*** *cong. (fam.)* **ma; purtroppo**: *I'd help you with pleasure, o. I'm too busy,* ti aiuterei volentieri, ma ho troppo da fare ● *o. that,* se non fosse che □ *if o.*, se almeno □ *Ladies o.*, riservato alle signore □ *my one and o. hope,* l'ultima mia speranza □ *I'm o. too glad (o pleased) to hear that,* sono proprio contento (o lietissimo) di apprendere ciò □ *I was o. just in time,* arrivai appena in tempo □ *O. think!*, immagina un po'!; figurati!

onomatopoeia [ˌɔnoumætou'pi:ə] *n.* [U] **onomatopea.**

onomatopoeic [ˌɔnoumætou'pi:ik] *a.* **onomatopeico.**

onrush ['ɔnrʌʃ] *n. (generalm. al sing.)* **avanzata impetuosa; assalto.**

onset ['ɔnset] *n.* [C] ***1*** **assalto; attacco; carica** ***2*** **inizio.**

onside [ˌɔn'said] *a.* e *avv. (sport)* **in gioco.**

onslaught ['ɔnslɔ:t] *n.* [C] **assalto furioso; furibondo attacco.**

onto ['ɔntu] *prep.* (anche *on to)* **su; sopra.**

ontological [ˌɔntə'lɔdʒikəl] *a. (filos.)* **ontologico.**

ontology [ɔn'tɔlədʒi] *n.* [U] *(filos.)* **ontologia.**

onus ['ounəs] *n. (generalm. al sing.)* **onere; responsabilità; peso** *(fig.)*.

onward ['ɔnwəd] ***A*** *avv.* (anche *onwards)* **avanti; oltre;** (di tempo) **in poi** ***B*** *a.* **in avanti** ● *o. trend,* tendenza al progresso.

onyx ['ɔniks] *n.* [U] e [C] *(miner.)* **onice.**

oodles ['u:dlz] *n. pl. (pop.)* **una gran quantità** (di); **un mucchio** (di): *o. of money,* un mucchio di quattrini; quattrini a bizzeffe.

oof [u:f] *n.* [U] *(pop.)* **denaro; quattrini; grana** *(pop.)*.

oomph [umf] *n.* [U] *(pop.)* ***1*** **energia; grinta** ***2*** **attrazione sessuale; fascino.**

oops-a-daisy ['upsəˌdeizi] *inter. (fam.)* **op là!** (aiutando q. a salire o come commento alla caduta di q.).

ooze [u:z] *n.* [U] **fanghiglia; limo; melma.**

to **ooze** [u:z] ***A*** *v. i.* **colare; filtrare; stillare; trapelare** (anche *fig.)*; **trasudare** ***B*** *v. t.* **far colare; stillare** ● *to o. away,* scomparire a poco a poco; spegnersi; svanire □ *to o. sweat,* sudare.

oozy ['u:zi] *a.* **fangoso; limoso; melmoso.**

op [ɔp] *a.* — *(arte) op art,* arte ottica; op art □ *(arte) op artist,* artista op.

opacity [ou'pæsiti] *n.* [U] ***1*** **opacità** ***2*** *(fig.)* **ottusità.**

opal ['oupəl] *n.* [C] e [U] *(miner.)* **opale** ● *o. glass,* vetro opalino; opalina.

opalescence [ˌoupə'lesns] *n.* [U] **opalescenza.**

opalescent [ˌoupə'lesənt] *a.* **opalescente.**

opaline ['oupəlain] *a.* **opalino.**

opaque [ou'peik] *a.* ***1*** **opaco** ***2*** *(fig.)* **ottuso.**

to **ope** [oup] *(poet.) V.* to **open.**

open ['oupən] ***A*** *a.* ***1*** **aperto** (in ogni senso): *o. doors,* porte aperte □ *in the o. country,* in aperta campagna □ *the o. sea,* il mare aperto; l'alto mare □ *in the o. air,* all'aria aperta □ *an o. character,* un carattere aperto ***2*** **libero; aperto al pubblico; pubblico; disponibile; vacante; pronto, disposto** (a): *an o. meeting,* una riunione pubblica □ *to be o. to an offer,* essere disposto a prendere in considerazione un'offerta ***3*** **dubbio; indeciso; incerto; insoluto**: *an o. question,* una questione dubbia ***4*** **di dominio pubblico; evidente; manifesto; noto**: *an o. scandal,* uno scandalo di dominio pubblico ***5*** **esposto; indifeso; soggetto**: *to be o. to temptation,* andare soggetto alle tentazioni ***6*** (del tempo, ecc.) **mite**: *o. weather,* tempo mite ***B*** *n.* — *the o.*, l'aperta campagna; l'aria aperta ● *an o.-air school,* una scuola all'aperto □ *(econ.) o. inflation,* inflazione incontrollata □ *(mil.) o. order,* ordine sparso □ *an o. port,* un porto franco □ *an o. secret,* il segreto di Pulcinella □ *(fig.) to come out into the o.*, metter le carte in tavola □ *half-o.*, mezz'aperto; socchiuso □ *(leg.) in o. court,* a porte aperte; in pubblica udienza □ *to keep o. house,* essere molto ospitale □ *to lay oneself o. to attack,* esporsi agli attacchi □ *wide-o.*, spalancato □ *with o. arms,* a braccia aperte □ *The door flew o.*, la porta si spalancò.

to **open** ['oupən] ***A*** *v. t.* ***1*** **aprire** (quasi in ogni senso); **schiudere; iniziare; manifestare; palesare; scavare**: *to o. a box,* aprire una scatola □ *to o. a shop,* aprire un negozio □ *to o. a debate,* aprire un dibattito □ *to o. one's heart to sb.*, aprire il cuore (o l'animo) a q. □ *to o. one's designs,* palesare i propri disegni □ *to o. a well,* scavare un pozzo ***2*** **allargare; rompere**: *The soldiers opened their ranks,* i soldati ruppero le righe ***B*** *v. i.* ***1*** **aprirsi; schiudersi; cominciare; principiare; sbocciare**: *The door opened,* la porta s'aprì □ *The buds are opening,* i boccioli si stanno schiudendo □ *The roses are beginning to o.*, le rose cominciano a sbocciare ***2*** **cominciare a parlare** ***3*** (anche *naut.)* **apparire** ● *to o. into* (o *on to),* aprirsi su; dare su: *The room opens into a passage,* la stanza dà su un corridoio □ *to o. out,* aprire, dispiegare; apparire, rivelarsi □ *to o. up,* aprire; schiudere; scoprire □ *not to o. one's lips,* non aprir bocca.

opencast ['oupənka:st] *a. (ind. min.)* **a cielo aperto.**

opener ['oupənə*] *n.* [C] **arnese** (o **utensile**) **per aprire** ● *bottle-o.*, apribottiglie □ *tin-o.*, apriscatole.

open-eyed [ˌoupn'aid] *a.* ***1*** **a occhi aperti** ***2*** **guardingo.**

open-handed [ˌoupn'hændid] *a.* **generoso; liberale; che ha le mani bucate** *(pop.)*.

open-heart [ˌoupən'ha:t] *a. (med.)* **a cuore aperto**: *an o. operation,* un intervento a cuore aperto.

open-hearted [ˌoupən'ha:tid] *a.* **sincero; franco; leale.**

(1) opening ['oupəniŋ] *n.* [C] ***1*** **apertura; foro** ***2*** **inizio; principio** ***3*** **schiarita** (nel cielo) ***4*** **occasione; opportunità;** *(comm.)* **sbocco** ***5*** **prospettiva; posto vacante.**

(2) opening ['oupəniŋ] *a.* **inaugurale; iniziale; primo** ● *(teatr.) o. night,* prima (di uno spettacolo).

open-minded [ˌoupn'maindid] *a.* **di larghe vedute.**

open-mouthed [ˌoupn'mauðd] *a.* ***1*** **a bocca aperta** ***2*** *(fig.)* **avido; vorace.**

openly [ˌoupənli] *avv.* **apertamente; francamente; a viso aperto.**

openness ['oupənnis] *n.* [U] ***1*** **franchezza; lealtà; schiettezza; sincerità** ***2*** **apertura mentale; liberalità; mancanza di pregiudizi.**

openwork ['oupnwə:k] ***A*** *n.* [U] **lavoro a traforo** ***B*** *a.* **traforato**: *o. stockings,* calze traforate.

opera ['ɔpərə] *n.* [C] e [U] *(teatr.)* **opera** ● *o. glasses,* binocolo da teatro □ *o. house,* teatro dell'opera □ *the o. season,* la stagione dell'opera □ *grand o.*, opera lirica □ *light o.*, operetta.

to **operate** ['ɔpəreit] ***A*** *v. i.* ***1*** **operare; agire; contribuire** ***2*** **funzionare** ***3*** (di medicamento) **essere efficace** ***4*** **operare; eseguire un intervento chirurgico** ***B*** *v. t.* ***1*** **produrre; provocare** ***2*** **far funzionare; azionare** ***3*** **condurre** (una azienda); **gestire** ● *(med.) to o. on sb.*, operare q. □ *hand-operated,* azionato a mano.

operatic [ˌɔpə'rætik] *a. (teatr.)* **dell'opera; lirico.**

operation [ˌɔpə'reiʃən] *n.* ***1*** [C] **operazione** (in ogni senso): *to begin operations,* iniziare le operazioni □ *to perform an o. for appendicitis,* eseguire un'operazione d'appendicite ***2*** [C] **azione; effetto** ***3*** [U] **funzionamento; funzione; vigore**: *to come into o.*, entrare in vigore;

acquistare efficacia □ *in o.*, in funzionamento; in funzione, in vigore.
operational [,ɔpə'reiʃənl] *a.* **1** *(mil.)* **relativo a operazioni; operativo 2** *(comm.)* **gestionale; di gestione; d'esercizio.**
operative ['ɔpərətiv] **A** *a.* **1 operativo; efficace 2 manuale; pratico 3** *(med.)* **operatorio B** *n.* [C] **1 operaio** (di fabbrica); **operaio meccanico 2 artigiano** ● *o. surgery*, chirurgia □ *to become o.*, entrare in vigore.
operator ['ɔpəreitə*] *n.* **1 operatore** (anche *fin., elab., mat.*) **2 centralinista; telefonista 3 telegrafista.**
operetta [,ɔpə'retə] *n.* [C] *(mus.)* **operetta.**
ophthalmia [ɔf'θælmiə] *n.* [U] *(med.)* **oftalmia.**
ophthalmic [ɔf'θælmik] *a.* *(med.)* **oftalmico.**
ophthalmologist [,ɔfθæl'mɔlədʒist] *n.* [C] **oftalmologo.**
ophthalmology [,ɔfθæl'mɔlədʒi] *n.* [U] *(med.)* **oftalmologia.**
ophthalmoscope [ɔf'θælmouskoup] *n.* [C] *(med.)* **oftalmoscopio.**
opiate ['oupiit] *n.* [C] *(farm.)* **narcotico; sedativo; sonnifero.**
to **opine** [ou'pain] *v. i.* e *t.* **opinare.**
opinion [ə'pinjən] *n.* [C] e [U] **opinione; avviso; parere** (anche legale): *I am of o. that...*, sono d'opinione che... □ *political opinions*, opinioni politiche □ *in my o.*, a mio avviso; secondo me □ *public o.*, l'opinione pubblica ● *to act up to one's opinions*, agire conformemente alle proprie convinzioni □ *to have a high (a low) o. of sb.*, avere una buona (una cattiva) opinione di q. □ *to have no o. of sb.*, non avere stima di q. □ *It's a matter of o.*, è una questione discutibile; è cosa opinabile.
opinionated [ə'pinjəneitid] *a.* **dogmatico; intransigente.**
opium ['oupjəm] *n.* [U] **oppio** ● *o. addict*, oppiomane □ *o. eater*, mangiatore d'oppio; oppiofago.
opiumism ['oupjəmizəm] *n.* [U] *(med.)* **oppiomania.**
opossum [ə'pɔsəm] *n.* *(zool.*, Didelphis virginiana) **opossum.**
opponency [ə'pounənsi] *n.* [U] **antagonismo; opposizione.**
opponent [ə'pounənt] *n.* [C] **oppositore; avversario; antagonista.**
opportune ['ɔpətju:n] *a.* **opportuno; conveniente; favorevole; propizio**: *at a most o. moment*, in un momento assai propizio.
opportunism [,ɔpə'tju(:)nizəm] *n.* [U] **opportunismo.**
opportunist [,ɔpə'tju(:)nist] *n.* **opportunista.**
opportunistic [,ɔpətju(:)'nistik] *a.* **opportunistico.**
opportunity [,ɔpə'tju:niti] *n.* [C] e [U] **opportunità; occasione.**
to **oppose** [ə'pouz] **A** *v. t.* **1 opporsi a; essere contrario a; contrastare; osteggiare**: *to o. a scheme*, osteggiare un progetto **2 opporre; contrapporre; mettere di fronte**: *to o. anger with patience*, contrapporre la pazienza all'ira **B** *v. i.* **opporsi.**
opposed [ə'pouzd] *a.* **1 contrario; avverso 2 opposto** ● *as o. to*, in confronto a; rispetto a.
opposite ['ɔpəzit] **A** *a.* **opposto; contrario; di fronte; altro**: *the o. side of the road*, il lato opposto della strada □ *the house o. (to) mine*, la casa di fronte alla mia **B** *n.* **(l')opposto; (il) contrario C** *avv.* **dirimpetto; di fronte D** *prep.* **dirimpetto a; di fronte a** ● *The most extreme opposites have some qualities in common*, gli estremi si toccano.
opposition [,ɔpə'ziʃən] *n.* [U] **opposizione** (in ogni senso); **antagonismo; contrasto; ostilità; resistenza**: *The Liberal Party was in o.*, il partito liberale era all'opposizione □ *to meet with o.*, incontrare resistenza ● *(polit., in G.B.) His (o Her) Majesty's O.*, il partito che è all'opposizione in Parlamento □ *in o. to public opinion*, contro l'opinione pubblica.
to **oppress** [ə'pres] *v. t.* **opprimere; gravare; angariare; vessare.**
oppression [ə'preʃən] *n.* [U] **oppressione; angheria; vessazione**: *a feeling of o.*, un senso d'oppressione.
oppressive [ə'presiv] *a.* **oppressivo; opprimente; vessatorio; tirannico.**
oppressor [ə'presə*] *n.* **oppressore; tiranno.**
opprobrious [ə'proubriəs] *a.* **1 obbrobrioso; vituperevole 2 ingiurioso; oltraggioso.**
opprobrium [ə'proubriəm] *n.* [U] **obbrobrio; vituperio; infamia.**
to **oppugn** [ɔ'pju:n] *v. t.* **controbattere** (idee, opinioni, ecc.).
to **opt** [ɔpt] *v. i.* **optare**: *to o. for st.*, optare per q.c.; scegliere q.c.
optative ['ɔptətiv] *a.* e *n.* *(gramm.)* **(modo) ottativo.**
optic ['ɔptik] *a.* *(anat.)* **ottico**: *the o. nerve*, il nervo ottico.
optical ['ɔptikəl] *a.* (specialm. *fis.*) **ottico**: *o. instruments*, strumenti ottici.
optician [ɔp'tiʃən] *n.* **ottico.**
optics ['ɔptiks] *n. pl.* *(col verbo al sing.)* *(fis.)* **ottica.**
optimism ['ɔptimizəm] *n.* [U] **ottimismo.**
optimist ['ɔptimist] *n.* **ottimista.**
optimistic [,ɔpti'mistik] *a.* **ottimistico.**
to **optimize** ['ɔptimaiz] **A** *v. i.* **essere ottimista B** *v. t.* **ottimizzare.**
optimum ['ɔptiməm] **A** *n.* (specialm. *biol.*) **optimum; condizioni d'ambiente ideali B** *a. attr.* **ottimale** ● *the o. temperature*, la temperatura ideale.
option ['ɔpʃən] *n.* [U] e [C] **libertà (o facoltà) di scelta; scelta; opzione.**
optional ['ɔpʃənl] *a.* **opzionale; facoltativo; a scelta; a richiesta.**
opulence ['ɔpjuləns] *n.* [U] **1 opulenza 2 abbondanza.**
opulent ['ɔpjulənt] *a.* **1 opulento 2 abbondante; sovrabbondante** ● *o. vegetation*, vegetazione lussureggiante.
opus ['oupəs] *n.* (*pl.* **opera** ['ɔpərə], **opuses**) (*mus.*, *abbr.* *op.*) **opera.**
opuscule [ɔ'pʌskju:l] *n.* [C] *(mus., letter.)* **opera minore.**
or [ɔ:*, ə*] *cong.* **1 o; oppure; ossia; ovvero 2** *(in correlazione con una parola di valore neg.)* **né**: *without relatives or friends*, senza parenti né amici ● *either... or*, (o)... o □ *or else*, altrimenti; se no □ *or so*, o giù di lì; o pressappoco.
oracle ['ɔrəkl] *n.* [C] **oracolo** (in ogni senso).
oracular [ɔ'rækjulə*] *a.* **1 profetico; misterioso; oscuro** *(fig.)* **2** (di persona) **che parla come un oracolo; autorevole.**
oral ['ɔ:rəl] **A** *a.* (anche *anat.*) **orale B** *n.* [C] *(fam.)* **esame orale.**
orange ['ɔrindʒ] *n.* **1** [C] **arancia 2** [C] (anche *o.-tree*) (*bot.*, Citrus aurantium) **arancio 3** [U] **color arancione** ● *o.-blossoms*, fiori d'arancio □ *o.-grove*, aranceto □ *o.-peel*, scorza d'arancia.
orangeade [,ɔrindʒ'eid] *n.* [U] **aranciata.**
orangery ['ɔrindʒəri] *n.* [C] **1 aranciera 2 aranceto.**
orang-outan(g), orangutan [,ɔ:rəŋ'u:tæn] *n.* [C] (*zool.*, Pongo pygmaeus) **orangutan; orango.**
to **orate** [ɔ:'reit] *v. i.* *(scherz., spreg.)* **fare un'orazione; arringare.**
oration [ɔ:'reiʃən] *n.* **1** [C] **orazione; discorso solenne 2** [U] *(gramm.)* **discorso**: *direct (indirect) o.*, discorso diretto (indiretto).
orator ['ɔrətə*] *n.* **oratore.**
oratorical [,ɔrə'tɔrikəl] *a.* **oratorio; ampolloso; retorico.**
oratorio [,ɔrə'tɔ:riou] *n.* (*pl.* **oratorios**) *(mus.)* **oratorio.**
(1) oratory ['ɔrətəri] *n.* [U] **oratoria; arte oratoria; eloquenza.**
(2) oratory ['ɔrətəri] *n.* [C] *(relig.)* **oratorio** (piccola cappella).
orb [ɔ:b] *n.* [C] **orbe; globo; sfera.**
orbit ['ɔ:bit] *n.* [C] e [U] *(astron., miss., anat.)* **orbita** (anche *fig.*).
to **orbit** ['ɔ:bit] *(astron., miss.)* **A** *v. i.* **orbitare B** *v. t.* **1 orbitare intorno a** (q.c.) **2 mettere in orbita.**
orbital ['ɔ:bitl] *a.* *(astron., miss., anat.)* **orbitale.**
orc [ɔ:k] *n.* **1** (*zool.*, Orcinus orca) **orca 2** *(mitol.)* **orco**

marino; orco.

orchard ['ɔ:tʃəd] *n.* [C] **frutteto** ● *apple-o.*, pometo.

orchardman ['ɔ:tʃədmən] *n.* (*pl.* **orchardmen** ['ɔ:tʃədmən]) **frutticoltore.**

orchestra ['ɔ:kistrə] *n.* [C] ***1*** *(mus.)* **orchestra** ***2*** *(teatr.)* **platea.**

orchestral [ɔ:'kestrəl] *a. (mus.)* **orchestrale** ● *an o. player,* un orchestrale.

to **orchestrate** ['ɔ:kistreit] *v. t.* e *i. (mus.)* **orchestrare.**

orchestration [ˌɔ:kes'treiʃən] *n.* [U] e [C] *(mus.)* **orchestrazione.**

orchid ['ɔ:kid] *n.* [C] (*bot.*, Orchis) **orchidea.**

orchil ['ɔ:tʃil] *n.* [U] (sostanza colorante) **oricello.**

orchis ['ɔ:kis] *V.* **orchid.**

to **ordain** [ɔ:'dein] *v. t.* (specialm. *relig.)* ***1*** **ordinare; consacrare** ***2*** **decretare; stabilire.**

ordeal [ɔ:'di:l] *n.* ***1*** [U] *(stor.)* **ordalia** ***2*** [C] *(fig.)* **cimento; prova.**

order ['ɔ:də*] *n.* [U] e [C] **ordine** (quasi in ogni senso); **comando; ordinanza; ceto; grado;** *(comm.)* **ordinazione;** *(leg.)* **mandato;** *in alphabetical o.*, in ordine alfabetico □ *troops in open o.*, soldati in ordine sparso □ *an o. for a hundred tons of coal*, un'ordinazione di cento tonnellate di carbone □ *(comm.) to fill* (o *to carry out) an o.*, eseguire (o dar corso a) un'ordinazione □ *the lower orders,* i ceti inferiori □ *the monastic orders,* gli ordini monastici □ *(mat.) an equation of the first o.*, un'equazione di primo grado ● *(comm.) o.-form,* modulo d'ordinazione □ *o.-paper,* foglio dell'ordine del giorno □ *(comm.) bill payable to o.*, cambiale all'ordine □ *(mecc.) to get out of o.*, guastarsi; incepparsi □ *in o. that,* affinché; acciocché □ *in o. to,* allo scopo di; per □ *in bad o.*, in disordine □ *made to o.*, fatto su ordinazione (o su misura) □ *money-o.*, vaglia □ *out of o.*, in disordine; guasto □ *postal o.*, vaglia postale □ *(mecc.) to put in working o.*, mettere in efficienza □ *(relig.) to take holy orders,* prendere gli ordini sacri: essere ordinato sacerdote □ *telegraphic money-o.*, vaglia telegrafico □ *(comm.) trial o.*, ordine di prova □ *until further orders,* fino a nuovo ordine.

to **order** ['ɔ:də*] *v. t.* **ordinare** (quasi in ogni senso); **comandare; mettere in ordine; regolare**: *to o. sb. to do st.*, ordinare a q. di fare q.c. □ *to o. st. for sb.*, ordinare q.c. per q. □ *to o. st. from sb.*, ordinare q.c. a q. □ *to o. one's life according to strict rules,* regolare la propria vita secondo severi principi ● *to o. sb. about,* dare continuamente ordini a q.; tiranneggiare q. □ *to o. sb. away,* mandar via q.; dare a q. l'ordine di partire □ *to o. sb. back,* ordinare a q. di tornare; richiamare q. □ *to o. out,* mandar fuori; espellere; *Three boys were ordered out of the classroom,* tre ragazzi furono espulsi dall'aula □ *(mil.) O. arms!,* fianc'arm!

orderly ['ɔ:dəli] ***A*** *a.* **ordinato** (quasi in ogni senso); **in ordine; metodico; corretto; disciplinato** ***B*** *n.* [C] ***1*** *(mil.)* **attendente; (soldato d') ordinanza** ***2*** **inserviente** (d'ospedale) ● *(mil.) the o. officer,* l'ufficiale d'ordinanza □ *(mil.) the o. room,* la fureria.

ordinal ['ɔ:dinl] *a.* e *n.* [C] *(mat.)* **(numero) ordinale.**

ordinance ['ɔ:dinəns] *n.* [C] **ordinanza; decreto.**

ordinand ['ɔ:diˌnænd] *n.* [C] *(relig.)* **ordinando.**

ordinary ['ɔ:dnri] ***A*** *a.* **ordinario; comune; consueto; solito** ***B*** *n.* [C] ***1*** *(relig.)* **vescovo ordinario** ***2*** **pasto a prezzo fisso** ***3*** **locanda** (che serve pasti a prezzo fisso) ● *(naut.) o. seaman,* marinaio semplice □ *in o.*, in servizio permanente; (di nave) in disarmo □ *in an o. way,* d'ordinario; di norma □ *out of the o.*, fuori del comune.

ordinate ['ɔ:dinit] *n.* [C] *(mat.)* **ordinata.**

ordination [ˌɔ:di'neiʃən] *n.* [U] e [C] *(relig.)* **ordinazione.**

ordnance ['ɔ:dnəns] *n.* [U] *(mil.)* ***1*** **artiglieria** ***2*** **materiale militare; armi e munizioni** ● *o. map,* carta topografica ufficiale □ *piece of o.*, cannone.

ordure ['ɔ:djuə*] *n.* [U] **lordura; escrementi; sterco.**

ore [ɔ:*] *n.* [U] e [C] *(miner.)* **minerale (grezzo)**: *iron ore,* minerale ferroso ● *ore-dressing,* trattamento dei minerali.

oread ['ɔ:riæd] *n.* [C] *(mitol.)* **oreade; ninfa montana.**

oregano [ə'regənou] *n.* [U] *(bot.*, Origanum vulgare*)* **origano.**

organ ['ɔ:gən] *n.* [C] ***1*** **organo** (in ogni senso, anche *fig.)* ***2*** **voce** (dell'uomo) ● *o.-blower,* tiramantici □ *barrel-o.*, organetto; organino □ *mouth-o.*, armonica a bocca.

organdie ['ɔ:gəndi] *n.* [U] *(ind. tessile)* **organdis; organza.**

organic [ɔ:'gænik] *a.* **organico** (in ogni senso).

organism ['ɔ:gənizəm] *n.* [C] **organismo** (anche *fig.).*

organist ['ɔ:gənist] *n. (mus.)* **organista.**

organization [ˌɔ:gənai'zeiʃən] *n.* [U] e [C] **organizzazione.**

organizational [ˌɔ:gənai'zeiʃənəl] *a.* **organizzativo.**

to **organize** ['ɔ:gənaiz] ***A*** *v. t.* **organizzare** ***B*** *v. i.* **organizzarsi.**

organizer ['ɔ:gənaizə*] *n.* **organizzatore, organizzatrice.**

organology [ˌɔ:gə'nɔlədʒi] *n.* [U] *(scient.)* **organologia.**

organzine ['ɔ:gənˌzi:n] *n.* [U] *(ind. tessile)* **organzino.**

orgasm ['ɔ:gæzəm] *n.* [C] e [U] *(fisiologia)* **orgasmo.**

orgeat ['ɔ:dʒiæt] *n.* [U] **orzata.**

orgiastic [ˌɔ:dʒi'æstik] *a.* **orgiastico.**

orgy ['ɔ:dʒi] *n.* [C] ***1*** **orgia** ***2*** *(fig.)* **tripudio.**

oriel ['ɔ:riəl] *n.* [C] *(archit.)* **balconcino chiuso da vetri; bovindo.**

orient ['ɔ:riənt] ***A*** *n.* **oriente; levante** ***B*** *a. (poet.)* ***1*** **orientale** ***2*** **levante; nascente**: *the o. sun,* il sole nascente ● *(geogr.) the O.*, l'Oriente.

to **orient** ['ɔ:riˌent] *V.* to **orientate.**

Oriental [ˌɔ:ri'entl] *a.* e *n.* **orientale.**

Orientalism [ˌɔ:ri'entəlizəm] *n.* [U] **orientalismo.**

Orientalist [ˌɔ:ri'entəlist] *n.* **orientalista.**

to **Orientalize** [ˌɔ:ri'entəlaiz] ***A*** *v. t.* **orientalizzare; rendere orientale; dare un carattere orientale a** ***B*** *v. i.* **diventare orientale.**

to **orientate** ['ɔ:rienteit] ***A*** *v. t.* ***1*** **orientare; volgere verso oriente** ***2*** **orientare; indirizzare** ***B*** *v. i.* **orientarsi** ***C*** to **orientate oneself** *v. rifl.* **orientarsi** (anche *fig.).*

orientation [ˌɔ:rien'teiʃən] *n.* [U] e [C] **orientamento** (anche *fig.).*

orifice ['ɔrifis] *n.* [C] **orificio, orifizio; bocca** *(fig.).*

oriflamme ['ɔriflæm] *n.* [C] *(stor.)* **orifiamma.**

origin ['ɔridʒin] *n.* [U] e [C] **origine**: *a man of humble o.*, un uomo d'umili origini.

original [ə'ridʒənl] ***A*** *a.* ***1*** **originale; nuovo** ***2*** **originario; iniziale** ***B*** *n.* [C] ***1*** **originale**: *This is not the o.; it's only a copy,* questo non è l'originale; è soltanto una copia ***2*** **(persona) originale; eccentrico.**

originality [əˌridʒi'næliti] *n.* [U] **originalità.**

originally [ə'ridʒinəli] *avv.* ***1*** **originalmente; in modo originale** ***2*** **originariamente; in origine.**

to **originate** [ə'ridʒineit] ***A*** *v. t.* ***1*** **dare origine a; causare; produrre** ***2*** **inventare** ***B*** *v. i.* **aver origine; nascere; derivare; provenire.**

origination [əˌridʒi'neiʃən] *n.* [U] ***1*** **derivazione; provenienza** ***2*** **(il) dare origine; creazione; inizio.**

originator [ə'ridʒineitə*] *n.* **chi dà origine; autore; iniziatore.**

oriole ['ɔ:rioul] *n.* [C] (anche *golden o.*) (*zool.*, Oriolus oriolus) **oriolo; rigogolo.**

orison ['ɔrizən] *n. (poet., di solito al pl.)* **orazione; preghiera.**

ormolu ['ɔ:məlu:] *n.* [U] **bronzo dorato; similoro.**

ornament ['ɔ:nəmənt] *n.* [U] e [C] **ornamento** (anche *fig.)*: *by way of o.*, per ornamento.

to **ornament** ['ɔ:nə'ment] *v. t.* **ornare; adornare; decorare.**

ornamental [ˌɔ:nə'mentəl] *a.* **ornamentale; decorativo.**

ornamentation [ˌɔ:nəmen'teiʃən] *n.* [U] **ornamentazione; decorazione.**

ornate [ɔ:'neit] *a.* **riccamente ornato; troppo adorno; elaborato.**

ornateness [ɔ:'neitnis] *n.* [U] **ornatezza; ricercatez-**

za.
ornithologist [ˌɔ:ni'θɔlədʒist] *n.* *(scient.)* **ornitologo.**
ornithology [ˌɔ:ni'θɔlədʒi] *n.* U *(scient.)* **ornitologia.**
orogenesis [ˌɔ(:)rou'dʒenisis] *n.* U *(geol.)* **orogenesi.**
orogeny [ɔ(:)'rɔdʒəni] *V.* **orogenesis.**
orographic(al) [ˌɔrou'græfik(əl)] *a.* *(geogr.)* **orografico.**
orography [ɔ'rɔgrəfi] *n.* U *(geogr.)* **orografia.**
orotund ['ɔroutʌnd] *a.* **altisonante; magniloquente; pomposo.**
orphan ['ɔ:fən] ***A*** *n.* **orfano, orfana** ***B*** *a. attr.* **orfano.**
to **orphan** ['ɔ:fən] *v. t.* **rendere orfano.**
orphanage ['ɔ:fənidʒ] *n.* C **orfanotrofio.**
Orphean [ɔ:'fi:ən] *a.* ***1*** **orfico; di Orfeo** ***2*** *(fig.)* **incantevole; melodioso.**
orrery ['ɔrəri] *n.* C *(astron.)* **planetario.**
(1) orris ['ɔris] *n.* C *(bot.,* Iris florentina*)* **giglio fiorentino.**
(2) orris ['ɔris] *n.* U **merletto in oro e argento.**
ortho- ['ɔ:θou] *(in parole composte)* **orto-** (col significato di "andamento rettilineo", "posizione eretta", "conformità alla norma").
orthoclase ['ɔ:θoukleis] *n.* U *(miner.)* **ortoclasio.**
orthodontic [ˌɔ:θə'dɔntik] *a.* *(med.)* **ortodontico.**
orthodontics [ˌɔ:θə'dɔntiks] *n. pl.* *(col verbo al sing.)* *(med.)* **ortodontia, ortodonzia.**
orthodox ['ɔ:θədɔks] *a.* **ortodosso** (anche *fig.*).
orthodoxy ['ɔ:θədɔksi] *n.* U **ortodossia** (anche *fig.*).
orthogonal [ɔ:'θɔgənl] *a.* *(geom.)* **ortogonale.**
orthographic(al) [ˌɔ:θə'græfik(əl)] *a.* ***1*** *(gramm.)* **ortografico** ***2*** *(geom.)* **ortogonale.**
orthography [ɔ(:)'θɔgrəfi] *n.* U ***1*** *(gramm.)* **ortografia** ***2*** *(geom.)* **proiezione ortogonale.**
orthopaedic [ˌɔ:θou'pi:dik] *a.* *(med.)* **ortopedico.**
orthopaedics [ˌɔ:θou'pi:diks] *n. pl.* *(col verbo al sing.)* *(med.)* **ortopedia.**
orthopaedist [ˌɔ:θou'pi:dist] *n.* *(med.)* **ortopedico.**
orthopaedy ['ɔ:θoupi:di] *n.* U *(med.)* **ortopedia.**
ortolan ['ɔ:tələn] *n.* C *(zool.,* Emberiza hortulana*)* **ortolano.**
oryx ['ɔriks] *n.* C *(zool.,* Oryx*)* **orice.**
to **oscillate** ['ɔsileit] ***A*** *v. i.* ***1*** **oscillare** (anche *fig.*) ***2*** *(fig.)* **esitare; tentennare** ***B*** *v. t.* **far oscillare.**
oscillation [ˌɔsi'leiʃən] *n.* U e C **oscillazione.**
oscillator ['ɔsileitə*] *n.* C *(fis., elettron.)* **oscillatore.**
oscillatory ['ɔsilətəri] *a.* *(fis., mecc.)* **oscillatorio.**
oscillograph [ɔ'siləgra:f] *n.* C *(fis.)* **oscillografo.**
oscilloscope [ɔ'siləˌskoup] *n.* C *(fis.)* **oscilloscopio.**
to **osculate** ['ɔskjuleit] *v. i.* *(mat.)* **osculare.**
osculation [ˌɔskju'leiʃən] *n.* U e C ***1*** *(raro, scherz.)* **bacio** ***2*** **combaciamento** ***3*** *(mat.)* **osculazione; tangenza.**
osculatory ['ɔskjulətəri] *a.* *(mat.)* **osculatore.**
osier ['ouʒə*] *n.* C **vimine; vinco** ● *o.-bed,* vincheto.
osmium ['ɔzmiəm] *n.* U *(chim.)* **osmio.**
osmose ['ɔzmous], **osmosis** [ɔz'mousis] *n.* U *(chim., fis.)* **osmosi.**
osprey ['ɔspri] *n.* C *(zool.,* Pandion haliaëtus*)* **falco pescatore.**
osseous ['ɔsiəs] *a.* *(anat., zool.)* **osseo.**
Ossianic [ˌɔsi'ænik] *a.* *(letter.)* **ossianico; di Ossian.**
ossiferous [ɔ'sifərəs] *a.* *(geol.)* **ossifero.**
ossification [ˌɔsifi'keiʃən] *n.* U e C **ossificazione.**
to **ossify** ['ɔsifai] ***A*** *v. t.* ***1*** **ossificare** ***2*** *(fig.)* **cristallizzare** ***B*** *v. i.* ***1*** **ossificarsi** ***2*** *(fig.)* **cristallizzarsi.**
ossuary ['ɔsjuəri] *n.* C **ossario.**
ostensible [ɔs'tensəbl] *a.* **apparente; preteso.**
ostensory [ɔs'tensəri] *n.* C *(relig.)* **ostensorio.**
ostentation [ˌɔsten'teiʃən] *n.* U **ostentazione.**
ostentatious [ˌɔsten'teiʃəs] *a.* **pomposo; pretenzioso.**
osteo- ['ɔstiou] *(in parole composte della terminologia medica)* **osteo-** (col significato di "osso", "osseo").
osteology [ˌɔsti'ɔlədʒi] *n.* U *(scient.)* **osteologia.**
ostiary ['ɔstiəri] *n.* C *(relig.)* **ostiario.**
ostler ['ɔslə*] *n.* C *(arc.)* **stalliere** (d'una locanda); **mozzo di stalla.**
ostracism ['ɔstrəsizəm] *n.* U **ostracismo** (anche *fig.*).
to **ostracize** ['ɔstrəsaiz] *v. t.* **dar l'ostracismo a** (q.).
ostrich ['ɔstritʃ] *n.* C *(zool.,* Struthio camelus*)* **struzzo** ● *to have the digestion of an o.,* avere uno stomaco da struzzo.
Ostrogoth ['ɔstrəgɔθ] *n.* C *(stor.)* **ostrogoto.**
Ostrogothic [ˌɔstrə'gɔθik] *a.* *(stor.)* **ostrogoto; ostrogotico.**
otalgia [ou'tældʒiə] *n.* U *(med.)* **otalgia.**
otary ['outəri] *n.* C *(zool.,* Otaria*)* **otaria.**
other ['ʌðə*] ***A*** *a.* **altro; differente; diverso** ***B*** *pron.* **altro, altra**: *Please tell the others,* per favore, dillo agli altri ***C*** *avv.* **altro; altrimenti; diversamente**: *I couldn't do o. than I did,* non potei fare diversamente (da come feci) ● *the o. day,* l'altro giorno; pochi giorni fa □ *each o.,* l'un l'altro □ *every o. boy,* tutti gli altri ragazzi; (oppure) un ragazzo sì e uno no □ *every o. day (week, month, etc.),* un giorno (una settimana, un mese, ecc.) sì e uno no; ogni due giorni (ogni due settimane, mesi, ecc.) □ *none o. than,* non altri che □ *some day or o.,* un giorno o l'altro □ *some one or o.,* qualcuno; uno sconosciuto □ *some time or o.,* una volta o l'altra.
otherwise ['ʌðəwaiz] ***A*** *avv.* **altrimenti; diversamente; per il resto** ***B*** *cong.* **altrimenti; se no** ***C*** *a.* **differente; diverso** ● *to be o. engaged,* essere occupato in altre faccende □ *How can it be o. than fatal?,* come può non essere fatale?
otiose ['ouʃious] *a.* **inutile; superfluo; vano; ozioso** *(fig.)*.
otitis [ou'taitis] *n.* U *(med.)* **otite.**
oto- ['outou] *(in parole composte)* **oto-** (fa riferimento all'orecchio).
otter ['ɔtə*] *n.* C *(zool.,* Lutra lutra*)* **lontra.**
Ottoman ['ɔtəmən] *a.* e *n.* *(stor.)* **ottomano; turco.**
ottoman ['ɔtəmən] *n.* C **ottomana; divano.**
oubliette [ˌu:bli'et] *n.* C *(stor.)* **prigione segreta.**
ouch [autʃ] *inter.* **ahi!**
ought [ɔ:t] *voce verb. difett.* **dovrei, dovresti, ecc.; bisognerebbe che io, che tu, ecc.**: *You o. to start at once,* dovresti partire subito □ *He o. to be there by now,* dovrebbe essere arrivato, ormai □ *You o. to have told me yesterday,* avresti dovuto dirmelo ieri.
oughtn't ['ɔ:tnt] *contraz.* di **ought not.**
ounce [auns] *n.* C **oncia** (unità di peso e *fig.*).
our ['auə*] *a. poss.* **(il) nostro; (la) nostra, (i) nostri, (le) nostre**: *Our Father,* Padre Nostro □ *Our Lady,* Nostra Signora; la Madonna.
ours ['auəz] ***A*** *pron. pers.* **(il) nostro, (la) nostra; (i) nostri, (le) nostre**: *This house is o.,* questa casa è nostra ***B*** *a. pred.* **nostro, nostra; nostri, nostre**: *This farm became o. many years ago,* questa fattoria divenne nostra molti anni fa ● *a friend of o.,* un nostro amico □ *this garden of o.,* questo nostro giardino.
ourself [ˌauə'self] *pron. rifl.* *(us. nel « plurale maiestatis »)* **Noi; Noi in persona; Ci.**
ourselves [ˌauə'selvz] *pron. rifl.* e *enfatico* **noi stessi, noi stesse; noi in persona; ci**: *We hurt o.,* ci facemmo male □ *We went o.,* ci andammo noi in persona ● *(all) by o.,* (da) soli; da noi.
ousel ['u:zl] *V.* **ouzel.**
to **oust** [aust] *v. t.* ***1*** **cacciare; espellere** ***2*** *(leg.)* **espropriare.**
(1) out [aut] ***A*** *avv.* ***1*** **fuori; in fuori; all'aperto**: *He's out just now,* al momento è fuori (o non è in casa, in ufficio, ecc.) □ *Don't lean out,* non sporgerti in fuori! ***2*** **spento**: *The fire is out,* il fuoco è spento ***3*** **finito; terminato** ***4*** **in sciopero** ***5*** **sbocciato** ***6*** **pubblicato** ***7*** **rivelato; scoperto; di dominio pubblico** ***8*** **libero**: *They have their Sundays out,* hanno le domeniche libere ***9*** **fuori moda; passato di moda** ***10*** *(fam.)* **in passivo; in perdita** ***B*** **out of** *prep.* ***1*** **fuori; fuori di; fuori da; da**: *Tom is out of town now,* ora Tom è fuori

città □ *Don't throw things out of the window,* non gettare oggetti dalla finestra (o dal finestrino)! □ *a scene out of a play,* una scena (presa) da un dramma **2 fra, tra; su**: *It happens in nine cases out of ten,* capita in nove casi su dieci **3 a causa di; per**: *out of spite,* per dispetto **4** *(naut.)* **al largo di**: *five miles out of Hamburg,* cinque miglia al largo d'Amburgo ● *to be out and about,* esser di nuovo in piedi; esser ristabilito e in grado di uscire □ *out and away,* di gran lunga □ *out and out,* da cima a fondo □ *an out-and-out scoundrel,* un briccone matricolato □ *out of bounds,* fuori dei limiti; « accesso vietato » □ *out of doors,* all'aperto □ *to be out of hand,* non essere a portata di mano □ *(fig.) to be out of it,* esserne fuori; essere escluso; essere male informato; essere in errore □ *(fam.) to be out of one's mind,* aver perso la ragione □ *(fig.) to be out with sb.,* essere in rotta con q. □ *to argue it out,* discutere q.c. fino in fondo; andare in fondo a una questione □ *to drink out of a cup,* bere in una tazza □ *to get money out of sb.,* spillare denaro a q. □ *(fam.) to go all out for st.,* fare ogni sforzo (o tutto il possibile) per ottenere q.c. □ *to have one's cry out,* piangere tutte le proprie lacrime □ *a house made out of stone,* una casa (fatta) di pietra □ *on the voyage out,* nel viaggio d'andata □ *times out of number,* infinite volte □ *Out with him!,* buttatelo fuori! □ *(polit.) The Tories were out,* i conservatori erano all'opposizione □ *Get out!,* fuori!; vattene!; andatevene! □ *We are out of coffee,* abbiamo finito il caffè □ *John is out in Australia,* John si trova in Australia.

(2) out [aut] *n. (specialm. nella locuz. polit.:) the outs,* il partito che è all'opposizione ● *the ins and outs, (polit.)* il partito al potere e l'opposizione; *(fam.)* i particolari (d'una faccenda).

(3) out [aut] *a.* **1 fuori del comune; eccezionale 2** *(di solito nei composti)* **esterno 3** *(sport)* **fuori casa; in trasferta**: *an out match,* una partita fuori casa **4 assente 5 « out »; fuori moda; tagliato fuori.**

(4) out [aut] *inter.* **fuori!; via!**

(5) out [aut] *prep. (fam.)* **(fuori) da**: *to go out the door,* uscire dalla porta.

out- [aut] *pref.* — (modifica il significato della parola cui è anteposto, indicando superamento, eccesso, direzione verso l'esterno, lontananza, ecc.).

to **out** [aut] ***A*** *v. i.* **saltar fuori; esser scoperto**: *Truth will out,* la verità salta sempre fuori ***B*** *v. t.* **1 cacciare; buttar fuori 2** *(pugilato)* **metter fuori combattimento.**

outbade [aut'beid] *pass.* di to **outbid.**

to **outbalance** [aut'bæləns] *v. t.* **superare** (di peso, valore, ecc.).

to **outbid** [aut'bid] (*pass.* **outbade** [aut'beid], **outbid;** *p.p.* **outbidden** [aut'bidn], **outbid**) *v. t. (comm.)* **offrire di più di** (q.) (a un'asta, ecc.).

outbidder [aut'bidə*] *n. (comm.)* **maggior offerente.**

outboard ['autbɔ:d] ***A*** *avv. (naut.)* **fuori bordo** ***B*** *a.* e *n.* **fuoribordo.**

outbound ['autbaund] *a. (naut.)* **diretto (a un porto lontano); in rotta per**: *a ship o. for America,* una nave in rotta per l'America.

to **outbrave** [aut'breiv] *v. t.* **1 superare in coraggio 2 sfidare.**

outbreak ['autbreik] *n.* [C] **1 scoppio** (d'un incendio, d'una guerra, ecc.) **2 eruzione** (d'un vulcano) **3 insurrezione; sommossa 4 attacco** (d'una malattia); **epidemia.**

outbuilding ['aut,bildiŋ] *n.* [C] **fabbricato annesso.**

outburst ['autbə:st] *n.* [C] **scoppio** (anche *fig.*); **esplosione.**

outcast ['autka:st] ***A*** *n.* [C] **1 esule; proscritto 2 animale randagio** ***B*** *a.* **bandito; reietto.**

outcaste ['autka:st] ***A*** *n.* [C] (in India) **paria** ***B*** *a.* **senza casta.**

to **outclass** [aut'kla:s] *v. t.* **superare di gran lunga; surclassare.**

outcome ['autkʌm] *n.* [C] **conseguenza; esito; risultato.**

outcrop ['autkrɔp] *n.* [C] *(geol.)* **affioramento.**

outcry ['autkrai] *n.* [C] **grido; protesta.**

outdated [aut'deitid] *a.* **antiquato; sorpassato; datato.**

outdid [aut'did] *pass.* di to **outdo.**

to **outdistance** [aut'distəns] *v. t.* (specialm. *sport*) **distanziare.**

to **outdo** [aut'du:] (*pass.* **outdid** [aut'did], *p.p.* **outdone** [aut'dʌn]) *v. t.* **sorpassare; superare; far meglio di** (q.).

outdoor ['autdɔ:*] *a. attr.* **esterno; di fuori; all'aperto**: *o. games,* giochi all'aperto ● *(cinem.) o. shooting,* riprese esterne.

outdoors [,aut'dɔ:z] *avv.* **fuori; fuori di casa; all'aperto.**

outer ['autə*] *a.* **esterno; esteriore** ● *(astron.) o. space,* spazio extra-atmosferico.

outermost ['autəmoust] *a.* **(il) più esterno; (il) più remoto.**

to **outface** [aut'feis] *v. t.* **1 far abbassare gli occhi a** (q.) **2 affrontare** (con successo).

outfall ['autfɔ:l] *n.* [C] **1 bocca di scarico 2 foce.**

outfield ['autfi:ld] *n.* [C] *(cricket, baseball)* **parte del campo più lontana dal battitore.**

outfit ['autfit] *n.* [C] **attrezzatura; corredo; equipaggiamento.**

to **outfit** ['autfit] *v. t.* **attrezzare; equipaggiare.**

outfitter ['aut,fitə*] *n.* **fornitore** ● *a gentleman's o.,* un negoziante d'abiti da uomo.

to **outflank** [aut'flæŋk] *v. t. (mil.)* **aggirare** (ai fianchi, sull'ala).

outflow ['autflou] *n.* [C] **efflusso; deflusso** ● *(fin.) the o. of capital,* la fuga dei capitali (da un paese).

to **outflow** [aut'flou] *v. i.* **effluire; defluire.**

to **outfox** [aut'fɔks] *v. t.* **vincere** (q.) **in astuzia.**

outgo ['autgou] *n. (solo al sing.)* **1 uscita; efflusso 2 spesa.**

to **outgo** [aut'gou] (*pass.* **outwent** [aut'went], *p.p.* **outgone** [aut'gɔn]) *v. t.* **sorpassare; superare** (anche *fig.*).

outgoing ['aut,gouiŋ] *a. attr.* **1 in partenza 2 uscente**: *the o. president,* il presidente uscente ● *o. tide,* marea calante.

outgoings ['aut,gouiŋz] *n. pl.* **uscite; spese.**

outgone [aut'gɔ:n] *pass.* di to **outgo.**

to **outgrow** [aut'grou] (*pass.* **outgrew** [aut'gru:], *p.p.* **outgrown** [aut'groun]) *v. t.* **1 superare in statura 2 liberarsi di, perdere** (con l'andare degli anni) ● *to o. one's clothes,* diventare troppo grande per i propri vestiti.

outgrowth ['autgrouθ] *n.* [C] **1 escrescenza 2 conseguenza; risultato.**

to **out-Herod** [aut'herəd] *v. t.* **superare in efferatezza.**

outhouse ['authaus] *n.* [C] **capanna; tettoia; fienile; rimessa.**

outing ['autiŋ] *n.* [C] **gita; escursione; viaggetto.**

outlandish [aut'lændiʃ] *a.* **esotico; strano; bizzarro.**

to **outlast** [aut'la:st] *v. t.* **1 superare in durata;** *(sport)* **battere alla distanza 2 sopravvivere a.**

outlaw ['autlɔ:] *n.* [C] **1** *(stor.)* **proscritto 2 bandito; fuorilegge.**

to **outlaw** ['autlɔ:] *v. t.* **bandire; mettere al bando; proscrivere.**

outlawry ['aut,lɔ:ri] *n.* [U] **bando; proscrizione.**

outlay ['autlei] *n.* [U] e [C] **sborso; spesa.**

outlet ['autlet] *n.* [C] **1 uscita; apertura; scarico; sbocco 2** *(fig.)* **sfogo 3** *(elettr.)* **attacco; presa (di corrente) 4** *(econ., comm.)* **sbocco; punto di vendita.**

outlier ['aut,laiə*] *n.* [C] **1 chi abita lontano dal posto di lavoro 2 estraneo; solitario; chi è escluso da un gruppo** (o si tiene in disparte) **3** *(geol.)* **scoglio tettonico.**

outline ['autlain] *n.* [C] **1 contorno; profilo; sagoma 2 abbozzo; schema; schizzo 3 profilo** *(fig.)*; **lineamenti**: *an o. of English history,* lineamenti di storia dell'Inghilterra ● *to describe st. in o.,* descrivere q.c. a grandi linee.

to **outline** ['aut,lain] *v. t.* **1 tracciare il contorno di 2** *(fig.)* **descrivere a grandi linee; delineare; abbozzare.**

to **outlive** [aut'liv] *v. t.* **sopravvivere a.**
outlook ['autluk] *n.* [C] *(anche fig.)* **vista; veduta; prospettiva.**
outlying ['aut,laiiŋ] *a.* ***1*** **esterno; esteriore *2* lontano; remoto *3*** *(mil.)* **avanzato.**
to **outmanoeuvre** [,autmə'nu:və*] *v. t.* **vincere** (il nemico) **con abili manovre.**
to **outmarch** [aut'ma:tʃ] *v. t.* **lasciare indietro; sorpassare.**
to **outmatch** [aut'mætʃ] *v. t.* **sorpassare; superare.**
outmoded [aut'moudid] *a.* **antiquato; passato di moda.**
outmost ['autmoust] *V.* **outermost.**
to **outnumber** [aut'nʌmbə*] *v. t.* **superare in numero; esser più numeroso di; schiacciare** (il nemico) **con la forza del numero.**
out-of-door [,autəv'dɔ:*] *a. attr.* **all'aperto.**
out-of-the-way [,autəvðə'wei] *a. attr.* ***1*** **fuori mano *2* fuori del comune; ricercato.**
outpatient ['aut,peiʃənt] *n.* [C] *(med.)* **paziente esterno** ● *outpatients' department,* ambulatorio.
to **outplay** [aut'plei] *v. t.* (specialm. *sport)* **sconfiggere.**
to **outpoint** [aut'pɔint] *v. t.* *(sport,* specialm. *pugilato)* **superare** (l'avversario) **ai punti.**
outpost ['autpoust] *n.* [C] *(mil.)* **avamposto** (anche *fig.).*
outpour ['autpɔ:*] *n.* [C] ***1*** **versamento *2* effusione.**
outpouring ['aut,pɔ:riŋ] *n.* ***1*** *(generalm. al pl.)* **effusione; sfogo *2* versamento.**
output ['autput] *n.* [C] ***1*** (anche *ind.)* **produzione *2*** *(ind.)* **rendimento.**
outrage ['autreidʒ] *n.* [C] e [U] **oltraggio; offesa; ingiuria grave.**
to **outrage** ['autreidʒ] *v. t.* **oltraggiare; ingiuriare gravemente; fare oltraggio a; violentare.**
outrageous [aut'reidʒəs] *a.* ***1*** **oltraggioso; gravemente offensivo *2* eccessivo; enorme *3* furioso; violento.**
outran [aut'ræn] *pass.* di to **outrun.**
to **outrange** [aut'reindʒ] *v. t.* ***1*** (d'arma da fuoco) **avere una gettata maggiore di** (un'altra); **superare in gettata *2*** *(fig.)* **sorpassare; superare.**
to **outrank** [aut'ræŋk] *v. t.* **superare in grado.**
outré [u:'trei] *(franc.) a.* ***1*** **stravagante; eccentrico *2* sconveniente.**
to **outride** [aut'raid] (*pass.* **outrode** [aut'roud], *p.p.* **outridden** [aut'ridn]) *v. t.* **distanziare; lasciare indietro** (q.) **cavalcando.**
outrider ['aut,raidə*] *n.* [C] **battistrada.**
outrigger ['aut,rigə*] *n.* [C] ***1*** *(mecc.,* ecc.*)* **sporgenza esterna *2*** *(naut.)* **buttafuori *3*** *(aeron.)* **intelaiatura di sostegno.**
outright [aut'rait] ***A*** *avv.* ***1*** **completamente; interamente; del tutto; per intero *2* immediatamente; subito; sul colpo *3* apertamente; schiettamente; chiaro e tondo *B*** *a. attr.* ['autrait] ***1*** **aperto; schietto *2* completo; integrale *3* immediato.**
outrode [aut'roud] *pass.* di to **outride.**
to **outroot** [aut'ru:t] *v. t.* **sradicare; estirpare.**
to **outrun** [aut'rʌn] (*pass.* **outran** [aut'ræn], *p.p.* **outrun**) *v. t.* ***1*** **sorpassare in velocità; superare nella corsa *2*** *(fig.)* **superare.**
outrunner ['aut,rʌnə*] *n.* [C] **battistrada.**
outsat [aut'sæt] *pass.* e *p. p.* di to **ousit.**
to **outsell** [aut'sel] (*pass.* e *p.p.* **outsold** [aut'sould]) *v. t.* *(comm.)* ***1*** **vendere più di** (un concorrente) ***2*** (di merce) **vendersi più di** (un'altra).
outset ['aut,set] *n.* [C] **inizio; principio**: *at (o from) the o.,* fin dall'inizio.
to **outshine** [aut'ʃain] (*pass.* e *p.p.* **outshone** [aut'ʃɔn]) *v. t.* ***1*** **superare in splendore *2*** *(fig.)* **superare; eclissare.**
outside ['aut'said] ***A*** *n.* ***1*** **(il) di fuori; (l')esterno *2* apparenza; aspetto esteriore *B*** *a. attr.* ***1*** **situato all'esterno; proveniente dall'esterno; esterno; esteriore *2* estraneo *3* estremo; (il) maggiore** (o **più alto**) **possibile *C*** *avv.* **fuori; all'esterno; all'aperto**: *Come o.!,* vieni fuori! ***D*** *prep.* ***1*** **fuori di; all'esterno di**: *o. the door,* fuori della porta ***2*** *(fam.)* **all'infuori di; eccetto** ● *(radio, telev.) o. broadcast,* trasmissione in esterno.
outsider [aut'saidə*] *n.* [C] ***1*** **estraneo *2*** *(sport)* **outsider *3*** (nelle corse) **cavallo dato perdente *4*** (specialm. *polit.)* **candidato che ha scarse probabilità di vittoria *5*** *(fam.)* **individuo maleducato.**
to **outsit** [aut'sit] (*pass.* e *p.p.* **outsat** [aut'sæt]) *v. t.* **restare seduto** (o **trattenersi**) **più a lungo di** (altri ospiti).
outsize ['aut,saiz] ***A*** *n.* [C] **taglia superiore alla media *B*** *a. attr.* ***1*** (di misura) **grande;** (di taglia) **forte *2* fuori misura; grandissimo.**
outskirts ['aut,skə:ts] *n. pl.* **sobborghi; periferia**: *on the o. of the town,* alla periferia della città.
to **outsmart** [aut'sma:t] *v. t.* *(fam.)* **sorpassare in astuzia; essere più furbo di; mettere nel sacco** *(fig.).*
outsold [aut'sould] *pass.* e *p. p.* di to **outsell.**
outspoken [aut'spoukən] *a.* **chiaro; franco; esplicito** ● (di persona) *to be o.,* parlare a cuore aperto.
outspread [,aut'spred] *a.* **disteso; spiegato; steso.**
outstanding [aut'stændiŋ] *a.* ***1*** **sporgente *2* preminente; notevole *3*** *(comm.)* **in pendenza; arretrato; insoluto *4*** (di lavoro) **in sospeso.**
to **outstay** [aut'stei] *v. t.* **trattenersi più a lungo di** (q.).
to **outstretch** [aut'stretʃ] *v. t.* **distendere; stendere; dispiegare.**
outstretched ['autstretʃt] *a.* **disteso; steso; allungato; teso**: *with o. arms,* a braccia tese.
to **outstrip** [aut'strip] *v. t.* ***1*** **lasciare indietro; distanziare *2*** *(fig.)* **sorpassare; superare.**
to **outvie** [aut'vai] *v. t.* **superare** (o **vincere**) **in una gara.**
to **outvote** [aut'vout] *v. t.* **avere più voti di** (q.); **mettere in minoranza.**
outward ['autwəd] ***A*** *a.* ***1*** **esterno; esteriore; estrinseco *2* corporeo; materiale *3* apparente; superficiale; visibile *4* di andata**: *the o. voyage,* il viaggio di andata ***B*** *n.* ***1*** **(l')apparenza; (l')aspetto esteriore *2* (le) cose materiali; (il) mondo esteriore *C*** *avv. V.* **outwards** ● *(naut.:* di nave o passeggero*) o. bound,* diretto a un porto straniero; in partenza.
outwardly ['autwədli] *avv.* **esteriormente; in apparenza; apparentemente.**
outwards ['autwədz] *avv.* **verso l'esterno; in fuori.**
to **outwear** [aut'wɛə*] (*pass.* **outwore** [aut'wɔ:*], *p.p.* **outworn** [aut'wɔ:n]) *v. t.* ***1*** **durare più a lungo di** (q.c.) ***2*** *(di solito al p.p.)* **consumare; logorare.**
to **outweigh** [aut'wei] *v. t.* **superare in peso** (o **in valore**).
outwent [aut'went] *pass.* di to **outgo.**
to **outwit** [aut'wit] *v. t.* **superare in astuzia; farla in barba a** (q.) *(fam.).*
outwore [aut'wɔ:*] *pass.* di to **outwear.**
outwork ['aut,wə:k] *n.* ***1*** [C] *(mil.)* **fortificazione esterna *2*** [U] **lavoro a domicilio.**
to **outwork** [aut'wə:k] *v. t.* ***1*** **lavorare più in fretta di** (q.) ***2*** **completare; portare a termine** (un'opera).
outworker ['aut,wə:kə*] *n.* **lavorante a domicilio.**
outworn ['autwɔ:n] ***A*** *p. p.* di to **outwear *B*** *a. attr.* ***1*** **esausto; stremato *2* logoro; trito; vieto.**
ouzel ['u:zl] *n.* [C] *(zool.,* Turdus merula) **merlo.**
oval ['ouvəl] *a.* e *n.* [C] **ovale.**
ovary ['ouvəri] *n.* [C] ***1*** *(anat.)* **ovaia *2*** *(bot.)* **ovario.**
ovation [ou'veiʃən] *n.* [C] ***1*** *(stor. romana)* **ovazione *2* vivo applauso.**
oven ['ʌvn] *n.* [C] **forno; stufa** ● *o.-dry,* essiccato al forno.
ovenware ['ʌvənwɛə*] *n.* [U] **vasellame resistente al calore.**
(1) over ['ouvə*] *avv.* ***1*** **al di sopra; di sopra; di là**: *Can you jump o.?,* sei capace di saltare di là? ***2*** **completamente; da cima a fondo; da capo a piedi *3* troppo; eccessivamente**: *o.-tired,* eccessivamente stanco □ *o.-polite,* troppo gentile; cerimonioso ***4*** **finito; terminato; passato**: *It's all o.,* tutto è finito ● *(sport) O.!,* cambio di campo! □ *o. and above,* in aggiunta; per

sovrappiù; per soprammercato □ *o. (and o.) again*, più volte; ripetutamente □ *to bend st. o.*, ripiegare q.c. □ *to count o.*, contare dal primo all'ultimo □ *to fall o.*, rovesciarsi; cadere al suolo □ *to have st. (left) o.*, avere q.c. d'avanzo □ *to knock o.*, rovesciare; far cadere al suolo □ *It's all o. with him*, per lui è finita □ *How much is left o.?*, quanto è rimasto? □ *I am going o. to America*, vado in America □ *That's John all o.*, è proprio quel che ci si può attendere da John □ *(radio) O. and out!*, passo e chiudo!

(2) over ['ouvə*] *prep.* **1 sopra; su**: *with one's hat o. one's eyes*, col cappello sugli occhi □ *a bridge o. the river*, un ponte sul fiume **2 più di; oltre**: *o. a hundred people*, oltre cento persone □ *o. five pounds*, più di cinque sterline **3 attraverso; per tutto**: *all o. the world*, in tutto il mondo **4 durante; per**: *We'll discuss it o. our dinner*, ne discuteremo durante il pranzo □ *o. a period of several years*, per un periodo di alcuni anni **5 di là di; oltre 6 fin dopo 7 in fatto di; riguardo a** ● *o. and above*, in aggiunta a; oltre a; senza tener conto di □ *o. head and ears*, fin sopra i capelli □ *to climb o. a wall*, scavalcare un muro (arrampicandosi) □ *to fall o. an obstacle*, inciampare in un ostacolo □ *to help sb. o. a road*, aiutare q. ad attraversare una strada.

over- ['ouvə*] *pref.* **sopra-; sovra-; troppo; eccessivo, eccessivamente.**

overabundance [,ouvərə'bʌndəns] *n.* [U] **sovrabbondanza.**

overabundant [,ouvərə'bʌndənt] *a.* **sovrabbondante.**

to **overact** [,ouvər'ækt] *v. t.* e *i.* *(teatr.)* **esagerare; strafare.**

overactive [,ouvər'æktiv] *a.* **troppo attivo.**

overage [,ouvər'eidʒ] *a.* **che ha superato una data età; troppo vecchio.**

(1) overall ['ouvərɔ:l] *n.* **1** [C] **grembiule; camice 2** *(al pl.)* **tuta.**

(2) overall ['ouvərɔ:l] *a.* **totale; complessivo; globale.**

(3) overall [,ouvər'ɔ:l] *avv.* **complessivamente; nell'insieme** ● *(naut.) to dress a ship o.*, alzare il gran pavese.

overambitious [,ouvəræm'biʃəs] *a.* **troppo ambizioso.**

overanxious [,ouvər'æŋkʃəs] *a.* **troppo ansioso; trepidante.**

to **overarch** [,ouvər'a:tʃ] *v. t.* e *i.* **formare un arco (su).**

overarm ['ouvəra:m] *a.* **1** *(sport)* **effettuato alzando il braccio sopra la spalla 2** *(nuoto)* **alla marinara**: *o. stroke*, bracciata alla marinara.

overate [,ouvər'eit] *pass.* di to **overeat.**

to **overawe** [,ouvər'ɔ:] *v. t.* **intimidire; mettere in soggezione.**

to **overbalance** [,ouvə'bæləns] **A** *v. t.* **1 sbilanciare 2 superare in peso; superare in valore B** *v. i.* **perdere l'equilibrio; sbilanciarsi.**

overbalance ['ouvə,bæləns] *n.* [C] **1 eccesso di peso 2 preponderanza.**

to **overbear** [,ouvə'bɛə*] *(pass.* **overbore** [,ouvə'bɔ:*], *p.p.* **overborne** [,ouvə'bɔ:n]) *v. t.* **dominare; opprimere; sopraffare; sottomettere.**

overbearing [,ouvə'bɛəriŋ] *a.* **altezzoso; arrogante; borioso.**

overblown [,ouvə'bloun] *a.* (specialm. di fiore) **sfiorito; spampanato.**

overboard ['ouvəbɔ:d] *avv.* *(naut.)* **fuori bordo; in mare; a mare**: *to throw the cargo o.*, gettare a mare il carico ● *(fig.) to throw a scheme o.*, buttare all'aria un progetto; mandare a monte un piano □ *Man o.!*, uomo in mare!

overbold [,ouvə'bould] *a.* **troppo audace; temerario.**

overbore [,ouvə'bɔ:*] *pass.* di to **overbear.**

overborne [,ouvə'bɔ:n] *p.p.* di to **overbear.**

overbridge ['ouvə,bridʒ] *n.* [C] **cavalcavia.**

to **overbrim** [,ouvə'brim] *v. t.* e *i.* **traboccare** (da).

to **overbuild** [,ouvə'bild] *(pass.* e *p.p.* **overbuilt** [,ouvə'bilt]) *v. t.* **1 sopraelevare** (un edificio) **2 costruire troppi edifici in** (un'area).

to **overburden** [,ouvə'bə:dn] *v. t.* **1 sovraccaricare 2 opprimere.**

overcame [,ouvə'keim] *pass.* di to **overcome.**

to **overcapitalize** [,ouvə'kæpitəlaiz] *v. t.* *(fin.)* **accumulare eccessive riserve di capitale in** (un'azienda).

to **overcast** [,ouvə'ka:st] *(pass.* e *p.p.* **overcast**) *v. t.* **1 annuvolare; offuscare; oscurare 2 cucire a sopraggitto.**

overcast ['ouvə,ka:st] *a.* **1** (del cielo) **coperto; annuvolato 2** *(fig.)* **offuscato; cupo; tetro.**

overcautious [,ouvə'kɔ:ʃəs] *a.* **troppo cauto; guardingo all'eccesso.**

to **overcharge** [,ouvə'tʃa:dʒ] **A** *v. t.* **1 far pagare troppo caro 2 sovraccaricare B** *v. i.* **fare prezzi troppo alti.**

overcharge ['ouvə,tʃa:dʒ] *n.* [C] **1 prezzo eccessivo 2 sovraccarico.**

to **overcloud** [,ouvə'klaud] **A** *v. t.* **annuvolare; offuscare; oscurare; rannuvolare B** *v. i.* **annuvolarsi; rannuvolarsi.**

overcoat ['ouvəkout] *n.* [C] **soprabito; cappotto.**

to **overcolour** [,ouvə'kʌlə*] *v. t.* **colorire troppo.**

to **overcome** [,ouvə'kʌm] *(pass.* **overcame** [,ouvə'keim], *p.p.* **overcome**) *v. t.* **sormontare; sopraffare; sconfiggere; sottomettere; superare; vincere** ● *to be overcome by one's feelings*, essere commosso.

overconfidence [,ouvə'kɔnfidəns] *n.* [U] **eccessiva fiducia; eccessiva sicurezza di sé; presunzione; sicumera.**

overconfident [,ouvə'kɔnfidənt] *a.* **troppo fiducioso; troppo sicuro di sé; presuntuoso.**

overcooked [,ouvə'kukt] *a.* **troppo cotto.**

overcredulous [,ouvə'kredjuləs] *a.* **troppo credulo; ingenuo.**

overcritical [,ouvə'kritikəl] *a.* **troppo critico; ipercritico.**

to **overcrowd** [,ouvə'kraud] *v. t.* **sovraffollare; stipare.**

to **overdevelop** [,ouvədi'veləp] *v. t.* **1 sviluppare eccessivamente 2** *(fotogr.)* **sovrasviluppare.**

to **overdo** [,ouvə'du:] *(pass.* **overdid** [,ouvə'did], *p.p.* **overdone** [,ouvə'dʌn]) **A** *v. t.* **1 eccedere in** (q.c.); **esagerare 2 cuocere troppo B** *v. i.* **esagerare; strafare** ● *to o. it*, esagerare; strafare.

overdone [,ouvə'dʌn] **A** *p. p.* di to **overdo B** *a.* **1 esagerato 2 troppo cotto.**

overdose ['ouvədous] *n.* [C] **dose eccessiva; dose troppo forte; overdose.**

overdraft ['ouvədra:ft] *n.* [C] *(banca)* **somma tratta allo scoperto.**

to **overdraw** [,ouvə'drɔ:] *(pass.* **overdrew** [,ouvə'dru:], *p.p.* **overdrawn** [,ouvə'drɔ:n]) **A** *v. t.* **1 esagerare 2** *(banca)* **emettere assegni per una somma eccedente** (il proprio conto) **B** *v. i.* **1 esagerare 2** *(banca)* **trarre allo scoperto.**

to **overdress** [,ouvə'dres] *v. t.* e *i.* **vestire in modo troppo ricercato.**

overdrew [,ouvə'dru:] *pass.* di to **overdraw.**

overdrive ['ouvədraiv] *n.* [C] *(autom.)* **overdrive; marcia sovramoltiplicata.**

to **overdrive** [,ouvə'draiv] *(pass.* **overdrove** [,ouvə'drouv], *p.p.* **overdriven** [,ouvə'drivn]) *v. t.* **affaticare, strapazzare** (un cavallo e *fig.*).

overdue [,ouvə'dju:] *a.* **1** *(comm.)* **scaduto 2** (di treno, ecc.) **in ritardo.**

to **overeat** [,ouvər'i:t] *(pass.* **overate** [,ouvər'eit], *p.p.* **overeaten** [,ouvər'i:tn]) **A** *v. i.* **mangiare troppo B** to **overeat oneself** *v. rifl.* **mangiare troppo; rimpinzarsi.**

to **overestimate** [,ouvər'estimeit] *v. t.* **sopravvalutare.**

to **overexpose** [,ouvəriks'pouz] *v. t.* *(fotogr.)* **sovraesporre.**

to **overfeed** [,ouvə'fi:d] *(pass.* e *p.p.* **overfed** [,ouvə'fed]), **A** *v. t.* **nutrire eccessivamente; rimpinzare B** *v. i.* **nutrirsi troppo; rimpinzarsi.**

to **overfill** [,ouvə'fil] *v. t.* **riempire troppo; far traboccare.**

overflew [ˌouvə'flu:] *pass.* di to **overfly.**
to **overflow** [ˌouvə'flou] ***A*** *v. t.* ***1*** **inondare; allagare *2* superare; scavalcare; dilagare *3* far traboccare *B*** *v. i.* **traboccare; straripare** ● *The crowd overflowed into the square,* la folla si riversò nella piazza.
overflow ['ouvəflou] *n.* [C] ***1*** **inondazione; straripamento *2*** *(fig.)* **sovrabbondanza; eccesso *3*** *(elab.)* **eccedenza di dati.**
overflowing [ˌouvə'flouiŋ] *a.* ***1*** **straripante; traboccante** (anche *fig.*); **in rotta *2* sovrabbondante.**
to **overfly** [ˌouvə'flai] (*pass.* **overflew** [ˌouvə'flu:], *p. p.* **overflown** [ˌouvə'floun]) *v. t.* *(aeron.)* **sorvolare.**
overfond [ˌouvə'fɔnd] *a.* — *o. of,* troppo amante di (q.c.).
overfull [ˌouvə'ful] *a.* **troppo pieno; colmo; straboccchevole.**
to **overgrow** [ˌouvə'grou] (*pass.* **overgrew** [ˌouvə'gru:], *p.p.* **overgrown** [ˌouvə'groun]) ***A*** *v. t.* ***1*** (di vegetazione, ecc.) **ricoprire *2* crescere più di** (q.) ***B*** *v. i.* **crescere troppo in fretta.**
overgrowth ['ouvəgrouθ] *n.* ***1*** **vegetazione rigogliosa *2*** [U] **crescita troppo rapida.**
overhand ['ouvəhænd] *(sport)* ***A*** *a.* **fatto col braccio alzato sopra la spalla *B*** *avv.* [ˌouvə'hænd] **alzando il braccio sopra la spalla.**
to **overhang** [ˌouvə'hæŋ] (*pass.* e *p.p.* **overhung** [ˌouvə'hʌŋ]) ***A*** *v. t.* ***1*** **sporgere sopra** (q.c.); **sovrastare a; strapiombare su *2* decorare *B*** *v. i.* **incombere; sovrastare; strapiombare.**
overhang ['ouvəhæŋ] *n.* [C] **sporgenza; aggetto.**
to **overhaul** [ˌouvə'hɔ:l] *v. t.* ***1*** **esaminare a fondo *2*** *(mecc.)* **riparare; aggiustare *3*** (specialm. *naut.*) **raggiungere; sorpassare.**
overhaul ['ouvəhɔ:l] *n.* [C] **accurato esame;** (specialm. *mecc.*) **revisione.**
overhead [ˌouvə'hed] ***A*** *avv.* **in alto; di sopra; in cielo; lassù *B*** *a.* ['ouvəhed] ***1*** **che sta in alto; aereo; sopraelevato:** *an o. railway,* una ferrovia sopraelevata ***2*** *(comm.)* **generale; globale; complessivo *C*** *n.* *(al pl.) (comm.)* **spese generali.**
to **overhear** [ˌouvə'hiə*] (*pass.* e *p.p.* **overheard** [ˌouvə'hə:d]) *v. t.* **udire per caso; sentire** (q.c.) **ascoltando di nascosto.**
to **overheat** [ˌouvə'hi:t] *v. t.* e *i.* **surriscaldare, surriscaldarsi.**
overhung [ˌouvə'hʌŋ] *pass.* e *p.p.* di to **overhang.**
to **overindulge** [ˌouvərin'dʌldʒ] ***A*** *v. t.* **trattare con eccessiva indulgenza; viziare *B*** to **overindulge oneself** *v. rifl.* **essere troppo indulgente verso se stesso.**
overindulgence [ˌouvərin'dʌldʒəns] *n.* [U] **eccessiva indulgenza.**
overindulgent [ˌouvərin'dʌldʒənt] *a.* **troppo indulgente.**
overjoyed [ˌouvə'dʒɔid] *a.* **pieno di gioia; felicissimo.**
overkill ['ouvəkil] *n.* [U] *(mil.)* **eccessivo potenziale atomico distruttivo.**
overladen [ˌouvə'leidn] *a.* **sovraccarico; stracarico.**
overlaid [ˌouvə'leid] *pass.* e *p.p.* di to **overlay.**
overland ['ouvəlænd] *a.* e *avv.* **per via di terra.**
to **overlap** [ˌouvə'læp] ***A*** *v. t.* **sovrapporre; accavallare *B*** *v. i.* ***1*** **sovrapporsi; accavallarsi *2* coincidere (in parte).**
overlap ['ouvəlæp] *n.* ***1*** [U] **sovrapposizione *2*** [C] **parte sovrapposta.**
to **overlay** [ˌouvə'lei] (*pass.* e *p.p.* **overlaid** [ˌouvə'leid]) *v. t.* ***1*** **coprire; ricoprire *2* opprimere; soffocare.**
overlay ['ouvəlei] *n.* [C] ***1*** **coperta (da letto) *2* sopratovaglia *3*** *(elab.)* **sovrapposizione.**
overleaf [ˌouvə'li:f] *avv.* **a tergo; sul retro:** *See o.,* vedi a tergo.
to **overleap** [ˌouvə'li:p] (*pass.* e *p.p.* **overleapt** [ˌouvə'lept], **overleaped** [ˌouvə'lept, ˌouvə'li:pt]) ***A*** *v. t.* ***1*** **saltare di là di; saltare oltre *2* omettere; tralasciare; trascurare *B*** to **overleap oneself** *v. rifl.* **danneggiare se stesso andando troppo oltre.**

to **overload** [ˌouvə'loud] *v. t.* (anche *elettr.*, *elettron.*) **sovraccaricare.**
overload ['ouvəloud] *n.* *(generalm. al sing.)* (anche *elettr., elettron.*) **sovraccarico.**
to **overlook** [ˌouvə'luk] *v. t.* ***1*** **guardare dall'alto; dominare *2* dare su; guardare su; offrire la vista di:** *windows overlooking a garden,* finestre che danno su un giardino ***3*** **lasciarsi sfuggire; non rilevare *4* non riconoscere; trascurare *5* chiudere un occhio su** (q.c.) ***6*** **sorvegliare; ispezionare.**
overlord ['ouvəlɔ:d] *n.* *(stor.)* **signore supremo; grande feudatario.**
overly ['ouvəli] *avv.* **troppo; eccessivamente.**
overman ['ouvəmæn] *n.* (*pl.* **overmen** ['ouvəmen]) ***1*** **caposquadra; capo minatore *2* arbitro *3*** *(filos.)* **superuomo.**
to **overman** [ˌouvə'mæn] *v. t.* **impiegare troppo personale in** (un'attività, un reparto, ecc.).
to **overmaster** [ˌouvə'ma:stə*] *v. t.* **assoggettare; sottomettere.**
to **overmatch** [ˌouvə'mætʃ] *v. t.* **superare; sconfiggere; vincere.**
overmuch [ˌouvə'mʌtʃ] ***A*** *a.* **eccessivo *B*** *avv.* **eccessivamente; troppo *C*** *n.* **eccesso; quantità eccessiva.**
overnice [ˌouvə'nais] *a.* **esigente; di gusti difficili; schifiltoso.**
overnight [ˌouvə'nait] ***A*** *avv.* ***1*** **per la notte *2* la sera prima; la notte prima *B*** *a.* ***1*** **di notte; fatto di notte *2* per la notte *3* fatto la sera prima** ● *an o. bag,* una borsa da viaggio; una ventiquattr'ore.
overnighter [ˌouvə'naitə*] *n.* [C] *(fam.)* **ventiquattr'ore** (valigetta).
overpaid [ˌouvə'peid] *pass.* e *p. p.* di to **overpay.**
overpass ['ouvəˌpa:s] *n.* [C] *(USA)* **cavalcavia** (*cfr. ingl. fly-over*).
to **overpay** [ˌouvə'pei] (*pass.* e *p.p.* **overpaid** [ˌouvə'peid]) *v. t.* **pagar troppo; strapagare.**
overpeopled [ˌouvə'pi:pld] *a.* **sovrappopolato.**
to **overplay** [ˌouvə'plei] *v. t.* ***1*** *(teatr.)* **esagerare, caricare** (una parte) ***2*** **dare enfasi a** (q.c.).
overplus ['ouvəplʌs] *n.* [C] **sovrappiù; eccesso.**
to **overpower** [ˌouvə'pauə*] *v. t.* **sopraffare** (anche *fig.*); **opprimere; soggiogare.**
overpowering [ˌouvə'pauəriŋ] *a.* **opprimente; prepotente.**
to **overpraise** [ˌouvə'preiz] *v. t.* **lodare troppo; portare alle stelle.**
to **overprint** [ˌouvə'print] *v. t.* **sovrastampare.**
to **overproduce** [ˌouvəprə'dju:s] *v. t.* e *i.* **produrre in eccesso.**
overproduction [ˌouvəprə'dʌkʃən] *n.* [U] **sovrapproduzione.**
overran [ˌouvə'ræn] *pass.* di to **overrun.**
to **overrate** [ˌouvə'reit] *v. t.* **sopravvalutare.**
to **overreach** [ˌouvə'ri:tʃ] ***A*** *v. t.* ***1*** **raggiungere e oltrepassare; superare *2* imbrogliare; abbindolare *B*** to **overreach oneself** *v. rifl.* **fare il passo più lungo della gamba** *(fig.)*.
to **override** [ˌouvə'raid] (*pass.* **overrode** [ˌouvə'roud], *p.p.* **overridden** [ˌouvə'ridn]) *v. t.* ***1*** **calpestare** (anche *fig.*); **non tenere in nessun conto *2* affaticare, sfiancare** (un cavallo).
overripe [ˌouvə'raip] *a.* **troppo maturo; strafatto.**
overrode [ˌouvə'roud] *pass.* di to **override.**
to **overrule** [ˌouvə'ru:l] *v. t.* ***1*** **annullare; revocare *2* respingere:** *to o. an objection,* respingere un'obiezione ***3*** **prevalere su.**
to **overrun** [ˌouvə'rʌn] (*pass.* **overran** [ˌouvə'ræn], *p.p.* **overrun**) *v. t.* ***1*** **invadere; devastare; infestare *2* oltrepassare; superare; eccedere *3*** *(mecc.)* **imballare** (un motore).
oversaw [ˌouvə'sɔ:] *pass.* di to **oversee.**
oversea(s) [ˌouvə'si:(z)] ***A*** *avv.* **oltremare; oltreoceano; al di là del mare:** *to go o.,* andare oltreoceano ***B*** *a.* **d'oltremare; per l'estero:** *o. trade,* traffici d'oltremare □ *an o. broadcast programme,* un programma radiofonico per l'estero.
to **oversee** [ˌouvə'si:] (*pass.* **oversaw** [ˌouvə'sɔ:], *p.p.* **overseen** [ˌouvə'si:n]) *v. t.* **sorvegliare; ispezio-**

nare; sovrintendere a.

overseer ['ouvəsiə*] *n.* **1 sorvegliante; sovrintendente; capo squadra 2** *(tipogr.)* **proto.**

to **oversell** [ˌouvə'sel] (*pass.* e *p.p.* **oversold** [ˌouvə'sould]) *v. t.* **1** *(comm.)* **vendere più** (merce) **di quel che si ha in magazzino 2** *(fam.)* **lodare esageratamente.**

oversensitive [ˌouvə'sensitiv] *a.* **ipersensibile.**

to **overset** [ˌouvə'set] (*pass.* e *p.p.* **overset**) *v. t.* **1 capovolgere; mettere sossopra; rovesciare 2** *(fig.)* **sconvolgere.**

to **oversew** [ˌouvə'sou] (*pass.* **oversewed** [ˌouvə'soud], *p.p.* **oversewn** [ˌouvə'soun], **oversewed**) *v. t.* **cucire a sopraggitto.**

to **overshadow** [ˌouvə'ʃædou] *v. t.* **1 ombreggiare; dare ombra a 2** *(fig.)* **oscurare; offuscare.**

overshoe ['ouvəˌʃu:] *n.* [C] **soprascarpa; caloscia.**

to **overshoot** [ˌouvə'ʃu:t] (*pass.* e *p.p.* **overshot** [ˌouvə'ʃɔt]) *v. t.* **1 sparare** (un colpo, ecc.) **troppo lungo** (o **troppo alto) 2 andare oltre** (la propria intenzione) ● *(fig.) to o. the mark,* (oltre)passare il segno.

oversight ['ouvəsait] *n.* **1** [U] e [C] **svista; sbaglio 2** [U] **sorveglianza.**

oversize [ˌouvə'saiz] **A** *a.* **1 troppo grande 2 più grande della norma B** *n.* [C] (di capo di vestiario, ecc.) **taglia** (o **misura) superiore alla media.**

to **oversleep** [ˌouvə'sli:p] (*pass.* e *p.p.* **overslept** [ˌouvə'slept]) **A** *v. t.* e *i.* **dormire oltre** (l'ora prevista) **B** to **oversleep oneself** *v. rifl.* **dormire troppo; non svegliarsi (all'ora fissata).**

oversold [ˌouvə'sould] *pass.* e *p.p.* di to **oversell.**

to **overspend** [ˌouvə'spend] (*pass.* e *p.p.* **overspent** [ˌouvə'spent]) **A** *v. t.* **spendere più di** (una determinata somma) **B** *v. i.* e to **overspend oneself** *v. rifl.* **spendere troppo** (per le proprie possibilità).

to **overspread** [ˌouvə'spred] (*pass.* e *p.p.* **overspread**) *v. t.* **cospargere; coprire.**

to **overstate** [ˌouvə'steit] *v. t.* **esagerare** (fatti, ecc.).

overstatement [ˌouvə'steitmənt] *n.* [U] e [C] **esagerazione; affermazione esagerata.**

to **overstay** [ˌouvə'stei] *v. t.* **rimanere oltre** (il previsto) ● *to o. one's welcome,* trattenersi più del dovuto; abusare dell'ospitalità.

to **overstep** [ˌouvə'step] *v. t.* (specialm. *fig.*) **oltrepassare.**

to **overstock** [ˌouvə'stɔk] *v. t.* **approvvigionare all'eccesso** ● *to be overstocked with goods,* avere troppa merce in magazzino.

to **overstrain** [ˌouvə'strein] **A** *v. t.* **affaticare; sforzare troppo B** *v. i.* e to **overstrain oneself** *v. rifl.* **affaticarsi; sforzarsi troppo.**

overstrung [ˌouvə'strʌŋ] *a.* **troppo teso** *(fig.);* **sovreccitato.**

oversupply [ˌouvəsə'plai] *n.* [C] **1 provvista eccessiva; rifornimento eccessivo 2** *(econ.)* **offerta eccessiva.**

overt ['ouvə:t] *a.* **1 aperto** *(fig.);* **palese 2 aperto al pubblico.**

to **overtake** [ˌouvə'teik] (*pass.* **overtook** [ˌouvə'tuk], *p.p.* **overtaken** [ˌouvə'teikən]) *v. t.* **1 raggiungere; oltrepassare; sorpassare 2 cogliere di sorpresa; sorprendere.**

to **overtask** [ˌouvə'ta:sk] *v. t.* **assegnare un compito troppo arduo a** (q.); **sovraccaricare** (q.) **di lavoro.**

to **overtax** [ˌouvə'tæks] *v. t.* **1 gravare di imposte; tassare eccessivamente 2 abusare di; chiedere troppo a**: *to o. sb.'s patience,* abusare della pazienza di q.

to **overthrow** [ˌouvə'θrou] (*pass.* **overthrew** [ˌouvə'θru:], *p.p.* **overthrown** [ˌouvə'θroun]) *v. t.* **rovesciare** (anche *fig.);* **abbattere; sconfiggere.**

overthrow ['ouvəθrou] *n.* (*generalm. al sing.*) **rovescio** *(fig.);* **disfatta; sconfitta.**

overtime ['ouvətaim] **A** *n.* [U] **1 lavoro straordinario**: *to be on o.,* fare lo straordinario **2 indennità di lavoro straordinario B** *avv.* **oltre l'orario normale di lavoro** ● *to work o.,* fare lo straordinario.

overtoiled [ˌouvə'tɔild] *a.* **esausto, stremato** (per il troppo lavoro).

overtone ['ouvətoun] *n.* **1** *(acustica)* **armonica superiore 2** *(al pl., fig.)* **sottintesi; significati reconditi.**

overtook [ˌouvə'tuk] *pass.* di to **overtake.**

to **overtop** [ˌouvə'tɔp] *v. t.* **1 elevarsi al di sopra di; dominare; sovrastare 2 sorpassare; superare.**

overtraining [ˌouvə'treiniŋ] *n.* [U] *(sport)* **superallenamento.**

overture ['ouvətjuə*] *n.* [C] **1** *(mus.)* **« ouverture »** *(franc.)*; **preludio 2** *(fig.)* **approccio; offerta; proposta**: *to make overtures to sb.,* fare degli approcci verso q. **3** (d'un poema) **prologo; introduzione.**

to **overturn** [ˌouvə'tə:n] **A** *v. t.* **rovesciare** (anche *fig.);* **capovolgere B** *v. i.* **rovesciarsi; capovolgersi.**

to **overvalue** [ˌouvə'vælju:] *v. t.* **sopravvalutare.**

overweening [ˌouvə'wi:niŋ] *a.* **1 arrogante; presuntuoso 2 smisurato; eccessivo.**

overweight ['ouvəweit] **A** *n.* [U] **1 eccedenza di peso; sovrappeso 2** *(fig.)* **maggior peso** *(fig.)* **B** *a.* [ˌouvə'weit] **1** (di bagaglio) **che eccede il peso consentito 2** (di persona) **che pesa troppo.**

overweighted [ˌouvə'weitid] *a.* **sovraccarico.**

to **overwhelm** [ˌouvə'welm] *v. t.* **1 sommergere; seppellire 2 distruggere; opprimere; sopraffare 3 confondere; imbarazzare.**

overwhelming [ˌouvə'welmiŋ] *a.* **opprimente; schiacciante.**

to **overwork** [ˌouvə'wə:k] **A** *v. t.* **1 far lavorare troppo; strapazzare 2 fare un uso eccessivo di; servirsi troppo spesso di** (q.c.) **B** *v. i.* e to **overwork oneself** *v. rifl.* **lavorare troppo; strapazzarsi.**

overwork ['ouvəˌwə:k] *n.* [U] **eccesso di lavoro; lavoro eccessivo.**

overwrought [ˌouvə'rɔ:t] *a.* **1 affaticato; esausto 2 nervoso; teso** *(fig.);* **sovreccitato 3** (di stile) **troppo elaborato; ricercato.**

oviduct ['ouvidʌkt] *n.* [C] *(anat.)* **ovidotto.**

ovine ['ouvain] *a.* **ovino.**

oviparous [ou'vipərəs] *a.* *(biol.)* **oviparo.**

ovoid ['ouvɔid] *a.* e *n.* [C] **ovoide.**

ovulation [ˌouvju'leiʃən] *n.* [U] *(biol.)* **ovulazione.**

ovule ['ouvju:l] *n.* [C] *(biol.)* **ovulo.**

ovum ['ouvəm] *n.* (*pl.* **ova** ['ouvə]) *(biol.)* **uovo.**

ow [au] *inter.* **ahi!**

to **owe** [ou] **A** *v. t.* **dovere; essere debitore di; essere in debito di; avere un debito di gratitudine verso**: *I owe Mr Jones ten pounds* (o *ten pounds to Mr Jones),* devo dieci sterline a Mr Jones □ *I owe him my life,* gli devo la vita **B** *v. i.* **essere indebitato** ● *to owe for st.,* dover pagare q.c. □ *to owe no thanks to anybody,* non dover ringraziare nessuno.

owing ['ouiŋ] *a.* **dovuto; ancora da pagare; arretrato** ● *o. to,* a causa di.

owl [aul] *n.* [C] (*zool.,* Carine noctua) **civetta;** (Asio, Bubo, ecc.) **gufo** ● *owl-light,* crepuscolo □ *(fig.) to carry owls to Athens,* portar nottole ad Atene □ *(zool.) tawny o.* (Strix aluco), allocco.

owlet ['aulit] *n.* *(zool.)* **piccola civetta; piccolo gufo.**

owlish ['auliʃ] *a.* **di** (o **da) gufo; da allocco** (anche *fig.).*

own [oun] **A** *a.* *(preceduto dall'agg. poss.)* **proprio**: *to do st. with one's own hands,* fare q.c. con le proprie mani □ *I have no money of my own,* non ho denaro di mio **B** *n.* **(il) proprio; ciò che ci appartiene**: *I can do as I like with my own,* posso disporre del mio a mio piacimento ● *to come into one's own,* ottenere quel che ci è dovuto □ *to hold one's own,* tener duro; non cedere; far valere i propri diritti □ *(fam.) to be (o to live) on one's own,* vivere del proprio; essere indipendente □ *to be one's own master,* non aver padroni; lavorare per conto proprio.

to **own** [oun] *v. t.* **1 possedere; essere il proprietario di** (q.c.) **2 ammettere; riconoscere**: *to own one's faults,* ammettere le proprie colpe □ *to own a child,* riconoscere (la paternità di) un figlio ● *(fam.) to own up (to),* confessare.

owner ['ounə*] *n.* [C] **proprietario, proprietaria; pos-**

sessore; padrone, padrona ● *part-o.*, comproprietario.

owner-driver [ˌounəˈdraivə*] *n.* [C] *(autom.)* **padroncino** (di camion); **autotrasportatore indipendente; tassista autonomo.**

owner-occupier [ˌounəˈɔkjupaiə*] *n.* [C] **chi è proprietario della casa** (o **dell'appartamento) che abita.**

ownership [ˈounəʃip] *n.* [U] **possesso;** *(leg.)* **proprietà.**

ox [ɔks] *n.* (*pl.* **oxen** [ˈɔksən]) *(zool.)* ***1*** (Bos domesticus) **bue domestico; bove *2* bovino** (in genere).

oxalic [ɔkˈsælik] *a. (chim.)* **ossalico**: *o. acid,* acido ossalico.

oxen [ˈɔksən] *pl.* di **ox.**

ox(-)eye [ˈɔksai] *n.* [C] (*bot.*, Chrysanthemum leucanthemum) **margherita dei campi.**

ox-eyed [ˈɔksaid] *a.* **dagli occhi bovini.**

oxidation [ˌɔksiˈdeiʃən] *n.* [U] *(chim.)* **ossidazione.**

oxide [ˈɔksaid] *n.* [C] e [U] *(chim.)* **ossido.**

oxidizable [ˌɔksiˈdaizəbl] *a. (chim.)* **ossidabile.**

oxidization [ˌɔksidaiˈzeiʃən] *n.* [U] *(chim.)* **ossidazione.**

to **oxidize** [ˈɔksidaiz] *v. t.* e *i.* **ossidare, ossidarsi.**

oxlip [ˈɔkslip] *n.* [C] (*bot.*, Primula elatior) **primavera maggiore.**

Oxonian [ɔkˈsounjən] *a.* e *n.* [C] ***1*** **(studente** o **laureato) dell'università di Oxford *2* (nativo** o **abitante) della città di Oxford.**

oxtail [ˈɔks,teil] *n.* [C] **coda di bue** (specialm. come pietanza).

oxy(-)acetylene [ˌɔksiəˈsetili:n] *n.* [U] *(chim.)* **ossiacetilene** ● *o. blowpipe* (o *torch),* cannello ossiacetilenico.

oxygen [ˈɔksidʒən] *n.* [U] *(chim.)* **ossigeno** ● *(med.) o. tent,* tenda a ossigeno.

to **oxygenate** [ɔkˈsidʒineit], to **oxygenize** [ɔkˈsidʒinaiz] *v. t.* ***1*** *(chim.)* **ossigenare *2*** *(med.)* **somministrare ossigeno a *3*** *(chim.)* **ossidare.**

oyes, oyez [ouˈjes] *inter.* **udite!**

oyster [ˈɔistə*] *n.* [C] (*zool.*, Ostrea edulis) **ostrica**: *pearl-o.* (Meleagrina margaritifera), ostrica perlifera ● *o.-bed* (o *o.-bank),* banco di ostriche □ *o.-farm* (o *o.--field),* allevamento di ostriche □ *o.-man,* ostricaio □ *to be as dumb as an o.,* essere muto come un pesce.

oystercatcher [ˈɔistə,kætʃə*] *n.* [C] (*zool.*, Haematopus ostralegus) **beccaccia di mare.**

ozone [ˈouzoun] *n.* [U] *(chim.)* **ozono** ● *o. generator,* ozonizzatore.

to **ozonize** [ˈouzou,naiz] *v. t. (chim.)* **ozonizzare.**

ozonizer [ˈouzou,naizə*] *n.* [C] **ozonizzatore.**

P

P, p [pi:] *n.* (*pl.* **P's, p's; Ps, ps**) P, p ● *(tel.) p for Peter,* p come Palermo □ *to mind one's p's and q's,* stare attenti a quel che si fa; badare a quel che si dice.

pa [pa:] *n.* (*abbr. fam.* di **papa**) **papà; babbo.**

pace [peis] *n.* [C] ***1*** **passo; andatura;** *(fig.)* **ritmo**: *to go at a good p.,* andare di buon passo ***2*** **ambio** ● *to go the p.,* andare a grande velocità; *(fig.)* correre la cavallina □ *to keep p. with sb.,* andare al passo con q.; (anche *fig.*) procedere di pari passo con q. □ *to put sb. through his paces,* mettere q. alla prova □ *to set the p.,* *(sport)* fare l'andatura; *(fig.)* fare da battistrada.

to **pace** [peis] ***A*** *v. i.* ***1*** **andare al passo; camminare *2*** (di cavallo) **ambiare; andare all'ambio *B*** *v. t.* ***1*** **percorrere a gran passi; misurare coi passi *2*** *(sport)* **fare l'andatura per** (un corridore, un podista) ***3*** *(fig.)* **regolare il ritmo di** (q.c.).

pacemaker [ˈpeis,meikə*] *n.* [C] ***1*** *(sport)* **chi fa l'andatura; battistrada *2*** *(fig.)* **figura di primo piano *3*** *(med.)* **stimolatore cardiaco; « pacemaker ».**

pacer [ˈpeisə*] *n.* ***1*** *(sport)* **chi fa l'andatura; battistrada *2*** (di cavallo) **ambiatore.**

pacha [ˈpa:ʃə] *V.* **pasha.**

pachyderm [ˈpækidə:m] *n. (zool.)* **pachiderma** (anche *fig.*).

pacific [pəˈsifik] *a.* **pacifico; calmo; tranquillo.**

to **pacificate** [pəˈsifikeit] *V.* to **pacify.**

pacification [ˌpæsifiˈkeiʃən] *n.* [U] **pacificazione.**

pacificism [pəˈsifisizəm], **pacifism** [ˈpæsifizəm] *n.* [U] **pacifismo.**

pacificist [pəˈsifisist], **pacifist** [ˈpæsifist] *n.* [C] **pacifista.**

pacifier [ˈpæsifaiə*] *n.* **pacificatore; paciere.**

to **pacify** [ˈpæsifai] *v. t.* **pacificare; placare; sedare.**

pack [pæk] *n.* [C] ***1*** **pacco; fagotto; fardello; soma *2*** (anche *mil.*) **zaino *3* balla** (di lana, ecc.) ***4*** **branco; muta *5*** *(spreg.)* **banda; masnada; branco *6*** *(spreg.)* **mucchio *7*** *(geogr.)* **« pack »; banco di ghiaccio; banchisa *8*** *(med.)* **impacco** ● *p.-animal,* bestia da soma □ *a p. of cards,* un mazzo di carte (da gioco) □ *a p. of cigarettes,* un pacchetto di sigarette □ *p.-saddle,* basto.

to **pack** [pæk] ***A*** *v. t.* ***1*** **impaccare; imballare; mettere in casse *2* pigiare; riempire; stipare**: *to p. a trunk with clothes,* riempire un baule di vestiti ***3*** **formare una muta di** (cani) ***4*** **tamponare** (una falla, ecc.) ***5*** **caricare** (un fardello) **su una bestia; mettere la soma a** (un animale) ***6*** **scegliere** (una giuria, ecc.) **favorevole e parziale *B*** *v. i.* ***1*** **fare i bagagli; far le valigie *2* pigiarsi; stiparsi; accalcarsi** ● *to p. oneself off,* far fagotto; andarsene □ *to p. sb. off,* spedire via q. □ *to p. up,* fare i bagagli; *(fam.)* smettere di lavorare □ *to send sb. packing,* costringere q. a far fagotto.

package [ˈpækidʒ] *n.* ***1*** [C] **pacco; collo; balla *2*** [U] **imballaggio *3*** [C] *(econ., polit.)* **pacchetto**: *an austerity p.,* un pacchetto di misure d'austerità ***4*** [C] *(elab.)* **pacchetto** ● *(turismo) p. tour,* viaggio organizzato; viaggio « tutto compreso ».

packer [ˈpækə*] *n.* [C] ***1*** **imballatore *2* imballatrice** (macchina).

packet [ˈpækit] *n.* [C] ***1*** **pacchetto *2*** (*naut.*, anche *p. boat)* **nave postale; postale *3*** *(pop.)* **grossa somma** (vinta o persa al gioco, in Borsa, ecc.).

packing [ˈpækiŋ] *n.* [U] ***1*** **imballaggio** (in ogni senso) ***2*** *(mecc.)* **guarnizione** ● *p.-case,* cassa d'imballaggio □ *p. paper,* carta da imballaggio □ *to do one's p.,* fare le valigie.

packman [ˈpækmən] *n.* (*pl.* **packmen** [ˈpækmən]) **venditore ambulante.**

packthread [ˈpækθred] *n.* [U] **corda da pacchi; spago.**

pact [pækt] *n.* [C] **patto; accordo; convenzione.**
pad [pæd] *n.* [C] ***1*** **batuffolo; cuscinetto; guancialetto; imbottitura** ***2*** **tampone** (di carta assorbente, per bolli, ecc.) ***3*** **sella imbottita, senza intelaiatura** ***4*** **blocchetto di fogli di carta da scrivere** (o **da disegno**) ***5*** *(med.)* **zaffo; stuello** ***6*** *(cricket)* **parastinchi** ***7*** *(zool.)* **cuscinetto carnoso.**
(1) to **pad** [pæd] *v. t.* ***1*** **imbottire; ovattare** ***2*** (anche *to pad out*) **lardellare, infarcire** (una frase, un discorso, ecc.) **di parole superflue.**
(2) to **pad** [pæd] *v. i.* ***1*** **andare a piedi** ***2*** **muoversi con passo felpato.**
padding ['pædiŋ] *n.* [U] ***1*** **imbottitura; ovatta** ***2*** *(fig.)* **riempitivo** (in un discorso, libro, ecc.).
paddle ['pædl] *n.* [C] ***1*** **pagaia** ***2*** **pala** (di ruota a pale) ***3*** **spatola; paletta** ***4*** *(zool.)* **pinna; aletta** ***5*** **vogata** (con pagaie) ● *(naut.) p.-wheel,* ruota a pale.
(1) to **paddle** ['pædl] ***A*** *v. i.* **vogare con la pagaia** ***B*** *v. t.* **muovere** (una canoa, ecc.) **con pagaie** ● *(fig.) to p. one's own canoe,* essere indipendente; fare da sé.
(2) to **paddle** ['pædl] *v. i.* **diguazzare; sguazzare** (coi piedi nell'acqua).
(1) paddock ['pædək] *n.* [C] **recinto** (per cavalli).
(2) paddock ['pædək] *n.* [C] *(dial.)* **rana; rospo.**
(1) paddy ['pædi] *n.* [U] **riso** (specialm. in erba, con la buccia).
(2) paddy ['pædi] *n.* [C] *(fam.)* **arrabbiatura; scatto d'ira.**
Paddy ['pædi] *n.* *(fam.)* **irlandese.**
padlock ['pædlɔk] *n.* [C] **lucchetto.**
to **padlock** ['pædlɔk] *v. t.* **chiudere con un lucchetto.**
padre ['pa:dri] *n.* [C] *(mil.)* **cappellano.**
Paduan ['pædjuən] *a.* e *n.* **padovano.**
paean ['pi:ən] *n.* [C] **peana.**
paederast ['pedəræst] *n.* **pederasta.**
paederasty ['pedəræsti] *n.* [U] **pederastia.**
paediatric [,pi:di'ætrik] *a.* *(med.)* **pediatrico.**
paediatrician [,pi:diə'triʃən] *n.* [C] *(med.)* **pediatra.**
paediatrics [,pi:di'ætriks] *n. pl.* *(col verbo al sing.)* *(med.)* **pediatria.**
paediatrist [,pi:di'ætrist] *n.* [C] *(med.)* **pediatria.**
paeony ['pi:əni] *V.* **peony.**
pagan ['peigən] *n.* [C] e *a.* **pagano.**
paganism ['peigənizəm] *n.* [U] **paganesimo.**
to **paganize** ['peigənaiz] ***A*** *v. t.* **paganizzare** ***B*** *v. i.* **diventar pagano.**
(1) page [peidʒ] *n.* [C] **pagina** (anche *fig.*): *on p. ten,* a pagina dieci ● *(tipogr.) p. proofs,* bozze impaginate.
to **page** [peidʒ] *v. t.* ***1*** **numerare le pagine di** (un libro) ***2*** (anche *to p. up*) **impaginare.**
(2) page [peidʒ] *n.* [C] ***1*** *(stor.)* **paggio** ***2*** **fattorino d'albergo.**
pageant ['pædʒənt] *n.* [C] ***1*** *(teatr.)* **spettacolo drammatico rievocante avvenimenti storici** ***2*** **corteo storico; parata** ***3*** *(fig.)* **pompa; sfarzo.**
pageantry ['pædʒəntri] *n.* [U] **pompa; sfarzo.**
to **paginate** ['pædʒineit] *v. t.* ***1*** **numerare le pagine di** (un libro) ***2*** **impaginare.**
pagination [,pædʒi'neiʃən] *n.* [U] e [C] ***1*** **paginatura** ***2*** **impaginazione.**
pagoda [pə'goudə] *n.* [C] *(archit.)* **pagoda.**
pagurian [pə'gjuəriən] *n.* [C] (*zool.*, Pagurus) **paguro.**
pah [pa:] *inter.* ***1*** (di disgusto) **puah!** ***2*** (d'incredulità) **bah!; via, via!**
paid [peid] *pass.* e *p.p.* di to **pay.**
pail [peil] *n.* [C] **secchio; secchia.**
pailful ['peilful] *n.* [C] **secchiata.**
paillasse [,pæli'æs] *n.* [C] **paglericcio; saccone.**
pain [pein] *n.* ***1*** [U] e [C] **pena; dolore; male**: *to be in p.,* stare in pena □ *to have a p. in the knee,* avere male a un ginocchio ***2*** *(al pl.)* **doglie del parto** ● *(fam.) a p. in the neck,* uno scocciatore, un rompiscatole; una scocciatura □ *(leg.) pains and penalties,* pene □ *to have one's labour for one's pains,* non avere alcuna ricompensa per le proprie fatiche □ *to spare no pains,* mettercela tutta □ *to take pains,* darsi pena; fare del proprio meglio.
to **pain** [pein] ***A*** *v. t.* **addolorare; far soffrire** ***B*** *v. i.* **dolere; far male.**
pained [peind] *a.* **addolorato; afflitto.**
painful ['peinful] *a.* **doloroso; penoso.**
painfulness ['peinfulnis] *n.* [U] **dolore; pena.**
pain-killer ['pein,kilə*] *n.* [C] *(fam.)* **analgesico; antidolorifico.**
painless ['peinlis] *a.* **indolore**: *p. childbirth,* parto indolore.
painstaking ['peinz,teikiŋ] *a.* **accurato; coscienzioso; diligente.**
paint [peint] *n.* ***1*** [U] e [C] **colore; vernice** ***2*** [U] **belletto; rossetto** ● *p.-box,* scatola di colori □ *p.-brush,* pennello (da pittore, ecc.).
to **paint** [peint] ***A*** *v. t.* ***1*** **dipingere** (anche *fig.*); **colorare; pitturare; verniciare** ***2*** **imbellettare** ***3*** (anche *med.*) **spennellare** ***B*** *v. i.* ***1*** **dipingere; fare il pittore** ***2*** **imbellettarsi** ● *to p. st. out,* cancellare q.c. coprendola di vernice □ *(fam.) to p. the town red,* farne di tutti i colori; far baldoria.
(1) painter ['peintə*] *n.* [C] ***1*** **pittore** ***2*** **imbianchino** ***3*** **verniciatore** ● *portrait p.,* ritrattista.
(2) painter ['peintə*] *n.* [C] *(naut.)* **barbetta** ● *to cut the p.,* mandare una barca alla deriva; tagliare gli ormeggi; *(fig.)* separarsi.
painting ['peintiŋ] *n.* ***1*** [U] *(arte)* **pittura** ***2*** [C] **dipinto; quadro** ***3*** [U] *(ind.)* **verniciatura.**
pair [pɛə*] *n.* [C] ***1*** **paio; coppia**: *a p. of shoes,* un paio di scarpe □ *the happy p.,* la coppia felice; gli sposi novelli ***2*** (di cavalli) **pariglia** ● (nei giochi di carte) *p. royal,* tris □ *in pairs,* a due a due □ *Where is the p. to this sock?,* dov'è il calzino che fa paio con questo? □ *(fig.) That's another p. of shoes,* è un altro paio di maniche; è tutt'altra cosa.
to **pair** [pɛə*] ***A*** *v. t.* ***1*** **appaiare; accoppiare; mettere a due a due** ***2*** **sposare; unire** (in matrimonio) ***B*** *v. i.* ***1*** **appaiarsi; accoppiarsi** ***2*** **sposarsi** ● *to p. off,* mettere per due; formare coppie.
pajamas [pə'dʒa:məz] *n. pl.* **pigiama** ● *(moda) palazzo p.,* pigiama palazzo.
Pakistani [,pa:kis'ta:ni] *a.* e *n.* **pachistano.**
pal [pæl] *n.* [C] *(fam.)* **amico; compagno.**
to **pal** [pæl] *v. i.* — *(fam.) to pal up with sb.,* far amicizia con q.
palace ['pælis] *n.* [C] ***1*** **palazzo** ***2*** (anche *royal p.*) **palazzo reale; reggia** ***3*** (anche *bishop's p.*) **palazzo vescovile; vescovado** ● *(polit.) p. revolution,* rivolta di palazzo.
paladin ['pælədin] *n.* [C] **paladino** (anche *fig.*).
palaeo- ['pæliou, ,pæli'ɔ] *(in parole composte;* anche *paleo-)* **paleo-** (significa "antico" o fa riferimento ad epoche geologiche passate).
palaeography [,pæli'ɔgrəfi] *n.* [U] *(scient.)* **paleografia.**
palaeolithic [,pæliou'liθik] *a.* *(scient.)* **paleolitico.**
palaeontology [,pæliɔn'tɔlədʒi] *n.* [U] *(scient.)* **paleontologia.**
Palaeozoic [,pæliou'zouik] *a.* e *n.* *(geol.)* **paleozoico.**
palanquin [,pælən'ki:n] *n.* [C] (anche **palankeen**) **palanchino.**
palatable ['pælətəbl] *a.* ***1*** **appetitoso** ***2*** *(fig.)* **bene accetto.**
palatal ['pælətl] ***A*** *a.* *(anat., fon.)* **palatale** ***B*** *n.* [C] *(fon.)* **suono palatale.**
palate ['pælit] *n.* [C] ***1*** *(anat.)* **palato** ***2*** *(fig.)* **gusto.**
palatial [pə'leiʃəl] *a.* **splendido; sontuoso.**
(1) palatine ['pælətain] ***A*** *a.* *(stor.)* **palatino** ***B*** *n.* ***1*** — *P.,* conte palatino ***2*** — *the P.,* il Palatino (a Roma).
(2) palatine ['pælətain] *a.* *(anat.)* **palatino; del palato.**
palaver [pə'la:və*] *n.* ***1*** [C] **conferenza; discussione** ***2*** [U] **chiacchiere; ciance.**
to **palaver** [pə'la:və*] *v. i.* **chiacchierare; cianciare.**
(1) pale [peil] *a.* **pallido** (anche *fig.*); **sbiadito; scolorito** ● *p. ale,* birra chiara □ *a p.-face,* un « viso pallido » □ *to turn p.,* impallidire.
to **pale** [peil] *v. i.* **impallidire** (anche *fig.*); **apparire sbiadito.**
(2) pale [peil] *n.* [C] **palo** (da recinto); **picchetto; steccone** ● *(fig.) out of the p. of civilization,* fuori dei

confini del mondo civile □ *(fig.) beyond (o outside) the p.*, scorretto □ *(fig.) outside the p. of the law*, fuori della legalità.
paleness ['peilnis] *n.* U **pallidezza; pallore.**
Palestinian [,pælis'tinian] *a.* e *n.* **Palestinese.**
paletot ['pæltou] *(franc.) n.* C **soprabito; cappotto.**
palette ['pælit] *n.* C *(arte)* **tavolozza** ● *p.-knife*, spatola; mestichino.
palfrey ['pɔ:lfri] *n.* C *(arc.)* **palafreno.**
palimpsest ['pælimpsest] *n.* C **palinsesto.**
paling ['peiliŋ] *n.* C **palizzata; steccato.**
palingenesis [,pælin'dʒenisis] *n.* U **palingenesi.**
palisade [,pæli'seid] *n.* C **palizzata; steccato; stecconata.**
to **palisade** [,pæli'seid] *v. t.* **circondare con una palizzata; recintare con uno steccato.**
to **pall** [pɔ:l] *v. i.* (per lo più: *to p. on sb.*) **diventare noioso; venire a noia.**
pall [pɔ:l] *n.* C ***1*** **drappo funebre** ***2*** *(relig.)* **pallio** ***3*** *(fig.)* **cappa.**
Palladian [pə'leidjən] *a.* *(archit.)* **palladiano.**
palladium [pə'leidjəm] *n.* U *(chim.)* **palladio.**
pallbearer ['pɔ:l,bɛərə*] *n.* C **chi regge i cordoni a un funerale.**
(1) pallet ['pælit] *n.* C **pagliericcio; giaciglio.**
(2) pallet ['pælit] *n.* C ***1*** **paletta** (da vasaio, ecc.) ***2*** *(arte)* **tavolozza** ***3*** *(mecc.)* **nottolino.**
palliasse ['pæli,æs] *n.* C **pagliericcio; saccone.**
to **palliate** ['pælieit] *v. t.* **palliare; lenire.**
palliative ['pæliətiv] *a.* e *n.* C **palliativo.**
pallid ['pælid] *a.* **pallido; smorto; smunto.**
pall-mall ['pel'mel] *n.* U *(stor.)* **pallamaglio.**
pallor ['pælə*] *n.* U **pallore.**
(1) palm [pa:m] *n.* C *(bot.)* **palma** (anche *fig.*) ● *p.-grove*, palmeto □ *to bear (to carry off) the p.*, avere (riportare) la palma □ *date-p.* (Phoenix dactylifera), palma da datteri.
(2) palm [pa:m] *n.* C *(anat.)* **palma** (della mano); **palmo** ● *to grease sb.'s p.*, ungere q. *(fam.)*; corrompere q. con denaro □ *(fam.) to have an itching p.*, essere avido di denaro.
to **palm** [pa:m] *v. t.* **nascondere** (una carta, una moneta, ecc.) **nel palmo della mano** ● *to p. st. off on sb.*, sbolognare q.c. a q. *(fam.)*; dare (o vendere) q.c. a q. con inganno.
palmar ['pælmə*] *a.* *(anat.)* **palmare.**
palmary ['pælməri] *a.* **eccellente; eminente.**
palmate ['pælmit] *a.* *(bot., zool.)* **palmato.**
palmer ['pa:mə*] *n.* C *(stor.)* **palmiere.**
palmiped ['pælmiped] *a.* e *n.* C *(zool.)* **palmipede.**
palmist ['pa:mist] *n.* **chiromante.**
palmistry ['pa:mistri] *n.* U **chiromanzia.**
palmy ['pa:mi] *a.* ***1*** **ricco di palme** ***2*** **fausto; fiorente; prospero.**
palpable ['pælpəbl] *a.* ***1*** **palpabile** ***2*** *(fig.)* **palpabile; chiaro; evidente; manifesto.**
to **palpate** ['pælpeit] *v. t.* (specialm. *med.*) **palpare.**
palpation [pæl'peiʃən] *n.* U e C (specialm. *med.*) **palpazione.**
to **palpitate** ['pælpiteit] *v. i.* **palpitare.**
palpitation [,pælpi'teiʃən] *n.* U e C (anche *med.*) **palpitazione.**
palsy ['pɔ:lzi] *n.* U **paralisi** (anche *fig.*).
to **palsy** ['pɔ:lzi] *v. t.* (di solito *fig.*) **paralizzare.**
to **palter** ['pɔ:ltə*] *v. i.* ***1*** **cavillare; equivocare** ***2*** **mercanteggiare.**
paltriness ['pɔ:ltrinis] *n.* U **grettezza; meschinità; miseria morale.**
paltry ['pɔ:ltri] *a.* **gretto; meschino; spregevole.**
pampas ['pæmpəz] *n. pl.* **(la) pampa; (le) pampe.**
to **pamper** ['pæmpə*] *v. t.* **essere troppo indulgente con** (q.); **viziare.**
pamphlet ['pæmflit] *n.* C **opuscolo; libello.**
pamphleteer [,pæmfli'tiə*] *n.* C **autore di opuscoli; libellista.**
pan [pæn] *n.* C ***1*** **tegame; casseruola; teglia** ***2*** **piatto** (della bilancia) ***3*** *(ind. min.)* **piatto** (per la separazione di minerali) ● *frying-pan*, padella □ *meat-pan*, teglia □ *salt-pan*, salina □ *warming-pan*, scaldaletto.
(1) to **pan** [pæn] ***A*** *v. t.* ***1*** **cuocere in casseruola** (o **in tegame)** ***2*** — *(ind. min.) to pan off (o out)*, trattare al piatto ***B*** *v. i.* — *to pan out*, dare oro; *(fig.)* aver successo.
(2) to **pan** [pæn] *v. t.* e *i.* *(cinem., telev.)* **fare una panoramica (di).**
pan- [pæn] *(in parole composte)* **pan-** (col significato di "totalità" o "riconducibilità a un denominatore comune").
panacea [,pænə'siə] *n.* C **panacea.**
panache [pə'næʃ] *n.* ***1*** C **pennacchio** (specialm. d'elmo) ***2*** U *(fig.)* **boria.**
pancake ['pænkeik] *n.* C ***1*** *(cucina)* **« pancake »; frittella** ***2*** *(aeron.)* **atterraggio « a piatto ».**
to **pancake** ['pænkeik] *v. i.* *(aeron.)* **atterrare « a piatto ».**
panchromatic [,pænkrou'mætik] *a.* *(fotogr.)* **pancromatico.**
pancreas ['pæŋkriəs] *n.* C *(anat.)* **pancreas.**
pancreatic [,pæŋkri'ætik] *a.* *(anat.)* **pancreatico.**
panda ['pændə] *n.* *(zool.*, Ailurus fulgens*)* **panda (minore)** ● *p. car*, automobile della polizia; pantera.
pandects ['pændekts] *n. pl.* *(stor., leg.)* **pandette.**
pandemic [pæn'demik] *(med.)* ***A*** *a.* **pandemico** ***B*** *n.* C **pandemia.**
pandemonium [,pændi'mounjəm] *n.* C e U **pandemonio.**
pander ['pændə*] *n.* C **mezzano; ruffiano.**
to **pander** ['pændə*] *v. i.* **far da mezzano;** *(fig.)* **prestarsi** (a); **favorire.**
pane [pein] *n.* C ***1*** **vetro** (di finestra) ***2*** **pannello** (di porta, muro, ecc.) ***3*** **riquadro, scacco** (di stoffa).
panegyric [,pæni'dʒirik] *n.* C **panegirico.**
panel ['pænl] *n.* C ***1*** **pannello** (anche *edil., elab.*); **riquadro** ***2*** **striscia di stoffa di colore diverso** ***3*** **striscia di carta** (o **di pergamena)** ***4*** **lista; elenco;** *(leg.)* **lista dei giurati, giuria** ***5*** *(in G. B.)* **elenco dei medici convenzionati con la mutua** ***6*** **gruppo di oratori; convegno** (per es. « dei cinque », alla radio o alla telev.) ***7*** *(ind. min.)* **sezione** (d'una miniera) ● *a p. of examiners*, una commissione esaminatrice □ (d'un medico) *to be on the p.*, essere convenzionato con la mutua.
to **panel** ['pænl] *v. t.* ***1*** **rivestire di pannelli** ***2*** **ornare** (un vestito) **con strisce di colore diverso.**
panelling ['pænliŋ] *n.* U **rivestimento a pannelli.**
panful ['pænful] *n.* C **padellata; tegamata.**
pang [pæŋ] *n.* C **dolore acuto, improvviso; spasimo; fitta** ● *the pangs of hunger*, i morsi della fame.
pangolin [pæŋ'goulin] *n.* C *(zool.*, Manis*)* **pangolino.**
panhandle ['pæn,hændl] *n.* C ***1*** **manico di casseruola (o di padella)** ***2*** *(fig. USA)* **striscia di territorio sporgente** (fra stato e stato).
panic ['pænik] *a.* e *n.* C e U **panico**: *p. fear*, timor panico ● *p.-stricken*, in preda al panico.
to **panic** ['pænik] *(pass.* e *p.p.* **panicked** ['pænikt]) ***A*** *v. t.* **gettare il panico fra; spaventare** ***B*** *v. i.* **essere colto dal panico.**
panicky ['pæniki] *a.* *(fam.)* ***1*** **preso dal panico** ***2*** **impressionabile.**
panicle ['pænikl] *n.* C *(bot.)* **pannocchia.**
panicmonger ['pænik,mʌŋgə*] *n.* C **allarmista.**
panjandrum [pæn'dʒændrəm] *n.* C *(fam.)* **funzionario arrogante, che si dà arie; pezzo grosso** *(fam.)*.
panne [pæn] *n.* U *(ind. tessile)* **panno soffice, simile al velluto; felpa.**
pannier ['pæniə*] *n.* C **paniere** (da basto); **gerla; corbello.**
pannikin ['pænikin] *n.* C **piccolo boccale di metallo.**
panoply ['pænəpli] *n.* C **panoplia.**
panorama [,pænə'ra:mə] *n.* C **panorama.**
panoramic [,pænə'ræmik] *a.* **panoramico.**
pan-pipe ['pæn,paip] *n.* *(anche al pl.)* *(mus.)* **siringa; fistola.**
pansy ['pænzi] *n.* C ***1*** *(bot.*, Viola tricolor*)* **viola del pensiero** ***2*** *(fam.*, anche *p. boy)* **uomo effeminato** ***3*** *(fam.)* **omosessuale; finocchio** *(pop.)*.

to **pant** [pænt] **A** *v. i.* **1 ansare; ansimare; anelare** *(lett.)* **2 palpitare B** *v. t.* (anche *to p. out*) **dire ansimando** ● *to p. for st.*, anelare a q.c.

pant [pænt] *n.* [C] **1 respiro affannoso; anelito** *(lett.)*; **ansito** *(lett.)* **2 palpito.**

Pantagruelian [ˌpæntəgru:'eliən] *a.* **pantagruelico.**

pantaloon [ˌpæntə'lu:n] *n.* **1** — *P.*, Pantalone (maschera dell'antico teatro veneziano) **2** *(al pl., scherz.)* **pantaloni.**

pantdress ['pæntdres] *n.* [C] *(moda,* specialm. *USA)* **abito con gonna pantalone.**

pantheism ['pænθi:izəm] *n.* [U] *(filos., relig.)* **panteismo.**

pantheist ['pænθi:ist] *n.* **panteista.**

pantheistic(al) [ˌpænθi'istik(əl)] *a.* **panteistico.**

pantheon [pæn'θi:ən] *n.* **pantheon.**

panther ['pænθə*] *n.* [C] *(zool.)* **1** (Panthera pardus) **pantera 2** (*USA*, Felis concolor) **puma 3** (*USA*, Panthera onca) **giaguaro.**

panties ['pæntiz] *n. pl. (fam.)* **mutandine** (da bambino o da donna).

pantile ['pæntail] *n.* [C] *(edil.)* **tegola alla fiamminga.**

pantisocracy [ˌpænti'sɔkrəsi] *n.* [C] **pantisocrazia.**

pantograph ['pæntəgra:f] *n.* [C] *(arti grafiche, ferr.)* **pantografo.**

pantomime ['pæntəmaim] *n.* **1** [U] e [C] *(teatr.)* **pantomima 2** [C] *(stor.)* **pantomimo.**

pantomimist [ˌpæntə'maimist] *n.* **pantomimo; mimo.**

pantry ['pæntri] *n.* [C] **1 dispensa 2** *(naut.)* **cambusa.**

pants [pænts] *n. pl.* **1** *(USA)* **calzoni; pantaloni 2** *(in G.B.)* **mutande** ● *(pop.) to be caught with one's p. down,* farsi prendere in contropiede.

pantskirt ['pæntskə:t] *n.* [C] *(moda,* specialm. *USA)* **gonna pantalone.**

pantsuit ['pæntsju:t] *n.* [C] *(moda,* spcialm. *USA)* **completo pantalone.**

pantyhose ['pæntihouz] *n.* *(invar. al pl.)* (specialm. *USA; cfr. ingl. tights)* **calzamaglia; collant.**

pap [pæp] *n.* [U] **pappa; pan cotto.**

papa [pə'pa:] *n.* *(fam.)* **papà; babbo.**

papacy ['peipəsi] *n.* [U] e [C] **papato.**

papal ['peipəl] *a.* **papale** ● *(stor.) the P. States,* gli Stati Pontifici.

papalism ['peipəlizəm] *n.* [U] **papismo.**

papalist ['peipəlist] *n.* [C] **papista; papalino.**

to **papalize** ['peipəlaiz] **A** *v. t.* **convertire al cattolicesimo B** *v. i.* **farsi cattolico.**

papaw [pə'pɔ:], **papaya** [pə'paiə] *n.* [C] *(bot.,* Carica papaya) **papaia.**

paper ['peipə*] *n.* **1** [U] **carta 2** [C] **documento 3** [U] (anche *p. money*) **cartamoneta; banconote 4** [C] (anche *newspaper*) **giornale 5** [C] **compito, tema** (d'esame, ecc.) **6** [C] **monografia; saggio; trattato 7** *(al pl., leg.)* **documenti; carteggio; incartamento 8** *(pop.)* **biglietto d'ingresso gratuito** ● *p. bag,* sacchetto di carta □ *p. chase,* finta caccia alla volpe (gioco di bambini) □ *p.-clip,* serracarte □ *p.-hanger,* tappezziere □ *p.-hangings,* carta da parati □ *p.-knife,* tagliacarte □ *p.-mill,* cartiera □ *a p. of pins,* un cartoncino di spilli □ *p.-weight,* fermacarte □ *to commit st. to p.*, metter q.c. per iscritto □ *(fig.) on p.*, sulla carta; in teoria □ *to send in one's papers,* dare le dimissioni.

to **paper** ['peipə*] *v. t.* **1 tappezzare con carta da parati 2 avvolgere in carta; incartare 3** *(pop.)* **riempire** (un teatro) **rilasciando biglietti gratuiti.**

paperback ['peipəbæk] *n.* [C] **libro in brossura.**

paperboy ['peipəbɔi] *n.* [C] **venditore ambulante di giornali; strillone.**

papery ['peipəri] *a.* **di carta; simile a carta; cartaceo.**

papier-mâché [ˌpæpjei'ma:ʃei] *(franc.)* *n.* [U] **cartapesta.**

papilla [pə'pilə] *n.* (*pl.* **papillae** [pə'pili:]) *(anat., bot.)* **papilla.**

papillary [pə'piləri] *a.* *(anat., bot.)* **papillare.**

papism ['peipizəm] *n.* **1 papismo 2** *(spreg.)* **cattolicesimo.**

papist ['peipist] *n.* [C] **1 papista 2** *(spreg.)* **cattolico.**

papoose [pə'pu:s] *n.* **bambino indiano** (del Nord America).

pappus ['pæpəs] *n.* (*pl.* **pappi** ['pæpai] *(bot.)* **pappo.**

paprika ['pæprikə] *n.* [U] *(cucina)* **paprica.**

papyrologist [ˌpæpi'rɔlədʒist] *n.* [C] **papirologo.**

papyrology [ˌpæpi'rɔlədʒi] *n.* [U] **papirologia.**

papyrus [pə'paiərəs] *n.* [U] e [C] (*pl.* **papyri** [pə'paiərai]) **papiro.**

par [pa:*] *n.* [U] (specialm. *fin.*) **parità; pari**: *par of exchange,* parità di cambio □ *above par,* sopra la pari □ *below par,* sotto la pari ● *(fam.) not to feel quite up to par,* non sentirsi del tutto in forma □ *on a par with,* alla pari con; uguale a.

para ['pærə] *n.* *(fam.)* **1** (*abbr.* di **paratrooper**) **parà 2** (*abbr.* di **paragraph**) **paragrafo.**

para- ['pærə] *(in parole composte)* **para-** (indica vicinanza, affinità oppure relazione secondaria, deviazione, contrapposizione).

parable ['pærəbl] *n.* [C] **parabola.**

parabola [pə'ræbələ] *n.* [C] *(geom.)* **parabola.**

parabolic(al) [ˌpærə'bɔlik(əl)] *a.* **1** *(geom.)* **parabolico 2 in forma di parabola; allegorico.**

parachute ['pærəʃu:t] *n.* [C] *(aeron.)* **paracadute.**

to **parachute** ['pærəʃu:t] *(aeron.)* **A** *v. t.* **lanciare col paracadute; paracadutare B** *v. i.* **lanciarsi col paracadute.**

parachutist ['pærəʃu:tist] *n.* [C] *(aeron.)* **paracadutista.**

parade [pə'reid] *n.* **1** [U] e [C] **parata** (specialm. mil.); *(mil.)* **rassegna, rivista 2** [C] *(fig.)* **mostra; sfoggio**: *to make a p. of st.*, mettere in mostra q.c.; ostentare q.c. **3** [C] (anche *p. ground*) **campo di Marte; piazza d'armi 4** [C] (di moda) **sfilata 5** [C] **passeggiata pubblica; lungomare** ● *beauty p.*, sfilata delle partecipanti a un concorso di bellezza.

to **parade** [pə'reid] **A** *v. t.* **1 sfilare a passo di parata per** (un luogo) **2 adunare** (truppe) **per passarle in rassegna 3 fare sfoggio di; mettere in mostra; ostentare B** *v. i.* **1 sfilare in parata 2 far mostra di sé; pavoneggiarsi.**

paradigm ['pærədaim] *n.* [C] *(gramm.)* **paradigma.**

paradise ['pærədais] *n.* **paradiso** (anche *fig.*) ● *(zool.) bird of p.* (Paradisea), uccello del paradiso.

paradisiac [ˌpærə'disiæk] *a.* **paradisiaco; di paradiso.**

parados ['pærədɔs] *n.* [C] *(mil.)* **terrapieno posteriore** (dietro una fortificazione, una trincea); **spalletta.**

paradox ['pærədɔks] *n.* [C] **paradosso.**

paradoxical [ˌpærə'dɔksikəl] *a.* **paradossale.**

paraffin(e) ['pærəfi(:)n] *n.* [U] **1 paraffina 2** (anche *p. oil*) **olio di paraffina.**

paragon ['pærəgən] *n.* [C] **esemplare; modello.**

paragraph ['pærəgra:f] *n.* [C] **1 paragrafo 2** *(tipogr.)* **alinea; capoverso 3** *(giornalismo)* **stelloncino; trafiletto.**

to **paragraph** ['pærəgra:f] **A** *v. t.* **1 trattare** (un argomento) **in un trafiletto 2 dividere in paragrafi B** *v. i.* **scrivere trafiletti.**

Paraguayan [ˌpærə'gwaiən] *a.* e *n.* [C] **paraguaiano.**

parakeet ['pærəki:t] *n.* [C] *(zool.,* Psittacula, Pezoporus, ecc.) **parrocchetto.**

paralinguistics [ˌpærəliŋ'gwistiks] *n. pl.* *(col verbo al sing.)* **paralinguistica.**

parallactic [ˌpærə'læktik] *a.* *(astron., fis.)* **parallattico.**

parallax ['pærəˌlæks] *n.* [U] e [C] *(astron., fis.)* **parallasse.**

parallel ['pærəlel] **A** *a.* **1** *(geom.)* **parallelo 2** *(fig.)* **parallelo; analogo; simile B** *n.* [C] **1** *(geom.)* **parallela 2** *(geogr., elab.)* **parallelo 3** *(fig.)* **parallelo; paragone; confronto**: *to draw a p. between two things,* fare un parallelo fra due cose **4** *(al pl., tipogr.)* **sbarrette parallele** ● *(ginnastica) p. bars,* parallele □ *a career without (a) p.*, una carriera senza pari.

to **parallel** ['pærəlel] *v. t.* **1 essere** (o **correre**) **parallelo a 2 confrontare, paragonare** (cose, idee); **trovare**

una corrispondenza fra (due o più cose) ***3*** **eguagliare** ***4*** *(elettr.)* **mettere in parallelo.**
parallelepiped [,pærə,lelə'paiped] *n.* [C] *(geom.)* **parallelepipedo.**
parallelism ['pærəlelizəm] *n.* [U] **parallelismo** (anche *fig.*).
parallelogram [,pærə'leləgræm] *n.* [C] *(geom.)* **parallelogramma.**
to **paralyse** ['pærəlaiz] *v. t.* **paralizzare** (anche *fig.*).
paralysis [pə'rælisis] *n.* [U] e [C] *(pl.* **paralyses** [pə'ræli,si:z]) *(med.)* **paralisi** (anche *fig.*).
paralytic [,pærə'litik] *a.* e *n.* [C] *(med.)* **paralitico.**
parameter [pə'ræmitə*] *n.* [C] *(mat., stat.)* **parametro** (anche *fig.*).
paramilitary [,pærə'militəri] *a.* **paramilitare.**
paramount ['pærəmaunt] *a.* **sommo; supremo; capitale.**
paramour ['pærəmuə*] *n.* [C] *(lett.)* **amante.**
paranoia [,pærə'nɔjə] *n.* [U] *(psic.)* **paranoia.**
paranoiac [,pærə'nɔjək] *a.* e *n.* *(psic.)* **paranoico.**
parapet ['pærəpit] *n.* [C] ***1*** (anche *mil.*) **parapetto** ***2*** **ringhiera.**
paraph ['pærəf] *n.* [C] **parafa.**
paraphernalia [,pærəfə'neiljə] *n. pl.* ***1*** **oggetti personali** ***2*** **arnesi; attrezzi; accessori** ***3*** *(leg., stor.)* **beni parafernali.**
paraphrase ['pærəfreiz] *n.* [C] **parafrasi.**
to **paraphrase** ['pærəfreiz] *v. t.* **parafrasare** (un brano, ecc.).
paraphrastic [,pærə'fræstik] *a.* **parafrastico.**
parapsychology [,pærəsai'kɔlədʒi] *n.* [U] **parapsicologia.**
Pará rubber ['pa:rə,rʌbə*] *n.* [U] **para** (varietà di gomma elastica).
parasite ['pærəsait] *n.* [C] (anche *biol.*) **parassita.**
parasitic(al) [,pærə'sitik(əl)] *a.* **parassitico; parassitario.**
parasol ['pærə,sɔl] *n.* [C] **parasole; ombrellino.**
parastatal [,pærə'steitəl] *a.* **parastatale**: *p. bodies,* enti parastatali.
paratrooper ['pærə,tru:pə*] *n.* [C] *(mil.)* **paracadutista.**
paratroops ['pærətru:ps] *n. pl.* *(mil.)* **reparti di paracadutisti.**
paratyphoid [,pærə'taifɔid] *(med.)* ***A*** *a.* **paratifico** ***B*** *n.* [U] **paratifo.**
paravane ['pærəvein] *n.* [C] *(naut., mil.)* **paramine.**
to **parboil** ['pa:bɔil] *v. t.* ***1*** **bollire parzialmente** ***2*** *(fig.)* **« cuocere »** (una persona, per l'eccessivo calore).
parcel ['pa:sl] *n.* [C] ***1*** **pacco; pacchetto; collo; involto** ***2*** *(comm.)* **partita** (di merce messa in vendita) ***3*** (anche *p. of land*) **parcella fondiaria; lotto di terreno** ***4*** **gruppo; branco** ● *p. post,* servizio dei pacchi postali ◻ *by p. post,* per pacco postale.
to **parcel** ['pa:sl] *v. t.* ***1*** (di solito *to p. out*) **dividere in parti; spartire** ***2*** (spesso *to p. up*) **impacchettare; involtare.**
parcener ['pa:sənə*] *n.* *(leg.)* **coerede.**
to **parch** [pa:tʃ] ***A*** *v. t.* ***1*** **arrostire parzialmente; essiccare** ***2*** (del sole, della sete) **riardere; far bruciare la gola a** (q.) ***B*** *v. i.* **essiccarsi; disseccarsi; inaridirsi.**
parchment ['pa:tʃmənt] *n.* ***1*** [C] e [U] **pergamena** ***2*** [U] *(comm.,* anche *p. paper)* **carta pergamenata.**
pard [pa:d] *n.* [C] *(pop. USA)* **compagno; socio.**
pardon ['pa:dn] *n.* [U] e [C] ***1*** **perdono**: *to ask for sb.'s p.,* chieder perdono a q. ***2*** *(leg.)* **indulto** ***3*** *(relig.)* **indulgenza** ● *I beg your p.,* perdono!; scusa!; scusi! ◻ *I beg your p.?,* prego? (non ho capito).
to **pardon** ['pa:dn] *v. t.* ***1*** **perdonare; scusare**: *to p. sb. for doing st.,* scusare q. per avere fatto q.c. ***2*** *(leg.)* **concedere l'indulto a** (q.).
pardonable ['pa:dn̩əbl] *a.* **perdonabile; scusabile.**
pardoner ['pa:dnə*] *n.* [C] *(stor., relig.)* **venditore d'indulgenze.**
to **pare** [pɛə*] *v. t.* ***1*** **pareggiare** (q.c.) **tagliando; tagliarsi** (le unghie, ecc.) ***2*** **potare** (una siepe, ecc.) ***3*** **pelare, sbucciare** (frutta) ***4*** *(fig.,* spesso *to p. down)* intaccare, ridurre (i propri risparmi, ecc.).
parent ['pɛərənt] *n.* [C] ***1*** **genitore, genitrice; padre, madre** ***2*** *(fig.)* **origine** ● *our first parents,* i nostri progenitori; Adamo ed Eva.
parentage ['pɛərəntidʒ] *n.* [U] ***1*** **genitori** ***2*** **nascita; origine.**
parental [pə'rentl] *a.* **dei genitori; paterno; materno.**
parenthesis [pə'renθisis] *n.* *(pl.* **parentheses** [pə'renθisi:z]) **parentesi** (anche *fig.*): *in parentheses,* fra parentesi.
parenthetic(al) [,pærən'θetik(əl)] *a.* **parentetico.**
paresis [pə'ri:sis] *n.* [U] e [C] *(pl.* **pareses** [pə'ri:,si:z]) *(med.)* **paresi.**
parget ['pa:dʒit] *n.* [U] **intonaco; stucco.**
to **parget** ['pa:dʒit] *v. t.* **intonacare; decorare a stucco.**
pariah ['pæriə] *n.* [C] **paria** (anche *fig.*).
parietal [pə'raiitl] *a.* *(anat.)* **parietale**: *p. bones,* ossa parietali.
paring ['pɛəriŋ] *n.* ***1*** [U] **sbucciatura; pelatura** ***2*** *(al pl.)* **bucce**: *potato parings,* bucce di patate.
parish ['pæriʃ] *n.* [C] ***1*** *(relig.)* **parrocchia** ***2*** (anche *civil p.*) **distretto rurale** ***3*** *(collet.)* **(i) parrocchiani; (gli) abitanti di un distretto rurale** ● *p. church,* parrocchia; pieve ◻ *p. priest,* parroco; pievano.
parishioner [pə'riʃənə*] *n.* [C] **parrocchiano, parrocchiana.**
Parisian [pə'rizjən] *a.* e *n.* **parigino.**
parisyllabic [,pærisi'læbik] *a.* **parisillabo.**
parity ['pæriti] *n.* [U] ***1*** **parità** (anche *fin.*); **uguaglianza** ***2*** **analogia.**
park [pa:k] *n.* [C] (anche *autom., mil.*) **parco**: *a national p.,* un parco nazionale ● *(autom.) car p.,* posteggio; autoparco.
to **park** [pa:k] *v. t.* e *i.* ***1*** *(mil.)* **parcare** ***2*** *(autom.)* **parcheggiare; posteggiare.**
parking ['pa:kiŋ] *n.* [U] *(autom.)* **parcheggio** ● *p. lot,* posteggio ◻ *p. meter,* parchimetro ◻ *No p.,* divieto di sosta.
park-keeper ['pa:k,ki:pə] *n.* [C] **guardiano di un parco.**
parkway ['pa:kwei] *n.* **viale; strada alberata.**
parky ['pa:ki] *a.* *(pop.:* dell'aria, del mattino, ecc.) **freddo; gelido.**
parlance ['pa:ləns] *n.* [U] **parlata; linguaggio; gergo.**
parley ['pa:li] *n.* [C] *(mil.)* **incontro** (di parlamentari).
to **parley** ['pa:li] *v. t.* e *i.* *(mil.)* **parlamentare.**
parliament ['pa:ləmənt] *n.* [U] e [C] *(stor., polit.)* **parlamento**; (specialm.) **camera dei deputati** ● *the Houses of P.,* le due Camere; il palazzo del Parlamento (a Londra) ◻ *to open P.,* riaprire il parlamento.
parliamentarian [,pa:ləmen'tɛəriən] *n.* [C] **abile parlamentare.**
parliamentary [,pa:lə'mentəri] *a.* ***1*** **parlamentare** ***2*** *(fig., fam.)* **corretto; urbano.**
parlour ['pa:lə*] *n.* [C] ***1*** **salotto** ***2*** *(USA)* **bottega; salone**: *a hair-dresser p.,* un salone di parrucchiere ● *(USA) p.-car.,* carrozza (ferroviaria) di lusso; carrozza salone.
parlous ['pa:ləs] *(arc., contraz.* di **perilous**) ***A*** *a.* ***1*** **pericoloso; rischioso** ***2*** **astuto; furbo** ***B*** *avv.* **molto; estremamente.**
Parmesan [,pa:mi'zæn] *a.* e *n.* [U] **(formaggio) parmigiano.**
parochial [pə'roukjəl] *a.* ***1*** *(relig.)* **parrocchiale** ***2*** **distrettuale; municipale** ***3*** *(fig.)* **provinciale; limitato; ristretto.**
parochialism [pə'roukjəlizəm] *n.* [U] *(fig.)* **campanilismo; provincialismo.**
parodist ['pærədist] *n.* [C] **parodista.**
parody ['pærədi] *n.* [C] e [U] **parodia** (anche *fig.*).
to **parody** ['pærədi] *v. t.* **parodiare.**
parole [pə'roul] *n.* [U] ***1*** **parola; parola d'onore**: *(leg.) to be on p.,* esser lasciato libero sulla parola ***2*** *(mil.)* **parola d'ordine.**
to **parole** [pə'roul] *v. t.* **rilasciare** (un prigioniero) **sulla parola.**
paroquet ['pærəkit] *V.* **parakeet.**

parotid [pə'rɔtid] *a.* e *n.* [C] *(anat.)* **parotide.**
parotitis [ˌpærə'taitis] *n.* [U] *(med.)* **parotite.**
paroxysm ['pærəksizəm] *n.* [C] *(med.)* **parossismo** (anche *fig.*).
paroxysmal [ˌpærək'sizməl] *a.* **parossistico; di parossismo.**
parquet ['pa:kei] *(franc.)* *n.* [U] **pavimento di legno lucido; parquet.**
to **parquet** ['pa:kei] *v. t.* **pavimentare** (una stanza) **con legno.**
parricidal [ˌpæri'saidl] *a.* **di (o da) parricida.**
parricide ['pærisaid] *n.* ***1*** [C] **parricida** ***2*** [U] **parricidio.**
parrot ['pærət] *n.* *(zool.)* **pappagallo** (anche *fig.*) ● *p. fashion,* a pappagallo; pappagallescamente □ *(med.) p. fever,* psittacosi.
to **parrot** ['pærət] *v. t.* **ripetere a pappagallo; imitare in modo pappagallesco.**
to **parry** ['pæri] *v. t.* ***1*** (nella scherma, ecc.) **parare** ***2*** *(fig.)* **eludere.**
parry ['pæri] *n.* [C] ***1*** **parata** (nella scherma, ecc.) ***2*** *(fig.)* **risposta evasiva.**
to **parse** [pa:z] *v. t.* *(gramm.)* **analizzare; fare l'analisi grammaticale di** (una parola); **fare l'analisi logica di** (una frase).
parsimonious [ˌpa:si'mounjəs] *a.* ***1*** **parsimonioso** ***2*** **avaro; gretto.**
parsimony ['pa:siməni] *n.* [U] ***1*** **parsimonia** ***2*** **avarizia; grettezza.**
parsley ['pa:sli] *n.* [U] (*bot.*, Petroselinum sativum) **prezzemolo.**
parsnip ['pa:snip] *n.* [C] (*bot.*, Pastinaca sativa) **pastinaca.**
parson ['pa:sn] *n.* [C] **parroco; curato.**
parsonage ['pa:snidʒ] *n.* [C] **casa parrocchiale; canonica.**
(1) part [pa:t] *n.* [C] ***1*** (talvolta [U]) **parte** (quasi in ogni senso, anche *teatr.* e *leg.*): *to have done one's p.,* aver fatto la propria parte □ *to take p. in st.,* prendere parte a q.c. □ *to take sb.'s p.,* prendere le parti (o le difese) di q. □ *(gramm.) the parts of speech,* le parti del discorso □ *for my p.,* per parte mia; quanto a me □ *in p.,* in parte; parzialmente ***2*** *(al pl.)* **parti; località; regione**: *in these parts,* da queste parti ***3*** **affare; compito** ***4*** **dispensa; fascicolo; puntata** ● *p. and parcel,* parte integrante □ *for the most p.,* per lo più □ *on the p. of,* da parte di □ (anche *fig.*) *to play a p.,* avere una parte; recitare una parte; fare la commedia.
(2) part [pa:t] *avv.* **in parte; parzialmente.**
to **part** [pa:t] ***A*** *v. t.* ***1*** **dividere; separare** ***2*** **fare la scriminatura a** (i capelli) ***B*** *v. i.* **dividersi; lasciarsi; separarsi** ● *to p. company (with),* separarsi, staccarsi (da); prendere due strade diverse; porre fine a un'amicizia; non essere d'accordo (con) □ *to p. with one's money,* spendere il proprio denaro □ *to p. with st.,* cedere q.c.
to **partake** [pa:'teik] (*pass.* **partook** [pa:'tuk], *p.p.* **partaken** [pa:'teikən]) ***A*** *v. i.* ***1*** **prendere parte; partecipare; essere partecipe** ***2*** (di solito *to p. of*) **dividere** (cibo, una bevanda) ***B*** *v. t.* *(raro)* **condividere.**
parterre [pa:'tɛə*] *(franc.)* *n.* [C] ***1*** « **parterre** »; **giardinetto diviso in aiuole** ***2*** *(teatr.)* **platea.**
parthenogenesis [ˌpa:θinou'dʒenisis] *n.* [U] *(biol.)* **partenogenesi.**
partial ['pa:ʃəl] *a.* ***1*** **parziale**: *a p. success,* un successo parziale ***2*** **parziale; non obiettivo**: *to be p. to sb.,* esser parziale verso q.; avere un debole per q. ● *(sport) p. time,* intertempo.
partiality [ˌpa:ʃi'æliti] *n.* ***1*** [U] **parzialità** ***2*** [C] **(un) debole**: *to have a p. for st.,* avere un debole per q.c.
participant [pa:'tisipənt] *n.* [C] **partecipante.**
to **participate** [pa:'tisipeit] *v. i.* ***1*** — *to p. in,* partecipare a; prendere parte a; condividere ***2*** — *to p. of,* partecipare (o essere partecipe) di; avere il carattere di.
participation [pa:ˌtisi'peiʃən] *n.* [U] e [C] **partecipazione.**
participial [ˌpa:ti'sipiəl] *a.* *(gramm.)* **participiale.**
participle ['pa:tsipl] *n.* [C] *(gramm.)* **participio.**
particle ['pa:tikl] *n.* [C] ***1*** (*fis.*, *gramm.*) **particella**; *(fig.)* **grano, granello**: *a p. of dust,* un granello di polvere ***2*** *(relig.)* **particola.**
particoloured ['pa:tiˌkʌləd] *a.* **multicolore; variopinto.**
particular [pə'tikjulə*] ***A*** *a.* ***1*** **particolare; peculiare** ***2*** **particolareggiato; minuzioso; preciso** ***3*** **meticoloso; scrupoloso; esigente; schizzinoso** ***B*** *n.* [C] **particolare; particolarità**: *to give full particulars,* dare ampi particolari □ *to go into particulars,* addentrarsi nei particolari ● *in p.,* in particolare; specialmente.
particularism [pə'tikjulərizəm] *n.* [U] *(polit.)* **particolarismo.**
particularist [pə'tikjulərist] *n.* [C] *(polit.)* **fautore del particolarismo.**
particularity [pəˌtikju'læriti] *n.* ***1*** [C] **particolarità; peculiarità** ***2*** [U] **minuziosità; precisione** ***3*** [U] **meticolosità; scrupolosità.**
to **particularize** [pə'tikjuləraiz] *v. t.* e *i.* **particolareggiare; specificare.**
parting ['pa:tiŋ] *n.* ***1*** [U] **divisione; separazione** ***2*** [U] e [C] **distacco; partenza; addio**: *a p. kiss,* un bacio d'addio ***3*** [C] (dei capelli) **scriminatura.**
partisan, partizan [ˌpa:ti'zæn] ***A*** *n.* [C] **partigiano** (in ogni senso) ***B*** *a.* **partigiano; di parte**: *in a p. spirit,* con (o per) spirito di parte.
partisanship [ˌpa:ti'zænʃip] *n.* [U] **partigianeria.**
partition [pa:'tiʃən] *n.* ***1*** [U] **partizione; ripartizione; spartizione** ***2*** [C] **sezione; scomparto** ***3*** [C] *(edil.)* **parete divisoria; tramezzo.**
to **partition** [pa:'tiʃən] *v. t.* ***1*** **dividere in parti; ripartire; spartire** ***2*** **dividere in sezioni** (o **in scomparti).**
partitive ['pa:titiv] *a.* e *n.* [C] *(gramm.)* **partitivo.**
partly ['pa:tli] *avv.* **parzialmente; in parte.**
partner ['pa:tnə*] *n.* [C] ***1*** *(fin.)* **socio** ***2*** **compagno, compagna** (nei giochi di carte, al tennis, ecc.) ***3*** **marito, moglie** ***4*** (nel ballo) **cavaliere, dama** ● *(leg.) partners in crime,* complici; correi □ *general p.,* socio accomandatario □ *limited p.* (o *sleeping p.),* socio accomandante.
to **partner** ['pa:tnə*] *v. t.* ***1*** *(fin.)* **diventar socio di** (q.) ***2*** **associare** (q. con q. altro).
partnership ['pa:tnəˌʃip] *n.* [U] e [C] ***1*** **associazione** ***2*** (*fin.*, *leg.*) **società**: *to enter into p. with sb.,* entrare in società con q. ● *articles (o deed) of p.,* contratto d'associazione □ *limited p.,* società in accomandita semplice □ *unlimited* (o *general) p.,* società in nome collettivo.
partook [pa:'tuk] *pass.* di to **partake.**
partridge ['pa:tridʒ] *n.* [C] (*zool.*, Perdix, Alectoris) **pernice** ● *(zool.) grey p.* (Perdix cinerea), starna.
part-time ['pa:tˌtaim] *a.* e *avv.* **a orario ridotto; a mezzo tempo**: *a p. job,* un lavoro a orario ridotto.
part-timer ['pa:tˌtaimə*] *n.* [C] **chi lavora a orario ridotto.**
parturition [ˌpa:tjuə'riʃən] *n.* [U] **parto** (anche *fig.*).
partwork ['pa:twə:k] *n.* [C] **pubblicazione a dispense** (o **a fascicoli).**
party ['pa:ti] *n.* [C] ***1*** **partito; fazione**: *the Conservative p.,* il partito conservatore ***2*** **gruppo; comitiva; crocchio**: *to make up a p.,* formare una comitiva ***3*** **festa; ricevimento; riunione**: *to give a p.,* dare un ricevimento ***4*** *(leg.)* **parte contraente; parte in causa** ***5*** (*fam.*, *scherz.*) **persona; individuo** ***6*** *(mil.)* **distaccamento** (di soldati); **squadra; plotone; reparto** ● *(polit.) the p. line,* la linea (politica) del partito □ *p. spirit,* spirito di parte; faziosità □ *(leg.) to be a p. to a crime,* essere complice in un delitto □ (*edil.*, *leg.*) *p. wall,* muro divisorio fra due proprietà □ *(leg.) for account of a third p.,* per conto terzi.
parvenu ['pa:vənju:] *(franc.)* *n.* [C] « **parvenu** »; **nuovo ricco.**
parvis ['pa:vis] *n.* [C] **porticato** (d'una chiesa); **sagrato.**
paschal ['pa:skəl] *a.* **pasquale.**
pasha ['pa:ʃə] *n.* [C] **pascià.**
pasqueflower ['pa:skˌflauə*] *n.* [C] (*bot.*, Anemone pulsatilla) **pulsatilla.**
pasquinade [ˌpæskwi'neid] *n.* [C] **pasquinata; sati-**

ra.

to **pass** [pa:s] ***A*** *v. i.* ***1*** **passare; andare oltre; procedere; essere approvato**: *Please let me p.*, per favore, fatemi passare ***2*** **accadere; capitare; succedere** ***3*** (nei giochi di carte) **passare** ***4*** *(sport)* **passare; effettuare un passaggio** ***B*** *v. t.* ***1*** **passare; sorpassare; superare**: *P. me the salt, please*, passami il sale, per favore □ *That passes my comprehension*, questo supera la mia capacità di comprensione ***2*** **approvare; promuovere; sanzionare** ***3*** **superare; essere approvato in**: *to p. the entrance examination*, superare l'esame d'ammissione ***4*** **far passare; passare; trafiggere** ***5*** **far circolare; mettere in circolazione** ***6*** **emettere; dare; dire; pronunciare**: *to p. judgement on sb.*, pronunciare una sentenza contro q. □ *to p. an opinion on st.*, dare il proprio parere su q.c. ***C*** *verbi composti* ***1*** *to p. away*, morire ***2*** *to p. by*, passare oltre; sfilare □ *to p. by sb. (st.)*, passare vicino a q. (q.c.) □ *to p. sb. by*, non curarsi di q. □ *to p. st. by*, passar sopra a q.c. ***3*** *to p. for*, passare per; essere conosciuto come ***4*** *to p. off*, passare, finire, svanire; accadere, succedere: *to p. sb. (st.) off as*, far passare q. (q.c.) per: *to p. oneself off as a doctor*, farsi passare per medico ***5*** *to p. on*, passare oltre; andare avanti □ *to p. st. on*, trasmettere q.c.; far circolare q.c. □ *(fam.) to p. st. on sb.*, sbolognare q.c. a q.; vendere q.c. a q., con la frode ***6*** *(fam.) to p. out*, svenire; perdere i sensi ***7*** *to p. over*, passare: *to p. over to the enemy*, passare al nemico □ *to p. st. over*, passare sotto silenzio q.c.; tralasciare q.c. ***8*** *to p. st. round*, far circolare q.c. ***9*** *to p. through*, attraversare; *(fig.)* soffrire, sopportare ***10*** *to p. up*, lasciarsi sfuggire; lasciar perdere ● *to p. one's oath*, impegnarsi con giuramento; giurare □ *to p. the time of day with sb.*, dare il buongiorno a q.; scambiare saluti con q. □ *It passes belief!*, è incredibile!

(1) pass [pa:s] *n.* [C] ***1*** **passaggio** (anche *sport*) ***2*** **approvazione** (specialm. agli esami); **promozione** ***3*** *(mil.)* **lasciapassare; salvacondotto** ***4*** *(scherma)* **passata; stoccata** ***5*** (di solito *free p.*) **biglietto gratuito** (in ferrovia, a teatro, ecc.) ***6*** *(fig.)* **situazione critica** ● *to come to p.*, accadere; succedere □ *(pop.) to make a p. at a girl*, fare proposte indiscrete a una ragazza.

(2) pass [pa:s] *n.* [C] ***1*** **passo, gola, valico** (fra i monti) ***2*** *(mil.)* **passo fortificato** ***3*** **canale navigabile** ● *(fig.) to hold the p.*, tener duro; resistere □ *(fig.) to sell the p.*, tradire una causa.

passable ['pa:səbl] *a.* ***1*** **transitabile; praticabile** ***2*** **accettabile; discreto; passabile** ***3*** (di moneta, ecc.) **genuino.**

passage ['pæsidʒ] *n.* ***1*** [U] **passaggio** (il passare) ***2*** [C] **apertura; varco; passaggio**: *to force a p. through a crowd*, aprirsi a forza un varco tra la folla ***3*** [C] **tragitto; traversata; viaggio** (per mare o in aereo) ***4*** [C] (anche *passageway*) **corridoio** (in una casa) ***5*** [C] **brano; passo; squarcio** ***6*** [C] *(anat.)* **canale; condotto; dotto** ***7*** [U] *(leg.)* **approvazione** (di un disegno di legge) ***8*** *(al pl.)* **scambi di parole.**

to **passage** ['pæsidʒ] ***A*** *v. i.* (di cavallo o cavaliere) **procedere di sghembo; passeggiare** ***B*** *v. t.* **far passeggiare** (un cavallo).

pass-book ['pa:sbuk] *n.* [C] *(banca)* **libretto di deposito.**

passé ['pa:sei] *(franc.) a.* ***1*** **passato; sfiorito** ***2*** **superato; antiquato.**

passenger ['pæsindʒə*] *n.* [C] **passeggero, passeggera; viaggiatore, viaggiatrice** ● *foot p.*, pedone.

passe-partout [,pæspa:'tu:] *(franc.) n.* [C] **« passe-partout »** (comunella; cornice di cartone nei quadri).

passer-by [,pa:sə'bai] *n.* (*pl.* **passers-by**) **passante; viandante.**

passim ['pæsim] *(lat.) avv.* **« passim »; in vari luoghi nel testo.**

passing ['pa:siŋ] ***A*** *a.* ***1*** **passeggero; effimero; fuggevole; fugace; transitorio** ***2*** **casuale; incidentale** ***B*** *n.* [U] ***1*** **passaggio** (il passare) ***2*** (d'un disegno di legge) **approvazione** ***3*** *(poet.)* **decesso; morte; trapasso** ● *in p.*, incidentalmente; di sfuggita.

passion ['pæʃən] *n.* [U] e [C] **passione** ● *the P.*, la passione di Cristo □ *P. play*, rappresentazione sacra della passione di Cristo □ *P. Sunday*, domenica di Passione □ *P. Week*, Settimana Santa □ *to fly into a p.*, avere un accesso d'ira; montare in collera.

passionate ['pæʃənit] *a.* ***1*** **appassionato; ardente; passionale** ***2*** **collerico; iracondo; irascibile** ***3*** **impetuoso; intenso; veemente.**

passionless ['pæʃənlis] *a.* **impassibile; calmo.**

passive ['pæsiv] ***A*** *a.* (anche *gramm.*) **passivo**: *p. resistance*, resistenza passiva ***B*** *n.* *(gramm.)* **passivo**: *in the p.*, al passivo.

passiveness ['pæsivnis], **passivity** [pæ'siviti] *n.* [U] **passività.**

passkey ['pa:s,ki:] *n.* [C] **« passe-partout »; comunella.**

Passover ['pa:s,ouvə*] *n.* *(relig.)* **pasqua ebraica.**

passport ['pa:s,pɔ:t] *n.* [C] ***1*** **passaporto** ***2*** *(fig.)* **mezzo; strumento.**

password ['pa:s,wə:d] *n.* [C] (specialm. *mil.*) **parola d'ordine.**

past [pa:st] ***A*** *a.* **passato** (anche *gramm.*); **scorso; trascorso; finito; ultimo**: *in times p.*, nei tempi passati; nei tempi andati □ *for the p. few days*, negli ultimi giorni ***B*** *n.* ***1*** **(il) passato**: *memories of the p.*, ricordi del passato ***2*** **passato burrascoso**: *a woman with a p.*, una donna con un passato burrascoso ***C*** *prep.* **oltre; di là di; dopo** ***D*** *avv.* ***1*** **oltre; accanto** ***2*** *(idiom.; per es.:) to go p.*, passare □ *to march p.*, passare marciando ● *half p. three*, le tre e mezza □ *a man p. seventy*, un uomo di oltre settant'anni □ *a quarter p. four*, le quattro e un quarto □ *The old man is p. work*, quell'uomo è troppo vecchio per lavorare □ *He's p. praying for*, la sua condizione è disperata.

pasta ['pæstə] *n.* [U] *(cucina)* **pasta (alimentare).**

paste [peist] *n.* [U] ***1*** **pasta**: *alimentary p.*, pasta alimentare □ *anchovy p.*, pasta d'acciughe ***2*** **colla**: *starch p.*, colla d'amido.

to **paste** [peist] *v. t.* ***1*** **incollare; appiccicare** ***2*** **impastare** ● *to p. up*, attaccare; affiggere.

pasteboard ['peistbɔ:d] ***A*** *n.* [U] **cartone** ***B*** *a.* ***1*** **di cartone** ***2*** *(fig.)* **inconsistente; fittizio.**

pastel [pæs'tel] *n.* [C] *(arte)* ***1*** **pastello** ***2*** **dipinto fatto con pastelli.**

pastel(l)ist ['pæstəlist] *n.* [C] *(arte)* **pastellista.**

pastern ['pæstə:n] *n.* [C] *(zool.)* **pasturale.**

pasteurization [,pæstərai'zeiʃən] *n.* [U] *(ind.)* **pastorizzazione.**

to **pasteurize** ['pæstəraiz] *v. t.* *(ind.)* **pastorizzare.**

pastiche [pæs'ti:ʃ] *n.* [C] *(letter., mus.)* **pasticcio; zibaldone.**

pasties ['peisti:z] *n. pl.* **coppette** (copriseno: di ballerina, ecc.).

pastille [pæs'ti:l] *n.* [C] *(farm.)* **pasticca; pastiglia.**

pastime ['pa:s,taim] *n.* [C] **passatempo; svago.**

pastor ['pa:stə*] *n.* [C] *(relig.)* **pastore; ministro.**

pastoral ['pa:stərəl] ***A*** *a.* ***1*** **pastorale** ***2*** **tenuto a pascolo** ***B*** *n.* [C] ***1*** **pastorale;** *(relig.)* **lettera pastorale;** *(mus.)* **sonata pastorale** ***2*** *(letter.)* **poesia pastorale; dramma pastorale.**

pastorale [,pæstə'ra:l] *n.* [C] *(mus.)* **(sonata) pastorale.**

pastry ['peistri] *n.* [U] ***1*** **pasticceria;** *(collett.)* **paste** ***2*** **pasta** (per dolci) ● *p.-cook*, pasticciere.

pasturage ['pa:stjuridʒ] *n.* [U] ***1*** **pascolo** ***2*** **diritto di pascolo.**

pasture ['pa:stʃə*] *n.* [U] **pascolo; pastura** ● *p.-lands*, terreni da pascolo; pascoli.

to **pasture** ['pa:stʃə*] ***A*** *v. t.* e *i.* **pascolare** ***B*** *v. t.* **portare al pascolo; far pascere.**

(1) pasty ['pæsti] *n.* [C] *(cucina)* **pasticcio** (specialm. di carne).

(2) pasty ['peisti] *a.* ***1*** **pastoso; molle** ***2*** (anche *p.-faced*) **pallido.**

(1) pat [pæt] *n.* [C] ***1*** **colpetto** (affettuoso); **colpettino; buffetto** ***2*** **pezzetto; panetto** (di burro).

to **pat** [pæt] ***A*** *v. t.* **dare un colpetto (affettuoso) a; accarezzare** ***B*** *v. i.* **dare colpi leggeri; tamburellare** (con le dita) ● *to pat on st.*, battere leggermente contro q.c. □ *to pat sb. on the back*, dare un colpetto sulle spalle a q.; *(fig.)* congratularsi con q.

(2) pat [pæt] ***A*** *avv.* ***1*** **a proposito** ***2*** **a portata di**

mano **B** *a.* **adatto; opportuno; tempestivo** • *to stand pat,* non mutare idea; restare dello stesso avviso.

patch [pætʃ] *n.* [C] **1 pezza; toppa 2 benda** (su un occhio offeso); **cerotto** (su una ferita) **3 neo posticcio 4 appezzamento** (di terreno) **5 chiazza; macchia; squarcio 6** *(autom.)* **rappezzatura, toppa** (di pneumatico) • *p.-pocket,* tasca a toppa □ *to strike a bad p.,* avere un periodo di sfortuna.

to **patch** [pætʃ] *v. t.* **1 rappezzare; rattoppare 2** (di solito *to p. up*) **abborracciare; raffazzonare** • *(fig.) to p. up a quarrel,* appianare un dissidio.

patchwork ['pætʃwə:k] *n.* [U] **1 stoffa composta da riquadri cuciti insieme 2** *(fig.)* **lavoro raffazzonato; mosaico** *(fig.)*; **zibaldone.**

patchy ['pætʃi] *a.* **1 rappezzato; rattoppato 2 a riquadri; a scacchi; irregolare 3 chiazzato; variegato.**

pate [peit] *n.* [C] *(fam., scherz.)* **testa; zucca** *(fig.)*.

pâté ['pætei] *(franc.) n.* [U] e [C] *(cucina)* **pâté** (in genere, di fegato).

patella [pə'telə] *n.* (*pl.* **patellae** [pə'teli:]) *(anat.)* **rotula.**

paten ['pætən] *n.* [C] *(relig.)* **patena.**

patent ['peitənt] **A** *a.* **1 patente; evidente; manifesto; ovvio 2** *(comm.)* **brevettato; fabbricato su brevetto 3** *(fam.)* **ingegnoso; originale B** *n.* [C] **1 patente** (anche *fig.*); **brevetto 2 invenzione brevettata 3** (anche *fig.*) **diritto di brevetto; esclusiva** • *p. leather,* cuoio verniciato; coppale □ *P. Office,* ufficio brevetti □ *letters p.,* brevetto.

to **patent** ['peitənt] *v. t.* **brevettare** (un'invenzione).

patentee [ˌpeitən'ti:] *n. (leg.)* **concessionario di brevetto.**

pater ['peitə*] *n. (gergo studentesco)* **padre.**

paternal [pə'tə:nl] *a.* **paterno.**

paternalism [pə'tə:nəlizəm] *n.* [U] **paternalismo.**

paternalistic [pəˌtə:nə'listik] *a.* **paternalistico.**

paternity [pə'tə:niti] *n.* [U] **paternità** (anche *fig.*).

paternoster [ˌpætə'nɔstə*] *n.* [C] *(relig.)* **paternostro; « paternoster ».**

path [pa:θ] *n.* [C] **1 sentiero; viottolo; stradicciola; vialetto 2 corsia pedonale 3** (specialm. *cinder p.*) **pista** (per podisti o ciclisti) **4** *(fig.)* **via; strada 5 corso;** *(astron.)* **traiettoria 6** *(elab.)* **percorso.**

pathetic [pə'θetik] *a.* **patetico; commovente; pietoso.**

pathfinder ['pa:θˌfaində*] *n.* [C] **1 esploratore 2** *(fig.)* **pioniere 3** *(aeron.)* **ricognitore.**

patho- ['pæθou] *(in parole composte)* **pato-** (significa "malattia").

pathogenic [ˌpæθou'dʒenik] *a. (med.)* **patogeno.**

pathologic(al) [ˌpæθə'lɔdʒik(əl)] *a. (med.)* **patologico.**

pathologist [pə'θɔlədʒist] *n.* [C] *(med.)* **patologo.**

pathology [pə'θɔlədʒi] *n.* [U] *(med.)* **patologia.**

pathos ['peiθɔs] *n.* [U] **patos; commozione.**

pathway ['pa:θˌwei] *n.* [C] **1 sentiero; viottolo 2 passerella.**

patience ['peiʃəns] *n.* [U] **1 pazienza 2** (gioco di carte) **solitario** • *to have no p. with sb.,* spazientirsi con q. □ *to be out of p.,* aver perso la pazienza.

patient ['peiʃənt] **A** *a.* **paziente; tollerante B** *n.* [C] **paziente; malato, malata; infermo, inferma** • *to be p.,* aver pazienza; pazientare □ *to be p. of st.,* essere capace di sopportare q.c.

patina ['pætinə] *n.* [U] *(anche con l'art. indeterm.)* **patina.**

patois ['pætwa:] *n.* (*pl.* **patois** ['pætwa:z]) **dialetto.**

patriarch ['peitria:k] *n.* [C] *(stor., relig.)* **patriarca.**

patriarchal [ˌpeitri'a:kəl] *a.* **patriarcale.**

patriarchy ['peitria:ki] *n.* [U] **patriarcato** (ordinamento sociale).

patrician [pə'triʃən] *a.* e *n.* [C] **patrizio; nobile.**

patricidal [ˌpætri'saidl] *a.* **di (o da) parricida.**

patricide ['pætrisaid] *n.* **1** [U] **parricidio 2** [C] **parricida.**

patrimonial [ˌpætri'mounjəl] *a.* **patrimoniale.**

patrimony ['pætriməni] *n.* [C] **patrimonio** (anche *fig.*); **beni ereditari.**

patriot ['peitriət] *n.* [C] **patriota, patriotta.**

patriotic [ˌpætri'ɔtik] *a.* **patriottico.**

patriotism ['pætriətizəm] *n.* [U] **patriottismo.**

patrol [pə'troul] *n.* **1** [U] **perlustrazione; ricognizione**: *air p.,* ricognizione aerea **2** [C] **pattuglia; ronda** • *p. car,* auto della polizia (in servizio di pattugliamento); gazzella *(fam.)* □ *(USA) p. wagon,* furgone cellulare □ *to be on p.,* essere di pattuglia.

to **patrol** [pə'troul] **A** *v. i.* **pattugliare; far la ronda B** *v. t.* **perlustrare.**

patrolman [pə'troulmən] *n.* (*pl.* **patrolmen** [pə'troulmən]) (specialm. *USA*) **poliziotto** (di servizio in una certa zona).

patron ['peitrən] *n.* [C] **1 patrono; mecenate; patrocinatore 2** (anche *p. saint*) **(santo) patrono 3** *(comm.)* **cliente abituale.**

patronage ['pætrənidʒ] *n.* [U] **1** (anche *relig.*) **patronato; patrocinio; protezione 2** *(comm.)* **clientela 3** *(fam.)* **arie di superiorità** (o **da protettore**); **condiscendenza.**

patronal [pə'trounl] *a.* **patronale; del santo patrono.**

patroness ['peitrənis] *n.* [C] **patronessa; patrocinatrice; protettrice.**

to **patronize** ['pætrənaiz] *v. t.* **1 patrocinare; proteggere 2 trattare con condiscendenza 3 essere cliente abituale di** (un negozio).

patronymic [ˌpætrə'nimik] *a.* e *n.* [C] **patronimico.**

patten ['pætn] *n.* [C] **calzatura con suola di legno; zoccolo.**

(1) patter ['pætə*] *n.* [U] **1 gergo 2 cicaleccio.**

(1) to **patter** ['pætə*] **A** *v. t.* **biascicare (o borbottare, dire) in fretta** (preghiere, ecc.) **B** *v. i.* **parlare in fretta; borbottare.**

(2) patter ['pætə*] *n.* [U] **picchiettìo; ticchettìo; scalpiccìo.**

(2) to **patter** ['pætə*] *v. i.* **picchiettare; ticchettare; scalpicciare.**

pattern ['pætən] *n.* [C] **1 campione; modello** (anche *fig.*): *a paper p.,* un modello di carta (per vestiti) **2 disegno** (di stoffa, ecc.) **3** *(mil.:* d'arma da fuoco*)* **rosa di tiro** • *p.-book,* campionario (di stoffe, carta, ecc.) □ *(linguistica) p. drills,* esercizi strutturali □ (specialm. fonderia) *p.(-)maker,* modellista.

to **pattern** ['pætən] *v. t.* **1 modellare; tagliare** (un vestito) **sul modello 2 ornare** (stoffe, ecc.) **con disegni.**

patty ['pæti] *n.* [C] *(cucina)* **1 piccolo pasticcio 2 tortina.**

paucity ['pɔ:siti] *n.* [U] **pochezza; scarsezza; insufficienza.**

Pauline ['pɔ:lain] *a.* **paolino; di San Paolo.**

paunch [pɔ:ntʃ] *n.* [C] **1 pancia; pancione 2** (di ruminante) **rumine** • *to get a p.,* metter su pancia.

paunchy ['pɔ:ntʃi] *a.* **panciuto.**

pauper ['pɔ:pə*] *n.* [C] **povero; indigente.**

pauperism ['pɔ:pərizəm] *n.* [U] *(econ.)* **pauperismo.**

to **pauperize** ['pɔ:pəraiz] *v. t.* **impoverire; ridurre all'indigenza.**

pause [pɔ:z] *n.* [C] **pausa** (anche *mus.*); **intervallo; interruzione**: *to make a p.,* fare una pausa • *to give sb. p.,* far esitare q.

to **pause** [pɔ:z] *v. i.* **fare una pausa; arrestarsi.**

to **pave** [peiv] *v. t.* **pavimentare; lastricare** (anche *fig.*); **coprire** • *(fig.) to pave the way for sb.,* preparare la strada a q.

pavement ['peivmənt] *n.* **1** [C] e [U] **pavimentazione** (specialm. stradale); **lastricato; selciato 2** [C] **marciapiede** • *p. artist,* chi disegna col gesso sul marciapiede (per ricevere denaro dai passanti); madonnaro □ *crazy p.,* lastricato di pietre irregolari.

paver ['peivə*] *n.* [C] **lastricatore; selciatore** • *road p.,* pavimentatrice stradale (macchina).

pavilion [pə'viljən] *n.* [C] **padiglione** (in ogni senso).

paving ['peiviŋ] *n.* [U] **1 pavimentazione** (specialm. stradale) **2 materiale da pavimentazione** • *p. stone,* lastra di pietra (per pavimentazione).

paw [pɔ:] *n.* [C] **1** *(zool.)* **zampa 2** *(fam., scherz.)* **mano; zampa** *(scherz.)*.

to **paw** [pɔ:] ***A*** *v. i.* (del cavallo) **scalpitare** ***B*** *v. t.* ***1*** (del cavallo) **colpire con la zampa** ***2*** *(fam.)* **mettere le mani addosso a; maneggiare in modo maldestro.**

pawl [pɔ:l] *n.* [C] *(mecc.)* **dente d'arresto; nottolino d'arresto.**

(1) pawn [pɔ:n] *n.* [C] ***1*** (nel gioco degli scacchi) **pedone** ***2*** *(fig.)* **pedina.**

(2) pawn [pɔ:n] *n.* [U] *(comm., leg.)* **pegno** (anche *fig.*) ● *p. ticket,* polizza di pegno □ *to take a thing out of p.,* riscattare un oggetto pignorato.

to **pawn** [pɔ:n] *v. t.* **impegnare** (anche *fig.*); **pignorare.**

pawnbroker ['pɔ:nˌbroukə*] *n.* [C] *(comm., leg.)* **prestatore su pegno.**

pawnshop ['pɔ:nˌʃɔp] *n.* [C] **agenzia di prestiti su pegno; Monte di Pietà.**

to **pay** [pei] (*pass.* e *p.p.* **paid** [peid]) ***A*** *v. t.* ***1*** **pagare; ricompensare; ripagare; rimunerare**: *to pay a debt,* pagare (o saldare) un debito ***2*** (di lavoro) **rendere** ***3*** **dare profitto (o soddisfazione) a** (q.) ***B*** *v. i.* ***1*** **pagare; fare un pagamento** ***2*** **fruttare; rendere** ***C*** *verbi composti* ***1*** *to pay back,* restituire (denaro) ***2*** *to pay down,* pagare in contanti ***3*** *to pay for st.,* pagare q.c. (anche *fig.*) ***4*** *to pay money in,* versare denaro in banca ***5*** *to pay (sb., st.) off,* liquidare e licenziare (un dipendente); liquidare, saldare (i creditori, ecc.); estinguere (un debito) ***6*** *to pay money out,* versare (o sborsare) denaro □ *(fig.) to pay sb. out,* saldare i conti con q. ***7*** *to pay up,* saldare: *to pay up a debt,* saldare un debito ● *(fin.) Pay-As-You-Earn (abbr. P.A.Y.E.),* ritenuta alla fonte; sistema di tassazione mediante ritenute sul salario (o sullo stipendio) □ *(fam.) That has put « paid » to the matter,* con ciò, sono riuscito (siamo riusciti, ecc.) a sistemare la faccenda.

pay [pei] *n.* [U] **paga;** *(mil.)* **soldo; salario; stipendio;** *(fig.)* **ricompensa, rimunerazione** ● *pay-day,* giorno di paga; *(Borsa)* giorno di liquidazione □ *pay-load,* carico pagante; *(miss.)* carico utile □ *pay-packet,* busta paga □ *pay-roll* (o *pay-sheet),* libro paga □ *extra pay,* paga straordinaria; gratifica □ *to be in the pay of sb.,* essere alle dipendenze (o al soldo) di q.

payable ['peiəbl] *a.* ***1*** **pagabile; esigibile**: *p. to bearer,* pagabile al portatore ***2*** (di un lavoro, ecc.) **redditizio.**

payee [pei'i:] *n.* [C] *(leg., comm.)* ***1*** **beneficiario, beneficiaria** (di un pagamento) ***2*** (di un assegno) **portatore.**

payer ['peiə*] *n.* [C] ***1*** **pagatore; pagante** ***2*** **chi è tenuto a pagare.**

paying ['peiiŋ] ***A*** *a.* ***1*** **che paga; pagante** ***2*** **redditizio; rimunerativo; lucrativo** ***B*** *n.* [U] **pagamento; versamento.**

paymaster ['peiˌma:stə*] *n.* [C] *(mil.)* **ufficiale pagatore.**

payment ['peimənt] *n.* [U] e [C] ***1*** *(comm.)* **pagamento; versamento**: *to demand prompt p.,* esigere pagamento immediato □ *monthly payments,* versamenti mensili □ *p. by cheque,* pagamento mediante assegno bancario ***2*** *(fig.)* **ricompensa; punizione.**

pay(-)off ['peiˌɔ:f] *n.* ***1*** **(giorno di) paga** ***2*** *(fig.)* **resa dei conti** ● *to give sb. the p. shot,* dare il colpo di grazia a q.

payola [pei'oulə] *n. (fam., USA)* **bustarella** *(fam.).*

pea [pi:] *n.* [C] *(bot.,* Pisum sativum) **pisello** ● *pea green,* verde pisello □ *(fam.) pea-souper,* nebbia densa e gialla □ *to be as like as two peas,* somigliarsi come due gocce d'acqua □ *green peas,* piselli freschi □ *split peas,* piselli secchi, tagliati a metà.

peace [pi:s] *n.* [U] ***1*** **pace**: *p. of mind,* pace dello spirito □ *to be at p.,* essere in pace ***2*** *(anche con l'art. indeterm.)* **trattato di pace** ● *(leg.) breach of the p.,* sommossa; tumulto; turbamento della quiete pubblica □ *to break the p.,* turbare l'ordine pubblico; fare schiamazzi □ *to hold one's p.,* starsene zitto; tacere □ *The King's (o Queen's) p.,* la quiete pubblica; l'ordine pubblico □ *to make p.,* fare la pace □ *to make one's p. with sb.,* far la pace con q.; riconciliarsi con q. □ *P. be with you!,* la pace sia con te!

peaceable ['pi:səbl] *a.* **pacifico; calmo; quieto; tranquillo.**

peaceful ['pi:sful] *a.* **pacifico; calmo; quieto; tranquillo.**

peacefulness ['pi:sfulnis] *n.* [U] **calma; quiete; tranquillità.**

peacemaker ['pi:sˌmeikə*] *n.* [C] **pacificatore, pacificatrice; paciere.**

peacemonger ['pi:sˌmʌŋgə*] *n.* [C] *(spreg.)* **pacifista.**

peacetime ['pi:staim] *n.* [U] **tempo di pace.**

peach [pi:tʃ] *n.* ***1*** [C] *(bot.)* **pesca** ***2*** [C] (anche *p.-tree; bot.,* Prunus persica) **pesco** ***3*** [U] **color pesca** ***4*** [C] *(pop.)* **bella ragazza; (un) amore** ● *p. blossoms,* fiori di pesco.

to **peach** [pi:tʃ] *v. i. (pop.)* **fare la spia; denunciare**: *to p. against (o upon) an accomplice,* denunciare un complice.

pea chick ['pi:tʃik] *n.* [C] *(zool.)* **pavoncino.**

peachy ['pi:tʃi] *a.* **morbido come una pesca; vellutato.**

peacock ['pi:kɔk] *n.* [C] ***1*** *(zool.)* **pavone** ***2*** *(fig.)* **uomo vanitoso** ● *p. blue,* azzurro pavone.

to **peacock** ['pi:kɔk] ***A*** *v. i.* **pavoneggiarsi; insuperbire** ***B*** to **peacock oneself** *v. rifl.* **vestirsi delle penne del pavone.**

peaflour ['pi:flauə*] *n.* [U] **farina di piselli secchi.**

peafowl ['pi:faul] *n.* [C] *(generalm. invar. al pl.) (zool.,* Pavo) **pavone, pavona.**

peahen ['pi:ˌhen] *n.* [C] *(zool.)* **pavona; pavonessa.**

pea-jacket ['pi:ˌdʒækit] *n.* [C] *(naut.)* **giaccone di lana.**

peak [pi:k] *n.* [C] ***1*** **cima; picco; sommità; vetta** ***2*** (di cappello) **visiera** ***3*** *(fig.)* **punto (o valore) massimo; (il) massimo** ***4*** *(naut.)* **penna** (di vela) ● *p. hours,* ore di punta □ *p. load,* carico massimo □ *(turismo) p. season,* alta stagione.

(1) to **peak** [pi:k] ***A*** *v. t.* ***1*** *(naut.)* **alzare** (un pennone) **in posizione verticale** ***2*** (della balena) **alzare** (la coda) **per immergersi** ***3*** **portare** (q.c.) **al massimo** ***B*** *v. i.* ***1*** (della balena) **alzare la coda per l'immersione** ***2*** **raggiungere il punto massimo.**

(2) to **peak** [pi:k] *v. i.* **affievolirsi; languire; struggersi** ● *(fam.) to p. and pine,* struggersi e languire.

(1) peaked [pi:kt] *a.* **puntuto; aguzzo; affilato.**

(2) peaked [pi:kt] *a.* **languente; smunto; scarno.**

peal [pi:l] *n.* [C] ***1*** (di campane) **scampanio** ***2*** (di risa) **scoppio;** (d'applausi) **scroscio;** (del tuono) **fragore.**

to **peal** [pi:l] ***A*** *v. i.* ***1*** (di campane) **scampanare; suonare a distesa** ***2*** **rumoreggiare; tuonare** ***B*** *v. t.* ***1*** **suonare** (campane) **a distesa** ***2*** **far risuonare.**

peanut ['pi:nʌt] *n.* [C] *(bot.,* Arachis hypogaea) **arachide; nocciolina americana** ● *p. butter,* burro di arachide □ *p. oil,* olio di arachide.

pear [pɛə*] *n.* [C] *(bot.)* ***1*** **pera** ***2*** (anche *p.-tree,* Pyrus communis) **pero.**

pearl [pə:l] *n.* [C] ***1*** **perla** (anche *fig.*) ***2*** [U] (anche *mother-of-p.*) **madreperla**: *p. buttons,* bottoni di madreperla ● *p. barley,* orzo perlato □ *p.-diver,* pescatore di perle □ *p.-diving,* pesca delle perle □ *p. grey,* grigio perla □ *p.-oyster,* ostrica perlifera □ *(fig.) to cast pearls before swine,* gettar perle ai porci.

to **pearl** [pə:l] ***A*** *v. t.* ***1*** **imperlare; ornare di perle** ***2*** **dare un colore perlaceo a** (q.c.) ***B*** *v. i.* ***1*** **imperlarsi** ***2*** **pescar perle.**

pearled [pə:ld] *a.* (dell'orzo, ecc.) **perlato.**

pearly ['pə:li] *a.* ***1*** **perlaceo; perlato; color perla** ***2*** **adorno di perle.**

peasant ['pezənt] *n.* [C] **contadino, contadina.**

peasantry ['pezəntri] *n. (collett.)* **contadini; coloni; rurali.**

peashooter ['pi:ˌʃu:tə*] *n.* [C] **cerbottana** (giocattolo).

peat [pi:t] *n.* [U] **torba** ● *p.-bog,* torbiera.

peat-moss ['pi:tˌmɔs] *n.* ***1*** [U] *(bot.)* **sfagno** ***2*** [C] **torbiera.**

pebble ['pebl] *n.* [C] **ciottolo; sassolino** ● *p. paving,* acciottolato.

pebbly ['pebli] *a.* **ciottoloso; sassoso; ghiaioso.**

pecan [pi'kæn] *n.* [C] *(bot.)* ***1*** **noce americana** ***2*** (Carya illinoensis) **noce americano.**

peccadillo [ˌpekə'dilou] *n.* (*pl.* **peccadilloes, pec-**

cadillos) peccatuccio; piccola colpa.
peccant ['pekənt] *a.* **1** peccante; che pecca **2** difettoso.
peccary ['pekəri] *n.* [C] (*zool.*, Tayassu) pecari.
(1) peck [pek] *n.* [C] **1** « peck » (misura per cereali) **2** (*fig.*, *fam.*) mucchio; sacco: *a p. of troubles,* un sacco di guai.
to **peck** [pek] *v. t.* e *i.* **1** beccare; colpire col becco **2** fare col becco: *to p. a hole,* fare un buco col becco **3** (*fam.*, spesso *to p. at*) mangiucchiare; sbocconcellare **4** (*fam.*) baciare in fretta; dare un bacetto a (q.) ● *to p. out,* strappare col becco.
(2) peck [pek] *n.* [C] **1** beccata; colpo di becco **2** (*fam.*) bacio frettoloso; bacetto.
pecker ['pekə:*] *n.* [C] **1** (*zool.*, di solito *woodpecker*) picchio **2** piccone **3** (*pop.*) naso ● (*fam.*) *to keep one's p. up,* farsi coraggio.
peckish ['pekiʃ] *a.* (*fam.*) affamato.
pectin ['pektin] *n.* [U] (*chim.*, *biol.*) pectina.
pectoral ['pektərəl] **A** *a.* (*anat.*) pettorale **B** *n.* [C] **1** (*anat.*) muscolo pettorale **2** (*relig.*) (anche *p. cross*) croce pettorale.
to **peculate** ['pekjuleit] (*leg.*) **A** *v. i.* commettere peculato **B** *v. t.* appropriarsi indebitamente di (denaro, specialm. pubblico).
peculation [,pekju'leiʃən] *n.* [U] (*leg.*) peculato; prevaricazione.
peculator ['pekjuleitə*] *n.* [C] (*leg.*) prevaricatore.
peculiar [pi'kju:liə*] *a.* **1** peculiare; particolare; caratteristico **2** bizzarro; eccentrico; singolare; strano.
peculiarity [pi,kju:li'æriti] *n.* [U] e [C] **1** peculiarità; caratteristica **2** bizzarria; eccentricità; singolarità; stranezza.
peculiarly [pi'kju:liəli] *avv.* **1** peculiarmente; particolarmente **2** in modo bizzarro; eccentricamente; stranamente **3** individualmente; personalmente.
pecuniary [pi'kju:njəri] *a.* pecuniario; finanziario.
pedagogic(al) [,pedə'gɔdʒik(əl)] *a.* pedagogico.
pedagogics [,pedə'gɔdʒiks] *n. pl.* (*col verbo al sing.*) pedagogia.
pedagogue ['pedəgɔg] *n.* [C] **1** pedagogo **2** (*spreg.*) pedante.
pedagogy ['pedəgɔgi] *n.* [U] pedagogia.
(1) pedal ['pedl] *n.* [C] **1** (*mecc.*, *mus.*) pedale **2** (*aeron.*) pedaliera ● (*mus.*) *loud p.,* pedale del forte □ (*mus.*) *soft p.,* pedale del piano.
to **pedal** ['pedl] **A** *v. i.* **1** pedalare **2** azionare un pedale (o i pedali) **B** *v. t.* azionare (q.c.) per mezzo di pedali.
(2) pedal ['pedl] *a.* (*zool.*) del piede.
pedant ['pedənt] *n.* [C] pedante.
pedantic [pi'dæntik] *a.* **1** pedantesco **2** (di persona) pedante.
pedantry ['pedəntri] *n.* [U] pedanteria.
to **peddle** ['pedl] **A** *v. i.* fare il venditore ambulante **B** *v. t.* **1** vendere al minuto **2** spacciare (droga) ● *to p. gossip,* divulgare pettegolezzi.
peddler ['pedlə*] *n.* [C] **1** (*USA*) *V.* **pedlar** **2** spacciatore di droga.
peddling ['pedliŋ] *a.* futile; meschino; di scarsa importanza.
pederast ['pedəræst], **pederasty** ['pedəræsti] *V.* **paederast, paederasty.**
pedestal ['pedistl] *n.* [C] piedistallo, piedestallo (anche *fig.*).
pedestrian [pi'destriən] **A** *n.* [C] pedone; viandante **B** *a.* pedestre (anche *fig.*); prosaico ● *p. crossing,* passaggio pedonale □ *p. island,* isola pedonale.
pedestrianism [pi'destriənizəm] *n.* [U] **1** podismo **2** (*fig.*) prosaicità.
pediatric [,pi:di'ætrik] e *deriv. V.* **paediatric** e *deriv.*
pedicel ['pedisl], **pedicle** ['pedikl] *n.* [C] (*bot.*, *zool.*) pedicello.
pediculosis [pe,dikju'lousis] *n.* (*pl.* **pediculoses** [pe,dikju'lou,si:z]) (*med.*) pediculosi.
pedicure ['pedikjuə*] *n.* **1** [C] pedicure; callista **2** [U] pedicure; cura dei piedi.
pedigree ['pedigri:] *n.* **1** [C] albero genealogico **2** [U] discendenza; lignaggio.
pedigreed ['pedigri:d] *a.* **1** d'alto lignaggio **2** (di animale) provvisto di pedigree.
pediment ['pedimənt] *n.* [C] (*archit.*) frontone; timpano.
pedlar ['pedlə*] *n.* [C] venditore ambulante.
pedometer [pi'dɔmitə*] *n.* [C] pedometro; contapassi.
peduncle [pi'dʌŋkl] *n.* [C] (*bot.*, *zool.*, *anat.*) peduncolo.
to **pee** [pi:] *v. i.* (*fam.*) pisciare (*volg.*); fare pipì (*fam.*); orinare.
pee [pi:] *n.* **1** [U] piscio (*volg.*); pipì (*fam.*); orina **2** (*solo al sing.*) pisciata (*volg.*): *to go for a pee,* andare a fare una pisciata (o a fare pipì).
to **peek** [pi:k] *v. i.* guardare furtivamente; sbirciare.
peek [pi:k] *n.* [C] sguardo furtivo; sbirciatina.
to **peel** [pi:l] **A** *v. t.* sbucciare; spellare; mondare **B** *v. i.* **1** sbucciarsi; spellarsi **2** (*fam.*) spogliarsi ● *to p. off,* staccarsi in strisce; staccarsi dal gruppo; (*aeron.*) staccarsi (dalla formazione) □ (*fam.*) *to keep one's eyes peeled,* tenere gli occhi ben aperti.
(1) peel [pi:l] *n.* [U] buccia; scorza; pelle (*fig.*).
(2) peel [pi:l] *n.* [C] pala (da fornaio).
peeler ['pi:lə*] *n.* [C] (*ind.*) pelatrice (macchina).
peeling ['pi:liŋ] *n.* **1** [C] buccia; scorza: *peelings,* bucce (specialm. di patate) **2** [U] (della pelle) spellatura.
peen [pi:n] *n.* [C] penna (del martello) ● *p.-hammer,* martello da muratore.
(1) to **peep** [pi:p] *v. i.* **1** (d'uccelli) pigolare (anche *fig.*) **2** (di topi) squittire.
(1) peep [pi:p] *n.* [C] **1** pigolio **2** squittio.
(2) to **peep** [pi:p] *v. i.* **1** guardare furtivamente; sbirciare; spiare **2** (spesso *to p. out*) far capolino; spuntare ● *to p. at sb.,* spiare q. □ *to p. into a room,* sbirciare entro una stanza.
(2) peep [pi:p] *n.* [C] **1** sguardo furtivo; occhiata; sbirciata **2** veduta parziale; scorcio ● *at p. of dawn* (o *of day*), allo spuntar del giorno □ *to get a p. of st.,* intravedere q.c.
peeper ['pi:pə*] *n.* [C] **1** chi spia; ficcanaso **2** (*pop.*) occhio.
peep-hole ['pi:p,houl] *n.* [C] spioncino.
Peeping Tom [,pi:piŋ'tɔm] *n.* guardone; « voyeur ».
peer [piə*] *n.* [C] **1** pari; persona di pari condizione sociale **2** Pari (d'Inghilterra, di Scozia o d'Irlanda); Lord.
to **peer** [piə*] *v. i.* **1** guardar da presso; sbirciare; scrutare: *to p. at sb.,* sbirciare q. **2** apparire a poco a poco; far capolino; spuntare.
peerage ['piəridʒ] *n.* **1** (*collett.*) (i) Pari **2** [C] almanacco nobiliare (inglese).
peeress ['piəris] *n.* [C] consorte di un Pari.
peerless ['piəlis] *a.* senza pari; impareggiabile; incomparabile.
to **peeve** [pi:v] *v. t.* (*fam.*) irritare; seccare.
peeved [pi:vd] *a.* (*fam.*) irritato; seccato.
peevish ['pi:viʃ] *a.* irritabile; irascibile; permaloso; stizzoso.
peewit ['pi:wit] *V.* **pewit.**
peg [peg] *n.* [C] **1** cavicchio; picchetto; piolo **2** (anche *clothes peg*) molletta da bucato **3** (per botti) zaffo; zipolo **4** (*mus.*: di violino, ecc.) bischero **5** (*fig.*) appiglio; pretesto; motivo **6** bevanda alcolica; (specialm.) brandy (o whisky) con selz ● (*fam.*) *peg leg,* gamba di legno; persona con una gamba di legno □ (d'abito) *off the peg,* confezionato; bell'e fatto □ (*fig.*) *a square peg in a round hole,* un pesce fuor d'acqua; una persona inadatta al suo lavoro □ (*fig.*) *to take sb. down a peg or two,* far abbassare la cresta a q.
to **peg** [peg] *v. t.* **1** fissare; infiggere con picchetti; incavicchiare **2** segnare con pioli; picchettare **3** (*fin.*, *Borsa*) stabilizzare il prezzo di (azioni, ecc.) ● *to peg away (at),* lavorare indefessamente (a) □ (*fig.*) *to peg sb. down,* vincolare q. a una linea d'azione □ (*fam.*) *to peg out,* morire; tirare le cuoia.
pegamoid ['pegəmɔid] *n.* [U] (*marchio*) pegamoide;

finta pelle.

pejorative [pi'dʒɔrətiv] *a.* e *n.* [C] *(gramm.)* **peggiorativo.**

Pekinese [,pi:ki'ni:z], **Pekingese** [,pi:kiŋ'i:z] *a.* e *n.* **pechinese.**

pekoe ['pi:kou] *n.* [U] *(comm.)* « **pekoe** » (tè scuro di prima qualità).

pelagic [pe'lædʒik] *a.* **pelagico; oceanico.**

pelerine ['pelə,ri:n] *n.* [C] **pellegrina** (mantellina da signora).

pelf [pelf] *n.* [U] *(spreg.)* **denaro; « il vil metallo ».**

pelican ['pelikən] *n.* [C] *(zool.,* Pelecanus) **pellicano.**

pellagra [pə'lægrə] *n.* [U] *(med.)* **pellagra.**

pellagrous [pə'lægrəs] *a. (med.)* **pellagroso.**

pellet ['pelit] *n.* [C] ***1*** **pallottola; pallina** ***2*** **pallino di piombo** ***3*** *(farm.)* **pillola** ***4*** *(stor.)* **palla di pietra** (per catapulta o cannone).

pellicle ['pelikl] *n.* [C] **pellicola; membrana.**

pell-mell ['pel'mel] ***A*** *avv.* ***1*** **alla rinfusa** ***2*** **precipitosamente** ***B*** *a.* ***1*** **disordinato** ***2*** **precipitoso** ***C*** *n.* [C] **confusione; disordine.**

pellucid [pe'lju:sid] *a.* **pellucido; trasparente; chiaro** (anche *fig.*).

pelmet ['pelmit] *n.* [C] **mantovana** (corto drappo sopra una tenda).

Peloponnesian [,peləpə'ni:ʃən] *a.* e *n.* **peloponnesiaco.**

(1) pelt [pelt] *n.* [C] **pelle non conciata** (di animale da pelliccia).

to **pelt** [pelt] ***A*** *v. t.* ***1*** **attaccare, colpire** (scagliando q.c.) ***B*** *v. i.* **battere insistentemente; scrosciare** ● *to p. sb. with stones,* lapidare q. □ *pelting rain,* pioggia a dirotto; pioggia a catinelle.

(2) pelt [pelt] *n.* **colpo** (di sasso, ecc.) ● *at full p.,* a tutta velocità.

pelvic ['pelvik] *a. (anat.)* **pelvico.**

pelvis ['pelvis] *n.* (*pl.* **pelves** ['pelvi:z], **pelvises**) *(anat.)* **pelvi; bacino.**

(1) pen [pen] *n.* [C] **recinto; chiuso** ● *hen-pen,* pollaio □ *play-pen,* recinto di legno per bimbi piccoli □ *sheep-pen,* ovile.

(1) to **pen** [pen] *v. t.* **chiudere in un recinto** ● *to pen in (o up),* mettere (bestiame) al chiuso.

(2) pen [pen] *n.* [C] ***1*** *(stor.)* **penna d'oca** (per scrivere) ***2*** **penna** (per scrivere) ***3*** *(fig.)* **scrittore; stile; penna** ● *a pen-and-ink sketch,* uno schizzo a penna □ *pen-friend,* corrispondente □ *pen-name,* pseudonimo; nome d'arte □ *(fam.) pen-pusher,* scribacchino; impiegatuccio □ *fountain-pen,* penna stilografica □ *ruling pen (o drawing pen),* tiralinee.

(2) to **pen** [pen] *v. t.* **scrivere** (con la penna); **comporre.**

penal ['pi:nl] *a.* **penale** ● *p. servitude,* lavori forzati.

to **penalize** ['pi:nəlaiz] *v. t.* (anche *sport*) **penalizzare.**

penalty ['penəlti] *n.* [U] e [C] *(leg., comm., sport)* **penalità; penale; pena; multa** ● *(sport) p. kick,* calcio di rigore.

penance ['penəns] *n.* [U] (anche *relig.*) **penitenza**: *to do p.,* far penitenza.

Penates [pə'neiti:z] *n. pl. (mitol. romana)* **penati.**

pence [pens] *n. pl.* « **pence** » (pl. di « penny », la centesima parte d'una sterlina; indica il valore, non le singole monetine).

pencil ['pensl] *n.* [C] ***1*** **matita; lapis** ***2*** *(geom.)* **fascio** (di linee che s'incontrano in un punto) ● *p.-cap.,* salvapunte □ *p.-case,* portamatite □ *p.-sharpener,* temperamatite.

to **pencil** ['pensl] *v. t.* **scrivere (o segnare, disegnare) con la matita; buttar giù a matita.**

pendant ['pendənt] *n.* [C] ***1*** **pendaglio; pendente; ciondolo** ***2*** (*naut.,* anche *pennant*) **fiamma.**

pendent ['pendənt] *a.* ***1*** **pendente; sospeso** ***2*** **incombente** ***3*** *(fig.)* **pendente; in sospeso** ***4*** *(gramm.:* di periodo) **lasciato in sospeso.**

pendentive [pen'dentiv] *n.* [C] *(archit.)* **pennacchio.**

pending ['pendiŋ] ***A*** *a.* ***1*** **pendente** *(fig.)*; **indeciso; non risolto** ***2*** **incombente** ***B*** *prep.* ***1*** **durante** ***2*** **fino a; in attesa di** ● *p. dealings,* trattative in corso.

pendulous ['pendjuləs] *a.* **pendulo; sospeso.**

pendulum ['pendjuləm] *n.* [C] **pendolo** (anche *fig.*) ● *p. clock,* orologio a pendolo; pendola □ *(fig.) the swing of the p.,* gli alti e i bassi dell'opinione pubblica; lo spostamento radicale (di posizioni politiche, ecc.).

penetrability [,penitrə'biliti] *n.* [U] **penetrabilità.**

penetrable ['penitrəbl] *a.* **penetrabile.**

to **penetrate** ['penitreit] *v. t.* e *i.* ***1*** **penetrare** (anche *fig.*); **farsi strada; comprendere; scoprire** ***2*** **compenetrare; permeare.**

penetrating ['penitreitiŋ] *a.* ***1*** **penetrante;** *(fig.)* **acuto** ***2*** **profondo.**

penetration [,peni'treiʃən] *n.* [U] ***1*** **penetrazione** (anche *fig.*) ***2*** **acume; intuito.**

penguin ['peŋgwin] *n.* [C] *(zool.,* Aptenodytes, Eudyptes, ecc.) **pinguino.**

penholder ['pen,houldə*] *n.* [C] **portapenne.**

penicillin [,peni'silin] *n.* [U] *(farm.)* **penicillina.**

peninsula [pi'ninsjulə] *n.* [C] *(geogr.)* **penisola.**

peninsular [pi'ninsjulə*] *a. (geogr.)* **peninsulare.**

penis ['pi:nis] *n.* (*pl.* **penes** ['pi:niz], **penises**) *(anat.)* **pene.**

penitence ['penitəns] *n.* [U] **penitenza; pentimento.**

penitent ['penitənt] *a.* e *n.* [C] **penitente.**

penitential [,peni'tenʃəl] *a.* **penitenziale.**

penitentiary [,peni'tenʃəri] ***A*** *n.* [C] ***1*** **riformatorio** ***2*** *(USA)* **penitenziario; carcere** ***B*** *a.* ***1*** **penitenziario** ***2*** **penitenziale.**

penknife ['pennaif] *n.* (*pl.* **penknives** ['pennaivz]) **temperino.**

penman ['penmən] *n.* (*pl.* **penmen** ['penmən]) ***1*** **calligrafo** ***2*** **scrittore.**

penmanship ['penmənʃip] *n.* [U] ***1*** **calligrafia** ***2*** **arte dello scrivere.**

pennant ['penənt] *n.* [C] *(naut.)* **banderuola** (specialm. triangolare); **fiamma; gagliardetto.**

penniless ['penilis] *a.* **senza un soldo; spiantato; squattrinato.**

pennon ['penən] *n.* [C] ***1*** **vessillo; stendardo** ***2*** *(naut.)* **fiamma; gagliardetto.**

penny ['peni] *n.* (*pl.* **pennies** ['peniz] e **pence** [pens]) « **penny** » (moneta ingl., pari a un centesimo di sterlina): *He gave me my change in pennies; fivepence in all,* mi diede il resto in « pennies » (in tante monete da un « penny » l'una): cinque « pence » in tutto ● *to be p.-wise and pound-foolish,* essere tirchio con i centesimi e prodigo con le lire □ *(fam.) a pretty p.,* un bel gruzzolo □ *(fam.) to spend a p.,* andare al gabinetto □ *to turn an honest p.,* guadagnarsi il pane onestamente.

penny-a-liner ['penia,lainə*] *n.* [C] *(pop.)* **scrittorello da strapazzo.**

penny-dreadful ['peni,dredful] *n.* [C] *(fam.)* **romanzaccio pieno di orrori.**

penny-pincher ['peni,pintʃə*] *n.* [C] *(fam.)* **avaro; spilorcio.**

pennyroyal [,peni'rɔiəl] *n.* [U] *(bot.,* Mentha pulegium) **puleggio.**

pennyweight ['peniweit] *n.* [C] « **pennyweight** » (unità di peso).

pennywort ['peniwə:t] *n.* [U] *(bot.,* Cotyledon umbilicus-veneris) **ombelico di Venere.**

pennyworth ['peni,wə:θ] *n.* **quanto si può comprare con un « penny »; « penny »**: *a p. of sweets,* un « penny » di caramelline ● *(fig.) a good (a bad) p.,* un buon (un cattivo) affare.

penologist [pi:'nɔlədʒist] *n.* [C] *(leg.)* **penalista.**

penology [pi:'nɔlədʒi] *n.* [U] *(leg.)* **diritto penale.**

pensile ['pensail] *a.* **pensile; sospeso.**

(1) pension ['penʃən] *n.* [C] **pensione**: *old-age p.,* pensione di vecchiaia □ *disability p.,* pensione di invalidità.

to **pension** ['penʃən] *v. t.* **pensionare; assegnare una pensione a** (q.) ● *to p. off,* mettere in pensione.

(2) pension ['pɑ̃:ŋsiɔ̃:ŋ] *(franc.) n.* [C] (anche *boarding-house*) **pensione** ● *to live en p.,* essere (o stare) a pensione.

pensionable ['penʃənəbl] *a.* ***1*** **pensionabile; che ha diritto alla pensione** ***2*** **che dà diritto alla pensione**: *Sixty-five is a p. age,* sessantacinque anni è un'età che dà diritto alla pensione.

pensionary ['penʃənəri] **A** *a.* **1** di pensione; pensionistico **2** che riceve la pensione; pensionato **3** che riceve un sussidio (da un protettore); *(spreg.)* prezzolato **B** *n.* [C] **1** pensionato **2** *(spreg.)* individuo prezzolato; mercenario.

pensioner ['penʃənə*] *n.* [C] pensionato, pensionata.

pensive ['pensiv] *a.* pensoso; meditabondo.

penstock ['penstɔk] *n.* [C] chiusa (di regolazione delle acque).

pent [pent] *a.* (spesso *p.-in, p.-up*) rattenuto; represso; rinchiuso.

penta- ['pentə] *(in parole composte)* penta- (significa "cinque", "formato di cinque").

pentachord ['pentəkɔ:d] *n.* [C] *(mus.)* pentacordo.

pentagon ['pentəgən] *n.* [C] *(geom.)* pentagono ● *(USA) the P.*, il Pentagono.

pentagonal [pen'tægənl] *a.* *(geom.)* pentagonale.

pentagram ['pentəgræm] *n.* [C] pentacolo; stella a cinque punte.

pentahedron [ˌpentə'hi:drən] *n.* [C] *(geom.)* pentaedro.

pentameter [pen'tæmitə*] *n.* [C] *(poesia)* pentametro.

Pentateuch ['pentətju:k] *n.* *(relig.)* Pentateuco.

pentathlon [pen'tæθlən] *n.* [C] *(sport)* pentathlon; pentatlon.

Pentecost ['pentikɔst] *n.* *(relig.*, specialm. *USA)* Pentecoste.

penthouse ['penthaus] *n.* [C] **1** tettoia ad un solo spiovente **2** attico.

pentode ['pentoud] *n.* [C] *(elettron.)* pentodo.

penultimate [pi'nʌltimit] *a.* e *n.* [C] penultimo.

penumbra [pi'nʌmbrə] *n.* [C] *(astron., fotogr.)* penombra.

penurious [pi'njuəriəs] *a.* **1** avaro; gretto **2** povero; indigente.

penury ['penjuri] *n.* [U] penuria; indigenza.

pen-wiper ['penˌwaipə*] *n.* [C] nettapenne; puliscipenne.

peony ['piəni] *n.* [C] *(bot.*, Paeonia officinalis) peonia.

people ['pi:pl] *n.* **1** [C] popolo; nazione: *the English p.*, il popolo inglese **2** *(collett., col verbo al pl.)* persone; abitanti; gente: *the village p.*, gli abitanti del villaggio □ *I don't care what p. say,* non m'importa di quel che dice la gente ● *one's p.*, i familiari □ *the little p.*, le fate □ *old p.*, i vecchi *(collett.)* □ *young p.*, i giovani *(collett.)*.

to **people** ['pi:pl] *v. t.* popolare; abitare.

pep [pep] *n.* [U] *(fam.)* energia; spirito; vigore ● *a pep pill,* un eccitante (in pillola).

to **pep** [pep] *v. t.* (generalm. *to pep up*) *(fam.)* animare; stimolare; rinvigorire.

pepper ['pepə*] *n.* *(bot.)* **1** [U] pepe (la pianta e il frutto) **2** [C] peperone ● *p.-and-salt,* (color) pepe e sale □ *p.-castor* (o *p.-caster),* pepaiola □ *p.-mill,* macinapepe.

to **pepper** ['pepə*] *v. t.* **1** pepare; impepare **2** cospargere di (q.c.) **3** bersagliare; colpire (con proiettili); tempestare *(anche fig.)*.

pepperbox ['pepəbɔks] *n.* [C] pepaiola.

peppercorn ['pepəkɔ:n] *n.* [C] granello di pepe nero.

peppermint ['pepəmint] *n.* **1** [U] *(bot.*, Mentha piperita) menta peperita **2** [U] essenza di menta **3** [C] caramella di menta; mentina.

peppery ['pepəri] *a.* **1** pepato (anche *fig.*) **2** *(fig.)* focoso; collerico.

peppy ['pepi] *a.* *(fam.)* energico; vigoroso; pieno d'entusiasmo.

pepsin ['pepsin] *n.* [U] *(chim., biol.)* pepsina.

peptic ['peptik] *a.* *(chim., anat., med.)* peptico: *p. ulcer,* ulcera peptica.

per [pə(:)*] *prep.* **1** per; per mezzo di; mediante: *per post,* per posta **2** per; ogni; a: *5 per cent,* 5 per cento □ *per annum,* all'anno □ *per man,* a testa ● *per capita,* a testa; procapite □ *(comm.) as per invoice,* come da fattura.

peradventure [pərəd'ventʃə*] *avv.* *(arc.)* **1** forse **2** per caso.

to **perambulate** [pə'ræmbjuleit] **A** *v. i.* camminare; passeggiare; vagare **B** *v. t.* **1** percorrere a piedi; girare per **2** ispezionare (un territorio).

perambulator [pə'ræmbjuleitə*] *n.* [C] carrozzella per bambini.

percale [pə(:)'keil] *n.* [U] *(ind. tessile)* percalle.

perceivable [pə'si:vəbl] *a.* percepibile; percettibile.

to **perceive** [pə'si:v] *v. t.* percepire; accorgersi di; scorgere.

percentage [pə'sentidʒ] *n.* [C] **1** percentuale **2** *(per estens.)* parte.

perceptible [pə'septəbl] *a.* percettibile.

perception [pə'sepʃən] *n.* [U] e [C] percezione; intuizione.

perceptive [pə'septiv] *a.* percettivo.

(1) perch [pə:tʃ] *n.* *(per lo più invar. al pl.)* *(zool.*, Perca fluviatilis) pesce persico.

(2) perch [pə:tʃ] *n.* [C] **1** posatoio (per uccelli) **2** pertica (unità di misura lineare) ● *(fam.) to hop the p.*, morire □ *to knock sb. off his p.*, sbalzar q. di sella *(fig.)* □ (d'uccello) *to take one's p.*, appollaiarsi.

to **perch** [pə:tʃ] *v. i.* appollaiarsi; posarsi.

perchance [pə'tʃa:ns] *avv.* *(arc.)* per avventura; per caso; forse.

percipient [pə:'sipiənt] *a.* percettivo; perspicace.

to **percolate** ['pə:kəleit] *v. t.* e *i.* colare; filtrare; far passare (il caffè, ecc.); (del caffè) passare.

percolation [ˌpə:kə'leiʃən] *n.* [U] e [C] filtrazione.

percolator ['pə:kəleitə*] *n.* [C] **1** filtro; colatoio **2** (anche *coffee-p.*) macchinetta da caffè; caffettiera.

percussion [pə:'kʌʃən] *n.* [U] percussione: *(mus.) p. instruments,* strumenti a percussione.

percussionist [pə'kʌʃənist] *n.* [C] *(mus.)* suonatore di strumento a percussione.

percussive [pə:'kʌsiv] *a.* di percussione.

perdition [pə:'diʃən] *n.* [U] perdizione; dannazione.

perdurable [pə(:)'djuərəbl] *a.* lungamente durevole; duraturo.

to **peregrinate** ['perigrineit] *v. i.* peregrinare; viaggiare.

peregrination [ˌperigri'neiʃən] *n.* [U] e [C] peregrinazione; viaggio.

peremptoriness [pə'remptərinis] *n.* [U] perentorietà; imperiosità.

peremptory [pə'remptəri] *a.* perentorio; tassativo; imperioso ● *(leg.) a p. writ,* un mandato di comparizione.

perennial [pə'renjəl] **A** *a.* perenne (anche *bot.*); perpetuo; eterno **B** *n.* [C] *(bot.)* pianta perenne.

perfect ['pə:fikt] **A** *a.* perfetto; eccellente; esatto; preciso: *in p. silence,* in perfetto (o assoluto) silenzio **B** *n.* *(gramm.)* (tempo) perfetto ● *a p. nuisance,* una vera seccatura □ *(gramm.) future p.*, futuro anteriore □ *(gramm.) past p.*, trapassato prossimo □ *(gramm.) present p.*, passato prossimo.

to **perfect** [pə'fekt] **A** *v. t.* perfezionare **B** to **perfect oneself** *v. rifl.* perfezionarsi.

perfectible [pə'fektəbl] *a.* perfettibile; perfezionabile.

perfection [pə'fekʃən] *n.* [U] **1** perfezione **2** perfezionamento.

perfectionism [pə'fekʃənizəm] *n.* [U] perfezionismo.

perfectionist [pə'fekʃənist] *n.* [C] perfezionista.

perfidious [pə'fidiəs] *a.* perfido.

perfidy ['pə:fidi] *n.* [U] e [C] perfidia.

to **perforate** [pə:fəreit] **A** *v. t.* perforare; traforare **B** *v. i.* penetrare.

perforation [ˌpə:fə'reiʃən] *n.* **1** [U] e [C] perforazione; traforo **2** [C] *(filatelia)* dentellatura (di francobollo).

perforator ['pə:fəˌreitə*] *n.* [C] perforatore; (macchina) perforatrice.

perforce [pə'fɔ:s] *avv.* per forza; di necessità.

to **perform** [pə'fɔ:m] **A** *v. t.* **1** eseguire; compiere; fare; effettuare; adempiere; assolvere: *to p. an operation,* eseguire un'operazione **2** *(teatr.)* rappresentare; recitare; eseguire (anche *mus.*): *to p. a sonata on the piano,* eseguire una sonata al pianoforte **B** *v. i.* esibirsi in pubblico ● *performing animals,* animali ammaestra-

ti.
performance [pə'fɔ:məns] *n.* ***1*** [U] **esecuzione; adempimento; compimento; assolvimento** (di un dovere) ***2*** [C] *(teatr.)* **rappresentazione; recita; spettacolo;** *(mus.)* **concerto** ***3*** [C] **azione fuori del comune; impresa.**
performer [pə'fɔ:mə*] *n.* [C] ***1*** **esecutore, esecutrice** ***2*** (specialm.) **attore, attrice; artista** (che dà spettacolo); **musicista.**
perfume ['pə:fju:m] *n.* [C] e [U] **profumo.**
to **perfume** [pə'fju:m] *v. t.* **profumare.**
perfumer [pə'fju:mə*] *n.* [C] *(raro)* **profumiere, profumiera.**
perfumery [pə'fju:məri] *n.* ***1*** [U] **profumeria** (arte del preparare i profumi) ***2*** [C] **profumeria** (negozio del profumiere).
perfunctory [pə'fʌŋktəri] *a.* **affrettato; fatto meccanicamente; superficiale.**
to **perfuse** [pə'fju:z] *v. t.* **cospargere; inondare** *(fig.)*.
pergola ['pə:gələ] *n.* [C] **pergola; pergolato.**
perhaps [pə'hæps] *avv.* **forse; probabilmente.**
peri- ['peri] *pref.* **peri-** (significa "intorno" o indica movimento circolare; in astronomia, indica il punto di maggiore vicinanza a un astro).
perianth ['periænθ] *n.* [C] *(bot.)* **perianzio.**
pericardium [ˌperi'ka:djəm] *n.* *(pl.* **pericardia** [ˌperi'ka:djə]) *(anat.)* **pericardio.**
pericarp ['perika:p] *n.* [C] *(bot.)* **pericarpio.**
perigee ['peridʒi:] *n.* *(generalm. al sing.)* *(astron.)* **perigeo.**
perihelion [ˌperi'hi:ljən] *n.* *(generalm. al sing.)* *(astron.)* **perielio.**
peril ['peril] *n.* [U] e [C] **pericolo**: *to be in p. of one's life,* essere in pericolo di vita □ *to do st. at one's p.*, fare q.c. a proprio rischio e pericolo.
to **peril** ['peril] *v. t.* **mettere in pericolo; esporre a rischi.**
perilous ['periləs] *a.* **pericoloso; rischioso.**
perimeter [pə'rimitə*] *n.* [C] *(geom.)* **perimetro.**
perimetric(al) [ˌperi'metrik(əl)] *a.* **perimetrale; perimetrico.**
perineum [ˌperi'ni:əm] *n.* *(pl.* **perinea** [ˌperi'ni:ə]) *(anat.)* **perineo.**
period ['piəriəd] *n.* [C] ***1*** **periodo** (in ogni senso): *a p. of rest,* un periodo di riposo ***2*** **fine; termine** ***3*** *(gramm.)* **punto fermo; punto** ***4*** *(al pl.)* **mestruazioni** ***5*** *(a scuola)* **ora (di lezione); lezione** ● *p. piece,* pezzo d'epoca (anche *fig.*).
periodic [ˌpiəri'ɔdik] *a.* **periodico; intermittente** ● *(chim.) p. table,* sistema periodico degli elementi.
periodical [ˌpiəri'ɔdikəl] ***A*** *a.* **periodico; intermittente** ***B*** *n.* [C] **periodico; pubblicazione periodica; rivista.**
periodicity [ˌpiəriə'disiti] *n.* [U] **periodicità.**
peripatetic [ˌperipə'tetik] *a.* **itinerante.**
Peripatetic [ˌperipə'tetik] *a.* e *n.* *(filos.)* **peripatetico.**
peripheral [pə'rifərəl] *a.* *(scient.)* **periferico** (anche *fig.*).
periphery [pə'rifəri] *n.* [C] *(scient.)* ***1*** **perimetro;** (specialm.) **circonferenza** ***2*** **superficie esterna** (specialm. sferica).
periphrasis [pə'rifrəsis] *n.* [U] e [C] *(pl.* **periphrases** [pə'rifrəsi:z]) **perifrasi.**
periphrastic [pəri'fræstik] *a.* **perifrastico.**
periscope ['periskoup] *n.* [C] *(fis., naut.)* **periscopio.**
periscopic [ˌperi'skɔpic] *a.* *(fis., naut.)* **periscopico.**
to **perish** ['periʃ] ***A*** *v. i.* ***1*** **perire; morire**: *to p. by the sword,* perire di spada ***2*** (di merce) **deperire; deteriorarsi** ***B*** *v. t.* *(raro)* **deteriorare; rovinare** ● *to be perished with cold,* esser morto di freddo *(fig.)*.
perishable ['periʃəbl] ***A*** *a.* **deteriorabile; deperibile** ***B*** *n. pl.* *(comm.)* **merci deperibili.**
peristyle ['peristail] *n.* [C] *(archit.)* **peristilio.**
peritoneum [ˌperitou'ni:əm] *n.* *(pl.* **peritonea** [ˌperitou'ni:ə], **peritoneums**) *(anat.)* **peritoneo.**
peritonitis [ˌperitə'naitis] *n.* [U] *(med.)* **peritonite.**
periwig ['periwig] *n.* [C] **parrucca.**
periwinkle ['peri,wiŋkl] *n.* [U] *(bot.,* Vinca minor) **pervinca.**
to **perjure oneself** ['pə:dʒə wʌn'self] *v. rifl.* **spergiurare; giurare il falso.**
perjured ['pə:dʒəd] *a.* **spergiuro.**
perjurer ['pə:dʒərə*] *n.* **spergiuro.**
perjury ['pə:dʒəri] *n.* [U] e [C] **spergiuro;** *(leg.)* **falsa testimonianza.**
to **perk** [pə:k] ***A*** *v. i.* (anche *to p. up*) ***1*** **alzar la testa** (in modo vivace) ***2*** **buttarsi avanti; farsi avanti; essere intraprendente** ***3*** **riacquistare vigore; riprendersi** ***B*** *v. t.* (spesso *to p. up*) ***1*** **alzare, sollevare** (di scatto) ***2*** **acconciare; azzimare** ***C*** to **perk oneself up** *v. rifl.* ***1*** **rianimarsi; ringalluzzirsi** ***2*** **acconciarsi; azzimarsi.**
perky ['pə:ki] *a.* ***1*** **baldanzoso; coraggioso; intraprendente** ***2*** **allegro; civettuolo; vivace** ***3*** **impertinente; sfacciato; sfacciatello.**
(1) perm [pə:m] *n.* [C] *(abbr. fam.* di **permanent wave**) **(ondulazione) permanente.**
(2) perm [pə:m] *n.* *(abbr. fam.* di **permutation**) **sistema** (al totocalcio).
permanence ['pə:mənəns] *n.* [U] **permanenza; stabilità.**
permanency ['pə:mənənsi] *n.* ***1*** [U] **permanenza; stabilità** ***2*** [C] **cosa permanente; posto fisso** (di lavoro).
permanent ['pə:mənənt] *a.* **permanente; durevole; stabile**: *a p. wave,* un'ondulazione permanente □ *(leg.) p. disablement,* invalidità permanente ● *p. staff,* personale di ruolo □ *to be on the p. staff,* essere di ruolo.
permanganate [pə:'mæŋgənit] *n.* [U] *(chim.)* **permanganato.**
permeability [ˌpə:mjə'biliti] *n.* [U] **permeabilità.**
permeable ['pə:mjəbl] *a.* **permeabile.**
to **permeate** ['pə:mieit] ***A*** *v. t.* **permeare** (anche *fig.*); **penetrare (in); compenetrare; saturare** ***B*** *v. i.* **penetrare; diffondersi.**
permeation [ˌpə:mi'eiʃən] *n.* [U] *(chim.)* **permeazione.**
permissible [pə'misəbl] *a.* **permissibile; ammissibile.**
permission [pə'miʃən] *n.* [U] **permesso; licenza.**
permissionist [pə'miʃənist] *n.* [C] **persona permissiva; lassista.**
permissive [pə'misiv] *a.* **permissivo.**
permissivism [pə'misivizəm] *n.* [U] **permissivismo; lassismo.**
permissivist [pə'misivist] *V.* **permissionist.**
to **permit** [pə'mit] *v. t.* e *i.* **permettere; consentire; tollerare**: *to p. sb. to do st.*, permettere a q. di fare q.c. □ *Smoking is not permitted,* non è permesso fumare ● *to p. of st.*, ammettere q.c.
permit ['pə:mit] *n.* [C] **permesso; licenza.**
permutable [pə(:)'mju:təbl] *a.* **permutabile.**
permutation [ˌpə:mju:'teiʃən] *n.* [U] e [C] ***1*** *(mat., chim.)* **permutazione** ***2*** *(comm.)* **permuta** ***3*** (al totocalcio) **sistema** ● *p. lock,* serratura a combinazione.
to **permute** [pə'mju:t] *v. t.* **permutare.**
pernicious [pə'niʃəs] *a.* **pernicioso; dannoso; esiziale; funesto.**
pernickety [pə'nikiti] *a.* *(fam.)* **meticoloso; pignolo.**
to **perorate** ['perəreit] *v. i.* **perorare.**
peroration [ˌperə'reiʃən] *n.* [C] **perorazione.**
peroxide [pə'rɔksaid] *n.* *(chim.)* ***1*** [C] **perossido** ***2*** [U] *(fam.;* anche *hydrogen p.*) **acqua ossigenata** ● *a p. blonde,* una bionda ossigenata.
perpendicular [ˌpə:pən'dikjulə*] ***A*** *a.* ***1*** *(geom.)* **perpendicolare** ***2*** **verticale** ***3*** (di monte, ecc.) **erto; ripido; scosceso** ***B*** *n.* [C] *(geom.; costr. navali)* **perpendicolare.**
perpendicularity [ˌpə:pənˌdikju'læriti] *n.* [U] **perpendicolarità.**
to **perpetrate** ['pə:pitreit] *v. t.* **perpetrare; commettere.**
perpetration [ˌpə:pi'treiʃən] *n.* [U] **perpetrazione** *(raro);* **(il) perpetrare.**
perpetual [pə'petjuəl] *a.* ***1*** **perpetuo; eterno** ***2*** **con-**

tinuo; incessante.

to **perpetuate** [pə'petjueit] *v. t.* **perpetuare.**

perpetuation [pə,petju'eiʃən] *n.* [U] **perpetuazione.**

perpetuity [,pə:pi'tju:iti] *n.* ***1*** [U] **perpetuità; eternità *2*** [C] *(leg.)* **vitalizio.**

to **perplex** [pə'pleks] *v. t.* ***1*** **imbarazzare; rendere perplesso *2* complicare; imbrogliare.**

perplexed [pə'plekst] *a.* ***1*** (di persona) **perplesso; imbarazzato *2* complicato; imbrogliato.**

perplexity [pə'pleksiti] *n.* ***1*** [U] **perplessità; imbarazzo; incertezza *2*** [C] **imbroglio; complicazione.**

perquisite ['pə:kwizit] *n.* [C] ***1*** **privilegio; prerogativa *2* gratifica; mancia.**

perry ['peri] *n.* [U] **sidro di pere.**

to **persecute** ['pə:sikju:t] *v. t.* **perseguitare; molestare.**

persecution [,pə:si'kju:ʃən] *n.* [U] e [C] **persecuzione** ● *(psic.) p. complex,* mania di persecuzione.

persecutor ['pə:si,kju:tə*] *n.* [C] **persecutore.**

perseverance [,pə:si'viərəns] *n.* [U] **perseveranza; costanza.**

to **persevere** [,pə:si'viə*] *v. i.* **perseverare; aver costanza.**

persevering [,pə:si'viəriŋ] *a.* **perseverante.**

Persian ['pə:ʃən] *a.* e *n.* **persiano.**

persimmon [pə:'simən] *n.* [C] *(bot.,* Diospyros kaki; anche il frutto) **cachi.**

to **persist** [pə'sist] *v. i.* ***1*** **persistere; ostinarsi**: *to p. in doing st. in one's own way,* ostinarsi a fare q.c. a modo proprio ***2*** **permanere.**

persistence [pə'sistəns], **persistency** [pə'sistənsi] *n.* [U] ***1*** **persistenza; perseveranza; ostinazione *2* permanenza.**

persistent [pə'sistənt] *a.* ***1*** **persistente; perseverante; ostinato *2* permanente.**

person ['pə:sn] *n.* [C] ***1*** **persona** (in ogni senso); **figura umana *2*** *(zool.)* **individuo** (d'una colonia di insetti, ecc.) ● *(leg.) natural p.,* persona fisica □ *to act in one's own p.,* agire di persona (o personalmente, per conto proprio) □ *to address sb. in the second p. singular,* dare del tu a q.

personable ['pə:snəbl] *a.* **di bell'aspetto; simpatico.**

personage ['pə:snidʒ] *n.* [C] **personaggio.**

personal ['pə:snl] *a.* ***1*** **personale** (in ogni senso); **individuale; particolare; privato**: *a p. interview,* un colloquio privato □ *(gramm.) a p. pronoun,* un pronome personale ***2*** **della persona; del corpo; fisico**: *p. beauty,* bellezza fisica ● (in un giornale) *p. column,* colonna degli annunci personali □ *(leg.) p. property (o estate),* beni mobili.

personality [,pə:sə'næliti] *n.* ***1*** [U] **personalità; temperamento *2*** [C] **personalità; persona ragguardevole *3*** *(al pl.)* **osservazioni di carattere personale** ● *p. cult,* culto della personalità.

personalization [,pə:sənəlai'zeiʃən] *n.* [U] e [C] ***1*** **personalizzazione *2* personificazione.**

to **personalize** ['pə:sənəlaiz] *v. t.* ***1*** **personalizzare *2* personificare.**

personally ['pə:sənəli] *avv.* ***1*** **personalmente; in persona; di persona *2* personalmente; da parte mia; per quanto mi concerne.**

personalty ['pə:sənəlti] *n.* [U] e [C] *(leg.)* **beni mobili.**

to **personate** ['pə:səneit] *v. t.* ***1*** **impersonare; fare la parte di** (un personaggio); **personificare *2*** *(leg.)* **spacciarsi per** (q.).

personification [pə:,sɔnifi'keiʃən] *n.* [U] e [C] **personificazione.**

to **personify** [pə:'sɔnifai] *v. t.* **personificare.**

personnel [,pə:sə'nel] *n.* *(collett.)* **personale** ● *p. department,* ufficio del personale.

perspective [pə'spektiv] *n.* ***1*** [U] e [C] **prospettiva** (anche *fig.*): *in p.,* in prospettiva ***2*** [C] **veduta; scorcio.**

perspicacious [,pə:spi'keiʃəs] *a.* **perspicace; acuto; sagace.**

perspicacity [,pə:spi'kæsiti] *n.* [U] **perspicacia; acutezza; sagacia.**

perspicuity [,pə:spi'kju(:)iti] *n.* [U] **perspicuità; chiarezza.**

perspicuous [pə'spikjuəs] *a.* **perspicuo; chiaro.**

perspiration [,pə:spə'reiʃən] *n.* [U] ***1*** **traspirazione *2* sudore.**

perspiratory [pə'spaiərətəri] *a.* **sudorifero; che fa traspirare.**

to **perspire** [pə'spaiə*] *v. i.* **traspirare; sudare.**

persuadable [pə'sweidəbl] *a.* **persuasibile.**

to **persuade** [pə'sweid] ***A*** *v. t.* **persuadere; convincere; indurre**: *to p. sb. to do st.,* convincere q. a fare q.c. ***B*** to **persuade oneself** *v. rifl.* **persuadersi; convincersi** ● *to p. sb. out of st.,* convincere q. a non fare q.c.; distogliere q. da q.c.

persuasion [pə'sweiʒən] *n.* ***1*** [U] **persuasione; convincimento *2*** [C] **convinzione *3*** [C] **credenza** (specialm. *relig.*); **religione; setta *4*** *(generalm. al sing.) (fam.)* **specie; sorta; razza.**

persuasive [pə'sweiziv] *a.* **persuasivo; convincente.**

persuasiveness [pə'sweizivnis] *n.* [U] **forza di persuasione.**

pert [pə:t] *a.* ***1*** **impertinente; impudente; insolente; sfacciato *2* allegro; sbarazzino.**

to **pertain** [pə:'tein] *v. i.* ***1*** **appartenere** (a); **spettare** (a); **far parte** (di) ***2*** **addirsi** (a); **convenire** (a) ***3*** **essere pertinente** (a).

pertinacious [,pə:ti'neiʃəs] *a.* **pertinace; fermo; ostinato.**

pertinacity [,pə:ti'næsiti] *n.* [U] **pertinacia; fermezza; ostinazione.**

pertinence ['pə:tinəns], **pertinency** ['pə:tinənsi] *n.* [U] **pertinenza.**

pertinent ['pə:tinənt] *a.* **pertinente.**

pertness ['pə:tnis] *n.* [U] **impertinenza; impudenza; insolenza; sfacciataggine.**

to **perturb** [pə'tə:b] *v. t.* **perturbare; turbare; sconvolgere.**

perturbation [,pə:tə:'beiʃən] *n.* [U] e [C] (anche *astron.*) **perturbazione.**

peruke [pə'ru:k] *n.* [C] **parrucca.**

perusal [pə'ru:zəl] *n.* [C] e [U] ***1*** **attenta lettura *2*** *(fig.)* **esame accurato.**

to **peruse** [pə'ru:z] *v. t.* ***1*** **leggere attentamente *2*** *(fig.)* **esaminare attentamente; studiare.**

Peruvian [pə'ru:vjən] *a.* e *n.* [C] **peruviano.**

to **pervade** [pə:'veid] *v. t.* **pervadere; permeare.**

pervasion [pə:'veiʒən] *n.* [U] **diffusione; penetrazione.**

pervasive [pə:'veisiv] *a.* **penetrante; dilagante** *(fig.).*

perverse [pə'və:s] *a.* ***1*** **perverso; iniquo; malvagio *2*** (d'un fatto) **avverso; contrario *3*** (di comportamento) **irrazionale.**

perversion [pə'və:ʃən] *n.* [U] e [C] ***1*** **pervertimento; perversione *2* alterazione; travisamento.**

perversity [pə'və:siti] *n.* [U] e [C] **perversità; malvagità.**

to **pervert** [pə'və:t] *v. t.* ***1*** **pervertire; corrompere *2* alterare; travisare.**

pervert ['pə:və:t] *n.* [C] ***1*** **pervertito; depravato *2*** *(relig.)* **apostata.**

pervious ['pə:vjəs] *a.* ***1*** **accessibile; praticabile *2*** *(fig.)* **aperto; sensibile.**

peseta [pə'setə] *(spagn.) n.* [C] **peseta** (moneta spagnola).

pesky ['peski] *a.* *(fam. USA)* **fastidioso; sgradevole; seccante.**

pessimism ['pesimizəm] *n.* [U] **pessimismo.**

pessimist ['pesimist] *n.* [C] **pessimista.**

pessimistic [,pesi'mistik] *a.* **pessimistico.**

pest [pest] *n.* [C] ***1*** **animale** (o **insetto**) **nocivo**: *garden pests,* animali ed insetti nocivi alle piante dei giardini ***2*** *(fig.)* **individuo insopportabile; peste** *(fig.)* ***3*** *(stor.)* **peste; pestilenza** ● *(stor.) p.-house,* lazzaretto.

to **pester** ['pestə*] *v. t.* **importunare; molestare; tormentare.**

pesticide ['pestisaid] *n.* [C] **insetticida.**

pestiferous [pes'tifərəs] *a.* **pestifero** (anche *fig.*).

pestilence ['pestiləns] *n.* [U] e [C] **pestilenza; peste bubbonica.**

pestilent ['pestilənt] *a.* **pestilente** *(raro)*; **pestifero** (anche *fig.*).
pestilential [ˌpesti'lenʃəl] *a.* **pestilenziale** (anche *fig.*).
pestle ['pesl] *n.* [C] **pestello.**
to **pestle** ['pesl] *v. t.* **pestare** (o **tritare**) **col pestello.**
(1) pet [pet] ***A*** *n.* [C] ***1*** **animale prediletto** ***2*** (di persona) **favorito, favorita; beniamino, beniamina; cocco** *(fam.)* ***B*** *a. attr.* **favorito; prediletto** • *pet name,* vezzeggiativo; nomignolo □ *pet shop,* negozio d'uccelli, gatti, cagnolini, ecc.
to **pet** [pet] ***A*** *v. t.* **accarezzare; coccolare; vezzeggiare; viziare** ***B*** *v. i. (fam.)* **fare all'amore; abbandonarsi a effusioni amorose; pomiciare** *(fam.)*.
(2) pet [pet] *n.* [C] **malumore; stizza** • *to be in a pet,* essere stizzito.
petal ['petl] *n.* [C] *(bot.)* **petalo.**
petard [pə'ta:d] *n.* [C] **petardo.**
to **peter** ['pi:tə*] *v. i.* — *(fam.) to p. out,* estinguersi; esaurirsi.
petersham ['pi:təʃəm] *n.* ***1*** [U] *(ind. tessile)* **« gros grain »** ***2*** [C] *(stor.)* **cappotto pesante.**
petiole ['petioul] *n.* [C] *(bot.)* **picciolo.**
petite [pə'ti:t] *(franc.) a.* (di donna) **minuta e aggraziata** • *(polit.) p. bourgeoisie,* piccola borghesia.
petition [pi'tiʃən] *n.* [C] (anche *leg.*) **petizione; supplica; ricorso.**
to **petition** [pi'tiʃən] ***A*** *v. t.* **presentare una petizione** (o **un ricorso**) **a** (q.) ***B*** *v. i.* ***1*** *(leg.)* **fare una petizione** (o **un ricorso**) ***2*** **supplicare; chiedere umilmente**: *to p. for st.,* chiedere q.c.
petitioner [pi'tiʃənə*] *n.* [C] **postulante; richiedente.**
Petrarchan [pe'tra:kən] *a. (letter.)* **petrarchesco.**
petrel ['petrəl] *n.* [C] (anche *storm p., stormy p.*) *(zool.,* Hydrobates pelagicus) **procellaria** • *(fig.) stormy p.,* seminatore di zizzania.
petrifaction [ˌpetri'fækʃən] *n.* [U] **pietrificazione.**
petrified ['petrifaid] *a.* ***1*** **pietrificato** (anche *fig.*) ***2*** *(fig.)* **sbalordito; stupefatto.**
to **petrify** ['petrifai] ***A*** *v. t.* ***1*** **pietrificare** (anche *fig.*) ***2*** *(fig.)* **sbalordire; stupefare** ***B*** *v. i.* ***1*** **pietrificarsi** (anche *fig.*) ***2*** *(fig.)* **restar di sasso.**
petrochemical [ˌpetrou'kemikl] ***A*** *a.* **petrolchimico** ***B*** *n.* [C] *(ind.)* **prodotto petrolchimico.**
petrochemistry [ˌpetrou'kemistri] *n.* [U] **petrolchimica.**
petrodollar ['petrouˌdɔlə*] *n.* [C] *(econ., fin.)* **petrodollaro.**
petrography [pə'trɔgrəfi] *n.* [U] **petrografia.**
petrol ['petrəl] *n.* [U] **benzina** *(cfr. USA gasoline)* • *p. station,* stazione di rifornimento □ *p. tank,* serbatoio della benzina.
petroleum [pi'trouljəm] *n.* [U] **petrolio grezzo.**
petroliferous [ˌpetrou'lifərəs] *a.* **petrolifero.**
petticoat ['petikout] ***A*** *n.* [C] ***1*** **sottoveste** ***2*** *(fam.)* **donna; ragazza; sottana** *(fig., fam.)* ***B*** *a. attr.* ***1*** **femminile; donnesco** ***2*** **di donne; fatto dalle donne.**
pettifogger ['petifɔgə*] *n.* [C] ***1*** **avvocato da strapazzo; azzeccagarbugli; leguleio** ***2*** **cavillatore; sofista.**
pettifoggery [ˌpeti'fɔgəri], **(1) pettifogging** ['petifɔgiŋ] *n.* [U] ***1*** **raggiri di leguleio** ***2*** **cavilli; sofisticheria.**
(2) pettifogging ['petifɔgiŋ] *a.* **cavilloso; sofistico.**
pettiness ['petinis] *n.* [U] **insignificanza; meschinità; piccolezza.**
pettish ['petiʃ] *a.* **irritabile; irascibile; stizzoso; permaloso.**
pettitoes ['petitouz] *n. pl. (cucina)* **zampetti di maiale.**
petty ['peti] *a.* **piccolo; di poca importanza; insignificante; gretto; meschino**: *p. farmers,* piccoli proprietari terrieri □ *p. cares,* piccole seccature • *p. cash,* (fondo per le) piccole spese □ *(leg.) p. offence,* reato minore.
petulance ['petjuləns] *n.* [U] **irascibilità; irritabilità; impazienza.**
petulant ['petjulənt] *a.* **irascibile; irritabile; impaziente.**
petunia [pi'tju:njə] *n.* [C] *(bot.,* Petunia) **petunia.**
pew [pju:] *n.* [C] ***1*** *(relig.)* **panca di chiesa** ***2*** *(fam.)* **posto a sedere.**
pewit ['pi:wit] *n.* [C] *(zool.,* Vanellus cristatus) **pavoncella.**
pewter ['pju:tə*] *n.* [U] ***1*** **peltro** ***2*** **utensili di peltro.**
phaeton ['feitn] *n.* [C] *(stor.)* **carrozza scoperta a quattro ruote.**
phalanx ['fælæŋks] *n.* (*pl.* **phalanges** [fæ'lændʒi:s], **phalanxes**) *(stor., anat., fig.)* **falange.**
phallic ['fælik] *a.* **fallico.**
phallus ['fæləs] *n.* (*pl.* **phalli** ['fælai], **phalluses**) *(anat.)* **fallo.**
phanerogam ['fænərougæm] *n.* [C] *(bot.)* **(pianta) fanerogama.**
phantasm ['fæntæzəm] *n.* [C] **fantasma; spettro.**
phantasmagoria [ˌfæntæzmə'gɔriə] *n.* [U] **fantasmagoria.**
phantasmagoric [ˌfæntæzmə'gɔrik] *a.* **fantasmagorico.**
phantasmal [fæn'tæzməl], **phantasmic** [fæn'tæzmik] *a.* **di fantasma; spettrale; illusorio.**
phantasy ['fæntəzi] *V.* **fantasy.**
phantom ['fæntəm] *n.* [C] **fantasma; spettro.**
Pharaoh ['fɛərou] *n.* [C] *(stor.)* **faraone.**
pharisaic(al) [ˌfæri'seiik(əl)] *a.* **farisaico; ipocrita.**
pharisaism ['færiseiizəm] *n.* [U] **farisaismo, fariseismo; ipocrisia.**
Pharisee ['færisi:] *n.* [C] *(stor.)* **fariseo** (anche *fig.*).
pharmaceutic(al) [ˌfa:mə'sju:tik(əl)] *a.* **farmaceutico.**
pharmaceutics [ˌfa:mə'sju:tiks] *n. pl. (col verbo al sing.)* **farmaceutica.**
pharmacist ['fa:məsist] *n.* [C] **farmacista.**
pharmacologist [ˌfa:mə'kɔlədʒist] *n.* [C] **farmacologo.**
pharmacology [ˌfa:mə'kɔlədʒi] *n.* [U] **farmacologia.**
pharmacopaeia [ˌfa:məkə'pi:ə] *n.* [C] **farmacopea.**
pharmacy ['fa:məsi] *n.* [U] e [C] **farmacia.**
pharyngitis [ˌfærin'dʒaitis] *n.* [U] *(med.)* **faringite.**
pharynx ['færiŋks] *n.* (*pl.* **pharynges** [fæ'rindʒi:z], **pharynxes**) *(anat.)* **faringe.**
phase [feiz] *n.* [C] ***1*** **fase** (in ogni senso, anche *scient.*); **periodo; stadio** ***2*** *(fig.)* **aspetto; faccia; lato** • *(elettr.) out of p.,* fuori fase; sfasato.
to **phase** [feiz] *v. t. (elettr.)* **mettere in fase.**
pheasant ['feznt] *n.* [C] e [U] *(zool.,* Phasianus colchicus) **fagiano** • *hen p.,* fagiana.
phenol ['fi:nɔl] *n.* [U] *(chim.)* **fenolo; acido fenico.**
phenomenal [fi'nɔminl] *a.* ***1*** *(scient., filos.)* **fenomenico** ***2*** *(fig.)* **fenomenale; prodigioso; straordinario.**
phenomenon [fi'nɔminən] *n.* (*pl.* **phenomena** [fi'nɔminə]) *(scient., filos.)* **fenomeno** (anche *fig.*).
phenyl ['fi:nil] *n.* [U] *(chim.)* **fenile.**
phew [fju:] *inter.* **uff!; puah!**
phial ['faiəl] *n.* [C] **fiala; boccettina.**
to **philander** [fi'lændə*] *v. i.* **amoreggiare; fare il cascamorto.**
philanderer [fi'lændərə*] *n.* [C] **cascamorto; vagheggino.**
philanthrope ['filənθroup] *V.* **philanthropist.**
philanthropic(al) [ˌfilən'θrɔpik(əl)] *a.* **filantropico.**
philanthropist [fi'lænθrəpist] *n.* [C] **filantropo.**
philanthropy [fi'lænθrəpi] *n.* [U] **filantropia.**
philatelic [ˌfilə'telik] *a.* **filatelico.**
philatelist [fi'lætəlist] *n.* [C] **filatelico; filatelista.**
philately [fi'lætəli] *n.* [U] **filatelia.**
philharmonic [ˌfila:'mɔnik] *a.* **filarmonico** • *p. society,* (società) **filarmonica.**
philippic [fi'lipik] *n.* [C] **filippica; invettiva.**
Philippine ['filipi:n] *a.* e *n.* **filippino; (abitante) delle Filippine.**
Philistine ['filistain] *a.* e *n. (stor.)* **filisteo** (anche *fig.*).
Philistinism ['filistinizəm] *n.* [U] **filisteismo.**
philologic(al) [ˌfilə'lɔdʒik(əl)] *a.* **filologico.**

philologist [fi'lɔlədʒist] *n.* [C] **filologo.**
philology [fi'lɔlədʒi] *n.* [U] **filologia.**
philosopher [fi'lɔsəfə*] *n.* [C] **filosofo.**
philosophic(al) [ˌfilə'sɔfik(əl)] *a.* **filosofico.**
to **philosophize** [fi'lɔsəfaiz] *v. i.* ***1*** **filosofare *2* filosofeggiare.**
philosophy [fi'lɔsəfi] *n.* [U] e [C] **filosofia.**
philtre ['filtə*] *n.* [C] **filtro d'amore.**
phiz [fiz] *n.* *(fam.)* **faccia; fisionomia.**
phlebitis [fli'baitis] *n.* [U] *(med.)* **flebite.**
phleboclysis ['flebouˌklaisis] *n.* (*pl.* **phleboclyses** ['flebouˌklaisi:z]) *(med.)* **fleboclisi.**
phlebotomy [fli'bɔtəmi] *n.* *(med.)* **flebotomia.**
phlegm [flem] *n.* [U] ***1*** *(fisiologia)* **muco;** *(med.)* **catarro *2* flemma; apatia; sangue freddo.**
phlegmatic(al) [fleg'mætik(əl)] *a.* **flemmatico; imperturbabile.**
phobia ['foubjə] *n.* [C] (specialm. *psic.*) **fobia.**
phocomelia [ˌfoukə'mi:liə] *n.* [U] *(med.)* **focomelia.**
phocomelic [ˌfoukə'mi:lik] *a.* *(med.)* **focomelico.**
phocomelus [fou'kɔmələs] *n.* [C] *(med.)* **focomelico.**
Phoenician [fi'niʃiən] *a.* e *n.* *(stor.)* **fenicio.**
phoenix ['fi:niks] *n.* [C] *(mitol.)* **fenice** (anche *fig.*).
phon [fɔn] *n.* [C] *(fis.)* **fon** (unità di misura del suono).
phonation [fou'neiʃən] *n.* [U] **fonazione.**
(1) phone [foun] *n.* [C] *(fam.)* **telefono.**
to **phone** [foun] *v. t.* e *i.* *(fam.)* **telefonare.**
(2) phone [foun] *n.* [C] *(fon.)* **suono** (d'una vocale o d'una consonante).
phoneme ['founi:m] *n.* [C] *(linguistica)* **fonema.**
phonemics [fə'ni:miks] *n. pl.* *(col verbo al sing.)* *(linguistica)* **fonematica.**
phonetic [fou'netik] *a.* **fonetico**: *p. signs,* simboli fonetici.
phonetician [ˌfouni'tiʃən] *n.* [C] **fonetista.**
phonetics [fou'netiks] *n. pl.* *(col verbo al sing.)* **fonetica.**
phoney ['founi] *(pop.)* ***A*** *a.* **falso; finto; fittizio; fasullo** *(pop.)* ***B*** *n.* [C] ***1*** **oggetto falso *2* ciarlatano; impostore.**
phonic ['founik] *a.* *(fis.)* **fonico.**
phonogram ['founəgræm] *n.* [C] **fonogramma.**
phonograph ['founəgra:f] *n.* [C] **fonografo.**
phonologic(al) [ˌfounə'lɔdʒik(əl)] *n.* *(linguistica)* **fonologico.**
phonology [fou'nɔlədʒi] *n.* [U] *(linguistica)* **fonologia.**
phony ['founi] *V.* **phoney.**
phooey ['fu:i] *inter.* ***1*** (d'incredulità) **bah! *2*** (di disgusto, ecc.) **puah!**
phosgene ['fɔzdʒi:n] *n.* [U] *(chim.)* **fosgene.**
phosphate ['fɔsfeit] *n.* [C] *(chim.)* **fosfato.**
phosphite ['fɔsfait] *n.* [C] *(chim.)* **fosfito.**
to **phosphorate** ['fɔsfəreit] *v. t.* *(chim.)* **fosforare.**
phosphorescence [ˌfɔsfə'resəns] *n.* [U] **fosforescenza.**
phosporescent [ˌfɔsfə'resənt] *a.* **fosforescente.**
phosphoric [fɔs'fɔrik] *a.* ***1*** *(chim.)* **fosforico *2* fosforescente.**
phosphorus ['fɔsfərəs] *n.* [U] *(chim.)* **fosforo.**
photo ['foutou] *n.* (*pl.* **photos**) *(fam.)* **foto; fotografia** ● *(sport) p. finish,* fotofinish; finale di gara serrato.
to **photo** ['foutou] *v. t.* *(fam.)* **fotografare.**
photocopier ['foutouˌkɔpiə*] *n.* [C] **fotocopiatrice.**
photocopy ['foutouˌkɔpi] *n.* [C] **fotocopia.**
to **photocopy** ['foutouˌkɔpi] *v. t.* **fotocopiare; fare una fotocopia di** (q.c.).
photoelectric(al) [ˌfoutoui'lektrik(əl)] *a.* *(fis.)* **fotoelettrico**: *p. cell,* cellula fotoelettrica.
Photofit ['foutouˌfit] *n.* [U] *(marchio)* **fotofit.**
photogenic [ˌfoutou'dʒenik] *a.* **fotogenico.**
photogram ['foutougræm] *n.* [C] *(cinem.,* ecc.) **fotogramma.**
photograph ['foutəgra:f] *n.* [C] **fotografia**: *to take a p.,* fare una fotografia.
to **photograph** ['foutəgra:f] ***A*** *v. t.* **fotografare *B*** *v. i.* **far fotografie** ● *to p. well (badly),* essere (non essere) fotogenico.
photographer [fə'tɔgrəfə*] *n.* **fotografo.**
photographic(al) [ˌfoutə'græfik(əl)] *a.* **fotografico.**
photography [fə'tɔgrəfi] *n.* **fotografia** (l'arte).
photogravure [ˌfoutəgrə'vjuə*] *n.* [U] e [C] **fotoincisione.**
photomontage [ˌfoutoumɔn'ta:ʒ] *n.* [U] **fotomontaggio.**
photon ['foutɔn] *n.* [C] *(fis.)* **fotone.**
photophobia [ˌfoutou'foubjə] *n.* [U] *(psic.)* **fotofobia.**
photosphere ['foutousfiə*] *n.* [C] *(astron.)* **fotosfera.**
photostat ['foutoustæt] *n.* [C] ***1*** **apparecchio fotostatico *2* copia fotostatica.**
phrasal ['freizəl] *a.* **di frase; di espressione; di locuzione** ● *(gramm. ingl.) p. verb,* verbo composto.
phrase [freiz] *n.* [C] *(gramm.)* **frase** (anche *mus.*); **espressione; locuzione** ● *p.-book,* manuale di fraseologia □ *I have had enough of phrases,* ne ho abbastanza di belle parole.
to **phrase** [freiz] *v. t.* ***1*** **esprimere; formulare *2*** *(mus.)* **fraseggiare.**
phrasemonger ['freizˌmʌŋgə*] *n.* [C] **fraseggiatore** (chi usa frasi ricercate, ma spesso vuote).
phraseogram ['freiziəgræm] *n.* [C] **simbolo** (specialm. stenografico) **che rappresenta una locuzione.**
phraseological [ˌfreiziə'lɔdʒikəl] *a.* **fraseologico.**
phraseology [ˌfreizi'ɔlədʒi] *n.* [U] e [C] **fraseologia.**
phrenetic(al) [fri'netik(əl)] *a.* ***1*** **frenetico; delirante *2* fanatico.**
phrenic ['frenik] *a.* *(anat.)* **frenico**: *p. nerve,* nervo frenico.
phrenologist [fri'nɔlədʒist] *n.* [C] *(med.)* **frenologo.**
phrenology [fri'nɔlədʒi] *n.* [U] *(med.)* **frenologia.**
Phrygian ['fridʒiən] *a.* e *n.* *(stor.)* **frigio.**
phthisic(al) ['θaisik(əl)] *a.* *(arc., med.)* **tisico; tubercolotico.**
phthisis ['θaisis] *n.* [U] *(arc., med.)* **tisi; etisia.**
phut [fʌt] *avv.* — *to go p.,* sgonfiarsi; (di lampadina) fulminarsi; *(fig.:* d'un progetto, ecc.) andare a monte.
phyllo- ['filou] *(in parole composte)* **fillo-** (significa "foglia").
phylloxera [ˌfilɔk'siərə] *n.* (*zool.,* Phylloxera) **fillossera.**
physic ['fizik] *n.* [U] *(arc.)* **medicina; purgante.**
to **physic** ['fizik] (*pass.* e *p.p.* **physicked** ['fizikt]) *v. t.* *(arc.)* **dare una medicina a** (q.); **purgare.**
physical ['fizikəl] *a.* **fisico** (in ogni senso): *p. training,* educazione fisica; ginnastica ● *p. culture,* culturismo □ *p. culturist,* culturista.
physician [fi'ziʃən] *n.* [C] **medico; dottore** (in medicina).
physicist ['fizisist] *n.* [C] **fisico.**
physics ['fiziks] *n. pl.* *(col verbo al sing.)* **fisica.**
physio- ['fiziou] *(in parole composte)* **fisio-** (ha il significato di "natura" o di "fisico").
physiognomist [ˌfizi'ɔnəmist] *n.* **fisiognomo.**
physiognomy [ˌfizi'ɔnəmi] *n.* ***1*** [U] **fisiognomia *2*** [U] e [C] **fisionomia** (anche *fig.*).
physiologic(al) [ˌfiziə'lɔdʒik(əl)] *a.* **fisiologico.**
physiologist [ˌfizi'ɔlədʒist] *n.* [C] **fisiologo.**
physiology [ˌfizi'ɔlədʒi] *n.* [U] **fisiologia.**
physiotherapist [ˌfiziou'θerəpist] *n.* [C] *(med.)* **fisioterapista.**
physiotherapy [ˌfiziou'θerəpi] *n.* [U] *(med.)* **fisioterapia.**
physique [fi'zi:k] *n.* [U] e [C] **fisico; costituzione fisica.**
phytochemistry [ˌfaitou'kemistri] *n.* [U] **fitochimica.**
phytopathology [ˌfaitoupə'θɔlədʒi] *n.* [U] **fitopatologia.**
(1) pi [pai] *n.* [C] *(geom.)* **pi greco** (π).
(2) pi [pai] *a.* (*gergo studentesco; abbr.* di **pious**) **pio** ● *pi-jaw,* ramanzina; predica *(fig.).*
piacular [pai'ækjulə*] *a.* ***1*** **espiatorio; da espiare *2* malvagio.**

pia mater ['paiə 'meitə*] *n. (anat.)* **pia madre.**

pianissimo [pjæ'nisimou] *(ital.) avv. (mus.)* **pianissimo.**

pianist ['piənist] *n.* [C] *(mus.)* **pianista.**

(1) piano ['pjænou], **pianoforte** [ˌpjænou'fɔ:ti] *n.* (*pl.* **pianos**) *(mus.)* **pianoforte; piano** ● *p.-organ,* organino □ *p.-tuner,* accordatore di pianoforti □ *cottage p.,* (piccolo) pianoforte verticale □ *grand p.,* pianoforte a coda □ *upright p.,* pianoforte verticale.

(2) piano ['pja:no] *(ital.) avv. (mus.)* **piano.**

Pianola [pjæ'noulə] *n.* [C] *(marchio, mus.)* **pianola.**

piastre [pi'æstə*] *n.* [C] **piastra** (moneta egiziana e turca).

picador ['pikəˌdɔ:*] *(spagn.) n.* [C] **« picador ».**

picaresque [ˌpikə'resk] *a. (letter.)* **picaresco.**

picaroon [ˌpikə'ru:n] *n.* [C] ***1*** **canaglia; furfante; pirata** ***2*** *(naut.)* **nave pirata.**

picayune [ˌpikə'ju:n] *(USA)* ***A*** *n.* [C] ***1*** **monetina; moneta da 5 « cent »** ***2*** *(fam.)* **cosa** (o **persona**) **insignificante; inezia, nonnulla; nessuno** *(fig.)* ***B*** *a.* **insignificante; meschino; spregevole.**

piccalilli ['pikəlili] *n.* [U] *(cucina)* **giardiniera** (verdura sottaceto assortita) **condita con droghe e senape.**

piccaninny ['pikənini] *n.* [C] **negretto; bimbetto negro.**

piccolo ['pikəlou] *n.* (*pl.* **piccolos**) *(mus.)* **ottavino.**

(1) pick [pik] *n.* [C] ***1*** **piccone** ***2*** *(in genere)* **strumento appuntito** (specialm. nei composti, come *toothpick,* stuzzicadenti).

to **pick** [pik] ***A*** *v. t.* e *i.* ***1*** **forare, spezzare** (roccia, ecc.), **scavare** (il terreno) **con un piccone; picconare** ***2*** **cavare, togliere** (con le dita) ***3*** **cogliere; raccogliere**: *to p. flowers,* coglier fiori ***4*** **scegliere**: *to p. the best fruits,* scegliere i frutti migliori ***5*** **rubare; svuotare**: *to p. sb.'s pocket,* svuotare le tasche a q.; borseggiare q. ***6*** **stuzzicare**: *to p. one's teeth,* stuzzicarsi i denti ***7*** **pulire; ripulire**: *to p. a bone,* pulire un osso ***8*** (d'uccelli) **beccare; becchettare** ***9*** *(fig.:* di persona) **piluccare; sbocconcellare; mangiucchiare** ***B*** *verbi composti* ***1*** *(fam.) to p. at sb.,* criticare (o rimbrottare, rimproverare) q. □ *to p. at one's food,* mangiare di mala voglia ***2*** *to p. off,* staccare; cogliere (fiori); scegliere (q.) come bersaglio ***3*** *to p. out,* scegliere; distinguere, scorgere (q. fra altre persone, q.c. fra altri oggetti); cogliere (il significato d'un brano, ecc.) dopo attento esame; suonare a orecchio (un'aria, ecc.); ravvivare (un colore con pennellate di un altro colore) ***4*** *to p. up,* dissodare, rompere (il terreno) con un piccone; raccogliere; arrestare; imparare; fare la conoscenza di; ricuperare, riacquistare; trovare, scovare; *(radio)* ricevere, captare: *to p. up new friends,* fare nuovi amici □ *to p. up a few Chinese words,* imparare alcune parole cinesi (specialm. ascoltando) □ *to p. oneself up,* alzarsi; sollevarsi □ *(autom.) to p. up speed,* aquistare velocità □ *(fam.) to p. up with sb.,* fare amicizia con q. ● *to p. and choose,* scegliere il meglio; essere esigente (o meticoloso) □ *to p. and steal,* rubare; far man bassa □ *to p. a lock,* scassinare una serratura □ *to p. to pieces,* fare a pezzi; *(fig.)* analizzare, criticare □ *to p. one's way* (o *steps),* procedere con grande cautela; guardare dove si mettono i piedi □ *to p. one's words,* scegliere le parole più adatte; parlare in punta di forchetta □ *A cup of tea will pick me up,* una tazza di tè mi tirerà su.

(2) pick [pik] *n. (con l'art. determ.)* **parte migliore; (il) fiore** *(fig.)* ● *the p. of the bunch,* il fior fiore.

pickaback ['pikəbæk] *avv.* **sulle spalle; a cavalluccio.**

pickaxe ['pikæks] *n.* [C] **piccone.**

picked [pikt] *a.* **scelto; selezionato.**

picker ['pikə*] *n.* **raccoglitore, raccoglitrice; mondatore, mondatrice**: *hop-pickers,* raccoglitori di luppoli ● *a p. of quarrels,* un attaccabrighe.

pickerel ['pikərəl] *n.* [C] *(zool.)* **piccolo luccio.**

picket ['pikit] *n.* [C] ***1*** **picchetto; piolo; paletto** ***2*** *(mil.,* anche *picquet, piquet)* **picchetto** ***3*** **picchetto** (di scioperanti).

to **picket** ['pikit] ***A*** *v. t.* ***1*** **chiudere** (o **fissare**) **con picchetti; picchettare** ***2*** **legare** (un cavallo) **a un paletto** ***3*** *(mil.)* **mettere** (soldati) **di picchetto** ***4*** **circondare** (una fabbrica) **di picchetti di scioperanti; picchettare** ***B*** *v. i.* ***1*** *(mil.)* **essere in picchetto** ***2*** (di scioperanti) **formare picchetti.**

picketing ['pikitiŋ] *n.* [U] **picchettaggio, picchettamento** (da parte di scioperanti).

picking ['pikiŋ] *n.* ***1*** [U] *(specialm. p. and stealing)* **furterello** ***2*** *(al pl.)* **residui; spigolature** ***3*** *(al pl.)* **oggetti rubati** ***4*** *(al pl.)* **compensi extra; profitti illeciti.**

pickle ['pikl] *n.* ***1*** [U] **salamoia** ***2*** *(al pl.)* **giardiniera; sottaceti** ***3*** [C] *(fam.)* **guaio; imbroglio** ***4*** [C] *(fam.)* **bambino cattivello; birichino.**

to **pickle** ['pikl] *v. t.* **mettere sott'aceto; conservare in salamoia.**

pickled ['pikld] *a.* ***1*** **in salamoia; sott'aceto** ***2*** *(pop.)* **ubriaco.**

picklock ['piklɔk] *n.* [C] ***1*** **scassinatore** ***2*** **grimaldello.**

pick-me-up ['pikmi(:)ʌp] *n.* [C] **bevanda alcolica; cordiale.**

pickpocket ['pikˌpɔkit] *n.* [C] **borsaiolo; borseggiatore.**

pick-up ['pikʌp] *n.* [C] ***1*** *(fam.)* **conoscenza casuale** ***2*** **fonorivelatore** ***3*** *(mecc.)* **accelerazione; ripresa** ***4*** *(fam., telev.)* **ripresa.**

picky ['piki] *a.* **esigente; difficile; pignolo.**

picnic ['piknik] *n.* [C] ***1*** **merenda all'aperto; scampagnata; picnic** ***2*** *(fam.)* **cosa piacevole; lavoro facile.**

to **picnic** ['piknik] (*pass.* e *p.p.* **picnicked** ['piknikt]) *v. i.* **fare una merenda** (all'aperto); **fare una scampagnata.**

pico- ['paikou] *pref.* **pico-** (anteposto a un'unità di misura, ne divide il valore per un trilione).

picotee [ˌpikə'ti:] *n.* [C] *(bot.)* **garofano screziato.**

picquet ['pikit] *V.* **picket,** *def. 2.*

picric ['pikrik] *a. (chim.)* **picrico**: *p. acid,* acido picrico.

Pictish ['piktiʃ] *a. (stor.)* **dei Pitti** (*V.* **Picts**).

pictograph ['piktəgra:f] *n.* [C] **pittogramma.**

pictographic [ˌpiktou'græfik] *a.* **pittografico.**

pictography [pik'tɔgrəfi] *n.* [U] **pittografia.**

pictorial [pik'tɔ:riəl] ***A*** *a.* ***1*** **illustrato; figurato** ***2*** **pittorico** (anche *fig.)* ***B*** *n.* [C] **giornale illustrato; rotocalco.**

Picts [pikts] *n. pl. (stor.)* **Pitti** (antichi abitanti della Scozia).

picture ['piktʃə*] *n.* [C] ***1*** **quadro** (anche *fig.);* **disegno; pittura; ritratto** (anche *fig.);* **descrizione**: *a p.-gallery,* una galleria di quadri; una pinacoteca □ *to look the p. of health,* sembrare il ritratto della salute ***2*** **fotografia; illustrazione** ***3*** *(cinem.)* **fotogramma** ***4*** (anche *telev.)* **immagine** ***5*** *(al pl.)* **pellicola cinematografica; film; cinema** ● *p.-book,* libro illustrato (specialm. per bambini) □ (carte da gioco) *p.-card,* figura □ *p. postcard,* cartolina illustrata □ *p. story,* fotoromanzo □ *p. telephone,* videofono □ *p.-writing,* scrittura ideografica □ *(fam.) to be in (out of) the p.,* essere (non essere) informato (o al corrente).

to **picture** ['piktʃə*] ***A*** *v. t.* **dipingere; ritrarre; raffigurare** ***B*** to **picture to oneself** *v. rifl.* **figurarsi; immaginarsi.**

picturesque [ˌpiktʃə'resk] *a.* ***1*** **pittoresco** ***2*** (di persona) **originale; strambo.**

to **piddle** ['pidl] *v. i. (fam.)* **far pipì.**

piddle ['pidl] *n.* [U] *(fam.)* **pipì.**

piddling ['pidliŋ] *a.* **insignificante; futile; meschino.**

piddock ['pidək] *n.* (*zool.,* Pholas dactylus) **folade.**

pidgin ['pidʒin] *n.* [U] ***1*** — *p. English,* gergo anglo-cinese ***2*** *(fam.)* **affare**: *That's not my p.,* non è affar mio.

(1) pie [pai] *n.* [C] (anche *magpie; zool.,* Pica pica) **gazza.**

(2) pie [pai] *n.* [C] ***1*** (anche *meat pie*) **pasticcio** (di carne) ***2*** **torta; crostata**: *an apple-pie,* una torta di mele ● *(fig.) to eat humble pie,* ingoiare un rospo; umiliarsi □ *(fig.) to have a finger in the pie,* aver le mani in pasta □ *vegetable pie,* tortino di verdura.

piebald ['paibɔ:ld] *a.* ***1*** (specialm. di cavallo) **pezzato**

2 screziato; variegato.

piece [pi:s] *n.* [C] ***1*** **pezzo** (in ogni senso); **frammento; brano; parte; oggetto** (artistico): *a p. of wood (chalk, paper, etc.),* un pezzo di legno (gesso, carta, ecc.) □ *to be in pieces,* essere a pezzi □ *to go to pieces,* andare in pezzi ***2*** **pezza; taglio** (di stoffa); **rotolo** (di carta) ***3*** *(mil.)* **pezzo d'artiglieria *4* carabina; fucile *5*** (*teatr.*, specialm. *dramatic p.*) **dramma** ● *p. goods,* tessuti in pezza; (specialm.) cotonine, seterie □ *a p. of impudence,* un'impudenza; una bella sfacciataggine □ *a p. of nonsense,* una sciocchezza □ *a p. of poetry,* una poesia □ *p.-work,* lavoro a cottimo □ *p.-worker,* cottimista □ *(fig.) to be of a p. (with),* essere coerente (con); essere in carattere (con) □ *(mecc.) to take a machine to pieces,* smontare una macchina □ *a two-p. dress,* un abito a due pezzi.

to **piece** [pi:s] *v. t.* ***1*** (anche *to p. out*) **mettere insieme, unendo pezzo per pezzo; congiungere cucendo; giuntare *2* attaccare; congiungere *3*** (anche *to p. up*) **rammendare; rappezzare; rattoppare** ● *to p. out a story,* ricostruire una storia.

piecemeal ['pi:s,mi:l] ***A*** *avv.* **pezzo a pezzo; un po' alla volta; a spizzico *B*** *a.* **fatto un po' alla volta; frammentario.**

pied [paid] *a.* ***1*** **pezzato *2* screziato; variegato; variopinto.**

Piedmontese [,pi:dmən'ti:z] *a.* e *n.* **piemontese.**

pie-eyed ['pai,aid] *a.* *(pop.)* **ubriaco; sbronzo** *(fam.).*

pier [piə*] *n.* [C] ***1*** *(naut.)* **frangiflutti *2*** *(naut.)* **banchina; molo; pontile *3* pila** (di ponte) ***4*** *(edil.)* **contrafforte.**

pierage ['piəridʒ] *n.* [U] *(comm., naut.)* **diritti di banchina.**

to **pierce** [piəs] *v. t.* e *i.* ***1*** **forare; perforare; trafiggere *2*** *(mil.)* **sfondare; aprire una breccia** (in) ***3*** *(fig.)* **ferire; straziare** ● *to p. through (into) st.,* penetrare attraverso (in) q.c.

piercing ['piəsiŋ] *a.* (anche *fig.*) **penetrante; acuto; pungente; straziante**: *a p. cry,* un grido acuto (o lacerante).

pier-glass ['piəgla:s] *n.* [C] **specchiera.**

pietism ['paiətizəm] *n.* [U] *(relig.)* **pietismo** (anche *fig.*).

pietist ['paiətist] *n.* [C] *(relig.)* **pietista** (anche *fig.*).

pietistic(al) [,paiə'tistik(əl)] *a.* *(relig.)* **pietistico** (anche *fig.*).

piety ['paiəti] *n.* [U] **pietà; devozione; religiosità.**

piffle ['pifl] *n.* [U] *(fam.)* **inezie; sciocchezze.**

to **piffle** ['pifl] *v. i.* *(fam.)* **dire sciocchezze; blaterare.**

piffling ['pifliŋ] *a.* *(fam.)* **insignificante; futile.**

pig [pig] *n.* ***1*** [C] (*zool.*, Sus) **porco; maiale** (anche *fam.*, *fig.*); **suino *2*** [U] **carne di maiale**: *roast pig,* carne di maiale arrosto ***3*** [C] *(metall.)* **lingotto; pane**: *pig lead,* piombo in pani ***4*** *(pop., spreg.)* **poliziotto; sbirro** ● *(metall.) pig-iron,* ghisa (di prima fusione): ghisa grezza □ *(fig.) to bring one's pigs to the wrong market,* far fiasco □ *(fig.) to buy a pig in a poke,* comprare la gatta nel sacco; comprare alla cieca □ *to make a pig of oneself,* mangiare come un maiale □ *Pigs might fly,* anche gli asini potrebbero volare!

to **pig** [pig] ***A*** *v. t.* (di scrofa) **fare, partorire** (maialini) ***B*** *v. i.* ***1*** (di scrofa) **figliare *2*** — *to pig it,* vivere come maiali.

pigeon ['pidʒin] *n.* [C] ***1*** *(zool.)* **piccione; colombo**: *a carrier-p.* (o *a homing-p.),* un piccione viaggiatore ***2*** *(fig., fam.)* **sempliciotto; babbeo *3*** (*sport*, anche *clay p.*) **piattello** ● *p.-house,* piccionaia; colombaia.

pigeon-hearted [,pidʒin'ha:tid] *a.* **timido; pusillanime.**

pigeonhole ['pidʒinhoul] *n.* [C] ***1*** **foro d'entrata di piccionaia *2* casella** (per documenti, carte) ***3*** *(al pl.)* **casellario.**

to **pigeonhole** ['pidʒinhoul] *v. t.* **archiviare.**

pigeon-toed ['pidʒin,toud] *a.* **dal piede varo.**

piggery ['pigəri] *n.* [C] ***1*** **allevamento di suini *2* porcile** (anche *fig.*).

piggish ['pigiʃ] *a.* ***1*** **porcino *2*** *(fig.)* **maialesco; ghiotto *3*** *(fig.)* **sudicio.**

piggishness ['pigiʃnis] *n.* [U] ***1*** **ghiottoneria *2* sporcizia.**

piggy ['pigi] ***A*** *n.* **porcellino; maialino *B*** *a.* *(fam.)* **ingordo** ● *p. bank,* salvadanaio (a forma di porcellino).

pigheaded [,pig'hedid] *a.* **caparbio; cocciuto; testardo.**

pigheadedness [,pig'hedidnis] *n.* [U] **caparbietà; cocciutaggine; ostinazione.**

piglet ['piglit], **pigling** ['pigliŋ] *n.* **porcellino; maialino.**

pigment ['pigmənt] *n.* [U] e [C] *(biol., chim.)* **pigmento; colore.**

pigmentation [,pigmən'teiʃən] *n.* [U] e [C] **pigmentazione.**

pigmy ['pigmi] *V.* **pygmy.**

pigskin ['pigskin] *n.* ***1*** [U] **pelle di cinghiale; cuoio** (che se ne ricava) ***2*** [C] *(fam.)* **pallone da football *3*** [C] *(fam.)* **sella** (da cavallo).

pigsticking ['pig,stikiŋ] *n.* [U] **caccia al cinghiale.**

pigsty ['pigstai] *n.* [C] **porcile** (anche *fig.*).

pigtail ['pigteil] *n.* [C] ***1*** **codino** (alla cinese) ***2*** **treccia di tabacco.**

pigwash ['pigwɔʃ] *n.* [U] **broda (per maiali).**

(1) pike [paik] *n.* [C] ***1*** *(stor.)* **picca *2*** *(dial.)* *V.* **pickaxe.**

(2) pike [paik] *n.* [C] ***1*** **sbarra** (o **cancello**) **che chiude una strada a pedaggio *2* strada a pedaggio *3* pedaggio.**

(3) pike [paik] *n.* [C] (*zool.*, Esox lucius) **luccio.**

pikeman ['paikmən] *n.* (*pl.* **pikemen** ['paikmən]) *(stor.)* **picchiere.**

pikestaff ['paiksta:f] *n.* [C] *(stor.)* **asta della picca** ● *as plain as a p.,* chiaro come la luce del sole; lampante.

pilaf(f) ['pilæf] *V.* **pilau.**

pilaster [pi'læstə*] *n.* [C] *(archit.)* **pilastro.**

pilau [pi'lau], **pilaw** [pi'lɔ:] *n.* [U] *(cucina)* **« pilaf »** (pietanza orientale).

pilchard ['piltʃəd] *n.* [C] (*zool.*, Sardinia pilchardus) **sardina.**

(1) pile [pail] *n.* [C] ***1*** **palo** (di fondazione); **palafitta *2* pila** (di ponte); **pilastro** ● *p.-driver,* battipalo □ *p. dweller,* palafitticolo □ *p. dwelling,* abitazione su palafitte.

(1) to **pile** [pail] *v. t.* **munire di palafitte.**

(2) pile [pail] *n.* [C] ***1*** **pila** (anche **elettrica**); **cumulo; mucchio**: *a p. of books,* una pila di libri ***2*** **casamento; blocco di case; isolato *3*** *(fam.)* **mucchio di quattrini; bel gruzzolo** ● *funeral p.,* pira; rogo.

(2) to **pile** [pail] *v. t.* **accatastare; ammassare; ammucchiare; ammonticchiare** ● *(fam.) to p. on the agony,* caricare le tinte (narrando un fatto doloroso) □ *(fam.) to p. it on,* esagerare.

(3) pile [pail] *n.* [U] *(ind. tessile)* **pelo** (di tappeto, velluto, ecc.).

pile-up ['pailʌp] *n.* [C] *(fam.)* (di autoveicoli) **tamponamento a catena.**

piles [pailz] *n. pl.* *(med.)* **emorroidi.**

to **pilfer** ['pilfə*] *v. t.* e *i.* **rubacchiare.**

pilferage ['pilfəridʒ] *n.* [U] ***1*** **(il) rubacchiare; piccoli furti *2* oggetti di poco conto rubati.**

pilferer ['pilfərə*] *n.* [C] **ladruncolo.**

pilgrim ['pilgrim] *n.* [C] **pellegrino, pellegrina** ● *(stor.) the P. Fathers,* i Padri Pellegrini.

pilgrimage ['pilgrimidʒ] *n.* [C] **pellegrinaggio**: *to go on a p.,* andare in pellegrinaggio.

pill [pil] *n.* [C] ***1*** **pillola** (anche *fig.*) ***2*** *(pop., scherz.)* **palla** (di cannone, da gioco) ***3*** *(pop., al pl.)* **biliardo** ● *(fam.) to be on the p.,* prendere la pillola (anticoncezionale) □ *(fig.) to sugar the p.,* indorare la pillola □ *(fig.) to swallow a bitter p.,* mandar giù un boccone amaro.

pillage ['pilidʒ] *n.* [U] ***1*** **saccheggio; sacco** *(lett.)* ***2*** **bottino.**

to **pillage** ['pilidʒ] *v. t.* e *i.* **saccheggiare; mettere a sacco** *(lett.).*

pillager ['pilidʒə*] *n.* **saccheggiatore; predatore; razziatore.**

pillar ['pilə*] *n.* [C] **pilastro; colonna** (anche *fig.*) ●

(fig.) to be driven from p. to post, essere mandato da Erode a Pilato.

to **pillar** ['pilə*] *v. t.* **sostenere (**o **rafforzare) con pilastri.**

pillar-box ['piləbɔks] *n.* [C] **cassetta postale** (di forma cilindrica).

pill-box ['pilbɔks] *n.* [C] ***1*** **scatolina per pillole *2*** *(mil.)* **fortino.**

pillion ['piljən] *n.* [C] ***1*** *(stor.)* **cuscino** (posto dietro la sella) ***2*** **sellino posteriore** (di motocicletta).

pillory ['piləri] *n.* *(con l'art. determ.) (stor.)* **berlina, gogna** *(*anche *fig.)*.

to **pillory** ['piləri] *v. t.* **mettere alla berlina (**o **alla gogna)** *(*anche *fig.)*.

pillow ['pilou] *n.* [C] ***1*** **guanciale; cuscino *2*** *(mecc.)* **cuscino di supporto.**

to **pillow** ['pilou] *v. t.* ***1*** **adagiare; appoggiare; posare *2*** **far da cuscino a; offrire appoggio a.**

pillow-case ['piloukeis], **pillow-slip** ['pilouslip] *n.* [C] **federa.**

pillowy ['piloui] *a.* **morbido come un cuscino; soffice.**

pilosity [pai'lɔsiti] *n.* [U] **pelosità.**

pilot ['pailət] *n.* [C] ***1*** *(aeron., naut.)* **pilota;** *(fig.)* **guida *2*** *(mecc.)* **guida *3*** (*naut.*, anche *p. book*) **portolano ●** *(meteorologia) p. balloon,* pallone sonda □ *p.-boat,* battello pilota □ *p.-cloth,* stoffa blu, di lana pesante (per soprabiti) □ *(zool.) p.-fish* (Naucrates ductor), pesce pilota □ *(mecc.) p.-lamp* (o *p.-light),* lampada spia.

to **pilot** ['pailət] *v. t.* ***1*** *(aeron., naut.)* **pilotare *2*** *(fig.)* **guidare.**

pilotage ['pailətidʒ] *n.* [U] *(aeron., naut.)* **pilotaggio.**

pilous ['pailous] *a.* **peloso.**

pilule ['piliu:l] *n.* [C] **piccola pillola.**

pimp [pimp] *n.* [C] ***1*** **mezzano; ruffiano *2*** **protettore** (di prostitute); **magnaccia** *(dial.)*.

to **pimp** [pimp] *v. i.* ***1*** **far da mezzano; ruffianeggiare *2*** **fare il protettore (**o **il magnaccia).**

pimpernel ['pimpənel] *n.* [C] (*bot.*, Anagallis arvensis) **anagallide; mordigallina.**

pimple ['pimpl] *n.* [C] **pustola; pustoletta; foruncolo.**

pimpled ['pimpld], **pimply** ['pimpli] *a.* **pustoloso; foruncoloso.**

pin [pin] *n.* [C] ***1*** **spillo; spilla**: *a safety pin,* uno spillo di sicurezza (o da balia) □ *a hat-pin,* uno spillo da cappellino; uno spillone ***2*** *(mecc.)* **perno; spinotto *3*** *(falegnameria)* **cavicchio *4*** *(mus.)* **bischero *5*** *(fig.)* **bagatella; inezia; quisquilia *6*** (anche *drawing pin*) **puntina da disegno *7*** (anche *clothes-pin*) **molletta da bucato *8*** (anche *hairpin*) **forcina** (per capelli) ***9*** (anche *ninepin*) **birillo *10*** (anche *rolling-pin*) **matterello *11*** *(al pl., fam.)* **gambe**: *to be quick on one's pins,* essere svelto di gambe; essere arzillo ● *pin-head,* capocchia di spillo; *(fig.)* cosa minuscola; *(fam.)* stupidello, stupidella □ *pin-point,* punta di spillo; *(fig.)* cosa minuscola □ *pin--prick,* puntura di spillo; *(fig.)* piccola noia, seccatura □ *as neat as a new pin,* tutto lindo □ *(fig.) to be on pins and needles,* essere sulle spine □ *thumb pin,* puntina da disegno □ *(fam.) I don't care a pin,* non me ne importa un fico secco.

to **pin** [pin] *v. t.* ***1*** **attaccare con uno spillo; appuntare; affiggere *2*** **forare, pungere** (specialm. con uno spillo) ***3*** *(mecc.)* **imperniare *4*** (*fig.*, anche *to pin down*) **inchiodare; vincolare ●** *to pin sb. down to a promise,* costringere q. a mantenere una promessa.

pinafore ['pinəfɔ*] *n.* [C] **grembiulino.**

pinaster [pai'næstə*] *n.* [C] (*bot.*, Pinus pinaster) **pinastro.**

pince-nez ['pɛ̃:nsnei] *(franc.) n.* **occhiali a stringinaso.**

pincers ['pinsəz] *n. pl.* ***1*** **tenaglie; pinze *2*** *(zool.)* **chele; pinze.**

to **pinch** [pintʃ] ***A*** *v. t.* **pizzicare; stringere *2*** (*fig., specialm. al passivo*) **far soffrire; tormentare**: *to be pinched with cold,* essere tormentato dal freddo ***3*** *(pop.)* **rubare; grattare** *(pop.)* ***4*** *(pop.)* **arrestare; pizzicare** *(pop.)* ***B*** *v. i.* ***1*** (di scarpe, ecc.) **stringere *2*** (di persona) **essere gretto ●** *(fig.) to p. and scrape,* tirare la cinghia *(fig.)* □ *to be pinched for money,* essere a corto di quattrini.

pinch [pintʃ] *n.* [C] ***1*** **pizzicotto; pizzico *2*** **pizzico** (di sale); **presa** (di tabacco) ***3*** *(fig.)* **angustia ●** *at a p.,* in caso di bisogno □ *to feel the p. of hunger,* sentire i morsi della fame □ *if it comes to the p.,* se si viene alle strette.

pinchbeck ['pintʃbek] ***A*** *n.* [U] **princisbecco; similoro *B*** *a. (fig.)* **falso; finto; fittizio.**

pinched [pintʃt] *a.* (dei lineamenti) **tirato; emaciato.**

pinchpenny ['pintʃ,peni] *a.* e *n.* [C] *(fam.)* **avaro; spilorcio; tirchio.**

pincushion ['pin,kuʃin] *n.* [C] **puntaspilli.**

Pindaric [pin'dærik] *(letter.)* ***A*** *a.* **pindarico *B*** *n.* [C] **metro (**o **verso) pindarico.**

pine [pain] *n.* [C] (*bot.*, Pinus) **pino ●** *p.-cone,* pigna □ *p.-needles,* aghi di pino □ *p.-wood,* pineta, pineto.

to **pine** [pain] *v. i.* **penare; languire; struggersi** (anche *to p. away)* ● *to p. for* (o *after) st.,* struggersi dal desiderio di q.c.; desiderare ardentemente q.c. □ *to p. to do st.,* morir dalla voglia di fare q.c.

pineal ['piniəl] *a. (anat.)* **pineale**: *p. gland,* ghiandola pineale.

pineapple ['pain,æpl] *n.* [C] ***1*** (*bot.*, Ananas sativus) **ananasso, ananas *2*** **ananas** (frutto) ***3*** *(gergo mil.)* **bomba a mano.**

pinfold ['pinfould] *n.* [C] **recinto** (per bestiame).

ping-pong ['piŋpɔŋ] *n.* [U] *(sport)* **tennis da tavolo; ping-pong.**

pinguid ['piŋgwid] *a.* **pingue; grasso.**

(1) pinion ['pinjən] *n.* [C] ***1*** **penna dell'ala; penna remigante *2*** *(poet.)* **ala.**

to **pinion** ['pinjən] *v. t.* ***1*** **tarpare le ali a** (un uccello) ***2*** *(fig.)* **legare le braccia a** (q.).

(2) pinion ['pinjən] *n.* [C] *(mecc.)* **pignone.**

pink [piŋk] ***A*** *n.* ***1*** [C] (*bot.*, Dianthus) **garofano *2*** [U] **color rosa *3*** [C] **giubba rossa** (da caccia alla volpe) ***4*** — *(fig.) the p.,* il fiore: *the p. of elegance,* il fiore dell'eleganza ***5*** *(polit., spreg.)* **sinistroide *B*** *a.* **rosa**: *salmon p.,* rosa salmone ● *the p. of perfection,* il culmine della perfezione □ *to be in the p. of health,* essere in perfetta salute □ *(fig., fam.) to see p. elephants,* avere le traveggole.

(1) to **pink** [piŋk] *v. t.* ***1*** **forare; trafiggere** (con la spada, ecc.) ***2*** (anche *to p. out*) **traforare** (cuoio, ecc.); **dentellare** (stoffa).

(2) to **pink** [piŋk] *v. i.* *(mecc.:* di motore) **battere in testa.**

pinkish ['piŋkiʃ], **pinky** ['piŋki] *a.* **roseo.**

pinko ['piŋkou] *n.* (*pl.* **pinkos, pinkoes**) *(spreg. USA)* **socialistoide.**

pin-money ['pin,mʌni] *n.* [U] **spillatico; denaro per le piccole spese** (d'una donna).

pinnace ['pinis] *n.* [C] *(naut.)* **scialuppa** (a remi o a motore).

pinnacle ['pinəkl] *n.* [C] ***1*** *(archit.)* **pinnacolo *2*** **vetta** (di montagna) ***3*** *(fig.)* **apogeo; colmo.**

pinnate ['pineit] *a. (bot.)* **pennato.**

pinner ['pinə*] *n.* [C] *(stor.)* **copricapo muliebre con due alette laterali.**

pinniped ['pinipəd] *(zool.)* ***A*** *a.* **dei pinnipedi *B*** *n.* [C] **pinnipede.**

pinny ['pini] *n.* [C] *(parola infantile: abbr.* di **pinafore)** **grembiulino.**

to **pinpoint** ['pin,pɔint] *v. t.* **indicare (**o **designare) con grande esattezza.**

pint [paint] *n.* [C] **pinta** (misura per liquidi).

pin-table ['pinteibl] *n.* [C] **biliardino.**

pintail ['pin,teil] *n.* [C] (*zool.*, Anas acuta) **codone.**

pintle ['pintl] *n.* [C] (di porta) **cardine; ganghero.**

pin-up ['pinʌp] *n.* [C] *(fam.)* **fotografia, tenuta appesa al muro, di persona** (attrice del cinema, ecc.) **che gode larga popolarità ●** *a p. girl,* una ragazza molto attraente.

pinwheel ['pin,wi:l] *n.* [C] **piccola girandola** (giocattolo e fuoco d'artificio).

piny ['paini] *a.* ***1*** **ricco di pini *2*** **simile al pino.**

pioneer [,paiə'niə*] ***A*** *n.* [C] ***1*** **pioniere; precursore *2*** *(mil.)* **zappatore *B*** *a. attr.* **pionieristico; all'avanguardia.**

to **pioneer** [ˌpaiəˈniə*] ***A*** *v. i.* **fare da pioniere** ***B*** *v. t.* **essere all'avanguardia in** (q.c.) ● *to p. a way to sb.*, aprire la strada a q.
pious [ˈpaiəs] *a.* ***1*** **pio; devoto; religioso** ***2*** *(spreg.)* **santocchio; ipocrita.**
(1) pip [pip] *n.* [C] **acino; seme** (di mela, pera, ecc.).
(2) pip [pip] *n. (con l'art. determ.)* ***1*** **pipita** (malattia dei polli) ***2*** *(pop.)* **malumore**: *to have the pip*, essere di malumore.
(1) to **pip** [pip] *v. t. (fam.)* ***1*** **votare contro** (q.) ***2*** **colpire** (col fucile, ecc.) ● *to be pipped at the post*, essere battuto sul traguardo.
(2) to **pip** [pip] *v. t.* **pigolare; far « pio pio ».**
(3) pip [pip] *n.* [C] ***1*** **punto** (unità; simbolo segnato sul domino, sui dadi, ecc.) ***2*** *(mil.)* **stelletta** (da ufficiale).
(4) pip [pip] *n.* [C] *(elettron.)* **segnale di ritorno; traccia d'impulso.**
pipe [paip] *n.* [C] ***1*** **tubo; canna; condotto**: *a water-p.*, un tubo dell'acqua ***2*** *(mus.)* **canna** (d'organo) ***3*** *(mus.)* **piffero; zampogna** ***4*** *(naut.)* **fischietto di nostromo** ***5*** **fischio** (il suono); **fischiettio** (anche d'uccello) ***6*** *(anat.)* **canale; condotto** ***7*** (anche *tobacco-p.*) **pipa** ● *the pipes*, le cornamuse scozzesi □ *(fam.) p.-dream*, idea fantastica; progetto irrealizzabile □ *p.-rack*, portapipe □ *to smoke a p.*, fumare la pipa; farsi una pipata □ *(fam.) Put that in your p. and smoke it*, prendi su e porta a casa!
to **pipe** [paip] ***A*** *v. i.* ***1*** **suonare il piffero (o la zampogna)** ***2*** *(naut.:* del nostromo) **fischiare** ***3*** (d'uccello) **fischiare; zufolare** ***4*** **cantare con voce acuta** ***B*** *v. t.* ***1*** **suonare** (una melodia) **col piffero (o con la zampogna)** ***2*** **cantare** (una canzone) **con voce acuta** ***3*** *(naut.)* **chiamare** (marinai, col fischietto) ***4*** **condurre (o guidare, portare) col suono del piffero** ***5*** **provvedere di condutture** ***6*** **portare per mezzo di tubazioni** ***7*** *(bot.)* **riprodurre per talea** ***8*** **ornare** (un vestito) **con cordoncini ornamentali** ***9*** **ornare** (un dolce) **con fregi di zucchero filato** ● *(fam.) to p. down*, smettere di parlare; *(fig.)* abbassare la cresta □ *to p. up*, cominciare a cantare (o a suonare).
pipeclay [ˈpaipklei] *n.* [U] **argilla per pipe.**
to **pipeclay** [ˈpaipklei] *v. t.* (specialm. *mil.*) **sbiancare** (cinturoni, ecc.) **con argilla bianca.**
pipeful [ˈpaipful] *n.* [C] **pipata.**
pipe-line [ˈpaipˌlain] *n.* [C] ***1*** **conduttura; tubazione** ***2*** *(fig.)* **canale.**
piper [ˈpaipə*] *n.* [C] **pifferaio; suonatore di cornamusa** ● *(fig.) to pay the p.*, pagare il conto; sostenere le spese.
pipette [piˈpet] *n.* [C] *(chim.)* **pipetta.**
(1) piping [ˈpaipiŋ] *n.* [U] ***1*** **tubazione; tubatura; rete di tubazioni** ***2*** **cordoncino ornamentale** (per abiti) ***3*** **fregio di zucchero filato** (su dolci) ● *p. system*, rete di tubazioni.
(2) piping [ˈpaipiŋ] *a.* ***1*** **acuto; stridulo** ***2*** **calmo; pacifico; sereno** ● *p. hot*, caldo bollente.
pipistrel(le) [ˌpipisˈtrel] *n.* (*zool.*, Pipistrellus) **pipistrello.**
pipit [ˈpipit] *n. (zool.)* ***1*** (Anthus) **pispola** ***2*** (Motacilla) **ballerina.**
pipkin [ˈpipkin] *n.* [C] **pentolino, tegamino** (di terracotta).
pippin [ˈpipin] *n.* [C] *(bot.)* ***1*** **seme** (di mela, pera, ecc.) ***2*** **mela** (di qualità pregiata).
pipsqueak [ˈpipˌskwi:k] *n.* [C] ***1*** **proiettile che emette un suono sibilante** ***2*** *(fam.)* **cosa (o persona) meschina (o spregevole).**
piquancy [ˈpi:kənsi] *n.* [U] **gusto (o sapore) piccante;** *(fig.)* **arguzia.**
piquant [ˈpi:kənt] *a.* **piccante** (anche *fig.*); **arguto.**
pique [pi:k] *n.* [U] **picca; ripicca; puntiglio; risentimento**: *to go away in a fit of p.*, andarsene per picca ● *to take a p. against sb.*, prendersela con q.; piccarsi con q.
to **pique** [pi:k] ***A*** *v. t.* ***1*** **irritare; offendere** ***2*** **suscitare** (curiosità, ecc.) ***B*** to **pique oneself on** *v. rifl.* **piccarsi di; vantarsi di.**
piqué [ˈpi:kei] *(franc.) n.* [U] *(ind. tessile)* **« piqué »; picchè.**
piquet [piˈket] *n.* [U] **picchetto** (gioco d'azzardo).
piracy [ˈpaiərəsi] *n.* [U] e [C] **pirateria.**
piragua [piˈrægwə*] *n.* [C] **piroga.**
pirate [ˈpaiərit] *n.* [C] ***1*** **pirata; corsaro** ***2*** **nave pirata** ***3*** *(fig.)* **chi stampa un libro alla macchia; plagiario.**
to **pirate** [ˈpaiərit] ***A*** *v. i.* **pirateggiare** (anche *fig.*) ***B*** *v. t.* ***1*** **derubare; saccheggiare** (sul mare) ***2*** *(fig.)* **pubblicare** (un libro) **alla macchia; plagiare.**
piratical [paiˈrætikəl] *a.* **piratesco** ● *a p. act*, una pirateria.
pirogue [piˈroug] *n.* [C] **piroga.**
pirouette [ˌpiruˈet] *n.* [C] **piroetta.**
to **pirouette** [ˌpiruˈet] *v. i.* **piroettare.**
piscatorial [ˌpiskəˈtɔ:riəl] *a.* **relativo alla pesca; piscatorio** *(lett.)*.
Pisces [ˈpaisi:z] *n. pl. (astron., astrologia)* **Pesci.**
pisciculture [ˈpisikʌltʃə*] *n.* [U] **piscicoltura.**
pisciculturist [ˌpisiˈkʌltʃərist] *n.* [C] **piscicoltore.**
pish [piʃ] *inter.* **puh!; puah!; ohibò!**
to **piss** [pis] *v. i.* e *t. (volg.)* **pisciare** *(volg.)*; **orinare.**
piss [pis] *n.* [U] *(volg.)* **piscio** *(volg.)*; **orina** ● *(volg.) to take a p.*, fare una pisciata *(volg.)*.
pissed [pist] *a. (volg.)* **ubriaco; sbronzo** *(fam.)*.
pistachio [pisˈta:ʃiou] *n.* (*pl.* **pistachios**) (*bot.*, Pistacia vera) **pistacchio** (albero e frutto) ● *p. green*, verde pistacchio.
pistil [ˈpistil] *n.* [C] *(bot.)* **pistillo.**
pistol [ˈpistl] *n.* [C] **pistola** ● *p. shot*, pistolettata.
to **pistol** [ˈpistl] *v. t.* **sparare a** (q.) **con la pistola.**
piston [ˈpistən] *n.* [C] *(mecc.)* **pistone; stantuffo** ● *p. pin*, spinotto.
pit [pit] *n.* [C] ***1*** **buca; fossa; trappola** (per animali) ***2*** **abisso; burrone** ***3*** **cava**: *a clay pit*, una cava d'argilla ***4*** **miniera; pozzo di miniera**: *a coal-pit*, una miniera di carbone ***5*** *(anat.)* **cavità; depressione** ***6*** *(med.)* **cicatrice; buttero** (da vaiolo) ***7*** *(teatr.)* **platea** (anche *fig.*) ***8*** (corse automobilistiche) **posto di rifornimento** ● *cock pit*, recinto per il combattimento di galli.
to **pit** [pit] *v. t.* ***1*** **infossare; interrare; mettere in una buca** ***2*** **butterare** ● *to pit against*, aizzare (un animale) contro (un altro); *(fig.)* opporre, contrapporre (una persona) a (un'altra).
pit-a-pat [ˈpitəˌpæt] ***A*** *avv.* ***1*** **a battiti rapidi** ***2*** **scalpicciando** ***B*** *n.* [U] **battito; palpitazione** ● *to go p.*, (di cuore) battere forte; (di piedi) scalpicciare.
(1) pitch [pitʃ] *n.* [U] **pece** ● *p.-black*, nero come la pece □ *p.-dark*, buio pesto.
(1) to **pitch** [pitʃ] *v. t.* **impeciare.**
(2) to **pitch** [pitʃ] ***A*** *v. t.* ***1*** **piantare; fissare; rizzare**: *to p. a tent*, piantare una tenda ***2*** **lanciare; scagliare; buttare**: *P. him out!*, buttatelo fuori! ***3*** *(mus.)* **accordare; intonare** (uno strumento, la voce) ***4*** *(fig.)* **dare il tono a** (q.c.) ***5*** **pavimentare, selciare** (una strada) ***B*** *v. i.* ***1*** **accamparsi** ***2*** **cadere; stramazzare**: *to p. on one's head*, cadere a capofitto ***3*** *(naut., aeron.)* **beccheggiare** ***4*** *(aeron.)* **picchiare** ● *to p. hay*, caricare fieno (gettandolo coi forconi sui carri) □ *(fam.) to p. in*, darci dentro; mettersi al lavoro di buona lena □ *(fam.) to p. into*, gettarsi su (cibo); gettarsi contro (una persona); attaccare (anche a parole) □ *to p. on*, scegliere □ *(fig.) to p. one's tent*, piantar le tende (in un luogo) □ *(fam.) to p. a yarn*, raccontare una storia □ *pitched battle*, battaglia campale.
(2) pitch [pitʃ] *n.* [C] e [U] ***1*** (specialm. *sport*) **lancio**: *a good p.*, un buon lancio ***2*** *(naut., aeron.)* **beccheggio** ***3*** **posteggio** (di venditore ambulante, ecc.) ***4*** *(mus.)* **tono; altezza** (d'un suono) ***5*** *(fig.)* **grado; punto** ***6*** *(archit.)* **altezza** (di un arco, di una volta) ***7*** (di un tetto, ecc.) **inclinazione; pendenza** ***8*** *(mecc.)* **passo** ● *(fig.) to queer sb.'s p.*, sventare i piani di q.
pitch-and-toss [ˌpitʃənˈtɔs] *n.* [U] *(gioco)* **testa e croce.**
pitchblende [ˈpitʃblend] *n.* [U] *(miner.)* **pechblenda.**
(1) pitcher [ˈpitʃə*] *n.* [C] **brocca** (di solito di terracotta).
(2) pitcher [ˈpitʃə*] *n.* [C] ***1*** (specialm. al *baseball*) **lanciatore** ***2*** *(comm.)* **posteggiatore** ***3*** **pietra per**

lastricare strade.
pitchfork [ˈpitʃfɔːk] *n.* [C] *(agric.)* **forcone.**
to **pitchfork** [ˈpitʃfɔːk] *v. t.* ***1*** **sollevare** (o **smuovere**) **col forcone** ***2*** *(fig.)* **spingere a viva forza; spingere** (q.) **a occupare** (un posto).
pitching [ˈpitʃiŋ] *n.* [U] e [C] ***1*** **lancio** ***2*** *(naut., aeron.)* **beccheggio** ***3*** **lastricato.**
pitchy [ˈpitʃi] *a.* ***1*** **impeciato** ***2*** **pecioso** ***3*** **nero come la pece.**
piteous [ˈpitiəs] *a.* **pietoso; doloroso; commovente; miserando.**
pitfall [ˈpitfɔːl] *n.* [C] **fossa** (per catturare animali); **trappola** (anche *fig.*).
pith [piθ] *n.* [U] ***1*** *(anat., bot.)* **midollo** (di piante, ossa, ecc.) ***2*** **parte interna della scorza** (di arancia, limone) ***3*** *(fig.)* **parte essenziale; essenza; nocciolo, succo** *(fig.)* ***4*** *(fig.)* **energia; forza; vigore** ***5*** *(fig.)* **importanza** ● *the p. and marrow of st.,* l'intima essenza di q.c.
pithead [ˈpitˌhed] *n.* [C] **imboccatura di un pozzo di miniera.**
pithecanthrope [ˌpiθiˈkænθroup] *n.* [C] *(antropologia)* **pitecantropo.**
pithiness [ˈpiθinis] *n.* [U] ***1*** **abbondanza di midollo** ***2*** *(fig.)* **concisione; energia; forza; stringatezza; succosità; vigore.**
pithless [ˈpiθlis] *a.* ***1*** **senza midollo** ***2*** *(fig.)* **smidollato.**
pithy [ˈpiθi] *a.* ***1*** **midolloso** ***2*** *(fig.)* **conciso; energico; vigoroso.**
pitiable [ˈpitiəbl] *a.* ***1*** **pietoso** ***2*** **miserabile; spregevole.**
pitiful [ˈpitiful] *a.* ***1*** **pietoso; compassionevole; penoso; commovente** ***2*** **miserabile; spregevole.**
pitiless [ˈpitilis] *a.* **spietato; crudele.**
pitman [ˈpitmən] *n.* (*pl.* **pitmen** [ˈpitmən]) **minatore.**
pittance [ˈpitəns] *n.* [C] **compenso, paga** (specialm. se scarsi): *a mere p.,* un compenso irrisorio.
pitter-patter [ˈpitəˌpætə*] *V.* **pit-a-pat.**
pituitary [piˈtju(ː)itəri] *a.* *(anat.)* **pituitario.**
pity [ˈpiti] *n.* ***1*** [U] **pietà; compassione; misericordia:** *to have (o to take) p. on sb.,* aver pietà di q. □ *to feel p. for sb.,* provar compassione per q. ***2*** *(con l'art. indeterm., ma raramente al pl.)* **peccato**: *What a p.!,* che peccato! ● *For p.'s sake,* per pietà!; per amor di Dio! □ *out of p.,* per pietà.
to **pity** [ˈpiti] *v. t.* **compassionare; aver pietà di; compatire.**
pivot [ˈpivət] *n.* [C] **perno, pernio** (anche *fig.*); **cardine.**
to **pivot** [ˈpivət] ***A*** *v. t.* **imperniare** ***B*** *v. i.* **imperniarsi** (anche *fig.*).
pivotal [ˈpivətl] *a.* ***1*** **di perno; che serve da perno** ***2*** *(fig.)* **di cardinale importanza; importantissimo.**
pixie [ˈpiksi] *V.* **pixy.**
pixillated [ˈpiksileitid] *a.* *(USA)* ***1*** **pazzerello; picchiatello, svitato** *(pop.)* ***2*** *(pop.)* **brillo; sbronzo** *(fam.)*.
pixy [ˈpiksi] *n.* [C] **fata; folletto; spiritello.**
pizza [ˈpitsə] *(ital.)* *n.* [C] e [U] *(cucina)* **pizza.**
pizzicato [ˌpitsiˈkaːtou] *(ital.)* *a., avv.* e *n.* (*pl.* **pizzicatos**) *(mus.)* **pizzicato.**
placable [ˈplækəbl] *a.* **placabile.**
placard [ˈplækaːd] *n.* [C] **affisso; cartellone; manifesto pubblicitario.**
to **placard** [ˈplækaːd] *v. t.* ***1*** **affiggere manifesti su** (un muro, ecc.): **coprire di cartelloni** ***2*** **annunciare** (q.c.) **con cartelloni** (o **manifesti**).
to **placate** [pləˈkeit] *v. t.* **placare; calmare; pacificare.**
place [pleis] *n.* [C] ***1*** **posto; luogo; località; locale; punto; impiego; posizione**: *Go back to your p.,* torna al tuo posto □ *Keep him in his p.,* fallo stare al suo posto ***2*** **compito; ufficio** ***3*** (d'un libro, ecc.) **brano; passo; segno** ***4*** (nelle corse) **posto** (fra i primi tre arrivati) ***5*** *(fam.)* **casa**; (specialm.) **casa di campagna** ***6*** *(mat.)* **cifra** ● *(sport) p. bet,* scommessa sul (cavallo) piazzato □ *(sport) p. kick,* calcio piazzato □ *in the first (second, etc.) p.,* in primo (secondo, ecc.) luogo □ *(fig.) high places,* le alte sfere □ *in p.,* a posto, al posto giusto, in ordine; *(fig.)* appropriato, opportuno □ *in p. of,* in luogo di; al posto di; invece di □ *(fig.) to know one's p.,* saper stare al proprio posto □ *market p.,* piazza del mercato; mercato □ *out of p.,* fuori posto; *(fig.)* fuori luogo, inopportuno, sconveniente □ *(fig.) to put sb. in his p.,* far stare q. al suo posto □ *to take p.,* aver luogo.
to **place** [pleis] *v. t.* ***1*** **collocare; mettere; porre; disporre; riporre**: *to p. one's confidence in sb.,* riporre la propria fiducia in q. ***2*** *(fin.)* **investire** (denaro) ***3*** *(comm.)* **dare, passare** (un'ordinazione) ***4*** *(comm.)* **collocare, vendere** (merci) ***5*** **identificare; individuare** ● (corse ippiche) *to be placed,* piazzarsi.
placebo [pləˈsiːbou] *n.* (*pl.* **placebos, placeboes**) *(farm., med.)* **placebo.**
placement [ˈpleismənt] *n.* [U] e [C] **collocamento.**
placenta [pləˈsentə] *n.* [C] *(anat.)* **placenta.**
placer [ˈpleisə*] *n.* [C] *(geol.)* **deposito di sabbie aurifere.**
placet [ˈpleiset] *(lat.)* *n.* [C] « **placet** »; **beneplacito.**
placid [ˈplæsid] *a.* **placido; calmo; sereno; tranquillo.**
placidity [plæˈsiditi] *n.* [U] **placidità; calma; serenità; tranquillità.**
placket [ˈplækit] *n.* [C] ***1*** **apertura, spaccatura** (di gonna: in alto, per infilarla meglio) ***2*** **tasca** (di gonna).
plagiarism [ˈpleidʒjərizəm] *n.* [U] e [C] **plagio.**
plagiarist [ˈpleidʒjərist] *n.* [C] **plagiario.**
to **plagiarize** [ˈpleidʒjəraiz] *v. t.* **plagiare.**
plague [pleig] *n.* ***1*** [C] **piaga** *(fig.)*; **afflizione; calamità;** *(fam.)* **molestia** ***2*** [U] *(med.)* **peste; pestilenza** ● *the p.,* la peste bubbonica □ *p.-spot,* bubbone; località infestata dalla peste □ *P. on it!,* maledizione!
to **plague** [pleig] *v. t.* **affliggere; tormentare; seccare** *(fam.)*.
plaguy [ˈpleigi] *a.* *(fam.)* **fastidioso; molesto.**
plaice [pleis] *n.* [C] (*zool.,* Pleuronectes platessa) **pianuzza; passera di mare.**
plaid [plæd] *n.* *(ind. tessile)* ***1*** [C] « **plaid** »; **mantello scozzese a scacchi; coperta di lana** (da viaggio, ecc.) ***2*** [U] **stoffa per** « **plaid** ».
plain [plein] ***A*** *a.* ***1*** **chiaro; evidente; ovvio; facile** ***2*** **semplice; franco; schietto; puro; alla buona**: *p. food,* cibo semplice □ *the p. truth,* la pura verità ***3*** **comune; ordinario; bruttino** ***4*** (di stoffa, tessuto) **liscio; non lavorato** ***5*** (di punto nel lavoro a maglia) **diritto** ***B*** *n.* [C] **piano; pianura** ***C*** *avv.* **chiaramente; con chiarezza; con semplicità** ● *p. cooking,* cucina casalinga □ *(mus.) p.-song (o p.-chant),* canto fermo; canto gregoriano □ *to be p. with sb.,* parlar chiaro con q. □ *in p. clothes,* in borghese (non in divisa) □ *in p. English,* per dirla schietta □ *in p. words,* in termini chiari; in poche parole □ *(fam.) It's as p. as the nose on your face!,* è ovvio!; lo vedrebbe anche un cieco!
plainness [ˈpleinnis] *n.* [U] ***1*** **chiarezza; evidenza** ***2*** **semplicità; franchezza; schiettezza** ***3*** **(l') essere comune, ordinario; bruttezza.**
plainsman [ˈpleinzmən] *n.* (*pl.* **plainsmen** [ˈpleinzmən]) **pianigiano; abitante della pianura.**
plain-spoken [ˌpleinˈspoukən] *a.* **franco; schietto.**
plaint [pleint] *n.* [C] ***1*** *(leg.)* **querela** ***2*** *(poet.)* **lamento; querela** *(poet.)*.
plaintiff [ˈpleintif] *n.* [C] *(leg.)* **attore; querelante; parte civile.**
plaintive [ˈpleintiv] *a.* **lamentoso; malinconico; mesto.**
plait [plæt] *n.* [C] ***1*** **treccia** (di capelli, ecc.) ***2*** (di solito *pleat*) **piega** (fatta a bella posta).
to **plait** [plæt] *v. t.* ***1*** **intrecciare** ***2*** **piegare; pieghettare.**
plan [plæn] *n.* [C] ***1*** **piano; disegno; progetto** ***2*** *(archit.)* **pianta; sezione orizzontale**: *the p. of the town,* la pianta della città □ *the plans of a house,* le sezioni orizzontali d'una casa ***3*** **metodo; sistema.**
to **plan** [plæn] ***A*** *v. t.* ***1*** *(archit., ind.)* **progettare** ***2*** (anche *to p. out*) **preparare; studiare nei particolari**: *to p. out a military campaign,* preparare una campagna militare ***3*** **progettare; programmare; avere in animo** ***4*** *(econ.)* **programmare; pianificare** ***B*** *v. i.* **far piani;**

far progetti.

planch [pla:nʃ] *n.* [C] **lastra** (di metallo, di pietra, ecc.).

(1) plane [plein] *n.* [C] (*bot.*, Platanus; anche *p.-tree*) **platano.**

(2) plane [plein] *n.* [C] *(falegnameria)* **pialla.**

(1) to **plane** [plein] *v. t. (falegnameria)* **piallare** ● *to p. away* (o *down*), spianare.

(3) plane [plein] **A** *n.* [C] **piano** (anche *geom.*); **livello** **B** *a. attr.* **piano**: *p. geometry*, geometria piana.

(4) plane [plein] *n.* [C] (*aeron.*: *abbr.* di **aeroplane**) **aeroplano; aereo.**

(2) to **plane** [plein] *v. i.* (di solito *to p. down*) *(aeron.)* **planare.**

planer ['pleinə*] *n.* [C] *(falegnameria)* **1 piallatore** (operaio) **2 piallatrice** (macchina).

(1) planet ['plænit] *n.* [C] *(astron., astrologia)* **pianeta.**

(2) planet ['plænit] *n.* [C] *(relig.)* **pianeta.**

planetarium [,plæni'tɛəriəm] *n.* [C] *(astron.)* **planetario.**

planetary ['plænitəri] *a.* *(astron., astrologia, fis., mecc.)* **planetario.**

plangent ['plændʒənt] *a.* **risonante; sonoro.**

planimetry [plæ'nimitri] *n.* [U] **planimetria; geometria piana.**

to **planish** ['plæniʃ] *v. t.* **1** *(metall.)* **martellare** **2** *(mecc.)* **spianare.**

planisphere ['plænisfiə*] *n. (astron.)* **planisfero.**

plank [plæŋk] *n.* **1 asse; tavola; tavolone** **2** *(polit.)* **articolo importante** (d'un programma) ● *p.-bed*, tavolaccio (delle prigioni) □ *(naut.) gang-p.*, passerella da sbarco.

to **plank** [plæŋk] *v. t.* **coprire** (o **pavimentare, rivestire**) **di tavole** ● *(fam.) to p. down* (o *out*), sborsare (denaro) in contanti.

planking ['plæŋkiŋ] *n.* [U] e [C] **tavolato; assito.**

plankton ['plæŋktən] *n.* [U] *(biol.)* « **plankton** »; **plancton.**

planner ['plænə*] *n.* [C] *(archit., ind.)* **progettista** ● *town p.*, urbanista.

planning ['plæniŋ] *n.* [U] *(arch., ind.)* **progettazione** ● *town p.*, urbanistica.

plant [pla:nt] *n.* [C] **1** *(bot.)* **pianta; piantina** (da trapianto) **2** *(mecc.)* **impianto**: *a lighting p.*, un impianto d'illuminazione **3** *(ind.)* **fabbrica; stabilimento**: *a chemical p.*, uno stabilimento chimico **4** *(pop.)* **frode; inganno; tranello** ● (di piante) *to be in p.*, crescere; svilupparsi □ (di piante) *to lose p.*, avvizzire; seccarsi.

to **plant** [pla:nt] **A** *v. t.* **1 piantare; conficcare; ficcare**: *to p. trees*, piantar alberi **2 impiantare; fondare; stabilire**: *to p. a new city*, fondare una nuova città **3 collocare; mettere** (q. in un posto); **appostare** (q. specialm. come spia) **4** *(fam.)* **assestare, affibbiare** (un pugno, un colpo, a q.) **5** *(pop.)* **nascondere, seppellire** (refurtiva, ecc.) **6** *(fam.)* **piantare in asso** **B** to **plant oneself** *v. rifl.* **piantarsi** ● *to p. a district with settlers*, colonizzare una regione □ *(pop.) to p. st. on sb.*, vendere q.c. a q. con la frode; appiccicare q.c. a q. *(pop.)*.

Plantagenet [plæn'tædʒinit] *a.* e *n.* *(stor.)* **Plantageneto.**

plantain ['plæntin] *n.* [C] (*bot.*, Plantago major) **piantaggine.**

plantation [plæn'teiʃən] *n.* [C] **1 albereto; bosco** **2** *(agric.)* **piantagione.**

planter ['pla:ntə*] *n.* **1 piantatore; coltivatore** **2 piantatrice** (macchina).

plantigrade ['plæntigreid] *a.* e *n.* *(zool.)* **plantigrado.**

plaque [pla:k] *(franc.)* *n.* [C] **placca** ● *(med.) dental p.*, placca batterica, placca dentaria.

plash [plæʃ] *n.* *(solo al sing.)* **sciabordìo.**

to **plash** [plæʃ] *v. t.* e *i.* **1 sciabordare** **2 spruzzare.**

plashy ['plæʃi] *a.* **fangoso; acquitrinoso.**

plasm ['plæzəm], **plasma** ['plæzmə] *n.* [U] *(biol., fis.)* **plasma.**

plasmatic [plæz'mætik], **plasmic** ['plæzmik] *a.* *(biol.)* **plasmatico.**

plaster ['pla:stə*] *n.* **1** [U] *(edil.)* **intonaco** **2** [U] (anche *p. of Paris*) **gesso; stucco** **3** [C] *(farm.)* **impiastro; cataplasma** **4** [U] (*farm.*, anche *sticking-p.*) **cerotto** ● *p. cast*, *(arte)* modello in gesso; *(med.)* ingessatura □ *p. refuse*, calcinacci.

to **plaster** ['pla:stə*] *v. t.* **1** *(edil.)* **intonacare** **2** *(med.)* **applicare un impiastro a; mettere un cerotto su** **3** *(med.)* **ingessare** **4** *(fig.)* **affiggere.**

plasterer ['pla:stərə*] *n.* [C] *(edil.)* **intonacatore; stuccatore.**

plastic ['plæstik] **A** *a.* **1 plastico**: *p. surgery*, chirurgia plastica **2** *(fig.)* **plasmabile** **B** *n.* [C] e [U] **materia plastica** ● *p. bomb*, bomba al plastico □ *(archit.) p. model*, plastico □ *(med.) p. surgeon*, specialista in chirurgia plastica □ *(med.) p. surgery*, chirurgia plastica.

plasticine ['plæstisi:n] *n.* [U] *(marchio)* **plastilina.**

plasticity [plæs'tisiti] *n.* [U] **plasticità.**

plastics ['plæstiks] *n. pl.* *(col verbo al sing.)* **scienza delle materie plastiche.**

plat [plæt] *n.* [C] **pezzo di terra; pezzetto di terreno.**

to **plat** [plæt] *v. t.* **intrecciare; intessere.**

platan ['plætən] *n.* [C] (*bot.*, Platanus) **platano.**

plate [pleit] *n.* **1** [C] **piatto** (non fondo) **2** *(collett.)* **argenteria; posateria; vasellame**: *a piece of p.*, un pezzo d'argenteria **3** [C] **piastra; placca; lamina; lastra** (anche *fotogr.*) **4** [U] *(metall.)* **lamiera** **5** [C] *(arte, tipogr.)* **lastra per incisioni; « cliché »; lastra stereotipa** **6** [C] *(arte, tipogr.)* **illustrazione; tavola fuori testo** **7** [C] (anche *name p.*) **targa; targhetta** **8** [C] (nelle corse) **coppa** (per il vincitore); **premio** (in genere) **9** [C] (*med.*, anche *dental p.*) **dentiera** **10** [C] *(mecc.)* **disco** (metallico) ● *(stor.) p. armour*, corazza di piastre □ *soup-p.*, piatto fondo; scodella.

to **plate** [pleit] *v. t.* **1** *(ind.)* **placcare** **2** *(naut.)* **corazzare** **3** *(tipogr.)* **preparare le matrici di** (un volume, ecc.) **4** *(metall.)* **laminare** ● *to gold-p.*, dorare; indorare □ *to silver-p.*, argentare; inargentare.

plateau ['plætou] *n.* (*pl.* **plateaus, plateaux** ['plætouz]) *(geogr.)* **altopiano.**

plateful ['pleitful] *n.* [C] **piatto; piatto colmo.**

platen ['plætən] *n.* [C] **1** *(tipogr.)* **platina** **2** (di macchina per scrivere) **rullo.**

plate-rack ['pleit,ræk] *n.* [C] **scolapiatti.**

plate-warmer ['pleit,wɔ:mə*] *n.* [C] **scaldapiatti.**

platform ['plætfɔ:m] *n.* [C] **1 piattaforma; palco; tribuna** (per oratore) **2** *(ferr.)* **marciapiede; banchina** **3** — *(fig.) the p.*, l'arte oratoria **4** *(polit.)* **piattaforma; dichiarazione programmatica** (d'un partito) ● *(moda) p. shoes*, zatteroni (scarpe con suola e tacco molto alti).

plating ['pleitiŋ] *n.* [U] *(ind.)* **placcatura.**

to **platinize** ['plætinaiz] *v. t.* *(ind.)* **platinare.**

platinum ['plætinəm] *n.* [U] *(chim.)* **platino** ● *(fam.) p. blonde*, bionda platinata □ *p.-plating*, platinatura.

platitude ['plætitju:d] *n.* [C] e [U] **insulsaggine; banalità.**

platitudinous [,plæti'tju:dinəs] *a.* **insulso; trito; banale.**

Platonic [plə'tɔnik] *a.* *(filos.)* **platonico** ● *P. love*, amore platonico.

Platonism ['pleitənizəm] *n.* [U] *(filos.)* **platonismo.**

Platonist ['pleitənist] *n.* [C] *(filos.)* **platonico.**

platoon [plə'tu:n] *n.* [C] *(mil.)* **plotone.**

platter ['plætə*] *n.* [C] **piatto ovale; piatto da portata.**

platyhelminths [,pleiti'helminθs] *n. pl.* (*zool.*, *Platyhelminthes*) **platelminti.**

platypus ['plætipəs] *n.* [C] (*zool.*, Ornithorhynchus anatinus) **ornitorinco.**

plaudit ['plɔ:dit] *n.* *(di solito al pl.)* **applauso; plauso; elogio.**

plausibility [,plɔ:zə'biliti] *n.* [U] **1 accettabilità; ragionevolezza; verosimiglianza; plausibilità** **2** *(spreg.)* **speciosità.**

plausible ['plɔ:zəbl] *a.* **1 accettabile; verosimile; plausibile** **2** *(spreg.)* **ingannevole; specioso.**

to **play** [plei] **A** *v. t.* e *i.* **1 giocare** (a); **baloccarsi; divertirsi; trastullarsi**: *to p. hockey*, giocare a hockey □

to p. at being Redskins, giocare agli Indiani □ *to p. one's cards well (badly),* giocare bene (male) le proprie carte (anche *fig.*) **2** (*sport*) **far giocare; mettere in campo 3** (*sport:* del terreno) **essere adatto al gioco 4 giocare contro** (q.) **5** (*teatr.*) **recitare; rappresentare; fare la parte di**: *to p. one's part well,* fare bene la propria parte **6** (*mus.*) **suonare** (specialm. uno strumento a corda): *to p. by ear,* suonare a orecchio **7 scherzare** (*poet.*); **errare; sfiorare**: *The sunlight was playing on the water,* la luce del sole scherzava sulle acque □ *A smile played on her lips,* un sorriso le sfiorava le labbra **8** (di fontane) **zampillare B** *verbi composti* **1** *to p. at doing st.,* far mostra (o finta) di fare q.c. **2** *to p. into the hands of sb.,* fare il gioco di q. **3** *to p. one person off against another,* opporre q. a q. altro (soprattutto a proprio vantaggio) **4** (*fig.*) *to p. out,* recitare (una parte) fino in fondo □ (*fig.*) *to be played out,* essere esausto; non poterne più; esser finito **5** *to p. up,* mettercela tutta; impegnarsi a fondo (in un gioco) □ *to p. up to,* (di attore) recitare in modo da far risaltare la recitazione di (un altro attore); (*fam.*) adulare, sviolinare (q.) **6** *to p. upon sb.'s fears,* profittare della paura di q. □ *to p. upon words,* fare giochi di parole ● *to p. dead,* far finta d'essere morto □ *to p. for time,* cercare di guadagnare tempo □ *to p. a good knife and fork,* essere una buona forchetta □ *to p. a good stick,* tirare bene di scherma □ (*fam.*) *to p. the horses,* giocare alle corse (di cavalli) □ (*Borsa*) *to p. the market,* speculare (o giocare) in Borsa □ *to p. on sb.'s feelings,* far leva sui sentimenti di q. □ *to p. with a girl's feelings,* farsi gioco dei sentimenti d'una ragazza □ *P. the man!,* sii uomo!; comportati da uomo!

play ['plei] *n.* **1** [U] **gioco** (quasi in ogni senso); **scherzo; celia; divertimento**: *to be at p.,* essere intento al gioco □ *the p. of sunlight upon leaves,* il gioco della luce del sole sulle foglie □ *to do st. in p.,* fare q.c. per gioco □ *to say st. in p.,* dire q.c. per celia **2** [C] (*teatr.*) **rappresentazione; dramma; commedia 3** [U] **modo di giocare** ● *p.-acting,* rappresentazione teatrale (di drammi); (*fig.*) commedia, finzione □ *a p. on words,* un gioco di parole □ *to allow full p. to one's restlessness,* dare pieno sfogo alla propria irrequietezza □ *as good as a p.,* assai interessante; molto divertente □ *to come into p.,* entrare in gioco; entrare in azione □ *fair p.,* gioco leale; (*fig.*) lealtà, correttezza □ *foul p.,* gioco scorretto; (*fig.*) slealtà, scorrettezza □ *to give free p. to one's imagination,* dare sfogo alla propria fantasia □ *It's your p.,* tocca a te giocare.

to **play-act** ['plei,ækt] *v. i.* **1 fare la commedia; fingere 2 essere melodrammatico** (o **teatrale**).

playback ['plei,bæk] *n.* [U] (*mus., radio, telev.*) **playback.**

playbill ['pleibil] *n.* [C] (*teatr.*) **cartellone.**

playboy ['pleibɔi] *n.* [C] **playboy; giovane ricco, che conduce una vita mondana e frivola.**

player ['pleiə*] *n.* [C] **1** (anche *sport*) **giocatore, giocatrice 2** (*teatr.*) **attore, attrice 3** (*mus.*) **suonatore, suonatrice; esecutore** (di musica).

player-piano [,pleiə'pjænou] *n.* [C] (*mus.*) **pianola.**

playfellow ['plei,felou] *n.* [C] **compagno** (o **compagna**) **di gioco.**

playful ['pleiful] *a.* **allegro; giocoso; festoso; scherzoso; vivace.**

playgoer ['plei,gouə*] *n.* [C] **frequentatore di teatri; appassionato del teatro di prosa.**

playground ['pleigraund] *n.* [C] **terreno di gioco** (per bambini); **cortile per la ricreazione** (presso scuole).

playgroup ['plei,gru:p] *n.* [C] **asilo infantile di quartiere.**

playhouse ['pleihaus] *n.* [C] **1 teatro 2 casa-giocattolo.**

playing-card ['pleiiŋka:d] *n.* [C] **carta da gioco.**

playing-field ['pleiiŋfi:ld] *n.* [C] **campo da gioco.**

playlet ['pleilit] *n.* [C] (*teatr.*) **breve dramma; commediola.**

playmate ['pleimeit] *n.* [C] **compagno** (o **compagna**) **di gioco.**

play-off ['pleiɔ:f] *n.* [C] (*sport*) **partita supplementare; spareggio.**

playpen ['pleipen] *n.* [C] **recinto, « box »** (per bambino che non cammina ancora).

plaything ['plei,θiŋ] *n.* [C] **giocattolo; balocco** (anche *fig.*).

playtime ['plei,taim] *n.* [U] **ora della ricreazione.**

playwright ['pleirait] *n.* [C] **drammaturgo; commediografo.**

plea [pli:] *n.* [C] **1** (*leg.*) **(argomento di) difesa; dichiarazione dell'imputato 2 scusa; pretesto 3 domanda; istanza; petizione.**

to **pleach** [pli:tʃ] *v. t.* **piegare e intrecciare** (rami, ecc.).

to **plead** [pli:d] **A** *v. i.* **1** (*leg.:* di avvocato) **patrocinare una causa 2** (*leg.:* d'imputato) **rispondere a un'accusa; dichiararsi**: *to p. not guilty,* dichiararsi innocente **3 chiedere; invocare; supplicare B** *v. t.* **1** (*leg.*) **patrocinare** (una causa); **difendere** (anche *fig.*) **2 addurre a giustificazione.**

pleader ['pli:də*] *n.* [C] **1** (*leg.*) **patrocinatore; avvocato difensore 2 peroratore; intercessore.**

pleading ['pli:diŋ] **A** *n.* (*leg.*) **1** [U] e [C] **perorazione d'una causa; arringa 2** (*al pl.*) **difese scritte delle parti B** *a.* **implorante; supplichevole.**

pleasant ['pleznt] *a.* **piacevole; gradevole; amabile; ameno.**

pleasantry ['plezntri] *n.* **1** [U] **allegria; umor faceto 2** [C] **facezia; motto di spirito; scherzo garbato.**

to **please** [pli:z] **A** *v. i.* **piacere; esser gradito; riuscire simpatico; garbare; parere**: *I shall do as I p.,* farò quel che mi piace (o quel che mi pare) **B** *v. t.* **piacere a; far piacere a; contentare; soddisfare C** to **please oneself** *v. rifl.* **fare ciò che accomoda** (o **che garba**)**; fare a modo proprio**: *P. yourself!,* fa' quel che ti garba (o quel che ti pare) ● *P. go away,* fate il favore di andarvene □ *P. God,* a Dio piacendo □ *to be pleased,* compiacersi □ *if you p.* (o *p.*), per piacere; per favore; prego □ *P. don't,* ti prego di non farlo!; no, per favore! □ *Take as many as you p.,* prendine quanti ne vuoi.

pleased ['pli:zd] *a.* **compiaciuto; contento; lieto; soddisfatto**: *to be p. with st.,* essere soddisfatto di q.c. □ *as p. as Punch,* contento come una pasqua.

pleasing ['pli:ziŋ] *a.* **piacevole; gradevole.**

pleasurable ['pleʒərəbl] *a.* **piacevole; gradevole.**

pleasure ['pleʒə*] *n.* [U] e [C] **piacere; diletto; gioia**: *a life given up to p.,* una vita dedicata ai piaceri □ *the pleasures of friendship,* le gioie dell'amicizia □ *It's a p. to see you,* è un piacere vederti ● *to take p. in doing st.,* provar piacere (o divertirsi) a fare q.c. □ *with p.,* con piacere; volentieri □ *We await your p.,* siamo a vostra disposizione.

pleasure-boat ['pleʒəbout] *n.* [C] **battello da diporto.**

pleasure-ground ['pleʒəgraund] *n.* [C] **luogo di ricreazione.**

pleat [pli:t] *n.* [C] **piega** (di stoffa, fatta ad arte); **pieghetta.**

to **pleat** [pli:t] *v. t.* **pieghettare.**

pleb [pleb] *n.* (*pop.*) **plebeo; popolano.**

plebeian [pli'bi:ən] *a.* e *n.* [C] **plebeo;** (*spreg.*) **volgare.**

plebiscite ['plebisit] *n.* [C] (*stor., polit.*) **plebiscito.**

plectrum ['plektrəm] *n.* [C] (*mus.*) **plettro.**

pledge [pledʒ] *n.* **1** [C] e [U] (*leg.*) **pegno; garanzia;** (*fig.*) **prova, testimonianza**: *to take an object out of p.,* ritirare un oggetto dato in pegno □ *a p. of friendship,* un pegno d'amicizia **2** [U] (*fig.*) **impegno; promessa; vincolo**: *under p. of secrecy,* sotto vincolo di segretezza.

to **pledge** [pledʒ] *v. t.* **1 impegnare** (anche *fig.*); **pignorare; dare come pegno; costituire in pegno 2 brindare alla salute di** (q.).

pledgee [ple'dʒi:] *n.* (*leg.*) **chi ha ricevuto qualcosa in pegno.**

pledget ['pledʒit] *n.* [C] **tampone di garza** (o **di cotone**).

pleiad ['plaiəd] *n.* **1** — (*al pl.*) (*mitol., astron.*) *the Pleiades* ['plaiədi:z] le Pleiadi **2** (*fig.*) **pleiade**: *a p. of poets,* una pleiade di poeti.

Pleistocene ['plaistou,si:n] *a. attr.* (*geol.*) **pleistocenico** ● *the P.,* il pleistocene.

plenary ['pli:nəri] *a.* **1 assoluto; illimitato; pieno**: *p. powers,* pieni poteri **2** (anche *relig.*) **plenario.**

plenipotentiary [ˌplenipəˈtenʃəri] ***A*** *n.* [C] *(polit.)* **plenipotenziario *B*** *a.* ***1*** **plenipotenziario *2* assoluto; illimitato; pieno.**

plenitude [ˈplenitju:d] *n.* [U] ***1*** **pienezza *2* abbondanza; profusione.**

plenteous [ˈplentjəs] *a.* **abbondante; copioso.**

plentiful [ˈplentiful] *a.* **abbondante; copioso.**

plenty [ˈplenti] ***A*** *n.* **abbondanza**: *in p.*, in abbondanza ***B*** *avv. (fam.)* **molto; proprio** ● *p. more,* ancora molto; molti altri □ *There's p. of time,* c'è tanto tempo.

plenum [ˈpli:nəm] *n.* [C] *(polit.)* **assemblea plenaria.**

pleonasm [ˈpli:ənæzəm] *n.* [C] *(gramm.)* **pleonasmo.**

pleonastic [ˌpliəˈnæstik] *a. (gramm.)* **pleonastico.**

plethora [ˈpleθərə] *n.* ***1*** [U] *(med.)* **pletora *2*** [C] *(fig.)* **pletora; eccesso.**

plethoric [pleˈθɔrik] *a.* *(med.)* **pletorico** (anche *fig.*).

pleura [ˈpluərə] *n.* (*pl.* **pleurae** [ˈpluəri:]) *(anat.)* **pleura.**

pleural [ˈpluərəl] *a.* *(anat.)* **pleurico.**

pleurisy [ˈpluərisi] *n.* [U] *(med.)* **pleurite.**

pleuritic [ˌpluəˈritik] *a.* *(med.)* **pleuritico.**

pleuro-pneumonia [ˈpluərounju(:)ˈmounjə] *n.* [U] *(med.)* **pleuropolmonite.**

plexus [ˈpleksəs] *n.* [C] ***1*** *(anat.)* **plesso *2* complesso; viluppo.**

pliability [ˌplaiəˈbiliti] *n.* [U] ***1*** **pieghevolezza; flessibilità *2*** *(fig.)* **arrendevolezza; docilità.**

pliable [ˈplaiəbl], **pliant** [ˈplaiənt] *a.* ***1*** **pieghevole; flessibile *2*** *(fig.)* **arrendevole; docile.**

pliers [ˈplaiəz] *n. pl.* **pinze; pinzette.**

plight [plait] *n.* *(con l'art. indeterm.)* **condizione, situazione** (specialm. avversa); **stato**: *to be in a sad* (o *sorry*) *p.*, essere in uno stato pietoso.

to **plight** [plait] ***A*** *v. t.* **impegnare; dare** (la parola) ***B*** to **plight oneself** *v. rifl.* **impegnarsi.**

Plimsoll [ˈplimsəl] *n.* (*naut.*, anche *P. line, P.'s mark*) **linea di galleggiamento a pieno carico; marca.**

plimsolls [ˈplimsəlz] *n. pl.* **scarpe di tela con suola di gomma.**

plinth [plinθ] *n.* [C] ***1*** *(archit.)* **plinto *2* base, piedistallo** (di statua).

Pliocene [ˈplaiəsi:n] *a. attr.* *(geol.)* **pliocenico** ● *the P.*, il pliocene.

to **plod** [plɔd] *v. i.* ***1*** **camminare a fatica; arrancare *2*** *(fig.)* **sfacchinare; sgobbare** ● *to p. one's way,* procedere a stento.

plod [plɔd] *n.* [C] ***1*** **passo pesante, rumoroso *2* lavoro faticoso; sfacchinata; sgobbata.**

plodder [ˈplɔdə*] *n.* [C] ***1*** **chi cammina a fatica *2* lavoratore assiduo; sgobbone.**

plonk [plɔŋk] ***A*** *n.* *(solo al sing.)* **tonfo; rumore sordo *B*** *avv.* **con un tonfo; con un rumore sordo.**

plop [plɔp] ***A*** *n.* *(solo al sing.)* **lieve tonfo** (d'un sassolino che cade nell'acqua, ecc.) ***B*** *avv.* **con un lieve tonfo.**

to **plop** [plɔp] ***A*** *v. i.* **cadere con un lieve tonfo *B*** *v. t.* **far cadere con un tonfo.**

plot [plɔt] *n.* [C] ***1*** *(agric.)* **appezzamento, lotto, tratto** (di terreno): *a grass p.*, un tratto di terreno erboso ***2*** **complotto; congiura**: *to lay a p.*, ordire una congiura ***3*** **intreccio, trama** (di romanzo, ecc.).

to **plot** [plɔt] *v. t.* e *i.* ***1*** **disegnare; progettare *2*** *(topografia)* **fare il rilevamento di** (un terreno) ***3*** **congiurare; cospirare *4* ideare la trama di** (un romanzo, ecc.).

plotter [ˈplɔtə*] *n.* [C] **cospiratore, cospiratrice; congiurato, congiurata.**

plough [plau] *n.* ***1*** [C] *(agric.)* **aratro *2*** [U] **terreno arato** ● *(astron.) the P.*, il Gran Carro (costellazione) □ *p.-boy,* ragazzo che conduce i buoi nell'aratura; contadinello □ *breaking p.*, dissodatrice (macchina) □ *(fig.) to put one's hand to the p.*, intraprendere un lavoro □ *snow-p.*, spartineve; spazzaneve.

to **plough** [plau] ***A*** *v. t.* ***1*** *(agric.)* **arare *2*** (di nave) **solcare** (il mare, ecc.); (di dolore) **solcare di rughe** (la fronte, ecc.) ***3*** *(fam.)* **bocciare** (un candidato) ***B*** *v. i.* ***1*** **arare *2* farsi strada; procedere a stento** ● *(agric.) to p. in,* sovesciare □ *to p. a lonely furrow,* lavorare da solo, senza alcun aiuto □ *(fig.) to p. the sands,* fare un lavoro inutile □ *to p. through a book,* leggere un libro con grande fatica □ *to p. up,* dissotterrare (con l'aratro); cavar fuori.

ploughman [ˈplaumən] *n.* (*pl.* **ploughmen** [ˈplaumən]) **aratore.**

ploughshare [ˈplauˌʃεə*] *n.* [C] **vomere, vomero.**

plover [ˈplʌvə*] *n.* [C] (*zool.*, Charadrius, etc.) **piviere.**

plow [plau], to **plow** [plau] e *deriv.* *(USA) V.* **plough,** to **plough** e *deriv.*

to **pluck** [plʌk] *v. t.* ***1*** **strappare; cogliere; sradicare; svellere**: *to p. flowers,* cogliere fiori ***2*** **strappare le penne a; spennare;** *(fig., fam.)* **spennare, spogliare** (un giocatore): *to p. a goose,* spennare un'oca ***3*** *(mus.)* **pizzicare** (le corde di una chitarra, ecc.) ***4*** *(fam.)* **bocciare** (un candidato) ● *to p. at sb., st.*, tirare q., q.c. □ *to p. one's eyebrows,* depilarsi le sopracciglia □ *to p. up courage,* farsi animo.

pluck [ˈplʌk] *n.* ***1*** [C] **strappo; strattone *2*** [U] **frattaglie *3*** [U] *(fig.)* **fegato; coraggio.**

plucky [ˈplʌki] *a.* **coraggioso; audace; risoluto; di fegato** *(fig.).*

plug [plʌg] *n.* [C] ***1*** **tappo; tampone; turacciolo,** *(med.)* **zaffo, stuello *2* presa d'acqua; idrante *3*** *(elettr.)* **spina** (della corrente) ***4*** (*autom.*, anche *sparking-p.*) **candela** (di motore) ***5*** (*elettr.*, anche *fusible p.*) **tappo fusibile** (di caldaia a vapore, ecc.) ***6*** **tavoletta di tabacco compresso *7*** *(pop.)* **pulsante di scarico dell'acqua** (in un gabinetto) ***8*** *(fam.)* **annunzio pubblicitario.**

to **plug** [plʌg] *v. t.* ***1*** (di solito *to p. up*) **tappare; tamponare; otturare *2*** *(pop.)* **assestare un pugno a** (q.) ***3*** *(fam.)* **strombazzare; fare una pubblicità insistente a** (q.c.) ● *(fam.) to p. away,* sfacchinare; sgobbare □ *(elettr.) to p. in,* inserire la spina.

plum [plʌm] *n.* [C] ***1*** *(bot.)* **susina; prugna *2*** (*bot.*, Prunus domestica; anche *p.-tree*) **susino; prugno *3*** *(fig.)* **cosa eccellente; ottimo impiego** ● *p.-cake,* « plum-cake »; panfrutto □ *p.-pudding,* budino natalizio.

plumage [ˈplu:midʒ] *n.* [U] *(zool.)* **piumaggio; penne; piume.**

plumb [plʌm] ***A*** *n.* [C] ***1*** (anche *p. bob*) **piombo; piombino *2*** (anche *p. line*) **filo a piombo *B*** *a.* ***1*** **a piombo; perpendicolare *2*** *(fam. USA)* **assoluto; bell'e buono *C*** *avv.* ***1*** **a piombo; a perpendicolo *2*** *(fam.)* **esattamente; precisamente *3*** *(fam. USA)* **completamente** ● *out of p.*, fuori piombo.

to **plumb** [plʌm] ***A*** *v. t.* ***1*** **mettere a piombo *2* piombare; sigillare col piombo; appesantire con piombini *3*** *(naut.)* **scandagliare, sondare** (anche *fig.*) ***B*** *v. i.* ***1*** **piombare; cadere a piombo *2*** *(fam.)* **fare l'idraulico.**

plumbago [plʌmˈbeigou] *n.* [U] *(miner.)* **piombaggine; grafite.**

plumbeous [ˈplʌmbiəs] *a.* **plumbeo.**

plumber [ˈplʌmə*] *n.* [C] **idraulico; fontaniere.**

plumbing [ˈplʌmiŋ] *n.* [U] ***1*** **piombatura *2* impianto idraulico.**

plumbism [ˈplʌmbizəm] *n.* [U] *(med.)* **saturnismo.**

plume [plu:m] *n.* [C] **penna; piuma; pennacchio** (anche *fig.*).

to **plume** [plu:m] *v. t.* ***1*** **guarnire** (o **adornare**) **di penne** (o **di piume**)**; impennacchiare *2*** (d'uccello) **lisciarsi** (le penne) **col becco** ● (di persona) *to p. oneself (on),* vantarsi (di).

plumed [plu:md] *a.* **piumato.**

plummet [ˈplʌmit] *n.* [C] ***1*** **piombo** (di filo a piombo; di lenza); **piombino *2* filo a piombo *3*** *(naut.)* **scandaglio.**

to **plummet** [ˈplʌmit] *v. i.* **cadere a piombo; precipitare.**

plummy [ˈplʌmi] *a.* *(fam.)* **buono; appetibile; desiderabile.**

(1) plump [plʌmp] *a.* **grassoccio; grassottello; paffuto; tondo.**

(1) to **plump** [plʌmp] ***A*** *v. t.* (anche *to p. up*) **ingrassare; far ingrassare; gonfiare *B*** *v. i.* (anche *to p. out,* *to p. up*), **ingrassare; gonfiarsi.**

(2) to **plump** [plʌmp] ***A*** *v. i.* **piombare; stramazzare; sedersi di schianto; lasciarsi cadere** ***B*** *v. t.* **lasciar cadere di schianto** ● *to p. against st.*, urtare contro q.c. □ *(polit.) to p. for one candidate,* votare per un solo candidato.

(2) plump [plʌmp] *n.* [C] ***1*** **caduta improvvisa** ***2*** **botto; schianto.**

(3) plump [plʌmp] *avv.* ***1*** **a piombo; di botto; di peso; di schianto** ***2*** **chiaro e tondo; seccamente; recisamente.**

(4) plump [plʌmp] *a.* **secco; reciso**: *a p. « no »*, un « no » secco.

plumpness ['plʌmpnis] *n.* [U] **grassezza; prosperità; rotondità.**

plumpy ['plʌmpi] *a.* **grassoccio; grassottello; paffuto.**

plumy ['plu:mi] *a.* **piumato; pennuto; piumoso.**

to **plunder** ['plʌndə*] *v. t.* e *i.* ***1*** **depredare; saccheggiare** ***2*** **rapinare.**

plunder ['plʌndə*] *n.* [U] ***1*** **saccheggio** ***2*** **bottino; preda.**

plunderer ['plʌndərə*] *n.* [C] **saccheggiatore; predatore; predone.**

to **plunge** [plʌndʒ] ***A*** *v. t.* ***1*** **immergere** (anche *fig.*); **tuffare**: *to p. one's head into the water,* tuffare la testa nell'acqua ***2*** *(fig.)* **gettare; precipitare; spingere**: *to p. a country into war,* (far) precipitare un paese nella guerra ***B*** *v. i.* ***1*** **immergersi** (anche *fig.*); **tuffarsi** ***2*** *(fig.)* **gettarsi; lanciarsi; precipitarsi**: *to p. into a room,* precipitarsi in una stanza ***3*** (di nave) **beccheggiare** ***4*** *(fam.)* **puntare forte** ● *to p. into debt,* ingolfarsi nei debiti □ *(moda) a plunging neckline,* una scollatura audace.

plunge [plʌndʒ] *n.* [C] ***1*** **tuffo** ***2*** *(fam.)* **nuotata** ***3*** *(sport)* **piscina per tuffi** ***4*** *(fam.)* **speculazione avventata** ● *(fig.) to take the p.,* saltare il fosso.

plunger ['plʌndʒə*] *n.* [C] ***1*** **tuffatore** ***2*** *(mecc.)* **pistone; stantuffo** ***3*** **sturalavandini** ***4*** *(fam.)* **giocatore d'azzardo; speculatore.**

to **plunk** [plʌŋk] ***A*** *v. t.* ***1*** **buttar giù; gettar giù; far cadere di schianto** ***2*** **pizzicare** (le corde di una chitarra, ecc.) ***B*** *v. i.* **cadere di schianto.**

plunk [plʌŋk] *n.* [C] ***1*** *(fam.)* **forte colpo; grave percossa** ***2*** *(pop. USA)* **dollaro.**

pluperfect [plu:'pə:fikt] *a.* e *n. (gramm.)* **piuccheperfetto.**

plural ['pluərəl] *a.* e *n.* [C] *(gramm.)* **plurale.**

pluralism ['pluərəlizəm] *n.* [U] *(filos., polit.)* **pluralismo.**

pluralist ['pluərəlist] *n.* [C] *(filos., polit.)* **pluralista.**

plurality [pluə'ræliti] *n.* ***1*** [U] **pluralità** ***2*** [C] **gran numero; moltitudine** ***3*** [C] *(polit. USA)* **maggioranza relativa** ***4*** [U] *(relig.)* **cumulo di benefici ecclesiastici.**

to **pluralize** ['pluərəlaiz] *v. t. (gramm.)* **mettere al plurale.**

pluri- ['pluəri] *(in parole composte)* **pluri-** (significa "in numero maggiore di uno").

pluriannual [,pluəri'ænjuəl] *a.* **pluriennale.**

plurilingual [,pluəri'liŋgwəl] *a.* **plurilingue.**

plus [plʌs] ***A*** *a.* ***1*** *(mat., fis.)* **positivo** ***2*** **aggiuntivo; extra** ***B*** *n.* [C] ***1*** *(mat.)* **segno « più »** ***2*** **aggiunta; quantità in più** ***C*** *prep.* (specialm. *mat.*) **più** ● *p.-fours,* calzoni alla zuava.

plush [plʌʃ] *n.* ***1*** [U] *(ind. tessile)* **felpa** ***2*** *(al pl.)* **calzoni** (d'una livrea).

plushy ['plʌʃi] *a. (fam.)* **elegantissimo; di lusso.**

plutarchy ['plu:ta:ki] *n.* [U] e [C] **plutocrazia.**

Pluto ['plu:tou] *n. (mitol., astron.)* **Plutone.**

plutocracy [plu:'tɔkrəsi] *n.* [U] e [C] **plutocrazia.**

plutocrat ['plu:təkræt] *n.* ***1*** **plutocrate** ***2*** *(fam.)* **riccone.**

plutocratic [,plu:tə'krætik] *a.* **plutocratico.**

Plutonic [plu:'tɔnik] *a.* ***1*** *(mitol.)* **plutonico** ***2*** — *(geol.) p.,* plutonico: *p. rocks,* rocce plutoniche.

plutonium [plu:'tounjəm] *n.* [U] *(chim.)* **plutonio.**

pluvial ['plu:vjəl] *a.* ***1*** **pluviale** ***2*** **alluvionale.**

pluviometer [,plu:vi'ɔmitə*] *n.* [C] *(meteorologia)* **pluviometro.**

pluvious ['plu:viəs] *a.* **pluvio; piovoso.**

ply [plai] *n.* [C] ***1*** **piega** ***2*** **capo** (di lana, ecc.); **trefolo** (di corda) ***3*** **strato**: *four-ply wood,* legno (compensato) a quattro strati.

to **ply** [plai] ***A*** *v. t.* ***1*** **adoperare; maneggiare; lavorare con**: *to p. one's needle,* lavorare d'ago; cucire ***2*** **condurre; esercitare**: *to p. a trade,* esercitare un mestiere ***3*** **offrire** (di continuo); **riempire; rimpinzare**: *to p. sb. with drinks,* offrire di continuo da bere a q. ***B*** *v. i.* ***1*** **lavorare assiduamente; essere affaccendato** ***2*** (specialm. *naut.*) **fare servizio regolare; fare la spola** ***3*** *(naut.)* **orzare** ***4*** (di barcaiolo, vetturino, facchino, ecc.) **stazionare** (in attesa di clienti).

plywood ['plaiwud] *n.* [U] **legno compensato.**

p.m., P.M. [,pi:'em] *avv.* (*abbr.* di **post meridiem**) **del pomeriggio; della sera; pomeridiano**: *8 p.m.*, le otto di sera.

pneumatic [nju:'mætik] ***A*** *a.* **pneumatico** ***B*** *n.* [C] (anche *p. tyre*) **pneumatico, gomma** (d'automobile, ecc.).

pneumonia [nju(:)'mounjə] *n.* [U] *(med.)* **polmonite.**

pneumonic [nju(:)'mɔnik] *a.* ***1*** **polmonare** ***2*** *(med.)* **affetto da polmonite.**

pneumothorax [,nju:mou'θɔ:ræks] *n.* [C] *(med.)* **pneumotorace.**

po [pou] *n.* (*pl.* **pos**) *(fam.)* **vaso da notte; vasino** *(fam.)*.

(1) to **poach** [poutʃ] *v. t.* **affogare** (uova); **cuocere** (uova) **in camicia.**

(2) to **poach** [poutʃ] *v. t.* e *i.* ***1*** **pescare di frodo; cacciare di frodo; violare** (una proprietà, una riserva): *to p. hares,* cacciare lepri di frodo □ *to p. for trout,* pescare trote di frodo ***2*** **frodare; rubare** (in genere) ***3*** **impantanarsi; affondare nel terreno** ● *(fig.) to p. on another's preserves,* invadere il campo altrui.

poacher ['poutʃə*] *n.* [C] ***1*** **bracconiere; cacciatore** (o **pescatore) di frodo** ***2*** **pentolino per fare le uova in camicia.**

poaching ['poutʃiŋ] *n.* [U] *(leg.)* **caccia** (o **pesca) di frodo.**

pochard ['poutʃəd] *n.* (*zool.*, Aythya ferina) **moriglione.**

pock [pɔk] *n.* [C] *(med.)* ***1*** **pustola** (specialm. di vaiolo) ***2*** (anche *p.-mark*) **buttero** ● *a p.-marked face,* una faccia butterata.

pocket ['pɔkit] *n.* [C] ***1*** **tasca** (anche *fig.*); **saccoccia; taschino**: *a patch-p.,* una tasca a toppa ***2*** **cavità** (in genere); **sacca** ***3*** (*aeron.*, anche *air p.*) **vuoto d'aria** ***4*** *(biliardo)* **buca** ● *p. edition,* edizione tascabile □ *p. flashlight,* lampadina tascabile □ *p. handkerchief,* fazzoletto da tasca □ *(fig.) to have sb. in one's p.*, tenere q. in pugno □ *out-of-p. expenses,* spese vive; denaro speso di tasca propria □ *to pick sb.'s p.*, borseggiare q. □ *to put one's pride in one's p.*, inghiottire un rospo *(fig.)* □ *I am out of p. by it,* ci ho rimesso di tasca mia.

to **pocket** ['pɔkit] *v. t.* ***1*** **intascare; mettersi in tasca; appropriarsi di** (q.c.) ***2*** **mandar giù; sopportare** ***3*** **far tacere, soffocare** (un sentimento) ***4*** *(biliardo)* **mandare in buca** (una palla).

pocket-book ['pɔkitbuk] *n.* [C] ***1*** **taccuino; agenda** ***2*** **portafoglio** ***3*** **libro tascabile.**

pocketful ['pɔkitful] *n.* [C] **tascata.**

pocket-knife ['pɔkitnaif] *n.* [C] **temperino.**

pocket-money ['pɔkit,mʌni] *n.* [C] **denaro per le piccole spese.**

pocket-picking ['pɔkit,pikiŋ] *n.* [U] **borseggio.**

pockmark ['pɔkma:k] *n.* [C] *(med.)* **buttero** (cicatrice).

pod [pɔd] *n.* [C] ***1*** *(bot.)* **baccello; capsula; siliqua; guscio** (di pisello, ecc.) ***2*** *(zool.)* **bozzolo** (di baco da seta) ***3*** *(pesca)* **rete per anguille** ***4*** *(aeron.)* **contenitore sganciabile.**

to **pod** [pɔd] ***A*** *v. i.* (di pianta) **mettere i baccelli** ***B*** *v. t.* **sbaccellare; sgranare; sgusciare** (piselli, ecc.).

podagra [pə'dægrə] *n.* [U] *(med.)* **podagra; gotta del piede.**

podgy ['pɔdʒi] *a. (fam.)* **grassotto; piccolo e tondo; tozzo.**

podium ['poudiəm] *n.* (*pl.* **podia** ['poudiə], **podiums**) *(archit.)* **podio.**

poem ['pouim] *n.* [C] **1 poesia; componimento poetico 2 poema.**

poesy ['pouizi] *n.* [U] *(arc.)* **poesia; arte poetica.**

poet ['pouit] *n.* [C] **poeta** *(anche fig.).*

poetaster [,poui'tæstə*] *n.* [C] **poetastro.**

poetess ['pouitis] *n.* [C] **poetessa.**

poetic [pou'etik] *a.* **poetico; della poesia** ● *p. justice,* giustizia ideale ⊔ *p. licence,* licenza poetica.

poetical [pou'etikəl] *a.* **poetico; in versi**: *p. works,* opere poetiche.

poetics [pou'etiks] *n. pl.* *(col verbo al sing.)* **poetica.**

to **poetize** ['pouitaiz] *v. i.* **poetare.**

poetry ['pouitri] *n.* [U] **poesia** *(anche fig.)*; **arte poetica;** *(collett.)* **opere poetiche** ● *prose p.,* prosa poetica.

pogo stick ['pougou,stik] *n.* [C] **trampolo con molla** (giocattolo).

pogrom ['pɔgrəm] *n.* [C] **« pogrom »; massacro in massa.**

poignancy ['pɔinjənsi] *n.* [U] **acutezza; intensità; causticità.**

poignant ['pɔinjənt] *a.* **acuto; pungente; intenso; caustico.**

poinsettia [pɔin'setiə] *n.* (*bot.,* Euphorbia pulcherrima) **stella di Natale.**

point [pɔint] *n.* **1** [C] (anche *mecc.*) **punta; puntina**: *a platinum p.,* una puntina platinata **2** [C] **punto** (quasi in ogni senso): **puntino; punto fermo; punto essenziale; punto di vista**: *a full p.,* un punto fermo ⊔ *the p. of an argument,* il punto essenziale d'un argomento ⊔ *I don't see your p.,* non comprendo il tuo punto di vista; non afferro l'idea ⊔ *a p. of contact,* un punto di contatto **3** [U] **motivo; scopo; utilità**: *What's your p. in going?,* che motivo hai d'andare? **4** [U] **efficacia; vigore; mordente**: *to lack p.,* essere privo di mordente **5** [C] (*ferr.,* anche *p. rail*) **ago** (dello scambio) **6** *(al pl., ferr.)* **scambio 7** [C] (del termometro) **grado 8** *(naut.)* **matafione 9** *(geogr.)* **punta; promontorio** ● *p. by p.,* punto per punto; esaurientemente ⊔ *a p. of conscience,* un caso di coscienza ⊔ *(tipogr.) p. size,* corpo ⊔ *(sport) a p.-to-p. race,* una corsa a cavallo ad ostacoli su tracciato fisso ⊔ *armed at all points,* armato di tutto punto ⊔ *at the p. of death,* in punto di morte ⊔ *at all points,* da ogni punto di vista; sotto ogni aspetto ⊔ *beside the p.,* fuori proposito; non pertinente ⊔ *to carry* (o *to gain*) *one's p.,* far prevalere il proprio punto di vista ⊔ *to come to the p.,* venire al sodo (o al dunque, al fatto) ⊔ (anche *fig.*) *to give points to sb.,* dar dei punti a q. ⊔ *in p. of fact,* effettivamente; realmente; invero ⊔ *the main p.,* l'essenziale ⊔ *to make a p. of st.,* fare di q.c. una questione essenziale ⊔ *to make* (o *to score*) *a p.,* segnare un punto a proprio favore; *(fig.)* dimostrare d'aver ragione ⊔ *off the p.,* fuori proposito; non pertinente ⊔ *(sport) on points,* ai punti: *to lose (to win) on points,* perdere (vincere) ai punti ⊔ *to be on the p. of doing st.,* esser sul punto di fare q.c.; stare per fare q.c. ⊔ *power p.,* presa (elettrica) ⊔ *to stretch a p.,* fare un'eccezione; allargare la manica *(fig.)* ⊔ *strong p.,* forte: *Latin is not my strong p.,* il latino non è il mio forte ⊔ *to the p.,* pertinente: *Your answer is not to the p.,* la tua risposta non è pertinente.

to **point** [pɔint] *v. t.* e *i.* **1 fare la punta a; appuntare; aguzzare 2 mettere la punteggiatura a; punteggiare 3** (di solito *to p. out*) **additare; indicare; mostrare 4** (*fig.,* di solito *to p. out*) **illustrare; mettere in evidenza; far risaltare; far notare; far rilevare 5 puntare**: *to p. a finger at st.,* puntare un dito verso q.c.; additare q.c. **6** (di cane) **puntare** ● *to p. at,* additare; indicare; segnare a dito ⊔ *to p. to,* additare; indicare; mostrare; *(fig.)* dimostrare, provare ⊔ *to p. st. to sb.,* richiamare l'attenzione di q. su q.c.

point-blank [,pɔint'blæŋk] **A** *a.* **1** (*mil.:* di tiro) **diretto 2** *(fig.)* **netto; reciso; secco**: *a p. refusal,* un netto rifiuto **B** *avv.* **1** *(mil.)* **a zero; a bruciapelo 2** *(fig.)* **nettamente; seccamente; chiaro e tondo.**

pointed ['pɔintid] *a.* **1 puntuto; appuntito; aguzzo; a punta 2** *(fig.)* **incisivo; conciso ed energico 3** *(fig.)* **penetrante; pungente; mordace; tagliente** ● *(archit.) p. arch,* arco a sesto acuto.

pointer ['pɔintə*] *n.* [C] **1** (di bilancia o contatore) **indice;** (di orologio) **lancetta 2 bacchetta; canna 3 cane da punta; « pointer » 4** (d'arma da fuoco) **puntatore** (meccanismo): **alzo 5** *(fam.)* **cenno; suggerimento.**

pointillism ['pwæntilizəm] *n.* [U] *(pitt.)* **divisionismo.**

pointillist ['pwæntilist] *n.* [C] *(pitt.)* **divisionista.**

pointing ['pɔintiŋ] *n.* [U] **1 punteggiatura 2** (d'arma da fuoco) **puntamento.**

pointless ['pɔint,lis] *a.* **1 senza punta; spuntato 2** *(fig.)* **senza scopo; inutile 3** (di partita, incontro) **chiuso sullo zero a zero.**

pointsman ['pɔintsmən] *n.* (*pl.* **pointsmen** ['pɔintsmən]) *(ferr.)* **deviatore; scambista.**

to **poise** [pɔiz] **A** *v. t.* **1 bilanciare; equilibrare 2 tenere** (la testa, ecc.) **in un certo modo B** *v. i.* **1 essere in equilibrio 2 restar sospeso** (in aria): **librarsi C** to **poise oneself** *v. rifl.* **tenersi in equilibrio.**

poise [pɔiz] *n.* **1** [U] **equilibrio** *(anche fig.)*; **padronanza di sé; stabilità 2** [C] **portamento** (del capo, ecc.).

poison ['pɔizn] *n.* [U] e [C] **veleno** *(anche fig.)*: *rat-p.,* veleno per topi ● *p. gas,* gas tossico ⊔ *(fig.) p.-pen letter,* lettera anonima calunniosa (offensiva, ecc).

to **poison** ['pɔizn] *v. t.* **avvelenare** *(anche fig.)*; **intossicare.**

poisoner ['pɔiznə*] *n.* [C] **avvelenatore, avvelenatrice.**

poisoning ['pɔizniŋ] *n.* [U] **avvelenamento** ● *food p.,* intossicazione alimentare.

poisonous ['pɔiznəs] *a.* **1 velenoso** *(anche fig.)* **2** *(fam.)* **orribile; pessimo; schifoso** *(fam.).*

to **poke** [pouk] **A** *v. t.* **1 colpire; urtare; spingere 2** (anche *to p. up*) **attizzare** (il fuoco) **3 conficcare; ficcare**: *to p. one's nose into other people's affairs,* ficcare il naso negli affari altrui **B** *v. i.* **ficcare il naso; immischiarsi; intromettersi** ● *to p. about for st.,* cercare q.c. a tentoni; frugare in cerca di q.c. ⊔ *to p. and pry,* essere un ficcanaso ⊔ *to p. fun at sb.,* farsi beffe di q.; prendere in giro q. ⊔ *to p. one's head,* sporgere il capo ⊔ *to p. a hole in st.,* fare un buco in q.c. (con un arnese appuntito).

(1) poke [pouk] *n.* [C] **colpo; urto; spinta; gomitata.**

(2) poke [pouk] *n.* [C] *(dial.)* **sacco; sacchetto.**

(1) poker ['poukə*] *n.* [C] **attizzatoio** ● *p.-work,* pirografia ⊔ *as stiff as a p.,* rigido come un manico di scopa.

(2) poker ['poukə*] *n.* [U] **poker** (gioco di carte).

poky ['pouki] *a.* **meschino; piccolo; ristretto.**

Polack ['poulæk] *n.* [C] *(pop., spreg.)* **polacco.**

polar ['poulə*] *a.* **1** *(geogr., astron., fis.)* **polare 2** *(fig.)* **antitetico** ● *p. lights,* aurora boreale ⊔ *(miss.) p. orbit,* orbita polare.

polarity [pou'læriti] *n.* [U] *(fis.)* **polarità** *(anche fig.).*

polarization [,poulərai'zeiʃən] *n.* [U] e [C] *(fis.)* **polarizzazione.**

to **polarize** ['pouləraiz] *v. t.* e *i.* *(fis.)* **polarizzare, polarizzarsi** *(anche fig.).*

polarizer ['pouləraizə*] *n.* [C] *(fis.)* **polarizzatore.**

Polaroid ['poulərɔid] *n.* *(marchio)* **1** [U] **polaroide; « polaroid » 2** [C] (anche *P. camera*) *(fotogr.)* **Polaroid 3** *(al pl.)* **occhiali Polaroid.**

(1) pole [poul] *n.* [C] **1 palo** (anche di ferro): **paletto 2** *(sport)* **asta 3 pertica** (misura di lunghezza) **4 timone** (di carro) ● *(sport) p.-jumping* (o *p.-vaulting*), il salto con l'asta ⊔ *(sport) to p.-vault,* fare il salto con l'asta ⊔ *the greasy p.,* l'albero della cuccagna ⊔ *(naut.) under bare poles,* con le vele ammainate ⊔ *(pop.) up the p.,* nei guai; svitato.

to **pole** [poul] *v. t.* (anche *to p. away, off*) **allontanare, spingere** (una zattera, ecc.) **con una pertica.**

(2) pole [poul] *n.* [C] *(geogr., astron., fis.)* **polo**: *the North P.,* il polo nord ⊔ *the positive (negative) p.,* il polo positivo (negativo) ● *P. Star,* stella polare ⊔ *(fig.) poles apart,* agli antipodi.

Pole [poul] *n.* [C] **polacco.**

poleaxe ['poulæks] *n.* [C] **1** *(stor.)* **ascia di guerra 2 ascia da beccaio.**

to **poleaxe** ['poulæks] *v. t.* **macellare** (una bestia) **con** l'ascia.

polecat ['poulkæt] *n.* [C] (*zool.*, Mustela putorius) **puzzola.**

polemic [pə'lemik] *n.* [C] **polemica; discussione.**

polemic(al) [pə'lemik(əl)] *a.* **polemico.**

polemics [pə'lemiks] *n. pl.* (*col verbo al sing.*) **polemica** (arte).

polemist ['pɔləmist] *n.* [C] **polemista.**

to **polemize** ['pɔləmaiz] *v. i.* **polemizzare.**

police [pə'li:s] *n.* (*collett.*) **polizia; forza pubblica**: *The p. are on his tracks,* la polizia è sulle sue tracce ● *p. constable,* agente di polizia; poliziotto □ (*leg.*) *p. court,* corte di giustizia di primo grado □ *p. dog,* cane poliziotto □ *p. office,* ufficio di polizia; commissariato □ *p. officer,* agente (o funzionario) di polizia □ (*leg.*) *p. record,* fedina penale □ *p. station,* ufficio (o posto) di polizia; commissariato □ *p. van,* (furgone) cellulare.

to **police** [pə'li:s] *v. t.* **proteggere** (con la polizia); **sorvegliare.**

policeman [pə'li:smən] *n.* (*pl.* **policemen** [pə'li:smen]) **agente di polizia; poliziotto; vigile.**

policewoman [pə'li:s,wumən] *n. pl.* (**policewomen** [pə'li:s,wimin]) **donna poliziotto.**

policlinic [,pɔli'klinik] *n.* [C] **ambulatorio** (d'ospedale).

(1) policy ['pɔlisi] *n.* [C] **politica** (anche *fig.*); **linea di condotta; tattica.**

(2) policy ['pɔlisi] *n.* [C] (*ass.*) **polizza.**

polio ['pouliou] *n.* [U] (*abbr.* di **poliomyelitis**) **poliomielite; paralisi infantile.**

poliomyelitis [,poulioumaiə'laitis] *n.* [U] (*med.*) **poliomielite.**

to **polish** ['pɔliʃ] **A** *v. t.* **1 levigare; lisciare; lucidare; verniciare 2** (*fig.*) **ingentilire; raffinare B** *v. i.* **1 levigarsi; lucidarsi 2** (*fig.*) **ingentilirsi; raffinarsi** ● (*fam.*) *to p. off,* sbrigare (un lavoro); finire, mangiarsi (una pietanza); sbarazzarsi di (un nemico) □ (*fam.*) *to p. up,* lucidare; (*fig.*) migliorare, perfezionare.

polish ['pɔliʃ] *n.* [U] **1** (*anche con l'art. indeterm.*) **lustro; lucentezza 2 lucidatura 3 lucido; vernice**: *shoe p.,* lucido per scarpe **4** (*fig.*) **finezza; raffinatezza** ● *floor p.,* cera da pavimenti.

Polish ['pouliʃ] **A** *a.* **polacco B** *n.* **(il) polacco** (la lingua).

polished ['pɔliʃt] *a.* **1 levigato; lucido 2** (*fig.*) **raffinato; elegante.**

polisher ['pɔliʃə*] *n.* [C] **1 lucidatore 2 lucidatrice** (macchina).

polishing ['pɔliʃiŋ] *n.* [U] **1 lucidatura 2** (*fig.*) **raffinamento; rifinitura.**

polite [pə'lait] *a.* **1 cortese; garbato 2 raffinato; elegante.**

politeness [pə'laitnis] *n.* [U] **1 cortesia; garbatezza; buona educazione**: *formal p.,* cortesia fredda, formale **2 raffinatezza; eleganza.**

politic ['pɔlitik] *a.* **1** (di persona) **avveduto; prudente 2** (di persona, *spreg.*) **astuto; scaltro 3 conveniente; opportuno** ● *the body p.,* lo Stato.

political [pə'litikəl] *a.* **1 politico**: *p. parties,* partiti politici **2 politicizzato** ● *p. economy,* economia politica □ *p. newspaper,* giornale (o organo) di partito □ *p. prisoner,* prigioniero politico □ *p. science,* scienze politiche.

politician [,pɔli'tiʃən] *n.* [C] **1 uomo politico 2** (*spreg.*) **politicante.**

politicization [pə,litisai'zeiʃən] *n.* [U] **politicizzazione.**

to **politicize** [pə'litisaiz] **A** *v. t.* **politicizzare B** *v. i.* **1 occuparsi di politica 2 parlare di politica.**

politics ['pɔlitiks] *n. pl.* **1** (*col verbo al sing.*) **politica 2 idee politiche; principi politici** ● *to go into p.,* darsi alla politica □ *to talk p.,* parlare di politica.

polity ['pɔliti] *n.* **1** [U] **governo; ordinamenti e leggi civili 2** [C] **Stato.**

polka ['pɔlkə] *n.* [C] (*mus., danza*) **polca** ● *p. dots,* pallini; pois (*franc.*).

(1) poll [poul] *n.* [C] **1** (*arc.* o *scherz.*) **testa; chioma 2** (*polit.*) **lista elettorale; elenco degli elettori 3** (*polit.*) **elezione; votazione 4** (*polit.*) **scrutinio dei voti; voti** (dati o scrutinati) **5 inchiesta** (d'opinione); **sondaggio** ● *to go to the polls,* andare a votare; andare alle urne □ *a heavy (poor) p.,* un'alta (una bassa) percentuale di votanti.

to **poll** [poul] **A** *v. t.* **1 cimare, potare, svettare** (alberi, piante) **2 mozzare le corna a** (bestiame) **3** (*polit.*) **scrutinare i voti di** (un collegio, ecc.) **4** (*polit.*: d'un candidato) **ottenere** (un certo numero di voti) **5** (*polit.*: d'un elettore) **dare** (il proprio voto) **B** *v. i.* (*polit.*) **votare** ● *polling booth,* cabina elettorale □ *polling station,* sezione elettorale.

(2) poll [poul] *a.* **1 mozzato 2** (d'albero) **senza cima 3 dalle corna mozze.**

Poll [pɔl] *n.* **1 Loreto** (nome di pappagallo) **2** (anche *poll parrot*) **pappagallo** (anche *fig.*).

pollard ['pɔləd] *n.* **1** [C] (*zool.*) **animale** (bue, capra, ecc.) **senza corna 2** [C] (*bot.*) **capitozza; pianta cimata 3** [U] **crusca.**

to **pollard** ['pɔləd] *v. t.* (*agric.*) **capitozzare; scamozzare.**

pollen ['pɔlin] *n.* [U] (*bot.*) **polline.**

to **pollinate** ['pɔlineit] *v. t.* (*bot.*) **impollinare.**

pollination [,pɔli'neiʃən] *n.* [U] (*bot.*) **impollinazione.**

pollinic [pə'linik] *a.* (*bot.*) **pollinico.**

poll-tax ['poultæks] *n.* [C] **testatico.**

to **pollute** [pə'lu:t] *v. t.* **1 inquinare** (acqua, ecc.); **infettare; insudiciare 2** (*fig.*) **contaminare; profanare.**

pollution [pə'lu:ʃən] *n.* [U] **1 inquinamento 2** (*fig.*) **contaminazione; profanazione.**

polo ['poulou] *n.* [U] (*sport*) **polo** ● (*sport*) *p. player,* polista □ *p. shirt,* maglietta polo □ (*sport*) *water p.,* pallanuoto.

polonaise [,pɔlə'neiz] *n.* [C] **polacca** (danza, mus. e abito femminile).

polonium [pə'louniəm] *n.* [U] (*chim.*) **polonio.**

polony [pə'louni] *n.* [U] e [C] **mortadella.**

poltroon [pɔl'tru:n] *n.* [C] **codardo; vigliacco.**

poltroonery [pɔl'tru:nəri] *n.* [U] **codardia; vigliaccheria.**

poly- ['pɔli] (*in parole composte*) **poli-** (indica molteplicità).

polyandry ['pɔliændri] *n.* [U] (anche *bot.*) **poliandria.**

polyarchy ['pɔlia:ki] *n.* [C] **poliarchia.**

polyatomic [,pɔliə'tɔmik] *a.* (*chim.*) **poliatomico.**

polychromatic [,pɔlikrou'mætik] *a.* **policromatico; multicolore.**

polychrome ['pɔlikroum] *a.* **policromo.**

polychromy ['pɔli,kroumi] *n.* [U] **policromia.**

polyclinic [,pɔli'klinik] *n.* [C] **policlinico.**

polyester ['pɔli,estə] *n.* [U] (*chim.*) **poliestere.**

polygamist [pə'ligəmist] *n.* [C] **poligamo.**

polygamous [pə'ligəməs] *a.* (anche *bot.*) **poligamo.**

polygamy [pə'ligəmi] *n.* [U] (anche *bot.*) **poligamia.**

polyglot ['pɔliglɔt] *a.* e *n.* [C] **poliglotta, poliglotto.**

polygon ['pɔligən] *n.* [C] (*geom.*) **poligono.**

polygonal [pə'ligənl] *a.* (*geom.*) **poligonale.**

polygraph ['pɔligra:f] *n.* [C] **poligrafo** (strumento).

polygraphic [,pɔli'græfik] *a.* **poligrafico.**

polygraphy [pə'ligrəfi] *n.* [U] **poligrafia.**

polyhedral [,pɔli'hi:drəl] *a.* (*geom.*) **poliedrico.**

polyhedron [,pɔli'hi:drən] *n.* [C] (*geom.*) **poliedro.**

polymer ['pɔlimə*] *n.* [C] (*chim.*) **polimero.**

polymerization [pɔ,limərai'zeiʃən] *n.* [U] (*chim.*) **polimerizzazione.**

to **polymerize** [pə'liməraiz] (*chim.*) **A** *v. t.* **polimerizzare B** *v. i.* **polimerizzarsi.**

polymorphism [,pɔli'mɔ:fizəm] *n.* [U] (*scient.*) **polimorfismo.**

polymorphous [,pɔli'mɔ:fəs] *a.* (*scient.*) **polimorfo.**

Polynesian [,pɔli'ni:zjən] *a.* e *n.* **polinesiano.**

polynomial [,pɔli'noumjəl] *n.* [C] (*mat.*) **polinomio.**

polyp ['pɔlip] *n.* [C] (*zool., med.*) **polipo.**

polyphonic [,pɔli'fɔnik] *a.* (*mus.*) **polifonico.**

polyphony [pə'lifəni] *n.* [U] (*mus.*) **polifonia.**

polypus ['pɔlipəs] *n.* [C] (*med.*) **polipo.**

polystyrene [,pɔli'stairi:n] *n.* [U] (*chim.*) **polistirolo; polistirene.**

polysyllabic [,pɔlisi'læbik] *a.* **polisillabo.**

polysyllable ['pɔli,siləbl] *n.* C **polisillabo.**
polysyndeton [,pɔli'sinditən] *n.* C *(gramm.)* **polisindeto.**
polytechnic [,pɔli'teknik] *a.* e *n.* C **politecnico.**
polytheism ['pɔliθi:izəm] *n.* U **politeismo.**
polytheist ['pɔliθi:ist] *n.* C **politeista.**
polytheistic [,pɔliθi:'istik] *a.* **politeistico.**
polythene ['pɔliθi:n] *n.* U *(chim.)* **politene.**
pomace ['pʌmis] *n.* U *1* **tritume di mele** (residuo della fabbricazione del sidro) *2* **residuo di pesce** (dopo l'estrazione dell'olio).
pomade [pə'ma:d] *n.* U e C **pomata** (per capelli).
pomander [pou'mændə*] *n.* C *(stor.)* *1* **palla di sostanze aromatiche** (tenuta addosso come disinfettante o portafortuna) *2* **sfera d'oro (o d'argento)** (che conteneva dette sostanze).
pome [poum] *n.* C *(bot.)* **pomo.**
pomegranate ['pɔmi,grænit] *n.* C *(bot.)* *1* **melagrana** *2* (anche *p.-tree,* Punica granatum) **melograno.**
Pomeranian [,pɔmə'reinjən] ***A*** *a.* **pomerano; della Pomerania** ***B*** *n.* C *1* **pomerano; abitante della Pomerania** *2* (anche *P. dog*) **cane della Pomerania.**
pommel ['pʌml] *n.* C **pomo** (della spada, della sella, ecc.).
to **pommel** ['pʌml] *v. t.* **dare pugni a** (q.).
pomp [pɔmp] *n.* U **pompa; fasto; sfarzo.**
Pompeian [pɔm'pi:ən] *a.* e *n.* **pompeiano.**
pom-pom ['pɔmpɔm] *n.* C *(mil.)* **cannone antiaereo automatico.**
pompon ['pɔmpɔn] *n.* C **fiocco; nappa.**
pomposity [pɔm'pɔsiti] *n.* U **pomposità; fasto; sfarzo; ampollosità.**
pompous ['pɔmpəs] *a.* **pomposo; fastoso; sfarzoso; ampolloso.**
ponce [pɔns] *n.* C *(pop.)* *1* **protettore; magnaccia** *2* **tipo effeminato.**
poncho ['pɔntʃou] *(ispano-americano) n.* (*pl.* **ponchos**) **poncio.**
pond [pɔnd] *n.* C **stagno; laghetto** (spesso artificiale).
to **pond** [pɔnd] ***A*** *v. t.* — *to p. back* (o *to p. up*), trattenere le acque di (un fiume, costruendo una diga, ecc.) ***B*** *v. i.* (dell'acqua) **formar pozza; stagnare.**
to **ponder** ['pɔndə*] *v. t.* e *i.* **ponderare; considerare; meditare; riflettere**: *to p. on* (o *over*) *st.,* meditare su q.c.
ponderability [,pɔndərə'biliti] *n.* U **ponderabilità.**
ponderable ['pɔndərəbl] *a.* **ponderabile.**
ponderosity [,pɔndə'rɔsiti] *n.* U *1* **ponderosità; pesantezza** *2* (di stile, ecc.) **monotonia; tediosità.**
ponderous ['pɔndərəs] *a.* *1* **ponderoso; pesante** *2* **grosso; massiccio** *3* **monotono; tedioso.**
pongee [pɔn'dʒi:] *n.* U *(ind. tessile)* **stoffa di seta naturale.**
poniard ['pɔnjəd] *n.* C **pugnale.**
pontiff ['pɔntif] *n.* C *(relig.)* *1* **pontefice; papa** *2* **gran sacerdote.**
pontifical [pɔn'tifikəl] ***A*** *a.* *1* *(relig.)* **pontificale; pontificio** *2* *(fig.)* **dogmatico** ***B*** *n.* *(relig.)* *1* **pontificale** (libro) *2* *(al pl.)* **paramenti pontificali.**
pontificate [pɔn'tifikit] *n.* C **pontificato.**
to **pontificate** [pɔn'tifikeit] *v. i.* **pontificare** (anche *fig.*).
(1) pontoon [pɔn'tu:n] *n.* C *1* *(naut.)* **pontone; chiatta** *2* *(aeron.)* **galleggiante** ● *p.-bridge,* ponte di barche.
to **pontoon** [pɔn'tu:n] *v. t.* **attraversare** (un fiume) **per mezzo di pontoni.**
(2) pontoon [pɔn'tu:n] *n.* U *(gioco di carte)* **ventuno.**
pony ['pouni] *n.* C *1* *(zool.)* **« pony »; cavallino** *2* *(pop.)* **venticinque sterline** ● *p.-tail,* coda di cavallo (pettinatura).
poodle ['pu:dl] *n.* C **can barbone; barboncino.**
poof [pu:f] *n.* C *(pop.)* **omosessuale; finocchio** *(pop.)*.
pooh [pu:] *inter.* **poh!; bah!; oibò!**
to **pooh-pooh** [pu:'pu:] *v. t.* *1* **deridere** *2* **disdegnare.**
(1) pool [pu:l] *n.* C *1* **pozza; stagno; pozzanghera** (di liquido versato) *2* **gorgo** (di fiume); **tonfano** *3* (anche *swimming-p.*) **piscina.**
(2) pool [pu:l] *n.* C *1* (nei giochi di carte, d'azzardo) **ammontare delle poste; banco; piatto** *2* *(fin.)* **« pool »; consorzio; cartello; sindacato** *3* *(fin.)* **fondo monetario comune** ● *p. table,* biliardo con sei buche □ *football pools,* totocalcio.
to **pool** [pu:l] *v. t.* *(fin.)* **consorziare; mettere in comune; riunire.**
poop [pu:p] *n.* C *(naut.)* *1* **poppa** *2* (anche *p. deck*) **cassero di poppa.**
to **poop** [pu:p] *v. t.* *(naut.)* *1* (dell'onda) **frangersi sulla poppa di** (una nave) *2* (di nave) **ricevere** (le onde) **da poppa.**
poor [puə*] *a.* *1* **povero** (anche *fig.*); **indigente; misero; infelice**: *the p. old man,* il povero vecchio □ *a p. man,* un uomo povero; un povero □ *a p. consolation,* una misera (o magra) consolazione *2* **cattivo; scadente; scarso**: *p. health,* cattiva salute □ *a p. crop,* un raccolto scarso ● *the p.,* i poveri *(collett.)* □ *P. fellow!,* poverino!; poveretto! □ *to cut a p. figure,* fare una magra figura □ *to have a p. time,* passarsela male; non divertirsi affatto □ *(scherz., iron.) in my p. opinion,* a mio modesto avviso.
poorhouse ['puə,haus] *n.* C *(stor.)* **ricovero di mendicità; ospizio.**
poorly ['puəli] ***A*** *avv.* **poveramente; male; scarsamente** ***B*** *a. pred.* *(fam.)* **in cattiva salute; indisposto** ● *to feel* (o *to be*) *p.,* non sentirsi bene □ *to be p. off,* star male a quattrini.
poorness ['puənis] *n.* U *1* **povertà; indigenza; meschinità** *2* **insufficienza; scarsezza.**
poove [pu:v] *V.* **poof.**
to **pop** [pɔp] ***A*** *v. i.* *1* **schioccare** *2* **scoppiare; esplodere** ***B*** *v. t.* *1* **far schioccare** *2* **far fuoco con** (una pistola, ecc.) *3* *(pop.)* **dare in pegno; impegnare** ● *to pop at a bird,* sparare a un uccello □ *to pop in and see sb.,* fare una breve visita a q. □ *to pop off,* andarsene in tutta fretta; *(pop.)* morire □ *to pop out,* fare una corsa (o un salto) fuori; (di luce) spegnersi □ *(fam.) to pop the question,* fare una proposta di matrimonio □ *to pop up,* balzar fuori; saltar su.
(1) pop [pɔp] ***A*** *n.* *1* C **schiocco** *2* C **scoppio; botto; sparo** *3* U *(fam.)* **bevanda effervescente** *4* U *(pop.)* **pegno** ***B*** *avv.* **con un botto; facendo « pum »** ***C*** *inter.* **pum!** ● *to go pop,* scoppiare.
(2) pop [pɔp] ***A*** *a.* (*abbr.* di **popular**) **« pop »; popolare**: *pop music,* musica « pop » □ *pop art,* arte pop ***B*** *n.* U *1* **musica « pop »** *2* **arte pop.**
(3) pop [pɔp] *n.* *(fam.)* *1* **babbo; papà** *2* **vecchietto; nonnetto.**
popcorn ['pɔpkɔ:n] *n.* U **popcorn** (chicchi di ganoturco arrostiti).
pope [poup] *n.* C *(relig.)* *1* (nella Chiesa cattolica) **papa** *2* (nella Chiesa ortodossa) **pope.**
popery ['poupəri] *n.* U *(spreg.)* **papismo.**
pop-eyed ['pɔpaid] *a.* *(fam.)* *1* **dagli occhi sporgenti** *2* **dagli occhi spalancati** (per stupore).
pop-gun ['pɔpgʌn] *n.* C **pistola ad aria compressa** (giocattolo).
popinjay ['pɔpindʒei] *n.* C **bellimbusto; zerbinotto.**
popish ['poupiʃ] *a.* *(spreg.)* **di (o da) papista; papistico; cattolico.**
poplar ['pɔplə*] *n.* *1* C *(bot.,* Populus) **pioppo** *2* U **pioppo** (il legno).
poplin ['pɔplin] *n.* U *(ind. tessile)* **« popeline ».**
popper ['pɔpə*] *n.* C **bottone automatico; automatico.**
poppet ['pɔpit] *n.* C *1* *(naut.)* **scalmiera** *2* *(dial.)* **persona di bassa statura; tappetto** *(fig.)* *3* (specialm. *vezzegg.*) **piccolo, piccola.**
poppy ['pɔpi] *n.* C *(bot.,* Papaver) **papavero.**
poppycock ['pɔpikɔk] *n.* U *(fam.)* **sciocchezze; stupidaggini.**
pop-shop ['pɔpʃɔp] *n.* U *(pop.)* **agenzia di prestiti su pegno.**
popsy(-wopsy) ['pɔpsi('wɔpsi)] *n.* *(vezzegg.)* **bambolina.**
pop-top ['pɔp,tɔp] *a.* **che si apre a strappo** (rif. a lattine di birra, ecc.).

populace ['pɔpjuləs] *n.* *(collett.)* **popolino; plebe; plebaglia; volgo.**
popular ['pɔpjulə*] *a.* **popolare; popolaresco; popolano; di popolo; per il popolo; in voga**: *p. government,* governo di popolo; democrazia □ *p. prices,* prezzi popolari □ *a p. song,* una canzone in voga ● *to be p. with sb.,* essere benvoluto da q. □ *to make oneself p.,* farsi benvolere.
popularity [,pɔpju'læriti] *n.* [U] **popolarità.**
popularization [,pɔpjulərai'zeiʃən] *n.* [U] **volgarizzazione; divulgazione.**
to **popularize** ['pɔpjuləraiz] *v. t.* **volgarizzare; divulgare.**
to **populate** ['pɔpjuleit] *v. t.* **popolare.**
population [,pɔpju'leiʃən] *n.* [C] e [U] **popolazione** ● *p. explosion,* esplosione demografica; boom delle nascite.
populism ['pɔpjulizəm] *n.* [U] *(polit.)* **populismo.**
populist ['pɔpjulist] *n.* [C] *(polit.)* **populista.**
populous ['pɔpjuləs] *a.* **popoloso; densamente popolato.**
porbeagle ['pɔ:,bi:gəl] *n.* [C] *(zool.,* Lamna nasus*)* **smeriglio.**
porcelain ['pɔ:slin] *n.* [U] ***1*** **porcellana** ***2*** *(collett.)* **porcellane** ● *p. clay,* caolino.
porch [pɔ:tʃ] *n.* [C] *(archit.)* ***1*** **portico** ***2*** *(USA)* **veranda.**
porcine ['pɔ:sain] *a.* **porcino; suino.**
porcupine ['pɔ:kjupain] *n.* [C] ***1*** *(zool.,* Hystrix*)* **porcospino; istrice** ***2*** *(ind. tessile)* **cardatrice, pettinatrice** (per il lino, ecc.).
to **pore** [pɔ:*] *v. i.* ***1*** — *to p. over st.,* leggere attentamente q.c. ***2*** — *to p. on (o upon, over) st.,* meditare (o riflettere) su q.c.
pore [pɔ:*] *n.* [C] *(anat., fis.)* **poro.**
pork [pɔ:k] *n.* [U] **carne di maiale; carne suina** ● *p. chop,* braciola di maiale □ *p.-pie,* pasticcio di carne di maiale.
porker ['pɔ:kə*] *n.* [C] **maiale da ingrasso; porco.**
porn [pɔ:n], **porno** ['pɔ:nou] *(fam.)* ***A*** *n.* ***1*** [U] **pornografia** ***2*** [C] **film pornografico** ***3*** [C] **pornografo** ***B*** *a.* **porno; pornografico.**
pornographer [pɔ:'nɔgrəfə*] *n.* [C] **pornografo.**
pornographic [,pɔ:nə'græfik] *a.* **pornografico.**
pornography [pɔ:'nɔgrəfi] *n.* [U] **pornografia.**
porosity [pɔ:'rɔsiti] *n.* [U] **porosità.**
porous ['pɔ:rəs] *a.* **poroso.**
porphyry ['pɔ:firi] *n.* [U] *(geol.)* **porfido.**
porpoise ['pɔ:pəs] *n.* [C] *(zool.)* ***1*** (Phocaena phocaena) **focena** ***2*** *(pop.,* Delphinus delphis*)* **delfino.**
porridge ['pɔridʒ] *n.* [U] **« porridge »; farinata** (specialm. d'avena).
porringer ['pɔrindʒə*] *n.* [C] **scodella.**
(1) port [pɔ:t] *n.* [C] e [U] **porto** *(anche fig.)* ● *p. charges,* spese portuali.
(2) port [pɔ:t] *n.* [C] *(naut.)* **portello.**
(3) port [pɔ:t] *n.* [U] *(naut., aeron.)* **fianco sinistro** (di nave o di aereo).
(1) to **port** [pɔ:t] *v. i.* *(naut.)* **virare a sinistra.**
(2) to **port** [pɔ:t] *v. t.* *(mil.)* **tenere** (il fucile) **in posizione di « portat'arm »** ● *P. arms!,* « portat'arm »!
(4) port [pɔ:t] *n.* [U] **porto** (vino rosso): (in origine) **vino di Oporto.**
portable ['pɔ:təbl] *a.* **portabile; portatile.**
portage ['pɔ:tidʒ] *n.* [U] ***1*** **trasporto** ***2*** *(comm.)* **porto; spese di trasporto.**
portal ['pɔ:tl] *n.* [C] *(archit.)* **portale.**
portcullis [pɔ:t'kʌlis] *n.* [C] **saracinesca** (di castello, ecc.).
to **portend** [pɔ:'tend] *v. t.* **preannunziare; presagire.**
portent ['pɔ:tent] *n.* [C] ***1*** **presagio** ***2*** **portento; prodigio.**
portentous [pɔ:'tentəs] *a.* ***1*** **che è di malaugurio; funesto** ***2*** **portentoso; prodigioso** ***3*** **pomposo.**
(1) porter ['pɔ:tə*] *n.* [C] **facchino; portabagagli.**
(2) porter ['pɔ:tə*] *n.* [C] **portinaio; portiere** (di scuola, d'albergo, ecc.) ● *p.'s lodge,* portineria (casetta).
(3) porter ['pɔ:tə*] *n.* [U] **birra scura e amara.**
porterage ['pɔ(:)təridʒ] *n.* [U] **facchinaggio; spese di facchinaggio.**
portfolio [pɔ:t'fouljou] *n.* (*pl.* **portfolios**) **busta, cartella** (per lo più di cuoio) ● *(polit.) minister without p.,* ministro senza portafoglio.
porthole ['pɔ:thoul] *n.* [C] *(naut.)* **portello; oblò.**
portico ['pɔ:tikou] *n.* (*pl.* **porticoes, porticos**) *(archit.)* **portico; colonnato.**
portion ['pɔ:ʃən] *n.* [C] ***1*** **porzione; parte** ***2*** (anche *marriage p.*) **dote** ***3*** *(lett.)* **destino; sorte.**
to **portion** ['pɔ:ʃən] *v. t.* **dividere; ripartire** ● *to p. out,* distribuire; spartire.
portionless ['pɔ:ʃənlis] *a.* ***1*** **senza eredità** ***2*** (di ragazza) **senza dote.**
portliness ['pɔ:tlinis] *n.* [U] **corpulenza; grassezza.**
portly ['pɔ:tli] *a.* **corpulento; grasso.**
portmanteau [pɔ:t'mæntou] *n.* (*pl.* **portmanteaus, portmanteaux**) **baule armadio** ● *p. word,* parola coniata mediante la fusione di due parole.
portrait ['pɔ:trit] *n.* [C] **ritratto** (anche *fig.*)**; descrizione vivida** ● *p. painter,* ritrattista.
portraitist ['pɔ:tritist] *n.* [C] **ritrattista.**
portraiture ['pɔ:tritʃə*] *n.* ***1*** [U] **ritrattistica** ***2*** [C] **ritratto.**
to **portray** [pɔ:'trei] *v. t.* **ritrarre;** *(fig.)* **descrivere vividamente.**
portrayal [pɔ:'treiəl] *n.* ***1*** [U] **(il) ritrarre** ***2*** [C] **ritratto;** *(fig.)* **vivida descrizione.**
portress ['pɔ:tris] *n.* **portinaia, portiera** (specialm. di convento).
Portuguese [,pɔ:tju'gi:z] *a.* e *n.* *(invar. al pl.)* **portoghese** (anche la lingua).
to **pose** [pouz] ***A*** *v. i.* **posare; mettersi (o stare) in posa; atteggiarsi**: *to p. as a great scholar,* posare a grande erudito ***B*** *v. t.* ***1*** **mettere in posa; far posare** (un modello, ecc.) ***2*** **porre** (una domanda): **proporre** (un quesito).
pose [pouz] *n.* [C] **posa; atteggiamento.**
(1) poser ['pouzə*] *n.* [C] ***1*** **chi posa** (per un pittore, ecc.); **modello, modella** ***2*** **chi posa** (dandosi importanza); **posatore, posatrice.**
(2) poser ['pouzə*] *n.* [C] **domanda imbarazzante; quesito difficile.**
poseur [pou'zə:*] *(franc.)* *n.* [C] **posatore; persona affettata.**
posh [pɔʃ] *a.* *(pop.)* **elegante; lussuoso.**
position [pə'ziʃən] *n.* [C] ***1*** **posizione** (quasi in ogni senso): **positura; situazione; condizione; grado**: *to be in an awkward p.,* trovarsi in una posizione delicata □ *He has a high p. in society,* è uomo d'elevata condizione sociale ***2*** **impiego** (specialm. statale): **posto** (di lavoro) ***3*** *(sport)* **posizione** (alla partenza); (anche) **posto in classifica** ● *in p.,* a posto; nel posto giusto □ *out of p.,* fuori posto; nel posto sbagliato □ *people of p.,* gente d'elevata condizione sociale.
to **position** [pə'ziʃən] *v. t.* **mettere in posizione; collocare.**
positional [pə'ziʃənl] *a.* **di posizione; posizionale.**
positive ['pɔzitiv] ***A*** *a.* ***1*** *(fis., mat., gramm., ecc.)* **positivo** ***2*** **concreto; esplicito; certo; sicuro; chiaro; preciso**: *p. orders,* ordini espliciti □ *p. instructions,* istruzioni precise ***3*** (di persona) **deciso; sicuro** ***4*** *(fam.)* **vero e proprio; bell'e buono**: *a p. nuisance,* una vera seccatura ***B*** *n.* [C] ***1*** **qualità positiva** ***2*** *(fotogr.)* **positiva** ***3*** *(gramm.)* **grado positivo** ● *p. criticism,* critica costruttiva.
positively ['pɔzitivli] *avv.* ***1*** **certamente; sicuramente** ***2*** **positivamente** ***3*** **concretamente; praticamente** ***4*** *(fam.)* **addirittura; proprio; davvero** ***5*** **ma sì; ma certo.**
positiveness ['pɔzitivnis] *n.* [U] ***1*** **positività** ***2*** **certezza; sicurezza.**
positivism ['pɔzitivizəm] *n.* [U] *(filos.)* **positivismo.**
positivist ['pɔzitivist] *n.* [C] *(filos.)* **positivista.**
positron ['pɔzitrɔn] *n.* [C] *(fis.)* **positrone.**
posology [pou'sɔlədʒi] *n.* [U] *(farm.)* **posologia.**
posse ['pɔsi] *n.* [C] **drappello; squadra d'armati.**
to **possess** [pə'zes] *v. t.* ***1*** **possedere; avere** ***2*** **invasare; ossessionare** ● *to p. oneself of st.,* impossessarsi di q.c.

possessed [pəˈzest] *a.* **indemoniato; invasato.**
possession [pəˈzeʃən] *n.* **1** [U] **possesso**: *to come into p. of st.*, entrare in possesso di q.c. **2** [C] (*specialm. al pl.*) **possedimento** (anche *polit.*); **proprietà**: *my personal possessions*, le mie proprietà personali.
possessive [pəˈzesiv] **A** *a.* **1** (specialm. *gramm.*) **possessivo 2** (di persona) **avido B** *n.* (*gramm.*) **1 caso possessivo 2 pronome possessivo; aggettivo possessivo** ● *a p. mother*, una madre opprimente.
possessor [pəˈzesə*] *n.* [C] **possessore; proprietario, proprietaria.**
posset [ˈpɔsit] *n.* [U] **bevanda di latte caldo, vino** (o **birra) e spezie varie.**
possibility [ˌpɔsəˈbiliti] *n.* **1** [U] **possibilità**: *There is no p. of his winning*, non c'è nessuna possibilità di vittoria per lui **2** (*al pl.*) **possibilità di successo 3** [C] **soluzione** (o **risultato) possibile.**
possible [ˈpɔsəbl] **A** *a.* **1 possibile 2** (*fam.*) **sopportabile; tollerabile B** *n.* **1 (il) possibile**: *to do one's p.*, fare il possibile **2** (*per lo più al pl.*) **possibilità 3** (nel tiro a segno) **(il) massimo dei punti** ● *as far as p.*, nei limiti del possibile □ *as soon as p.*, al più presto possibile; quanto prima □ *It's p.!*, può darsi!
possibly [ˈpɔsibli] *avv.* **1 in alcun modo 2 forse; può darsi 3** (*idiom.; per es. in:*) *It may p. be so*, può darsi che sia così □ *I cannot p. do it*, proprio non posso (farlo).
possum [ˈpɔsəm] *n.* [C] (*fam.; zool.*, Didelphis virginiana) **opossum.**
(1) post [poust] *n.* [C] **palo; pilastro; montante; puntello** ● *between you and me and the gate-p.*, (detto) in confidenza □ *door-p.*, stipite di porta □ (*naut.*) *rudder p.*, dritto del timone.
(1) to **post** [poust] *v. t.* **1** (anche *to p. up*) **affiggere; attaccare** (un manifesto, ecc.) **2 coprire** (un muro, ecc.) **di manifesti 3 affiggere all'albo; pubblicare** (a mezzo di manifesto) ● *« P. no bills! »*, divieto di affissione.
(2) post [poust] *n.* [C] **1** (*mil.*) **posto** (di sentinella, ecc.) **2 posto; posto di lavoro; impiego; carica 3** (anche *trading p.*) **stazione commerciale 4** (*mil.*) **suono di tromba** (segnale della ritirata).
(2) to **post** [poust] *v. t.* (*mil.*) **1 appostare; piazzare; collocare, mettere** (soldati in un posto) **2 dare il comando a; nominare** (un comandante) **3** (*bur., mil.*) **assegnare**: *to be posted to a regiment*, essere assegnato a un reggimento.
(3) post [poust] *n.* **1** [C] (un tempo) **corriere postale 2** [U] **posta; corrispondenza**: *to send st. by p.*, spedire q.c. per posta □ *by return of p.*, a giro di posta □ *Has the p. come yet?*, è arrivata la posta? **3 levata della posta**: *the morning p.*, la levata del mattino ● *p.-bag*, sacco postale □ *p. code*, codice d'avviamento postale □ *p.-free*, in franchigia □ *p. office*, ufficio postale □ *p.-office box*, casella postale □ *p.-paid*, porto pagato; affrancato □ *p. parcel*, pacco postale □ *by return of p.*, a giro di posta.
(3) to **post** [poust] **A** *v. i.* (un tempo) **viaggiare con cavalli di posta; viaggiare in diligenza B** *v. t.* **1 spedire per posta 2 impostare** (lettere, ecc.) **3** (*rag.*, anche *to p. up*) **registrare** (una partita) **a mastro 4** (*fam.*, anche *to p. up*) **informare** ● (di persona) *well-posted*, bene informato.
post- [poust] *pref.* **post-** (con valore temporale e locale).
postage [ˈpoustidʒ] *n.* [U] **tariffa postale; affrancatura** ● *p.-due stamp*, segnatasse □ *p.-stamp*, francobollo □ *extra p.*, soprattassa postale.
postal [ˈpoustəl] *a.* **postale**: *p. rates*, tariffe postali ● *p. order*, vaglia postale.
postcard [ˈpoustka:d] *n.* [C] **cartolina postale** (a volte illustrata).
to **postdate** [ˌpoustˈdeit] *v. t.* **1 postdatare** (un documento, un assegno, ecc.) **2 attribuire** (un avvenimento) **a una data più tarda.**
poster [ˈpoustə*] *n.* [C] **1 affisso; avviso; cartello; cartellone; manifesto 2** (anche *bill-p.*) **chi affigge manifesti; attacchino** ● *p. advertising*, pubblicità a mezzo affissione □ *p. designer*, cartellonista.
poste restante [ˌpoustˈrestɑ̃:nt] (*franc.*) *n.* **fermo posta.**
posterior [pɔsˈtiəriə*] **A** *a.* **posteriore B** *n.* **deretano.**
posterity [pɔsˈteriti] *n.* [U] **posterità; (i) posteri.**
postern [ˈpoustə:n] **A** *n.* [C] **porta secondaria B** *a. attr.* **posteriore; sul retro.**
postgraduate [ˌpoustˈgrædjuit] **A** *a.* **di perfezionamento**: *p. courses*, corsi di perfezionamento (per laureati) **B** *n.* **laureato che segue un corso di perfezionamento.**
posthumous [ˈpɔstjuməs] *a.* **postumo.**
posthumously [ˈpɔstjuməsli] *avv.* **dopo la morte.**
postil [ˈpɔstil] *n.* [C] (*stor.*) **postilla.**
postilion, postillion [pəsˈtiljən] *n.* [C] **postiglione.**
postman [ˈpoustmən] *n.* (*pl.* **postmen** [ˈpoustmən]) **postino; portalettere.**
postmark [ˈpoustma:k] *n.* [C] **bollo postale; timbro postale.**
to **postmark** [ˈpoustma:k] *v. t.* **timbrare** (una lettera).
postmaster [ˈpoustˌma:stə*] *n.* [C] **direttore d'un ufficio postale** ● *P. General*, Ministro delle Poste.
postmeridian [ˌpoustməˈridiən] *a.* **pomeridiano.**
post meridiem [ˌpoustməˈridiəm] (*lat.*) *avv.* (*abbr.* *P.M.*, *p.m.*) **dopo mezzogiorno.**
post-mortem [ˌpoustˈmɔ:təm] *a.* **(che avviene) dopo il decesso** (di q.) ● *p. examination*, autopsia.
to **postpone** [poustˈpoun] *v. t.* **posticipare; differire; rinviare.**
postponement [poustˈpounmənt] *n.* [U] e [C] **differimento; rinvio.**
postprandial [ˌpoustˈprændiəl] *a.* **dopo il pranzo; conviviale.**
postscript [ˈpousˌskript] *n.* [C] (*abbr.* *P.S.*) **poscritto.**
postulant [ˈpɔstjulənt] *n.* [C] (specialm. *relig.*) **postulante.**
to **postulate** [ˈpɔstjuleit] *v. t.* e *i.* **1 postulare 2 ammettere; supporre.**
postulate [ˈpɔstjulit] *n.* [C] **1** (*filos., mat.*) **postulato 2 principio basilare.**
postulation [ˌpɔstjuˈleiʃən] *n.* **1** [U] **postulazione 2** [C] **postulato.**
posture [ˈpɔstʃə*] *n.* [C] e [U] **1 positura; posizione; posa; atteggiamento** (anche della mente) **2 condizione; stato delle cose; situazione.**
to **posture** [ˈpɔstʃə*] **A** *v. t.* **mettere** (q.) **in una posizione** (o **in una posa); atteggiare B** *v. i.* **posare; mettersi in posa; atteggiarsi.**
post-war [ˌpoustˈwɔ:*] *a. attr.* **postbellico; del dopoguerra.**
posy [ˈpouzi] *n.* [C] **mazzetto di fiori.**
pot [pɔt] *n.* [C] **1 pentola; marmitta; pignatta 2 vaso; vasetto**: *a jam-pot*, un vasetto da marmellata **3 boccale; brocca 4** (*fam.*, anche *pot of money*) **mucchio di quattrini; forte somma di denaro 5** (*fam.*, anche *big pot*) **pezzo grosso; persona importante 6** (*fam.*) **coppa d'argento; premio** (in genere) **7** (anche *pot-shot*) **tiro facile; tiro a casaccio 8** (*fam.*) **posta, piatto** (nei giochi di carte) **9** [U] (*pop.*) **marijuana; erba** (*pop.*) ● *pots and pans*, batteria da cucina □ (*pop.*) *to go to pot*, andare in malora □ (*fig.*) *to keep the pot boiling*, guadagnar tanto da vivere; tirare avanti □ (*fig.*) *The pot calls the kettle black*, la padella dice al paiolo: « Fatti in là che mi tingi »; (senti) da che pulpito viene la predica!
to **pot** [pɔt] **A** *v. t.* **1 mettere (o conservare) in vaso 2 mettere** (una pianta) **in vaso; invasare 3 cuocere in pentola 4 cacciare** (selvaggina) **per la mensa 5** (*fam.*) **ottenere; vincere B** *v. i.* (*biliardo*) **far biglia.**
potable [ˈpoutəbl] *a.* **potabile; bevibile.**
potash [ˈpɔtæʃ] *n.* [U] (*chim.*) **potassa.**
potassium [pəˈtæsjəm] *n.* [U] (*chim.*) **potassio.**
potation [pouˈteiʃən] *n.* (*generalm. al pl.*) **bevuta; libagione.**
potato [pəˈteitou] *n.* (*pl.* **potatoes**) (*bot.*, Solanum tuberosum) **patata** ● *p. chips*, patatine fritte □ *p. flour*, fecola di patate □ *mashed potatoes*, purè di patate.
pot-bellied [ˈpɔtˌbelid] *a.* (*fam.*) **panciuto.**

potbelly ['pɔt,beli] *n.* [C] **1 pancione; grossa pancia 2 pancione; grassone.**
pot-boiler ['pɔt,bɔilə*] *n.* [C] *(fam.)* **opera letteraria** (o **d'arte) prodotta a scopo di lucro.**
pot-boy ['pɔt,bɔi] *n.* [C] **garzone d'osteria.**
potency ['poutənsi] *n.* [U] **potenza; efficacia.**
potent ['poutənt] *a.* **potente; efficace.**
potentate ['poutənteit] *n.* [C] **potentato** *(raro);* **monarca.**
potential [pə'tenʃəl] ***A*** *a. (filos., fis., gramm.)* **potenziale *B*** *n.* ***1*** *(gramm.)* **congiuntivo potenziale *2*** *(elettr.)* **potenziale.**
potentiality [pə,tenʃi'æliti] *n.* ***1*** [U] **potenzialità *2*** *(al pl.)* **risorse.**
to **potentiate** [pə'tenʃieit] *v. t.* **potenziare.**
pothead ['pɔthed] *n.* [C] *(pop.)* **fumatore abituale di marijuana.**
pother ['pɔðə*] *n. (con l'art. indeterm.)* ***1*** **nuvola di polvere *2* chiasso; baccano** • *to make* (o *to raise) a p. about st.*, fare un putiferio per q.c.
pot-herb ['pɔthə:b] *n.* [C] **erba aromatica.**
pot-hole ['pɔthoul] *n.* [C] ***1*** *(geol.)* **marmitta *2*** (nella strada) **buca.**
pot-hook ['pɔthuk] *n.* [C] ***1*** **gancio della catena del focolare *2* asta ricurva** (segno di scrittura infantile).
pothouse ['pɔthaus] *n.* [C] **osteria; bettola; birreria.**
pot-hunter ['pɔt,hʌntə*] *n.* [C] *(spreg.)* **collezionista di coppe sportive.**
potion ['pouʃən] *n.* [C] **pozione; bevanda medicinale** (o **velenosa).**
pot-luck [,pɔt'lʌk] *n.* [U] **pasto alla buona** • *to take p.*, mangiare quel che passa il convento.
potman ['pɔtmən] *n.* (*pl.* **potmen** ['pɔtmən]) **garzone di osteria.**
pot roast ['pɔtroust] *n.* [U] *(cucina)* **brasato.**
potsherd ['pɔt,ʃə:d] *n.* [C] *(archeol.)* **frammento di vaso.**
pottage ['pɔtidʒ] *n.* [U] *(arc.)* **brodo denso; zuppa.**
potted ['pɔtid] *a.* ***1*** (di pianta) **in vaso *2*** (di carne o pesce) **in pasta** (dentro un vaso) ***3*** *(fig., spreg.)* **riassunto alla meglio; condensato.**
potter ['pɔtə*] *n.* [C] **vasaio; pentolaio.**
to **potter** ['pɔtə*] *v. i.* **gingillarsi; lavoricchiare.**
pottery ['pɔtəri] *n.* ***1*** [U] **ceramiche; stoviglie; terraglie *2*** [U] **industria della ceramica *3*** [C] **fabbrica di ceramiche** (o **di stoviglie).**
(1) potty ['pɔti] *a. (fam.)* ***1*** **piccolo; insignificante *2* matto; pazzo** • *to be p. about st.*, andare pazzo per q.c.
(2) potty ['pɔti] *n.* [C] *(fam.)* **vasino** (linguaggio infant.).
pouch [pautʃ] *n.* [C] ***1*** **borsa; sacchetto**: *a tobacco p.*, una borsa da tabacco □ *pouches under the eyes,* borse sotto gli occhi ***2*** *(zool.)* **marsupio *3*** (anche *ammunition p.*) **cartucciera; giberna.**
to **pouch** [pautʃ] ***A*** *v. t.* ***1*** **mettere in una borsa *2* gonfiare** (a mo' di borsa) ***B*** *v. i.* **gonfiarsi.**
pouched [pautʃt] *a.* ***1*** **provvisto di borse *2* a forma di borsa.**
pouchy ['pautʃi] *a.* **a forma di borsa.**
pouf(fe) [pu:f] *(franc.) n.* [C] **« pouf »; puf.**
poult [poult] *n.* [C] *(zool.)* ***1*** **pollastro *2* tacchino giovane.**
poulterer ['poultərə*] *n.* [C] **pollaiolo; pollivendolo.**
poultice ['poultis] *n.* [C] **cataplasma; impiastro.**
to **poultice** ['poultis] *v. t.* **mettere un impiastro su.**
poultry ['poultri] *n. (collett.)* **pollame** • *p. farm.*, allevamento di polli □ *p. farmer,* pollicoltore □ *p. farming,* pollicoltura □ *p. shop,* polleria.
(1) pounce [pauns] *n.* [C] **balzo** (d'un animale da preda, ecc.).
(1) to **pounce** [pauns] *v. t.* e *i.* (spesso *to p. on*) **balzare addosso a; piombare su.**
(2) pounce [pauns] *n.* [U] *(disegno)* **spolvero.**
(2) to **pounce** [pauns] *v. t.* **ricalcare** (un disegno).
(1) pound [paund] *n.* [C] ***1*** **libbra** (unità di peso) ***2*** (anche *p. sterling*) **lira sterlina** (unità del sistema monetario ingl.): *a five-p. note,* un biglietto da cinque sterline.
(2) pound [paund] *n.* [C] **forte colpo; botta; tonfo.**
(1) to **pound** [paund] *v. t.* e *i.* ***1*** **battere; colpire** (coi pugni, ecc.); **pestare; strimpellare**: *to p. (on) the piano,* pestare (o strimpellare) il pianoforte ***2*** **pestare; ridurre in polvere; polverizzare; tritare *3*** (anche *to p. along*) **camminare a gran passi; andare di gran carriera** • *to p. st. into a jelly,* ridurre q.c. allo stato gelatinoso □ *to p. st. to pieces,* stritolare q.c.
(3) pound [paund] *n.* [C] ***1*** **recinto per animali randagi; canile pubblico *2* deposito auto** (rimosse per ostruzione al traffico) ***3*** *(fig.)* **luogo di confino; prigione.**
(2) to **pound** [paund] *v. t.* ***1*** **mettere** (bestiame) **al chiuso *2*** *(fig.)* **rinchiudere; imprigionare.**
poundage ['paundidʒ] *n.* [C] *(comm.)* **percentuale calcolata a un tanto la sterlina** (o **la libbra).**
(1) pounder ['paundə*] *n.* [C] (di solito nei composti) **animale** (o **cosa) che pesa un certo numero di libbre.**
(2) pounder ['paundə*] *n.* [C] **pestello.**
to **pour** [pɔ:*] ***A*** *v. t.* ***1*** **versare; gettare** (un liquido): *P. yourself another cup of tea,* versati un'altra tazza di tè ***2*** — *to p. down* (o *forth, out),* emettere (suoni); diffondere (luce, calore); narrare profusamente ***3*** *(fig.)* **elargire; largire** *(lett.)*: *to p. out gifts,* elargire doni ***4*** *(metall.)* **colare *B*** *v. i.* ***1*** (di liquido, ecc.) **riversarsi; fluire copioso; sgorgare *2*** (*impers.*, anche *to p. down*) **piovere a dirotto** • *(fig.) to p. cold water on,* smorzare (l'entusiasmo di q.); gettare acqua fredda su (un progetto) □ *(fig.) to p. in,* arrivare in gran numero; affluire; riversarsi □ *(fig.) to p. out,* uscire in gran numero; riversarsi fuori □ *to p. out money,* scialacquare denaro.
pour [pɔ:*] *n.* [C] ***1*** (di solito *downpour)* **acquazzone *2*** *(metall.)* **colata.**
to **pout** [paut] ***A*** *v. i.* **sporgere le labbra; mettere il broncio *B*** *v. t.* **sporgere** (le labbra).
pout [paut] *n.* [C] **broncio** • *to be in the pouts,* avere il broncio.
pouting ['pautiŋ] *a.* **imbronciato.**
poutingly ['pautiŋli] *avv.* **col broncio; di malumore.**
poverty ['pɔvəti] *n.* [U] **povertà; indigenza; miseria.**
poverty-stricken ['pɔvərti,strikn] *a.* **(molto) povero; misero; miserabile.**
powder ['paudə*] *n.* ***1*** [U] **polvere** (materia ridotta in polvere) ***2*** [C] *(farm.)* **polverina *3*** [U] (anche *gunpowder*) **polvere da sparo *4*** [U] (anche *bath-p.*) **polvere da bagno; borotalco *5*** [U] (anche *face-p.*) **cipria** • *p. factory,* polverificio □ *(mil.) p. magazine,* polveriera; *(naut.)* santabarbara □ *(fig.) to keep one's p. dry,* essere pronto a ogni evenienza.
to **powder** ['paudə*] ***A*** *v. t.* ***1*** **spolverizzare *2* incipriare *3* ridurre in polvere; polverizzare *B*** *v. i.* ***1*** **polverizzarsi *2* incipriarsi** • *powdered milk,* latte in polvere.
powder-puff ['paudəpʌf] *n.* [C] **piumino della cipria.**
powdery ['paudəri] *a.* ***1*** **polverizzato; in polvere *2* friabile; polveroso *3* incipriato *4* pulverulento.**
power ['pauə*] *n.* ***1*** [U] e [C] **potere; potenza; facoltà; forza; possibilità; potestà; vigore**: *to have sb. in one's p.*, avere q. in proprio potere □ *(polit.) the powers of the Premier,* i poteri del Primo Ministro □ *(polit.) the Great Powers,* le Grandi Potenze □ *(mat.) 16 is the fourth p. of 2,* 16 è la quarta potenza di 2 □ *(fis.) heating p.*, potere calorifico ***2*** [U] *(mecc.)* **forza motrice *3*** [U] *(elettr.)* **corrente; energia**: *electric p.*, energia elettrica ***4*** *(con l'art. indeterm.) (fam.)* **quantità; sacco; mucchio**: *a p. of work,* un sacco di lavoro • *p. politics,* la politica della forza; la politica del pugno di ferro □ *the balance of p.*, l'equilibrio politico □ *to do everything in one's p.*, fare tutto il possibile □ *(polit.) to be in p.*, essere al potere □ *(scient.) sources of p.*, fonti energetiche □ *to tax one's powers to the utmost,* imporre a se stessi il massimo sforzo □ *Merciful powers!,* buon Dio!
to **power** ['pauə*] *v. t.* **fornire di motore; motorizza-**

re.

powered ['pauəd] *a.* **azionato da motore; motorizzato** ● *oil-p. central heating,* riscaldamento centrale a nafta (o a gasolio).

powerful ['pauəful] *a.* **potente; energico; forte; possente; vigoroso.**

power-house ['pauəhaus] *n.* [C] **centrale elettrica.**

powerless ['pauəlis] *a.* ***1*** **senza potere** ***2*** **debole; fiacco; impotente.**

power-station ['pauə,steiʃən] *n.* [C] **centrale elettrica.**

pow-wow ['pauwau] *n.* [C] ***1*** **assemblea** (di indiani del Nord America) ***2*** *(fam.)* **riunione, discussione** (in genere; specialm. *polit.).*

to **pow-pow** ['pauwau] *v. i.* ***1*** (degli indiani d'America) **tenere un'assemblea** ***2*** *(fam.)* **tenere una riunione; discutere.**

pox [pɔks] *n. (generalm. con l'art. determ.) (med.)* **sifilide.**

pozz(u)olana [,pɔtswə'la:nə] *(ital.) n.* [U] e [C] *(geol.)* **pozzolana.**

practicability [,præktikə'biliti] *n.* [U] ***1*** **praticabilità** ***2*** **praticità.**

practicable ['præktikəbl] *a.* ***1*** **praticabile; effettuabile** ***2*** (di strada) **transitabile** ***3*** **pratico; funzionale.**

practical ['præktikəl] *a.* ***1*** **pratico; concreto** ***2*** **pratico; funzionale** ***3*** **esperto; perito** ***4*** **effettivo; reale; vero e proprio** ***5*** **praticabile; fattibile; effettuabile** ● *p. science,* scienze applicate □ *for all p. purposes,* a tutti gli effetti.

practicality [,prækti'kæliti] *n.* [U] ***1*** **praticità** ***2*** **praticabilità.**

practically ['præktikəli] *avv.* ***1*** **praticamente** ***2*** **in realtà; di fatto** ***3*** **quasi; pressoché**: *p. nothing,* nulla o quasi.

practice ['præktis] *n.* ***1*** [U] **pratica** (opposto di « teoria »): *to put st. into p.,* mettere in pratica q.c. ***2*** [C] **pratica; abitudine; consuetudine**: *Roman Catholic practices,* pratiche religiose cattoliche; riti cattolici ***3*** [U] (d'un dottore, avvocato) **esercizio della professione; pratica** (professionale) ***4*** [C] (d'un dottore, avvocato) **clientela**: *Dr. Brown has a large p.,* il dottor Brown ha una vasta clientela ***5*** [U] **esercizio;** *(mil.)* **esercitazioni;** *(sport)* **allenamento**: *to be in (out of) p.,* essere in (fuori) esercizio ● *artful practices,* stratagemmi; trucchi □ *to make a p. of doing st.,* prendere l'abitudine di fare q.c.

practician [præk'tiʃən] *n.* [C] **professionista;** (specialm.) **medico generico.**

to **practise** ['præktis] ***A*** *v. t.* ***1*** **esercitare; professare**: *to p. medicine,* esercitare la medicina ***2*** **mettere in pratica; seguire** ***3*** **esercitarsi a; allenarsi a**: *to p. the piano,* esercitarsi al piano ***4*** **avere l'abitudine di**: *to p. early rising,* avere l'abitudine d'alzarsi di buon mattino ***B*** *v. i.* ***1*** **far pratica; esercitarsi; allenarsi** ***2*** **esercitare (una professione)** ● *to p. upon sb.,* approfittare di q.

practised ['præktist] *a.* ***1*** **esperto; perito; pratico; provetto** ***2*** *(spreg.)* **artefatto; artificiale.**

practitioner [præk'tiʃnə*] *n.* [C] **professionista;** (specialm.) **medico generico** (anche *general p.*).

praetor ['pri:tə*] *n.* [C] *(stor. romana)* **pretore.**

praetorial [pri:'tɔ:riəl] *a. (stor. romana)* **pretoriale.**

praetorian [pri:'tɔ:riən] *a.* e *n. (stor. romana)* **pretoriano** ● *the p. guard,* i pretoriani.

pragmatic [præg'mætik] *a.* ***1*** **prammatico** ***2*** *V.* **pragmatical.**

pragmatical [præg'mætikəl] *a.* ***1*** *(filos.)* **pragmatistico** ***2*** **dogmatico; intransigente.**

pragmatism ['prægmətizəm] *n.* [U] ***1*** *(filos.)* **pragmatismo** ***2*** **dogmatismo; pedanteria.**

pragmatist ['prægmətist] *n.* [C] *(filos.)* **pragmatista.**

prairie ['prɛəri] *n.* [C] **prateria** ● *(zool.) p. wolf* (Canis latrans), coyote; cane delle praterie.

to **praise** [preiz] ***A*** *v. t.* ***1*** **lodare; elogiare; encomiare** ***2*** **glorificare; esaltare** ***B*** to **praise oneself** *v. rifl.* **lodarsi; incensarsi.**

praise [preiz] *n.* [U] *(anche al pl.)* **lode; elogio; encomio** ● *beyond p.,* superiore a ogni elogio □ *to be loud in one's p.,* approvare a gran voce □ *P. be to God!,* lode al Signore!

praiseworthiness ['preiz,wə:ðinis] *n.* [U] **lodevolezza.**

praiseworthy ['preiz,wə:ði] *a.* **lodevole; lodabile; encomiabile.**

praline ['pra:li:n] *n.* [C] **pralina.**

pram [præm] *n.* [C] *(abbr. fam.* di **perambulator**) **carrozzina per bambini.**

to **prance** [pra:ns] ***A*** *v. i.* ***1*** (del cavallo) **impennarsi** ***2*** *(fig.,* anche *to p. about)* **camminare impettito; darsi arie** ***3*** *(fam.:* di bambino) **far capriole; ruzzare** ***B*** *v. t.* **far impennare** (un cavallo).

prance [pra:ns] *n.* [C] (del cavallo) **impennata.**

to **prang** [præŋ] *v. t. (gergo della R.A.F.)* **bombardare efficacemente; colpire in pieno** (un bersaglio).

prank [præŋk] *n.* [C] ***1*** **birichinata; marachella; monelleria; scherzo**: *to play a p. on sb.,* fare uno scherzo a q. ***2*** **saltello; sgambetto.**

to **prank** [prænk] ***A*** *v. t.* **adornare** ***B*** *v. i.* e to **prank oneself** *v. rifl.* **adornarsi; agghindarsi.**

prankish ['præŋkiʃ] *a.* **birichino; burlone; sbarazzino.**

prankster ['præŋkstə*] *n.* [C] *(fam.)* **burlone; mattacchione.**

praseodymium [,preiziou'dimiəm] *n.* [U] *(chim.)* **praseodimio.**

prat [præt] *n.* [C] *(pop., spreg.)* **buono a nulla; stupido; tonto.**

to **prate** [preit] *v. i.* **chiacchierare; ciarlare; parlare a vanvera.**

to **prattle** ['prætl] *v. i.* ***1*** *V.* to **prate** ***2*** (di bambino) **cinguettare.**

prattle ['prætl] *n.* [U] ***1*** **chiacchiere; ciance; ciarle** ***2*** (di bambino) **cinguettìo.**

prawn [prɔ:n] *n.* [C] *(zool.,* Pandalus, Palaemon, ecc.) **gamberetto** ● *(cucina) p. cocktail,* antipasto di gamberetti.

to **prawn** [prɔ:n] *v. i.* **andare a pesca di gamberetti.**

praxis ['præksis] *n.* *(pl.* **praxes** ['præksi:z], **praxises**) **prassi.**

to **pray** [prei] *v. t.* e *i.* **pregare; implorare; impetrare; supplicare**: *to p. God.,* pregare Iddio □ *to p. to God for help,* implorare l'aiuto divino ● *(lett.) p.,* per favore; ti prego; di grazia.

prayer [prɛə*] *n.* [C] ***1*** **preghiera; orazione**: *to say one's prayers,* dire le preghiere ***2*** **domanda giudiziale** *(leg.);* **istanza** ● *the P. Book* (o *the Book of Common P.),* il Libro delle Preghiere (della liturgia anglicana) □ *to kneel down in p.,* inginocchiarsi in atto di preghiera □ *the Lord's P.,* il paternostro.

prayerful ['prɛəful] *a.* **devoto; fervente; pio.**

pre- [pri:] *pref.* **pre-** (indica un rapporto di anteriorità nel tempo e nello spazio oppure preferenza, superiorità su altri).

to **preach** [pri:tʃ] *v. t.* e *i.* **predicare** (anche *fig.)* ● *to p. down,* menomare; screditare □ *to p. a sermon,* fare una predica □ *to p. up,* esaltare.

preach [pri:tʃ] *n.* [C] *(fam.)* **predica; sermone.**

preacher ['pri:tʃə*] *n.* [C] ***1*** **predicatore, predicatrice** ***2*** *(relig.)* **pastore.**

to **preachify** ['pri:tʃifai] *v. i.* **predicare; sermoneggiare.**

preaching ['pri:tʃiŋ] *n.* ***1*** [U] **predicazione** ***2*** [C] **predica; sermone.**

preachy ['pri:tʃi] *a. (fam.)* ***1*** **incline a far prediche; moraleggiante; sermoneggiante** ***2*** **che sa di predica; predicatorio.**

preamble [pri:'æmbl] *n.* [C] **preambolo; prefazione; proemio.**

to **preamble** [pri:'æmbl] *v. i.* **fare un preambolo; far preamboli.**

to **preannounce** [,pri:ə'nauns] *v. t.* **preannunciare.**

to **prearrange** [,pri:ə'reindʒ] *v. t.* **predisporre.**

prebend ['prebənd] *n.* [C] *(relig.)* **prebenda.**

prebendary ['prebəndəri] *n.* [C] *(relig.)* **prebendario.**

precarious [pri'kɛəriəs] *a.* **precario; aleatorio; incerto** ● *a p. assertion,* un'affermazione gratuita.

precariousness [pri'kεəriəsnis] *n.* [U] **precarietà; aleatorietà; incertezza.**
precaution [pri'kɔ:ʃən] *n.* [U] e [C] **precauzione.**
precautionary [pri'kɔ:ʃənəri] *a.* **precauzionale.**
to **precede** [pri(:)'si:d] *v. t.* e *i.* ***1*** **precedere** ***2*** **far precedere.**
precedence ['presidəns] *n.* [U] **precedenza; priorità.**
precedent ['presidənt] *n.* [C] *(*specialm. *leg.)* **precedente (giudiziario)**: *to set a p.*, creare un precedente.
precedented ['presidəntid] *a.* *(leg.)* **che si basa su un precedente.**
preceding [pri(:)'si:diŋ] *a.* **precedente.**
precentor [pri(:)'sentə*] *n.* [C] *(relig.)* **maestro del coro.**
precept ['pri:sept] *n.* [C] e [U] **precetto; massima.**
preceptive [pri(:)'septiv] *a.* **precettivo; didattico.**
preceptor [pri'septə*] *n.* [C] **precettore; istitutore.**
preceptress [pri'septris] *n.* **precettrice; istitutrice.**
precession [pri'seʃən] *n.* [C] e [U] *(astron., mecc.)* **precessione.**
pre-Christian [pri'kristjən] *a.* **precristiano.**
precinct ['pri:siŋ*k*t] *n.* [C] ***1*** **recinto**: *the sacred precincts,* i sacri recinti (d'una chiesa); il sagrato ***2*** *(al pl.)* **dintorni, vicinanze** (d'una città) ***3*** *(al pl.)* **confini; limiti** ***4*** *(USA)* **circoscrizione elettorale.**
preciosity [,preʃi'ɔsiti] *n.* [U] **preziosità; ricercatezza.**
precious ['preʃəs] *a.* ***1*** **prezioso;** (di stile) **ricercato**: *p. stones,* pietre preziose ***2*** *(fam., iron.)* **completo; perfetto; bello**: *a p. liar,* un perfetto bugiardo ● *(fam.) p. little equipment,* pochissime attrezzature.
preciousness ['preʃəsnis] *n.* [U] **preziosità; gran pregio; ricercatezza.**
precipice ['presipis] *n.* [C] **precipizio; parete scoscesa.**
(1) precipitate [pri'sipitit] *n.* [C] *(chim.)* **precipitato.**
(2) precipitate [pri'sipitit] *a.* **precipitoso; avventato.**
to **precipitate** [pri'sipiteit] *v. t.* e *i.* **precipitare** (in ogni senso).
precipitation [pri,sipi'teiʃən] *n.* ***1*** [U] **precipitazione; fretta** ***2*** [U] e [C] *(meteorologia, chim.)* **precipitazione.**
precipitous [pri'sipitəs] *a.* **erto; ripido; scosceso.**
précis ['preisi:] *(franc.) n.* (*pl.* **précis** ['preisi:z]) **compendio; sunto; riassunto.**
to **précis** ['preisi:] *v. t.* **compendiare; riassumere.**
precise [pri'sais] *a.* **preciso; esatto; accurato; attento; scrupoloso.**
precisely [pri'saisli] *avv.* ***1*** **precisamente; con precisione; con esattezza** ***2*** **proprio**: *P. (so)!,* proprio così!; davvero!
preciseness [pri'saisnis] *n.* [U] **precisione; esattezza; scrupolosità.**
precisian [pri'siʒən] *n.* [C] **rigorista.**
precisianism [pri'siʒənizəm] *n.* [U] **rigorismo.**
precision [pri'siʒən] *n.* [U] **precisione; accuratezza; esattezza** ● *p. instruments,* strumenti di precisione.
precision-made [pri,siʒən'meid] *a.* *(comm.:* di un prodotto*)* **di precisione.**
to **preclude** [pri'klu:d] *v. t.* **precludere; impedire**: *to p. sb. from doing st.,* impedire a q. di fare q.c.
preclusion [pri'klu:ʒən] *n.* [U] **preclusione; impedimento.**
preclusive [pri'klu:siv] *a.* **preclusivo; che è d'impedimento.**
precocious [pri'kouʃəs] *a.* ***1*** **precoce** *(fig.)*: *a p. child,* un fanciullo precoce ***2*** *(bot.:* di pianta*)* **precoce;** (di frutto) **primaticcio.**
precocity [pri'kɔsiti] *n.* [U] **precocità** *(*anche *bot.).*
precognition [,pri:kɔg'niʃən] *n.* [U] e [C] **precognizione.**
to **preconceive** [,pri:kən'si:v] *v. t.* **farsi anzitempo un'opinione di** (q. o q.c.).
preconceived [,pri:kən'si:vd] *a.* **preconcetto.**
preconception [,pri:kən'sepʃən] *n.* [C] **preconcetto; pregiudizio.**
preconcerted [,pri:kən'sə:tid] *a.* **predisposto; prestabilito.**
precondition [,pri:kən'diʃən] *n.* [C] **requisito indispensabile.**
to **precook** [pri:'kuk] *v. t.* **cucinare in anticipo.**
precursor [pri:'kə:sə*] *n.* [C] ***1*** **precursore** ***2*** **predecessore.**
precursory [pri:'kə:səri] *a.* ***1*** **precursore; foriero** ***2*** **preliminare.**
predacious [pri'deiʃəs] *a.* (specialm. d'animale) **predatore; rapace.**
to **predate** [pri:'deit] *v. t.* **predatare; antidatare.**
predator ['predətə*] *n.* [C] **predatore.**
predatory ['predətəri] *a.* (d'animale) **predatore;** *(*anche *fig.)* **rapace** ● *p. tribes,* tribù di predoni.
to **predecease** [,pri:di'si:s] *v. t.* *(leg.)* **premorire a** (q.).
predecessor ['pri:disesə*] *n.* [C] ***1*** **predecessore** ***2*** **antenato.**
predestinarian [,pri(:)desti'nεəriən] *(relig.)* ***A*** *a.* **della predestinazione** ***B*** *n.* **chi crede nella predestinazione.**
to **predestinate** [pri:'destineit] *v. t.* *(*anche *relig.)* **predestinare.**
predestination [pri:,desti'neiʃən] *n.* [U] *(*specialm. *relig.)* **predestinazione.**
to **predestine** [pri:'destin] *v. t.* *(*anche *relig.)* **predestinare.**
predetermination [,pri:di,tə:mi'neiʃən] *n.* [U] **predeterminazione.**
to **predetermine** [,pri:di'tə:min] *v. t.* **predeterminare.**
predicament [pri'dikəmənt] *n.* [C] ***1*** **situazione difficile; imbarazzo; imbroglio** ***2*** *(filos.)* **predicamento; categoria.**
to **predicate** ['predikeit] *v. t.* **affermare; asserire.**
predicate ['predikit] *n.* [C] *(gramm., filos.)* **predicato.**
predication [,predi'keiʃən] *n.* [U] e [C] ***1*** **affermazione; asserzione** ***2*** *(filos.)* **predicato.**
predicative [pri'dikətiv] *a.* ***1*** **affermativo** ***2*** *(gramm.)* **predicativo.**
to **predict** [pri'dikt] *v. t.* **predire; presagire.**
prediction [pri'dikʃən] *n.* [U] e [C] ***1*** **predizione; profezia** ***2*** *(meteorologia)* **previsione.**
predictor [pri'diktə*] *n.* [C] **chi predice; profeta.**
to **predigest** [,pri:dai'dʒest] *v. t.* ***1*** (specialm. *ind.)* **rendere** (un alimento) **più digeribile** ***2*** *(fig.)* **semplificare, volgarizzare** (un libro, ecc.).
predilection [,pri:di'lekʃən] *n.* [C] **predilezione.**
to **predispose** [,pri:dis'pouz] *v. t.* **predisporre.**
predisposition [,pri:dispə'ziʃən] *n.* [C] **predisposizione; inclinazione.**
predominance [pri'dɔminəns] *n.* [U] **predominio; preponderanza.**
predominant [pri'dɔminənt] *a.* **predominante; prevalente.**
to **predominate** [pri'dɔmineit] *v. i.* **predominare; prevalere.**
pre-eminence [pri:'eminəns] *n.* [U] **preminenza.**
pre-eminent [pri:'eminənt] *a.* **preminente.**
to **pre-empt** [pri(:)'empt] *v. t.* *(leg.)* **ottenere** (q.c.) **valendosi del diritto di prelazione.**
pre-emption [pri(:)'empʃən] *n.* [U] *(leg.)* **diritto di prelazione.**
to **preen** [pri:n] ***A*** *v. t.* (di un uccello) **lisciarsi** (le penne) **col becco** ***B*** to **preen oneself** *v. rifl.* (di persona) **agghindarsi, azzimarsi;** *(fig.)* **pavoneggiarsi.**
to **pre-establish** [,pri:is'tæbliʃ] *v. t.* **prestabilire.**
to **pre-exist** [,pri:ig'zist] *v. i.* **preesistere.**
pre-existence [,pri:ig'zistəns] *n.* [U] **preesistenza.**
pre-existent [,pri:ig'zistənt] *a.* **preesistente.**
prefab ['pri:fæb] *n.* (*abbr. fam.* di **prefabricated house**) **casa prefabbricata; prefabbricato.**
to **prefabricate** [pri:'fæbrikeit] *v. t.* *(edil.)* **prefabbricare.**
prefabrication [pri:,fæbri'keiʃən] *n.* [U] *(edil.)* **prefabbricazione.**
preface ['prefis] *n.* [C] ***1*** **prefazione; proemio** ***2*** *(relig.)*

prefazio.
to **preface** ['prefis] *v. t.* **1 fare la prefazione a** (un libro); **fare l'introduzione a** (un discorso) **2 far precedere da.**
prefatory ['prefətəri] *a.* **preliminare; introduttivo.**
prefect ['pri:fekt] *n.* [C] *(stor. romana, polit.)* **prefetto.**
prefectoral [pri(:)'fektərəl], **prefectorial** [,pri(:)fek'tɔ:riəl] *a.* **di prefetto; prefettizio.**
prefecture ['pri:fektjuə*] *n.* [C] *(stor., polit.)* **prefettura.**
to **prefer** [pri'fə:*] *v. t.* **1 preferire**: *I p. wine to beer,* preferisco il vino alla birra **2** *(leg.)* **avanzare; presentare**: *to p. a charge against sb.,* presentare un'accusa (o sporgere querela) contro q. **3 promuovere; elevare** (a un grado più alto) ● *(fin. USA) preferred stock,* azioni privilegiate (o preferenziali).
preferable ['prefərəbl] *a.* **preferibile.**
preference ['prefərəns] *n.* [C] e [U] **preferenza; predilezione** ● *(fin.) p. stock* (o *p. shares*), azioni privilegiate (o preferenziali).
preferential [,prefə'renʃəl] *a.* **preferenziale; privilegiato.**
preferment [pri'fə:mənt] *n.* [U] e [C] **promozione; avanzamento.**
to **prefigure** [pri:'figə*] *v. t.* **1 prefigurare 2 figurarsi.**
to **prefix** [pri:'fiks] *v. t.* **1 premettere; far precedere 2** *(gramm.)* **mettere come prefisso** (a una parola).
prefix ['pri:fiks] *n.* [C] **1** *(gramm.)* **prefisso 2 titolo** (premesso a un nome).
preformation [,pri:fɔ:'meiʃən] *n.* [U] (anche *biol.*) **preformazione.**
preggers ['pregəz] *a.* *(pop.)* **incinta; gravida.**
pregnable ['pregnəbl] *a.* **espugnabile; vulnerabile.**
pregnancy ['pregnənsi] *n.* [U] **1 gravidanza 2** *(fig.)* **importanza; pienezza; profondità** ● *(med.) p. test,* analisi di gravidanza.
pregnant ['pregnənt] *a.* **1** (di donna) **incinta; gravida 2** (di bestia) **gravida; pregna 3** *(fig.)* **fecondo; fertile; prolifico 4** *(fig.)* **pregnante** *(lett.)*; **suggestivo; importante; pieno; profondo.**
prehensile [pri'hensail] *a.* *(zool.)* **prensile.**
prehistoric(al) [,pri:*h*is'tɔrik(əl)] *a.* **preistorico.**
prehistory [pri:'histəri] *n.* [U] **preistoria.**
to **prejudge** [pri:'dʒʌdʒ] *v. t.* **giudicare prematuramente.**
prejudice ['predʒudis] *n.* [U] e [C] **pregiudizio; preconcetto; prevenzione;** (specialm. *leg.*) **danno**: *to have a p. against st.,* aver pregiudizi contro q.c. □ *without p. to anybody,* senza recare pregiudizio ad alcuno □ *to the p. of sb.,* con danno di q.
to **prejudice** ['predʒudis] *v. t.* **1 pregiudicare; compromettere 2 disporre male** (verso); **metter su** (contro) ● *to p. sb. in favour of sb. else,* disporre bene q. verso q. altro.
prejudiced ['predʒudist] *a.* **che ha pregiudizi; prevenuto.**
prejudicial [,predʒu'diʃəl] *a.* **pregiudizievole; dannoso.**
prelacy ['preləsi] *n.* [U] e [C] *(relig.)* **prelatura.**
prelate ['prelit] *n.* [C] *(relig.)* **1 prelato 2** *(stor.)* **abate; priore.**
prelatic(al) [pri'lætik(əl)] *a.* **prelatizio;** *(spreg.)* **prelatesco.**
prelim ['pri:lim, pri'lim] *n.* (*abbr. fam.* di **preliminary examination**) *(generalm. al pl.)* **esame preliminare.**
preliminary [pri'lim*i*nəri] **A** *a.* **preliminare**: *a p. examination,* un esame preliminare **B** *n.* *(generalm. al pl.)* **preliminare.**
prelude ['prelju:d] *n.* [C] **preludio** (anche *mus.*).
to **prelude** ['prelju:d] *v. t.* e *i.* **preludere** (a); **far da preludio** (a).
premarital [pri:'mæritəl] *a.* **prematrimoniale.**
premature [,premə'tjuə*] *a.* **prematuro; anticipato; intempestivo.**
prematureness [,premə'tjuənis] *n.* [U] **prematurità; intempestività; precocità.**
to **premeditate** [pri(:)'mediteit] *v. t.* **premeditare.**
premeditation [pri(:),medi'teiʃən] *n.* [U] **premeditazione.**
premier ['premjə*] **A** *a.* **primo B** *n.* [C] *(polit.)* **Primo Ministro.**
première ['premiεə*] *(franc.)* *n.* [C] *(teatr., cinem.)* **prima rappresentazione** (di uno spettacolo); **prima.**
premiership ['premiəʃip] *n.* *(polit.)* **carica di Primo Ministro.**
premise ['premis] *n.* **1** [C] (anche *filos.*) **premessa 2** *(al pl.)* **fabbricati; locali; terreni;** *(leg.)* **immobili 3** *(al pl., leg.)* **premesse** (di un contratto) ● (di birra, liquore) *to be drunk on the premises,* da bersi sul luogo □ *Keep off the premises,* vietato l'ingresso.
to **premise** [pri'maiz] *v. t.* e *i.* **premettere.**
premiss ['premis] *V.* **premise,** *def. 1.*
premium ['pri:mjəm] *n.* [C] **1 premio; ricompensa 2** *(ass.)* **premio 3 pagamento straordinario; buonuscita; gratifica 4 tassa d'apprendistato 5** *(fin.)* **aggio** (nel cambio di valuta) **6** *(comm.)* **(articolo dato in) omaggio** ● *(comm.) p. stamps,* buoni omaggio □ *(fin.) at a p.,* sopra la pari □ *to put a p. on st.,* incoraggiare q.c.; favorire q.c.
premolar [pri:'moulə*] *a.* e *n.* *(anat.)* **premolare.**
premonition [,pri:mə'niʃən] *n.* [C] **presentimento.**
premonitory [pri'mɔnitəri] *a.* **premonitorio; premonitore.**
prenatal [,pri:'neitl] *a.* *(med.)* **prenatale.**
pre-obit [,pri:'ɔ:bit] *n.* [C] *(giornalismo)* **coccodrillo.**
preoccupation [pri:,ɔkju'peiʃən] *n.* [U] e [C] **preoccupazione.**
to **preoccupy** [pri:'ɔkjupai] *v. t.* **preoccupare.**
to **pre-ordain** [,pri:ɔ:'dein] *v. t.* **preordinare; prestabilire.**
prep [prep] *n.* *(gergo studentesco)* **1** (*abbr.* di **preparation**) **compito a casa 2** (*abbr.* di **preparatory school**) **scuola preparatoria.**
to **prepack** [,pri:'pæk] *v. t.* *(ind.)* **preconfezionare.**
prepaid [,pri:'peid] **A** *pass.* e *p.p.* di to **prepay B** *a.* **1 pagato in anticipo 2** *(comm.)* **franco di porto.**
preparation [,prepə'reiʃən] *n.* **1** [U] **preparazione 2** [C] **preparativo 3** [C] **preparato** (medicina o alimento) **4** [U] **compito a casa.**
preparative [pri'pærətiv] *a.* **preparatorio.**
preparatory [pri'pærətəri] *a.* **preparatorio; preliminare** ● *p. school,* scuola preparatoria (che prepara alla « public school »).
to **prepare** [pri'pεə*] **A** *v. t.* **preparare; allestire; apparecchiare B** *v. i.* **prepararsi; disporsi** (a fare q.c.): *to p. for an examination,* prepararsi a un esame **C** to **prepare oneself** *v. rifl.* **prepararsi; disporsi** (a fare q.c.) ● *to be prepared to do st.,* essere pronto (o disposto) a fare q.c.
preparedness [pri'pεəridnis] *n.* [U] **preparazione; (l')esser pronto.**
to **prepay** [,pri:'pei] (*pass.* e *p.p.* **prepaid** [,pri:'peid]) *v. t.* **pagare in anticipo.**
prepayment [,pri:'peimənt] *n.* [U] **pagamento anticipato.**
prepense [pri'pens] *a.* *(leg.)* **premeditato.**
preponderance [pri'pɔndərəns] *n.* [U] **preponderanza; prevalenza.**
preponderant [pri'pɔndərənt] *a.* **preponderante; prevalente.**
to **preponderate** [pri'pɔndəreit] *v. i.* **preponderare; predominare; prevalere.**
preposition [,prepə'ziʃən] *n.* [C] *(gramm.)* **preposizione.**
prepositional [,prepə'ziʃənəl] *a.* *(gramm.)* **prepositivo**: *a p. phrase,* una locuzione prepositiva.
to **prepossess** [,pri:pə'zes] *v. t.* **1 disporre** (bene o male q. verso q.c.): **predisporre** (l'animo di q.) **2** *(di solito al passivo)* **fare una buona impressione a** (q.).
prepossessing [,pri:pə'zesiŋ] *a.* **attraente; affascinante.**
prepossession [,pri:pə'zeʃən] *n.* [C] **1 pregiudizio; prevenzione 2 predisposizione dell'animo; predilezione.**
preposterous [pri'pɔstərəs] *a.* **assurdo; irragionevole; ridicolo.**

prepotence [pri'poutəns], **prepotency** [pri'poutənsi] *n.* [U] **1 prepotere; strapotenza 2** *(biol.)* **dominanza.**
prepotent [pri'poutənt] *a.* **1 strapotente; dominante 2** *(biol.)* **dominante.**
Pre-Raphaelism [,pri:'ræfiəlizəm], **Pre-Raphaelitism** [,pri:'ræfiəlaitizəm] *n.* [U] *(arte, letter.)* **preraffaellismo.**
Pre-Raphaelite [,pri:'ræfəlait] *n.* [C] e *a.* *(arte, letter.)* **preraffaellita.**
to **pre-record** [,pri:ri'kɔ:d] *v. t.* *(radio, telev.)* **registrare in anticipo.**
prerequisite [pri:'rekwizit] ***A*** *a.* **essenziale; indispensabile *B*** *n.* [C] **requisito indispensabile.**
prerogative [pri'rɔgətiv] *n.* [C] **prerogativa; privilegio.**
presage ['presidʒ] *n.* [C] **presagio.**
to **presage** ['presidʒ] *v. t.* **presagire; predire.**
presbyope ['prezbioup] *n.* [C] *(med.)* **presbite.**
presbyopia [,prezbi'oupjə] *n.* [U] *(med.)* **presbiopia; presbitismo.**
presbyopic [,prezbi'ɔpik] *a.* *(med.)* **presbite.**
presbyter ['prezbitə*] *n.* *(relig.)* **1** *(stor.)* **presbitero 2 anziano** (nella Chiesa Presbiteriana).
Presbyterian [,prezbi'tiəriən] *a.* e *n.* *(relig.)* **presbiteriano.**
Presbyterianism [,prezbi'tiəriənizəm] *n.* [U] *(relig.)* **presbiterianismo.**
presbytery ['prezbitəri] *n.* [C] *(relig. cattolica, archit.)* **presbiterio.**
preschool [,pri:'sku:l] *a. attr.* **prescolare; prescolastico.**
prescience ['presiəns] *n.* [U] **prescienza; preveggenza.**
prescient ['presiənt] *a.* **presciente; preveggente.**
to **prescind** [pri'sind] *v. t.* e *i.* **1 prescindere 2 rescindere; staccare.**
to **prescribe** [pris'kraib] *v. t.* e *i.* **prescrivere; ordinare.**
prescript ['pri:skript] *n.* [C] **prescrizione; comando; ordine.**
prescription [pris'kripʃən] *n.* [U] e [C] **prescrizione; comando, ordine;** *(med.)* **ricetta** ● *p. book,* ricettario □ *p. charge,* « ticket » (per fornitura di medicinali) □ *to make up a p.,* preparare una medicina.
prescriptive [pris'kriptiv] *a.* **prescrittivo.**
presence ['prezns] *n.* [U] **presenza; aspetto; portamento**: *to be admitted to the p. of sb.,* esser ammesso alla presenza di q. □ *a man of noble p.,* un uomo dal nobile aspetto ● *Your p. is requested,* la Signoria Vostra è invitata a intervenire.
(1) present ['preznt] ***A*** *a.* **presente; attuale; corrente**: *(gramm.) the p. tense,* il tempo presente □ *the p. government,* il governo attuale □ *in the p. year,* nell'anno corrente ***B*** *n.* (anche *gramm.*) **(il) presente; (il) tempo presente** ● *the p. company,* i presenti □ *(gramm.) p. perfect,* passato prossimo □ *at p.,* al presente; ora □ *for the p.,* per il momento; per ora.
(2) present ['preznt] *n.* [C] **presente** *(lett.)*; **dono; regalo** ● *to make sb. a p. of st.,* regalare q.c. a q.
to **present** [pri'zent] ***A*** *v. t.* **1 presentare; consegnare; porgere 2 presentare** (q., specialm. a Corte) **3** *(mil.)* **puntare** (un'arma da fuoco) **4 donare; offrire in dono; regalare**: *to p. sb. with st.,* donare q.c. a q. **5** *(teatr.)* **rappresentare; presentare *B*** to **present oneself** *v. rifl.* **presentarsi; comparire;** (di un'idea) **venire alla mente**: *(leg.) to p. oneself for trial,* comparire in giudizio ● *(mil.) P. arms!,* presentat'arm!
(3) present [pri'zent] *n.* [U] *(mil.)* **(posizione di) presentat'arm.**
presentable [pri'zentəbl] *a.* **presentabile.**
presentation [,prezen'teiʃən] *n.* [U] e [C] **1 presentazione** (anche a Corte) **2** *(teatr.)* **rappresentazione 3 dono; offerta** ● *a p. copy,* una copia (di un libro, ecc.) in omaggio.
present-day [,prezənt'dei] *a.* **attuale; contemporaneo; d'oggigiorno.**
presenter [pri'zentə*] *n.* [C] *(radio, telev.)* **presentatore.**
presentiment [pri'zentimənt] *n.* [C] **presentimento.**
presently ['prezntli] *avv.* **1 fra poco; a momenti 2** (specialm. *USA*) **attualmente; ora.**
presentment [pri'zentmənt] *n.* [U] e [C] **1** (anche *comm.*) **presentazione 2** *(leg.)* **dichiarazione di una giuria 3** *(teatr.)* **rappresentazione.**
preservable [pri'zə:vəbl] *a.* **preservabile; conservabile.**
preservation [,presə(:)'veiʃən] *n.* [U] **preservazione; conservazione.**
preservative [pri'zə:vətiv] *a.* e *n.* [C] **preservativo; conservativo.**
preservatized [pri'zə:vətaizd] *a.* *(ind.:* di cibo*)* **trattato con conservativi.**
to **preserve** [pri'zə:v] *v. t.* **1 preservare; proteggere**: *God p. us!,* Dio ci protegga! **2 conservare; mettere in conserva**: *to p. fruit,* mettere in conserva frutta **3 riservare** ● *to p. a river,* riservare il diritto di pesca in un fiume.
preserve [pri'zə:v] *n.* [C] **1** *(generalm. al pl.)* **conserva; marmellata 2** (anche *game p.*) **riserva di caccia 3** (anche *fish p.*) **riserva di pesca.**
preserved [pri'zə:vd] *a.* **conservato; in conserva; in scatola.**
preshrunk [,pri:'ʃrʌŋk] *a.* (di tessuto) **sanforizzato.**
to **preside** [pri'zaid] *v. i.* **presiedere.**
presidency ['prezidənsi] *n.* [U] e [C] **presidenza.**
president ['prezidənt] *n.* [C] **1** (anche *polit.*) **presidente 2 capo di un dicastero ministeriale; ministro 3 rettore** (di un « college »).
presidential [,prezi'denʃəl] *a.* **presidenziale.**
presidial [pri'sidiəl], **presidiary** [pri'sidiəri] *a.* **presidiario.**
(1) to **press** [pres] ***A*** *v. t.* **1 premere; comprimere; calcare; pigiare; stringere; spremere**: *to p. sb.'s hand,* stringere la mano a q. (in segno d'affetto) **2 abbracciare; stringere a sé 3 incalzare; importunare 4 insistere su; far accettare** (a forza o quasi): *to p. a gift on sb.,* far accettare un dono a q. **5 stirare *B*** *v. i.* **affollarsi; accalcarsi; premere; incalzare**: *Time presses,* il tempo incalza ● *to p. back,* ricacciare; respingere □ *to p. down,* comprimere, schiacciare (un pedale, ecc.); *(fig.)* opprimere □ *to be pressed for time (money, etc.),* essere alle strette per mancanza di tempo (di denaro, ecc.).
press [pres] *n.* **1** [C] **pressione; stretta**: *a p. of the hand,* una stretta di mano (in segno d'affetto) **2** [C] *(mecc.)* **pressa; torchio**: *a cider-p.,* una pressa per il sidro **3** [C] **calca; folla; ressa 4** *(al sing. con l'art. determ.)* **pressione; urgenza; (l')incalzare 5** [C] **armadio, credenza** (specialm. a muro) **6** *(generalm. al sing. con l'art. determ.)* **stampa**: *freedom of the p.,* libertà di stampa ● *p.-agency,* agenzia di stampa □ *p.-agent,* agente pubblicitario □ *p. baron,* potente proprietario di giornali; barone della stampa □ *(sport) p.-box,* tribuna della stampa □ *p. conference,* conferenza stampa □ *p.-cuttings* (o *p.-clippings),* ritagli di giornale □ *p.-photographer,* fotoreporter □ *p. proof,* bozza di stampa □ *p. release,* comunicato stampa □ *copying p.,* copialettere □ *to correct the p.,* correggere le bozze di stampa □ *to go to (the) p.,* (di libro) andare in stampa; (di giornale) andare in macchina □ *printing-p.,* torchio tipografico □ *rotary printing-p.,* rotativa □ *to send to (the) p.,* dare alle stampe.
(2) to **press** [pres] *v. t.* **1** *(stor.)* **arruolare forzatamente** (specialm. nella marina) **2 requisire** (cavalli, barche, ecc.) ● *to p. st. into service,* fare uso di q.c. (eccezionalmente, in mancanza di meglio).
to **pressgang** ['presgæŋ] *v. t.* **costringere; forzare.**
pressing ['presiŋ] ***A*** *a.* **1 incalzante; urgente; imminente; pressante 2 insistente; caloroso *B*** *n.* [U] **1 pressatura 2 pressione; insistenza.**
pressman ['presmən] *n.* (*pl.* **pressmen** ['presmən]) **1** *(tipogr.)* **macchinista; stampatore 2 giornalista; cronista.**
pressmark ['presma:k] *n.* [C] **collocazione** (d'un libro in una biblioteca).
pressroom ['pres,ru:m] *n.* [C] **1** *(tipogr.)* **reparto delle macchine da stampa 2 sala stampa.**
pressure ['preʃə*] *n.* [U] **1** *(fis., mecc., med.)* **pressione** (anche *fig.*): *blood p.,* pressione del sangue □ *the*

p. of taxation, la pressione fiscale **2** *(fis., mecc.)* **compressione 3 afflizione; oppressione; difficoltà**: *financial p.*, difficoltà finanziarie ● *(fig.) to bring p. to bear on sb.*, esercitare pressione su q. □ *(fig.) to work at high p.*, lavorare intensamente.

pressure-cooker ['preʃə,kukə*] *n.* [C] **pentola a pressione.**

to **pressurize** ['preʃəraiz] *v. t. (aeron.)* **pressurizzare.**

presswork ['pres,wə:k] *n.* [U] *(mecc.)* **stampaggio.**

prestidigitation [,presti,didʒi'teiʃən] *n.* [U] **prestidigitazione.**

prestidigitator [,presti'didʒiteitə*] *n.* [C] **prestidigitatore; prestigiatore.**

prestige [pres'ti:ʒ] *n.* [U] **prestigio** *(fig.)*; **fascino.**

prestigious [pres'tidʒəs] *a.* **prestigioso.**

presto ['prestou] *(ital.) avv. (mus.)* **presto.**

presumable [pri'zju:məbl] *a.* **presumibile.**

to **presume** [pri'zju:m] *v. t.* **1 presumere; supporre 2 prendersi la libertà di; osare 3 far presumere** ● *to p. upon sb.'s good nature*, cercar d'approfittare della bontà di q. □ *to p. upon a short acquaintance*, trattare con eccessiva familiarità una persona conosciuta da poco.

presumedly [pri'zju:midli] *avv.* **presumibilmente; secondo le supposizioni.**

presuming [pri'zju:miŋ] *a.* **presuntuoso; arrogante.**

presumption [pri'zʌmpʃən] *n.* **1** [U] **presunzione; arroganza 2** [C] **presunzione** (anche *leg.*); **congettura; supposizione.**

presumptive [pri'zʌmptiv] *a.* **presuntivo; presunto**: *the heir p.*, l'erede presunto.

presumptuous [pri'zʌmptjuəs] *a.* **presuntuoso; arrogante.**

to **presuppose** [,pri:sə'pouz] *v. t.* **presupporre.**

presupposition [,pri:sʌpə'ziʃən] *n.* [U] e [C] **presupposizione; presupposto.**

pretax [,pri:'tæks] *a. (fin.)* **al lordo delle imposte.**

pretence [pri'tens] *n.* **1** [U] **finzione**: *That's all p.*, è tutta una finzione **2** [C] **pretesto; scusa 3** [C] e [U] **pretesa**: *a man without p.*, un uomo senza pretese ● *(leg.) false pretences*, frode; inganno; truffa □ *to make a p. of*, far finta (o fingere) di □ *under the p. of helping*, con il pretesto di dare aiuto.

to **pretend** [pri'tend] *v. t.* e *i.* **1 fingere; far finta** (di); **simulare**: *to p. sickness*, simulare una malattia **2 pretendere; accampare diritti** (su): *to p. to the throne*, pretendere al trono.

pretended [pri'tendid] *a.* **1 finto; stimulato 2 preteso; supposto.**

pretender [pri'tendə*] *n.* [C] **1 pretendente 2 simulatore.**

pretension [pri'tenʃən] *n.* **1** [C] **pretesa 2** [U] **presunzione.**

pretentious [pri'tenʃəs] *a.* **pretenzioso, pretensioso; presuntuoso.**

preterit(e) ['pretərit] *a.* e *n.* [C] *(gramm.)* **preterito.**

to **pretermit** [,pri:tə'mit] *v. t.* **1 omettere 2 sospendere.**

preternatural [,pri:tə'nætʃrəl] *a.* **preternaturale; straordinario.**

pretext ['pri:tekst] *n.* [C] **pretesto**: *to offer a p.*, fornire un pretesto □ *under* (o *on*) *the p. of*, col pretesto di.

pretor ['pri:tə*] *V.* **praetor.**

to **prettify** ['pritifai] *v. t.* (per lo più *spreg.*) **abbellire; agghindare.**

prettily ['pritili] *avv.* **graziosamente; leggiadramente; elegantemente; bene**: *p. dressed*, ben vestito ● *(linguaggio infant.) to behave p.*, comportarsi bene; fare il buono.

prettiness ['pritinis] *n.* [U] **1 grazia; graziosità; leggiadria; eleganza 2** (di stile) **eleganza affettata; leziosità; ricercatezza.**

pretty ['priti] **A** *a.* **1 grazioso; leggiadro; carino 2** (spesso *iron.*) **bello**: *A p. mess you've made of it!*, hai combinato un bel pasticcio! **3** *(fam.)* **considerevole B** *avv. (fam.)* **abbastanza; discretamente; piuttosto**: *p. good*, abbastanza buono; discreto □ *p. late*, piuttosto tardi ● *p. much the same (thing)*, quasi lo stesso; pressoché la stessa cosa □ *(vocat.) my p.!*, mio caro; tesoruccio!

pretty-pretty ['priti,priti] *a.* **affettato; lezioso.**

pretzel ['pretsəl] *(ted.) n.* [C] *(cucina)* **ciambellina salata** (a forma di nodo).

to **prevail** [pri'veil] *v. i.* **1 prevalere; avere la meglio**: *to p. over sb.*, avere la meglio su q. **2 predominare; essere predominante; essere assai diffuso** ● *to p. upon sb. to do st.*, convincere (o indurre) q. a fare q.c.

prevailing [pri'veiliŋ] *a.* **1 prevalente; predominante 2 assai diffuso; comune.**

prevalence ['prevələns] *n.* [U] **larga diffusione.**

prevalent ['prevələnt] *a.* **1 assai diffuso; generalmente invalso; comune 2** *(raro)* **prevalente; predominante.**

to **prevaricate** [pri'værikeit] *v. i.* **tergiversare.**

prevarication [pri,væri'keiʃən] *n.* **1** [U] **tergiversazione 2** [C] **cavillo.**

prevaricator [pri'værikeitə*] *n.* [C] **tergiversatore; cavillatore.**

to **prevent** [pri'vent] *v. t.* **evitare; impedire; ostacolare**: *to p. an accident*, evitare un incidente □ *to p. sb. from doing st.*, impedire a q. di fare q.c.

prevention [pri'venʃən] *n.* [U] **prevenzione** ● *Society for the P. of Cruelty to Animals*, Società protettrice degli animali.

preventive [pri'ventiv] **A** *a.* (specialm. *med.*) **preventivo; profilattico B** *n.* [C] **1 farmaco profilattico 2 provvedimento preventivo** ● *p. detention*, carcere preventivo.

preview ['pri:vju:] *n.* [C] (specialm. *cinem.*) **anteprima.**

to **preview** ['pri:vju:] *v. t.* **vedere** (un film, ecc.) **in anteprima.**

previous ['pri:vjəs] *a.* **1 precedente; antecedente; anteriore 2** *(fam.)* **avventato; prematuro; in anticipo** ● *(leg.) p. offender*, pregiudicato □ *p. to*, prima di.

previously ['pri:vjəsli] *avv.* **precedentemente; in precedenza.**

prevision [pri(:)'viʒən] *n.* [U] e [C] **previsione.**

prewar ['pri:'wɔ:*] *a.* **dell'anteguerra; anteguerra**: *p. Italy*, l'Italia dell'anteguerra.

prey [prei] *n. (solo al sing.)* **preda; rapina**; *(fig.)* **vittima**: *to fall a p. to*, cadere in preda a (un nemico, al terrore, ecc.) ● *a bird of p.*, un uccello rapace.

to **prey** [prei] *v. i.* **1** — *to p. upon*, predare; depredare; far preda di; saccheggiare **2** — *to p. upon*, logorare; rodere.

price [prais] *n.* **1** [C] *(comm.)* **prezzo** (anche *fig.*): *high (low) prices*, prezzi alti (bassi) **2** [U] **valore**: *a jewel of great p.*, un gioiello di grande valore **3** [C] **ricompensa; taglia 4** [C] *(ippica)* **quotazione** ● *p. freeze*, congelamento (o blocco) dei prezzi □ *p.-list*, listino dei prezzi □ *p.-tag*, cartellino del prezzo □ *below cost p.*, sotto costo □ *bottom p.*, prezzo minimo □ *to put* (o *to set*) *a p. on st.*, fare il prezzo di q.c. □ *to put* (o *to set*) *a p. on sb.'s head*, mettere una taglia su q. □ *top p.*, prezzo massimo.

to **price** [prais] *v. t.* **1 fissare il prezzo di** (q.c.) **2** *(fig.)* **stimare; valutare 3 segnare il prezzo su** (merce).

priceless ['praislis] *a.* **1 senza prezzo; impagabile 2** *(fam.)* **divertente; buffo; ridicolo.**

pricey, pricy ['praisi] *a. (fam.)* **costoso; caro; salato** *(fig.)*.

prick [prik] *n.* [C] **1 spina 2 puntura** (anche *fig.*); *(fig.)* **morso 3** *(volg.)* **cazzo** *(volg.)*; **pene 4** *(volg.)* **cazzone** *(volg.)*; **tipo che non vale una cicca** *(pop.)*.

to **prick** [prik] **A** *v. t.* **1 pungere; punzecchiare; forare 2** *(fig.)* **pungere; rimordere 3 rizzare, drizzare, tendere** (le orecchie, come un cane) **B** *v. i.* **1 pungere; forare 2 dare fitte; formicolare; pizzicare** ● *to p. off* (o *out*), tracciare con forellini (un disegno, la rotta d'una nave sulla carta, ecc.) □ *to p. out seedlings*, trapiantare piantine □ *to p. up*, rizzare; drizzare.

pricker ['prikə*] *n.* [C] **lesina; punteruolo; bulino.**

pricket ['prikit] *n.* [C] **1 (candelabro con) punta su cui infilare la candela 2** *(zool.)* **cerbiatto** (o **daino**) **nel secondo anno di vita.**

prickle ['prikl] *n.* [C] **1 spina; aculeo; pungiglione 2**

formicolio.
to **prickle** ['prikl] ***A*** *v. t.* **pungere** ***B*** *v. i.* **formicolare; pizzicare.**
prickly ['prikli] *a.* ***1*** **pungente; spinoso;** *(fig.)* **scabroso** ***2*** *(fig.)* **permaloso; suscettibile** ● *(bot.) p. pear* (Opuntia ficus-indica), fico d'India.
pride [praid] *n.* ***1*** [U] **orgoglio; alterigia; superbia; fierezza**: *false p.*, falso orgoglio ***2*** *(al sing. con l'art. determ.)* **pienezza; colmo; fiore** *(fig.)*: *in the p. of youth,* nel fior degli anni ***3*** *(al sing. con l'art. determ.)* **(il) fior fiore**: *the p. of the Yankees,* il fior fiore degli Yankee ***4*** [C] **branco** (di leoni) ● *to take (a) p. in st.*, andare orgoglioso di (o esser fiero di) q.c.
to **pride oneself** ['praid wʌn'self] *v. rifl.* **farsi gloria; gloriarsi; inorgoglirsi**: *to p. oneself (up)on st.*, gloriarsi di q.c.
prie-dieu [,pri:'djə:] *(franc.)* *n.* (*pl.* **prie-dieux** [,pri:'djə*]) *(relig.)* **inginocchiatoio.**
priest [pri:st] *n.* [C] ***1*** **prete; sacerdote** ***2*** (specialm.) **prete cattolico** ● *(spreg.) a p.-ridden country,* un paese dominato dai preti □ *parish p.*, parroco.
priestcraft ['pri:stkra:ft] *n.* [U] *(spreg.)* **arte pretina; clericalismo.**
priestess ['pri:stis] *n.* [C] **sacerdotessa.**
priesthood ['pri:sthud] *n.* ***1*** [U] **sacerdozio** ***2*** *(collett.)* **clero; preti.**
priestly ['pri:stli] *a.* ***1*** **sacerdotale** ***2*** *(spreg.)* **pretesco.**
prig [prig] *n.* [C] ***1*** **presuntuoso; saccente; saputello** ***2*** *(pop.)* **ladro.**
to **prig** [prig] *v. t.* *(pop.)* **rubare.**
priggery ['prigəri] *n.* [U] **pretenziosità; saccenteria.**
priggish ['prigiʃ] *a.* **presuntuoso; saccente.**
prim [prim] *a.* **affettato; cerimonioso; compìto.**
to **prim** [prim] ***A*** *v. t.* **atteggiare** (il viso, le labbra) **a compostezza cerimoniosa** ***B*** *v. i.* **assumere un'aria cerimoniosa.**
primacy ['praiməsi] *n.* [U] ***1*** **primato; supremazia** ***2*** *(relig.)* **primazia.**
primaeval [prai'mi:vəl] *V.* **primeval.**
primal ['praiməl] *a.* ***1*** **primario; principale** ***2*** **originale; primitivo.**
primarily ['praimərili] *avv.* ***1*** **primariamente; principalmente; soprattutto** ***2*** **originalmente; in origine.**
primary ['praiməri] ***A*** *a.* ***1*** **primario** (anche *chim., fis., geol.*)**; principale; fondamentale; elementare**: *a p. school,* una scuola elementare ***2*** **primitivo; primordiale** ***B*** *n.* [C] ***1*** **cosa di primaria importanza** ***2*** *(zool.)* **remigante primaria** ***3*** *(polit. USA, spesso al pl.)* **elezione preliminare** (per la scelta dei candidati).
primate ['praimit] *n.* [C] *(relig.)* **primate; arcivescovo.**
primates [prai'meiti:z] *n. pl.* (*zool.*, Primates) **primati.**
prime [praim] ***A*** *a.* ***1*** **primo; primario; principale; fondamentale**: *the p. cause,* la causa prima □ *the p. minister,* il primo ministro □ *(mat.) p. number,* numero primo ***2*** **di prima qualità; eccellente; ottimo** ***B*** *n.* *(al sing. con l'art. determ.)* ***1*** **principio; primavera** *(fig.)*: *the p. of life,* la primavera della vita; la giovinezza ***2*** **colmo; fiore; rigoglio** ***3*** **(il) meglio, (la) parte migliore** (di q.c.) ***4*** *(relig.)* **prima ora canonica; ufficio della prima ora canonica** ***5*** *(mat.)* **numero primo** ● *in one's p.*, nel fior degli anni; nel pieno rigoglio delle forze.
to **prime** [praim] *v. t.* ***1*** *(stor.)* **caricare** (un fucile, un cannone) **con la polvere da sparo** ***2*** **innescare** (un'arma da fuoco) ***3*** **adescare** (una pompa) ***4*** *(fig., fam.)* **imbottire, rimpinzare** (q. di cibo)**; saturare** ***5*** **istruire; imbeccare** *(fam.)* ***6*** **mesticare; applicare l'imprimitura a** (una tavola, una tela).
(1) primer ['praimə*] *n.* [C] ***1*** **primo libro** (di lettura)**; sillabario** ***2*** **manualetto elementare; primo libro** (d'una materia).
(2) primer ['praimə*] *n.* ***1*** [C] **innesco; fulminante** (di cartuccia) ***2*** [U] e [C] **imprimitura; mano di fondo.**
primeval [prai'mi:vəl] *a.* **primordiale; primitivo; antichissimo.**
primiparous [prai'mipərəs] *a.* *(biol.)* **primiparo.**
primitive ['primitiv] ***A*** *a.* ***1*** **primitivo; originale; antico** ***2*** **primario; basilare; fondamentale** ***B*** *n.* [C] *(arte)* **pittore (o scultore) primitivo.**
primness ['primnis] *n.* [U] **affettazione; compostezza cerimoniosa; compitezza.**
primogenitor [,praimou'dʒenitə*] *n.* **primogenitore.**
primogeniture [,praimou'dʒenitʃə*] *n.* [U] **primogenitura.**
primordial [prai'mɔ:djəl] *a.* ***1*** **primordiale** ***2*** **originale.**
to **primp** [primp] ***A*** *v. t.* **agghindare; azzimare** ***B*** *v. i.* **agghindarsi; azzimarsi.**
primrose ['primrouz] *n.* [C] (*bot.*, Primula veris) **primavera odorosa; primula** ● *(fig.) the p. path,* la via del piacere.
primula ['primjulə] *n.* [C] (*bot.*, Primula) **primula.**
primus ['praiməs] *n.* [C] **fornello « primus »; fornello a petrolio.**
prince [prins] *n.* [C] **principe**: *princes of the blood,* principi del sangue ● *P. Charming,* principe azzurro □ *p.'s metal,* lega di rame e di zinco.
princedom ['prinsdəm] *n.* [C] **principato.**
princelike ['prinslaik] *a.* **principesco; da principe.**
princely ['prinsli] *a.* **principesco; magnifico; sontuoso; splendido.**
princess [prin'ses] *n.* [C] **principessa**: *P.* ['prinses] *Anne,* la principessa Anna ● *p. dress,* « princesse » (abito da donna in cui corpetto e gonna formano un pezzo solo).
principal ['prinsəpəl] ***A*** *a.* **principale; primario; precipuo** ***B*** *n.* [C] ***1*** **capo; direttore; padrone; principale** *(fam.)* ***2*** (specialm. *USA*) **preside** ***3*** *(comm.)* **principale; datore di lavoro** ***4*** *(fin., rag.)* **capitale** ***5*** *(costr.)* **trave maestra** ***6*** *(leg.)* **imputato principale.**
principality [,prinsi'pæliti] *n.* [C] (anche *relig.*) **principato.**
principate ['prinsipit] *n.* [C] (specialm. *stor. romana*) **principato.**
principle ['prinsipl] *n.* ***1*** [C] **principio; norma; regola** ***2*** *(al pl.)* **principi; elementi** ● *a man of no p.*, un uomo senza principi □ *a man of p.*, un uomo che ha principi morali; un uomo retto □ *on p.*, per principio; per convinzione.
to **prink** [priŋk] ***A*** *v. t.* ***1*** (d'uccello) **lisciarsi** (le penne) ***2*** (spesso *to p. up*) **adornare; agghindare** ***B*** *v. i.* e to **prink oneself up** *v. rifl.* **agghindarsi; mettersi in ghingheri.**
print [print] *n.* ***1*** [C] **impronta;** *(fig.)* **segno, traccia**: *a finger p.*, un'impronta digitale ***2*** [U] **stampa; caratteri tipografici**: *in large (small) p.*, a caratteri grandi (piccoli) ***3*** [C] **stampa; riproduzione;** *(fotogr.)* **copia**: *old prints,* vecchie stampe ***4*** [C] **stampo; conio** ***5*** [C] (specialm. *USA*) **opuscolo stampato; giornale; rivista** ***6*** [U] e [C] *(ind. tessile)* **tessuto stampato** ● *p.-seller,* venditore di stampe □ *p. shop,* negozio di stampe □ *foot p.*, orma □ (d'un libro) *in p.*, stampato; in circolazione □ (d'un libro) *out of p.*, esaurito □ *to write st. in p.*, scrivere q.c. in stampatello.
to **print** [print] ***A*** *v. t.* ***1*** **imprimere** (anche *fig.*) ***2*** *(tipogr.)* **stampare; pubblicare; dare alle stampe** ***3*** **stampare** (copie fotografiche, tessuti): *to p. (off) copies from a negative,* stampare copie da una negativa ***4*** **scrivere in stampatello** ***B*** *v. i.* ***1*** **fare il tipografo** ***2*** **riuscire** (bene, male) **alla stampa** ● *printed matter,* stampe; stampati □ *The book is printing,* il libro è in corso di stampa.
printable ['printəbl] *a.* **stampabile.**
printer ['printə*] *n.* [C] ***1*** **tipografo; stampatore** ***2*** *(cinem., fotogr.)* **stampatrice** (macchina) ***3*** *(ind. tessile)* **stampatore di tessuti di cotone** ***4*** *(elab.)* **stampante** ● *p.'s devil,* apprendista tipografo □ *p.'s reader,* correttore di bozze.
printing ['printiŋ] *n.* [C] **stampa; pubblicazione** ● *p. paper,* carta da stampa □ *p. press,* macchina tipografica; pressa da stampa □ *p. works,* stabilimento tipografico.
(1) prior ['praiə*] ***A*** *a.* **antecedente; anteriore; precedente** ***B*** *avv.* — *p. to,* prima di.
(2) prior ['praiə*] *n.* [C] ***1*** *(relig.)* **(padre) priore** ***2*** *(stor. ital.)* **priore.**
priorate ['praiərit] *n.* [C] *(relig.)* **priorato; prioria.**

prioress ['praiəris] n. [C] (relig.) priora; madre priora.
priority [prai'ɔriti] n. [U] priorità; precedenza.
priory ['praiəri] n. [C] (relig.) convento; monastero.
prism ['prizəm] n. [C] (geom., fis.) prisma.
prismatic(al) [priz'mætik(əl)] a. (geom., fis., miner.) prismatico.
prison ['prizn] n. [C] e [U] prigione; carcere: *to go to p.*, andare in prigione ● *p.-breaking*, evasione dal carcere.
prisoner ['priznə*] n. [C] prigioniero, prigioniera; carcerato, carcerata; detenuto, detenuta: *a p. of war*, un prigioniero di guerra □ *to take sb. p.*, far prigioniero q.
pristine ['pristain] a. originario; primiero (raro).
prithee ['priði:] inter. (arc.) di grazia!
privacy ['praivəsi] n. [U] *1* vita privata; intimità; isolamento: *to live in absolute p.*, vivere in completo isolamento *2* segretezza; riserbo.
private ['praivit] *A* a. privato; particolare; personale; confidenziale; segreto *B* n. *1* [C] (mil.) soldato semplice *2* (al pl.) genitali ● *p. goods*, oggetti di proprietà personale □ *p. means*, rendita: *to live on p. means*, vivere di rendita □ *p. parts*, genitali □ *a p. soldier*, un soldato semplice □ *to do st. in one's p. capacity*, fare q.c. in veste di privato cittadino (non in veste ufficiale) □ *in p.*, in privato; a quattr'occhi □ *This is for your p. ear*, resti fra me e te!
privateer [,praivə'tiə*] n. [C] (naut., stor.) *1* nave corsara *2* corsaro; capitano (o marinaio) di nave corsara.
privation [prai'veiʃən] n. [U] e [C] privazione; stento.
privative ['privətiv] a. (specialm. gramm.) privativo.
privet ['privit] n. [U] (bot., Ligustrum vulgare) ligustro.
privilege ['privilidʒ] n. [C] e [U] privilegio (anche fig.); prerogativa.
to **privilege** ['privilidʒ] v. t. privilegiare; accordare un privilegio a (q.) ● *to p. sb. from st.*, esonerare q. da q.c., in via di privilegio.
privileged ['privilidʒd] a. privilegiato.
privity ['priviti] n. [C] (leg.) rapporto giuridico.
privy ['privi] a. (anche leg.) privato; segreto ● (stor.) *P. Council*, Consiglio della Corona □ (stor.) *P. Counsellor (o Councillor)*, membro del Consiglio della Corona □ *P. Purse*, appannaggio reale □ *to be p. to st.*, aver cognizione di q.c.
(1) prize [praiz] n. [C] premio; ricompensa: *to win a p.*, vincere un premio ● *p. cattle*, bestiame che è stato premiato (in un concorso) □ (a scuola) *p. day*, giorno della premiazione □ *p.-giving*, premiazione □ (fig.) *the prizes of life*, le cose che fanno bella la vita; le gioie della vita □ *a p. scholarship*, una borsa di studio (ottenuta per merito).
(1) to **prize** [praiz] v. t. apprezzare; stimare; aver caro.
(2) prize [praiz] n. [C] e [U] (naut., mil.) bottino; preda: *to make p. of (a ship, a cargo)*, far bottino di (o catturare) (una nave, il suo carico).
(2) to **prize** [praiz] v. t. (naut., mil.) catturare.
(3) to **prize** [praiz] v. t. far leva su; aprire, forzare (facendo leva).
prize-fight ['praizfait] n. [C] (sport) incontro di pugilato (tra professionisti).
prize-fighter ['praizfaitə*] n. [C] (sport) pugile professionista.
prizeman ['praizmən] n. (pl. **prizemen** ['praizmən]) *1* vincitore d'un premio *2* detentore d'una borsa di studio.
(1) pro [prou] (lat.) prep., avv. e n. pro (pl. **pros**): *pro forma*, pro forma; per pura formalità □ *pro and con*, pro e contro; sotto l'aspetto positivo e sotto quello negativo □ *the pros and cons*, il pro e il contro.
(2) pro [prou] n. (pl. **pros**; abbr. fam. di **professional**) (specialm. sport) professionista.
pro- [prou] pref. lat. pro- (in sostituzione di, in favore di); vice-; filo-: *pro-rector*, prorettore □ *pro-British*, filobritannico.

probabilism ['prɔbəbi,lizəm] n. [U] (filos., relig.) probabilismo.
probabilist ['prɔbəbilist] n. [C] (filos., relig.) probabilista.
probability [,prɔbə'biliti] n. [U] e [C] probabilità ● *in all p.*, con tutta probabilità; quasi certamente.
probable ['prɔbəbl] *A* a. probabile *B* n. [C] (fam.) *1* candidato probabile *2* (sport) probabile vincitore; favorito.
probate ['proubit] n. (leg.) *1* [U] verifica dell'autenticità di un testamento *2* [C] copia autenticata (di testamento).
probation [prə'beiʃən] n. [U] *1* prova; periodo di prova; noviziato; tirocinio: *to be on p.*, fare il noviziato *2* (leg.) condanna con il beneficio della condizionale; (periodo di) libertà vigilata: *to be on p.*, essere in libertà vigilata.
probationer [prə'beiʃnə*] n. [C] *1* persona in prova; tirocinante *2* (relig.) novizio, novizia *3* (leg.) chi beneficia della libertà vigilata.
probe [proub] n. [C] *1* (med.) sonda; specillo *2* (aeron., miss., radio) sonda *3* (fig.) indagine; investigazione.
to **probe** [proub] v. t. *1* sondare (anche fig.) *2* indagare; investigare.
probity ['proubiti] n. [U] probità; integrità; onestà.
problem ['prɔbləm] n. [C] problema (anche fig.) ● *a p. child*, un bambino difficile □ (letter.) *a p. play (novel, etc.)*, un dramma (un romanzo, ecc.) a tesi.
problematic(al) [,prɔbli'mætik(əl)] a. problematico; dubbio.
proboscidean, proboscidian [,proubə'sidjən] a. e n. [C] (zool.) proboscidato.
proboscis [prə'bɔsis] n. (pl. **proboscides** [prə'bɔsi,di:z], **proboscises**) *1* (zool.) proboscide *2* (scherz.) naso (dell'uomo).
procedural [prə'si:dʒərəl] a. (leg., elab.) procedurale.
procedure [prə'si:dʒə*] n. [U] e [C] *1* procedimento *2* (leg., elab.) procedura.
to **proceed** [prə'si:d] v. i. *1* procedere (anche leg.); avanzare; continuare; seguitare; provenire; derivare *2* procedere nel discorso; continuare a parlare *3* agire; comportarsi *4* mettersi (a fare q.c.) ● *to p. to blows*, passare alle vie di fatto.
proceeding [prə'si:diŋ] n. *1* [C] e [U] procedimento; condotta; modo d'agire *2* (al pl., leg.) procedimento; azione giudiziaria: *to take legal proceedings against sb.*, intentare un'azione giudiziaria contro q. *3* (al pl., specialm. comm.) atti.
proceeds ['prousi:dz] n. pl. *1* (specialm. comm.) profitto; incassi; proventi; ricavo *2* (fin.) gettito ● *net p.*, guadagno netto; ricavo.
process ['prouses] n. [C] *1* (specialm. scient.) processo; procedimento; (ind.) metodo, sistema (di lavorazione, ecc.) *2* operazione, operazioni: *Unloading the cargo was a long p.*, le operazioni di scarico della merce furono lunghe *3* (leg.) azione (o procedimento) legale *4* (leg.) mandato di comparizione *5* (anat.) processo, apofisi; (zool., bot.) processo, appendice ● (tipogr.) *p.-engraving*, fotoincisione □ *in p. of completion*, in fase di completamento □ *in p. of construction*, in costruzione □ *in p. of time*, con l'andar del tempo.
to **process** ['prouses] v. t. *1* (ind.) sottoporre (una sostanza) a un processo; trattare; conservare (alimenti) mediante trattamento *2* (leg.) procedere contro (q.); citare (q.) in giudizio *3* (elab.) elaborare (dati).
procession [prə'seʃən] n. [C] e [U] (anche relig.) corteo; processione: *to walk in p.*, sfilare in corteo; andare in processione.
to **procession** [prə'seʃən] *A* v. i. sfilre in corteo; andare in processione *B* v. t. percorrere (una strada) in processione.
processional [prə'seʃənl] *A* a. di (o per) una processione; processionale *B* n. [C] (relig.) inno da cantare in processione.
processionary moth [prə'seʃənəri,mɔθ] n. [C] (zool., Cnethocampa processionea) processionaria.
to **proclaim** [prə'kleim] v. t. *1* proclamare; dichiara-

re: *to p. peace,* proclamare la pace □ *to p. sb. (to be) a traitor,* proclamare q. traditore **2 dimostrare; rivelare 3 bandire; mettere al bando 4 proclamare lo stato d'emergenza in** (una regione, ecc.): **imporre misure restrittive in** (una città, ecc.).
proclamation [ˌprɔklə'meiʃən] *n.* [U] e [C] **1 proclamazione; dichiarazione 2 proclama; bando.**
proclivity [prə'kliviti] *n.* [C] **inclinazione; propensione.**
proconsul [prou'kɔnsəl] *n.* [C] *(stor. romana)* **proconsole.**
proconsular [prou'kɔnsjulə*] *a. (stor. romana)* **proconsolare.**
to **procrastinate** [prou'kræstineit] **A** *v. i.* **indugiare; temporeggiare B** *v. t.* **procrastinare; rinviare.**
procrastination [prouˌkræsti'neiʃən] *n.* [U] **temporeggiamento; procrastinazione.**
procrastinator [prou'kræstineitə*] *n.* [C] **temporeggiatore.**
to **procreate** ['proukrieit] *v. t.* **procreare; generare.**
procreation [ˌproukri'eiʃən] *n.* [U] **procreazione.**
procreator ['proukrieitə*] *n.* [C] **procreatore.**
proctor ['prɔktə*] *n.* [C] **1** *(diritto ecclesiastico)* **procuratore 2** (nelle università inglesi) **censore.**
procumbent [prou'kʌmbənt] *a.* **1** *(bot.)* **procombente 2 prono.**
procuration [ˌprɔkjuə'reiʃən] *n.* [U] e [C] **1** *(leg.)* **procura 2** *(relig.)* **procurazione 3** *(leg.)* **lenocinio; reato di lenocinio.**
procurator ['prɔkjuəˌreitə*] *n.* [C] *(leg.)* **procuratore** (in ogni senso) ● *(in Scozia) p. fiscal,* pubblico ministero.
to **procure** [prə'kjuə*] **A** *v. t.* **procurare, procurarsi; ottenere B** *v. i.* **fare il lenone; fare il mezzano** (o **la mezzana).**
procurer [prə'kjuərə*] *n.* [C] **1 procacciatore 2 lenone; mezzano.**
procuress [prə'kjuəris] *n.* [C] **1 procacciatrice 2 mezzana.**
to **prod** [prɔd] *v. t.* e *i.* **pungolare** (anche *fig.*): **incitare; spronare.**
prod [prɔd] *n.* [C] **1 atto di pungolare 2** *(fig.)* **pungolo.**
Prod [prɔd] *(irl.) n.* [C] *(spreg.)* **protestante.**
prodigal ['prɔdigəl] **A** *a.* **prodigo** (anche *fig.*): *the p. son,* il figliol prodigo □ *to be p. of praise,* esser prodigo d'elogi **B** *n.* **persona prodiga; scialacquatore.**
prodigality [ˌprɔdi'gæliti] *n.* [U] **prodigalità.**
prodigious [prə'didʒəs] *a.* **1 prodigioso; portentoso 2 enorme.**
prodigy ['prɔdidʒi] *n.* [C] **prodigio** (anche *fig.*): **portento**: *a p. of learning,* un prodigio di cultura □ *an infant p.,* un bambino prodigio.
prodrome ['proudroum] *n.* [C] *(med.)* **prodromo.**
to **produce** [prə'dju:s] **A** *v. t.* **1 produrre; esibire, mostrare; dare** (un frutto, un prodotto): **causare, cagionare; fabbricare**: *to p. one's ticket,* esibire il biglietto □ *to p. cotton goods,* fabbricare tessuti di cotone □ *to p. a film,* produrre un film **2** *(geom.)* **prolungare** (una linea) **3 pubblicare B** *v. i.* **essere produttivo; produrre; rendere.**
produce ['prɔdju:s] *n.* [U] **1 prodotto, prodotti** (specialm. della terra o d'una miniera): *agricultural p.,* prodotti agricoli **2 frutto; risultato.**
producer [prə'dju:sə*] *n.* [C] **1** *(econ., cinem.,* ecc.*)* **produttore 2** *(teatr.)* **impresario.**
product ['prɔdəkt] *n.* [C] **prodotto** *(econ., chim., mat.)*; **frutto** *(fig.)*: *the products of industry,* i prodotti dell'industria.
production [prə'dʌkʃən] *n.* **1** [U] *(ind., cinem., teatr.)* **produzione 2** [C] **prodotto; opera d'arte; opera letteraria 3** [U] *(teatr.)* **messa in scena** ● *(ind., cinem.) p. manager,* direttore di produzione □ *(ind.) mass p.,* produzione in serie.
productive [prə'dʌktiv] *a.* **produttivo** (anche *econ.*); **fecondo; fertile; fruttifero** ● *(econ., ind.) p. cycle,* ciclo produttivo □ *to be p. of st.,* essere causa di q.c.; cagionare q.c.
productivity [ˌprɔdʌk'tiviti] *n.* [U] **produttività; rendimento.**
proem ['prouem] *n.* [C] **proemio; esordio; introduzione; preludio.**
prof [prɔf] *n.* *(abbr. fam.* di **professor**) **professore.**
profanation [ˌprɔfə'neiʃən] *n.* [U] e [C] **profanazione.**
profane [prə'fein] *a.* **1 profano** (in ogni senso): *p. history,* storia profana **2 empio; irreligioso; irriverente 3 pagano.**
to **profane** [prə'fein] *v. t.* **profanare** (anche *fig.*); **violare.**
profanity [prə'fæniti] *n.* **1** [U] **profanità 2** [U] **empietà; irreligiosità; irriverenza 3** *(al pl.)* **parole irriverenti; bestemmie.**
to **profess** [prə'fes] **A** *v. t.* e *i.* **1 professare** (anche *relig.*): **dichiarare; esprimere; protestare**: *to p. medicine (law, etc.),* professare la medicina (l'avvocatura, ecc.) **2 pretendere**: *not to p. to be a scholar,* non pretendere d'essere un erudito **3 insegnare** (a livello universitario) **B** to **profess oneself** *v. rifl.* **professarsi; dichiararsi** ● *to p. God,* far professione di fede in Dio.
professed [prə'fest] *a.* **1 dichiarato; professato 2 falso; finto; preteso 3** *(relig.)* **professo**: *a p. nun,* una monaca professa.
professedly [prə'fesidli] *avv.* **dichiaratamente; apertamente.**
profession [prə'feʃən] *n.* [C] **1 professione** (in ogni senso): *the learned professions,* le professioni dotte **2 dichiarazione 3** — *the p.,* i membri d'una professione; *(gergo teatr.)* gli attori ● *by p.,* di professione □ *in practice if not in p.,* in pratica se non dichiaratamente.
professional [prə'feʃənl] **A** *a.* **1 professionale; di mestiere**: *p. skill,* abilità professionale **2 professionista; di professione**: *a p. politician,* un uomo politico (di professione) **3 da professionista; professionistico B** *n.* (anche *sport*) **professionista.**
professionalism [prə'feʃnəlizəm] *n.* [U] **1 professionalità 2** (anche *sport*) **professionismo.**
professionally [prə'feʃnəli] *avv.* **1 professionalmente; di professione 2** *(fig.)* **abilmente; efficacemente; con efficacia.**
professor [prə'fesə*] *n.* [C] **professore** (specialm. universitario).
professorial [ˌprɔfə'sɔ:riəl] *a.* **professorale.**
professorship [prə'fesəʃip] *n.* [C] **professorato; cattedra universitaria.**
to **proffer** ['prɔfə*] *v. t.* **profferire** *(raro)*; **offrire.**
proffer ['prɔfə*] *n.* [C] **profferta** *(raro)*; **offerta.**
proficiency [prə'fiʃənsi] *n.* [U] **abilità; capacità; competenza.**
proficient [prə'fiʃənt] *a.* **abile; competente; efficiente; esperto**: *to be p. in driving (a car),* essere esperto nella guida (dell'automobile).
profile ['proufail] *n.* **1** [U] e [C] **profilo; sagoma**: *drawn in p.,* disegnato di profilo **2** [C] **profilo; (rapido) schizzo 3** [C] *(archit.)* **sezione.**
to **profile** ['proufail] *v. t.* **1 disegnare il profilo di; sagomare 2 scrivere un profilo di** ● *to be profiled,* profilarsi.
profit ['prɔfit] *n.* [U] e [C] **profitto; frutto; guadagno; lucro; utile; vantaggio**: *to do st. for p.,* fare q.c. per lucro ● *(econ.) p. margin,* margine di profitto □ *(fin.) p.-sharing, (agg.)* che partecipa agli utili, cointeressato; *(sost.)* compartecipazione agli utili, cointeressenza.
to **profit** ['prɔfit] **A** *v. i.* **profittare** (di); **approfittare** (di); **trarre profitto** (da): *to p. by sb.'s help,* approfittare dell'aiuto di q. **B** *v. i.* **giovare a** (q.): *It profited him nothing,* non gli giovò a nulla.
profitable ['prɔfitəbl] *a.* **proficuo; vantaggioso; utile; rimunerativo.**
profiteer [ˌprɔfi'tiə*] *n.* [C] **profittatore; affarista; pescecane** *(fig.)*.
to **profiteer** [ˌprɔfi'tiə*] *v. i.* **essere un profittatore.**
profitless ['prɔfitlis] *a.* **senza profitto; inutile; non vantaggioso.**
profligacy ['prɔfligəsi] *n.* [U] **1 dissolutezza; liberti-**

naggio; licenziosità **2** dissipatezza; dissipazione; prodigalità.
profligate ['prɔfligit] **A** *a.* **1** dissoluto; licenzioso **2** dissipato; prodigo **B** *n.* **1** libertino **2** dissipatore; scialacquatore.
profound [prə'faund] *a.* profondo (anche *fig.*); assoluto; intenso.
profundity [prə'fʌnditi] *n.* [U] e [C] profondità (specialm. *fig.*).
profuse [prə'fju:s] *a.* **1** profuso; abbondante; copioso **2** prodigo ● *to be p. in one's apologies*, profondersi in scuse.
profusion [prə'fju:ʒən] *n.* [U] **1** profusione; abbondanza: *in p.*, a profusione **2** prodigalità.
prog [prɔg] *n.* [C] (*abbr. fam.* di **progressive**) progressista.
progenitor [prou'dʒenitə*] *n.* [C] **1** progenitore; antenato; avo; capostipite **2** (*fig.*) predecessore; precursore.
progeny ['prɔdʒini] *n.* (*collett.*) progenie; generazione; stirpe; prole.
prognosis [prɔg'nousis] *n.* (*pl.* **prognoses** [prɔg'nousi:z]) **1** (*med.*) prognosi **2** pronostico; previsione.
prognostic [prɔg'nɔstik] **A** *a.* (*med.*) prognostico **B** *n.* [C] segno premonitore; presagio.
to **prognosticate** [prɔg'nɔstikeit] *v. t.* pronosticare; predire.
prognostication [prɔg,nɔsti'keiʃən] *n.* **1** [U] pronostico; predizione **2** [C] presagio; segno premonitore.
programmatic [,prougrə'mætik] *a.* programmatico.
programme ['prougræm] *n.* [C] programma; piano: (*fam.*) *What is the p. for to-day?*, che programma abbiamo oggi?
to **programme** ['prougræm] *v. t.* **1** progettare; mettere in programma **2** (*econ.*, *cinem.*, *elab.*) programmare.
programmer ['prougræmə*] *n.* [C] **1** programmista **2** (*elab.*) programmatore.
programming ['prougræmiŋ] *n.* [U] (*econ.*, *cinem.*, *elab.*) programmazione.
progress ['prougres] *n.* **1** [U] progresso, progressi: *to make p.*, far progressi; progredire **2** [U] avanzamento; cammino **3** [C] (*arc.*) viaggio ufficiale ● *in p.*, in corso.
to **progress** [prə'gres] *v. t.* **1** progredire; procedere; essere in corso **2** far progressi.
progression [prə'greʃən] *n.* **1** [U] (il) procedere; avanzamento **2** [C] (anche *mat.*, *mus.*) progressione.
progressionist [prə'greʃnist], **progressist** [prə'gresist] *n.* [C] progressista.
progressive [prə'gresiv] **A** *a.* **1** progressivo: (*fin.*) *a p. tax*, un'imposta progressiva **2** che avanza regolarmente; in avanti: *p. motion*, moto in avanti **3** favorevole al progresso; progressista **B** *n.* [C] progressista.
progressivism [prə'gresivizəm] *n.* [U] (*polit.*) politica progressista.
to **prohibit** [prə'hibit] *v. t.* proibire; vietare: *to p. sb. from doing st.*, proibire a q. di fare q.c. ● (*autom.*) *All vehicles prohibited*, divieto d'accesso a tutti i veicoli.
prohibition [,proui'biʃən] *n.* [U] e [C] proibizione; divieto.
prohibitionism [,proui'biʃənizəm] *n.* [U] proibizionismo.
prohibitionist [,proui'biʃənist] *n.* [C] proibizionista.
prohibitive [prə'hibitiv] *a.* proibitivo: *p. prices*, prezzi proibitivi.
project ['prɔdʒekt] *n.* [C] progetto; piano; programma.
to **project** [prə'dʒekt] **A** *v. t.* **1** proiettare (anche *fis.*, *geom.*); lanciare; scagliare **2** progettare **B** *v. i.* (*archit.*, *mecc.*) aggettare; sporgere **C** to **project oneself** *v. rifl.* proiettarsi; (*fig.*) trasferirsi (nel futuro, col pensiero, ecc.).
projectile [prə'dʒektail] **A** *n.* [C] proiettile; proietto **B** *a.* **1** impellente; che dà impulso **2** missile: *a p. weapon*, un'arma missile.
projection [prə'dʒekʃən] *n.* [U] e [C] **1** (*geom.*, *geogr.*, *cinem.*, *ecc.*) proiezione **2** progettazione **3** sporgenza ● (*cinem.*) *p. room* (o *p. booth*), cabina di proiezione.
projectionist [prə'dʒekʃənist] *n.* [C] (*cinem.*, *telev.*) proiezionista; operatore.
projector [prə'dʒektə*] *n.* [C] **1** (*cinem.*, ecc.) proiettore **2** progettista.
prolapse ['proulæps] *n.* [C] (*med.*) prolasso.
prolegomena [,proulə'gɔminə] *n. pl.* prolegomeni (*lett.*).
proletarian [,prouli'tɛəriən] *a.* e *n.* [C] proletario.
proletariat [,prouli'tɛəriət] *n.* (*collett.*) proletariato (i proletari).
to **proliferate** [prou'lifəreit] **A** *v. i.* proliferare; prolificare **B** *v. t.* riprodurre (cellule, ecc.).
proliferation [prou,lifə'reiʃən] *n.* [U] e [C] proliferazione; prolificazione.
prolific [prə'lifik] *a.* prolifico (anche *fig.*); fecondo.
prolificacy [prə'lifikəsi], **prolificness** [prə'lifiknis] *n.* [U] prolificità.
prolix ['prouliks] *a.* prolisso.
prolixity [prou'liksiti] *n.* [U] prolissità.
prologue ['proulɔg] *n.* [C] prologo (anche *fig.*).
to **prologue** ['proulɔg] *v. t.* introdurre; fare il prologo a.
to **prolong** [prə'lɔŋ] *v. t.* prolungare ● *to p. a bill*, prorogare la scadenza d'una cambiale.
prolongable [prə'lɔŋəbl] *a.* prolungabile.
prolongation [,proulɔŋ'geiʃən] *n.* [U] e [C] prolungamento.
prolusion [prou'lju:ʒən] *n.* [C] prolusione; saggio introduttivo.
prom [prɔm] *n.* (*fam.*) **1** *V.* **promenade concert** **2** (*USA*) ballo studentesco.
promenade [,prɔmi'na:d] *n.* [C] **1** passeggiata; cavalcata **2** passeggiata; corso; (specialm.) lungomare **3** (*USA*) ballo (studentesco) **4** (*teatr.*) ridotto ● *p. concert*, concerto (con parte del pubblico in piedi).
to **promenade** [,prɔmi'na:d] **A** *v. i.* **1** passeggiare; andare a spasso **2** cavalcare (per diletto) **3** scarrozzare **B** *v. t.* **1** passeggiare lungo (il corso, il lungomare, ecc.) **2** condurre a passeggio.
promethium [prə'mi:θjəm] *n.* [U] (*chim.*) prometeo; promezio.
prominence ['prɔminəns] *n.* **1** [U] prominenza (l'essere prominente) **2** [C] prominenza; sporgenza **3** [U] (*fig.*) rilievo.
prominent ['prɔminənt] *a.* **1** prominente; sporgente; protuberante **2** (*fig.*) importante; cospicuo; distinto.
promiscuity [,prɔmis'kju(:)iti] *n.* [U] promiscuità; mescolanza.
promiscuous [prə'miskjuəs] *a.* **1** promiscuo; confuso; disordinato **2** indiscriminato **3** (*fam.*) casuale; occasionale **4** che pratica la promiscuità sessuale.
promise ['prɔmis] *n.* **1** [C] promessa: *to make a p.*, fare una promessa □ *to break (to keep) a p.*, mancare a (mantenere) una promessa **2** [U] (*fig.*) speranze: *a youth of great p.*, un giovane di belle speranze ● *the land of p.*, la terra promessa □ *to show p.*, promettere bene □ *a writer of p.*, uno scrittore promettente.
to **promise** ['prɔmis] **A** *v. t.* e *i.* **1** promettere; fare una promessa: *to p. to do st.*, promettere di fare q.c. **2** promettere; dare a sperare: *It promises to be fine*, oggi promette d'essere una bella giornata **3** (*fam.*) assicurare **B** to **promise oneself** *v. rifl.* ripromettersi.
promising ['prɔmisiŋ] *a.* promettente.
promissory ['prɔmisəri] *a.* che ha carattere di promessa ● (*comm.*, *leg.*) *p. note*, pagherò cambiario.
promontory ['prɔməntri] *n.* [C] (*geogr.*, *anat.*) promontorio.
to **promote** [prə'mout] *v. t.* promuovere; favorire: *to p. a bill in Parliament*, promuovere un disegno di legge in Parlamento.
promoter [prə'moutə*] *n.* [C] **1** promotore; fautore **2** (anche *company p.*) fondatore di società commercia-

le.

promotion [prə'mouʃən] *n.* [U] e [C] promozione • *(comm.) sales p.*, promozione delle vendite.

promotional [prə'mouʃənl] *a.* 1 di promozione; d'avanzamento 2 *(comm.)* promozionale: *a p. campaign*, una campagna promozionale.

promotive [prə'moutiv] *a.* promotore.

prompt [prɔmpt] A *a.* 1 pronto; sollecito; alacre 2 *(comm.)* immediato: *p. payment*, pagamento immediato B *n.* [C] 1 *(comm.)* termine di pagamento 2 *(teatr.)* suggerimento • *(teatr.) p.-book*, copione del suggeritore □ *(teatr.) p.-box*, buca del suggeritore.

to **prompt** [prɔmpt] *v. t.* 1 incitare; indurre; stimolare; spingere 2 (a teatro, a scuola) suggerire: *No prompting!*, non si suggerisca!

prompter ['prɔmptə*] *n.* [C] *(teatr.)* suggeritore.

promptitude ['prɔmptitju:d], **promptness** ['prɔmptnis] *n.* [U] prontezza; sollecitudine.

to **promulgate** ['prɔməlgeit] *v. t.* 1 promulgare 2 *(fig.)* diffondere; propagare: *to p. a new theory*, propagare una nuova teoria.

promulgation [,prɔməl'geiʃən] *n.* [U] promulgazione.

promulgator ['prɔməlgeitə*] *n.* [C] promulgatore.

prone [proun] *a.* 1 prono (anche *fig.*): *p. on the ground*, prono a terra 2 incline; propenso: *p. to anger*, incline all'ira • *to fall p.*, cadere bocconi.

prong [prɔŋ] *n.* [C] 1 rebbio 2 *(agric.)* forcone; forca (per il fieno) 3 *(zool.)* ramo (delle corna d'un cervo, ecc.).

to **prong** [prɔŋ] *v. t.* 1 infilzare con un forcone 2 sollevare con un forcone.

pronominal [prə'nɔminl] *a. (gramm.)* pronominale.

pronoun ['prounaun] *n.* [C] *(gramm.)* pronome.

to **pronounce** [prə'nauns] A *v. t.* 1 pronunciare, pronunziare 2 dichiarare; asserire; esprimere: *to p. one's opinion*, esprimere la propria opinione (o pronunciarsi) B *v. i.* pronunciarsi, pronunziarsi: *to p. for sb.*, pronunciarsi in favore di q.

pronounceable [prə'naunsəbl] *a.* pronunciabile, pronunziabile.

pronounced [prə'naunst] *a.* 1 pronunziato; marcato; rilevato 2 deciso; spiccato: *a p. tendency*, una spiccata tendenza.

pronouncement [prə'naunsmənt] *n.* [C] dichiarazione; asserzione.

pronto ['prɔntou] *avv. (fam. USA)* prontamente; subito.

pronunciamento [prə,nʌnsə'mentou] *(spagn.) n.* (*pl.* **pronunciamentos**) 1 pronunciamento 2 proclama rivoluzionario.

pronunciation [prə,nʌnsi'eiʃən] *n.* [U] e [C] pronuncia, pronunzia.

(1) proof [pru:f] *n.* 1 [U] e [C] prova; dimostrazione; *(mat.)* riprova: *to give p. of st.*, dar prova di q.c. 2 [C] *(tipogr.)* bozza (di stampa) 3 [U] gradazione alcolica, grado (di un liquore).

(2) proof [pru:f] *a.* impenetrabile; inattaccabile; resistente • *theft-p.*, antifurto *(agg.)*.

to **proof** [pru:f] *v. t. (ind.)* impermeabilizzare.

proof-reader ['pru:f,ri:də*] *n.* [C] correttore di bozze.

proof-reading ['pru:f,ri:diŋ] *n.* [U] correzione di bozze.

(1) prop [prɔp] *n.* [C] sostegno (anche *fig.*); puntello; appoggio: *the p. and stay of the family*, il sostegno della famiglia.

to **prop** [prɔp] *v. t.* sostenere; puntellare; sorreggere • *to p. one's eyelids*, morire dal sonno *(fig.)*.

(2) prop [prɔp] *n.* (*abbr. fam.* di **propeller**) elica (d'aeroplano).

(3) prop [prɔp] *n. (generalm. al pl.)* (*teatr., abbr.* di **stage property**) materiale scenico.

propaedeutic(al) [,proupi:'dju:tik(əl)] *a.* propedeutico.

propaedeutics [,proupi'dju:tiks] *n. pl. (col verbo al sing.)* propedeutica.

propagable ['prɔpəgəbl] *a.* propagabile.

propaganda [,prɔpə'gændə] *n.* [U] propaganda.

propagandism [,prɔpə'gændizəm] *n.* [U] arte (o esercizio) della propaganda; metodi propagandistici.

propagandist [,prɔpə'gændist] *n.* [C] propagandista.

propagandistic [,prɔpəgæn'distik] *a.* propagandistico.

to **propagandize** [,prɔpə'gændaiz] A *v. t.* propagandare B *v. i.* far propaganda.

to **propagate** ['prɔpəgeit] A *v. t.* propagare; *(fig.)* diffondere, spargere; *(bot.)* propagginare: *to p. the Gospel*, propagare il Vangelo □ *to p. heat*, propagare il calore B *v. i.* (di piante, animali) propagarsi, moltiplicarsi; (di pianta) riprodursi per propagginazione.

propagation [,prɔpə'geiʃən] *n.* [U] propagazione; moltiplicazione; *(fig.)* propagamento, diffusione; (delle piante) propagginazione.

propagator ['prɔpəgeitə*] *n.* [C] propagatore.

propane ['proupein] *n.* [U] *(chim.)* propano.

to **propel** [prə'pel] *v. t.* muovere; spingere; *(mecc.)* azionare • *(aeron.) a jet-propelled plane*, un aviogetto.

propellant, propellent [prə'pelənt] A *a. (mecc., fis.)* propulsore; motore, motrice: *p. force*, forza motrice B *n.* [C] propellente.

propeller [prə'pelə*] *n.* [C] 1 *(mecc.)* propulsore 2 *(naut., aeron.)* elica • *p. shaft*, *(aeron., naut.)* albero portaelica; *(autom.)* albero di trasmissione.

propensity [prə'pensiti] *n.* [C] inclinazione; tendenza.

proper ['prɔpə*] *a.* 1 proprio; particolare; pertinente: *(gramm.) a p. noun*, un nome proprio □ *the books p. to this subject*, i testi pertinenti a questo argomento □ *(mat.) a p. fraction*, una frazione propria 2 appropriato; adatto; conveniente; giusto; opportuno: *at the p. time*, al momento opportuno 3 convenevole; decoroso; rispettabile 4 *(posposto)* propriamente detto 5 *(fam.)* vero e proprio; bell'e buono: *a p. scoundrel*, una vera e propria canaglia.

properly ['prɔpəli] *avv.* 1 propriamente; con proprietà 2 opportunamente 3 correttamente; bene: *Behave p.!*, comportati bene! 4 *(fam.)* del tutto; proprio • *p. speaking*, a dire il vero; per l'esattezza.

propertied ['prɔpətid] *a.* possidente; che possiede terreni.

property ['prɔpəti] *n.* 1 [U] proprietà; possessi; possedimenti; beni: *personal p.*, beni mobili □ *real p.*, beni immobili; proprietà immobiliare 2 [C] proprietà; tenuta; podere: *a small p.*, una piccola proprietà 3 [U] possesso (il possedere) 4 [C] proprietà; caratteristica: *the chemical properties of copper*, le proprietà chimiche del rame 5 *(al pl.) (teatr.)* costumi; materiale scenico • *(teatr.) p.-man (o propman)*, attrezzista; trovarobe □ *(fin.) p. tax*, imposta sul patrimonio; imposta fondiaria □ (d'un segreto, ecc.) *to become common p.*, divenire di dominio pubblico □ *lost p.*, oggetti smarriti □ *a man of p.*, un possidente.

prophecy ['prɔfisi] *n.* [U] e [C] profezia; predizione.

to **prophesy** ['prɔfisai] *v. t.* e *i.* profetare; predire; profetizzare.

prophet ['prɔfit] *n.* [C] 1 profeta (anche *fig.*) 2 apostolo; fautore • (nella Bibbia) *the Prophets*, i (libri dei) Profeti.

prophetess ['prɔfitis] *n.* [C] profetessa.

prophetic(al) [prə'fetik(əl)] *a.* profetico.

prophylactic [,prɔfi'læktik] A *a. (med.)* profilattico B *n.* [C] 1 medicamento (o trattamento) profilattico 2 *(farm.)* profilattico; preservativo.

prophylaxis [,prɔfi'læksis] *n.* [U] e [C] (*pl.* **prophylaxes** [,prɔfi'læksi:z]) *(med.)* profilassi.

propinquity [prə'piŋkwiti] *n.* [U] 1 vicinanza 2 *(fig.)* affinità.

to **propitiate** [prə'piʃieit] *v. t.* 1 propiziare, propiziarsi 2 placare.

propitiation [prə,piʃi'eiʃən] *n.* [U] 1 propiziazione 2 (il) placare; pacificazione 3 espiazione.

propitiatory [prə'piʃiətəri] *a.* propiziatorio.

propitious [prə'piʃəs] *a.* propizio; favorevole.

propjet ['prɔpdʒet] *n.* [C] *(aeron.)* 1 motore a turboelica 2 turboelica (l'aereo).

proportion [prə'pɔ:ʃən] *n.* 1 [U] e [C] (anche *mat.*)

proporzione 2 [C] **parte; percentuale 3** *(al pl.)* **dimensioni** ● *to bear no p. to st.,* non essere in proporzione con q.c. □ *out of p.,* sproporzionato; smisurato.

to **proportion** [prə'pɔ:ʃən] *v. t.* **1 proporzionare; commisurare 2 rendere proporzionato 3 dividere in parti eque 4** *(chim.)* **dosare.**

proportional [prə'pɔ:ʃənl] *a.* **1** (anche *mat.*) **proporzionale 2 proporzionato; in proporzione** (a); **commisurato** (a).

proportionality [prə,pɔ:ʃə'næliti] *n.* [U] **proporzionalità.**

proportionate [prə'pɔ:ʃnit] *a.* **proporzionato; conforme.**

to **proportionate** [prə'pɔ:ʃəneit] *v. t.* **proporzionare; adeguare.**

proposal [prə'pouzəl] *n.* **1** [U] e [C] **proposta 2** [C] **proposta di matrimonio.**

to **propose** [prə'pouz] *v. t.* e *i.* **1 proporre 2 proporsi; prefiggersi**: *the object I p. to myself,* lo scopo che mi prefiggo **3 dichiararsi; fare una proposta di matrimonio; chiedere la mano** (di q.) ● *(polit.) to p. a motion,* presentare una mozione □ *to p. a toast (o sb.'s health),* proporre un brindisi (o di brindare alla salute di q.).

proposer [prə'pouzə*] *n.* [C] **chi propone; proponente.**

proposition [,prɔpə'ziʃən] *n.* [C] **1 proposizione; affermazione; asserzione 2** *(mat.)* **problema; teorema 3 proposta 4** *(fam.)* **affare; faccenda 5** *(fam.)* **profferta amorosa.**

to **proposition** [,prɔpə'ziʃən] *v. t.* *(fam.)* **fare una proposta** (specialm. **una profferta amorosa) a** (q.).

to **propound** [prə'paund] *v. t.* **proporre** (una questione, un problema); **mettere innanzi** (un esempio, un dubbio).

proprietary [prə'praiətəri] *a.* **1 di proprietà riservata**: *p. rights,* diritti di proprietà riservata **2 possidente; abbiente**: *the p. classes,* le classi abbienti **3** (di un prodotto) **brevettato; patentato**: *p. medicines,* medicine brevettate; specialità medicinali ● *(comm.) p. articles,* articoli in esclusiva □ *(leg.) p. name,* marchio di fabbrica; denominazione controllata.

proprietor [prə'praiətə*] *n.* [C] **proprietario; titolare.**

proprietress [prə'praiətris] *n.* [C] **proprietaria; titolare.**

propriety [prə'praiəti] *n.* **1** [U] **convenienza; giustezza; opportunità 2** [U] **decenza** (di condotta, parola, ecc.); **decoro**: *a breach of p.,* un'offesa al decoro; una sconvenienza **3** *(al pl.)* **norme di buona creanza; convenienze sociali.**

propulsion [prə'pʌlʃən] *n.* [U] **1** *(mecc.)* **propulsione**: *(aeron.) jet p.,* propulsione a reazione **2** *(fig.)* **impulso; forza impellente.**

propulsive [prə'pʌlsiv] *a.* *(mecc.)* **propulsivo; di propulsione.**

propylene ['proupili:n] *n.* [U] *(chim.)* **propilene.**

prorogation [,prourə'geiʃən] *n.* [U] e [C] **rinvio** (dei lavori parlamentari).

to **prorogue** [prə'roug] *v. t.* **rinviare; aggiornare.**

prosaic [prou'zeiik] *a.* **prosaico** (anche *fig.*); **banale.**

prosaism [prou'zeiizəm] *n.* [U] **prosaicismo.**

proscenium [prou'si:njəm] *n.* [C] *(teatr.)* **proscenio.**

to **proscribe** [prou'skraib] *v. t.* **proscrivere; bandire.**

proscription [prou'skripʃən] *n.* [U] e [C] **proscrizione; bando.**

prose [prouz] *n.* [U] **1 prosa 2** *(fig.)* **prosaicità** ● *p. writings,* opere in prosa □ *p. writer,* prosatore.

to **prosecute** ['prɔsikju:t] **A** *v. t.* **1 proseguire; portare avanti**: *to p. one's studies,* proseguire gli studi □ *to p. an inquiry,* portare avanti un'inchiesta **2** *(leg.)* **perseguire (a termini di legge) B** *v. i.* *(leg.)* **far causa** ● *to p. one's claims,* rivendicare i propri diritti.

prosecution [,prɔsi'kju:ʃən] *n.* **1** [U] **prosecuzione; esercizio; esecuzione 2** [C] *(leg.)* **processo; procedimento giudiziario 3** — *(leg.) the p.,* l'accusa: *witness for the p.,* testimone d'accusa.

prosecutor ['prɔsikju:tə*] *n.* [C] *(leg.)* **1 accusatore 2 attore; querelante** ● *public p.,* pubblico ministero.

prosecutrix ['prɔsi,kju:triks] *n.* [C] *(leg.)* **1 accusatrice 2 querelante.**

proselyte ['prɔsilait] *n.* [C] **proselito; neofita.**

to **proselytize** ['prɔsilitaiz] **A** *v. t.* **convertire B** *v. i.* **far proseliti.**

prosodist ['prɔsədist] *n.* [C] **prosodista.**

prosody ['prɔsədi] *n.* [U] **prosodia; metrica.**

prosopopoeia [,prɔsəpə'pi:ə] *n.* [U] e [C] *(retor.)* **prosopopea.**

prospect ['prɔspekt] *n.* **1** [C] **prospettiva; veduta; vista; panorama 2** [C] *(fig.)* **orizzonte 3** [U] **aspettativa; speranza; possibilità**: *I see no p. of success,* non vedo possibilità alcuna di riuscita **4** [C] **probabile cliente** (o **candidato, sottoscrittore)** ● *to have st. in p.,* avere q.c. in vista.

to **prospect** [prəs'pekt] **A** *v. i.* *(ind. min.)* **fare assaggi; fare ricerche minerarie B** *v. t.* **1 fare ricerche minerarie in** (una regione, ecc.) **2 gestire** (una miniera) **in via sperimentale 3** (d'una miniera) **promettere di dare** (una certa quantità di minerale) ● *to p. for (gold, etc.),* fare prospezioni in cerca di (oro, ecc.).

prospective [prəs'pektiv] *a.* **1 eventuale; probabile; sperato**: *a p. customer,* un probabile cliente **2 futuro**: *his p. wife,* la sua futura sposa.

prospector [prəs'pektə*] *n.* [C] *(ind. min.)* **cercatore.**

prospectus [prəs'pektəs] *n.* [C] **prospetto, programma** (d'una nuova impresa, d'una scuola, ecc.); **presentazione** (di un libro).

to **prosper** ['prɔspə*] **A** *v. i.* **1 prosperare; fiorire** *(fig.)* **2 aver successo B** *v. t.* *(arc.)* **far prosperare; far fiorire** *(fig.)*.

prosperity [prɔs'periti] *n.* [U] **prosperità; benessere; successo.**

prosperous ['prɔspərəs] *a.* **prospero; prosperoso; fiorente.**

prostate ['prɔsteit] *n.* [C] (*anat.*, anche *p. gland*) **prostata.**

prosthesis ['prɔsθisis] *n.* [U] e [C] (*pl.* **prostheses** ['prɔsθi,si:z]) *(med., gramm.)* **protesi.**

prostitute ['prɔstitju:t] *n.* [C] **prostituta; meretrice.**

to **prostitute** ['prɔstitju:t] **A** *v. t.* **prostituire** (anche *fig.*) **B** to **prostitute oneself** *v. rifl.* **prostituirsi** (anche *fig.*).

prostitution [,prɔsti'tju:ʃən] *n.* [U] **prostituzione** (anche *fig.*).

prostrate ['prɔstreit] *a.* **prostrato; prosternato; abbattuto.**

to **prostrate** [prɔs'treit] **A** *v. t.* **prostrare; prosternare; abbattere; soggiogare B** to **prostrate oneself** *v. rifl.* **prostrarsi; prosternarsi.**

prostration [prɔs'treiʃən] *n.* [U] e [C] **prostrazione.**

prostyle ['proustail] *a.* e *n.* [C] *(archit.)* **prostilo.**

prosy ['prouzi] *a.* **1 prosastico 2 prosaico; monotono; tedioso.**

protactinium [,proutæk'tiniəm] *n.* [U] *(chim.)* **protoattinio.**

protagonist [prou'tægənist] *n.* [C] **protagonista** (anche *fig.*).

protean [prou'ti:ən] *a.* **proteiforme; versatile; mutevole.**

to **protect** [prə'tekt] *v. t.* **1 proteggere; difendere; salvaguardare**: *to p. sb. from danger,* difendere q. da un pericolo □ *to p. domestic industries,* proteggere le industrie nazionali **2** *(comm.)* **far fronte a** (una cambiale, ecc.).

protection [prə'tekʃən] *n.* **1** [U] e [C] **protezione; difesa; patrocinio; guardia; scorta**: *under the p. of sb.,* sotto la protezione di q. **2** [C] **lasciapassare; salvacondotto 3** [U] *(econ.)* **protezionismo 4** [U] (anche *p. money*) **denaro pagato per ricevere protezione; tangente.**

protectionism [prə'tekʃənizəm] *n.* [U] *(econ.)* **protezionismo.**

protectionist [prə'tekʃənist] *(econ.)* **A** *n.* [C] **protezionista B** *a. attr.* **protezionistico.**

protective [prə'tektiv] *a.* **1 protettivo; di protezione; di difesa 2** *(econ.)* **protezionistico** ● *(biol.) p. colouring,* mimetismo.

protector [prə'tektə*] *n.* [C] **protettore; difensore; patrono.**

protectorate [prə'tektərit] *n.* [C] *(polit.)* **protettorato.**

protectress [prə'tektris] *n.* [C] **protettrice.**

protégé ['prouti,ʒei] *(franc.) n.* [C] **protetto.**

protégée ['prouti,ʒei] *(franc.) n.* [C] **protetta.**

protein ['prouti:n] *n.* [C] *(chim., biol.)* **proteina.**

proteinic [prou'ti:inik], **proteinous** [prou'ti:inəs] *a.* *(chim., biol.)* **proteico**: *p. substances,* sostanze proteiche.

to **protest** [prə'test] *v. t.* e *i.* (anche *comm.*) **protestare**: *to p. one's innocence,* protestare la propria innocenza.

protest ['proutest] *n.* [C] e [U] ***1*** (anche *polit.*) **protesta**: *to make* (o *to lodge*) *a p.,* fare (o presentare) una protesta ***2*** *(leg., comm.)* **protesto; protesto cambiario** ● *(naut.) ship's p.,* dichiarazione d'avaria.

Protestant ['prɔtistənt] *a.* e *n.* *(relig.)* **protestante.**

Protestantism ['prɔtistəntizəm] *n.* [U] *(relig.)* **protestantesimo.**

protestation [,proutes'teiʃən] *n.* ***1*** [U] **protesta** ***2*** [C] **affermazione solenne.**

protester [prə'testə*] *n.* [C] ***1*** **contestatore; dimostrante** ***2*** *(leg., comm.)* **creditore che fa eseguire il protesto.**

proto- ['proutou, 'proutə] *(in parole composte)* **proto-** (significa "primo" in ordine di tempo, di spazio, d'importanza; in paleontologia, indica individui, oggetti o fenomeni "appartenenti alla preistoria"; nella terminologia botanica e zoologica, indica organismo "strutturalmente semplice"; in linguistica, designa lo stadio ipotetico e unitario di gruppi etnici o etnico-linguistici).

protocol ['proutəkɔl] *n.* [C] e [U] (specialm. in diplomazia) **protocollo.**

to **protocol** ['proutəkɔl] *v. t.* **protocollare.**

proton ['proutɔn] *n.* [C] *(fis.)* **protone.**

protoplasm ['proutəplæzəm] *n.* [U] *(biol.)* **protoplasma.**

protoplasmatic [,proutəplæs'mætik], **protoplasmic** [,proutə'plæzmik] *a.* *(biol.)* **protoplasmatico.**

prototype ['proutətaip] *n.* [C] *(scient.* e *fig.)* **prototipo.**

Protozoa [,proutə'zouə] *n. pl.* *(zool.)* **protozoi.**

protozoan [,proutə'zouən] *n.* [C] *(zool.)* **protozoo.**

to **protract** [prə'trækt] *v. t.* ***1*** **protrarre; prolungare; tirare per le lunghe** ***2*** *(disegno)* **riprodurre in scala; rapportare.**

protractile [prə'træktail] *a.* *(zool.)* **protrattile.**

protraction [prə'trækʃən] *n.* [U] e [C] ***1*** **protrazione; prolungamento** ***2*** *(disegno)* **riproduzione in scala.**

protractive [prə'træktiv] *a.* **dilatorio.**

protractor [prə'træktə*] *n.* [C] ***1*** *(geom.)* **goniometro; rapportatore** ***2*** *(anat.)* **muscolo estensore.**

to **protrude** [prə'tru:d] ***A*** *v. t.* ***1*** **far sporgere; spingere avanti** ***2*** **mettere fuori; tirar fuori** ***B*** *v. i.* **sporgere in fuori.**

protrudent [prə'tru:dənt] *a.* **sporgente.**

protruding [prə'tru:diŋ] *a.* ***1*** (anche *anat.*) **sporgente** ***2*** *(archit.)* **aggettante.**

protrusion [prə'tru:ʒən] *n.* [U] e [C] ***1*** **sporgenza** ***2*** *(med.)* **protrusione.**

protrusive [prə'tru:siv] *a.* ***1*** **prominente; sporgente** ***2*** *(med.)* **protruso.**

protuberance [prə'tju:bərəns] *n.* [U] e [C] **protuberanza; prominenza.**

protuberant [prə'tju:bərənt] *a.* **protuberante; prominente.**

proud [praud] *a.* ***1*** **orgoglioso; fiero; superbo** ***2*** **altezzoso; altero; arrogante** ***3*** *(fig.)* **superbo; bello; grandioso; magnifico; splendido** ● *to become p.,* inorgoglirsi; insuperbire.

provable ['pru:vəbl] *a.* **provabile; dimostrabile.**

to **prove** [pru:v] ***A*** *v. t.* ***1*** **provare; mettere alla prova; esperimentare; verificare; dimostrare**: *to p. a fact,* dimostrare un fatto ***2*** *(leg.)* **dimostrare l'autenticità di**: *to p. a will,* dimostrare l'autenticità di un testamento ***B*** *v. i.* **dimostrarsi; rivelarsi** ***C*** to **prove oneself** *v. rifl.* **dimostrarsi; rivelarsi**: *to p. (oneself) to be a coward,* dimostrarsi vile.

proven ['pru:vən] *p.p. arc.* di to **prove** ● *(leg. scozz.) a « not p. » verdict,* un verdetto d'assoluzione per insufficienza di prove.

provenance ['prɔvinəns] *n.* [U] **provenienza; origine.**

Provencal [,prɔvɑ̃:n'sa:l] *a.* e *n.* **provenzale.**

provender ['prɔvində*] *n.* [U] ***1*** **biada; foraggio** ***2*** (spesso *scherz.*) **alimenti; cibo; vettovaglie.**

provenience [prə'vi:njəns] *n.* [U] **provenienza; origine.**

proverb ['prɔvə:b] *n.* [C] **proverbio** ● *He is a p. for laziness,* la sua pigrizia è proverbiale.

proverbial [prə'və:bjəl] *a.* **proverbiale** (anche *fig.*).

to **provide** [prə'vaid] ***A*** *v. t.* e *i.* ***1*** **provvedere; procacciare; procurare; fornire**: *to p. food for one's family,* provvedere il vitto alla famiglia □ *I am provided with all I need,* sono provvisto di tutto il necessario ***2*** *(leg.)* **stipulare; stabilire** ***B*** to **provide oneself (with)** *v. rifl.* **provvedersi, fornirsi** (di); **procacciarsi** ● *to p. against st.,* prendere provvedimenti in vista di q.c.; premunirsi contro q.c. □ *to p. for sb.,* provvedere a q.; occuparsi di q.

provided [prə'vaidid] *cong.* (spesso *p. that*) **purché; a condizione che.**

providence ['prɔvidəns] *n.* [U] **provvidenza** ● *special p.,* miracolo: *A special p. saved him,* fu un miracolo che si salvasse.

Providence ['prɔvidəns] *n.* **provvidenza divina.**

provident ['prɔvidənt] *a.* ***1*** **provvido; previdente** ***2*** **parsimonioso; economo** ● *p. fund,* fondo di previdenza □ *p. society,* società di mutuo soccorso.

providential [,prɔvi'denʃəl] *a.* **provvidenziale.**

providing [prə'vaidiŋ] *cong.* **purché; a patto che; a condizione che.**

province ['prɔvins] *n.* ***1*** [C] **provincia; distretto; regione** ***2*** [C] *(relig.)* **provincia ecclesiastica** ***3*** [U] *(fig.)* **affare; competenza; campo; sfera d'azione**: *It is not within my p.,* non è affar mio □ *This is outside my p.,* non è cosa di mia competenza.

provincial [prə'vinʃəl] ***A*** *a.* **provinciale; da provinciale;** *(spreg.)* **limitato, ristretto** ***B*** *n.* [C] ***1*** **provinciale** (anche *spreg.*) ***2*** *(relig.)* **padre provinciale.**

provincialism [prə'vinʃəlizəm] *n.* [C] e [U] **provincialismo.**

provinciality [prə,vinʃi'æliti] *n.* [U] **provincialismo.**

proving ['pru:viŋ] *n.* [U] ***1*** **sperimentazione; verifica** ***2*** *(elab.)* **controllo** ● *p. ground,* terreno (o percorso) di prova; *(fig.)* banco di prova.

provision [prə'viʒən] *n.* ***1*** [U] e [C] **provvedimento** ***2*** [C] *(leg.)* **clausola; disposizione** ***3*** *(al pl.)* **provviste; vettovaglie; viveri.**

to **provision** [prə'viʒən] *v. t.* **approvvigionare.**

provisional [prə'viʒənl] *a.* **provvisorio** ● *(leg.) p. arrest,* fermo di polizia.

provisioner [prə'viʒənə*] *n.* [C] **approvvigionatore.**

proviso [prə'vaizou] *n.* (*pl.* **provisos, provisoes**) *(leg.)* **clausola condizionale; condizione** ● *with the p. that...,* a condizione che...

provisory [prə'vaizəri] *a.* ***1*** *(leg.)* **condizionale** ***2*** **provvisorio.**

provocation [,prɔvə'keiʃən] *n.* [U] e [C] **provocazione.**

provocative [prə'vɔkətiv] *a.* **provocativo; provocatorio** ● *p. criticism,* critiche stimolanti.

to **provoke** [prə'vouk] *v. t.* **provocare; irritare; stimolare; causare**: *to p. laughter,* provocare il riso ● *to p. sb. into doing st.,* spingere q. a fare q.c.

provoking [prə'voukiŋ] *a.* **provocante; irritante; fastidioso; noioso.**

provost ['prɔvəst] *n.* [C] ***1*** *(in Scozia)* **sindaco** ***2*** (nelle università) **rettore di un « college »** ***3*** *(relig.)* **prevosto, preposto** ● *(mil.)* [prə'vou] *p. marshal,* capo della polizia militare.

prow [prau] *n.* [C] *(naut., aeron.)* **prora; prua.**

prowess ['prauis] *n.* [U] ***1*** **prodezza; valore** ***2*** **abilità; bravura.**

prowl [praul] *n.* — *to be (to go) on the p.,* essere (andare) in cerca di preda.

to **prowl** [praul] ***A*** *v. i.* ***1*** **vagare in cerca di preda** ***2***

andare furtivamente ***B*** *v. t.* **aggirarsi in** (un luogo) **in cerca di preda.**
proximate ['prɔksimit] *a.* ***1*** **prossimo; immediato** ***2*** **approssimato.**
proximity [prɔk'simiti] *n.* [U] **prossimità; vicinanza.**
proximo ['prɔksimou] *(lat.) avv. (comm.)* **del mese venturo** (di solito abbr. in *prox.*): *on the 20th prox.*, il venti del mese venturo.
proxy ['prɔksi] *n. (leg.)* ***1*** [U] e [C] **procura**: *to vote by p.*, votare per procura ***2*** [C] **procuratore.**
prude [pru:d] *n.* [C] **chi affetta pudore; persona eccessivamente modesta e pudica; santarellina.**
prudence ['pru:dəns] *n.* [U] **prudenza; cautela; avvedutezza.**
prudent ['pru:dənt] *a.* **prudente; cauto; avveduto; giudizioso.**
prudential [pru:'denʃəl] *a.* **prudenziale.**
prudery ['pru:dəri] *n.* [U] **pudore estremo, affettato; modestia eccessiva; santimonia.**
prudish ['pru:diʃ] *a.* **pudibondo; schifiltoso; schizzinoso.**
prune [pru:n] *n.* ***1*** [C] **prugna; susina secca** ***2*** *(fam.)* **tipo barboso** *(fam.)*; **fesso** *(fam.)*.
to **prune** [pru:n] *v. t.* ***1*** **potare** ***2*** *(fig.)* **sfrondare.**
prunella [pru:'nelə] *n.* [U] *(ind. tessile)* **prunella.**
prunelle [pru:'nel] *(franc.) n.* ***1*** [C] **prugna seccata pelata** ***2*** [U] **prunella** (liquore).
pruners ['pru:nəz] *n. pl.* **forbici da giardino.**
pruning ['pru:niŋ] *n.* [U] **potatura** ● *p. hook,* ronca; roncola □ *p. shears* (o *p. scissors),* forbici da giardino.
prurience ['pruəriəns] *n.* [U] **lascivia; libidine; lubricità.**
prurient ['pruəriənt] *a.* **lascivo; libidinoso; lubrico.**
pruriginous [pru'ridʒinəs] *a. (med.)* **pruriginoso.**
prurigo [pru'raigou] *n.* [U] *(med.)* **prurigine.**
pruritus [pru'raitəs] *n.* [U] *(med.)* **prurito.**
Prussian ['prʌʃən] *a.* e *n.* **prussiano** ● *P. blue,* blu di Prussia.
prussiate ['prʌʃiit] *n.* [C] *(chim.)* **prussiato.**
prussic ['prʌsik] *a. (chim.)* **prussico**: *p. acid,* acido prussico.
(1) to **pry** [prai] *v. i.* **curiosare; indagare** ● *to pry about,* ficcare il naso dappertutto □ *to pry into sb.'s affairs,* ficcare il naso negli affari di q. □ *a Paul Pry,* un ficcanaso.
(2) to **pry** [prai] *v. t.* **aprire** (o **forzare, sollevare**) **con una leva.**
prying ['praiiŋ] *a.* **curioso; indagatore; indiscreto; inquisitivo.**
psalm [sa:m] *n.* [C] **salmo; cantico** ● *p. book,* libro dei salmi.
psalmist ['sa:mist] *n.* [C] **salmista.**
psalmodic [sæl'mɔdik] *a.* **salmodico.**
psalmodist ['sælmədist] *n.* **salmeggiatore, salmeggiatrice.**
psalmody ['sælmədi] *n.* [U] **salmodia.**
psalter ['sɔ:ltə*] *n.* [C] *(relig.)* **salterio; raccolta di salmi.**
psaltery ['sɔ:ltəri] *n.* [C] *(mus.)* **salterio** (strumento a corde).
pseudo ['sjudou] *a. (fam.)* **falso; finto.**
pseudo- ['sjudou] *(in parole composte)* **pseudo-** (significa "falso"; in vari casi indica analogia esteriore).
pseudoclassic [ˌsju:dou'klæsik] *a.* **pseudoclassico.**
pseudonym ['sju:dənim] *n.* [C] **pseudonimo.**
pshaw [pʃɔ:] *inter.* **puh!; puah!; uff!; ohibò!**
psittacosis [ˌsitə'kousis] *n.* [U] *(med.)* **psittacosi.**
psoriasis [sə'raiəsis] *n.* [U] *(med.)* **psoriasi.**
psst [ps] *inter.* **pss.**
psyche ['saiki] *n. (solo al sing.)* **psiche.**
psychedelic [ˌsaikə'delik] ***A*** *a.* **psichedelico**: *p. music,* musica psichedelica ***B*** *n.* [C] **droga psichedelica.**
psychiatric(al) [ˌsaiki'ætrik(əl)] *a. (med.)* **psichiatrico.**
psychiatrist [sai'kaiətrist] *n.* [C] *(med.)* **psichiatra; alienista.**
psychiatry [sai'kaiətri] *n.* [U] *(med.)* **psichiatria.**
psychic ['saikik] ***A*** *a.* ***1*** **psichico** ***2*** **medianico** ***B*** *n.* [C] **medium.**
psychical ['saikikəl] *a.* ***1*** **psichico** ***2*** **dei fenomeni psichici.**
psychics ['saikiks] *n. pl. (col verbo al sing.)* **psicologia.**
psycho ['saikou] *n. (pl.* **psychos**) *(pop.)* **psicopatico; malato di mente** *(fam.)*.
psycho- ['saikou] *(in parole composte)* **psico-** (si riferisce alla natura o all'attività della mente).
to **psychoanalyse** [ˌsaikou'ænəlaiz] *v. t.* **psicanalizzare.**
psychoanalysis [ˌsaikouə'næləsis] *n.* [U] **psicanalisi.**
psychoanalyst [ˌsaikou'ænəlist] *n.* [C] **psicanalista.**
psychoanalytic(al) [ˌsaikouˌænə'litik(əl)] *a.* **psicanalitico.**
psychologic(al) [ˌsaikə'lɔdʒik(əl)] *a.* **psicologico.**
psychologist [sai'kɔlədʒist] *n.* [C] **psicologo** ● *educational p.,* psicopedagogista.
psychology [sai'kɔlədʒi] *n.* [U] **psicologia** ● *educational p.,* psicopedagogia.
psychopath ['saikoupæθ] *n.* [C] *(med.)* **psicopatico.**
psychopathic [ˌsaikou'pæθik] *a. (med.)* **psicopatico.**
psychopathologist [ˌsaikoupə'θɔlədʒist] *n.* [C] **psicopatologo.**
psychopathology [ˌsaikoupə'θɔlədʒi] *n.* [U] *(med.)* **psicopatologia.**
psychopharmaceutical [ˌsaikoufa:mə'sju:tikəl] *n.* [C] *(farm.)* **psicofarmaco.**
psychosis [sai'kousis] *n.* (*pl.* **psychoses** [sai'kousi:z] *(med.)* **psicosi.**
psychosomatic [ˌsaikousə'mætik] *a.* **psicosomatico.**
psycotherapy [ˌsaikou'θerəpi] *n.* [U] *(med.)* **psicoterapia.**
psychotic [sai'kɔtik] *a.* e *n. (med.)* **psicotico.**
ptarmigan ['ta:migən] *n.* (*zool.*, Lagopus mutus) **pernice bianca.**
ptisan [ti'zæn] *n.* [C] **tisana** (specialm. d'orzo).
Ptolemaic [ˌtɔli'meiik] *a. (stor., astron.)* **tolemaico.**
ptomaine ['toumein] *n.* [U] *(chim.)* **ptomaina.**
ptyalin ['taiəlin] *n.* [U] *(chim., biol.)* **ptialina.**
pub [pʌb] *n.* [C] *(abbr. fam.* di **public house**) **spaccio di alcolici** ● *(pop.) to go on a pub-crawl,* fare il giro dei pub.
puberal ['pju:bərəl] *a.* **puberale.**
puberty ['pju:bəti] *n.* [U] **pubertà.**
pubes ['pju:bi:z] *n.* (*pl.* **pubes** ['pju:bi:z]) *(anat.)* **pube.**
pubescence [pju:'besəns] *n.* [U] *(bot.)* **pubescenza.**
pubescent [pju:'besənt] *a. (bot.)* **pubescente.**
pubic ['pju:bik] *a. (anat.)* **pubico.**
pubis ['pju:bis] *a.* (*pl.* **pubes** ['pju:bi:z]) *(anat.)* **pube; osso pelvico.**
public ['pʌblik] ***A*** *a.* **pubblico** (in ogni senso) ***B*** *n. (collett.)* **pubblico; clientela; spettatori** ● *p. holiday,* festa nazionale □ *p. house,* « pub »; spaccio d'alcolici □ *p. nuisance, (leg.)* turbativa dell'ordine pubblico; *(fam.)* seccatore; rompiscatole *(fam.)* □ *p. orator,* oratore ufficiale □ *p. school, (in G.B.)* scuola privata (residenziale, a livello secondario); (in genere) scuola pubblica □ *p. spirit,* senso civico; civismo □ *the reading p.,* i lettori □ *the sporting p.,* gli sportivi (in quanto spettatori).
publican ['pʌblikən] *n.* [C] ***1*** *(stor.)* **pubblicano** ***2*** **bettoliere; oste.**
publication [ˌpʌbli'keiʃən] *n.* [U] e [C] **pubblicazione** (in ogni senso).
publicist ['pʌblisist] *n.* [C] ***1*** **addetto stampa** ***2*** **agente pubblicitario** ***3*** *(raro)* **pubblicista** (esperto di diritto pubblico).
publicity [pʌb'lisiti] *n.* [U] **pubblicità** ● *p. agent,* agente pubblicitario.
to **publicize** ['pʌblisaiz] *v. t.* **fare pubblicità a** (q.c.).
to **publish** ['pʌbliʃ] *v. t.* ***1*** **pubblicare** ***2*** **promulgare** ● *publishing house,* casa editrice.
publishable ['pʌbliʃəbl] *a.* **pubblicabile.**

publisher ['pʌbliʃə*] *n.* [C] **1 editore 2 divulgatore; promulgatore.**
puce [pju:s] *n.* [U] **color pulce.**
(1) puck [pʌk] *n.* [C] **folletto** (anche *fig.*); **spiritello maligno.**
(2) puck [pʌk] *n.* [C] *(sport)* **disco di gomma** (da hockey su ghiaccio).
to **pucker** ['pʌkə*] **A** *v. t.* (spesso *to p. up*) **corrugare; increspare; raggrinzare B** *v. i.* **corrugarsi; incresparsi; raggrinzarsi** ● *to p. one's brows,* aggrottare le ciglia; corrugare la fronte.
pucker ['pʌkə*] *n.* [C] **crespa; grinza; piega; ruga.**
puckish ['pʌkiʃ] *a.* **da folletto; birichino; maliziosetto.**
pudding ['pudiŋ] *n.* [C] e [U] *(cucina)* **1 budino**: *rice p.,* budino di riso **2 pasticcio di carne** (con pastella) ● *p.-face,* faccione tondo □ *(geol.) p. stone,* puddinga; conglomerato □ *(cucina) black p.,* sanguinaccio □ *(fig.) to get more praise than p.,* avere più elogi che ricompense.
puddle ['pʌdl] *n.* **1** [C] **pozza; pozzanghera 2** [U] **malta.**
to **puddle** ['pʌdl] **A** *v. t.* **1 rivestire di malta 2 impastare** (argilla, sabbia e acqua) **3** *(metall.)* **puddellare 4 intorbidire** (l'acqua) **B** *v. i.* **sguazzare nel fango.**
pudenda [pju(:)'dendə] *(lat.) n. pl.* **(parti) pudende.**
pudgy ['pʌdʒi] *a.* **bassotto e tondo; tozzo.**
pudsy ['pʌdzi] *a.* **grassoccio; grassottello; paffuto.**
puerile ['pjuərail] *a.* **puerile; fanciullesco.**
puerility [pjuə'riliti] *n.* [U] e [C] **puerilità; fanciullaggine.**
puerperal [pju(:)'ə:pərəl] *a.* **puerperale.**
Puerto Rican ['pwə:tou'ri:kən] *a.* e *n.* **portoricano.**
puff [pʌf] **A** *n.* [C] **1 soffio; sbuffo; folata; buffo; sboffo**: *puffs of smoke,* sbuffi di fumo □ *sleeves with puffs,* maniche a sbuffo **2 piumino**: *a powder-p.,* un piumino per la cipria **3** *(cucina)* **bignè 4 montatura pubblicitaria; soffietto** *(fam.)* ● *p.-box,* portacipria □ *(cucina) p. pastry,* pasta sfoglia □ *(fam.) to be short of p.,* essere senza fiato.
to **puff** [pʌf] **A** *v. i.* **1 sbuffare; ansare; ansimare;** (del fumo) **uscire a sbuffi 2 soffiare; arrivare a folate 3 tirar boccate di fumo** (da una sigaretta, ecc.) **4** *(comm.)* **fare offerte per far salire i prezzi** (a un'asta pubblica) **B** *v. t.* **1 soffiar via; emettere** (fumo, ecc.) **a sbuffi 2** (spesso *to p. out*) **gonfiare; distendere 3 decantare** (merci per la loro bontà, ecc.); **scrivere un soffietto per** (un libro, ecc.) **4 fumare** (una sigaretta, la pipa, ecc.) ● *to p. and blow,* ansare; ansimare; sbuffare □ *to p. away,* soffiar via; (di treno, ecc.) allontanarsi sbuffando □ *to p. out,* spegnere (una candela, ecc.) soffiando; gonfiare (il petto, ecc.) □ *(fig.) to be puffed up,* essere pieno di boria.
puffball ['pʌfbɔ:l] *n.* [C] *(bot.,* Lycoperdon*)* **vescia.**
puffed [pʌft] *a.* **1** (di manica, ecc.) **a sbuffo 2** (di cereale) **soffiato**: *p. rice,* riso soffiato **3** *(fig.)* **tronfio; borioso 4** *(fam.)* **senza fiato; sfiatato.**
puffiness ['pʌfinis] *n.* [U] **1 (l')ansimare; sbuffamento** *(raro)* **2 gonfiore; enfiagione 3 bolsaggine 4** *(fig.)* **boria; pomposità.**
puff-puff ['pʌf,pʌf] *n.* [C] *(parola infant.)* **tu-tù; treno.**
puffy ['pʌfi] *a.* **1 che arriva a sbuffi (o a folate) 2 ansante; ansimante; sbuffante; senza fiato 3 dal fiato corto; bolso 4 gonfio; tumido; turgido 5** *(fig.)* **tronfio; borioso.**
(1) pug [pʌg] *n.* [C] **1** *(zool.,* anche *pug-dog)* **carlino 2** (anche *pug-nose*) **naso rincagnato.**
(2) pug [pʌg] *n.* [U] *(ind.)* **impasto di creta e argilla.**
to **pug** [pʌg] *v. t.* **1** *(ind.)* **impastare** (argilla e creta) **2** *(costr.)* **riempire d'argilla (o di materiale insonorizzante).**
(3) pug [pʌg] *n.* [C] (*abbr. pop.* di **pugilist**) **pugile.**
pugh [pju:] *inter.* **puh!; puah!**
pugilism ['pju:dʒilizəm] *n.* [U] **pugilato.**
pugilist ['pju:dʒilist] *n.* [C] **pugile; pugilatore.**
pugilistic [,pju:dʒi'listik] *a.* **pugilistico.**
pugnacious [pʌg'neiʃəs] *a.* **pugnace; battagliero; combattivo.**
pugnacity [pʌg'næsiti] *n.* [U] **combattività.**
pug-nosed ['pʌgnouzd] *a.* **dal naso rincagnato.**
puisne ['pju:ni] *a.* *(leg.)* **di grado inferiore; meno anziano.**
puissance ['pju:isns] *n.* [U] *(poet.)* **possa** *(lett.)*; **possanza; forza; vigore.**
puissant ['pju:isənt] *a.* *(poet.)* **possente; forte; vigoroso.**
to **puke** [pju:k] *v. i.* e *t.* *(pop.)* **vomitare; rigettare.**
puke [pju:k] *n.* [U] *(pop.)* **vomito.**
to **pule** [pju:l] *v. i.* **piagnucolare; frignare.**
to **pull** [pul] **A** *v. t.* **1 tirare; trascinare**: *to p. sb.'s hair,* tirare i capelli a q. □ *P. the chair nearer to you,* tirati la sedia più vicino **2 estrarre; cavare; togliere**: *to have two teeth pulled out,* farsi cavare due denti **3 cogliere** (fiori, frutti) **4 attirare** (la clientela) **5** *(naut.)* **spingere coi remi** (una barca) **6** *(sport)* **frenare, trattenere** (un cavallo) **B** *v. i.* **1 tirare; dare strappi (o strattoni) 2 lasciarsi tirare; spostarsi, aprirsi** (quando si tira) **3** (del cavallo) **tirare il morso; mordere il freno C** *verbi composti* **1** *to p. (sb., st.) about,* trascinare di qua e di là; maltrattare; bistrattare **2** *to p. at (st.),* tirare; tirare una boccata; bere un gran sorso: *to p. at a rope,* tirare una corda □ *to p. at one's pipe,* tirar boccate di fumo dalla pipa □ *to p. at a bottle,* attaccarsi a una bottiglia **3** *to p. back,* tirarsi indietro (anche *fig.*) □ *to p. st. (sb.) back,* tirare indietro q.c. (q.) **4** *to p. down,* tirar giù; abbattere; demolire; indebolire: *to p. down a house,* demolire una casa □ *to p. down prices,* far crollare i prezzi **5** *to p. in,* (di treno) entrare in stazione; (di autoveicolo) arrivare; accostarsi al marciapiede; (di conducente) fermarsi; (di barca) accostare, approdare **6** *to p. off,* (di veicolo o imbarcazione) allontanarsi □ *to p. st. off,* togliere, togliersi q.c.; *(fig., fam.)* portare a termine q.c. **7** *to p. st. on,* mettersi (o infilarsi, calzare) q.c.: *to p. on one's stockings,* mettersi le calze **8** *to p. out,* uscire; (di autoveicolo) partire; (di barca) staccarsi **9** *(fig.) to p. round,* riaversi; ristabilirsi, guarire □ *(fig.) to p. sb. round,* far ristabilire q. **10** *(fig.) to p. through,* farcela; riuscirci □ *(fig.) to p. (sb., st.) through,* guarire, far ristabilire (q.); salvare, portare in porto (q.c.) **11** *to p. together,* collaborare; cooperare; lavorare d'amore e d'accordo □ *to p. oneself together,* farsi coraggio; farsi forza **12** *to p. up,* arrestarsi; fermarsi □ *to p. (sb., st.) up,* sradicare, strappare; arrestare, fermare; richiamare all'ordine, rimproverare ● *to p. a muscle,* farsi uno strappo muscolare □ *(naut.) to p. oars,* remare; vogare □ *(tipogr.) to p. a proof,* tirare (o stampare) una bozza □ *to p. a sad face,* fare la faccia triste; assumere un'aria rattristata □ *to p. (st.) to pieces,* fare a pezzi, rompere, spezzare; *(fig.)* stroncare.
pull [pul] *n.* **1** [C] **tirata** (anche *fig.*); **strappo; strattone**: *to give a p. at st.,* dare uno strattone a q.c. **2** [C] **tirata di fumo** (di pipa, di sigaro, ecc.) **3** [C] *(naut.)* **remata; vogata 4** [C] **sorso; sorsata 5** [C] **cordone; maniglia; pomello 6** [C] e [U] *(fig., fam.)* **autorità; influsso; influenza**: *to have a strong p. (o a great deal of p.) with sb.,* avere molta influenza presso q. **7** [U] **forza d'attrazione;** *(fig.)* **capacità di attrarre il pubblico 8** [C] *(tipogr.)* **prima bozza** (di stampa) ● *to have the p. of sb.,* essere in vantaggio su q.; avere la meglio su q.
pull-back ['pul,bæk] *n.* [C] **1 ostacolo; impedimento; remora 2** *(mil.)* **ripiegamento.**
pullet ['pulit] *n.* [C] **pollastra; pollastrella.**
pulley ['puli] *n.* [C] *(mecc.)* **puleggia; carrucola.**
pull-in ['pul,in] *V.* **pull-up.**
Pullman ['pulmən] *n.* [C] *(ferr.)* **carrozza pullman; carrozza di lusso.**
pull-over ['pul,ouvə*] *n.* [C] **pullover; maglia di lana con scollatura a punta.**
to **pullulate** ['pʌljuleit] *v. i.* **1 pullulare;** *(fig.)* **diffondersi rapidamente 2** (di pianta) **germogliare; gemmare.**
pullulation [,pʌlju'leiʃən] *n.* [U] **1 (il) pullulare;** *(fig.)* **rapida diffusione 2** *(bot.)* **gemmazione.**
pull-up ['pul,ʌp] *n.* [C] **luogo di ristoro** (per viaggia-

tori); autogrill.

pulmonary ['pʌlmənəri] *a.* *(anat., med.)* **polmonare.**

pulmonic [pʌl'mɔnik] *a.* *(anat., med.)* **polmonare.**

Pulmotor [pul'moutə*] *n.* [C] *(marchio: med.)* **respiratore meccanico.**

pulp [pʌlp] *n.* [U] ***1*** **polpa** ***2*** *(ind.)* **pasta** (per fare la carta) ● *p. magazine,* rivista popolare stampata su carta scadente □ *to reduce to (a) p.*, spappolare.

to **pulp** [pʌlp] ***A*** *v. t.* **ridurre in polpa** ***B*** *v. i.* **ridursi in polpa; diventare polposo.**

pulpit ['pulpit] *n.* *(relig.)* ***1*** [C] **pulpito** ***2*** — *(collett.) the p.*, i predicatori.

pulpous ['pʌlpəs], **pulpy** ['pʌlpi] *a.* **polposo.**

pulsar ['pʌlsa:*] *n.* [C] *(astron.)* **pulsar.**

to **pulsate** [pʌl'seit] *v. i.* **pulsare; palpitare; vibrare.**

pulsation [pʌl'seiʃən] *n.* [C] e [U] **pulsazione; vibrazione.**

pulsative ['pʌlsətiv], **pulsatory** ['pʌlsətəri] *a.* **pulsante.**

(1) pulse [pʌls] *n.* [C] ***1*** *(fisiologia)* **polso**: *to have a weak p.*, avere il polso debole □ *to feel sb.'s p.*, tastare il polso a q. (anche *fig.*) ***2*** *(fis.)* **impulso.**

to **pulse** [pʌls] *v. i.* **pulsare; battere; vibrare.**

(2) pulse [pʌls] *n.* [U] **legumi.**

pulser ['pʌlsə*] *n.* [C] *(elettron.)* **generatore d'impulsi.**

pulsimeter [pʌl'simitə*] *n.* [C] *(med.)* **pulsimetro.**

pulsometer [pʌl'sɔmitə*] *n.* [C] *(mecc.)* **pulsometro.**

pulverizable ['pʌlvəraizəbl] *a.* **polverizzabile.**

pulverization [,pʌlvərai'zeiʃən] *n.* [U] **polverizzazione.**

to **pulverize** ['pʌlvəraiz] ***A*** *v. t.* **polverizzare** (anche *fig.*); **vaporizzare** ***B*** *v. i.* **polverizzarsi; vaporizzarsi.**

pulverizer ['pʌlvəraizə*] *n.* [C] **polverizzatore; vaporizzatore.**

puma ['pju:mə] *n.* [C] *(zool.,* Felis concolor) **puma; coguaro.**

pumice ['pʌmis] *n.* [U] (anche *p. stone*) **pomice; pietra pomice.**

(1) pump [pʌmp] *n.* [C] ***1*** *(mecc.)* **pompa**: *a bicycle p.*, una pompa da bicicletta ***2*** *(autom.)* **distributore di benzina** ● (in uno stabilimento termale) *p.-room,* sala in cui si bevono le acque.

to **pump** [pʌmp] ***A*** *v. t.* ***1*** (spesso *to p. out, to p. up*) **pompare** (acqua, ecc.) ***2*** **gonfiare** (con la pompa): *to p. up a tyre,* gonfiare un pneumatico ***3*** *(fig.)* **carpire** (informazioni a q.) ***4*** *(fig.)* **far restare senza fiato; spremere** *(fam.)* ***B*** *v. i.* **pompare; azionare una pompa** ● *(fig.) to p. a lesson into sb.'s head,* far entrare una lezione in testa a q. □ *to p. a well dry,* prosciugare un pozzo.

(2) pump [pʌmp] *n.* [C] **scarpetta di vernice** (da sera o da ballo).

pumpernickel ['pʌmpənikl] *n.* [U] **pane integrale di segala.**

pumpkin ['pʌmpkin] *n.* [C] *(bot.,* Cucurbita pepo) **zucca.**

pun [pʌn] *n.* [C] **bisticcio; gioco di parole.**

to **pun** [pʌn] *v. i.* **fare dei bisticci.**

(1) punch [pʌntʃ] *n.* [C] ***1*** *(mecc.)* **punzone** (arnese); **punzonatrice** (macchina) ***2*** *(falegnameria,* anche *nail--p.)* **punzone per incassare chiodi** ● *(elab.) p. card,* scheda perforata.

(1) to **punch** [pʌntʃ] *v. t.* *(mecc.)* **punzonare; forare, perforare** ● *to p. a hole,* fare un buco col punzone □ *to p. a nail in,* incassare un chiodo.

(2) punch [pʌntʃ] *n.* ***1*** [C] **pugno; colpo** (dato col pugno) ***2*** [U] *(fam.)* **energia; forza; vigore** ● *p.-drunk,* (di un pugile) stordito (dai pugni), suonato; *(fig.)* stordito, confuso.

(2) to **punch** [pʌntʃ] *v. t.* **colpire col pugno; dar pugni a** (q.).

(3) punch [pʌntʃ] *n.* [U] **ponce**: *rum p.*, ponce al rum.

Punch [pʌntʃ] *n.* **Pulcinella** ● *P.-and-Judy show,* teatro delle marionette □ *to be as pleased as P.*, esser contento come una pasqua □ *to be as proud as P.*, essere tronfio come un pavone.

puncheon ['pʌntʃən] *n.* [C] **palo di sostegno.**

punch-up ['pʌntʃʌup] *n.* [C] *(fam.)* **baruffa; zuffa.**

punchy ['pʌntʃi] *a.* *(fam.)* ***1*** (di un pugile) **stordito** (dai pugni); **suonato** ***2*** *(fig.)* **stordito; confuso.**

punctilio [pʌŋk'tiliou] *n.* ***1*** *(pl.* **punctilios**) **formalità; punto d'onore** ***2*** [U] **formalismo; cerimoniosità; meticolosità.**

punctilious [pʌŋk'tiliəs] *a.* **formalistico; cerimonioso; meticoloso; minuzioso; scrupoloso** ● *a p. man,* un formalista.

punctual ['pʌŋktjuəl] *a.* **puntuale.**

punctuality [,pʌŋktju'æliti] *n.* [U] **puntualità.**

to **punctuate** ['pʌŋktjueit] *v. t.* ***1*** **punteggiare; mettere i segni d'interpunzione a** (uno scritto) ***2*** **costellare** *(fig.)* ***3*** **accentuare; dare risalto a** (q.c.).

punctuation [,pʌŋktju'eiʃən] *n.* [U] e [C] **punteggiatura; interpunzione** ● *p. marks,* segni d'interpunzione.

puncture ['pʌŋktʃə*] *n.* [C] ***1*** **puntura** (d'insetto, ecc.) ***2*** *(autom.)* **foratura; bucatura** (d'una gomma) ● *(autom.) to have a p.*, forare.

to **puncture** ['pʌŋktʃə*] ***A*** *v. t.* ***1*** **pungere** ***2*** **forare; bucare** ***B*** *v. i.* ***1*** (di ciclista, automobilista) **forare; bucare** ***2*** (di gomma) **forarsi; bucarsi.**

pundit ['pʌndit] *n.* [C] ***1*** *(in India)* **pandit; bramino assai erudito** ***2*** *(fig.,* spesso *scherz.)* **erudito; dotto; sapientone.**

pungency ['pʌndʒənsi] *n.* [U] ***1*** **acrimonia; asprezza** ***2*** **sapore acre.**

pungent ['pʌndʒənt] *a.* ***1*** **pungente; acre; aspro; piccante; mordente** ***2*** (di sapore) **acre.**

Punic ['pju:nik] *a.* *(stor.)* **punico** ● *(fig.) P. faith,* slealtà.

puniness ['pju:ninis] *n.* [U] **piccolezza; debolezza; gracilità; meschinità.**

to **punish** ['pʌniʃ] *v. t.* ***1*** **punire; castigare** ***2*** *(fam., sport)* **infliggere una (severa) punizione a** (un avversario) ***3*** *(fam.:* di corsa, gara) **mettere a dura prova** (i concorrenti) ***4*** *(fam.)* **fare piazza pulita di** (q.c.).

punishable ['pʌniʃəbl] *a.* **punibile.**

punishment ['pʌniʃmənt] *n.* [U] e [C] ***1*** **punizione; castigo** ***2*** *(leg.)* **pena** ***3*** *(fam.)* **trattamento duro; batosta.**

punitive ['pju:nitiv] *a.* **punitivo.**

(1) punk [pʌŋk] *(pop.)* ***A*** *n.* ***1*** [C] **giovinastro; teppista;** « **punk** » ***2*** [U] **robaccia; cose senza valore** ***B*** *a.* **pessimo; orribile; da due soldi** ● *p. rock,* musica « punk ».

(2) punk [pʌŋk] ***A*** *n.* [U] **legno marcio; muschio secco.**

punnet ['pʌnit] *n.* [C] **cestello tondo** (per frutta o verdura).

punster ['pʌnstə*] *n.* [C] **chi si diletta di giochi di parole; freddurista.**

(1) punt [pʌnt] *n.* [C] **barchino** ● *p. pole,* pertica.

(1) to **punt** [pʌnt] ***A*** *v. t.* ***1*** **spingere** (un barchino) **con una pertica** ***2*** **trasportare su un barchino** ***B*** *v. i.* **andare in barchino.**

(2) punt [pʌnt] *n.* [C] *(sport)* **calcio dato al pallone lasciandolo cadere dalle mani** (e prima che tocchi terra).

(2) to **punt** [pʌnt] *v. t.* e *i.* *(sport)* **calciare (il pallone) lasciandolo cadere dalle mani** (e prima che tocchi terra).

(3) to **punt** [pʌnt] *v. i.* ***1*** (a faraone o in altri giochi di carte) **puntare contro il banco** ***2*** (alle corse) **puntare forte su un cavallo.**

punter ['pʌntə*] *n.* [C] **puntatore; giocatore d'azzardo.**

puny ['pju:ni] *a.* **piccolo; debole; gracile; meschino; dappoco.**

pup [pʌp] *n.* [C] ***1*** *(zool.)* **cucciolo** ***2*** *(fig.)* **giovincello presuntuoso** ● *(fig.) to sell sb. a pup,* truffare q.; bidonare q. *(pop.)*.

to **pup** [pʌp] (specialm. di cagna) ***A*** *v. i.* **figliare** ***B*** *v. t.* **partorire** (cuccioli).

pupa ['pju:pə] *n.* *(pl.* **pupae** ['pju:pi:], **pupas**) *(zool.)* **pupa; crisalide.**

to **pupate** [pju:'peit] *v. i.* *(zool.)* **trasformarsi in pupa** (o in crisalide).

(1) pupil ['pju:pl] *n.* [C] **1 alunno, alunna; scolaro, scolara; allievo, allieva 2** *(leg.)* **pupillo, pupilla.**

(2) pupil ['pju:pl] *n.* [C] *(anat.)* **pupilla** (dell'occhio).

pupillage ['pju:pilidʒ] *n.* [U] *(leg.)* **minorità.**

pupillary ['pju:piləri] *a.* *(anat.)* **pupillare.**

puppet ['pʌpit] *n.* [C] (anche *fig.*) **burattino; fantoccio; marionetta** ● *(spreg.) a p. government,* un governo fantoccio □ *p.-show* (o *p.-play*), teatro delle marionette.

puppeteer [ˌpʌpi'tiə*] *n.* [C] **burattinaio.**

puppy ['pʌpi] *n.* [C] **1 cucciolo 2** *(fig.)* **giovincello fatuo, presuntuoso; ragazzetto insolente** ● *p. love,* amore fra adolescenti.

puppyish ['pʌpiiʃ] *a.* **1 di** (o **da**) **cucciolo 2** *(fig.)* **fatuo; insolente; presuntuoso.**

purblind ['pə:blaind] *a.* **1 quasi cieco 2** *(fig.)* **ottuso; tardo (di comprendonio).**

purchasable ['pə:tʃəsəbl] *a.* **1 acquistabile; comprabile 2** (di persona) **corruttibile; venale.**

to **purchase** ['pə:tʃəs] *v. t.* **1 acquistare** (anche *fig.*); **comprare 2** *(naut.)* **sollevare** (con paranchi) ● *(econ.) purchasing power,* potere d'acquisto □ *a dearly purchased victory,* una vittoria ottenuta a caro prezzo.

purchase ['pə:tʃəs] *n.* **1** [U] e [C] **acquisto; compera, compra 2** [U] **valore, prezzo** (specialm. di immobili) **3** [C] *(naut.)* **paranco 4** [C] *(mecc.)* **paranco; leva** ● *p. money,* prezzo d'acquisto.

purchaser ['pə:tʃəsə*] *n.* [C] **acquirente; compratore, compratrice.**

pure [pjuə*] *a.* **puro** (in ogni senso): **puro e semplice.**

pure-blooded [ˌpjuə'blʌdid] *a.* **di razza pura.**

purée ['pjuərei] *(franc.) n.* [U] e [C] *(cucina)* **purè; passato** (di verdura, ecc.).

pureness ['pjuənis] *n.* [U] **purezza.**

purgation [pə:'geiʃən] *n.* [U] **1** (anche *relig.*) **purgazione; purificazione 2** *(med.)* **somministrazione di una purga.**

purgative ['pə:gətiv] **A** *a.* **purgativo; purgante B** *n.* [C] **purgante.**

purgatorial [ˌpə:gə'tɔ:riəl] *a.* **1 espiatorio; purgatorio** *(raro)* **2** *(relig.)* **del purgatorio.**

purgatory ['pə:gətəri] *n.* [U] *(relig.)* **purgatorio** (anche *fig.*).

to **purge** [pə:dʒ] **A** *v. t.* **1 purgare** (anche *med.*); **purificare 2** *(leg.)* **prosciogliere** (da un'accusa): **liberare** (da un sospetto) **3** *(polit.)* **epurare B** *v. i.* **purgarsi** (anche *med.*); **purificarsi** ● *to p. oneself of a charge,* dimostrare la propria innocenza □ *to p. oneself of suspicion,* scagionarsi.

purge [pə:dʒ] *n.* [C] **1 purga; purgante 2** *(polit.)* **epurazione; purga.**

purification [ˌpjuərifi'keiʃən] *n.* [U] **purificazione.**

purificatory ['pjuərifiˌkeitəri] *a.* **purificativo; depurativo.**

to **purify** ['pjuərifai] *v. t.* **purificare; depurare.**

purism ['pjuərizəm] *n.* [U] **purismo.**

purist ['pjuərist] *n.* [C] **purista.**

puritan ['pjuəritən] *n.* [C] e *a.* *(fig.)* **puritano.**

Puritan ['pjuəritən] *n.* [C] e *a.* *(stor., relig.)* **puritano.**

puritanic(al) [ˌpjuəri'tænik(əl)] *a.* **1** *(stor., relig.)* **puritano 2 rigido; severo.**

puritanism ['pjuəritənizəm] *n.* [U] *(fig.)* **puritanesimo.**

Puritanism ['pjuəritənizəm] *n.* [U] *(stor., relig.)* **puritanesimo.**

purity ['pjuəriti] *n.* [U] **purezza; purità.**

(1) purl [pə:l] *n.* [C] (lavoro a maglia) **punto rovescio.**

(1) to **purl** [pə:l] *v. i.* (lavoro a maglia) **lavorare a punto rovescio** ● *to p. a stitch,* fare un punto a rovescio.

(2) purl [pə:l] *n.* [U] (d'un ruscello, ecc.) **gorgoglio; mormorio; sussurro.**

(2) to **purl** [pə:l] *v. i.* (di ruscello, ecc.) **gorgogliare; mormorare; sussurrare.**

purler ['pə:lə*] *n.* [C] *(fam.)* **capitombolo**: *to come a p.,* fare un capitombolo.

purlieu ['pə:lju:] *n.* **1** [C] **striscia di terra ai margini d'una foresta 2** *(al pl.)* **confini; limiti; margini 3** *(al pl.)* **dintorni; sobborghi.**

to **purloin** [pə:'lɔin] *v. t.* **rubare; trafugare; involare** *(lett.).*

purple ['pə:pl] **A** *n.* [U] (anche *fig.*) **porpora**: *to be raised to the p.,* essere innalzato alla porpora **B** *a.* **violaceo; paonazzo; porporino; di porpora**: *a p. sunset,* un tramonto di porpora.

to **purple** ['pə:pl] **A** *v. t.* **imporporare B** *v. i.* **imporporarsi.**

purport ['pə:pət] *n.* [U] **senso; significato; portata; valore.**

to **purport** [pə:'pɔ:t] *v. t.* **1 significare; voler dire; stabilire** (un fatto, ecc.) **2 dare a intendere; pretendere.**

purpose ['pə:pəs] *n.* **1** [C] **proposito; fine; scopo; intenzione 2** [U] **decisione; fermezza; risolutezza**: *to lack p.,* mancare di fermezza ● *a novel with a p.,* un romanzo a tesi □ *on p.,* di proposito; apposta □ *to little p.,* con scarsi risultati □ *to no p.,* senza alcun risultato □ *to some p.,* con qualche (buon) risultato; non invano □ *to the p.,* a proposito.

to **purpose** ['pə:pəs] *v. t.* **proporsi; intendere.**

purpose-built [ˌpə:pəs'bilt] *a.* *(edil.)* **costruito su commissione.**

purposeful ['pə:pəsful] *a.* **1 deciso; risoluto 2 significativo 3 finalizzato** (a uno scopo).

purposeless ['pə:pəslis] *a.* **1 indeciso; irresoluto 2 inutile.**

purposely ['pə:pəsli] *avv.* **di proposito; apposta; intenzionalmente.**

purposive ['pə:pəsiv] *a.* **intenzionale.**

purpurin ['pə:pjuərin] *n.* [U] *(chim.)* **porporina.**

to **purr** [pə:] *v. i.* **1** (del gatto) **far le fusa 2** (di motore) **ronzare (sommessamente).**

purr [pə:], **purring** ['pə:riŋ] *n.* **1** (del gatto) **(le) fusa; (il) fare le fusa 2** *(per estens.)* **ronzio.**

purse [pə:s] *n.* [C] **1 borsa** (anche *fig.*); **borsellino;** *(fig.)* **denaro, fondi**: *a light p.,* un borsellino vuoto (o all'asciutto) **2** *(sport)* **premio;** *(pugilato)* **borsa**: *to put up a p.,* mettere in palio una borsa **3** *(USA)* **borsa** (da donna); **borsetta** ● *the public p.,* l'erario □ *(fig.) to tighten (to loosen) the p.-strings,* stringere (allargare) i cordoni della borsa.

to **purse** [pə:s] *v. t.* (spesso *to p. up*) **aggrottare; corrugare; increspare; raggrinzare.**

purser ['pə:sə*] *n.* [C] *(naut.)* **commissario di bordo.**

purse-snatcher ['pə:s'snætʃə*] *n.* [C] *(USA)* **scippatore.**

pursiness ['pə:sinis] *n.* [U] **1 bolsaggine 2 corpulenza; grassezza.**

purslane ['pə:slin] *n.* [U] *(bot., Portulaca oleracea)* **porcellana.**

pursuance [pə'sju:əns] *n.* [U] **1 adempimento; esecuzione 2 proseguimento** ● *in p. of,* conformemente a.

pursuant [pə'sju:ənt] *a.* **che segue; che consegue** ● *p. to,* in conformità con; facendo seguito a.

to **pursue** [pə'sju:] *v. t.* e *i.* **1 inseguire 2 andare in cerca di; perseguire 3 continuare; proseguire; portare innanzi.**

pursuer [pə'sju:ə*] *n.* [C] **1 inseguitore, inseguitrice 2** *(leg., scozz.)* **attore** (in giudizio).

pursuit [pə'sju:t] *n.* **1** [U] **inseguimento; caccia; ricerca 2** [C] **occupazione 3** [C] **passatempo; svago.**

pursuivant ['pə:sivənt] *n.* [C] *(arc.)* **accompagnatore; seguace.**

(1) pursy ['pə:si] *a.* **1 asmatico; bolso 2 corpulento; grasso.**

(2) pursy ['pə:si] *a.* **corrugato; aggrottato; increspato.**

purulence ['pjuərulәns] *n.* [U] *(med.)* **1 purulenza 2 pus.**

purulent ['pjuərulənt] *a.* *(med.)* **purulento.**

to **purvey** [pə:'vei] **A** *v. t.* **fornire; approvvigionare B** *v. i.* — *to p. for,* approvvigionare; essere fornitore di.

purveyance [pə:'veiəns] *n.* [U] **1 fornitura; approvvigionamento 2 provvigioni; provviste.**

purveyor [pə:'veiə*] *n.* [C] **fornitore; approvvigionatore.**

purview ['pə:vju:] *n.* [U] **1 intento; mira; scopo 2 campo (d'azione); ambito**: *to lie within the p. of st.*, rientrare nell'ambito di q.c.

pus [pʌs] *n.* [U] *(med.)* **pus.**

to **push** [puʃ] **A** *v. t.* e *i.* **1 spingere** (anche *fig.*); **pigiare; sospingere; urtare; premere**: *to p. a button*, premere un bottone **2** (anche *fig.*) **farsi largo a spinte; farsi strada a forza** (anche *to p. one's way*) **3** *(comm.)* **fare pubblicità a** (merci): **propagandare 4 far pressione su** (q.) **5** *(fam.)* **spacciare** (droga) **B** *verbi composti* **1** *to p. along (o on, forward)*, tirare avanti; affrettarsi **2** *(fam.) to p. sb. around*, comandare q. a bacchetta **3** *to p. sb. back*, spingere indietro q.; respingere q. □ *to p. st. back*, spingere indietro q.c. **4** *to p. sb. (st.) forward*, spingere innanzi q. (q.c.) **5** *to p. off*, *(naut.)* spingersi al largo; *(fam.)* andarsene **6** *to p. sb. on to do st.*, incitare q. a fare q.c. **7** *to p. out*, spingersi fuori; protendersi □ (di pianta) *to p. out (o forth) new roots*, metter nuove radici **8** *to p. st. through*, portare a termine q.c.; far approvare (una legge, ecc.) **9** *to p. up*, alzare, far salire (i prezzi) ● *to p. one's claims*, far valere i propri diritti □ *to p. the door open (shut)*, aprire (chiudere) la porta con una spinta □ *to p. past sb.*, dare uno spintone a q. per passare; spingere q. da parte □ *to be pushed for time (for money)*, essere alle strette per mancanza di tempo (di denaro) □ (d'età) *to be pushing fifty (sixty, etc.)*, essere vicino ai cinquanta (ai sessanta, ecc.).

push [puʃ] *n.* **1** [C] **spinta; spintone; urto 2** [C] **sforzo 3** [C] **stoccata** (di spada, ecc.) **4** [C] **cornata 5** [U] *(fig.)* **risolutezza; iniziativa; energia 6** [C] *(mil.)* **offensiva** ● *p. button*, pulsante □ *at a p.*, in caso d'emergenza □ *(pop.) to get the p.*, farsi licenziare □ *(pop.) to give sb. the p.*, licenziare q. □ *when (until) it comes to the p.*, quando (finché non) arriva il momento critico.

push-bike ['puʃbaik] *n.* [C] **bicicletta.**

push-button ['puʃ,bʌtn] *a.* **a pulsante**: *(tel.) p. dialling*, selezione a pulsanti.

push-cart ['puʃka:t] *n.* [C] **1 carretto a mano 2** (al supermarket) **carrello.**

push-chair ['puʃtʃɛə*] *n.* [C] **passeggino.**

pusher ['puʃə*] *n.* [C] *(fam.)* **1 persona intraprendente 2** *(fam.)* **spacciatore di droga.**

pushful ['puʃful] *a.* **1 intraprendente 2 invadente.**

pusillanimity [,pju:silə'nimiti] *n.* [U] **pusillanimità; viltà.**

pusillanimous [,pju:si'lænimәs] *a.* **pusillanime; vile.**

puss [pus] *n.* [C] **1 micio; micino 2** *(fam.)* **ragazza; gattina** *(fam.)* ● *p. in the corner*, (gioco dei) quattro cantoni.

pussy ['pusi] *n.* [C] *(parola infant.,* anche *p.-cat)* **micio; micino.**

pussyfoot ['pusifut] *n.* [C] *(USA)* **proibizionista.**

to **pussyfoot** ['pusifut] *v. i.* *(fam.)* **1 camminare con passi felpati 2 agire con cautela; non compromettersi.**

pustular ['pʌstjulə*], **pustulate** ['pʌstjulit] *a.* *(med.)* **pustoloso.**

to **pustulate** ['pʌstjuleit] *v. t.* e *i.* *(med.)* **formar pustole; coprire, ricoprirsi di pustole.**

pustule ['pʌstju:l] *n.* [C] **1** *(med.)* **pustola 2** *(bot.)* **escrescenza.**

pustulous ['pʌstjuləs] *a.* *(med.)* **pustoloso.**

to **put** [put] *(pass.* e *p.p.* **put** [put]) **A** *v. t.* **1 mettere; porre; collocare; apporre; disporre**: *to put one's hands in(to) one's pockets*, mettersi le mani in tasca □ *to put one's signature to a document*, apporre la firma a un documento **2** (specialm. *sport*) **lanciare 3 esporre; esprimere; presentare; dire**: *to have a strange way of putting things*, avere uno strano modo di presentare le cose **4 porre; proporre; sottoporre; fare**: *to put a question*, porre un quesito; fare una domanda **5 calcolare; valutare; fare il prezzo a; mettere** *(fam.)* **6 attribuire; ascrivere; dare**: *to put the blame on sb.*, dare la colpa a q. **7** (nelle corse) **puntare, scommettere** (denaro) **8 piantare; conficcare; infiggere**: *to put a knife into sb.*, conficcare un coltello in corpo a q.; accoltellare q. **B** *v. i.* (specialm. *naut.*) **procedere; dirigersi; far rotta** (per): *to put to shore*, dirigersi verso la riva **C** *verbi composti* **1** *(naut.) to put about*, virare di bordo □ *to be put about*, essere turbato (o seccato) **2** *(pop.) to put st. across*, mandare a buon fine q.c. □ *(pop.) to put st. across sb.*, dare a bere q.c. a q. *(fig.)* **3** *to put aside*, mettere da parte; accantonare **4** *to put (st., sb.) away*, metter via, metter da parte, conservare; *(fam.)* sbarazzarsi di (q.), « far fuori »; *(fam.)* imprigionare, segregare, chiudere in manicomio; *(pop.)* far piazza pulita di (q.c.); *(Bibbia)* ripudiare **5** *to put (st.) back*, rimettere a posto; mettere indietro; *(fig.)* ritardare, ostacolare □ *(naut.) to put back (to the shore)*, approdare; accostare a riva **6** *to put sb. by*, scartare q. □ *to put st. by*, metter da parte (o conservare) q.c. □ *to put by a question*, eludere una domanda **7** *to put (sb., st.) down*, metter giù, deporre, posare; sopprimere, reprimere; far tacere; umiliare; diminuire, ribassare, ridurre; considerare, ritenere: *to put sb. down as (o for) a fool*, considerare q. uno sciocco □ *to put st. down to sb.*, mettere q.c. in conto a q. □ *Put me down for fifty pounds*, puoi segnarmi per cinquanta sterline (in una colletta, ecc.) **8** *to put forth*, emettere, mettere; esercitare, metterci; proporre, diffondere: *to put forth a new theory*, proporre una nuova teoria **9** *to put (st.) forward*, avanzare, proporre; mettere avanti □ *to put oneself forward*, mettersi in evidenza; farsi avanti; presentare la propria candidatura **10** *(naut.) to put in*, entrare in porto □ *to put (st.) in*, metter dentro, inserire, introdurre; presentare, sottoporre: *(ass., leg.) to put in a claim for damages*, presentare una richiesta di risarcimento per danni □ *to put in a blow*, assestare un colpo □ *(leg.) to put in evidence*, fornire le prove **11** *(naut.) to put into port*, entrare in porto □ *Put the matter into my hands!*, lascia fare a me! **12** *to put (st., sb.) off*, rimandare, rinviare, differire; rabbonire, tacitare; liberarsi di, sbarazzarsi di; (specialm. *naut.*) partire, salpare □ *to put off sb. from (doing) st.*, dissuadere q. da (dal fare) q.c. **13** *to put (st.) on*, mettersi, indossare; assumere, prendere; aumentare; aggiungere; mettere avanti; mettere in scena: *Put your raincoat on*, mettiti l'impermeabile; *to put on speed*, aumentare la velocità; *to put on a new play*, mettere in scena una nuova commedia □ *(fam.) to put it on*, esagerare; fare la commedia **14** *to put (st., sb.) out*, spegnere; cacciar fuori, espellere; slogare; irritare, sconcertare, turbare; mettere (denaro) a interesse, investire; porgere, tendere; produrre **15** *(naut.) to put over*, spostarsi; attraccare (da un'altra parte) □ *to put a film (a play, etc.) over*, assicurare il successo di un film (un dramma, ecc.) **16** *to put sb. through*, mettere q. in comunicazione (telefonica) □ *to put st. through*, portare q.c. a compimento (o a buon fine) **17** *to put st. together*, mettere insieme (o combinare, costruire) q.c. □ *(fig.) to put heads together*, consultarsi; esaminare insieme una faccenda □ *(mecc.) to put a machine together*, montare una macchina **18** *to put (st., sb.) up*, alzare, levare, sollevare, innalzare, issare; aumentare; mettere, offrire (in vendita, in premio): metter da parte, riporre; imballare; proporre come candidato, presentare la candidatura di; alloggiare, ospitare; far levare (selvaggina); costruire, erigere, fabbricare; affiggere, attaccare □ *to put up at an inn*, prendere alloggio in una locanda □ *to put up the shutters*, metter su le imposte (di un negozio): abbassare le serrande; *(fig.)* ritirarsi dagli affari □ *to put sb. up to st.*, informare q. di q.c.; spingere q. a fare q.c. □ *to put up with st.*, sopportare (o tollerare, rassegnarsi a) q.c. **19** — *to be put upon*, farsi imbrogliare; subire prepotenze ● *to put a horse to the cart*, attaccare un cavallo al carro □ *(fin.) to put one's money into land*, investire il proprio denaro in terreni □ *to put a passage into Latin*, mettere (o volgere) un passo in latino.

(1) put [put] *n.* *(generalm. al sing.)* **1** *(sport)* **lancio** (del peso) **2** *(Borsa)* **opzione di vendita** (di azioni) ● *(Borsa) put and call (option)*, opzione doppia (per acquisto o vendita, a scelta).

(2) put [put] *a.* *(fam.)* **fermo; immobile; irremovibile**: *to stay put*, restare immobile; essere irremovibile.

putative ['pju:tətiv] *a.* **putativo.**

putlog ['pʌtlɔg] *n.* [C] *(archit.)* **traversa orizzontale.**
put-off ['put,ɔf] *n.* [C] ***1*** **pretesto; scappatoia *2* rinvio.**
put-on ['put,ɔn] *a. (fig.)* **affettato; lezioso.**
putrefaction [,pju:tri'fækʃən] *n.* [U] ***1*** **putrefazione *2* putredine;** *(fig.)* **corruzione, marciume.**
to **putrefy** ['pju:trifai] ***A*** *v. i.* ***1*** **putrefarsi; imputridire *2*** *(fig.)* **corrompersi *B*** *v. t.* **decomporre; far imputridire.**
putrescence [pju:'tresns] *n.* [U] ***1*** **putrescenza *2* putredine.**
putrescent [pju:'tresnt] *a.* **putrescente.**
putrescible [pju:'tresəbl] *a.* **putrescibile.**
putrid ['pju:trid] *a.* ***1*** **putrido** (anche *fig.*); **corrotto; marcio; putrefatto *2*** *(fam.)* **sgradevole; orribile; schifoso.**
putridity [pju:'triditi] *n.* [U] **putridità; putredine; marciume.**
putsch [putʃ] *(ted.) n.* [C] **colpo di mano; sommossa.**
to **putt** [pʌt] *v. i.* e *t. (golf)* **colpire leggermente** (la palla) **per mandarla in buca.**
putt [pʌt] *n.* [C] *(golf)* **colpo leggero** (V. *to putt*).
puttee ['pʌti] *n.* [C] *(mil.)* **fascia** (di panno): **mollettiera.**
putting-green ['pʌtiŋ,gri:n] *n.* [C] *(golf)* **tratto di terreno erboso vicino alla buca.**
putto ['putou] *(ital.) n.* (*pl.* **putti** ['puti]) *(arte)* **putto; amorino.**
(1) putty ['pʌti] *n.* [U] **mastice; stucco.**
to **putty** ['pʌti] *v. t.* **stuccare.**
(2) putty ['pʌti] *V.* **puttee.**
put-up ['put,ʌp] *a. (fam.)* **concertato; combinato; losco; poco chiaro**: *a p. job,* un affare losco; un imbroglio.
puzzle ['pʌzl] *n.* ***1*** [C] **enigma; indovinello; rompicapo *2*** *(solo al sing.)* **confusione; incertezza; dubbio; perplessità**: *to be in a p. about st.,* essere in dubbio (o essere perplesso) circa q.c. ● *a crossword p.,* un cruciverba.
to **puzzle** ['pʌzl] ***A*** *v. t.* **confondere; imbarazzare; rendere perplesso; sconcertare *B*** *v. i.* **scervellarsi** ● *to p. one's brains,* scervellarsi □ *to p. (st.) out,* districare (un imbroglio); indovinare (una soluzione): risolvere (un problema difficile) □ *to p. over st.,* scervellarsi su q.c.
puzzlement ['pʌzlmənt] *n.* [U] **confusione; perplessità.**
puzzler ['pʌzlə*] *n.* [C] **enigma; problema difficile.**
puzzling ['pʌzliŋ] *a.* **sconcertante; che lascia perplessi.**
pygm(a)ean [pig'mi:ən] *a.* **pigmeo; nano.**
pygmy ['pigmi] *n.* [C] e *a.* **pigmeo** (anche *fig.*); **nano.**
pyjamas [pə'dʒa:məz] *n. pl.* **pigiama.**
pylon ['pailən] *n.* [C] ***1*** *(elettr.)* **pilone; (palo a) traliccio *2*** *(aeron.)* **pilone.**
pylorus [pai'lɔ:rəs] *n.* (*pl.* **pylori** [pai'lɔ:rai]) *(anat.)* **piloro.**
pyorrhoea [,paiə'riə] *n.* [U] *(med.)* **piorrea.**
pyramid ['pirəmid] *n.* [C] ***1*** *(geom., archit.)* **piramide**: *the Pyramids,* le Piramidi (d'Egitto) ***2*** **albero a forma di piramide.**
pyramidal [pi'ræmidl] *a. (geom., anat.)* **piramidale.**
pyre ['paiə*] *n.* [C] **pira; pira funeraria; rogo.**
Pyrenean [,pirə'ni:ən] *a.* **pirenaico.**
pyretic [pai'retik] *a. (med.)* **piretico; febbrile.**
pyrite ['pairait] *n.* [U] *(miner.)* **pirite; bisolfuro di ferro.**
pyrites [pai'raiti:z] *n.* [U] *(miner.)* **bisolfuro**: *iron p.,* bisolfuro di ferro; pirite.
pyrography [pai'rɔgrəfi] *n.* [U] *(arte)* **pirografia.**
pyromancy ['pairou,mænsi] *n.* [U] **piromanzia.**
pyromania [,pairou'meinjə] *n.* [U] *(psic.)* **piromania.**
pyromaniac [,pairou'meinjæk] *n.* [C] *(psic.)* **piromane.**
pyrometer [pai'rɔmitə*] *n.* [C] *(fis.)* **pirometro.**
pyrope ['pairoup] *n.* [U] *(miner.)* **piropo.**
pyrotechnic(al) [,pairou'teknik(əl)] *a.* ***1*** **pirotecnico**: *a p. display,* uno spettacolo pirotecnico ***2*** *(fig.)* **brillante; molto vivace.**
pyrotechnics [,pairou'tekniks] *n. pl.* ***1*** *(col verbo al sing.)* **pirotecnica *2* fuochi d'artificio.**
pyrotechnist [,pairou'teknist] *n.* [C] **pirotecnico.**
pyrotechny ['pairou,tekni] *n.* [U] **pirotecnica.**
pyroxene [pai'rɔksi:n] *n.* [U] e [C] *(miner.)* **pirosseno.**
pyrrhic ['pirik] *n.* [C] (*stor.*, anche *p. dance*) **pirrica.**
Pyrrhic ['pirik] *a. (stor.)* **di Pirro**: *(fig.) a P. victory,* una vittoria di Pirro.
Pythagorean [pai,θægə'ri(:)ən] ***A*** *a.* **pitagorico; di Pitagora *B*** *n.* [C] **pitagorico; seguace di Pitagora.**
Pythagoreanism [pai,θægə'ri:ənizəm] *n.* [U] *(filos.)* **pitagorismo.**
Pythian ['piθiən] *a.* **pitico**: *P. games,* giochi pitici.
python ['paiθən] *n.* [C] (*zool.*, Python) **pitone.**
pythoness ['paiθə,nes] *n.* [C] *(mitol.)* **pitonessa; indovina.**
pythonic [pai'θɔnik] *a. (mitol.)* **divinatorio; profetico.**
pyx [piks] *n.* [C] *(relig.)* **pisside.**
pyxis ['piksis] *n.* (*pl.* **pyxides** ['piksi,di:z]) *(bot.)* **pisside.**

Q

Q, q [kju:] *n.* (*pl.* **Q's, q's; Qs, qs**) Q, q ● (*tel.*) *q for Queen,* q come Quarto.
qua [kwei] (*lat.*) *cong.* come; in qualità di.
(1) quack [kwæk] *n.* qua qua (verso dell'anatra) ● (*parola infant.*) *q.-q.,* anatroccolo.
to **quack** [kwæk] *v. i.* fare « qua qua »; schiamazzare.
(2) quack [kwæk] **A** *n.* [C] **1** ciarlatano **2** guaritore **B** *a. attr.* da ciarlatano ● *q. medicines,* rimedi empirici; panacee.
quackery ['kwækəri] *n.* [U] ciarlataneria; empirismo.
quackish ['kwækiʃ] *a.* ciarlatanesco; empirico.
(1) quad [kwɔd] *n.* [C] (*fam.*) **1** quadrangolo; quadrilatero **2** corte quadrangolare interna (di un « college »).
(2) quad [kwɔd] *n.* [C] (*tipogr.*) quadrato.
quadragenarian [ˌkwɔdrədʒi'nɛəriən] **A** *a.* che ha quarant'anni **B** *n.* [C] persona di quarant'anni.
Quadragesima [ˌkwɔdrə'dʒesimə] *n.* (*relig.,* anche *Q. Sunday*) domenica di Quadragesima.
quadrangle ['kwɔˌdræŋgl] *n.* [C] **1** (*geom.*) quadrangolo; quadrilatero **2** corte quadrangolare interna (di un « college »).
quadrangular [kwɔ'dræŋgjulə*] *a.* quadrangolare.
quadrant ['kwɔdrənt] *n.* [C] (*geom., mecc., naut., astron.*) quadrante.
quadrate ['kwɔdrit] *a.* (*anat.*) quadrato.
to **quadrate** [kwɔ'dreit] *v. t.* (*raro*) **1** quadrare; squadrare **2** far quadrare.
quadratic [kwɔ'drætik] (*mat.*) **A** *a.* quadratico; di secondo grado **B** *n.* [C] equazione di secondo grado.
quadrature ['kwɔdrətʃə*] *n.* [C] (*mat., astron.*) quadratura.
quadrennial [kwɔ'drenjəl] *a.* quadriennale.
quadrennium [kwɔ'drenjəm] *n.* (*pl.* **quadrennia** [kwɔ'dreniə], **quadrenniums**) quadriennio.
quadri- ['kwɔdri] (anche **quadr-**) (*in nomi composti*) quadri- (indica "quadruplicità").
quadric ['kwɔdrik] (*geom.*) **A** *a.* quadrico **B** *n.* [C] quadrica.
quadrilateral [ˌkwɔdri'lætərəl] *a.* e *n.* [C] (*geom.*) quadrilatero.
quadrille [kwə'dril] *n.* [C] (*mus., danza*) quadriglia.
quadrillion [kwɔ'driljən] *n.* [C] **1** (*USA*) quadrilione **2** (*in G. B.*) quarta potenza di un milione (1 seguito da 24 zeri).
quadrinomial [ˌkwɔdri'noumjəl] (*mat*) **A** *n.* [C] quadrinomio **B** *a.* quadrinomiale.
quadripartite [ˌkwɔdri'pa:tait] *a.* quadripartito.
quadrisyllabic [ˌkwɔdrisi'læbik] *a.* quadrisillabo.
quadrisyllable [ˌkwɔdri'siləbl] *n.* [C] quadrisillabo.
quadroon [kwɔ'dru:n] *n.* [C] chi ha un quarto di sangue negro.
quadrumanous [kwɔ'dru:mənəs] *a.* (*zool.*) quadrumane.
quadruped ['kwɔdruped] *n.* [C] e *a.* (*zool.*) quadrupede.
quadruple ['kwɔdrupl] *a.* e *n.* [C] (*mat.*) quadruplo ● (*stor.*) *the Q. Alliance,* la Quadruplice Alleanza.
to **quadruple** ['kwɔdrupl] **A** *v. t.* quadruplicare **B** *v. i.* quadruplicarsi.
quadruplets ['kwɔdruplits] *n. pl.* gemelli di un parto quadrigemino.
quadruplicate [kwɔ'dru:plikit] *a.* **1** quadruplo; quadruplicato **2** (di documento) in quattro copie **3** (*mat.*) alla quarta potenza ● *in q.,* in quattro esemplari; in quattro copie.
to **quadruplicate** [kwɔ'dru:plikeit] *v. t.* **1** quadruplicare **2** fare quattro copie di (un documento).
quads [kwɔdz] (*fam.*) *V.* **quadruplets.**
quaestor ['kwi:stə*] *n.* [C] (*stor. romana*) questore.
to **quaff** [kwa:f] *v. t.* e *i.* (*lett.*) bere a gran sorsi; tracannare.
quag [kwæg] *n.* [C] palude; pantano.
quaggy ['kwægi] *a.* **1** paludoso; pantanoso **2** molle.
quagmire ['kwægmaiə*] *n.* [C] **1** palude **2** (*fig.*) situazione difficile.
quail [kweil] *n.* [C] (*zool.,* Coturnix) quaglia.
to **quail** [kweil] *v. i.* sgomentarsi; perdersi d'animo; tremare.
quaint [kweint] *a.* **1** caratteristico: *a q. old village,* un villaggio caratteristico (d'altri tempi) **2** bizzarro; eccentrico; originale.
quake [kweik] *n.* **1** tremito; tremolio; brivido **2** (*fam.*) terremoto.
to **quake** [kweik] *v. i.* tremare; tremolare: *to q. with fear (cold),* tremare dalla paura (di freddo).
Quaker ['kweikə*] *n.* [C] (*relig.*) quacchero, quacquero.
quaky ['kweiki] *a.* tremulo; tremebondo.
qualification [ˌkwɔlifi'keiʃən] *n.* **1** [U] e [C] modificazione; riserva; restrizione; limitazione **2** [C] qualità; attributo; requisito; titolo; qualifica **3** [C] (*leg.*) abilitazione; qualificazione.
qualificatory ['kwɔlifikətəri] *a.* **1** limitativo; restrittivo **2** qualificativo.
qualified ['kwɔlifaid] *a.* **1** condizionato; con riserva **2** qualificato; capace; competente **3** (*leg.*) abilitato; qualificato.
qualifier ['kwɔlifaiə*] *n.* [C] **1** (*gramm.*) aggettivo (o avverbio) qualificativo **2** (*sport*) chi supera un'eliminatoria.
to **qualify** ['kwɔlifai] **A** *v. t.* **1** abilitare; qualificare (anche *leg.*): *to q. sb. to teach English* (o *for teaching English*), abilitare q. all'insegnamento dell'inglese **2** modificare; precisare; restringere; limitare **3** qualificare (anche *gramm.*); descrivere **B** *v. i.* e to **qualify oneself** *v. rifl.* acquistare i titoli richiesti (o i requisiti); abilitarsi ● *to q. for the bar,* prepararsi per la professione forense □ *qualifying examination,* esame d'abilitazione.
qualitative ['kwɔlitətiv] *a.* qualitativo.
quality ['kwɔliti] *n.* [U] e [C] qualità (in ogni senso): *goods of high q.,* merci d'ottima qualità □ *to have many good qualities,* avere molte buone qualità ● *to give a taste of one's q.,* dare saggio di sé; far vedere di che cosa si è capace.
qualm [kwɔ:m] *n.* [C] **1** nausea; conato di vomito **2** rimorso; scrupolo.
quandary ['kwɔndəri] *n.* [C] difficoltà; imbarazzo; impaccio.
quant [kwɔnt] *n.* [C] pertica munita di disco (per spingere una barca).
quantitative ['kwɔntitətiv] *a.* quantitativo.
quantity ['kwɔntiti] *n.* [U] e [C] quantità (in ogni senso); abbondanza; gran numero; (*comm.*) quantitativo ● (*poesia*) *q. mark,* segno della quantità (d'una vocale) □ *unknown q.,* (*mat.*) incognita; (*fig.*) persona imprevedibile.
quantum ['kwɔntəm] *n.* (*pl.* **quanta** ['kwɔntə]) (*fis.*) quantum di energia; quanto ● (*fis.*) *q. number,* numero quantico □ (*fis.*) *q. theory,* teoria dei quanti.
quarantine ['kwɔrənti:n] *n.* [U] (*med., naut.*) quarantena.
to **quarantine** ['kwɔrənti:n] *v. t.* (anche *fig.*) mettere in quarantena.
quark [kwa:k] *n.* [C] (*fis. nucl.*) quark.
(1) quarrel ['kwɔrəl] *n.* [C] **1** lite; litigio; contesa; disputa **2** contrasto; dissidio; motivo di lite ● *to pick a q. with sb.,* attaccar lite con q. □ *to take up sb.'s q.,* scendere in campo a fianco di q.
to **quarrel** ['kwɔrəl] *v. i.* **1** litigare; disputare; attaccar briga **2** lagnarsi; trovare a ridire; essere scontento ● (*fig.*) *to q. with one's bread and butter,* lasciare il lavoro che ci dà da vivere.
(2) quarrel ['kwɔrəl] *n.* [C] **1** (*stor.*) quadrello; dardo, freccia **2** losanga, rombo (di vetrate a piombi) **3** diamante (strumento del vetraio).
quarreller ['kwɔrələ*] *n.* [C] litigante.

quarrelsome ['kwɔrəlsəm] *a.* litigioso; attaccabrighe.

(1) quarry ['kwɔri] *n.* [C] cava; *(fig.)* miniera, fonte.

to **quarry** ['kwɔri] **A** *v. t.* **1** scavare; estrarre: *to q. out a block of marble,* estrarre un blocco di marmo **2** *(fig.)* cavar fuori, ricavare (notizie, fatti, ecc.) **B** *v. i. (fig.)* fare ricerche.

(2) quarry ['kwɔri] *n. (generalm. al sing.)* preda (anche *fig.);* selvaggina.

(3) quarry ['kwɔri] *n.* [C] **1** losanga, rombo (di vetrate a piombi) **2** quadrello (mattonella quadrata per pavimenti).

quarryman ['kwɔrimən] *n. (pl.* **quarrymen** ['kwɔrimən]) cavatore.

(1) quart [kwɔ:t] *n.* [C] quarto di gallone (misura per liquidi) ● *(fig.) to try to put a q. into a pint pot,* tentare l'impossibile.

(2) quart [kwɔ:t] *n.* **1** *(scherma,* anche *quarte)* quarta **2** (nei giochi di carte) sequenza di quattro carte dello stesso seme.

quartan ['kwɔ:tn] *a.* e *n. (med.)* (febbre) quartana.

quarter ['kwɔ:tə*] *n.* [C] **1** *(mat., astron., araldica, ecc.)* quarto: *a q. of a mile,* un quarto di miglio □ *It's a q. to four,* sono le quattro meno un quarto **2** trimestre; (specialm. *scozz.)* trimestre scolastico **3** quadrante della bussola; punto cardinale; *(per estens.)* direzione, località, parte: *to travel in every q. of the globe,* viaggiare in ogni parte del mondo **4** *(fig.)* ambiente; fonte (d'informazione); settore (della pubblica opinione); *(al pl.)* sfere **5** quartiere; parte d'una città; zona: *the manufacturing q.,* la zona industriale della città **6** *(al pl.)* alloggio: *to find quarters at a small inn,* trovare alloggio in una piccola locanda **7** *(al pl., mil.)* quartieri; caserme **8** *(al pl., naut., mil.)* posti di combattimento **9** « quarter »; quarto di « hundredweight » (misura di peso) ● *q. days,* giorni di scadenza dei pagamenti trimestrali □ *(naut.) q.-deck,* cassero □ *(sport) q.-final,* quarto di finale □ *(sport) q.-miler,* podista che corre il quarto di miglio □ *(leg.) q. sessions,* sessioni trimestrali; udienze trimestrali □ *(mus.) q.-tone,* quarto di tono; mezzo semitono □ *to ask for q.,* chieder quartiere; chiedere salva la vita □ *a bad q. of an hour,* un brutto quarto d'ora □ *at close quarters,* dappresso; vicino; *(mil.)* corpo a corpo □ *(naut.) general quarters,* posto di combattimento □ *to give no q.,* non dar quartiere □ *to live in close quarters,* vivere in un ambiente ristretto □ *to receive q.,* aver salva la vita □ *to take up one's quarters with sb.,* andare ad abitare con q. □ *It's not a q. as good as it should be,* è tutt'altro che soddisfacente.

to **quarter** ['kwɔ:tə*] **A** *v. t.* **1** dividere in quattro parti **2** *(stor.)* squartare: *to be hanged and quartered,* venir impiccato e squartato **3** *(araldica)* inquartare; dividere (lo scudo, lo stemma) in quartieri **4** *(mecc.)* mettere (gomiti) ad angolo retto **5** *(mil.)* alloggiare (truppe); acquartierare **6** (di cani da caccia) battere (un terreno) in ogni direzione **B** *v. i.* alloggiare; essere alloggiato.

quarterage ['kwɔ:təridʒ] *n.* [U] **1** pagamento trimestrale **2** *(mil.)* acquartieramento.

quarter-bound ['kwɔ:tə,baund] *a.* (di libro) rilegato in pelle solo sul dorso.

quarterly ['kwɔ:təli] **A** *a.* trimestrale: *q. payments,* pagamenti trimestrali **B** *avv.* trimestralmente **C** *n.* [C] pubblicazione trimestrale.

quartermaster ['kwɔ:tə,ma:stə*] *n.* [C] **1** *(mil.)* quartiermastro (un tempo); commissario; furiere **2** *(naut.)* secondo capo timoniere.

quartern ['kwɔ:tən] *n.* [C] **1** pagnotta di quattro libbre circa **2** quarto di pinta (o di libbra, ecc).

quartet, quartette [kwɔ:'tet] *n.* [C] *(mus., fig.)* quartetto.

quarto ['kwɔ:tou] *a.* e *n. (pl.* **quartos**) *(tipogr.)* (volume) in quarto.

quartz [kwɔ:ts] *n.* [U] *(miner.)* quarzo ● *a q. watch,* un orologio al quarzo.

quartzite ['kwɔ:tsait] *n.* [U] e [C] *(miner.)* quarzite.

quasar ['kweisa:*] *n.* [C] *(astron.)* quasar.

to **quash** [kwɔʃ] *v. t.* **1** *(leg.)* annullare **2** sottomettere; domare.

quasi- ['kwa:zi] *(in parole composte)* quasi; semi-; pressoché; poco meno che.

quassia ['kwɔʃə] *n.* [C] *(bot.,* Quassia amara) quassia.

quaternary [kwə'tə:nəri] *a.* quaternario ● *(geol.) the Q.,* il Quaternario.

quatrain ['kwɔtrein] *n.* [C] *(poesia)* quartina.

quatrefoil ['kætrəfɔil] *n.* [C] (specialm. *archit.)* quadrifoglio.

quattrocentist [,kwa:trou'tʃentist] *(letter., arte) n.* [C] quattrocentista.

to **quaver** ['kweivə*] **A** *v. i.* **1** tremolare; tremare; vibrare **2** *(mus.)* trillare; far trilli **B** *v. t.* (di solito *to q. out)* dire (o cantare) con voce tremula ● *(mus.) to q. a note,* eseguire una nota trillata.

quaver ['kweivə*] *n.* [C] **1** (nel canto) trillo **2** tremolio (della voce) **3** *(mus.)* croma.

quavery ['kweivəri] *a.* **1** tremulo; tremante; tremolante **2** trillante.

quay [ki:] *n.* [C] *(naut.)* banchina; molo.

quayage ['ki:idʒ] *n.* [U] *(comm., naut.)* diritti di banchina.

quean [kwi:n] *n.* [C] *(arc.)* sgualdrina.

queasy ['kwi:zi] *a.* **1** disgustoso; nauseante **2** delicato (di stomaco); schizzinoso; schifiltoso **3** *(fig.)* troppo scrupoloso.

queen [kwi:n] *n.* [C] **1** regina (in ogni senso); regina, donna (nei giochi di carte, ecc.): *the Q. of England,* la regina d'Inghilterra □ *Q. Victoria,* la regina Vittoria **2** *(pop.)* omosessuale; checca *(pop.)* ● *Q.-Anne furniture,* mobili stile regina Anna □ *(pop.) Q. Anne is dead!* questa (notizia) ha la barba!

to **queen** [kwi:n] **A** *v. t.* **1** fare (una donna) regina **2** (nel gioco degli scacchi) fare (un pedone) regina **3** (nel gioco della dama) fare (una pedina) dama **B** *v. i.* **1** (nel gioco degli scacchi) andare a regina **2** (nel gioco della dama) andare a dama ● *to q. it,* farla da regina; spadroneggiare.

queenly ['kwi:nli] *a.* di (o da) regina; degno d'una regina; regale.

queen post ['kwi:n,poust] *n.* [C] *(edil.)* monaco.

queer [kwiə*] *a.* **1** strano; bizzarro; curioso; singolare; eccentrico **2** dubbio; di dubbia moralità; sospetto; poco chiaro **3** indisposto; che ha la nausea **4** *(anche sost.) (fam.)* omosessuale ● *to feel q.,* sentirsi indisposto; star poco bene □ *(pop.) to find oneself in Q. Street,* essere inguaiato *(pop.).*

to **queer** [kwiə*] *v. t. (pop.)* guastare; rovinare; sciupare ● *(fig.) to q. sb.'s pitch,* rompere le uova nel paniere a q.

queerness ['kwiənis] *n.* [U] **1** stranezza; bizzarria; singolarità; eccentricità **2** dubbiezza; sospettabilità **3** indisposizione.

to **quell** [kwel] *v. t.* **1** reprimere; domare **2** calmare; lenire.

to **quench** [kwentʃ] *v. t.* **1** spegnere; smorzare **2** *(fig.)* reprimere; soffocare **3** *(metall.)* raffreddare; temprare in acqua **4** *(pop.)* far tacere ● *to q. one's thirst,* dissetarsi.

quencher ['kwentʃə*] *n.* [C] *(fam.)* qualcosa da bere; bevanda.

quenchless ['kwentʃlis] *a.* **1** inestinguibile; perenne **2** *(fig.)* irreprimibile.

querist ['kwiərist] *n.* [C] investigatore.

quern [kwə:n] *n.* [C] **1** macina a mano (per cereali) **2** macinino (per il pepe, ecc.).

querulous ['kweruləs] *a.* querulo; lamentoso.

query ['kwiəri] *n.* [C] **1** domanda; quesito; questione: *to raise a q.,* sollevare una questione **2** punto interrogativo.

to **query** ['kwiəri] *v. t.* **1** indagare; investigare; sondare *(fig.)* **2** mettere in dubbio (o in discussione) **3** segnare (parole scritte o stampate) con un punto interrogativo **4** fare domande a (q.); interrogare.

quest [kwest] *n.* [C] e [U] cerca; ricerca: *to go off in q. of food,* andare in cerca di cibo.

to **quest** [kwest] *v. t.* e *i.* (specialm. di cani) cercare; andare in cerca di.

question ['kwestʃən] *n.* **1** [C] domanda; quesito: *to ask a lot of questions,* fare una quantità di domande □ *to* *put a q. to sb.*, fare una domanda a q. *2* [C] e [U] questione; problema; disputa; controversia; obiezione: *It's not a q. of money,* non si fa questione di denaro ● *q. mark,* punto interrogativo □ *beside the q.*, non pertinente; fuori tema □ *beyond (all) q.* (o *out of q.*), senza dubbio; certamente □ *to call st. in q.*, mettere in dubbio q.c. □ *out of the q.*, fuori discussione; impossibile □ *to put the q.*, mettere (una questione controversa) ai voti □ *That is not the q.*, non si tratta di ciò; l'osservazione non è pertinente.

to **question** ['kwestʃən] *A v. t.* *1* interrogare; far domande a (q.); esaminare *2* mettere in questione; mettere in dubbio; dubitare di (q.c.) *3* indagare; investigare *B v. i.* far domande.

questionable ['kwestʃənəbl] *a.* *1* discutibile; dubbio; incerto; insoluto *2* di dubbia moralità; ambiguo; equivoco.

questionary ['kwestʃənəri] *n.* [C] questionario.

questioner ['kwestʃənə*] *n.* [C] interrogante.

questionnaire [ˌkwestiə'nɛə*] *(franc.) n.* [C] questionario.

queue [kju:] *n.* [C] *1* coda (di capelli); codino; treccia *2* coda (di gente); fila: *to stand in a q.*, stare in fila; fare la coda ● *to jump the q.*, passare davanti agli altri (che fanno la coda).

to **queue** [kju:] *v. i.* (spesso *to q. up*) fare la fila; fare la coda.

quibble ['kwibl] *n.* [C] *1 (arc.)* gioco di parole *2* cavillo; arzigogolo; sofisma.

to **quibble** ['kwibl] *v. i.* cavillare; arzigogolare; sofisticare.

quibbler ['kwiblə*] *n.* [C] cavillatore; sofista.

quibbling ['kwibliŋ] *a.* cavilloso; sofistico.

quick [kwik] *A a.* *1* celere; lesto; rapido; svelto; veloce: *in q. succession,* in rapida successione *2* pronto; acuto; sveglio *(fig.)*; intelligente: *a q. reply,* una pronta risposta □ *a q. mind,* un'intelligenza pronta *3* impaziente; focoso *B avv. (fam.)* rapidamente; velocemente; in fretta *C n.* — *the q.*, il vivo; la carne viva: *to bite one's nails to the q.*, mordersi le unghie fino alla carne viva (o a sangue) □ *to sting sb. to the q.*, toccare q. sul vivo ● *(arc.) the q. and the dead,* i vivi e i morti □ *(teatr.) q.-change artist,* trasformista □ *q.-lunch counter,* tavola calda □ *to do a q. mile,* fare (o coprire) un miglio rapidamente □ *Be q.!,* fa' presto!; spicciati!

quick-eared ['kwikiəd] *(attr.)*; [kwik'iəd *(pred.)*] *a.* dall'udito fine; fine d'orecchio.

to **quicken** ['kwikən] *A v. t.* *1* affrettare; accelerare *2* animare; accendere *(fig.)*; stimolare *B v. i.* *1* farsi più rapido *2* animarsi; ravvivarsi *3* (del feto) muoversi.

quickening ['kwikəniŋ] *a.* stimolante; vivificante.

to **quick-freeze** ['kwikˌfri:z] (*pass.* **quick-froze** ['kwikˌfrouz], *p.p.* **quick-frozen** ['kwikˌfrouzn]) *v. t.* surgelare ● *quick-frozen foods,* (alimenti) surgelati.

quickie ['kwiki] *n.* [C] *(fam.)* faccenda molto sbrigativa; cosa da quattro soldi.

quicklime ['kwikˌlaim] *n.* [U] *(edil.)* calce viva.

quickness ['kwiknis] *n.* [U] prontezza; acutezza; acume; sagacia ● *q. of temper,* impulsività; irascibilità.

quicksand ['kwiksænd] *n.* [C] sabbia mobile.

quickset ['kwikset] *a.* di piante vegetanti ● *a q. hedge,* una siepe viva (specialm. di biancospino).

quick-sighted ['kwikˌsaitid] *(attr.)*; [ˌkwik'saitid *(pred.)*] *a.* *1* dalla vista acuta *2* che ha pronto discernimento.

quicksilver ['kwikˌsilvə*] *n.* [U] *(chim.)* mercurio; argento vivo (anche *fig.*).

quick-tempered ['kwikˌtempəd] *(attr.)*; [ˌkwik'tempəd *(pred.)*] *a.* impulsivo; focoso; irascibile.

quick-witted ['kwikˌwitid] *(attr.)*; [ˌkwik'witid *(pred.)*] *a.* acuto; perspicace; sagace.

(1) quid [kwid] *n.* [C] pezzo di tabacco da masticare; cicca.

(2) quid [kwid] *n. (pop., invar. al pl.)* sterlina.

quiddity ['kwiditi] *n.* *1 (filos.)* quiddità; essenza *2* [C] cavillo.

quid pro quo [ˌkwid prou 'kwou] *(lat.) n.* (*pl.* **quid pro quos**) *1* compenso; ricompensa *2* contropartita *3* equivalente; sostituto.

quiescence [kwai'esns] *n.* [U] quiescenza; inerzia; immobilità; riposo.

quiescent [kwai'esnt] *a.* quiescente; inerte; immobile.

(1) quiet ['kwaiət] *a.* *1* quieto; calmo; tranquillo; cheto; zitto; pacifico; placido: *Be q.!,* sta' zitto! *2* dimesso; modesto; semplice; non chiassoso: *q. colours,* colori non chiassosi *3* celato; segreto; nascosto: *to keep st. q.*, tener segreto q.c. ● *q. footsteps,* passi furtivi □ *a q. laugh,* una risatina □ *on the q.* (*pop.* *on the q. t.* ['kju:'ti:]) alla chetichella; in via strettamente confidenziale.

(2) quiet ['kwaiət] *n.* [U] quiete; calma; tranquillità; pace; riposo; silenzio ● *to live in peace and q.*, vivere in santa pace.

to **quiet** ['kwaiət] *A v. t.* acquietare; calmare *B v. i.* (di solito *to q. down*) acquietarsi; chetarsi; calmarsi; placarsi; rasserenarsi.

to **quieten** ['kwaiətn] *V.* to **quiet.**

quietism ['kwaiətizəm] *n.* [U] *1 (relig.)* quietismo *2* (per lo più *spreg., polit.*) immobilismo.

quietist ['kwaiətist] *n.* [C] *1 (relig.)* quietista *2 (polit.)* fautore dell'immobilismo.

quietness ['kwaiətnis], **quietude** ['kwaiitju:d] *n.* [U] quiete; calma; tranquillità; silenzio.

quietus [kwai'i:təs] *n.* [U] *1* liberazione finale; morte *2* colpo di grazia: *to give sb. his q.*, dare il colpo di grazia a q.

quiff [kwif] *n.* [C] ricciolo incollato sulla fronte; ciuffo alla brava.

quill [kwil] *n.* [C] *1* (anche *q. feather*) penna dell'ala (o della coda) *2* (anche *q. pen*) penna d'oca *3* (di porcospino) aculeo; spino *4 (mus.)* plettro *5 (ind. tessile)* cannello.

to **quill** [kwil] *v. t.* pieghettare (a pieghe tubolari).

quilt [kwilt] *n.* [C] coperta imbottita; trapunta; piumino.

to **quilt** [kwilt] *v. t.* *1* imbottire; impuntire; trapuntare *2* abborracciare, raffazzonare (un'opera letteraria).

quilted ['kwiltid] *a.* trapuntato; imbottito: *a q. windcheater,* una giacca a vento imbottita ● *q. jacket,* piumino (giubbotto imbottito).

quilting ['kwiltiŋ] *n.* [U] *1* imbottitura *2* stoffa per imbottite (o trapunte).

quince [kwins] *n.* [C] *(bot.)* *1* mela cotogna *2* (Cydonia oblonga) cotogno ● *q. jam,* cotognata.

quinine [kwi'ni:n] *n.* [U] *(farm.)* chinino.

quinquagenarian [ˌkwiŋkwədʒi'nɛəriən] *a.* e *n.* [C] cinquantenne.

quinquennial [kwiŋ'kweniəl] *a.* quinquennale.

quins [kwinz] *(fam.)* *V.* **quintuplets.**

quinsy ['kwinzi] *n* [U] *(med.)* angina.

quint [kwint] *n.* [C] *1 (mus.)* quinta *2* (nei giochi di carte) sequenza di cinque carte.

quintain ['kwintin] *n.* [U] *(stor.)* quintana (gioco medievale).

quintal ['kwintl] *n.* [C] *1* quintale (100 kg) *2* « hundredweight » (112 libbre in G.B.; 100 libbre in USA).

quintan ['kwintən] *a.* — *(med.) q. fever,* quintana.

quintessence [kwin'tesns] *n.* quintessenza (anche *fig.*).

quintet, quintette [kwin'tet] *n.* [C] *(mus.)* quintetto.

quintillion [kwin'tiljən] *n.* [C] *1 (USA)* quintilione *2 (in G. B.)* quinta potenza di un milione (1 seguito da 30 zeri).

quintuple ['kwintjupl] *a.* e *n.* [C] quintuplo.

to **quintuple** ['kwintjupl] *A v. t.* quintuplicare *B v. i.* quintuplicarsi.

quintuplets ['kwintjuplits] *n. pl.* cinque nati da un parto.

quip [kwip] *n.* [C] *1* frizzo; motto arguto *2* bisticcio.

to **quip** [kwip] *v. i.* dire frizzi (o arguzie, battute di spirito).

quire ['kwaiə*] *n.* [C] ventiquattro fogli di carta.

Quirinal ['kwirinəl] *n.* (il) Quirinale.

quirk [kwə:k] *n.* [C] *1* cavillo *2* arguzia; frizzo; battuta di spirito *3* ghirigoro; svolazzo.

quirky ['kwə:ki] *a.* ***1*** **cavilloso** ***2*** **strambo; originale.**
quirt [kwə:t] *n.* [C] *(USA)* **frustino di cuoio** (da cavaliere).
quisling ['kwizliŋ] *n.* [C] ***1*** *(polit.)* **collaborazionista** ***2*** *(pop.)* **traditore** (in genere).
quit [kwit] *a. pred.* **libero; liberato.**
to **quit** [kwit] (*pass.* e *p.p.* **quitted** o, specialm. *USA*, **quit**) ***A*** *v. t.* ***1*** **abbandonare; lasciare** ***2*** **cessare; smettere** ***3*** *(poet.)* **compensare** ***B*** *v. i.* ***1*** **andarsene; sloggiare** ***2*** **abbandonare un'impresa** ***3*** **dimettersi; abbandonare un impiego** ● *to q. hold of sb., st.*, lasciar andare q., q.c. □ *to give sb. notice to q.*, dare la disdetta a q.
quitch [kwitʃ] *n.* [U] (*bot.*, Triticum repens) **gramigna.**
quitclaim ['kwitkleim] *n.* [C] *(leg.)* **rinuncia a un diritto.**
quite [kwait] *avv.* ***1*** **completamente; interamente; del tutto; affatto** ***2*** **davvero; proprio** ***3*** **abbastanza; piuttosto** ● *(fam.) q. a few,* non pochi; molti □ *q. right,* giustissimo; perfetto □ *q. so,* proprio così; davvero □ *(fam.) It took q. a long time,* ci volle un bel po' di tempo.
quits [kwits] *a. pred.* **pari; pari e patta** ● *to cry q.*, riconoscere che la partita è pari; rinunciare a una contesa □ (nei giochi) *double or q.*, lascia o raddoppia □ *I'll be q. with him,* gliela farò pagare *(fig.)*.
quittance ['kwitəns] *n.* [C] e [U] ***1*** *(leg., comm.)* **quietanza; ricevuta** ***2*** *(poet.)* **ricompensa.**
quitter ['kwitə*] *n.* [C] *(fam.)* **disertore, traditore** (anche *scherz.*).
(1) quiver ['kwivə*] *n.* [C] **faretra; turcasso.**
to **quiver** ['kwivə*] ***A*** *v. i.* **tremare; tremolare; fremere; rabbrividire** ***B*** *v. t.* **agitare; far vibrare; scuotere.**
(2) quiver ['kwivə*] *n. (con l'art. indeterm.)* **tremito; brivido.**
quivering ['kwivəriŋ] *a.* **tremante; tremolante; fremente.**
qui-vive [,ki:'vi:v] *(franc.) n.* — *to be on the q.*, stare all'erta.
quixotic(al) [kwik'sɔtik(əl)] *a.* **(don)chisciottesco.**
quiz [kwiz] *n.* (*pl.* **quizzes**) ***1*** **quiz; serie di quesiti; questionario** ***2*** *(radio, telev.)* **quiz.**
to **quiz** [kwiz] *v. t.* ***1*** **porre quesiti a** (q.); *(USA)* **esaminare** ***2*** *(arc.)* **sbirciare.**
quizmaster ['kwiz,ma:stə*] *n.* [C] *(radio, telev.)* **chi conduce un quiz.**
quizzical ['kwizikəl] *a.* ***1*** **beffardo; canzonatorio** ***2*** **buffo; comico; ridicolo.**
quod [kwɔd] *n.* [U] *(pop.)* **prigione; carcere; gattabuia** *(pop.)*.
to **quod** [kwɔd] *v. t. (pop.)* **imprigionare; incarcerare.**
quoin [kɔin] *n.* [C] ***1*** *(archit.)* **concio d'angolo** ***2*** **cuneo; bietta.**
to **quoin** [kɔin] *v. t.* **fissare** (o **sollevare**) **con un cuneo.**
quoit [kɔit] *n.* ***1*** [C] **anello** (di ferro, corda o gomma) ***2*** *(al pl.)* **gioco del lancio degli anelli** (da infilare in un paletto).
quondam ['kwɔndæm] *a.* **quondam** *(scherz.)*; **un tempo.**
quorum ['kwɔ:rəm] *n.* [C] *(leg.)* **quorum; numero legale.**
quota ['kwoutə] *n.* [C] ***1*** **quota; aliquota; parte; porzione** ***2*** *(econ.)* **contingente** ***3*** *(fin.)* **tangente.**
quotation [kwou'teiʃən] *n.* [C] ***1*** **citazione; passo citato** ***2*** *(comm., fin.)* **quotazione; prezzo corrente** ***3*** *(comm.)* **preventivo** ● *q. marks,* virgolette (di citazione).
to **quote** [kwout] *v. t.* ***1*** **citare; addurre** (un esempio) ***2*** *(comm., fin.)* **quotare.**
quote [kwout] *n.* [C] *(fam.)* ***1*** **citazione; passo citato** ***2*** *(al pl.)* **virgolette.**
quoth [kwouθ] *voce verb. di 1ª e 3ª pers. sing. (arc.)* **dissi, disse.**
quotidian [kwɔ'tidiən] *a.* **quotidiano; giornaliero.**
quotient ['kwouʃənt] *n.* [C] *(mat.)* **quoziente.**

R

R, r [a:*] *n.* (*pl.* **Rs, rs; R's, r's**) R, r ● (*tel.*) *r for Robert,* r come Roma □ *the three R's,* leggere, scrivere e far di conto *(reading, 'riting, 'rithmetic).*
rabbet ['ræbit] *n.* [C] **incastro; scanalatura.**
rabbi ['ræbai] *n.* [C] **rabbino.**
rabbinic(al) [ræ'binik(əl)] *a.* **rabbinico.**
rabbit ['ræbit] *n.* [C] ***1*** (*zool.,* Oryctolagus cuniculus) **coniglio *2*** (*fam., sport*) **schiappa; giocatore di scarso valore** ● *r. breeder,* allevatore di conigli; cunicoltore □ *r. breeding,* allevamento di conigli; cunicoltura □ *r.-warren,* covo di conigli □ *Welsh r., V.* rarebit.
to **rabbit** ['ræbit] *v. i.* (di solito *to go rabbitting*) **andare a caccia di conigli.**
rabbit-hutch ['ræbit,hʌtʃ] *n.* [C] **conigliera.**
rabbity ['ræbiti] *a.* ***1*** **di (o da) coniglio *2* pieno di conigli.**
rabble ['ræbl] *n.* ***1*** [C] **folla tumultuante *2*** — (*spreg.*) *the r.,* la marmaglia; la plebaglia.
rabble-rouser ['ræbl,rauzə*] *n.* [C] **arruffapopoli; demagogo.**
rabid ['ræbid] *a.* ***1*** (di cane) **rabbioso; idrofobo *2* arrabbiato; furioso; furibondo; furente *3* ostinato; fanatico.**
rabies ['reibi:z] *n.* [U] (*med.*) **rabbia; idrofobia.**
raccoon [ræ'ku:n] *V.* **racoon.**
(1) race [reis] *n.* [C] ***1*** (specialm. *sport*) **corsa; gara** (di velocità): *a horse-r.,* una corsa ippica □ *a boat-r.,* una gara di canottaggio; una regata □ *to run a r.,* fare una corsa ***2*** **corso** (di un astro, della vita); **cammino** (*poet.*) ***3*** **corrente** (in un fiume o nel mare) ***4*** **canale di condotta, gora** (di mulino) ● *r.-card,* programma delle corse □ *r.-track,* pista; (*USA*) ippodromo.
to **race** [reis] ***A*** *v. i.* ***1*** (specialm. *sport*) **correre; gareggiare; andare a tutta velocità *2* occuparsi di ippica; andare alle corse *3*** (di motore) **girare a vuoto; imballarsi *B*** *v. t.* ***1*** **gareggiare** (in corsa) **con** (q.); **cercar di superare** (q.) **nella corsa *2* far correre** (un cavallo) ***3*** **far correre** (una persona); **portare di corsa *4* accelerare; affrettare *5* far girare a vuoto, imballare** (un motore).
(2) race [reis] *n.* [C] e [U] **razza; schiatta; stirpe; discendenza**: *the human r.,* la razza umana □ (*fig.*) *the r. of poets,* la stirpe dei poeti □ *a man of noble r.,* un uomo di nobile discendenza.
racecourse ['reiskɔ:s] *n.* [C] (*sport*) **ippodromo.**
racehorse ['reishɔ:s] *n.* [C] **cavallo da corsa.**
raceme [rə'si:m] *n.* [C] (*bot.*) **racemo.**
race-meeting ['reis,mi:tiŋ] *n.* [C] **concorso ippico.**
racer ['reisə*] *n.* [C] ***1*** (*sport*) **corridore *2*** (*sport*) **automobile da corsa; bicicletta da corsa; aeroplano (o imbarcazione) da gara *3*** (*sport*) **cavallo da corsa *4*** (*mil.*) **piattaforma girevole** (di cannone).
rachitic [ræ'kitik] *a.* (*med.*) **rachitico.**
rachitis [ræ'kaitis] *n.* [U] (*med.*) **rachitismo.**
racial ['reiʃəl] *a.* **razziale**: *r. discrimination,* discriminazione razziale.
racialism ['reiʃəlizəm] *n.* [U] **razzismo.**
racialist ['reiʃəlist] *n.* [C] e *a.* **razzista.**
racing ['reisiŋ] (*sport*) ***A*** *n.* [U] ***1*** **corsa *2* corse dei cavalli *B*** *a. attr.* **da corsa; da competizione**: *a r. car,* un'automobile da corsa ● *horse r.,* ippica.
racism ['reisizəm] *n.* [U] **razzismo.**
racist ['reisist] *n.* e *a.* **razzista.**
(1) rack [ræk] *n.* [C] ***1*** **rastrelliera** (per fieno, armi, stoviglie, ecc.) ***2*** (di solito *hat-r.*) **attaccapanni a pioli *3*** (anche *luggage-r.*) **portabagagli, rete, reticella** (su treno, corriera, ecc.) ***4*** (*mecc.*) **cremagliera; rotaia dentata**: *a r. railway,* una ferrovia a cremagliera ***5*** (*stor.*) **ruota** (per la tortura) ● *bottle-r.,* scolabottiglie □ *card-r.,* portacarte □ *pipe-r.,* portapipe □ *plate-r.,* scolapiatti.
to **rack** [ræk] *v. t.* ***1*** **disporre su una rastrelliera *2*** (*stor.*) **mettere alla ruota; torturare** (anche *fig.*) ***3*** **angariare; opprimere** ● (*fig.*) *to r. one's brains,* scervellarsi □ *a racking headache,* un tremendo mal di capo.
(2) rack [ræk] *n.* [U] (*meteorologia*) **nembi; nuvolaglia.**
(3) rack [ræk] *n.* [U] **distruzione; rovina**: *to go to r. and ruin,* andare in rovina; andare in malora.
(1) racket ['rækit] *n.* ***1*** (*solo al sing. con l'art. indeterm.*) **chiasso; baccano; fracasso; frastuono**: *to kick up no end of a r.,* fare un baccano del diavolo ***2*** [U] **baldoria; allegria; eccitazione *3*** [C] (*fam.*) **racket; attività illegale; imbroglio; truffa; ricatto**: *the narcotics r.,* il racket della droga ***4*** [C] (*pop., scherz.*) **lavoro; occupazione** ● *to go on the r.,* darsi ai bagordi □ *to stand the r. (of st.),* far le spese (di q.c.); superare una prova.
to **racket** ['rækit] *v. i.* ***1*** **far chiasso; far baccano *2* far baldoria.**
(2) racket ['rækit] *n.* [C] (*sport*) **racchetta** (da tennis, ecc.).
racketeer [,ræki'tiə*] *n.* [C] (*fam.*) **chi estorce denaro con intimidazioni; truffatore; ricattatore.**
racketeering [,ræki'tiəriŋ] *n.* [U] (*fam.*) **attività illegali per estorcere denaro; truffe; ricatti.**
rackety ['rækiti] *a.* ***1*** **chiassoso; rumoroso *2* dedito alle baldorie.**
rack-rent ['ræk,rent] *n.* [C] e [U] **affitto esoso.**
racoon [rə'ku:n] *n.* [C] (*zool.,* Procyon lotor) **procione.**
racquet ['rækit] *V.* **(2) racket.**
racy ['reisi] *a.* ***1*** **genuino; originale *2* forte; vigoroso *3* brioso; frizzante; vivace *4* salace; scabroso** (*fig.*).
radar ['reidə*] *n.* [U] **radar** ● *r. beacon,* radarfaro □ *r. operator,* radarista.
raddle ['rædl] *n.* [U] **ocra rossa.**
to **raddle** ['rædl] *v. t.* ***1*** **tingere con ocra rossa *2* dare il rossetto a.**
radial ['reidjəl] *a.* (*geom., mecc., anat.*) **radiale** ● (*autom.*) *r. tyre,* pneumatico radiale.
radian ['reidjən] *n.* [C] (*geom.*) **radiante.**
radiance ['reidjəns] *n.* [U] **radiosità; fulgore; splendore.**
radiant ['reidjənt] ***A*** *a.* **radiante; raggiante; brillante; fulgido; fulgente; sfolgorante; splendido**: *a r. smile,* un sorriso raggiante □ *a r. morning,* uno splendido mattino ***B*** *n.* [C] (*fis., astron.*) **punto radiante.**
to **radiate** ['reidieit] *v. t.* e *i.* **irradiare; irraggiare;** (*fig.*) **diffondere, diffondersi; emanare; permeare** ● *to r. joy,* essere raggiante di gioia.
radiate ['reidiit] *a.* ***1*** **a raggi *2* radiale.**
radiation [,reidi'eiʃən] *n.* [U] e [C] (*scient.*) **radiazione; irradiazione.**
radiator ['reidieitə*] *n.* [C] ***1*** **radiatore** (d'automobile o di termosifone) ***2*** (*radio*) **antenna trasmittente; trasmettitore.**
radical ['rædikəl] ***A*** *n.* [C] ***1*** (*chim., mat., polit.*) **radicale *2*** (*gramm.,* anche *r. word*) **radice; radicale *3*** (*mat.,* anche *r. sign*) **segno di radice *B*** *a.* ***1*** **radicale;** (*fig.*) **integrale**: *the R. Party,* il partito radicale ***2*** **fondamentale; essenziale; connaturato** ● *r. chic,* sinistrismo di moda.
radicalism ['rædikəlizəm] *n.* [U] (*polit.*) **radicalismo.**
radicle ['rædikl] *n.* [C] ***1*** (*bot.*) **radichetta *2*** (*chim.*) **radicale.**
radio ['reidiou] *n.* (*pl.* **radios**) ***1*** [U] **radio; radiofonia; radiotelegrafia**: *to send a message by r.,* trasmettere un messaggio per radio □ *to hear st. on the r.,* sentire q.c. alla radio ***2*** [C] (anche *r.-set*) **radio; apparecchio radio *3*** [C] **radiomessaggio; marconigramma** ● (*aeron., naut.*) *r. beacon,* radiofaro □ *r. engineer,* radiotecnico □ *r. engineering,* radiotecnica □ *r.-gramophone,* radiogrammofono □ *r. link,* collegamento radiofonico; ponte radio □ (*aeron., naut.*) *r. operator,* radiotelegrafista; marconista □ *r.-receiver,* radioricevitore □ *r.-transmitter,* radiotrasmettitore □ *r.-wave,* radioonda □ *on the r.,* alla radio; (di persona) in trasmissione.
to **radio** ['reidiou] ***A*** *v. t.* ***1*** **radiotrasmettere** (un mes-

saggio) ***2*** **mettersi in contatto radiofonico con** (q.) ***B*** *v. i.* **trasmettere per radio.**

radio- ['reidiou] *(in parole composte)* **radio-** (con riferimento a "radiazioni" di varia natura; al "radio" e alla "radioattività"; alle "onde elettromagnetiche" e alle loro applicazioni).

radioactive [,reidiou'æktiv] *a. (chim., fis.)* **radioattivo.**

radioactivity [,reidiouæk'tiviti] *n.* [U] *(chim., fis.)* **radioattività.**

radiobiology [,reidioubai'ɔlədʒi] *n.* [U] **radiobiologia.**

radio-controlled [,reidioukən'trould] *a.* **radiocomandato; radioguidato.**

radiogoniometer [,reidiou,gouni'ɔmitə*] *n.* [C] *(scient.)* **radiogoniometro.**

radiogram ['reidiougræm] *n.* [C] ***1*** *(med.)* **radiografia** (lastra); **radiogramma** ***2*** **radiomessaggio; marconigramma** ***3*** **radiogrammofono.**

radiograph ['reidiougra:f] *n.* [C] (specialm. *med.*) **radiografia** (lastra).

radiographer [,reidi'ɔgrəfə*] *n.* [C] *(med.)* **radiologo.**

radiographic [,reidiou'græfik] *a.* (specialm. *med.*) **radiografico.**

radiography [,reidi'ɔgrəfi] *n.* [U] (specialm. *med.*) **radiografia** (il procedimento).

radiolocation [,reidioulou'keiʃən] *n.* [U] **radiolocalizzazione.**

radiologist [,reidi'ɔlədʒist] *n.* [C] **radiologo.**

radiology [,reidi'ɔlədʒi] *n.* [U] *(med.)* **radiologia.**

radiopharmaceutical [,reidiou,fa:mə'sju:tikəl] *n.* [C] *(farm.)* **farmaco radioattivo.**

radiosonde ['reidiou,sɔnd] *n.* [C] *(meteorologia, astron.)* **radiosonda.**

radiotelegram [,reidiou'teligræm] *n.* [C] **radiotelegramma; marconigramma.**

radiotelegraph [,reidiou'teligra:f] *n.* [C] **radiotelegrafo** ● *r. operator,* radiotelegrafista; marconista.

radiotelephone [,reidiou'telifoun] *n.* [C] **radiotelefono** ● *r. operator,* radiotelefonista.

radiotelephony [,reidiouti'lefəni] *n.* [U] **radiotelefonia.**

radiotherapist [,reidiou'θerəpist] *n.* [C] **radioterapista.**

radiotherapy [,reidiou'θerəpi] *n.* [U] *(med.)* **radioterapia.**

radish ['rædiʃ] *n.* [C] *(bot.,* Raphanus sativus) **ravanello; rafano.**

radium ['reidjəm] *n.* [U] *(chim.)* **radio** ● *(med.) r.-therapy,* radioterapia.

radius ['reidjəs] *n.* (*pl.* **radii** ['reidjai]) ***1*** *(geom.)* **raggio** (anche *fig.*): *within a r. of ten miles,* entro un raggio di dieci miglia ***2*** *(anat.)* **radio** ***3*** *(fig.)* **ambito; campo**: *within the r. of my experience,* nell'ambito della mia esperienza.

radix ['reidiks] *n.* (*pl.* **radices** ['reidisi:z], **radixes**) ***1*** *(bot.)* **radice** ***2*** *(gramm.)* **radice; radicale** ***3*** *(mat.)* **numero base; radice.**

radon ['reidɔn] *n.* [U] *(chim.)* **radon.**

raffia ['ræfiə] *n.* [U] **raffia, rafia** ● *(bot.) r. palm* (Raphia ruffia), raffia, rafia.

raffish ['ræfiʃ] *a.* **corrotto; dissipato; vizioso.**

(1) raffle ['ræfl] *n.* [C] **riffa; lotteria.**

to **raffle** ['ræfl] *v. t.* **mettere in lotteria; estrarre a sorte** (un premio).

(2) raffle ['ræfl] *n.* [U] **rifiuti; resti; detriti.**

raft [ra:ft] *n.* [C] **zattera** (di tronchi d'albero).

to **raft** [ra:ft] ***A*** *v. t.* ***1*** **trasportare su una zattera** ***2*** **attraversare** (un fiume, ecc.) **su zattere** ***B*** *v. i.* **navigare su una zattera.**

(1) rafter ['ra:ftə*] *n.* [C] **zatteriere.**

(2) rafter ['ra:ftə*] *n.* [C] *(edil.)* **travicello** (di un tetto).

raftered ['ræftəd] *a.* ***1*** **provvisto di travetti** ***2*** **a travi**: *a r. ceiling,* un soffitto a travi.

raftsman ['ra:ftsmən] *n.* (*pl.* **raftsmen** ['ra:ftsmən]) **zatteriere.**

(1) rag [ræg] *n.* [C] ***1*** **cencio; brandello; straccio** ***2*** **lembo; pezzo** ***3*** *(spreg.)* **bandiera; fazzoletto; tendina; giornalaccio** ● *rag-and-bone man,* straccivendolo □ *rag doll,* bambola di pezza □ *rag fair,* mercato di abiti usati □ *rag trade,* industria dell'abbigliamento □ *in rags,* in brandelli; sbrindellato, stracciato; cencioso □ *There's not a rag of evidence,* non c'è la minima prova.

to **rag** [ræg] *(fam.)* ***A*** *v. t.* **molestare; stuzzicare; prendere in giro** ***B*** *v. i.* **far baccano; fare scherzi grossolani.**

(2) rag [ræg] *n.* [C] *(fam.)* ***1*** **scherzo grossolano** ***2*** **corteo goliardico.**

ragamuffin ['rægə,mʌfin] *n.* [C] ***1*** **pezzente; straccione** ***2*** **monello.**

rage [reidʒ] *n.* [C] e [U] ***1*** **collera; furia; furore; ira; rabbia; stizza**: *to be in a r. with sb.,* essere in collera con q. □ *to fly into a r.,* montare in collera; andar su tutte le furie □ *eyes sparkling with r.,* occhi scintillanti di collera ***2*** **desiderio smodato; passione; mania**: *to have a r. for st.,* avere la mania di q.c. ***3*** **cosa alla moda; persona assai popolare**: *to be all the r.,* essere assai popolare; far furore.

to **rage** [reidʒ] *v. i.* **essere in collera; infuriare; infierire; imperversare** ● *to r. against sb.,* inveire contro q. □ *to r. oneself out,* sfogarsi.

ragged ['rægid] *a.* ***1*** **logoro; sbrindellato; stracciato** ***2*** **cencioso; vestito di stracci** ***3*** **frastagliato; scabroso** ***4*** **irsuto; ispido** ***5*** **aspro; stridente** ***6*** **imperfetto; malfatto; rozzo.**

raging ['reidʒiŋ] *a.* **furioso; furibondo; infuriato; violento.**

raglan ['ræglən] *n.* e *a. attr.* **raglan**: *r. sleeves,* maniche alla raglan.

ragman ['rægmən] *n.* (*pl.* **ragmen** ['rægmən]) **straccivendolo.**

ragout [ræ'gu:] *n.* [C] e [U] *(cucina)* **ragù.**

ragpicker ['rægpikə*] *n.* [C] **straccivendolo; cenciaiolo.**

ragtag ['rægtæg] *n.* (di solito *r. and bobtail*) **canaglia; plebaglia.**

ragtime ['rægtaim] *n.* [U] *(mus.)* « **ragtime** » (tipo di musica sincopata) ● *(fig.) a r. army,* un esercito da operetta.

raid [reid] *n.* [C] ***1*** **incursione; irruzione; razzia; scorreria**: *an air r.,* un'incursione aerea ***2*** **rapina**: *a r. on a bank,* una rapina a una banca ● *air-r. warning,* allarme aereo.

to **raid** [reid] ***A*** *v. t.* ***1*** **assalire; razziare; saccheggiare** ***2*** **depredare; rapinare; assaltare** (una banca, ecc.) ***B*** *v. i.* **fare incursioni** (o **scorrerie**).

raider ['reidə*] *n.* [C] ***1*** **razziatore; predone** ***2*** *(mil.)* **aeroplano** (o **nave**) **da incursione** ***3*** *(naut.)* **corsaro; nave corsara.**

rail [reil] *n.* ***1*** [C] **asta; sbarra** ***2*** [C] **cancellata; ringhiera; parapetto** ***3*** [C] *(ferr.)* **rotaia** ***4*** [U] **ferrovia**: *to send goods by r.,* spedire merci per ferrovia ***5*** [C] (anche *handrail*) **corrimano** ● *r. fence,* cancellata; inferriata □ *to go off the rails,* (di treno, tram) uscire dalle rotaie, deragliare; *(fig.)* andar fuori strada.

(1) to **rail** [reil] *v. t.* ***1*** (spesso *to r. in*) **chiudere con una ringhiera; recingere con una cancellata** ***2*** **fornire di rotaie** ***3*** **spedire per ferrovia.**

(2) to **rail** [reil] *v. i.* **inveire; protestare**: *to r. at* (o *against*) *sb.,* inveire contro q.

railcar ['reil,ka:] *n.* [C] *(ferr.)* **automotrice.**

railhead ['reilhed] *n.* [C] **punto estremo di una ferrovia in costruzione.**

(1) railing ['reiliŋ] *n.* [C] **ringhiera; parapetto; inferriata.**

(2) railing ['reiliŋ] *n.* [U] **brontolio; invettive.**

raillery ['reiləri] *n.* [U] e [C] **motteggio; bonaria presa in giro.**

railroad ['reilroud] *n.* [C] *(USA)* ***1*** **binario** ***2*** **ferrovia; strada ferrata.**

to **railroad** ['reilroud] *v. t.* *(USA)* ***1*** **trasportare per ferrovia** ***2*** **provvedere** (un paese, ecc.) **di ferrovie** ***3*** *(fam.)* **far approvare in fretta** (q.c.).

railway ['reilwei] *n.* [C] ***1*** **binario** ***2*** **ferrovia; strada ferrata** ● *r. car,* automotrice □ *r. coach,* carrozza ferroviaria □ *r. engine,* locomotiva □ *r. line,* binario; linea ferroviaria □ *r. station,* stazione ferroviaria □ *r. system,* rete ferroviaria □ *cable r.,* funicolare.

railwayman ['reilweimən] n. (pl. **railwaymen** ['reilweimən]) ferroviere.

raiment ['reimənt] n. [U] (poet.) abbigliamento; vestimenti.

rain [rein] n. [U] (anche con l'art. indeterm.) pioggia (anche fig.); diluvio: *a r. of petals*, una pioggia di petali □ *to go out in the r.*, uscire sotto la pioggia ● *the rains*, le grandi piogge □ *r. or shine*, col bello e col cattivo tempo; piova o faccia bello □ *r.-water*, acqua piovana □ *It looks like r.*, sembra voglia piovere.

to **rain** [rein] **A** v. i. piovere (anche fig.): *It's raining*, piove **B** v. t. spargere; versare; dare a piene mani; colmare di: *to r. praises on sb.*, colmare q. d'elogi ● (di spettacolo, ecc.) *to be rained off*, essere sospeso per la pioggia.

rainbow ['reinbou] n. [C] arcobaleno.

raincoat ['reinkout] n. [C] impermeabile.

raindrop ['reindrɔp] n. [C] goccia di pioggia.

rainfall ['reinfɔ:l] n. **1** [C] pioggia; acquazzone **2** [U] piovosità; precipitazione atmosferica.

rainproof ['reinpru:f] **A** a. impermeabile; a tenuta d'acqua **B** n. [C] impermeabile.

rainstorm ['reinstɔ:m] n. [C] temporale (con forte pioggia).

rainy ['reini] a. piovoso; umido ● (fig.) *to put away for a r. day*, risparmiare per i tempi difficili.

to **raise** [reiz] v. t. **1** alzare; drizzare; innalzare; rialzare; elevare; sollevare; erigere: *to r. a weight*, sollevare un peso □ *to r. one's voice*, alzare la voce □ *to r. a monument*, erigere un monumento □ *to r. a revolt*, sollevare una rivolta **2** aumentare; accrescere; elevare; alimentare: *to r. prices*, aumentare i prezzi □ *to r. sb.'s hopes*, alimentare le speranze di q. **3** promuovere; elevare **4** evocare; suscitare: *to r. the ghosts of the dead*, evocare le anime dei morti **5** (agric.) far crescere; coltivare; produrre **6** allevare; tirar su (fam.): *to r. a large family*, tirar su una famiglia numerosa **7** raccogliere; radunare; procurare, procurarsi: *to r. an army*, radunare un esercito ● *to r. a colour*, ravvivare un colore □ *to r. one's eyebrows*, inarcare le ciglia □ *to r. sb. from the dead*, risuscitare q. □ *to r. one's glass to sb.*, levare il bicchiere in onore di (o brindare a) q. □ *to r. one's hat*, togliersi il cappello (per salutare) □ (fam.) *to r. hell (o Cain, the devil)*, fare il diavolo a quattro; scatenare un pandemonio □ (naut.) *to r. land*, avvistare terra □ *to r. a loan*, ottenere un prestito □ *to r. a tax*, esigere un tributo.

raise [reiz] n. [C] (specialm. USA) aumento.

raiser ['reizə*] n. [C] **1** (agric.) coltivatore **2** allevatore.

raisin ['reizn] n. [C] uva secca; uva passa.

rajah ['ra:dʒə] n. [C] ragià.

(1) rake [reik] n. [C] (agric.) rastrello ● *as lean as a r.*, magro come un chiodo.

(1) to **rake** [reik] v. t. e i. **1** (anche *to r. up*) rastrellare; raccogliere; raggranellare: *to r. up hay*, rastrellare il fieno **2** frugare; rovistare **3** (mil.) colpire d'infilata ● *to r. the soil smooth*, spianare il terreno col rastrello □ (fig.) *to r. st., up*, rivangare q.c.

(2) to **rake** [reik] **A** v. i. (specialm. naut.) essere inclinato; avere un'inclinazione **B** v. t. inclinare; incurvare.

(2) rake [reik] n. (solo sing.) inclinazione; angolo d'inclinazione.

(3) rake [reik] n. [C] (arc.) libertino; individuo dissoluto.

rake-off ['reik,ɔf] n. [C] (fam.) quota; percentuale.

raking ['reikiŋ] a. inclinato; obliquo.

(1) rakish ['reikiʃ] a. (arc.) dissoluto; licenzioso.

(2) rakish ['reikiʃ] a. **1** (di battello, ecc.) slanciato; agile **2** ardito; sbarazzino.

rallentando [,rælən'tændou] (ital.) avv., a. e n. (pl. **rallentandos**) (mus.) rallentando.

(1) to **rally** ['ræli] **A** v. t. **1** raccogliere; chiamare a raccolta; radunare; riunire **2** rianimare; ravvivare; fare appello a (q.c.) **B** v. i. **1** raccogliersi; radunarsi; stringersi **2** rianimarsi; riaversi; rimettersi; riprendersi; ristabilirsi **3** (fin.) essere in ripresa; (di titoli) essere in rialzo.

rally ['ræli] n. [C] **1** adunanza; riunione; raduno **2** ricupero di forze; ripresa **3** (tennis, ecc.) lungo scambio di colpi **4** (fin.) ripresa (del mercato); rialzo (dei titoli) **5** (autom.) rally.

(2) to **rally** ['ræli] v. t. canzonare; prendere in giro bonariamente.

ram [ræm] n. [C] **1** (zool., astron., stor., mil.) ariete; montone **2** (stor. naut.) rostro; nave rostrata **3** (mecc. anche *battering-ram*) mazzapicchio; maglio **4** (mecc.) pistone.

to **ram** [ræm] v. t. **1** cozzare; sbattere; urtare: *to ram one's head against the wall*, sbattere la testa contro il muro **2** (naut.) speronare **3** battere; calcare; pigiare; piantare; conficcare: *to ram one's hat down on one's head*, piantarsi (o cacciarsi) il cappello in testa □ *to ram clothes into a bag*, pigiare vestiti in una borsa da viaggio.

to **ramble** ['ræmbl] v. i. **1** errare; vagare; vagabondare; andare a zonzo **2** divagare; saltare di palo in frasca **3** vaneggiare; delirare **4** (di piante) crescere da ogni parte.

ramble ['ræmbl] n. [C] **1** giro; escursione **2** divagazione.

rambler ['ræmblə*] n. [C] **1** chi va a zonzo **2** divagatore; chi salta di palo in frasca **3** (bot.) rosa rampicante.

rambling ['ræmbliŋ] a. **1** errante; girovago **2** incoerente; sconnesso **3** (di pianta) rampicante **4** (di edificio) costruito in modo irregolare **5** (di strada, ecc.) tortuoso.

ramification [,ræmifi'keiʃən] n. [C] (bot. e fig.) ramificazione; diramazione.

to **ramify** ['ræmifai] **A** v. i. (bot.) ramificare; (fig.) ramificarsi, diramarsi **B** v. t. distribuire; suddividere.

ramjet ['ræmdʒet] n. [C] (aeron.) statoreattore.

rammer ['ræmə*] n. [C] **1** battipalo; berta **2** pestello.

ramp [ræmp] n. [C] **1** rampa; pendio; salita **2** scaletta mobile (per salire su un aereo o scenderne) **3** (pop.) scandaloso aumento di prezzi; raggiro; truffa.

to **ramp** [ræmp] **A** v. t. **1** (di animali) rampare **2** (di solito scherz.) infuriare; tempestare **B** v. t. **1** provvedere di rampe **2** (pop.) imbrogliare; truffare.

to **rampage** [ræm'peidʒ] v. i. imperversare; infuriare.

rampage [ræm'peidʒ] n. [U] furia; scalmana: *to go on the r.*, andare su tutte le furie ● *to be on the r.*, essere infuriato; scalmanarsi.

rampageous [ræm'peidʒəs] a. furioso; furibondo.

rampant ['ræmpənt] a. **1** (specialm. araldica e archit.) rampante: *a lion r.*, un leone rampante **2** (fig.) imperversante; dilagante **3** (fig.) aggressivo; esuberante **4** (di vegetazione) lussureggiante; rigoglioso.

rampart ['ræmpa:t] n. [C] **1** bastione; baluardo **2** (fig.) difesa.

to **rampart** ['ræmpa:t] v. t. fortificare con bastioni.

rampion ['ræmpjən] n. [C] (bot., Campanula rapunculus) raperonzolo.

ramrod ['ræmrɔd] n. [C] calcatoio (per arma da fuoco ad avancarica) ● *as stiff as a r.*, dritto come un fuso.

ramshackle ['ræm,ʃækl] a. sgangherato; sconquassato; traballante; vacillante.

ran [ræn] pass. di to **run** ● *also-ran*, (ippica) cavallo non piazzato; (fig.) concorrente (o candidato) perdente.

ranch [ra:ntʃ] n. [C] (in USA) ranch, fattoria (specialm. per l'allevamento del bestiame).

rancher ['ra:ntʃə*] n. [C] (in USA) **1** chi possiede (o lavora in) un ranch **2** allevatore (di bestiame).

rancid ['rænsid] a. rancido; stantio.

rancidity [ræn'siditi], **rancidness** ['rænsidnis] n. [U] rancidezza; rancidità.

rancorous ['ræŋkərəs] a. pieno di rancore; acrimonioso.

rancour ['ræŋkə*] n. [U] rancore; risentimento; acredine.

rand [rænd] n. [C] striscia di cuoio (fra la suola e il tacco).

(1) randan ['rændæn] n. [C] (naut.) imbarcazione a tre rematori (quello di mezzo usa due pagaie).

(2) randan ['rændæn] *n.* **baldoria**: *to be on the r.*, far baldoria.

random ['rændəm] *a.* ***1*** **casuale; fortuito** ***2*** (d'opera muraria) **irregolare** ● *at r.*, a casaccio; alla cieca; alla rinfusa.

randy ['rændi] *a.* ***1*** *(fam.)* **lascivo; libidinoso** ***2*** *(specialm. scozz.)* **chiassoso; rumoroso; volgare.**

ranee [ra:'ni:] *n.* [C] *(in India)* **moglie di un ragià.**

rang [ræŋ] *pass.* di to **ring.**

to **range** [reindʒ] ***A*** *v. t.* ***1*** **disporre; allineare; schierare** ***2*** **classificare; ordinare** ***3*** **percorrere; vagare per; attraversare** ***4*** **puntare** (un telescopio, un fucile, ecc.) ***B*** *v. i.* ***1*** **estendersi; trovarsi**: *to r. to the north*, estendersi a nord ***2*** **errare; vagare; vagabondare** ***3*** **andare** (da... a); **variare**: *prices ranging between fifty pence and five pounds* (o *from fifty pence to five pounds)*, prezzi che vanno da cinquanta « penny » a cinque sterline ***4*** **essere allo stesso livello** (di); **essere nel numero** (di); **poter essere annoverato** (fra) ***5*** (d'arma da fuoco) **avere una portata (o una gittata) di** ***6*** *(bot., zool.)* **avere il proprio habitat; esser diffuso; trovarsi** ***C*** to **range oneself** *v. rifl.* **disporsi; schierarsi** ● *(naut.) to r. the coast*, costeggiare □ *(fig.) to r. far and wide*, trattare argomenti disparati; diffondersi a parlare di ogni sorta di cose.

range [reindʒ] *n.* [C] e [U] ***1*** **fila; serie; catena** (di montagne) ***2*** **linea; direzione** ***3*** (d'arma da fuoco) **portata; gittata** ***4*** **gamma; raggio d'azione; sfera; campo; portata** *(fig.)*: *the whole r. of literature*, l'intero campo delle lettere □ *studies of very wide r.*, studi di vastissima portata ***5*** *(mus.)* **estensione** (della voce); **registro** ***6*** *(meteorologia)* **escursione** ***7*** *(aeron., naut.)* **autonomia** ***8*** **distesa; tratto** (di terreno) ***9*** (anche *rifle-r.*) **poligono** (di tiro) ***10*** (anche *kitchen r.*) **fornello; cucina economica** ***11*** *(bot., zool.)* **habitat; ambiente naturale** ***12*** *(comm.)* **assortimento, gamma** (di prodotti) ***13*** *(miss.)* **poligono sperimentale** ***14*** *(fis. nucl.)* **percorso; portata** ● *at close r.*, a breve distanza □ *(mil.) to find the r.*, correggere il tiro □ *out of r.*, fuori portata; fuori del raggio d'azione □ *within r.*, nel raggio d'azione; *(mil.)* a tiro.

range-finder ['reindʒ,faində*] *n.* [C] **radiotelemetro.**

ranger ['reindʒə*] *n.* [C] ***1*** **guardiano d'un parco** ***2*** *(USA)* **guardia forestale** ***3*** (specialm. *USA)* **poliziotto a cavallo** ***4*** *(mil., USA)* **soldato d'un reparto di truppe d'assalto.**

(1) rank [ræŋk] *n.* ***1*** [C] e [U] **linea; riga**: *the front r.*, la prima fila □ *to break r.* (o *ranks)*, romper le righe □ *to fall into r.*, formare le righe; allinearsi ***2*** [C] **posteggio**: *a taxi-r.*, un posteggio di tassì ***3*** [C] e [U] **ceto, condizione sociale; grado, rango; classe, ordine**: *people of all ranks*, gente d'ogni ceto □ *the r. of major*, il grado di maggiore ***4*** *(al pl.) the ranks* (o *the r. and file)*, i militari di truppa; *(fig.)* i gregari, gli operai; *(polit.)* la base (di un partito) ● *to close ranks*, serrar le file □ *to rise from the ranks*, venire dalla gavetta.

to **rank** [ræŋk] ***A*** *v. t.* ***1*** **mettere in riga; schierare** ***2*** **classificare; mettere nel numero** (di); **reputare** ***B*** *v. i.* ***1*** **occupare un certo posto; collocarsi; essere** (il primo, il secondo, ecc.) ***2*** **esser reputato; passare** (per) ● *to r. above*, venir prima di (per grado, importanza) □ *to r. after* (o *next to)*, venir (subito) dopo (per grado, importanza) □ *to r. with sb.*, essere alla pari con q.; corrispondere a q.

(2) rank [ræŋk] *a.* ***1*** (di vegetazione) **lussureggiante; rigoglioso** ***2*** (di terreno) **ricoperto** (d'erbacce); **infestato**: *land r. with thistles*, terra infestata da cardi ***3*** **maleodorante; rancido; stantio** ***4*** *(spreg.)* **bell'e buono; vero e proprio** ***5*** **grossolano; volgare.**

ranker ['ræŋkə*] *n.* [C] ***1*** **militare di truppa; soldato; caporale** ***2*** **ufficiale che viene dalla gavetta.**

to **rankle** ['ræŋkl] *v. i.* **bruciare** *(fig.)*; **far soffrire.**

to **ransack** ['rænsæk] *v. t.* ***1*** **frugare; rovistare** ***2*** **saccheggiare** ● *to r. one's conscience*, fare un accurato esame di coscienza.

ransom ['rænsəm] *n.* [U] e [C] (anche *leg.)* **riscatto; prezzo del riscatto** ● *to hold sb. to r.*, chiedere il riscatto per q.; tenere q. in ostaggio per ottenere un riscatto □ *(fig.) a king's r.*, una grossa somma.

to **ransom** ['rænsəm] *v. t.* ***1*** (anche *leg.)* **riscattare;** *(fig.)* **redimere** ***2*** **tenere in ostaggio.**

to **rant** [rænt] ***A*** *v. i.* **concionare; declamare** ***B*** *v. t.* (spesso *to r. out)* **declamare; dire (o recitare) in modo ampolloso.**

rant [rænt] *n.* ***1*** [C] **concione; discorso vuoto e ampolloso** ***2*** [U] **declamazione; linguaggio ampolloso.**

ranter ['ræntə*] *n.* [C] **declamatore.**

(1) rap [ræp] *n.* [C] **colpo** (secco e lieve); **colpetto; picchio** ● *(pop.) to take the rap (for st.)*, prendersi la colpa (di q.c.).

to **rap** [ræp] ***A*** *v. t.* **colpire; battere; picchiare** ***B*** *v. i.* **bussare; picchiare**: *to rap at the door*, picchiare all'uscio; bussare □ *to rap on the table*, picchiare sul tavolo ● *to rap out a message*, trasmettere un messaggio (battendo colpi) □ *to rap out an oath*, lasciarsi sfuggire un'imprecazione □ *to rap out a tune*, strimpellare un motivo.

(2) rap [ræp] *n.* [C] *(fam.)* **nonnulla; nulla**: *I don't care a rap*, non me ne importa nulla (o un fico secco).

rapacious [rə'peiʃəs] *a.* **rapace; avido.**

rapacity [rə'pæsiti] *n.* [U] **rapacità; avidità.**

to **rape** [reip] *v. t.* ***1*** **stuprare; violentare** ***2*** *(arc.)* **rapire.**

(1) rape [reip] *n.* [U] ***1*** **stupro; violenza carnale** ***2*** *(arc.)* **rapimento.**

(2) rape [reip] *n.* [U] *(bot.)* ***1*** (Brassica napus oleifera) **ravizzone** ***2*** (Brassica napus arvensis) **colza** ● *r.-oil*, olio di colza.

(3) rape [reip] *n.* *(generalm. al pl.)* **vinaccia.**

Raphaelesque [,ræfeiə'lesk] *a.* *(arte)* **raffaellesco.**

rapid ['ræpid] ***A*** *a.* ***1*** **rapido; celere; veloce** ***2*** (di pendio) **ripido; erto; scosceso** ***3*** (del polso) **frequente** ***B*** *n. (di solito al pl.)* **rapida** (di fiume).

rapid-fire ['ræpid,faiə*] *a.* *(mil.)* **a tiro rapido** ● *r. questions*, un fuoco di fila di domande.

rapidity [rə'piditi] *n.* [U] ***1*** **rapidità; celerità; velocità** ***2*** **ripidità.**

rapier ['reipjə*] *n.* [C] **spada; spadino; stocco.**

rapine ['ræpain] *n.* [U] **rapina; saccheggio.**

rapist ['reipist] *n.* [C] **stupratore.**

rapport [ræ'pɔ:*] *n.* [U] **rapporto** (specialm. d'amicizia); **relazione.**

rapprochement [,ræprɔʃ'mɑ̃] *(franc.)* *n.* [C] (anche *polit.)* **riavvicinamento; riconciliazione.**

rapt [ræpt] *a.* **rapito (in estasi); assorto; estatico.**

raptorial [ræp'tɔ:riəl] *a.* *(zool.)* **rapace; predatore.**

rapture ['ræptʃə*] *n.* [U] **rapimento estatico; estasi** ● *to gaze with r. at sb.*, guardare rapito (o estatico) q. □ *to go into (to be in) raptures*, andare (essere) in estasi.

rapturous ['ræptʃərəs] *a.* **rapito; estasiato; estatico; entusiastico.**

(1) rare [rɛə*] *a.* ***1*** **raro; infrequente; insolito** ***2*** **rado; rarefatto** ***3*** **eccezionale; eccellente; ottimo** ● *(chim.) r. earths*, terre rare □ *(fam.) We had r. fun*, ci divertimmo moltissimo.

(2) rare [rɛə*] *a.* *(cucina)* **poco cotto; al sangue**: *r. beef*, manzo poco cotto.

rarebit ['rɛəbit] *n.* [C] *(cucina)* **pane tostato ricoperto di formaggio fuso.**

rarefaction [,rɛəri'fækʃən] *n.* [U] **rarefazione.**

to **rarefy** ['rɛərifai] ***A*** *v. t.* ***1*** **rarefare** ***2*** **purificare; raffinare** ***B*** *v. i.* ***1*** **rarefarsi** ***2*** **purificarsi; raffinarsi.**

raring ['rɛəriŋ] *a.* *(fam.)* **impaziente; ansioso.**

rarity ['rɛəriti] *n.* [U] e [C] **rarità**: *a rarity*, una rarità; una cosa rara.

ras [ræs] *n.* [C] **ras.**

rascal ['ra:skəl] *n.* [C] **canaglia; briccone; farabutto; furfante; mascalzone** ● *(scherz.*, di bambino) *You little r.!*, birichino!; bricconcello!

rascality [ra:s'kæliti] *n.* [U] e [C] **birbanteria; bricconeria; furfanteria.**

rascally ['ra:skəli] *a.* **da canaglia; furfantesco; birbone.**

(1) rash [ræʃ] *n.* [C] *(med.)* **eruzione cutanea** ● *heat r.*, infiammazione cutanea; calore *(pop.)*.

(2) rash [ræʃ] *a.* **avventato; inconsiderato; impetuoso; precipitoso.**

rasher ['ræʃə*] *n.* [C] **fetta di lardo (o di prosciut-**

to).

rashness ['ræʃnis] n. [U] avventatezza; inconsideratezza; impetuosità; precipitazione.

rasp [ra:sp] n. [C] 1 raspa; raschietto 2 suono aspro, stridente.

to **rasp** [ra:sp] A v. t. 1 raspare; raschiare; limare con la raspa 2 (fig.) irritare; urtare B v. i. 1 raschiare; essere ruvido 2 stridere.

raspberry ['ra:zbəri] n. [C] 1 (bot., Rubus idaeus; anche il frutto) lampone 2 (volg.) pernacchia: to give sb. a r., fare una pernacchia a q.

rat [ræt] n. [C] 1 (zool., Rattus) ratto; (anche) topo 2 (fam.) girella; banderuola 3 (fam.) crumiro • (pop.) Rats!, sciocchezze!; balle!; fesserie! □ (fig.) rat race, concorrenza (o rivalità) accanita □ to look like a drowned rat, sembrare un pulcino bagnato □ (fig.) to see rats, avere allucinazioni; aver le traveggole □ (fig.) to smell a rat, sospettare un tranello; mangiare la foglia: I smell a r.!, gatta ci cova! □ water-rat, topo di fogna; (fam.) marinaio, pirata.

to **rat** [ræt] v. i. 1 (specialm. to go ratting) andare a caccia di topi 2 (polit.) fare un voltafaccia; voltar casacca 3 (fam.) fare il crumiro.

ratable ['reitəbl] V. **rateable.**

ratafia [ˌrætə'fiə] n. [U] ratafià (liquore).

ratal ['reitl] n. (fin.) (reddito) imponibile.

rataplan [ˌrætə'plæn] n. (anche con l'art. indeterm.) rataplan; rullar di tamburi.

rat-a-tat [ˌrætə'tæt] V. **rat-tat.**

ratch [rætʃ] V. **ratchet.**

ratchet ['rætʃit] n. [C] (mecc.) 1 dente d'arresto; nottolino d'arresto 2 (anche r.-wheel) ruota a cricco.

rate [reit] n. [C] 1 ammontare; aliquota; percentuale; indice: the birth r., l'indice di natalità 2 (anche r. of speed) velocità; ritmo: to go at a (o the) r. of sixty miles an hour, andare a una velocità di sessanta miglia all'ora 3 costo; prezzo; tariffa: railway rates, tariffe ferroviarie 4 (fin.) saggio; tasso: the r. of interest, il tasso d'interesse 5 imposta comunale (o locale) 6 classe; categoria; ordine: a first-r. writer, uno scrittore di prim'ordine • (fin.) r. of exchange, corso del cambio □ at any r., a ogni modo; a ogni costo; almeno, per lo meno □ at that r., di quel passo; in quel caso; se è così □ at this r., di questo passo; in questo caso; se va così □ (med.) pulse r., frequenza del polso.

(1) to **rate** [reit] A v. t. 1 valutare; stimare 2 considerare; giudicare; reputare 3 annoverare 4 valutare (ai fini fiscali); tassare 5 (naut.) classificare (una nave) B v. i. essere classificato; essere reputato.

(2) to **rate** [reit] v. t. e i. rampognare (lett.); rimproverare; sgridare.

rateable ['reitəbl] a. 1 valutabile 2 (fin.) imponibile.

ratepayer ['reitˌpeiə*] n. contribuente (locale); chi paga le imposte comunali.

rather ['ra:ðə*] A avv. 1 piuttosto; alquanto; un po' 2 anzi B inter. (fam.) certamente!; certo!; sicuro!; e come! • I (you, etc.) had r., preferirei (preferiresti, ecc.): He had r. go than stay, preferirebbe andarsene (piuttosto che rimanere) □ I would r. not, preferirei di no.

ratification [ˌrætifi'keiʃən] n. [U] e [C] ratificazione; ratifica.

to **ratify** ['rætifai] v. t. ratificare; sanzionare.

(1) **rating** ['reitiŋ] n. 1 [U] stima; valutazione 2 [U] (fin.) imponibile; reddito imponibile 3 [C] (naut.) classificazione; classe (dei panfili, ecc.) 4 [C] (naut.) marinaio semplice • (mus., radio, telev.) to get good ratings, piazzarsi bene (o ai primi posti della classifica).

(2) **rating** ['reitiŋ] n. [C] rimprovero; sgridata; lavata di capo.

ratio ['reiʃiou] n. (pl. **ratios**) 1 (mat., mecc.) rapporto; proporzione: in the r. of three to two, in proporzione di tre a due 2 (fis., chim.) titolo.

to **ratiocinate** [ˌræti'ɔsineit] v. i. raziocinare (lett.); ragionare.

ratiocination [ˌrætiɔsi'neiʃən] n. [U] e [C] raziocinio; ragionamento.

ration ['ræʃən] n. 1 [C] razione 2 (al pl.) razioni; viveri • r.-card, tessera annonaria □ to put on rations, mettere a razione.

to **ration** ['ræʃən] v. t. 1 razionare 2 — to r. out, distribuire (viveri) in razioni.

rational ['ræʃənl] a. razionale; ragionevole • (mat.) r. numbers, numeri razionali □ r. powers, capacità intellettive; raziocinio.

rationale [ræʃə'na:l] n. [C] ragione fondamentale; base logica.

rationalism ['ræʃnəlizəm] n. [U] (filos., relig.) razionalismo.

rationalist ['ræʃnəlist] n. [C] (filos., relig.) razionalista.

rationality [ˌræʃə'næliti] n. [U] e [C] razionalità.

rationalization [ˌræʃnəlai'zeiʃən] n. [U] e [C] 1 (ind., agric., mat., psic.) razionalizzazione 2 (ind.) organizzazione razionale (del lavoro).

to **rationalize** ['ræʃnəlaiz] v. t. 1 (ind., agric., mat., psic.) razionalizzare 2 (ind.) organizzare razionalmente.

rationing ['ræʃəniŋ] n. [U] razionamento.

ratlin(e)s ['rætlinz] n. pl. (naut.) griselle.

rattan [rə'tæn] n. [C] 1 (bot.) canna d'India 2 bastone di canna d'India.

rat-tat [ˌræt'tæt] n. (anche con l'art. indeterm.) toc-toc; colpi (alla porta).

to **ratten** ['rætn] v. t. (pop.) sabotare.

ratter ['rætə*] n. [C] 1 cane (o gatto) da topi 2 (fam.) crumiro.

to **rattle** ['rætl] A v. i. 1 sbattere; strepitare 2 procedere con frastuono; andare di carriera 3 (spesso to r. on, along, away) chiacchierare; ciarlare; cicalare B v. t. 1 sbattere; sbatacchiare; far risuonare; far tintinnare 2 (di solito to r. off, out, away, over) dire in gran fretta; recitare rapidamente; snocciolare 3 (pop.) sconcertare • (fam.) a rattling wind, un vento impetuoso □ (fam.) to have a rattling time, divertirsi un mondo.

rattle ['rætl] n. 1 [C] sonaglio (giocattolo, o di serpente) 2 [U] strepito; rumore (secco) 3 rantolo: the death-r., il rantolo dell'agonia 4 [U] ciarle; cicaleccio 5 (mus.) raganella.

rattlebrain ['rætlbrein] n. [C] zucca vuota (fig.); chiacchierone; scervellato.

rattlebrained ['rætlbreind] a. scervellato.

rattler ['rætlə*] n. [C] 1 (fam.) persona (o cosa) eccezionale; cannonata (fig., fam.) 2 (zool.) serpente a sonagli.

rattlesnake ['rætlsneik] n. [C] (zool., Crotalus) serpente a sonagli.

rattletrap ['rætltræp] A n. [C] 1 cosa sgangherata; vecchia automobile; macinino (fig., fam.) 2 (pop.) bocca 3 (al pl.) cianfrusaglie B a. attr. sgangherato.

ratty ['ræti] a. 1 pieno di topi 2 (pop.) bisbetico; irritabile.

raucous ['rɔ:kəs] a. rauco.

raucousness ['rɔ:kəsnis] n. [U] raucedine.

to **ravage** ['rævidʒ] v. t. e i. devastare (anche fig.); saccheggiare.

ravage ['rævidʒ] n. 1 [U] devastazione; saccheggio 2 (al pl.) danni; offese: the ravages of time, le offese del tempo.

to **rave** [reiv] v. i. 1 delirare; farneticare; vaneggiare 2 (del vento, del mare) ruggire; infuriare • (fam.) to r. about st., andare in estasi per q.c.; andar pazzo per q.c. □ to r. oneself hoarse, arrochirsi a furia di gridare (per manifestare il proprio entusiasmo).

rave [reiv] n. [U] e [C] 1 delirio; vaneggiamento 2 (fam.) infatuazione • (fam.) a r. review, una recensione entusiastica.

to **ravel** ['rævəl] A v. t. 1 (in origine) aggrovigliare, avviluppare; (fig.) imbrogliare, complicare 2 (di solito to r. out) districare; sbrogliare B v. i. 1 (in origine) aggrovigliarsi, avvilupparsi; (fig.) imbrogliarsi, complicarsi 2 (di solito to r. out) districarsi; sbrogliarsi 3 sfilacciarsi.

ravel ['rævəl] n. [C] 1 groviglio; intrico 2 sfilacciatura; lembo sfilacciato.

ravelling ['rævəliŋ] n. 1 [U] sfilacciamento 2 [C] sfilacciatura; filo tirato.

to **raven** ['rævn] **A** *v. i.* **1** far bottino; predare **2** mangiare avidamente **B** *v. t.* divorare ● *to r. after,* andare in cerca di (preda o bottino).

raven ['reivn] **A** *n.* [C] *(zool.)* **1** (Corvus corax) corvo imperiale **2** (Corvus) corvo **B** *a.* corvino: *r. hair,* capelli corvini.

ravening ['rævniŋ] *a.* affamato; vorace.

ravenous ['rævinəs] *a.* **1** famelico; vorace **2** (anche *fig.*) avido; ingordo; insaziabile: *r. for praise,* avido di lodi.

ravine [rə'vi:n] *n.* [C] burrone; gola; forra; borro *(lett.)*.

raving ['reiviŋ] **A** *a.* **1** delirante; farneticante; frenetico **2** *(fam.)* eccezionale; straordinario; da far girare la testa **B** *n.* *(spesso al pl.)* delirio; frenesia; vaneggiamento ● *r. mad,* pazzo furioso; matto da legare.

ravioli [,rævi'ouli] *(ital.)* *n.* *collett.* *(cucina)* ravioli.

to **ravish** ['ræviʃ] *v. t.* **1** *(poet.)* rapire; *(fig.)* rapire in estasi, affascinare, incantare **2** *(leg.)* stuprare; violentare.

ravishing ['ræviʃiŋ] *a.* affascinante; incantevole.

raw [rɔ:] **A** *a.* **1** crudo; *(fig.,* dell'aria, del tempo) freddo, rigido **2** greggio; grezzo; naturale; non raffinato **3** *(fig.)* inesperto; immaturo; rozzo **4** escoriato; aperto; sanguinante; vivo **B** *n.* — *the raw,* il vivo; il punto scoperto, dolente: *to touch sb. on the raw,* toccare q. sul vivo ● *(fam.) a raw deal,* un trattamento ingiusto □ *(ind.) raw materials,* materie prime □ *raw spirit,* alcol puro □ *in the raw,* allo stato grezzo (o naturale); nudo, svestito.

raw-boned ['rɔ:bound] *a.* ossuto; scarno.

rawhide ['rɔ:haid] *n.* [U] cuoio greggio.

(1) ray [rei] *n.* [C] **1** *(fis., bot., zool.)* raggio (anche *fig.*): *a ray of light,* un raggio di luce □ *X-rays,* raggi X **2** *(geom., raro)* raggio.

to **ray** [rei] *v. t.* e *i.* irradiare, irradiarsi.

(2) ray [rei] *n.* [C] *(zool.,* Raja) razza.

rayon ['reiɔn] *n.* [U] *(ind. tessile)* rayon; seta artificiale.

to **raze** [reiz] *v. t.* distruggere; radere al suolo.

razor ['reizə*] *n.* [C] rasoio: *a safety r.,* un rasoio di sicurezza.

to **razor** ['reizə*] *v. t.* radere ● *a well-razored chin,* un mento ben rasato.

razor-bill ['reizəbil] *n.* [C] **1** becco a lama di rasoio **2** *(zool.,* Alca torda) gazza marina.

razor-edge [,reizər'edʒ] *n.* [C] filo del rasoio: *(fig.) to be on a r.,* camminare sul filo del rasoio.

razzle-dazzle ['ræzl,dæzl] *n.* [U] *(pop.)* baldoria ● *to be on the r.,* fare baldoria □ *to go on the r.,* darsi alla pazza gioia.

(1) re [rei] *n.* [C] *(mus.)* re.

(2) re [ri:] *prep.* *(leg., comm.)* in relazione a; in riferimento a.

re- ['ri:-] *pref.* ri-; di nuovo.

're [ə*] *contraz. fam.* di **are** *(per es., in:) they're,* essi (o esse) sono.

to **reabsorb** [,ri:əb'sɔ:b] *v. t.* riassorbire.

reabsorption [,ri:əb'sɔ:pʃən] *n.* [U] riassorbimento.

to **reach** [ri:tʃ] **A** *v. t.* **1** (spesso *to r. out*) allungare; stendere: *to r. out one's hand for st.,* allungare la mano per prendere q.c. **2** raggiungere; giungere a; arrivare a; pervenire a: *Your letter reached me yesterday,* la tua lettera mi pervenne ieri **3** *(fam.)* allungare; porgere **4** mettersi in contatto con (q., per telefono, ecc.) **B** *v. i.* **1** — *to r. for,* allungare la mano per prendere (q.c.); cercar di prendere (q.c.) **2** stendersi; estendersi; andare; arrivare ● *to r. after st.,* aspirare a q.c. □ *to reach down a suitcase,* tirar giù una valigia □ *(pop.) r.-me-downs,* abiti confezionati □ *as far as the eye can r.,* fin dove giunge lo sguardo.

reach [ri:tʃ] *n.* **1** [U] distanza; portata di mano: *within easy r.,* a poca distanza **2** [U] campo d'azione; raggio d'azione; capacità: *That's above* (o *beyond, out of) my r.,* ciò è al di sopra delle mie capacità **3** [C] tratto (specialm. di fiume, tra due anse) **4** [U] *(mil.)* portata; tiro: *to be within r.,* essere a tiro (di fucile, di cannone, ecc.).

(1) to **react** [ri(:)'ækt] *v. i.* **1** reagire (anche *chim.*); (di persona) rispondere (a uno stimolo), ribellarsi: *to r. against st.,* ribellarsi a q.c. **2** ricadere sul capo (di): *to r. upon sb.,* ricadere sul capo di q. ● *to r. upon each other,* avere una reazione reciproca.

(2) to **re-act** [,ri:'ækt] *v. t.* rappresentare di nuovo; recitare di nuovo.

reactance [ri:'æktəns] *n.* [U] e [C] *(elettr.)* reattanza.

reactant [ri:'æktənt] *n.* [C] *(chim.)* reagente.

reaction [ri(:)'ækʃən] *n.* [C] e [U] *(chim., fis., polit., med.)* reazione.

reactionary [ri:'ækʃnəri] *a.* e *n.* [C] *(polit.)* reazionario.

reactive [ri:'æktiv] *a.* *(chim.)* reattivo.

reactivity [,ri:æk'tiviti] *n.* [U] *(chim.)* reattività.

reactor [ri:'æktə*] *n.* [C] *(fis. nucl.,* anche *nuclear r.)* reattore nucleare; pila atomica.

to **read** [ri:d] *(pass.* e *p.p.* **read** [red]) **A** *v. t.* e *i.* **1** leggere (in ogni senso); *(fig.)* interpretare, indovinare: *to r. French,* leggere il francese □ *to r. sb.'s hand,* leggere la mano a q. □ *to r. men's hearts,* leggere nel cuore degli uomini **2** studiare (all'università): *to r. law,* studiare legge **3** (di strumento) registrare; segnare **4** essere, suonare (alla lettura); dire: *His answer reads like a threat,* la sua risposta suona come una minaccia **B** *verbi composti* **1** *to r. about (st.),* apprendere (una notizia) leggendo **2** *to r. on,* continuare a leggere **3** *to r. out,* leggere a voce alta **4** *to r. st. through,* leggere q.c. da cima a fondo ● *(fig.) to r. between the lines,* leggere fra le righe □ *to r. sb.'s fortune,* leggere la fortuna a q. □ *to r. oneself hoarse,* perdere la voce a forza di leggere □ *(fig.) to r. sb. a lesson,* dare una lezione a q.; redarguire q. aspramente □ (di libro, autore, ecc.) *to r. poorly,* essere noioso alla lettura □ *to r. sb. to sleep,* addormentare q. leggendogli (ad alta voce) □ (di libro, autore, ecc.) *to r. well,* essere interessante alla lettura; farsi leggere.

(1) read [ri:d] *n.* (tempo dedicato alla) lettura: *We had a long r.,* facemmo una lunga lettura.

(2) read [red] **A** *pass.* e *p.p.* di to **read** **B** *(di solito nei composti)* erudito; dotto; istruito: *a well-r. man,* un uomo di vasta dottrina ● *to be deeply r. in the classics,* essere un profondo conoscitore dei classici.

readable ['ri:dəbl] *a.* leggibile; piacevole a leggersi; interessante.

to **re-address** [,ri:ə'drəs] *v. t.* scrivere un nuovo indirizzo su (una lettera, ecc.); rispedire (q.c. a un nuovo indirizzo).

reader ['ri:də*] *n.* [C] **1** lettore, lettrice **2** (anche *publisher's r.)* consulente editoriale **3** *(tipogr.* anche *proof--r.)* correttore di bozze **4** libro di lettura **5** (nelle università ingl.) « reader » (professore non cattedratico) **6** (nelle università USA) assistente **7** *(elab.)* lettore ● *the first r.,* il sillabario.

readiness ['redinis] *n.* [U] prontezza; premura; sollecitudine.

reading ['ri:diŋ] *n.* **1** [U] e [C] (anche *polit.*) lettura; lettura pubblica **2** [U] studio; cultura: *a man of vast r.,* un uomo di vasta cultura **3** [U] materia di lettura **4** [C] (di codice) lezione; variante **5** [C] interpretazione.

reading-desk ['ri:diŋ,desk] *n.* [C] leggio.

reading-lamp ['ri:diŋ,læmp] *n.* [C] lampada da tavolo.

reading-room ['ri:diŋ,rum] *n.* [C] sala di lettura.

to **readjust** [,ri:ə'dʒʌst] *v. t.* aggiustare di nuovo; riordinare.

readjustment [,ri:ə'dʒʌstmənt] *n.* [U] e [C] riordinamento.

readmission [,ri:əd'miʃən] *n.* [U] e [C] riammissione.

ready ['redi] **A** *a.* pronto; disposto; preparato; rapido; sollecito; svelto: *Dinner is r.,* il pranzo è pronto □ *to be r. to risk one's life,* essere pronto a rischiare la vita □ *a r. reply,* una risposta pronta **B** *n.* **1** *(mil.)* posizione di « pronti » (del fucile, prima di puntarlo) **2** — *(pop.) the r.,* il denaro contante ● *(comm.) r. cash,* pronta cassa □ *r. money,* contanti; denaro contante: *to pay r. money,* pagare in contanti □ *r. to hand,* a portata di mano □ (d'abito) *r.-to-wear,* confezionato; bell'e fatto □ *to get r.,* prepararsi □ *to make r.,* prepararsi; preparare: *We made everything r.,* preparammo ogni cosa □ *(sport)*

R., steady, go!, pronti? via!.
to **ready** ['redi] *v. t.* **preparare; approntare.**
ready-built [ˌredi'bilt] *a.* **prefabbricato.**
ready-made [ˌredi'meid] *a.* ***1*** **confezionato**: *r. clothes,* abiti confezionati ***2*** *(fig.)* **comune; non originale**: *r. ideas,* luoghi comuni.
to **reaffirm** [ˌri:ə'fə:m] *v. t.* **riaffermare; riconfermare.**
to **reafforest** [ˌri:æ'fɔrist] *v. t.* **rimboschire; rimboscare.**
reafforestation [ˌri:æˌfɔri'steiʃən] *n.* [U] **rimboschimento.**
reagent [ri:'eidʒənt] *n.* [C] *(chim.)* **reagente.**
real [riəl] *a.* ***1*** **reale; concreto; effettivo; genuino; schietto; vero**: *a r. thing,* una cosa concreta □ *(mat.) r. numbers,* numeri reali ***2*** *(leg.)* **immobile; immobiliare**: *r. estate,* beni immobili ● *(USA) r.-estate agent,* agente immobiliare □ *r. life,* vita vissuta; la vita com'è nella realtà (non nei romanzi) □ *the r. thing,* proprio quello che ci vuole □ *to have a r. good time,* divertirsi un mondo □ *in r. earnest,* proprio sul serio.
realgar [ri'ælgə*] *n.* [U] *(miner.)* **realgar.**
to **realise** ['riəlaiz] *V.* to **realize.**
realism ['riəlizəm] *n.* [U] (anche *filos., arte, polit.*) **realismo.**
realist ['riəlist] *n.* [C] (anche *filos., arte, polit.*) **realista.**
realistic [riə'listik] *a.* **realistico.**
reality [ri:'æliti] *n.* ***1*** [U] e [C] **realtà** ***2*** [U] *(arte)* **realismo** ● *in r.,* in realtà; in verità.
realizable ['riəˌlaizəbl] *a.* ***1*** **realizzabile; attuabile; effettuabile** ***2*** **comprensibile; percepibile** ***3*** *(fin.)* **realizzabile.**
realization [ˌriəlai'zeiʃən] *n.* [U] ***1*** **comprensione; percezione; riconoscimento** ***2*** **realizzazione; attuazione; compimento** ***3*** *(fin.)* **realizzazione; realizzo.**
to **realize** ['riəlaiz] *v. t.* ***1*** **comprendere; capire; rendersi conto di; riconoscere** ***2*** **dare realtà a** (q.c.); **far apparire reale** ***3*** **attuare; avverare; soddisfare** ***4*** *(fin.)* **realizzare; convertire in denaro contante** ***5*** *(comm.:* di una proprietà) **realizzare** (un prezzo); **procurare, dare** (un profitto).
really ['riəli] *avv.* **realmente; veramente; davvero; proprio.**
realm [relm] *n.* [C] **reame; regno.**
realtor ['ri:əlˌtɔ:*] *n.* *(USA)* **agente immobiliare.**
realty ['riəlti] *n.* [U] *(leg.)* **beni immobili; proprietà immobiliare.**
ream [ri:m] *n.* [C] **risma** ● *(fam.) to write reams and reams of verse,* scrivere versi in grande quantità.
to **ream** [ri:m] *v. t.* *(mecc.)* **alesare.**
reamer ['ri:mə*] *n.* [C] *(mecc.)* **alesatore.**
to **reanimate** [ri:'ænimeit] *v. t.* **rianimare; ravvivare.**
reanimation [ˌri:æni'meiʃən] *n.* [U] **rianimazione.**
to **reap** [ri:p] *v. t.* e *i.* ***1*** **mietere; falciare** ***2*** *(fig.)* **raccogliere; cogliere** ● *(fig.) to r. where one has not sown,* mietere l'altrui campo; trarre profitto dal lavoro altrui.
reaper ['ri:pə*] *n.* [C] ***1*** **mietitore, mietitrice** ***2*** **mietitrice** (macchina).
to **reappear** [ˌri:ə'piə*] *v. i.* **riapparire; ricomparire.**
reappearance [ˌri:ə'piərəns] *n.* [U] **riapparizione; ricomparsa.**
rear [riə*] ***A*** *n.* ***1*** [U] **tergo; parte posteriore; retro**: *to attack the enemy in the r.,* attaccare il nemico da tergo; prendere il nemico alle spalle ***2*** [U] *(mil.)* **retroguardia; retrovie** ***3*** [C] *(fam.)* **deretano; sedere; didietro** ***4*** [C] *(fam.)* **latrina** ***B*** *a. attr.* **posteriore**: *the r. entrance,* l'entrata posteriore ● *(naut.) r.-admiral,* contrammiraglio □ *to be at the r.,* essere in coda.
to **rear** ['riə*] ***A*** *v. t.* ***1*** **alzare; drizzare; sollevare** ***2*** **elevare; innalzare; costruire** ***3*** **allevare; educare** ***4*** **coltivare** (prodotti agricoli) ***B*** *v. i.* (di un cavallo; anche *to r. up)* **impennarsi.**
rearguard ['riəga:d] *n.* [C] *(mil.* e *fig.)* **retroguardia** ● (anche *polit.) r. action,* azione di retroguardia.
to **rearm** [ri:'a:m] ***A*** *v. t.* **riarmare** ***B*** *v. i.* **riarmarsi.**
rearmament [ri:'a:məmənt] *n.* [U] **riarmamento; riarmo.**
rearmost ['riəmoust] *a.* **(il) più indietro; (l')ultimo.**
to **rearrange** [ˌri:ə'reindʒ] *v. t.* **riordinare; riassettare** (anche *econ.).*
rearrangement [ri:ə'reindʒmənt] *n.* [C] e [U] **riordinamento; nuovo ordinamento; riassetto** (anche *econ.).*
rearward ['riəwəd] ***A*** *a.* **posteriore; di dietro** ***B*** *avv.* **indietro; verso il fondo; in coda.**
rearwards ['riəwədz] *avv.* **indietro; verso la retroguardia.**
to **reascend** [ˌri:ə'send] *v. t.* e *i.* **risalire.**
reason ['ri:zən] *n.* ***1*** [C] e [U] **ragione; causa; motivo**: *to give reasons for st.,* render ragione di q.c. □ *to complain with r.,* lamentarsi con (buona) ragione ***2*** [U] **ragione; intelletto**: *to lose one's r.,* perdere la ragione ***3*** [U] **ragione; buon senso**: *not to want to hear r.,* non voler sentire ragione ● *as r. was,* secondo i dettami della ragione; come ragion comandava □ *by r. of,* a causa di □ *to listen to r.,* ascoltare la voce della ragione □ *to be restored to r.,* riacquistare l'uso della ragione □ *It stands to r. that...,* è ovvio che... □ *There is r. in what you say,* quel che dici è ragionevole.
to **reason** ['ri:zən] *v. i.* **ragionare; argomentare; discutere; inferire** ● *to r. sb. into belief,* convincere q. della verità di q.c. (adducendo ragioni valide) □ *to r. sb. into doing st.,* convincere q. a fare q.c. (adducendo ragioni valide) □ *to r. st. out,* escogitare q.c. □ *to r. out the consequences of st.,* meditare sulle conseguenze di q.c.
reasonable ['ri:zənəbl] *a.* **ragionevole; conveniente.**
reasoning ['ri:zəniŋ] ***A*** *n.* [U] e [C] **ragionamento** ***B*** *a.* **ragionevole; razionale.**
reasonless ['ri:zənlis] *a.* **irragionevole; irrazionale.**
to **reassemble** [ˌri:ə'sembl] ***A*** *v. t.* ***1*** **riunire di nuovo** ***2*** *(mecc.)* **rimontare; montare di nuovo** ***B*** *v. i.* **riunirsi nuovamente.**
reassurance [ˌri:ə'ʃuərəns] *n.* [C] e [U] ***1*** *(ass.)* **riassicurazione** ***2*** **rassicurazione.**
to **reassure** [ˌri:ə'ʃuə*] *v. t.* ***1*** *(ass.)* **riassicurare** ***2*** **rassicurare.**
reassuring [ˌri:ə'ʃuəriŋ] *a.* **rassicurante.**
to **rebaptize** [ˌri:bæp'taiz] *v. t.* **ribattezzare.**
rebate ['ri:beit] *n.* [C] ***1*** *(comm.)* **riduzione; ribasso; sconto** ***2*** *(fin.)* **rimborso.**
to **rebate** [ri'beit] *v. t.* ***1*** **diminuire; ridurre** ***2*** *(fin.)* **rimborsare.**
rebec(k) ['ri:bek] *n.* **ribeca** (antico strumento musicale).
rebel ['rebl] *n.* [C] **ribelle; rivoltoso.**
to **rebel** [ri'bel] *v. i.* **ribellarsi; rivoltarsi; insorgere.**
rebellion [ri'beljən] *n.* [U] e [C] **ribellione; rivolta; insurrezione.**
rebellious [ri'beljəs] *a.* **ribelle; rivoltoso; riottoso; sedizioso.**
to **rebind** [ˌri:'baind] (*pass.* e *p.p.* **rebound** [ˌri:'baund]) *v. t.* **legare di nuovo; rilegare di nuovo** (un libro).
rebirth [ˌri:'bə:ð] *n.* [C] **rinascita; rinascimento.**
reborn [ˌri:'bɔ:n] *a.* **rinato; nato a nuova vita.**
(1) rebound [ˌri:'baund] ***A*** *pass.* e *p.p.* di to **rebind** ***B*** *a.* (di libro) **rilegato di nuovo.**
to **rebound** [ri'baund] *v. i.* ***1*** **rimbalzare** ***2*** *(fig.)* **ricadere** (su); **tornare a danno** (di).
(2) rebound ['ri:baund] *n.* [C] **rimbalzo** ● *(fig.) to take sb. on (o at) the r.,* far leva sulle reazioni emotive di q. (per indurlo a fare q.c.).
rebuff [ri'bʌf] *n.* [C] **ripulsa; secco rifiuto.**
to **rebuff** [ri'bʌf] *v. t.* **rifiutare seccamente; respingere sdegnosamente.**
to **rebuild** [ˌri:'bild] (*pass.* e *p.p.* **rebuilt** [ˌri:'bilt]) *v. t.* **ricostruire.**
to **rebuke** [ri'bju:k] *v. t.* **rimproverare; sgridare aspramente.**
rebuke [ri'bju:k] *n.* [C] **rimprovero; rabbuffo; sgridata.**

rebus ['ri:bəs] *n.* [C] *(enigmistica)* **rebus.**
to **rebut** [ri'bʌt] *v. t.* ***1*** **rifiutare; respingere; rigettare**: *to r. sb.'s offers,* respingere le offerte di q. ***2*** *(leg.)* **confutare.**
rebuttal [ri'bʌtl] *n.* [C] ***1*** **rifiuto; ripulsa; rigetto** ***2*** *(leg.)* **confutazione.**
recalcitrant [ri'kælsitrənt] *a.* **ricalcitrante.**
to **ricalcitrate** [ri'kælsitreit] *v. i.* **ricalcitrare; opporsi ostinatamente; far resistenza.**
recall [ri'kɔ:l] *n.* ***1*** [U] **richiamo** (specialm. d'un funzionario) ***2*** [C] *(mil., naut.)* **ritirata** ***3*** [U] **revoca; annullamento** ● *beyond* (o *past) r., (agg.)* irrevocabile; *(avv.)* irrevocabilmente.
to **recall** [ri'kɔ:l] *v. t.* ***1*** **richiamare**: *to r. an ambassador,* richiamare un ambasciatore ***2*** **richiamare alla mente; ricordare; rievocare**: *to r. the days of one's youth,* rievocare i giorni della giovinezza ***3*** **revocare; annullare** ***4*** **richiamare in vita; far rivivere.**
to **recant** [ri'kænt] *v. t.* e *i.* **ritrattare; ripudiare; ritirare** (un'affermazione).
recantation [ˌri:kæn'teiʃən] *n.* [U] e [C] **ritrattazione.**
(1) to **recap** [ˌri:'kæp] *v. t. (USA, autom.)* **ricostruire** (un pneumatico).
(1) recap ['ri:kæp] *n.* [C] *(USA, autom.)* **gomma ricostruita.**
(2) to **recap** ['ri:ˌkæp] *v. t.* e *i. (fam.)* **ricapitolare; riassumere.**
(2) recap ['ri:ˌkæp] *n.* [U] e [C] *(fam.)* **ricapitolazione; riassunto.**
to **recapitulate** [ˌri:kə'pitjuleit] *v. t.* e *i.* **ricapitolare; riassumere.**
recapitulation ['ri:kəˌpitju'leiʃən] *n.* [U] e [C] **ricapitolazione; riassunto.**
to **recapture** [ri:'kæptʃə*] *v. t.* **riprendere; riconquistare.**
to **recast** [ri:'ka:st] (*pass.* e *p.p.* **recast**) *v. t.* ***1*** *(metall.)* **rifondere; fondere di nuovo** ***2*** *(fig.)* **ricomporre; rimaneggiare; riscrivere** ***3*** *(teatr.)* **ridistribuire le parti di** (un dramma).
to **recede** [ri'si:d] *v. i.* ***1*** **indietreggiare; ritirarsi; rinunziare** (a): *to r. from an undertaking,* rinunziare a un'impresa ***2*** **perdersi** (nella lontananza) ***3*** **calare; diminuire** ● *a receding chin,* un mento sfuggente.
receipt [ri'si:t] *n.* ***1*** [U] **ricezione; ricevimento**: *upon r. of the goods,* al ricevimento della merce ***2*** [C] **ricevuta; quietanza**: *to sign a r.,* firmare una ricevuta ***3*** *(al pl.)* **introiti; entrate** ***4*** [C] *(arc., cucina)* **ricetta** (anche *fig.*) ● *r.-book, (comm.)* registro delle ricevute, bollettario; *(arc., cucina)* ricettario □ *r. stamp,* marca da bollo □ *(comm.) We are in r. of your letter,* abbiamo ricevuto la Vostra lettera.
to **receipt** [ri'si:t] *v. t. (comm.)* **quietanzare.**
receivable [ri'si:vəbl] *a. (comm.)* **esigibile.**
to **receive** [ri'si:v] *v. t.* e *i.* ***1*** **ricevere; accogliere; riscuotere** (denaro) ***2*** **sostenere** (un peso) ***3*** **considerare; reputare** ***4*** **contenere; accogliere; ospitare** ***5*** *(leg.)* **ricettare**: *to r. stolen goods,* ricettare cose rubate.
received [ri'si:vd] *a.* **generalmente accettato (per vero); comune; generale; invalso**: *the r. version,* la versione generalmente accettata.
receiver [ri'si:və*] *n.* [C] ***1*** **ricevente; destinatario** ***2*** **ricevitore; esattore** ***3*** *(leg.)* **ricettatore** ***4*** *(leg.,* anche *official r.)* **curatore** (di fallimento) ***5*** *(radio)* **ricevitore** (anche *tel.*); **apparecchio radioricevente.**
receiving [ri'si:viŋ] ***A*** *a.* **ricevente; che riceve** ***B*** *n.* [U] *(leg.)* **ricettazione** ● *r. set,* apparecchio radioricevente.
recension [ri'senʃən] *n.* ***1*** [U] **revisione** (di un testo) ***2*** [C] **testo riveduto.**
recent ['ri:sənt] *a.* **recente.**
receptacle [ri'septəkl] *n.* [C] (anche *bot.*) **ricettacolo.**
reception [ri'sepʃən] *n.* ***1*** [U] e [C] **ricevimento; ricezione** ***2*** [C] **accoglienza** ***3*** [C] **ricevimento; trattenimento** ***4*** [U] (rif. ad albergo) **ricevimento** ***5*** [U] *(radio, telev.)* **ricezione** ● *(USA) r. clerk,* chi riceve i clienti (in un albergo, ecc.) □ *r. room,* sala di ricevimento; sala d'attesa □ *faculty of r.,* capacità di assimilazione (di idee, ecc.) □ *The proposal had a favourable r.,* la proposta fu accolta favorevolmente.
receptionist [ri'sepʃənist] *n.* [C] ***1*** **chi riceve i clienti** (in un albergo, ecc.) ***2*** (di dentista) **infermiera** (che risponde al telefono, fissa appuntamenti, ecc.).
receptive [ri'septiv] *a.* **ricettivo; dotato di capacità d'assimilazione.**
recess [ri'ses] *n.* [C] ***1*** (anche [U]) **intervallo; vacanza** (specialm. parlamentare): *to be in r.,* essere in vacanza ***2*** **recesso** (anche *fig.*) ***3*** **rientranza; cavità; nicchia.**
to **recess** [ri'ses] ***A*** *v. t.* **fare una nicchia in** (un muro, ecc.) ***B*** *v. i. (USA)* **interrompere l'attività; andare in vacanza** (specialm. del Congresso).
recession [ri'seʃən] *n.* ***1*** [U] **(il) recedere; indietreggiamento; ritiro** ***2*** [C] **rientranza; cavità; nicchia** ***3*** [C] *(econ.)* **recessione.**
recessional [ri'seʃənl] *n.* [C] *(relig.,* anche *r. hymn)* **inno cantato al termine dell'ufficio** (mentre il sacerdote e il coro si ritirano).
recessive [ri'sesiv] *a. (biol.)* **recessivo.**
to **recharge** [ri:'tʃa:dʒ] *v. t. (elettr.)* **ricaricare.**
recherché [rə'ʃɛəʃei] *(franc.) a.* **ricercato; troppo studiato.**
to **rechristen** [ri:'krisn] *v. t.* **ribattezzare.**
recidivism [ri'sidivizəm] *n.* [U] *(leg.)* **recidiva; recidività.**
recidivist [ri'sidivist] *n.* [C] *(leg.)* **recidivo.**
recipe ['resipi] *n.* [C] ***1*** **ricetta** (di cucina) ***2*** **ricetta; prescrizione medica** ***3*** *(fig.)* **chiave; ricetta**: *the r. for success,* la chiave del successo.
recipient [ri'sipiənt] ***A*** *a.* **ricettivo** ***B*** *n.* [C] ***1*** **ricevitore** ***2*** **recipiente** ***3*** *(comm.)* **beneficiario.**
reciprocal [ri'siprəkəl] *a.* **reciproco; scambievole; vicendevole**: *r. pronouns,* pronomi reciproci.
to **reciprocate** [ri'siprəkeit] *v. t.* e *i.* ***1*** *(mecc.)* **muovere (muoversi) avanti e indietro; alternare, alternarsi** ***2*** **contraccambiare; ricambiare** ***3*** **scambiare, scambiarsi.**
reciprocating [ri'siprəkeitiŋ] *a. (mecc.)* **alternativo.**
reciprocation [riˌsiprə'keiʃən] *n.* [U] **contraccambio; ricambio.**
reciprocity [ˌresi'prɔsiti] *n.* [U] **reciprocità.**
recital [ri'saitl] *n.* [C] ***1*** **racconto; narrazione; resoconto** ***2*** *(mus.)* **spettacolo musicale** (di solista o di opere di un solo compositore); **recital.**
recitation [ˌresi'teiʃən] *n.* ***1*** [U] **racconto; narrazione** ***2*** [U] e [C] **recitazione; recita** ***3*** [C] **brano imparato (o da imparare) a memoria.**
recitative [ˌresitə'ti:v] *n.* [U] e [C] *(mus.)* **recitativo.**
to **recite** [ri'sait] *v. t.* e *i.* ***1*** **recitare a memoria; declamare** ***2*** **enumerare; fare l'elenco di; raccontare.**
to **reck** [rek] *v. t.* e *i.* (*poet.; solo in frasi interr. e neg. o con little*) **curarsi** (di); **far caso** (a); **preoccuparsi** (di).
reckless ['reklis] *a.* **incurante; avventato; incauto; temerario.**
recklessness ['reklisnis] *n.* [U] **incuranza; avventatezza; imprudenza; temerarietà.**
to **reckon** ['rekən] *v. t.* e *i.* ***1*** **calcolare; computare; contare** ***2*** **considerare; giudicare; reputare** ***3*** *(fam.)* **credere; supporre; pensare** ● *to r. st. in,* includere q.c. □ *to r. on* (o *upon) st.,* contare su q.c.; fare affidamento su q.c. □ *to r. up the bill,* fare il conto □ *to r. with sb.,* fare i conti con q.; tener conto di q. □ *(fig.) to r. without one's host,* fare i conti senza l'oste.
reckoner ['rekənə*] *n.* [C] ***1*** **contabile; computista** ***2*** (anche *ready r.)* **prontuario dei calcoli.**
reckoning ['rekəniŋ] *n.* ***1*** [U] **calcolo, calcoli; computo** ***2*** [C] *(arc.)* **conto** (da pagare) ***3*** [U] *(aeron., naut.)* **determinazione della posizione** ● *to be out in one's r.,* sbagliare i propri calcoli □ *the day of r.,* il giorno della resa dei conti; *(fig.)* il giorno del giudizio universale.
to **reclaim** [ri'kleim] *v. t.* ***1*** **ricuperare** (alla civiltà, alla virtù, ecc.): **redimere** ***2*** *(ind.)* **ricuperare, rigenerare** (gomma, ecc.) ***3*** *(agric.)* **bonificare; prosciugare** ***4*** **chiedere la restituzione di** (q.c.).
reclaim [ri'kleim] *n.* — *past* (o *beyond) r.,* irrecupe-

rabile; irredimibile; incorreggibile.

reclamation [ˌrekləˈmeiʃən] *n.* [U] **1** ricupero; redenzione; incivilimento **2** *(ind.)* ricupero, rigenerazione (della gomma, ecc.) **3** *(agric.)* bonifica **4** *(raro)* reclamo; protesta.

to **recline** [riˈklain] **A** *v. t.* reclinare (specialm. il capo, le membra); piegare; appoggiare **B** *v. i.* adagiarsi; appoggiarsi; giacere.

recluse [riˈklu:s] *n.* [C] chi vive in solitudine; (specialm.) eremita, anacoreta.

reclusion [riˈklu:ʒən] *n.* [U] vita appartata; solitudine.

recognition [ˌrekəgˈniʃən] *n.* [U] **1** riconoscimento: *in r. of your services,* in riconoscimento dei tuoi servigi **2** *(teatr.)* agnizione.

recognizable [ˈrekəgnaizəbl] *a.* riconoscibile.

recognizance [riˈkɔgnizəns] *n.* [C] *(leg.)* cauzione; malleveria.

to **recognize** [ˈrekəgnaiz] *v. t.* **1** riconoscere; ravvisare: *to r. an old friend,* riconoscere un vecchio amico **2** riconoscere; ammettere **3** riconoscere; accogliere; accettare: *to r. a claim,* accettare (o riconoscere la validità di) un reclamo **4** riconoscere come amico; salutare.

recoil [riˈkɔil] *n.* **1** [C] balzo indietro **2** [U] rinculo.

to **recoil** [riˈkɔil] *v. i.* **1** balzare indietro; indietreggiare (per disgusto, sorpresa, timore, ecc.); rinculare (anche d'armi da fuoco) **2** *(fig.)* rifuggire (da) **3** *(fig.)* ricadere (sul capo di).

(1) to **recollect** [ˌrekəˈlekt] *v. t.* e *i.* ricordare; ricordarsi di; rammentarsi di; richiamare alla mente: *as far as I r.,* se ben ricordo.

(2) to **re-collect** [ˌri:kəˈlekt] **A** *v. t.* rimettere insieme; radunare nuovamente **B** to **re-collect oneself** *v. rifl.* ricomporsi; riaversi; tornare in sé ● *to r. one's courage,* farsi animo.

recollection [ˌrekəˈlekʃən] *n.* [U] e [C] ricordo; rimembranza *(lett.)*; memoria; reminiscenza ● *to the best of my r.,* per quel che ricordo io.

to **recommence** [ˌri:kəˈmens] *v. t.* e *i.* ricominciare.

to **recommend** [ˌrekəˈmend] **A** *v. t.* **1** raccomandare; affidare; consigliare: *to r. one's soul to God,* raccomandar l'anima a Dio □ *I r. him to your care,* lo raccomando a te; lo affido alle tue cure □ *Can you r. me a book?,* puoi consigliarmi un libro? **2** *(polit.)* proporre (un provvedimento) **B** to **recommend oneself** *v. rifl.* raccomandarsi.

recommendable [ˌrekəˈmendəbl] *a.* raccomandabile.

recommendation [ˌrekəmenˈdeiʃən] *n.* **1** [U] e [C] raccomandazione: *a letter of r.,* una lettera di raccomandazione **2** [C] qualità che rende bene accetto **3** [C] *(polit.)* proposta.

recommendatory [ˌrekəˈmendətəri] *a.* raccomandatorio; di raccomandazione.

to **recommit** [ˌri:kəˈmit] *v. t.* **1** commettere di nuovo **2** riaffidare; riconsegnare (un progetto di legge, ecc.) a una commissione.

recompense [ˈrekəmpens] *n.* [C] e [U] **1** compenso; ricompensa; rimunerazione **2** risarcimento (di un danno); riparazione (di un torto).

to **recompense** [ˈrekəmpens] *v. t.* **1** ricompensare; rimunerare **2** ricambiare **3** risarcire (un danno); riparare (un torto).

to **recompose** [ˌri:kəmˈpouz] *v. t.* ricomporre.

recomposition [ˌri:kɔmpəˈziʃən] *n.* [U] ricomposizione.

reconcilable [ˈrekənˌsailəbl] *a.* **1** riconciliabile **2** conciliabile.

to **reconcile** [ˈrekənˌsail] **A** *v. t.* **1** riconciliare **2** conciliare; comporre (una lite, una divergenza) **3** accordare; far quadrare **B** to **reconcile oneself** *v. rifl.* rassegnarsi.

reconciliation [ˌrekənsiliˈeiʃən] *n.* [U] e [C] **1** riconciliazione **2** conciliazione; composizione (d'una vertenza).

recondite [riˈkɔndait] *a.* recondito; oscuro; astruso.

to **recondition** [ˌri:kənˈdiʃən] *v. t.* **1** riparare; ripristinare; rimettere in efficienza **2** *(autom.)* revisionare (un motore).

reconnaissance [riˈkɔnisəns] *n.* **1** [U] e [C] *(mil.)* ricognizione; esplorazione; perlustrazione **2** [C] accertamento; esame preliminare ● *(aeron.) r. aircraft,* ricognitore.

to **reconnoitre** [ˌrekəˈnɔitə*] (*(USA)* to **reconnoiter**) **A** *v. t.* fare una ricognizione di (una posizione nemica); esplorare; perlustrare **B** *v. i.* fare una ricognizione; andare in ricognizione.

to **reconquer** [ri:ˈkɔŋkə*] *v. t.* riconquistare.

reconquest [ri:ˈkɔŋkwest] *n.* [C] riconquista.

to **reconsider** [ˌri:kənˈsidə*] *v. t.* riconsiderare; riesaminare.

reconsideration [ˌri:kənˌsidəˈreiʃən] *n.* [U] riesame; ripresa in esame.

to **reconstitute** [ri:ˈkɔnstitju:t] *v. t.* ricostituire.

to **reconstruct** [ˌri:kənsˈtrʌkt] *v. t.* (anche *fig.*) ricostruire.

reconstruction [ˌri:kənsˈtrʌkʃən] *n.* [U] e [C] (anche *fig.*) ricostruzione.

to **record** [riˈkɔ:d] *v. t.* **1** registrare; prender nota di; incidere; segnare; mettere a verbale, verbalizzare; tramandare (per iscritto): *to r. one's voice,* incidere (su disco, ecc.) la propria voce □ *(radio, telev.) to r. a programme,* registrare un programma **2** documentare; testimoniare.

record [ˈrekɔ:d] **A** *n.* [C] **1** ricordo (scritto); documento; documentazione; registrazione; testimonianza; verbale: *records of past civilizations,* testimonianze di civiltà passate **2** stato di servizio; curriculum: *to have a good r. of service,* avere un buono stato di servizio **3** *(mus.)* disco (fonografico): *a long-playing r.,* un disco microsolco **4** *(sport)* primato; record: *to break a r.,* battere un primato **5** *(al pl.)* atti ufficiali; archivi: *the (Public) R. Office,* l'Archivio di Stato **B** *a.* di (o da) primato; imbattibile; record: *at r. speed,* a velocità di primato □ *a r. score,* un punteggio record □ *r. prices,* prezzi imbattibili ● *r.-changer,* cambiadischi □ *r. company,* casa discografica □ *(sport) r.-holder,* primatista □ *r. library,* discoteca □ *r.-player,* giradischi □ *(leg.) criminal r.,* fedina penale □ *a matter of r.,* un fatto documentato □ *to speak off the r.,* parlare ufficiosamente □ *It is on r. that...,* risulta che...; è noto che...

recorder [riˈkɔ:də*] *n.* [C] **1** impiegato addetto alla registrazione; archivista; cancelliere **2** *(leg.)* magistrato **3** registratore: *a tape-r.,* un registratore a nastro magnetico **4** *(mus.)* flauto dolce.

recording [riˈkɔ:diŋ] *n.* [C] *(radio, telev.)* programma registrato.

(1) to **recount** [riˈkaunt] *v. t.* **1** narrare; raccontare **2** elencare.

(2) to **re-count** [ri:ˈkaunt] *v. t.* ricontare; contare di nuovo.

re-count [ˈri:kaunt] *n.* [C] nuovo computo.

to **recoup** [riˈku:p] *v. t.* **1** rimborsare; risarcire: *to r. sb. for st.,* risarcire q. di q.c. **2** ricuperare; farsi risarcire: *to r. a loss,* farsi risarcire una perdita.

recourse [riˈkɔ:s] *n.* [U] ricorso: *to have r. to sb. (st.),* far ricorso a q., (q.c.) ● *to have r. to the law,* adire le vie legali □ *(leg., comm.) without r.,* senza rivalsa; senza regresso.

(1) to **recover** [riˈkʌvə*] **A** *v. t.* **1** ricuperare; riacquistare; riguadagnare; riprendere: *to r. lost time,* ricuperare il tempo perduto □ *to r. one's sight,* riacquistare la vista □ *to r. consciousness,* riprendere coscienza **2** guarire; far tornare in sé **B** *v. i.* **1** rimettersi (in salute); ristabilirsi; riaversi; riprendersi; guarire **2** *(leg.)* ottenere un risarcimento **C** to **recover oneself** *v. rifl.* ristabilirsi, rimettersi, guarire; riaversi, riprendersi, tornare in sé ● *to r. one's legs,* rimettersi in piedi (dopo una caduta).

(2) to **re-cover** [ri:ˈkʌvə*] *v. t.* ricoprire; coprire di nuovo.

recovery [riˈkʌvəri] *n.* [U] *(anche con l'art. indeterm.)* **1** ricupero; riacquisto; ritrovamento **2** ristabilimento (in salute); guarigione: *to make a quick r.,* avere una pronta guarigione **3** *(fin., econ.)* ripresa ● *to be past r.,* essere incurabile.

recreant [ˈrekriənt] *a.* e *n.* [C] *(lett.)* **1** codardo **2**

rinnegato; traditore.

(1) to **recreate** ['rekrieit] ***A*** *v. t.* **ricreare; divertire; svagare** ***B*** *v. i.* e to **recreate oneself** *v. rifl.* **ricrearsi; divertirsi; svagarsi.**

(2) to **re-create** [ˌri:kri'eit] *v. t.* **ricreare; creare di nuovo.**

recreation [ˌrekri'eiʃən] *n.* [U] e [C] **ricreazione; divertimento; passatempo; svago** ● *r. ground,* campo da gioco.

recreational [ˌrekri'eiʃənl] *a.* **ricreativo.**

to **recriminate** [ri'krimineit] *v. i.* **recriminare.**

recrimination [reˌkrimi'neiʃən] *n.* [C] e [U] **recriminazione.**

recrudescence [ˌri:kru:'desns] *n.* [U] *(anche con l'art. indeterm.)* **recrudescenza.**

recrudescent [ˌri:kru:'dəsnt] *a.* **in recrudescenza.**

recruit [ri'kru:t] *n.* [C] ***1*** *(mil.)* **coscritto; recluta** ***2*** *(fig.)* **adepto; nuovo socio** ***3*** (spesso *raw r.*) **novellino; novizio.**

to **recruit** [ri'kru:t] ***A*** *v. t.* ***1*** *(mil.)* **arruolare; reclutare** ***2*** **fare di** (q.) **un adepto** (o **un nuovo socio)** ***3*** **riacquistare; ricuperare** ***B*** *v. i.* ***1*** *(mil.)* **reclutare uomini** ***2*** **rimettersi in salute; rinvigorirsi.**

recruitment [ri'kru:tmənt] *n.* [U] e [C] ***1*** *(mil.)* **arruolamento; reclutamento** ***2*** **assunzione; reclutamento**: *the r.* (o *recruiting) of personnel,* il reclutamento di personale.

rectal ['rektəl] *a. (anat., med.)* **rettale; del retto.**

rectangle ['rekˌtæŋgl] *n.* [C] *(geom.)* **rettangolo.**

rectangular [rek'tæŋgjulə*] *a. (geom.)* **rettangolare.**

rectification [ˌrektifi'keiʃən] *n.* [U] e [C] **rettificazione; rettifica.**

rectifier ['rektifaiə*] *n.* [C] ***1*** **rettificatore, rettificatrice** ***2*** *(elettr., radio)* **raddrizzatore.**

to **rectify** ['rektifai] *v. t.* ***1*** **rettificare** ***2*** *(elettr., radio)* **raddrizzare.**

rectilineal [ˌrekti'liniəl], **rectilinear** [ˌrekti'liniə*] *a. (geom.)* **rettilineo.**

rectitude ['rektitju:d] *n.* [U] **rettitudine; onestà; probità.**

recto ['rektou] *n.* (*pl.* **rectos**) *(tipogr.)* **recto.**

rector ['rektə*] *n.* [C] ***1*** *(relig.: Chiesa anglicana)* **parroco cui sono devolute le decime** ***2*** *(relig.: Chiesa cattolica)* **rettore** (di seminario, ecc.) ***3*** **rettore** (d'università, di « college ») ***4*** **preside** (di talune scuole).

rectory ['rektəri] *n. (relig.)* **presbiterio; canonica.**

rectum ['rektəm] *n.* (*pl.* **recta** ['rektə], **rectums**) *(anat.)* **intestino retto.**

recumbent [ri'kʌmbənt] *a.* **disteso; sdraiato; supino.**

to **recuperate** [ri'kju:pəreit] ***A*** *v. t.* **ricuperare; riacquistare** ***B*** *v. i.* ***1*** **ristabilirsi; rimettersi in salute; riprendersi** ***2*** *(comm.)* **rifarsi; riprendersi.**

recuperation [riˌkju:pə'reiʃən] *n.* [U] (anche *comm.*) **ricupero.**

recuperative [ri'kju:pərətiv] *a.* ***1*** **che favorisce il ricupero** ***2*** *(mecc.)* **a ricupero.**

to **recur** [ri'kə:*] *v. i.* ***1*** **riandare; tornare** ***2*** **tornare alla mente; ripresentarsi** ***3*** **ricorrere** *(lett.)*; **riaccadere** ● *(mat.) recurring decimal,* numero decimale periodico.

recurrence [ri'kʌrəns] *n.* [U] e [C] **ricorrenza; riapparizione; ritorno periodico; ricorso.**

recurrent [ri'kʌrənt] *a.* **ricorrente; periodico.**

to **recurve** [ri'kə:v] ***A*** *v. t.* **ricurvare; curvare all'indietro** ***B*** *v. i.* **ricurvarsi; esser ricurvo.**

recusance ['rekjuzəns], **recusancy** ['rekjuzənsi] *n.* [U] ***1*** **ricusa; rifiuto d'obbedienza** ***2*** *(stor.)* **rifiuto di aderire alla religione ufficiale.**

recusant ['rekjuzənt] *n.* [C] e *a. (stor., relig.)* **dissenziente.**

recyclable [ri:'saikləbl] *a. (econ., ind.)* **riciclabile.**

to **recycle** [ri:'saikl] *v. t. (econ., ind.)* **riciclare.**

recycling [ri:'saikliŋ] *n.* [U] *(econ., ind.)* **riciclaggio.**

red [red] ***A*** *a.* ***1*** **rosso**: *red hair,* capelli rossi ***2*** *(polit.,* spesso *Red)* **rosso; comunista; sovietico; di sinistra** ***B*** *n.* ***1*** [U] e [C] **rosso; color rosso** ***2*** — *(polit.) the Reds,* i rossi; i comunisti; i sovietici; gli uomini di sinistra ● *a red battle,* una battaglia sanguinosa □ *a red-brick university,* un'università di recente istituzione □ *the Red Cross,* la Croce Rossa □ *red hat,* berretta rossa (da cardinale) □ *red herring,* aringa affumicata; *(fig.)* falsa pista □ *Red Indian,* indiano d'America; pellerossa □ *a red-letter day,* un giorno di festa; un giorno memorabile □ *red light,* luce rossa, segnale di pericolo; semaforo rosso, segno di fermarsi □ *a red rag,* un cencio rosso; *(fig.)* una cosa irritante, una provocazione □ *the Red Sea,* il Mar Rosso □ *red tape,* nastro rosso; *(fig.)* burocrazia, lungaggine burocratica □ *red-tapist,* burocrate □ *(stor.) an all-red route,* un itinerario che attraversa esclusivamente territori sotto il dominio britannico □ *to be caught red-handed,* esser colto in flagrante; esser preso con le mani nel sacco □ *to have red ideas,* essere rosso (in polit.); essere comunista □ *(fam.) to be in the red,* essere in deficit; avere il conto scoperto □ *(fig.) to see the red light,* accorgersi di un disastro imminente.

to **redact** [ri'dækt] *v. t.* ***1*** **redigere** ***2*** **revisionare; rivedere** (per la stampa).

redactor [ri'dæktə*] *n.* ***1*** **redattore** ***2*** **revisore.**

red-blind ['red'blaind] *a. (med.)* **daltonico.**

redbreast ['redbrest] *n.* [C] (*zool.*, Erithacus rubecola) **pettirosso.**

redcap ['redkæp] *n.* [C] ***1*** *(fam.)* **soldato della polizia militare** ***2*** *(USA)* **facchino** (di stazione).

redcoat ['redkout] *n.* [C] *(stor.)* **« giubba rossa »; soldato inglese.**

to **redden** ['redn] ***A*** *v. t.* **arrossare** ***B*** *v. i.* **arrossire.**

reddish ['rediʃ] *a.* **rossiccio; rossastro.**

reddle ['redl] *n.* [U] *(miner.)* **ocra rossa.**

to **redeem** [ri'di:m] *v. t.* ***1*** **redimere; riscattare** (anche *leg., fin.*); **affrancare; liberare** ***2*** **ricuperare; riacquistare** ***3*** **adempiere** (un obbligo); **mantenere** (una promessa) ***4*** **fare ammenda di; compensare; riscattare**: *to r. a fault,* fare ammenda di una colpa.

redeemer [ri'di:mə*] *n.* [C] **redentore.**

redemption [ri'dempʃən] *n.* [U] ***1*** **redenzione; riscatto** ***2*** **ricupero** ***3*** *(leg., fin.)* **liberazione** (da un impegno); **ammortamento** (di un'ipoteca) ● *to be past* (o *beyond) r.,* essere incorreggibile.

redhead ['redhed] *n.* [C] *(fam.)* **persona dai capelli rossi.**

red-hot [ˌred'hɔt] *a.* ***1*** **incandescente; rovente** ***2*** *(fig.)* **ardente; fanatico** ***3*** *(fig.)* **rosso d'ira; infuriato.**

to **redintegrate** [re'dintigreit] *v. t.* **reintegrare.**

to **redirect** [ˌri:di'rekt] *v. t.* **riindirizzare; rispedire** (una lettera) **a un nuovo indirizzo.**

to **rediscover** [ˌri:dis'kʌvə*] *v. t.* **riscoprire; ritrovare.**

redness ['rednis] *n.* [U] **rossore.**

to **redo** [ri:'du:] (*pass.* **redid** [ri:'did], *p.p.* **redone** [ri:'dʌn]) *v. t.* **rifare; fare di nuovo.**

redolence ['redouləns] *n.* [U] **olezzo; profumo; fragranza.**

redolent ['redoulənt] *a.* **olezzante; profumato; fragrante.**

to **redouble** [ri'dʌbl] *v. t.* e *i.* **raddoppiare, raddoppiarsi; aumentare.**

redoubt [ri'daut] *n.* [C] *(mil.)* **ridotta.**

redoubtable [ri'dautəbl] *a.* **formidabile; temibile; terribile.**

to **redound** [ri'daund] *v. i.* ***1*** **ridondare** *(fig.)*; **riuscire, tornare** (a vantaggio, a danno, ecc.) ***2*** **ricadere** (su) ***3*** **provenire, derivare** (da) ● *to r. to sb.'s honour,* fare onore a q.

redraft ['ri:ˌdra:ft] *n.* [C] *(leg., comm.)* **rivalsa; cambiale di rivalsa.**

(1) to **redress** [ri'dres] *v. t.* ***1*** **raddrizzare; riaggiustare; ristabilire**: *to r. the balance,* ristabilire l'equilibrio ***2*** **riparare; fare ammenda di; risarcire**: *to r. a wrong,* riparare un torto.

(2) to **re-dress** [ri:'dres] *v. t.* **rivestire; vestire di nuovo.**

redress [ri'dres] *n.* [U] **riparazione** (di torti, ecc.); **risarcimento.**

redshank ['redˌʃæŋk] *n.* [C] *(zool,* Tringa totanus) **pettegola.**

redskin ['red,skin] *n.* [C] **pellerossa; indiano d'America.**

redstart ['red,sta:t] *n.* [C] *(zool.,* Phoenicurus phoenicurus*)* **codirosso.**

to **reduce** [ri'dju:s] ***A*** *v. t.* ***1*** **ridurre; diminuire; restringere; scemare**: *to r. speed,* ridurre la velocità □ *to r. prices,* ridurre i prezzi ***2*** **ridurre; ricondurre**: *to r. sb. to obedience,* ridurre q. all'obbedienza ***3*** **ridurre; convertire** ***4*** *(chim., metall.)* **ridurre** ***5*** **sottomettere; soggiogare** ***6*** *(pitt.)* **diluire** (un colore) ***B*** *v. i. (fam.)* **dimagrire; cercar di dimagrire** (specialm. stando a dieta) ● *to r. sb. to silence,* far tacere q. □ *to r. one's weight,* dimagrire □ *at reduced prices,* a prezzi ridotti □ *to be in reduced circumstances,* trovarsi in ristrettezze □ *to be in a very reduced state,* essere assai deperito.

reducer [ri'dju:sə*] *n.* [C] ***1*** *(mecc.)* **riduttore; dispositivo di riduzione** ***2*** *(mecc.)* **giunto di riduzione** ***3*** *(chim.)* **agente riducente.**

reducible [ri'dju:səbl] *a.* **riducibile.**

reduction [ri'dʌkʃən] *n.* ***1*** [U] e [C] **riduzione** (in ogni senso): **ribasso; diminuzione** ***2*** [C] **copia ridotta** (di una cartina, d'una fotografia, ecc.).

redundance [ri'dʌndəns], **redundancy** [ri'dʌndənsi] *n.* [U] e [C] **ridondanza; sovrabbondanza.**

redundant [ri'dʌndənt] *a.* ***1*** **ridondante; sovrabbondante; superfluo** ***2*** *(econ.,* di manodopera*)* **in soprannumero.**

to **reduplicate** [ri'dju:plikeit] *v. t.* **raddoppiare; ripetere.**

reduplication [ri,dju:pli'keiʃən] *n.* [U] e [C] **raddoppiamento; ripetizione.**

redwood ['redwud] *n.* [C] *(bot.,* Sequoia sempervirens*)* **sequoia.**

to **re-echo** [ri:'ekou] *v. t.* e *i.* **riecheggiare.**

reed [ri:d] *n.* [C] ***1*** *(bot.,* Phragmites communis*)* **canna di palude** ***2*** *(collett.)* **canneto** ***3*** *(collett.)* **canniccio; cannucce** ***4*** *(poet.)* **siringa; zampogna** ***5*** *(poet.)* **freccia; dardo; saetta; strale** ***6*** *(mus.)* **ancia** ***7*** *(al pl., mus.)* **strumenti a fiato muniti di ancia** ***8*** *(ind. tessile)* **pettine** (di telaio) ● *(fig.) a broken r.,* una persona infida; una cosa su cui non si può contare.

to **reed** [ri:d] *v. t.* **ricoprire** (un tetto) **di canniccio.**

to **re-edit** [ri:'edit] *v. t.* **curare una nuova edizione di** (un libro).

to **re(-)educate** [ri:'edjukeit] *v. t.* **rieducare.**

re(-)education [,ri:edju'keiʃən] *n.* [U] **rieducazione.**

reedy ['ri:di] *a.* ***1*** **pieno di canne** ***2*** **esile** ***3*** (della voce) **sottile; stridulo.**

(1) reef [ri:f] *n.* [C] *(naut.)* **terzaruolo** ● *r.-knot,* nodo piano.

to **reef** [ri:f] *v. t. (naut.)* **terzarolare** (una vela).

(2) reef [ri:f] *n.* [C] **scogliera; banco di scogli a fior d'acqua.**

reefer ['ri:fə*] *n.* [C] ***1*** (anche *reefing jacket*) **giubbotto corto a doppio petto** (da marinaio) ***2*** *(naut.)* **nodo piano** ***3*** *(pop.)* **sigaretta alla marijuana.**

reek [ri:k] *n. (solo sing.)* ***1*** *(lett.* o *scozz.)* **fumo** ***2*** **odore acre; puzzo.**

to **reek** [ri:k] ***A*** *v. i.* ***1*** **emettere fumo** (o **vapori)** ***2*** **puzzare;** *(fig.)* **saper di**: *It reeks of affectation,* sa d'affettazione ***B*** *v. t.* **affumicare.**

reeky ['ri:ki] *a.* ***1*** *(lett.* o *scozz.)* **fumoso** ***2*** **fetido; puzzolente.**

(1) reel [ri:l] *n.* [C] ***1*** *(ind. tessile)* **aspo; bobina** ***2*** **rocchetto**: *a r. of cotton,* un rocchetto di cotone ***3*** *(fotogr.)* **rotolo;** *(cinem.)* **bobina, rotolo** ● *(fig., fam.) off the r.,* tutto d'un fiato.

(1) to **reel** [ri:l] *v. t. (ind. tessile,* anche *to r. in)* **annaspare; avvolgere** (filo) **sull'aspo** ● *to r. off,* dipanare (filo); snocciolare (una storiella, versi, ecc.).

(2) reel [ri:l] *n.* [C] *(mus.)* « **reel** » (danza scozz.).

(2) to **reel** [ri:l] *v. i.* ***1*** **avere il capogiro** (o **le vertigini)** ***2*** (della testa) **girare** ***3*** **barcollare; traballare; vacillare; scuotersi; esser scosso** ***4*** **girare; turbinare; far mulinello.**

to **re-elect** [,ri:i'lekt] *v. t.* **rieleggere.**

to **re-embark** [,ri:im'ba:k] *v. t.* e *i.* **rimbarcare, rimbarcarsi.**

to **re-employ** [,ri:im'plɔi] *v. t.* **reimpiegare; impiegare di nuovo.**

to **re-enact** [,ri:i'nækt] *v. t.* **rimettere** (una legge) **in vigore.**

to **re-enforce** [,ri:in'fɔ:s] e *deriv. V.* to **reinforce** e *deriv.*

to **re-engage** [,ri:in'geidʒ] *v. t.* **rimpegnare; impegnare di nuovo.**

to **re-enlist** [,ri:in'list] *v. i. (mil.)* **riarruolarsi; arruolarsi di nuovo.**

to **re-enter** [ri:'entə*] ***A*** *v. t.* ***1*** **rientrare in; entrare di nuovo in** ***2*** *(rag.)* **registrare di nuovo** ***B*** *v. i.* **rientrare; entrare di nuovo.**

re-entry [ri:'entri] *n.* [U] e [C] ***1*** **rientrata; rientro** (anche di navicella spaziale) ***2*** *(rag.)* **nuova registrazione.**

to **re-establish** [,ri:is'tæbliʃ] *v. t.* **ristabilire; restaurare.**

reeve [ri:v] *n.* [C] ***1*** *(stor.)* **primo magistrato** (di città o distretto medievale) ***2*** *(nel Canada)* **presidente di un consiglio comunale.**

to **reeve** [ri:v] *(pass.* e *p.p.* **reeved** [ri:vd], **rove** [rouv]) *v. t. (naut.)* **infilare, passare** (una cima attraverso un anello, ecc.).

to **re-examine** [,ri:ig'zæmin] *v. t.* ***1*** **riesaminare** ***2*** *(leg.)* **sottoporre** (un testimone) **a nuovo interrogatorio** (dopo il controinterrogatorio).

to **re-export** [,ri:eks'pɔ:t] *v. t. (comm.)* **riesportare.**

ref [ref] *n. (sport: abbr.* di **referee**) **arbitro.**

to **reface** [ri:'feis] *v. t.* **rifare la facciata di** (un edificio, ecc.).

to **refashion** [ri:'fæʃən] *v. t.* ***1*** **riadattare; rifare** ***2*** **rimodernare.**

refection [ri'fekʃən] *n.* ***1*** [C] **refezione; pasto leggero** ***2*** [U] **rifocillamento.**

refectory [ri'fektəri] *n.* [C] **refettorio.**

to **refer** [ri'fə:*] ***A*** *v. t.* ***1*** **attribuire; assegnare; ascrivere; imputare** ***2*** **indirizzare; mandare; dire** (a q.) **di rivolgersi** (a): *The waiter referred me to the landlord,* il cameriere mi disse di rivolgermi al padrone ***3*** **affidare; deferire; rimettere; rinviare**: *to r. a bill to a committee,* rinviare un disegno di legge a una commissione (per ulteriore esame) ***4*** *(comm.)* **indirizzare per referenze** ***B*** *v. i.* ***1*** **riferirsi** (a); **concernere; trattare** (di); **rifarsi** (a); **alludere; accennare; aver relazione** (con): *referring to what I said just now,* rifacendomi a quanto ho detto or ora ***2*** **appellarsi; rivolgersi** (a q. per informazioni, aiuto, ecc.); **consultare**: *to r. to a map,* consultare una carta geografica (o topografica) ***C*** to **refer oneself** *v. rifl.* **affidarsi; rimettersi** ● *(comm.) referring to,* in riferimento a.

referable [ri'fə:rəbl] *a.* **riferibile; attribuibile.**

referee [,refə'ri:] *n.* [C] ***1*** *(leg., sport)* **arbitro; giudice** (di gara) ***2*** *(comm.)* **bisognatario** (anche *r. in case of need*).

to **referee** [,refə'ri:] *v. t.* e *i.* **arbitrare; fare da arbitro.**

reference ['refrəns] *n.* ***1*** [C] e [U] **riferimento; allusione; relazione**: *historical references,* riferimenti storici □ *in r. to,* in riferimento a; in relazione a; rispetto a ***2*** [U] **consultazione**: *r. books (*o *works of r.),* opere di consultazione ***3*** [C] **referenza; attestato** ***4*** [U] *(leg.)* **deferimento** (di una controversia) **a un arbitro** ***5*** [C] *(anche r. mark)* **segno di rimando** ● *to make r. to,* consultare; menzionare, fare il nome di; chiedere referenze a □ *with r. to,* riguardo a; circa □ *without r. to,* senza riguardo a; a prescindere da.

referendum [,refə'rendəm] *n.* *(pl.* **referenda** [,refə'rendə], **referendums**) *(polit.)* **referendum**: *to call for a r.,* indire un referendum.

to **refill** [ri:'fil] *v. t.* **riempire di nuovo.**

refill ['ri:fil] *n.* [C] **ricambio; ricarica.**

to **refine** [ri'fain] ***A*** *v. t.* ***1*** *(ind.)* **raffinare; affinare; purificare** ***2*** *(fig.)* **raffinare; dirozzare; ingentilire** ***B*** *v. i.* **raffinarsi; ingentilirsi** ● *to r. upon,* perfezionare.

refined [ri'faind] *a.* ***1*** *(ind.)* **raffinato; purificato** ***2*** *(fig.)* **raffinato; fine; ricercato.**

refinement [ri'fainmənt] *n.* ***1*** [U] *(ind.)* **raffinatura; raffinazione** ***2*** [U] e [C] **raffinatezza; finezza; ricercatezza; sottigliezza.**

refiner [ri'fainə*] *n.* [C] **raffinatore** (uomo o apparec-

chio).
refinery [ri'fainəri] *n.* [C] **raffineria.**
refit ['ri:ˌfit] *n.* [C] ***1*** **riparazione** ***2*** *(naut.)* **raddobbo.**
to **refit** [ri:'fit] ***A*** *v. t.* ***1*** **riattare; riaggiustare; riparare** ***2*** *(naut.)* **raddobbare** ***B*** *v. i. (naut.)* **essere raddobbato.**
to **reflate** [ri'fleit] *v. t. (econ.)* **reflazionare.**
reflation [ri'fleiʃən] *n.* [U] *(econ.)* **reflazione.**
to **reflect** [ri'flekt] ***A*** *v. t.* ***1*** (anche *fis.*) **riflettere** ***2*** **rispecchiare** *(fig.)* ***3*** **tornare a; gettare**: *to r. credit upon sb.*, tornare a credito di q. □ *to r. discredit upon sb.*, gettare discredito su q. ***B*** *v. i.* ***1*** **riflettersi; esser riflesso** ***2*** **riflettere; considerare; meditare**: *to r. upon st.*, riflettere su q.c. ***3*** **fare insinuazioni; sollevare dubbi**: *to r. upon sb.'s sincerity*, mettere in dubbio la sincerità di q. ***4*** **gettar discredito** (su).
reflecting [ri'flektiŋ] *a.* (anche *fis.*) **riflettente** ● *(ottica) r. microscope*, microscopio a riflessione.
reflection [ri'flekʃən] *n.* ***1*** [U] (anche *fis.*) **riflessione**: *the r. of light (of heat, of sound)*, la riflessione della luce (del calore, del suono) ***2*** [C] **immagine riflessa** ***3*** [U] e [C] **riflessione; meditazione; considerazione**: *to be lost in r.*, essere assorto in meditazione □ *philosophical reflections*, riflessioni filosofiche ***4*** [C] *(fisiologia)* **riflesso; atto riflesso** ***5*** [C] *(fig.)* **persona (o cosa) del tutto simile** (a un'altra); **ritratto** *(fig.)* ***6*** [C] **biasimo; discredito; insinuazione** ● *on r.*, riflettendoci; pensandoci sopra.
reflective [ri'flektiv] *a.* ***1*** **riflessivo; meditabondo** ***2*** (anche *fis.*) **riflettente.**
reflector [ri'flektə*] *n.* [C] ***1*** *(elettr., autom.)* **riflettore** ***2*** **catarifrangente.**
reflex ['ri:fleks] ***A*** *n.* [C] ***1*** **riflesso** (anche *fig.*) ***2*** **immagine riflessa** ***3*** *(fig.)* **conseguenza; risultato** ***4*** *(fisiologia)* **atto riflesso; riflesso** ***B*** *a. (fis., fisiologia)* **riflesso** ● *(fotogr.) r. camera*, macchina fotografica reflex.
reflexion [ri'flekʃən] *V.* **reflection.**
reflexive [ri'fleksiv] *(gramm.)* ***A*** *a.* **riflessivo**: *a r. pronoum (verb)*, un pronome (un verbo) riflessivo ***B*** *n.* [C] **pronome (o verbo) riflessivo.**
to **refloat** [ri:'flout] ***A*** *v. t. (naut.)* ***1*** **disincagliare** (una nave) ***2*** **ricuperare** (una nave affondata) ***B*** *v. i.* **galleggiare di nuovo.**
refluent ['refluənt] *a.* **che rifluisce; in riflusso.**
reflux ['ri:flʌks] *n.* [U] e [C] **riflusso.**
to **reforest** [ri:'fɔrist] *v. t.* **rimboschire, rimboscare.**
reforestation [ˌri:fɔris'teiʃən] *n.* [U] **rimboschimento, rimboscamento.**
(1) to **reform** [ri'fɔ:m] ***A*** *v. t.* **riformare; correggere; emendare** ***B*** *v. i.* e to **reform oneself** *v. rifl.* **correggersi; emendarsi.**
reform [ri'fɔ:m] *n.* [U] e [C] **riforma.**
(2) to **re(-)form** [ri:'fɔ:m] ***A*** *v. t.* **riformare; formare di nuovo** ***B*** *v. i.* **riformarsi; formarsi di nuovo.**
reformation [ˌrefə'meiʃən] *n.* [U] e [C] ***1*** **riforma** ***2*** **emendamento; miglioramento** ● *(stor., relig.) the R.*, la Riforma.
reformatory [ri'fɔ:mətəri] ***A*** *n.* [C] **riformatorio; casa di correzione** ***B*** *a.* **riformativo; riformatore.**
reformer [ri'fɔ:mə*] *n.* [C] **riformatore, riformatrice.**
reformism [ri'fɔ:mizəm] *n.* [U] *(polit.)* **riformismo.**
reformist [ri'fɔ:mist] *(polit.)* ***A*** *n.* [C] **riformista** ***B*** *a.* **riformistico.**
to **refract** [ri'frækt] *v. t. (fis.)* **rifrangere.**
refraction [ri'frækʃən] *n.* [U] *(fis.)* **rifrazione.**
refractive [ri'fræktiv] *a. (fis.)* ***1*** **rifrangente** ***2*** **di rifrazione.**
refractor [ri'fræktə*] *n.* [C] *(fis.)* **rifrattore.**
refractoriness [ri'fræktərinis] *n.* [U] ***1*** *(fis., med.)* **refrattarietà** ***2*** **indocilità.**
refractory [ri'fræktəri] *a.* ***1*** *(fis., med.)* **refrattario** ***2*** **indocile.**
refrain [ri'frein] *n.* [C] ***1*** *(mus.)* **ritornello** ***2*** *(poesia)* **ripresa.**
to **refrain** [ri'frein] *v. i.* **frenarsi; trattenersi; astenersi.**
refrangible [ri'frændʒibl] *a.* **rifrangibile.**
to **refresh** [ri'freʃ] ***A*** *v. t.* ***1*** **rinfrescare; ristorare; rianimare; rinvigorire** ***2*** **rifornire; ricaricare; riattivare** ***B*** *v. i.* e to **refresh oneself** *v. rifl.* **rinfrescarsi; rifocillarsi; ristorarsi.**
refresher [ri'freʃə*] *n.* [C] ***1*** *(leg.)* **parcella supplementare** ***2*** *(fam.)* **bibita** ● *r. course*, corso di aggiornamento.
refreshing [ri'freʃiŋ] *a.* ***1*** **rinfrescante; ristoratore** ***2*** **gradevole; piacevole.**
refreshment [ri'freʃmənt] *n.* [U] **rinfresco; ristoro; riposo; sollievo** ● *(ferr.) r. car*, carrozza ristorante □ *(ferr.) r. room*, buffet; posto di ristoro □ *Refreshments provided*, saranno offerti rinfreschi.
refrigerant [ri'fridʒərənt] *a.* e *n.* [C] **refrigerante.**
to **refrigerate** [ri'fridʒəreit] *v. t.* **refrigerare; raffreddare.**
refrigeration [riˌfridʒə'reiʃən] *n.* [U] **refrigerazione.**
refrigerative [ri'fridʒərətiv] *a.* **refrigerativo; refrigerante.**
refrigerator [ri'fridʒəreitə*] *n.* [C] **refrigeratore; frigorifero; cella frigorifera** ● *(ferr.) r. car*, vagone frigorifero.
reft [reft] *a.* — *(lett.) r. of*, privo di; privato di.
to **refuel** [ri:'fjuəl] *(autom., aeron., naut.)* ***A*** *v. t.* **rifornire di carburante** ***B*** *v. i.* **rifornirsi di carburante.**
refuelling [ri:'fjuəliŋ] *n.* [U] *(autom., aeron., naut.)* **rifornimento** (di carburante).
refuge ['refju:dʒ] *n.* ***1*** [C] e [U] **rifugio** (anche *fig.*); **asilo; ricovero**: *to take r.*, trovar rifugio; rifugiarsi ***2*** [C] (anche *street-r.*) **salvagente** (stradale).
refugee [ˌrefju'dʒi:] *n.* [C] **rifugiato** (specialm. politico); **profugo** ● *r. camp*, campo di profughi.
refulgence [ri'fʌldʒəns] *n.* [U] *(lett.)* **fulgore; splendore.**
refulgent [ri'fʌldʒənt] *a. (lett.)* **rifulgente; fulgido; splendente.**
to **refund** [ri:'fʌnd] ***A*** *v. t.* **rimborsare; rifondere; risarcire** ***B*** *v. i.* **fare un rimborso.**
refund ['ri:fʌnd] *n.* [C] e [U] **rimborso; risarcimento.**
refusal [ri'fju:zəl] *n.* ***1*** [U] e [C] **rifiuto; diniego**: *to meet with a r.*, ricevere un rifiuto ***2*** *(con l'art. determ.) (leg., comm.)* **diritto d'opzione.**
(1) to **refuse** [ri'fju:z] ***A*** *v. t.* ***1*** **rifiutare** (in ogni senso); **ricusare; respingere** ***2*** **rifiutare di sposare** (q.) ***B*** *v. i.* **rifiutare, rifiutarsi; dire di no** ● *to r. orders*, non accettare ordini.
refuse ['refju:s] *n.* [U] ***1*** **scarto; rifiuti; avanzi** ***2*** **immondizia; rifiuti** ● *r. collector*, netturbino □ *r. dump*, luogo di scarico di rifiuti.
(2) to **re-fuse** [ri:'fju:z] *v. t.* **rifondere; fondere di nuovo.**
refutation [ˌrefju'teiʃən] *n.* [U] e [C] **confutazione.**
to **refute** [ri'fju:t] *v. t.* **confutare.**
to **regain** [ri'gein] *v. t.* **riguadagnare; ricuperare; riprendere.**
regal ['ri:gəl] *a.* **regio; regale; reale.**
to **regale** [ri'geil] ***A*** *v. t.* ***1*** **intrattenere piacevolmente** (q., conversando) ***2*** **deliziare; dilettare** ***B*** *v. i.* e to **regale oneself** *v. rifl.* **deliziarsi** ● *to r. oneself with a cigar*, fumarsi beatamente un sigaro.
regalia [ri'geiljə] *n. pl.* ***1*** **insegne regie** ***2*** **insegne; decorazioni.**
regality [ri'gæliti] *n.* [U] **regalità; sovranità.**
to **regard** [ri'ga:d] *v. t.* ***1*** **considerare; giudicare**: *to r. sb. as a hero*, considerare q. un eroe ***2*** **tenere in considerazione; stimare** ***3*** *(specialm. nelle frasi neg. e interr.)* **prestare attenzione a; prendere in considerazione** ***4*** **riguardare; concernere**: *This does not r. me at all*, questo non mi riguarda affatto ● *regarding*, riguardo a; intorno a; su: *considerations regarding peace*, considerazioni sulla pace □ *as regards*, per quanto riguarda; riguardo a.
regard [ri'ga:d] *n.* ***1*** [U] **riguardo; considerazione; rispetto; stima**: *to hold sb. in high r.*, avere molta stima di q. ***2*** *(al pl.)* **saluti; complimenti; ossequi** ● *in this r.*, a questo riguardo; a questo proposito □ *in r. to (o with r. to)*, riguardo a; in quanto a □ *without r. to*, senza prendere in considerazione; senza tener conto di.

regardful [ri'ga:dful] *a.* riguardoso; rispettoso.
regardless [ri'ga:dlis] *a.* incurante; indifferente; privo di riguardi • (*fam.*) *r. of*, a dispetto di; nonostante □ *to be r. of st.*, non curarsi di q.c.; non badare a q.c.
regatta [ri'gætə] *n.* [C] (*sport*) regata.
regency ['ri:dʒənsi] *n.* [C] (*polit.*) reggenza.
to **regenerate** [ri'dʒenəreit] **A** *v. t.* **1** rigenerare (anche *fig.*); ricuperare; riacquistare **2** rigenerare spiritualmente; emendare; redimere **B** *v. i.* **1** rigenerarsi; riprodursi **2** rinascere spiritualmente; emendarsi; redimersi.
regenerate [ri'dʒenərit] *a.* rigenerato; rinato a nuova vita (*fig.*).
regeneration [ri,dʒenə'reiʃən] *n.* [U] rigenerazione; (*ind.*) ricupero.
regenerator [ri'dʒenə,reitə*] *n.* [C] **1** rigeneratore **2** (*ind.*) preriscaldatore a ricupero; ricuperatore.
regent ['ri:dʒənt] **A** *n.* [C] (*polit.*) reggente; principe reggente **B** *a. attr.* reggente: *the Prince R.*, il Principe Reggente.
regicidal [,redʒi'saidl] *a.* regicida.
regicide ['redʒisaid] *n.* **1** [C] regicida **2** [U] regicidio.
regime [rei'ʒi:m] *n.* [C] (*polit.*, *med.*) regime.
regimen ['redʒimen] *n.* [C] (*med.*) regime (di vita, igienico): dieta.
regiment ['redʒimənt] *n.* [C] **1** (*mil.*) reggimento **2** (*fig.*) reggimento; gran moltitudine; gran numero.
to **regiment** ['redʒiment] *v. t.* (*mil.*) irreggimentare (anche *fig.*).
regimental [,redʒi'mentl] *a.* (*mil.*) reggimentale.
regimentals [,redʒi'mentlz] *n. pl.* (*mil.*) uniforme; divisa militare.
region ['ri:dʒən] *n.* [C] **1** regione; contrada; zona **2** (*fig.*) campo; sfera • *the lower regions*, gl'inferi □ *the upper regions*, il cielo.
regional ['ri:dʒənl] *a.* regionale.
regionalism ['ri:dʒənəlizəm] *n.* [U] regionalismo.
regionalist ['ri:dʒənəlist] **A** *n.* [C] regionalista **B** *a. attr.* regionalistico.
register ['redʒistə*] *n.* [C] **1** (*rag.*) registro; libro contabile **2** (*mus.*) registro; estensione della voce (di cantante) **3** (*mecc.*) registro; valvola di regolazione **4** (*polit.*, anche *electoral r.*) lista elettorale • *r. office*, anagrafe □ *cash r.*, registratore di cassa.
to **register** ['redʒistə*] **A** *v. t.* **1** registrare; segnare **2** (*fam.*) dimostrare; mostrare **3** raccomandare (una lettera) **4** spedire (bagaglio) assicurato **5** depositare (un brevetto, un marchio di fabbrica) **6** registrare; immatricolare: (*leg.*) *to r. a deed*, registrare un atto **B** *v. i.* **1** firmare un registro **2** (*polit.*) iscriversi nelle liste elettorali • (*fin.*) *registered bonds*, titoli nominativi □ (*USA*) *registered nurse*, infermiera abilitata.
registrar [,redʒis'tra:*] *n.* [C] **1** segretario; archivista **2** ufficiale di Stato Civile.
registration [,redʒis'treiʃən] *n.* [U] e [C] **1** registrazione **2** immatricolazione; iscrizione **3** (di lettere) raccomandazione **4** (di bagaglio) spedizione assicurata **5** (di brevetti, marche di fabbrica, ecc.) deposito • (*autom.*) *r. number*, numero d'immatricolazione (o di targa).
registry ['redʒistri] *n.* **1** [C] ufficio di Stato Civile; anagrafe **2** [C] ufficio di collocamento (per domestici) **3** [U] registrazione • *land r.*, (ufficio del) catasto □ *to be married at a r. office*, sposarsi civilmente.
regnal ['regnl] *a.* di regno; dell'inizio di un regno.
regnant ['regnənt] *a.* **1** regnante **2** (*fig.*) prevalente.
regress ['ri:gres] *n.* [U] regresso; declino; retrocessione.
to **regress** [ri'gres] *v. i.* regredire; declinare; retrocedere.
regression [ri'greʃən] *n.* [U] e [C] regressione; regresso.
regressive [ri'gresiv] *a.* regressivo.
to **regret** [ri'gret] *v. t.* **1** deplorare **2** rimpiangere; piangere **3** rammaricarsi di • *I r. to say that...*, mi dispiace di dover dire che...
regret [ri'gret] *n.* **1** [U] rammarico; rincrescimento: *to express r. for st.*, esprimere il proprio rammarico per q.c. **2** [C] rimpianto: *to have no regrets*, non aver rimpianti • *Please accept my regrets*, La prego di accettare le mie scuse.
regretful [ri'gretful] *a.* **1** dolente **2** pieno di rimpianto.
regrettable [ri'gretəbl] *a.* deplorevole; incresciosos; spiacevole.
regrettably [ri'gretəbli] *avv.* **1** in modo deplorevole; spiacevolmente **2** purtroppo; malauguratamente.
regulable ['regjuləbl] *a.* regolabile.
regular ['regjulə*] **A** *a.* **1** regolare (in ogni senso); normale: *to lead a r. life*, condurre una vita regolare **2** fisso; solito; usuale: *a r. customer*, un cliente fisso **3** autentico; con le carte in regola **4** (*fam.*) completo; perfetto; bell'e buono; matricolato: *a r. rascal*, un furfante matricolato **B** *n.* [C] **1** soldato dell'esercito regolare **2** (*relig.*) religioso di un ordine monastico **3** (*fam.*) cliente abituale • *a r. soldier*, un soldato dell'esercito regolare □ *as r. as clock-work*, regolare (o preciso, puntuale) come un orologio □ *to keep r. hours*, rispettare un orario regolare □ *on the r. staff*, in pianta stabile, effettivo (rif. a personale).
regularity [,regju'læriti] *n.* [U] regolarità.
to **regularize** ['regjuləraiz] *v. t.* rendere regolare; regolarizzare.
regularly ['regjuləli] *avv.* **1** regolarmente; con regolarità **2** usualmente; abitualmente **3** in modo regolare • *r. shaped*, di forma regolare; regolare.
to **regulate** ['regjuleit] *v. t.* regolare: *to r. the traffic*, regolare il traffico □ *to r. a clock*, regolare un orologio.
regulation [,regju'leiʃən] **A** *n.* **1** [U] ordinamento; regolamentazione (*bur.*): *the r. of affairs*, la regolamentazione degli affari **2** [C] regolamento; regola **B** *a. attr.* **1** conforme a regolamento; regolamentare (*bur.*); prescritto: *a r. uniform*, una divisa regolamentare □ *r. dress*, abito prescritto **2** regolare; normale; consueto • (*leg.*) *the regulations in force*, le vigenti disposizioni.
regulator ['regjuleitə*] *n.* [C] **1** moderatore **2** (*tecn.*) regolatore.
to **regurgitate** [ri'gə:dʒiteit] **A** *v. i.* rigurgitare **B** *v. t.* rigettare.
regurgitation [ri,gə:dʒi'teiʃən] *n.* [U] (*med.*) rigurgito.
to **rehabilitate** [,ri:ə'biliteit] *v. t.* **1** riabilitare; reintegrare **2** restaurare **3** (anche *med.*) riabilitare; rieducare.
rehabilitation [,ri:ə,bili'teiʃən] *n.* [U] **1** (*leg.*) riabilitazione **2** restauro **3** (anche *med.*) riabilitazione; rieducazione.
to **rehandle** [ri:'hændl] *v. t.* rimaneggiare.
to **rehash** [ri:'hæʃ] *v. t.* rifare; rimaneggiare.
rehash ['ri:hæʃ] *n.* [C] rifacimento; rimaneggiamento.
to **rehear** [ri:'hiə*] (*pass.* e *p.p.* **reheard** [ri:'hə:d]) *v. t.* **1** riudire; udire di nuovo **2** (*leg.*) riesaminare, giudicare di nuovo (una causa).
rehearsal [ri'hə:səl] *n.* [U] e [C] **1** (*teatr.*, *cinem.*) prova: *a dress r.*, una prova generale **2** narrazione; enumerazione.
to **rehearse** [ri'hə:s] *v. t.* e *i.* **1** (*teatr.*, *cinem.*) provare; fare le prove **2** enumerare; ripetere per esteso.
to **rehouse** [ri:'hauz] *v. t.* provvedere di un alloggio nuovo.
reign [rein] *n.* [C] regno (anche *fig.*).
to **reign** [rein] *v. i.* regnare (anche *fig.*).
reimbursable [,ri:im'bə:səbl] *a.* rimborsabile; risarcibile.
to **reimburse** [,ri:im'bə:s] *v. t.* rimborsare; rifondere; risarcire.
reimbursement [,ri:im'bə:smənt] *n.* [C] e [U] rimborso; risarcimento.
to **reimport** [,ri:im'pɔ:t] *v. t.* (*comm.*) reimportare; importare di nuovo.
reimport [ri:'impɔ:t], **reimportation** [,ri:impɔ:'teiʃən] *n.* [U] (*comm.*) reimportazione; merce reimportata.
rein [rein] *n.* [C] (*us. spesso al sing. o al pl. indifferen-*

temente) redine (anche *fig.*); briglia • *to draw r.*, tirare le redini; *(fig.)* allentare lo sforzo, rallentare □ *to give free r. to one's imagination,* sbrigliare la fantasia □ *to hold the reins,* tenere le redini; *(fig.)* avere il comando □ *to keep a tight r. on sb.*, tenere q. in briglia.

to **rein** [rein] *v. t.* **1** imbrigliare; mettere le redini a (un cavallo) **2** *(fig.)* frenare; tenere a freno • *to r. in,* frenare (il cavallo); *(fig.)* tenere a freno (q.).

to **reincarnate** [ri:'inka:neit] *v. t. (relig.)* reincarnare.

reincarnation [,ri:inka:'neiʃən] *n.* [U] e [C] *(relig.)* reincarnazione.

reindeer ['reindiə*] *n. (invar. al pl.) (zool.,* Rangifer tarandus) renna.

to **reinforce** [,ri:in'fɔ:s] *v. t.* **1** rinforzare; rafforzare; rinvigorire **2** *(costr.)* armare: *reinforced concrete,* cemento armato.

reinforcement [,ri:in'fɔ:smənt] *n.* **1** [U] rinforzamento; rafforzamento; rinforzo **2** [U] *(costr.)* armatura **3** *(al pl., mil.)* rinforzi.

reinless ['reinlis] *a.* **1** senza redini **2** *(fig.)* sfrenato.

to **reinstate** [,ri:in'steit] *v. t.* reintegrare.

reinstatement [,ri:in'steitmənt] *n.* [U] reintegrazione.

to **reinsure** [,ri:in'ʃuə*] *v. t. (ass.)* riassicurare.

to **reinvest** [,ri:in'vest] *v. t. (fin.)* reinvestire.

to **reissue** [ri:'isju:] *v. t.* **1** (anche *fin.*) emettere di nuovo (azioni, francobolli) **2** ripubblicare, ristampare (libri, ecc.).

reissue [ri:'isju:] *n.* [C] **1** (anche *fin.*) nuova emissione **2** nuova edizione; ristampa.

to **reiterate** [ri:'itəreit] *v. t.* reiterare; ripetere; rifare.

reiteration [ri:,itə'reiʃən] *n.* [U] e [C] reiterazione; ripetizione.

to **reject** [ri'dʒekt] *v. t.* **1** rigettare; respingere; rifiutare **2** gettar via; scartare **3** *(mil.)* riformare.

reject ['ri:dʒekt] *n.* [C] **1** scarto; oggetto di scarto **2** *(mil.)* riformato.

rejection [ri'dʒekʃən] *n.* **1** [U] rifiuto; rigetto *(bur.)*; ripulsa **2** [C] rifiuto; scarto **3** [U] *(med.)* rigetto.

to **rejoice** [ri'dʒɔis] **A** *v. t.* allietare; rallegrare **B** *v. i.* allietarsi; rallegrarsi; gioire: *to r. at sb.'s success,* gioire del successo di q.

rejoicing [ri'dʒɔisiŋ] *n.* **1** [U] allegrezza; gioia; giubilo **2** *(al pl.)* festeggiamenti; feste.

(1) to **rejoin** [ri'dʒɔin] *v. t.* e *i.* replicare; ribattere; rispondere.

(2) to **re(-)join** [ri:'dʒɔin] *v. t.* **1** ricongiungere; riunire **2** ricongiungersi con; raggiungere; tornare al (reggimento).

rejoinder [ri'dʒɔində*] *n.* [C] replica; risposta.

to **rejuvenate** [ri'dʒu:vineit] *v. t.* e *i.* ringiovanire (anche *fig.*).

rejuvenation [ri,dʒu:vi'neiʃən] *n.* [U] ringiovanimento.

rejuvenescence [ri,dʒu:vi'nesns] *n.* [U] ringiovanimento.

to **rekindle** [ri:'kindl] *v. t.* e *i.* (anche *fig.*) riaccendere, riaccendersi.

to **relapse** [ri'læps] *v. i.* **1** (di persona già guarita) avere una ricaduta **2** ricadere (in): *to r. into error,* ricadere nell'errore.

relapse [ri'læps] *n.* [C] (anche *med.*) ricaduta.

to **relate** [ri'leit] **A** *v. t.* **1** riferire; narrare; raccontare **2** mettere in relazione; collegare **B** *v. i.* riferirsi (a); riguardare; concernere • *to be related to,* essere collegato (o connesso) con; essere imparentato con.

relation [ri'leiʃən] *n.* **1** [U] e [C] relazione; narrazione; racconto; *(leg.)* esposto; *(med.)* referto **2** *(generalm. al pl.)* relazione; rapporto: *public relations,* relazioni pubbliche □ *business relations,* rapporti d'affari **3** [U] (anche *relationship)* parentela **4** [C] parente; consanguineo; congiunto • *to bear no r. to* (o *to be out of all r. to),* non essere affatto in rapporto con; non aver nulla a vedere con □ *in* (o *with) r. to,* riferendosi a; in quanto a.

relational [ri'leiʃənl] *a.* di relazione; che indica una relazione (specialm. sintattica).

relationship [ri'leiʃənʃip] *n.* **1** [U] parentela **2** [U] e [C] relazione; rapporto; connessione.

relative ['relətiv] **A** *a.* **1** relativo (anche *gramm.*); in relazione (con); connesso (con): *a r. pronoun,* un pronome relativo □ *the facts r. to the matter,* i fatti connessi con la faccenda **2** reciproco; rispettivo **B** *n.* **1** [C] *(gramm.)* (pronome) relativo **2** [C] parente; congiunto **3** — *(filos.) the r.*, il relativo.

relatively ['relətivli] *avv.* relativamente.

relativism ['relətivizəm] *n.* [U] *(filos.)* relativismo.

relativist ['relətivist] *n.* [C] *(filos.)* relativista.

relativistic [,relәti'vistik] *a. (filos., mat., fis.)* relativistico.

relativity [,relə'tiviti] *n.* [U] (anche *filos., mat., fis.)* relatività.

to **relax** [ri'læks] **A** *v. t.* **1** rilassare **2** allentare; diminuire; ridurre **3** indebolire; snervare **B** *v. i.* **1** rilassarsi **2** allentarsi; attenuarsi **3** riposarsi • *to r. one's mind,* ricrearsi; distrarsi.

relaxation [,ri:læk'seiʃən] *n.* **1** [U] rilasciamento; rilassamento **2** [U] allentamento; attenuazione **3** [U] e [C] ricreazione; svago; distrazione.

relay ['ri:lei] *n.* [C] **1** cavalli di ricambio **2** muta (di cani) di ricambio **3** squadra di ricambio: *to work in* (o *by) relays,* lavorare a squadre che si danno il cambio **4** materiale di scorta **5** *(elettr.)* relè **6** *(sport,* anche *r. race)* corsa a staffetta • *(radio) r. station,* stazione ripetitrice.

(1) to **relay** [ri'lei] *v. t.* **1** dare il cambio a (cavalli, lavoratori, ecc.) **2** *(radio)* ritrasmettere **3** *(elettr.)* comandare (un circuito, ecc.) a mezzo di relè.

(2) to **re-lay** [ri:'lei] (*pass.* e *p.p.* **re-laid** [ri:'leid]) *v. t.* **1** ricollocare; rideporre; posare di nuovo **2** rifare (un pavimento).

to **release** [ri'li:s] *v. t.* **1** liberare; mettere in libertà; rilasciare **2** allentare; lasciare; mollare **3** *(aeron., mil.)* sganciare (bombe) **4** *(leg.)* liberare (da un obbligo) **5** *(leg.)* cedere (una proprietà); abbandonare (un diritto); rimettere (un debito) **6** *(cinem.)* permettere la presentazione al pubblico di (un film); distribuire **7** dare alla stampa (una notizia).

release [ri'li:s] *n.* [U] e [C] **1** liberazione; rilascio (di un prigioniero) **2** *(aeron., mil.)* sganciamento (di bombe) **3** *(leg.)* liberazione (da un obbligo) **4** *(leg.)* cessione (di proprietà); abbandono (di un diritto); remissione (di un debito) **5** *(cinem.)* noleggio; distribuzione (di un film) **6** pubblicazione (d'una notizia) **7** *(mecc.)* rilascio; scatto.

releaser [ri'li:sə*] *n.* [C] **1** distributore di film **2** *(mecc.)* dispositivo di scatto • *(fotogr.) automatic r.*, scatto automatico.

to **relegate** ['religeit] *v. t.* **1** relegare; confinare **2** deferire; delegare; rimettere **3** *(sport)* retrocedere: *to be relegated,* essere retrocesso (in serie B, ecc.).

relegation [,reli'geiʃən] *n.* [U] **1** relegazione; relegamento **2** deferimento **3** *(sport)* retrocessione.

to **relent** [ri'lent] *v. i.* **1** cedere (alla compassione); placarsi; venire a più mite consiglio **2** *(fig.)* calmarsi; placarsi.

relentless [ri'lentlis] *a.* implacabile; inflessibile; inesorabile.

to **re(-)let** [ri:'let] (*pass.* e *p.p.* **re(-)let**) *v. t.* subaffittare.

relevance ['relivəns], **relevancy** ['relivənsi] *n.* [U] attinenza; pertinenza.

relevant ['relivənt] *a.* attinente; pertinente; rilevante; di rilievo.

reliability [ri,laiə'biliti] *n.* [U] **1** attendibilità; affidabilità; credibilità; esattezza **2** resistenza; saldezza; solidità • (di uno strumento) *r. test,* prova d'esattezza □ *(autom.) r. trials,* prove di collaudo.

reliable [ri'laiəbl] *a.* **1** attendibile; degno di fiducia; fidato; credibile; sicuro; esatto; che dà affidamento **2** resistente; solido.

reliance [ri'laiəns] *n.* [U] affidamento; assegnamento; fiducia: *to place r. in* (o *on, upon) sb.*, aver fiducia in (o fare assegnamento su) q.

reliant [ri'laiənt] *a.* **1** fiducioso; fidente; che fa assegnamento (su q. o q.c.) **2** (anche *self-r.)* sicuro di sé.

relic ['relik] *n.* 1 [C] *(relig.)* reliquia 2 cimelio 3 *(al pl.)* avanzi; resti 4 *(al pl., poet.)* spoglie mortali.

relict ['relikt] *n.* [C] *(di solito preceduto da un possessivo)* vedova.

(1) relief [ri'li:f] *n.* [U] *(talvolta anche con l'art. indeterm.)* 1 sollievo; conforto; ristoro 2 assistenza; aiuto; soccorso; sussidio: *r. funds for those in need,* fondi per l'assistenza ai bisognosi 3 *(mil.)* liberazione (di città assediata) 4 *(mil.)* soccorso (a città assediata); truppe di soccorso 5 (anche *mil.*) cambio: *the r. of a sentry,* il cambio d'una sentinella 6 chi dà il cambio (a una sentinella, a q. che è in servizio); squadra che dà il cambio 7 diversivo; variante: *by way of r.,* a mo' di diversivo; tanto per cambiare 8 rimedio (a un male); riparazione (di un torto) 9 *(fin.)* sgravio, esenzione (dalle imposte, ecc.) 10 *(leg.)* condono 11 *(mecc.)* scarico ● *(mil.) r. party,* colonna di soccorso □ *(ferr.) r. train,* treno straordinario □ (di lavoratore) *to be on r.,* percepire il sussidio di disoccupazione □ *(fin.) tax r.,* sgravio fiscale.

(2) relief [ri'li:f] *n.* [U] *(arte, geogr.)* rilievo; *(fig.)* evidenza, risalto: *high r.,* altorilievo □ *low r.,* bassorilievo □ *a r. map,* una carta in rilievo ● *r. model,* plastico □ *to stand out in r.,* risaltare; essere in contrasto.

to **relieve** [ri'li:v] *v. t.* 1 sollevare; dar sollievo a; confortare; alleviare; mitigare 2 assistere; aiutare; soccorrere 3 *(mil.)* liberare 4 alleggerire; eliminare; togliere: *to r. sb. of st.,* alleggerire q. di q.c. 5 (anche *mil.*) dare il cambio a; rilevare: *to r. a sentry,* rilevare una sentinella 6 ravvivare 7 *(specialm. al p.p.)* dar risalto a; far risaltare 8 dispensare; esimere; esonerare; *(fin.)* sgravare, esentare 9 *(mecc.)* togliere il carico a (una molla, ecc.) ● *to r. one's feelings,* dare sfogo ai propri sentimenti; sfogarsi □ *to r. oneself,* andare di corpo; orinare □ *relieving officer,* funzionario preposto all'assistenza dei poveri.

relieved [ri'li:vd] *a.* 1 sollevato; confortato 2 esentato; esonerato 3 che ha spicco; in risalto.

religion [ri'lidʒən] *n.* [U] e [C] religione (anche *fig.*) ● *to make a r. of doing st.,* sentire il dovere sacrosanto di fare q.c.

religionism [ri'lidʒənizəm] *n.* [U] fanatismo religioso; bigotteria.

religionist [ri'lidʒənist] *n.* [C] bigotto; baciapile.

religiosity [riˌlidʒi'ɔsiti] *n.* [U] 1 religiosità 2 *(spreg.)* bigotteria.

religious [ri'lidʒəs] **A** *a.* religioso; devoto; pio; *(fig.)* coscienzioso, scrupoloso **B** *n.* religioso, religiosa ● *(collett.) the r.,* i religiosi □ *r. liberty,* libertà di religione.

religiously [ri'lidʒəsli] *avv.* 1 religiosamente 2 coscienziosamente; scrupolosamente 3 sul serio; proprio; davvero.

to **relinquish** [ri'liŋkwiʃ] *v. t.* abbandonare; lasciare; cedere; rinunziare a (q.c.).

reliquary ['relikwəri] *n.* [C] *(relig.)* reliquiario.

relish ['reliʃ] *n.* [U] e [C] 1 gusto (anche *fig.*); sapore; attrattiva; inclinazione; passione: *to eat with great r.,* mangiare proprio di gusto (o di buon appetito) □ *Life has lost its r. for him,* la vita non gli offre più alcuna attrattiva 2 *(fig.)* pizzico; punta 3 condimento; salsa.

to **relish** ['reliʃ] **A** *v. t.* 1 gustare; gradire; trovare di proprio gusto 2 dar sapore a (un cibo); condire **B** *v. i.* (anche *fig.*) avere il sapore (di); sapere (di).

to **relive** [ri:'liv] *v. t.* e *i.* rivivere; vivere di nuovo (un'esperienza, ecc.).

reluctance [ri'lʌktəns] *n.* [U] riluttanza; avversione; ripugnanza ● *(elettr.) magnetic r.,* riluttanza (magnetica).

reluctant [ri'lʌktənt] *a.* riluttante; restio; ritroso; alieno: *I am r. to accept,* sono riluttante ad accettare.

reluctantly [ri'lʌktəntli] *avv.* di mala voglia; a malincuore.

to **rely** [ri'lai] *v. i.* confidare (in); contare (su); fare affidamento (su); fare assegnamento (su); star certo: *You can r. on him,* puoi contare su di lui □ *You may r. upon it that he will come,* puoi star certo che verrà.

remade [ri:'meid] *pass.* e *p.p.* di to **remake.**

to **remain** [ri'mein] *v. i.* rimanere; restare; stare: *to r. at home,* rimanere a casa □ *It remains for you to decide,* sta a te decidere ● *(nelle lettere commerciali) We remain Yours faithfully,* distinti saluti.

remainder [ri'meində*] *n.* 1 resto (anche *mat.*); residuo 2 *(collett.)* persone rimanenti; avanzi 3 [C] *(comm.)* rimanenza; giacenza; copie invendute (di un libro).

to **remainder** [ri'meində*] *v. t. (comm.)* liquidare, svendere (libri di rimanenza, fondi di magazzino).

remains [ri'meinz] *n. pl.* 1 resti; avanzi; cimeli; spoglie mortali; ceneri *(fig.)*; rovine, ruderi 2 opere postume (di uno scrittore).

to **remake** [ri:'meik] (*pass.* e *p.p.* **remade** [ri:'meid]) *v. t.* rifare; fare di nuovo.

remake ['ri:meik] *n.* [C] *(cinem.)* riedizione.

remand [ri'ma:nd] *n.* [U] e [C] *(leg.)* rinvio in carcere (per un supplemento d'istruttoria) ● *r. home,* luogo di custodia preventiva per minorenni *(in G.B.)* □ (di un imputato) *to be on r.,* esser trattenuto in carcere (in attesa di processo).

to **remand** [ri'ma:nd] *v. t. (leg.)* rinviare (un imputato in carcere).

remanent ['remənənt] *a. (fis.)* rimanente; residuo.

to **remark** [ri'ma:k] *v. t.* e *i.* (far) osservare, notare, rilevare; fare osservazioni; fare commenti: *This point has been already remarked upon,* questo punto è già stato fatto rilevare.

remark [ri'ma:k] *n.* [U] e [C] osservazione; nota; commento.

remarkable [ri'ma:kəbl] *a.* notevole; ragguardevole; straordinario.

to **remarry** [ri:'mæri] **A** *v. t.* unire di nuovo in matrimonio **B** *v. i.* risposarsi.

remediable [ri'mi:djəbl] *a.* 1 rimediabile; riparabile 2 *(med.)* curabile; sanabile.

remedial [ri'mi:djəl] *a.* 1 che porta rimedio; riparatore 2 *(med.)* correttivo.

remedy ['remidi] *n.* [U] e [C] rimedio; cura; provvedimento ● *beyond* (o *past*) *r.,* senza rimedio; irrimediabile; irreparabile.

to **remedy** ['remidi] *v. t.* rimediare (a); riparare.

to **remember** [ri'membə*] *v. t.* e *i.* ricordare; ricordarsi di; rammentare; rammentarsi di; rimembrare *(lett.)*: *I can't r. his name,* non ricordo il suo nome □ *I r. him quite well,* mi ricordo benissimo di lui □ *If I r. rightly,* se ben ricordo ● *Please r. me to your mother,* saluta tua madre da parte mia.

remembrance [ri'membrəns] *n.* 1 [U] e [C] ricordo; memoria; rimembranza *(lett.)*: *to call st. to r.,* richiamare q.c. alla memoria □ *in r. of,* in ricordo di; in memoria di 2 [C] ricordino; piccolo dono 3 *(al pl.,* nelle lettere) saluti ● *R. Day* (o *R. Sunday*), il giorno dei caduti in guerra *(in G.B.,* la domenica più vicina all'11 novembre).

to **remind** [ri'maind] *v. t.* ricordare a (q.); rammentare; richiamare alla mente: *R. me of it,* ricordamelo.

reminder [ri'maində*] *n.* [C] 1 memento; promemoria 2 *(comm.)* lettera di sollecitazione.

remindful [ri'maindful] *a.* memore.

to **reminisce** [ˌremi'nis] *v. i.* abbandonarsi ai ricordi.

reminiscence [ˌremi'nisns] *n.* 1 [U] reminiscenza; ricordo; rimembranza *(lett.)* 2 *(al pl.)* memorie; ricordi 3 *(con l'art. indeterm.)* qualcosa che ricorda: *There is a r. of his mother in the way he speaks,* c'è qualcosa nel suo modo di parlare che ricorda sua madre.

reminiscent [ˌremi'nisnt] *a.* 1 memore 2 che rammenta; che richiama alla mente 3 che si abbandona ai ricordi.

remise [rə'mi:z] *n.* [C] *(scherma)* rimessa.

remiss [ri'mis] *a.* negligente; trascurato.

remissible [ri'misəbl] *a.* remissibile; condonabile; perdonabile.

remission [ri'miʃən] *n.* 1 [U] e [C] remissione; condono; perdono 2 [U] diminuzione; abbassamento; riduzione ● *(leg.) the r. of a claim,* la rinuncia a far valere un diritto.

remissive [ri'misiv] *a.* remissivo.

to **remit** [ri'mit] **A** *v. t.* 1 rimettere; condonare; per-

donare **2 rimettere; demandare; affidare 3 inviare, spedire** (specialm. denaro) **4 sospendere; annullare 5 diminuire; ridurre; smorzare 6 abbandonare; rinunziare a; togliere 7** *(leg.)* **rinviare** (una causa a un altro tribunale) ***B*** *v. i.* **1 diminuire; scemare; smorzarsi 2** *(comm.)* **fare una rimessa; spedire denaro.**
remittal [ri'mitl] *V.* **remission.**
remittance [ri'mitəns] *n. (comm.)* **1** [U] **rimessa; invio** (di denaro o di titoli) **2** [C] **rimessa; denaro spedito.**
remittent [ri'mitənt] *a. (med.)* **remittente.**
remnant ['remnənt] *n.* [C] **1 resto; avanzo; residuo; rimasuglio 2 orma; traccia; vestigio 3 ritaglio** (di stoffa); **scampolo**: *a r. sale,* una vendita di scampoli.
to **remodel** [ri:'mɔdl] *v. t.* **rimodellare; riplasmare.**
to **remonetize** [ri:'mʌnitaiz] *v. t. (econ.)* **restituire il valore monetario a** (un metallo).
remonstrance [ri'mɔnstrəns] *n.* [U] e [C] **rimostranza; protesta.**
remonstrant [ri'mɔnstrənt] ***A*** *a.* **che protesta; di protesta *B*** *n.* **chi protesta.**
to **remonstrate** ['remənstreit] *v. i.* **fare rimostranze; protestare**: *to r. with sb.,* fare rimostranze a q.
remonstration [ˌremən'streiʃən] *n.* [U] e [C] **rimostranza; protesta.**
remorse [ri'mɔ:s] *n.* [U] **rimorso; contrizione; pentimento**: *without r.,* senza rimorso; *(anche)* senza pietà, spietatamente.
remorseful [ri'mɔ:sful] *a.* **pieno di rimorsi; contrito; pentito.**
remorseless [ri'mɔ:slis] *a.* **1 sordo ai rimorsi 2 spietato.**
remote [ri'mout] *a.* **1 remoto, lontano, distante** *(anche fig.);* **fuori (di) mano**: *in a r. village,* in un remoto villaggio □ *in the r. past,* nel lontano passato □ *r. causes,* cause remote **2** *(fig.)* **distaccato; alieno; estraneo 3 lieve; piccolo; vago**: *a r. possibility,* una vaga possibilità ● *r. control, (radio, tel., telev.)* comando a distanza, telecomando, telecontrollo; *(miss.)* teleguida.
remotely [ri'moutli] *avv.* **1 di lontano; a distanza 2 vagamente; alla lontana 3 lontanamente; minimamente.**
remoteness [ri'moutnis] *n.* [U] **1 distanza; lontananza 2** *(fig.)* **distacco; freddezza.**
to **remould** [ri:'mould] *v. t.* **rimodellare; riplasmare.**
to **remount** [ri:'maunt] ***A*** *v. t.* **1 rimontare a** (cavallo); **risalire in** (bicicletta); **risalire** (un colle, ecc.) **2** *(mil.)* **rifornire** (un reggimento, ecc.) **di cavalli nuovi 3** *(fotogr.)* **rimontare *B*** *v. i.* **1 rimontare in sella; risalire in bicicletta 2 rifare un'ascensione 3** — *(fig.) to r. to,* risalire a; riandare a (una data, una fonte, un'età passata, ecc.).
remount ['ri:maunt] *n.* [C] *(mil.)* **cavallo di rimonta.**
removable [ri'mu:vəbl] *a.* **amovibile; trasferibile.**
removal [ri'mu:vəl] *n.* **1** [U] **rimozione** (dal grado, ecc.); **revoca; destituzione; allontanamento** (da un ufficio) **2** [U] e [C] **trasferimento; trasloco; sgombero 3** [U] **eliminazione** ● *r. agency,* agenzia di traslochi □ *r. van,* furgone per traslochi.
to **remove** [ri'mu:v] ***A*** *v. t.* **rimuovere; levare; spostare; togliere; trasferire; destituire; allontanare; ritirare; espellere; eliminare; togliere di mezzo**: *to r. a magistrate from office,* rimuovere un magistrato dalla carica □ *to r. a boy from school,* ritirare un ragazzo dalla scuola □ *to r. grease-stains,* togliere (o eliminare) macchie di grasso ***B*** *v. i.* **trasferirsi; traslocare; sgomberare; spostarsi; cambiar residenza.**
remove [ri'mu:v] *n.* [C] **1 distanza; intervallo; passo** *(fig.)* **2** (a scuola) **promozione** (alla classe superiore) **3 grado** (di parentela).
removed [ri'mu:vd] *a.* **remoto; lontano; discosto** ● *a first cousin once r.,* un cugino di secondo grado.
remover [ri'mu:və*] *n.* [C] (specialm. *furniture r.)* **titolare di un'agenzia di traslochi** ● *hair r.,* depilatore □ *paint r.,* preparato per togliere la vernice □ *stain r.,* smacchiatore (preparato chimico).
to **remunerate** [ri'mju:nəreit] *v. t.* **rimunerare; ricompensare.**
remuneration [riˌmju:nə'reiʃən] *n.* [U] **rimunerazione; ricompensa.**
remunerative [ri'mju:nərətiv] *a.* **rimunerativo.**
renaissance [rə'neisəns] ***A*** *n. (arte, letter.)* **rinascimento; rinascita; rinascenza**: *the R.,* il Rinascimento ***B*** *a. attr.* **del Rinascimento; rinascimentale** ● *R. furniture,* mobili Rinascimento.
renal ['ri:nl] *a. (anat.)* **renale.**
renascence [ri'næsns] *n. (arte, letter.)* **rinascenza; rinascita; rinascimento**: *the R.,* il Rinascimento.
renascent [ri'næsnt] *a.* **rinascente.**
to **rend** [rend] *(pass.* e *p.p.* **rent** [rent]) ***A*** *v. t.* **1 lacerare; squarciare; strappare; stracciare; straziare**: *to r. one's hair,* strapparsi i capelli □ *to r. sb.'s heart,* straziare il cuore a q. **2 fendere; dividere; spaccare *B*** *v. i.* **1 lacerarsi; strapparsi 2 fendersi.**
to **render** ['rendə*] *v. t.* **1 rendere** (quasi in ogni senso); **restituire; contraccambiare, ricambiare; prestare, tributare; far diventare, ridurre; esprimere; tradurre**: *to r. good for evil,* rendere il bene per il male; ricambiare il male col bene □ *to r. a service,* rendere un servizio; fare un favore □ *How would you r. it in French?,* come lo tradurresti in francese? **2 presentare** (un conto); **sottoporre** (un documento, ecc.) **3** *(arte)* **raffigurare, rappresentare;** *(mus.)* **eseguire;** *(teatr.)* **recitare, interpretare 4 fondere; struggere 5 raffinare** (l'olio) **6** *(edil.)* **rinzaffare 7** *(leg.)* **effettuare** (un pagamento) **in denaro (**o **in natura, con un servizio).**
render ['rendə*] *n.* [C] *(edil.)* **prima mano d'intonaco; rinzaffo.**
rendering ['rendəriŋ] *n.* [C] **1 traduzione; versione 2** *(arte, mus., teatr.)* **rappresentazione; esecuzione; interpretazione.**
rendezvous ['rɔndiˌvu:] *n.* *(pl.* **rendezvous** ['rɔndiˌvu:z]) **1 appuntamento 2 convegno; incontro; riunione 3 luogo di ritrovo.**
to **rendezvous** ['rɔndiˌvu:] *v. i.* **incontrarsi; riunirsi; trovarsi.**
renegade ['renigeid] *n.* [C] **1 rinnegato; disertore; traditore 2** *(relig.)* **apostata.**
to **renegade** ['renigeid] *v. i.* **1 disertare; diventare un rinnegato 2** *(relig.)* **abiurare.**
to **renew** [ri'nju:] *v. t.* **1 rinnovare; ripristinare; ripetere; rimettere a nuovo**: *to r. an attack,* rinnovare un attacco □ *to r. one's complaints,* ripetere le proprie lagnanze **2** *(fig.)* **rinvigorire; rianimare; ravvivare** ● *to r. one's strength,* ricuperare le forze; rinvigorirsi □ *to r. one's youth,* ringiovanire.
renewable [ri'nju:əbl] *a.* **rinnovabile.**
renewal [ri'nju:əl] *n.* [U] e [C] **rinnovamento; ripristino;** *(comm.)* **rinnovo.**
(1) rennet ['renit] *n.* [U] **caglio; presame.**
(2) rennet ['renit] *n.* [C] *(bot.)* **mela renetta.**
to **renounce** [ri'nauns] ***A*** *v. t.* **1 rinunziare a**: *to r. a right,* rinunziare a un diritto **2 ripudiare; rinnegare; sconfessare;** *(polit.)* **denunciare *B*** *v. i.* (nei giochi di carte) **rifiutare** (non avendo carte del seme giocato).
renouncer [ri'naunsə*] *n.* [C] *(leg.)* **rinunciatario.**
to **renovate** ['renəˌveit] *v. t.* **rinnovare; ripristinare.**
renovation [ˌrenə'veiʃən] *n.* [U] e [C] **rinnovamento; ripristino.**
renovator ['renəˌveitə*] *n.* [C] **rinnovatore; ripristinatore.**
renown [ri'naun] *n.* [U] **rinomanza; fama; celebrità.**
renowned [ri'naund] *a.* **rinomato; famoso; celebre.**
(1) rent [rent] *n.* [C] **1 lacerazione; spaccatura; squarcio; strappo 2** *(fig.)* **frattura; divisione, scissione** (in un partito politico, ecc.).
(2) rent [rent] *n.* [U] e [C] **1 affitto; pigione; canone d'affitto 2** (per macchinario) **nolo** ● *(leg., econ.) r. control,* blocco degli affitti.
(3) rent [rent] *pass.* e *p. p.* di to **rend.**
to **rent** [rent] ***A*** *v. t.* **1 prendere in affitto; avere in affitto 2 affittare, dare in affitto; appigionare, dare a pigione *B*** *v. i.* **essere affittato.**
rental ['rentl] *n.* [C] **1 canone d'affitto 2 valore loca-**

tivo.

renter ['rentə*] *n.* [C] **1 affittuario; inquilino 2 locatore; locatario 3 fittavolo 4 distributore** (di film).

rent-free [ˌrent'fri:] *a.* (d'alloggio) **esente da affitto; gratuito.**

rentier ['rɔntiei] *(franc.) n.* [C] **persona che vive di rendita.**

renunciation [riˌnʌnsi'eiʃən] *n.* **1** [U] e [C] **rinunzia, rinuncia; sacrificio 2** [U] **rinnegamento; ripudio** ● *r. on oath,* abiura.

to **reoccupy** [ˌri:'ɔkjupai] *v. t.* **rioccupare.**

to **reopen** [ri:'oupən] **A** *v. t.* **1 riaprire 2 ricominciare; riprendere B** *v. i.* **riaprirsi, riaprire.**

to **reorganize** [ri:'ɔ:gənaiz] *v. t.* e *i.* **riorganizzare, riorganizzarsi.**

(1) rep [rep] *n.* [U] *(ind. tessile)* **reps.**

(2) rep [rep] *n.* [C] *(abbr. fam.* di **repertory**) **teatro (**o **compagnia) di repertorio.**

repaid [ri'peid] *pass.* e *p.p.* di **(1)** to **repay.**

to **repaint** [ri:'peint] *v. t.* **ridipingere; riverniciare.**

(1) to **repair** [ri'pɛə*] *v. i.* **riparare; rifugiarsi; recarsi.**

repair [ri'pɛə*] *n.* **1** *(us. al sing. o al pl., ma non con l'art. indeterm.)* **riparazione; restauro;** *(naut.)* **raddobbo 2** [U] **condizione; stato; buone condizioni** ● *to be out of r.,* essere in cattivo stato (o guasto) □ *under r.,* in riparazione.

(2) to **repair** [ri'pɛə*] *v. t.* **1 riparare; accomodare; aggiustare; rammendare; rimediare; risarcire**: *to r. a watch,* riparare un orologio □ *to r. a wrong,* riparare un torto □ *to r. a loss,* risarcire una perdita **2 restaurare** (un edificio) **3 ristorare** (le forze); **ristabilire** (la salute).

repairable [ri'pɛərəbl] *a.* **riparabile; aggiustabile; accomodabile.**

to **repaper** [ri:'peipə*] *v. t.* **cambiare la carta da parati a** (una stanza).

reparable ['repərəbl] *a.* **riparabile; rimediabile; risarcibile.**

reparation [ˌrepə'reiʃən] *n.* **1** [U] *(anche al pl.)* **riparazione** (di danni, offese, ecc.); **risarcimento 2** *(al pl.)* **riparazioni; lavori di restauro** ● *to make r. for st.,* fare ammenda di q.c.

repartee [ˌrepa:'ti:] *n.* **1** [C] **replica pronta; risposta mordace 2** [U] **conversazione serrata, spiritosa; botta e risposta.**

repartition [ˌri:pa:'tiʃən] *n.* [U] e [C] **ripartizione.**

repast [ri'pa:st] *n.* [C] **pasto.**

to **repatriate** [ri:'pætrieit] *v. t.* e *i.* **rimpatriare.**

repatriate [ri:'pætriit] *n.* [C] **rimpatriato.**

repatriation [ri:ˌpætri'eiʃən] *n.* [U] **rimpatrio.**

(1) to **repay** [ri'pei] *(pass.* e *p.p.* **repaid** [ri'peid]) *v. t.* e *i.* **ripagare; restituire, rendere; rimborsare; ricompensare; ricambiare**: *to r. a visit,* restituire una visita □ *to r. a creditor,* rimborsare un creditore.

(2) to **re(-)pay** [ri:'pei] *(pass.* e *p.p.* **re(-)paid** [ri:'peid]) *v. t.* **pagare di nuovo.**

repayable [ri'peiəbl] *a.* **rimborsabile; restituibile.**

repayment [ri'peimənt] *n.* [U] e [C] **restituzione; rimborso; ricompensa.**

to **repeal** [ri'pi:l] *v. t.* *(leg.)* **abrogare; annullare; revocare.**

repeal [ri'pi:l] *n.* [U] e [C] *(leg.)* **abrogazione; annullamento; revoca.**

to **repeat** [ri'pi:t] **A** *v. t.* **1 ripetere; replicare; ripetere a memoria, recitare**: *R. that,* ripetilo! □ *R. after me:...,* ripeti con me:... □ *to r. a poem,* recitare una poesia **2 (andare a) raccontare; svelare**: *to r. a secret,* svelare un segreto **3 rivivere**: *to r. an adventure,* rivivere un'avventura **B** *v. i.* **1 ripetersi 2** (del cibo) **tornare in gola; venir su** *(fam.)* **C** to **repeat oneself** *v. rifl.* **ripetersi** ● *(mat.) a repeating decimal,* un numero decimale periodico □ *a repeating rifle,* un fucile a ripetizione.

repeat [ri'pi:t] *n.* [C] **1 ripetizione; rinnovo 2** *(mus.)* **segno di replica 3** *(mus., radio, telev.)* **replica** ● *(comm.) r. order,* ordinazione replicata □ *(teatr.) r. performance,* replica.

repeater [ri'pi:tə*] *n.* [C] **1 ripetitore, ripetitrice 2 orologio a ripetizione 3 arma da fuoco** (fucile, pistola) **a ripetizione 4** (a scuola) **ripetente 5** *(mat.)* **numero periodico 6** *(tel., radio, telev.)* **ripetitore; amplificatore.**

to **repel** [ri'pel] *v. t.* **1 respingere** (anche *fis.*); **cacciare indietro; ricacciare; rifiutare; non accettare 2 ripugnare a** (q.).

repellent [ri'pelənt] **A** *a.* **repellente; ripugnante; ripulsivo B** *n.* [C] e [U] **sostanza repellente; insettifugo.**

to **repent** [ri'pent] *v. t.* e *i.* **pentirsi; essere pentito; pentirsi di; rammaricarsi di**: *I have nothing to r. of,* non ho nulla di cui pentirmi □ *We repented setting off late,* ci rammaricammo d'esser partiti tardi □ *You won't r. it,* non avrai a pentirtene.

repentance [ri'pentəns] *n.* [U] **pentimento; contrizione.**

repentant [ri'pentənt] *a.* **pentito; penitente; contrito.**

to **repeople** [ri:'pi:pl] *v. t.* **ripopolare.**

repercussion [ˌri:pə:'kʌʃən] *n.* [U] e [C] **ripercussione** (anche *fig.*).

repertoire ['repətwa:*] *n.* [C] *(mus., teatr.)* **repertorio** (anche *fig.*).

repertory ['repətəri] *n.* [C] **repertorio** (in ogni senso); **raccolta** ● *(teatr.) r. company,* compagnia stabile.

repetend ['repitend] *n.* [C] **1** *(mat.)* **periodo** (di decimale periodico) **2** *(mus.)* **motivo ricorrente; ritornello.**

repetition [ˌrepi'tiʃən] *n.* **1** [U] e [C] **ripetizione; replica 2** [C] **replica; copia; riproduzione 3** [C] **passo da imparare a memoria 4** [U] **recitazione a memoria.**

repetitive [ri'petitiv] *a.* **1 reiterativo 2 pieno di ripetizioni.**

to **repine** [ri'pain] *v. i.* **affliggersi; dolersi; lagnarsi**: *to r. at one's lot,* affliggersi della propria sorte.

to **replace** [ri'pleis] *v. t.* **1 ricollocare; rimettere a posto; riporre; restituire 2 soppiantare; sostituire; rimpiazzare 3 subentrare a; succedere a.**

replacement [ri'pleismənt] *n.* **1** [U] **ricollocamento; restituzione 2** [U] **sostituzione; rimpiazzo 3** [C] *(ind., mecc.)* **pezzo di ricambio 4** [U] **subentro** (in una carica, ecc.).

to **replant** [ri:'pla:nt] *v. t.* **1 ripiantare** (alberi, ecc.) **2 trapiantare.**

replantation [ˌri:pla:n'teiʃən] *n.* [U] e [C] **1 nuova piantagione 2 trapianto.**

to **replay** [ri:'plei] *v. t.* **1** *(sport)* **giocare di nuovo, ripetere** (una partita, un incontro) **2** *(mus.)* **suonare di nuovo.**

replay ['ri:plei] *n.* [C] **1** *(sport)* **partita ripetuta; incontro ripetuto 2** *(telev.,* anche *action r.)* **« replay »; ripetizione.**

to **replenish** [ri'pleniʃ] *v. t.* **riempire; rifornire.**

replete [ri'pli:t] *a.* **1 pieno; (ben) fornito 2 sazio; satollo**: *to be r. with food,* essere sazio di cibo.

repletion [ri'pli:ʃən] *n.* [U] **1 pienezza 2 sazietà**: *to eat to r.,* mangiare a sazietà.

replica ['replikə] *n.* [C] **1** *(arte)* **replica; riproduzione 2 copia; facsimile.**

to **reply** [ri'plai] *v. i.* e *t.* **rispondere** (a); **replicare; ribattere**: *to r. to a question,* rispondere a una domanda.

reply [ri'plai] *n.* [C] **risposta; replica** ● *r. card,* cartolina con risposta pagata □ *r.-paid telegram,* telegramma con risposta pagata □ *in r. to,* in risposta a.

to **repopulate** [ri:'pɔpjuleit] *v. t.* **ripopolare.**

to **report** [ri'pɔ:t] **A** *v. t.* **1 riportare; riferire 2 trascrivere; stenografare; fare la cronaca di**: *to r. an event,* fare la cronaca di un avvenimento **3 fare rapporto contro** (q.); **denunziare B** *v. i.* **1 fare una relazione (**o **un rapporto) 2 fare il cronista 3 presentarsi** (a rapporto, alla polizia, ecc.) ● *to r. progress,* riferire sull'andamento dei lavori □ *(polit.) to move to r. progress,* presentare una mozione per il rinvio del dibattito □ *(gramm.) reported speech,* discorso indiretto □ *It is reported,* si dice; corre voce.

report [ri'pɔ:t] *n.* **1** [U] e [C] **diceria; voce**: *R. has it that...,* corre voce che... □ *idle reports,* notizie infondate; voci **2** [C] **rapporto; relazione; resoconto; descrizione; cronaca; verbale**: *to make (to draw up) a r.,* fare (stendere) un rapporto **3** [U] **reputazione; fama**: *a man of good r.*, un uomo che gode buona reputazione **4** [C] (anche *school r.*) **rapporto scolastico** (alla fine del trimestre); **pagella 5** [C] **colpo; scoppio**: *the r. of a gun*, un colpo di fucile; uno sparo ● *newspaper r.*, servizio giornalistico; pezzo di cronaca.

reportage [ˌrepɔ:'ta:ʒ] *n.* [C] **servizio giornalistico; reportage.**

reportedly [ri'pɔ:tidly] *avv.* **a quel che si dice.**

reporter [ri'pɔ:tə*] *n.* [C] **1 chi riferisce; rapportatore 2** (specialm.) **cronista; redattore** (di giornale) **3 stenografo** (al Parlamento).

(1) to **repose** [ri'pouz] *v. t.* **riporre, nutrire** (fiducia, speranza, ecc.).

(2) to **repose** [ri'pouz] ***A*** *v. i.* **1 riposare, riposarsi 2 fidare 3 basarsi; fondarsi *B*** *v. t.* **posare; appoggiare.**

repose [ri'pouz] *n.* [U] **1 riposo; pace; tranquillità 2 compostezza; calma.**

reposeful [ri'pouzful] *a.* **calmo; riposante; tranquillo.**

repository [ri'pɔzitəri] *n.* [C] **1 ricettacolo; ripostiglio 2 deposito; magazzino 3 sepolcro 4 confidente** ● *a r. of curious information*, un repertorio di notizie curiose.

repp [rep] *V.* **(1) rep.**

to **reprehend** [ˌrepri'hend] *v. t.* **riprendere; ammonire; rimproverare; biasimare.**

reprehensible [ˌrepri'hensəbl] *a.* **biasimevole; riprovevole.**

reprehension [ˌrepri'henʃən] *n.* [U] **biasimo; riprovazione.**

(1) to **represent** [ˌrepri'zent] *v. t.* **1 rappresentare** (in ogni senso); **descrivere; raffigurare; simboleggiare; significare; far presente; recitare 2 dimostrare; illustrare 3 fungere da; essere l'equivalente di 4 far osservare; asserire; dichiarare, sostenere** (d'essere); **presentare** (come): *to r. oneself as an expert*, presentarsi in veste di competente (o di perito) **5 significare; voler dire; aver valore 6** *(teatr.)* **impersonare; fare la parte di; interpretare** ● *to r. to oneself*, farsi un'idea di (q.c.); immaginare.

(2) to **re-present** [ˌri:pri'zent] *v. t.* **ripresentare; presentare di nuovo.**

representation [ˌreprizen'teiʃən] *n.* **1** [U] e [C] **rappresentazione; raffigurazione; immagine 2** [U] *(comm., polit.)* **rappresentanza**: *proportional r.*, rappresentanza proporzionale **3** [C] **argomentazione; asserzione; dichiarazione 4** [C] **osservazione; rimostranza; protesta 5** [C] *(teatr.)* **rappresentazione; interpretazione.**

representative [ˌrepri'zentətiv] ***A*** *a.* **rappresentativo; basato sulla rappresentanza; tipico *B*** *n.* [C] **1 uomo rappresentativo; cosa** (o **persona) tipica; esempio tipico 2** (*comm.*, anche *r. agent*) **rappresentante 3** *(polit.)* **rappresentante del popolo; deputato** ● *a r. assembly*, un'assemblea di rappresentanti del popolo □ *a r. body*, una rappresentanza □ *to be r. of*, rappresentare; raffigurare.

to **repress** [ri'pres] *v. t.* **1 reprimere; frenare; trattenere; domare**: *to r. one's feelings*, reprimere i propri sentimenti **2 opprimere.**

repressed [ri'prest] *a.* (anche *psic.*) **represso.**

repression [ri'preʃən] *n.* [U] **1** (anche *psic.*) **repressione 2 oppressione** ● *(psic.) sex-r.*, repressione sessuale.

repressive [ri'presiv] *a.* **1** (anche *psic.*) **repressivo 2 oppressivo.**

reprieve [ri'pri:v] *n.* [C] **1** *(leg.)* **sospensione dell'esecuzione di una sentenza 2** *(fig.)* **dilazione; tregua.**

to **reprieve** [ri'pri:v] *v. t.* **1** *(leg.)* **sospendere l'esecuzione di** (una condanna a morte) **2** *(fig.)* **dar tregua a, recar sollievo a** (q.).

reprimand ['reprima:nd] *n.* [C] e [U] **1 rabbuffo; rampogna; rimprovero 2** (rif. a impiegati, ecc.) **ammonimento; censura.**

to **reprimand** ['reprima:nd] *v. t.* **1 rampognare; rimproverare 2 ammonire, censurare** (un impiegato, ecc.).

to **reprint** [ri:'print] *v. t.* **ristampare.**

reprint ['ri:ˌprint] *n.* [C] **ristampa.**

reprisal [ri'praizəl] *n.* [U] *(anche al pl.)* **rappresaglia**: *by way of r.*, per rappresaglia.

to **reproach** [ri'proutʃ] *v. t.* **rimproverare; sgridare; rimbrottare; biasimare**: *to r. sb. with st.*, rimproverare q. di q.c.

reproach [ri'proutʃ] *n.* [U] e [C] **1 rimprovero; sgridata; rabbuffo; biasimo**: *a term of r.*, una parola di biasimo **2 onta; disonore; discredito; vergogna**: *to bring r. upon sb.*, arrecare disonore a q.

reproachful [ri'proutʃful] *a.* **di rimprovero; di biasimo.**

reproachfully [ri'proutʃfuli] *avv.* **in tono di rimprovero.**

to **reprobate** ['reproubeit] *v. t.* **riprovare; disapprovare; biasimare.**

reprobate ['reproubeit] *a.* e *n.* [C] **reprobo.**

reprobation [ˌreprou'beiʃən] *n.* [U] **riprovazione; disapprovazione; biasimo.**

to **reproduce** [ˌri:prə'dju:s] *v. t.* e *i.* **riprodurre, riprodursi.**

reproduction [ˌri:prə'dʌkʃən] *n.* [U] e [C] **riproduzione.**

reproductive [ˌri:prə'dʌktiv] *a.* **riproduttivo.**

reprographic [ˌreprə'græfik] *a.* **riprografico.**

reprography [ri'prɔgrəfi] *n.* [U] **riprografia.**

reproof [ri'pru:f] *n.* [U] e [C] **riprovazione; biasimo; rimprovero.**

to **reproof** [ri:'pru:f] *v. t.* *(ind.)* **impermeabilizzare di nuovo.**

reprovable [ri'pru:vəbl] *a.* **riprovevole.**

reproval [ri'pru:vəl] *V.* **reproof.**

to **reprove** [ri'pru:v] *v. t.* **riprovare; biasimare; rimproverare; riprendere**: *to r. sb. for st.*, rimproverare q. per q.c.

reprovingly [ri'pru:viŋli] *avv.* **in tono di rimprovero.**

reptant ['reptənt] *a.* *(biol.)* **strisciante.**

reptile ['reptail] *n.* [C] *(zool.)* **rettile** (anche *fig.*, *spreg.*).

republic [ri'pʌblik] *n.* [C] **repubblica.**

republican [ri'pʌblikən] *a.* e *n.* **repubblicano** ● *(USA) the R. Party*, il partito repubblicano.

republicanism [ri'pʌblikənizəm] *n.* [U] **repubblicanesimo.**

to **republish** [ri:'pʌbliʃ] *v. t.* **ripubblicare.**

to **repudiate** [ri'pju:dieit] *v. t.* **1 ripudiare; rinnegare; sconfessare 2 rifiutare; ricusare 3 rifiutare di riconoscere.**

repudiation [riˌpju:di'eiʃən] *n.* [U] **1 ripudio; sconfessione 2 rifiuto 3 rifiuto di riconoscere** (un debito, ecc.).

repugnance [ri'pʌgnəns] *n.* [U] **1** *(anche con l'art. indeterm.)* **ripugnanza; avversione; disgusto 2 incompatibilità.**

repugnant [ri'pʌgnənt] *a.* **1 ripugnante; disgustoso; ributtante; schifoso 2 incompatibile.**

to **repulse** [ri'pʌls] *v. t.* **respingere; ricacciare; rifiutare; rigettare.**

repulse [ri'pʌls] *n.* [C] **1 ripulsa; diniego; rifiuto**: *to meet with a r.*, ricevere un rifiuto **2 sconfitta; scacco.**

repulsion [ri'pʌlʃən] *n.* [U] **1** *(anche con l'art. indeterm.)* **repulsione, ripulsione; ripugnanza; avversione; disgusto 2** *(fis.)* **repulsione.**

repulsive [ri'pʌlsiv] *a.* **1 repulsivo, ripulsivo; ripugnante; disgustoso; schifoso 2** *(fis.)* **repulsivo.**

reputable ['repjutəbl] *a.* **rispettabile; stimabile.**

reputation [ˌrepju:'teiʃən] *n.* **1** [U] *(talvolta con l'art. indeterm.)* **reputazione; fama; nome**: *to have a good r.*, godere buona reputazione □ *to have the r. of being a miser*, aver fama d'essere avaro **2** [U] **onorabilità; rispettabilità; buon nome.**

to **repute** [ri'pju:t] *v. t.* *(generalm. al passivo)* **reputare; considerare; stimare** ● *to be ill reputed*, avere un cattivo nome.

repute [ri'pju:t] *n.* [U] **1 reputazione; fama; nome**: *ill r.*, dubbia fama □ *good r.*, buona reputazione □ *to know sb. by r.*, conoscere q. per fama **2 rispettabilità; buon**

nome.

reputed [ri'pju:tid] *a.* **1** onorato; rinomato; stimato **2** supposto; presunto; putativo: *(leg.) r. father,* padre putativo.

reputedly [ri'pju:tidli] *avv.* a quel che si suppone; secondo l'opinione generale.

request [ri'kwest] *n.* **1** [U] e [C] richiesta; domanda: *to do st. at sb.'s r.,* fare q.c. a richiesta di q. **2** [C] *(radio, telev.)* disco (canzone, ecc.) a richiesta ● *r. stop,* fermata a richiesta □ *by r.,* a richiesta; su invito □ *These goods are in great r.,* c'è molta richiesta di questa merce.

to **request** [ri'kwest] *v. t.* **1** chiedere; richiedere; sollecitare **2** invitare; pregare ● *to r. sb.'s presence,* invitare q. (a un ricevimento, ecc.).

to **requicken** [ri:'kwikən] *v. t.* ravvivare; rianimare.

requiem ['rekwiem] *n.* [C] *(relig., mus.)* messa di requiem.

to **require** [ri'kwaiə*] *v. t.* **1** richiedere; esigere; volere; volerci *(impers.)* **2** comandare; ordinare: *to r. sb. to do st.,* comandare a q. di fare q.c. **3** abbisognare, aver bisogno di (q.c.) ● *All candidates are required to hold a university degree,* tutti i candidati devono essere in possesso di laurea.

requirement [ri'kwaiəmənt] *n.* [C] **1** bisogno; esigenza; fabbisogno; necessità: *to meet the requirements of one's customers,* soddisfare le esigenze della clientela **2** requisito.

requisite ['rekwizit] **A** *a.* richiesto; necessario **B** *n.* **1** [C] requisito **2** *(al pl., comm.)* articoli: *sports requisites,* articoli sportivi.

requisition [,rekwi'ziʃən] *n.* **1** [U] e [C] domanda; istanza **2** [C] requisito **3** [C] (specialm. *mil.*) requisizione.

to **requisition** [,rekwi'ziʃən] *v. t.* **1** requisire **2** costringere a consegnare; imporre una requisizione a.

requital [ri'kwaitl] *n.* [U] **1** cambio; contraccambio; ricambio **2** compenso **3** rappresaglia; vendetta ● *to make full r.,* ricambiare a usura.

to **requite** [ri'kwait] *v. t.* **1** contraccambiare; ricambiare; restituire; rendere **2** compensare; ricompensare **3** vendicarsi di; punire.

rerun ['ri:,rʌn] *n.* [C] (film presentato in) seconda visione.

to **rescind** [ri'sind] *v. t.* *(leg.)* rescindere; annullare; abrogare.

rescission [ri'siʒən] *n.* [U] *(leg.)* rescissione; abrogazione.

rescript ['ri:skript] *n.* [C] **1** *(stor.)* rescritto **2** editto; decreto.

rescue ['reskju:] *n.* [U] e [C] liberazione; soccorso; salvataggio: *to come to sb.'s r.,* venire in soccorso di q.

to **rescue** ['reskju:] *v. t.* **1** liberare; salvare; soccorrere **2** *(leg.)* liberare con la forza; far evadere.

rescuer ['reskjuə*] *n.* [C] liberatore; salvatore; soccorritore.

research [ri'sə:tʃ] *n.* [U] e [C] ricerca; indagine; inchiesta; studio *(scient.)* ● *r. work,* lavoro di ricerca.

to **research** [ri'sə:tʃ] *v. i.* fare ricerche; indagare; investigare.

researcher [ri'sə:tʃə*] *n.* ricercatore, ricercatrice.

to **reseat** [ri:'si:t] *v. t.* **1** rimettere a sedere **2** rifornire di sedie (o di poltrone) nuove **3** rifare il fondo a (una sedia, ecc.).

to **resect** [ri'sekt] *v. t.* *(med.)* resecare.

resection [ri'sekʃən] *n.* [U] *(med.)* resezione.

reseda [ri'si:də, 'residə] *n.* [U] *(bot.,* Reseda) reseda.

resemblance [ri'zembləns] *n.* [U] e [C] somiglianza; rassomiglianza.

to **resemble** [ri'zembl] *v. t.* assomigliare a, rassomigliare a.

to **resent** [ri'zent] *v. t.* risentirsi di; dolersi di; offendersi per.

resentful [ri'zentful] *a.* **1** pieno di risentimento; risentito; sdegnato **2** che si risente facilmente; permaloso.

resentment [ri'zentmənt] *n.* [U] risentimento; rancore; sdegno.

reservation [,rezə'veiʃən] *n.* **1** [U] e [C] riserva; restrizione; eccezione: *to accept st. without r.,* accettare q.c. senz'alcuna riserva **2** [C] *(USA* e *Canada)* riserva **3** [C] (specialm. *USA)* prenotazione (in albergo, piroscafo, ecc.).

to **reserve** [ri'zə:v] **A** *v. t.* **1** riservare, riservarsi **2** serbare; conservare; tenere in serbo **3** (specialm. *USA)* prenotare: *to r. a seat on a train,* prenotare un posto in treno **B** to **reserve oneself** *v. rifl.* serbare le forze; risparmiarsi.

reserve [ri'zə:v] *n.* **1** [C] e [U] riserva (in ogni senso): *a game r.,* una riserva di caccia □ *to accept sb.'s conditions without r.,* accettare le condizioni di q. senz'alcuna riserva **2** [U] serbo: *to have st. in r.,* avere q.c. in serbo **3** [U] riserbo; riservatezza, riserbatezza ● *(mil.) the reserves,* le truppe di riserva □ *(fin.) r. fund,* fondo di riserva.

reserved [ri'zə:vd] *a.* **1** riservato; prenotato **2** riservato; pieno di riserbo; poco comunicativo.

reservist [ri'zə:vist] *n.* [C] *(mil.)* riservista.

reservoir ['rezəvwa:*] *n.* [C] **1** serbatoio; cisterna **2** bacino idrico; lago artificiale **3** *(fig.)* miniera *(fig.)*; repertorio.

reset ['ri:,set] *n.* [U] e [C] **1** ricollocamento; nuova sistemazione **2** *(tipogr.)* ricomposizione.

to **reset** [ri:'set] *(pass.* e *p.p.* **reset**) *v. t.* **1** ricollocare; rimettere a posto; risistemare **2** *(tipogr.)* ricomporre **3** incastonare (una pietra preziosa) di nuovo **4** riaffilare (una sega, ecc.).

to **resettle** [ri:'setl] **A** *v. t.* **1** ristabilire; riassettare; risistemare **2** colonizzare di nuovo **B** *v. i.* ristabilirsi (in un luogo).

to **reship** [ri:'ʃip] **A** *v. t.* **1** rimbarcare; spedire di nuovo **2** *(naut.)* trasbordare **B** *v. i.* rimbarcarsi (anche come marinaio).

to **reshuffle** [ri:'ʃʌfl] *v. t.* **1** rimescolare; mescolare di nuovo (le carte, ecc.) **2** *(fig.)* rimaneggiare **3** *(polit.)* fare un rimpasto di; rimpastare.

reshuffle [ri:'ʃʌfl] *n.* [C] **1** rimescolata **2** *(fig.)* rimaneggiamento **3** *(polit.)* rimpasto.

to **reside** [ri'zaid] *v. i.* risiedere (anche *fig.*); abitare; vivere.

residence ['rezidəns] *n.* **1** [U] residenza; soggiorno; dimora **2** [C] residenza; villa; casa signorile ● *r. permit,* permesso di soggiorno □ (di funzionario) *to be in r.,* essere in sede.

residency ['rezidənsi] *n.* [C] *(stor.)* residenza ufficiale del rappresentante del governo inglese (nelle colonie).

resident ['rezidənt] **A** *a.* **1** residente; del luogo; locale **2** interno: *a r. physician,* un medico interno **3** *(fig.)* inerente; insito **B** *n.* [C] **1** abitante residente **2** *(stor.)* « residente » **3** medico interno.

residential [,rezi'denʃəl] *a.* residenziale; fatto di sole case d'abitazione; elegante; signorile ● *(polit.) r. qualifications,* requisito della residenza (per poter votare).

residual [ri'zidjuəl] **A** *a.* residuo; residuale **B** *n.* **1** residuo **2** *(mat.)* resto.

residuary [ri'zidjuəri] *a.* residuo; rimanente.

residue ['rezidju:] *n.* [C] **1** residuo; resto **2** *(leg.)* parte residua.

residuum [ri'zidjuəm] *n.* *(pl.* **residua** [ri'zidjuə]) (specialm. *chim.*) residuo.

(1) to **resign** [ri'zain] **A** *v. t.* **1** abbandonare; cedere; rinunziare a **2** consegnare; affidare **B** *v. i.* rassegnare le dimissioni; dimettersi **C** to **resign oneself** *v. rifl.* rassegnarsi; adattarsi; abbandonarsi.

(2) to **re(-)sign** [ri:'sain] *v. t.* firmare di nuovo.

resignation [,rezig'neiʃən] *n.* **1** [U] e [C] dimissioni: *to give* (o *to send in*) *one's r.,* dare le dimissioni **2** [U] rassegnazione; pazienza.

resigned [ri'zaind] *a.* rassegnato.

to **resile** [ri'zail] *v. i.* **1** *(fis.)* essere resiliente; avere elasticità **2** *(fig.)* avere elasticità mentale.

resilience [ri'ziliəns], **resiliency** [ri'ziliənsi] *n.* [U] **1** *(fis., costr.)* resilienza; elasticità (anche *fig.*) **2** *(fig.)* capacità di ricupero.

resilient [ri'ziliənt] *a.* *(fis., costr.)* **resiliente; elastico** (anche *fig.*).
resin ['rezin] *n.* [U] e [C] **resina** ● *(ind. tessile)* *r. finish,* resinatura.
to **resin** ['rezin] *v. t.* **trattare con resina.**
resinated ['reziˌneitid] *a.* **resinato**: *r. wine,* vino resinato.
resinous ['rezinəs] *a.* **resinoso.**
to **resist** [ri'zist] **A** *v. t.* **1 resistere a; opporsi a 2 rifiutare; rinunziare a B** *v. i.* **resistere; opporre resistenza; farcela** *(fam.)*: *I can resist no longer,* non ce la faccio più.
resistance [ri'zistəns] *n.* [U] *(fis., polit., mil.)* **resistenza** ● *(stor.)* *the R.,* la Resistenza.
resistant [ri'zistənt] *a.* **resistente.**
resistible [ri'zistibl] *a.* **1 cui si può resistere 2 capace di resistere.**
resistor [ri'zistə*] *n.* [C] *(elettr.)* **resistore; resistenza.**
to **resole** [riː'soul] *v. t.* **risolare.**
resoluble [ri'zɔljubl] *a.* **1 risolubile; risolvibile 2 scomponibile.**
resolute ['rezəluːt] *a.* **risoluto; deciso; fermo; sicuro.**
resoluteness ['rezəluːtnis] *n.* [U] **risolutezza; decisione; fermezza.**
resolution [ˌrezə'luːʃən] *n.* **1** [C] **risoluzione** (anche *med., mus.*); **deliberazione; decisione; proposito; soluzione**: *to make good resolutions,* fare buoni propositi □ *to pass a r.,* approvare una deliberazione **2** [U] **risolutezza; decisione; fermezza 3** [U] *(chim.)* **scomposizione.**
resolvable [ri'zɔlvəbl] *a.* **risolvibile; risolubile.**
to **resolve** [ri'zɔlv] **A** *v. t.* **1 risolvere** (quasi in ogni senso); **chiarire; decidere; deliberare**: *to r. doubts (difficulties),* risolvere (o chiarire) dubbi (difficoltà) □ *He resolved not to go* (o *that he wouldn't go*), decise di non andare **2 indurre; convincere; far decidere 3** *(chim.)* **scomporre B** *v. i.* **1 risolversi; decidersi**: *to r. (up)on doing st.,* decidersi a fare q.c. **2 dissolversi; sciogliersi; disintegrarsi.**
resolve [ri'zɔlv] *n.* **1** [C] **risoluzione; decisione; proposito**: *to keep one's r.,* mantenere la propria decisione **2** [U] **risolutezza.**
resolved [ri'zɔlvd] *a.* **1 risoluto; deciso 2 convinto; persuaso.**
resolvent [ri'zɔlvənt] *a.* e *n.* [C] *(farm.)* **(rimedio) risolvente.**
resonance ['rezənəns] *n.* [U] (anche *fis., elettr., mecc.*) **risonanza.**
resonant ['rezənənt] *a.* **1** (anche *fis., elettr., mecc.*) **risonante 2 sonoro.**
resonator ['rezəneitə*] *n.* [C] *(fis.)* **risonatore.**
to **resorb** [ri'zɔːb] *v. t.* **riassorbire.**
resorption [ri'zɔːpʃən] *n.* [U] **riassorbimento.**
to **resort** [ri'zɔːt] *v. i.* **1 ricorrere** (a): **far ricorso** (a): *to r. to force,* ricorrere alla forza **2 recarsi** (a); **andare** (a); **frequentare** ● *to r. to drink,* darsi al bere.
resort [ri'zɔːt] *n.* **1** [U] **ricorso** (il ricorrere): *without r. to force,* senza far ricorso alla forza **2** [C] **risorsa; espediente; ripiego 3** [U] **affluenza; convegno; ritrovo; concorso** (di gente, di folla) **4** [C] **luogo di vacanza; luogo di soggiorno; stazione**: *a seaside r.,* una stazione balneare **5** [C] **luogo di ritrovo; ritrovo.**
to **resound** [ri'zaund] **A** *v. i.* **1** (di suono, ecc.) **risuonare; echeggiare; rimbombare 2** *(fig.)* **aver risonanza B** *v. t.* **1 riecheggiare 2** *(fig.)* **celebrare.**
resounding [ri'zaundiŋ] *a.* **risonante; sonoro** ● *a r. success,* un successo clamoroso.
resource [ri'sɔːs] *n.* **1** [C] **risorsa; mezzo**: *natural resources,* risorse naturali □ *to be at the end of one's resources,* aver esaurito tutte le proprie risorse; non saper più che partito prendere **2** [U] **risorse**: *a man of great r.,* un uomo di molte risorse **3** [C] **occupazione dilettevole; svago.**
resourceful [ri'sɔːsful] *a.* **pieno di risorse; ingegnoso.**
resourceless [ri'sɔːslis] *a.* **senza risorse; privo di risorse.**
respect [ri'spekt] *n.* **1** [U] **rispetto; conto; stima**: *to show r. for sb.,* mostrare rispetto per q. □ *to be held in great r. by everybody,* essere tenuto in gran conto da tutti **2** [U] **rispetto; riguardo; considerazione**: *to have r. for the feelings of others,* aver riguardo per i sentimenti altrui **3** [C] **rispetto; aspetto**: *in many respects,* sotto molti aspetti **4** *(al pl.)* **rispetti; ossequi** ● *in r. of* (o *to*), riguardo a; in quanto a □ *to pay one's respects to sb.,* presentare i propri rispetti a q.; ossequiare q. □ *with r. to,* rispetto a; riguardo a □ *without r. to,* senza riguardo per; senza curarsi di.
to **respect** [ri'spekt] **A** *v. t.* **rispettare** (in ogni senso); **stimare; tenere in considerazione B** to **respect oneself** *v. rifl.* **aver rispetto di sé; non venir meno al rispetto di sé.**
respectability [riˌspektə'biliti] *n.* **1** [U] **rispettabilità; onorabilità 2** *(al pl.)* **convenienze sociali.**
respectable [ri'spektəbl] *a.* **1 rispettabile; onorabile; onorevole; onesto 2** *(iron.)* **pieno di rispetto umano; amante delle convenzioni 3 conveniente; decoroso; riguardoso 4 considerevole; ragguardevole; discreto.**
respecter [ri'spektə*] *n.* **chi rispetta; chi è rispettoso**: *to be no r. of persons,* non guardare in faccia a nessuno: *Death is no r. of persons,* la morte non guarda in faccia a nessuno; la morte non risparmia nessuno.
respectful [ri'spektful] *a.* **rispettoso; deferente.**
respecting [ri'spektiŋ] *prep.* **rispetto a; riguardo a; circa; su.**
respective [ri'spektiv] *a.* **rispettivo; relativo.**
respirable ['respirəbl] *a.* **respirabile.**
respiration [ˌrespə'reiʃən] *n.* *(fisiologia)* **1** [U] **respirazione 2** [C] **respiro.**
respirator ['respəreitə*] *n.* [C] **1** (anche *med.*) **respiratore 2** *(mil.)* **maschera antigas.**
respiratory [ri'spaiərətəri] *a.* **respiratorio.**
to **respire** [ri'spaiə*] *v. t.* e *i.* **respirare;** *(fig.)* **prender fiato.**
to **respite** ['respit] *v. t.* **1** *(comm.)* **concedere una dilazione a; differire** (un pagamento) **2** *(leg.)* **sospendere** (una condanna) **3 dar tregua a** (q.).
respite ['respit] *n.* [C] **1** *(comm.)* **dilazione; rinvio; proroga 2** *(leg.)* **sospensione** (di una sentenza) **3 respiro** *(fig.)*; **momento di riposo; sollievo; tregua.**
resplendence [ri'splendəns], **resplendency** [ri'splendənsi] *n.* [U] **splendore; fulgore.**
resplendent [ri'splendənt] *a.* **risplendente; splendido; fulgido.**
to **respond** [ri'spɔnd] *v. i.* **1 rispondere**: *to r. negatively (positively) to a question,* rispondere di no (di sì) a una domanda **2 rispondere; reagire; essere** (o **mostrarsi**) **sensibile** (a): *(med.)* *to r. to treatment,* rispondere al trattamento □ *not to r. to kindness,* non mostrarsi sensibile alla gentilezza.
respondent [ri'spɔndənt] **A** *a.* **rispondente; che reagisce** (a) **B** *n.* [C] *(leg.)* **convenuto, convenuta** (specialm. in una causa di divorzio).
response [ri'spɔns] *n.* **1** [C] e [U] **risposta 2** [C] **responso 3** [C] *(relig.)* **risposta; responsorio 4** [U] e [C] **reazione.**
responsibility [riˌspɔnsə'biliti] *n.* [U] e [C] **responsabilità**: *on one's own r.,* sotto la propria responsabilità.
responsible [ri'spɔnsəbl] *a.* **1 responsabile**: *to be r. for st.,* essere responsabile di q.c. **2 dotato di senso della responsabilità; fidato**: *a r. person,* una persona fidata **3 di responsabilità**: *a r. position,* una posizione di (grande) responsabilità.
responsive [ri'spɔnsiv] *a.* **1 di risposta**: *a r. gesture,* un gesto di risposta **2 sensibile; comprensivo; pronto a simpatizzare**: *a r. nature,* un temperamento sensibile.
responsory [ri'spɔnsəri] *n.* [C] *(relig.)* **responsorio.**
(1) rest [rest] *n.* **1** [U] **riposo; pace; quiete**: *a day of r.,* un giorno di riposo **2** [C] e [U] **pausa; posa; sosta**: *without r.,* senza posa **3** [C] **ricovero; rifugio; casa di riposo 4** [C] **appoggio; sostegno;** *(mecc.)* **supporto 5** [C] *(mus.)* **pausa** ● *arm-r.,* bracciolo □ *at r.,* quieto; immobile; *(fig.)* morto □ *to come to r.,* arrestarsi □

foot-r., appoggiapiedi □ *to go to r.*, andare a letto (o a dormire, a riposare) □ *to have a good night's r.*, fare una bella dormita; riposare bene □ *to set sb.'s mind at r.*, mettere in pace l'animo a q.; rassicurare q. □ *to take one's r.*, riposare, riposarsi.

(1) to **rest** [rest] *v. i.* **1** (anche *fig.*) **riposare, riposarsi; dormire; aver pace** (o **riposo**): *to r. in peace*, riposare in pace **2 appoggiarsi; poggiarsi; poggiare; posarsi 3 confidare; fidarsi**: *to r. in God*, confidare in Dio **4** (*agric.*) **essere a riposo** (o **a maggese**) **B** *v. t.* **1 far riposare; dar riposo a; riposare 2 appoggiare; poggiare; posare; basare; fondare**: *to r. one's gaze* (o *one's eyes*) *on st.*, posare lo sguardo su q.c. **3** (*agric.*) **lasciare a riposo** (o **a maggese**) ● *the last resting-place*, l'estremo riposo; la tomba □ *The matter cannot r. here*, la cosa non può finire qui.

(2) rest [rest] *n.* (*con l'art. determ.*) **1 resto; residuo; rimanente; (il) restante 2** (*col verbo al pl.*) **(i) rimanenti; (gli) altri** ● *and (all) the r. (of it)*, e così via; eccetera eccetera.

(2) to **rest** [rest] *v. i.* **restare; rimanere; stare; essere** ● *to r. with*, essere affidato a; spettare a: *It rests with you to see to it*, spetta a te provvedere.

to **restart** [ri:'sta:t] **A** *v. t.* **1 ricominciare 2** (*mecc.*) **rimettere in moto; rimettere in marcia B** *v. i.* **riavviarsi.**

restart [ri:'sta:t] *n.* [C] **1 nuovo inizio; ripresa 2 nuova partenza 3** (*mecc.*) **rimessa in marcia; nuova messa in moto.**

to **restate** [ri:'steit] *v. t.* **1 dichiarare di nuovo; riaffermare; riesporre 2 esporre in modo diverso.**

restaurant ['restərɔ̃:ŋ] *n.* [C] **ristorante** ● (*ferr.*) *r. car*, carrozza (o vagone) ristorante.

restful ['restful] *a.* **calmo; tranquillo; riposante; di riposo.**

restitution [,resti'tju:ʃən] *n.* [U] **restituzione.**

restive ['restiv] *a.* **1 recalcitrante; restio 2 caparbio; cocciuto; indocile; indisciplinato; riottoso.**

restless ['restlis] *a.* **1 inquieto; irrequieto; agitato; insonne 2 incessante.**

restlessness ['restlisnis] *n.* [U] **inquietudine; irrequietezza; agitazione.**

to **restock** [ri:'stɔk] *v. t.* **rifornire.**

restorable [ri'stɔ:rəbl] *a.* **1 restituibile 2 restaurabile; ripristinabile.**

restoration [,restə'reiʃən] *n.* **1** [U] **restituzione 2** [U] **restaurazione; reintegrazione; ripristino 3** [C] e [U] **ricostruzione** (di un castello, di un fossile, ecc.) **4** [C] **restauro; lavoro di restauro** ● (*stor.*) *the R.*, la Restaurazione.

restorative [ri'stɔrətiv] **A** *a.* **ristorativo; ristoratore B** *n.* [C] (*farm.*) **ricostituente.**

to **restore** [ri'stɔ:*] *v. t.* **1 restituire; rendere 2 restaurare; ripristinare 3 rimettere** (sul trono, ecc.); **reintegrare**: *to r. sb. to his rights*, reintegrare q. nei suoi diritti **4 ricostruire**: *to r. a text*, ricostruire un testo **5 ristorare; risanare** ● *to r. to health*, risanare.

restorer [ri'stɔ:rə*] *n.* [C] **restauratore; ripristinatore; ricostruttore** ● *hair-r.*, lozione rigeneratrice dei capelli.

to **restrain** [ri'strein] *v. t.* **1 contenere; frenare; dominare; reprimere; trattenere 2 imprigionare; rinchiudere in manicomio** ● *to r. sb. from doing st.*, impedire a q. di fare q.c.

restrained [ri'streind] *a.* **pieno di ritegno; riservato; controllato.**

restraint [ri'streint] *n.* **1** [U] e [C] **restrizione; freno** (*fig.*); **limitazione**: *to submit sb. to r.*, porre freni a q. □ *without r.*, senza restrizioni **2** [U] **riserbo; ritegno** ● *to keep one's emotions under r.*, dominare le proprie passioni □ *to be put under r.*, essere privato della libertà; (specialm.) esser rinchiuso in manicomio.

to **restrict** [ri'strikt] *v. t.* **restringere** (*fig.*); **limitare.**

restriction [ri'strikʃən] *n.* [U] e [C] **restrizione; limitazione.**

restrictive [ri'striktiv] *a.* **restrittivo; limitativo.**

rest room ['restrum] *n.* [C] (*USA*) **toletta** (in albergo, ristorante, ecc.).

result [ri'zʌlt] *n.* [C] e [U] **risultato** (anche *mat.*); **esito; conseguenza; effetto**: *without r.*, senza alcun risultato; infruttuoso.

to **result** [ri'zʌlt] *v. i.* **1 risultare; derivare 2 riuscire; risolversi; finire**: *to r. badly*, riuscir male □ *to r. in nothing*, risolversi in nulla.

resultant [ri'zʌltənt] *a.* e *n.* [C] **risultante.**

resultless [ri'zʌltlis] *a.* **senza risultato; inutile; vano.**

to **resume** [ri'zju:m] **A** *v. t.* **riassumere; riprendere; rioccupare; ricapitolare**: *to r. work (the conversation, etc.)*, riprendere il lavoro (la conversazione, ecc.) □ *to r. the thread of one's discourse*, riprendere il filo del discorso **B** *v. i.* **riprendere a dire; soggiungere.**

résumé ['rezju:mei] (*franc.*) *n.* [C] **riassunto; sunto; sommario.**

resumption [ri'zʌmpʃən] *n.* [U] e [C] **riassunzione; ripresa.**

resurgence [ri'sə:dʒəns] *n.* [U] (*anche con l'art. indeterm.*) **risorgimento; rinascita; risurrezione.**

resurgent [ri'sə:dʒənt] *a.* **risorgente; rinascente.**

to **resurrect** [,rezə'rekt] *v. t.* e *i.* **1** (*raro*) **risuscitare 2** (*fig.*) **far rivivere 3** (*fam.*) **dissotterrare; esumare; cavar fuori.**

resurrection [,rezə'rekʃən] *n.* [U] **risurrezione;** (*fig.*) **rinascita** ● (*relig.*) *the R.*, la Risurrezione (di Cristo); la risurrezione dei morti.

resurvey [ri:'sə:vei] *n.* [C] **riesame.**

to **resurvey** [,ri:sə:'vei] *v. t.* **riesaminare.**

to **resuscitate** [ri'sʌsiteit] *v. t.* e *i.* **1 risuscitare** (anche *fig.*); **riportare** (o **tornare**) **in vita 2** (*med.*) **rianimare.**

resuscitation [ri,sʌsi'teiʃən] *n.* [U] **1 risuscitamento; richiamo in vita 2** (*med.*) **rianimazione.**

to **ret** [ret] *v. t.* (*ind.*) **macerare** (canapa, lino, ecc.).

retail ['ri:teil] (*comm.*) **A** *n.* [U] **minuto; dettaglio**: *to sell by r.*, vendere al minuto □ *r. prices*, prezzi al minuto □ *a r. dealer*, un venditore al minuto **B** *avv.* **al minuto; al dettaglio.**

to **retail** ['ri:teil] **A** *v. t.* **1 vendere al minuto 2** [ri'teil] (*fig.*) **riferire per filo e per segno B** *v. i.* (di merce) **vendersi al minuto.**

retailer [ri:'teilə*] *n.* [C] (*comm.*) **commerciante al minuto; dettagliante.**

to **retain** [ri'tein] *v. t.* **1 ritenere; trattenere; serbare; tenere** (a mente, ecc.); **mantenere 2 sostenere 3 riservarsi, impegnare** (specialm. un avvocato difensore, pagando un anticipo sull'onorario) ● (*edil.*) *retaining wall*, muro di sostegno.

retainer [ri'teinə*] *n.* [C] **1** (*stor.*) **seguace** (di un signore); **vassallo 2** (*leg.*) **onorario versato in anticipo** (a un legale).

to **retaliate** [ri'tælieit] *v. i.* **rivalersi; far rappresaglie; rendere la pariglia**: *to r. upon one's enemy*, far rappresaglie sul nemico.

retaliation [ri,tæli'eiʃən] *n.* [U] **ritorsione; rappresaglia; rivalsa** ● (*stor.*) *the law of r.*, la legge del taglione.

retaliatory [ri'tæliətəri] *a.* **di ritorsione; di rappresaglia.**

retard [ri'ta:d] *n.* [U] e [C] **ritardo**: *r. of the tide*, ritardo della marea.

to **retard** [ri'ta:d] *v. t.* e *i.* **ritardare** (anche *mecc.*); **rallentare.**

retardation [,ri:ta:'deiʃən] *n.* [U] e [C] **ritardo; rallentamento.**

retarded [ri'ta:did] *a.* (anche *psic.*) **ritardato.**

to **retch** [retʃ, ri:tʃ] *v. i.* **avere conati di vomito.**

retch [retʃ, ri:tʃ] *n.* [C] **conato di vomito.**

to **retell** [ri:'təl] (*pass.* e *p.p.* **retold** [ri:'tould]), *v. t.* **ridire; raccontare di nuovo.**

retention [ri'tenʃən] *n.* [U] (specialm. *med.*) **ritenzione.**

retentive [ri'tentiv] *a.* **ritentivo.**

reticence ['retisəns] *n.* [U] (*anche al pl.*) **reticenza.**

reticent ['retisənt] *a.* **reticente; evasivo; riservato.**

reticle ['retikl] *n.* [C] (*ottica*) **reticolo.**

reticular [ri'tikjulə*] *a.* **reticolare.**

reticulate [ri'tikjulit] *a.* **reticolato.**

to **reticulate** [ri'tikjuleit] *v. t.* e *i.* **formare un reticolo** (su).

reticule ['retikju:l] *n.* [C] **1** *(ottica)* **reticolo 2 borsetta (a rete).**
retina ['retinə] *n.* (*pl.* **retinas, retinae** ['retini:]) *(anat.)* **retina.**
retinitis [,reti'naitis] *n.* [U] *(med.)* **retinite.**
retinue ['retinju:] *n.* [C] **seguito; persone del seguito; scorta.**
to **retire** [ri'taiə*] **A** *v. i.* **1 ritirarsi; indietreggiare; andarsene;** *(sport)* **uscire dal campo; rientrare** (in casa) **2 ritirarsi dall'impiego (**o **dagli affari); dimettersi; andare in pensione B** *v. t.* **1** *(fin., mil.)* **ritirare**: *to r. banknotes from circulation,* ritirare biglietti di banca dalla circolazione **2 congedare; far dimettere; mettere a riposo; mandare in pensione** • *to r. from the world,* entrare in convento □ *to r. into oneself,* chiudersi in sé.
retire [ri'taiə*] *n.* [U] *(mil.)* **ritirata**: *to sound the r.,* suonare la ritirata.
retired [ri'taiəd] *a.* **1 ritirato; appartato; nascosto; solitario**: *to lead a r. life,* fare una vita ritirata **2 (collocato) a riposo; pensionato; in pensione**: *a r. civil servant,* un impiegato statale in pensione; un pensionato statale • *(mil.) the r. list,* la lista degli ufficiali a riposo.
retirement [ri'taiəmənt] *n.* [U] e [C] **1 ritiro; riposo 2 andata in pensione; collocamento a riposo; pensionamento** • *r. from the world,* ritiro a vita monastica □ *to live in r.,* vivere in solitudine.
retiring [ri'taiəriŋ] *a.* **1 ritirato; riservato; solitario 2 che va in pensione; uscente 3** *(mil.)* **in ritirata** • *r. age,* età pensionabile.
retold [ri:'tould] *pass.* e *p. p.* di to **retell.**
to **retort** [ri'tɔ:t] **A** *v. t.* **1 ritorcere** *(fig.)* **2 contraccambiare; ricambiare; restituire**: *to r. an affront upon sb.,* restituire un affronto a q. **B** *v. i.* **replicare; ribattere.**
(1) retort [ri'tɔ:t] *n.* [C] **1 replica; rimbecco 2 ritorsione; rappresaglia** • *to say in r.,* rimbeccare; replicare.
(2) retort [ri'tɔ:t] *n.* [C] *(chim.)* **storta.**
to **retouch** [ri:'tʌtʃ] *v. t.* *(arte, fotogr.)* **ritoccare.**
retouch [ri:'tʌtʃ] *n.* [C] *(arte, fotogr.)* **ritocco.**
retoucher [ri:'tʌtʃə*] *n.* [C] *(arte, fotogr.)* **ritoccatore.**
to **retrace** [ri'treis] *v. t.* **riconsiderare; riandare** *(lett.)*; **rievocare** • (anche *fig.*) *to r. one's steps,* tornare sui propri passi.
to **retract** [ri'trækt] *v. t.* e *i.* **1 ritirare; tirare indietro; ritrarre 2 ritirare; ritrattare; revocare 3** *(fisiologia)* **contrarre.**
retractable [ri'træktəbl] *a.* **1 retrattile 2 ritrattabile; revocabile.**
retractation [,ri:træk'teiʃən] *n.* [U] e [C] **ritrattazione.**
retractile [ri'træktail] *a.* **retrattile.**
retraction [ri'trækʃən] *n.* [U] e [C] **1 contrazione; ritrazione 2 ritrattazione; revoca.**
to **retranslate** [,ri:træns'leit] *v. t.* **1 ritradurre; tradurre di nuovo 2 fare la retroversione** (di).
retranslation [,ri:træns'leiʃən] *n.* [U] e [C] **1 nuova traduzione 2 retroversione.**
retread ['ri:tred] *n.* [C] *(autom.)* **gomma rigenerata; pneumatico ricostruito.**
to **retread** [ri:'tred] *v. t.* *(ind.)* **ricostruire, rigenerare** (una gomma, un pneumatico).
to **retreat** [ri'tri:t] **A** *v. i.* **ritirarsi; indietreggiare;** *(mil.)* **ripiegare B** *v. t.* (specialm. negli scacchi) **ritirare, spostare** (un pezzo in pericolo).
retreat [ri'tri:t] *n.* **1** [U] *(mil.)* **ritirata**: *to sound the r.,* suonare la ritirata **2** [C] **ritiro; luogo appartato 3** [C] e [U] *(relig.)* **ritiro (spirituale)** • *(mil.) to be in full r.,* essere in rotta.
to **retrench** [ri'trentʃ] **A** *v. t.* **1 limitare; ridurre**: *to r. expenses,* limitare le spese **2 omettere; tralasciare 3 accorciare; fare tagli in** (un libro) **B** *v. i.* **fare economie.**
retrenchment [ri'trentʃmənt] *n.* **1** [U] e [C] **riduzione delle spese; economia; risparmio 2** [C] **taglio** (in un libro, ecc.).
retrial [ri:'traiəl] *n.* [C] *(leg.)* **nuovo processo.**
retribution [,retri'bju:ʃən] *n.* [U] **castigo; punizione.**
retributive [ri'tribjutiv] *a.* **punitivo; di castigo.**
retrievable [ri'tri:vəbl] *a.* **1 ricuperabile 2 riparabile.**
retrieval [ri'tri:vl] *n.* [U] **1 ricupero, riacquisto** (di beni, ecc.) **2 riparazione** (a un errore) • *beyond* (o *past) r.,* irricuperabile.
to **retrieve** [ri'tri:v] **A** *v. t.* **1 ricuperare; riacquistare; riprendere; ritrovare 2 riparare; correggere 3 salvare 4** (di cani da caccia) **riportare** (la selvaggina) **B** *v. i.* (di cani) **rintracciare e riportare la selvaggina.**
retriever [ri'tri:və*] *n.* [C] *(caccia)* **cane da riporto.**
retro- ['retrou] *pref.* **retro-** (indica posizione arretrata o movimento all'indietro).
retroaction [,retrou'ækʃən] *n.* [U] e [C] **1 reazione 2 retroazione.**
retroactive [,retrou'æktiv] *a.* **retroattivo.**
retroactivity [,retrouæk'tiviti] *n.* [U] **retroattività.**
to **retrocede** [,retrou'si:d] *v. i.* **retrocedere; indietreggiare.**
retrocession [,retrou'seʃən] *n.* [U] e [C] **retrocessione.**
retroflex ['retroufleks], **retroflexed** ['retrouflekst] *a.* **retroflesso.**
retroflexion [,retrou'flekʃən] *n.* [U] *(scient.)* **retroflessione.**
retrogradation [,retrougrə'deiʃən] *n.* [U] **1** (specialm. *astron.*) **retrogradazione; moto retrogrado 2 retrogressione; regressione; regresso.**
retrograde ['retrougreid] *a.* **1** (specialm. *astron.* e *chim.*) **retrogrado 2** *(polit.)* **retrogrado; reazionario 3 contrario; inverso**: *in r. order,* in ordine inverso.
to **retrograde** ['retrougreid] *v. i.* **1** (specialm. *astron.*) **aver moto retrogrado 2 regredire; degenerare; peggiorare.**
to **retrogress** ['retrou,gres] *v. i.* (anche *med.* e *psic.*) **regredire.**
retrogression [,retrou'greʃən] *n.* [U] **1** (specialm. *astron.*) **retrogradazione; moto retrogrado 2** (anche *med.* e *psic.*) **regressione.**
retrogressive [,retrou'gresiv] *a.* **regressivo; degenerativo.**
retro-rocket ['retrou,rɔkit] *n.* [C] *(miss.)* **retrorazzo.**
retrospect ['retrouspekt] *n.* [U] e [C] **esame retrospettivo.**
retrospection [,retrou'spekʃən] *n.* [U] e [C] **sguardo (**o **esame) retrospettivo.**
retrospective [,retrou'spektiv] **A** *a.* **1 retrospettivo 2** *(leg.)* **retroattivo B** *n.* [C] **(mostra) retrospettiva.**
retroussé [rə'tru:sei] *(franc.)* *a.* (di naso) **(volto) all'insù.**
retroversion [,retrou'və:ʃən] *n.* [U] e [C] (anche *med.*) **retroversione.**
to **retry** [ri:'trai] *v. t.* **1 riprovare; ritentare; provare di nuovo 2** *(leg.)* **processare di nuovo** (q.); **discutere di nuovo** (una causa).
rettery ['retəri] *n.* [C] *(ind. tessile)* **macero; maceratoio.**
to **return** [ri'tə:n] **A** *v. i.* **1 ritornare; tornare 2 replicare; ribattere; rispondere B** *v. t.* **1 rendere; restituire; ridare; ricambiare; rimandare, rinviare, rispedire, respingere**: *to r. a borrowed book (a visit, etc.),* restituire un libro preso a prestito (una visita, ecc.) □ *In case of non-delivery, please r. to the sender,* in caso di mancata consegna, si prega di respingere al mittente **2 dichiarare (ufficialmente)**: *to be returned guilty,* essere dichiarato colpevole **3** *(polit.)* **eleggere; mandare**: *to r. a member to Parliament,* mandare un deputato in Parlamento **4** *(tennis)* **ribattere; rimandare 5** *(fin.)* **dare** (un utile); **rendere** (un interesse) **6** *(fin.)* **dichiarare; fare una denuncia di**: *to r. all the sources of one's income,* fare una denuncia di tutti i cespiti del proprio reddito • *to r. an answer,* dare una risposta □ *(comm.) returned empties,* vuoti di ritorno.
return [ri'tə:n] *n.* [U] e [C] **1 ritorno; viaggio di ritorno**: *on my r.,* al mio ritorno **2 contraccambio; cambio; restituzione; compenso; ricompensa**: *in r. for,* in cambio di; in compenso di **3** *(comm.)* **profitto; guadagno; provento 4 dichiarazione;** *(leg.)* **relazione di**

notifica, rapporto; *(comm.)* **prospetto, rendiconto**: *to make one's income-tax r.*, fare la dichiarazione dei redditi ***5*** *(polit., stat.)* **risultato**: *the election returns,* i risultati delle elezioni ***6*** *(polit.)* **rielezione** ***7*** (anche *r. ticket*) **biglietto d'andata e ritorno**: *a first-class r. to London,* un biglietto d'andata e ritorno in prima classe per Londra ***8*** *(al pl.)* **tabacco dolce da pipa** ***9*** *(tennis, cricket)* **ribattuta; rimando** ***10*** *(al pl.)* **resa** (all'editore dei libri invenduti) ● (di macchina per scrivere) *r. key,* tasto di ritorno □ *(mecc.) r. spring,* molla di richiamo □ *a r. visit,* una visita di ricambio □ *by r. of mail,* a volta di corriere; a giro di posta □ *Many happy returns of the day!,* cento di questi giorni!; tanti auguri!

returnable [ri'tə:nəbl] *a.* ***1*** **restituibile** ***2*** **da rendere; da restituire** ● *(comm.) non-r.*, (di contenitore) a perdere.

reunion [ri:'ju:njən] *n.* [C] e [U] **riunione; adunanza.**

to **reunite** [ˌri:ju:'nait] *v. t.* e *i.* **riunire, riunirsi.**

rev [rev] *n.* [C] *(mecc., abbr. fam.* di **revolution**) **giro** (di motore).

to **rev** [rev] *(mecc., fam.)* ***A*** *v. t.* (spesso *to rev up*) **mandare su di giri** (il motore) ***B*** *v. i.* (del motore) **andare su di giri.**

to **revaccinate** [ri:'væksineit] *v. t. (med.)* **rivaccinare.**

revaluation [ri:ˌvælju'eiʃən] *n.* [U] e [C] **rivalutazione.**

to **revalue** [ri:'vælju] *v. t.* **rivalutare; valutare di nuovo.**

to **revamp** [ri:'væmp] *v. t.* ***1*** **rifar la tomaia a** (una scarpa) ***2*** *(fig.)* **rabberciare.**

revanchism [ri'væntʃizəm] *n.* [U] *(polit.)* **revanscismo.**

revanchist [ri'væntʃist] *(polit.)* ***A*** *n.* [C] **revanscista** ***B*** *a.* **revanscistico.**

reveal [ri'vi:l] *n.* [C] *(archit.)* **mazzetta** (di porta o finestra).

to **reveal** [ri'vi:l] ***A*** *v. t.* **rivelare; svelare; manifestare; palesare** ***B*** to **reveal oneself** *v. rifl.* **rivelarsi; mostrarsi; apparire.**

revealable [ri'vi:ləbl] *a.* **rivelabile; svelabile.**

revealing [ri'vi:liŋ] *a.* ***1*** **rivelatore; sintomatico** *(fig.)*; **significativo** ***2*** (d'abito, ecc.) **che rivela le forme (del corpo); trasparente.**

reveille [ri'væli] *n.* [C] *(mil.)* **sveglia.**

to **revel** ['revl] *v. i.* **divertirsi; far festa; far baldoria; far bagordi; gozzovigliare** ● *to r. in st.*, dilettarsi di q.c.

revel ['revl] *n.* [U] e [C] **festa; festeggiamento; baldoria; gozzoviglia.**

revelation [ˌrevi'leiʃən] *n.* [U] e [C] **rivelazione** ● *R.* (o *Revelations),* l'Apocalisse.

reveller ['revlə*] *n.* [C] **festaiolo; gozzovigliatore; crapulone.**

revelry ['revlri] *n.* [U] *(anche al pl.)* **baldoria; crapula; gozzoviglia.**

revendication [riˌvendi'keiʃən] *n.* [U] e [C] *(leg., polit.)* **rivendicazione.**

to **revenge** [ri'vendʒ] ***A*** *v. t.* **vendicare; vendicarsi di**: *to r. an injustice,* vendicarsi di un'ingiustizia ***B*** to **revenge oneself** *v. rifl.* **vendicarsi** ● *to be revenged on sb.*, vendicarsi di q.

revenge [ri'vendʒ] *n.* [U] ***1*** **vendetta**: *to take r. on sb.*, far vendetta su q. ***2*** **spirito vendicativo** ***3*** *(sport)* **rivincita**: *to give sb. his r.*, dar la rivincita a q. ● *to have one's r.*, prendersi la rivincita.

revengeful [ri'vendʒful] *a.* **vendicativo.**

revenue ['revinju:] *n.* ***1*** [U] *(anche al pl.) (fin.)* **entrata; reddito; rendita** ***2*** (*in G.B.*, anche *Inland R.*) **erario; fisco** ● *r. stamp,* marca da bollo □ *r. tax,* imposta fiscale.

to **reverberate** [ri'və:bəreit] *v. t.* e *i.* ***1*** **riverberare, riverberarsi** ***2*** **riecheggiare; rimbombare; risuonare.**

reverberation [riˌvə:bə'reiʃən] *n.* ***1*** [U] **riverberazione; riverbero** ***2*** *(al pl.)* **eco** (anche *fig.*); **risonanza.**

reverberator [ri'və:bəreitə*] *n.* [C] ***1*** **lampada a riverbero** ***2*** **forno a riverbero.**

reverberatory [ri'və:bərətəri] *a. (fis., ind.)* **a riverbero.**

to **revere** [ri'viə*] *v. t.* **riverire; onorare; venerare.**

reverence ['revərəns] *n.* [U] **riverenza; gran rispetto; venerazione**: *to hold sb. (st.) in r.*, avere un gran rispetto per q. (per q.c.).

to **reverence** ['revərəns] *v. t.* **riverire; onorare; venerare.**

reverend ['revərənd] *a.* **reverendo; venerabile** ● *the Rev. John Smith,* il reverendo pastore John Smith.

reverent ['revərənt] *a.* **riverente, reverente.**

reverential [ˌrevə'renʃəl] *a.* **reverenziale; riverente.**

reverie ['revəri] *n.* [C] e [U] **fantasticheria; sogno a occhi aperti**: *to be lost in r.*, essere assorto in fantasticherie; fantasticare.

revers [ri'viə*] *(franc.) n.* (*pl.* **revers** [ri'viəz]) **rovescia, risvolto** (d'abito).

reversal [ri'və:səl] *n.* [C] e [U] ***1*** **inversione; rovesciamento; capovolgimento** ***2*** *(leg.)* **revoca.**

reverse [ri'və:s] ***A*** *a.* **inverso; contrario; opposto; invertito; a rovescio**: *in r. order,* in ordine inverso □ *in the r. direction,* nella direzione opposta □ *(mecc.) r. rotation,* rotazione invertita ***B*** *n.* ***1*** [U] *(con l'art. determ.)* e [C] **rovescio; contrario; opposto**: *Quite the r.!,* tutto l'opposto! □ *the r. of the medal,* il rovescio della medaglia ***2*** [C] **rovescio (di fortuna); sconfitta**: *to suffer a r.*, subire un rovescio ***3*** [U] *(mecc.)* **marcia indietro; retromarcia** ● *(autom., mecc.) r. gear,* marcia indietro; retromarcia.

to **reverse** [ri'və:s] ***A*** *v. t.* ***1*** **invertire; rovesciare; rivoltare** ***2*** *(mecc.)* **invertire il movimento di; far andare in senso contrario** ***3*** *(leg.)* **riformare; revocare** ***B*** *v. i.* ***1*** **girare in senso inverso** ***2*** *(mecc., autom.)* **ingranare la retromarcia.**

reversible [ri'və:səbl] *a.* ***1*** **invertibile; rivoltabile;** (di stoffa) **a due diritti** ***2*** *(leg.)* **revocabile** ***3*** *(chim., fis., leg.)* **reversibile.**

reversion [ri'və:ʃən] *n.* [U] ***1*** *(leg.)* **reversione** ***2*** *(leg.)* **beni reversibili** ***3*** *(biol.)* **atavismo; regressione** ***4*** *(chim.)* **ritorno allo stato precedente** ***5*** **ritorno** (a una credenza, a un costume, ecc.).

to **revert** [ri'və:t] *v. i.* ***1*** *(leg.)* **spettare per reversione** ***2*** *(biol.)* **regredire** ***3*** **ritornare, tornare.**

to **revet** [ri'vet] *v. t. (archit., mil.)* **rivestire, rinforzare** (un muro, un bastione).

revetment [ri'vetmənt] *n.* [C] ***1*** *(archit.)* **rivestimento** (di rinforzo) ***2*** *(mil.)* **terrapieno.**

review [ri'vju:] *n.* ***1*** [U] e [C] **rivista; rassegna; parata**: *to pass soldiers in r.*, passare in rivista soldati ***2*** [U] e [C] **esame; sguardo retrospettivo**: *to pass one's life in r.*, dare uno sguardo retrospettivo alla propria vita ***3*** [C] **rivista; pubblicazione (periodica)** ***4*** [C] **recensione** ***5*** [C] *(leg.)* **revisione; riesame** ● *to come under r.*, esser preso in esame.

to **review** [ri'vju:] ***A*** *v. t.* ***1*** **rivedere; riesaminare; riandare a**: *to r. the past,* riandare al passato ***2*** *(mil.)* **passare in rivista; passare in rassegna** ***3*** **recensire** ***4*** *(leg.)* **riesaminare; sottoporre a revisione** ***B*** *v. i.* **fare il critico** (letterario, ecc.).

reviewer [ri'vjuə*] *n.* [C] **recensore; critico.**

to **revile** [ri'vail] ***A*** *v. t.* **ingiuriare; insultare; oltraggiare** ***B*** *v. i.* **lanciare ingiurie** (o **insulti**).

revisable [ri'vaizəbl] *a.* **rivedibile; correggibile.**

revisal [ri'vaizəl] *V.* **revision.**

to **revise** [ri'vaiz] *v. t.* ***1*** **rivedere; correggere** ***2*** **modificare; ritoccare**: *to r. tariffs,* ritoccare le tariffe ***3*** **ripassare** (q.c. per un esame).

revise [ri'vaiz] *n.* [C] *(tipogr.)* **bozza corretta; seconda bozza.**

revised [ri'vaizd] *a.* **riveduto; emendato; corretto.**

reviser [ri'vaizə*] *n.* [C] **revisore; correttore, correttrice** (di bozze).

revision [ri'viʒən] *n.* ***1*** [U] e [C] **revisione** ***2*** [U] **ripasso** (per gli esami).

revisionism [ri'viʒənizəm] *n.* [U] *(polit.)* **revisionismo.**

revisionist [ri'viʒənist] *(polit.)* ***A*** *n.* **revisionista** ***B*** *a.* **revisionistico.**

revisory [ri'vaizəri] *a.* **di revisione; di revisori.**

to **revitalize** [ri:'vaitəlaiz] *v. t.* **dar nuova vita a;**

ravvivare.
revival [ri'vaivəl] *n.* [U] e [C] ***1*** **revival; rinascenza; rinascita; rinnovamento; risorgimento; risveglio**: *the r. of poetic drama,* la rinascita del dramma in versi ***2*** **ritorno in onore; ripresa; riesumazione** *(fig.)*: *the r. of an old custom,* il ritorno in onore di una vecchia costumanza ● *(stor.) the R. of Learning,* il Rinascimento; la Rinascenza.
to **revive** [ri'vaiv] ***A*** *v. i.* ***1*** **rianimarsi; riprendersi; ravvivarsi; tornare in vita; rivivere; tornare in uso** ***2*** (di leggi, ecc.) **tornare in vigore; riacquistare validità** ***B*** *v. t.* ***1*** **rianimare; ravvivare; far rivivere** ***2*** **rimettere in vigore; ridare validità a** (una legge, ecc.) ***3*** *(teatr.)* **riesumare, riportare sulle scene** (un vecchio dramma).
reviver [ri'vaivə*] *n.* [C] *(pop.)* **bevanda ristoratrice.**
to **revivify** [ri:'vivifai] *v. t.* ***1*** **ravvivare; rinvigorire; vivificare** ***2*** *(chim.)* **riattivare.**
revocable ['revəkəbl] *a.* **revocabile; abrogabile.**
revocation [,revə'keiʃən] *n.* [U] e [C] **revoca; abrogazione.**
revoke [ri'vouk] *n.* [C] e [U] (nei giochi di carte) **rifiuto** ● *beyond r.,* irrevocabile; irrevocabilmente.
to **revoke** [ri'vouk] ***A*** *v. t.* **revocare; abrogare** ***B*** *v. i.* (nei giochi di carte) **non rispondere a colore** (pur avendo carte del seme richiesto).
revolt [ri'voult] *n.* [C] e [U] **rivolta; ribellione; insurrezione; sommossa** ● *to break out in r.,* ribellarsi; rivoltarsi; sollevarsi.
to **revolt** [ri'voult] ***A*** *v. i.* ***1*** **rivoltarsi; ribellarsi; insorgere; sollevarsi** ***2*** **ribellarsi** *(fig.)*; **sentir ripugnanza (o disgusto)**: *to r. at (o from, against) st.,* ribellarsi contro q.c. ***B*** *v. t.* **disgustare; nauseare.**
revolting [ri'voultiŋ] *a.* **disgustoso; nauseabondo; ripugnante.**
revolution [,revə'lu:ʃən] *n.* ***1*** [U] e [C] *(astron., polit.)* **rivoluzione** *(anche fig.)*; **movimento di rivoluzione**: *the r. of the earth round the sun,* il movimento di rivoluzione della terra intorno al sole ***2*** [C] *(mecc.)* **giro** (di motore) ● *(stor.) the (Glorious) R.,* la rivoluzione del 1688 (cacciata di re Giacomo II).
revolutionary [,revə'lu:ʃṇəri] *a.* e *n.* [C] **rivoluzionario.**
to **revolutionize** [,revə'lu:ʃṇaiz] *v. t.* **rivoluzionare.**
to **revolve** [ri'vɔlv] ***A*** *v. i.* ***1*** *(mecc., astron.)* **girare; rotare** ***2*** **tornare periodicamente; ricorrere** ***B*** *v. t.* ***1*** **far girare; far rotare; roteare** ***2*** **rivolgere** (nella mente): **considerare; ponderare.**
revolver [ri'vɔlvə*] *n.* [C] **rivoltella.**
revolving [ri'vɔlviŋ] *a.* ***1*** **rotante; roteante** ***2*** **girevole**: *a r. door,* una porta girevole ● *(comm.) r. credit,* credito rotativo.
revue [ri'vju:] *n.* *(franc.)* [C] e [U] *(teatr.)* **rivista; spettacolo di varietà.**
revulsion [ri'vʌlʃən] *n.* [U] *(spesso con l'art. indeterm.)* ***1*** *(med.)* **revulsione** ***2*** **improvviso mutamento** (dei propri sentimenti, dell'opinione pubblica, ecc.); **reazione violenta** ***3*** **ripulsione; ripugnanza.**
revulsive [ri'vʌlsiv] *a.* e *n.* *(farm.)* **revulsivo.**
reward [ri'wɔ:d] *n.* [U] e [C] **ricompensa; premio;** *(leg.)* **taglia.**
to **reward** [ri'wɔ:d] *v. t.* **ricompensare; rimunerare; premiare.**
to **reword** [ri:'wə:d] *v. t.* **esprimere (o formulare) con altre parole; modificare** (uno scritto, un discorso).
to **rewrite** [ri:'rait] *(pass.* **rewrote** [ri:'rout], *p.p.* **rewritten** [ri:'ritn]) *v. t.* **riscrivere.**
Rex [reks] *(lat.) n.* ***1*** **Re**: *George Rex,* Giorgio Re ***2*** *(leg., in G.B.)* **(la) Corona; (lo) Stato.**
rhabdomancer ['ræbdə,mænsə*] *n.* [C] **rabdomante.**
rhabdomancy ['ræbdə,mænsi] *n.* [U] **rabdomanzia.**
rhagades ['rægədi:z] *n. pl.* *(med.)* **ragadi.**
rhapsode ['ræpsoud] *n.* [C] *(stor., letter.)* **rapsodo.**
rhapsodic(al) [ræp'sɔdik(əl)] *a.* ***1*** **rapsodico** ***2*** *(fam.)* **entusiastico.**
rhapsodist ['ræpsədist] *n.* [C] *(stor., letter.)* **rapsodo.**
to **rhapsodize** ['ræpsədaiz] *v. i.* *(fam.)* **parlare (o scrivere) in modo entusiastico** (di q.c.).
rhapsody ['ræpsədi] *n.* [C] ***1*** *(letter., mus.)* **rapsodia** ***2*** *(fig.)* **discorso (o scritto) ampolloso (o entusiastico, retorico)** ● *to go into rhapsodies over st.,* mostrare grande entusiasmo per q.c.
Rhenish ['ri:niʃ] *a.* **del Reno; renano.**
rhenium ['ri:njəm] *n.* [U] *(chim.)* **renio.**
rheophore ['ri:əfɔ:*] *n.* [C] *(elettr.)* **reoforo.**
rheostat ['ri:əstæt] *n.* [C] *(elettr.)* **reostato.**
rhesus ['ri:səs] *n.* *(zool.,* Macaca mulatta) **reso** ● *(biol.) R. factor,* fattore Rh.
rhetoric ['retərik] *n.* [U] **retorica** (in ogni senso).
rhetorical [ri'tɔrikəl] *a.* **retorico** (in ogni senso).
rhetorician [,retə'riʃən] *n.* [C] **retore** (anche *fig.*).
rheumatic [ru:'mætik] *(med.)* ***A*** *a.* ***1*** **reumatico**: *a r. fever,* una febbre reumatica ***2*** **affetto da reumatismo; reumatizzato** ***B*** *n.* ***1*** [C] **persona affetta da reumatismo** ***2*** *(al pl., fam.)* **reumatismi.**
rheumaticky [ru:'mætiki] *a.* *(fam.)* **affetto da reumatismo; reumatizzato.**
rheumatism ['ru:mətizəm] *n.* [U] *(med.)* **reumatismo.**
rheumatoid ['ru:mətɔid] *a.* *(med.)* **reumatoide.**
rhinal ['rainəl] *a.* *(anat.)* **nasale.**
rhinestone ['rainstoun] *n.* [C] e [U] **diamante artificiale.**
rhinitis [rai'naitis] *n.* *(pl.* **rhinitides** [rai'nitə,di:z]) *(med.)* **rinite.**
(1) rhino ['rainou] *n.* *(pl.* **rhinos**) *(abbr. fam.* di **rhinoceros**) **rinoceronte.**
(2) rhino ['rainou] *n.* [U] *(pop.)* **denaro; quattrini.**
rhino- ['rainou] *(in parole composte)* **rino-** (significa "naso" o indica relazione col naso).
rhinoceros [rai'nɔsərəs] *n.* [C] *(zool.,* Rhinoceros) **rinoceronte.**
rhizome ['raizoum] *n.* [C] *(bot.)* **rizoma.**
Rhodesian [rou'di:zjən] *a.* e *n.* **rodesiano.**
Rhodian ['roudjən] *a.* e *n.* **rodiota; (abitante) di Rodi.**
rhodium ['roudiəm] *n.* [U] *(chim.)* **rodio.**
rhododendron [,roudə'dendrən] *n.* [C] *(bot.,* Rhododendron) **rododendro.**
rhomb [rɔm] *n.* [C] *(geom.)* **rombo.**
rhombic(al) ['rɔmbik(əl)] *a.* *(geom.)* **rombico.**
rhomboid ['rɔmbɔid] *a.* e *n.* [C] *(geom.)* **romboide.**
rhomboidal [rɔm'bɔidl] *a.* *(geom.)* **romboidale.**
rhombus ['rɔmbəs] *n.* [C] ***1*** *(geom.)* **rombo** ***2*** *(zool.,* Rhombus) **rombo.**
rhotacism ['routəsizəm] *n.* [U] *(linguistica)* **rotacismo.**
rhubarb ['ru:ba:b] *n.* [U] *(bot.,* Rheum) **rabarbaro.**
rhumb [rʌm] *n.* [C] *(naut.)* **rombo** ● *r. line,* lossodromia; linea lossodromica.
rhyme [raim] *n.* ***1*** [U] e [C] **rima** ***2*** [C] **componimento in rima** ***3*** *(al pl.)* **versi** ● *double (o female) r.,* rima di due sillabe □ *without r. or reason,* senza capo né coda; senza senso.
to **rhyme** [raim] ***A*** *v. i.* ***1*** **rimare** ***2*** **fare versi; verseggiare** ***B*** *v. t.* ***1*** **rimare** (una parola con un'altra) ***2*** **mettere in versi; versificare; verseggiare** ● *rhyming dictionary,* rimario.
rhymed [raimd] *a.* **rimato; in rima.**
rhymer ['raimə*] *n.* [C] **rimatore; verseggiatore; poeta.**
rhymester ['raimstə*] *n.* [C] *(spreg.)* **rimatore; poetastro.**
rhythm ['riðəm] *n.* [U] e [C] **ritmo** (in ogni senso).
rhythmic(al) ['riðmik(əl)] *a.* **ritmico.**
rhythmics ['riðmiks] *n. pl.* *(col verbo al sing.)* **ritmica.**
rib [rib] *n.* [C] ***1*** *(anat.)* **costa; costola** ***2*** (di stoffa, di lavoro a maglia) **costa** ***3*** *(cucina)* **costoletta** ***4*** *(archit.)* **costolone; nervatura** ***5*** *(bot., zool.)* **nervatura** ***6*** (d'ombrello) **stecca** ***7*** *(agric.)* **porca** (fra solco e solco) ***8*** *(aeron.)* **centina** (di ala) ● *(anat.) rib cage,* gabbia toracica.
to **rib** [rib] *v. t.* ***1*** **fornire di coste; rafforzare con nervature; provvedere** (un ombrello) **di stecche;** *(archit.)* **munire di costoloni** ***2*** *(mecc.)* **scanalare** ***3*** *(agric.)* **arare lasciando le porche fra solco e solco** ***4***

(fam.) **prendere in giro; sfottere** *(fam.)*.

ribald ['ribəld] **A** *a.* **licenzioso; osceno; scurrile; volgare B** *n.* [C] **individuo volgare; persona sboccata.**

ribaldry ['ribəldri] *n.* [U] **licenziosità; oscenità; scurrilità; volgarità.**

ribbed [ribd] *a.* **1** *(ind. tessile)* **a coste 2** *(archit.)* **con nervature** ● *(autom.) r. tyre,* pneumatico rigato.

ribbon ['ribən] *n.* **1** [C] e [U] **nastro 2** [C] *(mil.)* **nastrino 3** [C] *(fig.)* **lembo; striscia**: *a r. of blue sky,* un lembo di sereno **4** *(al pl., fam.)* **redini**: *to take the ribbons,* prendere le redini ● *to hang in ribbons,* esser tutto lacero (o a brandelli) □ *typewriter-r.,* nastro per macchina per scrivere.

rice [rais] *n.* [U] *(bot.,* Oryza sativa) **riso** ● *r. field,* risaia □ *r. paper,* carta di riso □ *r. pudding,* budino di riso.

rich [ritʃ] *a.* **1 ricco** (in ogni senso); **costoso; abbondante; ben condito; nutriente; succulento**: *r. gifts,* ricchi doni □ *a region r. in natural resources,* una regione ricca di risorse naturali □ *a r. harvest,* un raccolto abbondante **2** (di colore) **brillante; vivo 3** (di suono) **pieno; profondo 4** (di odore) **intenso; fragrante 5** (di vino) **potente; robusto; spiritoso** *(raro)* **6** *(fam.)* **divertente; spassoso** ● *(collett.) the r.,* i ricchi □ *to grow (o to get) r.,* arricchire, arricchirsi.

riches ['ritʃiz] *n. pl.* **ricchezza; ricchezze.**

richly ['ritʃli] *avv.* **1 riccamente; abbondantemente; costosamente 2 pienamente; del tutto; proprio; davvero.**

richness ['ritʃnis] *n.* [U] **1 ricchezza** (in ogni senso); **abbondanza; opulenza; fertilità 2 vivacità** (di colore) **3 pienezza, profondità** (di suono).

(1) rick [rik] *n.* [C] **cumulo, mucchio** (di fieno, paglia, ecc.).

(1) to **rick** [rik] *v. t.* **ammucchiare.**

(2) rick [rik] *V.* **wrick.**

(2) to **rick** [rik] *V.* to **wrick.**

rickets ['rikits] *n. (col verbo al sing. o al pl.) (med.)* **rachitismo.**

rickety ['rikiti] *a.* **1** *(med.)* **rachitico 2** *(fig.)* **malfermo; sgangherato; sconquassato; traballante**: *r. furniture,* mobili sgangherati.

ricksha(w) ['rikʃɔ:] *n.* [C] **risciò.**

ricochet ['rikəʃet] *n.* [C] **rimbalzo** (specialm. di proiettile).

to **ricochet** ['rikəʃet] **A** *v. i.* **rimbalzare B** *v. t.* **colpire di rimbalzo.**

to **rid** [rid] *(pass.* **ridded** e **rid,** *p.p.* **rid**) **A** *v. t.* **liberare; sbarazzare B** to **rid oneself** *v. rifl.* **liberarsi; sbarazzarsi**: *to rid oneself of debt,* liberarsi dai debiti ● *to be rid of sb. (st.),* essersi sbarazzato di q., (q.c.) □ *to get rid of sb. (st.),* sbarazzarsi di q. (q.c.)

riddance ['ridəns] *n.* [U] *(anche con l'art. indeterm.)* **liberazione.**

ridden ['ridn] **A** *p.p.* di to **ride B** *a.* **dominato; oppresso; tormentato**: *fear-r.,* tormentato dalla paura.

(1) riddle ['ridl] *n.* [C] **indovinello; enigma.**

(1) to **riddle** ['ridl] **A** *v. i.* **1 parlare in modo enigmatico 2 proporre indovinelli B** *v. t.* **risolvere** (un enigma); **spiegare** (un indovinello).

(2) riddle ['ridl] *n.* [C] **crivello; setaccio; vaglio.**

(2) to **riddle** ['ridl] *v. t.* **1 setacciare; vagliare 2 crivellare; bucherellare 3** *(fig.)* **criticare** (una teoria); **confutare** (un'argomentazione).

to **ride** [raid] *(pass.* **rode** [roud], *p.p.* **ridden** ['ridn]) **A** *v. i. e t.* **1 cavalcare; andare a cavallo** (di); **montare**: *to r. a horse,* montare un cavallo **2 andare, viaggiare** (in bicicletta, in motocicletta, ecc.; e in treno o anche in automobile, ma come passeggero): *to r. in a bus,* andare in autobus □ *to r. a bicycle,* andare in bicicletta **3** (di mezzo di trasporto) **andare; viaggiare 4** *(naut.)* **galleggiare; essere alla fonda 5 scorrazzare** (specialm. a cavallo) **attraverso** (un territorio); **scorrere 6** (di fantino) **pesare** (alle corse) **7 portare a cavalluccio 8** *(specialm. al passivo)* **dominare; opprimere; tormentare B** *verbi composti* **1** *to r. away (o off),* partire a cavallo (o in bicicletta, ecc.) **2** *to r. sb. down,* raggiungere q. (a cavallo) e arrestarlo **3** *to r. out a storm,* (di nave) reggere bene a una tempesta; *(fig.:* di persona) cavarsela, uscirne indenne **4** *to r. over (a territory),* percorrere (un territorio) a cavallo **5** *to r. up,* (di persona) arrivare a cavallo; (di capo di vestiario) salire ● *to r. at full gallop,* andare di gran galoppo □ *to r. for a fall,* cavalcare a rompicollo; *(fig.)* andare in cerca di guai □ *to r. a horse to death,* sfiancare un cavallo □ *to r. on sb.'s back (o shoulders),* farsi portare a cavalluccio da q. □ *to r. on sb.'s knees,* stare a cavalcioni sulle ginocchia di q. □ *to r. side-saddle,* cavalcare all'amazzone □ *to r. to hounds,* dar la caccia alla volpe (a cavallo).

ride [raid] *n.* [C] **1 cavalcata; corsa (o passeggiata, viaggio) a cavallo 2 corsa, passeggiata, viaggio** (in bicicletta, in motocicletta; anche in automobile come passeggero) **3 corsa, tragitto** (su un mezzo pubblico) **4 vialetto, sentiero per cavalli** (specialm. attraverso un bosco) ● *to go for a r.,* andare a fare una cavalcata (o una gita in bicicletta, una corsa in motocicletta, una gita in auto, ecc.) □ *(fam.) to take sb. for a ride,* imbrogliare q.; raggirare q.; fare fesso q. *(pop.)*.

rider ['raidə*] *n.* [C] **1 cavaliere; cavalcatore, cavalcatrice 2** *(sport)* **fantino 3 ciclista; motociclista 4** *(leg.)* **clausola addizionale; codicillo; poscritto.**

to **ridge** [ridʒ] *v. t. e i.* **1** *(agric.)* **rincalzare** (il terreno) **2** (specialm. del mare) **increspare, incresparsi.**

ridge [ridʒ] *n.* [C] **1 cresta; cima; colmo**: *the r. of a wave,* la cresta di un'onda □ *the r. of the roof,* il colmo del tetto **2 catena** (di monti); **giogaia;** (specialm.) **dorsale 3** *(meteorologia)* **promontorio 4** *(agric.)* **porca.**

ridicule ['ridikju:l] *n.* [U] **ridicolo; scherno**: *to hold up sb. (st.) to r.,* mettere in ridicolo q. (q.c.).

to **ridicule** ['ridikju:l] *v. t.* **mettere in ridicolo; schernire; canzonare.**

ridiculous [ri'dikjuləs] *a.* **ridicolo; assurdo.**

riding ['raidiŋ] *n.* [U] **equitazione** ● *r.-boots,* stivali da equitazione □ *r.-breeches,* calzoni da cavallerizzo □ *r.-habit,* abito da cavallerizza □ *r.-master,* maestro d'equitazione; cavallerizzo □ *r.-school,* scuola d'equitazione □ *r.-track,* galoppatoio □ *r.-whip,* frustino □ *Little Red R.-Hood,* Cappuccetto Rosso.

rife [raif] *a. pred.* **1 comune; corrente; diffuso 2 pieno; ricco**: *a language r. with idioms,* una lingua ricca d'espressioni idiomatiche.

riff-raff ['rifræf] *n. (collett.)* **canaglia; marmaglia; plebaglia.**

to **rifle** ['raifl] *v. t.* **1 depredare; saccheggiare; derubare; svaligiare 2 rubare; portar via 3 rigare** (la canna di un'arma da fuoco).

rifle ['raifl] *n.* **1** [C] **fucile; carabina 2** *(al pl.)* **fucilieri.**

rifleman ['raiflmən] *n.* *(pl.* **riflemen** ['raiflmən]) *(mil.)* **fuciliere.**

rifle-range ['raiflreindʒ] *n.* **1** [C] **poligono (di tiro) 2** [U] **portata (o tiro) di fucile**: *within r.,* a tiro di fucile.

rifle-shot ['raiflʃɔt] *n.* [C] **1 colpo di fucile; fucilata 2 tiratore scelto.**

rifling ['raifliŋ] *n.* [U] (d'arma da fuoco) **rigatura.**

rift [rift] *n.* [C] **1 fenditura; fessura; spaccatura; squarcio 2** *(fig.)* **dissenso.**

to **rift** [rift] **A** *v. t.* **fendere; spaccare B** *v. i.* **fendersi; spaccarsi.**

(1) to **rig** [rig] *v. t.* **1** *(naut.)* **armare; attrezzare; equipaggiare 2** *(aeron.)* **comporre le parti di** (un aeroplano) **3** (spesso *to rig up, to rig out*) **attrezzare; equipaggiare;** *(fam.)* **vestire**: *to be rigged out as a sailor,* essere vestito da marinaio **4** (spesso *to rig up*) **costruire in fretta; allestire; impiantare.**

rig [rig] *n.* [C] e [U] **1** *(naut.)* **attrezzatura 2** (anche *ind.*) **attrezzamento; equipaggiamento; impianto 3** *(fam.)* **abbigliamento; modo di vestire** (specialm. se strano, vistoso) ● *to be in full rig,* (di persona) essere in ghingheri □ *to be in working rig,* essere in tenuta da lavoro.

(2) to **rig** [rig] *v. t.* **1 manipolare; truccare**: *to rig a local election,* truccare un'elezione amministrativa **2** *(fin., comm.)* **maneggiare; manovrare.**

rigger ['rigə*] *n.* [C] **1** *(naut.)* **operaio allestitore 2** *(aeron.)* **montatore.**

rigging ['rigiŋ] *n.* [U] **1** *(naut.)* **attrezzatura; sartiame 2** *(aeron.)* **montaggio 3** (anche *ind.*) **equipaggiamento;**

arnesi; attrezzi.
(1) right [rait] *a.* **1 destro;** (anche *polit.*) **di destra**: *one's r. hand,* la mano destra; la destra **2 retto** (anche *geom.*)**; corretto, giusto, esatto; onesto; preciso; in linea retta; diritto, dritto; adatto, conveniente, appropriato, opportuno**: *a r. angle,* un angolo retto □ *the r. answer,* la risposta esatta □ *at the r. moment,* al momento giusto **3 che sta bene** (di salute); **sano** (di corpo e di mente): *Do you feel all r.?,* ti senti bene? **4 che ha ragione; che fa bene, che va bene** (*fam.*): *Time will prove me r.,* il tempo mi darà ragione □ (*fam.*) *Am I r. for Oxford Circus?,* vado bene per Oxford Circus? ● (anche *fig.*) *one's r. arm,* il proprio braccio destro □ *r.-hand,* di destra; (che sta) a destra; (*mecc.*) destrorso □ *the r. heir,* l'erede legittimo □ *the r. side,* il diritto (di una stoffa, ecc.) □ (*geom.*) *r. triangle,* triangolo rettangolo □ *All r.!,* benissimo! □ *at* (o *on, to*) *one's r. hand,* a destra; a dritta □ *to get st. r.,* mettere in chiaro q.c. □ *to be in one's r. mind* (o *r. senses*), esser sano di mente □ (*autom.*) *to keep to the r. side,* tenere la destra □ *on the r. side,* a destra □ *to be on the r. side of fifty,* essere al di qua dei cinquant'anni □ *to put* (o *to set*) *r.,* aggiustare; rimettere a posto; risanare □ (*fig.*) *to put one's r. hand to work,* mettersi al lavoro di buona lena □ *to send sb. to the r.-about,* congedare q. senza cerimonie; mandare q. al diavolo □ *to set oneself r. with sb.,* giustificarsi con q. □ *R. you are!;* (*fam.*) *R. oh!,* va bene!; d'accordo! □ *All's r. with the world,* tutto va nel migliore dei modi.
(2) right [rait] *n.* **1** [U] **lato destro; (la) destra**: *to keep to the r.,* tenere la destra □ *to turn to the r.,* voltare a destra **2** [U] **(il) giusto; (il) bene; (la) ragione**: *to know the difference between r. and wrong,* saper distinguere il bene dal male □ *r. and wrong,* la ragione e il torto **3** [U] e [C] **diritto**: *rights and duties,* diritti e doveri □ *to have no r. to do st.,* non avere il diritto di fare q.c. **4** (*mil.*) **fianco destro**: *the enemy's r.,* il fianco destro del nemico **5** — *the r.,* il diritto (di un tessuto, ecc.) **6** — (*polit.*) *the R.,* la Destra ● *by r.* (o *by rights*), di diritto; secondo giustizia □ *by r. of,* a causa di; per merito di □ *in one's own r.,* di diritto; per diritto di nascita □ *to be in the r.,* essere nel giusto; aver ragione.
(3) right [rait] *avv.* **1 a destra**: *to turn r.,* voltare a destra **2 correttamente; giustamente; esattamente; bene; proprio**: *It serves you r.,* ti sta bene (o te lo meriti)! □ *If I remember r.,* se ben ricordo □ *r. in the middle,* esattamente nel centro **3 dritto**: *Go r. on until you see the station,* va' dritto fin che arrivi alla stazione **4 immediatamente; subito**: *I'll come r. away (USA, r. off),* vengo subito **5 completamente; del tutto** ● (*fam.*) *r.-down clever,* bravissimo □ (*fam.*) *a r.-down scoundrel,* un furfante matricolato □ *r. on* (o *r. along*), senza interruzione □ *r. or wrong,* bene o male; a ragione o a torto □ *to act r.,* operare con rettitudine □ *to guess r.,* indovinare.
to **right** [rait] **A** *v. t.* **1 raddrizzare** (anche *fig.*)**; correggere; rettificare; riparare 2 render giustizia a; riabilitare; risarcire 3 riassettare; riordinare B** *v. i.* **raddrizzarsi; ritrovare l'equilibrio C** to **right oneself** *v. rifl.* **raddrizzarsi; correggersi da sé; aggiustarsi.**
right-about ['raitəbaut] **A** *n.* (*solo al sing.*) **1** (*mil.*) **dietrofront 2** (*fig.*) **voltafaccia B** *avv.* **in direzione opposta.**
to **right-about-turn** [ˌraitəbaut'tə:n] *v. i.* **1** (*mil.*) **fare dietrofront 2** (*fig.*) **fare un voltafaccia** ● *R.!,* dietrofront!
right-about-turn [ˌraitəbaut'tə:n] *n.* (*solo al sing.*) (anche *right-about-face*) **1** (*mil.*) **dietrofront 2** (*fig.*) **voltafaccia.**
righteous ['raitʃəs] *a.* **retto; giusto; onesto; virtuoso.**
rightful ['raitful] *a.* **1 giusto; equo; onesto; retto 2 legittimo.**
right-handed [ˌrait'hændid] *a.* **1 che si serve della mano destra 2** (di colpo) **assestato con la destra 3** (*mecc.*) **destrorso; in senso orario.**
right-hander [ˌrait'hændə*] *n.* [C] **1 persona che si serve della mano destra 2 pugno assestato con la destra; destro.**
rightist ['raitist] (*polit.*) **A** *n.* **uomo di destra B** *a.* **di destra.**
rightly ['raitli] *avv.* **1 esattamente; correttamente; bene 2 giustamente; a buon diritto; a ragione 3** (*fam.*) **con esattezza; con precisione.**
right-minded [ˌrait'maindid] *a.* **retto; onesto; ragionevole.**
rightward ['raitwəd] **A** *a.* **1 volto a destra 2 a destra B** *avv.* (anche *rightwards*) **verso destra.**
rigid ['ridʒid] *a.* **rigido; duro;** (*fig.*) **inflessibile, severo.**
rigidity [ri'dʒiditi] *n.* [U] **rigidità; rigidezza; durezza;** (*fig.*) **inflessibilità, severità.**
rigmarole ['rigmərəul] *n.* [C] **filastrocca; cantilena; tiritera.**
rigor ['raigɔ:*] (*lat.*) *n.* [U] (*med.*) **rigidità**: *r. mortis,* rigidità cadaverica.
rigorism ['rigərizəm] *n.* [U] **rigorismo.**
rigorist ['rigərist] *n.* [C] **rigorista.**
rigorous ['rigərəs] *a.* **1 rigido;** (*fig.*) **inflessibile, severo 2 rigoroso; accurato; preciso.**
rigour ['rigə*] *n.* [U] (*anche al pl.*) **1 rigore;** (*fig.*) **severità 2 asperità; difficoltà**: *the rigours of life,* le asperità della vita.
to **rile** [rail] *v. t.* (*fam.*) **infastidire; irritare; seccare.**
rill [ril] *n.* [C] **ruscello; torrentello.**
rim [rim] *n.* [C] **1 orlo; margine 2** (*mecc., autom.*) **cerchio; cerchione** ● (*poet.*) *the sea's rim,* la linea dell'orizzonte (sul mare).
to **rim** [rim] *v. t.* **1 orlare 2** (*mecc.*) **cerchiare; munire** (una ruota) **di cerchione** ● *red-rimmed eyes,* occhi cerchiati di rosso □ *gold-rimmed spectacles,* occhiali dalla montatura d'oro.
(1) rime [raim] *n.* [U] (*lett.*) **brina.**
(2) rime [raim] *V.* **rhyme.**
(1) to **rime** [raim] *v. t.* (*lett.*) **coprire di brina.**
(2) to **rime** [raim] *V.* to **rhyme.**
rimy ['raimi] *a.* **coperto di brina; brinato.**
rind [raind] *n.* [U] e [C] **1 scorza; buccia; corteccia 2** (del formaggio) **crosta 3** (di pancetta) **cotenna; cotica** (*dial.*) **4** (*fig.*) **scorza.**
to **rind** [raind] *v. t.* **scortecciare; sbucciare.**
rinderpest ['rindəpest] *n.* [U] (*vet.*) **peste bovina.**
(1) ring [riŋ] *n.* [C] **1 anello; cerchio;** (*mecc.*) **ghiera**: *a gold r.,* un anello d'oro □ *a r. of smoke,* un anello di fumo □ *rings in the water,* cerchi nell'acqua **2 alone** (di una macchia, della luna, ecc.) **3 collare, collarino** (di uccelli) **4 rotella, disco** (di racchetta da sci) **5** (*pugilato*) **« ring »; quadrato 6** (*ippica*) **recinto degli allibratori; (gli) allibratori 7 recinto per cavalli** (o **bovini**) (in esposizione o in vendita) **8** (*comm., polit.*) **cricca; combriccola 9** (anche *circus-r.*) **arena, pista** (di un circo equestre) ● (*sport*) *r.-man,* pugile □ *r.-master,* direttore di circo equestre □ *r.-road,* (strada di) circonvallazione; raccordo anulare □ *ear-r.,* orecchino □ *to have rings round one's eyes,* avere gli occhi cerchiati.
(1) to **ring** [riŋ] **A** *v. t.* **1 accerchiare; circondare 2 radunare; far entrare** (il bestiame) **nel recinto 3 mettere un anello al naso di** (un toro, ecc.)**; mettere un anello al piede di** (un piccione, ecc.) **B** *v. i.* **1 formare anelli; raccogliersi in spire 2** (di uccelli) **alzarsi a spirale.**
(2) ring [riŋ] *n.* **1** [C] **suono** (di campana, moneta, ecc.); **sonata; squillo**: *a r. at the door,* uno squillo di campanello (o una scampanellata) alla porta □ *Give three rings for the chamber-maid,* da' tre sonate (o suona tre volte) per la cameriera **2** (*solo al sing.*) **eco; risonanza 3** (*solo al sing.*) (*fig.*) **accento; timbro; tono 4** [C] (*fam.*) **colpo di telefono; telefonata**: *Give me a r.,* fammi una telefonata; dammi un colpo di telefono.
(2) to **ring** [riŋ] (*pass.* **rang** [ræŋ], *p.p.* **rung** [rʌŋ]) **A** *v. i.* **1 suonare** (anche *fig.*)**; scampanellare; squillare**: *The bells are ringing,* suonano le campane □ *The doorbell rang,* squillò il campanello (della porta) **2 chiamare** (suonando il campanello): *to r. for the maid,* chiamare la cameriera (suonando) **3 risuonare** (anche *fig.*)**; echeggiare; riecheggiare 4** (degli orecchi) **fischiare B** *v. t.* **1 suonare** (campane, ecc.) **2 far risuonare; far tintinnare C** *verbi composti* **1** *to r. in* (*to r. out*), celebrare l'arrivo (la partenza) di; festeggiare l'ini-

zio (la fine) di **2** *(tel.) to r. off,* interrompere la comunicazione; abbassare il ricevitore **3** *to r. sb. up,* chiamare q. al telefono ● *(fig.) to r. a bell,* richiamare q.c. alla memoria di q. □ *(fig., fam.) to r. the bell,* aver successo □ *(mus.) to r. the changes on,* fare variazioni su (un tema); *(fig.)* battere e ribattere su (q.c.) □ *to r. for dinner,* suonare per il pranzo □ *to r. the knell of,* suonare a morto per (q.) □ *to r. true,* (di moneta) sembrare buona (al suono); *(fig.)* avere un accento di verità.

ringer ['riŋə*] *n.* [C] **1** (anche *bell-r.*) **campanaro 2 soneria.**

ringing ['riŋiŋ] **A** *n. (solo al sing.)* **1 suono squillante; tintinnìo 2 scampanìo; scampanellata B** *a.* **sonoro; squillante**: *a r. laugh,* una risata sonora ● *a r. in the ears,* un ronzio negli orecchi □ *(tel.) r. tone,* segnale di linea libera.

ringleader ['riŋ,li:də*] *n.* [C] **agitatore; capobanda; caporione.**

ringlet ['riŋlit] *n.* [C] **1 anellino; cerchietto 2 ricciolo; ricciolino.**

ringworm ['riŋwə:m] *n.* [U] *(med.)* **tricofizia; tigna.**

rink [riŋk] *n.* [C] *(sport)* **pista di pattinaggio.**

to **rinse** [rins] *v. t.* **1** (anche *to r. out*) **sciacquare; risciacquare 2** *(fam.,* anche *to r. down)* **inghiottire; mandar giù.**

rinse [rins] *n. (generalm. con l'art. indeterm.)* **1 risciacquata 2 « cachet »** (colorante per i capelli).

rinsing ['rinsiŋ] *n. (generalm. al pl.)* **acqua di risciacquatura.**

riot ['raiət] *n.* **1** [C] **insurrezione; sommossa; sedizione; rivolta; tumulto 2** [U] **baccano; chiasso; fracasso; frastuono 3** *(solo al sing. con l'art. indeterm.)* **gozzoviglia; orgia**: *(fig.) a r. of colour,* un'orgia di colori **4** *(solo al sing. con l'art. indeterm.) (fam.)* **spasso**: *Her hat is a r.,* il suo cappellino è uno spasso ● *to run r.,* dare in eccessi; sfrenarsi; (di piante) crescere con eccessivo rigoglio, lussureggiare.

to **riot** ['raiət] *v. i.* **1 insorgere; sollevarsi; tumultuare 2 far baccano; far chiasso 3 fare orge; gozzovigliare** ● *to r. in st.,* indulgere (o abbandonarsi, darsi) a q.c. □ *to r. one's money (time) away,* sprecare il denaro (il tempo) in bagordi.

rioter ['raiətə*] *n.* [C] **1 ribelle; rivoltoso; sedizioso 2 gaudente.**

riotous ['raiətəs] *a.* **1 rivoltoso; sedizioso; turbolento 2 indocile; ribelle; riottoso 3 dissoluto; libertino; licenzioso.**

to **rip** [rip] **A** *v. t.* **1 lacerare; strappare; scucire 2** (spesso *to rip up*) **fendere; spaccare; squarciare B** *v. i.* **1 lacerarsi; strapparsi; scucirsi 2 fendersi; spaccarsi; squarciarsi 3** *(fam.)* **andare a grande velocità; filar via** ● *to rip off,* staccare, tagliare netto, troncare; *(pop.)* far pagare salato, derubare □ *to rip open,* sventrare; aprire □ *(fig.) to let things rip,* lasciare che le cose vadano a modo loro; lasciar perdere.

(1) rip [rip] *n.* [C] **lacerazione; strappo; squarcio.**

(2) rip [rip] *n.* [C] *(fam., raro)* **1 ronzino 2 libertino.**

riparian [rai'pɛəriən] *a.* **rivierasco.**

ripe [raip] *a.* **1 maturo;** *(fig.)* **compiuto, completo, perfetto**: *r. apples,* mele mature □ *of r. age,* in età matura **2 atto; idoneo; pronto**: *r. for treatment,* pronto a ricever le cure **3 stagionato.**

to **ripen** ['raipən] **A** *v. t.* **1 maturare; far maturare 2 far stagionare B** *v. i.* **1 maturare, maturarsi 2 stagionarsi.**

ripeness ['raipnis] *n.* [U] **maturità;** *(fig.)* **compiutezza, perfezione.**

riposte [ri'poust] *n.* [C] **1** *(scherma)* **risposta 2** *(fig.)* **replica; risposta pronta, incisiva.**

to **riposte** [ri'poust] *v. i.* **1** *(scherma)* **eseguire una risposta 2** *(fig.)* **replicare; rispondere per le rime.**

ripping ['ripiŋ] *a. (pop.)* **eccellente; magnifico; straordinario** ● *to have a r. good time,* spassarsela; divertirsi un mondo.

ripple ['ripl] *n.* [C] **1 increspatura; ondulazione; piccola onda 2 mormorio di voci; lieve suono** (di risa).

to **ripple** ['ripl] **A** *v. i.* **1 incresparsi; formare piccole onde 2** (del grano, ecc.) **ondeggiare** (al vento) **B** *v. t.* **1 increspare; ondulare 2 rigare.**

ripply ['ripli] *a.* **crespo; increspato.**

to **rise** [raiz] *(pass.* **rose** [rouz], *p.p.* **risen** ['rizn]) **A** *v. i.* **1 alzarsi; levarsi; rizzarsi; ergersi; sorgere; spuntare; scaturire; nascere**: *The sun was rising,* il sole sorgeva □ *The wind rose suddenly,* improvvisamente si levò il vento □ *A mountain rose on our right,* un monte si ergeva alla nostra destra **2 risorgere; risuscitare** (di solito *to r. from the dead, from the grave*) **3 aumentare; crescere;** (di fiume, ecc.) **gonfiarsi;** (di prezzi, ecc.) **salire 4** (del pane, ecc.) **lievitare 5 venire a galla; salire a fior d'acqua 6** *(fig.)* **elevarsi; far carriera; farsi strada**: *a man likely to r.,* un uomo che farà carriera **7 insorgere; sollevarsi; ribellarsi 8** (di riunione, ecc.) **sciogliersi 9 derivare; provenire; scaturire; scoppiare 10** *(fig.)* **essere all'altezza**: *to r. to a difficult occasion,* essere all'altezza di una situazione difficile **B** *v. t. (sport)* **levare, scovare, stanare** (selvaggina); **far venire a galla** (pesci) ● *to r. again,* risorgere □ *to r. to power,* salire al potere □ *not to r. above mediocrity,* non uscire dalla mediocrità.

rise [raiz] *n.* [C] **1 altura; rialzo** (del terreno) **2 salita; ascesa 3 aumento; crescita; rialzo;** (di un fiume) **innalzamento di livello**: *Prices are on the r.,* i prezzi sono in aumento □ *a r. in prices,* un rialzo dei prezzi **4 avanzamento; progresso; promozione; aumento (di paga)**: *to ask for a r.,* chiedere un aumento (di stipendio) **5 sorgente; origine 6 altezza; livello, crescita**: *the r. of the tide,* l'altezza della marea ● *to give r. to,* dare origine a; far nascere; causare □ *(fam.) to take a r. out of sb.,* stuzzicare q. per provocarne la reazione.

risen ['rizn] **A** *p. p.* di to **rise B** *a.* **sorto; risorto.**

riser ['raizə*] *n.* **1 chi si alza** (a una certa ora): *an early r.,* uno che si alza presto; un tipo mattiniero □ *a late r.,* uno che si alza tardi; un dormiglione **2** (di gradino) **alzata.**

risible ['rizibl] *a.* **1 incline al riso 2** *(fisiologia)* **del riso 3 risibile; ridicolo; comico.**

rising ['raiziŋ] **A** *a.* **1** (del sole, ecc.) **sorgente; nascente 2 crescente; in sviluppo; in aumento**: *r. prices,* prezzi in aumento **3 ascendente; in salita**: *r. ground,* terreno in salita **4 promettente; che si fa strada**: *a r. young man,* un giovane promettente **B** *n.* [C] **insurrezione; rivolta** ● *the r. generation,* la nuova generazione.

risk [risk] *n.* [C] e [U] **rischio; azzardo; pericolo**: *to take (o to run) a r.,* correre un rischio □ *at the r. of one's life,* a rischio della vita □ *at one's own r.,* a proprio rischio e pericolo □ *(comm.) at owner's r.,* a rischio (e pericolo) del committente.

to **risk** [risk] *v. t.* e *i.* **rischiare; arrischiare; azzardare; mettere a rischio**: *to r. one's neck,* rischiare di rompersi l'osso del collo □ *to r. one's health,* mettere a rischio la propria salute.

riskiness ['riskinis] *n.* [U] **avventatezza; pericolosità.**

risky ['riski] *a.* **rischioso; arrischiato; azzardoso; pericoloso.**

risotto [ri'zɔtou] *(ital.) n.* [U] e [C] *(pl.* **risottos)** *(cucina)* **risotto.**

risqué [,ri:s'kei] *(franc.) a.* **audace; scabroso; spinto.**

rissole ['risoul] *n.* [C] *(cucina)* **polpetta; crocchetta.**

rite [rait] *n.* [C] **rito; cerimonia; osservanza**: *burial rites,* riti funebri.

ritual ['ritjuəl] *a.* e *n.* [U] e [C] **rituale.**

ritualism ['ritjuəlizəm] *n.* [U] *(relig.)* **ritualismo.**

ritualist ['ritjuəlist] *n. (relig.)* **ritualista.**

rival ['raivəl] *n.* [C] e *a.* **rivale**: *rivals in love,* rivali in amore.

to **rival** ['raivəl] *v. t.* **rivaleggiare con; competere con; emulare.**

rivalry ['raivəlri] *n.* [C] e [U] **rivalità; emulazione;** *(comm.)* **concorrenza.**

to **rive** [raiv] *(pass.* **rived,** *p.p.* **riven** ['rivən]) **A** *v. t.* **1 lacerare; strappare 2 fendere; spaccare; spezzare B** *v. i.* **fendersi; spaccarsi; spezzarsi.**

river ['rivə*] *n.* [C] **fiume** (anche *fig.*): *the R. Thames,* il fiume Tamigi □ *a r. of lava,* un fiume di lava ● *r.-bank,* argine (di fiume) □ *r.-basin,* bacino fluviale □ *r.-bed,*

alveo fluviale □ *r.-god,* divinità fluviale □ *down r.,* a valle □ *up r.,* a monte.
riverine ['rivərain] *a.* **1** rivierasco **2** fluviale.
riverside ['rivəsaid] **A** *n.* [C] sponda, riva (di fiume) **B** *a. attr.* lungo il fiume; sulla riva di un fiume.
rivet ['rivit] *n.* [C] chiodo (da ribadire) ● *(mecc.) r. gun,* martello per ribadire; ribaditrice (macchina).
to **rivet** ['rivit] *v. t.* **1** (anche *fig.*) inchiodare; *(mecc.)* ribadire; ribattere; fissare; *(fig.)* concentrare: *to r. a nail,* ribadire un chiodo □ *to r. one's eyes upon st.,* fissare lo sguardo su q.c. □ *to r. one's attention upon st.,* concentrare la propria attenzione su q.c. **2** attirare (l'attenzione di q.).
rivulet ['rivjulit] *n.* [C] ruscelletto; rivoletto.
roach [routʃ] *n. (invar. al pl.) (zool.,* Leuciscus rutilus) leucisco rosso.
road [roud] *n.* **1** [C] strada; via (anche *fig.*): *the r. to success,* la via del successo **2** (*naut.,* di solito *roads*) rada **3** (*USA,* anche *railroad*) ferrovia **4** — *(teatr.) (the) r.,* giro di rappresentazioni; tournée ● *r. accident,* incidente stradale □ *r.-block,* blocco stradale □ *r. contractor,* titolare d'impresa di costruzioni stradali □ *r. fork,* bivio stradale □ *r.-map,* carta stradale □ *r.-roller,* compressore stradale □ *r.-sign,* cartello indicatore □ *carriage r.,* strada carrozzabile □ *the Oxford r.,* la strada per Oxford □ *ring-r.,* (strada di) circonvallazione □ *the rules of the r.,* il codice della strada □ *(comm.) to send goods by r.,* spedire merci con automezzi □ *(fig.) Get out of my r.!,* togliti di mezzo (o dai piedi)!
road-book ['roudbuk] *n.* [C] guida stradale.
road-hog ['roudhɔg] *n.* [C] automobilista avventato; pirata della strada.
roadman ['roudmən] *n.* (*pl.* **roadmen** ['roudmən]) cantoniere; stradino.
road-mender ['roud,mendə*] *n.* [C] cantoniere; stradino.
road-metal ['roud,metl] *n.* [U] pietrisco.
roadside ['roudsaid] *n. (solo al sing. con l'art. determ.)* margine della strada.
roadstead ['roudstəd] *n.* [C] *(naut.)* rada.
roadster ['roudstə*] *n.* [C] **1** *(autom., arc.)* spider; automobile scoperta a due posti **2** cavallo da tiro **3** esperto viaggiatore.
roadway ['roudwei] *n. (solo al sing. con l'art. determ.)* **1** manto stradale **2** carreggiata (di una strada) **3** piano stradale (di ponte).
roadworthy ['roud,wə:ði] *a.* (di veicolo) idoneo a tenere la strada.
to **roam** [roum] **A** *v. i.* errare; girovagare; vagare; andar ramingo *(lett.)* **B** *v. t.* vagare per; percorrere.
(1) roan [roun] **A** *a.* roano **B** *n.* [C] cavallo roano.
(2) roan [roun] *(calzoleria, legatoria)* **A** *n.* [U] pelle ovina tipo finto marocchino **B** *a.* di finto marocchino.
roar [rɔ:*] *n.* [C] **1** ruggito **2** muggito; mugghio; rombo (del vento, ecc.); scoppio (di tuono); scroscio (di risa); urlo ● *to set the room in a r.,* far scoppiare dalle risa tutti (i presenti nella stanza).
to **roar** [rɔ:*] **A** *v. i.* **1** ruggire; *(per estens.)* mugghiare, muggire; rombare; scrosciare; urlare: *to r. with pain,* urlare dal dolore **2** scoppiare a ridere; ridere rumorosamente **3** (di cavallo bolso) respirare rumorosamente **B** *v. t.* (spesso *to r. out*) gridare; urlare; dire (o dare) a gran voce: *to r. out an order,* dare un ordine a gran voce ● *to r. oneself hoarse,* arrochirsi a forza d'urlare □ *to r. with laughter,* sbellicarsi dalle risa; ridere fragorosamente.
roarer ['rɔ:rə*] *n.* cavallo bolso.
roaring ['rɔ:riŋ] *a.* **1** ruggente; mugghiante; scrosciante; sonante **2** tempestoso ● *(fig.) a r. night,* una notte di bagordi □ *to be in r. health,* scoppiare di salute.
roast [roust] **A** *n.* [C] e [U] **1** *(cucina)* arrosto **2** (anche *metall.*) arrostimento **3** tostatura (del caffè) **B** *a. attr.* arrosto; arrostito: *r. beef,* manzo arrosto.
to **roast** [roust] **A** *v. t.* **1** (anche *metall.*) arrostire **2** tostare, torrefare (caffè) **3** *(fig., fam.)* criticare; prendere in giro **B** *v. i.* **1** arrostirsi **2** (del caffè) tostarsi **C** to **roast oneself** *v. rifl.* arrostirsi *(fig.).*
roaster ['roustə*] *n.* [C] **1** rosticciere **2** *(metall.)* forno di arrostimento **3** tostacaffè; tostatrice **4** pollo (o maialino, coniglio, ecc.) da fare arrosto.
roasting-jack ['roustiŋdʒæk] *n.* [C] girarrosto.
to **rob** [rɔb] *v. t.* **1** rubare; derubare; rapinare; svaligiare: *to rob sb. of st.,* rubare q.c. a q. □ *to rob a bank,* svaligiare una banca **2** *(fig.)* privare; spogliare: *to rob sb. of his rights,* privare (o spogliare) q. dei suoi diritti.
robber ['rɔbə*] *n.* [C] ladro; ladrone; predone; rapinatore.
robbery ['rɔbəri] *n.* [C] e [U] furto; ladrocinio; rapina ● *r. with violence,* rapina con ricorso alla violenza □ *armed r.,* rapina a mano armata □ *highway r.,* brigantaggio.
robe [roub] *n.* [C] **1** toga (da magistrato, avvocato, ecc.) **2** (di sacerdote) abito talare **3** *(USA)* veste da camera ● *bath-r.,* accappatoio □ *royal robes,* abiti regali.
to **robe** [roub] *v. t.* **1** vestire; rivestire **2** mettere la toga a (q.).
robin ['rɔbin] *n.* [C] *(zool.)* **1** (anche *r. redbreast,* Erithacus rubecula) pettirosso **2** (anche *American r.,* Turdus migratorius) tordo americano.
robot ['roubɔt] *n.* [C] automa (anche *fig.*); robot.
robust [rə'bʌst] *a.* robusto (anche *fig.*); forte; gagliardo; vigoroso.
robustness [rə'bʌstnis] *n.* [U] robustezza; forza; gagliardia; vigorosità.
rochet ['rɔtʃit] *n.* [C] *(relig.)* rocchetto.
(1) rock [rɔk] *n.* **1** [U] e [C] roccia; rupe; scoglio: *a house built upon r.,* una casa costruita sulla roccia □ *as firm as r.,* saldo come la roccia **2** [C] masso; macigno **3** [U] zucchero candito **4** [U] (specialm. *almond r.*) varietà di torrone **5** [C] *(pop.)* diamante ● *(geogr.) the R.,* Gibilterra □ *r.-bed,* fondo roccioso □ *(comm.) r.-bottom prices,* prezzi ridottissimi □ *(bot.) r. plants,* piante rupestri (o rupicole) □ *(fam., fig.) to be on the rocks,* essere al verde; essere sull'orlo del fallimento □ *to reach r. bottom,* toccare il fondo □ *whisky on the rocks,* whisky con ghiaccio.
(2) rock [rɔk] **A** *n.* **1** [C] dondolio; oscillazione **2** [U] (anche *r. and roll, rock'n'roll*) rock, rock and roll (musica e ballo) **B** *a. attr. (mus.)* rock: *a r. singer,* un cantante rock.
to **rock** [rɔk] **A** *v. t.* **1** cullare; dondolare **2** scuotere; far tremare **B** *v. i.* **1** dondolare; oscillare **2** tremare; vacillare **C** to **rock oneself** *(to and fro, from side to side) v. rifl.* dondolarsi ● *to r. a baby asleep,* far addormentare un bambino cullandolo; ninnare un bambino.
rock-climber ['rɔk,klaimə*] *n.* [C] *(sport)* rocciatore.
rock-climbing ['rɔk,klaimiŋ] *n.* [U] *(sport)* alpinismo su roccia.
rocker ['rɔkə*] *n.* [C] **1** asse ricurva (di sedia o cavallo a dondolo) **2** *(USA)* sedia a dondolo ● *(pop.) to be off one's r.,* essere matto (da legare).
rockery ['rɔkəri] *n.* [C] giardino alla giapponese.
rocket ['rɔkit] *n.* [C] razzo (da segnalazioni militari e fuoco artificiale); missile ● *r.-bomb,* bomba volante; missile a razzo □ *(mil.) r.-launcher,* lanciarazzi.
to **rocket** ['rɔkit] **A** *v. i.* **1** salire come un razzo **2** (dei prezzi) salire alle stelle **B** *v. t.* bombardare con razzi.
rocketry ['rɔkitri] *n.* [U] missilistica.
rockiness ['rɔkinis] *n.* [U] (l') essere roccioso.
rocking ['rɔkiŋ] *a.* dondolante; oscillante.
rocking-chair ['rɔkiŋtʃɛə*] *n.* [C] sedia a dondolo.
rocking-horse ['rɔkiŋhɔ:s] *n.* [C] cavallo a dondolo.
(1) rocky ['rɔki] *a.* **1** roccioso; pieno di rocce; sassoso; scoglioso **2** duro come la roccia; di pietra.
(2) rocky ['rɔki] *a.* instabile; malfermo; traballante.
rococo [rə'koukou] *a.* e *n. (arte, archit.)* rococò.
rod [rɔd] *n.* [C] **1** verga; bacchetta **2** *(mecc.)* asta; barra: *a curtain-rod,* un'asta per tendine **3** (*sport,* anche *fishing-rod*) canna da pesca **4** (*mecc.* anche *connecting rod*) biella **5** (misura di lunghezza) pertica **6** *(pop. USA)* pistola **7** *(pop.)* verga *(pop.)*; pene ● *(fig.) to*

make a rod for one's own back, andare in cerca di guai.

rode [roud] *pass.* di to **ride.**

rodent ['roudənt] *a.* e *n.* [C] *(zool.)* **roditore.**

rodeo [rou'deiou] *n.* (*USA, pl.* **rodeos**) **rodeo.**

rodomontade [ˌrɔdəmɔn'teid] *n.* [U] **rodomontata; spacconata.**

(1) roe [rou] *n.* [U] **fregolo; uova di pesce.**

(2) roe [rou] *n.* (*pl.* **roe, roes**) (*zool.,* Capreolus capreolus) **capriolo.**

roebuck ['roubʌk] *n.* [C] *(zool.)* **capriolo** (il maschio).

rogation [rou'geiʃən] *n. (generalm. al pl.) (relig.)* **rogazioni.**

roger ['rɔdʒə*] *inter. (radio)* **ricevuto!**

rogue [roug] *n.* [C] ***1*** **birbante; briccone; canaglia; farabutto; furfante; mascalzone** ***2*** *(scherz.)* **birba; bricconcello; furfantello; birichino** ● *(zool.) r. elephant,* elefante solitario (che vive appartato dal branco) □ *rogues' gallery,* schedario fotografico dei criminali.

to **rogue** [roug] *v. t.* **estirpare le erbacce da** (un terreno); **liberare dalla malerba.**

roguery ['rougəri] *n.* ***1*** [U] e [C] **birbanteria; bricconeria; furfanteria; mascalzonata** ***2*** *(generalm. al pl.)* **birichinata; marachella.**

roguish ['rougiʃ] *a.* ***1*** **bricconesco; furfantesco** ***2*** **birichino; malizioso.**

to **roister** ['rɔistə*] *v. i.* **far baccano; far baldoria.**

roisterer ['rɔistərə*] *n.* [C] **schiamazzatore; chiassone.**

roisterous ['rɔistərəs] *a.* **chiassoso; rumoroso.**

role, rôle [roul] *n. (teatr.)* **ruolo; parte** (anche *fig.*) ● *to play the leading r.,* fare la parte del protagonista.

to **roll** [roul] *v. t.* e *i.* ***1*** **rotolare, far rotolare, rotolarsi; ruzzolare, far ruzzolare** ***2*** **ruotare; girare in tondo; far ruotare** ***3*** (degli occhi) **roteare; girare; stralunare** ***4*** (anche *to r. up*) **arrotolare, arrotolarsi; avvolgere, avvolgersi; avvoltolare, avvoltolarsi** ***5*** **dondolare; ondeggiare; camminare dondolandosi** ***6*** *(naut.)* **rollare; rullare** ***7*** (di tamburo) **rullare; far rullare** (i tamburi) ***8*** (del tuono) **rombare** ***9*** **cilindrare, rullare** (una strada) ***10*** (anche *mecc.*) (anche *to r. flat*) **spianare con rulli** ***11*** (anche *to r. out*) **spianare** (la pasta) **col matterello** ***12*** (specialm. *to r. out*) **dire** (o **cantare, pronunziare) a gran voce** ***13*** **arrotare** (la erre) ***14*** (di solito *to r. along, by, on*) **passare; scorrere; trascorrere; allontanarsi** ***15*** **andare avanti; far progressi; progredire** ***16*** (del terreno) **essere ondulato**: *miles of rolling country,* miglia di terreno ondulato ***17*** *(metall.)* **laminare**: *rolled gold,* oro laminato ● *to r. in,* arrivare in gran quantità (o in gran numero) □ *to r. st. into a ball,* fare un gomitolo di q.c. □ *to r. st. over,* rivoltare q.c. □ *(fig.) to r. up,* accumulare, accumularsi □ *to be rolling in wealth (luxury, etc.),* sguazzare nell'oro (nel lusso, ecc.).

roll [roul] *n.* [C] ***1*** **rotolo**: *a r. of film,* un rotolo di pellicola ***2*** **rocchio**: *a sausage-r.,* un rocchio di salsiccia □ *rolls of fat,* rocchi di grasso ***3*** **elenco; lista; albo;** *(leg.)* **ruolo**: *a long r. of heroes,* una lunga lista di eroi ***4*** **panino** (tondo) ***5*** (anche *roller*) **rullo; cilindro** ***6*** (di giacca) **risvolta; risvolto** ***7*** *(archit.)* **cartoccio** (di capitello ionico) ***8*** (di tamburo) **rullo** (il rullare) ***9*** *(naut., aeron.)* **rollio; rullio; rollata** ***10*** (di tuono, cannone) **rombo** ***11*** **ruzzolata** ***12*** **andatura dondolante; dondolio** ***13*** *(tipogr.)* **cilindro per stampa** ● *the Rolls,* (un tempo) l'Archivio di Stato; (ora) l'Albo degli avvocati □ *a r. of butter,* un panetto (cilindrico) di burro □ *r.-call* (o *calling the r.*), appello □ *to call the r.,* fare l'appello □ (rif. a personale) *to be on the r.,* essere in organico □ *(fam.) to be on the rolls of fame,* essere famoso □ *to strike sb. off the rolls,* radiare q. dall'albo (professionale).

roller ['roulə*] *n.* [C] ***1*** **rullo** (di legno, di metallo, ecc.); *(mecc.)* **cilindro;** *(metall.)* **laminatoio**: *a garden-r.,* un rullo per giardino ***2*** **compressore; rullo compressore**: *a road-r.,* un compressore stradale ***3*** (di solito *r. bandage*) **benda arrotolata; rotolo di garza** ***4*** *(naut.)* **onda lunga; cavallone; maroso.**

roller-skate ['rouləˌskeit] *n.* [C] **pattino a rotelle.**

to **roller-skate** ['rouləˌskeit] *v. i.* **pattinare; schettinare.**

roller-towel ['roulə'tauəl] *n.* [C] **bandinella; asciugamano a rullo.**

rollicking ['rɔlikiŋ] *a.* **allegro; brioso** ● *a r. fellow,* un buontempone □ *to have a r. time,* far baldoria; divertirsi un mondo.

rolling ['rouliŋ] *a.* ***1*** **rotolante** ***2*** **rotante; girevole; roteante** ***3*** **dondolante; oscillante** ***4*** (di onde, di mare) **agitato; tumultuoso** ***5*** **a spirali; a volute** ***6*** **ondulato**: *r. land,* terreno ondulato ● *(mus.) a r. note,* una nota trillata.

rolling-mill ['rouliŋmil] *n.* [C] *(mecc.)* **laminatoio.**

rolling-pin ['rouliŋpin] *n.* [C] **matterello.**

rolling-press ['rouliŋpres] *n.* [C] **calandra.**

rolling-stock ['rouliŋstɔk] *n.* [U] *(ferr.)* **materiale rotabile.**

roll-neck ['roulˌnek] *a. (moda)* **a collo alto (risvoltabile).**

roll-on ['roulˌɔn] *n.* [C] *(fam.)* **guaina; panciera.**

roly-poly [ˌrouli'pouli] ***A*** *n.* [C] ***1*** *(cucina)* **dolce formato da una striscia di pasta arrotolata, spalmata di marmellata** ***2*** *(fam.)* **tipo grasso e tozzo; tombolo** *(fam.)*; **bambino paffuto** ***3*** **misirizzi** (balocco) ***B*** *a. (fam.)* **grassottello; paffuto.**

Roman ['roumən] ***A*** *a.* ***1*** **romano**: *the R. Empire,* l'impero romano ***2*** **romanesco**: *the R. dialect,* il (dialetto) romanesco ***3*** *(relig.)* **cattolico** ***B*** *n.* [C] ***1*** **romano, romana** ***2*** *(relig.)* **cattolico romano, cattolica romana** ● *R. Catholic,* cattolico romano □ *R. nose,* naso aquilino □ *R. numerals,* numeri romani □ *(tipogr.) R. type,* carattere tondo.

Romance [rə'mæns] *a.* **romanzo; neolatino**: *R. languages,* lingue romanze.

romance [rə'mæns] *n.* ***1*** [C] *(stor.)* **romanzo cavalleresco medievale** ***2*** [C] **romanzo avventuroso, fantastico; racconto favoloso** ***3*** [C] **romanzo** *(fig.)*; **cosa romanzesca; storia incredibile** ***4*** [U] **fascino; alone di leggenda; romanticheria;** *(spreg.)* **romanticume** ***5*** [C] **idillio; romantica storia d'amore** ***6*** [C] *(mus.)* **romanza.**

to **romance** [rə'mæns] *v. i.* **romanzeggiare.**

Romanesque [ˌroumə'nesk] ***A*** *a.* ***1*** *(arte)* **romanico** ***2*** *(linguistica)* **romanzo; neolatino** ***B*** *n.* [U] *(arte)* **stile romanico.**

Romanic [rou'mænik] *a. (linguistica)* **romanzo; neolatino.**

Romanist ['roumənist] *n.* ***1*** *(spreg.)* **cattolico; fautore del cattolicesimo** ***2*** **romanista.**

to **romanize** ['roumənaiz] ***A*** *v. t.* ***1*** **latinizzare; rendere romano** ***2*** **convertire al cattolicesimo romano** ***3*** **trascrivere in caratteri latini** ***B*** *v. i.* ***1*** **latineggiare** ***2*** **convertirsi al cattolicesimo romano.**

Romansch, Romansh [rou'mænʃ] *a.* e *n. (linguistica)* **romancio.**

romantic [rə'mæntik] ***A*** *a.* ***1*** *(arte, letter.)* **romantico** (anche nel senso *pop.*) ***2*** **romanzesco; fantastico** ***B*** *n.* ***1*** [C] **romantico, romantica** ***2*** **scrittore (o musicista,** ecc.) **romantico** ***3*** *(al pl.)* **idee romantiche.**

romanticism [rə'mæntisizəm] *n.* [U] *(arte, letter.)* **romanticismo.**

romanticist [rə'mæntisist] *n.* [C] *(arte, letter.)* **romantico.**

to **romanticize** [rə'mæntisaiz] ***A*** *v. i.* **fare il romantico; scrivere in modo romantico** ***B*** *v. t.* **rendere romantico; trattare romanticamente.**

Romany ['rɔməni] ***A*** *n.* ***1*** [C] **zingaro** ***2*** [U] **lingua zingaresca** ***B*** *a.* **zingaresco.**

Romish ['roumiʃ] *a. (spreg.)* **cattolico romano; papista.**

to **romp** [rɔmp] *v. i.* **far chiasso; giocare; ruzzare** ● *to r. home,* vincere facilmente □ *to r. through an exam,* superare un esame come niente fosse.

romp [rɔmp] *n.* [C] ***1*** (spesso *a game of romps*) **gioco chiassoso** ***2*** **birichino, birichina; monello, monella;** (di ragazza) **maschiaccio.**

romper ['rɔmpə*] *n.* ***1*** **chi fa chiasso; bambino che ruzza** ***2*** *(al pl.)* **pagliaccetto; vestitino (o tuta) per giocare.**

rondeau ['rɔndou] *(franc.) n.* (*pl.* **rondeaux** ['rɔndouz]) *(poesia)* **rondò.**

rondo ['rɔndou] *(ital.) n.* (*pl.* **rondos**) *(mus.)* **ron-**

dò.

roneo ['rouniou] *n.* (*pl.* **roneos**) **ciclostilato** ● *R. machine,* (marchio) ciclostile.

to **roneo** ['rouniou] *v. t.* **ciclostilare.**

rood [ru:d] *n.* [C] *1 (arc.)* **croce** (su cui fu crocifisso Gesù) *2* **crocifisso** (specialm. se collocato su una *r. screen*) *3* « **rood** » (misura di superficie) ● *(archit.) r. screen,* parete divisoria fra la navata e il coro (di una chiesa); jubé *(franc.).*

roof [ru:f] *n.* [C] *1* **tetto** (anche *fig.*) *2* (di autobus) **imperiale** *3* (della bocca) **palato** *4 (ind. mineraria)* **cielo** (di galleria) ● *(fig.) the r. of heaven,* la volta del cielo □ *(fam.) to raise the r.,* fare il diavolo a quattro.

to **roof** [ru:f] *v. t.* **coprire** (con un tetto).

roof-garden ['ru:f,ga:dn] *n.* [C] **giardino pensile.**

roofing ['ru:fiŋ] *n.* [U] *(edil.,* anche *r. material)* **materiale di copertura.**

roofless ['ru:flis] *a.* **senza tetto;** *(fig.)* **senza casa, senza un rifugio.**

to **rook** [ruk] *v. t.* *1* **truffare** (q.) **barando; spennare** *(fig., pop.)* *2* **far pagare prezzi esorbitanti a** (q.); **pelare** *(fig., pop.).*

(1) rook [ruk] *n.* [C] *1* *(zool.,* Corvus frugilegus) **corvo nero** *2* **imbroglione;** (specialm.) **baro.**

(2) rook [ruk] *n.* [C] (nel gioco degli scacchi) **torre.**

rookery ['rukəri] *n.* [C] *1* **(gruppo d'alberi con) nidi di corvi neri** *2* **colonia di foche** (o **di pinguini**) *3 (fig.)* **casamento popolare.**

rookie ['ruki] *n.* [C] *(gergo mil.)* **recluta.**

room [ru:m] *n.* *1* [C] **stanza; camera; sala**: *a bed-r.,* una camera da letto □ *a dining-r.,* una sala da pranzo *2* [U] **spazio; posto** *3* [U] *(fig.)* **adito; motivo; occasione; possibilità** *4 (al pl.)* **camere; stanze; appartamento** ● *r.-mate,* compagno di stanza □ *(mecc.) engine-r.,* sala macchine □ *Standing r. only!,* (a teatro, al cinema) posti a sedere esauriti; (di autobus) completo □ *Make r.!,* fate largo!

to **room** [ru:m] *v. i. (USA)* **alloggiare; abitare** (specialm. in camera o appartamento ammobiliato).

roomer ['ru:mə*] *n. (USA)* **affittuario d'appartamento** (o **di camera ammobiliata).**

roomful ['ru:mful] *n.* [C] **stanza piena.**

roominess ['ru:minis] *n.* [U] **ampiezza; spaziosità.**

roomy ['ru:mi] *a.* **ampio; spazioso; vasto.**

roost [ru:st] *n.* [C] *1* (d'uccelli) **posatoio** *2* **pollaio** *3 (fam.)* **giaciglio; letto** ● *to go to r.,* appollaiarsi; *(fam.)* andare a letto (o a nanna) □ *(fig.) to rule the r.,* fare il gallo del pollaio; spadroneggiare.

to **roost** [ru:st] *v. i.* *1* (d'uccelli) **appollaiarsi** *2 (fam.)* **andare a dormire; fare la nanna.**

rooster ['ru:stə*] *n.* [C] (specialm. *USA*) *(zool.,* Gallus domesticus) **gallo.**

root [ru:t] *n.* [C] *1* **radice** (in ogni senso); *(fig.)* **origine, causa, fonte** *2 (al pl.)* **radici commestibili** *3 (mus.)* **nota fondamentale** ● *(mat.) r. sign,* segno di radice; radicale □ *to pull up by the roots,* sradicare; estirpare (anche *fig.*) □ *to take* (o *to strike*) *r.,* radicare, radicarsi; metter radice □ *a verb-r.,* la radice di un verbo.

(1) to **root** [ru:t] **A** *v. t.* **radicare** (anche *fig.*); **piantare; fissare** **B** *v. i.* (anche *fig.*) **radicare, radicarsi; attecchire; metter radice** ● (anche *fig.*) *to r. out* (o *up*), sradicare; estirpare.

(2) to **root** [ru:t] **A** *v. t.* (anche *to r. up*) (del maiale) **cavare** (o **scavare**) **col grugno** **B** *v. i.* *1* **grufolare** *2 (pop. USA)* **fare il tifo** (per q.) ● *to r. about,* frugare.

rootage ['ru:tidʒ] *n.* [U] *1* **radicamento; (il) radicarsi** *2 (collett.)* **radici** (d'una pianta).

rooted ['ru:tid] *a.* *1* **radicato; saldo; profondo** *2* **basato; fondato.**

rootless ['ru:tlis] *a.* *1* **privo di radici** *2* **infondato; privo di fondamento** *3* (di persona) **che non ha radici; sradicato.**

rootstalk, rootstock ['ru:tstɔk] *n.* [C] *(bot.)* **rizoma.**

rope [roup] *n.* *1* [C] e [U] **corda; fune; canapo;** *(naut.,* anche *bolt-r.)* **cavo, cima, ralinga** *2* [C] **filo; filza**: *a r. of pearls,* un filo di perle *3* [C] (di cipolle, ecc.) **resta** ● *r. ladder,* scala di corda □ *r.-maker,* cordaio; funaio □ *r.-yard* (o *r.-walk*), corderia □ *r. yarn,* filato per funi; filaccia □ *(fig.) to be at the end of one's r.,* essere allo stremo; essere alle strette □ *(fam.) to give sb. r.* (o *plenty of r.*), dar corda a q. □ *(fig.) to know the ropes,* essere pratico del mestiere; saperla lunga □ (d'alpinisti) *to be on the r.,* essere in cordata □ *to be on the ropes,* *(pugilato)* essere alle corde; *(fig., fam.)* essere con le spalle al muro.

to **rope** [roup] *v. t.* *1* **legare con corde; assicurare con funi** *2 (naut.)* **incordare; ralingare** *3 (alpinismo)* **legare in cordata** *4* (di solito *to r. in, to r. off*) **cingere con corda; delimitare con funi** *5* **prendere** (un cavallo, ecc.) **al laccio** ● *(fam.) to r. sb. in,* irretire q. □ *(alpinismo) to r. up,* mettersi in cordata.

rope-dancer ['roup,da:nsə*], **rope-walker** ['roup,wɔ:kə*] *n.* [C] **funambolo.**

ropeway ['roupwei] *n.* [C] **funivia; teleferica.**

roping ['roupiŋ] *n.* [U] *(ind.)* **cordame.**

ropy ['roupi] *a.* *1* **filamentoso; viscoso** *2 (fam.)* **(di qualità) scadente; scalcinato** *(fig.).*

rorty ['rɔ:ti] *a. (pop.)* *1* **divertente; spassoso** *2* **festaiolo** ● *to have a r. time,* spassarsela.

rosarian [rou'zɛəriən] *n.* [C] **coltivatore di rose; rosicoltore.**

rosary ['rouzəri] *n.* [C] *1 (relig.)* **rosario; corona** *2 (bot.)* **rosaio; roseto.**

(1) rose [rouz] **A** *n.* *1* [C] *(bot.,* Rosa) **rosa** *2* [U] **color rosa** *3* [C] *(gioielleria, ecc.)* **rosetta** *4 (al pl.)* **colorito roseo** *5* (anche *r. window*) **rosone** **B** *a. attr.* **rosa** ● *r.-bed,* rosaio; roseto □ *a r.-cut diamond,* un diamante tagliato a rosetta □ *r.-garden,* rosaio; roseto □ *r.-leaf,* petalo di rosa □ *r.-water,* acqua di rose □ *(archit.) r. window,* rosone □ *(fig.) to gather life's roses,* godersi la vita □ *(fig.) to look at things through r.-coloured spectacles,* vedere tutto rosa □ *(fig.) a path strewn with roses,* una vita dedita ai piaceri □ *(stor.) the Wars of the Roses,* la Guerra delle due Rose.

(2) rose [rouz] *pass.* di to **rise.**

to **rose** [rouz] *v. t.* **colorare** (o **colorire**) **di rosa.**

rosé ['rouzei] *(franc.) n.* [U] **(vino) rosé.**

roseate ['rouziit] *a.* **roseo; rosa; color di rosa.**

rose-bay ['rouz,bei] *n.* [C] *(bot.)* *1* (Nerium oleander) **oleandro** *2* (Rhododendron) **rododendro.**

rosebud ['rouzbʌd] *n.* *1 (bot.)* **bocciolo di rosa** *2 (fig.)* **bocciolo di rosa; bella ragazza.**

rose-chafer ['rouz,tʃeifə*] *n.* [C] *(bot.,* Cetonia aurata) **cetonia.**

rosemary ['rouzməri] *n.* [C] e [U] *(bot.,* Rosmarinus officinalis) **rosmarino.**

roseola [rou'zi:oulə] *n.* [U] *(med.)* **rosolia.**

rosery ['rouzəri] *n.* [C] **rosaio; roseto.**

rosette [rou'zet] *n.* [C] *1* **rosetta; nastrino; coccarda** *2 (archit.)* **rosone** *3 (turismo)* **stella.**

rosewood ['rouzwud] *n.* [U] **(legno di) palissandro.**

rosin ['rɔzin] *n.* [U] **resina;** (specialm.) **colofonia, pece greca.**

to **rosin** ['rɔzin] *v. t.* **strofinare con la colofonia.**

rosiness ['rouzinis] *n.* [U] **color roseo.**

rosiny ['rɔzini] *a.* **resinoso; coperto di colofonia.**

roster ['rɔstə*] *n.* [C] *1* **elenco; lista; registro** *2 (mil.)* **ruolino** (o **lista**) **dei turni di servizio.**

rostrum ['rɔstrəm] *n.* (*pl.* **rostra** ['rɔstrə], **rostrums**) **rostro** (in ogni senso); **tribuna** (del Foro Romano).

rosy ['rouzi] *a.* **roseo** (anche *fig.*); **rosato:** *r. cheeks,* gote rosee □ *r. expectations,* rosee speranze.

rot [rɔt] *n.* [U] *1* **decomposizione; putrefazione** *2* **marciume; putredine; putridume** *3 (fig.)* **corruzione; depravazione; marcio** *4 (vet.)* **moria** (delle pecore) *5* *(pop.,* anche *tommy rot)* **sciocchezze; fesserie.**

to **rot** [rɔt] **A** *v. i.* *1* **decomporsi; imputridire; marcire** (anche *fig.*) *2 (fig.)* **corrompersi; degenerare; guastarsi** *3 (pop.)* **dire sciocchezze** **B** *v. t.* *1* **far marcire** *2 (ind.)* **macerare** *3 (pop.)* **guastare; rovinare.**

rota ['routə] *n.* [C] **lista dei turni di servizio.**

rotary ['routəri] **A** *a.* *1* **rotante; girevole** *2* **rotatorio** *3* **a rotazione** **B** *n.* [C] *1* **motore rotante** *2* **macchina a rotazione.**

to **rotate** [rou'teit] **A** *v. i.* *1* **rotare; roteare** *2* **succedersi regolarmente** **B** *v. t. (agric.)* **avvicendare, fare la rotazione di** (colture, raccolti).

rotation [rou'teiʃən] *n.* [U] e [C] **1** *(mecc., astron.)* **(movimento di) rotazione 2** *(mecc.)* **giro; rotazione 3 avvicendamento; successione;** *(agric.)* **rotazione** ● *in r.*, a rotazione; a turno.

rotative ['routətiv] *a.* *(mecc.)* **rotativo; rotatorio.**

rotatory ['routətəri] *a.* *(mecc., fis.)* **rotatorio; rotativo.**

rote [rout] *n.* — *by r.*, a memoria; meccanicamente.

rotisserie [rou'tisəri] *n.* [C] **1 rosticceria 2** *(cucina)* **girarrosto.**

rotogravure [ˌroutougrə'vjuə*] *n.* [U] e [C] *(tipogr.)* **rotocalco.**

rotor ['routə*] *n.* [C] **1** *(mecc.)* **ruota; girante 2** *(elettr., aeron.)* **rotore.**

rotten ['rɔtn] *a.* **1 marcio; fradicio; putrido; putrefatto; in decomposizione 2** *(fig.)* **corrotto 3** *(pop.)* **disgustoso; sgradevole.**

rotter ['rɔtə*] *n.* [C] *(pop.)* **cialtrone; individuo spregevole.**

rotund [rou'tʌnd] *a.* **1 rotondo; grasso 2** *(fig.)* **altisonante; magniloquente; pomposo 3** (di voce, tono) **profondo.**

rotunda [rou'tʌndə] *n.* [C] *(archit.)* **rotonda.**

rotundity [rou'tʌnditi] *n.* [U] **1 rotondità 2** *(fig.)* **magniloquenza; pomposità 3** (della voce) **profondità.**

rouble ['ru:bl] *n.* [C] **rublo** (moneta russa).

rouge [ru:ʒ] **A** *n.* [U] **1 rossetto** (per le labbra e per il viso); **belletto 2 ossido di ferro** (per pulire metalli, ecc.).

to **rouge** [ru:ʒ] **A** *v. t.* **imbellettare; dare il rossetto a B** *v. i.* **imbellettarsi; darsi il rossetto.**

rough [rʌf] **A** *a.* **1 ruvido; rozzo; rude; scabro; scabroso; accidentato;** *(fig.)* **aspro, sgarbato, zotico; grossolano, approssimativo**: *r. paper,* carta ruvida □ *a r. road,* una strada accidentata □ *r. words,* parole aspre □ *r. manners,* maniere rudi □ *a r. translation,* una traduzione approssimativa **2 agitato; ventoso; tempestoso**: *a r. day,* una giornata ventosa (e fredda) **3 grezzo; greggio; allo stato naturale 4 chiassoso; rumoroso; violento; turbolento B** *n.* **1** [U] **terreno accidentato 2** [U] **stato grezzo; stato naturale 3** [C] **giovinastro; scavezzacollo; teppista C** *avv.* *(fam.)* **rudemente; con asprezza; in malo modo** ● *r. coat, (edil.)* prima mano d'intonaco, rinzaffo; (d'animale) mantello (o pelame) irsuto □ *r. copy,* mala copia □ *(fig.) r. customer,* osso duro *(fig.)*; tipaccio □ *r. draft,* abbozzo; minuta □ *(fam.) r.-house,* rissa; putiferio □ *r. luck,* sfortuna; mala sorte □ *r. play,* scherzi villani; gioco pesante *(sport* e *fig.)* □ *r. remedies,* rimedi drastici □ *to be r. with sb.*, trattare duramente (o maltrattare) q. □ *r. work,* lavoro pesante, faticoso □ *(fig.) to give sb. a lick with the r. side of one's tongue,* fare una ramanzina a q. □ *to have a r. time,* passarsela male; far vita grama □ *in the r.*, allo stato grezzo; in abbozzo; approssimativo □ *(fig.) to take the r. with the smooth,* accettare il buono e il cattivo (di una situazione, ecc.); prendere la vita come viene.

to **rough** [rʌf] *v. t.* **1 rendere ruvido; irruvidire 2 maltrattare;** *(sport)* **fare un gioco pesante contro** (un avversario; spesso *to r. up*) **3** *(mecc., falegnameria)* **sbozzare 4** (di solito *to r. in, out*) **abbozzare; delineare; schizzare alla meglio 5 domare** (un cavallo) ● *to r. it,* far vita dura □ *(fig.) to r. sb. up the wrong way,* prendere q. contropelo; irritare q.

roughage ['rʌfidʒ] *n.* [U] **crusca di cereali.**

rough-and-ready [ˌrʌfən'redi] *a.* **approssimativo; grossolano; spicciativo.**

rough-and-tumble [ˌrʌfən'tʌmbl] **A** *a.* **irregolare; disordinato B** *n.* [U] e [C] **baruffa; rissa.**

rough-cast ['rʌfka:st] *n.* [U] *(edil.)* **intonaco rustico.**

to **rough-cast** ['rʌfka:st] *(pass.* e *p.p.* **rough-cast**) *v. t.* **1** *(edil.)* **intonacare** (muri) **a rustico 2** *(fig.)* **abbozzare.**

to **rough-dry** ['rʌfdrai] *v. t.* **asciugare** (panni) **senza stirarli.**

to **roughen** ['rʌfən] **A** *v. t.* **1 rendere ruvido; irruvidire 2 rendere rozzo 3 arruffare** (i capelli, le onde, ecc.) **B** *v. i.* **1 irruvidirsi 2 diventare rozzo 3 arruffarsi 4** (del mare) **agitarsi; ingrossarsi.**

to **rough-hew** [ˌrʌf'hju:] *v. t.* **1 digrossare, sgrossare** (legno) **2** *(fig.)* **abbozzare; sbozzare.**

rough-hewn [ˌrʌf'hju:n] *a.* **1 appena abbozzato; informe 2** *(fig.)* **grossolano; incolto; rozzo.**

roughness ['rʌfnis] *n.* [U] **1 ruvidità; rozzezza; rudezza; scabrosità;** *(fig.)* **asprezza, sgarbatezza, villania 2** (del mare) **(l') essere agitato** (o **burrascoso);** (del tempo) **inclemenza 3 stato grezzo; stato naturale 4 violenza; turbolenza.**

rough-rider ['rʌfˌraidə*] *n.* [C] **domatore di cavalli; scozzone.**

rough-shod ['rʌfʃɔd] *a.* (di cavallo) **ferrato a ghiaccio** ● *(fig.) to ride r. over sb.*, calpestare q.; fare il prepotente con q.

rough-spoken ['rʌfˌspoukən] *a.* **volgare; sboccato; villano.**

roulade [ru:'la:d] *n.* [C] *(mus.)* **gorgheggio; trillo.**

roulette [ru:'let] *n.* [U] (gioco d'azzardo) **roulette.**

Roumanian [ru:'meinjən] *a.* e *n.* **rumeno** (anche la lingua).

(1) round [raund] *a.* **1 rotondo; tondo; circolare; rotondeggiante; tondeggiante**: *a r. table,* una tavola rotonda □ *as r. as a ball,* tondo come una palla □ *a r. hand,* una scrittura rotondeggiante □ *in r. figures,* in cifra tonda **2 completo; intero; bello; buono**: *a r. dozen,* un'intera dozzina □ *a (good) r. sum,* una bella somma **3 chiaro e tondo; bell'e buono; esplicito; schietto**: *in (good) r. terms,* in termini espliciti **4** (della voce, di suono) **pieno; sonoro;** (di stile) **fluente, scorrevole, ben tornito** ● *(archit.) r. arch,* arco a tutto sesto □ (leggenda) *the R. Table,* la Tavola Rotonda □ *a r.-table conference,* una tavola rotonda (convegno di esperti).

to **round** [raund] **A** *v. t.* **1** *(mecc., mat., ecc.)* **arrotondare**: *to r. a figure,* arrotondare una cifra **2 arricciare, sporgere** (le labbra) **3 girare (intorno a);** *(naut.)* **doppiare**: *to r. the corner,* girare l'angolo; scantonare **4** (spesso *to r. off*) **completare; coronare; finire**: *to r. off a career,* coronare una carriera **5 circondare; accerchiare 6 far girare; far rotare B** *v. i.* **1** (anche *to r. out*) **arrotondarsi; ingrassare 2 girarsi; voltarsi; far-dietro front 3 girare; rotare** ● *to r. the angles,* smussare gli angoli □ *(fam.) to r. on sb.*, attaccare improvvisamente q. □ *to r. out,* arrotondare, arrotondarsi; completare, coronare, finire □ *to r. up,* radunare, riunire; (della polizia) fare una retata di (delinquenti, persone sospette) □ *to r. a vowel,* pronunciare una vocale con le labbra arrotondate.

(2) round [raund] *n.* [C] **1 tondo; cerchio; circolo; globo; sfera**: *to dance in a r.*, danzare in cerchio **2 giro** (in tondo, d'ispezione, ecc.); **ronda**: *the postman's r.*, il giro del postino **3** *(sport)* **turno;** *(golf)* **percorso, giro;** *(pugilato)* **ripresa**: *a boxing-match of ten rounds,* un combattimento di dieci riprese **4** *(mil.)* **colpo; salva; scarica; sparo**: *a blank r.*, uno sparo a salve **5 scroscio; scoppio**: *a r. of applause,* uno scroscio di applausi **6** *(macelleria)* **girello 7** (a carte) **giro; mano** ● *a r. of bread,* una fetta di pane □ *a r. of days,* una successione di giorni □ *a r. of parties,* una serie di trattenimenti □ *the r. of the seasons,* il ciclo delle stagioni □ *a r. of visits,* un giro di visite □ *the daily r.*, le occupazioni quotidiane □ *(lett.) the earth's yearly r.*, la rivoluzione (annuale) della terra □ *(scult.* e *fig.) in the r.*, a tutto tondo □ *The doctor is on his rounds,* il dottore sta facendo il giro delle visite □ *The news went the r. of the village,* la notizia circolò in tutto il paese.

(3) round [raund] *avv.* **1 in tondo; in cerchio; in giro; attorno; intorno; all'intorno 2 vicino; nelle vicinanze 3 di ritorno** ● *r. about,* circa; all'incirca □ *r. and r.*, più volte intorno; in giro, in tondo □ *an all-r. man,* un uomo versatile □ *all the year r.*, (per) tutto l'anno □ *to ask sb. r.*, invitare q. a casa propria □ *to come r.*, ritornare; tornare □ *for a mile r.*, nel raggio di un miglio □ *to go r. a museum,* visitare un museo □ *to hand st. r.*, distribuire (o offrire, far girare) q.c. □ *to have a look r.*, dare un'occhiata in giro □ *to show sb. r.*, accompagnare q. in giro □ *taking it all r.*, nell'insieme; tutto considerato □ *to win sb. r.*, far mutare parere a q.; convincere q. □ *Come r. and see me,* vieni a trovarmi!

(4) round [raund] *prep.* **intorno a; tutt'intorno a;**

nelle vicinanze di: *a wall r. a town,* un muro tutt'intorno a una città □ *to travel r. the world,* viaggiare intorno al mondo; fare il giro del mondo ● *r. the clock,* per ventiquattro ore; tutto il giorno e la notte □ *r. the corner,* girato l'angolo; dietro l'angolo.

roundabout ['raundəbaut] ***A*** *a.* **indiretto; obliquo; storto; traverso**: *r. methods,* metodi indiretti □ *to go by a r. route,* prendere una via traversa ***B*** *n.* C ***1*** **giro in tondo** ***2*** **circonlocuzione** ***3*** **giostra** (divertimento da luna park) ***4*** **aiuola spartitraffico con senso rotatorio; rondò** ● *(autom.) r. circulation,* rotatoria (senso rotatorio).

roundel ['raundl] *n.* C ***1*** *(archit.)* **pannello di forma circolare; medaglione decorativo** ***2*** *(letter., mus.)* **rondò.**

roundelay ['raundilei] *n.* C **canzonetta con ritornello.**

round-eyed [,raund'aid] *a.* **con gli occhi spalancati.**

round-hand ['raundhænd] *n.* U **carattere rotondo** (in calligrafia).

Roundhead ['raundhed] *n. (stor.)* **puritano; seguace di Cromwell.**

round-house ['raund,hauz] *n.* C ***1*** *(ferr.)* **deposito locomotive** ***2*** *(stor.)* **carcere; guardina.**

roundish ['raundiʃ] *a.* **rotondetto; tondetto; tondeggiante.**

roundly ['raundli] *avv.* ***1*** **in forma rotondeggiante; in modo circolare** ***2*** **vigorosamente; energicamente; severamente** ***3*** **chiaro e tondo; esplicitamente; francamente.**

roundness ['raundnis] *n.* U ***1*** **rotondità; tondezza; sfericità** ***2*** (di voce) **pienezza; sonorità** ***3*** (di stile) **scorrevolezza.**

round-shouldered [,raund'ʃouldəd] *a.* **dalle spalle ricurve.**

roundsman ['raundzmən] *n.* (*pl.* **roundsmen** ['raundzmən]) *(comm.)* **commesso** (che prende ordinazioni e consegna merci); **fattorino.**

round-up ['raundʌp] *n.* C ***1*** **raduno** (del bestiame) ***2*** *(fam.)* **riunione; adunata** ***3*** (specialm. della polizia) **retata.**

to **rouse** [rauz] ***A*** *v. t.* ***1*** **levare, stanare** (la selvaggina) ***2*** **destare; svegliare; risvegliare** (sentimenti) ***3*** **incitare; spronare; stimolare**: *to r. sb. to action,* spronare q. ad agire ***4*** **eccitare; provocare** ***5*** **mescolar bene; rimestare** ***B*** *v. i.* ***1*** (della selvaggina) **uscire allo scoperto** ***2*** (di solito *to r. up*) **destarsi; svegliarsi** ***3*** (*fig.*, anche to **rouse oneself** *v. rifl.*) **ridiventare attivo; scuotersi.**

rouse [rauz] *n. (al sing. con l'art. determ.) (mil.)* **sveglia.**

rouser ['rauzə*] *n.* C ***1*** **animatore; incitatore** ***2*** *(fam.)* **bugia sfacciata.**

rousing ['rauziŋ] *a.* ***1*** **eccitante; stimolante** ***2*** *(fam.)* **sorprendente; straordinario.**

roustabout ['raustəbaut] *n.* C *(USA)* **scaricatore di porto.**

rout [raut] *n.* U e C **rotta; disfatta; sconfitta.**

(1) to **rout** [raut] *v. t.* **mettere in rotta; sbaragliare.**

(2) to **rout** [raut] *v. i.* e *t.* (spesso *to r. out, to r. up*) **buttar fuori; scovare; snidare; stanare.**

route [ru:t] *n.* ***1*** C **itinerario; percorso; strada** ***2*** C *(naut., aeron.)* **rotta** ***3*** U *(mil.)* **ordini di marcia** ● *r.-map,* carta stradale.

to **route** [ru:t] *v. t.* **avviare, instradare** (merci, truppe, ecc.).

routine [ru:'ti:n] ***A*** *n.* C e U **routine; monotonia; trantran; procedura solita; ordinaria amministrazione** *(fig.)*: *a matter of r.,* un affare d'ordinaria amministrazione ***B*** *a. attr.* ***1*** **abituale; solito** ***2*** **d'ordinaria amministrazione.**

to **rove** [rouv] ***A*** *v. i.* ***1*** **vagare; errare; girovagare; vagabondare** ***2*** (degli occhi, dello sguardo, degli affetti) **vagare; posarsi qua e là** ***B*** *v. t.* **errare per** (le strade, ecc.); **attraversare** (boschi, ecc.) **vagando.**

(1) rove [rouv] *n.* **vagabondaggio** ● *to be on the r.,* andare ramingo.

(2) rove [rouv] *pass.* e *p. p.* di to **reeve.**

rover ['rouvə*] *n.* C ***1*** **girovago; vagabondo** ***2*** **« rover »** (capo di giovani esploratori) ● *(stor.) sea-r.,* pirata.

roving ['rouviŋ] *a.* ***1*** **errante; vagante; nomade** ***2*** **itinerante** ***3*** (della mente, ecc.) **che divaga** ● *(fig.) to have a r. eye,* essere incostante in amore.

(1) row [rou] *n.* C ***1*** **fila; riga**: *a row of houses,* una fila di case □ *in a row,* in fila ***2*** **filare** (di piante) ***3*** **via, strada** (con case da ambo i lati) ● *(fig.) a hard row to hoe,* un compito assai difficile.

(1) to **row** [rou] *(naut., sport)* ***A*** *v. i.* ***1*** **remare; vogare** ***2*** (di barca) **andare a remi** ***B*** *v. t.* ***1*** **spingere coi remi; manovrare** (una barca a remi) ***2*** **trasportare in barca (a remi)** ● (specialm. *USA) row-boat,* barca a remi; canotto □ *to row a fast stroke,* vogare a ritmo accelerato □ (di un armo) *to be rowed out,* essere esausto a forza di remare.

(2) row [rou] *n.* C ***1*** **vogata** ***2*** **gita in barca a remi** ● *to go for a row,* andare a fare una vogata.

(3) row [rau] *n. (fam.)* ***1*** U **baccano; chiasso; rumore; strepito** ***2*** C **baruffa; lite; litigio; tafferuglio**: *to have a row with sb.,* attaccar lite con q. ● *to get into a row,* cacciarsi nei guai; buscarsi un rimprovero □ *to kick up* (o *to make) a row,* fare il diavolo a quattro; strepitare.

(2) to **row** [rau] ***A*** *v. i. (fam.)* **strepitare; litigare; altercare** ***B*** *v. t.* **rimproverare severamente; sgridare aspramente.**

rowan ['rauən] *n. (bot.)* ***1*** (anche *r.-tree,* Sorbus aucuparia) **sorbo selvatico** ***2*** (anche *r.-berry*) **sorba selvatica.**

rowdy ['raudi] ***A*** *a.* **litigioso; turbolento; violento** ***B*** *n.* C *(pop.)* **attaccabrighe; scalmanato; teppista.**

rowdyism ['raudiizəm] *n.* U **condotta turbolenta; teppismo.**

rower ['rouə*] *n.* C **rematore; vogatore;** *(sport)* **canottiere.**

rowing ['rouiŋ] *n.* U *(sport)* **canottaggio** ● *(naut.) r. boat,* imbarcazione a remi □ *r. club,* circolo dei canottieri.

rowlock ['rɔlək] *n.* C *(naut.)* **scalmo; scalmiera.**

royal ['rɔiəl] *a.* **reale; regale; regio;** *(fig.)* **maestoso, splendido**: *the r. family,* la famiglia reale □ *His R. Highness,* Sua Altezza Reale □ *the R. Navy,* la Regia Marina ● *r. blue,* blu reale □ *r. charter,* carta istitutiva (di un'associazione, di un istituto) concessa dal sovrano □ *r. jelly,* pappa reale □ *(naut.) r. sail,* controvelaccio □ *to be in r. spirits,* essere d'ottimo umore.

royalist ['rɔiəlist] *n.* C *(polit.)* **realista; monarchico; fautore della monarchia.**

royalty ['rɔiəlti] *n.* ***1*** U **regalità** ***2*** *(collett.)* **(i) reali; (la) famiglia reale** ***3*** *(al pl.)* **prerogative reali** ***4*** *(al pl.)* **diritti di brevetto; diritti d'autore.**

to **rub** [rʌb] ***A*** *v. t.* e *i.* ***1*** **fregare; sfregare; strofinare; stropicciare**: *to rub one's hands (together),* stropicciarsi le mani ***2*** **fare frizioni a** (q.); **massaggiare** ***B*** to **rub oneself** *v. rifl.* **sfregarsi; strofinarsi;** *(fig.)* **lisciarsi** ***C*** *verbi composti* ***1*** *(fam.) to rub along,* tirare avanti, campare alla meglio; andare d'accordo (con q.) ***2*** *to rub (st.) down,* consumare (o levigare, pulire) strofinando □ *to rub down a horse,* asciugare il sudore a un cavallo ***3*** *to rub (st.) in,* far penetrare (fregando), frizionare con; *(fig.)* imprimere nella mente, far entrare in testa □ *(fam.) to rub it in,* insistere; farla lunga ***4*** *to rub (st.) off,* abradere; asportare strofinando ***5*** *to rub (st.) out,* cancellare (specialm. con la gomma) ***6*** *to rub (st.) up,* levigare; pulire; lucidare; *(fig.)* rinfrescare, ripassare ● *to rub st. dry,* asciugare q.c. strofinando □ *(fig.) to rub sb. the wrong way,* lisciare q. contropelo; prendere q. per il verso sbagliato.

rub [rʌb] *n.* C ***1*** **fregata; fregatina; strofinata; stropicciata**: *to give st. a good rub,* dare una bella strofinata a q.c. ***2*** **frizione; massaggio** ***3*** (nel gioco delle bocce) **asperità del terreno** ***4*** *(fig.)* **difficoltà; ostacolo** ● *There's the rub!,* qui sta il guaio.

rub-a-dub ['rʌbə,dʌb] *n.* U **rataplan; rullo di tamburo.**

(1) rubber ['rʌbə*] *n.* ***1*** C **strofinatore; lucidatore** ***2*** C **massaggiatore** ***3*** U (anche *India-r.*) **gomma; caucciù** ***4*** C **gomma per cancellare** ***5*** C (anche *r. band*)

elastico *6 (al pl.)* **soprascarpe di gomma; galosce** • *r. boat,* canotto pneumatico; gommone □ *r. sheath,* preservativo; profilattico □ *adhesive r.,* para.
to **rubber** ['rʌbə*] *v. t.* **rivestire di gomma; gommare.**
(2) rubber ['rʌbə*] *n.* [C] **partita decisiva.**
rubberized ['rʌbəraizd] *a.* **gommato; rivestito di gomma.**
rubberneck ['rʌbənek] *n.* [C] *(USA)* **1 ficcanaso 2 turista** (che allunga il collo da tutte le parti).
to **rubber-stamp** [ˌrʌbə'stæmp] *v. t.* **1 bollare; timbrare 2** *(fig.)* **approvare** (un progetto, ecc.) **a occhi chiusi.**
rubbish ['rʌbiʃ] *n.* [U] **1 materiale di scarto; rifiuti; immondizie 2 merce di scarto; cose senza valore 3** *(fig.)* **sciocchezze; corbellerie.**
rubbishy ['rʌbiʃi] *a.* **1 senza valore 2** *(fig.)* **pieno di sciocchezze.**
rubble ['rʌbl] *n.* [U] **breccia; pietrisco.**
rub(-)down ['rʌbdaun] *n.* [C] *(anche sport)* **massaggio.**
rubella [ru:'belə] *n.* [U] *(med.)* **rubeola; rosolia.**
rubicund ['ru:bikənd] *a.* **rubicondo.**
rubidium [ru:'bidiəm] *n.* [U] *(chim.)* **rubidio.**
ruble ['ru:bl] *V.* **rouble.**
rubric ['ru:brik] *n.* [C] *(anche relig.)* **rubrica.**
ruby ['ru:bi] *n.* **1** [C] *(miner.)* **rubino** (anche d'orologio) **2** [U] **color rubino.**
ruche [ru:ʃ] *(franc.) n.* [C] **gala** (d'abito femminile).
(1) ruck [rʌk] *n. (collett.)* **folla; massa (anonima); volgo** • *(fig.) to get out of the r.,* farsi un nome.
(2) ruck [rʌk], **ruckle** ['rʌkl] *n.* [C] **grinza; piega.**
to **ruck** [rʌk], to **ruckle** ['rʌkl] **A** *v. t.* **raggrinzare; spiegazzare B** *v. i.* (di solito *to r. up*) **raggrinzarsi; spiegazzarsi.**
rucksack ['rʌksæk] *n.* [C] *(sport)* **sacco da montagna; zaino.**
ruction ['rʌkʃən] *n.* [C] *(generalm. al pl.)* **tumulto; lite.**
rudder ['rʌdə*] *n.* [C] **1** *(naut., aeron.)* **timone 2** *(fig.)* **guida.**
ruddiness ['rʌdinis] *n.* [U] **color vermiglio; colorito roseo; floridezza.**
ruddle ['rʌdl] *n.* [U] **ocra rossa.**
to **ruddle** ['rʌdl] *n.* **tingere** (o **marcare**) **con ocra rossa.**
ruddy ['rʌdi] *a.* **1 rosso; rubicondo; fiorente; florido; rubizzo; vermiglio 2** *(pop.)* **dannato; maledetto.**
to **ruddy** ['rʌdi] **A** *v. t.* **arrossare; imporporare; invermigliare B** *v. i.* **imporporarsi; diventar rubicondo.**
rude [ru:d] *a.* **1 rude; rozzo; incolto; brusco; grossolano; rudimentale; scortese; sgarbato; villano 2 aspro; duro; severo; violento 3 grezzo; greggio**: *cotton in its r. state,* cotone allo stato greggio **4** (di persona) **forte; resistente; robusto** • *a r. awakening,* un brusco risveglio; *(fig.)* un crudele disinganno □ *to be r. to sb.,* essere scortese con q. □ *to be in r. health,* essere forte; essere robusto.
rudeness ['ru:dnis] *n.* [U] **1 rudezza; rozzezza; grossolanità; scortesia; villania 2 asprezza; durezza; severità; violenza.**
rudiment ['ru:dimənt] *n. (di solito al pl.)* **rudimento; elemento**: *the rudiments of art,* i primi rudimenti dell'arte.
rudimental [ˌru:di'mentl], **rudimentary** [ˌru:di'mentəri] *a.* **rudimentale** *(anche biol.)*; **elementare.**
rue [ru:] *n.* [U] *(bot.,* Ruta graveolens) **ruta.**
to **rue** [ru:] *v. t. e i.* **pentirsi** (di); **deplorare**: *You shall rue it,* te ne pentirai • *She will live to rue it,* verrà giorno che se ne pentirà.
rueful ['ru:ful] *a.* **addolorato; afflitto; dolente; mesto.**
ruff [rʌf] *n.* [C] **1 collarino elisabettiano; gorgiera 2** *(zool.)* **collare** (di piume o di pelo) **3** *(zool.)* **piccione dal collare.**
ruffian ['rʌfjən] *n.* [C] **briccone; canaglia; furfante; teppista.**
ruffianism ['rʌfjənizəm] *n.* [U] **bricconeria; furfanteria; teppismo.**
ruffianly ['rʌfjənli] *a.* **brutale; ribaldo; scellerato.**
to **ruffle** ['rʌfl] **A** *v. t.* **1 increspare; agitare 2 arruffare; scompigliare**: *to r. sb.'s hair,* scompigliare i capelli a q. **3** *(fig.)* **agitare; irritare; turbare B** *v. i.* **1** (dell'acqua, del mare, ecc.) **incresparsi; agitarsi 2** *(fig.)* **agitarsi; irritarsi; turbarsi 3** *(arc.)* **attaccar briga; fare il prepotente; fare lo spaccone.**
ruffle ['rʌfl] *n.* [C] **1** (di vestito) **gala 2 crespa; increspatura** (dell'acqua) **3** (d'uccello, d'animale) **collarino; collare.**
rufous ['ru:fəs] *a.* (specialm. *zool.*) **rossastro; rossobruno.**
rug [rʌg] *n.* [C] **1 tappeto; tappetino 2 coperta** (da viaggio, per un cavallo, ecc.) **3 scendiletto** • *travelling rug,* coperta da viaggio.
rugby ['rʌgbi] *n.* [U] *(sport,* anche *r. football)* **rugby; palla ovale.**
rugged ['rʌgid] *a.* **1 accidentato; aspro; frastagliato; irregolare; rugoso; ruvido; scabro; scabroso**: *r. ground,* terreno accidentato □ *a r. coastline,* una costa frastagliata □ *r. features,* lineamenti irregolari **2 rozzo; rude**: *r. verse,* versi rozzi □ *r. manners,* modi rudi **3 irsuto; ispido**: *a big r. bear,* un grosso orso irsuto **4 duro; rigido; severo 5 burrascoso; tempestoso**: *r. weather,* tempo burrascoso • *a r. beard,* una barba incolta, ispida.
rugger ['rʌgə*] *n.* [U] *(sport., fam.)* **rugby; palla ovale.**
ruin [ru:in] *n.* [U] e [C] **rovina** *(anche fig.)*; **crollo; rudere**: *to be in a state of r.,* essere in rovina □ *The tower is now a r.,* la torre è ora un rudere □ *to bring to r.,* mandare in rovina □ *to go to r.,* andare in rovina.
to **ruin** [ru:in] **A** *v. t.* **rovinare; diroccare; mandare in rovina; distruggere, guastare**: *to r. one's hopes,* distruggere le proprie speranze **B** to **ruin oneself** *v. rifl.* **rovinarsi; andare in rovina.**
ruination [ˌru:i'neiʃən] *n.* [U] **rovina.**
ruinous ['ru:inəs] *a.* **1 rovinoso; dannoso 2 diroccato; in rovina.**
rule [ru:l] *n.* **1** [C] **regola; norma; legge; regolamento; precetto; consuetudine**: *grammar rules,* regole di grammatica □ *the r. of force,* la legge della forza □ *to keep the rules,* osservare le regole □ *to make it a r. to do st.,* essere propria regola (o abitudine) fare q.c. **2** [U] **dominio; governo; impero; regime; regno**: *under British r.,* sotto il dominio britannico **3** [C] **riga** (da disegno); **regolo 4** [C] *(tipogr.)* **filetto** • *as a r.,* generalmente; di solito □ *by r.,* secondo le regole □ (di operai) *to work to r.,* lavorare facendo ostruzionismo; fare uno sciopero bianco.
to **rule** [ru:l] *v. t. e i.* **1 dominare** *(anche fig.)*; **governare; reggere** (una nazione); **tenere saldamente; tenere in pugno 2 guidare; regolare; moderare 3** *(leg.)* **decidere; dichiarare; decretare; riconoscere 4 rigare; tracciare righe su** (un foglio, ecc.) **5 tracciare** (una riga) **col regolo 6** *(comm.:* dei prezzi) **mantenersi** (a un certo livello) • *to r. off,* separare con una riga; *(comm.)* regolare (un conto) □ *to r. st. out,* escludere q.c.; dichiarare q.c. inammissibile □ *to r. over,* governare; reggere le sorti di.
ruled [ru:ld] *a.* **rigato; a righe.**
ruler ['ru:lə*] *n.* [C] **1 governante; sovrano 2 riga** (da disegno); **regolo 3** *(tipogr.)* **rigatrice; macchina per rigare.**
ruling ['ru:liŋ] **A** *a.* **1 dominante; predominante; prevalente 2** *(comm.)* **corrente**: *r. prices,* prezzi correnti **B** *n.* **1** [U] **dominio; governo 2** [C] *(leg.)* **decisione; decreto; ordinanza 3** [U] **rigatura** (di un foglio, ecc.) • *the r. class,* la classe dirigente □ *r.-pen,* tiralinee.
(1) rum [rʌm] *n.* [U] **1 rum 2** *(USA)* **liquore forte** (in genere) • *(fam. USA) rum-runner,* contrabbandiere di liquori; nave per il contrabbando di liquori.
(2) rum [rʌm] *a. (pop.)* **bizzarro; strano; strambo; originale.**
Rumanian [ru:'meinjən] *a.* e *n.* **rumeno** (anche la lingua).
rumba ['rʌmbə] *n.* [C] *(mus., danza)* **rumba.**
to **rumble** ['rʌmbl] **A** *v. i.* **1 brontolare; rimbombare; rombare 2 rintronare; rumoreggiare 3 procedere con frastuono; rotolare con gran rumore B** *v. t.* **far rimbombare; far rintronare** • *to r. out,* dire bronto-

lando; borbottare; dire con voce tonante; tuonare.
rumble ['rʌmbl] *n.* ***1*** *(solo al sing.)* **rimbombo; rombo; brontolio; frastuono** ***2*** [C] (di carrozza) **sedile posteriore** (per i servitori, per il bagaglio) ***3*** [C] *(pop. USA)* **rissa; tafferuglio; scontro** (fra bande di teppisti).
rumbling ['rʌmbliŋ] ***A*** *a.* **rimbombante; risonante** ***B*** *n.* ***1*** *(solo al sing.)* **rimbombo; brontolio; frastuono** ***2*** *(al pl.)* **dicerie; voci.**
rumbustious [rʌm'bʌstʃəs] *a. (fam.)* **chiassoso; rumoroso; turbolento.**
rumen ['ru:men] *n.* (*pl.* **rumina** ['ru:minə], **rumens**) *(zool.)* **rumine.**
ruminant ['ru:minənt] *(zool.)* ***A*** *n.* [C] **ruminante** ***B*** *a.* **dei ruminanti.**
to **ruminate** ['ru:mineit] ***A*** *v. i. (zool.)* **ruminare** (anche *fig.*); *(fig.)* **cogitare, meditare**: *to r. upon* (o *over, about) st.*, meditare su q.c. ***B*** *v. t.* **ruminare** (anche *fig.*); *(fig.)* **meditare**: *to r. revenge,* meditare vendetta.
rumination [ˌru:mi'neiʃən] *n.* [U] ***1*** *(zool.)* **ruminazione** ***2*** *(fig.)* **meditazione; elucubrazione.**
ruminative ['ru:minətiv] *a.* ***1*** *(zool.)* **ruminante** ***2*** *(fig.)* **cogitabondo; meditabondo.**
to **rummage** ['rʌmidʒ] *v. t.* e *i.* ***1*** **frugare; rovistare**: *to r. in a drawer,* frugare in un cassetto ***2*** **perquisire.**
rummage ['rʌmidʒ] *n.* ***1*** *(solo al sing.)* **frugata; perquisizione** ***2*** [U] **roba usata; oggetti spaiati; fondi di magazzino** ● *(USA) r. sale,* vendita di roba usata; vendita di beneficenza.
rummy ['rʌmi] *n.* [U] **gioco di carte simile al ramino.**
rumour ['ru:mə*] *n.* [U] e [C] **diceria; voce** (o **notizia**) **incontrollata**: *R. has it that...,* corre voce che...
to **rumour** ['ru:mə*] *v. t. (di solito al passivo)* **far correr voce** ● *He is rumoured to have run away,* si dice che sia fuggito.
rump [rʌmp] *n.* [C] ***1*** **culatta** (di bestia); **parte posteriore** ***2*** (d'uccello) **codrione** ***3*** *(scherz.)* **deretano** ***4*** *(macelleria)* **culaccio** ● *r.-steak,* bistecca di culaccio.
to **rumple** ['rʌmpl] *v. t.* ***1*** **raggrinzare; sgualcire; spiegazzare** ***2*** **arruffare, scompigliare** (i capelli).
rumpus ['rʌmpəs] *n. (solo al sing.; fam.)* **chiasso; baccano; baruffa; rissa; tafferuglio** ● *to kick up a r.*, fare il diavolo a quattro; fare un (gran) casino *(volg.)*.
to **run** [rʌn] (*pass.* **ran** [ræn], *p.p.* **run**) ***A*** *v. i.* ***1*** **correre; accorrere; trascorrere; scorrere; colare; gocciolare; decorrere; ricorrere** ***2*** **correr via; fuggire; scappare**: *(fig.) to run for one's life,* correre a più non posso ***3*** (di veicoli, di navi) **passare; transitare; far servizio; far la spola**: *The buses run every five minutes,* gli autobus passano ogni cinque minuti ***4*** *(sport)* **arrivare** (primo, secondo, ecc.): *My horse ran last,* il mio cavallo arrivò ultimo ***5*** (di macchine) **funzionare, andare;** (di motori) **girare, essere in moto** ***6*** **fondersi; sciogliersi; struggersi; diluirsi; stemperarsi** ***7*** (delle calze) **smagliarsi; sfilarsi** ***8*** **concorrere;** *(polit.)* **presentarsi candidato**: *to run for Parliament,* presentarsi candidato alla Camera dei Comuni ***9*** **perdere** (acqua, ecc.): *This tap runs,* questo rubinetto perde ***10*** (del naso) **colare; gocciolare** ***11*** **essere in vigore; essere valido** ***12*** **durare;** *(teatr.)* **tenere il cartellone**: *The play ran (for) eight months,* il dramma tenne il cartellone per otto mesi ***13*** **essere concepito; essere stilato; dire**: *The proverb runs like this,* il proverbio dice così ***B*** *v. t.* ***1*** **conficcare; infilare; infilzare; trafiggere**: *to run one's sword into sb.* (o *to run sb. through with one's sword),* trafiggere q. con la spada ***2*** **far funzionare; condurre; dirigere; gestire**: *to run a machine,* far funzionare una macchina □ *to run a business,* condurre un'azienda □ *to run a shop,* gestire un negozio ***3*** **correre**: *to run risks,* correre rischi ***4*** **far correre;** *(sport)* **iscrivere a una corsa** ***5*** **inseguire** (selvaggina) ***6*** **far scorrere**: *to run water into the bath-tub,* far scorrere l'acqua nella vasca da bagno ***7*** **colare; versare** ***8*** **portare** (in automobile, ecc.) ***9*** **contrabbandare**: *to run arms,* contrabbandare armi ***10*** **percorrere** (una distanza) ***11*** **presentare come candidato; candidare** ***C*** *verbi composti* ***1*** *to run about,* correr di qua e di là; (di bambini) giocare liberamente, scorrazzare ***2*** *to run across sb.*, imbattersi in q. ***3*** *to run after sb. (st.),* correre dietro a q. (q.c.); inseguire q. (q.c.) ***4*** *to run against sb.*, imbattersi in q.; incontrare per caso q. □ *to run against st.*, urtare contro q.c. ***5*** *to run away,* correr via; fuggire; scappare □ *(sport) to run away from one's competitors,* staccare gli avversari (in una corsa) ***6*** *to run back,* tornare (indietro) di corsa ***7*** *to run by,* passare di corsa ***8*** *to run down,* scendere di corsa; (di macchine, motori) arrestarsi, esaurirsi, scaricarsi; (di persona) indebolirsi, stancarsi □ *to be run down,* essere esausto □ *to run (sb., st.) down,* inseguire e raggiungere; investire, mettere sotto *(fam.)*; denigrare, sparlare di: *He's always running me down,* non fa che sparlare di me ***9*** *to run in,* entrare di corsa; (di un combattente) accorrere, venire alle prese (col nemico) □ *to run in a car,* fare il rodaggio di un'automobile □ *(fam.) to be run in (for stealing, etc.),* essere arrestato (per furto, ecc.) □ *Run in and see me to-morrow,* fa' una capatina da me domani. ***10*** *to run into (sb., st.),* imbattersi in (q.); incorrere in (debiti, ecc.); *(autom.)* scontrarsi con (un altro mezzo), cozzare contro (un ostacolo) □ *to run into debt,* indebitarsi □ *to run into trouble,* mettersi nei guai ***11*** *to run off,* correr via, fuggire, scappare; (d'acqua, ecc.) scorrer via, scaricarsi □ *to run (st.) off,* leggere (o scrivere) correntemente (una lista, ecc.); far scaricare, far scorrer via; *(tipogr.)* tirare, stampare; *(sport)* superare □ *(ferr.) to run off the rails,* uscire dalle rotaie; deragliare ***12*** *to run on,* continuare a correre; parlare incessantemente; (del tempo) passare □ *to run on st.*, vertere su q.c.; trattare di q.c. ***13*** *to run out,* uscire correndo; esaurirsi, finire; inoltrarsi, spingersi; defluire, scorrere □ *to run oneself out,* correre fino a esser esausto □ *to run out of st.*, rimanere sprovvisti di (o restar senza) q.c. ***14*** *to run over,* (di liquido) traboccare □ *to run (st., sb.) over,* leggere rapidamente; ripassare, rivedere; investire, mettere sotto *(fam.)* ***15*** *to run through (st.),* scorrere, dare un'occhiata a; sbrigare, trattare in fretta; scialacquare, sperperare (un patrimonio, ecc.); tirare un frego su (una parola, una riga); pervadere; *(teatr.)* provare ***16*** *to run to (st.),* arrivare a, ammontare a; (di denaro) essere sufficiente a, bastare per; indulgere in, propendere per, tendere a □ *to run to ruin,* andare in rovina ***17*** *to run up,* salire di corsa; (di prezzi) salire □ *to run up (st.),* alzare, issare (una bandiera, ecc.); costruire in fretta, metter su (una tettoia, ecc.); sommare (una colonna di cifre); rincarare, far salire (i prezzi) □ *to run up against difficulties,* incontrare serie difficoltà ***18*** *to run upon (sb., st.),* urtare, andare a sbattere contro; imbattersi in, incontrare per caso ***19*** *to run with (st.),* essere inondato di; grondare: *to run with blood,* grondare sangue ● *to run a bill at a shop,* avere un conto corrente con un negozio □ *to run a car,* avere l'automobile □ *to run a car into the garage,* mettere un'automobile nella rimessa □ *to run a cart into a wall,* mandare un carro a sbattere contro un muro □ *to run at the nose,* avere il naso che gocciola □ *to run dry,* esaurirsi; prosciugarsi; seccarsi □ *to run one's fingers (a comb) through one's hair,* passarsi le dita (il pettine) fra i capelli □ *to run one's head against the wall,* sbattere la testa contro il muro; *(fig.)* tentare l'impossibile □ *to run high,* crescere; salire; mantenersi alto □ *to run low,* esaurirsi; venir meno; *(comm.)* essere in ribasso □ *to run short of st.*, rimanere a corto di q.c.; restare senza q.c. □ *(fam.) to run the show,* essere il padrone; comandare □ *to run the streets,* giocare nella strada; essere un monello □ *to leave the tap running,* lasciare aperto il rubinetto □ *Inquisitiveness runs in the family,* la curiosità è una caratteristica della famiglia □ *So the story runs,* così dicono □ *This tune runs in my head,* questo motivo mi torna sempre in mente.
run [rʌn] *n.* [C] ***1*** **corsa** (anche *sport* e *mecc.*); **percorso; tragitto; traversata; scappata; breve viaggio; rapida visita**: *to take a run (up) to Paris,* fare una scappata (o un viaggetto) a Parigi ***2*** **corso; andamento; direzione; ritmo**: *The run of the market is against us,* l'andamento del mercato ci è sfavorevole □ *I cannot get the run of the metre,* non riesco a sentire il ritmo del verso ***3*** **giro**: *The postman has finished his run,* il postino ha terminato il suo giro ***4*** **periodo; serie; seguito**: *a run of ill luck,* un periodo di sfortuna ***5*** **durata; permanenza; voga; successo**: *The book had a considerable run,* il libro ebbe un notevole successo (o una forte tiratura) ***6*** **tratto** (di

terreno, ecc.); **recinto**: *a chicken-run,* un recinto per polli; un pollaio ***7*** **classe; categoria; qualità** ***8*** *(zool.)* **branco** (di pesci che risalgono un fiume): *a run of salmon,* un branco di salmoni ***9*** **abbeveratoio** ***10*** *(fam.)* **libero accesso; adito**: *to have the run of sb.'s house,* avere libero accesso alla casa di q. ***11*** *(mus.)* **volata** ***12*** (*elab.*, anche *machine run)* **esecuzione** (di uno o più programmi) ***13*** *(fin.)* **corsa; domanda forte e insistente; assalto** *(fig.)*: *a run on the Swiss franc,* una corsa al franco svizzero ● *a run of stairs,* una rampa di scale □ *at a run,* di corsa □ *(sport) circular run,* circuito □ *to have a run for one's money,* spendere bene i propri quattrini; vedere il frutto dei propri sforzi □ *in the day's run,* nel corso della giornata □ *in the long run,* a lungo andare □ *in the short run,* a breve scadenza □ *on the run,* in fuga; in moto; in attività □ *with a run,* rapidamente; di colpo □ *(teatr.) The play had a long run (a run of forty nights),* la commedia tenne il cartellone a lungo (per quaranta giorni) □ *This doctrine has had its run,* questa teoria ha fatto il suo tempo.

runabout ['rʌnəbaut] *n.* [C] ***1*** **girandolone; girellone** ***2*** **vettura leggera; calesse** ***3*** *(autom.)* **spider; automobile scoperta a due posti** ***4*** *(naut.)* **piccolo motoscafo da diporto.**

runaway ['rʌnəwei] *n.* [C] ***1*** **fuggiasco; disertore; evaso** ***2*** **cavallo in fuga** ● *a r. couple,* una coppia d'innamorati scappati per sposarsi di nascosto □ *(econ.) r. inflation,* inflazione galoppante □ *a r. victory,* una vittoria travolgente.

run-down ['rʌndaun] ***A*** *a.* ***1*** (d'orologio, di batteria) **scarico** ***2*** (di edificio) **diroccato** ***3*** (di persona) **esaurito; debilitato** ***B*** *n.* [C] ***1*** *(ind.)* **riduzione** (degli effettivi); **rallentamento** (della produzione) ***2*** **rapporto dettagliato.**

rune [ru:n] [C] *n.* ***1*** *(linguistica)* **runa** ***2*** **iscrizione runica** ***3*** *(fig.)* **simbolo magico.**

(1) rung [rʌŋ] *n.* [C] ***1*** **piolo** (di scala, di sedia, ecc.) ***2*** (di ruota) **raggio** ● *(fig.) the topmost r. of Fortune's ladder,* il colmo della fortuna.

(2) rung [rʌŋ] *p. p.* di to **ring.**

runic ['ru:nik] *a.* *(linguistica)* **runico.**

runnel ['rʌnl] *n.* [C] ***1*** *(lett.)* **ruscelletto** ***2*** **fossetta** (di scolo).

runner ['rʌnə*] *n.* [C] ***1*** *(sport)* **corridore; podista** ***2*** **fattorino; messaggero** ***3*** *(comm.)* **piazzista; propagandista** ***4*** **fuggiasco** ***5*** *(mil.)* **staffetta** ***6*** **contrabbandiere**: *a gun-r.,* un contrabbandiere di armi ***7*** (di slitta, d'aliante) **pattino;** (di pattino) **lama** ***8*** **tovaglia decorativa** ***9*** **striscia di tappeto; guida** ***10*** *(bot.)* **stolone**: *strawberry-runners,* stoloni di fragole ***11*** *(mecc.)* **scanalatura** ***12*** *(metall.)* **canale di colata.**

runner-up [ˌrʌnər'ʌp] *n.* [C] *(sport)* **secondo in classifica.**

(1) running ['rʌniŋ] *a.* ***1*** **in corsa** ***2*** **corrente**: *r. water,* acqua corrente ***3*** **corsivo**: *a r. hand,* un carattere corsivo ***4*** **scorsoio**: *a r. knot,* un nodo scorsoio ***5*** (di motore) **in marcia; acceso** ***6*** (di ferita, ecc.) **purulento; in suppurazione** ● *(zool.) r. birds,* (uccelli) corridori □ (di veicoli) *r. board,* montatoio; predellino □ *(sport) r. jump,* salto con rincorsa □ *(for) five days r.,* per cinque giorni consecutivi □ *six times r.,* sei volte di seguito.

(2) running ['rʌniŋ] *n.* [U] ***1*** **corsa;** *(sport)* **podismo** ***2*** *(mecc.)* **marcia** ***3*** **corso; flusso; scorrimento** ***4*** **rincorsa** ***5*** **direzione, gestione** (di un'azienda, ecc.) ***6*** (di ferita) **suppurazione** ● *(autom.) r.-in,* rodaggio □ *to make (o to take up) the r.,* condurre la corsa □ *to be out of the r.,* non aver probabilità di vittoria.

runny ['rʌni] *a.* ***1*** **semiliquido** ***2*** (del naso) **che cola; gocciolante.**

run-off ['rʌnˌɔf] *n.* [C] *(sport)* **corsa decisiva; corsa finale.**

run-of-the-mill [ˌrʌnəvðə'mil] *a.* **ordinario; comune.**

runt [rʌnt] *n.* [C] ***1*** **animale (**o **pianta) di misura inferiore al normale** ***2*** *(spreg.)* **omuncolo; nanerottolo.**

run-up ['rʌnˌʌp] *n.* [C] ***1*** *(sport)* **rincorsa** ***2*** *(polit.)* **periodo preelettorale** ***3*** *(comm.)* **balzo, impennata** (dei prezzi).

runway ['rʌnwei] *n.* [C] ***1*** **rampa** (di carico, ecc.) ***2*** (di fiume) **alveo** ***3*** **scivolo** (per tronchi d'albero) ***4*** *(aeron.)* **pista** (d'atterraggio o di decollo).

rupee [ru:'pi:] *n.* [C] **rupia** (moneta).

rupture ['rʌptʃə*] *n.* ***1*** [U] e [C] **rottura** (anche *fig.*) ***2*** [C] *(med.)* **ernia.**

to **rupture** ['rʌptʃə*] *v. t.* e *i.* **rompere, rompersi.**

rural ['ruərəl] *a.* **rurale; agreste; campagnolo; campestre.**

to **ruralize** ['ruərəlaiz] *v. t.* e *i.* **ruralizzare, ruralizzarsi.**

ruse [ru:z] *n.* [C] **artificio; stratagemma; trucco.**

(1) rush [rʌʃ] *n.* ***1*** [C] (*bot.*, Juncus, Scirpus) **giunco** ***2*** *(collett.)* **vimini.**

to **rush** [rʌʃ] ***A*** *v. i.* ***1*** **andare di gran carriera; correre a precipizio; passare a tutta velocità; scorrere veloce** ***2*** **affrettarsi; accorrere; precipitarsi; lanciarsi; avventarsi** ***B*** *v. t.* ***1*** **spingere; trascinare** ***2*** **mandare (**o **spedire) in tutta fretta; far affluire rapidamente** ***3*** **fare** (q.c.) **in fretta; affrettare; far fretta a** (q.) ***4*** *(fam.)* **far pagare** (un prezzo esorbitante) ***5*** *(mil.)* **prender d'assalto; conquistare** ● *(polit.) to r. a bill through the House of Commons,* fare approvare in fretta e furia una legge ai Comuni □ *to r. into an undertaking,* lanciarsi a capofitto in un'impresa □ *(fig.) to r. sb. off his feet,* obbligare q. a prendere una decisione avventata □ *(comm.) to r. through an order,* eseguire con urgenza un'ordinazione □ *to r. to a conclusion,* giungere a una conclusione affrettata.

(2) rush [rʌʃ] *n.* ***1*** [U] **fretta; furia; trambusto** ***2*** [U] e [C] **assalto; attacco; corsa impetuosa; impeto; slancio** ***3*** [C] **affollamento; ressa** ***4*** [C] **grande richiesta; grande ricerca**: *There is a r. for second-hand cars,* c'è una grande richiesta di automobili usate ● *the r.-hours,* le ore di punta (del traffico) □ *(med.) a r. of blood to the head,* un'ondata di sangue alla testa; una congestione cerebrale □ *(comm.) a r. order,* un'ordinazione urgente.

rushlight ['rʌʃlait] *n.* [C] **lumicino.**

rushy ['rʌʃi] *a.* ***1*** **coperto di giunchi** ***2*** **fatto di vimini.**

rusk [rʌsk] *n.* [C] **fetta di pane biscottato; biscotto.**

russet ['rʌsit] ***A*** *n.* ***1*** [U] **color rossiccio; color ruggine** ***2*** [C] *(bot.)* **mela ruggine** ***B*** *a.* **rossastro; rossiccio; color ruggine.**

Russian ['rʌʃən] *a.* e *n.* **russo** (anche la lingua).

Russo- ['rʌsou] *(in parole composte)* **russo-.**

Russophile ['rʌsoufail], **Russophil** ['rʌsoufil] *n.* [C] **russofilo.**

Russophobe ['rʌsoufoub] *n.* [C] **russofobo.**

rust [rʌst] *n.* [U] ***1*** (anche *bot.*) **ruggine** ***2*** *(fig.)* **inerzia; torpore mentale** ***3*** **color ruggine** ● *r.-eaten,* roso dalla ruggine □ *r. preventive,* sostanza antiruggine.

to **rust** [rʌst] ***A*** *v. i.* ***1*** **arrugginire, arrugginirsi** (anche *fig.*) ***2*** (*bot.*: delle piante) **avere la ruggine** ***3*** **diventare color ruggine** ***B*** *v. t.* **fare arrugginire** (anche *fig.*).

rustic ['rʌstik] ***A*** *a.* ***1*** **rustico; agreste; campagnolo** ***2*** **rozzo; semplice** ***B*** *n.* [C] **campagnolo; contadino** ● *a r. seat,* un sedile alla rustica.

to **rusticate** ['rʌstikeit] ***A*** *v. i.* **vivere in campagna; condurre vita rustica** ***B*** *v. t.* ***1*** **mandare** (q.) **in campagna** ***2*** **sospendere** (uno studente) **dall'università** ***3*** **rendere rustico** ***4*** *(edil.)* **costruire** (un muro, ecc.) **alla rustica.**

rustication [ˌrʌsti'keiʃən] *n.* [U] ***1*** **vita rurale** ***2*** **sospensione** (dall'università) ***3*** *(archit.)* **bugnato.**

rusticity [rʌs'tisiti] *n.* [U] **rusticità; rustichezza.**

to **rustle** ['rʌsl] ***A*** *v. i.* ***1*** (di vesti, carta) **frusciare;** (di foglie) **stormire** ***2*** (della pioggia) **picchiettare; picchierellare** ***3*** **passare frusciando** ***B*** *v. t.* ***1*** **far frusciare; far stormire** ***2*** *(fam. USA)* **rubare** (bestiame) ● *(fam.) to r. up some food,* preparare da mangiare alla meglio.

rustle ['rʌsl] *n.* *(solo al sing.)* ***1*** **fruscio** (di vesti, di carta, ecc.); **(lo) stormire** (delle fronde); **mormorio** ***2*** (della pioggia) **picchiettio.**

rustler ['rʌslə*] *n.* [C] *(fam. USA)* **ladro di bestiame.**

rustless ['rʌstlis] *a.* ***1*** **senza ruggine** ***2*** **inossidabile**: *r. steel,* acciaio inossidabile.

rustling ['rʌsliŋ] *a.* **frusciante; che stormisce.**
rustproof ['rʌstpru:f] *a.* **inossidabile.**
rusty ['rʌsti] *a.* ***1*** **rugginoso; arrugginito** ***2*** (di pianta) **affetto dalla ruggine** ***3*** *(fig.)* **arrugginito; antiquato** ***4*** *(fig.:* di persona) **non allenato; fuori esercizio; arrugginito** *(fig.)* ***5*** **color ruggine** ***6*** (d'abito nero) **scolorito; stinto** ● *to become* (o *to get) r.*, arrugginire, arrugginirsi.
(1) rut [rʌt] *n.* [C] ***1*** **solco** (lasciato dalle ruote); **carreggiata; rotaia** ***2*** *(fig.)* **abitudine inveterata; consuetudine** ● *(fig.) to get into a rut,* fossilizzarsi *(fig.)*.
(1) to **rut** [rʌt] *v. t.* **solcare.**
(2) rut [rʌt] *n.* [U] *(biol.)* **fregola; calore.**
(2) to **rut** [rʌt] *v. i. (biol.)* **essere in fregola; essere in calore.**
ruthenium [ru:'θi:njəm] *n.* [U] *(chim.)* **rutenio.**
ruthless ['ru:θlis] *a.* **spietato; crudele; implacabile; inesorabile.**
ruttish ['rʌtiʃ] *a.* ***1*** *(biol.)* **in fregola; in calore** ***2*** *(fig.)* **libidinoso; lascivo; osceno.**
rutty ['rʌti] *a.* (di strada, ecc.) **pieno di solchi; solcato dalle ruote.**
rye [rai] *n.* [U] ***1*** (*bot.*, Secale cereale) **segale** ***2*** (anche *rye whisky)* **whisky di segale** ● *rye bread,* pane di segale.
rye-grass ['raigra:s] *n.* [U] (*bot.*, Lolium perenne) **loglierella.**

S

S, s [es] *n.* (*pl.* **S's, s's; Ss, ss**) **S, s** ● *(tel.) s for sugar,* s come Salerno.
's [-z] *desinenza del caso possessivo*: *the girl's father,* il padre della ragazza □ *the children's toys,* i giocattoli dei bambini □ *one's relatives,* i propri parenti.
Sabbath ['sæbəθ] *n.* [C] ***1*** *(relig.)* **giorno di riposo; sabato** (per gli ebrei); **domenica** (per i cristiani) ***2*** (di solito *witches's.*) **sabba; tregenda di streghe e demoni** ● *to keep (to break) the S.,* osservare (non osservare) le feste comandate.
sabbatical [sə'bætikəl] *a. (relig.)* **sabatico** ● *(fig.) s. year,* anno di congedo (concesso ogni sette anni a professori universitari per compiere ricerche, studi, viaggi).
Sabine ['sæbain] *a.* e *n.* [C] *(stor.)* **sabino.**
(1) sable ['seibl] *n.* ***1*** [C] (*zool.*, Martes zibellina) **zibellino** ***2*** [U] **pelliccia di zibellino.**
(2) sable ['seibl] ***A*** *n.* ***1*** *(araldica)* **color nero** ***2*** *(al pl.)* **gramaglie** ***B*** *a. (poet.)* **nero; fosco; scuro; tetro.**
sabot ['sæbou] *n.* [C] ***1*** **zoccolo** ***2*** **scarpa con la suola di legno.**
sabotage ['sæbəta:ʒ] *n.* [U] **sabotaggio.**
to **sabotage** ['sæbəta:ʒ] *v. t.* **sabotare.**
saboteur [ˌsæbə'tə:*] *n.* **sabotatore.**
sabre ['seibə*] *n.* ***1*** [C] *(mil., scherma)* **sciabola** ***2*** *(al pl.)* **cavalleggeri** ● *s.-cut,* sciabolata.
to **sabre** ['seibə*] *v. t.* **sciabolare; colpire con la sciabola.**
sabretache ['sæbətæʃ] *n.* [C] *(mil.)* **giberna** (d'ufficiale di cavalleria).
sac [sæk] *n.* [C] *(anat.)* **sacco.**
sacchariferous [ˌsækə'rifərəs] *a.* **saccarifero.**
saccharification [səˌkærifi'keiʃən] *n.* [U] *(chim.)* **saccarificazione.**
to **saccharify** [sə'kæriˌfai] *v. t. (chim.)* **saccarificare.**
saccharin ['sækərin] *n.* [U] *(chim.)* **saccarina.**
saccharine ['sækərain] *a.* ***1*** *(chim.)* **saccarino; zuccherino** ***2*** *(fig.)* **zuccheroso; melato.**
saccharoid ['sækərɔid] *a. (geol.)* **saccaroide.**
saccharose ['sækərous] *n.* [U] *(chim.)* **saccarosio.**
sacerdotal [ˌsæsə'doutl] *a.* **sacerdotale.**
sacerdotalism [ˌsæsə'doutlizəm] *n.* [U] (spesso *spreg.*) **clericalismo; governo pretino.**
sachet ['sæʃei] *n.* [C] **sacchetto profumato** (specialm. per la biancheria).
(1) sack [sæk] *n.* [C] ***1*** **sacco** ***2*** **vestito a sacco** (da donna) ● *s.-race,* corsa nei sacchi □ *(fam.) to get the s.,* essere licenziato □ *(fam.) to give sb. the s.,* licenziare q.
(1) to **sack** [sæk] *v. t.* ***1*** **insaccare** ***2*** *(fam.)* **licenziare; mandare a spasso** *(fig.)*.
(2) sack [sæk] *n. (al sing. con l'art. determ.)* **sacco** *(lett.)*; **saccheggio**: *to put a city to the s.,* mettere a sacco una città.
(2) to **sack** [sæk] *v. t.* **saccheggiare; mettere a sacco.**
sackcloth ['sækˌklɔθ] *n.* [U] **tela da sacchi** ● *in s. and ashes,* vestito di sacco e col capo cosparso di cenere; *(fig.)* con aria contrita.
sacker ['sækə*] *n.* [C] **saccheggiatore.**
sackful ['sækful] *n.* [C] **saccata; sacco**: *a s. of flour,* un sacco di farina.
sacking ['sækiŋ] *n.* [U] **tela da sacchi.**
(1) sacral ['seikrəl] *a. (relig.)* **sacrale.**
(2) sacral ['seikrəl] *a. (anat.)* **sacrale.**
sacrament ['sækrəmənt] *n.* [C] *(relig.)* **sacramento.**
sacramental [ˌsækrə'mentl] *a. (relig.)* **sacramentale; dei sacramenti; dell'eucaristia**: *s. wine,* il vino dell'eucaristia.
sacrarium [sə'krɛəriəm] *n.* (*pl.* **sacraria** [sə'krɛəriə])

sacrario.

sacred ['seikrid] *a.* **1 sacro; santo**: *s. music,* musica sacra **2 solenne**: *a s. promise,* una promessa solenne **3 consacrato; dedicato**: *s. to the memory of,* dedicato alla memoria di.

sacrifice ['sækrifais] *n.* **1** [U] e [C] **sacrificio**: *to kill an ox as a s.,* immolare un bue in sacrificio □ *to make sacrifices for one's children,* far sacrifici per i figli **2** *(comm.)* **perdita; scapito**: *to sell goods at a large s.,* vendere merci con grave scapito.

to **sacrifice** ['sækrifais] **A** *v. t.* **1 sacrificare; offrire in sacrificio; immolare 2** *(comm.)* **vendere** (merce) **sottocosto B** *v. i.* **sacrificare; offrire sacrifici** (agli dei) **C** to **sacrifice oneself** *v. rifl.* **sacrificarsi; immolarsi.**

sacrificial [,sækri'fiʃəl] *a.* **espiatorio; propiziatorio.**

sacrilege ['sækrilidʒ] *n.* [U] e [C] **sacrilegio.**

sacrilegious [,sækri'lidʒəs] *a.* **sacrilego.**

sacring ['seikriŋ] *n. (relig.)* **consacrazione** ● *s. bell,* campanello dell'elevazione.

sacristan ['sækristən] *n.* [C] *(relig.)* **sagrista, sacrista; sagrestano.**

sacristy ['sækristi] *n.* [C] *(relig.)* **sagrestia, sacrestia.**

sacrosanct ['sækrou,sæŋkt] *a.* **sacrosanto; inviolabile.**

sacrum ['seikrəm] *n.* (*pl.* **sacra** ['seikrə]) *(anat.)* **osso sacro.**

sad [sæd] *a.* **1 triste; malinconico; mesto; afflitto; dolente; doloroso 2** (di colore) **spento; neutro 3** (di pane, pasta, ecc.) **mal lievitato; pesante** ● *a sad coward,* un abominevole vigliacco □ *(fig.) a sad dog,* una canaglia □ *(fam.) to be sadder but wiser,* avere imparato a proprie spese □ *in sad earnest,* proprio sul serio.

to **sadden** ['sædn] *v. t.* e *i.* **rattristare, rattristarsi.**

saddle ['sædl] *n.* [C] **1** (del cavallo, della bicicletta, ecc.) **sella 2** (del cavallo) **sellino 3** *(geogr.)* **sella; valico montano** ● *s.-cloth,* gualdrappa □ *s.-horse,* cavallo da sella □ *(macelleria) s. of mutton,* sella di castrato □ *s.-tree,* fusto della sella □ *(fig.) to put the s. on the wrong horse,* dar la colpa a chi è innocente.

to **saddle** ['sædl] *v. t.* **1 sellare** (un cavallo) **2** *(fig.)* **gravare; accollare, appioppare a**: *to s. sb. with a responsibility,* accollare una responsabilità a q.

saddlebag ['sædl,bæg] *n.* [C] **1 bisaccia** (da sella) **2 borsa** (per bicicletta o motocicletta).

saddler ['sædlə*] *n.* [C] **sellaio.**

saddlery ['sædləri] *n.* **1** [U] **selleria** (arte del sellaio) **2** [C] **selleria** (bottega del sellaio).

sadism ['seidizəm] *n.* [U] **sadismo.**

sadist ['seidist] *n.* [C] **sadico.**

sadistic [sə'distik] *a.* **sadico.**

sadly ['sædli] *avv.* **1 tristemente; mestamente 2 gravemente; molto** ● *to be s. mistaken,* sbagliarsi di grosso.

sadness ['sædnis] *n.* [U] **tristezza; malinconia; mestizia.**

sadomasochism [,seidou'mæsəkizəm] *n.* [U] *(psic.)* **sadomasochismo.**

safari [sə'fa:ri] *n.* [C] e [U] **safari; spedizione di caccia grossa.**

(1) safe [seif] *a.* **1 sicuro; salvo; fuor di pericolo; al sicuro; in salvo 2 cauto; prudente 3 intatto; intero; incolume 4** *(fin.)* **sicuro**: *a s. investment,* un investimento sicuro ● *s. and sound,* sano e salvo □ *s.-deposit box,* cassetta di sicurezza □ *in s. keeping,* al sicuro; in buone mani □ *(fig.) to be on the s. side,* andare sul sicuro; non correre rischi □ *It is s. to say that...,* si può dire con sicurezza che...

(2) safe [seif] *n.* [C] **1 cassaforte 2** (anche *meat-s.*) **moscaiola** (piccolo armadio da cucina).

safe-breaker ['seif,breikə*] *n.* [C] **scassinatore di casseforti.**

safe-conduct [,seif'kɔndəkt] *n.* [C] **salvacondotto.**

safeguard ['seifga:d] *n.* [C] **salvaguardia.**

to **safeguard** ['seifga:d] *v. t.* **tutelare; salvaguardare.**

safety ['seifti] *n.* **1** [U] **sicurezza; salvezza**: *coefficient of s.,* coefficiente di sicurezza **2** [C] *(mecc.)* **dispositivo di sicurezza; sicura** (anche d'arma da fuoco) ● *(aeron., autom.,* ecc.*) s.-belt,* cintura di sicurezza □ *s.-catch, (mecc.)* arresto di sicurezza; (d'arma) sicura □ *(USA) s. island,* salvagente (per i pedoni) □ *(ind. mineraria) s.-lamp,* lampada di sicurezza □ *s.-lock,* serratura di sicurezza □ *s. match,* fiammifero svedese □ *to play for s.,* non voler correre rischi □ *road s.,* sicurezza stradale □ *(fig.) to sit on the s.-valve,* fare una politica di repressione.

safety-first [,seifti'fə:st] *a.* **cauto; guardingo.**

saffron ['sæfrən] **A** *n.* [U] **1** *(bot.,* Crocus sativus; *farm., cucina)* **zafferano 2** (anche *s. yellow*) **colore dello zafferano B** *a.* **color zafferano.**

sag [sæg] *n.* [C] **1 abbassamento; incurvatura; cedimento; avvallamento** (di strada)**; insellamento, insellatura** (di nave, d'aeroplano) **2 inclinazione 3** *(econ., fin.)* **diminuzione, flessione** (dei prezzi).

to **sag** [sæg] **A** *v. i.* **1 abbassarsi; incurvarsi; cedere** (specialm. nel mezzo); (di strada) **avvallarsi; insellarsi 2 inclinarsi 3** *(econ., fin.)* **calare; diminuire 4** *(naut.:* di nave) **andare alla deriva B** *v. t.* **far piegare; far cedere** ● *(naut.) to sag to leeward,* scarrocciare.

saga ['sa:gə] *n.* [C] **saga** (anche *fig.*) ● *(letter.) s. novel,* romanzo fiume.

sagacious [sə'geiʃəs] *a.* **sagace; accorto; scaltro.**

sagacity [sə'gæsiti] *n.* [U] **sagacia; accortezza; scaltrezza.**

(1) sage [seidʒ] *n.* [U] *(bot.,* Salvia officinalis) **salvia.**

(2) sage [seidʒ] *a.* e *n.* [C] **saggio; savio.**

saggy ['sægi] *a.* **cascante; cedevole.**

Sagittarius [,sædʒi'tɛəriəs] *n. (astron., astrologia)* **Sagittario.**

sago ['seigou] *n.* [U] **sagù.**

said [sed] **A** *pass.* e *p.p.* di to **say B** *a. attr.* **predetto; suddetto.**

sail [seil] *n.* **1** [C] *(naut.)* **vela**: *to hoist (to lower) the sails,* issare (calare) le vele **2** *(naut., collett.)* **velatura 3** [C] (di mulino a vento) **pala; ala 4** *(raramente al pl.)* **gita in mare; breve viaggio per mare 5** *(invar. al pl.)* **veliero; nave** ● *(USA) s.-boat,* barca a vela □ *in full s.,* a vele spiegate □ *main s.,* vela di maestra □ *to make s.,* spiegare le vele; salpare □ *mizzen s.,* (vela di) mezzana □ *to set s.,* far vela; salpare □ *(fig.) to take the wind out of sb.'s sails,* cogliere q. alla sprovvista.

to **sail** [seil] **A** *v. i.* **1 far vela** (verso un luogo); **veleggiare; navigare 2 salpare; imbarcarsi 3** *(fig.)* **veleggiare; volare; scivolare;** (specialm. di donna) **muoversi con grazia B** *v. t.* **1 navigare; percorrere; solcare 2 far navigare; governare** (una nave, una barca) ● *to s. against the wind, (naut.)* navigare contro vento; *(fig.)* andare contro corrente □ *to s. along the coast,* costeggiare □ *(fam.) to s. into sb.,* attaccare (o inveire contro) q. □ *to s. near* (o *close to*) *the wind, (naut.)* andare di bolina; *(fig.)* sfiorare il pericolo, rasentare l'illegalità □ *to s. up a river,* risalire un fiume (navigando) □ *to go sailing,* andare in barca a vela.

sailcloth ['seilklɔθ] *n.* [U] **tela per vele; olona.**

sailer ['seilə*] *n.* [C] *(naut.)* **veliero; nave a vela.**

sailing ['seiliŋ] *n. (naut.)* **1** [U] **navigazione 2** [C] **partenza** (di nave)**; imbarco** ● *s.-boat,* barca a vela □ *s.-master,* capitano di un panfilo □ *(fig.) plain s.,* vita facile *(fig.)*; roba da ridere *(fam.)*.

sailor ['seilə*] *n.* [C] **marinaio** ● *s. hat,* cappello alla marinara □ *s. suit,* vestito alla marinara □ *to be a bad (a good) s.,* soffrire (non soffrire) il mal di mare.

sailorly ['seiləli] *a.* **1 di** (o **da**) **marinaio 2 abile; destro; bravo.**

sailplane ['seilplein] *n.* [C] *(aeron.)* **veleggiatore.**

sainfoin ['seinfɔin] *n.* [U] *(bot.,* Onobrychis sativa) **lupinella.**

saint [seint] *n.* [C] **1** *(relig.)* **santo, santa 2** *(fig.)* **persona molto virtuosa; santo, sant'uomo; santa, santa donna** ● *St Bernard (dog),* cane di San Bernardo □ *one's s.'s day,* (giorno) onomastico □ *St Paul's,* la cattedrale di San Paolo (a Londra) □ *All Saints' Day,* Ognissanti □ *He would try the patience of a s.,* farebbe perdere la pazienza a un santo.

sainted ['seintid] *a.* **1 santo; pio 2** (di luogo) **con-**

sacrato; sacro 3 (relig.) canonizzato.
saintliness ['seintlinis] n. [U] santità.
saintly ['seintli] a. da santo; santo; pio.
sake [seik] n. (soltanto in certe locuz.; per es.:) *for God's s.*, per amor di Dio □ *for my s.*, per amor mio; per me □ *for pity's s.*, per pietà □ *for the s. of peace*, per il quieto vivere □ *for the s. of money*, per amor del denaro; a scopo di lucro □ *for conscience' s.*, per scrupolo di coscienza □ *for goodness' s.*, per amor di Dio.
saké ['sa:ki] n. [U] « saké » (liquore giapponese).
salaam [sə'la:m] n. [C] salamelecco.
to **salaam** [sə'la:m] v. i. far salamelecchi.
salable ['seiləbl] V. saleable.
salacious [sə'leiʃəs] a. lascivo; osceno.
salacity [sə'læsiti] n. [U] lascivia; oscenità.
salad ['sæləd] n. 1 [C] e [U] piatto freddo di carne (o pesce) con verdura e uova sode: *lobster s.*, aragoste con insalata mista 2 [U] insalata ● *s.-bowl*, insalatiera □ *s.-dressing*, condimento per l'insalata □ *fruit s.*, macedonia di frutta.
salamander ['sælə,mændə*] n. [C] (mitol.; zool., Salamandra) salamandra.
salami [sə'la:mi] n. [U] salame.
salaried ['sælərid] a. stipendiato.
salary ['sæləri] n. [C] stipendio.
to **salary** ['sæləri] v. t. stipendiare.
sale [seil] n. [U] e [C] (comm.) 1 vendita; smercio 2 liquidazione; svendita ● *auction s.*, vendita all'asta □ *cash s.*, vendita per contanti □ *clearance s.*, liquidazione □ *on s.*, in vendita.
saleable ['seiləbl] a. (comm.) vendibile; smerciabile.
salesgirl ['seilzgə:l], **saleslady** ['seilz,leidi] V. saleswoman.
Salesian [sə'li:ʒən] a. e n. (relig.) salesiano.
salesman ['seilzmən] n. (pl. **salesmen** ['seilzmən]) 1 commesso (di negozio) 2 commesso viaggiatore; piazzista.
salesmanship ['seilzmənʃip] n. [U] (comm.) arte del vendere.
saleswoman ['seilz,wumən] n. (pl. **saleswomen** ['seilz,wimin]) 1 commessa (di negozio) 2 addetta alle vendite; propagandista.
Salic ['sælik] a. (stor.) salico: *the S. law*, la legge salica.
salicylate [sæ'lisileit] n. [C] (chim.) salicilato.
salicylic [,sæli'silik] a. (chim.) salicilico: *s. acid*, acido salicilico.
salience ['seiljəns], **saliency** ['seiljənsi] n. 1 [U] (l') esser saliente (anche fig.) 2 [C] parte sporgente; sporgenza.
salient ['seiljənt] A a. saliente; sporgente; (fig.) importante, notevole, prominente B n. [C] (mil.) saliente.
saliferous [sə'lifərəs] a. salifero.
saline ['seilain] A a. (chim.) salino: *a s. solution*, una soluzione salina B n. [sə'lain] [C] salina.
salinity [sə'liniti] n. [U] 1 (chim.) salinità 2 (dell'acqua) salsedine.
saliva [sə'laivə] n. [U] (fisiologia) saliva.
salivary ['sælivəri] a. (fisiologia) salivale; salivare.
to **salivate** ['sæliveit] A v. t. causare una salivazione eccessiva in (q.) B v. i. salivare.
salivation [,sæli'veiʃən] n. [U] salivazione.
(1) **sallow** ['sælou] a. giallastro; gialliccio; olivastro.
to **sallow** ['sælou] A v. t. rendere giallastro B v. i. diventar giallastro.
(2) **sallow** ['sælou] n. [C] (bot., Salix caprea) salice.
sally ['sæli] n. [C] 1 (mil.) sortita 2 (fig.) stoccata; frecciata 3 (fam.) escursione; gita.
to **sally** ['sæli] v. i. 1 (mil.) fare una sortita 2 (fam.) andarsene, partire (di solito *to s. forth*); andarsene, uscire (di solito *to s. out*).
salmagundi [,sælmə'gʌndi] n. [U] 1 (cucina) piatto di carne tritata, acciughe, uova, cipolle, ecc. 2 (fig.) guazzabuglio; miscuglio.
salmon ['sæmən] A n. (pl. **salmon, salmons**) (zool., Salmo salar) salmone B a. (anche *s. pink*) color salmone.
salon ['sælɔn] n. [C] 1 salone; sala da ricevimenti 2 (fig.) esposizione; mostra 3 salotto letterario ● *beauty s.*, istituto di bellezza.
saloon [sə'lu:n] n. [C] 1 sala (d'albergo, ecc.); salone; (naut.) sala di prima classe 2 (di teatro) ridotto 3 (USA) bar; caffè; « saloon » 4 (autom., anche *s. car*) berlina ● (ferr.) *s.-car* (o *s.-carriage)*, vettura salone; vagone salotto □ (USA) *shaving s.*, bottega di barbiere; salone □ *shooting-s.*, tiro a segno; poligono coperto.
salpinx ['sælpiŋks] n. (pl. **salpinges** [sæl'pindʒi:z]) (anat.) salpinge.
salt [sɔ:lt] A n. 1 [U] e [C] (chim., farm.) sale; sale da cucina; (fig.) criterio, senno; (fig.) sapore, succo: *smelling salts*, sali da fiuto □ *Epsom salts*, sale inglese (purgativo) 2 [C] (fam.) marinaio: *an old s.*, un vecchio marinaio; un lupo di mare B a. attr. salato; salso ● *s.-marsh*, stagno salmastro □ *s.-mine*, miniera di salgemma □ *s.-pan*, salina; recipiente per l'evaporazione dell'acqua di mare □ *s.-pit*, cava di salgemma □ *s. water*, acqua salata; acqua di mare □ *s.-water fish*, pesce di mare □ *s.-works*, salina; raffineria di sale □ (fig.) *Attic s.*, sale attico; arguzia □ *not to be worth one's s.*, non valere il pane che si mangia □ (miner.) *rock s.*, salgemma □ (fig.) *to take st. with a grain of s.*, intendere q.c. con un grano di sale □ *white s.*, sale raffinato.
to **salt** [sɔ:lt] v. t. 1 salare; conservare sotto sale; mettere in salamoia: *to s. (down) cod*, salare il merluzzo 2 (fig.) rendere sapido.
saltcellar ['sɔ:lt,selə*] n. [C] saliera.
salted ['sɔ:ltid] a. 1 salato; conservato sotto sale 2 (fam.) esperto; pratico (di un lavoro, ecc.) ● *to be s. against disease*, essere refrattario alle malattie.
salter ['sɔ:ltə*] n. [C] 1 produttore di sale 2 venditore di sale 3 salinaio; salinatore 4 salatore.
saltern ['sɔ:ltən] n. [C] salina; raffineria di sale.
saltiness ['sɔ:ltinis] n. [U] salsedine.
saltish ['sɔ:ltiʃ] a. salaticcio; salmastro.
saltless ['sɔ:ltlis] a. senza sale; insipido.
saltpetre ['sɔ:lt,pi:tə*] n. [U] (chim.) salnitro; nitrato di potassio.
salty ['sɔ:lti] a. salato; salino; salso; (fig.) arguto, mordace.
salubrious [sə'lu:briəs] a. salubre; sano.
salubrity [sə'lu:briti] n. [U] salubrità.
salutary ['sæljutəri] a. salutare; benefico.
salutation [,sælju(:)'teiʃən] n. 1 [U] e [C] saluto 2 [C] (nelle lettere) formula iniziale ● *in s.*, in segno di saluto.
salute [sə'lu:t] n. [C] 1 saluto; saluto militare 2 (mil.) salva (di cannone): *to fire a s.*, sparare una salva ● (mil.) *to stand at the s.*, fare il saluto militare □ (mil.) *to take the s.*, stare sull'attenti (ricevendo il saluto di truppe che sfilano).
to **salute** [sə'lu:t] v. t. e i. salutare (anche fig.); fare il saluto militare.
salvable ['sælvəbl] a. (di nave, carico, proprietà) salvabile.
to **salvage** ['sælvidʒ] v. t. 1 (specialm. naut.) salvare (da naufragio, incendio, ecc.) 2 (naut., ind.) ricuperare (un carico marittimo, ecc.).
salvage ['sælvidʒ] n. [U] 1 (naut.) salvataggio (della nave, della ciurma, del carico) 2 (naut.) ricupero; operazioni di ricupero 3 (comm., naut.) materiale ricuperato (da un naufragio, da un rottame) 4 (comm., naut.; anche *s. money*) compenso pagato per il ricupero marittimo 5 (ind.) materiale di ricupero.
salvation [sæl'veiʃən] n. [U] salvezza; salvazione; salute (in senso relig.) ● (relig.) *S. Army*, Esercito della Salvezza.
Salvationist [sæl'veiʃənist] n. (relig.) membro dell'Esercito della Salvezza.
salve [sa:v] n. 1 [U] e [C] balsamo (anche fig.); pomata; unguento 2 [C] (fig.) lenimento; rimedio.
to **salve** [sa:v] v. t. 1 impomatare 2 (fig.) lenire; placare.
salver ['sælvə*] n. [C] vassoio.
salvo ['sælvou] n. (pl. **salvos, salvoes**) 1 (mil.) salva (d'artiglieria e fig.) 2 (aeron., mil.) gruppo di bombe sganciate contemporaneamente.

Samaritan ['sə'mæritn] *a.* e *n.* [C] **samaritano.**
samarium [sə'mɛəriəm] *n.* [U] *(chim.)* **samario.**
samba ['sæmbə] *n.* [C] *(mus., danza)* **samba.**
Sambo ['sæmbou] *n.* (soprannome; spesso *spreg.)* **negro.**
same [seim] ***A*** *a.* ***1*** **stesso; medesimo; identico**: *the s. answer as before,* la stessa risposta di prima ***2*** **solito; stesso; sempre uguale *B*** *pron.* **(lo) stesso; (la) stessa cosa *C*** *avv.* **allo stesso modo** ● *all* (o *just) the s.*, lo stesso; nondimeno; ugualmente □ *at the s. time,* a un tempo, insieme; ciononostante, tuttavia, pure □ *to come to the s. thing,* non fare differenza alcuna □ *much the s.*, quasi lo stesso; pressoché uguale □ *not to feel the s.*, non provare gli stessi sentimenti □ *the very s.* (o *one and the s.),* proprio lo stesso □ *It is all the s.* (o *just the s.) to me,* per me fa lo stesso; mi è del tutto indifferente □ *The s. to you!,* altrettanto!
sameness ['seimnis] *n.* [U] ***1*** **identità; identicità *2* uniformità.**
Samnite ['sæmnait] *(stor.)* ***A*** *n.* [C] **sannita *B*** *a.* **sannitico.**
Samoan [sə'mouən] *a.* e *n.* [C] **samoano; (abitante) delle isole Samoa.**
samovar ['sæmou,va:*] *(russo) n.* [C] **samovar.**
sampan ['sæmpæn] *n.* [C] **sampan** (piccola imbarcazione cinese).
sample ['sa:mpl] *n.* [C] ***1*** *(comm.)* **campione *2*** *(metall.)* **saggio *3*** *(fig.)* **esempio; esemplare; modello; saggio** ● *s. collection,* campionario □ *s. fair,* fiera campionaria □ *(comm.) « samples only »,* « campione senza valore » □ *(comm.) as per s.*, come da campione □ *(comm.) The goods are not up to s.*, la merce è di qualità inferiore al campione.
to **sample** ['sa:mpl] *v. t.* ***1*** *(comm.)* **campionare *2* assaggiare; degustare.**
sampler ['sa:mplə*] *n.* ***1*** [C] **campionatore; campionarista *2*** (un tempo) **modello di ricamo.**
sanative ['sænətiv] *a.* **sanativo; sanatorio; curativo.**
sanatorium [,sænə'tɔ:riəm] *n.* [C] *(med.)* **sanatorio; casa di salute.**
sanatory ['sænətəri] *V.* **sanative.**
sanctification [,sæŋktifi'keiʃən] *n.* [U] **santificazione.**
to **sanctify** ['sæŋktifai] *v. t.* **santificare; consacrare.**
sanctimonious [,sæŋkti'mounjəs] *a.* **santocchio; bigotto; ipocrita.**
sanctimoniousness [,sæŋkti'mounjəsnis], **sanctimony** ['sænkti,məni] *n.* [U] **santimonia; santocchieria; ipocrisia; untuosità** *(fig.).*
sanction ['sæŋkʃən] *n.* [U] e [C] (anche *polit.)* **sanzione.**
to **sanction** ['sæŋkʃən] *v. t.* **sanzionare.**
sanctity ['sæŋktiti] *n.* [U] **santità** (in ogni senso) ● *the sanctities of family life,* i sacri affetti familiari.
sanctuary ['sæŋktjuəri] *n.* [C] ***1*** *(relig.)* **santuario** (anche *fig.)* ***2*** **asilo; rifugio *3* parco nazionale; riserva forestale** ● *(stor.) to claim s.*, invocare il diritto d'asilo □ *(stor.) right of s.*, diritto d'asilo.
sanctum ['sæŋktəm] *n.* (*pl.* **sancta** ['sæŋktə], **sanctums**) ***1*** **luogo sacro; santuario *2*** *(fig.)* **stanza privata; studio.**
sand [sænd] *n.* ***1*** [U] **sabbia; rena; arena *2*** *(al pl.)* **terreno sabbioso; spiaggia** ● *s.-pit,* cava di rena □ *s.-shoes,* scarpe di gomma e tela □ *s.-storm,* tempesta di sabbia □ *(fig.) The sands are running out,* l'ora sta per scoccare; siamo agli sgoccioli.
to **sand** [sænd] *v. t.* ***1*** **cospargere di sabbia *2* insabbiare; seppellire sotto la sabbia *3* sabbiare.**
(1) sandal ['sændl] *n.* [C] **sandalo** (calzatura).
(2) sandal ['sændl] *n.* [U] **sandalo** (legno prezioso; anche *sandalwood*).
sandalled ['sændəld] *a.* **calzato di sandali.**
sandarac ['sændə,ræk] *n.* [U] **sandracca** (resina).
sandbag ['sændbæg] *n.* [C] **sacchetto di sabbia.**
to **sandbag** ['sændbæg] *v. t.* **proteggere con sacchetti di sabbia.**
sandbank ['sændbænk] *n.* [C] **banco di sabbia.**
sandglass ['sændgla:s] *n.* [C] **clessidra.**
sandhopper ['sænd,hɔpə*] *n.* [C] *(zool.,* Talitrus locusta) **pulce di mare.**
sandman ['sændmæn] *n.* (*pl.* **sandmen** ['sændmen]) *(infant.)* **omino del sonno** (che sparge sabbia negli occhi).
sandpaper ['sænd,peipə*] *n.* [U] **carta vetrata.**
sandstone ['sændstoun] *n.* [U] **arenaria.**
sandwich ['sænwidʒ] *n.* [C] **« sandwich »; panino imbottito; tramezzino** ● *s. bar,* tavola calda in cui si servono tramezzini □ *s.-board,* cartellone pubblicitario appaiato a un altro □ *s.-man,* uomo sandwich.
to **sandwich** ['sænwidʒ] *v. t.* **serrare** (fra due persone o cose).
sandy ['sændi] *a.* ***1*** **sabbioso *2*** (di capelli) **color sabbia.**
sane [sein] *a.* ***1*** **sano di mente; equilibrato *2* assennato; ragionevole; sensato; sano** *(fig.).*
sang [sæŋ] *pass.* di to **sing.**
sang-froid [,sa:ŋ'frwa:] *(franc.) n.* [U] **sangue freddo.**
sanguinary ['sæŋgwinəri] *a.* ***1*** **sanguinoso; cruento *2* sanguinario; assetato di sangue** ● *s. language,* linguaggio blasfemo.
sanguine ['sæŋgwin] *a.* ***1*** **sanguigno; rubicondo *2* fiducioso; ottimistico; speranzoso.**
sanguineous [sæŋ'gwiniəs] *a.* ***1*** *(fisiologia)* **sanguigno; del sangue *2*** (specialm. *bot.)* **rosso sangue.**
sanitarian [,sæni'tɛəriən] ***A*** *a.* **sanitario; igienico *B*** *n.* [C] **igienista.**
sanitary ['sænitəri] *a.* **sanitario; igienico** ● *s. towel,* assorbente igienico.
sanitation [,sæni'teiʃən] *n.* [U] ***1*** **igiene *2* servizi igienici.**
sanity ['sæniti] *n.* [U] ***1*** **sanità di mente *2* equilibrio; discernimento; giudizio** *(fam.)* ● *s. test,* esame psichiatrico.
sank [sæŋk] *pass.* di to **sink.**
Sanskrit ['sænskrit] *n.* e *a.* **sanscrito.**
Santa Claus [,sæntə'klɔ:z] *n.* **« Santa Claus »; Babbo Natale.**
santonin ['sæntənin] *n.* [U] *(chim., farm.)* **santonina.**
(1) sap [sæp] *n.* [U] ***1*** *(bot.)* **linfa *2*** *(fig.)* **energia; forza; vigore *3*** (anche *sapwood*) **alburno.**
(1) to **sap** [sæp] *v. t.* ***1*** **privare della linfa *2*** *(fig.)* **indebolire; fiaccare.**
(2) sap [sæp] *n.* [C] *(mil.)* **scavo d'approccio; trincea.**
(2) to **sap** [sæp] *(mil.)* ***A*** *v. t.* **scalzare; minare** (anche *fig.);* **logorare *B*** *v. i.* **scavare trincee.**
(3) to **sap** [sæp] *v. i.* *(gergo studentesco)* **sgobbare.**
(3) sap [sæp] *n.* [C] ***1*** *(gergo studentesco)* **sgobbone *2*** *(pop.)* **imbecille; sempliciotto; stupido.**
sapid ['sæpid] *a.* **sapido; saporoso.**
sapience ['seipjəns] *n.* [U] (spesso *iron.)* **sapienza; saggezza.**
sapient ['seipjənt] *a.* (spesso *iron.)* **sapiente; saggio.**
sapless ['sæplis] *a.* ***1*** (d'albero) **senza linfa; avvizzito; secco *2*** *(fig.)* **senza vigore.**
sapling ['sæpliŋ] *n.* [C] ***1*** *(bot.)* **alberello; arboscello *2*** *(fig.)* **giovinetto.**
saponaceous [,sæpou'neiʃəs] *a.* **saponaceo; saponoso.**
saponification [sə,pɔnifi'keiʃən] *n.* [U] *(ind.)* **saponificazione.**
to **saponify** [sə'pɔnifai] *(ind.)* ***A*** *v. t.* **saponificare *B*** *v. i.* **subire il processo di saponificazione.**
sapper ['sæpə*] *n.* [C] *(mil.)* **zappatore; soldato del Genio; geniere.**
Sapphic ['sæfik] ***A*** *a.* *(stor.)* **saffico; di Saffo *B*** *n.* [C] *(poesia)* **verso saffico.**
sapphire ['sæfaiə*] *n.* ***1*** [C] *(miner.)* **zaffiro *2*** [U] **color dello zaffiro; azzurro vivo.**
sappy ['sæpi] *a.* ***1*** **ricco di linfa; succoso *2*** *(fig.)* **energico; forte; vigoroso *3*** *(pop.)* **fatuo; sciocco.**
sapwood ['sæpwud] *n.* [U] *(bot.)* **alburno.**
saraband ['særəbænd] *n.* [C] *(stor., mus.)* **sarabanda.**
Saracen ['særəsn] *n.* [C] e *a.* *(stor.)* **saraceno.**

sarcasm ['sa:kæzəm] *n.* [U] **sarcasmo.**
sarcastic [sa:'kæstik] *a.* **sarcastico.**
sarcoma [sa:'koumə] *n.* (*pl.* **sarcomata** [sa:'koumətə], **sarcomas**) (*med.*) **sarcoma.**
sarcophagus [sa:'kɔfəgəs] *n.* (*pl.* **sarcophagi** [sa:'kɔfəgai], **sarcophaguses**) **sarcofago.**
sardelle [sa:'del] *n.* [C] (*zool,* Sardinella aurita) **sardella.**
sardine [sa:'di:n] *n.* (*zool.,* Clupea pilchardus) **sardina.**
Sardinian [sa:'dinjən] *a.* e *n.* [C] **sardo.**
sardonic [sa:'dɔnik] *a.* **sardonico.**
sargasso [sa:'gæsou] *n.* (*pl.* **sargassos**) (*bot.,* Sargassum bacciferum) **sargasso; uva di mare.**
sarsaparilla [,sa:səpə'rilə] *n.* [U] (*bot.,* Smilax) **salsapariglia.**
sartorial [sa:'tɔriəl] *a.* **di sarto; di sartoria.**
(1) sash [sæʃ] *n.* [C] **sciarpa, fascia** (a tracolla o alla vita).
(2) sash [sæʃ] *n.* [C] ***1*** **telaio scorrevole** (di finestra o porta a vetri) ***2*** **parte mobile** (di telaio scorrevole) ● *s.-window,* finestra a ghigliottina.
sassafras ['sæsəfræs] *n.* [C] (*bot.,* Sassafras officinale) **sassofrasso.**
sat [sæt] *pass.* e *p.p.* di to **sit.**
Satanic [sə'tænik] *a.* **satanico; diabolico; infernale.**
Satanism ['seitənizəm] *n.* [U] (anche *letter.*) **satanismo.**
satchel ['sætʃəl] *n.* [C] **cartella; borsa** (specialm. di scolaro).
to **sate** [seit] *v. t.* ***1*** **saziare; satollare** ***2*** (*fig.*) **appagare; soddisfare.**
sateen [sæ'ti:n] *n.* [U] (*ind. tessile*) **raso di cotone; rasatello.**
satellite ['sætəlait] *n.* [C] ***1*** (*astron.*) **satellite** (anche *fig.*) ***2*** (*miss.*) **satellite** ● (*polit.*) *s. state,* stato satellite □ *s. town,* città satellite □ (*radio, telev.*) *by s.,* via satellite.
satiability [,seiʃiə'biliti] *n.* [U] **saziabilità.**
satiable ['seiʃiəbl] *a.* **saziabile.**
to **satiate** ['seiʃieit] *v. t.* **saziare; satollare.**
satiated ['seiʃieitid] *a.* **sazio; satollo.**
satiety [sə'taiəti] *n.* [U] **sazietà.**
satin ['sætin] *n.* [U] ***1*** (*ind. tessile*) **raso; satin** ***2*** (*pop.,* anche *white s.*) **gin** ● *s. paper,* carta satinata □ *s. stitch,* punto raso.
satiny ['sætini] *a.* ***1*** **satinato; rasato** ***2*** (*fig.*) **lucido; lustro.**
satire ['sætaiə*] *n.* [C] e [U] **satira.**
satiric(al) [sə'tirik(əl)] *a.* **satirico.**
satirist ['sætərist] *n.* [C] **satirico; scrittore di satire.**
to **satirize** ['sætəraiz] *v. t.* **satireggiare.**
satisfaction [,sætis'fækʃən] *n.* [U] (*anche con l'art. indeterm.*) **soddisfazione**: *much to our s.,* con nostra grande soddisfazione □ *to demand (to give, to obtain) s.,* chiedere (dare, avere) soddisfazione ● *in s. of,* in riparazione di □ *to make s.,* riparare; risarcire.
satisfactory [,sætis'fæktəri] *a.* **soddisfacente; convincente; esauriente.**
to **satisfy** ['sætisfai] ***A*** *v. t.* ***1*** **soddisfare; soddisfare a; adempiere; appagare**: *to s. an urgent need,* soddisfare a un bisogno urgente □ *to s. an obligation,* adempiere (a) un dovere □ *to s. sb.'s desires,* appagare i desideri di q. □ *to s. one's creditors,* soddisfare i creditori ***2*** **saziare**: *to s. one's hunger,* saziare la fame; sfamarsi ***3*** **convincere; persuadere**: *to s. sb. of st.,* convincere q. di q.c. ***B*** *v. i.* **dar soddisfazione; essere soddisfacente** ***C*** to **satisfy oneself** *v. rifl.* **convincersi; persuadersi** ● *to s. the examiners,* superare un esame con un risultato mediocre; ottenere la sufficienza □ *to s. sb.'s hopes,* non venir meno alle speranze di q.
satisfying ['sætisfaiiŋ] *a.* **soddisfacente; convincente; esauriente.**
satrap ['sætrəp] *n.* [C] (*stor.*) **satrapo** (anche *fig.*).
to **saturate** ['sætʃəreit] *v. t.* (*chim., fis.*) **saturare;** (*fig.*) **impregnare.**
saturation [,sætʃə'reiʃən] *n.* [U] (*chim., fis.*) **saturazione.**
Saturday ['sætədi] *n.* **sabato.**
Saturn ['sætən] *n.* (*mitol., astron.*) **Saturno.**
Saturnalia [,sætə:'neiljə] *n. pl.* (*stor.*) **saturnali** (anche *fig.*).
Saturnian [sæ'tə:njən] *a.* ***1*** (*mitol.*) **saturnio; di Saturno** ***2*** (*astron.*) **di Saturno** (il pianeta).
saturnine ['sætə:nain] *a.* **saturnino** (anche *med.*); **cupo.**
saturnism ['sætənizəm] *n.* [U] (*med.*) **saturnismo.**
satyr ['sætə*] *n.* [C] (*mitol.*) **satiro** (anche *fig.*).
satyric(al) [sə'tirik(əl)] *a.* **satiresco.**
sauce [sɔ:s] *n.* ***1*** [C] e [U] **salsa; intingolo**: *tomato s.,* salsa di pomodoro ***2*** [U] (*fam.*) **impertinenza; sfacciataggine**: *None of your s.!,* basta con le tue impertinenze! ● (*fig.*) *to serve sb. with the same s.,* rendere a q. pan per focaccia.
to **sauce** [sɔ:s] *v. t.* (*fam.*) **fare l'impertinente con** (q.).
sauce-boat ['sɔ:sbout] *n.* [C] **salsiera.**
saucepan ['sɔ:spən] *n.* [C] **casseruola.**
saucer ['sɔ:sə*] *n.* [C] **sottocoppa; piattino** ● *flying s.,* disco volante.
saucerman ['sɔ:səmən] *n.* (*pl.* **saucermen** ['sɔ:səmən]) **extraterrestre.**
saucy ['sɔ:si] *a.* ***1*** **impertinente; sfacciato** ***2*** **birichino; sbarazzino.**
sauerkraut ['sauəkraut] *n.* [U] (*cucina*) **crauti; cavolo all'agro.**
sauna ['saunə, 'sɔ:nə] *n.* [C] (anche *s. bath*) **sauna.**
to **saunter** ['sɔ:ntə*] *v. i.* **andare a zonzo; girovagare; gironzolare.**
saunter ['sɔ:ntə*] *n.* [C] **passeggiatina; quattro passi** (*fam.*).
sausage ['sɔsidʒ] *n.* ***1*** [U] **salsiccia** ***2*** (*al pl.*) **salsicce; salumi** ***3*** [C] (*aeron.,* anche *s. balloon*) **pallone frenato** (da osservazione) ● (*fam.*) *s. dog,* bassotto tedesco □ *s. factory,* salumificio □ *s.-filler,* insaccatrice (per salsicce) □ *Bologna s.,* mortadella.
sauté ['soutei] (*franc.*) *a.* (*cucina*) **saltato; al salto;** sauté ● *a s. of onions,* cipolle al salto.
savable ['seivəbl] *a.* **salvabile.**
savage ['sævidʒ] ***A*** *a.* ***1*** **selvaggio; barbaro; atroce; feroce** ***2*** (*fam.*) **adirato; furibondo** ***B*** *n.* [C] ***1*** **selvaggio; barbaro** ***2*** **individuo brutale.**
to **savage** ['sævidʒ] *v. t.* (di cavallo) **assalire; mordere; calpestare.**
savagery ['sævidʒəri] *n.* ***1*** [U] **barbarie; stato selvaggio** ***2*** [U] e [C] **ferocia; orrore.**
savanna(h) [sə'vænə] *n.* [C] (*geogr.*) **savana.**
savant ['sævənt] (*franc.*) *n.* [C] **sapiente; dotto; erudito.**
to **save** [seiv] ***A*** *v. t.* ***1*** **salvare; preservare**: *to s. sb. from drowning,* salvare q. che sta per affogare ***2*** **serbare; tenere in serbo; conservare** ***3*** **risparmiare; far risparmiare**: *to s. (up) a lot of money,* risparmiare molto denaro □ *It saves me time,* mi fa risparmiare tempo ***4*** **evitare**: *That will s. you a lot of trouble,* ciò ti eviterà un sacco di guai ***B*** *v. i.* **risparmiare; fare economia** ***C*** to **save oneself** *v. rifl.* **salvarsi.**
save [seiv] *prep.* **eccetto; eccettuato; salvo; fuorché; tranne**: *all s. one,* tutti tranne uno □ *all s. him,* tutti eccetto lui.
saveloy ['sævilɔi] *n.* [C] (*cucina*) **cervellata.**
saver ['seivə*] *n.* [C] ***1*** **salvatore; liberatore** ***2*** **risparmiatore.**
(1) saving ['seiviŋ] *a.* **parsimonioso; economo; frugale.**
(2) saving ['seiviŋ] *n.* ***1*** [U] **salvezza** ***2*** [U] **economia** ***3*** (*al pl.*) **risparmi** ● *savings-bank,* cassa di risparmio.
(3) saving ['seiviŋ] *prep.* **eccetto; tranne; salvo.**
saviour ['seivjə*] *n.* [C] **salvatore; liberatore.**
savoir-faire [,sævwa:'fɛə*] (*franc.*) *n.* [U] **savoir-faire; tatto; (il) saperci fare** (*fam.*).
savory ['seivəri] *n.* [U] (*bot.,* Satureja hortensis) **santoreggia.**
savour ['seivə*] *n.* [C] e [U] **sapore** (anche *fig.*); **gusto.**
to **savour** ['seivə*] ***A*** *v. t.* **assaporare** (anche *fig.*) ***B*** *v. i.* — *to s. of,* aver sapore di; sapere di.

savoury ['seivəri] ***A*** *a.* **sapido; saporito; gustoso; appetitoso** ***B*** *n.* [C] **piatto piccante** (servito all'inizio o alla fine d'un pasto).
savoy [sə'vɔi] *n.* [C] (*bot.*, Brassica oleracea sabauda) **cavolo verzotto.**
Savoyard [sə'vɔia:d] *n.* e *a.* **savoiardo.**
to **savvy** ['sævi] *v. i.* *(pop.)* **capire; comprendere.**
savvy ['sævi] *n.* [U] *(pop.)* **comprendonio; buon senso; sale in zucca** *(fig., fam.)*.
(1) saw [sɔ:] *n.* [C] **sega.**
to **saw** [sɔ:] (*pass.* **sawed** [sɔ:d], *p.p.* **sawn** [sɔ:n], *raro* **sawed**) ***A*** *v. t.* **segare** ***B*** *v. i.* ***1*** **segare; usare la sega** ***2*** **segarsi** ***3*** **muoversi avanti e indietro** ● *(fig.) to saw the air,* gesticolare.
(2) saw [sɔ:] *n.* [C] **detto; proverbio; massima.**
(3) saw [sɔ:] *pass.* di to **see.**
sawbones ['sɔ:bounz] *n.* [C] *(invar. al pl.) (pop., scherz.)* **chirurgo; scorticagatti** *(fam., scherz.)*.
sawdust ['sɔ:dʌst] *n.* [U] **segatura** (polvere di legno).
sawfish ['sɔ:-fiʃ] *n. (invar. al pl.) (zool.,* Pristis) **pesce sega.**
sawhorse ['sɔ:ˌhɔ:s] *n.* [C] **cavalletto** (per segare la legna).
sawmill ['sɔ:mil] *n.* [C] **segheria.**
sawn [sɔ:n] *p.p.* di to **saw.**
sawyer ['sɔ:jə*] *n.* [C] **segatore; segantino; operaio di segheria.**
sax [sæks] *n.* [C] (*abbr. fam.* di **saxophone**) **sassofono.**
saxhorn ['sæksˌhɔ:n] *n.* [C] *(mus.)* **saxhorn.**
saxifrage ['sæksifridʒ] *n.* [U] (*bot.*, Saxifraga) **sassifraga.**
Saxon ['sæksən] ***A*** *n.* [C] **sassone** (anche la lingua) ***B*** *a.* ***1*** **sassone** ***2*** **anglosassone** ● *S. blue,* blu di Sassonia.
saxophone ['sæksəfoun] *n.* [C] *(mus.)* **sassofono.**
saxophonist [sæk'sɔfənist] *n.* [C] *(mus.)* **sassofonista.**
to **say** [sei] (*pass.* e *p.p.* **said** [sed]) *v. t.* e *i.* **dire**: *to say «Good morning»,* dire «buongiorno»; dare il buongiorno □ *to say one's prayers,* dire (o recitare) le preghiere □ *He said that his name was Brown,* disse (o affermò) di chiamarsi Brown ● *to say nothing of,* per non parlare di; senza parlare di □ *to say to oneself,* dire fra sé; pensare □ *to say the word,* dare l'ordine; dare il via □ *(let us) say,* diciamo: *You may learn English, say, in three years,* puoi imparare l'inglese, diciamo, in tre anni □ *no sooner said than done,* detto fatto □ *that is to say,* vale a dire; cioè □ *You may well say so!,* puoi ben dirlo!; altro che! □ *It goes without saying that...,* va da sé che...; è ovvio che... □ *I say!,* senti; di' un po'; ehi! □ *There is no saying how he will react,* non si può sapere come la prenderà; la sua reazione è imprevedibile □ *£ 1,000, say one thousand pounds,* £ 1.000, diconsi mille sterline □ *Have you nothing to say for yourself?,* non hai nulla da dire a tua discolpa?
say [sei] *n.* — *to have a say (in the matter),* aver voce in capitolo □ *to have* (o *to say*) *one's say,* dire la propria; dare il proprio parere.
saying ['seiiŋ] *n.* [C] **detto; adagio; motto; massima; proverbio** ● *as the s. is* (o *goes*), come dice l'adagio; come si suol dire.
say-so ['seiˌsou] *n.* *(solo al sing.)* ***1*** **affermazione (gratuita)** ***2*** **permesso; autorizzazione**: *on the teacher's s.,* col permesso dell'insegnante ***3*** **diritto di decidere; voce in capitolo.**
scab [skæb] *n.* ***1*** [C] **crosta** (di ferita in via di guarigione) ***2*** [U] *(bot.)* **scabbia; rogna** ***3*** [C] **crumiro.**
to **scab** [skæb] *v. i.* ***1*** (di ferita) **fare la crosta; cicatrizzarsi** ***2*** **fare il crumiro.**
scabbard ['skæbəd] *n.* [C] *(mil.)* **fodero; guaina.**
scabby ['skæbi] *a.* ***1*** **coperto di croste** ***2*** *(med.)* **rognoso; scabbioso.**
scabies ['skeibi:z] *n.* [U] *(med.)* **scabbia.**
scabrous ['skeibrəs] *a.* **scabroso** (anche *fig.*).
scabrousness ['skeibrəsnis] *n.* [U] **scabrosità** (anche *fig.*).
scaffold ['skæfəld] *n.* [C] ***1*** *(edil.)* **ponteggio; impalcatura** ***2*** *(metall.)* **ponte; volta** ***3*** **patibolo.**
to **scaffold** ['skæfəld] *v. t.* **innalzare un'impalcatura intorno a** (una casa).
scaffolding ['skæfəldiŋ] *n. (edil.)* ***1*** [U] e [C] **ponteggio; impalcatura; armatura** ***2*** [U] **materiale da impalcature.**
to **scald** [skɔ:ld] *v. t.* ***1*** **scottare; ustionare** ***2*** **scaldare** (latte, ecc.); **portare quasi al bollore** ***3*** (spesso *to s. up*) **lavare** (piatti) **in acqua molto calda.**
scald [skɔ:ld] *n.* [C] **scottatura; ustione.**
scalding ['skɔ:ldiŋ] *a.* **bollente; scottante** (anche *fig.*) ● *s. hot,* rovente; (del tempo) torrido; (d'acqua) bollente □ *s. tears,* lacrime cocenti.
(1) scale [skeil] *n.* ***1*** [C] **piatto della bilancia** ***2*** *(al pl.)* **bilancia, basculla** (anche *pair of scales*) ● *(astron.) the Scales,* la Bilancia; la Libra □ *(fig.) to hold the scales even,* essere giudice imparziale □ *to turn the scale(s),* far pendere la bilancia; *(fig.)* essere decisivo.
(2) scale [skeil] *n.* ***1*** [C] **scaglia; squama** ***2*** [C] (di metallo) **scoria; scaglia** ***3*** [U] **incrostazione** (di caldaia, ecc.) ***4*** [U] **tartaro** (dei denti) ● *s. armour,* armatura a piastre □ *(fig.) to remove the scales from sb.'s eyes,* aprire gli occhi a q.
(3) scale [skeil] *n.* [C] ***1*** *(mus., geogr., mat.,* ecc.) **scala; gamma; gradazione**: *a map on the s. of one inch to the mile,* una cartina in scala di un pollice a miglio □ *to practise scales on the piano,* eseguire le scale sul piano ***2*** **regolo graduato** ● *on a large s.,* su larga scala; in grande □ *(econ.) sliding s.,* scala mobile (dei salari) □ *a small-s. map,* una cartina in scala ridotta □ *the social s.,* la scala dei valori sociali.
(1) to **scale** [skeil] *v. t.* **pesare.**
(2) to **scale** [skeil] ***A*** *v. t.* ***1*** **togliere le scaglie a; squamare** ***2*** **disincrostare** ***B*** *v. i.* ***1*** **coprirsi di scaglie** (o **di squame**) ***2*** **incrostarsi** ***3*** **sfaldarsi.**
(3) to **scale** [skeil] ***A*** *v. t.* ***1*** **scalare; arrampicarsi su**: *to s. a wall,* scalare un muro ***2*** **disegnare in scala; rappresentare su scala** ***3*** *(mecc., fis.)* **graduare** ***B*** *v. i.* **arrampicarsi; salire** ● *to s. up (down),* aumentare (ridurre) progressivamente.
scaled [skeild] *a.* ***1*** **squamoso; squamato** ***2*** **privato delle squame** ***3*** **incrostato.**
scalene ['skeili:n] *(geom.)* ***A*** *a.* **scaleno** ***B*** *n.* [C] **triangolo scaleno.**
scaliness ['skeilinis] *n.* [U] **squamosità; scagliosità.**
scallion ['skæljən] *n.* [C] (*bot.*, Allium ascalonicum) **scalogno, scalogna.**
scallop ['skɔləp] *n.* [C] ***1*** (*zool.*, Pecten) **pettine** ***2*** (anche *s.-shell*) **conchiglia di pettine** ***3*** (su stoffa) **smerlo.**
to **scallop** ['skɔləp] *v. t.* ***1*** **cuocere** (ostriche, ecc.) **in conchiglie di pettine** ***2*** **smerlare**: *a scalloped cuff,* un polsino smerlato.
scallywag ['skæliwæg] *n.* [C] *(scherz.)* **buono a nulla; scapestrato; briccone.**
scalp [skælp] *n.* [C] ***1*** *(anat.)* **cuoio capelluto; cotenna** (del cranio dell'uomo) ***2*** **scalpo;** *(fig.)* **trofeo** ● *(fig.) to be out for scalps,* mettersi sul sentiero di guerra.
to **scalp** ['skælp] ***A*** *v. t.* **scotennare** (i nemici) ***B*** *v. i.* *(fam. USA)* **fare il bagarinaggio.**
scalpel ['skælpəl] *n.* [C] *(med.)* **scalpello; bisturi.**
(1) scalper ['skælpə*] *n. (arte)* **scalpello da incisore.**
(2) scalper ['skælpə*] *n.* ***1*** **scotennatore** ***2*** *(fam. USA)* **bagarino.**
scaly ['skeili] *a.* ***1*** **scaglioso; squamoso** ***2*** **coperto d'incrostazioni** ● *(zool.) s. anteater* (Manis), pangolino.
scamp [skæmp] *n.* [C] ***1*** **canaglia; furfante** ***2*** *(scherz.)* **bricconcello.**
to **scamp** [skæmp] *v. t.* **abborracciare.**
to **scamper** ['skæmpə*] *v. i.* ***1*** **correre via; sgattaiolare** ***2*** (spesso *to s. about*) **scorrazzare; sgambettare.**
scamper ['skæmpə*] *n.* [C] ***1*** **rapida corsa** ***2*** **giterella.**
to **scan** [skæn] ***A*** *v. t.* ***1*** **scandire** (versi) ***2*** **esaminare; scrutare** ***3*** **scorrere; dare un'occhiata** (o **una scorsa**) **a** (q.c.) ***4*** *(telev.)* **analizzare, esplorare** (l'immagine) ***5*** (del radar) **esplorare** (una determinata zona) ***B*** *v. i.*

scandire.

scandal ['skændl] *n.* **1** [C] e [U] **scandalo 2** [U] **maldicenza**: *to talk s.*, fare della maldicenza **3** [U] *(leg.)* **diffamazione** ● *to give rise to s.*, fare scandalo; sollevare uno scandalo.

to **scandalize** ['skændəlaiz] *v. t.* **scandalizzare.**

scandalmonger ['skændlˌmʌŋgə*] *n.* [C] **seminatore di scandali; malalingua.**

scandalmongering ['skændlˌmʌŋgəriŋ] *n.* [U] **maldicenza.**

scandalous ['skændələs] *a.* **1 scandaloso 2 diffamatorio.**

Scandinavian [ˌskændi'neivjən] *n.* [C] e *a.* **scandinavo.**

scandium ['skændiəm] *n.* [U] *(chim.)* **scandio.**

scanner ['skænə*] *n.* [C] **1 chi scandisce versi 2** *(elab.)* **analizzatore 3** *(telev., radar)* **analizzatore** (d'immagini).

scansion ['skænʃən] *n.* [U] *(poesia)* **scansione.**

scant [skænt] *a.* **scarso; inadeguato; insufficiente** ● *s. of breath,* dal fiato corto; bolso.

to **scant** [skænt] *v. t.* **1 limitare; lesinare su** (q.c.) **2 trattare** (un argomento, ecc.) **in modo sbrigativo.**

scantiness ['skæntinis] *n.* [U] **scarsezza; inadeguatezza; insufficienza.**

scantling ['skæntliŋ] *n.* [C] **1 piccola quantità 2** *(edil.)* **travicello.**

scanty ['skænti] *a.* **scarso; inadeguato; insufficiente; magro.**

scape [skeip] *n.* [C] *(bot., archit.)* **scapo.**

scapegoat ['skeipgout] *n.* [C] **capro espiatorio.**

scapegrace ['skeipgreis] *n.* [C] (anche *scherz.*) **scapestrato; scavezzacollo.**

scapula ['skæpjulə] *(lat.) n.* (*pl.* **scapulae** ['skæpjuli:], **scapulas**) *(anat.)* **scapola.**

scapular ['skæpjulə*] *a.* *(anat.)* **scapolare.**

scapulary ['skæpjuləri] *n.* [C] *(relig.)* **scapolare.**

(1) scar [ska:*] *n.* [C] **cicatrice** (anche *fig.*); **sfregio.**

to **scar** [ska:*] **A** *v. t.* **sfregiare B** *v. i.* **cicatrizzarsi.**

(2) scar [ska:*] *n.* [C] **1 rupe scoscesa 2 scoglio isolato.**

scarab ['skærəb] *n.* [C] *(zool.,* Ateuchus sacer) **scarabeo sacro.**

scaramouch ['skærəmautʃ] *n.* [C] *(scherz.)* **cialtrone; buono a nulla.**

scarce [skɛəs] *a.* **1 scarso; inadeguato; insufficiente; poco 2 raro**: *a s. book,* un libro raro ● *(fam.) to make oneself s.,* tagliare la corda.

scarcely ['skɛəsli] *avv.* **1 appena; a mala pena; a stento; sì e no 2 quasi**: *s. ever,* quasi mai □ *s. anybody,* quasi nessuno.

scarceness ['skɛəsnis] *n.* [U] **scarsezza; scarsità; carenza; penuria.**

scarcity ['skɛəsiti] *n.* [U] e [C] **1 scarsezza; scarsità 2 rarità.**

to **scare** [skɛə*] *v. t.* **spaventare; impaurire; sbigottire; sgomentare** ● *to s. sb. away* (o *off),* mettere in fuga q. (spaventandolo).

scare [skɛə*] *n.* [C] **spavento; paura; spaghetto** *(fam.)* ● *s. heading* (o *s. headline),* titolo allarmistico (di giornale).

scarecrow ['skɛəkrou] *n.* [C] **1 spaventapasseri** (anche *fig.*) **2** *(fig.)* **spauracchio.**

scaremonger ['skɛəˌmʌŋgə*] *n.* [C] **allarmista.**

(1) scarf [ska:f] *n.* (*pl.* **scarfs** [ska:fs], **scarves** [ska:vz]) **1 sciarpa;** *(mil.)* **fascia 2 cravatta** ● *s.-pin,* spillo per cravatta □ *s.-ring,* anello per sciarpa.

(2) scarf [ska:f] *n.* [C] *(falegnameria,* anche *s.-joint)* **giunto ad ammorsatura.**

scarifier ['skɛərifaiə*] *n.* [C] *(med., agric.)* **scarificatore.**

to **scarify** ['skɛərifai] *v. t.* **1** *(med., agric.)* **scarificare 2** *(fig.)* **criticare severamente.**

scarlatina [ˌska:lə'ti:nə] *n.* [U] *(med.)* **scarlattina.**

scarlet ['ska:lit] **A** *n.* [U] **1 colore scarlatto 2 stoffa scarlatta B** *a.* **scarlatto** ● *(med.) s. fever,* scarlattina □ *s. hat,* cappello da cardinale.

scarp [ska:p] *n.* [C] **scarpata; pendio ripido.**

scarred [ska:d] *a.* **sfregiato.**

scarves [ska:vz] *pl.* di **(1) scarf.**

scathing ['skeiðiŋ] *a.* **aspro; mordace; rovente** *(fig.)*; **scottante; severo**: *s. criticism,* critiche aspre; stroncatura.

scatological [ˌskætə'lɔdʒikəl] *a.* **scatologico.**

scatology [skə'tɔlədʒi] *n.* [U] **scatologia.**

to **scatter** ['skætə*] **A** *v. t.* **1 cospargere; spargere; gettare; diffondere; disseminare**: *to s. gravel on a road,* spargere ghiaia su una strada **2 disperdere; sbaragliare; sparpagliare B** *v. i.* **disperdersi; sparpagliarsi.**

scatter-brain ['skætəbrein] *n.* [C] **individuo scervellato.**

scatter-brained ['skætəbreind] *a.* **scervellato; stolto.**

scattered ['skætəd] *a.* **1 sparso; disseminato 2 sporadico.**

scatty ['skæti] *a.* *(fam.)* **un po' matto; svitato; tocco (nel cervello).**

to **scavenge** ['skævindʒ] **A** *v. t.* **1 spazzare; scopare 2** *(metall.)* **deossidare, purificare** (il metallo fuso) **B** *v. i.* **fare lo spazzino.**

scavenger ['skævindʒə*] *n.* [C] **1 spazzino 2** *(zool.)* **animale saprofago.**

scenario [si'na:riou] *(ital.) n.* (*pl.* **scenarios**) *(teatr., cinem.)* **sceneggiatura; scenario** ● *s. writer,* sceneggiatore.

scenarist ['si:nərist] *n.* [C] *(teatr., cinem.)* **sceneggiatore; scenarista.**

scene [si:n] *n.* [C] **1 scena; teatro** *(fig.)*: *Othello, Act 1, sc. 2,* "Otello", atto I, scena II □ *Waterloo was the s. of a famous battle,* Waterloo fu teatro di una famosa battaglia **2 spettacolo; vista; veduta**: *a beautiful s.,* una veduta magnifica **3 scenata; scena**: *to make a s.,* fare una scenata □ *s.-painter,* scenografo □ *s.-painting,* scenografia □ *(teatr.) s.-shifter,* macchinista □ *(teatr.) scenes painted by X. Y.,* scenografia di X. Y. □ (spesso *fig.*) *to come on the s.,* entrare in scena; comparire □ *to keep behind the scenes,* stare dietro le quinte; *(fig.)* tenersi in disparte □ *on the s.,* sul luogo (di un avvenimento).

scenery ['si:nəri] *n.* [U] *(teatr.)* **scenario;** *(fig.)* **paesaggio, panorama.**

scenic ['si:nik] *a.* **1** *(teatr.)* **scenico 2 naturale; pittoresco 3** (d'un quadro, di un racconto, ecc.) **drammatico; icastico** ● *s. railway,* ferrovia in miniatura (in un luna park).

scenographer [si'nɔgrəfə*] *n.* [C] *(teatr.)* **scenografo.**

scenographic(al) [ˌsi:nou'græfik(əl)] *a.* *(teatr.)* **scenografico.**

scenography [si'nɔgrəfi] *n.* [U] *(teatr.)* **scenografia.**

scent [sent] *n.* **1** [U] e [C] **profumo; odore; fragranza; aroma; olezzo 2** [U] **profumo** (miscela liquida di essenze odorose) **3** *(al sing.) (caccia)* **odore della selvaggina;** (anche *fig.*) **pista, traccia 4** [U] (anche *fig., con l'art. indeterm.*) **fiuto** ● *to be off the s.,* seguire una falsa pista □ *to throw sb. off the s.,* mettere q. su una falsa pista.

to **scent** [sent] **A** *v. t.* **1** (d'animali) **fiutare;** *(fig.)* **aver sentore di; subodorare 2 profumare B** *v. i.* (d'animali) **fiutare; annusare** ● *to s. out,* scoprire (selvaggina, ecc.) col fiuto.

scented ['sentid] *a.* **profumato; odoroso.**

scentless ['sentlis] *a.* **inodoro.**

sceptic ['skeptik] *n.* [C] (anche *filos.*) **scettico.**

sceptical ['skeptikəl] *a.* (anche *filos.*) **scettico.**

scepticism ['skeptisizəm] *n.* [U] (anche *filos.*) **scetticismo.**

sceptre ['septə*] *n.* [C] **scettro** (anche *fig.*).

sceptred ['septəd] *a.* **scettrato** *(poet.)*; **munito di scettro.**

schedule ['ʃedju:l], *(USA)* ['skedju:l] *n.* [C] **1 elenco; lista; prospetto; specchietto; tabella 2** (specialm. *USA*) **orario** (dei treni, ecc.) **3** *(ind.)* **programma; piano** ● *(according) to s.,* secondo il previsto □ *behind s.,* in ritardo sul previsto.

to **schedule** ['ʃedju:l], *(USA)* ['skedju:l] *v. t.* **1 elencare; registrare 2 fissare; prevedere; mettere in** programma.

schema ['ski:mə] *n.* (*pl.* **schemata** ['ski:mətə]) schema; diagramma; sinossi.

schematic [ski'mætik] *a.* schematico.

schematism ['ski:mə,tizəm] *n.* [U] schematismo.

to **schematize** ['ski:mətaiz] *v. t.* schematizzare; rendere schematico.

scheme [ski:m] *n.* [C] **1** piano; progetto; programma; schema **2** intrigo; macchinazione; trama.

to **scheme** [ski:m] *v. t.* e *i.* **1** progettare; far progetti **2** intrigare; macchinare; ordire; tramare.

schemer ['ski:mə*] *n.* [C] macchinatore; intrigante.

scheming ['ski:miŋ] *a.* intrigante.

scherzo ['skɛətsou] (*ital.*) *n.* (*pl.* **scherzos, scherzi** ['skɛətsi:]) (*mus.*) scherzo.

schism ['sizəm] *n.* [U] e [C] scisma (anche *relig.*).

schismatic [siz'mætik] *a.* e *n.* [C] scismatico.

schist [ʃist] *n.* [U] e [C] (*geol.*) scisto (roccia).

schizophrenia [,skitsou'fri:njə] *n.* [U] (*psic.*) schizofrenia.

schizophrenic [,skitsou'frenik] *a.* e *n.* [C] (*psic.*) schizofrenico.

scholar ['skɔlə*] *n.* [C] **1** studioso; dotto; erudito **2** borsista; vincitore di una borsa di studio ● (*fam.*) *He's not much of a s.*, non è un gran letterato; sa appena leggere e scrivere.

scholarly ['skɔləli] *a.* **1** dotto; erudito **2** dedito agli studi.

scholarship ['skɔləʃip] *n.* **1** [U] dottrina; erudizione; cultura; sapere **2** [C] borsa di studio.

scholastic [skə'læstik] **A** *a.* **1** (anche *filos.*) scolastico **2** (*fig.*) pedantesco **B** *n.* [C] **1** scolastico (seguace della scolastica) **2** (*fig.*) pedante.

scholasticism [skə'læstisizəm] *n.* [U] **1** (*filos.*) scolastica **2** (in didattica) pedanteria.

(1) school [sku:l] *n.* **1** [C] e [U] scuola (in ogni senso): *to go to s.*, andare a scuola □ *to leave s.*, lasciare la scuola; finire gli studi □ *There will be no s. to-morrow,* domani non c'è scuola □ *the Flemish s. of painting,* la scuola fiamminga (di pittura) **2** [C] scuola di perfezionamento: *a s. of dentistry,* una scuola di perfezionamento in odontoiatria **3** (specialm. *USA*) facoltà (universitaria): *a law s.*, una facoltà di giurisprudenza **4** corso di studi; istituto universitario **5** — (*stor.*) *the schools,* le università medioevali **6** aula (universitaria) ● *s. age,* età scolare □ *s.-board,* comitato scolastico locale □ *s.-book,* testo scolastico □ *s. bus,* scuolabus □ *s. day,* giorno di scuola □ *s.-inspector,* ispettore scolastico □ *s.-leaving age,* età dell'adempimento dell'obbligo scolastico (16 anni in G. B.) □ *s.-teacher,* insegnante; (specialm.) maestro (o maestra) elementare □ *s. year,* anno scolastico □ *grammar schools,* scuole classiche; ginnasi; licei □ (specialm. *USA*) *high s.*, scuola secondaria; scuola superiore □ *primary* (o *elementary*) *s.*, scuola elementare □ *public schools,* (*in G. B.*) scuole private d'antica tradizione (di solito *grammar schools*); (*in USA*) scuole pubbliche □ *secondary s.*, scuola secondaria; scuola media □ *State schools,* scuole statali □ *vocational s.*, scuola professionale.

(1) to **school** [sku:l] *v. t.* **1** istruire; ammaestrare **2** disciplinare; dominare; frenare, tenere a freno: *to s. one's feelings,* dominare i propri sentimenti ● *to be schooled by adversity,* formarsi alla scuola dell'avversità.

(2) school [sku:l] *n.* [C] (di pesci) banco; frotta.

(2) to **school** [sku:l] *v. i.* (di pesci) formar banchi; nuotare in frotte.

schoolable ['sku:ləbl] *a.* in età scolare.

schoolboy ['sku:lbɔi] *n.* [C] scolaro ● *s. slang,* gergo studentesco.

schoolfellow ['sku:l,felou] *n.* [C] compagno (o compagna) di scuola.

schoolgirl ['sku:lgə:l] *n.* [C] scolara.

schooling ['sku:liŋ] *n.* [U] istruzione; educazione (scolastica).

schoolman ['sku:lmən] *n.* (*pl.* **schoolmen** ['sku:lmən]) **1** (*filos.*) scolastico; filosofo scolastico **2** (*stor.*) professore d'università medioevale.

schoolmaster ['sku:l,ma:stə*] *n.* [C] insegnante; maestro; professore.

schoolmate ['sku:lmeit] *n.* [C] compagno (o compagna) di scuola.

schoolmistress ['sku:l,mistris] *n.* [C] insegnante; maestra; professoressa.

schoolroom ['sku:lrum] *n.* [C] aula; classe.

schoolwork ['sku:lwə:k] *n.* [U] lavoro (o compito) in classe.

schooner ['sku:nə*] *n.* [C] (*naut.*) goletta.

schwa [ʃwa:] *n.* [C] e [U] (*fon. ingl.*) « schwa »; e rovesciata (ə).

sciatic [sai'ætik] *a.* (*anat.*) sciatico: *the s. nerve,* il nervo sciatico.

sciatica [sai'ætikə] *n.* [U] (*med.*) sciatica.

science ['saiəns] *n.* **1** [U] e [C] scienza **2** [U] tecnica; abilità ● *s. fiction,* fantascienza □ *the s. of boxing,* l'arte del pugilato □ *a man of s.*, uno scienziato □ *natural s.*, le scienze naturali □ *social s.*, le scienze sociali.

scientific [,saiən'tifik] *a.* **1** scientifico: *s. instruments,* strumenti scientifici **2** esperto; dotato di buona tecnica.

scientifically [,saiən'tifikəli] *avv.* scientificamente.

scientist ['saiəntist] *n.* [C] scienziato.

scilicet ['sailiset] (*lat.*) *avv.* cioè; vale a dire.

scimitar ['simitə*] *n.* [C] scimitarra.

scintilla [sin'tilə] *n.* [C] **1** (*raro*) scintilla **2** (*fig.*) barlume; briciolo.

to **scintillate** ['sintileit] *v. i.* (specialm. *fig.*) scintillare.

scintillation [,sinti'leiʃən] *n.* [U] e [C] **1** (lo) scintillare **2** (*astron.*) scintillìo.

sciolist ['saiəlist] *n.* [C] persona che ha una cultura superficiale; saccente.

scion ['saiən] *n.* [C] **1** (*agric.*) marza; nesto **2** (*fig.*) rampollo, discendente (di famiglia nobile).

scirrhus ['sirəs] *n.* (*pl.* **scirrhi** ['sirai], **scirrhuses**) (*med.*) scirro.

scissile ['sisail] *a.* (*ind.*) scissile.

scission ['siʒən] *n.* [U] e [C] scissione.

to **scissor** ['sizə*] *v. t.* tagliare con le forbici; sforbiciare; ritagliare.

scissoring ['sizəriŋ] *n.* [U] e [C] sforbiciatura.

scissors ['sizəz] *n. pl.* forbici: *a pair of s.*, un paio di forbici ● (*nuoto*) *s. kick,* sforbiciata.

sclerosis [skliə'rousis] *n.* (*pl.* **scleroses** [skliə'rousi:z]) (*med.*) sclerosi.

sclerotic [skliə'rɔtik] **A** *a.* (*med.*) sclerotico **B** *n.* (*anat.*) sclerotica.

scoff [skɔf] *n.* [C] **1** beffa; derisione; scherno **2** oggetto di scherno; zimbello.

(1) to **scoff** [skɔf] *v. i.* farsi beffe; deridere; schernire: *to s. at sb.*, farsi beffe di q.; deridere q.

(2) to **scoff** [skɔf] *v. t.* e *i.* (*pop.*) mangiare avidamente; abbuffarsi.

scoffer ['skɔfə*] *n.* derisore; schernitore.

scoffing ['skɔfiŋ] **A** *a.* beffardo; derisorio **B** *n.* [U] derisione; dileggio; scherno.

to **scold** [skould] *v. t.* e *i.* **1** sgridare; rimproverare; rimbrottare **2** brontolare; strillare.

scold [skould] *n.* [C] donna bisbetica; brontolona.

scolding ['skouldiŋ] *n.* [C] sgridata; rimprovero; rimbrotto.

scoliosis [,skɔli'ousis] *n.* (*pl.* **scolioses** [,skɔli'ousi:z]) (*med.*) scoliosi.

sconce [skɔns] *n.* [C] candelabro a muro; « applique » (*franc.*).

scone [skɔn] *n.* [C] (*cucina*) focaccina.

scoop [sku:p] *n.* [C] **1** cucchiaione; ramaiolo **2** paletta (per zucchero, farina, ecc.) **3** ramaiolata; palettata **4** (*fam.*) colpo di fortuna; speculazione vantaggiosa; grosso affare **5** (*giornalismo*) « scoop »; buon colpo giornalistico; notizia in esclusiva.

to **scoop** [sku:p] *v. t.* **1** (di solito *to s. up*) cavare (col ramaiolo, ecc.); tirar su **2** (di solito *to s. out*) scavare (con una paletta, ecc.) **3** (*fam.*) fare (un grosso affare) **4** (*giornalismo*) procurarsi (una notizia) prima degli altri (e pubblicarla); battere (un altro giornale) ● *to s. out the soup,* scodellare la zuppa.

scooper ['sku:pə*] *n.* [C] **1** (*arte*) scalpello da intagliatore **2** (*zool.*, Recurvirostra avosetta) avocetta.

to **scoot** [sku:t] *v. i.* (*fam.*) filar via; darsela a gambe.

scooter ['sku:tə*] *n.* [C] ***1*** **monopattino** ***2*** *(*anche *motor-s.)* **motoretta.**

scop [skɔp] *n.* [C] *(stor., letter.)* **bardo; menestrello.**

scope [skoup] *n.* [U] ***1*** **ambito; campo** (d'azione); **portata, sfera** *(fig.)*: *That is outside my s.*, ciò non rientra nel mio campo d'azione; ciò non è di mia competenza ***2*** **libertà d'azione; sfogo**: *to seek s. for one's energies,* cercare uno sfogo alle proprie energie ***3*** **intendimento; scopo; fine; proposito** ● *to give free s. to,* dare libero sfogo a □ *within the s. of,* entro i limiti di.

scorbutic [skɔ:'bju:tik] *a. (med.)* **scorbutico.**

scorch [skɔ:tʃ] *n.* [C] ***1*** **bruciatura superficiale; scottatura** ***2*** *(fam.)* **corsa veloce; volata.**

to **scorch** [skɔ:tʃ] ***A*** *v. t.* ***1*** **ardere; bruciare; bruciacchiare; abbrustolire; scottare** ***2*** *(fig.)* **ferire; offendere** ***B*** *v. i.* ***1*** **bruciarsi; bruciacchiarsi; scottarsi** ***2*** *(fam.)* **andare a tutta velocità; fare una volata** (in bicicletta, motocicletta, ecc.).

scorcher ['skɔ:tʃə*] *n.* [C] ***1*** *(fam.)* **giornata caldissima** ***2*** *(fam.)* **severo rimprovero** ***3*** *(fam.)* **automobilista (**o **motociclista, ciclista) troppo veloce; chi va a velocità eccessiva** ***4*** *(pop.)* **tipo in gamba.**

scorching ['skɔ:tʃiŋ] *a.* ***1*** **scottante; cocente** ***2*** **pungente; sarcastico.**

score [skɔ:*] *n.* [C] ***1*** **frego; linea; segno; tacca; rigatura;** *(geol.)* **striatura** ***2*** *(raro)* **conto; debito**: *to pay (*o *to wipe off) scores,* saldare i conti *(*anche *fig.)* ***3*** *(sport)* **punteggio; segnatura; punti**: *to make a good s.,* ottenere un buon punteggio □ *to keep the s.,* segnare i punti ***4*** (d'un esame) **votazione** ***5*** **ventina; gruppo di venti** ***6*** *(mus.)* **partitura; spartito** ***7*** *(pop.)* **punto a favore; stoccata** *(fig.)* ***8*** *(pop.)* **colpo di fortuna** ● *s.-board,* tabellone (segnapunti) □ *scores of people,* centinaia di persone; una gran folla □ *half a s.,* una decina □ *on the s. of,* a causa di; a motivo di □ *on that s.,* per quel motivo; al riguardo □ *On what s.?,* per quale motivo?; a che titolo?

to **score** [skɔ:*] ***A*** *v. t.* ***1*** **segnare; solcare; intaccare; graffiare; marcare; rigare;** *(geol.)* **striare** ***2*** (spesso *to s. up)* **mettere in conto; registrare; tenere a mente** (un'offesa, ecc.) ***3*** *(sport)* **segnare** (una rete, ecc.); **fare** (un punto) ***4*** *(fig.)* **ottenere; riportare**: *to s. an advantage,* ottenere un vantaggio ***5*** *(mus.)* **orchestrare** ***B*** *v. i.* ***1*** *(sport)* **segnare; fare punti** ***2*** *(fig.)* **aver successo; far centro** *(fig.)* ***3*** *(sport)* **segnare il punteggio; fare il segnapunti** ● *(pop.) to s. off sb.,* aver la meglio su q. (in una discussione, ecc.) □ *to s. out (words, etc.),* cancellare, tirare un frego su (parole, ecc.).

scorekeeper ['skɔ:ˌki:pə*] *n.* [C] *(sport)* **segnapunti.**

scorer ['skɔ:rə*] *n.* [C] *(sport)* ***1*** **segnapunti** ***2*** **marcatore.**

to **scorify** ['skɔ:rifai] *v. t. (metall.)* **scorificare; ridurre in scorie.**

scoring ['skɔ:riŋ] *n.* [U] ***1*** *(sport)* **punteggio; punti** ***2*** *(mus.)* **orchestrazione** ***3*** *(mecc.)* **rigatura** ***4*** *(geol.)* **abrasioni; striature.**

scorn [skɔ:n] *n.* [U] ***1*** **disprezzo; disdegno; sprezzo; spregio** ***2*** **oggetto di disprezzo; ludibrio; zimbello** ● *to think s. of sb.,* disprezzare q.

to **scorn** [skɔ:n] *v. t.* **disprezzare; disdegnare; sdegnare.**

scornful ['skɔ:nful] *a.* **sdegnoso; sprezzante.**

Scorpio ['skɔ:piou] *n. (astron., astrologia)* **Scorpione.**

scorpion ['skɔ:pjən] *n.* ***1*** [C] *(zool.,* Scorpio, Buthus, ecc.*)* **scorpione** ***2*** — *(astron., astrologia) the S.,* lo Scorpione.

scot [skɔt] *n.* — *to go (*o *to get off) s.-free,* andarsene senza pagare lo scotto; cavarsela senza danno □ *to pay s. and lot, (stor.)* pagare i balzelli; *(fig.)* pagare lo scotto.

Scot [skɔt] *n.* [C] **scozzese** ● *(stor.) the Scots,* gli Scoti □ *(stor.) Mary, Queen of Scots,* Maria (Stuarda), regina di Scozia.

Scotch [skɔtʃ] ***A*** *a.* **scozzese** ***B*** *n.* ***1*** — *(collett.) the S.,* gli scozzesi ***2*** [U] **dialetto scozzese** ***3*** [U] **whisky scozzese** ● *S. tape, (marchio)* nastro adesivo (trasparente); « scotch ».

scotch [skɔtʃ] *n.* [C] **cuneo; bietta; zeppa.**

(1) to **scotch** [skɔtʃ] *v. t.* **ferire; rendere innocuo.**

(2) to **scotch** [skɔtʃ] *v. t.* **bloccare** (una ruota, ecc.) **con un cuneo.**

Scotchman ['skɔtʃmən] *n.* *(pl.* **Scotchmen** ['skɔtʃmən]) **scozzese** (uomo).

Scotchwoman ['skɔtʃˌwumən] *n. (pl.* **Scotchwomen** ['skɔtʃˌwimin]) **scozzese** (donna).

Scots [skɔts] ***A*** *a.* **scozzese** ***B*** *n.* [U] **dialetto scozzese.**

Scotsman ['skɔtsmən] *n.* *(pl.* **Scotsmen** ['skɔtsmən]) **scozzese** (uomo).

Scotswoman ['skɔtsˌwumən] *n.* *(pl.* **Scotswomen** ['skɔtsˌwimin]) **scozzese** (donna).

Scottish ['skɔtiʃ] *a.* **scozzese** ● *(collett.) the S.,* gli scozzesi.

scoundrel ['skaundrəl] *n.* [C] **canaglia; farabutto; furfante; mascalzone.**

scoundrelly ['skaundrəli] *a.* **furfantesco; infame; malvagio.**

(1) to **scour** ['skauə*] *v. t.* ***1*** **pulire; lavare; fregare; strofinare; sfregare; smacchiare** ***2*** **svuotare** (una tubazione, ecc.) ***3*** **purgare drasticamente** (l'intestino) ***4*** **sgombrare; sbarazzare** (di) ● *to s. off a stain,* togliere una macchia □ *(ind.) to s. wool,* sgrassare la lana.

(2) to **scour** ['skauə*] ***A*** *v. t.* ***1*** **percorrere; perlustrare**: *to s. the woods for sb.,* perlustrare i boschi alla caccia di q. ***2*** **mettere sossopra; rovistare** ***B*** *v. i.* **correre qua e là; girovagare; vagare.**

scourge [skə:dʒ] *n.* [C] **flagello** *(*anche *fig.)*; **sferza; frusta.**

to **scourge** [skə:dʒ] *v. t.* ***1*** **flagellare; sferzare; frustare** ***2*** *(fig.)* **opprimere; tormentare.**

scout [skaut] *n.* [C] ***1*** *(mil.)* **esploratore** ***2*** *(aeron.)* **aeroplano da ricognizione; ricognitore** ***3*** *(naut.)* **nave vedetta; nave esploratrice; esploratore** ***4*** (anche *boy s.*) **giovane esploratore** ***5*** *(mus., cinem.,* anche *talent s.)* **scopritore di talenti.**

(1) to **scout** [skaut] *v. i. (mil.)* **esplorare; andare in ricognizione** ● *to s. about (*o *around) for sb. (st.),* andare in cerca di q. (q.c.).

(2) to **scout** [skaut] *v. t.* **scartare; sdegnare; ridicolizzare.**

scoutmaster ['skautˌma:stə*] *n.* [C] **capo di un gruppo di giovani esploratori.**

scow [skau] *n.* [C] *(naut.)* **barcone a fondo piatto; chiatta.**

scowl [skaul] *n.* [C] **cipiglio; sguardo corrucciato (**o **torvo).**

to **scowl** [skaul] *v. i.* **aggrottare le ciglia; accigliarsi; imbronciarsi** ● *to s. at sb.,* guardar torvo q.

scowling ['skauliŋ] *a.* **accigliato; imbronciato; minaccioso; torvo.**

to **scrabble** ['skræbl] *v. i.* ***1*** **grattare; raspare** ***2*** (di solito *to s. about*) **andare a tentoni** ***3*** **scarabocchiare.**

scrag [skræg] *n.* [C] ***1*** **persona (**o **bestia) molto magra; individuo allampanato; animale ossuto** ***2*** *(macelleria,* anche *s.-end)* **collo** (di montone o vitello).

to **scrag** [skræg] *v. t.* ***1*** **afferrare** (q.) **per il collo; torcere il collo a** (q.) ***2*** *(pop.)* **impiccare.**

scraggy ['skrægi] *a.* ***1*** **magro; ossuto** ***2*** **ruvido; scabro.**

scram [skræm] *inter. (pop.)* **vattene!; andatevene!; via!**

to **scramble** ['skræmbl] ***A*** *v. i.* ***1*** **arrampicarsi; inerpicarsi** ***2*** (di solito *to s. for*) **fare una mischia; accapigliarsi; azzuffarsi**: *to s. for st.,* azzuffarsi per afferrare q.c. ***3*** *(fig.)* **agitarsi; darsi da fare** ***B*** *v. t.* ***1*** *(cucina)* **strapazzare** (uova): *scrambled eggs,* uova strapazzate ***2*** *(radio)* **disturbare** (una trasmissione).

scramble ['skræmbl] *n.* [C] ***1*** **arrampicata; scalata** ***2*** **mischia; zuffa; parapiglia; tafferuglio** ***3*** *(sport)* **gara di motocross.**

(1) scrap [skræp] *n.* ***1*** [C] **pezzo; pezzetto; frammento; brano; squarcio** (di prosa): *a s. of paper,* un pezzo di carta *(*anche *fig.)* ***2*** *(collett.)* **cascami; rottami;**

scarti **3** *(al pl.)* **avanzi** (di cibo); **rimasugli** **4** *(al pl.)* **ritagli** (di giornale); **fotografie ritagliate** **5** *(al pl.)* *(cucina)* **ciccioli** ● *s.-book,* album di fotografie ritagliate.

(1) to **scrap** [skræp] *v. t.* **1 gettar via; buttar fra i rottami; scartare 2 fare a pezzi; smantellare; demolire.**

(2) scrap [skræp] *n.* [C] *(fam.)* **baruffa; alterco; rissa; zuffa.**

(2) to **scrap** [skræp] *v. i.* *(fam.)* **azzuffarsi; altercare; rissare.**

scrape [skreip] *n.* [C] **1 raschiatura 2 rumore stridulo; stridore 3 scorticatura 4 inchino goffo 5 difficoltà; guaio; imbroglio; impaccio**: *to get into a s.,* mettersi in un guaio □ *to get out of a s.,* trarsi d'impaccio.

to **scrape** [skreip] *v. t.* e *i.* **1 raschiare; grattare; scrostare 2 scorticare 3 sfregare; fregare; strisciare** (contro q.c.) **4 scricchiolare; stridere 5 racimolare; raggranellare 6 fare economia; economizzare 7 fare** (un buco, ecc.) **raspando 8** *(mecc.)* **raschiettare** ● *to s. along,* tirare avanti; vivacchiare □ *to s. along a wall,* strisciare lungo un muro □ *to s. one's chin,* radersi □ *to s. (on) the fiddle,* strimpellare il violino □ *to s. a living,* guadagnarsi da vivere a stento; sbarcare il lunario □ *to s. off (*o *out),* togliere raschiando; raschiar via □ *(fig.) to s. through,* farcela a malapena; cavarsela (per il rotto della cuffia) □ *(fig.) to s. through an examination,* superare a stento un esame □ *to s. up (*o *together),* metter insieme a fatica; racimolare; raggranellare.

scraper [skreipə*] *n.* [C] **1** *(mecc.)* **raschietto; raschino; raschiatoio 2** (anche *shoe-s.*) **raschino; puliscipiedi.**

scrapings ['skreipiŋz] *n. pl.* **1 raschiature; ritagli 2** *(fig.)* **risparmi; economie.**

scrappiness ['skræpinis] [U] *n.* **frammentarietà; incoerenza.**

scrappy ['skræpi] *a.* **frammentario; sconnesso; incoerente.**

to **scratch** [skrætʃ] **A** *v. t.* **1 graffiare; grattare; scorticare**: *to s. one's head,* grattarsi la testa **2 sfregare; strofinare 3 scribacchiare; scrivere** (o **disegnare) in gran fretta; buttar giù 4** *(sport)* **ritirare** (un concorrente, un cavallo, da una corsa) **5 fare** (un buco) **raspando B** *v. i.* **1 graffiare; grattarsi; raspare 2 scricchiolare; stridere 3** *(sport)* **ritirarsi** (da una gara) **4** *(fig.)* **ritirarsi; squagliarsela 5** (anche *to s. about*) **razzolare** ● *to s. out,* cancellare □ *to s. the surface,* *(agric.)* arare (o zappare) in superficie; *(fig.)* sfiorare □ *to s. up,* raggranellare; racimolare.

(1) scratch [skrætʃ] *n.* **1** [C] **graffio; graffiatura; scalfittura 2** *(solo al sing.)* **grattata 3** [C] **suono stridulo; scricchiolio 4** [C] **scarabocchio 5** [U] *(sport)* **linea di partenza** ● *a s. of the pen,* un tratto di penna; una firma □ *(sport) s.-race,* corsa a pari condizioni per tutti i concorrenti □ *to come up to s.,* disporsi sulla linea di partenza; *(fig.)* essere all'altezza della situazione □ *to start from s., (sport)* prendere il via dalla linea di partenza; *(fig.)* cominciare da zero.

(2) scratch [skrætʃ] *a.* **eterogeneo; improvvisato; (fatto) alla meglio.**

scratchy ['skrætʃi] *a.* **1** (di uno scritto) **scarabocchiato; mal fatto 2 stridulo; che scricchiola 3 raffazzonato; improvvisato 4 ruvido; scabroso.**

to **scrawl** [skrɔ:l] *v. t.* e *i.* **scarabocchiare; fare scarabocchi.**

scrawl [skrɔ:l] *n.* **1** [C] **scarabocchio 2** [C] **biglietto buttato giù in fretta 3** *(solo al sing.)* **scrittura illeggibile.**

scrawly ['skrɔ:li] *a.* **pieno di scarabocchi;** (di scrittura) **illeggibile.**

scrawny ['skrɔ:ni] *a.* *(fam.)* **scarno; pelle e ossa.**

scray [skrei] *n.* [C] *(zool.,* Sterna hirundo) **rondine di mare.**

to **scream** [skri:m] *v. i.* e *t.* **1 gridare; strillare; urlare 2** (di vento, macchina a vapore) **fischiare** ● *to s. with laughter,* sbellicarsi dalle risa.

scream [skri:m] *n.* [C] **1 grido; strillo; urlo 2** (di vento, locomotiva, ecc.) **fischio** ● *screams of laughter,* risate sguaiate □ *(fam.) a (perfect) s.,* una persona (o cosa) buffissima (o spassosa).

screamer ['skri:mə*] *n.* [C] **1** *(pop.)* **storia assai divertente 2** *(pop.)* **persona** (o **cosa) straordinaria; cannonata** *(fam.)* **3** *(pop.)* **titolo sensazionale** (di giornale).

scree [skri:] *n.* [U] **breccia; pietrisco.**

screech [skri:tʃ] *n.* [C] **1 strillo; grido acuto 2 stridore; stridìo.**

to **screech** [skri:tʃ] **A** *v. i.* **strillare; stridere B** *v. t.* **dire con voce stridula.**

screech owl ['skri:tʃ,aul] *n.* [C] *(zool.,* Tyto alba) **barbagianni.**

screechy ['skri:tʃi] *a.* **stridulo; stridente.**

screed [skri:d] *n.* [C] **discorso** (o **scritto) lungo e noioso; tirata.**

screen [skri:n] *n.* [C] **1 paravento 2** (anche *fire-s.*) **parafuoco 3 riparo; schermo 4 parete divisoria; tramezzo 5** *(relig.)* **balaustra** (fra la navata e il coro) **6** *(cinem., telev.)* **schermo 7** *(fig.)* **cinematografo; cinema**: *a s. star,* una stella del cinema **8** *(naut.)* **scorta 9 crivello; vaglio 10** *(fotogr., tipogr.)* **retino 11 telaio con reticella; zanzariera** ● *(cinem., telev.) s. test,* provino □ *to put on a s. of indifference,* trincerarsi dietro un'aria d'indifferenza □ *(fam.) small s.,* piccolo schermo; televisione □ *(mil.) a smoke s.,* una cortina di fumo.

to **screen** [skri:n] **A** *v. t.* **1 difendere; proteggere; nascondere; riparare;** (anche *elettr., fotogr., mecc.,* ecc.) **schermare 2** *(fig.)* **far da schermo a** (q.); **sottrarre** (q. al biasimo, ecc.) **3** *(cinem.)* **adattare per lo schermo; sceneggiare** (un romanzo, ecc.) **4 proiettare** (una pellicola) **5 vagliare** (anche *fig.*); **passare al vaglio B** *v. i.* *(cinem.)* **adattarsi allo schermo** ● *to s. off,* separare con un paravento (o con un tramezzo).

screenplay ['skri:n,plei] *n.* [C] **1** *(cinem., telev.)* **sceneggiatura 2** *(telev.)* **sceneggiato.**

screenwriter ['skri:n,raitə*] *n.* [C] *(cinem., telev.)* **sceneggiatore.**

screw [skru:] *n.* [C] **1** *(mecc., falegnameria)* **vite 2** *(aeron., naut.)* **elica 3 avvitata; giro** (di vite) **4 cartoccio, cartoccetto a cono** (di tè, di tabacco) **5** *(fam.)* **avaro; spilorcio 6** *(pop.)* **paga; salario; stipendio 7** *(pop.)* **guardia carceraria; agente di custodia** ● *(naut., aeron.) s. propeller,* elica □ *(aeron.) air-s.,* elica □ *(fam.) to have a s. loose,* essere un po' tocco; essere svitato □ *to put the s. on sb.,* sottoporre q. a forti pressioni; costringere q. a fare q.c. □ *(fig.) There's a s. loose somewhere,* c'è qualcosa che non funziona.

to **screw** [skru:] **A** *v. t.* **1 avvitare**: *to s. a lock on a door,* avvitare una serratura su una porta **2 fissare** (con viti): *to s. down the lid of a coffin,* fissare con viti il coperchio d'una bara **3** *(fig.)* **far pressioni su** (q.) **4** *(fig.)* **estorcere; strappare**: *to s. money out of sb.,* estorcere denaro a q. **5** *(fig.)* **torcere; storcere**: *to s. up one's face,* storcere il viso **6** *(pop.)* **raggirare; buggerare, fregare** *(pop.)* **7** *(volg.)* **avere rapporti sessuali con** (una donna); **chiavare, fottere** *(volg.)* **B** *v. i.* **avvitarsi** ● *to s. out (*o *off),* svitare, svitarsi □ *to s. up one's courage,* farsi coraggio; farsi animo □ *to s. up one's eyes,* strizzare gli occhi □ *(fig.) to have one's head screwed on right,* avere la testa sulle spalle; avere il cervello a posto.

screw-driver ['skru:,draivə*] *n.* [C] **cacciavite.**

screwed [skru:d] *a.* **1** *(mecc.)* **filettato 2** *(pop.)* **brillo; sbronzo** *(fam.).*

screwy ['skru:i] *a.* *(fam.)* **1 bizzoso 2 un po' tocco; svitato.**

scribal ['skraibəl] *a.* **di scriba; di scrivano** ● *a s. error,* un errore di scrittura; un « lapsus calami ».

to **scribble** ['skribl] *v. t.* e *i.* **scribacchiare; scarabocchiare; imbrattar carta; scrivere in modo illeggibile** ● *scribbling block,* blocchetto per appunti; taccuino.

scribble ['skribl] *n.* **1** [U] e [C] **scarabocchio; sgorbio; scritturaccia 2** [C] **scritto frettoloso; opera da due soldi.**

scribbler ['skriblə*] *n.* [C] **scribacchino; imbrattacarte.**

scribe [skraib] *n.* [C] **scriba** (anche *Bibbia*); **scrivano; amanuense.**

scrimmage ['skrimidʒ] *n.* [C] **parapiglia; rissa; tafferuglio; zuffa.**

to **scrimmage** ['skrimidʒ] *v. i.* **azzuffarsi; rissare.**
to **scrimp** [skrimp] *V.* to **skimp.**
scrimpy ['skrimpi] *V.* **skimpy.**
to **scrimshank** ['skrimʃæŋk] *v. t. (gergo mil.)* **fare il lavativo.**
scrimshanker ['skrim,ʃæŋkə*] *n.* [C] *(gergo mil.)* **lavativo.**
(1) scrip [skrip] *n.* [C] *(arc.)* **bisaccia**: *a pilgrim's s.*, una bisaccia da pellegrino.
(2) scrip [skrip] *n. (fin.)* ***1*** [C] **certificato provvisorio** (comprovante l'acquisto, il possesso d'azioni, ecc.) ***2*** *(collett.)* **certificati** (o **titoli**) **provvisori** ***3*** [C] **buono** (d'acquisto).
script [skript] *n.* ***1*** [U] **scrittura (a mano)** ***2*** [U] *(tipogr.)* **corsivo inglese** ***3*** [C] *(radio, telev.)* **copione** ***4*** [C] *(cinem.)* **sceneggiatura** ***5*** [C] *(leg.)* **documento originale** ● *s.-writer,* sceneggiatore; soggettista.
scriptural ['skriptʃərəl] *a.* **della Sacra Scrittura; biblico.**
scripture ['skriptʃə*] *n.* ***1*** — *(relig.) S.*, la Sacra Scrittura; la Bibbia (anche *Holy S., the Scriptures*) ***2*** **testo sacro** (d'altra religione).
scrivener ['skrivnə*] *n.* [C] *(arc.)* ***1*** **scrivano; copista** ***2*** **notaio** ● *(med.) s.'s palsy,* crampo degli scrittori.
scrofula ['skrɔfjulə] *n.* [U] *(med.)* **scrofola.**
scrofulous ['skrɔfjuləs] *a. (med.)* **scrofoloso.**
scroll [skroul] *n.* [C] ***1*** **rotolo di carta** (o **di pergamena**) ***2*** *(archit.)* **spira ornamentale; voluta** ***3*** *(araldica)* **cartiglio** ***4*** (del violino) **riccio; chiocciola.**
scrotum ['skroutəm] *n.* (*pl.* **scrota** ['skroutə], **scrotums**) *(anat.)* **scroto.**
to **scrounge** [skraundʒ] *v. t.* e *i. (fam.)* **scroccare.**
scrounger ['skraundʒə*] *n.* [C] *(fam.)* **scroccone.**
(1) scrub [skrʌb] *n.* ***1*** [U] **boscaglia; macchia** ***2*** [C] **arbusto atrofico** ***3*** [C] **persona** (o **cosa**) **più bassa del normale; nanerottolo.**
(2) scrub [skrʌb] *n.* ***1*** *(con l'art. indeterm.)* **lavata; strofinata** ***2*** [C] **uomo** (o **donna**) **di fatica.**
to **scrub** [skrʌb] ***A*** *v. t.* **lavare** (pavimenti, ecc.) **fregando; pulire strofinando; strofinare** ***B*** *v. i.* **lavare pavimenti; fare lavori di fatica** ● *to s. out,* togliere fregando; *(fam.)* annullare (un'ordinazione).
scrubbing ['skrʌbiŋ] *n. (generalm. con l'art. indeterm.)* **lavatura** (di pavimenti); **strofinatura** ● *s.-brush,* spazzola dura; spazzolone; *(naut.)* frettazza.
scrubby ['skrʌbi] *a.* ***1*** (di pianta, arbusto) **stentato** ***2*** **meschino** ***3*** (di terreno) **coperto d'arbusti; a macchia** ***4*** **irsuto; ispido.**
scruff [skrʌf] *n.* [C] (di solito *s. of the neck*) **nuca; collottola.**
scruffy ['skrʌfi] *a. (fam.)* **sciatto; trasandato.**
scrum [skrʌm] *(fam.),* **scrummage** ['skrʌmidʒ] *n.* [C] ***1*** *(rugby)* **mischia** ***2*** *(fam.)* **calca; ressa.**
scrumptious ['skrʌmpʃəs] *a. (pop.)* **delizioso; ottimo.**
to **scrunch** [skrʌntʃ] *v. t.* ***1*** **far scricchiolare** (schiacciando) ***2*** **sgranocchiare.**
scruple ['skru:pl] *n.* [U] e [C] **scrupolo**: *to have scruples about doing st.*, farsi scrupolo di fare q.c. □ *a man of no scruples,* un uomo senza scrupoli.
to **scruple** ['skru:pl] *v. i.* **avere scrupoli; esitare.**
scrupulosity [,skru:pju'lɔsiti] *n.* [U] **scrupolosità; meticolosità.**
scrupulous ['skru:pjuləs] *a.* **scrupoloso; meticoloso.**
scrutator [skru:'teitə*] *n.* [C] **scrutatore; osservatore.**
scrutineer [,skru:ti'niə*] *n.* [C] *(polit.)* **scrutatore; scrutinatore.**
to **scrutinize** ['skru:tinaiz] *v. t.* **scrutare; esaminare; osservare attentamente.**
scrutiny ['skru:tini] *n.* ***1*** [U] e [C] **esame minuzioso** ***2*** [C] *(polit.)* **verifica di uno scrutinio.**
scuba ['skju:bə] *n.* [C] *(sport)* **autorespiratore** ● *s. diving,* immersione con autorespiratore.
scud [skʌd] *n.* ***1*** [C] **corsa rapida** ***2*** [U] **nebbia** (o **nuvola**) **spinta dal vento** ● *scuds of rain,* scrosci di pioggia (spinti dal vento).
to **scud** [skʌd] *v. i.* **correr via; fuggire.**
to **scuff** [skʌf] ***A*** *v. i.* **camminare strascicando i piedi** ***B*** *v. t.* ***1*** **strascicare** (i piedi) ***2*** **lasciare** (o **fare**) **freghi su** (un pavimento, ecc.).
to **scuffle** ['skʌfl] *v. i.* **azzuffarsi; accapigliarsi; far baruffa.**
scuffle ['skʌfl] *n.* [C] **baruffa; mischia; tafferuglio; zuffa.**
scull [skʌl] *n.* [C] *(naut.)* ***1*** **remo a palella** ***2*** **remo da bratto.**
to **scull** [skʌl] *v. i. (naut.)* **vogare.**
scullery ['skʌləri] *n.* [C] **retrocucina** ● *s.-maid,* sguattera.
scullion ['skʌliən] *n.* [C] *(arc.)* **sguattero.**
to **sculpt** [skʌlpt] *V.* to **sculpture.**
sculptor ['skʌlptə*] *n.* [C] **scultore.**
sculptress ['skʌlptris] *n.* [C] **scultrice.**
sculptural ['skʌlptʃərəl] *a.* **scultorio.**
sculpture ['skʌlptʃə*] *n.* [U] e [C] **scultura.**
to **sculpture** ['skʌlptʃə*] ***A*** *v. t.* **scolpire** ***B*** *v. i.* **fare lo scultore.**
sculpturesque [,skʌlptʃə'resk] *a.* **scultorio; statuario.**
scum [skʌm] *n.* [U] ***1*** **pellicola d'impurità** (su un liquido) ***2*** *(metall.)* **scoria** ***3*** *(fig.)* **feccia.**
to **scum** [skʌm] ***A*** *v. t.* **levar via la pellicola d'impurità** ***B*** *v. i.* ***1*** (di liquido) **coprirsi di una pellicola d'impurità** ***2*** **produrre scorie.**
scummy ['skʌmi] *a.* ***1*** **coperto di una pellicola d'impurità** ***2*** *(fig.)* **abietto; spregevole.**
scupper ['skʌpə*] *n.* [C] *(naut.)* **ombrinale.**
to **scupper** ['skʌpə*] *v. t.* ***1*** **distruggere; annientare** ***2*** **affondare** (la propria nave) **deliberatamente.**
scurf [skə:f] *n.* [U] **forfora.**
scurfy ['skə:fi] *a.* **forforoso.**
scurrility [skʌ'riliti] *n.* [U] **scurrilità; trivialità; volgarità.**
scurrilous ['skʌriləs] *a.* **scurrile; triviale; volgare.**
to **scurry** ['skʌri] *v. i.* **affrettarsi; correre velocemente.**
scurry ['skʌri] *n.* ***1*** [C] **corsa veloce; fuga** ***2*** [U] **tramestìo** ***3*** [C] **folata** (di pioggia, nevischio).
(1) scurvy ['skə:vi] *a.* **abietto; basso; gretto; meschino.**
(2) scurvy ['skə:vi] *n.* [U] *(med.)* **scorbuto.**
scut [skʌt] *n.* [C] **coda corta; codino** (di coniglio, lepre, ecc.).
scutage ['skju:tidʒ] *n. (stor., diritto feudale)* **« scutagium »** (imposta pagata dal vassallo per l'esonero da prestazioni militari).
scutcheon ['skʌtʃən] *V.* **escutcheon.**
(1) scuttle ['skʌtl] *n.* [C] (di solito *coal-s.*) **recipiente per il carbone.**
(1) to **scuttle** ['skʌtl] *v. t. (naut.)* **affondare deliberatamente** (una nave) **aprendo delle falle.**
(2) scuttle ['skʌtl] *n.* [C] *(naut.)* **boccaportello; portellino.**
(2) to **scuttle** ['skʌtl] *v. i.* **correr via; squagliarsela** *(pop.)*.
(3) scuttle ['skʌtl] *n. (solo al sing.)* **corsa precipitosa; fuga.**
scythe [saið] *n.* [C] *(agric.)* **falce.**
to **scythe** [saið] *v. t.* e *i. (agric.)* **falciare.**
Scythian ['siðiən] *(stor.)* ***A*** *n.* **scita** ***B*** *a.* **scitico; della Scizia.**
sea [si:] *n.* ***1*** [C] e [U] **mare** (anche *fig.*): *the Mediterranean Sea,* il Mare Mediterraneo □ *a sea of troubles,* un mare di guai ***2*** [C] **colpo di mare; maroso** ● *sea air,* aria di mare; aria marina □ *sea bird,* uccello marino □ *sea-breeze,* brezza marina; brezza di mare □ *sea(-)coast,* costa; litorale □ *sea-fight,* battaglia navale □ *sea-foam,* schiuma di mare; *(miner.)* sepiolite □ *(zool.) sea-fowl,* uccello marino □ *sea-front,* marina; lungomare □ *sea-line,* linea dell'orizzonte (sul mare) □ *(naut.) Sea Lord,* alto ufficiale dell'Ammiragliato britannico □ *(mitol.) sea-nymph,* ninfa marina; nereide □ *(arte) sea-piece,* marina (quadro) □ *(polit.) sea-power,* potenza navale □ *sea-quake,* maremoto □ *sea(-)rover,* corsaro, pirata; nave corsara □ *(arte) sea-scape,* marina (quadro) □ *sea storm,* tempesta di mare; mareggiata □ *sea(-)wall,* diga marittima; diga foranea □ *sea-water,* acqua di mare; acqua salata □ *sea-wind,* brezza di mare; vento dal

mare □ *at sea,* in mare; *(fig.)* imbarazzato, perplesso, in alto mare □ *beyond the sea(s),* oltremare □ *by sea,* per mare; via mare □ *choppy sea,* mare corto; maretta □ *to follow the sea,* fare il marinaio □ *to go to sea,* farsi marinaio; imbarcarsi □ *(fig.) to be half seas over,* essere mezzo ubriaco; essere brillo □ *heavy sea,* mare grosso □ *the high seas,* l'alto mare; il mare aperto □ *(naut.) to put (out) to sea,* salpare; prendere il mare □ *rough sea,* mare grosso □ *the seven seas,* i sette oceani □ *to travel by land and sea,* viaggiare per mari e per monti.

seaboard ['si:bɔ:d] *n.* [U] **costa; litorale; riviera; lido.**

sea-borne ['si:bɔ:n] *a.* **marittimo**: *s. trade,* commercio marittimo; traffici marittimi.

sea-calf ['si:ˌka:f] *n.* [C] *(zool.,* Phoca vitulina) **foca comune.**

sea-cow ['si:ˌkau] *n.* [C] *(zool.,* Hippopotamus amphibius) **ippopotamo.**

sea-dog ['si:ˌdɔg] *n.* [C] ***1*** *(zool.,* Phoca vitulina) **foca comune *2*** *(fig.)* **lupo di mare *3*** *(stor.)* **corsaro.**

seadrome ['si:droum] *n.* [C] *(aeron.)* **aeroporto galleggiante.**

seafarer ['si:ˌfɛərə*] *n.* [C] *(lett.)* **navigante; navigatore.**

seafaring ['si:ˌfɛəriŋ] *a.* ***1*** **che viaggia per mare; che fa vita di mare *2*** **di mare; da marinaio** ● *s. man,* marinaio; navigatore.

seafood ['si:fu:d] *n.* [U] *(cucina)* **frutti di mare** (molluschi).

sea-going ['si:ˌgouiŋ] *a.* *(naut.)* **d'alto mare; di grande cabotaggio.**

sea-green ['si:ˌgri:n] *a.* **verde mare; verdazzurro.**

sea-gull ['si:gʌl] *n.* [C] *(zool.,* Larus) **gabbiano.**

sea-horse ['si:ˌhɔ:s] *n.* [C] *(zool.,* Hippocampus) **cavalluccio marino; ippocampo** (anche *mitol.).*

(1) seal [si:l] *n.* ***1*** [C] *(zool.,* Phoca) **foca *2*** [U] (anche *sealskin*) **pelle di foca** ● *(zool) eared s.* (Otaria), otaria.

(1) to **seal** [si:l] *v. i.* (spesso *to go sealing*) **andare a caccia di foche.**

(2) seal [si:l] *n.* [C] ***1*** **sigillo; bollo;** *(fig.)* **suggello, garanzia, pegno**: *to affix the seals,* apporre i sigilli □ *to set one's s. to st.,* mettere il proprio sigillo a q.c.; *(fig.)* approvare q.c. ***2*** *(fig.)* **impronta; marchio; segno** ● *s.-ring,* anello munito di sigillo □ *(leg.:* in calce a un documento*) given under my hand and s.,* da me sottoscritto e sigillato □ *leaden s.,* piombino (di sigillo).

(2) to **seal** [si:l] *v. t.* ***1*** **sigillare; apporre i sigilli a;** *(fig.)* **suggellare, approvare, sancire; chiudere (ermeticamente)**: *to s. (up) an envelope (a door),* sigillare (o apporre i sigilli a) una busta (una porta) ***2*** **decidere irrevocabilmente; segnare**: *His fate is sealed,* il suo destino è segnato ***3*** (anche *to s. with lead*) **piombare; sigillare con piombini** ● *to s. a bargain,* concludere un affare □ *(fig.) to s. sb.'s fate,* decidere la sorte di q.; firmare la condanna di q. □ *to s. off,* isolare (una zona) □ *(fig.) a sealed book,* un libro chiuso.

(1) sealer ['si:lə*] *n.* [C] ***1*** **cacciatore di foche *2*** **imbarcazione per la caccia alle foche.**

(2) sealer ['si:lə*] *n.* [C] ***1*** **sigillatore *2*** **funzionario preposto al controllo e all'approvazione di pesi e misure.**

sealing-wax ['si:liŋwæks] *n.* [U] **ceralacca.**

sea-lion ['si:ˌlaiən] *n.* [C] *(zool.,* Otaria) **otaria.**

sealskin ['si:lˌskin] *n.* [U] **pelle di foca.**

seam [si:m] *n.* [C] ***1*** **cucitura, costura** (di stoffa, cuoio, ecc.) ***2*** *(anat.)* **sutura *3*** **cicatrice; ruga *4*** *(ind. mineraria)* **filone; strato.**

to **seam** [si:m] *v. t.* ***1*** **fare una costura a; cucire *2*** *(specialm. al p.p.)* **segnare**: *a face seamed with scars,* un viso segnato da cicatrici.

seaman ['si:mən] *n.* (*pl.* **seamen** ['si:mən]) **marinaio.**

seamanship ['si:mənʃip] *n.* [U] *(naut.)* **arte marinaresca.**

seamless ['si:mlis] *a.* **senza giunzioni; senza cuciture; senza costure.**

seamstress ['si:mstris] *n.* [C] **cucitrice.**

seamy ['si:mi] *a.* **provvisto di cuciture; che mostra le cuciture** ● *the s. side,* il rovescio (di un abito); *(fig.)* il lato brutto (della vita, ecc.).

séance ['seiɑ̃:ns] *(franc.) n.* [C] ***1*** **seduta; riunione *2*** **seduta spiritica.**

seaplane ['si:ˌplein] *n.* [C] *(aeron.)* **idrovolante; idroplano.**

seaport ['si:ˌpɔ:t] *n.* [C] **porto di mare.**

to **sear** [siə*] ***A*** *v. t.* ***1*** **disseccare; far appassire; far avvizzire *2*** **bruciare;** *(med.)* **cauterizzare *3*** *(fig.)* **inaridire; indurire *B*** *v. i.* **appassire; avvizzire.**

sear [siə*] *a. (lett.)* **appassito; avvizzito; secco.**

to **search** [sə:tʃ] ***A*** *v. t.* ***1*** **perquisire *2*** **perlustrare; rastrellare** *(fig.)* ***3*** **frugare; rovistare *B*** *v. i.* (spesso *to s. for*) **cercare; andare in cerca di; fare ricerche** ● *to s. about,* frugare; cercare qua e là □ *to s. one's conscience,* fare un esame di coscienza □ *to s. into a subject,* approfondire un argomento □ *to s. out,* rintracciare; scovare □ *(fam.) Search me!,* non lo so.

search [sə:tʃ] *n.* [U] e [C] ***1*** **cerca; ricerca; indagine *2*** **perquisizione *3*** **visita doganale;** *(naut.)* **visita di controllo** ● *s. party,* squadra per le ricerche; squadra di soccorso □ *to be in s. of,* andare in cerca di.

searcher ['sə:tʃə*] *n.* [C] ***1*** **ricercatore; indagatore *2*** **investigatore *3*** **perquisitore *4*** **doganiere *5*** *(med.)* **sonda.**

searching ['sə:tʃiŋ] *a.* ***1*** **penetrante; scrutatore *2*** **minuzioso.**

searchlight ['sə:tʃˌlait] *n.* [C] (specialm. *mil.*) **proiettore; riflettore.**

seashore ['si:ʃɔ:*] *n.* *(al sing. con l'art. determ.)* **spiaggia; lido**: *on the s.,* sulla spiaggia.

seasick ['si:ˌsik] *a.* **che soffre il mal di mare** ● *to be s.,* avere il mal di mare.

seasickness ['si:ˌsiknis] *n.* [U] **mal di mare.**

seaside ['si:ˌsaid] *n.* *(al sing. con l'art. determ.; spesso attr.)* **spiaggia; lido; marina**: *a s. resort,* un luogo di villeggiatura marina ● *to go to the s.,* andare al mare.

season ['si:zn] *n.* [C] ***1*** **stagione; periodo di tempo**: *the four seasons,* le quattro stagioni □ *the rainy s.,* la stagione delle piogge □ *the harvest s.,* il periodo dei raccolti ***2*** (anche *s.-ticket*) **abbonamento** (ferroviario o teatrale); **tessera** ● *s.-ticket holder,* abbonato □ *(turismo) in s.,* in alta stagione □ *in s. and out of s.,* in ogni momento; a proposito e a sproposito □ *(turismo) off s.* (o *out of s.*) in bassa stagione □ *(sport) the open s.,* la stagione della caccia (della pesca, ecc.) □ (di frutta, ecc.) *to be out of s.,* essere fuori stagione □ *wishes for the s.,* auguri di buone feste.

to **season** ['si:zn] ***A*** *v. t.* ***1*** **stagionare; maturare *2*** *(fig.)* **allenare; acclimatare; addestrare; assuefare; temprare *3*** **mitigare; moderare; temperare *4*** **condire; insaporire *B*** *v. i.* (del legno) **stagionarsi;** (del vino) **maturarsi.**

seasonable ['si:znəbl] *a.* ***1*** **di stagione; normale *2*** **tempestivo; opportuno; a proposito; provvidenziale.**

seasonal ['si:zənl] *a.* **stagionale; di stagione; periodico.**

seasoning ['si:zniŋ] *n.* [U] e [C] **condimento** (anche *fig.).*

seat [si:t] *n.* [C] ***1*** **sedile; sedia; posto** (a sedere): *to book seats,* prenotare posti (a teatro, ecc.) ***2*** (di una sedia, dei calzoni, ecc.) **fondo *3*** (d'una persona) **sedere *4*** *(med., mecc.,* ecc.) **sede**: *the valve seats,* le sedi delle valvole ***5*** *(polit.)* **seggio** (in parlamento) ***6*** (specialm. *country s.*) **villa; residenza** (di campagna) ● *(aeron., autom.) s.-belt,* cintura di sicurezza □ *a s. of learning,* un centro culturale; un ateneo □ *(mil.) the s. of war,* il teatro delle operazioni belliche □ *the driver' s.,* *(autom.)* il posto di guida; *(fig.)* il posto di comando, il timone *(fig.)* □ *to keep one's s.,* rimanere al proprio posto; rimanere seduto □ *to take a s.,* prender posto; mettersi a sedere □ *to take one's s.,* occupare il proprio posto (a teatro, ecc.); mettersi a sedere.

to **seat** [si:t] *v. t.* ***1*** **porre a sedere; far sedere *2*** **offrire** (un certo numero di) **posti a sedere *3*** **mettere il fondo a** (una sedia, ecc.); **riparare il fondo dei** (pantaloni) ***4*** *(mecc.)* **collocare in sede; installare *5*** **insediare; mettere** (q.) **in un ufficio** ● *to s. oneself,* sedersi, mettersi a sedere, accomodarsi; insediarsi, stabilirsi □ *to* *be seated,* essere seduto; sedersi □ *(med.) a deep-seated disease,* un male profondamente radicato.

seater ['si:tə*] *n.* [C] *(solo nei composti)* **che ha** (un certo numero di) **posti a sedere**: *a six-s.,* un'automobile a sei posti.

seating ['si:tiŋ] *n.* [U] (anche *s. room*) **posti a sedere.**

sea-urchin ['si:'ə:tʃin] *n.* [C] *(zool.,* Echinus) **riccio di mare.**

seaward ['si:wəd] *a.* **diretto (o rivolto, situato) verso il mare.**

seawards ['si:wədz] *avv.* **1 verso il mare 2 al largo.**

seaway ['si:wei] *n.* [C] *(naut.)* **1 rotta oceanica 2 canale navigabile; via fluviale** ● (di nave) *to make good s.,* procedere a una buona velocità.

seaweed ['si:wi:d] *n.* [C] e [U] *(bot.)* **alga marina.**

sea-wolf ['si:wulf] *n.* **1** *(zool.,* Anarrhichas lupus) **pesce lupo 2** *(fig.)* **corsaro; pirata.**

seaworthiness ['si:ˌwə:ðinis] *n.* [U] *(naut.)* **capacità di tenere il mare; navigabilità** (di una nave).

seaworthy ['si:ˌwə:ði] *a.* *(naut.)* **atto a tenere il mare.**

sebaceous [si'beiʃəs] *a.* *(anat.)* **sebaceo.**

sec [sek] *n.* [C] *(abbr. fam.* di **second**) **secondo;** *(fig.)* **attimo.**

secant ['si:kənt] *a.* e *n.* [C] *(geom.)* **secante.**

to **secede** [si'si:d] *v. i.* **staccarsi** (da un partito, ecc.); **fare una secessione.**

secession [si'seʃən] *n.* [U] e [C] **secessione; separazione.**

secessionism [si'seʃnizəm] *n.* [U] **secessionismo; separatismo.**

secessionist [si'seʃnist] *n.* [C] **secessionista; separatista.**

to **seclude** [si'klu:d] **A** *v. t.* **isolare; segregare; separare B** to **seclude oneself** *v. rifl.* **isolarsi; appartarsi; far vita solitaria.**

secluded [si'klu:did] *a.* **appartato; isolato; remoto; solitario** ● *(relig.) s. nuns,* suore di clausura.

seclusion [si'klu:ʒən] *n.* [U] **1 isolamento; solitudine; ritiro 2** *(relig.)* **clausura** ● *to live in s.,* far vita ritirata.

second ['sekənd] **A** *a.* **1 secondo; altro; nuovo**: *the s. month of the year,* il secondo mese dell'anno □ *Habit is s. nature,* l'abitudine è una seconda natura □ *a s. pair of shoes,* un altro paio di scarpe **2 secondo; secondario; inferiore**: *to be s. to none as a novelist,* non essere secondo (o inferiore) a nessuno come romanziere **B** *n.* [C] **1 secondo** (in ogni senso); **secondo arrivato; padrino** (nei duelli); **minuto secondo**: *the s. hand,* la lancetta dei secondi **2** *(mus.)* **intervallo di seconda 3** *(al pl.)* **merci di seconda qualità C** *avv.* **in secondo luogo** ● *s.-best,* secondo (per qualità) □ *(polit.) s. chamber,* Camera alta □ *a s.-class hotel,* un albergo di seconda categoria □ *a s.-class passenger (ticket),* un viaggiatore (un biglietto) di seconda classe *s.-hand,* di seconda mano, usato; non originale; per sentito dire: *s.-hand books,* libri usati □ *s.-largest,* secondo (per grandezza) □ *the s. of March,* il 2 marzo □ *s.-rate,* di seconda qualità □ *s. sight,* prescienza □ *s. teeth,* denti permanenti □ *at s.-hand,* di seconda mano; per sentito dire □ *to come in s.,* arrivare secondo (in una gara) □ *to come off s.-best,* avere la peggio □ *George the S.,* Giorgio II □ *in the s. place,* in secondo luogo □ *my s.-best suit,* il mio vestito di riserva □ *my s. self,* il mio « alter ego » □ *to travel s.-class,* viaggiare in seconda (classe).

to **second** ['sekənd] *def. 3* [si'kɔnd] *v. t.* **1 far da secondo (o da padrino) a** (q., in un duello, ecc.); **assistere 2 assecondare; secondare; appoggiare; sostenere 3** *(mil.)* **comandare; distaccare.**

secondary ['sekəndəri] **A** *a.* **secondario; accessorio; derivato; subordinato; subalterno**: *a s. school,* una scuola secondaria; una scuola media **B** *n.* [C] **subordinato; subalterno.**

secondly ['sekəndli] *avv.* **in secondo luogo.**

secrecy ['si:krisi] *n.* [U] **1 segretezza; discrezione; riserbo**: *to rely on sb.'s s.,* contare sulla segretezza di q. **2 segreto**: *in s.,* in segreto.

secret ['si:krit] **A** *a.* **1 segreto; nascosto; occulto 2 isolato; appartato 3** (di persona) **riservato; discreto B** *n.* [C] e [U] **segreto** (anche *fig.*): *to keep a s.,* mantenere un segreto □ *in s.,* in segreto; in confidenza ● *s. agent,* agente segreto □ *s. service,* servizio segreto □ *to be in the s.,* essere a parte di un segreto □ *to let sb. into a s.,* confidare un segreto a q. □ *Keep it s!,* acqua in bocca!

secretarial [ˌsekrə'tεəriəl] *a.* **di (o da) segretario; di segreteria.**

secretariat [ˌsekrə'tεəriət] *n.* [C] **segretariato; segreteria.**

secretary ['sekrətri] *n.* [C] **1 segretario, segretaria 2** (anche *s. of embassy*) **segretario d'ambasciata 3** — *(polit.) S.,* Segretario di Stato; Ministro **4 scrittoio** ● *s.'s office,* segreteria □ *S. of State, (USA* e *Vaticano)* Segretario di Stato, Ministro degli Esteri; *(in G.B.)* Ministro.

secretaryship ['sekrətriʃip] *n.* [C] **segretariato.**

to **secrete** [si'kri:t] **A** *v. t.* **1 celare; nascondere; occultare; segregare 2** *(biol.)* **secernere B** to **secrete oneself** *v. rifl.* **nascondersi.**

secretion [si'kri:ʃən] *n.* [U] e [C] **1 occultamento 2** *(biol.)* **secrezione.**

secretive [si'kri:tiv] *a.* **1 segreto; riservato 2** *(biol.)* **secretorio; secretivo.**

secretory [si'kri:təri] *a.* *(biol.)* **secretorio; secretivo.**

sect [sekt] *n.* [C] **setta;** (specialm.) **setta religiosa.**

sectarian [sek'tεəriən] *a.* e *n.* [C] **settario; fazioso; partigiano.**

sectarianism [sek'tεəriənizəm] *n.* [U] **settarismo; faziosità.**

sectary ['sektəri] *n.* **1 settario; membro d'una setta 2** *(stor., relig.)* **dissidente.**

section ['sekʃən] *n.* [C] **1 sezione; divisione; spaccato; parte; riparto; scompartimento 2 gruppo** (di persone); **categoria; classe 3** *(tipogr.)* **paragrafo 4** *(giornalismo)* **rubrica 5 quartiere** (di città); **distretto; zona**: *postal s.,* distretto postale ● *(tipogr.) s.-mark,* segno di paragrafo (§) □ *s. plane,* piano di sezione; sezione orizzontale □ *in sections,* sezionato; (di macchinario) smontato □ *the last s. of the journey,* l'ultimo tratto del viaggio □ *a railway s.,* un tronco ferroviario.

to **section** ['sekʃən] *v. t.* **sezionare; dividere in sezioni.**

sectional ['sekʃənl] *a.* **1 settoriale; locale; di una classe; di una regione; campanilistico 2 scomponibile 3** (di mobili) **componibile.**

sectionalism ['sekʃənəlizəm] *n.* [U] **spirito di classe; faziosità; campanilismo.**

sector ['sektə*] *n.* [C] (anche *geom., mecc., mil.*) **settore.**

secular ['sekjulə*] *a.* **1 secolare** (che ricorre ogni secolo; che dura da uno o più secoli) **2 secolare; laico, civile; mondano, terreno**: *the s. power,* il potere secolare ● *s. music (art),* musica (arte) profana (non religiosa).

secularism ['sekjulərizəm] *n.* [U] **laicismo.**

secularist ['sekjulərist] **A** *n.* [C] **laicista B** *a.* **laicistico.**

secularization [ˌsekjulərai'zeiʃən] *n.* [U] **secolarizzazione.**

to **secularize** ['sekjuləraiz] *v. t.* **1 secolarizzare; laicizzare 2 incamerare** (beni della Chiesa) **3 rendere profano.**

secure [si'kju:ə*] *a.* **sicuro; certo; al sicuro; saldo**: *to feel s. about (o as to) one's future,* sentirsi sicuro dell'avvenire □ *to get sb. s.,* mettere q. al sicuro ● *to make s.,* assicurare; fissare; rinforzare.

to **secure** [si'kjuə*] **A** *v. t.* **1 assicurare; mettere al sicuro; fissare; serrare; rinchiudere; rafforzare; fortificare**: *to s. a city from floods,* mettere una città al sicuro dalle alluvioni □ *to s. all the doors and windows,* serrare tutte le porte e le finestre □ *to s. a prisoner,* rinchiudere un prigioniero **2** *(leg.)* **garantire 3 assicurarsi; procurarsi; riuscire a ottenere; ottenere**: *(comm.) to s. orders,* riuscire a ottenere ordinazioni **B** to **secure oneself** *v. rifl.* **assicurarsi, garantirsi; pre-**

munirsi.

security [si'kjuəriti] *n.* [U] e [C] ***1*** **sicurezza; certezza** ***2*** **protezione; difesa** ***3*** *(leg.)* **garanzia; cauzione; pegno** ***4*** *(leg.)* **garante** ***5*** *(al pl., fin.)* **obbligazioni; titoli; valori** ● *in s. of,* a garanzia di; in pegno di □ *social s.,* previdenza sociale.

sedan [si'dæn] *n.* [C] ***1*** (anche *s.-chair*) **portantina** ***2*** *(autom.)* **berlina.**

sedate [si'deit] *a.* **composto; contegnoso; calmo; posato.**

to **sedate** [si'deit] *v. t.* *(med.)* **dare un sedativo a** (q.).

sedative ['sedətiv] *a.* e *n.* [C] **sedativo; calmante; tranquillante.**

sedentary ['sedntəri] *a.* ***1*** **sedentario** ***2*** *(zool.)* **stanziale.**

sedge [sedʒ] *n.* [U] *(bot.,* Carex) **carice.**

sediment ['sedimənt] *n.* [U] **sedimento; deposito.**

sedimentary [ˌsedi'mentəri] *a.* **sedimentario.**

sedimentation [ˌsedimən'teiʃən] *n.* [U] **sedimentazione.**

sedition [si'diʃən] *n.* [U] **sedizione.**

seditious [si'diʃəs] *a.* **sedizioso.**

to **seduce** [si'dju:s] *v. t.* ***1*** **sedurre; allettare** ***2*** **corrompere; fuorviare.**

seducer [si'dju:sə*] *n.* [C] **seduttore, seduttrice.**

seduction [si'dʌkʃən] *n.* [U] e [C] **seduzione; allettamento.**

seductive [si'dʌktiv] *a.* **seduttore; seducente; allettante.**

sedulous ['sedjuləs] *a.* **assiduo; diligente.**

to **see** [si:] *(pass.* **saw** [sɔ:], *p.p.* **seen** [si:n]) ***A*** *v. t.* e *i.* ***1*** **vedere; vederci;** *(fig.)* **accorgersi di; capire, comprendere, intendere; andare a trovare, visitare; ricevere; fare in modo di, procurare, provvedere, pensarci** *(fam.)*: *Don't you (o can't you) see what I mean?,* non comprendi quel che voglio dire? □ *I saw him leave,* lo vidi partire □ *I have often seen it done,* l'ho visto fare più volte □ *I'll be seeing you to-morrow,* ti vedrò domani □ *You'd better see to it yourself,* faresti bene a provvedere tu stesso ***2*** **accompagnare**: *to see sb. to the station,* accompagnare q. alla stazione ***B*** *verbi composti* ***1*** *to see about st.,* occuparsi di q.c. □ *I'll see about it,* ci penserò io; (anche) ci penserò su ***2*** *to see into st.,* esaminare q.c. ***3*** *to see sb. off,* accompagnare q. che parte; salutare q. alla stazione (o al porto, all'aeroporto) ***4*** *to see sb. out,* accompagnare q. alla porta ***5*** *to see through st.,* capire q.c. □ *to see sb. through a difficulty,* aiutare q. a superare una difficoltà □ *to see the struggle through,* non abbandonare la lotta; tener duro ***6*** *to see to,* occuparsi di; provvedere a; pensare a *(fam.)*: *I will see to it,* ci penso io; lascia fare a me □ *to see to one's business,* badare ai fatti propri ● *to see the back of sb.,* sbarazzarsi di q. □ *to see the last of st.,* mettere la parola fine a q.c. □ *(fig.) to see red,* vedere tutto rosso; infuriarsi □ *to see the sights of a city,* fare il giro turistico d'una città □ *to see things,* soffrire di allucinazioni □ *to see a thing done,* veder fare una cosa; (anche) vedere che una cosa sia fatta □ *to see one's way to do (o to doing) st.,* trovare il modo di fare q.c. □ *seeing that,* visto che; considerato che □ *as far as I can see,* a mio modo di vedere □ *I see,* vedo; capisco; sì □ *You see,* vedi, capisci; ascolta, senti un po' (parentetico, molto usato) □ *(fam.) See?,* (hai) capito?; (è) chiaro? □ *He cannot see a joke,* non sa stare agli scherzi □ *(volg.) I'll see you damned first,* neanche se ti vedessi morto!; stai fresco! □ *I must see into it,* voglio vederci chiaro □ *Let me see,* fammi vedere; (esitando prima di rispondere) vediamo un po', lasciami pensare □ *Wait and see,* chi vivrà vedrà; stiamo a vedere □ *We have seen the day (o the time) when...,* è passato il tempo che... □ *You ought to see a doctor,* dovresti consultare un medico.

see [si:] *n.* [C] *(relig.)* **sede vescovile (o arcivescovile); vescovado; arcivescovado** ● *the Holy See (o the See of Rome),* la Santa Sede.

seed [si:d] *n.* (*pl.* **seeds, seed**) **seme; semenza; semente;** *(fig.)* **causa, germe, origine; progenie, stirpe**: *to sow the seeds of discord,* gettare il seme della discordia □ *the s. of Adam,* il seme (o la progenie) d'Adamo ● *s.-bed,* semenzaio □ *s.-cake,* torta che contiene semi aromatici □ *(bot.) s.-leaf,* cotiledone □ *s.-time,* tempo della semina; sementa □ *(bot.) s.-vessel,* pericarpo □ *to go (o to run) to s.,* sementire; *(fig.)* andare in malora.

to **seed** [si:d] ***A*** *v. i.* ***1*** (di pianta) **produrre il seme; sementire** ***2*** **seminare** ***B*** *v. t.* ***1*** **seminare** ***2*** **togliere i semi a; sgranare** ***3*** *(sport)* **selezionare.**

seeder ['si:də*] *n.* [C] ***1*** **seminatore, seminatrice** ***2*** *(agric.)* **seminatrice** (macchina) ***3*** **sgranatrice** (macchina).

seedling ['si:dliŋ] *n.* [C] **giovane pianta; pianticella.**

seed-pearl ['si:dˌpə:l] *n.* [C] **perlina; perla minuta.**

seedsman ['si:dzmən] *n.* (*pl.* **seedsmen** ['si:dzmən]) **venditore di sementi.**

seedy ['si:di] *a.* ***1*** **pieno di semi** ***2*** **consunto; logoro; squallido** ***3*** *(fam.)* **indisposto; depresso; giù di morale**: *to feel s.,* star poco bene; essere depresso ● *a s.-looking man,* un uomo male in arnese.

to **seek** [si:k] *(pass.* e *p.p.* **sought** [sɔ:t]) *v. t.* e *i.* ***1*** **cercare; ricercare; tentare**: *to s. safety in flight,* cercare salvezza nella fuga ***2*** **chiedere; richiedere**: *to s. sb.'s aid,* chiedere aiuto a q. ***3*** **andare a; darsi a**: *to s. the woods for safety,* darsi alla macchia per salvarsi ● *to s. after,* cercare la compagnia di (q.); aspirare a (q.c.) □ *to s. for,* ricercare; andare in cerca di □ *to s. out,* scovare; trovare □ *little (much) sought after,* poco (assai) ricercato.

to **seem** [si:m] *v. i.* **sembrare; parere**: *He seems (to be) glad to see us,* sembra contento di vederci □ *It seems to me that it will rain,* mi pare che voglia piovere ● *as it seems,* a quanto pare □ *(fam.) I do not s. to like him,* non so perché, ma mi è antipatico.

seeming ['si:miŋ] *a.* **apparente; finto; preteso.**

seemingly ['si:miŋli] *avv.* ***1*** **apparentemente; in apparenza** ***2*** **evidentemente; a quanto pare.**

seemliness ['si:mlinis] *n.* [U] **convenienza; decenza; decoro.**

seemly ['si:mli] *a.* **conveniente; decente; decoroso.**

seen [si:n] *p.p.* di to **see.**

to **seep** [si:p] *v. i.* (di liquidi) **colare; gocciolare; filtrare; infiltrarsi.**

seepage ['si:pidʒ] *n.* [U] **gocciolamento; infiltrazione; trasudamento.**

seer ['si:ə*] *n.* [C] **veggente; profeta.**

seersucker ['siəˌsʌkə*] *n.* [U] **tela indiana a strisce.**

seesaw ['si:ˌsɔ:] *n.* [C] e [U] **altalena;** *(fig.)* **fasi alterne** ● *s. motion,* moto alternativo □ *to go s.,* andare e venire, alternarsi; *(fig.)* barcamenarsi.

to **seesaw** ['si:ˌsɔ:] *v. i.* ***1*** **fare l'altalena** ***2*** *(fig.)* **vacillare; barcamenarsi** ***3*** *(mecc.)* **muoversi con moto alternativo.**

to **seethe** [si:ð] ***A*** *v. i.* ***1*** **bollire** (anche *fig.*); **ribollire**: *to s. with anger,* bollire di rabbia ***2*** *(fig.)* **essere in fermento** ***B*** *v. t.* **(far) bollire; lessare.**

see-through ['si:θru:] ***A*** *a.* (d'indumento, ecc.) **trasparente** ***B*** *n.* ***1*** [C] **indumento trasparente** ***2*** [U] **moda del trasparente.**

segment ['segmənt] *n.* [C] ***1*** *(geom., zool.)* **segmento** ***2*** **parte; fetta; sezione** ***3*** (di taluni frutti) **spicchio.**

to **segment** ['segmənt] *(scient.)* ***A*** *v. t.* ***1*** **segmentare; dividere in segmenti** ***2*** **dividere in spicchi** (un frutto) ***B*** *v. i.* ***1*** **dividersi in segmenti** ***2*** *(biol.)* **riprodursi per segmentazione** ***3*** (di un frutto) **dividersi in spicchi.**

segmental [seg'mentl] *a.* *(scient.)* ***1*** **di segmento** ***2*** **costituito di segmenti** ***3*** **ad arco di cerchio.**

segmentation [ˌsegmən'teiʃən] *n.* [U] **segmentazione.**

to **segregate** ['segrigeit] ***A*** *v. t.* **segregare; isolare; separare** ***B*** *v. i.* **segregarsi; isolarsi.**

segregation [ˌsegri'geiʃən] *n.* [U] ***1*** **segregazione; isolamento** ***2*** **segregazione razziale.**

segregationist [ˌsegri'geiʃənist] *n.* [C] *(polit.)* **segregazionista.**

seigneur [se'njə*] *n.* *(stor.)* **signore feudale; feudatario.**

seine [sein] *n.* [C] **sciabica; rete da pesca a strascico.**
to **seine** [sein] *v. t.* e *i.* **pescare con la sciabica.**
seismic(al) ['saizmik(əl)] *a. (geol.)* **sismico.**
seismogram ['saizməgræm] *n. (scient.)* **sismogramma.**
seismograph ['saizməgra:f] *n.* [C] *(scient.)* **sismografo.**
seismography [saiz'mɔgrəfi] *n.* [U] *(scient.)* **sismografia.**
seismologic(al) [,saizmə'lɔdʒik(əl)] *a. (scient.)* **sismologico.**
seismologist [saiz'mɔlədʒist] *n.* [C] *(scient.)* **sismologo.**
seismology [saiz'mɔlədʒi] *n.* [U] *(scient.)* **sismologia.**
seizable ['si:zəbl] *a.* **1 afferrabile 2** *(leg.)* **confiscabile; sequestrabile; pignorabile.**
to **seize** [si:z] ***A*** *v. t.* **1 afferrare** (anche *fig.*); **prendere; cogliere; pigliare; acciuffare; arrestare**: *to s. (upon) an idea,* afferrare un'idea □ *to s. an opportunity,* cogliere un'occasione □ *to s. sb. by the neck,* prendere q. per il collo **2 impadronirsi di; impossessarsi di; conquistare**: *to s. a fortress,* impossessarsi d'una fortezza **3** *(leg.)* **confiscare; sequestrare; pignorare *B*** *v. i. (mecc.)* **grippare; bloccarsi ●** *to be seized by apoplexy,* essere colpito dall'apoplessia.
seizure ['si:ʒə*] *n.* [U] e [C] **1 cattura 2** *(leg.)* **confisca; sequestro 3** [C] *(med.)* **attacco** (specialm. apoplettico) **4** *(mecc.)* **grippaggio.**
sejant ['si:dʒənt] *a. (araldica)* **seduto** (con le zampe anteriori ritte).
seldom ['seldəm] *avv.* **raramente; di rado; rare volte.**
to **select** [si'lekt] *v. t.* **scegliere; selezionare** (anche *sport*).
select [si'lekt] *a.* **1 scelto; eletto; distinto 2 esigente 3 esclusivo ●** *(polit.) s. committee,* commissione (ristretta) d'inchiesta.
selection [si'lekʃən] *n.* **1** [U] e [C] **selezione; scelta; raccolta 2** [C] **assortimento 3** *(al pl.)* **passi scelti** (di un autore).
selective [si'lektiv] *a.* (anche *scient.*) **selettivo.**
selectivity [silek'tiviti] *n.* [U] (anche *scient.*) **selettività.**
selector [si'lektə*] *n.* [C] **1** (specialm. *elettr., elab., radio, telev.*) **selettore 2** *(tecn.)* **preselettore 3** *(autom.)* **comando per la selezione** (delle marce) **4** *(sport)* **selezionatore.**
selenic [si'lenik] *a. (chim.)* **selenico**: *s. acid,* acido selenico.
selenite ['selinait] *n.* [U] *(miner.)* **selenite.**
selenium [si'li:njəm] *n.* [U] *(chim.)* **selenio.**
(1) self [self] *n.* (*pl.* **selves** [selvz]) **1** [U] **sé; se stesso; (l')io**: *the consciousness of s.,* la coscienza di sé □ *the study of s.,* l'indagine sull'« io » **2** [U] **interesse personale; egoismo; egocentrismo ●** *to have lost one's former s.,* non esser più quello d'una volta □ *(arc., comm.) your good s.,* Lei; Ella □ *(arc., comm.) your good selves,* Voi □ *one's better s.,* la parte migliore di sé □ *one's worse s.,* il lato peggiore di sé □ *(comm.:* su un assegno*) pay to s.,* pagate a me medesimo.
(2) self [self] *a.* **uniforme; uguale; monocromo; di tinta unita.**
self- [self] *(in parole composte)* **auto-; di sé, in sé; di se stesso, in se stesso; personale; automatico; autonomo ●** *s.-abnegation,* abnegazione; altruismo □ *s.-absorbed,* egocentrico; egoista □ *s.-acting,* automatico □ *s.-admiration,* narcisismo □ *s.-asserting* (o *s.-assertive),* autoritario; arrogante □ *s.-assertion,* il far valere i propri diritti; autoritarietà; arroganza □ *s.-assurance,* sicurezza di sé; fiducia nelle proprie capacità □ *s.-assured,* sicuro di sé □ *s.-centred,* egocentrico; egoistico □ *s.-collected,* padrone di sé; calmo □ *s.-coloured,* a tinta unita; di colore naturale □ *s.-combustion,* autocombustione □ *s.-complacency,* autocompiacimento; boria; vanità □ *s.-complacent,* borioso; vanitoso □ *s.-composed,* calmo; padrone di sé □ *s.-conceit,* presunzione □ *s.-confident,* sicuro di sé □ *s.-conscious,* imbarazzato; timido; impacciato; *(filos.)* cosciente di sé, autocosciente □ *s.-consistent,* coerente □ *s.-contained,* riservato, chiuso *(fig.)*; autonomo, indipendente □ *s.-contradictory,* che si contraddice da solo; contraddittorio □ *s.-control,* autocontrollo; padronanza di sé □ *s.-controlled,* padrone di sé; imperturbabile □ *s.-criticism,* autocritica □ *s.-defence,* autodifesa; *(leg.)* legittima difesa: *in s.-defence,* per legittima difesa □ *s.-denial,* abnegazione □ *s.-destruction,* suicidio □ *s.-determination, (polit.)* autodecisione; *(filos.)* libero arbitrio □ *s.-discipline,* autodisciplina □ *(mecc.) s.-driven,* semovente □ *a s.-educated man,* un autodidatta □ *s.-esteem,* stima di sé; presunzione □ *s.-evident,* ovvio; assiomatico □ *s.-explanatory,* che si spiega da sé; ovvio □ *(arte, pedagogia) s.-expression,* libera espressione della propria personalità □ *(mecc.) s.-feeding,* alimentazione automatica □ *s.-ignition, (mecc.)* autoaccensione; *(fis., chim.)* accensione spontanea □ *s.-importance,* boria; presunzione □ *s.-important,* borioso; presuntuoso; pieno di sé □ *s.-indulgent,* indulgente con se stesso □ *s.-interest,* interesse personale □ *s.-made,* fatto da sé: *a s.-made man,* un uomo che s'è fatto da sé □ *s.-opinionated,* caparbio, testardo; borioso, presuntuoso □ *s.-pity,* compassione di sé □ *s.-portrait,* autoritratto □ *s.-possessed,* calmo; composto; padrone di sé □ *s.-possession,* calma; compostezza; padronanza di sé; sangue freddo □ *s.-preservation,* istinto di conservazione □ *(mecc.) s.-propelled,* a propulsione autonoma; semovente □ *s.-reliance,* fiducia in sé □ *s.-reliant,* che ha fiducia in sé □ *s.-repugnant,* contraddittorio; incoerente □ *s.-respect,* rispetto di sé; amor proprio; dignità □ *s.-restrained,* contenuto; riservato; padrone di sé □ *s.-righteous,* farisaico; ipocrita □ *s.-sacrifice,* sacrificio di sé; abnegazione; altruismo □ *s.-satisfied,* compiaciuto di sé; vanesio □ *s.-seeker,* egoista; calcolatore □ *(comm.) s.-service,* servizio fatto per sé dal cliente stesso: *a s.-service restaurant,* un ristorante in cui i clienti si servono da soli □ *(bot.) s.-sown vegetation,* vegetazione spontanea □ *(mecc.) s.-starter,* avviatore automatico □ *s.-styled,* sedicente □ *s.-sufficiency,* autosufficienza □ *s.-sufficient* (o *s.-sufficing),* bastante a sé; autosufficiente □ *s.-supporting,* (economicamente) indipendente □ *a s.-taught man,* un autodidatta □ *s.-will,* caparbietà; ostinazione □ *s.-willed,* caparbio; ostinato.
self-heal ['self,hi:l] *n.* [U] *(bot.,* Prunella vulgaris*)* **prunella, brunella.**
selfish ['selfiʃ] *a.* **egoista; egoistico; interessato.**
selfishness ['selfiʃnis] *n.* [U] **egoismo.**
selfless ['selflis] *a.* **altruista; altruistico; disinteressato.**
selflessness ['selflisnis] *n.* [U] **altruismo; disinteresse.**
selfsame ['selfseim] *a.* **proprio lo stesso; identico.**
to **sell** [sel] (*pass.* e *p.p.* **sold** [sould]) ***A*** *v. t.* **1 vendere** (anche *fig.*): *to s. st. at a good price,* vendere q.c. a buon prezzo □ *to s. one's honour,* vendere l'onore; vendersi □ *to s. one's country,* vendersi al nemico; tradire la patria □ *to s. one's life dearly,* vender cara la vita (*fam.:* la pelle) **2 far vendere 3** *(fam.)* **imbrogliare; ingannare *B*** *v. i.* **vendersi; trovare smercio**: *These goods s. well,* questi articoli hanno facile smercio ***C*** to **sell oneself** *v. rifl.* **vendersi; prostituirsi ●** *to s. cash on delivery,* vendere contro assegno □ *to s. for cash,* vendere a contanti □ *to s. off,* liquidare; svendere □ *to s. out,* vendere; svendere; liquidare; *(fam.)* tradire □ *to s. up,* vendere forzatamente; mettere in vendita (i beni di un debitore insolvente) □ *(pop.) Sold again!,* me (o te) l'han fatta di nuovo!; ci sono (o ci sei) cascato! *(fam.) to be sold on st.,* essere entusiasta di q.c. □ (di un articolo) *to be sold out,* essere esaurito □ (di negoziante) *to be sold out of st.,* avere esaurito q.c.
sell [sel] *n.* [C] *(fam.)* **imbroglio; bidone** *(pop.)*.
seller ['selə*] *n.* [C] **venditore; negoziante ●** *best(-)s.,* libro (o disco) di gran successo; scrittore molto popolare.
Sellotape ['selәteip] *n. (marchio)* **nastro autoadesivo; « scotch ».**
sell-out ['selaut] *n. (generalm. al sing.)* **1** *(comm.)* **esaurimento delle scorte 2** *(comm.)* **svendita 3** *(fam.)* **tradimento 4** *(sport, teatr.)* **spettacolo (o in-**

contro, partita) che ha fatto segnare il tutto esaurito.

seltzer ['seltsə*] *n.* [U] (anche *S. water*) **acqua di seltz.**

selvage, selvedge ['selvidʒ] *n.* [C] **cimosa; vivagno.**

selves [selvz] *pl.* di **self.**

semantic [si'mæntik] *a.* *(linguistica)* **semantico.**

semantics [si'mæntiks] *n. pl.* *(col verbo al sing.)* **semantica.**

semaphore ['seməfɔ:*] *n.* **1** [C] *(ferr.)* **semaforo** **2** [U] *(mil.)* **sistema di segnalazione a mano per mezzo di due bandierine.**

to **semaphore** ['seməfɔ:*] **A** *v. i.* **1** *(ferr.)* **segnalare col semaforo** **2** *(mil.)* **segnalare con bandierine** **B** *v. t.* **trasmettere** (un segnale, un messaggio) **col semaforo** (o **per mezzo di bandierine**).

semblance ['sembləns] *n.* [C] **1 sembianze** *(lett.)*; **aspetto; espressione; aria**: *to put on a s. of anger,* assumere un'espressione irata **2 somiglianza; rassomiglianza** **3 apparenza** ● *in s.,* apparentemente.

semen ['si:mən] *n.* [U] *(fisiologia)* **sperma; seme.**

semester [si'mestə*] *n.* [C] **semestre accademico.**

semi- ['semi] *pref.* **semi-; mezzo; a metà** ● *s.-annual,* semestrale □ *s.-detached house,* casa attaccata a un'altra (con un muro divisorio) □ *s.-fluid,* semifluido; viscoso □ *s.-monthly,* quindicinale □ *s.-official,* ufficioso □ *s.-weekly,* bisettimanale □ *s.-yearly,* semestrale.

semibreve ['semibri:v] *n.* [C] *(mus.)* **semibreve.**

semicircle ['semi,sə:kəl] *n.* [C] *(geom.)* **semicircolo; semicerchio.**

semicircular [,semi'sə:kjulə*] *a.* *(geom.)* **semicircolare.**

semicolon [,semi'koulən] *n.* [C] **punto e virgola.**

semifinal [,semi'fainl] *n.* [C] *(sport)* **semifinale.**

semifinalist [,semi'fainəlist] *n.* [C] *(sport)* **semifinalista.**

semifinished [,semi'finiʃt] *a.* *(mecc., ind.)* **semilavorato.**

seminal ['seminl] *a.* **1 seminale** **2 riproduttivo** **3 embrionale** *(fig.)* ● *(fisiologia) s. fluid,* sperma; seme.

seminar [,semina:*] *n.* [C] **seminario** (d'università).

seminarist ['seminərist] *n.* [C] *(relig.)* **seminarista.**

seminary ['seminəri] *n.* [C] **1** *(relig.)* **seminario** **2** *(raro)* **scuola superiore; istituto**: *a s. for young ladies,* un istituto per giovinette.

semination [,semi'neiʃən] *n.* [U] *(bot.)* **disseminazione.**

semiology [,semi'ɔlədʒi] *n.* [U] *(med., linguistica)* **semiologia.**

semiotics [,semi'ɔtiks] *n. pl.* *(col verbo al sing.)* *(linguistica)* **semiotica.**

semiprecious [,semi'preʃəs] *a.* (di pietra preziosa) **duro.**

semiquaver ['semi,kweivə*] *n.* [C] *(mus.)* **semicroma** ● *demi-s.,* biscroma.

Semite ['si:mait] *n.* [C] **semita.**

Semitic [si'mitik] *a.* **semitico.**

semitone ['semitoun] *n.* [C] *(mus.)* **semitono.**

semitropical [,semi'trɔpikəl] *a.* *(geogr.)* **subtropicale.**

semivowel ['semi,vauəl] *n.* [C] *(fon.)* **semivocale.**

semolina [,semə'li:nə] *n.* [U] **semolino.**

sempstress ['sempstris] *V.* **seamstress.**

senate ['senit] *n.* [C] **1** *(stor., polit.)* **senato** **2** *(università)* **senato accademico** ● *S. House,* palazzo del senato.

senator ['senətə*] *n.* [C] *(stor., polit.)* **senatore.**

senatorial [,senə'tɔ:riəl] *a.* **1** *(stor.)* **senatorio** **2** *(polit.)* **senatoriale.**

to **send** [send] (*pass.* e *p.p.* **sent** [sent]) **A** *v. t.* **mandare; inviare; spedire; trasmettere**: *to s. the goods by rail,* spedire la merce per ferrovia □ *to s. a message,* trasmettere un messaggio **B** *v. i.* **inviare un messaggio; mandare a dire** **C** *verbi composti* **1** *to s. after sb.,* mandare a cercare q. **2** *to s. sb. along,* mandare q. (da q. altro) **3** *to s. sb. away,* mandar via q.; licenziare q. □ *to s. away for st.,* far venire q.c.; mandare a prendere q.c. **4** *to s. down,* far calare, far scendere; inviare (dalla città in provincia); espellere (uno studente) dall'università **5** *to s. for (sb., st.),* mandare a chiamare; far venire; mandare a prendere: *to s. for a doctor,* mandare a chiamare un medico □ *(comm.) to s. for a book,* mandare a prendere (o ordinare) un libro **6** *to s. (st.) forth,* mandar fuori, mettere fuori; emettere, emanare □ (di pianta) *to s. forth buds,* mettere i germogli **7** *to s. (st.) in,* mandare, presentare; farsi precedere da: *to s. in one's resignation,* presentare le dimissioni □ *(comm.) to s. in an order,* fare un'ordinazione **8** *to s. (sb., st.) off,* salutare (q. alla partenza); inviare, spedire (lettere, merci) **9** *to s. (st.) on,* spedire prima, farsi precedere da; inoltrare, far proseguire, trasmettere **10** *to s. (st.) out,* mandar fuori; distribuire, far circolare; emanare; emettere: *to s. out pamphlets,* far circolare opuscoli **11** *to s. (st.) round,* far circolare; divulgare **12** *to s. (st.) through,* trasmettere (un telegramma, ecc.) **13** *to s. (st.) up,* far salire, far crescere; mandare, spedire (dalla provincia alla città); rinviare (a un'autorità superiore) ● *to be sent about one's business,* esser mandato fuori dai piedi.

sender ['sendə*] *n.* [C] **1** *(comm.)* **mittente** **2** *(radio, tel.)* **trasmettitore.**

send-off ['send,ɔ:f] *n.* [C] **1 commiato; saluto; omaggio reso a chi parte** **2** *(giornalismo)* **recensione favorevole; soffietto** *(fam.)*.

Senegalese [,senigə'li:z] *a.* e *n.* **senegalese** (anche la lingua).

senescence [si'nesəns] *n.* [U] **senescenza.**

senescent [si'nesənt] *a.* **senescente.**

seneschal ['seniʃəl] *n.* [C] *(stor.)* **siniscalco.**

senile ['si:nail] *a.* **senile** ● *s. decay,* decrepitezza; senilità.

senility [si'niliti] *n.* [U] **senilità.**

senior ['si:niə*] **A** *a.* **seniore; anziano; più anziano; maggiore** (d'età o di grado); **più vecchio**: *to be two years s. to sb.,* essere di due anni più vecchio di q. **B** *n.* [C] **1 anziano; maggiore** **2 superiore** **3** *(USA)* **studente dell'ultimo corso** ● *the S. Service,* la Marina □ *Thomas Jones, S.,* il signor Jones padre.

seniority [,si:ni'ɔriti] *n.* [U] **1 maggiore anzianità** **2 anzianità di servizio**: *advancement through s.,* promozione per anzianità di servizio.

senna ['senə] *n.* [U] *(bot.,* Cassia; *med.)* **sena, senna.**

sensation [sen'seiʃən] *n.* [C] e [U] **1 sensazione; forte impressione; colpo** *(fig.)*; **scalpore**: *a s. of cold,* una sensazione di freddo □ *to create a s.,* far colpo **2 avvenimento sbalorditivo; fatto eccezionale.**

sensational [sen'seiʃənl] *a.* **sensazionale; sbalorditivo; che fa colpo; emozionante; impressionante; raccapricciante** ● *s. play,* dramma a sensazione.

sensationalism [sen'seiʃnəlizəm] *n.* [U] **1 ricerca del sensazionale** **2** *(filos.)* **sensismo.**

sensationalist [sen'seiʃnəlist] *n.* [C] **1 chi vuole far colpo; chi tende a impressionare** **2** *(filos.)* **sensista.**

sense [sens] *n.* **1** [C] **senso**: *the five senses,* i cinque sensi **2** *(solo al sing.)* **senso; sensazione; sentimento**: *a s. of shame,* un senso di vergogna □ *the moral s.,* il senso morale **3** [U] **senso; buon senso; criterio; discernimento; giudizio**: *What's the s. of talking like that?,* che senso c'è a parlare così? **4** [C] **senso; significato**: *a word with several senses,* una parola con vari significati **5** [U] **opinione generale; polso** *(fig.)* ● *a s. of humour,* una vena d'umorismo □ *to bring sb. to his senses,* far tornare in sé q.; far rinsavire q. □ *to come to one's senses,* tornare in sé; rinsavire □ *to frighten sb. out of his senses,* terrorizzare q. (così da farlo uscire di senno) □ *to make s.,* aver senso: *This sentence doesn't make s.,* questa frase non ha senso □ *to make s. of st.,* capire il senso di q.c. □ *to be out of one's senses,* essere fuori di sé; esser matto.

to **sense** [sens] *v. t.* **1 accorgersi di; percepire; intuire** **2** (di apparecchio) **rilevare.**

senseless ['senslis] *a.* **1 inanimato; privo di sensi; senza conoscenza** **2 insensato; assurdo; privo di buon senso; sciocco; stupido.**

sensibility [,sensi'biliti] *n.* **1** [U] **sensibilità** (in ogni senso) **2** *(al pl.)* **suscettibilità.**

sensible ['sensəbl] *a.* **1 assennato; ragionevole; sag-**

gio: *That's very s. of him,* è una cosa molto assennata da parte sua **2 percepibile; sensibile**: *a s. rise in the temperature,* un sensibile aumento di temperatura **3 conscio; consapevole; cosciente 4 grato; riconoscente.**
sensibleness ['sensəblnis] *n.* [U] **assennatezza; buon senso.**
sensism ['sensizəm] *n.* [U] *(filos.)* **sensismo.**
sensist ['sensist] *n.* [C] *(filos.)* **sensista.**
sensitive ['sensitiv] *a.* **1 sensibile; sensitivo**: *to be s. to beauty,* essere sensibile alla bellezza **2 sensibile alla pietà; pietoso; tenero 3 ombroso; permaloso; suscettibile; sensibile** ● *(bot.) s. plant* (Mimosa pudica), sensitiva.
sensitiveness ['sensitivnis], **sensitivity** [ˌsensi'tiviti] *n.* [U] **1 sensibilità; sensitività 2 permalosità; ombrosità; suscettibilità.**
to **sensitize** ['sensitaiz] *v. t.* (specialm. *fotogr., med.*) **sensibilizzare.**
sensorial [sen'sɔ:riəl] *a.* **sensoriale; sensorio.**
sensorium [sen'sɔ:riəm] *n.* (*pl.* **sensoria** [sen'sɔ:riə], **sensoriums**) *(fisiologia)* **sensorio.**
sensory ['sensəri] *V.* **sensorial.**
sensual ['sensjuəl] *a.* **sensuale; carnale; voluttuoso.**
sensualism ['sensjuəlizəm] *n.* [U] **sensualismo.**
sensualist ['sensjuəlist] *n.* [C] **sensualista.**
sensuality [ˌsensju'æliti] *n.* [U] **sensualità.**
sensuous ['sensjuəs] *a.* **piacevole ai sensi; sensuoso** *(lett.).*
sent [sent] *pass.* e *p.p.* di to **send.**
sentence ['sentəns] *n.* [C] **1** *(leg.)* **sentenza; giudizio 2** *(leg.)* **condanna 3** *(gramm.)* **frase; proposizione** ● *capital s.,* condanna a morte; pena capitale □ *life s.,* ergastolo □ *to be under s. of death,* essere condannato a morte.
to **sentence** ['sentəns] *v. t. (leg.)* **emettere una sentenza contro** (q.); **condannare.**
sententious [sen'tenʃəs] *a.* **sentenzioso; aforistico; pomposo.**
sentient ['senʃənt] *a.* **senziente; sensibile.**
sentiment ['sentimənt] *n.* **1** [C] e [U] **sentimento; senso**: *a noble s.,* un nobile sentimento □ *the s. of pity,* il senso della pietà **2** *(al pl.)* **avviso; opinione; parere 3** *(spreg.)* **sentimentalismo.**
sentimental [ˌsenti'mentl] *a.* **1 sentimentale 2 delicato; romantico; tenero 3** *(spreg.)* **sentimentale; lacrimoso; patetico.**
sentimentalism [ˌsenti'mentəlizəm] *n.* [U] **sentimentalismo.**
sentimentalist [ˌsenti'mentəlist] *n.* [C] **sentimentalista.**
sentimentality [ˌsentimen'tæliti] *n.* [U] **sentimentalità.**
to **sentimentalize** [ˌsenti'mentəlaiz] **A** *v. i.* **fare il sentimentale B** *v. t.* **1 rendere sentimentale 2 fare del sentimentalismo su** (q.c.).
sentinel ['sentinl] *n.* [C] **sentinella.**
sentry ['sentri] *n.* [C] *(mil.)* **sentinella** ● *to be on s.-go,* far la sentinella.
sentry-box ['sentribɔks] *n.* [C] **garitta.**
sepal ['sepəl] *n.* [C] *(bot.)* **sepalo.**
separability [ˌsepərə'biliti] *n.* [U] **separabilità.**
separable ['sepərəbl] *a.* **separabile.**
separate ['seprit] *a.* **1 separato; disgiunto; diviso; distinto**: *s. beds,* letti separati **2 diverso; vario; singolo**: *the s. volumes,* i singoli volumi.
to **separate** ['sepəreit] **A** *v. t.* **1 separare; disgiungere; dividere; suddividere 2 scegliere; fare la cernita di** (cereali, frutta, ecc.) **B** *v. i.* **separarsi; disgiungersi; dividersi** ● *to s. milk,* scremare il latte.
separation [ˌsepə'reiʃən] *n.* [U] e [C] **1 separazione; disgiunzione 2 scomposizione; divisione 3** *(leg.)* **separazione** (tra coniugi).
separatism ['sepərətizəm] *n.* [U] *(polit., relig.)* **separatismo.**
separatist ['sepərətist] *n.* [C] *(polit., relig.)* **separatista.**
separator ['sepəreitə*] *n.* [C] **1 separatore** (l'uomo e la macchina) **2** (anche *cream-s.*) **scrematrice.**
sepia ['si:pjə] *n.* [U] *(arte, fotogr., tipogr.)* **color seppia; nero di seppia.**
sepiolite ['si:piouˌlait] *n.* [U] *(miner.)* **sepiolite; schiuma di mare.**
sepsis ['sepsis] *n.* [U] e [C] (*pl.* **sepses** ['sepsi:z]) *(med.)* **sepsi; infezione.**
September [səp'tembə*] *n.* **settembre.**
septenary ['septinəri] *a.* e *n.* [C] *(poesia)* **settenario.**
septennial [sep'tenjəl] *a.* **settennale.**
septet, septette [sep'tet] *n.* [C] **1** *(mus.)* **composizione per sette strumenti** (o **sette voci**) **2** *(fig.)* **gruppo di sette cose** (o **persone**).
septic ['septik] *a. (med.)* **settico.**
septicaemia [ˌsepti'si:mjə] *n.* [U] *(med.)* **setticemia.**
septicaemic [ˌsepti'si:mik] *a. (med.)* **setticemico.**
septuagenarian [ˌseptjuədʒi'nɛəriən] *a.* e *n.* [C] **settuagenario.**
Septuagint ['septjuədʒint] *n. (relig.)* **versione del Vecchio Testamento dei Settanta** (in greco).
septum ['septəm] *n.* (*pl.* **septa** ['septə]) *(scient.)* **setto.**
septuple ['septjupl] *a.* e *n.* **settuplo.**
sepulchral [si'pʌlkrəl] *a.* **sepolcrale** (anche *fig.*).
sepulchre ['sepəlkə*] *n.* [C] **sepolcro; tomba** ● *(fig.) a whited s.,* un sepolcro imbiancato; un ipocrita.
sepulture ['sepəltʃə*] *n.* [U] **sepoltura; seppellimento.**
sequel ['si:kwəl] *n.* [C] **1 seguito; continuazione 2 conseguenza.**
sequela [si'kwi:lə] *n.* (*pl.* **sequelae** [si'kwi:li:]) *(med.)* **postumo.**
sequence ['si:kwəns] *n.* **1** [U] e [C] **serie ininterrotta; successione; ordine; sequela**: *in historical s.,* in ordine cronologico □ *a s. of calamities,* una sequela di disgrazie **2** [C] *(mus., relig., cinem.,* in certi giochi di carte, ecc.) **sequenza 3** [C] *(mat.)* **successione** ● *(gramm.) the s. of tenses,* la « consecutio temporum »; la sintassi dei tempi.
sequent ['si:kwənt] *a.* **1 seguente; successivo 2 conseguente.**
sequential [si'kwenʃəl] *a.* **1 seguente; successivo 2 in successione; in serie ininterrotta 3 conseguente; derivante 4** *(elettron., stat., elab.)* **sequenziale.**
to **sequester** [si'kwestə*] **A** *v. t.* **1** *(leg.)* **sequestrare; confiscare 2 appartare; isolare; segregare B** to **sequester oneself** *v. rifl.* **appartarsi; ritirarsi** ● *a sequestered spot,* un luogo appartato.
to **sequestrate** [si'kwestreit] *v. t. (leg.)* **sequestrare; confiscare.**
sequestration [ˌsi:kwes'treiʃən] *n.* [U] e [C] *(leg.)* **sequestro; confisca.**
sequin ['si:kwin] *n.* [C] **1 lustrino 2** *(stor.)* **zecchino** (moneta).
sequoia [si'kwɔiə] *n.* [C] *(bot.,* Sequoia) **sequoia.**
seraglio [sə'ra:liou] *n.* (*pl.* **seraglios**) **serraglio; harem.**
seraph ['serəf] *n.* (*pl.* **seraphim** ['serəfim], **seraphs**) **serafino.**
seraphic(al) [si'ræfik(əl)] *a.* **serafico.**
Serb [sə:b], **Serbian** ['sə:bjən] *a.* e *n.* [C] **serbo.**
Serbo-Croatian [ˌsə:boukrou'eiʃən] *a.* e *n.* [C] **serbo-croato.**
sere [siə*] *V.* **sear.**
serenade [ˌseri'neid] *n.* [C] (anche *mus.*) **serenata.**
to **serenade** [ˌseri'neid] **A** *v. t.* **cantare** (o **fare**) **una serenata a** (q.) **B** *v. i.* **cantare** (o **fare**) **serenate.**
serene [si'ri:n] *a.* **sereno** (anche *fig.*); **limpido; calmo; quieto; tranquillo** ● *(stor.) Your S. Highness,* Vostra Altezza Serenissima.
serenity [si'reniti] *n.* [U] **serenità** (anche *fig.*).
serf [sə:f] *n.* [C] *(stor.)* **servo della gleba;** *(fig.)* **servo, schiavo.**
serfdom ['sə:fdəm] *n.* [U] *(stor.)* **servitù della gleba;** *(fig.)* **servitù, schiavitù.**
serge [sə:dʒ] *n.* [U] *(ind. tessile)* **saia.**
sergeant ['sa:dʒənt] *n.* [C] **1** *(mil.)* **sergente 2** (di polizia) **brigadiere** ● *s. major,* sergente maggiore.
serial ['siəriəl] **A** *a.* **1 di serie; in serie**: *s. number,*

numero di serie (di banconote, ecc.) *2* (di racconto, ecc.) **pubblicato a puntate** *B* *n.* [C] *1* **racconto** (o **romanzo**) **a puntate** *2* *(cinem., radio, telev.)* **film** (o **racconto, teleromanzo**) **a episodi** *3* **pubblicazione periodica.**
to **serialize** ['siəriəlaiz] *v. t.* *1* **pubblicare** (un racconto, ecc.) **a puntate** *2* *(radio, telev.)* **trasmettere a puntate** (o **a episodi**).
serially ['siəriəli] *avv.* *1* **in serie** *2* **a puntate; a dispense.**
sericultural [,seri'kʌltʃərəl] *a.* **sericolo; della bachicoltura.**
sericulture ['seri,kʌltʃə*] *n.* [U] **sericoltura; bachicoltura.**
sericulturist [,seri'kʌltʃərist] *n.* [C] **sericoltore; bachicoltore.**
series ['siəri:z] *n.* *(invar. al pl.)* **serie** ● *in s.*, in serie.
serif ['serif] *n.* [C] *(tipogr.)* **grazia; terminazione.**
serio(-)comic(al) [,siəriou'kɔmik(əl)] *a.* **semiserio; tra il serio e il faceto.**
serious ['siəriəs] *a.* **serio** (in ogni senso); **grave; preoccupante** ● *Are you s.?*, parli (o fai) sul serio?
seriously ['siəriəsli] *avv.* **seriamente; sul serio; gravemente.**
seriousness ['siəriəsnis] *n.* [U] **serietà; gravità** ● *in all s.*, in tutta serietà.
seriph ['serif] *V.* **serif.**
serjeant-at-arms [,sa:dʒəntət'a:mz] *n.* (*pl.* **serjeants-at-arms**) **questore d'assemblea legislativa.**
sermon ['sə:mən] *n.* [C] *(relig.)* **sermone, predica** (anche *fig.*).
to **sermonize** ['sə:mənaiz] *A* *v. i.* **sermoneggiare; moraleggiare** *B* *v. t.* **far la predica a** (q.); **ammonire.**
serology [si'rɔlədʒi] *n.* [U] *(med.)* **sierologia.**
serosity [si'rɔsiti] *n.* [U] e [C] *(fisiologia)* **sierosità.**
serotinous [si'rɔtinəs] *a.* *(bot.)* **serotino; tardivo.**
serous ['siərəs] *a.* **sieroso.**
serpent ['sə:pənt] *n.* [C] *(zool.*, Phython, Vipera, ecc.) **serpente, serpe** (anche *fig.*).
serpentine ['sə:pəntain] *A* *a.* *1* **serpentino; di** (o **da**) **serpe** *2* **serpeggiante; sinuoso** *3* *(fig.)* **infido; maligno; perfido** *B* *n.* [U] *(miner.)* **serpentino.**
serrate ['serit], **serrated** [se'reitid] *a.* *(bot., zool., mecc.)* **dentellato; seghettato.**
serration [se'reiʃən] *n.* [U] *(bot., zool., mecc.)* **dentellatura; seghettatura** ● *(mecc.)* *serrations*, denti.
serried ['serid] *a.* **serrato; compatto; folto; fitto.**
serum ['siərəm] *n.* (*pl.* **sera** ['siərə], **serums**) *(fisiologia, med.)* **siero.**
serval ['sə:vəl] *n.* [C] *(zool.*, Felis serval) **gattopardo (africano).**
servant ['sə:vənt] *n.* [C] **servitore; servo** (anche *fig.*); **domestico, domestica** (spesso *domestic s.*) ● *s.-girl* (o *s.-maid*), domestica; fantesca □ *a civil s.*, un impiegato statale □ *a public s.*, un pubblico funzionario.
to **serve** [sə:v] *v. t.* e *i.* *1* **servire** (in ogni senso); **essere a servizio** (di); **servire in tavola; bastare**: *Can I s. you in any way?*, in che posso servirvi? □ *Dinner is served*, il pranzo è servito *2* **trattare** *3* **fare; prestare**: *to s. one's apprenticeship*, fare il tirocinio *4* *(leg.)* **intimare; notificare; presentare**: *to s. a summons on sb.*, intimare a q. un mandato di comparizione; citare q. in giudizio *5* *(leg.)* **espiare** (una pena); **scontare** (una condanna) *6* *(sport)* **servire; eseguire il servizio** *7* (di bestiame) **montare; coprire** ● *to s. as an excuse*, servire di scusa □ *to s. in the army*, prestare servizio nell'esercito □ *to s. out*, distribuire (razioni); servire (cibi) □ *to s. sb. out*, servire q. a dovere; rendere la pariglia a q. □ *to s. time*, scontare una condanna □ *to s. one's time*, restare in carica fino alla fine □ *to s. sb. a trick* (o *to s. a trick on sb.*), fare uno scherzo a q.; giocare un tiro a q. □ *as occasion serves*, quando si presenti l'occasione; al momento opportuno □ *It serves him right!*, gli sta bene!
serve [sə:v] *n.* *(sport)* **servizio**: *Whose s. is it?*, di chi è il servizio?; chi serve?
server ['sə:və*] *n.* [C] *1* *(relig.)* **chierico** *2* **servitore** *3* **vassoio** *4* *(sport)* **chi ha il servizio** (o **la battuta**).
(1) service ['sə:vis] *n.* *1* [U] e [C] **servizio** (in ogni senso); **servigio; favore; prestazione professionale; funzione ecclesiastica; rito religioso**: *to go into s.* (o *to go out to s.*), andare a servizio □ *to take a girl into one's s.*, prendere una ragazza a servizio □ *to do sb. a s.*, rendere un servigio (o fare un favore) a q. □ *to need the services of a lawyer*, aver bisogno (delle prestazioni) d'un avvocato □ *the public services*, i servizi pubblici □ *the Secret S.*, il Servizio Segreto □ *On His (o Her) Majesty's S.*, al servizio di Sua Maestà □ *a tea s.*, un servizio da tè □ *the burial s.*, il rito funebre *2* [U] *(comm., ind.)* **servizio; assistenza; manutenzione**: *a s. station*, una stazione di servizio *3* [U] e [C] *(leg.)* **citazione; notificazione** *4* [U] e [C] *(sport)* **servizio**: *Whose s. is it?*, di chi è il servizio?; chi serve? *5* [U] (di bestiame) **monta** ● *(tel.)* *s. call*, chiamata di controllo □ *s. entrance*, entrata di servizio □ *s. flat*, appartamento ammobiliato, con servizio compreso (nel prezzo) □ *(fam.)* *the Services*, le Forze Armate □ *the Civil S.*, la pubblica amministrazione; la burocrazia statale □ *to have seen s.*, (di persona) essere stato al servizio dello Stato; (specialm.) aver prestato servizio nelle forze armate; (di cosa, indumento) essere logoro □ *to be of s. to sb.*, essere utile a q. □ *I am at your s.*, sono a tua disposizione.
to **service** ['sə:vis] *v. t.* *1* **provvedere alla manutenzione di, riparare** (un'automobile, un televisore, ecc.) *2* **servire; fornire d'energia.**
(2) service ['sə:vis] *n.* [C] *(bot.*, Sorbus domestica) (anche *s.-tree*) **sorbo** ● *s.-berry*, sorba.
serviceability [,sə:visə'biliti] *n.* [U] *1* **utilità; praticità; funzionalità** *2* (di stoffa, ecc.) **resistenza** (all'uso) *3* **premurosità** *4* *(mecc.)* **stato di efficienza.**
serviceable ['sə:visəbl] *a.* *1* **utile; pratico; funzionale** *2* (di stoffa, ecc.) **resistente** *3* (di persona) **servizievole; premuroso** *4* *(mecc.)* **efficiente.**
serviceman ['sə:vismən] *n.* (*pl.* **servicemen** ['sə:vismən]) **membro delle Forze Armate; militare.**
serviette [,sə:vi'et] *n.* [C] **tovagliolo.**
servile ['sə:vail] *a.* **servile; abietto; basso.**
servility [sə:'viliti] *n.* [U] **servilismo.**
servitude ['sə:vitju:d] *n.* [U] **servitù; schiavitù** ● *penal s.*, lavori forzati.
servo-control ['sə:voukən,troul] *n.* [C] *(mecc., aeron.)* **servocomando.**
servomotor ['sə:vou,moutə*] *n.* [C] *(mecc., naut.)* **servomotore.**
sesame ['sesəmi] *n.* [U] *(bot.*, Sesamum indicum) **sesamo**: *s. oil*, olio di sesamo ● *Open S.!*, apriti Sesamo!
sesqui- ['seskwi] *(in parole composte)* **sesqui-** (indica un rapporto di tre a due).
sessile ['sesil] *a.* *(bot., zool.)* **sessile.**
session ['seʃən] *n.* [C] e [U] **sessione; seduta** (del parlamento, di un tribunale, di una commissione); *(leg.)* **udienza; riunione**: *to be in s.*, essere in seduta ● *a dancing s.*, una riunione per ballare □ *(leg.)* *in closed s.*, a porte chiuse □ *(leg.)* *petty sessions*, udienze per reati minori.
sessional ['seʃənl] *a.* **di sessione; di seduta.**
sestet [ses'tet] *n.* [C] *1* *(mus.)* **sestetto** *2* *(poesia)* **(le) due terzine finali di un sonetto** (di tipo italiano).
to **set** [set] (*pass.* e *p.p.* **set**) *A* *v. t.* *1* **mettere; porre; disporre; collocare; conficcare; fissare; piantare**: *to set a price on sb.'s head*, mettere una taglia sul capo di q. □ *to set a wheel on the axle*, collocare una ruota sull'asse □ *to set one's mind at ease*, mettersi l'animo in pace □ *to set a pole in the ground*, conficcare un palo nella terra □ *to set potatoes*, piantar patate *2* *(mecc.)* **regolare; registrare; mettere a punto; sistemare; preparare** (per l'uso): *to set a clock*, regolare un orologio *3* **assegnare; dare; proporre**: *to set sb. a difficult problem*, assegnare a q. un problema difficile *4* **indurire; rendere solido; seccare; solidificare; rassodare** *5* **incastonare; montare** (gioielli, pietre preziose) *6* **affilare** (un coltello, ecc.) *7* *(tipogr.)* **comporre** *8* *(mus.)* **adattare**: *to set piano music for the violin*, adattare al violino musica scritta per pianoforte *9* *(med.)* **mettere a posto** (un osso rotto, ecc.) *10* *(sport)* **sta-**

bilire (un nuovo record) ***11*** *(teatr.)* **allestire, attrezzare** (il palcoscenico); **montare** (una scena) ***12*** *(naut.)* **issare** (le vele) ***B*** *v. i.* ***1*** **tramontare** (anche *fig.*): *The sun has set,* il sole è tramontato ***2*** **indurirsi; solidificarsi; seccarsi; rassodarsi; coagularsi; rapprendersi** ***3*** *(caccia:* del cane) **puntare** (anche *to set game*) ***4*** **volgersi, muoversi, fluire, spirare, tirare** (in una certa direzione) ***5*** (di piante) **attecchire;** (di fiori) **allegare** ***6*** (d'abiti) **attagliarsi; stare** (bene, male) ***7*** (di gallina, ecc.) **covare** ***8*** (di un colore) **fissarsi** ***9*** (dei capelli) **prendere la piega** ***B*** *verbi composti* ***1*** *to set about (st., sb.),* mettersi a, accingersi a, cominciare a fare; *(fam.)* attaccare □ *to set a rumour about,* mettere in giro una voce ***2*** *to set afloat,* far galleggiare; *(fig.)* varare, lanciare ***3*** *to set sb. against st.,* influenzare q. contro q.c. □ *to set sb. against sb. else,* aizzare q. contro q. altro ***4*** *to set (st.) apart,* mettere da parte (o in serbo); stanziare (una somma, per un uso particolare) ***5*** *to set (st.) aside,* mettere da parte, porre in serbo; rifiutare, scartare; *(leg.)* annullare ***6*** *to set (sb., st.) back,* mettere indietro; respingere; ritardare ***7*** *to set (sb., st.) down,* deporre, posare; scaricare, far scendere; mettere per iscritto, scrivere; classificare, considerare, reputare; attribuire, ascrivere; fissare, stabilire; *(fam.)* umiliare, snobbare ***8*** *to set forth,* partire □ *to set (st.) forth,* esprimere, dichiarare, manifestare (le proprie opinioni, ecc.) ***9*** *to set forward,* partire; avviarsi □ *to set st. forward,* promuovere q.c.; proporre q.c. ***10*** *to set in,* incominciare; stabilirsi, aversi; (della marea) avanzare ***11*** *to set off,* partire □ *to set (sb., st.) off,* sparare, far esplodere; far partire; indurre a (parlare, ecc.); far risaltare, dar risalto a; separare, staccare; controbilanciare, compensare ***12*** *to set on sb.,* attaccare q.; assalire q. □ *to set on fire,* dare alle fiamme; incendiare □ *to set sb. on his feet,* rimettere in piedi q.; *(fig.)* rimettere q. in sesto ***13*** *to set out,* partire; avviarsi □ *to set (sb., st.) out,* dichiarare, esporre; adornare, abbellire, ornare; piantare (a intervalli regolari); mettere in mostra, esporre (merce in vendita) ***14*** *to set to,* mettersi all'opera; cominciare a mangiare; attaccar battaglia; azzuffarsi ***15*** *to set (sb., st.) up,* erigere, innalzare; mettere in posizione di preminenza; impiantare, fondare; rimettere in sesto (q.); causare, provocare; *(tipogr.)* comporre; *(naut.)* stringere, serrare □ *to set sb. up in business,* avviare q. negli affari □ *to set up for oneself,* mettersi in affari per conto proprio □ *to set oneself up,* iniziare un'attività commerciale (o una professione); darsi arie di: *to set oneself up as a scholar,* darsi arie di erudito □ *to set up house,* metter su casa □ *to set up a loud yell,* lanciare un grido acutissimo □ *(ind.) to set up a machine,* montare e installare una macchina □ *to be well set up with clothes,* essere ben fornito d'abiti; avere un ricco guardaroba ***16*** *to set upon,* V. *to set on* ● *to set eggs,* far covare le uova □ *(fig.) to set the fox to keep the geese,* mettere il lupo nell'ovile □ *(mecc.) to set going,* mettere in moto; avviare □ *to set one's hand* (o *name, signature*) *to a document,* apporre la propria firma a un documento □ *to set a hen,* far covare una gallina □ *to set one's hopes on sb. (st.),* riporre le proprie speranze in q. (q.c.) □ *(topografia) to set a map,* orientare una carta □ *to set pen to paper,* metter mano alla penna; cominciare a scrivere □ *(fig.) to set a stone rolling,* suscitare un vespaio □ *(canottaggio) to set the stroke,* battere il tempo della voga □ *to set the table for four people,* apparecchiare per quattro persone □ *to set one's teeth,* stringere i denti; *(fig.)* tener duro □ *to set sb.'s teeth on edge,* allegare i denti a q.; *(fig.)* dare ai nervi a q. □ *(fig.) to set a thief to catch a thief,* mettere un ladro alle calcagna di un altro; affidare un compito alla persona più adatta □ *to set things going,* mettere le cose in moto.

(1) set [set] *n.* ***1*** [C] **assortimento; collezione; complesso; insieme** (di cose affini); **serie; servizio** (di piatti, ecc.): *a set of golf-clubs,* un assortimento di mazze da golf □ *a china set,* un servizio di porcellana ***2*** [C] **gruppo** (di persone); **consorteria; cricca; squadra; ambiente, mondo** *(fig.)*: *a set of politicians,* una consorteria di politicanti □ *a set of smugglers,* una cricca di contrabbandieri □ *the political set,* gli ambienti politici □ *the smart set,* il bel mondo ***3*** [C] *(radio, telev.)* **apparecchio**: *a radio set,* un apparecchio radio □ *a television set,* un televisore ***4*** *(solo al sing.)* **conformazione; struttura; portamento; positura** ***5*** *(solo al sing.)* **direzione; corso; moto; tendenza; inclinazione; propensione**: *the set of the current,* la direzione della corrente ***6*** [C] *(teatr., cinem.)* **set** ***7*** [C] **blocchetto di granito** (per pavimentazione) ***8*** [C] *(agric.)* **pianticella** (da trapianto) ***9*** [C] **covata** (d'uova) ***10*** [C] (dei capelli) **messa in piega** ***11*** [C] *(mat.)* **insieme** ***12*** [C] *(tennis)* **set** ● *a set of horses,* un attacco (di cavalli); un tiro (a due, a quattro) □ *a set of pearls,* un vezzo di perle □ *a set of (false) teeth,* una dentiera □ *(mat.) set theory,* teoria degli insiemi □ *a dinner-set,* un servizio da tavola □ *(fig.) to make a dead set at sb.,* attaccare (o criticare) a fondo q.; cercare di conquistare q. □ *a toilet-set,* un servizio da toletta.

(2) set [set] *a.* ***1*** **fisso; fermo; saldo** ***2*** **fissato; determinato; stabilito; prestabilito** ***3*** **preparato; studiato** ***4*** (di pasto) **a prezzo fisso**: *a set dinner,* un pranzo a prezzo fisso ● (del tempo) *set fair,* messo al bello □ *a set phrase,* una frase fatta; un luogo comune □ *to be dead set on (st.),* impuntarsi su (q.c.) □ *to be set in one's ways,* essere abitudinario □ *close set,* inserito a breve distanza; (di albero) piantato a brevi intervalli; (di caratteri tipografici) con poca spaziatura □ *deep-set eyes,* occhi infossati.

setaceous [si'teiʃəs] *a.* **setoloso.**

set-back ['setˌbæk] *n.* [C] ***1*** **ostacolo; intoppo** ***2*** (di malattia) **ricaduta** ***3*** *(econ.)* **recessione.**

set-down ['setˌdaun] *n.* [C] **rimbrotto; rampogna.**

set-off ['setˌɔ:f] *n.* [C] ***1*** **compenso;** *(leg.)* **compensazione; contrappeso; contropartita** ***2*** *(fig.)* **ornamento.**

set-out ['setˌaut] *n.* [C] ***1*** **inizio; principio** ***2*** **esposizione, mostra** (di merci).

set-square ['setˌskwɛə*] *n.* [C] **squadra da disegno.**

settee [se'ti:] *n.* [C] **divano; sofà** (per due o tre persone).

setter ['setə*] *n.* [C] ***1*** *(zool.)* **setter; cane da ferma** ***2*** *(ind.)* **montatore, incastonatore** (di pietre preziose).

setting ['setiŋ] *n.* [C] e [U] ***1*** **collocazione; installazione; messa in opera; posa; sistemazione** ***2*** **montatura** (d'un gioiello) ***3*** **sfondo; cornice** *(fig.)*; **scenario** ***4*** *(teatr.)* **messa in scena; scenario** ***5*** *(mus.)* **arrangiamento musicale** (di un canto, d'una poesia) ***6*** *(mecc.)* **messa a punto; registrazione** ***7*** *(costr.)* **presa** (di calce, di cemento) ***8*** *(chim.)* **coagulazione** ***9*** *(tipogr.)* **composizione** ● *hair-s.,* messa in piega □ *page-s.,* impaginazione.

setting-lotion ['setiŋˌlouʃən] *n.* [C] **fissatore (per capelli).**

setting-stick ['setiŋˌstik] *n.* [C] *(tipogr.)* **compositoio.**

settle ['setl] *n.* [C] **panca** (con schienale alto); **cassapanca.**

to **settle** ['setl] ***A*** *v. t.* ***1*** **decidere; determinare; fissare; stabilire; sistemare; risolvere; definire** (una faccenda); **comporre** (una vertenza); **regolare** (una questione); **aggiustare; riordinare** ***2*** *(comm.)* **pagare; saldare** ***3*** **stabilirsi in** (un luogo); **colonizzare** ***4*** **acquietare; calmare** ***5*** **far sedimentare** (il caffè, ecc.) ***6*** **decantare** (un liquido) ***7*** (della pioggia) **ammorzare** (la polvere) ***8*** *(leg.)* **assegnare; intestare**: *to s. an annuity on sb.,* assegnare un vitalizio a q. ***9*** *(leg.)* **comporre; concordare** ***10*** *(fam.)* **mettere a posto, sistemare** (q., sgridandolo, battendolo); **liquidare, far fuori** *(pop.)* ***B*** *v. i.* ***1*** (spesso *to s. down*) **sistemarsi; stabilirsi; andare a stare; metter su casa**: *to s. down in the country,* andare a stare in campagna □ *to marry and s. down,* sposarsi e metter su casa ***2*** **posarsi; fermarsi** ***3*** (della nebbia, delle tenebre) **calare; scendere** ***4*** (del terreno) **avvallarsi;** (di edificio) **abbassarsi, assestarsi** ***5*** **piantarsi, sprofondare;** *(naut.)* **immergersi, cominciare ad affondare** ***6*** (del tempo) **stabilizzarsi** ***7*** (di sedimento) **depositarsi** ***8*** (di liquido) **decantare; sedimentare** ***9*** (di solito *to s. down*) **acquietarsi; calmarsi** ***10*** *(comm.)* **pagare; saldare un conto; giungere a un accomodamento** ***C*** to **settle oneself (down)** *v. rifl.* **accomodarsi, adagiarsi; ap-**

plicarsi, mettersi; assuefarsi, abituarsi, impratichirsi: *to s. oneself down in an easy-chair,* accomodarsi in poltrona □ *to s. (oneself) down to work,* mettersi al lavoro ● *to s. in,* fare il trasloco □ *to s. on (o upon) doing st.,* decidere di fare q.c. □ *to s. one's son in business,* avviare il proprio figlio negli affari □ (spesso *fig.*) *to have an account to s. with sb.,* avere un conto da regolare con q. □ (*fam.*) *That settles it!,* ciò risolve la faccenda; siamo sistemati! (*fam., iron.*).

settled ['setld] *a.* **1** fisso; fermo; saldo; radicato; inveterato **2** (del tempo) costante; (specialm.) messo al bello **3** (*comm.*) pagato: *settled in full,* pagato a saldo; saldato **4** (di persona) calmo; posato.

settlement ['setlmənt] *n.* **1** [U] e [C] sistemazione; composizione (di una disputa, ecc.); (*leg.*) accordo, compromesso, transazione; accomodamento; soluzione; risoluzione **2** [U] (*comm.*) pagamento; regolamento; saldo: *full s.,* pagamento a saldo **3** [U] colonizzazione; insediamento (di coloni) **4** [C] colonia; stabilimento coloniale **5** [C] nuovo centro urbano; città satellite **6** [C] (*leg.*) rendita; vitalizio ● (*stor.*) *the Act of S.,* la Legge sulla Successione al Trono □ (*comm.*) *in full (in part) s. of your account,* a saldo (in conto) del vostro avere.

settler ['setlə*] *n.* [C] **1** colono; colonizzatore **2** (*fam.*) argomento decisivo; discorso che non ammette replica.

set-to ['set,tu:] *n.* (*solo al sing.*) (*fam.*) baruffa; zuffa.

set-up ['set,ʌp] *n.* (*solo al sing.*) (*fam.*) impianto, progettazione (di un'impresa); organizzazione (di un'azienda); sistemazione, messa a punto (di macchine).

seven ['sevn] *a.* e *n.* [C] sette ● *the s.-year itch,* la crisi del settimo anno (di matrimonio) □ *at sixes and sevens,* in gran disordine; sottosopra □ *by sevens,* sette alla volta □ *in sevens,* a gruppi di sette.

sevenfold ['sevn,fould] **A** *a.* settuplo **B** *avv.* sette volte (tanto).

seventeen [,sevn'ti:n] *a.* e *n.* [C] diciassette.

seventeenth [,sevn'ti:nθ] *a.* e *n.* [C] diciassettesimo; decimo settimo ● *the s. of June,* il 17 giugno.

seventh ['sevnθ] *a.* e *n.* [C] settimo ● *the s. of May,* il 7 maggio.

seventhly ['sevnθli] *avv.* in settimo luogo.

seventieth ['sevntiiθ] *a.* e *n.* [C] settantesimo.

seventy ['sevnti] *a.* e *n.* [C] settanta ● *in the seventies,* negli anni fra i 70 e gli 80 (nella vita d'una persona); fra il '70 e l'80 (in un secolo).

to **sever** ['sevə*] **A** *v. t.* separare; dividere; disgiungere; recidere; tagliare; troncare **B** *v. i.* spezzarsi; rompersi.

several ['sevrəl] **A** *a.* e *pron.* alcuni; diversi; vari; parecchi **B** *a.* **1** separato; distinto; diverso; vario **2** individuale; particolare; personale; singolo: *collective and s. responsibility,* responsabilità collettiva e individuale **3** (*leg.*) solidale: *joint and s. liability,* responsabilità congiunta e solidale.

severally ['sevrəli] *avv.* **1** separatamente; uno alla volta **2** individualmente; ognuno per conto suo.

severance ['sevərəns] *n.* [U] e [C] **1** separazione **2** rottura (di rapporti).

severe [si'viə*] *a.* **1** severo; austero; rigoroso; duro **2** (di tempo) duro; rigido **3** (di dolore, ecc.) acuto; vivo; violento **4** (di malattia) grave **5** sarcastico; satirico ● *to be too s. on sb.,* trattare q. con eccessiva severità.

severity [si'veriti] *n.* [U] (*talvolta anche al pl.*) **1** severità; austerità; rigore; durezza; rigidezza **2** acutezza; gravità.

to **sew** [sou] (*pass.* **sewed** [soud], *p.p.* **sewn** [soun], **sewed**) *v. t.* e *i.* **1** cucire **2** (seguito da *on, up*) attaccare, rammendare (cucendo): *to sew a button on,* attaccare un bottone □ *to sew up a hole,* rammendare un buco ● (*pop.*) *to be sewed up,* essere ubriaco fradicio.

sewage ['sju:idʒ] *n.* [U] acque di scolo; acque luride ● *s. system,* (sistema di) fognatura.

(1) sewer ['souə*] *n.* [C] cucitore, cucitrice.

(2) sewer ['sju:ə*] *n.* [C] fogna; cloaca ● *s. gas,* gas mefitico (di fognatura) □ *s. rat,* topo di fogna.

to **sewer** ['sju:ə*] *v. t.* provvedere (una città, ecc.) di fogne.

sewerage ['sjuːəridʒ] *n.* [U] **1** fognatura; sistema di fognature **2** scarico delle acque luride.

sewing ['souiŋ] *n.* [U] **1** cucitura (il cucire) **2** lavori di cucito.

sewing-machine ['souiŋmə,ʃi:n] *n.* [C] macchina per cucire.

sewn [soun] *p.p.* di to **sew**.

sex [seks] *n.* [U] e [C] (*biol.*) sesso ● *sex antagonism,* antagonismo fra i due sessi □ *sex appeal,* attrazione del sesso; fascino □ *sex maniac,* maniaco sessuale □ (*anat.*) *sex organs,* organi sessuali □ *the fair sex,* il gentil sesso □ *the sterner sex,* il sesso forte □ *the weaker sex,* il sesso debole.

sexagenarian [,seksədʒi'nɛəriən] *a.* e *n.* [C] sessantenne.

sexism ['seksizəm] *n.* [U] discriminazione (o pregiudizio) sessuale; maschilismo.

sexist ['seksist] *a.* e *n.* [C] maschilista.

sexless ['sekslis] *a.* **1** (*biol.*) asessuato; neutro **2** (*med.*) frigido; impotente **3** privo di attrattiva sessuale.

sextan ['sekstən] *a.* e *n.* (*med.*) (febbre) ricorrente ogni sei giorni.

sextant ['sekstənt] *n.* [C] (*naut., aeron.*) sestante.

sextet, sextette [seks'tet] *n.* [C] (*mus.*) sestetto.

sexton ['sekstən] *n.* [C] **1** sagrestano **2** becchino; necroforo.

sextuple ['sekstjupl] *a.* e *n.* sestuplo.

sextuplet ['sekstjuplit] *n.* **1** [C] uno di sei gemelli **2** (*al pl.*) sei gemelli (in un medesimo parto).

sexual ['seksjuəl] *a.* sessuale: *s. intercourse,* rapporti sessuali.

sexuality [,seksju'æliti] *n.* [U] sessualità.

sexy ['seksi] *a.* (*fam.*) provocante; erotico.

sh [ʃ] *V.* **ssh.**

shabbiness ['ʃæbinis] *n.* [U] **1** cattivo stato; povertà; straccioneria **2** grettezza; meschinità.

shabby ['ʃæbi] *a.* **1** frusto; logoro; malconcio; misero; sciupato; stracciato **2** male in arnese; malvestito; scalcagnato **3** gretto; meschino; tirchio ● (specialm. d'abito) *s.-genteel,* pretenzioso, ma logoro e frusto.

shack [ʃæk] *n.* [C] capanna; baracca; tugurio.

shackle ['ʃækl] *n.* [C] **1** (*mecc.*) anello di trazione **2** (*naut.*) maniglia (della catena dell'ancora) **3** (*al pl.*) ceppi; ferri; manette; catene **4** (*al pl., fig.*) legami; impedimenti; pastoie.

to **shackle** ['ʃækl] *v. t.* **1** mettere in ceppi; incatenare **2** (*fig.*) inceppare; impedire; ostacolare **3** (*naut.*) ammanigliare.

shad [ʃæd] *n.* (*pl.* **shad, shads**) (*zool.,* Alosa) alosa.

shaddock ['ʃædək] *n.* [C] (*bot.,* Citrus decumana; anche il frutto) pompelmo (una varietà).

shade [ʃeid] *n.* **1** (*al sing. con l'art. determ.; al pl., lett.*) ombra (anche *fig.*): *in the s.,* all'ombra □ *the shades of evening,* le ombre della sera □ *to throw sb. into the s.,* mettere in ombra q.; eclissare q. **2** [C] gradazione; sfumatura; tinta; tonalità: *materials in all shades of blue,* stoffe in tutte le tonalità di blu **3** [C] ombra; fantasma; spettro; spirito **4** [C] schermo; (specialm.) paralume ● *a s.,* un po'; leggermente; un tantino: *to feel a s. better,* stare leggermente meglio □ *without light and s.,* (di disegno) senza sfumature; (*fig.*) monotono.

to **shade** [ʃeid] **A** *v. t.* **1** ombreggiare; far ombra a; fare schermo a; riparare **2** (*disegno*) ombreggiare; ombrare **3** offuscare; oscurare; ottenebrare **4** (far) sfumare (un colore in un altro) **B** *v. i.* **1** (di colore) sfumare (in un altro) **2** (*fig.*) cambiare per gradi.

shaded ['ʃeidid] *a.* **1** ombreggiato; ombroso **2** (di disegno) ombreggiato; sfumato.

shadiness ['ʃeidinis] *n.* [U] **1** ombrosità **2** (*fig., fam.*) disonestà; dubbia fama.

shading ['ʃeidiŋ] *n.* **1** [U] ombreggiatura; (*disegno,* anche) sfumatura **2** [C] (*fig.*) sfumatura; lieve differenza.

shadow ['ʃædou] *n.* [C] **1** ombra (anche *fig.*): *to be* *afraid of one's own s.*, aver paura della propria ombra □ *the shadows of evening*, le ombre della sera □ *There is not a s. of doubt*, non c'è ombra di dubbio ***2*** **ombra; fantasma; spettro** ***3*** *(fig.)* **ombra; compagno inseparabile; pedinatore** ● *the s. of freedom*, la parvenza della libertà □ *(fig.) to catch at shadows*, voler afferrare le ombre; correre dietro ai fantasmi □ *(cosmesi) eye s.*, ombretto □ *to have shadows round the eyes*, avere gli occhi cerchiati □ *under the s. of the Almighty*, con la protezione di Dio □ *to be worn to a s.*, essere ridotto a un'ombra.

to **shadow** ['ʃædou] *v. t.* ***1*** **ombreggiare** ***2*** **offuscare; oscurare; ottenebrare** ***3*** **pedinare; seguire le mosse di; spiare.**

shadowy ['ʃædoui] *a.* ***1*** **ombroso; ombreggiato** ***2*** **illusorio; irreale; chimerico** ***3*** **oscuro; indistinto.**

shady ['ʃeidi] *a.* ***1*** **ombroso; ombreggiato; in ombra** ***2*** *(fig.)* **di dubbia fama; equivoco; losco; sospetto.**

shaft [ʃa:ft] *n.* [C] ***1*** **asta** (di lancia) ***2*** **freccia;** *(poet.)* **dardo, saetta, strale** (anche *fig.*) ***3*** **manico lungo** (d'arnese o strumento) ***4*** *(archit.)* **fusto** (d'una colonna) ***5*** (di carro) **stanga** ***6*** *(mecc.)* **albero; asse** ***7*** *(ind. mineraria)* **pozzo** ***8*** **ciminiera; fumaiolo** ***9*** *(archit.)* **stele; colonnina; obelisco** ● *s.-horse*, cavallo da tiro □ *a s. of light*, un raggio di luce □ *a s. of lightning*, un fulmine □ *(edil.) lift s.*, pozzo dell'ascensore.

shafting ['ʃa:ftiŋ] *n.* *(mecc.)* **(sistema di) trasmissione ad alberi.**

shag [ʃæg] *n.* [U] **tabacco grossolano; trinciato.**

shagginess ['ʃæginis] *n.* [U] ***1*** **pelosità; ispidezza; villosità** ***2*** **asprezza; ruvidezza; scabrosità.**

shaggy ['ʃægi] *a.* ***1*** **peloso; irsuto; ispido; velloso, villoso** ***2*** **aspro; ruvido; scabro** ***3*** (di terreno) **coperto di erbacce; sterposo** ● *a s.-dog story*, una storiella comica con finale paradossale.

shagreen [ʃæ'gri:n] *n.* [U] **zigrino.**

shah [ʃa:] *n.* [C] **scià.**

to **shake** [ʃeik] (*pass.* **shook** [ʃuk], *p. p.* **shaken** ['ʃeikən]) ***A*** *v. t.* ***1*** **scuotere; agitare; scrollare; sbattere;** *(fig.)* **commuovere, impressionare;** *(fig.)* **indebolire, infiacchire**: *to s. one's head*, scuotere (o scrollare) il capo □ *to s. a carpet*, sbattere un tappeto □ *to s. sb.'s faith*, scuotere la fede di q. ***2*** *(pop. USA)* **liberarsi di; distanziare** ***B*** *v. i.* ***1*** **tremare; barcollare; traballare; vibrare**: *to be shaking with cold*, tremare dal freddo ***2*** *(mus.)* **trillare** ***C*** to **shake oneself** *v. rifl.* **scuotersi; agitarsi** ***D*** *verbi composti* ***1*** *to s. down*, ambientarsi; inserirsi (in un ambiente) □ *to s. (st.) down*, far cadere (scuotendo), scrollare (frutta da un albero, ecc.); gettare (o stendere) per terra ***2*** *to s. (st.) off*, scuotersi di dosso; liberarsi (o disfarsi, sbarazzarsi) di (q.c.) ***3*** *to s. (st.) out*, scuotere; cavare, vuotare (scuotendo); spargere; *(naut.)* spiegare, mollare: *to s. sand out of one's shoes*, scuotersi la sabbia dalle scarpe □ *to s. out a sail*, spiegare una vela ***4*** *to s. (st.) up*, agitare, scuotere; mescolare; *(fig.)* destare, scuotere, risvegliare: *to s. up a bottle of medicine*, agitare una bottiglietta di medicina ● *to s. hands*, darsi (o stringersi) la mano □ *to s. hands with sb.*, dare (o stringere) la mano a q. □ *(fam.) to s. a leg*, far quattro salti, ballare; affrettarsi, sbrigarsi □ *to s. one's sides with laughing*, sbellicarsi dalle risa □ *to be shaking in one's shoes*, essere mezzo morto dalla paura.

shake [ʃeik] *n.* [C] ***1*** **scossa; scrollata; urto; scossone**: *a s. of the head*, una scrollata di capo; un cenno di diniego ***2*** (anche *handshake*) **stretta di mano** ***3*** *(fam.)* **scossa di terremoto** ***4*** *(fam.)* **attimo; momento**: *I'll be back in half a s.* (o *in two shakes*), torno in un attimo; vado e vengo ***5*** *(al pl.)* — *the shakes*, febbre con brividi; tremito convulso ***6*** *(mus.)* **trillo** ***7*** « **shake** » (ballo) ● *all of a s.*, tremolante; barcollante □ *milk s.*, frappé *(franc.)*; frullato di latte.

shakedown ['ʃeik,daun] *n.* [C] **letto improvvisato; giaciglio.**

shaken ['ʃeikən] *p.p.* di to **shake.**

shaker ['ʃeikə*] *n.* [C] ***1*** *(ind.)* **scuotitoio** ***2*** **shaker; sbattighiaccio.**

Shakespearean, Shakespearian [ʃeiks'piəriən] *a.* **shakespeariano; scespiriano.**

shake-up ['ʃeik,ʌp] *n.* [C] **rimescolamento; sconvolgimento; riorganizzazione** (di un'azienda); **rimpasto** (del governo).

shakiness ['ʃeikinis] *n.* [U] ***1*** **instabilità; debolezza** ***2*** **scarso affidamento; inattendibilità; incertezza; indecisione.**

shaking ['ʃeikiŋ] ***A*** *a.* **tremante; tremulo; vacillante** ***B*** *n.* *(solo al sing.)* ***1*** **scuotimento; scrollata; scossone** ***2*** **tremito** ***3*** **sbattuta.**

shaky ['ʃeiki] *a.* ***1*** **malfermo; barcollante; traballante; tremolante; vacillante** ***2*** **infido; dubbio; inattendibile; indeciso; insicuro.**

shale [ʃeil] *n.* [U] *(geol.)* **scisto argilloso.**

shall [ʃæl, ʃəl] (*pass.* **should** [ʃud, ʃəd]) *voce verb. difett.* ***1*** *(idiom.; ausiliare per la formazione del futuro, semplice o volitivo, promissorio, minatorio)*: *S. we be back in time?*, saremo di ritorno in tempo? □ *If you are a clever boy, you s. have a prize*, se sarai bravo, avrai un premio □ *The traitor s. be hanged*, il traditore sarà impiccato ***2*** *(in frasi interr.)* **devo, deve, dobbiamo, devono**: *S. I open the window?*, devo aprire la finestra? (o vuoi che apra la finestra?) □ *What s. we do?*, che cosa dobbiamo fare?

shallop ['ʃæləp] *n.* [C] *(naut.)* **scialuppa.**

shallot [ʃə'lɔt] *n.* [C] (*bot.*, Allium ascalonicum) **scalogno.**

shallow ['ʃælou] ***A*** *a.* ***1*** **poco profondo; basso** ***2*** **poco fondo; piano** ***3*** *(fig.)* **frivolo; futile; superficiale** ***B*** *n.* *(spesso al pl.)* **bassofondo; secca.**

to **shallow** ['ʃælou] *v. i.* **abbassarsi; diventare meno profondo.**

shalt [ʃælt] *2ª pers. sing. pres. arc.* di **shall.**

sham [ʃæm] ***A*** *n.* ***1*** [C] **imitazione; mistificazione** ***2*** [U] **finzione; simulazione** ***3*** [C] **impostore; simulatore** ***B*** *a.* **finto; fittizio; falso; posticcio.**

to **sham** [ʃæm] ***A*** *v. t.* **fingere; simulare** ***B*** *v. i.* **fingere; far finta; finger d'essere**: *to s. dead*, finger d'essere (o fingersi) morto.

shaman ['ʃæmən] *n.* **sciamano** (sacerdote, stregone di tribù asiatiche).

to **shamble** ['ʃæmbl] *v. i.* **camminare dinoccolato; strascicare i piedi.**

shamble ['ʃæmbl] *n.* [C] **andatura dinoccolata.**

shambles ['ʃæmblz] *n. pl.* *(spesso col verbo al sing.)* ***1*** **macello;** *(fig.)* **carneficina, strage** ***2*** *(fig., fam.)* **confusione; gran disordine.**

shame [ʃeim] *n.* [U] *(anche con l'art. indeterm.)* **vergogna; obbrobrio; onta**: *to feel s. at having told a lie*, sentir vergogna per aver detto una bugia □ *to flush with s.*, arrossire per la vergogna □ *to be a s. to one's family*, essere un'onta per la propria famiglia ● *to bring s. upon oneself (one's family)*, disonorarsi (disonorare la propria famiglia) □ *out of s.*, per pudore □ *to put sb. to s.*, svergognare q.; *(fig.)* eclissare q. □ *For s.!* (o *S. on you!*), vergogna!

to **shame** [ʃeim] *v. t.* ***1*** **svergognare; umiliare; far arrossire** (di vergogna) ***2*** **disonorare** ● *to s. sb. into apologizing*, svergognare q. costringendolo a chiedere scusa □ *to s. sb. out of a prejudice*, liberare q. da un pregiudizio facendogliene provare vergogna.

shamefaced ['ʃeim,feist] *a.* ***1*** **pudico** ***2*** **vergognoso; confuso.**

shameful ['ʃeimful] *a.* **vergognoso; obbrobrioso; disonorevole.**

shamefulness ['ʃeimfulnis] *n.* [U] **infamia; obbrobrio.**

shameless ['ʃeimlis] *a.* **spudorato; impudente; sfrontato.**

shamelessness ['ʃeimlisnis] *n.* [U] **spudoratezza; impudenza; sfrontatezza.**

shammy ['ʃæmi] ***A*** *n.* [U] **pelle di camoscio** ***B*** *a.* **scamosciato.**

shampoo [ʃæm'pu:] *n.* (*pl.* **shampoos**) ***1*** [C] **shampoo; sciampo; lavatura dei capelli** ***2*** [U] e [C] **shampoo; miscela per lavare i capelli.**

to **shampoo** [ʃæm'pu:] *v. t.* **lavare con uno shampoo.**

shamrock ['ʃæmrɔk] *n.* [U] *(bot.)* ***1*** (Trifolium pratense) **trifoglio pratense** ***2*** (Trifolium repens) **trifoglio bianco.**

to **shanghai** [ʃæŋ'hai] *v. t. (pop.)* **imbarcare** (q.) **come marinaio, drogandolo e portandolo a bordo a forza** ● *to s. sb. into doing st.*, costringere q. (con l'inganno) a fare q.c. (di sgradito o rischioso).

shank [ʃæŋk] *n.* [C] **1** *(anat.)* **stinco; gamba 2** *(bot.)* **gambo; stelo 3** *(mecc.)* **gambo; codolo 4** *(archit.)* **fusto** (di colonna) **5** *(naut.)* **fuso** (di ancora) ● *to go on shanks's pony,* andare sul caval di San Francesco; andare a piedi.

shan't [ʃa:nt] *contraz.* di **shall not.**

shantung [ʃæn'tʌŋ] *n.* [U] *(ind. tessile)* **sciantung; seta grezza cinese.**

shanty ['ʃænti] *n.* [C] **casupola; capanna; baracca; tugurio.**

shantytown ['ʃænti,taun] *n.* **quartiere di baracche; bidonville** *(franc.).*

shape [ʃeip] *n.* **1** [C] e [U] **forma; foggia; fattezza; figura; veste** *(fig.)*; **modello; stampo; taglio** (d'abito): *spherical in s.*, di forma sferica □ *clouds of different shapes,* nuvole di fogge diverse □ *an enemy in the s. of a friend,* un nemico in veste di amico **2 specie; sorta; genere**: *dangers of every s.*, pericoli d'ogni sorta **3** [U] *(fam.)* **condizione; stato**: *to be in bad s.*, essere in cattive condizioni **4** [U] *(sport)* **forma**: *to be in s.*, essere in forma □ *to be out of s.*, essere giù di forma ● *to get* (o *to put) into s.*, allestire; riordinare □ *to get out of s.*, perdere la forma; sformarsi □ (di progetto, ecc.) *to take s.*, concretarsi.

to **shape** [ʃeip] **A** *v. t.* **1 formare; foggiare; modellare; plasmare; sagomare 2 adattare; regolare 3 concepire; immaginare B** *v. i.* **prender forma; concretarsi; andare** (bene, male).

shaped [ʃeipt] *a. (nei composti)* **a forma di**: *pear-s.*, a forma di pera.

shapeless ['ʃeiplis] *a.* **1 informe; confuso 2 deforme; sgraziato.**

shapely ['ʃeipli] *a.* **ben fatto; proporzionato; aggraziato.**

shard [ʃa:d] *n.* [C] **coccio; pezzo di coccio; frammento** (di vaso, ecc.).

share [ʃɛə*] *n.* **1** [C] **parte; porzione; quota**: *to pay one's s.*, pagare la propria quota **2** [C] *(fin.)* **partecipazione; azione; titolo azionario**: *deferred shares,* azioni postergate □ *preference shares,* azioni privilegiate ● *(Borsa) s.-list,* listino valori (quotazioni delle azioni) □ *to go shares,* dividersi le spese □ *to go shares in st.*, dividere q.c. equamente.

to **share** [ʃɛə*] *v. t.* **1 dividere** (equamente); **distribuire** (in parti uguali); **ripartire; spartire**: *to s. expenses,* dividersi le spese □ *to s. (out) ten pounds among four persons,* ripartire dieci sterline fra quattro persone **2 avere in comune; sostenere insieme 3 condividere** ● *to s. and s. alike,* partecipare in ugual misura; dividere le spese □ *to s. out,* distribuire (in parti eguali).

sharecropper ['ʃɛə,krɔpə*] *n.* [C] *(USA)* **mezzadro.**

sharecropping ['ʃɛə,krɔpiŋ] *n.* [U] *(USA)* **mezzadria.**

shareholder ['ʃɛə,houldə*] *n.* [C] *(fin.)* **azionista.**

sharer ['ʃɛərə*] *n.* [C] **1 partecipante; compartecipe 2 distributore.**

shark [ʃa:k] *n.* [C] **1** *(zool.,* Carcharodon) **pescecane; squalo 2** *(fig.)* **speculatore senza scrupoli; truffatore.**

sharkskin ['ʃa:k,skin] *n.* [U] **zigrino.**

(1) sharp [ʃa:p] *a.* **1 acuto; acuminato; aguzzo; affilato; pungente; tagliente; perspicace; scaltro; piccante; aspro; mordace; sarcastico**: *a s. knife,* un coltello affilato □ *a s. pain,* un acuto dolore **2 brusco; improvviso**: *a s. bend,* una curva brusca **3 chiaro; distinto; marcato; netto; preciso; nitido**: *s. features,* lineamenti marcati **4 astuto; malizioso; disonesto; privo di scrupoli 5 grave; duro; energico; forte; gagliardo**: *a s. struggle,* una dura lotta □ *a s. blow,* un forte colpo **6** *(mus.)* **diesis**: *C sharp,* do diesis ● *a s. impression,* una viva impressione □ *s. intelligence,* viva intelligenza □ *a s. run,* una corsa veloce □ *to be s. at mathematics,* essere tagliato per la matematica □ *to keep a s. look-out,* star bene in guardia; stare all'erta.

(2) sharp [ʃa:p] *n.* [C] **1** *(mus.)* **diesis 2** *(fam.)* **imbroglione; truffatore; baro 3** *(fam. USA)* **persona abilissima; perito.**

(3) sharp [ʃa:p] *avv.* **1 bruscamente; all'improvviso 2 puntuamente; in punto**: *at ten (o'clock) s.*, alle dieci in punto ● *Look s.!*, sbrigati!; presto!

to **sharp** [ʃa:p] **A** *v. t. (mus.)* **alzare** (una nota) **di un semitono B** *v. i.* **1** *(mus.)* **cantare in una tonalità più alta di quella indicata 2** *(arc.)* **imbrogliare; truffare; barare.**

sharp-edged ['ʃa:p,edʒd] *a.* **affilato; tagliente.**

to **sharpen** ['ʃa:pən] **A** *v. t.* **1 aguzzare; affilare; arrotare; temperare; appuntare**: *to s. a knife,* affilare un coltello □ *to s. a pencil,* temperare una matita **2** *(fig.)* **acuire; aguzzare** (l'appetito, l'ingegno); **inasprire** (una pena) **3** *(mus.)* **alzare** (una nota) **di un semitono B** *v. i.* **1 aguzzarsi; affilarsi 2** *(fig.)* **acuirsi; inasprirsi.**

sharpener ['ʃa:pnə*] *n.* [C] **1** *(mecc.)* **affilatrice 2 arrotino** ● *blade-s.*, affilalame □ *pencil-s.*, temperamatite.

sharper ['ʃa:pə*] *n.* [C] **imbroglione; truffatore; baro.**

sharp-eyed ['ʃa:p,aid] *V.* **sharp-sighted.**

sharpness ['ʃa:pnis] *n.* [U] **1 acutezza; acume; affilatezza; sottigliezza; perspicacia 2 bruschezza 3 chiarezza; nettezza; nitidezza 4 acredine; asprezza; mordacità; sarcasticità 5 astuzia; malizia; disonestà 6 gravità; intensità.**

sharpshooter ['ʃa:p,ʃu:tə*] *n.* [C] (specialm. *mil.*) **tiratore scelto; franco tiratore; cecchino.**

sharp-sighted ['ʃa:p,saitid] *a.* **1 dalla vista acuta 2 previdente; oculato.**

sharp-tongued ['ʃa:p,tʌŋd] *a.* **dalla lingua tagliente; linguacciuto.**

sharp-witted ['ʃa:p,witid] **sveglio; intelligente; perspicace.**

to **shatter** ['ʃætə*] **A** *v. t.* **1 fracassare; fare a pezzi; frantumare; spaccare 2** *(fig.)* **distruggere; rovinare B** *v. i.* **andare in pezzi; frantumarsi; spaccarsi** ● *shattered nerves,* nervi a pezzi.

shatterproof ['ʃætə,pru:f] *a.* **infrangibile.**

to **shave** [ʃeiv] **A** *v. t.* **1 radere; sbarbare; fare la barba a; rasare 2 piallare; lisciare** (col raschietto) **3 sfiorare; rasentare B** *v. i.* **1** (anche to **shave oneself** *v. rifl.*) **radersi; sbarbarsi; farsi la barba 2** (di rasoio, ecc.) **radere; tagliare** ● *to get shaved,* farsi fare la barba.

shave [ʃeiv] *n.* [C] **rasatura** ● *to have a s.*, farsi (o farsi fare) la barba □ *(fam.) to have a close s.*, scamparla bella; cavarsela per un pelo.

shaven ['ʃeivn] *a.* **rasato; sbarbato; senza barba**: *well-s.*, ben rasato.

shaver ['ʃeivə*] *n.* [C] **1 barbiere 2 rasoio**: *an electric s.*, un rasoio elettrico **3** *(fam.)* (di solito *young s.*) **sbarbatello.**

Shavian ['ʃeivjən] *a. (letter.)* **alla maniera di G. B. Shaw.**

shaving-brush ['ʃeiviŋbrʌʃ] *n.* [C] **pennello da barba.**

shaving-cream ['ʃeiviŋkri:m] *n.* [U] **crema da barba.**

shavings ['ʃeiviŋz] *n. pl.* **trucioli** (di legno o di metallo).

shaving-stick ['ʃeiviŋstik] *n.* [C] **sapone da barba** (a forma di bastoncino).

shawl [ʃɔ:l] *n.* [C] **scialle.**

she [ʃi:, ʃi] **A** *pron. pers. 3ª pers. sing. f.* **ella; essa; lei** *(fam.)*; **colei**: *Where is she?*, dov'è (lei)? □ *It's she,* è lei **B** *n.* [C] **1 donna; ragazza 2 femmina** ● *she-ass,* asina □ *she-bear,* orsa □ *she-cat,* gatta □ *she-goat,* capra □ *she-wolf,* lupa.

sheaf [ʃi:f] *n.* (*pl.* **sheaves** [ʃi:vz]) **1 covone 2 fascio; fastello.**

to **shear** [ʃiə*] (*pass.* **sheared,** *p.p.* **shorn** [ʃɔ:n], **sheared**) *v. t.* **1 tosare** (pecore) **2 cimare** (stoffa, panno) **3** *(mecc.)* **tagliare; tranciare 4** *(fig.)* **spogliare.**

shearing ['ʃiəriŋ] *n.* [U] **1 tosatura** (delle pecore) **2 cimatura** (di stoffa) **3** *(mecc.)* **tranciatura.**

shearling ['ʃiərliŋ] *n.* [C] pecora tosata una sola volta.
shears [ʃiəz] *n. pl.* cesoie: *a pair of shears,* un paio di cesoie.
sheath [ʃi:θ] *n.* [C] *1* fodero; (anche *bot.*) guaina; (*zool.*) guaina, elitra *2* (*in genere*) rivestimento ● *s.-knife,* coltello a lama fissa (con fodero).
to **sheathe** [ʃi:ð] *v. t.* *1* rinfoderare; ringuainare: *to s. one's sword,* rinfoderare la spada (anche *fig.*) *2* foderare; rivestire; inguainare.
sheaves [ʃi:vz] *pl.* di **sheaf.**
shed [ʃed] *n.* [C] *1* capannone; tettoia *2* (*aeron.*) aviorimessa; hangar.
to **shed** [ʃed] (*pass.* e *p.p.* **shed**) *A v. t.* *1* spargere; versare: *to s. tears (blood),* versare lacrime (spargere sangue) *2* perdere; lasciar cadere: *The tree has shed its leaves,* l'albero ha perso le foglie *3* diffondere; effondere; emanare; ispirare: *to s. light,* diffondere (o dare) luce □ (specialm. *fig.*) *to s. light on st.,* far luce su q.c. *B v. i.* perdere le foglie (o la pelle, il pelo, ecc.).
sheen [ʃi:n] *n.* (solo al *sing.*) lucentezza; splendore.
(1) sheeny ['ʃi:ni] *a.* lucente; splendente.
(2) sheeny ['ʃi:ni] *n.* [C] (*pop., spreg.*) ebreo.
sheep [ʃi:p] *n.* (*invar. al pl.*) (*zool.*, Ovis aries) pecora (anche *fig.*) ● (*fig.*) *the s. and the goats,* le pecore bianche e le pecore nere; i buoni e i cattivi □ *s. farmer,* allevatore di pecore □ *s. farming,* allevamento di pecore; pastorizia □ (*fig.*) *to cast s.'s eyes at sb.,* fare l'occhio di triglia a q. □ (*fig.*) *a lost s.,* una pecorella smarrita □ (*fig.*) *a wolf in s.'s clothing,* un lupo in veste d'agnello.
sheep-dog ['ʃi:pdɔg] *n.* [C] cane da pastore.
sheepfold ['ʃi:pfould] *n.* [C] ovile.
sheepish ['ʃi:piʃ] *a.* timido; imbarazzato.
sheepskin ['ʃi:pˌskin] *n.* *1* [C] e [U] pelle di pecora (o di montone) *2* [U] cartapecora; pergamena *3* [C] (specialm. *USA*) diploma.
(1) sheer [ʃiə*] *A a.* *1* puro e semplice; vero e proprio; bell'e buono; mero (*lett.*): *It's s. folly,* è una vera follia *2* perpendicolare; a picco *3* (di tessuto) sottile; diafano; trasparente *4* (di liquore) liscio *B avv.* *1* completamente; affatto *2* a picco; a piombo.
(2) sheer [ʃiə*] *n.* [C] (*naut.*) cambio di rotta; deviazione ● *s.-legs,* biga.
to **sheer** [ʃiə*] *A v. i.* *1* (*naut.*) deviare; cambiare rotta *2* (*in genere*) deviare; scartare *B v. t.* far deviare ● (*fig., fam.*) *to s. off,* svignarsela.
sheet [ʃi:t] *n.* [C] *1* lenzuolo *2* foglio (di carta, ecc.); giornale *3* lastra; lastrone: *a s. of ice,* un lastrone di ghiaccio *4* (*metall.*) lamiera *5* (*naut.*) scotta *6* distesa; specchio d'acqua *7* (*geol.*) strato sottile ● *s.-lightning,* lampeggio □ *s. metal,* lamiera sottile □ *a s. of colour,* uno strato di colore □ *a s. of flame,* una cortina di fiamme □ (*pop.*) *to have a s. in the wind,* essere brillo □ *winding-s.,* sudario □ *The rain came down in sheets,* cadeva una pioggia torrenziale.
to **sheet** [ʃi:t] *v. t.* *1* avvolgere in un lenzuolo *2* (*mecc.*) foderare di lamiera; blindare ● (*naut.*) *to s. home,* assicurare (una vela) con la scotta □ *sheeted rain,* pioggia torrenziale.
sheet-anchor ['ʃi:tˌæŋkə*] *n.* [C] *1* (*naut.*) ancora di speranza *2* (*fig.*) ancora di salvezza.
sheeting ['ʃi:tiŋ] *n.* [U] *1* tela per lenzuola *2* (*ind.*) materiale in fogli *3* (*metall.*) copertura con lamiera; blindatura; blindaggio.
sheik, sheikh [ʃeik] *n.* [C] sceicco.
shekel ['ʃekl] *n.* *1* [C] (*stor.*) siclo *2* (*al pl., fam.*) denaro; quattrini.
shelf [ʃelf] *n.* (*pl.* **shelves** [ʃelvz]) *1* scaffale a muro; mensola *2* piano di scaffale (di legno); palchetto (di libreria) *3* (di roccia) ripiano; sporgenza *4* banco di sabbia ● (*geol.*) *continental s.,* piattaforma continentale □ (*fig.*) *to be put on the s.,* essere messo in disparte.
shell [ʃel] *n.* [C] *1* guscio; involucro; baccello (di pianta); conchiglia, corazza (d'animale): *to come out of (to go into) one's s.,* uscire dal (chiudersi nel) proprio guscio (anche *fig.*) *2* (d'edificio, nave, ecc.) carcassa; ossatura; struttura *3* (*fig.*) aspetto esteriore; apparenza *4* schema; schizzo (d'un piano, d'un progetto) *5* cassa interna (di feretro) *6* leggero battello da regata *7* (*mil.*) proiettile; granata; bomba; obice ● (*fig.*) *empty s.,* zucca vuota; zuccone □ *sea-shells,* conchiglie marine.
to **shell** [ʃel] *A v. t.* *1* sgusciare; sbaccellare; sgranare; aprire (ostriche, ecc.) *2* (*mil.*) bombardare; cannoneggiare *B v. i.* sgranarsi; sgusciarsi; sbaccellarsi; (d'ostriche, ecc.) aprirsi ● *to s. off,* squamarsi; ridursi in scaglie □ (*fam.*) *to s. out,* pagare, sborsare (denaro).
she'll [ʃi:l] *contraz.* di: *1* she will *2* she shall.
shellac [ʃə'læk] *n.* [U] gommalacca.
to **shellac** [ʃə'læk] *v. t.* verniciare con gommalacca.
shellfire ['ʃelˌfaiə*] *n.* [C] e [U] (*mil.*) bombardamento.
shellfish ['ʃelˌfiʃ] *n.* *1* [C] (*invar. al pl.*) (*zool.*) mollusco; crostaceo *2* [U] (*cucina*) frutti di mare.
shell-proof ['ʃelpru:f] *a.* a prova di bomba.
shelter ['ʃeltə*] *n.* [U] e [C] ricovero; rifugio; riparo; asilo; difesa; protezione: *an air-raid s.,* un rifugio antiaereo □ *to find s.,* trovare asilo □ *under s.,* al riparo; al coperto ● *bus s.,* pensilina alla fermata di un autobus □ *to give s.,* riparare; proteggere □ *to take s.,* rifugiarsi; ripararsi.
to **shelter** ['ʃeltə*] *A v. t.* dare asilo a; ricoverare; riparare; proteggere; difendere *B v. i.* e to **shelter oneself** *v. rifl.* ricoverarsi; rifugiarsi; ripararsi; mettersi al coperto.
(1) to **shelve** [ʃelv] *v. t.* *1* porre su una mensola; porre su uno scaffale *2* provvedere (una credenza, ecc.) di ripiani *3* (*fig.*) mettere da parte; accantonare; rimandare (un problema, una discussione); insabbiare (*fig.*) *4* (*fig.*) congedare, licenziare (una persona).
(2) to **shelve** [ʃelv] *v. i.* essere in declivio; digradare.
shelves [ʃelvz] *pl.* di **shelf.**
shepherd ['ʃepəd] *n.* [C] pastore (anche *fig.*); pecoraio.
to **shepherd** ['ʃepəd] *v. t.* guidare, custodire (pecore; anche *fig.*).
shepherdess ['ʃepədis] *n.* [C] pastora; pastorella.
sherbet ['ʃə:bət] *n.* [U] e [C] *1* bibita ghiacciata a base di succo di frutta *2* (specialm. *USA*) sorbetto.
sheriff ['ʃerif] *n.* [C] (*leg.*) sceriffo.
sherry ['ʃeri] *n.* [U] *1* vino di Jerez; sherry *2* vino secco (in genere).
she's [ʃi:z] *contraz.* di: *1* she is *2* she has.
Shetlander ['ʃetləndə*] *n.* [C] abitante (o nativo) delle isole Shetland.
to **shew** [ʃou] *V.* to **show.**
shibboleth ['ʃibəleθ] *n.* [C] *1* contrassegno di razza *2* vecchia dottrina; teoria screditata.
shield [ʃi:ld] *n.* [C] *1* (*stor., mil., zool.*) scudo; (*fig.*) protezione, riparo, difesa *2* (*ind., mecc.*) riparo; schermo *3* (*araldica*) scudo; stemma *4* (*sport*) scudetto *5* (*fis. nucl.*) schermo.
to **shield** [ʃi:ld] *v. t.* *1* difendere; proteggere; riparare; far scudo a (q.) *2* (*radio, telev.*) schermare.
to **shift** [ʃift] *A v. t.* *1* spostare; trasferire; cambiare; mutare: *to s. the scene,* cambiare la scena (a teatro, in un romanzo, ecc.) □ (*autom.*) *to s. gear,* cambiare (marcia) □ *to s. one's lodging,* mutar residenza; cambiare casa *2* sostituire *B v. i.* *1* spostarsi; muoversi; trasferirsi *2* (del vento) cambiar direzione; voltarsi *3* arrangiarsi; ingegnarsi: *to s. for oneself,* arrangiarsi da solo; cavarsela da solo ● *to s. about,* spostarsi continuamente (da un luogo all'altro) □ *to s. the blame on to sb. else,* riversare la colpa su q. altro □ *to s. the responsibility,* fare a scaricabarile (*fam.*).
shift [ʃift] *n.* [C] *1* cambiamento; mutamento; avvicendamento; sostituzione; spostamento *2* turno (di lavoro); squadra di turno *3* espediente; risorsa; stratagemma *4* sotterfugio; inganno; trucco *5* (*agric.*) rotazione; avvicendamento ● (di macchina da scrivere) *s. key,* tasto delle maiuscole □ *s. work,* lavoro in turni □ s. worker, turnista □ *to make s.,* ingegnar-

si.
shiftless ['ʃiftlis] *a.* **incapace; inefficiente; inetto.**
shifty ['ʃifti] *a.* ***1*** **disonesto; ingannevole** ***2*** **pieno di risorse** ***3*** **mutevole; incostante** ● *s. eyes,* occhi sfuggenti.
shilling ['ʃiliŋ] *n.* [C] *(stor.)* **scellino** (moneta ingl.) ● *a s.'s-worth of peanuts,* uno scellino di noccioline.
shilly-shally ['ʃili,ʃæli] *n.* [U] **esitazione; indecisione; titubanza.**
to **shilly-shally** ['ʃili,ʃæli] *v. t.* **esitare; titubare; nicchiare.**
to **shimmer** ['ʃimə*] *v. i.* **brillare; luccicare.**
shimmer ['ʃimə*] *n. (solo al sing.)* **bagliore; barlume; luccichìo.**
to **shimmy** ['ʃimi] *v. i. (autom.)* **vibrare.**
shin [ʃin] *n.* [C] *(anat.)* **stinco** ● *(sport) s.-guard,* parastinchi.
to **shin** [ʃin] *v. t.* e *i.* ***1*** **arrampicarsi; arrampicarsi su** (un albero; di solito *to s. up*) ***2*** **dare un calcio negli stinchi a** (q.).
shin-bone ['ʃinboun] *n.* [C] *(anat.)* **tibia.**
shindy ['ʃindi] *n.* [C] *(fam.)* ***1*** **baccano; chiasso; schiamazzo** ***2*** **baruffa** ● *to kick up a s.,* fare un gran baccano; far baruffa.
to **shine** [ʃain] *(pass.* e *p.p.* **shone** [ʃɔn]) ***A*** *v. i.* **brillare** *(anche fig.)*; **splendere; risplendere; rifulgere** ***B*** *v. t.* ***1*** **far luce con** (q.c.) ***2*** *(fam., pass.* e *p.p.* **shined** [ʃaind]) **lucidare; lustrare**: *to s. shoes,* lustrare le scarpe.
shine [ʃain] *n.* ***1*** [U] **splendore; fulgore; lustro** ***2*** *(con l'art. indeterm.) (fam.)* **lucidata; lustrata** ***3*** [U] **bel tempo**: *rain or s.,* piova o faccia bel tempo; con qualunque tempo; *(fig.)* qualunque cosa accada ***4*** *(pop.) V.* **shindy** ● *(fam.) to take a s. to sb.,* prendere q. in simpatia.
shiner ['ʃainə*] *n.* [C] *(fam.)* ***1*** **moneta;** (specialm.) **moneta d'oro** ***2*** *(al pl.)* **denaro; quattrini** ***3*** **occhio nero; occhio pesto.**
(1) shingle ['ʃiŋgl] *n.* [U] **ghiaia; ciottoli** (di spiaggia).
(2) shingle ['ʃiŋgl] *n.* [C] ***1*** **assicella** ***2*** *(fam. USA)* **targa di legno; insegna** ***3*** **(taglio di) capelli alla « garçonne » (o alla maschietta).**
to **shingle** ['ʃiŋgl] *v. t.* ***1*** **ricoprire** (un tetto) **d'assicelle** ***2*** **tagliare** (i capelli) **alla « garçonne »** (o **alla maschietta).**
shingles ['ʃiŋglz] *n. pl. (col verbo al sing.) (med.)* **herpes zoster; fuoco di Sant'Antonio.**
shingly ['ʃiŋgli] *a.* **ghiaioso; coperto di ciottoli.**
shining ['ʃainiŋ] *a.* **brillante; lucente; splendente; fulgido.**
Shinto ['ʃintou], **Shintoism** ['ʃintouizəm] *n.* [U] *(relig.)* **scintoismo.**
Shintoist ['ʃintouist] *n.* [C] *(relig.)* **scintoista.**
shiny ['ʃaini] *a.* ***1*** **brillante; lucente; fulgido** ***2*** **lucido; lustro.**
ship [ʃip] *n.* [C] ***1*** *(naut.)* **nave; bastimento; vascello; naviglio; piroscafo**: *a sailing-s.,* una nave a vela; un veliero □ *a merchant-s.,* una nave mercantile ***2*** (specialm. *USA)* **dirigibile; aeroplano** ***3*** *(miss.,* anche *spaceship)* astronave ● *s.'s articles,* contratto d'imbarco; clausole d'ingaggio □ *(comm.) s.-broker,* agente marittimo □ *s. canal,* canale navigabile □ *s.'s company,* equipaggio □ *s.-way,* scivolo (per il varo d'una nave) □ *on shipboard,* a bordo □ *to take s.,* imbarcarsi □ *training s.,* nave scuola □ *(fig.) when my s. comes home,* quando farò fortuna.
to **ship** [ʃip] ***A*** *v. t.* ***1*** **spedire, inviare, trasportare** (merci su nave) ***2*** **spedire, inviare, trasportare** (con qualsiasi mezzo) ***3*** **imbarcare; mettere a bordo** ***B*** *v. i.* **imbarcarsi** (specialm. come marinaio) ● *to s. oars,* disarmare i remi □ *(fam.) to s. off,* mandare, spedire, trasferire (su nave o con altro mezzo) □ (di nave) *to s. water (o a sea),* imbarcare acqua.
shipbuilder ['ʃip,bildə*] *n.* [C] **costruttore navale.**
shipbuilding ['ʃip,bildiŋ] *n.* [U] **ingegneria navale.**
shipload ['ʃip,loud] *n.* [C] *(naut.)* **carico completo** (di una nave).
shipmaster ['ʃip,ma:stə*] *n.* [C] *(naut.)* **capitano** (di mercantile).
shipmate ['ʃipmeit] *n.* [C] *(naut.)* **compagno di bordo.**
shipment ['ʃipmənt] *n. (comm.)* ***1*** [U] **imbarco** (di merci); **operazioni di carico** ***2*** [U] e [C] **spedizione** (di merce via mare; la merce così spedita).
shipowner ['ʃip,ounə*] *n.* [C] *(naut.)* **armatore.**
shipper ['ʃipə*] *n.* [C] *(comm.)* **spedizioniere marittimo.**
shipping ['ʃipiŋ] *n.* [U] ***1*** *(comm.)* **spedizione marittima** ***2*** *(naut.)* **naviglio; marina mercantile** ● *s. agent,* spedizioniere marittimo □ *s. company,* società di navigazione □ *s. office,* agenzia di navigazione □ *s. trade,* commercio marittimo.
shipshape ['ʃipʃeip] *a. pred.* e *avv.* **ben assettato; in perfetto ordine.**
shipwreck ['ʃip,rek] *n.* [U] e [C] **naufragio** *(anche fig.)*.
to **shipwreck** ['ʃip,rek] ***A*** *v. i.* **naufragare; far naufragio** ***B*** *v. t.* **far naufragare** (per lo più *fig.)* ● *to be shipwrecked,* far naufragio □ *a shipwrecked person,* un naufrago.
shipwright ['ʃip,rait] *n.* [C] *(naut.)* **maestro d'ascia.**
shipyard ['ʃip,ja:d] *n.* [C] *(naut.)* **cantiere navale; arsenale.**
shire ['ʃaiə*] *n.* [C] **contea** (divisione amministrativa ingl.).
to **shirk** [ʃə:k] ***A*** *v. t.* **evitare; scansare; sottrarsi a** (un dovere, una responsabilità, ecc.) ***B*** *v. i.* **sottrarsi agli obblighi;** *(mil.)* **imboscarsi.**
shirk [ʃə:k], **shirker** ['ʃə:kə*] *n.* [C] **scansafatiche;** *(mil.)* **imboscato.**
to **shirr** [ʃə:*] *v. t.* **increspare** (stoffa) **con filze parallele.**
shirt [ʃə:t] *n.* [C] ***1*** **camicia** (da uomo) ***2*** **camicetta** (da donna; spesso *shirt-waist, USA)* ● *to be in one's s.-sleeves,* essere in maniche di camicia □ *(pop.) to keep one's s. on,* mantenere la calma □ *(pop.) to put one's s. on st.,* scommettere fino all'ultima lira su q.c.
shirtwaister ['ʃə:t,weistə*] *n.* [C] *(moda)* **« chemisier »** *(franc.)*.
shirty ['ʃə:ti] *a. (pop.)* **arrabbiato; irascibile; incollerito.**
shit [ʃit] *n.* [U] *(volg.)* **cacca, merda** *(volg.)*.
to **shit** [ʃit] *v. i. (volg.)* **cacare** *(volg.)*.
shitty ['ʃiti] *a. (volg.)* **merdoso** *(volg.)*; **schifoso.**
(1) to **shiver** ['ʃivə*] *v. i.* **rabbrividire; tremare; battere i denti.**
(1) shiver ['ʃivə*] *n.* [C] **brivido; tremito**: *to have the shivers,* avere i brividi □ *to give sb. the shivers,* far venire i brividi a q.
(2) shiver ['ʃivə*] *n. (di solito al pl.)* **frammento.**
(2) to **shiver** ['ʃivə*] ***A*** *v. t.* **frantumare; fracassare** ***B*** *v. i.* **frantumarsi.**
shivery ['ʃivəri] *a.* ***1*** **che ha i brividi** ***2*** **che dà i brividi; agghiacciante; spaventoso.**
(1) shoal [ʃoul] *n.* [C] ***1*** (di pesci) **banco; frotta** ***2*** **moltitudine; gran quantità.**
(1) to **shoal** [ʃoul] *v. i.* (dei pesci) **formar banchi; nuotare a frotte.**
(2) shoal [ʃoul] *n.* [C] *(naut.)* **bassofondo; secca**: *the shoals,* le secche; *(fig.)* le insidie, gli ostacoli.
(2) to **shoal** [ʃoul] *v. i.* (dell'acqua) **diminuire di profondità.**
shoaly ['ʃouli] *a.* **pieno di secche.**
(1) shock [ʃɔk] *n.* ***1*** [C] **urto; cozzo; scossa;** *(fig.)* **colpo, sorpresa**: *earthquake shocks,* scosse di terremoto □ *It was a great s. to him,* fu per lui un grave colpo ***2*** [U] *(med.)* **collasso; shock**: *to die of s.,* morire in seguito a un collasso ● *(mecc.) s.-absorber,* ammortizzatore □ *(mil.) s.-troops,* truppe d'assalto □ *(med.) s. treatment* (o *s. therapy),* shockterapia.
(1) to **shock** [ʃɔk] ***A*** *v. t.* **urtare; scuotere; impressionare; indignare; scandalizzare** ***B*** *v. i.* **scontrarsi; urtarsi; collidere** ● *to get shocked,* prendere la scossa (elettrica).
(2) shock [ʃɔk] *n.* [C] **bica** (di covoni di grano).
(2) to **shock** [ʃɔk] *v. t.* **abbicare** (il grano).
(3) shock [ʃɔk] *n.* (generalm. *s. of hair)* **massa di capelli arruffati; zazzera** ● *s.-headed,* zazzeruto.

shocker [ˈʃɔkə*] *n.* [C] **1 persona (o cosa) disgustosa 2** *(fam.)* **racconto** (o **romanzo) scandalistico.**
shocking [ˈʃɔkiŋ] **A** *a.* **1 disgustoso; indecente; irritante; orribile; ripugnante; sconveniente 2 sconvolgente; terribile; spaventoso 3** *(fam.)* **pessimo B** *avv. (fam.)* **assai; molto; estremamente.**
shod [ʃɔd] **A** *pass.* e *p.p.* di to **shoe B** *a.* **1** (di cavallo) **ferrato 2** (d'uomo) **calzato; provvisto di scarpe.**
shoddy [ˈʃɔdi] **A** *n.* [U] **1** *(ind. tessile)* **lana rigenerata; lana meccanica 2** *(fig.)* **roba di scarto B** *a.* **1** *(ind. tessile)* **fatto di lana rigenerata 2** *(fig.)* **scadente; di scarto 3** *(fig.)* **meschino; gretto.**
shoe [ʃu:] *n.* [C] **1 scarpa 2 ferro di cavallo 3** (di legno) **zoccolo 4** *(mecc.)* **ceppo; ganascia 5** (di bastone o canna) **puntale 6** (di slitta, treno elettrico) **pattino 7** *(autom.)* **copertone** (di pneumatico) ● *to die in one's shoes,* morire di morte violenta □ *(fig.) to be in sb.'s shoes,* essere nei panni di q. *(fig.)* □ *(fig.) to know where the s. pinches,* sapere cosa c'è che non va □ *(fig.) That's another pair of shoes,* è un altro paio di maniche; è tutt'altra cosa!
to **shoe** [ʃu:] (*pass.* e *p.p.* **shod** [ʃɔd]) **1 ferrare** (un cavallo) **2** *(specialm. al p.p.)* **provvedere di scarpe; calzare** ● *an iron-shod stick,* un bastone ferrato (con un puntale di ferro).
shoeblack [ˈʃu:blæk] *n.* [C] **lustrascarpe.**
shoehorn [ˈʃu:hɔ:n] *n.* [C] **corno** (da scarpe); **calzatoio.**
shoeing [ˈʃu:iŋ] *n.* [U] **ferratura** (dei cavalli).
shoe-lace [ˈʃu:leis] *n.* [C] **stringa, laccio** (per scarpe).
shoemaker [ˈʃu:ˌmeikə*] *n.* [C] **calzolaio** ● *s.'s shop,* bottega di calzolaio; calzoleria.
shoer [ˈʃu:ə*] *n.* [C] **maniscalco.**
shone [ʃɔn] *pass.* e *p.p.* di to **shine.**
shoo [ʃu:] *inter.* **sciò!; via!**
to **shoo** [ʃu:] **A** *v. i.* **fare « sciò » B** *v. t.* (spesso *to s. away*) **scacciare** (galline, uccelli, ecc.) **facendo « sciò ».**
shook [ʃuk] *pass.* di to **shake.**
to **shoot** [ʃu:t] (*pass.* e *p.p.* **shot** [ʃɔt]) **A** *v. t.* **1 lanciare; gettare; scagliare; scoccare; sparare; tirare; scaricare**: *to s. an arrow from a bow,* scoccare una freccia dall'arco □ *to s. (off) a rifle,* sparare col fucile □ *to s. the anchor (a net, etc.),* gettar l'ancora (una rete, ecc.) **2 sparare a; andare a caccia di**: *to be shooting lions,* essere a caccia di leoni **3 colpire, ferire, uccidere** (con un'arma da fuoco) **4 fucilare 5** (spesso *to s. out, to s. forth*) **cacciar fuori; metter fuori; far guizzare**: *to s. forth leaves,* metter (fuori) le foglie **6** (di imbarcazione) **scendere rapidamente 7** *(cinem.)* **girare; riprendere**: *to s. a scene,* riprendere una scena **8 variegare; rendere cangiante 9** *(sport)* **tirare** (una palla) **in porta 10** (*pop.*, generalm. *to s. up*) **iniettare** (droga) **B** *v. i.* **1** (spesso *to s. off, out, up*) **passare velocemente; saettare; balzare avanti; guizzar fuori 2 sparare; tirare; andare a caccia**: *to s. at st.,* sparare a (o contro) q.c. **3 dar fitte; dare un dolore lancinante**: *shooting pains,* dolori lancinanti **4** (di pianta) **mettere; germogliare;** (di germogli) **spuntare 5** (spesso *to s. out*) **sporgere; essere sporgente; protendersi 6** *(cinem.)* **girare; fare le riprese di un film 7** *(sport)* **tirare in porta C** *verbi composti* **1** *to s. ahead,* balzare avanti; *(sport)* balzare in testa **2** *to s. away,* continuare a sparare □ *to s. (st.) away,* esaurire (sparando) **3** *to s. (sb., st.) down,* uccidere, abbattere (sparando) **4** *to s. off,* sfrecciar via □ *to s. (st.) off,* mozzare, troncare, asportare (con un colpo di cannone, ecc.) **5** *to s. (sb., st.) out,* cacciar fuori; sbalzar fuori; far guizzare **6** *to s. up,* balzar fuori; crescere rapidamente; (di prezzi) salire di colpo □ *to s. sb. up,* crivellare q. di colpi ● *(pop.) to s. the cat,* vomitare □ *to s. dice,* giocare a dadi □ *(pop.) to s. the moon,* fare un trasloco di notte (per non pagare l'affitto) □ *(astron.) shooting star,* stella cadente □ *I'll be shot if...,* ch'io possa essere impiccato se...
shoot [ʃu:t] *n.* [C] **1** *(bot.)* **germoglio; pollone 2 partita di caccia; battuta; riserva di caccia 3 rapida; cascata** (d'acqua) **4 getto d'acqua 5 scivolo 6 fitta.**
shooter [ˈʃu:tə*] *n.* [C] **tiratore** ● *a six-s.,* una pistola a sei colpi.
shooting-box [ˈʃu:tiŋbɔks] *n.* [C] **casino di caccia.**
shooting-gallery [ˈʃu:tiŋˌgæləri] *n.* [C] **tiro a segno** (nei baracconi delle fiere).
shooting-range [ˈʃu:tiŋˌreindʒ] *n.* [C] **tiro a segno; poligono.**
shoot-out [ˈʃu:tˌaut] *n.* [C] *(fam.)* **conflitto** (o **scontro) a fuoco; sparatoria.**
shoot-up [ˈʃu:tˌʌp] *n.* [C] *(pop.)* **buco** *(pop.)*; **iniezione di droga.**
shop [ʃɔp] *n.* **1** [C] e [U] **bottega; negozio**: *to set up s.,* mettere su bottega; aprire un negozio □ *to shut up s.,* chiuder bottega; *(fig.)* smettere di far qualcosa, cessare un'attività **2** [C] (anche *workshop*) **officina; reparto** (di fabbrica) ● *(pop.) all over the s.,* dappertutto; sottosopra, a soqquadro □ *butcher's s.,* macelleria □ *chemist's s.,* farmacia □ *(fam.) to come* (o *to go) to the wrong s.,* rivolgersi alla persona meno adatta (per aiuto, informazioni, ecc.); aver sbagliato porta □ *to talk s.,* parlare d'affari □ *wine-s.,* spaccio di vini; fiaschetteria.
to **shop** [ʃɔp] *v. i.* **far compere, fare acquisti** (nei negozi) ● *to s. around,* fare il giro di più negozi per paragonare i prezzi.
shop-assistant [ˈʃɔpəˌsistənt] *n.* [C] **commesso, commessa** (di negozio).
shop-girl [ˈʃɔpgə:l] *n.* [C] **commessa** (di negozio).
shopkeeper [ˈʃɔpˌki:pə*] *n.* [C] **bottegaio; negoziante.**
shop-lifter [ˈʃɔpˌliftə*] *n.* [C] **taccheggiatore, taccheggiatrice.**
shop-lifting [ˈʃɔpˌliftiŋ] *n.* [U] **taccheggiamento.**
shopman [ˈʃɔpmən] *n.* (*pl.* **shopmen** [ˈʃɔpmən]) **1 bottegaio; negoziante 2 commesso** (di negozio).
shopper [ˈʃɔpə*] *n.* [C] **acquirente; compratore.**
shopping [ˈʃɔpiŋ] *n.* [U] **acquisti, compere** (fatte nei negozi); **spesa** ● *s.-bag,* borsa per le compere □ *to go s.,* far compere.
shopwalker [ˈʃɔpˌwɔ:kə*] *n.* [C] *(comm.)* **capo reparto** (in un grande magazzino).
shop-window [ˈʃɔpˌwindou] *n.* [C] **vetrina** (di negozio) ● *(fig.) to put all one's goods in the s.,* far mostra di tutto il proprio sapere.
(1) shore [ʃɔ:*] *n.* [C] **spiaggia; riva; lido; sponda** (anche di lago) ● *s.-line,* costa; litorale □ *(naut.) to go on s.,* andare a riva; sbarcare □ *(naut.) to hug the s.,* tenersi a riva; costeggiare □ *(naut.) in s.,* vicino alla riva □ *(naut.) off s.,* al largo.
(2) shore [ʃɔ:*] *n.* [C] (*costr.*, specialm. navali) **puntello.**
to **shore** [ʃɔ:*] *v. t.* **puntellare.**
shoreward [ˈʃɔ:wəd] **A** *a.* **che si muove** (o **volto) verso la spiaggia B** *avv.* **verso la spiaggia; verso riva.**
shoring [ˈʃɔ:riŋ] *n.* [U] *(edil., costr. navali)* **puntellamento.**
shorn [ʃɔ:n] *p.p.* di to **shear.**
(1) short [ʃɔ:t] *a.* **1 corto; breve**: *a s. journey,* un viaggio breve □ *(radio) s. waves,* onde corte **2 basso; piccolo** (di statura) **3 scarso; insufficiente**: *s. weight,* peso scarso **4 brusco; rude; secco 5 friabile; frollo**: *s. pastry,* pasta frolla **6** *(metall.)* **fragile 7** *(comm.)* **a breve scadenza**: *a s. bill,* una cambiale a breve scadenza **8** (*fam.*: di liquore) **liscio** ● *s. drink,* bicchierino; (specialm.) aperitivo □ *(cinem.) s. film,* cortometraggio □ *s. for,* diminutivo di: *Sam, s. for Samuel,* Sam, diminutivo di Samuel □ *to be s.-handed,* essere a corto di mano d'opera □ *(comm.) to be s. in one's payments,* essere in arretrato coi pagamenti □ *to be s. of st.,* essere a corto di q.c.; avere scarsità di q.c. □ *to be s. of breath,* avere il fiato corto; avere l'affanno; ansimare □ *(fin.) s. sale,* vendita (di titoli) « allo scoperto » □ *a s. ten miles,* dieci miglia scarse □ *a s. time ago,* poco tempo fa □ *to get s.,* abbreviarsi; accorciarsi □ *to give s. weight,* rubare sul peso □ *to make s. work of st.,* liquidare (o sbrigare, spacciare, divorare) q.c. in quattro e quattr'otto □ *to make a long story s.,* per farla breve; per tagliar corto □ *nothing s. of,* a dir poco; addirittura; senz'altro □ *(fam.) something s.,* un bicchierino (di liquore); un aperitivo □ *I am ten dollars s.,* mi mancano dieci dollari.
(2) short [ʃɔ:t] *n.* [C] **1 vocale** (o **sillaba) breve; (una)**

breve **2** *(prosodia)* **segno di breve 3** *(cinem., telev.)* **short; cortometraggio 4** *(al pl.)* **shorts; calzoncini 5** *(fam.)* **corto circuito** ● *for s.*, per amore di brevità □ *in s.*, in breve; in poche parole □ *the long and the s. of it,* tutto quel che c'è da dire.

(3) short [ʃɔ:t] *avv.* **1 bruscamente; di botto; improvvisamente; tutt'a un tratto 2 brevemente; concisamente** ● *to cut the matter (*o *it) s.*, (per) farla corta; (per) tagliar corto □ *to fall s. of (st.),* non raggiungere; rimanere al di sotto di; essere inadeguato a; venir meno a; deludere □ *to pull up s.*, fermarsi di botto □ *to run s.*, venir meno; scarseggiare; esaurirsi □ *to run s. of st.*, restare a corto di q.c.; rimanere senza q.c. □ *(fam.) to be taken s.*, sentire un improvviso bisogno corporale.

to **short** [ʃɔ:t] **A** *v. t. (fam.)* **causare un corto circuito in** (un impianto) **B** *v. i.* **andare in corto circuito.**

shortage ['ʃɔ:tidʒ] *n.* [U] e [C] **1 deficienza; scarsità 2** *(comm.)* **ammanco.**

short-armed ['ʃɔ:t,a:md] *a.* **dalle braccia corte.**

shortbread ['ʃɔ:tbred] *n.* [U] **« shortbread »** (specie di biscotto di pasta frolla).

to **short-circuit** ['ʃɔ:t'sə:kit] **A** *v. t.* **causare un corto circuito in** (un impianto) **B** *v. i.* **andare in corto circuito.**

shortcoming ['ʃɔ:t,kʌmiŋ] *n. (generalm. al pl.)* **deficienza; manchevolezza.**

short-dated ['ʃɔ:t,deitid] *a. (comm.:* di cambiale, ecc.) **a breve scadenza.**

to **shorten** ['ʃɔ:tn] **A** *v. t.* **1 accorciare; abbreviare 2** *(comm.)* **diminuire, ridurre** (i prezzi) **3** *(naut.)* **serrare** (le vele) **B** *v. i.* **accorciarsi; abbreviarsi.**

shortening ['ʃɔ:tniŋ] *n.* [U] **grasso** (usato in pasticceria).

short-fall ['ʃɔ:tfɔ:l] *n.* [C] *(comm., rag.)* **ammanco; deficit.**

short-haired ['ʃɔ:t,hɛəd] *a.* **1 dai capelli corti 2** (d'animale) **dal pelo corto.**

shorthand ['ʃɔ:thænd] **A** *n.* [U] **stenografia B** *a. attr.* **stenografato; stenografico** ● *s.-typist,* stenodattilografo, stenodattilografa □ *s.-writer,* stenografo, stenografa □ *to take down in s.*, stenografare.

shorthorn ['ʃɔ:thɔ:n] *n.* [C] **bue dalle corna corte.**

short-legged ['ʃɔ:t,legd] *a.* **dalle gambe corte.**

short-lived ['ʃɔ:t,livd] *a.* **1 che ha breve vita 2** *(fig.)* **di breve durata; passeggero; effimero.**

shortly ['ʃɔ:tli] *avv.* **1 presto; in breve tempo 2 in breve; in poche parole 3 bruscamente; seccamente** ● *s. after,* poco dopo □ *s. before,* poco prima.

shortness ['ʃɔ:tnis] *n.* [U] **1 brevità; cortezza 2 piccolezza; bassa statura 3 mancanza; scarsità; deficienza**: *s. of memory,* mancanza di memoria ● *s. of breath,* respiro affannoso; mancanza di fiato; bolsaggine.

short-range ['ʃɔ:t,reindʒ] *a.* **1 a breve termine 2** (di armi da fuoco) **a corta gittata (o portata).**

short-sighted ['ʃɔ:t'saitid] *a.* **1 corto di vista; miope 2** *(fig.)* **imprevidente.**

short-spoken ['ʃɔ:t'spoukən] *a.* **di poche parole; laconico.**

short-tempered ['ʃɔ:t'tempəd] *a.* **collerico; irascibile; stizzoso.**

short-winded ['ʃɔ:t'windid] *a.* **1 dal fiato corto; sfiatato; bolso 2** *(fig.)* **conciso: stringato.**

(1) shot [ʃɔt] *n.* [C] **1 colpo** (d'arma da fuoco); **sparo 2** *(fig.)* **tentativo** (di cogliere nel segno, ecc.); **congettura 3** *(fig.)* **stoccata; frecciata; osservazione sarcastica 4** *(sport)* **tiro 5 tiratore**: *a good s.*, un bravo tiratore **6 tiro; portata** (di fucile): *to be within rifle-s.*, essere a tiro (o a portata di fucile) **7** *(stor.)* **palla** (di cannone); **pallottola; proiettile** (non esplosivo) **8** *(invar. al pl.)* **pallino (pallini) di piombo; munizione da caccia 9** *(sport)* **peso** (palla di metallo): *to put the s.*, fare il lancio del peso **10** *(fotogr., cinem.)* **fotografia; inquadratura; ripresa 11** *(fam.)* **iniezione di morfina; dose di cocaina** (o altra droga) **12** *(fam.)* **bicchierino di liquore; cicchetto** ● *(fam.) a s. in the dark,* un'ipotesi azzardata □ *at a s.*, con un sol colpo □ *blank s.*, colpo a salve □ *gun-s.*, fucilata; cannonata □ *to have a s. at (st.),* sparare un colpo a; *(fig.)* fare un tentativo di □ *like a s.*, come un fulmine; di volata □ *a long s.*, un tiro da lontano; *(cinem.)* un campo lungo; *(fig.)* un tentativo disperato □ *(fig.) to make a bad s.*, non saper indovinare; sbagliare □ *(fig.) to make a good s.*, cogliere nel segno; indovinare □ *(cinem., telev.) tracking s.*, carrellata.

to **shot** [ʃɔt] *v. t.* **caricare** (un fucile) **a pallini.**

(2) shot [ʃɔt] **A** *pass.* e *p.p.* di **to shoot B** *a.* **1 striato 2** (di tessuto) **cangiante.**

shot-proof ['ʃɔtpru:f] *a.* **a prova di proiettile; impenetrabile.**

should [ʃud, ʃəd] *(pres.* **shall** [ʃæl, ʃəl]) *voce verb. difett.* **1** *(idiom.; ausiliare per la formazione del condiz. pres. e pass.)*: *I s. buy it if I had enough money,* lo comprerei se avessi abbastanza denaro □ *I s. have bought it if I had had enough money,* l'avrei comprato se avessi avuto abbastanza denaro □ *I supposed we s. go there the next day,* supponevo che ci saremmo andati il giorno dopo **2 dovrei, dovresti, ecc.; (se) dovessi, dovesse, ecc.**; *(nel discorso indiretto)* **dovevo, doveva, ecc.**: *You shouldn't behave like that,* non dovresti comportarti in questo modo □ *in case it s. rain,* se dovesse piovere **3** *(idiom.; ausiliare per la formazione del cong. perifrastico)*: *It's strange that you s. say that,* è strano che tu dica ciò □ *They hid so that we shouldn't see them,* si nascosero in modo che noi non li vedessimo ● *S. I be free tomorrow, I will come,* se sarò libero domani, verrò.

shoulder ['ʃouldə*] *n.* [C] **1** *(anat.)* **spalla** (anche *fig.*); **omero**: *to dislocate one's s.*, slogarsi una spalla □ *(fig.) the s. of a bastion,* la spalla d'un bastione **2** (di strada) **margine; bordo** ● *(fig.) an old head on young shoulders,* un giovane più saggio di quanto l'età comporti □ *(fig.) to put one's s. to the wheel,* mettersi al lavoro di buona lena □ *to shift the responsibility to other shoulders,* gettare la responsabilità sulle spalle d'un altro □ *(fig.) to stand head and shoulders above sb.*, superare q. di gran lunga.

to **shoulder** ['ʃouldə*] *v. t.* e *i.* **1 prendere sulle spalle;** *(fig.)* **accollarsi, addossarsi, assumersi, sobbarcarsi a**: *to s. the responsibility for st.*, assumersi la responsabilità di q.c. **2 spingere; farsi largo a spallate**: *to s. one's way through a crowd,* farsi largo a spallate tra la folla ● *(mil.) S. arms!,* spall'arm!

shoulder-belt ['ʃouldəbelt] *n.* [C] **bandoliera.**

shoulder-blade ['ʃouldəbleid] *n.* [C] *(anat.)* **scapola.**

shoulder-strap ['ʃouldəstræp] *n.* [C] **spallina** (di divisa militare, d'indumento femminile).

shouldn't ['ʃudnt] *contraz.* di **should not.**

shout [ʃaut] *n.* [C] **grido; urlo; strillo.**

to **shout** [ʃaut] *v. i.* e *t.* **gridare; urlare; schiamazzare; vociare**: *to s. with pain,* gridare dal dolore □ *to s. to sb.*, gridare a q.; chiamare q. a gran voce ● *to s. sb. down,* far tacere q. a forza di grida □ *to s. for joy,* esultare di gioia.

shouting ['ʃautiŋ] *n.* [U] **grida; gridio; clamore; schiamazzo.**

to **shove** [ʃʌv] **A** *v. t.* **1 spingere; sospingere 2** *(fam.)* **gettare; mettere; ficcare B** *v. i.* (di solito *to s. along, past, through*) **spingere; dare spinte; farsi largo a spintoni** ● *to s. off,* scostarsi dalla riva; *(fam.)* allontanarsi, partire.

shove [ʃʌv] *n.* [C] **spinta; spintone.**

shovel ['ʃʌvl] *n.* [C] **1 badile; pala 2 paletta 3** *(mecc.)* **cucchiaia.**

to **shovel** ['ʃʌvl] *v. t.* **1 spalare 2 aprire con la pala** (o **col badile)**: *to s. a path through the snow,* aprire col badile un sentiero fra la neve ● *to s. food into one's mouth,* mangiare a due palmenti.

shovel-board ['ʃʌvlbɔ:d] *n.* [U] **gioco delle piastrelle.**

shovelful ['ʃʌvlful] *n.* [C] **palata, badilata** (quanto sta in una pala o in un badile).

to **show** [ʃou] *(pass.* **showed** [ʃoud], *p.p.* **shown** [ʃoun], *raro* **showed**) **A** *v. t.* **1 mostrare; far vedere; esibire; mettere in mostra; esporre; presentare a una mostra; dimostrare; palesare; provare; rivelare; indicare; additare; segnare**: *to s. one's goods,* esporre la propria merce □ *to s. paintings,* esporre quadri (a una mostra) □ *to s. neither joy nor sorrow,* non dimostrare né gioia né dolore **2** accompagnare; condurre; guidare; portare: *to s. sb. round the house,* condurre q. a fare un giro intorno alla casa **3** concedere **4** *(cinem.)* programmare; dare *(fam.)* **B** *v. i.* **1** apparire; mostrarsi; farsi vedere **2** vedersi; essere visibile **3** *(cinem.)* essere in programma; essere proiettato **C** to **show oneself** *v. rifl.* **1** mostrarsi in pubblico; farsi vedere **2** dimostrarsi; dar prova d'essere **D** *verbi composti* **1** *to s. sb. in,* introdurre q.; far entrare q. **2** *to s. off,* mettere in mostra, ostentare; mettersi in mostra, pavoneggiarsi **3** *to s. sb. out,* accompagnare q. alla porta **4** *to s. up,* mostrarsi, farsi vedere, comparire; risaltare, vedersi bene □ *to s. (sb., st.) up,* mettere a nudo, smascherare ● *to s. mercy on sb.,* aver pietà di q. □ *to s. sb. over a house,* far visitare a q. una casa □ *It goes to s. that...,* ciò sta a dimostrare che...

show [ʃou] *n.* **1** [C] e [U] mostra (quasi in ogni senso); apparenza, aspetto esteriore; esposizione, fiera; esibizione, ostentazione; finta, parvenza: *a flower-s.,* una mostra di fiori □ *a sample s.,* una fiera campionaria □ *the s. of things,* l'aspetto esteriore delle cose □ *a claim with some s. of justice,* una richiesta che ha qualche parvenza di giustizia **2** [C] *(teatr.)* rappresentazione; spettacolo; rivista; *(radio, telev.)* spettacolo, show **3** [C] *(fam.)* azienda; impresa; organizzazione **4** [C] *(fam.)* affare; cosa; faccenda **5** *(solo al sing.) (fam.)* occasione; opportunità; modo: *Give him a fair s.,* dategli l'occasione di mostrare quel che sa fare ● *s. business* (*abbr. fam.: s. biz*), industria dello spettacolo □ *s.-girl,* ballerina (o cantante) di rivista □ *(sport) s. jumping,* concorso ippico (a ostacoli, a siepi) □ *s.-room,* sala d'esposizione □ *(cinem.) first s.,* prima visione □ *to force a s.-down,* costringere (l'avversario) a mettere le carte in tavola □ *to make a fine s.,* fare un bell'effetto; far figura □ *to be on s.,* essere esposto; (di merce) essere in vetrina □ *travelling s.,* circo; carro di Tespi □ *to vote by s. of hands,* votare per alzata di mano.

showboat ['ʃoubout] *n.* [C] (specialm. *USA)* battello fluviale adibito a teatro.

show-case ['ʃoukeis] *n.* [C] bacheca.

(1) shower ['ʃouə*] *n.* [C] espositore.

(2) shower ['ʃauə*] *n.* [C] **1** acquazzone; rovescio (di pioggia) **2** *(fig.)* pioggia; grandinata; nugolo; scarica; valanga **3** *(USA)* festa (in onore di una futura sposa o madre) con consegna di doni **4** (anche *s.-bath*) doccia **5** *(fis. nucl.)* sciame ● *a s. of dust,* un polverone □ *a s. of hail,* una grandinata □ *a s. of honours,* onori in quantità.

to **shower** ['ʃauə*] **A** *v. t.* **1** inondare (anche *fig.*); coprire, riempire (di): *to s. gifts on sb.,* riempire q. di doni **2** lanciare (o rovesciare, scagliare) in gran quantità **B** *v. i.* **1** piovere a rovesci; diluviare **2** fare la doccia.

showery ['ʃauəri] *a.* (del tempo) piovoso; temporalesco.

showiness ['ʃouinis] *n.* [U] appariscenza; fasto; sfarzo; vistosità.

showing ['ʃouiŋ] *n.* [U] e [C] **1** esposizione; esibizione **2** *(comm.)* situazione.

showman ['ʃoumən] *n.* (*pl.* **showmen** ['ʃoumən]) **1** uomo di spettacolo; showman **2** *(in genere)* organizzatore di spettacoli.

showmanship ['ʃoumənʃip] *n.* [U] **1** abilità d'impresario teatrale; bravura nell'organizzare spettacoli **2** *(fig.)* capacità propagandistica; (il) saper vendere la propria merce.

shown [ʃoun] *p.p.* di to **show.**

show-place ['ʃoupleis] *n.* [C] luogo d'interesse turistico.

showy ['ʃoui] *a.* appariscente; fastoso; sfarzoso; vistoso.

shrank [ʃræŋk] *pass.* di to **shrink.**

shrapnel ['ʃræpnl] *n.* [U] *(mil.)* shrapnel.

shred [ʃred] *n.* [C] brandello; brindello; briciolo; frammento; pezzetto; straccio ● *to tear sb.'s reputation to shreds,* rovinare la reputazione di q.

to **shred** [ʃred] *v. t.* fare a brandelli; sbrindellare; stracciare.

shrew [ʃru:] *n.* [C] **1** bisbetica **2** (anche *shrewmouse*) (*zool.,* Sorex) toporagno.

shrewd [ʃru:d] *a.* accorto; perspicace; avveduto; sagace; scaltro.

shrewdness ['ʃru:dnis] *n.* [U] accortezza; acume; perspicacia; avvedutezza; sagacia; scaltrezza.

shrewish ['ʃru:iʃ] *a.* bisbetico; brontolone; petulante.

to **shriek** [ʃri:k] *v. i.* e *t.* gridare; strillare; urlare.

shriek [ʃri:k] *n.* [C] **1** grido; strillo; urlo **2** (di treno) fischio.

shrift [ʃrift] *n.* [U] *(arc.)* confessione ● *to get short s.,* *(arc.)* essere processato per direttissima; *(fig.)* essere trattato bruscamente, essere liquidato in fretta.

shrike [ʃraik] *n.* [C] *(zool.,* Lanius) averla.

shrill [ʃril] *a.* acuto; lacerante; stridulo.

to **shrill** [ʃril] *v. i.* emettere un suono stridulo; stridere ● *to s. out,* dire (o cantare) con voce stridula.

shrimp [ʃrimp] *n.* [C] **1** (*zool.,* Crangon) gamberetto **2** *(fig.)* omiciattolo; nanerottolo.

to **shrimp** [ʃrimp] *v. i.* (specialm. *to go shrimping*) andare a pesca di gamberetti.

shrine [ʃrain] *n.* [C] **1** reliquiario; teca **2** sacrario; santuario **3** tempio.

to **shrink** [ʃriŋk] (*pass.* **shrank** [ʃræŋk], *p.p.* **shrunk** [ʃrʌŋk]) **A** *v. i.* **1** restringersi; accorciarsi; rimpicciolire, ritirarsi: *This cloth won't s.,* questa stoffa non si restringe **2** indietreggiare; rinculare; tirarsi indietro; rifuggire: *to s. from any kind of show,* rifuggire da ogni ostentazione **3** ridursi; diminuire **B** *v. t.* **1** far restringere **2** *(ind. tessile)* rendere (un tessuto) irrestringibile ● *to s. away,* restringersi, ritirarsi; scomparire, svanire □ *to s. into oneself,* chiudersi in sé; chiudersi nel riserbo.

shrink [ʃriŋk] *n.* [C] *(pop.)* psichiatra.

shrinkable ['ʃriŋkəbl] *a.* restringibile.

shrinkage ['ʃriŋkidʒ] *n.* [U] *(anche con l'art. indeterm.)* **1** contrazione; restringimento **2** *(comm.)* contrazione (delle vendite) **3** *(comm.)* calo.

to **shrivel** ['ʃrivl] **A** *v. i.* contrarsi; aggrinzarsi, raggrinzarsi; accartocciarsi; avvizzire **B** *v. t.* **1** aggrinzare, raggrinzare; accartocciare **2** disseccare; inaridire.

shroud [ʃraud] *n.* [C] **1** sudario; lenzuolo funebre **2** *(fig.)* velo; mantello **3** *(per lo più al pl.) (naut.)* sartia.

to **shroud** [ʃraud] *v. t.* **1** avvolgere (un cadavere) nel sudario **2** *(fig.)* avvolgere; coprire; celare; nascondere.

Shrovetide ['ʃrouv,taid] *n.* gli ultimi giorni di carnevale.

Shrove Tuesday [,ʃrouv'tju:zdi] *n.* martedì grasso.

shrub [ʃrʌb] *n.* [C] arbusto; arboscello; cespuglio.

shrubbery ['ʃrʌbəri] *n.* **1** [C] boschetto; piantagione di arbusti **2** *(collett.)* arbusti.

shrubby ['ʃrʌbi] *a.* coperto d'arbusti; cespuglioso.

to **shrug** [ʃrʌg] *v. i.* (di solito *v. t. to s. one's shoulders*) alzar le spalle; stringersi nelle spalle; far spallucce.

shrug [ʃrʌg] *n.* [C] alzata di spalle; spallucciata.

shrunk [ʃrʌŋk] *p.p.* di to **shrink.**

shrunken ['ʃrʌŋkən] *a.* avvizzito; rattrappito; rinsecchito.

shuck [ʃʌk] *n.* [C] (specialm. *USA)* **1** guscio; baccello; buccia **2** conchiglia (d'ostrica).

to **shuck** [ʃʌk] *v. t.* (specialm. *USA)* sgusciare; sbaccellare; sbucciare.

shucks [ʃʌks] *int. (fam. USA)* uffa!; puah!

to **shudder** ['ʃʌdə*] *v. i.* rabbrividire; raccapricciare; fremere (d'orrore, di disgusto).

shudder ['ʃʌdə*] *n.* [C] brivido; fremito d'orrore (o di disgusto).

to **shuffle** ['ʃʌfl] **A** *v. i.* **1** (spesso *to s. along*) muoversi a fatica; trascinarsi a stento; strascinarsi **2** strascicare i piedi **3** ballare con lo striscio **4** *(fig.)* cavillare; usare sotterfugi; tergiversare; nicchiare **B** *v. t.* **1** strascicare (i piedi) **2** mescolare (le carte da gioco) **3** mescolare, mischiare (in genere); gettare alla rinfusa; scompigliare ● *to s. one's clothes off,* cavarsi di dosso i vestiti □ *to s. one's clothes on,* buttarsi addosso i vestiti □ *to s. in,* introdursi; insinuarsi □ *to s. off responsibility on other people,* scaricare la responsabilità addosso ad altri □ *to s. through one's work,* abborracciare il proprio lavoro.

shuffle ['ʃʌfl] *n.* [C] **1 andatura strascicata 2** *(ballo)* **passo strisciato 3 mescolata** (di carte da gioco) **4 rimescolamento; rimpasto 5** *(fig.)* **cavillo; sotterfugio.**

shuffler ['ʃʌflə*] *n.* [C] *(fig.)* **cavillatore; imbroglione; gabbamondo.**

shufty ['ʃufti] *n. (solo al sing.) (pop.)* **occhiata; scorsa**: *to have (o to take) a s. at st.,* dare un'occhiata a q.c.

to **shun** [ʃʌn] *v. t.* **evitare; fuggire; scansare; schivare.**

shunt [ʃʌnt] *n.* [U] e [C] **1** *(ferr.)* **smistamento; instradamento** (di un treno) **2** *(ferr.)* **scambio 3** *(elettr.)* **derivazione; derivatore; shunt.**

to **shunt** [ʃʌnt] **A** *v. t.* **1** *(ferr.)* **deviare; smistare 2** *(elettr., radio)* **shuntare; collegare in derivazione 3** *(fam.)* **abbandonare, scartare** (un progetto) **4** *(fam.)* **mettere in disparte** (q.); **trasferire B** *v. i. (ferr.:* di treno, vagone) **essere smistato.**

shunter ['ʃʌntə*] *n.* [C] *(ferr.)* **1 deviatore; manovratore di scambi 2 locomotiva da manovra.**

to **shush** [ʃʌʃ] *v. t.* e *i.* **zittire** (facendo « st »).

to **shut** [ʃʌt] *(pass.* e *p.p.* **shut**) **A** *v. t.* **chiudere; serrare B** *v. i.* **chiudersi C** *verbi composti* **1** *to s. down,* (di fabbrica, ecc.) sospendere l'attività □ *to s. (st.) down,* chiudere (un'officina, ecc.); abbassare (una saracinesca) **2** *to s. (sb., st.) in,* rinchiudere; circondare, racchiudere **3** *to s. (st.) off,* chiudere (il gas, l'acqua, ecc.); spegnere (la luce elettrica), staccare (la corrente) □ *to be s. off from society,* essere escluso dalla società **4** *to s. (sb., st.) out,* chiudere fuori; escludere; vietare l'accesso a (q.); impedire la vista di (q.c.) **5** *to s. sb. up,* rinchiudere (o imprigionare) q. □ *to s. up one's house,* chiuder casa; sprangare porte e finestre ● *(fig.) to s. the door upon an offer,* rifiutare un'offerta □ *to s. one's ears to st.,* non voler ascoltare q.c.; tapparsi le orecchie *(fig.)* □ *to s. one's eyes to st.,* non voler vedere q.c.; chiudere un occhio su q.c. □ *to s. sb.'s mouth,* chiuder la bocca a q.; far tacere q. □ *(fam.) S. up!,* tappati la bocca!; zitto!; piantala!

shut [ʃʌt] **A** *a.* **chiuso; serrato B** *n.* [C] *(mecc.)* **linea della saldatura; saldatura** ● *s.-down,* chiusura (di una fabbrica); arresto del lavoro.

shutter ['ʃʌtə*] *n.* [C] **1 imposta; persiana 2** *(naut.)* **portello 3** *(fotogr.)* **otturatore** ● *to put up the shutters,* chiuder bottega □ *rolling s.,* saracinesca (di negozio, ecc.); serranda avvolgibile.

to **shutter** ['ʃʌtə*] *v. t.* **1 munire di imposte (o persiane) 2 chiudere le imposte di** (una finestra); **abbassare la saracinesca di** (un negozio).

shuttle ['ʃʌtl] *n.* [C] **1** *(ind. tessile)* **spola; spoletta; navetta 2** *(miss.,* anche *space s.)* **shuttle; navetta (o navicella) spaziale** ● *(ferr.) s. service,* servizio locale (fra due stazioni).

to **shuttle** ['ʃʌtl] **A** *v. i.* **far la spola; andare avanti e indietro B** *v. t.* **far fare la spola a; muovere avanti e indietro.**

shuttlecock ['ʃʌtlkɔk] *n.* **1** [C] **volano 2** [U] **gioco del volano.**

(1) shy [ʃai] *a.* **1 pauroso; ombroso; timoroso; schivo; timido 2 diffidente; guardingo** ● *to be shy of doing st.,* esitare (o essere riluttante) a far q.c. □ *to fight shy of (sb., st.),* evitare; schivare.

(1) to **shy** [ʃai] *v. i.* **1** (di cavallo) **adombrarsi; fare uno scarto 2** *(fig.)* **essere riluttante; esitare.**

(2) to **shy** [ʃai] *v. t. (fam.)* **lanciare; scagliare.**

(2) shy [ʃai] *n.* [C] *(fam.)* **1 lancio; colpo; sassata 2 tentativo 3 frecciata; stoccata; motto pungente**: *to have a shy at sb.,* lanciare una frecciata a q.

shyness ['ʃainis] *n.* [U] **1 ombrosità; ritrosia; timidezza; vergogna 2 diffidenza; cautela.**

shyster ['ʃaistə*] *n. (pop. USA)* **1 imbroglione; gabbamondo; truffatore 2** (specialm.) **avvocato privo di scrupoli; azzeccagarbugli.**

si [si:] *n.* [C] e [U] *(mus.)* **si** (nota).

Siamese [,saiə'mi:z] *a.* e *n. (invar. al pl.)* **siamese** ● *S. cat,* gatto siamese □ *S. twins,* fratelli siamesi.

Siberian [sai'biəriən] *a.* e *n.* **siberiano.**

sibilance ['sibiləns], **sibilancy** ['sibilənsi] *n.* [C] **sibilo.**

sibilant ['sibilənt] *a.* e *n.* [C] *(fon.)* **sibilante.**

to **sibilate** ['sibileit] *v. t.* e *i. (fon.)* **sibilare.**

sibyl ['sibil] *n.* [C] **sibilla** (anche *fig.).*

sibylline ['sibilain] *a.* **sibillino** (anche *fig.).*

siccative ['sikətiv] *a.* e *n.* [C] *(ind.)* **(sostanza) essiccante.**

sice [sais] *n.* [C] *(arc.)* **sei** (al gioco dei dadi).

Sicilian [si'siljən] *a.* e *n.* **siciliano.**

sick [sik] *a.* **1** *(attr. in G.B., anche pred. in USA)* **ammalato; malato; indisposto**: *a s. man,* un uomo malato; un malato **2** *(pred.)* **con la nausea; sul punto di vomitare**: *to feel s.,* avere la nausea; essere sul punto di vomitare **3** *(pred., fam.)* **disgustato; seccato; stanco; stufo**: *to be s. to death of st.,* essere arcistufo di q.c. ● *(collett.) the s.,* i malati; gli infermi □ *to be s. at heart,* essere amareggiato; essere deluso □ *s.-bed,* letto d'ammalato; letto di dolore □ *(fam.) to be s. for st.,* sentir nostalgia per q.c.; desiderare ardentemente q.c. □ *s.-leave,* congedo (o licenza) per malattia □ *s.-nurse,* infermiera □ *s.-room,* camera di malato □ *to fall s.,* ammalarsi □ *(mil.) to go (o to report) s.,* darsi ammalato; marcare visita □ *to make sb. s.,* dar la nausea a q.; disgustare q. □ *to turn s.,* sentirsi venire la nausea □ *I am s. and tired of him,* sono arcistufo (o non ne posso più) di lui.

to **sick** [sik] *v. t.* **1 assalire; attaccare**: (specialm. a un cane) *S. him!,* attaccalo!; dagli addosso! **2 aizzare, incitare** (specialm. un cane).

to **sicken** ['sikn̩] **A** *v. i.* **1 ammalarsi 2 sentir nausea; essere disgustato 3 seccarsi, stancarsi, stufarsi** (di q.c.) **B** *v. t.* **nauseare; disgustare** ● *to be sickening for an illness,* avere i sintomi d'una malattia.

sickening ['sikn̩iŋ] *a.* **1 nauseabondo; nauseante 2 disgustoso; ripugnante; sgradevole.**

sickle ['sikl] *n.* [C] *(agric.)* **falce** (corta); **falcetto.**

sickliness ['siklinis] *n.* [U] **1 salute cagionevole, malferma 2 aspetto malaticcio; pallore 3** (del clima, ecc.) **insalubrità 4 sdolcinatezza; svenevolezza.**

sickly ['sikli] *a.* **1 di salute malferma; malaticcio; debole; delicato 2 pallido; malsano 3 insalubre 4 nauseabondo; nauseante 5 sdolcinato; svenevole.**

sickness ['siknis] *n.* **1** [C] e [U] **malattia; malanno 2** [U] **nausea** ● *(med.) falling s.,* mal caduco □ *home-s.,* nostalgia □ *sea-s.,* mal di mare.

side [said] **A** *n.* **1** [C] **lato; fianco; parte; faccia** *(fig.)*: *(geom.) the three sides of a triangle,* i tre lati di un triangolo □ *the s. of a mountain,* il fianco d'un monte □ *s. by s.,* fianco a fianco □ *on this s.,* da questa parte □ *a cousin on my mother's s.,* un cugino dalla parte di mia madre **2** [C] **parte; fazione; partito; squadra 3** [C] **margine; orlo; sponda; riva**: *by the roadside,* al margine della strada **4** [U] *(raro)* **alterigia; boria; arie**: *to put on too much s.,* darsi troppe arie; avere troppa boria **5** [C] **metà** (di animale macellato) **B** *a. attr.* **1 laterale**: *s. door,* porta laterale **2 collaterale; aggiuntivo; secondario** ● *s. arms,* armi bianche □ *s.-car,* motocarrozzino; « sidecar » □ *s. chapel,* cappella laterale □ *s.-dish,* piatto secondario □ *s.-glance,* sguardo di traverso □ *s.-issue,* questione marginale □ *s.-note,* nota marginale □ *s.-show,* spettacolo secondario; avvenimento di minore importanza □ *s. street,* via trasversale □ *s.-stroke,* colpo dato di fianco; nuotata sul fianco □ *(ferr.) s.-track,* binario di raccordo □ *s.-whiskers,* basette; fedine □ *by sb.'s s.,* a fianco di q. □ *the east s. of a city,* il quartiere orientale d'una città □ *from s. to s.,* da un capo all'altro; da un'estremità all'altra □ *to join the winning s.,* mettersi dalla parte del vincitore □ *(fig.) to look on the bright s. of things (o of life),* veder tutto rosa; essere ottimista □ *(fig.) to look on the dark (o gloomy) s. of things (o of life),* veder tutto nero; essere pessimista □ *(sport) off-s.,* (posizione di) fuori gioco □ *(comm.) on the credit s.,* a credito □ *(comm.) on the debit s.,* a debito □ *on one s.,* da una parte; in disparte □ *to be on the right (wrong) s. of forty,* essere sotto (avere passato) la quarantina □ *(fig.) to take sides,* prendere posizione; prender partito

□ *(fig.) to take sides with sb.*, parteggiare per q. □ *Prices are on the high s.*, i prezzi sono alti □ *He has many sides to his character*, ha un carattere assai complesso.

to **side** [said] *v. i.* e *t.* **prendere le parti** (di); **parteggiare** (per); **appoggiare; sostenere.**

sideboard ['saidbɔ:d] *n.* [C] **credenza; buffè.**

sideboards ['saidbɔ:dz] *n. pl.* **basette; basettoni.**

sided ['saidid] *a. (nei composti)* **che ha lati; a lati**: *many-s.*, che ha molti lati; *(fig.)* poliedrico ● *one-s.*, unilaterale.

sidelight ['saidlait] *n.* **1** [C] *(autom.)* **fanalino laterale 2** [C] *(naut., aeron.)* **fanale di via 3** [U] **illuminazione laterale 4** [C] *(fig.)* **informazione aggiuntiva** ● *(naut.) green s.*, fanale (di via) verde □ *(naut.) red s.*, fanale (di via) rosso □ *to throw s. on a question*, chiarire ulteriormente una questione.

sidelong ['saidlɔŋ] **A** *avv.* **obliquamente; a sghembo; di traverso; di sottecchi B** *a.* **1 obliquo; laterale; di traverso 2 furtivo.**

sidereal [sai'diəriəl] *a. (astron.)* **sidereo; siderale.**

siderite ['saidərait] *n.* [U] *(miner.)* **siderite.**

side-slip ['saidslip] *n.* [C] **1** *(autom.)* **sbandata 2** *(aeron.)* **scivolata d'ala.**

to **side-slip** ['saidslip] *v. i.* **1** *(autom.)* **sbandare 2** *(aeron.)* **scivolare d'ala.**

side-splitting ['said,splitiŋ] *a.* **che fa sbellicare dalle risa; divertentissimo.**

to **side-step** ['saidstep] **A** *v. i.* **fare un passo obliquo B** *v. t. (fig.)* **eludere.**

to **side-track** ['saidtræk] *v. t.* **1** *(ferr.)* **smistare, instradare** (un treno) **su un binario di raccordo 2** *(fig.)* **distogliere** (q.) **dal suo proposito 3** *(fig.)* **rinviare l'esame di** (una proposta, ecc.).

sidewalk ['said,wɔ:k] *n.* [C] (specialm. *USA*) **marciapiede.**

sideward ['saidwəd] *a.* **laterale; obliquo.**

sidewards ['saidwədz] *avv.* **lateralmente; obliquamente.**

sideways ['said,weiz] **A** *avv.* **lateralmente; obliquamente; di traverso; a sghembo B** *a. attr.* **laterale; obliquo; di lato.**

siding ['saidiŋ] *n.* [C] *(ferr.)* **binario di raccordo; raccordo.**

to **sidle** ['saidl] *v. i.* **1 camminare a sghembo 2 procedere con timore** ● *to s. away from sb.*, allontanarsi furtivamente da q.

siege [si:dʒ] *n.* [C] e [U] *(mil.)* **assedio** ● *s.-artillery*, artiglieria da assedio □ *(fig.) to lay s. to sb.*, assediare (o importunare) q. □ *to lay s. to a town*, stringere d'assedio una città □ *to raise the s.*, togliere l'assedio.

sienna [si'enə] *n.* [U] *(arte)* **terra di Siena.**

Sien(n)ese [,siə'ni:z] *a.* e *n. (invar. al pl.)* **senese.**

sierra [si'erə] *n.* [C] *(geogr.)* **sierra; catena di monti.**

siesta [si'estə] *n.* [C] **siesta** ● *to take a s.*, fare la siesta.

sieve [siv] *n.* [C] **setaccio, staccio; crivello; buratto; vaglio.**

to **sieve** [siv] *v. t.* **setacciare, stacciare; passare al crivello.**

to **sift** [sift] *v. t.* **1 setacciare, stacciare; passare al crivello; abburattare** (farina); **vagliare** (anche *fig.*); **passare al vaglio 2 spolverizzare 3** *(fig.)* **distinguere; separare.**

sifter ['siftə*] *n.* [C] **1 buratto; vaglio 2 spolverizzatore.**

sigh [sai] *n.* [C] **sospiro**: *a s. of relief*, un sospiro di sollievo.

to **sigh** [sai] **A** *v. i.* **sospirare B** *v. t.* (di solito *to s. out*) **esprimere con un sospiro** ● *to s. for*, sospirare; rimpiangere; desiderare ardentemente.

sight [sait] *n.* **1** [U] **vista**: *to have good s.*, avere la vista buona **2** [C] **vista; veduta; spettacolo**: *a wonderful s.*, una magnifica veduta □ *a sad s.*, un triste spettacolo **3** [U] **giudizio; opinione; parere 4** *(al pl.)* **curiosità di un luogo; cose da vedere; luoghi d'interesse turistico**: *the sights of London*, le cose da vedere a Londra **5** *(solo al sing.) (fam.)* **cosa ridicola; spettacolo; orrore** *(scherz.)*: *What a s. you look in that hat!*, con quel cappellino sei un orrore! **6** *(solo al sing. con l'art. indeterm.) (fam.)* **mucchio; quantità; sacco 7** [C] (di arma da fuoco, di strumento ottico) **mirino 8** [C] **mira** ● *(med.) s. test*, esame della vista □ *at* (o *on*) *s.*, a vista; a prima vista: *a draft payable at s.*, una tratta pagabile a vista □ *at first s.*, a prima vista: *love at first s.*, amore a prima vista □ *to catch* (o *to get, to have*) *s. of st.*, avvistare q.c.; intravedere q.c. □ *to come into s.*, presentarsi alla vista; apparire □ *to keep out of s.*, tenersi nascosto □ *to know sb. by s.*, conoscere q. di vista □ *to lose s. of sb.*, perdere di vista q. □ *to make a s. of oneself*, rendersi ridicolo □ *What a s. you are!*, come ti sei conciato! □ *I hate the s. of him*, non posso soffrirlo; lo detesto.

to **sight** [sait] **A** *v. t.* **1 avvistare 2 scorgere 3** *(astron., naut.)* **traguardare 4 aggiustare la mira di; prendere la mira con; mirare a**: *to s. a gun*, prendere la mira con un fucile □ *to s. a target*, mirare a un bersaglio **B** *v. i.* **prendere la mira; puntare.**

-sighted ['saitid] *a. (nei composti)* **dalla vista...; che ha la vista...**: *quick-s.*, dalla vista acuta; perspicace.

sightless ['saitlis] *a.* **1 cieco 2** *(poet.)* **invisibile.**

sightliness ['saitlinis] *n.* [U] **avvenenza; bellezza; grazia.**

sightly ['saitli] *a.* **1 avvenente; attraente; di bell'aspetto; piacevole a vedersi 2** (di posizione) **che offre una bella vista; panoramico.**

to **sight-read** ['sait,ri:d] (*pass.* e *p.p.* **sight-read** ['sait,red]) *v. t. (mus.)* **suonare** (o **cantare**) **a prima vista.**

sightseeing ['sait,si:iŋ] *n.* [U] **giro turistico** ● *to go s.*, visitare una città (vederne le bellezze artistiche o naturali).

sightseer ['sait,si:ə*] *n.* **visitatore** (d'un luogo, d'una città); **turista.**

sigma ['sigmə] *n.* [C] (lettera dell'alfabeto greco) **sigma.**

sign [sain] *n.* [C] **1 segno; cenno; indizio; simbolo; presagio**: *the s. of the cross*, il segno della croce □ *a s. of approval*, un cenno d'approvazione □ *a s. of spring*, un presagio di primavera **2 impronta; traccia 3 miracolo; portento 4 cartello; insegna**: *at the s. of the White Hart*, all'insegna del Cervo Bianco ● *s. and countersign*, parola d'ordine (domanda e risposta) □ *s. language*, linguaggio mimico dei sordomuti □ *s.-painter*, pittore d'insegne □ *inn-s.*, insegna di locanda □ *road-s.*, cartello indicatore; indicatore stradale □ *traffic signs*, segnaletica stradale.

to **sign** [sain] **A** *v. t.* e *i.* **1 firmare; ratificare; sanzionare; sottoscrivere 2 far cenno di; far segno di**: *The policeman signed (for) us to stop*, il poliziotto ci fece segno di fermarci **3 segnare; contrassegnare 4** *(relig.)* **fare il segno della croce su** (q., specialm. un battezzando) **B** to **sign oneself** *v. rifl. (relig.)* **segnarsi; farsi il segno della croce** ● *to s. assent*, fare un cenno d'assenso □ *(leg.) to s. (st.) away*, alienare, vendere, trasferire (proprietà, diritti, ecc.), firmando un documento □ *to s. on* (o *up*), assumere; arruolare, assoldare; *(sport)* ingaggiare; *(mil.)* fare la firma, arruolarsi; *(naut.)* imbarcarsi.

(1) signal ['signəl] *n.* [C] **segnale** (anche *fig.*); **segno d'intesa** ● *(mil., naut.) s.-book*, codice dei segnali □ *(ferr.) s.-box*, cabina di comando dei segnali □ *(ferr., mil.) s.-man*, segnalatore; addetto ai segnali □ *(ferr.) disk s.*, segnale a disco; disco □ *(radio) time s.*, segnale orario □ *traffic s.*, semaforo.

to **signal** ['signəl] **A** *v. t.* **1 fare segnali** (o **segnalazioni**) **a** (q.) **2 trasmettere** (un messaggio) **mediante segnali B** *v. i.* **fare segnali; fare segnalazioni.**

(2) signal ['signəl] *a. attr.* **segnalato; cospicuo; insigne; notevole.**

to **signalize** ['signəlaiz] **A** *v. t.* **segnalare; mettere in evidenza B** to **signalize oneself** *v. rifl.* **distinguersi.**

signaller ['signələ*] *n.* [C] *(mil., naut.)* **segnalatore.**

signatory ['signətəri] *a.* e *n.* [C] *(leg., comm., polit.)* **firmatario.**

signature ['signitʃə*] *n.* [C] **1 firma 2** *(radio, telev.;* anche *s. tune)* **sigla musicale** ● *to honour one's s.*, far onore alla propria firma.

signboard ['sainbɔ:d] *n.* [C] **cartello; insegna** (di negozio, ditta, ecc.).
signet ['signit] *n.* [C] **sigillo** ● *s.-ring,* anello con sigillo.
significance [sig'nifikəns] *n.* [U] **1 significato; senso 2 importanza; rilievo** *(fig.)*: *a matter of great s.,* una cosa di grande importanza ● *with a glance of deep s.,* con un'occhiata assai significativa.
significant [sig'nifikənt] *a.* **1 significativo; espressivo 2 importante.**
signification [,signifi'keiʃən] *n.* [C] **significato; senso.**
significative [sig'nifikətiv] *a.* **significativo.**
to **signify** ['signifai] *v. t.* e *i.* **1 significare; voler dire 2 avere importanza; importare 3 essere un segno di; rivelare.**
sign-post ['sain,poust] *n.* [C] **palo indicatore; indicatore stradale.**
silage ['sailidʒ] *n.* [U] *(agric.)* **foraggio conservato in un silo.**
to **silage** ['sailidʒ] *v. t. (agric.)* **insilare.**
silence ['sailəns] *n.* [U] **silenzio; quiete; taciturnità**: *in the s. of night,* nel silenzio della notte ● *dead s.,* silenzio di tomba □ *to pass over st. in s.,* passare q.c. sotto silenzio □ *to put sb. to s.,* far tacere q.; ridurre q. al silenzio.
to **silence** ['sailəns] *v. t.* **far tacere; ridurre al silenzio;** *(fig.)* **reprimere, metter fine a**: *to s. the voice of conscience,* far tacere la voce della coscienza □ *to s. complaints,* metter fine alle lagnanze.
silencer ['sailənsə*] *n.* [C] **1 silenziatore** (di arma da fuoco, di motocicletta, ecc.) **2** *(autom.)* **marmitta.**
silent ['sailənt] *a.* **silenzioso; taciturno; tacito; muto** *(fig.)*: *a s. prayer,* una muta preghiera □ *a s. film,* un film muto ● *to be* (o *to keep*) *s.,* tacere; far silenzio □ *to be s. about st.,* non parlare di q.c. □ *(fin.) s. partner,* socio accomandante □ *Keep s.!,* silenzio!; zitti!
silex ['saileks] *V.* **silica.**
silhouette [,silu(:)'et] *n.* [C] e [U] **« silhouette »; siluetta; profilo; sagoma** ● *in s.,* di profilo; in controluce.
to **silhouette** [,silu(:)'et] *v. t.* **disegnare** (o **ritrarre**) **di profilo** ● *silhouetted against the sky,* che si staglia contro il cielo.
silica ['silikə] *n.* [U] *(miner.)* **silice.**
silicate ['silikit] *n.* [C] *(chim.)* **silicato.**
siliceous [si'liʃəs] *a. (miner.)* **siliceo.**
silicic [si'lisik] *a. (chim.)* **silicico**: *s. acid,* acido silicico.
silicon ['silikən] *n.* [U] *(chim.)* **silicio.**
silicone ['silikoun] *n.* [C] *(chim., ind.)* **silicone.**
silicosis [,sili'kousis] *n.* [U] *(med.)* **silicosi.**
silique [si'li(:)k] *n.* [C] *(bot.)* **siliqua.**
silk [silk] **A** *n.* **1** [U] **seta 2** [U] **tessuto di seta 3** *(al pl.)* **abiti di seta B** *a. attr.* **di seta**: *s. stockings,* calze di seta ● *s. district,* regione sericola □ *s. goods,* seterie □ *s. mill,* setificio; filanda □ *raw s.,* seta greggia □ *shot s.,* seta cangiante □ *(leg.) to take s.,* diventare King's (o Queen's) Counsel (titolo onorifico di avvocati di prim'ordine, che indossano una toga di seta).
silken ['silkən] *a.* **1** *(lett.)* **serico**: *a s. dress,* una veste serica **2** *(fig.)* **di seta; soffice; morbido; insinuante**: *s. hair,* capelli di seta.
silkworm ['silkwə:m] *n.* [C] *(zool.,* Bombyx mori) **baco da seta; filugello** ● *s.-breeder,* bachicoltore □ *s.-breeding,* bachicoltura.
silky ['silki] *a.* **1 di seta; serico 2** *(fig.)* **lucente; delicato; morbido; soave**: *a s. voice,* una voce soave **3** *(fig., spreg.)* **mellifluo; insincero.**
sill [sil] *n.* [C] **1** (di finestra) **davanzale 2** (di porta) **soglia.**
silliness ['silinis] *n.* [U] **stupidità; imbecillità; scempiaggine.**
silly ['sili] **A** *a.* **1 sciocco; stupido; imbecille; scemo**: *a s. remark,* un'osservazione sciocca **2 futile; frivolo B** *n.* [C] *(fam.)* **sciocco; sciocchino** ● *Don't be s.!,* non dire scemenze!; non fare lo stupido!
silo ['sailou] *n. (pl.* **silos**) *(agric.)* **silo.**
silt [silt] *n.* [U] *(geol.)* **limo; sedimento di sabbia** (o **fango).**
to **silt** [silt] **A** *v. t.* **insabbiare; ostruire B** *v. i.* **insabbiarsi; ostruirsi.**
silty ['silti] *a.* **limaccioso; melmoso.**
silvan ['silvən] *a. (lett.)* **silvano; silvestre.**
silver ['silvə*] **A** *n.* [U] **1** *(chim.)* **argento 2 argenteria 3 monete d'argento B** *a. attr.* **d'argento; argenteo; argentino** ● *(zool.) s. fox* (Vulpes fulva), volpe argentata □ *s. paper,* stagnola □ *s. wedding,* nozze d'argento □ *German s.* (o *nickel s.*), argentone.
to **silver** ['silvə*] **A** *v. t.* **1 argentare 2** *(fig.)* **inargentare B** *v. i.* **inargentarsi.**
silver-grey [,silvə'grei] *a.* **grigio argento.**
silver-haired [,silvə'hɛəd] *a.* **dai capelli argentei.**
silver plate [,silvə'pleit] *n.* [U] **argenteria.**
to **silver-plate** ['silvə,pleit] *v. t.* **argentare; placcare d'argento.**
silverside ['silvə,said] *n.* [U] *(macelleria)* **girello di manzo.**
silversmith ['silvə,smiθ] *n.* [C] **argentiere.**
silver-tongued [,silvə'tʌŋd] *a.* **assai eloquente.**
silverware ['silvəwɛə*] *n.* [U] **argenteria.**
silvery ['silvəri] *a.* **1 argenteo 2 argentino.**
silviculture ['silvi,kʌltʃə*] *n.* [U] **selvicoltura, silvicoltura.**
simian ['simiən] *(zool.)* **A** *a.* **scimmiesco B** *n.* [C] **scimmia.**
similar ['similə*] *a.* e *n.* **simile.**
similarity [,simi'læriti] *n.* [U] e [C] **somiglianza; rassomiglianza.**
simile ['simili] *n.* [C] e [U] *(retor.)* **similitudine.**
similitude [si'militju:d] *n.* **1** [U] **somiglianza; rassomiglianza 2** [C] *(retor.)* **similitudine.**
to **simmer** ['simə*] **A** *v. i.* **1 bollire lentamente 2** *(fig.)* **ribollire; fremere**: *to s. with anger,* ribollire di rabbia **B** *v. t.* **far bollire lentamente** ● *to s. down,* smettere di bollire; *(fig.)* calmarsi.
simmer ['simə*] *n. (solo al sing.)* **lenta ebollizione** ● *to keep the water at a* (o *on the*) *s.,* far bollire l'acqua lentamente.
simoniac [si'mouni,æk] *n.* [C] **simoniaco.**
simoniacal [,saimə'naiəkəl] *a.* **simoniaco.**
simony ['saiməni] *n.* [U] *(relig., stor.)* **simonia.**
to **simper** ['simpə*] *v. i.* **sorridere affettatamente** (o **in modo melenso).**
simper ['simpə*] *n.* [C] **sorriso affettato** (o **melenso).**
simple ['simpl] *a.* **1 semplice; schietto; ingenuo; alla buona; umile;** *(spreg.)* **credulo, stolto**: *s. tastes,* gusti semplici □ *(mat.) a s. fraction,* una frazione semplice □ *(mecc.) s. machines,* macchine semplici □ *a s. peasant,* un umile contadino **2** (anche *pure and s.*) **puro e semplice.**
simple-hearted [,simpl'ha:tid] *a.* **candido; schietto; sincero.**
simple-minded [,simpl'maindid] *a.* **ingenuo; stolto; sempliciotto.**
simpleton ['simpəltən] *n.* [C] **sempliciotto; credulone; stolto.**
simplicity [sim'plisiti] *n.* [U] **semplicità; schiettezza; ingenuità; naturalezza;** *(spreg.)* **credulità, stoltezza** ● *to be s. itself,* essere la cosa più semplice del mondo.
simplification [,simplifi'keiʃən] *n.* [U] e [C] **semplificazione.**
to **simplify** ['simplifai] *v. t.* **semplificare.**
simplism ['simplizəm] *n.* [U] **semplicismo.**
simplistic [sim'plistik] *a.* **semplicistico.**
simply ['simpli] *avv.* **1 semplicemente; con semplicità; schiettamente 2 proprio; veramente.**
simulacrum [,simju'leikrəm] *n.* (*pl.* **simulacra** [,simju'leikrə], **simulacrums**) **simulacro** (anche *fig.*).
to **simulate** ['simjuleit] *v. t.* **1 simulare; fingere 2 imitare.**
simulation [,simju'leiʃən] *n.* [U] e [C] **simulazione; finzione; finta.**
simultaneity [,siməltə'niəti] *n.* [U] **simultaneità.**
simultaneous [,siməl'teinjəs] *a.* **simultaneo.**
sin [sin] *n.* [C] e [U] **peccato** (anche *fig.*); **colpa; offesa**: *the seven deadly sins,* i sette peccati mortali ● *(pop.) like sin,* a tutta forza; (di pioggia) a dirotto.

to **sin** [sin] *v. i.* **peccare; macchiarsi d'una colpa.**
sinapism ['sinəpizəm] *n.* [C] *(med.)* **senapismo.**
since [sins] ***A*** *avv.* ***1*** **da allora; dopo; di poi** ***2*** *(raro)* **fa; or sono**: *many years s.*, molti anni fa ***B*** *prep.* **da; da quando**: *I've been working s. six o'clock*, lavoro dalle sei □ *s. seeing you*, da quando ti vidi; dall'ultima volta che ti vidi ***C*** *cong.* ***1*** **da quando; dall'ultima volta che**: *What have you been doing s. we met* (o *s. I last saw you*)?, che cosa hai fatto da quando c'incontrammo (o dall'ultima volta che ti vidi)? ***2*** **poiché; dacché; giacché; siccome** ● *s. that is so*, stando così le cose □ *ever s.*, da allora; da allora in poi □ *long s.*, molto tempo fa.
sincere [sin'siə*] *a.* **sincero; schietto; franco; genuino.**
sincerely [sin'siəli] *avv.* **sinceramente; francamente** ● (nelle lettere) *Yours s.*, cordiali saluti.
sincerity [sin'seriti] *n.* [U] **sincerità; schiettezza; franchezza.**
sine [sain] *n.* [C] *(mat.)* **seno.**
sinecure ['sainikjuə*] *n.* [C] **sinecura.**
sinew ['sinju:] *n.* [C] ***1*** *(anat.)* **tendine** ***2*** *(spesso al pl., fig.)* **nerbo; nervo; forza; vigore.**
sinewy ['sinju:i] *a.* ***1*** **nerboruto; muscoloso; gagliardo; forte; vigoroso** ***2*** (di carne d'animale macellato) **fibroso; tiglioso.**
sinful ['sinful] *a.* **peccaminoso; colpevole; immorale.**
sinfulness ['sinfulnis] *n.* [U] **colpevolezza; immoralità; nequizia.**
to **sing** [siŋ] (*pass.* **sang** [sæŋ], *p.p.* **sung** [sʌŋ]) *v. t.* e *i.* ***1*** **cantare; celebrare**: *to s. a song*, cantare una canzone □ *to s. sb.'s praises*, cantare le lodi di q. ***2*** *(pop. USA)* **cantare** *(gergo)*; **far la spia** ***3*** **borbottare** ***4*** **ronzare**: *My ears are singing*, mi ronzano le orecchie ● *(fig.) to s. another song* (o *tune*), cambiar registro; abbassare la cresta □ *to s. a baby to sleep*, addormentare un bambino cantando □ *to s. out*, cantare ad alta voce; gridare □ *to make sb.'s heart s.*, far esultare q.
singable ['siŋəbl] *a.* **cantabile.**
to **singe** [sindʒ] (*p. pres.* **singeing**) ***A*** *v. t.* **abbruciacchiare; strinare**: *to s. a fowl*, strinare un pollo ***B*** *v. i.* **bruciacchiarsi; strinarsi.**
singe [sindʒ] *n.* [C] **bruciacchiatura; strinatura.**
singer ['siŋə*] *n.* [C] **cantante; cantore; cantatore, cantatrice.**
Singhalese [,siŋhə'li:z] *V.* **Sinhalese.**
singing ['siŋiŋ] *n.* ***1*** [U] **canto**: *to teach s.*, insegnar canto ***2*** *(solo al sing.)* **ronzio**: *to have a s. in one's ears*, sentire un ronzio nelle orecchie ● *s. bird*, uccello canoro □ *s. master*, maestro di canto.
single ['siŋgl] ***A*** *a.* ***1*** **singolo; solo; semplice; individuale; unico; solitario** ***2*** **celibe** ***3*** **nubile** ***4*** *(fig., raro)* **schietto; sincero; leale** ***5*** *(fig.)* **deciso; saldo** ***B*** *n.* [C] ***1*** *(tennis, ecc.)* **singolo** ***2*** **biglietto d'andata** ***3*** *(fam.)* **singola** (camera) ● *(mecc.) s.-acting*, (di motore) a semplice effetto □ *s. bed*, letto a una piazza; letto a un posto □ *(tennis, ecc.) s. game*, singolo □ *s. life*, vita da scapolo; vita da nubile; celibato □ *s.-loader*, arma da fuoco (specialm. fucile) a un solo colpo □ *s. room*, camera a un letto □ *(autom., aeron.) s.-seater*, monoposto □ *s. state*, celibato; (di donna) (l')essere nubile □ *s. ticket*, biglietto d'andata □ *(fig.) to judge with a s. eye*, essere equanime □ *not a s. one*, non uno; nemmeno uno □ *to walk in s. file*, andare in fila indiana.
to **single** ['siŋgl], to **single out** ['siŋgl ,aut] *v. t.* **scegliere.**
single-breasted [,siŋgl'brestid] *a.* (di giacca) **a un petto; monopetto.**
single-decker [,siŋgl'dekə*] *n.* [C] **autobus a un piano.**
single-handed [,siŋgl'hændid] *a.* ***1*** **con una mano sola** ***2*** *(fig.)* **da solo; senza aiuto.**
single-hearted [,siŋgl'ha:tid], **single-minded** [,siŋgl'maindid] *a.* **schietto; sincero; devoto; leale.**
singleness ['siŋglnis] *n.* [U] ***1*** **semplicità; singolarità; unicità** ***2*** *(fig., raro)* **sincerità; schiettezza; lealtà** ***3*** **celibato;** (di donna) **(l')essere nubile.**
singles ['siŋgəlz] *n.* [C] *(invar. al pl.) (tennis)* **singolo.**
singlet ['siŋglit] *n.* [C] **maglietta; camiciola.**
singleton ['siŋgltən] *n.* [C] ***1*** (nei giochi di carte) **carta unica** (di un dato seme, in mano a un giocatore) ***2*** **individuo** (o **oggetto**) **singolo.**
singly ['siŋgli] *avv.* ***1*** **individualmente; a uno a uno** ***2*** **da solo.**
singsong ['siŋ,sɔŋ] ***A*** *n.* [C] ***1*** **cantilena** ***2*** *(fam.)* **concerto vocale improvvisato** ***B*** *a. attr.* **monotono.**
singular ['siŋgjulə*] ***A*** *a.* ***1*** **singolare; unico; solo; straordinario; insolito; bizzarro; strano** ***2*** *(gramm.)* **singolare** ***B*** *n. (gramm.)* **singolare**: *in the s.*, al singolare.
singularity [,siŋgju'læriti] *n.* [U] e [C] **singolarità; particolarità.**
Sinhalese [,siŋhə'li:z] *a.* e *n. (invar. al pl.)* **singalese; (abitante, lingua) di Ceylon.**
sinister ['sinistə*] *a.* **sinistro; di cattivo augurio; funesto; bieco.**
sink [siŋk] *n.* [C] ***1*** **acquaio; lavello** ***2*** *(fig.)* **sentina; ricettacolo**: *a s. of iniquity*, una sentina di vizi.
to **sink** [siŋk] (*pass.* **sank** [sæŋk], *p.p.* **sunk** [sʌŋk]) ***A*** *v. i.* ***1*** **affondare; colare a picco; sommergersi** ***2*** **sprofondare; cedere** ***3*** **abbassarsi; calare; digradare; tramontare; scomparire** ***4*** **cadere; lasciarsi cadere**: *to s. into a deep sleep*, cadere in un sonno profondo □ *to s. into a chair*, lasciarsi cadere su una sedia ***5*** **penetrare; filtrare; imprimersi** ***6*** **incavarsi; infossarsi** ***7*** **decadere; deperire; indebolirsi; infiacchirsi** ***B*** *v. t.* ***1*** **affondare; colare a picco**: *to s. a ship*, affondare una nave ***2*** **abbassare; ribassare; ridurre; far calare** ***3*** **scavare; perforare** ***4*** **piantare** (un palo, ecc.) ***5*** **celare; nascondere; dimenticare** ***6*** *(mecc.)* **incidere** ***7*** *(fin.)* **investire** (denaro); **perdere** (denaro) **in investimenti azzardati** ***8*** *(fin.)* **ammortare, ammortizzare** (un debito) ● *to leave sb. to s. or swim*, lasciare che q. si tragga d'impaccio da solo □ *My heart sank*, mi sentii mancare il cuore □ *His life is sinking*, è agli estremi.
sinker ['siŋkə*] *n.* [C] ***1*** (anche *die-s.; mecc.*) **incisore** (di conî o stampi) ***2*** **scavatore; perforatore** ***3*** **peso, piombo** (di scandaglio o lenza).
sinkhole ['siŋkhoul] *n.* [C] **pozzo di scarico; pozzo nero.**
sinless ['sinlis] *a.* **senza peccato; innocente; puro.**
sinner ['sinə*] *n.* [C] **peccatore, peccatrice.**
Sino- ['sainou] *(in parole composte)* **cino-**: *Sino-Japanese*, cino-giapponese.
Sinologist [si'nɔlədʒist], **Sinologue** ['sinəlɔg] *n.* [C] **sinologo.**
Sinology [si'nɔlədʒi] *n.* [U] **sinologia.**
sinuosity [,sinju'ɔsiti] *n.* [U] e [C] **sinuosità.**
sinuous ['sinjuəs] *a.* **sinuoso; serpeggiante; tortuoso.**
sinus ['sainəs] *n.* [C] ***1*** *(anat.)* **seno; cavità** ***2*** *(med.)* **fistola.**
sinusitis [,sainə'saitis] *n.* [U] *(med.)* **sinusite.**
sinusoid ['sainəsɔid] *n.* [C] *(mat.)* **sinusoide.**
sinusoidal [,sainə'sɔidl] *a.* *(mat.)* **sinusoidale.**
to **sip** [sip] *v. t.* e *i.* **centellinare; sorseggiare; bere a sorsi.**
sip [sip] *n.* [C] **sorso; centellino.**
siphon ['saifən] *n.* [C] **sifone** (in ogni senso).
to **siphon** ['saifən] ***A*** *v. t.* (di solito *to s. out, off*) **travasare per mezzo di un sifone** ***B*** *v. i.* **sgorgar fuori da un sifone.**
sippet ['sipit] *n.* [C] *(cucina)* **crostino** (inzuppato o da inzuppare).
sir [sə:*] *n.* ***1*** *(al vocat.)* **signore**: *Yes, sir*, sì, signore □ (nelle lettere) *Dear Sir*, Egregio Signore ***2*** (titolo di baronetto) **Sir**: *Sir Walter Scott*, Sir Walter Scott.
sire ['saiə*] *n.* [C] ***1*** *(al vocat.)* **sire** ***2*** *(poet.)* **antenato; padre** ***3*** **stallone.**
to **sire** ['saiə*] *v. t.* (specialm. di stallone) **generare.**
siren ['saiərin] *n.* [C] ***1*** *(mitol.)* **sirena** *(anche fig.)* ***2*** **sirena** (apparecchio acustico) ***3*** *(zool.,* Siren*)* **sirena.**
Sirius ['siriəs] *n. (astron.)* **Sirio.**
sirloin ['sə:lɔin] *n.* [C] e [U] **lombo di manzo; filetto.**

sirocco [si'rɔkou] *n.* (*pl.* **siroccos**) **scirocco.**

sirup ['sirəp] *V.* **syrup.**

sis [sis] *n.* (*abbr. fam.* di **sister**) **sorella.**

sisal ['saisəl] *n.* [U] (*bot.*, Agave sisalana) **sisal.**

siskin ['siskin] *n.* [C] (*zool.*, Carduelis spinus) **lucherino.**

sissy ['sisi] *n.* [C] (*fam.*) **ragazzo (o uomo) effeminato; donnicciola.**

sister ['sistə*] *n.* [C] ***1*** **sorella** ***2*** **suora** ***3*** **infermiera** ● *s. ships,* navi gemelle □ *half-s.*, sorellastra □ *step-s.*, sorellastra.

sisterhood ['sistəhud] *n.* ***1*** [U] **sorellanza** (l'essere sorelle) ***2*** [C] **associazione femminile** ***3*** [C] **comunità di suore.**

sister-in-law ['sistərinlɔ:] *n.* (*pl.* **sisters-in-law**) **cognata.**

sisterly ['sistəli] *a.* **di (o da) sorella; sororale** (*lett.*); **fraterno.**

sistrum ['sistrəm] *n.* (*pl.* **sistra** ['sistrə]) (*mus., stor.*) **sistro.**

to **sit** [sit] (*pass.* e *p.p.* **sat** [sæt]) ***A*** *v. i.* ***1*** **sedere; essere (o stare) seduto**: *I was sitting on a chair,* ero seduto su una sedia □ *to sit at table,* sedere a tavola ***2*** (di uccelli) **essere appollaiato** ***3*** **posare**: *to sit to an artist,* posare per un artista ***4*** **avere un seggio; essere membro** (di); **far parte** (di): *to sit in Parliament,* avere un seggio in Parlamento □ *to sit on a committee,* far parte di un comitato ***5*** **essere in seduta; tener seduta; tenere udienza** ***6*** **stare; tornare; adattarsi; addirsi**: *This jacket sits well,* questa giacca sta (o cade) bene □ *His new office sits well on him,* la sua nuova carica gli si addice ***7*** (d'uccelli e specialm. di polli) **covare**: *a sitting hen,* una gallina che cova; una chioccia ***B*** *v. t.* ***1*** **far sedere; mettere a sedere** ***2*** **stare in sella a; cavalcare** ***3*** (di un locale, un'auto, ecc.) **avere posti a sedere per** (un certo numero di persone) ***C*** *verbi composti* ***1*** *to sit down,* sedersi; mettersi a sedere; accomodarsi □ *to sit down under an insult,* lasciarsi insultare senza reagire ***2*** (*polit.*) *to sit for a constituency,* rappresentare in Parlamento una circoscrizione elettorale □ *to sit for an examination,* sostenere un esame ***3*** *to sit on (sb., st.),* indagare, investigare; (*fam.*) trascurare (una faccenda); (*fam.*) dare una lavata di capo a (q.) □ *to sit on a jury,* far parte di una giuria □ *This food sits heavy on the stomach,* questo cibo è indigesto ***4*** *to sit out,* star seduto all'aperto □ *to sit out a dance,* non prender parte a una danza □ *to sit out a performance,* rimanere sino alla fine di uno spettacolo ***5*** *to sit under a player,* stare alla destra di un altro giocatore (a carte) ***6*** *to sit up,* star seduto con la schiena eretta; tirarsi su a sedere (da sdraiato); rimanere alzato fino a tardi, vegliare □ (*fam.*) *to make sb. sit up,* far sobbalzare q.; spaventare q.; scuotere q. (dall'inerzia) ● (*fam.*) *to sit in* (o *to baby-sit*), fare la baby-sitter □ (*fam.*) *to sit pretty,* esser ben piazzato; passarsela bene □ *to sit tight,* star fermo al proprio posto; star saldo in sella; (*fam.*) tener duro.

sit-down ['sit,daun] *n.* [C] (anche *s. strike*) **sciopero con occupazione del posto di lavoro.**

site [sait] *n.* [C] **sito; luogo; posto.**

to **site** [sait] *v. t.* **situare; collocare.**

sith [siθ] (*arc.*) *V.* **since.**

sit-in ['sit,in] *n.* [C] **sit-in; manifestazione di protesta effettuata sedendosi per terra in luoghi pubblici.**

sitter ['sitə*] *n.* [C] ***1*** **chi siede; chi sta seduto** ***2*** (*arte*) **modello, modella** ***3*** **chioccia** ***4*** (*pop.*) **colpo facile** (a caccia); **cosa facile** (in genere) ● *s.-in* (o *baby-s.*), baby-sitter, chi sorveglia bambini in assenza dei genitori (dietro compenso).

sitting ['sitiŋ] *n.* [C] ***1*** **seduta; adunanza; tornata; udienza** ***2*** (*arte*) **posa; seduta** ***3*** **covata; cova** ● *baby--s.,* babysitteraggio; attività di baby-sitter.

sitting-room ['sitiŋru:m] *n.* [C] **salotto; (stanza di) soggiorno.**

situate ['sitjueit] *V.* **situated.**

situated ['sitjueitid] *a.* **situato; collocato; posto.**

situation [,sitju'eiʃən] *n.* [C] ***1*** **situazione; posizione; sito; luogo** ***2*** **condizione; stato delle cose; complesso di circostanze; situazione**: *the political s.,* la situazione politica ***3*** **posto** (di lavoro); **impiego**: *to apply for a s.,* fare una domanda d'impiego ● *to find a s.,* trovar lavoro □ *to be in (out of) a s.,* aver lavoro (essere disoccupato).

sit-up ['sit,ʌp] *n.* [C] (*ginnastica*) **flessione in avanti** (da supino).

sitz-bath ['sits,ba:θ] *n.* [C] **semicupio.**

six [siks] *a.* e *n.* [C] **sei** ● (*stor.*) *two and six,* due scellini e mezzo; mezza corona □ (*fig.*) *It is six of one and half a dozen of the other,* è praticamente la stessa cosa; se non è zuppa è pan bagnato.

sixfold ['siksfould] ***A*** *a.* ***1*** **sestuplo** ***2*** **sestuplice** ***B*** *avv.* **sei volte (tanto).**

six-footer [,siks'futə*] *n.* [C] **persona alta sei piedi; stangone** (*fig.*).

sixpence ['sikspəns] *n.* [C] (*stor.*) **mezzo scellino; sei « penny ».**

sixpenny ['sikpəni] *a.* **da sei « penny ».**

sixte [sikst] *n.* [U] (*scherma*) **posizione di sesta.**

sixteen [,siks'ti:n] *a.* e *n.* [C] **sedici.**

sixteenmo [siks'ti:nmou] *n.* (*pl.* **sixteenmos**) (*tipogr.*) **formato in sedicesimo.**

sixteenth [,siks'ti:nθ] *a.* e *n.* [C] **sedicesimo.**

sixth [siksθ] *a.* e *n.* [C] **sesto** ● *s. sense,* sesto senso; intuito □ *on the s. of May,* il sei maggio.

sixthly ['siksθli] *avv.* **in sesto luogo** (nelle enumerazioni).

sixtieth ['sikstiiθ] *a.* e *n.* [C] **sessantesimo.**

sixty ['siksti] *a.* e *n.* [C] **sessanta** ● *in the sixties,* negli anni fra i 60 e i 70 (della vita di un uomo o in un secolo) □ *a man of s.,* un sessantenne.

sizable ['saizəbl] *a.* **di considerevoli dimensioni; piuttosto grande.**

(1) size [saiz] *n.* [U] e [C] **dimensione; grandezza; misura; numero** (di scarpe, ecc.); **formato; statura; taglia**: *a building of vast s.,* un edificio di ampie dimensioni □ *They're both of a s.,* sono della stessa grandezza (o della stessa misura) ● *to cut sb. down to s.,* ridimensionare q.

(1) to **size** [saiz] *v. t.* ***1*** **raggruppare secondo la misura** ***2*** (*mecc.*) **ridurre a misura; ridimensionare** ● *to s. st. up,* calcolare la grandezza di q.c.; valutare q.c.

(2) size [saiz] *n.* [U] (*ind.*) **colla; bozzima; appretto.**

(2) to **size** [saiz] *v. t.* (*ind.*) **incollare; imbozzimare; apprettare.**

sizzle ['sizl] *n.* [C] **sfrigolio.**

to **sizzle** ['sizl] *v. i.* ***1*** **sfrigolare** ***2*** (*fig.*) **friggere** (per la rabbia).

sizzler ['sizlə*] *n.* [C] (*fam.*) **giornata caldissima.**

sizzling ['sizliŋ] *a.* ***1*** **sfrigolante** ***2*** **caldissimo; bollente.**

(1) skate [skeit] *n.* [C] (*zool.*, Raja) **razza.**

(2) skate [skeit] *n.* [C] (*sport*) **pattino** ● *roller-s.,* pattino a rotelle.

to **skate** [skeit] *v. i.* (*sport*) **pattinare** ● *to roller-s.,* pattinare con pattini a rotelle; schettinare.

skateboard ['skeitbɔ:d] *n.* [C] **monopattino a quattro rotelle; « skateboard ».**

skater [skeitə*] *n.* [C] (*sport*) **pattinatore, pattinatrice.**

skating ['skeitiŋ] *n.* [U] (*sport*) **pattinaggio.**

skating-rink ['skeitiŋriŋk] *n.* [C] **pista di pattinaggio.**

to **skedaddle** [ski'dædl] *v. i.* (*fam.*) **svignarsela; darsela a gambe.**

skeet [ski:t] *n.* [U] (*sport,* anche *s. shooting*) **tiro al piattello.**

skein [skein] *n.* [C] ***1*** **matassa** ***2*** **stormo d'anatre selvatiche.**

skeletal ['skelitl] *a.* (*anat.*) **scheletrico; dello scheletro.**

skeleton ['skelitn] *n.* [C] ***1*** (*anat.*) **scheletro** ***2*** **ossatura; intelaiatura** ***3*** **schema; progetto schematico** ● (*fig.*) *a s. at the feast,* un guastafeste □ *a s. crew,* un equipaggio ridotto al minimo □ (*fig.*) *the s. in the cupboard* (o *the family s.*), il segreto di famiglia; la vergogna della famiglia (di cui nessuno parla); lo scheletro nell'armadio (*fig.*) □ *s. key,* chiave universale; passe-partout (*franc.*).

to **skeletonize** ['skelitənaiz] *v. t.* ***1*** **scheletrire** ***2*** (*fig.*)

schematizzare; abbozzare; ridurre all'essenziale.
skeptic ['skeptik] e *deriv. V.* **sceptic** e *deriv.*
sketch [sketʃ] *n.* [C] **1** schizzo; abbozzo; schema **2** bozzetto; scenetta; sketch **3** *(fam.)* tipo ridicolo; macchietta ● *s.-book,* album per schizzi; raccolta di bozzetti.
to **sketch** [sketʃ] **A** *v. t.* abbozzare **B** *v. i.* far schizzi.
sketchiness ['sketʃinis] *n.* [U] approssimazione; incompiutezza; incompletezza.
sketchy ['sketʃi] *a.* abbozzato; approssimativo; incompleto.
skew [skju:] *a.* obliquo; sghembo; sbilenco; storto.
skewbald ['skju:bɔ:ld] *a.* e *n.* (cavallo) pezzato.
skewer ['skjuə*] *n.* [C] schidione; spiedo.
to **skewer** ['skjuə*] *v. t.* schidionare; infilzare in uno spiedo.
skew-eyed [,skju:'aid] *a.* strabico.
ski [ski:] *n.* [C] *(sport)* sci ● *ski-boots,* scarponi da sci □ *ski-lift,* sciovia □ *ski-pole,* racchetta da sci.
to **ski** [ski:] *v. i. (sport)* sciare ● *to go skiing,* andare a sciare.
skibob ['ski:bɔb] *n.* [C] *(sport)* « skibob »; bicicletta da neve.
to **skid** [skid] *v. i.* scivolare; slittare ● *(autom.) to side-s.,* sbandare.
skid [skid] *n.* [C] **1** slittata; slittamento: *to go into a s.,* fare una slittata **2** freno a scarpa; martinicca **3** *(aeron.)* pattino ● *(autom.) s. chain,* catena da neve □ *(autom.) side-s.,* sbandata.
skidlid ['skid,lid] *n.* [C] *(fam.)* casco da motociclista.
skier ['ski:ə*] *n.* [C] *(sport)* sciatore, sciatrice.
skiff [skif] *n.* [C] barca a remi; barchetta.
skiing ['ski:iŋ] *n.* [U] *(sport)* (lo) sciare; lo (sport dello) sci.
skilful ['skilful] *a.* abile; bravo; destro; esperto.
skilfulness ['skilfulnis] *n.* [U] abilità; bravura; destrezza.
skill [skil] *n.* [U] e [C] abilità; bravura; destrezza; perizia.
skilled [skild] *a.* **1** *V.* **skilful 2** *(ind.)* qualificato; specializzato.
skillet ['skilit] *n.* [C] **1** casseruola col manico lungo **2** *(USA)* padella.
skilly ['skili] *n.* [U] *(cucina)* brodo lungo; brodaglia.
to **skim** [skim] **A** *v. t.* **1** schiumare; scremare; spannare (il latte) **2** sfiorare; rasentare **3** (anche *to s. through)* leggere rapidamente; scorrere **B** *v. i.* **1** (generalm. *to s. over, to s. along)* passare rasente **2** coprirsi di un velo (di schiuma, ecc.) ● *to s. the cream off,* togliere la panna (dal latte); *(fig.)* prendere il meglio (di).
skimmer ['skimə*] *n.* [C] scrematrice; spannatoia.
skim milk ['skim'milk] *n.* [U] latte scremato.
skimming ['skimiŋ] *n.* [U] scrematura; spannatura.
to **skimp** [skimp] **A** *v. t.* **1** lesinare; fare economia di (q.c.) **2** tenere (q.) a stecchetto **B** *v. i.* fare economie; essere tirchio.
skimpy ['skimpi] *a.* **1** insufficiente; scarso **2** spilorcio; tirchio.
skin [skin] *n.* **1** [U] pelle; cute; *(fig.)* vita: *to be only s. and bone(s),* essere tutto pelle e ossa □ *to save one's s.,* salvar la pelle; aver salva la vita **2** [C] pelle (d'animale): *rabbit skins,* pelli di coniglio **3** [C] otre (di pelle) **4** [C] e [U] buccia; scorza: *a banana s.,* una buccia di banana **5** [U] (del latte bollito) pellicola ● *(comm.) skins,* pelli; pellami □ *s.-deep,* a fior di pelle; superficiale; epidermico □ *(med.) s.-disease,* malattia cutanea □ *s.-diving,* pesca subacquea (in apnea) □ *(med.) s.-graft,* innesto epidermico □ *to escape by the s. of one's teeth,* uscirne per il rotto della cuffia; salvarsi per miracolo □ (anche *fig.*) *to have a thick s.,* aver la pelle dura □ *(fig.) to have a thin s.,* esser troppo delicato (o ipersensibile, suscettibile) □ *(anat.) inner s.,* derma □ *(anat.) outer s.,* epidermide.
to **skin** [skin] **A** *v. t.* **1** scorticare; scuoiare **2** sbucciare; pelare **3** *(pop.)* imbrogliare; truffare; pelare **B** *v. i.* (spesso *to s. over)* (di ferita) cicatrizzarsi ● *(fam.) to s. oneself,* spogliarsi □ *(fam.) to keep one's eyes skinned,* tener gli occhi aperti; stare in guardia.
to **skin-dive** ['skindaiv] *v. i. (sport)* immergersi in apnea; pescare in apnea.
skinflint ['skin,flint] *n.* [C] avaro; spilorcio; taccagno.
skinhead ['skinhed] *n.* [C] teppista dalla testa rapata.
skinner ['skinə*] *n.* [C] conciapelli; pellaio.
skinny ['skini] *a.* **1** macilento; magro; scarno **2** *(fig.)* gretto.
skin-tight [,skin'tait] *a.* molto aderente; attillato.
skip [skip] *n.* [C] **1** salto; saltello; balzo **2** omissione.
to **skip** [skip] **A** *v. i.* **1** saltare; saltellare; balzare **2** saltare alla corda **3** saltare di palo in frasca; cambiare discorso **4** *(fam.)* fare un salto (o un viaggetto) **5** *(fam.,* di solito *to s. off)* svignarsela; tagliar la corda **B** *v. t.* saltare; omettere; tralasciare ● *skipping-rope,* corda per saltare.
skipper ['skipə*] *n.* [C] **1** *(naut.)* capitano (specialm. di piccolo mercantile o di peschereccio) **2** *(sport)* capitano (d'una squadra).
skirmish ['skə:miʃ] *n.* [C] **1** *(mil.)* scaramuccia **2** *(fig.)* schermaglia.
to **skirmish** ['skə:miʃ] *v. i.* fare scaramucce.
skirt [skə:t] *n.* [C] **1** sottana; gonna **2** falda (di vestito); lembo; margine: *on the skirts of the town,* ai margini della città; alla periferia **3** *(pop.)* sottana; donna ● *divided s.,* gonna a pantaloni.
to **skirt** [skə:t] *v. t.* e *i.* costeggiare; rasentare.
skirting-board ['skə:tiŋbɔ:d] *n.* [C] *(edil.)* zoccolo; battiscopa.
skit [skit] *n.* [C] burla; parodia: *a s. on sb.,* una parodia di q.
skittish ['skitiʃ] *a.* **1** (di cavallo) ombroso **2** civettuolo; lezioso; smorfioso **3** incostante; volubile.
skittishness ['skitiʃnis] *n.* [U] **1** (di cavallo) ombrosità **2** civetteria; leziosaggine; leziosità **3** incostanza; volubilità.
skittle ['skitl] *n.* **1** [C] birillo **2** *(al pl. col verbo al sing.)* gioco dei birilli ● *s.-pins,* birilli □ *(pop.) Skittles!,* sciocchezze!; storie! □ *(fig.) Life is not all beer and skittles,* la vita non è un letto di rose.
to **skive** [skaiv] *v. i. (pop.)* fare il lavativo; fare lo scansafatiche.
skiver ['skaivə*] *n.* [C] *(pop.)* lavativo; scansafatiche.
skivvy ['skivi] *n.* [C] *(fam.)* domestica; serva.
to **skulk** [skʌlk] *v. i.* **1** appiattarsi **2** *(fig.)* sottrarsi al proprio dovere **3** muoversi furtivamente.
skulk [skʌlk], **skulker** ['skʌlkə*] *n.* [C] scansafatiche; lavativo.
skull [skʌl] *n.* [C] **1** *(anat.)* cranio; teschio **2** *(fig.)* testa; zucca: *an empty s.,* una zucca vuota ● *s. and crossbones,* teschio e tibie incrociate (emblema dei pirati) □ *(fig.) to have a thick s.,* essere uno zuccone.
skull-cap ['skʌlkæp] *n.* [C] papalina; zucchetto.
skunk [skʌŋk] *n.* **1** [C] *(zool.,* Mephitis*)* moffetta **2** [U] pelliccia di moffetta **3** [C] *(fam.)* individuo spregevole; furfante.
sky [skai] *n.* **1** *(generalm. al sing. con l'art. determ.; se preceduto da un agg. qualificativo, con l'art. indeterm.)* cielo: *a starry sky,* un cielo stellato **2** *(al pl.)* cieli; clima: *warmer skies,* un clima più caldo ● *(pop.) sky pilot,* cappellano militare □ *sky-writing,* pubblicità mediante scritte tracciate da un aeroplano □ *to praise sb. to the skies,* portare q. alle stelle □ *under the open sky,* all'aperto.
to **sky** [skai] *v. t. (fam.)* lanciare (una palla) in alto.
sky-blue [,skai'blu:] *a.* azzurro; turchino.
to **skydive** ['skai,daiv] *v. i.* fare del paracadutismo acrobatico.
skydiver ['skai,daivə*] *n.* [C] paracadutista acrobatico.
skydiving ['skai,daiviŋ] *n.* [U] pacaradutismo acrobatico.
to **skyjack** ['skaidʒæk] *v. t.* dirottare (un aereo).

skyjacker ['skai,dʒækə*] *n.* [C] **dirottatore; pirata dell'aria.**

skyjacking ['skai,dʒækiŋ] *n.* [U] e [C] **dirottamento** (di un aereo).

skylark ['skaila:k] *n.* [C] (*zool.*, Alauda arvensis) **allodola.**

to **skylark** ['skaila:k] *v. i.* **far chiasso; ruzzare; scherzare.**

skylight ['skailait] *n.* [C] **lucernario.**

sky-line ['skailain] *n.* [C] ***1*** **orizzonte *2* profilo**: *the s. of New York,* il profilo di New York (quale appare dalla nave a chi arriva).

skyscraper ['skai,skreipə*] *n.* [C] **grattacielo.**

skyward ['skaiwəd] ***A*** *a.* **volto** (o **diretto**) **verso il cielo *B*** *avv.* **verso il cielo.**

skywards ['skaiwədz] *avv.* **verso il cielo.**

slab [slæb] *n.* [C] ***1*** **lastra; lastrone; piastra *2*** (*edil.*) **soletta.**

to **slab** [slæb] *v. t.* ***1*** **spaccare** (una pietra) **in lastre *2* squadrare** (tronchi d'albero) ***3*** **lastricare.**

(1) slack [slæk] *a.* ***1*** **lento; allentato *2* fiacco; indolente; inerte; trasandato; trascurato** ● (*econ.*) *a s. period,* un periodo di ristagno □ *the s. season,* la stagione morta □ *Trade* (o *business*) *is s.,* gli affari ristagnano.

(2) slack [slæk] *n.* ***1*** [U] (*naut.*) **imbando** (di una cima, di una fune) ***2*** [C] (*econ., fin.*) **periodo di ristagno *3*** [U] (*dial.*) **impertinenza; sfacciataggine *4*** [U] (*ind. mineraria*) **polvere di carbone *5*** (*al pl.*) **pantaloni sportivi.**

to **slack** [slæk] ***A*** *v. t.* ***1*** (spesso *to s. off*) **allentare *2* spegnere** (calce) ***B*** *v. i.* ***1*** (spesso *to s. off, to s. up*) **rallentare; diminuire il ritmo di lavoro** (o **di studio**)**; rilassarsi *2*** (*fam.*) **essere pigro; poltrire.**

to **slacken** ['slækən] ***A*** *v. t.* ***1*** **diminuire; ridurre; scemare**: *to s. speed,* ridurre la velocità; rallentare ***2*** **allentare *3*** (*naut.*) **allascare; mollare *B*** *v. i.* ***1*** **diminuire; calare; ridursi *2* rilassarsi; rallentare il ritmo; impigrire *3*** (di corda, ecc.) **allentarsi.**

slacker ['slækə*] *n.* [C] **scansafatiche; fannullone; poltrone.**

slackness ['slæknis] *n.* [U] ***1*** **lentezza** (d'una fune) ***2*** **fiacchezza; indolenza; rilassatezza *3*** (anche *s. in business*) **ristagno negli affari.**

slag [slæg] *n.* [U] (*metall.*) **scoria.**

slain [slein] *p.p.* di to **slay.**

to **slake** [sleik] *v. t.* **spegnere; estinguere; smorzare;** (*fig.*) **appagare, soddisfare**: *to s. lime,* spegnere la calce □ *to s. one's desire for revenge,* appagare il proprio desiderio di vendetta.

slalom ['sla:ləm] *n.* [U] e [C] (*sport*) **slalom; discesa obbligata** ● *s. racer,* slalomista.

to **slam** [slæm] ***A*** *v. t.* ***1*** **sbattere; sbatacchiare; chiudere con forza *2* gettare** (o **lanciare, scagliare**) **con forza; scaraventare *B*** *v. i.* (di porta, ecc.) **chiudersi fragorosamente; sbattere** ● (anche *fig.*) *to s. the door in sb.'s face,* sbattere la porta in faccia a q.

slam [slæm] *n.* [C] ***1*** **sbattuta; sbatacchiamento *2* forte colpo *3*** (nei giochi di carte: bridge, ecc.) **« slam »; cappotto.**

slander ['sla:ndə*] *n.* ***1*** [U] e [C] **calunnia; maldicenza *2*** [U] (*leg.*) **diffamazione** (verbale; cfr. *libel*).

to **slander** ['sla:ndə*] *v. t.* **calunniare; diffamare.**

slanderer ['sla:ndərə*] *n.* [C] **calunniatore; diffamatore.**

slanderous ['sla:ndərəs] *a.* ***1*** **calunnioso; diffamatorio *2* maldicente.**

slang [slæŋ] *n.* [U] **gergo; linguaggio convenzionale.**

to **slang** [slæŋ] *v. t.* **ingiuriare; insultare; vituperare** ● *slanging match,* scambio d'insulti.

slangy ['slæŋi] *a.* ***1*** **di gergo; gergale *2* che parla il gergo.**

to **slant** [sla:nt] ***A*** *v. i.* **inclinarsi; pendere; essere in pendenza *B*** *v. t.* ***1*** **inclinare; far pendere; rendere obliquo *2* presentare** (notizie) **in modo tendenzioso; svisare.**

slant [sla:nt] *n.* [C] ***1*** **inclinazione; declivio *2* punto di vista; angolazione** ● *on the s.,* obliquamente; di traverso.

slanting ['sla:ntiŋ] *a.* **inclinato; obliquo; in pendenza.**

slantingly ['sla:ntiŋli], **slantwise** ['sla:nt,waiz] *avv.* **obliquamente; a sghembo; di traverso.**

(1) slap [slæp] *n.* [C] **schiaffo; ceffone;** (*fig.*) **smacco.**

to **slap** [slæp] *v. t.* ***1*** **schiaffeggiare; prendere a ceffoni *2* sbattere** ● *to s. sb.'s face,* dare uno schiaffo a q.

(2) slap [slæp] *avv.* (*fam.*) ***1*** **improvvisamente; di colpo *2* dritto; in pieno; a capofitto** ● *s.-bang,* di colpo; violentemente.

slapdash ['slæpdæʃ] ***A*** *a.* ***1*** **precipitoso; sventato *2*** (di lavoro) **abborracciato; frettoloso; malfatto *B*** *avv.* **frettolosamente; a casaccio.**

slaphappy ['slæp,hæpi] *a.* (*fam.*) **pazzamente felice.**

slapstick ['slæpstik] *n.* [U] **comicità grossolana; scherzi maneschi.**

slap-up ['slæpʌp] *a.* (*pop.*) **eccellente; magnifico; coi fiocchi**: *a s. dinner,* un pranzo coi fiocchi.

to **slash** [slæʃ] ***A*** *v. t.* ***1*** **tagliare; squarciare; sfregiare *2* frustare; fustigare; sferzare *3* far schioccare** (la frusta) ***4*** (*fig.*) **tagliare; ridurre drasticamente *5*** (*fig.*) **criticare aspramente; stroncare *B*** *v. i.* (di solito *to s. at*) **menar colpi** (col coltello, la spada, ecc.); **dar frustate.**

slash [slæʃ] *n.* [C] ***1*** **colpo** (di coltello, di spada, ecc.); **fendente *2* frustata; sferzata *3* taglio; squarcio; sfregio *4*** (in un abito) **spacco.**

slat [slæt] *n.* [C] **assicella; stecca** (anche metallica; specialm. di veneziana).

slate [sleit] ***A*** *n.* ***1*** [U] (*miner.*) **ardesia; lavagna *2*** [C] **tegola d'ardesia *3*** [C] **lavagna portatile; lavagnetta *B*** *a. attr.* ***1*** **d'ardesia *2*** (anche *s.-coloured*) **color ardesia** ● *s. grey,* grigio ardesia □ (*fig.*) *to have a clean s.,* avere la fedina penale pulita □ (*fig.*) *Let's wipe the s. clean,* mettiamoci sopra una pietra (*fig.*).

(1) to **slate** [sleit] *v. t.* ***1*** **coprire** (un tetto) **di tegole d'ardesia *2*** (*USA*) **proporre per una carica *3*** (*USA*) **mettere in programma** (uno spettacolo, ecc.).

(2) to **slate** [sleit] *v. t.* (*fam.*) ***1*** **criticare aspramente; stroncare *2* rimproverare severamente; sgridare.**

(1) slating ['sleitiŋ] *n.* [U] ***1*** **copertura** (di tetti) **con tegole d'ardesia *2* lastre d'ardesia.**

(2) slating ['sleitiŋ] *n.* (*solo al sing.*) ***1*** **stroncatura *2* lavata di capo.**

slattern ['slætə:n] *n.* [C] **sciattona; donna trasandata.**

slatternly ['slætənli] *a.* **sciatto; trasandato.**

slaty ['sleiti] *a.* ***1*** **simile all'ardesia *2* che contiene ardesia.**

slaughter ['slɔ:tə*] *n.* ***1*** [U] **macellazione; mattazione *2*** [U] e [C] (*fig.*) **macello; carneficina; massacro; strage.**

to **slaughter** ['slɔ:tə*] *v. t.* ***1*** **macellare *2*** (*fig.*) **massacrare.**

slaughter-house ['slɔ:təhaus] *n.* [C] **mattatoio; macello.**

slaughterous ['slɔ:tərəs] *a.* **distruttivo; micidiale.**

Slav [sla:v] *n.* [C] e *a.* **slavo.**

slave [sleiv] *n.* [C] (anche *fig.*) **schiavo, schiava**: *to be a s. to drink,* essere schiavo dell'alcol ● *s.-driver,* sorvegliante di schiavi □ *s.-ship,* nave negriera □ *s.-trade,* tratta degli schiavi □ *s.-trader,* mercante di schiavi; negriero □ *white-s. traffic,* tratta delle bianche.

to **slave** [sleiv] *v. i.* **lavorare come uno schiavo; sfacchinare.**

(1) slaver ['sleivə*] *n.* [C] ***1*** **mercante di schiavi *2* nave negriera.**

to **slaver** ['sleivə*] ***A*** *v. i.* **sbavare; fare la bava *B*** *v. t.* **bagnare di saliva; sbavare.**

(2) slaver ['sleivə*] *n.* [U] ***1*** **bava; saliva *2*** (*fig.*) **adulazione servile.**

slavery ['sleivəri] *n.* [U] ***1*** **schiavitù** (anche *fig.*) ***2*** **schiavismo *3* lavoro da schiavo** ● *to be sold into s.,* esser venduto come schiavo.

slavey ['sleivi] *n.* (*pop.*) **cameriera, servetta** (specialm. in una pensione).

Slavic ['sla:vik], *a.* e *n.* **slavo.**

slavish ['sleiviʃ] *a.* **1** servile; abietto **2** *(fig.)* pedissequo.

Slavonic [slə'vɔnik] *a.* e *n.* slavo.

slaw [slɔ:] *n.* [U] *(cucina,* specialm. *USA)* insalata di cavoli; cavoli in insalata.

to **slay** [slei] *(pass.* **slew** [slu:], *p.p.* **slain** [slein]) *v. t.* *(lett.)* uccidere; trucidare.

slayer ['sleiə*] *n.* [C] uccisore; assassino.

sleazy ['sli:zi] *a.* **1** (specialm. di tessuto) sottile; privo di consistenza **2** *(fam.)* sporco; sciatto; trasandato; squallido.

sled [sled], **sledge** [sledʒ] *n.* [C] **1** slitta **2** *(agric.)* treggia; traino.

to **sled** [sled], to **sledge** [sledʒ] **A** *v. i.* andare in slitta **B** *v. t.* trasportare su slitta.

sledge-hammer ['sledʒ,hæmə*] *n.* [C] martello da fabbro; mazza; maglio ● *s. blow,* colpo di mazza; mazzata.

sleek [sli:k] *a.* **1** (dei capelli, del pelo) liscio; lucido; lustro **2** *(fig.)* untuoso; insincero; strisciante.

to **sleek** [sli:k] *v. t.* lisciare.

sleep [sli:p] *n.* **1** [U] sonno: *to talk in one's s.,* parlare nel sonno **2** [C] dormita ● *to get to s.,* prender sonno □ *to go to s.,* addormentarsi □ *to put (o to send) sb. to sleep,* far dormire (o addormentare) q.

to **sleep** [sli:p] *(pass.* e *p.p.* **slept** [slept]) **A** *v. i.* dormire *(anche fig.)*; riposare **B** *v. t.* **1** dormire: *to s. the sleep of the just,* dormire il sonno dei giusti **2** *(fam.)* dar da dormire a; potere ospitare ● *to s. the clock round,* dormire dodici ore di fila □ *to s. like a log (o a top),* dormire come un ghiro □ *to s. one's time away,* passare il tempo dormendo; dormirsela □ *(eufemistico) to s. with sb.,* andare a letto con q.

sleeper ['sli:pə*] *n.* [C] **1** dormiente **2** *(ferr.,* anche *sleeping-car)* vagone letto **3** *(ferr.)* traversina (di binario) **4** *(edil.)* dormiente ● *a bad (good) s.,* uno che dorme male (bene).

sleeping ['sli:piŋ] *a.* dormiente; addormentato.

sleeping-bag ['sli:piŋbæg] *n.* [C] sacco a pelo.

sleeping-car ['sli:piŋka:*] *n.* [C] *(ferr.)* vagone letto.

sleeping-draught ['sli:piŋdra:ft] *n.* [C] sonnifero (pozione).

sleeping-pill ['sli:piŋpil] *n.* [C] *(farm.)* sonnifero (in pillola); pillola per dormire.

sleeping-sickness ['sli:piŋ,siknis] *n.* [U] *(med.)* tripanosomiasi; malattia del sonno.

sleepless ['sli:plis] *a.* **1** insonne **2** senza sosta; febbrile *(fig.)* **3** senza posa; irrequieto.

sleeplessness ['sli:plisnis] *n.* [U] insonnia.

sleep-walker ['sli:p,wɔ:kə*] *n.* [C] sonnambulo.

sleep-walking ['sli:p,wɔ:kiŋ] *n.* [U] sonnambulismo.

sleepy ['sli:pi] *a.* sonnolento; assonnato; soporifico ● *s.-head,* dormiglione □ *to feel s.,* aver sonno.

sleet [sli:t] *n.* [U] pioggia ghiacciata (o mista a grandine); nevischio; nevischiare.

to **sleet** [sli:t] *v. i.* *(impers.)* venir giù nevischio; nevischiare.

sleeve [sli:v] *n.* [C] **1** manica (d'abito): *to roll up (o to turn up) one's sleeves,* rimboccarsi (o tirarsi su) le maniche *(anche fig.)* **2** *(mecc.)* manicotto **3** *(mus.)* copertina (di disco) ● *(fig.) to have a card (a plan, etc.) up one's s.,* avere un asso nella manica (un progetto, ecc. di riserva) □ *(fig.) to wear one's heart on one's s.,* parlare col cuore in mano.

sleeveless ['sli:vlis] *a.* senza maniche.

sleigh [slei] *n.* [C] slitta (specialm. tirata da cavalli).

to **sleigh** [slei] **A** *v. i.* andare in slitta **B** *v. t.* trasportare su una slitta.

sleight [slait] *n.* [U] abilità; destrezza.

sleight(-)of(-)hand ['slaitɔv,hænd] *n.* **1** [U] destrezza di mano **2** [C] gioco di prestigio; *(fig.)* trucco.

slender ['slendə*] *a.* **1** esile; snello; sottile; magro; smilzo **2** fragile; esiguo; scarso; tenue; magro *(fig.)*.

slenderness ['slendənis] *n.* [U] **1** esilità; snellezza; sottogliezza; magrezza **2** esiguità; scarsezza; tenuità.

slept [slept] *pass.* e *p.p.* di to **sleep.**

sleuth [slu:θ], **sleuth-hound** ['slu:θ,haund] *n.* [C] **1** segugio; cane poliziotto **2** *(fig., fam.)* investigatore; detective; segugio *(fam.)*.

slew [slu:] *pass.* di to **slay.**

to **slew** [slu:] **A** *v. t.* girare; torcere **B** *v. i.* girare; girarsi; rotare.

slice [slais] *n.* [C] **1** fetta; trancia; *(fig.)* porzione, parte **2** paletta **3** *(ind. mineraria)* trancia **4** *(sport)* colpo che taglia la palla.

to **slice** [slais] **A** *v. t.* **1** (spesso *to s. up*) affettare; tagliare a fette **2** incidere; tagliare **3** *(sport)* tagliare (una palla) **B** *v. i.* *(sport)* tagliare la palla.

slicer ['slaisə*] *n.* [C] affettatrice (macchina).

slick [slik] **A** *a.* **1** liscio **2** scivoloso; sdrucciolevole **3** untuoso; falso; viscido **4** *(fam.)* abile; ingegnoso; ben congegnato; ben riuscito **5** *(fam.)* eccellente; ottimo **B** *avv. (fam.)* **1** esattamente; dritto; proprio: *to hit sb. s. in the eye,* colpire q. proprio nell'occhio **2** abilmente; ingegnosamente.

to **slick** [slik] *v. t.* lisciare ● *(fam. USA) to s. up,* agghindare.

slicker ['slikə*] *n.* [C] *(USA)* **1** impermeabile (specialm. in tela cerata) **2** furbacchione.

to **slide** [slaid] *(pass.* e *p.p.* **slid** [slid]) **A** *v. i.* scivolare *(anche fig.)*; sdrucciolare; *(mecc.)* scorrere; *(econ., polit.)* slittare: *to s. on the ice,* scivolare sul ghiaccio □ *(fig.) to s. into sin,* scivolare nel peccato **B** *v. t.* far scivolare; far scorrere; tirare ● *to s. over a subject,* sorvolare su un argomento □ *to let things s.,* lasciar correre; lasciare che le cose vadano per il loro verso.

slide [slaid] *n.* [C] **1** scivolata; scivolone; sdrucciolone **2** scivolo; sdrucciolo (su ghiaccio, ecc.) **3** *(scient.)* vetrino (da microscopio) **4** *(fotogr., cinem.)* diapositiva; **5** (anche *landslide)* frana; lavina; slavina **6** (anche *snowslide)* valanga **7** *(mecc.,* anche *slideway)* guida (di scorrimento) ● *s.-fastener,* chiusura lampo □ *s.-rule,* regolo calcolatore.

sliding ['slaidiŋ] *a.* scorrevole; mobile: *a s. door,* una porta scorrevole ● *s. bar,* catenaccio □ *(mecc.) s. block,* pattino □ *(econ.) s. scale,* scala mobile (dei salari, ecc.).

(1) slight [slait] *a.* **1** esile; snello; smilzo; sottile; magro **2** debole; delicato; fragile **3** esiguo; leggero; lieve; scarso; tenue; piccolo: *to pay s. attention,* prestare scarsa attenzione ● *in the slightest,* minimamente □ *Not in the slightest!,* neanche a dirlo!; nemmeno per sogno!

to **slight** [slait] *v. t.* **1** disdegnare; sdegnare; mancar di rispetto a (q.) **2** trascurare; negligere *(lett.)*.

(2) slight [slait] *n.* [C] **1** affronto; offesa; mancanza di rispetto: *to put a s. upon sb.,* fare un affronto a q. **2** negligenza.

slightly ['slaitli] *avv.* **1** esilmente; debolmente **2** leggermente; un po' ● (di persona) *s. built,* di costituzione delicata; esile.

slim [slim] *a.* **1** esile; magro; smilzo; snello; sottile **2** scarso; tenue; magro *(fig.)* **3** *(fam.)* astuto; scaltro; senza scrupoli.

to **slim** [slim] **A** *v. i.* dimagrire; smagrire **B** *v. t.* far dimagrire.

slime [slaim] *n.* [U] **1** limo; fanghiglia; melma **2** bava; mucillagine.

to **slime** [slaim] *v. t.* **1** coprire di limo (o di melma) **2** (specialm. di serpente) ricoprire di bava (la preda).

sliminess ['slaiminis] *n.* [U] **1** viscosità; melmosità **2** *(fig.)* untuosità; servilità.

slimy ['slaimi] *a.* **1** limaccioso; fangoso; melmoso **2** *(fig.)* viscido; untuoso; servile **3** *(fig.)* disgustoso; ripugnante.

sling [sliŋ] *n.* [C] **1** fionda; frombola *(lett.)* **2** colpo di fionda; *(poet.)* colpo **3** imbraca; imbracatura (per sollevare pesi) ● *to wear one's arm in a s.,* portare un braccio al collo.

to **sling** [sliŋ] *(pass.* e *p.p.* **slung** [slʌŋ]) *v. t.* **1** lanciare (o scagliare) con la fionda; frombolare *(lett.)* **2** lanciare; scagliare; tirare **3** sospendere; attaccare **4** imbracare ● *to s. st. over one's shoulders,* mettersi q.c. ad armacollo.

to **slink** [sliŋk] *(pass.* e *p.p.* **slunk** [slʌŋk]) **A** *v. i.* camminare furtivamente; strisciare; sgattaiolare **B**

v. t. (di animali) **figliare prematuramente** ● *to s. away (o off, out),* filar via; svignarsela.
slink [sliŋk] *n.* © **animale** (specialm. **vitello) nato prematuramente.**
slip [slip] *n.* © ***1*** **scivolata; scivolone; sdrucciolone *2* errore; sbaglio; svista**: *a s. in spelling,* un errore d'ortografia ***3*** **federa *4* sottabito; sottoveste *5* grembiule *6*** *(bot.)* **pollone** (per innesto); **marza *7* striscia** (di carta); **stecca** (di legno); **talloncino *8*** *(aeron.,* anche *slipway)* **scivolo** (per idroplani) ***9*** *(naut.,* anche *slipway)* **scalo di alaggio *10* guinzaglio *11*** *(al pl., teatr.)* **quinte *12*** *(al pl.)* **slip; mutandine** (da bagno) ***13*** *(tipogr.)* **colonna** (di bozze di stampa) ● *a s. of the pen,* un « lapsus calami »; un errore di scrittura □ *a s. of the tongue,* un « lapsus linguae »; una parola sfuggita per errore □ *(tipogr.) s. proof,* bozza in colonna □ *(autom.) s.-road,* rampa di accesso (di un'autostrada) □ *to give sb. the s.,* sfuggire a q.; svignarsela □ *(fig.) a (mere) s. of a boy (of a girl),* un ragazzetto (una ragazzetta) esile; un soldo di cacio *(fig.).*
to **slip** [slip] ***A*** *v. i.* ***1*** **scivolare; sdrucciolare; sgusciare (via); sfuggire**: *It slipped out of my hand,* mi scivolò di mano ***2*** **andare furtivamente; passare inosservato; scivolare; svignarsela**: *to s. away without being seen,* svignarsela inosservato ***3*** **fare un passo falso** *(fig.);* **commettere un errore; sbagliare *4*** *(fam.)* **essere in declino; decadere; peggiorare *5*** *(mecc.)* **slittare *B*** *v. t.* ***1*** **far scivolare; far scorrere; infilare; sfilare**: *to s. a coin into sb.'s pocket,* infilare una moneta in tasca a q. □ *to s. on (off) one's clothes,* infilarsi (sfilarsi) i vestiti ***2*** **sciogliere; liberare**: *to s. the greyhounds,* sciogliere i levrieri (alle corse, ecc.) ***3*** **sfuggire a, sottrarsi a** (q., q.c.) ***4*** (di animali) **figliare prematuramente** ● *to s. into a dress,* infilarsi un vestito □ *to s. out of a dress,* sfilarsi un vestito di dosso □ (nel lavoro a maglia) *to s. a stitch,* non lavorare una maglia □ *(fam.) to s. up,* sbagliare; far fiasco □ *to let s. (o to s. in) a cutting remark,* lasciarsi scappare un'osservazione pungente.
slipped disc [ˌslipt'disk] *n. (solo al sing.) (med.)* **ernia del disco.**
slipper ['slipə*] *n.* © **pantofola; ciabatta; pianella.**
slippered ['slipəd] *a.* **in pantofole.**
slippery ['slipəri] *a.* ***1*** **sdrucciolevole; viscido** *(anche fig.);* **lubrico** *(lett.)* ***2*** **disonesto; ingannevole; infido; privo di scrupoli.**
slippy ['slipi] *a. (fam.* o *dial.) V.* **slippery** ● *(pop.) Be s. about it!,* sbrigati!
slipshod ['slipʃɔd] *a.* ***1*** **scalcagnato *2*** *(fig.)* **trascurato; trasandato; disordinato; sciatto.**
slipslop ['slipslɔp] *n.* Ⓤ ***1*** **brodaglia *2* scritto lungo e scipito; discorso a vanvera.**
slipway ['slipwei] *n.* © ***1*** *(naut.)* **scalo di alaggio *2*** *(aeron.)* **scivolo** (per idroplani).
to **slit** [slit] *(pass.* e *p.p.* **slit**) ***A*** *v. t.* **tagliare** (per il lungo); **fendere**: *to s. st. into strips,* tagliare q.c. a strisce ***B*** *v. i.* **fendersi.**
slit [slit] *n.* © ***1*** **taglio longitudinale; fenditura *2* fessura *3* feritoia *4*** *(moda)* **spacco.**
to **slither** ['sliðə*] *v. i.* **scivolare; sdrucciolare.**
slithery ['sliðəri] *a.* **sdrucciolevole.**
sliver ['slivə*] *n.* © **frammento; pezzetto; scheggia.**
to **sliver** ['slivə*] ***A*** *v. t.* **spezzare; fare a pezzi; scheggiare *B*** *v. i.* **spezzarsi; scheggiarsi; andare in pezzi.**
slob [slɔb] *n.* © *(pop.)* **persona rozza; zoticone; villanzone.**
to **slobber** ['slɔbə*] *v. i.* e *t.* ***1*** **sbavare, sbavarsi; bagnare di saliva *2*** *(fig.)* **fare il sentimentale *3* abborracciare** (un lavoro).
slobber ['slɔbə*] *n.* Ⓤ ***1*** **bava; sbavatura; saliva *2*** *(fig.)* **sentimentalismo.**
slobbery ['slɔbəri] *a.* ***1*** **bavoso *2*** *(fig.)* **sentimentale; svenevole.**
sloe [slou] *n.* © *(bot.)* ***1*** **prugnola; susina di macchia *2*** (Prunus spinosa) **prugnolo; susino di macchia.**
to **slog** [slɔg] *v. i.* e *t.* ***1*** **picchiar forte; colpire con violenza *2*** (spesso *to s. on, away)* **procedere a fatica; faticare; sgobbare.**
slog [slɔg] *n.* © ***1*** **colpo violento *2* faticata; sgobbata.**
slogan ['slougən] *n.* © ***1*** *(stor.)* **grido di guerra** (in Scozia) ***2*** **slogan; motto pubblicitario** (o **propagandistico).**
sloop [slu:p] *n.* © *(naut.)* ***1*** « **sloop** » (imbarcazione da diporto) ***2*** *(mil.)* **corvetta.**
to **slop** [slɔp] ***A*** *v. i.* ***1*** (di liquido) **traboccare; versarsi *2* diguazzare; sguazzare *B*** *v. t.* ***1*** **spandere; versare *2* bagnare; sporcare.**
(1) slop [slɔp] *n. (generalm. al pl.)* **lavatura di piatti;** *(fig.)* **brodaglia.**
(2) slop [slɔp] *n. (al pl.)* **abiti bell'e fatti, di poco prezzo;** *(naut.)* **corredo di marinaio** ● *s.-shop,* bottega da rigattiere.
(3) slop [slɔp] *n.* © *(pop.)* **poliziotto; sbirro, piedipiatti** *(spreg.).*
slope [sloup] *n.* Ⓤ e © ***1*** **pendio; pendenza; inclinazione; china; declivio; pendice; rampa; scarpata *2*** *(mil.)* **posizione inclinata** (del fucile) ***3*** *(econ.)* **recessione** ● *a downward s.,* una discesa □ *an upward s.,* una salita.
to **slope** [sloup] ***A*** *v. i.* ***1*** **essere inclinato; pendere *2* inclinarsi *B*** *v. t.* **inclinare** ● *(fam.) to s. off,* svignarsela □ *(mil.) Slope arms!,* spall'arm!
sloping ['sloupiŋ] *a.* **inclinato; in pendenza.**
sloppy ['slɔpi] *a.* ***1*** **bagnato** (d'acqua sporca, ecc.); **fangoso; sdrucciolevole; umido; viscido *2*** *(fam.)* **sciatto; trasandato; trascurato *3*** *(fam.)* **sentimentale; svenevole; sdolcinato *4*** (di cibo) **brodoso** ● *(fam.) s. joe,* maglione a sacco.
to **slosh** [slɔʃ] *v. t. (pop.)* **percuotere; picchiare.**
sloshed [slɔʃt] *a. (pop.)* **ubriaco; sbronzo** *(fam.).*
slot [slɔt] *n.* © ***1*** **apertura** (lunga e stretta); **fessura *2*** *(mecc.)* **scanalatura *3*** *(radio, telev.)* **spazio** (per un programma, uno stacco pubblicitario, ecc.).
to **slot** [slɔt] *v. t.* ***1*** **introdurre, inserire** (in una fessura) ***2*** **fare un'apertura in; aprire una fessura in *3*** *(mecc.)* **scanalare; stozzare.**
sloth [slouθ] *n.* ***1*** Ⓤ **accidia; indolenza; infingardaggine *2*** © *(zool.,* Bradypus) **bradipo.**
slothful ['slouθful] *a.* **accidioso; indolente; infingardo.**
slot-machine ['slɔtməˌʃi:n] *n.* © **distributore automatico** (a monete o a gettoni); **macchina mangiasoldi.**
to **slouch** [slautʃ] ***A*** *v. i.* **ciondolare; penzolare; camminare dinoccolato *B*** *v. t.* **piegare la tesa del** (cappello) ● *to s. about,* gironzolare.
slouch [slautʃ] *n.* © ***1*** **andatura goffa** (o **dinoccolata) *2* inclinazione** (della tesa del cappello) ***3*** **pigrone *4*** *(fam.)* **scalzacane; schiappa** ● *s. hat,* cappello a cencio; cappello floscio.
slouchy ['slautʃi] *a.* **scomposto; trasandato.**
(1) slough [slau] *n.* © **pantano; palude.**
(2) slough [slʌf] *n.* © ***1*** **spoglia, scaglia** (specialm. delle serpi) ***2*** *(med.)* **tessuto morto; crosta; squama** (di pelle, ecc.).
to **slough** [slʌf] ***A*** *v. t.* ***1*** (delle serpi, ecc.) **mutare** (la pelle) ***2*** **spogliarsi di; abbandonare; smettere:** *to s. (off) a bad habit,* smettere una cattiva abitudine ***B*** *v. i.* ***1*** (di tessuto morto, ecc.) **distaccarsi; squamarsi *2*** (di serpi) **mutar pelle.**
Slovak ['slouvæk] *a.* e *n.* © **slovacco** (anche la lingua).
sloven ['slʌvən] *n.* © **sciattone, sciattona; sudicione, sudiciona.**
Slovene ['slouvi:n] *a.* e *n.* © **sloveno** (anche la lingua).
Slovenian [slou'vi:njən] *V.* **Slovene.**
slovenliness ['slʌvənlinis] *n.* Ⓤ **sciatteria; sudiceria; trasandatezza.**
slovenly ['slʌvənli] *a.* **sciatto; sudicio; trasandato; trascurato.**
slow [slou] ***A*** *a.* ***1*** **lento; tardo; indolente;** *(fig.)* **tardo di mente, ottuso *2* monotono; noioso *3*** (del terreno, ecc.) **pesante; poco scorrevole *4*** *(econ.)* **fiacco *B*** *avv. (fam.)* **lentamente; piano; adagio** ● *(cinem.) s.-motion film,* pellicola al rallentatore □ *s.-moving,* lento □ *(ferr.) s. train,* treno accelerato □ *My watch is two minutes s.,* il

mio orologio è indietro di due minuti □ (cartello stradale) *Go s.!*, rallentare!

to **slow** [slou] ***A*** *v. i.* (di solito *to s. down, to s. up*) **rallentare; ridurre la velocità *B*** *v. t.* ***1*** **ridurre la velocità di** (un veicolo, ecc.) ***2*** *(fig.)* **rallentare; frenare.**

slowcoach ['sloukoutʃ] *n.* [C] *(fam.)* ***1*** **posapiano; pigrone *2* individuo tardo di mente; testone; zuccone *3* persona d'idee arretrate.**

slow-down ['slou,daun] *n.* [C] ***1*** **rallentamento** (specialm. dell'attività, del ritmo di lavoro) ***2*** **sciopero bianco** (con rallentamento del lavoro).

slowness ['slounis] *n.* [U] ***1*** **lentezza; indolenza *2*** *(fig.)* **ottusità *3*** (dell'orologio) **ritardo.**

slow-worm ['slouwə:m] *n.* [C] *(zool.*, Anguis fragilis*)* **orbettino.**

sludge [slʌdʒ] *n.* [U] ***1*** **fango; fanghiglia; limo *2* acque di scolo; detriti di fogna *3* morchia; feccia dell'olio.**

sludgy ['slʌdʒi] *a.* ***1*** **fangoso; limaccioso *2* pieno** (o **imbrattato**) **di morchia.**

(1) slug [slʌg] *n.* [C] ***1*** *(zool.)* **lumacone *2* pallottola** (di fucile, ecc.); **proiettile *3*** *(ind. mineraria)* **pepita.**

to **slug** [slʌg], **(2) slug** [slʌg] (specialm. *USA) V.* to **slog, slog.**

sluggard ['slʌgəd] *n.* [C] **fannullone; dormiglione; pigrone.**

sluggish ['slʌgiʃ] *a.* **indolente; infingardo; pigro; lento.**

sluice [slu:s] *n.* [C] ***1*** **chiusa; cateratta *2*** (anche *s.-gate, s.-valve*) **paratoia; saracinesca *3*** *(ind. mineraria)* **canale di lavaggio.**

to **sluice** [slu:s] ***A*** *v. t.* ***1*** **munire di chiusa *2* inondare** (aprendo le chiuse); **allagare *3* lavare; risciacquare *B*** *v. i.* (dell'acqua, spesso *to s. out*) **sgorgare da** (o **come da**) **una chiusa.**

slum [slʌm] *n.* [C] ***1*** **casupola; catapecchia; tugurio *2* viuzza sudicia; vicolo; angiporto *3*** *(spesso al pl.)* **quartiere povero e squallido; corea** *(fam.)*.

to **slum** [slʌm] *v. i.* (di solito *to go slumming*) **visitare i quartieri poveri.**

to **slumber** ['slʌmbə*] *v. i.* ***1*** **dormire beatamente; dormirsela *2* sonnecchiare** (anche *fig.*); **poltrire.**

slumber ['slʌmbə*] *n.* *(spesso al pl.)* **sonno; dormita; sonnellino.**

slumberous ['slʌmbərəs] *a.* ***1*** **assonnato; sonnolento *2* soporifero.**

slump [slʌmp] *n.* [C] ***1*** *(comm.)* **caduta dei prezzi; ribasso improvviso; crollo *2*** *(econ.)* **recessione; congiuntura bassa.**

to **slump** [slʌmp] *v. i.* ***1*** *(comm.:* dei prezzi) **ribassare all'improvviso; crollare *2*** *(econ.:* dei traffici) **ridursi d'un tratto *3* abbandonarsi; lasciarsi cadere *4* cadere pesantemente.**

slung [slʌŋ] *pass.* e *p.p.* di to **sling.**

slunk [slʌŋk] *pass.* e *p.p.* di to **slink.**

to **slur** [slə:*] *v. t.* e *i.* ***1*** **pronunciare in modo indistinto; articolare male** (un suono) ***2*** *(mus.)* **legare** (note); (di note) **legarsi** ● *to s. over st.*, sorvolare su q.c.

slur [slə:*] *n.* [C] ***1*** **macchia; onta; taccia *2* pronuncia indistinta *3*** *(mus.)* **legatura** ● *to cast a s. on sb.*, denigrare q.

slush [slʌʃ] *n.* [U] ***1*** **fanghiglia mista a neve; neve sciolta *2*** *(fig.)* **sentimentalismo; romanticume** *(spreg.)*.

slushy ['slʌʃi] *a.* ***1*** **fangoso; melmoso *2*** *(fig.)* **sentimentale.**

slut [slʌt] *n.* [C] ***1*** **donna sciatta, sporca; sciattona *2* sgualdrina.**

sluttish ['slʌtiʃ] *a.* ***1*** **sciatto; sporco; sudicio *2* immorale.**

sly [slai] *a.* ***1*** **astuto; furbo; scaltro; malizioso *2* birichino; sbarazzino** ● *(fig.) a sly dog*, un sornione □ *on the sly*, alla chetichella.

slyboots ['slaibu:ts] *n.* [C] *(scherz.)* **furbacchione.**

slyness ['slainis] *n.* [U] ***1*** **astuzia; furberia; scaltrezza; malizia *2* birichineria.**

(1) smack [smæk] *n.* [C] ***1*** **gusto; sapore; aroma *2*** *(fig.)* **pizzico.**

(1) to **smack** [smæk] *v. i.* **saper** (di); **sentire** (di): *to s. of sulphur*, saper di zolfo.

(2) smack [smæk] *n.* [C] ***1*** **ceffone; scapaccione; scappellotto; schiaffo *2* schiocco *3*** (anche *s. on the lips*) **bacio con lo schiocco; bacione** ● *(fig.) a s. in the eye*, uno smacco □ *(fam.) to have a s. at st.*, provare a far q.c.

(2) to **smack** [smæk] ***A*** *v. t.* ***1*** **dare un ceffone a** (q.); **schiaffeggiare *2* far schioccare** (le labbra); **far schioccare** (la frusta) ***B*** *v. i.* **schioccare.**

(3) smack [smæk] *avv.* *(fam.)* **dritto; in pieno.**

(4) smack [smæk] *n.* [C] *(naut.)* **barca da pesca; paranza; peschereccio.**

smacker ['smækə*] *n.* [C] *(pop.)* ***1*** **bacio con lo schiocco *2* schiaffo sonoro; schiaffone *3* sterlina *4*** *(USA)* **dollaro.**

smacking ['smækiŋ] *n.* *(con l'art. indeterm.)* **botte** *(pl.)*; **strigliata** *(fig.)*.

(1) small [smɔ:l] *a.* ***1*** **piccolo, piccino; esiguo; minuto; scarso; insignificante; meschino *2*** (di suono, voce) **basso; sommesso** ● *s. and early*, trattenimento intimo; festicciola familiare □ *to be s. beer*, non avere importanza; essere senza importanza □ *(tipogr.) s. capitals*, maiuscoletto □ *(naut.) s. craft*, naviglio leggero; barche □ *s. gross*, dieci dozzine □ *s. letters*, lettere minuscole □ *s. people*, gente di bassa condizione; gente comune □ *great and s.*, grandi e piccoli; potenti e umili □ *to live in a s. way*, far vita semplice; vivere modestamente □ *to be on the s. side*, essere piuttosto piccolo (o modesto) □ *to think no s. beer of oneself*, avere un alto concetto di sé; essere presuntuoso.

(2) small [smɔ:l] *n.* ***1*** *(con l'art. determ.)* **(la) parte (più) sottile** (di q.c.) ***2*** *(al pl.)* **biancheria minuta** (o **intima**).

smallpox ['smɔ:lpɔks] *n.* [U] *(med.)* **vaiolo.**

smarmy ['sma:mi] *a.* *(fam.)* **untuoso; servile; strisciante.**

to **smart** [sma:t] *v. i.* ***1*** **bruciare; far male; dolere *2* soffrire; provar dolore** ● *to s. for st.*, pagare il fio di q.c. □ *to make sb. s. for it*, farla pagare cara a q.

(1) smart [sma:t] *n.* [U] **dolore cocente; acuta sofferenza; bruciore** *(fig.)*.

(2) smart [sma:t] *a.* ***1*** **forte; acuto; aspro; doloroso; cocente; pungente; severo *2* bravo; intelligente; sveglio** *(fig.)* ***3*** **abile; accorto; astuto; destro; scaltro *4* arguto; brioso; mordace; frizzante; impertinente *5* elegante; alla moda; bello** ● *the s. set*, il bel mondo; la buona società □ *to make oneself s.*, farsi bello; mettersi in ghingheri.

to **smarten** ['sma:tn] ***A*** *v. t.* ***1*** **abbellire; adornare; azzimare *2* ravvivare *B*** *v. i.* (di solito *to s. up*) ***1*** **adornarsi; azzimarsi; mettersi in ghingheri *2* ravvivarsi.**

smarting ['sma:tiŋ] *a.* **acuto; doloroso; cocente; pungente; vivo.**

to **smash** [smæʃ] ***A*** *v. t.* ***1*** **fracassare; frantumare; mandare in frantumi; spezzare; rompere *2*** *(fam.)* **assestare un forte colpo a** (q.); **percuotere con forza *3*** *(mil.)* **stroncare; respingere *4*** *(tennis)* **schiacciare *5*** *(fin.)* **far fallire; mandare in rovina *B*** *v. i.* ***1*** **fracassarsi; frantumarsi; andare in pezzi *2*** *(fin.)* **andare in rovina; far bancarotta** ● *to s. down*, abbattere; buttar giu; sfondare □ *to s. in*, fare irruzione (abbattendo la porta, ecc.) □ *to s. into st.*, andare a sbattere contro q.c.

smash [smæʃ] *n.* [C] ***1*** **fracasso; sconquasso *2*** *(fig.)* **disastro, crollo** (specialm. finanziario); **tracollo; rovina; catastrofe *3*** (spesso *s.-up*) **collisione; scontro *4*** *(tennis)* **« smash »; schiacciata** ● *s.-and-grab raid*, spaccata (furto con effrazione di vetrina, ecc.) □ *to go s. into st.*, andare a sbattere in pieno contro q.c.; scontrarsi violentemente con q.c. □ *to go to s.*, andare in frantumi; fracassarsi; *(fig., fam.)* andare in rovina, andare in malora.

smashed [smæʃt] *a.* *(pop.)* **ubriaco; sbronzo** *(fam.)*.

smasher ['smæʃə*] *n.* [C] ***1*** **forte colpo *2*** *(fam.)* **cosa** (o **persona**) **straordinaria; cannonata** *(fam.)*.

smashing ['smæʃiŋ] *a.* *(fam.)* **eccellente; straordinario; formidabile; favoloso; fantastico.**

smash-up ['smæʃ,ʌp] *n.* [C] **1** crollo; rovina **2** *(autom.)* collisione; scontro **3** *(ferr.)* disastro; scontro.

smatterer ['smætərə*] *n.* [C] saccente; saputello.

smattering ['smætəriŋ] *n.* [C] conoscenza superficiale; infarinatura *(fig.)*: *a s. of French,* un'infarinatura di francese.

to **smear** [smiə*] **A** *v. t.* **1** imbrattare; macchiare; ungere **2** spalmare **3** *(fig.)* diffamare; denigrare **B** *v. i.* **1** macchiarsi **2** spalmarsi.

smear [smiə*] *n.* [C] **1** macchia (d'unto e sim.); patacca *(fam.)* **2** *(fig.)* calunnia **3** *(med.)* striscio (il campione prelevato).

to **smell** [smel] (*pass.* e *p.p.* **smelt** [smelt]) **A** *v. t.* **1** odorare **2** annusare; fiutare (anche *fig.*); subodorare **B** *v. i.* **1** odorare; mandar odore; avere un certo odore; sapere di: *to s. nice,* avere un odore gradevole □ *to s. sour,* sapere di acido **2** aver l'odorato **3** mandare cattivo odore; puzzare **C** *verbi composti* **1** *to s. at (st.),* annusare; fiutare **2** *to s. of (st.),* odorare di (anche *fig.*); sapere di □ *(fig.) to s. of the lamp,* essere frutto di lunghi studi; sapere di lucerna □ *(fig.:* del linguaggio, di un discorso) *to s. of the shop,* essere troppo tecnico **3** *to s. (st.) out,* scoprire col fiuto; *(fig.)* scoprire dopo accurate ricerche **4** *to s. round about,* annusare in giro; *(fig.)* andare in cerca d'informazioni **5** *to s. up,* appuzzare; appestare ● *to s. nasty,* puzzare □ *(fig.) to s. a rat,* fiutare un imbroglio □ *(fig.) I smell a rat!,* gatta ci cova!

smell [smel] *n.* **1** [U] odorato; olfatto **2** [C] e [U] odore; olezzo; fragranza; profumo: *a s. of cooking,* un odor di cucina □ *What a nice s.!,* che buon odore!; che odorino! **3** *(senza un agg.)* cattivo odore; fetore; puzzo: *What a s.!,* che puzzo! **4** *(al sing. con l'art. indeterm.)* annusata; fiutata.

smeller ['smelə*] *n.* [C] *(pop.)* **1** naso **2** forte colpo (specialm. sul naso).

smelling-bottle ['smeliŋ,bɔtl] *n.* [C] boccetta dei sali.

smelling-salts ['smeliŋsɔ:lts] *n. pl.* sali (da fiuto).

smelly ['smeli] *a.* *(fam.)* puzzolente; maleodorante; fetente.

to **smelt** [smelt] *v. t.* *(metall.)* fondere (un metallo).

(1) smelt [smelt] *n.* [C] *(zool.,* Osmerus eperlanus) sperlano.

(2) smelt [smelt] *pass.* e *p.p.* di to **smell.**

smelting ['smeltiŋ] *n.* [U] *(metall.)* fusione ● *s.-furnace,* forno fusorio □ *s.-works,* fonderia.

smew [smju:] *n.* [C] *(zool.,* Mergus albellus) smergo bianco; pesciaiola.

to **smile** [smail] *v. i.* sorridere: *She smiled at me,* mi sorrise ● *to s. at a joke,* sorridere d'una facezia □ *to s. an ironical smile,* fare un sorrisetto ironico □ *to s. on* (o *upon),* arridere a: *Fortune smiled on him,* gli arrideva la fortuna □ *to s. one's welcome,* dare il benvenuto con un sorriso.

smile [smail] *n.* [C] sorriso (anche *fig.*) ● *to be all smiles,* essere tutto sorridente.

smiling ['smailiŋ] *a.* sorridente; ridente.

to **smirch** [smə:tʃ] *v. t.* macchiare (anche *fig.*); insozzare; imbrattare.

smirch [smə:tʃ] *n.* [C] macchia (specialm. *fig.*); onta; disonore.

to **smirk** [smə:k] *v. i.* sorridere con affettazione (o scioccamente).

smirk [smə:k] *n.* [C] sorriso affettato (o sciocco).

to **smite** [smait] (*pass.* **smote** [smout] *p.p.* **smitten** ['smitn]) *v. t.* e *i.* *(lett.)* **1** colpire; percuotere **2** castigare; punire **3** tormentare **4** sconfiggere; sbaragliare ● *to s. off,* tagliare, recidere (con un colpo di spada, ecc.) □ *to be smitten with sb.'s charms,* essere preso dal fascino di q.

smith [smiθ] *n.* [C] fabbro; (specialm.) fabbro ferraio; magnano.

smithereens [,smiðə'ri:nz] *n. pl.* *(fam.)* frammenti; frantumi.

smithery ['smiθəri] *n.* **1** [C] fucina **2** [U] arte del fabbro.

smithy ['smiði] *n.* [C] fucina; officina del fabbro.

smitten ['smitn] *p.p.* di to **smite.**

smock [smɔk] *n.* [C] grembiule.

smocking ['smɔkiŋ] *n.* [U] *(ricamo)* nido d'ape.

smog [smɔg] *n.* [U] « smog »; nebbia commista a fumi di fabbrica.

smoke [smouk] *n.* **1** [U] fumo; vapore (in genere) **2** [C] fumata; fumatina; pipata: *to have a s.,* fare una fumatina **3** [C] *(fam.)* sigaretta; sigaro ● *(ind.) s.-consuming,* fumivoro □ *s.-dried,* affumicato (rif. ad alimenti) □ *(mil.) s. screen,* cortina di fumo (anche *fig.*); cortina fumogena □ *s.-stack,* fumaiolo; ciminiera □ *(fig.) to end up* (o *to go up) in s.,* andare in fumo □ *(pop.) like s.,* rapidamente; in un baleno.

to **smoke** [smouk] **A** *v. i.* fumare; far fumo; emettere fumo **B** *v. t.* **1** fumare: *to s. a pipe,* fumare la pipa **2** affumicare; conservare col fumo; riempire (o tingere) di fumo: *to s. fish,* affumicare il pesce **3** (spesso *to s. out)* cacciare (o distruggere) col fumo: *to s. insects,* distruggere insetti col fumo ● *(fig.) Put that in your pipe and s. it,* prendi e porta a casa!

smokeless ['smouklis] *a.* senza fumo; che non fa fumo.

smoker ['smoukə*] *n.* [C] **1** fumatore, fumatrice **2** *(ferr.)* carrozza (o compartimento) per fumatori.

smoking ['smoukiŋ] *n.* [U] (il) fumo; (il) fumare ● *No s. (allowed),* vietato fumare.

smoking-carriage ['smoukiŋ,kæridʒ] *n.* [C] *(ferr.)* carrozza per fumatori.

smoking-compartment ['smoukiŋkəm,pa:tmənt] *n.* [C] *(ferr.)* compartimento per fumatori.

smoking-room ['smoukiŋrum] *n.* [C] sala per fumatori.

smoky ['smouki] *a.* **1** fumoso; che fa fumo; che è pieno di fumo **2** affumicato; sporco di fumo **3** del colore del fumo **4** che sa di fumo.

to **smooch** [smu:tʃ] *v. i.* *(pop.)* sbaciucchiarsi; pomiciare *(pop.)*.

smooch [smu:tʃ] *n.* *(solo al sing.)* *(pop.)* sbaciucchiamento; pomiciata *(pop.)*.

smoocher ['smu:tʃə*] *n.* [C] *(pop.)* pomicione *(pop.)*.

(1) smooth [smu:ð] *a.* **1** liscio; levigato; piano; facile; scorrevole; calmo; tranquillo: *a s. surface,* una superficie levigata □ *a s. sea,* un mare calmo **2** sdolcinato; mellifluo; insinuante; insincero: *to have a s. tongue,* parlare in modo mellifluo □ *a s. manner,* un modo di fare sdolcinato ● *a s.-bore (gun),* un fucile a canna liscia □ *a s. face,* una faccia liscia, imberbe; *(fig.)* un viso ipocritamente amichevole □ *a s. paste,* una pasta bene amalgamata □ *to make things s. for sb.,* spianare la via a q. □ *to run s.,* andar liscio.

(2) smooth [smu:ð] *n.* *(con l'art. indeterm.)* lisciata; lisciatina ● *to take the rough with the s.,* prendere il mondo come viene.

to **smooth** [smu:ð] **A** *v. t.* **1** lisciare; levigare: *to s. (down) one's hair,* lisciarsi i capelli **2** appianare; spianare: *to s. away differences,* appianare le divergenze **3** mettere in sesto **4** calmare; confortare **B** *v. i.* (di solito *to s. down)* appianarsi; calmarsi.

smooth-faced ['smu:ð,feist] *a.* **1** imberbe; glabro **2** *(fig.)* ipocrita; untuoso.

smoothing-iron ['smu:ðiŋ,aiən] *n.* [C] ferro da stiro.

smoothing-plane ['smu:ðiŋ,plein] *n.* [C] pialla.

smooth-spoken ['smu:ð,spoukən] *a.* mellifluo; insinuante; insincero.

smote [smout] *pass.* di to **smite.**

to **smother** ['smʌðə*] *v. t.* **1** soffocare (anche *fig.*); asfissiare **2** spegnere; estinguere **3** celare; nascondere; reprimere; mettere a tacere **4** coprire; ricoprire; colmare ● *to s. the fire,* spegnere (o coprire di cenere) il fuoco □ *(cucina) strawberries smothered in cream,* fragole ricoperte di panna (o affogate nella panna).

smother ['smʌðə*] *n.* *(generalm. al sing. con l'art. indeterm.)* fumo (o vapore) soffocante; nuvolo di polvere; polverone.

to **smoulder** ['smouldə*] *v. i.* bruciare senza fiamma; covare sotto la cenere; covare *(fig.)*.

smoulder ['smouldə*] *n.* *(generalm. al sing.)* fuoco che cova sotto la cenere.

smudge [smʌdʒ] *n.* [C] **1** macchia (anche *fig.*); sgorbio; (di rossetto) **sbavatura; sbaffo** *(fam.)* ***2*** *(specialm. USA)* **falò con fumo soffocante** (per tener lontani gli insetti, ecc.).

to **smudge** [smʌdʒ] ***A*** *v. t.* ***1*** **macchiare** *(anche fig.)*; **imbrattare; scarabocchiare** ***2*** **impiastrare; spalmare** ***3*** *(specialm. USA)* **affumicare** (piante, ecc.) **contro gli insetti** ***B*** *v. i.* **macchiare; spandersi.**

smudgy ['smʌdʒi] *a.* **macchiato; imbrattato; sporco.**

smug [smʌg] *a.* **compiaciuto; soddisfatto di sé.**

to **smuggle** ['smʌgl] ***A*** *v. t.* **contrabbandare; esportare** (o **importare**) **di contrabbando** ***B*** *v. i.* **fare il contrabbando; fare il contrabbandiere** ● *smuggled goods,* merce di contrabbando.

smuggler ['smʌglə*] *n.* [C] ***1*** **contrabbandiere** ***2*** **nave contrabbandiera.**

smuggling ['smʌgliŋ] *n.* [U] **contrabbando.**

smut [smʌt] *n.* ***1*** [C] **macchia** (specialm. di fuliggine) ***2*** [C] **granellino di fuliggine** ***3*** [U] *(agric.)* **carbone; golpe** ***4*** [U] *(fig.)* **oscenità; linguaggio turpe; sconcezze.**

to **smut** [smʌt] *v. t.* **sporcar di fuliggine; annerire.**

smutty ['smʌti] *a.* ***1*** **fuligginoso; nero; sporco** ***2*** (di cereale) **colpito dal carbone** ***3*** *(fig.)* **osceno; sconcio.**

snack [snæk] *n.* [C] **spuntino; boccone** *(fig.)*: *to take a s.,* fare uno spuntino ● *s.-bar,* snack bar; tavola calda.

snaffle ['snæfl] *n.* [C] (anche *s.-bit*) (di cavallo) **morso snodato.**

to **snaffle** ['snæfl] *v. t.* *(pop.)* **arraffare; rubare; grattare** *(pop.)*.

snafu [snæ'fu:] *(pop. USA)* ***A*** *a.* **tenuto in gran disordine; caotico** ***B*** *n.* [C] **confusione; disordine; caos.**

snag [snæg] *n.* [C] ***1*** **protuberanza; spuntone; troncone** ***2*** **radice puntuta; tronco d'albero, trave spezzata** (anche sommersi in un fiume) ***3*** *(fig.)* **impedimento; intoppo; inciampo; ostacolo imprevisto** ***4*** **filo tirato** (in una calza, ecc.).

to **snag** [snæg] *v. t.* ***1*** **spingere** (un'imbarcazione) **contro un ostacolo sommerso** ***2*** **liberare di travi** (o **tronchi,** ecc.) **sommersi** (un canale navigabile, ecc.) ***3*** **ripulire** (un tronco) **dai mozziconi di rami** ***4*** *(fig.)* **impedire; ostacolare** ***5*** **impigliare** (q.c. in una sporgenza); **tirare un filo** (di una calza, ecc.).

snaggy ['snægi] *a.* ***1*** **pieno di protuberanze** ***2*** **che è d'intoppo** (o **d'ostacolo**).

snail [sneil] *n.* [C] ***1*** *(zool.)* **lumaca; chiocciola** ***2*** *(fig.)* **lumacone** ● *at a s.'s pace,* a passo di lumaca.

snake [sneik] *n.* [C] *(zool.)* **serpente, serpe** *(anche fig.)*; **biscia** ● *snakes and ladders,* il gioco dell'oca □ *s.-bite,* morso di serpente □ *s.-charmer,* incantatore di serpenti □ *a s. in the grass,* un serpente fra l'erba; *(fig.)* un tranello (o un nemico) in agguato □ *(fig.) to cherish a s. in one's bosom,* allevarsi una serpe in seno □ *(fig.) to see snakes,* farneticare □ *Snakes!,* accidenti!

to **snake** [sneik] *v. i.* **serpeggiare; snodarsi.**

snakiness ['sneikinis] *n.* [U] ***1*** **tortuosità** ***2*** *(fig.)* **malignità; perfidia.**

snaky ['sneiki] *a.* ***1*** **serpentino; sinuoso; lungo e tortuoso** ***2*** *(fig.)* **malefico; maligno; perfido** ***3*** **infestato dai serpenti.**

to **snap** [snæp] *v. t.* e *i.* ***1*** **afferrare coi denti; azzannare; mordere; morsicare; tentare di mordere**: *The dog snapped (at) my leg,* il cane mi azzannò (o tentò di mordermi) la gamba ***2*** **afferrare; agguantare; ghermire** ***3*** **rompere, rompersi; spezzare, spezzarsi** (con uno schiocco) ***4*** **schioccare; far schioccare** ***5*** **scoppiettare** ***6*** **chiudere** (o **chiudersi**) **di scatto; scattare; serrare**: *The door snapped to,* la porta si chiuse di scatto ***7*** **battere; colpire**: *to s. one's teeth together,* battere i denti ***8*** **scattare un'istantanea di; fotografare** ● *to s. one's fingers at sb.,* infischiarsi di q. □ *(fig.) to s. sb.'s head (o nose) off,* interrompere sgarbatamente q.; trattare q. in modo brusco □ *to s. a pistol,* sparare un colpo di pistola □ *to s. sb. up,* interrompere sgarbatamente q. □ *to s. st. up,* non lasciarsi scappare (o sfuggire) q.c.

snap [snæp] ***A*** *n.* ***1*** [C] **scatto; schiocco; scoppio** ***2*** [C] **morso; tentativo di mordere** (o **d'azzannare**): *to make a s. at sb.,* tentare d'azzannare q. ***3*** [C] **fermaglio; fibbia** ***4*** [U] *(fig., fam.)* **energia; brio; vivacità** ***5*** [U] (gioco di carte) **rubamazzo** ***6*** [C] **fotografia istantanea; istantanea** ***7*** [C] **biscotto croccante** ***B*** *a. attr.* ***1*** (di congegno, fermaglio) **a scatto; automatico** ***2*** **improvviso; repentino** ● *s. fastener,* (bottone) automatico □ *s. lock,* serratura a scatto □ *a cold s.,* un'ondata di freddo □ *S. went an oar,* improvvisamente si spezzò un remo.

snapdragon ['snæp,drægən] *n.* [C] *(bot.,* Antirrhinum majus) **bocca di leone; antirrino.**

snappish ['snæpiʃ] *a.* ***1*** (di un cane, ecc.) **mordace** ***2*** *(fig.)* **aspro; brusco; rude** ***3*** *(fig.)* **bisbetico; irritabile.**

snappy ['snæpi] *a.* ***1*** *V.* **snappish** ***2*** *(fam.)* **energico; brioso; vivace** ***3*** *(fam.)* **elegante** ● *(pop.) Make it s.!,* spicciati!

snapshot ['snæpʃɔt] *n.* [C] **fotografia istantanea; istantanea.**

snare [snɛə*] *n.* [C] **laccio, trappola** *(anche fig.)*: *to fall into a s.,* cadere in trappola □ *to lay a s.,* tendere un laccio (o un'insidia).

to **snare** [snɛə*] *v. t.* **prendere al laccio, intrappolare** *(anche fig.)*.

(1) to **snarl** [sna:l] ***A*** *v. t.* ***1*** (del cane) **ringhiare** ***2*** *(fig.)* **parlare con acredine; ringhiare** *(fig.)* ***B*** *v. t.* (di solito *to s. out*) **esprimere** (o **manifestare, sfogare**) (q.c.) **con parole stizzose.**

(1) snarl [sna:l] *n.* [C] **ringhio.**

(2) to **snarl** [sna:l] ***A*** *v. t.* ***1*** **aggrovigliare; arruffare; ingarbugliare** ***2*** (spesso *to s. up)* **intasare, ingorgare** (il traffico) ***B*** *v. i.* ***1*** **aggrovigliarsi; arruffarsi; ingarbugliarsi** ***2*** (del traffico, spesso *to s. up)* **intasarsi; ingorgarsi.**

(2) snarl [sna:l] *n.* [C] **groviglio; nodo.**

snarl-up ['sna:l,ʌp] *n.* [C] (del traffico) **intasamento; ingorgo.**

snatch [snætʃ] *n.* [C] ***1*** **atto del ghermire; tentativo d'afferrare**: *to make a s. at st.,* cercare d'afferrare q.c. ***2*** **breve periodo** (di lavoro, ecc.) ***3*** **frammento; brano; pezzetto; squarcio**: *snatches of conversation,* frammenti di conversazione ● *a s. of sleep,* una dormitina.

to **snatch** [snætʃ] *v. t.* ***1*** **afferrare; agguantare; carpire; ghermire**: *to s. the opportunity,* afferrare l'occasione □ *to s. an hour's sleep,* carpire un'ora di sonno ***2*** **strappare; portar via**: *to s. a victory,* strappare una vittoria ● *to s. at st.,* fare l'atto di afferrare q.c.; cercar di strappare q.c.; *(fig.)* accettare con entusiasmo q.c. □ *snatched away by premature death,* rapito da morte prematura.

snatchy ['snætʃi] *a.* **fatto a sbalzi; frammentario.**

snazzy ['snæzi] *a.* *(fam.)* **elegantissimo; azzimato.**

to **sneak** [sni:k] ***A*** *v. i.* ***1*** **muoversi furtivamente; strisciare** ***2*** *(gergo studentesco)* **fare la spia** ***3*** **usare inganni; lavorare sott'acqua** ***B*** *v. t.* ***1*** **portare di nascosto; trasportare di frodo; contrabbandare** ***2*** *(fam.)* **rubare** ● *to s. away,* andarsene di soppiatto; svignarsela.

sneak [sni:k] *n.* [C] ***1*** **individuo infido; sornione; trappolone** *(pop.)* ***2*** *(gergo studentesco)* **spia; spione** ● *s.-thief,* ladruncolo.

sneaker ['sni:kə*] *n.* ***1*** [C] **individuo infido; sornione** ***2*** *(al pl., fam. USA)* **scarpe di tela con la suola di gomma; scarpe da tennis.**

sneaking ['sni:kiŋ] *a.* ***1*** **infido; meschino; spregevole; strisciante; vile** ***2*** **inconfessato; celato; nascosto; segreto; furtivo.**

sneaky ['sni:ki] *a.* ***1*** **infido; meschino; spregevole; vile** ***2*** **segreto; furtivo.**

to **sneer** [sniə*] *v. i.* **ghignare; sogghignare; sghignazzare** ● *to s. at sb. (st.),* schernire q. (q.c.) □ *to s. one's contempt,* manifestare con un ghigno il proprio disprezzo □ *to s. sb. down,* umiliare q. schernendolo.

sneer [sniə*] *n.* [C] ***1*** **ghigno; sogghigno** ***2*** **dileggio; espressione beffarda; parola derisoria; sarcasmo.**

sneering ['sniəriŋ] *a.* **beffardo; derisorio; di scherno.**

to **sneeze** [sni:z] *v. i.* **starnutire, starnutare; fare uno starnuto** ● *(fam.) not to be sneezed at,* non disprezzabile; degno di considerazione.

sneeze [sni:z] *n.* [C] **starnuto, sternuto.**
snick [snik] *n.* [C] **tacca; incisione; piccolo taglio.**
to **snick** [snik] *v. t.* **intaccare; incidere; fare un piccolo taglio in** (q.c.).
to **snicker** ['snikə*] *v. i.* ***1*** **nitrire** ***2*** (specialm. *USA*) **ridacchiare; ridere sotto i baffi.**
snide [snaid] ***A*** *a.* ***1*** **contraffatto; falso** ***2*** **maligno; malizioso** ***B*** *n.* [U] *(pop.)* **gioielli falsi.**
to **sniff** [snif] *v. i.* e *t.* **annusare; aspirare; fiutare;** *(fig.)* **subodorare; tirare su col naso** ● *to s. at st.*, annusare (o fiutare) q.c.; dimostrar disprezzo (o ripugnanza) per q.c.
sniff [snif] *n.* [C] **annusata; fiutata.**
to **sniffle** ['snifl] *v. i.* **tirar su col naso.**
sniffy ['snifi] *a.* *(fam.)* ***1*** **sdegnoso; sprezzante** ***2*** **maleodorante.**
snifter ['sniftə*] *n.* [C] *(fam.)* **bicchierino di liquore; cicchetto.**
to **snigger** ['snigə*] *v. i.* **ridacchiare; ridere sotto i baffi.**
snigger ['snigə*] *n.* [C] **risolino; risatina.**
to **snip** [snip] *v. t.* e *i.* **tagliare con le forbici; tagliuzzare.**
snip [snip] *n.* [C] ***1*** **forbiciata** ***2*** **ritaglio; scampolo** ***3*** *(fam.)* **sarto** ***4*** *(fam.)* **(buon) affare; occasione.**
snipe [snaip] *n.* *(invar. al pl.)* *(zool.*, Capella gallinago) **beccaccino.**
to **snipe** [snaip] ***A*** *v. i.* ***1*** **andare a caccia di beccaccini** ***2*** **sparare da un nascondiglio** ***B*** *v. t.* **colpire** (q.) **sparando da un nascondiglio.**
sniper ['snaipə*] *n.* [C] *(mil.)* **franco tiratore; cecchino.**
snippet ['snipit] *n.* ***1*** [C] **frammento; pezzetto; ritaglio** ***2*** *(al pl.)* **informazioni frammentarie.**
snips [snips] *n. pl.* **cesoie** (per tagliare lamiere).
snitch [snitʃ] *n.* [C] *(pop.)* **spia; delatore.**
to **snivel** ['snivl] *v. i.* ***1*** **avere il moccio al naso; moccicare** ***2*** **frignare; piagnucolare.**
snivel ['snivl] *n.* [U] ***1*** **moccio** ***2*** **frignìo; piagnisteo.**
sniveller ['snivlə*] *n.* [C] ***1*** **moccioso** ***2*** **frignone; piagnucolone.**
snivelling ['snivliŋ] *a.* ***1*** **moccioso** ***2*** **piagnucoloso.**
snob [snɔb] *n.* [C] **snob; chi affetta modi aristocratici, gusti raffinati** ● *an intellectual s.*, un intellettualoide.
snobbery ['snɔbəri] *n.* [U] **snobismo; affettazione di modi aristocratici, di gusti raffinati.**
snobbish ['snɔbiʃ] *a.* **snobistico; snob.**
snood [snu:d] *n.* [C] **retina per i capelli.**
snook [snu:k] *n.* [C] *(pop.)* **marameo** ● *Snooks!*, marameo! □ *to cock a s.*, far marameo.
to **snoop** [snu:p] *v. i.* *(fam.)* **curiosare; ficcare il naso nei fatti altrui; spiare** ● *to s. around*, andare in giro a spiare.
snooper ['snu:pə*] *n.* [C] *(fam.)* **ficcanaso; spione.**
snooty ['snu:ti] *a.* *(fam.)* **altezzoso; sprezzante.**
to **snooze** [snu:z] *v. i.* *(fam.)* **sonnecchiare; fare un pisolino.**
snooze [snu:z] *n.* [C] *(fam.)* **dormitina; pisolino; sonnellino.**
to **snore** [snɔ:*] *v. i.* **russare.**
snore [snɔ:*] *n.* [C] **(il) russare.**
snorkel ['snɔ:kəl] *n.* [C] ***1*** *(naut. mil.)* **presa d'aria per sommergibili** ***2*** **tubo di respirazione** (per subacquei).
to **snort** [snɔ:t] ***A*** *v. i.* **sbuffare; soffiare** ***B*** *v. t.* (spesso *to s. out*) **esprimere** (o **manifestare, dire**) (q.c.) **sbuffando.**
snort [snɔ:t] *n.* [C] **sbuffo; sbuffata.**
snorter ['snɔ:tə*] *n.* [C] *(pop.)* ***1*** **vento impetuoso** ***2*** **cosa eccezionale; fatto straordinario** ***3*** **grossa difficoltà; rompicapo.**
snorty ['snɔ:ti] *a.* *(fam.)* **impaziente; irascibile; collerico.**
snot [snɔt] *n.* [U] *(volg.)* **moccio.**
snotty ['snɔti] *a.* ***1*** *(volg.)* **moccioso; moccicoso** ***2*** *(pop.)* **sprezzante; altezzoso.**
(1) snout [snaut] *n.* [C] ***1*** (d'animale) **muso; grugno; grifo** ***2*** *(volg.:* di persona) **naso** ***3*** **beccuccio; cannello.**
(2) snout [snaut] *n.* *(pop.)* ***1*** [U] **tabacco** ***2*** [C] **sigaretta; cicca** *(pop.)*.
snow [snou] *n.* ***1*** [U] **neve** ***2*** [C] **nevicata** ***3*** [U] *(pop.)* **cocaina;** (anche) **eroina** ● *(zool.) s. leopard* (Felis unca), leopardo delle nevi.
to **snow** [snou] ***A*** *v. i.* *(impers.)* **nevicare; cader la neve**: *It is snowing*, nevica; sta nevicando ***B*** *v. t.* *(fig.)* **dare a piene mani; spargere in abbondanza** ● *(fig.) to s. in*, piovere da ogni parte □ *to be snowed in* (o *up*), essere coperto (o bloccato, sommerso) dalla neve □ *to be snowed under*, essere sommerso (da inviti, ecc.); essere sopraffato (dal lavoro, ecc.).
snowball ['snoubɔ:l] *n.* [C] ***1*** **palla di neve** ***2*** (anche *s.-tree; bot.*, Viburnum opulus) **palla di neve; pallone di maggio.**
to **snowball** ['snoubɔ:l] ***A*** *v. i.* **lanciar palle di neve; far a pallate** ***B*** *v. t.* **colpire** (q.) **con una palla di neve; prendere** (q.) **a pallate.**
snow-blind ['snou,blaind] *a.* **accecato dal riflesso della neve.**
snow-bound ['snoubaund] *a.* **bloccato dalla neve.**
snow-capped ['snoukæpt] *a.* **incappucciato di neve; nevoso.**
snowdrop ['snoudrɔp] *n.* [C] *(bot.*, Galanthus nivalis) **bucaneve.**
snow-fall ['snoufɔ:l] *n.* [C] **nevicata.**
snow-field ['snoufi:ld] *n.* [C] **nevaio.**
snow-flake ['snoufleik] *n.* [C] **fiocco di neve.**
snowman ['snoumæn] *n.* *(pl.* **snowmen** ['snoumen]) **fantoccio di neve.**
snow-plough ['snou,plau] *n.* [C] **spazzaneve; spartineve.**
snow-shoe ['snouʃu:] *n.* [C] **racchetta da neve.**
snowslide ['snouslaid] *n.* [C] **valanga.**
snowstorm ['snoustɔ:m] *n.* [C] **tempesta di neve; tormenta.**
snow-white [,snou'wait] *a.* **bianco come la neve; niveo.**
snowy ['snoui] *a.* ***1*** **nevoso; coperto di neve** ***2*** **niveo; candido; immacolato.**
(1) snub [snʌb] *n.* [C] **affronto; rampogna; umiliazione.**
(2) snub [snʌb] *a.* **volto all'insù; camuso; rincagnato.**
to **snub** [snʌb] *v. t.* **fare un affronto a; trattare con malagrazia; rampognare; umiliare.**
snub-nosed [,snʌb'nouzd] *a.* **dal naso camuso.**
(1) to **snuff** [snʌf] *v. i.* e *t.* ***1*** *V.* to **sniff** ***2*** **fiutare tabacco.**
snuff [snʌf] *n.* ***1*** *V.* **sniff** ***2*** [U] **tabacco da fiuto** ● *(pop.) to be up to s.*, aver buon fiuto; non essere ingenuo.
(2) to **snuff** [snʌf] ***A*** *v. t.* ***1*** **smoccolare** (una candela) ***2*** **spegnere** (una candela) ***B*** *v. i.* *(pop. to s. out)* **spegnersi; tirare le cuoia; morire** ● *(pop.) to s. it.*, morire; tirare le cuoia.
snuff-box ['snʌfbɔks] *n.* [C] **tabacchiera.**
snuff-coloured ['snʌf,kʌləd] *a.* **color tabacco.**
snuffers ['snʌfəz] *n. pl.* (anche *a pair of s.*) **smoccolatoio.**
to **snuffle** ['snʌfl] *v. i.* ***1*** **tirar su col naso** ***2*** **parlare col naso.**
snuffle ['snʌfl] *n.* [C] ***1*** **respiro rumoroso** ***2*** **voce nasale** ***3*** — *the snuffles*, raffreddore (di testa); catarro nasale.
snuffy ['snʌfi] *a.* ***1*** **tabaccoso** ***2*** **scontroso; stizzoso.**
snug [snʌg] *a.* ***1*** **comodo; accogliente; confortevole; intimo; raccolto** ***2*** (d'abito) **aderente; attillato** ***3*** **nascosto** ● *a s. income*, una discreta rendita □ *(fig.) to be as s. as a bug in a rug*, stare comodissimo; stare da papa.
snuggery ['snʌgəri] *n.* [C] **stanzetta accogliente; cantuccio appartato.**
to **snuggle** ['snʌgl] ***A*** *v. i.* **star accoccolato; accoccolarsi; rannicchiarsi; mettersi comodo** *(fam.)* ***B*** *v. t.* **stringere a sé** (un bambino, ecc.); **tener stretto a sé; coccolare.**

snugness ['snʌgnis] *n.* [U] **agio; comodità; intimità.**
so [sou] ***A*** *avv.* ***1*** **così; in questo modo; in questa maniera; tanto; talmente**: *It is not so cold today as yesterday,* oggi non fa tanto freddo quanto ieri ***2*** (anche *so much)* **tanto**: *Why did you laugh so?,* perché ridevi tanto? ***3*** *(fam.)* **assai; molto; davvero**: *I'm so glad to see you,* sono davvero felice di vederti; che gioia rivederti! ***4*** **anche; pure**: « *I'm fed up* » « *So am I* », « Sono stufo » « Anch'io » ***5*** *(idiom.:) Do you really think so?,* lo credi davvero? □ *I told you so,* te l'avevo detto! □ *I think (suppose, hope, etc.) so,* credo (suppongo, spero) di sì □ « *It was hot yesterday* » « *So it was* », « Ha fatto caldo ieri » « E come! » ***B*** *cong.* ***1*** **perciò; di conseguenza; quindi; e così**: *It was late, so I went home,* era tardi, perciò andai a casa ***2*** (anche *so that)* **cosicché; affinché** ● *(fam.) so-and-so,* qualcuno; un tizio □ *so as,* così da; in modo da: *Put it so as not to offend him,* esprimiti (o metti la cosa) in modo (tale) da non offenderlo □ *so far,* finora; fin qui □ *(fam.) So long!,* arrivederci!; ciao! □ *so long as,* purché; a patto che □ *so much (so many),* tanto, tanta (tanti, tante) □ *(fam.) so so,* così così; mediocre; passabile; passabilmente □ *so that,* affinché; cosicché; poiché; perché □ *so that... not,* affinché... non □ *so to say* (o *so to speak),* per così dire □ *(fam.) So what?,* e con ciò?; e allora? □ *and so on* (o *and so forth),* e così via; eccetera □ *at so much a week,* a un tanto la settimana □ *(fam.) ever so,* molto; assai; tanto □ *(fam.) ever so many,* moltissimi; talmente tanti □ *How so?,* ma come? □ *if so,* se è così; se le cose stanno così □ *Just so!* (o *Quite so!),* proprio così! □ *Mr So--and-So,* il Signore Tal dei Tali □ *not so much as,* neanche; nemmeno; neppure □ *not so much... as,* non tanto... quanto □ *or so,* circa; a un dipresso; giù di lì: *a dozen or so,* una dozzina o giù di lì □ *Why so?,* e perché mai? □ *(fam.) So that's that,* ecco tutto; così stan le cose □ *You don't say so!,* ma no!; è incredibile!
soak [souk] *n.* ***1*** *(con l'art. indeterm.)* **bagnata; bagno** (anche *ind.*); **inzuppata** ***2*** [C] *(pop.)* **ubriacone; spugna** *(fig., fam.).*
to **soak** [souk] ***A*** *v. t.* ***1*** **bagnare; infradiciare; ammollare; mettere in molle; inzuppare**: *to s. bread in milk,* inzuppare il pane nel latte ***2*** (di solito *to s. up)* **assorbire** ***3*** *(fis.)* **saturare** ***4*** *(pop.)* **tartassare; gravare** (con prezzi o imposte esorbitanti); **pelare** *(pop.)* ***B*** *v. i.* ***1*** **imbeversi; ammollarsi; impregnarsi; inzupparsi** ***2*** *(fis.)* **saturarsi** ***3*** **filtrare; infiltrarsi; penetrare;** *(fig.)* **entrare** ***4*** *(pop.)* **bere come una spugna** ● *(fig.) to s. oneself in history,* fare studi profondi di storia □ *to be soaked to the skin,* esser bagnato fradicio.
soakage ['soukidʒ] *n.* [U] ***1*** **ammollamento; inzuppamento** ***2*** **assorbimento;** *(scient.)* **imbibizione** ***3*** **infiltrazione; liquido assorbito.**
soaked [soukt] *a.* ***1*** **bagnato fradicio** ***2*** *(pop.)* **ubriaco; sbronzo** *(fam.).*
soaker ['soukə*] *n.* [C] ***1*** **acquazzone** ***2*** *(pop.)* **beone; spugna** *(fig., fam.).*
soaking ['soukiŋ] *a.* (di pioggia, ecc.) **dirotto; scrosciante** ● (di persona) *s. wet,* zuppo; bagnato fradicio.
soap [soup] *n.* [U] *(anche al pl.)* **sapone**: *a cake of s.,* un pezzo di sapone; una saponetta □ *(chim.) insoluble soaps,* saponi insolubili ● *s.-boiler,* saponaio □ *s.-box orator,* oratore da strada □ (anche *fig.) s.-bubble,* bolla di sapone □ *s.-dish,* portasapone □ *s.-flakes,* sapone in scaglie □ *(radio, telev., fam.) s.-opera,* sceneggiato sentimentale a puntate □ *s.-power,* sapone in polvere □ *s.-works,* saponificio □ *shaving-s.,* sapone da barba □ *soft s.,* sapone liquido; *(fig.)* adulazione, lusinghe.
to **soap** [soup] *v. t.* ***1*** **insaponare** ***2*** *(fig.,* anche *to soft-s.)* **adulare; lusingare.**
soapstone ['soupstoun] *n.* [U] *(miner.)* **steatite.**
soapsuds ['soupsʌdz] *n. pl.* **saponata.**
soapy ['soupi] *a.* ***1*** **insaponato** ***2*** **saponaceo; saponoso** ***3*** *(fig.)* **adulatorio; untuoso** ***4*** *(fig., fam.)* **sentimentale.**
to **soar** [sɔ:*] *v. i.* ***1*** **innalzarsi a volo; librarsi in volo** ***2*** *(aeron.)* **veleggiare** ***3*** *(fig.)* **salire vertiginosamente; andare alle stelle.**
soaring ['sɔ:riŋ] *a. (fig.)* **altissimo; eccelso; elevato; sublime.**
to **sob** [sɔb] *v. i.* ***1*** **singhiozzare** ***2*** *(fig.:* del vento, ecc.) **lamentarsi; gemere** ● *to sob one's heart out,* piangere dirottamente □ *to sob out,* dire (o raccontare) tra i singhiozzi.
sob [sɔb] *n.* [C] **singhiozzo; singulto** ● *(fam.) sob-story,* storia patetica (o strappalacrime) □ *(fam.) sob-stuff,* discorso (o scritto, film, ecc.) melodrammatico (o strappalacrime).
sobbingly ['sɔbiŋli] *avv.* **singhiozzando; fra i singhiozzi.**
sober ['soubə*] *a.* ***1*** **non ubriaco; padrone di sé; con la mente lucida** ***2*** **sobrio; parco; temperante; moderato** (specialm. nel bere, nel mangiare) ***3*** **assennato; savio; serio; calmo; tranquillo** ● *the s. truth,* la pura verità □ *to get s.,* rinsavire; smaltire la sbornia □ *in s. fact,* in realtà.
to **sober** ['soubə*] ***A*** *v. t.* ***1*** (spesso *to s. down)* **calmare; moderare; far rinsavire; rendere sobrio** ***2*** (spesso *to s. up)* **far passare la sbornia a** (q.) ***B*** *v. i.* ***1*** (di solito *to s. down)* **calmarsi; moderarsi; metter giudizio; rinsavire** ***2*** (di solito *to s. up)* **smaltire la sbornia.**
soberness ['soubənis] *V.* **sobriety.**
sobersides ['soubəsaidʒ] *n.* [C] *(fam.)* **persona molto seria e contegnosa.**
sobriety [sou'braiəti] *n.* [U] ***1*** **sobrietà; moderazione; temperanza** ***2*** **assennatezza; calma; equilibrio; serietà.**
sobriquet ['soubrikei] *n.* [C] **nomignolo; soprannome.**
so-called [ˌsou'kɔ:ld] *a.* **cosiddetto.**
soccer ['sɔkə*] *n.* [U] *(sport)* **gioco del calcio.**
sociability [ˌsouʃə'biliti] *n.* [U] ***1*** **socievolezza; sociabilità** *(lett.)* ***2*** **affabilità; cordialità.**
sociable ['souʃəbl] *a.* ***1*** **socievole** ***2*** **affabile; cordiale** ***3*** **piacevole.**
social ['souʃəl] ***A*** *a.* ***1*** **sociale**: *s. problems,* problemi sociali ***2*** **socievole** ***3*** *(zool., bot.)* **gregario** ***B*** *n.* [C] **festa pubblica; trattenimento** ● *(polit.) a S. Democrat,* un socialdemocratico □ *one's s. equals,* gente della propria condizione sociale □ *a s. evening,* una serata; un trattenimento □ *s. happenings,* avvenimenti mondani; mondanità □ *s. security,* previdenza sociale □ *s. (welfare) worker,* assistente sociale.
socialism ['souʃəlizəm] *n.* [U] *(polit.)* **socialismo.**
socialist ['souʃəlist] *n.* [C] e *a. (polit.)* **socialista.**
socialistic [ˌsouʃə'listik] *a. (polit.)* **socialistico.**
socialite ['souʃəlait] *n. (fam.)* ***1*** **persona che conduce vita mondana** ***2*** *(USA)* **personaggio noto dell'alta società.**
sociality [ˌsouʃi'æliti] *n.* [U] **socialità; socievolezza.**
socialization [ˌsouʃəlai'zeiʃən] *n.* [U] **socializzazione.**
to **socialize** ['souʃəlaiz] *v. t.* **socializzare.**
society [sə'saiəti] *n.* ***1*** [U] **società**: *a danger to s.,* un pericolo per la società ***2*** [C] **comunità sociale; associazione; istituzione; compagnia** ***3*** [U] **compagnia**: *to avoid s.,* fuggire la compagnia (dei propri simili) ***4*** [U] (anche *high s.*) **l'alta società; il bel mondo** ● *s. gossip,* pettegolezzi del bel mondo □ *a s. man (woman),* un uomo (una donna) di mondo.
sociolinguistics [ˌsousiəliŋ'gwistiks] *n. pl. (col verbo al sing.)* **sociolinguistica.**
sociological [ˌsousiə'lɔdʒikəl] *a.* **sociologico.**
sociologist [ˌsousi'ɔlədʒist] *n.* [C] **sociologo.**
sociology [ˌsousi'ɔlədʒi] *n.* [U] **sociologia.**
(1) sock [sɔk] *n.* [C] ***1*** **calza corta** (da uomo); **calzino** ***2*** **soletta** (di scarpa) ***3*** *(aeron.,* anche *wind-s.)* **manica a vento** ***4*** *(letter.)* **socco;** *(fig.)* **commedia.**
to **sock** [sɔk] *v. t. (pop.)* ***1*** **gettare, lanciare, scagliare** (un sasso, una palla) ***2*** **colpire; percuotere; dare un pugno a** (q.).
(2) sock [sɔk] ***A*** *n.* [C] *(pop.)* **colpo** (di pietra, ecc.); **percossa; pugno** ***B*** *avv. (pop.)* **dritto; in pieno**: *to hit sb. s. in the eye,* colpire q. dritto in un occhio.
socket ['sɔkit] *n.* [C] ***1*** *(in genere)* **incavatura; incavo; incastro** ***2*** (anche *eye-s.)* **orbita** (dell'occhio); **occhiaia** ***3*** (dei denti) **alveolo** ***4*** (di candeliere) **bocciolo** ***5*** *(elettr.)* **portalampada** ***6*** *(elettr.)* **presa di corrente.**

Socratic [sɔ'krætik] *a.* e *n.* [C] *(filos.)* socratico.

(1) sod [sɔd] *n.* **1** [C] zolla erbosa; piota **2** [U] terreno erboso.

(2) sod [sɔd] *n.* [C] *(pop.)* **1** *(spreg.)* bastardo; villano; scocciatore **2** seccatura; scocciatura.

soda ['soudə] *n.* [U] **1** *(chim.)* soda **2** (anche *s.-water)* acqua di seltz ● *baking s.*, bicarbonato di sodio □ *washing s.*, soda (per lavare); carbonato di sodio.

sodality [sou'dæliti] *n.* [C] sodalizio; confraternita.

sodden ['sɔdn] *a.* **1** bagnato fradicio; zuppo **2** (di pane, ecc.) molle e umido; pesante **3** *(fig.)* abbrutito, istupidito (specialm. per il troppo bere).

to **sodden** ['sɔdn] **A** *v. t.* impregnare d'acqua; inzuppare **B** *v. i.* impregnarsi d'acqua; inzupparsi; infradiciarsi.

soddy ['sɔdi] *a.* coperto di zolle; erboso.

sodium ['soudjəm] *n.* [U] *(chim.)* sodio.

sodomite ['sɔdəmait] *n.* [C] sodomita.

sodomy ['sɔdəmi] *n.* [U] sodomia.

soever [sou'evə*] *avv.* *(generalm. in composti)* che sia; -unque: *whosoever*, chiunque □ *whatsoever*, checchessia □ *wheresoever*, dovunque ● *no help s.*, nessuna sorta d'aiuto.

sofa ['soufə] *n.* [C] sofà; divano; canapè ● *s. bed*, divano letto.

soft [sɔft] **A** *a.* **1** molle; soffice; morbido; cedevole; tenero; *(fig.)* debole, fiacco: *s. ground*, terreno molle □ *s. skin*, pelle morbida **2** mite; dolce; delicato; soave; tenue: *a s. breeze*, una dolce brezza □ *(metall.) s. steel*, acciaio dolce □ *s. colours*, colori tenui; tinte delicate **3** conciliante; gentile; blando **4** (di suono) basso; quieto; sommesso **5** (anche *s.-headed)* sciocco; scemo; stupido **6** *(fam.)* facile; agevole; leggero: *a s. job*, un lavoro facile; un compito agevole **7** *(fon.)* dolce; palatalizzato; molle **B** *avv.* adagio; piano; sommessamente ● *s.-core film*, film erotico (ma non pornografico) □ *(fam.) s. drinks*, bevande non alcoliche □ *s. furnishings*, articoli di tappezzeria □ *(miss.) s. landing*, atterraggio morbido □ *s. light*, luce smorzata □ *s. nothings*, paroline dolci □ *s. rain*, pioggerella □ *s. sawder*, adulazione; lusinghe □ *s. slumbers*, sonni tranquilli □ *s. stone*, pietra tenera □ *s. water*, acqua dolce □ *s. weather*, tempo piovoso □ *s. wine*, vino pastoso □ *s. wood*, legno dolce □ *to get s.*, rammollire, rammollirsi; *(fig.)* rimbecillire, rimbecillirsi □ *(fam.) to have a s. spot for sb.*, avere un debole per q.

to **soften** ['sɔfn] **A** *v. t.* **1** ammollire; ammorbidire; infiacchire; rammollire **2** addolcire; intenerire; lenire; mitigare; placare; alleviare **3** *(metall.)* stemperare **B** *v. i.* **1** ammollirsi; ammorbidirsi; infiacchirsi; rammollirsi **2** addolcirsi; intenerirsi; placarsi ● *(mil.) to s. up the enemy's defences*, indebolire le difese del nemico.

softener ['sɔfnə*] *n.* [C] depuratore dell'acqua.

softening ['sɔfniŋ] *n.* [U] ammollimento; ammorbidimento: *(med.) s. of the brain*, rammollimento cerebrale.

soft-headed [ˌsɔft'hedid] *a.* *(fam.)* sciocco; scemo; stupido.

soft-hearted [ˌsɔft'ha:tid] *a.* dal cuore tenero; compassionevole.

softness ['sɔftnis] *n.* [U] **1** mollezza; morbidezza; tenerezza; debolezza; fiacchezza **2** mitezza; dolcezza; delicatezza; soavità **3** imbecillità; stupidità.

to **soft-pedal** [ˌsɔft'pedl] *v. t.* *(mus.)* suonare in sordina; mettere la sordina a (uno strumento).

to **soft-soap** ['sɔftˌsoup] *v. t.* *(fam.)* adulare; lisciare; lusingare.

to **soft-solder** ['sɔftˌsɔldə*] *v. t.* *(mecc.)* saldare a dolce.

soft-spoken ['sɔftˌspoukən] *a.* dalla voce dolce (o soave); affabile.

software ['sɔftwɛə*] *n.* [U] *(elab.)* software (corredo di linguaggi e programmi).

softy ['sɔfti] *n.* [C] *(fam.)* debole; rammollito; sciocco; tonto.

soggy ['sɔgi] *a.* **1** bagnato; fradicio **2** molle e umido; pesante.

soh [sou] *n.* [C] *(mus.)* sol.

(1) soil [sɔil] *n.* [U] suolo; terreno; terra: *one's native s.*, il patrio suolo; il suolo natio □ *foreign s.*, terra straniera.

to **soil** [sɔil] **A** *v. t.* sporcare; insudiciare; imbrattare; lordare; macchiare (anche *fig.)* **B** *v. i.* sporcarsi; insudiciarsi; imbrattarsi; macchiarsi; lordarsi ● *(comm.) soiled goods*, merci sciupate □ *soiled linen*, biancheria sporca.

(2) soil [sɔil] *n.* [U] **1** sporco **2** sporcizia; sudiciume **3** *(agric.)* concime naturale; letame.

soirée ['swa:rei] *(franc.)* *n.* [C] serata; trattenimento.

to **sojourn** ['sɔdʒə:n] *v. i.* soggiornare; dimorare.

sojourn ['sɔdʒə:n] *n.* [C] soggiorno; dimora.

sojourner ['sɔdʒə:nə*] *n.* [C] ospite (o residente) temporaneo.

sol [sɔl] *n.* [C] *(mus.)* sol.

solace ['sɔləs] *n.* [U] e [C] conforto; consolazione; sollievo.

to **solace** ['sɔləs] *v. t.* confortare; consolare.

solar ['soulə*] *a.* *(astron., fis., anat.)* solare.

solarium [sou'lɛəriəm] *n.* *(pl.* **solaria** [sou'lɛəriə], **solariums**) solario.

to **solarize** ['souləraiz] *v. t.* e *i.* **1** sciupare (sciuparsi) per eccessiva esposizione alla luce del sole **2** *(fotogr.)* sottoporre a (subire) solarizzazione.

sold [sould] *pass.* e *p.p.* di to **sell.**

solder ['sɔldə*] *n.* [U] **1** *(mecc.)* lega per saldatura **2** *(fig.)* legame; vincolo ● *hard s.*, lega per saldatura a forte (con rame) □ *soft s.*, lega per saldatura a dolce (con stagno).

to **solder** ['sɔldə*] *v. t.* **1** *(mecc.)* saldare **2** *(fig.)* cementare; unire.

soldier ['souldʒə*] *n.* [C] **1** soldato (anche *fig.)*; militare; milite: *soldiers of fortune*, soldati di ventura □ *the Unknown S.*, il Milite Ignoto **2** *(zool.* anche *s.-ant)* formica soldato ● *common s.* (o *private s.)*, soldato semplice □ *fellow s.*, commilitone □ *to go for a s.*, andar soldato □ *tin soldiers*, soldatini di piombo.

to **soldier** ['souldʒə*] *v. i.* **1** fare il soldato **2** *(fam.)* lavorare di mala voglia; fare il lavativo *(pop.)*.

soldierlike ['souldʒəlaik], **soldierly** ['souldʒəli] *a.* **1** soldatesco; marziale **2** coraggioso; valoroso.

soldiery ['souldʒəri] *n.* *(collett.)* soldatesca; truppa.

(1) sole [soul] *n.* [C] **1** *(anat.)* pianta (del piede) **2** (di scarpa, ecc.) suola **3** *(in genere)* base; fondo.

to **sole** [soul] *v. t.* mettere le suole a (un paio di scarpe); risuolare.

(2) sole [soul] *n.* [C] *(zool.,* Solea) sogliola.

(3) sole [soul] *a.* solo; singolo; unico; esclusivo: *the s. cause*, il solo motivo; l'unica causa ● *(comm.) s. trader*, commerciante in proprio.

solecism ['sɔlisizəm] *n.* [C] **1** solecismo; barbarismo **2** sconvenienza.

solely ['soulli] *avv.* solamente; soltanto; unicamente; esclusivamente ● *s. because of*, per il solo motivo che.

solemn ['sɔləm] *a.* solenne; grave ● *a. s. fool*, un perfetto imbecille.

solemnity [sə'lemniti] *n.* [U] **1** solennità; gravità; serietà **2** *(anche al pl.)* cerimonia solenne.

to **solemnize** ['sɔləmnaiz] *v. t.* **1** solennizzare; celebrare solennemente **2** celebrare (coi dovuti riti) **3** rendere grave (o solenne).

solemness ['sɔləmnis] *n.* [U] solennità; gravità; serietà.

solenoid ['soulinɔid] *n.* [C] *(elettr.)* solenoide.

sol-fa [sɔl'fa:] *n.* [U] *(mus.)* solfeggio.

to **sol-fa** [sɔl'fa:] *v. t.* e *i.* *(mus.)* solfeggiare.

solfatara [ˌsɔlfə'ta:rə] *n.* [C] *(geol.)* solfatara.

to **solicit** [sə'lisit] **A** *v. t.* **1** sollecitare; chiedere: *to s. favours*, sollecitare favori **2** tentar di corrompere **3** adescare **B** *v. i.* **1** usare sollecitazioni; fare richieste insistenti **2** (di prostituta) offrirsi.

solicitation [səˌlisi'teiʃən] *n.* [U] e [C] **1** sollecitazione; richiesta insistente **2** tentativo di corruzione **3** adescamento.

solicitor [sə'lisitə*] *n.* [C] **1** *(leg.)* procuratore legale; avvocato **2** *(USA)* venditore a domicilio; propagandista.

solicitous [sə'lisitəs] *a.* ***1*** **sollecito; premuroso** ***2*** **ansioso; preoccupato** ● *to be s. about st.*, preoccuparsi di q.c.
solicitude [sə'lisitju:d] *n.* [U] ***1*** **sollecitudine** ***2*** **ansia; preoccupazione.**
solid ['sɔlid] ***A*** *a.* ***1*** **solido; forte; resistente; massiccio;** *(fig.)* **ben fondato, concreto**: *s. geometry,* geometria solida □ *a man of s. character,* un uomo dal carattere forte □ *a s. business firm,* una ditta solida ***2*** **compatto; uniforme; unanime; unito**: *a s. vote,* un voto unanime ***3*** **pieno** (non cavo) ***4*** *(fam.)* **ininterrotto; di fila; di seguito**: *two s. hours,* due ore di fila ***B*** *n.* ***1*** [C] *(geom.)* **solido** ***2*** *(fis.)* **sostanza solida** ***3*** *(al pl.)* **alimenti solidi** ● *to be* (o *to go*) *s. for sb. (st.),* votare all'unanimità per q. (q.c.) □ *a s. man,* un uomo di buon senso; un uomo con una solida posizione finanziaria □ *s. sense,* buon senso □ *to become s.,* solidificarsi □ *to be on s. ground,* essere sulla terra ferma; *(fig.)* tenere i piedi in terra.
solidarity [,sɔli'dæriti] *n.* [U] **solidarietà.**
solidary ['sɔlidəri] *a.* **solidale.**
to **solidify** [sə'lidifai] ***A*** *v. t.* **solidificare; indurire** ***B*** *v. i.* **solidificarsi.**
solidity [sə'liditi], **solidness** ['sɔlidnis] *n.* [U] **solidità;** *(fig.)* **fondatezza, concretezza.**
to **soliloquize** [sə'liləkwaiz] *v. i.* **fare un soliloquio.**
soliloquy [sə'liləkwi] *n.* [C] **soliloquio; monologo.**
solipsism ['sɔlipsizəm] *n.* [U] ***1*** *(filos.)* **solipsismo** ***2*** *(fam.)* **egocentrismo.**
solitaire [,sɔli'tɛə*] *n.* [C] **solitario** (gemma; gioco di carte).
solitary ['sɔlitəri] *a.* ***1*** **solitario; solingo; appartato** ***2*** **solo; singolo; unico; isolato** ● *(leg.) s. confinement,* segregazione cellulare.
solitude ['sɔlitju:d] *n.* ***1*** [U] **solitudine** ***2*** [C] **luogo solitario.**
solo ['soulou] *n.* (*pl.* **solos, soli** ['souli:]) ***1*** *(mus.)* **assolo; a solo** ***2*** *(aeron.)* **volo compiuto da solo** ● *a s. flight,* un volo da solo (senza istruttore) □ *(mus.) a s. pianist,* un solista di pianoforte □ *(mus.) a s. voice,* una voce da solista.
soloist ['soulouist] *n.* [C] *(mus.)* **solista.**
solstice ['sɔlstis] *n.* [C] *(astron.)* **solstizio.**
solstitial [sɔl'stiʃəl] *a.* *(astron.)* **solstiziale.**
solubility [,sɔlju'biliti] *n.* [U] **solubilità.**
soluble ['sɔljubl] *a.* **solubile.**
solute ['sɔlju:t] *n.* [C] *(fis., chim.)* **soluto; sostanza sciolta.**
solution [sə'lu:ʃən] *n.* [C] e [U] **soluzione** (in ogni senso): *(med.* e *fig.) s. of continuity,* soluzione di continuità.
solvable ['sɔlvəbl] *a.* **solubile; risolvibile.**
to **solve** [sɔlv] *v. t.* **risolvere; sciogliere; spiegare.**
solvency ['sɔlvənsi] *n.* [U] ***1*** *(leg., comm.)* **solvibilità** ***2*** *(chim.)* **capacità solvente.**
solvent ['sɔlvənt] ***A*** *a.* ***1*** *(leg., comm.)* **solvibile**: *a s. debtor,* un debitore solvibile ***2*** *(chim.)* **capace di sciogliere** ***B*** *n.* [C] *(chim.)* **solvente.**
Somali [sou'ma:li] *n.* [C] **somalo.**
somatic [sou'mætik] *a.* *(scient.)* **somatico.**
somatology [,soumə'tɔlədʒi] *n.* [U] *(scient.)* **somatologia.**
sombre, *(USA)* **somber** ['sɔmbə*] *a.* **cupo; fosco; scuro; tetro.**
sombrero [sɔm'brɛərou] *(spagn.) n.* (*pl.* **sombreros**) **sombrero.**
some [sʌm, səm] ***A*** *a.* e *pron.* ***1*** **qualche; del, dello, degli, dei; della, delle; un po' di; ne; alcuni, alcune; certuni, certune; taluni, talune; certi, certe**: *s. boys,* qualche ragazzo, alcuni ragazzi □ *S. money will be needed,* ci vorrà del denaro □ *I took s., but not all,* ne presi un po' ((o alcuni), non tutto (o non tutti) □ *I like it, but s. don't,* a me piace, ma a certuni no ***2*** **uno, una; un certo, una certa; una specie di, una sorta di**: *s. day or other,* un giorno o l'altro □ *in s. book (or other),* in un (qualche) libro ***3*** *(fam.)* **grande; considerevole; grosso** ***B*** *avv.* ***1*** **circa; press'a poco; all'incirca; a un dipresso**: *s. twenty years ago,* circa vent'anni fa ***2*** *(fam. USA)* **alquanto; piuttosto** ***3*** *(fam. USA)* **molto; un bel po'** ● *s. more,* dell'altro; degli altri; ancora □ *s. people,* alcuni; certuni □ *s. time,* per un po'; un po' di tempo.
somebody ['sʌmbədi] ***A*** *pron.* **qualcuno; qualcheduno; uno**: *There's s. at the door,* c'è qualcuno alla porta ***B*** *n.* **qualcuno; (una) persona importante**: *He thinks he's (a) s., but he's (a) nobody,* crede di essere qualcuno, ma è una nullità ● *s. else,* qualcun altro.
somehow ['sʌmhau] *avv.* ***1*** **in qualche modo; in un modo o nell'altro; per qualche motivo; per un motivo o per l'altro** (anche *s. or other*) ***2*** **a ogni modo; a tutti i costi.**
someone ['sʌmwʌn] *pron.* **qualcuno; qualcheduno; uno.**
somersault ['sʌməsɔ:lt] *n.* [C] **capriola; salto mortale**: *to turn a s.,* fare una capriola.
to **somersault** ['sʌməsɔ:lt] *v. i.* **fare una capriola; fare un salto mortale.**
something ['sʌmθiŋ] *pron.* **qualche cosa; qualcosa**: *I have s. to tell you,* ho qualcosa da dirti □ *s. useful,* qualche cosa d'utile ● *s. else,* qualcos'altro; qualche altra cosa □ *s. like,* circa, a un dipresso, press'a poco; *(fam.)* eccellente, magnifico, ottimo: *s. like ten thousand,* circa diecimila □ *That was s. like a dinner!,* fu davvero un pranzo eccellente! □ *He's s. in the City,* ha un impiego nella City □ *He thinks himself s.,* crede d'essere qualcuno; si crede importante □ *I am s. of a mechanic,* m'intendo un po' di meccanica; non sono proprio un meccanico, ma insomma! □ *There is s. of preciosity in his style,* v'è un certo preziosismo nel suo stile.
sometime ['sʌmtaim] ***A*** *avv.* ***1*** **una volta o l'altra** ***2*** **una volta; un tempo** ***B*** *a. attr.* **antico; ex-**: *the s. sheriff,* l'ex-sceriffo.
sometimes ['sʌmtaimz] *avv.* **qualche volta; talvolta; talora; di quando in quando**: *We go there s.,* di quando in quando, ci andiamo.
someway ['sʌmwei] *avv.* **in qualche modo; in qualche maniera.**
somewhat ['sʌmwɔt] *avv.* **alquanto; piuttosto; un po'**: *s. difficult,* alquanto difficile □ *s. of a liar,* un po' bugiardo.
somewhere ['sʌmwɛə*] *avv.* **in qualche luogo; in qualche posto; in qualche parte** ● *s. about ten o'clock,* verso le dieci □ *s. else,* in qualche altro posto; in qualche altra parte.
somnambulism [sɔm'næmbjulizəm] *n.* [U] **sonnambulismo.**
somnambulist [sɔm'næmbjulist] *n.* [C] **sonnambulo, sonnambula.**
somniferous [sɔm'nifərəs] *a.* **soporifero; sonnifero.**
somnolence ['sɔmnələns] *n.* [U] **sonnolenza.**
somnolent ['sɔmnələnt] *a.* ***1*** **sonnolento** ***2*** **soporifero.**
son [sʌn] *n.* [C] ***1*** **figlio** (anche *fig.*); **figliolo** ***2*** *(fam. al vocat.)* **ragazzo** ● *(volg.) son of a bitch,* figlio di puttana *(volg.)*; figlio d'un cane □ *He is his father's son,* è proprio figlio di suo padre; è tutto suo padre.
sonant ['sounənt] ***A*** *a.* **sonoro** ***B*** *n.* [C] **consonante sonora.**
sonar ['souna:*] *n.* *(naut.)* (*acronimo* di *so*und *na*vigation *r*anging) **ecogoniometro.**
sonata [sə'na:tə] *(ital.) n.* [C] *(mus.)* **sonata.**
sonatina [,sɔnə'ti:nə] *(ital.) n.* [C] *(mus.)* **sonatina.**
song [sɔŋ] *n.* [C] e [U] **canto; canzone; cantico; aria; romanza;** *(fig.)* **poesia**: *a love s.,* una canzone d'amore □ *the S. of Songs,* il Cantico dei Cantici □ *renowned in s.,* celebrato in poesia; cantato dai poeti ● *s.-birds,* uccelli canori □ *s.-book,* canzoniere □ *to burst into s.,* mettersi a cantare □ *(fig.) to buy (to sell) st. for a s.* (o *for an old s.),* comprare (vendere) q.c. per niente (o per quattro soldi) □ *(fig.) It's nothing to make a s. about,* non c'è da farne una questione.
songster ['sɔŋstə*] *n.* [C] ***1*** **cantante** ***2*** **poeta** ***3*** **uccello canoro.**
songstress ['sɔŋstris] *n.* [C] ***1*** **cantante** (donna) ***2*** **poetessa.**
sonic ['sɔnik] *a.* ***1*** *(fis.)* **acustico; fonico** ***2*** *(aeron.)* **sonico** ● *(aeron.) s. barrier,* barriera del suono.

son-in-law ['sʌninlɔ:] *n.* [C] **genero.**

sonnet ['sɔnit] *n.* [C] *(letter.)* **sonetto** ● *s. sequence,* raccolta di sonetti.

sonneteer [,sɔni'tiə*] *n.* [C] **sonettista.**

to **sonneteer** [,sɔni'tiə*] *v. i.* **scrivere sonetti.**

sonny ['sʌni] *n.* *(fam., al vocat.)* **figlio mio; ragazzo mio.**

sonority [sə'nɔriti] *n.* [U] **sonorità.**

sonorous [sə'nɔ:rəs] *a.* **sonoro.**

sonship ['sʌn,ʃip] *n.* [U] **condizione di figlio.**

soon [su:n] *avv.* **presto; fra breve; fra poco** ● *s. after,* subito dopo; poco dopo □ *the sooner the better,* quanto prima, tanto meglio □ *sooner or later,* presto o tardi; prima o poi □ *as s. as,* appena; non appena □ *as s. as not,* di preferenza: *I'd go there as s. as not,* io preferirei andarci □ *as s. as possible,* non appena possibile □ *at the soonest,* al più presto □ *How s.?,* fra quanto tempo? □ *no sooner... than,* appena; non appena: *No sooner had he arrived than he started back home,* era appena arrivato che ripartì per tornare a casa □ *too s.,* troppo presto; anzitempo □ *I would sooner* (o *I had sooner*) *die than surrender,* preferirei la morte alla resa □ *I would just as s. stay at home (as go),* per me tanto vale stare a casa (che andare) □ *No sooner said than done,* detto fatto.

soot [sut] *n.* [U] **fuliggine; nerofumo.**

to **soot** [sut] *v. t.* (spesso *to s. up*) **coprire** (o **sporcare**) **di fuliggine.**

sooth [su:θ] *n.* [U] *(lett.)* **verità.**

to **soothe** [su:ð] *v. t.* ***1*** **calmare; lenire; placare** ***2*** **blandire; lusingare.**

soothing ['su:ðiŋ] *a.* ***1*** **calmante; lenitivo** ***2*** **lusinghiero.**

soothsayer ['su:θ,seiə*] *n.* [C] **indovino; divinatore.**

soothsaying ['su:θ,seiiŋ] *n.* [U] e [C] **divinazione; predizione; profezia.**

sooty ['suti] *a.* ***1*** **fuligginoso** ***2*** *(fig.)* **nero; oscuro.**

sop [sɔp] *n.* [C] ***1*** **pezzo di pane inzuppato** (nel latte, nel brodo, ecc.) ***2*** *(fig.)* **offa** *(lett.)*; **dono propiziatorio**: *to throw a sop to Cerberus,* gettar l'offa a Cerbero.

to **sop** [sɔp] ***A*** *v. t.* **inzuppare** ***B*** *v. i.* **inzupparsi; diventar fradicio** ● *to sop up,* assorbire; asciugare □ *sopping wet,* bagnato fradicio.

sophism ['sɔfizəm] *n.* [C] **sofisma.**

sophist ['sɔfist] *n.* [C] **sofista.**

sophistic(al) [sə'fistik(əl)] *a.* **sofistico.**

to **sophisticate** [sə'fistikeit] ***A*** *v. t.* **sofisticare; adulterare** ***B*** *v. i.* **sofisticare; cavillare; usare sofismi.**

sophisticated [sə'fistikeitid] *a.* ***1*** **artefatto; adulterato; sofisticato** ***2*** **elegante; raffinato; sofisticato.**

sophistication [sə,fisti'keiʃən] *n.* [U] e [C] ***1*** **sofisticazione; adulterazione; falsificazione** ***2*** **sofisticheria** ***3*** **affettazione; eccessiva raffinatezza.**

sophistry ['sɔfistri] *n.* ***1*** [U] **sofisticheria** ***2*** [C] **sofisma.**

sophomore ['sɔfəmɔ:*] *n.* *(USA)* **studente universitario del secondo anno; fagiolo.**

soporiferous [,soupə'rifərəs] *a.* **soporifero.**

soporific [,soupə'rifik] ***A*** *a.* **soporifero** ***B*** *n.* [C] *(farm.)* **narcotico.**

soppy ['sɔpi] *a.* ***1*** **bagnato fradicio; zuppo** ***2*** *(fam.)* **sentimentale; lacrimoso.**

soprano [sə'pra:nou] *(ital.)* ***A*** *n.* *(pl.* **sopranos***)* *(mus.)* **soprano** ***B*** *a. attr.* **di** (o **da, per**) **soprano.**

sorb [sɔ:b] *n.* [C] *(bot.)* ***1*** (Sorbus domestica) **sorbo** ***2*** (Sorbus aucuparia) **sorbo selvatico** ***3*** (anche *s.-apple*) **sorba.**

sorbet ['sɔ:bət] *n.* [C] **sorbetto; gelato alla frutta.**

sorcerer ['sɔ:sərə*] *n.* [C] **mago; stregone;** *(fig.)* **incantatore.**

sorceress ['sɔ:səris] *n.* [C] **strega; fattucchiera;** *(fig.)* **maliarda.**

sorcery ['sɔ:səri] *n.* [U] *(anche al pl.)* **magia; stregoneria.**

sordid ['sɔ:did] *a.* **sordido; gretto; meschino; squallido.**

sordidness ['sɔ:didnis] *n.* [U] **sordidezza; grettezza; meschinità; squallore.**

sordine ['sɔ:di:n] *n.* [C] *(mus.)* **sordina.**

sore [sɔ:*] ***A*** *a.* ***1*** (di parte del corpo) **dolente; che fa male**: *to have a s. throat,* avere mal di gola ***2*** **addolorato; dolente; rattristato; triste**: *to have a s. heart,* essere triste in cuor proprio ***3*** **adirato; irritato**: *to feel s. about st.,* essere irritato per q.c. ***4*** **permaloso; suscettibile** ***5*** **doloroso; sgradito** ***6*** **grave; duro; estremo**: *a s. struggle,* una dura lotta □ *to be in s. need of help,* avere estremo bisogno d'aiuto ***B*** *n.* [C] ***1*** **piaga; ferita; male** ***2*** *(fig.)* **ricordo doloroso; motivo di dolore; cosa spiacevole** ***C*** *avv.* *(lett.)* **gravemente; dolorosamente; severamente; assai**: *s. oppressed,* gravemente oppresso ● *to be s. at heart,* essere desolato □ *to have a s. arm (finger, etc.),* avere male a un braccio (a un dito, ecc.) □ *to be like a bear with a s. head,* essere collerico □ *(fig.) to reopen old sores,* riaprire vecchie piaghe □ *a sight for s. eyes,* una cosa molto gradita da vedere; un ospite desiderato.

sorely ['sɔ:li] *avv.* ***1*** **gravemente; dolorosamente; duramente** ***2*** **assai; molto** ● *to feel s. inclined to do st.,* avere una gran voglia di fare q.c. □ *Help was s. needed,* c'era urgente bisogno d'aiuto.

soreness ['sɔ:nis] *n.* [U] ***1*** **dolore; male** ***2*** **rammarico; tristezza** ***3*** **irritazione; rancore.**

sorghum ['sɔ:gəm] *n.* [U] *(bot.,* Sorghum vulgare) **sorgo; saggina.**

sororicide [sə'rɔrisaid] *n.* ***1*** [U] **sororicidio** ***2*** [C] **sororicida.**

sorority [sə'rɔriti] *n.* [C] ***1*** **comunità di donne** (specialm. per fini religiosi) ***2*** *(USA)* **associazione di studentesse universitarie.**

(1) sorrel ['sɔrəl] *n.* [U] *(bot.,* Rumex acetosa) **acetosa.**

(2) sorrel ['sɔrəl] ***A*** *a.* **sauro; rosso-castagno** ***B*** *n.* [C] **cavallo sauro.**

sorrow ['sɔrou] *n.* ***1*** [C] e [U] **dolore; affanno; afflizione; cordoglio; pena; travaglio**: *a life-long s.,* il dolore di tutta una vita ***2*** [U] **rammarico** ● *to my great s.,* con mio grande dolore; con mio vivo rammarico.

to **sorrow** ['sɔrou] *v. i.* **addolorarsi; affliggersi; rattristarsi**: *to s. at* (o *over, for*) *st.,* affliggersi per q.c.

sorrowful ['sɔrəful] *a.* ***1*** **addolorato; afflitto** ***2*** **doloroso; penoso.**

sorry ['sɔri] *a.* ***1*** *(pred.)* **addolorato; dolente; afflitto** ***2*** *(pred.)* **pentito; rammaricato** ***3*** *(attr.)* **meschino; misero; pietoso; sgradevole**: *a s. excuse,* una misera scusa ● *S.!,* scusa!, scusate!; scusi! □ *to be* (o *to feel*) *s.,* dolersi, rammaricarsi (di q.c., per q.); dispiacere, rincrescere *(impers.)*; pentirsi (di q.c.): *I am s. for you,* mi rincresce per te □ *You will be s. for this some day,* te ne pentirai, un giorno □ *(fam.) to feel s. for oneself,* essere depresso □ *a s. meal,* un magro pasto □ *to cut a s. figure,* fare una magra figura □ *S., but I can't help you,* mi spiace, ma non posso aiutarti.

sort [sɔ:t] *n.* [C] ***1*** **sorta; genere; specie; tipo**: *people of every s. (and kind),* gente d'ogni sorta □ *a new s. of bicycle,* un nuovo tipo di bicicletta ***2*** *(fam.)* **individuo; persona** ● *(fam.) s. of,* alquanto, piuttosto; un po', quasi; in un certo modo: *I was s. of tired,* ero piuttosto stanco □ *I s. of expected it,* in un certo modo me l'aspettavo □ *(fam.) a good s. (of man),* una buona pasta d'uomo; un bonaccione □ *(fam.) one of the right s.,* un brav'uomo □ *to be out of sorts, (tipogr.)* essere a corto di caratteri; *(fig.)* essere indisposto (o depresso, abbattuto, di malumore).

to **sort** [sɔ:t] *v. t.* ***1*** **classificare; ordinare; assortire; scegliere**: *to s. out stamps,* classificare francobolli (di una collezione) ***2*** **smistare** (lettere, pacchi, ecc.) ● *(arc.) to s. ill,* essere in contrasto (con q.c.) □ *(arc.) to s. well,* essere in armonia (con q.c.).

sortable ['sɔ:təbl] *a.* **classificabile; ordinabile; selezionabile.**

sortie ['sɔ:ti] *n.* [C] ***1*** *(mil.)* **sortita** ***2*** *(aeron.)* **volo** (o **missione**) **di un solo apparecchio.**

sortilege ['sɔ:tilidʒ] *n.* [U] e [C] **sortilegio.**

so-so ['sousou] *a. pred.* e *avv.* *(fam.)* **così così; mediocre; passabile.**

sot [sɔt] *n.* [C] **ubriacone, ubriacona; beone, beona.**

sottish ['sɔtiʃ] *a.* **inebetito, istupidito** (dal bere).

sou [su:] *(franc.) n.* [C] **soldo.**

soubrette [su:'bret] *(franc.) n.* [C] *(teatr.)* « **soubrette** ».

Soudanese [ˌsu:də'ni:z] *a.* e *n.* *(invar. al pl.)* **sudanese.**

soufflé ['su:flei] *(franc.) n.* [C] *(cucina)* « **soufflé** ».

sough [sau] *n.* **sussurrìo, fremito, gemito** (del vento, ecc.).

to **sough** [sau] *v. i.* **sussurrare; fremere; gemere.**

sought [sɔ:t] *pass.* e *p.p.* di to **seek.**

sought-after ['sɔ:tˌa:ftə*] *a.* **richiesto; ricercato.**

soul [soul] *n.* **1** [C] **anima; spirito; essenza; creatura; persona**: *to commend one's s. to God,* raccomandare l'anima a Dio □ *the departed souls,* le anime dei defunti □ *a good s.,* una buona creatura □ *There was not a s. in the street,* nella strada non c'era anima viva **2** [U] **calore umano; umanità** ● *s. music,* musica « soul » □ *(relig.) All Souls' Day,* il giorno dei Morti □ *Poor little s.!,* poverina!; poverino! □ *Upon my s.!,* in fede mia!; per bacco! □ *God bless my s.!,* Dio m'aiuti!

soulful ['soulful] *a.* **1 appassionato 2** *(spreg.)* **sentimentale.**

soulless ['soullis] *a.* **senz'anima; privo d'ispirazione.**

(1) sound [saund] *a.* **1 sano** (anche *fig.*); **buono; in buone condizioni; solido; valido; efficace; ben fondato**: *a s. mind in a s. body,* mente sana in corpo sano □ *s. fruit,* frutta sana (non guasta) □ *a s. ship,* una nave in buone condizioni □ *a s. method,* un metodo valido **2 accurato; completo 3** (del sonno) **profondo; tranquillo 4** *(comm.)* **solvibile** ● *to be s. asleep,* dormire profondamente □ *a s. sleeper,* uno che dorme sodo.

(2) sound [saund] *n.* [U] e [C] **suono** (anche *fig.*); **rumore; rombo; rintocco**: *vowel sounds,* suoni vocalici □ *the s. of aircraft,* il rombo di aeroplani □ *the s. of bells,* il rintocco delle campane ● *(ind.) s.-deadener,* materiale per isolamento acustico; *(autom.)* antirombo □ *s.-film,* film sonoro □ *(cinem., telev.) s. technician,* fonico (tecnico) □ *(cinem.) s.-track,* colonna sonora □ *(fis.) s.-wave,* onda sonora □ *The news has a sinister s.,* la notizia suona sinistramente.

(1) to **sound** [saund] **A** *v. i.* **suonare** (anche *fig.*); **dar suono; risuonare; squillare B** *v. t.* **1 suonare;** *(dell'orologio)* **battere**: *to s. a trumpet,* suonare la tromba **2 far risuonare; battere su** (q.c. per controllarne il suono); *(med.)* **auscultare 3** *(fon.)* **pronunciare 4 celebrare; proclamare; cantare** *(fig.)*: *to s. sb.'s praises,* cantare le lodi di q. ● *(fig.) to s. a note of alarm,* suonare il campanello d'allarme □ *It sounds as if there is a tap running,* sembra che un rubinetto sia rimasto aperto □ *This excuse sounds very hollow,* questa è una ben misera scusa.

(2) to **sound** [saund] *v. t.* **1 sondare;** *(naut.)* **scandagliare;** *(med.)* **esaminare con la sonda 2** (*fig.*, spesso *to s. out*) **scandagliare; sondare; tastare il terreno** *(fig.)*: *to s. sb.'s feelings,* scandagliare i sentimenti di q.

(3) sound [saund] *n.* [C] **sonda; scandaglio.**

(4) sound [saund] *n.* [C] *(geogr.)* **braccio di mare; stretto.**

sound-box ['saundbɔks] *n.* [C] *(mus.)* **fonorivelatore.**

sounder ['saundə*] *n.* [C] *(tel.)* **ricevitore acustico.**

(1) sounding ['saundiŋ] *a.* **1 sonante; risonante;** sonoro **2 altisonante; reboante.**

(2) sounding ['saundiŋ] *n.* **1** [U] *(naut.)* **scandaglio 2** *(al pl.)* **fondali scandagliabili** ● *(aeron.) s.-balloon,* pallone sonda □ *(naut.) s.-line,* scandaglio; sonda □ *to take soundings,* fare scandagli.

soundless ['saundlis] *a.* **senza suono; muto; silenzioso.**

soundly ['saundli] *avv.* **1 giustamente; efficacemente; bene 2 profondamente 3 gravemente; severamente.**

soundness ['saundnis] *n.* [U] **1 sanità; vigore**: *s. of body and mind,* sanità di corpo e di mente **2 completezza; accuratezza 3 efficacia; validità 4 integrità 5** *(comm.)* **solidità.**

sound-proof ['saundˌpruf] *a.* **isolato acusticamente; insonorizzato.**

to **sound-proof** ['saundˌpruf] *v. t.* **isolare acusticamente; insonorizzare.**

soup [su:p] *n.* [U] **zuppa; minestra; brodo**: *vegetable s.,* zuppa di verdura □ *chicken s.,* brodo di gallina ● *(fam.) to be in the s.,* trovarsi nei guai.

soupçon ['su:psɔn] *(franc.) n.* *(solo al sing.)* **pizzico; tantino.**

soup-kitchen ['su:pˌkitʃin] *n.* [C] **mensa gratuita per i poveri.**

soupy ['su:pi] *a.* **simile alla zuppa; denso.**

sour ['sauə*] *a.* **acido** (anche *fig.*); **agro; acre; aspro; acerbo; inacidito; bisbetico; stizzoso**: *s. milk,* latte acido □ *a s. smell,* un odore acre □ *s. apples,* mele acerbe □ *a s. temper,* un carattere bisbetico ● *s.-sweet,* agrodolce □ *to make s.,* inacidire; *(fig.)* inacerbire, inasprire □ *to smell s.,* avere un odore acre; saper d'acido (all'olfatto) □ *to taste s.,* saper d'acido (al gusto) □ *to turn* (o *to go*) *s.,* inacidire; *(fig.)* deludere.

to **sour** ['sauə*] **A** *v. t.* **inacidire; far andare a male;** *(fig.)* **inacerbire, inasprire B** *v. i.* **inacidirsi;** *(fig.)* **inacerbirsi, inasprirsi.**

source [sɔ:s] *n.* [C] **sorgente; fonte** (anche *fig.*).

sourness ['sauənis] *n.* [U] **acidità** (anche *fig.*); **acredine; asprezza.**

sourpuss ['sauəpus] *n.* *(fam.)* **1 persona imbronciata e poco socievole; musone 2 tipo incontentabile; brontolone.**

to **souse** [saus] **A** *v. t.* **1 mettere in salamoia 2 marinare** (nell'aceto) **3 bagnare; immergere; tuffare B** *v. i.* **1 tuffarsi 2** *(pop.)* **sbronzarsi** *(fam.)*.

souse [saus] *n.* **1** [U] **salamoia 2** [C] *(pop.)* **ubriacone.**

soused [saust] *a.* **1 in salamoia 2** *(pop.)* **ubriaco; sbronzo** *(fam.)*.

soutane [su:'ta:n] *n.* [C] *(relig.)* **sottana, tonaca** (di prete cattolico).

south [sauθ] **A** *n.* **sud; mezzogiorno; parte meridionale**: *Italy is in the s. of Europe,* l'Italia è nella parte meridionale dell'Europa □ *Malta is to the s. of Italy,* Malta si trova a sud dell'Italia **B** *a. attr.* **del sud; del mezzogiorno; meridionale**: *S. America,* l'America del Sud **C** *avv.* **al sud; verso (il) sud.**

southbound ['sauθbaund] *a.* **diretto verso sud.**

south-east [ˌsauθ'i:st] **A** *n.* **sud-est B** *a. attr.* **a (o da, di) sud-est C** *avv.* **verso sud-est** ● *the s. of Europe,* l'Europa sud-orientale.

south-easter [ˌsauθ'i:stə*] *n.* [C] **forte vento da sud-est;** (in Italia) **scirocco.**

south-easterly [ˌsauθ'i:stəli] **A** *a.* **situato a sud-est; di (o da) sud-est B** *avv.* **verso sud-est.**

southerly ['sʌðəli] **A** *a.* **1 situato a sud; meridionale 2 proveniente dal sud; del sud B** *avv.* **1 verso (il) sud 2 dal sud.**

southern ['sʌðən] *a.* **del sud; meridionale; australe.**

southerner ['sʌðənə*] *n.* [C] **meridionale; abitante del sud.**

southernmost ['sʌðənmoust] *a.* **(il) più a sud; (il) più meridionale.**

southpaw ['sauθpɔ:] *a.* e *n.* [C] *(pop.,* specialm. *sport)* **mancino.**

southward ['sauθwəd] **A** *a.* **diretto (o volto) a sud B** *avv.* **verso sud.**

southwards ['sauθwədz] *avv.* **verso sud.**

south-west [ˌsauθ'west] **A** *n.* **sud-ovest B** *a. attr.* **a (o da, di) sud-ovest C** *avv.* **verso sud-ovest.**

southwester [ˌsauθ'westə*] *n.* [C] **forte vento da sud-ovest;** (in Italia) **libeccio.**

south-westerly [ˌsauθ'westəli] **A** *a.* **situato a sud-ovest; di (o da) sud-ovest B** *avv.* **verso sud-ovest.**

souvenir ['su:vəniə*] *n.* [C] **oggetto ricordo.**

sou'wester [sau'westə*] *n.* [C] *(naut.)* **sudovest** (cappello da marinaio di tela cerata, a gronda).

sovereign ['sɔvrin] **A** *a.* **sovrano; sommo; supremo B** *n.* [C] **1 sovrano, sovrana; re, regina 2** *(stor.)* **sovrana** (sterlina d'oro).

sovereignty ['sɔvrənti] *n.* [U] **1 sovranità 2 potere supremo.**

soviet ['souviet] *(polit.)* **A** *n.* [C] « **soviet** » **B** *a. attr.*

sovietico: *the S. Union,* l'Unione Sovietica.

sovietism ['souviətizəm] *n.* [U] *(polit.)* **sistema sovietico; comunismo.**

to **sovietize** ['souviətaiz] *v. t. (polit.)* **sovietizzare; bolscevizzare.**

Sovietologist [,souviə'tɔlədʒist] *n.* [C] *(polit.)* **cremlinologo.**

Sovietology [,souviə'tɔlədʒi] *n.* [U] *(polit.)* **cremlinologia.**

to **sow** [sou] *(pass.* **sowed** [soud], *p.p.* **sown** [soun], **sowed**) *v. t.* e *i.* **seminare** (anche *fig.*); **fare la semina**: *to sow a field with wheat,* seminare un campo a grano □ *to sow the seeds of hatred,* seminare odio; gettare il seme dell'odio.

sow [sau] *n.* [C] (*zool.*, Sus) **scrofa; troia** ● *(fig.) to get the wrong sow by the ear,* prendere un granchio.

sower ['souə*] *n.* [C] *(agric.)* ***1*** **seminatore, seminatrice** ***2*** **seminatrice** (macchina).

sowing ['souiŋ] *n.* [U] **semina; seminagione.**

sown [soun] *p.p.* di to **sow.**

soya bean ['sɔiə bi:n], **soybean** ['sɔi,bi:n] *n.* [C] *(bot.,* Glycine max; anche il seme*)* **soia** ● *s. oil,* olio di soia.

sozzled ['sɔzld] *a. (pop.)* **ubriaco fradicio.**

spa [spa:] *n.* [C] ***1*** **sorgente termale; terme** ***2*** **stazione termale.**

space [speis] *n.* [C] e [U] **spazio; spazio di tempo; intervallo; spaziatura; posto**: *in the s. of a month,* nello spazio di un mese □ *a parking s.,* un posto per parcheggiare ● *S. Age,* era spaziale □ *(miss.) s. flight,* volo spaziale □ *(med.) s. medicine,* medicina spaziale □ *s. travel,* viaggi interplanetari.

to **space** [speis] *v. t.* ***1*** *(tipogr.)* **spazieggiare; spaziare** ***2*** **distanziare; disporre a intervalli.**

space-bar ['speisba:*] *n.* [C] **sbarra spaziatrice** (di macchina da scrivere).

spaceborne ['speisbɔ:n] *a. (miss.)* **trasportato (o che viaggia) nello spazio.**

spacecraft ['speiskra:ft] *n. (invar. al pl.)* **veicolo spaziale.**

spaceman ['speismən] *n. (pl.* **spacemen** ['speismən]) ***1*** **astronauta** ***2*** **extraterrestre.**

spacer ['speisə*] *n.* ***1*** *(tipogr.)* **spazieggiatore; spaziatore** ***2*** *(mecc.)* **distanziatore.**

spaceship ['speisʃip] *n.* [C] **astronave.**

space-suit ['speis,sju:t] *n.* [C] **tuta spaziale.**

spacewalk ['speis,wɔ:k] *n.* [C] *(miss.)* **passeggiata spaziale.**

spacewoman ['speis,wumən] *n. (pl.* **spacewomen** ['speis,wimin]) **astronauta** (donna).

spacial ['speiʃəl] *a.* **spaziale.**

spacing ['speisiŋ] *n.* [U] ***1*** *(tipogr.)* **spazieggiatura; spaziatura**: *double s.,* spaziatura doppia ***2*** **distanza; intervallo.**

spacious ['speiʃəs] *a.* **spazioso; ampio; vasto.**

spaciousness ['speiʃəsnis] *n.* [U] **spaziosità; ampiezza; vastità.**

spade [speid] *n.* [C] ***1*** *(agric.)* **vanga** ***2*** (nei giochi di carte) **seme (o carta) di picche; picche** ● *to call a s. a s.,* dir pane al pane (e vino al vino).

to **spade** [speid] *v. t.* **vangare.**

spaghetti [spə'geti] *(ital.) n. pl.* **spaghetti** ● *s. house,* spaghetteria □ *(cinem.) s. western,* western all'italiana.

spake [speik] *(arc.) pass.* di to **speak.**

spam [spæm] *n.* [U] (*marchio;* contraz. di **spiced ham**) **carne suina in scatola.**

span [spæn] *n.* [C] ***1*** **spanna; palmo** ***2*** (di arco, ponte, ecc.) **luce; campata** ***3*** **breve tratto; breve intervallo**: *Our life is but a s.,* la vita dell'uomo ha breve durata ***4*** **distanza fra due estremità; lunghezza; larghezza** ● *s.-roof,* tetto a due spioventi □ *the whole s. of Roman history,* l'intero periodo della storia romana.

to **span** [spæn] *v. t.* ***1*** **misurare a spanne; misurare** ***2*** **attraversare; stendersi attraverso** ***3*** *(fig.)* **abbracciare** ● *to s. a river with a bridge,* gettare un ponte su un fiume.

spandrel ['spændrəl] *n.* [C] *(archit.)* **pennacchio** (di un arco).

spangle ['spæŋgl] *n.* [C] **lustrino; pagliuzza lucente.**

to **spangle** ['spæŋgl] *v. t.* **guarnire** (o **ornare**) **di lustrini.**

Spaniard ['spænjəd] *n.* [C] **spagnolo.**

spaniel ['spænjəl] *n.* [C] *(zool.)* **« spaniel ».**

Spanish ['spæniʃ] ***A*** *a.* **spagnolo** ***B*** *n.* ***1*** **spagnolo** (la lingua) ***2*** — *(collett.) the S.,* gli spagnoli.

to **spank** [spæŋk] ***A*** *v. t.* **sculacciare** ***B*** *v. i.* (di cavallo) **andare di buon trotto.**

spank [spæŋk] *n.* [C] **sculacciata; sculaccione.**

(1) spanking ['spæŋkiŋ] *n. (solo al sing.)* **sculacciata; dose di sculacciate.**

(2) spanking ['spæŋkiŋ] *a.* ***1*** **rapido; veloce** ***2*** (di vento) **forte** ***3*** *(fam.)* **eccellente; ottimo; straordinario** ● *to go at a s. pace,* (di cavallo) trottare serrato; *(fig.)* camminare in fretta □ *(fam.) to have a s. time,* divertirsi un mondo.

spanner ['spænə*] *n.* [C] *(mecc.)* **chiave** ● *adjustable s.,* chiave inglese.

(1) spar [spa:*] *n.* [C] ***1*** *(naut.)* **albero; pennone** ***2*** *(aeron.)* **longherone.**

to **spar** [spa:*] *v. i.* ***1*** *(sport)* **allenarsi nel pugilato; fare a pugni** ***2*** (di galli) **combattere** (con sproni alle zampe) ***3*** *(fig.)* **disputare; litigare** ● *(sport) sparring partner,* allenatore (di un pugile).

(2) spar [spa:*] *n.* [C] ***1*** *(sport)* **incontro di pugilato** ***2*** **combattimento di galli** ***3*** *(fig.)* **disputa; litigio.**

(3) spar [spa:*] *n.* [U] *(miner.)* **spato.**

spare [spɛə*] ***A*** *a.* ***1*** **di ricambio; di scorta;** *(naut.)* **di rispetto**: *a s. wheel,* una ruota di scorta ***2*** **d'avanzo; libero; disponibile**: *a s. room,* una camera disponibile; una camera in più (per gli ospiti) □ *to have no s. time,* non avere tempo libero ***3*** **frugale; magro; parco; scarso**: *a s. meal,* un pasto frugale ***4*** **scarno; sparuto; esile; smilzo** ***B*** *n.* [C] *(mecc.)* **pezzo di ricambio; ricambio** ● *in one's s. moments,* nei ritagli di tempo.

to **spare** [spɛə*] *v. t.* e *i.* ***1*** **risparmiare; economizzare; lesinare; fare a meno di; far senza di; aver riguardo per**: *S. me* (o *s. my life*)!, risparmiami (la vita)! □ *I cannot s. him just now,* non posso fare a meno di lui proprio ora □ *to s. sb.'s feelings,* aver riguardo per i sentimenti di q. ***2*** **dare; offrire**: *Can you s. me a cigarette?,* hai una sigaretta da darmi? ***3*** **dedicare** (tempo): *Can you s. me a few minutes?,* puoi dedicarmi qualche minuto? ● *not to s. oneself,* non risparmiarsi; mettercela tutta □ *I have no time to s.,* non ho tempo (libero); sono occupato.

spareness ['spɛənis] *n.* [U] ***1*** **frugalità; scarsezza** ***2*** **magrezza; sparutezza.**

spare-rib ['spɛərib] *n.* [C] **costoletta di maiale.**

sparing ['spɛəriŋ] *a.* ***1*** **frugale; parco** ***2*** **scarso; magro.**

sparingness ['spɛəriŋnis] *n.* [U] **frugalità; parsimonia.**

(1) spark [spa:k] *n.* [C] ***1*** **scintilla** (anche *fig.*); **favilla**: *an electric s.,* una scintilla elettrica ***2*** *(fig.)* **barlume; traccia** ***3*** *(al pl., fam.)* **elettricista;** (anche) **radiotelegrafista.**

to **spark** [spa:k] ***A*** *v. i.* **scintillare; mandare (o sprizzare) scintille** ***B*** *v. t.* **incitare; stimolare.**

(2) spark [spa:k] *n.* [C] *(raro)* **bellimbusto; damerino; zerbinotto.**

sparking ['spa:kiŋ] *n.* [U] *(fis.)* **scintillamento** ● *(autom.) s.-plug,* candela.

to **sparkle** ['spa:kl] *v. i.* ***1*** **scintillare; sfavillare; luccicare** ***2*** (di vino) **essere effervescente; spumeggiare.**

sparkle ['spa:kl] *n.* [C] e [U] ***1*** **scintillio; sfavillio; lustro; splendore** ***2*** **scintilla; favilla** ***3*** (di vino) **effervescenza** ***4*** *(fig.)* **brio; vivacità.**

sparkler ['spa:klə*] *n.* [C] ***1*** **oggetto luccicante** ***2*** (gergo dei ladri) **diamante** ***3*** **stella filante** (fuoco d'artificio) ***4*** *(al pl., fam.)* **occhi sfavillanti.**

sparkling ['spa:kliŋ] *a.* ***1*** **scintillante; sfavillante; raggiante; splendente** ***2*** (di vino) **spumeggiante; spumante** ***3*** *(fig.)* **brioso; vivace** ● *s. wine,* spumante.

sparrow ['spærou] *n.* [C] (*zool.*, Passer) **passero.**

sparrow-hawk ['spærouhɔ:k] *n.* [C] (*zool.*, Accipiter

nisus) sparviere.

sparse [spa:s] *a.* sparso; scarso; rado: *a s. beard,* una barba rada.

Spartan ['spa:tən] *a.* e *n.* [C] *(stor.)* spartano (anche *fig.).*

spasm ['spæzəm] *n.* [C] **1** *(med.)* spasmo **2** accesso: *a s. of coughing,* un accesso di tosse.

spasmodic(al) [spæz'mɔdik(əl)] *a.* **1** *(med.)* spasmodico: *s. asthma,* asma spasmodica **2** convulso; intermittente.

spastic ['spæstik] *a.* e *n.* [C] *(med.)* spastico.

(1) spat [spæt] *n.* *(collett.)* uova di molluschi (specialm. di ostriche).

(1) to **spat** [spæt] *v. i.* (dei molluschi) deporre le uova.

(2) spat [spæt] *n.* *(di solito al pl.)* ghetta.

(3) spat [spæt] *n.* [C] **1** *(fam. USA)* bisticcio **2** scappellotto; schiaffetto.

(4) spat [spæt] *pass.* e *p.p.* di to **spit.**

to **spatchcock** ['spætʃ,kɔk] *v. t.* *(fam.)* interpolare.

spate [speit] *n.* **1** [U] inondazione; piena **2** [C] flusso; ondata **3** [C] grande quantità; fiume *(fig.).*

spathic ['spæθik] *a.* *(miner.)* spatico.

spatial ['speiʃəl] *a.* spaziale.

to **spatter** ['spætə*] **A** *v. t.* **1** schizzare; spruzzare; inzaccherare **2** macchiare *(fig.);* diffamare; denigrare **B** *v. i.* **1** (di liquido in ebollizione) borbottare; schizzare **2** gocciolare; cadere a gocce; (di pioggia) battere, picchiettare ● *to s. sb. with slander,* gettare fango su q. *(fig.)*; calunniare (o diffamare) q.

spatter ['spætə*] *n.* [C] **1** schizzo; spruzzo **2** zacchera; pillacchera **3** picchiettìo ● *a s. of bullets,* una pioggia di proiettili.

spatula ['spætjulə] *n.* [C] *(arte, med., ecc.)* spatola.

spatular ['spætjulə*], **spatulate** ['spætjulit] *a.* a forma di spatola.

spavin ['spævin] *n.* [U] *(veterinaria)* spavenio.

spawn [spɔ:n] *n.* [U] **1** *(zool.,* di pesci, di molluschi, ecc.) uova **2** *(bot.,* di funghi) micelio **3** *(fig., spreg.)* progenie; stirpe.

to **spawn** [spɔ:n] **A** *v. t.* **1** *(zool.,* di pesci, molluschi, ecc.) deporre (le uova) **2** *(spreg.)* generare **B** *v. i.* *(zool.,* di pesci, ecc.) deporre uova.

to **spay** [spei] *v. t.* sterilizzare (asportando le ovaie).

to **speak** [spi:k] (*pass.* **spoke** [spouk], *p.p.* **spoken** ['spoukən]) **A** *v. i.* e *t.* **1** parlare; discorrere; conversare: *to s. to sb. about* (o *of*) *st.,* parlare a q. di q.c. **2** dire; esprimere; pronunziare: *to s. the truth,* dire la verità □ *to s. one's mind,* dire quel che si pensa; parlar chiaro **3** contare; valere **4** (di strumento musicale) suonare **B** *verbi composti* **1** *to s. for sb.,* parlare a nome di q. □ *to s. for oneself,* parlare a nome proprio (o per sé) **2** *to s. out* (o *up*), parlare a voce alta, parlar forte; parlar chiaro **3** *to s. to,* attestare (o testimoniare) che: *I can s. to his having been there,* posso testimoniare ch'egli era presente □ *to s. to the point,* non uscire dal seminato; restare in argomento ● *English (is) spoken (here),* qui si parla inglese □ *a good speaking voice,* una bella voce □ *legally speaking,* dal punto di vista legale □ *nothing to s. of,* niente degno d'esser menzionato; nulla d'importante □ *roughly speaking,* all'incirca; press'a poco □ *so to s.,* per così dire □ *strictly speaking,* a rigore; in senso stretto.

speak-easy ['spi:k,i:zi] *n.* [C] *(pop. USA, stor.)* bettola illegale.

speaker ['spi:kə*] *n.* [C] **1** parlatore; dicitore; oratore **2** — *(polit.) the S.,* il Presidente della Camera dei Comuni; *(USA)* il Presidente della Camera dei Rappresentanti **3** (anche *loudspeaker*) altoparlante.

speaking ['spi:kiŋ] *a.* parlante (anche *fig.*): *a s. portrait,* un ritratto parlante ● *not to be on speaking terms with sb.,* conoscere q. solo di vista; non essere più in buoni rapporti con q.

speaking-trumpet ['spi:kiŋ,trʌmpit] *n.* [C] megafono.

speaking-tube ['spi:kiŋtju:b] *n.* [C] portavoce (a tubo).

spear [spiə*] *n.* [C] **1** lancia; asta **2** (anche *fishing s.*) arpione; fiocina.

to **spear** [spiə*] *v. t.* **1** colpire (o ferire, uccidere) con la lancia; trafiggere **2** arpionare (un pesce).

spearhead ['spiəhed] *n.* [C] **1** punta della lancia **2** *(mil.)* reparto d'assalto.

spearmint ['spiəmint] *n.* [U] *(bot.,* Mentha spicata) menta verde.

special ['speʃəl] **A** *a.* speciale; particolare; straordinario **B** *n.* [C] **1** edizione straordinaria **2** treno speciale **3** tutore (volontario) dell'ordine **4** esame speciale ● *s.-delivery letter,* (lettera) espresso □ *as a s. favour,* in via del tutto eccezionale.

specialism ['speʃəlizəm] *n.* [U] specializzazione.

specialist ['speʃəlist] *n.* [C] specialista: *an eye s.,* uno specialista delle malattie degli occhi; un oculista.

speciality [,speʃi'æliti] *n.* [C] **1** specialità; prodotto speciale **2** studio speciale **3** caratteristica; particolarità.

specialization [,speʃəlai'zeiʃən] *n.* [U] e [C] specializzazione.

to **specialize** ['speʃəlaiz] **A** *v. t.* **1** specializzare **2** specificare **3** adattare (per un uso particolare) **B** *v. i.* **1** specializzarsi **2** *(biol.)* adattarsi; differenziarsi.

specialized ['speʃəlaizd] *a.* **1** specializzato; specialistico **2** speciale; straordinario.

specially ['speʃəli] *avv.* **1** specialmente; in specie **2** appositamente.

specialty ['speʃəlti] *n.* [C] **1** *(USA)* V. **speciality** **2** *(leg.)* contratto solenne.

specie ['spi:ʃi:] *n.* [U] *(fin.)* moneta metallica ● *payment in s.,* pagamento in moneta metallica.

species ['spi:ʃi:z] *n.* *(invar. al pl.)* specie; sorta; genere; qualità; tipo: *various s. of people,* gente d'ogni qualità □ *our s.,* il genere umano.

specifiable ['spesifaiəbl] *a.* specificabile.

specific [spi'sifik] **A** *a.* **1** specifico; preciso; esatto: *for no s. reason,* senza un preciso motivo **2** caratteristico; peculiare; particolare: *a style s. to that school of painters,* uno stile peculiare di quella scuola di pittura **B** *n.* [C] *(farm.)* (rimedio) specifico.

specification [,spesifi'keiʃən] *n.* **1** [U] specificazione; descrizione particolareggiata **2** *(al pl.)* *(ind., edil.)* capitolato **3** *(al pl.;* di macchinario, ecc.) norme di funzionamento.

specificity [,spesi'fisiti] *n.* [U] specificità.

to **specify** ['spesifai] *v. t.* **1** specificare; particolareggiare; indicare esattamente **2** *(edil.)* indicare (o includere) nel capitolato **3** fissare; stabilire (come condizione).

specimen ['spesimin] *n.* [C] **1** campione; esemplare; modello; saggio: *thousands of specimens of insects,* migliaia d'esemplari d'insetti **2** *(fam.)* individuo; tipo strano **3** *(scient.)* provino ● *s. copy,* copia (di libro) in saggio □ *(tipogr.) s. page,* pagina di prova.

speciosity [,spi:ʃi'ɔsiti] *n.* [U] speciosità.

specious ['spi:ʃəs] *a.* specioso.

speck [spek] *n.* [C] **1** macchiolina; puntino **2** corpuscolo; granello **3** *(fig.)* briciolo; pezzetto.

to **speck** [spek] *v. t.* macchiettare; segnare con puntini.

speckle ['spekl] *n.* [C] chiazza; macchietta; macchiolina; puntino.

to **speckle** ['spekl] *v. t.* chiazzare; macchiettare; picchiettare.

speckless ['speklis] *a.* (spesso *fig.*) senza macchia; immacolato.

specs [speks] *n. pl.* *(abbr. fam.* di **spectacles**) occhiali.

spectacle ['spektəkl] *n.* **1** [C] spettacolo; vista; scena **2** *(al pl.)* occhiali ● *to make a s. of oneself,* dare spettacolo di sé.

spectacled ['spektəkld] *a.* che porta gli occhiali; occhialuto.

spectacular [spek'tækjulə*] **A** *a.* spettacoloso; straordinario **B** *n.* [C] rappresentazione (o film, ecc.) spettacolare.

spectator [spek'teitə*] *n.* [C] spettatore; astante.

spectral ['spektrəl] *a.* **1** spettrale; di spettro **2** *(fis.)* spettrale; dello spettro.

spectre ['spektə*] *n.* [C] **1** spettro; fantasma **2** *(fig.)*

spettro.

spectrograph ['spektrougra:f] *n. (fis.)* **spettrografo** (strumento).

spectrographic [ˌspektrou'græfik] *a. (fis.)* **spettrografico.**

spectrography [spek'trɔgrəfi] *n.* [U] *(fis.)* **spettrografia.**

spectrometer [spek'trɔmitə*] *n. (fis.)* **spettrometro.**

spectrometry [spek'trɔmitri] *n.* [U] *(fis.)* **spettrometria.**

spectroscope ['spektrəskoup] *n.* [C] *(fis.)* **spettroscopio.**

spectroscopic(al) [ˌspektrəs'kɔpik(əl)] *a. (fis.)* **spettroscopico.**

spectroscopy [spek'trɔskəpi] *n.* [U] *(fis.)* **spettroscopia.**

spectrum ['spektrəm] *n. (pl.* **spectra** ['spektrə]) *(fis.)* **spettro.**

specular ['spekjulə*] *a.* **speculare.**

to **speculate** ['spekjuleit] *v. i.* ***1*** *(fin.)* **speculare; fare speculazioni**: *to s. in stocks,* speculare in titoli ***2*** **speculare; meditare; riflettere**: *to s. on* (o *about) st.*, speculare su q.c.

speculation [ˌspekju'leiʃən] *n.* [U] e [C] ***1*** *(fin.)* **speculazione** ***2*** **speculazione; meditazione; congettura; ipotesi; supposizione.**

speculative ['spekjulətiv] *a.* **speculativo;** (d'affare) **rischioso.**

speculator ['spekjuleitə*] *n.* [C] **speculatore** (specialm. *fin.).*

speculum ['spekjuləm] *n. (pl.* **specula** ['spekjulə], **speculums**) ***1*** *(med.)* **specolo** ***2*** *(astron.)* **specchio** (specialm. per telescopi) ***3*** *(zool.)* **ocello.**

sped [sped] *pass.* e *p.p.* di to **speed.**

speech [spi:tʃ] *n.* ***1*** [U] **favella; parola** ***2*** [C] **linguaggio; lingua** ***3*** [U] **modo di parlare; parlata** ***4*** [C] **discorso; orazione; arringa**: *to make* (o *to deliver) a s.*, fare un discorso; fare un'orazione ● (nelle scuole inglesi) *s.-day,* giorno della distribuzione dei diplomi e dei premi □ *s.-maker,* oratore □ *(med.) s. therapy,* cura dei disturbi del linguaggio □ *(gramm.) figure of s.*, figura retorica □ *free s.*, libertà di parola □ *to be slow of s.*, essere lento nel parlare.

to **speechify** ['spi:tʃifai] *v. i.* (per lo più *iron.)* **far discorsi in pubblico; concionare; sproloquiare.**

speechless ['spi:tʃlis] *a.* ***1*** **senza parola; ammutolito; muto**: *to be struck s.*, restare senza parole; ammutolire ***2*** **indicibile; inesprimibile.**

speed [spi:d] *n.* [U] e [C] **velocità; celerità; rapidità;** *(mecc.)* **marcia**: *s. limit,* limite di velocità □ *at full s.*, a tutta velocità ● *(pop.) s.-cop,* agente della polizia stradale □ *s.-indicator,* tachimetro □ *(sport) s.-track,* pista (specialm. per motociclette) □ *at top s.*, a rotta di collo; di gran carriera.

to **speed** [spi:d] *(pass.* e *p.p.* **sped** [sped], *nelle def. 2, 3* **speeded** ['spi:did]) *v. t.* e *i.* ***1*** **andare a tutta velocità** (in automobile, ecc.); **affrettarsi, affrettare il passo** ***2*** (anche *to s. up)* **accelerare; aumentare la velocità**: *to s. up an engine,* accelerare un motore ***3*** **regolare la velocità di** (un motore); **fare andare a velocità costante.**

speedboat ['spi:dbout] *n.* [C] *(naut.)* **motoscafo ad alta velocità.**

speeder ['spi:də*] *n.* [C] *(mecc.)* **regolatore della velocità.**

speeding ['spi:diŋ] *n.* [U] **eccesso di velocità.**

speedometer [spi'dɔmitə*] *n.* [C] *(autom., mecc.)* **tachimetro; contachilometri.**

speed-up ['spi:dˌʌp] *n.* [C] **accelerazione.**

speedway ['spi:dwei] *n.* [C] ***1*** *(sport)* **pista** ***2*** *(USA)* **autostrada.**

speedwell ['spi:dwel] *n.* [U] *(bot.,* Veronica officinalis) **veronica.**

speedy ['spi:di] *a.* ***1*** **veloce; celere; rapido** ***2*** **pronto; sollecito.**

spel(a)eologist [ˌspi:li'ɔlədʒist] *n.* [C] **speleologo.**

spel(a)eology [ˌspi:li'ɔlədʒi] *n.* [U] **speleologia.**

(1) spell [spell] *n.* [C] ***1*** **formula magica; parola magica** ***2*** **influsso magico;** (anche *fig.)* **fascino, malia, incanto**: *to be under a s.*, essere sotto un influsso magico ● *to cast a s. on sb.*, ammaliare (o stregare) q.

(1) to **spell** [spel] *(pass.* e *p.p.* **spelt** [spelt], **spelled** [speld]) ***A*** *v. t.* ***1*** **compitare; pronunziare, scrivere** (lettera per lettera): *How do you s. your name?*, come si scrive il tuo nome? ***2*** (di lettere) **formare, dare** (una certa parola): *D-O-G spells « dog »*, le lettere D-O-G danno la parola « dog » ***3*** *(fig.)* **comportare; significare; avere come risultato** ***4*** (di solito *to s. out)* **leggere con difficoltà; decifrare**: *to s. out a page of Greek,* decifrare una pagina di greco ***B*** *v. i.* **scrivere** (lettera per lettera); (specialm.) **scrivere correttamente** (senza errori ortografici) ● *to s. out,* compitare; *(fig.)* spiegare nei dettagli più elementari, spiegare per filo e per segno.

(2) spell [spel] *n.* [C] ***1*** **turno di lavoro; turno di servizio** ***2*** **intervallo; periodo**: *a long s. of fine weather,* un lungo periodo di bel tempo ● *a cold s.*, un'ondata di freddo.

(2) to **spell** [spel] *v. t.* (specialm. *USA)* **dare il cambio a** (q.).

spellbinder ['spelˌbaində*] *n.* [C] *(fam.)* **oratore che affascina l'uditorio.**

spellbound ['spelbaund] *a.* **affascinato; incantato; ammaliato.**

speller ['spelə*] *n.* [C] ***1*** **chi compita** ***2*** **sillabario.**

spelling ['speliŋ] *n.* ***1*** [U] **compitazione** ***2*** [C] e [U] **grafia; ortografia** ● *s.-bee,* gara d'ortografia □ *s. mistake,* errore d'ortografia □ *another s. of the same word,* una variante ortografica.

spelling-book ['speliŋbuk] *n.* [C] **sillabario; abbecedario.**

(1) spelt [spelt] *pass.* e *p.p.* di **(1)** to **spell.**

(2) spelt [spelt] *n.* [U] *(bot.,* Triticum spelta) **spelta; farro.**

spelter ['speltə*] *n.* [U] *(comm.)* **zinco** (specialm. in lingotti).

to **spend** [spend] *(pass.* e *p.p.* **spent** [spent]) ***A*** *v. t.* e *i.* **spendere;** *(fig.)* **adoperare, consumare, impiegare; passare, trascorrere**: *to s. a lot of money,* spendere molto denaro □ *to s. a week in London,* passare una settimana a Londra □ *You could s. your time in a better way,* potresti spendere meglio il tuo tempo ***B*** to **spend oneself** *v. rifl.* **consumarsi; esaurirsi** ● *to s. profusely,* spendere e spandere; sperperare □ *to be spent,* (di persona) essere esaurito (o esausto); (di cosa) esaurirsi, placarsi.

spendthrift ['spendθrift] *n.* [C] **spendaccione, spendacciona; sperperatore, sperperatrice.**

Spenserian [spen'siəriən] *a.* **spenseriano** (di E. Spenser).

spent [spent] ***A*** *pass.* e *p.p.* di to **spend** ***B*** *a.* ***1*** **esausto; stremato** ***2*** **esaurito; consumato** ***3*** (di proiettile) **esploso.**

sperm [spə:m] *n.* [U] *(biol.)* **sperma.**

spermaceti [ˌspə:mə'seti] *n.* [U] *(chim.)* **spermaceti; bianco di balena.**

spermary ['spə:məri] *n.* [C] *(biol.)* **organo produttore di sperma; gonade maschile.**

spermatic [spə'mætik] *a. (biol.)* **spermatico.**

spermatozoon [ˌspə:mətou'zouɔn] *n. (pl.* **spermatozoa** [ˌspə:mətou'zouə]) *(biol.)* **spermatozoo.**

sperm-whale ['spə:mweil] *n.* [C] *(zool.,* Physeter macrocephalus) **capodoglio.**

to **spew** [spju:] *v. t.* e *i.* **vomitare.**

spew [spju:] *n.* [U] **vomito; cibo rigettato.**

sphagnum ['sfægnəm] *n.* [U] *(bot.,* Sphagnum) **sfagno.**

sphenoid ['sfi:nɔid] *(anat.)* ***A*** *a.* (anche *sphenoidal)* **sfenoidale** ***B*** *n.* [C] (anche *s. bone)* **sfenoide.**

sphere [sfiə*] *n.* [C] ***1*** *(geom.)* **sfera; globo;** *(fig.)* **ambiente, ceto, mondo; campo, limite**: *(polit.) in the British s. of influence,* nella sfera d'influenza britannica □ *one's s. of life,* l'ambiente in cui si vive; il proprio mondo sociale ***2*** *(poet.)* **sfera celeste; astro.**

spheric ['sferik] ***A*** *a.* ***1*** *(poet.)* **delle sfere celesti; celestiale** ***2*** *(raro) V.* **spherical** ***B*** *n. pl.* **geometria** (o **trigonometria) sferica.**

spherical ['sferikəl] *a. (geom.)* **sferico.**

sphericity [sfə'risiti] *n.* [U] *(geom.)* **sfericità.**
spheroid ['sfiərɔid] *n.* [C] *(geom.)* **sferoide.**
spheroidal [sfiə'rɔidl] *a.* *(geom.)* **sferoidale.**
sphincter ['sfiŋktə*] *n.* [C] *(anat.)* **sfintere.**
sphinx [sfiŋks] *n.* [C] **sfinge** (in ogni senso).
sphygmus ['sfigməs] *n.* *(fisiologia)* **pulsazione; polso.**
spice [spais] *n.* **1** [U] e [C] **spezie; droga 2** [U] *(fig.)* **aroma; gusto; sapore 3** *(con l'art. indeterm.) (fig.)* **pizzico; punta; tantino.**
to **spice** [spais] *v. t.* **1 condire con spezie; drogare 2** *(fig.)* **rendere gustoso; rendere piccante.**
spicery ['spaisəri] *n.* *(collett.)* **spezie; droghe; spezierie.**
spick(-)and(-)span ['spikən'spæn] *a.* **1 nuovo di zecca; nuovo fiammante 2 attillato; azzimato; elegante 3 lindo; splendente.**
spicy ['spaisi] *a.* **1 drogato; pepato; aromatizzato; piccante 2** *(fig.)* **piccante; salace; spinto** *(fam.)*: *a s. story,* una storiella piccante.
spider ['spaidə*] *n.* [C] *(zool.)* **ragno** ● *s.* (o *s.'s*) *web,* ragnatela.
spiderwort ['spaidəwə:t] *n.* [U] *(bot.,* Tradescantia*)* **miseria.**
spidery ['spaidəri] *a.* **simile a un ragno** ● *s. handwriting,* scrittura filiforme.
spiel [spi:l] *n.* [C] e [U] *(pop.,* specialm. *USA)* **1 discorso; racconto 2 imbonimento.**
to **spif(f)licate** ['spiflikeit] *v. t.* *(pop.)* **1 malmenare 2 ridurre a mal partito.**
spiffy ['spifi] *a.* *(pop. USA)* **azzimato; elegante.**
spigot ['spigət] *n.* [C] **1 tappo; zaffo; zipolo 2** *(USA)* **rubinetto.**
spike [spaik] *n.* [C] **1 punta; chiodo; lancia 2** *(ferr.)* **arpione 3** *(bot.)* **spiga** ● *s. heels,* tacchi a spillo.
to **spike** [spaik] *v. t.* **1 armare di punte; munire di chiodi; chiodare; ferrare 2 infilare; infilzare 3** *(ferr.)* **arpionare 4** *(fig.)* **frustrare; rendere vano** ● *(fig.) to s. sb.'s guns,* frustrare i piani di q.
spikelet ['spaiklit] *n.* [C] *(bot.)* **spighetta.**
spiky ['spaiki] *a.* **1 armato di punte; munito di chiodi 2 appuntito; acuminato** ● *a s. Anglican,* un anglicano intransigente.
spiling ['spailiŋ] *n.* *(collett.) (costr.)* **pali; palafitte.**
to **spill** [spil] *(pass.* e *p.p.* **spilt** [spilt], **spilled** [spild]) **A** *v. t.* **1 versare; rovesciare**: *to s. blood,* versare sangue **2 far cadere; gettare a terra; disarcionare 3** *(fam.)* **dire** (alla polizia, ecc.); **spifferare** *(fam.)* **B** *v. i.* **versarsi; rovesciarsi** ● *(fam.) to s. the beans,* svelare un segreto □ *to s. over,* traboccare; *(fig.)* riversarsi in massa.
(1) spill [spil] *n.* [C] *(fam.)* **caduta; capitombolo.**
(2) spill [spil] *n.* [C] **striscia di carta per appiccare il fuoco; legnetto.**
spillikin ['spilikin] *n.* **1** [C] **bastoncino; stecco; ossicino 2** *(al pl.)* **sciangai** (gioco che si fa con appositi bastoncini).
spillway ['spilwei] *n.* [C] **canale di scarico** (di una chiusa).
spilt [spilt] *pass.* e *p.p.* di to **spill.**
to **spin** [spin] *(pass.* **spun** [spʌn] o **span** [spæn], *p.p.* **spun**] **A** *v. t.* **1 filare**: *to s. wool,* filare la lana **2 far girare; far roteare**: *to s. a top,* far girare una trottola **3** *(fig.,* spesso *to s. out)* **comporre** (un articolo); **scrivere** (un racconto); **raccontare** (una storia) **4** *(pop.)* **bocciare** (uno studente) **B** *v. i.* **1** (anche del filugello) **filare;** (del ragno) **fare la tela 2 girare vorticosamente; roteare** ● *to s. along,* andare a tutta birra; filare; correre □ (del filugello) *to s. the cocoon,* fare il bozzolo □ *to s. a coin,* gettare in aria una moneta (per fare a testa o croce) □ *to s. out,* prolungare; menar per le lunghe □ *to s. round,* girare vorticosamente; roteare □ *to s. a yarn,* fare un lungo racconto □ *(fig.) to send sb. spinning,* mandare q. a gambe all'aria.
spin [spin] *n.* **1** [U] **moto vorticoso; rotazione 2** *(con l'art. indeterm.) (aeron.)* **vite; avvitamento 3** *(con l'art. indeterm.)* **gita, giretto** (in automobile, in barca, ecc.): *to go for a s.,* andare a fare un giretto.
spinach ['spinidʒ] *n.* [U] *(bot.,* Spinacia oleracea) **spinacio.**
spinal ['spainl] *a.* *(anat.)* **spinale; dorsale; vertebrale:** *the s. column,* la colonna vertebrale.
spindle ['spindl] *n.* [C] **1 fuso 2** *(mecc.)* **asse; mandrino 3** *(fig.)* **persona esile, smilza; spilungone** ● *s.-shanks,* persona dalle gambe lunghe e sottili.
to **spindle** ['spindl] *v. i.* **1 affusolarsi 2 diventare esile e lungo.**
spindle-legged ['spindl,legd] *a.* **dalle gambe lunghe e sottili.**
spindle-shaped ['spindlʃeipt] *a.* **fusiforme; affusolato.**
spindly ['spindli] *a.* **affusolato; lungo e sottile.**
spindrift ['spindrift] *n.* [U] **spruzzi delle onde; spruzzaglia.**
to **spin-dry** [,spin'drai] *v. t.* **asciugare con la centrifuga.**
spin-dryer [,spin'draiə*] *n.* [C] **centrifuga.**
spine [spain] *n.* [C] **1** *(anat.)* **spina dorsale; colonna vertebrale 2** (di pianta) **spina;** (d'animale) **aculeo 3** (di libro) **dorso.**
spine-chilling ['spain,tʃiliŋ] *a.* **agghiacciante; terrificante.**
spinel [spi'nel] *n.* [U] *(miner.)* **spinello.**
spineless ['spainlis] *a.* **1 senza spina dorsale;** *(fig.)* **fiacco, debole, smidollato 2** *(bot.)* **senza spine 3** *(zool.)* **senza aculei.**
spinet [spi'net] *n.* [C] *(mus.)* **spinetta.**
spininess ['spaininis] *n.* [U] **spinosità.**
spinnaker ['spinəkə*] *n.* [C] *(naut.)* **fiocco pallone.**
spinner ['spinə*] *n.* [C] **1 filatore, filatrice 2** *(ind. tessile)* **filatoio.**
spinneret ['spinə,ret] *n.* [C] **1** *(zool.)* **filiera 2** *(ind. tessile)* **filiera.**
spinney ['spini] *n.* [C] **boschetto.**
(1) spinning ['spiniŋ] *n.* [U] **filatura** ● *(stor.) s.-jenny,* filatoio multiplo □ *s.-machine,* filatoio meccanico □ *s.--master,* caposala di filatura □ *s.-mill,* filanda □ *(stor.) s.-wheel,* filatoio a mano.
(2) spinning ['spiniŋ] *a.* **girante; girevole** ● *s.-top,* trottola.
spinster ['spinstə*] *n.* [C] **1 zitella 2** *(leg.)* **nubile.**
spiny ['spaini] *a.* **spinoso** (anche *fig.*).
spiracle ['spairəkl] *n.* [C] *(zool.)* **orifizio per la respirazione;** (dei cetacei) **sfiatatoio;** (degli insetti) **stimma.**
spiral ['spaiərəl] **A** *a.* **spirale; a spirale; spiroidale B** *n.* [C] *(geom.)* **spirale; spira; elica** ● *s. staircase,* scala a chiocciola.
to **spiral** ['spaiərəl] *v. i.* **muoversi a spirale.**
(1) spire ['spaiə*] *n.* [C] **guglia; cuspide; pinnacolo.**
(2) spire ['spaiə*] *n.* [C] **spira; avvolgimento d'una spirale.**
spirillum [spai'riləm] *n.* *(pl.* **spirilla** [spai'rilə]) *(biol.)* **spirillo.**
spirit ['spirit] *n.* **1** [U] **spirito**: *God is pure s.,* Dio è puro spirito **2** [C] **spirito**: *to raise a s.,* evocare uno spirito □ *the abode of spirits,* la dimora degli spiriti **3** [C] **spirito; spettro; fantasma 4** [C] *(con un agg.)* **spirito; anima**: *a noble s.,* un'anima nobile **5** [U] **spirito; ardore; forza d'animo; vigore; brio 6** [U] **spirito; significato; intendimento**: *the s. of the law,* lo spirito della legge **7** [U] **spirito; alcol 8** *(al pl.)* **liquori** ● *s.-lamp,* lampada a spirito □ *spirits of salt,* acido cloridrico □ *spirits of turpentine,* essenza di trementina; acquaragia □ *s.-stove,* fornello a spirito □ *animal spirits,* carica vitale; vitalità □ *to keep up one's spirits,* non perdersi d'animo □ *to be in high spirits,* essere di buon umore □ *to be in poor* (o *low*) *spirits* (o *to be out of spirits*), essere abbattuto (o accasciato, depresso) □ *to raise sb.'s spirits,* confortare (o incoraggiare) q. □ *to recover one's spirits,* rianimarsi; riprendere coraggio □ *to take st. in the wrong s.,* prendere q.c. in mala parte.
to **spirit** ['spirit] *v. t.* (di solito *to s. up*) **animare; rianimare; ravvivare** ● *to s. off* (o *away*), far sparire per incanto.
spirited ['spiritid] *a.* **animato; brioso, vivace; ardente, focoso; pieno di vita; vigoroso** ● *high-s.,* ardente; focoso; brioso □ *low-s.,* abbattuto; accasciato; depresso □ *mean-s.,* gretto; meschino □ *proud-s.,* altero; orgo-

glioso.
spiritedness ['spiritidnis] *n.* [U] **animazione; brio, vivacità; foga; coraggio; energia, vigore.**
spiritism ['spiritizəm] *n.* [U] **spiritismo.**
spiritist ['spiritist] *n.* [C] **spiritista.**
spiritless ['spiritlis] *a.* **1 abbattuto; accasciato; avvilito 2 debole; fiacco 3 pusillanime; vile.**
spirit-level ['spirit,levl] *n.* [C] **livella a bolla d'aria.**
spirit-rapper ['spirit,ræpə*] *n.* [C] **spiritista.**
spirit-rapping ['spirit,ræpiŋ] *n.* [U] **spiritismo.**
spiritual ['spiritjuəl] **A** *a.* **spirituale**: *s. life,* vita spirituale **B** *n.* [C] (anche *negro s.*) « **spiritual** »; **canto religioso dei negri d'America.**
spiritualism ['spiritjuəlizəm] *n.* [U] **1** *(filos.)* **spiritualismo 2 spiritismo.**
spiritualist ['spiritjuəlist] *n.* [C] **1** *(filos.)* **spiritualista 2 spiritista.**
spiritualistic [,spiritjuə'listik] *a.* **1** *(filos.)* **dello spiritualismo 2 spiritistico.**
spirituality [,spiritju'æliti] *n.* [U] **spiritualità.**
to **spiritualize** ['spiritjuəlaiz] *v. t.* **spiritualizzare.**
spirituous ['spiritjuəs] *a.* **spiritoso** *(raro)*; **alcolico.**
to **spirt** [spə:t] **A** *v. i.* **sprizzare; zampillare B** *v. t.* **sprizzare; far zampillare.**
spirt [spə:t] *n.* [C] **1 getto; zampillo; spruzzo 2** *(fig.)* **sforzo; scatto.**
spiry ['spaiəri] *a.* **1 simile a guglia 2 pieno di guglie.**
(1) to **spit** [spit] (*pass.* e *p.p.* **spat** [spæt]) *v. i.* e *t.* **1 sputare**: *to s. blood,* sputare sangue **2** (del gatto) **soffiare minaccioso 3** (del fuoco, d'una candela) **scoppiettare; mandar faville 4** (di penna) **spruzzare inchiostro 5 piovigginare** ● *to s. out,* sputare; sputar fuori □ *(pop.) S. it out!,* sputa fuori!; di' quel che hai da dire!
(1) spit [spit] *n.* [U] **sputo** ● *(fam.) He is the very s.* (o *the dead s.) of his father,* è suo padre nato e sputato.
(2) to **spit** [spit] *v. t.* **1 schidionare; infilzare sullo spiedo 2** *(fig.)* **trafiggere** (con la spada, ecc.).
(2) spit [spit] *n.* [C] **1 spiedo; schidione 2** *(geogr.)* **lingua di terra.**
spite [spait] *n.* **1** [U] **dispetto; picca; ripicca**: *to do st. from* (o *out of) s.,* fare q.c. per dispetto **2** *(con l'art. indeterm.)* **rancore; ruggine** *(fig.)*: *to have a s. against sb.,* serbare rancore verso q. ● *in s. of,* a dispetto di; nonostante.
to **spite** [spait] *v. t.* **fare un dispetto a** (q.); **contrariare.**
spiteful ['spaitful] *a.* **dispettoso; astioso; malevolo.**
spitefulness ['spaitfulnis] *n.* [U] **astiosità; malignità; cattiveria; malvagità.**
spitfire ['spitfaiə*] *n.* [C] **1 persona irascibile (**o **stizzosa) 2** *(aeron.)* « **spitfire** » (aeroplano da caccia della R.A.F.).
spittle ['spitl] *n.* [U] **sputo; saliva.**
spittoon [spi'tu:n] *n.* [C] **sputacchiera.**
spiv [spiv] *n.* [C] *(pop.)* **individuo che vive d'espedienti.**
to **splash** [splæʃ] *v. t.* e *i.* **1 schizzare; sprizzare; spruzzare 2 infangare; inzaccherare 3 diguazzare; sguazzare; sciaguattare 4** *(fam.)* **dare** (una notizia) **con grande rilievo** ● *(miss.) to s. down,* ammarare □ *to s. into the water,* gettarsi (o cadere) in acqua con un tonfo.
splash [splæʃ] *n.* [C] **1 schizzo; spruzzo 2 zacchera; pillacchera 3 tonfo 4 chiazza; macchia di colore 5** *(fam.)* **spruzzo d'acqua di selz** ● *(fig., fam.) to make a s.,* far colpo.
splash-board ['splæʃbɔ:d] *n.* [C] **parafango.**
splashdown ['splæʃdaun] *n.* [C] *(miss.)* **ammaraggio.**
splasher ['splæʃə*] *n.* [C] *(ferr.)* **parafango** (di locomotiva).
splashy ['splæʃi] *a.* **1 fangoso 2** *(fig., fam.)* **sgargiante; vistoso.**
to **splatter** ['splætə*] *V.* to **spatter,** to **splash.**
to **splay** [splei] *(archit.)* **A** *v. t.* **strombare B** *v. i.* **essere strombato.**
splay [splei] **A** *n.* [C] *(archit.)* **strombatura; strombo B** *a.* **largo e piatto; aperto verso l'esterno**: *s. feet,* piedi piatti e volti all'infuori.
spleen [spli:n] *n.* **1** [C] *(anat.)* **milza 2** [U] **malumore; stizza; bile 3** [U] *(arc.)* **ipocondria; malinconia; umor nero.**
spleenful ['spli:nful] *a.* **bilioso; stizzoso; collerico.**
spleenwort ['spli:nwə:t] *n.* (*bot.,* Asplenium) **asplenio.**
splendid ['splendid] *a.* **splendido; magnifico; sontuoso; stupendo;** *(fam.)* **eccellente, ottimo.**
splendiferous [splen'difərəs] *a.* *(fam.)* **splendido; magnifico.**
splendour ['splendə*] *n.* [U] (anche al *pl.*) **splendore; fulgore; magnificenza; sontuosità.**
splenetic [spli'netik] **A** *a.* **1** *(anat.)* **splenico; della milza 2 bilioso; stizzoso; irritabile; collerico B** *n.* [C] **persona irritabile (**o **stizzosa).**
splenic ['spli:nik] *a.* *(anat.)* **splenico.**
to **splice** [splais] *v. t.* **1** *(naut.)* **impiombare; collegare, unire** (cime, cavi) **intrecciandone i capi 2 congiungere; fare un giunto a ganasce in** (pezzi di legno, rotaie, ecc.) **3 giuntare** (un nastro magnetico, una pellicola, ecc.) **4** *(fam.)* **unire in matrimonio.**
splice [splais] *n.* [C] **1** *(naut.)* **impiombatura; congiunzione** (di due cavi) **mediante intreccio dei capi 2 giunto a ganasce 3** (di nastro magnetico, ecc.) **giuntura.**
spline [splain] *n.* [C] **1** *(falegnameria)* **listello 2** *(mecc.)* **linguetta; chiavetta 3** *(mecc.)* **scanalatura.**
splint [splint] *n.* [C] **1** (anche *med.*) **assicella; stecca 2** *(veterinaria)* **soprosso.**
to **splint** [splint] *v. t.* *(med.)* **steccare; immobilizzare con stecche.**
splinter ['splintə*] *n.* [C] **scheggia; frammento** ● *(polit.) s. party,* ala scissionista (di un partito politico).
to **splinter** ['splintə*] **A** *v. t.* **scheggiare; frantumare; fare a pezzi B** *v. i.* **scheggiarsi; frantumarsi; andare in pezzi.**
splinter-proof ['splintəpru:f] *a.* **a prova di schegge.**
splintery ['splintəri] *a.* **1 che si scheggia facilmente 2 simile a scheggia 3 scheggiato; pieno di schegge.**
to **split** [split] (*pass.* e *p.p.* **split**) **A** *v. t.* **1 fendere; spaccare 2 dividere; scindere 3 strappare; stracciare; lacerare B** *v. i.* **1 fendersi; spaccarsi 2 dividersi; separarsi 3 strapparsi; stracciarsi, lacerarsi 4** — *(pop.) to s. on,* fare la spia a; tradire (un complice, ecc.) **5** (anche *to s. one's sides)* **sbellicarsi dalle risa** ● *(fig.) to s. hairs,* cavillare; guardare per il sottile □ *to s. off,* staccare, staccarsi (per rottura) □ *to s. open,* aprire, aprirsi (mediante spaccatura) □ *a splitting headache,* un mal di testa da impazzire □ *hair-splitting,* cavilloso; pignolo; sofistico □ *in a split second,* in una frazione di secondo; in un attimo.
split [split] *n.* [C] **1 divisione; scissione; scisma 2 fessura; crepa; spaccatura 3 strappo; spacco 4 scheggia; frammento 5 assicella; listello 6** *(fam.)* **bottiglia piccola** (di acqua di selz o d'acqua minerale) **7** *(al pl., atletica leggera)* **spaccata**: *to do the splits,* fare la spaccata.
splodge [splɔdʒ] *V.* **splotch.**
splosh [splɔʃ] *n.* [U] *(pop.)* **quattrini; soldi.**
splotch [splɔtʃ] *n.* [C] **chiazza; macchia.**
splurge [splə:dʒ] *n.* [U] e [C] *(fam.)* **sfoggio**: *to make a s.,* fare sfoggio.
to **splurge** [splə:dʒ] *v. i.* *(fam.)* **darsi arie; fare sfoggio.**
to **splutter** ['splʌtə*] *v. i.* e *t.* **1 biascicare; farfugliare 2 schizzare; spruzzare; sputacchiare parlando.**
splutter ['splʌtə*] *n.* [U] **1 biascicamento 2 rumore di spruzzi.**
to **spoil** [spɔil] (*pass.* e *p.p.* **spoilt** [spɔilt], **spoiled** [spɔild]) **A** *v. t.* **1 guastare; rovinare; sciupare**: *to s. one's appetite,* guastarsi l'appetito **2 viziare 3** *(lett.)* **spogliare; depredare; saccheggiare B** *v. i.* **1 guastarsi; andare a male; rovinarsi; sciuparsi 2** *(lett.)*

far bottino; predare ● *to be spoiling for a fight,* avere una gran voglia di menar le mani □ *a spoilt child of fortune,* un figlio di papà.

spoil [spɔil] *n.* **1** *(di solito al pl.)* **spoglie; bottino; preda;** *(fig.)* **guadagno, profitto 2** [U] **materiale di sterro** ● *(polit.) the spoils system,* il sistema di distribuire cariche ai seguaci del partito vincente.

spoilsport ['spɔil,spɔ:t] *n.* [C] **guastafeste.**

spoilt [spɔilt] *pass.* e *p.p.* di to **spoil.**

(1) spoke [spouk] *n.* [C] **1 raggio** (di ruota) **2 piolo** (di scala) ● *(fig.) to put a s. in sb.'s wheel,* mettere il bastone fra le ruote a q.

(2) spoke [spouk] *pass.* di to **speak.**

spoken ['spoukən] *p.p.* di to **speak.**

spokesman ['spouksmən] *n.* (*pl.* **spokesmen** ['spouksmən]) **portavoce.**

spokeswoman ['spouks,wumən] *n.* (*pl.* **spokes-women** ['spouks,wimin]) **portavoce** (donna).

spoliation [,spouli'eiʃən] *n.* [U] **saccheggio** (specialm. di nave neutrale).

spondaic(al) [spɔn'deiik(əl)] *a.* *(poesia)* **spondaico.**

spondee ['spɔndi:] *n.* [C] *(poesia)* **spondeo.**

sponge [spʌndʒ] *n.* [C] **1 spugna 2** *(med.)* **tampone di garza 3** *V.* **s.-cake 4** *(fig., fam.)* **scroccone, sbafatore** *(fam.)* ● *s.-bath,* spugnatura □ *s.-cloth,* (tessuto di) spugna □ (anche *fig.*) *to pass the s. over st.,* passar la spugna su q.c. □ *to throw up the s., (pugilato)* gettare la spugna; *(fig.)* darsi per vinto.

to **sponge** [spʌndʒ] **A** *v. t.* **1 asciugare** (o **inumidire, pulire,** ecc.) **con una spugna; passare la spugna su** (q.c.) **2 scroccare; sbafare** *(fam.)* **B** *v. i.* **1 pescare spugne 2 vivere a scrocco** ● *to s. on sb.,* vivere alle spalle di q. □ *to s. out a memory,* cancellare un ricordo □ *to s. up water,* asciugare acqua con una spugna.

sponge-cake ['spʌndʒ,keik] *n.* [C] e [U] *(cucina)* **pan di Spagna.**

sponger ['spʌndʒə*] *n.* [C] **1 pescatore di spugne 2 scroccone, sbafatore** *(fam.).*

sponginess ['spʌndʒinis] *n.* [U] **spugnosità.**

spongy ['spʌndʒi] *a.* **spugnoso; poroso; morbido; soffice.**

sponsor ['spɔnsə*] *n.* [C] **1 garante; mallevadore 2** *(relig.)* **padrino, madrina; compare, comare** (di battesimo) **3 patrocinatore; ditta che finanzia un programma radiofonico** (o **televisivo**) **a scopo pubblicitario.**

to **sponsor** ['spɔnsə*] *v. t.* **1 garantire; far da mallevadore a** (q.) **2 patrocinare; sostenere 3** *(radio, telev.)* **finanziare; patrocinare; sponsorizzare.**

sponsorship ['spɔnsəʃip] *n.* [U] **1 garanzia; malleveria 2 ufficio di padrino** (o **di madrina**) **3 patrocinio 4** *(radio, telev.)* **finanziamento di programmi a scopo pubblicitario; sponsorizzazione.**

spontaneity [,spɔntə'ni:iti] *n.* [U] **spontaneità.**

spontaneous [spɔn'teinjəs] *a.* **spontaneo.**

spoof [spu:f] *n.* [U] e [C] *(fam.)* **1 imbroglio; inganno; truffa 2 presa in giro; parodia.**

to **spoof** [spu:f] *v. t.* *(fam.)* **1 imbrogliare; ingannare; truffare 2 prendere in giro; parodiare.**

spook [spu:k] *n.* [C] *(fam.)* **fantasma; spettro.**

spool [spu:l] *n.* [C] **rocchetto; bobina.**

to **spool** [spu:l] *v. t.* **avvolgere;** *(ind. tessile)* **incannare** ● *to s. off,* svolgere (filo).

(1) spoon [spu:n] *n.* [C] **1 cucchiaio 2** *(sport)* **bastone da golf** ● *s.-fed,* (di bambino) nutrito col cucchiaino, imboccato; (di studente) istruito per gradi; (d'industria) sovvenzionato dallo Stato □ *table-s.,* cucchiaio □ *tea-s.,* cucchiaino.

(1) to **spoon** [spu:n] *v. t.* **1** (anche *to s. up*) **pigliar su col cucchiaio 2** (anche *to s. out*) **prendere** (o **versare, servire**) **col cucchiaio.**

(2) spoon [spu:n] *n.* [C] *(pop.)* **babbeo.**

(2) to **spoon** [spu:n] *v. i.* **amoreggiare; pomiciare** *(pop.).*

spoonerism ['spu:nərizəm] *n.* [C] **papera; scambio delle iniziali di due parole.**

to **spoon-feed** ['spu:n,fi:d] (*pass.* e *p.p.* **spoon-fed** ['spu:n,fed]) **1 nutrire col cucchiaino;** (anche *fig.*) **imboccare 2 istruire per gradi 3** *(econ.)* **favorire; sovvenzionare** (un'industria, ecc.).

spoonful ['spu:nful] *n.* [C] **cucchiaiata.**

spoony ['spu:ni] *a.* *(pop.)* **1 sciocco; minchione 2 sentimentale; svenevole** ● *to be s. on sb.,* essere innamorato cotto di q.

spoor [spuə*] *n.* [C] *(caccia)* **traccia; orma.**

sporadic [spə'rædik] *a.* **sporadico.**

sporangium [spə'rændʒiəm] *n.* (*pl.* **sporangia** [spə'rændʒiə]) *(bot.)* **sporangio.**

spore [spɔ:*] *n.* [C] **1** *(bot., zool.)* **spora 2** *(fig.)* **seme; germe; origine** ● *(bot.) s.-case,* sporangio.

sporran ['spɔrən] *n.* [C] **borsa di cuoio** (di solito rivestita di pelo, portata dai montanari scozzesi).

sport [spɔ:t] *n.* **1** [U] **diporto; gioco; divertimento; passatempo; svago; trastullo**: *to make s. of sb.,* farsi gioco di q. **2** [U] e [C] **sport**: *He's very fond of s.,* è un vero appassionato dello sport **3** *(al pl.)* **gare atletiche; incontri sportivi 4** [C] **animale** (o **pianta**) **anomala 5** [C] *(fam.)* **persona che sta agli scherzi; giocatore che sa perdere** ● *sports-car,* automobile sportiva □ *sports-editor,* redattore sportivo □ *(fam.) Be a s.!,* sta' al gioco! □ *(fam.) He is a good s.,* è un vero sportivo!

to **sport** [spɔ:t] **A** *v. i.* **1 divertirsi; giocare 2 fare dello sport; praticare lo sport 3 scherzare 4** *(biol.)* **essere anomalo B** *v. t.* *(fam.)* **mettere in mostra; sfoggiare.**

sporting ['spɔ:tiŋ] *a.* **1 sportivo**: *a s. daily,* un giornale sportivo **2** *(fig.)* **leale; equo** ● *s.-dog,* cane da caccia □ *s.-gun,* fucile da caccia.

sportive ['spɔ:tiv] *a.* **allegro; gioviale; faceto.**

sportsman ['spɔ:tsmən] *n.* (*pl.* **sportsmen** ['spɔ:tsmən]) **1 sportivo 2** *(fig.)* **uomo che ha spirito sportivo.**

sportsmanlike ['spɔ:tsmənlaik] *a.* **(da) sportivo.**

sportsmanship ['spɔ:tsmənʃip] *n.* [U] **1 sportività 2 bravura in uno sport.**

sportswear ['spɔ:tswɛə*] *n.* *(collett.)* **articoli d'abbigliamento per lo sport.**

sportswoman ['spɔ:ts,wumən] *n.* (*pl.* **sportswomen** ['spɔ:ts,wimin]) **donna sportiva.**

sporty ['spɔ:ti] *a.* *(fam.)* **1 sportivo 2** (d'abito) **sportivo, ma elegante.**

sporule ['spɔrju:l] *n.* [C] *(bot., zool.)* **sporula; piccola spora.**

spot [spɔt] *n.* [C] **1 punto; posto; luogo 2 chiazza; macchiolina; pallino 3** *(fig.)* **macchia; neo 4** *(fam.)* **(un) po'; (un) sorso; (un) goccio 5 foruncoletto; brufolo 6** *(radio, telev.)* **spazio pubblicitario** ● *(comm.) s. cash,* pagamento in contanti □ *(fam.) to be in a s.,* essere nei guai □ *to be killed on the s.,* restare ucciso sul colpo □ *on the s.,* sul posto; lì per lì, su due piedi, a tamburo battente □ *the people on the s.,* la gente del posto □ *(pop.) to put sb. on the s.,* uccidere q.; far fuori q. □ *(fig.) a tender* (o *sore*) *s.,* un tasto delicato □ *sb.'s weak s.,* il punto debole di q.

to **spot** [spɔt] **A** *v. t.* **1 chiazzare; macchiare** (anche *fig.*): *a table spotted with ink,* un tavolo macchiato d'inchiostro **2 picchiettare; punteggiare 3** *(fam.)* **riconoscere; scoprire; distinguere 4** *(mil.)* **individuare** (il bersaglio) **5 piazzare** (guardie, poliziotti, ecc.) **B** *v. i.* **1 chiazzarsi; macchiarsi 2** (*fam.*, di solito *to be spotting with rain*) **piovigginare.**

spotless ['spɔtlis] *a.* **senza macchia; immacolato; puro.**

spotlight ['spɔt,lait] *n.* [C] **1** *(teatr., telev.)* **luce di proscenio; riflettore orientabile 2** *(autom.)* **faro battistrada** ● *to hold the s.,* trovarsi alla ribalta *(fig.).*

to **spotlight** ['spɔt,lait] *v. t.* **1** *(teatr., telev.)* **illuminare con un riflettore 2** *(fig.)* **mettere in luce; portare alla ribalta.**

spotted ['spɔtid] *a.* **chiazzato; maculato; picchiettato** ● *(med.) s. fever,* meningite cerebrospinale.

spotter ['spɔtə*] *n.* [C] **1 agente investigatore 2** *(mil.)* **osservatore 3** (*aeron.*, anche *s. plane*) **ricognitore.**

spottiness ['spɔtinis] *n.* [U] **1 chiazzatura; picchiettatura 2 irregolarità.**

spotty ['spɔti] *a.* **1 chiazzato; maculato 2 ineguale; irregolare 3** *(fam.)* **foruncoloso; brufoloso.**

spouse [spauz] *n.* [C] **sposo, sposa; consorte.**

spout [spaut] *n.* [C] **1 beccuccio; cannella 2** *(edil.)*

tubo di scarico; grondaia **3** getto (d'acqua, di vapore); zampillo ● *(fam.) to be up the s.,* essere rovinato.

to **spout** [spaut] **A** *v. i.* **1** scaturire; sgorgare; schizzare **2** *(fam.)* concionare; declamare **B** *v. t.* **1** gettare; schizzare; far sgorgare **2** *(fam.)* declamare.

sprain [sprein] *n.* [C] *(med.)* distorsione; storta.

to **sprain** [sprein] *v. t. (med.)* prendere una storta a (un polso, una caviglia, ecc.): slogare: *to s. one's wrist,* slogarsi il polso.

sprang [spræŋ] *pass.* di to **spring.**

sprat [spræt] *n.* [C] **1** *(zool.,* Clupea sprattus) spratto **2** *(scherz.)* bimbetto; ragazzetto gracile.

to **sprat** [spræt] *v. i.* pescare spratti.

to **sprawl** [sprɔ:l] *v. i.* **1** abbandonarsi; sedersi in modo scomposto; sdraiarsi **2** *(fig.)* estendersi disordinatamente ● *to send sb. sprawling,* mandar q. a gambe levate.

sprawl [sprɔ:l] *n.* [C] **1** atteggiamento (o movimento) scomposto **2** massa disordinata.

(1) spray [sprei] *n.* [C] **1** frasca; ramoscello **2** ornamento a forma di ramo; spiga (di gioielli).

(2) spray [sprei] *n.* **1** [U] spruzzo, spruzzi; spruzzaglia; spruzzata **2** [C] e [U] liquido (profumo, disinfettante, insetticida, ecc.) da spruzzare **3** [C] *(anche sprayer)* spruzzatore; vaporizzatore ● *s.-gun,* pistola (per verniciatura) a spruzzo □ *(ind.) s.-painting,* verniciatura a spruzzo.

to **spray** [sprei] *v. t.* e *i.* **1** spruzzare; irrorare; vaporizzare **2** *(ind.)* verniciare a spruzzo.

sprayer ['spreiə*] *n.* [C] **1** spruzzatore; vaporizzatore **2** *(agric.)* irroratore; irroratrice **3** *(ind.)* pistola a spruzzo.

to **spread** [spred] *(pass.* e *p.p.* **spread)** **A** *v. t.* **1** spargere; diffondere; disseminare; propagare; propalare; trasmettere: *to s. manure over a field,* spargere concime su un campo **2** stendere; spiegare: *to s. a cloth on the table,* stendere la tovaglia (sulla tavola) **3** cospargere; spalmare: *to s. butter on a slice of bread,* spalmare burro su una fetta di pane □ *fields spread with flowers,* campi cosparsi di fiori **4** distribuire; prolungare: *to s. the payments over a year,* distribuire i pagamenti entro il periodo di un anno **5** coprire; ricoprire **B** *v. i.* **1** spargersi; diffondersi; disseminarsi; propagarsi; sparpagliarsi **2** stendersi; estendersi; spaziare; aprirsi: spiegarsi **C** to **spread oneself** *v. rifl.* **1** distendersi; allungarsi **2** dilungarsi (su un argomento) **3** lasciarsi andare *(fig.);* largheggiare **4** *(fam.)* darsi da fare; farsi in quattro *(fam.)* ● *to s. the table,* apparecchiare la tavola.

spread [spred] *n. (raramente al pl.)* **1** diffusione; espansione; propagazione; trasmissione **2** ampiezza; estensione; larghezza; *(anche aeron.)* apertura d'ala **3** coperta; tovaglia **4** pasta: *anchovy s.,* pasta d'acciughe **5** *(fam.)* banchetto; festino.

spread eagle [ˌspred'i:gl] *n.* [C] *(araldica)* aquila con le ali spiegate.

spread-eagled ['spredˌi:gld] *a.* a braccia e gambe aperte.

spree [spri:] *n.* [C] baldoria; festa; bagordo; gozzoviglia: *to go on a s.,* far baldoria; far bisboccia.

sprig [sprig] *n.* [C] **1** ramoscello; rametto; germoglio **2** *(fam., raro)* giovanotto **3** *(fam., raro)* discendente; rampollo.

sprightly ['spraitli] *a.* allegro; gaio; brioso; vivace.

to **spring** [spriŋ] *(pass.* **sprang** [spræŋ], *p.p.* **sprung** [sprʌŋ]) **A** *v. i.* **1** saltare; balzare; scattare: *to s. to one's feet,* balzare in piedi □ *to s. out of bed,* saltare giù dal letto **2** (spesso *to s. up)* sorgere; alzarsi; spuntare; crescere **3** derivare; provenire; discendere **4** (d'acqua) scaturire; sgorgare; zampillare **5** (di legno, ecc.) spaccarsi; fendersi; incrinarsi; storcersi **6** *(mil.:* di una mina) esplodere; saltare **7** (di selvaggina) levarsi (in volo) **B** *v. t.* **1** saltare **2** far alzare, levare (selvaggina) **3** far scattare; azionare (chiudere, aprire, ecc.) con una molla: *to s. a trap,* far scattare una trappola **4** spaccare; fendere; incrinare; storcere **5** *(mil.)* far saltare (una mina) **6** *(fig.)* creare; produrre; lanciare **7** provvedere di molle; molleggiare **8** *(pop.)* far evadere (dal carcere); (anche) rilasciare **C** *verbi composti* **1** *to s. back,* balzare indietro, rinculare; tornare a posto di scatto **2** *to s. down,* balzare (o saltare) giù **3** *to s. forward,* balzare in avanti **4** *to s. to,* chiudersi di scatto: *The door sprang to,* la porta sbatté (chiudendosi) **5** *to s. up,* saltar su; sorgere; spuntare ● *to s. a surprise on sb.,* fare una sorpresa a q. □ *Blood sprang to my cheeks,* il sangue mi salì al viso □ *The ship sprang a leak,* si aprì una falla nella nave.

(1) spring [spriŋ] *n.* **1** [C] balzo; salto; scatto **2** [C] sorgente; fonte; *(fig.)* causa, motivo, origine: *hot springs,* sorgenti termali **3** [C] *(mecc.)* molla (anche *fig.*): *the s. of a watch,* la molla di un orologio **4** [U] *(fig.)* elasticità **5** [C] falla (dovuta a fessura, ecc.) ● *s.-bed,* letto a molle □ *s.-blade knife,* coltello a serramanico □ *s. water,* acqua sorgiva.

(2) spring [spriŋ] *n.* primavera *(anche fig.)* ● *s. chicken,* pollastro, pollastrella (anche *fig.:* persona giovane e ingenua) □ *s.-cleaning,* le pulizie di Pasqua.

spring-board ['spriŋbɔ:d] *n.* [C] *(sport)* trampolino.

to **spring-clean** [ˌspriŋ'kli:n] **A** *v. t.* pulire a fondo **B** *v. i.* fare le pulizie di Pasqua.

springiness ['spriŋinis] *n.* [U] elasticità.

springless ['spriŋlis] *a.* **1** senza fonti; senza sorgenti **2** *(mecc.)* senza molle.

springlet ['spriŋlit] *n.* [C] piccola sorgente; polla.

springlike ['spriŋlaik] *a.* primaverile.

springtide ['spriŋˌtaid], **springtime** ['spriŋˌtaim] *n.* [U] **1** primavera; stagione primaverile **2** *(fig.)* anni verdi; albori.

springy ['spriŋi] *a.* elastico; molleggiato.

to **sprinkle** ['spriŋkl] **A** *v. t.* **1** spruzzare; aspergere; annaffiare **2** spargere **B** *v. i.* **1** (di liquidi) cadere a piccole gocce **2** piovigginare.

sprinkle ['spriŋkl] *n.* [C] **1** spruzzatina; aspersione **2** pioggerella.

sprinkler ['spriŋklə*] *n.* [C] **1** spruzzatore **2** annaffiatoio **3** innaffiatrice (automezzo) **4** *(relig.)* aspersorio.

sprinkling ['spriŋkliŋ] *n.* [C] **1** spruzzo; spruzzatina **2** *(fig.)* infarinatura **3** *(fig.)* piccolo numero; piccola quantità; (un) po'.

to **sprint** [sprint] *v. i. (sport)* fare una volata; fare uno scatto.

sprint [sprint] *n.* [C] *(sport)* volata; scatto.

sprinter ['sprintə*] *n.* [C] *(sport)* velocista; scattista.

sprite [sprait] *n.* [C] folletto; spiritello.

sprocket ['sprɔkit] *n.* [C] *(mecc.)* dente (di ruota) ● *s.-wheel,* ruota dentata.

to **sprout** [spraut] **A** *v. i.* **1** germogliare; germinare; rampollare **2** *(fig.)* spuntare **B** *v. t.* far crescere.

sprout [spraut] *n.* **1** [C] germoglio; rampollo **2** *(al pl.,* anche *Brussels sprouts)* cavoletti di Bruxelles.

spruce [spru:s] *a.* attillato; azzimato; elegante; lindo.

to **spruce** [spru:s] *v. t. (fam.)* attillare; azzimare; agghindare ● *to s. oneself up,* agghindarsi; mettersi in ghingheri.

sprung [sprʌŋ] *p.p.* di to **spring.**

spry [sprai] *a.* attivo; energico; vivace.

spud [spʌd] *n.* [C] **1** *(agric.)* zappetta; sarchiello **2** *(fam.)* patata.

spume [spju:m] *n.* [U] spuma; schiuma.

to **spume** [spju:m] *v. i.* spumare; spumeggiare.

spumescent [spju:'mesənt] *a.* **1** spumeggiante **2** spumoso.

spun [spʌn] *pass.* e *p.p.* di to **spin.**

spunk [spʌŋk] *n.* [U] **1** *(fam.)* coraggio; ardimento; fegato *(fig.)* **2** *(volg.)* sperma.

spunky ['spʌŋki] *a. (fam.)* coraggioso; ardimentoso.

spur [spə:*] *n.* [C] sprone; sperone (di gallo, di monte, ecc.); *(fig.)* pungolo, stimolo ● *on the s. of the moment,* su due piedi; lì per lì □ *to win one's spurs, (stor.)* ottenere gli sproni di cavaliere; *(fig.)* affermarsi, acquistare fama.

to **spur** [spə:*] **A** *v. t.* **1** spronare; *(fig.)* incitare, stimolare **2** munire di sproni **B** *v. i.* **1** spronare il cavallo **2** andare a spron battuto.

spurious ['spjuəriəs] *a.* spurio; apocrifo; falso.
to **spurn** [spə:n] *v. t.* **1** respingere (col piede); spingere indietro **2** rigettare; rifiutare; respingere; sdegnare.
spurred [spə:d] *a.* **1** fornito di sproni **2** (di gallo, ecc.) speronato.
(1) to **spurt** [spə:t] *v. i.* fare uno sforzo breve ma intenso; fare uno scatto (o una volata).
(1) spurt [spə:t] *n.* [C] sforzo breve e intenso; scatto; volata.
(2) to **spurt** [spə:t] *V.* to **spirt.**
(2) spurt [spə:t] *V.* **spirt.**
sputnik ['sputnik] *(russo) n.* [C] *(miss.)* sputnik; satellite artificiale.
to **sputter** ['spʌtə*] *v. i.* e *t.* **1** schizzare; spruzzare; sputacchiare **2** biascicare; farfugliare **3** crepitare; scoppiettare; sfrigolare.
sputter ['spʌtə*] *n.* [C] **1** schizzo; spruzzo (specialm. di saliva) **2** borbottìo; farfugliamento **3** crepitìo; scoppiettìo; sfrigolìo.
sputum ['spju:təm] *n.* (*pl.* **sputa** ['spju:tə]) sputo; espettorato.
spy [spai] *n.* spia; agente segreto; delatore; informatore.
to **spy** [spai] **A** *v. i.* spiare; fare la spia **B** *v. t.* scorgere; scoprire ● *to spy into (st.),* investigare; indagare; scrutare □ *to spy out (st.),* esplorare; investigare; scoprire □ *to spy upon sb. (sb.'s movements),* spiare q. (le mosse di q.).
spy-glass ['spai,gla:s] *n.* [C] cannocchiale.
spyhole ['spaihoul] *n.* [C] spioncino.
squab [skwɔb] **A** *a.* **1** (di piccione, ecc.) implume **2** grassottello; paffuto **B** *n.* [C] **1** piccione di nido **2** persona grassoccia; bombolo **C** *avv.* pesantemente; di schianto.
squabble ['skwɔbl] *n.* [C] alterco; battibecco; litigio.
to **squabble** ['skwɔbl] *v. i.* altercare; litigare; bisticciare.
squabbler ['skwɔblə*] *n.* [C] attaccabrighe; persona litigiosa.
squad [skwɔd] *n.* [C] squadra; drappello (di soldati); gruppo (di operai): *the flying s.,* la squadra volante (polizia).
squadron ['skwɔdrən] *n.* [C] **1** *(mil.)* squadrone (di cavalleria) **2** *(naut.)* squadra; flottiglia **3** *(aeron.)* squadriglia **4** gruppo organizzato ● *(aeron.) s. leader,* comandante di squadriglia.
squalid ['skwɔlid] *a.* squallido; misero; sordido.
to **squall** [skwɔ:l] *v. t.* e *i.* gridare; sbraitare; strillare.
(1) squall [skwɔ:l] *n.* [C] grido; strillo; urlo.
(2) squall [skwɔ:l] *n.* [C] **1** raffica; groppo (di vento); piovasco **2** *(fig.)* burrasca; baruffa; lite ● *(fig.) to look out for squalls,* stare in guardia; tenere gli occhi aperti.
squalor ['skwɔlə*] *n.* [U] squallore; sordidezza.
squamose ['skweimous], **squamous** ['skweiməs] *a.* *(bot., zool.)* squamoso.
to **squander** ['skwɔndə*] *v. t.* dissipare; sperperare; scialacquare.
squanderer ['skwɔndərə*] *n.* [C] dissipatore; sperperatore; scialacquatore.
(1) square [skwεə*] *n.* [C] **1** *(mat., geom.)* quadrato: *9 is the s. of 3,* 9 è il quadrato di 3 **2** piazza (a quattro lati) **3** squadra (strumento da disegno) **4** isolato (di case) **5** *(mil.)* quadrato **6** *(metall.)* barra quadra **7** (in certi giochi) casella; (negli scacchi) scacco **8** fazzoletto da collo **9** *(pop.)* tradizionalista ● *to act on the s.,* essere leale; comportarsi in modo onesto □ *by the s.,* con esattezza □ *out of s.,* fuori di squadra; *(fam.)* in disaccordo □ *(enigmistica) word s.,* quadrato magico.
(2) square [skwεə*] *a.* **1** quadrato; quadro: *(mat.) a s. root,* una radice quadrata **2** tarchiato; tozzo **3** assettato; a posto; in ordine; pari e patta: *to get things s.,* mettere a posto le cose **4** assoluto; netto; secco: *a s. refusal,* un secco rifiuto **5** *(fam.)* giusto; equo; leale; onesto: *a s. deal,* un affare onesto; un trattamento equo **6** *(fam.)* buono; abbondante: *a s. meal,* un pasto abbondante **7** *(pop.)* tradizionalista ● *to be (all) s.,* essere pari □ *to get s. with sb.,* fare i conti con q.; farsi pari (saldare la partita) con q. (anche *fig.*) □ *to get one's accounts s.,* regolare i conti (anche *fig.*).
(3) square [skwεə*] *avv.* **1** ad angolo retto; a squadra **2** esattamente; proprio ● *to play fair and s.,* agire lealmente.
to **square** [skwεə*] *v. t.* e *i.* **1** quadrare (anche *fig.*); squadrare; fare la quadratura di: *(mat.) to s. the circle,* fare la quadratura del cerchio **2** far quadrare; regolare; mettere a punto **3** *(mat.)* elevare al quadrato: *3 squared is 9,* 3 elevato al quadrato fa 9 **4** *(comm.)* regolare; saldare **5** *(fam.)* corrompere (con denaro, mance, ecc.); ungere *(fig.)* **6** (anche *to s. off*) quadrettare **7** (anche *to s. the score*) *(golf)* pareggiare ● *to s. up, (mecc., falegnameria)* squadrare; *(comm.)* saldare □ *to s. up to sb.,* assumere un atteggiamento bellicoso.
square-built ['skwεə'bilt] *a.* tarchiato; tozzo.
squarely ['skwεəli] *avv.* **1** ad angolo retto **2** lealmente; correttamente; onestamente **3** esattamente; proprio.
square-toed ['skwεə,toud] *a.* **1** (di scarpa) dalla punta quadrata **2** *(fig.)* pedante; pignolo; all'antica.
square-toes ['skwεə,touz] *n.* [C] conservatore; formalista; pedante; pignolo.
to **squash** [skwɔʃ] **A** *v. t.* **1** schiacciare; spremere; pigiare **2** *(fig.)* domare; soffocare **3** *(fig., fam.)* far tacere **B** *v. i.* **1** schiacciarsi; spiaccicarsi; ridursi in poltiglia **2** farsi largo a forza ● *to s. into a place,* entrare in un luogo a forza di spinte.
(1) squash [skwɔʃ] *n.* *(per lo più al sing.)* **1** [C] poltiglia **2** [C] calca; folla; pigia pigia; ressa **3** [U] spremuta: *orange s.,* spremuta d'arancia; aranciata.
(2) squash [skwɔʃ] *n.* (*invar. al pl.; bot.,* Cucurbita pepo) zucca.
squash-hat ['skwɔʃ'hæt] *n.* [C] cappello floscio.
squashiness ['skwɔʃinis] *n.* [U] (l')essere floscio; mollezza.
squashy ['skwɔʃi] *a.* **1** floscio; molle; molliccio **2** acquitrinoso.
to **squat** [skwɔt] **A** *v. i.* **1** (anche *to s. down*) accosciarsi; accoccolarsi; accovacciarsi; rannicchiarsi **2** (d'animale) accucciarsi **3** sedere a gambe incrociate **4** occupare (specialm. abusivamente) suolo pubblico (o case altrui) **B** to **squat oneself** *v. rifl.* accosciarsi; accoccolarsi.
squat [skwɔt] *a.* **1** *(pred.)* accosciato; accoccolato; accovacciato; rannicchiato **2** tarchiato; tozzo; atticciato.
squatter ['skwɔtə*] *n.* [C] **1** occupante abusivo di suolo pubblico (o di case altrui) **2** *(in Australia)* primo occupante di suolo pubblico (con diritto d'acquisto a basso prezzo) **3** *(australiano)* allevatore di bestiame.
squaw [skwɔ:] *n.* [C] donna indiana; moglie di un pellerossa.
to **squawk** [skwɔ:k] *v. i.* **1** (d'uccelli, ecc.) fare un verso roco; emettere strida rauche **2** *(fam.)* lagnarsi (o lamentarsi) ad alta voce.
squawk [skwɔ:k] *n.* [C] **1** strido rauco (specialm. d'uccello) **2** protesta rumorosa.
to **squeak** [skwi:k] *v. i.* **1** (d'animale) squittire; stridere; strillare **2** (di cosa) cigolare; scricchiolare **3** *(fam.)* fare la spia; cantare *(fig.).*
squeak [skwi:k] *n.* [C] **1** squittìo; stridìo; strillo **2** cigolìo; scricchiolìo ● *(fam.) to have a narrow s.,* scamparla per un pelo.
squeaker ['skwi:kə*] *n.* [C] *(fam.)* spia; delatore.
squeaky ['skwi:ki] *a.* **1** stridulo **2** cigolante; scricchiolante.
to **squeal** [skwi:l] **A** *v. i.* **1** strillare; guaire; squittire **2** *(fam.)* lagnarsi; lamentarsi **3** *(fam.)* fare la spia; cantare *(fig.)* **B** *v. t.* gridare con voce stridula.
squeal [skwi:l] *n.* [C] strillo acuto; strido; squittìo.
squealer ['skwi:lə*] *n.* [C] *(fam.)* spia; delatore.
squeamish ['skwi:miʃ] *a.* schifiltoso; schizzinoso.
squeegee ['skwi:dʒi:] *n.* [C] *(naut., fotogr.)* seccatoio.
squeezable ['skwi:zəbl] *a.* compressibile; che si

può premere (o **spremere**).

to **squeeze** [skwi:z] **A** *v. t.* **1 spremere** (anche *fig.*); **pigiare; strizzare;** (*fig.*) **estorcere**: *to s. a lemon,* spremere un limone □ *to s. money out of sb.*, spremere denaro da q. **2 far passare a forza; infilare 3 comprimere; schiacciare**: *to be squeezed to death in the crowd,* morire schiacciato dalla folla **4 opprimere; esercitare** (o **fare**) **pressioni su**: *to s. the government,* esercitare pressioni sul governo **B** *v. i.* **farsi largo a forza; cacciarsi; infilarsi** ● *to s. one's way through a crowd,* farsi avanti a spinte fra la folla □ (*fig.*) *squeezed orange,* limone spremuto (*fig.*).

squeeze [skwi:z] *n.* **1** [C] **compressione; pressione** (anche *fig.*); **stretta; stretta di mano; abbraccio 2** [C] (spesso *tight s.*) **calca; folla; ressa; pigia pigia 3** [U] (*fam.*) **estorsione; denaro estorto 4** (*generalm. al sing.*) (*econ.*) **restrizione; stretta; crisi**: *the recent credit s.*, la recente stretta creditizia ● *a s. of lemon,* qualche goccia di limone □ *a close* (o *narrow*) *s.*, un brutto rischio.

squeezer ['skwi:zə*] *n.* [C] **spremitoio; spremilimoni; spremifrutta.**

to **squelch** [skweltʃ] **A** *v. t.* **1 schiacciare 2 far tacere; ridurre al silenzio B** *v. i.* **1 fare il rumore del fango** (dal quale si staccano a stento i piedi); **fare ciac ciac 2 diguazzare nel fango.**

squelch [skweltʃ] *n.* [C] **1 rumore del fango appiccicaticcio** (quando vi si cammini sopra) **2 poltiglia; cosa spiaccicata.**

squib [skwib] *n.* [C] **1 piccolo razzo; petardo 2 libello; pasquinata.**

squid [skwid] *n.* [C] (*zool.*, Loligo) **calamaro.**

squiffy ['skwifi] *a.* (*pop.*) **brillo; alticcio.**

squiggle ['skwigəl] *n.* [C] **1 ghirigoro; svolazzo 2 scarabocchio.**

squint [skwint] *n.* **1** [U] (*med.*) **strabismo 2** (*con l'art. indeterm.*) (*fam.*) **rapida occhiata; sguardo furtivo** ● *to have a s.*, essere affetto da strabismo; essere strabico.

to **squint** [skwint] *v. i.* **essere strabico** ● *to s. at sb.*, guardare q. di traverso □ *to s. towards radicalism,* essere di tendenze radicali.

squint-eyed ['skwint,aid] *a.* **1 strabico 2** (*fig.*) **maligno.**

squire ['skwaiə*] *n.* [C] **1 gentiluomo di campagna; signorotto 2** (*stor.*) **scudiero 3** (*raro*) **cavaliere; chi accompagna una signora.**

to **squire** ['skwaiə*] *v. t.* **far da cavaliere a** (una signora).

squir(e)archy ['skwaiəra:ki] *n.* [U] **ceto dei gentiluomini di campagna.**

squirm [skwə:m] *n.* [C] **contorcimento.**

to **squirm** [skwə:m] *v. i.* **1 contorcersi; torcersi; dimenarsi 2** (*fig.*) **essere imbarazzato; star sulle spine.**

squirrel ['skwirəl] *n.* [C] (*zool.*, Sciurus) **scoiattolo.**

to **squirt** [skwə:t] **A** *v. t.* **1 schizzare; sprizzare; spruzzare 2 iniettare** (con uno schizzetto) **B** *v. i.* **schizzare; zampillare.**

squirt [skwə:t] *n.* [C] **1 schizzetto; siringa 2 schizzo; zampillo 3** (*fam.*) **persona insignificante e boriosa** ● *s. gun,* schizzetto (giocattolo).

squish [skwiʃ] *n.* [U] (*fam.*) **marmellata** (specialm. d'arance).

ssh [ʃ] *inter.* **sss!; ssh!; st!**

to **stab** [stæb] **A** *v. t.* **1 pugnalare; accoltellare**: *to s. sb. in the back,* pugnalare q. alle spalle; (*fig.*) calunniare q. **2** (*fig.*) **dare una pugnalata a; ferire** (i sentimenti di q.); **rimordere B** *v. i.* **1 menar colpi di pugnale; tirare stilettate**: *to s. at sb.*, menar colpi di pugnale contro q. **2** (del dolore) **dare fitte.**

stab [stæb] *n.* [C] **1 pugnalata** (anche *fig.*); **coltellata; stilettata 2 ferita di pugnale** (o **di coltello**); (*fig.*) **offesa 3 fitta di dolore.**

stabber ['stæbə*] *n.* [C] **pugnalatore; accoltellatore; sicario.**

stability [stə'biliti] *n.* [U] **stabilità; fermezza; saldezza.**

stabilization [,steibilai'zeiʃən] *n.* [U] **stabilizzazione; consolidamento.**

to **stabilize** ['steibilaiz] **A** *v. t.* **stabilizzare; rendere stabile; consolidare B** *v. i.* **stabilizzarsi.**

stabilizer ['steibilaizə*] *n.* [C] **stabilizzatore.**

(1) stable ['steibl] *a.* **1 stabile; fermo; saldo; fisso; solido**: (*fis.*) *s. equilibrium,* equilibrio stabile **2 stabile nei propositi; costante.**

(2) stable ['steibl] *n.* [C] **1 stalla** (specialm. per cavalli); **scuderia** (di cavalli da corsa) **2** (*autom.*, *sport*) **scuderia 3** (*fig.*) **catena** (di giornali, ecc.) ● *s.-boy,* mozzo di stalla □ (*mil.*) *s.-call,* segnale (di tromba) per il governo dei cavalli □ *s.-companion,* compagno di scuderia □ *s.-man,* stalliere.

to **stable** ['steibl] *v. t.* **mettere nella stalla; tenere nella scuderia.**

stabling ['steibliŋ] *n.* [U] **stallaggio.**

staccato [stə'ka:tou] (*ital.*) *a.* e *avv.* (*mus.*) **staccato.**

stack [stæk] *n.* [C] **1** (di grano, ecc.) **bica 2** (di fieno, paglia) **pagliaio 3** (di legna) **catasta 4 ammasso; mucchio 5** (di fucili accatastati) **fascio 6** (anche *smoke-s.*) **camino; ciminiera; fumaiolo 7** (*di solito al pl.*) **scaffalatura 8** (*elab.*) **pila** ● (*fam.*) *to make stacks of money,* far soldi a palate.

to **stack** [stæk] *v. t.* **accatastare; ammassare; ammucchiare.**

stadium ['steidjəm] *n.* (*pl.* **stadia** ['steidjə], **stadiums**) **1** (*sport*) **stadio 2** (*med.*) **stadio** (di una malattia).

(1) staff [sta:f] *n.* (*pl.* **staves** [steivz], **staffs**) **1 asta; asta graduata** (da geometra); **bastone;** (di pellegrino) **bordone 2** (*fig.*) **appoggio; sostegno.**

(2) staff [sta:f] *n.* (*collett.*) **1 personale; impiegati; funzionari**: *the teaching s.*, il personale insegnante; il corpo insegnante (d'una scuola) **2** (*mil.*) **stato maggiore**: *a s. officer,* un ufficiale di stato maggiore ● *diplomatic s.*, corpo diplomatico □ *editorial s.*, redazione, redattori (di un giornale) □ (*mil.*) *the General S.*, lo Stato Maggiore □ *to be on the permanent s.*, essere di ruolo; essere in organico.

(3) staff [sta:f] *n.* (*pl.* **staves** [steivz], **staffs**) (*mus.*) **rigo; pentagramma.**

to **staff** [sta:f] *v. t.* **provvedere** (un'azienda, ecc.) **di personale.**

stag [stæg] *n.* [C] (*zool.*) **cervo maschio** ● (*fam.*) *s.-party,* riunione di soli uomini; (anche) festa d'addio al celibato.

stage [steidʒ] *n.* [C] **1 piattaforma; impalcatura 2** (*teatr.*) **palcoscenico 3** (*al sing. con l'art. determ.*) (*fig.*) **scene; teatro**: *to go on the s.*, calcare le scene □ *the French s.*, il teatro francese **4 stadio; stato; fase; periodo**: *a long s. of inactivity,* un lungo periodo d'inattività **5 luogo di sosta** (in un viaggio); **tappa;** (*stor.*) **posta**: *by easy stages,* a piccole tappe; (*fig.*) per gradi **6** (*miss.*) **stadio** ● (*teatr.*) *s.-box,* palco di proscenio □ *s. directions,* didascalie (in un testo drammatico) □ *s. effects,* effetti scenici □ *s.-fright,* paura del pubblico □ *s.-manager,* direttore di scena; direttore artistico □ (*fig.*) *the s. of politics,* la scena politica.

to **stage** [steidʒ] **A** *v. t.* **1 mettere in scena** (un dramma); **rappresentare; inscenare** (anche *fig.*) **2 effettuare; preparare e mettere in atto B** *v. i.* (di dramma) **essere adatto alla rappresentazione.**

stagecraft ['steidʒkra:ft] *n.* [U] **arte scenica; tecnica teatrale.**

to **stage-manage** ['steidʒ,mænidʒ] *v. t.* **1 allestire, mettere in scena** (uno spettacolo) **2** (*fig.*, *fam.*) **dirigere da dietro le quinte; essere il cervello di** (una rapina, ecc.).

stager ['steidʒə*] *n.* — *an old s.*, una vecchia volpe (*fig.*).

stage-struck ['steidʒstrʌk] *a.* **appassionato di teatro; aspirante alla professione di attore.**

stagflation [stæg'fleiʃən] *n.* [U] (*econ.*) **stagflazione.**

to **stagger** ['stægə*] **A** *v. i.* **1 barcollare; traballare; vacillare 2 esitare; titubare B** *v. t.* **1 far barcollare; far vacillare 2 scuotere** (anche *fig.*); **impressionare; sconcertare; mettere nell'imbarazzo 3** (*fig.*) **distribuire nel tempo; scaglionare** ● *staggered strike,* sciopero a scacchiera.

stagger ['stægə*] *n.* **1** *(solo al sing.)* **barcollamento; vacillamento** **2** *(al pl., med.)* **vertigini.**

staggering ['stægəriŋ] *a.* **sbalorditivo; stupefacente.**

staginess ['steidʒinis] *n.* [U] **teatralità;** *(spreg.)* **artificiosità.**

staging ['steidʒiŋ] *n.* **1** [U] *(edil.)* **impalcatura** **2** [U] e [C] *(teatr.)* **messa in scena.**

stagnancy ['stægnənsi] *n.* [U] **stagnamento; ristagno; stasi.**

stagnant ['stægnənt] *a.* **stagnante; in ristagno;** *(fig.)* **inattivo, fermo.**

to **stagnate** ['stægneit] *v. i.* **ristagnare;** *(fig.)* **essere inattivo.**

stagnation [stæg'neiʃən] *n.* [U] **ristagno;** *(fig.)* **inattività, stasi.**

stagy ['steidʒi] *a.* **teatrale;** *(spreg.)* **artefatto, istrionico.**

staid [steid] *a.* **posato; serio; calmo; contegnoso.**

staidness ['steidnis] *n.* [U] **posatezza; serietà.**

stain [stein] *n.* **1** [C] **macchia** (anche *fig.*); **chiazza;** *(fig.)* **onta, sfregio**: *a blood s.*, una macchia di sangue **2** [U] e [C] **colorante;** *(tecn.)* **mordente.**

to **stain** [stein] **A** *v. t.* **1** **macchiare** (anche *fig.*); **disonorare, sfregiare** **2** **colorare; tingere** **3** **stampare a colori** (stoffa) **4** *(tecn.)* **trattare** (legno) **con un mordente** **B** *v. i.* **macchiarsi** ● *stained glass*, vetro colorato □ *guilt-stained*, macchiato di colpe.

stainless ['steinlis] *a.* **1** **senza macchia; candido;** *(fig.)* **immacolato** **2** **che non si macchia** ● *s. steel*, acciaio inossidabile.

stair [stɛə*] *n.* **1** [C] **gradino; scalino** **2** *(al pl.)* **scala; scalinata; gradinata** ● *s.-carpet*, passatoia □ *s.-rod*, asta metallica per fissare le passatoie □ *s.(-)well*, pozzo delle scale □ *a flight of stairs*, una rampa di scale; una scalinata □ *winding stairs*, scala a chiocciola.

staircase ['stɛəkeis], **stairway** ['stɛəwei] *n.* [C] **scala; scalone.**

stake [steik] *n.* [C] **1** **palo; paletto; piolo; picchetto** **2** *(stor.)* **(palo del) rogo**: *to be condemned to the s.*, essere condannato al rogo **3** **posta; puntata; scommessa** **4** *(al pl., ippica)* **premi; corse ippiche a premi** ● *at s.*, in palio; in gioco □ *(sport) maiden stakes*, corsa per cavalli che non abbiano mai vinto.

to **stake** [steik] *v. t.* **1** **fissare (o sostenere) con pali** **2** **legare a un palo** **3** (spesso *to s. off, out*) **delimitare con picchetti** **4** **puntare; scommettere; rischiare.**

Stakhanovism [stə'ka:nə,vizəm] *n.* [U] *(nell'Unione Sovietica)* **stacanovismo.**

Stakhanovite [stə'ka:nəvait] *n.* [C] **stacanovista.**

stalactic [stə'læktik] *a. (geol.)* **stalattitico.**

stalactite ['stæləktait] *n.* [C] *(geol.)* **stalattite.**

stalagmite ['stæləgmait] *n.* [C] *(geol.)* **stalagmite.**

(1) stale [steil] *a.* **1** **stantìo; vecchio; vieto; trito** **2** (di atleta, ecc.) **in superallenamento** **3** *(leg.)* **scaduto; in prescrizione** ● *s. air*, aria viziata □ *s. bread*, pane raffermo □ *s. water*, acqua stagnante.

to **stale** [steil] **A** *v. t.* **rendere stantìo (o vieto, trito)** **B** *v. i.* **1** **diventare stantìo** (o **vieto, trito)** **2** (di cavalli, buoi) **orinare.**

(2) stale [steil] *n.* [U] **orina** (di cavalli, buoi).

stalemate ['steil,meit] *n.* [C] e [U] **1** *(scacchi)* **stallo** **2** *(fig.)* **punto morto**: *to come to a s.*, giungere a un punto morto.

to **stalemate** ['steil,meit] *v. t.* **1** *(scacchi)* **mettere** (l'avversario) **in stallo** **2** *(fig.)* **portare a un punto morto.**

staleness ['steilnis] *n.* [U] **(l') essere stantìo; vecchiezza; insipidezza; banalità.**

Stalinism ['sta:linizəm] *n.* [U] *(polit.)* **stalinismo.**

Stalinist ['sta:linist] *n.* [C] e *a. (polit.)* **stalinista.**

(1) stalk [stɔ:k] *n.* [C] **1** *(bot.)* **gambo; stelo; peduncolo** **2** (di bicchiere a calice) **gambo** **3** (di fabbrica, ecc.) **ciminiera.**

to **stalk** [stɔ:k] **A** *v. i.* **1** **camminare impettito; andare altezzoso; camminare a lunghi passi** **2** **avvicinarsi furtivamente** **B** *v. t.* **1** **avvicinarsi di soppiatto a** (selvaggina, nemici) **2** **percorrere a gran passi.**

(2) stalk [stɔ:k] *n.* [C] **andatura altezzosa, imponente.**

stalking-horse ['stɔ:kiŋhɔ:s] *n.* [C] **1** **cavallo dietro il quale si nasconde il cacciatore** **2** *(fig.)* **pretesto; sotterfugio; paravento.**

stalky ['stɔ:ki] *a.* **1** **a forma di stelo** **2** **lungo e sottile; esile.**

(1) stall [stɔ:l] *n.* [C] **1** **stalla; scuderia** **2** (in una stalla) **posta** **3** **chiosco; edicola; bancarella** **4** **stallo; scanno** **5** *(teatr.)* **poltrona** **6** *(autom.)* **posto macchina** (in un parcheggio) **7** *(aeron.)* **stallo** **8** (anche *finger-s.*) **ditale** (per proteggere un dito malato).

(1) to **stall** [stɔ:l] **A** *v. t.* **1** **mettere (o tenere)** (bestiame) **nella stalla** (specialm. per l'ingrasso) **2** **fornire di scanni** (un coro) **B** *v. i.* **1** *(mecc.:* di motore) **arrestarsi; fermarsi** **2** *(aeron.)* **stallare.**

(2) stall [stɔ:l] *n.* [C] **complice di ladro; palo** *(pop.)*.

(2) to **stall** [stɔ:l] *(fam.)* **A** *v. i.* **cercare di guadagnar tempo; menare il can per l'aia; temporeggiare** **B** *v. t.* (spesso *to s. off*) **1** **ostacolare; tirar per le lunghe** **2** **tenere a bada** (con sotterfugi, ecc.).

stallage ['stɔ:lidʒ] *n.* [U] **1** **spazio per (o diritto di occupare suolo pubblico con) baracche (o chioschi, bancarelle)** **2** **plateatico.**

stallion ['stæljən] *n.* [C] *(zool.)* **stallone.**

stalwart ['stɔ:lwət] **A** *a.* **1** **forte; gagliardo; nerboruto; vigoroso** **2** **animoso; deciso; risoluto** **B** *n.* [C] (specialm. *polit.*) **sostenitore di sicura fede.**

stamen ['steimen] *n.* [C] *(bot.)* **stame.**

stamina ['stæminə] *n.* [U] **forza di resistenza; capacità di sopportazione.**

staminate ['stæminit] *a. (bot.)* **staminifero.**

to **stammer** ['stæmə*] *v. t.* e *i.* **balbettare; tartagliare; farfugliare.**

stammer ['stæmə*] *n. (solo al sing.)* **balbuzie.**

stammerer ['stæmərə*] *n.* [C] **balbuziente; tartaglione.**

to **stamp** [stæmp] **A** *v. t.* **1** **bollare; imprimere** (anche *fig.*); **marcare; marchiare; timbrare; stampigliare** **2** *(mecc.)* **stampare; punzonare** **3** **affrancare** (una lettera, ecc.) **4** **frantumare** (minerali, ecc.) **5** **pestare; battere** (i piedi) **su; calpestare** **6** **caratterizzare; contraddistinguere** **B** *v. i.* **battere i piedi; scalpitare** ● *to s. st. flat*, schiacciare q.c. □ *to s. st. out*, schiacciare (o spegnere, distruggere, soffocare) q.c. □ *stamped paper*, carta bollata (o da bollo).

stamp [stæmp] *n.* [C] **1** **impressione; impronta; marchio; stampo; conio;** *(fig.)* **segno** **2** **bollo** (anche *fig.*); **timbro; stampigliatura** **3** *(comm.)* **marchio di fabbrica; marca** **4** (anche *postage-s.*) **francobollo**: *a two--penny s.*, un francobollo da due « penny » **5** (anche *revenue s.*) **marca da bollo** **6** **stampigliatore** (strumento) **7** **mazza battente** (per frantumare minerali) **8** **pestata; forte colpo di piede** ● *s.-album*, album per francobolli □ *s.-collecting*, filatelia □ *s.-collector*, collezionista di francobolli; filatelico □ *s.-duty*, tassa di bollo □ *(comm.) trading s.*, bollo premio; bollino.

stampede [stæm'pi:d] *n.* [C] **fuga precipitosa** (specialm. d'animali spaventati); **fuggi fuggi.**

to **stampede** [stæm'pi:d] **A** *v. i.* **darsi a fuga precipitosa** **B** *v. t.* **1** **mettere in fuga precipitosa** **2** **atterrire; spaventare.**

stamper ['stæmpə*] *n.* [C] **1** **bollatore; timbratore** **2** *(ind.)* **stampatore** **3** *(ind.)* **matrice** **4** **macchina per bollare** **5** **frantumatrice** (macchina).

stance [stæns] *n.* [C] **1** *(golf, cricket)* **posizione** (di gioco) **2** **atteggiamento; presa di posizione.**

to **stanch** [sta:ntʃ] **A** *v. t.* **1** **arrestare il flusso di** (un liquido); **stagnare** **2** **tamponare** (una ferita) **B** *v. i.* **stagnare.**

stanchion ['sta:nʃən] *n.* [C] **1** **appoggio; puntello; sostegno** **2** **sbarra** (per tenere una bestia ferma nella posta).

to **stand** [stænd] (*pass.* e *p.p.* **stood** [stud]) **A** *v. i.* **1** **stare in piedi; star ritto; reggersi in piedi** **2** (di solito *to s. up*) **alzarsi; rizzarsi; alzarsi in piedi**: *S. up, please*, alzatevi, prego!; per favore, in piedi! **3** **stare; essere; farsi; trovarsi**: *S. still!*, state fermi!; fermi! □ *S. back!*, state (o fatevi) indietro!; indietro! □ *Don't s. there arguing*, non star lì a discutere! **4** **durare; resistere; rimanere in piedi** *(fig.)*; **essere valido; essere solido**

5 (di liquido) **ristagnare; posare; depositarsi** *6 (polit.)* **candidarsi** *B v. t.* *1* **mettere** (in piedi, ritto); **collocare; appoggiare**: *to s. a ladder against the wall,* appoggiare una scala al muro *2* **sopportare; soffrire; resistere a; tollerare**: *to s. no nonsense,* non tollerare sciocchezze □ *I cannot s. that girl,* non posso soffrire quella ragazza □ *My nerves could not s. the strain,* i miei nervi non resistettero alla tensione *3* **sostenere; subire**: *to s. a test,* sostenere una prova *4 (fam.)* **sostenere la spesa di** (un pranzo, ecc.); **offrire** *C verbi composti* *1* *to s. by,* star vicino; star lì a guardare; star pronto □ *to s. by (sb., st.),* assistere, aiutare, sostenere; osservare, mantenere, stare a: *He never stands by his word,* non mantiene mai la parola □ *(naut.) to s. by the anchor,* tenersi pronti a salpare *2* *to s. down,* abbandonare il campo, ritirarsi; *(mil.)* smontare (di guardia); *(leg.)* lasciare il banco dei testimoni *3* *to s. for (st.),* stare per, significare, voler dire; appoggiare, sostenere, esser fautore di; *(polit.)* presentarsi come candidato a; *(fam.)* sopportare, soffrire, tollerare *4* *to s. in for sb.,* fare le veci di q. □ *(fam.) to s. in with (sb.),* essere in buoni rapporti, far lega con (q.); dividere le spese con (q.); far parte di, essere seguace di, appoggiare (un movimento, ecc.) *5* *to s. off,* tenersi da parte, stare in disparte; *(fig.)* star sulle proprie, essere scostante □ *to s. sb. off,* allontanare (o tener lontano, tenere a bada) q. □ *(naut.) to s. off and on,* bordeggiare *6* *to s. out,* risaltare, spiccare, distinguersi; star saldo, tener duro, resistere *7* *to s. over,* essere rinviato *8* *to s. to (st.),* stare a, mantenere; non abbandonare; tener fede a: *to s. to the terms,* stare ai patti □ *to s. to one's principles,* tener fede ai propri principi □ *(mil.) to s. to,* prepararsi a un attacco *9* *to s. up,* alzarsi in piedi, rizzarsi; tenersi ritto □ *to s. up for sb.,* prendere le parti di q. □ *to s. up to sb.,* far fronte a q.; tener testa a q. ● *(mil.) to s. fire,* sostenere il fuoco nemico senza indietreggiare; resistere sotto il fuoco □ *to s. good,* essere vero; valere; essere valido □ *to s. in need of help,* aver bisogno d'aiuto □ *(fig.) to s. to one's duty,* fare il proprio dovere □ *to s. to win (to lose),* avere buone probabilità di vincere (correre serio rischio di perdere) □ *(mil.) S. at ease!,* riposo! □ *S. clear!,* largo!; indietro!

stand [stænd] *n.* [C] *1* **arresto; fermata; pausa; sosta**: *to come to a s.,* fare una sosta; fermarsi *2* **posto; posizione** (anche *fig.*); **presa di posizione**: *to take one's s. at the rear,* prendere posto in coda □ *to make a s. for justice,* prendere posizione per una causa giusta; schierarsi dalla parte della giustizia *3* **posteggio** (per carrozze o tassì) *4* **palco; impalcatura; tavolato;** *(sport,* ecc.) **tribuna** *5 (comm.)* **banco d'esposizione; stand** *6 (mecc.)* **cavalletto; sostegno; supporto** *7* **baracca** (di mercato); **chiosco; edicola; bancarella**: *a news-s.,* una edicola di giornalaio *8* **mobile** (o **oggetto**) **fatto per posarvi** (o **mettervi dentro**) **q.c.** (per lo più in parole composte) *9 (agric.)* **distesa; coltivazione** ● *flower-s.,* portafiori □ *reading-s.,* leggìo □ *(mecc.) test-s.,* banco di prova (o di collaudo) □ *(chim.) tube-s.,* portaprovette □ *umbrella-s.,* portaombrelli.

standard ['stændəd] *n.* [C] *1* **stendardo** (anche *fig.*); **bandiera; insegna; vessillo** *2* **campione; modello; misura; tipo**: *standards of weight and measure,* pesi e misure tipo *3* **criterio; norma; regola;** *(fig.)* **metro** (con cui giudicare) *4* (anche [U]) **grado; livello; qualità; tenore di vita**: *work of (a) low s.,* lavoro di qualità scadente □ *a high s. of living,* un alto tenore di vita *5 (mecc.)* **sostegno; supporto; montante** *6* (di scuola elementare) **classe** *7* **tubo verticale** (dell'acqua o del gas) *8 (al pl.)* **valori morali** ● *s. bread,* pane comune □ *s. English,* l'inglese corrente e corretto □ *the s. model of a motor car,* il modello di serie di un'automobile □ *s. novels,* romanzi classici □ *s. prices,* prezzi normali □ *(comm., ind.) s. sample,* campione unificato □ *s. sizes,* dimensioni normali □ *s. time,* ora ufficiale; ora del fuso (secondo il meridiano di Greenwich).

standard-bearer ['stændəd,bɛərə*] *n.* [C] **portabandiera; alfiere.**

standardization [,stændədai'zeiʃən] *n.* [U] **tipificazione; unificazione; standardizzazione.**

to **standardize** ['stændədaiz] *v. t.* **tipificare; unificare; standardizzare.**

stand-by ['stændbai] *n.* [C] **persona** (o **cosa**) **su cui si può contare; sostegno; appoggio** ● *to be on s.,* essere pronto ad accorrere.

standee [stæn'di:] *n.* [C] *1* **spettatore in piedi** (a teatro, ecc.) *2* **viaggiatore (che sta) in piedi.**

stand-in ['stænd,in] *n.* [C] *1* **sostituto** *2 (cinem., teatr.)* **controfigura.**

standing ['stændiŋ] *A n.* [U] *1* **posizione; condizione; grado; reputazione**: *a man of high s.,* una persona di condizione elevata *2* **durata**: *a record of long s.,* un primato di lunga durata *B a.* *1* **eretto; dritto; verticale** *2* **fisso; permanente; stabile** *3 (mecc.)* **inoperoso; inattivo; fermo** ● *s. corn,* grano in erba (non mietuto) □ *a s. dish,* un piatto giornaliero □ *a s. joke,* una barzelletta □ *(sport) a s. jump,* un salto senza rincorsa □ *a long-s. account,* un conto di vecchia data.

stand-offish [,stænd'ɔfiʃ] *a.* **riservato; freddo; scostante.**

stand-offishness [,stænd'ɔfiʃnis] *n.* [U] **riserbo; freddezza; distacco.**

standpoint ['stændpɔint] *n.* [C] **punto di vista.**

standstill ['stændstil] *n.* [C] *1* **arresto; fermata; sosta** *2* **battuta d'arresto; inazione; ristagno; punto morto**: *Trade is now at a s.,* il commercio adesso è in ristagno ● *to come to a s.,* arrestarsi, fermarsi; *(fig.)* giungere a un punto morto.

stand-up ['stænd,ʌp] *a.* *1* (di colletto) **alto; rigido** *2* **in piedi**: *a s. meal,* un pasto in piedi.

staniel ['stænjəl] *n.* [C] *(zool.,* Falco tinnunculus) **gheppio.**

stank [stæŋk] *pass.* di to **stink.**

stannary ['stænəri] *n.* [C] *1* **miniera di stagno** *2* **regione ricca di miniere di stagno.**

stannic ['stænik] *a. (chim.)* **stannico**: *s. acid,* acido stannico.

stanza ['stænzə] *n.* [C] *(poesia)* **strofa; stanza.**

staphylococcus [,stæfilou'kɔkəs] *n.* (*pl.* **staphylococci** [,stæfilou'kɔksai]) *(biol.)* **stafilococco.**

(1) staple ['steipl] *n.* [C] *1 (mecc.)* **grappa; gancio; forcella** *2 (legatoria)* **punto metallico; graffetta.**

(1) to **staple** ['steipl] *v. t.* *1* **assicurare con una grappa** (o **un gancio, una forcella**) *2* **cucire** (fogli di carta) **con punti metallici.**

(2) staple ['steipl] *A n.* *1* [C] **prodotto principale** (di un luogo) *2* [U] *(ind. tessile)* **fiocco; fibra; qualità della fibra** *3 (con l'art. determ.) (fig.)* **argomento principale** (di conversazione, ecc.) *B a.* **principale; più importante** ● *s. commodities,* merci di prima necessità.

(2) to **staple** ['steipl] *v. t. (ind. tessile)* **classificare** (secondo la qualità del fiocco o della fibra).

(1) stapler ['steiplə*] *n.* [C] **cucitrice** (a punti metallici).

(2) stapler ['steiplə*] *n.* [C] *1* **commerciante in prodotti caratteristici** (di una regione) *2 (ind. tessile)* **classificatore** (di cotone, lana, ecc.).

stapling-machine ['steipliŋmə,ʃi:n] *n.* [C] *(legatoria)* **cucitrice meccanica.**

star [sta:*] *n.* [C] *1 (astron.)* **stella; astro** *2 (fig.)* **celebrità; stella, astro;** *(cinem.)* **diva, divo;** *(sport)* **campione, asso, fuoriclasse** *3 (tipogr.)* **stella; stelletta; asterisco** ● *(fig.) the Stars and Stripes* (o *the S.-Spangled Banner*), la bandiera americana (degli USA) □ *s.-gazer, (scherz.)* astronomo; astrologo; *(fam.)* uno che ha la testa fra le nuvole □ *(mil.) s.-shell,* granata illuminante □ *(teatr.) the s. turn,* il numero d'attrazione.

to **star** [sta:*] *A v. t.* *1* **ornare di stelle** *2* **apporre un asterisco a** (un nome, una parola) *B v. i. (cinem., teatr., telev.)* **fare il divo, la diva; essere fra gli interpreti principali** ● *(cinem., telev.,* ecc.*) starring...,* con (seguono i nomi degli attori principali).

starboard ['sta:bəd] *(naut.)* *A n.* [U] **dritta; destra; tribordo** *B a.* **di dritta; di tribordo** *C avv.* **a dritta; a tribordo.**

starch [sta:tʃ] *n.* [U] *1 (chim.)* **amido** *2 (fig.)* **rigidezza; formalismo** *3 (fam. USA)* **energia; vigore.**

to **starch** [sta:tʃ] *v. t.* **inamidare; insaldare.**

starchy ['sta:tʃi] *a.* *1 (chim.)* **amidaceo** *2* **inamidato; insaldato** *3 (fig.)* **rigido; sostenuto; freddo.**

stardom ['sta:dəm] *n. (teatr., cinem.)* *1* [U] **celebrità;**

notorietà *2* *(collett.)* gruppo di stelle; dive, divi.

stardust ['sta:dʌst] *n.* [U] *1* polvere cosmica *2* *(fig.)* polvere di stelle; atmosfera di sogno.

to **stare** [stɛə*] **A** *v. i.* *1* guardar fisso; fissare: *to s. at sb.,* guardar fisso q. *2* sbarrare gli occhi: *to make sb. s.,* far sbarrare gli occhi a q.; far restare q. a bocca aperta; sbalordire q. **B** *v. t.* fissare; squadrare: *to s. sb. up and down,* squadrare ben bene q. ● *to s. sb. down,* far abbassare lo sguardo a q. (fissandolo) □ *to s. sb. in the face,* guardar fisso q.; (di cosa) saltare agli occhi; essere imminente, apparire inevitabile □ *to s. sb. into silence* (o *to s. sb. dumb),* far tacere q. con un'occhiataccia.

stare [stɛə*] *n.* [C] sguardo fisso.

starfish ['sta:,fiʃ] *n.* [C] *(zool.,* Asterias) stella di mare.

staring ['stɛəriŋ] *a.* sgargiante; vistoso ● *s. mad,* matto da legare.

stark [sta:k] *a.* *1* rigido; stecchito *2* assoluto; completo; bell'e buono; puro e semplice; vero e proprio ● *s. naked,* completamente nudo.

starless ['sta:lis] *a.* senza stelle.

starlet ['sta:lit] *n.* [C] *1* piccola stella; stellina *2* *(cinem.)* starlet; stellina.

starlight ['sta:lait] **A** *n.* [U] luce delle stelle; chiarore stellare **B** *a.* illuminato dalle stelle; stellato: *a s. night,* una notte stellata.

starlike ['sta:laik] *a.* *1* luminoso come una stella; brillante; lucente *2* fatto a stella; stellato.

starling ['sta:liŋ] *n.* [C] *(zool.,* Sturnus vulgaris) storno.

starlit ['sta:lit] *a.* illuminato dalle stelle; stellato.

starry ['sta:ri] *a.* *1* stellato; fulgido di stelle *2* luminoso come una stella; brillante; fulgente.

to **start** [sta:t] **A** *v. i.* *1* balzare; fare un balzo; sobbalzare; sussultare; trasalire *2* partire; avviarsi; mettersi in viaggio; prendere le mosse *3* cominciare; aver inizio; mettersi a: *to s. crying* (o *to s. to cry),* mettersi a piangere *4* *(mecc.:* di un motore) avviarsi; mettersi in moto **B** *v. t.* *1* cominciare; principiare; iniziare; por mano a; intraprendere *2* avviare; impostare; impiantare; *(mecc.)* mettere in moto: *to s. a shop,* avviare (o aprire) una bottega *3* levare, scovare (selvaggina) *4* *(sport)* dare la partenza a (cavalli, corridoi, ecc.) *5* sollevare (una questione); introdurre (un argomento) ● *to s. all over again,* ricominciare da capo □ *(fam.) to s. in with st.,* cominciare (a far) q.c. □ *to s. a newspaper,* fondare un giornale □ *to s. off,* cominciare; principiare □ *to s. on a new enterprise,* imbarcarsi in una nuova impresa □ *(fam.) to s. out to do st.,* accingersi a fare q.c.; cominciare con l'idea di fare q.c. □ *to s. up,* balzare in piedi; saltar fuori; mettere in moto (un motore) □ *to s. with,* tanto per cominciare.

start [sta:t] *n.* [C] *1* avvio; principio; partenza; segnale di partenza: *at the s.,* all'inizio; in principio *2* *(soltanto al sing.* specialm. *sport)* vantaggio: *a s. of ten yards,* un vantaggio di dieci iarde *3* balzo; sobbalzo; scatto; sussulto *4* *(mecc.)* avviamento ● *by fits and starts,* a sbalzi; a intervalli; saltuariamente □ *to get the s. of sb.,* portarsi in vantaggio su q. □ *to give a s.,* sussultare; trasalire □ *to have a good s. in life,* partire avvantaggiato nella corsa della vita □ *to make an early s.,* partire di buon'ora.

starter ['sta:tə*] *n.* [C] *1* iniziatore, iniziatrice *2* *(sport)* partente *3* *(sport)* mossiere *4* *(autom.)* motorino d'avviamento.

starting-line ['sta:tiŋlain] *n.* [C] linea di partenza.

starting-point ['sta:tiŋpɔint] *n.* [C] punto di partenza; inizio.

to **startle** ['sta:tl] *v. t.* far sussultare; far trasalire; allarmare; spaventare ● *to s. sb. out of his sleep,* svegliare q. di soprassalto.

startler ['sta:tlə*] *n.* [C] *1* allarmista *2* fatto allarmante.

startling ['sta:tliŋ] *a.* sorprendente; « allarmante ».

starvation [sta:'veiʃən] *n.* [U] inedia; fame: *to die of s.,* morire d'inedia.

to **starve** [sta:v] **A** *v. i.* morire di fame; essere affamato; *(fam.)* avere una fame da lupo **B** *v. t.* affamare; far morire di fame ● *to s. a garrison into surrender,* costringere una guarnigione alla resa per fame □ *to s. for st.,* avere un gran desiderio di q.c.; essere assetato di q.c.

starveling ['sta:vliŋ] *n.* [C] morto di fame *(fig.);* uomo (o animale) malnutrito.

to **stash** [stæʃ] *v. t.* *(fam.)* riporre; nascondere.

stasis ['steisis] *n.* *(pl.* **stases** ['steisi:z]) *(med.* e *fig.)* stasi.

state [steit] **A** *n.* *1* *(solo al sing.)* stato; condizione: *to be in a good s.,* essere in buono stato □ *What a s. you are in!,* in che stato sei (o come ti sei ridotto)! *2* [C] stato; nazione: *the United States of America,* gli Stati Uniti d'America *3* [U] *(polit.)* Stato: *Church and S.,* la Chiesa e lo Stato *4* [U] ceto; rango; classe sociale: *people in every s. of life,* persone d'ogni ceto *5* [U] pompa; parata; gala: *in s.,* in pompa magna **B** *a. attr.* *1* di (o dello) Stato; statale: *s. papers,* documenti di Stato *2* da cerimonia; di gala; di lusso ● *(fam.) the States,* gli Stati Uniti (d'America) □ *s. ball,* ballo di corte □ *(fam.) s. call,* visita formale □ *s. prisoner,* prigioniero politico □ *(fam.) to get into a s.,* innervosirsi; agitarsi □ *in the present s. of affairs,* nelle circostanze attuali □ *to lie in s.,* essere esposto nella camera ardente.

to **state** [steit] *v. t.* *1* dichiarare; affermare; asserire; esprimere; esporre; formulare; specificare *2* determinare; fissare; stabilire: *to s. terms and conditions,* stabilire le condizioni.

statecraft ['steitkra:ft] *n.* [U] arte di governo; abilità politica.

stated ['steitid] *a.* determinato; fissato; stabilito; fisso ● *(fin.) s. capital,* capitale dichiarato.

stateless ['steitlis] *a.* senza nazionalità; apolide ● *a s. person,* un apolide.

stateliness ['steitlinis] *n.* [U] grandiosità; importanza; maestà; nobiltà.

stately ['steitli] *a.* grandioso; imponente; maestoso; solenne ● *. home,* villa (o palazzo) d'interesse storico e artistico.

statement ['steitmənt] *n.* *1* [C] dichiarazione; affermazione; asserzione *2* [U] esposizione *3* [C] (specialm. *comm.)* rendiconto; rapporto ● *(comm.) s. of account,* estratto conto.

state-owned ['steit,ound] *a.* *(econ.)* di proprietà dello Stato; statale; pubblico.

stateroom ['steit,rum] *n.* [C] *1* salone per cerimonie *2* *(naut.)* cabina di lusso *3* *(ferr. USA)* scompartimento riservato.

statesman ['steitsmən] *n.* *(pl.* **statesmen** ['steitsmən]) uomo di stato; statista.

statesmanly ['steitsmənli] *a.* da statista.

statesmanship ['steitsmənʃip] *n.* [U] arte di governare; saggezza politica.

static(al) ['stætik(əl)] *a.* statico *(anche fis.).*

statics ['stætiks] *n. pl.* *(col verbo al sing.)* *1* *(fis.)* statica *2* *(radio)* disturbi atmosferici.

station ['steiʃən] *n.* [C] *1* stazione (quasi in ogni senso): *a railway s.,* una stazione ferroviaria *2* condizione; ceto; carica; grado; stato *3* *(al pl., mil.;* anche *action stations)* posti di combattimento *4* *(australiano)* allevamento (fattoria) ● *(ferr.) s.-calendar,* tabella delle partenze dei treni □ *(ferr.) s.-master,* capostazione □ *(ferr.) s.-roof,* pensilina □ *first-aid s.,* posto di pronto soccorso □ *(ferr.) goods-s.,* scalo merci.

to **station** ['steiʃən] **A** *v. t.* collocare; appostare; disporre **B** to **station oneself** *v. rifl.* collocarsi; appostarsi ● *(mil.) to be stationed (at),* essere di guarnigione (a).

stationary ['steiʃənəri] *a.* *1* stazionario; fermo; fisso *2* *(mil.)* di stanza: *s. troops,* truppe di stanza.

stationer ['steiʃənə*] *n.* [C] cartolaio ● *s.'s shop,* cartoleria.

stationery ['steiʃənəri] *n.* [U] articoli di cancelleria.

statism ['steitizəm] *n.* [U] *(polit.)* statalismo.

statist ['steitist] *n.* [C] *1* studioso di statistica *2* *(polit.)* statalista.

statistic(al) [stə'tistik(əl)] *a.* statistico.

statistician [,stætis'tiʃən] *n.* [C] studioso di statistica; statistico.

statistics [stə'tistiks] *n. pl.* **1** *(col verbo al sing.)* **statistica** (la scienza) **2 statistiche.**
stator ['steitə*] *n.* [C] *(elettr.)* **statore.**
statuary ['stætjuəri] **A** *a.* **statuario B** *n.* **1** [U] **statuaria 2** *(collett.)* **statue; collezione di statue.**
statue ['stætju:] *n.* [C] *(arte)* **statua.**
statuesque [,stætju'esk] *a.* **scultorio; di statua; statuario.**
statuette [,stætju'et] *n.* [C] **statuetta; figurina.**
stature ['stætʃə*] *n.* [U] e [C] **statura** (anche *fig.*).
status ['steitəs] *n.* [U] **1 condizione sociale; ceto; grado; posizione 2** *(leg.)* **stato giuridico** ● *s. symbol,* « status symbol »; simbolo di successo.
statute ['stætju:t] *n.* [C] *(leg.)* **legge** (del parlamento); **statuto** ● *s.-book,* raccolta di leggi; codice.
statutory ['stætjutəri] *a. (leg.)* **statutario; prescritto dalla legge; legale.**
to **staunch** [stɔ:ntʃ] *V.* to **stanch.**
staunch [stɔ:ntʃ] *a.* **1 fedele; fidato; fido; devoto; leale 2 solido; resistente 3** *(naut.)* **stagno.**
stave [steiv] *n.* [C] **1** (di botte) **doga 2 bastone; asta di legno 3** (di scala) **piolo 4** *(mus.)* **rigo 5** *(poesia)* **strofa; stanza.**
to **stave** [steiv] *(pass.* e *p.p.* **stove** [stouv] o **staved) A** *v. t.* **1** (di solito *to s. in)* **sfondare; schiacciare 2 fornire** (una botte, ecc.) **di doghe B** *v. i.* **sfondarsi; schiacciarsi** ● *to s. off,* evitare; scansare.
staves [steivz] *pl.* di **(1)** e **(3) staff.**
(1) to **stay** [stei] **A** *v. i.* **1 stare; restare; rimanere; soggiornare; dimorare; alloggiare; fermarsi; trattenersi**: *to s. at home,* restare in casa □ *to s. with friends,* stare da (o essere ospite di) amici **2 aspettare; fermarsi; indugiare 3** *(fam.)* **resistere; reggere; farcela B** *v. t.* **1** *(lett.)* **arrestare; fermare 2** (specialm. *leg.)* **differire; rimandare; rinviare; sospendere 3 calmare; soddisfare**: *to s. one's hunger,* calmare la fame **C** *verbi composti* **1** *to s. in,* restare in casa; *(mil.)* essere consegnato **2** *to s. out,* restar fuori di casa; non rientrare **3** *to s. up,* rimanere alzato ● *(fam.) to s. put,* restare al proprio posto; restar fermo.
(1) stay [stei] *n.* [C] **1 soggiorno; permanenza; degenza**: *a short s.,* un breve soggiorno **2** *(leg.)* **sospensione**: *a s. of execution,* una sospensione dell'esecuzione della sentenza (o della condanna) **3** *(lett.)* **freno; ostacolo; remora 4** *(fam.)* **resistenza; durata.**
(2) to **stay** [stei] *v. t.* **1** (spesso *to s. up)* **rinforzare; puntellare 2** *(naut.)* **rinforzare** (un albero, ecc.) **con stragli.**
(2) stay [stei] *n.* [C] **2** (anche *fig.)* **appoggio; sostegno; puntello**: *the s. of my old age,* il sostegno (o il bastone) della mia vecchiaia **2** *(naut.)* **straglio 3** *(al pl.)* **busto; corsetto.**
stay-at-home ['steiəthoum] **A** *a.* **casalingo B** *n.* [C] **persona casalinga.**
stayer ['steiə*] *n.* [C] *(sport)* **fondista.**
stay-in ['stei,in] *n.* [C] (anche *s. strike)* **sciopero con occupazione del posto di lavoro.**
staysail ['stei,seil] *n.* [C] *(naut.)* **vela di straglio.**
stead [sted] *n.* [U] **1 luogo; posto; vece**: *in my s.,* in mia vece **2 utilità; vantaggio** ● *to stand sb. in good s.,* tornare assai utile a q.
steadfast ['stedfəst] *a.* **costante; fermo; deciso; risoluto; tenace.**
steadfastness ['stedfəstnis] *n.* [U] **costanza; fermezza; decisione; risolutezza; tenacia.**
steadiness ['stedinis] *n.* [U] **1 fermezza; saldezza; solidità; stabilità 2 costanza; regolarità; uniformità 3 serietà; sobrietà; industriosità.**
steading ['stediŋ] *n. (scozz., ingl. sett.)* **casa colonica; fattoria.**
steady ['stedi] **A** *a.* **1 fermo; fisso; saldo; solido; stabile**: *to have a s. hand,* avere la mano ferma □ *s. nerves,* nervi saldi **2 costante; continuo; saldo** *(fig.)*; **regolare; uniforme**: *a s. wind,* un vento costante □ *to be s. in one's principles,* essere costante nei propri principi; essere di saldi principi **3 giudizioso; serio; sobrio; industrioso; posato B** *inter.* **1 calma!; attenzione!; piano! 2** (*naut.*, anche *Keep her s.!*) **avanti così!; via! 3** *(mil.)* **fissi!**
to **steady** ['stedi] **A** *v. t.* **consolidare; rinforzare; rafforzare B** *v. i.* **consolidarsi; rafforzarsi C** to **steady oneself** *v. rifl.* **riprendersi; ritrovare l'equilibrio** ● *to s. down,* metter giudizio.
steak [steik] *n.* [C] e [U] **1 fetta di carne** (specialm. di manzo); **bistecca 2 fetta** (o **trancia) di pesce** (specialm. di merluzzo) ● *beef s.,* bistecca (di manzo).
to **steal** [sti:l] *(pass.* **stole** [stoul], *p.p.* **stolen** ['stoulən]) **A** *v. t.* **1 rubare** (anche *fig.*); **trafugare**: *to s. a kiss,* rubare un bacio □ *to s. many hours from sleep,* rubare molte ore al sonno **2** (*fig.*, anche *to s. away into*) **cattivarsi**: *to s. a way into sb.'s heart,* cattivarsi la simpatia (o l'affetto) di q. **B** *v. i.* **1 rubare; essere un ladro 2 muoversi furtivamente (o alla chetichella)** ● *to s. along,* procedere quatto quatto; camminare furtivamente □ *to s. away,* andarsene alla chetichella □ *to s. in,* entrare alla chetichella □ *to s. a look at sb.,* dare un'occhiata furtiva a q.
steal [sti:l] *n. (solo al sing.) (fam.)* **1 furto 2** (specialm. *USA)* **(buon) affare.**
stealer ['sti:lə*] *n.* [C] **ladro** ● *(fig.) a s. of hearts,* un rubacuori.
stealing ['sti:liŋ] *n.* **1** [U] **furto 2** *(al pl.)* **refurtiva** ● *(leg.) cattle-stealing,* abigeato.
stealth [stelθ] *n.* — *by s.,* furtivamente; di nascosto; di soppiatto.
stealthy ['stelθi] *a.* **clandestino; furtivo; nascosto; segreto.**
steam [sti:m] *n.* [U] **1 vapore;** (specialm.) **vapore acqueo 2** *(fam.)* **energia; forza; vigore**: *to work off s.,* dar sfogo alla propria energia; sfogarsi ● *s. bath,* bagno di vapore □ *s. boiler,* caldaia a vapore □ *s.-engine,* macchina a vapore; locomotiva □ *s.-hammer,* maglio a vapore □ *s. heating,* riscaldamento a vapore □ *s. power,* forza (motrice del) vapore □ *s.-tight,* ermetico; a tenuta di vapore □ *at full s.,* a tutto vapore □ *(fig.) to let off s.,* sfogarsi □ *(naut.) Full s. ahead!,* avanti a tutto vapore!
to **steam** [sti:m] **A** *v. t.* **1** *(ind.)* **esporre al vapore; vaporizzare; trattare col vapore 2 cuocere al vapore B** *v. i.* **1 fumare; fumigare; esalare vapore 2 produrre vapore 3 andare a vapore** ● *(fam.) to s. ahead,* (di macchina a vapore) avanzare; *(fig.)* lavorar sodo □ *to s. away,* evaporare; (di macchina a vapore) partire.
steamboat ['sti:mbout] *n.* [C] *(naut.)* **battello a vapore.**
steamer ['sti:mə*] *n.* [C] **1** *(naut.)* **piroscafo; vapore 2 pentola a pressione 3** *(ind.)* **generatore di vapore.**
steamship ['sti:m,ʃip] *n.* [C] *(naut.)* **piroscafo; nave a vapore.**
steamy ['sti:mi] *a.* **1 coperto di vapore; pieno di vapore 2 fumigante; umido.**
stearic [sti'ærik] *a. (chim.)* **stearico**: *s. acid,* acido stearico.
stearin ['stiərin], **stearine** ['stiəri:n] *n.* [U] *(chim.)* **stearina.**
steatite ['stiətait] *n.* [U] *(miner.)* **steatite; pietra da sarto** *(pop.).*
steed [sti:d] *n.* [C] *(lett.* o *scherz.)* **destriero; cavallo.**
steel [sti:l] *n.* **1** [U] *(metall.)* **acciaio** (anche *fig.*) **2** [C] *(poet.)* **acciaro; spada** ● *s. blue,* blu acciaio □ *(econ., ind.) s. centre,* centro siderurgico □ *(ind.) s. wool,* lana d'acciaio □ *(fig.) cold s.,* arma bianca; spada; pugnale □ *(fig.) an enemy worthy of one's s.,* un degno nemico □ *(fig.) a heart of s.,* un cuore di pietra.
to **steel** [sti:l] *v. t.* **1 rivestire d'acciaio; acciaiare 2** *(fig.)* **fortificare; temprare; indurire.**
steeliness ['sti:linis] *n.* [U] **1 (l')essere d'acciaio** (o **come l'acciaio) 2** *(fig.)* **durezza; inflessibilità.**
steel-plated [,sti:l'pleitid] *a.* **ricoperto d'acciaio; corazzato.**
steelwork ['sti:lwə:k] *n.* [U] **1 oggetti d'acciaio 2** *(edil.)* **struttura d'acciaio.**
steelworks ['sti:lwə:ks] *n. pl. (spesso col verbo al sing.)* **acciaieria.**
steely ['sti:li] *a.* **1 d'acciaio; fatto d'acciaio 2 del colore dell'acciaio 3** *(fig.)* **d'acciaio; duro; inflessibile; ferreo.**
steelyard ['sti:lja:d] *n.* [C] **stadera.**

(1) steep [sti:p] ***A*** *a.* ***1*** **erto; ripido; scosceso *2*** *(fam.)* **eccessivo; esorbitante; salato** *(fig.)* ***3*** *(fam.)* **assurdo; esagerato; illogico; inverosimile *B*** *n.* [C] **erta; china; precipizio.**

to **steep** [sti:p] ***A*** *v. t.* ***1*** **bagnare; immergere** (anche *fig.*); **inzuppare; tuffare**: *steeped in moonlight,* immerso nel chiarore lunare ***2*** **imbevere** (anche *fig.*); **impregnare; saturare *3*** *(ind.)* **macerare *B*** *v. i.* (del tè) **essere in infusione.**

(2) steep [sti:p] *n.* [U] **bagno; infusione**: *in s.,* a bagno.

to **steepen** ['sti:pən] ***A*** *v. i.* **farsi più ripido *B*** *v. t.* **rendere più ripido.**

steeple ['sti:pl] *n.* [C] **campanile; torre campanaria** ● *s.(-) jack,* chi ripara (o pulisce) campanili (o alti camini, ecc.).

steeplechase ['sti:pltʃeis] *n.* [C] *(sport)* ***1*** **corsa ippica a ostacoli *2*** **corsa campestre.**

steepness ['sti:pnis] *n.* [U] **ripidezza; ripidità.**

to **steer** [stiə*] ***A*** *v. t.* ***1*** *(naut.)* **governare; dirigere *2*** *(autom.)* **guidare; pilotare *3*** *(fig.)* **dirigere; rivolgere *B*** *v. i.* ***1*** **governare una nave; stare al timone *2*** *(autom.)* **guidare; stare al volante *3*** (di nave, ecc.) **governarsi; rispondere al timone *4*** (d'automobile, ecc.) **guidarsi; rispondere allo sterzo *5*** *(fig.)* **dirigersi; incamminarsi** ● *to s. one's course,* volgere il cammino; dirigeri.

steer [stiə*] *n.* [C] *(zool.)* **giovenco; manzo.**

steerage ['stiəridʒ] *n.* *(solo al sing.)* *(naut.)* **ponte di terza classe; quartieri di poppa** ● *s. passengers,* passeggeri di terza classe.

steering ['stiəriŋ] *n.* [U] ***1*** *(naut.)* **governo** (della nave) ***2*** *(autom.)* **guida; sterzo** ● *(autom.) power s.,* servosterzo.

steering-gear ['stiəriŋgiə*] *n.* [U] ***1*** *(naut.)* **dispositivo di comando del timone *2*** *(autom.)* **sterzo.**

steering-wheel ['stiəriŋwi:l] *n.* [C] ***1*** *(naut.)* **ruota del timone *2*** *(autom.)* **volante.**

steersman ['stiəzmən] *n.* (*pl.* **steersmen** ['stiəzmən]) *(naut.)* **timoniere.**

to **steeve** [sti:v] *v. t.* *(naut.)* **stivare** (il carico).

stein [stain] *n.* [C] **boccale da birra** (in ceramica).

steinbock ['stainbɔk] *(ted.)* *n.* [C] *(zool.,* Capra ibex) **stambecco.**

stele ['sti:li] *n.* (*pl.* **stelae** ['sti:li:]) *(archit.)* **stele.**

stellar ['stelə*] *a.* ***1*** *(astron.)* **stellare *2*** **a stella; stellato.**

stellate ['stelit] *a.* *(scient.)* **stellato; radiale; radiato.**

stellular ['steljulə*] *a.* ***1*** **stellato; fatto a stella *2*** **cosparso di** (o **trapunto di**) **stelline.**

stem [stem] *n.* [C] ***1*** *(bot.)* **gambo; picciolo; peduncolo; stelo** (di pianta) ***2*** *(bot.)* **ceppo; fusto; tronco** (d'albero) ***3*** (di bicchiere) **gambo; stelo *4*** (di pipa) **cannuccia *5*** **ceppo; stirpe;** (di famiglia) **ramo *6*** *(gramm.)* **radice; radicale; tema *7*** *(naut.)* **prua *8*** *(mus.:* di nota) **gamba; asta** ● *s. stitch,* punto erba □ *(naut.) from s. to stern,* da prua a poppa.

(1) to **stem** [stem] ***A*** *v. t.* ***1*** **staccare il gambo a**: *to s. tobacco leaves,* staccare il gambo alle foglie del tabacco ***2*** **fornire di gambo** (fiori artificiali, ecc.) ***B*** *v. i.* **derivare; discendere; provenire.**

(2) to **stem** [stem] *v. t.* ***1*** **arginare** (un fiume) ***2*** **arrestare; fermare.**

stemma ['stemə] *n.* (*pl.* **stemmata** ['stemətə], **stemmas**) ***1*** **albero genealogico *2*** *(zool.)* **ocello.**

stench [stentʃ] *n.* [C] **puzzo; fetore; tanfo.**

stencil ['stensl] *n.* [C] ***1*** **stampino *2*** **disegno stampinato *3*** **matrice** (per ciclostile).

to **stencil** ['stensl] *v. t.* ***1*** **stampinare *2*** **ciclostilare.**

to **stenograph** ['stenəgra:f] *v. t.* **stenografare.**

stenograph ['stenəgra:f] *n.* [C] ***1*** **macchina per stenografare *2*** **segno stenografico; stenogramma.**

stenographer [stə'nɔgrəfə*] *n.* [C] *(USA)* **stenografo, stenografa.**

stenographic(al) [,stenə'græfik(əl)] *a.* **stenografico.**

stenography [ste'nɔgrəfi] *n.* [U] **stenografia.**

stenotypist ['stenə,taipist] *n.* [C] **stenotipista.**

stenotypy ['stenə,taipi] *n.* [U] **stenotipia.**

stentorian [sten'tɔ:riən] *a.* **stentoreo.**

step [step] *n.* [C] ***1*** **passo** (anche *fig.*); **orma; pedata; andatura;** *(fig.)* **misura, provvedimento**: *to take a s. forward (back),* fare un passo avanti (indietro) □ *to retrace one's steps,* tornare sui propri passi □ *s. by s.,* passo a passo; per gradi □ *to follow in sb.'s steps,* seguire le orme (o l'esempio) di q. ***2*** **gradino, scalino** (anche *fig.*) ***3*** (di scala di legno) **piolo *4*** (di veicolo) **montatoio; predellino *5*** (*al pl.,* anche *stepladder*) **scala a libretto *6*** *(fig.)* **promozione** (specialm. nell'esercito) ***7*** (anche *doorstep*) **soglia** ● *to break s.,* cambiare (o perdere) il passo □ *in s.,* al passo (marciando); *(fig.)* in armonia, in accordo; *(elettr.)* in fase □ *to keep s. with sb.,* andare di pari passo con q. □ *to be out of s.,* aver perso il passo □ *to take legal steps,* adire le vie legali; procedere legalmente □ *Watch your s.!,* sta' attento!; sii cauto!

to **step** [step] ***A*** *v. i.* **fare un passo; camminare; andare; venire *B*** *v. t.* ***1*** **ballare** (una danza) ***2*** **misurare** (una distanza) **col passo *3*** *(edil.)* **provvedere di gradini *C*** *verbi composti* ***1*** *to s. across the road,* attraversare la strada ***2*** *to s. aside,* farsi da un lato; *(fig.)* tirarsi in disparte; *(fig.)* fare una digressione ***3*** *to s. back,* fare un passo indietro ***4*** *to s. down,* discendere □ *to s. down from an office,* dimettersi da un impiego ***5*** *to s. forward,* fare un passo avanti ***6*** *to s. in,* entrare; *(fig.)* intromettersi ***7*** *to s. into a car,* entrare (o salire) in un'automobile □ *(fig.) to s. into a good job,* ottenere un buon impiego ***8*** *to s. off,* scendere; misurare (una distanza) a passi ***9*** *to s. on st.,* premere q.c.; calpestare q.c. □ *(fam.) to s. on it,* sbrigarsi ***10*** *to s. out,* uscire; affrettarsi, allungare il passo ***11*** *to s. up,* salire; farsi avanti; aumentare, elevare per gradi ● *to s. short,* camminare a brevi passi; fare tre passi su un mattone □ *stepping-stone,* pietra di un guado (in un fiume); *(fig.)* gradino, passo; *(al pl.)* passatoio □ *S. this way,* da questa parte!; per di qua!

stepbrother ['step,brʌðə*] *n.* [C] **fratellastro.**

stepchild ['steptʃaild] *n.* (*pl.* **stepchildren** ['step,tʃildrən]) **figliastro, figliastra.**

stepdaughter ['step,dɔ:tə*] *n.* [C] **figliastra.**

stepfather ['step,fa:ðə*] *n.* [C] **patrigno.**

stepladder ['step,lædə*] *n.* [C] **scala a libretto.**

stepmother ['step,mʌðə*] *n.* [C] **matrigna.**

stepparent ['step,pɛərənt] *n.* [C] **patrigno, matrigna.**

steppe [step] *n.* [C] *(geogr.)* **steppa.**

stepsister ['step,sistə*] *n.* [C] **sorellastra.**

stepson ['step,sʌn] *n.* [C] **figliastro.**

stercoraceous [,stə:kə'reiʃəs], **stercoral** ['stə:kərəl] *a.* **stercoraceo.**

stereo ['steriou] *a.* *(fam.)* ***1*** (*abbr.* di **stereoscopic**) **stereoscopico *2*** (*abbr.* di **stereophonic**) **stereofonico *3*** (*abbr.* di **stereotyped**) **stereotipo** ● *s. set,* impianto stereo.

stereo- ['steriou, 'steriə] *(in parole composte)* **stereo-** (col significato di "solido", "rigido" o anche di "spaziale", "tridimensionale").

stereochemistry [,steriə'kemistri] *n.* [U] **stereochimica.**

stereophonic [,steriə'fɔnik] *a.* *(fis.)* **stereofonico.**

stereophony [,steri'ɔfəni] *n.* [U] *(fis.)* **stereofonia.**

stereoscope ['steriəskoup] *n.* [C] *(fis.)* **stereoscopio.**

stereoscopic(al) [,steriəs'kɔpik(əl)] *a.* *(fis.)* **stereoscopico.**

stereoscopy [,steri'ɔskəpi] *n.* [U] *(fis.)* **stereoscopia.**

stereotype ['steriə,taip] *n.* [U] e [C] *(tipogr.)* **stereotipia.**

to **stereotype** ['steriə,taip] *v. t.* *(tipogr.)* **stereotipare.**

stereotyped ['steriə,taipt] *a.* *(tipogr.)* **stereotipato, stereotipo** (anche *fig.*).

stereotyper ['steriə,taipə*], **stereotypist** ['steriə,taipist] *n.* [C] *(tipogr.)* **stereotipista.**

stereotypy ['steriə,taipi] *n.* [U] *(tipogr.)* **stereotipia** (il processo).

sterile ['sterail] *a.* ***1*** **sterile** (anche *fig.*); **infecondo *2***

monotono; noioso; privo d'interesse.

sterility [ste'riliti] *n.* [U] **sterilità; infecondità.**

sterilization [ˌsterilai'zeiʃən] *n.* [U] **1** *(med., ind.)* **sterilizzazione 2 isterilimento.**

to **sterilize** ['sterilaiz] *v. t.* **1** *(med., ind.)* **sterilizzare 2 isterilire.**

sterilizer ['sterilaizə*] *n.* [C] *(med., ind.)* **sterilizzatore.**

sterling ['stəːliŋ] **A** *a.* **genuino** (anche *fig.*); **puro; di buona lega**: *of s. gold,* d'oro puro **B** *n.* [U] **moneta inglese a corso legale** ● *(econ.) the s. area,* l'area della sterlina □ *a pound s.,* una lira sterlina.

(1) stern [stəːn] *a.* **1 austero; severo; duro; rigido 2 arcigno; aspro 3 inflessibile; fermo; saldo.**

(2) stern [stəːn] *n.* [C] **1** *(naut., aeron.)* **poppa 2** *(fam.)* **deretano 3 coda** (specialm. di volpe) ● *from stem to s.,* da prua a poppa.

sternal ['stəːnəl] *a.* *(anat.)* **sternale.**

sternness ['stəːnnis] *n.* [U] **1 austerità; severità; durezza; rigidità 2 inflessibilità; fermezza; saldezza.**

sternum ['stəːnəm] *n.* (*pl.* **sternums; sterna** ['stəːnə]) *(anat.)* **sterno.**

stertorous ['stəːtərəs] *n.* *(med.)* **stertoroso; rantoloso.**

stet [stet] *(lat.) voce verb. (tipogr.)* **vive** (formula convenzionale per annullare una correzione).

to **stet** [stet] *v. t. (tipogr.)* **annullare la correzione di** (una parola, ecc.).

stethoscope ['steθəskoup] *n.* [C] *(med.)* **stetoscopio.**

stethoscopy [ste'θɔskəpi] *n.* [U] *(med.)* **stetoscopia.**

stevedore ['stiːvidɔː*] *n.* [C] *(naut.)* **stivatore.**

to **stew** [stjuː] *v. t.* e *i.* **1** *(cucina)* **stufare; cuocere in umido 2** *(fig.)* **soffrire per il caldo afoso** ● *stewing apples,* mele da cuocere □ *(fig.) to let sb. s. in his own juice,* lasciar cuocere q. nel suo brodo.

stew [stjuː] *n.* [C] e [U] *(cucina)* **stufato** ● *(fam.) to be in a (fine) s.,* essere nei guai; stare sulle spine □ *(fam.) to get into a (fine) s.,* cacciarsi nei guai (o in un bel guaio).

steward [stjuəd] *n.* [C] **1 maggiordomo 2 castaldo; fattore agricolo 3** (di collegio, ecc.) **dispensiere; economo 4** *(naut.)* **cambusiere 5** *(naut., aeron.)* **assistente di bordo** (o **di volo**) **6 cerimoniere.**

stewardess ['stjuədis] *n.* [C] **1 economa; dispensiera 2** *(naut.)* **assistente di bordo 3** *(aeron.)* **hostess; assistente di volo.**

stewardship ['stjuədʃip] *n.* **ufficio** (o **grado, servizio**) **di « steward ».**

stewed [stjuːd] *a.* **1** *(cucina)* **stufato; in umido 2** (di frutta) **cotto 3** (di tè) **troppo carico 4** *(pop.)* **ubriaco; sbronzo** *(fam.).*

stick [stik] *n.* [C] **1 bastone; bastoncino; bacchetta; stecco**: *the conductor's s.,* la bacchetta del direttore d'orchestra □ *to gather sticks to make a fire,* raccogliere stecchi per accendere il fuoco **2** *(fam.)* **allocco; individuo poco socievole 3** *(gergo naut.)* **albero; pennone 4** *(mus.,* anche *fiddlestick)* **archetto di violino 5** *(mil.,* anche *drum-stick)* **bacchetta di tamburo 6** *(tipogr.,* anche *composing s.)* **compositoio 7** *(aeron. mil.)* **grappolo** (di bombe) ● *a s. of chalk,* un pezzo di gesso □ *a s. of sealing-wax,* una stecca di ceralacca □ *(fig.) to get hold of the wrong end of the s.,* prendere un abbaglio; prendere lucciole per lanterne □ *walking-s.,* bastone da passeggio □ *a few sticks of furniture,* quattro mobili sgangherati.

(1) to **stick** [stik] (*pass.* e *p.p.* **stuck** [stʌk]) **A** *v. t.* **1 conficcare; ficcare; cacciare; infilare; infilzare; piantare; trafiggere; trapassare; colpire** (con un pugnale, ecc.): *to s. a needle into one's finger,* conficcarsi un ago in un dito **2 attaccare; affiggere; appiccicare; incollare; ingommare**: *to s. a stamp on a letter,* attaccare un francobollo a una lettera **3** *(fam.)* **mettere; porre; posare**: *to s. a pencil behind one's ear,* mettersi una matita dietro l'orecchio **4** *(fam.)* **sopportare**: *I can't s. it (out) any longer,* non riesco più a sopportare; non ce la faccio più **B** *v. i.* **1 conficcarsi; infilzarsi; piantarsi; restar conficcato**: *The pin stuck in my finger,* lo spillo mi si conficcò in un dito **2 attaccarsi; aderire; appiccicarsi; restare attaccato**: *These stamps have stuck (together),* questi francobolli si sono attaccati (l'uno all'altro) **3** *(fam.)* **restare; rimanere; tenersi**: *Friends should s. together,* gli amici dovrebbero restare uniti **4** *(mecc.)* **incepparsi; bloccarsi 5** *(in genere)* **arrestarsi; fermarsi C** *verbi composti* **1** *to s. at st.,* perseverare in q.c.; arrestarsi davanti a q.c. □ *to s. at nothing,* non indietreggiare davanti a nulla; esser privo di scrupoli □ *to s. at trifles,* perdersi in minuzie **2** *to s. (st.) down,* buttar giù; posare **3** *to s. (st.) on,* incollare □ *(pop.) to s. it on,* chiedere prezzi esorbitanti; esagerare **4** *to s. (st.) out,* cacciar fuori; metter fuori □ *to s. out,* sporgere; protrudere □ *to s. out one's chest,* gonfiare il petto; stare impettito □ *(fam.) This sticks out a mile,* è lampante; è ovvio **5** *to s. to (sb., st.),* restar fedele a; tener fede a, mantenere □ *to s. to the point,* restare in argomento; non divagare □ *to s. to one's work,* lavorar sodo; darci sotto **6** *to s. (st.) up,* metter su; drizzare □ *to s. up,* sporgere: *The stump was sticking up in the water,* il ceppo sporgeva sopra il filo dell'acqua □ *(pop.) to s. up a bank,* assaltare una banca; fare una rapina in una banca □ *to s. up for a friend,* prendere le difese d'un amico □ *to s. up for one's rights,* sostenere i propri diritti □ *to s. up to sb.,* tenere testa a q. □ *(pop.) to be stuck up,* essere sconcertato; non saper che pesci pigliare ● *(fig.) to s. in one's throat,* non andare giù; essere difficile da mandar giù □ *to s. indoors* (o *in the house),* restar sempre in casa; non uscire mai □ *to s. a pig,* ammazzare un maiale (trafiggendolo alla gola) □ *to s. through thick and thin,* resistere nella buona e nell'avversa sorte; tener duro □ *S. no bills!,* vietata l'affissione! □ *S. close to me!,* stammi attaccato!; tienti vicino!

(2) to **stick** [stik] (*pass.* e *p.p.* **sticked**) *v. t.* **provvedere di pali di sostegno; puntellare.**

sticker ['stikə*] *n.* [C] **1 attacchino 2 persona tenace 3 ospite che si trattiene troppo a lungo 4 tagliando gommato; etichetta adesiva.**

stick-in-the-mud ['stikinðəmʌd] *(fam.)* **A** *a.* **lento; tardo; retrogrado B** *n.* [C] **1 posapiano; trottapiano 2 individuo arretrato; retrogrado; passatista.**

stickjaw ['stikdʒɔː] *n.* [C] *(pop.)* **cibo duro da masticare; caramella gommosa.**

stickleback ['stiklbæk] *n.* [C] *(zool.,* Gasterosteus aculeatus) **spinarello.**

stickler ['stiklə*] *n.* [C] **individuo pedante, rigido** ● *to be a s. for discipline,* tener molto alla disciplina.

stick-on ['stikˌɔn] *a. attr.* **adesivo; gommato; da incollare.**

sticky ['stiki] *a.* **1 attaccaticcio; appiccicaticcio; appiccicoso; colloso; viscoso 2** *(fam.)* **umido; umido e caldo**: *s. heat,* caldo umido **3** *(fam.)* **brutto; spiacevole** ● *a s. customer,* un cliente esigente; *(fig.)* un bastian contrario □ *(fam.) to be very s. about st.,* essere molto pignolo su q.c.

(1) stiff [stif] *a.* **1 rigido; duro; irrigidito; indolenzito;** *(fig.)* **austero, freddo, rigoroso, severo**: *a s. leg,* una gamba rigida □ *a s. collar,* un colletto duro □ *a s. reception,* un'accoglienza fredda **2 compatto; denso; spesso; sodo 3 forte; gagliardo; violento 4 difficile; arduo; erto; scosceso** ● *a s. denial,* un netto diniego; un secco rifiuto □ *(fam.) a s. price,* un prezzo salato □ *(fam.) a s. whisky,* un whisky liscio □ *(fam.) to bore sb. s.,* annoiare q. a morte □ *(fam.) to scare sb. s.,* far morire q. di spavento.

(2) stiff [stif] *n.* [C] *(pop.)* **cadavere.**

to **stiffen** ['stifn] **A** *v. t.* **1 irrigidire; indolenzire 2 indurire; rassodare; consolidare; rinforzare B** *v. i.* **1 irrigidirsi; indolenzirsi 2 indurirsi; rassodarsi; consolidarsi; rinforzarsi.**

stiffener ['stifnə*] *n.* [C] *(pop.)* **stimolante; tonico.**

stiff-necked ['stif'nekt] *a.* *(fam.)* **ostinato; cocciuto; testardo.**

stiffness ['stifnis] *n.* [U] **1 rigidezza; durezza;** *(fig.)* **austerità, freddezza, rigore, severità 2 compattezza; densità; sodezza 3 forza, violenza** (del vento, ecc.) **4 difficoltà.**

to **stifle** ['staifl] **A** *v. t.* **soffocare** (anche *fig.*); **reprimere; trattenere**: *to s. a rebellion,* soffocare una rivolta □ *to s. one's sobs,* trattenere i singhiozzi **B** *v. i.* **sof-**

focare (anche *fig.*); **morire soffocato.**
stifling ['staifliŋ] *a.* **soffocante; afoso.**
stigma ['stigmə] *n.* [C] **1** *(bot., zool.)* **stigma 2** *(fig.)* **stigma; marchio d'infamia.**
stigmata ['stigmətə] *n. pl.* *(relig.)* **stigmate, stimmate.**
stigmatist ['stigmətist] *n.* *(relig.)* **persona che porta le stimmate.**
to **stigmatize** ['stigmətaiz] *v. t.* **stigmatizzare; bollare** *(fig.).*
stile [stail] *n.* [C] **gradini** (o **scaletta**) **per superare uno steccato** (per es., di campo, di recinto di bestiame).
stiletto [sti'letou] *n.* (*pl.* **stilettos, stilettoes**) **1 stiletto; pugnale 2 punteruolo 3** *(fam.)* **scarpa** (da donna) **con tacco a spillo** ● *s. heels,* tacchi a spillo □ *s.-thrust,* stilettata.
(1) still [stil] **A** *a.* **1 calmo; quieto; cheto; fermo; tranquillo**: *Keep* (o *stand*) *s.!,* sta' fermo!; sta' quieto! **2** (di vino) **non spumante B** *n.* **1** *(poet.)* **calma; silenzio; quiete**: *in the s. of the night,* nel silenzio della notte **2** [C] *(fam.)* **fotografia fissa; posa;** (di un film) **fotogramma** ● *(arte) s. life,* natura morta.
to **still** [stil] *v. t.* **calmare; acquietare; placare.**
(2) still [stil] **A** *avv.* **1 ancora; tuttora**: *He is s. in bed,* è ancora a letto **2** *(con un compar.)* **anche; persino; ancora B** *cong.* **tuttavia; eppure; pure; nondimeno** ● *s. less,* ancor meno □ *s. more,* ancor più.
(3) still [stil] *n.* [C] **1** *(chim., ind.)* **alambicco; storta; distillatore 2** *(ind.)* **distilleria.**
still-born ['stilbɔ:n] *a.* **1 nato morto 2** *(fig.)* **fallito; mancato; abortito.**
stillness ['stilnis] *n.* [U] **calma; quiete; silenzio; tranquillità.**
stilt [stilt] *n.* [C] **trampolo.**
stilted ['stiltid] *a.* **1 montato su trampoli 2** *(fig.)* **affettato; ampolloso; pomposo; artificiale; artefatto.**
stimulant ['stimjulənt] *a.* e *n.* [C] **stimolante** (anche *fig.*); **eccitante.**
to **stimulate** ['stimjuleit] *v. t.* **stimolare; incitare; incentivare.**
stimulation [ˌstimju'leiʃən] *n.* [U] e [C] **stimolazione; stimolo.**
stimulus ['stimjuləs] *n.* (*pl.* **stimuli** ['stimjulai]) **stimolo** (anche *scient.*); **pungolo.**
sting [stiŋ] *n.* **1** [C] *(zool.)* **pungiglione; aculeo 2** [C] *(bot.)* **aculeo; pelo urticante 3** [C] **puntura** (d'insetto) **4** [C] e [U] (anche *fig.*) **morso; pungolo**: *the stings of conscience,* il pungolo della coscienza ● *the s. of the wind,* il soffio gelido del vento □ *a jest with a s. in it,* uno scherzo pungente (o velenoso).
to **sting** [stiŋ] (*pass.* e *p.p.* **stung** [stʌŋ]) **A** *v. t.* **1 pungere;** *(fig.)* **ferire, offendere, irritare**: *A bee stung me on the neck,* un'ape mi punse sul collo □ *to be stung with envy,* essere punto dall'invidia **2** (di serpente) **mordere 3 pungolare; stimolare; spingere B** *v. i.* **1 pungere; avere il pungiglione 2 dare fitte di dolore; dolere** ● *(pop.) to get stung,* farsi imbrogliare (o raggirare, fregare) □ *(pop.) I was stung for a fiver,* ci rimisi cinque sterline.
stinger ['stiŋə*] *n.* [C] **1** *(zool.)* **insetto provvisto di pungiglione 2** *(bot.)* **pianta munita d'aculei 3** *(zool.)* **aculeo; pungiglione 4** *(fam.)* **colpo doloroso; forte percossa 5** *(fam.)* **osservazione pungente; risposta pepata.**
stinginess ['stindʒinis] *n.* [U] **1 avarizia; grettezza; spilorceria; taccagneria; tirchieria 2 scarsità; insufficienza.**
stinging ['stiŋiŋ] *a.* **1 pungente** (anche *fig.*); **mordace 2 doloroso; forte; grave** ● *(bot.) s. hair,* pelo urticante.
stingo ['stiŋgou] *n.* [U] **birra forte.**
stingy ['stindʒi] *a.* **1 avaro; gretto; spilorcio; taccagno; tirchio 2 scarso; insufficiente.**
stink [stiŋk] *n.* **1** [C] **fetore; puzzo; tanfo 2** *(al pl.)* *(gergo studentesco)* **scienze naturali** *(pop.) to raise a s.,* fare il diavolo a quattro; piantare una grana; fare un casino *(pop.).*
to **stink** [stiŋk] (*pass.* **stank** [stæŋk], **stunk** [stʌŋk]; *p.p.* **stunk**) *v. i.* **puzzare; essere fetido** ● *(pop.) to s. of money,* essere ricco sfondato □ *to s. sb. out,* costringere q. a uscire all'aperto per via del fetore □ *to s. st. up,* riempire q.c. di puzzo; impuzzolentire q.c.
stinker ['stiŋkə*] *n.* [C] **1 persona** (o **bestia**) **puzzolente 2** *(pop.)* **cosa offensiva; letteraccia 3** *(pop.)* **individuo disgustoso; fetente.**
stinking ['stiŋkiŋ] *a.* **1 puzzolente; fetente; fetido 2** *(pop.)* **disgustoso; schifoso** ● *to cry s. fish,* deprezzare la propria merce *(fig.).*
stink-pot ['stiŋkpɔt] *n.* [C] **1 bomba puzzolente 2** *(volg.)* **fetente; carogna.**
to **stint** [stint] **A** *v. t.* **1 tenere a stecchetto 2 lesinare; dare a malincuore**: *to s. money,* lesinare il denaro **B** *v. i.* **stare a stecchetto C** to **stint oneself** *v. rifl.* **stare a stecchetto; tirare la cinghia** *(fig.).*
stint [stint] *n.* **1** [U] **limite; restrizione**: *without s.,* senza limiti; senza restrizione **2** [C] **compito prefisso; lavoro assegnato**: *to do one's daily s.,* fare il proprio lavoro quotidiano.
stipe [staip] *n.* **1** *(bot.)* **stipite; gambo 2** *(zool.)* **peduncolo.**
stipend ['staipend] *n.* [C] **stipendio;** *(relig.)* **congrua.**
stipendiary [stai'pendjəri] *a.* **stipendiato; retribuito.**
to **stipple** ['stipl] *v. t.* *(arte)* **disegnare** (o **dipingere**) **a puntini.**
to **stipulate** ['stipjuleit] *v. t.* e *i.* **stipulare; pattuire; convenire** ● *to s. for st.,* esigere q.c. come condizione essenziale.
stipulation [ˌstipju'leiʃən] *n.* **1** [U] e [C] **stipulazione 2** [C] **condizione** (o **clausola**) **essenziale.**
stipulator ['stipjuleitə*] *n.* [C] **stipulante.**
to **stir** [stə:*] **A** *v. t.* **1 agitare; increspare; muovere; scuotere; rimescolare; rimestare 2** (spesso *to s. up*) **eccitare; incitare; irritare; provocare; suscitare; scuotere** *(fig.)*: *to s. sb. to action,* incitare q. ad agire □ *to s. up a mutiny,* provocare un ammutinamento **3 attizzare** (il fuoco) **B** *v. i.* **1 agitarsi; muoversi; spostarsi 2 essere in piedi; esser già alzato; essere attivo** ● *to s. abroad,* muoversi di casa; andar fuori; uscire □ *to s. sb.'s blood,* far rimescolare il sangue a q.; eccitare (o entusiasmare) q. □ *not to s. an eyelid,* non muover ciglio □ *not to s. a finger,* non muovere un dito (per aiutare q.).
(1) stir [stə:*] *n.* [C] **1 rimescolata; rimestata 2 agitazione; confusione; eccitazione; scompiglio; subbuglio; trambusto**: *There was a great s. in the town,* la città era tutta in subbuglio ● *It* (o *he*) *has made a great s.,* ha fatto una gran sensazione; ha fatto colpo □ *Give the fire a s.,* attizza un po' il fuoco!
(2) stir [stə:*] *n.* [U] *(pop.)* **carcere; galera.**
stirabout ['stə:rəbaut] *n.* [C] **1 persona indaffarata 2** *(cucina)* **farinata d'avena.**
stirring ['stə:riŋ] *a.* **1 eccitante; emozionante; commovente; che tocca l'anima 2 attivo; energico** ● *s. times,* tempi agitati.
stirrup ['stirəp] *n.* [C] *(equit., edil., mecc.)* **staffa** ● *(anat.) s.-bone,* staffa (dell'orecchio) □ (anche *fig.*) *s.-cup,* bicchiere della staffa □ *s.-pump,* piccolo estintore portatile.
stitch [stitʃ] *n.* [C] **1 punto** (di cucito, di ricamo, ecc.) **2 maglia** (fatta sferruzzando): *to drop a s.,* lasciar cadere una maglia (per errore) **3** *(solo al sing.)* **fitta di dolore al fianco** ● *(fam.) to have not a s. on,* essere completamente nudo.
to **stitch** [stitʃ] *v. t.* e *i.* **cucire** (stoffa, ecc.); **impuntire** (materassi, cuoio, ecc.) ● *to s. up,* cucire; rammendare.
stoat [stout] *n.* [C] (*zool.,* Mustela erminea) **ermellino.**
stock [stɔk] **A** *n.* **1** [C] **ceppo; ciocco; fusto; tronco** (d'albero) **2** [C] *(agric.)* **pianta che ha subito un innesto; pianta da cui si prelevano gli innesti 3** [C] (di fucile, ecc.) **calcio 4** [C] (dell'aratro) **ceppo 5** [C] *(in genere)* **base; sostegno; supporto 6** [C] (*naut.*: dell'ancora) **ceppo 7** [U] **famiglia; razza; schiatta; stirpe; origine**: *of Puritan s.,* d'origine puritana □ *of Scottish s.,* di stirpe scozzese **8** [U] *(ind.)* **materia prima; materiale grezzo 9** [U] **brodo ristretto** (di carne o di verdura) **10**

[C] e [U] *(comm.)* **assortimento; giacenza; provvista; scorta; merci in magazzino**: *The articles you require are in s.*, gli articoli che richiedete sono in magazzino (o sono disponibili) ***11*** [U] (anche *live s.*) **scorte vive; bestiame**: *fat s.*, bestiame da macello ***12*** [C] e [U] *(fin.)* **titoli** (di Stato, finanziari); **azioni; valori**: *railway stocks*, azioni di società ferroviarie ***13*** *(al pl., stor.)* **ceppi**: *to be put in the stocks*, esser messo ai ceppi ***14*** *(al pl., naut.)* **taccate**: *The ship was on the stocks*, la nave era sulle taccate (in cantiere; in costruzione o in riparazione) ***15*** [C] *(bot.*, Matthiola) **violacciocca** ***16*** *(teatr.)* **repertorio** ***B*** *a.* ***1*** **comune; usuale; abituale** ***2*** **banale; scontato; trito** ***3*** *(comm.)* **di formato** (o **misura) normale; di tipo corrente** ***4*** *(fin.)* **azionario** ● *stocks and stones*, cose inanimate; *(fig.)* gente ottusa □ *(ferr. USA) s. car*, carro bestiame □ *(teatr.) s. company*, compagnia di repertorio □ *(fin.) s. company* (o *joint-s. company)*, società per azioni □ *S.(-)Exchange*, Borsa Valori □ *s.-in-trade*, *(comm.)* merce in magazzino; *(fig.)* ferri del mestiere □ *a s. joke*, una barzelletta consueta; un vecchio scherzo □ *a s. mare*, una cavalla da riproduzione □ *a s. motor-car*, un'automobile di serie □ *a s. remark*, un'osservazione banale □ *s.-room*, magazzino □ *s. sizes*, misure normali □ *a s. speech*, un discorso di circostanza □ *(comm.) s.-taking*, (operazioni di) inventario □ *s.-yard*, recinto per il bestiame □ *(agric.) dead s.*, scorte morte □ *a good s. of information*, una notevole quantità d'informazioni □ *laughing-s.*, zimbello □ *(comm.) out of s.*, esaurito □ *(comm.) to take s.*, fare l'inventario.

to **stock** [stɔk] ***A*** *v. t.* ***1*** **approvvigionare; fornire; rifornire**: *to s. a shop with goods*, rifornire un negozio di merci ***2*** *(comm.)* **esser provvisto di, tenere** (certa merce) ***3*** **provvedere** (q.c.) **di base** (o **di sostegno, di supporto)** ***4*** **provvedere** (una fattoria) **di bestiame** ***5*** *(stor.)* **mettere ai ceppi** ***B*** *v. i.* (di pianta) **germogliare.**

stockade [stɔ'keid] *n.* [C] **staccionata; palizzata; steccato; stecconata.**

stock-book ['stɔkbuk] *n.* [C] *(comm.)* **libro magazzino.**

stock-breeder ['stɔk,bri:də*] *n.* [C] **allevatore di bestiame.**

stock-broker ['stɔk,broukə*] *n.* [C] **agente di cambio.**

stock-farm ['stɔkfa:m] *n.* [C] **fattoria per l'allevamento del bestiame.**

stock-farmer ['stɔk,fa:mə*] *n.* [C] **allevatore di bestiame.**

stock-farming ['stɔk,fa:miŋ] *n.* [U] **allevamento di bestiame.**

stockfish ['stɔkfiʃ] *n.* [C] **stoccafisso; baccalà.**

stockholder ['stɔk,houldə*] *n.* [C] *(fin.)* **azionista.**

stocking ['stɔkiŋ] *n.* [C] **calza** (lunga): *nylon stockings*, calze di nailon.

stockist ['stɔkist] *n.* [C] *(comm.)* **grossista; fornitore.**

stock-jobber ['stɔk,dʒɔbə*] *n.* [C] *(Borsa)* **operatore che fa da intermediario fra gli agenti di cambio** (e non ha contatti con il pubblico).

stockman ['stɔkmən] *n.* (*pl.* **stockmen** ['stɔkmən]) ***1*** **allevatore di bestiame** ***2*** **mandriano.**

stockpile ['stɔkpail] *n.* [C] **riserva** (specialm. di materie prime).

to **stockpile** ['stɔkpail] *v. t.* **accumulare riserve di** (merci, materie prime).

stock-still [,stɔk'stil] *a.* **fermo; immobile.**

stocky ['stɔki] *a.* **tarchiato; tozzo; robusto.**

stockyard ['stɔkja:d] *n.* [C] **recinto per il bestiame.**

stodge [stɔdʒ] *n.* [U] *(fam.)* **cibo pesante e poco appetitoso.**

stodgy ['stɔdʒi] *a.* ***1*** **pesante; grossolano; indigesto**: *s. food*, cibo pesante ***2*** **noioso; tedioso**: *a s. book*, un libro noioso.

stoic ['stouik] *n.* [C] e *a.* *(filos.)* **stoico** (anche *fig.*).

stoical ['stouikəl] *a.* *(filos.)* **stoico** (anche *fig.*).

stoicism ['stouisizəm] *n.* [U] *(filos.)* **stoicismo** (anche *fig.*).

to **stoke** [stouk] ***A*** *v. t.* ***1*** **alimentare, attizzare** (il fuoco); **tenere acceso, caricare** (un forno) ***2*** **attendere a, alimentare** (una caldaia, ecc.) ***B*** *v. i.* **fare il fochista.**

stokehold ['stoukhould] *n.* [C] *(naut.)* **locale delle caldaie.**

stokehole ['stoukhoul] *n.* [C] *(naut.)* **locale delle caldaie.**

stoker ['stoukə*] *n.* [C] **fochista** ● *mechanical s.*, alimentatore automatico.

(1) stole [stoul] *n.* [C] *(stor., relig., ecc.)* **stola.**

(2) stole [stoul] *pass.* di to **steal.**

stolen ['stoulən] *p.p.* di to **steal.**

stolid ['stɔlid] *a.* ***1*** **flemmatico; imperturbabile** ***2*** **stolido; stolto.**

stolidity [stɔ'liditi] *n.* [U] ***1*** **flemma; imperturbabilità** ***2*** **stolidità; stoltezza.**

stolon ['stoulən] *n.* [C] *(bot.)* **stolone.**

stomach ['stʌmək] *n.* ***1*** [C] *(anat.)* **stomaco** ***2*** [C] *(fam.)* **pancia; ventre** ***3*** [U] *(fig.)* **animo; cuore; fegato**: *to have no s. for fighting*, non avere il fegato di battersi ● *s.-ache*, mal di stomaco; mal di pancia □ *(med.) s.-pump*, sonda per lavanda gastrica □ *on an empty s.*, a stomaco vuoto; a digiuno □ *to stay one's s.*, calmare la fame □ *to turn sb.'s s.*, far rivoltare lo stomaco a q.; stomacare q.

to **stomach** ['stʌmək] *v. t.* ***1*** **riuscire a mangiare; digerire; tollerare** (un cibo) ***2*** *(fig.)* **digerire; tollerare; ingoiare**: *to s. an affront*, ingoiare un insulto; mandar giù un'offesa.

stomachful ['stʌməkful] *n.* [C] ***1*** **quanto sta nello stomaco** ***2*** *(fam.)* **(il) pieno** *(fig.)*.

stomatitis [,stoumə'taitis] *n.* [U] *(med.)* **stomatite.**

stomatology [,stoumə'tɔlədʒi] *n.* [U] *(med.)* **stomatologia.**

stone [stoun] *n.* ***1*** [U] e [C] **pietra; sasso**: *to have a heart of s.*, avere il cuore di pietra □ *within a s.'s cast* (o *throw)*, a un tiro di sasso; a breve distanza ***2*** [C] (anche *precious s.*) **pietra preziosa; gemma** ***3*** [C] (di frutta) **nocciolo** ***4*** [C] (d'uva) **seme; vinacciolo** ***5*** [U] e [C] *(med.)* **calcolo**: *to have an operation for s.*, essere operato di calcoli ***6*** [C] (anche *hailstone*) **chicco** (di grandine) ***7*** [C] (anche *gravestone*) **pietra tombale** ***8*** [C] (anche *milestone*) **pietra miliare** ***9*** *(invar. al pl.)* « **stone** » (misura di peso ingl.) ● *the S. Age*, l'età della pietra □ *s.-fruit*, frutto con nocciolo □ *s. pavement*, lastrico; lastricato □ *s.-pit*, cava di pietre □ *(costr.) broken s.*, pietrisco □ *(costr.) crushed s.*, breccia □ (anche *fig.*) *to harden into s.*, pietrificare, pietrificarsi □ *(fig.) to leave no s. unturned*, non lasciar nulla d'intentato □ *philosopher's s.*, pietra filosofale □ *(fig.) to throw stones at sb.*, attaccare aspramente q. □ *(fig.) Stones will cry out*, si rivolteranno persino le pietre.

to **stone** [stoun] *v. t.* ***1*** **lapidare** ***2*** **lastricare; pavimentare; rivestire di pietre** ***3*** **cavare il nocciolo a** (frutta); **snocciolare.**

stone-blind ['stoun,blaind] *a.* **cieco come una talpa.**

stone-breaker ['stoun,breikə*] *n.* [C] ***1*** **spaccapietre** ***2*** **frantumatore** (macchina).

stone-broke ['stoun,brouk] *a.* *(pop.)* **rovinato; spiantato.**

stone-cold ['stoun,kould] *a.* **freddo come il marmo.**

stone-cutter ['stoun,kʌtə*] *n.* [C] **scalpellino; tagliapietre.**

stone-dead ['stoun,ded] *a.* **morto stecchito.**

stone-deaf ['stoun,def] *a.* **sordo come una campana.**

stoneless ['stounlis] *a.* ***1*** **senza pietre** ***2*** (di frutto) **senza nocciolo.**

stonemason ['stoun,meisən] *n.* [C] **scalpellino; tagliapietre.**

to **stonewall** [,stoun'wɔ:l] *v. i.* ***1*** *(cricket)* **fare un gioco di difesa** ***2*** *(polit.)* **fare dell'ostruzionismo.**

stoneware ['stoun,wɛə*] *n.* [U] *(ind.)* **(articoli di) gres.**

stonework ['stoun,wə:k] *n.* [U] ***1*** **lavorazione della pietra** ***2*** **arte lapidaria** ***3*** **muratura**: *in s.*, in muratura.

stony ['stouni] *a.* ***1*** **pietroso; sassoso** ***2*** *(fig.)* **di**

pietra; duro; impietrito; insensibile; gelido; spietato **3** (*pop.*, spesso *s. broke*) **rovinato; spiantato.**

stony-hearted [ˌstouni'ha:tid] *a.* **dal cuore di pietra; insensibile; spietato.**

stood [stud] *pass.* e *p.p.* di to **stand.**

stooge [stu:dʒ] *n.* [C] **1** *(teatr.)* **attore che fa da spalla; spalla 2** *(fam.)* **tirapiedi; scagnozzo 3** *(fam.)* **fantoccio; burattino.**

to **stooge** [stu:dʒ] *v. i.* **1** *(teatr.)* **fare da spalla 2 fare lo scagnozzo (**o **il tirapiedi).**

stool [stu:l] *n.* **1** [C] **sgabello; scanno; seggiolino**: *a three-legged s.*, uno sgabello a tre piedi **2** [C] (anche *foot-s.*) **poggiapiedi; sgabello per i piedi 3** [U] *(fisiologia)* **feci 4** [C] *(caccia)* **palo per il richiamo** ● (anche *fig.*) *s.-pigeon*, piccione da richiamo; *(fam.)* spia, esca (della polizia) □ *(fig.) to fall between two stools*, fare la fine dell'asino di Buridano.

(1) stoop [stu:p] *n.* *(solo al sing.)* **curvatura, inclinazione** (del capo, del corpo) ● *to walk with a s.*, camminare curvo.

to **stoop** [stu:p] **A** *v. i.* **1 chinarsi; curvarsi; piegarsi; abbassarsi** (anche *fig.*); **accondiscendere, adattarsi** (a q.c. di vile, di disonesto) **2 andare a capo chino; essere curvo 3** (di falco e *fig.*) **gettarsi** (sulla preda); **piombar giù B** *v. t.* **chinare; curvare; piegare; tenere** (il capo, ecc.) **chino.**

(2) stoop [stu:p] *n.* [C] *(USA)* **piccola veranda; portico.**

to **stop** [stɔp] **A** *v. t.* **1 arrestare; fermare; far fermare 2 cessare; smettere; sospendere; far cessare; metter fine a**: *S. talking!*, smetti di parlare! □ *S. that noise!*, fa' cessare quel rumore! **3 impedire a; ostacolare; trattenere**: *to s. sb. from doing st.*, impedire a q. di fare q.c. **4 chiudere; ostruire; otturare; sbarrare; turare; tappare 5** *(med.)* **stagnare** (una ferita) **6** *(sport, mil.)* **parare** (un colpo); **arrestare** (una stoccata) **7** *(mus.)* **premere il tasto (**o **toccare la corda) di** (uno strumento) **8** *(gramm.)* **punteggiare; mettere la punteggiatura in** (una frase, ecc.) **9 intercettare** (una lettera, un messaggio) **B** *v. i.* **1 arrestarsi; fermarsi**: *We stopped to talk*, ci fermammo per parlare **2 cessare; smettere; interrompersi 3** *(fam.)* **restare; rimanere; stare; trattenersi 4 chiudersi; otturarsi; intasarsi** ● *to s. one's ears*, turarsi le orecchie; *(fig.)* fare orecchie da mercante □ *to s. a gap*, tappare un buco; *(fig.)* colmare una lacuna □ *to s. sb.'s holidays*, sospendere le ferie a q. □ *(naut.) to s. a leak*, turare una falla □ *to s. sb.'s mouth*, chiuder la bocca a q.; *(fig.)* comprare il silenzio di q. □ *(comm.) to s. payment*, sospendere i pagamenti □ *to s. short* (o *to s. dead)*, arrestarsi improvvisamente □ *to s. up*, turare; tappare; chiudere □ *to s. up (late)*, restare alzato (fino a tardi) □ *to s. the way*, ostruire il passaggio; *(fig.)* sbarrare la strada, impedire il progresso.

stop [stɔp] *n.* [C] **1 arresto; fermata; interruzione; pausa; sosta**: *the nearest bus s.*, la fermata dell'autobus più vicina **2** *(gramm.)* **segno di punteggiatura;** (specialm.) **punto**: *a full s.*, un punto fermo **3** *(mus.)* **registro** (d'organo) **4** *(fig.)* **tono 5** *(fis., fotogr.)* **apertura; diaframma** ● *(autom.) s.-and-go lights*, semaforo □ *(econ.) s.-go policy*, politica alterna, di freni e stimoli □ *(mus.) s.-key*, tasto di registro □ *s.-light*, luce rossa; *(autom.)* fanalino rosso; segnale d'arresto □ *s.-press*, recentissime; notizie dell'ultima ora □ *to be at a s.*, essere fermo □ *to bring to a s.*, arrestare; fermare □ *(fig.) to come to a full s.*, far punto e basta; arrestarsi □ *to put a s. to st.*, por fine a q.c.

stopcock ['stɔpkɔk] *n.* [C] *(mecc.)* **rubinetto d'arresto.**

stopgap ['stɔpgæp] *n.* [C] **1 ripiego; soluzione provvisoria 2 sostituto temporaneo; tappabuchi.**

stopover ['stɔpˌouvə*] *n.* [C] **breve sosta; breve fermata** ● *s. ticket*, biglietto che consente fermate intermedie.

stoppage ['stɔpidʒ] *n.* [C] **1 arresto; fermata; interruzione 2 impedimento; ostacolo; ostruzione 3 trattenuta, ritenuta** (sulla paga) **4 interruzione del lavoro** ● *(mil.) s. of leave*, consegna □ *(econ.) s. of pay*, sospensione di pagamento.

stopper ['stɔpə*] *n.* [C] **tappo; turacciolo** ● *(fig.) to put a s. on st.*, mettere fine a q.c.

to **stopper** ['stɔpə*] *v. t.* **tappare; tamponare; turare.**

stopping ['stɔpiŋ] *n.* **1 arresto; fermata; sosta 2 chiusura; ostruzione 3** *(med.)* **otturazione** (di denti) **4** *(med.)* **amalgama, cemento** (per denti) **5** *(gramm.)* **punteggiatura 6** *(econ.)* **sospensione** (dei pagamenti).

stopple ['stɔpl] *n.* [C] **tappo; turacciolo; zaffo; zipolo.**

stop-watch ['stɔpwɔtʃ] *n.* [C] **cronometro** (a scatto).

storage ['stɔ:ridʒ] *n.* [U] **1** *(comm.)* **magazzinaggio 2 prezzo del magazzinaggio 3** *(elettr.)* **carica** (di una batteria) ● *in cold s.*, nelle celle frigorifere □ *to put goods in s.*, mettere merci in magazzino.

store [stɔ:*] *n.* [C] **1 provvista; riserva; scorta**: *to lay in stores for the winter*, far provviste per l'inverno □ *a good s. of wine*, una buona scorta di vino **2** (anche *storehouse*) **deposito; magazzino 3** *(USA)* **bottega; negozio 4** *(al pl.)* **depositi di magazzino; rifornimenti**: *military stores*, rifornimenti militari **5** *(al pl.)* **grandi magazzini** ● *(fig.) a s. of wisdom*, un pozzo di sapienza □ *in s.*, da parte; in serbo □ *to set s. by st.*, dar peso a q.c.; attribuire importanza a q.c. □ *to set no great s. by st.*, tenere in scarsa considerazione q.c.

to **store** [stɔ:*] *v. t.* **1 mettere in magazzino; immagazzinare; depositare 2 accumulare; ammassare; far provvista di; metter da parte 3 fornire; provvedere; riempire;** *(fig.)* **imbottire 4** *(elab.)* **memorizzare.**

storehouse ['stɔ:haus] *n.* [C] **1 magazzino; deposito 2** *(fig.)* **miniera; pozzo.**

storekeeper ['stɔ:ˌki:pə*] *n.* [C] (specialm. *mil.*) **magazziniere.**

storeroom ['stɔ:rum] *n.* [C] **dispensa; ripostiglio;** *(naut.)* **cambusa.**

storey ['stɔ:ri] *n.* [C] **piano** (di casa vista in sezione): *a house of four storeys*, una casa di quattro piani ● *(scherz.) the upper s.*, il cervello □ *(scherz.) He is a little wrong in the upper s.*, gli manca un venerdì.

storeyed ['stɔ:rid], **(1) storied** ['stɔ:rid] *a.* *(nei composti, per es.:) a six-s. building*, un edificio di sei piani.

(2) storied ['stɔ:rid] *a.* **1 celebrato nella leggenda 2 istoriato.**

stork [stɔ:k] *n.* [C] *(zool.*, Ciconia) **cicogna.**

storm [stɔ:m] *n.* [C] **1 tempesta; bufera; temporale; uragano; burrasca**: *a snow-s.*, una tempesta di neve □ *a s. at sea*, una burrasca; un fortunale **2** *(fig.)* **pioggia; scroscio; scoppio**: *a s. of cheers*, uno scroscio d'applausi □ *a s. of rage*, uno scoppio d'ira ● *s.-belt*, zona dei cicloni □ *s.-centre*, centro della perturbazione; *(fig.)* focolaio dei disordini □ *(fig.) a s. in a teacup*, una tempesta in un bicchier d'acqua □ *s.-proof*, a prova di tempesta □ *(naut.) s.-sail*, vela di fortuna □ *(mil.) s.-trooper*, soldato dei reparti d'assalto □ *(mil.) s.-troops*, truppe d'assalto □ *to take by s.*, *(mil.)* prendere d'assalto; *(fig.)* conquistare di colpo □ *thunder-s.*, temporale con lampi e tuoni □ *wind s.*, tempesta di vento.

to **storm** [stɔ:m] **A** *v. t.* **1** *(mil.)* **prendere d'assalto 2** *(fig.)* **tempestare**: *to s. sb. with questions*, tempestare q. di domande **B** *v. i.* **1 infuriare; imperversare;** *(fig.)* **infierire 2 lanciarsi; precipitarsi** ● *(mil.) storming-party*, reparto d'assalto.

storm-bound ['stɔ:mbaund] *a.* **bloccato dalla tempesta.**

storm-tossed ['stɔ:mtɔst] *a.* **sballottato dalla burrasca.**

stormy ['stɔ:mi] *a.* **1 tempestoso, burrascoso** (anche *fig.*); **temporalesco 2** *(fig.)* **appassionato; focoso; furioso; violento.**

(1) story ['stɔ:ri] *n.* [C] **1 storia; storiella; racconto; fiaba; aneddoto; versione dei fatti**: *a good s.*, una storiella divertente □ *according to his own s.*, secondo la sua versione dei fatti **2 intreccio; trama 3 voce; diceria**: *The s. goes that...*, corre voce che... **4** *(fam.)* **bugia; fandonia 5** *(giornalismo)* **servizio; articolo** ● *to make a long s. short*, per farla breve; in poche parole □ *short s.*, novella □ *That is (quite) another s.*, questa è un'altra storia; questo è un altro paio di maniche.

(2) story ['stɔ:ri] *V.* **storey.**

story-book ['stɔ:ribuk] *n.* [C] **libro di racconti.**

story-teller ['stɔ:ri,telə*] *n.* [C] ***1*** **novelliere; narratore** ***2*** *(fam.)* **chi racconta fandonie; bugiardo.**

stoup [stu:p] *n.* [C] *(relig.)* **acquasantiera; pila dell'acqua santa.**

stout [staut] ***A*** *a.* ***1*** **forte; gagliardo; robusto; solido; resistente** ***2*** **coraggioso; valoroso** ***3*** **corpulento; pingue** ***B*** *n.* [U] **birra forte, scura** ● *to grow s.*, ingrassare; ingrossarsi.

stout-hearted [,staut'ha:tid] *a.* **coraggioso; intrepido.**

(1) stove [stouv] *n.* [C] ***1*** **stufa; fornello** ***2*** *(ind.)* **essiccatoio.**

(2) stove [stouv] *pass.* e *p.p.* di to **stave.**

stovepipe ['stouvpaip] *n.* [C] ***1*** **tubo da stufa** ***2*** *(fam.)* **cappello a cilindro.**

to **stow** [stou] *v. t.* ***1*** **assettare; collocare; riporre; stipare** ***2*** *(naut.)* **stivare** ● *to s. away,* metter via, riporre; *(naut.)* imbarcarsi clandestinamente □ *(pop.) S. it!,* chiudi il becco!

stowage ['stouidʒ] *n.* [U] ***1*** **assettatura; collocazione** ***2*** *(naut.)* **stivaggio** ***3*** *(comm.)* **spese di stivaggio.**

stowaway ['stouəwei] *n.* [C] *(naut.)* **passeggero clandestino.**

strabismus [strə'bizməs] *n.* [U] *(med.)* **strabismo.**

to **straddle** ['strædl] ***A*** *v. i.* ***1*** **stare a gambe divaricate; stare a cavalcioni; camminare a gambe larghe** ***2*** *(fig.)* **essere titubante; barcamenarsi** ***B*** *v. t.* **mettersi (o stare) a cavalcioni di; inforcare; montare** (un cavallo): *to s. a chair,* stare a cavalcioni d'una sedia.

straddle ['strædl] *n.* *(solo al sing.)* ***1*** **posizione di gambe divaricate** ***2*** *(fig.)* **esitazione; titubanza; tentennamento** ***3*** *(Borsa)* **opzione; doppio privilegio.**

Stradivarius [,strædi'va:riəs] *n.* (*pl.* **Stradivarii** [,strædi'va:ri:i] *(mus.)* **stradivario.**

to **strafe** [stra:f] *v. t.* *(fam.)* ***1*** *(mil.)* **bombardare; mitragliare a bassa quota** (da un aeroplano) ***2*** *(fig.)* **sgridare aspramente.**

strafe [stra:f] *n.* *(gergo mil.)* **bombardamento; mitragliamento a bassa quota.**

to **straggle** ['strægl] *v. i.* ***1*** **disperdersi; sbandarsi; sparpagliarsi** ***2*** **errare; girovagare; vagabondare** ***3*** **muoversi in ordine sparso.**

straggler ['stræglə*] *n.* [C] **disperso; sbandato.**

straggling ['strægliŋ], **straggly** ['strægli] *a.* **sparpagliato; sparso**: *s. houses,* case sparpagliate ● *s. beard,* barba rada.

straight [streit] ***A*** *a.* ***1*** **diritto; dritto; ritto; eretto; retto; giusto; onesto**: *s. legs,* gambe diritte □ *(geom.) a s. line,* una linea retta □ *s. dealings,* affari onesti ***2*** **diretto** ***3*** **franco; leale; schietto**: *a s. answer,* una risposta franca ***4*** **assettato; ordinato; in ordine; a posto**: *to put st. s.,* mettere in ordine q.c. ***5*** *(fam.)* **di fonte sicura; sicuro** ***6*** **puro; schietto**: *s. whisky,* whisky schietto (o liscio) ***B*** *n.* *(generalm. al sing. con l'art. determ.)* ***1*** **(l')esser dritto** ***2*** **rettifilo;** *(sport)* **dirittura** ***C*** *avv.* ***1*** **diritto; in linea retta; direttamente**: *to go s. on,* andar sempre diritto; tirar diritto ***2*** **dritto; ritto; in posizione eretta**: *to stand s.,* stare eretto ***3*** **francamente; esplicitamente; chiaro e tondo** ● *(geom.) a s. angle,* un angolo piatto □ *s. away (o off, up),* subito; difilato; lì per lì; su due piedi □ *a s. blow,* un colpo che va dritto al segno; un diretto □ *a s. fight,* una lotta accanita; *(polit.)* una competizione diretta (fra due candidati) □ *s. hair,* capelli lisci □ *to come s. to the point,* venir subito al punto; entrare subito in argomento □ *to hit s. from the shoulder, (pugilato)* colpire con un diretto; *(fig.)* essere molto franco □ *(fig.) to keep (o to run) s.,* vivere rettamente □ *(fig.) to keep a s. face,* star serio; riuscire a trattenere il riso □ *out of the s.,* storto; fuori squadra □ *to put things s.,* mettere le cose a posto; sistemare le cose □ *Keep s. on!,* andate sempre dritto!

straightaway ['streitəwei] ***A*** *a.* **diritto; dritto; rettilineo** ***B*** *avv.* **immediatamente; subito.**

to **straighten** ['streitn] ***A*** *v. t.* ***1*** **drizzare; raddrizzare** ***2*** **assettare; aggiustare; accomodare** ***B*** *v. i.* ***1*** (anche to **straighten oneself up** *v. rifl.*) **drizzarsi; raddrizzarsi** ***2*** **accomodarsi; aggiustarsi** ● *(mecc.) to s. out,* spianare.

straight-faced ['streit,feist] *a.* **impassibile.**

straightforward [,streit'fɔ:wəd] *a.* ***1*** **diritto; dritto** ***2*** **retto; onesto; franco; schietto** ***3*** **semplice; chiaro; facile.**

to **strain** [strein] ***A*** *v. t.* ***1*** **tendere** (anche *fig.*); **sforzare**: *to s. one's ears,* tender l'orecchio □ *to s. one's eyes,* sforzare la vista; affaticarsi gli occhi ***2*** **distorcere; storcere; slogare; forzare; sforzare; svisare**: *to s. the truth,* distorcere la verità; svisare i fatti ***3*** **eccedere; oltrepassare; violare; abusare di**: *to s. the law,* violare la legge; fare uno strappo alla legge □ *to s. one's authority,* abusare della propria autorità ***4*** **stringere; serrare; abbracciare**: *to s. sb. to one's bosom,* stringere q. al seno ***5*** **colare; filtrare** ***6*** *(cucina)* **passare**: *to s. vegetables,* passare la verdura ***B*** *v. i.* ***1*** **sforzarsi; affaticarsi; arrancare; essere sotto sforzo** ***2*** **tirare; dare strattoni** ***3*** (di liquido) **colare; filtrare** ● *to s. after effect,* sforzarsi di far colpo □ *(fig.) to s. at st.,* esitare di fronte a q.c.; aver scrupolo di fare q.c. □ *to s. every nerve,* fare ogni sforzo; tendere (con) tutte le forze □ *(med.) to s. a muscle,* farsi uno strappo muscolare □ *(fig.) to s. a point in sb.'s favour,* fare uno strappo (alla regola) in favore di q.

(1) strain [strein] *n.* ***1*** [C] e [U] **sforzo; strappo; tensione** (anche *fig.*): *a great s. on one's resources,* uno sforzo finanziario eccessivo ***2*** [U] *(med.)* **tensione nervosa; esaurimento** ***3*** [C] *(med.)* **distorsione; slogatura; strappo muscolare** ***4*** [C] *(costr.)* **sollecitazione** ● *the s. of modern life,* il logorio della vita moderna □ *to be on the s.,* esser teso all'estremo.

(2) strain [strein] *n.* ***1*** [C] e [U] **schiatta; stirpe; razza; famiglia** ***2*** [C] **inclinazione; tendenza** ***3*** *(spesso al pl., lett.)* **motivo musicale; ritmo; melodia; poesia** ***4*** [C] **tono; stile**: *to write in a lofty s.,* scrivere in uno stile elevato ● *a s. of eloquence,* un volo oratorio.

strained [streind] *a.* ***1*** **teso; difficile; sgradevole**: *s. relations,* rapporti tesi ***2*** **sforzato; stiracchiato; innaturale** ***3*** **teso; tirato**: *a s. face,* un viso tirato (o stanco) ***4*** *(med.)* **affaticato**: *a s. heart,* un cuore affaticato.

strainer ['streinə*] *n.* [C] **colatoio; filtro; colino.**

(1) strait [streit] *a.* *(arc.)* **angusto; ristretto.**

(2) strait [streit] *n.* *(spesso al pl.)* ***1*** *(geogr.)* **stretto; canale** ***2*** **strette; strettezze; difficoltà**: *to be in financial straits,* trovarsi in difficoltà finanziarie.

to **straiten** ['streitn] *v. t.* **restringere; limitare** ● *to be in straitened circumstances,* trovarsi in ristrettezze; essere caduto in miseria.

strait-jacket ['streit,dʒækit] *n.* [C] **camicia di forza.**

strait-laced ['streitleist] *a.* **austero; rigido; puritano.**

strait-waistcoat ['streit,weiskout] *n.* [C] **camicia di forza.**

(1) to **strand** [strænd] *(naut.)* ***A*** *v. t.* **arenare; incagliare** ***B*** *v. i.* **arenarsi; incagliarsi** ● *to be stranded,* essere arenato; *(fig.)* trovarsi in difficoltà.

(1) strand [strænd] *n.* [C] *(poet.)* **lido; sponda; spiaggia; riva.**

(2) strand [strænd] *n.* [C] ***1*** (di fune o cavo) **trefolo** ***2*** **ciocca** (di capelli).

(2) to **strand** [strænd] *v. t.* ***1*** **fare** (una fune) **intrecciando i trefoli** ***2*** **spezzare un trefolo (o più trefoli) di** (una fune); **scomporre** (una fune).

strange [streindʒ] *a.* ***1*** **strano; insolito; curioso; singolare; bizzarro; strambo; stravagante; straordinario** ***2*** **sconosciuto; estraneo; ignoto**: *a s. face,* una faccia sconosciuta ***3*** **non abituato; non pratico** ● *to feel s.,* sentirsi sperduto, essere come un pesce fuor d'acqua; non sentirsi bene, (specialm.) avere giramenti di testa.

strangeness ['streindʒnis] *n.* [U] ***1*** **stranezza; singolarità; bizzarria; stravaganza; straordinarietà** ***2*** **estraneità.**

stranger ['streindʒə*] *n.* [C] ***1*** **estraneo; sconosciuto** ***2*** **forestiero** ● *to make a s. (no s.) of sb.,* trattare q. da estraneo (trattare q. amichevolmente) □ *He's no s. to sorrow,* ha fatto esperienze assai dolorose □ *I am a s.*

here, non conosco il luogo (la città, ecc.) □ *(fam.) You are quite a s.,* non ti si vede mai.
to **strangle** ['stræŋgl] ***A*** *v. t.* ***1*** **strangolare; strozzare** (anche *fig.*) ***2*** **soffocare; reprimere** ***B*** *v. i.* **soffocare; sentirsi soffocare.**
stranglehold ['stræŋglhould] *n.* [C] (generalm. *fig.*) **stretta (mortale).**
strangler ['stræŋglə*] *n.* **strangolatore; strozzatore.**
strangling ['stræŋgliŋ] *n.* [U] **strangolamento; strozzatura; soffocazione.**
to **strangulate** ['stræŋgjuleit] *v. t.* ***1*** *(med.)* **strozzare** ***2*** strangolare.
strangulation [,stræŋgju'leiʃən] *n.* [U] ***1*** (specialm. *med.*) **strozzamento** ***2*** **strangolamento.**
strap [stræp] *n.* [C] ***1*** **cinghia; correggia; striscia** (di cuoio o d'altro): *a book s.,* una cinghia per i libri ***2*** **cinturino**: *a watch s.,* un cinturino d'orologio ***3*** **maniglia a pendaglio** (d'autobus, ecc.) ***4*** *(naut.)* **stroppo** ● *(mecc.) s. brake,* freno a nastro □ *(fig.) s.-oil,* cinghiate; mezzi persuasivi *(iron.)* □ *shoulder-s.,* spallina (d'abito femminile).
to **strap** [stræp] *v. t.* ***1*** **legare con una cinghia** ***2*** **battere con la cinghia; frustare** ***3*** **affilare** (un rasoio) **con la coramella** ● *(med.) to s. up,* applicare un cerotto a.
straphanger ['stræp,hæŋə*] *n.* [C] **passeggero in piedi** (che si regge alle maniglie, in tram o in autobus).
strapper ['stræpə*] *n.* [C] *(fam.)* **persona ben piantata.**
strapping ['stræpiŋ] *a.* *(fam.)* **robusto; grande e grosso; ben piantato** ● *a s. girl,* una ragazzona.
strass [stræs] *n.* [U] e [C] **strass.**
strata ['stra:tə] *pl.* di **stratum.**
stratagem ['strætidʒəm] *n.* [C] e [U] **stratagemma.**
strategic [strə'ti:dʒik], **strategical** [strə'ti:dʒikəl] *a.* *(mil.)* **strategico** (anche *fig.*).
strategics [strə'ti:dʒiks] *n. pl.* *(col verbo al sing.)* *(mil.)* **strategia.**
strategist ['strætidʒist] *n.* [C] *(mil.)* **stratego, stratega.**
strategy ['strætidʒi] *n.* [U] *(mil.)* **strategia** (anche *fig.*).
stratification [,strætifi'keiʃən] *n.* [U] *(geol., econ., stat.)* **stratificazione.**
to **stratify** ['strætifai] *v. t.* e *i.* **stratificare, stratificarsi.**
stratigraphy [strə'tigrəfi] *n.* [U] *(geol.)* **stratigrafia.**
stratocumulus [,strætou'kju:mjuləs] *n.* (*pl.* **stratocumuli** [,strætou'kju:mju,lai]) *(meteorologia)* **stratocumulo.**
stratosphere ['strætousfiə*] *n.* *(con l'art. determ.)* **stratosfera.**
stratospheric [,strætou'sferik] *a.* **stratosferico.**
stratum ['stra:təm] *n.* (*pl.* **strata** ['stra:tə]) ***1*** *(geol.)* **strato; falda** ***2*** *(fig.)* **strato sociale; ceto.**
stratus ['streitəs] *n.* (*pl.* **strati** ['streitai]) *(meteorologia)* **strato.**
straw [strɔ:] ***A*** *n.* ***1*** [U] **paglia** ***2*** [C] **pagliuzza; fuscello; festuca** ***3*** [C] **cannuccia** ***4*** [C] (anche *s. hat*) **cappello di paglia; paglietta** ***B*** *a. attr.* ***1*** **di paglia** ***2*** (anche *s.-coloured*) **color della paglia; paglierino** ● *s.-board,* cartone rozzo, fatto di paglia □ *(fig.) a s. in the wind,* un segno premonitore □ *s. mattress,* paglericcio □ *(fig.) a man of s.,* un uomo di paglia □ (di casa) *thatched with s.,* col tetto di paglia □ *I don't care a s.,* non me ne importa nulla □ *It isn't worth a s.,* non vale nulla *(fam.,* un fico*)* □ *That's the last s.!,* questo è il colmo!
strawberry ['strɔ:bəri] *n.* [C] (*bot.,* Fragaria) **fragola** ● *s. bed,* fragoleto □ *s. mark,* voglia di fragola (macchia cutanea, *fam.*).
straw-bottomed ['strɔ:,bɔtəmd] *a.* **col fondo di paglia; impagliato**: *s. chairs,* sedie impagliate.
strawy ['strɔ:i] *a.* **di paglia; simile a paglia; fatto di paglia.**
to **stray** [strei] *v. i.* **deviare; forviare; smarrirsi; sbandarsi** ● *to s. from the point,* divagare; uscire fuori tema.
stray [strei] ***A*** *a. attr.* ***1*** **disperso; smarrito; randagio; vagante**: *a s. cat,* un gatto randagio ***2*** **casuale; fortuito; sporadico**: *a s. customer or two,* qualche cliente casuale ***B*** *n.* [C] ***1*** **animale randagio** ***2*** **persona derelitta;** (specialm.) **bambino abbandonato** ***3*** **cosa fuori posto.**
streak [stri:k] *n.* [C] ***1*** **riga; stria; striscia** (specialm. irregolare) ***2*** **strato** (anche di minerale); **vena; filone** ***3*** *(fig.)* **vena; traccia; tocco**: *a s. of humour,* una vena d'umorismo ***4*** *(fam.)* **momento; periodo** ● *like a s. of lightning,* come un lampo; in un baleno.
to **streak** [stri:k] ***A*** *v. t.* ***1*** **striare; screziare** ***2*** **venare** (marmo, ecc.) ***B*** *v. i.* *(fam.)* **andare come un lampo.**
streaky ['stri:ki] *a.* ***1*** **striato; screziato** ***2*** *(fig.)* **di diverse qualità.**
stream [stri:m] *n.* [C] ***1*** **corso d'acqua; ruscello; torrente**: *(fig.) a s. of lava,* un torrente di lava ***2*** **corrente**: *a s. of hot air,* una corrente d'aria calda ***3*** *(fig.)* **fiotto; fiume; flusso; profluvio; mare; marea; valanga**: *a s. of people,* una marea di gente ***4*** *(fig.)* **corso; serie; successione** ● *(psic., letter.) s. of consciousness,* monologo interiore □ *down s.,* secondo la corrente □ *to go with the s.,* andare secondo la corrente; *(fig.)* seguire la corrente □ *up s.,* contro corrente.
to **stream** [stri:m] ***A*** *v. i.* ***1*** **scorrere; fluire; grondare; colare**: *to s. with blood,* grondar sangue ***2*** **fluttuare; ondeggiare** ***B*** *v. t.* ***1*** **far fluire; versare; grondare**: *to s. blood,* grondar sangue ***2*** **spiegare** (una bandiera) ● *to s. out,* scaturire; sgorgare; uscire a fiotti.
streamer ['stri:mə*] *n.* [C] ***1*** **bandiera al vento; banderuola; pennone** ***2*** **striscia di luce all'orizzonte** ***3*** **stella filante; striscia di carta colorata** ***4*** *(giornalismo)* **titolo a tutta pagina; titolone.**
streaming ['stri:miŋ] *a.* **grondante; bagnato.**
streamlet ['stri:mlit] *n.* [C] **ruscelletto; torrentello.**
streamline ['stri:mlain] *n.* *(solo al sing.)* **linea aerodinamica.**
to **streamline** ['stri:mlain] *v. t.* **dare forma aerodinamica a** (un'automobile, ecc.).
streamlined ['stri:mlaind] *a.* ***1*** **aerodinamico; affusolato**: *a s. car,* un'automobile aerodinamica ***2*** *(fig.)* **efficiente; dinamico.**
street [stri:t] *n.* [C] **strada** (di città): *a one-way s.,* una strada a senso unico □ *to cross the s.,* attraversare la strada ● *s. Arab,* ragazzo di strada; monello □ *(fig.) the man in the s.,* l'uomo comune; il cittadino qualunque □ *(fig.) to walk the streets,* battere il marciapiede.
streetcar ['stri:tka:*] *n.* [C] *(USA)* **tram; vettura tranviaria.**
street-sweeper ['stri:t,swi:pə*] *n.* [C] ***1*** **spazzino** ***2*** **spazzatrice** (macchina).
street-walker ['stri:t,wɔ:kə*] *n.* [C] **donna di strada; prostituta; passeggiatrice.**
strength [streŋθ] *n.* [U] ***1*** **forza; forze; energia; potenza; vigore**: *That is beyond human s.,* ciò supera le forze umane □ *s. of body,* forza fisica □ *s. of mind,* forza d'animo ***2*** *(chim.)* **concentrazione, titolo** (d'una soluzione) ***3*** **intensità** (della luce, del suono) ***4*** *(mil.)* **effettivo; organico** ● *(mil.) below s.,* con gli effettivi ridotti □ *(mil.) up to s.,* con gli effettivi al completo.
to **strengthen** ['streŋθən] ***A*** *v. t.* **fortificare; rafforzare; rinforzare; corroborare; rinvigorire** ***B*** *v. i.* **rafforzarsi; rinforzarsi; corroborarsi; rinvigorirsi.**
strenuous ['strenjuəs] *a.* **strenuo; energico; gagliardo; vigoroso.**
streptococcus [,streptou'kɔkəs] *n.* (*pl.* **streptococci** [,streptou'kɔkai]) *(biol.)* **streptococco.**
streptomycin [,streptou'maisin] *n.* [U] *(farm.)* **streptomicina.**
stress [stres] *n.* ***1*** [U] **sforzo; spinta; tensione; stress;** *(mecc.)* **tensione, sollecitazione**: *under the s. of need,* sotto la spinta del bisogno ***2*** [C] *(fon.)* **accento tonico** ***3*** [U] *(fig.)* **accento; enfasi**: *to lay s. on st.,* porre l'accento su q.c.; mettere in risalto q.c. ● *under the s. of fear,* mosso dalla paura.
to **stress** [stres] *v. t.* ***1*** **accentuare; sottolineare; mettere in rilievo** ***2*** *(fon.)* **accentare** ***3*** **sottoporre** (q.) **a tensione (o a stress).**
to **stretch** [stretʃ] ***A*** *v. t.* ***1*** **tendere; tirare; stirare; distendere; stendere; allargare; allungare**: *to s. one's*

neck, allungare il collo 2 (anche *to s. out*) stendere; gettare a terra 3 (*fig.*) forzare; sforzare; fare uno strappo a; abusare di; violare: *to s. the truth*, forzare la verità; svisare i fatti □ *to s. the law*, fare uno strappo alla legge **B** *v. i.* 1 stendersi; estendersi; spaziare; spiegarsi 2 allargarsi, allungarsi (sotto tensione) 3 (anche to **stretch oneself** *v. rifl.*) stirarsi; stiracchiarsi ● *to s. one's legs*, sgranchirsi le gambe □ (*med.*) *to s. a muscle*, prodursi uno strappo muscolare □ *to s. out one's hand*, stendere la mano (per prendere q.c.).

stretch [stretʃ] *n.* [C] 1 stirata; stiratina: *to give a s.*, darsi una stiratina 2 estensione; distesa; spazio; tratto: *a long s. of road*, un lungo tratto di strada 3 periodo ininterrotto; tirata (di tempo) 4 (*ippica*) dirittura; rettilineo ● *a s. of authority*, un abuso di autorità □ *by a s. of language*, in senso lato □ *for five hours at a s.*, per cinque ore di seguito.

stretcher ['stretʃə*] *n.* [C] 1 barella; lettiga 2 (*mecc.*) dispositivo per allargare; forma: *a shoe-s.*, una forma per scarpe ● *s.-bearer*, barelliere; (*mil.*) portaferiti.

stretchy ['stretʃi] *a.* 1 elastico 2 deformabile.

to **strew** [stru:] (*pass.* **strewed** [stru:d]; *p.p.* **strewn** [stru:n], **strewed**) *v. t.* 1 spargere; sparpagliare; disseminare 2 cospargere; ricoprire: *streets strewn with flowers*, strade ricoperte di fiori.

striated [strai'eitid] *a.* striato.

striation [strai'eiʃən] *n.* [U] e [C] striatura.

stricken ['strikən] *p.p. raro* di to **strike** ● *a s. heart*, un cuore affranto (o straziato) □ *s. in years*, carico d'anni; debole e vecchio □ *panic-s.*, atterrito; in preda al panico.

strict [strikt] *a.* 1 severo; rigoroso; rigido; austero 2 stretto; esatto; preciso: *in the s. sense*, in senso stretto ● *in s. confidence*, in gran segreto.

strictly ['strikt*l*i] *avv.* 1 severamente; rigorosamente 2 esattamente; con gran precisione ● *s. speaking*, a rigor di termini.

strictness ['strikt*n*is] *n.* [U] 1 severità; rigore; rigidezza; austerità 2 esattezza; precisione.

stricture ['striktʃə*] *n.* 1 [C] (*med.*) strozzatura 2 (*spesso al pl.*) stroncatura.

to **stride** [straid] (*pass.* **strode** [stroud], *p.p.* **stridden** ['stridn]) **A** *v. i.* camminare a gran passi **B** *v. t.* 1 percorrere a gran passi 2 scavalcare (un ostacolo) 3 (*raro*) stare a cavalcioni di (q.c.).

stride [straid] *n.* [C] passo lungo; buon passo; andatura: *to make great strides*, procedere a gran passi; (*fig.*) fare notevoli progressi.

strident ['straidənt] *a.* stridente; stridulo.

stridulant ['stridjulənt] *a.* stridulo.

to **stridulate** ['stridjuleit] *v. i.* (di certi insetti) stridulare; frinire.

strife [straif] *n.* [U] 1 conflitto; contesa; lotta; lite 2 (*polit., sindacalismo*) conflittualità.

to **strike** [straik] (*pass.* **struck** [strʌk]; *p.p.* **struck**, *raro* **stricken** ['strikən]) **A** *v. t.* 1 battere; colpire; percuotere; suonare (le ore); impressionare: *to s. sb. on the mouth*, colpire q. sulla bocca □ *The clock had just struck four*, l'orologio aveva appena suonato le quattro 2 assestare; appioppare; dare 3 sbattere; urtare: *to s. one's elbow against the table*, urtare la tavola col gomito 4 (*metall.*) coniare; stampare 5 accendere; strofinare; far sprizzare (battendo o strofinando): *to s. a match*, accendere un fiammifero □ *to s. sparks out of flint*, far sprizzare scintille dalla pietra focaia 6 (*specialm. ind. mineraria*) scoprire; trovare: *to s. gold*, trovare l'oro 7 abbassare; ammainare: *to s. one's flag*, ammainare la bandiera; (*fig.*) arrendersi 8 levare; togliere: *to s. the tents*, levar le tende 9 investire; urtare contro: *to s. a rock*, urtare contro uno scoglio 10 configgere; conficcare; piantare **B** *v. i.* 1 assestar colpi; menar botte 2 (*mil.*) attaccare 3 battere le ore; suonare 4 colpire; cozzare; urtare 5 accendersi 6 abbandonare il lavoro; scioperare: *to s. for higher wages*, scioperare per ottenere un aumento di salario 7 filtrare; infiltrarsi; penetrare; inoltrarsi 8 prendere (una direzione); volgere i passi; voltare: *to s. into a track*, prendere un sentiero 9 (*mil.*) ammainare la bandiera; (*fig.*) arrendersi 10 (di pianta) attecchire; metter radici 11 (*naut.*) andare in secco; incagliarsi **C** *verbi composti* 1 *to s. at st.*, tentare di colpire q.c. 2 *to s. back*, restituire un colpo; ribatter colpo su colpo 3 (anche *fig.*) *to s. down*, abbattere; mettere a terra; rovinare 4 *to s. in*, interporsi; interloquire 5 *to s. into a gallop*, mettersi al galoppo □ *to s. into a subject*, prendere a parlare di un argomento 6 *to s. off*, mozzare con un colpo, tagliare; cancellare; stampare, tirare; radiare, espellere; (*comm.*) detrarre, scontare 7 *to s. out*, menar botte, tirar colpi; mettersi a nuotare con forti bracciate □ *to s. (st.) out*, architettare, escogitare, progettare; cancellare □ *to s. out a line of one's own*, essere originale; fare qualcosa di nuovo 8 *to s. through*, cancellare, tirare un frego su (una parola, ecc.) 9 *to s. up an acquaintance with sb.*, fare la conoscenza di q. □ *to s. up (a tune)*, attaccare (un motivo musicale) 10 *to s. upon an idea (a plan)*, avere un'idea (escogitare un piano) ● *to s. sb. blind*, accecare q. □ *to s. sb. deaf*, assordare q. □ *to s. st. from sb.'s hand*, far saltare q.c. di mano a q. (con un sol colpo) □ (anche *fig.*) *to s. home*, colpire nel segno □ *to s. terror into sb.'s heart*, atterrire q. □ (*fig.*) *to s. a warning note*, far squillare il campanello d'allarme □ *to be stricken with paralysis*, esser colpito da paralisi □ *to be struck dumb*, ammutolire; restare senza parola □ *to be struck with dizziness*, avere un improvviso capogiro □ *How does it s. you?*, che te ne pare?; che effetto ti fa? □ *It struck me that he was lying*, ebbi la netta impressione che mentisse □ *An idea suddenly struck me*, all'improvviso mi venne un'idea □ (anche *fig.*) *The hour has struck*, l'ora è suonata.

strike [straik] *n.* [C] 1 sciopero: *a general s.*, uno sciopero generale 2 (*fam., fig.*) buon colpo; speculazione riuscita 3 (*mil.*) attacco; (specialm.) attacco aereo ● *to go on s.*, mettersi in sciopero; scioperare □ *to be on s.*, essere in sciopero.

strikebound ['straikbaund] *a.* (di stabilimento, ecc.) fermo per sciopero.

strike-breaker ['straik,breikə*] *n.* [C] crumiro.

striker ['straikə*] *n.* [C] 1 scioperante 2 (d'arma) percussore 3 (di campana) battaglio; batacchio.

striking ['straikiŋ] *a.* impressionante; sorprendente.

string [striŋ] *n.* 1 [C] e [U] cordellina; stringa; cordoncino; spago: *shoe-strings*, stringhe per scarpe □ *a ball of s.*, un gomitolo di spago 2 [C] filza; resta; (*fig.*) fila 3 [C] (*mus.*) corda 4 (*al pl., mus.*) strumenti a corda 5 [C] filo, fibra (di legumi) 6 [C] (*ippica*) cavalli da corsa d'una scuderia ● *s. bag*, borsa a rete □ *s. beans*, fagiolini □ *s. orchestra*, orchestra d'archi □ (*mus.*) *s. quartet*, quartetto d'archi □ (*fig.*) *to harp on one s.* (o *on the same s.*), toccare sempre lo stesso tasto □ (*fig.*) *to have sb. on a s.*, tenere q. in pugno □ (*fig.*) *to play second s.*, avere una parte in sottordine □ (*fig.*) *to pull strings*, manovrare nascostamente □ (*fig.*) *to touch a s.*, toccare un tasto; toccare le corde del cuore.

to **string** [striŋ] (*pass.* e *p.p.* **strung** [strʌŋ]) **A** *v. t.* 1 legare con spago 2 mettere le corde a; fornire di corda; incordare: *to s. a violin*, incordare un violino 3 infilare; infilzare: *to s. beads*, infilzare perline 4 togliere il filo a (fagiolini verdi, ecc.) 5 tendere; appendere; attaccare; posare: *to s. cables*, posare cavi **B** *v. i.* diventare fibroso ● *to s. out*, stendersi in lunga fila □ *to s. up*, appendere, attaccare; (*fam.*) impiccare; (*fig.*) mettere in agitazione, rendere teso □ *a highly strung person*, una persona ipersensibile.

stringed [striŋd] *a.* (*mus.*) a corda.

stringency ['strindʒənsi] *n.* [U] 1 severità; rigore 2 impellenza 3 (*fin.*) penuria; scarsità 4 (*raro*) forza di persuasione (di un oratore).

stringent ['strindʒənt] *a.* 1 severo; rigido; rigoroso 2 impellente 3 (*fin.*: di mercato, ecc.) sostenuto 4 (*raro*: di oratore) convincente; persuasivo.

stringy ['striŋi] *a.* 1 fibroso 2 viscoso.

to **strip** [strip] **A** *v. t.* 1 strappare; togliere: *to s. off one's clothes*, togliersi i vestiti di dosso; spogliarsi 2 denudare; svestire; spogliare (anche *fig.*); privare; derubare: *to s. sb. to the skin*, denudare q. □ *to s. sb. of his property*, spogliare q. d'ogni suo avere 3 (*mecc., mil.*) smontare 4 (*mecc., mil., naut.*) smantellare; disarmare 5 sfrondare, scortecciare (un albero) 6 *(mecc.)* **spanare** (una vite) ***B*** *v. i.* ***1*** **spogliarsi; svestirsi; denudarsi** ***2*** *(mecc.:* d'una vite) **spanarsi** ● *to s. a cow,* mungere l'ultimo latte da una mucca.

strip [strip] *n.* [C] ***1*** **striscia; lista**: *a s. of land,* una striscia di terra ***2*** **assicella; listello** ***3*** *(fam.)* **spogliarello**: *to do a s.,* fare uno spogliarello ***4*** *(fam.)* **maglia** (di calciatore) ● *comic strips,* fumetti.

stripe [straip] *n.* [C] ***1*** **striscia; riga; lista; banda** ***2*** *(mil.)* **gallone**: *to get one's stripes,* guadagnarsi i galloni.

to **stripe** [straip] *v. t.* **listare; rigare; striare.**

striped [straipt] *a.* ***1*** **rigato; listato; a strisce** ***2*** *(mil.)* **gallonato.**

strip-lighting ['strip,laitiŋ] *n.* [U] **illuminazione al neon.**

stripling ['stripliŋ] *n.* [C] **adolescente; giovinetto; ragazzo.**

stripper ['stripə*] *n.* [C] *(pop.)* **spogliarellista.**

striptease ['strip,ti:z] *n.* [C] **spogliarello.**

stripteaser ['strip,ti:zə*] *n.* [C] **spogliarellista.**

to **strive** [straiv] *(pass.* **strove** [strouv], *p.p.* **striven** ['strivn]) *v. i.* ***1*** **sforzarsi; fare sforzi; ingegnarsi** ***2*** **battersi; lottare; combattere** ● *to s. for st.,* sforzarsi d'ottenere q.c.

striver ['straivə*] *n.* [C] **persona attiva, energica; lottatore** *(fig.).*

strode [stroud] *pass.* di to **stride.**

(1) to **stroke** [strouk] *(naut.)* ***A*** *v. i.* **remare; vogare** ***B*** *v. t.* **fare da capovoga per** (un'imbarcazione, un equipaggio).

(1) stroke [strouk] *n.* [C] ***1*** **colpo** *(anche fig.);* **botta; percossa** ***2*** *(nuoto)* **bracciata** ***3*** **tratto** (di penna): **asta** (di scrittura); **battuta** (dattilografica); **pennellata**: *with a s. of the pen,* con un tratto di penna ***4*** **rintocco** (dell'orologio); **battito** (del cuore) ***5*** *(mecc.)* **corsa** (dello stantuffo): **tempo** (del motore): *a four-s. engine,* un motore a quattro tempi ***6*** *(sport)* **capovoga** ***7*** *(naut.)* **vogata; battuta** (di remo) ● *a s. of business,* un buon affare □ *a s. of genius,* un'idea geniale; un lampo di genio □ *a s. of lightning,* un fulmine □ *a s. of wit,* una battuta spiritosa □ *at a s.,* d'un tratto □ *(naut.) to keep s.,* vogare in cadenza; tenere il tempo □ *master-s.,* colpo maestro □ *on the s.,* puntualmente; in perfetto orario.

(2) to **stroke** [strouk] *v. t.* **lisciare; accarezzare** ● *(fig.) to s. sb. down,* lisciare q.; cercar di rabbonire q. □ *(fig.) to s. sb. the wrong way,* prendere q. per il verso sbagliato.

(2) stroke [strouk] *n.* [C] **carezza; lisciata; lisciatina.**

to **stroll** [stroul] ***A*** *v. i.* **andare a zonzo; girellare; gironzolare** ***B*** *v. t.* **andare a zonzo per; vagabondare per**: *to s. the countryside,* vagabondare per la campagna.

stroll [stroul] *n.* [C] **giratina; giretto; passeggiatina**: *to go for a s.* (o *to take a s.),* andare a fare una passeggiatina; fare due passi.

stroller ['stroulə*] *n.* [C] ***1*** **girandolone** ***2*** **attore girovago** ***3*** **vagabondo** ***4*** (per bambini) **passeggino.**

strolling ['strouliŋ] *a.* **ambulante; errante; girovago.**

strong [strɔŋ] *a.* ***1*** **forte; gagliardo; energico; robusto; vigoroso; solido; saldo; potente; valido; duro; resistente**: *a s. man,* un uomo forte □ *an army 100,000 s.,* un esercito (forte) di centomila uomini □ *s. tea,* tè forte; tè carico □ *s. beliefs,* salde credenze □ *s. measures,* provvedimenti energici ***2*** (di liquore) **alcolico** ***3*** **rancido** ***4*** (di formaggio) **piccante** ***5*** *(comm.)* **alto; sostenuto** ● *a s. argument,* un argomento convincente □ *s.-arm methods,* metodi energici; la maniera forte □ *s. breath,* alito cattivo □ *s. evidence,* prove ben fondate □ *s. language,* parole grosse; ingiurie; imprecazioni □ *(gramm. ingl.) s. verbs,* verbi forti □ *to be as s. as a horse,* essere forte come un toro □ *by the s. hand,* con la violenza □ *(fam.) to come (o to go) it rather s.,* esagerare; passare il segno □ *to smell s.,* saper di rancido.

strong-box ['strɔŋbɔks] *n.* [C] **forziere; cassaforte.**

stronghold ['strɔŋhould] *n.* [C] **fortezza;** *(anche fig.)* **roccaforte.**

strongly ['strɔŋli] *avv.* ***1*** **fortemente; forte; energicamente; vigorosamente** ***2*** **vivamente; caldamente; calorosamente.**

strong-minded [,strɔŋ'maindid] *a.* **d'animo forte e virile; risoluto.**

strong-room ['strɔŋrum] *n.* [C] **camera blindata.**

strong-willed [,strɔŋ'wild] *a.* **deciso; risoluto; tenace.**

strontium ['strɔnʃiəm] *n.* [U] *(chim.)* **stronzio.**

strop [strɔp] *n.* [C] **coramella; cuoio per affilare il rasoio.**

to **strop** [strɔp] *v. t.* **affilare** (un rasoio) **sulla coramella.**

strophe ['stroufi] *n.* [C] *(poesia)* **strofe; strofa.**

strophic ['strɔfik] *a.* **strofico.**

strove [strouv] *pass.* di to **strive.**

struck [strʌk] *pass.* e *p.p.* di to **strike.**

structural ['strʌktʃərəl] *a.* **strutturale** ● *(metall.) s. iron,* profilati di ferro.

structuralism ['strʌktʃərəlizəm] *n.* [U] **strutturalismo.**

structuralist ['strʌktʃərəlist] ***A*** *n.* [C] **strutturalista** ***B*** *a.* **strutturalistico; strutturalista.**

structure ['strʌktʃə*] *n.* ***1*** [U] **struttura; conformazione;** *(fig.)* **impalcatura, ossatura**: *the s. of the human body,* la struttura del corpo umano ***2*** [C] *(edil.)* **edificio; costruzione** ***3*** [C] **organismo.**

to **structure** ['strʌktʃə*] *v. t.* **strutturare.**

strudel ['stru:dl] *(ted.) n.* [C] e [U] *(cucina)* **strudel.**

to **struggle** ['strʌgl] *v. i.* ***1*** **lottare; combattere; battersi**: *to s. with an illness,* lottare contro una malattia ***2*** **dibattersi; divincolarsi** ***3*** **sforzarsi; fare ogni sforzo** ● *to s. in,* entrare a fatica; penetrare a stento □ *to s. out of st.,* liberarsi a fatica di q.c.; uscire a stento da q.c.

struggle ['strʌgl] *n.* [C] ***1*** **lotta; contesa** ***2*** **sforzo.**

struggler ['strʌglə*] *n.* [C] **lottatore, lottatrice; combattente.**

to **strum** [strʌm] *v. i.* e *t.* **strimpellare**: *to s. (on) a guitar,* strimpellare la chitarra.

strummer ['strʌmə*] *n.* [C] **strimpellatore, strimpellatrice.**

strumpet ['strʌmpit] *n.* [C] *(arc.)* **meretrice; prostituta; sgualdrina.**

strung [strʌŋ] *pass.* e *p.p.* di to **string** ● *(pop.) s. out,* che si droga; dedito alla droga □ *(fam.) s. up,* eccitatissimo; dai nervi tesi.

(1) to **strut** [strʌt] *v. i.* **andare impettito; incedere tronfio; pavoneggiarsi.**

(1) strut [strʌt] *n.* [C] **andatura impettita; incedere tronfio.**

(2) strut [strʌt] *n.* [C] *(costr.)* **puntone.**

(2) to **strut** [strʌt] *v. t.* **puntellare; rinforzare con puntoni.**

strychnine ['strikni:n] *n.* [U] *(chim.)* **stricnina.**

Stuart [stjuət] *n. (stor.)* **Stuardo**: *the Stuarts,* gli Stuardi.

stub [stʌb] *n.* [C] ***1*** **ceppo** (d'albero); **troncone; mozzicone**: *the s. of a sigar,* un mozzicone di sigaro ***2*** *(USA)* **matrice; madre** (di libretto d'assegni bancari).

to **stub** [stʌb] *v. t.* ***1*** **sradicare, strappare, estirpare** (erbacce, ecc.) ***2*** **urtare** (il piede, ecc., contro q.c.) ***3*** (anche *to s. out*) **spegnere** (la sigaretta, il sigaro) ● *to s. one's toe,* inciampare.

stubble ['stʌbl] *n.* [U] ***1*** *(agric.)* **stoppia** ***2*** **barba ispida.**

stubbly ['stʌbli] *a.* ***1*** **coperto di stoppie** ***2*** **corto e ispido.**

stubborn ['stʌbən] *a.* ***1*** **caparbio; cocciuto; ostinato; testardo** ***2*** **duro; inflessibile; tenace; saldo** ***3*** **refrattario; di difficile trattamento.**

stubbornness ['stʌbənnis] *n.* [U] ***1*** **caparbietà; cocciutaggine; ostinatezza; testardaggine** ***2*** **durezza; inflessibilità; tenacia** ***3*** **(l') essere refrattario.**

stubby ['stʌbi] *a.* ***1*** (d'albero, ecc.) **troncato; mozzo** ***2*** (del terreno) **coperto di ceppi** ***3*** **corto e ispido** ***4*** **tozzo; tarchiato.**

stucco ['stʌkou] *n.* [U] e [C] *(pl.* **stuccos, stuccoes***)* **stucco.**

to **stucco** ['stʌkou] *v. t.* **stuccare; decorare a stucco.**

stuck [stʌk] ***A*** *pass.* e *p.p.* di to **stick** ***B*** *a.* *(pop. USA)* **nei guai; inguaiato** *(pop.)* ● *(fam.) s.-up,* pieno di sé; borioso; presuntuoso.

(1) stud [stʌd] *n.* [C] ***1*** **bottoncino** (da colletto) ***2*** **chiodo da tappezziere; borchia** ***3*** *(mecc.)* **perno** ● *press s.,* (bottone) automatico.

to **stud** [stʌd] *v. t.* ***1*** **guarnire di borchie** ***2*** *(fig.)* **costellare; punteggiare.**

(2) stud [stʌd] *n.* *(collett.)* **cavalli da allevamento** (o **da corsa); scuderia** ● *s.-book,* registro dei purosangue □ *s.-farm,* scuderia di allevamento (di cavalli) □ *s.--horse,* stallone □ *s.-mare,* fattrice.

studded ['stʌdid] *a.* ***1*** **guarnito** (di borchie, ecc.) ***2*** **costellato; punteggiato; trapunto**: *a sea s. with islands,* un mare punteggiato d'isole.

studding-sail ['stʌdiŋseil] *n.* [C] *(naut.)* **coltellaccio** (vela).

student ['stju:dənt] *n.* [C] ***1*** **studente, studentessa**: *a university s.,* uno studente universitario □ *a medical s.,* uno studente di medicina ***2*** **studioso; indagatore**: *a s. of bird life,* uno studioso della vita degli uccelli.

studied ['stʌdid] *a.* **studiato; calcolato; meditato; ricercato.**

studio ['stju:diou] *n.* (*pl.* **studios**) ***1*** **studio** (d'artista o professionista) ***2*** *(cinem.)* **teatro di posa; studio (cinematografico)** ***3*** *(radio)* **auditorio** ***4*** *(telev.)* **studio (televisivo)** ● *(radio, telev.) s. audience,* pubblico in sala.

studious ['stju:djəs] *a.* ***1*** **studioso** ***2*** **attento; diligente; premuroso; sollecito**: *with s. care,* con diligente cura.

study ['stʌdi] *n.* [U] e [C] **studio** (quasi in ogni senso); **esame, indagine; bozzetto, schizzo; cura, premura**: *to devote one time to s.,* dedicare il proprio tempo allo studio □ *humane studies,* studi umanistici.

to **study** ['stʌdi] ***A*** *v. t.* ***1*** **studiare; esaminare; indagare**: *to s. Latin,* studiare il latino ***2*** **attendere a; curarsi di; ricercare**: *to s. sb.'s welfare,* curarsi del benessere di q. ***3*** **studiarsi, ingegnarsi** (di) ***B*** *v. i.* **studiare; essere studente** ● *to s. economy,* cercar di fare economia □ *to s. sb.'s face,* scrutare la faccia di q. □ *to s. for the medical profession* (o *to s. to be a doctor),* studiare medicina.

stuff [stʌf] *n.* ***1*** [U] e [C] **materia; materiale; roba; sostanza**: *the s. that dreams are made of,* la sostanza di cui son fatti i sogni □ *poor s.,* roba scadente ***2*** [U] **stoffa** (anche *fig.*); **tessuto** ***3*** [U] **robaccia;** *(fig.)* **sciocchezze** ● *food-stuffs,* generi alimentari; derrate □ *green s.* (o *garden s.),* verdura; legumi □ *(fam.) to know one's s.,* sapere il fatto proprio □ *(fam.) That's the s. to give them!,* così van trattati! □ *That boy has good s. in him,* in quel ragazzo c'è stoffa □ *S. and nonsense!,* sciocchezze!

to **stuff** [stʌf] ***A*** *v. t.* ***1*** **riempire; imbottire; turare**: *to s. a bag with straw,* riempire di paglia un sacco ***2*** **impagliare; imbalsamare** ***3*** *(cucina)* **farcire; infarcire** ***4*** **rimpinzare; ingrassare** ***5*** **cacciare; ficcare** ***B*** *v. i.* e to **stuff oneself** *v. rifl.* **rimpinzarsi; ingozzarsi** ● *to s. up,* intasare □ *(fam.) stuffed shirt,* individuo borioso e insignificante; pallone gonfiato *(fig.).*

stuffer ['stʌfə*] *n.* [C] **imbalsamatore; impagliatore.**

stuffiness ['stʌfinis] *n.* [U] ***1*** **mancanza d'aria fresca; odor di chiuso** ***2*** *(fam.)* **arretratezza; ottusità** ***3*** *(fam.)* **broncio.**

stuffing ['stʌfiŋ] *n.* [U] ***1*** **imbottitura** ***2*** *(cucina)* **ripieno**: *the s. for a fowl,* il ripieno per un pollo ***3*** **impagliatura; imbalsamatura** ● *(fam.) to knock the s. out of sb.,* bucare un pallone gonfiato *(fig.)*; svuotare q. della sua alterigia; mettere q. a terra *(fig.).*

stuffy ['stʌfi] *a.* ***1*** **senz'aria; che sa di rinchiuso** ***2*** **raffreddato; col naso intasato** ***3*** *(fam.)* **ottuso; di mente ristretta** ***4*** *(fam.)* **imbronciato; indispettito.**

to **stultify** ['stʌltifai] ***A*** *v. t.* ***1*** **mettere in ridicolo** ***2*** **rendere vano; invalidare; infirmare** ***B*** to **stultify oneself** *v. rifl.* **cadere nel ridicolo.**

stum [stʌm] *n.* [U] *(agric.)* **mosto.**

to **stumble** [stʌmbl] *v. i.* ***1*** **inciampare; incespicare** (anche *fig.*): *to s. over a stone,* inciampare in un sasso □ *to s. in one's speech* (o *over one's words),* incespicare nel parlare ***2*** *(fig.)* **fare un passo falso; errare; sbagliare** ● *to s. along,* procedere incespicando □ *to s. at st.,* esitare di fronte a q.c. □ *to s. upon* (o *across) sb.,* trovare q. per caso.

stumble ['stʌmbl] *n.* [C] **passo falso** (anche *fig.*).

stumbling-block ['stʌmbliŋblɔk] *n.* [C] **intoppo; inciampo; impedimento; ostacolo; scoglio** *(fig.).*

stump [stʌmp] *n.* [C] ***1*** **ceppo** (d'albero); **troncone** ***2*** **moncone; moncherino; mozzicone; radice** (di dente) ***3*** **individuo tozzo** ***4*** *(polit.)* **piattaforma per comizi** ● *s. orator,* oratore da piazza □ *(fam.) to be on the s.,* tenere un comizio □ *(fam.) to stir one's stumps,* affrettarsi; spicciarsi.

to **stump** [stʌmp] ***A*** *v. t.* ***1*** **ridurre a un mozzicone; mozzare; troncare** ***2*** *(polit.)* **tenere comizi in** (una regione) ***3*** *(fam.)* **porre una domanda imbarazzante a** (q.); **mettere in imbarazzo** ***B*** *v. i.* ***1*** (di solito *to s. along, to s. about)* **camminare con andatura rigida** ***2*** *(polit.)* **andare in giro a tenere comizi** ● *(fam.) to s. up,* sborsare (una somma).

stumper ['stʌmpə*] *n.* [C] *(fam.)* **domanda imbarazzante.**

stumpy ['stʌmpi] *a.* ***1*** (del terreno) **coperto di ceppi d'albero** ***2*** **corto; tozzo; tarchiato**: *a s. tail,* una coda corta; un mozzicone di coda.

to **stun** [stʌn] *v. t.* ***1*** **assordare; intronare** ***2*** **stordire; intontire; sbalordire.**

stung [stʌŋ] *pass.* e *p.p.* di to **sting.**

stunk [stʌŋk] *pass.* e *p.p.* di to **stink.**

stunner ['stʌnə*] *n.* [C] *(fam.)* **persona** (o **cosa) meravigliosa.**

stunning ['stʌniŋ] *a.* ***1*** (di suono) **assordante** ***2*** *(fam.)* **meraviglioso; magnifico; splendido** ***3*** *(fam.,* spesso di donna) **stupendo; che è uno schianto** *(fam.).*

to **stunt** [stʌnt] *v. t.* **rendere stentato; arrestare lo sviluppo di.**

stunt [stʌnt] *n.* [C] *(fam.)* ***1*** **bravata; esibizione** ***2*** **montatura pubblicitaria** ***3*** *(aeron.)* **acrobazia** ● *(cinem.) s. man,* controfigura; cascatore □ *(cinem.) s. woman,* controfigura (donna).

stunted ['stʌntid] *a.* **stentato; striminzito; nano; rachitico.**

stupefacient [,stju:pi'feiʃənt] ***A*** *a.* **stupefacente; che istupidisce** ***B*** *n.* [C] *(farm.)* **stupefacente.**

stupefaction [,stju:pi'fækʃən] *n.* [U] ***1*** **stordimento; torpore;** *(med.)* **stupore** ***2*** **stupefazione; sbalordimento; stupore.**

to **stupefy** ['stju:pifai] *v. t.* ***1*** **istupidire; intontire; stordire; intorpidire** ***2*** **stupefare; sbalordire.**

stupefying ['stju:pifaiiŋ] *a.* **stupefacente.**

stupendous [stju:'pendəs] *a.* ***1*** **stupefacente; sorprendente** ***2*** **stupendo; mirabile.**

stupid ['stju:pid] ***A*** *a.* ***1*** **stupido; ottuso; stolto; melenso** ***2*** **noioso; uggioso; seccante** ***B*** *n.* [C] *(fam.)* **stupido; scimunito** ● *a s. thing,* una stupidaggine □ *to become s.,* istupidirsi.

stupidity [stju:'piditi] *n.* [U] **stupidità; ottusità; scemenza.**

stupor ['stju:pə*] *n.* [U] e [C] (anche *med.*) **stupore; torpore.**

sturdiness ['stə:dinis] *n.* [U] **robustezza; resistenza; forza; vigore; solidità.**

sturdy ['stə:di] *a.* **robusto; resistente; vigoroso; forte; gagliardo; solido; saldo**: *a s. race,* una razza forte.

sturgeon ['stə:dʒən] *n.* [C] *(zool.,* Acipenser sturio) **storione.**

to **stutter** ['stʌtə*] *v. i.* e *t.* **balbettare; tartagliare; essere balbuziente** ● *to s. out,* balbettare; dire balbettando.

stutter ['stʌtə*] *n.* *(solo al sing.)* **balbuzie.**

stutterer ['stʌtərə*] *n.* [C] **balbuziente; tartaglione, tartagliona.**

(1) sty [stai] *n.* [C] ***1*** (anche *pigsty*) **porcile** ***2*** *(fig.)* **porcile; tugurio.**

(2) sty [stai], **stye** [stai] *n.* [C] *(med.)* **orzaiolo.**

Stygian ['stidʒiən] *a.* ***1*** *(mitol.)* **stigio** ***2*** *(fig., lett.)* **cupo; tetro.**

style [stail] *n.* ***1*** [C] e [U] **stile; maniera, modo**: *to lack s.,* non avere stile □ *in the s. of Shakespeare,* alla maniera di Shakespeare **2** [U] **eleganza; stile; distinzione 3** [C] **genere; qualità; tipo 4** [C] **modello; capo di vestiario alla moda**: *the latest styles in hats,* gli ultimi modelli di cappelli **5** [C] **linea; taglio; stile 6** [C] **titolo; nome; appellativo**: *to be entitled to the s. of « Esquire »,* avere diritto al titolo di « Esquire » **7** [C] *(comm.:* di ditta) **ragione sociale 8** [C] *(bot.)* **stilo 9** [C] *(stor.)* **stile, stilo** ● *a gentleman of the old s.,* un gentiluomo di vecchio stampo □ *in s.,* in perfetto stile; come si deve.

to **style** [stail] *v. t.* **1 appellare; chiamare; designare**: *This is styled folly,* questa si chiama follia **2** *(ind.)* **disegnare; modellare.**

stylet ['stailit] *n.* [C] **1 stiletto 2** *(med.)* **specillo.**

stylish ['stailiʃ] *a.* **elegante; distinto; alla moda.**

stylishness ['stailiʃnis] *n.* [U] **eleganza; distinzione; stile.**

stylist ['stailist] *n.* [C] **1 stilista 2 figurinista.**

stylistic [stai'listik] *a.* **stilistico.**

stylization [ˌstailai'zeiʃən] *n.* [U] **stilizzazione.**

to **stylize** ['stailaiz] *v. t.* **stilizzare.**

stylograph ['stailəgra:f] *n.* [C] **penna stilografica.**

stylographic [ˌstailə'græfik] *a.* **stilografico.**

stylus ['stailəs] *n.* [C] **1 stilo; bulino 2 puntina** (di giradischi) **3 punta di incisione** (per dischi) **4** *(bot.)* **stilo.**

to **stymie** ['staimi] *v. t.* **1** *(golf)* **ostacolare buche a** (un avversario) **2** *(fig.)* **ostacolare.**

styptic ['stiptik] *a.* e *n.* *(farm.)* **(sostanza) astringente** ● *s. pencil,* matita emostatica.

Styrian ['stiriən] *a.* e *n.* [C] **stiriano.**

Styx [stiks] *n.* *(mitol.)* **Stige** ● *to cross the S.,* morire.

suable ['sju:əbl] *a.* *(leg.)* **perseguibile; processabile.**

suasion ['sweiʒən] *n.* [U] (spesso *moral s.*) **persuasione.**

suasive ['sweiziv] *a.* **suasivo, suadente** *(lett.)*; **persuasivo.**

suave [swa:v] *a.* **soave; delicato e gentile; blando; garbato.**

suavity ['swæviti] *n.* [U] **soavità; affabilità; garbo.**

(1) sub [sʌb] *n.* *(abbr. fam.)* **1** *(mil.)* **ufficiale subalterno; sottotenente 2 anticipo** (sul salario) **3 subordinato 4** *(naut.)* **sottomarino 5 abbonamento; prenotazione; somma sottoscritta 6 sostituto; vice.**

(2) sub [sʌb] *(lat.)* *prep.* **sotto** ● (nei dizionari) *sub voce* (abbr. *s. v.*), sotto la voce; cfr.; vedi.

(3) sub- [sʌb] *pref.* **sub-; sotto-; vice-.**

subalpine [sʌb'ælpain] *a.* *(geogr.)* **subalpino.**

subaltern ['sʌbəltən] **A** *a.* *(mil., gramm.,* ecc.*)* **subalterno B** *n.* [C] *(mil.)* **ufficiale subalterno.**

subaqueous [sʌb'eikwiəs] *a.* *(scient.)* **subacqueo; sottomarino.**

subarctic [sʌb'a:ktik] *a.* *(geogr.)* **subartico.**

subclass ['sʌbkla:s] *n.* [C] *(scient.)* **sottoclasse.**

subcommission ['sʌbkəˌmiʃən] *n.* [C] **sottocommissione.**

subcommissioner [ˌsʌbkə'miʃənə*] *n.* [C] **1 membro d'una sottocommissione 2 vice-commissario.**

subcommittee ['sʌbkəˌmiti] *n.* [C] **sottocomitato; sottocommissione.**

subconscious [sʌb'kɔnʃəs] *a.* e *n.* **subcosciente; subconscio.**

subcontract [sʌb'kɔntrækt] *n.* [C] *(leg.)* **subappalto.**

to **subcontract** [ˌsʌbkən'trækt] *v. t.* e *i.* *(leg.)* **subappaltare.**

subcontractor [ˌsʌbkən'træktə*] *n.* [C] *(leg.)* **subappaltatore.**

subcutaneous [ˌsʌbkju:'teinjəs] *a.* *(anat., med.)* **sottocutaneo.**

subdeacon [sʌb'di:kən] *n.* [C] *(relig.)* **suddiacono.**

to **subdivide** [ˌsʌbdi'vaid] *v. t.* e *i.* **suddividere, suddividersi.**

subdivision [ˌsʌbdiˌviʒən] *n.* [U] e [C] **suddivisione.**

subdominant [sʌb'dɔminənt] *n.* [C] *(mus.)* **sottodominante.**

subdual [səb'dju(:)əl] *n.* [U] **1 soggiogamento; asservimento 2 attenuamento.**

to **subdue** [səb'dju:] *v. t.* **1 soggiogare; sottomettere; assoggettare; conquistare**: *to s. nature,* assoggettare le forze della natura **2 frenare; dominare; tenere a freno; reprimere 3 attenuare; abbassare; mitigare** ● *in a subdued tone,* in tono pacato.

to **subedit** [sʌb'edit] *v. t.* **essere il secondo redattore di** (un giornale).

subeditor [sʌb'editə*] *n.* [C] (di giornale) **redattore aggiunto; secondo redattore.**

subfamily ['sʌbˌfæmili] *n.* [C] *(scient.)* **sottofamiglia.**

subgroup ['sʌbgru:p] *n.* [C] *(chim., mat.)* **sottogruppo.**

subhead ['sʌbhed] *n.* [C] (nelle scuole) **vicedirettore; vicepreside.**

subheading ['sʌbˌhediŋ] *n.* [C] *(giornalismo, tipogr.)* **sottotitolo.**

subhuman [sʌb'hju:mən] *a.* **1 inferiore all'uomo 2 subumano.**

subjacent [sʌb'dʒeisənt] *a.* **sottostante; inferiore.**

(1) subject ['sʌbdʒikt] *a.* **soggetto; sottomesso; sottoposto; esposto**: *s. nations,* nazioni soggette □ *s. tribes,* tribù sottomesse ● *s. to,* salvo: *(comm.) s. to sale* (o *s. to goods being unsold),* salvo venduto.

(2) subject ['sʌbdʒikt] *n.* [C] **1 soggetto; argomento; oggetto; materia** (di studio): *the s. of the speech (of the book, etc.),* il soggetto del discorso (del libro, ecc.) □ *(med.) a hysterical s.,* un soggetto isterico □ *to be a s. for pity,* essere oggetto di compassione **2 suddito; cittadino**: *to be a British s.,* essere cittadino britannico **3 causa; motivo; occasione**: *a s. for great sorrow,* una causa di grande dolore ● *s.-matter,* argomento; contenuto.

to **subject** [səb'dʒekt] **A** *v. t.* **1 assoggettare; soggiogare; sottomettere; sottoporre; esporre 2** *(med.)* **predisporre B** to **subject oneself** *v. rifl.* **esporsi; sottomettersi.**

subjection [səb'dʒekʃən] *n.* [U] **soggezione; assoggettamento** ● *to bring into s.,* assoggettare; soggiogare.

subjective [sʌb'dʒektiv] *a.* **1 soggettivo; personale; individuale 2** *(gramm.)* **soggettivo 3 immaginario.**

subjectivism [səb'dʒektivizəm] *n.* [U] *(filos.)* **soggettivismo.**

subjectivist [səb'dʒektivist] *n.* [C] *(filos.)* **soggettivista.**

subjectivity [ˌsʌbdʒek'tiviti] *n.* [U] **soggettività.**

to **subjoin** [sʌb'dʒɔin] *v. t.* **soggiungere; aggiungere.**

to **subjugate** ['sʌbdʒugeit] *v. t.* **soggiogare; assoggettare.**

subjugation [ˌsʌbdʒu'geiʃən] *n.* [U] **soggiogamento.**

subjugator ['sʌbdʒugeitə*] *n.* [C] **soggiogatore.**

subjunctive [səb'dʒʌŋktiv] *a.* e *n.* [C] *(gramm.)* **congiuntivo.**

sublease ['sʌbˌli:s] *n.* [C] **subaffitto; sublocazione.**

to **sublease** [sʌb'li:s] *v. t.* **subaffittare; sublocare.**

sublessee [ˌsʌble'si:] *n.* [C] **subaffittuario; sublocatario.**

to **sublet** [sʌb'let] *(pass.* e *p.p.* **sublet**) *v. t.* **subaffittare; sublocare.**

sublibrarian [ˌsʌblai'brɛəriən] *n.* [C] **vicebibliotecario.**

sublieutenant [ˌsʌblə'tenənt] *n.* [C] **1** *(mil.)* **sottotenente 2** *(naut.)* **sottotenente di vascello.**

to **sublimate** ['sʌblimeit] *v. t.* *(chim., psic.)* **sublimare** (anche *fig.*).

sublimate ['sʌblimit] *a.* e *n.* [C] *(chim.)* **sublimato.**

sublimation [ˌsʌbli'meiʃən] *n.* [U] *(chim., psic.)* **sublimazione** (anche *fig.*).

sublime [sə'blaim] *a.* **1 sublime; eccelso; sovrano 2** *(fam.)* **eccellente; straordinario** ● *the s.,* il sublime.

to **sublime** [sə'blaim] **A** *v. t.* **1 rendere sublime; sublimare 2** *(chim.)* **sublimare B** *v. i.* **1 diventare sublime 2** *(chim.)* **sublimare.**

subliminal [sʌb'liminl] *a.* *(psic.)* **subliminale.**

sublimity [sə'blimiti] *n.* [U] *(anche al pl.)* **sublimità.**

sublingual [sʌb'liŋgwəl] *a.* *(anat.)* **sublinguale; sottolinguale.**

sublunar [sʌb'lu:nə*], **sublunary** [sʌb'lu:nəri] *a.*

sublunare.
sub-machine gun [ˌsʌbməˈʃiːn gʌn] *n. (mil.)* **fucile mitragliatore; mitra.**
submarine [ˈsʌbməriːn] **A** *a.* **sottomarino; subacqueo B** *n.* [C] *(naut., mil.)* **sottomarino; sommergibile** ● *s. chaser,* cacciasommergibili □ *s. pen,* base sotterranea per sommergibili.
submariner [sʌbˈmærinə*] *n. (naut., mil.)* **sommergibilista.**
to **submerge** [səbˈməːdʒ] **A** *v. t.* **1 sommergere; immergere 2** *(fig.)* **cancellare; reprimere B** *v. i.* (specialm. di sottomarino) **sommergersi; immergersi** ● *(fig.) the submerged tenth,* i diseredati.
submersible [səbˈməːsəbl] *a.* **sommergibile.**
submersion [səbˈməːʃən] *n.* [U] e [C] **sommersione** *(raro)*; **immersione.**
submission [səbˈmiʃən] *n.* [U] **1 sottomissione; assoggettamento; resa**: *complete s.,* resa incondizionata **2 sommissione; docilità; deferenza; rispetto**: *with all due s.,* con tutto il dovuto rispetto **3 presentazione** (di q.c. a q., perché esamini, decida, ecc.).
submissive [səbˈmisiv] *a.* **sottomesso; remissivo; docile; deferente.**
submissiveness [səbˈmisivnis] *n.* [U] **sottomissione; remissività; docilità; deferenza.**
to **submit** [səbˈmit] **A** *v. t.* **sottoporre; presentare; rimettere;** *(leg.)* **demandare**: *to s. st. to sb.'s inspection,* sottoporre q.c. all'esame di q. □ *(comm.) to s. samples,* presentare campioni **B** *v. i.* **1 sottomettersi; arrendersi**: *to s. to slavery,* sottomettersi alla schiavitù **2 rimettersi** (alla decisione, al giudizio altrui); **chinare il capo** *(fig.)*; **ubbidire B** to **submit oneself** *v. rifl.* **sottomettersi; arrendersi.**
submultiple [sʌbˈmʌltipl] *n.* [C] *(mat.)* **sottomultiplo.**
subnormal [sʌbˈnɔːməl] *a.* **subnormale.**
suborder [ˈsʌbˌɔːdə*] *n.* [C] *(zool., bot.)* **sottordine.**
subordinate [səˈbɔːdinit] **A** *a.* **subordinato; soggetto; dipendente**: *(gramm.) a s. clause,* una proposizione subordinata □ *to be s. to sb.,* essere soggetto a q.; dipendere da q. **B** *n.* [C] **subordinato; dipendente.**
to **subordinate** [səˈbɔːdineit] *v. t.* **1 subordinare 2 assoggettare.**
subordination [səˌbɔːdiˈneiʃən] *n.* [U] **subordinazione; dipendenza.**
subordinative [səˈbɔːdinətiv] *a.* **subordinativo.**
to **suborn** [sʌˈbɔːn] *v. t.* **subornare; corrompere** (specialm. testimoni).
subpoena [səbˈpiːnə] *n.* [C] *(leg.)* **citazione in giudizio.**
to **subpoena** [səbˈpiːnə] *v. t. (leg.)* **citare** (q. come testimone, ecc.) **in giudizio.**
subprefect [sʌbˈpriːfekt] *n.* **sottoprefetto; viceprefetto.**
subreptitious [ˌsʌbrepˈtiʃəs] *a. (leg.)* **surrettizio.**
to **subrogate** [ˈsʌbrougeit] *v. t.* **surrogare.**
subrogation [ˌsʌbrəˈgeiʃən] *n.* [U] (specialm. *leg.*) **surrogazione.**
to **subscribe** [səbˈskraib] **A** *v. t.* **1 sottoscrivere; firmare 2 contribuire; dare come contributo B** *v. i.* **1 sottoscrivere** *(fig.)*; **aderire 2 abbonarsi; prenotarsi**: *to s. to a newspaper,* abbonarsi a un giornale **C** to **subscribe oneself** *v. rifl.* **firmarsi.**
subscriber [səbˈskraibə*] *n.* [C] **1 sottoscrittore, sottoscrittrice 2 abbonato, abbonata** ● *the s.,* il sottoscritto; *(comm.)* il contraente □ *(tel.) s. trunk dialling,* teleselezione.
subscription [səbˈskripʃən] *n.* [U] e [C] **1 sottoscrizione 2 abbonamento** (a un giornale, al teatro, ecc.).
subsection [sʌbˌsekʃən] *n.* [C] **sottosezione.**
subsequence [ˈsʌbsikwəns], **subsequency** [ˈsʌbsikwənsi] *n.* [U] **(l') essere susseguente.**
subsequent [ˈsʌbsikwənt] *a.* **susseguente; successivo; ulteriore.**
to **subserve** [səbˈsəːv] *v. t.* **giovare a; servire a; contribuire a; favorire**: *to s. a purpose,* servire a uno scopo.
subservience [səbˈsəːvjəns] *n.* [U] **1 utilità 2 ossequiosità; servilismo.**
subservient [səbˈsəːvjənt] *a.* **1 utile 2 ossequioso; servile.**
to **subside** [səbˈsaid] *v. i.* **1** (di un'alluvione) **abbassarsi; calare; decrescere 2** (del terreno, di un edificio) **abbassarsi; avvallarsi; sprofondare 3** (di tempesta, di passioni) **calmarsi; placarsi 4** *(fam.)* **lasciarsi cadere; sprofondarsi**: *to s. into an armchair,* lasciarsi cadere su una poltrona.
subsidence [səbˈsaidəns] *n.* [U] e [C] **1 abbassamento; cedimento; avvallamento; sprofondamento 2 diminuzione; cessazione 3 (il) calmarsi; (il) placarsi.**
subsidiary [səbˈsidjəri] **A** *a.* **sussidiario; ausiliario; accessorio; supplementare B** *n.* [C] **1 aiuto; assistente 2** *(comm.)* **società consociata.**
to **subsidize** [ˈsʌbsidaiz] *v. t.* **sussidiare; sovvenzionare.**
subsidy [ˈsʌbsidi] *n.* [C] **sussidio; sovvenzione.**
to **subsist** [səbˈsist] *v. i.* **vivere; sostenersi; tenersi in vita**: *to s. on charity,* vivere d'elemosina.
subsistence [səbˈsistəns] *n.* [U] **1 esistenza 2 mezzi di sussistenza** ● *(stat.) s. level,* livello minimo vitale.
subsoil [ˈsʌbsɔil] *n.* [U] **sottosuolo.**
subsonic [səbˈsɔnik] *a. (aeron.)* **subsonico.**
subspecies [ˈsʌbˌspiːʃiːz] *n. (invar. al pl.) (zool., bot.)* **sottospecie.**
substance [ˈsʌbstəns] *n.* **1** [U] e [C] **sostanza; materia; contenuto; essenza 2** [U] **consistenza; solidità; corpo; nerbo 3** [U] **sostanze; averi; beni; patrimonio** ● *in s.,* in sostanza; sostanzialmente □ *a man of s.,* un uomo agiato.
substandard [ˌsʌbˈstændəd] *a.* **1 al di sotto della norma 2** *(comm.:* di merce*)* **di qualità inferiore; scadente.**
substantial [səbˈstænʃəl] *a.* **1 sostanziale; essenziale; effettivo; concreto; reale; vero**: *a s. difference,* una differenza sostanziale □ *the s. point,* il punto essenziale **2 consistente; solido** (anche *fig.*) **3 considerevole; notevole; ragguardevole; importante 4 sostanzioso**: *a s. meal,* un pasto sostanzioso **5 agiato; ricco** ● *a s. argument,* un argomento assai valido □ *the s. truth,* la verità dei fatti.
substantiality [səbˌstænʃiˈæliti] *n.* [U] **1 sostanzialità; concretezza; realtà 2 consistenza; solidità 3 importanza; effettivo valore.**
to **substantiate** [səbˈstænʃieit] *v. t.* **addurre valide prove per; convalidare; provare**: *to s. a claim,* provare la validità di un diritto.
substantival [ˌsʌbstənˈtaivəl] *a. (gramm.)* **che funge da sostantivo; sostantivale.**
substantive [ˈsʌbstəntiv] **A** *a.* **1 effettivo; concreto; reale 2 indipendente; autonomo B** *n.* [C] *(gramm.)* **sostantivo** ● *to make a s. of an adjective,* sostantivare un aggettivo.
substation [ˈsʌbˌsteiʃən] *n.* [C] *(ferr.)* **stazione sussidiaria.**
substitute [ˈsʌbstitjuːt] *n.* [C] **1 sostituto; supplente 2 surrogato 3** *(sport)* **riserva.**
to **substitute** [ˈsʌbstitjuːt] *v. t.* e *i.* **sostituire**: *to s. cotton for wool,* sostituire il cotone alla lana □ *to s. for sb.,* sostituire q.
substitution [ˌsʌbstiˈtjuːʃən] *n.* [U] e [C] **sostituzione.**
substitutive [ˈsʌbstiˌtjuːtiv] *a.* **sostitutivo; di sostituzione.**
substratum [sʌbˈstraːtəm] *n.* (*pl.* **substrata** [sʌbˈstraːtə]) **substrato; sostrato;** *(fig.)* **fondo.**
substructure [ˈsʌbˌstrʌktʃə*] *n.* [C] **1 sottostruttura 2** *(edil.)* **sostruzione; fondazioni.**
to **subsume** [səbˈsjuːm] *v. t.* **classificare; includere** (in una categoria, ecc.).
subtenancy [sʌbˈtenənsi] *n.* [U] **subaffitto.**
subtenant [sʌbˈtenənt] *n.* [C] **subaffittuario.**
to **subtend** [səbˈtend] *v. t. (geom.)* **sottendere.**
subterfuge [ˈsʌbtəfjuːdʒ] *n.* [C] **sotterfugio; stratagemma.**
subterranean [ˌsʌbtəˈreinjən], **subterraneous** [ˌsʌbtəˈreinjəs] *a.* **sotterraneo;** *(fig.)* **celato, nascosto.**
to **subtilize** [ˈsʌtilaiz] **A** *v. i.* **sottilizzare B** *v. t.* **sot-**

tilizzare su.

subtitle ['sʌb,taitl] *n.* [C] **1** sottotitolo **2** *(cinem.)* sottotitolo; didascalia.

subtle ['sʌtl] *a.* sottile; fine; fino; acuto; sagace; ingegnoso.

subtlety ['sʌtəlti] *n.* **1** [U] sottigliezza; finezza; acume; sagacia; ingegnosità **2** [C] *(spesso al pl.)* sottigliezza.

to **subtract** [səb'trækt] (specialm. *mat.*) **A** *v. t.* sottrarre **B** *v. i.* fare una sottrazione.

subtraction [səb'trækʃən] *n.* [U] e [C] (specialm. *mat.*) sottrazione.

subtrahend ['sʌbtrəhend] *n.* [C] *(mat.)* sottraendo.

subtropical [sʌb'trɔpikəl] *a.* *(geogr.)* subtropicale.

suburb ['sʌbə:b] *n.* [C] **1** sobborgo; periferia **2** *(al pl.)* sobborghi.

suburban [sə'bə:bən] **A** *a.* **1** suburbano; della periferia **2** *(fig., spreg.)* di mentalità ristretta; provinciale **B** *n.* [C] abitante dei sobborghi.

suburbanite [sə'bə:bənait] *n.* [C] abitante dei sobborghi.

suburbia [sə'bə:biə] *n.* [U] **1** (spesso *spreg.*) sobborghi; periferia **2** usi e costumi tipici di chi vive nei sobborghi.

subvention [səb'venʃən] *n.* [C] sovvenzione; sussidio.

subversion [sʌb'və:ʃən] *n.* [U] sovversione; sovvertimento.

subversive [sʌb'və:siv] *a.* sovversivo.

to **subvert** [sʌb'və:t] *v. t.* sovvertire; rovesciare.

subway ['sʌbwei] *n.* [C] **1** sottopassaggio; passaggio sotterraneo **2** *(USA)* ferrovia sotterranea; metropolitana.

succedaneous [,sʌksi'deiniəs] *a.* succedaneo.

succedaneum [,sʌksi'deiniəm] *n.* (*pl.* **succedanea** [,sʌksi'deiniə], **succedaneums**) succedaneo; surrogato.

to **succeed** [sək'si:d] **A** *v. i.* **1** riuscire; aver successo; prosperare: *to s. in (passing) an examination,* riuscire a superare un esame **2** succedere; subentrare **B** *v. t.* succedere a; subentrare a: *Queen Elizabeth succeeded Mary,* la regina Elisabetta succedette a Maria ● *to s. to the trhone,* salire al trono.

succeeding [sək'si:diŋ] *a.* successivo; seguente; susseguente.

success [sək'ses] *n.* [U] e [C] successo: *to be spoilt by s.,* essere guastato dal successo □ *military successes,* successi militari; vittorie ● *to be a s.,* aver successo.

successful [sək'sesful] *a.* coronato da successo; di successo; fortunato; prospero; vittorioso ● *to be a s.,* aver successo.

succession [sək'seʃən] *n.* **1** [U] successione (anche *leg.*): *the s. to the throne,* la successione al trono **2** [C] successione; serie; sequela: *a s. of defeats,* una serie di sconfitte **3** [U] *(leg.)* diritto di successione ● *(leg.) s. duty,* imposta di successione.

successional [sək'seʃənl] *a.* **1** consecutivo; successivo **2** di successione.

successive [sək'sesiv] *a.* successivo; consecutivo.

successor [sək'sesə*] *n.* [C] successore.

succinct [sək'siŋkt] *a.* succinto; breve; conciso.

succinctness [sək'siŋktnis] *n.* [U] brevità; concisione.

succory ['sʌkəri] *V.* **chicory.**

succotash ['sʌkətæʃ] *n.* [U] *(USA) (cucina)* contorno di granturco e fagioli bolliti (spesso servito con carne di maiale salata).

succour ['sʌkə*] *n.* [U] soccorso; assistenza; aiuto.

to **succour** ['sʌkə*] *v. t.* soccorrere; assistere; aiutare.

succuba ['sʌkjubə] *n.* (*pl.* **succubae** ['sʌkjubi:]), **succubus** ['sʌkjubəs] *n.* (*pl.* **succubi** ['sʌkjubai]) succube.

succulence ['sʌkjuləns] *n.* [U] succulenza; succosità; squisitezza.

succulent ['sʌkjulənt] *a.* succulento; succoso; squisito ● *(bot.) s. plants,* piante succulente; piante grasse.

to **succumb** [sə'kʌm] *v. i.* soccombere; cedere; morire: *to s. to temptation,* cedere alla tentazione.

such [sʌtʃ, sətʃ] **A** *a.* **1** tale; siffatto; simile: *s. a man,* un tale uomo □ *s. a day,* un giorno simile □ *in s. a way,* in tal modo □ *His illness was not s. as to cause anxiety,* la sua malattia non era tale da preoccupare **2** così; tanto: *Don't be in s. a hurry,* non aver tanta fretta! **B** *pron.* tale, tali; questo, questi: *S. was his nature,* tale era la sua natura □ *S. are the results,* questi sono i risultati **C** *avv.* così; talmente; tanto: *s. filthy language,* un linguaggio così osceno ● *s.(-)and(-)s.,* determinato (ma non specificato): *to make s.-and-s. payments to s.-and-s. customers,* fare determinati pagamenti a determinati clienti □ *s. as,* come; per esempio: *a tradesman, s. as a baker or a shopkeeper,* un commerciante, per esempio un fornaio o un negoziante □ *s. being the case,* stando così le cose □ *and s.,* e cose del genere; e così via □ *as s.,* come tale; appunto perché tale □ *tears s. as angels weep,* lacrime pari a quelle degli angeli.

suchlike ['sʌtʃlaik] *(fam.)* **A** *a.* di tal sorta; simile; del genere **B** *pron.* persone simili; cose del genere.

to **suck** [sʌk] **A** *v. t.* **1** succhiare: *to s. milk,* succhiare il latte; poppare **2** *(fig.)* assorbire; imbeversi di; sorbire: *to s. (in) knowledge,* assorbire nozioni; imbeversi di sapere **3** aspirare; inspirare: *to s. air into one's lungs,* inspirare aria nei polmoni **B** *v. i.* **1** succhiare **2** poppare **3** *(mecc.:* di pompa) aspirare aria ● *to s. an advantage out of sb.,* strappare un vantaggio a q. □ *(fig.) to s. sb.'s brains,* sfruttare le idee di q. □ *to s. dry,* succhiare sino in fondo; *(fig.) esaurire* □ *to s. an egg,* bere un uovo (fresco) □ *to s. in,* assorbire; sorbire □ *to s. up to sb.,* adulare sfacciatamente q.; fare il leccapiedi.

suck [sʌk] *n.* [C] **1** succhiata; succhiatina; poppata: *to take a s. at st.,* dare una succhiatina a q.c. **2** *(fam.)* sorso (d'acqua, di liquore, ecc.) **3** *(al pl., pop.)* caramelle ● *to give s. (to),* allattare.

sucker ['sʌkə*] *n.* [C] **1** succhiatore, succhiatrice **2** porcellino di latte; lattonzolo **3** *(mecc.)* pistone (di pompa) **4** *(zool., mecc.)* ventosa **5** *(zool.:* d'insetto) succhiatoio; proboscide **6** *(bot.)* succhione; pollone **7** *(fam.)* caramella (dura) **8** *(pop.)* babbeo; gonzo.

sucking ['sʌkiŋ] *a.* **1** poppante; lattante **2** *(fig.)* inesperto; novellino; alle prime armi.

sucking-pig ['sʌkiŋpig] *n.* [C] porcellino di latte; lattonzolo.

to **suckle** ['sʌkl] *v. t.* allattare; dare il latte a (un poppante).

suckling ['sʌkliŋ] *n.* [C] **1** lattante; poppante **2** *(fig.)* persona inesperta; novellino ● *babes and sucklings,* gl'innocenti.

sucrose ['sju:krous] *n.* [U] *(chim.)* saccarosio.

suction ['sʌkʃən] *n.* [U] **1** *(scient.)* suzione; succhiamento **2** *(mecc.)* aspirazione ● *(mecc.) s. pump,* pompa aspirante.

Sudanese [,su:də'ni:z] *a.* e *n.* sudanese ● *the S.,* i Sudanesi.

sudarium [sju:'dεəriəm] *n.* (*pl.* **sudaria** [sju:'dεəriə]) sudario.

sudden ['sʌdn] *a.* improvviso; repentino; subitaneo ● *all of a s.,* improvvisamente; a un tratto; di colpo.

suddenness ['sʌdənnis] *n.* [U] repentinità; subitaneità.

sudoriferous [,sju:də'rifərəs] *a.* *(anat.)* sudorifero; sudorifico.

sudorific [,sju:də'rifik] *a.* e *n.* [C] *(farm.)* sudorifero.

suds [sʌdz] *n. pl.* **1** saponata **2** schiuma di sapone.

to **sue** [sju:] **A** *v. t.* **1** *(leg.)* chiamare in giudizio; citare; intentar causa a: *to be sued for libel,* esser citato per diffamazione **2** supplicare; implorare **B** *v. i.* **1** *(leg.)* intentar causa: *to sue for divorce,* intentar causa di divorzio **2** — *to sue for,* invocare; sollecitare: *to sue for peace,* sollecitare la pace.

suède [sweid] **A** *n.* [U] pelle scamosciata **B** *a.* di pelle scamosciata; scamosciato.

suet [sjuit] *n.* [U] **grasso di rognone** (di bue o di pecora).
suety ['sjuiti] *a.* **grasso; sugnoso.**
to **suffer** ['sʌfə*] *v. t.* e *i.* ***1*** **soffrire; patire; subire; sopportare; tollerare**: *to s. from headaches,* soffrire di mal di testa □ *to s. heavy losses,* subire gravi perdite □ *to s. fools gladly,* sopportare pazientemente le persone moleste ***2*** *(lett.)* **permettere; lasciare; tollerare**: *I shall not s. them to be insulted,* non permetterò che vengano insultati ***3*** **esser punito; pagare il fio**: *You will s. for it,* ne pagherai il fio ***4*** *(arc.)* **essere giustiziato.**
sufferable ['sʌfərəbl] *a.* **sopportabile; tollerabile.**
sufferance ['sʌfərəns] *n.* [U] ***1*** **sopportazione; capacità di sopportazione** ***2*** **tolleranza; acquiescenza; tacito assenso.**
sufferer ['sʌfərə*] *n.* [C] ***1*** **sofferente** ***2*** **vittima** ● *fellow-s.,* compagno di sventura.
suffering ['sʌfəriŋ] ***A*** *n.* [U] *(anche al pl.)* **sofferenza** ***B*** *a.* **sofferente.**
to **suffice** [sə'fais] *v. i.* e *t.* **bastare** (a); **essere sufficiente** (per) ● *S. it to say that...,* basti dire che...
sufficiency [sə'fiʃənsi] *n.* ***1*** [U] **sufficienza; bastevolezza** ***2*** *(generalm. con l'art. indeterm.)* **quantità sufficiente.**
sufficient [sə'fiʃənt] *a.* **sufficiente; bastevole; bastante.**
suffix ['sʌfiks] *n.* [C] *(gramm.)* **suffisso.**
to **suffix** ['sʌfiks] *v. t.* *(gramm.)* **aggiungere** (una sillaba, ecc.) **come suffisso.**
to **suffocate** ['sʌfəkeit] *v. t.* e *i.* **soffocare** (anche *fig.*); **asfissiare; sentirsi soffocare**: *to s. with rage,* soffocare dalla rabbia.
suffocation [ˌsʌfə'keiʃən] *n.* [U] **soffocazione; soffocamento; asfissia.**
suffragan ['sʌfrəgən] *a.* e *n.* *(relig.)* **(vescovo) suffraganeo.**
suffrage [ˌsʌfridʒ] *n.* ***1*** [C] **suffragio; voto** ***2*** [U] *(polit.)* **diritto di voto.**
suffragette [ˌsʌfrə'dʒet] *n.* [C] *(polit.)* **suffragetta.**
to **suffumigate** [sə'fju:migeit] *v. t.* **suffumicare, suffumigare.**
to **suffuse** [sə'fju:z] *v. t.* **cospargere; bagnare; coprire; soffondere.**
sugar ['ʃugə*] *n.* [U] ***1*** **zucchero** ***2*** *(fig.)* **lusinghe; paroline dolci, zuccherate** ● *s. almond,* confetto □ *(bot.) s.-beet* (Beta vulgaris), barbabietola da zucchero □ *s. candy,* caramella; candito □ *(bot.) s.-cane* (Saccharum officinarum), canna da zucchero □ *s. drop,* caramella □ *s. loaf,* pan di zucchero; *(fig.)* collina (o montagna) a pan di zucchero □ *s. of milk,* lattosio □ *brown s.,* zucchero scuro □ *castor s.,* zucchero in polvere □ *cube s.,* zucchero in cubetti □ *lump s.,* zucchero in zollette □ *white s.,* zucchero raffinato.
to **sugar** ['ʃugə*] *v. t.* **inzuccherare** (anche *fig.*); *(fig.)* **addolcire**: *(fig.) to s. the pill,* inzuccherare (o indorare) la pillola.
sugar-bowl ['ʃugəboul] *n.* [C] **zuccheriera.**
sugar-coated [ˌʃugə'koutid] *a.* ***1*** **rivestito di zucchero** ***2*** *(fig.)* **inzuccherato; edulcorato** *(fig.).*
sugariness ['ʃugərinis] *n.* [U] **dolcezza;** *(fig.)* **mellifluità.**
sugar-mill ['ʃugəmil] *n.* [C] **zuccherificio.**
sugar-refinery ['ʃugəriˌfainəri] *n.* [C] **raffineria di zucchero.**
sugar-tongs ['ʃugətɔŋz] *n. pl.* **mollette per lo zucchero.**
sugary ['ʃugəri] *a.* **zuccherino; zuccheroso** (anche *fig.*); *(fig.)* **melato, mellifluo.**
to **suggest** [sə'dʒest] *v. t.* ***1*** **suggerire; richiamare alla mente; proporre** ***2*** **far pensare a; indicare; essere segno di** ***3*** **asserire; sostenere.**
suggestibility [səˌdʒestə'biliti] *n.* [U] **suggestionabilità.**
suggestible [sə'dʒestəbl] *a.* ***1*** **suggestionabile** ***2*** **suggeribile.**
suggestion [sə'dʒestʃən] *n.* ***1*** [U] *(psic.)* **suggestione** ***2*** [C] **suggerimento; consiglio; proposta**: *to make a s.,* dare un suggerimento; fare una proposta ***3*** [C] **indizio; traccia** ● *full of s.,* suggestivo.
suggestive [sə'dʒestiv] *a.* ***1*** **suggestivo; che invita alla meditazione** ***2*** **allusivo; insinuante** ***3*** **provocante; invitante.**
suicidal [ˌsjui'saidl] *a.* ***1*** **suicida; di suicidio**: *s. mania,* mania suicida ***2*** *(fig.)* **fatale; rovinoso.**
suicide ['sjuisaid] *n.* ***1*** [U] **suicidio** (anche *fig.*): *moral s.,* suicidio morale ***2*** [C] **suicida** ● *to commit s.,* commettere suicidio; uccidersi.
suit [sju:t] *n.* [C] ***1*** (anche *s. of clothes*) **abito completo** (da uomo) ***2*** **abito da donna; tailleur; completo** (in più pezzi): *a two-piece s.,* un abito in due pezzi; un due pezzi ***3*** **domanda; petizione; richiesta; istanza; supplica** ***4*** *(lett.)* **domanda di matrimonio; corteggiamento** ***5*** (*leg.,* anche *lawsuit*) **azione legale; causa; processo**: *to bring a s. against sb.,* far causa a q. ***6*** (nei giochi di carte) **seme; sequela di più carte dello stesso colore** ● *(stor.) s. of armour,* armatura □ *(naut.) diving s.,* scafandro per palombaro □ *to follow s.,* (nei giochi di carte) rispondere a colore; *(fig.)* fare altrettanto (seguendo l'esempio di q.) □ *(fig., fam.) one's strong* (o *strongest) s.,* il proprio (punto) forte; il proprio cavallo di battaglia.
to **suit** [sju:t] ***A*** *v. t.* ***1*** **adattarsi** (o **addirsi, attagliarsi**) **a; essere adatto per; fare al caso di; soddisfare; contentare**: *This dress doesn't s. me,* questo vestito non mi si attaglia (o non mi sta bene) □ *The six o'clock bus will s. us very well,* l'autobus delle sei fa proprio al nostro caso ***2*** **adattare; adeguare** ***B*** *v. i.* **addirsi; andar bene; convenire** ***C*** to **suit oneself** *v. rifl.* **fare il proprio comodo; fare come si vuole**: *S. yourself, then,* fa' pure come ti pare, allora; e sia!
suitability [ˌsju:tə'biliti] *n.* [U] **convenienza; opportunità.**
suitable ['sju:təbl] *a.* **adatto; conveniente; opportuno.**
suitcase ['sju:tkeis] *n.* [C] **valigia.**
suite [swi:t] *n.* [C] ***1*** **seguito; corteo** ***2*** **arredo; mobilio** (per una stanza) ***3*** (anche *s. of rooms)* **appartamento** ***4*** *(mus.)* **suite; sequenza.**
suited ['sju:tid] *a.* **adatto; conveniente**: *You are not s. for teaching* (o *to be a teacher),* non sei adatto a fare l'insegnante.
suiting ['sju:tiŋ] *n.* [U] e [C] **tessuto per abiti** (da uomo).
suitor ['sju:tə*] *n.* [C] ***1*** **richiedente; postulante** ***2*** **pretendente; corteggiatore** ***3*** *(leg.)* **attore; parte in giudizio.**
to **sulk** [sʌlk] *v. i.* **essere di cattivo umore; essere accigliato; fare lo scontroso; tenere il broncio.**
sulkiness ['sʌlkinis] *n.* [U] ***1*** **broncio; malumore; musoneria** ***2*** **tetraggine.**
sulks [sʌlks] *n. pl.* **malumore; broncio**: *a fit of the s.,* un accesso di malumore ● *to have the s.,* fare il muso; tenere il broncio.
(1) sulky ['sʌlki] *a.* ***1*** **accigliato; imbronciato; d'umor nero; scontroso** ***2*** **cupo; fosco; tetro; scuro.**
(2) sulky ['sʌlki] *n.* *(ippica)* **« sulky »; sediolo** (veicolo a due ruote).
sullen ['sʌlən] *a.* ***1*** **arcigno; astioso; burbero** ***2*** **accigliato; imbronciato; scontroso** ***3*** **cupo; fosco; tetro.**
to **sully** ['sʌli] *v. t.* ***1*** *(lett.)* **macchiare; sporcare** ***2*** *(fig.)* **macchiare; offuscare**: *to s. one's reputation,* macchiare la propria reputazione.
sulpha drug ['sʌlfəˌdrʌg] *n.* [C] *(farm.)* **sulfamidico.**
sulphate ['sʌlfeit] *n.* [C] e [U] *(chim.)* **solfato.**
sulphide ['sʌlfaid] *n.* [C] e [U] *(chim.)* **solfuro.**
sulphite ['sʌlfait] *n.* [C] e [U] *(chim.)* **solfito**: *sodium s.,* solfito di sodio.
sulphonamides [sʌl'fɔnəmaidz] *n. pl.* *(farm.)* **sulfamidici.**
sulphur ['sʌlfə*] *n.* [U] *(chim.)* **zolfo** ● *s. bath,* bagno di zolfo □ *s. mine* (o *s. pit),* miniera di zolfo.
to **sulphur** ['sʌlfə*], to **sulphurate** ['sʌlfjureit] *v. t.* *(chim., agric.)* **solforare.**
sulphuration [ˌsʌlfju'reiʃən] *n.* [U] *(chim., agric.)* **solforazione.**
sulphurator ['sʌlfjuˌreitə*] *n.* [C] **solforatrice** (macchina).

sulphureous [sʌl'fjuəriəs] *a.* ***1*** *(chim.)* **sulfureo** ***2*** **color zolfo.**
sulphuretted ['sʌlfjuretid] *a.* *(chim.)* **solforato.**
sulphuric [sʌl'fjuərik] *a.* *(chim.)* **solforico**: *s. acid,* acido solforico.
to **sulphurize** ['sʌlfjuraiz] *v. t.* *(chim.)* **solforare.**
sulphurous ['sʌlfərəs] *a.* ***1*** *(chim.)* **solforoso** ***2*** *(fig.)* **infocato.**
sultan ['sʌltən] *n.* C **sultano.**
sultana *(def. 1* [sʌl'ta:nə], *def. 2* [səl'ta:nə]) *n.* C ***1*** **sultana** ***2*** **sultanina; uva sultanina.**
sultanate ['sʌltənit] *n.* C **sultanato.**
sultriness ['sʌltrinis] *n.* U **afa; caldo soffocante.**
sultry ['sʌltri] *a.* ***1*** **afoso; caldo e umido; soffocante**: *s. weather,* tempo afoso ***2*** *(fig.)* **focoso; appassionato.**
sum [sʌm] *n.* C ***1*** **somma;** *(mat.)* **addizione; totale; importo; ammontare** ***2*** **complesso; quantità complessiva; sintesi** ***3*** **essenza; sostanza; succo** *(fig.)* ***4*** **compendio; sunto; somma** ***5*** *(al pl., fam.)* **calcolo; aritmetica**: *to be very good at sums,* essere molto bravo nel calcolo ● *the sum total,* il totale □ *in sum,* in breve; insomma.
to **sum** [sʌm] *v. t.* (spesso *to sum up*) ***1*** *(mat.)* **sommare; addizionare** ***2*** **compendiare; ricapitolare; riassumere** ● *summing-up,* conclusioni; *(leg.)* ricapitolazione del processo.
to **summarize** ['sʌməraiz] *v. t.* **ricapitolare; riassumere.**
summary ['sʌməri] ***A*** *a.* **sommario; compendioso; per sommi capi**: *a s. account,* una relazione sommaria ***B*** *n.* C **compendio; riassunto; scaletta** *(fig.).*
summation [sʌ'meiʃən] *n.* U e C *(mat.)* **sommatoria.**
summer ['sʌmə*] ***A*** *n.* ***1*** C **estate** ***2*** *(al pl., poet.)* **anni** ***B*** *a. attr.* **d'estate; estivo**: *the s. season,* la stagione estiva ● *s.-house,* casa di campagna (per l'estate); padiglione (in un giardino) □ *s. time,* ora legale (estiva).
to **summer** ['sʌmə*] ***A*** *v. i.* **passare l'estate** ***B*** *v. t.* **estivare.**
summertime ['sʌmətaim] *n.* U **estate; stagione estiva.**
summery ['sʌməri] *a.* **estivo.**
summit ['sʌmit] *n.* C ***1*** **sommità; apice; colmo; massimo** ***2*** **cima; vetta** ***3*** *(polit.)* **vertice**: *a meeting at the s.,* un incontro al vertice.
to **summon** ['sʌmən] *v. t.* ***1*** *(leg.)* **citare in giudizio** ***2*** **convocare; chiamare a raccolta; adunare**: *to s. Parliament,* convocare il Parlamento ***3*** **invitare; intimare** ***4*** (spesso *to s. up*) **fare appello a; raccogliere**: *S. (up) your strength,* raccogli le forze! ● *to s. up one's courage,* farsi coraggio; farsi animo.
summoner ['sʌmənə*] *n.* C *(stor., leg.)* **usciere.**
summons ['sʌmənz] *n.* *(pl.* **summonses***)* ***1*** **convocazione; appello; chiamata** ***2*** *(leg.)* **mandato di comparizione** ● *(leg.) to answer a s.,* comparire in giudizio.
to **summons** ['sʌmənz] *v. t.* *(leg.)* **citare in giudizio.**
sump [sʌmp] *n.* C ***1*** *(edil.)* **pozzo nero; fossa biologica** ***2*** *(ind. mineraria)* **bacino di pompaggio** ***3*** *(mecc.)* **coppa** (dell'olio).
sumptuary ['sʌmptjuəri] *a.* **suntuario**: *s. law,* legge suntuaria.
sumptuous ['sʌmptjuəs] *a.* **sontuoso; fastoso.**
sumptuousness ['sʌmptjuəsnis] *n.* U **sontuosità; fasto.**
sun [sʌn] *n.* *(astron.)* **sole** (anche *fig.);* **astro, stella** (in genere); *(poet., retor.)* **giorno, anno**: *to sit in the sun,* star seduto al sole □ *to rise with the sun,* levarsi col sole; alzarsi di buon'ora □ *(fig.) His sun is set,* la sua stella è tramontata ● *sun-bath,* bagno di sole □ *sun-bathing,* cura del sole □ *sun-glasses,* occhiali da sole □ *sun-god,* dio del sole; il Sole (come divinità) □ *sun-helmet,* casco coloniale □ *sun-rays,* raggi del sole □ *sun-spot,* macchia solare □ *sun-worship,* culto del sole □ *(scient.) mock sun,* parelio.
to **sun** [sʌn] ***A*** *v. t.* **soleggiare; esporre al sole; asciugare al sole** ***B*** *v. i.* e to **sun oneself** *v. rifl.* **prendere il sole.**
sun-baked ['sʌn,beikt] *a.* **cotto** (o **bruciato**) **dal sole.**
to **sun-bathe** ['sʌnbeið] *v. i.* **fare la cura del sole.**
sunbeam ['sʌnbi:m] *n.* C ***1*** **raggio di sole** ***2*** *(fam.)* **persona allegra, felice; bambino contento come una Pasqua.**
sun-blind ['sʌnblaind] *n.* C **tenda, telone** (a una finestra).
sunburn ['sʌnbə:n] *n.* C e U **arrossamento, scottatura** (da eccessiva esposizione al sole).
sunburned ['sʌnbə:nd], **sunburnt** ['sʌnbə:nt] *a.* ***1*** **arso dal sole; scottato dal sole** ***2*** **abbronzato.**
sunburst ['sʌnbə:st] *n.* C ***1*** **sprazzo di sole** ***2*** **gioiello** (o **fuoco d'artificio,** ecc.) **in forma di sole raggiante.**
sundae ['sʌndi] *n.* C **gelato con pezzetti di frutta; cassata.**
Sunday ['sʌndi] *n.* **domenica** ● *S. school,* scuola (domenicale) di catechismo □ *Easter S.,* domenica di Pasqua □ *one's S. clothes (fam., one's S. best),* l'abito da festa; il vestito buono *(fam.)* □ *Palm S.,* domenica delle Palme.
sundeck ['sʌndek] *n.* C ***1*** *(naut.)* **ponte sole** ***2*** *(edil.)* **solario.**
to **sunder** ['sʌndə*] *(poet.)* ***A*** *v. t.* **disgiungere; scindere; separare** ***B*** *v. i.* **dividersi; separarsi.**
sundial ['sʌndaiəl] *n.* C **meridiana; orologio solare.**
sundown ['sʌndaun] *n.* U **tramonto**: *at s.,* al tramonto.
sundowner ['sʌn,daunə*] *n.* C *(fam.)* **aperitivo serale.**
sun-dried ['sʌndraid] *a.* (di frutta, ecc.) **seccato al sole.**
sundries ['sʌndriz] *n. pl.* ***1*** **oggetti di vario genere;** *(comm.)* **articoli vari** ***2*** *(fin.)* **spese diverse; creditori diversi.**
sundry ['sʌndri] *a.* **diversi; vari** ● *all and s.,* tutti quanti.
sunflower ['sʌn,flauə*] *n.* C *(bot.,* Helianthus annuus) **girasole.**
sung [sʌŋ] *p.p.* di to **sing.**
sunk [sʌŋk] *p.p.* di to **sink.**
sunken ['sʌŋkən] *a.* ***1*** **affondato** ***2*** **incavato; infossato.**
sun-lamp ['sʌnlæmp] *n.* C **lampada a raggi ultravioletti.**
sunless ['sʌnlis] *a.* **senza sole; cupo; tetro.**
sunlight ['sʌnlait] *n.* U **luce del sole; luce solare.**
sunlit ['sʌnlit] *a.* **soleggiato; illuminato dal sole.**
sunny ['sʌni] *a.* ***1*** **soleggiato; solatio; esposto al sole; assolato; aprico** *(lett.)* ***2*** *(fig.)* **allegro; felice; gioioso** ● *(fig.) to look on the s. side of things,* vedere il lato buono delle cose; essere ottimista □ *(fam.) to be on the s. side of forty,* non avere ancora passato i quarant'anni.
sunproof ['sʌn,pru:f] *a.* **resistente ai raggi del sole.**
sunrise ['sʌnraiz] *n.* C **levar del sole; aurora** ● *at s.,* al levar del sole.
sunset ['sʌnset] *n.* C **tramonto** ● *at s.,* al tramonto.
sunshade ['sʌn,ʃeid] *n.* C ***1*** **parasole** ***2*** **tenda; telone** (di bottega).
sunshine ['sʌn,ʃain] *n.* U ***1*** **luce del sole; sole; bel tempo**: *to walk in the s.,* passeggiare al sole ***2*** *(fig.)* **letizia; gioia** ● *(autom.) s. roof,* tetto apribile.
sunstroke ['sʌn,strouk] *n.* U *(med.)* **colpo di sole; insolazione.**
sunstruck ['sʌn,strʌk] *a.* *(med.)* **colpito da insolazione.**
sunsuit ['sʌn,sju:t] *n.* C **prendisole** (indumento).
suntan ['sʌn,tæn] *n.* C **abbronzatura; tintarella** ● *s. cream,* crema abbronzante.
sunward ['sʌnwəd] *a.* **esposto al sole; volto verso il sole.**
sunwise ['sʌnwaiz] *avv.* *(scient.)* **in senso orario.**
sup [sʌp] *n.* C **sorso.**
(1) to **sup** [sʌp] *v. t.* e *i.* **bere a piccoli sorsi; sor-**

seggiare.
(2) to **sup** [sʌp] *v. i.* **cenare.**
super ['sju:pə*] *(fam.)* ***A*** *n.* [C] ***1*** *(teatr.)* **comparsa** ***2*** **sovrintendente** ***B*** *a.* **sopraffino; eccellente; favoloso** *(fam.).*
super- ['sju:pə*] *pref.* **super-; sopra-, sovra-; ultra-; iper-.**
superable ['sju:pərəbl] *a.* **superabile.**
superabundance [ˌsju:pərə'bʌndəns] *n.* [U] **sovrabbondanza.**
superabundant [ˌsju:pərə'bʌndənt] *a.* **sovrabbondante.**
to **superannuate** [ˌsju:pə'rænjueit] *v. t.* ***1*** **mettere** (un impiegato, ecc.) **in pensione; collocare a riposo** (per raggiunti limiti d'età); **giubilare** ***2*** **scartare** (un oggetto, macchinario, ecc.) **perché antiquato.**
superannuated [ˌsju:pə'rænjueitid] *a.* ***1*** **pensionato; collocato a riposo** ***2*** **inabile al lavoro** (per vecchiaia) ***3*** (di macchinario, di idee, ecc.) **antiquato.**
superannuation [ˌsju:pəˌrænju'eiʃən] *n.* ***1*** [U] **collocamento a riposo, pensionamento** (per limiti d'età) ***2*** [C] **pensione** (di vecchiaia).
superb [sju:'pə:b] *a.* **superbo; magnifico; splendido; stupendo.**
supercargo ['sju:pəˌka:gou] *n.* (*pl.* **supercargoes**) *(naut.)* **commissario di bordo** (di nave mercantile).
to **supercharge** ['sju:pətʃa:dʒ] *v. t.* *(mecc.)* **sovralimentare.**
supercharger ['sju:pəˌtʃa:dʒə*] *n.* [C] *(mecc.)* **compressore.**
superciliary [ˌsju:pə'siliəri] *a.* **sopracciliare.**
supercilious [ˌsju:pə'siliəs] *a.* **altezzoso; altero; sdegnoso.**
supercity ['sju:pəˌsiti] *n.* [C] *(urbanistica)* **megalopoli.**
supercivilized [ˌsju:pə'sivilaizd] *a.* **ultracivile.**
to **supercool** ['sju:pəku:l] *v. t.* *(fis., chim.)* **sopraffondere; surraffreddare.**
supercooling ['sju:pəku:liŋ] *n.* [U] *(fis., chim.)* **sopraffusione; surraffreddamento.**
superduper [ˌsju:pə'du:pə*] *a.* *(pop.)* **favoloso** *(fam.)*; **stupendo.**
superego [ˌsju:pər'egou] *n.* *(psic.)* **super-io.**
superelevation [ˌsju:pərˌeli'veiʃən] *n.* [U] e [C] *(costr. stradali, ferr.)* **sopraelevazione.**
supererogation [ˌsju:pərˌerə'geiʃən] *n.* [U] **zelo eccessivo.**
supererogatory [ˌsju:pəre'rɔgətəri] *a.* **troppo zelante.**
superexcellent [ˌsju:pər'eksələnt] *a.* **sovraeccellente.**
superfatted [ˌsju:pə'fætid] *a.* (di sapone) **oltremodo ricco di grassi.**
superficial [ˌsju:pə'fiʃəl] *a.* ***1*** **superficiale** ***2*** (di misura) **di superficie.**
superficiality [ˌsju:pəˌfiʃi'æliti] *n.* [U] *(anche al pl.)* **superficialità.**
superficies [ˌsju:pə'fiʃi:z] *n.* *(invar. al pl.)* **superficie.**
superfine [ˌsju:pə'fain] *a.* ***1*** (di merce) **sopraffino; finissimo** ***2*** (di persona) **troppo raffinato; affettato.**
superfluity [ˌsju:pə'flu:iti] *n.* [U] e [C] **superfluità.**
superfluous [sju(:)'pə:fluəs] *a.* **superfluo; in eccesso.**
to **superheat** ['sju:pəˌhi:t] *v. t.* **surriscaldare.**
superheater [ˌsju:pə'hi:tə*] *n.* [C] **surriscaldatore** (apparecchio).
superheating [ˌsju:pə'hi:tiŋ] *n.* [U] **surriscaldamento.**
superheterodyne [ˌsju:pə'hetərəˌdin] *n.* [C] *(elettron.)* **supereterodina.**
superhuman [ˌsju:pə'hju:mən] *a.* **sovrumano.**
to **superimpose** [ˌsju:pərim'pouz] *v. t.* **sovrapporre; sovrimporre.**
to **superintend** [ˌsju:pərin'tend] *v. t.* e *i.* **soprintendere (a); sorvegliare; controllare.**
superintendence [ˌsju:pərin'tendəns] *n.* [U] **soprintendenza.**
superintendent [ˌsju:pərin'tendənt] *n.* [C] ***1*** **soprintendente; supervisore** ***2*** (nella polizia) **commissario.**
superior [sju:'piəriə*] ***A*** *a.* ***1*** **superiore**: *s. officers,* ufficiali superiori ***2*** **di qualità superiore; eccellente; ottimo** ***3*** **altezzoso; sprezzante** ***B*** *n.* [C] ***1*** **superiore** ***2*** *(relig.)* **superiore** (di convento): *the Father S.*, il padre superiore ● *to be s. to bribery,* essere incorruttibile □ *by s. wisdom,* con grande saggezza □ *(relig.) Mother S.*, madre superiora; superiora (di convento) □ *with a s. air,* con aria di superiorità □ *He has no s. in courage,* quanto a coraggio, nessuno lo supera.
superiority [sju:ˌpiəri'ɔriti] *n.* [U] **superiorità** ● *(psic.) s. complex,* complesso di superiorità.
superjacent [ˌsju:pə'dʒeisənt] *a.* **sovrastante; incombente.**
superlative [sju:'pə:lətiv] ***A*** *a.* **superlativo; eccellente; sommo**: *(gramm.) the s. degree,* il grado superlativo □ *s. goodness,* somma bontà ***B*** *n.* *(gramm.)* **superlativo** ● *to speak in superlatives,* fare uso esagerato di superlativi; esagerare.
superman ['sju:pəmæn] *n.* (*pl.* **supermen** ['sju:pəmen]) **superuomo.**
supermarket ['sju:pəˌma:kit] *n.* [C] **supermercato.**
supernal [sju(:)'pə:nl] *a.* *(lett.)* **superno; celeste; divino.**
supernatural [ˌsju:pə'nætʃrəl] *a.* **soprannaturale.**
supernaturalism [ˌsju:pə'nætʃrəlizəm] *n.* [U] **fede nel soprannaturale.**
supernormal [ˌsju:pə'nɔ:məl] *a.* **superiore alla norma.**
supernumerary [ˌsju:pə'nju:mərəri] ***A*** *a.* **soprannumerario; in eccesso; superfluo** ***B*** *n.* [C] ***1*** **impiegato soprannumerario** ***2*** **cosa superflua** ***3*** *(teatr.)* **comparsa.**
supernutrition [ˌsju:pənju:'triʃən] *n.* [U] **ipernutrizione; superalimentazione.**
superphosphate [ˌsju:pə'fɔsfeit] *n.* [C] e [U] *(chim.)* **perfosfato.**
to **superpose** [ˌsju:pə'pouz] *v. t.* **sovrapporre.**
superposition [ˌsju:pəpə'ziʃən] *n.* [U] e [C] **sovrapposizione.**
superpower ['sju:pəˌpauə*] *n.* [C] *(polit.)* **superpotenza.**
to **supersaturate** [ˌsju:pə'sætʃəreit] *v. t.* *(fis., chim.)* **soprassaturare.**
supersaturation [ˌsju:pəˌsætʃə'reiʃən] *n.* [U] *(fis., chim.)* **soprassaturazione.**
to **superscribe** [ˌsju:pə'skraib] *v. t.* **scrivere (o incidere) sopra** (q.c.).
superscription [ˌsju:pə'skripʃən] *n.* [C] ***1*** **soprascritta; iscrizione** ***2*** **indirizzo.**
to **supersede** [ˌsju(:)pə'si:d] *v. t.* ***1*** **soppiantare; prendere il posto di** (q.) ***2*** **scartare; sostituire** (macchinari, ecc.).
supersensitive [ˌsju:pə'sensitiv] *a.* **ipersensibile.**
supersession [ˌsju:pə'seʃən] *n.* [U] **sostituzione; rimpiazzo.**
supersonic [ˌsju:pə'sɔnik] ***A*** *a.* ***1*** *(fis.)* **ultrasonoro; supersonico** ***2*** *(aeron.)* **supersonico** ***B*** *n.* [C] *(fis.)* **ultrasuono.**
superstition [ˌsju:pə'stiʃən] *n.* [C] e [U] **superstizione; pregiudizio.**
superstitious [ˌsju:pə'stiʃəs] *a.* **superstizioso.**
superstitiousness [ˌsju:pə'stiʃəsnis] *n.* [U] **superstiziosità.**
superstructure ['sjupəˌstrʌktʃə*] *n.* [C] ***1*** *(costr., naut.)* **sovrastruttura** *(anche fig.)* ***2*** *(ferr.)* **armamento.**
supertanker ['sju:pəˌtænkə*] *n.* [C] *(naut.)* **superpetroliera.**
supertax ['sju:pətæks] *n.* [C] e [U] **imposta addizionale.**
superterrestrial [ˌsju:pətə'restrjəl] *a.* **ultraterreno.**
to **supervene** [ˌsju:pə'vi:n] *v. i.* **sopravvenire; sopraggiungere.**
to **supervise** ['sju:pəvaiz] *v. t.* **soprintendere a** (q.c.); **dirigere.**
supervision [ˌsju:pə'viʒən] *n.* [U] **soprintendenza; sorveglianza.**

supervisor ['sju:pəvaizə*] *n.* [C] **soprintendente; supervisore.**
supervisory [,sju:pə'vaizəri] *a.* **direttivo; di sorveglianza.**
(1) supine [sju:'pain] *a.* ***1*** **supino; sdraiato** ***2*** *(fig.)* **indolente; inerte.**
(2) supine [sju:'pain] *n.* [C] *(gramm. lat.)* **supino.**
supper ['sʌpə*] *n.* [C] e [U] **cena** ● *to have s.*, cenare □ *(relig., pitt.) the Last S.*, l'Ultima Cena.
supperless ['sʌpəlis] *a.* **senza cena.**
suppertime ['sʌpətaim] *n.* [U] **ora di cena.**
to **supplant** [sə'pla:nt] *v. t.* **soppiantare; prendere il posto di** (q.); **fare lo sgambetto a** (q.) *(fig.)*.
supple ['sʌpl] *a.* ***1*** **flessibile; pieghevole** ***2*** **agile** (anche *fig.*) ***3*** *(fig.)* **arrendevole; cedevole; docile.**
to **supple** ['sʌpl] ***A*** *v. t.* **rendere flessibile** (o **arrendevole, docile**) ***B*** *v. i.* **diventare flessibile** (o **arrendevole, docile**).
supplement ['sʌplimənt] *n.* [C] ***1*** **supplemento; aggiunta** ***2*** *(geom.)* **supplemento; angolo supplementare** ***3*** **supplemento** (di un giornale) ***4*** (d'enciclopedia, ecc.) **volume d'aggiornamento.**
to **supplement** ['sʌpli,ment] *v. t.* **completare; integrare.**
supplementary [,sʌpli'mentəri] *a.* **supplementare; addizionale; integrativo; suppletivo** ● *s. benefit*, assegno straordinario (a un dipendente statale, ecc.).
suppleness ['sʌpəlnis] *n.* [U] ***1*** **flessibilità; pieghevolezza** ***2*** **agilità** (anche *fig.*) ***3*** *(fig.)* **arrendevolezza; docilità.**
suppliant ['sʌpliənt] ***A*** *a.* **supplichevole; supplice** ***B*** *n.* [C] **supplicante; supplice.**
supplicant ['sʌplikənt] *n.* [C] **supplicante; supplice.**
to **supplicate** ['sʌplikeit] *v. t.* e *i.* **supplicare; scongiurare.**
supplication [,sʌpli'keiʃən] *n.* [C] e [U] **supplica.**
supplier [sə'plaiə*] *n.* [C] *(comm.)* **fornitore; approvvigionatore.**
to **supply** [sə'plai] *v. t.* ***1*** **fornire; provvedere**: *to s. sb. with st.*, fornire q.c. a q. ***2*** **soddisfare**: *to s. a need*, soddisfare un bisogno ● *to s. a deficiency*, colmare una deficienza □ *to s. a loss*, riparare una perdita □ *to be well supplied with st.*, essere ben provvisto di q.c.
supply [sə'plai] *n.* ***1*** [U] e [C] **fornitura; rifornimento** ***2*** [C] **provvista; scorta; riserva** ***3*** [U] *(econ.)* **offerta**: *the law of s. and demand*, la legge della domanda e dell'offerta ***4*** [C] *(fin., polit.)* **stanziamento; sovvenzione** ***5*** *(al pl.)* **provviste; viveri** ***6*** *(al pl.) (mil.)* **rifornimenti** ***7*** [C] **sostituto; supplente** ● *(comm.) s. on hand*, scorta di magazzino.
to **support** [sə'pɔ:t] ***A*** *v. t.* ***1*** **sostenere; appoggiare; reggere; sorreggere; difendere; patrocinare**: *to s. a party*, appoggiare un partito ***2*** **sopportare; tollerare** ***3*** **mantenere; sostentare; nutrire; sfamare**: *to have a large family to s.*, avere una famiglia numerosa da mantenere ***4*** **sovvenzionare** ***5*** **confermare; convalidare; rafforzare; suffragare**: *to s. a statement with evidence*, suffragare un'affermazione con prove ***B*** to **support oneself** *v. rifl.* **guadagnarsi la vita** ● *(teatr.) to s. an actor*, fare da spalla a un attore □ *(sport) to s. a team*, fare il tifo per una squadra □ *(cinem.) supporting film*, pellicola secondaria (fuori programma) □ *(mil.) supporting troops*, truppe di rincalzo.
support [sə'pɔ:t] *n.* ***1*** [C] (anche *fig.*) **appoggio; sostegno; puntello** ***2*** [U] **sostentamento; mantenimento** ***3*** [C] *(mecc.)* **supporto** ● *to give s. to sb.*, appoggiare q. □ *to speak in s. of sb.*, prendere le difese di q.
supportable [sə'pɔ:təbl] *a.* **sopportabile; tollerabile.**
supporter [sə'pɔ:tə*] *n.* [C] ***1*** **sostenitore; aderente; fautore** ***2*** **sovvenzionatore; donatore** ***3*** **sostentatore; mantenitore** ***4*** *(sport)* **tifoso** *(fam.)* ***5*** *(polit.)* **fiancheggiatore** ***6*** *(araldica)* **sostegno.**
to **suppose** [sə'pouz] ***A*** *v. t.* ***1*** **supporre; immaginare; ipotizzare; credere; pensare**: *(mat.) Suppose A equals B*, supponiamo che A sia uguale a B □ *You'll be there, I s.*, immagino che tu ci sarai □ *I s. so*, credo di sì; mi pare ***2*** **presupporre** ***B*** *v. i.* **congetturare; fare supposizioni** ● *to be supposed to*, avere il dovere di, essere tenuto a (fare q.c.) □ *S. we go for a walk*, e se andassimo a fare una passeggiata? □ *S. he should come back*, metti caso che lui ritorni.
supposed [sə'pouzd] *a.* **supposto; ipotetico; putativo.**
supposedly [sə'pouzidli] *avv.* ***1*** **secondo le supposizioni** ***2*** **apparentemente; stando alle apparenze.**
supposing [sə'pouziŋ] *cong.* **supposto che; nel caso che; ammesso che.**
supposition [,sʌpə'ziʃən] *n.* [U] e [C] **supposizione; ipotesi.**
supposititious [sə,pɔzi'tiʃəs] *a.* **falso; spurio.**
suppository [sə'pɔzitəri] *n.* [C] *(farm.)* **supposta.**
to **suppress** [sə'pres] *v. t.* ***1*** **sopprimere; abolire; annullare; omettere; nascondere** ***2*** **reprimere; domare; soffocare; trattenere**: *to s. a yawn*, trattenere uno sbadiglio □ *to s. one's feelings*, soffocare i propri sentimenti ***3*** *(med.)* **arrestare** (una emorragia, ecc.) ● *to s. a book*, proibire la pubblicazione di un libro □ *(leg.) to s. evidence*, occultare le prove.
suppression [sə'preʃən] *n.* [U] e [C] ***1*** **soppressione** ***2*** **repressione.**
to **suppurate** ['sʌpjuəreit] *v. i.* *(med.)* **suppurare.**
suppuration [,sʌpjuə'reiʃən] *n.* [U] *(med.)* **suppurazione.**
supranational [,sju:prə'næʃənl] *a.* **supernazionale.**
suprarenal [,sju:prə'ri:nl] *a.* *(anat.)* **surrenale.**
supremacy [sju'preməsi] *n.* [U] **supremazia; primato.**
supreme [sju(:)'pri:m] *a.* **supremo; altissimo; massimo; sommo.**
surah ['suərə] *n.* [U] *(ind. tessile)* **surah.**
surcharge ['sə:tʃa:dʒ] *n.* [C] ***1*** **sovraccarico; carico eccessivo** ***2*** **soprattassa** ***3*** *(comm.)* **soprapprezzo; supplemento.**
to **surcharge** [sə:'tʃa:dʒ] *v. t.* ***1*** **sovraccaricare** ***2*** **applicare una soprattassa a** ***3*** **far pagare di più; maggiorare il prezzo di** (q.c.).
surd [sə:d] *(mat.)* ***A*** *a.* **irrazionale** ***B*** *n.* [C] **numero irrazionale.**
sure [ʃuə*] ***A*** *a.* ***1*** **sicuro; certo; fermo; saldo; fidato**: *I am s. he will come*, sono sicuro che verrà □ *a s. footing*, un appoggio sicuro □ *with a s. step*, con passo fermo ***2*** **abile; esperto; provetto; infallibile**: *a s. shot*, un tiratore provetto ***B*** *avv.* *(fam. USA)* **certo; senza dubbio** ● *(avv.) to be s.*, certo; in verità □ *(fam.) s. enough*, certamente, di sicuro; infatti □ *to be s. of oneself*, essere sicuro di sé □ *for s.*, di sicuro; per certo □ *to make s.*, convincersi; accertarsi; assicurarsi □ *to make s. of a fact*, appurare un fatto □ *He is s. to come*, verrà di sicuro □ *Be s. to come*, non mancare (di venire)!
surefire ['ʃuəfaiə*] *a. attr.* *(fam.)* ***1*** **immancabile** ***2*** **infallibile.**
sure-footed [,ʃuə'futid] *a.* ***1*** **che ha il piede fermo; saldo sulle gambe** ***2*** *(fig.)* **sicuro di sé; che non fa passi falsi.**
surely ['ʃuəli] *avv.* ***1*** **certamente; di sicuro; senza dubbio; per certo** ***2*** **fermamente; saldamente** ***3*** **certo; indubbiamente.**
sureness ['ʃuənis] *n.* [U] ***1*** **sicurezza; certezza** ***2*** **infallibilità.**
surety ['ʃuəti] *n.* [C] e [U] ***1*** *(leg.)* **cauzione; garanzia; malleveria** ***2*** *(leg.)* **garante; mallevadore**: *to stand s. for sb.*, farsi garante per q.
surf [sə:f] *n.* ***1*** [U] **frangenti** (del mare); **risacca** ***2*** [U] **spuma dei frangenti** ***3*** [C] **« surf »** (ballo).
to **surf** [sə:f] *v. i.* (*sport*, anche *to surf-ride*) **praticare il « surfing ».**
surface ['sə:fis] ***A*** *n.* [C] ***1*** *(geom.)* **superficie; faccia** ***2*** *(fig.)* **apparenza; aspetto esteriore** ***3*** (d'acqua) **specchio** ***4*** (di strada) **piano stradale** ***B*** *a. attr.* **superficiale; esteriore; apparente** ● *(fig.) below the s.*, al fondo □ *(naut.) to break s.*, affiorare, venire a galla (di sommergibili) □ *(fig.) on the s.*, in apparenza □ *to rise to the s.*, venire a galla; emergere.
to **surface** ['sə:fis] ***A*** *v. t.* ***1*** *(falegnameria, mecc.)* **levigare la superficie di** (q.c.) ***2*** *(naut.)* **far emergere** (un sottomarino) ***B*** *v. i.* *(naut.)* **venire a galla** (anche *fig.*); **affiorare; emergere.**

surface-active [ˌsəːfis'æktiv] *a.* *(chim.)* **tensioattivo** ● *s. agent,* tensioattivo *(sost.).*
surface-to-air [ˌsəːfistu'ɛə*] *a.* (di missili) **superficie-aria.**
surf-board ['səːfˌbɔːd] *n.* [C] *(sport)* **tavola da « surfing ».**
surfeit ['səːfit] *n.* *(di solito al sing.)* ***1*** **eccesso** ***2*** **sazietà; indigestione**: *to have a s. of st.*, fare un'indigestione di q.c.
to **surfeit** ['səːfit] ***A*** *v. t.* ***1*** **rimpinzare** ***2*** *(fig.)* **nauseare** ***B*** *v. i.* e to **surfeit oneself** *v. rifl.* **rimpinzarsi; satollarsi.**
surfer ['səːfə*] *n.* [C] *(sport)* **chi pratica il « surfing »; surfista.**
surfing ['səːfiŋ] *n.* [U] *(sport)* **« surfing »; « surf ».**
surge [səːdʒ] *n.* [C] ***1*** **flutto; maroso; ondata** ***2*** *(fig.)* **slancio; impulso.**
to **surge** [səːdʒ] *v. i.* (delle onde e *fig.*) **agitarsi; ondeggiare; rifluire;** (del mare) **gonfiarsi.**
surgeon ['səːdʒən] *n.* [C] ***1*** **chirurgo** ***2*** *(naut., mil.)* **ufficiale medico** ● *dental s.*, dentista.
surgery ['səːdʒəri] *n.* ***1*** [U] **chirurgia** ***2*** [C] **gabinetto medico; ambulatorio** ● (di medico) *s. hours,* orario di consultazione.
surgical ['səːdʒikəl] *a.* **chirurgico** ● *s. boot,* scarpa ortopedica.
surly ['səːli] *a.* **arcigno; burbero; scontroso.**
surmise ['səːmaiz] *n.* [C] **congettura; ipotesi; supposizione.**
to **surmise** [səː'maiz] *v. t.* e *i.* **congetturare; supporre.**
to **surmount** [səː'maunt] *v. t.* **sormontare; superare; vincere** ● *peaks surmounted with snow,* vette nevose.
surname ['səːneim] *n.* [C] **cognome; nome di famiglia.**
to **surname** ['səːneim] *v. t.* ***1*** **soprannominare** ***2*** **dare il cognome a** (q.).
to **surpass** [səː'pɑːs] *v. t.* **sorpassare; superare; essere superiore a** (q., q.c.).
surpassing [səː'pɑːsiŋ] *a.* **eccellente; superiore; senza pari.**
surplice ['səːpləs] *n.* [C] *(relig.)* **cotta; rocchetto.**
surplus ['səːpləs] *n.* [C] ***1*** **soprappiù; eccesso; eccedenza** ***2*** *(econ., fin.)* **residuo attivo** ● *s. population,* eccesso di popolazione □ *(econ.) s. value,* plusvalore.
surprise [sə'praiz] *n.* [U] e [C] **sorpresa; meraviglia; stupore**: *to cause great s.*, provocare grande stupore ● *to take by s.*, prendere di sorpresa; cogliere alla sprovvista □ *to my great s.*, con mia grande sorpresa.
to **surprise** [sə'praiz] *v. t.* ***1*** **sorprendere; meravigliare; stupire** ***2*** **sorprendere; cogliere alla sprovvista; prendere di sorpresa** ● *to s. sb. into doing st.*, strappare q.c. a q. prendendolo alla sprovvista □ *to be surprised,* sorprendersi; stupirsi; meravigliarsi: *I am surprised at you,* mi meraviglio di te!
surprisedly [sə'praizidli] *avv.* **con aria stupita; con (grande) stupore.**
surprising [sə'praiziŋ] *a.* **sorprendente; stupefacente.**
surrealism [sə'riəlizəm] *n.* [U] *(letter., arte)* **surrealismo.**
surrealist [sə'riəlist] *n.* [C] *(letter., arte)* **surrealista.**
surrealistic [səˌriə'listik] *a.* **surrealistico.**
to **surrender** [sə'rendə*] ***A*** *v. t.* ***1*** **cedere; consegnare; abbandonare; rinunziare a**: *to s. all hope,* abbandonare ogni speranza □ *to s. one's liberty,* rinunziare alla libertà ***2*** *(ass.)* **riscattare** (una polizza d'assicurazione) ***B*** *v. i.* **arrendersi; capitolare** ***C*** to **surrender oneself** *v. rifl.* **arrendersi;** *(fig.)* **abbandonarsi** ● *(leg.) to s. oneself to justice,* costituirsi (all'autorità giudiziaria).
surrender [sə'rendə*] *n.* [C] e [U] ***1*** **resa; capitolazione** ***2*** **cessione; consegna; abbandono** ***3*** *(ass.)* **riscatto** (di una polizza).
surreptitious [ˌsʌrəp'tiʃəs] *a.* **clandestino; furtivo; subdolo;** *(leg.)* **surrettizio**: *a s. edition,* un'edizione clandestina (di un libro).
surrogate ['sʌrəgit] *n.* [C] **delegato** (specialm. di un vescovo).
to **surround** [sə'raund] *v. t.* **circondare; cingere; accerchiare.**
surrounding [sə'raundiŋ] *a.* **circostante; circonvicino.**
surroundings [sə'raundiŋz] *n. pl.* ***1*** **dintorni** ***2*** **ambiente.**
surtax ['səːˌtæks] *n.* [C] e [U] *(fin.)* **soprattassa; imposta addizionale.**
to **surtax** ['səːˌtæks] *v. t.* **soprattassare; gravare con soprattassa.**
surveillance [səː'veiləns] *n.* [U] **sorveglianza; vigilanza.**
to **survey** [səː'vei] *v. t.* ***1*** **osservare; contemplare; esaminare; scrutare; squadrare** (con l'occhio) ***2*** **ispezionare; visitare** ***3*** *(comm.)* **fare la perizia di** (q.c.); **stimare; valutare** ***4*** *(topografia)* **rilevare.**
survey ['səːvei] *n.* [C] ***1*** **veduta; vista** ***2*** **esame; indagine; rassegna; compendio** ***3*** **ispezione; perizia; stima; valutazione** ***4*** *(topografia)* **rilievo topografico** ***5*** (anche *s. map)* **mappa catastale; carta topografica.**
surveying [səː'veiiŋ] *n.* [U] **agrimensura; misurazione topografica.**
surveyor [səː'veiə*] *n.* [C] ***1*** **geometra; agrimensore; topografo** ***2*** **ispettore; controllore** ***3*** *(ass.)* **perito** ***4*** *(USA)* **doganiere.**
survival [sə'vaivəl] *n.* ***1*** [U] **sopravvivenza** ***2*** [C] **credenza** (o **consuetudine, usanza) d'altri tempi; reliquia.**
to **survive** [sə'vaiv] ***A*** *v. i.* **sopravvivere; essere ancora in vita** ***B*** *v. t.* ***1*** **sopravvivere a** (q.) ***2*** **scampare a** (q.c.).
survivor [sə'vaivə*] *n.* [C] **sopravvissuto; superstite.**
susceptibility [səˌseptə'biliti] *n.* [U] ***1*** *(anche al pl.)* **suscettibilità** ***2*** **sensibilità** ***3*** *(med.)* **predisposizione** (a una malattia).
susceptible [sə'septəbl] *a.* ***1*** **suscettibile**: *s. of improvement,* suscettibile di miglioramento ***2*** **sensibile**: *s. to flattery,* sensibile all'adulazione ***3*** *(med.)* **predisposto; soggetto**: *to be s. to influenza,* andare soggetto all'influenza.
susceptive [sə'septiv] *a.* ***1*** **suscettivo; suscettibile** ***2*** **ricettivo.**
to **suspect** [səs'pekt] *v. t.* e *i.* ***1*** **sospettare; essere sospettoso; diffidare** (di); **subodorare**: *I s. him of lying,* sospetto ch'egli menta □ *to s. a plot,* sospettare che si stia macchinando qualcosa ***2*** **credere; immaginare; congetturare; presumere; supporre**: *I s. him to be* (o *that he is) a traitor,* credo che sia un traditore.
suspect ['sʌspekt] ***A*** *n.* [C] **persona sospetta; sospetto** ***B*** *a. pred.* **sospetto.**
suspectable [səs'pektəbl] *a.* **sospettabile.**
to **suspend** [səs'pend] *v. t.* **sospendere; attaccare, appendere; differire, tenere in sospeso**: *to s. a chandelier from the ceiling,* appendere un lampadario al soffitto □ *(comm.) to s. payment,* sospendere i pagamenti □ *to s. sb. from office,* sospendere q. dall'ufficio.
suspender [səs'pendə*] *n.* ***1*** [C] **giarrettiera** ***2*** *(al pl., USA)* **bretelle** ● *s. belt,* reggicalze.
suspense [səs'pens] *n.* [U] **sospensione d'animo; ansia; apprensione** ● *to keep sb. in s.*, tenere q. con l'animo sospeso.
suspension [səs'penʃən] *n.* [U] **sospensione** (anche dal lavoro); **dilazione; differimento**: *(comm.) s. of payment,* sospensione dei pagamenti ● *s. bridge,* ponte sospeso.
suspensory [səs'pensəri] *a.* *(scient.)* **sospensorio.**
suspicion [səs'piʃən] *n.* ***1*** [C] e [U] **sospetto**: *to be above s.*, essere al di sopra di ogni sospetto □ *to have suspicions,* nutrire sospetti ***2*** *(al sing. con l'art. indeterm.)* **traccia; (un) po'; (un) tantino**: *a s. of sadness,* un po' di tristezza ● *(leg.) imprisonment on s.*, detenzione preventiva □ *to be under s.*, essere sospettato.
suspicious [səs'piʃəs] *a.* ***1*** **sospettoso; diffidente** ***2*** **sospetto**: *under s. circumstances,* in circostanze so-

spette **3** (*di persona*) **sospettabile; sospetto; losco**: *a s. character,* un tipo sospetto ● *to become s.,* insospettirsi.

suspiciousness [səs'piʃəsnis] *n.* [U] **1 sospettosità; diffidenza 2 natura sospetta.**

to **sustain** [səs'tein] *v. t.* **1 sostenere; reggere; sopportare; subire**: *to s. a heavy loss,* subire una grave perdita □ (*teatr.*) *to s. a part,* sostenere una parte **2** (*leg.*) **appoggiare; approvare; accogliere**: *to s. a claim,* appoggiare una rivendicazione **3 confermare; convalidare; corroborare**: *to s. a charge,* confermare un'accusa ● (*mus.*) *to s. a note,* tenere una nota.

sustenance ['sʌstinəns] *n.* [U] **sostentamento; nutrimento.**

sutler ['sʌtlə*] *n.* [C] (*mil., stor.*) **vivandiere.**

suture ['su:tʃə*] *n.* [C] (*anat., med.*) **sutura.**

to **suture** ['su:tʃə*] *n.* (*med.*) **suturare.**

suzerain ['su:zərein] *n.* [C] (*polit.*) **stato che ha diritti di sovranità su un altro.**

suzerainty ['su:zəreinti] *n.* [U] (*polit.*) **sovranità.**

svelte [svelt] (*franc.*) *a.* **svelto; snello; slanciato.**

swab [swɔb] *n.* [C] **1 strofinaccio 2** (*naut.*) **redazza, radazza 3** (*med.*) **tampone 4** (*mil.*) **scovolo 5** (*pop.*) **individuo goffo** (o **maldestro**).

to **swab** [swɔb] *v. t.* **1 pulire** (pavimenti, ecc.) **con lo strofinaccio 2** (*naut.*) **redazzare, radazzare 3** (*med.*) **medicare** (o **prelevare**) **con un tampone** ● *to s. up,* raccogliere (un liquido) con uno strofinaccio.

swabber ['swɔbə*] *n.* **1** (*pop.*) **individuo goffo** (o **rozzo, maldestro**) **2** (*naut.*) **mozzo.**

Swabian ['sweibjən] *a.* e *n.* (*stor.*) **svevo.**

to **swaddle** ['swɔdl] *v. t.* **avvolgere in fasce; fasciare** (un neonato).

swaddling-clothes ['swɔdliŋklouðz] *n. pl.* **fasce** (per neonato).

swag [swæg] *n.* [U] (*pop.*) **bottino; refurtiva.**

swage [sweidʒ] *n.* [C] (*metall.*) **stampo** ● *s. block,* chiodaia.

to **swage** [sweidʒ] *v. t.* (*metall.*) **stampare; foggiare con uno stampo.**

to **swagger** ['swægə*] *v. i.* **1 camminare con aria burbanzosa; pavoneggiarsi 2 gloriarsi; vantarsi; fare lo spaccone.**

(1) swagger ['swægə*] *n.* (*solo al sing.*) **andatura burbanzosa; spavalderia.**

(2) swagger ['swægə*] *a. attr.* (*fam.*) **elegante; alla moda.**

swaggerer ['swægərə*] *n.* [C] **fanfarone; spaccone; smargiasso; sbruffone** (*fam.*).

swain [swein] *n.* [C] (*arc.* e *scherz.*) **1 contadinello; pastorello 2 corteggiatore; innamorato.**

to **swallow** ['swɔlou] *v. t.* e *i.* **1 inghiottire** (anche *fig.*); **deglutire; ingoiare 2 frenare; trattenere 3** (*fam.*) **credere; bere** (*fam.*) ● (anche *fig.*) *to s. the bait,* abboccare all'amo □ *to s. down,* trangugiare; ingozzare; mandar giù □ (del terreno) *to s. up the rain,* assorbire la pioggia □ *to s. one's words,* rimangiarsi quel che s'è detto; ritrattare.

(1) swallow ['swɔlou] *n.* **1** [U] **inghiottimento; deglutizione 2** [C] **boccone** (di cibo): **sorso** (d'acqua, ecc.) **3** [C] **gola; fauci.**

(2) swallow ['swɔlou] *n.* [C] (*zool.*, Hirundo rustica) **rondine** ● (*sport*) *a s. dive,* un tuffo a rondine.

swallow-tailed ['swɔlou,teild] *a.* **a coda di rondine** ● *s. coat,* marsina.

swam [swæm] *pass.* di to **swim.**

swamp [swɔmp] **A** *n.* [C] e [U] **palude; pantano; acquitrino B** *a. attr.* **palustre.**

to **swamp** [swɔmp] **A** *v. t.* **1** (anche *fig.*) **sommergere; inondare; allagare; travolgere**: *to be swamped with work (with letters),* essere sommerso dal lavoro (dalla corrispondenza) **2 affondare** (una barca, lasciando entrare l'acqua) **B** *v. i.* **1 affondare; impantanarsi 2** (di battello) **imbarcare acqua.**

swampy ['swɔmpi] *a.* **paludoso; pantanoso.**

swan [swɔn] *n.* [C] (*zool.*, Cygnus) **cigno** (anche *fig.*); (*fig.*) **poeta, cantore** ● (*fig.*) *s.(-)song,* canto del cigno.

swank [swæŋk] *n.* **1** [U] (*fam.*) **vanagloria; ostentazione 2** [C] *V.* **swanker.**

to **swank** [swæŋk] *v. i.* (*fam.*) **darsi delle arie; fare lo spaccone.**

swanker ['swæŋkə*] *n.* [C] (*fam.*) **borioso; spaccone.**

swanky ['swæŋki] *a.* (*fam.*) **1 borioso; pieno di arie 2 alla moda; in grande stile.**

swannery ['swɔnəri] *n.* [C] **allevamento di cigni.**

swan's-down ['swɔnzdaun] *n.* [U] **1 piume di cigno 2** (*ind. tessile*) **mollettone.**

to **swap** [swɔp] (*fam.*) **A** *v. t.* **barattare; scambiare B** *v. i.* **far scambi** (o **baratti**) ● *to s. yarns,* raccontarsi storielle a vicenda.

swap [swɔp] *n.* [C] **1** (*fam.*) **cambio; scambio; baratto 2 oggetto barattato** (o **scambiato**).

sward [swɔ:d] *n.* [U] e [C] (*lett.*) **zolla erbosa; tappeto verde** (*fig.*).

swarm [swɔ:m] *n.* [C] **sciame;** (*fig.*) **folla, frotta, moltitudine.**

(1) to **swarm** [swɔ:m] *v. i.* **1** (delle api) **sciamare** (anche *fig.*) **2** (*fig.*) **affollarsi; accalcarsi 3** (*fig.*) **brulicare; formicolare**: *The place was swarming with soldiers,* il luogo formicolava di soldati.

(2) to **swarm** [swɔ:m] *v. i.* e *t.* **arrampicarsi** (con le mani e le gambe).

swart [swɔ:t] *a.* (*arc.* o *dial.*) **bruno** (di carnagione).

swarthy ['swɔ:ði] *a.* **bruno; scuro; dalla carnagione bruna.**

swash [swɔʃ] *n.* [U] **sciabordio; sciaguattio.**

to **swash** [swɔʃ] *v. i.* e *t.* **sciabordare; sciaguattare.**

swashbuckler ['swɔʃ,bʌklə*] *n.* [C] **bravaccio; fanfarone; smargiasso.**

swashbuckling ['swɔʃ,bʌkliŋ] *a.* **borioso; prepotente.**

swastika ['swæstikə] *n.* [C] **svastica; croce uncinata.**

swat [swɔt] *n.* [C] (*fam.*) **1 colpo secco 2 acchiappamosche.**

to **swat** [swɔt] *v. t.* (*fam.*) **colpire; schiacciare**: *to s. a fly,* schiacciare una mosca.

swatch [swɔtʃ] *n.* [C] (*comm.*) **campione, campionario** (di stoffe).

swath [swɔ:θ] *n.* [C] (*agric.*) **1 falciata; mannello 2 fila di spighe falciate 3 vuoto lasciato dal grano** (o altro cereale) **falciato.**

to **swathe** [sweið] *v. t.* **avvolgere; fasciare; coprire.**

to **sway** [swei] **A** *v. i.* **1 ondeggiare; oscillare; dondolare; fluttuare 2 pendere; pencolare; inclinarsi B** *v. t.* **1 agitare; far oscillare; far ondeggiare; dondolare; sballottare 2 dominare; governare; reggere 3 influenzare; esercitare il proprio influsso su 4 far recedere da un proposito; smuovere** ● *to s. the sword,* brandire la spada □ (*naut.*) *to s. up,* issare, ghindare (un albero, ecc.).

sway [swei] *n.* [U] **1 oscillazione; ondeggiamento; fluttuazione 2 inclinazione; pendenza 3 dominio; potere; governo 4 influsso; impeto; forza** ● *to hold s. over sb.,* tenere q. sotto il proprio dominio.

swear [swɛə*] *n.* [C] (*fam.*) **imprecazione; bestemmia.**

to **swear** [swɛə*] (*pass.* **swore** [swɔ:*], *p.p.* **sworn** [swɔ:n]) *v. t.* e *i.* **1 giurare; prestare giuramento**: *to s. to tell the truth,* giurare di dire la verità **2** (*fam.*) **asserire; sostenere 3 far giurare**: *to s. sb. to secrecy,* far giurare a q. di mantenere un segreto **4 imprecare; bestemmiare**: *to s. at sb.,* imprecare contro q. ● *to s. by sb. (st.),* giurare su q. (q.c.); (*fam.*) aver cieca fiducia in q. (q.c.) □ *to s. falsely,* spergiurare; giurare il falso □ *to s. sb. in,* far prestare giuramento a q.; insediare q. facendogli prestare giuramento □ *sworn enemies,* nemici giurati.

swearer ['swɛərə*] *n.* [C] **1 bestemmiatore 2** (anche *leg.*) **chi presta giuramento** ● *false s.,* spergiuro.

swear-word ['swɛəwɔ:d] *n.* [C] **imprecazione; bestemmia.**

sweat [swet] *n.* **1** [U] **sudore; traspirazione**: *to be wet (o dripping, running) with s.,* essere bagnato (o grondante) di sudore **2** (*con l'art. indeterm.*) **sudata; suda-**

tina: *a good s.*, una bella sudata **3** [U] **goccioline rapprese su una superficie; umidità 4** *(solo al sing.; fam.)* **duro lavoro; grave fatica** • *(anat.) s.-glands,* ghiandole sudoripare □ *to be in a cold s.*, sudar freddo □ *to be in a s.* (o *all of a s.*), essere in un bagno di sudore; *(fig.)* sudar freddo □ *(pop.) an old s.*, un veterano.

to **sweat** [swet] *v. i.* e *t.* **1 sudare; trasudare;** *(fig.)* **faticare molto, sgobbare**: *(fig.) to s. blood,* sudar sangue; sudar sette camicie **2** (del tabacco, delle pelli, ecc.) **fermentare 3 far sudare 4 bagnare di sudore 5 far fermentare 6 sfruttare** (operai, ecc.); **farsi sfruttare; lavorare per una misera paga** • *to s. out a cold,* farsi passare un raffreddore con una sudata □ *sweated goods,* merci prodotte da maestranze sfruttate □ *sweated labour,* mano d'opera sfruttata.

sweater ['swetə*] *n.* [C] **1 sfruttatore; padrone esoso 2 maglia, maglione** (di lana) **3** *(farm.)* **sudorifero.**

sweaty ['sweti] *a.* **1 sudato 2** *(fig.)* **faticoso; duro.**

Swede [swi:d] *n.* [C] **svedese.**

Swedish ['swi:diʃ] **A** *a.* **svedese B** *n.* **svedese** (la lingua) • *(collett.) the S.*, gli svedesi.

to **sweep** [swi:p] *(pass.* e *p.p.* **swept** [swept]) *v. t.* e *i.* **1 spazzare** (anche *fig.*); **scopare; spazzar via; eliminare**: *to s. the floor,* spazzare il pavimento □ *to s. away slavery,* spazzar via la schiavitù **2 passare** (su); **scorrere; percorrere; sfiorare; strisciare** (su): *to s. the strings of a guitar,* sfiorare le corde d'una chitarra **3 incedere; camminare maestosamente; andare impettito 4 spaziare su; scorrere con lo sguardo; scrutare**: *to s. the horizon,* scrutare l'orizzonte **5 stendersi; estendersi 6 dragare 7** *(fam.)* **vincere facilmente; stravincere** • *(fig.) to s. all before one,* travolgere ogni ostacolo; conseguire un successo travolgente □ (di oratore) *to s. one's audience along with one,* trascinare l'uditorio □ *to s. the board,* vincere tutte le poste (del gioco), far saltare il banco; *(fig.)* avere un grande successo □ *to s. everything into one's net,* fare piazza pulita; arraffare tutto □ *to s. the seas,* scorrere gli oceani □ *(fig.) to be swept off one's feet,* essere sopraffatto dall'emozione; essere trasportato dall'entusiasmo.

sweep [swi:p] *n.* [C] **1** (anche *s.-up, s.-out*) **spazzata 2 ampio gesto; movimento rapido; colpo**: *at one s.*, con un sol colpo **3 flusso**: *the s. of the tide,* il flusso della marea **4** *(fig.)* **campo; ambito; portata**: *within the s. of average human intelligence,* alla portata della comune intelligenza umana **5 distesa; tratto 6 curva; tratto di strada in curva 7** *(naut.)* **remo lungo** (da usare stando in piedi) **8** *(naut.)* **cavo di dragaggio 9 strascico** (d'abito) **10** (anche *chimney-s.*) **spazzacamino 11** *(fam.)* **vittoria completa; grande successo 12** *(fam.)* *V.* **sweepstake 13** *(aeron.)* **angolo di freccia** (delle ali) • *s. of one's eyes,* colpo d'occhio □ *to make a clean s. (of),* far piazza pulita (di); fare un repulisti.

sweeper ['swi:pə*] *n.* [C] **1 spazzino; netturbino 2 spazzatrice** (macchina) **3** *(naut.)* **dragamine** • *carpet-s.*, spazzola (elettrica) per tappeti.

(1) sweeping ['swi:piŋ] *n.* **1** [U] **spazzatura; scopatura 2** [U] **dragaggio 3** *(al pl.)* **spazzatura; immondizia.**

(2) sweeping ['swi:piŋ] *a.* **1 ampio; vasto 2 assoluto; completo; pieno; radicale 3 di carattere generale; generico 4 impetuoso; irresistibile; travolgente.**

sweepstake ['swi:p,steik] *n.* *(spesso al pl.)* **lotteria abbinata a una gara sportiva** (specialm. ippica).

(1) sweet [swi:t] *a.* **1 dolce; amabile; piacevole; caro; gradito; gentile; mite; soave; zuccherino**: *s. wine,* vino dolce □ *s. pears,* pere zuccherine □ *to taste s.*, saper di dolce; avere un dolce sapore □ *a s. girl,* una cara ragazza **2 fragrante; profumato; odoroso 3 fresco, buono** (non andato a male): *s. milk,* latte fresco **4** *(fam.)* **bello; attraente; grazioso** • *s. idleness,* il dolce far niente □ *(fam.) to be s. on sb.*, essere innamorato di q. □ *(al vocat.) s. one,* dolce amore; tesoro □ *(bot.) s. pea* (Lathyrus odoratus), pisello odoroso □ *(bot.) s. potato* (Ipomoea batatas), patata dolce; batata □ *s. stuff,* dolci; dolciumi □ *at one's own s. will,* con comodo; a piacer proprio; tranquillamente □ *to have a s. tooth,* essere ghiotto (di cose dolci) □ *to smell s.*, avere un buon profumo □ *That's very s. of her,* è molto gentile (o carino) da parte sua.

(2) sweet [swi:t] *n.* **1** [C] **caramella; chicca 2** [C] **dolce; dessert 3** *(spesso al pl.)* **(il) dolce; dolcezza;** *(fig.)* **gioia, piacere 4** *(di solito al pl.)* **fragranza; profumo 5** *(specialm. al vocat.)* **cara; caro; tesoro.**

sweet-and-sour [,swi:tənd'sauə*] *a.* *(cucina)* **agrodolce.**

sweetbread ['swi:tbred] *n.* [C] **animella** (di bestia macellata).

to **sweeten** ['swi:tn] **A** *v. t.* **addolcire** (anche *fig.*); **dolcificare; inzuccherare;** *(fig.)* **ingentilire, mitigare B** *v. i.* **addolcirsi.**

sweetener ['swi:tənə*] *n.* [C] **1** *(ind.)* **dolcificante 2** *(fam.)* **cosa** (oggetto, promessa, ecc.) **che serve a rabbonire.**

sweetening ['swi:tniŋ] *n.* [U] e [C] **1 addolcimento; dolcificazione 2 dolcificante** (sostanza) **3 depurazione** (dell'acqua, ecc.).

sweetheart ['swi:tha:t] *n.* [C] **innamorato, innamorata.**

sweetie ['swi:ti] *n.* [C] *(fam.)* **1** *V.* **sweetheart 2** *(infant.* o *scozz.)* **caramella; dolce.**

sweetmeat ['swi:tmi:t] *n.* [C] **1 dolce; torta 2 frutta candita.**

sweetness ['swi:tnis] *n.* [U] **1 dolcezza; grazia; mitezza; soavità 2 fragranza; aroma; profumo.**

sweet-scented ['swi:t,sentid] *a.* **profumato; odoroso.**

sweet-william ['swi:t'wiljəm] *n.* [C] *(bot.,* Dianthus barbatus) **garofano a mazzetti.**

sweety ['swi:ti] *V.* **sweetie.**

to **swell** [swel] *(pass.* **swelled** [sweld], *p.p.* **swollen** ['swoulən], *raro* **swelled**) **A** *v. i.* **1 gonfiarsi; dilatarsi; enfiarsi; inturgidire; tumefarsi**: *The sails swelled out,* le vele si gonfiarono **2** *(fig.)* **essere gonfio; andar tronfio; inorgoglirsi 3 aumentare; crescere; ingrossare; montare; salire**: *the swelling tide,* la marea che sale **B** *v. t.* **1 gonfiare; dilatare; enfiare; tumefare 2 ingrossare; aumentare; accrescere; far salire** • *(pop.) swelled head,* boria; presunzione □ *My heart swelled,* avevo il cuore gonfio.

(1) swell [swel] *n.* **1 (il) gonfio; (il) rigonfio; (il) grosso**: *the s. of the forearm,* il grosso dell'avambraccio **2** *(solo al sing.)* **moto ondoso** (del mare); **flutto; risacca 3** [C] *(fam.)* **elegantone 4** [C] *(fam.)* **pezzo grosso**: *to be a s. in politics,* essere un pezzo grosso della politica **5** *(mus.)* **crescendo** • *a s. of the ground,* un'altura □ *(mus.) s.-pedal,* pedale (dell'organo) per aumentare il volume del suono.

(2) swell [swel] *a.* **1** *(fam.)* **elegante; alla moda 2** *(pop.)* **eccellente; ottimo.**

swelling ['sweliŋ] **A** *n.* [C] **gonfiore; enfiagione; rigonfiamento; protuberanza**: *a s. on the face,* un gonfiore al viso **B** *a.* **gonfio; rigonfio**: *with s. sails,* a gonfie vele • *s. oratory,* oratoria reboante.

to **swelter** ['sweltə*] *v. i.* **essere oppresso dal caldo; soffocare** • *sweltering horses,* cavalli madidi di sudore.

swept [swept] *pass.* e *p.p.* di to **sweep.**

to **swerve** [swə:v] **A** *v. i.* **1 deviare; sterzare; svoltare 2** *(fig.)* **allontanarsi dalla retta vita; sviarsi; tralignare B** *v. t.* **far deviare; sviare; stornare.**

swerve [swə:v] *n.* [C] **deviazione; scarto; sterzata.**

(1) swift [swift] **A** *a.* **1 celere; rapido; veloce**: *with a s. glance,* con una rapida occhiata **2 agile; svelto 3 pronto; immediato; repentino**: *s. to anger,* pronto all'ira **B** *avv.* (anche *swiftly)* **1 celermente; rapidamente; velocemente 2 prontamente.**

(2) swift [swift] *n.* [C] *(zool.,* Apus apus) **rondone.**

swift-footed ['swift,futid] *a.* **dal piè veloce.**

swift-handed ['swift,hændid] *a.* **svelto di mano.**

swiftness ['swiftnis] *n.* [U] **1 celerità; rapidità 2 sveltezza.**

swig [swig] *n.* [C] *(fam.)* **gran sorso; sorsata.**

to **swig** [swig] *(fam.)* **A** *v. i.* **bere a gran sorsi B** *v. t.* (di solito *to s. down, to s. off)* **tracannare.**

swill [swil] *n.* **1** [C] **lavata; risciacquata 2** [U] **lavatura di**

piatti; risciacquatura; broda per maiali **3** [U] *(spreg.)* **broda; brodaglia.**

to **swill** [swil] ***A*** *v. t.* ***1*** **lavare; risciacquare *2*** *(fam.)* **bere avidamente; tracannare *B*** *v. i. (fam.)* **bere smodatamente; sbevazzare.**

swiller ['swilə*] *n. (fam.)* **beone, beona; chi sbevazza.**

to **swim** [swim] *(pass.* **swam** [swæm], *p.p.* **swum** [swʌm]) ***A*** *v. i.* ***1*** **nuotare**: *to go swimming,* andare a nuotare ***2*** *(fig.)* **muoversi silenziosamente; scivolare *3* essere bagnato** (o **coperto, soffuso, inondato**): *Her eyes were swimming with tears,* aveva gli occhi inondati di lacrime ***4*** **roteare;** (della testa) **girare *B*** *v. t.* ***1*** **attraversare a nuoto *2* far nuotare; fare attraversare a nuoto ●** *(fig.) to s. with the tide* (o *with the stream),* andare con la corrente.

swim [swim] *n.* [C] **nuotata; nuotatina**: *to go for a s.,* andare a fare una nuotata ● *(fig.) to be in the s.,* essere nel giro *(fam.);* essere al corrente □ *My head was in a s.,* mi girava la testa.

swimmer ['swimə*] *n.* [C] **nuotatore, nuotatrice.**

swimming ['swimiŋ] *n.* [U] **nuoto.**

swimming-bath ['swimiŋ,ba:θ] *n.* [C] **piscina** (coperta).

swimming-belt ['swimiŋbelt] *n.* [C] **cintura di salvataggio.**

swimming-bladder ['swimiŋ,blædə*] *n.* [C] *(zool.)* **vescica natatoria.**

swimmingly ['swimiŋli] *avv.* **benissimo; a meraviglia; a gonfie vele** *(fig.)*: *to go on s.,* andare a gonfie vele *(fig.).*

swimming-pool ['swimiŋpu:l] *n.* [C] **piscina.**

swimsuit ['swim,sju:t] *n.* [C] **costume da bagno** (da donna).

to **swindle** ['swindl] ***A*** *v. t.* **frodare; imbrogliare; raggirare; truffare *B*** *v. i.* **essere un truffatore ●** *to s. money out of sb.,* estorcere denaro a q. con l'inganno □ *to be swindled out of one's money,* essere defraudato del proprio denaro.

swindle ['swindl] *n.* [C] **frode; imbroglio; raggiro; truffa.**

swindler ['swindlə*] *n.* [C] **imbroglione; truffatore.**

swine [swain] *n.* ***1*** *(invar. al pl.,* di solito *collett.)* **porco; maiale *2*** *(fig., spreg.)* **porco; maiale ●** *s.-herd,* porcaro.

to **swing** [swiŋ] *(pass.* e *p.p.* **swung** [swʌŋ]) ***A*** *v. i.* ***1*** **dondolare; oscillare; far l'altalena; penzolare; star penzoloni; ciondolare *2* girare** (su cardini, ecc.); **ruotare;** *(mil.)* **fare una conversione;** *(autom.)* **fare una curva stretta *3* essere appeso;** (specialm.) **essere impiccato *4* andar spedito; camminare di buon passo *B*** *v. t.* ***1*** **dondolare; far oscillare *2* agitare; brandire; maneggiare; roteare *3* sollevare; gettare** (con un movimento di rotazione) ***4*** **appendere;** (specialm.) **impiccare *5*** *(mil.)* **far fare una conversione a ●** *(gergo mil.) to s. the lead,* marcar visita; fare il lavativo □ *to s. round,* girare su se stesso; voltarsi di scatto □ *The door has swung to,* la porta s'è chiusa □ *(fig.) There is no room to s. a cat in,* non c'è posto per muoversi.

swing [swiŋ] *n.* ***1*** [U] e [C] **oscillazione; fluttuazione *2*** *(solo al sing.)* **movimento rotatorio del braccio;** *(sport)* **battuta *3*** *(generalm. con l'art. indeterm.)* (anche *swinging gait*) **andatura spedita; buon passo *4*** *(solo al sing.) (mus., poesia)* **ritmo sostenuto; ritmo *5*** *(mus.,* anche *s. music*) **swing** (varietà di jazz) ***6*** [C] **altalena *7*** [C] *(pugilato)* **sventola ●** *s.-bridge,* ponte girevole □ *to give sb. full s. in the matter,* dare a q. piena libertà d'azione; dare carta bianca a q. □ *in full s.,* in piena attività; in pieno fervore □ *Let it have its s.,* lascia che la cosa abbia il suo corso.

swingeing ['swindʒiŋ] *a.* ***1*** **duro; forte *2*** *(fam.)* **stragrande; enorme.**

swinger ['swiŋə*] *n.* [C] *(fam.)* **persona che tiene il passo con i tempi.**

swinging ['swiŋiŋ] *a.* ***1*** **oscillante; fluttuante; girevole *2* rapido; spedito; veloce;** (di ritmo) **sostenuto *3*** *(mus.)* **cadenzato; ritmico *4*** *(fam.)* **aggiornato; moderno ●** *(mil.) s. target,* bersaglio ruotante □ *s. trot,* trotto serrato.

swingle ['swiŋgl] *n.* [C] *(ind. tessile)* **maciulla; stigliatrice; gramola.**

to **swingle** ['swiŋgl] *v. t. (ind. tessile)* **stigliare** (il lino).

swing-over ['swiŋ,ouvə*] *n.* [C] *(polit.)* **svolta.**

swing-wheel [,swiŋ'wi:l] *n.* [C] *(mecc.)* **bilanciere.**

swinish ['swainiʃ] *a. (spreg.)* **maialesco; bestiale; brutale; sozzo.**

to **swipe** [swaip] ***A*** *v. t.* ***1*** *(fam.)* **colpire forte; scagliare *2*** *(pop.)* **rubare; grattare** *(pop.)* ***B*** *v. i. (fam.)* **picchiare forte; menare botte da orbi.**

swipe [swaip] *n.* [C] **forte colpo; botta.**

swirl [swə:l] *n.* [C] ***1*** **turbine; vortice *2* voluta**: *swirls of smoke,* volute di fumo.

to **swirl** [swə:l] ***A*** *v. i.* ***1*** **turbinare; girare vorticosamente *2*** (della testa) **girare *B*** *v. t.* **far turbinare; trasportare con moto vorticoso.**

to **swish** [swiʃ] ***A*** *v. t.* ***1*** **far frusciare; far vibrare *2* agitare; scuotere *3* sferzare; frustare *B*** *v. i.* **frusciare; vibrare; fischiare** (nell'aria).

(1) swish [swiʃ] *n.* [C] ***1*** **fruscio; sibilo; fischio *2* canna; sferza; verga *3* sferzata; scudisciata *4* colpo** (di coda, ecc.).

(2) swish [swiʃ] *a. (fam.)* **elegante; alla moda.**

Swiss [swis] *a.* e *n. (invar. al pl.)* **svizzero**: *(collet.) the S.,* gli svizzeri.

switch [switʃ] *n.* [C] ***1*** **bacchetta; verga; verghetta** (specialm. usata per frustare) ***2*** **treccia di capelli** (per lo più posticci) ***3*** *(elettr., radio)* **interruttore; chiavetta; commutatore *4*** *(ferr., USA)* **scambio; deviatoio ●** *(ferr., USA) s.-man,* deviatore □ *(ferr., USA) s.-signal,* segnale dello scambio.

to **switch** [switʃ] ***A*** *v. t.* ***1*** **battere con una verga; sferzare *2* agitare; dimenare; scuotere *3* girare l'interruttore di** (un circuito elettrico) ***4*** *(ferr., USA)* **smistare** (un treno) ***5*** **cambiare; spostare *6* girare** (o **voltare) di scatto *7* afferrare; agguantare; strappare *8*** *(fam.)* **scambiare *B*** *v. i.* ***1*** *(ferr., USA)* **cambiare binario; essere deviato *2* spostarsi; passare ●** *to s. off, (elettr.)* disinserire, interrompere (un circuito); *(tel.)* interrompere la comunicazione □ *to s. off the light (the radio),* spegnere la luce (la radio) □ *(elettr.) to s. on,* inserire, aprire (la corrente) □ *to s. on the light (the radio),* accendere la luce (la radio) □ *to s. over, (elettr.)* commutare; *(radio)* cambiare stazione; *(telev.)* cambiare canale; (anche *polit.)* passare (a un altro partito, ecc.).

switchback ['switʃbæk] ***A*** *n.* [C] (divertimento da luna park) **montagne russe *B*** *a. attr.* **a rampe; a zigzag.**

switchboard ['switʃbɔ:d] *n.* [C] ***1*** *(elettr.)* **quadro di comando *2*** *(tel.)* **tavolo di commutazione.**

swivel ['swivl] *n.* [C] *(mecc.)* ***1*** **mulinello; perno *2*** (di catena) **anello girevole; anello imperniato *3* piattaforma girevole ●** *s. chair,* sedia girevole □ *(mecc.) s. hook,* gancio a mulinello.

to **swivel** ['swivl] *(mecc.)* ***A*** *v. i.* **girare; imperniarsi; ruotare** (di un perno) ***B*** *v. t.* **imperniare; far ruotare** (su un perno).

swizzle ['swizl] *n.* [C] **cocktail con ghiaccio.**

(to) **swob** [swɔb] *V.* (to) **swab.**

swollen ['swoulən] ***A*** *p.p.* di to **swell *B*** *a.* ***1*** **gonfio *2*** *(fig.)* **enfatico; reboante ●** *(fig.) to get a s. head,* montarsi la testa.

to **swoon** [swu:n] *v. i.* **svenire; venir meno; perdere i sensi.**

swoon [swu:n] *n.* [C] **svenimento; deliquio.**

to **swoop** [swu:p] *v. i.* (di rapace) **piombare; avventarsi; slanciarsi.**

swoop [swu:p] *n.* [C] ***1*** **attacco** (d'uccello rapace); **balzo; slancio *2* incursione ●** *at one (fell) s.,* di punto in bianco; d'un sol colpo.

(to) **swop** [swɔp] *V.* (to) **swap.**

sword [sɔ:d] *n.* [C] **spada; ferro** *(poet.)*; *(fig.)* **armi, forza militare, guerra ●** *s.-belt,* cinturone □ *s.-cut,* fendente; ferita di spada □ *s.-dance,* danza delle spade □ *(fig.) s.-law,* legge marziale □ *to be at the point of the s.,* essere con la spada alla gola □ *to cross swords with sb.,* incrociare la spada con q.; battersi con q.; *(fig.)* discutere accanitamente con q. □ *to draw one's s.,* sguainare la spada; *(fig.)* dare inizio alle ostilità □ *to put*

sb. to the s., trucidare q. □ *to sheathe the s.*, rinfoderare la spada; *(fig.)* por termine alle ostilità.
sword-cane ['sɔ:dkein] *V.* **sword-stick.**
sword-fish ['sɔ:dfiʃ] *n.* [C] (*zool.*, Xiphias gladius) **pesce spada.**
sword-lily ['sɔ:dˌlili] *n.* [C] (*bot.*, Gladiolus) **gladiolo.**
sword-play ['sɔ:dplei] *n.* [U] **1 scherma 2** *(fig.)* **schermaglia.**
swordsman ['sɔ:dzmən] *n.* (*pl.* **swordsmen** ['sɔ:dzmən]) **spadaccino; schermitore.**
swordsmanship ['sɔ:dzmənʃip] *n.* [U] **abilità nella scherma; abilità di spadaccino.**
sword-stick ['sɔ:dstik] *n.* [C] **bastone animato.**
swore [swɔ:*] *pass.* di to **swear.**
sworn [swɔ:n] *p.p.* di to **swear.**
to **swot** [swɔt] *v. i.* e *t.* *(fam.)* **sgobbare; studiare molto.**
swot [swɔt] *n.* [C] *(fam.)* **1 sgobbata 2 sgobbone.**
swotter ['swɔtə*] *n.* [C] *(fam.)* **sgobbone; secchione** *(fam.)*.
swum [swʌm] *p.p.* di to **swim.**
swung [swʌŋ] *pass.* e *p.p.* di to **swing.**
Sybarite ['sibərait] *n.* *(stor.)* **sibarita** (anche *fig.*).
sybaritic(al) [ˌsibə'ritik(əl)] *a.* **sibaritico.**
sycamore ['sikəmɔ:*] *n.* [C] *(bot.)* **1** (*in Oriente:* Ficus sycomorus) **sicomoro 2** (*in Europa:* Acer pseudoplatanus) **acero fico.**
sycophancy ['sikəfənsi] *n.* [U] **adulazione; parassitismo.**
sycophant ['sikəfənt] *n.* [C] **adulatore; parassita.**
sycophantic [ˌsikə'fæntik] *a.* **adulatorio; servile.**
syllabary ['siləbəri] *n.* [C] **1 sillabario 2 tavola di simboli sillabici.**
syllabic [si'læbik] *a.* **1 sillabico 2 diviso in sillabe.**
to **syllabicate** [si'læbikeit] *v. t.* **sillabare; dividere in sillabe.**
syllabication [siˌlæbi'keiʃən], **syllabification** [siˌlæbifi'keiʃən] *n.* [U] **sillabazione; divisione in sillabe.**
to **syllabize** ['siləbaiz] *v. t.* **sillabare; dividere in sillabe.**
syllable ['siləbl] *n.* [C] **sillaba.**
to **syllable** ['siləbl] *v. t.* **sillabare.**
syllabus ['siləbəs] *n.* (*pl.* **syllabi** ['siləbai], **syllabuses**) **1 catalogo; compendio; sommario 2 programma** (di un corso di studi).
syllogism ['silədʒizəm] *n.* [C] **1** *(filos.)* **sillogismo 2** *(per estens.)* **ragionamento sottile; sofisma.**
syllogistic(al) [ˌsilə'dʒistik(əl)] *a.* *(filos.)* **sillogistico.**
to **syllogize** ['silədʒaiz] *v. i.* e *t.* *(filos.)* **sillogizzare.**
sylph [silf] *n.* [C] *(mitol.)* **1 silfide** (anche *fig.*) **2 silfo.**
sylvan ['silvən] *a.* **silvano; silvestre.**
sylviculture ['silviˌkʌltʃə*] *n.* [U] **silvicoltura.**
sylviculturist [ˌsilvi'kʌltʃərist] *n.* [C] **silvicoltore.**
sym- [sim] *pref.* *V.* **syn-.**
symbiosis [ˌsimbi'ousis] *n.* [U] e [C] (*pl.* **symbioses** [ˌsimbi'ousi:z]) *(biol.)* **simbiosi.**
symbol ['simbəl] *n.* [C] **simbolo** (in ogni senso).
symbolic(al) [sim'bɔlik(əl)] *a.* **simbolico.**
symbolism ['simbəlizəm] *n.* [U] *(letter., arte)* **simbolismo.**
symbolist ['simbəlist] *n.* [C] *(letter., arte)* **simbolista.**
symbolistic [ˌsimbə'listik] *a.* *(letter., arte)* **simbolistico.**
to **symbolize** ['simbəlaiz] *v. t.* **simboleggiare.**
symbology [sim'bɔlədʒi] *n.* [U] **simbologia.**
symmetric(al) [si'metrik(əl)] *a.* **simmetrico.**
to **symmetrize** ['simitraiz] *v. t.* **rendere simmetrico.**
symmetry ['simitri] *n.* [U] **simmetria.**
sympathetic [ˌsimpə'θetik] *a.* **1 che prova simpatia; comprensivo; amichevole; cordiale; tenero 2 che va a genio; congeniale; armonioso; piacevole** ● *s. ink*, inchiostro simpatico □ *(anat.) s. nerve*, nervo simpatico □ *(anat.) s. nervous system*, sistema nervoso simpatico; gran simpatico □ *s. strike*, sciopero di solidarietà □ *to be s. to sb.*, provare simpatia per q.
sympathetically [ˌsimpə'θetikəli] *avv.* **con molta simpatia; con grande comprensione; cordialmente.**
to **sympathize** ['simpəθaiz] *v. i.* **1 andare d'accordo; essere in armonia 2** — *to s. with (sb., st.)*, apprezzare; comprendere; (specialm.) condolersi con; aver compassione (o provar pietà) per: *I s. with him in his sorrow*, mi condolgo con lui; sono partecipe del suo dolore **3** — *to s. with (st.)*, approvare; vedere di buon occhio.
sympathizer ['simpəθaizə*] *n.* [C] (specialm. *polit.*) **sostenitore; fautore; simpatizzante.**
sympathy ['simpəθi] *n.* [U] **1 comunione d'idee** (o **di sentimenti) 2 comprensione; partecipazione; simpatia**: *to have no s. for dogs*, non avere simpatia per i cani **3** *(specialm.)* **compassione; commiserazione; condoglianza**: *a letter of s.*, una lettera di condoglianze ● *s. strike*, sciopero di solidarietà □ *to be in s. with sb.*, essere in perfetta armonia con q. □ *a man of wide sympathies*, un uomo assai comprensivo; un uomo di gran cuore □ *You have my sympathies* (o *My sympathies are with you)*, hai tutta la mia comprensione.
symphonic [sim'fɔnik] *a.* **sinfonico.**
symphonist ['simfənist] *n.* [C] *(mus.)* **sinfonista.**
symphony ['simfəni] *n.* [C] *(mus.)* **sinfonia** ● *s. orchestra*, orchestra sinfonica.
symphysis ['simfisis] *n.* [U] e [C] (*pl.* **symphyses** ['simfiˌsi:z]) *(anat.)* **sinfisi.**
symposium [sim'pouziəm] *n.* (*pl.* **symposia** [sim'pouziə], **symposiums**) **1 simposio; convito 2** *(fig.)* **convegno; simposio.**
symptom ['simptəm] *n.* [C] *(med.)* **sintomo;** *(fig.)* **indizio, segno.**
symptomatic [ˌsimptə'mætik] *a.* *(med.)* **sintomatico;** *(fig.)* **indicativo.**
symptomatology [ˌsimptəmə'tɔlədʒi] *n.* [U] *(med.)* **sintomatologia.**
syn- [sin, siŋ] *pref.* **sin-, sim-** (indicano unione, connessione, coesione, completamento, contemporaneità).
synagogue ['sinəgɔg] *n.* [C] **sinagoga.**
synchromesh ['siŋkrouˌmeʃ] *n.* [U] *(autom.)* **cambio sincronizzato.**
synchronism ['siŋkrənizəm] *n.* [U] **sincronismo.**
synchronization [ˌsiŋkrənai'zeiʃən] *n.* [U] e [C] **sincronizzazione.**
to **synchronize** ['siŋkrənaiz] **A** *v. t.* **sincronizzare B** *v. i.* **essere sincrono.**
synchronizer ['siŋkrənaizə*] *n.* [C] *(cinem., aeron., elab.)* **sincronizzatore.**
synchronous ['siŋkrənəs] *a.* **sincrono; simultaneo.**
synchrony ['siŋkrəni] *n.* [U] *(fis.)* **sincronismo; sincronia.**
synchrotron ['siŋkroutrɔn] *n.* [C] *(fis. nucl.)* **sincrotrone.**
to **syncopate** ['siŋkəpeit] *v. t.* *(gramm., mus.)* **sincopare.**
syncopation [ˌsiŋkə'peiʃən] *n.* [U] e [C] *(gramm., mus.)* **sincope.**
syncope ['siŋkəpi] *n.* [U] *(med.)* **sincope.**
syncretism ['siŋkritizəm] *n.* [U] *(filos., relig.)* **sincretismo.**
syndic ['sindik] *n.* [C] **sindaco** (non in G.B. o USA).
syndicalism ['sindikəlizəm] *n.* [U] *(polit.)* **sindacalismo.**
syndicalist ['sindikəlist] *n.* [C] *(polit.)* **sindacalista.**
syndicate ['sindikit] *n.* [C] **1** *(fin.)* **sindacato 2** *(econ., fin.)* **gruppo monopolistico; cartello 3** *(giornalismo)* **agenzia di stampa.**
to **syndicate** ['sindikeit] *v. t.* **1** *(fin.)* **associare in sindacato 2 vendere** (articoli, notizie) **tramite un'agenzia di stampa.**
syndrome ['sindroum] *n.* [C] *(med.)* **sindrome.**
syne [sain] *avv.* *(scozz.)* **1** *V.* **since 2** *V.* **ago.**
synecdoche [si'nekdəki] *n.* [U] *(retor.)* **sineddoche.**
synod ['sinəd] *n.* [C] **1** *(relig.)* **sinodo 2** *(fig.)* **conve-**

gno.

synodal ['sinədl] *a.* *(relig.)* **sinodale.**

synonym ['sinənim] *n.* [C] *(gramm.)* **sinonimo.**

synonymic(al) [ˌsinə'nimik(əl)] *a.* *(gramm.)* **sinonimico.**

synonymity [ˌsinə'nimiti] *n.* [U] *(gramm.)* **sinonimia.**

synonymous [si'nɔniməs] *a.* *(gramm.)* **sinonimo.**

synonymy ['si:nɔnimi] *n.* [U] *(gramm.)* **sinonimia.**

synopsis [si'nɔpsis] *n.* (*pl.* **synopses** [si'nɔpsi:z]) **sinossi; sommario; compendio.**

synoptic(al) [si'nɔptik(əl)] *a.* **sinottico.**

synovia [si'nouviə] *n.* [U] *(anat.)* **sinovia.**

synovial [si'nouviəl] *a.* *(anat.)* **sinoviale.**

synovitis [ˌsinə'vaitis] *n.* [U] *(med.)* **sinovite.**

syntactic(al) [sin'tæktik(əl)] *a.* **sintattico.**

syntax ['sintæks] *n.* [U] **sintassi.**

synthesis ['sinθisis] *n.* [C] e [U] (*pl.* **syntheses** ['sinθisi:z]) **sintesi.**

to **synthesize** ['sinθisaiz] *v. t.* **sintetizzare.**

synthetic(al) [sin'θetik(əl)] *a.* **sintetico.**

syntonic [sin'tɔnik] *a.* *(radio)* **sintonico.**

to **syntonize** ['sintənaiz] *v. t.* *(radio)* **sintonizzare.**

syntony ['sintəni] *n.* [U] *(radio)* **sintonia.**

syphilis ['sifilis] *n.* [U] *(med.)* **sifilide.**

syphilitic [ˌsifi'litik] *a.* e *n.* [C] *(med.)* **sifilitico.**

syphon ['saifən] *V.* **siphon.**

Syracusan [ˌsaiərə'kju:zən] *a.* e *n.* [C] **siracusano.**

Syrian ['siriən] *a.* e *n.* [C] **siriano.**

syringe ['sirindʒ] *n.* [C] (specialm. *med.*) **siringa.**

to **syringe** [si'rindʒ] *v. t.* *(med.)* ***1*** **siringare; fare un'iniezione a** (q.) ***2*** **iniettare con una siringa.**

syrinx ['siriŋks] *n.* (*pl.* **syringes** [si'rindʒi:s], **syrinxes**) ***1*** *(zool.)* **siringe** ***2*** *(mus.)* **siringa** ***3*** *(anat.)* **tromba d'Eustachio.**

syrup ['sirəp] *n.* [U] **sciroppo.**

syrupy ['sirəpi] *a.* (anche *fig.*) **sciropposo.**

system ['sistim] *n.* ***1*** [C] **sistema**: *a philosophic s.*, un sistema filosofico □ *the nervous s.*, il sistema nervoso ***2*** [C] *(geogr., ferr., tel.)* **rete**: *the railway s.*, la rete ferroviaria ***3*** *(al sing. con l'art. determ.)* **(il) corpo umano; (l')organismo** ***4*** [U] **metodo**: *to lack s.*, mancare di metodo ● *decimal s.*, sistema decimale □ *heating s.*, impianto di riscaldamento □ *social s.*, ordinamento sociale □ *water s.*, impianto idrico.

systematic [ˌsisti'mætik] *a.* **sistematico; metodico; regolare.**

systematics [ˌsisti'mætiks] *n. pl.* *(col verbo al sing.)* **sistematica.**

systematization [ˌsistimətai'zeiʃən] *n.* [U] **riduzione a sistema.**

to **systematize** ['sistimətaiz] *v. t.* **ridurre a sistema; ordinare secondo un sistema; sistemare.**

systemic [sis'temik] *a.* *(fisiologia, linguistica)* **sistemico**: *s. circulation,* circolazione sistemica.

systole ['sistəli] *n.* [U] *(fisiologia)* **sistole.**

T

T, t [ti:] *n.* (*pl.* **T's, t's; Ts, ts**) **T, t** ● *(tel.) t for Tommy,* t come Torino □ *T-shirt,* maglietta a girocollo □ *T-square,* squadra a T □ *to a t,* a pennello; alla perfezione: *It suits me to a t,* mi va a pennello; mi sta alla perfezione.

ta [ta:] *inter.* *(infant.* o *scherz.)* **grazie.**

tab [tæb] *n.* [C] **striscetta** (di carta, di stoffa, di cuoio, ecc.); **aletta** (di berretto, ecc.); **linguetta** (di scarpa, d'oggetto metallico, ecc.); **aghetto** (di laccio da scarpe) ● *(fam.) to keep a tab* (o *tabs*) *on st.*, controllare (o registrare) q.c.

to **tab** [tæb] *v. t.* **catalogare; registrare; disporre in tabelle.**

tabby ['tæbi] ***A*** *n.* [C] ***1*** (anche *t. cat*) **gatto soriano; gatto tigrato** ***2*** (anche *t. cat*) **gatta** ***3*** **vecchia zitella; pettegola** ***B*** *a.* ***1*** **a strisce; tigrato** ***2*** **marezzato.**

tabernacle ['tæbə(:)nækl] *n.* [C] ***1*** *(relig., archit.)* **tabernacolo** (anche *fig.*) ***2*** *(fig.)* **corpo umano** (in quanto alberga l'anima).

tabes ['teibi:z] *n.* [U] *(med.)* **tabe; consunzione.**

table ['teibl] *n.* [C] ***1*** **tavola; tavolo; tavolino**: *a tea-t.*, un tavolino da tè □ *the Knights of the Round T.*, i cavalieri della Tavola Rotonda ***2*** *(solo al sing.)* **tavolata** ***3*** (di legno) **asse; tavola** ***4*** (di pietra) **lastra; lastrone** ***5*** **tabella; prospetto; elenco**: *a t. of weights and measures,* una tabella dei pesi e delle misure ***6*** *(geogr.,* anche *table-land)* **tavolato; altopiano** ● *t.-flap* (o *t.-leaf),* ribalta (di tavola) □ *t.-knife,* coltello da tavola □ *t.-lifting (t.-rapping, t.-turning),* sollevamento (battere, girare) del tavolo; spiritismo □ *t. manners,* buone maniere a tavola □ *t.-napkin,* tovagliolo □ *t. of contents,* indice (del contenuto di un libro) □ *t.-spoon,* cucchiaio da tavola □ *t.-talk,* conversazione familiare (a tavola) □ *t.-ware,* piatti e posate; servizio da tavola □ *t.-wine,* vino da pasto □ *to be at t.*, essere a tavola □ *to keep a good t.*, mangiar bene; dar da mangiare bene □ *to lay the t.*, apparecchiare (la tavola) □ *(fig.) to lay st. on the t.*, rinviare q.c. « sine die » □ *to sell goods under the t.*, vendere merce sottobanco □ *time-t.*, orario □ *(fig.) to turn the tables on sb.*, rovesciare la situazione prevalendo su q.

to **table** ['teibl] *v. t.* ***1*** **mettere su una tavola** ***2*** *(polit.)* **rinviare** (una mozione, un disegno di legge, ecc.) **« sine die »** ***3*** **classificare.**

tableau ['tæblou] *n.* (*pl.* **tableaux** ['tæblouz], **tableaus**) ***1*** (anche *t. vivant*) **quadro plastico; « tableau »** ***2*** **scena (o situazione) drammatica.**

table-cloth ['teiblklɔθ] *n.* [C] **tovaglia.**

table d'hôte [ˌta:bl'dout] *(franc.)* *n.* (negli alberghi e ristoranti) **tavola comune** ● *a table d'hôte dinner,* un pranzo a prezzo fisso.

tableland ['teibllænd] *n.* [C] *(geogr.)* **tavolato; altopiano.**

table-money ['teiblˌmʌni] *n.* [U] *(mil.)* **indennità di mensa.**

tablet ['tæblit] *n.* [C] ***1*** **tavoletta** ***2*** **targa** ***3*** **blocchetto di carta da scrivere** ***4*** *(med.)* **compressa; pastiglia.**

table-tennis ['teiblˌtenis] *n.* [U] **tennis da tavolo; ping-pong** ● *t. player,* pongista.

tabloid ['tæblɔid] ***A*** *n.* [C] ***1*** *(med.)* **compressa** ***2*** **giornale di formato ridotto; giornale popolare, di tipo scandalistico** ***B*** *a. attr.* **condensato; per sommi capi.**

taboo [tə'bu:] ***A*** *n.* [C] e [U] (*pl.* **taboos**) **tabù; proibizione** (in genere) ***B*** *a. pred.* **proibito; vietato** ● *to be under (a) t.*, essere tabù.

to **taboo** [tə'bu:] *v. t.* **proibire; vietare.**

tabor ['teibə*] *n.* [C] *(stor., mus.)* **piccolo tamburo; tamburello.**

tabouret ['tæbərit] *n.* [C] ***1*** **sgabello** ***2*** **piccolo telaio per ricamo.**

tabular ['tæbjulə*] *a.* ***1*** **tabellare; di tabella; calco-**

lato secondo tavole 2 classificato in tavole; disposto in tabelle • *t. surface,* superficie piatta.

to **tabulate** ['tæbjuleit] *v. t.* disporre in tavole sinottiche; ordinare in tabelle; catalogare; classificare.

tabulator ['tæbjuleitə*] *n.* [C] *(mecc.)* tabulatore.

tachometer [tæ'kɔmitə*] *n.* [C] *(mecc.)* tachimetro.

tachycardia [,tæki'ka:diə*] *n.* [U] *(med.)* tachicardia.

tacit ['tæsit] *a.* tacito; implicito; sottinteso.

taciturn ['tæsitə:n] *a.* taciturno; di poche parole.

taciturnity [,tæsi'tə:niti] *n.* [U] taciturnità.

tack [tæk] *n.* 1 [C] bulletta 2 [C] (nel cucito) punto lungo: *tacks,* punti lunghi; imbastitura 3 [C] *(naut.)* mura (cavo per orientare la vela) 4 [C] *(fig.)* linea di condotta; strada; via; rotta: *(fig.) to be on the right (wrong) t.,* essere sulla strada buona (aver sbagliato strada) 5 [U] *(fam.)* alimenti; cibo 6 [C] bordata • *(fig.) to get down to brass tacks,* venire al sodo □ *hard t.,* galletta □ *soft t.,* pane □ *(naut.) to steer on the starboard t. (on the port t.),* virare a dritta (a sinistra).

to **tack** [tæk] **A** *v. t.* 1 fissare con bullette; imbullettare 2 imbastire; attaccare (un nastro, ecc.) con punti lunghi 3 aggiungere; allegare 4 *(naut.)* far virare di bordo **B** *v. i.* 1 *(naut.)* virare di bordo; bordeggiare 2 procedere a zig-zag 3 *(fig.)* mutar tattica.

tackiness ['tækinis] *n.* [U] adesività; viscosità.

tackle ['tækl] *n.* 1 [C] (specialm. *naut.*) paranco 2 [U] attrezzatura; arnesi; attrezzi: *fishing-t.,* attrezzatura da pesca 3 [C] *(rugby)* placcaggio; *(calcio)* carica, contrasto.

to **tackle** ['tækl] *v. t.* e *i.* 1 afferrare; abbrancare; *(rugby)* placcare; *(calcio)* caricare, contrastare 2 affrontare; venire alle prese con (una difficoltà, un problema, ecc.) 3 intraprendere (un lavoro, ecc.) 4 *(naut.)* fissare a un paranco • *I think I can t. it,* credo di farcela.

tackling ['tækliŋ] *n.* [U] 1 attrezzatura; attrezzi 2 *(rugby)* placcaggio; *(calcio)* carica.

tacky ['tæki] *a.* adesivo; colloso; appiccicaticcio.

tact [tækt] *n.* [U] tatto *(fig.)*; accortezza; avvedutezza.

tactful ['tæktful] *a.* pieno di tatto; accorto; avveduto.

tactfulness ['tæktfulnis] *n.* [U] tatto *(fig.)*; accortezza; avvedutezza.

tactical ['tæktikəl] *a.* *(mil.)* tattico (anche *fig.*).

tactician [tæk'tiʃən] *n.* [C] *(mil.)* tattico.

tactics ['tæktiks] *n. pl.* *(col verbo al pl. o al sing.) (mil.)* tattica (anche *fig.*).

tactile ['tæktail] *a.* *(scient.)* 1 tattile 2 tangibile.

tactless ['tæktlis] *a.* privo di tatto; indiscreto; importuno.

tactual ['tæktjuəl] *a.* *(scient.)* tattile.

tadpole ['tædpoul] *n.* [C] *(zool.)* girino.

taffeta ['tæfitə] *n.* [U] *(ind. tessile)* taffetà.

taffrail ['tæfreil] *n.* [C] *(naut.)* coronamento (di poppa).

Taffy ['tæfi] *n.* *(fam.)* gallese; abitante del Galles.

taffy ['tæfi] *(USA)* *V.* **toffee.**

(1) tag [tæg] *n.* [C] 1 aghetto; puntale (di laccio da scarpe) 2 (di scarpa) tirante 3 cartellino; etichetta 4 *(in genere)* appendice; estremità; aggiunta 5 citazione comune; frase fatta; modo di dire 6 *(mus.)* coda; ritornello • *(gramm. ingl.) question tag,* « question tag » (domanda in coda a una frase).

(2) tag [tæg] *n.* [U] gioco del fare ad acchiapparsi; chiapparello.

to **tag** [tæg] *v. t.* 1 contrassegnare con un cartellino; mettere l'etichetta a (valigie, bauli, ecc.) 2 fornire (un laccetto da scarpe, ecc.) di puntale 3 aggiungere (specialm. parole o frasi a uno scritto) 4 (*fam.*, anche *to tag along behind*) seguire da vicino; seguire passo a passo.

Tahitian [ta:'hi:tiən] *a.* e *n.* [C] tahitiano.

tail [teil] *n.* [C] 1 coda (anche *fig.*); estremità, fine; (d'abito) falda: *the t. of a kite (of a comet, etc.),* la coda d'un aquilone (d'una cometa, ecc.) 2 codazzo; seguito 3 (di moneta, *spesso al pl.*) rovescio; croce: *Head or tails?,* testa o croce? 4 (*al pl.*, anche *tailcoat*) abito a coda di rondine; marsina • *the t. end of a procession,* la coda d'un corteo □ *the t. end of a speech,* la chiusa di un discorso □ *(autom.) t.-light,* fanale di coda □ *(aeron.) t. skid,* pattino di coda □ *(aeron.) t. slide,* scivolata di coda □ *(aeron.) t. surface,* impennaggio □ *(fig.:* di persona) *tails up,* di buon umore □ *(naut.) t. wind,* vento di poppa □ *pony t.,* (pettinatura a) coda di cavallo □ *to turn t.,* darsela a gambe □ *I cannot make head or t. of it,* non riesco a venirne a capo.

to **tail** [teil] *v. t.* 1 munire (un aquilone, ecc.) di coda 2 *(fam.)* staccare il gambo a (frutta); pulire (fragole, ecc.) 3 (*fam.*, anche *to t. after*) seguire dappresso; stare alle calcagna di 4 congiungere, attaccare, unire (una cosa a un'altra, per le estremità) • *to t. away (o off),* rimanere in coda; disperdersi (o svanire, scomparire) a poco a poco □ *to t. on,* aggiungere; mettersi in coda.

tail-board ['teil,bɔ:d] *n.* [C] (di carro, autocarro) ribalta.

tailcoat ['teil,kout] *n.* [C] abito a coda di rondine; marsina.

tailed [teild] *a.* *(specialm. nei composti)* fornito di coda; caudato • (di animale) *bob-t.,* dalla coda mozza.

tailing ['teiliŋ] *n.* 1 *(archit.)* parte incastrata di un mattone (o di una pietra) in aggetto 2 *(al pl., ind.)* residui; scarto.

tailor ['teilə*] *n.* [C] sarto • *t.'s shop,* sartoria.

to **tailor** ['teilə*] **A** *v. i.* fare il sarto **B** *v. t.* 1 fare (un abito) su misura 2 *(fig.)* fare su misura; fare a bella posta • *a well-tailored suit,* un abito elegante, di buon taglio.

tailoring ['teiləriŋ] *n.* [U] 1 sartoria; lavoro di sarto 2 abilità di sarto.

tailor-made ['teiləmeid] *a.* (d'abito) fatto su misura.

tailpiece ['teil,pi:s] *n.* [C] 1 aggiunta finale; appendice 2 *(tipogr.)* finalino; vignetta 3 *(mus.)* cordiera.

taint [teint] *n.* [C] e [U] macchia *(fig.)*; ombra, ramo, traccia: *a t. of madness,* un ramo di pazzia □ *a reputation without t.,* una reputazione senza macchia.

to **taint** [teint] **A** *v. t.* contaminare; corrompere; guastare, infettare; lordare, macchiare **B** *v. i.* corrompersi; guastarsi, infettarsi.

tainted ['teintid] *a.* corrotto; guasto, infetto.

taintless ['teintlis] *a.* incontaminato; senza macchia; puro.

to **take** [teik] (*pass.* **took** [tuk], *p.p.* **taken** ['teikən] **A** *v. t.* 1 prendere; pigliare; afferrare; cogliere; sorprendere; conquistare; accettare: *to t. st. (up) with one's fingers,* prendere q.c. con le dita □ *to t. sb.'s hand,* prendere la mano a q. □ *to be taken in the act,* essere colto in flagrante □ *They won't t. our advice,* non accettano i nostri consigli □ *I took him to be an honest man,* lo presi per una persona onesta 2 comprendere, intendere; giudicare, considerare: *Do you t. my meaning?,* intendi quel che voglio dire? 3 prendere con sé; portar via; portare; condurre; accompagnare; menare *(lett.)*: *to t. the children for a walk,* condurre i bambini a fare una passeggiata 4 fare: *to t. breakfast (a walk, a bath, etc.),* far colazione (una passeggiata, un bagno, ecc.) 5 attirare; attrarre; incantare; affascinare; colpire: *This author takes his readers with him,* quest'autore affascina (o trasporta) i lettori 6 *(spesso impers.)* impiegare; metterci; volerci; richiedere: *I took three days to finish my work,* impiegai tre giorni per finire il mio lavoro □ *How long did it t. you to go there?,* quanto tempo ci mettesti per andare là? 7 resistere a; sostenere 8 *(cinem., telev.)* riprendere; girare: *to t. a scene,* riprendere una scena 9 *(gramm.)* reggere 10 (di recipiente) contenere; tenere **B** *v. i.* 1 (anche *mecc.*) prendere; far presa; attaccare 2 aver successo; attecchire 3 agire; funzionare; avere effetto 4 *(fam.)* essere fotogenico **C** *verbi composti* 1 *to t. after sb.,* prendere da q.; somigliare a q. 2 *to t. (st.) away,* portar via; togliere, rimuovere, asportare 3 *to t. (sb., st.) back,* riprendere, prendere indietro, ripigliare; portare indietro, riportare; ritirare; ritrattare 4 *to t. (sb., st.) down,* prendere (o tirare) giù; accompagnare da basso;

prendere nota di, trascrivere, registrare; demolire, fare a pezzi; smontare; inghiottire, ingoiare, mandar giù; umiliare, far abbassare la cresta a **5** *to t. from (st.),* diminuire; indebolire; ridurre **6** *to t. (sb., st.) in,* portare dentro; mettere dentro; accompagnare dentro; accogliere, ospitare, ricevere; prendere (lavoro) a casa; comprendere, capire, assimilare; comprare; imbrogliare, ingannare: *to t. in lodgers,* accogliere pigionanti □ (*naut.*) *to t. in sail,* ridurre la velatura □ *to t. in washing,* fare la lavandaia (a domicilio) □ (*comm.*) *« all taken in »,* « tutto compreso » **7** *to t. (sb., st.) off,* togliere, cavare, levare; condurre via, portar via; sopprimere, abolire; detrarre, scontare; (*aeron.*) decollare; imitare, scimmiottare: *T. off your hat,* levati il cappello! □ *We took him off to the station,* lo portammo alla stazione □ *to t. oneself off,* andarsene; svignarsela; togliersi dai piedi **8** *to t. (sb., st.) on,* prendere, prendersi; assumersi, addossarsi; assumere; intraprendere; affrontare, sfidare: *to t. on extra work,* prendere del lavoro straordinario □ *to t. on extra workers,* assumere operai in soprannumero □ *to t. sb. on at billiards,* sfidare q. a biliardo **9** *to t. (sb., st.) out,* tirar fuori; togliere, cavare; rimuovere; portar fuori, condurre all'aperto; prendere, conseguire; sottoscrivere □ (*fam.*) *to t. it out of sb.,* spossare q. **10** *to t. (sb., st.) over,* trasportare, traghettare; subentrare, succedere; (*fin.*) rilevare, incorporare (una società) **11** *to t. (sb., st.) round,* accompagnare (in un giro di visite), portare in giro; far passare in giro (una bottiglia, un vassoio, ecc.) **12** *to t. to (sb., st.),* cominciare a; prendere in simpatia; darsi a, prendere l'abitudine di; ricorrere a, far uso di **13** *to t. (sb., st.) up,* prender su; far salire; raccogliere; prendere, richiedere; assorbire; interrompere, rimbeccare; rimbrottare, rimproverare, sgridare; intraprendere, dedicarsi a; riprendere, ripigliare; (*fin., comm.*) accettare, pagare (una cambiale, un assegno) □ *to t. up arms,* prendere le armi; dar inizio alle ostilità □ *to t. up Russian,* mettersi a studiare il russo □ *to t. up with sb.,* frequentare q.; fare amicizia con q. **14** *to t. (it) upon oneself (to do st.),* impegnarsi (di fare q.c.) ● *to t. all the fun out of st.,* guastare la festa; sciupar tutto □ *to t. sb. for sb. else,* prendere (o scambiare) q. per q. altro □ *to t. God's name in vain,* nominare il nome di Dio invano □ *to t. st. ill,* offendersi di q.c.; aversene a male □ *to t. sb. in hand,* far rigar dritto q. □ *to t. st. in hand,* intraprendere q.c. □ *to t. sb. into one's confidence,* concedere a q. la propria fiducia □ (*fam.*) *to t. it,* tener duro; non batter ciglio □ *to t. a leap,* fare un salto □ *to t. legal advice,* consultare un avvocato; rivolgersi a un legale per un parere □ *to t. sb.'s life,* toglier la vita a q.; uccidere q. □ *to t. medical advice,* chiedere il parere di un medico; farsi visitare □ *to t. minutes as read,* dar per letti i verbali □ *to t. the nonsense out of sb.,* togliere i grilli dalla testa a q. □ *to t. seats at the theatre,* prenotare posti a teatro □ *to t. things coolly,* conservare il sangue freddo; mantenere la calma □ *to t. things easy,* tirare a campare; prendersela comoda □ *to t. one's time,* prendersela comoda □ *to t. sb. to one's arms (one's breast),* prendere q. fra le braccia (stringersi q. al petto) □ *to t. st. to heart,* prendersi a cuore q.c. □ *to t. a vow,* fare un voto □ *to be taken ill,* ammalarsi; sentirsi male □ *It takes a lot of doing,* è un compito arduo □ *It took a lot of doing,* ci volle del bello e del buono □ *T. your seats!,* a posto!; (anche) in carrozza! □ *I will t. no nonsense,* non tollero sciocchezze!

take [teik] *n.* [C] **1 quantità di selvaggina (di pesce,** ecc.) **presa; carniere 2** (*cinem., telev.*) **ripresa 3** (*fam.*) **guadagno; profitto.**

takeaway ['teikə,wei] **A** *a.* (di cibo, ecc.) **da portar via B** *n.* [C] **rosticceria** ● *t. food shop,* rosticceria.

take-in ['teik,in] *n.* [C] (*fam.*) **inganno; imbroglio; truffa.**

taken ['teikən] *p.p.* di to **take.**

take-off ['teik,ɔ:f] *n.* [C] **1** (*aeron.*) **decollo 2 partenza** (di un razzo) **3** (*fam.*) **caricatura; imitazione 4** (*sport*) **linea di partenza** ● (*aeron.*) *t. strip,* pista di decollo.

take-over ['teik,ouvə*] *n.* [C] **1 assunzione** (di un ufficio, ecc.) **2** (*fin.*) **rilevamento, incorporazione** (di un'azienda).

take-up ['teik,ʌp] *n.* [C] **1** (*mecc.*) **tenditore 2** (*cinem.*) **avvolgitore.**

(1) taking ['teikiŋ] *n.* **1** [U] e [C] **presa 2** (*al pl.*) **ricavo;** (*comm.*) **incasso, introito.**

(2) taking ['teikiŋ] *a.* **1 attraente; affascinante 2** (*fam.:* di male) **contagioso.**

talc [tælk] *n.* [U] **1** (*miner.*) **talco 2 borotalco.**

talcum ['tælkəm] *n.* [U] **1** (*miner.*) **talco 2** (anche *t. powder*) **borotalco.**

tale [teil] *n.* [C] **1 storia; racconto; narrazione; novella**: *fairy-tales,* storie di fate; fiabe □ *tales of adventure,* racconti d'avventure **2 resoconto; relazione;** (specialm.) **diceria, maldicenza 3** (anche *silly t.*) **fandonia; bugia; frottola 4** (*poet.*) **ammontare; numero** ● *an old wives' t.,* una sciocca leggenda; un racconto fantastico □ *It tells its own t.,* (la cosa) si spiega da sé.

tale-bearer ['teil,bɛərə*] *n.* [C] **1 maldicente; malalingua 2 spia; delatore.**

talent ['tælənt] *n.* [C] e [U] **talento** (in ogni senso); **ingegno; attitudine; disposizione naturale**: *a man of great t.,* un uomo di grande ingegno □ *to have a t. for music,* avere attitudine per la musica ● (*mus., cinem.,* ecc.) *t. scout,* scopritore di talenti.

talented ['tæləntid] *a.* **d'ingegno; (dotato) di talento; abile.**

tales ['teili:z] (*lat.*) *n. pl.* (*leg.*) **giurati supplenti.**

tale-teller ['teil,telə*] *n.* [C] **1 narratore 2** *V.* **tale-bearer.**

talion ['tæliən] *n.* [U] (*stor.*) **taglione; legge** (o **pena) del taglione.**

talisman ['tælizmən] *n.* [C] **talismano.**

to **talk** [tɔ:k] **A** *v. i.* **1 parlare; discorrere; conversare; chiacchierare**: *What are you talking about?,* di che stai parlando? □ *I was talking to a friend,* conversavo con un amico **2 esprimersi; comunicare**: *to t. by signs,* esprimersi a gesti **B** *v. t.* **1 parlare**: *to t. French,* parlar francese **2 parlare di; discutere di; trattare** (un argomento): *to t. business,* parlare d'affari □ *to t. politics,* discutere di politica **3 dire; esprimere**: *to t. nonsense,* dire sciocchezze □ *to t. sense,* dire cose sensate **C** *verbi composti* **1** *to t. about (sb., st.),* parlare di; fare della maldicenza su: *I don't want to be talked about,* non voglio che si parli di me **2** *to t. at sb.,* parlare perché q. intenda **3** *to t. away,* continuare a parlare □ *to t. away the time,* passare il tempo discorrendo **4** *to t. back,* rispondere con mala grazia; ribattere **5** *to t. down to sb.,* parlare a q. con condiscendenza □ *to t. sb. down,* ridurre q. al silenzio; stordire q. a furia di chiacchiere **6** *to t. sb. into doing st.,* convincere q. a fare q.c. (a furia di parlare) **7** *to t. sb. out of doing st.,* dissuadere q. dal fare q.c. **8** *to t. st. over,* discutere q.c. **9** *to t. sb. round,* far mutar parere a q.; tirare q. dalla propria parte □ *to t. round a subject,* girare intorno a un argomento **10** (*fam.*) *to t. to sb.,* sgridare q. ● (*fam.*) *to t. big,* vantarsi □ *to t. oneself hoarse,* diventare rauco a forza di parlare; sfiatarsi, spolmonarsi.

talk [tɔ:k] *n.* **1** [C] **discorso; conversazione; colloquio 2** [U] (anche *small t.*) **chiacchiere; ciarle; vane parole; vaniloquio 3** [U] **diceria; voce; pettegolezzo 4** [C] (*fam.*) **parlata; linguaggio 5** [C] **negoziato; trattativa**: *peace talks,* negoziati di pace ● *to be the t. of the town,* essere la favola della città; essere sulla bocca di tutti □ *He's all t.,* parla e parla, ma non conclude nulla □ *Too much t. and not enough work being done!,* troppe parole e pochi fatti!

talkative ['tɔ:kətiv] *a.* **ciarliero; loquace.**

talkativeness ['tɔ:kətivnis] *n.* [U] **loquacità; parlantina** (*fam.*).

talker ['tɔ:kə*] *n.* [C] **1 parlatore; conversatore 2 chiacchierone; ciarlone; fanfarone.**

talkie ['tɔ:ki:] *n.* [C] (*fam., ma piuttosto antiquato*) **film sonoro; pellicola sonora** ● *the talkies,* il cinema (sonoro).

talking ['tɔ:kiŋ] *a.* **parlante**: *a t. parrot,* un pappagallo parlante ● *t. point,* argomento da discutere (o di conversazione).

talking-to ['tɔ:kiŋtu:] *n.* [C] (*fam.*) **rimprovero; sgridata; ramanzina.**

tall [tɔ:l] *a.* **1 alto**: *a t. man,* un uomo alto □ *t. trees,* alberi alti □ *to be six foot t.,* essere alto sei piedi **2** (*fam.*) **assurdo; esagerato; incredibile; inverosimile**:

a t. story, un racconto assurdo; una panzana ● *(fam.) a t. order,* una pretesa assurda; un compito arduo.
tallboy ['tɔ:lbɔi] *n.* [C] **canterano; cassettone alto.**
tallness ['tɔ:lnis] *n.* [U] **altezza; statura alta.**
tallow ['tælou] ***A*** *n.* [U] **sego** ***B*** *a. attr.* **di sego.**
to **tallow** ['tælou] *v. t.* ***1*** **ungere col sego** ***2*** **ingrassare** (pecore, ecc.).
tallowy ['tæloui] *a.* ***1*** **di sego; segoso** ***2*** **color del sego; giallognolo.**
tally ['tæli] *n.* [C] ***1*** *(comm.)* **riscontro; tagliando di riscontro** ***2*** **cartellino; etichetta; piastrina; targhetta** ***3*** **duplicato** ● *t.-clerk,* controllore (alla consegna di merce) □ *t.-sheet,* foglio di riscontro □ *t. system (o t. trade),* vendita a credito a breve scadenza.
to **tally** ['tæli] ***A*** *v. t.* ***1*** **registrare; annotare** (crediti, ecc.) ***2*** (spesso *to t. up*) **riscontrare** ***B*** *v. i.* **corrispondere; concordare**: *The goods don't t., with the invoice,* la merce non corrisponde alle indicazioni della fattura.
tally-ho [,tæli'hou] *inter.* e *n.* [C] **dàlli dàlle!** (grido per incitare i cani, specialm. avvistando la volpe).
tallyman ['tælimən] *n.* (*pl.* **tallymen** ['tælimən]) **negoziante che vende a rate (o a credito a breve scadenza).**
talmi-gold ['ta:lmi,gould] *n.* [U] **ottone placcato d'oro.**
talon ['tælən] *n.* [C] ***1*** **artiglio** (specialm. d'uccello rapace; anche *fig.*) ***2*** *(archit.)* **modanatura a S.**
tamable ['teiməbl] *a.* **addomesticabile; domabile.**
tamarind ['tæmərind] *n.* [C] (*bot.*, Tamarindus indica) **tamarindo.**
tamarisk ['tæmərisk] *n.* [C] (*bot.*, Tamarix) **tamerice; tamarisco.**
tambour ['tæmbuə*] *n.* [C] ***1*** *(mus., archit.)* **tamburo** ***2*** **telaio da ricamo; tamburello.**
tambourine [,tæmbə'ri:n] *n.* [C] *(mus.)* **tamburello.**
tame [teim] *a.* ***1*** **domestico; addomesticato**: *t. animals,* animali domestici ***2*** **docile; mansueto** ***3*** **servile; sottomesso** ***4*** **insipido; insulso; noioso; privo d'interesse**: *t. talk,* discorsi insulsi ● *(fig.) t. cat.,* tipo servizievole.
to **tame** [teim] *v. t.* ***1*** **addomesticare; domare; ammansire**: *to t. horses,* domare cavalli ***2*** *(fig.)* **domare; sottomettere.**
tameable ['teiməbl] *V.* **tamable.**
tameness ['teimnis] *n.* [U] ***1*** **docilità; mansuetudine** ***2*** **servilità; umiltà; sottomissione** ***3*** **insipidità; insulsaggine.**
tamer ['teimə*] *n.* [C] **domatore, domatrice**: *a lion-t.,* un domatore di leoni.
tam-o'-shanter [,tæmə'ʃæntə*] *n.* [C] **berretto scozzese.**
to **tamp** [tæmp] *v. t.* ***1*** **pestare; pigiare**: *to t. down tobacco in one's pipe,* pigiare il tabacco nella pipa ***2*** **tappare; turare.**
tamper ['tæmpə*] *n.* [C] *(costr.)* **pestello; mazzeranga.**
to **tamper** ['tæmpə*] *v. t.* ***1*** **frammettersi; immischiarsi; interferire** ***2*** — *to t. with,* adulterare; falsificare; manomettere ***3*** — *to t. with,* tentare di corrompere; subornare.
tampon ['tæmpən] *n.* [C] *(med.)* **tampone; stuello.**
to **tampon** ['tæmpən] *v. t.* *(med.)* **tamponare, stuellare** (una ferita).
tan [tæn] ***A*** *n.* [U] ***1*** **corteccia di quercia** (talora *tan-bark*); **concia** (per le pelli) ***2*** *(chim.)* **tannino** ***3*** **color marrone chiaro** ***4*** *(generalm. con l'art. indeterm.)* **abbronzatura; tinta abbronzata; tintarella** *(fam.)*: *to get a tan,* prendere la tintarella ***B*** *a. attr.* **marrone chiaro.**
to **tan** [tæn] ***A*** *v. t.* ***1*** *(ind.)* **conciare** (pelli) ***2*** **abbronzare; dare la tintarella a** (q.) ***3*** *(fam.)* **frustare; battere; percuotere** ***B*** *v. i.* ***1*** (di pelli) **subire la concia** ***2*** **abbronzarsi; prendere la tintarella** *(fam.)*.
tandem ['tændəm] ***A*** *n.* [C] (anche *t. bicycle*) **tandem** ***B*** *avv.* **uno dietro l'altro.**
tang [tæŋ] *n.* [C] ***1*** **codolo** ***2*** **sapore piccante; forte odore** ***3*** **pizzico** (di q.c.): *with a t. of humour,* con un pizzico d'umorismo.
tangency ['tændʒənsi] *n.* [U] *(geom.)* **tangenza.**
tangent ['tændʒənt] *a.* e *n.* [C] *(geom.)* **tangente** ● *(fig.) to go (o to fly) off at a t.,* fare un mutamento improvviso; fare un voltafaccia.
tangential [tæn'dʒenʃəl] *a.* *(geom.)* **tangenziale.**
tangerine [,tændʒə'ri:n] *n.* ***1*** [C] (*bot.*, Citrus nobilis) **mandarino** ***2*** [U] **color mandarino.**
tangibility [,tændʒi'biliti] *n.* [U] **tangibilità.**
tangible ['tændʒəbl] *a.* **tangibile;** *(fig.)* **concreto, manifesto.**
to **tangle** ['tæŋgl] ***A*** *v. t.* **aggrovigliare; arruffare; avviluppare; ingarbugliare** ***B*** *v. i.* **aggrovigliarsi; avvilupparsi; ingarbugliarsi.**
tangle ['tæŋgl] *n.* [C] ***1*** **groviglio; viluppo; garbuglio; imbroglio** ***2*** *(fig.)* **impiccio; pasticcio**: *to be in a t.,* essere nei pasticci.
tangly ['tæŋgli] *a.* **ingarbugliato; aggrovigliato; arruffato.**
tango ['tæŋgou] *n.* (*pl.* **tangos**) *(mus., danza)* **tango.**
tangy ['tæŋi] *a.* ***1*** (di odore) **penetrante** ***2*** (di sapore) **piccante** ***3*** *(fig.)* **caratteristico; tipico.**
tank [tæŋk] *n.* [C] ***1*** **serbatoio; cisterna** ***2*** *(mil.)* **carro armato** ● *(ferr.) t. car,* carro cisterna □ *(naut.) t. steamer,* nave cisterna □ *(autom.) t. truck,* autocisterna; autobotte.
tankage ['tæŋkidʒ] *n.* [U] ***1*** **capacità di un serbatoio** ***2*** **riempimento di un serbatoio** ***3*** **spesa per il riempimento di un serbatoio.**
tankard ['tæŋkəd] *n.* [C] **boccale** (spesso col coperchio).
tanker ['tæŋkə*] *n.* [C] ***1*** *(naut.)* **nave cisterna;** (specialm.) **petroliera** ***2*** **autobotte** ***3*** *(aeron.)* **aerocisterna** ***4*** *(mil.)* **carrista.**
tankman ['tæŋkmən] *n.* (*pl.* **tankmen** ['tæŋkmən] *(mil.)* **carrista.**
tannage ['tænidʒ] *n.* [U] ***1*** **concia** (il processo) ***2*** **pelli conciate.**
(1) tanner ['tænə*] *n.* [C] **conciatore; conciapelli.**
(2) tanner ['tænə*] *n.* [C] *(pop., arc.)* **moneta da sei penny.**
tannery ['tænəri] *n.* [C] *(ind.)* **conceria.**
tannic ['tænik] *a.* *(chim.)* **tannico**: *t. acid,* acido tannico.
tannin ['tænin] *n.* [U] *(chim.)* **tannino.**
tanning ['tæniŋ] *n.* [U] *(ind.)* **concia** (il processo).
tansy ['tænzi] *n.* [U] (*bot.*, Tanacetum vulgare) **tanaceto.**
to **tantalize** ['tæntəlaiz] *v. t.* **tenere sulla corda** *(fig.)*; **stuzzicare; tormentare.**
tantalizing ['tæntəlaiziŋ] *a.* **allettante; stuzzicante.**
tantalum ['tæntələm] *n.* [U] *(chim.)* **tantalio.**
tantalus ['tæntələs] *n.* [C] **portabottiglie** (che si può chiudere a chiave).
tantamount ['tæntəmaunt] *a. pred.* **equivalente; uguale.**
tantrum ['tæntrəm] *n.* [C] *(fam.)* **collera; stizza; nervi** *(fam.)*: *to go into a t.,* andare in collera; infuriarsi □ *to be in one of one's tantrums,* avere un accesso d'ira; avere i nervi.
Taoismo ['ta:ouizəm] *n.* [U] *(relig.)* **taoismo.**
Taoist ['ta:ouist] *n.* [C] e *a.* *(relig.)* **taoista.**
(1) tap [tæp] *n.* [C] ***1*** **rubinetto**: *to turn the tap on (off),* aprire (chiudere) il rubinetto ***2*** **zaffo; zipolo; spina; tappo** ***3*** **liquore, vino, birra** (d'una certa qualità) ***4*** *(elettr.)* **presa intermedia** ● *tap-hole,* foro di spillatura; *(metall.)* foro di colata □ *on tap,* (di vino, birra) alla spina; *(fig., fam.)* pronto, a disposizione.
(2) tap [tæp] *n.* [C] ***1*** **picchio; colpetto; colpettino**: *a tap on the window,* un colpetto alla finestra ***2*** **rinforzo di cuoio** (per suola o tacco di scarpa) ***3*** *(al pl., mil.)* **(segnale del) silenzio** ● *tap-dancing,* « tip tap » (ballo).
(1) to **tap** [tæp] *v. t.* ***1*** **fornire** (botte, barile) **di zaffo (o di zipolo)** ***2*** **spillare** (una botte, birra, ecc.) ***3*** **cavare; ottenere; spillare** *(fig.)*: *to tap sb. for money,* spillare quattrini a q. ***4*** *(econ.)* **sfruttare; utilizzare** ***5*** *(med.)* **incidere; estrarre liquido da** ● *to tap the telephone wires,* intercettare le telefonate.
(2) to **tap** [tæp] *v. t.* e *i.* **battere; picchiare; bussare; picchiettare; dare un colpetto** (a): *to tap at (o on) the*

door, bussare alla porta □ *I tapped him on the shoulder,* gli diedi un colpetto sulla spalla ● *to tap off a message,* trasmettere un messaggio in alfabeto Morse □ *to tap out one's pipe,* svuotare la pipa con ripetuti colpetti.

tape [teip] *n.* [C] e [U] *1* nastro (di stoffa, di carta, ecc.); fettuccia; spighetta; nastrino: *adhesive t.* (o *Scotch t.*), nastro adesivo *2 V.* **tape-measure** *3 V.* **tape-worm** *4* (*mus., elab.,* ecc.) nastro (magnetico) ● (*sport*) *to breast the t.,* tagliare il traguardo □ (*fig.*) *red t.,* burocrazia; lungaggini burocratiche.

to **tape** [teip] *v. t.* *1* legare con un nastro; provvedere di nastro *2* misurare col metro *3* (*elettr.*) fasciare con nastro isolante *4* registrare su nastro magnetico ● (*fig., fam.*) *to have sb. taped,* farsi un'idea chiara di q.

tape-measure ['teip,meʒə*] *n.* [C] metro a nastro.

tape-player ['teip,pleiə*] *n.* [C] riproduttore di nastri; mangianastri.

taper ['teipə*] *n.* [C] *1* cero; candelina; moccolo *2* accenditoio *3* (*archit., mecc., aeron.*) rastremazione.

to **taper** ['teipə*] **A** *v. t.* affusolare; assottigliare all'estremità; (*mecc., archit.*) rastremare **B** *v. i.* (spesso *to t. off*) affusolarsi; assottigliarsi (all'estremità); rastremarsi.

tape-recorder ['teipri,kɔ:də*] *n.* [C] registratore a nastro; magnetofono.

tapering ['teipəriŋ] *a.* affusolato; conico; a punta; rastremato.

tapestry ['tæpistri] *n.* [C] e [U] tappezzeria; arazzo; drappo.

to **tapestry** ['tæpistri] *v. t.* tappezzare; coprire d'arazzi.

tapeworm ['teip,wə:m] *n.* [C] (*zool.,* Taenia solium) tenia; verme solitario.

tapioca [,tæpi'oukə] *n.* [U] tapioca.

tapir ['teipə*] *n.* [C] (*zool.,* Tapirus) tapiro.

tappet ['tæpit] *n.* [C] (*mecc.*) punteria (del motore).

tapping ['tæpiŋ] *n.* [U] e [C] *1* colpetto; bussatina *2* (lo) spillare (una botte) *3* (*med.*) paracentesi *4* (*mecc.*) filettatura *5* (*elettr.*) presa *6* intercettazione (delle telefonate).

taproom ['tæp,rum] *n.* [C] mescita d'alcolici; bar (d'albergo, ecc.).

tapster ['tæpstə*] *n.* [C] barista; chi mesce alcolici.

tar [ta:*] *n.* [U] catrame ● *tar-spraying,* incatramatura.

to **tar** [ta:*] *v. t.* incatramare; catramare ● *to tar and feather sb.,* impeciare e ricoprire di penne q. (come affronto, per punizione) □ (*fig.*) *tarred with the same brush,* della stessa razza.

taradiddle ['tærədidl] *n.* [C] (*fam.*) bugia; frottola.

tarantella [,tærən'telə] *n.* [C] (*mus., danza*) tarantella.

tarantula [tə'ræntjulə] *n.* [C] (*zool.,* Lycosa tarantula) tarantola.

tardiness ['ta:dinis] *n.* [U] *1* lentezza *2* ritardo; indugio *3* malavoglia; riluttanza.

tardy ['ta:di] *a.* *1* tardo; lento; pigro *2* in ritardo; tardivo; fatto troppo tardi *3* (di persona) riluttante.

(1) tare [tɛə*] *n.* [C] (*bot.,* Vicia sativa) veccia.

(2) tare [tɛə*] *n.* [U] (*comm.*) tara.

target ['ta:git] *n.* [C] *1* bersaglio; (*mil.*) obiettivo: *to miss the t.,* sbagliare il bersaglio *2* (*ferr.*) semaforo; disco *3* (*fig.*) obiettivo; scopo; meta *4* (*fig.*) oggetto: *to be a t. for scorn,* essere oggetto di scherno.

tariff ['tærif] *n.* [C] (*comm.*) tariffa ● *the t. at a hotel,* i prezzi di un albergo.

to **tariff** ['tærif] *v. t.* (*comm.*) tariffare; sottoporre a tariffa.

tarmac ['ta:mæk] *n.* (*abbr.* di **tar-macadam**) *1* [U] macadam al catrame *2* [C] (*aeron., fam.*) pista (d'aeroporto).

tarn [ta:n] *n.* [C] (*geogr.*) laghetto montano.

to **tarnish** ['ta:niʃ] **A** *v. t.* *1* annerire; appannare; offuscare; ossidare *2* (*fig.*) macchiare: *a tarnished reputation,* una reputazione macchiata **B** *v. i.* *1* annerire; appannarsi; offuscarsi; ossidarsi *2* (*fig.*) macchiarsi.

tarnish ['ta:niʃ] *n.* [U] opacità; offuscamento; appannatura.

tarot ['tærou] *n.* *1* [C] tarocco (la carta) *2* (*al pl.*) (gioco dei) tarocchi.

tarpaulin [ta:'pɔ:lin] *n.* [C] e [U] *1* copertone (impermeabile); incerata *2* (*naut.*) mantello (o cappello) d'incerata.

Tarpeian [ta:'pi(:)ən] *a.* (*stor.*) tarpeo.

tarradiddle ['tærədidl] *V.* **taradiddle.**

tarragon ['tærəgən] *n.* [U] (*bot.,* Artemisia dracunculus) targone; dragoncello ● *t. vinegar,* aceto aromatizzato (con targone).

tarry ['ta:ri] *a.* *1* catramoso *2* catramato; incatramato.

to **tarry** ['tæri] *v. i.* (*lett.*) *1* rimanere; restare; trattenersi; sostare *2* indugiare ● *to t. for sb.,* aspettare q.

tarsal ['ta:səl] *a.* (*anat.*) tarsale.

tarsus ['ta:səs] *n.* (*pl.* **tarsi** ['ta:sai]) (*anat.*) tarso.

(1) tart [ta:t] *n.* [C] torta; crostata: *an apple t.,* una torta di mele.

(2) tart [ta:t] *n.* [C] (*pop.*) donna di malaffare; sgualdrina.

(3) tart [ta:t] *a.* *1* acido; agro *2* (*fig.*) aspro; pungente.

(1) tartan ['ta:tən] *n.* [U] e [C] tartan; tessuto di lana scozzese a quadri di vario colore.

(2) tartan ['ta:tən] *n.* [C] (*naut.*) tartana.

Tartar ['ta:tə*] *n.* *1* (*stor.*) tartaro *2* (*fig.*) individuo violento ● (*fig.*) *to catch a T.,* trovare (in q.) pane per i propri denti.

tartar ['ta:tə*] *n.* [U] (*chim.*) tartaro (anche quello delle botti e dei denti) ● (*chim.*) *cream of t.,* cremore di tartaro.

tartaric [ta:'tærik] *a.* (*chim.*) tartarico: *t. acid,* acido tartarico.

tartar steak [,ta:tə'steik] *n.* [C] e [U] (*cucina,* anche *steak tartare*) bistecca alla tartara.

tartlet ['ta:tlit] *n.* [C] tortina; pasticcino.

tartness ['ta:tnis] *n.* [U] *1* acidità; agro *2* (*fig.*) asprezza; mordacità; acredine.

task [ta:sk] *n.* [C] compito; lavoro; incarico; dovere; mansione; impresa: *an arduous t.,* un compito arduo; un'impresa difficile ● (*mil.*) *t. force,* « task force »; unità operativa; (*in G.B.*) squadra speciale (della polizia) □ *to take sb. to t.,* richiamare (all'ordine) q.; rimproverare q.

to **task** [ta:sk] *v. t.* *1* assegnare un compito a (q.) *2* affaticare; sforzare.

taskmaster ['ta:sk,ma:stə*] *n.* [C] sorvegliante (o datore di lavoro, insegnante) severo.

Tasmanian [tæz'meinjən] *a.* e *n.* (abitante) della Tasmania; tasmaniano.

tassel ['tæsəl] *n.* [C] *1* fiocco; nappa; nappina *2* (*bot.*) barba (della pannocchia del granoturco).

to **tassel** ['tæsəl] **A** *v. t.* *1* ornare con fiocchi; provvedere di nappe *2* (*agric.*) cimare (piante di granoturco) **B** *v. i.* (del granoturco) fiorire.

to **taste** [teist] **A** *v. t.* *1* (anche *fig.*) gustare; assaporare; assaggiare *2* (anche *fig.*) sentire; sentire il sapore di; provare *3* fare l'assaggiatore di (q.c.) **B** *v. i.* (anche *fig.*) sapere di; sentire di; avere (buon, cattivo, ecc.) sapore: *to t. good,* avere un buon sapore □ *to t. bitter,* sapere d'amaro ● *to t. of (st.),* saper di; (*fig., lett.*) provare, assaporare.

taste [teist] *n.* *1* [U] e [C] gusto (quasi in ogni senso); sapore; buon gusto; predilezione; propensione: *sweet to the t.,* dolce al gusto □ *It has no t.,* non ha sapore; è insapore □ *to have a t. for English literature,* avere propensione per la letteratura inglese *2* [C] e [U] attitudine; disposizione; inclinazione: *to have no t. for business,* non avere attitudine agli affari *3* (*generalm. al sing. con l'art. indeterm.*) bocconcino; tantino; po' (di q.c.); assaggio (di cibo) ● (anche *fig.*) *to leave a bad t. in the mouth,* lasciare la bocca amara □ *Is it to your t.?,* è di tuo gusto?

tasteful ['teistful] *a.* di buon gusto; raffinato.

tasteless ['teistlis] *a.* *1* insaporo; insipido; scipito *2* privo di gusto; di cattivo gusto.

taster ['teistə*] *n.* [C] **1 assaggiatore; degustatore 2** *(fam.)* **consulente editoriale 3 saggiatore** (per formaggio, ecc.).
tasty ['teisti] *a.* **1 gustoso; saporoso; saporito 2** (di notizia, ecc.) **interessante.**
tat [tæt] *n.* — *tit for tat,* V. **(1) tit.**
to **tat** [tæt] **A** *v. i.* **fare il merletto B** *v. t.* **fare** (un lavoro) **a merletti.**
ta-ta [tæ'ta:] *inter.* *(fam.)* **addio; ciao.**
tatter ['tætə*] *n.* *(di solito al pl.)* **cencio; straccio; brandello**: *dressed in tatters,* vestito di stracci.
tatterdemalion [ˌtætədə'meiljən] *n.* [C] *(raro)* **straccione.**
tattered ['tætəd] *a.* **stracciato; lacero; a brandelli; sbrindellato.**
tatting ['tætiŋ] *n.* [U] **merletto; pizzo annodato.**
to **tattle** ['tætl] **A** *v. i.* **chiacchierare; ciarlare; cianciare; spettegolare B** *v. t.* **dire** (parole) **a vanvera.**
tattle ['tætl] *n.* [U] **chiacchiere; ciarle; ciance.**
tattler ['tætlə*] *n.* [C] **chiacchierone; pettegolo, pettegola.**
(1) tattoo [tə'tu:] *n.* **1** *(solo al sing.)* *(mil.)* **ritirata** (segnale serale): *to beat the t.*, suonare la ritirata **2** (*pl.* **tattoos**) **carosello militare** ● *to beat a t. on the table with one's fingers,* tamburellare sul tavolo con le dita.
(1) to **tattoo** [tə'tu:] *v. i.* **1** *(mil.)* **suonare la ritirata 2 tamburellare con le dita.**
(2) tattoo [tə'tu:] *n.* (*pl.* **tattoos**) **tatuaggio.**
(2) to **tattoo** [tə'tu:] *v. t.* **tatuare.**
tattooed [tə'tu:d] *a.* **tatuato.**
tattooist [tə'tu:ist] *n.* [C] **chi fa tatuaggi.**
taught [tɔ:t] *pass.* e *p.p.* di to **teach.**
taunt [tɔ:nt] *n.* [C] **aspro rimprovero; rampogna; scherno.**
to **taunt** [tɔ:nt] *v. t.* **1 rimproverare aspramente; criticare; rinfacciare**: *to t. sb. with having done st.*, rinfacciare a q. d'aver fatto q.c. **2 beffare; dileggiare; deridere; schernire 3 provocare; stuzzicare.**
tauromachy [tɔ:'rɔməki] *n.* [U] **tauromachia.**
Taurus ['tɔ:rəs] *n.* *(astron., astrologia)* **Toro.**
taut [tɔ:t] *a.* **1 teso; rigido 2** *(fig.)* **tirato; stiracchiato 3** (specialm. di nave) **in ordine.**
to **tauten** ['tɔ:tən] **A** *v. t.* **tendere; irrigidire B** *v. i.* **tendersi; irrigidirsi.**
tautness ['tɔ:tnis] *n.* [U] **tensione; rigidità.**
tautological [ˌtɔ:tə'lɔdʒikəl] *a.* **tautologico.**
tautology [tɔ:'tɔlədʒi] *n.* [U] e [C] **tautologia.**
tavern ['tævən] *n.* [C] **1 taverna; osteria; bettola 2 locanda.**
taw [tɔ:] *n.* [C] **1** *(spesso al pl.)* **gioco delle palline 2 pallina; biglia.**
to **taw** [tɔ:] *v. t.* *(ind.)* **conciare** (pelli) **con l'allume; allumare.**
tawdry ['tɔ:dri] **A** *a.* **vistoso; sgargiante; di cattivo gusto; di scarso valore; da due soldi B** *n.* [U] **ornamenti sfarzosi, di poco prezzo.**
tawny ['tɔ:ni] *a.* **bruno fulvo; abbronzato.**
tax [tæks] *n.* **1** [C] e [U] **imposta; contributo; tributo; balzello**: *to pay one's taxes,* pagare le imposte (*pop.*: le tasse) □ *local taxes,* tributi locali **2** *(solo al sing.)* *(fig.)* **carico; peso; sforzo; onere**: *It's a heavy tax on him,* per lui è un grave peso ● *tax-collector,* esattore delle imposte □ *(fam.)* *tax-dodger,* evasore fiscale □ *tax payer,* contribuente □ *tax relief,* sgravio fiscale.
to **tax** [tæks] *v. t.* **1 decretare imposte su** (q.c.); **gravare con tributi; tassare** *(pop.)* **2 affaticare; sforzare; mettere a dura prova**: *to tax sb.'s patience,* mettere a dura prova la pazienza di q. **3 accusare; tacciare**: *to be taxed with negligence (with having neglected one's work),* essere tacciato di negligenza (di aver trascurato il lavoro).
taxability [ˌtæksə'biliti] *n.* [U] *(fin.)* **imponibilità.**
taxable ['tæksəbl] *a.* **imponibile; soggetto a imposta** ● *(fin.)* *t. capacity,* capacità contributiva.
taxation [tæk'seiʃən] *n.* [U] **tassazione;** *(collett.)* **imposte** ● *t. at source,* ritenuta alla fonte □ *t. consultant,* fiscalista.
tax-free ['tæks'fri:] *a.* **esente da imposte.**
taxi ['tæksi] *n.* [C] (anche *t.-cab*) **tassì; automobile pubblica** ● *t.-driver,* tassista; conducente d'auto pubblica.
to **taxi** ['tæksi] *v. i.* **1 andare in tassì 2** (d'aeroplano) **rullare.**
taxidermist ['tæksidə:mist] *n.* [C] **tassidermista.**
taxidermy ['tæksidə:mi] *n.* [U] **tassidermia.**
taximeter ['tæksiˌmi:tə*] *n.* [C] **tassametro.**
taxiplane ['tæksiˌplein] *n.* [C] *(aeron.)* **aerotassì.**
taxiway ['tæksiwei] *n.* [C] *(aeron.)* **pista di rullaggio.**
taxonomy [tæk'sɔnəmi] *n.* [U] **tassonomia.**
tea [ti:] *n.* [U] **tè**: *a cup of tea,* una tazza di tè □ *to have tea at five o'clock,* prendere il tè alle cinque ● *tea-bag,* bustina di tè □ *tea-cloth,* tovaglia da tè □ *tea-dance,* tè danzante □ *(pop.)* *tea-fight,* tè (trattenimento) □ *tea-garden,* piantagione di tè; posto di ristoro all'aperto □ *tea-house,* casa da tè (in Cina o in Giappone) □ *tea-kettle,* bricco per il tè; bollitore da tè □ *tea-party,* tè (trattenimento) □ *tea-room,* sala da tè □ *(bot.)* *tea rose,* rosa tea □ *tea-service (o tea-set),* servizio da tè □ *tea-table conversation,* conversazione leggera, frivola □ *tea-time,* l'ora del tè □ *tea-trolley,* carrello da tè □ *camomile tea,* infuso di camomilla □ *high tea,* pasto pomeridiano (in luogo della cena), in cui si beve tè.
to **teach** [ti:tʃ] (*pass.* e *p.p.* **taught** [tɔ:t]) *v. t.* e *i.* **insegnare; istruire; fare l'insegnante**: *to t. sb. (how) to swim,* insegnare a q. a nuotare ● *to t. for a living,* guadagnarsi la vita insegnando □ *That will t. you a lesson,* ciò ti servirà di lezione □ *That will t. him,* così imparerà.
teachable ['ti:tʃəbl] *a.* **1** (di persona) **disposto a imparare;** (di animale) **ammaestrabile 2** (di materia) **insegnabile;** (di testo) **comprensibile.**
teacher ['ti:tʃə*] *n.* [C] **insegnante; professore, professoressa; maestro, maestra** ● *driving t.*, istruttore (di scuola di guida).
teach-in ['ti:tʃˌin] *n.* [C] *(fam.)* **dibattito; seminario.**
teaching ['ti:tʃiŋ] *n.* [U] e [C] **insegnamento** ● *t. aids,* sussidi didattici □ *t. staff,* corpo docente.
tea-cosy ['ti:ˌkouzi] *n.* [C] **copriteiera.**
teacup ['ti:kʌp] *n.* [C] **tazza da tè.**
teacupful ['ti:kʌpˌful] *n.* [C] **(quanto sta in una) tazza da tè.**
teak [ti:k] *n.* [U] (*bot.*, Tectona grandis) **tek** (l'albero e il legno).
teal [ti:l] *n.* (*zool.*, Anas crecca) **alzavola.**
team [ti:m] *n.* [C] **1 squadra** (d'operai, giocatori, ecc.); **gruppo** (di lavoro) **2** (di animali) **attacco; tiro; pariglia** (di cavalli) ● *t.-mate,* compagno di squadra □ *t. spirit,* spirito di corpo □ *t.-work,* lavoro di gruppo.
to **team** [ti:m] **A** *v. t.* **attaccare** (cavalli); **aggiogare** (buoi) **B** *v. i.* **guidare un tiro** (di cavalli, buoi, ecc.) ● *(fam.)* *to t. up with sb.*, collaborare con q.; lavorare in squadra con q.
teamster ['ti:mstə*] *n.* [C] **1 chi guida un tiro** (di cavalli, buoi, ecc.) **2** *(USA)* **camionista.**
teapot ['ti:pɔt] *n.* [C] **teiera.**
to **tear** [tɛə*] (*pass.* **tore** [tɔ:*], *p.p.* **torn** [tɔ:n]) **A** *v. t.* **1 lacerare; stracciare; squarciare; rompere; strappare**: *to t. a piece of paper in two,* strappare in due un pezzo di carta □ *to t. st. up,* stracciare q.c. □ *to t. one's hair,* strapparsi i capelli **2 logorare; consumare 3** (anche *fig.*) **dilaniare; straziare**: *to be torn to pieces by a lion,* essere dilaniato da un leone **B** *v. i.* **1 lacerarsi; stracciarsi; squarciarsi; rompersi; strapparsi 2 andare a tutta velocità; correre velocemente; precipitarsi** ● *to t. at st.*, cercar di strappare q.c.; dare uno strappo a q.c. □ *to t. down,* strappare (un manifesto, ecc.); staccare (un avviso, ecc.); demolire (un edificio, ecc.); scendere a precipizio, precipitarsi □ *to t. a hole,* fare un buco □ *to t. up a plant (by the roots),* sradicare una pianta.
(1) tear [tɛə*] *n.* [C] **lacerazione; rottura; squarcio; strappo.**
(2) tear [tiə*] *n.* [C] **lacrima, lagrima; goccia, stilla**: *to shed tears,* versar lacrime □ *to weep bitter tears,* piangere lacrime amare; piangere a calde lacrime ● *(mil.)* *t.-bomb (o t.-shell),* bomba lacrimogena □ *t.-drop,* lacrima □ *(mil.)* *t.-gas,* gas lacrimogeno.
tearful ['tiəful] *a.* **1 piangente; in lacrime; lacrimoso,**

lagrimoso *2* lacrimevole, lagrimevole; doloroso; triste.
tearing ['tɛəriŋ] *a.* avventato; impetuoso; violento.
tearless ['tiəlis] *a.* *1* senza lacrime *2* incapace di piangere.
to **tease** [ti:z] *v. t.* *1* stuzzicare; importunare; irritare; infastidire; molestare *2* *(ind. tessile)* cardare; pettinare.
tease [ti:z] *n.* [C] *(fam.)* seccatore, seccatrice; burlone, burlona.
teasel ['ti:zl] *n.* [C] *(bot.,* Dipsacus) cardo.
teaser ['ti:zə*] *n.* [C] *1* individuo importuno; seccatore, seccatrice *2* *(fam.)* domanda imbarazzante; problema difficile *3* *(ind. tessile)* carda.
teaspoon ['ti:spu:n] *n.* [C] cucchiaino da tè.
teaspoonful ['ti:spu:n,ful] *n.* [C] (quanto contiene un) cucchiaino.
teat [ti:t] *n.* [C] *1* *(anat.)* capezzolo *2* tettarella.
technetium [tek'ni:ʃiəm] *n.* [U] *(chim.)* tecnezio.
technical ['teknikəl] *a.* tecnico: *t. terms,* voci tecniche.
technicality [,tekni'kæliti] *n.* [C] tecnicismo; termine tecnico.
technician [tek'niʃən] *n.* [C] tecnico; perito.
Technicolor ['tekni,kʌlə*] *n.* *(marchio, cinem.)* technicolor.
technique [tek'ni:k] *n.* [U] e [C] tecnica.
technocracy [tek'nɔkrəsi] *n.* [C] e [U] tecnocrazia.
technocrat ['teknəkræt] *n.* [C] tecnocrate.
technologic(al) [,teknə'lɔdʒik(əl)] *a.* tecnologico.
technologist [tek'nɔlədʒist] *n.* [C] tecnologo.
technology [tek'nɔlədʒi] *n.* [U] tecnologia.
techy ['tetʃi] *V.* **tetchy.**
tectonic [tek'tɔnik] *a.* *1* *(geol.)* tettonico *2* *(archit.)* architettonico; strutturale.
tectonics [tek'tɔniks] *n. pl.* *(col verbo al sing.)* *1* *(geol.)* tettonica *2* scienza delle costruzioni.
to **ted** [ted] *v. t.* *(agric.)* stendere, rivoltare, voltare (il fieno).
teddy bear ['tedi,bɛə*] *n.* [C] orsacchiotto di pezza (giocattolo).
teddy boy ['tedi,bɔi] *n.* [C] « teddy boy »; teppista.
tedious ['ti:diəs] *a.* tedioso; noioso; fastidioso.
tedium ['ti:diəm] *n.* [U] tediosità; noia; fastidio; tedio *(lett.).*
tee [ti:] *n.* [C] *(golf)* « tee » (monticello, mucchietto di sabbia, da cui si batte la palla all'inizio del gioco).
to **tee** [ti:] *v. t.* e *i.* *(golf)* collocare (la palla) sul « tee » ● *to tee off,* dare la mazzata iniziale; *(fig.)* cominciare, iniziare.
to **teem** [ti:m] *v. i.* abbondare; brulicare; formicolare; pullulare.
teeming ['ti:miŋ] *a.* *1* brulicante; formicolante; pullulante *2* fecondo; fertile: *the t. earth,* la feconda terra.
teenage ['ti:n,eidʒ] *a. attr.* di (o da) adolescente; giovanile.
teenager ['ti:n,eidʒə*] *n.* [C] adolescente (fra i 13 e i 19 anni d'età).
teens [ti:nz] *n. pl.* età fra i 13 e i 19 anni (nella vita dell'uomo); adolescenza ● *a girl in her t.,* una giovinetta □ *to be in one's t.,* essere un adolescente.
teeny ['ti:ni] *(fam.)* *V.* **tiny.**
teepee ['ti:pi:] *V.* **tepee.**
to **teeter** ['ti:tə*] *v. i.* *1* camminare con passo malfermo *2* (anche *fig.*) traballare; pencolare.
teeth [ti:θ] *n.* *(pl.* di **tooth**) denti; (anche *mecc.*) dentatura.
to **teethe** [ti:ð] *v. i.* (di bambino) mettere i denti.
teething ['ti:ðiŋ] *n.* [U] dentizione ● *t. ring,* dentaruolo.
teetotal [ti:'toutl] *a.* *1* astemio (per principio) *2* antialcolico.
teetotalism [ti:'toutlizəm] *n.* [U] astinenza dalle bevande alcoliche.
teetotaller [ti:'toutlə*] *n.* [C] astemio, astemia (per principio).
teetotum [ti:'toutʌm] *n.* [C] *(arc.)* trottolino.
teg [teg] *n.* [C] pecora di due anni.
tegular ['tegjulə*] *a.* *1* di (o simile a) tegola *2* ordinato a mo' di tegole.
tegument ['tegjumənt] *n.* [C] *(scient.)* tegumento; integumento.
te-hee [ti:'hi:] *n.* [C] risatina.
to **te-hee** [ti:'hi:] *v. i.* ridacchiare; ridere sommessamente.
telamon ['teləmən] *n.* *(pl.* **telamones** [,telə'mouniz] *(archit.)* telamone; atlante.
tele- ['teli, ,teli] *(in parole composte)* tele- (ricorre nel linguaggio tecnico e scientifico; significa generalm. "da lontano", specialm. a proposito di operazioni e trasmissioni effettuate a distanza).
telecamera [,teli'kæmərə] *n.* [C] telecamera.
to **telecast** ['telika:st] *(pass.* e *p.p.* **telecast**) *v. t.* trasmettere per televisione; teletrasmettere ● *telecast news,* telegiornale □ *telecast novel,* teleromanzo.
telecast ['telika:st] *n.* [C] trasmissione televisiva; teletrasmissione.
telecaster ['teli,ka:stə*] *n.* [C] telecronista; annunciatore (o annunciatrice) della televisione.
telecommunications [,telikə,mju:ni'keiʃənz] *n. pl.* telecomunicazioni.
telecontrol [,telikən'troul] *n.* [C] telecomando.
telefilm ['telifilm] *n.* [C] telefilm.
telegenic [,teli'dʒenik] *a.* telegenico.
telegram ['teligræm] *n.* [C] telegramma: *a prepaid t.,* un telegramma con risposta pagata.
telegraph ['teligra:f] *n.* [U] e [C] telegrafo: *t. office,* ufficio del telegrafo ● *t. boy,* fattorino del telegrafo □ *t. form,* modulo telegrafico □ *t. operator,* telegrafista.
to **telegraph** ['teligra:f] *v. t.* e *i.* *1* telegrafare; trasmettere per telegrafo *2* telegrafare (a).
telegrapher [ti'legrəfə*] *n.* [C] telegrafista.
telegraphese [,teligræ'fi:z] *n.* [U] stile telegrafico.
telegraphic [,teli'græfik] *a.* (anche *fig.*) telegrafico.
telegraphist [ti'legrəfist] *n.* [C] telegrafista.
telegraphy [ti'legrəfi] *n.* [U] telegrafia ● *wireless t.,* telegrafia senza fili; radiotelegrafia.
telemeter [ti'lemitə*] *n.* [C] *(tecn.)* telemetro.
telemetry [ti'lemitri] *n.* [U] *(tecn.)* telemetria.
teleobjective [,teliɔb'dʒektiv] *n.* [C] *(fotogr.)* teleobiettivo.
teleologic(al) [,teliou'lɔdʒik(əl)] *a.* *(filos.)* teleologico.
teleologist [,teli'ɔlədʒist] *n.* [C] *(filos.)* teleologo.
teleology [,teli'ɔlədʒi] *n.* [U] *(filos.)* teleologia.
telepathic [,teli'pæθik] *a.* telepatico.
telepathist [ti'lepəθist] *n.* [C] *1* chi s'occupa di telepatia *2* persona dotata di poteri telepatici.
telepathy [ti'lepəθi] *n.* [U] telepatia.
telephone ['telifoun] *n.* [U] e [C] telefono: *to be wanted on the t.,* essere desiderato al telefono ● *t. call,* chiamata telefonica; telefonata □ *t. directory,* elenco telefonico □ *t. operator,* telefonista; centralinista □ *to be on the t.,* essere al telefono; (anche) essere sull'elenco.
to **telephone** ['telifoun] *v. i.* e *t.* *1* telefonare; trasmettere per telefono *2* telefonare (a).
telephonic [,teli'fɔnik] *a.* telefonico.
telephonist [ti'lefənist] *n.* [C] telefonista.
telephony [ti'lefəni] *n.* [U] telefonia.
telephoto ['teli,foutou] *n.* [C] telefotografia; telefoto ● *t. lens,* teleobiettivo.
telephotograph [,teli'foutəgra:f] *n.* [C] telefotografia; telefoto.
telephotography [,telifə'tɔgrəfi] *n.* [U] telefotografia (il fotografare col teleobiettivo; il trasmettere telefoto).
teleplay ['teli,plei] *n.* [C] originale televisivo.
teleprinter ['teli,printə*] *n.* [C] telescrivente.
telescope ['teliskoup] *n.* [C] *1* *(astron.)* telescopio *2* *(naut.)* cannocchiale da marina (allungabile).
to **telescope** ['teliskoup] *A* *v. t.* incastrare (un oggetto in un altro, a mo' di cannocchiale) *B* *v. i.* *1* incastrarsi *2* (di treno, automobile, ecc.) andarsi a incastrare (in un altro veicolo).
telescopic [,telis'kɔpik] *a.* *1* telescopico *2* a cannocchiale; a incastro.

telescopy [ti'leskəpi] *n.* [U] telescopia.
telescreen ['teli,skri:n] *n.* [C] schermo televisivo; video.
teletype ['telitaip] *n.* [C] telescrivente.
to **teletype** ['telitaip] *v. t.* e *i.* trasmettere (un messaggio) per telescrivente.
teletypewriter [,teli'taip,raitə*] *n.* [C] *(USA)* telescrivente.
televiewer ['teli,vju:ə*] *n.* [C] telespettatore.
to **televise** ['telivaiz] *v. t.* e *i.* teletrasmettere.
television ['teli,viʒən] *n.* [U] televisione ● *t. camera,* telecamera □ *t. set,* televisore □ *colour t.,* televisione a colori □ *to be in t.,* lavorare alla televisione.
televisor ['telivaizə*] *n.* [C] televisore.
telex ['teleks] *n.* [U] e [C] telex.
to **telex** ['teleks] *v. t.* trasmettere a mezzo telex.
to **tell** [tel] (*pass.* e *p.p.* **told** [tould]) **A** *v. t.* **1** dire; narrare; raccontare; esporre; rivelare; svelare: *to t. sb. st.,* dire q.c. a q. □ *to t. a story,* narrare una storia □ *to t. the facts,* esporre i fatti **2** distinguere; riconoscere; giudicare; valutare: *I can't t. him from his brother,* non riesco a distinguerlo da suo fratello **B** *v. i.* **1** avere effetto; essere efficace; farsi sentire: *The strain began to t. on me,* lo sforzo cominciava a farsi sentire **2** *(fam.)* fare la spia: *Don't t. on me,* non farmi la spia! **3** — *to t. of,* parlare di; narrare; raccontare: *to t. of bygone days,* parlare del tempo andato ● *to t. off,* designare, *(mil.)* distaccare; *(fam.)* rimproverare, sgridare, fare una ramanzina a □ *(pop.) to t. the world,* dire ai quattro venti □ *all told,* nel complesso; nell'insieme; in tutto □ *You never can t.,* non si sa mai! □ *I am told that...,* mi si dice che... □ *That tells a tale,* la cosa si commenta da sé! □ *(pop.) You're telling me!,* lo dici a me?; a chi lo dici!
tellable ['teləbl] *a.* che si può dire; narrabile; raccontabile.
teller ['telə*] *n.* [C] **1** narratore; raccontatore **2** (alle elezioni, ecc.) scrutatore; scrutinatore **3** (in banca, *USA)* impiegato di sportello; cassiere.
telling ['teliŋ] *a.* efficace; energico; espressivo; vivace.
telltale ['tel,teil] **A** *n.* [C] **1** chiacchierone; malalingua; pettegolo **2** spione **3** indizio **B** *a. attr.* rivelatore; significativo.
tellurian [te'ljuəriən] *a.* e *n.* [C] terrestre.
tellurium [te'ljuəriəm] *n.* [U] *(chim.)* tellurio.
telly ['teli] *n.* (*abbr. fam.* di **television**) televisione.
telpher ['telfə*] **A** *n.* [C] carrello di teleferica; cabina di funivia **B** *a. attr.* teleferico: *a t. line,* una linea teleferica; una funivia.
to **telpher** ['telfə*] *v. t.* trasportare mediante teleferica.
temerarious [,temə'rɛəriəs] *a. (lett.)* temerario.
temerity [ti'meriti] *n.* [U] temerità; temerarietà.
to **temper** ['tempə*] **A** *v. t.* **1** *(ind. metall.)* temprare; *(fig.)* temperare, moderare, frenare **2** mescolare; stemperare **B** *v. i. (metall.)* temprarsi; prender la tempera.
temper ['tempə*] *n.* **1** [U] tempera, tempra: *steel of the finest t.,* acciaio della miglior tempra **2** *(con l'art. indeterm.)* temperamento; disposizione (d'animo); umore: *to be in a good (bad) t.,* essere di buon umore (di malumore) **3** [U] collera; ira; stizza: *a fit of t.,* un accesso d'ira ● *to get* (o *to fly) into a t.,* andare su tutte le furie; adirarsi □ *to have a quick t.,* scaldarsi per un nonnulla; pigliar fuoco come un fiammifero □ *to keep one's t.,* mantenere la calma □ *to lose one's t.,* perdere la pazienza; uscire dai gangheri □ *to be out of t.,* essere di malumore; essere stizzito; essere in collera.
tempera ['tempərə] *n.* [U] *(arte)* tempera.
temperament ['tempərəmənt] *n.* **1** [C] e [U] temperamento; carattere; indole: *an artistic t.,* un temperamento artistico □ *to have entirely different temperaments,* essere di carattere diametralmente opposto **2** [U] emotività; eccitabilità.
temperamental [,tempərə'mentl] *a.* **1** congenito; connaturato; innato **2** (di persona) eccitabile; emotivo; estroso.
temperance ['tempərəns] *n.* [U] **1** temperanza; moderazione; sobrietà **2** astinenza dall'alcol.
temperate ['tempərit] *a.* **1** moderato; sobrio; temperato **2** astemio **3** (di clima) temperato.
temperature ['tempritʃə*] *n.* **1** [U] temperatura: *high (low) t.,* temperatura alta (bassa) **2** [C] *(fam.)* temperatura febbrile; febbre: *to have a t.,* avere la febbre; essere febbricitante ● *to take sb.'s t.,* misurare la febbre a q.
tempered ['tempəd] *a.* **1** *(metall.)* temprato **2** *(fig.)* moderato; mitigato; temperato **3** *(nei composti)* che ha un carattere (o un'indole): *bad-t.,* che ha un brutto carattere □ *good-t.,* d'indole buona.
tempest ['tempist] *n.* [C] tempesta (anche *fig.)*; bufera.
tempestuous [tem'pestjuəs] *a.* (anche *fig.)* tempestoso; burrascoso.
template ['templit] *n.* [C] *(mecc.)* sagoma; calibro sagomato.
(1) temple ['templ] *n.* [C] *(relig.)* tempio (anche *fig.)*.
(2) temple ['templ] *n.* [C] *(anat.)* tempia.
(3) temple ['templ] *n.* [C] *(ind. tessile)* tempiale (di un telaio).
templet ['templit] *V.* **template.**
tempo ['tempou] *(ital.) n.* (*pl.* **tempi** ['tempi:], **tempos**) **1** *(mus.)* tempo **2** *(fig.)* ritmo.
(1) temporal ['tempərəl] *a.* temporale; terreno; mondano.
(2) temporal ['tempərəl] *a. (anat.)* temporale.
temporality [,tempə'ræliti] *n.* **1** [U] (specialm. *relig.)* temporalità **2** *(collett.)* (i) laici **3** *(al pl.)* beni temporali.
temporariness ['tempərərinis] *n.* [U] temporaneità.
temporary ['tempərəri] **A** *a.* temporaneo; passeggero; provvisorio; transitorio **B** *n.* [C] avventizio; supplente ● (a scuola, ecc.) *t. post,* supplenza.
temporization [,tempərai'zeiʃən] *n.* [U] temporeggiamento.
to **temporize** ['tempəraiz] *v. i.* temporeggiare; guadagnar tempo.
temporizer ['tempəraizə*] *n.* [C] temporeggiatore, temporeggiatrice.
to **tempt** [tempt] *v. t.* **1** tentare; istigare; indurre in tentazione: *to t. sb. to do st.,* istigare q. a fare q.c. **2** allettare; attrarre; indurre **3** *(Bibbia)* mettere alla prova **4** provocare ● *to t. Providence,* tentare la sorte.
temptation [temp'teiʃən] *n.* **1** [U] e [C] tentazione: *Lead us not into t.,* non c'indurre in tentazione **2** [C] allettamento; incentivo.
tempter ['temptə*] *n.* [C] tentatore.
tempting ['temptiŋ] *a.* allettante; attraente; seducente.
temptress ['temptris] *n.* [C] **1** tentatrice **2** (specialm.) seduttrice.
ten [ten] *a.* e *n.* dieci ● *ten times as easy,* dieci volte più facile □ *ten times better,* dieci volte migliore □ *in tens,* a gruppi di dieci; dieci alla volta □ *the upper ten (thousand),* l'aristocrazia □ *It is ten to one that...,* ci sono nove probabilità su dieci che...
tenable ['tenəbl] *a.* **1** difendibile; sostenibile **2** (d'ufficio, carica, ecc.) detenibile.
tenacious [ti'neiʃəs] *a.* tenace (anche *fig.)* ● *to be t. of one's rights (principles, etc.),* essere tenacemente attaccato ai propri diritti (ai propri principi, ecc.).
tenacity [ti'næsiti] *n.* [U] **1** tenacità **2** tenacia.
tenancy ['tenənsi] *n.* **1** [U] affitto; locazione **2** *(con l'art. indeterm.)* durata dell'affitto (o della locazione).
tenant ['tenənt] *n.* [C] **1** inquilino; affittuario; locatario **2** (anche *t. farmer*) affittuario; fittavolo; fittaiolo **3** *(in genere)* abitatore.
to **tenant** ['tenənt] *v. t.* tenere in affitto; occupare come inquilino.
tenantless ['tenəntlis] *a.* (di casa, podere) libero; sfitto; vuoto.
tenantry ['tenəntri] *n. (collett.)* (i) fittavoli; (gli) inquilini.
tench [tenʃ] *n.* (*zool.,* Tinca tinca) tinca.
(1) to **tend** [tend] *v. t.* badare a; prendersi cura di;

custodire.

(2) to **tend** [tend] *v. i.* **tendere; inclinare; piegare; volgere**: *Prices are tending upwards,* i prezzi tendono a salire.

tendency ['tendənsi] *n.* [C] **tendenza; disposizione; inclinazione.**

tendentious [ten'denʃəs] *a.* **tendenzioso.**

tendentiousness [ten'denʃəsnis] *n.* [U] **tendenziosità.**

to **tender** ['tendə*] ***A*** *v. t.* ***1*** **offrire** ***2*** **presentare; porgere**: *to t. one's resignation,* presentare le dimissioni ***B*** *v. i.* **fare un'offerta; concorrere a un appalto.**

(1) tender ['tendə*] *n.* [C] ***1*** **guardiano; sorvegliante** ***2*** *(ferr.)* **« tender »; carro di scorta** ***3*** *(naut.)* **nave appoggio; nave ausiliaria** ● *machine-t.,* macchinista.

(2) tender ['tendə*] *n.* ***1*** [C] *(comm.)* **offerta di pagamento; capitolato** (d'appalto) ***2*** [U] *(fin.)* **valuta**: *legal t.,* valuta legale ● (di moneta) *to be legal t.,* aver corso legale.

(3) tender ['tendə*] *a.* ***1*** **tenero; affettuoso; amorevole**: *to have a t. heart,* avere il cuore tenero ***2*** **delicato** (anche *fig.*): *t. colours,* tinte delicate □ *a t. spot,* un tasto delicato ***3*** (rif. a carne, frutta, ecc.) **tenero** ● *of t. age* (o *years*), in ancor tenera età.

tenderfoot ['tendə,fut] *n.* (*pl.* **tenderfoots, tenderfeet** ['tendə,fi:t]) *(fam.)* **nuovo venuto; novellino.**

tender-hearted [,tendə'ha:tid] *a.* **dal cuore tenero; sensibile.**

to **tenderize** ['tendəraiz] *v. t. (ind.)* **intenerire, rendere tenero** (carne, ecc.).

tenderloin ['tendəlɔin] *n.* [U] *(cucina)* **filetto di manzo.**

tenderness ['tendənis] *n.* [U] ***1*** **tenerezza; affettuosità; amorevolezza** ***2*** **delicatezza; debolezza; fragilità.**

tendon ['tendən] *n.* [C] *(anat.)* **tendine.**

tendril ['tendril] *n.* [C] *(bot.)* **viticcio.**

tenebrous ['tenibrəs] *a.* *(lett.)* **tenebroso; oscuro; cupo; tetro.**

tenement ['tenimənt] *n.* [C] ***1*** **casa in affitto; appartamento d'affitto** ***2*** (anche *t. house*) **casa divisa in appartamenti;** (spesso) **casa popolare.**

tenet ['tenit] *n.* [C] **dogma; canone; principio; dottrina.**

tenfold ['ten,fould] ***A*** *a.* **decuplo** ***B*** *avv.* **dieci volte (tanto).**

tenner ['tenə*] *n.* [C] *(fam.)* ***1*** **biglietto da dieci sterline** ***2*** *(USA)* **biglietto da dieci dollari.**

tennis ['tenis] *n.* [U] *(sport)* **tennis** ● *t.-ball,* palla da tennis □ *t.-court,* campo di tennis □ *t.-player,* giocatore di tennis; tennista.

tenon ['tenən] *n.* [C] *(falegnameria)* **tenone; maschio dell'incastro.**

tenor ['tenə*] *n.* ***1*** *(generalm. al sing. con l'art. determ.)* **tenore; andamento**: *the t. of one's life,* il proprio tenore di vita □ *the t. of his speech,* il tenore del suo discorso ***2*** *(mus.)* **tenore; voce di tenore.**

tenpin ['tenpin] *n.* ***1*** [C] **birillo** ***2*** *(al pl., col verbo al sing.; USA)* **gioco dei birilli.**

(1) tense [tens] *a.* **teso** (anche *fig.*); **contratto**: *a t. wire,* un filo metallico teso □ *t. nerves,* nervi tesi.

(2) tense [tens] *n.* [C] *(gramm.)* **tempo**: *the past t.,* il (tempo) passato.

to **tense** [tens] ***A*** *v. t.* **tendere** (i muscoli, ecc.) ***B*** *v. i.* **diventar teso.**

tensed up [,tenst'ʌp] *a.* **teso** *(fig.)*; **nervoso.**

tensile ['tensail] *a.* ***1*** **assoggettabile a tensione; elastico; duttile** ***2*** **di tensione; relativo alla tensione** (o **alla trazione**) ● *(mecc.) t. strength,* resistenza alla trazione.

tension ['tenʃən] *n.* [U] e [C] (anche *fig.*) **tensione.**

tensor ['tensə*] *n.* [C] ***1*** *(anat.)* **muscolo tensore** ***2*** *(mat.)* **tensore.**

(1) tent [tent] *n.* [C] **tenda; padiglione** ● *t.-peg,* picchetto da tenda □ *(med.) oxygen t.,* tenda a ossigeno.

(1) to **tent** [tent] *v. i.* **vivere sotto la tenda; accamparsi.**

(2) tent [tent] *n.* [C] *(med.)* **stuello; tampone.**

(2) to **tent** [tent] *v. t. (med.)* **stuellare, tamponare** (una ferita, ecc.).

tentacle ['tentəkl] *n.* [C] **tentacolo** (anche *fig.*).

tentacular [ten'tækjulə*] *a.* **tentacolare; munito di tentacoli.**

tentative ['tentətiv] ***A*** *a.* ***1*** **provvisorio; sperimentale**: *in a t. way,* in via provvisoria; per fare un tentativo ***2*** **esitante; incerto** ***B*** *n.* [C] **tentativo.**

tenter ['tentə*] *n.* [C] *(ind. tessile)* **stenditoio.**

tenterhooks ['tentəhuks] *n. pl.* — *to be on tenterhooks,* stare sulle spine; essere sui carboni ardenti.

tenth [tenθ] *a.* e *n.* [C] **decimo** ● *(on) the t. of April,* il dieci aprile.

tenthly ['tenθli] *avv.* **in decimo luogo.**

tenuity [te'nju:iti] *n.* [U] **tenuità; esilità; sottigliezza.**

tenuous ['tenjuəs] *a.* **tenue; esile; sottile** ● *a t. plot,* un intreccio inconsistente.

tenure ['tenjuə*] *n.* [U] e [C] ***1*** **occupazione; possesso**: *(stor.) feudal t.,* possesso feudale ***2*** **diritto di possesso** ***3*** **durata** (di un possesso); **permanenza** (in carica, ecc.).

tepee ['ti:pi:] *n.* [C] **tenda conica dei pellirosse.**

tepid ['tepid] *a.* **tiepido, tepido** (anche *fig.*).

tepidity [te'piditi] *n.* [U] **tiepidezza** (anche *fig.*).

terbium ['tə:biəm] *n.* [U] *(chim.)* **terbio.**

tercentenary [,tə:sen'ti:nəri], **tercentennial** [,tə:sen'tenjəl] ***A*** *n.* [C] **terzo centenario** ***B*** *a. attr.* **del terzo centenario.**

tercet ['tə:sit] *n.* [C] *(mus., poesia)* **terzina.**

terebinth ['terəbinθ] *n.* [C] *(bot.,* Pistacia terebinthus*)* **terebinto.**

tergal ['tə:gəl] *a.* **dorsale.**

to **tergiversate** ['tə:dʒivə:,seit] *v. i.* ***1*** **fare un voltafaccia; cambiar casacca** *(fig.)* ***2*** **tergiversare.**

tergiversator ['tə:dʒivə:,seitə*] *n.* [C] ***1*** **voltagabbana** ***2*** **tergiversatore.**

term [tə:m] *n.* [C] ***1*** **termine; rapporto, relazione; parola, vocabolo**: *to be on good terms with sb.,* essere in buoni rapporti con q. □ *scientific terms,* termini scientifici □ *in plain terms,* in parole povere ***2*** **durata; periodo** (di tempo); **trimestre scolastico; sessione**: *the t. of a policy,* la durata d'una polizza (d'assicurazione) □ *the spring* (o *Easter*) *t. at school,* il secondo trimestre scolastico ***3*** *(al pl.)* **condizioni; clausole**: *the terms of surrender,* le condizioni di resa □ *on the usual terms,* alle solite condizioni ***4*** *(al pl.)* **prezzi; tariffa, tariffe**: *moderate terms,* prezzi moderati ● *t. day,* giorno di scadenza □ *t. of office,* periodo di permanenza in carica □ *to come to terms,* venire a patti; raggiungere un accordo □ *(comm.) inclusive terms,* (prezzo) tutto compreso □ *(comm.) local terms,* condizioni della piazza □ *to make terms,* accordarsi □ *on equal terms,* alla pari □ *to serve a t. (in prison),* scontare una condanna.

to **term** [tə:m] *v. t.* **chiamare; definire; denominare; designare.**

termagant ['tə:məgənt] *n.* [C] **megera; virago.**

terminable ['tə:minəbl] *a.* ***1*** **terminabile** ***2*** *(comm.:* di contratto, ecc.) **a termine.**

terminal ['tə:minl] ***A*** *a.* ***1*** **terminale; finale; estremo** ***2*** **trimestrale** ***B*** *n.* [C] ***1*** *(elettr.)* **terminale; morsetto** ***2*** *(ferr.,* anche *t. station)* **capolinea** ***3*** **termine; confine; limite; estremità** ***4*** *(archit.)* **particolare ornamentale** (di finitura) ***5*** *(elab.)* **terminale** ● *(aeron.) air t.,* aerostazione.

to **terminate** ['tə:mineit] *v. t.* e *i.* **terminare; finire** ● *to t. sb.'s contract,* rescindere il contratto di q.

termination [,tə:mi'neiʃən] *n.* ***1*** [U] e [C] **conclusione; fine**: *to bring to a t.,* portare a conclusione (o termine) ***2*** [C] *(gramm.)* **terminazione; desinenza** ● *the t. of a contract,* la rescissione di un contratto.

terminological [,tə:minə'lɔdʒikəl] *a.* **terminologico.**

terminology [,tə:mi'nɔlədʒi] *n.* [C] e [U] **terminologia.**

terminus ['tə:minəs] *n.* (*pl.* **termini** ['tə:minai], **terminuses**) ***1*** *(ferr.)* **stazione di testa; capolinea** ***2*** **città capolinea** (di autobus, ecc.).

termitarium [,tə:mi'tɛəriəm], **termitary** ['tə:mitəri]

n. [C] **termitaio.**
termite ['tə:mait] *n.* [C] *(zool.)* **termite; formica bianca.**
(1) tern [tə:n] *n.* [C] *(zool.*, Sterna hirundo) **rondine di mare; sterna.**
(2) tern [tə:n] *n.* [C] ***1*** **gruppo di tre; terna *2* terno** (al lotto).
ternary ['tə:nəri] *a.* ***1*** *(mat., chim.)* **ternario *2* triplice.**
terrace ['terəs] *n.* [C] ***1*** *(agric., geol.)* **terrazzo, terrazza; ripiano; gradone *2* fila di case a schiera; strada, via** (in origine, strada che taglia un pendio): « **terrace** » ***3*** *(edil.)* **terrazza; terrazzo *4*** *(sport)* **gradinata.**
to **terrace** ['terəs] *v. t.* **costruire a terrazze** ● *(agric.) terraced ground,* terreno terrazzato □ *terraced houses,* case a schiera.
terracotta [ˌterə'kɔtə] ***A*** *n. (arte)* ***1*** [U] **terracotta *2*** [C] **figurina di terracotta *B*** *a. attr.* ***1*** **di terracotta *2* color terracotta.**
terrain ['terein] *n.* [U] e [C] **terreno.**
terramycin [ˌterə'maisin] *n.* [U] *(farm.)* **terramicina.**
terrapin ['terəpin] *n.* [C] *(zool.)* **tartaruga d'acqua dolce.**
terrazzo [te'rætsou] *(ital.) n.* [U] *(edil.)* **mosaico alla palladiana** ● *t. paving,* pavimentazione alla palladiana.
terrene [te'ri:n] *a.* **terreno; mondano; terrestre.**
terrestrial [ti'restriəl] *a.* **terrestre** ● *t. globe,* mappamondo.
terrible ['terəbl] *a.* **terribile; tremendo;** *(fam.)* **eccessivo, straordinario.**
terribly ['terəbli] *avv.* **terribilmente; tremendamente;** *(fam.)* **molto, moltissimo.**
terrier ['teriə*] *n.* [C] ***1*** *(zool.)* « **terrier** » ***2*** — *(fam.) T.,* territoriale (soldato della milizia territoriale).
terrific [tə'rifik] *a.* **terrificante; terribile; spaventevole; tremendo;** *(fam.)* **eccessivo, straordinario.**
to **terrify** ['terifai] *v. t.* **terrorizzare; atterrire; spaventare.**
territorial [ˌteri'tɔ:riəl] ***A*** *a.* **territoriale**: *t. waters,* acque territoriali ***B*** *n.* [C] — *T.,* territoriale (soldato) ● *the T. Army,* la milizia territoriale.
territoriality [ˌteriˌtɔ:ri'æliti] *n.* [U] **territorialità.**
territory ['teritəri] *n.* [C] e [U] **territorio;** *(polit.)* **colonia;** *(comm.)* **distretto, zona.**
terror ['terə*] *n.* ***1*** [U] e [C] **terrore; spavento *2*** [C] *(fam.)* **diavoletto, peste** *(fig.).*
terrorism ['terərizəm] *n.* [U] **terrorismo.**
terrorist ['terərist] *n.* [C] **terrorista.**
terroristic [ˌterə'ristik] *a.* **terroristico.**
to **terrorize** ['terəraiz] *v. t.* **terrorizzare; atterrire.**
terror-stricken ['terəˌstrikən], **terror-struck** ['terəˌstrʌk] *a.* **terrorizzato; atterrito.**
terry ['teri] *n. (ind. tessile)* **riccio** ● *t. cloth,* tessuto a spugna.
terse [tə:s] *a.* (di stile, ecc.) **terso; forbito; conciso.**
tertian ['tə:ʃən] *a.* e *n. (med.)* **(febbre) terzana.**
tertiary ['tə:ʃəri] ***A*** *a.* ***1*** **terziario *2*** — *(geol.) T.,* terziario: *the T. period,* l'era terziaria ***B*** *n.* [C] *(relig.)* **terziario** ● *(geol.) the T.,* il terziario.
Terylene ['terili:n] *n. (marchio)* **terilene.**
tessellated ['tesileitid] *a. (archit.)* **tassellato; decorato con mosaico a scacchiera** ● *t. pavement,* pavimentazione a mosaico.
tessera ['tesərə] *n.* (*pl.* **tesserae** ['tesəri:]) *(arte)* **tessera musiva.**
(1) test [test] *n.* [C] ***1*** **esame; prova; saggio; esperimento; collaudo *2*** *(fig.)* **pietra di paragone; metro; criterio *3*** *(chim.)* **analisi *4*** *(psic.)* **test *5*** *(med.)* **analisi**: *a blood t.,* un'analisi del sangue ***6*** *(cinem.)* **provino** ● *(autom.) t. driver,* collaudatore □ *(cinem.) t. film,* provino □ (nelle scuole) *t. paper,* foglio con il testo della prova scritta d'esame □ *(aeron.) t. pilot,* pilota collaudatore □ *(autom.) t.-track,* pista di prova □ *(chim.) t.-tube,* provetta □ *t.-tube baby,* bambino generato per inseminazione artificiale; figlio della provetta *(fam.)* □ *(autom.) driving t.,* esame di guida □ *to put to the t.,* mettere alla prova; saggiare.
(2) test [test] *n.* [C] *(zool.)* **guscio, conchiglia** (di molluschi, ecc.).
to **test** [test] *v. t.* ***1*** **provare; saggiare; verificare; esaminare; mettere alla prova; collaudare *2*** *(chim.)* **analizzare.**
testacean [tes'teiʃən], **testaceous** [tes'teiʃəs] *a. (zool.)* **testaceo.**
testament ['testəmənt] *n.* ***1*** *(relig.)* **testamento**: *the Old (the New) T.,* il Vecchio (il Nuovo) Testamento ***2*** [C] *(leg.)* **testamento.**
testamentary [ˌtestə'mentəri] *a. (leg.)* **testamentario.**
testator [tes'teitə*] *n.* [C] *(leg.)* **testatore.**
testatrix [tes'teitriks] *n.* (*pl.* **testatrices** [tes'teitrisi:z] *(leg.)* **testatrice.**
(1) tester ['testə*] *n.* [C] ***1*** **saggiatore; collaudatore *2*** *(psic.)* **testista *3*** *(elettr.)* **apparecchio di misura universale.**
(2) tester ['testə*] *n.* [C] **baldacchino** (specialm. di letto).
testicle ['testikl] *n.* [C] *(anat.)* **testicolo.**
to **testify** ['testifai] *v. t.* e *i.* **attestare; testimoniare; dimostrare; dichiarare; esprimere; deporre** *(leg.)*: *to t. to st.,* attestare q.c.; essere la prova di q.c. □ *to t. against (on behalf of) sb.,* deporre contro (a favore di) q.
testimonial [ˌtesti'mounjəl] *n.* [C] ***1*** **attestato di buona condotta; certificato di servizio; benservito *2* testimonianza di gratitudine e stima** (medaglia per servizi resi, ecc.).
testimony ['testiməni] *n.* [U] **testimonianza; deposizione** *(leg.)*; **attestazione; dichiarazione; prova**: *to give false t.,* fare una deposizione (o rendere una testimonianza) falsa.
testiness ['testinis] *n.* [U] **irascibilità; irritabilità; permalosità.**
testudo [tes'tju:dou] *n.* (*pl.* **testudos, testudines** [tes'tju:dini:z]) ***1*** *(zool.)* **testuggine; tartaruga *2*** *(stor., mil.)* **testuggine.**
testy ['testi] *a.* **irascibile; irritabile; permaloso.**
tetanic [ti'tænik] *a. (med.)* **tetanico.**
tetanus ['tetənəs] *n.* [U] *(med.)* **tetano.**
tetchy ['tetʃi] *a.* **irascibile; irritabile; stizzoso.**
tête-à-tête ['teita:'teit] *(franc.)* ***A*** *avv.* **faccia a faccia; in privato; a quattr'occhi *B*** *a.* **confidenziale; privato *C*** *n.* [C] ***1*** **colloquio a quattr'occhi; abboccamento *2* amorino; sofà a due posti.**
tether ['teðə*] *n.* [C] ***1*** **pastoia; catena; cavezza *2*** *(fig.)* **limite; campo; portata** *(fig.)* ● *(fig.) to be at the end of one's t.,* essere stremato; non poterne più; aver dato fondo alle proprie risorse.
to **tether** ['teðə*] *v. t.* **impastoiare; legare.**
tetra- ['tetrə] *(in parole composte)* **tetra-** (significa "quattro" o "formato di quattro").
tetragon ['tetrəgən] *n.* [C] *(geom.)* **tetragono.**
tetrahedron [ˌtetrə'hi:drən] *n.* (*pl.* **tetrahedrons, tetrahedra** [ˌtetrə'hi:drə]) *(geom.)* **tetraedro.**
tetralogy [te'trælədʒi] *n.* [C] *(letter., teatr., mus.)* **tetralogia.**
tetrameter [te'træmitə] *n.* [C] *(poesia)* **tetrametro.**
tetrarch ['tetra:k] *n.* [C] *(stor.)* **tetrarca.**
tetrarchy ['tetra:ki] *n.* [C] *(stor.)* **tetrarchia.**
tetrasyllabic [ˌtetrəsi'læbik] *a.* **quadrisillabo.**
tetrasyllable [ˌtetrə'siləbl] *n.* [C] **quadrisillabo.**
Teuton ['tju:tən] *n. (stor.)* **teutone.**
Teutonic [tju:'tɔnik] *a. (stor.)* **teutonico.**
Texan ['teksən] *a.* e *n.* **(abitante) del Texas; texano.**
text [tekst] *n.* ***1*** [U] e [C] **testo**: *to restore a t.,* ricostruire un testo ***2*** [C] **edizione *3*** [C] **passo biblico *4*** *V.* **textbook.**
textbook ['tekstbuk] *n.* [C] **libro di testo; manuale.**
textile ['tekstail] *a.* e *n.* [C] *(ind.)* **tessile** ● *the t. art,* l'arte della tessitura □ *t. fabrics,* prodotti tessili □ *t. factory,* stabilimento tessile.
textual ['tekstjuəl] *a.* **testuale; del testo; nel testo; relativo al testo.**
texture ['tekstʃə*] *n.* [C] e [U] ***1*** **tessitura; trama** (di un tessuto) ***2*** *(geol.)* **tessitura *3* struttura *4*** *(fig.)* **carattere; tono.**

Thai [tai] *a.* e *n.* **tailandese.**
thalamus ['θæləməs] *n.* (*pl.* **thalami** ['θælə,mai]) *(anat., bot.)* **talamo.**
thallium ['θæliəm] *n.* [U] *(chim.)* **tallio.**
thallus ['θæləs] *n.* (*pl.* **thalli** ['θælai], **thalluses**) *(bot.)* **tallo.**
than [ðæn, ðən] ***A*** *cong.* ***1*** *(comparazione di maggioranza e di minoranza)* **che, di; che non; di quello che; di quanto (non)**: *I am older t. he (is),* sono più vecchio di lui □ *You know her better t. I (do),* tu la conosci meglio di me (o di quanto non la conosca io) ***2*** (*correlativo di* **hardly, scarcely**) **quando; che** ***B*** *prep.* (*con valore compar. prima di* **whom** *e* **which**) **di; in confronto a** ● *no other t.,* nient'altro che; non... che □ *nothing else t.,* nient'altro che □ *otherwise t.,* in modo diverso da; diversamente da □ *rather t.* (o *sooner t.*), piuttosto che; anziché: *I'd rather stay here t. go away,* preferirei restar qui anziché andarmene.
thane [θein] *n.* *(stor.)* « **thane** » (nella società anglosassone, individuo di condizione fra quella di « libero cittadino » e quella di « nobile con titolo ereditario »).
to **thank** [θæŋk] *v. t.* **ringraziare**: *to t. sb. for st.,* ringraziare q. di q.c. ● *T. God!,* grazie a Dio! □ *T. you,* grazie!; (accettando un invito, un'offerta) grazie, sì □ *No, t. you,* no, grazie! □ *(iron.) You have only yourself to t.,* colpa tua!; te lo sei voluto tu!
thank [θæŋk] *n.* *(ora solo al pl.)* **grazie; ringraziamenti**: *Please accept my best thanks,* La prego di gradire i miei migliori ringraziamenti ● *thanks to,* grazie a; mercé □ *to bow one's thanks,* ringraziare con un inchino □ *No, thanks,* no, grazie! □ *small thanks to,* non certo per merito di: *I was successful, but small thanks to you,* ci riuscii, ma non certo per merito tuo □ *Thanks very much,* mille grazie!; grazie tante!
thankful ['θæŋkful] *a.* **grato; riconoscente.**
thankfulness ['θæŋkfulnis] *n.* [U] **gratitudine; riconoscenza.**
thankless ['θæŋklis] *a.* **ingrato.**
thank-offering ['θæŋk,ɔfəriŋ] *n.* [C] **offerta per grazia ricevuta.**
thanksgiving ['θæŋks,giviŋ] *n.* [U] e [C] ***1*** **rendimento di grazie** ***2*** *(Bibbia)* **offerta per rendimento di grazie** ***3*** (*USA,* anche *T. Day*) **giorno del Ringraziamento.**
(1) that [ðæt] *a.* e *pron. dimostrativo* (*pl.* **those** [ðouz]) ***1*** **quello, quella; ciò; cotesto, cotesta; codesto, codesta**: *t. man,* quell'uomo □ *those people,* quella gente □ *T. isn't true at all!,* ciò non è affatto vero! ***2*** **questo, questa**: *Has it come to t.?,* siamo giunti a questo (punto)? ***3*** *(idiom., per es.:) Is t. you, John?,* sei tu, John? □ *T.'s very like him,* (cosa vuoi), lui è fatto così □ *T.'s how I got it,* ecco come l'ho avuto ● *(fam.) T.'s a dear!,* (che) bravo!, (che) brava!; suvvia, da bravo (o da brava)! □ *(fam.) T.'s a good boy!,* bravo!; su, da bravo! □ *t. is,* cioè; vale a dire; ossia □ *t. one,* quello, quella □ *T.'s right!,* sta bene!; benissimo! □ *T.'s it!,* esatto!; giusto!; proprio così! □ *(So) t.'s t.!,* ecco fatto!; ecco tutto! □ *and all t.,* eccetera eccetera; e così di seguito; e via dicendo *(fam.) at t.,* a quel punto lì; tutto sommato; per giunta □ *for all t.,* con tutto ciò; ciò nonostante; nondimeno □ *like t.,* così; in questo (o quel) modo □ *talking of this and t.,* discorrendo del più e del meno □ *those who,* coloro i quali (o le quali); quelli (o quelle) che □ *What of t.?,* e con ciò?; che importa?
(2) that [ðæt, ðət] *pron. relat.* ***1*** **che; il quale, la quale; i quali, le quali**: *the film t. we saw,* il film che abbiamo visto □ *the dog t. bit me,* il cane che mi morse ***2*** **in cui; che** *(fam.)*: *the year t. John was born,* l'anno che nacque John.
(3) that [ðæt, ðət] *cong.* ***1*** **che; perché; acciocché** *(lett.)*; **affinché; poiché; cosicché**: *He promised (t.) he would go,* promise che ci sarebbe andato □ *He was so tired t. he couldn't sleep,* era così stanco che non riusciva a dormire □ *They died t. we might live,* morirono affinché noi vivessimo ***2*** **se** (ottativo): *Oh! t. I knew the truth!,* oh!, se almeno sapessi la verità! ● *but t.,* se non fosse (per il fatto) che □ *in t.,* dacché; poiché.
(4) that [ðæt] *avv. (fam.)* **così; tanto**: *I can't walk t. far,* non ce la faccio ad andare a piedi così lontano ● *t. much,* tanto.
thatch [θætʃ] *n.* ***1*** [U] **paglia, cannucce, stoppie** (come copertura di tetti) ***2*** [C] *(fam., scherz.)* **capigliatura folta; zazzera.**
to **thatch** [θætʃ] *v. t.* **coprire** (un tetto) **di paglia** (o **di stoppie, cannucce**) ● *a thatched house,* una casa dal tetto di paglia.
thatching ['θætʃiŋ] *n.* [U] ***1*** **paglia, cannucce, stoppie** (per coprire tetti) ***2*** **copertura di tetti con paglia** (o **cannucce, stoppie**).
thaumaturge ['θɔ:mətə:dʒ] *n.* [C] **taumaturgo.**
thaumaturgic(al) [,θɔ:mə'tə:dʒik(əl)] *a.* **taumaturgico.**
thaumaturgy ['θɔ:mə,tə:dʒi] *n.* [U] **taumaturgia.**
to **thaw** [θɔ:] *v. i.* e *t.* ***1*** **sgelare, sgelarsi; fondere, fondersi; sciogliere, sciogliersi** ***2*** *(fig.)* **sciogliere, sciogliersi; intenerire, intenerirsi; rendere (diventare) più cordiale.**
thaw [θɔ:] *n.* *(generalm. solo al sing.)* ***1*** **disgelo; sgelo** ***2*** *(fig.)* **disgelo** *(fig.)*; **intenerimento.**
(1) the [ði:] *(enfatico)*; [ðə] *(prima di un suono consonantico)*; [ði] *(prima di un suono vocalico) art. determ.* ***1*** **il, lo; la; i, gli; le**: *the sun,* il sole □ *the moon,* la luna □ *The dog is man's companion,* il cane è l'amico dell'uomo □ *the girls of this school,* le ragazze di questa scuola □ *the Thames,* il Tamigi □ *the Alps,* le Alpi □ *(collett.) the dead,* i defunti □ *the English,* gli Inglesi □ *(astratto) the beautiful,* il bello ***2*** *(con valore determ. ancora più forte)* **questo, questa; quello, quella,** ecc.: *I didn't know at the time,* a quel tempo (o allora) non lo sapevo ● *the Smiths,* gli Smith; la famiglia Smith □ *at the,* al, allo; alla; ai, agli; alle □ *in the,* nel, nello; nella; nei, negli; nelle □ *to the,* al, allo; alla; ai, agli; alle.
(2) the [ðə, ði] *avv. (per lo più ripetuto, come correlativo di se stesso, davanti ai comparativi)* **quanto... tanto**: *The sooner the better,* quanto prima tanto meglio □ *The more he has the more he wants,* (quanto) più ha (tanto) più vuole □ *The fewer the better,* meno siamo, meglio è.
theatre, *(USA)* **theater** ['θiətə*] *n.* [C] e [U] **teatro** (anche *fig.*): *to go to the t.,* andare a teatro □ *the English t.,* il teatro inglese □ *the t. of war,* il teatro della guerra ● *t.-goer,* frequentatore di teatri □ *operating t.,* sala operatoria.
theatrical [θi'ætrikəl] *a.* **teatrale** (anche *fig.*); **scenico**; *(fig.)* **artificioso, melodrammatico.**
theatricalism [θi'ætrikəlizəm], **theatricality** [θi,ætri'kæliti] *n.* [U] **teatralità** (anche *fig.*).
theatricals [θi'ætrikəlz] *n. pl.* **rappresentazioni teatrali; recite.**
Theban ['θi:bən] *a.* e *n.* [C] *(stor.)* **tebano.**
theca ['θi:kə] *n.* (*pl.* **thecae** ['θi:si:]) *(bot., anat.)* **teca.**
thee [ði:] *pron. pers. 2ª pers. sing. (compl.) (arc., poet.)* **te; ti.**
theft [θeft] *n.* [U] e [C] **furto; ladrocinio; ruberia.**
their [ðεə*] *a. poss.* **il loro, la loro; i loro, le loro** ● *t. own,* loro proprio; di loro proprietà: *a house of t. own,* una casa di loro proprietà.
theirs [ðεəz] *pron. poss.* **il loro, la loro; i loro, le loro**: *This car is not t.,* quest'automobile non è la loro.
theism ['θi:izəm] *n.* [U] *(filos.)* **teismo.**
theist ['θi:ist] *n.* [C] *(filos.)* **teista.**
theistic(al) [θi:'istik(əl)] *a. (filos.)* **teistico.**
them [ðem, ðəm] *pron. pers. 3ª pers. pl. (compl.)* **loro; li, le**: *I saw t.,* li (o le) vidi □ *Give t. to me,* dammeli ● *both of t.,* entrambi □ *either of t.,* o l'uno o l'altro □ *neither of t.,* né l'uno né l'altro □ *It was very kind of t.,* è stato molto gentile da parte loro.
thematic [θi'mætik] *a. (gramm., mus.)* **tematico.**
theme [θi:m] *n.* [C] ***1*** **tema; argomento; soggetto** ***2*** *(gramm., mus.)* **tema** ● *t. song,* motivo principale di una commedia musicale (o di un film, ecc.); tema musicale di base.
themselves [ðəm'selvz] ***A*** *pron. rifl.* **se stessi, se stesse; si**: *They hurt t.,* si fecero male ***B*** *pron. enfatico* **essi stessi, esse stesse; essi** (o **esse**) **in persona; sé**: *They went t.,* vi andarono di persona □ *They kept all the money for t.,* tennero tutto il denaro per sé ● *by t.,* da sé; (da) soli, (da) sole; senz'aiuto.

then [ðen] ***A*** *avv.* ***1*** **allora; a quel tempo**: *I was young t.*, ero giovane allora □ *before t.*, prima d'allora ***2*** **poi; dopo; quindi; inoltre**: *I had breakfast and t. went out,* feci colazione e poi uscii □ *T. there's his brother,* poi (o inoltre) c'è suo fratello ***B*** *cong.* **e allora; dunque; quindi**: *T. why did you do it?*, e allora perché l'hai fatto? ***C*** *a. attr.* **d'allora**: *the t. secretary,* il segretario d'allora ● *by t.*, per allora; a quel tempo; ormai □ *(every) now and t.*, di quando in quando; di tanto in tanto; ogni tanto □ *from t. onwards,* da allora in poi □ *now t.*, ehi!; orsù!; suvvia! □ *since t.*, da allora (in poi) □ *there and t.*, lì per lì; là per là: subito; su due piedi □ *till t. (o up to t.),* fino allora □ *well t.*, allora; ebbene; be' □ *What t.?*, e allora?; e con ciò?; che importa?

thence [ðens] *avv.* ***1*** *(arc.)* **di là; di lì; da quel luogo** ***2*** *(raro)* **da allora** ***3*** *(lett.)* **quindi; pertanto; di conseguenza.**

thenceforth ['ðens'fɔ:θ] *avv.* **da allora; da allora in poi.**

theo- [θiɔ, θiə] *(in parole composte)* **teo-** (significa "Dio" o, in modo generico, "divinità").

theocracy [θi'ɔkrəsi] *n.* [C] e [U] *(polit.)* **teocrazia.**

theocratic(al) [θiə'krætik(əl)] *a. (polit.)* **teocratico.**

theodolite [θi'ɔdəlait] *n.* [C] *(topografia)* **teodolite** (strumento).

theogony [θi'ɔgəni] *n.* [U] **teogonia.**

theologian [θiə'loudʒjən] *n.* [C] **teologo.**

theological [θiə'lɔdʒikəl] *a.* ***1*** **teologico** ***2*** **teologale.**

to **theologize** [θi'ɔlədʒaiz] *v. i.* **teologizzare; teologare.**

theology [θi'ɔlədʒi] *n.* [U] **teologia.**

theorem ['θiərəm] *n.* [C] *(mat.)* **teorema.**

theoretical [θiə'retikəl] *a.* ***1*** *(filos.)* **teoretico** ***2*** **teorico;** *(spreg.)* **astratto, campato in aria.**

theoretics [θiə'retiks] *n. pl. (col verbo al sing.)* ***1*** *(filos.)* **teoretica** ***2*** **teoria; parte teorica.**

theorist ['θiərist] *n.* [C] **teorico; dottrinario.**

to **theorize** ['θiəraiz] *v. i.* **formulare teorie; teorizzare.**

theory ['θiəri] *n.* [C] e [U] **teoria; dottrina;** *(fam.)* **opinione, idea**: *the t. of evolution,* la teoria dell'evoluzione □ *That's all very well in t.*, in teoria, va benissimo (ma in pratica?).

theosophic(al) [θiə'sɔfik(əl)] *a. (filos.)* **teosofico.**

theosophist [θi'ɔsəfist] *n.* [C] *(filos.)* **teosofo.**

theosophy [θi'ɔsəfi] *n.* [U] *(filos.)* **teosofia.**

therapeutic(al) [,θerə'pju:tik(əl)] *a. (med.)* **terapeutico.**

therapeutics [,θerə'pju:tiks] *n. pl. (col verbo al sing.) (med.)* **terapeutica.**

therapist ['θerəpist] *n.* [C] *(med.)* **terapista** ● *physical t.*, fisioterapista.

therapy ['θerəpi] *n.* [U] e [C] *(med.)* **terapia.**

there [ðεə*] ***A*** *avv.* ***1*** **là, lì; colà; costà, costì; ivi** *(lett.)*; **ci, vi**: *Put it t.*, mettilo là □ *I shall be t.*, ci sarò □ *T. was no one t.*, (là) non c'era nessuno ***2*** **ecco; ecco là; ecco che**: *T. he is!*, eccolo! □ *T. goes the bell,* ecco che suona la campana ***3*** **in questo; su ciò**: *T. you are right,* in questo hai ragione ***4*** *(idiom.; consente l'inversione fra soggetto e verbo; per es., in:) T. comes a time in man's life when...*, viene il momento nella vita di un uomo, in cui... ***B*** *n.* ***1*** **quel luogo** ***2*** **quel punto** ***C*** *inter.* ***1*** **là!; finalmente; ecco**: *T., that's done!*, là!, ecco fatto! □ *T.! what did I tell you?*, ecco, che cosa t'avevo detto? ***2*** **su; orsù; suvvia; via**: *T., t.! don't cry,* (suv)via, non piangere! ● *t. and back,* andata e ritorno □ *T., now!*, ecco!; eccoti servito! □ *by t.*, di là; lì vicino □ *down t.*, laggiù □ *here and t.*, qua e là □ *in t.*, là dentro; lì dentro □ *over t.*, là; colà; laggiù □ *then and t.*, là per là; lì per lì; subito; su due piedi □ *up t.*, lassù □ *(fam.) He is not all t.*, gli manca un venerdì □ *T. it is, you see,* questo è il guaio, capisci □ *T.'s a good boy!*, su, da bravo! □ *T. your are, sir,* eccola servito, signore! □ *(fam.) T. you go!*, ci risiamo!; siamo alle solite!

thereabout(s) ['ðεərə,baut(s)] *avv.* ***1*** **lì vicino; nei dintorni; nelle vicinanze** ***2*** **all'incirca; press'a poco; a un dipresso.**

thereafter [,ðεər'a:ftə*] *avv. (lett.)* **da allora in poi; in seguito.**

thereat [,ðεər'æt] *avv. (lett.)* ***1*** **in quel luogo; là; colà** ***2*** **al che; a ciò** ***3*** **perciò; quindi; di conseguenza.**

thereby [,ðεə'bai] *avv.* **in tal modo; con ciò; così.**

therefore ['ðεəfɔ:*] *avv.* **perciò; dunque; quindi.**

therein [,ðεər'in] *avv. (arc.)* ***1*** **(là) dentro; in ciò; ci; vi** ***2*** **riguardo a ciò; al riguardo; in merito** ● *(leg.) t. enclosed,* ivi allegato.

thereinafter [,ðεərin'a:ftə*] *avv. (arc.* o *leg.)* **più oltre.**

there's [ðεəz] *contraz.* di **there is.**

thereto [,ðεə'tu:], **thereunto** [ðεr'ʌntu:] *avv. (arc.)* ***1*** **a ciò** ***2*** **oltre a ciò; inoltre.**

thereupon [,ðεərə'pɔn] *avv. (lett.* o *leg.)* ***1*** **al che; e allora** ***2*** **indi; quindi** ***3*** **su di ciò; al riguardo; in merito.**

therewith [,ðεə'wiθ] *avv. (arc., lett.* o *leg.)* ***1*** **con ciò; con questo** ***2*** **in aggiunta; inoltre** ***3*** **al che; e allora.**

therewithal [,ðεəwi'ðɔ:l] *avv. (arc.)* **con tutto ciò; per giunta; inoltre.**

therm [θə:m] *n.* [C] *(fis.)* **therm.**

thermal ['θə:məl] ***A*** *a.* ***1*** **termale** ***2*** *(fis.)* **termico** ***B*** *n. (di solito al pl.) (aeron.)* **corrente ascendente d'aria calda** ● *t. baths,* terme.

thermic ['θə:mik] *a. (fis.)* **termico.**

thermionic [,θə:mi'ɔnik] *a. (elettron.)* **termoionico.**

thermionics [,θə:mi'ɔniks] *n. pl. (col verbo al sing.) (elettron.)* **termoionica.**

thermochemistry [,θə:mou'kemistri] *n.* [U] **termochimica.**

thermodynamic [,θə:moudai'næmik] *a. (fis.)* **termodinamico.**

termodynamics [,θə:moudai'næmiks] *n. pl. (col verbo al sing.)* **termodinamica.**

thermoelectric(al) [,θə:moui'lektrik(əl)] *a. (fis.)* **termoelettrico.**

thermoelectricity [,θə:mouilek'trisiti] *n.* [U] *(fis.)* **termoelettricità.**

thermogenic [,θə:mou'dʒenik] *a. (biol.)* **termogeno.**

thermograph ['θə:məgra:f] *n.* [C] **termografo.**

thermology [θə:'mɔlədʒi] *n.* [U] *(fis.)* **termologia.**

thermometer [θə'mɔmitə*] *n.* [C] **termometro.**

thermometric(al) [,θə:mə'metrik(əl)] *a.* **termometrico.**

thermonuclear [,θə:mou'nju:kliə*] *a. (fis. nucl.)* **termonucleare.**

thermopile ['θə:moupail] *n.* [C] *(fis.)* **termopila.**

thermoplastic [,θə:mou'plæstik] *a. (ind.)* **termoplastico.**

thermos ['θə:mɔs] *n.* [C] (di solito *t. flask*) **termos.**

thermoscope ['θə:mou,skoup] *n.* [C] **termoscopio.**

thermosetting [,θə:mou'setiŋ] *a. (ind. plastica)* **termoindurente.**

thermostat ['θə:moustæt] *n.* [C] **termostato.**

thermostatic [,θə:mou'stætik] *a. (fis.)* **termostatico.**

thermostatics [,θə:mou'stætiks] *n. pl. (col verbo al sing.) (fis.)* **termostatica.**

thesaurus [θi:'sɔ:rəs] *n. (pl.* **thesauri** [θi:'sɔ:rai], **thesauruses** [θi:'sɔ:rəsiz]) ***1*** **dizionario dei sinonimi** ***2*** **raccolta** (di vocaboli, detti famosi, ecc.).

these [ði:z] *a.* e *pron. dimostrativo (pl.* di **this** [ðis]) **questi, queste; cotesti, coteste** ● *I have been here t. two hours,* sono qui da ben due ore.

thesis ['θi:sis] *n. (pl.* **theses** ['θi:si:z]) **tesi** (in ogni senso).

Thespian ['θespiən] *a.* **di Tespi; drammatico.**

Thessalian [θə'seiljən] *(geogr., stor.)* ***A*** *a.* **tessalico** ***B*** *n.* [C] **tessalo.**

thews [θju:z] *n. pl. (lett.)* **muscoli; forza muscolare; nerbo.**

thewy ['θju:i] *a. (lett.)* **muscoloso; forte; vigoroso.**

they [ðei] ***A*** *pron. pers. 3ª pers. pl.* **essi, esse; loro** *(fam.)*: *T. didn't reply to our letter,* (essi) non risposero alla nostra lettera ***B*** *pron. impers.* **la gente; si**: *T. say he won't come back,* la gente dice (o si dice, dicono) che non tornerà.

they'd [ðeid] *contraz.* di: ***1*** **they had** ***2*** **they would.**
they'll [ðeil] *contraz.* di: ***1*** **they will** ***2*** **they shall.**
they're [ðɛə*] *contraz.* di **they are.**
they've [ðeiv] *contraz.* di **they have.**
thick [θik] ***A*** *a.* ***1*** **grosso** (di spessore); **denso; fitto; folto; spesso; solido; sodo**: *a t. slice of bread,* una grossa fetta di pane □ *t. hair,* capelli folti ***2*** **fosco; nebbioso; torbido** ***3*** (di voce, suono) **fioco; rauco** ***4*** *(fam.)* **poco intelligente; duro di comprendonio** ***5*** *(fam.)* **intimo**: *They're very t. with each other,* sono amici intimi ***B*** *n.* [U] **(il) grosso; (il) folto; (il) mezzo**: *in the t. of the fight,* nel folto della mischia ***C*** *avv.* **densamente; fittamente; fitto fitto** ● *t. with,* pieno di; saturo di: *The air was t. with dust,* l'aria era piena di polvere □ *(fam.) to be as t. as thieves,* essere amici intimi (o per la pelle) □ *(pop.) to give sb. a t. ear,* fare una faccia così a q. con uno schiaffone □ *to grow thicker,* infittirsi □ *(fam.) to lay it on t.,* esagerare; esser troppo prodigo (specialm. di lodi) □ *through t. and thin,* attraverso ogni ostacolo; nella buona e nella cattiva sorte □ *(fam.) It's a bit (o a little too) t.,* questo è troppo!; è un po' troppo!
to **thicken** ['θikən] ***A*** *v. t.* **addensare; condensare; indurire; ispessire; infittire; infoltire; rassodare** ***B*** *v. i.* ***1*** **addensarsi; condensarsi; indurirsi; ispessirsi; infittirsi; infoltirsi; rassodarsi** ***2*** (del tempo) **rannuvolarsi; offuscarsi; farsi scuro** ***3*** *(della voce)* **diventare rauca.**
thickening ['θikəniŋ] *n.* [U] ***1*** **condensamento; ispessimento; rassodamento** ***2*** **sostanza per condensare; preparato per rassodare.**
thicket ['θikit] *n.* [C] **boschetto; folto d'alberi.**
thickhead ['θikhed] *n.* [C] **testa dura; stupido; zuccone.**
thick-headed [ˌθik'hedid] *a.* **duro di comprendonio; ottuso; stupido.**
thickness ['θiknis] *n.* ***1*** [U] **grossezza; densità; foltezza; spessore** ***2*** [C] **spessore; strato** ***3*** [U] **foschia** ***4*** [U] **ottusità; stupidità.**
thickset [ˌθik'set] *a.* ***1*** **tarchiato; tozzo; atticciato** ***2*** **fitto; folto.**
thick-skinned [ˌθik'skind] *a.* **dalla pelle dura;** *(fig.)* **insensibile.**
thief [θi:f] *n.* (*pl.* **thieves** [θi:vz]) **ladro, ladra; ladruncolo.**
to **thieve** [θi:v] ***A*** *v. i.* **rubare; fare il ladro** ***B*** *v. t.* **rubare.**
thievery ['θi:vəri] *n.* [U] e [C] **ladrocinio; furto.**
thievish ['θi:viʃ] *a.* **ladro; ladresco.**
thigh [θai] *n.* [C] *(anat.)* **coscia** ● *t.-bone,* femore.
thill [θil] *n.* [C] **stanga** (di carro).
thimble ['θimbl] *n.* [C] *(cucito)* **ditale.**
thimbleful ['θimblful] *n.* [C] **quanto sta in un ditale; goccio** *(fig.).*
thimblerig ['θimblrig] *n.* [U] **gioco dei bussolotti.**
thin [θin] ***A*** *a.* ***1*** **sottile; fino; leggero**: *t. air,* aria fina □ *t. clothes,* abiti leggeri ***2*** **esile; magro; scarno; smilzo; sparuto** ***3*** **rado; fluido; acquoso; scarso**: *t. mist,* nebbia rada ***4*** **debole; fiacco; inconsistente** ***5*** **fievole; tenue**: *in a t. voice,* con voce fievole ***B*** *avv.* **sottile; a fette sottili**: *to cut st. t.,* tagliare q.c. a fette sottili ● *t. beer,* birra scadente □ *t. broth,* brodo lungo □ *t. soil,* terreno povero □ *a t. story,* un racconto privo d'interesse; una storia poco convincente □ *to grow t.,* dimagrire; assottigliarsi □ *(fam.) to have a t. time,* passarsela male.
to **thin** [θin] ***A*** *v. t.* ***1*** **assottigliare; smagrire** ***2*** **far diminuire; ridurre** ***3*** **diradare; sfoltire** ***4*** **sfrondare; potare** ***5*** **diluire** (vernici, ecc.) ***B*** *v. i.* ***1*** **assottigliarsi; affinarsi; dimagrire, dimagrare** ***2*** **calare; diminuire; ridursi** ***3*** **diradarsi; sfoltirsi.**
thine [ðain] *pron. poss. (arc., poet.)* **(il) tuo, (la) tua; (i) tuoi, (le) tue** (usato anche come agg., in luogo di *thy,* davanti a parola che incominci con un suono vocalico).
thing [θiŋ] *n.* [C] ***1*** **cosa; affare; oggetto; arnese; attrezzo**: *all my things,* tutte le mie cose; tutta la mia roba □ *spiritual things,* le cose dello spirito □ *Things are getting worse and worse,* le cose vanno di male in peggio ***2*** *(fam.)* **creatura; persona; animale**: *Poor t.!,* poverino! (o poverina!); povera creatura!; povera bestia! ***3*** — *the t.* (spesso *the very t.*), la cosa da farsi; ciò che sta bene; quel che ci vuole: *A long holiday is the very t. for him,* una lunga vacanza è proprio quel che ci vuole per lui ● *(leg.) things personal,* beni mobili □ *(leg.) things real,* beni immobili □ *as a general (o usual) t.,* generalmente; in genere; di solito □ *for one t.,* tanto per cominciare; per dirne una □ *(fig.) to know a t. or two,* saperla lunga □ *the latest t. in furs,* l'ultima moda in fatto di pellicce □ (di persona) *to look (to feel) quite the t.,* avere un buon aspetto (sentirsi bene): *He doesn't look quite the t. this morning,* non ha l'aria di star bene questa mattina □ *to make a good t. of st.,* trarre partito da q.c. □ *not a t.,* niente; proprio nulla □ *to put one's things on,* vestirsi; prepararsi per uscire □ *taking one t. with another,* tutto sommato; visto il pro e il contro □ *It's a very good t. that...,* meno male che... □ *That's quite another t.,* è un altro paio di maniche!
thingumabob ['θiŋəmiˌbɔb], **thingumajig** ['θiŋəmiˌdʒig] *n.* [C] *(fam.)* **coso; aggeggio; affare; arnese.**
to **think** [θiŋk] (*pass.* e *p.p.* **thought** [θɔ:t]) *v. t.* e *i.* ***1*** **pensare; riflettere; considerare; credere; ritenere; supporre; parere, sembrare** *(impers.)*: *Let me t.,* fammici pensare □ *He was thinking of his children,* pensava ai suoi figlioli □ *Do you t. it will rain?,* credi che pioverà? □ *I t. so,* credo di sì □ *I t. it a shame not to help them,* mi sembra una cosa vergognosa non aiutarli ***2*** **immaginare; capire** ***3*** **escogitare; inventare** ● *to t. better of sb.,* avere una più alta opinione di q. □ *to t. nothing (little) of sb.,* non avere alcuna (aver poca) stima di q. □ *to t. out,* meditare su; ponderare; escogitare: *to t. a matter out,* meditare su una faccenda senza trascurare nessun particolare □ *to t. over,* riflettere; meditare su □ *to t. to oneself,* pensare fra sé (e sé) □ *to t. well (highly) of sb.,* avere molta stima (far gran conto) di q. □ *I shouldn't t. of doing such a thing,* non me lo sogno neanche di fare una cosa simile □ *He thinks nothing of swimming across the lake,* per lui attraversare il lago a nuoto è cosa da nulla.
think [θiŋk] *n.* [C] *(fam.)* **pensiero; pensata; idea.**
thinkable ['θiŋkəbl] *a.* **pensabile; concepibile; immaginabile.**
thinker ['θiŋkə*] *n.* [C] **pensatore, pensatrice** ● *free t.,* libero pensatore.
thinking ['θiŋkiŋ] ***A*** *a.* ***1*** **pensante; dotato di raziocinio** ***2*** **ben pensante; ragionevole; riflessivo** ***B*** *n.* [U] ***1*** **pensiero; raziocinio** ***2*** **opinione; parere**: *to my way of t.,* a mio parere ● *(fam.) to put one's t.-cap on,* mettersi a pensare.
think-tank ['θiŋktæŋk] *n.* [C] ***1*** **centro di ricerca** ***2*** (anche *polit.*) **commissione d'esperti.**
thinness ['θinnis] *n.* [U] ***1*** **sottigliezza; finezza; leggerezza** ***2*** **esilità; magrezza** ***3*** **radezza; fluidità; scarsità** ***4*** **fiacchezza; inconsistenza** ***5*** **fievolezza; tenuità.**
thin-skinned [ˌθin'skind] *a.* ***1*** **dalla pelle delicata** ***2*** *(fig.)* **sensibile; suscettibile.**
third [θə:d] ***A*** *a.* **terzo** ***B*** *n.* [C] ***1*** *(mat.)* **terzo**: *one t.,* un terzo ***2*** *(mus., autom.)* **terza** ● *(ferr.) t.-class,* di terza classe; in terza (classe) □ *the T. World,* il terzo mondo □ *T. Worlder,* abitante del terzo mondo □ *to make a t.,* fare il terzo (a un gioco di carte, ecc.) □ *on the t. of April,* il tre aprile.
thirdly ['θə:dli] *avv.* **in terzo luogo.**
third-rate [ˌθə:d'reit] *a.* **di scarso valore; scadente.**
thirst [θə:st] *n.* [U] *(anche con l'art. indeterm.)* **sete** (anche *fig.*): *to die of t.,* morire di sete □ *a t. for pleasure,* sete di piacere.
to **thirst** [θə:st] *v. i. (lett.)* **aver sete; essere assetato** (anche *fig.*): *to t. for revenge,* essere assetato di vendetta.
thirsty ['θə:sti] *a.* ***1*** **assetato; sitibondo** *(lett.)*; *(fig.)* **avido, bramoso** ***2*** *(del terreno)* **arido; riarso** ***3*** *(fam.)* **che fa venir sete** ● *to be t.* (o *to feel t.*), aver sete □ *to make sb. t.,* far venire sete a q.
thirteen [ˌθə:'ti:n] *a.* e *n.* **tredici** ● *t.-year-old,* tredicenne.

thirteenth [ˌθəːˈtiːnθ] *a.* e *n.* [C] **tredicesimo; decimoterzo.**
thirtieth [ˈθəːtiiθ] *a.* e *n.* [C] **trentesimo.**
thirty [ˈθəːti] *a.* e *n.* [C] **trenta** ● *the thirties,* gli anni fra i trenta e i quaranta (in un secolo o nella vita di un uomo) □ *t.-first,* trentunesimo □ *t.-one,* trentuno □ *t.-year-old,* trentenne □ *about t.*, una trentina □ *to be in one's early (late) thirties,* aver passato da poco la trentina (essere vicino alla quarantina).
(1) this [ðis] *a.* e *pron. dimostrativo* (*pl.* **these** [ðiːz]) **questo, questa; codesto, codesta; cotesto, cotesta; ciò;** (di persona) **costui, costei; questi** *(lett.)*: *I'll take t. (one),* prenderò questo ● *t. day week (month),* oggi a otto (a un mese) □ *t. way,* da questa parte, di qua; in questo modo, così □ *by t. (time),* ormai; a quest'ora □ *just for t. once,* per questa volta (soltanto) □ *like t.*, in questo modo; così □ *T. won't do,* così non va!
(2) this [ðis] *avv. (fam.)* **così; tanto**: *It was t. big,* era grosso così ● *t. far,* fin qui; fino a questo punto.
thistle [ˈθisl] *n.* [C] (*bot.*, Carduus) **cardo** ● *t.-down,* lanugine del cardo.
thither [ˈðiðə*] *avv. (arc.)* **là; colà; ci, vi**: *hither and t.*, qua e là.
tho' [ðou] *V.* **though.**
thole [θoul] *n.* [C] (*naut.*, anche *tholepin*) **scalmo.**
Thomism [ˈtoumizəm] *n.* [U] *(filos.)* **tomismo.**
Thomist [ˈtoumist] *n.* [C] *(filos.)* **tomista.**
thong [θɔŋ] *n.* [C] ***1*** **cinghia; correggia; striscia di cuoio *2* staffile.**
thoracic [θɔːˈræsik] *a. (anat.)* **toracico.**
thorax [ˈθɔːræks] *n.* (*pl.* **thoraces** [ˈθɔːrəˌsiːz], **thoraxes**) *(anat.)* **torace.**
thorium [ˈθɔːriəm] *n.* [U] *(chim.)* **torio.**
thorn [θɔːn] *n.* ***1*** [C] *(bot.)* **spina** (anche *fig.*) ***2*** [C] *(zool.)* **aculeo; spina *3*** [C] e [U] *(bot.)* **spino;** (di solito *hawthorn*) **biancospino** ● *t.-bush,* rovo □ *(fig.) a t. in one's side* (o *flesh),* una spina nel fianco; un cruccio continuo □ *(fig.) to be (to sit) on thorns,* essere (stare) sulle spine.
thorny [ˈθɔːni] *a.* **spinoso** (anche *fig.*).
thorough [ˈθʌrə] *a.* ***1*** **completo; esauriente; profondo; radicale *2* accurato; minuzioso; preciso *3* bell'e buono; vero e proprio; matricolato.**
thoroughbred [ˈθʌrəbred] ***A*** *a.* ***1*** **purosangue; di razza**: *a t. horse,* un cavallo di razza ***2*** *(fig.)* **colto; raffinato *B*** *n.* [C] ***1*** **purosangue *2*** *(fig.)* **persona colta, raffinata.**
thoroughfare [ˈθʌrəfɛə*] *n.* [C] **strada di transito; via principale** ● *No t.*, divieto di transito.
thoroughgoing [ˈθʌrəˌgouiŋ] *a.* ***1*** **deciso; inflessibile; risoluto *2* completo; esauriente; profondo *3* bell'e buono; perfetto; matricolato.**
thoroughly [ˈθʌrəli] *avv.* **completamente; esaurientemente.**
thorough-paced [ˈθʌrəˌpeist] *a.* ***1*** *(di cavallo)* **allenato a tutte le andature *2*** *(fig.)* **abile; esperto *3*** *V.* **thoroughgoing.**
those [ðouz] *a.* e *pron. dimostrativo* (*pl.* di **that** [ðæt]) **quelli, quelle; codesti, codeste; cotesti, coteste** ● *t. who,* coloro i quali; quelli (o quelle) che.
thou [ðau] *pron. pers. 2ª pers. sing. (arc., poet.)* **tu.**
though [ðou] ***A*** *cong.* ***1*** **sebbene; benché; quantunque**: *T. it was late, I went on studying,* sebbene fosse tardi, continuai a studiare ***2*** (anche *even t.*) **anche se; ancorché *B*** *avv.* **tuttavia; nondimeno** ● *as t.*, come se; che: *He acts as t. he were mad,* si comporta come se fosse impazzito □ *It looks as t. he meant business,* pare che faccia sul serio □ *strange t. it may appear,* per quanto possa sembrare strano.
(1) thought [θɔːt] *n.* ***1*** [C] e [U] **pensiero; idea; opinione; meditazione; riguardo; attenzione; premura**: *a noble t.*, un nobile pensiero □ *to be lost (o absorbed) in t.*, essere assorto nei propri pensieri □ *a happy t.*, un'idea felice ***2*** *(con l'art. indeterm.)* **(un) po'; (un) tantino** ● *to have some (no) t. of doing st.*, avere una certa (nessuna) intenzione (o idea) di fare q.c.; pensare (non pensare) di fare q.c. □ *on second thoughts,* ripensandoci bene; pensandoci meglio □ *to take t. for st.*, preoccuparsi per q.c. □ *Don't give it a moment's t.*, non farci caso!
(2) thought [θɔːt] *pass.* e *p.p.* di to **think.**
thoughtful [ˈθɔːtful] *a.* ***1*** **pensieroso; pensoso; cogitabondo; meditabondo; sovrappensiero; impensierito; preoccupato *2* ricco di pensiero; meditato; serio *3* attento; premuroso; sollecito; gentile**: *It was t. of you to come,* è stato gentile da parte tua venire.
thoughtless [ˈθɔːtlis] *a.* ***1*** **avventato; sbadato; sconsiderato; spensierato; sventato; trascurato *2*** (specialm. *t. of others*) **irriguardoso; egoistico** ● *to be t. of the future,* non pensare all'avvenire.
thought-reading [ˈθɔːtˌriːdiŋ] *n.* [U] **lettura del pensiero.**
thought-transference [ˈθɔːtˌtrænsfərəns] *n.* [U] *(psic.)* **trasmissione del pensiero; telepatia.**
thousand [ˈθauzənd] ***A*** *a.* e *n.* [C] **mille**: *a t. soldiers,* mille soldati □ *one in a t.*, uno su mille ***B*** *n.* **migliaio**: *by thousands,* a migliaia ● *to make a t. and one excuses,* profondersi in scuse.
thousandfold [ˈθauzən*d*fould] *a.* e *avv.* **mille volte (tanto).**
thousandth [ˈθauzən*t*θ] *a.* e *n.* [C] **millesimo** ● *for the t. time,* per l'ennesima volta.
Thracian [ˈθreiʃjən] *a.* e *n. (stor.)* **trace; tracio.**
thraldom [ˈθrɔːldəm] *n.* [U] **schiavitù; servaggio** *(lett.)*.
thrall [θrɔːl] *n.* ***1*** [C] **schiavo, schiava** (spesso *fig.*) ***2*** [U] **schiavitù; servitù**: *in t.*, in schiavitù.
to **thrash** [θræʃ] ***A*** *v. t.* ***1*** **battere; colpire; percuotere; fustigare *2*** (di solito *to thresh*) **battere** (il grano); **trebbiare *3*** *(fam., sport)* **battere; sconfiggere *B*** *v. i.* ***1*** *(naut.)* **navigare controvento *2*** — *to t. about,* agitarsi; dibattersi ● *to t. out a problem,* chiarire un problema □ *to t. out the truth,* scoprire la verità.
thrashing [ˈθræʃiŋ] *n.* [C] ***1*** **bastonatura; botte; percosse *2*** *(fam., sport)* **sconfitta; batosta** *(fig.)*.
thread [θred] *n.* [C] e [U] ***1*** **filo** (anche *fig.*); **filato; fibra tessile; refe; spago**: *a reel of cotton t.*, un rocchetto di filo di cotone □ *sewing t.*, filato cucirino □ *a t. of light,* un filo di luce ***2*** *(mecc.:* di vite) **filetto; filettatura** ● *t.-mark,* filigrana (dei biglietti di banca) □ *(fig.) the t. of life,* il corso della vita □ *(fig.) to gather up the threads,* raccogliere le fila del discorso.
to **thread** [θred] ***A*** *v. t.* ***1*** **infilare; infilzare**: *to t. a needle,* infilare un ago ***2*** **fare** (q.c.) **infilando *3*** — *to t. one's way,* ficcarsi; infilarsi; farsi largo: *to t. one's way through the crowd,* farsi largo tra la folla ***4*** **striare** (i capelli, ecc.) ***5*** *(fig.)* **pervadere *6*** *(mecc.)* **filettare** (una vite, ecc.) ***7*** *(fotogr.)* **caricare *B*** *v. i.* **farsi strada.**
threadbare [ˈθredbɛə*] *a.* ***1*** **consunto; consumato; logoro; frusto; liso *2*** *(fig.)* **trito; vieto; stantio; fritto e rifritto** *(fig.)*.
threader [ˈθredə*] *n.* [U] (*mecc.*, anche *threading machine*) **filettatrice.**
threadlike [ˈθredlaik] *a.* **filiforme; esile; sottile.**
thready [ˈθredi] *a.* ***1*** **filamentoso; fibroso *2*** *(fig.)* **esile; flebile.**
threat [θret] *n.* [C] **minaccia** (anche *fig.*).
to **threaten** [ˈθretn] *v. t.* e *i.* **minacciare** (anche *fig.*): *to t. to kill sb.*, minacciare d'uccidere q. □ *It threatens to snow,* minaccia di nevicare.
threatening [ˈθretniŋ] ***A*** *a.* **minaccioso *B*** *n. (collett.)* **minacce.**
three [θriː] *a.* e *n.* [C] **tre**: *t. books,* tre libri □ *the t. of diamonds,* il tre di quadri □ *(mat.) the rule of t.*, la regola del tre ● *t.-act play,* commedia in tre atti □ *(fotogr.) t.-colour process,* tricromia □ *t.-cornered hat,* tricorno □ *t.-legged table,* tavolino a tre gambe □ *(elettr.) t.-phase,* trifase □ *t.-ply,* a tre strati; a tre capi; a tre fili □ *(mecc.) t.-speed gear,* cambio a tre velocità.
three-decker [ˌθriːˈdekə*] *n.* [C] ***1*** *(stor.)* **nave a tre ponti *2* doppio sandwich.**
threefold [ˈθriːˌfould] ***A*** *a.* **triplice; triplo *B*** *avv.* **tre volte (tanto).**
threepence [ˈθrepəns] *n.* **tre penny; moneta da tre penny.**
threepenny [ˈθrepəni] *a.* ***1*** **che costa tre penny; da tre penny**: *a t. bit,* una moneta da tre penny ***2*** *(fig.)* **da due soldi.**
threescore [ˈθriːˈskɔː] *a.* e *n.* **sessanta; sessantina; sessant'anni.**

threesome ['θri:səm] ***A*** *n.* [C] ***1*** **gruppo di tre persone** ***2*** *(*specialm. *golf)* **partita a tre** ***B*** *a.* **triplice.**
threnody ['θri:nədi] *n.* [C] **trenodia.**
to **thresh** [θreʃ] *v. t.* e *i. (agric.)* **battere** (il grano, ecc.); **trebbiare.**
thresher ['θreʃə*] *n.* [C] *(agric.)* ***1*** **trebbiatore** ***2*** **trebbia; trebbiatrice.**
threshing ['θreʃiŋ] *n.* [U] *(agric.)* **trebbiatura** ● *t.-floor,* aia.
threshold ['θreʃhould] *n.* [C] **soglia** *(*anche *fig.)*: *to cross the t.,* varcare la soglia □ *on the t. of life,* sulla soglia della vita.
threw [θru:] *pass.* di to **throw.**
thrice [θrais] *avv. (lett.)* **tre volte.**
thrift [θrift] *n.* [U] **economia; frugalità; parsimonia.**
thriftless ['θriftlis] *a.* **prodigo; scialacquatore; spendereccio.**
thrifty ['θrifti] *a.* ***1*** **economo; frugale; parco; parsimonioso; risparmiatore** ***2*** *(raro)* **prospero.**
to **thrill** [θril] ***A*** *v. t.* **eccitare; elettrizzare; entusiasmare; far fremere; far rabbrividire** ***B*** *v. i.* **fremere; rabbrividire; trepidare; vibrare**: *to t. with delight,* fremere di gioia.
thrill [θril] *n.* ***1*** [C] **brivido; fremito; sussulto** ***2*** [U] **capacità d'impressionare; tensione; interesse.**
thriller ['θrilə*] *n.* [C] **racconto** (o **dramma, film**) **sensazionale; romanzo** (o **film**) **giallo** (o **poliziesco**).
thrilling ['θriliŋ] *a.* ***1*** **elettrizzante; sensazionale; che fa fremere** ***2*** (di suono) **acuto; squillante.**
to **thrive** [θraiv] (*pass.* **throve** [θrouv], *p.p.* **thriven** ['θrivn]) *v. i.* **prosperare; fiorire** *(fig.)*; **crescere rigoglioso.**
thriving ['θraiviŋ] *a.* **prospero; prosperoso; fiorente; florido.**
throat [θrout] *n.* [C] **gola** *(*anche *fig.)*; **strozza** *(fam.)*: *to seize sb. by the t.,* afferrare q. per la gola ● *t. wash,* gargarismo □ *to have a sore t.,* aver mal di gola □ *(fig.) to thrust st. down sb.'s t.,* imporre q.c. a q. con la forza.
throaty ['θrouti] *a.* ***1*** (della voce) **gutturale** ***2*** (d'animale) **gozzuto** ***3*** (di persona) **dalla voce rauca.**
to **throb** [θrɔb] *v. i.* **battere; palpitare; pulsare;** *(fig.)* **fremere.**
throb [θrɔb] *n.* [C] **battito; palpito; pulsazione; fremito**: *a t. of joy,* un palpito di gioia □ *throbs of pleasure,* fremiti di piacere.
throbbing ['θrɔbiŋ] *a.* **palpitante; pulsante; frementе.**
throe [θrou] *n. (generalm. al pl.)* **doglie** (specialm. del parto); **spasimi** (dell'agonia) ● *to be in the throes of death,* essere in agonia.
thrombosis [θrɔm'bousis] *n.* [U] e [C] (*pl.* **thromboses** [θrɔm'bousi:z]) *(med.)* **trombosi.**
throne [θroun] *n.* [C] ***1*** **trono** *(*anche *fig.)*: *to ascend the t.,* salire al trono ***2*** (di papa, vescovo) **soglio; cattedra.**
throng [θrɔŋ] *n.* [C] **folla; calca; moltitudine; ressa.**
to **throng** [θrɔŋ] ***A*** *v. t.* **affollare** ***B*** *v. i.* **affollarsi; accalcarsi; far ressa.**
throttle ['θrɔtl] *n.* [C] ***1*** *(fam.)* **gola; strozza** ***2*** (*mecc.,* anche *t. valve*) **valvola a farfalla.**
to **throttle** ['θrɔtl] *v. t.* ***1*** **strozzare; strangolare; soffocare** *(*anche *fig.)* ***2*** *(mecc.)* **regolare** (la pressione del vapore, un motore, ecc.) ● *(mecc.) to t. down,* rallentare, ridurre (i giri di un motore).
(1) through [θru:] *prep.* ***1*** *(moto per luogo)* **attraverso; per; entro; tra**: *to come in t. the window,* entrare attraverso la finestra □ *to tour t. France, viaggiare per la Francia* ***2*** *(tempo continuato)* **per la durata di; durante; per**: *t. ten long years,* per dieci lunghi anni ***3*** *(mezzo)* **mediante; per mezzo di; per il tramite di**: *to send sb. money t. a bank,* spedire denaro a q. per mezzo di una banca ***4*** *(causa)* **a causa di; per colpa di; per**: *t. no fault of mine,* non per colpa mia ● *all t. the year* (o *all the year t.),* per tutto l'anno □ *to go t. (st.),* esaminare, rivedere, verificare; frequentare sino al termine dei corsi; consumare; spendere, sperperare □ (di un malato) *He won't last t. the night,* non arriverà a domattina.
(2) through [θru:] *avv.* ***1*** **da parte a parte; da cima a fondo; dal principio alla fine** ***2*** **direttamente** (per ferrovia) ***3*** (*in combinazione col verbo* **to be,** *è idiom.)*: *to be t.,* essere in comunicazione (telefonica), essere in linea; essere spacciato: *(tel.) You're t.,* Lei è in linea, parli pure □ *You're t.,* sei spacciato □ *(fam.) to be t. with (st., sb.),* aver finito (q.c.); non aver più nulla a che fare con (q.) ● *t. and t.,* completamente; assolutamente □ *(fam.) to get t. with st.,* portare a termine q.c. □ *to look sb. t. and t.,* osservare q. attentamente □ *to read a book t. and t.,* leggere e rileggere un libro.
(3) through [θru:] *a. attr.* **diretto**: *a t. train,* un treno diretto.
throughout [θru:'aut] ***A*** *prep.* **in tutto; per tutto; durante tutto**: *t. the world,* in tutto il mondo ***B*** *avv.* **da parte a parte; dappertutto; completamente; in tutto e per tutto.**
throughput ['θru:ˌput] *n.* [C] ***1*** *(ind.)* **materia prima messa in lavorazione** ***2*** *(elab.)* **prestazione; produttività.**
throve [θrouv] *pass.* di to **thrive.**
to **throw** [θrou] (*pass.* **threw** [θru:], *p.p.* **thrown** [θroun]) ***A*** *v. t.* e *i.* ***1*** **buttare; gettare; lanciare; scagliare; fare un lancio**: *to t. stones at the birds,* scagliar sassi agli uccelli □ *to t. a ball up,* gettare in aria una palla □ *to t. sb. a kiss,* gettare un bacio a q. ***2*** **gettare a terra; atterrare; abbattere; disarcionare** ***3*** **perdere**: *The horse threw its shoe,* il cavallo perse un ferro ***4*** (di serpente) **mutare (pelle)** ***5*** (di conigli, piccioni, ecc.) **figliare** ***6*** **rivolgere; volgere**: *to t. one's eyes to the ground,* volgere lo sguardo a terra ***B*** *verbi composti* ***1*** *to t. (st.) about,* gettare qua e là; scialacquare, sperperare; agitare, scuotere ***2*** *to t. (st.) away,* buttar via, gettar via; sprecare, sciupare, sperperare ***3*** *to t. (st.) back,* buttare indietro; riflettere; posticipare, ritardare ***4*** *to t. (sb., st.) down,* gettare a terra, atterrare; rovesciare, abbattere □ *to t. oneself down,* gettarsi a terra □ *to t. down one's tools,* deporre gli attrezzi; *(fam.)* incrociare le braccia, scioperare ***5*** *to t. (st.) in,* frammettere, intercalare (un'osservazione, ecc.); aggiungere, dare per soprammercato; *(mecc.)* ingranare (una marcia, ecc.); *(sport)* rimettere in gioco (la palla); □ *to t. in one's hand, (poker)* gettare le carte; *(fig.)* arrendersi, darsi per vinto □ *(fig.) to t. st. in sb.'s teeth,* rinfacciare q.c. a q. ***6*** *to t. oneself into (st.),* buttarsi anima e corpo in (un'impresa, ecc.) ***7*** *to t. (st., sb.) off,* gettar via; togliersi, levarsi (abiti di dosso, ecc.); disfarsi di; liberarsi di, sbarazzarsi di (un inseguitore, ecc.); buttar giù; scrivere, comporre (con facilità o in fretta) ***8*** *to t. (st., sb.) out,* buttar fuori, gettar fuori, cacciare, espellere; *(polit.)* respingere, bocciare (un disegno di legge); buttare là (un accenno, un suggerimento); gonfiare (il petto); aggiungere, costruire (un annesso); distrarre; interrompere; sconcertare; *(cricket)* mettere (il battitore) fuori gioco ***9*** *to t. (sb., st.) over,* abbandonare; rinunziare a ***10*** *to t. (st.) up,* alzare, sollevare; abbandonare; dimettersi da (un ufficio); rigettare, vomitare; aprire (una finestra a ghigliottina): *to t. one's eyes up,* levare gli occhi al cielo ***11*** *to t. oneself upon (o on) sb.'s mercy,* rimettersi alla clemenza di q. □ *to t. sb. upon his own resources,* costringere q. a provvedere al proprio mantenimento ● *to t. one's arms round sb.,* gettare le braccia al collo di q. □ *to t. (st.) open,* spalancare; aprire (al pubblico) □ *(fam.) to t. a party,* dare una festa □ *to be thrown together,* incontrarsi per caso □ (di un libro) *thrown together,* raffazzonato.
throw [θrou] *n.* [C] ***1*** **getto; lancio; tiro** ***2*** *(mecc.)* **gomito; manovella** ***3*** *(mil.)* **gittata** ***4*** *(lotta)* **schienata; atterramento.**
throwaway ['θrouəˌwei] ***A*** *n.* [C] *(fam.)* **foglietto pubblicitario: volantino** ***B*** *a.* ***1*** **che si getta via; a perdere**: *t. containers,* contenitori a perdere ***2*** (di osservazione, ecc.) **lasciato cadere; detto (o fatto) con finta noncuranza.**
throw-back ['θrouˌbæk] *n.* [C] *(biol.)* **regresso; individuo regredito.**
thrower ['θrouə*] *n.* [C] ***1*** *(sport)* **lanciatore** ***2*** *(ind. tessile)* **torcitore di seta** ***3*** *(ind. ceramica)* **tornitore; vasaio.**
thrown [θroun] *p.p.* di to **throw** ● *(ind. tessile) t. silk,* organzino.
throw-out ['θrouˌaut] *n.* [C] **scarto** (persona, cosa scar-

tata); *(comm.)* **articolo di scarto.**
thru [θru:] *(specialm. USA)* V. **through.**
to **thrum** [θrʌm] *v. t.* e *i.* **1 strimpellare; suonare male**: *to t. (on) a guitar,* strimpellare la chitarra **2 tamburellare con le dita** (su).
thrummer ['θrʌmə*] *n.* [C] **strimpellatore, strimpellatrice.**
(1) thrush [θrʌʃ] *n.* [C] *(zool.,* Turdus) **tordo** ● *song t.* (Turdus musicus), tordo sassello.
(2) thrush [θrʌʃ] *n.* [U] *(med.)* **mughetto.**
to **thrust** [θrʌst] *(pass.* e *p. p.* **thrust**) **A** *v. t.* **1 conficcare; ficcare; cacciare; infilare; piantare 2** — *to t. through,* trafiggere; trapassare **B** *v. i.* **1 cacciarsi; ficcarsi; introdursi a forza; infilarsi 2 assestare colpi** (di pugnale, ecc.); **dare stoccate C** to **thrust oneself** *v. rifl.* **cacciarsi; ficcarsi; intromettersi** ● *to t. at sb. (with a dagger, etc.),* assalire improvvisamente q. (con un pugnale, ecc.) □ *to t. back,* respingere; ricacciare □ *to t. oneself forward,* spingersi avanti; farsi largo a gomitate; mettersi in evidenza □ *to t. oneself upon sb.,* imporre la propria presenza a q.□ *to t. past sb.,* oltrepassare q. dandogli una spinta □ *to t. one's way,* farsi largo a spinte; aprirsi un varco a viva forza.
thrust [θrʌst] *n.* [C] **1 spinta** (anche *mecc., archit.*); **spintone 2 colpo** (di pugnale, spada, ecc.) **3** *(fig.)* **puntata; stoccata; frecciatina 4** *(mil.)* **attacco a fondo; puntata** ● *home-t.,* colpo che va a segno; botta in pieno.
thud [θʌd] *n.* [C] **rumore sordo; tonfo.**
to **thud** [θʌd] *v. i.* **1 fare un rumore sordo 2 cadere con un tonfo.**
thug [θʌg] *n.* [C] **criminale; delinquente.**
thuggery ['θʌgəri] *n.* [U] **criminalità; delinquenza.**
thuja ['θu:jə] *n.* [C] *(bot.,* Thuya) **tuia.**
thulium ['θju:liəm] *n.* [U] *(chim.)* **tulio.**
thumb [θʌm] *n.* [C] **1 pollice** (d'una mano o di un guanto) **2** *(archit.)* **ovolo; echino** ● *t.-index,* indice a rubrica □ *t.-mark,* impronta del pollice; ditata □ *t.-print,* impronta digitale del pollice □ *by rule of t.,* per praticaccia; a lume di naso □ *(fig.) to be under sb.'s t.,* essere alla mercé di q. □ *(fam.) Thumbs up!,* benissimo!; d'accordo!; evviva!
to **thumb** [θʌm] *v. t.* **1 voltare** (le pagine di un libro) **2 sporcare; lasciare ditate su 3 strimpellare** ● *(fam.) to t. a lift,* fare l'autostop □ *to t. one's nose at sb.,* fare marameo a q.
thumbscrew ['θʌmˌskru:] *n.* [C] *(mecc.)* **vite a testa piatta.**
thumbtack ['θʌmtæk] *n.* [C] *(USA)* **puntina da disegno.**
thump [θʌmp] *n.* [C] **1 botta; colpo; pugno 2 rumore sordo; tonfo.**
to **thump** [θʌmp] *v. t.* e *i.* **1 battere; colpire; percuotere; picchiare; menar botte; dar pugni 2 fare un rumore sordo; cadere con un tonfo 3 strimpellare** (uno strumento); **battere su** (un tamburo).
thumping ['θʌmpiŋ] *a.* *(fam.)* **enorme; grosso; madornale**: *a t. big lie,* una grossa bugia.
thunder ['θʌndə*] *n.* [U] **tuono;** *(fig.)* **rombo, fragore, rimbombo, strepito, scroscio** ● *a blood-and-t. novel,* un romanzo sensazionale □ *a crash (o a peal) of t.,* un tuono □ *(fig.) to steal sb.'s t.,* battere sul tempo q. (appropriandosi di un'idea, ecc.).
to **thunder** ['θʌndə*] **A** *v. i.* **tuonare;** *(fig.)* **rimbombare, rombare**: *It was thundering and lightening,* tuonava e lampeggiava **B** *v. t.* **urlare; tuonare.**
thunderbolt ['θʌndəˌboult] *n.* [C] **fulmine; saetta** ● *(fig.) The news was a t.,* la notizia fu un fulmine a ciel sereno.
thunderclap ['θʌndəˌklæp] *n.* [C] **tuono; rombo di tuono.**
thundercloud ['θʌndəˌklaud] *n.* [C] **nuvolone; nembo.**
thundering ['θʌndəriŋ] *a.* **1 tonante 2** *(fam.)* **enorme; terribile; tremendo.**
thunderous ['θʌndərəs] *a.* **1 fragoroso; rombante; strepitoso 2** (del tempo) **minaccioso; temporalesco** ● *t. applause,* scroscianti applausi.
thunder-storm ['θʌndəˌstɔ:m] *n.* [C] **temporale.**
thunder-struck ['θʌndəˌstrʌk] *a. pred.* **fulminato;** *(fig.)* **attonito, stupefatto.**
thundery ['θʌndəri] *a.* (del tempo) **tempestoso; temporalesco.**
thurible ['θjuəribl] *n.* [C] *(relig.)* **turibolo; incensiere.**
Thursday ['θə:zdi] *n.* **giovedì.**
thus [ðʌs] *avv.* **1 così; in questo modo 2 perciò; quindi; di conseguenza** ● *t. far,* fin qui; finora □ *t. much,* tanto (così).
to **thwack** [θwæk] *V.* to **whack.**
thwart [θwɔ:t] *n.* [C] *(naut.)* **banco** (di imbarcazione a remi).
to **thwart** [θwɔ:t] *v. t.* **1 contrastare; ostacolare 2 frustrare.**
thy [ðai] *a. poss.* *(arc., poet.* o *relig.)* **tuo, tua; tuoi, tue.**
thyme [taim] *n.* [U] *(bot.,* Thymus vulgaris) **timo.**
thymol ['θaimɔl] *n.* [U] *(chim.)* **timolo.**
thyroid ['θairɔid] *(anat.)* **A** *n.* [C] **tiroide B** *a.* **tiroideo.**
thyrsus ['θə:səs] *n.* *(pl.* **thyrsi** ['θə:sai]) *(mitol., bot.)* **tirso.**
thyself [ðai'self] *(arc., poet.* o *relig.)* **A** *pron. rifl.* **te stesso, te stessa; ti B** *pron. enfatico* **tu stesso, tu stessa.**
ti [ti:] *n.* [C] *(mus.)* **si.**
tiara [ti'a:rə] *n.* [C] **1** *(stor., relig.)* **tiara; triregno 2 diadema.**
Tibetan [ti'betən] *a.* e *n.* [C] **tibetano.**
tibia ['tibiə] *n.* *(pl.* **tibiae** ['tibii:], **tibias**) *(anat.)* **tibia; stinco** *(pop.).*
tibial ['tibiəl] *a.* *(anat.)* **tibiale; della tibia.**
tic [tik] *n.* [C] *(med.)* **tic.**
(1) tick [tik] *n.* [C] **1 tic; tic-tac; ticchettìo; battito** (specialm. dell'orologio); **scatto** (del contatore) **2** *(fam.)* **attimo; istante**: *I'll be back in a t.,* sarò di ritorno fra un attimo **3 segno di controllo** (per spuntare cifre o voci di un elenco) **4** *(pop.)* **tipo insignificante** ● *t.-tack,* tic-tac (battito dell'orologio o del cuore) □ *t.-tock,* tictoc; *(voce infant.)* orologio □ *on the t.,* puntualmente.
to **tick** [tik] **A** *v. i.* **fare tic-tac; ticchettare B** *v. t.* **1** (dell'orologio; spesso *to t. away*) **misurare** (o **segnare**) **facendo tic-tac 2** (spesso *to t. off*) **segnare a margine; spuntare** ● *(fam.) to t. sb. off,* fare una ramanzina a q. □ *(mecc.:* di motore) *to t. over,* andare al minimo.
(2) tick [tik] *n.* [C] *(zool.)* **acaro; zecca.**
(3) tick [tik] *n.* [C] **fodera di materasso.**
(4) tick [tik] *n.* [U] *(fam.)* **credito**: *to buy goods on t.,* comprare merce a credito.
ticker ['tikə*] *n.* [C] **1 telescrivente 2** *(fam.)* **orologio 3** *(pop., scherz.)* **cuore** ● *t. tape,* nastro di telescrivente.
ticket ['tikit] *n.* [C] **1 biglietto**: *a railway t.,* un biglietto ferroviario **2 cartellino** (specialm. del prezzo); **etichetta; scontrino; tagliando; tessera 3** *(autom.)* **multa 4** *(USA)* **lista di candidati** (di un partito); *(fig.)* **programma politico 5** *(gergo mil.)* **congedo 6** *(pop.)* **scontrino del monte dei pegni 7** *(fam., naut., aeron.)* **brevetto** ● *(ferr.) t.-collector,* bigliettaio □ *(leg., stor.) t. of leave,* (foglio di) libertà vigilata □ *(ferr.) t.-office,* biglietteria □ *(ferr.) platform t.,* biglietto d'ingresso □ *(ferr.) return t.,* biglietto d'andata e ritorno □ *(ferr.) season t.,* (tessera d')abbonamento □ *(ferr.) single t.,* biglietto d'andata □ *(fam.) That's the t.,* così va bene.
to **ticket** ['tikit] *v. t.* **apporre il cartellino su** (q.c.); **mettere lo scontrino a** (q.c.).
ticking ['tikiŋ] *n.* [U] **traliccio.**
tickle ['tikl] *n.* *(solo al sing.)* **1 solletico; prurito 2 solleticamento; titillamento; vellicamento.**
to **tickle** ['tikl] **A** *v. t.* **1 solleticare; fare il solletico a;** *(fig.)* **allettare, lusingare, stuzzicare**: *to t. one's palate,* stuzzicare l'appetito **2 prendere** (pesci) **con le mani B** *v. i.* **1 fare il solletico; pizzicare 2 prudere; avere il prurito** ● *(fam.) to be tickled to death,* essere deliziato; andare in sollucchero.
tickler ['tiklə*] *n.* [C] **problema difficile; rompicapo.**
ticklish ['tikliʃ] *a.* **1 che soffre il solletico 2** *(fig.:* di persona) **permaloso; suscettibile 3** *(fig.)* **difficile;**

delicato; scabroso.
tidal ['taidl] *a.* *(geogr., naut.)* **di marea** • *t. wave,* ondata di maremoto; *(fig.)* ondata (d'indignazione, di proteste, ecc.).
tidbit ['tidbit] *(USA)* *V.* **titbit.**
tiddler ['tidlə*] *n.* [C] **1** pesciolino **2** *(fam.)* bambinello; marmocchio.
tiddl(e)y ['tidli] *a.* *(fam.)* **1** piccolo; insignificante **2** brillo; alticcio.
tiddly-winks ['tidliwiŋks] *n.* [U] gioco delle pulci.
tide [taid] *n.* **1** [C] e [U] *(geogr., naut.)* marea; flusso: *at high (low) t.,* con l'alta (con la bassa) marea **2** [C] *(fig.)* corrente; tendenza; corso degli eventi: *to go with the t.,* seguire la corrente.
to **tide** [taid] *v. i.* *(naut.)* navigare (specialm. entrare in porto o uscirne) con la marea • *to t. it over,* farcela; spuntarla □ *to t. over,* sormontare, superare (una difficoltà, un ostacolo).
tidewater ['taid,wɔ:tə*] *n.* [U] acqua di marea.
tidiness ['taidinis] *n.* [U] ordine; accuratezza; lindezza; nettezza.
tidings ['taidiŋz] *n. pl.* *(talora col verbo al sing.)* *(lett.)* notizie.
tidy ['taidi] *a.* **1** ordinato; accurato; assettato; lindo; netto; in ordine **2** *(fam.)* considerevole; ragguardevole.
to **tidy** ['taidi] **A** *v. t.* e *i.* (spesso *to t. up*) rassettare; riordinare **B** to **tidy oneself** *v. rifl.* mettersi in ordine; rassettarsi • *to t. one's hair,* ravviarsi i capelli.
tie [tai] *n.* [C] **1** legame; legaccio; legatura; nodo; *(fig.)* vincolo, impaccio, impedimento: *family ties,* legami familiari □ *the ties of blood,* i vincoli del sangue **2** (anche *necktie*) cravatta **3** (per scarpe) stringa; laccetto **4** *(sport)* pareggio; partita pari **5** *(mus.)* legatura • *tie-clip,* fermacravatta □ *tie-pin,* spillo per cravatta □ *tie-up,* punto morto, battuta d'arresto; rapporto, connessione □ *(sport)* *to play off a tie,* giocare una partita di spareggio.
to **tie** [tai] **A** *v. t.* **1** legare; allacciare; annodare; unire: (anche *fig.*) *to tie sb.'s hands,* legare le mani a q. □ *to tie one's shoe-laces,* allacciarsi le scarpe **2** impegnare; vincolare: *to tie sb. down to a contract,* impegnare q. con un contratto **3** *(mus.)* legare (note) **4** — *(fin.)* *to tie up,* immobilizzare; impegnare **B** *v. i.* **1** legarsi; annodarsi; allacciarsi **2** *(sport)* pareggiare • *(fig.)* *to tie sb.'s tongue,* chiudere la bocca a q.; far tacere q. □ *to tie up a parcel,* legare un pacco □ *(fam.)* *to get tied up,* sposarsi; (del lavoro, della produzione, ecc.) arrestarsi.
tied [taid] *a.* **1** legato; allacciato **2** impegnato; vincolato **3** *(sport)* pari; in pareggio • *(agric.)* *t. cottage,* casa colonica in affitto all'affittuario del terreno □ *t. house,* locale pubblico vincolato (per contratto) a vendere una sola marca di birra.
tier [tiə*] *n.* [C] **1** fila; ordine (di palchi, ecc.); gradino (di gradinata) **2** *(naut.)* andana.
to **tier** [tiə*] *v. t.* (spesso *to t. up*) disporre in file; sistemare a gradini.
tierce [tiəs] *n.* [C] **1** *(scherma)* terza **2** (*mus.*, anche *third*) terza.
tiff [tif] *n.* [C] battibecco; diverbio; litigio.
to **tiff** [tif] *v. i.* avere un battibecco; litigare.
tiffany ['tifəni] *n.* [U] *(ind. tessile)* mussola di seta.
tiger ['taigə*] *n.* [C] *(zool.,* Panthera tigris*)* tigre (anche *fig.*) • *(fig., fam.)* *to ride the t.,* cavalcare la tigre.
tiger-cat ['taigəkæt] *n.* [C] *(zool.,* Felis serval*)* gattopardo.
tigerish ['taigəriʃ] *a.* tigresco; *(fig.)* crudele, feroce.
tiger-lily ['taigəlili] *n.* [C] *(bot.,* Lilium tigrinum*)* giglio cinese.
tight [tait] **A** *a.* **1** fermo; saldo; solido; duro **2** chiuso; serrato; stretto: *to keep one's fists t.,* tenere i pugni serrati □ *t. shoes,* scarpe strette **3** ermetico; impermeabile; stagno: *water-t.,* impermeabile all'acqua **4** teso: *a t. rope,* una corda tesa **5** *(econ., fin.)* scarso **6** (*fam.*, anche *tight-fisted*) avaro; tirchio **7** *(fam.)* sbronzo *(fam.)* **B** *avv.* stretto; strettamente; saldamente; fortemente; a fondo: *to hold st. t.,* tenere q.c. stretto **C** *n. pl.* collant; calzamaglia (di acrobati, ballerine, ecc.) • *(econ.)* *a t. market,* un mercato con scarso movimento di denaro □ *a t. smile,* un sorriso forzato □ *a t. weave,* una trama fitta □ *(fam.)* *to get t.,* sbronzarsi □ *(fig.)* *to be in a t. corner,* essere alle strette.
to **tighten** ['taitn] **A** *v. t.* **1** serrare; stringere; *(mecc.)* avvitare a fondo **2** tendere; tirare **B** *v. i.* **1** serrarsi; stringersi **2** tendersi.
tight-fisted [,tait'fistid] *a.* avaro; tirchio.
tight-fitting [,tait'fitiŋ] *a.* attillato; aderente.
tight-lipped [,tait'lipt] *a.* di poche parole; riservato.
tightrope ['tait,roup] *n.* [C] fune (di funambolo) • *t. walker* (o *t. dancer*), funambolo.
tigress ['taigris] *n.* [C] *(zool.)* tigre (femmina; anche *fig.*).
tike [taik] *n.* [C] **1** cane bastardo; cagnaccio **2** *(fig.)* zoticone.
til [til] *n.* [U] *(bot.,* Sesamum indicum*)* sesamo • *til oil,* olio di sesamo.
tilde [tild] *n.* [C] tilde (segno ortografico: ~).
tile [tail] *n.* [C] **1** tegola; embrice **2** mattonella; piastrella **3** *(fam.)* cappello a cilindro • *Dutch t.,* piastrella decorativa □ *(fam.)* *to have a t. loose,* essere un po' tocco (nel cervello) □ *(fam.)* *to be on the tiles,* far baldoria.
to **tile** [tail] *v. t.* **1** coprire (un tetto, ecc.) con tegole **2** coprire (un pavimento) con mattonelle; piastrellare.
(1) till [til] **A** *prep.* fino a; sino a: *t. tomorrow,* fino a domani **B** *cong.* fino a che; finché; fintantoché; fino a quando: *Wait t. I come back,* aspetta finché io non torni! • *Goodbye t. tomorrow,* (arrivederci) a domani! □ *from morning t. night,* da mane a sera.
to **till** [til] *v. t.* coltivare, dissodare, lavorare (il terreno, la terra).
(2) till [til] *n.* [C] cassetto (dove si tiene il denaro, in un negozio); cassa.
tillable ['tiləbl] *a.* coltivabile; dissodabile.
tillage ['tilidʒ] *n.* [U] **1** dissodamento; coltivazione **2** terreno coltivato.
(1) tiller ['tilə*] *n.* [C] coltivatore; agricoltore.
(2) tiller ['tilə*] *n.* [C] *(naut.)* barra (del timone).
to **tilt** [tilt] **A** *v. i.* **1** pendere; inclinarsi; piegarsi **2** *(stor.)* giostrare; torneare **B** *v. t.* **1** inclinare; far pendere **2** (di solito *to t. up*) rovesciare; mettere sottosopra • *(fig.)* *to t. at windmills,* combattere contro i mulini a vento.
(1) tilt [tilt] *n.* [C] **1** inclinazione; pendenza **2** *(stor.)* giostra; torneo • *(at) full t.,* a briglia sciolta; di gran carriera □ *(fig.)* *to have a t. at sb.,* spezzare una lancia contro q.
(2) tilt [tilt] *n.* [C] copertone; telone (specialm. per coprire carri).
tilter ['tiltə*] *n.* [C] *(stor.)* giostratore.
tilting ['tiltiŋ] *a.* inclinabile; ribaltabile • *t. seat,* strapuntino □ *t. stand,* cavalletto girevole.
timbal ['timbəl] *n.* [C] *(stor., mus.)* timballo; timpano.
timbale [tæm'ba:l] *(franc.)* *n.* [C] *(cucina)* timballo; sformato.
timber ['timbə*] *n.* **1** [U] legname (specialm. da costruzione) **2** [U] alberi da legname **3** [C] *(falegnameria)* tavolone; grossa trave **4** [C] *(naut.)* costola **5** [U] (caccia alla volpe) palizzate; steccati **6** [U] *(fig.)* tempra; carattere: *a man of his t.,* un uomo della sua tempra • *t.-beam,* trave di legno □ *t.-yard,* deposito di legname.
timbered ['timbəd] *a.* **1** *(edil.)* costruito in legno; rivestito di legno **2** coperto d'alberi; alberato.
timbering ['timbəriŋ] *n.* [U] legname (da costruzione).
timbre ['timbə*] *n.* [C] e [U] timbro (di voce, di suono).
timbrel ['timbrəl] *n.* [C] *(mus.)* tamburello.
time [taim] *n.* **1** [U] *(anche con l'art. indeterm.)* tempo: *a period of t.,* un periodo di tempo □ *for a short (a long) t.,* per breve (molto) tempo □ *to lose one's t.,* sprecare il tempo **2** [U] ora; momento; *What t. is it?* (o *What's the t.?*), che ora è? (o che ore sono?) □ *At what t.?,* a che ora? □ *It's t. to go,* è ora d'andare □ *Now is the t. to act,*

questo è il momento di agire □ *tea-t.*, l'ora del tè **3** [C] *(spesso al pl.)* **tempo; periodo; epoca**: *in the t.* (o *times) of the Stuarts,* all'epoca degli Stuardi **4** [C] **volta**: *this t.*, questa volta □ *next t.*, la prossima volta □ *the t. before last,* la penultima volta □ *three (four, five, etc.) times,* tre (quattro, cinque, ecc.) volte □ *two at a t.*, due alla volta **5** [U] e [C] **orario**: *the times of the trains to Oxford,* gli orari dei treni per Oxford **6** [U] *(mus.)* **tempo**: *to beat t.*, battere il tempo ● *t. and again* (o *times without number),* spesso; di frequente; innumerevoli volte □ *(mil.) t.-bomb,* bomba a orologeria □ *(ind.) t. card,* cartellino di presenza □ *(gramm.) t.-clause,* proposizione temporale □ *(ind.) t. clock,* orologio marcatempo □ *t. limit,* limite di tempo; termine (ultimo) □ *(cronotecnica) t. recorder,* tempista □ *(radio, telev.) t. signal,* segnale orario □ *t.-work,* lavoro retribuito a ore □ *(geogr.) t. zone,* fuso orario □ *to be ahead of* (o *to be born before) one's time(s),* essere in anticipo sui tempi □ *at times,* a volte; talvolta; talora □ *at no t.*, in nessuna circostanza; giammai □ *at one t.*, una volta; un tempo □ *at the present t.*, al presente; ora; adesso □ *at the same t.*, nello stesso tempo, contemporaneamente, insieme; a un tempo, nondimeno, tuttavia □ *at the t.*, quando □ *(mat.) five times five,* cinque per cinque (5 × 5) □ *from t. immemorial* (o *from t. out of mind),* dal tempo dei tempi; da tempo immemorabile □ *from t. to t.*, di quando in quando; ogni tanto □ *from that t. on,* da allora in poi □ *a full-t. (half-t.) job,* un lavoro a tempo pieno (che impegna solo per mezza giornata) □ *the good old times,* il buon tempo antico; i bei tempi andati □ *Greenwich mean t.*, ora di Greenwich □ *half the t.*, molto spesso; quasi sempre; per lo più □ *to have a bad t.*, passarsela male □ *to have a good t.* (o *the t. of one's life),* divertirsi un mondo; spassarsela □ *in t.*, in tempo, in tempo utile; col tempo, con l'andar del tempo □ *in course of t.*, con l'andar del tempo; con il passare degli anni □ *in its proper t. and place,* a tempo e luogo □ *in a month's t.*, fra un mese □ *in no t.*, in un attimo; in un batter d'occhio □ *in t. to come,* per l'avvenire; in futuro □ (d'un orologio) *to keep good (bad) t.*, segnare l'ora esatta (non andare bene) □ *to make t.*, ricuperare il tempo; (di treno) ricuperare □ *many times* (*lett. many a t.),* spesso; più d'una volta □ (di donna) *to be near one's t.*, essere prossima al parto □ *(Old) Father T.*, il Tempo (personificato) □ *on t.*, puntualmente; puntuale □ *once upon a t.*, una volta; al tempo dei tempi □ *(mus.) to be out of t.*, non andare a tempo □ *to pass the t. of day with sb.*, scambiare qualche parola di saluto con q. □ *to serve one's t.*, (di condannato) scontare la pena; (di apprendista) prestare servizio □ *(ind.) short t.*, orario ridotto: *to be on short t.*, lavorare a orario ridotto □ *summer t.* (o *daylight-saving t.),* ora legale estiva □ *to tell the t.*, dire l'ora; leggere l'orologio □ *this t. next week,* oggi a otto □ *till the end of t.*, in eterno □ *Take your t. over it,* prenditela calma; da' tempo al tempo □ *My t. is drawing near* (o *I am near my t.; my t. is almost over),* ormai non mi resta molto da vivere.

to **time** [taim] *v. t.* e *i.* **1 fare** (q.c.) **a proposito; cogliere il momento opportuno per** (q.c.); **progettare** (con riguardo al tempo) **2 regolare il ritmo** (o **la velocità) di; rimettere** (un orologio); **sincronizzare 3 cronometrare 4** *(ind.)* **determinare i tempi** (di lavorazione); **tempificare 5** *(mecc.)* **mettere in fase** (un motore).

time-honoured ['taim,ɔnəd] *a.* **venerabile, venerando** (per l'età).

timekeeper ['taim,ki:pə*] *n.* [C] **1** *(ind.)* **controllore delle ore di lavoro 2** *(sport)* **cronometrista 3 cronometro; orologio.**

timekeeping ['taim,ki:piŋ] *n.* [U] **1** *(ind.)* **rilevamento dei tempi 2** *(sport)* **cronometraggio.**

timeless ['taimlis] *a.* **senza tempo; eterno.**

timely ['taimli] *a.* **opportuno; tempestivo; a proposito.**

timepiece ['taim,pi:s] *n.* [C] **orologio; cronometro.**

timer ['taimə*] *n.* [C] **1** *(sport)* **cronometrista 2** *(sport)* **cronometro 3** *(elettron.:* di forno ecc.*)* **timer; temporizzatore** ● *a full-t.*, uno che lavora a tempo pieno.

time-server ['taim,sə:və*] *n.* [C] **opportunista; conformista.**

time-serving ['taim,sə:viŋ] **A** *a.* **opportunistico B** *n.* [U] **opportunismo; conformismo.**

time-sharing ['taim,ʃɛəriŋ] *n.* [U] *(elab.)* **partizione del tempo.**

time-table ['taim,teibl] *n.* [C] **orario.**

time-worn ['taimwɔ:n] *a.* **consunto; logoro; vecchio.**

timid ['timid] *a.* **timido; timoroso; esitante.**

timidity [ti'miditi] *n.* [U] **timidezza.**

timing ['taimiŋ] *n.* [U] **1 sincronizzazione 2** *(ind.)* **determinazione dei tempi 3** *(mecc.)* **messa in fase** (di un motore) **4 tempestività; tempismo.**

timorous ['timərəs] *a.* **timoroso; pauroso; timido.**

tin [tin] *n.* **1** [U] *(chim.)* **stagno 2** [C] **barattolo, scatola** (di latta); **lattina**: *a tin of sardines,* una scatola di sardine **3** [U] *(pop.)* **denaro; quattrini; grana** *(pop.)* ● *(gergo mil.) tin hat,* elmetto □ *tin-opener,* apriscatole □ *tin-plate,* lamiera stagnata; latta □ *to coat with tin,* stagnare.

to **tin** [tin] *v. t.* **1 stagnare 2 mettere in scatola; inscatolare** ● *(comm.) tinned goods,* scatolame.

tincture ['tiŋktʃə*] *n.* **1** [U] *(farm.)* **tintura**: *t. of iodine,* tintura di iodio **2** *(con l'art. indeterm.) (fig.)* **traccia; tocco; sfumatura.**

to **tincture** ['tinktʃə*] *v. t.* **1 tingere leggermente; colorare appena 2** *(fig.)* **tingere; sfumare.**

tinder ['tində*] *n.* [U] **esca; stoppaccio infiammabile.**

tine [tain] *n.* [C] **1 dente; rebbio 2 ramificazione** (di corna di cervo).

tinea ['tiniə] *n.* [U] *(med.)* **tigna.**

tinfoil ['tin'fɔil] *n.* [U] **stagnola.**

ting [tiŋ] *n.* [C] **tintinnio** ● *t.-a-ling,* drin-drin (di campanello).

to **ting** [tiŋ] **A** *v. i.* **tintinnare; tinnire** *(lett.)* **B** *v. t.* **far tintinnare.**

to **tinge** [tindʒ] *v. t.* **1 tingere; sfumare**: *clouds tinged with red,* nubi sfumate di rosso **2** *(fig.)* **mischiare; permeare.**

tinge [tindʒ] *n.* *(solo al sing.)* **1 lieve tinta; colore leggero 2** *(fig.)* **traccia; pizzico; punta**: *a t. of envy,* una punta d'invidia.

to **tingle** ['tiŋgl] *v. i.* **1 formicolare; sentire bruciore 2 fremere; agitarsi.**

tingle ['tiŋgl] *n.* *(solo al sing.)* **1 pizzicore; formicolìo; bruciore 2 fremito.**

tinker ['tiŋkə*] *n.* [C] **1 calderaio** (di solito, ambulante); **stagnaio; stagnino 2 abborracciatore 3 rabberciamento** ● *I don't care a t.'s damn,* non me ne importa un fico secco (o un accidente).

to **tinker** ['tiŋkə*] **A** *v. i.* **1 fare il calderaio** (o **lo stagnino) 2 affacendarsi; arrabattarsi B** *v. t.* **1 stagnare 2** (spesso *to t. up*) **aggiustare alla meglio; rabberciare; rattoppare; abborracciare.**

to **tinkle** ['tiŋkl] **A** *v. i.* **tintinnare; trillare; scampanellare B** *v. t.* **far tintinnare; suonare.**

tinkle ['tiŋkl] *n.* [C] **tintinnìo; scampanellìo.**

tinny ['tini] *a.* **1 di stagno; ricco di stagno 2** (di suono) **metallico 3 dal suono metallico.**

tinpot ['tinpɔt] *a. attr.* *(fam.)* **scadente; da due soldi.**

tinsel ['tinsəl] **A** *n.* [U] **1 orpello** (anche *fig.*) **2** *(ind. tessile)* **lamé; laminato B** *a. attr.* **d'orpello; artificiale; falso; sgargiante; vistoso.**

to **tinsel** ['tinsəl] *v. t.* **decorare un orpello.**

tinsmith ['tinsmiθ] *n.* [C] **lattoniere; stagnaio; stagnino.**

tint [tint] *n.* [C] **tinta; colore; sfumatura**: *several tints of green,* diverse sfumature di verde ● *(pitt.) half-t.*, mezzatinta.

to **tint** [tint] *v. t.* **tingere; colorire; sfumare.**

tintinnabulum [,tinti'næbjuləm] *n.* (*pl.* **tintinnabula** [,tinti'næbjulə]) **campanellino; sonaglio.**

tinware ['tinwɛə*] *n.* [U] **oggetti di latta** (tegami, pentole, ecc.).

tiny ['taini] *a.* **piccolo; piccino; minuscolo**: *a t. little boy,* un bambino piccino piccino ● *a t. bit,* un pochino.

(1) tip [tip] *n.* [C] **1 punta; apice; estremità**: *to walk on the tips of one's toes,* camminare in punta di piedi □

(fig.) to have st. on the tip of one's tongue, avere q.c. sulla punta della lingua **2 ghiera; puntale 3 bocchino, filtro** (di sigaretta) ● *from tip to toe,* da cima a fondo.

(1) to **tip** [tip] *v. t.* **fornire di punta** (o **di puntale)** ● *cork-tipped cigarettes,* sigarette col filtro di sughero.

(2) to **tip** [tip] ***A*** *v. t.* **1 inclinare; piegare 2 rovesciare; capovolgere 3 scaricare 4 sollevare appena** (il cappello, in segno di saluto) ***B*** *v. i.* **1 inclinarsi; piegarsi 2** (spesso *to tip over*) **rovesciarsi** ● *to tip the scale,* dare il tracollo alla bilancia; *(fig.)* essere la goccia che fa traboccare il vaso.

(2) tip [tip] *n.* [C] **1 inclinazione; pendenza 2** (anche *refuse tip*) **scarico dell'immondizia.**

(3) tip [tip] *n.* [C] **1 mancia 2 consiglio; suggerimento 3 informazione** (o **notizia**) **riservata; soffiata** *(fig.).*

(3) to **tip** [tip] *v. t.* **1 dare la mancia a** (q.) **2** (spesso *to tip off*) **dare un'informazione riservata a** (q.); **avvertire** ● *(sport) to tip the winner,* dare il nome del cavallo vincente.

(4) tip [tip] *n.* [C] **colpetto; bottarella; lieve tocco.**

(4) to **tip** [tip] *v. t.* **colpire leggermente; toccare appena.**

tipcat ['tipkæt] *n.* [U] **gioco della lippa; lippa.**

tip-off ['tip,ɔf] *n.* [C] **informazione riservata; avvertimento; soffiata** *(fig.).*

tipper ['tipə*] *n.* [C] **1** *(autom.,* anche *t. lorry)* **autocarro a cassone ribaltabile 2** *(ferr.)* **carrello ribaltabile; vagonetto a bilico.**

tippet ['tipit] *n.* [C] **1 cappa; mantellina corta 2** *(relig.)* **stola.**

to **tipple** ['tipl] ***A*** *v. i.* **bere smodatamente; alzare il gomito *B*** *v. t.* **sorseggiare** (un liquore).

tipple ['tipl] *n.* [U] **bevanda** (specialm. alcolica); **liquore.**

tippler ['tiplə*] *n.* [C] **forte bevitore; beone; ubriacone.**

tipster ['tipstə*] *n.* [C] *(fam.)* **chi dà informazioni** (o **notizie**) **riservate; informatore.**

tipsy ['tipsi] *a. (fam.)* **brillo; alticcio; ubriaco; avvinazzato** ● *t. cake,* zuppa inglese □ *to get t.,* ubriacarsi; sbronzarsi *(fam.).*

tiptoe ['tiptou] *avv.* (spesso *on t.*) **in punta di piedi.**

to **tiptoe** ['tiptou] *v. i.* **camminare in punta di piedi.**

tiptop [,tip'tɔp] ***A*** *n. (con l'art. determ.)* **apice; culmine *B*** *a. (fam.)* **eccellente; ottimo; di prim'ordine *C*** *avv.* **benissimo.**

tirade [tai'reid] *n.* [C] **tirata; filippica; invettiva.**

tire ['taiə*] *(USA) V.* **tyre.**

to **tire** [taiə*] ***A*** *v. t.* **stancare; affaticare; spossare; annoiare *B*** *v. i.* **stancarsi; affaticarsi; annoiarsi** ● *to t. out,* rendere esausto; spossare.

tired ['taiəd] *a.* **stanco; affaticato; seccato; stufo**: *to feel t.,* sentirsi stanco □ *to be t. of st.,* essere stufo di q.c. ● *t. out,* esausto; stanco morto.

tiredness ['taiədnis] *n.* [U] **stanchezza; spossatezza.**

tireless ['taiəlis] *a.* **instancabile; inesauribile.**

tiresome ['taiəsəm] *a.* **1 noioso; fastidioso; seccante 2 faticoso; affaticante; stanchevole** *(raro).*

tiring ['taiəriŋ] *a.* **faticoso; affaticante.**

tiro ['taiərou] *n.* (*pl.* **tiros**) **principiante; novizio; novellino; tirocinante.**

'tis [tiz] *contraz.* di **it is.**

tissue ['tisju:] *n.* [C] e [U] **tessuto** (anche *fig.*) ● *a t. of crimes,* una serie di crimini □ *t. paper,* carta velina.

(1) tit [tit] *n.* — *tit for tat,* colpo per colpo; dente per dente *(fig.)* ● *to give tit for tat,* rendere pan per focaccia.

(2) tit [tit] *n.* [C] **1** *(fam.)* **capezzolo 2** *(pop.)* **mammella; tetta** *(fam.).*

Titan ['taitən] ***A*** *n. (mitol.)* **Titano** (anche *fig.*) ***B*** *a. attr.* **titanico.**

Titanic [tai'tænik] *a. (mitol.)* **titanico.**

titanic [tai'tænik] *a.* **titanico; gigantesco; enorme.**

Titanism ['taitənizəm] *n.* [U] **titanismo.**

titanium [tai'teinjəm] *n.* [U] *(chim.)* **titanio.**

titbit ['titbit] *n.* [C] **1 bocconcino ghiotto; boccone prelibato; ghiottoneria; leccornia 2** *(fig.)* **notizia piccante.**

tithe [taið] *n.* [C] *(stor., relig.)* **decima.**

titian ['tiʃiən] *a. attr.* **tizianesco; biondo fulvo.**

Titianesque [,tiʃiə'nesk] *a. (arte)* **tizianesco.**

to **titillate** ['titileit] *v. t.* **titillare; solleticare; vellicare.**

titillation [,titi'leiʃən] *n.* [U] **titillamento; solleticamento.**

to **titivate** ['titiveit] *(fam.)* ***A*** *v. t.* **azzimare; agghindare *B*** *v. i.* e to **titivate oneself** *v. rifl.* **agghindarsi; farsi bello.**

titlark ['tit,la:k] *n.* [C] *(zool.,* Anthus pratensis*)* **pispola.**

title ['taitl] *n.* **1** [C] (di libro, poesia, quadro, ecc.) **titolo 2** [C] (nobiliare, onorifico, accademico) **titolo 3** [C] e [U] *(fig.)* **titolo; diritto**: *to have t. to st.,* aver diritto a q.c.

to **title** ['taitl] *v. t.* **intitolare.**

titled ['taitld] *a.* **titolato; nobile.**

title-deed ['taitldi:d] *n.* [C] *(leg.)* **atto di proprietà.**

title-page ['taitlpeidʒ] *n.* [C] **frontespizio.**

titmouse ['titmaus] *n.* (*pl.* **titmice** ['titmais]) *(zool.,* Parus) **cincia; cinciallegra.**

Titoism ['ti:touizəm] *n.* [U] *(polit.)* **titoismo.**

Titoist ['ti:touist] *n.* [C] e *a. (polit.)* **titoista.**

titration [tai'treiʃən] *n.* [U] *(chim.)* **titolazione.**

to **titter** ['titə*] *v. i.* **ridacchiare; ridere scioccamente.**

titter ['titə*] *n.* [C] **risolino sciocco; riso soffocato.**

tittle ['titl] *n.* [C] **pezzetto; briciolo; ette**: *not one jot or t.,* non uno iota; non un ette; un bel niente *(fam.).*

to **tittle-tattle** ['titl,tætl] *v. i.* **chiacchierare; ciarlare; pettegolare.**

tittle-tattle ['titl,tætl] *n.* [U] **chiacchiere; ciarle; pettegolezzo.**

titular ['titjulə*] ***A*** *a.* **titolare; nominale *B*** *n.* [C] **titolare** ● *(comm.) t. head,* titolare (d'una ditta) □ *t. possessions,* proprietà possedute in virtù d'un titolo □ *(relig.) t. saint,* (santo) titolare; santo patrono (d'una chiesa).

tizzy ['tizi] *n. (generalm. al sing.) (fam.)* **eccitazione; nervosismo** ● *to be in a t.,* essere nervoso (o agitato).

(1) to [tu:; tu, tə] *prep.* **1** *(termine, moto a luogo, direzione, durata, ecc.)* **a; verso; per; fino a; sino a**: *Give the book to him, not to her,* da' il libro a lui, non a lei! □ *to go to school,* andare a scuola □ *the road to Rome,* la strada per Roma □ *to turn to the left,* voltare a sinistra □ *to the south,* verso sud □ *from beginning to end,* dal principio alla fine □ *from four to six (o'clock),* dalle quattro alle sei **2** *(compl. di moto a luogo)* **in**: *to go to church (to town),* andare in chiesa (in città) **3** *(per esprimere confronto, relazione, preferenza, ecc.)* **a; in confronto a; a paragone di; su; contro**: *inferior (superior) to,* inferiore (superiore) a □ *(mat.) A is to B as C is to D,* A sta a B come C sta a D □ *four goals to two,* quattro reti a due **4** *(per esprimere vantaggio, accordo, gradimento, adattamento, ecc.)* **per; di; in; adatto a**: *That's not to my liking,* ciò non è di mio gradimento □ *words set to music,* parole messe in musica ● *to and fro, avv.* avanti e indietro; su e giù; *sost.* andirivieni; viavai □ *to the last man,* fino all'ultimo uomo □ *to sing to one's guitar,* cantare accompagnandosi con la chitarra □ *to this day,* fino a oggi □ *What's that to you?,* che te ne importa? □ *That's all there is to it,* questo è tutto!

(2) to [tu:; tu, tə] *particella preposta all'inf. dei verbi* **1** *(idiom.) to be or not to be,* essere o non essere □ *To err is human, to forgive divine,* errare è umano, perdonare divino □ *I want to go,* voglio andare **2 di, da; per; a**: *I told them to wait,* dissi loro d'aspettare □ *I have lots of things to do,* ho moltissime cose da fare **3** *(idiom., in sostituzione di un inf. sottinteso, per es. in:) I had no time to,* me ne mancò il tempo (d'andare, di fare q.c., ecc.) □ *Would you like to?,* ti piacerebbe? ● *I don't know how to do it,* non so farlo □ *I want him to be present,* voglio che ci sia anche lui □ *It's too late for him to come,* è troppo tardi perché possa venire.

(3) to [tu:] *avv. (dopo alcuni verbi, col significato di*

accostato, vicino a; *per es.:) to push the door to,* accostare l'uscio □ *to leave the door to,* lasciare la porta accostata.

toad [toud] *n.* [C] (*zool.*, Bufo) **rospo** (anche *fig.*) ● (*fig., raro*) *t.-eater,* adulatore; leccapiedi.

toadstool ['toudstu:l] *n.* [C] *1* (*bot.*) **fungo ombrelliforme** *2* **fungo velenoso.**

toady ['toudi] *n.* [C] **adulatore; leccapiedi.**

to **toady** ['toudi] *v. t.* e *i.* **adulare servilmente; leccare i piedi a** (q.).

(1) toast [toust] *n.* [C] e [U] **pane tostato; pane abbrustolito; crostino** ● (*pop.*) *to have sb. on t.,* avere q. in pugno.

(1) to **toast** [toust] *A v. t. 1* **tostare; abbrustolire** *2* (*fig.*) **riscaldare; scaldare** *B v. i.* e to **toast oneself** *v. rifl.* **abbrustolirsi;** (*fig.*) **scaldarsi.**

(2) toast [toust] *n.* [C] *1* **brindisi**: *to propose a t. to sb.,* fare un brindisi a q. *2* **persona in onore della quale si brinda** ● *to drink a t. to sb.,* bere alla salute di q.

(2) to **toast** [toust] *A v. t.* **fare un brindisi a, bere alla salute di** (q.) *B v. i.* **fare un brindisi; brindare.**

toaster ['toustə*] *n.* [C] **tostapane.**

tobacco [tə'bækou] *n.* [U] (*anche al pl.*) (*bot.*, Nicotiana tabacum) **tabacco** ● *t.-grower,* coltivatore di tabacco; tabacchicoltore □ *t.-growing,* tabacchicoltura.

tobacconist [tə'bækənist] *n.* [C] **tabaccaio** ● *t.'s shop,* tabaccheria.

toboggan [tə'bɔgən] *n.* [C] (*sport*) **toboga.**

to **toboggan** [tə'bɔgən] *v. i.* (*sport*) **andare in toboga.**

toby ['toubi] *n.* [C] (anche *t. jug*) **boccale da birra** (a forma di vecchio col tricorno in testa).

toccata [tə'ka:tə] (*ital.*) *n.* [C] (*mus.*) **toccata.**

tocsin ['tɔksin] *n.* [C] *1* **campana a martello** *2* (*in genere*) **segnale d'allarme** ● (di campana) *to ring the t.,* suonare a martello.

today [tə'dei] *avv.* e *n.* **oggi; oggidì; oggigiorno**: *T. is Friday,* oggi è venerdì □ *t.'s newspaper,* il giornale d'oggi ● *t. week,* oggi a otto.

to **toddle** ['tɔdl] *v. i. 1* (anche *v. t., to t. one's way*) **sgambettare; camminare a passi incerti** *2* (*fam.*) **far due passi.**

toddle ['tɔdl] *n.* [C] *1* **andatura vacillante** *2* (*fam.*) **passeggiatina.**

toddler ['tɔdlə*] *n.* [C] **bambino** (o **bambina) ai primi passi.**

toddy ['tɔdi] *n.* [C] e [U] **ponce; grog.**

to-do [tə'du:] *n.* (*pl.* **to-dos**) (*fam.*) **trambusto.**

toe [tou] *n.* [C] *1* **dito del piede** *2* (di scarpa, calza) **punta** *3* (di cavallo) **parte anteriore dello zoccolo** ● (di scarpa) *toe-cap,* mascherina □ *toe-nail,* unghia del piede □ *big toe,* alluce □ *from top to toe,* da capo a piedi; da cima a fondo □ *little toe,* mignolo (del piede) □ (*anche fig.*) *to step on sb.'s toes,* pestare i piedi a q. □ (*pop.*) *to turn up one's toes,* tirare le cuoia; morire.

to **toe** [tou] *v. t. 1* **fornire di punta; fare la punta a; rifare la punta di** (una calza, ecc.) *2* **toccare** (con la punta dei piedi) ● *to toe the line,* (di corridori) disporsi lungo la linea di partenza; (*fig.*) essere ligio (soprattutto agli ordini di un partito politico).

toff [tɔf] *n.* [C] (*pop.*) *1* **persona distinta** *2* **elegantone.**

toffee, toffy ['tɔfi] *n.* [U] e [C] **caramella** (a base di zucchero e burro) ● *almond t.,* croccante.

to **tog** [tɔg] (*fam.*) *A v. i.* (spesso to **tog oneself up** o **out** *v. rifl.*) **vestirsi; agghindarsi** *B v. t.* **vestire; agghindare.**

toga ['tougə] *n.* [C] (*stor.*) **toga.**

together [tə'geðə*] *avv. 1* **insieme; assieme** *2* **contemporaneamente; a un tempo** *3* **continuamente; di seguito**: *for weeks t.,* per settimane di seguito ● *t. with,* insieme con □ *to gather t.,* raccogliere; radunare □ *to live t.,* convivere.

togetherness [tə'geðənis] *n.* [U] **spirito di solidarietà; simpatia; compattezza.**

toggle ['tɔgl] *n.* [C] *1* **bottone di legno a olivetta** (per alamaro) *2* (*naut.*) **caviglia.**

togs [tɔgz] *n. pl.* (*fam.*) **abiti; vestiti; tenuta**: *tennis t.,* tenuta da tennis.

to **toil** [tɔil] *v. i.* **affaticarsi; faticare; sudare sette camicie**: *to t. at a task,* sudare sette camicie (per assolvere un compito) ● *to t. along,* procedere faticosamente; arrancare.

toil [tɔil] *n.* [U] **duro lavoro; fatica; tribolazione.**

toilet ['tɔilit] *n. 1* [U] **toeletta; toletta**: *to spend an hour on one's t.,* impiegare un'ora a far toeletta *2* [C] **gabinetto** (di decenza).

toilet-paper ['tɔilit,peipə*] *n.* [U] **carta igienica.**

toilet-powder ['tɔilit,paudə*] *n.* [U] **borotalco.**

toilet-roll ['tɔilit,roul] *n.* [C] **rotolo di carta igienica.**

toilet-table ['tɔilit,teibl] *n.* [C] **toletta, toeletta** (il mobile).

toils [tɔilz] *n. pl.* **reti** (per lo più *fig.*) ● *to be in the t. of debt,* essere indebitato fino al collo.

toilsome ['tɔilsəm] *a.* **faticoso; laborioso.**

token ['toukən] *n.* [C] *1* **pegno; segno; simbolo; prova**: *A white flag was put up as a t. of surrender,* fu alzata la bandiera bianca in segno di resa *2* **dono; omaggio** *3* **contrassegno; contromarca; gettone** ● *t. payment,* pagamento simbolico.

told [tould] *pass.* e *p.p.* di to **tell.**

tolerable ['tɔlərəbl] *a. 1* **tollerabile** *2* **passabile; discreto.**

tolerably ['tɔlərəbli] *avv. 1* **in modo tollerabile** *2* **discretamente; abbastanza**: *t. well,* abbastanza bene.

tolerance ['tɔlərəns] *n.* [U] **tolleranza; indulgenza.**

tolerant ['tɔlərənt] *a.* **tollerante; indulgente.**

to **tolerate** ['tɔləreit] *v. t.* **tollerare; sopportare.**

toleration [,tɔlə'reiʃən] *n.* [U] **tolleranza.**

(1) toll [toul] *n.* [C] **pedaggio; balzello; gabella; dazio; imposta** ● *t.-bar* (o *t.-gate*), barriera di pedaggio □ *t.-call,* telefonata interurbana □ (*fig.*) *t. of the roads,* mortalità per incidenti stradali.

to **toll** [toul] *v. t.* e *i.* **suonare a rintocchi; suonare a morto; rintoccare**: *Whose death is being tolled?,* per chi suona la campana?

(2) toll [toul] *n.* (*solo al sing.*) **rintocco** (specialm. di campana che suona a morto).

tollage ['toulidʒ] *n.* [U] e [C] **pedaggio; balzello; gabella.**

toll-house ['toulhaus] *n.* [C] **casello autostradale.**

tollkeeper ['toul,ki:pə*] *n.* [C] **gabelliere; esattore di pedaggi.**

Tom [tɔm] *n. 1* (*dim.* di **Thomas**) **Maso; Masino** *2* — *tom,* maschio (di certi animali, specialm. il gatto) ● *Tom, Dick, and Harry,* Tizio, Caio e Sempronio □ *Tom Thumb,* (nelle favole) Pollicino; (per estens.) nanetto, nanerottolo.

tomahawk ['tɔməhɔ:k] *n.* [C] **ascia di guerra** (dei pellirosse) ● (*fig.*) *to bury the t.,* far la pace; cessare le ostilità.

tomato [tə'ma:tou] *n.* (*pl.* **tomatoes**) (*bot.*, Solanum lycopersicum) **pomodoro** ● *t. juice,* succo di pomodoro □ *t. sauce,* salsa di pomodoro.

tomb [tu:m] *n.* [C] **tomba** (anche *fig.*); **sepolcro.**

tombac ['tɔmbæk] *n.* [U] (*metall.*) **tombacco.**

tomboy ['tɔmbɔi] *n.* [C] (di ragazza) **maschiaccio; maschietta.**

tombstone ['tu:m,stoun] *n.* [C] **pietra tombale; lapide (funeraria).**

tomcat ['tɔm,kæt] *n.* [C] **gatto** (maschio); **micio; micione.**

tome [toum] *n.* [C] **tomo; volume.**

tomfool [,tɔm'fu:l] *n.* [C] **babbeo; citrullo; minchione.**

tomfoolery [,tɔm'fu:ləri] *n. 1* [U] **buffonate; baggianate** (*pop.*); **minchioneria** *2* [C] **scherzo stupido.**

tommy-gun ['tɔmigʌn] *n.* [C] **fucile mitragliatore; mitra.**

tommy-rot ['tɔmirɔt] *n.* [U] (*pop.*) **stupidaggini; fesserie** (*pop.*).

tomorrow [tə'mɔrou] *avv.* e *n.* **domani**: *I'll go t.,* ci andrò domani □ *T. will be Sunday,* domani è domenica ● *t. morning,* domattina □ *t. week,* domani a otto □ *the day after t.,* dopodomani; domani l'altro.

tom-tom ['tɔmtɔm] *n.* [C] **« tam-tam »; tamburo indiano.**

ton [tʌn] *n.* [C] *1* **tonnellata** (*long ton,* ingl., pari a kg

1.016 circa; *short ton,* USA, pari a kg 907 circa) **2** *(naut.)* **tonnellata di stazza 3** *(fam.)* **sacco; mucchio**: *tons of money,* un sacco di quattrini **4** *(pop.)* **(velocità di) cento miglia all'ora.**

tonal ['tounl] *a.* **tonale; di tono; di tonalità.**

tonality [tou'næliti] *n.* [C] *(mus., pitt.)* **tonalità.**

tone [toun] *n.* **1** [C] (di suono) **tono**: *to speak in an angry t.,* parlare in tono adirato □ *in a t. of entreaty,* in tono di preghiera; con voce supplichevole □ *the deep tones of the bells,* le note profonde delle campane **2** [C] (di colore) **tono; tonalità**: *two tones of green,* due tonalità di verde **3** [U] *(fisiologia)* **tono; forze**: *muscular t.,* tono muscolare □ *to recover one's t.,* riacquistare le forze **4** *(solo al sing.)* **tono; carattere; stile**: *to have a t. of quiet elegance,* essere in uno stile di sobria eleganza **5** [C] *(mus.)* **tono 6** [U] *(econ., fin.)* **tono**: *the t. of the market,* il tono del mercato.

to **tone** [toun] **A** *v. t.* **dare il tono a** (uno strumento musicale, un dipinto, ecc.); **intonare B** *v. i.* **intonarsi; armonizzare ●** *to t. down,* attenuare, sfumare, smorzare; *(fig.)* calmare, mitigare; attenuarsi, smorzarsi; *(fig.)* calmarsi □ *to t. up,* rinvigorire, tonificare; rinvigorirsi, tonificarsi.

toned [tound] *a.* *(nei composti)* **dal tono; dalla tonalità**: *a shrill-t. voice,* una voce dal tono stridulo.

tone-deaf [,toun'def] *a.* **sordo alla musica.**

toneless ['tounlis] *a.* **senza tono; monotono; smorto.**

tongs [tɔŋz] *n. pl.* **1 molle; mollette**: *sugar tongs,* mollette per lo zucchero **2 pinze; tenaglie.**

tongue [tʌŋ] *n.* [C] **1 lingua** *(anche fig.)*: *to put out one's t.,* metter fuori la lingua □ *to have a furred (dirty) t.,* avere la lingua patinosa (sporca) □ *ox-t.,* lingua di bue (come cibo) □ *to have a long t.,* aver la lingua lunga □ *one's mother t.,* la lingua materna □ *a t. of land,* una lingua di terra **2** *(anche mecc., falegnameria, mus.)* **linguetta; aletta; ancia 3** (di fibbia) **puntale 4** (di campana) **battaglio; batacchio 5** (di bilancia) **ago ●** *(fig.) to find one's t.,* sciogliersi la lingua *(impers.)*: *He has found his t.,* gli si è sciolta la lingua □ *to hold one's t.,* tener la lingua a freno; tacere; star zitto □ *to keep a civil t. in one's head,* controllare il proprio linguaggio.

to **tongue** [tʌŋ] *v. t.* **toccare con la lingua; leccare.**

tongueless ['tʌŋlis] *a.* **1 senza lingua 2 ammutolito.**

tongue-tied ['tʌŋtaid] *a.* **ammutolito; muto.**

tongue-twister ['tʌŋ,twistə*] *n.* [C] **scioglilingua.**

tonic ['tɔnik] **A** *a.* **tonico; corroborante; stimolante**: *(fon.) the t. accent,* l'accento tonico □ *the t. quality of sea air,* il potere corroborante dell'aria marina **B** *n.* [C] **1** *(farm.)* **tonico; ricostituente 2** *(mus.)* **tonica ●** *t. water,* acqua tonica.

tonight [tə'nait] *avv.* e *n.* **questa sera, stasera; questa notte, stanotte.**

tonnage ['tʌnidʒ] *n.* [U] *(naut.)* **1 tonnellaggio; stazza 2 navi mercantili** (d'una nazione o di un porto, nel complesso).

tonsil ['tɔnsl] *n.* [C] *(anat.)* **tonsilla.**

tonsillar ['tɔnsilə*] *a.* *(anat.)* **tonsillare.**

tonsillitis [,tɔnsi'laitis] *n.* [U] *(med.)* **tonsillite.**

tonsorial [tɔn'sɔ:riəl] *a.* (spesso *scherz.*) **di (o da) barbiere ●** *t. artist,* figaro.

tonsure ['tɔnʃə*] *n.* [C] *(relig.)* **tonsura; chierica.**

to **tonsure** ['tɔnʃə*] *v. t.* *(relig.)* **tonsurare.**

too [tu:] *avv.* **1 anche; pure; altresì; inoltre; per giunta**: *I went there, too,* ci andai anch'io **2 troppo**: *It's too hot to work,* fa troppo caldo per lavorare □ *too quickly,* troppo in fretta **3 eppure; e dire che**: *It snowed yesterday, and in May too,* ieri nevicò, e dire che siamo in maggio ● *too many,* troppi, troppe □ *too much money,* troppo denaro □ *all too,* troppo □ *to carry a joke too far,* spingere uno scherzo oltre il lecito; esagerare □ *to go too far,* andare troppo oltre; esagerare □ *two too many,* due di troppo (o in più).

took [tuk] *pass.* di to **take.**

tool [tu:l] *n.* [C] **1 arnese; attrezzo; strumento; utensile 2** *(mecc.,* anche *machine t.)* **macchina utensile 3** *(al pl.)* **arnesi, ferri;** *(collett.)* **utensileria 4** *(al pl., mil.)* **ordigni bellici; munizioni 5** *(fig.)* **strumento** (del volere altrui); **marionetta ●** *(mecc.) t.-holder,* portautensili □ *t.-kit,* borsa degli attrezzi □ *(ind.) t.-maker,* attrezzista; fabbricante di utensili.

to **tool** [tu:l] *v. t.* e *i.* **1 lavorare con un attrezzo 2 lavorare con lo scalpello; scalpellare 3 provvedere di attrezzi; attrezzare 4** *(tipogr.)* **decorare** (una rilegatura) **5** *(fam.)* **guidare** (un veicolo); **scarrozzare** (persone) **6** *(fam.,* spesso *to t. along)* **andare in macchina (o altro veicolo).**

to **toot** [tu:t] **A** *v. t.* **suonare** (il corno, la tromba, il clacson, ecc.) **B** *v. i.* **1 suonare il corno (o la tromba, il clacson,** ecc.) **2** (del corno, ecc.) **suonare.**

toot [tu:t] *n.* [C] **suono di corno (o di tromba, di clacson,** ecc.).

tooth [tu:θ] *n.* (*pl.* **teeth** [ti:θ]) *(anat., mecc.,* ecc.*)* **dente**: *false (o artificial) teeth,* denti falsi ● *t.-brush,* spazzolino (da denti) □ *t.-comb,* pettine fitto; pettinina □ *t.-paste,* dentifricio (in pasta) □ *t.-powder,* dentifricio (in polvere) □ *(fig.) to cast st. into sb.'s teeth,* gettare q.c. in faccia a q.; rinfacciare q.c. a q. □ (di bambino) *to cut one's teeth,* mettere i denti □ *to fight t. and nail,* combattere con le unghie e coi denti □ *to have a t. filled,* farsi otturare un dente □ *to have a t. (pulled) out,* farsi estrarre un dente □ *to have a sweet t.,* essere ghiotto di dolciumi □ *(fig.) in the teeth of,* a dispetto di □ (di cavallo e *fig.*) *long in the teeth,* vecchio □ *(med.) set of false teeth,* dentiera.

to **tooth** [tu:θ] **A** *v. t.* **1 fornire di denti 2 dentellare B** *v. i.* **ingranare.**

toothache ['tu:θ,eik] *n.* [U] **mal di denti.**

toothless ['tu:θlis] *a.* **senza denti; sdentato.**

toothpick ['tu:θpik] *n.* [C] **stuzzicadenti.**

toothsome ['tu:θsəm] *a.* **gustoso; appetitoso; saporito.**

tootsy(-wootsy) ['tu(:)tsi('wu(:)tsi)] *n.* (linguaggio infant.) **piede; piedino.**

(1) top [tɔp] **A** *n.* [C] **1 cima; vetta; sommità; apice: apogeo; culmine; vertice; capo; cocuzzolo;** (del tetto) **colmo**: *the top of a hill,* la sommità di un colle □ *the bare top of a mountain,* il nudo cocuzzolo di un monte **2 parte superiore; copertura; coperchio; tappo**: *the top of the cupboard,* la parte superiore della credenza □ *a box top,* un coperchio di scatola **3** *(autom.)* **capote, tetto** (d'automobile); **imperiale** (d'autobus) **4** (di scarpa) **tomaia 5** *(naut.)* **coffa 6 (il) meglio; (la) parte scelta 7 principio; inizio B** *a. attr.* **1 primo; superiore**: *the top drawer,* il primo cassetto (dall'alto) **2 principale; massimo; supremo; sommo**: *top prices,* prezzi massimi ● *(pop.) top dog,* padrone; capo □ *top executive,* alto dirigente □ *top priority,* precedenza assoluta □ *at top speed,* a tutta velocità; di gran carriera □ *(fig.) to come to the top,* far carriera; aver successo; diventare famoso □ *from top to bottom,* da cima a fondo; completamente □ (in una pagina) *line 10 from the top,* riga 10 dall'alto □ *on (the) top of,* sopra a; addosso a □ *on top of that,* per giunta; per soprammercato (per lo più di cose spiacevoli) □ *to sit at the top (of the table),* essere (seduto) a capotavola.

to **top** [tɔp] *v. t.* **1 fornire di copertura; provvedere di coperchio 2 arrivare all'altezza di; raggiungere la vetta di** (un monte, ecc.) **3 superare; sorpassare 4 essere in cima (o in vetta) a; sormontare 5 cimare; spuntare; svettare 6 coprire** (un colore) **con altra tinta 7** *(fig.)* **essere in testa a ●** *to top off,* completare; finire □ *to top up,* riempire fino all'orlo; colmare.

(2) top [tɔp] *n.* [C] **trottola** (giocattolo).

topaz ['toupæz] *n.* [U] e [C] *(miner.)* **topazio.**

top-boot ['tɔp,bu:t] *n.* [C] **stivale alla scudiera.**

top-coat ['tɔp,kout] *n.* [C] **1 soprabito** (specialm. leggero) **2** *(ind.)* **ultima mano** (di vernice, ecc.).

top-dressing [,tɔp'dresiŋ] *n.* [U] e [C] *(agric.)* **concimazione in superficie.**

to **tope** [toup] *v. i.* **bere smodatamente; essere un beone.**

topee ['toupi:] *n.* [C] **casco coloniale.**

toper ['toupə*] *n.* [C] **beone; ubriacone.**

topgallant [,tɔp'gælənt] *(naut.)* **A** *a.* **di velaccio B** *n.* [C] **1 velaccio 2 albero di velaccio.**

top-hat [,tɔp'hæt] *n.* [C] **cappello a cilindro; tuba.**

top-heavy [ˌtɔp'hevi] *a.* **sbilanciato** (per eccesso di peso nella parte superiore).

top-hole [ˌtɔp'houl] *a. (pop.)* **eccellente; di prim'ordine.**

topiary ['toupjəri] *a.* — *the t. art,* l'arte di tagliare alberi e arbusti in fogge strane.

topic ['tɔpik] *n.* [C] **argomento; soggetto.**

topical ['tɔpikəl] *a.* **1 d'attualità**: *t. articles,* articoli d'attualità **2** *(med.)* **topico; locale.**

topicality [ˌtɔpi'kæliti] *n.* **1** [U] **attualità 2** [C] *(generalm. al pl.)* **argomento d'attualità.**

topknot ['tɔpnɔt] *n.* [C] **ciuffo** (di capelli, di penne) **sulla testa.**

topless ['tɔplis] **A** *a.* **1 senza cima 2** (di abito, ecc.) **che lascia scoperto il seno 3** *(arc.)* **altissimo; eccelso B** *n.* **« topless ».**

top-level ['tɔpˌlevl] *a.* **ad alto livello.**

topmast ['tɔpma:st] *n.* [C] *(naut.)* **albero di gabbia.**

topmost ['tɔpmoust] *a.* **(il) più alto; (il) più elevato; eccelso.**

top-notch [ˌtɔp'nɔtʃ] *a. (fam.)* **eccellente; di prima qualità.**

topographer [tə'pɔgrəfə*] *n.* [C] **topografo.**

topographic(al) [ˌtɔpə'græfik(əl)] *a.* **topografico.**

topography [tə'pɔgrəfi] *n.* [U] **topografia.**

toponym ['tɔpənim] *n.* [C] **toponimo.**

toponymy [tə'pɔnimi] *n.* [U] **toponomastica; toponimia.**

topper ['tɔpə*] *n.* [C] *(fam.)* **cappello a cilindro; tuba.**

topping ['tɔpiŋ] *a. (fam.)* **eccellente; ottimo; di prim'ordine.**

to **topple** ['tɔpl] **A** *v. i.* **1 pencolare; traballare; vacillare 2** (spesso *to t. over, to t. down*) **rovesciarsi; ruzzolare; capitombolare B** *v. t.* **rovesciare; far ruzzolare;** *(polit.)* **far cadere** (il governo).

topsail ['tɔpsl] *n.* [C] *(naut.)* **vela di gabbia.**

top-secret [ˌtɔp'si:krit] *a.* **segretissimo; « top-secret ».**

topsyturvy [ˌtɔpsi'tə:vi] *avv.* e *a.* **sottosopra; a catafascio; a soqquadro; in scompiglio**: *to turn st. t.,* metter q.c. sottosopra.

toque [touk] *n.* [C] *(moda)* **« toque »; cappello a tocco** (da signora).

tor [tɔ:*] *n.* [C] **collina scoscesa; punta rocciosa.**

torch [tɔ:tʃ] *n.* [C] **1 torcia; fiaccola**: *(fig.) the t. of liberty,* la fiaccola della libertà **2 torcia elettrica; lampadina**: *an electric t.,* una lampadina tascabile.

torch-bearer ['tɔ:tʃˌbɛərə*] *n.* [C] **portafiaccola.**

torch-light ['tɔ:tʃˌlait] *n.* [U] **lume di torcia; luce di fiaccola** ● *t. procession,* fiaccolata (in corteo).

tore [tɔ:*] *pass.* di to **tear.**

toreador ['tɔriədɔ:*] *(spagn.) n.* [C] **« toreador »; torero.**

torment ['tɔ:ment] *n.* [C] e [U] **tormento; tortura; pena; strazio; supplizio.**

to **torment** [tɔ:'ment] *v. t.* **tormentare; torturare; molestare.**

torn [tɔ:n] *p. p.* di to **tear.**

tornado [tɔ:'neidou] *n.* (*pl.* **tornadoes, tornados**) **tornado; tromba d'aria.**

torpedo [tɔ:'pi:dou] *n.* (*pl.* **torpedoes**) **1** *(zool.,* Torpedo) **torpedine 2** *(naut., mil.)* **siluro 3** *(ferr.)* **petardo** ● *t.-tube,* lanciasiluri.

to **torpedo** [tɔ:'pi:dou] *v. t.* **1** *(naut., aeron.)* **silurare 2** *(fig.)* **silurare, far naufragare** (un progetto, ecc.).

torpedo-boat [tɔ:'pi:doubout] *n.* [C] *(naut.)* **torpediniera; silurante** ● *t. destroyer,* cacciatorpediniere.

torpid ['tɔ:pid] *a.* **torpido; intorpidito;** *(fig.)* **pigro, apatico.**

torpidity [tɔ:'piditi] *n.* [U] **torpore;** *(fig.)* **apatia, inerzia.**

torpor ['tɔ:pə*] *n.* [U] e [C] **torpore;** *(fig.)* **apatia, inerzia.**

torque [tɔ:k] *n.* **1** [C] *(stor.)* **collana metallica, braccialetto metallico** (degli antichi Galli) **2** [U] *(fis.)* **momento torcente.**

torrefaction [ˌtɔri'fækʃən] *n.* [U] **torrefazione.**

to **torrefy** ['tɔrifai] *v. t.* **torrefare.**

torrent ['tɔrənt] *n.* [C] **torrente** (anche *fig.*); **diluvio**: *The rain is falling in torrents,* piove a torrenti.

torrential [tɔ'renʃəl] *a.* **torrenziale.**

torrid ['tɔrid] *a.* **torrido**: *the T. Zone,* la zona torrida.

torridity [tɔ'riditi] *n.* [U] **caldo soffocante.**

torsion ['tɔ:ʃən] *n.* [U] **torsione** (anche *mecc.*).

torso ['tɔ:sou] *n.* (*pl.* **torsos, torsi** ['tɔ:si]) **torso** (di statua); **tronco** (del corpo umano).

tort [tɔ:t] *n.* [C] *(leg.)* **atto illecito** (civile).

tortious ['tɔ:ʃəs] *a. (leg.)* **dannoso; lesivo.**

tortoise ['tɔ:təs] *n.* [C] *(zool.)* **testuggine; tartaruga** ● *t.-shell,* guscio di tartaruga: *a t.-shell comb,* un pettine di tartaruga.

tortuosity [ˌtɔ:tju'ɔsiti] *n.* [U] **tortuosità.**

tortuous ['tɔ:tjuəs] *a.* **tortuoso** (anche *fig.*).

torture ['tɔ:tʃə*] *n.* [C] e [U] **tortura; supplizio; tormento; strazio**: *to put sb. to the t.,* mettere q. alla tortura.

to **torture** ['tɔ:tʃə*] *v. t.* **torturare** (anche *fig.*); **tormentare.**

torturer ['tɔ:tʃərə*] *n.* [C] **tormentatore; aguzzino.**

Tory ['tɔ:ri] *n.* [C] **1** *(stor.; ora, spreg.)* **« tory »; conservatore reazionario 2** *(fam., polit.)* **conservatore** *(in G.B.).*

Toryism ['tɔ:riizəm] *n.* [U] *(stor.; ora, fam.* o *spreg.)* **conservatorismo.**

tosh [tɔʃ] *n.* [U] *(fam.)* **sciocchezze; stupidaggini; fesserie** *(pop.).*

to **toss** [tɔs] **A** *v. t.* **1 gettare; lanciare in aria; buttare; scagliare**: *to t. st. away,* buttar via q.c. **2 agitare; scuotere; scrollare; sballottare 3 gettare a terra; disarcionare 4 sfidare** (q.) **a testa o croce B** *v. i.* **1** (spesso *to t. about;* anche to **toss oneself** *v. rifl.*) **agitarsi; dimenarsi; dibattersi 2 essere agitato; essere sballottato; ballonzolare 3** (spesso *to t. up*) **gettare in aria una moneta; fare a testa o croce** ● *to t. (st.) off,* tracannare; buttar giù (anche uno scritto) □ *to t. a pancake,* voltare una frittella facendola saltare in aria □ *to t. up a coin,* fare a testa o croce.

toss [tɔs] *n.* [C] **1 getto, lancio** (specialm. di una moneta in aria) **2 scossa; scrollata**: *a contemptuous t. of the head,* una sprezzante scrollata del capo ● *t.-up,* testa o croce; *(fig.)* cosa assai dubbia □ *to lose (to win) the t.,* perdere (vincere) a testa o croce □ *to take a t.,* essere disarcionato dal cavallo.

tot [tɔt] *n.* [C] **1 bambino; bimbo; bambinello 2** *(fam.)* **sorso di liquore; goccio** *(fig.).*

to **tot** [tɔt] *(fam.,* di solito *to tot up)* **A** *v. t.* **addizionare; sommare B** *v. i.* — *to tot up to,* ammontare a (una certa cifra).

total ['toutl] **A** *a.* **1 totale; assoluto; completo 2 complessivo; tutto**: *the t. population,* tutta la popolazione **B** *n.* [C] **somma totale; totale.**

to **total** ['toutl] **A** *v. t.* **1 addizionare; sommare 2 ammontare a; raggiungere il numero di B** *v. i.* — *to t. (up) to,* ammontare a.

totalitarian [ˌtoutæli'tɛəriən] *a. (polit.)* **totalitario.**

totalitarianism [ˌtoutæli'tɛəriənizəm] *n.* [U] *(polit.)* **totalitarismo.**

totality [tou'tæliti] *n.* [U] **totalità** ● *in t.,* in totale.

totalizator [ˌtoutəlai'zeitə*] *n.* [C] *(sport)* **totalizzatore.**

to **totalize** ['toutəlaiz] *v. t.* **totalizzare.**

totalizer ['toutəlaizə*] *n.* [C] *(sport)* **totalizzatore.**

tote [tout] *n.* [C] (anche *t. board*) *(fam., sport)* **totalizzatore.**

to **tote** [tout] *v. t. (fam.)* **portare; trasportare.**

totem ['toutəm] *n.* [C] **totem.**

to **totter** ['tɔtə*] *v. i.* **barcollare; traballare; vacillare; essere malfermo** (o **malsicuro, traballante**) ● *to t. away (in, out),* andarsene (entrare, uscire) barcollando.

tottering ['tɔtəriŋ], **tottery** ['tɔtəri] *a.* **barcollante; traballante; vacillante; malfermo; malsicuro.**

to **touch** [tʌtʃ] *v. t.* e *i.* **1 toccare; tastare; arrivare a; concernere, riguardare; sfiorare, trattare superficialmente** (un argomento); **commuovere, intenerire**: *to t. sb. on the shoulder,* toccare q. sulla spalla □ *I hadn't touched food for three days,* non toccavo cibo da tre giorni □ *The matter touches you nearly,* la faccenda ti tocca (o ti riguarda) da vicino □ *I didn't t. (on) that subject,* non toccai (o non trattai) quell'argomento **2** far toccare; mettere a contatto; accostare; portare a contatto **3** (*specialm. in frase neg.*) eguagliare; valere: *Nobody can t. him for purity of style,* nessuno può eguagliarlo per purezza di stile **4** avere effetto su **5** danneggiare leggermente **6** avere a che fare con (q.c.) **7** (*pop.*) chiedere (denaro) in prestito a (q.): *to t. sb. for a pound,* chiedere in prestito una sterlina a q. ● (di nave) *to t. at a port,* toccare un porto; fare scalo a un porto □ *to t. the bell,* suonare il campanello (premendo il pulsante) □ *to t. (the) bottom,* toccare il fondo (anche *fig.*) □ (*aeron.*) *to t. down,* atterrare □ *to t. (st.) off,* abbozzare (uno schizzo); buttar giù (uno scritto); far fuoco con (un fucile, ecc.) □ (*fam.*) *to t. the spot,* toccare il tasto giusto; essere quel che ci vuole □ *to t. (st.) up,* ritoccare (un quadro, uno scritto, ecc.) □ *to t. wood,* toccare legno (per scaramanzia; cfr. ital. « toccare ferro ».

touch [tʌtʃ] *n.* **1** [C] tocco; leggero colpo; colpetto: *at the slightest t.,* al più lieve tocco □ *to add a few finishing touches,* dare gli ultimi tocchi (a un lavoro, a un'opera d'arte) □ *the t. of a master,* un tocco da maestro **2** [U] tatto: *the sense of t.,* il senso del tatto □ *soft to the t.,* soffice al tatto **3** [U] contatto; comunicazione; relazione; rapporto: *to get into t. with sb.,* mettersi in contatto con q. □ *to lose t. with sb.,* perdere i contatti con q. **4** [C] (un) po'; (un) tantino; (un) pizzico: *a t. of salt,* un pizzico di sale **5** [C] maniera; modo (caratteristico); impronta (*fig.*); stile: *a characteristic t.,* un modo caratteristico d'esprimersi **6** [C] (*med.*) leggero attacco: *a t. of influenza,* un leggero attacco d'influenza ● (*sport*) *t.-lines,* linee laterali (del campo di gioco) □ *t. of nature,* caratteristica peculiare (di un individuo) □ *to have a near t.,* cavarsela per il rotto della cuffia; scamparla bella □ *to keep in t. with st.,* tenersi al corrente di q.c.

touch-and-go [ˌtʌtʃən'gou] *a.* incerto; rischioso ● *It was t. with the sick man,* le condizioni del malato erano precarie.

touché [tu:'ʃei] (*franc.*) *inter.* (nella scherma e *fig.*) toccato!

touched [tʌtʃt] *a.* **1** (*fam.*) tocco nel cervello; mezzo matto **2** toccato; commosso ● *clouds t. with pink,* nubi tinte di rosa.

touchiness ['tʌtʃinis] *n.* [U] permalosità; suscettibilità.

touching ['tʌtʃiŋ] *a.* commovente; patetico.

touchstone ['tʌtʃstoun] *n.* [U] pietra di paragone (anche *fig.*).

touchy ['tʌtʃi] *a.* **1** permaloso; suscettibile **2** precario; pericoloso; rischioso.

tough [tʌf] **A** *a.* **1** duro; tenace; tiglioso; coriaceo; (*fig.*) difficile, arduo: *t. meat,* carne tigliosa □ *a t. fight,* una dura lotta **2** saldo; solido; temprato **3** rigido; duro; severo; inflessibile **4** (*fam.*) brutale; violento **B** *n.* [C] (*fam.*) (un) duro; tipo violento; teppista.

to **toughen** ['tʌfn] **A** *v. t.* indurire **B** *v. i.* indurirsi.

toughness ['tʌfnis] *n.* [U] **1** durezza; tenacità; sodezza **2** saldezza; solidità; resistenza **3** rigidezza; severità **4** (*fig.*) difficoltà.

toupee ['tu:pei] *n.* [C] tuppè; parrucchino.

tour [tuə*] *n.* [C] **1** giro; viaggio **2** (*ind., mil.*) turno (di servizio, di lavoro) **3** (*teatr.*) giro; tournée (*franc.*) ● *t. operator,* operatore turistico □ *conducted t.,* visita turistica guidata □ *on t.,* in viaggio; (*teatr.*) in tournée.

to **tour** [tuə*] **A** *v. i.* **1** viaggiare (per diletto e istruzione); fare un giro **2** (*teatr.*) andare in tournée **B** *v. t.* viaggiare in (un paese); visitare (da turista).

touring ['tuəriŋ] **A** *a.* da turismo: *a t. car,* un'automobile da turismo **B** *n.* [U] turismo: *air t.,* turismo aereo ● *t. bus,* autobus panoramico da gran turismo □ *to go t.,* viaggiare per turismo.

tourism ['tuərizəm] *n.* [U] turismo.

tourist ['tuərist] **A** *n.* [C] turista **B** *a. attr.* turistico; di turismo: *a t. agency,* un'agenzia turistica; un ufficio viaggi.

tourmaline ['tuəməˌli:n] *n.* [U] (*miner.*) tormalina.

tournament ['tuənəmənt] *n.* [C] (*stor., sport*) torneo.

tourney ['tuəni] *n.* [C] (*stor.*) torneo.

tourniquet ['tuənikei] *n.* [C] (*med.*) laccio emostatico.

to **tousle** ['tauzl] *v. t.* mettere in disordine; arruffare; scompigliare.

tousy ['tauzi] *a.* (*dial.*) arruffato; scompigliato.

to **tout** [taut] *v. i.* **1** (*comm.*) sollecitare ordinazioni; fare il piazzista **2** (*fam.*) andare in cerca d'informazioni sui cavalli (prima delle corse).

tout [taut] *n.* [C] **1** (*comm.*) propagandista; piazzista **2** chi vende informazioni riservate sulle corse ippiche ● *ticket t.,* bagarino.

to **touzle** ['tauzl] *V.* to **tousle.**

to **tow** [tou] *v. t.* (*naut., autom.*) rimorchiare; trainare.

(1) tow [tou] *n.* [C] e [U] (*naut., autom.*) rimorchio: *to take a ship in tow,* prendere una nave a rimorchio ● *tow-line* (o *tow-rope*), (*naut.*) cavo da rimorchio; (*autom.*) fune da rimorchio □ *tow-net,* rete a strascico.

(2) tow [tou] *n.* [U] (*ind. tessile*) stoppa; capecchio.

towage ['touidʒ] *n.* [U] (*naut., autom.*) **1** rimorchio **2** spese di rimorchio.

toward(s) [tə'wɔ:d(z)] *prep.* **1** verso; in direzione di; alla volta di: *to move on t. the North Pole,* avanzare verso il Polo Nord **2** verso; nei riguardi di; nei confronti di: *your attitude t. me,* il tuo atteggiamento verso di me (o nei miei confronti) **3** verso; circa: *t. midday,* verso mezzogiorno **4** per; in previsione di: *to save money t. one's old age,* risparmiare per la vecchiaia.

towboat ['touˌbout] *n.* [C] (*naut.*) rimorchiatore.

towel ['tauəl] *n.* [C] asciugamano ● *t.-horse* (o *t.-rack*), porta-asciugamano □ *sanitary t.,* assorbente igienico □ (*pugilato* e *fig.*) *to throw in the t.,* gettare la spugna.

towelling ['tauəliŋ] *n.* [U] tela per asciugamani.

(1) tower ['tauə*] *n.* [C] **1** torre **2** (*fig.*, anche *t. of strength*) difensore; persona forte come una torre ● *water-t.,* serbatoio idrico (a foggia di torre).

(2) tower ['touə*] *n.* [C] rimorchiatore.

to **tower** ['tauə*] *v. i.* torreggiare; (*fig.*) dominare, sovrastare.

towered ['tauəd] *a.* turrito; cinto (o munito) di torri.

towering ['tauəriŋ] *a.* **1** torreggiante; dominante; eccelso **2** (*fig.*) violento.

towhead ['touˌhed] *n.* [C] (spesso *spreg.*) **1** capelli di stoppa **2** persona dai capelli di stoppa.

town [taun] *n.* [C] e [U] città; (talora) cittadina: *to be in t. somewhere,* essere in città da qualche parte □ *to go into t.,* andare in città (o in centro) □ *The whole t. is talking about it,* tutta la città ne parla ● *t. clerk,* segretario comunale □ *t. council,* consiglio comunale □ *t. councillor,* consigliere comunale □ *t. hall,* municipio □ *country t.,* città di provincia; cittadina □ *county t.,* capoluogo di contea □ *to live on the t.,* vivere a spese della carità pubblica.

town-planner ['taunˌplænə*] *n.* [C] urbanista.

town-planning ['taun'plæniŋ] *n.* [U] urbanistica.

townsfolk ['taunzfouk] *n. pl.* **1** (*con l'art. determ.*) cittadinanza; (*collett.*) cittadini **2** (*senza art.*) la gente di città.

townsman ['taunzmən] *n.* (*pl.* **townsmen** ['taunzmən]) **1** cittadino **2** (spesso *fellow-t.*) concittadino.

townspeople ['taunzˌpi:pl] *V.* **townsfolk.**

towy ['toui] *a.* stopposo.

toxic ['tɔksik] *a.* (*med.*) tossico; velenoso.

toxicity [tɔk'sisiti] *n.* [U] (*med.*) tossicità.

toxicologist [ˌtɔksi'kɔlədʒist] *n.* [U] (*med.*) tossicologo.

toxicology [ˌtɔksi'kɔlədʒi] *n.* [U] (*med.*) tossicologia.

toxicosis [ˌtɔksi'kousis] *n.* (*pl.* **toxicoses** [ˌtɔksi'kousi:z]) (*med.*) tossicosi.

toxin ['tɔksin] *n.* [C] (*biol.*) tossina.

toy [tɔi] *n.* [C] **1** giocattolo; balocco **2** bazzecola; bagatella ● *toy dog,* cagnolino (giocattolo o animale vivo) □ *toy soldier,* soldatino di piombo □ *toy stove,* cucina economica (giocattolo).

to **toy** [tɔi] *v. i.* giocherellare; baloccarsi; trastullarsi.

toyshop ['tɔi,ʃɔp] *n.* [C] negozio di giocattoli.

to **trace** [treis] *v. t.* **1** tracciare (anche *fig.*); abbozzare; disegnare; segnare; vergare: *to t. out the plan of a house,* abbozzare la pianta d'una casa □ *to t. words with a shaking hand,* vergare parole con mano tremante **2** (spesso *to t. over*) ricalcare (un disegno, ecc.) **3** seguire le tracce di (q.); pedinare; inseguire **4** rintracciare; scoprire; trovare: *to t. the origin of st.,* scoprire l'origine di q.c. **5** intravedere; scorgere appena: *to t. the outline of an island,* intravedere il profilo di un'isola **6** seguire; percorrere: *to t. a path,* seguire un sentiero ● *to t. back (to),* far risalire (a); ricondurre (a) (*fig.*).

(1) trace [treis] *n.* [C] **1** traccia; orma; impronta; segno: *No t. remains,* non resta traccia □ *traces of soda,* tracce di soda **2** (un) pochino; (un) tantino; (un) briciolo: *not to show a t. of fear,* non mostrare un briciolo di paura **3** (*elab.*) traccia.

(2) trace [treis] *n.* [C] tirella ● (*fig.*) *to kick over the traces,* ribellarsi.

traceable ['treisəbl] *a.* **1** tracciabile; ricalcabile **2** rintracciabile.

tracer ['treisə*] *n.* [C] **1** arnese per tracciare disegni **2** ricalcatore ● (*mil.*) *t. bullet* (o *t. shell*), proiettile tracciante.

tracery ['treisəri] *n.* [U] e [C] (*archit.* e *fig.*) intaglio, traforo (decorazione ornamentale); decorazione (a intaglio).

trachea [trə'ki(:)ə] *n.* (*pl.* **tracheae** [trə'ki(:)i:], **tracheas**) (*anat.*) trachea.

tracheal [trə'ki(:)əl] *a.* (*anat.*) tracheale.

tracheitis [,træki'aitis] *n.* [U] (*med.*) tracheite.

tracheotomy [,træki'ɔtəmi] *n.* [U] (*med.*) tracheotomia.

trachoma [trə'koumə] *n.* [U] (*med.*) tracoma.

tracing ['treisiŋ] *n.* [U] e [C] ricalco; ricalcatura.

tracing-paper ['treisiŋ,peipə*] *n.* [U] carta da ricalco.

track [træk] *n.* [C] **1** traccia; orma; pesta; impronta; (di nave, ecc.) scia, solco: *tracks in the snow,* orme sulla neve □ *the tracks made by wild animals,* le peste lasciate da animali selvatici □ *to be on sb.'s tracks,* essere sulle tracce di q. **2** itinerario; percorso; rotta; strada; traiettoria **3** sentiero; (anche *sport*) pista: (*autom.*) *a test t.,* una pista di prova **4** (*ferr., tranvia*) binario **5** cingolo (di carro armato, trattore, ecc.) **6** (*autom.*) carreggiata (distanza fra le ruote) **7** (*elab.*) pista ● (*sport*) *t. and field events,* (gare di) atletica leggera □ *t. shoes,* scarpe da corsa (con chiodi) □ *t. suit,* tuta sportiva □ *to follow the beaten t.,* seguire la strada battuta; (*fig.*) seguire la corrente □ (*fam.*) *in one's tracks,* su due piedi; lì per lì □ *to keep t. of sb.,* non perdere di vista q. □ *to keep t. of st.,* tenersi al corrente di q.c. □ *to lose t. of sb.,* perdere le tracce di q. □ *to lose t. of st.,* restare all'oscuro di q.c. □ (*fam.*) *to make tracks,* far fagotto; tagliare la corda □ (*fam.*) *to make tracks for home,* andarsene dritto a casa □ (anche *fig.*) *off the t.,* fuori strada; (*fig.*) fuori argomento □ (*cinem.*) *sound t.,* colonna sonora.

to **track** [træk] **A** *v. t.* **1** seguire le tracce di; inseguire; pedinare **2** seguire una pista in; seguire la rotta di (un aeroplano, ecc.) **B** *v. i.* **1** (di veicolo, ecc.) seguire un percorso **2** (*cinem., telev.*) fare una carrellata; carrellare ● *to t. down,* scovare; snidare □ *to t. out,* trovare (q.c.) seguendone le tracce; rintracciare.

tracked [trækt] *a.* cingolato.

tracker ['trækə*] *n.* [C] (nella caccia grossa) battitore.

trackless ['træklis] *a.* **1** senza sentieri; impervio **2** che non lascia tracce **3** (*ferr.*) senza binari **4** (di un veicolo) non cingolato.

(1) tract [trækt] *n.* [C] tratto; distesa; regione ● (*anat.*) *the digestive t.,* l'apparato digerente.

(2) tract [trækt] *n.* [C] trattatello; libretto; opuscolo.

tractability [,træktə'biliti] *n.* [U] trattabilità; docilità.

tractable ['træktəbl] *a.* trattabile; docile.

tractate ['trækteit] *n.* [C] trattato.

traction ['trækʃən] *n.* [U] (*fis., mecc., med.*) trazione: *steam t.,* trazione a vapore ● *t.-engine,* trattore (veicolo).

tractive ['træktiv] *a.* (*fis., mecc.*) di trazione.

tractor ['træktə*] *n.* [C] (*agric.*) trattore.

trade [treid] *n.* **1** [C] e [U] occupazione; lavoro; mestiere: *a useful t.,* un mestiere utile □ *by t.,* di mestiere **2** [C] industria: *the building t.,* l'industria delle costruzioni **3** [U] commercio; scambio (di merci); traffico, traffici: *home t.,* commercio interno □ *foreign t.,* commercio estero □ *free t.,* libero scambio; (*econ.*) liberismo **4** — (*al pl., geogr.*) *the trades,* gli alisei ● (*fam.*) *the t.,* gl'industriali di liquori; (specialm.) i birrai □ *t. price,* prezzo al rivenditore □ *t. secret,* segreto industriale □ (*cinem.*) *t. show,* anteprima □ *the Board of T.,* il Ministero del Commercio (e dell'Industria) □ *the book t.,* l'editoria □ *a trick of the t.,* un trucco del mestiere.

to **trade** [treid] **A** *v. i.* commerciare; fare affari; negoziare; trafficare: *to t. in furs,* commerciare in pellicce **B** *v. t.* scambiare; barattare: *to t. st. for st. else,* scambiare q.c. con q.c. altro ● *to t. in,* cedere (un oggetto usato) in pagamento parziale (nell'acquisto di uno nuovo dello stesso genere) □ *to t. on st.,* approfittare di q.c. □ *to t. upon one's record of successes,* vivere di credito (*fig.*).

trademark ['treidma:k] *n.* [C] marchio di fabbrica.

trade-name ['treidneim] *n.* [C] nome commerciale (d'una ditta); nome depositato (d'un prodotto).

trader ['treidə*] *n.* [C] **1** commerciante **2** (*naut.*) nave mercantile.

tradesman ['treidzmən] *n.* (*pl.* **tradesmen** ['treidzmən]) **1** negoziante; commerciante; bottegaio; esercente **2** artigiano.

trade-union [,treid'ju:njən] *n.* [C] sindacato (operaio).

trade-unionism [,treid'ju:njənizəm] *n.* [U] sindacalismo.

trade-unionist [,treid'ju:njənist] *n.* [C] sindacalista.

trading ['treidiŋ] **A** *n.* [U] commercio; compravendita; traffici; scambi **B** *a.* commerciale; mercantile ● *t. estate,* zona industriale □ *t. post,* stazione commerciale □ *t. stamps,* bolli premio; bollini □ (*fin., rag.*) *t. year,* anno (o esercizio) finanziario.

tradition [trə'diʃən] *n.* [U] e [C] tradizione.

traditional [trə'diʃənəl] *a.* tradizionale.

traditionalism [trə'diʃənəlizəm] *n.* [U] tradizionalismo.

traditionalist [trə'diʃənəlist] *n.* [C] tradizionalista.

to **traduce** [trə'dju:s] *v. t.* calunniare; diffamare.

traffic ['træfik] *n.* [U] **1** traffico; movimento; viavai: *There's a lot of t. on that road,* in quella strada c'è molto traffico **2** traffico; commercio: *the t. in liquor,* il commercio dei liquori ● *t. island,* spartitraffico □ *t. lights,* semaforo (stradale) □ *t. warden,* vigile urbano.

to **traffic** ['træfik] (*pass.* e *p.p.* **trafficked** ['træfikt]; *p. pres.* **trafficking** ['træfikiŋ]) *v. i.* trafficare; commerciare: *to t. in drugs,* trafficare in stupefacenti.

trafficator ['træfikeitə*] *n.* [C] (*autom.*) indicatore di direzione.

trafficker ['træfikə*] *n.* [C] (di solito *spreg.*) trafficante; mercante.

tragedian [trə'dʒi:djən] *n.* [C] **1** tragediografo **2** attore drammatico.

tragedienne [trə,dʒi:di'en] *n.* [C] attrice drammatica.

tragedy ['trædʒidi] *n.* [C] e [U] tragedia (anche *fig.*).

tragic(al) ['trædʒik(əl)] *a.* tragico (anche *fig.*); di (o da) tragedia.

tragicomedy [,trædʒi'kɔmidi] *n.* [C] e [U] tragicommedia (anche *fig.*).

tragicomic(al) [,trædʒi'kɔmik(əl)] *a.* tragicomico.

trail [treil] *n.* [C] **1** traccia; impronta; striscia; scia: *a t. of blood,* una traccia di sangue □ *a t. of smoke,* una striscia (o un pennacchio) di fumo **2** strascico; coda (specialm. d'abito) **3** sentiero; pista **4** (*mil.*) coda d'affusto (di cannone).

to **trail** [treil] **A** *v. t.* **1** strascicare; trascinare; tirarsi dietro: *to t. a toy car,* tirarsi dietro un'automobilina (giocattolo) 2 inseguire; seguire le orme di: *to t. a tiger,* seguire le orme di una tigre 3 aprire un sentiero in B v. i. 1 strisciare; essere strascicato 2 pendere; penzolare 3 — (di piante rampicanti) *to t. over,* arrampicarsi su; crescere sopra 4 trascinarsi; camminare faticosamente; procedere a stento.

trailer ['treilə*] n. [C] 1 (autom.) rimorchio 2 (sport, turismo) roulotte; rimorchio-abitazione (per campeggi) 3 cacciatore; inseguitore 4 (bot.) pianta rampicante 5 (cinem.) presentazione (del prossimo film).

to **train** [trein] A v. t. 1 addestrare; allenare; educare; istruire; ammaestrare: *to t. a dog for a circus,* ammaestrare un cane per il circo equestre □ *to t. soldiers,* addestrare truppe 2 (bot., agric.) far crescere (piante in un certo modo): *to t. roses against a wall,* far crescere rose contro un muro 3 (mil.) puntare (armi, ma anche un binocolo, ecc.) B v. i. addestrarsi; allenarsi.

train [trein] n. [C] 1 (ferr.) treno: *a passenger (goods) t.,* un treno viaggiatori (merci) □ *a slow t.,* un (treno) accelerato 2 seguito; corteo; codazzo: *the king's t.,* il seguito del re 3 strascico (di vestito) 4 coda (di certi uccelli, di comete, ecc.) 5 fila; serie; sequela; successione: *an unlucky t. of events,* una serie di contrattempi 6 fila; convoglio; colonna: *a long t. of mules,* una lunga fila di muli 7 miccia 8 (mecc.) sistema d'ingranaggi ● *one's t. of thought,* il corso (o il filo) dei propri pensieri □ *down t.,* treno diretto in provincia (specialm. in partenza da Londra) □ (fig.) *in t.,* pronto □ *in one's t.,* come conseguenza □ *to travel by t.,* viaggiare in treno □ *up t.,* treno diretto alla città (specialm. a Londra).

train-bearer ['trein,bɛərə*] n. [C] paggio, valletto (che regge lo strascico d'un vestito); (relig.) caudatario.

trainee [trei'ni:] n. 1 persona sottoposta ad addestramento; (specialm. mil.) recluta 2 animale che viene ammaestrato.

trainer ['treinə*] n. [C] 1 (specialm. sport) allenatore; istruttore 2 ammaestratore; domatore.

training ['treiniŋ] n. [U] 1 addestramento; allenamento 2 ammaestramento 3 pratica; tirocinio: *a t.-college,* una scuola di tirocinio (per insegnanti) ● *t. aid,* sussidio didattico □ *t. course,* corso di formazione professionale □ (naut.) *t. ship,* nave scuola □ (sport: d'atleta) *in t.,* bene allenato; in forma □ (sport: d'atleta) *out of t.,* fuori allenamento; fuori forma.

train-oil ['treinɔil] n. [U] (ind.) olio di balena.

trait [trei] n. [C] 1 tratto del volto; lineamento 2 caratteristica; aspetto saliente; peculiarità.

traitor ['treitə*] n. [C] traditore.

traitorous ['treitərəs] a. traditore; proditorio; infido; sleale.

traitress ['treitris] n. [C] traditrice.

trajectory [trə'dʒektəri] n. [C] (geom., mil.) traiettoria.

tram [træm] n. [C] 1 (anche *t.-car*) tram; vettura tranviaria; tranvai (pop.) 2 (ind. mineraria) carrello; vagoncino ● *t.-conductor,* tranviere (bigliettaio) □ *t.-driver,* tranviere (conducente) □ *t. service,* servizio tranviario.

trammel ['træməl] n. [C] 1 tramaglio (rete da pesca a tre teli) 2 (generalm. al pl.) (di cavallo) pastoia; (fig.) pastoia, impaccio, impedimento, ostacolo.

to **trammel** ['træməl] v. t. inceppare; impastoiare; ostacolare.

to **tramp** [træmp] A v. i. 1 camminare con passo pesante 2 camminare (a lungo); errare; vagabondare B v. t. percorrere a piedi ● *to t. on sb.'s toes,* pestare i piedi a q.

tramp [træmp] n. [C] 1 vagabondo; girovago; barbone 2 camminata; lunga passeggiata 3 (naut.) nave da carico; carretta 4 (solo al sing. con l'art. determ.) passo cadenzato 5 (di donna) sgualdrina.

trample ['træmpl] n. (solo al sing.) calpestìo; scalpitìo.

to **trample** ['træmpl] A v. i. camminare con passo pesante B v. t. calpestare; pestare: *Don't t. (down) the flowers,* non calpestare i fiori! ● *to t. on (st.),* calpestare; mettersi sotto i piedi □ *to be trampled to death by an elephant,* morire calpestato da un elefante.

tramway ['træmwei] n. [C] tranvia; linea tranviaria.

trance [tra:ns] n. [C] « trance »; stato ipnotico; catalessi; estasi.

tranny ['træni] n. [C] (fam.) radio a transistor; radiolina (fam.).

tranquil ['træŋkwil] a. tranquillo; cheto; quieto; calmo; pacifico.

tranquillity [træŋ'kwiliti] n. [U] tranquillità; calma; quiete.

to **tranquillize** ['træŋkwilaiz] v. t. tranquillizzare; calmare.

tranquillizer ['træŋkwilaizə*] n. [C] (farm.) tranquillante; calmante.

trans- [træns, trænz] pref. trans- (col valore di "al di là" e di "attraverso").

to **transact** [træn'zækt] v. t. fare; sbrigare; trattare.

transaction [træn'zækʃən] n. 1 [U] (comm.) disbrigo; trattazione 2 [C] (comm.) operazione; trattativa 3 (leg.) transazione 4 (al pl.) atti (di società filosofiche, scientifiche, ecc.).

transactor [træn'zæktə*] n. [C] (comm.) negoziatore; operatore economico.

transalpine [trænz'ælpain] A a. transalpino B n. [C] abitante di un paese transalpino.

transatlantic [,trænzət'læntik] a. transatlantico.

transceiver [træn'si:və*] n. [C] (radio) ricetrasmittente.

to **transcend** [træn'send] v. t. (filos.) trascendere.

transcendence [træn'sendəns], **transcendency** [træn'sendənsi] n. [U] (filos.) trascendenza.

transcendent [træn'sendənt] a. 1 (filos.) trascendente 2 (per estens.) eccellente; eccelso.

transcendental [,trænsen'dentl] a. 1 (filos.) trascendentale 2 astruso; oscuro; vago 3 (mat.) trascendente.

transcendentalism [,trænsen'dentəlizəm] n. [U] (filos.) trascendentalismo.

transcontinental [,trænz,kɔnti'nentl] a. transcontinentale.

to **transcribe** [træns'kraib] v. t. 1 trascrivere 2 (radio, telev.) registrare (un programma).

transcriber [træns'kraibə*] n. [C] (anche *elab.*) trascrittore.

transcript ['trænskript] n. [C] trascrizione; copia.

transcription [træns'kripʃən] n. [U] e [C] 1 trascrizione; copia 2 (radio) registrazione; programma registrato.

transept ['trænsept] n. [C] (archit.) transetto.

to **transfer** [træns'fə:*] A v. t. 1 trasferire; (rag.) stornare 2 (arte) decalcare B v. i. 1 trasferirsi 2 trasbordare.

transfer ['trænsfə(:)*] n. 1 [U] e [C] (anche *leg., comm.*) trasferimento; cessione; (rag.) storno 2 [U] (arte) decalcomania 3 [C] (anche *t. ticket*) biglietto cumulativo (di treno, tram, ecc.) 4 [C] (mil.) soldato trasferito da un reggimento a un altro 5 [C] (banca, fin.) bonifico; giroconto.

transferable [træns'fə:rəbl] a. trasferibile.

transference ['trænsfərəns] n. [U] e [C] trasferimento.

transfiguration [,trænsfigju'reiʃən] n. [U] e [C] trasfigurazione.

to **transfigure** [træns'figə*] v. t. trasfigurare.

to **transfix** [træns'fiks] v. t. 1 trafiggere; trapassare 2 (fig.) pietrificare; paralizzare.

to **transform** [træns'fɔ:m] v. t. trasformare ● *to t. sb. beyond recognition,* rendere q. irriconoscibile.

transformable [træns'fɔ:məbl] a. trasformabile.

transformation [,trænsfə'meiʃən] n. [U] e [C] trasformazione; mutamento; metamorfosi.

transformer [træns'fɔ:mə*] n. [C] (anche *elettr.*) trasformatore.

transformism [træns'fɔ:mizəm] n. [U] (biol.) trasformismo.

transformist [træns'fɔ:mist] n. [C] (biol.) trasformista.

to **transfuse** [træns'fju:z] v. t. 1 (med.) fare una trasfusione a (q.) 2 (fig.) infondere; trasmettere.

transfusion [træns'fju:ʒən] *n.* [U] e [C] *(med.)* **trasfusione.**

to **transgress** [træns'gres] ***A*** *v. t.* ***1*** **trasgredire; violare** ***2*** **oltrepassare; superare**: *to t. the bounds of decency,* oltrepassare i limiti della decenza ***B*** *v. i.* **trasgredire a una legge; errare; peccare.**

transgression [træns'greʃən] *n.* [U] e [C] **trasgressione; infrazione; violazione.**

transgressor [træns'gresə*] *n.* [C] **trasgressore.**

to **tranship** [træn'ʃip] *v. t.* e *i.* *(naut.)* **trasbordare.**

transhipment [træn'ʃipmənt] *n.* [U] e [C] *(naut.)* **trasbordo.**

transhumance [træns'hju:məns] *n.* [U] **transumanza.**

transience ['trænziəns], **transiency** ['trænziənsi] *n.* [U] **transitorietà; fugacità; caducità; temporaneità.**

transient ['trænziənt] *a.* **transitorio; fugace; caduco; passeggero.**

transire [træns'aiəri:] *n.* [C] *(naut.)* **lasciapassare doganale.**

transistor [træn'sistə*] *n.* [C] ***1*** *(elettron.)* **transistore** ***2*** (*fam.*, anche *t. radio*) **radio a transistor; radiolina** *(fam.)*.

to **transistorize** [træn'sistəraiz] *v. t.* **transistorizzare.**

transit ['trænsit] *n.* [U] **transito; passaggio** (anche *astron.*): *goods in t.*, merci di transito ● *(comm.) t.-duty,* dazio su merci in transito.

to **transit** ['trænsit] *v. i.* **transitare; passare** (anche *astron.*).

transition [træn'ziʃən] *n.* [U] e [C] **transizione; passaggio.**

transitional [træn'ziʃənəl] *a.* **di transizione.**

transitive ['trænsitiv] *(gramm.)* ***A*** *a.* **transitivo** ***B*** *n.* [C] **verbo transitivo.**

transitoriness ['trænsitərinis] *n.* [U] **transitorietà; temporaneità.**

transitory ['trænsitəri] *a.* **transitorio; temporaneo; passeggero.**

translatable [træns'leitəbl] *a.* **traducibile.**

to **translate** [træns'leit] *v. t.* ***1*** **tradurre; volgere**: *to t. Virgil into English,* tradurre Virgilio in inglese ***2*** **trasferire** (un vescovo, ecc.) ***3*** **interpretare; intendere** ● *(relig.) to be translated into heaven,* essere assunto in Cielo (col corpo).

translation [træns'leiʃən] *n.* [U] e [C] ***1*** **traduzione; versione** ***2*** *(relig.)* **trasferimento** ***3*** *(mecc.)* **traslazione.**

translator [træns'leitə*] *n.* [C] **traduttore, traduttrice; interprete.**

to **transliterate** [trænz'litereit] *v. t.* **trascrivere.**

translucence [trænz'lu:səns], **translucency** [trænz'lu:sensi] *n.* [U] **traslucidità.**

translucent [trænz'lu:sənt], **translucid** [trænz'lu:sid] *a.* **traslucido.**

transmarine [ˌtrænzmə'ri:n] *a.* **d'oltre mare; oltremarino.**

to **transmigrate** [ˌtrænzmai'greit] *v. i.* (anche *relig.*) **trasmigrare.**

transmigration [ˌtrænzmai'greiʃən] *n.* [U] **trasmigrazione.**

transmissible [trænz'misəbl] *a.* **trasmissibile.**

transmission [trænz'miʃən] *n.* [U] e [C] **trasmissione.**

to **transmit** [trænz'mit] *v. t.* ***1*** **trasmettere** ***2*** *(fis.)* **trasmettere; condurre.**

transmittable [trænz'mitəbl] *a.* **trasmissibile.**

transmitter [trænz'mitə*] *n.* [C] **trasmettitore;** *(radio)* **apparecchio trasmittente, radiotrasmettitore; (stazione) trasmittente.**

to **transmogrify** [trænz'mɔgrifai] *v. t.* (spesso *scherz.*) **trasformare d'incanto.**

transmutable [trænz'mju:təbl] *a.* **trasformabile.**

transmutation [ˌtrænzmju:'teiʃən] *n.* [U] e [C] **tramutazione; trasformazione.**

to **transmute** [trænz'mju:t] *v. t.* **tramutare; trasformare; mutare; convertire.**

transoceanic ['trænzˌouʃi'ænik] *a.* **transoceanico.**

transom ['trænsəm] *n.* [C] ***1*** *(archit.)* **traversa** ***2*** (*archit.*, anche *t.-window*) **sopraffinestra.**

transparence [træns'pɛərəns] *n.* [U] **trasparenza.**

transparency [træns'pɛərənsi] *n.* ***1*** [U] **trasparenza** ***2*** [U] *(fig.)* **evidenza; chiarezza; limpidità** ***3*** [C] *(fotogr.)* **diapositiva.**

transparent [træns'pɛərənt] *a.* ***1*** **trasparente** ***2*** *(fig.)* **evidente; chiaro; limpido.**

transpiration [ˌtrænspi'reiʃən] *n.* [U] **traspirazione.**

to **transpire** [træns'paiə*] ***A*** *v. i.* ***1*** **traspirare** ***2*** **trapelare; venir fuori** ***3*** **accadere; succedere** ***B*** *v. t.* **esalare; emanare.**

to **transplant** [træns'pla:nt] *v. t.* *(agric., med.)* **trapiantare** (anche *fig.*).

transplantation [ˌtrænspla:n'teiʃən] *n.* [U] e [C] *(agric., med.)* **trapianto** (anche *fig.*).

to **transport** [træns'pɔ:t] *v. t.* ***1*** **trasportare** (anche *fig.*) ***2*** **deportare** ● *to be transported with anger,* lasciarsi trasportare dall'ira.

transport ['trænspɔ:t] *n.* ***1*** [U] e [C] **trasporto;** *(fig.)* **impeto, moto, slancio**: *in a t. of rage,* in un impeto d'ira □ *transports of delight,* slanci di gioia ***2*** [C] (*naut., mil.;* spesso *troop-t.*) **nave trasporto** ***3*** [C] *(aeron.)* **aeroplano da trasporto** ***4*** [C] **deportato** ● *t. charges,* spese di trasporto.

transportable [træns'pɔ:təbl] *a.* **trasportabile.**

transportation [ˌtrænspɔ:'teiʃən] *n.* [U] ***1*** **trasporto** ***2*** **deportazione**: *t. for life,* deportazione a vita.

to **transpose** [træns'pouz] *v. t.* ***1*** *(gramm., mat.)* **trasporre** ***2*** *(mus.)* **trasportare.**

transposition [ˌtrænspə'ziʃən] *n.* [U] e [C] ***1*** *(gramm., mat.)* **trasposizione; spostamento** ***2*** *(mus.)* **trasposizione; trasporto.**

transsexual [træn'sekʃuəl] *a.* e *n.* **transessuale.**

transsexualism [træn'sekʃuəlizəm] *n.* [U] **transessualità.**

to **transship** [træns'ʃip] *v. t.* e *i.* *(naut.)* **trasbordare.**

transshipment [træns'ʃipmənt] *n.* [U] e [C] *(naut.)* **trasbordo.**

transubstantiation [ˌtrænsəbˌstænʃi'eiʃən] *n.* [U] *(relig.)* **transustanziazione.**

transudate ['trænsuˌdeit] *n.* [C] *(med.)* **trasudato.**

to **transude** [træn'sju:d] *v. i.* **trasudare.**

transversal [trænz'və:səl] *a.* e *n.* [C] *(geom.)* **trasversale.**

transverse ['trænzvə:s] *a.* **obliquo; trasversale.**

transvestism [trænz'vestizem] *n.* [U] **travestitismo.**

transvestite [trænz'vestait] *n.* [C] **travestito.**

trap [træp] *n.* [C] ***1*** **trappola;** *(fig.)* **inganno, insidia, tranello**: *a rat-t.*, una trappola per topi □ (anche *fig.*) *to fall into a t.*, cadere in trappola ***2*** (di fogna, ecc.) **sifone; chiusino; pozzetto intercettatore** ***3*** *(sport)* **lanciapiattello** (macchina) ***4*** **carrozzella; calesse** ***5*** (anche *t.-door)* **botola; trabocchetto.**

to **trap** [træp] ***A*** *v. t.* ***1*** **prendere in trappola; intrappolare; accalappiare** ***2*** **mettere trappole** (o **tendere lacci) in** (un bosco, ecc.) ***3*** **munire** (una fogna, ecc.) **di sifone** ***B*** *v. i.* **mettere trappole; tendere lacci.**

trapeze [trə'pi:z] *n.* [C] **trapezio** (attrezzo ginnico).

trapezium [trə'pi:ziəm] *n.* (*pl.* **trapezia** [trə'pi:ziə], **trapeziums**) *(geom.)* **trapezio.**

trapezoid ['træpizɔid] *n.* [C] e *a.* *(geom.)* **trapezoide.**

trapper ['træpə*] *n.* [C] **chi tende trappole; cacciatore di pelli.**

trappings ['træpiŋz] *n. pl.* ***1*** (di cavallo) **bardatura** ***2*** **ornamenti; guarnizioni; insegne.**

Trappist ['træpist] *n.* [C] *(relig.)* **trappista.**

trappy ['træpi] *a.* *(fam.)* **insidioso; pieno di trappole.**

traps [træps] *n. pl.* *(fam.)* **bagagli; oggetti d'uso personale.**

trap-shooting ['træpˌʃu:tiŋ] *n.* [U] *(sport)* **tiro al piattello.**

trash [træʃ] *n.* [U] ***1*** *(USA)* **immondizie; rifiuti** ***2*** **ciarpame; robaccia** ***3*** **sciocchezze; stupidaggini.**

to **trash** [træʃ] *v. t.* **sfrondare** (alberi, canne da zucchero).

trashy ['træʃi] *a.* **di nessun valore; da due soldi.**

trauma ['trɔ:mə] *n.* (*pl.* **traumata** ['trɔ:mətə], **traumas**) *(med., psic.)* **trauma.**

traumatic [trɔ:'mætik] *a.* **traumatico.**

travail ['træveil] *n.* [U] **doglie** (del parto).

to **travail** ['træveil] *v. i.* (di donna) **avere le doglie** (del parto).

to **travel** ['trævl] **A** *v. i.* **1 viaggiare 2** *(comm.)* **fare il commesso viaggiatore; fare il rappresentante**: *to t. in carpets,* fare il rappresentante di tappeti **3 andare; circolare; diffondersi 4** (d'animali selvatici) **spostarsi** (in cerca di pascolo) **B** *v. t.* **1 viaggiare per; percorrere**: *to t. Italy from end to end,* percorrere l'Italia dalle Alpi alla Sicilia **2 viaggiare alla velocità di; fare** *(fam.)*: *to t. seventy miles an hour,* fare settanta miglia all'ora ● *to t. back,* tornare indietro, fare il viaggio di ritorno; *(fig.)* riandare (con la memoria).

travel ['trævl] *n.* **1** [U] **(il) viaggiare 2** *(al pl.)* **viaggi** ● *t. agency,* agenzia di viaggi □ *t. literature,* letteratura turistica.

travelled ['trævld] *a.* **1** (di persona) **che ha viaggiato molto 2** (di strada) **di gran traffico.**

traveller ['trævlə*] *n.* [C] **1 viaggiatore, viaggiatrice 2** (spesso *commercial t.*) **viaggiatore (di commercio); commesso viaggiatore** ● *t.'s cheque,* assegno turistico.

travelling ['trævliŋ] **A** *n.* [U] **(il) viaggiare B** *a. attr.* **di** (o **da) viaggio**: *a t. bag,* una borsa da viaggio □ *t. expenses,* spese di viaggio.

travelogue, *(USA)* **travelog** ['trævəlɔg] *n.* [C] **conferenza su un viaggio** (o **una spedizione) corredata da proiezioni; documentario turistico.**

to **traverse** ['trævə(:)s] *v. t.* e *i.* **1 traversare; attraversare 2 spostarsi lateralmente; muoversi di traverso 3 brandeggiare** (un cannone) **4 contrastare 5** *(leg.)* **contestare 6 discutere a fondo; sviscerare 7** (del cavallo) **andare di sghembo.**

traverse ['trævə(:)s] *n.* [C] **1 traversa;** *(geom.)* **linea trasversale 2** *(mecc.)* **spostamento laterale; traslazione trasversale 3** *(mil.)* **riparo trasversale** (di trincea) **4** *(alpinismo)* **traversata 5** *(leg.)* **contestazione.**

travertine ['trævə(:)tin] *n.* [U] *(miner.)* **travertino.**

travesty ['trævisti] *n.* [C] **parodia; imitazione mimica.**

to **travesty** ['trævisti] *v. t.* **1 parodiare; imitare 2 essere una ridicola imitazione di** (un'altra opera, ecc.).

to **trawl** [trɔ:l] *v. t.* e *i.* *(naut.)* **pescare con la rete a strascico; sciabicare.**

trawl [trɔ:l] *n.* [C] *(naut.)* (anche *t.-net*) **rete a strascico; sciabica.**

trawler ['trɔ:lə*] *n.* [C] **1 chi pesca con rete a strascico 2 motopeschereccio per la pesca a strascico.**

tray [trei] *n.* [C] **1 vassoio**: *a tea-t.,* un vassoio per il tè **2** *(fotogr.)* **bacinella 3** (di baule) **compartimento; ripiano.**

treacherous ['tretʃərəs] *a.* **infido; sleale; traditore; ingannevole.**

treacherousness ['tretʃəresnis] *n.* [U] **slealtà; perfidia.**

treachery ['tretʃəri] *n.* **1** [U] **slealtà; perfidia 2** [C] *(generalm. al pl.)* **tradimento.**

treacle ['tri:kl] *n.* [U] **melassa.**

treacly ['tri:kli] *a.* **sciropposo;** *(fig.)* **sdolcinato.**

to **tread** [tred] (*pass.* **trod** [trɔd], *p.p.* **trodden** ['trɔdn]) **A** *v. i.* **1 andare** (a piedi); **camminare; procedere 2** — *to t. on,* mettere il piede su; calpestare; pestare: *Don't t. on the grass,* non calpestare l'erba! **3** (del piede) **posarsi**: *where no foot may t.,* dove non può posarsi piede umano **B** *v. t.* **1 calpestare; pestare; pigiare**: *to t. grapes,* pigiare l'uva (per fare il vino) **2 percorrere; seguire**: (anche *fig.*) *to t. a dangerous path,* seguire una strada pericolosa **3 tracciare** (pestando) **4 fare** (passi, specialm. di danza); **eseguire** (una danza) ● (anche *fig.*) *to t. in sb.'s footsteps,* seguire le orme di q. □ *(fig.) to t. on air,* toccare il cielo con un dito □ *to t. on sb.'s heels,* stare alle calcagna di q. □ (anche *fig.*) *to t. on sb.'s toes,* pestare i piedi a q.

tread [tred] *n.* [C] **1 andatura; passo**: *to have a heavy t.,* avere il passo pesante **2** (anche *t.-board*) **pedata; superficie di scalino 3** (*autom.*: di pneumatico) **battistrada 4** (di ruota di carro) **cerchione.**

treadle ['tredl] *n.* [C] *(mecc.)* **pedale.**

to **treadle** ['tredl] *v. i.* **azionare un pedale.**

treadmill ['tredmil] *n.* [C] **1** *(stor.)* **mulino azionato** (dall'uomo o da una bestia) **mediante una grande ruota a gradini 2** *(fig.)* **lavoro gravoso** (o **opprimente, noioso).**

treason ['tri:zən] *n.* [U] **1 tradimento 2** (anche *high t.*) **alto tradimento.**

treasonable ['tri:zənəbl] *a.* **sedizioso; proditorio.**

treasure ['treʒə*] *n.* **1** [C] **tesoro** (anche *fig.*): *art treasures,* tesori d'arte **2** [U] **denaro; ricchezze** ● *t.-house,* tesoreria □ *(leg.) t.-trove,* tesoro trovato.

to **treasure** ['treʒə*] *v. t.* **1** (spesso *to t. up*) **tesoreggiare; tesaurizzare 2 far tesoro di; apprezzare molto.**

treasurer ['treʒərə*] *n.* [C] **tesoriere.**

treasury ['treʒəri] *n.* **1** [C] **tesoreria 2** — *the T.,* il Tesoro; l'Erario ● *T. bill,* buono del Tesoro □ *the T. Board,* il Ministero del Tesoro □ *(fig.) a t. of information,* una miniera di notizie.

to **treat** [tri:t] *v. t.* e *i.* **1 trattare; discutere; negoziare;** *(med.)* **curare**: *to t. a subject,* trattare un argomento □ *to t. a wound,* curare una ferita □ *to t. with the enemy for peace,* negoziare la pace col nemico **2 offrire; pagare**: *to t. sb. to a drink,* offrire una bibita (o pagare da bere) a q.

treat [tri:t] *n.* [C] **1 trattenimento; bevuta 2 festa; gran piacere; gioia; godimento**: *a real t.,* un vero godimento □ *a children's t.,* una festa per i bambini ● *This is my t.,* sta a me offrire □ *I'll stand t.,* offro io!; pago io!

treatise ['tri:tiz] *n.* [C] **trattato; dissertazione; saggio.**

treatment ['tri:tmənt] *n.* [C] e [U] **1** (anche *chim., fis., metall.*) **trattamento 2** *(med.)* **trattamento; cura**: *a new t. for cancer,* una nuova cura del cancro **3** *(arte, mus.)* **esecuzione 4** *(cinem., telev.)* **scaletta.**

treaty ['tri:ti] *n.* **1** [C] **trattato; patto 2** [U] **trattativa; negoziato**: *to be in t. with sb. for st.,* essere in trattative con q. per q.c.

treble ['trebl] **A** *a.* **1 triplo; triplice 2** *(mus.)* **di soprano B** *n.* [C] *(mus.)* **1 parte di soprano 2 soprano.**

to **treble** ['trebl] **A** *v. t.* **triplicare B** *v. i.* **triplicarsi.**

tree [tri:] *n.* [C] **1 albero 2 arbusto**: *a rose t.,* un arbusto di rose; un rosaio ● *(fig.) to be at the top of the t.,* essere all'apice della carriera □ *boot-t.,* forma per scarpe □ *family t.,* albero genealogico □ *(fig.) up a t.,* con le spalle al muro; in una situazione difficile.

to **tree** [tri:] *v. t.* **costringere a rifugiarsi su un albero.**

tree-frog ['tri:'frɔg] *n.* [C] (*zool.,* Hyla arborea) **raganella.**

treeless ['tri:lis] *a.* **senz'alberi; brullo.**

trefoil ['trefɔil] *n.* [C] **1** (*bot.,* Trifolium) **trifoglio 2** *(archit.)* **(decorazione a) trifoglio.**

to **trek** [trek] *v. i.* **1 viaggiare su un carro trainato da buoi; migrare 2 fare un viaggio lungo e faticoso.**

trek [trek] *n.* [C] **1 viaggio su carro trainato da buoi; migrazione 2 viaggio lungo e faticoso.**

trellis ['trelis] *n.* [C] e [U] **graticcio; traliccio.**

to **trellis** ['trelis] *v. t.* **ingraticciare.**

to **tremble** ['trembl] *v. i.* **tremare; fremere; trepidare**: *to t. with rage,* fremere d'ira □ *to t. for sb.'s safety,* trepidare per la salvezza di q. ● *to t. in every limb,* tremare come una foglia.

tremble ['trembl] *n.* *(con l'art. indeterm.)* **tremito; tremore; fremito** ● *(fam.) to be all of a t.,* tremar tutto; tremare come una foglia.

trembly ['trembli] *a.* **tremante; tremulo; fremente.**

tremendous [tri'mendəs] *a.* **1 tremendo; terribile; spaventoso**: *at a t. speed,* a una velocità spaventosa **2 enorme; straordinario 3** *(fam.)* **favoloso; fantastico.**

tremolo ['tremәlou] *(ital.) n.* (*pl.* **tremolos**) *(mus.)* **tremolo.**

tremor ['tremə*] *n.* [C] **tremore; tremito; fremito**: *a t. of delight,* un fremito di gioia ● *earthquake tremors,* piccole scosse di terremoto.

tremulant ['tremjulənt] *n.* [C] *(mus.)* **tremolo** (dell'or-

gano).
tremulous ['tremjuləs] *a.* **1 tremulo; tremante; fremente; tremolante 2** *(fig.)* **timido; timoroso.**
trench [trentʃ] *n.* [C] **1 fossa; fosso 2** *(mil.)* **trincea** ● *t. warfare,* guerra di trincea.
to **trench** [trentʃ] *v. t.* **1 scavare fosse in; solcare 2** *(mil.)* **trincerare 3 incidere** (legno, ecc.) ● *to t. upon (st.),* invadere, usurpare; rasentare: *to t. upon sb.'s rights,* usurpare i diritti di q. □ *to t. upon sb.'s privacy,* intrufolarsi in casa di q.
trenchancy ['trentʃənsi] *n.* [U] **acutezza; incisività; modo perentorio; tono tagliente.**
trenchant ['trentʃənt] *a.* **tagliente** (specialm. *fig.*); **incisivo.**
trench-coat ['trentʃkout] *n.* [C] **trench; impermeabile** (di foggia militare).
trencher ['trentʃə*] *n.* **tagliere di legno.**
trencherman ['trentʃəmən] *n.* (*pl.* **trenchermen** ['trentʃəmən]) **mangiatore**: *a good t.,* un gran mangiatore; una buona forchetta.
trend [trend] *n.* [C] **direzione; tendenza; orientamento; andamento** ● *to set the t.,* dettare la moda.
to **trend** [trend] *v. i.* **tendere; dirigersi; volgere.**
trendy ['trendi] *(fam.)* **A** *a.* **alla moda B** *n.* [C] **persona alla moda.**
trepan [tri'pæn] *n.* [C] **1** *(med.)* **trapano 2** *(ind. mineraria)* **trivella.**
to **trepan** [tri'pæn] *v. t.* **1** *(med.)* **trapanare** (il cranio) **2** *(ind. mineraria)* **trivellare 3** *(mecc.)* **tagliare con sega cilindrica.**
trephine [tri'fi:n] *n.* [C] *(med.)* **trapano.**
to **trephine** [tri'fi:n] *v. t.* *(med.)* **trapanare.**
trepidation [ˌtrepi'deiʃən] *n.* [U] **1 trepidazione 2** *(med.)* **tremito.**
to **trespass** ['trespəs] *v. i.* **1** *(arc.* o *biblico)* **trasgredire; contravvenire** (a un divieto, ecc.) **2 oltrepassare un confine; introdursi abusivamente**: *to t. on a private beach,* introdursi abusivamente in una spiaggia privata **3** — *to t. upon* (o *on*), abusare di; usurpare; violare: *to t. upon sb.'s rights,* violare i diritti di q. ● *to t. upon sb.'s time,* far perdere del tempo a q. □ *« No trespassing! »,* « proprietà privata » (cartello).
trespass ['trespəs] *n.* [U] e [C] **1 trasgressione; contravvenzione; infrazione 2** *(leg.)* **violazione di proprietà; intrusione 3** *(leg.)* **abuso; usurpazione; violazione 4** *(relig.)* **peccato; colpa.**
trespasser ['trespəsə*] *n.* [C] **1 trasgressore 2** *(relig.)* **peccatore.**
tress [tres] *n.* [C] **1 treccia** (di capelli) **2 ciocca; ricciolo.**
trestle ['tresl] *n.* [C] **cavalletto; trespolo.**
trews [tru:z] *n. pl.* **calzoni corti e attillati** (alla scozzese).
trey [trei] *n.* [C] **tre** (carta da gioco o faccia di dado).
tri- [trai] *pref.* **tri-** (significa "di tre", "composto di tre").
triable ['traiəbl] *a.* *(leg.)* **processabile; perseguibile.**
triad ['traiəd] *n.* [C] **triade.**
trial ['traiəl] *n.* **1** [U] e [C] **prova; esperimento; collaudo; saggio; tentativo**: *a t. of strength,* una prova di forza **2** [C] **tribolo; tribolazione; croce** *(fig.)*; **fastidio; seccatura**: *Life is full of trials,* la vita è seminata di triboli **3** [U] e [C] *(leg.)* **processo; dibattimento**: *to be on t. for theft,* subire un processo (o essere processato) per furto ● *(rag.) t. balance,* bilancio di verifica □ *t. balloon,* pallone sonda □ *to give sb. a t.,* assumere q. in prova □ *on t.,* in prova.
triangle ['traiæŋgl] *n.* [C] *(geom., mus.)* **triangolo.**
triangular [trai'æŋgjulə*] *a.* **1** *(geom.)* **triangolare 2 triplice; tripartito**: *a t. treaty,* un patto tripartito.
to **triangulate** [trai'æŋgjuleit] *v. t.* **dividere** (una superficie) **in triangoli;** *(topografia)* **triangolare, fare la triangolazione di.**
triangulation [trai,æŋgiu'leiʃən] *n.* [U] *(topografia)* **triangolazione.**
triarchy ['traia:ki] *n.* [C] **triarchia.**
Triassic [trai'æsik] *a.* *(geol.)* **triassico.**
tribal ['traibəl] *a.* **tribale; di tribù.**
tribalism ['traibəlizəm] *n.* [U] **struttura tribale** (di una società).
tribe [traib] *n.* [C] **1** (anche *zool., bot.*) **tribù 2** (spesso *spreg.*) **razza; genia.**
tribesman ['traibzmən] *n.* (*pl.* **tribesmen** ['traibzmən]) **membro d'una tribù.**
tribulation [ˌtribju'leiʃən] *n.* [C] e [U] **tribolazione; sofferenza.**
tribunal [trai'bju:nl] *n.* [C] **tribunale** (anche *fig.*).
tribunate ['tribjunit] *n.* [C] *(stor.)* **tribunato.**
(1) tribune ['tribju:n] *n.* [C] *(stor.)* **tribuno** (anche *fig.*).
(2) tribune ['tribju:n] *n.* [C] **tribuna; palco** (per oratori, ecc.).
tributary ['tribjutəri] **A** *a.* **tributario B** *n.* [C] **1** *(stor.)* **popolo (o Stato) tributario 2** *(geogr.)* **affluente.**
tribute ['tribju:t] *n.* [U] e [C] **tributo** (anche *fig.*); **omaggio**: *to pay (a) t. to sb.,* pagare un tributo a q.; *(fig.)* rendere omaggio a q.
tricar ['traiˌka:*] *n.* [C] *(autom.)* **autoveicolo a tre ruote.**
to **trice** [trais] *v. t.* *(naut.)* (di solito *to t. up*) **issare.**
trice [trais] *n.* **attimo; istante** ● *in a t.,* in un batter d'occhio.
tricentenary [trai'sentinəri] *a.* e *n.* **(del) terzo centenario.**
triceps ['traiseps] *n.* (*pl.* **tricepses** ['traisepsiz], **triceps**) *(anat.)* **(muscolo) tricipite.**
trichoma [tri'koumə] *n.* [U] *(med.)* **tricoma.**
trichome ['trikoum] *n.* [C] *(bot.)* **tricoma.**
trichotomy [tri'kɔtəmi] *n.* [C] **tricotomia.**
trick [trik] *n.* [C] **1 trucco; artificio; stratagemma; tiro; inganno**: *a dirty t.,* un tiro birbone; uno scherzo di cattivo genere □ *a clever t.,* un abile stratagemma □ *to suspect some t.,* subodorare un qualche inganno □ *to play a t. on sb.,* giocare un tiro a q. **2 abitudine; vezzo; affettazione;** *(al pl.)* **manierismo**: *a style disfigured by tricks,* uno stile guastato dal manierismo **3** (nei giochi di carte) **mano 4** *(naut.)* **turno di guardia al timone** (di solito, due ore) ● *the tricks of the trade,* i trucchi del mestiere □ *(fam.) to do the t.,* farcela; spuntarla □ *(fig.) to know a t. or two,* saperla lunga; essere un furbo di tre cotte.
to **trick** [trik] *v. t.* e *i.* **imbrogliare; ingannare; fare un tiro a** (q.); **raggirare** ● *to t. sb. into doing st.,* convincere q. a fare q.c., con raggiri □ *(fam.) to t. out* (o *to t. up*), decorare; agghindare; coprire di fronzoli.
trickery ['trikəri] *n.* **1** [U] **frode; inganno 2** [C] **tiro mancino.**
trickiness ['trikinis] *n.* [U] **1 astuzia; furberia; ingannevolezza; malizia 2 ingegnosità; difficoltà.**
trickle ['trikl] *n.* [C] **1 gocciolamento; gocciolìo 2 rivolo.**
to **trickle** ['trikl] **A** *v. i.* **gocciolare; colare; stillare B** *v. t.* **far colare; far gocciolare** ● (*fig.*: di notizie) *to t. out,* trapelare.
trickster ['trikstə*] *n.* [C] **imbroglione; farabutto; gabbamondo.**
tricksy ['triksi] *a.* **1 birichino; giocoso; scherzoso; vivace 2** *(arc.)* **agghindato; elegante; pieno di fronzoli.**
tricky ['triki] *a.* **1 ingannevole; infido; scaltro 2** (di problema, ecc.) **complesso; complicato 3** (di una situazione) **difficile; scabroso.**
triclinic [trai'klinik] *a.* *(miner.)* **triclino**: *the t. system,* il sistema triclino.
triclinium [trai'kliniəm] *n.* (*pl.* **triclinia** [trai'kliniə]) *(archeol.)* **triclinio.**
tricolour ['trikələ*] *n.* [C] **tricolore** (specialm. la bandiera francese).
tricoloured ['traiˌkʌləd] *a.* **tricolore.**
tricorn ['traikɔ(:)n] *n.* [C] **tricorno** (cappello a tre punte).
tricot ['trikou] *(franc.)* *n.* [U] *(ind. tessile)* **tessuto a maglia.**
tricuspid [trai'kʌspid] *a.* *(anat.)* **tricuspide.**
tricycle ['traisikl] *n.* [C] **triciclo.**
to **tricycle** ['traisikl] *v. i.* **andare in triciclo.**
trident ['traidənt] *n.* [C] **tridente.**
Tridentine [trai'dentain] *a.* **1 trentino; di Trento 2**

(stor.) **tridentino.**
tridimensional [ˌtraidi'menʃənḷ] *a.* **tridimensionale.**
triduum ['tridjuəm] *n.* ⊡ *(relig.)* **triduo.**
tried [traid] *a.* **provato; sperimentato; fido; fidato; sicuro.**
triennial [trai'enjəl] *a.* **triennale.**
trier ['traiə*] *n.* ⊡ ***1*** **sperimentatore; saggiatore** ***2*** *(leg.)* **giudice.**
trifle ['traifl] *n.* ***1*** ⊡ **bazzecola; bagatella; inezia; nonnulla; quisquilia; sciocchezzuola**: *to waste one's time on trifles,* sciupare il tempo in bazzecole ***2*** *(con l'art. indeterm.)* **(un) po' di spiccioli** ***3*** ⊡ e ⊡ *(cucina)* **zuppa inglese** ● *a t. angry,* piuttosto adirato □ *a t. (too) heavy,* un po' troppo pesante.
to **trifle** ['traifl] *v. i.* **baloccarsi; gingillarsi; giocherellare; scherzare**: *He is not a man to be trifled with,* con lui c'è poco da scherzare ● *to t. away one's time,* sprecare il tempo.
trifler ['traiflə*] *n.* ⊡ **persona frivola; perdigiorno; sfaccendato.**
trifling ['traifliŋ] *a.* ***1*** **insignificante; futile** ***2*** **frivolo; fatuo.**
(1) trig [trig] *a. (arc.* o *dial.)* **attillato; elegante; lindo; azzimato.**
(2) trig [trig] *n.* ⊡ **bietta, zeppa** (per fermare la ruota d'un carro, ecc.).
(3) trig [trig] *n.* (*abbr. fam.* di **trigonometry**) **trigonometria.**
trigeminal [trai'dʒeminḷ] *(anat.)* ***A*** *n.* ⊡ **trigemino** ***B*** *a.* **del trigemino.**
trigger ['trigə*] *n.* ⊡ ***1*** (d'arma da fuoco) **grilletto**: *to pull the t.,* premere il grilletto ***2*** (*mecc.,* in genere) **levetta di scatto; scatto** ● *(fam.) to be quick on the t.,* essere svelto a sparare.
to **trigger** ['trigə*] *v. t.* ***1*** **premere il grilletto di** (un'arma da fuoco) ***2*** (*fig.,* spesso *to t. off*) **provocare; dare l'avvio a; scatenare.**
trigger-happy ['trigəˌhæpi] *a. (fam.)* ***1*** **dal grilletto facile** ***2*** **avventato.**
triglyph ['traiglif] *n.* ⊡ *(archit.)* **triglifo.**
trigon ['traigən] *n.* ⊡ ***1*** *(astron., mus.)* **trigono** ***2*** *(arc., geom.)* **triangolo.**
trigonometric(al) [ˌtrigənə'metrik(əl)] *a. (mat.)* **trigonometrico.**
trigonometry [ˌtrigə'nɔmitri] *n.* ⊡ *(mat.)* **trigonometria.**
trike [traik] *n.* ⊡ *(fam.)* **triciclo.**
trilateral [trai'lætərəl] *a.* **trilaterale;** *(fig.)* **tripartito.**
trilby ['trilbi] *n.* ⊡ (anche *t. hat*) **cappello floscio, di feltro.**
trilingual [trai'liŋgwəl] *a.* **trilingue.**
to **trill** [tril] *v. i.* ***1*** (specialm. *mus.*) **trillare** ***2*** *(scherz.)* **canticchiare; canterellare** ● *to t. one's « r's »,* far vibrare la erre.
trill [tril] *n.* ⊡ (specialm. *mus.*) **trillo.**
trillion ['triljən] *a.* e *n.* ⊡ ***1*** *(in G. B.)* **(un) miliardo di miliardi** (un 1 seguito da 18 zeri) ***2*** *(in USA)* **trilione** (mille miliardi).
trilogy ['trilədʒi] *n.* ⊡ **trilogia.**
to **trim** [trim] ***A*** *v. t.* ***1*** **aggiustare; assettare; rassettare** ***2*** **potare; cimare; spuntare; ritagliare**: *to t. a hedge,* potare una siepe □ *to have one's hair trimmed,* farsi spuntare i capelli ***3*** **adornare; decorare; ornare; guarnire**: *to t. a hat with fur,* guarnire di pelliccia un cappello ***4*** *(metall.)* **sbavare** ***5*** *(fam.)* **rimproverare; sgridare** ***6*** *(fam.)* **avere la meglio su** (q.); *(sport)* **battere** (un avversario) ***B*** *v. i.* ***1*** **barcamenarsi; tergiversare; essere un opportunista** ***2*** (di nave) **essere bilanciato** ● *(fam.) to t. sb.'s jacket,* picchiare (o bastonare) q. □ *(naut.) to t. sails,* orientare le vele □ *to t. oneself up,* agghindarsi; azzimarsi □ *to t. the wick of a candle,* smoccolare una candela.
trim [trim] ***A*** *n.* ⊡ **assetto; ordine; disposizione; condizione; stato**: *in good t.,* in perfetto ordine ***B*** *a.* ***1*** **attillato; azzimato; lindo** ***2*** **bene attrezzato; bene equipaggiato.**
trimester [tri'mestə*] *n.* ⊡ **trimestre.**
trimeter ['trimitə*] *n.* ⊡ *(poesia)* **trimetro.**
trimmer ['trimə*] *n.* ⊡ ***1*** **aggiustatore; assettatore** ***2*** *(naut.)* **stivatore** ***3*** **guarnitore, guarnitrice; decoratore, decoratrice** ***4*** **cimatore; potatore** (di siepi, ecc.) ***5*** *(agric.)* **svettatoio** ***6*** **opportunista; girella.**
trimming ['trimiŋ] *n.* ***1*** ⊡ e ⊡ **guarnizione;** *(ind. tessile)* **passamaneria** ***2*** *(al pl.)* **ritagli** ***3*** *(al pl., cucina)* **contorno**: *roast duck and trimmings,* anatra arrosto con contorno ***4*** *(con l'art. indeterm.) (fam.)* **sgridata; ramanzina; botte; busse.**
trine [train] *a.* **trino; triplice.**
tringle ['triŋgl] *n.* ⊡ ***1*** **bacchetta di ferro** (per tendaggi) ***2*** *(archit.)* **listello.**
Trinitarian [ˌtrini'tɛəriən] *a.* e *n.* ⊡ *(relig.)* **trinitario.**
Trinitarianism [ˌtrini'tɛəriənizəm] *n.* ⊡ *(relig.)* **trinitarismo.**
trinitrotoluene [traiˌnaitrou'tɔljui:n] *n.* ⊡ *(chim.)* **trinitrotoluene; tritolo** (esplosivo).
trinity ['triniti] *n.* ⊡ **triade** ● *(relig.) the T.,* la Trinità.
trinket ['triŋkit] *n.* ⊡ **ciondolo; fronzolo; gingillo; ninnolo.**
trinomial [trai'noumjəl] *(mat.)* ***A*** *n.* ⊡ **trinomio** ***B*** *a.* **trinomiale.**
trio ['tri:ou] *n.* (*pl.* **trios**) ***1*** *(mus.)* **trio** ***2*** **triade; terzetto; trio.**
triode ['traioud] *n.* ⊡ *(elettron.)* **triodo.**
to **trip** [trip] ***A*** *v. i.* ***1*** **saltellare; incedere (o danzare) con passo veloce** ***2*** **incespicare; inciampare; mettere un piede in fallo** ***3*** *(fig.)* **fare un passo falso** *(fig.)* ***4*** (*gergo,* spesso *to t. out*) **fare un'esperienza psichedelica; fare un viaggio** *(gergo)* ***B*** *v. t.* ***1*** **far cadere; far inciampare; fare lo sgambetto a** ***2*** *(fig.)* **cogliere in fallo.**
trip [trip] *n.* ⊡ ***1*** **escursione; gita; viaggetto** ***2*** **passo agile e leggero** ***3*** **passo falso** (anche *fig.*) ***4*** *(gergo)* **esperienza psichedelica; viaggio** *(gergo).*
tripartite [trai'pa:tait] *a.* **tripartito.**
tripartition [ˌtraipa:'tiʃən] *n.* ⊡ **tripartizione.**
tripe [traip] *n.* ⊡ ***1*** *(cucina)* **trippa** ***2*** *(fam.)* **stupidaggini; fesserie** *(pop.).*
triphthong ['trifθɔŋ] *n.* ⊡ *(fon.)* **trittongo.**
triplane ['traiˌplein] *n.* ⊡ *(aeron.)* **triplano.**
triple ['tripl] *a.* **triplo; triplice** ● *(relig.) t. crown,* triregno.
to **triple** ['tripl] ***A*** *v. t.* **triplicare** ***B*** *v. i.* **triplicarsi.**
triplet ['triplit] *n.* ⊡ ***1*** **triade; terzetto** ***2*** *(poesia)* **terzina** ***3*** **bambino trigemino.**
triplex ['tripleks] *a.* **triplice** ● *(marchio; ind.) T. glass,* vetro infrangibile (a tre strati).
triplicate ['triplikit] ***A*** *a.* ***1*** **triplice; triplicato** ***2*** **in triplice copia** ***B*** *n.* ***1*** ⊡ **triplice copia**: *a document in t.,* un documento in triplice copia ***2*** ⊡ **terza copia.**
to **triplicate** ['triplikeit] *v. t.* **triplicare.**
triplication [ˌtripli'keiʃən] *n.* ⊡ **triplicazione.**
tripod ['traipɔd] *n.* ⊡ **tripode; treppiede; cavalletto.**
tripoli ['tripəli] *n.* ⊡ *(miner.)* **tripoli; farina fossile.**
tripos ['traipɔs] *n.* ⊡ (nell'università di Cambridge) **esame finale sostenuto da un candidato che aspira alla laurea con lode.**
tripper ['tripə*] *n.* ⊡ **escursionista; gitante.**
tripping ['tripiŋ] *a.* ***1*** **saltellante** ***2*** **agile; leggero; lesto; veloce.**
triptych ['triptik] *n.* ⊡ *(arte)* **trittico.**
trireme ['trairi:m] *n.* ⊡ *(stor., naut.)* **trireme.**
to **trisect** [trai'sekt] *v. t. (geom.)* **trisecare.**
trisyllabic [ˌtraisi'læbik] *a.* **trisillabo; trisillabico.**
trisyllable [trai'siləbl] *n.* ⊡ **trisillabo.**
trite [trait] *a.* **trito; stantio; banale; comune.**
triton ['traitn] *n.* ⊡ (*zool.,* Triturus) **tritone.**
to **triturate** ['tritjureit] *v. t.* **triturare; tritare.**
triumph ['traiəmf] *n.* ***1*** ⊡ e ⊡ **trionfo** (anche *stor.*); **(piena) vittoria**: *the triumphs of science,* le vittorie della scienza □ *a shout of t.,* un grido di trionfo ***2*** ⊡ **esultanza.**
to **triumph** ['traiəmf] *v. i.* ***1*** (anche *stor.*) **trionfare** ***2*** *(fig.)* **esultare.**
triumphal [trai'ʌmfəl] *a.* **trionfale; del trionfo.**
triumphalism [trai'ʌmfəlizəm] *n.* ⊡ (specialm. *polit.*)

trionfalismo.
triumphalist [trai'ʌmfəlist] ***A*** *n.* [C] **trionfalista** ***B*** *a.* trionfalistico.
triumphant [trai'ʌmfənt] *a.* **trionfante; esultante.**
triumpher ['traiəmfə*] *n.* [C] **trionfatore, trionfatrice.**
triumvir [trai'ʌmvə(:)*] *n.* (*pl.* **triumviri** [trai'ʌmvi,ri:], **triumvirs**) *(stor.)* **triumviro.**
triumvirate [trai'ʌmvirit] *n.* [C] *(stor.)* **triumvirato.**
triune ['traiju:n] *a.* *(relig.)* **uno e trino.**
trivalent [trai'veilənt] *a.* *(chim.)* **trivalente.**
trivet ['trivit] *n.* [C] **treppiede** (arnese da cucina).
trivia ['triviə] *n. pl.* **frivolezze; banalità.**
trivial ['triviəl] *a.* **frivolo; futile; insignificante; vacuo** ● *t. matters,* cose da nulla; bazzecole □ *the t. round,* il solito tran tran.
triviality [,trivi'æliti] *n.* [U] e [C] **frivolezza; banalità.**
trivium ['triviəm] *n.* (nelle scuole medievali) **(il) Trivio.**
trochaic [trou'keiik] *a.* *(poesia)* **trocaico.**
trochee ['trouki:] *n.* [C] *(poesia)* **trocheo.**
trod [trɔd] *pass.* di to **tread.**
trodden ['trɔdn] *p.p.* di to **tread.**
troglodyte ['trɔglədait] *n.* [C] **troglodita.**
troika ['trɔikə] *n.* [C] **troica** (anche *fig.*).
Trojan ['troudʒən] *a.* e *n.* [C] *(stor.)* **troiano** ● *to work like a T.,* lavorare come un negro; sgobbare.
to **troll** [troul] *v. t.* e *i.* ***1*** **cantare allegramente; stornellare** ***2*** **pescare con la lenza** (trascinandola dietro la barca).
troll [troul] *n.* [C] *(mitol.)* **« troll »; gigante; gnomo malizioso.**
trolley ['trɔli] *n.* [C] ***1*** **carretto** (specialm. ribaltabile); **carrettino a mano** ***2*** *(ferr.)* **carrello di servizio** ***3*** *(mecc.)* **carrello sospeso** ***4*** (di tram, filobus) **asta di presa** (di corrente) ● *t.-bus,* filobus □ *t.-line,* filovia □ *t.-table,* carrello portavivande.
trollop ['trɔləp] *n.* [C] ***1*** **sciattona** ***2*** **sgualdrina.**
trombone [trɔm'boun] *n.* [C] *(mus.)* **trombone.**
trombonist [trɔm'bounist] *n.* [C] *(mus.)* **suonatore di trombone; trombonista.**
trommel ['trɔməl] *n.* [C] *(ind. mineraria)* **vaglio a tamburo; vaglio rotativo.**
troop [tru:p] *n.* [C] ***1*** **truppa; schiera; frotta; gruppo; branco** ***2*** *(mil.)* **squadrone di cavalleria** ***3*** *(al pl.)* **militari; soldati; truppe** ● *(mil.) t.-carrier,* autoveicolo (o aeroplano, nave) per il trasporto di truppe □ *t.-train,* tradotta □ *storm-troops,* truppe d'assalto.
to **troop** [tru:p] ***A*** *v. i.* **adunarsi; ammassarsi; raggrupparsi; schierarsi** ***B*** *v. t.* **adunare; raggruppare; schierare** ● *to t. along,* sfilare □ *(mil.) to t. the colour,* sfilare in parata □ *to t. off* (o *away*), andarsene in fretta; scappar via □ *to t. out,* uscire a frotte.
trooper ['tru:pə*] *n.* ***1*** **soldato di cavalleria; cavalleggero** ***2*** *(USA)* **poliziotto a cavallo** ***3*** **cavallo** (d'un reparto di cavalleria) ● *to swear like a t.,* bestemmiare come un turco.
troopship ['tru:pʃip] *n.* [C] *(naut., mil.)* **nave per il trasporto di truppe.**
trope [troup] *n.* [C] *(retor.)* **tropo** *(lett.);* **traslato.**
trophy ['troufi] *n.* [C] **trofeo;** *(fig.)* **premio;** *(sport)* **coppa.**
tropic ['trɔpik] *(geogr.)* ***A*** *n.* [C] **tropico**: *the T. of Cancer,* il Tropico del Cancro ***B*** *a.* **dei tropici; tropicale.**
tropical ['trɔpikəl] *a.* ***1*** *(geogr.)* **tropicale** ***2*** *(fig.)* **tropicale; torrido** ***3*** *(retor.)* **traslato; metaforico; figurato.**
tropism ['trɔpizəm] *n.* [C] *(biol.)* **tropismo.**
tropopause ['trɔpəpɔ:z] *n.* *(al sing. con l'art. determ.)* *(meteorologia)* **tropopausa.**
troposphere ['trɔpəsfiə*] *n.* *(al sing. con l'art. determ.)* *(meteorologia)* **troposfera.**
to **trot** [trɔt] ***A*** *v. i.* **trottare; andare di trotto;** *(fig.)* **camminare a passo svelto, correre** ***B*** *v. t.* **far trottare; mettere al trotto** ● *to t. out,* far trottare (un cavallo, per mostrarne l'andatura); *(fam.)* tirare fuori, mettere in mostra (un oggetto) □ *to t. sb. off his legs,* stroncare le gambe a q. a forza di farlo camminare □ *to trot sb. round,* portare in giro q. □ *(sport) trotting race,* corsa al trotto.
trot [trɔt] *n.* [C] ***1*** **trotto;** *(fig.)* **andatura veloce** ***2*** **trottata** (anche *fig.*) ***3*** **bambino ai primi passi** ***4*** *(USA)* **bigino; traduttore** ● *to go at a gentle* (o *slow*) *t.,* trotterellare □ *(fam.) to keep sb. on the t.,* tenere q. occupato.
troth [trouθ] *n.* [U] *(arc.)* **fede; verità**: *in t.,* in fede mia; in verità.
trotter ['trɔtə*] *n.* [C] ***1*** **trottatore** (cavallo) ***2*** *(fig.)* **persona attiva, energica** ***3*** **piedino** (di porco, ecc., come cibo).
troubadour ['tru:bəduə*] *n.* [C] *(stor. letter.)* **trovatore.**
to **trouble** ['trʌbl] ***A*** *v. t.* ***1*** **turbare; affliggere; preoccupare; tormentare**: *to be troubled with a bad cough,* essere tormentato da una brutta tosse ***2*** **disturbare; importunare; infastidire; incomodare; seccare**: *(I am) sorry to t. you,* mi dispiace di doverti disturbare ***B*** *v. i.* ***1*** **agitarsi; affliggersi; turbarsi; preoccuparsi**: *Don't t. about it,* non preoccuparti! ***2*** (anche to **trouble oneself** *v. rifl.*) **disturbarsi; incomodarsi; darsi** (o **prendersi**) **la pena**: *Oh, don't t., thanks!,* grazie, non disturbarti! ● *May I t. you to shut the door?,* ti dispiace chiudere la porta? □ *May I t. you for the salt?,* mi passi il sale, per favore?
trouble ['trʌbl] *n.* ***1*** [U] e [C] **agitazione; afflizione; ansietà; preoccupazione; pena**: *Life is full of small troubles,* la vita è piena di piccole pene ***2*** [U] e [C] **agitazione; disordine**: *labour troubles,* agitazioni operaie ***3*** [U] e [C] **disturbo** (anche *med.*); **fastidio; incomodo; molestia; seccatura**: *liver t.,* disturbi di fegato □ *It will be no t.,* non sarà di nessun fastidio ***4*** [U] **guaio; imbroglio; impiccio; pasticcio** *(fig.)*: *to get into t.,* cacciarsi nei guai □ *to get out of t.,* tirarsi fuori dai guai ***5*** [U] *(mecc.)* **guasto** ● *(fam.) to ask* (o *to look*) *for t.,* andare in cerca di guai □ *to make t.,* combinare guai; essere molesto □ *to take the t. to do st.,* prendersi il fastidio (o darsi la pena) di fare q.c. □ *It isn't worth the t.,* non ne vale la pena.
troubled ['trʌbld] *a.* **agitato; afflitto; preoccupato; turbato**: *t. waters,* acque agitate □ *to be t. about st.,* essere preoccupato per q.c.
troublemaker ['trʌbl,meikə*] *n.* [C] ***1*** **agitatore; sobillatore** ***2*** **piantagrane** *(fam.).*
troubleshooter ['trʌbl,ʃu:tə*] *n.* [C] ***1*** **mediatore** (in vertenze sindacali, ecc.) ***2*** *(ind.)* **specialista nella ricerca di guasti.**
troublesome ['trʌblsəm] *a.* **fastidioso; molesto; importuno.**
trough [trɔf] *n.* [C] ***1*** **trogolo** (per maiali) ***2*** (anche *kneading t.*) **madia** ***3*** (anche *washing t.*) **mastello; tinozza** ● *drinking t.,* abbeveratoio.
to **trounce** [trauns] *v. t.* ***1*** **battere; bastonare** ***2*** **vincere; sgominare** ***3*** **rimproverare, sgridare aspramente.**
troupe [tru:p] *n.* [C] *(teatr.)* **compagnia** (d'attori).
trouper ['tru:pə*] *n.* [C] *(teatr.)* **membro d'una compagnia.**
trousers ['trauzəz] *n. pl.* **calzoni; pantaloni**: *a pair of t.,* un paio di calzoni ● *trouser-pockets,* tasche dei calzoni.
trousseau ['tru:sou] *(franc.)* *n.* (*pl.* **trousseaux, trousseaus**) **corredo da sposa.**
trout [traut] *n.* [C] e [U] *(zool., Salmo)* **trota**: *to fish for t.,* pescar trote ● *t.-fishing,* pesca delle trote.
trouvère [tru:vɛə*] *n.* [C] *(stor. letter.)* **troviero, trovero.**
to **trow** [trou] *v. t.* e *i.* *(arc.* o *scherz.)* **credere; supporre.**
trowel ['trauəl] *n.* [C] ***1*** **cazzuola** ***2*** **paletta da giardiniere** ● *(fig.) to lay it on with a t.,* adulare sfacciatamente.
to **trowel** ['trauəl] *v. t.* ***1*** **applicare** (l'intonaco) **con la cazzuola** ***2*** **intonacare** (un muro) **con la cazzuola.**
troy [trɔi] *n.* [U] **« troy »** (sistema di peso per metalli preziosi).
truancy ['tru:ənsi] *n.* ***1*** [U] e [C] **assenza ingiustificata** (da scuola) ***2*** [U] **infingardaggine; oziosità: poltroneria; svogliataggine.**
truant ['tru:ənt] ***A*** *n.* [C] ***1*** **scolaro che marina la**

scuola 2 scansafatiche; lavativo (*fam.*) B *a.* infingardo; ozioso; pigro • *to play t.*, marinare la scuola.

truce [tru:s] *n.* [C] e [U] tregua (anche *fig.*); armistizio.

truceless ['tru:slis] *a.* senza tregua; implacabile.

(1) truck [trʌk] *n.* [C] 1 carro; vagone 2 carrello portabagagli (da facchino) 3 (*ferr.*) carro merci aperto 4 (*USA*) autocarro; camion.

(1) to truck [trʌk] *v. t.* (*USA*) trasportare su un autocarro.

(2) to truck [trʌk] *v. t.* e *i.* 1 barattare; scambiare; far baratti 2 pagare in natura.

(2) truck [trʌk] *n.* [U] 1 baratto; scambio 2 (anche *t. system*) sistema di pagare gli operai in natura 3 (*USA*, anche *garden t.*) prodotti ortofrutticoli • *to have no t. with sb.*, non aver niente a che fare con q. □ *I will stand no t.*, non tollero sciocchezze!

to truckle ['trʌkl] *v. i.* abbassarsi (*fig.*); sottomettersi.

truckle ['trʌkl] *n.* [C] (di solito *t.-bed*) lettuccio su rotelle; branda.

truculence ['trʌkjuləns] *n.* [U] truculenza.

truculent ['trʌkjulənt] *a.* truculento; aggressivo; bellicoso.

to trudge [trʌdʒ] A *v. i.* camminare a fatica; strascinarsi B *v. t.* percorrere (un tratto) faticosamente.

trudge [trʌdʒ] *n.* [C] lunga camminata faticosa.

true [tru:] A *a.* 1 vero; genuino; schietto; reale; legittimo; vero e proprio: *a t. story*, una storia vera □ *a t. diamond*, un diamante genuino □ *the t. heirs*, gli eredi legittimi 2 fedele; leale 3 accurato; esatto; preciso; conforme: *a t. pair of scales*, una bilancia esatta □ *a t. copy*, una copia conforme (all'originale) 4 (della voce, di strumento) intonato B *avv.* 1 in modo veritiero; sinceramente 2 in modo preciso; esattamente C *n.* — *the t.*, il vero • *to be as t. as steel*, essere d'una lealtà a tutta prova □ *to be t. to oneself*, non tradire se stesso; essere coerente □ *to be t. to one's word*, tener fede alla parola data □ *to come t.*, avverarsi □ (*mecc.*) *out of t.*, fuori centro; fuori posto □ *to prove t.*, avverarsi; verificarsi; realizzarsi □ *It's only too t.*, purtroppo è vero!

to true [tru:] *v. t.* (*mecc.*) centrare.

true-blue ['tru:blu:] *a.* fedele; leale; devoto.

true-born ['tru:bɔ:n] *a.* di razza pura; autentico; genuino.

true-bred ['tru:bred] *a.* di razza pura; di puro sangue.

true-hearted [,tru:'ha:tid] *a.* leale; sincero; onesto.

truffle ['trʌfl] *n.* [C] (*bot.*, Tuber) tartufo • *t.-bed*, tartufaia.

truffled ['trʌfld] *a.* (*cucina*) tartufato.

truism ['tru:izəm] *n.* [C] truismo; verità lapalissiana.

truly ['tru:li] *avv.* 1 veramente; realmente; davvero 2 veracemente; in modo veritiero; sinceramente 3 fedelmente; lealmente • (concludendo una lettera) *Yours (very) t., Adam Smith*, distinti saluti, Adam Smith.

(1) trump [trʌmp] *n.* [C] 1 (nei giochi di carte) briscola 2 (*fig.*) asso di briscola; asso nella manica 3 (*fig.*, *fam.*) tipo in gamba; brav'uomo; simpaticone • *t. card*, briscola □ (*fig.*, *fam.*) *to turn up trumps*, superare l'aspettativa; avere un colpo di fortuna.

(2) trump [trʌmp] *n.* [C] (*poet.*) tromba.

to trump [trʌmp] A *v. i.* giocare una briscola B *v. t.* prendere con una briscola: *to t. an ace*, prendere un asso con una briscola • *to t. up*, inventare; architettare.

trumpery ['trʌmpəri] A *a.* appariscente, ma senza valore B *n.* [U] 1 ciarpame; cianfrusaglie 2 sciocchezze; stupidaggini; fesserie (*pop.*).

trumpet ['trʌmpit] *n.* [C] 1 (*mus.*) tromba 2 squillo di tromba 3 (di elefante) barrito • *t.-call*, segnale di tromba; (*fig.*) appello, allarme □ (*fig.*) *to blow one's own t.*, tessere le proprie lodi □ *ear-t.*, cornetto acustico.

to trumpet ['trʌmpit] A *v. i.* 1 suonare la tromba; strombettare 2 (dell'elefante) barrire B *v. t.* annunciare a suon di tromba; (*fig.*) strombazzare.

trumpeter ['trʌmpitə*] *n.* [C] 1 suonatore di tromba 2 (*mil.*) trombettiere (della cavalleria) • (*fig.*) *to be one's own t.*, tessere le proprie lodi; battersi la grancassa.

to **truncate** ['trʌŋkeit] *v. t.* troncare; mozzare.

truncate ['trʌŋkeit], **truncated** ['trʌŋkeitid] *a.* troncato; tronco; mozzo.

truncheon ['trʌntʃən] *n.* [C] manganello; mazza; randello; sfollagente.

trundle ['trʌndl] *n.* [C] 1 rotella 2 carretto a ruote basse; carrello 3 (anche *t.-bed*) lettuccio con rotelle; branda.

to trundle ['trʌndl] *v. t.* e *i.* 1 rotolare; far rotolare; spingere 2 (*fam.*) servire la palla (nel cricket).

trunk [trʌŋk] *n.* [C] 1 tronco (d'albero, del corpo umano, ecc.); fusto (d'albero, d'una colonna, ecc.); torso 2 baule; cassa (di marinaio, ecc.) 3 (d'elefante) proboscide 4 (*al pl.*) calzoncini (da atleta) 5 (*autom.*, *USA*) bagagliaio • *swimming trunks*, costume da bagno (da uomo).

trunk-call ['trʌŋk,kɔ:l] *n.* [C] (*tel.*) chiamata interurbana.

trunk-line ['trʌŋklain] *n.* [C] 1 (*ferr.*) linea principale 2 (*tel.*) linea interurbana.

trunk-nail ['trʌŋkneil] *n.* [C] borchia.

trunk-road ['trʌŋkroud] *n.* [C] strada maestra.

trunnion ['trʌnjən] *n.* [C] 1 (*mecc.*) perno d'articolazione 2 (*mil.*) orecchione (di cannone).

to truss [trʌs] *v. t.* 1 legare stretto; affastellare 2 reggere, sostenere (un tetto, un ponte, ecc.) mediante travatura reticolare 3 (*cucina*) legare stretto (un pollo, un tacchino, ecc., prima di cuocerlo).

truss [trʌs] *n.* [C] 1 (*costr.*) travatura reticolare 2 (*edil.*) capriata (del tetto) 3 fascio, fastello (di fieno o di paglia) 4 (*med.*) cinto erniario 5 (*archit.*) modiglione • *t.-bridge*, ponte a travi reticolari.

trust [trʌst] *n.* 1 [U] fiducia; fede; speranza; responsabilità: *to be in a position of great t.*, occupare un posto di fiducia (o di grande responsabilità) 2 [U] buona fede: *to take everything on t.*, prendere tutto in buona fede 3 credito: *to sell on t.*, vendere a credito 4 [C] dovere; obbligo: *a sacred t.*, un sacro dovere 5 [C] (*leg.*) lascito in proprietà fiduciaria 6 [U] (*leg.*) amministrazione fiduciaria 7 [C] (*econ.*) « trust »; consorzio monopolistico; cartello • (*econ.*) *t. fund*, fondo fiduciario.

to trust [trʌst] A *v. t.* 1 confidare in; aver fiducia in; fidarsi di; contare su; fare assegnamento su; far credito a: *He is not a man to be trusted*, non si può fare alcun assegnamento su di lui 2 affidare; consegnare; prestare: *to t. one's affairs to sb.* (o *to t. sb. with one's affairs*), affidare i propri affari a q. 3 (*seguito da una frase oggettiva*) fidarsi di: *Would you t. your children to go abroad by themselves?*, ti fideresti di lasciar andare all'estero i tuoi figlioli da soli? B *v. i.* 1 confidare; essere fiducioso; nutrire fiducia; sperare: *to t. in God*, confidare in Dio 2 affidarsi; fidarsi: *Don't t. to chance*, non affidarti al caso! 3 (*comm.*) far credito; concedere prestiti • *to t. too much to one's memory*, fidarsi troppo della memoria.

trustee [trʌs'ti:] *n.* [C] 1 (*leg.*) amministratore fiduciario 2 (*leg.*, anche *t. in bankruptcy*) curatore fallimentare 3 amministratore; membro d'un consiglio d'amministrazione.

trusteeship [trʌs'ti:ʃip] *n.* [U] (*leg.*) amministrazione fiduciaria; curatela.

trustful ['trʌstful], **trusting** ['trʌstiŋ] *a.* fiducioso; confidente.

trustless ['trʌstlis] *a.* 1 infido; sleale 2 diffidente.

trustworthiness ['trʌst,wə:ðinis] *n.* [U] fidatezza; fedeltà; attendibilità.

trustworthy ['trʌst,wə:ði] *a.* fidato; fedele; degno di fiducia; attendibile.

trusty ['trʌsti] *a.* (*arc.* o *scherz.*) fido; fidato; fedele.

truth [tru:θ] *n.* 1 [U] e [C] verità: *to tell (o to speak) the t.*, dire la verità □ *the truths of religion*, le verità della fede 2 [U] veridicità; sincerità; lealtà 3 [U] (*mecc.*) posizione giusta; centro: *out of t.*, fuori centro ● *t.-serum*, siero della verità □ *(lett.) in t.*, invero; infatti □ *to tell the t. (o t. to tell)*, a dire il vero.

truthful ['tru:θful] *a.* **veritiero; veridico; verace** *(lett.)*; **sincero.**

truthless ['tru:θlis] *a.* **falso; mendace; infido; sleale.**

to **try** [trai] ***A*** *v. t.* e *i.* ***1*** **provare; tentare; cercare; mettere alla prova; saggiare; sperimentare; collaudare**: *It's no use trying*, è inutile tentare □ *Try to behave (fam. try and behave) better*, cerca di comportarti meglio! □ *to be sorely tried*, essere messo a dura prova ***2*** **assaggiare; sentire** ***3*** *(leg.)* **giudicare; processare**: *to be tried for manslaughter*, essere processato per omicidio ***4*** **affaticare; sforzare; stancare**: *to try the eyes*, affaticare gli occhi; sforzare la vista ***B*** *verbi composti* ***1*** *to try for (st.)*, cercar d'ottenere; concorrere per, fare un concorso per: *to try for a better position*, cercar d'ottenere un posto (di lavoro) migliore ***2*** *to try (st.) on*, provare (un abito, ecc.) ***3*** *to try (st.) out*, collaudare; mettere alla prova ● *to try one's best*, fare del proprio meglio; mettercela tutta *(fam.)* □ *to try one's hand at st.*, tentar di fare q.c. □ *to try one's strength*, misurare le proprie forze; cimentarsi □ *(fam.) It's no use your trying it (o your tricks, etc.) on with me*, è inutile che tu cerchi di farmela; a me non la fai!

try [trai] *n.* [C] *(fam.)* **prova; tentativo** ● *try-on*, prova (di un abito); *(fam.)* tentativo d'inganno □ *try-out*, esperimento; prova; *(teatr.)* rappresentazione di prova □ *Let me have a try at it!*, fammi provare! □ *Have a try!*, prova!

trying ['traiiŋ] *a.* **aspro; duro; faticoso; fastidioso; noioso; penoso.**

trypanosome ['tripənəˌsoum] *n.* [C] *(zool*, Trypanosoma*)* **tripanosoma.**

tryst [traist] *n.* [U] *(arc.)* **appuntamento; convegno**: *to keep t. with sb.*, andare a un appuntamento con q.

tsar [za:*] *n.* [C] *(stor.)* **zar; czar.**

tsarina [za:'ri:nə] *n.* [C] *(stor.)* **zarina; czarina.**

tsetse-fly ['tsetsiflai] *n.* [C] *(zool.*, Glossina palpalis*)* **mosca tse-tse.**

tub [tʌb] *n.* [C] ***1*** **tinozza; mastello; vasca** (per lavare): *a wash-tub*, una tinozza per il bucato ***2*** **tino** ***3*** *(fam.*, anche *bath-tub)* **vasca da bagno** ***4*** *(fam.)* **bagno** (nella vasca) ***5*** *(ind. mineraria)* **vagonetto** ***6*** *(sport)* **barca per l'allenamento alla voga** ***7*** *(naut., scherz.)* **vecchia barca; bagnarola** *(fig.)* ***8*** *(pop.)* **grassone; ciccione.**

tuba ['tju:bə] *n.* [C] *(mus.)* **tuba.**

tubby ['tʌbi] *a.* ***1*** **a forma di tino** ***2*** **obeso; corpulento.**

tube [tju:b] *n.* [C] ***1*** **tubo** ***2*** **tubetto**: *a t. of toothpaste*, un tubetto di dentifricio ***3*** *(mus.:* d'organo*)* **canna** ***4*** *(anat.)* **canale; tromba** ***5*** (a Londra) **ferrovia sotterranea; metropolitana** ***6*** (anche *inner t.*) **camera d'aria** (di pneumatico) ***7*** *(chim.)* **fiala; provetta** ***8*** *(elettron.)* **tubo; valvola** ● *t.-well*, pozzo tubolare □ *blow-t.*, tubo per soffiare il vetro.

to **tube** [tju:b] ***A*** *v. t.* ***1*** **fornire di tubi** ***2*** **chiudere in un tubo** ***B*** *v. i. (fam.)* **viaggiare in metropolitana** (a Londra).

tuber ['tju:bə*] *n.* [C] *(bot.)* **tubero.**

tubercle ['tju:bə:kl] *n.* [C] *(anat., med., bot.)* **tubercolo.**

tubercular [tju(:)'bə:kjulə*] *a.* *(med.)* **tubercolare.**

tuberculosis [tju(:)ˌbə:kju'lousis] *n.* [U] *(med.)* **tubercolosi.**

tuberculous [tju(:)'bə:kjuləs] *a.* *(med.)* **tubercoloso.**

tuberose ['tju:bərouz] *n.* [U] *(bot.*, Polianthes tuberosa*)* **tuberosa.**

tuberous ['tju:bərəs] *a.* ***1*** **coperto di tubercoli** ***2*** *(bot.)* **tuberoso.**

tubing ['tju:biŋ] *n.* [U] ***1*** **tubazione, tubazioni** ***2*** **tubo.**

tub-thumper ['tʌbˌθʌmpə*] *n.* [C] **oratore da strapazzo.**

tubular ['tju:bjulə*] *a.* ***1*** **tubolare** ***2*** **a tubi; tubolato.**

tubule ['tju:bju:l] *n.* [C] **tubetto; cannula.**

to **tuck** [tʌk] ***A*** *v. t.* ***1*** **piegare; ripiegare; far baste** (o **pieghe) in** (abiti, stoffa, ecc.) ***2*** (spesso *to t. up*) **rimboccare; rincalzare**: *to t. up one's shirt-sleeves*, rimboccarsi le maniche (della camicia) □ *to t. in the sheets*, rincalzare le lenzuola ***3*** **mettere dentro; far entrare; infilare**: *to t. one's shirt in*, infilarsi la camicia dentro i calzoni ***B*** *v. i.* **far pieghe; far baste** ● *to t. st. away (in a corner, etc.)*, riporre (o nascondere) q.c. (in un cantuccio, ecc.); *(scherz.)* divorare (o papparsi) q.c. □ *to t. (st.) in*, rincalzare; infilare dentro; *(fam.)* mangiare avidamente □ *(fam.) to t. into st.*, fare una scorpacciata di q.c. □ *to t. (st.) up*, rimboccare, tirar su.

tuck [tʌk] *n.* ***1*** [C] **piega; basta** ***2*** [U] *(pop.)* **roba da mangiare;** (specialm.) **dolci, pasticcini, torte** ● *(pop.) t.-shop*, spaccio di dolciumi (specialm. in un collegio).

tucker ['tʌkə*] *n.* [C] (specialm. *stor.)* **fisciù; scialletto** ● *(scherz.) one's best bib and t.*, l'abito da festa.

to **tucker** [tʌkə*] *v. t. (fam. USA)* **affaticare; stancare; sfinire.**

Tudor ['tju:də*] ***A*** *n.* [C] *(stor.)* **Tudor** ***B*** *a.* *(stor., archit., letter.)* **Tudor; dei Tudor**: *T. architecture*, architettura Tudor.

Tuesday ['tju:zdi] *n.* **martedì.**

tufa ['tju:fə] *n.* [U] *(miner.)* **tufo calcareo.**

tuff [tʌf] *n.* [U] e [C] *(miner.)* **tufo (vulcanico).**

tuft [tʌft] *n.* [C] ***1*** **ciuffo** (di penne, ecc.); **ciocca** (di capelli) ***2*** *(ind. tessile)* **fiocco.**

to **tuft** [tʌft] ***A*** *v. t.* ***1*** **ornare di ciuffi; infiocchettare; impennacchiare** ***2*** **trapuntare** (un materasso, ecc.) ***B*** *v. i.* **crescere a ciuffi.**

to **tug** [tʌg] ***A*** *v. t.* ***1*** **trascinare; tirarsi dietro** ***2*** *(naut.)* **rimorchiare** ***B*** *v. i.* ***1*** **tirare; dare uno strattone** ***2*** **darsi da fare; faticare** ● *to tug at st.*, tirare (o strappare) q.c.

tug [tʌg] *n.* [C] ***1*** **tirata** (specialm. di capelli); **strattone; strappo**: *to give a tug at st.*, dare uno strattone a q.c. ***2*** *(naut.)* **rimorchiatore** ● *tug-of-war*, tiro alla fune.

tuition [tju(:)'iʃən] *n.* [U] ***1*** **istruzione; insegnamento** ***2*** (anche *t. fee)* **tasse scolastiche** ● *private t. in Greek*, lezioni private di greco.

tulip ['tju:lip] *n.* [C] *(bot.*, Tulipa gesneriana*)* **tulipano.**

tulle [tju:l] *n.* [U] *(ind. tessile)* **tulle.**

to **tumble** ['tʌmbl] ***A*** *v. i.* ***1*** **cadere; capitombolare; fare un capitombolo; ruzzolare; precipitare**: *to t. down the stairs*, ruzzolare dalle scale □ *to t. out of a window*, precipitare da una finestra ***2*** **agitarsi; dimenarsi** ***3*** **gettarsi; buttarsi**: *to t. out of bed*, buttarsi giù dal letto ***4*** **fare acrobazie; fare salti mortali** ***5*** (anche *to t. down)* **andare in rovina; crollare** ***B*** *v. t.* ***1*** **far cadere; far ruzzolare; gettare a gambe all'aria; rovesciare** ***2*** **arruffare; scompigliare; mettere sottosopra** ***3*** **abbattere** (un uccello) **al volo; colpire** (una lepre, ecc.) **col fucile** ● *(fam.) to t. to an idea*, afferrare un'idea.

tumble ['tʌmbl] *n.* [C] ***1*** **caduta; capitombolo; ruzzolone**: *to have a nasty t.*, fare una brutta caduta ***2*** **capriola; salto mortale** ***3*** **disordine; scompiglio**: *Things were all in a t.*, c'era un grande scompiglio.

tumble-down ['tʌmbldaun] *a.* **cadente; diroccato.**

tumbler ['tʌmblə*] *n.* [C] ***1*** **acrobata; saltimbanco** ***2*** **bicchiere tondo, senza piede** ***3*** *(zool.)* **piccione tombolière** ***4*** (di serratura) **perno** ***5*** **misirizzi** (balocco).

tumbrel ['tʌmbrəl], **tumbril** ['tʌmbril] *n.* [C] ***1*** *(stor.)* **carretta per il trasporto dei condannati a morte** (durante la Rivoluzione francese) ***2*** **carro agricolo** (specialm. ribaltabile).

tumefaction [ˌtju:mi'fækʃən] *n.* [U] **tumefazione; enfiagione; gonfiore.**

to **tumefy** ['tju:mifai] ***A*** *v. t.* **tumefare; gonfiare** ***B*** *v. i.* **tumefarsi; gonfiarsi.**

tumescence [tju:'mesəns] *n.* [U] **tumescenza; enfiagione.**

tumescent [tju:'mesənt] *a.* **tumescente; tumefatto.**

tumid ['tju:mid] *a.* ***1*** **tumido; gonfio** ***2*** *(fig.)* **ampolloso; enfatico.**

tummy ['tʌmi] *n.* [C] *(fam.)* **pancia; pancino; stomaco.**

tumour ['tju:mə*] *n.* [C] *(med.)* **tumore.**
tumult ['tju:mʌlt] *n.* [U] e [C] **tumulto** (anche *fig.*).
tumultuous [tju:'mʌltjuəs] *a.* **tumultuoso.**
tumulus ['tju:mjuləs] *n.* (*pl.* **tumuli** ['tju:mjulai], **tumuluses**) **tumulo.**
tun [tʌn] *n.* [C] ***1*** **botte** (un tempo, anche come misura di capacità) ***2*** **tino** (per la fermentazione della birra).
tuna ['tju:nə] *n.* (*pl.* **tuna, tunas**) (*zool.*, Thunnus thynnus) **tonno.**
tunable ['tju:nəbl] *a.* ***1*** **accordabile** ***2*** **armonioso; musicale.**
tundra ['tʌndrə] *n.* [C] *(geogr.)* **tundra.**
tune [tju:n] *n.* ***1*** [C] *(mus.)* **melodia; aria; motivo; motivetto**: *old tunes,* vecchie melodie ***2*** [U] **armonia** (anche *fig.*); **accordo**: *to be in t. (out of t.) with sb.*, andare d'accordo (essere in disaccordo) con q. ***3*** [U] *(mus.)* **tono**: *to sing in t.*, cantare in tono ● *(fig.) to change one's t. (o to sing another t.),* cambiar tono □ *in t.*, intonato; armonico □ *out of t.*, stonato; scordato □ *to the t. of ten thousand pounds,* per la bellezza di diecimila sterline.
to **tune** [tju:n] ***A*** *v. t.* ***1*** *(mus.)* **accordare** ***2*** *(fig.)* **mettere in armonia; regolare** ***3*** *(radio, telev.)* **sintonizzare** ***4*** (*mecc.*, spesso *to t. up*) **mettere a punto** (un motore) ***B*** *v. i.* **essere in armonia; armonizzare** ● *(radio) to t. in (to),* sintonizzare l'apparecchio (su) □ *to t. up,* (dell'orchestra) accordare gli strumenti; cominciare a suonare (o a cantare); (*scherz.*: di un bambino) mettersi a frignare.
tuneful ['tju:nful] *a.* **armonioso; melodioso.**
tuneless ['tju:nlis] *a.* *(mus.)* ***1*** (di strumento) **scordato** ***2*** (di suono) **disarmonico; discordante** ***3*** (di strumento) **muto.**
tuner ['tju:nə*] *n.* [C] ***1*** *(mus.)* **accordatore** ***2*** *(radio, telev.)* **sintonizzatore.**
tung-oil ['tʌŋ,ɔil] *n.* [U] *(pitt.)* **olio di legno della Cina.**
tungsten ['tʌŋstən] *n.* [U] *(chim.)* **tungsteno.**
tunic ['tju:nik] *n.* [C] **tunica.**
tuning ['tju:niŋ] *n.* [U] ***1*** *(mus.)* **accordatura** ***2*** (*radio, telev.*; anche *t.-in*) **sintonia; sintonizzazione** ***3*** *(mecc.)* **messa a punto** (di un motore) ● *(radio) t.-dial,* scala parlante.
tuning-fork ['tju:niŋfɔ:k] *n.* [C] *(mus.)* **diapason.**
Tunisian [tju(:)'niziən] *a.* e *n.* [C] **tunisino.**
tunnel ['tʌnl] *n.* [C] ***1*** **galleria; traforo; tunnel** ***2*** **tana sotterranea; cunicolo.**
to **tunnel** ['tʌnl] *v. i.* **scavare una galleria** ● *to t. under the sea,* scavare un tunnel sottomarino.
tunny ['tʌni] *n.* [C] e [U] (*zool.*, Thunnus thynnus) **tonno.**
tup [tʌp] *n.* [C] ***1*** *(zool.)* **ariete; montone** ***2*** *(mecc.)* **mazza battente.**
tuppence ['tʌpəns] *n.* *(fam.)* **due « penny »** (il valore).
tuppenny ['tʌpəni] *a.* *(fam.)* **da due « penny ».**
turban ['tə:bən] *n.* [C] **turbante.**
turbid ['tə:bid] *a.* ***1*** **torbido** (anche *fig.*) ***2*** *(fig.)* **confuso; turbato.**
turbidity [tə:'biditi], **turbidness** ['tə:bidnis] *n.* [U] **torbidezza** (anche *fig.*); **torbidità.**
turbine ['tə:bin] *n.* [C] *(mecc.)* **turbina** ● *(naut.) t. boat,* turbonave.
turbojet [,tə:bou'dʒet] *n.* [C] **turboreattore; turbogetto** ● *(mecc.) t. engine,* motore a turbogetto.
turboprop [,tə:bou'prɔp] *n.* [C] ***1*** **motore a turboelica** ***2*** **turboelica** (l'aereo).
turbot ['tə:bət] *n.* [C] (*zool.*, Rhombus maximus) **rombo gigante.**
turbulence ['tə:bjuləns] *n.* [U] **turbolenza.**
turbulent ['tə:bjulənt] *a.* **turbolento; tumultuoso.**
turd ['tə:d] *n.* [C] *(volg.)* **pezzo di sterco; stronzo** (*volg.*, anche *fig.*).
tureen [tə'ri:n] *n.* [C] (anche *soup-t.*) **zuppiera.**
turf [tə:f] *n.* (*pl.* **turfs** [tə:fs], **turves** [tə:vz]) ***1*** [U] **tappeto erboso** ***2*** [C] **zolla erbosa; piota** ***3*** [U] (in Irlanda) **torba** ***4*** — *(sport) the t.*, l'ippodromo; le corse ippiche ● *t. accountant,* allibratore; bookmaker □ *t. commission agent,* allibratore.
to **turf** [tə:f] *v. t.* **coprire di zolle erbose** ● *(pop.) to t. (sb., st.) out,* buttar fuori (q., q.c.).
turfy ['tə:fi] *a.* ***1*** **erboso** ***2*** **torboso.**
turgid ['tə:dʒid] *a.* ***1*** **turgido; gonfio** ***2*** *(fig.)* **ampolloso; pomposo.**
turgidity [tə:'dʒiditi] *n.* [U] ***1*** **turgidezza** ***2*** *(fig.)* **ampollosità; pomposità.**
Turinese [,tjuri'ni:z] *a.* e *n.* **torinese.**
Turk [tə:k] *n.* [C] ***1*** **turco** ***2*** *(fig.)* **uomo feroce, crudele.**
turkey ['tə:ki] *n.* [C] e [U] (*zool.*, Meleagris gallopavo) **tacchino** ● *t.-cock,* tacchino (maschio); *(fig.)* presuntuoso, vanitoso □ *t.-hen,* tacchina □ *t.-poult,* tacchino giovane □ *(pop.) to go cold t.*, smettere di colpo di drogarsi □ *to turn as red as a t.-cock,* diventar rosso come un tacchino.
Turkish ['tə:kiʃ] ***A*** *a.* **turco**: *a T. bath,* un bagno turco ***B*** *n.* **turco** (la lingua) ● *T. slipper,* babbuccia.
turmeric ['tə:mərik] *n.* [U] ***1*** (*bot.*, Curcuma longa) **curcuma** ***2*** (*chim.*, anche *t. yellow*) **curcumina** (colorante).
turmoil ['tə:mɔil] *n.* [C] e [U] **tumulto; agitazione; scompiglio.**
to **turn** [tə:n] ***A*** *v. t.* ***1*** **girare; far girare; volgere; voltare; rivolgere; dirigere**: *to t. (round) the corner,* girare l'angolo □ *to t. one's eyes,* volgere lo sguardo ***2*** **rivoltare; rovesciare; far rivoltare; invertire**: *to t. a collar,* rovesciare un colletto □ *to t. sb.'s stomach,* far rivoltare lo stomaco a q. ***3*** **aggirare**: *to t. the enemy's flank,* aggirare il fianco del nemico ***4*** **distogliere; sviare; far deviare**: *to t. sb. from st.*, distogliere q. da q.c. ***5*** **respingere; stornare**: *to t. a blow,* stornare un colpo ***6*** **ottundere; smussare** ***7*** **cambiare; mutare; trasformare** ***8*** **volgere** *(lett.)*; **tradurre** ***9*** *(falegnameria, mecc.)* **tornire** (anche *fig.*) ***10*** **inacidire; far andare a male** ***B*** *v. i.* ***1*** **girare** (anche *fig.*); **voltare; svoltare; rivolgersi; rivoltarsi; dirigersi**: *The earth turns round the sun,* la terra gira intorno al sole □ *My head is turning,* mi gira la testa □ *My stomach turns at the sight of blood,* mi si rivolta lo stomaco alla vista del sangue ***2*** **mutarsi; trasformarsi; diventare; farsi**: *The rain turned to sleet,* la pioggia si mutò in nevischio ***3*** *(naut., aeron.)* **accostare; virare** ***4*** (di cibo) **inacidire; andare a male; guastarsi** ***5*** **mutar colore** ***C*** verbi composti ***1*** *to t. about,* voltarsi; girarsi ***2*** *to t. against sb.*, mettersi contro q.; diventare ostile a q. □ *The girl turned his own family against him,* la ragazza gli mise contro (o gli inimicò) la sua stessa famiglia ***3*** *to t. aside,* deviare ***4*** *to t. away,* scostarsi; voltar le spalle; allontanarsi; andare da un'altra parte □ *to t. (sb.) away,* respingere; mettere alla porta; mandar via ***5*** *to t. back,* voltarsi; tornare indietro □ *to t. sb. back,* far voltare q.; far fare marcia indietro a q. ***6*** *to t. (st., sb.) down,* piegare (una pagina, ecc.); rovesciare, metter giù (il bavero della giacca, ecc.); mettere (una carta da gioco) a faccia in giù; abbassare, ridurre (una luce, la fiamma del gas, ecc.); respingere (una proposta, chi offre q.c.); rifiutare (un'offerta) ***7*** *to t. in,* ripiegarsi; *(fam.)* andare a letto, coricarsi □ *to t. one's toes in,* arricciare le dita dei piedi all'ingiù ***8*** *to t. (st.) inside out,* rivoltare, rovesciare (q.c.); rivoltarsi, rovesciarsi ***9*** *to t. off,* diramarsi; deviare; voltare □ *to t. (st., sb.) off,* chiudere (il gas, il rubinetto dell'acqua); spegnere (la luce, la radio, ecc.); licenziare, mandare via (un domestico, ecc.); comporre, fare, produrre (un epigramma, ecc.); *(pop.)* impiccare (un criminale); *(pop.)* unire in matrimonio (una coppia) ***10*** *to t. (st., sb.) on,* aprire (il gas), far correre (l'acqua); accendere (la luce, la radio, ecc.); dipendere da (q.c.); rivoltarsi a (q.) ***11*** *to t. out,* alzarsi dal letto; uscir di casa; riuscire, andar a finire, risultare: *Everything turned out very well,* riuscì tutto benissimo □ *as it turned out...*, a conti fatti... □ *to t. (sb., st.) out,* scacciare, mettere alla porta, mandar via; licenziare, congedare; voltare in fuori, rovesciare; vuotare, rovistare; chiudere (il gas, il rubinetto dell'acqua); spegnere (la luce, ecc.); *(ind.)* produrre, fabbricare ***12*** *to t. over,* girarsi, voltarsi, rivoltarsi; ribaltarsi, rovesciarsi, capovolgersi; *(fig.)* cambiar partito □ *to t. (st., sb.) over,* rivoltare, rovesciare; ribaltare, capovolgere; considerare attentamente; cedere, trasferire; convertire (un'industria, una fabbrica) □ *to t. a matter over (and over) in one's mind,* meditare a lungo su una

faccenda □ *to t. sb. over to the police,* consegnare q. alla polizia ***13*** *to t. round,* voltarsi, volgersi indietro, far dietro front; *(fig.)* cambiar partito, mutar politica □ *to t. (sb., st.) round,* far voltare, far fare dietro front a (q.); voltare, far girare (q.c.) □ *to t. round and round,* girare e rigirare; girare in tondo ***14*** *to t. to (sb., st.),* rivolgersi a; accingersi a; mettersi a, cominciare; darsi a; mettersi all'opera (o al lavoro): *to t. to one's mother for comfort,* rivolgersi alla mamma per trovare conforto □ *to t. to music,* darsi alla musica □ *It's time we turned to,* è ora di mettersi al lavoro! ***15*** *to t. up,* presentarsi, arrivare, farsi vedere, riapparire; accadere, capitare; offrirsi, saltar fuori □ *to t. (st.) up,* volgere in su, arricciare; tirar su, rimboccare; accorciare (un abito) facendo un risvolto; rivoltare; portare alla luce; scoprire (una carta da gioco); *(fam.)* far vomitare, dare il voltastomaco (o la nausea) a (q.) ***16*** *to t. upside down,* capovolgersi; rovesciarsi □ *to t. (st.) upside down,* capovolgere, rovesciare, mettere sottosopra (q.c.) ● *It has just turned half past seven,* sono appena le sette e mezzo □ *He has just turned twenty,* ha appena compiuto i vent'anni □ *He has not yet turned forty,* non ha ancora passato la quarantina □ *(mil.) About t.!,* dietro front! □ *(mil.) Left t.!,* fronte a sinistr! □ *(mil.) Right t.!,* fronte a destr!

turn [tə:n] *n.* [C] ***1*** **giro**: *a few turns of the crank,* qualche giro di manovella ***2*** **curva; svolta** (anche *fig.*); (di fiume) **ansa**: *a t. to the right,* una svolta a destra ***3*** *(mecc.)* **spira** ***4*** **cambiamento; piega** *(fig.)*: *to take a t. for the worse,* prendere una brutta piega ***5*** **turno**: *Wait your t.,* aspetta il tuo turno! □ *My t. will come,* verrà il mio turno; verrà la volta buona anche per me! ***6*** **proposito; scopo**: *to serve one's t.,* rispondere al proprio scopo ***7*** **azione; servizio; tiro** *(fig.)*: *to do sb. a bad t.,* giocare un brutto tiro a q. ***8*** **attitudine; disposizione; tendenza** ***9*** *(naut., aeron.)* **virata** ***10*** *(teatr.)* **numero; attrattiva** ***11*** *(fam.)* **brutto colpo; « shock »**: *The news gave me quite a t.,* quella notizia fu per me un brutto colpo ● *t. and t. about,* a turno; uno dopo l'altro □ *t. of mind,* carattere; temperamento: *to have a serious (gloomy, etc.) t. of mind,* essere serio (triste, ecc.) di carattere □ *the t. of the sentence,* il giro del periodo □ *(naut.) the t. of the tide,* il cambiamento di marea □ *(fig.) at every t.,* in ogni occasione; a ogni piè sospinto □ *by turns,* a turno, uno alla volta; a vicenda, uno dopo l'altro □ (di cibo) *done to a t.,* cotto a puntino □ *in t.,* a turno; uno dopo l'altro □ *to be of a humorous t.,* essere in vena d'allegria □ *to take a t. at the oars,* fare una vogatina □ *Whose t. is it?,* a chi tocca? □ *It's your t.,* tocca a te □ *The milk is on the t.,* il latte sta diventando acido □ *The tide is on the t.,* la marea sta per mutare □ *You have spoken out of t.,* hai parlato a sproposito.

turncoat ['tə:nkout] *n.* [C] **girella; voltacasacca; voltagabbana; banderuola** *(fig.)*; **opportunista.**

turncock ['tə:nkɔk] *n.* [C] **fontaniere; addetto al servizio idrico.**

turner ['tə:nə*] *n.* [C] *(ind.)* **tornitore.**

turnery ['tə:nəri] *n. (mecc.)* ***1*** [U] **tornitura** ***2*** [C] **officina di tornitore.**

turning ['tə:niŋ] *n.* ***1*** [C] **curva; svolta; cantonata** ***2*** [U] *(mecc.)* **tornitura.**

turning-point ['tə:niŋpɔint] *n.* [C] *(fig.)* **svolta decisiva; momento critico.**

turnip ['tə:nip] *n.* [C] ***1*** (*bot.*, Brassica rapa) **rapa** ***2*** *(pop.)* **cipolla** *(scherz.)*; **grosso orologio da tasca** ● *t.-tops,* cime di rapa.

turnkey ['tə:nki:] *n.* [C] *(arc.)* **carceriere; secondino.**

turn-out ['tə:nˌaut] *n.* [C] ***1*** **assembramento; affluenza; concorso di persone** ***2*** **abbigliamento; modo di vestire** ***3*** *(ind.)* **produzione** ***4*** *(ferr.)* **raccordo.**

turnover ['tə:nˌouvə*] *n.* [C] ***1*** **ribaltamento; rovesciamento; capovolgimento** ***2*** **cambiamento repentino; voltafaccia** *(fig.)* ***3*** *(comm.)* **giro d'affari; volume d'affari** ***4*** *(comm., rag.)* **volume delle vendite; fatturato** ***5*** *(ind.)* **avvicendamento** (del personale); **rotazione** (degli operai) ***6*** *(cucina)* **focaccia ripiena; pasticcio** (di pasta, marmellata, ecc.); **pasticcio di carne** ***7*** *(giornalismo)* **articolo che continua alla pagina seguente** ***8*** *(sport)* **cambio** (per es., a pallacanestro).

turnpike ['tə:npaik] *n.* [C] ***1*** **barriera** (di strada a pedaggio) ***2*** *(USA)* **autostrada a pedaggio.**

turnstile ['tə:nˌstail] *n.* [C] **cancelletto ruotante.**

turntable ['tə:nˌteibl] *n.* [C] ***1*** *(ferr.)* **piattaforma girevole** ***2*** **piatto** (di giradischi).

turn-up ['tə:nˌʌp] *n.* [C] ***1*** **risvolto** (dei pantaloni) ***2*** (*fam.*, anche *t. for the book*) **avvenimento imprevisto.**

turpentine ['tə:pəntain] *n.* [U] ***1*** **trementina** (resina) ***2*** (anche *oil of t.*) **essenza di trementina; acquaragia** (*fam.*, *turps*).

turpitude ['tə:pitju:d] *n.* [U] **turpitudine.**

turps [tə:ps] *(fam.)* *V.* **turpentine.**

turquoise ['tə:kwɔiz, 'tə:kwa:z] *n.* [C] e [U] *(miner.)* **turchese.**

turret ['tʌrit] *n.* [C] *(archit., mil., naut., aeron.)* **torretta.**

turreted ['tʌritid] *a. (archit.)* **turrito.**

turtle ['tə:tl] *n.* [C] *(zool.)* **tartaruga** (di mare; cfr. *tortoise*) ● *t.-shell,* guscio di tartaruga □ (specialm. di nave) *to turn t.,* capovolgersi.

turtle-dove ['tə:tlˌdʌv] *n.* [C] (*zool.*, Streptopelia turtur) **tortora.**

turtleneck ['tə:tlˌnek] *n.* [C] *(moda)* ***1*** **collo alto e aderente** ***2*** **maglione a collo alto e aderente; (maglione a) dolcevita.**

turves [tə:vz] *pl.* di **turf.**

Tuscan ['tʌskən] *a.* e *n.* [C] **toscano.**

tush [tʌʃ] *inter.* **bah!; puah!; via!**

tusk [tʌsk] *n.* [C] *(zool.)* **zanna** (d'elefante, ecc.).

tusker ['tʌskə*] *n.* [C] *(fam.)* **elefante** (o **cinghiale) dalle grosse zanne.**

tussle ['tʌsl] *n.* [C] **baruffa; lotta; lite; rissa; zuffa.**

to **tussle** ['tʌsl] *v. i.* **azzuffarsi; lottare; litigare; rissare.**

tussock ['tʌsək] *n.* [C] **ciuffo d'erba; cespuglio.**

tut [tʌt] *inter.* **bah!; puah!; pst!; via!**

to **tut** [tʌt] *v. i.* **esprimere impazienza** (o **sdegno, disgusto, disprezzo).**

tutelage ['tju:tilidʒ] *n.* [U] *(leg.)* **tutela.**

tutelar ['tju:tilə*], **tutelary** ['tju:tiləri] *a. (leg.)* **tutelare; tutorio.**

tutor ['tju:tə*] *n.* [C] ***1*** **istitutore; precettore; ripetitore; insegnante privato** ***2*** (nelle università inglesi) **« tutor »; docente incaricato di assistere un ristretto gruppo di studenti.**

to **tutor** ['tju:tə*] *v. t.* ***1*** **ammaestrare; istruire; guidare** (studenti universitari) **nei loro studi** ***2*** *(fig.)* **dominare; tenere a freno.**

tutorial [tju:'tɔ:riəl] ***A*** *a.* **d'istitutore; di precettore; didattico** ***B*** *n.* [C] **corso (o periodo) di studio sotto la guida di un « tutor ».**

tutti-frutti [ˌtu:ti'fru:ti] *n.* [U] **specie di cassata gelata.**

tutu ['tu:tu] *n.* [C] **tutù.**

tu-whit [tu'wit], **tu-whoo** [tu'wu:] *n.* **grido** (della civetta).

tuxedo [tʌk'si:dou] *n.* (*pl.* **tuxedos**) *(USA)* **abito da sera** (maschile); **« smoking ».**

twaddle ['twɔdl] *n.* [U] **chiacchiere; ciarle; sciocchezze; stupidaggini.**

to **twaddle** ['twɔdl] *v. i.* **ciarlare; parlare a vanvera; dire sciocchezze; scrivere stupidaggini.**

twaddler ['twɔdlə*] *n.* [C] **chiacchierone, chiacchierona.**

twain [twein] *a.* e *n. (arc.)* **due.**

twang [twæŋ] *n.* [C] ***1*** **suono metallico; vibrazione** ***2*** **suono nasale; tono nasale.**

to **twang** [twæŋ] ***A*** *v. i.* ***1*** **dare un suono metallico; vibrare** ***2*** **parlare con timbro nasale; avere una pronuncia nasale** ***3*** (di violino, ecc.) **stridere** ***B*** *v. t.* ***1*** **pizzicare le corde di** (uno strumento musicale); **strimpellare** ***2*** **pronunciare con suono nasale.**

'twas [twɔz] *contraz.* di **it was.**

twat [twɔt] *n.* [C] *(volg.)* ***1*** **fica** (*volg.*, anche *fig.*) ***2*** **fesso; fetente** (*fig., pop.*).

to **tweak** [twi:k] *v. t.* **pizzicare; pizzicottare; tirare.**

tweak [twi:k] *n.* [C] **pizzicotto; tirata di naso.**

tweed [twi:d] *n.* ***1*** [U] *(ind. tessile)* **« tweed »** ***2*** *(al pl.)*

abito di « tweed ».

tweedy ['twi:di] *a.* **1 di** (o **simile a**) **« tweed » 2** *(fig.)* **rustico; sportivo.**

'tween [twi:n] *contraz.* di **between.**

to **tweet** [twi:t] *v. i.* **cinguettare.**

to **tweezer** ['twi:zə*] ***A*** *v. t.* **cavare, estrarre** (un pelo, uno spino, ecc.) **con le pinzette *B*** *v. i.* **usare le pinzette.**

tweezers ['twi:zəz] *n. pl.* (anche *a pair of t.*) **pinzette, pinzettine.**

twelfth [twelfθ] *a.* e *n.* [C] **dodicesimo** ● *T. night,* notte dell'Epifania.

twelve [twelv] *a.* e *n.* **dodici** ● *t. o'clock at night,* mezzanotte □ *t.-year-old,* dodicenne □ *(tipogr.) in twelves,* in dodicesimo.

twelvemonth ['twelvmʌnθ] *n.* [C] **anno.**

twentieth ['twentiiθ] *a.* e *n.* [C] **ventesimo.**

twenty ['twenti] *a.* e *n.* **venti** ● *the twenties,* gli anni fra i 20 e i 30 (nella vita di un uomo o in un secolo) □ *t.-first,* ventunesimo; ventesimo primo □ *t.-one,* ventuno.

'twere [twə*] *contraz.* di **it were.**

twice [twais] *avv.* **due volte**: *t. as strong,* due volte più forte ● *t. as much,* due volte tanto □ *a t.-told tale,* una storia vecchia □ *to think t. about doing st.,* pensarci su due volte prima di fare q.c. □ *(mat.) T. five is ten,* cinque per due fa dieci.

to **twiddle** ['twidl] ***A*** *v. t.* **far girare; giocherellare con** (q.c.); **rigirare fra le dita *B*** *v. i.* **giocherellare** (con un oggetto); **trastullarsi; baloccarsi** ● *(fig.) to t. one's thumbs,* stare con le mani in mano.

twig [twig] *n.* [C] **1 ramoscello; rametto; virgulto 2 verga; verghetta** ● *(fam., raro) to hop the t.,* morire; tirare le cuoia.

to **twig** [twig] *v. t.* e *i. (fam.)* **1 capire; comprendere 2 notare; accorgersi** (di q.c.).

twiggy ['twigi] *a.* **simile a un virgulto; sottile; esile.**

twilight ['twailait] ***A*** *n.* [U] **1 crepuscolo** (anche *fig.*); **luce crepuscolare 2** *(fig.)* **tramonto; fine *B*** *a. attr.* **crepuscolare** ● *(med.) t. sleep,* stato di dormiveglia provocato da anestesia parziale.

twill [twil] *n.* [U] *(ind. tessile)* **saia; tessuto diagonale.**

twilled [twild] *a.* (di tessuto) **diagonale** ● *cross-t.,* spigato.

twin [twin] ***A*** *a.* **gemello**: *t. brothers,* fratelli gemelli ***B*** *n.* **1 gemello, gemella 2** — *(astron., astrologia) the Twins,* i Gemelli ● *(aeron.) t.-jet,* bireattore □ *t. set,* completo in lana a due pezzi (« jumper » e « cardigan »).

to **twin** [twin] ***A*** *v. i.* **1 partorire gemelli 2 accoppiarsi; appaiarsi *B*** *v. t.* **1 accoppiare; appaiare 2 gemellare** (città).

twine [twain] *n.* [C] **1 cordicella; funicella; spago 2 spira**: *snaky twines,* spire serpentine **3 groviglio; viluppo.**

to **twine** [twain] ***A*** *v. t.* **1 attorcigliare; torcere; ritorcere 2 intrecciare; intessere 3 avvolgere; avviluppare; cingere; mettere** (q.c. intorno a q.c. altro) ***B*** *v. i.* **1 attorcigliarsi; avvilupparsi 2 serpeggiare; formare meandri.**

twinge [twindʒ] *n.* [C] **dolore lancinante; fitta acuta** ● *(fig.) t. of conscience,* rimorso.

to **twinkle** ['twiŋkl] ***A*** *v. i.* **1 scintillare; sfavillare; luccicare 2 ammiccare; strizzare l'occhio; far l'occhiolino 3** (di ciglia, delle palpebre) **battere 4 muoversi rapidamente; girare vorticosamente *B*** *v. t.* **1 far balenare 2 strizzare** (l'occhio).

twinkle [twiŋkl] *n.* **1** [U] **scintillio; sfavillio; luccichio 2** [C] **ammiccatina; strizzatina d'occhio** ● *(fam.) in a t.,* in un batter d'occhio.

twinkling ['twiŋkliŋ] ***A*** *a.* **scintillante; sfavillante; luccicante *B*** *n. (solo al sing.)* **batter d'occhio; attimo; istante**: *in a t. (o in the t. of an eye; fam., in a twink),* in un batter d'occhio.

twinship ['twinʃip] *n.* [U] **1 gemellanza 2** *(fig.)* **gemellaggio** (la condizione).

to **twirl** [twə:l] ***A*** *v. t.* **1 far girare; mulinare; roteare**: *to t. one's thumbs,* far girare i pollici; *(fig.)* star con le mani in mano **2 arricciare; torcere *B*** *v. i.* **girare; roteare; piroettare.**

twirl [twə:l] *n.* [C] **1 giro vorticoso; mulinello; piroetta 2 volta** (di fune attorta); **spira 3 ghirigoro.**

to **twist** [twist] ***A*** *v. t.* **1 torcere; contorcere; ritorcere; storcere; attorcigliare; intrecciare; avvolgere**: *twisted thread,* filo ritorto □ *to t. one's wrist,* storcersi il polso □ *to t. a garland,* intrecciare una ghirlanda □ *to t. a ribbon round a hat,* avvolgere un nastro a un cappellino **2** *(fig.)* **storcere; distorcere; svisare, travisare 3** *(mecc.)* **sottoporre a torsione 4 far girare; far ruotare *B*** *v. i.* **1 contorcersi; storcersi; attorcigliarsi; avvolgersi 2** (spesso *to t. and turn*) **serpeggiare**: *The river twists and turns down the valley,* il fiume scende serpeggiando per la vallata **3 roteare; ruotare 4 ballare il « twist »** ● *to t. off,* rompere, spezzare (torcendo); aprire girando, svitare □ *to t. up,* attorcigliare (a spirale).

twist [twist] *n.* **1** [C] **torsione; contorsione; storta; strizzatina; giro 2** [C] **curva; svolta; ansa** (di fiume) **3** [C] **spira; voluta 4** [C] e [U] **corda; filo ritorto 5** [C] (di pane) **treccia 6** [U] *(ind. tessile)* **torcitura 7** [C] *(biliardo)* **effetto 8** [C] *(fig.)* **inclinazione; tendenza**: *a criminal t.,* la tendenza a delinquere **9** [C] **« twist »** (ballo) ● *to give st. a humorous t.,* dare a q.c. un piglio umoristico.

twisted ['twistid] *a.* **1 torto; ritorto; contorto; storto 2 a spirale.**

twister ['twistə*] *n.* [C] **1 torcitore, torcitrice 2** *(ind. tessile)* **ritorcitoio** (macchina) **3** *(biliardo)* **palla con effetto 4** *(fam.)* **imbroglione 5 ballerino di « twist ».**

twisty ['twisti] *a.* **1 pieno di curve** (o **di svolte**); **pieno di anse** (o **di meandri**); **serpeggiante 2** *(fam.)* **subdolo; disonesto.**

twit [twit] *n.* [C] **rimprovero; sgridata.**

to **twit** [twit] *v. t.* **1 rimproverare; sgridare 2 stuzzicare.**

to **twitch** [twitʃ] ***A*** *v. i.* **contorcersi; contrarsi; torcersi spasmodicamente *B*** *v. t.* **tirare; strappare**: *to t. sb.'s sleeve,* tirare q. per la manica.

twitch [twitʃ] *n.* [C] **1 contrazione convulsa; tic 2 strattone; strappo 3 fitta.**

to **twitter** ['twitə*] *v. i.* **cinguettare; pigolare;** *(fig.)* **cianciare.**

twitter ['twitə*] *n. (solo al sing.)* **1 cinguettio; pigolio 2** *(fig.)* **ciance 3** *(fam.)* **agitazione; eccitazione; ansia**: *to be in a t.,* essere in ansia (o eccitato).

'twixt [twikst] *contraz.* di **betwixt.**

two [tu:] *a.* e *n.* **due**: *one or two books,* un libro o due; qualche libro ● *two by two,* a due a due □ *(autom.) a two-way street,* una strada a due sensi □ *in two twos,* in un batter d'occhio; in quattro e quattr'otto □ *(fig.) to put two and two together,* trarre le conseguenze logiche; tirar le somme □ *to walk in twos,* camminare a due a due (o per due).

two-colour ['tu:,kʌlə*] *a.* **bicolore.**

two-decker ['tu:,dekə*] *n.* [C] *(naut.)* **nave a due ponti.**

two-edged [,tu:'edʒd] *a.* **a doppio taglio** (anche *fig.*).

two-faced [,tu:'feist] *a.* **1 a due facce 2** *(fig.)* **doppio; insincero.**

twofold ['tu:fould] ***A*** *a.* **1 duplice 2 doppio *B*** *avv.* **due volte (tanto).**

two-handed [,tu:'hændid] *a.* **1 che ha due mani 2 ambidestro 3 che richiede l'uso di due mani** (o **di due persone**).

two-headed [,tu:'hedid] *a.* **bicipite; a due teste.**

two-legged [,tu:'legd] *a.* **bipede.**

two-party ['tu:,pa:ti] *a. (polit.)* **bipartitico; bicolore** *(fig.)* ● *(polit.) t. system,* bipartitismo.

twopence ['tʌpəns] *n.* **due « penny »** (la somma o il valore).

twopenny ['tʌpəni] *a.* **1 da due « penny » 2** *(fig.)* **da quattro soldi; di nessun valore; dozzinale** ● *a t.-halfpenny stamp,* un francobollo da due « penny » e mezzo.

two-piece [,tu:'pi:s] *a.* **a due pezzi**: *a t. bathing-suit,* un (costume da bagno a) due pezzi.

two-ply ['tu:,plai] *a.* **1** (di filo, fune) **a due capi 2** (di tessuto) **doppio.**

two-seater ['tu:,si:tə*] *n.* [C] **1** *(autom.)* **vettura a due**

posti **2** *(aeron.)* **biposto.**
two-sided ['tu:ˌsaidid] *a.* **1 che ha due lati; bilaterale 2** *(fig.)* **che ha due aspetti.**
twosome ['tu:səm] *n.* [C] **1 gruppo di due; coppia 2 ballo (gioco,** ecc.**) a coppie.**
two-step ['tu:ˌstep] *n.* [C] **passo doppio** (musica e ballo).
'twould [twud] *contraz.* di **it would.**
tycoon [tai'ku:n] *n.* [C] **capitano d'industria; magnate.**
tyke [taik] *V.* **tike.**
tympanitis [ˌtimpə'naitis] *n.* [U] *(med.)* **timpanite.**
tympanum ['timpənəm] *n.* (*pl.* **tympana** ['timpənə], **tympanums**) *(anat., archit.)* **timpano.**
type [taip] *n.* **1** [C] **tipo; esemplare; modello; figura; simbolo**: *a new t. of aeroplane,* un nuovo modello d'aeroplano □ *He was a fine t. of the American patriot,* fu una bella figura di patriota americano **2** [C] **tipo; razza; genere; specie; sorta; conio**: *men of this t.,* uomini di questa sorta **3** [U] e [C] *(tipogr.)* **tipo; carattere**: *printed in large t.,* stampato in caratteri grandi ● *(biol.) to deviate from the t.,* essere atipico □ *(tipogr.) to set up in t.,* comporre □ *(tipogr.) The material is now in t.,* il materiale (o il testo) è già stato composto.
to **type** [taip] *v. t.* e *i.* **scrivere a macchina; dattilografare.**
typescript ['taipˌskript] *n.* **1** [C] **dattiloscritto 2** [U] *(tipogr.)* **materiale per la stampa; testo.**
type-setter ['taipˌsetə*] *n.* [C] *(tipogr.)* **1 compositore 2 compositrice** (macchina).
type size ['taipsaiz] *n.* *(tipogr.)* **corpo.**
to **typewrite** ['taipˌrait] (*pass.* **typewrote** ['taipˌrout], *p.p.* **typewritten** ['taipˌritn]) *v. t.* e *i.* **scrivere a macchina; battere** *(fam.)***; dattilografare.**
typewriter ['taipˌraitə*] *n.* [C] **macchina per scrivere.**
typewriting ['taipˌraitiŋ] *n.* [U] **dattilografia.**
typewritten ['taipˌritn] **A** *p.p.* di to **typewrite B** *a.* **scritto a macchina; dattiloscritto.**
typewrote ['taipˌrout] *pass.* di to **typewrite.**
typhoid ['taifɔid] *(med.)* **A** *a.* **tifoideo B** *n.* [U] **febbre tifoide; tifoidea.**
typhoidal [tai'fɔidl] *a.* *(med.)* **tifoideo; della febbre tifoide.**
typhoon [tai'fu:n] *n.* [C] **tifone.**
typhus ['taifəs] *n.* [U] *(med.)* **tifo.**
typical ['tipikəl] *a.* **tipico; caratteristico; rappresentativo.**
to **typify** ['tipifai] *v. t.* **impersonare; raffigurare; rappresentare; simboleggiare.**
typist ['taipist] *n.* [C] **dattilografo, dattilografa.**
typo ['taipou] *n.* (*pl.* **typos**) *(fam.)* **1 tipografo 2 errore di stampa; refuso.**
typographer [tai'pɔgrəfə*] *n.* [C] **tipografo.**
typographic(al) [ˌtaipə'græfik(əl)] *a.* **tipografico.**
typography [tai'pɔgrəfi] *n.* [U] **tipografia.**
typology [tai'pɔlədʒi] *n.* [U] **tipologia.**
tyrannical [ti'rænikəl] *a.* **tirannico.**
tyrannicide [ti'rænisaid] *n.* **1** [C] **tirannicida 2** [U] **tirannicidio.**
to **tyrannize** ['tirənaiz] *v. i.* **essere tirannico; tiranneggiare**: *to t. over sb.,* tiranneggiare q.
tyrannous ['tirənəs] *a.* **1 tirannico 2 crudele; spietato.**
tyranny ['tirəni] *n.* [U] **tirannia** (anche *fig.*)**; tirannide.**
tyrant ['taiərənt] *n.* [C] **tiranno; despota.**
tyre ['taiə*] *n.* [C] **1 pneumatico; gomma; copertone 2 cerchione** (di ruota di carro) ● *t. chains,* catene da neve □ *to get a flat t.,* bucare una gomma; forare.
tyro ['taiərou] *V.* **tiro.**
Tyrolese [ˌtirə'li:z] *a.* e *n.* **tirolese.**
Tyrrhenian [ti'ri:njən] *a.* e *n.* [C] *(geogr.)* **tirreno; tirrenico.**
tzar [tsa:*] *n.* [C] *(stor.)* **zar.**
tzarina [tsa:'ri:nə] *n.* [C] *(stor.)* **zarina.**
tzetze ['tsetsi] *V.* **tsetse.**
Tzigane [tsi'ga:n] *a.* e *n.* [C] **tzigano; zigano ungherese.**

U

U, u [ju:] *n.* (*pl.* **U's, u's; Us, us**) **U, u** ● *(naut., mil.) U-boat,* sottomarino tedesco □ *(tel.) u for uncle,* u come Udine.
ubiquitous [ju(:)'bikwitəs] *a.* **onnipresente; che ha il dono dell'ubiquità.**
ubiquity [ju(:)'bikwiti] *n.* **ubiquità; onnipresenza.**
udder ['ʌdə*] *n.* [C] **mammella; poppa** (specialm. di femmina d'animale).
udometer [ju(:)'dɔmitə*] *n.* [C] **pluviometro.**
UFO ['ju:fou] *n.* (*pl.* **UFO's**) (*acronimo* di *u*nidentified *f*lying *o*bject) **ufo; disco volante.**
ufologist [ju:'fɔlədʒist] *n.* [C] **ufologo.**
ufology [ju:'fɔlədʒi] *n.* [U] **ufologia.**
ugh [uh] *inter.* (di disgusto) **uh!; puh!; oibò!**
to **uglify** ['ʌglifai] *v. t.* **imbruttire; deturpare; sfigurare.**
ugliness ['ʌglinis] *n.* [U] **1 bruttezza; deformità 2 turpitudine.**
ugly ['ʌgli] *a.* **1 brutto; sgradevole;** *(fig.)* **ripugnante, turpe 2 minaccioso** ● *(fam.) an u. customer,* un individuo pericoloso; un brutto tipo *(fam.)* □ *as u. as sin,* brutto come il peccato □ *to make u. faces,* fare le boccacce.
Ugrian ['u:griən], **Ugric** ['u:grik] *a.* **ugro** ● *Ugro-Finnic (o Finno-Ugric) languages,* lingue ugro-finniche.
uhlan ['u:la:n] *n.* [C] *(stor.)* **ulano.**
Ukrainian [ju(:)'kreinjən] *a.* e *n.* [C] **ucraino.**
ukulele [ˌju:kə'leili] *n.* [C] *(mus.)* **ukulele.**
ulcer ['ʌlsə*] *n.* [C] **1** *(med.)* **ulcera 2** *(fig.)* **piaga.**
to **ulcerate** ['ʌlsəreit] *(med.)* **A** *v. t.* **ulcerare B** *v. i.* **ulcerarsi.**
ulceration [ˌʌlsə'reiʃən] *n.* [U] *(med.)* **ulcerazione.**
ulcerative ['ʌlsərətiv] *a.* *(med.)* **ulcerativo.**
ulcerous ['ʌlsərəs] *a.* *(med.)* **ulceroso.**
ullage ['ʌlidʒ] *n.* [U] *(comm.)* **calo; colaggio.**
ulna ['ʌlnə] *n.* (*pl.* **ulnae** ['ʌlni:], **ulnas**) *(anat.)* **ulna.**
ulterior [ʌl'tiəriə*] *a.* **1 ulteriore 2 segreto; nascosto.**
ultimate ['ʌltimit] *a.* **1 ultimo; definitivo; finale 2 basilare; fondamentale; primo**: *the u. cause,* la causa prima.
ultimately ['ʌltimitli] *avv.* **in fine; in definitiva.**
ultimatum [ˌʌlti'meitəm] *n.* [C] (*pl.* **ultimata** [ˌʌlti'meitə], **ultimatums**) **ultimatum.**
ultimo ['ʌltimou] (abbr. **ult.**) *a.* e *avv.* *(comm., bur.)* **scorso; ultimo scorso; del mese passato.**
ultra ['ʌltrə] **A** *n.* [C] **estremista; oltranzista; ultrà B** *a.* **estremo; accanito; ultra**: *an u. pacifist,* un ultrapacifista.
ultra- ['ʌltrə] *pref.* **oltre-; ultra-** (significa "al di là da", "più che" o fa riferimento a una qualità o condizione che eccede la norma).
ultrahigh ['ʌltrəˌhai] *a.* *(radio, telev.)* **ultraelevato.**
ultraism ['ʌltrəizəm] *n.* [U] **oltranzismo; estremismo.**
ultraist ['ʌltrəist] *n.* [C] **oltranzista; estremista; ultrà.**
ultraleftist [ˌʌltrə'leftist] *n.* [C] *(polit.)* **estremista di sinistra; ultrà.**
ultramarine [ˌʌltrəmə'ri:n] **A** *a.* **1 oltremarino; d'oltremare 2 color oltremare B** *n.* **azzurro oltremarino.**
ultramontane [ˌʌltrəmɔn'tein] *a.* *(geogr.)* **oltramontano.**
ultra(-)red [ˌʌltrə'red] *a.* *(fis.)* **infrarosso.**
ultrarightist [ˌʌltrə'raitist] *n.* [C] *(polit.)* **estremista di destra; ultrà.**
ultra(-)short [ˌʌltrə'ʃɔ:t] *a.* *(radio)* **ultracorto**: *u. waves,* onde ultracorte.
ultrasonic [ˌʌltrə'sɔnik] *a.* *(fis.)* **ultrasonico; supersonico.**

ultra(-)violet [ˌʌltrə'vaiəlit] *a. (fis.)* **ultravioletto.**
ultravirus [ˌʌltrə'vaiərəs] *n.* Ⓒ *(biol.)* **ultravirus; virus filtrante.**
to **ululate** ['ju:ljuleit] *v. i.* **ululare.**
ululation [ˌju:lju'leiʃən] *n.* Ⓤ e Ⓒ **ululato.**
umbel ['ʌmbəl] *n.* Ⓒ *(bot.)* **ombrella; umbella.**
umbellate ['ʌmbilit] *a. (bot.)* **umbellato; a forma di ombrella.**
umbelliferous [ˌʌmbi'lifərəs] *a. (bot.)* **umbellifero; ombrellifero.**
umber ['ʌmbə*] ***A*** *n.* Ⓤ *(pitt.)* **terra d'ombra** ***B*** *a.* **color terra d'ombra; marrone scuro.**
umbilical [ʌm'bilikəl] *a. (anat., miss.)* **ombelicale**: *u. cord,* cordone ombelicale.
umbles ['ʌmblz] *n. pl. (arc.)* **interiora del cervo.**
umbra ['ʌmbrə] *n.* (*pl.* **umbrae** ['ʌmbri:], **umbras**) *(scient.)* ***1*** **ombra** ***2*** **cono d'ombra** (in un'eclissi).
umbrage ['ʌmbridʒ] *n.* Ⓤ **ombra** *(fig.)*: *to give u.,* dar ombra (a q.) ● *to take u. at st.,* adombrarsi per q.c.
umbrageous [ʌm'breidʒəs] *a.* ***1*** *(poet.)* **ombroso** ***2*** *(fig., raro)* **ombroso; suscettibile; permaloso.**
umbrella [ʌm'brelə] *n.* Ⓒ ***1*** **ombrello; parapioggia; paracqua** ***2*** *(aeron., mil.)* **ombrello aereo** ***3*** *(fig.)* **protezione** ● *u. factory,* ombrellificio □ *u.-stand,* portaombrelli.
Umbrian ['ʌmbriən] *a.* e *n.* Ⓒ **umbro.**
umpirage ['ʌmpairidʒ] *n.* Ⓤ *(leg., sport)* **arbitraggio; arbitrato.**
umpire ['ʌmpaiə*] *n.* Ⓒ *(leg., sport)* **arbitro.**
to **umpire** ['ʌmpaiə*] *v. t.* e *i. (leg., sport)* **arbitrare; fare da arbitro.**
umpteen ['ʌmpti:n] *a. (fam.)* **molti.**
umpteenth ['ʌmpti:nθ] *a. (fam.)* **ennesimo.**
'un [ən] *pron. (fam.)* **uno; tipo; individuo; tizio**: *He's a nice 'un,* è un tipo simpatico ● *That's a good 'un!,* questa è buona!
un- [ʌn] *pref. (con valore negativo o privativo)* **im-; in-; dis-; a-; s-; non; mis-; anti-.**
unabashed [ˌʌnə'bæʃt] *a.* **imperturbato; impassibile.**
unabated [ˌʌnə'beitid] *a.* ***1*** **non diminuito; non mitigato** ***2*** **implacabile**: *with u. fury,* con furia implacabile.
unable [ʌn'eibl] *a.* **incapace; inabile** ● *to be u. (to do st.),* non potere, non essere capace di, non essere in grado di (fare q.c.).
unabridged [ˌʌnə'bridʒd] *a.* **non abbreviato; completo; integrale**: *an u. edition,* un'edizione integrale.
unaccented [ˌʌnæk'sentid] *a. (fon.)* **non accentato; atono.**
unacceptable [ˌʌnək'septəbl] *a.* **inaccettabile.**
unaccepted [ˌʌnək'septid] *a. (comm.)* **non accettato; respinto.**
unaccompanied [ˌʌnə'kʌmpənid] *a.* ***1*** **non accompagnato; solo; da solo** ***2*** *(mus.)* **senza accompagnamento.**
unaccountable [ˌʌnə'kauntəbl] *a.* ***1*** **inesplicabile; bizzarro; strano** ***2*** **irresponsabile; non responsabile.**
unaccustomed [ˌʌnə'kʌstəmd] *a.* ***1*** **non abituato; non assuefatto; non avvezzo** ***2*** **inconsueto; insolito; inusitato.**
unacknowledged [ˌʌnək'nɔlidʒd] *a.* ***1*** **non riconosciuto; misconosciuto** ***2*** **non ammesso; inconfessato** ***3*** (di lettera, ecc.) **senza risposta; inevaso** *(bur.)*.
unacquainted [ˌʌnə'kweintid] *a.* **ignaro, poco pratico** (di q.c.).
unacquired [ˌʌnə'kwaiəd] *a.* **non acquisito; congenito; innato.**
unaddressed [ˌʌnə'drest] *a.* (di lettera, ecc.) **senza indirizzo.**
unadopted [ˌʌnə'dɔptid] *a.* ***1*** **non adottato** ***2*** (di strada, viale, ecc.) **privato.**
unadorned [ˌʌnə'dɔ:nd] *a.* **disadorno; privo di ornamenti.**
unadulterated [ˌʌnə'dʌltəreitid] *a.* **non adulterato; non sofisticato; genuino; puro; schietto.**
unadvisable [ˌʌnəd'vaizəbl] *a.* **sconsigliabile.**
unadvised [ˌʌnəd'vaizd] *a.* ***1*** **senz'essere consigliato; di testa propria** ***2*** **inconsulto; avventato; imprudente; sconsiderato.**
unaffected [ˌʌnə'fektid] *a.* ***1*** **non affettato; semplice; spontaneo** ***2*** **non soggetto** (a influssi); **immutato** ***3*** **impassibile; insensibile.**
unafraid [ˌʌnə'freid] *a.* **senza paura; impavido; intrepido.**
unaided [ˌʌn'eidid] *a.* **senz'aiuto; da solo.**
unalienable [ʌn'eiljənəbl] *a. (leg.)* **inalienabile.**
unallowable [ˌʌnə'lauəbl] *a.* **inammissibile; intollerabile.**
unalloyed [ˌʌnə'lɔid] *a.* ***1*** (di metallo, ecc.) **puro** ***2*** *(fig.)* **schietto.**
unalterable [ʌn'ɔ:ltərəbl] *a.* **inalterabile; immutabile.**
unaltered [ʌn'ɔ:ltəd] *a.* **inalterato; immutato; costante.**
unambiguous [ˌʌnæm'bigjŭəs] *a.* **inequivocabile; esplicito.**
un-American [ˌʌnə'merikən] *a.* ***1*** **non americano** ***2*** *(polit.)* **antiamericano.**
unamiable [ʌn'eimjəbl] *a.* **poco amabile; burbero; scontroso.**
unanimity [ˌju:nə'nimiti] *n.* Ⓤ **unanimità.**
unanimous [ju:'næniməs] *a.* **unanime; concorde.**
unanimously [ju:'næniməsli] *avv.* **unanimamente; all'unanimità.**
unannounced [ˌʌnə'naunst] *a.* **non annunciato; senza preavviso; imprevisto; improvviso.**
unanswerable [ʌn'a:nsərəbl] *a.* ***1*** **incontestabile; innegabile; irrefutabile** ***2*** (anche *leg.*) **irresponsabile.**
unanswered [ʌn'a:nsəd] *a.* **senza risposta; inevaso** *(bur.)*.
unappealable [ˌʌnə'pi:ləbl] *a.* **inappellabile.**
unappetizing [ʌn'æpitaiziŋ] *a.* **poco appetitoso.**
unappreciated [ˌʌnə'pri:ʃieitid] *a.* **non apprezzato; incompreso.**
unapprehended [ʌnˌæpri'hendid] *a.* ***1*** **non afferrato; non arrestato; libero** ***2*** **non compreso; non capito; incompreso.**
unapprehensive [ʌnˌæpri'hensiv] *a.* ***1*** **non apprensivo; calmo; tranquillo** ***2*** **poco intelligente; ottuso** *(fig.)*.
unapproachable [ˌʌnə'proutʃəbl] *a.* ***1*** **inaccessibile; inaccostabile; inavvicinabile** ***2*** **impareggiabile; ineguagliabile.**
unapt [ʌn'æpt] *a.* ***1*** **non adatto; disadatto; inadeguato; improprio** ***2*** **inetto; incapace.**
unargued [ʌn'a:gju:d] *a.* **indiscusso.**
to **unarm** [ʌn'a:m] *v. t.* **disarmare.**
unarmed [ʌn'a:md] *a.* **disarmato; inerme.**
unarrayed [ˌʌnə'reid] *a.* ***1*** **non schierato; in disordine** ***2*** **non abbigliato; privo di ornamenti; disadorno.**
unascertained [ˌʌnæsə'teind] *a.* **non accertato; non appurato.**
unashamed [ˌʌnə'ʃeimd] *a.* **senza vergogna; spudorato.**
unasked [ʌn'a:skt] *a.* ***1*** **non richiesto; spontaneo** ***2*** **senza invito.**
unassisted [ˌʌnə'sistid] *n.* **non assistito; senza aiuto; da solo.**
unassuming [ˌʌnə'sju:miŋ] *a.* **senza pretese; modesto; alla buona.**
unattached [ˌʌnə'tætʃt] *a.* ***1*** **slegato; sciolto; indipendente; libero** ***2*** *(mil.)* **non assegnato a un reggimento; a disposizione** ***3*** **celibe; scapolo.**
unattainable [ˌʌnə'teinəbl] *a.* **irraggiungibile; inaccessibile.**
unattempted [ˌʌnə'temptid] *a.* **intentato.**
unattended [ˌʌnə'tendid] *a.* ***1*** **solo; senza seguito; senza seguaci** ***2*** **incustodito; senza sorveglianza** ***3*** **trascurato.**
unattractive [ˌʌnə'træktiv] *a.* **poco attraente; privo d'attrattiva.**
unauthorized [ʌn'ɔ:θəraizd] *a.* **non autorizzato; arbitrario; abusivo.**
unavailable [ˌʌnə'veiləbl] *a.* ***1*** **non disponibile** ***2*** *(comm.)* **non in vendita; esaurito.**

unavailing [ˌʌnəˈveiliŋ] *a.* **inefficace; inutile; vano.**
unavenged [ˌʌnəˈvendʒd] *a.* **invendicato.**
unavoidable [ˌʌnəˈvɔidəbl] *a.* **inevitabile.**
unaware [ˌʌnəˈwɛə*] *a. pred.* **inconsapevole; inconscio; ignaro**: *to be u. of st.*, essere ignaro di q.c.; ignorare q.c.
unawares [ˌʌnəˈwɛəz] *avv.* ***1*** **inavvertitamente; involontariamente; senza volerlo** ***2*** **di sorpresa; alla sprovvista**: *to take sb. u.*, cogliere q. alla sprovvista.
unbacked [ʌnˈbækt] *a.* ***1*** **senza appoggi; senza sostenitori** ***2*** (di cavallo) **indomito; non ancora montato** ***3*** *(ippica)* **senza scommettitori; su cui nessuno punta.**
to **unbalance** [ʌnˈbæləns] *v. t.* **sbilanciare; squilibrare.**
unbalanced [ʌnˈbælənst] *a.* **non equilibrato; squilibrato.**
to **unbar** [ʌnˈbɑ:*] *v. t.* **togliere il catenaccio** (o **le sbarre) a; disserrare; aprire.**
unbearable [ʌnˈbɛərəbl] *a.* **insopportabile; intollerabile.**
unbeatable [ʌnˈbi:təbl] *a.* **imbattibile; insuperabile.**
unbeaten [ʌnˈbi:tn] *a.* ***1*** **non battuto; insuperato; invitto** ***2*** **non battuto; non frequentato.**
unbecoming [ˌʌnbiˈkʌmiŋ], **unbefitting** [ˌʌnbiˈfitiŋ] *a.* ***1*** **sconveniente; indecoroso; disdicevole** ***2*** **inadatto; che non sta bene.**
unbefriended [ˌʌnbiˈfrendid] *a.* **senza amici.**
unbeknown [ˌʌnbiˈnoun] *a. pred.* **ignorato; sconosciuto** ● *u. to*, all'insaputa di.
unbelief [ˌʌnbiˈli:f] *n.* [U] **incredulità; miscredenza.**
unbelievable [ˌʌnbiˈli:vəbl] *a.* **incredibile.**
unbeliever [ˌʌnbiˈli:və*] *n.* [C] **incredulo; miscredente; scettico.**
unbelieving [ˌʌnbiˈli:viŋ] *a.* **incredulo; miscredente; scettico.**
to **unbend** [ʌnˈbend] (*pass.* e *p.p.* **unbent** [ʌnˈbent]) ***A*** *v. t.* ***1*** **raddrizzare; stendere** ***2*** **distendere** *(fig.)*; **rilassare** ***3*** *(naut.)* **sciogliere** (una vela); **slegare** (una cima, ecc.) ***B*** *v. i.* ***1*** **raddrizzarsi; stendersi** ***2*** *(fig.)* **rilassarsi** ● *to u. one's brow*, spianare la fronte.
unbending [ʌnˈbendiŋ] *a.* **rigido; inflessibile.**
unbent [ʌnˈbent] ***A*** *pass.* e *p.p.* di to **unbend** ***B*** *a.* ***1*** **non piegato** (anche *fig.*) ***2*** *(fig.)* **non sottomesso.**
unbeseeming [ˌʌnbiˈsi:miŋ] *a.* **disdicevole; sconveniente.**
unbia(s)sed [ʌnˈbaiəst] *a.* **imparziale; obiettivo.**
unbidden [ʌnˈbidn] *a.* ***1*** **non richiesto; spontaneo** ***2*** **non invitato.**
to **unbind** [ʌnˈbaind] (*pass.* e *p.p.* **unbound** [ʌnˈbaund]) *v. t.* **slegare; sciogliere.**
unblemished [ʌnˈblemiʃt] *a.* **senza macchia; puro.**
unblushing [ʌnˈblʌʃiŋ] *a.* **sfacciato; spudorato; svergognato.**
to **unbolt** [ʌnˈboult] *v. t.* e *i.* ***1*** **levare il catenaccio** (a); **disserrare; aprire** ***2*** *(mecc.)* **sbullonare.**
unboned [ʌnˈbound] *a.* ***1*** *(zool.)* **senz'ossa; invertebrato** ***2*** *(cucina)* **con le ossa; non disossato**: *an u. fowl*, un pollo non disossato.
unbooted [ʌnˈbu:tid] *a.* **senza stivali; senza scarpe; scalzo.**
unborn [ʌnˈbɔ:n] *a.* ***1*** **non ancora nato; prima della nascita** ***2*** *(fig.)* **inesistente; di là da venire; futuro.**
to **unbosom** [ʌnˈbuzəm] ***A*** *v. t.* **confidare; rivelare; svelare; sfogare** ***B*** *v. i.* (spesso to **unbosom oneself** *v. rifl.*) **confidarsi; sfogarsi.**
unbound [ʌnˈbound] ***A*** *pass.* e *p.p.* di to **unbind** ***B*** *a.* ***1*** **slegato; sciolto; libero** ***2*** (di libro) **non rilegato.**
unbounded [ʌnˈbaundid] *a.* ***1*** **sconfinato; illimitato; infinito; smisurato** ***2*** **incontenibile; sfrenato.**
unbowed [ʌnˈbaud] *a.* ***1*** **non curvo; non piegato** ***2*** *(fig.)* **non domo; indomito; invitto.**
to **unbrace** [ʌnˈbreis] *v. t.* ***1*** **allentare; sciogliere; slacciare** ***2*** *(fig.)* **rilassare; distendere** ***3*** *(fig.)* **indebolire; infiacchire.**
unbreakable [ʌnˈbreikəbl] *a.* **infrangibile.**
unbreathable [ʌnˈbri:ðəbl] *a.* **irrespirabile.**
unbred [ʌnˈbred] *a.* ***1*** **maleducato** ***2*** **ineducato; inesperto.**
unbreeched [ʌnˈbri:tʃt] *a.* ***1*** **senza calzoni** ***2*** *(mil.)* **senza culatta.**
unbridled [ʌnˈbraidld] *a.* **sbrigliato; sfrenato** (specialm. *fig.*).
unbroken [ʌnˈbroukən] *a.* ***1*** **non rotto; intatto** ***2*** **ininterrotto; continuo** ***3*** (di cavallo) **non domato; indomito** ***4*** (di un primato) **insuperato.**
to **unbuckle** [ʌnˈbʌkl] *v. t.* **sfibbiare.**
to **unburden** [ʌnˈbə:dn] ***A*** *v. t.* ***1*** **alleggerire; sgravare; scaricare** ***2*** **levare il carico a** ***B*** to **unburden oneself** *v. rifl.* **confidarsi; sfogarsi**: *to u. oneself to sb.*, confidarsi con q.
unburied [ʌnˈberid] *a.* **insepolto.**
to **unbury** [ʌnˈberi] *v. t.* **disseppellire; esumare.**
unbusinesslike [ʌnˈbiznislaik] *a.* ***1*** **inadatto al commercio; non conforme agli usi commerciali** ***2*** **privo di metodo; poco pratico.**
to **unbutton** [ʌnˈbʌtn] *v. t.* **sbottonare.**
unbuttoned [ʌnˈbʌtnd] *a.* ***1*** **sbottonato** ***2*** *(fig.)* **rilassato; a proprio agio.**
uncalled [ʌnˈkɔ:ld] *a.* **non chiamato; non invitato** ● *u.-for*, non necessario; fuori luogo; gratuito; (di lettera) giacente alla Posta.
uncanniness [ʌnˈkæninis] *n.* [U] **misteriosità.**
uncanny [ʌnˈkæni] *a.* **misterioso; soprannaturale.**
to **uncap** [ʌnˈkæp] ***A*** *v. t.* ***1*** **togliere il berretto a** (q.) ***2*** **togliere il cappuccio a** (una stilografica, ecc.); **stappare** (una bottiglia con tappo metallico) ***B*** *v. i.* **levarsi il berretto; scappellarsi.**
uncared-for [ʌnˈkɛədfɔ:*] *a.* **negletto; trascurato.**
to **uncase** [ʌnˈkeis] *v. t.* **togliere dall'astuccio (o dal fodero).**
unceasing [ʌnˈsi:siŋ] *a.* **incessante; continuo.**
uncensured [ʌnˈsenʃəd] *a.* **incensurato.**
unceremonious [ˌʌnseriˈmounjəs] *a.* ***1*** **senza cerimonie; alla buona** ***2*** **poco cerimonioso; sbrigativo; spicciativo.**
uncertain [ʌnˈsə:tn] *a.* **incerto; malsicuro; dubbio; dubbioso; irresoluto; indeciso**: *u. weather*, tempo incerto □ *I am u. whether to go or not*, sono indeciso se andare o no ● (spesso *scherz.*) *a lady of u. age*, una signora di età imprecisata.
uncertainty [ʌnˈsə:tənti] *n.* [U] e [C] **incertezza; dubbio.**
to **unchain** [ʌnˈtʃein] *v. t.* **sciogliere dalle catene; liberare.**
unchallenged [ʌnˈtʃælindʒd] *a.* ***1*** **non sfidato** ***2*** **incontestato.**
unchancy [ʌnˈtʃɑ:nsi] *a.* (specialm. *scozz., arc.*) ***1*** **disgraziato; sfortunato** ***2*** **inopportuno; intempestivo.**
unchangeable [ʌnˈtʃeindʒəbl] *a.* **immutabile; inalterabile.**
unchangeableness [ʌnˈtʃeindʒəblnis] *n.* [U] **immutabilità; inalterabilità.**
unchanged [ʌnˈtʃeindʒd] *a.* **immutato; invariato.**
unchanging [ʌnˈtʃeindʒiŋ] *a.* **immutabile; invariabile; costante.**
uncharitable [ʌnˈtʃæritəbl] *a.* **non caritatevole; duro; severo.**
uncharted [ʌnˈtʃɑ:tid] *a.* ***1*** **non segnato sulle carte geografiche** ***2*** *(naut.)* **non registrato sulle carte marittime.**
unchaste [ʌnˈtʃeist] *a.* **impudico; lascivo; licenzioso.**
unchastity [ʌnˈtʃæstiti] *n.* [U] **impudicizia; lascivia.**
unchecked [ʌnˈtʃekt] *a.* ***1*** **sbrigliato; sfrenato; indisciplinato** ***2*** **non verificato; non controllato.**
unchristian [ʌnˈkristʃən] *a.* ***1*** **non cristiano; pagano** ***2*** **poco cristiano; non caritatevole** ***3*** *(fam.)* **incivile; barbaro.**
uncinate [ˈʌnsinit] *a.* **uncinato; a forma d'uncino.**
uncircumcised [ʌnˈsə:kəmsaizd] *a.* ***1*** **non circonciso** ***2*** *(fig.)* **pagano; barbaro.**
uncircumstantial [ˌʌnsə:kəmˈstænʃəl] *a.* **non particolareggiato; sommario.**

uncivil [ʌn'sivl] *a.* ***1*** **incivile** ***2*** **maleducato; scortese; sgarbato.**
uncivilized [ʌn'sivilaizd] *a.* **incivile; barbaro; selvaggio.**
unclaimed [ʌn'kleimd] *a.* **non reclamato.**
to **unclasp** [ʌn'kla:sp] ***A*** *v. t.* ***1*** **sfibbiare; slacciare** ***2*** **mollare** ***B*** *v. i.* **lasciare la presa; lasciar andare.**
uncle ['ʌŋkl] *n.* C ***1*** **zio** ***2*** *(pop.)* **prestatore di denaro su pegno** ● *U. Sam,* lo zio Sam (il governo degli USA; il popolo americano).
unclean [ʌn'kli:n] *a.* **sporco; sudicio; immondo; impuro.**
unclipped [ʌn'klipt] *a.* ***1*** **non tosato** ***2*** (di biglietto) **non forato.**
to **uncloak** [ʌn'klouk] *v. t.* ***1*** **togliere il mantello a** ***2*** *(fig.)* **scoprire; smascherare; svelare.**
to **unclose** [ʌn'klouz] *v. t.* ***1*** **schiudere; aprire** ***2*** **rivelare.**
to **unclothe** [ʌn'klouð] *v. t.* ***1*** **spogliare; svestire** ***2*** **scoprire; svelare.**
unclouded [ʌn'klaudid] *a.* **non offuscato; sereno.**
to **uncoil** [ʌn'kɔil] ***A*** *v. t.* **svolgere; snodare** ***B*** *v. i.* **svolgersi; snodarsi.**
uncollected [ˌʌnkə'lektid] *a.* ***1*** **non raccolto; sparso** ***2*** **non riscosso; non incassato** ***3*** *(fig.)* **agitato; distratto; svagato.**
uncoloured [ʌn'kʌləd] *a.* ***1*** **incolore; non colorato; senza colore** ***2*** *(fig.)* **non colorito; non abbellito; nudo e crudo; spoglio.**
un-come-at-able [ˌʌnkʌm'ætəbl] *a.* *(fam.)* **inaccessibile; irraggiungibile.**
uncomely [ʌn'kʌmli] *a.* ***1*** **brutto; sgraziato** ***2*** **sconveniente.**
uncomfortable [ʌn'kʌmfətəbl] *a.* ***1*** **incomodo; scomodo; disagevole** ***2*** **a disagio; inquieto**: *to feel u.,* sentirsi a disagio ***3*** **sgradevole; spiacevole** ● *to make things u. for sb.,* dare delle noie a q.
uncomfortableness [ʌn'kʌmfətəblnis] *n.* U ***1*** **scomodità** ***2*** **disagio; inquietudine** ***3*** **sgradevolezza.**
uncommitted [ˌʌnkə'mitid] *a.* **non vincolato; non impegnato; libero; indipendente** ● *(polit.) the u. countries,* i paesi non allineati.
uncommon [ʌn'kɔmən] *a.* **non comune; raro; fuori del comune; singolare.**
uncommunicative [ˌʌnkə'mju:nikətiv] *a.* **chiuso** *(fig.)*; **riservato; silenzioso; taciturno.**
uncompanionable [ˌʌnkəm'pænjənəbl] *a.* **insocievole; poco socievole.**
uncompleted [ˌʌnkəm'pli:tid] *a.* **incompleto; incompiuto.**
uncompromising [ʌn'kɔmprəˌmaiziŋ] *a.* **intransigente; inflessibile; irriducibile.**
unconcern [ˌʌnkən'sə:n] *n.* ***1*** **indifferenza; noncuranza** ***2*** **serenità.**
unconcerned [ˌʌnkən'sə:nd] *a.* ***1*** **indifferente; noncurante** ***2*** **senza preoccupazioni; sereno** ***3*** **estraneo; distaccato** *(fig.).*
unconditional [ˌʌnkən'diʃənl] *a.* **incondizionato; senza condizioni; senza riserve; assoluto; pieno; netto.**
unconditioned [ˌʌnkən'diʃənd] *a.* *(filos., scient.)* **incondizionato; spontaneo.**
unconformity [ˌʌnkən'fɔ:miti] *n.* U ***1*** **mancanza di conformità; incongruenza** ***2*** **incompatibilità** ***3*** *(geol.)* **discordanza.**
uncongenial [ˌʌnkən'dʒi:njəl] *a.* **non congeniale; antipatico; che non va a genio.**
unconnected [ˌʌnkə'nektid] *a.* ***1*** **separato; distaccato; a sé stante** ***2*** **sconnesso; slegato** *(fig.).*
unconquerable [ʌn'kɔŋkərəbl] *a.* **indomabile; invincibile.**
unconquered [ʌn'kɔŋkəd] *a.* **indomito; invitto.**
unconscionable [ʌn'kɔnʃənəbl] *a.* **irragionevole; eccessivo; esorbitante.**
unconscious [ʌn'kɔnʃəs] ***A*** *a.* ***1*** **inconscio; inconsapevole; ignaro** ***2*** **privo di sensi; svenuto** ***B*** *n.* — *the u.,* l'inconscio; il subcosciente ● *to become u.,* perdere la conoscenza; venir meno; svenire.
unconsciousness [ʌn'kɔnʃəsnis] *n.* U ***1*** **inconsapevolezza; ignoranza** ***2*** **stato d'incoscienza.**
unconsidered [ˌʌnkən'sidəd] *a.* ***1*** **non considerato; trascurato** ***2*** **sconsiderato; avventato; imprudente.**
unconstitutional [ˌʌnkɔnsti'tju:ʃənl] *a.* *(leg.)* **incostituzionale.**
unconstrained [ˌʌnkən'streind] *a.* ***1*** **non costretto; libero** ***2*** **disinvolto; naturale; spontaneo** ● *u. freedom,* assoluta libertà.
unconstraint [ˌʌnkən'streint] *n.* U ***1*** **assenza di costrizione; libertà** ***2*** **disinvoltura; naturalezza; spontaneità.**
uncontainable [ˌʌnkən'teinəbl] *a.* **incontenibile; irrefrenabile.**
uncontaminated [ˌʌnkən'tæmineitid] *a.* **incontaminato.**
uncontestable [ˌʌnkən'testəbl] *a.* **incontestabile.**
uncontested [ˌʌnkən'testid] *a.* **incontestato; incontrastato.**
uncontrollable [ˌʌnkən'trouləbl] *a.* ***1*** **incontrollabile** ***2*** **irrefrenabile** ***3*** **indomabile; irriducibile.**
uncontrolled [ˌʌnkən'trould] *a.* ***1*** **incontrollato; senza controllo** ***2*** **sfrenato; senza freno.**
unconventional [ˌʌnkən'venʃənl] *a.* **non convenzionale; anticonformista.**
unconventionality [ˌʌnkənˌvenʃə'næliti] *n.* U **anticonformismo; disinvoltura; originalità.**
unconvinced [ˌʌnkən'vinst] *a.* **non convinto; non persuaso.**
unconvincing [ˌʌnkən'vinsiŋ] *a.* **poco convincente.**
uncooked [ʌn'kukt] *a.* **non cucinato; crudo.**
to **uncork** [ʌn'kɔ:k] *v. t.* ***1*** **stappare; sturare** ***2*** *(fig.)* **sfogare.**
uncorrupted [ˌʌnkə'rʌptid] *a.* **incorrotto; incontaminato.**
uncorruptible [ˌʌnkə'rʌptəbl] *a.* **incorruttibile.**
uncountable [ʌn'kauntəbl] ***A*** *a.* ***1*** **innumerevole; incalcolabile** ***2*** **non numerabile** ***B*** *n.* C *(gramm. ingl.)* **nome non numerabile**: *« Patience » is an u.,* « pazienza » è un nome non numerabile □ *Uncountables are not used with the indefinite article and have no plural form,* un nome non numerabile non può essere preceduto dall'articolo indefinito, né essere usato al plurale.
to **uncouple** [ʌn'kʌpl] *v. t.* ***1*** **sciogliere; slegare** (cani al guinzaglio, ecc.) ***2*** **staccare; sganciare.**
uncouth [ʌn'ku:θ] *a.* ***1*** **goffo; impacciato; sgraziato** ***2*** **grossolano; maleducato; incivile; rozzo** ***3*** *(lett.)* **desolato; selvaggio.**
uncouthness [ʌn'ku:θnis] *n.* U ***1*** **goffaggine; impaccio; mancanza di grazia** ***2*** **grossolanità; rozzezza; maleducazione** ***3*** *(lett.)* **carattere selvaggio, desolato** (d'un paesaggio, ecc.).
to **uncover** [ʌn'kʌvə*] *v. t.* ***1*** **scoprire; mettere a nudo; svelare** ***2*** **scoperchiare** ***3*** *(mil.)* **mettere** (truppe) **allo scoperto.**
uncreated [ˌʌnkri:'eitid] *a.* **increato; non creato.**
uncrossed [ʌn'krɔst] *a.* ***1*** **mai attraversato** ***2*** **non cancellato** ***3*** (*comm.*, d'assegno) **non sbarrato** ***4*** **non contrariato.**
uncrowned [ʌn'kraund] *a.* (di sovrano) **non ancora incoronato; senza corona.**
unction ['ʌŋkʃən] *n.* ***1*** U *(relig.)* **unzione**: *Extreme U.,* Estrema Unzione ***2*** C **unguento** ***3*** U *(fig.)* **ipocrisia; falso compiacimento.**
unctuous ['ʌŋktjuəs] *a.* **untuoso** (anche *fig.*).
uncultivated [ʌn'kʌltiveitid] *a.* (di terreno e *fig.*) **incolto.**
uncultured [ʌn'kʌltʃəd] *a.* (di persona) **incolto.**
uncurbed [ʌn'kə:bd] *a.* **indomito; sfrenato.**
uncut [ʌn'kʌt] *a.* ***1*** (specialm. di diamante) **non tagliato; intero** ***2*** (di libro) **intonso.**
undamaged [ʌn'dæmidʒd] *a.* **indenne; intatto; non avariato.**
undated [ʌn'deitid] *a.* **non datato; senza data.**
undaunted [ʌn'dɔ:ntid] *a.* **intrepido; imperterrito.**
to **undeceive** [ˌʌndi'si:v] *v. t.* **disingannare; disilludere.**
undecided [ˌʌndi'saidid] *a.* ***1*** **indeciso; incerto; irresoluto** ***2*** **non deciso; in sospeso.**
undecipherable [ˌʌndi'saifərəbl] *a.* **indecifrabile.**

undefended [ˌʌndi'fendid] *a.* ***1*** **indifeso** ***2*** **senza difesa legale.**
undefiled [ˌʌndi'faild] *a.* **incorrotto; puro.**
undefined [ˌʌndi'faind] *a.* **indefinito; indeterminato.**
undelivered [ˌʌndi'livəd] *a.* ***1*** **non consegnato; non recapitato** ***2*** **non liberato** ***3*** (di discorso) **non pronunciato** ***4*** (di verdetto) **non emesso.**
undemonstrative [ˌʌndi'mɔnstrətiv] *a.* **chiuso** *(fig.);* **non espansivo; riservato.**
undeniable [ˌʌndi'naiəbl] *a.* **innegabile.**
undenominational [ˌʌndiˌnɔmi'neiʃənl] *a.* *(relig.)* **aconfessionale; laico**: *u. education,* istruzione laica.
(1) under ['ʌndə*] *prep.* ***1*** **sotto; sotto a**: *u. the table,* sotto il tavolo □ *u. King John,* sotto re Giovanni □ *forbidden u. pain of death,* proibito sotto pena di morte □ *children u. five years of age,* i bambini sotto i cinque anni d'età ***2*** **in; in corso di**: *u. repair,* in riparazione □ *u. discussion,* in discussione ***3*** **per meno di; in meno di**: *It cannot be done for u. ten pounds,* non lo si può fare per meno di dieci sterline □ *to walk ten miles in u. two hours,* fare dieci miglia a piedi in meno di due ore ● *to be u. a delusion,* illudersi; ingannarsi □ *(comm.) u. separate cover,* in plico a parte □ *(comm.) to sell u. price,* vendere sotto prezzo; svendere.
(2) under ['ʌndə*] *avv.* **sotto; abbasso; disotto** ● *to go u.,* fallire, soccombere; *(naut.)* andare a picco, affondare □ *(fig.) to keep u.,* tenere in soggezione; reprimere.
under- ['ʌndə*] *pref.* **sotto-; inferiore; subalterno; vice-.**
to **underact** [ˌʌndər'ækt] *v. t.* e *i.* *(teatr.)* **recitare** (una parte) **con scarsa enfasi.**
under-agent ['ʌndərˌeidʒənt] *n.* [C] *(comm.)* **subagente.**
underarm ['ʌndərˌa:m] *a.* e *avv.* ***1*** **sotto il braccio; sotto l'ascella** ***2*** *(tennis,* ecc.*)* **dal basso (verso l'alto)**: *an u. stroke,* un colpo dal basso.
underbelly ['ʌndəˌbeli] *n.* [C] ***1*** *(zool.)* **parte soffice del ventre** ***2*** *(fig.)* **ventre molle.**
to **underbid** [ˌʌndə'bid] (*pass.* e *p.p.* **underbid**) *v. t.* *(comm.)* ***1*** **fare un'offerta inferiore a quella di** (un concorrente) ***2*** **offrire merce (**o **un servizio) a un prezzo inferiore a quello di** (un concorrente).
underbred [ˌʌndə'bred] *a.* ***1*** **maleducato; screanzato; volgare** ***2*** (di cavallo, ecc.) **non di razza; bastardo.**
underbrush ['ʌndəˌbrʌʃ] (specialm. *USA*) *V.* **undergrowth.**
undercarriage ['ʌndəˌkæridʒ] *n.* [C] ***1*** *(autom.)* **telaio** ***2*** *(aeron.)* **carrello (d'atterraggio).**
to **undercharge** [ˌʌndə'tʃa:dʒ] *v. t.* ***1*** **far pagare meno del solito (**o **del giusto)** ***2*** *(mil.)* **caricare** (un'arma da fuoco) **in modo insufficiente.**
underclothes ['ʌndəklouðz] *n. pl.* **biancheria intima.**
underclothing ['ʌndəˌklouðiŋ] *V.* **underclothes.**
undercoat ['ʌndəkout] *n.* [C] (di vernice, pittura) **mano di fondo.**
undercover [ˌʌndə'kʌvə*] *a.* **segreto; nascosto; travestito.**
undercroft ['ʌndəkrɔft] *n.* [C] **cripta** (specialm. di chiesa).
undercurrent ['ʌndəˌkʌrənt] *n.* [C] ***1*** *(geogr., naut.)* **sottocorrente** ***2*** *(fig.)* **corrente secondaria; tendenza occulta; influsso segreto.**
to **undercut** [ˌʌndə'kʌt] (*pass.* e *p.p.* **undercut**) *v. t.* ***1*** **tagliare di sotto** ***2*** *(sport)* **colpire dal basso; tagliare** (la palla) ***3*** *(comm.)* **vendere a un prezzo inferiore a quello di** (un concorrente).
undercut ['ʌndəˌkʌt] *n.* ***1*** [U] *(macelleria)* **filetto** ***2*** [C] *(sport)* **colpo dal basso;** *(pugilato)* **« undercut ».**
underdeveloped [ˌʌndədi'veləpt] *a.* *(econ.)* **sottosviluppato.**
underdog ['ʌndədɔg] *n.* *(fam.)* **chi ha la peggio; diseredato.**
underdone [ˌʌndə'dʌn] *a.* (di carne, ecc.) **poco cotto; al sangue.**
to **underdress** [ˌʌndə'dres] *v. i.* **non vestirsi in modo adeguato.**
underemployed [ˌʌndərim'plɔid] *a.* **sottoccupato; non occupato a tempo pieno.**
underemployment [ˌʌndərim'plɔimənt] *n.* [U] *(econ.)* **sottoccupazione.**
to **underestimate** [ˌʌndər'estimeit] *v. t.* ***1*** **sottovalutare; sminuire** ***2*** *(comm.)* **fare un preventivo troppo basso per** (un lavoro).
underestimate [ˌʌndər'estimit] *n.* [C] ***1*** **valutazione inadeguata** ***2*** *(comm.)* **preventivo troppo basso.**
to **underexpose** [ˌʌndəriks'pouz] *v. t.* *(fotogr.)* **sottoesporre.**
underfed [ˌʌndə'fed] *a.* **denutrito.**
underfoot [ˌʌndə'fut] *avv.* ***1*** **sotto i piedi** ***2*** **fra i piedi; d'impaccio.**
undergarment ['ʌndəˌga:mənt] *n.* [C] **sottoveste; indumento intimo.**
to **undergo** [ˌʌndə'gou] (*pass.* **underwent** [ˌʌndə'went], *p.p.* **undergone** [ˌʌndə'gɔn]) *v. t.* **subire; soffrire; passare attraverso; sottoporsi a**: *to u. a radical change,* subire un mutamento radicale.
undergraduate [ˌʌndə'grædjuit] *n.* [C] **studente universitario.**
underground [ˌʌndə'graund] ***A*** *avv.* ***1*** **sottoterra; nel sottosuolo** ***2*** **segretamente; di nascosto; nella clandestinità** ***B*** *a. attr.* ['ʌndəgraund] ***1*** **sotterraneo** ***2*** **segreto; clandestino** ***C*** *n.* ['ʌndəgraund] ***1*** [C] e [U] **ferrovia sotterranea** ***2*** [C] *(polit.)* **movimento clandestino.**
undergrown ['ʌndəˌgroun] *a.* **cresciuto male;** (di persona) **di bassa statura, mingherlino;** (di pianta) **stentato.**
undergrowth ['ʌndəgrouθ] *n.* [U] **sottobosco; boscaglia; arbusti.**
underhand ['ʌndəhænd] ***A*** *a.* ***1*** **clandestino; nascosto; segreto; subdolo** ***2*** *(sport)* **dal basso all'alto** ***B*** *avv.* [ˌʌndə'hænd] ***1*** **di nascosto; di soppiatto; sottomano** ***2*** *(sport)* **dal basso all'alto.**
underhanded [ˌʌndə'hændid] *a.* ***1*** **disonesto; nascosto; segreto; subdolo** ***2*** (di fabbrica, squadra di calcio, ecc.) **con gli effettivi ridotti.**
underhung [ˌʌndə'hʌŋ] *a.* (della mandibola) **sporgente.**
underlaid [ˌʌndə'leid] *pass.* e *p.p.* di to **underlay.**
underlain [ˌʌndə'lein] *p.p.* di to **underlie.**
to **underlay** [ˌʌndə'lei] (*pass.* e *p.p.* **underlaid** [ˌʌndə'leid]) *v. t.* **collocare, infilare, porre** (q.c.) **sotto.**
underlay [ˌʌndə'lei] *pass.* di to **underlie.**
to **underlet** [ˌʌndə'let] (*pass.* e *p.p.* **underlet**) *v. t.* **subaffittare.**
under-librarian ['ʌndəlai'brɛəriən] *n.* [C] **vicebibliotecario.**
to **underlie** [ˌʌndə'lai] (*pass.* **underlay** [ˌʌndə'lei], *p.p.* **underlain** [ˌʌndə'lein]) ***A*** *v. t.* ***1*** (di uno strato, ecc.) **sottostare a** (un altro) ***2*** *(fig.)* **essere alla base di; costituire il fondamento di** ***B*** *v. i.* **stare sotto; essere sottostante.**
to **underline** [ˌʌndə'lain] *v. t.* **sottolineare** (anche *fig.*); **mettere in evidenza (**o **in risalto).**
underlinen ['ʌndəˌlinin] *n.* [U] **biancheria personale (**o **intima).**
underling ['ʌndəliŋ] *n.* [C] **subalterno;** *(spreg.)* **tirapiedi.**
underlip ['ʌndəlip] *n.* [C] *(anat.)* **labbro inferiore.**
underlying [ˌʌndə'laiiŋ] *a.* ***1*** **sottostante** ***2*** **basilare; fondamentale.**
to **underman** [ˌʌndə'mæn] *v. t.* **equipaggiare in modo insufficiente; fornire di personale troppo scarso (**o **di manodopera troppo scarsa).**
undermentioned [ˌʌndə'menʃənd] *a.* **sottomenzionato.**
to **undermine** [ˌʌndə'main] *v. t.* **minare** (anche *fig.*).
undermost ['ʌndəmoust] *a.* **infimo; (il) più basso.**
underneath [ˌʌndə'ni:θ] ***A*** *avv.* **sotto; disotto; abbasso** ***B*** *prep.* **sotto; sotto a** ***C*** *a. pred.* **disotto; inferiore** ***D*** *n.* **(il) disotto.**
undernourished [ˌʌndə'nʌriʃt] *a.* **denutrito.**
underpaid [ˌʌndə'peid] ***A*** *pass.* e *p.p.* di to **underpay** ***B*** *a.* **mal pagato; mal retribuito.**

underpass ['ʌndəpa:s] *n.* [C] 1 sottopassaggio pedonale 2 *(autom.)* sottovia; sottopassaggio.
to **underpay** [,ʌndə'pei] (*pass.* e *p.p.* **underpaid** [,ʌndə'peid]) *v. t.* pagare poco; retribuire in modo insufficiente.
to **underpin** [,ʌndə'pin] *v. t. (costr.)* puntellare.
underplot ['ʌndəplɔt] *n.* [C] intreccio secondario (di romanzo, ecc.).
underpopulated [,ʌndə'pɔpjuleitid] *a.* scarsamente popolato.
underproduction [,ʌndəprə'dʌkʃən] *n.* [U] *(econ.)* produzione insufficiente; sottoproduzione.
to **underprop** [,ʌndə'prɔp] *v. t.* puntellare.
to **underquote** [,ʌndə'kwout] *v. t. (comm.)* 1 offrire (merce) a un prezzo inferiore 2 fare prezzi inferiori a quelli di (un concorrente).
underran [,ʌndə'ræn] *pass.* di to **underrun.**
to **underrate** [,ʌndə'reit] *v. t.* sottovalutare; sminuire; svalutare.
under-ripe [,ʌndə'raip] *a.* non abbastanza maturo; immaturo.
to **underrun** [,ʌndə'rʌn] (*pass.* **underran** [,ʌndə'ræn], *p.p.* **underrun**) **A** *v. i.* correre sotto; passare sotto **B** *v. t.* far scorrere sotto; far passare sotto.
to **underscore** [,ʌndə'skɔ:*] *v. t.* sottolineare (anche *fig.*).
undersea ['ʌndəsi:] *a. attr.* sottomarino.
underseas [,ʌndə'si:z] *avv.* sotto la superficie del mare.
undersecretary [,ʌndə'sekrətəri] *n.* [C] 1 *(polit.)* sottosegretario 2 vice segretario.
to **undersell** [,ʌndə'sel] (*pass.* e *p.p.* **undersold** [,ʌndə'sould]) *v. t. (comm.)* 1 vendere (merce) sottocosto; svendere 2 vendere a un prezzo inferiore a quello di (un concorrente).
to **underset** ['ʌndə,set] (*pass.* e *p.p.* **underset**) *v. t. (costr.)* puntellare; *(fig.)* sostenere.
undershirt ['ʌndəʃə:t] *n.* [C] *(USA)* camiciola; maglietta.
underside ['ʌndəsaid] *n.* [C] parte inferiore; (il) disotto.
to **undersign** [,ʌndə'sain] *v. t.* sottoscrivere; firmare in calce.
undersigned ['ʌndə,saind] *a.* sottoscritto; firmato • *the u.*, il sottoscritto □ *I the u.*, io sottoscritto □ *we the u.*, i sottoscritti.
undersized [,ʌndə'saizd] *a.* di misura (o statura) inferiore al normale; mingherlino; piccolo; stentato.
underskirt ['ʌndə,skə:t] *n.* [C] sottogonna.
undersoil ['ʌndə,sɔil] *n.* [U] sottosuolo.
undersold [,ʌndə'sould] *pass.* e *p.p.* di to **undersell.**
understaffed [,ʌndə'sta:ft] *a.* che non ha personale sufficiente; a corto di personale.
to **understand** [,ʌndə'stænd] (*pass.* e *p.p.* **understood** [,ʌndə'stud]) *v. t.* e *i.* 1 capire; comprendere; intendere: *to u. English*, capire l'inglese □ *I don't u. you (what you say)*, non ti capisco (non comprendo quel che dici) 2 apprendere; venire a sapere; sentir dire: *We u. that the firm has stopped payment*, apprendiamo che la ditta ha sospeso i pagamenti 3 sottintendere: *The verb may be understood*, si può sottintendere il verbo 4 *(come parentetico)* credere; pensare; ritenere: *He is, I u., no longer here*, credo che sia già partito • *to u. each other (o one another)*, comprendersi; capirsi; andare d'accordo □ *to give sb. to u.*, lasciar intendere a q. □ *to make oneself understood*, farsi capire.
understandable [,ʌndə'stændəbl] *a.* comprensibile; intelligibile.
(1) understanding [,ʌndə'stændiŋ] *n.* 1 [U] intelligenza; intelletto; discernimento; comprendonio *(fam.)* 2 *(spesso con l'art. indeterm.)* accordo; intesa: *to reach (o to come to) an u.*, raggiungere un accordo 3 *(al pl., pop.)* gambe • *on the u. that*, a condizione che; a patto che □ *on this u.*, a questa condizione; a questi patti.
(2) understanding [,ʌndə'stændiŋ] *a.* 1 intelligente; dotato d'intuito 2 comprensivo; indulgente.
to **understate** [,ʌndə'steit] *v. t.* attenuare; minimizzare.
understatement [,ʌndə'steitmənt] *n.* [C] e [U] dichiarazione incompleta; affermazione troppo modesta.
understood [,ʌndə'stud] **A** *pass.* e *p.p.* di to **understand B** *a.* (anche *gramm.*) sottinteso.
understrapper ['ʌndə,stræpə*] *n.* [C] *(spreg.)* impiegatuccio; tirapiedi.
understudy ['ʌndə,stʌdi] *n.* [C] *(teatr.)* sostituto (anche *fig.*).
to **understudy** ['ʌndə,stʌdi] *v. t.* *(teatr.)* 1 studiare (una parte) come sostituto 2 sostituire (un attore, un'attrice).
to **undertake** [,ʌndə'teik] (*pass.* **undertook** [,ʌndə'tuk], *p.p.* **undertaken** [,ʌndə'teikən]) **A** *v. t.* 1 intraprendere; assumere: *to u. a journey*, intraprendere un viaggio 2 assumersi l'impegno (di); impegnarsi (a): *I can't u. to do that*, non posso impegnarmi a fare ciò **B** *v. i.* assicurare; garantire • *(leg.) to u. legal proceedings against sb.*, procedere per vie legali contro q.
undertaker ['ʌndə,teikə*] *n.* [C] impresario di pompe funebri.
undertaking [,ʌndə'teikiŋ] *n.* 1 [C] impresa 2 [C] impegno; promessa 3 ['ʌndə,teikiŋ] [U] impresa di pompe funebri.
undertone ['ʌndə,toun] *n.* [C] 1 tono sommesso 2 colore smorzato; tinta tenue 3 *(fig.)* substrato; senso occulto • *to talk in undertones*, parlare sottovoce.
undertook [,ʌndə'tuk] *pass.* di to **undertake.**
undertow ['ʌndətou] *n.* *(solo al sing.)* *(naut.)* moto di masse d'acqua sul fondo.
to **undervalue** [,ʌndə'vælju:] *v. t.* sottovalutare; svalutare; deprezzare.
undervest ['ʌndəvest] *n.* [C] camiciola; maglietta.
underwater [,ʌndə'wɔ:tə*] **A** *a.* sott'acqua; subacqueo **B** *avv.* sott'acqua.
underwear ['ʌndəwεə*] *n.* [U] biancheria intima.
underwent [,ʌndə'went] *pass.* di to **undergo.**
underwood ['ʌndəwud] *n.* [U] sottobosco; sterpaglia.
underworld ['ʌndəwə:ld] *n.* *(con l'art. determ.)* 1 inferi; inferno; Ade 2 (la) malavita.
to **underwrite** ['ʌndərait] (*pass.* **underwrote** ['ʌndərout], *p.p.* **underwritten** ['ʌndəritn]) **A** *v. t.* 1 sottoscrivere 2 *(ass.)* emettere (una polizza, specialm. d'assicurazione marittima); assicurare (specialm. una nave) 3 *(fin.)* finanziare, sostenere finanziariamente (un'impresa, ecc.) **B** *v. i.* fare l'assicuratore (specialm. marittimo).
underwriter ['ʌndə,raitə*] *n.* [C] *(ass.)* 1 assicuratore (specialm. marittimo) 2 *(fin.)* sottoscrittore; finanziatore.
underwritten ['ʌndə,ritn] *p.p.* di to **underwrite.**
underwrote ['ʌndərout] *pass.* di to **underwrite.**
undescribable [,ʌndis'kraibəbl] *a.* indescrivibile.
undeserved [,ʌndi'zə:vd] *a.* immeritato; ingiusto.
undeserving [,ʌndi'zə:viŋ] *a.* immeritevole; indegno.
undesigned [,ʌndi'zaind] *a.* non meditato; involontario.
undesigning [,ʌndi'zainiŋ] *a.* franco; leale; onesto; schietto.
undesirable [,ʌndi'zaiərəbl] *a.* indesiderabile; sgradito.
undetected [,ʌndi'tektid] *a.* non scoperto; non identificato.
undetermined [,ʌndi'tə:mind] *a.* 1 indeterminato; indefinito 2 indeciso; incerto; irresoluto.
undeterred [,ʌndi'tə:d] *a.* non scoraggiato; imperturbato.
undeveloped [,ʌndi'veləpt] *a.* non sviluppato; (di paese) allo stato primitivo.
undid [ʌn'did] *pass.* di to **undo.**
undies ['ʌndiz] *n. pl.* *(fam.)* biancheria intima (da donna).
undigested [,ʌndi'dʒestid] *a.* non digerito; *(fig.)* non assimilato.
undignified [ʌn'dignifaid] *a.* non dignitoso; senza dignità.

undiluted [ˌʌndai'lju:tid] *a.* **non diluito; puro; schietto.**
undine ['ʌndi:n] *n.* Ⓒ *(mitol.)* **ondina.**
undiplomatic [ˌʌndiplə'mætik] *a.* **non diplomatico.**
undiscerning [ˌʌndi'sə:niŋ] *a.* **privo di discernimento.**
undischarged [ˌʌndis'tʃa:dʒd] *a.* ***1*** **non scaricato; ancora carico** ***2*** (di lavoro, compito) **incompiuto** ***3*** *(mil.)* **non congedato.**
undisciplined [ʌn'disiplind] *a.* **indisciplinato.**
undisclosed [ˌʌndis'klouzd] *a.* **non svelato; nascosto; segreto.**
undiscriminating [ˌʌndis'krimineitiŋ] *a.* **che non discrimina; che non distingue; che non guarda in faccia a nessuno.**
undisguised [ˌʌndis'gaizd] *a.* ***1*** **non mascherato; non travestito** ***2*** *(fig.)* **aperto; evidente; chiaro; manifesto.**
undisputed [ˌʌndis'pju:tid] *a.* **incontrastato; incontestato; indiscusso.**
undissolved [ˌʌndi'zɔlvd] *a.* **non sciolto; non disciolto; non fuso.**
undistinguished [ˌʌndis'tiŋgwiʃt] *a.* ***1*** **non distinto; indistinto** ***2*** **senza distinzione; comune.**
undisturbed [ˌʌndis'tə:bd] *a.* **imperturbato; calmo; tranquillo.**
undivided [ˌʌndi'vaidid] *a.* **indiviso; intero.**
to **undo** [ʌn'du:] (*pass.* **undid** [ʌn'did], *p.p.* **undone** [ʌn'dʌn]) *v. t.* ***1*** **disfare; sfare; annullare** ***2*** **sciogliere; slacciare; slegare** ***3*** **mandare in rovina; rovinare** ● *to come undone,* sciogliersi; slacciarsi; slegarsi □ *to leave nothing undone,* non lasciar nulla d'intentato □ *to leave st. undone,* tralasciare di fare q.c.
undoing [ʌn'du:iŋ] *n.* Ⓤ **rovina; sfacelo.**
undone [ʌn'dʌn] ***A*** *p.p.* di to **undo** ***B*** *a.* ***1*** **incompiuto; non fatto** ***2*** **slacciato; slegato** ***3*** **rovinato; distrutto.**
undoubtable [ʌn'dautəbl] *a.* **indubitabile.**
undoubted [ʌn'dautid] *a.* **indubbio; sicuro; certo.**
undreamed-of [ʌn'dri:mdɔv], **undreamt-of** [ʌn'dremtɔv] *a.* **mai sognato; impensato.**
to **undress** [ʌn'dres] ***A*** *v. t.* ***1*** **spogliare; svestire** ***2*** **sfasciare** (una ferita) ***B*** *v. i.* **spogliarsi; svestirsi.**
undress [ʌn'dres] *n.* Ⓒ e Ⓤ ***1*** **veste da camera** ***2*** *(mil.)* **bassa uniforme; bassa tenuta** ● *to be in a state of u.,* essere svestito (o nudo).
undressed [ʌn'drest] *a.* ***1*** **svestito; nudo** ***2*** (di pelle, cuoio, ecc.) **non conciato; greggio; grezzo** ***3*** (di ferita) **non fasciato** ***4*** (di cibo) **non condito** ● *to get u.,* svestirsi; spogliarsi.
undrinkable [ʌn'driŋkəbl] *a.* **imbevibile; non potabile.**
undue [ʌn'dju:] *a.* ***1*** **indebito; illecito** ***2*** **eccessivo; smoderato** ***3*** *(comm.)* **non ancora scaduto.**
to **undulate** ['ʌndjuleit] *v. i.* **ondulare; ondeggiare.**
undulate ['ʌndjulit], **undulated** ['ʌndjuleitid] *a.* **ondulato.**
undulating ['ʌndjuleitiŋ] *a.* ***1*** **ondeggiante** ***2*** **ondulato.**
undulation [ˌʌndju'leiʃən] *n.* ***1*** Ⓤ **ondulazione; ondeggiamento;** *(fis.)* **movimento ondulatorio** ***2*** Ⓒ **linea ondulata.**
undying [ʌn'daiiŋ] *a.* **imperituro; eterno.**
unearned [ʌn'ə:nd] *a.* ***1*** **non guadagnato** ***2*** **immeritato** ● *(econ.) u. income,* reddito non di lavoro; rendita □ *(econ.) u. increment,* plusvalore (di beni immobili).
to **unearth** [ʌn'ə:θ] *v. t.* ***1*** **dissotterrare** ***2*** **stanare** (una volpe, ecc.) ***3*** *(fig.)* **portare alla luce; scoprire.**
unearthly [ʌn'ə:θli] *a.* ***1*** **non terreno; soprannaturale** ***2*** **spettrale; misterioso; strano** ***3*** *(fam.)* **assurdo; impossibile** *(fam.).*
uneasiness [ʌn'i:zinis] *n.* Ⓤ ***1*** **scomodità; disagio** ***2*** **ansia; inquietudine; irrequietezza; turbamento.**
uneasy [ʌn'i:zi] *a.* ***1*** **scomodo; a disagio** ***2*** **ansioso; inquieto; irrequieto; turbato.**
uneatable [ʌn'i:təbl] *a.* **immangiabile.**
uneconomical [ˌʌni:kə'nɔmikəl] *a.* ***1*** **non economico; dispendioso** ***2*** *(econ.)* **antieconomico; improduttivo;** (di prezzo) **non remunerativo.**
unedifying [ʌn'edifaiiŋ] *a.* **non edificante; poco edificante.**
uneducated [ʌn'edjukeitid] *a.* **senza istruzione; incolto.**
unemotional [ˌʌni'mouʃənl] *a.* **impassibile; freddo** *(fig.).*
unemployable [ˌʌnim'plɔiəbl] *a.* e *n.* **(persona) inabile al lavoro.**
unemployed [ˌʌnim'plɔid] *a.* ***1*** **non usato; inutilizzato** ***2*** *(econ.)* **disoccupato** ● *(econ.) the u.,* i disoccupati.
unemployment [ˌʌnim'plɔimənt] *n.* Ⓤ *(econ.)* **disoccupazione** ● *u. benefit,* sussidio di disoccupazione.
unenclosed [ˌʌnin'klouzd] *a.* **non cintato; aperto.**
unencumbered [ˌʌnin'kʌmbəd] *a.* ***1*** **non ingombro; libero** ***2*** *(leg.)* **non gravato da ipoteche.**
unending [ʌn'endiŋ] *a.* **senza fine; interminabile; eterno.**
unendurable [ˌʌnin'djuərəbl] *a.* **insopportabile; intollerabile.**
un-English ['ʌn'iŋgliʃ] *a.* **non inglese; non conforme al carattere** (o **alla tradizione**) **inglese.**
unenviable [ʌn'enviəbl] *a.* **non invidiabile.**
unequal [ʌn'i:kwəl] *a.* ***1*** **disuguale; ineguale; irregolare** ***2*** **impari; incapace; inadatto; non all'altezza:** *to be u. to the task,* non essere all'altezza del compito ***3*** **iniquo; ingiusto.**
unequalled [ʌn'i:kwəld] *a.* **senza pari; incomparabile.**
unequitable [ʌn'ekwitəbl] *a.* **non equanime; parziale; ingiusto.**
unequivocal [ˌʌni'kwivəkəl] *a.* **inequivocabile; chiaro; esplicito.**
unerring [ʌn'ə:riŋ] *a.* **infallibile; accurato; preciso; sicuro.**
uneven [ʌn'i:vən] *a.* ***1*** **disuguale; ineguale; irregolare** ***2*** *(mat.)* **dispari** ● *an u. temper,* un carattere volubile.
uneventful [ˌʌni'ventful] *a.* **monotono; tranquillo.**
unexampled [ˌʌnig'za:mpld] *a.* **inaudito; senza precedenti.**
unexceptionable [ˌʌnik'sepʃnəbl] *a.* **ineccepibile; irreprensibile.**
unexceptional [ˌʌnik'sepʃənl] *a.* ***1*** **non eccezionale; comune; ordinario** ***2*** **che non ammette eccezioni.**
unexpected [ˌʌniks'pektid] *a.* **inaspettato; inatteso; imprevisto.**
unexplored [ˌʌniks'plɔ:d] *a.* **inesplorato.**
unexpressed [ˌʌniks'prest] *a.* **non espresso; inespresso.**
unexpurgated [ʌn'ekspə:geitid] *a.* **non espurgato; integrale; integro.**
unfading [ʌn'feidiŋ] *a.* ***1*** **che non appassisce; inalterabile; immutabile** ***2*** (di colore, di tinta) **che non sbiadisce; che non scolorisce; solido** ***3*** *(fig.)* **imperituro; immortale.**
unfailing [ʌn'feiliŋ] *a.* ***1*** **infallibile; immancabile** ***2*** **inesauribile** ***3*** **fido; sicuro; saldo.**
unfair [ʌn'fɛə*] *a.* **ingiusto; iniquo; disonesto; sleale:** *(leg., comm.) u. competition,* concorrenza sleale.
unfairness [ʌn'fɛənis] *n.* Ⓤ **ingiustizia; iniquità; disonestà; slealtà.**
unfaithful [ʌn'feiθful] *a.* **infedele** (in ogni senso).
unfaithfulness [ʌn'feiθfulnis] *n.* Ⓤ **infedeltà** (anche *fig.).*
unfaltering [ʌn'fɔ:ltəriŋ] *a.* **deciso; fermo; costante; risoluto.**
unfamiliar [ˌʌnfə'miljə*] *a.* ***1*** **poco familiare; estraneo; sconosciuto** ***2*** *(pred.)* **poco pratico; inesperto:** *to be u. with st.,* essere inesperto di q.c.
unfashionable [ʌn'fæʃnəbl] *a.* **fuori moda; non alla moda.**
to **unfasten** [ʌn'fa:sn] *v. t.* **slegare; slacciare; sciogliere.**
unfathered [ʌn'fa:ðəd] *a.* ***1*** **senza padre; illegittimo; orfano** ***2*** *(fig.)* **non riconosciuto, ripudiato** (dall'autore).
unfathomable [ʌn'fæðəməbl] *a.* ***1*** **che non si può**

scandagliare; insondabile *2 (fig.)* impenetrabile; imperscrutabile.
unfathomed [ʌn'fæðəmd] *a.* *1* non scandagliato; insondato *2 (fig.)* non compreso a fondo; misterioso.
unfavourable [ʌn'feivərəbl] *a.* *1* sfavorevole; non propizio; svantaggioso *2* contrario; negativo ● *in an u. light,* in cattiva luce.
unfeeling [ʌn'fi:liŋ] *a.* insensibile; crudele; duro.
unfeigned [ʌn'feind] *a.* non finto; non simulato; genuino; sincero.
unfelt [ʌn'felt] *a.* non sentito; insincero; simulato.
unfeminine [ʌn'feminin] *a.* non femminile.
to **unfetter** [ʌn'fetə*] *v. t.* liberare dai ceppi; liberare; sciogliere.
unfettered [ʌn'fetəd] *a.* senza ceppi; senza impedimenti; libero; spedito.
unfilial [ʌn'filjəl] *a.* non filiale; indegno di un figlio.
unfinished [ʌn'finiʃt] *a.* *1* non finito; incompiuto; incompleto *2 (ind.)* semilavorato.
unfit [ʌn'fit] *a.* *1* disadatto; inadatto; non idoneo; inabile: *u. for service,* inabile al servizio *2* in cattiva salute; malandato *3* sconveniente.
unfitting [ʌn'fitiŋ] *a.* *1* inadatto *2* sconveniente; che non si addice.
to **unfix** [ʌn'fiks] *v. t.* *1* staccare; togliere *2* scombinare; guastare.
unflappable [ʌn'flæpəbl] *a. (fam.)* calmo; tranquillo; che non si scompone; impassibile.
unflagging [ʌn'flægiŋ] *a.* indefesso; infaticabile; instancabile.
unflattering [ʌn'flætəriŋ] *a.* poco lusinghiero.
unfledged [ʌn'fledʒd] *a.* *1* senza penne; implume *2 (fig.)* immaturo; inesperto; in erba *(fig.)*.
unfleshly [ʌn'fleʃli] *a.* non carnale; spirituale.
unflinching [ʌn'flintʃiŋ] *a.* inflessibile; irremovibile; risoluto ● *u. courage,* coraggio indomito.
to **unfold** [ʌn'fould] *A v. t.* *1* spiegare; stendere; distendere *2 (fig.)* dischiudere; svelare; rivelare; scoprire *B v. i.* *1* spiegarsi; stendersi *2* dischiudersi.
unforeseen [ˌʌnfɔ:'si:n] *a.* imprevisto; inaspettato; inatteso.
unforgettable [ˌʌnfə'getəbl] *a.* indimenticabile.
unforgivable [ˌʌnfə'givəbl] *a.* imperdonabile.
unforgiving [ˌʌnfə'giviŋ] *a.* implacabile; inesorabile.
unforgotten [ˌʌnfə'gɔtn] *a.* non dimenticato; inobliato *(lett.)*.
unfortunate [ʌn'fɔ:tʃənit] *A a.* *1* sfortunato; sventurato; disgraziato; infelice *2* poco propizio; sfavorevole *B n.* persona sfortunata; sventurato.
unfounded [ʌn'faundid] *a.* infondato; senza base; senza fondamento; ingiustificato.
to **unfreeze** [ʌn'fri:z] (*pass.* **unfroze** [ʌn'frouz], *p. p.* **unfrozen** [ʌn'frouzn]) *A v. t.* *1* disgelare; sgelare *2 (fin.)* liberalizzare (prezzi); sbloccare (fondi, prezzi, ecc.) *3 (fin.)* smobilizzare (capitali) *B v. i.* disgelarsi; sgelarsi.
unfrequented [ˌʌnfri'kwentid] *a.* non frequentato; poco battuto.
unfriended [ʌn'frendid] *a. (raro)* senza amici.
unfriendliness [ʌn'frendlinis] *n.* [U] ostilità; inimicizia; scortesia.
unfriendly [ʌn'frendli] *a.* ostile; freddo; scortese.
to **unfrock** [ʌn'frɔk] *v. t.* *1* svestire; spogliare *2* spretare; sospendere dall'ufficio sacerdotale.
unfroze [ʌn'frouz] *pass.* di to **unfreeze.**
unfrozen [ʌn'frouzn] *p.p.* di to **unfreeze.**
unfruitful [ʌn'fru:tful] *a.* infruttifero; infruttuoso; infecondo.
to **unfurl** [ʌn'fə:l] (anche *naut.*) *A v. t.* spiegare; aprire; distendere: *to u. the sails,* spiegare le vele *B v. i.* (di vela) spiegarsi.
unfurnished [ʌn'fə:niʃt] *a.* non ammobiliato; senza mobili.
ungainliness [ʌn'geinlinis] *n.* [U] mancanza di grazia; goffaggine.
ungainly [ʌn'geinli] *a.* privo di grazia; goffo; rozzo; sgraziato.
ungated [ʌn'geitid] *a.* senza cancello; *(ferr.:* di passaggio a livello*)* incustodito.
ungenerous [ʌn'dʒenərəs] *a.* ingeneroso; illiberale; meschino.
ungenial [ʌn'dʒi:njəl] *a.* *1* antipatico; sgradevole; spiacevole *2* poco propizio; sfavorevole *3* (del tempo) inclemente; rigido.
ungentlemanly [ʌn'dʒentlmənli] *a.* *1* grossolano; maleducato; sgarbato; scortese *2* indegno di un gentiluomo; non raffinato.
un-get-at-able ['ʌnget'ætəbl] *a.* inaccessibile; irraggiungibile.
unglazed [ʌn'gleizd] *a.* *1* (di finestra, ecc.) senza vetri; non invetriato *2* non lucido; opaco.
ungodly [ʌn'gɔdli] *a.* *1* irreligioso; empio *2 (fam.)* assurdo; impossibile.
ungovernable [ʌn'gʌvənəbl] *a.* indisciplinato; indocile; ribelle.
ungraceful [ʌn'greisful] *a.* sgraziato; goffo; inelegante.
ungracious [ʌn'greiʃəs] *a.* *1* scortese; sgarbato; incivile *2* sgradevole; sgradito.
ungrammatical [ˌʌngrə'mætikəl] *a.* sgrammaticato; scorretto.
ungrateful [ʌn'greitful] *a.* ingrato.
ungratefulness [ʌn'greitfulnis] *n.* [U] ingratitudine.
ungratified [ʌn'grætifaid] *a.* inappagato; insoddisfatto.
ungrounded [ʌn'graundid] *a.* infondato; senza fondamento.
ungual ['ʌŋgwəl] *a. (zool.)* *1* dell'unghia *2* unghiato; ungulato.
unguarded [ʌn'ga:did] *a.* *1* indifeso; incustodito *2* avventato; incauto; imprudente.
unguent ['ʌŋgwənt] *n.* [C] e [U] unguento.
unhackneyed [ʌn'hæknid] *a.* non comune; originale.
unhallowed [ʌn'hæloud] *a.* *1* profanato; sconsacrato *2* profano; sacrilego; empio.
unhampered [ʌn'hæmpəd] *a.* non impedito; non ostacolato.
to **unhand** [ʌn'hænd] *v. t. (arc.* o *scherz.)* togliere le mani di dosso a (q.); lasciar andare.
unhandy [ʌn'hændi] *a.* *1* poco maneggevole; scomodo *2* maldestro; goffo; impacciato.
unhappiness [ʌn'hæpinis] *n.* [U] infelicità.
unhappy [ʌn'hæpi] *a.* *1* infelice *2* disgraziato; sfortunato *3* inopportuno; fuori luogo; infelice.
unharmed [ʌn'ha:md] *a.* incolume; illeso; sano e salvo.
to **unharness** [ʌn'ha:nis] *v. t.* *1* togliere la bardatura (o i finimenti) a (un cavallo) *2 (stor.)* togliere l'armatura a (un guerriero).
unhealthy [ʌn'helθi] *a.* *1* poco sano; malaticcio *2* insalubre; malsano *3* immorale; morboso.
unheard [ʌn'hə:d] *a.* *1* non udito; non sentito *2* inascoltato; senza essere stato interrogato *3* ignorato; sconosciuto ● *u.-of,* inaudito; incredibile; senza precedenti.
unheeded [ʌn'hi:did] *a.* *1* inosservato *2* negletto; trascurato *3* inascoltato; ignorato.
unheedful [ʌn'hi:dful], **unheeding** [ʌn'hi:diŋ] *a.* *1* disattento; distratto *2* negligente; sbadato; trascurato.
unhelpful [ʌn'helpful] *a.* inutile; di nessun aiuto; non giovevole.
unhesitating [ʌn'heziteitiŋ] *a.* deciso; fermo; pronto; risoluto.
to **unhinge** [ʌn'hindʒ] *v. t.* *1* scardinare; sgangherare: *to u. a door,* scardinare una porta *2* sconnettere (anche *fig.*); sconvolgere.
to **unhitch** [ʌn'hitʃ] *v. t.* sganciare; staccare.
unholy [ʌn'houli] *a.* *1* empio; profano; sacrilego; scellerato *2 (fam.)* tremendo; terribile.
to **unhook** [ʌn'huk] *v. t.* sganciare; slacciare.
unhoped-for [ʌn'houptfɔ:*] *a.* insperato; inaspettato.
to **unhorse** [ʌn'hɔ:s] *v. t.* disarcionare.
unhuman [ʌn'hju:mən] *a.* *1* non umano *2* disumano;

inumano.
unhurried [ʌn'hʌrid] *a.* **senza fretta; calmo; comodo.**
unhurt [ʌn'hə:t] *a.* **incolume; illeso; sano e salvo.**
unhygienic [ˌʌnhai'dʒi:nik] *a.* **antigienico.**
uni- ['ju:ni] *(in parole composte)* **uni-** (significa "uno", "composto di uno solo" o fa riferimento a una sola unità).
uniaxial [ˌju:ni'æksiəl] *a. (scient.)* **monoassiale.**
unicameral [ˌju:ni'kæmərəl] *a. (polit.)* **unicamerale.**
unicellular [ˌju:ni'seljulə*] *a. (biol.)* **unicellulare** ● *u. animal,* protozoo.
unicorn ['ju:nikɔ:n] *n.* [C] *(mitol.)* **unicorno; liocorno.**
unidentified [ˌʌnai'dentifaid] *a.* **non identificato.**
unifiable ['ju:nifaiəbl] *a.* **unificabile.**
unification [ˌju:nifi'keiʃən] *n.* [U] e [C] **unificazione.**
unified ['ju:nifaid] *a.* **unificato.**
(1) uniform ['ju:nifɔ:m] *a.* **uniforme; invariabile; costante.**
(2) uniform ['ju:nifɔ:m] *n.* [C] e [U] **uniforme; divisa; tenuta:** *in u.,* in divisa □ *in full u.,* in alta uniforme.
uniformed ['ju:nifɔ:md] *a.* **in uniforme; in divisa.**
uniformity [ˌju:ni'fɔ:miti] *n.* [U] **uniformità.**
to **unify** ['ju:nifai] *v. t.* **unificare; rendere uniforme; riunire.**
unilateral [ˌju:ni'lætərəl] *a.* (anche *leg.*) **unilaterale** ● *(polit.) u. disarmament,* disarmo unilaterale.
unimaginable [ˌʌni'mædʒinəbl] *a.* **inimmaginabile; inconcepibile.**
unimaginative [ˌʌni'mædʒinətiv] *a.* **senza fantasia; dotato di scarsa fantasia.**
unimpaired [ˌʌnim'pεəd] *a.* **non danneggiato; indenne; inalterato; intatto.**
unimpassioned [ˌʌnim'pæʃənd] *a.* **spassionato; calmo; freddo.**
unimpeachable [ˌʌnim'pi:tʃəbl] *a.* **1 incensurabile; irreprensibile 2 indiscutibile.**
unimportant [ˌʌnim'pɔ:tənt] *a.* **senza importanza; insignificante; trascurabile; senza valore.**
unimpressed [ˌʌnim'prest] *a.* **1 non impresso 2 non impressionato.**
unimpressionable [ˌʌnim'preʃənəbl] *a.* **non impressionabile; calmo; freddo.**
unimpressive [ˌʌnim'presiv] *a.* **che non impressiona; che non fa colpo.**
uninformed [ˌʌnin'fɔ:md] *a.* **1 non informato; ignaro 2** *(specialm.)* **incolto; ignorante.**
uninhabitable [ˌʌnin'hæbitəbl] *a.* **inabitabile.**
uninhabited [ˌʌnin'hæbitid] *a.* **inabitato; disabitato.**
uninjured [ʌn'indʒəd] *a.* **incolume; illeso; indenne.**
uninsured [ˌʌnin'ʃued] *a. (ass.)* **non assicurato.**
unintelligible [ˌʌnin'telidʒəbl] *a.* **inintelligibile; incomprensibile.**
unintentional [ˌʌnin'tenʃənl] *a.* **1 non intenzionale; involontario 2** *(leg.)* **preterintenzionale.**
uninterested [ʌn'intristid] *a.* **non interessato; indifferente.**
uninteresting [ʌn'intristiŋ] *a.* **non interessante; privo d'interesse.**
uninterrupted [ˌʌnintə'rʌptid] *a.* **ininterrotto; continuo.**
uninvited [ˌʌnin'vaitid] *a.* **non invitato; senza invito.**
uninviting [ˌʌnin'vaitiŋ] *a.* **non invitante; non attraente;** (di cibo) **poco appetitoso.**
union [ˌju:njən] *n.* **1** [C] e [U] **unione; alleanza; confederazione; associazione:** *a happy u.,* un'unione (o un matrimonio) felice **2** [U] **armonia; concordia; accordo:** *to live together in perfect u.,* vivere insieme d'amore e d'accordo **3** [C] *(mecc.)* **giunto; raccordo 4** (anche *u. workhouse)* ricovero di mendicità ● *u. card,* tessera del sindacato □ *the U. Jack,* la bandiera nazionale britannica □ *u. militant,* attivista sindacale □ *trade u.,* sindacato operaio.
unionism ['ju:njənizəm] *n.* [U] **1** *(polit.)* **unionismo 2** (anche *trade-u.)* **sindacalismo 3** *(stor., USA)* **antisecessionismo.**
unionist ['ju:njənist] *n.* [C] **1** *(polit.)* **unionista 2 sindacalista.**
to **unionize** ['ju:njənaiz] *v. t.* **1 riunire in un'associazione 2 organizzare in un sindacato; sindacalizzare.**
unique [ju:'ni:k] *a.* **1 unico; solo 2** *(fam.)* **eccezionale.**
uniqueness [ju:'ni:knis] *n.* [U] **unicità.**
unisex ['ju:niseks] *a.* e *n.* **unisex:** *u. clothes,* abiti unisex ● *u. shop,* negozio di capi di vestiario unisex.
unisexual [ˌju:ni'seksjuəl] *a. (biol.)* **unisessuale.**
unison ['ju:nizn] *(mus.)* **A** *n.* [U] **unisono;** *(fig.)* **accordo, armonia:** *to sing in u.,* cantare all'unisono **B** *a. attr.* **unisono.**
unit ['ju:nit] *n.* **1** [C] *(mat., med., mil.,* ecc.*)* **unità:** *u. of length (weight, etc.),* unità di lunghezza (di peso, ecc.) **2** *(econ.)* **unità produttiva; azienda 3 elemento** (componibile) ● *u. furniture,* mobili componibili □ *(econ., comm.) u. price,* prezzo unitario.
Unitarian [ˌju:ni'tεəriən] *n.* [C] e *a. (relig.)* **unitario.**
Unitarianism [ˌju:ni'tεəriənizəm] *n.* [U] *(relig.)* **unitarismo.**
unitary ['ju:nitəri] *a.* **unitario; di un'unità.**
to **unite** [ju:'nait] **A** *v. t.* **unire; congiungere; unire in matrimonio B** *v. i.* **unirsi; congiungersi; mescolarsi.**
united [ju:'naitid] *a.* **unito; congiunto:** *the U. Kingdom,* il Regno Unito □ *the U. States,* gli Stati Uniti.
unity ['ju:niti] *n.* **1** [U] e [C] **unità:** *national u.,* l'unità nazionale **2** [U] **armonia; concordia; accordo:** *to live together in u.,* vivere insieme in buona armonia ● *the dramatic unities (of action, time and space),* le tre unità (d'azione, di tempo, di luogo).
univalent [ju:'nivələnt] *a. (chim.)* **monovalente.**
univalve ['ju:nivælv] *(zool.)* **A** *a.* **univalve B** *n.* [C] **mollusco univalve.**
universal [ˌju:ni'və:səl] *a.* **universale; generale.**
universality [ˌju:nivə:'sæliti] *n.* [U] **universalità.**
to **universalize** [ˌju:ni'və:səlaiz] *v. t.* **universalizzare.**
universe ['ju:nivə:s] *n.* [C] **1 universo; mondo 2 sistema.**
university [ˌju:ni'və:siti] **A** *n.* [C] **università** (degli studi) **B** *a. attr.* **universitario:** *a u. student,* uno studente universitario ● *u. degree,* laurea.
univocal [ˌju:ni'voukəl] *a.* **univoco.**
unjust [ʌn'dʒʌst] *a.* **ingiusto; iniquo.**
unjustifiable [ʌn'dʒʌstifaiəbl] *a.* **ingiustificabile.**
unjustified [ʌn'dʒʌstifaid] *a.* **ingiustificato.**
unkempt [ʌn'kempt] *a.* **1 arruffato; scarmigliato; spettinato 2** *(fig.)* **disordinato; trascurato; sciatto.**
unkind [ʌn'kaind] *a.* **1 scortese; sgarbato; non gentile 2 cattivo; crudele:** *to be u. to animals,* essere crudele con gli animali.
unkindly [ʌn'kaindli] **A** *a.* V. **unkind B** *avv.* **1 scortesemente 2 aspramente; crudelmente; duramente.**
unkindness [ʌn'kaindnis] *n.* [U] **1 scortesia; sgarbatezza 2 asprezza; cattiveria; crudeltà.**
to **unknit** [ʌn'nit] *v. t.* **1 disfare; districare; sciogliere; slegare 2 spianare** ● *to u. one's brows,* rasserenarsi in viso.
to **unknot** [ʌn'nɔt] *v. t.* **slegare; slacciare; snodare.**
unknowable [ʌn'nouəbl] *a.* **inconoscibile.**
unknowing [ʌn'nouiŋ] *a.* **inconsapevole; ignaro.**
unknown [ʌn'noun] **A** *a.* **ignoto; sconosciuto; incognito:** *the U. Warrior,* il Milite Ignoto **B** *n.* **1 (l')ignoto 2** [C] *(mat.)* **incognita.**
to **unlace** [ʌn'leis] *v. t.* **slacciare; sciogliere.**
to **unlade** [ʌn'leid] (*pass.* **unladed,** *p.p.* **unladen** [ʌn'leidn]) *v. t.* **scaricare.**
unlamented [ˌʌnlə'mentid] *a.* **non compianto; illacrimato** *(lett.).*
unlawful [ʌn'lɔ:ful] *a.* **illegale; illecito; illegittimo.**
to **unlearn** [ʌn'lə:n] *v. t.* **disimparare; dimenticare.**
unlearned [ʌn'lə:nid] *a.* **ignorante; illetterato; incolto.**

to **unleash** [ʌn'li:ʃ] *v. t.* **sguinzagliare; slegare** (cani, ecc.).
unleavened [ʌn'levnd] *a.* **senza lievito; azzimo.**
unless [ən'les] *cong.* **a meno che; salvo che; se non**: *U. it rains, I'll go there tomorrow,* ci andrò domani, se non piove.
unlettered [ʌn'letəd] *a.* **illetterato; incolto;** (specialm.) **analfabeta.**
unlicensed [ʌn'laisənst] *a.* **senza licenza; senza patente.**
unlicked [ʌn'likt] *a.* ***1*** *(fig.)* **grossolano; rozzo** ***2*** *(pop.)* **imbattuto.**
unlike [ʌn'laik] ***A*** *a.* ***1*** **dissimile; differente; diverso**: *He is quite u. his father,* è del tutto diverso da suo padre ***2*** **non somigliante** ***B*** *prep.* **a differenza di; diversamente da** • *(mat.) u. signs,* segni contrari □ *It's u. him to be late,* non è da lui arrivare in ritardo; strano che sia in ritardo!
unlikelihood [ʌn'laiklihud], **unlikeliness** [ʌn'laiklinis] *n.* Ⓤ **improbabilità; inverosimiglianza.**
unlikely [ʌn'laikli] ***A*** *a.* **improbabile; inverosimile**: *They are u. to come,* è improbabile che vengano ***B*** *avv.* **improbabilmente.**
unlimited [ʌn'limitid] *a.* **illimitato; immenso; sconfinato** • *(fin.) u. partnership,* società in nome collettivo.
unlined [ʌn'laind] *a.* ***1*** **non foderato; sfoderato** ***2*** (di carta) **senza righe** ***3*** (di viso) **senza rughe.**
unlit [ʌn'lit] *a.* **non acceso; non illuminato.**
to **unload** [ʌn'loud] *v. t.* ***1*** **scaricare** (un carico, una nave, un fucile, ecc.) ***2*** **sgravare; sollevare** ***3*** *(fin., comm.)* **disfarsi di; vendere.**
to **unlock** [ʌn'lɔk] *v. t.* ***1*** **aprire** (specialmente con una chiave) ***2*** *(fig.)* **rivelare, svelare** (un segreto, ecc.) ***3*** *(mecc.)* **sbloccare.**
unlooked-for [ʌn'luktfɔ:*] *a.* **inatteso; impensato; imprevisto.**
to **unloose** [ʌn'lu:s], to **unloosen** [ʌn'lu:sn] *v. t.* **allentare; sciogliere.**
unlovable [ʌn'lʌvəbl] *a.* **non amabile; antipatico; sgradevole.**
unlovely [ʌn'lʌvli] *a.* ***1*** **non attraente; sgraziato** ***2*** **antipatico.**
unloving [ʌn'lʌviŋ] *a.* **non affettuoso; freddo; insensibile.**
unlucky [ʌn'lʌki] *a.* ***1*** **sfortunato; disgraziato; sventurato** ***2*** **malaugurato; nefasto; infelice.**
to **unmake** [ʌn'meik] *(pass.* e *p.p.* **unmade** [ʌn'meid]) *v. t.* ***1*** **disfare; distruggere; rovinare** ***2*** **revocare** (da un ufficio, ecc.).
to **unman** [ʌn'mæn] *v. t.* ***1*** **indebolire; snervare** ***2*** **evirare** ***3*** **privare del personale** (o **dell'equipaggio**).
unmanageable [ʌn'mænidʒəbl] *a.* ***1*** **indisciplinato; ribelle; intrattabile; riottoso; scontroso** ***2*** (di materiale) **difficile a lavorarsi.**
unmanly [ʌn'mænli] *a.* ***1*** **poco virile; indegno di un uomo** ***2*** **effeminato; pusillanime; vile.**
unmanned [ʌn'mænd] *a.* ***1*** **debole; effeminato; snervato** ***2*** **evirato** ***3*** (di luogo) **spopolato; deserto** ***4*** (che è) **senza personale** (o **equipaggio**).
unmannerly [ʌn'mænəli] *a.* **grossolano; rozzo; scortese.**
unmarketable [ʌn'ma:kitəbl] *a.* *(comm.)* **non commerciabile; invendibile.**
unmarried [ʌn'mærid] *a.* **non sposato;** (d'uomo) **celibe;** (di donna) **nubile** • *an u. man,* uno scapolo □ *an u. woman,* una zitella.
to **unmask** [ʌn'ma:sk] ***A*** *v. t.* **smascherare** (anche *fig.)* ***B*** *v. i.* **smascherarsi** (anche *fig.*); *(fig.)* **gettare la maschera.**
unmatchable [ʌn'mætʃəbl] *a.* **incomparabile; impareggiabile.**
unmatched [ʌn'mætʃt] *a.* ***1*** **scompagnato; senza il compagno** ***2*** **ineguagliato; senza pari.**
unmeaning [ʌn'mi:niŋ] *a.* ***1*** **insignificante; senza senso; senza significato** ***2*** **senza espressione; vacuo.**
unmeant [ʌn'ment] *a.* **non intenzionale; involontario.**
unmeasured [ʌn'meʒəd] *a.* **smisurato; illimitato; enorme.**
unmentionable [ʌn'menʃnəbl] *a.* **innominabile.**
unmerciful [ʌn'mə:siful] *a.* **senza pietà; crudele; spietato.**
unmerited [ʌn'meritid] *a.* **immeritato.**
unmindful [ʌn'maindful] *a.* ***1*** **immemore; dimentico** ***2*** **incurante; negligente.**
unmistakable [ˌʌnmis'teikəbl] *a.* **chiaro; evidente; indubbio; inconfondibile.**
unmitigated [ʌn'mitigeitid] *a.* ***1*** **non mitigato; grave; forte** ***2*** **assoluto; totale** ***3*** *(fam.)* **bell'e buono; matricolato**: *an u. lie,* una bugia bell'e buona.
unmixed [ʌn'mikst] *a.* **non mescolato; puro.**
unmolested [ˌʌnmou'lestid] *a.* **non molestato; indisturbato.**
to **unmoor** [ʌn'muə*] *(naut.)* ***A*** *v. t.* **disormeggiare** ***B*** *v. i.* **togliere gli ormeggi.**
unmounted [ʌn'mauntid] *a.* ***1*** **a piedi; appiedato** ***2*** (di quadro) **senza cornice** ***3*** (di gemma) **non incastonato.**
unmourned [ʌn'mɔ:nd] *a.* **non compianto; illacrimato** *(lett.).*
unmoved [ʌn'mu:vd] *a.* ***1*** **immobile; fisso** ***2*** *(fig.)* **non commosso; calmo; freddo** *(fig.)*; **impassibile.**
to **unmuzzle** [ʌn'mʌzl] *v. t.* ***1*** **togliere la museruola a** (un cane) ***2*** *(fig.)* **liberare dalla censura.**
unnamable [ʌn'neiməbl] *a.* **innominabile.**
unnamed [ʌn'neimd] *a.* **innominato; anonimo.**
unnatural [ʌn'nætʃrəl] *a.* ***1*** **innaturale; artificioso; affettato** ***2*** **anormale; contro natura** ***3*** **snaturato; inumano; crudele.**
unnecessary [ʌn'nesisəri] *a.* **non necessario; inutile; superfluo.**
unneighbourly [ʌn'neibəli] *a.* **poco amichevole; scortese.**
to **unnerve** [ʌn'nə:v] *v. t.* ***1*** **indebolire; infiacchire; snervare** ***2*** **intimidire; far tremare; spaventare.**
unnoticed [ʌn'noutist] *a.* **inosservato; negletto; trascurato** • *to leave st. u.,* passare q.c. sotto silenzio □ *to let st. pass u.,* non far caso a q.c.
unnumbered [ʌn'nʌmbəd] *a.* ***1*** **non numerato** ***2*** **innumerevole.**
unobjectionable [ˌʌnəb'dʒekʃnəbl] *a.* **ineccepibile; irreprensibile.**
unobliging [ˌʌnə'blaidʒiŋ] *a.* **non compiacente; scortese.**
unobtainable [ˌʌnəb'teinəbl] *a.* **non ottenibile; inconseguibile.**
unobtrusive [ˌʌnəb'tru:siv] *a.* **discreto; riservato.**
unoccupied [ʌn'ɔkjupaid] *a.* **non occupato; disponibile; libero.**
unoffending [ˌʌnə'fendiŋ] *a.* **inoffensivo; innocuo.**
unofficial [ˌʌnə'fiʃəl] *a.* **non ufficiale; ufficioso.**
unopened [ʌn'oupənd] *a.* **non aperto; non dissigillato; chiuso.**
unoriginal [ˌʌnə'ridʒinəl] *a.* **non originale; privo d'originalità.**
unorthodox [ʌn'ɔ:θədɔks] *a.* **non ortodosso; eterodosso.**
unorthodoxy [ʌn'ɔ:θədɔksi] *n.* Ⓤ **eterodossia.**
unostentatious [ˌʌnɔsten'teiʃəs] *a.* **senza ostentazione; modesto.**
to **unpack** [ʌn'pæk] ***A*** *v. t.* ***1*** **disimballare** ***2*** **cavare** (q.c.) **da un baule** (o **da una valigia**) ***B*** *v. i.* **disfare le valigie.**
unpaid [ʌn'peid] *a.* ***1*** **non pagato; non retribuito; non remunerato** ***2*** **non saldato; insoluto** • *(comm.) carriage u.,* porto assegnato.
unpalatable [ʌn'pælətəbl] *a.* **sgradevole** (anche *fig.*); **di gusto sgradevole.**
unparalleled [ʌn'pærəleld] *a.* **ineguagliato; senza precedenti.**
unpardonable [ʌn'pa:dənəbl] *a.* **imperdonabile.**
unparliamentary [ˌʌnpa:lə'mentəri] *a.* ***1*** **contrario alle leggi** (o **alle consuetudini**) **parlamentari** ***2*** *(fig.)* **incivile** • *u. language,* parolacce; insulti.
unpaved [ʌn'peivd] *a.* **non lastricato; senza selciato.**
to **unpeople** [ʌn'pi:pl] *v. t.* **spopolare.**

unperceivable [ˌʌnpəˈsiːvəbl] *a.* impercettibile.
unperceived [ˌʌnpəˈsiːvd] *a.* inavvertito; inosservato.
unperturbed [ˌʌnpəːˈtəːbd] *a.* imperturbato; calmo; sereno.
to **unpick** [ʌnˈpik] *v. t.* scucire; disfare (un abito, un'impuntura).
unpitying [ʌnˈpitiiŋ] *a.* spietato; senza pietà.
unplaced [ʌnˈpleist] *a.* **1** fuori posto **2** *(ippica)* non piazzato.
unplanned [ʌnˈplænd] *a.* non pianificato; non progettato.
unpleasant [ʌnˈpleznt] *a.* **1** sgradevole; spiacevole; antipatico **2** scortese; sgarbato; villano.
unpleasantness [ʌnˈplezntnis] *n.* **1** [U] sgradevolezza; spiacevolezza **2** [C] litigio; malinteso.
unpleasing [ʌnˈpliːziŋ] *a.* spiacevole; antipatico.
unpliable [ʌnˈplaiəbl], **unpliant** [ʌnˈplaiənt] *a.* inflessibile; poco arrendevole; rigido.
to **unplug** [ʌnˈplʌg] *v. t.* togliere la spina a; staccare (un apparecchio elettrico).
unplumbed [ʌnˈplʌmd] *a.* **1** *(naut.)* non scandagliato **2** *(fig.)* inesplorato.
unpolished [ʌnˈpɔliʃt] *a.* **1** non lucidato; non lustrato **2** *(fig.)* grossolano; inelegante; rozzo.
unpolitic(al) [ʌnˈpɔlitik], [ˌʌnpəˈlitikəl] *a.* apolitico; non politico.
unpolluted [ˌʌnpəˈluːtid] *a.* incontaminato; puro; immacolato.
unpopular [ʌnˈpɔpjulə*] *a.* impopolare.
unpopularity [ʌnˌpɔpjuˈlæriti] *n.* [U] impopolarità.
unpractical [ʌnˈpræktikəl] *a.* **1** non pratico; poco pratico **2** inattuabile.
unpracticality [ʌnˌpræktiˈkæliti] *n.* [U] **1** scarsa praticità; mancanza di praticità **2** inattuabilità.
unpractised [ʌnˈpræktist] *a.* **1** poco pratico; inesperto **2** non praticato; non messo in pratica.
unprecedented [ʌnˈpresidəntid] *a.* senza precedenti; inaudito.
unpredictable [ˌʌnpriˈdiktəbl] *a.* imprevedibile.
unprejudiced [ʌnˈpredʒudist] *a.* senza pregiudizi; imparziale.
unpremeditated [ˌʌnpriˈmediteitid] *a.* non premeditato; impensato; involontario; spontaneo.
unprepared [ˌʌnpriˈpɛəd] *a.* impreparato; improvvisato; spontaneo; alla sprovvista: *to be taken u.*, esser colto alla sprovvista.
unprepossessing [ˌʌnpriːpəˈzesiŋ] *a.* poco attraente.
unpresentable [ˌʌnpriˈzentəbl] *a.* impresentabile; indecoroso.
unpresuming [ˌʌnpriˈzjuːmiŋ] *a.* modesto; senza presunzione; senza pretese.
unpretending [ˌʌnpriˈtendiŋ], **unpretentious** [ˈʌnpriˈtenʃəs] *a.* modesto; semplice; senza pretese.
unpriced [ʌnˈpraist] *a.* senza prezzo; senza i prezzi.
unprincipled [ʌnˈprinsəpld] *a.* senza principi; senza scrupoli.
unprintable [ʌnˈprintəbl] *a.* impubblicabile; non stampabile.
unprivileged [ʌnˈprivilidʒd] *a.* non privilegiato; senza privilegi.
unproductive [ˌʌnprəˈdʌktiv] *a.* improduttivo; sterile.
unprofessional [ˌʌnprəˈfeʃənl] *a.* **1** non professionale **2** contrario alle regole (di una professione); scorretto • *u. conduct*, scorrettezza professionale.
unprofitable [ʌnˈprɔfitəbl] *a.* infruttuoso; inutile; senza profitto.
unpromising [ʌnˈprɔmisiŋ] *a.* poco promettente.
unprompted [ʌnˈprɔm*p*tid] *a.* non suggerito; spontaneo.
unpropitious [ˌʌnprəˈpiʃəs] *a.* non propizio; infausto; sfavorevole.
unprotected [ˌʌnprəˈtektid] *a.* indifeso; senza protezione.
unprovable [ʌnˈpruːvəbl] *a.* indimostrabile; non provabile.
unprovided [ˌʌnprəˈvaidid] *a.* **1** sfornito; sprovveduto; sprovvisto (di mezzi, ecc.) **2** impreparato; non preparato **3** (di solito *u. for)* senza mezzi; senza risorse.
unprovoked [ˌʌnprəˈvoukt] *a.* non provocato; senza provocazione; immeritato; ingiusto.
unpublished [ʌnˈpʌbliʃt] *a.* inedito.
unpunished [ʌnˈpʌniʃt] *a.* impunito.
unqualified [ʌnˈkwɔlifaid] *a.* **1** non qualificato; privo dei requisiti necessari; senza titoli **2** assoluto; incondizionato; pieno; senza riserve • *an u. denial*, un rifiuto categorico.
unquenchable [ʌnˈkwen*t*ʃəbl] *a.* inestinguibile; insaziabile.
unquestionable [ʌnˈkwestʃənəbl] *a.* incontestabile; indiscutibile.
unquestioned [ʌnˈkwestʃənd] *a.* incontestato; indiscusso.
unquestioning [ʌnˈkwestʃəniŋ] *a.* assoluto; pronto; senza discussione: *u. obedience*, obbedienza assoluta.
unquiet [ʌnˈkwaiət] *a.* inquieto; agitato; irrequieto; turbato.
unquoted [ʌnˈkwoutid] *a.* **1** non citato **2** *(fin.)* non quotato.
to **unravel** [ʌnˈrævəl] **A** *v. t.* **1** districare; sbrogliare; dipanare **2** *(fig.)* chiarire; districare; svelare (un mistero) **B** *v. i.* districarsi; sbrogliarsi.
unreachable [ʌnˈriːtʃəbl] *a.* irraggiungibile; inaccessibile.
unread [ʌnˈred] *a.* **1** non letto **2** *(pred.)* incolto; ignorante.
unreadable [ʌnˈriːdəbl] *a.* illeggibile.
unready [ʌnˈredi] *a.* **1** impreparato; non pronto **2** riluttante.
unreal [ʌnˈriəl] *a.* irreale; fantastico; illusorio; immaginario.
unreality [ˌʌnriˈæliti] *n.* **1** [U] irrealtà; incorporeità **2** [C] cosa irreale; chimera; fantasia.
unrealizable [ʌnˈriəlaizəbl] *a.* irrealizzabile.
unreasonable [ʌnˈriːzənəbl] *a.* irragionevole; assurdo; eccessivo.
unreasoning [ʌnˈriːzəniŋ] *a.* irragionevole.
unreclaimed [ˌʌnriˈkleimd] *a.* **1** non reclamato; non rivendicato **2** irredento **3** (di terreno) non bonificato.
unrecognizable [ʌnˈrekəgnaizəbl] *a.* irriconoscibile.
unrecoverable [ˌʌnriˈkʌvərəbl] *a.* **1** irrecuperabile **2** incurabile.
unredeemable [ˌʌnriˈdiːməbl] *a.* irredimibile; non riscattabile.
unredeemed [ˌʌnriˈdiːmd] *a.* **1** irredento; non riscattato **2** *(comm.)* non ritirato; non ammortizzato; non estinto.
to **unreel** [ʌnˈriːl] **A** *v. t.* sgomitolare; srotolare **B** *v. i.* sgomitolarsi; srotolarsi.
unrefined [ˌʌnriˈfaind] *a.* **1** non raffinato; grezzo **2** grossolano; rozzo.
unreflecting [ˌʌnriˈflektiŋ] *a.* irriflessivo; sventato.
unregal [ʌnˈriːgəl] *a.* non regale; indegno d'un re.
unregarded [ˌʌnriˈgaːdid] *a.* negletto; trascurato.
unregistered [ʌnˈredʒistəd] *a.* **1** *(leg.)* non registrato **2** (di lettera, ecc.) non raccomandato **3** (*fin.*: di titolo) non nominativo; al portatore.
unrehearsed [ˌʌnriˈhəːst] *a.* **1** *(teatr.)* rappresentato senza fare prove **2** improvvisato; imprevisto; inaspettato.
to **unrein** [ʌnˈrein] *v. t.* sbrigliare *(spesso fig.)*.
unrelated [ˌʌnriˈleitid] *a.* **1** senza rapporto (con q.c.) **2** non imparentato (con q.) **3** non raccontato; non riferito.
unrelaxed [ˌʌnriˈlækst] *a.* non rilassato; teso.
unrelenting [ˌʌnriˈlentiŋ] *a.* **1** inesorabile; inflessibile; implacabile **2** incessante; ostinato.
unreliability [ˌʌnriˌlaiəˈbiliti] *n.* [U] inattendibilità; instabilità.
unreliable [ˌʌnriˈlaiəbl] *a.* inattendibile; infido; malfido; instabile: *u. news*, notizie inattendibili.
unrelieved [ˌʌnriˈliːvd] *a.* **1** non alleviato; non sol-

levato (da un peso, da un compito) ***2*** **non aiutato; senza soccorso** ***3*** **monotono; noioso.**
unremitting [ˌʌnri'mitiŋ] *a.* **incessante; continuo; persistente.**
unremunerative [ˌʌnri'mjunərətiv] *a.* **non rimunerativo; tutt'altro che lucrativo; infruttuoso.**
unrequited [ˌʌnri'kwaitid] *a.* ***1*** **non corrisposto; non ricambiato** ***2*** **non ripagato** ***3*** **invendicato.**
unresenting [ˌʌnri'zentiŋ] *a.* **senza risentimento.**
unreserved [ˌʌnri'zə:vd] *a.* ***1*** **non riservato** ***2*** **espansivo; franco; schietto** ***3*** **senza riserve; illimitato; incondizionato.**
unresisting [ˌʌnri'zistiŋ] *a.* **remissivo; sottomesso.**
unresolved [ˌʌnri'zɔlvd] *a.* ***1*** **irresoluto; indeciso** ***2*** **insoluto.**
unresponsive [ˌʌnris'pɔnsiv] *a.* **apatico; insensibile; inerte.**
unrest [ʌn'rest] *n.* [U] **agitazione; inquietudine; irrequietezza; sommossa; tumulto**: *labour u.*, agitazioni operaie.
unrestful [ʌn'restful] *a.* **agitato; inquieto; irrequieto.**
unresting [ʌn'restiŋ] *a.* **che non ha mai posa; continuo; incessante; ininterrotto.**
unrestrained [ˌʌnris'treind] *a.* **non represso; senza freno; senza ritegno; senza restrizioni; libero; sfrenato.**
unrestricted [ˌʌnris'triktid] *a.* **senza restrizioni; senza limitazioni.**
unreturnable [ˌʌnri'tə:nəbl] *a.* (di contenitori e sim.) **da non restituire; a perdere.**
unrevenged [ˌʌnri'vendʒd] *a.* **invendicato.**
unrewarded [ˌʌnri'wɔ:did] *a.* ***1*** **non retribuito; senza ricompensa** ***2*** *(fig.)* **infruttuoso.**
unrhymed [ʌn'raimd] *a.* (di verso) **non rimato; sciolto.**
to **unriddle** [ʌn'ridl] *v. t.* **risolvere** (un mistero, un indovinello).
to **unrig** [ʌn'rig] *v. t. (naut.)* **disattrezzare; disarmare** (una nave).
unrighteous [ʌn'raitʃəs] *a.* **ingiusto; iniquo; disonesto.**
to **unrip** [ʌn'rip] *v. t.* **aprire; squarciare.**
unripe [ʌn'raip] *a.* **immaturo** *(anche fig.)*; **acerbo.**
unrivalled [ʌn'raivəld] *a.* **ineguagliato; senza pari.**
to **unroll** [ʌn'roul] ***A*** *v. t.* **spiegare; svolgere, srotolare** ***B*** *v. i.* **spiegarsi; svolgersi; srotolarsi.**
unromantic [ˌʌnrə'mæntik] *a.* **non romantico; poco romantico.**
unruffled [ʌn'rʌfld] *a.* ***1*** **non arruffato; non increspato; liscio** ***2*** **calmo; sereno; tranquillo.**
unruled [ʌn'ru:ld] *a.* ***1*** **senza righe** ***2*** *(polit.)* **senza governo.**
unruliness [ʌn'ru:linis] *n.* [U] **indisciplina; insubordinazione; sregolatezza; riottosità.**
unruly [ʌn'ru:li] *a.* **indisciplinato; insubordinato; sregolato; riottoso.**
to **unsaddle** [ʌn'sædl] *v. t.* ***1*** **dissellare** ***2*** **disarcionare.**
unsafe [ʌn'seif] *a.* **pericoloso; rischioso; malsicuro.**
unsaid [ʌn'sed] ***A*** *pass.* e *p.p.* di to **unsay** ***B*** *a.* **non detto; taciuto** ● *to leave st. u.*, passar q.c. sotto silenzio.
unsalable, unsaleable [ʌn'seiləbl] *a.* **invendibile.**
unsalted [ʌn'sɔ:ltid] *a.* **non salato; scipito; insipido.**
unsanitary [ʌn'sænitəri] *a.* **antigienico; malsano.**
unsatiable [ʌn'seiʃjəbl] *a.* **insaziabile.**
unsatisfactory [ˌʌnsætis'fæktəri] *a.* **insoddisfacente; difettoso; insufficiente; manchevole.**
unsatisfied [ʌn'sætisfaid] *a.* **insoddisfatto; scontento.**
unsatisfying [ʌn'sætisfaiiŋ] *a.* **insoddisfacente.**
unsavoury [ʌn'seivəri] *a.* ***1*** **insipido** ***2*** **disgustoso; nauseabondo.**
to **unsay** [ʌn'sei] (*pass.* e *p.p.* **unsaid** [ʌn'sed]) *v. t.* **negare; ritrattare; ritirare** (cose dette).
unscalable [ʌn'skeiləbl] *a.* **non scalabile; inaccessibile.**
unscathed [ʌn'skeiðd] *a.* **illeso; incolume; sano e salvo.**
unscheduled [ʌn'ʃedju:ld] *a.* ***1*** **non messo in lista; fuori programma** ***2*** (di treno, ecc.) **straordinario.**
unschooled [ʌn'sku:ld] *a.* ***1*** **senza istruzione; ignorante** ***2*** **inesperto.**
to **unscrew** [ʌn'skru:] ***A*** *v. t.* **svitare** ***B*** *v. i.* **svitarsi.**
unscripted [ʌn'skriptid] *a. (radio, telev.*, ecc.*)* **estemporaneo; senza copione.**
unscrupulous [ʌn'skru:pjuləs] *a.* **privo di scrupoli; senza scrupoli.**
unscrupulousness [ʌn'skru:pjuləsnis] *n.* [U] **mancanza di scrupoli.**
to **unseal** [ʌn'si:l] *v. t.* **dissigillare; togliere i sigilli a.**
unsealed [ʌn'si:ld] *a.* **senza sigillo; dissigillato.**
unsearched [ʌn'sə:tʃt] *a.* ***1*** **inesplorato** ***2*** **non perquisito.**
unseasonable [ʌn'si:zənəbl] *a.* ***1*** **fuori stagione** ***2*** *(fig.)* **inopportuno; intempestivo; a sproposito.**
unseasoned [ʌn'si:znd] *a.* ***1*** **non stagionato** ***2*** *(fig.)* **inesperto; immaturo** ***3*** (di cibo) **non condito; insipido.**
to **unseat** [ʌn'si:t] *v. t.* ***1*** **privare** (q.) **del posto a sedere; togliere la sedia a** (q.) ***2*** **disarcionare** ***3*** *(polit.)* **far perdere il seggio a** (un deputato).
unseaworthy [ʌn'si:ˌwə:ði] *a. (naut.)* **non idoneo alla navigazione.**
unsecured [ˌʌnsi'kjuəd] *a.* ***1*** **non assicurato; non serrato** ***2*** *(fin.)* **non garantito; senza garanzia.**
unseeing [ʌn'si:iŋ] *a.* **cieco; che non vede; non vedente.**
unseemly [ʌn'si:mli] *a.* **disdicevole; indecente; sconveniente.**
unseen [ʌn'si:n] ***A*** *a.* **non visto; inosservato** ***B*** *n.* ***1*** — *the u.*, il mondo invisibile ***2*** [C] **brano** (o **passo**) **per traduzione estemporanea.**
unselfish [ʌn'selfiʃ] *a.* **disinteressato; altruista; generoso.**
unselfishness [ʌn'selfiʃnis] *n.* [U] **disinteresse; altruismo; generosità.**
unserviceable [ʌn'sə:visəbl] *a.* **inservibile; inutilizzabile; fuori uso.**
unset [ʌn'set] *a.* ***1*** **non collocato; non messo a posto; non tornato a posto** ***2*** **non rappreso; non solidificato** ***3*** (di gemma) **non incastonato.**
to **unsettle** [ʌn'setl] *v. t.* **sconvolgere; scompaginare; turbare; scombinare.**
unsettled [ʌn'setld] *a.* ***1*** **sconvolto; scompaginato; disordinato; turbato; scompigliato** ***2*** **indeciso; incerto; non stabilito** ***3*** (del tempo) **instabile; mutevole** ***4*** *(comm.)* **non pagato; non saldato; insoluto** ***5*** (di territorio) **non popolato; disabitato** ***6*** (di popolo) **nomade.**
to **unsex** [ʌn'seks] *v. t.* **privare** (q.) **delle caratteristiche del suo sesso; rendere** (una donna) **virile; rendere** (un uomo) **effeminato.**
unshaded [ʌn'ʃeidid] *a.* **non ombreggiato; senz'ombra.**
unshadowed [ʌn'ʃædoud] *a.* **non offuscato; senz'ombra.**
unshakable [ʌn'ʃeikəbl] *a.* **incrollabile; irremovibile.**
unshaped [ʌn'ʃeipt] *a.* **informe; senza forma.**
unshapely [ʌn'ʃeipli] *a.* **deforme; mal conformato; sgraziato.**
unshaven [ʌn'ʃeivn] *a.* **non raso; non sbarbato.**
to **unsheathe** [ʌn'ʃi:ð] *v. t.* **sguainare; sfoderare** (la spada, ecc.).
unsheltered [ʌn'ʃeltəd] *a.* **senza riparo; non protetto.**
to **unship** [ʌn'ʃip] *v. t. (naut.)* **scaricare, sbarcare** (passeggeri, merci).
unshod [ʌn'ʃɔd] *a.* ***1*** **senza scarpe; scalzo** ***2*** (di cavallo) **non ferrato.**
unshorn [ʌn'ʃɔ:n] *a.* **non tosato; intonso.**
unshrinkable [ʌn'ʃriŋkəbl] *a.* **irrestringibile.**

unshrinking [ʌn'ʃriŋkiŋ] *a.* **impavido; intrepido.**
unsifted [ʌn'siftid] *a.* **non setacciato; non vagliato** (anche *fig.*).
unsighted [ʌn'saitid] *a.* **1 non in vista; non scorto 2 fuori visuale; in condizione di non poter vedere 3** (di fucile) **senza mirino.**
unsightly [ʌn'saitli] *a.* **brutto; sgradevole; sgraziato.**
unsigned [ʌn'saind] *a.* **non firmato; senza firma.**
unskilful [ʌn'skilful] *a.* **inabile; inesperto; malaccorto; maldestro.**
unskilled [ʌn'skild] *a.* **1 inabile; inesperto 2** *(ind.)* **non specializzato**: *u. labour,* manodopera non specializzata.
unskimmed [ʌn'skimd] *a.* (del latte) **non scremato.**
unslaked [ʌn'sleikt] *a.* **1 non smorzato; non spento 2** (della sete, ecc.) **non appagato; insaziato** ● *u. lime,* calce viva.
unsociability [ʌn,souʃə'biliti] *n.* [U] **insocievolezza; scontrosaggine.**
unsociable [ʌn'souʃəbl] *a.* **insocievole; scontroso.**
unsocial [ʌn'souʃəl] *a.* **1 asociale 2 insocievole; scontroso.**
unsoiled [ʌn'sɔild] *a.* **non sporcato; incontaminato.**
unsolicited [,ʌnsə'lisitid] *a.* **non richiesto; non sollecitato.**
unsolicitous [,ʌnsə'lisitəs] *a.* **poco sollecito; poco premuroso.**
unsophisticated [,ʌnsə'fistikeitid] *a.* **1 non sofisticato; non adulterato; genuino 2 non sofisticato; semplice; schietto.**
unsought [ʌn'sɔ:t] *a.* **non ricercato; non richiesto; spontaneo.**
unsound [ʌn'saund] *a.* **1 difettoso; imperfetto; guasto**: *u. fruit,* frutta guasta **2 infermo; malato; malsano 3 errato; erroneo; fallace; falso 4 malsicuro; incerto; instabile** ● *u. sleep,* sonno agitato □ *(leg.) of u. mind,* non sano di mente; demente.
unsparing [ʌn'spɛəriŋ] *a.* **1 generoso; liberale; prodigo 2 crudele; spietato.**
unspeakable [ʌn'spi:kəbl] *a.* **indicibile; inesprimibile; indescrivibile.**
unspecified [ʌn'spesifaid] *a.* **non specificato.**
unspoiled [ʌn'spoild], **unspoilt** [ʌn'spɔilt] *a.* **1 non guasto; non sciupato; intatto 2** (di bambino, ecc.) **non viziato.**
unspoken [ʌn'spoukən] *a.* **non detto; inespresso; taciuto.**
unsporting [ʌn'spɔ:tiŋ] *(fam.)* V. **unsportsmanlike.**
unsportsmanlike [ʌn'spɔ:tsmənlaik] *a.* **1 indegno d'uno sportivo; non (da) sportivo 2** *(fig.)* **gretto; ingeneroso; meschino; vile.**
unspotted [ʌn'spɔtid] *a.* **1 non macchiato; senza macchie 2** *(fig.)* **senza macchia; immacolato; incontaminato 3** *(zool.)* **non maculato; non pezzato.**
unstable [ʌn'steibl] *a.* **instabile; incostante; volubile.**
unstained [ʌn'steind] *a.* **1 non macchiato; non tinto 2** (specialm. *fig.*) **immacolato; incontaminato; puro.**
unstamped [ʌn'stæmpt] *a.* **1** (di documento) **senza bollo 2** (di lettera) **senza francobollo; non affrancato** ● *u. paper,* carta libera.
unstarched [ʌn'sta:tʃt] *a.* **1 non inamidato 2** *(fig.)* **cordiale.**
unsteadfast [ʌn'stedfəst] *a.* **instabile; malfermo; incostante.**
unsteadiness [ʌn'stedinis] *n.* [U] **1 instabilità; scarsa solidità 2** *(fig.)* **incostanza; irresolutezza; titubanza; volubilità 3 irregolarità; variabilità.**
unsteady [ʌn'stedi] *a.* **1 instabile; malfermo; poco solido; barcollante; traballante**: *with an u. hand,* con mano malferma **2** *(fig.)* **incostante; irresoluto; titubante; volubile 3 irregolare; variabile.**
to **unstick** [ʌn'stik] (*pass.* e *p.p.* **unstuck** [ʌn'stʌk]) *v. t.* **scollare; staccare.**
unstinted [ʌn'stintid] *a.* **1 abbondante; copioso; illimitato 2 dato liberalmente (o di tutto cuore).**
to **unstitch** [ʌn'stitʃ] *v. t.* **scucire; disfare.**
to **unstop** [ʌn'stɔp] *v. t.* **stappare; sturare; aprire; stasare.**
unstressed [ʌn'strest] *a.* *(fon.)* **atono; non accentato.**
unstrung [ʌn'strʌŋ] *a.* **1** (d'arco) **senza corda;** (di strumento musicale) **senza le corde, con le corde allentate 2** (*fig.*: di persona) **sconvolto; turbato.**
unstuck [ʌn'stʌk] *pass.* e *p.p.* di to **unstick.**
unstudied [ʌn'stʌdid] *a.* **naturale; spontaneo.**
unsubstantial [,ʌnsəb'stænʃəl] *a.* **1 incorporeo; chimerico; fantastico 2 inconsistente 3 poco solido; malfermo; instabile.**
unsubstantiated [,ʌnsəb'stænʃieitid] *a.* **non comprovato; campato in aria.**
unsuccessful [,ʌnsək'sesful] *a.* **1 che non ha (avuto) successo; disgraziato; sfortunato 2 non riuscito; infruttuoso; inutile; vano** ● (di persone) *to be u.,* non riuscire; fallire; far fiasco.
unsuitability [ʌn,sju:tə'biliti] *n.* [U] **1 inadeguatezza; incongruità 2 sconvenienza; inopportunità; intempestività.**
unsuitable [ʌn'sju:təbl] *a.* **1 disadatto; inadatto; inadeguato; incongruo 2 sconveniente; inopportuno; intempestivo; fuori luogo.**
unsuited [ʌn'sju:tid] *a.* **disadatto; inadatto; inadeguato.**
unsullied [ʌn'sʌlid] *a.* **1 non macchiato; senza macchie 2** *(fig.)* **senza macchia; immacolato; puro.**
unsung [ʌn'sʌŋ] *a.* **1 non cantato 2** *(poet.)* **non celebrato** (dai poeti).
unsupported [,ʌnsə'pɔ:tid] *a.* **1 non sostenuto; non appoggiato; senza aiuto 2 non comprovato; non confermato.**
unsure [ʌn'ʃuə*] *a.* **incerto; malsicuro; non sicuro.**
unsurpassable [,ʌnsə'pa:səbl] *a.* **insorpassabile; insuperabile.**
unsusceptible [,ʌnsə'septəbl] *a.* **non suscettibile.**
unsuspected [,ʌnsəs'pektid] *a.* **insospettato.**
unsuspecting [,ʌnsəs'pektiŋ], **unsuspicious** [,ʌnsəs'piʃəs] *a.* **non sospettoso; senza sospetto; fiducioso.**
unswerving [ʌn'swə:viŋ] *a.* **1 fermo; saldo;** *(fig.)* **irremovibile, fedele 2 diritto; che non devia.**
unsworn [ʌn'swɔ:n] *a.* **1** (di giuramento) **non prestato 2** (di testimone, ecc.) **che non ha prestato giuramento.**
unsympathetic [,ʌnsimpə'θetik] *a.* **freddo; non comprensivo; indifferente; poco cordiale.**
unsystematic [,ʌnsisti'mætik] *a.* **non sistematico; senza metodo.**
to **untack** [ʌn'tæk] *v. t.* **disgiungere; separare; staccare; sbullettare.**
untainted [ʌn'teintid] *a.* **incorrotto; non guasto;** *(fig.)* **incontaminato, immacolato, puro.**
untamed [ʌn'teimd] *a.* **indomito; non addomesticato.**
to **untangle** [ʌn'tæŋgl] *v. t.* **districare; sbrogliare.**
untanned [ʌn'tænd] *a.* **1 non conciato; greggio, grezzo 2 non abbronzato (dal sole).**
untarnished [ʌn'ta:niʃt] *a.* **1 non macchiato; senza macchie 2** *(fig.)* **senza macchia; immacolato; puro.**
untaught [ʌn'tɔ:t] *a.* **1 privo di istruzione; ignorante; incolto 2 non studiato; innato; naturale.**
untaxed [ʌn'tækst] *a.* **esente da imposte.**
untempered [ʌn'tempəd] *a.* **1** *(metall.)* **non temprato 2** *(fig.)* **non temperato; non mitigato; estremo.**
untenable [ʌn'tenəbl] *a.* **indifendibile; insostenibile.**
unthankful [ʌn'θæŋkful] *a.* **1 ingrato 2 senza riconoscenza.**
unthankfulness [ʌn'θæŋkfulnis] *n.* [U] **ingratitudine.**
unthinkable [ʌn'θiŋkəbl] *a.* **1 impensabile; inimmaginabile 2** *(fam.)* **improbabile; inverosimile.**
unthinking [ʌn'θiŋkiŋ] *a.* **irriflessivo; sbadato.**

unthoughtful [ʌn'θɔ:tful] *a.* **1** **spensierato; sbadato; sventato** **2** **senza riguardi; irriguardoso.**
unthought-of [ʌn'θɔ:tɔv] *a.* **impensato; inaspettato; imprevisto.**
to **unthread** [ʌn'θred] *v. t.* **1** **sfilare** (un ago, perline, ecc.) **2** *(fig.)* **districare.**
untidiness [ʌn'taidinis] *n.* [U] **disordine; trascuratezza; trasandatezza.**
untidy [ʌn'taidi] *a.* **disordinato; sciatto; trascurato; trasandato.**
to **untie** [ʌn'tai] *v. t.* **slegare; slacciare; disfare; sciogliere.**
until [ən'til] **A** *prep.* **fino a; sino a; fino al momento di** **B** *cong.* **finché non; fino a quando.**
untimely [ʌn'taimli] *a.* **inopportuno; intempestivo; prematuro.**
untiring [ʌn'taiəriŋ] *a.* **instancabile; infaticabile.**
unto ['ʌntu] *(arc., lett.)* *V.* **(1) to.**
untold [ʌn'tould] *a.* **1** **non detto; non raccontato; taciuto; inespresso** **2** **non contato; non numerato** **3** **incalcolabile; enorme.**
untouchable [ʌn'tʌtʃəbl] **A** *a.* **1** **intoccabile** (anche *fig.*) **2** **irraggiungibile; fuori portata** **B** *n.* [C] (in India) **intoccabile; paria.**
untouched [ʌn'tʌtʃt] *a.* **1** **non toccato; intatto** **2** *(fig.)* **non commosso; imperturbato; indifferente.**
untoward [ʌn'touəd] *a.* **1** **intrattabile; ribelle; recalcitrante** **2** **sfortunato; infelice; sfavorevole; avverso.**
untrained [ʌn'treind] *a.* **1** **non esercitato; inesperto** **2** **non ammaestrato** **3** **non disciplinato** **4** *(sport)* **non allenato.**
untranslatable [ˌʌntræns'leitəbl] *a.* **intraducibile.**
untravelled [ʌn'trævəld] *a.* **1** **che ha viaggiato poco** **2** (di strada, ecc.) **poco battuto; di scarso traffico** **3** **inesplorato.**
untried [ʌn'traid] *a.* **1** **inesperto; poco esperto** **2** **non provato; intentato** **3** *(leg.)* **non processato.**
untrodden [ʌn'trɔdn] *a.* **1** **non calpestato; intatto** **2** **non frequentato; poco battuto; solitario.**
untroubled [ʌn'trʌbld] *a.* **1** **imperturbato; calmo; sereno; tranquillo** **2** (di liquido) **non turbato; limpido.**
untrue [ʌn'tru:] *a.* **1** **falso; bugiardo; menzognero** **2** **disonesto; infedele; sleale** **3** *(mecc.)* **non centrato.**
to **untruss** [ʌn'trʌs] *v. t.* **1** **slegare; disfare** **2** *(arc.)* **spogliare; svestire.**
untrustworthy [ʌn'trʌstˌwə:ði] *a.* **1** **indegno di fede; falso; mendace; menzognero** **2** **indegno di fiducia; infido; sleale.**
untruth [ʌn'tru:θ] *n.* [U] e [C] **falsità; menzogna.**
untruthful [ʌn'tru:θful] *a.* **falso; bugiardo; mendace; menzognero.**
untuned [ʌn'tju:nd] *a.* **1** *(mus.)* **scordato; stonato** **2** *(radio, telev.)* **non sintonizzato.**
unturned [ʌn'tə:nd] *a.* **non rivoltato; non rovesciato; non smosso** ● *(fig.)* *to leave no stone u.*, non lasciar nulla d'intentato; fare l'impossibile.
untutored [ʌn'tju:təd] *a.* **ignorante; incolto.**
to **untwine** [ʌn'twain], to **untwist** [ʌn'twist] **A** *v. t.* **disfare; districare; sciogliere; sbrogliare** **B** *v. i.* **sciogliersi; districarsi.**
unused [ʌn'ju:zd] *a.* **1** **non usato; non adoperato; disusato** **2** **non ancora usato; nuovo** **3** [ʌn'ju:st] *(pred.)* **non abituato; non avvezzo; poco pratico**: *to be u. to st.*, essere poco pratico di q.c.
unusual [ʌn'ju:ʒŭəl] *a.* **insolito; inusitato; raro.**
unutterable [ʌn'ʌtərəbl] *a.* **1** **non pronunciabile; impronunciabile** **2** **inesprimibile; ineffabile; indicibile** **3** **completo; perfetto.**
unvanquished [ʌn'væŋkwiʃt] *a.* **invitto; indomito.**
unvaried [ʌn'vɛərid] *a.* **non variato; uniforme; uguale; monotono.**
unvarnished [ʌn'va:niʃt] *a.* **1** **non verniciato** **2** *(fig.)* **non abbellito; puro e semplice; nudo e crudo.**
unvarying [ʌn'vɛəriiŋ] *a.* **invariabile.**
to **unveil** [ʌn'veil] **A** *v. t.* **1** **svelare; scoprire; palesare; rivelare** **2** **togliere il velo a** **B** *v. i.* **svelarsi; scoprirsi.**
unverifiable [ʌn'verifaiəbl] *a.* **non verificabile; incontrollabile.**
unversed [ʌn'və:st] *a.* **non versato** (in una scienza, un'arte, ecc.); **inesperto; poco competente; incompetente.**
unvoiced [ʌn'vɔist] *a.* **1** **non detto; inespresso** **2** *(fon.)* **sordo.**
unwanted [ʌn'wɔntid] *a.* **non desiderato; non richiesto.**
unwariness [ʌn'wɛərinis] *n.* [U] **imprudenza; avventatezza; sconsideratezza.**
unwarlike [ʌn'wɔ:laik] *a.* **non bellicoso; pacifico.**
unwarranted [ʌn'wɔrəntid] *a.* **1** **ingiustificato; arbitrario; infondato** **2** **non garantito; senza garanzia.**
unwary [ʌn'wɛəri] *a.* **imprudente; avventato; incauto.**
unwashed [ʌn'wɔʃt] *a.* **non lavato; sporco; sudicio.**
unwatched [ʌn'wɔtʃt] *a.* **non sorvegliato; incustodito.**
unwatchful [ʌn'wɔtʃful] *a.* **non vigile; disattento; sbadato.**
unwatered [ʌn'wɔ:təd] *a.* **1** **non innaffiato; arido; secco** **2** **non diluito con acqua; puro; schietto** **3** (di bestiame) **non abbeverato** **4** **non fornito d'acqua.**
unwavering [ʌn'weivəriŋ] *a.* **non vacillante; deciso; risoluto.**
unweaned [ʌn'wi:nd] *a.* **non divezzato; non svezzato.**
unwearied [ʌn'wiərid] *a.* **1** **inesausto** **2** **infaticabile; instancabile.**
unwearying [ʌn'wiəriiŋ] *a.* **instancabile; persistente; tenace.**
unwelcome [ʌn'welkəm] *a.* **malaccetto; sgradito; spiacevole.**
unwell [ʌn'wel] *a. pred.* **indisposto; ammalato.**
unwholesome [ʌn'houlsəm] *a.* **1** **insalubre; malsano** **2** *(fig.)* **corrotto; immorale.**
unwieldy [ʌn'wi:ldi] *a.* **1** **ingombrante; poco maneggevole; pesante** **2** **lento; goffo; tardo; impacciato.**
unwilling [ʌn'wiliŋ] *a.* **non disposto; avverso; contrario; restìo; riluttante** ● *to be u. to do st.*, non voler fare q.c.
unwillingness [ʌn'wiliŋnis] *n.* [U] **malavoglia; cattiva volontà; ritrosia; riluttanza.**
to **unwind** [ʌn'waind] (*pass.* e *p.p.* **unwound** [ʌn'waund]) **A** *v. t.* **1** **sdipanare; svolgere; sgomitolare** **2** **districare; sbrogliare** **B** *v. i.* **1** **sgomitolarsi; svolgersi** **2** **districarsi; sbrogliarsi** **3** *(fam.)* **rilassarsi.**
unwise [ʌn'waiz] *a.* **poco saggio; incauto; insensato.**
unwitting [ʌn'witiŋ] *a.* **1** **inconsapevole** **2** **involontario.**
unwomanly [ʌn'wumənli] *a.* **poco femminile.**
unwonted [ʌn'wountid] *a.* **1** **insolito; inusitato** **2** *(arc.)* **non abituato; non avvezzo.**
unworkable [ʌn'wə:kəbl] *a.* **1** **non lavorabile** **2** **fuori uso.**
unworldly [ʌn'wə:ldli] *a.* **1** **non mondano; spirituale** **2** **non sofisticato; semplice; ingenuo.**
unworthiness [ʌn'wə:ðinis] *n.* [U] **indegnità.**
unworthy [ʌn'wə:ði] *a.* **indegno** ● *to be u. of st.*, non meritare q.c.
unwound [ʌn'waund] **A** *pass.* e *p. p.* di to **unwind** **B** *a.* (di un orologio e sim.) **scarico.**
unwounded [ʌn'wu:ndid] *a.* **non ferito; illeso; incolume.**
to **unwrap** [ʌn'ræp] *v. t.* **scartocciare; disfare; aprire.**
to **unwrinkle** [ʌn'riŋkl] *v. t.* **lisciare; spianare** (la fronte, ecc.).
unwritten [ʌn'ritn] *a.* **1** **non scritto; orale; tradizionale** **2** **su cui non si è scritto; in bianco** ● *u. law*, legge non scritta; *(fig.)* codice d'onore.
unwrought [ʌn'rɔ:t] *a.* **non lavorato; greggio, grezzo.**
unwrung [ʌn'rʌŋ] *a.* **non torto; non stretto; non strizzato.**
unyielding [ʌn'ji:ldiŋ] *a.* **inflessibile; rigido.**

to **unyoke** [ʌn'jouk] *v. t.* ***1*** **staccare dal giogo; liberare dal giogo** ***2*** *(fig.)* **staccare; separare; disgiungere.**

unyouthful [ʌn'ju:θful] *a. (raro)* **non giovanile.**

(1) up [ʌp] ***A*** *avv.* ***1*** **su; di sopra; in alto; in su**: *a few inches further up,* qualche pollice più in su ***2*** **in piedi; ritto**: *to stand up,* alzarsi in piedi ***3*** (ippica) **in sella** ***4*** **completamente; del tutto; sino in fondo** ***5*** *(idiom.;* per es. in:*) I am going up to town,* vado in città □ *My father is up from the country,* è arrivato mio padre dalla campagna □ *He isn't up yet,* non s'è ancora alzato □ *The boy is up to no good,* il ragazzo ne sta facendo una delle sue □ *What are you up to?,* che cosa stai combinando? □ *It is (was) up to me (you, him, etc.) to decide,* tocca (toccava) a me (a te, a lui, ecc.) decidere □ *Time is up,* è suonata l'ora; il tempo (concesso) è finito □ *It's all up with him,* per lui è finita; è spacciato □ *(fam.) What's up?,* che succede?; che c'è? □ *The wind is up,* s'è alzato il vento □ *My blood was up,* m'era andato il sangue alla testa ***B*** *inter.* **su!; in piedi!** ● *up and down,* su e giù; avanti e indietro; dappertutto □ *(polit.) to be up for an office,* essere candidato a una carica □ *up here,* quassù □ *up there,* lassù □ (di persona) *to be up to,* essere in condizione (o in grado) di; sentirsela di: *I don't feel up to a long walk to-day,* non me la sento di fare una lunga passeggiata oggi □ (di cosa) *to be up to,* essere conforme a; valere: *This book is not up to much,* questo libro non vale molto □ *to be up to one's knees in mud,* essere immerso nel fango fino ai ginocchi □ *as far up as Edinburgh,* fino all'altezza di Edimburgo (andando da sud a nord) □ *to bring up to date,* aggiornare; rammodernare □ *to drink up,* tracannare □ *to eat up,* divorare □ *from one up to one hundred,* da uno a cento.

(2) up [ʌp] *a.* ***1*** **in su; ascendente; in salita** ***2*** **alto** (anche *fig.*) ***3*** *(ferr.)* **verso la città**: *an up train,* un treno verso la città (specialm. diretto a Londra) ● *the ups and downs of life,* gli alti e bassi (o le alterne vicende) della vita.

(3) up [ʌp] *prep.* **su; su per**: *to carry a trunk up the stairs,* portare un baule su per le scale ● *up hill and down dale,* per mari e per monti □ *up (the) river,* a monte; verso la sorgente del fiume □ *to walk up and down a street,* andare su e giù per una strada.

up- [ʌp] *pref.* **su; in su, in alto, verso l'alto** (anche *fig.*).

to **up** [ʌp] (*pass.* e *p.p.* **upped**) ***A*** *v. i. (fam.)* **alzarsi; saltare su; balzare su** (a fare q.c.) ***B*** *v. t. (fam.)* **alzare; sollevare; tirare su; aumentare; far salire.**

up-and-coming [ˌʌpən'kʌmiŋ] *a.* **intraprendente; sulla strada del successo.**

upborne [ʌp'bɔ:n] *a.* **sostenuto; sorretto; tenuto (in) alto.**

to **upbraid** [ʌp'breid] *v. t.* **rimproverare; sgridare.**

upbringing ['ʌpˌbriŋiŋ] *n.* [U] **educazione; allevamento** (di un bambino).

upcast ['ʌpka:st] *n.* [C] ***1*** **lancio in alto** ***2*** **getto; spruzzo; zampillo** ***3*** *(ind. mineraria)* **pozzo di ventilazione.**

upcountry [ʌp'kʌntri] ***A*** *a.* ***1*** *(geogr.)* **dell'interno; lontano dalla costa** ***2*** *(fig.)* **grossolano; rozzo** ***B*** *avv.* **verso l'interno.**

to **update** [ʌp'deit] *v. t.* **aggiornare; rinnovare; ammodernare.**

upgrade ['ʌpgreid] *n.* [C] **salita; pendenza** ● *on the u.,* in salita, in pendenza; *(fig.)* in ascesa, in miglioramento.

to **upgrade** [ʌp'greid] *v. t.* **promuovere** (un impiegato, ecc.).

upgrowth ['ʌpgrouθ] *n. (solo al sing.)* **crescita; sviluppo.**

upheaval [ʌp'hi:vəl] *n.* [C] ***1*** *(geol.)* **sollevamento** ***2*** *(fig.)* **cambiamento radicale.**

to **upheave** [ʌp'hi:v] ***A*** *v. t.* **sollevare; alzare dal disotto** ***B*** *v. i.* **sollevarsi; essere spinto dal basso.**

upheld [ʌp'held] *pass.* e *p.p.* di to **uphold.**

uphill [ˌʌp'hil] ***A*** *a.* ***1*** **in salita; in ascesa** ***2*** *(fig.)* **arduo; difficile; faticoso** ***B*** *avv.* **in salita; verso la vetta** ● *an u. climb,* un'arrampicata.

to **uphold** [ʌp'hould] (*pass.* e *p.p.* **upheld** [ʌp'held]) *v. t.* ***1*** **alzare; sollevare** ***2*** **sorreggere; sostenere; tener dritto** ***3*** *(fig.)* **appoggiare; incoraggiare; approvare** ***4*** (anche *leg.*) **confermare.**

upholder [ʌp'houldə*] *n.* [C] **sostenitore; fautore.**

to **upholster** [ʌp'houlstə*] *v. t.* ***1*** **tappezzare** (una stanza, ecc.) ***2*** **ricoprire, imbottire** (divani, ecc.).

upholsterer [ʌp'houlstərə*] *n.* [C] **tappezziere.**

upholstery [ʌp'houlstəri] *n.* [U] ***1*** **tappezzeria** ***2*** **arte del tappezziere.**

upkeep ['ʌpˌki:p] *n.* [U] **mantenimento; manutenzione.**

upland ['ʌplənd] ***A*** *n. (spesso al pl.)* **altopiano** ***B*** *a. attr.* **montano; montuoso.**

uplander ['ʌpləndə*] *n.* [C] **abitante di un altopiano.**

to **uplift** [ʌp'lift] *v. t.* ***1*** **sollevare; alzare** ***2*** *(fig.)* **elevare; innalzare.**

uplift ['ʌplift] *n.* [U] ***1*** **sollevamento** (anche *fig.*) ***2*** *(fig.)* **elevazione; edificazione** ● *an u. bra,* un reggiseno che dà sostegno.

upmost ['ʌpmoust] *V.* **uppermost.**

upon [ə'pɔn] *prep.* **su; sopra** ● *u. his father's death,* alla morte di suo padre □ *U. my word!,* perbacco!; caspita!

upper ['ʌpə*] ***A*** *a.* **superiore; più elevato**: *the u. lip,* il labbro superiore □ *the u. classes,* le classi elevate; l'alta borghesia e l'aristocrazia ***B*** *n.* [C] ***1*** **tomaia** ***2*** *(fam.)* **(farmaco) eccitante;** (specialm.) **anfetamina** ● *the U. House,* la Camera Alta; la Camera dei Lord □ *the u. storey,* il piano di sopra; *(fig., fam.)* il cervello □ *the u. ten (thousand),* l'aristocrazia; il gran mondo □ *to have (to get) the u. hand of sb.,* avere (prendere) il sopravvento su q. □ *(fam.) to have st. wrong in one's u. storey,* essere un po' tocco □ *(fam.) to be (down) on one's uppers,* essere in bolletta; essere al verde.

uppercut ['ʌpəkʌt] *n.* [C] *(pugilato)* **montante.**

uppermost ['ʌpəmoust] ***A*** *a.* ***1*** **(il) più alto; (il) più elevato** ***2*** **(il) più importante; primo; supremo** ***B*** *avv.* ***1*** **nel posto più elevato; più in alto di tutti** ***2*** **per primo; per prima cosa.**

uppish ['ʌpiʃ] *a. (fam.)* **altezzoso; arrogante; presuntuoso.**

uppity ['ʌpiti] *V.* **uppish.**

to **upraise** [ʌp'reiz] *v. t.* **alzare; innalzare; elevare; sollevare.**

to **uprear** [ʌp'riə*] *v. t.* ***1*** **alzare; sollevare** ***2*** **allevare.**

upright ['ʌpˌrait] ***A*** *a.* ***1*** **diritto; ritto; eretto; perpendicolare; verticale** ***2*** *(fig.)* **retto; integro; giusto; onesto** ***B*** *n.* [C] ***1*** **asta perpendicolare; palo verticale** ***2*** *(falegnameria, mecc., edil.)* **montante** ***C*** *avv.* **in piedi; verticalmente** ● *u. piano,* pianoforte verticale.

uprising ['ʌpˌraiziŋ] *n.* [C] **sollevazione; ribellione; sommossa.**

uproar ['ʌpˌrɔ:*] *n.* [U] *(anche con l'art. indeterm.)* **baccano; baraonda; frastuono; parapiglia; tumulto.**

uproarious [ʌp'rɔ:riəs] *a.* **chiassoso; rumoroso; tumultuoso** ● *u. laughter,* risate fragorose.

to **uproot** [ʌp'ru:t] *v. t.* **sradicare; estirpare** (anche *fig.*).

to **upset** [ʌp'set] (*pass.* e *p.p.* **upset**) ***A*** *v. t.* ***1*** **capovolgere; rovesciare** ***2*** **sconvolgere** (anche *fig.*); **turbare; disturbare; scompigliare** ***B*** *v. i.* **capovolgersi; rovesciarsi** ● *(fig.) to u. sb.'s applecart,* rompere le uova nel paniere a q. □ *to u. one's stomach,* guastarsi lo stomaco.

(1) upset [ʌp'set] *n.* [C] ***1*** **capovolgimento; rovesciamento** ***2*** **sconvolgimento; scompiglio** ***3*** **rovescio; sconfitta** (specialm. imprevista) ***4*** *(sport)* **esito** (o **risultato) inaspettato.**

(2) upset ['ʌpset] *a.* ***1*** **capovolto; rovesciato** ***2*** **turbato; sconvolto.**

upshot ['ʌpʃɔt] *n. (al sing. con l'art. determ.)* **conclusione; esito; risultato finale** ● *on the u.,* in conclusione; in fin dei conti.

upside ['ʌpsaid] *n.* **parte superiore; (il) disopra.**

upside-down [ˌʌpsaid'daun] ***A*** *a.* **capovolto; rovesciato; sottosopra** ***B*** *avv.* ***1*** **sottosopra; alla rovescia** ***2*** *(fig.)* **sottosopra; in disordine; a catafascio**: *to turn everything u.,* mettere tutto sottosopra.

upsides [ˈʌpsaidz] *avv. (fam.)* pari.
upstage [ʌpˈsteidʒ] **A** *avv. (teatr.)* verso il fondo (della scena) **B** *a. (fam.)* altezzoso; altero; superbo; scostante ● *(fam.) to be u. and county,* essere uno snob.
upstairs [ˌʌpˈstɛəz] **A** *avv.* disopra; al piano di sopra: *to go u.,* andare disopra **B** *a. attr.* di sopra; del piano superiore ● *(edil.) the u.,* il piano di sopra (di una casa).
upstanding [ʌpˈstændiŋ] *a.* **1** dritto; eretto **2** *(fig.)* sano e forte.
upstart [ˈʌpstaːt] **A** *n.* [C] *(spreg.)* individuo arricchito da poco; villano rifatto **B** *a. attr.* fattosi dal nulla; venuto dalla gavetta.
upstream [ˌʌpˈstriːm] *a. attr.* e *avv.* **1** a monte **2** contro corrente.
upswing [ˈʌpˌswiŋ] *n.* [C] **1** ondata, crescendo *(fig.)* **2** *(econ.)* ripresa; (tendenza all') espansione.
uptake [ˈʌpteik] *n.* comprendonio; comprensione: *(fam.) to be slow on the u.,* esser duro di comprendonio.
up-to-date [ˌʌptəˈdeit] *a.* **1** aggiornato **2** alla moda; moderno.
uptown [ˌʌpˈtaun] (specialm. *USA*) **A** *a.* della parte alta della città; dei quartieri residenziali **B** *avv.* nei quartieri residenziali **C** *n.* quartieri residenziali.
to **upturn** [ʌpˈtəːn] *v. t.* **1** alzare; volgere in su **2** rovesciare **3** *(agric.)* rivoltare (la terra, arando) ● *an upturned nose,* un naso all'insù.
upturn [ˈʌptəːn] *n.* [C] **1** curva; piega verso l'alto **2** *(fin.)* rialzo; tendenza al rialzo **3** (specialm. *econ.*) mutamento in meglio; svolta favorevole.
upward [ˈʌpwəd] *a.* (diretto) verso l'alto; in salita ● (di prezzi) *u. trend,* tendenza al rialzo.
upward(s) [ˈʌpwəd(z)] *avv.* all'insù; verso l'alto; in alto; in su: *to move u.,* spostarsi verso l'alto; salire; *(fig.)* far progressi ● *u. of,* più di: *u. of thirty men,* più di trenta uomini □ *and u.,* e più □ *bottom u.,* sottosopra; capovolto; rovesciato □ *(fig.) to climb u.,* progredire; far carriera.
uraemia [juˈriːmiə] *n.* [U] *(med.)* uremia.
uranium [juˈreinjəm] *n.* [U] *(chim.)* uranio.
uranography [ˌjuərəˈnɔgrəfi] *n.* [U] *(astron.)* uranografia.
Uranus [juˈreinəs] *n. (mitol., astron.)* Urano.
urate [ˈjuəreit] *n.* [C] *(chim.)* urato.
urban [ˈəːbən] *a.* urbano; cittadino ● *u. sprawl,* espansione urbana incontrollata.
urbane [əːˈbein] *a.* urbano; civile; cortese.
urbanism [ˈəːbənizəm] *n.* [U] **1** vita di città **2** urbanistica.
urbanist [ˈəːbənist] *n.* urbanista.
urbanistic [ˌəːbəˈnistik] *a.* urbanistico.
urbanity [əːˈbæniti] *n.* [U] urbanità (di modi); cortesia.
urbanization [ˌəːbənaiˈzeiʃən] *n.* [U] urbanizzazione.
to **urbanize** [ˈəːbənaiz] *v. t.* urbanizzare.
urchin [ˈəːtʃin] *n.* [C] **1** bricconcello; monello **2** *(zool.,* Erinaceus europaeus) riccio **3** *(zool.,* Echinus; di solito *sea u.)* riccio di mare ● *street u.,* monello; ragazzo di strada.
urea [ˈjuəriə] *n.* [U] *(chim.)* urea.
ureter [juəˈriːtə*] *n.* [C] *(anat.)* uretere.
urethra [juəˈriːθrə] *n.* [C] *(anat.)* uretra.
urethral [juəˈriːθrəl] *a. (anat.)* uretrale.
urethritis [ˌjuəriˈθraitis] *n.* (*pl.* **urethritides** [ˌjuəriˈθridəˌdiːz]) *(med.)* uretrite.
uretic [juəˈretik] *a. (med.)* diuretico.
to **urge** [əːdʒ] *v. t.* **1** incalzare; spingere: *to u. sb. on,* spingere q. avanti **2** incitare; esortare; stimolare; sollecitare: *to u. sb. to action,* incitare q. ad agire □ *(comm.) to u. payment,* sollecitare il pagamento **3** accampare; addurre; mettere in evidenza; far valere: *to u. an argument,* addurre un argomento.
urge [əːdʒ] *n.* [C] *(raramente al pl.)* **1** spinta; incitamento; esortazione; stimolo; sollecitazione **2** forte desiderio; passione.
urgency [ˈəːdʒənsi] *n.* [U] **1** urgenza; premura **2** insistenza.
urgent [ˈəːdʒənt] *a.* **1** urgente; pressante: *to be in u. need of st.,* avere urgente bisogno di q.c. **2** insistente; importuno.
uric [ˈjuərik] *a. (chim.)* urico: *u. acid,* acido urico.
uricaemia [ˌjuəriˈsiːmiə] *n.* [U] *(med.)* uricemia.
urinal [ˈjuərinl] *n.* [C] **1** orinale; (negli ospedali) pappagallo **2** orinatoio; vespasiano.
urinary [ˈjuərinəri] *a. (fisiologia)* urinario; dell'orina.
to **urinate** [ˈjuərineit] *v. i.* orinare.
urination [ˌjuəriˈneiʃən] *n.* [U] minzione; orinazione.
urine [ˈjuərin] *n.* [U] *(fisiologia)* orina, urina ● *(med.) u. analysis* (o *urinalysis),* analisi delle urine.
urn [əːn] *n.* [C] urna; vaso; (specialm.) urna funeraria ● *coffee-urn,* caffettiera □ *tea-urn,* samovar.
urologic(al) [ˌjuərouˈlɔdʒik(əl)] *a. (med.)* urologico.
urologist [juəˈrɔlədʒist] *n.* [C] *(med.)* urologo.
urology [juəˈrɔlədʒi] *n.* [U] *(med.)* urologia.
uroscopy [juəˈrɔskəpi] *n. (med.)* uroscopia.
Ursa [ˈəːsə] *n. (astron.)* Orsa: *U. Major,* l'Orsa Maggiore.
ursine [ˈəːsain] *a.* orsino; di (o da orso); simile a un orso.
Ursuline [ˈəːsjulain] *n.* [C] e *a. (relig.)* Orsolina.
urticaria [ˌəːtiˈkɛəriə] *n.* [U] *(med.)* orticaria.
Uruguayan [ˌuruˈgwaiən] *a.* e *n.* [C] uruguaiano.
us [ʌs, əs] *pron. pers. 1ª pers. pl. (compl.)* noi; ci; ce.
usable [ˈjuːzəbl] *a.* usabile; adoperabile; servibile.
usage [ˈjuːzidʒ] *n.* **1** [U] e [C] uso; costume; usanza; consuetudine **2** [U] uso; modo d'usare (q.c.) ● (di macchina, ecc.) *to get good (rough) u.,* essere usato bene (male); essere trattato con riguardo (senza riguardo) □ (di persona) *to meet with harsh u.,* essere maltrattato.
usance [ˈjuːzəns] *n.* [C] *(comm., leg.)* tempo concesso per il pagamento delle cambiali estere (secondo la consuetudine del luogo); scadenza.
to **use** [juːz] **A** *v. t.* **1** usare; adoperare; impiegare; far uso di; valersi di; servirsi di: *to use one's brains,* usare il cervello; ragionare **2** trattare; comportarsi (in un certo modo) con (q.): *How did he use you?,* come si comportò con te? **3** (spesso *to use up*) consumare; esaurire: *to use up all one's strength,* esaurire tutta la propria energia **B** *v. i. (al passato)* usare; solere; essere solito (o abituato, avvezzo) (o, *idiom., equivale all'imperfetto indic. ital.*): *He used to study hard,* era solito studiare molto □ *There used to be a theatre in this street,* una volta c'era un teatro in questa strada ● *to be used for,* servire a □ *to be used to,* essere abituato (o avvezzo, assuefatto) a; essere solito: *I am not used to being called a liar,* non sono avvezzo a sentirmi dare del bugiardo □ *Well, I'm not used to it,* beh, non ci sono avvezzo □ *to be badly* (o *ill) used,* essere maltrattato □ *to get* (o *to become) used to st.,* abituarsi (o assuefarsi, avvezzarsi) a q.c.
use [juːs] *n.* **1** [U] e [C] uso; impiego; consuetudine; usanza; abitudine; pratica: *the use of electricity,* l'uso dell'elettricità □ *a tool with several uses,* un arnese che ha più usi **2** [U] utilità; profitto; vantaggio; pro: *What's the use?,* a che pro? **3** [U] diritto d'usare **4** [U] *(leg.)* uso; godimento **5** [C] *(relig.)* liturgia; rito ● *to come into use,* venire in uso; entrare nell'uso □ *to go (to fall) out of use,* andare (cadere) in disuso □ *to have no further use for st.,* non avere più bisogno di q.c. □ *to make use of st.,* far uso di q.c.; servirsi di q.c. □ *out of use,* fuori uso; disusato; *(mecc.)* guasto, fuori servizio □ *to put st. to good (bad) use,* far buon (cattivo) uso di q.c. □ *(fam.) I have no use for it,* non mi serve (a nulla); non so che farmene □ *Talking is no use,* le chiacchiere non servono a niente.
used [juːzd] *a.* usato; smesso: *u. clothing,* vestiti smessi.
useful [ˈjuːsful] *a.* **1** utile; giovevole; proficuo; vantaggioso **2** *(fam.)* capace; efficiente **3** *(fam.)* notevole; ragguardevole.
usefulness [ˈjuːsfulnis] *n.* [U] utilità; vantaggio.
useless [ˈjuːslis] *a.* **1** inutile; inservibile; vano **2** *(fam.)* incapace; inetto **3** *(fam.)* abbattuto; depresso;

giù di corda.
uselessness ['ju:slisnis] *n.* U **inutilità; vanità.**
user ['ju:zə*] *n.* C **utente.**
usher ['ʌʃə*] *n.* C ***1*** **usciere** ***2*** **messo di tribunale** ***3*** *(cinem., teatr.)* **maschera.**
to **usher** ['ʌʃə*] *v. t.* **accompagnare; introdurre; far entrare** ● *to u. in,* introdurre; *(fig.)* inaugurare, annunziare.
usherette [ˌʌʃə'ret] *n.* C *(cinem., teatr.)* **mascherina.**
usual ['ju:ʒŭəl] *a.* **solito; consueto; abituale; comune**: *the kindness u. with him,* la sua abituale cortesia ● *as u.,* come al solito □ *later than u.,* più tardi del solito □ *more than u.,* più del solito □ *It is u. to tip the waiter,* è d'uso dare la mancia al cameriere.
usually ['ju:ʒuəli] *avv.* **di solito; generalmente.**
usucaption [ˌju:sju:'kæpʃən] *n.* U *(leg.)* **usucapione.**
usufruct ['ju:sju:frʌkt] *n.* U e C *(leg.)* **usufrutto.**
usufructuary [ˌju:sju:'frʌktjuəri] *n.* C *(leg.)* **usufruttuario.**
usurer ['ju:ʒərə*] *n.* C **usuraio, usuraia; strozzino, strozzina.**
usurious [ju:'zjuəriəs] *a.* **usurario; usuraio; d'usura; da usuraio.**
to **usurp** [ju:'zə:p] *v. t.* **usurpare.**
usurpation [ˌju:zə:'peiʃən] *n.* U e C **usurpazione.**
usurper [ju:'zə:pə*] *n.* **usurpatore, usurpatrice.**
usury ['ju:ʒuri] *n.* U **usura** (anche *fig.*); **strozzinaggio.**
ut [ʌt] *n.* *(stor., mus.)* **ut** (nota corrispondente al do).
utensil [ju:'tensl] *n.* C **utensile; arnese** ● *writing utensils,* cancelleria.
uterine ['ju:tərain] *a.* *(anat.)* **uterino.**
uterus ['ju:tərəs] *n.* (*pl.* **uteri** ['ju:tərai]) *(anat.)* **utero.**
utilitarian [ˌju:tili'tɛəriən] ***A*** *a.* ***1*** **utilitario** ***2*** *(filos.)* **utilitaristico** ***B*** *n.* C *(filos.)* **utilitarista.**
utilitarianism [ˌju:tili'tɛəriənizəm] *n.* U *(filos.)* **utilitarismo.**
utility [ju:'tiliti] *n.* ***1*** U **utilità; profitto; vantaggio** ***2*** C **servizio pubblico; azienda di servizio pubblico** ● *(autom.) u. car,* utilitaria □ *(teatr.) u. man,* generico; comparsa □ *u. van,* furgoncino.
utilizable ['ju:tilaizəbl] *a.* **utilizzabile.**
utilization [ˌju:tilai'zeiʃən] *n.* U **utilizzazione; utilizzo** *(bur.).*
to **utilize** ['ju:tilaiz] *v. t.* **utilizzare.**
utmost ['ʌtmoust] ***A*** *a. attr.* **estremo; massimo; sommo; ultimo**: *the u. ends of the earth,* gli estremi confini della terra ***B*** *n.* **(l')estremo; (il) massimo; (l')ultimo**: *to the u.,* fino all'estremo; fino all'ultimo □ *That's the u. I can do;* questo è il massimo ch'io possa fare ● *at the u.,* al più; tutt'al più □ *to do one's u.,* fare tutto il possibile □ *to try one's u.,* fare del proprio meglio.
utopia [ju:'toupjə] *n.* C **utopia.**
utopian [ju':toupjən] ***A*** *a.* **utopistico** ***B*** *n.* C **utopista; visionario.**
utricle ['ju:trikl] *n.* C *(anat., bot.)* **otricolo.**
utter ['ʌtə*] *a.* ***1*** **assoluto; completo** ***2*** **bell'e buono; matricolato; solenne**: *an u. rascal,* un furfante matricolato ● *u. darkness,* buio pesto □ *an u. denial,* un secco diniego.
to **utter** ['ʌtə*] *v. t.* ***1*** **emettere; mandare; lanciare** ***2*** **dire; proferire; pronunciare; esprimere; manifestare** ***3*** **mettere in circolazione; spacciare** ***4*** **divulgare; diffondere** (calunnie, dicerie, ecc.).
utterable ['ʌtərəbl] *a.* **esprimibile; manifestabile.**
utterance ['ʌtərəns] *n.* ***1*** *(solo al sing.)* **articolazione; pronuncia; modo di parlare**: *a defective u.,* una pronuncia difettosa ***2*** C **espressione; parola; cosa detta** ● *to give u. to one's feelings,* dar sfogo ai propri sentimenti □ (di un ministro del culto) *his pulpit utterances,* i suoi sermoni.
uttermost ['ʌtəmoust] *V.* **utmost.**
U-turn ['ju:tə:n] *n.* C ***1*** *(autom.)* **(manovra di) conversione a U** ***2*** *(fig., fam.)* **svolta radicale; dietrofront** *(fig.)* ● *No U-t.,* divieto di conversione a U (cartello).
uvula ['ju:vjulə] *n.* C (*pl.* **uvulae** ['ju:vjuˌli:], **uvulas**) *(anat.)* **ugola.**
uvular ['ju:vjulə*] *a.* *(anat.)* **dell'ugola.**
uxoricide [ʌk'sɔ:risaid] *n.* ***1*** U **uxoricidio** ***2*** C **uxoricida.**
uxorious [ʌk'sɔ:riəs] *a.* *(lett.)* ***1*** **troppo tenero con la moglie** ***2*** **dominato dalla moglie.**

V

V, v [viː] *n.* *(pl.* **V's, v's; Vs, vs), V, v** ● *(tel.) v for Victor,* v come Venezia □ *(moda) V neck,* scollatura a V □ *V-shaped,* a forma di V.
vacancy ['veikənsi] *n.* ***1*** [U] e [C] **vuoto; spazio vuoto; lacuna** ***2*** [U] **vacuità (mentale); ottusità** ***3*** [U] **ozio; oziosità; indolenza** ***4*** [C] *(anche leg.)* **vacanza; posto vacante.**
vacant ['veikənt] *a.* ***1*** **vuoto; vacuo; vacante** *(anche leg.)*; **libero; non occupato; sfitto**: *to gaze into v. space,* guardar fisso nel vuoto □ *a v. post,* un posto vacante ***2*** **distratto; assente**: *a v. air,* un'aria assente ● *(leg.) v. possession,* diritto (del proprietario) d'occupare un immobile.
vacantly ['veikəntli] *avv.* **in modo vacuo; con aria assente.**
to **vacate** [və'keit] *v. t.* ***1*** **lasciar vuoto; lasciar libero; liberare; sgombrare;** *(mil.)* **evacuare** ***2*** **dimettersi da; dare le dimissioni da** ***3*** *(leg.)* **annullare.**
vacation [və'keiʃən] *n.* [U] e [C] ***1*** **sgombero** (da una casa) ***2*** **dimissioni; rinuncia** ***3*** **vacanza; ferie; vacanze.**
to **vacation** [və'keiʃən] *v. i.* *(USA)* ***1*** **far vacanza; andare in ferie** ***2*** **passare le vacanze.**
to **vaccinate** ['væksineit] *v. t.* *(med.)* **vaccinare.**
vaccination [ˌvæksi'neiʃən] *n.* [U] e [C] *(med.)* **vaccinazione.**
vaccinator ['væksineitə*] *n.* **vaccinatore.**
vaccine ['væksiːn] ***A*** *n.* [C] e [U] *(med.)* **vaccino; siero vaccinico** ***B*** *a.* ***1*** **vaccino; di vacca** ***2*** *(med.)* **vaccinico.**
to **vacillate** ['væsileit] *v. i.* **vacillare** *(specialm. fig.)*; **ondeggiare; barcollare; esitare; tentennare.**
vacillating ['væsileitiŋ] *a.* ***1*** **vacillante** ***2*** **esitante; titubante.**
vacillation [ˌvæsi'leiʃən] *n.* [U] e [C] ***1*** **vacillamento** ***2*** *(fig.)* **esitazione; tentennamento; irresolutezza.**
vacuity [væ'kjuːiti] *n.* [U] ***1*** **vuoto** ***2*** *(fig.)* **vacuità; ottusità.**
vacuous ['vækjuəs] *a.* **vuoto; vacuo; privo d'espressione; insignificante; sciocco.**
vacuum ['vækjuəm] *n.* *(pl.* **vacuums, vacua** ['vækjuə]) ***1*** *(fis.)* **vuoto** *(anche fig.)* ***2*** *(fam.)* **aspirapolvere** ● *v.-cleaner,* aspirapolvere □ *v.-flask,* termos.
to **vacuum** ['vækjuəm] *v. t.* *(fam.)* **pulire con l'aspirapolvere.**
vacuum-packed ['vækjuəmˌpækt] *a.* **confezionato sottovuoto.**
vade mecum [ˌvaːdi'meikəm] *n.* [C] **vademecum; prontuario.**
vagabond ['vægəbənd] ***A*** *a. attr.* **vagabondo; errante; vagante; errabondo; nomade; randagio** ***B*** *n.* [C] **vagabondo; nomade; girovago.**
to **vagabond** ['vægəbɔnd] *v. i.* **vagabondare; errare; vagare.**
vagabondage ['vægəbɔndidʒ] *n.* [U] **vagabondaggio.**
vagary ['veigəri] *n.* [C] ***1*** **capriccio; ghiribizzo; stravaganza** ***2*** **divagazione; disgressione** ● *vagaries of the mind,* fantasticherie.
vagina [və'dʒainə] *n.* *(pl.* **vaginae** [və'dʒainiː], **vaginas**) ***1*** *(anat.)* **vagina** ***2*** *(bot.)* **guaina.**
vaginal [və'dʒainəl] *a.* *(anat.)* **vaginale.**
vagrancy ['veigrənsi] *n.* ***1*** [U] **vagabondaggio; accattonaggio** ***2*** *(collett.)* **(i) vagabondi; (gli) accattoni.**
vagrant ['veigrənt] ***A*** *a. attr.* ***1*** **vagabondo; ambulante; errante; nomade; randagio** ***2*** **errabondo; vagante** ***B*** *n.* [C] ***1*** **vagabondo; girovago; nomade** ***2*** *(leg.)* **accattone; mendicante.**
vague [veig] *a.* ***1*** **vago; indistinto; indeterminato; impreciso** ***2*** (di persona) **incerto; confuso; irresoluto.**
vagueness ['veignis] *n.* [U] **vaghezza; indeterminatezza; imprecisione.**
vagus ['veigəs] *n.* *(pl.* **vagi** ['veidʒai]) *(anat.)* **(nervo) vago.**
vain [vein] *a.* ***1*** **vano; inconsistente; inutile; infruttuoso** ***2*** **vanitoso; vanaglorioso** ● *in v.,* invano, inutilmente; vano, inutile □ *to take the name of God in v.,* nominare il nome di Dio invano.
vainglorious [vein'glɔːriəs] *a.* **vanaglorioso.**
vainglory [vein'glɔːri] *n.* [U] **vanagloria.**
valance ['væləns] *n.* [C] ***1*** **balza; drappeggio** ***2*** *(USA)* **mantovana** (di tenda).
vale [veil] *n.* [C] *(specialm. poet.)* **valle.**
valediction [ˌvæli'dikʃən] *n.* [C] **addio; commiato; parole d'addio.**
valedictory [ˌvæli'diktəri] *a.* **d'addio; di commiato.**
(1) valence ['veiləns], **valency** ['veilənsi] *n.* [U] e [C] *(chim.)* **valenza.**
(2) valence ['væləns] *V.* **valance.**
valentine ['væləntain] *n.* [C] ***1*** **fidanzato** (specialm. se scelto il giorno di S. Valentino, 14 febbraio) ***2*** **bigliettino amoroso, lettera d'amore, dono** (inviati il 14 febbraio).
valerian [və'liəriən] *n.* [U] *(bot.* Valeriana officinalis; anche *farm.)* **valeriana.**
valerianic [vəˌliəri'ænik], **valeric** [və'liərik] *a.* *(chim.)* **valerianico**: *v. acid,* acido valerianico.
valet ['vælit] *n.* [C] **valletto; cameriere (personale).**
to **valet** ['vælit] *v. t.* **far da valletto** (o **da cameriere**) **a.**
valetudinarian [ˌvæliˌtjuːdi'nɛəriən] ***A*** *a.* ***1*** **malaticcio** ***2*** **che si preoccupa troppo della propria salute** ***B*** *n.* [C] ***1*** **persona di salute cagionevole** ***2*** **persona che si preoccupa troppo della propria salute.**
valgus ['vælgəs] *a.* *(med.)* **valgo.**
valiancy ['væljənsi] *n.* [U] **coraggio; valore.**
valiant ['væljənt] *a.* **coraggioso; valoroso; prode.**
valid ['vælid] *a.* *(leg.,* anche *fig.)* **valido;** *(fig.)* **solido, fondato.**
to **validate** ['vælideit] *v. t.* *(leg.)* **rendere valido; convalidare.**
validation [ˌvæli'deiʃən] *n.* [U] *(leg.)* **convalidazione; convalida.**
validity [və'liditi] *n.* [U] *(anche leg.)* **validità;** *(fig.)* **fondatezza.**
valise [və'liːz] *n.* [C] *(non comune)* **valigia.**
valkyrie [væl'kiəri] *n.* [C] *(mitol.)* **valchiria.**
valley ['væli] *n.* [C] **valle; vallata**: *the Po V.,* la Valle del Po.
to **valorize** ['væləraiz] *v. t.* *(econ.)* ***1*** **valorizzare** (un prodotto) ***2*** **stabilizzare il prezzo di** (un prodotto).
valorous ['vælərəs] *a.* **valoroso; coraggioso; prode.**
valour ['vælə*] *n.* [U] **valore; coraggio; prodezza.**
valse [vaːls] *(franc.)* *n.* [C] *(mus., danza)* **valzer.**
valuable ['væljuəbl] ***A*** *a.* **prezioso; di gran valore; costoso** ***B*** *n.* *(al pl.)* **oggetti di valore; valori; preziosi.**
valuation [ˌvælju'eiʃən] *n.* ***1*** [U] e [C] **valutazione; apprezzamento;** *(comm.)* **perizia, stima** ***2*** [C] **prezzo.**
valuator [væljueitə*] *n.* **stimatore; perito.**
value ['væljuː] *n.* [U] e [C] **valore** *(anche econ.)*; **pregio; stima; prezzo; importanza; significato; utilità**: *to set a high v. upon st.,* attribuire un gran valore a q.c. □ *market values,* prezzi di mercato □ *This book will be of great v. to me,* questo libro mi sarà di grande utilità ● *(fin., banca) v. in account,* valuta in conto □ *(econ.) v. in exchange,* potere d'acquisto □ *v. parcel,* pacco (di) valori; pacco assicurato □ *to get good v. for one's money,* spendere bene il proprio denaro □ (di dipinto) *out of v.,* non equilibrato nei toni.
to **value** ['væljuː] *v. t.* ***1*** **valutare; apprezzare; stimare**: *The house was valued at fifty thousand pounds,* la casa fu valutata cinquantamila sterline □ *(comm.) to v. a loss,* stimare una perdita ***2*** **apprezzare; tenere in gran conto** ● *(comm.) to v. on sb.,* rivalersi su q. (spiccando una tratta).
valued ['væljuːd] *a.* ***1*** **valutato; del prezzo di** ***2***

apprezzato; stimato; pregiato; di gran valore; prezioso ● *(ass.)* *v. policy,* polizza con valore dichiarato.

valueless ['væljulis] *a.* senza valore; privo di valore.

valuer ['væljuə*] *n.* [C] *(comm.)* stimatore; perito; valutatore.

valve [vælv] *n.* [C] **1** *(anat., mecc., radio)* valvola **2** *(bot., zool.)* valva ● *(mecc.)* *safety v.,* valvola di sicurezza (anche *fig.*).

(1) valved [vælvd] *a.* *(bot., zool.)* munito di valva (o di valve).

(2) valved [vælvd] *a.* *(mecc.)* munito di valvola (o di valvole) ● *four-v.,* a quattro valvole.

valvular ['vælvjulə*] *a.* *(scient.)* valvolare.

to **vamoose** [və'mu:s] *v. i.* *(pop. USA)* andarsene; tagliar la corda.

(1) vamp [væmp] *n.* [C] **1** tomaia **2** rattoppo; toppa.

(1) to **vamp** [væmp] **A** *v. t.* **1** mettere la tomaia a (una scarpa) **2** (spesso *to v. up*) rappezzare; rattoppare; riparare alla meglio **3** (spesso *to v. up*) abborracciare; raffazzonare **4** *(mus.)* improvvisare (un accompagnamento, ecc.) **B** *v. i.* *(mus.)* improvvisare (al pianoforte, ecc.).

(2) vamp [væmp] *n.* [C] *(fam.)* « vamp »; donna fatale.

(2) to **vamp** [væmp] *(fam.)* **A** *v. t.* adescare; sedurre **B** *v. i.* atteggiarsi a « vamp »; fare la donna fatale.

vampire ['væmpaiə*] *n.* [C] **1** *(mitol.)* vampiro; *(fig.)* sanguisuga, usuraio, strozzino **2** *(zool.,* anche *v. bat)* vampiro **3** *(teatr.)* trabocchetto.

vampirism ['væmpaiərizəm] *n.* [U] **1** vampirismo; credenza nei vampiri **2** *(fig.)* usura; strozzinaggio.

(1) van [væn] *n.* [C] **1** furgone **2** *(ferr.,* anche *luggage van)* bagagliaio **3** (anche *police van*) furgone della polizia; cellulare **4** carrozzone (degli zingari).

(2) van [væn] *n.* [C] *(mil.)* avanguardia (anche *fig.*): *to be in the van of progress,* essere all'avanguardia del progresso.

vanadium [və'neidjəm] *n.* [U] *(chim.)* vanadio.

Vandal ['vændəl] *n.* [C] **1** *(stor.)* vandalo **2** (con la minuscola) *(fig.)* vandalo; barbaro distruttore.

vandalism ['vændəlizəm] *n.* [U] vandalismo.

vandalize ['vændəlaiz] *v. t.* danneggiare, distruggere (con atti di vandalismo).

Vandyke [væn'daik] *n.* [C] **1** quadro di Van Dyck **2** (anche *V. collar*) collare alla Van Dyck **3** (anche *V. beard*) pizzo alla Van Dyck.

vane [vein] *n.* [C] **1** banderuola (segnavento) **2** pala (d'elica, di mulino a vento) **3** *(topografia)* mirino **4** *(aeron.)* rivelatore di raffica.

vanessa [və'nesə] *n.* [C] *(zool.,* Vanessa*)* vanessa.

vanguard ['vænga:d] *n.* [C] *(mil.)* avanguardia (anche *fig.*).

vanilla [və'nilə] *n.* **1** [C] *(bot.,* Vanilla planifolia*)* vaniglia **2** [U] *(cucina)* (essenza di) vaniglia ● *v. ice-cream,* gelato alla vaniglia.

to **vanish** ['væniʃ] *v. i.* **1** svanire; dileguarsi; scomparire; sparire **2** *(mat.)* annullarsi; diventar zero.

vanity ['væniti] *n.* [U] e [C] vanità (in ogni senso): *the v. of glory,* la vanità della gloria □ *the vanities of this world,* le vanità di questo mondo ● *v. bag,* borsetta da signora per il trucco □ *(fig.)* *V. Fair,* la Fiera della Vanità; (talvolta) il mondo.

to **vanquish** ['væŋkwiʃ] *v. t.* vincere (anche *fig.*); conquistare; sconfiggere; sgominare ● *the vanquished,* i vinti.

vanquisher ['væŋkwiʃə*] *n.* [C] vincitore; conquistatore.

vantage ['va:ntidʒ] *n.* [U] e [C] vantaggio (specialm. al tennis) ● *(mil.* e *fig.)* *v. ground,* terreno favorevole □ *point* (o *coign*) *of v.,* posizione vantaggiosa.

vapid ['væpid] *a.* insipido; insulso; scipito; svaporato; svanito.

vapidity [væ'piditi] *n.* [U] *(anche al pl.)* insipidità; insulsaggine.

vaporization [ˌveipərai'zeiʃən] *n.* [U] e [C] *(fis.)* vaporizzazione (anche *med.*); evaporazione.

to **vaporize** ['veipəraiz] *(fis.)* **A** *v. t.* vaporizzare (anche *med.*) **B** *v. i.* evaporare; vaporizzarsi.

vaporizer ['veipəraizə*] *n.* [C] vaporizzatore.

vaporosity [ˌveipə'rɔsiti] *n.* [U] vaporosità.

vaporous ['veipərəs] *a.* vaporoso; *(fig.)* indeterminato, vago.

vapour ['veipə*] *n.* **1** [U] *(fis.)* vapore: *water v.,* vapore acqueo **2** [C] *(fig.)* fantasticheria: *the vapours of a disordered mind,* le fantasticherie di una mente malata **3** *(al pl., arc.)* depressione; ipocondria ● *v. bath,* bagno di vapore.

to **vapour** ['veipə*] *v. i.* **1** emettere vapore; emanare vapori **2** evaporare; trasformarsi in vapore.

variability [ˌvɛəriə'biliti] *n.* [U] variabilità; incostanza.

variable ['vɛəriəbl] **A** *a.* variabile; incostante; mutevole **B** *n.* [C] **1** *(mat.)* quantità variabile **2** *(naut.)* vento variabile.

variableness ['vɛəriəblnis] *V.* **variability.**

variance ['vɛəriəns] *n.* **1** [C] variazione: *variances in temperature,* variazioni di temperatura **2** [U] divergenza d'opinione; discrepanza; disaccordo: *to be at v.,* essere in disaccordo; non andare d'accordo.

variant ['vɛəriənt] **A** *a.* variante; vario; diverso **B** *n.* [C] variante.

variation [ˌvɛəri'eiʃən] *n.* **1** [U] e [C] *(biol., mat., mus.)* variazione **2** [C] variazione; cambiamento; mutamento **3** [C] variante.

variational [ˌvɛəri'eiʃənl] *a.* **1** di variazione **2** che implica una variazione.

varicella [ˌværi'selə] *n.* [U] *(med.)* varicella.

varicoloured ['vɛəriˌkʌləd] *a.* variopinto; multicolore.

varicose ['værikous] *a.* *(med.)* varicoso: *v. veins,* vene varicose.

varied ['vɛərid] *a.* **1** vario; diverso; svariato **2** mutevole; movimentato **3** di vari colori; variegato.

to **variegate** ['vɛərigeit] *v. t.* **1** rendere variegato; screziare **2** rendere vario.

variegated ['vɛərigeitid] *a.* **1** variegato; screziato **2** *(fig.)* mutevole; movimentato.

variegation [ˌvɛəri'geiʃən] *n.* [U] screziatura; aspetto variegato.

variety [və'raiəti] *n.* [U] e [C] varietà (in ogni senso) ● *v. artist,* attore (o attrice) di varietà; artista di caffè concerto □ *a v. of causes,* una molteplicità di cause □ *v. show* (o *v. entertainment*), spettacolo di varietà □ *v. theatre,* teatro di varietà; caffè concerto.

variform ['vɛərifɔ:m] *a.* multiforme.

variola [və'raiələ] *n.* [U] *(med.)* vaiolo.

variometer [ˌvɛəri'ɔmitə*] *n.* [C] *(tecn.)* variometro.

variorum [ˌvɛəri'ɔ:rəm] *n.* *(tipogr.,* anche *v. edition)* edizione (di un libro) annotata da vari commentatori.

various ['vɛəriəs] *a.* vario; diverso; parecchio; molto: *for v. reasons,* per varie ragioni □ *v. people,* molta gente.

varix ['vɛəriks] *n.* *(pl.* **varices** ['væriˌsi:z]) *(med.)* varice.

varlet ['va:lit] *n.* [C] *(stor.)* paggio; valletto.

varmint ['va:mint] *n.* [C] *(dial.* o *scherz.)* briccone; furfante.

varnish ['va:niʃ] *n.* [C] e [U] vernice (anche *fig.*); lacca ● *copal v.,* coppale.

to **varnish** ['va:niʃ] *v. t.* **1** verniciare; inverniciare **2** *(fig.)* lustrare; mascherare *(fig.)*; far apparire migliore.

varnisher ['va:niʃə*] *n.* [C] verniciatore.

varnishing ['va:niʃiŋ] *n.* [U] verniciatura ● *(arte)* *v. day,* vernice; vernissage *(franc.)*.

varsity ['va:siti] *(fam.)* **A** *n.* [C] *(abbr.* di **university***)* università **B** *a. attr.* dell'università; universitario.

varus ['vɛərəs] *a.* *(med.)* varo.

to **vary** ['vɛəri] **A** *v. t.* variare; cambiare; modificare; mutare **B** *v. i.* **1** variare; cambiare; modificarsi; mutare **2** essere diverso; differire.

vas [væs] *(lat.)* *n.* *(pl.* **vasa** ['veisə]) *(anat.)* vaso.

vasal ['veisəl] *a.* *(anat.)* vasale.

vascular ['væskjulə*] *a.* *(anat., bot.)* vascolare.

vasculum ['væskjuləm] *n.* *(pl.* **vascula** ['væskjulə]) *(bot.)* **vascolo.**

vase [vaːz] *n.* [C] **vaso** (artistico o da fiori) ● *v. painting,* decorazione pittorica dei vasi.

vasectomy [vəˈsektəmi] *n.* [C] e [U] *(med.)* **vasectomia.**

Vaseline [ˈvæsiliːn] *n.* [U] *(marchio)* **vaselina, vasellina.**

vasoconstrictor [ˌveizoukənˈstriktə*] *a.* e *n.* [C] *(farm.)* **vasocostrittore.**

vasodilator [ˈveizoudaiˈleitə*] *a.* e *n.* [C] *(farm.)* **vasodilatatore.**

vassal [ˈvæsəl] ***A*** *n.* [C] *(stor.)* **vassallo;** *(per estens.)* **dipendente, servo, suddito** ***B*** *a. attr.* **vassallo:** *a v. state,* uno Stato vassallo.

vassalage [ˈvæsəlidʒ] *n.* [U] *(stor.)* **vassallaggio;** *(per estens.)* **stretta dipendenza, servaggio, sudditanza.**

vassalry [ˈvæsəlri] *n. (stor.)* **(i) vassalli** *(collett.).*

vast [vaːst] *a.* **vasto; ampio; esteso; enorme; grande; immenso:** *a v. multitude,* una grande moltitudine; una folla enorme ● *v. sums of money,* ingenti somme di denaro.

vastness [ˈvaːstnis] *n.* [U] **vastità; enormità; immensità.**

vasty [ˈvaːsti] *a.* **vasto; enorme; immenso; sconfinato.**

vat [væt] *n.* [C] *(ind.)* **ampio recipiente; tino; tinozza; vasca.**

Vatican [ˈvætikən] *n. (geogr.)* **Vaticano** (anche *fig.).*

to **vaticinate** [væˈtisineit] *v. t.* e *i.* **vaticinare; profetare; predire.**

vaticination [ˌvætisiˈneiʃən] *n.* [C] **vaticinio; predizione; profezia.**

vaudeville [ˈvoudəvil] *n.* [U] e [C] ***1*** *(in G. B.)* **commedia musicale** ***2*** *(USA)* **spettacolo di varietà.**

(1) vault [vɔːlt] *n.* [C] ***1*** *(archit.)* **volta** (anche *fig.):* *the v. of heaven,* la volta del cielo ***2*** **sotterraneo** (a volta); **cantina** ***3*** (di cimitero) **tomba; cripta** ***4*** (di banca) **camera blindata.**

(1) to **vault** [vɔːlt] ***A*** *v. t. (archit.)* ***1*** **costruire a volta** ***2*** **coprire con una volta** ***B*** *v. i.* **curvarsi a volta.**

(2) vault [vɔːlt] *n.* [C] ***1*** **volteggio** ***2*** *(sport)* **salto.**

(2) to **vault** [vɔːlt] ***A*** *v. i.* ***1*** **volteggiare** ***2*** **balzare, saltare** (specialm. con un volteggio) ***B*** *v. t.* **saltare** (specialm. appoggiando le mani o con l'aiuto d'una pertica) ● *(ginnastica) vaulting-horse,* cavallo.

vaulted [ˈvɔːltid] *a. (archit.)* ***1*** **a volta** ***2*** **coperto da una volta.**

vaulting [ˈvɔːltiŋ] *n.* [U] *(arch.)* **costruzione a volta.**

to **vaunt** [vɔːnt] *(lett.)* ***A*** *v. i.* **vantarsi; gloriarsi** ***B*** *v. t.* **vantare; lodare.**

vaunt [vɔːnt] *n.* [U] e [C] *(lett.)* **vanto; vanteria.**

vavasour [ˈvævəˌsuə*] *n.* [C] *(stor.)* **valvassore.**

've [v] *contraz.* di **have** (per es., in: *I've,* I have).

veal [viːl] *n.* [U] *(cucina, macelleria)* **(carne di) vitello:** *a v. cutlet,* una costoletta di vitello.

vector [ˈvektə*] *n.* [C] *(mat., fis.)* **vettore** ● *(astron.) radius v.,* raggio vettore.

vectorial [vekˈtɔːriəl] *a. (scient.)* **vettoriale.**

vedette [viˈdet] *n.* [C] *(mil.)* **vedetta** ● *v. boat,* (nave) vedetta.

Vedic [ˈveidik] *a. (relig.)* **vedico:** *V. hymns,* inni vedici.

to **veer** [viə*] ***A*** *v. i.* ***1*** **cambiar direzione; girare** ***2*** *(naut.)* **cambiar rotta** ***3*** *(fig.)* **cambiare idea; mutar parere** ***B*** *v. t.* ***1*** **far girare; cambiare il corso di** ***2*** *(naut.)* **far mutar rotta a** (una nave); **far virare di bordo** ● *(naut.) to v. and haul,* tesare e filare.

veer [viə*] *n.* [C] **cambiamento di direzione** (o **di rotta);** *(naut.* e *fig.)* **virata.**

vegan [ˈviːgən] *n.* [C] **vegetariano integrale** (che non mangia uova e non beve latte).

veganism [ˈviːgənizəm] *n.* [U] **vegetarianismo integrale.**

vegetable [ˈvedʒitəbl] ***A*** *a.* **vegetale:** *the v. kingdom,* il regno vegetale □ *v. oils,* oli vegetali ***B*** *n.* ***1*** [C] **vegetale; pianta** ***2*** *(al pl.)* **verdura; ortaggi** ***3*** [C] *(fig.)* **persona che vegeta; persona ridotta allo stato vegetativo** ● *(cucina) v. soup,* zuppa di verdura.

vegetal [ˈvedʒitl] *a.* ***1*** **vegetale** ***2*** **vegetativo.**

vegetarian [ˌvedʒiˈtɛəriən] *n.* [C] e *a. attr.* **vegetariano.**

vegetarianism [ˌvedʒiˈtɛəriənizəm] *n.* [U] **vegetarianismo.**

to **vegetate** [ˈvedʒiteit] *v. t.* **vegetare** (anche *fig.).*

vegetation [ˌvedʒiˈteiʃən] *n.* [U] **vegetazione.**

vegetative [ˈvedʒitətiv] *a.* **vegetativo** (anche *fig.).*

vehemence [ˈviːiməns] *n.* [U] **veemenza; impetuosità; violenza.**

vehement [ˈviːimənt] *a.* **veemente; impetuoso; violento; sfrenato.**

vehicle [ˈviːikl] *n.* [C] ***1*** **veicolo; vettura; mezzo di trasporto:** *space v.,* veicolo spaziale ***2*** *(fam.)* **veicolo; eccipiente** ***3*** *(fig.)* **veicolo** (d'informazione); **mezzo di propagazione; strumento; tramite:** *a v. for* (o *of) propaganda,* uno strumento di propaganda ● *motor v.,* motoveicolo.

vehicular [viˈhikjulə*] *a.* **dei veicoli; per i veicoli; stradale:** *v. traffic,* circolazione dei veicoli.

veil [veil] *n.* [C] **velo; veletta;** *(fig.)* **apparenza, pretesto; travestimento:** *a v. of mist,* un velo di nebbia □ *under the v. of patriotism,* sotto il pretesto del patriottismo ● *(relig.) to take the v.,* prendere il velo; farsi monaca.

to **veil** [veil] *v. t.* **velare; coprire** (come con un velo); *(fig.)* **celare.**

veiled [veild] *a.* **velato** (anche *fig.):* *a v. threat,* una velata minaccia.

veiling [ˈveiliŋ] *n.* [U] ***1*** **velatura** ***2*** **stoffa per veli.**

vein [vein] *n.* [C] ***1*** **vena; venatura;** (di minerale) **filone;** *(fig.)* **disposizione, umore, stato d'animo** ***2*** (di foglia, ecc.) **nervatura; venatura** ● *to be of an imaginative v.,* avere un'indole fantasiosa □ *to speak in a serious v.,* parlare seriamente □ *I am not in the v. for it,* non mi sento in vena.

to **vein** [vein] *v. t.* **venare; coprire di venature.**

veined [veind] *a.* **venato; marezzato.**

veiny [ˈveini] *a.* **venato; segnato da vene** (o **venature).**

velar [ˈviːlə*] *a. (fon.)* **velare.**

velleity [veˈliːiti] *n.* [U] e [C] **velleità.**

vellum [ˈveləm] *n.* [U] **pergamena; cartapecora** ● *v. paper,* carta pergamenata.

velocipede [viˈlɔsipiːd] *n.* [C] *(USA)* **triciclo** (per bambini).

velocity [viˈlɔsiti] *n.* [U] **velocità; rapidità.**

velour(s) [vəˈluə(z)] *n.* [U] **velours; felpa** (per cappelli, ecc.).

velum [ˈviːləm] *n. (pl.* **vela** [ˈviːlə]) *(anat.)* **velo** (specialm. quello del palato).

velure [viˈljuə*] *V.* **velour(s).**

velvet [ˈvelvit] ***A*** *a. attr.* **di velluto; vellutato** ***B*** *n.* [U] **velluto:** *silk v.,* velluto di seta ● *(fig.) an iron hand in a v. glove,* pugno di ferro in guanto di velluto □ *(fig.) to be on v.,* dormire fra due guanciali.

velveteen [ˌvelviˈtiːn] *n.* ***1*** [U] **velluto di cotone** ***2*** *(al pl.)* **calzoni di velluto di cotone.**

velvety [ˈvelviti] *a.* ***1*** **vellutato** ***2*** (di vino, ecc.) **vellutato.**

venal [ˈviːnl] *a.* **venale; corrotto; disonesto.**

venality [viːˈnæliti] *n.* [U] **venalità.**

venation [viˈneiʃən] *n.* [U] ***1*** *(bot., zool.)* **nervatura** ***2*** *(anat.)* **venatura.**

to **vend** [vend] *v. t.* e *i. (comm.)* **vendere, vendersi.**

vendee [venˈdiː] *n. (leg.)* **compratore; acquirente.**

vender [ˈvendə*] *n.* (specialm. *leg.)* **venditore, venditrice.**

vendetta [venˈdetə] *(ital.) n.* [C] **vendetta** (violenza privata, faida).

vending machine [ˈvendiŋməˌʃiːn] *n.* [C] **distributore automatico.**

vendor [ˈvendɔː*] *n.* [C] **venditore, venditrice** (anche *leg.).*

to **veneer** [viˈniə*] *v. t. (falegnameria)* **impiallacciare.**

veneer [viˈniə*] *n.* ***1*** [C] e [U] *(falegnameria)* **impiallacciatura** ***2*** [C] *(fig.)* **vernice; inverniciatura.**

veneering [viˈniəriŋ] *n.* [U] *(falegnameria)* **impiallac-**

ciatura.
venerability [ˌvenərə'biliti] *n.* [U] **venerabilità.**
venerable ['venərəbl] *a.* **venerabile; venerando.**
to **venerate** ['venəreit] *v. t.* **venerare; adorare; onorare.**
veneration [ˌvenə'reiʃən] *n.* [U] **venerazione.**
venereal [vi'niəriəl] *a.* *(med.)* **venereo**: *v. diseases,* malattie veneree.
venesection [ˌveni'sekʃən] *n.* [U] e [C] *(med.)* **flebotomia.**
Venetian [vi'ni:ʃən] *a.* e *n.* [C] **veneziano** ● *V. blind,* veneziana (tenda a stecche di legno o a lamine di plastica) □ *V. glass,* vetro di Murano.
Venezuelan [ˌveni'zweilən] *a.* e *n.* [C] **venezuelano.**
vengeance ['vendʒəns] *n.* [U] **vendetta** ● *to take v. for st.,* vendicarsi di q.c. □ *to take v. upon sb.,* vendicarsi di q. □ *(fam.) with a v.,* a tutta forza; furiosamente.
vengeful ['vendʒful] *a.* **vendicativo.**
vengefulness ['vendʒfulnis] *n.* [U] **desiderio di vendetta.**
venial ['vi:njəl] *a.* **veniale.**
veniality [ˌvi:ni'æliti] *n.* [U] **venialità.**
venison ['venzn] *n.* [U] **1 cacciagione 2** *(specialm.)* **carne di cervo.**
venom ['venəm] *n.* [U] **veleno** (anche *fig.*).
venomous ['venəməs] *a.* **velenoso** (anche *fig.*).
venomousness ['venəməsnis] *n.* [U] **velenosità** (anche *fig.*).
venose ['vi:nous] *V.* **venous.**
venous ['vi:nəs] *a.* **1** *(fisiologia)* **venoso 2** *(bot.)* **venato.**
vent [vent] *n.* [C] **1 foro; orifizio; apertura; spiraglio 2** (del camino) **canna 3** (di fortezza) **feritoia 4** (anche [U]) *(fig.)* **sfogo** ● *v.-hole,* foro; spiraglio; sfiatatoio □ *v.-peg,* zipolo (di botte).
to **vent** [vent] **A** *v. t.* **1 fare un buco in; aprire un foro in 2** *(fig.)* **dar sfogo a; sfogare 3** *(fig.)* **manifestare; palesare B** *v. i.* (di camino) **tirare.**
ventage ['ventidʒ] *n.* [C] **foro; apertura** (specialm. di strumento a fiato).
venter ['ventə*] *n.* [C] **1** *(anat.)* **ventre 2** *(leg.)* **grembo materno.**
to **ventilate** ['ventileit] *v. t.* **1 ventilare; arieggiare 2** *(fig.)* **ventilare, discutere** (una questione, ecc.) **3** *(fisiologia)* **ossigenare** (il sangue).
ventilation [ˌventi'leiʃən] *n.* [U] **1 ventilazione 2** *(fig.)* **discussione** (d'una questione, ecc.) **3 ossigenazione** (del sangue).
ventilator ['ventileitə*] *n.* [C] **ventilatore.**
ventral ['ventrəl] *a.* *(anat.)* **ventrale.**
ventricle ['ventrikl] *n.* [C] *(anat.)* **ventricolo.**
ventricular [ven'trikjulə*] *a.* *(anat.)* **ventricolare.**
ventriloquial [ˌventri'loukwiəl] *a.* **ventriloquo.**
ventriloquism [ven'triləkwizəm] *n.* [U] **ventriloquio.**
ventriloquist [ven'triləkwist] *n.* [C] **ventriloquo, ventriloqua.**
ventriloquy [ven'triləkwi] *n.* [U] **ventriloquio.**
venture ['ventʃə*] *n.* **1** [U] e [C] **azzardo; pericolo; rischio 2** [C] **impresa rischiosa;** *(fin.)* **speculazione** ● *at a v.,* a caso; a casaccio.
to **venture** ['ventʃə*] **A** *v. t.* **1 arrischiare; azzardare; rischiare; mettere a repentaglio**: *to v. one's life,* rischiare la vita □ *to v. a guess,* azzardare una congettura **2 osare; ardire B** *v. i.* **avventurarsi**: *to v. on a perilous journey,* avventurarsi in un viaggio pericoloso.
venturer ['ventʃərə*] *n.* [C] **1** *(fin.)* **speculatore 2 avventuriero.**
venturesome ['ventʃəsəm], **venturous** ['ventʃərəs] *a.* **1 avventuroso; audace; ardito 2 rischioso; azzardoso; pericoloso.**
venturesomeness ['ventʃəsəmnis] *n.* [U] **1 audacia; ardimento 2 rischiosità; pericolosità.**
venue ['venju:] *n.* [C] **1** *(leg.)* **sede di un processo 2** *(fam.)* **luogo di convegno; appuntamento.**
Venus ['vi:nəs] *n.* *(mitol., astron.)* **Venere;** *(fig.)* **donna molto bella.**
Venusian [vi'nju:siən] **A** *a.* **venusiano B** *n.* *(fantascienza)* **venusiano.**
veracious [ve'reiʃəs] **1** *a.* **verace; veridico; veritiero 2 accurato; esatto.**
veracity [ve'ræsiti] *n.* [U] **1 veracità; veridicità 2 accuratezza; esattezza.**
veranda(h) [və'rændə] *n.* [C] **veranda.**
verb ['və:b] *n.* [C] *(gramm.)* **verbo.**
verbal ['və:bəl] *a.* **1 verbale; orale**: *v. evidence,* testimonianza orale **2 letterale; alla lettera**: *a v. translation,* una traduzione letterale ● *(gramm.) v. noun,* nome verbale; gerundio.
to **verbalize** ['və:bəlaiz] **A** *v. t.* **1** *(gramm.)* **trasformare** (un nome) **in verbo 2 esprimere** (con parole) **B** *v. i.* **essere verboso.**
verbatim [və:'beitim] **A** *avv.* **parola per parola; alla lettera B** *a.* **1 riferito parola per parola 2 tradotto alla lettera; letterale.**
verbena [və:'bi:nə] *n.* [U] e [C] *(bot.* Verbena officinalis) **verbena.**
verbiage ['və:biidʒ] *n.* [U] **verbosità; prolissità.**
verbose [və:'bous] *a.* **verboso; prolisso.**
verbosity [və:'bɔsiti] *n.* [U] **verbosità; prolissità.**
verdancy ['və:dənsi] *n.* [U] **1 (il) verdeggiare 2** *(fig.)* **immaturità; inesperienza; ingenuità.**
verdant ['və:dənt] *a.* **1 verde; verdeggiante 2** *(fig.)* **immaturo; inesperto; ingenuo.**
verdict ['və:dikt] *n.* [C] *(leg.)* **verdetto** (anche *fig.*): *a v. of not guilty,* un verdetto d'assoluzione ● *(fig.) the popular v.,* l'opinione popolare.
verdigris ['və:digris] *n.* [U] *(chim.)* **verderame.**
verdure ['və:dʒə*] *n.* [U] **1 verzura** *(lett.)*; **(il) verde 2** *(fig.)* **freschezza.**
verdurous ['və:dʒərəs] *a.* **verdeggiante.**
verge [və:dʒ] *n.* [C] **1 limite; orlo; margine; estremità; soglia** *(fig.)*; **punto**: *to be on the v. of doing st.,* essere sul punto di fare q.c. □ *on the v. of the horizon,* all'estremo limite dell'orizzonte **2 verga, mazza** (come simboli d'autorità) **3** *(archit.)* **fusto; stele.**
to **verge** [və:dʒ] *v. i.* **1 declinare; inclinare; piegare 2 avvicinarsi** (a); **confinare** (con) ● *to be verging on bankruptcy,* essere sull'orlo del fallimento.
verger ['və:dʒə*] *n.* [C] **1 sagrestano 2 mazziere.**
veridical [vi'ridikəl] *a.* **veridico; veritiero.**
verifiable ['verifaiəbl] *a.* **verificabile.**
verification [ˌverifi'keiʃən] *n.* [U] e [C] **verifica; controllo.**
to **verify** ['verifai] *v. t.* **1 verificare; accertare; controllare 2 confermare; provare; suffragare con prove.**
verily ['verili] *avv.* *(arc.)* **veramente; in verità.**
verisimilitude [ˌverisi'militju:d] *n.* **1** [U] **verosimiglianza 2** [C] **cosa verosimile.**
verism ['viərizəm] *n.* [U] *(arte, letter.)* **verismo.**
verist ['viərist] *n.* [C] *(arte, letter.)* **verista.**
veritable ['veritəbl] *a.* **vero; vero e proprio; autentico; genuino.**
verity ['veriti] *n.* [U] e [C] **verità.**
vermeil ['və:meil] *n.* [U] **1 argento dorato; vermeil 2** *(poet.)* **vermiglio.**
vermicelli [ˌvə:mi'seli] *(ital.)* *n. pl.* *(cucina)* **vermicelli.**
vermicide ['və:misaid] *n.* [C] *(farm.)* **vermicida; vermifugo.**
vermicular [və:'mikjulə*] *a.* *(scient.)* **vermicolare.**
vermicule ['və:mikju:l] *n.* [C] **vermiciattolo; vermicello.**
vermiform ['və:mifɔ:m] *a.* **vermiforme.**
vermifugal [və:'mifjugəl] *a.* *(farm.)* **vermifugo.**
vermifuge ['və:mifju:dʒ] *n.* [C] *(farm.)* **vermifugo.**
vermilion [və'miljən] **A** *n.* [U] **cinabro; vermiglione B** *a.* **vermiglio.**
vermin ['və:min] *n.* [U] *(di solito col verbo al pl.)* **1 animali nocivi; insetti parassiti 2** *(fig.)* **criminali; delinquenti; parassiti.**
verminous ['və:minəs] *a.* **1 verminoso; pieno d'insetti parassiti 2** *(fig.)* **basso; ignobile; vile.**
vermouth ['və:məθ] *n.* [U] **vermut.**
vernacular [və'nækjulə*] **A** *a.* **1 vernacolo; dialettale 2 indigeno; locale; paesano 3** *(med.)* **endemico B** *n.* [C] **1 vernacolo; dialetto; lingua volgare 2 gergo**: *the v. of the stage,* il gergo teatrale **3 espressione**

vernacola; parola dialettale.
to **vernacularize** [və'nækjuləraiz] *v. t.* **1 dire in dialetto; esprimere in vernacolo 2 tradurre in vernacolo.**
vernal ['və:nl] *a.* **primaverile; di primavera.**
Veronese [,verə'ni:z] *a.* e *n.* *(invar. al pl.)* **veronese.**
veronica [vi'rɔnikə:] *n.* [U] e [C] *(bot.,* Veronica*)* **veronica.**
verruca [ve'ru:kə] *n.* *(pl.* **verrucae** [ve'ru:si:], **verrucas**) *(med., bot.)* **verruca.**
versant ['və:sənt] *n.* [C] *(geogr.)* **versante.**
versatile ['və:sətail] *a.* **1 versatile 2 girevole; mobile 3 mutevole 4 che si presta a molti usi.**
versatility [,və:sə'tiliti] *n.* [U] **1 versatilità 2 mobilità 3 mutevolezza.**
verse [və:s] *n.* **1** [U] **verso**: *blank v.*, versi sciolti **2** [C] (della Bibbia) **versetto 3** [C] **strofa, stanza** (anche di una canzone) **4** [U] **versi; poesia**: *free v.*, versi liberi □ *prose and v.*, prosa e poesia ● *v.-monger*, poetastro □ *to give chapter and v. (for st.)*, citare il capitolo e il versetto (della Bibbia); *(fig.)* citare (q.c.) esattamente.
versed [və:st] *a.* **versato; esperto; pratico; valente**: *to be v. in st.*, essere versato in q.c.
verset ['və:set] *n.* [C] *(mus.)* **breve preludio (o interludio) per organo.**
versicle ['və:sikl] *n.* [C] **versetto; versicolo.**
versification [,və:sifi'keiʃən] *n.* [U] **versificazione.**
versifier ['və:sifaiə*] *n.* [C] **1 versificatore; verseggiatore 2** *(spreg.)* **poetastro.**
to **versify** ['və:sifai] *v. t.* e *i.* **versificare; verseggiare; mettere in versi.**
version ['və:ʃən] *n.* [C] **versione; traduzione.**
verso ['və:sou] *n.* *(pl.* **versos**) **1** *(tipogr.)* **verso; pagina a sinistra** (di un libro) **2 verso; rovescio** (d'una moneta, di una medaglia).
versus ['və:səs] *(lat.)* *prep.* *(leg., sport)* **contro** (abbr. *v.*): *Smith v. Brown,* (causa giudiziaria) Smith contro Brown.
(1) vert [və:t] *n.* [U] **1** *(stor., leg.)* **vegetazione; verdura; verde 2** *(araldica)* **color verde.**
(2) vert [və:t] *n.* [C] *(fam.)* **convertito; neofito.**
to **vert** [və:t] *v. i.* *(fam.)* **convertirsi.**
vertebra ['və:tibrə] *n.* *(pl.* **vertebrae** ['və:tibri:], **vertebras**) *(anat.)* **vertebra.**
vertebral ['və:tibrəl] *a.* *(anat.)* **vertebrale.**
vertebrate ['və:tibrit] *a.* e *n.* [C] *(zool.)* **vertebrato.**
vertebrated ['və:tibreitid] *a.* *(zool.)* **vertebrato.**
vertebration [,və:ti'breiʃən] *n.* [U] *(scient.)* **formazione delle vertebre.**
vertex ['və:teks] *n.* *(pl.* **vertices** ['və:tisi:z], **vertexes** ['və:teksiz]) **1** *(geom.)* **vertice 2** *(anat.)* **sommità** (del cranio) **3** *(astron.)* **zenit 4** *(archit.)* **chiave** (di un arco).
vertical ['və:tikəl] **A** *a.* *(geom., astron., mecc., ecc.)* **verticale; perpendicolare B** *n.* **(linea) verticale** ● *out of the v.*, non in verticale.
verticality [,və:ti'kæliti] *n.* [U] **verticalità; perpendicolarità.**
vertiginous [və:'tidʒinəs] *a.* **1 vertiginoso** (anche *fig.*) **2 preso da vertigini; stordito.**
vertigo ['və:tigou] *n.* [U] *(med.)* **vertigine; capogiro.**
vervain ['və:vein] *n.* [U] *(bot.,* Verbena officinalis*)* **verbena.**
verve [vɛəv] *n.* [U] **brio; calore; energia; « verve ».**
vervet ['və:vit] *n.* [C] *(zool.,* Cercopithecus pygerythrus*)* **cercopiteco verde.**
very ['veri] **A** *a.* **1 assoluto; completo; esatto; perfetto; puro; solo; vero e proprio; bell'e buono; proprio**: *the v. truth,* la pura verità □ *the v. reverse of the truth,* proprio il contrario della verità **2 stesso; medesimo; perfino; persino; proprio**: *The v. rafters shook,* le travi stesse tremavano □ *His v. servants bully him,* persino i suoi servitori lo tiranneggiano **B** *avv.* **assai; molto; oltremodo; -issimo, -errimo**: *v. funny* assai buffo □ *v. interesting,* molto interessante □ *a v. celebrated writer,* uno scrittore celeberrimo ● *v. good, (agg.)* molto buono, ottimo; *(inter.)* benissimo!, d'accordo! □ *the v. latest news,* le ultimissime (notizie) □ *the v. lowest price,* il prezzo ridottissimo □ *the v. thing,* la cosa desiderata; appunto quel che ci vuole □ *v. well, (avv.)* molto bene, benissimo; *(inter.)* va bene, bravo!, d'accordo! □ *to be caught in the v. act,* essere colto in flagrante □ *The v. idea!,* questa è bella!; questa è grossa!; questa poi! □ *Is it really my v. own?,* è proprio mio? □ *It's the v. last thing I expected,* questa non me l'aspettavo davvero!
vesica ['vesikə] *n.* [C] *(pl.* **vesicae** ['vesi,si:]) *(anat.)* **vescica** (specialm. **urinaria).**
vesicant ['vesikənt], **vesicatory** ['vesikeitəri] *a.* e *n.* [C] *(farm.)* **vescicante; vescicatorio.**
vesicle ['vesikl] *n.* [C] *(anat., med.)* **vescicola; vescichetta.**
vesicular [vi'sikjulə*] *a.* *(anat., med.)* **vescicolare.**
vesper ['vespə*] *n.* **1** [C] **vespero;** *(poet.)* **sera 2** *(al pl., relig.)* **vespro** ● *(stor.) the Sicilian Vespers,* i Vespri Siciliani.
vespertine ['vespətain] *a.* **1 vespertino 2** *(zool., bot.)* **notturno.**
vespiary ['vespiəri] *n.* [C] **vespaio; nido di vespe.**
vessel ['vesl] *n.* [C] **1 vaso; recipiente 2** *(naut.)* **vascello; bastimento; nave 3** *(anat.)* **vaso** ● *(naut.) light-v.*, faro galleggiante □ *(naut.) oil v.*, petroliera; nave cisterna □ *(naut.) patrol v.*, vedetta □ *(naut.) sailing v.*, veliero.
vest [vest] *n.* [C] **1** *(comm.* o *USA)* **panciotto 2** (anche *undervest*) **maglia; maglietta 3** (da donna) **camiciola 4** (da bambino) **camicina.**
to **vest** [vest] **A** *v. t.* **1** *(poet.* o *relig.)* **abbigliare; vestire 2** *(leg.)* **investire** (di un diritto): *to v. sb. with authority,* investire q. d'autorità; conferire autorità a q. **B** *v. i.* **1** (anche to **vest oneself** *v. rifl.*) *(relig.)* **vestire i paramenti sacri 2** (*leg.*: di proprietà, diritto, ecc.) **essere conferito** (a); **essere attribuito** (a); **andare** (a): *The right vested in him,* il diritto fu conferito a lui.
vesta ['vestə] *n.* [C] **1 cerino 2 fiammifero** (in genere).
vestal ['vestl] **A** *a.* **1** *(mitol.)* **vestale; di Vesta 2** *(stor.)* **di vestale 3** *(fig.)* **casto; puro B** *n.* [C] **1** *(relig., stor.)* **vestale 2** *(fig.)* **donna casta; vergine.**
vested ['vestid] *a.* *(leg.)* **acquisito; legittimo; assegnato legalmente**: *v. rights,* diritti acquisiti.
vestibular [ves'tibjulə*] *a.* **1** *(archit.)* **del vestibolo 2** *(anat.)* **vestibolare.**
vestibule ['vestibju:l] *n.* [C] *(archit., anat.)* **vestibolo.**
vestige ['vestidʒ] *n.* [C] **1 vestigio; orma; traccia 2** *(biol.)* **rudimento** (di organo scomparso).
vestigial [ve'stidʒiəl] *a.* *(biol.)* **rudimentale.**
vestment ['vestmənt] *n.* [C] **1 abito** (da cerimonia) **2** *(relig.)* **paramento.**
vestry ['vestri] *n.* [C] *(relig.)* **1 sagrestia 2** (nelle Chiese non-conformiste) **sala per preghiere collettive (o per riunioni) 3** (nella Chiesa anglicana) **fabbriceria; consiglio d'amministrazione** (d'una parrocchia); **assemblea parrocchiale.**
vestryman ['vestrimən] *n.* *(pl.* **vestrymen** ['vestrimən]) *(relig.)* **fabbriciere; membro dell'assemblea parrocchiale.**
vesture ['vestʃə*] *n.* [C] *(poet., retor.)* **vestimento; veste.**
Vesuvian [vi'su:vjən] *a.* **vesuviano; del Vesuvio.**
vet [vet] *n.* *(abbr. fam.* di **veterinary surgeon**) **veterinario.**
to **vet** [vet] *v. t.* *(fam.)* **1 visitare, curare, medicare** (un animale o, scherz., un uomo) **2** *(fig.)* **correggere; rivedere.**
vetch [vetʃ] *n.* [C] *(bot.,* Vicia sativa*)* **veccia.**
veteran ['vetərən] **A** *n.* [C] **1 veterano** (anche *fig.*) **2** *(USA)* **ex-combattente; reduce B** *a. attr.* **veterano; esperto.**
veterinarian [,vetəri'nɛəriən] *n.* [C] **veterinario.**
veterinary ['vetərinəri] **A** *a.* **1 veterinario**: *a v. surgeon,* un (medico) veterinario **2 per veterinari B** *n.* [C] **veterinario.**
veto ['vi:tou] *n.* **1** *(pl.* **vetoes**) **veto; opposizione, proibizione** (in genere): *to put one's v. on a proposal,* mettere il proprio veto a una proposta **2** [U] **diritto di veto.**
to **veto** ['vi:tou] *v. t.* **mettere il veto a** (un disegno di

legge, ecc.); (per estens.) **proibire, vietare.**
to **vex** [veks] *v. t.* ***1*** **irritare; contrariare; infastidire; seccare** ***2*** *(poet.)* **sommuovere, agitare** (le onde, il mare).
vexation [vek'seiʃən] *n.* ***1*** [U] **irritazione; malumore; nervosismo** ***2*** [C] **contrarietà; fastidio; seccatura.**
vexatious [vek'seiʃəs] *a.* **fastidioso; irritante; molesto.**
vexed [vekst] *a.* ***1*** **irritato; contrariato; infastidito; seccato** ***2*** *(poet.)* **agitato; infuriato** ● *a v. question,* una questione molto dibattuta.
via ['vaiə] *(lat.)* ***A*** *n.* **via**: *(astron.) Via Lactea,* la Via Lattea ***B*** *prep.* **via; per**: *to go to London via Paris,* andare a Londra via Parigi.
viability [ˌvaiə'biliti] *n.* [U] ***1*** **vitalità** ***2*** *(econ.)* **autosufficienza** (d'uno Stato, ecc.).
viable ['vaiəbl] *a.* ***1*** **vitale**: *v. seeds,* semi vitali ***2*** *(econ.: d'uno Stato, ecc.)* **autosufficiente.**
viaduct ['vaiədʌkt] *n.* [C] **viadotto.**
vial ['vaiəl] *n.* [C] *(chim., med.)* **fiala; boccetta.**
viand ['vaiənd] *n.* ***1*** [C] **vivanda; pietanza** ***2*** *(al pl.)* **vivande; alimenti.**
viaticum [vai'ætikəm] *n.* [C] *(pl.* **viatica** [vai'ætikə], **viaticums)** *(stor. romana, relig.)* **viatico.**
vibes [vaibz] *n. (invar. al pl.) (fam.)* **vibrafono.**
vibrant ['vaibrənt] *a.* ***1*** **vibrante; tremante** ***2*** **risonante; sonoro.**
vibraphone ['vaibrəˌfoun] *n.* [C] *(mus.)* **vibrafono.**
vibraphonist ['vaibrəˌfounist] *n.* [C] **vibrafonista.**
to **vibrate** [vai'breit] ***A*** *v. i.* ***1*** **vibrare; oscillare; tremare** ***2*** *(fig.)* **fremere** ***3*** **risonare** ***B*** *v. t.* ***1*** **far vibrare; far oscillare** ***2*** (del pendolo) **misurare** (i secondi, ecc.) **oscillando.**
vibrating [vai'breitiŋ] *a.* **vibrante** *(anche fig.).*
vibration [vai'breiʃən] *n.* [U] e [C] ***1*** **vibrazione; oscillazione** ***2*** *(fig.)* **fremito.**
vibrational [vai'breiʃənl] *a.* **di vibrazione; vibratorio.**
vibrato [vi'bra:tou] *n.* *(pl.* **vibratos)** *(mus.)* **vibrato.**
vibrator [vai'breitə*] *n.* [C] **vibratore** (strumento).
vibratory ['vaibrətəri] *a.* **vibratorio.**
vibrissa [vai'brisə] *n.* *(pl.* **vibrissae** [vai'brisi:]) *(zool.)* **vibrissa.**
vibromassage [ˌvaibrou'mæsa:ʒ] *n.* [C] e [U] *(med., sport)* **vibromassaggio.**
viburnum [vai'bə:nəm] *n.* [C] *(bot.,* Viburnum) **viburno.**
vic [vik] *n. (aeron.)* **formazione a V.**
vicar ['vikə*] *n.* [C] ***1*** *(relig. cattolica)* **vicario**: *the V. of Christ,* il Vicario di Cristo; il Papa □ *V.-General,* Vicario Generale ***2*** *(relig. anglicana)* **parroco** (in origine di una parrocchia senza decime).
vicarage ['vikəridʒ] *n.* [C] *(relig. anglicana)* **casa parrocchiale; canonica.**
vicarial [vai'kεəriəl] *a.* ***1*** *(relig. cattolica)* **vicariale** ***2*** *(relig. anglicana)* **parrocchiale; di parroco** ***3*** **delegato**: *v. powers,* poteri delegati.
vicarious [vai'kεəriəs] *a.* ***1*** **che fa le veci** (di un altro); **sostituto** ***2*** **delegato**: *v. authority,* autorità delegata.
vicariously [vai'kεəriəsli] *avv.* ***1*** **per delega; per conto altrui** ***2*** **in vece d'altri; in sostituzione.**
(1) vice [vais] *n.* [C] e [U] **vizio; difetto; imperfezione**: *the v. of gluttony,* il vizio della gola ● *(polizia) v. squad,* squadra del buon costume □ *free from v.,* senza difetti; esente da imperfezioni.
(2) vice [vais] *n.* [C] **morsa; morsetto** ● *a v.-like grip,* una stretta d'acciaio □ *(fig.) as firm as a v.,* saldo come una torre.
to **vice** [vais] *v. t.* **serrare in una morsa** *(anche fig.).*
(3) vice [vais] *n. (fam.)* **vice** (abbr. di « vicepresidente », ecc.).
(4) vice [vais] *(lat.) prep.* **in luogo di; al posto di.**
vice- [vais] *(in parole composte)* **vice-** (significa "che fa le veci di", "che svolge le funzioni di").
vice-consul [ˌvais'kɔnsəl] *n.* [C] **viceconsole.**
vicennial [vai'senjəl] *a.* **vicennale** *(lett.);* **ventennale.**
vice-president [ˌvais'prezidənt] *n.* [C] **vicepresidente.**
vicereine [ˌvais'rein] *n.* [C] **viceregina.**
viceroy ['vaisrɔi] *n.* [C] **viceré.**
viceroyalty [ˌvais'rɔiəlti], **viceroyship** ['vaisrɔiˌʃip] *n.* [C] ***1*** **vicereame** ***2*** **ufficio di viceré.**
vice versa ['vaisi'və:sə] *(lat.) avv.* **viceversa.**
Vichy (water) ['vi:ʃi: ('wɔtə*)] *n.* [U] **acqua di Vichy** (acqua minerale).
vicinage ['visinidʒ] *n.* [U] *(raro)* ***1*** **vicinato** ***2*** **vicinanza.**
vicinal ['visinəl] *a.* **vicinale**: *a v. road,* una strada vicinale.
vicinity [vi'siniti] *n.* [U] ***1*** **vicinanza; prossimità** ***2*** *(talvolta al pl.)* **vicinanze; vicinato**: *There is no hotel in the v.,* non c'è nessun albergo nelle vicinanze.
vicious ['viʃəs] *a.* ***1*** **vizioso; immorale; perverso**: *a v. life,* una vita viziosa ***2*** **difettoso; scorretto**: *a v. style,* uno stile difettoso □ *a v. manuscript,* un manoscritto scorretto ***3*** **cattivo; dispettoso; malvagio; maligno**: *a v. remark,* un'osservazione maligna (o malevola) ***4*** (di cavallo) **bizzarro; ombroso** ● *v. circle,* circolo vizioso □ *v. dog,* cane mordace.
viciousness ['viʃəsnis] *n.* [U] ***1*** **viziosità; immoralità; perversione** ***2*** **cattiveria; dispettosità; malvagità; malignità.**
vicissitude [vi'sisitju:d] *n.* [C] ***1*** **vicissitudine; vicenda; traversia** ***2*** *(poet.)* **avvicendamento.**
victim ['viktim] *n.* [C] **vittima** *(anche fig.);* **preda.**
victimization [ˌviktimai'zeiʃən] *n.* [U] **sacrificio; immolazione.**
to **victimize** ['viktimaiz] *v. t.* ***1*** **sacrificare; immolare** (come vittima) ***2*** **imbrogliare; ingannare; turlupinare.**
victor ['viktə*] ***A*** *n.* [C] **vincitore** ***B*** *a. attr.* **vincitore; vittorioso.**
victoria [vik'tɔ:riə] *n.* [C] *(stor.)* « **victoria** » (carrozza signorile a quattro ruote).
Victorian [vik'tɔ:riən] *a.* e *n.* [C] *(stor., letter., ecc.)* **vittoriano**: *the V. age,* l'età vittoriana (della regina Vittoria).
Victorianism [vik'tɔ:riənizəm] *n.* [U] **vittorianesimo; carattere** (o **gusto,** ecc.) **vittoriano.**
victorious [vik'tɔ:riəs] *a.* **vittorioso; trionfante.**
victory ['viktəri] *n.* [U] e [C] **vittoria**: *to lead the troops to v.,* condurre i soldati alla vittoria □ *to gain a v. over the enemy,* riportare una vittoria sul nemico.
victress ['viktris] *n.* [C] **vincitrice.**
victual ['vitl] *n. (di solito al pl.)* **vitto; viveri; vettovaglie.**
to **victual** ['vitl] ***A*** *v. t.* **approvvigionare; vettovagliare; rifornire di viveri** ***B*** *v. i.* **approvvigionarsi; rifornirsi di viveri.**
victualler ['vitlə*] *n.* [C] ***1*** **fornitore** (di viveri) ***2*** *(naut.)* **nave (di) rifornimento** ***3*** (specialm. *licensed v.*) **gestore di locale pubblico** (con licenza per gli alcolici).
victualling ['vitliŋ] *n.* [U] **approvvigionamento; vettovagliamento.**
vicuna [vi'kju:nə] *n.* ***1*** [C] *(zool.,* Lama vicugna) **vigogna** ***2*** [U] (anche *v. cloth*) **(tessuto di) vigogna.**
vide ['vaidi] *(lat.) voce verb.* **vedi; vedasi** (nei rimandi).
videlicet [vi'di:liset] *(lat.) avv.* (di solito abbr. in *viz.*) **cioè; vale a dire.**
video ['vidiou] *n.* *(pl.* **videos)** *(USA)* **video; televisione** ● *v. cartridge* (o *v. cassette*), videocassetta □ *v. recorder,* videoregistratore □ *v. signal,* videosegnale □ *v. tape,* videonastro □ *v. viewers,* telespettatori.
videophone ['vidiou̯foun], **videotelephone** [ˌvidiou'telifoun] *n.* [C] **videotelefono.**
to **vie** [vai] *v. i.* **gareggiare; competere; rivaleggiare.**
Viennese [ˌviə'ni:z] ***A*** *a.* **viennese** ***B*** *n. (invar. al pl.)* **viennese.**
Vietnamese [ˌvjetnə'mi:z] ***A*** *a.* **vietnamita** ***B*** *n. (invar. al pl.)* **vietnamita.**
view [vju:] *n.* ***1*** [U] e [C] **vista; veduta; visione; mostra; paesaggio; panorama; prospettiva; intento; mira; progetto; scopo**: *a fine v. over the lake,* una bella vista sul lago ***2*** [C] **punto di vista; idea; opinione; giudizio;**

parere: *to get a clear v. of the facts,* farsi un'idea esatta di come sono andate le cose **3** [C] **disegno; fotografia; schizzo** (specialm. di paesaggio) **4** [C] **rassegna; sommario 5** [C] **sopralluogo** • *to come into v.*, offrirsi alla vista; apparire □ *to come in v. of,* giungere in vista di □ *field of v.*, campo visivo □ *to have st. in v.*, avere q.c. in vista □ *to hold extreme views,* essere un estremista (in politica, ecc.) □ *to be out of v.*, essere fuori vista; essere scomparso □ *point of v.*, punto di vista.

to **view** [vjuː] *v. t.* **1 guardare; osservare; scrutare; contemplare 2 esaminare; ispezionare 3 considerare; giudicare.**

viewer ['vjuːə*] *n.* [C] **1 osservatore; spettatore; scrutatore 2 esaminatore; ispettore 3** (anche *televiewer)* **telespettatore.**

view-finder ['vjuːˌfaində*] *n.* [C] *(fotogr.)* **mirino.**

viewless ['vjuːlis] *a.* **1** *(poet.)* **invisibile 2 senza vista; senza panorama 3 che non ha idee; che non esprime opinioni.**

viewphone ['vjuːfoun] *n.* [C] **videotelefono.**

viewpoint ['vjuːpɔint] *n.* [C] **punto di vista.**

vigil ['vidʒil] *n.* **1** [U] e [C] **veglia**: *to keep v. over sb.*, vegliare q. **2** [C] **vigilia; giorno di vigilia.**

vigilance ['vidʒiləns] *n.* [U] **1 vigilanza 2** *(med.)* **insonnia.**

vigilant ['vidʒilənt] *a.* **vigilante; vigile; guardingo.**

vigilante [ˌvidʒi'lænti] *n.* [C] *(USA)* **membro di un comitato di vigilanza.**

vignette [vi'njet] *n.* [C] **1 vignetta; illustrazione 2 fotografia (o ritratto) con lo sfondo sfumato 3** *(fig.)* **profilo; schizzo; breve saggio descrittivo.**

vignetter [vi'njetə*], **vignettist** [vi'njetist] *n.* [C] **vignettista.**

vigorous ['vigərəs] *a.* **vigoroso; energico; forte.**

vigour ['vigə*] *n.* [U] **vigore; energia; forza.**

Viking ['vaikiŋ] *n.* [C] e *a. attr. (stor.)* **vichingo.**

vile [vail] *a.* **1 abietto; abominevole; basso; volgare; vile** *(fig.)* **2** *(fam.)* **pessimo; orribile.**

vileness ['vailnis] *n.* [U] **abiezione; bassezza; volgarità.**

vilification [ˌvilifi'keiʃən] *n.* [U] **diffamazione; denigrazione.**

to **vilify** ['vilifai] *v. t.* **diffamare; denigrare.**

villa ['vilə] *(ital.) n.* [C] **villa.**

village ['vilidʒ] *n.* [C] **villaggio; paese; borgata.**

villager ['vilidʒə*] *n.* [C] **abitante di un villaggio; paesano.**

villain ['vilən] *n.* [C] **1 briccone; canaglia; farabutto; furfante; mascalzone; ribaldo 2** (*scherz.*, specialm. *little v.*) **birichino; bricconcello 3** *(teatr., cinem.)* **personaggio malvagio; (il) « cattivo ».**

villainous ['vilənəs] *a.* **1 infame; malvagio; scellerato; canagliesco; furfantesco 2** *(fam.)* **pessimo; orribile.**

villainy ['viləni] *n.* [U] *(anche al pl.)* **infamia; malvagità; scelleratezza.**

villein ['vilin] *n.* [C] *(stor.)* **servo della gleba; villano.**

villeinage ['vilinidʒ] *n.* [U] *(stor.)* **servitù della gleba.**

villose ['vilous], **villous** ['viləs] *a.* **villoso; peloso.**

villus ['viləs] *n.* (*pl.* **villi** ['vilai]) *(anat., bot.)* **villo.**

vim [vim] *n.* [U] *(fam.)* **energia; forza; vigore.**

Viminal ['viminl] *n. (geogr., stor.)* **Viminale.**

vinaceous [vai'neiʃəs] *a.* **1 vinoso 2 rosso vino.**

vinaigrette [ˌvinei'gret] *n.* **1** [C] **boccetta dei sali 2** [U] (*cucina,* anche *v. sauce*) **salsa verde.**

to **vindicate** ['vindikeit] *v. t.* **1 rivendicare**: *to v. a claim,* rivendicare un diritto **2 difendere; giustificare; sostenere.**

vindication [ˌvindi'keiʃən] *n.* [U] e [C] **1 rivendicazione** (di un diritto, ecc.) **2 giustificazione; difesa.**

vindicative ['vindikətiv] *a.* **rivendicatore.**

vindicator ['vindiˌkeitə*] *n.* [C] **1 rivendicatore 2 difensore.**

vindicatory ['vindiˌkeitəri] *a.* **1** *V.* **vindicative 2** (di legge, provvedimento, ecc.) **punitivo; repressivo.**

vindictive [vin'diktiv] *a.* **vendicativo.**

vindictiveness [vin'diktivnis] *n.* [U] **carattere vendicativo; spirito di vendetta.**

vine [vain] *n.* [C] *(bot.)* **1** (Vitis vinifera) **vite 2 pianta rampicante** • *v.-grower,* viticoltore □ *v.-growing,* viticoltura □ *v.-shoot,* sarmento; tralcio.

vine-dresser ['vainˌdresə*] *n.* [C] **vignaiolo.**

vinegar ['vinigə*] *n.* [U] **1 aceto**: *aromatic v.*, aceto aromatico **2** *(fig.)* **asprezza; acidità; acredine** (del carattere, ecc.).

vinegary ['vinigəri] *a.* **1 acetoso 2** *(fig.)* **acido; acre; aspro.**

vinery ['vainəri] *n.* [C] **serra di viti** (nei paesi settentrionali).

vineyard ['vinjəd] *n.* [C] **vigneto; vigna.**

viniculture ['vinikʌltʃə*] *n.* [U] **viticoltura.**

viniculturist [ˌvini'kʌlʃərist] *n.* [C] **viticoltore.**

viniferous [vi'nifərəs] *a.* **vinifero.**

vinification [ˌvinifi'keiʃən] *n.* [U] **vinificazione.**

vinous ['vainəs] *a.* **1 vinoso; di vino 2 dedito al vino.**

vintage ['vintidʒ] **A** *n.* **1** *(raramente al pl.)* **vendemmia 2** [C] e [U] **vino pregiato** (di una particolare annata) **3** [U] *(poet., retor.)* **vino** (in genere) **B** *a. attr.* **d'annata;** (di vino) **pregiato**: *v. wine,* vino d'annata; vino pregiato.

vintager ['vintidʒə*] *n.* [C] **vendemmiatore, vendemmiatrice.**

vintner ['vintnə*] *n.* [C] **commerciante di vini; vinaio.**

vinyl ['vainil] *n.* [U] *(chim.)* **vinile** • *v. resin,* resina vinilica.

viol ['vaiəl] *n. (stor., mus.)* **viola** • *bass v.*, violoncello.

(1) viola [vi'oulə] *n.* [C] *(mus.)* **viola.**

(2) viola ['vaiələ] *n.* [C] (*bot.*, Viola) **viola.**

violable ['vaiələbl] *a.* **violabile.**

violaceous [ˌvaiou'leiʃəs] *a.* (anche *bot.*) **violaceo.**

to **violate** ['vaiəleit] *v. t.* **1 violare** (in ogni senso); **profanare 2 offendere; ferire 3 violentare; stuprare.**

violation [ˌvaiə'leiʃən] *n.* [U] e [C] **1 violazione; profanazione 2 violenza carnale.**

violator ['vaiəleitə*] *n.* [C] **1 violatore; profanatore 2 violentatore; stupratore.**

violence ['vaiələns] *n.* [U] **violenza; oltraggio**: *to use v.*, usare violenza □ *to do v. to sb.'s feelings,* far violenza ai sentimenti di q. • *to do v. to a text,* svisare il significato di un testo.

violent ['vaiələnt] *a.* **violento** (anche *fig.*)*;* **forte; impetuoso**: *to meet a v. death,* morire di morte violenta □ *a v. temper,* una indole violenta • *to lay v. hands on sb.*, usare violenza a q.

violet ['vaiəlit] **A** *n.* **1** [C] (*bot.*, Viola odorata) **violetta; viola mammola 2** [U] **viola; color viola B** *a.* **violetto; color viola** • (*fam., scherz.*: di persona) *shrinking* (o *modest) v.*, mammola *(fig.)*.

violin [ˌvaiə'lin] *n.* [C] *(mus.)* **violino.**

violinist [ˌvaiə'linist] *n.* [C] *(mus.)* **violinista.**

violist [vi'oulist] *n.* [C] *(mus.)* **suonatore di viola; violista.**

violoncellist [ˌvaiələn'tʃelist] *n.* [C] *(mus.)* **violoncellista.**

violoncello [ˌvaiələn'tʃelou] *n.* (*pl.* **violoncellos**) *(mus.)* **violoncello.**

viper ['vaipə*] *n.* [C] (*zool.*, Vipera) **vipera** (anche *fig.*).

viperine ['vaipərain] *a.* **viperino** (anche *fig.*).

viperish ['vaipəriʃ] *a.* **viperino** *(fig.)*; **velenoso; maligno.**

virago [vi'rɑːgou] *n.* (*pl.* **viragoes, viragos**) **megera; strega** *(fig.)*.

viral ['vairəl] *a. (med.)* **virale.**

virescence [vi'resəns] *n.* [U] *(bot.)* **virescenza.**

virescent [vi'resənt] *a. (bot.)* **virescente.**

virgate ['vəːgit] *a. (bot.)* **a forma di verga; esile; dritto e lungo.**

Virgilian [vəː'dʒiliən] *a. (letter.)* **virgiliano.**

virgin ['vəːdʒin] **A** *n.* [C] **vergine** (in ogni senso) **B** *a.* **1 vergine**: *v. soil,* terreno vergine (anche *fig.*) **2 di (o da) vergine; verginale.**

virginal ['vəːdʒinl] **A** *a.* **verginale, virginale B** *n.* [C] *(mus.)* **virginale.**

Virginian [və'dʒinjən] *a.* e *n.* [C] virginiano; (abitante) della Virginia.
virginity [və:'dʒiniti] *n.* [U] verginità.
Virgo ['və:gou] *n.* *(astron., astrologia)* Vergine.
viridescent [ˌviri'desnt] *a.* verdeggiante.
viridity [vi'riditi] *n.* [U] *1* verdezza *2* *(fig.)* freschezza.
virile ['virail] *a.* virile; maschio; *(fig.)* vigoroso, forte.
virility [vi'riliti] *n.* [U] virilità (anche *fig.*).
virologist [vai'rɔlədʒist] *n.* [C] virologo.
virology [vai'rɔlədʒi] *n.* [U] virologia.
virtu [və:'tu:] *n.* [U] *1* amore per l'arte; gusto artistico *2* carattere artistico (d'un oggetto) ● *articles of v.*, oggetti d'arte; antichità; rarità.
virtual ['və:tjuəl] *a.* *1* effettivo; di fatto; in pratica; vero e proprio *2* (anche *scient.*) virtuale.
virtue ['və:tju:] *n.* [U] e [C] virtù (quasi in ogni senso): *V. is its own reward,* la virtù è premio a se stessa □ *the cardinal virtues,* le virtù cardinali ● *by* (o *in*) *v. of,* in virtù di; a causa di □ *to make a v. of necessity,* far di necessità virtù □ *a woman of easy v.*, una donna di facili costumi □ *a woman of v.*, una donna virtuosa.
virtuosity [ˌvə:tju'ɔsiti] *n.* [U] virtuosismo.
virtuoso [ˌvə:tju'ouzou] *n.* (*pl.* **virtuosos, virtuosi** [ˌvə:tju'ouzi:]) *1* virtuoso *2* amatore (o intenditore) d'oggetti d'arte.
virtuous ['və:tjuəs] *a.* virtuoso; onesto; retto; casto.
virtuousness ['və:tjuəsnis] *n.* [U] virtù; onestà; rettitudine; castità.
virulence ['virulәns] *n.* [U] virulenza (anche *fig.*).
virulent ['virulənt] *a.* virulento (anche *fig.*).
virus ['vairəs] *n.* [C] *1* *(biol.)* virus *2* *(fig.)* veleno.
visa ['vi:zə] *n.* [C] visto (di passaporto, ecc.).
to **visa** ['vi:zə] *v. t.* apporre il visto a (un passaporto); vistare.
visage ['vizidʒ] *n.* [C] *(lett.)* *1* viso; volto *2* aspetto; sembiante.
visagiste [ˌvi:za'ʒi:st] *(franc.)* *n.* [C] visagista.
vis-à-vis [ˌvi:za:'vi:] *(franc.)* *A* *avv.* « vis-à-vis »; faccia a faccia; di fronte *B* *prep.* (anche *fig.*) di fronte a; rispetto a.
viscera ['visərə] *n. pl.* *(anat.)* visceri.
visceral ['visərəl] *a.* *(anat., med.)* viscerale (anche *fig.*).
viscid ['visid] *a.* viscido.
viscidity [vi'siditi] *n.* [U] viscidità.
viscose ['viskous] *n.* [U] *(ind., chim.)* viscosa.
viscosity [vis'kɔsiti] *n.* [U] *(fis.)* viscosità.
viscount ['vaikaunt] *n.* [C] visconte.
viscountcy ['vaikauntsi] *n.* [C] viscontado.
viscountess ['vaikauntis] *n.* [C] viscontessa.
viscous ['viskəs] *a.* viscoso.
visé ['vi:zei], to **visé** ['vi:zei] *V.* **visa,** to **visa.**
Vishnu ['viʃnu:] *n.* *(relig.)* Visnù.
visibility [ˌvizi'biliti] *n.* [U] *1* visibilità *2* evidenza.
visible ['vizəbl] *a.* *1* visibile *2* evidente *3* *(comm.)* disponibile.
Visigoth ['vizigɔθ] *n.* [C] *(stor.)* visigoto.
Visigothic [ˌvizi'gɔθik] *a.* *(stor.)* visigoto.
vision ['viʒən] *n.* *1* [U] vista (facoltà del vedere) *2* [C] visione; veduta; vista; apparizione: *visions of power,* visioni di gloria *3* [U] intuito; sagacia (specialm. politica) *4* [U] immaginazione; potenza evocativa ● *beyond our v.*, fuori vista □ *the field of v.*, il campo visivo □ *to see visions,* avere visioni (o allucinazioni).
visionary ['viʒənəri] *A* *a.* *1* visionario *2* immaginario; irreale; infondato; campato in aria *B* *n.* [C] visionario, visionaria; utopista.
to **visit** ['vizit] *v. t.* *1* visitare (un luogo, una persona); far visita a (q.); andare a vedere *2* frequentare *3* *(Bibbia)* castigare, punire (una persona, un peccato) *4* colpire, cogliere *(fig.)*: *to be visited by fits of gloom,* essere colto da crisi d'ipocondria.
visit ['vizit] *n.* [C] *1* visita: *to pay a v. to sb.*, far visita a q. □ *to be on a v. to sb.*, essere in visita da q. *2* gita; viaggio: *a v. to the Lake District,* una gita alla Regione dei Laghi ● *(naut.)* *right of v.*, diritto d'ispezione (delle navi neutrali).
visitant ['vizitənt] *n.* [C] *1* *(poet.)* visitatore, visitatrice *2* *(zool.)* uccello migratore *3* *(relig.)* visitandina; suora della Visitazione.
visitation [ˌvizi'teiʃən] *n.* [C] *1* visita (specialm. ufficiale); visitazione: *a v. of the sick,* una visita ai malati (da parte di un sacerdote) *2* castigo, punizione, calamità (mandati da Dio): *a v. of Providence,* un castigo divino ● *(relig.)* *nuns of the V.*, suore della Visitazione; visitandine.
visitatorial [ˌvizitə'tɔ:riəl] *a.* di visita; d'ispezione.
visiting ['vizitiŋ] *A* *n.* [U] (il) far visite *B* *a.* *1* che visita: *a v. nurse,* una infermiera (o un infermiere) che visita i malati (a domicilio) *2* di (o da) visita: *a v. card,* un biglietto da visita ● *to be on v. terms with sb.*, essere in rapporti di buona conoscenza con q.; scambiare visite con q. □ *(fam.)* *He is not on my v. list,* lo conosco appena; non c'è dimestichezza fra noi.
visitor ['vizitə*] *n.* [C] *1* visitatore, visitatrice; ospite; cliente; turista; villeggiante *2* ispettore (di scuole, ecc.); censore (di collegi).
visor ['vaizə*] *n.* [C] *1* *(stor.)* visiera (d'elmo) *2* visiera (di berretto).
vista ['vistə] *n.* [C] *1* vista; veduta; prospettiva (anche *fig.*) *2* serie di avvenimenti; memorie; ricordi.
visual ['vizjuəl] *a.* *1* visuale; visivo: *a v. image,* un'immagine visiva □ *(ottica)* *v. angle,* angolo visuale *2* visibile; concreto; reale *3* *(scient.)* ottico ● *(didattica)* *v. aids,* sussidi visivi □ *(elettron.)* *v. tuning indicator,* indicatore ottico di sintonia; occhio magico.
visualization [ˌvizjuəlai'zeiʃən] *n.* [U] e [C] *1* quadro (o raffigurazione) mentale *2* rappresentazione concreta.
to **visualize** ['vizjuəlaiz] *v. t.* *1* immaginare; raffigurarsi *2* dare forma visibile a (un'immagine); rappresentare concretamente (un'idea).
vital ['vaitl] *A* *a.* vitale; essenziale; indispensabile; fondamentale: *the v. force (principle),* la forza vitale (il principio vitale) *B* *n. pl.* *1* organi vitali; parti vitali *2* organi genitali; genitali *3* *(fig.)* parte essenziale, nocciolo (d'una questione, ecc.) ● *v. statistics,* statistiche demografiche.
vitalism ['vaitəlizəm] *n.* [U] *(filos., biol.)* vitalismo.
vitality [vai'tæliti] *n.* [U] vitalità (anche *fig.*).
to **vitalize** ['vaitəlaiz] *v. t.* *1* rendere vitale *2* *(fig.)* vivificare; infondere vivezza in (q.c.).
vitamin ['vitəmin] *n.* [C] *(scient.)* vitamina.
vitaminic [ˌvitə'minik] *a.* *(scient.)* vitaminico.
to **vitaminize** ['vitəminaiz] *v. t.* vitaminizzare.
to **vitiate** ['viʃieit] *v. t.* *1* viziare; corrompere *2* *(leg.)* invalidare.
vitiation [ˌviʃi'eiʃən] *n.* [U] *1* (il) viziare; corruzione *2* *(leg.)* invalidazione (di un contratto, ecc.).
viticulture ['vitiˌkʌltʃə*] *n.* [U] viticoltura.
viticulturist [ˌviti'kʌltʃərist] *n.* [C] viticoltore.
vitreosity [ˌvitri'ɔsiti] *n.* [U] aspetto vitreo.
vitreous ['vitriəs] *a.* vitreo; vetroso.
vitrification [ˌvitrifi'keiʃən] *n.* [U] vetrificazione.
to **vitrify** ['vitrifai] *v. t.* e *i.* vetrificare, vetrificarsi.
vitriol ['vitriəl] *n.* [U] *(chim.)* vetriolo.
vitriolic [ˌvitri'ɔlik] *a.* *1* *(chim.)* di vetriolo *2* *(fig.)* caustico; mordace.
to **vituperate** [vi'tju:pəreit] *v. t.* vituperare; ingiuriare; insultare.
vituperation [viˌtju:pə'reiʃən] *n.* [U] ingiurie; insulti.
vituperative [vi'tju:pərətiv] *a.* vituperativo; ingiurioso.
viva ['vi:və] *(ital.)* *inter.* evviva!; viva!
vivacious [vi'veiʃəs] *a.* vivace; animato; brioso; vispo.
vivacity [vi'væsiti] *n.* [U] vivacità; brio.
vivarium [vai'vɛəriəm] *n.* (*pl.* **vivaria** [vai'vɛəriə], **vivariums**) *(scient.)* vivaio; semenzaio.
viva voce [ˌvaivə'voutʃi] *A* *avv.* a viva voce; oralmente *B* *a.* orale: *a v. examination,* un esame orale *C* *n.* [C] esame orale.
to **viva-voce** [ˌvaivə'voutʃi] *v. t.* esaminare oralmente.
vivid ['vivid] *a.* vivido; vivo; vivace.

vividness ['vividnis] *n.* [U] **vividezza; vivezza; vivacità.**
vivification [ˌvivifi'keiʃən] *n.* [U] **vivificazione.**
to **vivify** ['vivifai] *v. t.* **vivificare; animare.**
viviparous [vi'vipərəs] *a. (zool.)* **viviparo.**
to **vivisect** ['viviˌsekt] *v. t.* **vivisezionare.**
vivisection [ˌvivi'sekʃən] *n.* [U] e [C] **vivisezione.**
vivisectionist [ˌvivi'sekʃənist] *n.* [C] **chi pratica la vivisezione.**
vixen ['viksn] *n.* [C] ***1*** *(zool.)* **volpe femmina *2*** *(fig.)* **bisbetica; donna litigiosa; megera.**
vixenish ['viksəniʃ] *a.* **bisbetico; litigioso.**
viz. [viz] *avv.* (*abbr.* di **videlicet**) **cioè; ossia; vale a dire.**
vizi(e)r [vi'ziə*] *n.* [C] **visir.**
V-neck ['vi:nek], **V-necked** ['vi:nekt] *a. (moda)* **con scollatura a V.**
vocab ['voukæb] *n.* [C] (*abbr. fam.* di **vocabulary**) **vocabolario.**
vocable ['voukəbl] *n.* [C] **vocabolo.**
vocabulary [və'kæbjuləri] *n.* [C] **vocabolario; lessico; glossario** ● *v. entry,* lemma.
vocal ['voukəl] *a.* ***1*** **vocale *2*** **orale *3*** *(fon.)* **sonoro.**
vocalic [vou'kælik] *a.* **vocalico.**
vocalism ['voukəlizəm] *n.* [U] ***1*** *(mus.)* **vocalizzo *2*** *(fon.)* **vocalismo.**
vocalist ['voukəlist] *n.* [C] **cantante** (specialm. di jazz e pop).
to **vocalize** ['voukəlaiz] *v. t. (fon., mus.)* **vocalizzare.**
vocation [vou'keiʃən] *n.* ***1*** [U] e [C] *(solo al sing.)* **vocazione *2*** [C] **professione; mestiere.**
vocational [vou'keiʃənl] *a.* **professionale** ● *v. guidance,* orientamento professionale.
vocative ['vɔkətiv] *a.* e *n.* [C] *(gramm.)* **vocativo.**
to **vociferate** [vou'sifəreit] *v. t.* e *i.* **vociferare; vociare; gridare.**
vociferation [vouˌsifə'reiʃən] *n.* [U] e [C] **vociferazione.**
vociferous [vou'sifərəs] *a.* **clamoroso; rumoroso; rumoreggiante.**
vodka ['vɔdkə] *n.* [U] **vodka.**
vogue [voug] *n.* [C] **voga; moda** ● *all the v.,* di gran moda; molto popolare □ *to have a great v.,* essere molto in voga.
voice [vɔis] *n.* [U] e [C] (anche *gramm.*) **voce**: *to lose one's v.,* perdere la voce □ *to speak in a loud v.,* parlare a voce alta ● *to give v. to st.,* esprimere q.c. □ *to have no v. in the matter,* non aver voce in capitolo □ *not to be in good v.,* essere giù di voce □ *to shout at the top of one's v.,* urlare a squarciagola □ *with one v.,* a una voce; all'unanimità.
to **voice** [vɔis] *v. t.* ***1*** **dar voce a; esprimere; farsi portavoce di *2*** *(mus.)* **accordare, intonare** (le canne di un organo, ecc.) ***3*** *(fon.)* **pronunciare** (un suono) **come sonoro.**
voiced [vɔist] *a. (fon.)* **sonoro**: *a v. « s »,* una « esse » sonora.
voiceless ['vɔislis] *a.* ***1*** **senza voce; muto; silenzioso *2*** *(fon.)* **sordo.**
void [vɔid] ***A*** *a.* ***1*** **vuoto; disabitato *2*** **vacante; non occupato *3*** **privo**: *v. of common sense,* privo di buon senso ***4*** *(leg.)* **non valido; nullo *B*** *n.* [C] **vuoto; lacuna**: *to fill a v.,* colmare una lacuna ● *to vanish into the v.,* svanire nel nulla.
to **void** [vɔid] *v. t.* ***1*** **evacuare; sgombrare *2*** *(leg.)* **rendere nullo; invalidare.**
voidable ['vɔidəbl] *a. (leg.)* **annullabile; invalidabile.**
voile [vɔil] *n. (franc.)* [U] *(ind. tessile)* **velo; « voile ».**
volatile ['vɔlətail] *a.* ***1*** *(chim.)* **volatile *2*** *(fig.)* **mutevole; incostante; volubile.**
volatility [ˌvɔlə'tiliti] *n.* [U] ***1*** *(chim.)* **volatilità *2*** *(fig.)* **mutevolezza; incostanza; volubilità.**
volatilizable [vɔ'lætiˌlaizəbl] *a. (chim.)* **volatilizzabile.**
to **volatilize** [vɔ'lætiˌlaiz] *v. t.* e *i. (chim.)* **volatilizzare.**
vol-au-vent [ˌvɔlou'vɑ̃] *(franc.) n.* [C] *(cucina)* **vol-au-vent.**
volcanic [vɔl'kænik] *a. (geol.)* **vulcanico** (anche *fig.*).
volcanism ['vɔlkənizəm] *n.* [U] *(geol.)* **vulcanismo.**
volcanist ['vɔlkənist] *n.* [C] **vulcanologo.**
volcano [vɔl'keinou] *n.* (*pl.* **volcanoes, volcanos**) *(geol.)* **vulcano.**
volcanologist [ˌvɔlkə'nɔlədʒist] *n.* [C] **vulcanologo.**
volcanology [ˌvɔlkə'nɔlədʒi] *n.* [U] *(geol.)* **vulcanologia.**
(1) vole [voul] *n.* [C] (*zool.,* Microtus) **topo campagnolo.**
(2) vole [voul] *n.* (in certi giochi di carte) **cappotto.**
to **vole** [voul] *v. i.* (in certi giochi di carte) **far cappotto.**
volet ['vɔlei] *(franc.) n.* [C] *(arte)* **pannello** (di un trittico).
volition [vou'liʃən] *n.* [U] **volizione; atto di volontà.**
volitional [vou'liʃənl] *a.* **della volizione.**
volitive ['vɔlitiv] ***A*** *a.* **volitivo *B*** *a.* e *n.* [C] *(gramm.)* **(verbo) desiderativo.**
volley ['vɔli] *n.* [C] ***1*** **scarica; raffica; salve *2*** *(fig.)* **profluvio; torrente; sfilza**: *a v. of oaths,* una sfilza di bestemmie ***3*** *(tennis)* **volée** *(franc.)*; **volata** ● *(sport) v.-ball,* pallavolo.
to **volley** ['vɔli] ***A*** *v. t.* ***1*** *(mil.)* **scaricare; sparare *2*** *(fig.)* **lanciare** (insulti, ecc.) ***3*** *(sport)* **colpire** (la palla) **al volo *B*** *v. i.* ***1*** *(mil.)* **sparare una raffica *2*** *(sport)* **prendere la palla al volo.**
volt [voult] *n.* [C] *(elettr.)* **volt.**
voltage ['voultidʒ] *n.* [C] *(elettr.)* **voltaggio; tensione.**
voltaic [vɔl'teiik] *a. (elettr.)* **voltaico.**
voltameter [vɔl'tæmitə*] *n.* [C] *(elettr.)* **voltametro.**
volte [voult] *n.* [C] ***1*** *(ippica)* **volteggio *2*** *(scherma)* **volta.**
volte-face [ˌvɔlt'fa:s] *(franc.) n.* [C] **voltafaccia** (anche *fig.*).
voltmeter ['voultˌmi:tə*] *n.* [C] *(elettr.)* **voltmetro.**
volubility [ˌvɔlju'biliti] *n.* [U] **loquacità.**
voluble ['vɔljubl] *a.* **garrulo; loquace.**
volume ['vɔljum] *n.* ***1*** [C] e [U] **volume** (in ogni senso); **capacità; massa; quantità;** (di libro) **tomo *2*** [C] **voluta**: *volumes of smoke,* volute di fumo ● *to speak volumes,* essere significativo; valere più di qualsiasi lungo discorso.
volumetric(al) [ˌvɔlju'metrik(əl)] *a. (scient.)* **volumetrico.**
voluminosity [vəˌljumi'nɔsiti] *n.* [U] **voluminosità.**
voluminous [və'lju:minəs] *a.* ***1*** **voluminoso *2*** (di scrittore) **fecondo; prolifico *3*** **prolisso *4*** *(arc.)* **a volute; a spirale.**
voluntariness ['vɔləntərinis] *n.* [U] **volontarietà.**
voluntarism ['vɔləntəˌrizəm] *n.* [U] *(filos.)* **volontarismo.**
voluntary ['vɔləntəri] ***A*** *a.* **volontario; spontaneo; intenzionale *B*** *n.* [C] *(relig., mus.)* **assolo d'organo** ● *(leg.) v. partition,* divisione consensuale (del patrimonio).
volunteer [ˌvɔlən'tiə*] ***A*** *n.* [C] (specialm. *mil.*) **volontario *B*** *a. attr. (bot.)* **spontaneo**: *v. vegetation,* vegetazione spontanea.
to **volunteer** [ˌvɔlən'tiə*] ***A*** *v. i.* ***1*** *(mil.)* **arruolarsi volontario *2*** **offrirsi spontaneamente *B*** *v. t.* **offrire spontaneamente.**
voluptuary [və'lʌptjuəri] ***A*** *n.* [C] **epicureo, epicurea; libertino *B*** *a.* ***1*** **voluttuario; di lusso *2*** **sensuale; voluttuoso.**
voluptuous [və'lʌptjuəs] *a.* **voluttuoso; sensuale.**
voluptuousness [və'lʌptjuəsnis] *n.* [U] **voluttuosità; sensualità.**
volute [və'lju:t] *n.* [C] *(archit.)* **voluta.**
voluted [və'lju:tid] *a.* ***1*** **a voluta; a spirale *2*** *(archit.)* **ornato di volute.**
volution [və'lju:ʃən] *n.* [C] ***1*** **spira; spirale *2*** *(anat.)* **circonvoluzione.**
vomer ['voumə*] *n.* [C] *(anat.)* **vomere** (osso del setto nasale).
to **vomit** ['vɔmit] *v. t.* e *i.* **vomitare** (anche *fig.*).

vomit ['vɔmit] *n.* U **vomito.**
vomitory ['vɔmitəri] *a.* e *n.* C *(farm.)* **emetico.**
voodoo ['vu:du:] *n.* U **vuduismo.**
to **voodoo** ['vu:du:] *v. t.* **stregare; dare il malocchio a** (q.).
voodooism ['vu:du:izəm] *n.* U **vuduismo.**
voodooist ['vu:du:ist] *n.* C **vuduista.**
voracious [və'reiʃəs] *a.* **vorace**: *a v. wolf,* un lupo vorace • *a v. reader,* un divoratore di libri.
voracity [vɔ'ræsiti] *n.* U **voracità.**
vortex ['vɔ:teks] *n.* (*pl.* **vortices** ['vɔ:tisi:z], **vortexes** ['vɔ:teksiz]) **vortice** (anche *fig.*).
vortical ['vɔ:tikəl] *a.* **vorticoso.**
vorticism ['vɔ:tisizəm] *n.* U *(arte)* **vorticismo.**
vorticist ['vɔ:tisist] *n.* C *(arte)* **seguace del vorticismo.**
votaress ['voutəris] *n.* C **devota; ammiratrice; seguace.**
votary ['voutəri] *n.* C **devoto; ammiratore; seguace; fautore.**
vote [vout] *n.* C ***1*** **voto; votazione; numero dei voti; diritto di voto *2* scheda di votazione** • *to cast one's v.,* dare il proprio voto; votare □ *to put (st.) to the v.,* mettere ai voti □ *to take the v.,* procedere allo scrutinio.
to **vote** [vout] *v. t.* e *i.* ***1*** **votare; dare il voto *2* deliberare** (o **stabilire, assegnare,** ecc.) **mediante votazione *3*** *(fam.)* **dichiarare unanimemente; riconoscere concordemente *4*** *(fam.)* **proporre; suggerire** • *to v. a bill through,* approvare un disegno di legge □ *to v. a candidate in,* eleggere un candidato; nominare un candidato (con votazione) □ *to v. a candidate out,* bocciare un candidato (alle elezioni) □ *to v. down a measure,* bocciare (o respingere) un provvedimento.
voteless ['voutlis] *a.* **senza voto; senza diritto di voto.**
voter ['voutə*] *n.* C **votante; elettore, elettrice.**
voting ['voutiŋ] *n.* U **votazione** • *v. paper,* scheda elettorale.
votive ['voutiv] *a.* **votivo**: *a v. picture,* un quadretto votivo.
to **vouch** [vautʃ] *v. t.* e *i.* ***1*** **attestare; comprovare *2* garantire; rispondere** (di q., q.c.): *I am ready to v. for him (for his honesty),* sono pronto a garantire per lui (a farmi garante della sua onestà).
voucher ['vautʃə*] *n.* C ***1*** **garante *2* documento giustificativo; pezza d'appoggio *3* buono; scontrino *4* ricevuta; quietanza** • *luncheon v.,* buono pasto.
to **vouchsafe** [vautʃ'seif] *v. t.* **accordare; concedere; degnarsi di** (fare q.c.).
vow [vau] *n.* C **voto; promessa solenne; giuramento**: *to break a vow,* infrangere un voto □ *to fulfil a vow,* adempiere un voto □ *(relig.) to take vows,* pronunziare i voti.
to **vow** [vau] ***A*** *v. t.* ***1*** **votare; consacrare; offrire** (in voto) ***2*** **far voto di; giurare**: *to v. vengeance against sb.,* giurare vendetta su q. ***B*** *v. i.* **far voto; pronunziare un voto** • *to vow and declare,* dichiarare solennemente.
vowel ['vauəl] *(fon.)* ***A*** *n.* C **vocale *B*** *a. attr.* **di vocale; vocalico.**
vox pop [ˌvɔks'pɔp] *n.* C *(fam.) (radio, telev.)* **indagine demoscopica; inchiesta.**
vox populi [ˌvɔks'pɔpjulai] *(lat.) n.* « **vox populi** »; **la pubblica opinione.**
voyage [vɔidʒ] *n.* C **viaggio** (di mare, fluviale o aereo).
to **voyage** [vɔidʒ] *v. i.* **viaggiare** (per via d'acqua o aerea).
voyager ['vɔiədʒə*] *n.* C **passeggero** (di nave o aereo); **viaggiatore.**
voyeur [vwa'jə:*] *(franc.) n.* C « **voyeur** »; **guardone.**
vulcanite ['vʌlkənait] *n.* U *(ind.)* **ebanite.**
vulcanization [ˌvʌlkənai'zeiʃən] *n.* U *(ind.)* **vulcanizzazione.**
to **vulcanize** ['vʌlkənaiz] *v. t. (ind.)* **vulcanizzare.**
vulgar ['vʌlgə*] *a.* **volgare; plebeo; rozzo; triviale** • *the v. herd,* il volgo; la plebe □ *the v. tongue,* la lingua volgare; il volgare.
vulgarian [vʌl'gɛəriən] *n.* C **individuo volgare; persona di gusti volgari.**
vulgarism ['vʌlgərizəm] *n.* ***1*** C **volgarismo; espressione volgare *2*** U **comportamento volgare; volgarità.**
vulgarity [vʌl'gæriti] *n.* U *(anche al pl.)* **volgarità.**
vulgarization [ˌvʌlgərai'zeiʃən] *n.* U **volgarizzazione.**
to **vulgarize** ['vʌlgəraiz] *v. t.* ***1*** **rendere volgare; svilire *2* volgarizzare; divulgare.**
Vulgate ['vʌlgit] *n. (relig.)* **Volgata, Vulgata.**
vulnerability [ˌvʌlnərə'biliti] *n.* U **vulnerabilità** (anche *fig.*).
vulnerable ['vʌlnərəbl] *a.* **vulnerabile** (anche *fig.*).
vulnerary ['vʌlnərəri] *(farm.)* ***A*** *a.* **vulnerario *B*** *n.* C **medicamento vulnerario.**
vulpine ['vʌlpain] *a.* **volpino;** *(fig.)* **astuto, scaltro.**
vulture ['vʌltʃə*] *n.* C ***1*** *(zool.,* Aegypius monachus*)* **avvoltoio *2*** *(fig.)* **avvoltoio; individuo rapace.**
vulturine ['vʌltʃurain] *a. (zool.)* **di** (o **da**) **avvoltoio; rapace** (anche *fig.*).
vulva ['vʌlvə] *n.* (*pl.* **vulvae** ['vʌlvi:], **vulvas**) *(anat.)* **vulva.**
vulval ['vʌlvəl], **vulvar** ['vʌlvə*] *a. (anat.)* **vulvare.**
vying ['vaiiŋ] ***A*** *p. pr.* di to **vie *B*** *a.* **che compete; che gareggia.**

W

W, w ['dʌbļju(:)] *n.* (*pl.* **W's, w's; Ws, ws)** W, w ● *(tel.)* *w for William,* w come Washington.
wabble ['wæbl], to **wabble** ['wæbl] *V.* **wobble,** to **wobble.**
wad [wɔd] *n.* ⓒ *1* **batuffolo; tampone** *2* *(mil.)* **stoppaccio** *3* *(fam.)* **pacchetto** (di biglietti di banca); **fascio** (di documenti).
to **wad** [wɔd] *v. t.* *1* **tamponare; tappare** *2* **imbottire** (coperte, indumenti, ecc.) *3* **mettere lo stoppaccio in** (una canna di fucile).
wadable ['weidəbl] *a.* **guadabile.**
wadding ['wɔdiŋ] *n.* Ⓤ *1* **bambagia; borra; ovatta** *2* **materiale per imbottitura.**
waddle ['wɔdl] *n.* *(solo al sing.)* **andatura dondolante.**
to **waddle** ['wɔdl] *v. i.* **camminare dondolandosi; sculettare** *(pop.).*
waddy ['wɔdi] *n.* ⓒ **mazza da combattimento** (degli indigeni d'Australia).
to **wade** [weid] ***A*** *v. i.* *1* **passare a guado** *2* **procedere a stento** (sul fango, fra l'erba alta, ecc.); **diguazzare; sguazzare** *3* *(fig.)* **farsi strada a stento** ***B*** *v. t.* **guadare** ● *to w. in,* gettarsi nella mischia □ *(fam.)* *to w. into st.,* mettersi di buona lena a fare q.c.; □ *to w. through a dull book,* leggere a fatica un libro noioso □ *(zool.)* *wading bird,* trampoliere.
wader ['weidə*] *n.* *1* ⓒ *(zool.)* **trampoliere** *2* *(al pl.)* **stivaloni impermeabili.**
wadi, wady ['wa:di, 'wɔdi] *n.* ⓒ *(geogr.)* **uadi.**
wafer ['weifə*] *n.* ⓒ *1* **wafer; cialda** *2* *(relig.)* **ostia** *3* **dischetto adesivo.**
(1) waffle ['wɔfl] *n.* ⓒ **cialda; focaccia** ● *w.-iron,* stampo per cialde.
(2) waffle ['wɔfl] *n.* Ⓤ *(fam.)* **chiacchiericcio; ciarle; ciance.**
to **waffle** ['wɔfl] *v. i.* *(fam.)* **chiacchierare; cianciare.**
waft [wa:ft] *n.* ⓒ *1* **bava di vento; soffio** *2* **effluvio; zaffata;** *(fig.)* **sensazione fuggevole** *3* **battito d'ala; lieve movimento.**
to **waft** [wa:ft] ***A*** *v. t.* **portare in volo, col vento; spandere** ***B*** *v. i.* **essere portato dal vento; spandersi.**
to **wag** [wæg] ***A*** *v. t.* **agitare; dimenare; scrollare; scuotere** ***B*** *v. i.* *1* **agitarsi** *2* **agitare la coda; scodinzolare** ● *to set tongues* (o *beards, chins*) *wagging,* far parlare di sé; dare scandalo.
(1) wag [wæg] *n.* ⓒ **scotimento; scrollata** ● *wag of the tail,* scodinzolata.
(2) wag [wæg] *n.* ⓒ **uomo faceto; burlone; tipo ameno.**
wage [weidʒ] *n.* *(di solito al pl.)* **salario; paga**: *good wages,* una buona paga ● *(econ.)* *w. indexation,* indicizzazione dei salari □ *w. scale,* tabella base dei salari □ *w. sheet,* foglio paga.
to **wage** [weidʒ] *v. t.* **intraprendere; condurre; fare**: *to w. war,* far guerra; muover guerra.
wage-earner ['weidʒ,ə:nə*] *n.* ⓒ **salariato, salariata.**
wager ['weidʒə*] *n.* ⓒ *1* **scommessa**: *to lay a w.,* fare una scommessa *2* **posta** (di una scommessa).
to **wager** ['weidʒə*] *v. t.* e *i.* **scommettere; fare una scommessa.**
waggery ['wægəri] *n.* Ⓤ *(anche al pl.)* **amenità; facezia.**
waggish ['wægiʃ] *a.* **ameno; faceto.**
waggle ['wægl] *n.* *(solo al sing.)* *(fam.)* **scrollata** ● *w. of the tail,* scodinzolio.
to **waggle** ['wægl] *(fam.)* ***A*** *v. t.* **agitare; dimenare; scrollare; scuotere** ***B*** *v. i.* **dondolare; tentennare; traballare.**
wag(g)on ['wægən] *n.* ⓒ *1* **carro; barroccio** *2* **vagone ferroviario; carro merci** *3* *(USA)* **furgone cellulare** *4* *(stor. USA)* **carro coperto** (dei pionieri) ● *(fam.)* *to be on the (water) w.,* essere astemio □ *(autom.)* *station-w.,* giardinetta; giardiniera.
wag(g)oner ['wægənə*] *n.* ⓒ **carrettiere; barrocciaio.**
wag(g)onette [,wægə'net] *n.* ⓒ **carrozza aperta a quattro ruote.**
Wagnerian [va:g'niəriən] *a.* e *n.* ⓒ *(mus.)* **wagneriano.**
wagon-lit [,vægɔ:n'li:] *(franc.)* *n.* (*pl.* **wagons-lits** [,vægɔ:n'li:]) *(ferr.)* **vagone letto.**
wagtail ['wægteil] *n.* ⓒ *(zool.,* Motacilla) **ballerina; cutrettola.**
waif [weif] *n.* ⓒ *1* **oggetto smarrito** *2* **animale randagio** *3* **fanciullo abbandonato** ● *waifs and strays,* infanzia abbandonata.
to **wail** [weil] ***A*** *v. i.* **gemere; lamentarsi; emettere alti lamenti; dolersi**: *to w. over one's misfortunes,* dolersi delle proprie sventure ***B*** *v. t.* **piangere; lamentare** ● (a Gerusalemme) *the Wailing Wall,* il muro del pianto.
wail [weil] *n.* ⓒ **gemito; lamento; pianto.**
wainscot ['weinskət] *n.* Ⓤ e ⓒ *(edil.)* *1* **rivestimento a pannelli di legno** (di parete) *2* **battiscopa; zoccolo di legno.**
to **wainscot** ['weinskət] *v. t.* *(edil.)* *1* **rivestire** (pareti, ecc.) **con pannelli di legno** *2* **provvedere di battiscopa.**
wainscoting ['weinskətiŋ] *n.* Ⓤ *(edil.)* *1* **rivestimento** (di pareti, ecc.) **in legno** *2* **legno per rivestimenti.**
waist [weist] *n.* ⓒ *1* *(anat.)* **cintola; vita** *2* **parte centrale** (d'una nave, ecc.) *3* **strozzatura** (d'un violino, ecc.) ● *w.-band,* cintura; fascia.
waistcoat ['weiskout] *n.* ⓒ **panciotto.**
waist-deep ['weist,di:p], **waist-high** ['weist,hai] *a.* e *avv.* **che arriva alla cintola; (fino) alla cintola.**
waist-line ['weistlain] *n.* ⓒ **linea della cintura; giro di vita.**
to **wait** [weit] *v. i.* e *t.* *1* **aspettare; attendere; indugiare; essere in attesa**: *to w. for sb.,* aspettare q. *2* (di solito *to w. at table)* **servire a tavola; fare il cameriere (o la cameriera)** *3* *(fam.)* **ritardare; rinviare** ● *to w. and see,* stare a vedere □ *to w. on* (o *upon*) *sb.,* servire q. (a tavola o altrimenti) □ *to w. up for sb.,* non andare a letto in attesa che q. rientri □ *to keep sb. waiting,* far aspettare q. □ *(autom.)* *No waiting,* divieto di sosta □ *I did not w. to be told twice,* non me lo feci dire due volte.
wait [weit] *n.* *1* ⓒ **attesa; indugio** *2* Ⓤ **agguato; imboscata**: *to lie in w.,* stare in agguato *3* *(di solito al pl.)* **comitiva di cantanti e suonatori che vanno di casa in casa la notte di Natale** ● *wait-and-see policy,* politica temporeggiatrice; attendismo.
waiter ['weitə*] *n.* ⓒ **cameriere** (d'albergo o di ristorante).
waiting-maid ['weitiŋmeid] *n.* ⓒ **cameriera personale.**
waiting-room ['weitiŋrum] *n.* ⓒ **sala d'aspetto.**
waitress ['weitris] *n.* ⓒ **cameriera** (d'albergo o di ristorante).
to **waive** [weiv] *v. t.* *(leg.)* **rinunziare a** (un diritto).
waiver ['weivə*] *n.* ⓒ *(leg.)* **rinunzia** (a un diritto).
to **wake** [weik] (*pass.* **woke** [wouk], **waked** [weikt]; *p.p.* **waked, woke, woken** ['woukn]) ***A*** *v. i.* **destarsi; svegliarsi; risvegliarsi;** *(fig.)* **scuotersi**: *to w. (up) with a start,* svegliarsi di soprassalto ***B*** *v. t.* *1* **destare; svegliare;** *(fig.)* **scuotere** *2* (specialm. *irl.*) **vegliare** (un morto) *3* **rievocare; suscitare** ● *to w. an echo,* sollevare un'eco.
(1) wake [weik] *n.* ⓒ *1* *(poet.)* **veglia** *2* (specialm. *irl.*) **veglia funebre.**
(2) wake [weik] *n.* ⓒ *(naut., astron.)* **scia** (anche *fig.*): *in the w. of,* nella scia di; *(fig.)* sulle orme di.
wakeful ['weikful] *a.* *1* **insonne** *2* **vigile; vigilante; all'erta.**
to **waken** ['weikən] ***A*** *v. t.* **destare; svegliare; risvegliare;** *(fig.)* **scuotere** ***B*** *v. i.* **destarsi; svegliarsi; risvegliarsi;** *(fig.)* **scuotersi.**

waking ['weikiŋ] ***A*** *a.* **sveglio** ***B*** *n.* **risveglio** ● *w. dream,* sogno a occhi aperti; fantasticheria □ *w. hours,* ore di veglia.

Waldenses [wɔl'densi:z] *n. pl. (stor., relig.)* **valdesi.**

Waldensian [wɔl'densiən] *a.* e *n.* [C] *(stor., relig.)* **valdese.**

wale [weil] *n.* [C] ***1*** **segno di frustata** (sulla pelle); **livido** ***2*** **rigo in rilievo; costa** (su stoffa) ***3*** *(al pl., naut.)* **cinte.**

to **walk** [wɔ:k] ***A*** *v. i.* ***1*** **camminare; passeggiare; andare a piedi**: *to w. up and down (backwards, etc.),* camminare su e giù (all'indietro, ecc.) ***2*** (di cavalli, ecc.) **andare al passo** ***3*** (di spettro, fantasma) **apparire** ***B*** *v. t.* ***1*** **camminare su (o attraverso, per); calpestare; percorrere**: *to w. the county for miles around,* percorrere la contea per miglia e miglia ***2*** **far passeggiare; far camminare; far andare al passo** ***3*** **accompagnare** (a piedi): *I'll w. you to the corner,* t'accompagno fino all'angolo ***C*** *verbi composti* ***1*** *to w. about,* passeggiare; andare a spasso ***2*** *to w. away,* andar via; andarsene □ *(sport) to w. away from,* distanziare □ *to w. away (o off) with,* portar via; rubare ***3*** *to w. back,* tornare a piedi ***4*** *to w. down,* discendere ***5*** *to w. in,* entrare ***6*** *(fam.) to w. into (sb., st.),* sgridare, rimproverare (q.); mangiare avidamente, divorare (q.c.) □ *to w. into a room (a shop, etc.),* entrare in una stanza (in un negozio, ecc.) ***7*** *to w. off.,* andarsene; tagliare la corda □ *to w. sb. off his legs (o feet),* stancare q. a furia di farlo camminare ***8*** *to w. out,* uscire; *(fam.)* scioperare □ *(fam.) to w. out on sb.,* abbandonare q.; piantare q. in asso □ *(fam.) to w. out with sb.,* fare l'amore con q. ***9*** *to w. over,* stravincere (specialm. in una gara sportiva) ***10*** *to w. up,* salire □ *to w. up to sb.,* avvicinarsi a q.

walk [wɔ:k] *n.* [C] ***1*** **camminata; passeggiata**: *to go for a w.,* andare a fare una passeggiata ***2*** **cammino; percorso**: *an hour's w.,* un'ora di cammino ***3*** **andatura; passo**: *to drop into a w.,* mettersi al passo ***4*** **sentiero; viale; vialetto** ***5*** **giro** (di venditore ambulante) ● *w. of life,* professione, mestiere; condizione sociale, ceto □ *to know sb. by his w.,* riconoscere q. dal modo di camminare.

walker ['wɔ:kə*] *n.* [C] **camminatore, camminatrice; pedone.**

walker-on ['wɔ:kər,ɔn] *n.* [C] *(teatr.)* **comparsa; figurante.**

walkie-talkie [,wɔ:ki'tɔ:ki] *n.* [C] *(fam.)* **radiotelefono portatile.**

walking ['wɔ:kiŋ] *n.* [U] **(il) camminare; passeggio** ● *(teatr.) w. gentleman (w. lady),* comparsa; figurante.

walking-stick ['wɔ:kiŋstik] *n.* [C] **bastone da passeggio.**

walking-tour ['wɔ:kiŋtuə*] *n.* [C] **giro turistico a piedi.**

walk-on ['wɔ:k,ɔn] *n.* [C] *(teatr.)* ***1*** **parte da comparsa** ***2*** **comparsa.**

walk-out ['wɔ:k,aut] *n.* [C] *(fam.)* **sciopero.**

walk-over ['wɔ:k,ouvə*] *n.* [C] *(sport)* **vittoria facile** (anche *fig.*).

Walkyrie [væl'kiəri] *n. (mitol.)* **Valchiria.**

wall [wɔ:l] *n.* [C] **muro; muraglia; muraglione; parete**: *a boundary w.,* un muro di cinta □ *the town walls,* le mura cittadine □ *the walls of the heart,* le pareti del cuore ● *w.-bed,* letto ribaltabile □ *w.-clock,* orologio da muro □ *w.-painting,* pittura murale □ *w.-tree,* albero da spalliera □ *(fig.) to drive sb. to the w.,* mettere q. con le spalle al muro □ *to give sb. the w.,* cedere il passo a q. (per strada) □ *(fig.) to run one's head against a w.,* battere la testa contro il muro □ *(fig.) to see through a brick w.,* essere assai perspicace □ *(fig.) to be with one's back to the w.,* essere con le spalle al muro.

to **wall** [wɔ:l] *v. t.* **murare; cingere di mura; proteggere con mura.**

wallaby ['wɔləbi] *n.* [C] *(zool.,* Macropus) **piccolo canguro.**

wallah ['wɔlə] *n.* [C] *(anglo-ind.)* **impiegato; lavorante; domestico.**

wallet ['wɔlit] *n.* [C] ***1*** **portafogli; portafoglio** ***2*** **borsetta degli accessori** (d'una bicicletta, ecc.) ***3*** *(arc.)* **bisaccia; sacco da viaggio.**

wall-eye ['wɔ:lai] *n.* [C] *(med.)* ***1*** **leucoma della cornea** ***2*** **strabismo divergente.**

wall-eyed ['wɔ:laid] *a. (med.)* ***1*** **affetto da leucoma** ***2*** **strabico.**

wallflower ['wɔ:l,flauə*] *n.* [C] *(bot.,* Cheiranthus cheiri) **violaciocca gialla** ● *(fig., fam.) to be a w.,* fare da tappezzeria (detto di ragazza che nessuno invita a ballare).

Walloon [wɔ'lu:n] *n.* [C] e *a.* **vallone.**

to **wallop** ['wɔləp] *v. t. (fam.)* ***1*** **bastonare; percuotere; picchiare** ***2*** (specialm. *sport)* **battere; sconfiggere; vincere.**

wallop ['wɔləp] *n.* ***1*** [C] *(fam.)* **bastonata; botta; percossa** ***2*** [U] *(pop.)* **birra.**

walloping ['wɔləpiŋ] *(fam.)* ***A*** *n. (con l'art. indeterm.)* **botte; busse; percosse** ***B*** *a.* **enorme; madornale.**

to **wallow** ['wɔlou] *v. i.* **diguazzare; sguazzare; voltolarsi** ● *(fig.) to be wallowing in money,* essere ricco sfondato.

wallow ['wɔlou] *n.* [C] **pantano; brago** *(lett.)*.

wallpaper ['wɔ:l,peipə*] *n.* [U] **carta da parati** ● *w. music,* musica di sottofondo.

Wall Street ['wɔ:l,stri:t] *n.* ***1*** **Wall Street** (strada di Nuova York) ***2*** *(fig. USA)* **il mercato finanziario americano.**

walnut ['wɔ:lnət] *n.* ***1*** [C] *(bot.,* Juglans regia) **noce** (l'albero e il frutto) ***2*** [U] **noce** (il legno) ● *w.-tree,* noce (l'albero) □ *w.-wood,* noce (il legno).

walrus ['wɔ:lrəs] *n.* [C] *(zool.,* Odobenus rosmarus) **tricheco** ● *to wear a w. moustache,* avere i baffi spioventi.

waltz [wɔ:ls] *n.* [C] *(mus., danza)* **valzer.**

to **waltz** [wɔ:ls] ***A*** *v. i.* **ballare il valzer** ***B*** *v. t.* **far ballare il valzer a** (q.).

wan [wɔn] *a.* **pallido; esangue** ● *to grow wan,* impallidire.

wand [wɔnd] *n.* [C] ***1*** **bacchetta** (di direttore d'orchestra, di prestigiatore, ecc.) ***2*** **bacchetta magica** ***3*** **bastone** (come simbolo d'autorità).

to **wander** ['wɔndə*] ***A*** *v. i.* ***1*** **vagare; errare; peregrinare; girovagare; vagabondare; andare ramingo** ***2*** **deviare; scostarsi; allontanarsi dalla retta via** (anche *fig.*): *to w. from the subject,* scostarsi dall'argomento; divagare ***3*** **delirare; farneticare; vaneggiare** ***4*** (di fiume o strada) **serpeggiare** ***B*** *v. t.* **vagare** (o **errare, peregrinare) per** ● *to w. about,* gironzolare □ *to w. in,* fare una capatina.

wanderer ['wɔndərə*] *n.* [C] **vagabondo; giramondo; girovago.**

wandering ['wɔndəriŋ] ***A*** *n. (di solito al pl.)* ***1*** **vagabondaggio; peregrinazione** ***2*** **farneticamento; vaneggiamento** ***B*** *a.* ***1*** **errante; errabondo; nomade; ramingo** ***2*** (di fiume o strada) **sinuoso; serpeggiante; tortuoso** ***3*** **farneticante; delirante.**

wanderlust ['wɔndə,lʌst] *(ted.) n.* [U] **vivo desiderio di viaggiare.**

to **wane** [wein] *v. i.* **calare; declinare; decrescere; diminuire.**

wane [wein] *n.* **decadimento; declino**: *on the w.,* in declino.

to **wangle** ['wæŋgl] *v. t. (pop.)* **procacciarsi, procurarsi, ottenere** (q.c.) **con l'inganno; rimediare** *(fam.)* ● *to w. sb. into doing st.,* far fare q.c. a q. con l'astuzia (o con l'inganno) □ *to w. st. out of sb.,* strappare q.c. a q. con l'inganno.

wangle ['wæŋgl] *n.* [C] *(pop.)* **imbroglio; intrigo; raggiro.**

to **wank** [wæŋk] *v. i. (volg.)* **masturbarsi.**

wanness ['wɔnnis] *n.* [U] **pallore.**

to **want** [wɔnt] ***A*** *v. t.* ***1*** **aver bisogno di; abbisognare di**: *What do you w.?,* di che cosa hai bisogno?; che cosa ti manca (o ti serve)? ***2*** **volere; desiderare**: *I w. my dinner,* voglio pranzare □ *He wants to go,* vuole andarsene □ *He wants me to go with him,* vuole che io vada con lui (o che l'accompagni) □ *I w. it done at once,* voglio che lo si faccia immediatamente ***3*** *(fam.)* **dovere; bisognare, occorrere** *(impers.)*: *It wants to be done with the utmost care,* bisogna farlo con la massima cura ***B*** *v. i.* ***1*** **mancare**: *It wants ten minutes to midnight,* mancano dieci minuti a mezzanotte ***2*** **vivere nell'in-**

digenza • *to w. for,* mancare di; essere privo di: *to w. for nothing,* non mancare di nulla; avere tutto quel che si desidera □ *(fam.) to w. some doing,* volerci del bello e del buono; richiedere che uno ce la metta tutta.

want [wɔnt] *n.* **1** [U] **mancanza; deficienza; scarsità**: *w. of sense,* mancanza di buon senso **2** [C] *(di solito al pl.)* **bisogno; necessità; esigenza**: *a man of few wants,* un uomo di pochi bisogni **3** [U] **indigenza; miseria; ristrettezze** • *(fam.) w. ad,* annunzio pubblicitario (offerta o richiesta di lavoro, ecc.) □ *to be in w. of st.,* aver bisogno di q.c.

wanted ['wɔntid] *a.* **1 cercato; richiesto 2** *(leg.)* **ricercato** • (negli annunzi pubblicitari) *w.,* cercasi.

wanting ['wɔntiŋ] **A** *a.* **1 mancante; assente 2** — *w. in,* privo di; deficiente in; scarso di: *to be w. in courtesy,* essere privo di cortesia (o essere scortese, sgarbato) **3 debole di comprendonio; un po' deficiente; con poco sale in zucca B** *prep.* **1 senza 2 meno; eccetto; salvo** • *to be w.,* mancare; non esserci.

wanton ['wɔntən] **A** *a.* **1** *(lett.)* **capriccioso; scherzevole; sbrigliato 2 sfrenato; sregolato; lussureggiante**: *w. vegetation,* vegetazione lussureggiante **3 deliberato; arbitrario; gratuito; immotivato 4 licenzioso; impudico; lascivo; scostumato B** *n.* [C] **1 persona frivola; libertino 2** *(specialm.)* **donna scostumata; sgualdrina** • *w. destruction,* vandalismo □ *(lett.) to be in a w. mood,* aver voglia di scherzare.

to **wanton** ['wɔntən] *v. i. (lett.)* **giocare; giocherellare; scherzare.**

war [wɔ:*] *n.* [U] e [C] **guerra** (anche *fig.*): *civil war,* guerra civile □ *the war against disease,* la guerra contro le malattie □ *to be at war with sb.,* essere in guerra con q. □ *to declare war upon a country,* dichiarare guerra a una nazione □ *to wage war upon sb.,* muovere guerra a q. • *war-dance,* danza di guerra □ *war memorial,* monumento ai caduti in guerra □ *War Office,* Ministero della Guerra □ *war-song,* canto di guerra □ *(leg.) articles of war,* codice militare □ *class war,* lotta di classe □ □ *to have been in the wars,* essere un veterano di tutte le guerre; *(fig., scherz.)* essere ridotto a mal partito □ *(naut.) man-of-war,* nave da guerra □ *to be on a war footing,* essere sul piede di guerra.

to **war** [wɔ:*] *v. i.* **guerreggiare; far guerra**: *to war with (o against) a neighbouring country,* far guerra a un paese vicino.

warble ['wɔ:bl] *n.* [C] **1 gorgheggio; trillo 2 canto degli uccelli.**

to **warble** ['wɔ:bl] **A** *v. i.* **gorgheggiare B** *v. t.* **cantare** (q.c.) **gorgheggiando.**

warbler ['wɔ:blə*] *n.* [C] **uccello canoro.**

ward [wɔ:d] *n.* **1** [U] *(leg.)* **custodia, tutela** (di minorenne, ecc.): *a child in w.,* un bambino sotto tutela **2** [C] *(leg.)* **pupillo, pupilla 3** [C] (di città) **quartiere; rione 4** [C] (d'ospedale) **corsia; padiglione; reparto 5** [C] (di carcere) **reparto 6** *(al pl., mecc.)* **seghettatura** (di una serratura) • *to keep watch and w.,* stare in guardia.

to **ward** [wɔ:d] *v. t. (arc.)* **difendere; custodire** • *to w. off,* parare; respingere; tener lontano; allontanare.

warden ['wɔ:dn] *n.* [C] **1 custode; guardiano 2** *(USA)* **direttore di carcere** • *game w.,* guardacaccia □ *traffic w.,* vigile urbano (addetto al traffico).

warder ['wɔ:də*] *n.* [C] **carceriere; guardia carceraria; secondino.**

wardress ['wɔ:dris] *n.* [C] **carceriera.**

wardrobe ['wɔ:droub] *n.* [C] **guardaroba** (in ogni senso); **armadio; vestiario** • *w. trunk,* baule armadio.

wardroom ['wɔ:drum] *n.* [C] *(naut., mil.)* **quadrato degli ufficiali.**

wardship ['wɔ:dʃip] *n.* [U] *(leg.)* **custodia, tutela** (di minorenne, ecc.).

ware [wɛə*] *n.* **1** [U] **articoli; oggetti** *(di solito nei nomi composti)* **2** *(al pl.)* **merci; mercanzia** • *small wares,* articoli di merceria.

to **ware** [wɛə*] *v. t.* **stare all'erta; stare in guardia** *(usato all'imper.).*

warehouse ['wɛəhaus] *n.* [C] *(comm.)* **magazzino; deposito** • *w.-keeper,* magazziniere.

to **warehouse** ['wɛəhauz] *v. t. (comm.)* **immagazzinare.**

warfare ['wɔ:fɛə*] *n.* [U] **guerra; (il) guerreggiare**: *the science of w.,* l'arte della guerra.

wariness ['wɛərinis] *n.* [U] **cautela; circospezione; diffidenza.**

warlike ['wɔ:laik] *a.* **1 bellicoso; guerresco 2 militare; bellico.**

warm [wɔ:m] **A** *a.* **1 caldo** (anche *fig.*); **caloroso; ardente; cordiale**: *w. water,* acqua calda □ *w. colours,* tinte calde □ *a w. welcome,* un cordiale benvenuto □ *w. clothing,* stoffa calda (o che tiene caldi) □ *a w. heart,* un cuore ardente **2** (dell'odore della selvaggina) **forte; fresco; recente 3** *(pop.)* **benestante; ricco B** *n. (generalm. al sing. con l'art. indeterm.) (fam.)* **scaldata; riscaldatina** • *(fig.) a w. corner,* un luogo pericoloso □ *to get w.,* scaldarsi; riscaldarsi □ *to grow w.,* farsi caldo; accalorarsi □ *in w. blood,* a sangue caldo □ *to make it* (o *things) w. for sb.,* rendere la vita difficile a q.

to **warm** [wɔ:m] **A** *v. t.* **scaldare; riscaldare;** *(fig.)* **accendere, animare B** *v. i.* **scaldarsi; riscaldarsi;** *(fig.)* **accalorarsi, accendersi, entusiasmarsi C** to **warm oneself** *v. rifl.* **scaldarsi; riscaldarsi** • *to w. to one's work,* appassionarsi al proprio lavoro □ *to w. up,* scaldare; riscaldare (cibo già cotto, ecc.); scaldarsi, riscaldarsi; *(fig.)* accalorarsi, infervorarsi, entusiasmarsi.

warm-blooded [ˌwɔ:m'blʌdid] *a.* **1** *(zool.)* **a sangue caldo 2 dal temperamento ardente; impulsivo.**

warm-hearted [ˌwɔ:m'ha:tid] *a.* **di buon cuore; affettuoso.**

warming ['wɔ:miŋ] *n. (al sing. con l'art. indeterm.) (fig., pop.)* **bastonatura; busse; legnate.**

warming-pan ['wɔ:miŋpæn] *n.* [C] **scaldaletto; scaldino.**

warmonger ['wɔ:ˌmʌŋgə*] *n.* [C] **guerrafondaio.**

warmth [wɔ:mθ] *n.* [U] **1 calore;** *(fig.)* **calorosità, entusiasmo, cordialità 2** *(arte)* **intensità** (del colore).

warm-up ['wɔ:mˌʌp] *n.* [C] *(sport)* **fase preparatoria; riscaldamento.**

to **warn** [wɔ:n] *v. t.* **1 avvertire; avvisare; mettere in guardia; ammonire 2** *(leg.)* **diffidare** • *to w. sb. off* (o *out),* intimare a q. di tenersi lontano (da un luogo).

warning ['wɔ:niŋ] **A** *n.* **1** [C] e [U] **avvertimento; ammonimento; preavviso; allarme 2** [U] **preavviso di licenziamento; (gli) « otto giorni »**: *to give one's maid a month's w.,* dare un mese di preavviso alla cameriera **3** [U] *(leg.)* **diffida B** *a.* **d'avvertimento; d'ammonimento** • *to give w.,* avvertire, avvisare; licenziare, licenziarsi (rif. a domestico); *(leg.)* diffidare.

to **warp** [wɔ:p] **A** *v. t.* **1 curvare; storcere; distorcere; deformare 2** *(fig.)* **pervertire; guastare 3** *(naut.)* **tonneggiare** (una nave, un battello) **4** *(ind. tessile)* **ordire B** *v. i.* **1 curvarsi; inarcarsi; storcersi; distorcersi; deformarsi 2** *(fig.)* **guastarsi 3** *(naut.)* **tonneggiarsi.**

warp [wɔ:p] *n.* [C] **1** *(ind. tessile)* **ordito 2 curvatura; deformazione; distorsione 3** *(fig.)* **deviazione 4** *(naut.)* **cavo da tonneggio.**

warpath ['wɔ:pa:θ] *n. (generalm. al sing.) (stor.:* dei Pellirosse) **sentiero di guerra**: (anche *fig.) to be on the w.,* essere sul sentiero di guerra.

warrant ['wɔrənt] *n.* **1** [U] **autorità; autorizzazione 2** [U] **diritto; valido motivo 3** [C] **garanzia 4** [C] *(leg.)* **mandato; ordine**: *search w.,* mandato di perquisizione □ *w. of arrest,* mandato di cattura **5** [C] *(comm.)* **fede di deposito; nota di pegno 6** [C] *(mil.)* **brevetto di sottufficiale** • *(mil.) w. officer,* sottufficiale.

to **warrant** ['wɔrənt] *v. t.* **1 garantire; assicurare; attestare 2 giustificare; essere motivo sufficiente per 3 autorizzare.**

warrantee [ˌwɔrən'ti:] *n.* [C] *(leg.)* **chi riceve una garanzia.**

warrantor ['wɔrəntɔ:*] *n.* [C] *(leg.)* **garante; mallevadore.**

warranty ['wɔrənti] *n.* [C] **1 autorizzazione 2** *(leg., comm.)* **garanzia.**

warren ['wɔrin] *n.* [C] **garenna; conigliera all'aperto.**

warrior ['wɔriə*] *n.* [C] **guerriero.**

warship ['wɔ:ʃip] *n.* [C] *(naut.)* **nave da guerra.**

wart [wɔ:t] *n.* [C] **verruca; porro; bitorzolo.**

wart-hog ['wɔ:tˌhɔg] *n.* [C] *(zool.,* Phacochoerus aethiopicus*)* facocero.
wartime ['wɔ:taim] *n.* [U] tempo di guerra.
warty ['wɔ:ti] *a.* 1 verrucoso; bitorzoluto 2 simile a una verruca.
wary ['wɛəri] *a.* accorto; cauto; diffidente; circospetto; guardingo ● *to be w. of doing st.,* guardarsi dal fare q.c.
was [wɔz, wəz] 1ª e 3ª *pers. sing.* del *pass.* di to **be.**
to **wash** [wɔʃ] **A** *v. t.* 1 lavare: *to w. one's hands,* lavarsi le mani 2 (delle onde, del mare, ecc.) bagnare 3 bagnare; inumidire 4 (delle onde, ecc.) spazzar via 5 (dell'acqua) scavare **B** *v. i.* 1 lavarsi (il viso, le mani, ecc.) 2 lavarsi; essere lavabile: *This material doesn't w. well,* questa stoffa non si lava bene 3 lavare; fare il bucato; fare la lavandaia 4 (delle onde, ecc.) infrangersi; urtare 5 *(fam.)* reggere; essere valido **C** to **wash oneself** *v. rifl.* lavarsi **D** *verbi composti* 1 *to w. away,* lavar via, togliere (lavando); (delle onde, ecc.) portar via, spazzar via, erodere 2 *to w. down,* lavare con un getto d'acqua (l'automobile, il ponte d'una nave, ecc.) 3 *to w. off* (o *out),* lavar via; pulire, togliere (lavando) 4 *to w. out,* risciacquare, sciacquare □ *(fam.) to be (to feel, to look) washed out,* essere (sentirsi, apparire) sfinito (o stremato, giù di corda) 5 *to w. up,* lavare i piatti □ *(pop.) to be washed up,* essere un uomo finito ● *(fig.) I w. my hands of it,* me ne lavo le mani.
wash [wɔʃ] *n.* 1 *(al sing. con l'art. indeterm.)* lavata; lavatina; (di automobile, ecc.) lavaggio 2 *(solo al sing.)* biancheria (da lavare o lavata); bucato 3 *(solo al sing.)* lavanderia 4 *(al sing. con l'art. determ.)* sciabordìo; sciacquìo; scia 5 [U] acqua sporca; lavatura di piatti; broda (per maiali); brodaglia 6 *(generalm. nei nomi composti)* lozione 7 [C] terreno alluvionale ● *w.-board,* asse per lavare □ *w.-leather,* pelle di camoscio □ *w.-tub,* conca del bucato; mastello □ *(med.) stomach w.,* lavanda gastrica.
washable ['wɔʃəbl] *a.* lavabile.
wash-and-wear ['wɔʃənˌwɛə*] *a.* (di tessuto, indumento, ecc.) che non richiede stiratura dopo il lavaggio.
wash-basin ['wɔʃˌbeisn] *n.* [C] 1 catinella 2 lavandino.
washer ['wɔʃə*] *n.* [C] 1 chi lava; lavatore, lavatrice 2 lavatrice (macchina) 3 *(mecc.)* rondella; rosetta ● *dish-w.,* lavastoviglie.
washerwoman ['wɔʃəˌwumən] *n.* (*pl.* **washerwomen** ['wɔʃəˌwimin]) lavandaia.
washeteria [ˌwɔ:ʃi'tiəriə] *n.* [C] 1 lavanderia selfservice 2 impianto self-service per il lavaggio delle automobili.
wash-house ['wɔʃhaus] *n.* [C] lavanderia.
washiness ['wɔʃinis] *n.* [U] 1 acquosità 2 *(fig.)* debolezza; fiacchezza.
washing ['wɔʃiŋ] *n.* [U] 1 lavatura; lavaggio 2 biancheria (da lavare o lavata); bucato ● *w.-board,* asse per lavare □ *w.-machine,* lavatrice (macchina) □ *w.-powder,* detersivo (in polvere).
washing-day ['wɔʃiŋdei] *n.* [C] giorno del bucato.
washing-stand ['wɔʃiŋstænd] *n.* [C] lavabo; lavamano.
washing-up [ˌwɔʃiŋ'ʌp] *n.* [U] lavatura dei piatti; rigovernatura.
wash-out [ˌwɔʃ'aut] *n.* [C] 1 interruzione (di strada o ferrovia) causata da erosione prodotta dall'acqua 2 *(pop.)* fiasco; chi ha fatto fiasco.
wash-stand ['wɔʃstænd] *V.* **washing-stand.**
washy ['wɔʃi] *a.* 1 acquoso; diluito 2 *(fig.)* debole; fiacco 3 (di colore) debole; pallido; smorto.
wasn't ['wɔznt] *contraz.* di **was not.**
wasp [wɔsp] *n.* [C] *(zool.)* vespa ● *w.-waisted,* dal vitino di vespa □ *a nest of wasps,* un vespaio.
waspish ['wɔspiʃ] *a. (fig.)* bisbetico; irascibile; irritabile; stizzoso.
wassail ['wɔseil] *n.* 1 [U] e [C] baldoria; bisboccia 2 [U] birra aromatizzata (o vino aromatizzato) con spezie ● *w.-bowl,* boccale.
wast [wɔst] *(arc.* o *poet.)* 2ª *pers. sing.* del *passato* di to **be.**
wastage ['weistidʒ] *n.* [U] 1 sciupìo; spreco 2 cascami; scarti.
(1) **waste** [weist] *a.* 1 deserto; desolato; incolto; squallido; sterile 2 di scarto; di rifiuto: *w. products,* prodotti di scarto; cascami 3 superfluo; sprecato; inutilizzato ● *w. paper,* carta straccia □ *w.-paper basket,* cestino per la carta straccia □ *to lay w.,* devastare □ *to lie w.,* restare incoltivato.
to **waste** [weist] **A** *v. t.* 1 devastare; guastare; rovinare 2 sciupare; sprecare; dissipare; sperperare: *to w. one's time (money, etc.),* sciupare il tempo (il denaro, ecc.) 3 far deperire; consumare 4 *(leg.)* lasciar andare in rovina (un immobile, ecc.) **B** *v. i.* 1 andare sprecato; restare inutilizzato 2 (di solito *to w. away)* consumarsi; logorarsi; deperire ● *to w. one's words* (o *one's breath),* sprecare il fiato; predicare al vento.
(2) **waste** [weist] *n.* 1 [U] *(anche con l'art. indeterm.)* sciupìo; spreco; perdita: *a w. of time,* una perdita di tempo 2 [U] cascame, cascami; rifiuti; scarto: *wool w.,* cascami di lana 3 [C] terreno incolto; deserto; distesa isolata 4 [U] immondizia; rifiuti ● *(rag.) w.-book,* brogliaccio □ *to go* (o *to run) to w.,* andare sprecato; sciuparsi.
wasteful ['weistful] *a.* 1 dispendioso; rovinoso 2 spendereccio.
wastefulness ['weistfulnis] *n.* [U] 1 sciupìo; spreco 2 dissipazione; prodigalità; sperpero.
waster ['weistə*] *n.* [C] 1 dissipatore; sciupone; sperperatore; sprecone 2 *(fam.)* fannullone; buono a nulla 3 *(ind.)* oggetto di scarto.
wastrel ['weistrəl] *V.* **waster.**
to **watch** [wɔtʃ] **A** *v. t.* 1 guardare; osservare; spiare; tener d'occhio 2 custodire; badare; sorvegliare **B** *v. i.* 1 stare a guardare; osservare 2 stare in guardia; stare all'erta; vigilare ● *to w. for an opportunity,* aspettare l'occasione propizia □ *to w. over st.,* custodire q.c.; badare a q.c. □ *to w. one's time,* aspettare il momento propizio □ *W. out!,* bada!; sta' attento! □ *(fam.) W. your step!,* attento a quel che fai!
(1) **watch** [wɔtʃ] *n.* 1 [U] custodia; guardia; sorveglianza: *to keep w.,* fare la guardia 2 [C] *(naut.)* turno di guardia 3 [C] *(naut.)* guardia 4 *(al sing. con l'art. determ.)* (un tempo) ronda (che pattugliava la città di notte) ● *(naut.) w. man,* vedetta □ *w.-tower,* torre d'osservazione; torre di controllo □ *to be on the w.,* stare in guardia; stare all'erta.
(2) **watch** [wɔtʃ] *n.* [C] orologio (da tasca o da polso) ● *w.-case,* cassa dell'orologio □ *w.-chain,* catena dell'orologio.
watch-dog ['wɔtʃdɔg] *n.* [C] 1 cane da guardia 2 *(per estens.)* guardiano; custode 3 *(fig.)* geloso custode, difensore (della morale, ecc.).
watcher ['wɔtʃə*] *n.* [C] 1 osservatore, osservatrice 2 sorvegliante; chi è di guardia.
watchful ['wɔtʃful] *a.* attento; guardingo; vigilante; vigile.
watchmaker ['wɔtʃˌmeikə*] *n.* [C] orologiaio.
watchmaking ['wɔtʃˌmeikiŋ] *n.* [U] orologeria.
watchman ['wɔtʃmən] *n.* (*pl.* **watchmen** ['wɔtʃmən]) sorvegliante; guardiano; guardia giurata.
watchword ['wɔtʃwə:d] *n.* [C] 1 parola d'ordine 2 *(fig.)* motto; slogan.
water ['wɔ:tə*] *n.* [U] *(talvolta al pl.)* acqua (quasi in ogni senso): *fresh w.,* acqua dolce □ *salt w.,* acqua salata □ *drinking w.,* acqua potabile □ *the waters of the lake,* le acque del lago ● *w. bird,* uccello acquatico □ *w. blister,* vescica acquosa (sulla pelle) □ *w. bottle,* bottiglia dell'acqua; *(mil.)* borraccia □ *w.-cart,* carro per il trasporto dell'acqua; annaffiatrice (carro per innaffiare) □ *(med.) w. cure,* idroterapia □ *w. gauge,* indicatore di livello dell'acqua □ *w. level,* livello dell'acqua □ *(agric.) w. meadow,* marcita □ *w. meter,* contatore dell'acqua □ *(med.) w. on the brain,* idrocefalia □ *w. pipe,* conduttura dell'acqua □ *w.-plant,* pianta acquatica □ *(sport) w. polo,* pallanuoto □ *(sport)* w.-polo player, pallanotista □ *w.-power,* forza idrica; energia idroelettrica □ *w.-pump,* pompa da acqua □ *w.-rate,* tariffa per la fornitura idrica; bolletta dell'acqua □ *(sport) w. skiing,* sci acquatico □ *w.-supply,* rifornimento idrico □ *w.-system,* impianto idrico □ *(mecc.) w. turbine,* turbina idraulica □ *a blunder of*

the first w., un errore madornale □ *by w.*, per via d'acqua; per mare; per via fluviale (o lacustre) □ *a diamond of the first w.*, un diamante di acqua purissima □ (*fig.*: di una teoria, ecc.) *to hold w.*, essere valido □ (*fig.*) *to be in deep w.* (o *waters*), trovarsi in difficoltà; essere nei guai □ (*fig.*) *to be in (to get into) hot w.*, essere (cacciarsi) nei guai □ *to be in low w.*, essere in secca; (*fig.*) essere a corto di quattrini, essere al verde □ (*fig.*) *to be in smooth w.*, navigare in acque tranquille □ *to keep one's head above w.*, tenersi a galla; (*fig.*) evitare il fallimento □ (*fam.*) *to make (o to pass) w.*, fare acqua; orinare □ (*fam., fig.*) *to be on the w. waggon*, essere astemio □ *to spend money like w.*, spendere e spandere; gettar denaro a piene mani; scialacquare □ *to throw cold w. on sb.'s enthusiasm*, far sbollire l'entusiasmo di q.

to **water** ['wɔ:tə*] ***A*** *v. t.* ***1*** **innaffiare;** (*agric.*) **irrigare** ***2*** (spesso *to w. down*) **annacquare, innacquare; diluire** ***3*** **abbeverare; dar da bere a** (animali) ***4*** (di fiumi, ecc.) **bagnare** ***5*** (*fin.*) **gonfiare artificiosamente** (il capitale nominale d'una società) ***6*** (*ind. tessile*) **marezzare** ***B*** *v. i.* ***1*** (d'animali) **abbeverarsi** ***2*** (di locomotive, navi, ecc.) **fare acqua; rifornirsi d'acqua** ***3*** (degli occhi) **lacrimare; velarsi di lacrime** ● *to make sb.'s eyes w.*, far venire le lacrime agli occhi a q. □ *to make sb.'s mouth w.*, far venire l'acquolina in bocca a q.

waterage ['wɔ:tərɪdʒ] *n.* (*comm.*) [U] ***1*** **trasporto per via d'acqua** ***2*** **specie di trasporto per via d'acqua.**

water-biscuit ['wɔ:tə,bɪskɪt] *n.* [C] **galletta.**

waterborne ['wɔ:təbɔ:n] *a.* **trasportato per via d'acqua.**

water-closet ['wɔ:tə,klɔzɪt] *n.* [C] (abbr. *W.C.*) **gabinetto; latrina.**

water-colour ['wɔ:tə,kʌlə] *n.* [C] (*pitt.*) **acquerello.**

watercourse ['wɔ:təkɔ:s] *n.* [C] ***1*** (*geogr.*) **corso d'acqua** ***2*** **canale.**

watercress ['wɔ:təkres] *n.* [C] (*bot.*, Nasturtium officinale) **crescione.**

water-diviner ['wɔ:tədi,vaɪnə*] *n.* [C] **rabdomante.**

waterfall ['wɔ:təfɔ:l] *n.* [C] **cascata; cateratta.**

waterfowl ['wɔ:təfaul] *n.* (*zool.*, *invar. al pl.*) **uccello acquatico.**

waterfront ['wɔ:təfrʌnt] *n.* [C] **lungomare.**

water-gate ['wɔ:təgeɪt] *n.* [C] **cateratta** (di chiusa).

wateriness ['wɔ:tərɪnɪs] *n.* [U] ***1*** **acquosità** ***2*** (*fig.*) **insipidità.**

watering ['wɔ:tərɪŋ] *n.* [U] ***1*** **innaffiamento;** (*agric.*) **irrigazione** ***2*** (anche *w. down*) **annacquamento; diluizione** ***3*** **abbeveramento** ***4*** **approvvigionamento d'acqua** ***5*** (*ind. tessile*) **marezzatura** (della seta).

watering-can ['wɔ:tərɪŋkæn] *n.* [C] **innaffiatoio.**

watering-place ['wɔ:tərɪŋpleɪs] *n.* [C] ***1*** **abbeveratoio** ***2*** **stazione balneare; stazione termale.**

water-lily ['wɔ:tə,lɪlɪ] *n.* [C] (*bot.*, Nymphaea) **ninfea.**

water-line ['wɔ:təlaɪn] *n.* [C] (*naut.*) **linea di galleggiamento.**

waterlogged ['wɔ:təlɔgd] *a.* ***1*** (del legno) **impregnato d'acqua; fradicio** ***2*** (del terreno) **saturo d'acqua; acquitrinoso** ***3*** (*naut.*: di battello) **che ha imbarcato acqua.**

waterman ['wɔ:təmən] *n.* (*pl.* **watermen** ['wɔ:təmən]) **barcaiolo; battelliere; traghettatore.**

watermark ['wɔ:təma:k] *n.* [C] ***1*** **livello dell'acqua** ***2*** **indicatore di livello** (dell'acqua) ***3*** (sulla carta) **filigrana.**

water-melon ['wɔ:tə,melən] *n.* [C] (*bot.*, Citrullus vulgaris) **cocomero; anguria.**

water-nymph ['wɔ:tə,nɪmf] *n.* [C] **naiade.**

waterproof ['wɔ:təpru:f] *a.* e *n.* [C] **impermeabile.**

to **waterproof** ['wɔ:təpru:f] *v. t.* **impermeabilizzare.**

waterscape ['wɔ:tə,skeɪp] *n.* [C] (*pitt.*) **marina; paesaggio marino.**

watershed ['wɔ:təʃəd] *n.* [C] (*geogr.*) **spartiacque; linea di displuvio.**

waterside ['wɔ:təsaɪd] *n.* (*con l'art. determ.*) **riva** (di fiume, lago o mare) ● *w. towns*, città rivierasche.

water-softener ['wɔ:tə,sɔfnə*] *n.* [C] **depuratore d'acqua.**

water-spout ['wɔ:tə,spaut] *n.* [C] ***1*** **tubo di scarico** (di grondaia, ecc.) ***2*** (*naut.*) **tromba marina.**

watertight ['wɔ:tətaɪt] *a.* ***1*** **a tenuta d'acqua; stagno** ***2*** (*fig.*) **inconfutabile; che non fa una grinza.**

waterway ['wɔ:təweɪ] *n.* [C] **corso d'acqua navigabile.**

waterwings ['wɔ:tə,wɪŋz] *n. pl.* **salvagente ad alette** (per imparare a nuotare).

waterworks ['wɔ:təwə:ks] *n. pl.* ***1*** (*spesso col verbo al sing.*) **impianto idrico; acquedotto** ***2*** **grande fontana ornamentale.**

water-worn ['wɔ:təwɔ:n] *a.* **corroso dall'acqua.**

watery ['wɔ:tərɪ] *a.* ***1*** **acquoso; brodoso; lungo** ***2*** (*fig.*) **insipido; scipito** ***3*** (della luna, del cielo) **offuscato** ***4*** (della bocca, degli occhi) **bagnato; umido** ***5*** (di colore) **sbiadito; slavato; pallido.**

watt [wɔt] *n.* [C] (*elettr.*) **watt** (unità di potenza elettrica).

watt-hour ['wɔt,auə*] *n.* [C] (*elettr.*) **wattora.**

(1) wattle ['wɔtl] *n.* [U] e [C] ***1*** **canniccio; graticcio** ***2*** **cannucce; vimini.**

(2) wattle ['wɔtl] *n.* [C] ***1*** (d'uccello) **bargiglio** ***2*** (di pesce) **barbiglio.**

wattmeter ['wɔt,mi:tə*] *n.* [C] (*elettr.*) **wattmetro; wattometro.**

wave [weɪv] *n.* [C] ***1*** **onda** (anche *fig.*); **ondata; flutto; ondulazione** (dei capelli, ecc.): *the waves*, le onde, i flutti; (*poet.*) il mare □ *a heat w.*, un'ondata di caldo □ (*radio*) *short waves*, onde corte ***2*** **cenno; gesto; segno**: *a w. of the hand*, un cenno della mano ● (*radio*) *w.-band*, gamma di lunghezza d'onda □ (*radio*) *w.-length*, lunghezza d'onda.

to **wave** [weɪv] ***A*** *v. i.* ***1*** **ondeggiare; fluttuare; sventolare** ***2*** **fare un cenno con la mano; fare un segno** (agitando q.c.) ***3*** **ondularsi** ***B*** *v. t.* ***1*** **agitare; brandire; sventolare**: *to w. one's hand*, agitare la mano (in segno di saluto, ecc.) ***2*** **far segno di** (agitando q.c.): *to w. sb. on*, far segno a q. d'avanzare ***3*** **ondulare; fare l'ondulazione a** ● *to w. sb. goodbye*, salutare q. agitando la mano (o un fazzoletto, ecc.) □ *to w. a line*, tracciare una linea ondulata □ *waving-iron*, ferro per ondulare i capelli.

wavelet ['weɪvlɪt] *n.* [C] **ondicina; increspatura** (dell'acqua).

to **waver** ['weɪvə*] *v. i.* ***1*** **oscillare; vacillare; guizzare** ***2*** **esitare; tentennare; titubare; vacillare.**

wavy ['weɪvɪ] *a.* ***1*** **ondeggiante; fluttuante** ***2*** **ondulato**: *w. hair*, capelli ondulati ***3*** **ondoso** ***4*** (*fig.*) **esitante; tentennante.**

(1) wax [wæks] *n.* [U] ***1*** (anche *beeswax*) **cera**: *a wax candle*, una candela di cera ***2*** (anche *earwax*) **cerume** ***3*** (anche *cobbler's wax*) **pece** (da calzolaio) ***4*** (anche *sealing-wax*) **ceralacca** ● *wax-chandler*, fabbricante (o venditore) di candele di cera □ *finishing wax*, cera per lucidare □ *paraffin wax*, paraffina.

(1) to **wax** [wæks] *v. t.* ***1*** **incerare; dare la cera a** (pavimenti) ***2*** **lucidare** (mobili) **con la cera** ● *waxed paper*, carta paraffinata.

(2) wax [wæks] *n.* (*con l'art. indeterm.*) (*pop.*) **accesso d'ira; stizza** ● *to get into a wax*, stizzirsi □ *to be in a wax*, essere in collera; essere stizzito □ *to put sb. into a wax*, fare adirare q.

(2) to **wax** [wæks] *v. i.* ***1*** (specialm. della luna) **crescere** ***2*** (*lett.*) **diventare; farsi**: *to wax merry*, diventare allegro.

waxcloth ['wækskləθ] *n.* [U] **tela cerata.**

waxen ['wæksən] *a.* ***1*** **cereo; di cera** ***2*** **bianco come la cera; cereo.**

waxwork ['wæks,wə:k] *n.* ***1*** [C] e [U] **modello** (o **statua**) **di cera** ***2*** (*al pl.*) **museo delle cere.**

(1) waxy ['wæksɪ] *a.* ***1*** **di cera; come la cera; cereo** ***2*** **coperto di cera; incerato.**

(2) waxy ['wæksɪ] *a.* (*pop.*) **adirato; stizzito.**

way [weɪ] *n.* [C] ***1*** **via; strada; sentiero; passaggio; percorso; cammino; viaggio**: *the Appian Way*, la Via Appia □ *to live over the way*, abitare dall'altra parte della strada □ *to find one's way home*, trovare la strada per andare a casa □ *to be on the way to town*, essere in cammino verso la città ***2*** **via** (*fig.*); **modo; maniera**: *the* *best way to do (o of doing) st.*, la maniera migliore di fare q.c. □ *in one way or another*, in un modo o nell'altro **3** *(solo al sing.)* **distanza**: *The town is a long way from here (o a long way off)*, la città è a una grande distanza (o è assai lontana) da qui **4 direzione; parte**: *They have gone that way*, sono andati in quella direzione (o da quella parte) **5 abitudine; usanza; modo di fare**: *the good old ways*, le belle usanze antiche **6 aspetto; punto di vista; riguardo**: *in a (o in one) way*, sotto un certo aspetto **7** *(fam.)* **condizione; piega; stato**: *Things are in a bad way*, le cose hanno preso una brutta piega **8 sfera; campo** (d'attività) ● (nelle stazioni, ecc.) *way in*, entrata □ *(relig.) the Way of the Cross*, la « Via Crucis » □ (nelle stazioni, ecc.) *way out*, uscita □ *by way of*, via, passando per; *(fig.)* a titolo di, a mo' di: *to go to Rome by way of Florence*, andare a Roma passando per Firenze □ *(fig.) by the way*, incidentalmente; a proposito □ *to gather (to lose) way*, acquistare (perdere) velocità □ *to get in the way*, cacciarsi fra i piedi; intromettersi □ *to get st. out of the way*, togliere q.c. di mezzo □ *to give way*, cedere; arrendersi □ *to go one's own way*, andare per la propria strada; fare a modo proprio □ *(fig.) to go out of one's way to do st.*, farsi in quattro per raggiungere uno scopo □ *to have one's own way*, ottenere quel che si vuole □ *(fam.*, di donna) *to be in the family way*, essere incinta □ *to be (o to stand) in sb.'s way*, essere d'impaccio (o d'ostacolo, d'intralcio) a q. □ *in a small way*, modestamente, senza pretese; in piccolo □ *to lead the way*, aprire la marcia; fare strada □ *to lose one's way*, smarrire la strada; smarrirsi □ *to make way*, fare largo; fare strada, avanzare; far progressi □ *to make the best of one's way*, procedere nel modo più spedito possibile □ *on one's way home*, andando a casa □ *out-of-the-way*, lontano; remoto □ *out of the way*, insolito; strano; straordinario □ *to put sb. in the way of doing st.*, dare a q. l'occasione di fare q.c. □ *to put oneself out of the way*, farsi in quattro (per q.) □ *to put sb. out of the way*, togliere di mezzo q. □ *right of way*, *(leg.)* diritto di passaggio; *(autom.)* diritto di precedenza, precedenza □ *to want to have it both ways*, volerla prima cotta e poi cruda; voler fare i propri comodi □ *Get out of my way!*, togliti di mezzo!; levati dai piedi! □ *There are no two ways about it*, c'è poco da discutere.

way-bill ['weibil] *n.* [C] *(comm.)* **1 lettera di vettura 2 lista dei passeggeri.**

wayfarer ['wei,fɛərə*] *n.* [C] *(lett.)* **viandante; pellegrino.**

to **waylay** [wei'lei] *(pass.* e *p.p.* **waylaid** [wei'leid]) *v. t.* **1 tendere un'imboscata** (o **un agguato**) **a 2 attendere al varco.**

way-out [,wei'aut] *a. (fam.)* **1 stravagante; strambo; eccentrico 2 modernissimo; originale 3 eccellente; straordinario.**

wayside ['wei,said] **A** *n. (al sing. con l'art. determ.)* **margine** (della strada, di un sentiero) **B** *a. attr.* **lungo la strada**: *a w. inn*, una locanda lungo la strada.

wayward ['weiwəd] *a.* **1 caparbio; ostinato; testardo 2 capriccioso; imprevedibile.**

waywardness ['weiwədnis] *n.* [U] **1 caparbietà; ostinazione; testardaggine 2 capricciosità.**

we [wi:, wi] *pron. pers. 1ª pers. pl.* **noi**: *we all (o all of us)*, noi tutti; tutti noi ● *Here we are!*, eccoci!

weak [wi:k] *a.* **1 debole** (in ogni senso); **fiacco; fievole; poco resistente**: *a w. nation*, una nazione debole □ *a w. rope*, una corda poco resistente □ *a w. voice*, una voce fievole **2 allungato; diluito; leggero**: *w. coffee*, caffè leggero **3** (di colore) **tenue 4** *(gramm. ingl.)* **debole**: *w. verbs*, verbi deboli ● *(sport) a w. eleven*, una squadra di cricket (o di calcio) che vale poco □ *w. health*, salute cagionevole □ *the weaker sex*, il sesso debole □ *to grow w.*, indebolirsi.

to **weaken** ['wi:kən] **A** *v. t.* **1 indebolire; infiacchire; affievolire 2 allungare, diluire** (una bevanda) **B** *v. i.* **1 indebolirsi 2 calare; scemare 3 cedere, arrendersi** (a insistenti richieste, ecc.).

weak-kneed ['wi:k,ni:d] *a. (fig.)* **debole di carattere.**

weakling ['wi:kliŋ] *n.* [C] **1 bambino gracile; individuo malaticcio 2 persona dal carattere debole; smidollato.**

weakly ['wi:kli] **A** *a.* **debole; malaticcio; gracile B** *avv.* **debolmente.**

weak-minded ['wi:k,maindid] *a.* **debole di mente; poco intelligente.**

weakness ['wi:knis] *n.* **1** [U] **debolezza; fiacchezza; fievolezza 2** [C] **punto debole; debole; debolezza**: *to have a w. for st.*, avere un debole per q.c.

weak-sighted ['wi:k,saitid] *a.* **dalla vista debole.**

(1) weal [wi:l] *n.* [U] *(arc.)* **benessere; prosperità** ● *in w. and woe*, nella buona e nella cattiva sorte.

(2) weal [wi:l] *n.* [C] **segno di frustata** (sulla pelle); **livido.**

weald [wi:ld] *n.* [C] *(arc.)* **1 regione boscosa; foresta 2 aperta campagna.**

wealth [welθ] *n.* **1** [U] **ricchezza; ricchezze 2** [U] **beni; sostanze; proprietà 3** *(solo al sing.) (fig.)* **ricchezza; abbondanza; gran numero** ● *a man of w.*, un uomo ricco; un possidente.

wealthy ['welθi] *a.* **ricco; opulento.**

to **wean** [wi:n] *v. t.* **1 divezzare; svezzare; slattare 2** *(fig.)* **divezzare; disavezzare; disabituare; svezzare** ● *to w. sb. from a habit*, fare perdere una abitudine a q.

wean [wi:n] *n.* [C] *(scozz.)* **bambino.**

weanling ['wi:nliŋ] *n.* [C] **bimbo** (o **animale**) **appena svezzato.**

weapon ['wepən] *n.* [C] **arma** (anche *fig.*): *nuclear weapons*, armi nucleari.

to **wear** [wɛə*] *(pass.* **wore** [wɔ:*], *p. p.* **worn** [wɔ:n]) **A** *v. t.* **1 portare; indossare; avere addosso** (al collo, al polso, ecc.): *to w. a hat*, portare il cappello □ *to w. one's hair long*, portare i capelli lunghi □ *to w. a necklace of pearls*, avere al collo una collana di perle **2 avere; mostrare**: *to w. a face of joy*, mostrare un viso gioioso **3 consumare; logorare 4 fare, aprire, tracciare** (con l'uso): *to w. a hole in one's socks*, farsi un buco nei calzini **B** *v. i.* **1 consumarsi; logorarsi 2 durare; resistere all'uso C** *verbi composti* **1** *to w. away*, consumare, logorare, cancellare; consumarsi; logorarsi; cancellarsi; passare lentamente, trascinarsi: *to w. away one's time (life) in trifles*, sciupare il tempo (sprecare la vita) in sciocchezze **2** *to w. down*, consumare, logorare; stancare, fiaccare; consumarsi; logorarsi **3** *to w. off*, togliere (con l'uso); consumarsi (per l'uso, il passare del tempo, ecc.); dissiparsi, passare, sparire lentamente **4** (del tempo, ecc.) *to w. on*, passare lentamente **5** *to w. out*, consumare, logorare; esaurire; stancare; consumarsi, logorarsi; esaurirsi; stancarsi ● *to w. one's head high*, tenere la testa alta; andare a testa alta □ (di vestito) *to w. to sb.'s shape*, adattarsi alle forme di q., con l'uso □ *to w. well*, (d'abito) durare; (di persona) portarsi bene di salute □ *She never wears black*, non veste mai di nero.

wear [wɛə*] *n.* [U] **1 uso**: *clothes for everyday w.*, abiti per uso giornaliero; vestiti da tutti i giorni **2 consumo; logoramento; usura**: *(mecc.) w. resistance*, resistenza all'usura **3 durata; resistenza** (all'uso) **4 abiti; vestiti; vestiario; abbigliamento**: *men's w.*, abiti per uomini ● *w. and tear*, logorio; deterioramento □ *spring (summer, winter, autumn) w.*, abiti primaverili (da estate, da inverno, autunnali).

wearable ['wɛərəbl] **A** *a.* **portabile; che si può indossare B** *n. (al pl.)* **indumenti; abiti; vestiti; vestiario.**

weariless ['wiərilis] *a.* **instancabile; inesausto.**

weariness ['wiərinis] *n.* [U] **1 stanchezza 2 tediosità; noia.**

wearing ['wɛəriŋ] **A** *n.* [U] **1 logoramento; usura 2 uso B** *a.* **1 da portare; da indossare 2 faticoso; logorante** ● *w. apparel*, indumenti; abiti; vestiario.

wearisome ['wiərisəm] *a.* **1 faticoso; duro; pesante** *(fig.)* **2 tedioso; noioso; uggioso.**

wearproof ['wɛə,pru:f] *a.* **resistente all'uso; che non si logora.**

weary ['wiəri] *a.* **1 stanco; affaticato; esausto; stufo** *(fam.)* **2 faticoso 3 noioso; tedioso; uggioso** ● *a w. sigh*, un sospiro di noia.

to **weary** ['wiəri] **A** *v. t.* **1 stancare; affaticare 2 annoiare; seccare B** *v. i.* **stancarsi; seccarsi.**

weasel ['wizl] *n.* [C] *(zool.*, Putorius nivalis) **donno-**

la.

weather ['weðə*] ***A*** *n.* [U] **tempo** (atmosferico): *What was the w. like?*, com'era il tempo? □ *a change in the w.*, un cambiamento del tempo ***B*** *a. attr.* *(naut.)* **di sopravvento** ● *w. bureau,* ufficio meteorologico □ *w.-chart* (o *w.-map),* carta meteorologica □ *w. conditions,* condizioni atmosferiche □ *w. forecast,* previsioni del tempo; bollettino meteorologico □ *w. report,* bollettino meteorologico □ *w. station,* osservatore meteorologico □ *w.-strip,* fettuccia di vigogna (o d'altro, per tappare fessure nelle finestre o nelle porte) □ *w.-tiles,* tegole sovrapposte a spiovente □ *(fam.) to keep one's w. eye open,* stare in guardia; tenere gli occhi aperti □ *(naut.) to make good (bad) w.*, incontrare buon tempo (cattivo tempo) □ *(fig.) to make heavy w. of st.*, aver difficoltà (o durare fatica) con q.c. □ *(fam.) under the w.*, indisposto, malaticcio; in difficoltà □ *under stress of w.*, a causa delle intemperie.

to **weather** ['weðə*] ***A*** *v. t.* ***1*** (anche *geol.*) **alterare; consumare; logorare; disgregare *2* esporre all'aria; stagionare *3* superare**: *to w. a storm (a crisis),* superare una tempesta (una crisi) ***4*** *(naut.)* **navigare sopravvento a; doppiare *5* disporre** (tegole, ecc.) **a spiovente *B*** *v. i.* **resistere alle intemperie.**

weather-bound ['weðəbaund] *a.* **trattenuto dal maltempo.**

weathercock ['weðəkɔk] *n.* [C] **banderuola** (anche *fig.*): **segnavento.**

weathering ['weðəriŋ] *n.* [U] ***1*** *(archit.)* **inclinazione; spiovenza *2*** (anche *geol.*) **azione degli agenti atmosferici; erosione.**

weatherman ['weðəmæn] *n.* (*pl.* **weathermen** ['wəðəmen]) (specialm. *telev.*) **addetto al servizio delle previsioni meteorologiche.**

weather-proof ['weðə,pru:f] *a.* **resistente alle intemperie.**

weather-worn ['weðəwɔ:n] *a.* **logorato dalle intemperie.**

weave [wi:v] *n.* [U] *(anche con l'art. indeterm.) (ind. tessile)* **tessitura; armatura.**

to **weave** [wi:v] (*pass.* **wove** [wouv] *p. p.* **woven** ['wouvən]) *v. t.* e *i.* **tessere** (anche *fig.*); **intessere; intrecciare; ordire** (*fig.*): *to w. wool,* tessere lana □ *to w. baskets out of reeds,* intrecciare canestri di cannucce ● *to w. a garland of flowers,* fare una ghirlanda intrecciando fiori □ *to w. the plot of a novel,* costruire l'intreccio di un romanzo □ *to w. one's way,* muoversi a zig-zag; serpeggiare.

weaver ['wi:və*] *n.* [C] **tessitore, tessitrice.**

weaving ['wi:viŋ] *n.* [U] *(ind. tessile)* **tessitura** ● *the w. trade,* l'industria tessile □ *wool w.*, tessitura della lana.

web [web] *n.* [C] ***1*** **tessuto** (anche *fig.*); **tela; trama; rete**: *a web of lies,* un tessuto di menzogne ***2*** (anche *cobweb, spider's web)* **ragnatela;** *(fig.)* **tranello, trappola *3*** *(zool.)* **membrana interdigitale** (dei palmipedi, ecc.) ***4*** *(tipogr.)* **bobina** (di carta).

webbed [webd] *a. (anat.)* **palmato.**

web-footed ['web,futid] *a. (zool.)* **palmipede.**

we'd [wi:d] *contraz.* di: ***1*** **we had *2* we should *3* we would.**

to **wed** [wed] (*pass.* e *p.p.* **wedded** ['wedid], *(raro)* **wed**) ***A*** *v. t.* ***1*** **sposare; unire in matrimonio; dare in sposa *2*** *(fig.)* **combinare; unire *B*** *v. i.* (*raro,* di solito *to be wedded*) **sposarsi; ammogliarsi; maritarsi.**

wedded ['wedid] *a.* ***1*** **sposato; coniugato *2* coniugale; matrimoniale**: *w. life,* vita matrimoniale ***3*** *(fig.)* **unito; legato *4*** *(fig.)* **affezionato; devoto; attaccato.**

wedding ['wediŋ] *n.* [C] **matrimonio** (la cerimonia); **nozze; sposalizio; cerimonia nuziale**: *silver (golden, diamond) w.*, nozze d'argento (d'oro, di diamante) ● *w.-cake,* torta nuziale □ *w.-card,* partecipazione di nozze □ *w.-guest,* invitato (o invitata) alle nozze □ *w.-march,* marcia nuziale □ *w.-ring,* anello nuziale; fede.

wedge [wedʒ] *n.* [C] **cuneo** (anche *fig.*); **bietta; zeppa** ● *w.-shaped,* a forma di cuneo; cuneiforme; a forma di « V ».

to **wedge** [wedʒ] *v. t.* ***1*** **incuneare; imbiettare; rincalzare** (con una zeppa) ***2*** **conficcare; incastrare; infilare.**

wedgewise ['wedʒwaiz] *avv.* **a mo' di cuneo.**

wedlock ['wedlɔk] *n.* [U] **vincolo coniugale; stato coniugale** ● *a child born in lawful w. (out of w.)*, un figlio legittimo (illegittimo).

Wednesday ['wenzdi] *n.* **mercoledì** ● *(relig.) Ash W.*, il mercoledì delle Ceneri; le Ceneri.

(1) wee [wi:] *a.* **molto piccolo; piccolino; piccino; minuscolo** ● *a wee bit,* un po'; un pochino; un tantino.

(2) wee [wi:] *n. (solo al sing.)* (*fam.*, anche *wee-wee*) **pipì.**

to **wee** [wi:] *v. i.* (*fam.*, anche *to wee-wee*) **fare pipì.**

weed [wi:d] *n.* [C] ***1*** **erbaccia; malerba** (anche *bot.*) ***2*** *(fam.)* **sigaro; sigaretta *3*** *(fam.)* **spilungone; stanga** *(fig.)* ***4*** *(fam.)* **ronzino *5*** *(gergo)* **marijuana; erba** *(gergo).*

to **weed** [wi:d] *v. t.* e *i. (agric.)* **sarchiare; ripulire dalle erbacce** ● *to w. out,* estirpare, sradicare; *(fig.)* eliminare, epurare.

weeder ['wi:də*] *n.* [C] *(agric.)* ***1*** **sarchiatore, sarchiatrice *2* sarchio; sarchiello *3* sarchiatrice** (macchina).

weed-killer ['wi:d,kilə] *n.* [C] *(agric.)* **erbicida.**

weeds [wi:dz] *n. pl.* **gramaglie.**

weedy ['wi:di] *a.* ***1*** **coperto d'erbacce *2* allampanato; sparuto.**

week [wi:k] *n.* [C] **settimana**: *last (next) w.*, la settimana scorsa (prossima) □ *What day of the w. is it?*, che giorno della settimana è oggi? □ *a three weeks' holiday,* tre settimane di vacanza ● *w. after w.*, una settimana dopo l'altra □ *w.-day,* giorno feriale □ *w. in, w. out,* una settimana dopo l'altra □ *(fam.) a w. of Sundays,* un'eternità □ *today w.*, oggi a otto □ *tomorrow w.*, domani a otto.

week-end [,wi:k'end] *n.* [C] **week-end; fine settimana.**

to **week-end** ['wi:k,end] *v. i.* **passare il fine settimana.**

weekly ['wi:kli] ***A*** *a.* **settimanale**: *a w. magazine,* una rivista settimanale ***B*** *avv.* **settimanalmente; ogni settimana; una volta la settimana *C*** *n.* [C] **(rivista) settimanale.**

to **ween** [wi:n] *v. t.* e *i. (arc.)* **opinare; credere; pensare.**

weeny ['wi:ni] *a.* (*fam.*, spesso *teeny-w.*) **piccolo piccolo; piccolissimo.**

to **weep** [wi:p] (*pass.* e *p.p.* **wept** [wept]) ***A*** *v. i.* ***1*** **piangere; lacrimare**: *to w. for joy,* piangere di gioia □ *to w. over one's sad fate,* piangere sul proprio triste destino ***2*** **trasudare; stillare *B*** *v. t.* ***1*** **piangere**: *to w. tears of blood,* piangere (o versare) lacrime di sangue ***2*** **trasudare; stillare** ● *to w. oneself out,* piangere a più non posso □ *to w. oneself to sleep,* piangere fino ad addormentarsi.

weep [wi:p] *n. (con l'art. indeterm.)* **sfogo di pianto** ● *to have a good w.*, farsi un bel pianto.

weeper ['wi:pə*] *n.* [C] ***1*** **chi piange spesso; piagnone, piagnona *2* prefica *3* velo di crespo nero** (delle vedove) ***4*** **nastro di crespo nero** (sul cappello degli uomini).

weeping ['wi:piŋ] ***A*** *n.* [U] **pianto; lacrime**: *a fit of weeping,* una crisi di pianto ***B*** *a.* **piangente.**

weevil ['wi:vil] *n.* [C] *(zool.)* **curculione; punteruolo.**

weft [weft] *n.* [C] ***1*** *(ind. tessile)* **trama *2*** *(per estens.)* **tessuto.**

to **weigh** [wei] ***A*** *v. t.* **pesare** (anche *fig.*); **soppesare;** *(fig.)* **valutare**: *to w. the pros and cons,* soppesare il pro e il contro ***B*** *v. i.* ***1*** **pesare; esser pesante;** *(fig.)* **aver peso, contare, valere *2*** — *to w. on* (o *upon),* pesare a (q.); essere di peso a (q.); gravare; opprimere: *to w. on one's conscience,* pesare sulla coscienza ***C*** to **weigh oneself** *v. rifl.* **pesarsi** ● *(naut.) to w. anchor,* salpare □ *to w. (sb., st.) down,* far abbassare, piegare; *(fig.)* gravare, opprimere, accasciare □ *(sport:* di un pugile, un fantino) *to w. in (out),* pesarsi prima della (dopo la) gara □ *to w. (st.) out,* pesare, misurare; distribuire (pesando) □ *That's the point that weighs with me,* questo è quel che conta per me.

weigh [wei] *n.* C **pesatura; pesata** ● *w.-house,* pesa pubblica □ *(sport) w.-in (w.-out),* pesata prima della (dopo la) gara.

weighbridge ['weibridʒ] *n.* C **pesatrice a ponte; basculla.**

weight [weit] *n.* U e C **peso** (anche *fig.*); **fardello, responsabilità; influenza, importanza**: *to sell goods by w.,* vendere merce a peso □ *the w. of evidence,* il peso (schiacciante) delle prove □ *arguments of great w.,* argomentazioni che hanno gran peso ● *(sport) w. lifter,* pesista □ *(sport) w. lifting,* pesistica; sollevamento pesi □ *to carry w.,* essere importante; essere autorevole □ *men of w.,* persone autorevoli; personaggi importanti; pezzi grossi *(fam.)* □ *over w.,* di peso eccessivo □ *to put on w.,* ingrassare; metter su pancia □ *under w.,* di peso scarso □ *to be worth one's w. in gold,* valere tanto oro quanto si pesa.

to **weight** [weit] *v. t.* **appesantire** (anche *fig.*); **gravare.**

weightiness ['weitinis] *n.* U ***1*** **pesantezza** ***2*** *(fig.)* **gravità; importanza; serietà** ***3*** *(fig.)* **autorevolezza; autorità; influenza.**

weightless ['weitlis] *a.* ***1*** **senza peso** ***2*** *(fig.)* **senza peso; senza importanza.**

weighty ['weiti] *a.* ***1*** **pesante; gravoso** ***2*** *(fig.)* **grave; importante** ***3*** *(fig.)* **autorevole; influente.**

weir [wiə*] *n.* C ***1*** **chiusa; diga; sbarramento** (di corso d'acqua) ***2*** **sbarramento di rami** (di pescaia).

(1) weird [wiəd] *n. (arc.* o *scozz.)* **fato; destino.**

(2) weird [wiəd] *a.* ***1*** **soprannaturale; magico; misterioso** ***2*** *(fam.)* **bizzarro; strano; strambo; originale** ***3*** *(arc.)* **fatidico** ● *(mitol.) the W. Sisters,* le Parche; (anche) le Norne.

weirdie ['wiədi] *n.* C *(fam.)* **persona stramba; tipo originale.**

weirdness ['wiədnis] *n.* U ***1*** **carattere soprannaturale; aspetto misterioso** ***2*** *(fam.)* **bizzarria; stranezza.**

Welch [welʃ] *a.* **gallese; del Galles.**

welcome ['welkəm] ***A*** *a.* **bene accetto; gradito**: *a w. guest,* un ospite bene accetto ***B*** *n.* C **benvenuto; accoglienza**: *to meet with a cold w.,* trovare un'accoglienza fredda ***C*** *inter.* **benvenuto!, benvenuti!**: *W. to England!,* benvenuti in Inghilterra! ● *to be w. to do st.,* esser libero di fare q.c.; poter fare q.c.: *You are w. to (use) my car,* puoi usare (o mi farai cosa grata se userai) la mia automobile □ *to make sb. w.,* far sentire a q. che è il benvenuto; far festa a q. □ *to outstay* (o *to wear out) one's w.,* abusare dell'ospitalità altrui; non essere più gradito come ospite □ *You are w. to my library,* la mia biblioteca è a tua disposizione □ *You're w.!,* prego!; non c'è di che!

to **welcome** ['welkəm] *v. t.* ***1*** **dare il benvenuto a; accogliere cordialmente** ***2*** **accettare di buon grado; gradire** ● *to w. sb. home,* dare il bentornato a q.

weld [weld] *n.* C *(metall.)* **saldatura; giunto saldato; punto saldato.**

to **weld** [weld] ***A*** *v. t. (metall.)* **saldare** (anche *fig.*) ***B*** *v. i.* **saldarsi.**

welder ['weldə*] *n.* C *(metall.)* ***1*** **saldatore** ***2*** **saldatrice** (macchina).

welding ['weldiŋ] *n.* U *(metall.)* **saldatura** ● *w. blowpipe* (o *torch),* cannello per saldatura autogena □ *w.-machine,* saldatrice.

welfare ['welfɛə*] *n.* U **benessere; prosperità; bene**: *the w. of the nation,* la prosperità della nazione ● *w. officer,* assistente sociale □ *(econ.) the w. state,* lo Stato sociale; lo Stato assistenziale □ *w. work,* servizio di assistenza sociale.

welkin ['welkin] *n. (poet.)* **cielo; volta celeste.**

(1) well [wel] *n.* C ***1*** **pozzo**: *oil wells,* pozzi petroliferi ***2*** **fonte, fontana, sorgente** (*fig.* e nei toponimi) ***3*** *(edil.)* **tromba delle scale; vano dell'ascensore** ***4*** (nei tribunali ingl.) **spazio riservato ai difensori** ● *w.-head,* sommità del pozzo; *(idrologia)* punto di risorgenza □ *ink-w.,* calamaio (di banco di scuola, ecc.).

to **well** [wel] *v. i.* (di solito *to w. up, out, forth*) **scaturire; sgorgare; zampillare.**

(2) well [wel] *avv. (compar.* **better** ['betə*]; *superl. relat.* **best** [best]) **bene**: *to read (to sing, to sleep, etc.) w.,* leggere (cantare, dormire, ecc.) bene □ *to treat sb. w.,* trattar bene q. □ *You did w. to stay at home,* facesti bene a restare a casa ● *(fam.) w. and truly,* del tutto; completamente □ *w. beloved,* beneamato; amatissimo □ *to be w. on in life,* essere avanti con gli anni □ *to be w. out of it,* essersela cavata a buon mercato □ *to be w. past forty,* aver passato la quarantina da un pezzo □ *as w.,* anche; pure: *I shall come as w.,* verrò io pure □ *as w. as,* così come; tanto quanto; come pure □ *to come off w.,* (di persona) cavarsela bene; (di cosa) riuscir bene □ *to do oneself w.,* trattarsi bene; non farsi mancar nulla □ *to live w.,* vivere nell'agiatezza; passarsela bene □ *perfectly w.,* alla perfezione; perfettamente □ *to speak w. for sb.,* fare onore a q. □ *to stand w. with sb.,* essere in buoni rapporti con q.; essere nelle grazie di q. □ *You might just as w. throw your money away,* tanto varrebbe che i tuoi soldi li buttassi via □ *You may w. be surprised,* puoi ben essere sorpreso.

(3) well [wel] *a. pred. (compar.* **better** ['betə*]; *superl. relat.* **best** [best]) **bene; in buona salute; in buone condizioni; consigliabile; opportuno; giusto**: *I am feeling w. today,* oggi mi sento bene □ *I am perfectly w.,* sto benissimo □ *It would be w. to start early,* sarebbe opportuno partire di buon'ora ● *w. enough,* abbastanza bene; benino; discretamente □ *to be w. off,* passarsela bene; essere in buone condizioni finanziarie □ *to get w. (again),* guarire; ristabilirsi □ *to look w.,* avere una bella cera □ *(iron.) It's all very w. ... but,* sta bene... ma □ *All's w.,* tutto bene!

(4) well [wel] *n.* U **(il) bene**: *to wish sb. w.,* augurare (ogni) bene a q. ● *Let w. alone,* il meglio è nemico del bene.

(5) well [wel] *inter.* **be'; ebbene; dunque; allora**: *W., what shall we do now?,* be', ora che facciamo? □ *W., what about it?,* ebbene, che ne dici? ● *W., but what about the others?,* sì, ma gli altri? □ *W., I see,* bene, bene, capisco □ *W., I never!,* chi l'avrebbe mai detto?; ma no!; impossibile!

we'll [wi:l] *contraz.* di: ***1*** **we shall** ***2*** **we will.**

well-advised ['weləd'vaizd] *a.* **saggio; prudente.**

well-appointed ['welə'pɔintid] *a.* **bene attrezzato; bene equipaggiato.**

well-balanced ['wel'bælənst] *a.* **bilanciato; equilibrato.**

well-behaved ['welbi'heivd] *a.* **beneducato.**

well-being ['wel'bi:iŋ] *n.* U **benessere; prosperità.**

well-born ['wel'bɔ:n] *a.* **di buona famiglia; bennato.**

well-bred ['wel'bred] *a.* ***1*** **beneducato** ***2*** (di cavallo) **di razza.**

well-connected ['welkə'nektid] *a.* **di buon parentado; che ha buone relazioni sociali.**

well-disposed ['weldis'pouzd] *a.* **ben disposto; benevolo.**

well-done ['wel'dʌn] *a.* ***1*** **ben fatto** ***2*** (di cibo) **ben cotto.**

well-earned ['wel'ə:nd] *a.* **meritato.**

well-founded ['wel'faundid] *a.* **fondato**: *w. charges,* accuse fondate.

well-grounded ['wel'graundid] *a.* **(ben) fondato.**

well-heeled ['wel'hi:ld] *a. (pop.)* **ricco; facoltoso.**

well-informed ['welin'fɔ:md] *a.* **bene informato.**

Wellingtons ['weliŋtənz] *n. pl.* **stivali alti fino al ginocchio.**

well-intentioned ['welin'tenʃənd] *a.* **bene intenzionato.**

well-knit ['wel'nit] *a.* **forte; robusto; ben piantato.**

well-known ['wel'noun] *a.* **noto; rinomato.**

well-made ['wel'meid] *a.* **ben fatto; di belle fattezze.**

well-marked ['wel'ma:kt] *a.* **chiaro; distinto; evidente.**

well-meaning ['wel'mi:niŋ] *a.* **bene intenzionato.**

well-meant ['wel'ment] *a.* **fatto (o detto) a fin di bene.**

well-nigh ['welnai] *avv.* **quasi; pressoché.**

well-off ['wel'ɔ:f] *a.* **agiato; benestante.**

well-proportioned ['welprə'pɔ:ʃənd] *a.* **ben propor-**

zionato.
well-read ['wel'red] *a.* **colto; istruito.**
well-spoken ['wel'spoukən] *a.* **facondo; eloquente; raffinato nel parlare.**
well-thought-of ['wel'θɔ:t,ɔv] *a.* **che gode della considerazione generale; stimato** (o **benvoluto**) **da tutti.**
well-timed ['wel'taimd] *a.* **tempestivo; opportuno.**
well-to-do ['weltə'du:] *a.* **agiato; benestante.**
well-wisher ['wel'wiʃə*] *n.* Ⓒ **fautore; sostenitore.**
well-worn ['wel'wɔ:n] *a.* ***1*** **consunto; logoro; liso; frusto** ***2*** *(fig.)* **comune; trito.**
Welsh [welʃ] ***A*** *a.* **gallese** ***B*** *n.* **il gallese** (la lingua) ● *(collett.) the W.*, i Gallesi □ *(cucina) W. rabbit (*o *W. rarebit),* pane tostato ricoperto di formaggio fuso.
to **welsh** [welʃ] *v. i.* e *t.* ***1*** (specialm. *ippica)* **scappare senza pagare le scommesse (ai vincitori)** ***2*** **venire meno alla parola data.**
Welshman ['welʃmən] *n.* (*pl.* **Welshmen** ['welʃmən]) **gallese** (uomo).
Welshwoman ['welʃ,wumən] *n.* (*pl.* **Welshwomen** ['welʃ,wimin]) **gallese** (donna).
welt [welt] *n.* Ⓒ ***1*** (di scarpa) **guardolo** ***2*** (di calza) **rinforzo** ***3*** **segno di frustata; livido.**
to **welt** [welt] *v. t.* ***1*** **mettere il guardolo a** (una scarpa) ***2*** **mettere il rinforzo a** (una calza) ***3*** **frustare; sferzare; staffilare; picchiare.**
to **welter** ['weltə*] *v. i.* ***1*** **avvoltolarsi; voltolarsi; diguazzare; sguazzare** (anche *fig.)* ***2*** (del mare, ecc.) **accavallarsi.**
(1) welter ['weltə*] *n. (solo al sing.)* **tumulto;** *(fig.)* **confusione.**
(2) welter ['weltə*] *n.* Ⓒ *(sport)* **pugile** (o **fantino**) **di peso welter** ● *(ippica) w. race,* corsa per fantini di peso welter □ *(pugilato e lotta) w.-weight,* peso welter; peso medio-leggero.
wen [wen] *n.* Ⓒ *(med.)* **porro; cisti sebacea.**
wench [wentʃ] *n.* Ⓒ *(arc.* o *scherz.)* **ragazza; donzella.**
to **wend** [wend] *v. i. (arc.)* **andare; dirigersi.**
went [went] *pass.* di to **go.**
wept [wept] *pass.* e *p.p.* di to **weep.**
were [wɔ:*, wə*] ***1*** *2ª pers. sing.* e *1ª, 2ª, 3ª pers. pl.* del *pass.* di to **be** ***2*** *congiunt. imperfetto* di to **be.**
we're [wiə*] *contraz.* di **we are.**
weren't [wə:nt] *contraz.* di **were not.**
werewolf ['wə:wulf] *n.* Ⓒ *(mitol.)* **lupo mannaro.**
wert [wə:t] *(arc.* o *poet.) 2ª pers. sing.* del *pass.* di to **be.**
Wesleyan ['wezliən] *a.* e *n. (relig.)* **wesleyano; metodista.**
Wesleyanism ['wezliənizəm] *n.* Ⓤ *(relig.)* **dottrina religiosa di John Wesley (1703-1791); metodismo.**
west [west] ***A*** *n.* ***1*** **ovest; occidente; ponente**: *Spain lies to the w. of France,* la Spagna si trova a ovest della Francia ***2*** **parte** (o **regione**) **occidentale**: *Bristol is in the w. of England,* Bristol è nella parte occidentale dell'Inghilterra ***B*** *a. attr.* **occidentale; dell'ovest; di ponente**: *on the w. coast,* sulla costa occidentale ***C*** *avv.* **a ovest; verso occidente; verso ponente** ● *the W.*, l'Occidente; *(polit.)* il mondo occidentale □ *the W. End,* il « West End » (quartiere elegante di Londra) □ *W. Side,* « West Side » (i quartieri occidentali di Nuova York) □ *to go w.*, andare a ovest; *(pop.)* crepare, morire.
westbound ['westbaund] *a. (naut., ferr.)* **diretto a ovest.**
westerly ['westəli] ***A*** *a.* (di vento) **che spira da ovest; di ponente; occidentale** ***B*** *avv.* ***1*** **verso ovest; verso ponente** ***2*** **da ovest; da occidente.**
western ['westən] ***A*** *a.* **occidentale; dell'occidente; dell'ovest** ***B*** *n.* Ⓒ **film** (o **racconto,** ecc.) **ambientato nel Far West.**
westerner ['westənə*] *n.* Ⓒ **occidentale; nativo** (o **abitante**) **dell'ovest.**
to **westernize** ['westənaiz] ***A*** *v. t.* **occidentalizzare** ***B*** *v. i.* **occidentalizzarsi.**
westernmost ['westən,moust] *a.* **(il) più occidentale; all'estremo occidente.**
Westpolitik ['vestpouli:,ti:k] *n.* Ⓒ **politica** (specialm. di un paese comunista) **di apertura verso l'Occidente.**
westward ['westwəd] ***A*** *a.* **volto a occidente; verso ovest** ***B*** *avv. V.* **westwards** ● *in a w. direction,* in direzione ovest; verso ponente.
westwardly ['westwədli] *a.* e *avv.* **verso ovest; verso l'occidente.**
westwards ['westwədz] *avv.* **in direzione ovest; verso l'occidente.**
wet [wet] ***A*** *a.* ***1*** **bagnato**: *wet roads,* strade bagnate ***2*** (di tempo, ecc.) **piovoso; umido** ***3*** **non asciutto; fresco**: *wet paint,* vernice fresca ***4*** *(stor., USA)* **antiproibizionista** ***B*** *n. (al sing. con l'art. determ.)* **umido; umidità, tempo piovoso** ● *wet lab,* laboratorio sottomarino □ *wet to the skin (*o *wet through),* bagnato fradicio; tutto zuppo; bagnato fino alle ossa □ *as wet as a drowned rat,* bagnato come un pulcino □ *to get wet,* bagnarsi □ *(pop.) to have a wet,* bagnarsi il becco *(fig.).*
to **wet** [wet] *v. t.* ***1*** **bagnare; inumidire; inzuppare** ***2*** *(fam.)* **bagnare; celebrare con una bevuta** (un affare, ecc.) ● *to wet oneself (one's bed),* bagnarsi (bagnare il letto) □ *(fam.) to wet one's whistle,* bagnarsi il becco *(fig.)*; fare una bevutina.
wether ['weðə*] *n.* Ⓒ **montone castrato.**
wetting ['wetiŋ] *n. (solo al sing.)* **bagnatura; bagnata.**
we've [wi(:)v] *contraz.* di **we have.**
wey [wei] *n.* Ⓒ **« wey »** (unità di peso variabile da 100 a 150 kg).
to **whack** [wæk] *v. t.* ***1*** **bastonare; randellare** ***2*** *(fam.)* **dividere; spartire.**
whack [wæk] *n.* Ⓒ ***1*** **bastonata; randellata** ***2*** *(fam.)* **parte; porzione.**
whacker ['wækə*] *n.* Ⓒ *(pop.)* **grossa bugia; frottola.**
whacking ['wækiŋ] ***A*** *n. (solo al sing.)* **bastonatura; busse; botte** ***B*** *a. (pop.)* **colossale; enorme; grossissimo.**
whale [weil] *n.* Ⓒ *(zool.)* **balena** ● *(fam.) to be a w. at (*o *on, for) st.*, essere un'aquila (o un cannone) in q.c. □ *w.-calf,* balenotto □ *w.-fishing,* caccia alla balena □ *(fam.) a w. of a book,* un libro coi fiocchi □ *w.-oil,* olio di balena.
to **whale** [weil] *v. i.* **cacciar balene** ● *to go whaling,* andare a caccia di balene.
whalebone ['weilboun] *n.* Ⓤ e Ⓒ ***1*** **fanone** ***2*** **stecca di balena.**
whaleman ['weilmən] *n.* (*pl.* **whalemen** ['weilmən]) **baleniere.**
whaler ['weilə*] *n.* Ⓒ ***1*** **baleniere** ***2*** **baleniera** (nave).
whaling ['weiliŋ] *n.* Ⓤ **caccia alla balena** ● *w.-master,* capitano di baleniera □ *w.-ship,* baleniera (nave).
to **wharf** [wɔ:f] *v. t. (naut.)* ***1*** **attraccare** (una nave) **al molo** ***2*** **scaricare** (merce) **a un molo.**
wharf [wɔ:f] *n.* (*pl.* **wharves** [wɔ:vz], **wharfs**) *(naut.)* **banchina; molo interno; scalo.**
wharfage ['wɔ:fidʒ] *n.* Ⓤ *(naut.)* **diritti di banchina.**
wharfinger ['wɔ:findʒə*] *n.* Ⓒ *(naut.)* ***1*** **proprietario di banchina** ***2*** **custode di scalo.**
wharves [wɔ:vz] *pl.* di **wharf.**
what [wɔt] ***A*** *pron. interr.* **che cosa; che; cosa** *(fam.)*: *W. is your father?,* che cosa fa (o che mestiere fa) tuo padre? ***B*** *a. interr.* **quale, quali; che**: *W. books have you read on this subject?,* quali libri hai letto sull'argomento? ***C*** *a. escl.* **quale; che; come**: *W. a fool you are!,* che stupido sei!; come sei stupido! □ *W. impudence!,* che sfacciataggine! ***D*** *pron. relat.* **ciò che; quello che** ***E*** *a. relat.* **quello che; quelli che; il (la, gli, le)... che**: *Give me w. money you have,* dammi il denaro che hai (poco o molto che sia) ***F*** *inter.* **come?; che cosa?; ma come!** ● *w. about (*o *w. of),* che ne è (che ne è stato) di; che ne dici (diresti) di: *W. about a nice trip?,* che ne diresti di (fare) una bella gita? □ *w.-d'you-call-him (-her, -it, -them),* (di cosa) affare, aggeggio; (di persona) tizio, vattelapesca □ *w. for,* a che cosa; a che: *W. is that used for?,* a che serve (questo aggeggio)? □ *(pop.) w.-for,*

punizione; castigo: *I'll give him w.-for*, gli darò io quel che si merita! □ *W. for?*, perché mai? per che fare?; a che pro? □ *w. if*, che importa se; e se; e anche se: *W. if they don't come?*, e se non vengono? □ *w. ... like*, come; che tipo: *W. was the weather like?*, com'era il tempo? □ *W. is he like?*, che tipo d'uomo è? □ *w. with... and (w. with)*, un po' per... un po' per; tra... e □ *and w. not*, eccetera eccetera; e altro ancora □ *to know w.'s w.*, saperla lunga □ *W. good* (o *W. use) is it?*, a che serve?; a che pro? □ *W. next?*, e poi?; e adesso che succederà? □ *I know w.*, so io che cosa fare □ *I'll tell you w.*, te lo dico io (che cosa fare) □ *(fam.) So w.?*, e allora?; e con ciò? □ *Well, w. of it?*, be', e con ciò? □ *(fam.) I don't know w.'s w.*, non mi ci raccapezzo.

whatever [wɔt'evə*] **A** *pron. indef.* **qualunque cosa; qualsiasi cosa; checchessia, checché** (pedantesco) **B** *a. indef.* **qualunque; qualsiasi C** *pron. relat. (enfatico)* **ciò che; quello che; qualunque cosa D** *a. indef. (enfatico, in frasi negative)* **alcuno; di sorta; affatto; assolutamente**: *There is no doubt w.*, non c'è dubbio alcuno **E** *pron. interr.* **che cosa mai; che diamine** ● *w. man* (anche *whoever*), chiunque □ *no one w.*, nessuno al mondo.

whatnot ['wɔtnɔt] *n.* **1** [C] **scaffaletto; scansia 2** [U] *(fam.)* **cose del genere; cose simili.**

whatsoever [,wɔtsou'evə*] *(enfatico) V.* **whatever.**

wheat [wi:t] *n.* [U] (*bot.*, Triticum vulgare) **grano; frumento**: *a field of w.*, un campo di frumento ● *w.-rust*, ruggine del grano.

wheaten ['wi:tn] *a.* **di grano; di frumento.**

to **wheedle** ['wi:dl] *v. t.* **1 adulare; blandire; lusingare 2 ottenere con lusinghe; procurarsi con moine** ● *to w. sb. into doing st.*, indurre q. a far q.c. con lusinghe (o moine).

wheel [wi:l] *n.* [C] **1 ruota** (anche *fig.*) **2** *(mecc.)* **ruota dentata; ingranaggio 3** (*autom.*, anche *steering w.*) **volante 4** (*naut.*, anche *steering w.*) **ruota del timone; timone 5** (*ind. tessile*, anche *spinning w.*) **filatoio 6** (*mecc.*, anche *grinding w.*) **mola 7** *(fam.)* **bicicletta 8 moto rotatorio; cerchio** *(fig.)*; *(mil.)* **conversione 9** *(al pl., pop.)* **automobile; macinino, trabiccolo** *(pop.)* ● *(autom.) w.-base*, passo; interasse □ *(fig.) to put one's shoulder to the w.*, dare il proprio contributo a un'impresa; aiutare la baracca *(fam.)* □ *turn of the w.*, giro della ruota; *(fig.)* mutamento della fortuna, volger della sorte □ *(fam.) There are wheels within wheels*, è un affare assai complicato; è una faccenda molto ingarbugliata.

to **wheel** [wi:l] **A** *v. t.* **1 far girare; roteare; far ruotare 2 spingere** (un veicolo a ruote); **trasportare** (su un veicolo): *to w. a barrow*, spingere innanzi una carriola **3 fornire** (un veicolo) **di ruote B** *v. i.* **1 girare; ruotare; roteare; turbinare; volteggiare 2** *(mil.)* **fare una conversione 3** (anche *fig.*) (spesso *to w. round*) **fare un voltafaccia 4** *(fam.)* **andare in bicicletta; pedalare.**

wheelbarrow ['wi:l,bærou] *n.* [C] **carriola.**

wheel-chair ['wi:l,tʃɛə*] *n.* [C] **sedia a rotelle** (per invalidi).

wheeled [wi:ld] *a. (specialm. nei composti)* **a ruote; con ruote** ● *a three-w. car*, un'automobile a tre ruote.

-wheeler ['wi:lə*] *(in parole composte)* **veicolo a... ruote**: *a three-w.*, un veicolo a tre ruote □ *a six-w.*, un veicolo a sei ruote.

wheel-house ['wi:lhaus] *n.* [C] *(naut.)* **timoniera.**

wheelwright ['wi:lrait] *n.* [C] **carraio; carradore.**

to **wheeze** [wi:z] **A** *v. i.* **1 ansare; ansimare; respirare affannosamente 2** (di un motore, ecc.) **soffiare; sibilare B** *v. t.* **dire ansimando.**

wheeze [wi:z] *n.* [C] **1 respiro affannoso 2** *(gergo teatr.)* **barzelletta; battuta comica 3** *(pop.)* **trucco; scherzo.**

wheezy ['wi:zi] *a.* **ansante; ansimante; asmatico** (anche *fig.*).

whelk [welk] *n.* [C] (*zool.*, Buccinum undatum) **buccino.**

whelp [welp] *n.* [C] **1 cucciolo 2** *(fig.)* **ragazzaccio; marmocchio.**

to **whelp** [welp] *v. t.* e *i.* **1** (d'animali) **figliare 2** (*spreg.*: di donna) **partorire; generare; mettere al mondo 3** *(spreg.)* **produrre; essere l'autore di** (q.c.).

when [wen] **A** *avv.* e *cong. interr.* **quando**: *W. can you come?*, quando puoi venire? □ *I wonder w. that happened*, vorrei sapere quando accadde **B** *avv.* e *cong. relat.* **1 quando; nel momento in cui; mentre**: *W. I come back, I shall meet him*, lo vedrò quando ritornerò □ *That was just w. I was going out*, accadde proprio mentre stavo uscendo □ *I'll go w. I have had lunch*, andrò quando (o dopo che) avrò fatto colazione **2 in cui; nel quale; il momento in cui; il giorno in cui**: *That's (the time) w. he gets angry*, quello è il momento in cui s'arrabbia **C** *n.* **(il) quando**: *Tell me the w. and where*, dimmi dove e quando ● *before w.*, prima d'allora □ *since w.*, e da allora □ *He paid me only five pounds w. he owed me ten*, mi pagò soltanto cinque sterline benché me ne dovesse dieci □ *From w. does it date?*, a quanto tempo fa risale? □ *I know the w. and where of his arrest*, conosco il giorno (l'ora, ecc.) e il luogo del suo arresto □ *w. all's said and done*, alla fine dei conti; dopo tutto.

whence [wens] *avv.* e *cong. (arc.* o *lett.)* **1 donde; da dove; da che cosa**: *Nobody knows w. he comes*, nessuno sa da dove venga **2 da cui 3 al luogo da cui.**

whenever [wen'evə*] *avv.* e *cong.* **1 ogni qualvolta; ogni volta che; tutte le volte che; quando**: *w. you can*, ogni qualvolta puoi (o quando puoi) **2 quando che** *(lett.)*; **in qualsiasi momento**: *w. that may be*, quando che sia **3** (*fam.*, anche *when ever*) **quando mai.**

where [wɛə*] **A** *avv.* e *cong. interr.* **dove**: *W. have they gone?*, dove sono andati? □ *W. shall we start from?*, da dove dobbiamo cominciare? **B** *avv.* e *cong. relat.* **dove; nel quale; in cui; il** (o **nel) luogo in cui**: *Go w. you like*, va' dove ti pare! □ *I never go w. I'm not wanted*, non vado mai nei posti dove sono indesiderato **C** *n.* **(il) dove** ● *w. ever*, dove mai; dove diamine □ *W. is the harm in trying?*, che male c'è a provare? □ *W. is the sense of it?*, che senso c'è? □ *I don't know the when and w. of his arrest*, non so quando fu arrestato, né dove.

whereabouts A *avv. interr.* [,wɛərə'bauts] **dove** (a un dipresso); **da che parte; in che posto B** *n.* ['wɛərəbauts] **luogo; paraggi; zona.**

whereas [wɛər'æz] *cong.* **1 mentre; laddove; e invece 2** *(leg.)* **premesso che; considerato che.**

whereat [wɛər'æt] *cong. (lett.)* **al che; e allora.**

whereby [wɛə'bai] *avv. (lett.)* **1** *(interr.)* **da che cosa; per mezzo di che cosa; come 2** *(relat.)* **per mezzo del quale; con cui.**

wherefore ['wɛəfɔ:*] *(lett.)* **A** *avv.* **1** *(interr.)* **per quale ragione; per qual motivo; perché 2** *(relat.)* **per il quale; per cui B** *cong.* **e perciò; quindi** ● *the whys and wherefores*, i perché e i percome.

wherefrom [wɛə'frɔm] *avv. (lett.)* **1** *(interr.)* **da dove 2** *(relat.)* **dal quale; da cui.**

wherein [wɛər'in] *avv. (lett.)* **1** *(interr.)* **in che cosa; dove 2** *(relat.)* **nel quale; in cui.**

whereof [wɛər'ɔv] *avv. (lett.)* **1** *(interr.)* **di che cosa 2** *(relat.)* **del quale; di cui.**

whereon [wɛər'ɔn] *avv. (lett.)* **1** *(interr.)* **su che cosa 2** *(relat.)* **sul quale; su cui.**

whereto [wɛə'tu:] *avv. (lett.)* **1** *(interr.)* **verso dove; in quale direzione 2** *(interr.)* **a che scopo; a qual fine; a che cosa 3** *(relat.)* **al quale; cui.**

whereunder [wɛər'ʌndə*] *avv. (lett.)* **sotto il quale (la quale, i quali, le quali); sotto cui.**

whereupon [,wɛərə'pɔn] *(lett.)* **A** *avv. V.* **whereon B** *cong.* **al che; e allora; dopo di che.**

wherever [wɛər'evə*] *avv.* e *cong.* **1 dovunque; in qualunque luogo; da qualsiasi parte**: *You must find him, w. he is*, dovete trovarlo, dovunque sia **2 dove; nel luogo in cui 3 dove mai; dove diamine.**

wherewith [wɛə'wiθ] *avv.* e *cong.* **con il quale; con cui.**

wherewithal ['wɛəwiðɔ:l] *n. (al sing. con l'art. determ.) (fam.)* **(l')occorrente; (il) necessario;** (specialm.) **(i) mezzi, (il) denaro.**

wherry ['weri] *n.* [C] *(naut.)* **1 barchetta; barchino 2 chiatta; barca per traghetto.**

to **whet** [wet] *v. t.* **1 affilare; arrotare**: *to w. a knife*,

affilare un coltello **2** *(fig.)* **aguzzare; stimolare; acuire.**
whet [wet] *n.* [C] **aperitivo; stimolante.**
whether ['weðə*] *cong.* **1 se** *(dubit.)*; **se ... o no**: *Write and tell me w. I am to come (or not),* scrivimi se debbo venire o no **2** *(idiom., correlativo di* **or**): *W. you like it or not, you'll have to do it,* ti piaccia o no, dovrai farlo □ *W. rich or poor, all have to die,* ricchi o poveri, tutti devono morire ● *w. ... or,* sia ... sia; sia che ... sia che: *W. you stay or you go, I don't care,* sia che tu resti, sia che te ne vada, non me ne importa nulla □ *w. or no,* in ambo i casi; in ogni caso.
whetstone ['wetstoun] *n.* [C] **1 pietra per affilare 2** *(fig.)* **stimolo.**
whew [hiu:] *inter.* **toh!; ohi!; puah!**
whey [wei] *n.* [U] **siero** (del latte).
which [witʃ] **A** *pron. interr.* **chi; quale, quali; che cosa** (fra due o fra un numero ristretto): *W. of you will go with me?,* chi di voi verrà con me? **B** *a. interr.* **quale, quali; che** (fra due o fra un numero ristretto): *W. book shall I read?,* che libro debbo leggere? □ *I don't know w. one you mean,* non so quale tu intenda **C** *pron. relat.* **1 il quale, la quale; i quali, le quali; che** (rif. a cose o a fatti): *My native town, w. you visited last year, is getting larger and larger,* la mia cittadina natale, che tu visitasti l'anno scorso, sta crescendo a vista d'occhio **2 il che; la qual cosa D** *a. relat.* **1 che; quelli che, quelle che; il (la, gli, le)... che**: *Say w. chapter you prefer,* recita il capitolo che preferisci **2 il quale, la quale; i quali, le quali; che**: *He is very old, w. fact is important,* è molto vecchio, fatto (questo) che ha la sua importanza ● *w. way,* in quale direzione, da che parte; in che modo, come □ *W. is w.?,* qual è l'uno e qual è l'altro? □ *I can never tell w. is w.,* non riesco mai a distinguerli.
whichever [witʃ'evə*] **A** *pron. indef.* **chiunque; qualunque, qualsiasi; qualsiasi cosa** (fra due o fra un numero ristretto) **B** *a. indef.* **qualunque; qualsiasi** (fra due o fra un numero ristretto).
whiff [wif] *n.* [C] **1 alito; soffio; folata; buffo; sbuffo**: *a w. of fresh air,* un soffio di aria fresca; una boccata d'aria fresca **2 odore; zaffata 3 tirata** (di sigaretta); **pipata 4** *(naut.)* **imbarcazione leggera.**
to **whiff** [wif] **A** *v. t.* **1 soffiare su; spegnere soffiando 2 emettere, mandar fuori** (specialm. sbuffi di fumo) **3 fumare** (la pipa, ecc.) **B** *v. i.* **1 soffiare a folate (**o **a buffi) 2 mandare sbuffi di fumo 3 mandare zaffate** (d'odore).
to **whiffle** ['wifl] *v. i.* (del vento) **soffiare a buffi (**o **a folate).**
whiffle ['wifl] *n.* [C] **alito, buffo, folata** (di vento).
whiffy ['wifi] *a.* *(fam.)* **che puzza; maleodorante.**
Whig [wig] *n.* [C] e *a.* *(stor.)* **« Whig »; liberale** (in Inghilterra, nei secoli XVII e XVIII).
(1) while [wail] *cong.* **1 mentre; intanto che; finché**: *W. (I was) reading I fell asleep,* mentre leggevo m'addormentai **2 sebbene; pure; quantunque**: *W. I admit his good points, I can see his bad ones,* pur riconoscendo i suoi lati buoni, non mi sfuggono quelli cattivi.
(2) while [wail] *n.* [C] **momento; tempo**: *in a little w.,* in breve tempo; tra un momento; fra poco □ *a long w. ago,* molto tempo fa □ *all this w.,* tutto questo tempo ● *once in a w.,* una volta ogni tanto; di quando in quando □ *It is not worth w.,* non ne vale la pena □ *Please do it; I will make it worth your w.,* ti prego di farlo; saprò ricompensarti.
to **while** [wail] *v. t.* **passare, far passare** (il tempo): *to w. away the time,* passare il tempo piacevolmente; ammazzare il tempo *(fam.)*.
whilst [wailst] *V.* **(1) while.**
whim [wim] *n.* [C] **1 capriccio; ghiribizzo 2** *(mecc.)* **argano.**
to **whimper** ['wimpə*] **A** *v. i.* **1 frignare; piagnucolare 2** (di cane) **uggiolare 3** (d'uccello) **pigolare B** *v. t.* **dire piagnucolando.**
whimper ['wimpə*] *n.* [C] **1 piagnucolìo; frignìo 2 uggiolìo 3 pigolìo.**
whimperer ['wimpərə*] *n.* [C] **piagnucolone, piagnucolona; frignone, frignona.**
whimsical ['wimzikəl] *a.* **capriccioso; bizzarro; eccentrico.**
whimsicality [,wimzi'kæliti] *n.* [U] e [C] **bizzarria; eccentricità.**
whimsy ['wimzi] *n.* [C] **capriccio; ghiribizzo; fantasia.**
whin [win] *n.* [U] e [C] *(bot.,* Ulex europaeus) **ginestrone.**
to **whine** [wain] **A** *v. i.* **1** (di cani) **uggiolare 2 gemere; lagnarsi; lamentarsi 3 piagnucolare; frignare B** *v. t.* (spesso *to w. out*) **dire piagnucolando; proferire in tono lamentoso.**
whine [wain] *n.* [C] **1** (di cane) **uggiolìo 2 gemito; lamento 3 piagnucolìo; frignìo.**
whiner ['wainə*] *n.* [C] **piagnucolone, piagnucolona; lagnone, lagnona.**
to **whinny** ['wini] *v. i.* **nitrire.**
whinny ['wini] *n.* [C] **nitrito.**
whinstone ['winstoun] *n.* [U] e [C] *(geol.)* **roccia basaltica.**
whiny ['waini] *a.* **piagnucoloso; che frigna.**
whip [wip] *n.* [C] **1 frusta; sferza; scudiscio; staffile 2** *(fam.)* **cocchiere 3** (anche *whipper-in*) **bracchiere 4** *(polit.,* anche *party w.)* **deputato che sovrintende alla disciplina dei colleghi di partito; capogruppo parlamentare 5** *(polit.)* **convocazione a una seduta parlamentare**: *a three-line w.,* una convocazione urgentissima **6** *(cucina)* **dolce a base di uova (**o **panna,** ecc.**) montate** ● *w. and spur,* a spron battuto (anche *fig.*) □ *w.-round,* colletta; sottoscrizione □ *(cucito) w.-stitch,* sopraggitto □ *(fig.) to have the w. hand of sb.,* tenere il coltello dalla parte del manico nei confronti di q.
to **whip** [wip] **A** *v. t.* **1 frustare; sferzare; flagellare; fustigare;** *(fig.)* **battere**: *to w. a horse,* frustare un cavallo **2** *(fig.)* **attaccare; criticare aspramente 3** *(cucina)* **frullare; montare; sbattere**: *to w. cream,* montare la panna **4** (di solito *to w. off, out, up*) **afferrare; arraffare; carpire; strappare; cavar fuori; tirar fuori**: *to w. out a knife,* cavar fuori un coltello **5 avvolgere strettamente** (un bastone, la cima di un cavo) **con corda (**o **spago) 6 cucire a sopraggitto 7** *(fam.)* **sconfiggere; sgominare 8 far girare** (una trottola) **B** *v. i.* **1 correre; precipitarsi 2 sbattere** (al vento); **sventolare** ● *to w. away,* partire precipitosamente □ *to w. (st.) in,* cacciar dentro □ (caccia alla volpe) *to w. in (off, together) the hounds,* raccogliere (allontanare, adunare insieme) i cani usando la frusta □ *to w. on,* incitare con la frusta (cavalli, ecc.) □ *to w. out,* esclamare; lanciare: *to w. out an oath,* lanciare un'imprecazione □ *to w. round,* girarsi bruscamente □ *to w. round the corner,* girare l'angolo a tutta velocità □ *to w. round for subscriptions,* raccogliere sottoscrizioni.
whipcord ['wipkɔ:d] *n.* [U] **corda per fruste.**
whiplash ['wip,læʃ] *n.* [C] **sferzata.**
whipper ['wipə*] *n.* [C] **frustatore, frustatrice; fustigatore, fustigatrice** ● *w.-in,* bracchiere (nella caccia alla volpe).
whipper-snapper ['wipə,snæpə*] *n.* [C] **giovanotto presuntuoso.**
whippet ['wipit] *n.* [C] **1 « whippet »; cane da corsa 2** *(mil.)* **carro armato leggero.**
whipping ['wipiŋ] *n.* [C] **1 frustata; sferzata 2** *(fig.)* **sconfitta.**
whipping-boy ['wipiŋbɔi] *n.* [C] *(fig.)* **capro espiatorio.**
whipping-top ['wipiŋtɔp] *n.* [C] **trottola; paleo.**
whippy ['wipi] *a.* **flessibile; elastico.**
whip-round ['wipraund] *n.* [C] *(fam.)* **colletta.**
whir [wə:*] *n.* *(solo al sing.)* **ronzio; frullo, frullìo.**
to **whir** [wə:*] *v. i.* **ronzare; frullare.**
to **whirl** [wə:l] **A** *v. i.* **1 girare; roteare; piroettare; vorticare; turbinare 2 girare**: *My head is whirling,* mi gira la testa **3 girarsi (**o **voltarsi) di scatto B** *v. t.* **1 far girare; far turbinare; roteare; far volteggiare 2 girare (**o **voltare) di scatto 3** (di solito *to w. away*) **portar via in tutta fretta** ● *to w. away,* allontanarsi rapidamente; correre via.
whirl [wə:l] *n.* *(solo al sing.)* **1 mulinello; turbine; vortice 2** *(fig.)* **attività frenetica; turbinìo 3** *(fig.)* **confusione; smarrimento** ● *(fam.) Give it a w.!,* provaci!; fai un tentativo!

whirligig ['wə:ligig] *n.* [C] **1** trottola; paleo **2** giostra; carosello **3** girandola (giocattolo) **4** *(fig.)* alterne vicende **5** (*zool.*, Gyrinus natator) girino nuotatore.

whirling ['wə:liŋ] *a.* vorticoso; turbinoso.

whirlpool ['wə:lpu:l] *n.* [C] vortice; mulinello; gorgo (anche *fig.*).

whirlwind ['wə:lwind] *n.* [C] turbine (di vento); tromba d'aria.

whirlybird ['wə:li,bə:d] *n.* [C] *(pop.)* elicottero.

whirr ['wə:*] *V.* **whir.**

to **whirr** [wə:*] *V.* to **whir.**

to **whish** [wiʃ] *v. i.* frusciare; sibilare.

whish [wiʃ] *n.* [C] fruscìo; sibilo.

whisk [wisk] *n.* [C] **1** piumino per la polvere; scopetta **2** *(cucina)* frullino **3** colpo rapido ● *fly w.*, scacciamosche.

to **whisk** [wisk] **A** *v. t.* **1** scacciare (le mosche); scuotere (la polvere); spazzare; spolverare **2** agitare; scuotere **3** *(cucina)* frullare; montare (panna); sbattere (uova) **4** portar via in tutta fretta; spedire *(fig.)* **B** *v. i.* guizzar via; sgattaiolare.

whisker ['wiskə*] *n.* **1** [C] (di gatto, ecc.) baffo **2** *(al pl.)* basettoni; fedine.

whiskey, whisky ['wiski] *n.* [U] whisky.

to **whisper** ['wispə*] *v. i.* e *t.* **1** bisbigliare; sussurrare **2** mormorare; fare della maldicenza; riferire, raccontare (q.c. di scandaloso) **3** (delle fronde) stormire.

whisper ['wispə*] *n.* [C] **1** bisbiglio; sussurro: *in a w.*, in un sussurro; a bassa voce **2** fruscìo **3** diceria; insinuazione; voce.

whisperer ['wispərə*] *n.* [C] **1** maldicente **2** *(fam.)* informatore.

whispering ['wispəriŋ] **A** *a.* **1** sussurrante; che bisbiglia **2** maldicente **B** *n.* [C] **1** sussurrìo **2** *(specialm. al pl.)* mormorazione; maldicenza ● *w. campaign*, campagna diffamatoria □ *w. gallery*, galleria acustica.

whist [wist] *n.* [U] whist (gioco di carte) ● *w. drive*, torneo di whist.

to **whistle** ['wisl] *v. i.* e *t.* **1** fischiare; fischiettare: *to w. a tune*, fischiettare un motivetto **2** chiamare con un fischio: *to w. for a taxi*, chiamare un tassì con un fischio ● *(fig.) to w. for st.*, desiderare invano q.c.; aspettare invano q.c. □ *He can w. for it!*, campa cavallo (che l'erba cresce)!

whistle ['wisl] *n.* [C] **1** fischio; sibilo: *the w. of the train*, il fischio del treno **2** fischietto; zufolo.

whit [wit] *n.* *(solo al sing.)* particella infinitesimale; ette; iota ● *every w.*, completamente; da cima a fondo □ *I don't care a w.*, non me ne importa nulla.

Whit [wit] *a.* *(relig.)* di Pentecoste.

white [wait] **A** *a.* **1** bianco; candido; pallido; smorto; di razza bianca: *w. hair*, capelli bianchi □ *as w. as snow*, bianco come la neve □ *a w. bear*, un orso bianco □ *w. bread*, pane bianco **2** *(fig.)* innocente; puro; onesto **B** *n.* **1** [U] bianco; color bianco: *dressed in w.*, vestito di bianco **2** [C] bianco; uomo di razza bianca **3** [C] e [U] bianco (dell'uovo); albume: *the whites of five eggs*, cinque bianchi d'uovo **4** [C] *(anat.)* bianco (dell'occhio); sclerotica; sclera ● *w. civilization*, la civiltà dei bianchi □ *w. coffee*, caffellatte; cappuccino □ *(fig.) w. horses*, onde dalla cresta spumeggiante □ *(in USA) the W. House*, la Casa Bianca (residenza ufficiale del Presidente) □ *w. iron*, ghisa bianca □ *w. night*, notte bianca (insonne) □ *(polit.) w. paper*, rapporto governativo □ *(comm.) w. sale*, fiera del « bianco »; vendita di biancheria □ *(cucina) w. sauce*, salsa bianca; besciamella □ *w. sheet*, (un tempo) lenzuolo penitenziale: *(fig.) to stand in a w. sheet*, fare pubblica confessione delle proprie colpe □ *w. slavery (o the w.-slave traffic)*, la tratta delle bianche □ *(fig.) to bleed sb. w.*, dissanguare q.; ridurre q. in miseria □ *to call w. black*, far del bianco nero; cambiar le carte in tavola □ *to go w.*, impallidire □ *(fig.) to show the w. feather*, dare prova di viltà.

whitebait ['waitbeit] *n.* [U] frittura minuta; pesciolini.

whitebeard ['waitbiəd] *n.* [C] vecchio dalla barba bianca.

white-bearded ['wait,biədid] *a.* dalla barba bianca.

whitecap ['waitkæp] *n.* [C] **1** cresta spumeggiante (di un'onda) **2** *(zool.)* uccello dal capino bianco (in genere).

white-haired ['wait,hɛəd] *a.* dai capelli bianchi; canuto.

Whitehall ['wait,hɔ:l] *n.* **1** Whitehall (strada londinese sede dei principali uffici governativi) **2** *(per estens.)* il governo britannico.

white-hot ['wait,hɔt] *a.* incandescente (anche *fig.*).

white-livered ['wait,livəd] *a.* codardo; vile.

to **whiten** ['waitn] **A** *v. t.* **1** imbiancare; sbiancare **2** *(fig.)* riabilitare **B** *v. i.* **1** imbiancarsi **2** sbiancarsi; impallidire.

whitener ['waitnə*] *n.* [C] sbiancante; candeggiante.

whiteness ['waitnis] *n.* [U] **1** bianchezza; candore **2** pallore.

whitening ['waitniŋ] *n.* [U] **1** imbiancatura **2** *(fotogr.)* sbiancamento **3** bianco (di Spagna); gesso in polvere (per imbiancare).

whitethorn ['waitθɔ:n] *n.* [U] e [C] (*bot.*, Crataegus oxyacantha) biancospino.

whitewash ['waitwɔʃ] *n.* [U] **1** bianco di calce; calce da imbiancare **2** (anche [C]) *(fig.)* copertura, vernice *(fig.)*.

to **whitewash** ['waitwɔʃ] *v. t.* **1** dare il bianco a; imbiancare **2** *(fig.)* coprire le pecche di (q.); nascondere i difetti di (q.); riabilitare.

whitewasher ['wait,wɔʃə*] *n.* [C] imbianchino.

whither ['wiðə*] *avv. interr.* e *relat.* *(arc.)* dove.

(1) whiting ['waitiŋ] *n.* [U] bianco (di Spagna); gesso in polvere.

(2) whiting ['waitiŋ] *n.* [C] *(anche invar. al pl.)* (*zool.*, Gadus merlangus) merlango.

whitish ['waitiʃ] *a.* biancastro; bianchiccio.

whitlow ['witlou] *n.* [C] *(med.)* patereccio.

Whitsun ['witsən] *a.* *(relig.)* di Pentecoste.

Whitsunday [,wit'sʌndi] *n.* *(relig.)* domenica di Pentecoste.

Whitsuntide ['witsəntaid] *n.* *(relig.)* settimana di Pentecoste.

to **whittle** ['witl] *v. t.* e *i.* **1** tagliuzzare (legno) **2** intagliare **3** (*fig.*, di solito *to w. down, away*) diminuire; ridurre.

to **whiz,** to **whizz** [wiz] *v. i.* **1** sibilare; fischiare **2** passare velocemente; sfrecciare.

whiz(z) [wiz] *n.* [C] sibilo ● *(pop.) w. kid*, giovane brillante che si afferma rapidamente; fenomeno *(fig.)*.

who [hu:, hu] *pron. interr.* e *relat. sogg.* (*compl. ogg.* e *indir.* **whom** [hu:m]; *genitivo poss.* **whose** [hu:z]) **1** chi: *Who is that girl?*, chi è quella ragazza? □ *Whose book is this?*, di chi è questo libro? □ *Whom (fam. Who) were you speaking of?*, di chi stavate parlando? □ *Whom (fam. Who) do you mean?*, a chi ti riferisci?; a chi alludi? □ *Who is it?*, chi è? (per es., quando bussano alla porta) **2** (rif. a persone) il quale, la quale, i quali, le quali; che: *This is the boy (whom) we saw yesterday*, questo è il ragazzo che vedemmo ieri □ *Is that the girl to whom you spoke* (comunemente: *the girl you spoke to*)?, è quella la ragazza alla quale parlasti? □ *That's the old lady whose son was killed in war*, quella è la vecchia signora il figlio della quale (o il cui figlio) fu ucciso in guerra ● *Who's Who*, elenco delle personalità viventi (con cenni biografici) □ *anybody (o anyone) who*, chiunque □ *he who (o the boy who, the man who)*, colui che; chi □ *to know who's who*, saper vita, morte e miracoli di tutti □ *she who (o the girl who, the woman who)*, colei che; chi □ *those who*, coloro i quali, coloro le quali; quelli che, quelle che □ *Who knows!*, chissà!

whodun(n)it [hu(:)'dʌnit] *n.* [C] *(pop.)* romanzo poliziesco; libro (o film) giallo.

whoever [hu:'evə*] **A** *pron. indef.* e *relat.* (*nei compl.* **whomever, whomsoever** o *fam.* **whoever;** *genitivo poss.* **whosever,** o **whosesoever**) chiunque; chi: *W. says that is wrong*, chiunque dica ciò ha torto **B** *pron. interr.* (anche **who ever**) chi mai; chi diamine.

whole [houl] ***A*** *a.* ***1*** **tutto; intero; completo**: *the w. truth,* tutta la verità □ *the whole town,* l'intera città □ (*mat.*) *w. numbers,* numeri interi ***2*** **integro; intatto** ***3*** (*un po' scherz.*) **tutto d'un pezzo; sano e salvo; incolume** ***4*** **integrale**: *w. meal,* farina integrale ***B*** *n.* — *the w.*, l'intero; il complesso; il tutto; l'insieme; il totale: *a harmonic w.*, un complesso armonico ● *w. coffee,* caffè in grani □ *the w. of,* tutto, tutta (quando l'espressione che segue rifiuta l'articolo): *the w. of France,* tutta la Francia □ (*USA*) *w.-wheat bread,* pane integrale □ *as a w.*, nell'insieme; come un tutto unico □ *to do st. with one's w. heart,* fare q.c. di tutto cuore □ *to get off with a w. skin,* salvare la pelle □ *on the w.*, nel complesso; tutto sommato.

whole-coloured [ˌhoul'kʌləd] *a.* **a tinta unita.**

whole-hearted [ˌhoul'ha:tid] *a.* **cordiale; generoso.**

whole-hogger [ˌhoul'hɔgə*] *n.* [C] ***1*** **chi va fino in fondo** (a una faccenda); **persona risoluta** ***2*** (*polit.*) **sostenitore fanatico.**

whole-length ['houlˌleŋθ] *a.* ***1*** **integrale; non compendiato** ***2*** **a figura intera**: *a w. portrait,* un ritratto a figura intera.

wholeness ['houlnis] *n.* [U] **interezza; totalità.**

wholesale ['houlseil] ***A*** *n.* [U] (*comm.*) **vendita all'ingrosso**: *to sell by w. (USA at w.),* vendere all'ingrosso ***B*** *a. attr.* (*comm.*) **all'ingrosso**: *w. prices,* prezzi all'ingrosso ***C*** *avv.* ***1*** (*comm.*) **all'ingrosso**: *to sell w.*, vendere all'ingrosso ***2*** (*fig.*) **in grandi quantità; in massa** ● *w. dealer,* grossista □ *a w. slaughter,* un massacro.

wholesaler ['houlˌseilə*] *n.* [C] (*comm.*) **grossista.**

wholesome ['houlsəm] *a.* ***1*** **salubre; salutare; sano** ***2*** (*fig.*) **morale.**

wholesomeness ['houlsəmnis] *n.* [U] ***1*** **salubrità; sanità** ***2*** (*fig.*) **moralità.**

who'll [hu:l] *contraz.* di: ***1*** **who shall** ***2*** **who will.**

wholly ['houlli] *avv.* **interamente; totalmente; del tutto.**

whom [hu:m] *V.* **who.**

whomever [hu:m'evə*] *V.* **whoever.**

whoop [wu:p, hu:p] *n.* [C] **grido; urlo**: *whoops of joy,* grida di gioia.

to **whoop** [wu:p, hu:p] *v. i.* e *t.* **gridare; urlare.**

whoopee [wu'pi:] *inter.* (*fam.*) **evviva!; urrah!** ● (*pop.*) *to make w.*, far baldoria.

whooping-cough ['hu:piŋkɔf] *n.* [U] (*med.*) **pertosse; tosse convulsiva** (o **canina).**

whoosh [wuʃ] *n.* (*generalm. al sing.*) **sibilo.**

to **whoosh** [wuʃ] *v. i.* **sibilare** ● *to w. by* (o *past*), passare sibilando.

to **whop** [wɔp] *v. t.* (*fam.*) ***1*** **picchiare; bastonare** ***2*** (*fig.*) **sconfiggere.**

whopper ['wɔpə*] *n.* [C] (*fam.*) **grossa bugia; fandonia.**

whopping ['wɔpiŋ] (*fam.*) ***A*** *a.* **colossale; enorme** ***B*** *avv.* **molto.**

whore [hɔ:*] *n.* [C] (*spreg.*) **puttana** (*volg.*); **prostituta; meretrice.**

to **whore** [hɔ:*] *v. i.* ***1*** **fare la prostituta** ***2*** **andare a puttane.**

whoredom ['hɔ:dəm] *n.* [U] **prostituzione; meretricio.**

whorl [wə:l] *n.* [C] ***1*** **spira; giro di spirale** ***2*** (*bot.*) **verticillo.**

whortleberry ['wə:tlˌberi] *n.* [C] (*bot.*, Vaccinium myrtillus) **mirtillo.**

whose [hu:z] *V.* **who.**

(1) why [wai] ***A*** *avv.* e *cong. interr.* **perché; per quale ragione; per quale motivo**: *Why did you go there?*, perché ci sei andato? □ *Tell me why it's wrong,* dimmi perché è sbagliato □ *Why not?*, perché no? □ *Why so?*, perché mai? ***B*** *avv. relat.* **perché; per cui; per il quale**: *This is (the reason) why I came back at once,* ecco perché tornai subito indietro ***C*** *n.* (*pl.* **whys**) **(il) perché.**

(2) why [wai] *inter.* **ma come!; ma sì!; beh!; che diamine!; ma via!**: *Why, it's quite easy!*, ma sì, è facilissimo!

wick [wik] *n.* [C] e [U] **stoppino; lucignolo.**

wicked ['wikid] *a.* ***1*** **cattivo; malvagio; perfido; maligno** ***2*** **depravato; immorale; peccaminoso; perverso** ***3*** **birichino; malizioso.**

wickedness ['wikidnis] *n.* [U] **cattiveria; malvagità; perfidia.**

wicker ['wikə*] *n.* [U] **vimine, vimini.**

wickerwork ['wikəwə:k] *n.* [U] ***1*** **lavoro in vimini** ***2*** **oggetti fatti di vimini.**

wicket ['wikit] *n.* [C] ***1*** (anche *w.-gate, w.-door*) **cancelletto; portello; porta pedonale** ***2*** **sportello** (di un ufficio, ecc.) ***3*** (*cricket*) **« wicket ».**

wide [waid] ***A*** *a.* ***1*** **ampio; largo; esteso; vasto; spazioso**: *fifty feet w.*, largo cinquanta piedi □ *the w. world,* il vasto mondo □ *a w. margin,* un ampio margine (anche *fig.*) ***2*** (di stoffa, tessuto) **alto** ***3*** **spalancato**: *with w. eyes,* con gli occhi spalancati ***4*** **lontano; fuori luogo; fuori segno**: *an answer quite w. of the mark,* una risposta del tutto sbagliata (o fuori luogo, niente affatto azzeccata) ***B*** *avv.* ***1*** **in largo; su una vasta superficie**: *to search far and w.*, cercare in lungo e in largo; cercare dappertutto ***2*** **completamente; del tutto** ***3*** **fuori segno; a vuoto**: *to shoot w. (of the mark),* sparare a vuoto (o non colpire il bersaglio) ● (*fotogr.*) *w.-angle lens,* obiettivo grandangolare □ *to fall w.*, non andare a segno; fallire il bersaglio □ *to grow w.*, allargarsi; spalancarsi □ *to open st. w.*, spalancare q.c. □ *a shot w. of the mark,* un colpo non andato a segno; un colpo a vuoto □ *to yawn w.*, fare un grande sbadiglio.

wide-awake [ˌwaidə'weik] *a.* ***1*** **perfettamente sveglio** ***2*** (*fig.*) **con gli occhi bene aperti; vigile.**

wide-eyed ['waidˌaid] *a.* **con gli occhi spalancati.**

widely ['waidli] *avv.* ***1*** **in lungo e in largo; estesamente** ***2*** **assai; molto; largamente**: *to differ w. in opinions,* avere opinioni molto diverse ● *It is w. known that...*, è risaputo che...

to **widen** ['waidn] ***A*** *v. t.* **allargare; ampliare** (anche *fig.*) ***B*** *v. i.* **allargarsi; ampliarsi** ● *to w. out,* estendersi.

wideness ['waidnis] *n.* [U] (anche *fig.*) **ampiezza; larghezza.**

wide-open ['waidˌoupən] *a.* **spalancato.**

widespread ['waidspred] *a.* **molto esteso; assai diffuso.**

widgeon ['widʒən] *n.* [C] (*zool.*, Mareca penelope) **fischione.**

widow ['widou] *n.* [C] **vedova** ● *grass w.*, vedova bianca (*fig.*).

to **widow** ['widou] *v. t.* **rendere vedova (o vedovo).**

widower ['widouə*] *n.* [C] **vedovo.**

widowhood ['widouhud] *n.* [U] **vedovanza; stato vedovile** (di donna).

width [widθ] *n.* ***1*** [U] **larghezza; ampiezza** (anche *fig.*): *It's twenty feet in w.*, ha una larghezza di venti piedi ***2*** [U] (*anche con l'art. indeterm.*) (di stoffa) **altezza** (della pezza) ***3*** [C] **pezza** (di una certa altezza).

to **wield** [wi:ld] *v. t.* ***1*** **brandire; tenere; reggere**: *to w. the sceptre,* reggere lo scettro ***2*** **esercitare**: *to w. power,* esercitare il potere.

wife [waif] *n.* (*pl.* **wives** [waivz]) **moglie; sposa.**

wifelike ['waiflaik], **wifely** ['waifli] *a.* **che s'addice a una moglie; proprio di una buona moglie.**

wig [wig] *n.* [C] ***1*** **parrucca** ***2*** (*scherz.*) **capigliatura** ***3*** (*fam.*) **sgridata.**

wigged [wigd] *a.* **imparruccato.**

wigging ['wigiŋ] *n.* [C] (*fam.*) **sgridata; lavata di capo** (*fig.*).

to **wiggle** ['wigl] (*fam.*) ***A*** *v. t.* **dimenare; muovere**: *to w. one's hips,* dimenare le anche ***B*** *v. i.* **dimenarsi; muoversi.**

wiggle ['wigl] *n.* [C] (*fam.*) **dimenìo; rapido movimento.**

wight [wait] *n.* [C] (*arc.* o *scherz.*) **persona; individuo; tipo.**

to **wigwag** ['wigˌwæg] *v. t.* e *i.* (*mil.*) **segnalare con bandierine.**

wigwam ['wigwæm] *n.* [C] **« wigwam »** (tenda o capanna dei Pellirosse).

wilco ['wilkou] *inter.* (*radio*) **ricevuto!**

wild [waild] ***A*** *a.* ***1*** **selvatico; selvaggio; incolto; barbaro; primitivo; feroce**: *w. plants,* piante selvatiche □ *w. tribes,* tribù selvagge □ *w. beasts,* bestie feroci □ *w. animals,* animali selvatici ***2*** **disordinato; scompigliato; in disordine**: *w. hair,* capelli scompigliati ***3*** **sfrenato; sregolato; dissoluto; turbolento** ***4*** **agitato; tempestoso; di tempesta**: *a w. night,* una notte di tempesta ***5*** **molto eccitato; fuori di sé; furibondo; stravolto; folle; pazzo** (anche *fig.*): *to be w. with anger,* essere fuori di sé per l'ira; essere furibondo ***6*** (d'animale domestico) **ombroso; pauroso** ***7*** **avventato; azzardato; imprudente; incoerente; fatto a casaccio**: *w. plans,* progetti avventati; piani cervellotici □ *w. words,* parole incoerenti (o dette a vanvera) ***B*** *avv.* **a casaccio; all'impazzata** ***C*** *n.* *(generalm. al pl.)* **regione selvaggia; terreno incolto** ● *(fam.) to be w. about st.,* andare matto per q.c. □ *w. flower,* fiore di campo □ *a w. man,* un selvaggio □ *(polit.) the w. men,* gli estremisti di un partito □ *a w. party,* un'orgia □ *a w. seacoast,* una costa battuta dalle tempeste □ *to be in w. spirits,* essere eccitato al massimo □ *to make (o to drive) sb. w.,* fare andare q. su tutte le furie □ *to run w.,* (di pianta) inselvatichire; (di persona) diventare sfrenato □ *(fig.) to sow one's w. oats,* correre la cavallina.

wildcat ['waildkæt] ***A*** *n.* [C] ***1*** *(zool.,* Felis catus) **gatto selvatico** ***2*** *(fig.)* **persona aggressiva** ***3*** *(comm.)* **impresa azzardata** ***B*** *a. attr.* ***1*** *(comm.)* **azzardato; rischioso; avventato** ***2*** *(leg., fin.)* **illegale; illecito** ● *w. strike,* sciopero a gatto selvaggio.

wildebeest ['wildibi:st] *n.* [C] *(zool.,* Connochaetes gnu) **gnu.**

wilderness ['wildənis] *n.* [C] ***1*** **regione selvaggia; territorio incolto; deserto; landa** ***2*** **distesa desolata.**

wild-eyed ['waild,aid] *a.* **dallo sguardo allucinato; con gli occhi stralunati.**

wildfire ['waild,faiə*] *n.* [U] ***1*** *(stor.)* **fuoco greco** ***2*** **baleno, lampo** (senza tuono) ● (di una notizia, ecc.) *to spread like w.,* diffondersi in un lampo.

wildfowl ['waild,faul] *n.* *(collett.)* **uccelli selvatici;** (specialm.) **anatre selvatiche.**

wilding ['waildiŋ] *n.* [C] ***1*** **pianta selvatica; frutto selvatico** ***2*** (specialm.) **melo selvatico; mela selvatica.**

wildlife ['waildlaif] *n.* [U] **animali e piante selvatici.**

wildness ['waildnis] *n.* [U] ***1*** **selvatichezza; stato selvaggio** ***2*** **barbarie** ***3*** **sfrenatezza; sregolatezza** ***4*** **furore; impetuosità.**

wile [wail] *n.* *(di solito al pl.)* **astuzia; inganno; artificio; stratagemma.**

to **wile** [wail] *v. t.* **allettare; adescare; ingannare** ● *to w. sb. into a snare,* attirare q. in un tranello.

wilful ['wilful] *a.* ***1*** **caparbio; cocciuto; ostinato; testardo** ***2*** *(leg.)* **intenzionale; premeditato; doloso; volontario.**

wilfulness ['wilfulnis] *n.* [U] ***1*** **caparbietà; cocciutaggine; ostinazione; testardaggine** ***2*** *(leg.)* **intenzionalità; premeditazione; dolosità.**

wiliness ['wailinis] *n.* [U] **astuzia; furberia; scaltrezza.**

(1) will [wil] (*pass.* **would** [wud, wəd]) *voce verb. difett.* ***1*** *(idiom., ausiliare per la formazione del futuro semplice o volitivo, promissorio, minatorio, ecc.)*: *He w. come back tomorrow,* tornerà domani □ *I w. speak,* parlerò!; voglio parlare □ *W. it be ready tonight?,* sarà pronto stasera? ***2*** *(nelle frasi interr. e neg.)* **vuoi, vuole, volete, vogliono**: *W. you come in?,* vuoi entrare? (o entra, prego!) □ *This door won't open,* questa porta non vuole aprirsi ***3*** *(idiom., sta a indicare abitudine, consuetudine, inevitabilità, pervicacia, ecc.)*: *He w. sit there hour after hour,* se ne sta lì seduto per ore e ore ● *w. have,* volere: *W. you have some more tea?,* vuoi dell'altro tè? □ *I won't have you behave like that,* non voglio che ti comporti così! □ *Pass me the salt, w. you?,* per favore, passami il sale □ *He w. have his own way,* vuol fare a modo suo □ *Do as you w.,* fa' come vuoi; fa' come ti pare (e piace) □ *Things w. happen,* sono cose che succedono □ *He w. have it that my theory is wrong,* insiste nell'affermare che la mia teoria è errata.

(2) will [wil] *n.* ***1*** *(solo al sing.)* **volontà; volere; voglia**: *to have a strong w.,* avere una forte volontà □ *to have no w. of one's own,* essere privo di volontà □ *to do st. of one's own free w.,* fare q.c. di propria spontanea volontà □ *to do st. against one's w.,* fare q.c. controvoglia ***2*** [C] *(leg.)* **testamento; ultime volontà**: *to make one's w.,* fare testamento ● *w.-power,* forza di volontà □ *at w.,* a volontà; a piacere □ *free w.,* libero arbitrio □ *good(-)w.,* benevolenza; buona disposizione dell'animo; simpatia □ *to have one's w.,* fare quel che si vuole; fare a modo proprio □ *ill(-)w.,* malvolere; malanimo; astio; rancore.

to **will** [wil] *v. t.* e *i.* ***1*** **volere (fortemente); decretare**: *God wills it,* Dio lo vuole ***2*** **essere fermamente deciso**: *They willed to survive,* erano fermamente decisi a sopravvivere ***3*** *(leg.)* **lasciare** (per testamento).

willing ['wiliŋ] *a.* ***1*** **volenteroso; compiacente** ***2*** **volontario; spontaneo** ● *w. or not,* volente o nolente □ *to be w. to do st.,* essere disposto a fare q.c.

willingly ['wiliŋli] *avv.* **volentieri; prontamente; di buon grado.**

willingness ['wiliŋnis] *n.* [U] ***1*** **compiacenza; buona volontà** ***2*** **prontezza** (ad agire); **propensione** (a fare q.c.).

will-o'-the-wisp ['wiləðə,wisp] *n.* [C] ***1*** **fuoco fatuo** ***2*** *(fig.)* **persona inafferrabile; cosa inafferrabile.**

willow ['wilou] *n.* [C] ***1*** *(bot.,* Salix) (anche *w.-tree*) **salice**: *weeping w.* (Salix babylonica), **salice piangente** ***2*** *(cricket)* **mazza** (del battitore). ● *w.-pattern,* disegno di tipo cinese (in azzurro, su porcellana bianca) □ *w.-ware,* porcellana di tipo cinese.

willowy ['wiloui] *a.* ***1*** **piantato a salici; fiancheggiato da salici** ***2*** *(fig.)* **sottile; esile; flessibile.**

willy-nilly ['wili'nili] ***A*** *avv.* **volente o nolente; per amore o per forza** ***B*** *a.* **esitante; incerto; irresoluto.**

wilt [wilt] *2ª pers. sing.* del *pres. arc.* della voce verb. difett. **will.**

to **wilt** [wilt] ***A*** *v. i.* **appassire; avvizzire** (anche *fig.*) ***B*** *v. t.* **far appassire; far avvizzire.**

wily ['waili] *a.* **astuto; furbo; scaltro** ● *(fig.) a w. old fox,* una vecchia volpe; un furbo di tre cotte.

wimple ['wimpl] *n.* [C] ***1*** **soggolo** ***2*** **crespa; piega.**

to **wimple** ['wimpl] ***A*** *v. t.* ***1*** **coprire con un soggolo** ***2*** **increspare; pieghettare** ***B*** *v. i.* (di stoffa) **cadere in pieghe.**

Wimpy ['wimpi] *n.* [C] *(marchio)* **« Wimpy »** (tipo di hamburger).

to **win** [win] (*pass.* e *p.p.* **won** [wʌn]) *v. t.* e *i.* ***1*** **vincere; conquistare**: *to win a battle,* vincere una battaglia □ *to win a fortress,* conquistare una fortezza □ *I won two pounds from him at cards,* gli ho vinto due sterline a carte ***2*** **guadagnare; ottenere; procurarsi; raggiungere (con sforzo)**: *to win one's bread,* guadagnarsi il pane □ *to win the summit (the shore),* guadagnare (o raggiungere) la cima (la riva) ***3*** **convincere; persuadere**: *to win sb. (over) to one's side,* convincere q. a passare dalla propria parte ● *to win all hearts,* cattivarsi la simpatia di tutti □ *to win back,* riconquistare; riguadagnare □ *to win the day* (o *the field),* riportare una vittoria campale; riuscire vittorioso □ *(fam.) to win hands down,* vincere senza fatica □ *to win a point,* segnare un punto a proprio vantaggio.

win [win] *n.* [C] *(fam.)* ***1*** **vittoria; successo**: *(sport) a win on points,* una vittoria ai punti ***2*** **vincita; somma vinta.**

to **wince** [wins] *v. i.* ***1*** **fremere; sobbalzare; sussultare; trasalire** ***2*** **indietreggiare; tirarsi indietro; barcollare.**

wince [wins] *n.* [C] **fremito; sobbalzo; sussulto.**

wincey ['winsi] *n.* [U] *(ind. tessile)* **flanella di lana (**o **di lana e cotone).**

winch [wintʃ] *n.* [C] *(mecc., naut.)* ***1*** **argano; verricello** ***2*** **manovella.**

(1) wind [wind] *n.* ***1*** [C] e [U] **vento**: *a gust of w.,* una raffica di vento □ *The w. is rising,* si sta alzando il vento □ *My papers were blown to the four winds,* le mie carte furono sparse ai quattro venti ***2*** [U] **fiato; respiro; respirazione**: *to recover one's w.,* riprender fiato ***3*** [U] **odore** (portato dal vento); **sentore** (anche *fig.*): *to get* *w. of st.*, aver sentore di q.c.; fiutare q.c. **4** [U] *(med.)* **flatulenza 5** [U] *(fig.)* **parole vuote; vaniloquio 6** *(collet., mus.)* **strumenti a fiato** • *w.-break*, frangivento □ *w.-cheater*, giacca a vento □ *(poet.) w.-flower*, anemone □ *(mus.) w.-instrument*, strumento a fiato □ *(meteorologia) w. rose*, rosa dei venti □ *(aeron.) w. tunnel*, galleria aerodinamica □ *to break w.*, fare un peto □ *(naut.) to come to the w.*, orzare □ *(naut.) dead w.*, vento di prua □ *(fig.) to find out how the w. blows*, sentire che aria spira □ *(pop.) to have the w. up*, aver fifa □ *(naut.) off the w.*, col vento in poppa □ *(naut.) on the w.*, col vento in prua □ *(pop.) to put the w. up sb.*, spaventare q. □ *(fig.) to raise the w.*, procurarsi di riffa o di raffa il denaro occorrente □ *sound in w. and limb*, sano come un pesce; in ottime condizioni fisiche □ *(fig.) There is st. in the wind*, c'è qualche cosa nell'aria.

(1) to **wind** [wind] *v. t.* **1 dare aria a; esporre al vento 2 fiutare 3 far restare senza fiato; sfiatare 4 far riprendere fiato a.**

(2) to **wind** [waind] (*pass.* e *p. p.* **winded** o **wound** [waund]) *v. t.* **suonare** (uno strumento a fiato, un segnale).

(3) to **wind** [waind] (*pass.* e *p. p.* **wound** [waund]) **A** *v. i.* **1 serpeggiare; girare; formare anse; fare delle svolte; snodarsi**: *The river winds in and out*, il fiume forma continue anse **2 avvolgersi; attorcigliarsi 3** *(fig.)* **prenderla alla larga** (parlando): **agire in modo tortuoso 4** (del legno) **incurvarsi; imbarcarsi 5** (di un orologio) **caricarsi B** *v. t.* **1 far girare 2 avvolgere; aggomitolare; attorcigliare**: *to w. (up) wool into a ball*, aggomitolare della lana □ *to w. a baby in a shawl (o to w. a shawl round a baby)*, avvolgere un bambino in uno scialle **3 sollevare con l'argano 4 caricare**: *to w. (up) a watch*, caricare un orologio **5** *(fig.)* **insinuare; introdurre** • *to w. down*, abbassare (girando una manovella); (d'orologio, ecc.) scaricarsi; (specialm. *polit., mil.)* rallentare, diminuire, ridurre (la tensione, ecc.) □ *to w. off*, svolgere, dipanare; svolgersi, dipanarsi □ *(fig.) to w. sb. round one's (little) finger*, menare q. per il naso; far fare a q. tutto ciò che si vuole □ *to w. up*, avvolgere, arrotolare, aggomitolare; caricare (un orologio, ecc.); terminare, concludere; tendere al massimo (anche *fig.*); *(fin., leg., rag.)* chiudere, liquidare (società, conti) □ *to w. up a meeting*, sciogliere una riunione.

(2) wind [waind] *n.* [C] **1 giro** (di manovella) **2 giravolta; svolta.**

windbag ['windbæg] *n.* [C] **1** *(mus.)* **otre** (di cornamusa) **2** *(fam.)* **parolaio; trombone** *(fam.)*.

wind-borne ['wind,bɔ:n] *a.* **portato dal vento.**

wind-broken ['wind,broukən] *a.* (di cavallo) **bolso.**

winded ['windid] *a.* **senza fiato; sfiatato** • *long-w.*, dal fiato lungo; *(fig.)* verboso, prolisso □ *short-w.*, dal fiato corto; *(fig.)* breve, conciso.

winder ['waində*] *n.* [C] **1** *(ind. tessile)* **incannatoio; rocchettiera 2 chiave per caricare l'orologio 3 gradino di scala a chiocciola.**

windfall ['windfɔ:l] *n.* [C] **1 frutto abbattuto dal vento 2** *(fig.)* **colpo di fortuna; guadagno inatteso.**

wind-gauge ['wind,geidʒ] *n.* [C] **anemometro.**

windhover ['wind,hɔvə*] *n.* [C] *(dial.; zool.,* Falco tinnunculus*)* **gheppio.**

windiness ['windinis] *n.* [U] **1 ventosità 2** *(fig.)* **verbosità 3** *(med., fam.)* **flatulenza.**

winding ['waindiŋ] **A** *n.* **1** [U] **serpeggiamento; sinuosità; tortuosità** (anche *fig.*) **2** [C] **avvolgimento; spira 3** [C] (di fiume) **meandro 4** [C] (di strada) **curva; svolta B** *a.* **1** (di strada, fiume) **serpeggiante; sinuoso; tortuoso 2** (di scala) **a chiocciola** • *(fin.) w.-up*, liquidazione (di una società).

winding-sheet ['waindiŋʃi:t] *n.* [C] **sudario.**

wind-jammer ['wind,dʒæmə*] *n.* [C] *(naut.)* **grande veliero.**

windlass ['windləs] *n.* [C] *(mecc., naut.)* **argano; verricello.**

windmill ['wind,mil] *n.* [C] **1 mulino a vento 2** *(mecc.)* **motore a vento; aeromotore 3 mulinello, girandola** (giocattoli) **4** *(comm.)* **cambiale di comodo.**

window ['windou] *n.* [C] **1 finestra**: *to look out of the w.*, guardare fuori della finestra **2** *(autom., ferr.)* **finestrino 3** (anche *w.-pane*) **vetro della finestra 4** *(naut.)* **occhio; oblò** • *w. envelope*, busta a finestra □ *w.-shutter*, persiana □ *w.-sill*, davanzale □ *bay w.* (o *bow w.*), bovindo □ *dormer-w.*, abbaino □ *French w.*, porta-finestra □ *show-w.* (o *shop-w.*), vetrina (di negozio).

window-dresser ['windou,dresə*] *n.* [C] **vetrinista.**

window-dressing ['windou,dresiŋ] *n.* [U] **vetrinistica.**

windpipe ['windpaip] *n.* [C] *(anat.)* **trachea.**

windscreen ['windskri:n] *n.* [C] *(autom.)* **parabrezza** • *w. wiper*, tergicristallo.

windstorm ['wind,stɔ:m] *n.* [C] **tempesta di vento.**

wind-swept ['windswept] *a.* **battuto dai venti.**

windward ['windwəd] *(naut.)* **A** *n.* **lato esposto al vento B** *a.* **1 (di) sopravvento**: *the w. side*, il lato sopravvento **2 che si muove controvento C** *avv.* **sopravvento** • *(fig.) to get to w. of sb.*, mettersi in posizione di vantaggio rispetto a q.

windy ['windi] *a.* **1 ventoso; esposto al vento; battuto dal vento 2** *(fig.)* **verboso; vacuo; vuoto 3** *(pop.)* **spaventato; pieno di fifa 4** *(med., fam.)* **flatulento.**

wine [wain] *n.* **1** [U] e [C] **vino**: *French wines*, vini francesi □ *table w.*, vino da pasto **2** [U] **succo fermentato** (d'altri frutti): *currant w.*, succo fermentato di ribes • *w. card*, lista dei vini.

to **wine** [wain] **A** *v. t.* **offrire vino a** (ospiti) **B** *v. i.* **bere vino.**

winebag ['wainbæg] *n.* [C] **1 otre da vino 2** *(fig.)* **beone.**

winebibber ['wain,bibə*] *n.* [C] **gran bevitore di vino; beone.**

winebottle ['wain,bɔtl] *n.* [C] **bottiglia da vino.**

wineglass ['waingla:s] *n.* [C] **bicchiere da vino.**

winegrower ['wain,grouə*] *n.* [C] **viticoltore; vignaiolo.**

winegrowing ['wain,grouiŋ] *n.* [U] **viticoltura.**

wine-press ['wainpres] *n.* [C] **torchio da vino.**

wine-skin ['wain,skin] *n.* [C] **otre da vino.**

wing [wiŋ] *n.* [C] **1 ala** (quasi in ogni senso): *the wings of a bird (of an aeroplane, of an army)*, le ali di un uccello (di un aeroplano, di un esercito schierato) □ *(sport) the right w. of a football team*, l'ala destra di una squadra di calcio **2** *(aeron., mil.)* **aerobrigata 3** *(al pl. aeron., mil.)* **distintivo di pilota 4** *(al pl., teatr.)* **quinte 5** (di porta) **battente** • *w.-span*, apertura alare □ *to lend (o to add) wings to sb.*, mettere le ali ai piedi di q. □ *on the w.*, in volo □ *to take w.*, prendere il volo □ *(fig.) to take sb. under one's w.*, prendere q. sotto la propria protezione.

to **wing** [wiŋ] *v. t.* e *i.* **1 provvedere di ali 2** *(poet.)* **percorrere volando; volare 3 ferire** (un uccello) **a un'ala 4** *(fam.)* **ferire** (una persona) **a un braccio.**

winged [wiŋd] *a.* **alato** (anche *fig.*).

winger ['wiŋə*] *n.* [C] *(sport)* **ala** (giocatore).

wing-footed ['wiŋ,futid] *a.* *(poet.)* **con le ali ai piedi.**

wingless ['wiŋlis] *a.* **senz'ali.**

to **wink** [wiŋk] **A** *v. i.* **1 battere le palpebre; ammiccare; strizzare l'occhio**: *to w. at sb.*, strizzare l'occhio a q. **2** (di stelle, ecc.) **scintillare 3** (di luce intermittente) **lampeggiare B** *v. t.* **strizzare** (un occhio, gli occhi) • *to w. at st.*, chiudere un occhio su q.c.; far finta di non vedere q.c. □ *(autom.) winking lights*, lampeggiatori.

wink [wiŋk] *n.* [C] **1 ammicco; strizzatina d'occhio 2** *(fig.)* **attimo; istante**: *in a w.*, in un attimo • *(fam.) forty winks*, un sonnellino □ *not to get a w. of sleep (o not to sleep a w.)*, non chiudere occhio □ *without a w. of the eyelid*, senza batter ciglio.

winker ['wiŋkə*] *n.* *(specialm. al pl.)* **1** (di cavallo) **paraocchi 2** *(fam.)* **palpebra; occhio 3** *(al pl., fam.) (autom.)* **lampeggiatori.**

winking ['wiŋkiŋ] *n.* [U] **1 (il) battere le palpebre; (l')ammiccare; (lo) strizzar l'occhio 2** (delle stelle, ecc.) **scintillio 3** (di luce intermittente) **lampeggiamento** • *(pop.) like w.*, in un attimo; in un baleno; in un batter d'occhio.

winkle ['wiŋkl] *n.* [C] *(zool.,* Littorina littorea*)* **chiocciola di mare.**

to **winkle out** ['wiŋkl'aut] *v. t.* **estrarre; cavar fuo-**

ri.

winner ['winə*] *n.* [C] **1 vincitore, vincitrice 2** *(fam.)* **persona (o cosa) di sicuro successo.**

winning ['winiŋ] **A** *a.* **1 vincente; vincitore 2 della vittoria; che fa vincere 3 affascinante; attraente; avvincente; seducente B** *n. (al pl.)* **vincite** (al gioco) ● *the w. game,* la partita decisiva; la bella □ *(sport) w.--post,* traguardo.

to **winnow** ['winou] *v. t.* **1 vagliare** (anche *fig.*); **ventilare, spulare** (grano, ecc.) **2** *(fig.)* **separare**: *to w. truth from falsehood,* separare il vero dal falso.

winnowing-fan ['winouiŋʃæn] *n.* [C] *(agric.)* **macchina vagliatrice.**

winsome ['winsəm] *a.* **affascinante; attraente; avvincente; seducente.**

winter ['wintə*] **A** *n.* [C] e [U] **1 inverno**: *a mild w.,* un inverno mite **2 anno** (d'età): *a man of sixty winters,* un uomo di sessant'anni **B** *a. attr.* **d'inverno; invernale**: *w. sports,* gli sport invernali ● *w. clothes,* abiti invernali; vestiti pesanti □ *(zool.) w. sleep,* ibernazione.

to **winter** ['wintə*] **A** *v. i.* **svernare; passare l'inverno B** *v. t.* **conservare** (piante), **nutrire** (animali) **durante l'inverno.**

winterly ['wintəli] *a.* **invernale.**

wintertime ['wintətaim] *n.* [U] **stagione invernale.**

wintriness ['wintrinis] *n.* [U] **1 rigore invernale; freddo invernale 2 aspetto invernale.**

wintry ['wintri] *a.* **1 invernale; freddo; rigido 2** *(fig.)* **freddo; senza calore.**

winy ['waini] *a.* **vinoso; simile al vino** (per colore, gusto, ecc.).

to **wipe** [waip] *v. t.* **asciugare; pulire; strofinare**: *to w. the dishes,* asciugare i piatti □ *to w. one's face,* asciugarsi la faccia ● *to w. (st.) away,* togliere strofinando; asciugare □ *to w. (st.) dry,* asciugare strofinando □ *to w. (st.) off,* togliere strofinando, cancellare; *(comm.)* liquidare, pagare □ *to w. (st.) out,* pulire strofinando; togliere, cancellare; distruggere, annientare □ *to w. (st.) up,* asciugare, raccogliere (con lo strofinaccio).

wipe [waip] *n.* [C] **1 asciugata; strofinata; pulitina**: *to give st. a w.,* dare una pulitina a q.c. **2** *(pop.)* **botta; colpo 3** *(arc., pop.)* **fazzoletto.**

wiper ['waipə*] *n.* [C] **1 strofinaccio 2** *(pop.)* **fazzoletto.**

wire ['waiə*] *n.* **1** [C] e [U] **filo** (metallico): *telephone wires,* i fili del telefono □ *copper w.,* filo di rame **2** [C] *(fam.)* **telegramma** ● *(tel., radio) w. broadcasting,* filodiffusione □ *w. brush,* spazzola metallica □ *w. fence,* rete metallica □ *(ind.) w. mill,* trafileria □ *w. netting,* rete metallica; reticolato □ *w.-tapping,* intercettazione di messaggi telegrafici (o telefonici) □ (specialm. *USA*) *w.-walker,* funambolo □ *live w., (elettr.)* filo sotto tensione; *(fig.)* persona attiva, energica □ *to pull the wires,* manovrare i fili (delle marionette); *(fig.)* tenere le fila (di una situazione), manovrare da dietro le quinte.

to **wire** ['waiə*] *v. t.* e *i.* **1 assicurare, fissare, collegare** (q.c.) **con filo metallico 2 infilzare** (grani, perline) **in un filo metallico 3** *(elettr.)* **installare fili**: *to w. a house for electricity,* installare i fili dell'elettricità in una casa **4 accalappiare; prendere al laccio 5** *(fam.)* **telegrafare** ● *(fam.) to w. in,* mettercela tutta □ *to w. off a racecourse,* cingere di rete metallica un campo di corse.

wired ['waiəd] *a.* **1 a rete metallica 2 rinforzato con filo metallico; armato.**

to **wiredraw** ['waiədrɔ:] (*pass.* **wiredrew** ['waiədru:], *p. p.* **wiredrawn** ['waiədrɔ:n]) *v. t.* **1** *(metall.)* **trafilare 2** *(fig.)* **tirare per le lunghe.**

wire-haired ['waiəhɛəd] *a.* (specialm. di cane) **dal pelo irsuto.**

wireless ['waiəlis] **A** *a.* **senza fili B** *n.* [U] **1 radiotelegrafia; radio 2 (apparecchio) radio 3 marconigramma** ● *w. operator,* radiotelegrafista; marconista □ *w. telephony,* radiotelefonia □ *on (o over) the w.,* per radio; alla radio.

to **wireless** ['waiəlis] *v. t.* e *i.* **radiotelegrafare; comunicare per radio.**

wire-puller ['waiəˌpulə*] *n. (fig.)* **maneggione; intrigante.**

wireworks ['waiəˌwə:ks] *n. pl. (spesso col verbo al sing.) (ind.)* **trafileria.**

wiriness ['waiərinis] *n.* [U] **1 durezza; rigidità 2 forza; instancabilità; muscolosità; resistenza.**

wiring ['waiəriŋ] *n.* [U] *(elettr., tel.,* ecc.) **impianto.**

wiry ['waiəri] *a.* **1 di filo metallico 2 simile a filo metallico; duro; rigido 3** (di persona) **magro ma forte; nerboruto.**

wisdom ['wizdəm] *n.* [U] **saggezza; sapienza; giudizio** ● *w. tooth,* dente del giudizio □ *(fig.) to cut one's w. teeth,* mettere giudizio.

(1) wise [waiz] *a.* **1 saggio; savio; assennato; avveduto**: *a w. man,* un (uomo) saggio **2** *(USA)* **astuto; furbo** ● *to be none the wiser,* non saperne più di prima □ *the Three W. Men,* i tre Re Magi □ *with a w. shake of the head,* scuotendo la testa con l'aria di chi la sa lunga.

(2) wise [waiz] *n. (solo al sing.) (arc.)* **modo; maniera; guisa.**

wiseacre ['waizˌeikə*] *n.* [C] **sapientone; saccentone.**

wisecrack ['waizkræk] *n.* [C] *(fam.)* **spiritosaggine; battuta di spirito.**

to **wisecrack** ['waizkræk] *v. i. (fam.)* **dire spiritosaggini; fare dello spirito.**

to **wise up** ['waiz'ʌp] *(pop.,* specialm. *USA)* **A** *v. t.* **aprire gli occhi a** (q. su q.c.); **mettere al corrente B** *v. i.* **aprire gli occhi, mangiare la foglia** *(fig.)*.

to **wish** [wiʃ] *v. t.* e *i.* **1 desiderare; volere**: *Do you w. to leave at once?,* desideri partire subito? □ *What do you w. me to do?,* che cosa vuoi che (io) faccia? □ *He cannot w. for anything better,* non può desiderare niente di meglio **2 augurare**: *to w. sb. good luck,* augurare a q. buona fortuna **3 augurarsi; sperare**: *I w. the news may not prove true,* spero che la notizia non sia vera **4** — *I w. (I wished)* (+ *congiunt.*), vorrei (avrei voluto); se almeno…: *I w. I were a poet,* vorrei essere un poeta □ *I wished I were dead,* avrei voluto essere morto □ *I w. I could go,* vorrei poter andare ● *to w. sb. goodbye,* salutare q. (alla partenza); dire addio a q. □ *to w. sb. good morning,* dare il buongiorno a q. □ *to w. sb. good night,* augurare la buona notte a q. □ *to w. sb. well (ill),* augurare a q. ogni bene (del male).

wish [wiʃ] *n.* **1** [C] e [U] **desiderio; voglia; richiesta**: *in obedience to your wishes,* in ottemperanza ai tuoi desideri □ *I cannot grant your w.,* non posso accogliere la tua richiesta **2** [C] **augurio; voto (augurale)** ● *to make a w.,* esprimere un desiderio.

wishbone ['wiʃboun] *n.* [C] **forcella dello sterno** (di un volatile).

wishful ['wiʃful] *a.* **desideroso; bramoso.**

wishing-bone ['wiʃiŋboun] *V.* **wishbone.**

wishing-cap ['wiʃiŋkæp] *n.* [C] (nelle favole) **berretto magico.**

wish-wash ['wiʃwɔʃ] *n.* [U] **1 brodaglia; broda; bevanda insipida 2** *(fig.)* **discorso insipido.**

wishy-washy ['wiʃiˌwɔʃi] *a.* **1 acquoso; brodoso; insipido 2 insipido; di poco spirito.**

wisp [wisp] *n.* [C] **1 ciuffo; ciocca 2 piccolo fascio; manciata** ● *a w. of smoke,* un filo di fumo.

wistaria [wis'tɛəriə], **wisteria** [wis'tiəriə] *n.* [U] e [C] *(bot.,* Wistaria sinensis) **glicine.**

wistful ['wistful] *a.* **1 ansioso; desideroso** (di sapere, di capire); **malinconico; insoddisfatto 2 assorto; pensoso; meditabondo.**

wit [wit] *n.* **1** *(spesso al pl.)* **intelligenza; intelletto; ingegno**: *to have quick wits,* essere d'ingegno vivace **2** [U] **spirito; arguzia; sale** *(fig.)* **3** [C] **bello spirito; persona arguta** ● *to be at one's wits' end,* non sapere che pesci pigliare; avere esaurito tutte le proprie risorse □ *to have (o to keep) one's wits about one,* avere prontezza di spirito; sapere quel che si fa □ *to live by one's wits,* vivere di espedienti □ *to be out of one's wits,* essere uscito di senno; essere fuori di sé.

to **wit** [wit] (*pass.* e *p. p.* **wist** [wist]) *v. t.* e *i. (arc.)* **sapere; saper bene** ● *(leg.) to wit,* vale a dire; cioè.

witch [witʃ] *n.* [C] **1 strega; fattucchiera; maga 2** *(fig., fam.)* **donna affascinante; maliarda** ● *w.-doctor,* stregone.

witchcraft ['witʃkra:ft] *n.* [U] **stregoneria; arti magi-**

che.
witchery ['witʃəri] *n.* ***1*** [U] **stregoneria; arti magiche** ***2*** *(generalm. al pl.)* **incantesimo; magia** ***3*** [U] *(fig.)* **fascino; incanto.**
witching ['witʃiŋ] *a.* ***1*** **delle streghe**: *the w. hour,* l'ora delle streghe ***2*** *(fig.)* **affascinante; malioso.**
witenagemot [ˌwitinəgi'mout] *n.* [C] *(stor.)* **assemblea generale degli anglosassoni.**
with [wið] *prep.* ***1*** **con; in compagnia di; insieme con; presso; a; contro; nonostante; per mezzo di; da**: *to live w. one's parents,* vivere con i propri genitori □ *I have no money w. me,* non ho denaro con me □ *a man w. a long beard,* un uomo dalla barba lunga □ *w. all one's heart,* con tutto il cuore □ *W. all his faults, I like him,* nonostante tutti i suoi difetti, mi piace (o lo trovo simpatico) ***2*** **di**: *mountains covered w. snow,* monti coperti di neve □ *to be dying w. hunger,* morire di fame □ *Her face was wet w. tears,* aveva il viso bagnato di lacrime ***3*** **a causa di; di; per; da; con**: *to tremble w. fear,* tremare di paura □ *a man bent with age,* un uomo curvo per gli anni ***4*** **nel caso di; riguardo a; per**: *It is all the same w. me,* per me fa lo stesso ***5*** **a favore di; per** ● *w. no,* senza: *w. no hat on,* senza cappello □ *along w.,* con; insieme con □ *as is usual w. him,* com'è sua abitudine; al suo solito □ *to grow wise w. age,* metter giudizio con gli anni □ *to have it out with sb.,* fare i conti con q. *(fig.)* □ *together w.,* insieme con; con □ *Away w. him!,* portatelo via!; *(fig.)* levatelo di mezzo! □ *Off w. your clothes!,* spogliati! □ *That's always the way w. you,* fai sempre così □ *I have done w. it,* non voglio più sentirne parlare □ *Are you still w. me?,* mi segui? (discorrendo).
withal [wi'ðɔ:l] *(arc.)* ***A*** *avv.* ***1*** **inoltre; per giunta** ***2*** **a un tempo; al tempo stesso** ***B*** *prep. (in fine di frase)* **con.**
to **withdraw** [wið'drɔ:] (*pass.* **withdrew** [wið'dru:], *p. p.* **withdrawn** [wið'drɔ:n]) ***A*** *v. t.* ***1*** **ritirare**: *to w. a boy from school,* ritirare un ragazzo dalla scuola □ *to w. an offer,* ritirare un'offerta ***2*** **ritrattare**: *to w. a statement,* ritrattare una dichiarazione ***3*** **prelevare** (fondi da una banca) ***B*** *v. i.* ***1*** **ritirarsi** ***2*** **ritrattare; fare una ritrattazione** ***3*** *(polit.)* **ritirare una mozione.**
withdrawal [wið'drɔ:əl] *n.* [U] e [C] ***1*** **ritiro** ***2*** **prelevamento** (di fondi da una banca) ***3*** **ritrattazione.**
withdrawn [wið'drɔ:n] *p.p.* di to **withdraw.**
withdrew [wið'dru:] *pass.* di to **withdraw.**
withe [wiθ] *n.* [C] **vimine; vinco.**
to **wither** ['wiðə*] ***A*** *v. i.* ***1*** **appassire; avvizzire; seccarsi** ***2*** **deperire; languire; inaridirsi; sfiorire** ***B*** *v. t.* ***1*** **disseccare; far appassire; far avvizzire** ***2*** **inaridire; far sfiorire** ***3*** *(fig.)* **fulminare; raggelare**: *to w. sb. with a look,* fulminare q. con un'occhiata.
withering ['wiðəriŋ] *a.* ***1*** **che inaridisce; che fa appassire** ***2*** **che avvizzisce; languente** ***3*** *(fig.)* **fulminante; raggelante.**
witheringly ['wiðəriŋli] *avv.* ***1*** **in modo da fare avvizzire** ***2*** *(fig.)* **in modo raggelante.**
withers ['wiðəz] *n. pl.* **garrese** (del cavallo o d'altro quadrupede).
withershins ['wiðəʃinz] *avv.* *(scozz.)* **da destra a sinistra; in senso antiorario.**
to **withhold** [wið'hould] (*pass.* e *p. p.* **withheld** [wið'held]) *v. t.* ***1*** **trattenere; rifiutare** (di dare); **negare**: *to w. one's consent,* negare il proprio consenso ***2*** **celare; nascondere**: *to w. the truth from sb.,* nascondere la verità a q. ***3*** *(fin.)* **trattenere alla fonte** ● *(comm.) to w. payment,* rifiutarsi di pagare.
within [wi'ðin] ***A*** *avv.* ***1*** (piuttosto *arc.*) **all'interno;** *(teatr.)* **dietro le quinte**: *to decorate a house w. and without,* decorare una casa all'interno e all'esterno ***2*** (piuttosto *arc.*) **in casa**: *to stay w.,* rimanere in casa ***3*** *(fig.)* **dentro; nel cuore; nell'anima; in spirito** ***B*** *prep.* **dentro; entro; in; fra; a**: *w. an hour,* entro un'ora □ *w. a few miles from London,* a poche miglia da Londra ● *w. call,* a portata di voce □ *w. doors,* in casa □ *w. hearing,* a portata di voce □ *w. reach,* a portata (di mano) □ *w. sight,* in vista; visibile □ *(comm.) delivery (payment, etc.) w. a month,* consegna (pagamento, ecc.) a un mese □ *from w.,* dall'interno; dal di dentro.
without [wi'ðaut] ***A*** *prep.* **senza; senza di**: *w. delay,* senza indugio □ *w. saying a word,* senza dire una parola ***B*** *cong. (dial.)* **a meno che; se non** ***C*** *avv.* (piuttosto *arc.*) **fuori; fuori di casa; all'aperto** ● *w. so much as apologizing,* senza nemmeno scusarsi □ *to do (to go) w. st.,* fare senza q.c.; fare a meno di q.c. □ *seen from w.,* visto dal di fuori □ *It goes w. saying,* è ovvio; va da sé.
to **withstand** [wið'stænd] (*pass.* e *p. p.* **withstood** [wið'stud]) *v. t.* e *i.* **resistere** (a); **far resistenza; sostenere**: *to w. a siege,* resistere a un assedio.
withy ['wiði] *V.* **withe.**
witless ['witlis] *a.* **senza cervello; privo di spirito; stupido.**
witness ['witnis] *n.* (anche *leg.*) ***1*** [C] **testimone; teste; testimonio**: *an eye-w.,* un testimone oculare ***2*** [U] e [C] **testimonianza; prova**: *to bear w.,* fare testimonianza ● *w.-box,* banco dei testimoni □ *w. for the defence,* teste a discarico □ *w. for the prosecution,* teste a carico □ *to give w. on sb.'s behalf,* testimoniare a favore di q.
to **witness** ['witnis] *v. t.* e *i.* ***1*** *(leg.)* **testimoniare; fare da testimone; deporre come teste**: *to w. against (for) sb.,* testimoniare contro (a favore di) q. ***2*** **esser prova** (di); **dimostrare; tradire** ***3*** **essere presente a; assistere a; vedere**: *to w. an accident,* essere presente a un incidente ***4*** *(leg.)* **sottoscrivere** (un documento) **come testimone** ● *to w. to having seen (heard, etc.) st.,* testimoniare d'avere visto (udito, ecc.) q.c.
witticism ['witisizəm] *n.* [C] **arguzia; frizzo; spiritosaggine.**
wittiness ['witinis] *n.* [U] **arguzia; spirito.**
witting ['witiŋ] *a.* ***1*** **deliberato; intenzionale; fatto apposta** ***2*** **consapevole; conscio.**
witty ['witi] *a.* **spiritoso; arguto.**
wives [waivz] *pl.* di **wife.**
wizard ['wizəd] ***A*** *n.* [C] **mago** (anche *fig.*); **stregone** ***B*** *a. (pop.)* **meraviglioso; straordinario.**
wizardry ['wizədri] *n.* [U] ***1*** **magia; stregoneria** ***2*** *(fig.)* **grande abilità; bravura eccezionale.**
wizened ['wiznd] *a.* **avvizzito; appassito; raggrinzito.**
wo, woa [wou] *inter.* **oh!** (per fermare cavalli).
woad [woud] *n.* [U] (*bot.*, Isatis tinctoria) **guado** (anche la tintura).
wobble ['wɔbl] *n.* [C] ***1*** **barcollamento; dondolìo; traballamento; oscillazione; tremolìo** ***2*** *(fig.)* **esitazione; tentennamento; irresolutezza; incostanza.**
to **wobble** ['wɔbl] ***A*** *v. i.* ***1*** **barcollare; dondolare; traballare; oscillare; tremolare** ***2*** *(fig.)* **esitare; tentennare; titubare** ***B*** *v. t.* *(fam.)* **far barcollare; far traballare; fare oscillare.**
wobbly ['wɔbli] *a.* ***1*** **barcollante; traballante; vacillante; malfermo** ***2*** *(fig.)* **esitante; irresoluto; incerto; incostante.**
woe [wou] (*poet*; a volte *scherz.*) *n.* ***1*** [U] **dolore; sventura; sorte avversa**: *in weal and woe,* nella prosperità e nella sventura; nella buona e nella cattiva sorte ***2*** *(di solito al pl.)* **calamità; disgrazia; malanno; sventura** ● *Woe is me!,* ahimè!; me misero!
woebegone ['woubiˌgɔn] *a.* **desolato.**
woeful ['wouf*u*l] *a.* ***1*** **doloroso; dolente; afflitto; triste** ***2*** **disgraziato; sventurato** ***3*** **deprecabile.**
wog [wɔg] *n.* [C] *(pop., spreg.)* **individuo non appartenente alla razza bianca;** (specialm.) **individuo originario del Medio Oriente;** (anche) **negro.**
woke [wouk] *pass.* e *p. p.* di to **wake.**
woken ['woukən] *(raro) p. p.* di to **wake.**
wold [would] *n.* [C] e [U] **brughiera; landa.**
wolf [wulf] *n.* (*pl.* **wolves** [wulvz]) ***1*** (*zool.*, Canis lupus) **lupo** ***2*** *(fig.)* **individuo avido; persona rapace** ***3*** *(fam.)* **donnaiolo** ● *w.-cub,* lupacchiotto; lupetto □ *w.-dog,* cane lupo □ *to be as hungry as a w.,* avere una fame da lupo □ *to cry w.,* gridare al lupo; dare un falso allarme □ *(fig.) to keep the w. from the door,* tener lontana la miseria.
to **wolf** [wulf] *v. t.* (spesso *to w. down*) **mangiare avidamente; divorare.**
wolfish ['wulfiʃ] *a.* ***1*** **di (o da) lupo; lupesco** ***2*** *(fig.)* **selvaggio; avido; rapace.**
wolfram ['wulfrəm] *n.* [U] *(chim.)* **wolframio; tungsteno.**

wolfskin ['wulfskin] *n.* [C] **pelle di lupo.**
wolves [wulvz] *pl.* di **wolf.**
woman ['wumən] *n.* (*pl.* **women** ['wimin]) **1 donna; femmina**: *a w. of the world,* una donna di mondo □ *w.'s rights,* i diritti della donna **2** (*fig., spreg.*) **femminuccia; donnicciola; uomo debole, fiacco, inetto** ● *w. doctor,* dottoressa □ *w. friend,* amica □ *w. hater,* misogino □ *Women's Liberation (o Women's Lib),* movimento per la liberazione della donna; movimento femminista □ *Women's Liberationist (o Women's-Libber),* femminista (militante) □ *a w. with a past,* una donna dal passato burrascoso □ *a man born of woman,* un mortale □ *a single w.,* una nubile □ *There is st. of the woman in his character,* c'è qualcosa di femmineo nel suo carattere □ *There's a w. in it,* c'è di mezzo una donna.
womanhood ['wumənhud] *n.* [U] **1 femminilità 2** (*collett.*) **le donne; il sesso femminile.**
womanish ['wumənif] *a.* **1 femminile; da donna; donnesco 2 femmineo;** (*spreg.*) **effeminato.**
to **womanize** ['wumənaiz] **A** *v. t.* **effeminare; rendere effeminato B** *v. i.* (*fam.*) **correre dietro le sottane; essere un donnaiolo.**
womankind ['wumən'kaind] *n.* (*collett.*) **le donne; il sesso femminile.**
womanlike ['wumənlaik] *a.* **femminile; femmineo; da donna.**
womanly ['wumənli] *a.* **femminile; di (o da) donna; degno di una donna; proprio delle donne.**
womb [wu:m] *n.* [C] (*anat.*) **utero; grembo; seno; ventre.**
women ['wimin] *pl.* di **woman.**
womenfolk ['wiminfouk] *n. pl.* (*collett.*) **le donne.**
won [wʌn] *pass.* e *p. p.* di to **win.**
wonder ['wʌndə*] *n.* **1** [U] **meraviglia; stupore**: *to be filled with w.,* essere pieno di stupore **2** [C] **meraviglia; prodigio; portento; miracolo**: *the seven wonders of the world,* le sette meraviglie del mondo □ *to work wonders,* far miracoli ● *and no w.,* e non c'è da stupirsi □ *for a w.,* incredibile a dirsi □ *in w.,* con stupore; meravigliato, stupito; sorpreso □ *a look of w.,* un'aria stupita □ *much to my w.,* con mia grande meraviglia □ (*fig.*) *a nine days' w.,* un fuoco di paglia □ *It's a w. that...,* è sorprendente che...; è un miracolo che... □ (*modo prov.*) *Wonders will never cease,* non c'è da stupirsi di nulla!
to **wonder** ['wʌndə*] *v. i.* e *t.* **1 meravigliarsi; stupirsi; essere sorpreso**: *I w. at her saying that,* mi meraviglio che l'abbia detto **2 chiedersi; voler sapere; esser curioso di sapere**: *I wondered why he had come,* mi chiedevo perché fosse venuto ● *I w. what the time is,* chissà che ora è □ *Can you w. at it?,* che c'è di strano?
wonderful ['wʌndəful] *a.* **meraviglioso; portentoso; prodigioso; stupefacente; stupendo;** (*fam.*) **eccellente, splendido.**
wonderland ['wʌndəlænd] *n.* **il paese delle meraviglie.**
wonderment ['wʌndəmənt] *n.* [U] **meraviglia; stupore.**
wonder-struck ['wʌndəstrʌk] *a.* **stupefatto; stupito; sbalordito; trasecolato.**
wonder-worker ['wʌndə,wə:kə*] *n.* [C] **operatore di miracoli; taumaturgo.**
wondrous ['wʌndrəs] (*lett.*) **A** *a.* **mirabile B** *avv.* (*seguito da agg.*) **mirabilmente.**
wonky ['wɔŋki] *a.* (*pop.*) **barcollante; traballante; instabile; vacillante; malfermo.**
won't [wount] *contraz.* di **will not.**
wont [wount] **A** *a. pred.* **abituato; avvezzo; solito**: *He was w. to say that...,* era solito (o soleva) dire che... **B** *n.* (*solo al sing.*) **abitudine; consuetudine; costume** ● *use and w.,* usi e costumi.
wonted ['wountid] *a.* **1** (*attr.*) **abituale; solito 2** (*pred.*) **abituato; avvezzo.**
to **woo** [wu:] **A** *v. t.* **1 corteggiare; far la corte a** (una ragazza) **2** (*fig.*) **cercare** (di ottenere q.c.); **andare in cerca di** (q.c.) **B** *v. i.* **amoreggiare.**
wood [wud] *n.* **1** [C] (*spesso al pl.*) **bosco; foresta; selva 2** [U] **legno; legname; legna**: *hard (soft) w.,* legno duro (dolce) **3** (*al sing. con l'art. determ.*) **botte; barile; fusto**: *aged in the w.,* invecchiato in fusto **4** (*al pl.*) (*mus.*) **strumenti a fiato in legno; legni** ● (*chim.*) *w. alcohol,* alcol metilico □ *w.-engraver,* incisore su legno □ *w.-house,* legnaia □ *w.-notes,* note boscherecce □ (*mitol.*) *w.-nymph,* ninfa dei boschi; driade □ (*zool.*) *w. pigeon* (Columba palumbus), colombaccio □ *w. pulp,* pasta di legno; cellulosa □ *to take to the woods,* darsi alla macchia □ (*fig.*) *to be unable to see the w. for the trees,* perdersi nei particolari □ (*fam.*) *Touch w.!,* tocca ferro! (per scaramanzia).
woodbine ['wudbain] *n.* [U] (*bot.,* Lonicera periclymenum) **caprifoglio.**
wood-carver ['wud,ka:və*] *n.* [C] **intagliatore.**
woodchuck ['wudtʃʌk] *n.* [C] (*zool.,* Marmota monax) **marmotta americana.**
woodcock ['wudkɔk] *n.* [C] (*zool.,* Scolopax rusticola) **beccaccia.**
woodcraft ['wudkra:ft] *n.* [U] **1 conoscenza delle foreste (o della vita nei boschi) 2 abilità nel lavorare il legno.**
woodcut ['wudkʌt] *n.* [C] **incisione su legno; xilografia.**
woodcutter ['wud,kʌtə*] *n.* [C] **1 boscaiolo; taglialegna 2 incisore su legno; xilografo.**
wooded ['wudid] *a.* **boscoso; coperto d'alberi.**
wooden ['wudn] *a.* **1 di legno; ligneo**: (*fig.*) *a w. head,* una testa di legno; uno stupido **2 impacciato; inespressivo; rigido; stereotipato** ● (*fam., sport*) *to get the w. spoon,* arrivare ultimo.
wooden-headed [,wudn'hedid] *a.* (*fig.*) **stupido; tonto.**
woodland ['wudlənd] **A** *n.* [U] (*anche al pl.*) **terreno boscoso B** *a. attr.* **silvestre; silvano.**
woodlark ['wudla:k] *n.* [C] (*zool.,* Lullula arborea) **tottavilla.**
wood-louse ['wudlaus] *n.* (*pl.* **wood-lice** ['wudlais]) (*zool.,* Oniscus) **onisco.**
woodman ['wudmən] *n.* (*pl.* **woodmen** ['wudmən]) **1 guardaboschi; guardia forestale 2 boscaiolo; taglialegna 3 abitatore dei boschi.**
woodpecker ['wud,pekə*] *n.* [C] (*zool.*) **picchio.**
woodshed ['wudʃed] *n.* [C] **legnaia.**
woodsman ['wudzmən] *n.* (*pl.* **woodsmen** ['wudzmən]) **1 abitatore dei boschi 2 boscaiolo; taglialegna.**
woodwind ['wudwind] *n.* (*collett., mus.*) **strumenti a fiato in legno; legni.**
woodwork ['wudwə:k] *n.* [U] **1 lavorazione del legno; falegnameria; carpenteria 2 oggetti di legno 3** (*edil.*) **parti in legno di una casa.**
woodworm ['wudwə:m] *n.* [C] (*zool.*) **tarlo.**
woody ['wudi] *a.* **1 boscoso 2 di legno; legnoso; ligneo.**
wooer ['wu:ə*] *n.* [C] **corteggiatore; pretendente.**
woof [wu:f] *n.* [C] (*ind. tessile*) **trama.**
wooing ['wu:iŋ] *n.* [U] **corteggiamento.**
wool [wul] *n.* [U] **1** (*ind. tessile*) **lana; vello** (delle pecore, capre, ecc.); **tessuto di lana 2** (*scherz.*) **capelli crespi; capelli** (in genere) **3 peluria** (di animale) **4** (*bot.*) **lanugine** ● (*chim., farm.*) *w.-fat,* lanolina □ *the w. trade,* l'industria laniera □ *cotton w.,* bambagia; ovatta □ *dyed in the w.,* (di tessuto) tinto prima della filatura; (*fig.,* di persona) deciso, accanito, tutto d'un pezzo □ (*fig.*) *to go for w. and come home shorn,* andare per sonare ed essere sonati; tornare con le pive nel sacco □ *long-stapled w.,* lana a fibra lunga □ (*pop.*) *to lose one's w.,* andare in collera; arrabbiarsi □ (*fig.*) *much cry and little w.,* molto fumo e poco arrosto □ (*fig.*) *to pull the w. over sb.'s eyes,* gettar fumo negli occhi a q.
wool-gathering ['wul,gæðəriŋ] **A** *a.* **distratto; sbadato B** *n.* [U] **distrazione; sbadataggine.**
woollen, (*USA*) **woolen** ['wulən] *a.* **1 di lana**: *a w. blanket,* una coperta di lana **2 della lana; laniero**: *w. manufactures,* industriali lanieri.
woollens, (*USA*) **woolens** ['wulənz] *n. pl.* **articoli (o indumenti) di lana; lanerie.**
woolliness ['wulinis] *n.* [U] **1 lanosità 2** (*fig.*) **confusione mentale.**
woolly ['wuli] **A** *a.* **1 lanoso; di lana; lanuto; lanuginoso 2** (*fig.*) **confuso; annebbiato B** *n.* (*di solito pl.*)

indumenti di lana; lanerie.

woolly-headed [ˌwuliˈhedid] *a.* ***1*** **dai capelli lanosi** ***2*** *(fig.)* **che ha idee confuse; svampito.**

woolsack [ˈwulsæk] *n.* [C] ***1*** **sacco di lana** ***2*** *(polit.)* **cuscino** (imbottito di lana) **del seggio del Lord Cancelliere** ● *(fig.)* *to reach the w.*, diventare Lord Cancelliere.

woozy [ˈwu:zi] *a.* *(fam.)* **che ha le vertigini; a cui gira la testa** *(fam.)*.

wop [wɔp] *n.* *(pop., spreg.)* **immigrato italiano.**

word [wə:d] *n.* ***1*** [C] **parola; termine; vocabolo**: *a man of few words*, un uomo di poche parole □ *Don't say a w. about it*, non farne parola a nessuno! □ *He gave his w.*, diede la sua parola (d'onore) ***2*** [U] **notizia; informazione; messaggio**: *I have had no w. from him yet*, sono ancora senza sue notizie ***3*** *(solo al sing.)* **parola d'ordine; motto; comando; ordine; segnale**: *You must give the w. before you can pass*, dovete dare la parola d'ordine per poter passare ***4*** — *(relig.)* *the W.*, il Verbo; il Vangelo; la Parola di Dio ● *w.-book*, lessico, vocabolario; *(mus.)* libretto d'opera □ *(gramm.)* *w.-building*, formazione delle parole □ *w. for w.*, parola per parola; alla lettera; letteralmente □ *w. of honour*, parola d'onore □ *(gramm.)* *w. order*, costruzione della frase □ *a w.--painter*, un narratore pittoresco □ *w. picture*, descrizione pittoresca, vivida □ *(elab.)* *w. processing*, elaborazione della parola □ *w.-splitter*, sofista; pedante □ *w.-splitting*, *(agg.)* pedantesco; *(sost.)* sofisticheria, pedanteria □ *to be as good as one's w.*, essere un uomo di parola □ *to break one's w.*, non tener fede alla parola data □ *by w. of mouth*, oralmente; a viva voce □ *(fig.)* *to hang on sb.'s words*, pendere dalle labbra di q. □ *to have words with sb.*, venire a parole con q. □ *in a* (o *in one*) *w.*, in una parola; in breve □ *in other words*, in altri termini □ *in so many words*, esattamente; esplicitamente □ *to keep one's w.*, essere di parola; mantenere le promesse □ *to leave w.*, lasciar detto □ *long words*, polisillabi; parole difficili; paroloni □ *a man of many words*, un uomo loquace □ *on* (o *with*) *the w.*, detto fatto; subito; immediatamente □ *a play upon words*, un gioco di parole □ *to say* (o *to put in*) *a (good) w. for sb.*, dire (o mettere) una buona parola in favore di q. □ *to send sb. w. of st.*, far sapere q.c. a q. □ *to take sb. at his w.*, prendere q. in parola □ *too good for words*, d'indicibile bontà □ *to waste words on sb.*, sprecare il fiato con q. □ *This is the last w. in television sets*, questa è l'ultima novità in fatto di televisori □ *His w. is as good as his bond*, la sua parola è più che sufficiente □ *Upon my w.!*, sul mio onore! □ *My w.!*, perbacco!

to **word** [wə:d] *v. t.* **mettere in parole; esprimere; formulare; redigere; scrivere**: *a well-worded letter*, una lettera scritta bene (con precisione di linguaggio).

wordiness [ˈwə:dinis] *n.* [U] **verbosità; prolissità.**

wording [ˈwə:diŋ] *n.* *(solo al sing.)* ***1*** **enunciazione; espressione; formulazione** ***2*** **dicitura.**

wordless [ˈwə:dlis] *a.* ***1*** **senza parole; muto** (per lo stupore, ecc.) ***2*** **inespresso; non detto** ***3*** *(mus.)* **muto**: *a w. chorus*, un coro muto.

wordy [ˈwə:di] *a.* **verboso; prolisso** ● *w. warfare*, schermaglia verbale.

wore [wɔ:*] *pass.* di to **wear.**

work [wə:k] ***A*** *n.* ***1*** [U] **lavoro; attività; opera**: *to be fond of w.*, amare il lavoro □ *to be at w.*, essere al lavoro □ *to have plenty of w. to do*, avere molto lavoro ***2*** [C] e [U] **opera; lavoro**: *a new w. on modern art*, una nuova opera sull'arte moderna □ *Shakespeare's works*, le opere di Shakespeare □ *the w. of famous sculptors*, le opere di scultori famosi □ *works of art*, opere d'arte ***3*** *(al pl., per lo più col verbo al sing.)* **fabbrica; officina; stabilimento** ***4*** *(al pl.)* **meccanismo; congegno**: *There's something wrong with the works*, c'è un guasto nel meccanismo ***5*** *(al pl.)* **opere, lavori (d'ingegneria);** *(mil.)* **fortificazioni**: *public works*, lavori pubblici □ *the Office of Works*, il Ministero dei Lavori Pubblici ● *w.--basket*, cestino da lavoro □ *w.-box*, cassetta degli arnesi da lavoro □ *w. by the day*, lavoro a giornata □ *w.-people*, operai, operaie; lavoratori □ *w.-table*, tavolino da lavoro □ *all in the day's w.*, tutto regolare; roba d'ordinaria amministrazione □ *to be at w. upon st.*, lavorare a q.c.; essere occupato a fare q.c. □ *to be out of w.*, essere disoccupato □ *piece w.*, lavoro a cottimo □ *a piece of w.*, un lavoro: *What a wonderful piece of w.!*, che magnifico lavoro! □ *to set* (o *to go*) *about one's w.*, mettersi a lavorare; intraprendere il proprio lavoro □ *to set* (o *to get*) *to w.*, mettersi all'opera □ *welfare w.*, assistenza sociale; servizi sociali □ *I have done a good day's w.*, ho fatto un bel po' di lavoro, oggi □ « *Works ahead* », « lavori in corso » (cartello).

to **work** [wə:k] ***A*** *v. i.* ***1*** **lavorare; operare**: *I've been working all day*, è tutto il giorno che lavoro □ *He isn't working at present*, non sta lavorando ora; (anche) al momento è senza lavoro (o è disoccupato) □ *He's working on a new play*, sta lavorando a un nuovo lavoro teatrale ***2*** **funzionare; fare effetto; essere efficace; andare**: *I don't think your idea will w.*, non credo che la tua idea funzionerà □ *The plan worked very well*, il piano andò alla perfezione ***3*** *(seguito da* **into**) **penetrare (con difficoltà)** ***4*** **lavorarsi; manipolarsi**: *This clay works easily*, quest'argilla si manipola bene ***5*** **fermentare** (anche *fig.*) ***6*** **contrarsi; distorcersi** ***B*** *v. t.* ***1*** **lavorare; foggiare; plasmare; manipolare** ***2*** **far lavorare** ***3*** **far funzionare; azionare; manovrare; condurre** ***4*** *(tecn.)* **comandare** ***5*** **operare; causare; produrre; provocare; compiere; esercitare; fare**: *to w. great ruin*, causare gravi danni □ *to w. wonders*, far miracoli ***6*** **dirigere; essere a capo di**: *to w. a farm*, dirigere una fattoria ***7*** **far fermentare** ***8*** **sfruttare** (una miniera) ***9*** **ricamare; fare** (cucendo o ricamando) ***10*** **convincere; indurre; persuadere** ***C*** *verbi composti* ***1*** *to w. away*, continuare a lavorare ***2*** *to w. (st.) in*, inserire; introdurre ***3*** *to w. (st.) off*, disbrigare, sbrigare; sfogare; spacciare, vendere, svendere ***4*** *to w. (st.) out*, calcolare, risolvere; decifrare; compiere; elaborare, progettare; esaurire (una miniera) □ *to w. out*, funzionare, andare a finire; risultare, venire: *The plan worked out badly*, il piano andò a finire male (o dette cattivi risultati) □ *This sum won't w. out*, questa somma non viene (o non torna) ***5*** *to w. (st.) up*, costruire faticosamente, creare, farsi; suscitare, eccitare, stimolare, fomentare; elaborare, sviluppare □ *to w. up to a climax*, arrivare al culmine ● *to w. against time*, lottare col tempo □ *to w. the audience into enthusiasm*, sollevare l'entusiasmo del pubblico □ *to w. clay into a statuette*, modellare una statuetta con l'argilla □ *to w. one's passage (on a ship)*, pagarsi la traversata (su una nave) lavorando □ *to w. oneself to death*, ammazzarsi di lavoro □ *to w. one's will upon sb.*, imporre a q. la propria volontà.

workable [ˈwə:kəbl] *a.* ***1*** **lavorabile; coltivabile** ***2*** (di miniera, ecc.) **sfruttabile** ***3*** **fattibile; realizzabile** ***4*** (di macchina) **funzionante.**

workaday [ˈwə:kədei] *a.* ***1*** **comune; ordinario** ***2*** *(fig.)* **noioso; prosaico; tedioso**: *a w. life*, una vita tediosa.

workaholic [ˌwə:kəˈhɔlik] *n.* [C] *(fam.)* **maniaco del lavoro; stacanovista** *(iron.)*.

workbench [ˈwə:kbentʃ] *n.* [C] **banco da lavoro.**

workbook [ˈwə:kbuk] *n.* [C] ***1*** **libro di esercizi** (con questionari, spazi da riempire, ecc.) ***2*** **manuale.**

workday [ˈwə:kdei] *n.* [C] **giornata lavorativa; giorno feriale.**

worked-up [ˌwə:ktˈʌp] *a.* **agitato; eccitato.**

worker [ˈwə:kə*] *n.* [C] **lavoratore, lavoratrice; operaio, operaia**: *a skilled worker*, un operaio qualificato ● *(zool.)* *w.-bee*, ape operaia.

workhouse [ˈwə:khaus] *n.* [C] ***1*** *(in G. B., un tempo)* **ricovero di mendicità; ospizio** (per vecchi) ***2*** *(in USA)* **riformatorio; casa di correzione.**

working [ˈwə:kiŋ] ***A*** *a.* ***1*** **attivo; laborioso** ***2*** **funzionante; in funzione** ***B*** *n.* ***1*** [U] **lavorazione; lavoro**: *cost of w.*, costo di lavorazione ***2*** [C] **funzionamento** ● *(fin.)* *w. capital*, capitale liquido □ *the w. classes*, la classe operaia; il proletariato □ *w. conditions*, condizioni di lavoro □ *(rag.)* *w. costs*, spese d'esercizio □ *w. hours*, ore lavorative; orario di lavoro □ *w.-out*, calcolo, risoluzione; elaborazione, sviluppo; esecuzione, attuazione □ *w. party*, commissione di studio (di problemi del lavoro); *(USA)* squadra d'operai (addetti a un lavoro speciale) □ *(mecc.)* *in w. conditions* (o *in w. order*), in grado di funzionare; in buono stato.

workings ['wə:kiŋz] *n. pl.* **1 lavorìo 2 contrazioni; distorcimento 3** (di miniera) **strati coltivati.**
workman ['wə:kmən] *n.* (*pl.* **workmen** ['wə:kmən]) **lavoratore; operaio; salariato.**
workmanship ['wə:kmənʃip] *n.* U **1 abilità tecnica 2 fattura; esecuzione.**
workpiece ['wə:kpi:s] *n.* C *(ind.)* **pezzo** (in lavorazione o da lavorare).
workroom ['wə:krum] *n.* C **stanza di lavoro; laboratorio.**
workshop ['wə:kʃɔp] *n.* C **officina; laboratorio.**
work-shy ['wə:k'ʃai] *a.* **poco amante del lavoro; svogliato.**
work-study ['wə:k,stʌdi] *n.* U *(ind.)* **studio dell'organizzazione del lavoro.**
world [wə:ld] *n.* C **1 mondo; universo; gente**: *a journey round the w.*, un viaggio intorno al mondo □ *this w.*, questo mondo; la vita terrena □ *the next w.* (o *the w. to come*), l'altro mondo; l'al di là □ *(fig.) the w. of business*, il mondo degli affari □ *the Old W.*, il Mondo Antico □ *the English-speaking w.*, i popoli di lingua inglese □ *a man of the w.*, un uomo di mondo □ *to live out of the w.*, vivere fuori del mondo; non fare vita di società **2** *(fam.)* **grandissima quantità; (un) mucchio; (un) sacco**: *a w. of trouble*, un sacco di guai □ *a w. of good* (o *worlds of good*), un gran bene ● *to be worlds apart*, essere agli antipodi □ *a w. language*, una lingua universale □ *the w. of letters*, il mondo delle lettere; i letterati □ *W. War I*, la prima guerra mondiale; la grande guerra □ *all over the w.* (o *all the w. over*), in tutto il mondo; dappertutto □ *the animal (mineral, vegetable) w.*, il regno animale (minerale, vegetale) □ *to bring a child into the w.*, mettere al mondo un bambino □ *to carry the w. before one*, avere rapida fortuna □ *for all the w. like*, tale e quale; identico a □ *for the w.*, per tutto l'oro del mondo □ *not for the w.*, per nulla al mondo □ *(fam.) to the w.*, completamente □ *How goes the w. with you?*, come va la vita? □ *All's right with the w.*, tutto va nel migliore dei modi □ *It's the same all over the w.*, tutto il mondo è paese.
worldliness ['wə:ldlinis] *n.* U **1 mondanità; carattere mondano 2 temporalità; condizione terrena.**
worldling ['wə:ldliŋ] *n.* C **persona mondana.**
worldly ['wə:ldli] *a.* **1 mondano 2 terreno; temporale; materiale** ● *w. wisdom*, esperienza delle cose del mondo.
worldly-minded [,wə:ldli'maindid] *a.* **attaccato alle cose terrene.**
worldly-wise [,wə:ldli'waiz] *a.* **esperto delle cose del mondo.**
world-old [,wə:ld'ould] *a.* **vecchio come il mondo; antichissimo.**
world-weary [,wə:ld'wiəri] *a.* **stanco della vita.**
world-wide [,wə:ld'waid] *a.* **mondiale; universale.**
worm [wə:m] *n.* C **1** *(zool.)* **verme** (anche *fig.*); **baco; bruco; lombrico; tarlo 2** *(mecc.)* **filetto** (della vite) **3** (*mecc.*, anche *w.-screw*) **vite senza fine 4** (anche *w.-pipe*) **serpentina** (di un alambicco) **5** *(al pl., med.)* **elmintiasi; vermi** *(pop.)* ● *(farm.) w.-powder*, vermifugo.
to **worm** [wə:m] **A** *v. i.* **muoversi come un verme; strisciare**: *to w. through the bushes*, avanzare strisciando fra i cespugli **B** *v. t.* **1** — *to w. oneself* (o *to w. one's way*), insinuarsi **2** — *to w. out*, cavare; carpire; strappare **3 liberare dai vermi.**
worm-eaten ['wə:m,i:tn] *a.* **1 roso dai vermi; bacato; tarlato 2** *(fig.)* **antiquato; decrepito.**
worm-holed ['wə:mhould] *a.* **bacato; tarlato.**
wormwood ['wə:mwud] *n.* U **1** (*bot.*, Artemisia absinthium) **assenzio 2** *(fig.)* **amarezza; mortificazione; umiliazione.**
wormy ['wə:mi] *a.* **1 pieno di vermi; bacato; tarlato 2 simile a un verme 3** *(fig.)* **abietto; spregevole; strisciante; vile.**
worn [wɔ:n] *p. p.* di to **wear** ● *care-w.*, logorato dagli affanni □ *way-w.*, stanco per il lungo cammino.
worn-out [,wɔ:n'aut] *a.* **1 consunto; logoro 2 esausto; sfinito.**
worried ['wʌrid] *a.* **preoccupato; infastidito; inquieto.**
worrisome ['wʌrisəm] *a.* **1 preoccupante; fastidioso 2 ansioso; inquieto.**
worry ['wʌri] *n.* **1** U **ansia; inquietudine; preoccupazione**: *to show signs of w.*, dare segni d'inquietudine **2** C *(per lo più al pl.)* **affanno; fastidio; preoccupazione; seccatura**: *Life is full of worries*, la vita è piena d'affanni.
to **worry** ['wʌri] **A** *v. t.* **1 infastidire; importunare; seccare; scocciare** *(pop.)*: *to w. sb. with foolish questions*, seccare q. con domande stupide **2 preoccupare; affliggere; turbare; tormentare**: *What is worrying you?*, che cosa ti preoccupa? **3 azzannare; dilaniare B** *v. i.* **1 preoccuparsi; affliggersi; prendersela; essere in ansia; tormentarsi**: *Don't w.!*, non preoccuparti! □ *to w. about st.*, preoccuparsi di q.c.; prendersela per q.c. **2** — *to w. at*, azzannare, dare morsi a (un oggetto, la preda) **C** to **worry oneself** *v. rifl.* **preoccuparsi.**
worrying ['wʌriiŋ] *a.* **1 fastidioso; noioso 2 preoccupante.**
worse [wə:s] **A** *a.* (*compar.* di **(1) bad, (1) ill**) **1 peggiore; più cattivo 2 più malato; peggio** (di salute) **B** *avv.* (*compar.* di **badly, (2) ill**) **peggio**: *w. than ever*, peggio che mai **C** *n.* **(il) peggio; (la) cosa peggiore** (fra due) ● *to be the w. for wear*, (d'abito, ecc.) portare i segni dell'uso, essere liso; (di persona) recare i segni del tempo (o del lavoro) □ *to change for the w.*, cambiare in peggio □ *a change for the w.*, un mutamento in peggio □ *to get w.*, peggiorare □ *none the w.*, lo stesso; anche (di) più □ *So much the w.!*, tanto peggio!
to **worsen** ['wə:sn] *v. t.* e *i.* **peggiorare; aggravare, aggravarsi.**
worship ['wə:ʃip] *n.* **1** U **adorazione; culto; venerazione**: *a place of w.*, un luogo dedicato al culto; una chiesa **2** (titolo) **eccellenza; eminenza; signoria**: *Your W.*, Vostra Eccellenza ● *image w.*, iconolatria.
to **worship** ['wə:ʃip] *v. t.* e *i.* **1 adorare; venerare; idolatrare 2 andare in chiesa**: *Where do they w.?*, in quale chiesa vanno?
worshipful ['wə:ʃipful] *a.* (specialm. nei titoli) **venerabile; onorevole; eccellente.**
worshipper ['wə:ʃipə*] *n.* C **adoratore** ● *(relig.) the worshippers*, i fedeli.
worst [wə:st] **A** *a.* (*superl. relat.* di **(1) bad, (1) ill**) **(il) peggiore**: *That's the w. thing that could have happened*, è la cosa peggiore che potesse capitare **B** *avv.* (*superl. relat.* di **badly, (2) ill**) **peggio; nel peggiore dei modi C** *n.* **(il) peggio; (la) peggior cosa**: *to be prepared for the w.*, essere preparato al peggio ● *at (the) w.*, alla peggio; (per) male che vada □ *at one's w.*, nelle condizioni peggiori □ *to get the w. of it*, avere la peggio □ *if the w. comes to the w.*, se le cose volgono al peggio.
to **worst** [wə:st] *v. t.* **avere la meglio su** (q.); **sconfiggere.**
worsted ['wustid] *n.* U *(ind. tessile)* **pettinato di lana.**
worth [wə:θ] **A** *a. pred.* **1 che vale; del valore di; valevole**: *a thing that is w. nothing*, una cosa che vale nulla (o di nessun valore) **2 degno; meritevole; che vale la pena**: *a book w. reading*, un libro che merita d'essere letto **3** (di persona) **in possesso di, che ha** (un certo patrimonio): *What's he w.?*, a quanto ammonta il suo patrimonio? **B** *n.* U **valore; merito; pregio**: *men of great w.*, uomini di grande merito ● *to be w.*, valere □ *It isn't w. much*, vale poco □ *w.-while*, che vale la pena; conveniente; utile: *a w.-while effort*, uno sforzo che vale la pena di fare □ *(fam.) for all one is w.*, facendo del proprio meglio; mettendocela tutta □ *a pound's w. of apples*, mele per il valore d'una sterlina □ *(fam.) It has been w. it*, ne valeva la pena.
worthiness ['wə:ðinis] *n.* U **1 dignità; rispettabilità 2 merito; valore.**
worthless ['wə:θlis] *a.* **1 privo di valore; inutile; che non vale niente 2 indegno; immeritevole.**
worthlessness ['wə:θlisnis] *n.* U **1 mancanza di valore; inutilità 2 indegnità.**
worthy ['wə:ði] **A** *a.* **1 degno; meritevole**: *w. of praise (of reward, etc.)*, degno di lode (di ricompensa, ecc.) **2** (*scherz.* o *iron.*) **degno; onorevole; rispettabile**: *Who is that w. gentleman?*, chi è quel rispettabile signore? **B**

n. **1** *(arc.)* **dignitario; maggiorente; notabile**: *the village worthies,* i maggiorenti del villaggio **2** *(scherz.* o *iron.)* **degno signore.**

would [wud, wəd] *voce verb. difett.* **1** *(idiom., ausiliare per la formazione del condiz. pres. e pass.:) They said they w. do it at once,* dissero che l'avrebbero fatto subito □ *I w. do it, if I could,* lo farei (volentieri), se potessi □ *W. you go, if you were asked to?,* ci andresti, se t'invitassero? □ *They w. have been killed, if the bomb had gone off,* sarebbero stati uccisi, se la bomba fosse scoppiata **2** *(nelle frasi negative)* **volli, volesti, volle; volemmo, voleste, vollero; voleva, volevano**: *I w. not go,* non volli andare □ *The window wouldn't open,* la finestra non voleva aprirsi **3 (se) volessi, volesse; (se) volessimo, voleste, volessero**: *I could do it, if I w.,* potrei farlo, se volessi **4** *(idiom., ausiliare per la formazione del cong. perifrastico:) I wish you w. be quiet,* vorrei che tu stessi buono **5** *(idiom.:* sta a indicare consuetudine, inevitabilità, pervicacia:) *He w. sit there hour after hour,* se ne stava lì seduto per ore e ore □ *That's just what you w. do,* non potevi fare diversamente; c'era da aspettarselo, da te ● *I (you, etc.) w. rather,* preferirei (preferiresti, ecc.); preferisco (preferisci, ecc.): *W. you rather wait or come again later?,* preferisci aspettare o tornare più tardi? □ (per esprimere supposizione) *He w. be about sixty when he died,* doveva essere sulla sessantina quando morì □ *W. to God I had died,* meglio (sarebbe se) fossi morto!; fossi morto! □ *W. to heaven I had not gone!,* volesse il Cielo che non ci fossi andato! □ *He w. have none of it,* non volle saperne; non volle neanche sentirne parlare.

would-be ['wudbi:] *a.* **sedicente; mancato**: *a w. poet,* un poeta mancato.

wouldn't [wudnt] *contraz.* di **would not.**

(1) wound [wu:nd] *n.* [C] **ferita; piaga;** *(fig.)* **ingiuria, offesa**: *a mortal w.,* una ferita mortale □ *a w. to sb.'s pride,* un'offesa all'orgoglio di q. □ *The wound healed quickly,* la ferita guarì rapidamente.

to **wound** [wu:nd] *v. t.* **ferire;** *(fig.)* **offendere.**

(2) wound [waund] *pass. e p.p.* di **(3)** to **wind** e talora di **(2)** to **wind.**

wove [wouv] *pass.* di to **weave.**

woven ['wouvn] *p. p.* di to **weave.**

wow [wau] **A** *inter.* **oh!; ohibò!; perbacco! B** *n.* [C] *(pop. USA)* **grande successo** (specialm. teatrale); **fatto clamoroso.**

wrack [ræk] *n.* [U] **alghe marine** (gettate dalle onde sulla spiaggia).

wraith [reiθ] *n.* [C] **fantasma; spettro.**

to **wrangle** ['ræŋgl] *v. i.* **altercare; litigare.**

wrangle ['ræŋgl] *n.* [C] **alterco; litigio; baruffa.**

wrangler ['ræŋglə*] *n.* [C] **attaccabrighe.**

to **wrap** [ræp] **A** *v. t.* **1 avvolgere** *(anche fig.);* **coprire; nascondere**: *to w. up st. in cotton wool,* avvolgere q.c. nella bambagia □ *wrapped in smoke,* nascosto dal fumo □ *wrapped in mystery,* avvolto nel mistero **2 fare** (un pacco); **incartare; impaccare**: *to w. up a parcel,* fare un pacchetto **B** *v. i.* e to **wrap oneself up** *v. rifl.* **avvolgersi; coprirsi** ● *to w. one's arms round sb.,* stringere q. fra le braccia □ *(fig.) to be wrapped up in sb.,* non avere occhi che per q. □ *(fig.) to be wrapped up in st.,* essere completamente preso da q.c.

wrapper ['ræpə*] *n.* [C] **1 involucro; involto; copertina volante** (di libro); **fascia, fascetta** (di giornale, rivista, ecc.) **2 veste da camera.**

wrapping ['ræpiŋ] *n.* **1** *(di solito al pl.)* **copertura; involucro; involto; fascia 2** [U] **materiale da imballaggio** ● *w. paper,* carta da pacchi.

wrapround ['ræp,raund] **A** *a.* **1 che circonda completamente 2** (d'indumento) **senza abbottonatura;** (di gonna) **a portafoglio B** *n.* [C] (di libro e sim.) **fascetta (pubblicitaria).**

wrath [rɔ:θ] *n.* [U] **collera; furore; ira.**

wrathful ['rɔ:θful] *a.* **adirato; furibondo.**

to **wreak** [ri:k] *v. t.* **sfogare**: *to w. one's fury on sb.,* sfogare la propria collera su q. ● *to w. vengeance upon sb.,* vendicarsi di q.

wreath [ri:θ] *n.* [C] **1 ghirlanda; corona** (di fiori); **serto 2 anello; cerchio; voluta**: *wreaths of smoke,* volute di fumo.

to **wreathe** [ri:ð] **A** *v. t.* **1 intrecciare** (fiori, ghirlande); **fare** (corone di fiori) **2 inghirlandare 3 avvolgere B** *v. i.* **1** (di solito to **wreathe oneself** *v. rifl.*) **attorcigliarsi; avvilupparsi 2** (del fumo, ecc.) **salire in spire** (o **in volute).**

wreck [rek] *n.* **1** [U] e [C] *(naut.,* anche *shipwreck)* **naufragio** (anche *fig.*) **2** [C] *(naut.)* **relitto; nave che ha fatto naufragio 3** [C] **rottame** (anche *fig.*); **rudere; macerie;** *(fig.)* **ombra**: *to be reduced to a w.,* essere ridotto a un rottame □ *He is but a w. of his former self,* non è più che l'ombra di se stesso **4** [U] *(fig.)* **distruzione; rovina; sfacelo**: *the w. of one's plans,* lo sfacelo dei propri progetti ● *to be a nervous w.,* avere i nervi a pezzi.

to **wreck** [rek] *v. t.* **1 far naufragare;** *(fig.)* **distruggere, rovinare, mandare in rovina 2 abbattere, demolire, smantellare** (un edificio) ● *to be wrecked,* far naufragio □ *wrecked goods,* relitti di un naufragio □ *(fig.) a wrecked life,* una vita distrutta □ *(naut.) wrecking crew,* equipaggio addetto ai ricuperi.

wreckage ['rekidʒ] *n.* [U] **1** *(naut.)* **relitto, relitti** (di un naufragio) **2 rottame, rottami** (di un disastro aereo, stradale, ecc.) **3 macerie** (di un edificio) **4** *(fig.)* **sfacelo; rovina.**

wrecker ['rekə*] *n.* [C] **1** *(naut.)* **nave per ricuperi; ricuperatore di relitti 2 demolitore** (di case vecchie, ecc.).

wren [ren] *n.* *(zool.,* Troglodytes troglodytes) **scricciolo.**

wrench [rentʃ] *n.* [C] **1 strappo; tirata; torsione 2 strappo muscolare; distorsione; storta**: *to give one's ankle a w.,* prodursi una storta alla caviglia **3** *(fig.)* **forte dolore; strazio 4** *(mecc.)* **chiave.**

to **wrench** [rentʃ] *v. t.* **1 strappare; tirare; torcere**: *to w. a fowl's head off,* tirare il collo a un pollo **2 slogare; storcere**: *to w. one's ankle,* slogarsi una caviglia **3** *(fig.)* **distorcere; falsare; alterare; svisare; travisare**: *to w. the meaning of a phrase,* distorcere il significato di una locuzione.

to **wrest** [rest] *v. t.* **1 strappare** *(anche fig.);* **estorcere; ricavare a stento 2 torcere; distorcere; stiracchiare 3 alterare; falsare; svisare; travisare.**

wrest [rest] *n.* [C] **strappo; tirata; torsione.**

to **wrestle** ['resl] **A** *v. i.* **1 lottare;** *(sport)* **fare la lotta;** *(fig.)* **combattere**: *to w. with temptations,* combattere le tentazioni **2** — *to w. with,* essere alle prese con, affrontare vigorosamente, applicarsi seriamente a (un compito, un dovere, un problema, ecc.) **B** *v. t.* **lottare contro;** *(sport)* **fare la lotta con.**

wrestle ['resl] *n.* [C] **lotta;** *(sport)* **incontro di lotta.**

wrestler ['reslə*] *n.* [C] (specialm. *sport*) **lottatore.**

wrestling ['resliŋ] *n.* [U] *(sport)* **lotta** ● *w. match,* incontro di lotta.

wretch [retʃ] *n.* [C] **1 disgraziato, disgraziata 2 individuo spregevole 3** *(scherz.)* **birbantello; mascalzoncello.**

wretched ['retʃid] *a.* **1 disgraziato; infelice; misero; sventurato; sciagurato 2 spregevole; miserabile; vile 3 brutto; cattivo; orrendo; pessimo; deprimente; squallido**: *w. weather,* brutto tempo □ *w. food,* pessimo cibo.

wretchedness ['retʃidnis] *n.* [U] **1 condizione disgraziata; infelicità; sfortuna 2 spregevolezza; bassezza 3 bruttezza; squallore.**

to **wrick** [rik] *v. t.* *(raro)* **slogare; storcere leggermente.**

wrick [rik] *n.* [C] *(raro)* **slogatura; storta; lieve strappo muscolare.**

to **wriggle** ['rigl] **A** *v. i.* **1 contorcersi; dimenarsi; dibattersi; agitarsi 2** *(fig.)* **essere evasivo; equivocare 3** *(fig.)* **essere a disagio**: *to make sb. w.,* mettere q. a disagio **B** *v. t.* **contorcere; dimenare; agitare; scuotere**: *to w. one's tail,* dimenare la coda ● *to w. oneself free,* liberarsi (da funi, ecc.) a forza di contorsioni □ *to w. one's way out,* riuscire a sgusciar fuori □ *The eel wriggled out of my fingers,* l'anguilla mi sgusciò di fra le dita.

wriggle ['rigl] *n.* [C] **contorsione; contorcimento.**

to **wring** [riŋ] (*pass.* e *p. p.* **wrung** [rʌŋ]) **A** *v. t.* **1 torcere; tirare (torcendo); strizzare, spremere (tor-**

cendo): *to w. (out) wet clothes,* torcere (o strizzare) panni bagnati □ *to w. a hen's neck,* tirare il collo a una gallina ***2*** **stringere forte** ***3*** *(fig.)* **stringere; addolorare; straziare** ***B*** *v. i.* **torcere; stringere, tirare (torcendo)** ● *to w. out,* torcere, strizzare; spremere, far uscire; estorcere, strappare: *to w. money out of sb.,* estorcere denaro a q. □ *wringing wet,* bagnato fradicio; zuppo.

wring [riŋ] *n.* [C] ***1*** **stretta, forte stretta** (di mano) ***2*** **strizzata.**

wringer ['riŋə*] *n.* [C] **strizzatoio.**

wringing ['riŋiŋ] *n.* [U] **torcitura** (dei panni, ecc.); **torsione; strizzatura.**

(1) wrinkle ['riŋkl] *n.* [C] **grinza; ruga; piega; crespa.**

to **wrinkle** ['riŋkl] ***A*** *v. t.* **raggrinzare, raggrinzire; corrugare; increspare; spiegazzare**: *to w. (up) one's forehead,* corrugare la fronte ***B*** *v. i.* **raggrinzarsi, raggrinzirsi; corrugarsi; incresparsi.**

(2) wrinkle ['riŋkl] *n.* [C] *(fam.)* **espediente; suggerimento utile; trovata.**

wrinkly ['riŋkli] *a.* **grinzoso; rugoso.**

wrist [rist] *n.* [C] *(anat.)* **polso**: *to take sb. by the w.,* afferrare q. per il polso ● *w.-watch,* orologio da polso.

wristband ['ristbænd] *n.* [C] **polsino** (di camicia).

wristlet ['ristlit] *n.* [C] ***1*** **braccialetto** ***2*** **cinturino** (d'orologio).

writ [rit] *n.* [C] *(leg.)* **mandato; decreto; ordine; ordinanza** ● *(leg.) w. of summons,* citazione □ *(arc.) the Holy W.,* la Sacra Scrittura □ *(leg.) to serve a w. on sb.,* notificare un mandato a q.

to **write** [rait] (*pass.* **wrote** [rout], *p. p.* **written** ['ritn]) ***A*** *v. t.* e *i.* ***1*** **scrivere; tracciare** (lettere, segni); **comporre; compilare**: *to w. a letter,* scrivere una lettera □ *I wrote to him yesterday,* gli scrissi ieri □ *He writes well,* scrive bene; è una buona penna ***2*** **designare, qualificare** (per iscritto) ***B*** *verbi composti* ***1*** *to w. back,* rispondere (per iscritto) ***2*** *to w. (st.) down,* annotare; registrare; definire, considerare; *(comm.)* ridurre il valore nominale di (azioni, titoli): *W. me down as an ass,* considerami un asino ***3*** *to w. st. in,* inserire q.c. (in uno scritto) ***4*** *to w. (st.) off,* scrivere con facilità, buttar giù; *(comm.)* cancellare, annullare; *(fin., econ.)* deprezzare ***5*** *to w. (st.) out,* scrivere per esteso; trascrivere; compilare ***6*** *to w. (st.) up,* aggiornare, completare; elaborare; recensire (una commedia, ecc.); rivalutare ● *to w. for the papers,* fare il giornalista □ *to w. a good hand,* avere una bella scrittura □ *to w. in ink (pencil),* scrivere a penna (a matita) □ *a page written all over,* una pagina scritta fitta fitta □ *That author has written himself out,* quell'autore ha esaurito la sua vena.

write-off ['raitɔf] *n.* [C] ***1*** *(comm.)* **cancellazione** (d'un credito) ***2*** *(fin., econ.)* **deprezzamento** ***3*** *(fam.)* **oggetto (ormai) senza valore; cosa da buttare.**

writer ['raitə*] *n.* [C] ***1*** **scrivente**: *the w. of this letter,* lo scrivente ***2*** **scrittore, scrittrice; autore, autrice** ***3*** **scrivano; copista** ● *(med.) w.'s cramp,* crampo degli scrivani; grafospasmo.

write-up ['rait,ʌp] *n.* [C] ***1*** **resoconto (scritto)** ***2*** **recensione** ***3*** *(fin., econ.)* **rivalutazione.**

writhe [raið] *n.* [U] **contorcimento; contorsione.**

to **writhe** [raið] *v. i.* ***1*** **contorcersi; dimenarsi; dibattersi; torcersi** ***2*** *(fig.)* **fremere; sentirsi ferito** *(fig.)*.

writing ['raitiŋ] *n.* ***1*** [U] **scrittura; grafia**: *His w. is very clear,* la sua scrittura è molto chiara ***2*** *(al pl.)* **scritti; opere letterarie**: *the writings of Milton,* le opere di Milton ● *a fine piece of w.,* un esempio di bello stile letterario □ *(comm.) an order in w.,* un ordine scritto □ *to put st. in w.,* mettere q.c. per iscritto.

writing-case ['raitiŋkeis] *n.* [C] **astuccio** (con il necessario per scrivere).

writing-desk ['raitiŋdesk] *n.* [C] **scrivania; scrittoio.**

writing-paper ['raitiŋ,peipə*] *n.* [U] **carta da lettere; carta da scrivere.**

writing-table ['raitiŋ,teibl] *n.* [C] **scrivania; scrittoio.**

written ['ritn] ***A*** *p. p.* di to **write** ***B*** *a.* ***1*** **scritto**: *the w. language,* la lingua scritta ***2*** *(leg.)* **codificato; formulato in un codice** ● *badly-w.,* scritto male □ *well-w.,* scritto bene □ *He wants a w. apology,* vuole le scuse per iscritto.

(1) wrong [rɔŋ] *a.* ***1*** **disonesto; ingiusto; riprovevole**: *It was w. of you to do that,* fu disonesto da parte tua fare ciò ***2*** **errato; sbagliato; falso; inesatto; scorretto**: *Your answer is w.,* la tua risposta è sbagliata ***3*** **inopportuno; disadatto; sconveniente**: *He always says the w. things,* dice sempre cose inopportune; parla sempre a sproposito ● *to be w.,* essere in errore; sbagliare, sbagliarsi; aver torto, far male (a): *You are w. in thinking that Tom is a liar,* sbagli a credere che Tom sia un bugiardo □ *You are quite w.,* hai completamente torto (*fam.:* hai torto marcio) □ *w. side out,* a rovescio □ *to be w. with (sb., st.),* non andare; esser guasto; esserci da ridire: *(fam.) What's w. with you?,* che cosa c'è che non va?; che cos'hai? □ *Something is w. with the machine,* la macchina è guasta □ *(fam.) What's w. with him?,* che c'è da ridire sul suo conto? □ *(fig.) to get out of bed on the w. side,* alzarsi di cattivo umore □ *That was the w. (sort of) thing to do,* quella era l'ultima cosa da farsi.

(2) wrong [rɔŋ] *avv.* **erroneamente; in modo inesatto; male**: *to answer w.,* rispondere erroneamente ● *to get (st.) w.,* sbagliare; capir male; fraintendere: *You've got it all w.,* non hai capito niente □ *to go w.,* sbagliar strada; fallire; *(fig.)* deviare dal retto cammino, prendere una cattiva strada, sgarrare □ *to guess w.,* sbagliare; non indovinare □ *to lead sb. w.,* forviare q. □ *to tell sb. w.,* dare a q. un'informazione sbagliata.

(3) wrong [rɔŋ] *n.* [U] e [C] ***1*** **male; peccato; azione disonesta**: *to know right from w.,* distinguere il bene dal male ***2*** **torto; ingiustizia; ingiuria; offesa;** *(leg.)* **(atto) illecito**: *to be in the w.,* avere torto □ *to do sb. a great w.,* fare un grave torto a q. □ *the wrongs of time,* le ingiurie del tempo ● *to put sb. in the w.,* mettere q. dalla parte del torto.

to **wrong** [rɔŋ] *v. t.* ***1*** **far torto a; trattare ingiustamente; offendere; maltrattare** ***2*** **denigrare; diffamare** ***3*** **sedurre** (una donna).

wrongdoer ['rɔŋ,du:ə*] *n.* [C] ***1*** **peccatore** ***2*** **malfattore; trasgressore; delinquente.**

wrongdoing ['rɔŋ,du:iŋ] *n.* [U] e [C] ***1*** **male; peccato; offesa** ***2*** **trasgressione; infrazione; (atto) illecito.**

wrongful ['rɔŋful] *a.* ***1*** **ingiusto; iniquo** ***2*** **illegale; illegittimo; illecito.**

wrong-headed [,rɔŋ'hedid] *a.* **ostinato nell'errore; pervicace.**

wrongly ['rɔŋli] *avv.* ***1*** **erroneamente; male** ***2*** **a torto.**

wrote [rout] *pass.* di to **write.**

wroth [rouθ] *a. pred.* *(poet.* o *scherz.)* **adirato; sdegnato.**

wrought [rɔ:t] *a.* **lavorato; battuto**: *w. iron,* ferro battuto.

wrought-up [,rɔ:t'ʌp] *a.* **agitato; turbato; teso** ● *w. nerves,* nervi a pezzi.

wrung [rʌŋ] *pass.* e *p.p.* di to **wring.**

wry [rai] *a.* ***1*** **torto; storto; obliquo; (di) sbieco**: *to have a wry mouth,* avere la bocca storta ***2*** *(fig.)* **contorto; distorto; svisato** ● *to make a wry face,* fare una smorfia (di disappunto, di disgusto, ecc.).

wryneck ['rainek] *n.* ***1*** [U] *(med.)* **torcicollo** ***2*** [C] *(zool., Jynx torquilla)* **torcicollo; collotorto.**

wyvern ['waivə:n] *n.* [C] *(araldica)* **drago alato a due zampe.**

X

X, x [eks] ***A*** *n.* (*pl.* **X's, x's; Xs, xs**) ***1*** X, x ***2*** *(mat.)* x; *(fig.)* **incognita** ***B*** *a. attr.* **fatto a x** ● *an X (film),* un film vietato ai minori di 18 anni □ *(tel.) x for X-ray,* x come Xanthia.

xanthous ['zænθəs] *a.* **di razza gialla; mongoloide.**

xebec ['zi:bek] *n.* [C] *(naut.)* **sciabecco.**

xeno- ['zenə] *(in parole composte)* **xeno-** (significa "straniero", "estraneo" o "ospite").

xenon ['zenɔn] *n.* [U] *(chim.)* **xeno.**

xenophobe ['zenəfoub] *n.* [C] **xenofobo, senofobo.**

xenophobia [ˌzenə'foubjə] *n.* [U] **xenofobia, senofobia.**

xero- ['ziərə] *(in parole composte)* **xero-** (significa "secco", "arido").

xerophyte ['ziərəfait] *n.* *(bot.)* **xerofita.**

Xerox ['ziərɔks] *n.* *(marchio)* **xerocopia.**

to **Xerox** ['ziərɔks] *v. t.* e *i.* **fare xerocopie (di); xerocopiare.**

xiphoid ['zifɔid] *a.* e *n.* *(anat.)* **xifoide.**

Xmas ['krisməs] *n.* (*abbr. fam.* di **Christmas**) **Natale.**

X-ray ['eks,rei] *n.* [C] ***1*** *(al pl.)* *(fis., med.)* **raggi X** ***2*** *(med.)* **radiografia** ● *an X-ray photograph,* una radiografia □ *X-ray photography,* la radiografia (scienza).

to **X-ray** ['eks'rei] *v. t.* *(med.)* ***1*** **sottoporre a esame radiografico** ***2*** **trattare con raggi X.**

xilo- ['zailə] *(in parole composte)* **xilo-, silo-** (significa "legno" o relazione col legno).

xylograph ['zailəgra:f] *n.* [C] **xilografia, silografia** (incisione su legno).

xylographer [zai'lɔgrəfə*] *n.* [C] **xilografo, silografo.**

xylography [zai'lɔgrəfi] *n.* [U] **xilografia, silografia** (arte dell'incidere su legno).

xylophagan [zai'lɔfəgən] *a.* e *n.* [C] *(zool.)* **xilofago, silofago.**

xylophagous [zai'lɔfəgəs] *a.* *(zool.)* **xilofago, silofago.**

xylophone ['zailəfoun] *n.* [C] *(mus.)* **xilofono, silofono.**

xylophonist [zai'lɔfənist] *n.* [C] *(mus.)* **xilofonista, silofonista.**

xyster ['zistə*] *n.* [C] *(med.)* **raschiatoio.**

Y

Y, y [wai] ***A*** *n.* (*pl.* **Y's, y's; Ys, ys**) Y, y ***B*** *a. attr.* **a forma di ipsilon** ● *(tel.) y for yellow,* y come York.

yacht [jɔt] *n.* [C] *(naut.)* **panfilo; « yacht »** ● *y.-club,* circolo nautico.

to **yacht** [jɔt] *v. i.* **fare una crociera su un panfilo.**

yachting ['jɔtiŋ] *n.* [U] ***1*** **(il) navigare su un panfilo** ***2*** **sport velico; velismo** ● *y. cruise,* crociera su un panfilo.

yachtsman ['jɔtsmən] *n.* (*pl.* **yachtsmen** ['jɔtsmən]) ***1*** **proprietario (o comandante) di panfilo** ***2*** *(sport)* **velista.**

yah [ja:] *inter.* (di derisione o disgusto) **bah!; puah!**

yahoo [ja'hu:] *n.* [C] *(fig.)* **bruto; individuo bestiale.**

Yahveh ['ja:vei] *n.* *(relig. ebraica)* **Geova.**

yak [jæk] *n.* (*zool.,* Bos grunniens) **« yak »; bue tibetano.**

to **yak** [jæk] *v. i.* *(fam.)* **chiacchierare; ciarlare.**

yam [jæm] *n.* [C] *(bot.)* ***1*** (Dioscorea) **igname** ***2*** (*USA,* Ipomoea batatas) **patata dolce; batata.**

yank [jæŋk] *n.* [C] *(fam.)* **strappo; strattone.**

to **yank** [jæŋk] *v. t.* e *i.* *(fam.)* **strappare; tirare con violenza** ● *to y. out,* cavare con uno strattone.

Yank [jæŋk] *(pop.)* *V.* **Yankee.**

Yankee ['jæŋki] ***A*** *n.* [C] ***1*** *(USA)* **« Yankee »; nativo della Nuova Inghilterra;** (*stor.,* durante la Guerra di Secessione) **nordista** ***2*** *(fam., in Europa)* **« Yankee »; americano** ***B*** *a. attr.* **di (o da) « Yankee »;** *(stor.)* **nordista;** *(fam.)* **americano**: *Y. inventions,* invenzioni americane.

to **yap** [jæp] *v. i.* ***1*** **guaire** ***2*** *(fam.)* **chiacchierare; cianciare.**

yap [jæp] *n.* ***1*** [C] **guaito** ***2*** [U] *(fam.)* **chiacchiere; ciance.**

(1) yard [ja:d] *n.* [C] ***1*** **iarda** (misura di lunghezza): *a square yard,* una iarda quadrata ***2*** *(naut.)* **pennone.**

(2) yard [ja:d] *n.* [C] ***1*** **recinto; cortile** ***2*** (*ferr.,* anche *railway-y.*) **scalo ferroviario** ***3*** *(costr. navali)* **arsenale; cantiere** ● *the Y.* (*abbr. di* **Scotland Y.**), Scotland Yard (sede centrale della polizia londinese) □ *building y.,* cantiere edile □ *cattle y.,* recinto per il bestiame □ *(naut.) navy y.,* cantiere navale; arsenale.

to **yard** [ja:d] *v. t.* (spesso *to y. up*) **mettere** (bestiame) **in un recinto.**

yardage ['ja:didʒ] *n.* [U] **misurazione in iarde.**

yardstick ['ja:dstik] *n.* [C] ***1*** **stecca di una iarda** (strumento per misurare) ***2*** *(fig.)* **metro; parametro.**

yarn [ja:n] *n.* ***1*** [U] *(ind. tessile)* **filo; filato**: *woollen y.,* filato di lana ***2*** [C] *(fam.)* **storia; storiella; racconto**: *to spin a long y. about one's misfortunes,* tessere un lungo racconto sulle proprie sventure □ *(fam.) to spin yarns,* raccontar storie (o frottole).

to **yarn** [ja:n] *v. i.* *(fam.)* **fare un racconto; raccontare storie.**

yarrow ['jærou] *n.* [U] (*bot.,* Achillea millefolium) **millefoglie.**

yaw [jɔ:] *n.* [C] ***1*** *(naut.)* **straorzata** ***2*** *(aeron.)* **imbardata.**

to **yaw** [jɔ:] *v. i.* ***1*** *(naut.)* **straorzare** ***2*** *(aeron.)* **imbardare.**

yawl [jɔ:l] *n.* [C] *(naut.)* ***1*** **iole** ***2*** **barca a remi; scialuppa.**

to **yawn** [jɔ:n] ***A*** *v. i.* ***1*** **sbadigliare** ***2*** **aprirsi; spalancarsi** ***B*** *v. t.* **dire** (q.c.) **sbadigliando**: *to y. good-night,* dare la buona notte sbadigliando.

yawn [jɔ:n] *n.* [C] ***1*** **sbadiglio** ***2*** **apertura; voragine.**

yaws [jɔ:z] *n. pl.* *(med.)* **framboesia.**

yclept [i'klept] *a.* (*arc.* o *scherz.*) **chiamato; detto; di nome.**

(1) ye [ji:] *pron. pers.* (*poet.* o *scherz.*) **voi, ve, vi; tu, te,**

ti: *I do beseech ye,* io vi supplico □ *Ye fools!,* o (voi) stolti!

(2) ye [ji:] *art. determ. (arc.)* **il, lo; la; i, gli; le.**

yea [jei] ***A*** *avv. (arc.)* ***1*** **sì** ***2*** **anzi; addirittura** ***B*** *n.* [C] **sì; voto favorevole**: *yeas and nays,* voti favorevoli e voti contrari.

yeah [jeə], *(USA)* [ja:] *avv. (fam.)* **sì.**

year [jiə*] *n.* ***1*** [C] **anno; annata**: *this (last, next) y.,* quest'anno (l'anno scorso, l'anno prossimo) □ *I haven't seen him for years,* non lo vedo da anni □ *a bad y.,* una brutta annata; un'annata cattiva □ *in the y. 1861,* nell'anno 1861 ***2*** *(al pl.)* **anni; età**: *to be just three years old* (o *three years of age),* avere appena tre anni ● *the y. after next* (o *in two years' time),* fra due anni □ *the y. before last* (o *two years ago),* due anni fa □ *y. by y.* (o *every y.),* ogni anno □ *y. in, y. out* (o *y. after y.),* un anno dopo l'altro □ *all the y. round,* per tutto l'anno □ *from y. to y.,* di anno in anno □ *leap y.,* anno bisestile □ *New Y.'s Day,* Capodanno.

year-book ['jiəbuk] *n.* [C] **annuario.**

yearling ['jiəliŋ] ***A*** *n.* [C] **animale di un anno** ***B*** *a. attr.* **di un anno; che ha un anno d'età.**

year-long [ˌjiə'lɔŋ] *a.* **che dura da un anno.**

yearly ['jiəli] ***A*** *a.* **annuale; che accade** (o **ricorre**) **ogni anno** ***B*** *avv.* **annualmente; ogni anno; tutti gli anni.**

to **yearn** [jə:n] *v. i.* **agognare; anelare; bramare; desiderare ardentemente**: *to y. for rest* (o *after rest),* agognare un po' di riposo ● *to y. for beauty,* aver sete di bellezza; essere assetato di cose belle.

yearning ['jə:niŋ] ***A*** *n.* [U] *(anche al pl.)* **desiderio ardente; brama** ***B*** *a.* **bramoso; desideroso; assetato** *(fig.).*

yeast [ji:st] *n.* [U] ***1*** **fermento; lievito** ***2*** **schiuma; spuma.**

yeasty ['ji:sti] *a.* ***1*** **simile a lievito; che contiene lievito** ***2*** **schiumoso; spumoso; spumeggiante**: *the y. waves,* le onde spumeggianti ***3*** *(fig.)* **in fermento; agitato; turbato** ***4*** *(fig.)* **superficiale; frivolo.**

to **yell** [jel] *v. i.* e *t.* **gridare; strillare; urlare**: *to y. with fright,* strillare per lo spavento ● *to y. out an order,* dare un ordine a gran voce □ *to y. with laughter,* ridere rumorosamente.

yell [jel] *n.* [C] **grido; strillo; urlo**: *a y. of terror,* un urlo di terrore.

yellow ['jelou] ***A*** *a.* ***1*** **giallo**: *y. leaves,* foglie gialle □ *the y. race,* la razza gialla ***2*** **di pelle gialla; di razza gialla**: *y. men,* uomini di razza gialla ***3*** *(fam.)* **codardo; vile; meschino** ***B*** *n.* ***1*** [U] **(color) giallo** ***2*** *(al pl.)* — *(med.) the yellows,* l'itterizia ● *(med.) y. fever,* febbre gialla □ *y.-green,* verdegiallo □ *(med.) y. gum,* itterizia dei neonati □ *y. jack, (naut.)* bandiera gialla (o di quarantena); *(pop.)* febbre gialla □ *the y. of an egg,* un tuorlo d'uovo □ *the y. press,* la stampa scandalistica □ *(med.) y. sickness,* itterizia □ *to turn y.,* ingiallire.

to **yellow** ['jelou] *v. t.* e *i.* **ingiallire; rendere giallo, diventar giallo**: *yellowed with age,* ingiallito dal tempo.

yellowback ['jeloubæk] *n.* [C] **romanzo popolare, dalla copertina gialla.**

yellowish ['jelouiʃ], **yellowy** ['jeloui] *a.* **giallastro; giallognolo; gialliccio.**

to **yelp** [jelp] *v. i.* **guaire; uggiolare.**

yelp [jelp] *n.* [C] **guaito; uggiolìo.**

(1) yen [jen] *n. (invar. al pl.)* **« yen »** (unità monetaria giapponese).

(2) yen [jen] *n. (solo al sing.) (fam.)* **forte desiderio; gran voglia.**

to **yen** [jen] *v. i. (fam.)* — *to yen for,* avere una gran voglia di; desiderare ardentemente.

yeoman ['joumən] *n.* (*pl.* **yeomen** ['joumən]) ***1*** *(raro)* **piccolo proprietario terriero; coltivatore diretto** ***2*** *(naut. USA)* **sottufficiale addetto al servizio amministrativo di bordo** ● *Y. of the Guard,* guardia del corpo reale.

yeomanry ['joumənri] *n.* [U] ***1*** **(la) classe dei piccoli proprietari terrieri** ***2*** *(mil.)* **guardia nazionale a cavallo composta di agricoltori volontari.**

yes [jes] ***A*** *avv.* ***1*** (nelle risposte) **sì; certo** ***2*** (nelle risposte) **eccomi!; presente!** ***3*** **anzi; addirittura; per di più**: *I am ready, yes eager, to help you,* sono pronto, anzi, ansioso di aiutarti ***4*** (interrogando) **ah sì?; davvero?; e allora?** ***B*** *n.* [C] **sì** ● *to answer yes,* rispondere di sì.

yes-man ['jesˌmæn] *n.* [C] *(spreg.)* **individuo servile; tirapiedi.**

yester ['jestə*] *pref. (arc.)* **di ieri; passato; scorso**: *y.-night,* la notte scorsa; ieri sera □ *y.-year,* l'anno scorso.

yesterday ['jestədi] *avv.* e *n.* **ieri**: *What was y.?,* che giorno era ieri? □ *y.'s newspaper,* il giornale di ieri ● *y. afternoon,* ieri pomeriggio □ *y. evening,* ieri sera □ *y. morning,* ieri mattina □ *the day before y.,* ieri l'altro □ *up to y.,* fino a ieri.

yet [jet] ***A*** *avv.* ***1*** **ancora; finora; tuttora**: *He had not come yet,* non era ancora arrivato □ *Be thankful you are yet alive,* ringrazia il Cielo che sei ancora vivo □ *He was yet kinder to me,* fu ancora più gentile con me ***2*** *(in frasi interr.)* **fino a questo momento; già**: *Has the post arrived yet?,* è già arrivata la posta? ***B*** *cong.* (spesso *and yet, but yet*) **pure; eppure; tuttavia; però; ma**: *It is strange, yet true,* è strano, ma è vero ● *yet once* (o *yet once more),* ancora una volta; un'altra volta □ *as yet,* finora, sinora □ *just yet,* proprio ora; subito □ *nor yet,* e neppure; e nemmeno; e neanche: *He did not come, nor yet write,* non venne e neanche scrisse.

yeti ['jeti] *n.* [C] **« yeti »; abominevole uomo delle nevi.**

yew [ju:] *n.* [C] e [U] *(bot.,* Taxus baccata) **tasso** (l'albero e il legno).

Yiddish ['jidiʃ] *n.* [U] **yiddish** (lingua delle comunità ebraiche in Germania, Polonia, ecc.).

to **yield** [ji:ld] *v. t.* e *i.* ***1*** **produrre; fruttare; rendere**: *to y. ten per cent,* fruttare il dieci per cento ***2*** **cedere; concedere; dare; abbandonare; accedere**: *to y. ground,* cedere terreno □ *to y. a position to the enemy,* abbandonare una posizione al nemico ***3*** **cedere; arrendersi; sottomettersi**: *to be determined never to y.,* essere decisi a non arrendersi mai ● *to y. consent,* acconsentire □ *to y. oneself prisoner (to the enemy),* darsi prigioniero (o arrendersi al nemico) □ *to y. to persuasion,* lasciarsi convincere □ *(lett.) to y. up the ghost,* rendere l'anima; morire.

yield [ji:ld] *n.* [C] e [U] ***1*** **prodotto; raccolto**: *a good y. of wheat,* un buon raccolto di frumento ***2*** *(ind. agric.)* **rendimento; resa; produzione** ***3*** *(fin.)* **rendita; reddito; frutto** ***4*** (di imposte o tasse) **gettito.**

yielding ['ji:ldiŋ] *a.* **cedevole; flessibile; arrendevole; docile.**

yippee [ji'pi:] *inter. (fam.)* **urrà!; evviva!**

yodel ['joudl] *n.* [C] *(mus.)* **« jodel »** (vocalizzo in falsetto); **« jodler »** (canto modulato dei montanari tirolesi e svizzeri).

to **yodel** ['joudl] *v. i. (mus.)* **cantare alla maniera dei montanari tirolesi; cantare facendo lo « jodel ».**

yoga ['jougə] *n.* [U] *(filos. indiana)* **yoga.**

yogi ['jougi] *n.* [C] **seguace dello yoga.**

yoghurt ['jɔgə:t] *n.* [U] **iogurt** (latte coagulato per azione di particolari fermenti).

yo-heave-ho [ˌjouhi:v'hou] *inter. (naut.)* **issa!**

yoke [jouk] *n.* [C] ***1*** **giogo** (anche *fig.*); **schiavitù, dominio; legame, vincolo** (specialm. matrimoniale): *to throw off the y. of servitude,* scuotersi di dosso il giogo della servitù ***2*** *(invar. al pl.,* anche *y. of oxen)* **coppia, paio** (di buoi aggiogati) ***3*** (d'abito) **sprone** ***4*** *(naut.,* anche *rudder-y.)* **barra a bracci** (del timone) ● *(stor. romana) to pass under the y.,* passare sotto il giogo (anche *fig.).*

to **yoke** [jouk] ***A*** *v. t.* ***1*** **mettere il giogo a** (buoi, ecc.); **aggiogare** ***2*** *(fig.)* **accoppiare; unire** (specialm. in matrimonio) ***B*** *v. i.* **appaiarsi.**

yokefellow ['joukˌfelou] *n.* [C] *(arc.)* ***1*** **collega; compagno** ***2*** **coniuge.**

yokel ['joukəl] *n.* [C] *(spreg.)* **campagnolo; bifolco; villano.**

yolk [jouk] *n.* [C] e [U] **tuorlo; rosso d'uovo.**

yon [jɔn] *(poet.* o *dial.) V.* **yonder.**

yonder ['jɔndə*] ***A*** *a.* **quello; quello là** ***B*** *avv.* **là; laggiù; lassù.**

yore [jɔ:*] *n.* [U] *(soltanto nella locuz.:) of y.,* (di) un tempo; in passato; anticamente.

Yorkist ['jɔ:kist] *a.* e *n.* C *(stor.)* **(partigiano) della Casa di York.**

you [ju:, ju] ***A*** *pron. pers. 2ª pers. pl. e sing.* ***1*** **voi, ve, vi; tu, te, ti; Lei, Ella, Loro** (forme di cortesia): *What do you want?*, che cosa volete (voi)?; che cosa vuoi (tu)? □ *Does she know you?*, ti conosce?; vi conosce? □ *You are very kind, Sir,* Lei è molto gentile, signore ***2*** *(idiom., escl.)* — *You fool!*, stupido! □ *You darling!*, tesoro!; caro!, cara! ***B*** *pron. impers.* **si; sé**: *You never can tell!*, non si sa mai! □ *It is easier to cycle with the wind behind you,* è più facile pedalare col vento dietro di sé (o alle spalle) ● *all of you* (o *you all*), voi tutti; tutti voi; voialtri: *You are all welcome,* siete (tutti) i benvenuti □ *if I were you,* se fossi in te □ *the rest of you,* gli altri.

you'd [ju:d] *contraz.* di ***1*** **you had** ***2*** **you would.**

you'll [ju:l] *contraz.* di ***1*** **you will** ***2*** **you shall.**

young [jʌŋ] ***A*** *a.* ***1*** **giovane** (anche *fig.*); **piccolo**: *a y. man,* un uomo giovane; (anche) un giovanotto □ *He's too y. to go to school yet,* è troppo piccolo per andare a scuola ***2*** **giovanile; di (o da) ragazzo; di (o da) ragazza**: *to look y.*, avere un aspetto giovanile ***3*** *(fig.)* **inesperto; alle prime armi**: *He is y. in fencing,* è inesperto della scherma ***B*** *n.* — *(collett.) the y.*, i giovani; la gioventù; (d'animale) i piccoli, la prole ● *y. girl,* ragazzina □ *y. lady,* signorina □ *y. man,* giovanotto □ *the y. ones,* i bambini □ *y. people,* i giovani □ *y. vegetables,* verdura fresca □ *to be in one's y. days,* essere giovane □ *in my y. days,* nei miei verdi anni; in gioventù □ (di femmina d'animale) *with y.*, gravida; pregna □ *a younger brother (sister),* un fratello (una sorella) minore □ *(stor.) the younger Pitt* (o *Pitt the Younger*), Pitt il Giovane □ *Do you mean y. Smith or his father?*, vuoi dire Smith figlio o il padre? □ *The night is still y.*, la notte non è ancora avanzata □ *He is y. for his age,* porta bene i suoi anni □ *He is a year younger than his brother,* ha un anno in meno di suo fratello □ *Ann is the youngest in the family,* Ann è la più piccola della famiglia.

youngish ['jʌŋiʃ] *a.* **piuttosto giovane; giovanile all'aspetto.**

youngling ['jʌŋliŋ] *n.* C **piccolo; ultimo nato.**

youngster ['jʌŋstə*] *n.* C **giovincello; ragazzotto.**

your [jɔ:*] ***A*** *a. poss.* **vostro, vostra, vostri, vostre; tuo, tua, tuoi, tue; Suo, Sua, Suoi, Sue, Loro** (forme di cortesia): *y. father and mother,* tuo padre e tua madre □ *How is y. daughter, Mrs Jones?*, come sta Sua figlia, signora Jones? ***B*** *a. indef.* **proprio**: *You cannot alter y. nature,* non si può cambiare il proprio carattere ● *y. own,* tuo, proprio tuo; vostro, proprio vostro.

you're [juə*] *contraz.* di **you are.**

yours [jɔ:z] *pron. poss.* **(il) vostro, (la) vostra, (i) vostri, (le) vostre; (il) tuo, (la) tua, (i) tuoi, (le) tue; (il) Suo, (la) Sua, (i) Suoi, (il, la, i, le) Loro** (forme di cortesia): *This book is y.*, questo libro è tuo □ *that book of y.*, quel tuo libro □ *my children and y.*, i miei bambini e i vostri □ *Isn't that boy a student of y., Mr Black?*, non è un Suo studente, quel ragazzo, Mr Black? ● (nelle lettere) *Y. truly* (o *faithfully, sincerely*), sinceramente tuo; cordiali saluti dal tuo...; Vostro (o Suo) devotissimo; *(comm.)* distinti saluti □ *I am no child of y.*, non sono mica Suo figlio! □ *Our best wishes to you and y.*, i nostri migliori auguri a te e ai tuoi cari.

yourself [jɔ:'self] (*pl.* **yourselves** [jɔ:'selvz]) ***A*** *pron. rifl.* **te stesso, te stessa, ti; voi stessi, voi stesse, vi; Lei stesso, Lei stessa, Si** (forme di cortesia): *You're looking very pleased with y.*, sembri molto soddisfatto di te stesso □ *Don't tire yourselves too much,* non stancatevi troppo ***B*** *pron. enfatico* **tu stesso, tu stessa; voi stessi, voi stesse; Lei stesso, Lei stessa; proprio tu (voi, Lei)**: *Do it y.*, fallo tu stesso (o tu stessa)! □ *You told me y.*, me l'hai raccontato proprio tu ● *by y.*, da te, da Sé; da solo, da sola; senz'aiuto; solo, sola; senza compagnia: *Did you do it by y., Miss Brown?*, l'ha fatto da Sé, Miss Brown? □ *Were you (all) by y.*, eri solo? □ *by yourselves,* da soli, da sole; senz'aiuto; soli, sole; senza compagnia □ *Please y.!*, fa' pure a modo tuo! □ *You are not quite y. tonight,* non sei del solito umore stasera.

youth [ju:θ] *n.* ***1*** U **gioventù; giovinezza; adolescenza** ***2*** *(collett.)* **gioventù; (i) giovani** ***3*** C **giovane; giovanetto; adolescente; giovanotto**: *as a y.*, da giovane; in gioventù ● *y. hostel,* ostello della gioventù.

youthful ['ju:θful] *a.* ***1*** **giovane; nel fiore della giovinezza** ***2*** **giovanile; di (o da) giovane.**

youthquake ['ju:θ,kweik] *n.* C **protesta giovanile degli anni 1960-1970.**

you've [ju:v] *contraz.* di **you have.**

to **yowl** [jaul] *v. i.* ***1*** **gnaulare** ***2*** **ululare.**

yowl [jaul] *n.* C ***1*** **gnaulio** ***2*** **ululato.**

yo-yo ['joujou] *n.* C **« jo-jo »** (giocattolo).

ytterbium [i'tə:bjəm] *n.* U *(chim.)* **itterbio.**

yttrium ['itriəm] *n.* U *(chim.)* **ittrio.**

yucca ['jʌkə] *n.* C *(bot.,* Yucca) **iucca.**

Yugoslav ['ju:gou,sla:v] *a.* e *n.* C **iugoslavo.**

yule [ju:l] *n.* U **Natale; feste natalizie** ● *y.-log,* ceppo di Natale.

yutelaid ['ju:ltaid] *n.* (specialm. *poet.*) **periodo natalizio.**

Z

Z, z [zed], *(USA)* [zi:] **A** *n.* (*pl.* **Z's, z's; Zs, zs**) Z, z **B** *a. attr.* **a forma di z** ● *(tel.)* *z for zebra,* zeta come Zara.
zaffer, zaffre ['zæfə*] *n.* [U] *(ind. chim., ceramica)* **zaffera.**
zany ['zeini] *n.* [C] **1** *(stor., teatr.)* **zanni 2** *(fig.)* **buffone; sempliciotne.**
zeal [zi:l] *n.* [U] **zelo; ardore; fervore; entusiasmo.**
Zealander ['zi:ləndə*] *n.* **zelandese** ● *New Z.,* neozelandese.
zealot ['zelət] *n.* [C] **persona zelante; fanatico, fanatica.**
zealotry ['zelətri] *n.* [U] **zelo eccessivo; fanatismo.**
zealous ['zeləs] *a.* **1 zelante; premuroso 2 infervorato; fanatico.**
zealousness ['zeləsnis] *n.* [U] **1 zelo; premura; sollecitudine 2 fanatismo.**
zebra ['zi:brə] *n.* [C] *(zool.,* Equus zebra) **zebra** ● *z. crossing,* zebre; passaggio pedonale (a strisce).
zebrine ['zi:brain] *a.* *(zool.)* **di (o da) zebra; simile a zebra.**
zebu ['zi:bu:] *n.* [C] *(zool.,* Bos indicus) **zebù.**
zed [zed] *n.* [C] **zeta** (la lettera).
zee [zi:] *n.* [C] *(USA)* **zeta** (la lettera).
zenana [ze'na:nə] *n.* [C] **gineceo** (in India).
zenith ['zeniθ] *n.* [C] **1** *(astron.)* **zenit 2** *(fig.)* **apice; culmine; vertice**: *to be at the z. of one's career,* essere all'apice della propria carriera ● *(fig.) to have passed one's z.,* essere ormai in declino.
zenithal ['zeniθəl] *a.* *(astron.)* **zenitale.**
zephyr ['zefə*] *n.* **1** [C] **zeffiro; favonio** *(lett.)*; *(poet.)* **brezza, venticello 2** [U] *(ind. tessile)* **zeffiro** (tessuto leggerissimo di cotone o di lino).
Zeppelin ['zepəlin] *n.* [C] *(stor., aeron.)* **« Zeppelin ».**
zero ['ziərou] *a. num. card.* e *n.* (*pl.* **zeros, zeroes**) *(mat., fis.)* **zero**: *to fall to z.,* scendere a zero gradi □ *above z.,* sopra zero □ *below z.,* sotto zero □ *(fig.) Our hopes were reduced to z.,* le nostre speranze si ridussero a zero □ *(mil.) z. hour,* l'ora zero (anche *fig.*).
to **zero** ['ziərou] *v. t.* **azzerare** (uno strumento e sim.).
zest [zest] *n.* [U] *(talvolta con l'art. indeterm.)* **1 aroma; gusto; sapore piccante;** *(fig.)* **nota piccante**: *to add (a) z. to st.,* aggiungere una nota piccante a q.c. **2 entusiasmo; ardore.**
zeugma ['zju:gmə] *n.* [C] *(gramm.)* **zeugma.**
zibeline ['zibəlin] *n.* **(pelliccia di) zibellino.**
zibet ['zibit] *n.* [C] *(zool.,* Viverra zibetha) **zibetto.**
zigzag ['zigzæg] **A** *n.* [C] **1 zig-zag; linea a zig-zag 2** (anche *z. road*) **strada a zig-zag 3** *(mil.)* **trincea a zig-zag 4** *(archit.)* **fregio a zig-zag B** *a. attr.* **a zig-zag**: *a z. path.,* un sentiero a zig-zag **C** *avv.* **a zig-zag.**
to **zigzag** ['zigzæg] *v. i.* **andare a zig-zag; zigzagare.**
zinc [ziŋk] *n.* [U] *(chim.)* **zinco.**
to **zinc** [ziŋk] *v. t.* **rivestire di zinco; zincare.**
zincate ['ziŋkeit] *n.* [C] *(chim.)* **zincato.**
to **zincify** ['ziŋkifai] *v. t.* **zincare.**
zincograph ['ziŋkougra:f] *n.* [C] *(tipogr.)* **lastra di zinco; cliché per zincografia.**
zincographer [ziŋ'kɔgrəfə*] *n.* [C] *(tipogr.)* **zincografo.**
zincography [ziŋ'kɔgrəfi] *n.* [U] *(tipogr.)* **zincografia; zincotipia.**
zinky ['ziŋki] *a.* **di zinco; contenente zinco.**
zinnia ['ziniə] *n.* [C] *(bot.,* Zinnia) **zinnia.**
Zionism ['zaiənizəm] *n.* [U] *(polit.)* **sionismo.**
Zionist ['zaiənist] *(polit.)* **A** *n.* **sionista B** *a.* **sionistico.**
Zionistic [,zaiə'nistik] *a.* *(polit.)* **sionistico.**
zip [zip] *n.* **1** [C] **fischio; sibilo 2** [U] *(fig., fam.)* **energia; vigore 3** *V.* **zip fastener.**
to **zip** [zip] **A** *v. t.* **aprire (o chiudere) con una chiusura lampo B** *v. i.* **fischiare; sibilare** ● *to zip open,* aprire □ *to zip shut,* chiudere □ *to zip up,* chiudere; allacciare.
zip fastener ['zip,fa:snə*], *(USA)* **zipper** ['zipə*] *n.* [C] **chiusura lampo.**
zippy ['zipi] *a.* *(fam.)* **attivo; energetico; dinamico.**
zircon ['zə:kɔn] *n.* [U] *(miner.)* **zircone.**
zirconium [zə:'kouniəm] *n.* [U] *(chim.)* **zirconio.**
zither ['ziθə*] *n.* [C] *(mus.)* **cetra tirolese.**
zodiac ['zoudiæk] *n.* *(astron.)* **zodiaco**: *the signs of the z.,* i segni dello zodiaco.
zodiacal [zou'daiəkəl] *a.* *(astron.)* **zodiacale; dello zodiaco.**
zoic ['zouik] *a.* *(scient.)* **1 degli animali 2** (di roccia) **che conserva tracce di vita animale; che contiene fossili.**
zombi(e) ['zɔmbi] *n.* [C] **1** (nel Congo, ecc.) **pitone** (adorato come divinità) **2** (nelle Indie Occidentali) **morto risuscitato** (per magia) **3** *(pop.)* **automa; babbeo; salame** *(fig., pop.)*.
zonal ['zounl] *a.* **1 zonale; di zona 2 zonato; diviso in zone.**
zonate ['zouneit] *a.* *(scient.)* **zonato; a zone.**
zone [zoun] *n.* [C] **zona; regione;** *(lett.)* **cintura**: *the danger z.,* la zona del pericolo □ *the frigid (temperate, torrid) z.,* la zona glaciale (temperata, torrida) ● *z. time,* ora locale □ *time z.,* fuso orario.
to **zone** [zoun] *v. t.* **1 suddividere in zone 2 circondare.**
zoning ['zouniŋ] *n.* [U] **suddivisione in zone; zonizzazione.**
zoo [zu:] *n.* [C] (*pl.* **zoos**) *(fam.)* **zoo; giardino zoologico.**
zooblast ['zouəblæst] *n.* [C] *(biol.)* **cellula animale.**
zoography [zou'ɔgrəfi] *n.* [U] *(scient.)* **zoografia** (zoologia descrittiva).
zoological [,zouə'lɔdʒikəl] *a.* **zoologico**: *z. gardens,* giardino zoologico; zoo.
zoologist [zou'ɔlədʒist] *n.* [C] **zoologo.**
zoology [zou'ɔlədʒi] *n.* [U] **zoologia.**
to **zoom** [zu:m] *v. i.* **1 rombare; ronzare 2** *(aeron.)* **salire in candela 3** *(cinem., telev.)* **zumare 4** *(fam.)* **sfrecciare; passare in un baleno.**
zoom [zu:m] *n.* **1** [U] **rombo; ronzio 2** [C] *(aeron.)* **salita in candela 3** [C] *(cinem., telev.)* **zumata.**
zoophilist [zou'ɔfilist] *n.* [C] **zoofilo.**
zoophilous [zou'ɔfiləs] *a.* **zoofilo.**
zoophily [zou'ɔfili] *n.* [U] **zoofilia.**
zoophobia [,zouou'foubjə] *n.* [U] **zoofobia.**
zoophyte ['zouəfait] *n.* [C] *(scient.)* **zoofito.**
zootechnical [,zouə'teknikəl] *a.* **zootecnico.**
zootechnician [,zouətek'niʃən] *n.* [C] **zootecnico.**
zootechny ['zouou,tekni] *n.* [U] **zootecnia.**
zootomy [zou'ɔtəmi] *n.* [U] **zootomia.**
Zouave [zu:'a:v] *n.* [C] *(mil.)* **zuavo.**
zounds [zaundz] *inter. (arc.)* **caspita!; perbacco!; perdinci!**
Zulu ['zu:lu:] *n.* [C] **zulù** (anche la lingua).
zygoma [zai'goumə] *n.* (*pl.* **zygomata** [zai'goumətə]) *(anat.)* **zigomo.**
zygomatic [,zaigou'mætik] *a.* *(anat.)* **zigomatico.**
zyme [zaim] *n.* [C] *(biol.)* **enzima.**
zymotic [zai'mɔtik] *a.* *(biol.)* **enzimatico.**

Nomi di persona

Aaron ['ɛərən] *m.* Aronne.
Abel ['eibəl] *m.* Abele.
Abraham ['eibrəhæm] *m.* Abramo.
Absalom ['æbsələm] *m.* Assalonne.
Achilles [ə'kili:z] *m.* Achille.
Ada ['eidə] *f.* Ada.
Adalbert ['ædəlbə:t] *m.* Adalberto.
Adam ['ædəm] *m.* Adamo.
Adela ['ædilə] *f.* Adele.
Adelaide ['ædi,laid] *f.* Adelaide.
Adolph ['ædɔlf] *m.* Adolfo.
Adonais [,ædo*u*'neiis] *m.*
Adonis [ə'dounis] *m.* Adone.
Adrian ['eidriən] *m.* Adriano.
Aelfric ['ælfrik] *m.*
Aeneas [i'ni:æs] *m.* Enea.
Aesop ['i:sɔp] *m.* Esopo.
Agamemnon [,ægə'memnən] *m.* Agamennone.
Agatha ['ægəθə] *f.* Agata.
Agenor [ə'dʒi:nɔ:*] *m.* Agenore.
Agnes ['ægnis] *f.* Agnese.
Agrippa [ə'gripə] *m.* Agrippa.
Agrippina [,ægri'pi:nə] *f.* Agrippina.
Ajax ['eidʒæks] *m.* Aiace.
Aladdin [ə'lædin] *m.* Aladino.
Alaric ['ælərik] *m.* Alarico.
Alastor [ə'læstɔ:*] *m.*
Alban ['ɔ:lbən] *m.* Albano.
Albert ['ælbət] *m.* Alberto.
Albertine [ælbə'tain] *f.* Albertina.
Alcaeus [æl'si(:)əs] *m.* Alceo.
Alcestis [æl'sestis] *f.* Alcesti.
Alcibiades [,ælsi'baiə,di:z] *m.* Alcibiade.
Alcides [æl'saidi:z] *m.* Alcide.
Aldous ['ɔ:ldəs] *m.* Aldo.
Alexander [,ælig'za:ndə*] *m.* Alessandro.
Alexandra [,ælig'za:ndrə] *f.* Alessandra.
Alexis [ə'leksis] *m.* Alessio.
Alfred ['ælfrid] *m.* Alfredo.
Algernon ['ældʒənən] *m.*
Alice ['ælis] *f.* Alice.
Alison ['ælisn] *f.*
Allan ['ælən] *m.*
Almayer [æl'meiə*] *m.*
Alphonso [æl'fɔnzou] *m.* Alfonso.
Althea [æl'θi(:)ə] *f.* Altea.
Amabel ['æməbel] *f.*
Amadeus ['æmə,di:əs] *m.* Amedeo.
Ambrose ['æmbrouz] *m.* Ambrogio.
Amelia [ə'mi:ljə] *f.* Amalia, Amelia.
Ammon ['æmən] *m.* Ammone.
Amos ['eimɔs] *m.* Amos.
Amy ['eimi] *f.* Amata.
Amyas ['eimjəs] *m.*
Anchises [æŋ'kaisi:z] *m.* Anchise.
Andrew ['ændru:] *m.* Andrea.
Andromache [æn'drɔməki] *f.* Andromaca.
Angela ['æn*d*ʒilə] *f.* Angela.
Angelina [,ændʒi'li:nə] *f.* Angelina.
Angus ['æŋgəs] *m.*
Ann [æn] *f.* Anna.
Annabel(le) ['ænəbəl] *f.* Annabella.
Anne [æn] *f.* Anna.
Annette [ə'net], **Annie** ['æni] *f.* Annetta.
Anselm ['ænselm] *m.* Anselmo.
Anthony ['æntəni] *m.* Antonio.
Antoinette [,æntwa:'net] *f.* Antonietta.
Antonia [æn'touniə] *f.* Antonia.
Antony ['æntəni] *m.* Antonio.
Aphra ['a:frə, 'æfrə] *f.*
Apollo [ə'pɔlou] *m.* Apollo.
Arabella [,ærə'belə] *f.* Arabella.
Aphrodite [,æfrə'daiti] *f.* Afrodite.
Archibald ['a:tʃibəld] *m.* Arcibaldo.
Archimedes [,a:ki'mi:di:z] *m.* Archimede.
Ariadne [,æri'ædni] *f.* Arianna.
Ariel ['ɛəriəl] *m.* Ariele.
Aristides [,æris'taidi:z] *m.* Aristide.
Aristotle ['æristɔtl] *m.* Aristotele.
Arnold ['a:nld] *m.* Arnoldo.
Artemis ['a:timis] *f.* Artemide.
Arthur ['a:θə*] *m.* Arturo.
Asa ['eisə, 'a:sə] *m.*
Astarte [æs'ta:ti] *f.* Astarte.
Astraea [æs'tri:ə] *f.* Astrea.
Astrophel ['æstrəfel] *m.*
Athelstan ['æθəlstən] *m.*
Athena [ə'θi:nə], **Athene** [ə'θi:ni(:)] *f.* Atena.
Atlas ['ætləs] *m.* Atlante.
Atreus ['eitriu:s] *m.* Atreo.
Attila ['ætilə] *m.* Attila.
Aubrey ['ɔ:bri] *m.* Alberico.
Audrey ['ɔ:dri] *f.*
Augusta [ɔ:'gʌstə] *f.* Augusta.
Augustin(e) [ɔ:'gʌstin] *m.* Agostino.
Augustus [ɔ:'gʌstəs] *m.* Augusto.
Aurora [ə:'rɔ:rə] [ɔ:'rɔ:rə] *f.* Aurora.
Ava ['a:və] *f.*

Bacchus ['bækəs] *m.* Bacco.
Baldwin ['bɔ:ldwin] *m.* Baldovino.
Balthazar [bæl'θæzə*] *m.* Baldassarre.
Banquo ['bæŋkwou] *m.*
Barbara ['ba:bərə] *f.* Barbara.
Barnabas ['ba:nəbəs], **Barnaby** ['ba:nəbi] *m.* Barnaba.
Barnard ['ba:nəd] *m.* Bernardo.
Bartholomew [ba:'θɔləmju:] *m.* Bartolomeo.
Basil ['bæzl] *m.* Basilio.
Bassanio [bə'sa:niou] *m.*
Beatrice ['biətris], **Beatrix** ['biətriks] *f.* Beatrice.
Becky ['beki] *f. (dim. di Rebecca).*
Beelzebub [bi(:)'elzibʌb] *m.* Belzebù.
Belinda [bi'lində] *f.*
Bella [belə] *f. (dim. di Isabella)* Bella.
Benedict ['benidikt] *m.* Benedetto.
Benjamin ['bendʒəmin] *m.* Beniamino.
Berenice [,beri'naisi] *f.* Berenice.
Bernard ['bə:nəd] *m.* Bernardo.
Bernardine ['bə:nədi(:)n] *f.* Bernardina.
Bertha ['bə:θə] *f.* Berta.
Bertram ['bə:trəm] *m.* Bertrando.
Beryl ['beril] *f.*
Bessie ['besi], **Betsy** ['betsi], **Betty** ['beti] *f. (dim. di Elizabeth, Elisabeth)* Bettina.
Bill [bil], **Billy** ['bili] *m. (dim. di William)* Guglielmino.
Blaise [bleiz] *m.* Biagio.
Blanche [bla:n*t*ʃ] *f.* Bianca.
Boadicea [,bo*u*ədi'siə] *f.*
Bob [bɔb], **Bobby** ['bɔbi] *m. (dim. di Robert)* Robertino, Berto.

Boniface ['bɔnifeis] *m.* Bonifacio.
Boris ['bɔris] *m.*
Brabantio [bra:'bænʃiou] *m.*
Brenda ['brenda:] *f.*
Brian ['braiən] *m.*
Bridget ['bridʒit] *f.* Brigida.
Bruce [bru:s] *m.*
Brutus ['bru:təs] *m.* Bruto.
Burt [bə:t] *m.*
Buster ['bʌstə*] *m.*
Bysshe [biʃ] *m.*

Caesar ['si:zə*] *m.* Cesare.
Cain [kein] *m.* Caino.
Caius ['kaiəs] *m.* Caio.
Caleb ['keileb] *m.*
Caliban ['kælibæn] *m.* Calibano.
Calpurnia [kæl'pə:niə] *f.* Calpurnia.
Calvin ['kælvin] *m.* Calvino.
Camilla [kə'milə] *f.* Camilla.
Candida ['kændidə] *f.* Candida.
Canute [kə'nju:t] *m.* Canuto.
Caroline ['kærəlain] *f.* Carolina.
Cary ['kɛəri] *m.*
Cassius ['kæsiəs] *m.* Cassio.
Catherine ['kæθərin] *f.* Caterina.
Cecil ['sesl, 'sisl] *m.*
Cecile ['sesil, 'sesi:l], **Cecily** ['sisili, 'sesili] *f.* Cecilia.
Cedric ['si:drik] *m.*
Celeste [si'lest] *f.* Celeste.
Celestine ['selistain] *m.* o *f.* Celestino, Celestina.
Celia ['si:ljə] *f.*
Charles [tʃa:lz] *m.* Carlo.
Charley, Charlie ['tʃa(:)li] *m. (dim. di Charles)* Carletto, Carlino, Carluccio.
Charlotte ['tʃa:lət] *f.* Carlotta.
Christabel ['kristəbel] *f.*
Christie ['kristi] *f. dim. di Christina.*
Christina [kris'ti:nə], **Christine** ['kristi:n] *f.* Cristina.
Christopher ['kristəfə*] *m.* Cristoforo.
Clare [klɛə*] *m.*
Clare [klɛə*] *f.* Clara, Chiara.
Clarence ['klærəns] *m.*
Clarissa [klə'risə] *f.* Clarissa.
Claude [klɔ:d] *(franc.) m.* Claudio.
Claudia ['klɔ:djə] *f.* Claudia.
Clemence ['kleməns] *f.*
Clement ['klemənt] *m.* Clemente.
Clementine ['kleməntain] *f.* Clementina.
Cleopatra [kliou'pætrə] [kliə'pa:trə] *f.* Cleopatra.
Clifton ['kliftən] *m.*
Clio ['klaiou] *f.* Clio.
Clive [klaiv] *m.*
Clytemnestra [,klaitim'nestrə] *f.* Clitennestra.
Columbine ['kɔləmbain] *f.* Colombina.
Conrad ['kɔnræd] *m.* Corrado.
Constance ['kɔnstəns] *f.* Costanza.
Constantine ['kɔnstəntain] *m.* Costantino.
Cora ['kɔ:rə] *f.* Cora.
Cordelia [kɔ:'di:liə] *f.* Cordelia.
Cornelia [kɔ:'ni:ljə] *f.* Cornelia.
Cornelius [kɔ:'ni:liəs] *m.* Cornelio.
Cressida ['kresid] *f.* Cressida.
Crispin ['krispin] *m.* Crispino.
Crqesus ['kri:səs] *m.* Creso.
Cupid ['kju:pid] *m.* Cupido.
Cuthbert ['kʌθbət] *m.*
Cynthia ['sinθiə] *f.* Cinzia.
Cyril ['sirǝl], Cirillo.

Dagobert ['dægoubə:t] *m.* Dagoberto.
Daisy ['deizi] *f.*
Damocles ['dæməkli:z] *m.* Damocle.
Daniel ['dænjəl] *m.* Daniele.
Dante ['dænti] *m.* Dante.
Daphne ['dæfni] *f.* Dafne.
Dave [deiv] *m. dim. di David.*
David ['deivid] *m.* Davide.
Deborah ['debərə] *f.* Debora.
Deirdre ['diədri] *f.*
Delia ['di:liə] *f.* Delia.
Delilah [di'lailə] *f.* Dalila.
Demetrius [di'mi:triəs] *m.* Demetrio.
Den(n)is ['denis] *m.* Dionigi.
Derek ['derik] *m.*
Derrick ['derik] *m.*
Desdemona [,dezdi'mounə] *f.* Desdemona.
Diana [dai'ænə] *f.* Diana.
Dick [dik] *m. (dim. di Richard)* Riccardino.
Dido ['daidou] *f.* Didone.
Diocletian [,daiə'kli:ʃiən] *m.* Diocleziano.
Diogenes [dai'ɔdʒini:z] *m.* Diogene.
Diomedes [,daiə'mi:di:z] *m.* Diomede.
Dion ['daiən] *m.*
Dionysius [,daiə'naisiəs] *m.* Dionisio, Dionigi.
Dirk [də:k] *m. dim. di Derrick.*
Dobbin ['dɔbin] *m. dim. di Robert.*
Dominic ['dɔminik] *m.* Domenico.
Donald ['dɔnəld] *m.*
Donna ['dɔnə] *f.*
Dora ['dɔ:rə] *f. (dim. di Theodora)* Dora.
Dorian ['dɔ:riən] *m.*
Dorothy ['dɔrəθi] *f.* Dorotea.
Douglas ['dʌgləs] *m.*
Duncan ['dʌŋkən] *m.* Duncano.
Dylan ['dilən] *m.*

Eddy ['edi] *m. dim. di Edward.*
Edgar ['edgə*] *m.* Edgardo.
Edith ['i:diθ] *f.* Editta.
Edmond ['edmənd] *m.* Edmondo.
Edna ['ednə] *f.*
Edward ['edwəd] *m.* Edoardo.
Edwin ['edwin] *m.*
Edwina ['edwi:nə] *f.*
Eileen ['aili:n] *f.* Elena.
Elaine [e'lein] *f.*
Eldred ['eldrid] *m.*
Eleanor ['elinə*] *f.* Eleonora.
Electra [i'lektrə] *f.* Elettra.
Eli ['i:lai] *m.*
Elias [i'laiəs] *m.* Elia.
Elijah [i'laidʒə] *m.* Elia.
Elisabeth [i'lizəbəθ] *f.* Elisabetta.
Elisha [i'laiʃə] *m.* Eliseo.
Eliza [i'laizə] *f.* Elisa.
Elizabeth [i'lizəbəθ] *f.* Elisabetta.
Ella ['elə] *f. dim. di Eleanor.*
Ellen ['elin] *f.*
Elmer ['elmə*] *m.*
Eloisa [,elou'i:zə] *f.* Eloisa.
Elsa ['elsə] *f.* Elsa.
Elsie ['elsi] *f. dim. di Alice, Elizabeth, Elsa.*
Elvira [el'vaiərə] *f.* Elvira.
Emery ['eməri] *m.* Amerigo.
Emil ['emil] *m.* Emilio.
Emily ['emili] *f.* Emilia.
Emma ['emə] *f.* Emma.
Emmanuel [i'mænjuəl] *m.* Emanuele.
Emmie, Emmy ['emi] *f. (dim. di Emily)* Emilietta.
Empedocles [em'pedəkli:z] *m.* Empedocle.
Endymion [en'dimiən] *m.* Endimione.
Eneas [i(:)'ni:æs] *m.* Enea.
Enid ['i:nid] *f.*
Ennius ['eniəs] *m.* Ennio.
Enoch ['i:nɔk] *m.*
Epictetus [,epik'ti:təs] *m.* Epitteto.
Epicurus [,epi'kjuərəs] *m.* Epicuro.
Erasmus [i'ræzməs] *m.* Erasmo.
Eric ['erik] *m.*
Erica ['erikə] *f.*
Ernest ['ə:nist] *m.* Ernesto.
Eroll ['erəl] *m.*
Eros ['erɔs] *m.* Eros.

Erskine [ə:skin] *m.*
Erwin [ə:win] *m.*
Esau ['i:sɔ:] *m.* Esaù.
Esmeralda [ˌezmə'rældə] *f.* Smeralda, Esmeralda.
Esther ['estə*] *f.* Ester.
Ethel ['eθəl] *f.*
Ethelbald ['eθəlbɔ:ld] *m.*
Ethelbert ['eθəlbə:t] *m.*
Ethelred ['eθəlred] *m.*
Ethelwulf ['eθəlwulf] *m.*
Euclid [ju:'klid] *m.* Euclide.
Eudora [ju:'dɔ:rə] *f.*
Eugene [ju:'dʒi:n] *m.* Eugenio.
Eugenia [ju:'dʒi:njə] *f.* Eugenia.
Eulalia [ju:'leiljə] *f.* Eulalia.
Eunice ['ju:nis] *f.* Eunice.
Euphemia [ju:'fi:miə] *f.* Eufemia.
Euphrosyne [ju:'frɔzini:] *f.* Eufrasia.
Euphues ['ju:fju(:)i:z] *m.*
Euripides [juə'ripidi:z] *m.* Euripide.
Euterpe [ju:'tə:pi] *f.* Euterpe
Eva ['i:və] *f.* Eva.
Evander [i'vændə*] *m.* Evandro.
Evangeline [i'vændʒili:n] *f.* Evangelina.
Eve [i:v] *f.* Eva.
Evelina [ˌevi'li:nə] *f.* Evelina.
Eveline ['i:vlin, 'evlin, 'evili:n] *f.* Evelina.
Evelyn ['i:vlin] *f.* o *m.*
Ewan ['ju:in] *m.*
Ezra ['ezrə] *m.*

Fabian ['feibiən] *m.* Fabiano, Fabio.
Fabiola [ˌfæbi'oulə] *f.* Fabiola.
Fabius ['feibiəs] *m.* Fabio.
Fabricius [fə'briʃiəs] *m.* Fabrizio.
Faith [feiθ] *f.* Fede.
Falstaff ['fɔ:lstɑ:f] *m.*
Fannie, Fanny ['fæni] *f. dim. di Frances.*
Faust [faust] *m.* Fausto.
Faustina [fɔ:s'ti:nə] *f.* Faustina.
Fay [fei] *f.*
Felicia [fi'lisiə] *f.* Felicia.
Felix ['fi:liks] *m.* Felice.
Ferdinand ['fə:dinənd] *m.* Ferdinando.
Fergus [fə:gəs] *m.*
Fidelia [fi'di:ljə] *f.*
Fingal ['fiŋgəl] *m.*
Finnegan ['finigən] *m.*
Fiona [fi'ounə]
Flavia ['fleivjə] *f.* Flavia.
Fleance ['fli:əns] *m.*
Flora ['flɔ:rə] *f.* Flora.
Florence ['flɔrəns] *f.* Fiorenza.
Floyd [flɔid] *m.*
Fortinbras ['fɔ:tinbræs] *m.*
Frances ['frɑ:nsis] *f.* Francesca.
Francis ['frɑ:nsis] *m.* Francesco.
Frank [fræŋk] *m.* Franco.
Fred [fred], **Freddie, Freddy** ['fredi] *m. dim. di Frederic(k).*
Frederica [ˌfredə'ri:kə] *f.* Federica.
Frederic(k) ['fredrik] *m.* Federico.
Fulvia ['fʌlviə] *f.* Fulvia.
Fulke [fulk] *m.*

Gabriel ['geibriəl] *m.* Gabriele.
Gabriella [ˌgeibri'elə] *f.* Gabriella.
Galatea [ˌgælə'tiə] *f.* Galatea.
Ganymede ['gænimi:d] *m.* Ganimede.
Gavin ['gævin] *m.*
Gawain(e) ['gɑ:wein] *m.*
Genevieve [ˌdʒenə'vi:v] *f.* Genoveffa.
Geoffrey ['dʒefri] *m.* Goffredo.
George [dʒɔ:dʒ] *m.* Giorgio.
Georgina [dʒɔ'dʒi:nə] *f.* Giorgina.
Gerald ['dʒerəld] *m.* Gerardo, Gherardo.
Geraldine ['dʒerəldi:n] *f.* Geraldina.
Gerard ['dʒerɑ:d] *m.* Gerardo, Gherardo.
Gertrude ['gə:tru:d] *f.* Geltrude.
Gervase ['dʒə:vəs] *m.* Gervasio.
Gilbert ['gilbət] *m.* Gilberto.
Gilda ['dʒildə] *f.* Gilda.
Giles [dʒailz] *m.* Egidio.
Gladys ['glædis] *f.*
Gloria ['glɔ:riə] *f.* Gloria.
Gloriana [ˌglɔ:ri'ɑ:nə] *f.* Gloriana.
Godfrey ['gɔdfri] *m.* Goffredo.
Godiva [gou'daivə] [gə'daivəl *f.*
Godwin ['gɔdwin] *m.*
Gog [gɔg] *m.*
Goliath [gə'laiəθ] *m.* Golia.
Gorboduc ['gɔ:bədʌk] *m.*
Grace [greis] *f.* Grazia.
Graham ['greiəm] *m.*
Gratiano [ˌgræʃi'ɑ:nou] [grɑ:ʃi'ɑ:nou] *m.* Graziano.
Greg [greg] *dim. di Gregory.*
Gregory ['gregəri] *m.* Gregorio.
Greta ['gri:tə] *f.* Greta.
Griffith ['grifiθ] *m.*
Griselda [gri'zeldə] *f.* Griselda.
Guinevere ['gwiniviə*] *f.* Ginevra.
Gus [gʌs], **Gussie** ['gʌsi] *m. dim. di Gustavus.*
Gustavus [gus'tɑ:vəs] *m.* Gustavo.
Guy [gai] *m.* Guido.
Gwendolen, Gwendoline ['gwendəlin] *f.* Guendalina.

Hadrian ['heidriən] *m.* Adriano.
Hal [hæl] *m. dim. di Henry o di Harold.*
Ham [hæm] *m.* Cam.
Hamilcar [hæ'milkɑ*] *m.* Amilcare.
Hamlet ['hæmlit] *m.* Amleto.
Hannibal ['hænibəl] *m.* Annibale.
Hardicanute ['hɑ:dikənju:t]
Harold ['hærəld] *m.* Aroldo.
Harriet ['hæriət] *f.* Enrichetta.
Harry ['hæri] *m. dim. di Henry.*
Hebe ['hi:bi(:)] *f.* Ebe.
Hecate ['hekəti(:)] *f.* Ecate.
Hector ['hektə*] *m.* Ettore.
Hecuba ['hekjubə] *f.* Ecuba.
Helen ['helin], **Helena** ['helinə] *f.* Elena.
Hengist ['heŋgist] *m.*
Henrietta [ˌhenri'etə] *f.* Enrichetta.
Henry ['henri] *m.* Enrico.
Heraclitus [ˌherə'klaitəs] *m.* Eraclito.
Herbert ['hə:bət] *m.* Erberto.
Hercules ['hə:kjuli:z] *m.* Ercole.
Herman ['hə:mən] *m.* Ermanno.
Hermes ['hə:mi:z] *m.* Ermes, Ermete.
Hermione [hə:'maiəni] *f.* Ermione.
Hero ['hiərou] *f.* Ero.
Herod ['herəd] *m.* Erode.
Herodias [he'roudiæs] *f.* Erodiade.
Herodotus [he'rɔdətəs] *m.* Erodoto.
Hesiod ['hi:siəd] *m.* Esiodo.
Hilary ['hiləri] *m.* Ilario.
Hilda ['hildə] *f.*
Hippocrates [hi'pɔkrəti:z] *m.* Ippocrate.
Hippolyta [hi'pɔlitə] *f.* Ippolita.
Hiram ['haiərəm] *m.*
Hodge [hɔdʒ] *m.*
Holofernes [ˌhɔlə'fə:ni:z] *m.* Oloferne.
Homer ['houmə*] *m.* Omero.
Honorius [hou'nɔ:riəs] *m.* Onorio.
Horace ['hɔrəs] *m.* Orazio.
Horsa ['hɔ:sə] *m.*
Howard [hauəd] *m.*
Hubert ['hju:bə(:)t] *m.* Uberto.
Huckleberry ['hʌklbəri] *m.*
Hudibras ['hju:dibræs] *m.*
Hugh [hju:] *m.* Ugo.
Humbert ['hʌmbə(:)t] *m.* Umberto.
Humphr(e)y ['hʌmfri] *m.*
Hygeia [hai'dʒi(:)ə] *f.* Igea.

Hymen ['haimən] *m.* Imeneo.
Hyperion [hai'piəriən] *m.* Iperione.

Iago [i'a:gou] *m.* Iago.
Icarus ['aikərəs] *m.* Icaro.
Ida ['aidə] *f.* Ida.
Ignatius [ig'neiʃiəs] *m.* Ignazio.
Ike [aik] *m. dim. di Isaac.*
Imogen ['imoudʒən] *f.*
Ina ['ainə] *f.*
Ingram ['iŋgrəm] *m.*
Inigo ['inigou] *m.*
Iphigenia [iˌfidʒi'naiə] *f.* Ifigenia.
Irene [ai'ri:ni] *f.* Irene.
Iris ['aiəris] *f.* Iris.
Isaac ['aizək] *m.* Isacco.
Isabel ['izəbəl], **Isabella** [ˌizə'belə] *f.* Isabella.
Isaiah [ai'zaiə] *m.* Isaia.
Iseult ['isu:lt] *f.* Isotta.
Ishmael ['iʃmeiəl] *m.* Ismaele.
Isidor(e) ['izidɔ:*] *m.* Isidoro.
Isis ['aisis] *f.* Iside.
Israel ['izreiəl] *m.*
Ivanhoe ['aivənhou] *m.* Ivanoe.
Ivy ['aivi] *f.*

Jabez ['dʒeibez] *m.*
Jack [dʒæk], **Jacky** ['dʒæki] *m. (dim. di John)* Gianni, Giannino, Giovannino.
Jacob ['dʒeikəb] *m.* Giacobbe.
Jacqueline ['dʒækli:n] *f.* Giacomina.
Jael ['dʒeiəl] *f.*
James [dʒeimz] *m.* Giacomo.
Jan [dʒæn] *m.*
Jane [dʒein] *f.* Giovanna.
Janet ['dʒænit] *f. (dim. di Jane)* Gianna, Giannina, Giovannina.
Japheth ['dʒeifiθ] *m.* Jafet.
Jarvis ['dʒa:vis] *m.* Gervasio.
Jasmine ['dʒæsmin] *f.* Gelsomina.
Jason ['dʒeisn] *m.* Giasone.
Jasper ['dʒæspə*] *m.* Gaspare.
Jean [dʒi:n] *f.* Giovanna.
Jeff [dʒef] *m. dim. di Jeffrey.*
Jeffrey ['dʒefri] *m.* Goffredo.
Jehoshaphat [dʒi'hɔʃəfæt] *m.* Giosafatte.
Jemima [dʒi'maimə] *f.*
Jennifer ['dʒenifə*] *f.*
Jenny ['dʒini, 'dʒeni] *f. (dim. di Jane)* Giannina.
Jeremiah [ˌdʒeri'maiə] *m.* Geremia.
Jeremy ['dʒerimi] *m.* Geremia.
Jerome [dʒə'roum] *m.* Girolamo, Geronimo.
Jerry ['dʒeri] *m. dim. di Jeremy.*
Jervis ['dʒa:vis] ['dʒə:vis] *m. dim. di Gervase.*
Jessica ['dʒesikə] *f.*
Jesus ['dʒi:zəs] *m.* Gesù.
Jill [dʒil] *f.*
Jim [dʒim], **Jimmy** ['dʒimi] *m. (dim. di James)* Giacomino.
Joan [dʒoun] *f.* Giovanna.
Joanna [dʒou'ænə] *f.* Giovanna.
Job [dʒoub] *m.* Giobbe.
Joe [dʒou] *m. (dim. di Joseph)* Beppe, Beppino, Pino.
Joel ['dʒouel] *m.*
John [dʒɔn] *m.* Giovanni.
Johnnie, Johnny ['dʒɔni] *m. (dim. di John)* Giovannino, Gianni, Giannino.
Jonah ['dʒounə] *m.* Giona.
Jonathan ['dʒɔnəθən] *m.* Gionata.
Joseph ['dʒouzif] *m.* Giuseppe.
Josephine ['dʒouzifi:n] *f.* Giuseppina.
Joshua ['dʒɔʃuə] *m.* Giosuè.
Jove [dʒouv] *m.* Giove.
Joyce [dʒɔis] *f.*
Judas ['dʒu:dəs] *m.* Giuda.
Judith ['dʒu:diθ] *f.* Giuditta.
Judy ['dʒu:di] *f. dim. di Judith.*
Jule [dʒu:l] *m. dim. di Julian e di Julius.*
Julia ['dʒu:ljə] *f.* Giulia.
Julian ['dʒu:ljən] *m.* Giuliano.
Juliana [ˌdʒu:li'a:nə] *f.* Giuliana.
Juliet ['dʒu:ljət] *f.* Giulietta.
Julius ['dʒu:ljəs] *m.* Giulio.
June [dʒu:n] *f.*
Juno ['dʒu:nou] *f.* Giunone.
Jupiter ['dʒu:pitə*] *m.* Giove.
Justin ['dʒʌstin] *m.* Giustino.
Justine [dʒʌs'ti:n] *f.* Giustina.
Justinian [dʒʌs'tiniən] *m.* Giustiniano.

Karen ['ka:rən], **Kate** [keit] *f. dim. di Katharina.*
Katharina [ˌkæθə'ri:nə], **Katharine** ['kæθərin], **Katherine** ['kæθərin], **Kathleen** ['kæθli:n] *f.* Caterina.
Katie ['keiti], **Kay** [kei] *f. dim. di Katherine.*
Keith [ki:θ] *m.*
Kenneth ['keniθ] *m.*
Kezia ['kizaiə] *f.*
Kim [kim] *m.* o *f.*
Kirk [kə:k] *m.*
Kitty ['kiti] *f. dim. di Katherine.*

Laertes [lei'ə:ti:z] *m.* Laerte.
Lambert ['læmbə(:)t] *m.* Lamberto.
Lance [la:ns] *m. dim. di Lancelot.*
Lancelot ['la:nslət] *m.* Lancillotto.
Laocoon [lei'ɔkouən] *m.* Laocoonte.
Larry ['læri] *m. (dim. di Laurence)* Renzo.
Latona [lə'tounə] *f.* Latona, Leto.
Launce [la:ns] [lɔ:ns] *m.*
Laura ['lɔ:rə] *f.* Laura.
Laurence, Lawrence ['lɔrəns] *m.* Lorenzo.
Laurie ['lɔ(:)ri] *m. (dim. di Laurence)* Renzo.
Lavinia [lə'viniə] *f.* Lavinia.
Lazarus ['læzərəs] *m.* Lazzaro.
Leander [li(:)'ændə*] *m.* Leandro.
Lear [liə*] *m.*
Leda [li:də] *f.* Leda.
Lee [li:] *m.*
Leigh [li:] *m.*
Leila ['li:lə] *f.*
Lemuel ['lemjuəl] *m.*
Lena ['li:nə] *f. (dim. di Helena e di Magdalene)* Lena.
Leo ['li:ou] *m.* Leone.
Leonard ['lenəd] *m.* Leonardo.
Leonidas [li:'ɔnidæs] *m.* Leonida.
Leonora [ˌli(:)ə'nɔ:rə] *f.* Leonora.
Leopold ['liəpould] *m.* Leopoldo.
Leslie ['lezli] *f.*
Letitia [li'tiʃiə] *f.* Letizia.
Letty ['leti] *f. dim. di Letitia.*
Levi ['li:vai] *m.*
Lewis ['lu:is] *m.* Luigi.
Lilian ['liliən] *f.* Liliana.
Lil(l)y ['lili] *f. dim. di Lilian.*
Lionel ['laiənl] *m.* Lionello, Leonello.
Livia ['liviə] *f.* Livia.
Lizzie ['liʒi] *f. dim. di Elizabeth.*
Llewellyn [lu(:)'elin] *m.*
Lorenzo [lɔ'renzou] *m.* Lorenzo.
Lorna ['lɔ:nə] *f.*
Lothario [lou'θa:riou] *m.* Lotario.
Lottie ['lɔti] *f. dim. di Charlotte.*
Louis ['lu:i] *m.* Luigi.
Louisa [lu(:)'i:zə], **Louise** [lu(:)'i:z] *f.* Luisa.
Lucas ['lu:kəs] *m.* Luca.
Lucia ['lu:siə] *f.* Lucia.
Lucian ['lu:sjən] *m.* Luciano.
Luciana [ˌlu:si'a:nə] *f.* Luciana.
Lucifer ['lu:sifə*] *m.* Lucifero.
Lucius ['lu:sjəs] *m.* Lucio.
Lucrece [lu:'kri:s], **Lucretia** [lu:'kri:ʃjə] *f.* Lucrezia.
Lucretius [lu:'kri:ʃjəs] *m.* Lucrezio.
Lucy ['lu:si] *f.* Lucia.
Ludwig ['lu:dvig] *m.* Lodovico.
Luke [lu:k] *m.* Luca.

Luther [ˈlu:θə*] *m.*
Lycidas [ˈlisidæs] *m.*
Lydia [ˈlidiə] *f.* Lidia.
Lysander [laiˈsændə*] *m.* Lisandro.

Mabel [ˈmeibəl] *f.*
Macbeth [mækˈbeθ] [məkˈbeθ] *m.*
Macduff [mækˈdʌf] [məkˈdʌf] *m.*
Maddalo [ˈmædəlou] *m.*
Madge [mædʒ] *f. dim. di Margaret.*
Madoc [ˈmædək] *m.*
Magdalen [ˈmægdəlin], **Magdalene** [ˌmægdəˈli:n] *f.* Maddalena.
Maggie [ˈmægi] *f. (dim. di Margaret)* Rita, Ghita.
Maida [ˈmeidə] *f.*
Malachi [ˈmæləkai] *m.* Malachia.
Malcolm [ˈmælkəm] *m.*
Malvolio [mælˈvouljou] *m.*
Mammon [ˈmæmən] *m.* Mammona.
Manfred [ˈmænfred] *m.* Manfredi.
Manuel [ˈmænjuel] *m.* Manuele.
Marcellus [ma:ˈseləs] *m.* Marcello.
Marcus [ˈma:kəs] *m.* Marco.
Margaret [ˈma:gərit], **Margery** [ˈma:dʒəri] *f.* Margherita.
Margot [ˈma:gou] *f. (dim. di Margaret)* Rita.
Marguerite [ˌma:gəˈri:t] *f.* Margherita.
Marian [ˈmɛəriən] *f.* Marianna.
Marigold [ˈmærigould] *f.*
Marilyn [ˈmærilin] *f.*
Marina [məˈri:nə] *f.* Marina.
Marion [ˈmɛəriən] *m.* o *f.*
Marius [ˈmɛəriəs] *m.* Mario.
Marjorie, Marjory [ˈma:dʒəri] *f. dim. di Margaret.*
Mark [ma:k] *m.* Marco.
Marlene [ˈma:li:n] *f.*
Marlon [ˈma:lən] *m.*
Marmion [ˈma:miən] *m.*
Mars [ma:z] *m.* Marte.
Martha [ˈma:θə] *f.* Marta.
Martial [ˈma:ʃəl] *m.* Marziale.
Martin [ˈma:tin] *m.* Martino.
Mary [ˈmɛəri] *f.* Maria.
Mat [mæt] *m.* o *f. dim. di Matthew e di Mat(h)ilda.*
Mat(h)ilda [məˈtildə] *f.* Matilde.
Matthew [ˈmæθju:] *m.* Matteo.
Matthias [məˈθaiəs] *m.* Mattia.
Maud(e) [mɔ:d] *f. dim. di Magdalen(e).*
Maura [ˈmɔ:rə] *f.*
Maureen [ˈmɔ:ri:n] *f. dim. di Maura.*
Maurice [ˈmɔris] *m.* Maurizio.
Mavis [ˈmeivis] *f.*
Max [mæks] *m. dim. di Maximilian e di Maximus.*
Maximilian [ˌmæksiˈmiljən] *m.* Massimiliano.
Maximus [ˈmæksiməs] *m.* Massimo.
May [mei] *f.*
Medea [miˈdiə] *f.* Medea.
Meg [meg] *f. dim. di Margaret.*
Melchior [ˈmelkiə*] *m.* Melchiorre.
Melpomene [melˈpɔmini] *f.* Melpomene.
Menander [miˈnændə*] *m.* Menandro.
Mephistopheles [ˌmefisˈtɔfili:z] *m.* Mefistofele.
Mercury [ˈmə:kjuri] *m.* Mercurio.
Mercutio [mə:ˈkju:ʃiou] *m.* Mercuzio.
Merle [mə:l] *f.*
Merlin [ˈmə:lin] *m.* Merlino.
Messalina [mesəˈli:nə] *f.* Messalina.
Methuselah [miˈθju:zələ] *m.* Matusalemme.
Michael [ˈmaikl] *m.* Michele.
Michelangelo [ˌmaikəlˈændʒilou] *m.* Michelangelo.
Micky [ˈmiki] *m. dim. di Michael.*
Midas [ˈmaidæs] *m.* Mida.
Mike [maik] *m. dim. di Michael.*
Mildred [ˈmildrid] *f.*
Miles [mailz] *m.*
Millicent [ˈmilisnt] *f.*
Minerva [miˈnə:və] *f.* Minerva.
Minnie [ˈmini] *f. (dim. di Wilhelmina e di Mary)* Guglielmina, Mina, Mariuccia.
Miranda [miˈrændə] *f.* Miranda.
Miriam [ˈmiriəm] *f.* Miriam.
Mohammed [mouˈhæmed] *m.* Maometto.
Moira [ˈmɔiərə] *f.*
Moll [mɔl], **Molly** [ˈmɔli] *f. (dim. di Mary)* Marietta, Mariuccia, Mariolina.
Monica [ˈmɔnika] *f.* Monica.
Morgan [ˈmɔ:gən] *m.* o *f.*
Morgana [mɔ:ˈga:na:] *f.*
Morpheus [ˈmɔ:fju:s] *m.* Morfeo.
Mortimer [ˈmɔ:timə*] *m.*
Moses [ˈmouziz] *m.* Mosè.
Mowgli [ˈmaugli] *m.*
Muriel [ˈmjuəriəl] *f.*
Myrna [ˈmə:nə] *f.*
Myrrha [ˈmirə] *f.* Mirra.
Myrtle [ˈmə:tl] *f.*

Nahum [ˈneihəm] *m.*
Nancy [ˈnænsi] *f. (forma fam. di Ann)* Annetta, Annina, Nina, Ninetta.
Naomi [ˈneiəmi] *f.* Noemi.
Napoleon [nəˈpouljən] *m.* Napoleone.
Narcissus [na:ˈsisəs] *m.* Narciso.
Natalia [nəˈta:ljə], **Natalie** [ˈnætəli:] *f.* Natalia.
Nathaniel [nəˈθænjəl] *m.* Nataniele.
Nausicaa [nɔ:ˈsikiə] *f.* Nausicaa.
Nebuchadnezzar [ˌnebjukədˈnezə*], *m.* Nabucodonosor.
Ned [ned], **Neddy** [ˈnedi] *m. dim. di Edmund e di Edward.*
Nell [nel], **Nellie, Nelly** [ˈneli] *f. dim. di Ellen e di Eleanor.*
Neptune [ˈneptju:n] *m.* Nettuno.
Nerissa [niˈrisə] *f.*
Nero [ˈniərou] *m.* Nerone.
Nestor [ˈnestɔ:*] *m.* Nestore.
Nicholas [ˈnikələs] *m.* Nicola, Niccolò.
Nick [nik] *m. (dim. di Nicholas)* Nicolino.
Nigel [ˈnaidʒəl] *m.*
Niobe [ˈnaiəbi] *f.* Niobe.
Noah [ˈnouə] *m.* Noè.
Noel [ˈnouəl] *m.* Natale.
Nora(h) [ˈnɔ:rə] *f. (dim. di Eleanor)* Nora.
Norma [ˈnɔ:mə] *f.* Norma.
Norman [ˈnɔ:mən] *m.*

Oberon [ˈoubərən] *m.*
Oceanus [ouˈsiənəs] *m.* Oceano.
Octavia [ɔkˈteivjə] *f.* Ottavia.
Octavian [ɔkˈteivjən] *m.* Ottaviano.
Octavius [ɔkˈteivjəs] *m.* Ottavio.
Odin [ˈoudin] *m.* Odino.
Oedipus [ˈi:dipəs] *m.* Edipo.
Olaf [ˈouləf] [ˈɔləf] *m.* Olaf.
Olga [ˈɔlgə] *f.* Olga.
Olive [ˈɔliv] *f.* Oliva, Olivia.
Oliver [ˈɔlivə*] *m.* Oliviero.
Olivia [ouˈliviə] *f.* Olivia.
Olympia [əˈlimpjə] *f.* Olimpia.
Oona [ˈu:nə] *f.*
Ophelia [əˈfi:ljə] *f.* Ofelia.
Orestes [əˈresti:z] *m.* Oreste.
Oriana [ˌɔriˈa:nə] *f.* Oriana.
Orion [əˈraiən] *m.* Orione.
Orlando [ɔ:ˈlændou] *m.* Orlando, Rolando.
Orpheus [ˈɔ:fju:s] *m.* Orfeo.
Orsino [ɔ:ˈsi:nou] *m.*
Orson [ˈɔ:sn] *m.*
Oscar [ˈɔskə*] *m.* Oscar.
Osiris [ouˈsaiəris] *m.* Osiride.
Oswald [ˈɔzwəld] *m.* Osvaldo.
Othello [ouˈθelou] *m.* Otello.
Otho [ˈouθou], **Otto** [ˈɔtou] *m.* Ottone, Otto.
Ovid [ˈɔvid] *m.* Ovidio.
Owen [ˈouin] *m.*

Pallas ['pælæs] *f.* Pallade.
Pamela ['pæmilə] *f.* Pamela.
Pancras ['pæŋkrəs] *m.* Pancrazio.
Pandora [pæn'dɔ:rə] *f.* Pandora.
Paris ['pæris] *m.* Paride.
Pat [pæt] *m.* o *f. dim. di Patrick e di Patricia.*
Patricia [pə'triʃə] *f.* Patrizia.
Patrick ['pætrik] *m.* Patrizio.
Paul [pɔ:l] *m.* Paolo.
Paula ['pɔ:lə] *f.* Paola.
Pauline [pɔ:'li:n] *f.* Paolina.
Pearl [pə:l] *f.* Perla.
Peg [peg], **Peggy** ['pegi] *f. (dim. di Margaret)* Rita.
Penelope [pi'neləpi] *f.* Penelope.
Percival ['pə:sivəl] *m.*
Percy ['pə:si] *m.*
Perdita ['pə:ditə] *f.* Perdita.
Pericles ['perikli:z] *m.* Pericle.
Perry ['peri] *m.*
Persephone [pə:'sefəni] *f.* Persefone.
Perseus ['pə:sju:s] *m.* Perseo.
Pete [pi:t] *m. dim. di Peter.*
Peter ['pi:tə*] *m.* Pietro.
Petruchio [pi'tru:kiou] *m.*
Petula [pe'tju:lə] *f.*
Phaedra ['fi:drə] *f.* Fedra.
Phaethon ['feiəθən] *m.* Fetonte.
Phidias ['fidiæs] *m.* Fidia.
Philip ['filip] *m.* Filippo.
Philomel ['filəməl], **Philomela** [,filou'mi:lə] *f.* Filomela.
Phine(h)as ['finiæs] *m.*
Phoebe ['fi:bi] *f.* Febe.
Phoebus ['fi:bəs] *m.* Febo.
Phryne ['fraini] *f.* Frine.
Phyllis ['filis] *f.*
Pindar ['pində*] *m.* Pindaro.
Pisistratus [pai'sistrətəs] *m.* Pisistrato.
Pius ['paiəs] *m.* Pio.
Plato ['pleitou] *m.* Platone.
Pliny ['plini] *m.* Plinio.
Plutarch ['plu:ta:k] *m.* Plutarco.
Pluto ['plu:tou] *m.* Plutone.
Pollux ['pɔləks] *m.* Polluce.
Poll [pɔl], **Polly** ['pɔli] *f. (dim. di Mary)* Marietta, Mariuccia.
Polonius [pə'lounjəs] *m.* Polonio.
Polycarp ['pɔlika:p] *m.* Policarpo.
Polyhymnia [,pɔli'himnjə] *f.* Polimnia.
Polypheme ['pɔlifi:m], **Polyphemus** [,pɔli'fi:məs] *m.* Polifemo.
Pomona [pə'mounə] *f.*
Pompey ['pɔmpi] *m.* Pompeo.
Portia ['pɔ:ʃiə] *f.* Porzia.
Potiphar ['pɔtifə*] *m.* Putifarre.
Priam ['praiəm] *m.* Priamo.
Priapus [prai'eipəs] *m.* Priapo.
Priscilla [pri'silə] *f.* Priscilla.
Prometheus [prə'mi:θju:s] *m.* Prometeo.
Proserpine ['prɔsəpain] *f.* Proserpina.
Prospero ['prɔspərou] *m.* Prospero.
Proteus ['proutju:s] *m.* Proteo.
Psyche ['saiki] *f.* Psiche.
Ptolemy ['tɔlimi] *m.* Tolomeo.
Publius ['pʌbliəs] *m.* Publio.
Pygmalion [pig'meiljən] *m.* Pigmalione.
Pylades ['pilədi:z] *m.* Pilade.
Pyramus ['pirəməs] *m.* Piramo.
Pyrrhus ['pirəs] *m.* Pirro.
Pythagoras [pai'θægəræs] *m.* Pitagora.

Quintilian [kwin'tiljən] *m.* Quintiliano.
Quintin ['kwintin] *m.* Quintino.
Quintius ['kwinʃjəs] *m.* Quinzio.
Quixote ['kwiksət] *m.* Chisciotte.

Rachel ['reitʃəl] *f.* Rachele.
Ralph [reif, rælf, ra:f] *m.* Rodolfo.
Rameses ['ræmisi:z] *m.* Ramsete.
Ramona [rə'mounə] *f.*
Randal ['rænd(ə)l] *m.*
Randolph ['rændɔlf] *m.* Randolfo.
Raphael ['ræfeiəl] *m.* Raffaello, Raffaele.
Rasselas ['ræsiləs] *m.*
Ray [rei] *m. dim. di Raymond.*
Raymond ['reimənd] *m.* Raimondo.
Rebecca [ri'bekə] *f.* Rebecca.
Regan ['ri:gən] *f.* Regana.
Reggie ['redʒi] *m. dim. di Reginald.*
Regina [ri'dʒainə] *f.* Regina.
Reginald ['redzinld] *m.* Reginaldo, Rinaldo.
Remus ['ri:məs] *m.* Remo.
Rex [reks] *m. dim. di Reginald.*
Rhoda ['roudə] *f.*
Richard ['ritʃəd] *m.* Riccardo.
Rita ['ri:tə] *f.* Rita.
Rob [rɔb] *m. dim. di Robert.*
Robert ['rɔbət] *m.* Roberto.
Robin ['rɔbin] *m. dim. di Robert.*
Robinson ['rɔbinsn] *m.*
Roderic, Roderick ['rɔdərik] *m.* Rodrigo.
Roger ['rɔdʒə*] *m.* Ruggero.
Roland ['roulənd] *m.* Rolando, Orlando.
Romeo ['roumiou] *m.* Romeo.
Romulus ['rɔmjuləs] *m.* Romolo.
Ronald ['rɔnld] *m.* Reginaldo.
Ronnie ['rɔni] *m. dim. di Reginald.*
Rosalie ['rɔzəli] *f.* Rosalia.
Rosalind ['rɔzəlind] *f.* Rosalinda.
Rosaline ['rɔzəlain] *f.*
Rosamond ['rɔzəmənd] *f.* Rosmunda.
Rose [rouz] *f.* Rosa.
Rosemary ['rouzməri] *f.* Rosamaria.
Rowena [rou'i:nə] *f.*
Roxana [rɔk'sa:nə] *f.* Rossana.
Roy [rɔi] *m.*
Ruby ['ru:bi] *f.*
Rudolph ['ru:dɔlf] *m.* Rodolfo.
Rudyard ['rʌdjəd] *m.*
Rufus ['ru:fəs] *m.*
Rupert ['ru:pət] *m.*
Ruth [ru:θ] *f.* Ruth.
Ryan ['raiən] *m.*

Sabrina [sæ'bri:nə] *f.* Sabrina.
Sal [sæl], **Sally** ['sæli] *f. dim. di Sarah.*
Salome [sə'loumi] *f.* Salomè.
Sam [sæm], **Sammy** ['sæmi] *m. dim. di Samuel.*
Sampson ['sæmpsn], **Samson** ['sæmsn] *m.* Sansone
Samuel ['sæmjuəl] *m.* Samuele.
Sappho ['sæfou] *f.* Saffo.
Sarah ['sɛərə] *f.* Sara.
Satan ['seitən] *m.* Satana.
Saturn ['sætən] *m.* Saturno.
Saul [sɔ:l] *m.* Saul.
Savage ['sævidʒ] *m.*
Seamas, Seamus ['ʃeiməs] *m.*
Sean [ʃɔ:n] *m.*
Sebastian [si'bæstjən] *m.* Sebastiano.
Sejanus [si'dʒeinəs] *m.* Seiano.
Selena [si'li:nə], **Selene** [si'li:ni] *f.* Selene.
Semele ['semili] *f.*
Semiramis [se'mirəmis] *f.* Semiramide.
Seneca ['senikə] *m.* Seneca.
Serge [sə:dʒ] *m. dim. di Sergius.*
Sergius ['sə:dʒiəs] *m.* Sergio.
Sheila ['ʃ:lə] *f.*
Shem [ʃem] *m.* Sem.
Sherlock ['ʃə:lɔk] *m.*
Shirley ['ʃə:li] *f.*
Shylock ['ʃailɔk] *m.*
Sibyl ['sibil] *f.* Sibilla.
Siegfried ['si:gfri:d] *m.* Sigfrido.
Siegmund ['si:gmund], **Sigismund** ['sigismənd] Sigismondo.

Silas ['sailəs] *m.*
Silenus [sai'li:nəs] *m.* Sileno.
Silvester [sil'vestə*] *m.* Silvestro.
Silvia ['silviə] *f.* Silvia.
Sim [sim] *m. dim. di Simeon e di Simon.*
Simeon ['simiən] *m.* Simeone.
Simon ['saimən] *m.* Simone.
Sisyphus ['sisifəs] *m.* Sisifo.
Sixtus ['sikstəs] *m.* Sisto.
Socrates ['sɔkrəti:z] *m.* Socrate.
Solomon ['sɔləmən] *m.* Salomone.
Solon ['soulɔn] *m.* Solone.
Sophia [sə'faiə] *f.* Sofia.
Sophocles ['sɔfəkli:z] *m.* Sofocle.
Sophy ['soufi] *f. dim. di Sophia.*
Spartacus ['spa:təkəs] *m.* Spartaco.
Stanislaus ['stænislɔ:s] *m.* Stanislao.
Stella ['stelə] *f.* Stella.
Stephen ['sti:vn] *m.* Stefano.
Steve [sti:v] *m. dim. di Stephen.*
Sue [sju:] *f. dim. di Susan.*
Sulla ['sʌlə] *m.* Silla.
Susan ['su:zn], **Susanna(h)** [su(:)'zænə] *f.* Susanna.
Susie, Susy, Suxy ['su:zi] *f. dim. di Susan, Susanna(h).*
Sybil ['sibil] *f.* Sibilla.
Sydney ['sidni] *m.* o *f.*
Sylvester [sil'vestə*] *m.* Silvestro.
Sylvia ['silviə] *f.* Silvia.

Tamerlane ['tæmə(:)lein] *m.* Tamerlano.
Tancred ['tæŋkred] *m.* Tancredi.
Tantalus ['tæntələs] *m.* Tantalo.
Tarquin ['ta:kwin] *m.* Tarquinio.
Ted [ted], **Teddy** ['tedi] *m. dim. di Edward e di Theodore.*
Telemachus [ti'leməkəs] *m.* Telemaco.
Terence ['terəns] *m.* Terenzio.
Terpsichore [tə:p'sikəri] *f.* Tersicore.
Terry ['teri] *f. dim. di Theresa.*
Thaddeus [θæ'di(:)əs] *m.* Taddeo.
Thales ['θeili:z] *m.* Talete.
Thalia [θə'laiə] *f.* Talia.
Thecla ['θeklə] *f.* Tecla.
Themis [θemis] *f.* Temi.
Themistocles [θi'mistəkli:z] *m.* Temistocle.
Theobald ['θiəbɔ:ld] *m.* Teobaldo, Tebaldo.
Theocritus [θi'ɔkritəs] *m.* Teocrito.
Theodora [θiə'dɔ:rə] *f.* Teodora.
Theodore [θiə'dɔ:*] *m.* Teodoro.
Theodoric [θi'ɔdərik] *m.* Teodorico.
Theodosia [θiə'dousiə] *f.* Teodosia.
Theodosius [θiə'dousjəs] *m.* Teodosio.
Theophilus [θi'ɔfiləs] *m.* Teofilo.
Theresa [ti'ri:zə] *f.* Teresa.
Theseus ['θi:sju:s] *m.* Teseo.
Thespis ['θespis] *m.* Tespi.
Thisbe ['θizbi] *f.* Tisbe.
Thomas ['tɔməs] *m.* Tommaso.
Thucydides [θju:'sididi:z] *m.* Tucidide.
Thyestes [θai'esti:z] *m.* Tieste.
Tiberius [tai'biəriəs] *m.* Tiberio.
Tim [tim] *m. dim. di Timothy.*
Timon ['taimən] *m.* Timone.
Timothy ['timəθi] *m.* Timoteo.
Titian ['tiʃiən] *m.* Tiziano.
Titania [ti'teinjə] *f.* Titania.
Titus ['taitəs] *m.* Tito.
Tobiah [tə'baiə], **Tobias** [tə'baiəs] *m.* Tobia.
Toby ['toubi] *m. dim. di Tobiah e Tobias.*
Tom [tɔm], **Tommy** ['tɔmi] *m. (dim. di Thomas)* Maso, Masino.
Tony ['touni] *m.* o *f. dim. di Anthony e di Antoinette.*
Tracey ['treisi] *f.*
Tracy ['treisi] *m.*
Trajan ['treidʒən] *m.* Traiano.
Tristan ['tristæn], **Tristram** ['tristrəm] *m.* Tristano.
Triton ['traitn] *m.* Tritone.
Troilus ['trouiləs] *m.* Troilo.
Tyrone [ti'roun] *m.*

Ulfilas ['ulfilæs] *m.* Ulfila.
Ulysses [ju(:)'lisi:z] *m.* Ulisse.
Una ['ju:nə] *f.*
Urania [juə'reinjə] *f.* Urania.
Urban ['ə:bən] *m.* Urbano.
Uriah [juə'raiə] *m.* Uria.
Ursula ['ə:sjulə] *f.* Orsola.
Uther ['ju:θə*] *m.*

Valentine ['væləntain] *m.* Valentino.
Valeria [və'liəriə] *f.* Valeria.
Vanessa [və'nesə] *f.*
Vathek ['væθek] *m.*
Venus ['vi:nəs] *f.* Venere.
Vera ['viərə] *f.* Vera.
Vergil ['və:dʒil] *m.* Virgilio.
Veronica [və'rɔnikə] *f.* Veronica.
Vespasian [ves'peiʒjən] *m.* Vespasiano.
Vesta ['vestə] *f.* Vesta.
Vester ['vestə*] *m. dim. di Silvester, Sylvester.*
Vic [vik], **Vicky** ['viki] *f. dim. di Victoria.*
Victor ['viktə*] *m.* Vittorio.
Victoria [vik'tɔ:riə] *f.* Vittoria.
Vincent ['vinsənt] *m.* Vincenzo.
Viola ['vaiələ] ['violə] *f.* Viola.
Violet ['vaiəlit] *f.* Violetta.
Virgil ['və:dʒil] *m.* Virgilio.
Virginia [və'dʒinjə] *f.* Virginia.
Vivian ['viviən] *m.*
Vivian, Vivien ['viviən] *f.* Viviana.
Vulcan ['vʌlkən] *m.* Vulcano.

Waldo ['wɔ:ldou] *m.*
Walt [wɔ:lt] *m. dim. di Walter.*
Walter ['wɔ:ltə*] *m.* Gualtiero.
Wanda ['wɔndə] *f.* Wanda.
Washington ['wɔʃiŋtən] *m.*
Wendy ['wendi] *f.*
Wilfred ['wilfrid] *m.*
Wilfrid ['wilfrid] *m.*
Wilhelmina [,wilhel'mi:nə] *f.* Guglielmina.
Will [wil] *m. dim. di William.*
William ['wiljəm] *m.* Guglielmo.
Willie, Willy ['wili] *m. dim. di William.*
Wilma ['wilmə] *f.* Wilma, Vilma.
Wilmot ['wilmət] *f. dim. di Wilhelmina.*
Winifred ['winifrid] *f.*
Winnie ['wini] *f. dim. di Winifred.*
Winston ['winstən] *m.*
Woden ['woudn] *m.* Odino.
Wulfstan ['wulfstən] *m.*

Xanthippe [zæn'θipi] *f.* Santippe.
Xavier ['zæviə*] *m.* Saverio.
Xenocrates [zi'nɔkrəti:z] *m.* Senocrate.
Xenophon ['zenəfən] *m.* Senofonte.
Xerses ['zə:ksi:z] *m.* Serse.

Yorick ['jɔrik] *m.*

Zach [zæk] *m. dim. di Zachariah, Zacharias, Zachary.*
Zachariah [,zækə'raiə], **Zacharias** [,zækə'raiəs], **Zachary** ['zækəri] *m.* Zaccaria.
Zeno ['zi:nou] *m.* Zenone.
Zenobia [zi'noubiə] *f.* Zenobia.
Zeus [zju:s] *m.* Zeus.
Zoe ['zoui] *f.* Zoe.

Cognomi

Abbott ['æbət]
A Becket [ə'bekit]
Abercrombie ['æbəkrɔmbi] [-krʌmbi]
Abergavenny [ˌæbə'geni]
Acheson ['ætʃisn]
Acton ['æktən]
Adam ['ædəm]
Adams ['ædəmz]
Addams ['ædəmz]
Addington ['ædiŋtən]
Addison ['ædisn]
Adrian ['eidriən]
Aiken ['eikin]
Aikin ['eikin]
Ainsworth ['einzwə(:)θ]
Akenside ['eikinsaid]
Albermarle ['ælbima:l]
Alcock ['ælkɔk]
Alcott ['ɔ(:)lkət]
Aldington ['ɔ:ldiŋtən]
Aldrich ['ɔ:ldridʒ]
Alexander [ˌælig'za:ndə*]
Allein(e) ['ælin]
Allen ['ælin]
Allenby ['ælənbi]
Alleyn [æ'li:n]
Allingham ['æliŋəm]
Allsop(p) ['ɔ:lsəp]
Allworthy ['ɔ:lˌwə:ði]
Althorp ['ɔ:lθɔ:p]
Amery ['eiməri]
Amory ['eiməri]
Amyot ['a:miou] *(franc.)*
Anderson ['ændəsn]
Andow ['ændau]
Andrews ['ændru:z]
Angell ['eindʒəl]
Anstey ['ænsti]
Appleby ['æplbi]
Appleton ['æpltən]
Aram ['ɛərəm]
Arbuthnot [a:'bʌθnət]
Archer ['a:tʃə*]
Arkwright ['a:krait]
Armitage ['a:mitidʒ]
Armstrong ['a:mstrɔŋ]
Arne [a:n]
Arnold ['a:nld]
Arrowsmith ['ærousmiθ]
Arthur ['a:θə*]
Arundel ['ærəndl]
Ascham ['æskəm]
Ashley ['æʃli]
Ashton ['æʃtən]
Ashwell ['æʃwəl]
Ashworth ['æʃwə:θ]
Asquith ['æskwiθ]
Astaire [æs'tɛə]
Aston ['æstən]
Astor ['æstə*]
Atkins ['ætkinz]
Atkinson ['ætkinsn]
Attlee ['ætli]
Auchinleck [ˌɔ:xin'lek] [ˌɔ:kin-]
Auden ['ɔ:dən]
Austen ['ɔstin]
Austin ['ɔstin]
Avebury ['eivbəri]
Aylmer ['eilmə*]

Babbitt ['bæbit]
Babington ['bæbiŋtən]
Bagehot ['bædʒət]
Bailey ['beili]
Baker ['beikə*]
Bakewell ['beikwəl]
Balch [bɔ:ltʃ]
Balchin ['bɔ:ltʃin]
Baldwin ['bɔ:ldwin]
Bale [beil]
Balfour ['bælfuə*]
Baliol ['beiljəl]
Ball [bɔ:l]
Ballantyne ['bæləntain]
Balliol ['beiljəl]
Bancroft ['bænkrɔft]
Banting ['bæntiŋ]
Barbour ['ba:bə*]
Barclay ['ba:kli]
Bardeen ['ba:di:n]
Baring ['bɛəriŋ]
Barker ['ba:kə*]
Barkley ['ba:kli]
Barlow ['ba:lou]
Barnes [ba:nz]
Barnfield ['ba:nfi:ld]
Barnum ['ba:nəm]
Barrett ['bærət]
Barrie ['bæri]
Barrow ['bærou]
Barry ['bæri]
Barrymore ['bærimɔ:*]
Bartlett ['ba:tlit]
Barton ['ba:tn]
Bartram ['ba:trəm]
Baruch [bə'ru:k]
Basset(t) ['bæsit]
Bates [beits]
Bathurst ['bæθə(:)st]
Baxter ['bækstə*]
Beadle ['bi:dl]
Beard [biəd]
Beardsley ['biədzli]
Beattie ['bi:ti]
Beaufort ['boufət]
Beaumont ['boumənt]
Beauregard ['bourəga:d]
Beaverbrook ['bi:vəbruk]
Beck [bek]
Becker ['bekə*]
Becket ['bekit]
Beckford ['bekfəd]
Beddoes ['bedouz]
Beecham ['bi:tʃəm]
Beecher ['bi:tʃə*]
Beer [biə*]
Beerbohm ['biəboum]
Beery ['biəri]
Behn [bein]
Bell [bel]

Bellamy ['beləmi]
Bellenden ['beləndən]
Belloc [be'lɔk]
Bellows ['belouz]
Benet ['benit]
Benlowes ['benlouz]
Bennett ['benit]
Benson ['bensn]
Bentham ['benθəm]
Bentinck ['bentik]
Bentley ['bentli]
Beresford ['berizfəd]
Berkeley ['ba:kli]; [bə:kli] *(USA)*
Berners ['bə:nəz]
Berry ['beri]
Besant ['besənt]
Besier ['beziə*]
Betterton ['betətn]
Bevan ['bevən]
Beveridge ['bevəridʒ]
Beverley ['bevəli]
Bevin ['bevin]
Bickerstaff ['bikəsta:f]
Biddle ['bidl]
Bierce [biəs]
Bigelow ['bigilou]
Binyon ['binjən]
Birkbeck ['bə:bek]
Birrell ['birəl]
Blackett ['blækit]
Blackmore [blækmɔ:*]
Blackstone ['blækstən]
Blackwell ['blækwəl]
Blackwood ['blækwud]
Blaine [blein]
Blair [blεə*]
Blake [bleik]
Blessington ['blesiŋtən]
Bloch [blɔk]
Bloomfield ['blu:mfi:ld]
Blount [blʌnt]
Blunden ['blʌndən]
Blunt [blʌnt]
Boas ['bouæz] [-əz]
Bodley ['bɔdli]
Bogan ['bougən]
Bogart ['bougət]
Bolingbroke ['bɔliŋbruk]
Bolinger ['boulindʒə*]
Bollinger ['bɔlindʒə*]
Boone [bu:n]
Boots [bu:ts]
Born [bɔ:n]
Borrow ['bɔrou]
Boswell ['bɔzwəl]
Bothwell ['bɔθwəl]
Bottomley ['bɔtəmli]
Bottrall ['bɔtrəl]
Bourne [bə:n]
Bowden ['boudn]
Bowdler ['baudlə*]
Bowen ['bouin]
Bowles [boulz]
Bowra ['baurə]
Bowring ['bauriŋ]
Boyd [bɔid]
Boyle [bɔil]
Bradford ['brædfəd]
Bradlaugh ['brædlɔ:]
Bradley ['brædli]
Bradshaw ['brædʃɔ:]
Bradstreet ['brædstri:t]
Bragg [bræg]
Brando ['brændou]
Brattain ['brætein] ['brætən]
Braun [brɔ:n]
Brawne [brɔ:n]
Bridges ['bridʒiz]
Bridgewater ['bridʒ,wɔ:tə*]
Bridgman ['bridʒmən]
Bridie ['braidi]
Briggs [brigz]
Bright [brait]
Brinsley ['brinzli]
Brittain ['britən]
Britten ['britən]
Brome [bru:m]
Bromfield ['brɔmfi:ld]
Brontë ['brɔnti]
Brooke [bruk]
Brooks [bruks]
Brougham [bru:m]
Broughton ['brɔ:tn]
Brown [braun]
Browne [braun]
Browning ['brauniŋ]
Bruce [bru:s]
Brummell ['brʌməl]
Bryan ['braiən]
Bryant ['braiənt]
Bryce [brais]
Brynner ['brinə*]
Buchan ['bʌxən] ['bʌkən]
Buchanan [bju(:)'kænən]
Buck [bʌk]
Buckle ['bʌkl]
Buckley ['bʌkli]
Buell ['bju:əl]
Buick ['bju(:)ik]
Bullock ['bulək]
Bullough ['bulou]
Bulwer ['bulwə*]
Bunche [bʌntʃ]
Bunyan ['bʌnjən]
Burbage ['bə:bidʒ]
Burdett [bə(:)'det]
Burgess ['bə:dʒis]
Burgh [bə:g] ['bʌrə]
Burghley ['bə:li]
Burgoyne ['bə:gɔin]
Burke [bə:k]
Burleigh ['bə:li]
Burlington ['bə:liŋtən]
Burnaby ['bə:nəbi]
Burne-Jones ['bə:n 'dʒounz]
Burnet ['bə:nit]
Burnett [bə(:)'net] ['bə:nit]
Burney ['bə:ni]
Burns [bə:nz]
Burroughs ['bʌrouz]
Burton ['bə:tn]
Bury ['bjuəri]
Bushnell ['buʃnel]
Butler ['bʌtlə*]
Buxton ['bʌkstən]
Byles [bailz]
Byng [biŋ]
Byrd [bə:d]
Byrom ['baiərəm]
Byron ['baiərən]

Cabell ['kæbəl]
Cable ['keibl]
Cabot ['kæbət]
Cadbury ['kædbəri]
Cade [keid]
Cadillac ['kædlæk]
Cagney ['kægni]
Caine [kein]
Caird [kεəd]
Calamy ['kæləmi]
Calder ['kɔ:ldə*]
Caldwell ['kɔ:ldwəl]
Calhoun [kæl'houn] [kə'hu:n]
Callaghan ['kæləhən]
Calvin ['kælvin]
Camden ['kæmdən]

Campbell ['kæmbl]
Campion ['kæmpjən]
Cannan ['kænən]
Canning ['kæniŋ]
Capell ['keipəl]
Capra ['kæprə]
Carew [kə'ru:]
Carleton ['ka:ltən]
Carlyle [ka:'lail]
Carmichael ['ka:maikəl]
Carnegie [ka:'negi]
Carpenter ['ka:pintə*]
Carr [ka:*]
Carrel ['kærəl]
Carroll ['kærəl]
Carson ['ka:sn]
Carteret ['ka:təret]
Cartwright ['ka:trait]
Cary ['kɛəri]
Cassel(l) ['kæsl]
Castlereagh ['ka:slrei]
Cather ['kæðə*]
Cavendish ['kævəndiʃ]
Caxton ['kækstən]
Cecil ['sesl] [-sil]
Chadwick ['tʃædwik]
Chamberlain ['tʃeimbəlin]
Chambers ['tʃeimbəz]
Chancellor ['tʃa:nsələ*]
Chandler ['tʃa:ndlə*]
Channing ['tʃæniŋ]
Chaplin ['tʃæplin]
Chapman ['tʃæpmən]
Charrington ['tʃæriŋtən]
Chase [tʃeis]
Chatham ['tʃætəm]
Chatterton ['tʃætətn]
Chaucer ['tʃɔ:sə*]
Chesterfield ['tʃestəfi:ld]
Chesterton ['tʃestətən]
Chettle ['tʃetl]
Cheyne ['tʃin(i)]
Cheyney ['tʃeini]
Chippendale ['tʃipindeil]
Chivers ['tʃivəz]
Christie ['kristi]
Chrysler ['kraizlə*]
Church [tʃə:tʃ]
Churchill ['tʃə:tʃil]
Chuzzlewit ['tʃʌzlwit]
Cibber ['sibə*]
Clanvowe ['klænvau]
Clare [klɛə*]
Clarendon ['klærəndən]
Claridge ['klæridʒ]
Clark(e) [kla:k]
Clay [klei]
Clemens ['klemənz]
Cleveland ['kli:vlənd]
Clifford ['klifəd]
Clift [klift]
Clinton ['klintən]
Clive [klaiv]
Clough [klʌf]
Cobbett ['kɔbit]
Cobden ['kɔbdən]
Cockcroft ['kɔkkrɔft]
Codrington ['kɔdriŋtən]
Cody ['koudi]
Cohen ['kou*i*n]
Coke [kouk] [kuk]
Cole [koul]
Coleman ['koulmən]
Coleridge ['koulridʒ]
Colet ['kɔlit]
Collier ['kɔliə*]
Collingwood ['kɔliŋwud]
Collins ['kɔlinz]
Colman ['koulmən]
Colquhoun [kə'hu:n]
Colum ['kɔlʌm]
Combe [ku:m]
Commager ['kɔmədʒə*]
Compton ['kɔm*p*tən]
Conant ['kɔnənt]
Condell ['kɔndel]
Congreve ['kɔŋgri:v]
Connelly ['kɔnəli]
Connolly ['kɔnəli]
Conrad ['kɔnræd]
Constable ['kʌnstəbl]
Conway ['kɔnwei]
Cook [kuk]
Cooke [kuk]
Coolidge ['ku:lidʒ]
Cooper ['ku:pə*]
Cornell [kɔ:'nel]
Cornwallis [kɔ:n'wɔlis]
Cosgrave ['kɔzgreiv]
Cotton ['kɔtn]
Cournand ['kuənənd]
Courtenay ['kɔ:tni]
Coverdale ['kʌvədeil]
Coward ['kauəd]
Cowley ['kauli]
Cowper ['ku:pə*]
Cox [kɔks]
Cozzens ['kʌzənz]
Crabbe [kræb]
Craig [kreig]
Crane [krein]
Cranmer ['krænmə*]
Crashaw ['kræʃɔ:]
Crawford ['krɔ:fəd]
Creighton ['kraitn]
Cremer ['kri:mə*]
Crichton ['kraitn]
Crick [krik]
Crockett ['krɔkit]
Crompton ['krʌm*p*tən]
Cromwell ['krɔmwəl]
Cronin ['krounin]
Crosby ['krɔzbi]
Cruickshank ['krukʃæŋk]
Crusoe ['kru:sou]
Cudworth ['kʌdwə(:)θ]
Cukor [kju:kə*]
Cullen ['kʌlən]
Cummings ['kʌmiŋz]
Cuney ['kju:ni]
Curtis ['kə:tis]
Curzon ['kə:zn]
Custer ['kʌstə*]

Daimler ['deimlə*]
Dale [deil]
Dalton ['dɔltən]
Dane [dein]
Daniel ['dænjəl]
Darcy ['da:si]
Darnley ['da:nli]
Darwin ['da:win]
Davenant ['dæv*i*nənt]
Davenport ['dævnpɔ:t]
Davidson ['deividsn]
Davies ['deivis]
Davis ['deivis]
Davisson ['deivisən]
Dawes [dɔ:z]
Day [dei]
Dean [di:n]
De Bourgh, De Burgh [də'bə:g]
Deeping ['di:piŋ]
Defoe [də'fou]
Dekker ['dekə*]
Delafield [ˌdelə'fi:ld]
De la Mare [ˌdelə'mɛə*]

Delany [də'leini]
Dell [del]
Deloney [də'louni]
De Mille [də'mil]
Denham ['denəm]
Dennis ['denis]
Denny ['deni]
De Quincey [də'kwinsi]
Deronda [də'rɔndə]
de Valera [dəvə'lɛərə]
De Vere [də'viə*]
Devereux ['devəru:]
Dewey ['dju(:)i]
Dickens ['dikinz]
Dickinson ['dikinsn]
Digby ['digbi]
Dillon ['dilən]
Dirac [diə'ræk]
Disney ['dizni]
Disraeli [diz'reili]
Dixon ['diksn]
Dobell [do*u*'bel]
Dobrée ['doubrei]
Dobson ['dɔbsn]
Doddrige ['dɔdridʒ]
Dodge [dɔdʒ]
Dodgson ['dɔdʒsn]
Doisy ['dɔizi]
Dombey ['dɔmbi]
Donald ['dɔnld]
Donaldson ['dɔnldsn]
Donne [dʌn]
Dooley ['du:li]
Doolittle ['du:litl]
Dos Passos [ˌdɔs'pæsəs]
Doughty ['dauti]
Douglas ['dʌgləs]
Dowden ['daudn]
Dowland ['daulənd]
Dowson ['dausn]
Doyle [dɔil]
Drake [dreik]
Drayton ['dreitn]
Dreiser ['draizə*]
Drew [dru:]
Drinkwater ['driŋkˌwɔ:tə*]
Drummond ['drʌmənd]
Dryden ['draidn]
Dubois ['dju:bwa:]
Duchesne [dju:'ʃein]
Duckworth ['dʌkwə:θ]
Duff [dʌf]
Dulles ['dʌlis]
Du Maurier [dju(:)'mɔ:riei]
Dunbar [dʌn'ba:*]
Duncan ['dʌŋkən]
Dunning ['dʌniŋ]
Duns [dʌnz]
Dunton ['dʌntn]
Dupont, Du Pont [dju:'pɔnt]
Durrell ['dʌrəl]
Dwight [dwait]
Dyce [dais]
Dyer [daiə*]

Earle [ə:l]
Eastman ['i:stmən]
Eaton ['i:tn]
Eccles ['eklz]
Eddington ['ediŋtən]
Eddy ['edi]
Eden ['i:dn]
Edgeworth ['edʒwə:θ]
Edison ['edisn]
Edward(e)s ['edwədz]
Eggleston ['eglstən]
Einstein ['ainstain]
Eisenhower ['aizənˌhauə*]
Elgar ['elgə*]
Elgin ['elgin]
Eliot ['eljət]
Elliott ['eljət]
Ellis ['elis]
Elyot ['eljət]
Emerson ['eməsn]
Empson ['empsn]
Enders ['endəz]
Erlanger ['ə:læŋgə*]
Erskine ['ə:skin]
Ervine ['ə:vin]
Etherege ['eθəridʒ]
Evelyn ['i:vlin]
Everett ['evərit]
Ewald ['ju(:)əld]

Faber ['feibə*]
Fagin ['feigin]
Fahrenheit ['færənhait]
Fairbanks ['fɛəbæŋks]
Fairfax ['fɛəfæks]
Falstaff ['fɔ:lsta:f]
Fanshawe ['fænʃɔ:]
Faraday ['færədei]
Farquhar ['fa:kwə*]
Farrell ['færəl]
Faulkes [fɔks]
Faulkner ['fɔ:knə*]
Fawcett ['fɔ:sit]
Fawkes [fɔ:ks]
Felton ['feltən]
Fenton ['fentən]
Ferber ['fə:bə*]
Fergus(s)on ['fə:gəsn]
Ferrar ['ferə*]
Ferrier ['feriə*]
Feynman ['feinmən]
Fields [fi:ldz]
Fillmore ['filmɔ:*]
Filmer ['filmə*]
Finlay, Finley ['finlei]
Fisher ['fiʃə*]
Fitzgerald [fits'dʒerəld]
Fitzherbert [fits'hə:bət]
Fitzjames [fits'dʒeimz]
Fitzpatrick [fits'pætrik]
Fitzroy [fits'rɔi]
Flaherty ['flɛəti]
Flanagan ['flænəgən]
Flaxman ['flæksmən]
Fleay [flei]
Flecker ['flekə*]
Fleming ['flemiŋ]
Fletcher ['fletʃə*]
Flint [flint]
Florey ['flouri]
Florio ['flɔ:riou]
Flynn [flin]
Fonda ['fɔndə]
Foote [fut]
Forbes [fɔ:bz]; ['fɔ:bis] *(Scozia)*
Ford [fɔ:d]
Forester ['fɔristə*]
Forster ['fɔ:stə*]
Forsyte ['fɔ:sait]
Forsyth [fɔ:'saiθ]
Fortescue ['fɔ:tiskju:]
Fowler ['faulə*]
Fowles [faulz]
Fox(e) [fɔks]
Foyle [fɔil]
Franklin ['fræŋklin]
Frazer ['freizə*]
Frederic ['fredrik]
Freeman ['fri:mən]
Freneau ['frinou]
Frere [friə*]

Frobisher ['froubiʃə*]
Frost [frɔst]
Froude [fru:d]
Fry [frai]
Fuller ['fulə*]
Fulton ['fultn]
Furnivall ['fə:nivəl]
Fyfield ['fai,fi:ld]

Gable ['geibl]
Gadsby ['gædzbi]
Gage [geidʒ]
Gainsborough ['geinzbərə]
Gaitskell ['geitskil]
Gallup ['gæləp]
Galsworthy ['gɔ:lzwə:ði]
Galt [gɔ:lt]
Gandhi ['gændi:]
Garbo ['ga:bou]
Gardiner ['ga:dnə*]
Gardner ['ga:dnə*]
Garfield ['ga:fi:ld]
Garland ['ga:lənd]
Garnett ['ga:nit]
Garrick ['gærik]
Garth [ga:θ]
Gascoigne ['gæskɔin]
Gaskell ['gæskəl]
Gasser ['gæsə*]
Gates [geits]
Gatling ['gætliŋ]
Gauden ['gɔ:dn]
Gaultier ['gɔ:ltiə*]
Gaveston ['gævistən]
Gay [gei]
Geddes ['gedis]
Geiger ['gaigə*]
George [dʒɔ:dʒ]
Gershwin ['gə:ʃwin]
Gibbon ['gibən]
Gibbons ['gibənz]
Gibbs [gibz]
Gibson ['gibsn]
Gielgud ['gilgud]
Giffard ['dʒifəd]
Gifford ['gifəd]
Gilbert ['gilbət]
Gilder ['gildə*]
Gillette [dʒi'let]
Gilman ['gilmən]
Gilpin ['gilpin]
Gish [giʃ]
Gissing ['gisiŋ]
Gladstone ['glædstən]
Glanvill ['glænvil]
Glaser ['gleizə*]
Glasgow ['gla:zgou]
Glover ['glʌvə*]
Goddard ['gɔdəd]
Godfrey ['gɔdfri]
Godwin ['gɔdwin]
Golding ['gouldiŋ]
Goldsmith ['gouldsmiθ]
Gollancz ['gɔlənts]
Gooch [gu:tʃ]
Goodman ['gudmən]
Googe [gu(:)dʒ]
Gordon ['gɔ:dn]
Gosse [gɔs]
Gosson ['gɔsn]
Gough [gɔf]
Gower ['gauə*]
Grafton ['gra:ftən]
Graham(e) ['grei*ə*m]
Grainger ['greindʒə*]
Grandison ['grændisn]
Grant [gra:nt]
Granville ['grænvil]
Graves [greivz]
Gray [grei]
Greeley ['gri:li]
Green [gri:n]
Greene [gri:n]
Gregory ['gregəri]
Gresham ['greʃəm]
Greville ['grevil]
Grey [grei]
Grierson ['griəsn]
Griffin ['grifin]
Griffith ['grifiθ]
Grocyn ['grousin]
Grosvenor ['grouvnə*]
Guedalla [gwi'dælə]
Guggenheim ['gugənhaim]
Guildenstern ['gildənstə:n]
Guinness ['ginis]
Guthrie ['gʌθri]
Gwyn(ne) [gwin]

Habington ['hæbiŋtən]
Hadley ['hædli]
Haggard ['hægəd]
Haig(h) [heig]
Hakluyt ['hæklu:t]
Haldane ['hɔ:ldein]
Hall [hɔ:l]
Hallam ['hæləm]
Hamilton ['hæm*i*ltən]
Hammett ['hæmit]
Hammond ['hæmənd]
Hampden ['hæmpdən]
Hannay ['hænei]
Harcourt ['ha:kət]
Harden ['ha:dn]
Harding ['ha:diŋ]
Hardy ['ha:di]
Harewood ['ha:wud]
Hargreaves ['ha:gri:vz]
Harland ['ha:lənd]
Harlow(e) ['ha:lou]
Harmsworth ['ha:mzwə(:)θ]
Harper ['ha:pə*]
Harrap ['hærəp]
Harrington ['hæriŋtən]
Harris ['hæris]
Harrison ['hærisn]
Hart [ha:t]
Harte [ha:t]
Hartington ['ha:tiŋtən]
Hartley ['ha:tli]
Harvey ['ha:vi]
Hastings ['heistiŋz]
Hathaway ['hæθəwei]
Havelo(c)k ['hævlɔk]
Hawes [hɔ:z]
Hawkins ['hɔ:kinz]
Hawks [hɔ:ks]
Hawkwood ['hɔ:kwud]
Haworth ['hɔ:wə(:)θ]
Hawthorne ['hɔ:θɔ:n]
Hay ['hei]
Haydn ['haidn]
Hayes [heiz]
Haynes [heinz]
Hayward ['heiwəd]
Hayword ['heiwəd]
Hazlitt ['hæzlit]
Heal(e)y ['hi:li]
Hearn [hə:n]
Hearst [hə:st]
Heath [hi:θ]
Heathcliff ['hi:θklif]
Heathfield ['hi:θfi:ld]
Hedge [hedʒ]
Heinemann ['hainəmən]
Hellman ['helmən]

Heming ['hemiŋ]
Hemingway ['hemiŋwei]
Hench [hentʃ]
Henderson ['hendəsn]
Henley ['henli]
Henry ['henri]
Henryson ['henrisn]
Henslowe ['henzlou]
Hepburn ['hebə(:)n]
Herbert ['hə:bət]
Herndon ['hə:ndn]
Herrick ['herik]
Hewlett ['hju:lit]
Heywood ['heiwud]
Hichens ['hitʃinz]
Hicks [hiks]
Higgins ['higinz]
Highmore ['haimɔ:*]
Hill [hil]
Hillary ['hiləri]
Hilliard ['hiliəd]
Hillman ['hilmən]
Hillyard ['hiljəd]
Hilton ['hiltən]
Hinshelwood ['hinʃəlwud]
Hitchcock ['hitʃkɔk]
Hoare [hɔ:*]
Hobbes [hɔbz]
Hoby ['hɔbi]
Hoccleve ['hɔkli:v]
Hodgkin ['hɔdʒkin]
Hodgson ['hɔdʒsn]
Hoe [hou]
Hofstadter ['hɔfsta:*d*tə*]
Hogarth ['houga:θ]
Hogg [hɔg]
Holden ['houldən]
Holinshed ['hɔlinʃed]
Holland ['hɔlənd]
Holles['hɔlis]
Holmes ['houmz]
Home [hju:m]
Hood [hud]
Hooker ['hukə*]
Hoover ['hu:və*]
Hopkins ['hɔpkinz]
Horne [hɔ:n]
Horton ['hɔ:tn]
Hough [hʌf]
Houghton ['hɔ:tn] ['hautn]
Housman ['hausmən]
Houston ['hu:stən] ['haustən]
Howard ['hauəd]
Howe [hau]
Howells ['hauəlz]
Hubbard ['hʌbəd]
Hudson ['hʌdsn]
Hughes [hju:z]
Hull [hʌl]
Hulme [hju:m]
Hume [hju:m]
Huneker ['hʌnəkə*]
Hunt [hʌnt]
Hunter ['hʌntə*]
Hurd [hə:d]
Huskisson ['hʌskisn]
Huston ['hju:stən]
Hutcheson ['hʌtʃisn]
Hutchinson ['hʌtʃinsn]
Hutton ['hʌtn]
Huxley ['hʌksli]
Hyde [haid]
Hyndman ['haindmən]

Inge [iŋ]
Ireland ['aiələnd]
Ireton ['aiətn]
Irving ['ə:viŋ]
Irwin ['ə:win]
Isaacs ['aizəks]
Isherwood ['iʃə(:)wud]

Jackson ['dʒæksn]
Jacob ['dʒeikəb]
Jacobs ['dʒeikəbz]
James [dʒeimz]
Jameson ['dʒeimsn]
Jansen ['dʒænsn]
Jarrell ['dʒærəl]
Jarvis ['dʒa:vis]
Jay [dʒei]
Jefferies ['dʒefriz]
Jeffers ['dʒefəz]
Jefferson ['dʒefəsn]
Jeffrey ['dʒefri]
Jeffreys ['dʒefriz]
Jekyll ['dʒi:kil] ['dʒekil]
Jenkins ['dʒenkinz]
Jenner ['dʒenə*]
Jerome [dʒe'roum]
Jewett ['dʒu:it]
Johnson ['dʒɔnsn]
Johnston ['dʒɔnstn]
Jones [dʒounz]
Jonson ['dʒɔnsn]
Jordan ['dʒɔ:d(ə)n]
Josephson ['dʒouzifsn]
Joule [dʒaul] [dʒu:l]
Jowett ['dʒauit]
Jowitt ['dʒauit]
Joyce [dʒɔis]

Kaufman ['kɔ:fmən]
Kay [kei]
Kaye [kei]
Kaye-Smith ['kei'smiθ]
Kazan [kə'za:n]
Kazin [kə'zin]
Kean [ki:n]
Keaton ['ki:tn]
Keats [ki:ts]
Keble ['ki:bl]
Kegan ['ki:gən]
Keith [ki:θ]
Kellogg ['kelɔg]
Kelly ['keli]
Kelvin ['kelvin]
Kemble ['kembl]
Kendall ['kendl]
Kendrew ['kendru:]
Kennan ['kenən]
Kennedy ['kenidi]
Kerr [ka:*] [kə:*]
Kett [ket]
Key [ki:]
Keyes [ki:z]
Keynes [keinz]
Kidd [kid]
Killigrew ['kiligru:]
Kilpatrick [kil'pætrik]
King [kiŋ]
Kinglake ['kiŋleik]
Kingsley ['kiŋzli]
Kinsey ['kinzi]
Kipling ['kipliŋ]
Kirkland ['kə:klənd]
Kirkpatrick [kə:k'pætrik]
Kitchener ['kitʃinə*]
Kittredge ['kitridʒ]
Kneller ['nelə*]
Knight [nait]
Knox [nɔks]
Kornberg ['kɔ:nbə:g]
Kramer ['kræmə*]
Krebs [krebz]

Kronin ['krounin]
Kubrick ['kju:brik]
Kyd [kid]

Ladd [læd]
Lafayette [ˌla:fai'et]; [ˌla:fei'et] *(USA)*
Lamb [læm]
Lambert ['læmbə(:)t]
Lancaster ['læŋkəstə*]
Landor ['lændɔ:*]
Lang [læŋ]
Langhorne ['læŋhɔ:n]
Langland ['læŋlənd]
Langmuir ['læŋmjuə*]
Langton ['læŋtən]
Lanier ['læniə*]
Lansdowne ['lænzdaun]
Lardner ['la:dnə*]
Lascelles ['læsəlz]
Latimer ['lætimə*]
Laud [lɔ:d]
Laughton ['lɔ:tn]
Laurel ['lɔrəl]
Law [lɔ:]
Lawrence ['lɔrəns]
Lawson ['lɔ:sn]
Lean [li:n]
Leavis ['li:vis]
Lederberg ['ledəbə:g]
Ledwidge ['ledwidʒ]
Lee [li:]
Leech [li:tʃ]
Legge [leg]
Legros [lə'grou]
Lehmann ['leimən]
Leigh [li:]
Leighton ['leitn]
Lely ['li:li]
Lemmon ['lemən]
Lennon ['lenən]
Len(n)ox ['lenəks]
L'Estrange [ləs'trein*d*ʒ]
Lever ['li:və*]
Leveson ['lu:sn]
Levy ['li:vi]
Lewes ['lu(:)is]
Lewis ['lu(:)is]
Libby ['libi]
Liebig ['li:big]
Liddell ['lidl]
Lilburne ['lilbə:n]
Lillo ['lilou]
Linacre ['linəkə*]
Lincoln ['liŋkən]
Lindberg ['lin*b*ə:g]
Lindsay ['lin*d*zi]
Linklater ['liŋkleitə*]
Lipmann ['lipmən]
Lipton ['liptən]
Lister ['listə*]
Littleton ['litltən]
Livingston(e) ['liviŋstən]
Lloyd [lɔid]
Locke [lɔk]
Lockhart ['lɔkət]
Lockridge ['lɔkridʒ]
Locksley ['lɔksli]
Lodge [lɔdʒ]
Logan ['lougən]
Lombard ['lɔmba:d]
London ['lʌndən]
Long [lɔŋ]
Longfellow ['lɔŋˌfelou]
Longman ['lɔŋmən]
Longstreet ['lɔŋstri:t]
Losey ['lousi]
Lough [lʌf]
Loughton ['lautn]
Lovat ['lʌvət]
Lovejoy ['lʌvdʒɔi]
Lovelace ['lʌvleis]
Lowell ['lo*u*əl]
Lowes [louz]
Lubbock ['lʌbək]
Lucas ['lu:kəs]
Lucy ['lu:si]
Lumet ['lu:mit]
Lundy ['lʌndi]
Lydgate ['lidˌgeit]
Lyell ['laiəl]
Lyly ['lili]
Lynch [lintʃ]
Lyndsay ['lin*d*zi]
Lyons ['laiənz]
Lytton ['litn]

MacArthur [mək'a:θə*]
Macaulay [mə'kɔ:li]
MacCallum [mə'kæləm]
MacDiarmid [mək'daiəmid]
Macdonald [mək'dɔnəld]
MacDuff [mæk'dʌf]
MacFarlane [mək'fa:lin]
Mackay(e) [mə'kei]
Mackenzie [mə'kenzi]
Mackintosh ['mækintɔʃ]
MacLaglen [mək'læglən]
Maclaine [mə'klein]
Maclean(e) [mə'klein]
MacLeish [mə'kli:ʃ]
Macleod [mə'klaud]
Macmillan [mək'milən]
Macmorran [mək'mɔrən]
MacNeice [mək'ni:s]
Macpherson [mək'fə:sn]
Macready [mə'kri:di]
Madison ['mædisn]
Mailer ['meilə*]
Malan [mə'la:n]
Mallock ['mælɔk]
Malory ['mæləri]
Malthus ['mælθəs]
Mandeville ['mændəvil]
Manley ['mænli]
Mann [mæn]
Manning ['mæniŋ]
Mansfield ['mænsfi:ld]
Map [mæp]
March [ma:tʃ]
Markham ['ma:kəm]
Marlow(e) ['ma:lou]
Marquand [ma:'kwɔnd]
Marryat ['mæriət]
Marshall ['ma:ʃəl]
Marston ['ma:stən]
Martin ['ma:tin]
Martyn ['ma:tin]
Marvell ['ma:vəl]
Masefield ['meisfi:ld]
Mason ['meisn]
Massinger ['mæsin*d*ʒə*]
Masters ['ma:stəz]
Mather ['meiðə*]
Mathews ['mæθju:z]
Matthews ['mæθju:z]
Maturin ['mætjurin]
Maugham [mɔ:m]
Maxwell ['mækswəl]
Maynard ['meinəd]
McCarthy [mə'ka:θi]
McCormack [mə'kɔ:mək]
McCullock [mə'kʌlək]
McIntosh ['mækintɔʃ]
McKenna [mə'kenə]
McKinley [mə'kinli]
Meade [mi:d]

Medawar ['medəwa:*]
Medwall ['medwəl]
Melville ['melvil]
Mencken ['meŋkən]
Menzies ['menziz]
Meredith ['merədiθ]
Meres ['miəz]
Merivale ['meriveil]
Merrill ['meril]
Merton ['mə:tn]
Methuen ['meθjuin]
Meyer ['maiə*]
Meynell ['menl]
Micawber [mi'kɔ:bə*]
Michelson ['maikəlsn]
Middleton ['midltən]
Milestone ['mailstoun]
Milford ['milfəd]
Mill [mil]
Millais ['milei]
Millay ['milei]
Miller ['milə*]
Millikan ['milikən]
Mills [milz]
Milne [miln]
Milton ['miltən]
Minot ['mainət]
Minto ['mintou]
Mitchell ['mitʃəl]
Mitchum ['mitʃəm]
Mitford ['mitfəd]
Mix [miks]
Monk [mʌŋk]
Monkhouse ['mʌŋkhaus]
Monro(e) [mən'rou]
Montagu(e) ['mɔntəgju:]
Moody ['mu:di]
Moore [muə*]
Moran [mə'ræn]
More [mɔ:*]
Morgan ['mɔ:gən]
Morley ['mɔ:li]
Morrell ['mʌrəl]
Morris ['mɔris]
Morrison ['mɔrisn]
Morse [mɔ:s]
Mortimer ['mɔ:timə*]
Morton ['mɔ:tn]
Motley ['mɔtli]
Mott [mɔt]
Mottram ['mɔtrəm]
Mountbatten [maunt'bætn]
Muir [mjuə*]
Muirhead ['mjuəhed]
Muller [mʌlə*]
Mumford ['mʌmfəd]
Munday ['mʌndi]
Munro [mʌn'rou]
Murdoch ['mə:dɔk]
Murphy ['mə:fi]
Murray ['mʌri]
Murry ['mʌri]
Myers ['maiəz]

Napier ['neipiə*]
Nash(e) [næʃ]
Nathan ['neiθən]
Nelson ['nelsn]
Nesbit(t) ['nezbit]
Neville ['nev*i*l]
Newbolt ['nju:boult]
Newburn ['nju:bə:n]
Newell ['nju:əl]
Newman ['nju:mən]
Newton ['nju:tn]
Nichols ['nikəlz]
Nicholson ['nikəlsn]
Nickleby ['niklbi]
Nicolls ['nikəlz]
Nicolson ['nikəlsn]
Niebuhr ['ni:buə*]
Nightingale ['naitiŋgeil]
Niven ['nivən]
Nixon ['niksn]
Noel-Baker ['nouəl'beikə^s]
Norris ['nɔris]
Northrop ['nɔ:θrʌp]
Norton ['nɔ:tn]
Noyes [nɔiz]
Nye [nai]

Oakes [ouks]
Oates [outs]
O'Brien [ou'braiən]
O'Callaghan [o*u*'kæləhən]
O'Casey [o*u*'keisi]
Occam ['ɔkəm]
Occleve ['ɔkli:v]
Ockham ['ɔkəm]
O'Connell [o*u*'kɔnl]
O'Connor [o*u*'kɔnə*]
Odets ['ɔdets]
O'Donnell [o*u*'dɔnl]
O'Flaherty [o*u*'flεəti]
Ogilvie ['ouglvi]
O'Hara [o*u*'ha:rə]
O'Kelly [o*u*'keli]
Oldham ['ouldəm]
Oliphant ['ɔlifənt]
Oliver ['ɔlivə^s]
Olivier [ə'liviə^s]
O'Neil(l) [o*u*'ni:l]
Onions ['ʌnjənz]
Orczy ['ɔ:ksi]
Orr [ɔ:*]
Orwell ['ɔ:wel]
Osborne ['ɔzbɔ:n]
Osgood ['ɔzgud]
O'Sullivan [o*u*'sʌlivən]
Otis ['outis]
Otway ['ɔtwei]
Overbury ['ouvəbəri]
Owen ['o*u*in]

Packard ['pæka:d]
Page [peidʒ]
Paget ['pædʒit]
Pain(e) [pein]
Painter ['peintə^s]
Palance ['pæləns]
Paley ['peili]
Palgrave ['pælgreiv]
Palmer ['pa:mə*]
Palmerston ['pa:məstən]
Pankhurst ['pæŋkhə:st]
Parker ['pa:kə*]
Parkinson ['pa:kinsn]
Parkman ['pa:kmən]
Parnell [pa:'nel]
Parr [pa:*]
Parrington ['pæriŋtən]
Parsons ['pa:snz]
Paston ['pæstən]
Pater ['peitə*]
Paterson ['pætəsn]
Patmore ['pætmɔ:^{s}]
Patterson ['pætəsn]
Pauling ['pɔ:liŋ]
Peabody ['pi:bɔdi]
Peacock ['pi:kɔk]
Pearse [piəs]
Pearson ['piəsn]
Peck [pek]
Pecock ['pi:kɔk]
Peel(e) [pi:l]

Pelham ['peləm]
Penn [pen]
Pepys ['pepis] [pi:ps]
Percival ['pə:sivəl]
Percy ['pə:si]
Perkins ['pə:kinz]
Perrers ['perəz]
Perry ['peri]
Pershing ['pə:ʃiŋ]
Perutz [pə'ruts]
Peters ['pi:təz]
Petrie ['pi:tri]
Pettie ['peti]
Phelps [felps]
Philips ['filips]
Phillips ['filips]
Phillpotts ['filpɔts]
Pickering ['pikəriŋ]
Pickford ['pikfəd]
Pickwick ['pikwik]
Pierce [piəs]
Pinero [pi'niərou]
Pitman ['pitmən]
Pitt [pit]
Plomer ['plu:məˢ]
Plunket(**t**) ['plʌŋkit]
Poe [pou]
Pole [poul]
Polk [pouk]
Pollard ['pɔləd]
Pollock ['pɔlək]
Pomfret ['pʌmfrit]
Ponsonby ['pʌnsnbi]
Poole [pu:l]
Pope [poup]
Porter ['pɔ:tə*]
Pound [paund]
Powell ['pouəl] ['pauəl]
Powys ['pou*i*s]
Praed [preid]
Pratt [præt]
Preminger ['premiŋgə*]
Prescott ['preskət]
Preston ['prestən]
Price [prais]
Pride [praid]
Priestley ['pri:stli]
Prince [prins]
Pringle ['priŋgl]
Prior ['praiəˢ]
Pritchard ['pritʃəd]
Pritchett ['pritʃit]
Procter ['prɔktə*]
Prowse [praus]
Prynne [prin]
Pugin ['pju:dʒin]
Pulitzer ['pulitsə*]
Pullman ['pulmən]
Purcell ['pə:sl]
Pusey ['pju:zi]
Putnam ['pʌtnəm]
Puttenham ['pʌtənəm]
Pym [pim]
Pynson ['pinsn]

Quarles [kwɔ:lz]
Quiller-Couch ['kwilə'ku:tʃ]
Quinault ['kwinlt]
Quinc(**e**)**y** ['kwinsi]
Quinn [kwin]

Radcliffe ['rædklif]
Raeburn ['reibə:n]
Raglan ['ræglən]
Raleigh ['rɔ:li] ['ra:li] ['ræli]
Ramsay ['ræmzi]
Ramsey ['ræmzi]
Randall ['rændl]
Randolph ['rændɔlf]
Rank [ræŋk]
Ransom(**e**) ['rænsəm]
Ratcliffe ['rætklif]
Rathbone ['ræθboun]
Rattigan ['rætigən]
Rawlings ['rɔ:liŋz]
Rayleigh ['reili]
Reade [ri:d]
Reading ['rediŋ]
Reed [ri:d]
Rees(**e**) [ri:s]
Reeve [ri:v]
Reid [ri:d]
Remington ['remiŋtən]
Reynolds ['renldz]
Rhodes [roudz]
Rhys [ri:s]
Ricardo [ri'ka:dou]
Rice [rais]
Rich [ritʃ]
Richards ['ritʃədz]
Richardson ['ritʃədsn]
Ridgway ['ridʒwei]
Ridler ['ridlə*]
Riggs [rigz]
Riley ['raili]
Ripley ['ripli]
Robbins ['rɔbinz]
Roberts ['rɔbəts]
Robins ['roubinz] ['rɔbinz]
Robinson ['rɔbinsn]
Rockefeller ['rɔkifelə*]
Rodgers ['rɔdʒəz]
Roethke ['retkə]
Rogers ['rɔdʒəz]
Romney ['rɔmni]
Rooney ['ru:ni]
Roosevelt ['rouzəvelt]
Root [ru:t]
Roper ['roupəˢ]
Roscoe ['rɔskou]
Rosencrantz ['rouzənkrænts]
Ross [rɔs]
Rossen ['rɔsn]
Rossetti [rɔ'seti]
Rothermere ['rɔðəmiə*]
Rothschild ['rɔθtʃaild]
Routledge ['rautlidʒ]
Rowe [rou]
Rowlandson ['rouləndsn]
Rowley ['rouli]
Roy [rɔi]
Rush [rʌʃ]
Ruskin ['rʌskin]
Russell ['rʌsl]
Rutherford ['rʌðəfəd]
Ryan ['raiən]
Rymer ['raimə*]

Sacheverell [sə'ʃevərəl]
Sackville ['sækvil]
Sackville-West ['sækvil'west]
Saintsbury ['sein*t*zbəri]
Salinger ['sæliŋgə*]
Sand [sænd]
Sandburg ['sændbə:g]
Sandys [sændz]
Sanger ['sæŋgə*] ['sæŋə*]
Sargent ['sa:dʒənt]
Saroyan ['sa:'rouiən]
Sassoon [sæ'su:n]
Savile ['sævil]
Sawyer ['sɔ:jə*]
Sayers ['se*i*əz]
Scott [skɔt]
Scribner ['skribnə*]

Seaborg ['si:bɔ:g]
Sedgwick ['sedʒwik]
Sedley ['sedli]
Selden ['seldən]
Selfridge ['selfridʒ]
Sellers ['seləz]
Sewall ['sju:əl]
Seward ['si:wəd]
Seymour ['si:mɔ:*]
Shackleton ['ʃækltən]
Shadwell ['ʃædwəl]
Shakespear(e) ['ʃeikspiə*]
Shandy ['ʃændi]
Shanks [ʃæŋks]
Shapiro ['ʃæpirou]
Sharp [ʃa:p]
Shaw [ʃɔ:]
Shelley ['ʃeli]
Sheppard ['ʃepəd]
Sheridan ['ʃeridn]
Sherman ['ʃə:mən]
Sherriff ['ʃerif]
Sherrington ['ʃeriŋtən]
Sherwood ['ʃə:wud]
Shirley ['ʃə:li]
Shockley ['ʃɔkli]
Shorthouse ['ʃɔ:thaus]
Siddons ['sidnz]
Sidney ['sidni]
Sigourney ['sigə:ni]
Sillitoe ['silitou]
Simms [simz]
Simpson ['sim*p*sn]
Sinatra [si'na:trə]
Sinclair ['siŋklɛə*]
Singer ['siŋə*]
Singleton ['siŋgltən]
Sitwell ['sitwəl]
Skeat [ski:t]
Skelton ['skeltn]
Skinner ['skinə*]
Sloan(e) [sloun]
Smith [smiθ]
Smollett ['smɔlit]
Snow [snou]
Soddy ['sɔdi]
Somerville ['sʌməvil]
Southerne ['sauðə:n]
Southey ['sʌði] ['sauði]
Southwell ['sauθwəl]
Sparks [spa:ks]
Spelman ['spelmən]
Spencer ['spensə*]
Spender ['spendə*]
Spenser ['spensə*]
Spillane ['spilein]
Spurgeon ['spə:dʒən]
Squire ['skwaiə*]
Stanford ['stænfəd]
Stanhope ['stænəp]
Stanley ['stænli]
Stedman ['stedmən]
Steel [sti:l]
Steele [sti:l]
Steevens ['sti:vnz]
Steffens ['stefənz]
Stein [stain]
Steinbeck ['stainbek]
Stephen ['sti:vn]
Stephens ['sti:vnz]
Stephenson ['sti:vnsn]
Stern [stə:n]
Sterne [stə:n]
Stevens ['sti:vnz]
Stevenson ['sti:vnsn]
Stewart [stjuət]
Stickney ['stikni]
Stieglitz ['stiglits]
Stokes [stouks]
Stoughton ['stɔ:tn]
Stowe [stou]
Strachey ['streitʃi]
Stuart [stjuət]
Stubbs [stʌbz]
Studebaker ['stu:dəbeikə*]
Studley ['stʌdli]
Sturges ['stə:dʒiz]
Sturgis ['stə:dʒis]
Suckling ['sʌkliŋ]
Sullivan ['sʌlivən]
Sumner ['sʌmnə*]
Surtees ['sə:ti:z]
Sutro ['su:trou]
Swan [swɔn]
Swanson ['swɔnsn]
Swift [swift]
Swinburne ['swinbə:n]
Swinnerton ['swinətən]
Sykes [saiks]
Sylvester [sil'vestə*]
Symond ['saimənd]
Symonds ['saimən*dz*]
Symons ['saimənz]
Synge [siŋ]

Taft [tæft]
Tagore [tə'gɔ:*]
Tanner ['tænə*]
Tate [teit]
Tatum ['teitəm]
Taylor ['teilə*]
Temple ['templ]
Tennyson ['tenisn]
Thackeray ['θækəri]
Theiler ['tailə*]
Theobald ['θiəbɔ:ld]
Thomas ['tɔməs]
Thompson ['tɔm*p*sn]
Thomson ['tɔmsn]
Thoreau ['θɔ:rou]
Thornhill ['θɔ:nhil]
Thornton ['θɔ:ntən]
Thorold ['θʌrəld]
Thorp(e) [θɔ:p]
Thurber ['θə:bə*]
Thynne [θin]
Tickell ['tikəl]
Ticknor ['tiknə*]
Tiller ['tilə*]
Tillotson ['tilətsn]
Timrod ['timrəd]
Tindale ['tindl]
Todd [tɔd]
Toland ['toulənd]
Tomlinson ['tɔmlinsn]
Tompkins ['tɔmkinz]
Topcliffe ['tɔpklif]
Tottel ['tɔtl]
Tourneur ['tə:nə*]
Tovey ['touvi]
Townes [taunz]
Townsend ['taunzend]
Townshend ['taunzend]
Toynbee ['tɔinbi]
Tracy ['treisi]
Traherne [trə'hə:n]
Tree [tri:]
Trelawn(e)y [tri'lɔ:ni]
Trench [tren*t*ʃ]
Trenchard ['tren*t*ʃa:d]
Trevelyan [tri'veljən]
Trilling ['triliŋ]
Trollope ['trɔləp]
Truman ['tru:mən]
Trumbull ['trʌmbəl]
Tucker ['tʌkə*]
Tuke [tju:k]

Tull [tʌl]
Tupper ['tʌpə*]
Turner ['tə:nə*]
Twain [twein]
Tyler ['tailə*]
Tynan ['tainən]
Tyndale ['tindl]

Udall ['ju:dəl]
Unwin ['ʌnwin]
Upton ['ʌptən]
Urey ['juəri]
Urquhart ['ə:kət]
Ustinov ['ju:stinɔf]

Vanbrugh ['vænbrə]
Van Buren [væn'bju:rən]
Vandenberg ['vændənbə:g]
Vanderbilt ['vændəbilt]
Vane [vein]
Vansittart [væn'sita:t]
Vaughan [vɔ:n]
Vere [viə*]
Verney ['və:ni]
Vickers ['vikəz]
Vidor ['vidɔ*]
Viereck ['viərek]
Villiers ['viləz]

Wainwright ['weinrait]
Waksman ['wæksmən]
Walford ['wɔ:lfəd]
Walker ['wɔ:kə*]
Wallace ['wɔləs]
Waller ['wɔlə*]
Walpole ['wɔ:lpoul]
Walsh [wɔ:lʃ]
Walsingham ['wɔ:lsiŋəm]
Walters ['wɔ:ltəz]
Walton ['wɔ:ltən]
Warbeck ['wɔ:bek]
Warburton ['wɔ:bətn]
Ward [wɔ:d]
Warner ['wɔ:nə*]
Warren ['wɔrin]
Warton ['wɔ:tn]
Washington ['wɔʃiŋtən]
Watkins ['wɔtkinz]
Watson ['wɔtsn]
Watt [wɔt]
Watts [wɔts]
Waugh [wɔ:]
Wavell ['weivəl]
Wayne [wein]
Webb [web]
Webster ['webstə*]
Weller ['wələ*]
Welles [welz]
Wellesley ['welzli]
Wellington ['weliŋtən]
Wellmann ['welmən]
Wells [welz]
Welty ['welti]
Wendell ['wendl]
Wentworth ['wentwə:θ]
Wesley ['wezli]
West [west]
Weston ['westən]
Wharton ['wɔ:tn]
Wheeler ['wi:lə*]
Whetstone ['wetstoun]
Whipple ['wipl]
Whistler ['wislə*]
Whiston ['wistən]
White [wait]
Whitefield ['waitfi:ld]
Whitehead ['waithed]
Whitman ['witmən]
Whitney ['witni]
Whittier ['witiə*]
Whittington ['witiŋtən]
Whittle ['witl]
Wickliffe ['wiklif]
Wigglesworth ['wiglzwə:θ]
Wigner ['wignə*]
Wilberforce ['wilbəfɔ:s]
Wilbur ['wilbə*]
Wilde [waild]
Wilder ['waildə*]
Wilkes [wilks]
Wilkie ['wilki]
Wilkins ['wilkinz]
Wilkinson ['wilkinsn]
Williams ['wiljəmz]
Williamson ['wiljəmsn]
Willis ['wilis]
Willoughby ['wiləbi]
Wilmot ['wilmət]
Wilson ['wilsn]
Windsor ['winzə*]
Winters ['wintəz]
Winthrop ['winθrʌp]
Wise [waiz]
Wiseman ['waizmən]
Wither ['wiðə*]
Wodehouse ['wudhaus]
Wolfe [wulf]
Wollstonecraft ['wulstənkra:ft]
Wolsey ['wulzi]
Woods [wudz]
Woodward ['wudwəd]
Woolf [wulf]
Woolner ['wulnə*]
Woolsey ['wulzi]
Woolworth ['wulwə:θ]
Wordsworth ['wə:dzwə(:)θ]
Wotton ['wɔtn]
Wren [ren]
Wright [rait]
Wriothesley ['rɔtsli]
Wyat(t) ['waiət]
Wycherley ['witʃəli]
Wyclif(fe) ['wiklif]
Wyndham ['windəm]
Wythe [wiθ]

Yates [jeits]
Yeats [jeits]
Yonge [jʌŋ]
Young [jʌŋ]

Zangwill ['zæŋgwil]

Nomi geografici

Aberdeen [ˌæbəˈdiːn]
Aberystwyth [ˌæbəˈristwiθ]
Abyssinia [ˌæbiˈsinjə] Abissinia.
Accra [əˈkraː]
Adelaide [ˈædəleid]
Aden [ˈeidn]
Adrianople [ˌeidriəˈnoupl] Adrianopoli.
Adriatic Sea (the) [ˌeidriˈætik ˈsiː] (il Mare) Adriatico
Aegean [i(ː)ˈdʒiːən] Egeo.
Africa [ˈæfrikə] Africa.
Agincourt [ˈadʒinˌkɔːt]
Agra [ˈaːgrə]
Airedale [ˈɛədeil]
Akron [ˈækrən]
Alabama [ˌæləˈbaːmə]
Alaska [əˈlæskə] Alasca.
Albania [ælˈbeinjə] Albania.
Albany [ˈɔːlbəni]
Alberta [ælˈbəːtə]
Albury [ˈælbəri]
Alderney [ˈɔːldəni]
Aleppo [əˈlepou] Aleppo.
Alexandria [ˌæligˈzaːndriə] Alessandria (d'Egitto).
Algeria [ælˈdʒiəriə] Algeria.
Algiers [ælˈdʒiez] Algeri.
Alps (the) [ælps] (le) Alpi.
Alsace [ˈælsæs] Alsazia.
Altrincham [ˈɔːltriŋəm]
Amazon (the) [ˈæməzən] (il) Rio delle Amazzoni.
America [əˈmerikə] America.
Amsterdam [ˌæmstəˈdæm]
Anatolia [ˌænəˈtouljə] Anatolia.
Anchorage [ˈæŋkəridʒ]
Andalusia [ˌændəˈluːzjə] Andalusia.
Andes (the) [ˈændiːz] (le) Ande.
Andorra [ænˈdɔrə] Andorra.
Anglesey [ˈæŋglsi]
Angola [æŋˈgoulə] Angola.
Angus [ˈæŋgəs]
Ankara [ˈæŋkərə] Ankara.
Annapolis [əˈnæpəlis]
Antarctic [æntˈaːktik] Antartide.
Antilles (the) [ænˈtiliːz] (le) Antille.
Antrim [ˈæntrim]
Antwerp [ˈæntwəːp] Anversa.
Apennines (the) [ˈæpinainz] (gli) Appennini.
Appleby [ˈæplbi]
Arabia [əˈreibjə] Arabia.
Aragon [ˈærəgən] Aragona.
Aran Islands (the) [ˈærən ˈailəndz] (le) Isole Aran.
Arcadia [aːˈkeidjə] Arcadia.
Arctic [ˈaːktik] Artide.
Argentina [ˌaːdʒənˈtiːnə] Argentina.
Argolis [ˈaːgəlis] Argolide.
Argos [ˈaːgɔs] Argo.
Argyll [aːˈgail]
Arizona [ˌæriˈzounə] Arizona.
Arkansas [ˈaːkənsɔː] *(lo stato)*; [aːˈkænsəs] *(la città)*.
Armagh [aːˈmaː]
Armenia [aːˈmiːnjə] Armenia.
Arran [ˈærən]
Ascension [əˈsenʃən]
Ascot [ˈæskət]
Ashbourne [ˈæʃbɔːn]
Asia [ˈeiʃə] Asia.
Assam [ˈæsæm]
Assyria [əˈsiriə] Assiria.
Aston [ˈæstən]
Asturias (the) [æsˈtuəriæs] (le) Asturie.
Athabasca [ˌæθəˈbæskə]
Athens [ˈæθinz] Atene.
Athlone [æθˈloun]
Atlanta [ətˈlæntə] [ætˈlæntə]
Atlantic Ocean (the) [ətˈlæntik ˈouʃən] (l') Oceano Atlantico.
Atlas [ˈætləs] Atlante.
Attica [ˈætikə] Attica.
Auckland [ˈɔːklənd]
Augusta [ɔːˈgʌstə]
Austin [ˈɔːstin] [ˈɔstin]
Australia [ɔːsˈtreiljə] [ɔsˈtreiljə] Australia.
Austria [ˈɔstriə] Austria.
Avignon [æviːˈnjɔːn] Avignone.
Avon [ˈeivən]
Aylesbury [ˈeilzbəri]
Ayr [ɛə*]
Azores (the) [əˈzɔːz] (le) Azzorre.

Babylon [ˈbæbilən] Babilonia.
Bag(h)dad [ˈbægdæd] Bagdad.
Bahamas (the) [bəˈhaːməz] (le) Bahama.
Balearic Islands (the) [ˌbæliˈærik ˈailəndz] (le) Baleari.
Balkans (the) [ˈbɔːlkənz] (i) Balcani.
Balmoral [bælˈmɔrəl]
Baltic Sea (the) [ˈbɔːltik ˈsiː] (il) Mar Baltico.
Baltimore [ˈbɔːltimɔə*] Baltimora.
Banff [bæmf] [bænf]
Bangalore [ˌbæŋgəˈlɔː*]
Bangkok [ˈbæŋkɔk]
Bangor [ˈbæŋgə*] *(Galles)*; [ˈbæŋgɔː*] *(USA)*
Banks [bæŋks]
Barbados [baːˈbeidouz]
Barcelona [ˌbaːsiˈlounə] Barcellona.
Basel [ˈbaːzəl] Basilea.
Basutoland [bəˈsuːtoulænd] *(stor.)*
Bath [baːθ]
Bathurst [ˈbæθə(ː)st]
Baton Rouge [ˈbætənˈruːʒ]
Bavaria [bəˈvɛəriə] Baviera.
Bechuanaland [ˌbetʃuˈaːnəlænd] *(stor.)*
Bedford [ˈbedfəd]
Bedfordshire [ˈbedfədʃiə*]
Belfast [ˈbelfaːst]
Belgium [ˈbeldʒəm] Belgio.
Belgrade [belˈgreid] Belgrado.
Belize [bəˈliːz]
Benares [biˈnaːriz]
Bengal [beŋˈgɔːl] Bengala.
Ben Nevis [ˈben ˈniːvis] [ˈben ˈnevis]
Berkeley [ˈbaːkli] *(G.B.)*; [ˈbəːkli] *(USA)*
Berkshire [ˈbaːkʃiə*]
Berlin [bəːˈlin] Berlino.
Bermuda [bə(ː)ˈmjuːdə]
Bermudas (the) [bə(ː)ˈmjuːdəz] (le) Bermude.
Bern [bəːn] Berna.
Berwick [ˈberik]
Bethlehem [ˈbeθlihem] Betlemme.
Beverly [ˈbevəli]
Birkenhead [ˈbəːkənhed]
Birmingham [ˈbəːmiŋəm]

Biscay ['biskei] Biscaglia.
Bismarck ['bizma:k]
Blackburn ['blækbə:n]
Blackpool ['blækpu:l]
Black Sea (the) ['blæk 'si:] (il) Mar Nero.
Blanc (Mont) [bla:ŋ] Monte Bianco.
Boeotia [bi'ouʃiə] Beozia.
Bogota [ˌbougə'ta:] Bogotà.
Bohemia [bo*u*'hi:mjə] Boemia.
Boise ['bɔizi]
Bolivia [bə'liviə] Bolivia.
Bolton ['boultən]
Bombay [bɔm'bei] Bombay.
Borneo ['bɔ:niou] Borneo.
Bosnia ['bɔzniə] Bosnia.
Bosporus (the) ['bɔspərəs] (il) Bosforo.
Boston ['bɔstən]
Botswana [bu'tʃwa:nə] [but'swa:nə]
Bournemouth ['bɔ:nməθ]
Boyne [bɔin]
Bradford ['brædfəd]
Bratislava [ˌbræti'sla:və] Bratislava.
Brazil [brə'zil] Brasile.
Brecknock(shire) ['breknɔk(ʃiə*)]
Brentford ['brentfəd]
Bridgeport ['bridʒpɔ:t]
Brighton ['braitn]
Brisbane ['brizbən]
Bristol ['bristl]
Britain ['britn] ***1*** *(anche* **Great B.***)* Gran Bretagna ***2*** *(stor.)* Britannia.
Brittany ['britəni] Bretagna.
Brunei [bru:'nai]
Brussels ['brʌslz] Bruxelles.
Bucharest ['bju:kərest] Bucarest.
Buckinghamshire ['bʌkiŋəmʃiə*]
Buffalo ['bʌfəlou]
Bulgaria [bʌl'gɛəriə] Bulgaria.
Burgundy ['bə:gəndi] Borgogna.
Burma ['bə:mə] Birmania.
Bute [bju:t]
Byzantium [bi'zæntiəm] *(stor.)* Bisanzio.

Cadiz [kə'diz] Cadice.
Caernarvon [ka:'na:vn]
Caernarvonshire [ka:'na:vnʃiə*]
Caithness ['keiθnes] [keiθ'nes]
Calabria [kə'læbriə] Calabria.
Calcutta [kæl'kʌtə] Calcutta.
California [ˌkæli'fɔ:njə] California.
Cam (the) [kæm]
Cambodia [kæm'boudjə] Cambogia.
Cambrian Mountains (the) ['kæmbriən 'mauntinz] (i) Monti Cambrici.
Cambridge ['keimbridʒ]
Cambridgeshire ['keimbridʒʃiə*]
Camden ['kæmdən]
Cameroons ['kæməru:nz] Camerun.
Campania [kəm'pæniə] Campania.
Canada ['kænədə] Canadà.
Canary [kə'nɛəri] Gran Canaria • **the C. Islands** *(o* **the Canaries**), le Canarie.
Canberra ['kænbərə]
Canterbury ['kæntəbəri]
Canton [kæn'tɔn]
Cape of Good Hope (the) ['keip əv 'gud 'houp] (il) Capo di Buona Speranza.
Cape Town ['keip 'taun] Città del Capo.
Cardiff ['ka:dif]
Cardigan ['ka:digən]
Cardiganshire ['ka:digənʃiə*]
Caribbean Sea (the) [ˌkæri'bi(:)ən 'si:] (il Mar) Car(a)ibico.
Carlisle [ka:'lail]
Carmarthen [kə'ma:ðən]
Carmarthenshire [kə'ma:ðənʃiə*]
Carnarvon [kə'na:vən]
Carnarvonshire [kə'na:vənʃiə*]
Carolina [ˌkærə'lainə] *(stor.)* Carolina.
Caroline Islands (the) ['kærəˌlain 'ailəndz] (le) Isole Caroline.
Carpathians (the) [ka(:)'peiθjənz] (i) Carpazi.
Carson City ['ka:sn 'siti]
Carthage ['ka:θidʒ] *(stor.)* Cartagine.
Caspian Sea (the) ['kæspiən 'si:] (il Mar) Caspio.
Castile [kæs'ti:l] Castiglia.
Catalonia [ˌkætə'lounjə] Catalogna.
Caucasus ['kɔ:kəsəs] Caucaso.
Cawnpore [kɔ:n'pɔ:*]
Ceylon [si'lɔn] Ceylon.
Channel, (the) English ['iŋgliʃ 'tʃænəl] (la) Manica.
Charleston ['tʃa:lstən]
Charlotte ['ʃa:lət]
Charlottesville ['ʃa:lətsvil]
Chattanooga [ˌtʃætə'nu:gə]
Chelmsford ['tʃelmsfəd]
Cheshire ['tʃeʃə*]
Chester ['tʃestə*]
Cheviot(s) ['tʃeviət(s)]
Cheyenne [ʃai'æn]
Chicago [ʃi'ka:gou]
Chichester ['tʃitʃistə*]
Chile ['tʃili] Cile.
Chiltern Hills ['tʃltə(:)n 'hilz]
China ['tʃainə] Cina.
Christchurch ['krais(t)tʃə:tʃ]
Cincinnati [ˌsinsi'næti]
Cirencester ['saiərənsestə*]
Clackmannan [klæk'mænən]
Cleveland ['kli:vlənd]
Clifton ['kliftən]
Clyde (the) [klaid]
Cochin China ['kɔtʃin 'tʃainə] Cocincina.
Colchester ['koultʃistə*]
Cologne [kə'loun] Colonia.
Colombia [kə'lɔmbiə] Colombia.
Colombo [kə'lʌmbou]
Colorado [ˌkɔlə'ra:dou]
Columbia [kə'lʌmbia] Columbia.
Columbus [kə'lʌmbəs]
Concord ['kɔnkɔ:d]
Congo ['kɔŋgou] Congo.
Connaught ['kɔnɔ:t]
Connecticut [kə'nektikət] [kə'netikət]
Constantinople [ˌkɔnstænti'noupl] Costantinopoli *(stor.)*; Istanbul.
Cook Islands (the) ['kuk 'ailəndz] (le) Isole Cook.
Cook Strait ['kuk 'streit] Stretto di Cook.
Copenhagen [ˌkoupn'heigən] Copenaghen.
Coral Sea (the) ['kɔrəl 'si:] (il) Mar dei Coralli.
Cordova ['kɔ:dəvə] Cordova.
Corinth ['kɔrinθ] Corinto.
Cork [kɔ:k]
Cornwall ['kɔ:nwəl] Cornovaglia.
Corsica ['kɔ:sikə] Corsica.
Costa Rica ['kɔstə 'ri:kə] Costarica.
Cotswolds ['kɔtswouldz]
Cottian Alps (the) ['kɔtiən 'ælps] (le) Alpi Cozie.
Coventry ['kɔvəntri]
Cracow ['kra:kou] Cracovia.
Crete [kri:t] Creta.
Crimea (the) [krai'miə] (la) Crimea.
Croatia [krou'eiʃjə] Croazia.
Cromarty ['krɔməti]
Croydon ['krɔidn]
Cuba ['kju:bə] Cuba.
Culloden [kə'lɔdn]
Cumberland ['kʌmbələnd]
Cyprus ['saiprəs] Cipro.
Czechoslovakia ['tʃeko*u*slo*u*'vækiə] Cecoslovacchia.

Dacca [dæ'ka:] Dacca.
Dacia ['deisjə] *(stor.)* Dacia.
Dahomey [də'houmi]
Dakota [də'koutə]

Dalkeith [dæl'ki:θ]
Dallas ['dæləs]
Dalmatia [dæl'meiʃiə] Dalmazia.
Damascus [də'ma:skəs] Damasco.
Danube (the) ['dænju:b] (il) Danubio.
Danzig ['dæntsig] Danzica.
Dardanelles (the) [,da:də'nelz] (i) Dardanelli.
Dartmoor ['da:tmuə*]
Darwin ['da:win]
Davenport ['dævnpɔ:t]
Dayton ['deitn]
Delaware ['deləwεə*]
Delhi ['deli] Delhi.
Delos ['di:lɔs] Delo.
Delphi ['delfai] *(stor.)* Delfi.
Denbigh ['denbi]
Denbighshire ['denbiʃiə*]
Denmark ['denma:k] Danimarca.
Denver ['denvə*]
Derby ['da:bi]
Derbyshire ['da:biʃiə*]
Derwent ['də:went]
Des Moines [di'mɔin]
Detroit [də'trɔit]
Devon ['devn]
Devonshire ['devnʃiə*]
Dijon ['di:ʒɔ:n] Digione.
Dingwall ['diŋwɔ:l]
Djakarta [dʒə'ka:tə] Giacarta.
Dolomites (the) ['dɔləmaits] (le) Dolomiti.
Donegal ['dɔnigɔ:l]
Dorchester ['dɔ:tʃistə*]
Dornoch ['dɔ:nɔx] ['dɔ:nɔk]
Dorset ['dɔ:sit]
Dorsetshire ['dɔ:sitʃiə*]
Douglas ['dʌgləs]
Dover ['douvə*]
Down [daun]
Drogheda ['drɔ:ədə] ['drɔ:idə]
Dublin ['dʌblin] Dublino.
Duluth [du'lu:θ] [dju:'lu:θ]
Dumbarton [dʌm'ba:tn]
Dumfries [dʌm'fri:s]
Dundee [dʌn'di:]
Dunedin [dʌ'ni:din]
Dungeness ['dʌn*dʒ*'nes]
Durban ['də:bən]
Durham ['dʌrəm]

Ealing ['i:liŋ]
Ecuador [,ekwə'dɔ:*]
Edinburgh ['edinbərə] Edimburgo.
Edmonton ['edməntən]
Egypt ['i:dʒipt] Egitto.
Eire ['εərə] Repubblica d'Irlanda.
Elba ['elbə] Elba *(isola).*
Elbe (the) [elb] (l')Elba *(fiume).*
Elgin ['elgin]
Elizabeth [i'lizəbəθ]
El Paso [el'pæsou]
Ely ['i:li]
Emilia [i'miliə] Emilia.
England ['iŋglənd] Inghilterra.
Ephesus ['efisəs] *(stor.)* Efeso.
Epirus [e'paiərəs] Epiro.
Erie ['iəri]
Eritrea [,eri'triə] Eritrea.
Essex ['esiks]
Esthonia [es'tounjə] Estonia.
Ethiopia [,i:θi'oupjə] Etiopia.
Etna ['etnə] Etna.
Etruria [i'truəriə] *(stor.)*
Euphrates (the) [ju:'freiti:z] (l') Eufrate.
Eurasia [juə'reiʒjə] Eurasia.
Europe ['juərəp] Europa.
Everest ['evərist] Everest.
Exeter ['eksətə*]
Exton ['ekstən]
Eyre [εə*]

Falkland Islands (the) ['fɔ:klənd 'ailəndz]
Fenwick ['fenik]
Fermanagh [fə(:)'mænə]
Fife [faif]
Fiji (the) [fi:'dʒi:] (le) isole Figi.
Finland ['finlənd] Finlandia.
Flanders ['fla:ndez] Fiandre.
Flint [flint]
Flintshire ['flintʃiə*]
Florence ['flɔrəns] Firenze.
Florida ['flɔridə] Florida.
Folkestone ['foukstən]
Forfar ['fɔ:fə*]
Formosa [fɔ:'mousə] Formosa.
Forth [fɔ:θ]
Fort Wayne [fɔ:t'wein]
Fort Worth [fɔ:t'wə:θ]
France [fra:ns] Francia.
Frankfort ['fræŋkfət] Francoforte.
Freetown ['fri:taun]
Fresno ['freznou]

Galilee ['gælili:] Galilea.
Galway ['gɔ:lwei]
Gambia ['gæmbiə]
Ganges (the) ['gændʒi:z] (il) Gange.
Gascony ['gæskəni] Guascogna.
Gateshead ['geitshed]
Gaul [gɔ:l] *(stor.)* Gallia.
Geneva [dʒi'ni:və] Ginevra.
Genoa ['dʒenouə] Genova.
Georgetown ['dʒɔ:dʒtaun]
Georgia ['dʒɔ:dʒiə] Georgia.
Germany ['dʒə:məni] Germania.
Ghana ['ga:nə]
Ghent [gent] Gand.
Gibraltar [dʒi'brɔ:ltə*] Gibilterra.
Glamorgan [glə'mɔ:gən]
Glamorganshire [glə'mɔ:gənʃiə*]
Glasgow ['gla:sgou]
Glencoe [glen'kou]
Glenmore [glen'mɔ:*]
Gloucester ['glɔstə*]
Gloucestershire ['glɔstəʃiə*]
Gold Coast (the) ['gould 'koust] (la) Costa d'Oro.
Gozo ['gɔtsou]
Graian Alps (the) ['greiən 'ælps] (le) Alpi Graie.
Grampians (the) ['græmpiənz] (i) Grampiani.
Granada [grə'na:də]
Grand Rapids ['grænd'ræpidz]
Grasmere ['gra:smiə*]
Great Britain ['greit'britən] Gran Bretagna.
Greece [gri:s] Grecia.
Greenland ['gri:nlənd] Groenlandia.
Greenwich ['grinidʒ]
Grimsby ['grimzbi]
Guatemala [,gwæti'ma:lə] Guatemala.
Guernsey ['gə:nzi]
Guiana [gi'a:nə] Guiana.
Guildford ['gilfəd]
Guinea ['gini] Guinea.

Haddington ['hædiŋtən]
Hague (the) [heig] (l')Aia.
Haiti ['heiti]
Halifax ['hælifæks]
Hamburg ['hæmbə:g] Amburgo.
Hamilton ['hæm*i*ltən]
Hampshire ['hæmpʃiə*]
Hampton ['hæm*p*tən]
Hanover ['hænəvə*] Hannover.
Harris ['hæris]
Harrisburg ['hærisbə:g]
Harrow ['hærou]

Hartford [ˈhaːtfəd]
Harwell [ˈhaːwel]
Harwich [ˈhæridʒ]
Hastings [ˈheistiŋz]
Havana [həˈvænə] Avana.
Hawaii (the) [haːˈwa*i*i] (le) Hawai.
Hebrides (the) [ˈhebridiːz] (le) Ebridi.
Helicon [ˈhelikən] Elicona.
Hellas [ˈhelæs] Ellade.
Hendon [ˈhendən]
Hereford [ˈherifəd]
Herefordshire [ˈherifədʃiə*]
Hertford [ˈhaːfəd]; [ˈhəːtfəd] *(USA)*
Hertfordshire [ˈhaːfədʃiə*]
Hesse [ˈhesi] Assia.
Highlands (the) [ˈhailəndz] (la) regione montuosa della Scozia.
Himalaya [ˌhiməˈle*i*ə] Imalaia.
Hindustan [ˌhinduˈstaːn] Indostan.
Hobart [ˈhoubaːt]
Holland [ˈhɔlənd] Olanda.
Hollywood [ˈhɔliwud]
Honduras [hɔnˈdjuərəs]
Hong Kong [ˈhɔŋˈkɔŋ]
Honolulu [ˌhɔnəˈluːluː]
Houston [ˈhjuːstən] *(USA)*
Huddersfield [ˈhʌdəzfiːld]
Hudson [ˈhʌdsən]
Hull [hʌl]
Humber [ˈhʌmbə*]
Hungary [ˈhʌŋgəri] Ungheria.
Hunter (the) [ˈhʌntə*]
Huntingdon [ˈhʌntiŋdən]
Huntingdonshire [ˈhʌntiŋdənʃiə*]
Huron [ˈhjuərən]
Hyderabad [ˈhaidərəˌbæd]

Iberia [aiˈbiəriə] *(stor.)* Iberia.
Iceland [ˈaislənd] Islanda.
Idaho [ˈaidəhou]
Ilford [ˈilfəd]
Ilfracombe [ˌilfrəˈkuːm]
Illinois [ˌiliˈnɔi]
Illyria [iˈliriə] *(stor.)* Illiria.
India [ˈindjə] India.
Indiana [ˌindiˈænə]
Indianapolis [ˌindiəˈnæpəlis]
Indies (the) [ˈindiz] le Indie: **the East I.,** le Indie Orientali □ **the West I.,** le Indie Occidentali.
Indo-China [ˈindo*u*ˈtʃainə] Indocina.
Indonesia [ˌindo*u*ˈniːzjə] Indonesia.
Indus (the) [ˈindəs] (l') Indo.
Inverness [ˌinvəˈnes]
Ionian Islands (the) [aiˈounjən ˈailəndz] (le) Isole Ionie.
Ionian Sea (the) [aiˈounjən ˈsiː] (il) Mar Ionio.
Iowa [ˈaio*u*ə]
Ipswich [ˈipswitʃ]
Irak [iˈraːk] Irak.
Iran [iˈraːn] Iran.
Ireland [ˈaiələnd] Irlanda.
Irish Sea (the) [ˈaiəriʃ ˈsiː] (il) Mar d'Irlanda.
Islington [ˈizliŋtən]
Israel [ˈizreiəl] Israele.
Istanbul [ˌistænˈbuːl] Istanbul.
Italy [ˈitəli] Italia.
Ithaca [ˈiθəkə] Itaca.
Ivory Coast (the) [ˈaivəri ˈkoust] (la) Costa d'Avorio.

Jackson [ˈdʒæksn]
Jacksonville [ˈdʒæksnvil]
Jamaica [dʒəˈmeikə] Giamaica.
Jamestown [ˈdʒeimztaun]
Japan [dʒəˈpæn] Giappone.
Java [ˈdʒaːvə] Giava.
Jefferson City [ˈdʒefəsnˈsiti]
Jericho [ˈdʒerikou] *(stor.)* Gerico.
Jersey [ˈdʒəːzi]
Jersey City [ˈdʒəːzi ˈsiti]
Jerusalem [dʒəˈruːsələm] Gerusalemme.
Jesselton [ˈdʒesltən] *(stor.)*
Johannesburg [dʒo*u*ˈhænisbəːg]
Jordan [ˈdʒɔːdn] *1* Giordano *2* Giordania.
Jud(a)ea [dʒuːˈdiə] *(stor.)* Giudea.
Jugoslavia [ˌjuːgo*u*ˈslaːvjə] Iugoslavia.
Julian Alps (the) [ˈdʒuːlˌjən ælps] (le) Alpi Giulie.
Juneau [ˈdʒuːnou]
Jura [ˈdʒuərə] Giura.

Kalahari (the) [ˌkaːlaːˈhaːri]
Kampala [kæmˈpaːlə]
Kansas [ˈkænzəs]
Kansas City [ˈkænzəs ˈsiti]
Karachi [kəˈraːtʃi]
Kashmir [kæʃˈmiə]
Katanga [kəˈtaːŋgə] *(stor.)*
Katrine [ˈkætrin]
Kendal(l) [ˈkendl]
Kenilworth [ˈken*i*lwəːθ]
Kent [kent]
Kentucky [kenˈtʌki]
Kenya [ˈkiːnjə] Kenia.
Kerry [ˈkeri]
Kesteven [kesˈtiːvən]
Keswick [ˈkezik]
Kew [kjuː]
Kildare [kilˈdɛə*]
Kilimanjaro [ˌkilimənˈdʒaːrou] Kilimangiaro.
Kilkenny [kilˈkeni]
Kilmarnock [kilˈmaːnək]
Kimberley [ˈkimbəli]
Kincardine [kiŋˈkaːdin]
Kingston [ˈkiŋstən]
Kinross [kinˈrɔs]
Kirkwall [ˈkəːkwɔːl]
Knoxville [ˈnɔksvil]
Korea [kəˈriə] Corea.
Kosciusko [ˌkɔziˈʌskou]
Kota Kinabalu [ˈkouta ˌkinəbəˈluː]
Kuala Lumpur [ˈkwaːlə ˈlumpuə*]
Kuching [ˌkutʃiŋ]
Kurdistan [ˌkəːdisˈtaːn] Curdistan.
Kuwait [kuˈweit]

Labrador [ˈlæbrədɔː*]
Lagos [ˈleigɔs]
Lahore [ləˈhɔː*]
Lambeth [ˈlæmbəθ]
Lanark [ˈlænək]
Lanarkshire [ˈlænək*iə*]
Lancashire [ˈlæŋkə*iə*]
Lancaster [ˈlæŋkəstə*]
Land's End [ˈlændz ˈend]
Lansing [ˈlaːnsiŋ]; [lˈænsiŋ] *(USA)*
Laos [lauz] [laus] Laos.
Lapland [ˈlæplænd] Lapponia.
Latvia [ˈlætviə] Lettonia.
Launceston [ˈlɔːnstən]; [ˈlɔːnsəstən] *(Tasmania)*
Lausanne [lo*u*ˈzæn] Losanna.
Lebanon [ˈlebənən] Libano.
Leeds [liːdz]
Leghorn [legˈhɔːn] Livorno.
Leicester [ˈlestə*]
Leicestershire [ˈlestə*iə*]
Leinster [ˈlenstə*]
Leipzig [ˈlaipzig] Lipsia.
Leningrad [ˈleningraːd] Leningrado.
Lerwick [ˈləːwik] [ˈlɛrik]
Lesotho [liˈsuːtu] [ləˈsoutou]
Lewes [ˈlu(ː)is]
Lewis [ˈlu(ː)is]
Lexington [ˈleksiŋtən]
Leyden [ˈleidn] [ˈlaidn] Leida.
Leyton [ˈleitn]

Liberia [lai'biəriə] Liberia.
Libya ['libiə] Libia.
Liffey (the) ['lifi]
Liguria [li'gjuəriə] Liguria.
Lima ['li:mə] Lima.
Limpopo (the) [lim'poupou]
Lincoln ['liŋkən]
Lincolnshire ['liŋkənʃiə*]
Lindsey ['lin*d*zi]
Lisbon ['lizbən] Lisbona.
Lithuania [,liθju(:)'einjə] Lituania.
Little Rock ['litl'rɔk]
Liverpool ['livəpu:l]
Llandudno [læn'dʌdnou] [læn'didnou]
Loch Katrine ['lɔx 'kætrin]
Loch Lomond ['lox 'loumənd]
Loch Ness ['lɔx 'nes]
Lombardy ['lɔmbədi] Lombardia.
Lomond ['loumənd]
London ['lʌndən] Londra.
Londonderry [,lʌndən'deri]
Long Beach ['lɔŋ 'bi:tʃ]
Longford ['lɔŋfəd]
Lorraine [lɔ'rein] Lorena.
Los Angeles [lɔs'æn*d*ʒili:z]
Lothian ['louðiən]
Louisiana [lu(:),i:zi'ænə] Luisiana.
Louisville ['lu(:)ivil]
Louth [lauθ] [lauð] *(Irlanda)*; [lauθ] *(Lincolnshire)*
Low Countries (the) [lou 'kʌntriz] (i) Paesi Bassi.
Lowlands (the) ['loulәndz] (le) pianure della Scozia.
Lübeck ['lu:bek] Lubecca.
Lucerne [lu:'sə:n] Lucerna.
Lucknow ['lʌknau]
Ludlow ['lʌdlou]
Lugano [lu:'ga:nou] Lugano.
Lusaka [lu:'sa:kə] Lusaka.
Luton [lu:tn]
Luxembourg ['lʌksəm,bə:g] Lussemburgo.
Lyons ['laiənz] Lione.

Macao [mə'kau] Macao.
Macedonia [,mæsi'dounjə] Macedonia.
Mackenzie [mə'kenzi]
Madagascar [,mædə'gæskə*] Madagascar.
Madeira [mə'diərə] Madera.
Madison ['mædisn]
Madras [mə'dræs] [mə'dra:s]
Madrid [mə'drid] Madrid.
Mafeking ['mæfikiŋ]
Maidstone ['meidstən]
Main (the) [mein] [main] (il) Meno.
Maine [mein]
Mainz [main*t*s] Magonza.
Majorka [mə'dʒɔ:kə] Maiorca.
Malacca [mə'lækə] Malacca.
Malaga ['mæləgə] Malaga.
Malaya [mə'le*i*ə] Malesia.
Malmesbury ['ma:mzbəri]
Malta ['mɔ:ltə] Malta.
Malvern ['mɔ:lvə(:)n]
Man [mæn]
Manchester ['mæntʃistə*]
Manhattan [mæn'hætən]
Manchuria [mæn'tʃuəriə] Manciuria.
Manil(l)a [mə'nilə] Manila.
Manitoba [,mæni'toubə]
Mantua ['mæntjuə] Mantova.
Marathon ['mærəθən] Maratona.
Mariana Islands (the) [,mæri'ænə 'ailəndz] (le) Isole Marianne.
Maritime, (the) Alps ['mæri,taim 'ælps] (le) Alpi Marittime.
Marlborough ['mɔ:lbərə]; ['ma:lbərə] *(USA e Nuova Zelanda)*
Marquesas Islands (the) [ma:'keisæs 'ailəndz] (le) Isole Marchesi.
Marseilles [ma:'seilz] Marsiglia.
Marston Moor ['ma:stən 'muə]
Martinique [,ma:ti'ni:k] Martinica.
Maryland ['mɛəriland]
Maseru ['mæzəru]
Massachusetts [,mæsə'tʃu:sets]
Matterhorn (the) ['mætəhɔ:n] Monte Cervino.
Mauritius [mə'riʃəs] Mauritius, Maurizio.
Mayo ['me*i*ou]
Mbabane [əmba:'ba:ni]
Meath [mi:ð] [mi:θ]
Mecca ['mekə] (la) Mecca.
Mediterranean Sea (the) [,meditə'reinjən 'si:] (il Mar) Mediterraneo.
Medway (the) ['medwei]
Melanesia [,melə'ni:zjə] Melanesia.
Melbourne ['melbən]
Melrose ['melrouz]
Memphis ['memfis] Menfi.
Menai Strait ['menai 'streit]
Merioneth [,meri'ɔniθ]
Merionethshire [,meri'ɔniθʃiə*]
Mersey ['mə:zi]
Mesopotamia [,mesəpə'teimjə] Mesopotamia.
Messina [me'si:nə] Messina.
Mexico ['meksikou] ***1*** Messico ***2*** *(anche* **M. City**) Città del Messico.
Miami [mai'æmi]
Michigan ['miʃigən]
Middlesbrough ['midlzbrə]
Middlesex ['midlseks]
Midlothian [mid'louðiən]
Midway ['midwei]
Milan [mi'læn] Milano.
Miletus [mi'li:təs] *(stor.)* Mileto.
Milwaukee [mil'wɔ:ki(:)]
Minneapolis [,mini'æpəlis]
Minnesota [,mini'soutə]
Minorca [mi'nɔ:kə] Minorca.
Mississippi [,misi'sipi] Mississippi, Mississipì.
Missouri [mi'zuəri] [mi'suəri] Missuri.
Mitchell ['mitʃəl]
Mobile ['moubi:l]
Moldavia [mɔl'deivjə] Moldavia.
Moluccas (the) [mou'lʌkəz] (le) Molucche.
Mombasa [mɔm'bæsə] Mombasa.
Monaco ['mɔnəkou] Monaco *(Principato).*
Monaghan ['mɔnəhən] ['mɔnəxən]
Mongolia [mɔŋ'gouljə] Mongolia.
Monmouth ['mɔnməθ]
Monmouthshire ['mɔnməθʃiə*]
Montana [mɔn'ta:na] [mɔn'tænə]
Montenegro [,mɔnti'ni:grou] Montenegro.
Montgomery [mənt'gʌməri]
Montgomeryshire [mənt'gʌməriʃiə*]
Montpelier *(USA)* [mɔnt'pi:ljə*]
Montreal [,mɔntri'ɔ:l]
Moravia [mə'reivjə] Moravia.
Moray ['mʌri]
Morocco [mə'rɔkou] Marocco.
Moscow ['mɔskou] Mosca.
Moselle (the) [mə'zel] (la) Mosella.
Mozambique [,mouzəm'bi:k] Mozambico.
Munich ['mju:nik] Monaco *(di Baviera).*
Munster ['mʌnstə*]
Mysore [mai'sɔ:*]

Nairn [nɛən]
Nairobi [,naiə'roubi] Nairobi.
Nanking [næn'kiŋ] Nanchino.
Nantucket [næn'tʌkit]
Naples ['neiplz] Napoli.
Naseby ['neizbi]
Nashville ['næʃvil]
Nassau ['næsɔ:]
Natal [nə'tæl]
Navarre [nə'va:*] Navarra.
Nazareth ['næzəriθ] Nazareth, Nazaret.
Neagh [nei]

Nebraska [niˈbræskə]

Nelson [ˈnelsn]

Nepal [ni:ˈpɔ:l] Nepal.

Netherlands (the) [ˈneðələndz] (i) Paesi Bassi, (l') Olanda.

Nevada [neˈva:də]

Newark [ˈnju(:)ək]

New Bedford [ˌnju:ˈbedfəd]

New Brighton [ˌnju:ˈbraitn]

Newbury [ˈnju:bəri]

New Caledonia [ˈnju:ˌkæliˈdounjə] Nuova Caledonia.

Newcastle [ˈnju:ˌka:sl]

New England [njuˈiŋglənd] Nuova Inghilterra.

Newfoundland [nju(:)ˈfaundlənd] Terranova.

New Guinea [nju:ˈgini] Nuova Guinea.

New Hampshire [nju:ˈhæmpʃiə*]

Newhaven [nju:ˈheivn]

New Haven [nju:ˈheivn]

New Jersey [nju:ˈdʒə:zi]

New Mexico [nju:ˈmeksikou] Nuovo Messico.

New Orleans [nju:ˈɔ:liənz]

Newport [ˈnju:pɔ:t]

New York [ˈnju:ˈjɔ:k] Nuova York.

New Zealand [nju:ˈzi:lənd] Nuova Zelanda.

Niagara (the) [naiˈægərə] (il) Niagara.

Niagara Falls (the) [naiˈægərə ˈfɔ:lz] (le) Cascate del Niagara.

Nicaragua [ˌnikəˈrægjuə] Nicaragua.

Nice [ni:s] Nizza.

Nicosia [ˌnikouˈsi(:)ə] Nicosia.

Nigeria [naiˈdʒiəriə] Nigeria.

Nile (the) [nail] (il) Nilo.

Norfolk [ˈnɔ:fək]

Normandy [ˈnɔ:məndi] Normandia.

Northampton [nɔ:ˈθæmptən]

Northamptonshire [nɔ:ˈθæmptənʃiə*]

North Carolina [ˈnɔ:θ ˌkærəˈlainə] Carolina del Nord.

North Dakota [ˈnɔ:θ dəˈkoutə]

North Sea (the) [ˈnɔ:θ ˈsi:] (il) Mare del Nord.

Northumberland [nɔ:ˈθʌmbələnd]

Norway [ˈnɔ:wei] Norvegia.

Norwich [ˈnɔridʒ]; [ˈnɔ:witʃ] *(USA)*

Nottingham [ˈnɔtiŋəm]

Nottinghamshire [ˈnɔtiŋəmʃiə*]

Nova Scotia [ˈnouvəˈskouʃə] Nuova Scozia.

Nubia [ˈnju:bjə] *(stor.)* Nubia.

Numidia [nju(:)ˈmidiə] *(stor.)* Numidia.

Nuremberg [ˈnjuərəmbə:g] Norimberga.

Nyasa [ˈnjæsə] *(lago)* Niassa.

Nyasaland [ˈnjæsəlænd] Niassa.

Oakland [ˈouklənd]

Oceania [ˌouʃiˈeiniə] Oceania.

Offaly [ˈɔfəli]

Ohio [ouˈhaiou]

Okeechobee Lake [ˌouki:ˈtʃoubi: leik]

Oklahoma [ˌoukləˈhoumə]

Oklahoma City [ˌoukləˈhoumə ˈsiti]

Oldbury [ˈouldbəri]

Oldham [ˈouldəm]

Olympia [ouˈlimpiə] *(stor.)* Olimpia.

Olympus [ouˈlimpəs] Olimpo.

Omaha [ˌouməˈha:]

Ontario [ɔnˈtɛəriou]

Orange [ˈɔrindʒ]

Orkney Islands (the) [ˈɔ:kni ˈailəndz] (le) Isole Orcadi.

Oslo [ˈɔzlou] Oslo.

Ostend [ɔsˈtend] Ostenda.

Otsego Lake [ɔtˈsi:gou leik]

Ottawa [ˈɔtəwə]

Ouse (the) [u:z]

Oxford [ˈɔksfəd]

Oxfordshire [ˈɔksfədʃiə*]

Pacific Ocean (the) [pəˈsifik ˈouʃən] (l') Oceano Pacifico.

Padua [ˈpædjuə] Padova.

Pakistan [ˌpa:kisˈta:n] Pakistan.

Palestine [ˈpælistain] Palestina.

Panama [ˌpænəˈma:] Panama.

Paraguay [ˈpærəgwai] Paraguay.

Paris [ˈpæris] Parigi.

Parnassus [pa:ˈnæsəs] Parnaso.

Pasadena [ˌpæsəˈdi:nə]

Patagonia [ˌpætəˈgounjə] Patagonia.

Paterson [ˈpætəsn]

Patras [pəˈtræs] Patrasso.

Peebles [ˈpi:blz]

Peiping [peiˈpiŋ], **Peking** [pi:ˈkiŋ] Pechino.

Pemba [ˈpembə]

Pembroke [ˈpembruk]

Pembrokeshire [ˈpembrukʃiə*]

Pennine Alps (the) [ˈpenain ˈælps] (le) Alpi Pennine.

Pennines (the) [ˈpenainz] (i) Pennini.

Pennsylvania [ˌpensilˈveinjə]

Penrith [ˈpenriθ]

Pensacola [ˌpensəˈkoulə]

Penzance [penˈzæns]

Peoria [piˈouriə]

Persia [ˈpə:ʃə] Persia.

Perth [pə:θ]

Peru [pəˈru:] Perù.

Peterborough [ˈpi:təbrə]

Philadelphia [ˌfiləˈdelfjə] Filadelfia.

Philippi [fiˈlipai] *(stor.)* Filippi.

Philippines (the) [ˈfilipi:nz] (le) Filippine.

Phoenix [ˈfi:niks]

Picardy [ˈpikədi] Piccardia.

Piedmont [ˈpi:dmənt] Piemonte.

Pierre [piə*]

Pittsburgh [ˈpitsbə:g]

Plymouth [ˈpliməθ]

Poland [ˈpoulənd] Polonia.

Polynesia [ˌpɔliˈni:zjə] Polinesia.

Pompeii [pɔmˈpi:ai] Pompei.

Portland [ˈpɔ:tlənd]

Portobello [ˌpɔ:touˈbelou]

Port of Spain [ˈpɔ:t əv ˈspein]

Portsmouth [ˈpɔ:tsməθ]

Portugal [ˈpɔ:tjugəl] Portogallo.

Potomac (the) [pəˈtoumæk]

Prague [pra:g] Praga.

Preston [ˈprestən]

Pretoria [priˈtɔ:riə]

Provence [prɔˈvɑ̃:ns] Provenza.

Providence [ˈprɔvidəns]

Prussia [ˈprʌʃə] *(stor.)* Prussia.

Puerto Rico [ˈpwə:touˈri:kou] Portorico.

Punjab [pʌnˈdʒa:b]

Pyrenees (the) [ˌpirəˈni:z] (i) Pirenei.

Quebec [kwiˈbek]

Queensland [ˈkwi:nzlənd]

Queenstown [ˈkwi:nztaun]

Quito [ˈki:tou]

Radcliffe [ˈrædklif]

Radnor [ˈrædnə*]

Radnorshire [ˈrædnəʃiə*]

Raleigh [ˈrɔ:li]

Rangoon [ræŋˈgu:n]

Rangpur [ˈræŋpuə*]

Rawalpindi [rɔ:əlˈpindi]

Reading [ˈrediŋ]

Red Sea (the) [ˈred ˈsi:] (il) Mar Rosso.

Renfrew [ˈrenfru:]

Rhaetian Alps (the) [ˈri:ʃiən ˈælps] (le) Alpi Retiche.

Rheims [ri:mz] Reims.

Rhine (the) [rain] (il) Reno.

Rhineland [ˈrainlænd] Renania.

Rhode Island [ˈroud ˈailənd]

Rhodes [roudz] Rodi.

Rhodesia [rou'di:ziə] R(h)odesia.
Rhondda ['rɔndə]
Rhone (the) [roun] (il) Rodano.
Richmond ['ritʃmənd]
Rio de Janeiro ['ri:oudədʒə'niərou]
Rio Grande (the) ['ri:ou 'grænd]
Rochester ['rɔtʃistə*]
Rocky Mountains (the) ['rɔki 'mauntinz] (*o* **Rockies (the)** ['rɔkiz]) (le) Montagne Rocciose.
Rome [roum] Roma.
Roscommon [rɔs'kɔmən]
Ross [rɔs]
R(o)umania [ru:'meinjə] Romania.
Roxburgh ['rɔksbərə]
Ruanda Urundi ['rua:ndə u'rundi]
Russia ['rʌʃə] Russia.
Rutland ['rʌtlənd]
Rutlandshire ['rʌtləndʃiə*]
Rye [rai]

Sacramento [ˌsækrə'mentou]
Sahara [sə'ha:rə] Sahara.
Saint Helena [seint hə'li:nə] Sant'Elena.
Salem ['seiləm]
Salford ['sɔ:lfəd]
Salisbury ['sɔ:lzbəri]
Salonica [sə'lɔnikə] Salonicco.
Salt Lake City ['sɔ:lt 'leik 'siti]
Salvador ['sælvədɔ:*]
Salzburg ['sæltsbə:g] Salisburgo.
Samoa (Islands) (the) [sə'mouə] (le) Isole Samoa.
Samos ['seimɔs] Samo.
Samothrace ['sæmouθreis] Samotracia.
San Antonio [ˌsænæn'tounjou]
Sandhurst ['sændhə:t]
San Diego [ˌsændi'eigou]
Sandringham ['sændriŋəm]
Sanford ['sænfəd]
San Francisco [ˌsænfrən'siskou]
Santa Cruz [ˌsæntə 'kru:z]
Santa Fé [ˌsæntə'fei]
Santiago [ˌsænti'a:gou] Santiago.
Saragossa [ˌsærə'gɔsə] Saragozza.
Sarawak [sə'ra:wək]
Sardinia [sa:'dinjə] Sardegna.
Saskatchewan [səs'kætʃiˌwən]
Saskatoon [ˌsæskə'tu:n]
Savannah [sə'vænə]
Savoy [sə'vɔi] Savoia.
Saxony ['sæksəni] Sassonia.
Scafell ['skɔ:'fel]
Scandinavia [ˌskændi'neivjə] Scandinavia.
Scapa Flow ['skæpə 'flou]
Scarborough ['ska:brə]
Scheldt (the) [skelt] (la) Schelda.
Scilly Isles ['sili ailz]
Scotland ['skɔtlənd] Scozia.
Seattle [si'ætl]
Seine (the) [sein] (la) Senna.
Selkirk ['selkə:k]
Senegal [ˌseni'gɔ:l] Senegal.
Serbia ['sə:bjə] Serbia.
Severn (the) ['sevə(:)n]
Seville [sə'vil] Siviglia.
Shaba ['ʃa:bə]
Shaftesbury ['ʃa:ftsbəri]
Shanghai [ʃæŋ'hai] Sciangai.
Shannon ['ʃænən]
Sheffield ['ʃefi:ld]
Shetland (Islands) (the) ['ʃetlənd 'ailəndz] (le) Isole Shetland.
Shrewsbury ['ʃru:zbəri] ['ʃrouzbəri]
Shropshire ['ʃrɔpʃiə*]
Siam [sai'æm] ['saiæm]
Siberia [sai'biəriə] Siberia.
Sicily ['sisili] Sicilia.
Sidon ['saidn] *(stor.)* Sidone.
Sien(n)a [si'enə] Siena.
Sierra Leone ['siərə li'oun]
Sierra Nevada ['siərə ne'va:də]
Silesia [sai'li:zjə] Slesia.
Simplon ['simplən] Sempione.
Sinai ['sainiai] Sinai.
Singapore [ˌsiŋgə'pɔ:*] Singapore.
Skye [skai]
Slavonia [slə'vounjə] Slavonia.
Sligo ['slaigou]
Slovakia [slou'vækiə] Slovacchia.
Slovenia [slou'vi:niə] Slovenia.
Smyrna ['smə:nə] Smirne.
Snowdon ['snoudn]
Sofia ['soufjə] Sofia.
Solent (the) ['soulənt]
Solomon Islands (the) ['sɔləmən 'ailəndz] (le) Isole Salomone.
Solway ['sɔlwei]
Somaliland [sou'ma:liˌlænd] Somalia.
Somerset ['sʌməsit]
Somersetshire ['sʌməsitʃiə*]
Somerville ['sʌməvil]
Southampton [ˌsauθ'æmptən]
South Carolina ['sauθ ˌkærə'lainə] Carolina del Sud.
South Dakota ['sauθ də'koutə]
Southend ['sauθ'end]
Southport ['sauθpɔ:t]
Spain [spein] Spagna.
Sparta ['spa:tə]
Spokane [spə'kæn]
Sporades (the) ['spɔrədi:z] le Sporadi.
Springfield ['spriŋfi:ld]
Stafford ['stæfəd]
Staffordshire ['stæfədʃiə*]
St. Albans [snt'ɔ:lbənz]
St. Andrews [snt'ændru:z]
St. Anne [snt'æn]
St. Clair *(USA)* [snt'klɛə*]
St. George's [snt'dʒɔ:dʒiz]
St. Helena [ˌsenti'li:nə] Sant'Elena *(isola).*
St. Helens [snt'helinz]
St. John's [snt'dʒɔnz]
St. Lawrence [snt'lɔrəns]
St. Louis [snt'luis]
St. Paul [snt'pɔ:l]
St. Peter [snt'pi:tə*]
Stirling ['stə:liŋ]
Stockholm [ˌstɔkhoum] Stoccolma.
Stockport ['stɔkpɔ:t]
Stoke on Trent ['stouk ɔn 'trent]
Stonehenge ['stoun'hendʒ]
Strasbourg ['stræzbə:g] Strasburgo.
Stratford on Avon ['strætfəd ɔn'eivn]
Styria ['stiriə] Stiria.
Sudan [su(:)'da:n] Sudan.
Suez ['su(:)iz] Suez • **S. Canal,** Canale di Suez.
Suffolk ['sʌfək]
Sunderland ['sʌndələnd]
Surrey ['sʌri]
Sussex ['sʌsiks]
Sutherland ['sʌðələnd]
Sutton ['sʌtn]
Suva ['su:və]
Swansea ['swɔnzi]
Swaziland ['swa:ziˌlænd]
Sweden ['swi:dn] Svezia.
Switzerland ['switsələnd] Svizzera.
Sybaris ['sibəris] *(stor.)* Sibari.
Sydney ['sidni]
Syracuse ['saiərəkju:z] Siracusa.
Syria ['siriə] Siria.
Syrtis ['sə:tis] Sirte.

Tabor (Mount) [teibə:*] Monte Tabor.
Tacoma [tə'koumə]
Tagus (the) ['teigəs] (il) Tago.
Tahiti [ta:'hi:ti]
Tallahassee [ˌtælə'hæsi]

Tampa ['tæmpə]
Tanganyika [ˌtæŋgə'nji:kə] Tanganica.
Tangier [tæn'dʒiə*] Tangeri.
Tanzania [tænzə'niə] Tanzania.
Tasmania [tæz'meinjə] Tasmania.
Taunton ['tɔ:ntən], ['ta:ntən]
Tay (the) [tei]
Tees (the) [ti:z]
Tempe ['tempi]
Tenerife [ˌtenə'ri:f]
Tennessee [ˌteni'si:]
Teviot (the) ['ti:viət]
Tewkesbury ['tju:ksbəri]
Texas ['teksəs]
Thailand ['tailænd] Tailandia.
Thames (the) [temz] Tamigi.
Thebes [θi:bz] Tebe.
Thermopylae [θə:'mɔpili:] Termopili.
Thessaly ['θesəli] Tessaglia.
Thrace [θreis] Tracia.
Thule ['θju:li] Tule.
Thuringia [θjuə'rindʒiə] Turingia.
Tiber (the) ['taibə*] (il) Tevere.
Tiberias [tai'biəriæs] Tiberiade.
Tibet [ti'bet] Tibet.
Tigris (the) ['taigris] (il) Tigri.
Tobago [tə'beigou]
Togo ['tougou]
Tokyo ['toukjou] Tokio.
Toledo [tɔ'leidou] [tə'li:dou] Toledo.
Tonga ['tɔŋgə]
Tongking ['tɔŋ'kiŋ], **Tonkin** ['tɔn'kin] Tonchino.
Toronto [tə'rɔntou]
Tottenham ['tɔtnəm]
Toulon [tu:'lɔŋ] Tolone.
Toulouse [tu:'lu:z] Tolosa.
Transjordan ['trænz'dʒɔ:dn] Transgiordania.
Transylvania [ˌtrænsil'veinjə] Transilvania.
Trent [trent] ***1*** Trento ***2*** Trent *(fiume inglese).*
Trenton ['trentn]
Trieste [tri(:)'est] Trieste.
Trinidad ['trinidæd]
Tripoli ['tripəli] Tripoli.
Trossachs ['trɔsæks] ['trɔsəks]
Troy [trɔi] Troia.
Tucson ['tu:sɔn]
Tulsa ['tʌlsə]
Tunis ['tju:nis] Tunisi.
Tunisia [tju(:)'niziə] Tunisia.
Turin [tju'rin] Torino.
Turkey ['tə:ki] Turchia.
Tuscany ['tʌskəni] Toscana.
Tweed (the) [twi:d]
Tyne (the) [tain]
Tyre ['taiə*] Tiro.
Tyrol ['tiroul] Tirolo.
Tyrone [ti'roun]
Tyrrhenian Sea (the) [ti'ri:njən 'si:] (il) Mar Tirreno.

Uganda [ju:'gændə] Uganda.
Ukraine [ju(:)'krein] Ucraina.
Ullswater ['ʌlzˌwɔ:tə*]
Ulster ['ʌlstə*]
Umbria ['ʌmbriə] Umbria.
Ural Mountains (the) ['juərəl 'mauntinz] (i) Monti Urali.
Uruguay ['urugwai] Uruguay.
Utah ['ju:ta:]
Utica ['ju:tikə]
Uttar Pradesh ['utə 'pra:deʃ]

Valencia [və'lenʃiə] Valenza.
Valletta [və'letə] La Valletta.
Vancouver [væn'ku:və*]
Venezuela [ˌveni'zweilə] Venezuela.
Venice ['venis] Venezia.
Vermont [və:'mɔnt]
Versailles [vɛə'sai] Versaglia.
Vesuvius [vi'su:vjəs] Vesuvio.
Victoria [vik'tɔ:riə]
Vienna [vi'enə] Vienna.
Vietnam ['vjet'na:m] Vietnam.
Virginia [və'dʒinjə]
Vistula (the) ['vistjulə] (la) Vistola.
Volta (the) ['vɔltə] (il) Volta.
Vosges (the) [vouʒ] (i) Vosgi.

Wakefield ['weikfi:ld]
Wal(l)achia [wɔ'leikjə] Valacchia.
Wales [weilz] Galles.
Waltham ['wɔ:ltəm] ['wɔ:lθəm]
Warsaw ['wɔ:sɔ:] Varsavia.
Warwick ['wɔrik]
Warwickshire ['wɔrikʃiə*]
Washington ['wɔʃiŋtən]
Waterbury ['wɔ:təbəri]
Waterford ['wɔ:təfəd]
Waterloo [ˌwɔ:tə'lu:]
Waverly ['weivəli]
Wellington ['weliŋtən]
Westmor(e)land ['wes*t*mələn]
Westphalia [west'feiljə] Vestfalia.
West Point ['west'pɔint]
West Virginia ['west və'dʒinjə]
Wexford ['weksfəd]
Whitney ['witni]
Wichita ['witʃiˌtɔ:]
Wichita Falls ['witʃiˌtɔ: 'fɔ:lz]
Wick [wik]
Wicklow ['wiklou]
Wight [wait]
Wigtown ['wigtən]
Willington ['wiliŋtən]
Wilmington ['wilmiŋtən]
Wiltshire ['wiltʃiə*]
Wimbledon ['wimbldən]
Winchester ['win*t*ʃistə*]
Windermere ['windəmiə*]
Windsor ['winzə*]
Winnipeg ['winipeg]
Wisconsin [wis'kɔnsin]
Woburn *(Bedfordshire)* ['wu:bə:n]
Wolverhampton ['wulvəˌhæm*p*tən]
Woodstock ['wudstɔk]
Woolwich ['wulidʒ]
Worcester ['wustə*]
Worcestershire ['wustəʃiə*]
Worthing ['wə:ðiŋ]
Wyoming [wai'oumiŋ]

Yarmouth ['ja:məθ]
Yellow Sea (the) ['jelou 'si:] (il) Mar Giallo.
Yellowstone ['jeloustoun]
Yemen ['jemən] Yemen.
York [jɔ:k]
Yorkshire ['jɔ:kʃiə*]
Yorktown ['jɔ:ktaun]
Yosemite Falls (the) [jo*u*'semiti 'fɔ:lz]
Youngstown ['jʌŋztaun]
Yugoslavia [ˌju:go*u*'sla:vjə] Iugoslavia.
Yukon ['ju:kɔn]

Zagreb ['za:greb] Zagabria.
Zambia ['zæmbiə] Zambia.
Zanzibar [ˌzænzi'ba:*]
Zeeland ['zi:lənd] Zelanda.
Zomba ['zɔmbə]
Zululand ['zu:lu(:)lænd]
Zurich ['zjuərik] Zurigo.

Sigle, abbreviazioni, simboli

a. ***1*** **acre(s)**, acro(-i) ***2*** **active,** *(gramm.)* attivo ***3*** **adult,** *(di film)* per adulti ***4*** **afternoon,** pomeriggio ***5*** **amateur,** *(sport, ecc.)* dilettante ***6*** **area,** area.

A **ampere,** *(elettr.)* ampere (A).

A. ***1*** **Academician,** Accademico ***2*** **Academy,** Accademia.

A.A. ***1*** **Anti-aircraft,** Antiaereo ***2*** **Automobile Association,** Automobile Club.

A.A.A. ***1*** **Amateur Athletic Association,** Associazione dell'Atletica Dilettantistica *(G.B.)* ***2*** **American Automobile Association,** Automobile Club d'America.

A.A.A.S. **American Association for the Advancement of Science,** Associazione Americana per il Progresso delle Scienze.

A.A.C.R. **American Association for Cancer Research,** Associazione Americana per la Ricerca sul Cancro.

a. a/r, A.a.r. **against all risks,** *(comm.)* contro tutti i rischi *(nelle polizze d'assicurazione).*

A.B.A. **Amateur Boxing Association,** Associazione del Pugilato Dilettantistico *(G.B.).*

abbr., abbrev. ***1*** **abbreviated,** abbreviato (abbr.) ***2*** **abbreviation,** abbreviazione (abbr.).

A.B.C. **American Broadcasting Company,** Compagnia Americana di Radiodiffusione.

ab init. *(lat.:* **ab initio***)* **from the beginning,** dal principio.

abl. **ablative,** ablativo (abl.).

Abp. **Archbishop,** Arcivescovo.

abr. ***1*** **abridged,** *(di un libro)* ridotto ***2*** **abridgement,** riduzione *(di un libro).*

abs. ***1*** **absolute,** assoluto ***2*** **abstract,** *(leg.)* estratto.

abt. **about,** circa; all'incirca.

a.c. **alternating current,** corrente alternata (c.a.).

a/c ***1*** **account,** *(rag.)* conto (c. to) ***2*** *(anche* **A/c, A/C***)* **aircraft,** *(mil.)* aeroplano, aeroplani; aereo, aerei ***3*** **aircraftman,** *(mil.)* aviere.

Ac. **actinium,** *(chim.)* attinio (Ac.).

A.C. ***1*** **Aero Club,** Aeroclub ***2*** **Air Corps,** Forze Aeree *(USA)* ***3*** **Alpine Club,** Club Alpino ***4*** **alternating current,** *(elettr.)* corrente alternata (c.a.) ***5*** **Appeal Court,** *(leg.)* Corte d'Appello ***6*** **Army Corps,** Corpo d'Armata (C. d'A.) ***7*** **Athletic Club,** Club Atletico.

acc. ***1*** **acceptance,** *(comm.)* accettazione *(di una cambiale)* ***2*** **accepted,** *(di una cambiale)* accettata ***3*** **according (to),** secondo; a seconda (di) ***4*** **account,** *(comm.)* conto ***5*** **accusative,** *(gramm.)* accusativo (acc.).

accus. **accusative,** *(gramm.)* accusativo (acc.).

act. **active,** *(gramm.)* attivo (att.).

ad. **advertisement,** annuncio pubblicitario.

A.D. *(lat.:* **Anno Domini***)* **in the year of the Lord,** Anno Domini (A.D.); dopo Cristo (d.C.).

A.D.C., A.-de-C. **Aide-de-Camp,** *(mil.)* aiutante di campo.

ad. int. *(lat.:* **ad interim***)* **in the meanwhile,** ad interim.

adj. **adjective,** aggettivo (agg.).

Adj., Adjt. **Adjutant,** *(mil.)* Aiutante.

ad. lib. *(lat.:* **ad libitum***)* **at one's pleasure; as much as you like,** ad libitum; a volontà.

Adm. ***1*** **Admiral,** Ammiraglio ***2*** **Admiralty,** Ammiragliato.

admin. ***1*** **administration,** amministrazione ***2*** **administrative,** amministrativo ***3*** **administrator,** amministratore.

A.D.P. **Automatic Data Processing,** elaborazione automatica dei dati.

adv. ***1*** **advanced,** superiore ***2*** **adverb,** avverbio (avv.) ***3*** **advertisement,** annuncio pubblicitario.

ad val. *(lat.:* **ad valorem***)* **according to the value; in proportion to the estimated value (of the goods),** *(comm.)* ad valorem; secondo il valore (della merce).

A.E.A. **Atomic Energy Authority,** Ente per l'Energia Atomica *(G.B.).*

A.E.C. **Atomic Energy Commission,** Commissione per l'Energia Atomica *(USA).*

A.F. ***1*** **Admiral of the Fleet,** Ammiraglio ***2*** **Air Force,** *(mil.)* Aeronautica ***3*** **Audio Frequency,** audiofrequenza.

AFA **Amateur Football Association,** Associazione del Gioco del Calcio Dilettantistico *(G.B.).*

A.F.H.Q. **Air Force Headquarters,** Quartier Generale dell'Aeronautica.

A.F. of L. **American Federation of Labor,** Federazione Americana del Lavoro.

Afr. ***1*** **Africa,** Africa ***2*** **African,** africano.

aft. ***1*** **after,** dopo ***2*** **afternoon,** pomeriggio.

Ag **silver,** *(chim.)* argento (Ag).

A.G. ***1*** **Adjutant-General,** *(mil.)* Aiutante generale ***2*** **Agent-General,** *(comm.)* Agente Generale ***3*** **Attorney General,** Procuratore Generale (P. G., Proc. Gen.).

Agcy. **Agency,** Agenzia.

agr., agric. **agriculture,** agricoltura (agr., agric.).

A.I.D. **Agency for International Development,** Agenzia per lo Sviluppo Internazionale.

Al **aluminium,** *(chim.)* alluminio (Al).

Ala. **Alabama,** Alabama.

Alas. **Alaska,** Alaska.

alg. **algebra,** algebra (alg.).

alt. ***1*** **alternate,** alternato ***2*** **alternatively,** alternativamente ***3*** **altitude,** altitudine (alt.).

a.m. ***1*** *(lat.:* **ante meridiem***)* **before moon,** antimeridiano (a.m., ant.) ***2*** **above-mentioned,** summenzionato; suddetto.

Am **americium,** *(chim.)* americio (Am).

Am. ***1*** **America,** America ***2*** **American,** americano.

A.M. ***1*** **Air Mail,** Posta Aerea ***2*** **Air Marshal,** Maresciallo dell'Aria ***3*** **Air Ministry,** Ministero dell'Aeronautica ***4*** *(lat.:* **Artium Magister***)* **Master of Arts,** laureato in Lettere *(con laurea di 2° grado)* ***5*** **amplitude modulation,** *(radio)* modulazione d'ampiezza.

A.M.A. **American Medical Association,** Ordine dei Medici Americani.

amt. **amount,** *(comm.)* ammontare; importo totale.

Angl. **Anglican,** anglicano.

Ang.-Sax. **Anglo-Saxon,** anglosassone.

anon. **anonymous,** anonimo.

Ap., **April,** Aprile (apr.).

A.P. **Associated Press,** Stampa Associata *(agenzia di stampa; USA).*

A.P.L. **Automatic Programming Language,** Linguaggio per la Programmazione Automatica.

app. ***1*** **appendix,** appendice ***2*** **appointed,** nominato *(a una carica)* ***3*** **apprentice,** apprendista.

approx. ***1*** **approximate,** approssimato ***2*** **approximately,** approssimativamente ***3*** **approximation,** approssimazione.

Apr. **April,** aprile (apr.).

Ar **argon,** *(chim.)* argon (Ar).

A.R.A. **Associate of the Royal Academy,** Membro dell'Accademia Reale.

A.R.C. ***1*** **Agricultural Research Council,** Consiglio per le Ricerche nel Campo dell'Agricoltura *(G.B.)* ***2*** **American Red Cross,** Croce Rossa Americana.

arch. ***1*** **archaic,** arcaico ***2*** **archaism,** arcaismo ***3*** **architect,** architetto ***4*** **architectural,** architettonico ***5*** **architecture,** architettura.

archaeol. ***1*** **archaeological,** archeologico ***2*** **archaeology,** archeologia.

Archbp. **Archbishop,** Arcivescovo.

Ariz. **Arizona,** Arizona.

Ark. **Arkansas,** Arkansas.

arr. ***1*** **arrival,** arrivo ***2*** **arrives,** *(di un treno, ecc.)* arrivi;

in arrivo.
art. **article,** *(gramm., ecc.)* articolo (art.).
As **arsenic,** *(chim.)* arsenico (As).
As. *1* **Asia,** Asia *2* **Asian, Asiatic,** asiatico.
a/s. *1* **account sales,** *(comm.)* conto vendite *2* **at sight,** *(comm.)* a vista *3* **alongside,** *(naut., comm.)* sottobordo □ **a/s. ship,** sotto paranco.
A.S. *1* **Academy of Science,** Accademia delle Scienze *2* **Account Sales,** *(comm.)* Conto Vendite *3* **Anglo-Saxon,** anglosassone *4* **Assistant Secretary,** vicesegretario.
A.-S. *1* **Anglosaxon,** anglosassone *2* **anti-submarine,** *(mil.)* antisommergibile.
A.S.A. *1* **Amateur Swimming Association,** Associazione del Nuoto Dilettantistico *(G.B.)* *2* **American Standards Association,** Associazione Americana per la Normalizzazione.
ass. *1* **assistant,** assistente *2* **association,** associazione.
Assn., Assoc. **Association,** Associazione.
asst. **assistant,** assistente.
at. **atomic,** atomico.
At **astatine,** *(chim.)* astato (At).
A.T.C. **Airway Traffic Control,** Controllo Traffico Aereo.
Atl. **Atlantic,** atlantico.
atm. *1* **atmosphere,** atmosfera *2* **atmospheric,** atmosferico.
att. **attached,** allegato.
Att. **Attorney,** Procuratore Legale.
Att.-Gen. **Attorney General,** Procuratore Generale; *(in USA)* Ministro della Giustizia.
attrib. **attribute,** attributo (attr.).
Atty. **Attorney,** Procuratore Legale.
at. wt. **atomic weight,** peso atomico (pA).
Au **gold,** *(chim.)* oro (Au).
Aug. **August,** agosto (ago.).
Aus. *1* **Austria,** Austria *2* **Austrian,** austriaco.
Austral. *1* **Australia,** Australia *2* **Australian,** australiano.
A.U.T. **Association of University Teachers,** Associazione dei Docenti Universitari *(G.B.)*.
auth. *1* **authentic,** autentico *2* **author,** autore (A.) *3* **authorization,** autorizzazione *4* **authorized,** autorizzato.
aux. **auxiliary,** *(gramm.)* ausiliario (aus.).
av. *1* **average,** medio; media *2* **avoirdupois** *(sistema di pesi us. in G.B. e USA)*.
Av. *V.* **Ave.**
A.V. **Authorized Version,** Versione Autorizzata *(traduzione ufficiale della Bibbia Anglicana, 1611)*.
avdp. **avoirdupois** *(sistema di pesi us. in G.B. e USA)*.
Ave. **Avenue,** viale (V.le).

b. *1* **ball,** palla *(nel cricket)* *2* **book,** libro *3* **born,** nato (n.).
B. *1* **Baptist,** *(relig.)* Battista *2* **Baron,** Barone *3* **Bible,** Bibbia *4* **British,** britannico.
Ba **barium,** *(chim.)* bario (Ba).
B.A. *1* **Bachelor of Arts,** laureato in Lettere *(laurea di 1° grado)* *2* **British Academy,** Accademia Britannica *3* **British Association (for the Advancement of Science),** Associazione Britannica (per il Progresso delle Scienze).
B.A.C.R. **British Association for Cancer Research,** Associazione Britannica per la Ricerca sul Cancro.
bap., bapt. **baptized,** battezzato.
Bapt. **Baptist,** *(relig.)* Battista.
bar. *1* **barometer,** barometro *2* **barometrical,** barometrico.
barr. **barrister,** avvocato (avv.).
Bart. **Baronet,** Baronetto.
B.B.C. **British Broadcasting Corporation,** Ente Radiofonico Britannico.
bbl(s). **barrel(s),** barile (-i).
B.C. *1* **Bachelor of Chemistry,** laureato in Chimica *(laurea di 1° grado)* *2* **Before Christ,** avanti Cristo (a.C.) *3* **Board of Control,** Comitato di Controllo *4* **British Columbia,** Columbia Britannica.
B.D. **Bachelor of Divinity,** laureato in Teologia *(laurea di 1° grado)*.
B/D **bank draft,** *(comm.)* tratta bancaria; assegno circolare.
Be **beryllium,** *(chim.)* berillio (Be).
B.E. *1* **Bachelor of Education,** laureato in Pedagogia *(laurea di 1° grado)* *2* **Bachelor of Engineering,** laureato in Ingegneria *(laurea di 1° grado)* *3* **Board of Education,** Ministero dell'Istruzione.
B/E *1* **bill of entry,** *(comm.)* bolletta d'entrata *(doganale)* *2* **bill of exchange,** cambiale.
B.E.A. *1* **British East Africa,** Africa Orientale Britannica *2* **British European Airways,** Linee Aeree Britanniche per l'Europa.
bef. **before,** prima.
Belg. *1* **Belgian,** belga *2* **Belgium,** Belgio.
B.E.M. **British Empire Medal,** Medaglia dell'Impero Britannico.
bet. **between,** fra; tra.
b.h.p. **brake horse-power,** *(mecc.)* potenza al freno.
Bi **bismuth,** *(chim.)* bismuto (Bi).
B.I. *1* **Board of Investigation,** Comitato Investigativo *2* **British India,** India Britannica.
B.I.A.T.A. **British Independent Air Transport Association,** Associazione Britannica delle Compagnie Indipendenti per i Trasporti Aerei.
Bib. *1* **Bible,** Bibbia *2* **Biblical,** biblico.
bibl. **bibliotheca,** biblioteca.
bibliog. *1* **bibliographer,** bibliografo *2* **bibliographical,** bibliografico *3* **bibliography,** bibliografia.
B.I.F. **British Industries Federation,** Federazione delle Industrie Britanniche.
biol. *1* **biological,** biologico *2* **biology,** biologia.
Bk **berkelium,** *(chim.)* berkelio (Bk).
bkcy. **bankruptcy,** bancarotta; fallimento.
bkpt. **bankrupt,** fallito.
B/L **bill of lading,** polizza di carico.
Bl. **Blessed,** *(relig.)* Beato.
B.L. **Bachelor of Law,** laureato in Legge *(laurea di 1° grado)*.
bldg(s) **building(s),** edificio (-i).
B.M. *1* **Bachelor of Medicine,** laureato in Medicina *(laurea di 1° grado)* *2* **British Museum,** Museo Britannico.
B.M.A. *1* **British Marine Aircraft,** Aereo (*o* Aerei) della Marina Britannica *2* **British Medical Association,** Ordine dei Medici Britannici.
Bn. *1* **Baron,** Barone *2* **Battalion,** Battaglione.
B.N. **banknote,** banconota.
B.N.E.C. **British National Export Council,** Consiglio Nazionale Britannico per le Esportazioni.
b.o. *1* **branch office,** filiale; succursale *2* **buyer's option,** *(comm.)* opzione del compratore.
B.O.A.C. **British Overseas Airways Corporation,** Società Aerea Britannica per i Paesi d'Oltremare.
B. of A. **Bank of America,** Banca d'America.
B. of E. **Bank of England,** Banca d'Inghilterra.
B. of T. **Board of Trade,** Ministero del Commercio.
b.p. *1* **boiling point,** *(fis.)* punto d'ebollizione *2* **bill(s) payable,** cambiale (-i) passiva (-e).
Bp. **Bishop,** Vescovo.
B.P.C. **British Petroleum Company,** Società Petrolifera Britannica.
Br **bromine,** *(chim.)* bromo (Br).
B. R. *1* **Bank Rate,** *(comm.)* tasso di sconto *2* **Bill of Rights,** *(stor.)* Bill of Rights *3* **British Railways,** Ferrovie Britanniche.
B/R **bill(s) receivable,** cambiale (-i) attiva (-e).
B.R.C.S. **British Red Cross Society,** Croce Rossa Britannica.
brev. *1* **brevet,** brevetto (brev.) *2* **breveted,** brevettato.
Brig.-Gen. **Brigadier General,** Generale di Brigata.
Brit. *1* **Britain,** Gran Bretagna *2* **British,** britannico.
Brit. Mus. **British Museum,** Museo Britannico.
Bros. **Brothers,** *(comm.)* Fratelli (F.lli).
BRS **British Road Services,** Servizio Nazionale Britannico dei Trasporti su Strada.
b.s. *1* **balance sheet,** *(comm.)* bilancio *2* **battleship,** *(mil.)* nave da guerra *3* **bill of sale,** *(comm.)* nota di vendita.
B.S. *1* **Bachelor of Science,** laureato in Scienze *(laurea*

di 1° grado) **2 Boy Scout,** Giovane Esploratore **3** *V.* **b.s., 1** e **2.**
B. Sc. **Bachelor of Science,** laureato in Scienze *(laurea di 1° grado).*
B. Sc. (Econ.) **Bachelor of Science in the Faculty of Economics,** laureato in Scienze Economiche *(laurea di 1° grado).*
B. Sc. (Eng.) **Bachelor of Science in the Faculty of Engineering,** laureato in Ingegneria *(laurea di 1° grado).*
B.S.T. **British Summer Time,** Ora Legale Britannica.
Bt. **Baronet,** Baronetto.
B.T.C. **British Transport Commission,** Commissione Britannica dei Trasporti.
B.Th.U. **British Thermal Unit,** *(fis.)* Unità Termica Britannica.
bu **bushel** *(misura di capacità).*
bul. **bulletin,** bollettino.
B.U.P. **British United Press,** Stampa Unita Britannica.
bur. *1* **bureau,** ufficio **2 buried,** sepolto.
bus. *1* **bushel** *(misura di capacità)* **2 business,** affari.
B.V. *(lat.:* **Beata Virgo***)* **Blessed Virgin,** *(relig.)* la Beata Vergine.
B.V.M. *(lat.:* **Beata Virgo Maria***)* **Blessed Virgin Mary,** la Beata Vergine Maria.
B.W. **Biological Warfare,** guerra biologica.
B.W.I. **British West Indies,** Indie Occidentali Britanniche.

c. *1* **calorie (small),** *(fis.)* (piccola) caloria (cal) **2 cathode,** *(elettr.)* catodo **3 cent,** centesimo *(di dollaro, ecc.)* **4 centigramme,** centigrammo **5 centimetre,** centimetro **6** (*lat.:* **circa**) **about,** circa.
C **carbon,** *(chim.)* carbonio (C).
C. *1* **Calorie (large),** *(fis.)* (grande) caloria (Cal) **2 Canon,** *(relig.)* Canonico **3 Cape,** Capo **4 Captain,** Capitano **5 century,** secolo **6 cold,** *(dell'acqua)* freddo **7 Coulomb,** *(elettr.)* Coulomb (C).
ca. *1* **cathode,** *(elettr.)* catodo **2** (*lat.:* **circa**) **about,** circa.
Ca **calcium,** *(chim.)* calcio (Ca).
C.A. *1* **Catholic Association,** Associazione Cattolica **2 Central America,** America Centrale **3 Chartered Accountant,** Ragioniere iscritto all'Albo **4 Commercial Agent,** Agente di Commercio **5 Court of Appeal,** Corte d'Appello (C. d'A.).
C/A *1* **Capital Account,** *(rag.)* Conto Capitale **2 Commercial Agent,** Agente di Commercio **3 Current account,** *(banca)* conto corrente (C/c, c/c, c.c.).
C.A.D. **Computer Aided Design,** Progettazione con l'Ausilio dell'Elaboratore.
C.A.I. **Computer Assisted Instruction,** Istruzione Assistita dall'Elaboratore.
cal. *1* **calendar,** calendario **2 calibre,** calibro **3 calorie (small),** *(fis.)* (piccola) caloria (cal).
Cal. *1* **California,** California **2 calorie (large),** *(fis.)* (grande) Caloria (Cal).
Cam., Camb. **Cambridge.**
Can. *1* **Canada,** Canada **2 Canadian,** canadese **3 Canon,** *(relig.)* Canonico.
Cant. **Canterbury.**
Cantab. *(lat.:* **Cantabrigiensis***)* **of Cambridge,** cantabrigiano.
cap. *1* **capital,** maiuscolo *(di lettera)* **2 captain,** capitano **3** (*lat.:* **caput**) **chapter,** capitolo.
caps. *1* **capital letters,** lettere maiuscole **2 capsule,** capsula.
Capt. **Captain,** Capitano (Cap.).
Card. **Cardinal,** *(relig.)* Cardinale (Card.).
cat. **catalogue,** catalogo (cat.).
C.A.T. **College of Advanced Technology,** Istituto Superiore di Tecnologia *(G.B.).*
Cath. *1* **Cathedral,** cattedrale **2 Cathode,** *(elettr.)* catodo **3 Catholic,** cattolico.
C.A.T.V. *1* **Cable Television,** Televisione via Cavo **2 Community Antenna Television,** Televisione ad Antenna Centralizzata.
C.B.C. *1* **Canadian Broadcasting Corporation,** Ente Radiofonico Canadese **2 County Borough Council,** Consiglio Comunale di un «Borough» di Contea *(G.B.).*
C.B.D. **Cash Before Delivery,** Pagamento Prima della Consegna.
C.B.E. **Commander of the Order of the British Empire,** Comandante dell'Ordine dell'Impero Britannico.
C.B.I. **Confederation of British Industry,** Confederazione dell'Industria Britannica *(cfr. ital. Confindustria).*
cc. *1* *(lat.:* **capita***)* **chapters,** capitoli **2 centuries,** secoli.
C.C. *1* **Cape Colony,** Colonia del Capo **2 City Council,** Consiglio Comunale **3 County Council,** Consiglio di Contea.
C.C.P. *1* **Chief Commissioner of Police,** Capo della Polizia **2 Code of Civil Procedure,** Codice di Procedura Civile.
C.C.T.V. **Closed Circuit Television,** Televisione a Circuito Chiuso.
c.d. **cash discount,** *(comm.)* sconto cassa.
Cd **cadmium,** *(chim.)* cadmio (Cd).
C.D. *1* **Civil Defence,** Difesa Civile **2 Coast Defence,** Difesa Costiera **3 Contagious Disease,** *(med.)* malattia contagiosa **4** *(franc.:* **Corps Diplomatique***)* **Diplomatic Corps,** Corpo Diplomatico (C.D.).
Ce **cerium,** *(chim.)* cerio (Ce).
C.E. *1* **Chief Engineer,** Ingegnere Capo **2 Civil Engineer,** Ingegnere Civile **3 Counter-espionage,** Controspionaggio.
Celt. **Celtic,** celtico.
cent. *1* **centigrade,** centigrado **2 central,** centrale **3** *(lat.:* **centum***)* **a hundred,** cento □ **per cent.,** per cento **4 century,** secolo (sec.).
CERN *(franc.:* **Conseil Européen pour la Recherche Nucléaire***)* **European Centre for Nuclear Research,** Comitato Europeo per le Ricerche Nucleari (C.E.R.N.).
cf. *1* **calf,** *(legatoria)* vitello; in vitello **2** (*lat.:* **confer**) **compare,** confronta (cfr.).
Cf **californium,** *(chim.)* californio (Cf).
C.F. *1* **Chaplain to the Forces,** Cappellano Militare **2 Corresponding Fellow,** Socio Corrispondente.
C.F.I., c.f.i. **cost, freight, insurance,** *(comm.)* costo, assicurazione e nolo.
cg **centigramme,** centigrammo (cg).
C.G. *1* **Captain of the Guard,** *(stor., mil.)* Capitano delle Guardie **2 Coast Guard,** *(mil.)* Guardia Costiera **3 Consul-General,** Console Generale.
C.G.S. **centimetre-gram(me)-second (unit),** *(fis.)* (unità) centimetro-grammo massa-secondo.
ch. *1* **chairman,** presidente **2 chapter,** capitolo (Cap.) **3 check,** scacco *(nel gioco)* **4 chief,** capo **5 child,** bambino **6 children,** bambini.
Ch. *1* **Chief,** Capo **2 China,** Cina **3 Chinese,** cinese **4 Church,** Chiesa.
Chanc. *1* **Chancellor,** Cancelliere **2 Chancery,** Cancelleria; Pretura.
chap. **chapter,** capitolo (Cap.).
Chap. **Chaplain,** Cappellano.
chem. *1* **chemical,** chimico *(agg.)* (chim.) **2 chemist,** chimico *(sost.)* (chim.); farmacista (farm.) **3 chemistry,** chimica (chim.).
Chin. *1* **China,** Cina **2 Chinese,** cinese.
chq. **cheque,** *(comm.)* assegno bancario.
Chr. *1* **Christ,** Cristo **2 Christian,** cristiano.
chron. *1* **chronicle,** cronaca **2 chronological,** cronologico **3 chronologically,** cronologicamente **4 chronology,** cronologia.
c.i. *1* **cast iron,** ghisa **2 cost and insurance,** *(comm.)* costo e assicurazione.
C.I. *1* **Channel Islands,** Isole Normanne **2 consular invoice,** *(comm.)* fattura consolare.
C.I.A. **Central Intelligence Agency,** *(mil.)* Servizio Segreto *(USA).*
c.i.f. **cost, insurance, and freight,** *(comm.)* costo, assicurazione e nolo.
C.-in-C. **Commander in Chief,** Comandante in Capo; Comandante Supremo.
cit. *1* **citation,** citazione **2 cited,** citato (cit.) **3 citizen,** cittadino **4 citrate,** *(chim.)* citrato.
C.J. **Chief Justice,** Presidente della Corte di Giustizia.
cl *1* **centilitre,** centilitro **2 class,** classe **3 classical,**

classico ***4*** **clause,** clausola ***5*** **clergyman,** ecclesiastico; sacerdote ***6*** **clerk,** impiegato ***7*** **cloth,** *(legatoria)* tela; in tela.

Cl chlorine, *(chim.)* cloro (Cl).

class. ***1*** **classical,** classico ***2*** **classification,** classificazione.

cm centimetre, centimetro (cm.).

Cm curium, *(chim.)* curio (Cm).

c/o ***1*** **care of,** presso *(negli indirizzi)* ***2*** **carried over,** *(comm.)* **riportato** *(nei conti).*

Co cobalt, *(chim.)* cobalto (Co).

Co. ***1*** **Company,** *(comm.)* Compagnia (C.ia); Società (Soc.) ***2*** **County,** Contea.

C.O. ***1*** **Colonial Office,** Ministero delle Colonie ***2*** **Commanding Officer,** Ufficiale in Comando ***3*** **conscientious objector,** obiettore di coscienza.

COBOL Common Business Oriented Language, Linguaggio Orientato alle Procedure Amministrative Correnti.

cod. ***1*** **code,** *(leg., elab.)* codice (cod.) ***2*** **codex,** *(manoscritto antico)* codice (cod.).

c.o.d. cash on delivery, *(comm.)* pagamento alla consegna; contrassegno.

co-ed. co-educational, *(rif. a scuola)* mista.

coeff. coefficient, coefficiente.

C. of E. ***1*** **Church of England,** Chiesa d'Inghilterra ***2*** **Company of Engineers,** *(mil.)* Compagnia del Genio *(in Irlanda).*

col. ***1*** **college,** «college» ***2*** **colonial,** coloniale ***3*** **colony,** colonia ***4*** **column,** colonna.

Col. ***1*** **Colonel,** Colonnello ***2*** **Columbia,** Columbia.

coll. ***1*** **colleague,** collega ***2*** **collection,** collezione ***3*** **collective,** collettivo ***4*** **collector,** collezionista ***5*** **college,** «college» ***6*** **colloquial,** colloquiale; familiare.

Colo. Colorado, Colorado.

com. ***1*** **comedy,** commedia ***2*** **comic,** comico ***3*** **commentary,** commentario ***4*** **commerce,** commercio ***5*** **commission,** commissione ***6*** **committee,** comitato ***7*** **common,** comune ***8*** **communication,** comunicazione ***9*** **community,** comunità.

Com. ***1*** **Commander,** *(mil.)* Comandante ***2*** **Commissary,** commissario ***3*** **Committee,** Comitato ***4*** **Commodore,** commodoro ***5*** **Commonwealth** ***6*** **Communist,** comunista.

COM Computer Output Microfilm, microfilm prodotto da calcolatore.

comp. ***1*** **company,** compagnia ***2*** **comparative,** comparativo ***3*** **compare,** confronta (cfr.) ***4*** **comparison,** confronto ***5*** **composer,** compositore ***6*** **composition,** composizione ***7*** **compound,** composto.

compar. ***1*** **comparative,** comparativo ***2*** **comparison,** confronto; paragone.

COMSAT Communications Satellite Corporation, Organizzazione per le Comunicazioni via Satellite.

con. ***1*** **conclusion,** conclusione ***2*** **conversation,** conversazione.

Con. Consul, Console.

conj. ***1*** **conjugation,** coniugazione ***2*** **conjunction,** congiunzione ***3*** **conjunctive,** congiuntivo.

Conn. Connecticut.

cons. ***1*** **consecrated,** *(relig.)* consacrato ***2*** **consonant,** consonante.

Cons. ***1*** **Conservative,** *(polit.)* Conservatore ***2*** *V.* **Consols** ***3*** **Constable,** poliziotto ***4*** **Constitution,** Costituzione ***5*** **Consul,** Console.

Consols Consolidated Funds, *(fin.)* Fondi Consolidati *(titoli di Stato).*

const. ***1*** **constable,** poliziotto ***2*** **constant,** *(scient.)* costante ***3*** **constitution,** costituzione ***4*** **constitutional,** costituzionale.

cont., contd. continued, *(rif. a un racconto)* continua; alla prossima puntata.

contr. ***1*** **contracted,** contratto *(agg.)* ***2*** **contraction,** contrazione ***3*** **contrary,** contrario.

Co-op. ***1*** **Co-operation,** cooperazione ***2*** **Co-operative,** cooperativa (coop.).

Corn. ***1*** **Cornish,** abitante (*o* antica lingua) della Cornovaglia ***2*** **Cornwall,** Cornovaglia.

corp. ***1*** **corporal,** *(mil.)* caporale ***2*** **corporation,** società; ente.

corr. ***1*** **correct,** corretto ***2*** **correspondence,** corrispondenza ***3*** **correspondent,** corrispondente ***4*** **corrugated,** *(rif. a lamiera)* ondulato ***5*** **corrupt,** *(filol.)* corrotto ***6*** **corruption,** *(filol.)* corruzione.

cos cosine, *(mat.)* coseno (cos).

cosec cosecant, *(mat.)* cosecante (cosec).

COSPAR Committee on Space Research, Commissione per le Ricerche Spaziali.

cot cotangent, *(mat.)* cotangente (cot).

cp. compare, confronta (cfr.).

c.p. carriage paid, *(comm.)* franco di porto; porto pagato.

C.P. ***1*** **Cape Province,** Provincia del Capo ***2*** *V* **c.p.** ***3*** **Code of Procedure,** Codice di Procedura ***4*** **Communist Party,** Partito Comunista.

C/P Charter Party, *(comm., naut.)* Contratto di Nolo.

C.P.S. *(lat.:* **Custos Privati Sigilli***)* **Keeper of the Privy Seal,** Custode del Sigillo Privato.

CPU Central Progressing Unit, Unità Centrale di Elaborazione *(di un sistema di elaborazione dati).*

cr. ***1*** **created,** nominato ***2*** **credit,** credito ***3*** **creditor,** creditore ***4*** **crown,** corona *(formato di carta da stampa).*

Cr chromium, *(chim.)* cromo (Cr).

C.R.O. Commonwealth Relations Office, Ufficio per le Relazioni coi Paesi del Commonwealth *(G.B.).*

CRT Cathode-Ray Tube, Tubo a Raggi Catodici.

Cs caesium, *(chim.)* cesio (Cs).

C.S. ***1*** **Chief of Staff,** Capo del Personale ***2*** **Civil Service,** (la) Burocrazia Statale.

C.S.A. Confederate States of America, *(stor.)* Stati Confederati d'America.

C.S.E. Certificate of Secondary Education, Diploma di Scuola Secondaria *(di livello inferiore: cfr.* **G.C.E.;** *G.B.).*

C.T.C. Cyclists' Touring Club, Club del Turismo Ciclistico *(G.B.).*

cu. cubic, cubico; cubo.

Cu copper, *(chim.)* rame (Cu).

Cumb. Cumberland.

cur. currency, *(comm.)* valuta (val.).

C.W. ***1*** **chemical warfare,** guerra chimica ***2*** **continuous wave,** *(radio)* onda persistente.

C.W.S. Co-operative Wholesale Society, Società delle Cooperative di Consumo *(G.B.).*

cwt. hundredweight(s) *(in G.B.:* 112 libbre; *in USA:* 100 libbre).

cy. currency, *(comm.)* valuta (val.).

cyl. ***1*** **cylinder,** cilindro ***2*** **cylindrical,** cilindrico.

C.Z. Canal Zone, Zona del Canale (di Panama).

d. ***1*** **date,** data ***2*** **dated,** datato ***3*** **daughter,** figlia ***4*** **day,** giorno ***5*** **dead** (*o* **deceased**), morto ***6*** *(lat.:* **dele***)* **delete,** *(tipogr.)* cancella ***7*** *(lat.:* **denarius, denarii***)* penny, pence ***8*** **dollar(s),** dollaro (-i) ***9*** **dose,** dose.

D. ***1*** **Democrat,** democratico *(sost.)* ***2*** **Democratic,** democratico *(agg.)* ***3*** **Duchess,** Duchessa ***4*** **Duchy,** Ducato ***5*** **Duke,** Duca ***6*** **Dutch,** olandese.

D/A ***1*** **Deposit Account,** *(banca)* conto di deposito; conto vincolato ***2*** **documents against acceptance,** *(comm.)* documenti contro accettazione ***3*** **documents attached,** *(comm.)* documenti allegati.

Dak. Dakota.

Dan. ***1*** **Danish,** danese *(agg.)*; lingua danese ***2*** **Danube,** Danubio.

dat. dative, dativo (dat.).

dau. daughter, figlia.

DB Data Base, *(elab.)* Banca Dati.

d.c. ***1*** **direct current,** *(elettr.)* corrente continua ***2*** **double column,** doppia colonna.

D.C. ***1*** **Direct Current,** *(elettr.)* corrente continua ***2*** **District of Columbia,** Distretto Federale della Columbia *(in USA; in cui si trova Washington).*

dd. delivered, *(comm.)* consegnato.

d.d. days after date, *(comm.)* giorni data *(nelle cambiali).*

d/d dated, datato; in data.

D.D. *(lat.:* **Divinitatis Doctor***)* **Doctor of Divinity,** Dottore in Teologia.

DDT dichlorodiphenyltrichloroethane, *(chim.)* dicloro-difeniltricloroetano (D.D.T.).
dec. *1* **deceased,** deceduto *2* **decimal,** decimale *3* **declaration,** dichiarazione *4* **declension,** *(gramm.)* declinazione *5* **decorative,** decorativo *6* **decrease,** diminuzione.
Dec. **December,** dicembre (dic.).
decl. *1* **declaration,** dichiarazione *2* **declared,** dichiarato *3* **declension,** *(gramm.)* declinazione.
deg. **degree(s),** grado (-i).
Del. **Delaware.**
Dem. *1* **Democrat,** democratico *(sost.)* *2* **Democratic,** democratico *(agg.)*.
Den. **Denmark,** Danimarca.
dep. *1* **department,** dipartimento; reparto *2* **departure,** partenza *3* **deponent,** *(gramm.)* deponente *4* **deputy,** vice.
dept. **department,** dipartimento; reparto.
D.F.C. **Distinguished Flying Cross,** *(mil.)* Croce al Valore Aeronautico.
D.F.M. **Distinguished Flying Medal,** *(mil.)* Medaglia al Valore Aeronautico.
dft. *1* **defendant,** *(leg.)* (il) convenuto *2* **draft,** *(comm.)* tratta.
dg decigram(me), decigrammo (dg.).
dict. *1* **dictaphone,** dittafono *2* **dictation,** dettato *3* **dictionary,** dizionario.
dir. **direction,** direzione.
Dir. **Director,** Direttore (Dir.).
disc. *1* **discovery,** scoperta *2* **discovered,** scoperto *3* **discoverer,** scopritore.
disct. **discount,** *(comm.)* sconto.
dist. *1* **distance,** distanza *2* **distant,** distante *3* **distinguished,** distinto *4* **district,** distretto.
D.J. **disc-jockey,** presentatore di novità discografiche.
dl decilitre, decilitro.
D. Lit., D. Litt. *1* *(lat.:* **Doctor Litterarum***)* **Doctor of Letters,** dottore in Lettere *2* *(lat.:* **Doctor Literaturae***)* **Doctor of Literature,** dottore in Letteratura.
dm decimetre, decimetro.
DNA Deoxyribonucleic Acid, *(biol.)* acido deossiribonucleico.
do. *1* **ditto; the same,** *(comm.)* il suddetto; come sopra *2* **dollar,** dollaro.
doc. **document,** *(leg.)* documento.
dol(l)s. **dollars,** dollari.
dom. *1* **domestic,** domestico *2* **domicile,** domicilio *3* *V.* Dom.
Dom. **Dominion,** *(geogr., polit.)* Dominion.
doz. **dozen,** dozzina (doz.).
D.P. *1* **Democratic Party,** Partito Democratico *2* **Displaced Person,** profugo; rifugiato politico *3* **Doctor of Pharmacy,** dottore in Farmacia.
D. Ph., D. Phil. *(lat.:* **Doctor Philosophiae***)* **Doctor of Philosophy,** dottore in Filosofia.
dpo. **depot,** deposito.
dpt. *1* **department,** dipartimento; reparto *2* **deponent,** *(gramm.)* deponente.
dr. *1* **drachm,** dracma *2* **drawer,** *(comm.)* traente *(di cambiale)*.
Dr. *1* **Debtor,** debitore *2* **Doctor,** dottore *3* **Driver,** autista; conducente.
dram. *1* **dramatic,** drammatico *2* **dramatist,** drammaturgo.
Dram. Pers. *(lat.:* **Dramatis Personae***)* **Persons of the Play,** *(teatr.)* Personaggi.
D. Sc. **Doctor of Science,** dottore in Scienze.
D.S.I.R. **Department of Scientific and Industrial Research,** Dipartimento della Ricerca Scientifica e Industriale *(G.B.)*.
Dubl. **Dublin,** Dublino.
Dur., Durh. **Durham.**
Dy dysprosium, *(chim.)* disprosio (Dy).
D.Y. **dockyard,** *(naut.)* cantiere; arsenale.

E. *1* **Earl,** Conte *2* **Earth,** (la) Terra *3* **East,** Est (E.); (l') Oriente *4* **Eastern,** Orientale *5* **Engineer,** Ingegnere *6* **Engineering,** Ingegneria *7* **English,** (l') inglese *8* **Excellency,** Eccellenza *9* **Excellent,** Eccellente *10* 2ª classe *(di navi, nel Registro dei Lloyd)*.
ea. **each,** ogni; *(comm.)* cadauno.
E.&.O.E. **errors and omissions excepted,** *(comm.)* salvo errori ed omissioni (S.E.O.).
E.B. **Encyclopaedia Britannica,** Enciclopedia Britannica.
E.C. *1* **East Central,** *(geogr.)* Centro-orientale *(anche come distretto postale, a Londra)* *2* **Episcopal Church,** Chiesa Episcopale *3* **Established Church,** Chiesa di Stato; religione ufficiale.
ECG electrocardiogram, *(med.)* elettrocardiogramma (ECG).
E.C.M. **European Common Market,** Mercato Comune Europeo (M.E.C.).
E.C.S.C. **European Coal and Steel Community,** Comunità Europea del Carbone e dell'Acciaio (C.E.C.A.).
ed. *1* **edited,** dato alle stampe (da); a cura (di) *2* **edition,** edizione (ed.) *3* **editor,** chi dà alle stampe (q.c.); chi cura un'edizione *4* *V.* **educ.**
Ed. *1* **Editor,** Redattore Capo *2* **Edinburgh,** Edimburgo.
E.D.C. **European Defence Community,** Comunità Europea di Difesa (C.E.D.).
Edin. **Edinburgh,** Edimburgo.
edit. *1* **edited,** dato alle stampe (da); a cura (di) *2* **edition,** edizione (ed.) *3* **editor,** chi dà alle stampe (q.c.); chi cura un'edizione.
E.D.P. **Electronic Data Processing,** *(elab.)* Elaborazione Elettronica dei Dati.
educ. *1* **educated,** istruito; educato *2* **education,** istruzione; educazione *3* **educational,** che concerne l'istruzione; pedagogico; educativo.
E.E. *1* **Early English,** *(filol.)* Antico Inglese *2* **Electrical Engineer,** Ingegnere Elettrotecnico *3* **Errors Excepted,** *(comm.)* Salvo Errori.
E.E.C. **European Economic Community,** Comunità Economica Europea (C.E.E.).
E.F.T.A. **European Free Trade Association,** Associazione Europea di Libero Scambio (E.F.T.A.).
e.g. *(lat.:* **exempli gratia***)* **for example,** per esempio (p. es.).
E.H.F. **Extremely High Frequency,** *(radio)* frequenza estremamente elevata.
E.I. **East Indies,** *(geogr.)* Indie Orientali.
eld. **eldest,** (il) maggiore; (il) più anziano *(fra più di due)*.
ELDO European Launcher Development Organization, Organizzazione Europea per lo Sviluppo e la Costruzione di Vettori Spaziali.
Emb. *1* **Embankment,** argine *(lungo un fiume)* *2* **Embassy,** Ambasciata.
E.M.A. **European Monetary Agreement,** Accordo Monetario Europeo (A.M.E.).
emf electromotive force, *(elettr.)* forza elettromotrice (fem).
E.M.I. **Electric and Music Industries,** Industrie Elettriche e Musicali.
Emp. *1* **Emperor,** Imperatore *2* **Empire,** Impero *3* **Empress,** Imperatrice.
E.M.S. **European Monetary System,** Sistema Monetario Europeo (S.M.E.).
encl. **enclosure,** allegato (all.).
ency. **encyclopaedia,** enciclopedia.
eng. *1* **engine,** macchina; motore *2* **engineer,** ingegnere; macchinista *3* **engineering,** ingegneria *4* **engraved,** *(arte)* inciso *5* **engraver,** *(arte)* incisore *6* **engraving,** *(arte)* incisione.
Eng. *1* **England,** Inghilterra *2* **English,** inglese (ingl.).
e.o. *(lat.:* **ex officio***)* **by virtue of one's office,** d'ufficio.
Ep. **Epistle,** epistola.
Epis(c) **Episcopal,** *(relig.)* Episcopale.
epit. *1* **epitaph,** epitafio *2* **epitome,** epitome.
E.P.U. **European Payments Union,** Unione Europea dei Pagamenti.
eq. *1* **equal,** uguale *2* *V.* **equiv.**
Eq. *1* **Equator,** Equatore *2* **Equatorial,** equatoriale.
equiv. **equivalent,** equivalente.
Er erbium, *(chim.)* erbio (Er).
ERDA Energy Research and Development Administration, Ente per la Ricerca e lo Sviluppo Energetico

(USA).
E.R.P. European Recovery Programme, Programma di Ricostruzione Europea (E.R.P.).
Es einsteinium, *(chim.)* einsteinio (Es).
ESDAC European Space Data Centre, Centro Europeo per il Trattamento dei Dati Spaziali.
E.S.L.A.B. European Space Research Laboratory, Laboratorio Europeo di Ricerche Spaziali.
esp., espec. especially, specialmente (spec.).
Esq(re). Esquire, Signor *(titolo di cortesia usato nell'indirizzo di lettere a professionisti, ecc.).*
E.S.R.O. European Space Research Organization, Organizzazione Europea per le Ricerche Spaziali.
ess. essence, essenza.
Ess. Essex.
E.T.A. Estimated Time of Arrival, Ora prevista di arrivo.
E.T.B. English Tourist Board, Ente Inglese per il Turismo.
etc. *(lat.:* **et cetera***)* **and so on,** eccetera (ecc.).
E.T.D. Estimated Time of Departure, Ora prevista di partenza.
Eu europium, *(chim.)* europio (Eu).
Eur. *1* **Europe,** Europa *2* **European,** europeo.
Euratom European Atomic Energy Community, Comunità Europea dell'Energia Atomica (C.E.E.A.).
Eurovision European Television, Televisione Europea (Eurovisione).
ev. evangelical, evangelico.
Ev. Evangelist, Evangelista.
E.W.R. Early Warning Radar, Radar d'avvistamento a distanza.
ex. *1* **examined,** esaminato *2* **example,** esempio *3* **except,** eccetto *4* **exception,** eccezione *5* **exchange,** scambio *6* **executive,** esecutivo *7* **exempt,** esente *8* **exercise,** esercizio *9* **export,** esportazione.
Ex. *1* **Exchange,** *(fin.)* Borsa *2* **Exeter,** *(geogr.)* Exeter *3* **Exodus,** *(Bibbia)* Esodo.
exc. *1* **excellent,** eccellente *2* **except,** eccetto *3* **excepted,** eccettuato *4* **exception,** eccezione
Exc. Excellency, Eccellenza *(titolo).*

f. *1* **farthing** (un quarto di penny) *2* **fathom,** braccio *(misura di profondità)* *3* **female,** femmina *4* **feminine,** femminile (femm.) *5* **feet,** piedi *(misura di lunghezza)* *6* **following,** seguente (seg.) *7* **foot,** piede *(misura).*
F Flourine, *(chim.)* fluoro (F).
F. *1* **Fahrenheit,** Fahrenheit *2* **farad,** *(elettr.)* farad *3* **Father,** *(relig.)* Padre *4* **Fellow,** Membro; Socio.
F.A. Football Association, *(sport)* Associazione del Gioco del Calcio *(G.B.).*
F.A.O. Food and Agriculture Organization, Organizzazione per l'Alimentazione e l'Agricoltura (F.A.O.).
f.a.q. *1* **fair average quality,** *(comm.)* (di) buona qualità media *2* **free alongside quay,** *(comm.)* franco banchina.
f.a.s. free alongside ship, *(comm.)* franco sotto paranco.
F.B. *1* **Fire Brigade,** Vigili del Fuoco (V.F.) *2* **Flying Boat,** *(mil., naut.)* Idrovolante.
F.B.A. Fellow of the British Academy, Membro dell'Accademia Britannica.
F.B.I. *1* **Federal Bureau of Investigation,** Ufficio Federale Investigativo *(USA)* *2* **Federation of British Industries,** Federazione delle Industrie Britanniche.
F.C. *1* **Football Club,** Associazione Calcistica *2* **Free Church (of Scotland),** Libera Chiesa (Scozzese).
F.D. *(lat.:* **Fidei Defensor***)* **Defender of the Faith,** *(stor.)* Difensore della Fede.
Fe iron, *(chim.)* ferro (Fe).
F.E. Far East, Estremo Oriente.
Feb. February, febbraio (feb.).
Fed. *1* **Federal,** Federale *2* **Federalist,** Federalista *3* **Federation,** Federazione.
fem. feminine, femminile (femm.).
F.E.T. Field Effect Transistor, Transistor a Effetto di Campo.
F.I. Falkland Islands, Isole Falkland; Isole Malvine.
fin. *1* **finance,** finanza *2* **financial,** finanziario *3* **finished,** finito.
Fin. *1* **Finland,** Finlandia *2* **Finnish,** finlandese.
Finn. Finnish, finlandese.
fl. *1* **florin,** fiorino *2* **fluid,** fluido.
Flor. Florida.
fm. *1* **farm,** fattoria *2* **fathom,** braccio *(misura di profondità)* *3* **form,** modulo *4* **from,** da.
Fm fermium, *(chim.)* fermio (Fm).
F.M. *1* **Field-Marshal,** Feldmaresciallo *2* **Frequency Modulation,** *(radio)* Modulazione di Frequenza.
F.N.B. Federal Narcotics Bureau, Ufficio Federale per i Narcotici (in U.S.A.).
fo. folio, in folio (in-fol.).
f.o. firm offer, *(comm.)* offerta valida.
F.O. *1* **Flying Officer,** *(mil., aeron.)* Ufficiale di Volo *2* **Foreign Office,** Ministero degli Esteri *(G.B.).*
f.o.b. free on board, *(comm.)* franco a bordo (f.o.b.).
f.o.c. free of charge, *(comm.)* senza spese.
fol. *1* **folio,** in folio (in-fol.) *2* **following,** seguente (seg.).
for. *1* **foreign,** straniero *2* **forestry,** scienza forestale; silvicoltura.
f.o.r. free on rail, *(comm.)* franco rotaie; franco ferrovia.
FORTRAN Formula Translation, (Linguaggio per la) Traduzione di Formule.
f.p. freezing point, *(fis.)* punto di congelamento.
F.P. Fire Plug, presa per estintore; bocca da incendio.
F.P.A. Family Planning Association, Associazione per la Pianificazione Familiare.
f.p.m. feet per minute, piedi al minuto.
f.p.s. feet per second, piedi al secondo.
Fr francium, *(chim.)* francio (Fr).
Fr. *1* **Father,** *(relig.)* Padre *2* **France,** Francia *3* **French,** francese *4* **Friar,** Frate *5* **Friday,** venerdì (ven.).
Fri. Friday, venerdì (ven.).
F.R.S. Fellow of the Royal Society, Membro della «Royal Society».
ft. *1* **feet,** piedi *(misura di lunghezza)* *2* **foot,** piede *(misura di lunghezza)* *3* **fort,** forte; fortezza.
fur. *1* **furlong** *(misura di lunghezza)* *2* **furnished,** ammobiliato.
fut. future, *(gramm.)* futuro (fut.).

g. *1* **genitive,** genitivo *2* **good,** buono *3* **gram(me),** grammo (g) *4* **guide,** guida *5* **guinea,** ghinea *(moneta).*
G. *1* **Germanic,** Germanico *2* **Gulf,** *(geogr.)* Golfo.
Ga gallium, *(chim.)* gallio (Ga).
Ga. Georgia.
G.A. General Assembly, Assemblea Generale.
Gael. Gaelic, gaelico.
G.A.T.T. General Agreement on Tariffs and Trade, Accordo Generale sulle Tariffe e sul Commercio Estero.
gaz. gazette, gazzetta.
G.B. Great Britain, Gran Bretagna.
G.B. & I. Great Britain and Ireland, Gran Bretagna e Irlanda.
g.c.d. greatest common divisor, *(mat.)* massimo comun divisore (m.c.d.).
G.C.E. General Certificate of Education, Diploma di Scuola Secondaria *(di livello superiore: cfr.* **C.S.E.;** *G.B.).*
Gd gadolinium, *(chim.)* gadolinio (Gd).
G.D. *1* **Grand Duchess,** Granduchessa *2* **Grand Duchy,** Granducato *3* **Grand Duke,** Granduca.
Ge germanium, *(chim.)* germanio (Ge).
gen. *1* **gender,** *(gramm.)* genere *2* **general,** generale *3* **generally,** generalmente *4* **genetics,** genetica *5* **genitive,** genitivo *6* **genus,** *(scient.)* genere.
Gen. *1* **General,** Generale *2* **Genesis,** *(Bibbia)* Genesi.
gent. *1* **gentleman,** signore *2* **gentlemen,** signori.
ger. *1* **gerund,** gerundio *2* **gerundive,** gerundivo.
Ger. *1* **German,** tedesco *2* **Germany,** Germania.
G.H.Q. General Headquarters, Quartier Generale (Q.G.).
G.I. General (*o* **Government) Issue,** *(mil.)* soldato semplice *(USA).*
Gib. Gibraltar, Gibilterra.
Gk. Greek, greco.

gm **gramme(s)**, grammo (-i) (g).
G.M. *1* **General Manager**, Direttore Generale *2* **General Motors** *(fabbrica d'automobili, USA).*
G.M.T. **Greenwich Mean Time**, Ora di Greenwich.
gn. **guinea**, ghinea *(moneta).*
G.P. *1* **Gallup Poll**, Sondaggio Gallup *2* **General Practitioner**, medico generico.
G.P.O. *1* **General Post Office**, Posta Centrale *2* **Government Printing Office**, Poligrafici di Stato *(USA).*
gr. *1* **grain**, grano *(misura di peso)* *2* **grammar**, grammatica (gram., gramm.) *3* **gram(me)**, grammo (g) *4* **gunner**, cannoniere.
Gr. *1* **Grecian**, greco *2* **Greece**, Grecia *3* **Greek**, greco.
Grad. **Graduate**, laureato.
G.S. *1* **General Secretary**, Segretario Generale *2* **General Staff**, Stato Maggiore Generale (S.M.G.) *3* **Geological Society**, Società Geologica.
Gt. Br. **Great Britain**, Gran Bretagna.
gu. **guinea**, ghinea *(moneta).*
guar. *1* **guaranteed**, garantito *2* **guarantor**, garante.
G.W.R. **Great Western Railway**, Grande Ferrovia dell'Occidente.
gym. *1* **gymnasium**, palestra *2* **gymnastics**, ginnastica: **gym. teacher**, professore di ginnastica.

h. *1* **heat**, calore; caldo *2* **height**, altezza *3* **high**, alto *4* **horse**, cavallo *5* **hot**, caldo *(agg.)* *6* **hour**, ora *(sessanta minuti)* *7* **hundred**, cento *8* **husband**, marito *9* **hydrant**, idrante.
H *1* **henry**, *(fis.)* henry *(unità elettrica;* H) *2* **hydrogen**, *(chim.)* idrogeno (H).
ha **hectare**, ettaro (ha).
H.A. **Heavy Artillery**, Artiglieria Pesante.
H.B.M. **His** (*o* **Her**) **Britannic Majesty**, Sua Maestà Britannica.
H.C. *1* **Habitual Criminal**, delinquente abituale *2* **High Church**, Chiesa «Alta» *3* **High Commissioner**, Alto Commissario *4* **High Court**, *(leg.)* Alta Corte *5* **Holy Communion**, Santa Comunione *6* **House of Commons**, Camera dei Comuni.
h.c.f. **highest common factor**, *(mat.)* massimo comun divisore (M.C.D.).
He **helium**, *(chim.)* elio (He).
H.E. *1* **High Explosive**, Alto Esplosivo *2* **His Eminence**, Sua Eminenza (S. Em.) *3* **His Excellency**, Sua Eccellenza (S.E.).
hf. **half**, mezzo; metà.
Hf **hafnium**, *(chim.)* afnio (Hf).
HF **High Frequency**, *(fis.)* alta frequenza (HF).
hg **hectogram(me)**, ettogrammo (hg).
Hg **mercury**, *(chim.)* mercurio (Hg).
H.G. *1* **Her** (*o* **His**) **Grace**, Sua Grazia *2* **High German**, *(linguistica)* Alto Tedesco *3* **Horse Guards**, Guardie a Cavallo.
H.H. *1* **His** (*o* **Her**) **Highness**, Sua Altezza *2* **His Holiness**, *(relig.)* Sua Santità (S.S.).
hhd. **hogshead** *(unità di misura, USA).*
H.I. **Hawaiian Islands**, Isole Hawai.
hi-fi **high fidelity**, *(radio)* alta fedeltà (hi-fi).
H.I.H. **His** (*o* **Her**) **Imperial Highness**, Sua Altezza Imperiale.
H.I.M. **His** (*o* **Her**) **Imperial Majesty**, Sua Maestà Imperiale.
hl **hectolitre**, ettolitro (hl).
H.L. **House of Lords**, Camera dei Lord.
hm **hectometre**, ettometro (hm).
H.M. **His** (*o* **Her**) **Majesty**, Sua Maestà (S.M.).
H.M.S.O. **His** (*o* **Her**) **Majesty's Stationery Office**, Istituto Poligrafico dello Stato *(G.B.).*
Ho **holmium**, *(chim.)* olmio (Ho).
H.O. **Head Office**, *(comm.)* Sede Centrale.
hon. *1* **honorary**, onorario *(agg.)* *2* **honourable**, onorevole.
h.p., H.P. *1* **high pressure**, *(fis.)* alta pressione *2* **hire purchase**, *(comm.)* (sistema degli) acquisti a rate *3* **horse power**, *(fis.)* cavallo vapore (H.P.).
H.P. **Houses of Parliament**, (il) Parlamento; (le) Camere.
h.p.-hr. **horse power-hour**, *(fis.)* cavalli vapore-ora.
H.Q. **Headquarters**, *(mil.)* Quartier Generale (Q.G.).
hr. **hour(s)**, ora (-e).
H.R. *1* **Home Rule**, Autogoverno *(storia irlandese)* *2* **House of Representatives**, Camera dei Deputati *(USA).*
H.S. *1* **High School**, Scuola Secondaria *2* **Home Secretary**, Ministro dell'Interno.
ht. **height**, altezza (alt.).
h.t., H.T. **high tension**, *(fis.)* (ad) alta tensione (A.T.).
Hun. *1* **Hungarian**, ungherese *2* **Hungary**, Ungheria.
hund. **hundred**, cento.
H.V. **High Voltage**, *(fis.)* Alta Tensione (A.T.).
Hz. **hertz**, *(fis.)* hertz (Hz).

i. **intransitive**, *(gramm.)* intransitivo (intr.).
I **iodine**, *(chim.)* iodio (I).
I. *1* **Independent**, *(polit.)* Indipendente *2* **Institute**, Istituto *3* **Ireland**, Irlanda *4* **Irish**, irlandese *5* **Island** (*o* **Isle**), Isola.
I.A.R.C. **International Agency for Research on Cancer**, Ente Internazionale per la Ricerca sul Cancro.
I.A.R.U. **International Amateur Radio Union**, Associazione Internazionale Radio-Amatori.
I.A.T.A. **International Air Transport Association**, Associazione Internazionale Trasporti Aerei *(Canada).*
ib., ibid. *(lat.:* **ibidem***)* **in the same place**, nello stesso luogo (ibid.).
I.B.M. **International Business Machines**, Macchine Contabili Internazionali *(società USA).*
I.B.R.D. **International Bank for Reconstruction and Development**, Banca Internazionale per la Ricostruzione e lo Sviluppo (B.I.R.S.; *USA).*
I.C.A.O. **International Civil Aviation Organization**, Organizzazione Internazionale per l'Aviazione Civile.
I.C.B.M. **Intercontinental Ballistic Missile**, *(mil.)* missile balistico intercontinentale.
Ice **Iceland**, Islanda.
I.C.S.C. **International Committee Satellite Communications**, Comitato Internazionale per le Comunicazioni via Satellite.
id. *(lat.:* **idem***)* **the same**, lo stesso; idem (id.).
Id. **Idaho.**
I.D. *1* **Intelligence Department**, *(mil.)* Centro Informazioni *2* **Internal Diameter**, *(mat.)* diametro interno.
Ida. **Idaho.**
I.D.P. **Integrated Data Processing**, Elaborazione Integrata dei Dati.
i.e. *(lat.:* **id est***)* **that is**, cioè.
I.F.S. **Irish Free State**, *(stor.)* Stato Libero d'Irlanda.
I.G.U. **International Geographical Union**, Unione Geografica Internazionale.
I.G.Y. **International Geophysical Year**, Anno Geofisico Internazionale.
I.L.O. **International Labour Organization**, Organizzazione Internazionale del Lavoro.
I.L.R.M. **International League for the Rights of Man**, Lega Internazionale per i Diritti dell'Uomo (L.I.D.U.).
I.M.F. **International Monetary Fund**, Fondo Monetario Internazionale (F.M.I.; *USA).*
imp. *1* **imperative**, *(gramm.)* imperativo (imper.) *2* **imperfect**, *(gramm.)* imperfetto (imperf.) *3* **imperial**, imperiale *4* **impersonal**, *(gramm.)* impersonale *5* **imported**, importato *6* **importer**, importatore.
imper. **imperative**, *(gramm.)* imperativo (imper.).
imperf. **imperfect**, *(gramm.)* imperfetto (imperf.).
impers. **impersonal**, *(gramm.)* impersonale.
impt. **important**, importante.
in. **inch(es)**, pollice (-i) *(misura di lunghezza).*
In **indium**, *(chim.)* indio (In).
inc. *1* **included**, incluso *2* **including**, compreso *(prep.)* *3* **inclusive**, comprensivo.
Inc. **Incorporated**, *(comm.)* Associato.
incl., *V.* **inc**.
incog. *(lat.:* **incognito***)* **in secret**, in incognito.
ind. *1* **index**, indice *2* **indicated**, indicato *3* **indication**, indicazione *4* **indicative**, *(gramm.)* indicativo (indic.) *5* **indirect**, indiretto *6* **indirectly**, indirettamente.
Ind. *1* **Independent**, Indipendente *2* **India**, India *3* **Indian**, indiano *4* **Indiana** *5* **Industry**, Industria.
indic. **indicative**, *(gramm.)* indicativo (indic.).

inf. 1 infantry, fanteria **2 infinitive,** *(gramm.)* infinito (inf.) **3 infirmary,** infermeria **4 information,** informazione.
infin. infinitive, *(gramm.)* infinito (inf.).
I.N.S. International News Service, Agenzia Internazionale di Stampa.
Insp. Inspector, Ispettore.
inst. 1 instant, of the present month, corrente mese (c.m.).
instr. 1 instructions, istruzioni **2 instructor,** istruttore **3 instrument,** strumento.
int. 1 interest, interesse **2 interim,** interim **3 interior,** interiore **4 interjection,** *(gramm.)* interiezione (inter.) **5 internal,** interno **6 international,** internazionale **7 interpreter,** interprete **8 intransitive,** *(gramm.)* intransitivo (intr., intrans.).
INTELSAT International Telecommunications Satellite Consortium, Consorzio Internazionale per le Telecomunicazioni via Satellite.
inter. intermediate, intermedio.
interj. interjection, *(gramm.)* interiezione (inter.).
INTERPOL. *(franc.:* **Organisation Internationale de Police Criminelle***)* **International Police,** Polizia Internazionale.
interr. interrogative, *(gramm.)* interrogativo (interr.).
intr., intrans. intransitive, *(gramm.)* intransitivo (intr., intrans.).
intro(d). 1 introduced, introdotto **2 introduction,** introduzione **3 introductory,** introduttivo.
inv. 1 invented, inventato **2 inventor,** inventore **3 invoice,** *(comm.)* fattura.
I.o.M. Isle of Man, Isola di Man.
I.O.U. I owe you, *(comm.)* riconoscimento scritto di un debito.
I.o.W. Isle of Wight, Isola di Wight.
I.P.A. International Phonetic Association, Associazione Fonetica Internazionale.
I.Q. Intelligence Quotient, *(psic.)* Quoziente d'Intelligenza (Q.I.).
Ir iridium, *(chim.)* iridio (Ir).
Ir. 1 Ireland, Irlanda **2 Irish,** irlandese.
I.R.A. Irish Republican Army, Esercito della Repubblica Irlandese (organizzazione clandestina).
I.R.B.M. Intermediate Range Ballistic Missile, Missile Balistico di Media Portata.
I.R.C. International Red Cross, Croce Rossa Internazionale.
I.R.O. International Refugee Organization, Organizzazione Internazionale per i Rifugiati (O.I.R.).
I.S.O. International Organization for Standardization, Organizzazione Internazionale per la Standardizzazione.
It. 1 Italian, italiano **2 Italy,** Italia.
I.T. Inclusive tours, Viaggi «tutto compreso».
I.T.O. International Trade Organization, Organizzazione Internazionale per il Commercio.
I.T.S. Industrial Training Service, Servizio di Addestramento al Lavoro nell'Industria *(G.B.)*.
I.T.U. International Telcommunications Union, Unione Internazionale per le Telecomunicazioni (U.I.T.; *Svizzera*).
I.U.D. Intrauterine Device, Dispositivo Anticoncezionale Intrauterino.
I.V.U. International Vegetarian Union, Unione Internazionale dei Vegetariani *(G.B.)*.
I.Y.H.F. International Youth Hostels Federation, Federazione Internazionale degli Ostelli della Gioventù *(Danimarca)*.
I.Y.R.U. International Yacht Racing Union, Unione Internazionale delle Gare di Yacht.

J joule, *(fis.)* joule (J).
J. 1 Jew, ebreo *(sost.)* **2 Jewish,** ebreo *(agg.)* **3 Judge,** Giudice **4 Justice,** Giudice.
J.A.L. Japan Air Lines, Linee Aeree Giapponesi.
Jam. Jamaica, Giamaica.
Jan. January, gennaio (genn.).
J.C. 1 Jesus Christ, Gesù Cristo (G.C.) **2 Justice-Clerk,** Cancelliere *(di tribunale)* **3 Juvenile Court,** Tribunale dei Minorenni.
jn. junction, giunto; *(ferr.)* nodo ferroviario.
jnr. junior, junior (jr.).
J.P. Justice of the Peace, *(leg.)* Giudice di Pace.
jr. junior, junior (jr.).
Jul. July, luglio (lug.).
Jun. June, giugno (giu.).
jurisp. jurisprudence, giurisprudenza.
jus. justice, giustizia.

k knot, *(naut.)* nodo *(misura di velocità)*.
K potassium, *(chim.)* potassio (K).
K. 1 carat, carato *(misura di peso dei preziosi)* **2 Kent 3 King,** Re **4 Knight,** Cavaliere.
Kan., Kans. Kansas.
K.B. 1 King's Bench, *(leg.)* Corte Suprema del «Common Law» *(G.B.)* **2 Knight of the Bath,** Cavaliere dell'Ordine del Bagno.
K.B.E. Knight Commander of the Order of the British Empire, Cavaliere dell'Ordine dell'Impero Britannico.
kc kilocycle, *(fis.)* chilociclo (kc).
K.C. 1 King's College *(a Cambridge o a Londra)* **2 King's Counsel,** *(leg.)* Patrocinante per la Corona *(alto titolo onorifico concesso ad avvocati)*.
Ken. Kentucky.
kg kilogramme, chilogrammo (kg).
K.G. Knight of the Order of the Garter, Cavaliere dell'Ordine della Giarrettiera.
K.K.K. Ku-Klux-Klan *(setta politica razzista in USA)*.
kl kilolitre, chilolitro (kl).
K.L.H. Knight of the Legion of Honour, Cavaliere della Legion d'Onore *(Francia)*.
km kilometre, chilometro (km).
Knt. Knight, Cavaliere.
k.o., K.O. Knock out, *(sport)* fuori combattimento (k.o., K.O.).
Kr Krypton, *(chim.)* cripto (Kr).
Kt. 1 Knight, cavaliere **2 Knot,** *(naut.)* nodo.
K.T. 1 Knight of the Order of the Thistle, Cavaliere dell'Ordine del Cardo **2 Knight Templar,** Cavaliere Templare.
kV kilovolt, *(fis.)* chilovolt (kV).
kW kilowatt, *(fis.)* chilowatt (kW).
kWh, kw-h kilowatt-hour, *(fis.)* chilowattora (kWh).
Ky. Kentucky.

l litre, litro (l).
l. 1 large, grande **2 latitude,** *(geogr.)* latitudine **3 league,** lega *(misura)* **4 left,** sinistro; sinistra **5 length,** lunghezza **6 line,** linea.
L Learner driver, *(autom.)* principiante.
L. 1 Lake, Lago **2 Latin,** latino **3 Liberal,** *(polit.)* Liberale **4 London,** Londra.
La lanthanum, *(chim.)* lantanio (La).
La. Louisiana.
L.A. 1 Legislative Assembly, Assemblea Legislativa **2 Library Association,** Associazione delle Biblioteche **3 Local Authority,** Autorità Locale **4 Los Angeles.**
Lab. 1 Laboratory, Laboratorio **2 Labour,** Lavoro; Manodopera **3 Labrador.**
LAFTA Latin American Free Trade Association, Associazione Latino Americana di Libero Scambio.
lang. language, lingua; linguaggio.
L.A.S.E.R. Light Amplification by Stimulated Emission of Radiation, Amplificazione della Luce per mezzo di Emissione Stimolata di Radiazione.
lat. latitude, *(geogr.)* latitudine (lat.).
Lat. Latin, latino (lat.).
lb. pound(s), libbra (-e).
l.c. 1 level crossing, *(ferr.)* passaggio a livello **2** *(lat.:* **loco citato***)* **in the place cited,** luogo citato (loc. cit.) **3 lower case,** *(tipogr.)* minuscolo.
L.C. Lord Chancellor, Gran Cancelliere.
L/C Letter of Credit, lettera di credito.
L.C.C. London County Council, Consiglio della Contea di Londra.
l.c.m. least (*o* **lowest) common multiple,** *(mat.)* minimo comune multiplo (m.c.m.).
Ld. 1 Lead, *(chim.)* piombo (Pb) **2 Lord.**

L.D. *1* **Doctor of Letters,** dottore in Lettere *(USA)* *2* **Low Dutch,** *(linguistica)* Basso Tedesco.
Ldp. *1* **Ladyship,** Signoria *(femm.)* *2* **Lordship,** Signoria *(masch.)*; Eccellenza.
lea. *1* **league,** lega *(misura)* *2* **leather,** cuoio.
lect. *1* **lecture,** conferenza; lezione universitaria *2* **lecturer,** conferenziere; professore universitario.
LED **Light Emitting Diode,** Diodo a Emissione Luminosa.
leg. *1* **legal,** legale *2* **legate,** *(leg.)* legato.
legis(l). *1* **legislative,** legislativo *2* **legislature,** legislatura.
LEM **Lunar Excursion Module,** Modulo per Escursione Lunare.
L.F. **Low Frequency,** *(fis.)* bassa frequenza (L.F.).
L.G. **Low German,** *(linguistica)* Basso Tedesco.
l.h.d. **left-hand drive,** *(autom.)* guida a sinistra.
Li **lithium,** *(chim.)* litio (Li).
L.I.A. **Lebanese International Airways,** Linee Aeree Internazionali Libanesi.
Lib. *1* **Liberal,** Liberale *2* **Librarian,** Bibliotecario *3* **Library,** Biblioteca.
Lieut. **Lieutenant,** Tenente (Ten.).
lit. *1* **literal,** letterale *2* **literally,** letteralmente *3* **literary,** letterario (lett.) *4* **literature,** letteratura (letter.) *5* **litre(s),** litro (-i).
L.J. **Lord Justice,** *(leg.)* Giudice della Corte d'Appello.
L.L. *1* **Late Latin,** Tardo Latino *2* **Lending Library,** Biblioteca di Prestito *3* **Low Latin,** Basso Latino.
LL.B. *(lat.:* **Legum Baccalaureus***)* **Bachelor of Laws,** dottore in Legge *(laurea di 1° grado).*
LL.D. *(lat.:* **Legum Doctor***)* **Doctor of Laws,** dottore in Legge.
L.M.T. **local mean time,** ora locale.
L/N **League of Nations,** *(stor.)* Società delle Nazioni (S.D.N.).
L.O. **Liaison Officer,** Ufficiale di Collegamento.
loc. cit. *(lat.:* **loco citato***)* **in the place cited,** luogo citato (loc. cit.).
log **logarithm,** *(mat.)* logaritmo (log).
Lon., Lond. **London,** Londra.
long. **longitude,** longitudine (long.).
LP **Long-Playing,** Lunga Esecuzione, nei microsolchi.
L.P. *1* **Labour Party,** Partito Laburista *2* **Liberal Party,** Partito Liberale *3* **Low Pressure,** *(fis.)* bassa pressione (B.P.).
L.P.G. **Liquefied petroleum gas,** gas di petrolio liquefatto (G.P.L.).
L.P.T.B. **London Passenger Transport Board,** Azienda Londinese Trasporto Passeggeri.
Lr **lawrencium,** *(chim.)* laurenzio (Lr).
L.R. **Lloyd's Register,** *(comm., naut.)* Registro dei Lloyd *(di Londra).*
L.S. **Long Shot,** *(cinem.)* campo lungo.
LSI **Large Scale Integration,** Integrazione su Vasta Scala.
L.T. *1* **London Transport,** *V.* **L.P.T.B.** *2* **Low Tension,** *(elettr.)* bassa tensione (B.T.).
Ltd. **Limited,** *(comm.)* a responsabilità limitata *(rif. a una società).*
Lu **lutetium,** *(chim.)* lutezio (Lu).
Lux. **Luxembourg,** Lussemburgo.
lv. **leave,** permesso; congedo; licenza.
L.V. **Low Voltage,** *(elettr.)* bassa tensione (B.T.).

m. *1* **male,** maschio *2* **manual,** manuale *3* **mark,** segno; marchio *4* **married,** sposato *5* **masculine,** maschile *6* **mass,** massa *7* **member,** membro; socio *8* **meridian,** meridiano *9* **meridional,** meridionale *10* **metre,** metro *11* **mile,** miglio *12* **minor,** minore *13* **molar,** (dente) molare *14* **month,** mese *15* **moon,** luna.
M **motorway,** autostrada.
M. *1* **Magistrate,** Magistrato *2* **Majesty,** Maestà *3* **Mark,** marco *(moneta tedesca)* *4* **Marquess,** Marchese *5* **Medical,** Medico *(agg.)* *6* **Member,** Membro; Socio *7* **Methodist,** *(relig.)* Metodista *8* **Minesweeper,** *(mil.)* Spazzamine *9* **Moderate,** Moderato *10* **Monday,** lunedì *11* **Mother,** Madre *12* **Mountain,** Monte; Montagna.
Ma. **milliampere,** *(elettr.)* milliampere (mA).
M.A. *1* **Master of Arts,** dottore in Lettere *(laurea di 2° grado)* *2* **Middle Ages,** Medio Evo *3* **Military Academy,** Accademia Militare.
M/A **my account,** *(comm.)* a mio favore; a me medesimo.
mag. *1* **magazine,** rivista illustrata *2* **magnetic,** magnetico *3* **magnetism,** magnetismo *4* **magneto,** calamita.
Maj. **Major,** *(mil.)* Maggiore (Magg.).
mar. *1* **maritime,** marittimo *2* **married,** sposato; coniugato.
Mar. **March,** marzo (mar.).
March. **Marchioness,** Marchesa (M.sa).
Marq. **Marquess, Marquis,** Marchese (M.se).
masc. **masculine,** maschile.
MASER **Microwave Amplification by Stimulated Emission of Radiation,** Amplificazione di microonde mediante emissione stimolata di radiazione.
M.A.S.H. **Military Advanced Service Hospital,** Ospedale Militare in Zona di Operazioni.
Mass. **Massachusetts.**
math. *1* **mathematical,** matematico *(agg.)* *2* **mathematics,** matematica.
max. **maximum,** massimo.
M.B. *1* **Motor Boat,** *(naut.)* Motovedetta; Motoscafo *2* *(lat.:* **Medicinae Baccalaureus***)* **Bachelor of Medicine,** laureato in Medicina *(laurea di 1° grado).*
M.C. *1* **Master of Ceremonies,** Cerimoniere *2* **Member of Congress,** Membro del Congresso *(USA)* *3* **Military Cross,** Croce di Guerra.
Md **mendelevium** *(chim.)* mendelevio (Md).
Md. **Maryland.**
M.D. *1* **Managing Director,** Consigliere Delegato *2* **Market Day,** giorno di mercato *3* *(lat.:* **Medicinae Doctor***)* **Doctor of Medicine,** dottore in Medicina *4* **Mental defective,** minorato psichico.
Mdx. **Middlesex.**
Me. **Maine.**
M.E. *1* **Mechanical Engineer,** Ingegnere Meccanico *2* **Middle East,** Medio Oriente *3* **Middle English,** *(linguistica)* l'Inglese medio *4* **Mining Engineer,** Ingegnere Minerario *5* **Most Excellent,** Eccellentissimo.
M.E.A. **Middle East Airlines,** Linee Aeree del Medio Oriente.
mech. *1* **mechanical,** meccanico *(agg.)* (mecc.) *2* **mechanics,** meccanica (mecc.) *3* **mechanism,** meccanismo (mecc.).
Messrs. **Messieurs,** Signori *(negli indirizzi).*
met. *1* **metaphor,** metafora *2* **metaphorical,** metaforico *3* **meteorological,** meteorologico *4* **metronome,** *(mus.)* metronomo.
metal(l). *1* **metallurgical,** metallurgico *2* **metallurgy,** metallurgia.
metaph. *1* **metaphor,** metafora *2* **metaphorical,** metaforico *3* **metaphysical,** metafisico *(agg.)* *4* **metaphysics,** metafisica.
Mex. *1* **Mexican,** messicano *2* **Mexico,** Messico.
M.F. *1* **Master of Forestry,** laureato in Scienze Forestali *2* **Medium Frequency,** *(fis.)* media frequenza (M.F.).
mfd. **manufactured,** fabbricato *(agg.).*
M.F.H. **Master of Foxhounds,** *(sport)* Maestro della Caccia alla Volpe *(G.B.).*
mg **milligram(me),** milligrammo (mg).
Mg **magnesium,** *(chim.)* magnesio (Mg).
Mgr. *1* **Manager,** Direttore *2* **Monseigneur,** Monsignore *3* **Monsignor,** Monsignor (Mons.).
mi. **mile(s),** miglio (-a).
Mich. **Michigan.**
min. *1* **mineralogical,** mineralogico *2* **mineralogy,** mineralogia *3* **minimum,** minimo (min.) *4* **mining,** minerario; industria mineraria *5* **minute(s),** minuto (-i).
Min. *1* **Minister,** Ministro (Min.) *2* **Ministry,** Ministero (Min.).
Minn. **Minnesota.**
Miss. **Mississippi.**
M.I.T. **Massachusetts Institute of Technology,** Istituto di Tecnologia del Massachusetts.
ml **millilitre,** millilitro (ml).
mm **millimetre,** millimetro (mm).
M.M. *1* **Mercantile Marine,** Marina Mercantile *2* **Mili-**

tary Medal, Medaglia al Valor Militare.
Mn manganese, *(chim.)* manganese (Mn).
Mo molybdenum, *(chim.)* molibdeno (Mo).
Mo. Missouri.
M.O. *1* **Medical Officer,** Ufficiale Medico *2* **Money Order,** vaglia postale.
mon. monetary, monetario.
Mon. Monday, lunedì (lun.).
Mont. Montana.
m.p. melting point, *(fis.)* punto di fusione.
M.P. *1* **Member of Parliament,** Deputato *(G.B.)* *2* **Metropolitan Police,** Polizia Metropolitana *(di Londra)* *3* **Military Police,** Polizia Militare *4* **Minister Plenipotentiary,** Ministro Plenipotenziario.
m.p.h. miles per hour, miglia all'ora.
Mr, Mr. Mister, Signore (Sig.).
M.R.C. Medical Research Council, Consiglio per le Ricerche nel Campo della Medicina *(G.B.).*
M.R.C.A. Multi-Role Combat Aircraft, Aereo da Combattimento a Impiego Plurimo.
M.R.C.P. Member of the Royal College of Physicians, Membro del Reale Collegio dei Medici.
Mrs, Mrs. Mistress, Signora (Sig.ra).
MS. *1* **Mail Steamer,** *(naut.)* Piroscafo Postale *2* **manuscript,** manoscritto (MS.).
M.S. *1* **Master of Science,** dottore in Scienze *2* **Master of Surgery,** dottore in Chirurgia *3* **Metric System,** Sistema Metrico Decimale.
M/S Motor Ship, *(naut.)* Motonave (M/N).
Ms, Ms. Mistress *o* **Miss,** Signora *o* Signorina (S.a).
M. Sc. Master of Science, dottore in Scienze *(laurea di 2° grado).*
m.s.l. mean sea-level, livello medio del mare.
mss., MSS. manuscripts, manoscritti (mss., MSS.).
MT megaton, *(fis.)* megaton (MT).
Mt. Mount, Monte (M.).
M/T Ministry of Transport, Ministero dei Trasporti.
M.T.B. Motor Torpedo Boat, *(naut.)* Motosilurante; Motoscafo antisommergibili (M.A.S.).
M.T.I. Moving Target Indicator, Radar Indicatore di Bersagli Mobili.
M.T.M. Methods Time Measurement, Misura Metodi e Tempi (M.T.M.).
mun. municipal, municipale.
mus. *1* **museum,** museo *2* **music,** musica *3* **musical,** musicale.
Mx. Middlesex.
myth. *1* **mythological,** mitologico *2* **mythology,** mitologia.

n. *1* **name,** nome (n.) *2* **neuter,** neutro (n.) *3* **new,** nuovo *4* **nominative,** *(gramm.)* nominativo (nom.) *5* **noon,** meriggio *6* **note,** nota *7* **noun,** sostantivo (sost.) *8* **number,** numero.
N nitrogen, *(chim.)* azoto (N).
N. *1* **Nationalist,** Nazionalista *2* **North,** Nord (N.) *3* **Northern,** Settentrionale.
Na sodium, *(chim.)* sodio (Na).
N.A. *1* **National Academy,** Accademia Nazionale *2* **Naval Attaché,** Addetto Navale *3* **North America,** Nord-America *4* **North Atlantic,** Nord-Atlantico.
NASA National Aeronautics and Space Administration, Ente Nazionale Aeronautico e Spaziale *(USA).*
nat. *1* **national,** nazionale *2* **natural,** naturale *3* **naturalist,** naturalista.
Nat. *1* **National,** Nazionale *2* **Nationalist,** Nazionalista.
NATO North Atlantic Treaty Organization, Organizzazione del Trattato Nord-Atlantico.
naut. nautical, nautico (naut.).
nav. *1* **naval,** navale (nav.) *2* **navigation,** navigazione *3* **navigator,** *(naut.)* ufficiale di rotta.
Nb niobium, *(chim.)* niobio (Nb).
N.B. *1* **North Britain,** Gran Bretagna Settentrionale *2* *(lat.:* **nota bene***)* **note well,** nota bene (N.B.).
N.B.C. National Broadcasting Corporation, Ente Radiofonico Nazionale *(USA).*
N.C. North Carolina, Carolina del Nord.
N.C.B. National Coal Board, Consiglio Nazionale per il Carbon Fossile *(G.B.).*
n.d. *1* **no date,** senza data *2* **not dated,** senza data *(rif. a libri).*
Nd neodymium, *(chim.)* neodimio (Nd).
N.D. North Dakota, Dakota del Nord.
Ne neon, *(chim.)* neon (Ne).
N.E. *1* **Naval Engineer,** Ingegnere Navale *2* **New Edition,** Nuova Edizione *3* **New England,** Nuova Inghilterra *4* **North-East,** Nord-Est.
Neb(r). Nebraska.
N.E.D.C. National Economic Development Council, Consiglio Nazionale per lo Sviluppo Economico *(G.B.).*
neg. negative, negativo (neg.).
N.Eng. New England, Nuova Inghilterra.
Neth. Netherlands, (i) Paesi Bassi.
neut. *1* **neuter,** neutro *2* **neutral,** neutrale.
Nev. Nevada.
New M(ex). New Mexico, Nuovo Messico.
N.F. *1* **Newfoundland,** Terranova *2* **Norman-French,** Franco-Normanno.
N.F.A. National Federation of Anglers, *(sport)* Federazione Nazionale della Pesca con la Lenza *(G.B.).*
N.G. *1* **National Gallery,** *(arte)* Galleria Nazionale *2* **National Guard,** *(mil.)* Guardia Nazionale *3* **New Guinea,** Nuova Guinea.
N.H. Naval Hospital, Ospedale Navale.
N.H.S. National Health Service, Servizio Sanitario Nazionale (G.B.).
Ni nickel, *(chim.)* nichel (Ni).
N.I.R.N.S. National Institute for Research in Nuclear Science, Istituto Nazionale per le Ricerche nel Campo della Scienza Nucleare *(G.B.).*
N.J. New Jersey.
N.M., N. Mex. New Mexico, Nuovo Messico.
N.M.R. Nuclear Magnetic Resonance, Risonanza Magnetica Nucleare.
No nobelium, *(chim.)* nobelio (No).
No. number, numero (n.).
N.O. *1* **Naval Officer,** Ufficiale di Marina *2* **New Orleans.**
nom(in). *1* **nominal,** nominale *2* **nominative,** *(gramm.)* nominativo (nom.).
Nor(w). *1* **Norway,** Norvegia *2* **Norwegian,** norvegese.
Nov. *1* **novel,** romanzo *2* **novelist,** romanziere *3* **November,** novembre (nov.).
n.p. *1* **new paragraph,** a capo *(dettando)* *2* **no place,** senza luogo di pubblicazione *(di un libro).*
Np neptunium, *(chim.)* nettunio (Np).
N.P. Notary Public, Pubblico Notaio.
N.S. *1* **National Society,** Società Nazionale *2* **New Series,** Nuova Serie *3* **Nova Scotia,** Nuova Scozia *4* **Numismatic Society,** Società Numismatica.
N.S.P.C.A. National Society for the Prevention of Cruelty to Animals, Società Nazionale per la Protezione degli Animali.
N.T. *1* **National Trust,** Trust Nazionale *2* **New Testament,** Nuovo Testamento.
N.U.T. National Union of Teachers, Unione Nazionale degli Insegnanti *(Sindacato della Scuola, G.B.).*
N.W. *1* **North Wales,** Galles del Nord *2* **North-West,** Nord-Ovest *3* **North-western,** Nord-occidentale.
N.Y. New York, Nuova York.
N.Z. New Zealand, Nuova Zelanda.

o. *1* **old,** vecchio *2* **only,** soltanto *3* **overcast,** coperto *(rif. al cielo)* *4* **overseer,** sorvegliante; sovrintendente.
O oxygen, *(chim.)* ossigeno (O).
O. *1* **Observer,** Osservatore *2* **Officer,** Ufficiale *3* **Ohio** *4* **Old,** Vecchio *5* **Order,** Ordine.
O.A.P.E.C. Organization of Arab Petroleum Exporting Countries, Organizzazione dei Paesi Arabi Esportatori di Petrolio.
O.A.S. Organization of American States, Organizzazione degli Stati Americani *(USA).*
O.A.U. Organization of African Unity, Organizzazione per l'Unità Africana.
O.B.E. Officer of the Order of the British Empire, Ufficiale dell'Ordine dell'Impero Britannico.
obs. *1* **observation,** osservazione *2* **observatory,** osservatorio *3* **observer,** osservatore *4* **obsolete,** obsole-

to.
Oc. **Ocean**, Oceano.
oct. **octavo**, *(di un libro)* (in) ottavo.
Oct. **October**, ottobre (ott.).
O.D. **Old Dutch**, *(linguistica)* Tedesco Antico.
O.D.M. **Ministry of Overseas Development**, Ministero per lo Sviluppo dei Paesi d'Oltremare *(facenti parte del Commonwealth)*.
O.E. **Old English**, *(linguistica)* Inglese Antico.
O.E.C.D. **Organization for Economic Cooperation and Development**, Organizzazione per la Cooperazione e lo Sviluppo Economico (O.C.S.E.).
O.E.E.C. **Organization for European Economic Cooperation**, Organizzazione Europea per la Cooperazione Economica (O.E.C.E.).
O.H.B.M.S. **On His (*o* Her) Britannic Majesty's Service**, al servizio di Sua Maestà Britannica.
O.H.M.S. **On His (*o* Her) Majesty's Service**, al servizio di Sua Maestà.
O.K. **all correct**, tutto bene; benissimo.
Okla. **Oklahoma.**
Ont. **Ontario.**
op. *1* **opposite**, di fronte; dirimpetto *2* **opposed**, opposto *3 (lat.:* **opus***)* **work**, opera (op.).
o.p. **out of print**, esaurito *(di un libro)*.
O.P. *1* **Observation Post**, *(mil.)* Osservatorio *2* **Open Policy**, *(ass.)* polizza aperta.
op. cit. *(lat.:* **opere citato***)* **in the work quoted**, nell'opera citata (op. cit.).
O.P.E.C. **Organization of Petroleum Exporting Countries**, Organizzazione dei Paesi Esportatori di Petrolio.
Or. **Oregon.**
O.R. **Operational Research**, ricerca operativa.
ord. *1* **ordained**, *(relig.)* ordinato *2* **order**, ordine *3* **ordinal**, *(mat.)* ordinale *4* **ordinance**, ordinanza *5* **ordinary**, ordinario.
Ore(g). **Oregon.**
org. *1* **organic**, organico *2* **organism**, organismo *3* **organization**, organizzazione *4* **organized**, organizzato.
o/s **out of stock**, *(comm.)* esaurito.
Os **osmium**, *(chim.)* osmio (Os.).
O.S. **Ordinary Seaman**, marinaio semplice.
o.t. **overtime**, (lavoro) straordinario.
O.T. **Old Testament**, Vecchio Testamento (V.T.).
Ox(f). **Oxford.**
Oxon. *1 (lat.:* **Oxonia***)* **Oxfordshire**, Contea di Oxford *2 (lat.:* **Oxoniensis***)* **Oxonian**, oxoniano.
oz. **ounce**, oncia *(misura di peso)*.

p. *1* **page**, pagina (pag.) *2* **park**, parco *3* **participle**, *(gramm.)* participio (part.) *4* **past**, *(gramm.)* passato (pass.) *5* **pint**, pinta *(misura)* *6* **population**, popolazione *7* **pressure**, pressione.
P *1* **Parking**, *(autom.)* Parcheggio, Posteggio (P) *2* **phosphorus**, *(chim.)* fosforo (P).
P. *1* **Pastor**, *(relig.)* Pastore *2* **Pope**, Papa *3* **Port**, Porto *4* **President**, Presidente *5* **Prince**, Principe *6* **Protestant**, Protestante *7* **Public**, Pubblico.
Pa **protactinium**, *(chim.)* protoattinio (Pa).
Pa. **Pennsylvania.**
P.A. *1* **Press Association**, Associazione della Stampa *2* **Publishers' Association**, Associazione degli Editori.
P.A.A. **Pan-American Airways**, Linee Aeree Panamericane.
Pac. **Pacific**, (il) Pacifico.
Pak. **Pakistan.**
Pal. **Palestine**, Palestina.
Pan. **Panama.**
PANAM **Pan-American World Airways**, Linee Aeree Panamericane per tutti i Continenti.
par. *1* **paragraph**, paragrafo (par.) *2* **parallel**, parallelo *3* **parenthesis**, parentesi *4* **parish**, parrocchia.
Parl. *1* **Parliament**, Parlamento *2* **Parliamentary**, Parlamentare.
part. *1* **participle**, *(gramm.)* participio (part.) *2* **participial**, *(gramm.)* participiale *3* **particular**, particolare *4* **particularly**, particolarmente.
pass. **passive**, *(gramm.)* passivo (pass.).
pat. *1* **patent**, brevetto (brev.) *2* **patented**, brevettato.
path., pathol. *1* **pathologic(al)**, patologico (patol.) *2* **pathology**, patologia (patol.).
Pat. Off. **Patent Office**, Ufficio Brevetti.
P.A.Y.E. **pay-as-you-earn**, (sistema di) ritenuta alla fonte *(G.B.)*.
payt. **payment**, *(comm.)* pagamento; versamento (ver.).
Pb **lead**, *(chim.)* piombo (Pb).
P.B.X. **Private Branch Exchange**, Centrale Telefonica Privata.
p.c. **postcard**, cartolina postale (c.p.).
p./c., P./C. *1* **per cent**, per cento *2* **petty cash**, *(comm.)* (denaro delle) piccole spese e piccole entrate *3* **prices current**, *(comm.)* (listino dei) prezzi correnti.
P.C. *1* **Panama Canal**, Canale di Panama *2* **Police Constable**, Agente di Polizia *3* **Privy Council**, Consiglio Privato *(di un Sovrano)*.
pd. **paid**, pagato.
Pd **palladium**, *(chim.)* palladio (Pd).
P.D. *1* **Personnel Department**, Reparto del Personale *2* **Port Dues**, *(comm.)* Diritti Portuali *3* **potential difference**, *(fis.)* differenza di potenziale.
P.E.N. CLUB **Poets, Essayists, Novelists Club**, Club dei Poeti, Saggisti e Romanzieri *(G.B.)*.
Penn. **Pennsylvania.**
perf. *1* **perfect**, *(gramm.)* perfetto *2* **performance**, esecuzione.
per pro(c). *(lat.:* **per procurationem***)* **by proxy**, per procura (p.p.).
pers. *1* **person**, persona *2* **personal**, personale *3* **personally**, personalmente.
PERT **Program Evaluation and Review Technique**, Tecnica di Valutazione e Revisione dei Programmi.
Pg. *1* **Portugal**, Portogallo *2* **Portuguese**, portoghese.
P.G. **Paying Guest**, Ospite Pagante.
pharm. *1* **pharmaceutical**, farmaceutico *2* **pharmacy**, farmacia.
Ph. B. *(lat.:* **Philosophiae Baccalaureus***)* **Bachelor of Philosophy**, dottore in Filosofia *(laurea di 1° grado)*.
Ph. D. *(lat.:* **Philosophiae Doctor***)* **Doctor of Philosophy**, dottore in Filosofia.
philol. *1* **philological**, filologico *2* **philology**, filologia.
philos. *1* **philosopher**, filosofo *2* **philosophical**, filosofico *3* **philosophy**, filosofia.
phon(et). **phonetics**, fonetica.
phot(og). *1* **photograph**, foto; fotografia *2* **photographic**, fotografico *3* **photography**, fotografia.
phys. *1* **physical**, **fisico** *(agg.)* *2* **physician**, medico *3* **physics**, fisica *4* **physiological**, fisiologico *5* **physiology**, fisiologia.
pk. *1* **park**, parco *2* **peak**, picco; vetta *3* **peck** *(misura di capacità)*.
pl. *1* **place**, luogo *2* **plate**, piatto; *(di libro)* tavola fuori testo *3* **plural**, plurale (pl.).
P/L **Profit and Loss**, Profitti e Perdite.
plur. **plural**, plurale (pl.).
p.m. *1 (lat.:* **post meridiem***)* **after noon**, pomeridiano (p.m.) *2 (lat.:* **post mortem***)* **post-mortem (examination)**, autopsia.
Pm **promethium**, *(chim.)* prometeo (Pm).
P.M. *1* **Police Magistrate**, Pretore *2* **Postmaster**, Ufficiale Postale *3 (lat.:* **Post Mortem***) V.* **p.m.**, 2 *4* **Prime Minister**, Primo Ministro.
Po **polonium**, *(chim.)* polonio (Po).
P.O. *1* **Pacific Ocean**, Oceano Pacifico *2* **Pilot Officer**, *(aeron.)* Ufficiale Pilota *3* **Post office**, Ufficio Postale *4* **Postal Order**, vaglia postale.
p.o.b., P.O.B. **Post-Office Box**, Casella postale.
P.O.D. *(anche:* **p.o.d.***)* **pay on delivery**, pagamento alla consegna; contrassegno.
poet. *1* **poetic, poetical**, poetico *2* **poetically**, poeticamente *3* **poetry**, poesia.
pol. *1* **political**, politico *2* **politics**, politica.
Pol. *1* **Poland**, Polonia *2* **Polish**, polacco.
polit. *1* **political**, politico *2* **politics**, politica.
pop. *1* **popular**, popolare (pop.) *2* **population**, popolazione (pop.).
Port. *1* **Portugal**, Portogallo *2* **Portuguese**, portoghese.

poss. *1* **possession,** possesso *2* **possessive,** *(gramm.)* possessivo (poss.) *3* **possible,** possibile.
P.O.W. **Prisoner of War,** Prigioniero di Guerra.
p.p. *1* **parcel post,** pacco postale (p.p.) *2* **past participle,** *(gramm.)* participio passato *3* *V.* **per pro(c).** *4* **postpaid,** *(comm.)* franco posta.
P.P. *1* **Parcel Post,** pacco postale (p.p.) *2* **Parish Priest,** Parroco.
pr. *1* **pair,** paio *2* **present,** *(gramm.)* presente (pres.) *3* **price,** prezzo *4* **printed,** stampato *5* **printer,** stampatore, tipografo *6* **pronoun,** *(gramm.)* pronome (pr.).
Pr **praseodymium,** *(chim.)* praseodimio (Pr).
Pr. *1* **Priest,** Prete *2* **Prince,** Principe *3* **Printer,** Stampatore; Tipografo.
P.R. *1* **Parachute Regiment,** Reggimento di Paracadutisti *2* **Poste Restante,** *(di una lettera)* fermo posta *3* **Public Relations,** Relazioni Pubbliche *4* **Puerto Rico,** Portorico.
P.R.A. **President of the Royal Academy,** Presidente dell'Accademia Reale.
prec. **preceding,** precedente.
pred. **predicate,** *(gramm.)* predicato (pred.).
pref. *1* **preface,** prefazione *2* **prefix,** *(gramm.)* prefisso (pref.).
prep. *1* **preparation,** preparazione *2* **preparatory,** preparatorio *3* **preposition,** *(gramm.)* preposizione (prep.).
pres. *1* **presence,** presenza *2* **present,** *(gramm.)* presente (pres.).
Pres. *1* **Presidency,** *(polit.)* Presidenza (Pres.) *2* **President,** *(polit.)* Presidente (Pres.).
Presb. **Presbyterian,** *(relig.)* Presbiteriano.
pret. **preterite,** *(gramm.)* preterito.
prev. *1* **previous,** precedente *2* **previously,** precedentemente.
princ. *1* **principal,** principale *2* **principally,** principalmente.
P.R.M. **Public Relations Man,** Addetto alle Pubbliche Relazioni.
prof. **profession,** professione.
Prof. **Professor,** Professore (Prof.).
prom. **promontory,** promontorio.
pron. *1* **pronominal,** *(gramm.)* pronominale *2* **pronoun,** *(gramm.)* pronome (pron.) *3* **pronounced,** pronunciato *4* **pronunciation,** pronuncia.
prov. *1* **proverb,** proverbio (prov.) *2* **province,** provincia (prov.) *3* **provincial,** provinciale (prov.).
prox. *(lat.:* **proximo mense***)* **next month,** prossimo venturo (p.v.).
P.S. **Privy Seal,** Sigillo Privato *(di un Sovrano).*
P.S., P/S *(lat.:* **post scriptum***)* **postscript,** poscritto (P.S.).
psych., psychol. *1* **psychologic(al),** psicologico (psic.) *2* **psychologist,** psicologo (psic.) *3* **psychology,** psicologia (psic.).
pt. *1* **part,** parte *2* **payment,** pagamento; versamento (ver.) *3* **pint,** pinta *(misura di capacità)* *4* **point,** punto; *(geogr.)* punta.
Pt **platinum,** *(chim.)* platino (Pt).
Pt. *1* **Point,** *(geogr.)* Punta *2* **Port,** Porto.
P.T. **Physical Training,** Educazione Fisica.
Pte. **Private,** soldato; soldato semplice.
P.T.O. **please turn over,** vedi retro (v.r.).
Pu **plutonium,** *(chim.)* plutonio (Pu).
pub. *1* **public,** pubblico *2* **publication,** pubblicazione *3* **publicly,** pubblicamente *4* **published,** pubblicato *5* **publisher,** editore *6* **publishing,** editoriale; editrice *(agg.).*
P.V.C. **polyvinyl chloride,** cloruro di polivinile.
p.w. **per week,** a settimana.
P/W **Prisoner of War,** prigioniero di guerra.

q **quintal,** quintale (q).
q. *1* **quart,** quarto *(misura di capacità)* *2* **quarter,** quarto *(misura)* *3* **quarterly,** trimestrale *4* **query,** quesito *5* **question,** domanda.
Q. *1* **Quebec** *2* **Queen,** Regina *3* **Queensland** *(geogr.).*
Q.B. **Queen's Bench,** Regia Corte di Giustizia.
Q.C. *1* **Queen's Counsel** *(leg.: alto titolo onorifico concesso ad avvocati)* *2* **Queen's College.**
q.e.d., Q.E.D. *(lat.:* **quod erat demonstrandum***)* **which was to be demonstrated,** come dovevasi dimostrare (c.d.d.).
ql **quintal,** quintale (q).
qr. **quarter,** quarto (misura).
q.s. *(lat.:* **quantum sufficit***)* **a sufficient quantity,** quanto basta *(nelle ricette).*
Q.S. **Quarter Sessions** *(leg.).*
qt. *1* **quantity,** quantità *2* **quart,** quarto *(misura di capacità).*
q.t. **quiet** *(nella locuz. fam.:)* **on the q.t.,** in segreto; di nascosto; in confidenza.
q.to **quarto,** *(di un libro)* in quarto.
qu. *1* **query,** quesito *2* **question,** domanda.
Qu. **Queen,** Regina.
quad. *1* **quadrangle,** quadrilatero *(specialm: cortile di un college universitario)* *2* **quadrant,** quadrante *3* **quadruple,** quadruplo.
quar(t) **quarterly,** trimestralmente.
Que. *1* **Quebec** *2* **Queensland.**
quot. **quotation,** citazione; *(comm.)* quotazione (quot.).
q.v. *1* *(lat.:* **quantum vis***)* **as much as you like,** a volontà *2* *(lat.:* **quod vide***)* **which see,** vedi *(V.; nei rimandi).*
qy. **query,** quesito.

r. *1* **radius,** *(geom.)* raggio *2* **railway,** ferrovia *3* **rain,** pioggia *4* **rare,** raro *5* **recipe,** ricetta *6* **recto,** *(bibliografia)* recto *7* **residence,** residenza *8* **right,** destro; (la) destra *9* **river,** fiume *10* **road,** strada *11* **rod** *(misura di lunghezza).*
R **radius,** *(geom.)* raggio (r).
R. *1* **Rector,** *(relig.)* Rettore *2* **Rectory,** Rettorato *3* *(lat.:* **Regina***)* **Queen,** Regina *4* **Registered,** Registrato; *(alla Posta)* Raccomandato (Racc.) *5* **Republican,** Repubblicano *6* **Reserve,** Riserva *7* *(lat.:* **Rex***)* **King,** Re *8* **River,** Fiume *9* **Roman,** Romano *10* **Rupee,** Rupia.
Ra **radium,** *(chim.)* radio (Ra).
R.A. *1* **Rear-Admiral,** Contrammiraglio *2* **Royal Academician,** Accademico Reale *3* **Royal Academy,** Accademia Reale *4* **Royal Artillery,** Regia Artiglieria.
R.A.A. **Royal Academy of Arts,** Accademia Reale delle Arti.
R.A.C. **Royal Automobile Club,** Real Automobile Club *(G.B.).*
rad. *1* **radicale** *2* **radius,** *(geom.)* raggio.
Rad. **Radical,** *(polit.)* Radicale.
RADAR **Radio Detecting and Ranging,** Radio-rivelatore e misuratore di distanza.
R.A.F. **Royal Air Force,** Regia Aeronautica *(G.B.).*
R.A.M. **Royal Academy of Music,** Regia Accademia di Musica.
Rb **rubidium,** *(chim.)* rubidio (Rb).
R.C. *1* **Red Cross,** Croce Rossa *2* **Reinforced Concrete,** cemento armato *3* **Roman Catholic,** Cattolico Apostolico Romano.
R.C.A. **Radio Corporation of America,** Ente Radiofonico Americano.
R.C.C. **Roman Catholic Church,** Chiesa Cattolica.
rd. **road,** strada; via.
Re **rhenium,** *(chim.)* renio (Re).
rec. *1* **receipt,** *(comm.)* ricevuta (ric.) *2* **recipe,** ricetta.
recd. **received,** ricevuto.
ref. **reference,** riferimento (rif.).
Ref. Ch. **Reformed Church,** Chiesa Riformata.
refl. *1* **reflection,** riflessione; riflesso *2* **reflective,** riflessivo; riflettente *3* **reflex,** riflesso *4* **reflexive,** *(gramm.)* riflessivo (rifl.).
reg. *1* **regiment,** reggimento *2* **region,** regione (reg.) *3* **regional,** regionale (reg.) *4* **register,** registro *5* **registered,** registrato; *(alla Posta)* raccomandato *6* **regular,** regolare *7* **regulation,** regolazione; regolamento.
Reg. *1* **Regent,** Reggente *2* *(lat.:* **Regina***)* **Queen,** Regina *3* **registered,** registrato; *(alla Posta)* raccomandato (racc.).
rel. *1* **relating (to),** concernente; riferentesi (a) *2* **relative,** relativo (rel.) *3* **relatively,** relativamente *4* **religion,** religione.
rem. *1* **remark,** osservazione *2* **remittance,** rimessa.
Rep. *1* **Report,** Rapporto; Relazione *2* **Reporter,** Relatore; Cronista, Reporter *3* **Representative,** Rappresen-

tante *4* **Republic**, Repubblica (Rep.) *5* **Republican**, Repubblicano.
Repub. *1* **Republic**, Repubblica (Rep.) *2* **Republican**, Repubblicano.
resp. *1* **respective**, rispettivo *2* **respectively**, rispettivamente.
ret. **retired**, in pensione.
retd. **returned**, restituito.
rev. *1* **revenue**, *(econ.)* entrata; erario, fisco *2* **reverse**, contrario, rovescio; *(mecc.)* retromarcia *3* **revised**, riveduto; corretto *4* **revision**, revisione *5* **revolution**, *(mecc.)* giro.
Rev. **Reverend**, *(relig.)* Reverendo (Rev.).
Rev. Ver. **Revised Version**, Versione Riveduta *(della Bibbia Anglicana)*.
R.G.S. **Royal Geographical Society**, Regia Società Geografica.
Rgt. **Regiment**, Reggimento.
Rh **rhodium**, *(chim.)* rodio (Rh).
R.H. **Royal Highness**, Altezza Reale (A.R.).
R.H.A. **Royal Horse Artillery**, Regia Artiglieria a Cavallo.
r.h.d. **right-hand drive**, *(autom.)* guida a destra.
R.I. *1* **Rhode Island** *2* **Royal Institution**, Regio Istituto.
R.I.B.A. **Royal Institute of British Architects**, Associazione Nazionale degli Architetti Britannici.
Rit **Rail inclusive tours**, itinerari ferroviari «tutto compreso».
R.M. **Royal Mint**, (la) Regia Zecca *(nella Torre di Londra)*.
RMI **Radio Magnetic Indicator**, Indicatore radiomagnetico.
Rn **radon**, *(chim.)* radon (Rn).
R.N. *1* **Registered Nurse**, infermiere diplomato, infermiera diplomata *2* **Royal Navy**, Regia Marina.
RNA **Ribonucleic Acid**, Acido ribonucleico.
R.O. **Recruiting Officer**, *(mil.)* Ufficiale Arruolatore.
ROM **read-only memory**, *(elab.)* memoria a sola lettura.
Rom. *1* **Roman**, Romano *2* **Romance**, *(linguistica)* Romanzo.
Rom. Cath. **Roman Catholic**, Cattolico Apostolico Romano.
Roum. *1* **Roumania**, Romania *2* **Roumanian**, rumeno.
R.P. *1* **Rates of Postage**, Tariffe Postali *2* **Reply Paid**, risposta pagata *3* **Rescue Party**, squadra di soccorso.
R/P *1* **Reprint**, Ristampa *2* **Return of Post** *(comm.)*: **by** R/P, a giro di posta.
rpm, r.p.m. **revolutions per minute**, *(mecc.)* giri al minuto (giri/min.).
rps, r.p.s. **revolutions per second**, *(mecc.)* giri al secondo (giri/sec.).
rpt. **report**, rapporto; relazione.
R.P.V. **Remotely Piloted Vehicle**, Veicolo Pilotato a Distanza.
R.R. *1* **Railroad**, Ferrovia *(USA)* *2* **Right Reverend**, Molto Reverendo (M.R.) *3* **Rolls Royce**.
R.S. **Royal Society**, Regia Società.
R.S.M. **Royal Society of Medicine**, Regia Società di Medicina.
R.S.V.P. *(franc.:* **répondez s'il vous plaît***)* **Reply if you please**, si prega di rispondere (R.S.V.P.).
Rt. Hon. **Right Honourable**, Molto Onorevole.
Rt. Rev. **Right Reverend**, *(relig.)* Reverendissimo (Rev.mo).
Ru **ruthenium**, *(chim.)* rutenio (Ru).
Rus(s). *1* **Russia**, Russia *2* **Russian**, russo.
R.W. **Right of Way**, *(autom.)* diritto di precedenza.
rwy., ry. **railway**, ferrovia (ferr.).

s. *1* **second**, *(di tempo)* secondo (sec.) *2* **section**, sezione *3* **series**, serie *4* **shilling(s)**, scellino (-i) *5* **sign**, segno *6* **signed**, firmato *7* **singular**, *(gramm.)* singolare *8* **snow**, neve *9* **son**, figlio *10* **soprano**, *(mus.)* soprano *11* **substantive**, *(gramm.)* sostantivo (sost.).
S **sulphur**, *(chim.)* zolfo (S).
S. *1* **Saint**, Santo, San (S.) *2* **Saturday**, sabato *3* **School**, Scuola *4* **Socialist**, Socialista *5* **Society**, Società *6* **South**, Sud *7* **Southern**, Meridionale *8* **Sunday**, domenica.
s/a **subject to approval**, *(comm.)* salvo approvazione.
S.A. *1* **Salvation Army**, Esercito della Salvezza *2* **South Africa**, Sudafrica *3* **South African**, sudafricano *4* **South Australia**, Australia del Sud.
S.A.A. **South African Airways**, Linee Aeree Sudafricane.
SABMIS **Sea-based Antibalistic Missile Intercept System**, Sistema di Intercettazione di Missili Balistici da Postazione in mare.
S.A.C. **Strategic Air Command**, Comando Strategico Aereo.
S.A.F. **Strategic Air Force**, Forza Aerea Strategica.
S.A.L.T. **Strategic Arms Limitation Talks**, Trattative per la Limitazione delle Armi Strategiche.
SAM **Surface-to-Air Missile**, Missile Superficie-Aria.
san. **sanitary**, sanitario.
S.A.R. *1* **Sons of the American Revolution**, Figli della Rivoluzione Americana *(USA)* *2* **South African Republic**, Repubblica del Sudafrica.
S.A.S. **Scandinavian Airlines System**, Linee Aeree Scandinave.
Sat. *1* **Saturday**, sabato (sab.) *2* **Saturn**, Saturno.
Sb **antimony**, *(chim.)* antimonio (Sb).
S.B. *1* **Savings Bank**, Cassa di Risparmio *2* **South Britain**, Gran Bretagna del Sud.
sc. *1* **scene**, *(teatr.)* scena *2* **science**, scienza.
Sc **scandium**, *(chim.)* scandio (Sc).
S.C. *1* **Sanitary Corps**, *(mil.)* Corpo della Sanità *2* **South Carolina**, Carolina del Sud *3* **Supreme Court**, *(leg.)* Corte Suprema.
sch. *1* **scholar**, erudito; dotto *2* **scholarship**, borsa di studio *3* **school**, scuola *4* **schooner**, *(naut.)* goletta.
Scot. *1* **Scotland**, Scozia *2* **Scottish**, scozzese.
scr. **scruple** *(misura di peso)*.
Script. **Scripture**, (Sacra) Scrittura.
S.D. *1* **South Dakota**, Dakota del Sud *2* **State Department**, Dipartimento di Stato *(USA)* *3* **Supply Depot**, Magazzino Rifornimenti.
Se **selenium**, *(chim.)* selenio (Se).
S.E. *1* **South-East**, Sud-Est (S.E.) *2* **South-Eastern**, Sud-orientale.
S/E **Stock Exchange**, Borsa Valori.
S.E.A.T.O. **South-East Asia Treaty Organization**, Organizzazione del Trattato per l'Asia Sud-Orientale *(Tailandia)*.
sec **secant**, *(mat.)* secante (sec).
sec. *1* **second(s)**, secondo (-i) *2* **secretary**, segretario (segr.) *3* **section**, sezione.
sen., senr. **senior.**
Sen. *1* **Senate**, Senato *2* **Senator**, Senatore (Sen.) *3* **Senior.**
sep. **separate**, separato.
Sep(t). **September**, settembre (sett.).
serg(t). **sergeant**, sergente (serg.).
S.E.T.A.F. **Southern European Task American Force**, Unità Operativa Americana del Sud Europa.
S.F. *1* **San Francisco** *2* **Sinking Fund**, *(comm.)* fondo d'ammortamento.
SF **science fiction**, fantascienza.
s.g. **specific gravity**, *(fis.)* peso specifico.
S.G. *1* **Scots Guards**, *(mil.)* Guardie Scozzesi *2* **Solicitor General**, *(leg.)* Vice Procuratore Generale.
Sgt. **Sergeant**, Sergente (Serg.).
sh. **shilling(s)**, scellino (-i).
S.H.F. **Superhigh Frequency**, *(fis.)* frequenza superelevata.
Si **silicon**, *(chim.)* silicio (Si).
sim. *1* **similar**, simile *2* **similarly**, similmente.
sin **sine**, *(mat.)* seno (sen).
sing. **singular**, *(gramm.)* singolare (sing.).
S.I.S. **Secret Intelligence Service**, Servizio Informazioni Sicurezza.
S.J. **Society of Jesus**, *(relig.)* Compagnia di Gesù (C. d. G.).
Skr., Skrt., **Sanskrit**, Sanscrito.
s.l. *1* **sea level**, livello del mare (l.m.) *2* *(lat.:* **sine loco***)* **without place (of publication)**, *(bibliografia)* sine loco (s.l.).

S.L. *1* **Searchlight,** riflettore *2* **Squadron Leader,** *(aeron. mil.)* Comandante di Squadra *3* **Sub-Lieutenant,** *(naut. mil.)* Sottotenente di Vascello.
Sm samarium, *(chim.)* samario (Sm).
Sn tin, *(chim.)* stagno (Sn).
So. *1* **South,** Sud (S.) *2* **Southern,** meridionale.
S.O. *1* **Staff Officer,** *(mil.)* Ufficiale di Stato Maggiore *2* **Stationery Office,** Libreria di Stato.
Soc. *1* **Social,** Sociale *2* **Socialism,** Socialismo *3* **Socialist,** Socialista *4* **Society,** Società.
Sol. Solicitor, Avvocato.
Sol.-Gen. Solicitor General, *(leg.)* Vice Procuratore Generale.
SONAR Sound Navigation and Ranging, Navigazione e misurazione per mezzo del suono.
S.O.S. (Save Our Souls) distress signal, (segnale internazionale di) richiesta di soccorso (S.O.S.).
sp. *1* **species,** specie *2* **specimen,** campione; esemplare; saggio.
Sp. *1* **Spain,** Spagna *2* **Spanish,** spagnolo.
S.P.C.A. Society for the Prevention of Cruelty to Animals, Società per la Protezione degli Animali (S.P.A.).
S.P.C.C. Society for the Prevention of Cruelty to Children, Società per la Protezione dell'Infanzia.
spec. *1* **special,** speciale *2* **specially,** specialmente *3* **specific,** specifico *4* **specifically,** specificamente *5* **specimen,** campione; esemplare; saggio.
sp. gr. specific gravity, *(fis.)* peso specifico.
sp. ht. specific heat, *(fis.)* calore specifico.
sp. vol. specific volume, *(fis.)* volume specifico.
Sq. *1* **Squadron,** *(mil.)* Squadrone; *(aeron.)* Squadra *2* **Square,** Piazza (P.za).
sq m *1* **square metre,** metro quadrato (mq) *2* **square mile,** miglio quadrato.
Sr strontium, *(chim.)* stronzio (Sr).
Sr. *1* **Senior** *2* **Sister,** *(relig.)* Sorella.
S.R.C. Science Research Council, Consiglio Nazionale per la Ricerca Scientifica *(G.B.)*.
SS. *1* **Saints,** *(relig.)* Santi (SS.) *2* *(lat.:* **Sanctissimus***)* **Most Holy,** Santissimo (SS.) *3* **Steamship,** *(naut.)* piroscafo.
S.S. *1* *(ted.:* **Schutzstaffeln***)* **Hitler's Bodyguard,** *(stor.)* squadre di sicurezza (naziste) (S.S.) *2* **Secondary School,** Scuola Secondaria *3* **Secretary of State,** Segretario di Stato *4* **Secret Service,** Servizio Segreto.
S/S *1* **Secretary of State,** Segretario di Stato *2* **Steamship,** *(naut.)* piroscafo.
SSM Surface-to-Surface Missile, Missile Superficie-Superficie.
st. *1* **stanza,** *(poesia)* stanza; strofa *2* **stem,** *(linguistica)* radice *3* **stone** *(misura di peso)* *4* **strophe,** *(poesia)* strofa.
s.t. short ton *(misura di peso)*.
St. *1* **Saint,** Santo, San (S.) *2* **Statute,** *(leg.)* Statuto *3* **Strait(s),** *(geogr.)* Stretto *4* **Street,** Strada; Via.
stat. *1* **station,** stazione *2* **stationary,** stazionario *3* **statistical,** statistico *4* **statistics,** statistica *5* **statute,** statuto.
std. standard, standard; tipo.
Stdy. Saturday, sabato (sab.).
St. Ex. Stock Exchange, Borsa Valori.
stg. sterling.
stn. station, stazione.
STOL Short Takeoff and Landing, Decollo e atterraggio corti.
sub. *1* **subaltern,** subalterno *2* **submarine,** *(naut.)* sottomarino *3* **subscription,** sottoscrizione; abbonamento *4* **substitute,** sostituto *5* **suburb,** sobborgo *6* **subway,** sottopassaggio.
sub-ed. sub-editor, vice direttore *(di un giornale)*.
subj. *(gramm.)* *1* **subject,** soggetto (sogg.) *2* **subjunctive,** congiuntivo (cong.).
suff. *1* **suffix,** *(gramm.)* suffisso (suff.) *2* **sufficient,** sufficiente (suff.).
Sun(d). Sunday, domenica (dom.).
sup. *1* **superior,** superiore (sup.) *2* **superlative,** *(gramm.)* superlativo (sup.) *3* **supine,** *(gramm.)* supino.
super. *1* **superficial,** superficiale *2* **superior,** superiore *3* **supernumerary,** soprannumerario.
superl. superlative, *(gramm.)* superlativo (superl.).
suppl. *1* **supplement,** supplemento *2* **supplementary,** supplementare.
supr. supreme, supremo.
surg. *1* **surgeon,** chirurgo *2* **surgery,** chirurgia *3* **surgical,** chirurgico.
surv. *1* **surveying,** sorveglianza; agrimensura, topografia *2* **surveyor,** sorvegliante; agrimensore, topografo, geometra.
Sus. Sussex.
S.V. Sailing Vessel, *(naut.)* Nave a vela.
s.v.p., S.V.P. *(franc.:* **s'il vous plaît) if you please,** per favore (S.V.P.).
Sw. *1* **Sweden,** Svezia *2* **Swedish,** svedese *3* **Swiss,** svizzero.
S.W. *1* **Short Wave,** *(radio)* onda corta *2* **South Wales,** *(geogr.)* Galles del Sud *3* **South-West,** Sud Ovest (S.O.) *4* **South-Western,** Sud-Occidentale.
Swit(z). Switzerland, Svizzera.
sym. *1* **symmetrical,** simmetrico *2* **symmetry,** simmetria *3* **symphony,** sinfonia.
symb. *1* **symbol,** simbolo *2* **symbolic,** simbolico.
syn. synonym, sinonimo.

t ton(s), tonnellata (-e) (t).
t. *1* **tare,** *(comm.)* tara (t.) *2* **tempo,** *(mus.)* tempo *3* **tenor,** *(mus.)* tenore *4* **time,** *(fis.)* tempo (t.) *5* **tome,** tomo (t., tom.) *6* **town,** città *7* **transitive,** *(gramm.)* transitivo (trans.).
T. *1* **Telephone,** Telefono *2* **Temperature,** Temperatura *3* **Territory,** Territorio *4* **Testament,** Testamento *5* **Time,** *(fis.)* Tempo *6* **Tuesday,** martedì (mar., mart.).
Ta tantalum, *(chim.)* tantalio (Ta).
T.A. *1* **Telegraphic Address,** indirizzo telegrafico *2* **Territorial Army,** Esercito Territoriale.
T.A.B. Technical Assistance Board, Ufficio di Assistenza Tecnica *(dell'O.N.U.)*.
tan tangent, *(mat.)* tangente (tg).
Tb terbium, *(chim.)* terbio (Tb).
T.B. *1* **Torpedo Boat,** *(naut.)* Motosilurante *2* **Trial Balance,** *(rag.)* Bilancio di Prova *3* **Tuberculosis,** *(med.)* tubercolosi (tbc, Tbc).
T.B.D. Torpedo-Boat Destroyer, Cacciatorpediniere (Caccia).
Tc technetium, *(chim.)* tecnezio (Tc).
T.C. Training Centre, Centro d'Addestramento.
Te tellurium, *(chim.)* tellurio (Te).
techn. *1* **technical,** tecnico *2* **technically,** tecnicamente *3* **technique,** tecnica *4* **technological,** tecnologico *5* **technology,** tecnologia.
tel. *1* **telegram,** telegramma *2* **telegraph,** telegrafo *3* **telegraphist,** telegrafista *4* **telephone,** telefono (tel.).
TELEX Telegraph Exchange, Trasmissione per telescrivente.
ten. tenor, *(mus.)* tenore.
Tenn. Tennessee.
territ. *1* **territorial,** territoriale *2* **territory,** territorio.
Test. *1* **Testament,** testamento *2* **Testator,** testatore.
Teut. *1* **Teuton,** teutone *2* **Teutonic,** teutonico.
Tex. Texas.
T.F. *1* **Task Force,** *(mil.)* Unità Tattica *2* **Territorial Force,** *(mil.)* Forza Territoriale.
Th thorium, *(chim.)* torio (Th).
Th. Thursday, giovedì (giov.).
theol. *1* **theological,** teologico (teol.) *2* **theology,** teologia (teol.).
theor. theorem, teorema.
Thur(s). Thursday, giovedì (giov.)
Ti titanium, *(chim.)* titanio (Ti).
T.I.C. Tourist Information Centre, Ufficio d'Informazioni per il Turista.
TIR *(franc.:* **Transports Internationaux Routiers) International Road Transport,** Trasporti Internazionali su Strada (TIR).
tit. *1* **title,** titolo *2* **titular,** titolare.
Tl thallium, *(chim.)* tallio (Tl).
Tm thulium, *(chim.)* tulio (Tm).
T.N. Telephone Number, numero telefonico.
TNT trinitrotoluene, *(chim.)* trinitrotoluene *(esplosivo)*

(TNT).
T.O. *1* **Telegraph Office,** Ufficio del Telegrafo *2* (*anche* t.o.) **turn over,** volta pagina; voltare.
tr. *1* **tragedy,** tragedia *2* **transaction,** operazione commerciale *3* **transitive,** *(gramm.)* transitivo *4* **translated,** tradotto *5* **translation,** traduzione (trad.) *6* **translator,** traduttore (trad.) *7* **transport,** trasporto *8* **trustee,** fiduciario; amministratore.
trad. *1* **tradition,** tradizione *2* **traditional,** tradizionale.
trag. *1* **tragedian,** tragediografo *2* **tragedy,** tragedia *3* **tragic,** tragico.
trans. *1* **transferred,** *(comm.)* trasferito *2* **transitive,** *(gramm.)* transitivo (trans.) *3* **transitory,** transitorio *4* **translated,** tradotto *5* **translation,** traduzione (trad.) *6* **translator,** traduttore (trad.) *7* **transport,** trasporto.
treas. **treasurer,** tesoriere.
Treas. **Treasury,** Tesoro.
Trin. Coll. **Trinity College** *(a Oxford, a Cambridge o a Dublino).*
T.S. **Training Ship,** *(naut.)* Nave Scuola.
T.T. *1* **Teetotaller,** astemio *2* **Telegraphic Transfer,** versamento telegrafico *3* **Torpedo Tubes,** *(naut.)* tubi lanciasiluri.
T.U. *1* **Trade Union** *(sindacato dei lavoratori inglesi)* *2* **Trade Unionist,** sindacalista.
T.U.C. *1* **Trades Union Congress,** Congresso delle «Trade Union» *2* **Trades Union Council,** Consiglio delle «Trade Union».
Tues. **Tuesday,** martedì (mar., mart.).
TV **television,** televisione (TV).
T.W.A. **Trans World Airlines,** Linee Aeree Intercontinentali.
typ., typog. *1* **typographical,** tipografico (tip., tipogr.) *2* **typography,** tipografia.

u. **upper,** superiore.
U **uranium,** *(chim.)* uranio (U).
U. *1* **Union,** Unione *2* **Unionist,** Unionista *3* **Universal,** Universale; *(di un film)* (visibile) per tutti *4* **University,** Università.
U.A.B. **Unemployment Assistance Board,** Comitato di Assistenza ai Disoccupati.
U.A.R. **United Arab Republic,** Repubblica Araba Unita (R.A.U.).
U.D. *1* **Upper Deck,** *(naut.)* ponte superiore *2* **Urban District,** Distretto Urbano.
U.D.C. **Universal Decimal Classification,** Classificazione decimale universale.
U.F.O. **Unidentified Flying Object,** Oggetto volante non identificato.
U.G.C. **University Grants Committee,** Comitato per l'assegnazione di borse di studio universitarie (G.B.).
U.H.F. **ultra high frequency,** *(fis.)* frequenza ultraelevata (U.H.F.).
U.K. **United Kingdom,** Regno Unito *(Gran Bretagna e Irlanda del Nord).*
U.K.A.E.A. **United Kingdom Atomic Energy Authority,** Ente Nazionale Britannico per l'Energia Atomica.
ult. *(lat.:* **ultimo mense***)* **last month,** ultimo scorso (u.s.).
U.N. **United Nations,** Nazioni Unite (N.U.).
unabr. **unabridged,** *(di un libro)* in edizione integrale.
U.N.C.T.A.D. **United Nations Conference on Trade and Development,** Conferenza delle Nazioni Unite sul Commercio e lo Sviluppo.
U.N.E.S.C.O. **United Nations Educational, Scientific, and Cultural Organization,** Organizzazione delle Nazioni Unite per l'Educazione, la Scienza e la Cultura.
U.N.I.C.E.F. **United Nations International Children's Emergency Fund,** Fondo Internazionale di Emergenza delle Nazioni Unite per l'Infanzia *(USA).*
univ. *1* **universal,** universale *2* **universally,** universalmente.
Univ. *1* **Universalist,** Universalista *2* **University,** Università.
UNIVAC **Universal Automatic Computer,** Calcolatore universale automatico.
U.N.O. **United Nations Organization,** Organizzazione delle Nazioni Unite (O.N.U.).
U.N.R.R.A. **United Nations Relief and Rehabilitation Administration,** Amministrazione delle Nazioni Unite per la Riabilitazione e il Soccorso dei Paesi liberati.
U. of S. A. **Union of South Africa,** Unione del Sud-Africa.
U.P. *1* **United Press,** Stampa Associata *(agenzia di stampa USA)* *2* **United Provinces,** Province Riunite.
U.P.U. **Universal Postal Union,** Unione Postale Universale (U.P.U.).
U.S. *1* **Under-Secretary,** Sottosegretario *2* **United States,** Stati Uniti (S.U.).
U.S.A. *1* **United States of America,** Stati Uniti d'America *2* **United States Army,** Esercito Statunitense.
U.S.A.F. **United States Air Force,** *(mil.)* Aeronautica Statunitense.
U.S.I.S. **United States Information Service,** Centro Statunitense d'Informazioni (culturali).
U.S.N. **United States Navy,** Marina Militare Statunitense.
U.S.S.R. **Union of Soviet Socialist Republics,** Unione delle Repubbliche Socialiste Sovietiche (U.R.S.S.).
usu. *1* **usual,** usuale; solito *2* **usually,** usualmente; di solito.
Ut. **Utah.**
U.V. **ultraviolet,** *(fis.)* ultravioletto (UV, Uv).
U/W. **Underwriter,** *(comm.)* sottoscrittore; *(naut.)* assicuratore marittimo.

v *1* **volt,** *(fis.)* volt (V) *2* **volume,** *(mat.)* volume (vol.).
v. *1* **valve,** valvola *2* **velocity,** velocità *3* **verb,** *(gramm.)* verbo *4* **verse,** *(poesia)* verso, versi *5* **version,** versione *6* **versus,** *(leg., sport)* contro *7* **very,** molto *8* **vision,** acuità visiva; visus *(lat.)* *9* **vocative,** *(gramm.)* vocativo (voc.) *10* **volume,** *(mat.)* volume (vol.).
V *1* **vanadium,** *(chim.)* vanadio (V) *2* **velocity,** *(fis.)* velocità *3* **volt,** *(fis.)* volt (V) *4* **volume,** *(mat.)* volume (vol.).
V. *1* **Vector,** *(fis.)* Vettore *2* **Vicar,** Curato; Vicario *3* **Vice,** *(nei composti)* Vice *4* **Victoria,** *(stor.)* Vittoria *5* **Victorian,** *(stor.)* vittoriano *6* **Victory,** Vittoria *7* **Virgin,** Vergine *8* **Viscount,** Visconte *9* **Voltage,** *(fis.)* voltaggio *10* **Volunteer,** Volontario.
v.a. *1* **verb active,** *(gramm.)* verbo attivo *2* **verbal adjective,** *(gramm.)* aggettivo verbale.
Va. **Virginia** *(geogr.).*
V.A. *1* **Vicar Apostolic,** Vicario Apostolico *2* **Vice-Admiral,** Vice-Ammiraglio.
val. *1* **value,** valore *2* **valued,** valutato.
var. *1* **variant,** variante (var.) *2* **variation,** *(geogr.)* declinazione magnetica *3* **variegated,** variegato *4* **variety,** varietà *5* **various,** vario.
Vat. **Vatican,** Vaticano (Vat.).
vb. **verb.,** *(gramm.)* verbo (vb.).
vb.n. **verbal noun,** *(gramm.)* sostantivo verbale.
V.C. *1* **Vice-Chairman,** Vicepresidente *2* **Vice-Chancellor,** Vicecancelliere *3* **Vice-Consul,** Viceconsole *4* **Victoria Cross,** Croce della Regina Vittoria.
V.C.R. **Video Cassette Recorder,** Videoregistratore a cassette.
V-Day **Victory Day,** giorno della Vittoria.
vel. **velocity,** velocità.
Ven. *1* **Venerable,** Venerabile (Ven.) *2* **Venetian,** veneziano.
vet., Vet. *1* **veteran,** veterano; reduce *2* **veterinary,** veterinario (vet., Vet.).
V.G. **Vicar General,** *(relig.)* Vicario Generale.
V.H.F. **Very High Frequency,** *(fis.)* (ad) altissima frequenza (V.H.F.).
v.i. *1* **verb intransitive,** *(gramm.)* verbo intransitivo *2* *(lat.:* **vide infra***)* **see below,** vedi sotto.
Vic. *1* **Vicar,** *(relig.)* Vicario; Curato *2* **Vicarage,** Vicariato *3* **Victoria,** Vittoria.
Vic. Ap. **Vicar Apostolic,** *(relig.)* Vicario Apostolico.
Vict. **Victoria,** Vittoria.
V.I.P. **Very Important Person,** persona molto importante; vip.
Virg. **Virginia** *(geogr.).*
vis. **visibility,** visibilità.
Vis., Visc., Visct. *1* **Viscount,** Visconte *2* **Viscountess,** Viscontessa.

viz. (*lat.:* **videlicet**) **namely,** vale a dire.
V.L.F. Very Low Frequency, *(fis.)* (a) bassissima frequenza.
V.O. Veterinary Officer, *(mil.)* Ufficiale Veterinario.
V.O.A. Voice of America, La Voce dell'America *(alla Radio).*
voc. vocative, *(gramm.)* vocativo (voc.).
vol. *1* **volume,** volume (vol.) *2* **voluntary,** volontario.
Vol. Volunteer(s), *(mil.)* Volontario (-i).
volc. *1* **volcanic,** vulcanico *2* **volcano,** vulcano.
V.P. Vice-President, Vicepresidente.
v.r. verb reflexive, *(gramm.)* verbo riflessivo (v. rifl.).
V.R. *(lat.:* **Victoria Regina***)* **Queen Victoria,** la Regina Vittoria.
vs. versus, *(leg., sport)* contro.
v.s. *(lat.:* **vide supra***)* **see above,** vedi sopra (v.s., V.s.).
V.S. Veterinary Surgeon, Chirurgo Veterinario.
V.S.O. Very Superior Old, stravecchio superiore (detto di cognac che abbia da 12 a 17 anni di invecchiamento).
V.S.O.P. Very Superior Old Pale, stravecchio superiore paglierino (detto di cognac che abbia da 18 a 25 anni di invecchiamento).
v.t. verb transitive, *(gramm.)* verbo transitivo.
V.T.O.L. Vertical Takeoff and Landing, decollo e atterraggio verticali.
V.T.R. Video Tape Recorder, Videoregistratore a nastro.
vulg. *1* **vulgar,** volgare *2* **vulgarly,** volgarmente.
Vul(g). Vulgate, *(relig.)* Vulgata.
vv. *1* **verbs,** *(gramm.)* verbi *2* **verses,** *(poesia)* versi; strofe.
V.V.S.O.P. Very Very Superior Old Pale, super stravecchio superiore paglierino (detto di cognac che abbia da 26 a 40 anni di invecchiamento).

w. *1* **water,** acqua *2* **week,** settimana *3* **weight,** peso *4* **wicket** *(nel gioco del cricket)* *5* **wife,** moglie *6* **with,** con *7* **work,** *(fis.)* lavoro *8* **wrong,** errato; sbagliato.
W *1* **wolfram** (*o* **tungsten**), *(chim.)* volframio (*o* tungsteno) (W) *2* **watt,** *(fis.)* watt (W).
W. *1* **Wales** *2* **Washington** *3* **Wednesday,** mercoledì (merc.) *4* **Welsh,** gallese *5* **West,** Ovest (O.) *6* **Western,** Occidentale.
W.A. *1* **West Africa,** Africa Occidentale *2* **Western Australia,** Australia Occidentale.
W.A.A.C. Women's Army Auxiliary Corps, *(mil.)* Corpo Ausiliario Femminile dell'Esercito *(G.B.).*
W.A.A.F. Women's Auxiliary Air Force, *(mil.)* Corpo Ausiliario Femminile dell'Aeronautica.
W.A.C. Women's Auxiliary Corps, *(mil.)* Corpo delle Ausiliarie dell'Esercito *(USA).*
W.A.P.C. Women's Auxiliary Police Corps, Corpo delle Ausiliarie di Polizia.
Wash. Washington *(geogr.: lo Stato).*
W.A.S.P. White Anglo-Saxon Protestant, Bianco Anglosassone Protestante *(gruppo etnico-religioso negli USA).*
W.B.A. World Boxing Association, Associazione Pugilistica Mondiale.
w.c. *1* **water closet,** gabinetto (di decenza) (W.C.) *2* **without charge,** *(comm.)* senza spese; gratis.
W.C.C. World Council of Churches, Consiglio Ecumenico delle Chiese.
W.D. War Department, Ministero della Guerra *(USA).*
W.E.A. Workers' Educational Association, Associazione Culturale dei Lavoratori *(G.B.).*
Wed. Wednesday, mercoledì (merc.).
Westmd. Westmoreland.
W.E.U. Western European Union, Unione dell'Europa Occidentale (U.E.O.).
W.F.T.U. World Federation of Trade Unions, Federazione Sindacale Mondiale.
W.G. *1* **Welsh Guards,** Guardie Gallesi *2* **Westminster Gazette** *3* **West Germanic,** *(linguistica)* Germanico Occidentale.
wh, Wh watt-hour, *(fis.)* wattora (Wh).
W.H.O. World Health Organization, Organizzazione Mondiale della Sanità (O.M.S.).
W.I. *1* **West Indian,** (abitante) delle Indie Occidentali *2* **West Indies,** Indie Occidentali *3* **Wrought iron,** (di) ferro battuto.
WIPO World Intellectual Property Organization, Organizzazione Mondiale per la Proprietà Intellettuale.
Wis(c). Wisconsin.
wk *1* **week,** settimana *2* **work,** lavoro.
w.l., W/L wave length, *(fis., radio)* lunghezza d'onda.
W.L. *1* *(franc.:* **Wagon lit***)* **sleeping car,** *(ferr.)* vagone *(o carrozza)* letto (W.L.) *2* **War Loan,** Prestito di Guerra *3* **Water Line,** *(naut.)* linea di galleggiamento.
W.M.A. World Medical Association, Associazione Medica Mondiale *(USA).*
W.M.O. World Meteorological Organization, Organizzazione Meteorologica Mondiale.
W.O. *1* **War Office,** Ministero della Guerra *(G.B.)* *2* **Wireless Operator,** radiotelegrafista; marconista.
Worcs. Worcestershire.
w.p. weather permitting, tempo permettendolo.
W.P. Word Processing, *(elab.)* Trattamento della Parola; Elaborazione dei Testi.
W.P.A. With Particular Average, Con Danno Particolare.
W.R.A.C. Women's Royal Army Corps, Corpo delle Ausiliarie dell'Esercito *(G.B.).*
W.R.A.F. Women's Royal Air Force, Corpo delle Ausiliarie dell'Aeronautica *(G.B.).*
W.R.N.S. Women's Royal Naval Service, Corpo delle Ausiliarie della Marina *(G.B.).*
W.S. Working Storage, *(elab.)* Memoria di lavoro.
wt. *1* **weight,** peso *2* **without,** senza.
W.T. *1* **Watertight,** a tenuta d'acqua *2* **Wireless Telegraphy,** radiotelegrafia (R.T.).
W.T.A.O. World Touring and Automobile Organization, Organizzazione Mondiale del Turismo e dell'Automobile *(G.B.).*
Wtr. *1* **Waiter,** cameriere *2* **Winter,** inverno *3* **Writer,** scrittore; scrivente.
W/V. Wind Velocity, velocità del vento.
W.Va. West Virginia, Virginia Occidentale.
W.V.S. Women's Voluntary Service, Servizio Volontario Femminile.
W.W. Waterworks, giochi d'acque *(di fontane, ecc.).*
W.W.F. World Wildlife Fund, Fondo Mondiale per la Natura.
Wyo. Wyoming.

X *1* **(X.) Christ,** Cristo (X.) *2* **Cross,** Croce *3* **excluded,** *(di un film)* vietato ai minori.
Xe xenon, *(chim.)* xeno (Xe).
Xm., Xmas Christmas, Natale.
Xn. Christian, cristiano.
Xnty. Christianity, la Cristianità.
Xt. Christ, Cristo (X.).
Xtian. Christian, cristiano.
Xts. Christ's College *(a Cambridge).*

Y yttrium, *(chim.)* ittrio (Y).
Yb ytterbium, *(chim.)* itterbio (Yb).
Y.B. Year Book, Annuario.
yd. yard(s), iarda (-e) *(misura di lunghezza).*
Y.H.A. Youth Hostels Association, Associazione degli Ostelli della Gioventù.
Y.M.C.A. Young Men's Christian Association, Associazione Cristiana della Gioventù Maschile *(G.B.).*
yr. *1* **year,** anno *2* **younger,** più giovane; junior *3* **your,** vostro (vs., Vs.).
Y.R.A. Yacht Racing Association, Associazione dello Sport della Vela.
yrs. *1* **years,** anni *2* **yours,** vostro (vs., Vs.).
Y.W.C.A. Young Women's Christian Association, Associazione Cristiana della Gioventù Femminile *(G.B.).*

z. zero, zero.
Zanz. Zanzibar.
Z.G. Zoological Gardens, Giardino Zoologico.
Zn zinc, *(chim.)* zinco (Zn).
zool. *1* **zoological,** zoologico *2* **zoology,** zoologia.
Zr zirconium, *(chim.)* zirconio (Zr).

Sistemi monetari

Sistema monetario inglese
(*unità base:* **pound**, *sterlina*)

Bronze coins:
(new) halfpenny (1/2 p), mezzo penny
(new) penny (1p), penny
twopence (2p), due pence

Cupro-nickel coins:
fivepence (5p), cinque pence
tenpence (10p), dieci pence
fifty-penny piece (50 p, £ 0.50), cinquanta pence

Bank-notes:
pound note (£ 1), sterlina
five-pound note (£ 5), cinque sterline
ten-pound note (£ 10), dieci sterline
twenty-pound note (£ 20), venti sterline

Prima del 15 febbraio 1971, la sterlina era divisa in venti **shillings** (scellini) e lo scellino in dodici **pennies**. Erano in circolazione le seguenti monete:

Copper coins (*fam.:* **coppers**):
halfpenny (1/2d.), mezzo penny
penny (1d.), penny (*dodicesima parte dello scellino*)
threepence, threepenny bit (3d.), tre pence

Silver coins:
sixpence (6d.), sei pence (*mezzo scellino*)
shilling (1s., 1/-), scellino (*ventesima parte della sterlina*)
florin, two-shilling piece (2s., 2/-), due scellini
half-crown (2s.6d., 2/6), mezza corona (*due scellini e sei pence*)
crown (5s., 5/-), corona (*cinque scellini*)

Nominal coins:
guinea (£1.1s., 21s.), ghinea (*ventun scellini*)

Sistema monetario americano
(*unità base:* **dollar**, *dollaro*)

Copper coins:
cent (1c.), un centesimo di dollaro
nickel (5c.), cinque centesimi di dollaro

Silver coins:
dime (10c.), dieci centesimi di dollaro
quarter (25c.), venticinque centesimi di dollaro
half dollar (50c.), mezzo dollaro (*cinquanta centesimi di dollaro*)
dollar ($1), dollaro

Bank-notes:
Si stampano banconote di $ 1, 2, 5, 10, 20, 50, 100, 500. Si hanno anche tagli speciali di $ 1000, 5000, 10000.

Pesi e misure

Units of length - Unità di lunghezza

Name	*Symbol*	*Equivalent to*	*Nome italiano*	*Equivalente metrico*
inch	in		pollice	2,54 cm
mil		1/1000 in	millesimo di pollice	0,0254 mm
hand		4 in	palmo inglese	10,16 cm
span		9 in	spanna inglese	22,86 cm
foot	ft	12 in	piede	30,48 cm
cubit		18 in	cubito inglese	45,72 cm
yard	yd	3 ft = 36 in	iarda	0,9144 m
fathom	fm	2 yd	braccio inglese	1,8288 m
rod; pole; perch	rd; po	5,5 yd = 1/320 mi	pertica inglese	5,0292 m
(Gunter's) chain	ch	22 yd = 1/80 mi	catena inglese	20,1168 m
furlong	fur	220 yd = 1/8 mi		201,168 m
(statute) mile	mi	1760 yd	miglio (terrestre)	1609,344 m
(Admiralty) nautical mile	naut mi	6080 ft	miglio marino	1853,184 m
international nautical mile	int. naut mi	6076,11 ft	miglio marino internazionale	1852 m
league	lea	3 mi	lega inglese	4828,032 m

Units of area - Unità di superficie

Name	*Symbol*	*Equivalent to*	*Nome italiano*	*Equivalente metrico*
square inch	sq in		pollice quadrato	6,4516 cm^2
square foot	sq ft	144 sq in	piede quadrato	929,0304 cm^2
square yard	sq yd	9 sq ft	iarda quadrata	0,836127 m^2
rood	ro	1210 sq yd		1011,714 m^2
acre	a	4 ro	acro	4046,86 m^2
square mile	sq mi	640 a	miglio quadrato	2,59 km^2

Units of volume - Unità di volume

Name	*Symbol*	*Equivalent to*	*Nome italiano*	*Equivalente metrico*
cubic inch	cu in		pollice cubo	16,387 cm^3
cubic foot	cu ft	1728 cu in	piede cubo	28,317 dm^3
cubic yard	cu yd	27 cu ft	iarda cuba	0,76455 m^3
cord foot		16 cu ft		0,45307 m^3
cord		128 cu ft		3,62456 m^3

Units of capacity: Imperial Standard (UK) - Unità di capacità: Imperial Standard

Name	*Symbol*	*Equivalent to*	*Nome italiano*	*Equivalente metrico*
fluid ounce	fl oz	1/160 gal	oncia fluida (*UK*)	28,413 cm^3
gill	gi	5 fl oz = 1/32 gal		142,065 cm^3
pint	pt	4 gi = 1/8 gal	pinta (*UK*)	568,261 cm^3
quart	qt	2 pt = 1/4 gal		1,13652 dm^3
gallon	gal	277,42 cu in	gallone (*UK*)	4,54609 dm^3
peck	pk	2 gal		9,09218 dm^3
bushel	bu	4 pk = 8 gal		36,369 dm^3
quarter	qr	8 bu = 64 gal		290,950 dm^3

Units of capacity for liquid commodities (*USA*) - Unità di capacità per liquidi (*USA*)

Name	*Symbol*	*Equivalent to*	*Nome italiano*	*Equivalente metrico*
fluid ounce	fl oz	1/128 gal	oncia fluida (*USA*)	29,5736 cm^3
gill	gi	4 fl oz = 1/32 gal		118,294 cm^3
(liquid) pint	pt	4 gi = 1/8 gal		473,176 cm^3
(liquid) quart	qt	2 pt = 1/4 gal		946,353 cm^3
gallon	gal	231 cu in	gallone (*USA*)	3,78541 dm^3
barrel	bbl	31,5 gal		119,240 dm^3
oil barrel		42 gal		158,987 dm^3

Units of capacity for dry commodities (*USA*) - Misure di capacità per aridi (*USA*)

Name	*Symbol*	*Equivalent to*	*Nome italiano*	*Equivalente metrico*
(dry) pint	pt	1/64 bu		0,55061 dm^3
(dry) quart	qt	2 pt = 1/32 bu		1,10122 dm^3
bushel	bu	2150,42 cu in		35,239 dm^3
dry barrel	bbl	105 qt		115,628 dm^3

Units of weight or mass: avoirdupois system - Unità di peso o massa: sistema avoirdupois

Name	*Symbol*	*Equivalent to*	*Nome italiano*	*Equivalente metrico*
grain	gr	1/7000 lb	grano	64,79891 mg
dram	drm	1/16 oz = 1/256 lb	dramma	1,771845 g
ounce	oz	1/16 lb	oncia	28,34953 g
pound	lb		libbra	0,4535924 kg
stone	st	14 lb		6,350294 kg
quarter	qr	2 st = 28 lb		12,70059 kg
cental; short hundredweight	ctl	100 lb		45,35924 kg
long hundredweight	cwt	112 lb		50,80235 kg
short ton	s tn	20 ctl = 2000 lb		907,1848 kg
long ton	tn	20 cwt = 2240 lb		1016,047 kg

Units of weight or mass: troy and apothecaries' systems - Unità di peso o di massa: sistemi troy e apothecaries

Name	*Symbol*	*Equivalent to*	*Nome italiano*	*Equivalente metrico*
grain	gr	1/5760 lb tr	grano	64,79891 mg
pennyweight	dwt	24 gr = 1/240 lb tr		1,55517 g
ounce	oz tr	480 gr = 1/12 lb tr	oncia troy	31,1035 g
pound	lb tr	5760 gr	libbra troy	373,242 g

Scales of temperature - Scale di temperatura

Name	*Symbol*	*Nome italiano*	*Equivalenze*
degree Fahrenheit	°F	grado Fahrenheit	T(°F) = (9/5) × T(°C) + 32
degree Celsius	°C	grado centigrado	T(°C) = (5/9) × (T(°F) - 32)

Verbi irregolari

(La lettera (R), apposta accanto all'infinito, indica che il verbo può anche essere usato come regolare. Il segno + denota una forma arcaica o poetica).

INFINITO	PASSATO	PARTICIPIO PASSATO
abide (R) [ə'baid]	**abode** [ə'boud]	**abode** [ə'boud]
arise [ə'raiz]	**arose** [ə'rouz]	**arisen** [ə'rizn]
awake (R) [ə'weik]	**awoke** [ə'wouk]	**awoke** [ə'wouk]
be [bi:]	**was** [wɔz, wəz]	**been** [bi:n, bin]
bear [bɛə*]	**bore** [bɔ:*]	**borne** [bɔ:n] **born** [bɔ:n]
beat [bi:t]	**beat** [bi:t]	**beaten** [bi:tn] **beat** + [bi:t]
become [bi'kʌm]	**became** [bi'keim]	**become** [bi'kʌm]
befall [bi'fɔ:l]	**befell** [bi'fel]	**befallen** [bi'fɔlən]
beget [bi'get]	**begot** [bi'gɔt]	**begotten** [bi'gɔtn] **begot** [bi'gɔt]
begin [bi'gin]	**began** [bi'gæn]	**begun** [bi'gʌn]
behold [bi'hould]	**beheld** [bi'held]	**beheld** [bi'held]
bend [bend]	**bent** [bent]	**bent** [bent]
bereave (R) [bi'ri:v]	**bereft** [bi'reft]	**bereft** [bi'reft]
beseech [bi'si:tʃ]	**besought** [bi'sɔ:t]	**besought** [bi'sɔ:t]
bespeak [bi'spi:k]	**bespoke** [bi'spouk]	**bespoken** [bi'spoukn]
bestride [bi'straid]	**bestrode** [bi'stroud]	**bestridden** [bi'stridn]
bet (R) [bet]	**bet** [bet]	**bet** [bet]
betake [bi'teik]	**betook** [bi'tuk]	**betaken** [bi'teikən]
bid [bid]	**bade** [beid] **bad** [bæd] **bid** [bid]	**bidden** ['bidn] **bid** [bid]
bind [baind]	**bound** [baund]	**bound** [baund]
bite [bait]	**bit** [bit]	**bit** [bit] **bitten** ['bitn]
bleed [bli:d]	**bled** [bled]	**bled** [bled]
bless (R) [bles]	**blest** [blest]	**blest** [blest]
blow [blou]	**blew** [blu:]	**blown** [bloun]
break [breik]	**broke** [brouk]	**broken** ['broukən]
breed [bri:d]	**bred** [bred]	**bred** [bred]
bring [briŋ]	**brought** [brɔ:t]	**brought** [brɔ:t]
broadcast (R) ['brɔ:dˌka:st]	**broadcast** ['brɔ:dˌka:st]	**broadcast** ['brɔ:dˌka:st]
build [bild]	**built** [bilt]	**built** [bilt]
burn (R) [bə:n]	**burnt** [bə:nt]	**burnt** [bə:nt]
burst [bə:st]	**burst** [bə:st]	**burst** [bə:st]
buy [bai]	**bought** [bɔ:t]	**bought** [bɔ:t]
cast [ka:st]	**cast** [ka:st]	**cast** [ka:st]
catch [kætʃ]	**caught** [kɔ:t]	**caught** [kɔ:t]
chide (R) [tʃaid]	**chid** [tʃid]	**chidden** ['tʃidən] **chid** [tʃid]
choose [tʃu:z]	**chose** [tʃouz]	**chosen** ['tʃouzn]
cleave (R) [kli:v]	**cleft** [kleft] **clove** + [klouv]	**cleft** [kleft] **cloven** + ['klouvn]
cling [kliŋ]	**clung** [klʌŋ]	**clung** [klʌŋ]
clothe (R) [klouð]	**clad** [klæd]	**clad** [klæd]
come [kʌm]	**came** [keim]	**come** [kʌm]
cost [kɔst]	**cost** [kɔst]	**cost** [kɔst]
creep [kri:p]	**crept** [krept]	**crept** [krept]
crow (R) [krou]	**crew** [kru:]	**crowed** [kroud]
cut [kʌt]	**cut** [kʌt]	**cut** [kʌt]
dare (R) [dɛə*]	**durst** + [də:st]	**dared** [dɛəd]
deal [di:l]	**dealt** [delt]	**dealt** [delt]
dig [dig]	**dug** [dʌg]	**dug** [dʌg]
do [du]	**did** [did]	**done** [dʌn]
draw [drɔ:]	**drew** [dru:]	**drawn** [drɔ:n]
dream (R) [dri:m]	**dreamt** [dremt]	**dreamt** [dremt]
drink [driŋk]	**drank** [dræŋk]	**drunk** [drʌŋk]
drive [draiv]	**drove** [drouv]	**driven** ['drivn]
dwell (R) [dwel]	**dwelt** [dwelt]	**dwelt** [dwelt]
eat [i:t]	**ate** [et]	**eaten** ['i:tn]
fall [fɔ:l]	**fell** [fel]	**fallen** ['fɔ:lən]
feed [fi:d]	**fed** [fed]	**fed** [fed]
feel [fi:l]	**felt** [felt]	**felt** [felt]
fight [fait].	**fought** [fɔ:t]	**fought** [fɔ:t]
find [faind]	**found** [faund]	**found** [faund]
flee [fli:]	**fled** [fled]	**fled** [fled]
fling [fliŋ]	**flung** [flʌŋ]	**flung** [flʌŋ]
fly [flai]	**flew** [flu:]	**flown** [floun]
forbear [fɔ:'bɛə*]	**forbore** [fɔ:'bɔ:*]	**forborne** [fɔ:'bɔ:n]
forbid [fə'bid]	**forbade** [fə'beid] **forbad** [fə'bæd]	**forbidden** [fə'bidn] **forbid** + [fə'bid]

forecast (R) ['fɔ:ka:st]	**forecast** [fɔ:ka:st]	**forecast** [fɔ:ka:st]
forego [fɔ:'gou]	**forewent** [fɔ:'went]	**foregone** [fɔ:'gɔn]
foresee [fɔ:'si:]	**foresaw** [fɔ:'sɔ:]	**foreseen** [fɔ:'si:n]
foretell [fɔ:'tel]	**foretold** [fɔ:'tould]	**foretold** [fɔ:'tould]
forget [fə'get]	**forgot** [fə'gɔt]	**forgotten** [fə'gɔtn] **forgot** [fə'gɔt]
forgive [fə'giv]	**forgave** [fə'geiv]	**forgiven** [fə'givn]
forsake [fə'seik]	**forsook** [fə'suk]	**forsaken** [fə'seikən]
forswear [fɔ:'swɛə*]	**forswore** [fɔ:'swɔ:*]	**forsworn** [fɔ:'swɔ:n]
freeze [fri:z]	**froze** [frouz]	**frozen** ['frouzn]
get [get]	**got** [gɔt]	**got** [gɔt] **gotten** + ['gɔtn] (USA)
gild (R) [gild]	**gilt** [gilt]	**gilt** [gilt]
gird (R) [gə:d]	**girt** [gə:t]	**girt** [gə:t]
give [giv]	**gave** [geiv]	**given** ['givn]
gnaw (R) [nɔ:]	**gnawed** [nɔ:d]	**gnawn** [nɔ:n]
go [gou]	**went** [went]	**gone** [gɔn]
grind [graind]	**ground** [graund]	**ground** [graund]
grow [grou]	**grew** [gru:]	**grown** [groun]
hang (R) [hæŋ]	**hung** [hʌŋ]	**hung** [hʌŋ]
have [hæv]	**had** [hæd]	**had** [hæd]
hear [hiə*]	**heard** [hə:d]	**heard** [hə:d]
heave (R) [hi:v]	**hove** [houv]	**hove** [houv]
hew (R) [hju:]	**hewed** [hju:d]	**hewn** [hju:n]
hide [haid]	**hid** [hid]	**hidden** ['hidn] **hid** [hid]
hit [hit]	**hit** [hit]	**hit** [hit]
hold [hould]	**held** [held]	**held** [held]
hurt [hə:t]	**hurt** [hə:t]	**hurt** [hə:t]
inlay [in'lei]	**inlaid** [in'leid]	**inlaid** [in'leid]
keep [ki:p]	**kept** [kept]	**kept** [kept]
kneel [ni:l]	**knelt** [nelt]	**knelt** [nelt]
knit (R) [nit]	**knit** [nit]	**knit** [nit]
know [nou]	**knew** [nju:]	**known** [noun]
lade [leid]	**laded** [leidid]	**laden** ['leidn]
lay [lei]	**laid** [leid]	**laid** [leid]
lead [li:d]	**led** [led]	**led** [led]
lean (R) [li:n]	**leant** [lent]	**leant** [lent]
leap (R) [li:p]	**leapt** [lept]	**leapt** [lept]
learn (R) [lə:n]	**learnt** [lə:nt]	**learnt** [lə:nt]
leave [li:v]	**left** [left]	**left** [left]
lend [lend]	**lent** [lent]	**lent** [lent]
let [let]	**let** [let]	**let** [let]
lie [lai]	**lay** [lei]	**lain** [lein]
light (R) [lait]	**lit** [lit]	**lit** [lit]
lose [lu:z]	**lost** [lɔst]	**lost** [lɔst]
make [meik]	**made** [meid]	**made** [meid]
mean [mi:n]	**meant** [ment]	**meant** [ment]
meet [mi:t]	**met** [met]	**met** [met]
misgive [mis'giv]	**misgave** [mis'geiv]	**misgiven** [mis'givn]
mislay [mis'lei]	**mislaid** [mis'leid]	**mislaid** [mis'leid]
mislead [mis'li:d]	**misled** [mis'led]	**misled** [mis'led]
mistake [mis'teik]	**mistook** [mis'tuk]	**mistaken** [mis'teikn]
misunderstand [,misʌndə'stænd]	**misunderstood** [,misʌndə'stud]	**misunderstood** [,misʌndə'stud]
mow (R) [mou]	**mowed** [moud]	**mown** [moun]
outdo [aut'du:]	**outdid** [aut'did]	**outdone** [aut'dʌn]
outgrow [aut'grou]	**outgrew** [aut'gru:]	**outgrown** [aut'groun]
outrun [aut'rʌn]	**outran** [aut'ræn]	**outrun** [aut'rʌn]
outshine [aut'ʃain]	**outshone** [aut'ʃɔn]	**outshone** [aut'ʃɔn]
overbear [,ouvə'bɛə*]	**overbore** [,ouvə'bɔ:*]	**overborne** [,ouvə'bɔ:n]
overcast [,ouvə'ka:st]	**overcast** [,ouvə'ka:st]	**overcast** [,ouvə'ka:st]
overcome [,ouvə'kʌm]	**overcame** [,ouvə'keim]	**overcome** [,ouvə'kʌm]
overdo [,ouvə'du:]	**overdid** [,ouvə'did]	**overdone** [,ouvə'dʌn]
overdraw [,ouvə'drɔ:]	**overdrew** [,ouvə'dru:]	**overdrawn** [,ouvə'drɔ:n]
overeat [,ouvər'i:t]	**overate** [,ouvər'et]	**overeaten** [,ouvər'i:tn]
overfeed [,ouvə'fi:d]	**overfed** [,ouvə'fed]	**overfed** [,ouvə'fed]
overgrow [,ouvə'grou]	**overgrew** [,ouvə'gru:]	**overgrown** [,ouvə'groun]
overhang [,ouvə'hæŋ]	**overhung** [,ouvə'hʌŋ]	**overhung** [,ouvə'hʌŋ]
overhear [,ouvə'hiə*]	**overheard** [,ouvə'hə:d]	**overheard** [,ouvə'hə:d]
overlay [,ouvə'lei]	**overlaid** [,ouvə'leid]	**overlaid** [,ouvə'leid]
overrun [,ouvə'rʌn]	**overran** [,ouvə'ræn]	**overrun** [,ouvə'rʌn]
oversee [,ouvə'si:]	**oversaw** [,ouvə'sɔ:]	**overseen** [,ouvə'si:n]
overset [,ouvə'set]	**overset** [,ouvə'set]	**overset** [,ouvə'set]
oversleep [,ouvə'sli:p]	**overslept** [,ouvə'slept]	**overslept** [,ouvə'slept]

overspread [,ouvə'spred]	**overspread** [,ouvə'spred]	**overspread** [,ouvə'spred]
overtake [,ouvə'teik]	**overtook** [,ouvə'tuk]	**overtaken** [,ouvə'teikn]
overthrow [,ouvə'θrou]	**overthrew** [,ouvə'θru:]	**overthrown** [,ouvə'θroun]
partake [pa:'teik]	**partook** [pa:'tuk]	**partaken** [pa:'teikən]
pay [pei]	**paid** [peid]	**paid** [peid]
put [put]	**put** [put]	**put** [put]
quit (R) [kwit]	**quit** [kwit]	**quit** [kwit]
read [ri:d]	**read** [red]	**read** [red]
rebuild [ri:'bild]	**rebuilt** [ri:'bilt]	**rebuilt** [ri:'bilt]
recast [ri:'ka:st]	**recast** [ri:'ka:st]	**recast** [ri:'ka:st]
relay [ri:'lei]	**relaid** [ri:'leid]	**relaid** [ri:'leid]
rend [rend]	**rent** [rent]	**rent** [rent]
repay [ri'pei]	**repaid** [ri'peid]	**repaid** [ri'peid]
reset [ri:'set]	**reset** [ri:'set]	**reset** [ri:'set]
rid (R) [rid]	**rid** [rid]	**rid** [rid]
ride [raid]	**rode** [roud]	**ridden** [ridn]
ring [riŋ]	**rang** [ræŋ]	**rung** [rʌŋ]
rise [raiz]	**rose** [rouz]	**risen** ['rizn]
rive (R) [raiv]	**rived** [raivd]	**riven** [rivn]
run [rʌn]	**ran** [ræn]	**run** [rʌn]
saw (R) [sɔ:]	**sawed** [sɔ:d]	**sawn** [sɔ:n]
say [sei]	**said** [sed]	**said** [sed]
see [si:]	**saw** [sɔ:]	**seen** [si:n]
seek [si:k]	**sought** [sɔ:t]	**sought** [sɔ:t]
sell [sel]	**sold** [sould]	**sold** [sould]
send [send]	**sent** [sent]	**sent** [sent]
set [set]	**set** [set]	**set** [set]
sew (R) [sou]	**sewed** [soud]	**sewn** [soun]
shake [ʃeik]	**shook** [ʃuk]	**shaken** ['ʃeikn]
shear (R) [ʃia*]	**sheared** [ʃiad]	**shorn** [ʃɔ:n]
shed [ʃed]	**shed** [ʃed]	**shed** [ʃed]
shine [ʃain]	**shone** [ʃɔn]	**shone** [ʃɔn]
shoe [ʃu:]	**shod** [ʃɔd]	**shod** [ʃɔd]
shoot [ʃu:t]	**shot** [ʃɔt]	**shot** [ʃɔt]
show (R) [ʃou]	**showed** [ʃoud]	**shown** [ʃoun]
shrink [ʃriŋk]	**shrank** [ʃræŋk]	**shrunk** [ʃrʌŋk]
shrive (R) [ʃraiv]	**shrove** [ʃrouv]	**shriven** ['ʃrivən]
shut [ʃʌt]	**shut** [ʃʌt]	**shut** [ʃʌt]
sing [siŋ]	**sang** [sæŋ]	**sung** [sʌŋ]
sink [siŋk]	**sank** [sæŋk]	**sunk** [sʌŋk]
sit [sit]	**sat** [sæt]	**sat** [sæt]
slay [slei]	**slew** [slu:]	**slain** [slein]
sleep [sli:p]	**slept** [slept]	**slept** [slept]
slide [slaid]	**slid** [slid]	**slid** [slid]
sling [sliŋ]	**slung** [slʌŋ]	**slung** [slʌŋ]
slink [sliŋk]	**slunk** [slʌŋk]	**slunk** [slʌŋk]
slit [slit]	**slit** [slit]	**slit** [slit]
smell (R) [smel]	**smelt** [smelt]	**smelt** [smelt]
smite [smait]	**smote** [smout]	**smitten** ['smitn]
sow (R) [sou]	**sowed** [soud]	**sown** [soun]
speak [spi:k]	**spoke** [spouk]	**spoken** ['spoukən]
speed (R) [spi:d]	**sped** [sped]	**sped** [sped]
spell (R) [spel]	**spelt** [spelt]	**spelt** [spelt]
spend [spend]	**spent** [spent]	**spent** [spent]
spill (R) [spil]	**spilt** [spilt]	**spilt** [spilt]
spin [spin]	**spun** [spʌn] **span** [spæn]	**spun** [spʌn]
spit [spit]	**spat** [spæt] **spit** + [spit]	**spat** [spæt] **spit** + [spit]
split [split]	**split** [split]	**split** [split]
spoil (R) [spɔil]	**spoilt** [spɔilt]	**spoilt** [spɔilt]
spread [spred]	**spread** [spred]	**spread** [spred]
spring [spriŋ]	**sprang** [spræŋ]	**sprung** [sprʌŋ]
stand [stænd]	**stood** [stud]	**stood** [stud]
stave (R) [steiv]	**stove** [stouv]	**stove** [stouv]
steal [sti:l]	**stole** [stoul]	**stolen** ['stoulən]
stick [stik]	**stuck** [stʌk]	**stuck** [stʌk]
sting [stiŋ]	**stung** [stʌŋ]	**stung** [stʌŋ]
stink [stiŋk]	**stank** [stæŋk] **stunk** [stʌŋk]	**stunk** [stʌŋk]
strew (R) [stru:]	**strewed** [stru:d]	**strewn** [stru:n]
stride [straid]	**strode** [stroud]	**stridden** ['stridn]
strike [straik]	**struck** [strʌk]	**struck** [strʌk]
		stricken + ['strikən]
string [striŋ]	**strung** [strʌŋ]	**strung** [strʌŋ]
strive [straiv]	**strove** [strouv]	**striven** ['strivən]

swear [swɛə*]	**swore** [swɔ:*]	**sworn** [swɔ:n]
sweat (R) [swet]	**sweat** [swet]	**sweat** [swet]
sweep [swi:p]	**swept** [swept]	**swept** [swept]
swell (R) [swel]	**swelled** [sweld]	**swollen** ['swoulən]
swim [swim]	**swam** [swæm]	**swum** [swʌm]
swing [swiŋ]	**swung** [swʌŋ]	**swung** [swʌŋ]
take [teik]	**took** [tuk]	**taken** ['teikən]
teach [ti:tʃ]	**taught** [tɔ:t]	**taught** [tɔ:t]
tear [tɛə*]	**tore** [tɔ:*]	**torn** [tɔ:n]
tell [tel]	**told** [tould]	**told** [tould]
think [θiŋk]	**thought** [θɔ:t]	**thought** [θɔ:t]
thrive (R) [θraiv]	**throve** [θrouv]	**thriven** ['θrivn]
throw [θrou]	**threw** [θru:]	**thrown** [θroun]
thrust [θrʌst]	**thrust** [θrʌst]	**thrust** [θrʌst]
tread [tred]	**trod** [trɔd]	**trodden** ['trɔdn] **trod** [trɔd]
unbend [ʌn'bend]	**unbent** [ʌn'bent]	**unbent** [ʌn'bent]
unbind [ʌn'baind]	**unbound** [ʌn'baund]	**unbound** [ʌn'baund]
underbid [ˌʌndə'bid]	**underbid** [ˌʌndə'bid]	**underbid** [ˌʌndə'bid]
undergo [ˌʌnde'gou]	**underwent** [ˌʌndə'went]	**undergone** [ˌʌndə'gɔn]
undersell [ˌʌndə'sel]	**undersold** [ˌʌndə'sould]	**undersold** [ˌʌndə'sould]
understand [ˌʌndə'stænd]	**understood** [ˌʌndə'stud]	**understood** [ˌʌndə'stud]
undertake [ˌʌndə'teik]	**undertook** [ˌʌndə'tuk]	**undertaken** [ˌʌndə'teikən]
underwrite [ˌʌndə'rait]	**underwrote** [ˌʌndə'rout]	**underwritten** [ˌʌndə'ritn]
undo [ʌn'du:]	**undid** [ʌn'did]	**undone** [ʌn'dʌn]
upset [ʌp'set]	**upset** [ʌp'set]	**upset** [ʌp'set]
wake (R) [weik]	**woke** [wouk]	**woken** ['woukən]
wear [wɛə*]	**wore** [wɔ:*]	**worn** [wɔ:n]
weave [wi:v]	**wove** [wouv]	**woven** ['wouvən]
wed (R) [wed]	**wed** [wed]	**wed** [wed]
weep [wi:p]	**wept** [wept]	**wept** [wept]
wet (R) [wet]	**wet** [wet]	**wet** [wet]
win [win]	**won** [wʌn]	**won** [wʌn]
wind [waind]	**wound** [waund]	**wound** [waund]
withdraw [wið'drɔ:]	**withdrew** [wið'dru:]	**withdrawn** [wið'drɔ:n]
withhold [wið'hould]	**withheld** [wið'held]	**withheld** [wið'held]
withstand [wið'stænd]	**withstood** [wið'stud]	**withstood** [wið'stud]
work (R) [wə:k]	**wrought** + [wrɔ:t]	**wrought** + [wrɔ:t]
wring [riŋ]	**wrung** [rʌŋ]	**wrung** [rʌŋ]
write [rait]	**wrote** [rout]	**written** ['ritn]

Proverbi

A bird in the hand is worth two in the bush, meglio un uovo oggi che una gallina domani.
A burnt child dreads fire, gatto scottato dall'acqua calda, ha paura della fredda.
A cat may look at a king, anche un gatto può guardare un re.
A fault confessed is half redressed, peccato confessato è mezzo perdonato.
A fool's bolt is soon shot, gli sciocchi hanno poche frecce al loro arco.
A friend in need is a friend indeed, al bisogno si conosce l'amico.
A good beginning is half the battle, chi ben comincia è a metà dell'opera.
All is fair in love and war, in amore e in guerra tutto è lecito.
All is fish that comes to his net, arraffa tutto quello che può; per lui tutto va bene.
All roads lead to Rome, tutte le strade portano a Roma.
All's well that ends well, tutto è bene quel che finisce bene.
All that glitters is not gold, non è tutto oro quel che riluce.
A mackerel sky is never long dry, cielo a pecorelle acqua a catinelle.
A miss is as good as a mile, per un punto Martin perse la cappa.
An apple a day keeps the doctor away, una mela al giorno toglie il dottore d'attorno.
A new broom sweeps clean, scopa nuova spazza bene.
A rolling stone gathers no moss, pietra mossa non fa muschio.
As they sow, so let them reap, chi la fa l'aspetti.
A stitch in time saves nine, un punto in tempo ne salva cento.
As you make your bed, so you must lie on it, chi è causa del suo mal, pianga se stesso.
A watched pot is long in boiling, quando s'aspetta, i minuti sono ore.
A word to the wise is enough, a buon intenditor poche parole.

Beauty is but skin-deep, non è tutto oro quel che riluce.
Beggars must be no choosers, o mangiar questa minestra o saltar dalla finestra.
Better be alone than in ill company, meglio soli che male accompagnati.
Better late than never, meglio tardi che mai.
Birds of a feather flock together, ogni simile ama il suo simile; Dio li fa e poi li accoppia.
Blood is thicker than water, il sangue non è acqua.
Blood will tell, buon sangue non mente.
Business is business, gli affari sono affari.

Call a spade a spade, di' pane al pane e vino al vino.
Can the leopard change his spots?, il lupo perde il pelo, ma non il vizio.
Care killed the cat, le preoccupazioni portano alla tomba.
Cast ne'er a clout till May be out, aprile non ti scoprire, maggio va adagio.
Charity begins at home, la carità comincia in casa propria.
Content is happiness, chi si contenta gode.
Curses, like chickens, come home to roost, le maledizioni ricadono sul capo di chi le scaglia.

Dead men tell no tales, i morti non parlano.
Death pays all debts, la morte salda tutti i conti.
Deeds, not words, i fatti contano più delle parole.
Desperate diseases must have desperate remedies, a mali estremi, rimedi estremi.
Dog does not eat dog, lupo non mangia lupo.
Don't count your chickens before they are hatched, non dir quattro se non l'hai nel sacco.
Don't cross the bridge till you get to it, non bisogna fasciarsi la testa prima d'essersela rotta.

Empty vessels make the most noise, le teste di legno fan sempre fracasso.
Enough is as good as a feast, chi si contenta gode.
Even a worm will turn, la pazienza ha un limite.
Every cloud has a silver lining, non tutto il male vien per nuocere.
Every dog has his day, per tutti, prima o poi, viene il giorno della fortuna.
Every man has his price, ogni uomo ha il suo prezzo.
Every man to his trade, a ciascuno il suo mestiere.
Example is better than precept, l'esempio vale più dell'ammaestramento.
Extremes meet, gli estremi si toccano.

Faint heart never won fair lady, chi non risica non rosica.
Familiarity breeds contempt, confidenza toglie riverenza.
Fine feathers make fine birds, l'abito fa il monaco.
Fine words butter no parsnips, le belle parole non servono a nulla.
Fire is a good servant but a bad master, il fuoco è buon servitore, ma cattivo padrone.
First catch your hare, non vendere la pelle dell'orso prima d'averlo ucciso.
First come, first served, chi tardi arriva male alloggia (*o* chi prima arriva macina).
For a flying enemy make a golden bridge, a nemico che fugge, ponti d'oro.
Forewarned, forearmed, uomo avvisato è mezzo salvato.
Fortune favours the brave, la fortuna aiuta gli audaci.

Gaming, women, and wine, while they laugh, they make men pine, Bacco, tabacco e Venere riducono l'uomo in cenere.
Give a dog a bad name and hang him, la calunnia uccide.
Give a thief rope enough and he'll hang himself, da' la corda a un ladro e quello s'impiccherà.
Gluttony kills more than the sword, ne ammazza più la gola che la spada.
God helps those who help themselves, aiutati che il Ciel t'aiuta.
God tempers the wind to the shorn lamb, Dio manda il freddo secondo i panni.
Good wine needs no bush, il buon vino non ha bisogno di frasca.
Good words fill not a sack, le belle parole non riempiono il sacco.

Good words without deeds are rushes and reeds, belle parole e cattivi fatti ingannano savi e matti.
Grasp all, lose all, chi troppo vuole nulla stringe.

Habit is second nature, l'abitudine è una seconda natura.
Half a loaf is better than no bread, meglio poco che niente.
Handsome is that handsome does, quello che conta è la bontà, non la bellezza.
Haste makes waste, la gatta frettolosa fece i gattini ciechi.
He laughs best who laughs last, ride bene chi ride ultimo.
He that makes himself a sheep, shall be eaten by the wolf, chi pecora si fa, il lupo se la mangia.
He that sows the wind will reap the whirlwind, chi semina vento, raccoglie tempesta.
He that striketh with the sword, shall be stricken with the scabbard, chi di spada ferisce di spada perisce.
He that will not when he may, when he will he shall have nay, ogni occasione lasciata è persa.
He who excuses himself, accuses himself, chi si scusa s'accusa.
His bark is worse than his bite, can che abbaia non morde.
Homer sometimes nods, anche Omero qualche volta sonnecchia.
Honesty is the best policy, l'onestà è la miglior politica.
Hunger is the best sauce, il miglior condimento è l'appetito.

If the sky falls, we shall catch larks, non tutto il male viene per nuocere.
If wishes were horses, beggars would ride, i desideri non empiono il sacco.
If you brew well, you'll drink the better, chi mal semina mal raccoglie.
If you want a thing (well) done, do it yourself, chi fa da sé fa per tre.
Ill news comes apace, le cattive nuove volano.
Ill weeds grow apace, la mala erba non muore mai.
In for a penny, in for a pound, quando si è in ballo, bisogna ballare.
It is a dirty bird that fouls its own nest, i panni sporchi si lavano in casa.
It is a long lane that has no turning, niente dura in eterno (*o* l'ora buona arriva per chi sa aspettare).
It is an ill wind that blows nobody any good, non tutto il male vien per nuocere.
It is easy to be wise after the event, del senno di poi son piene le fosse.
It is never too late to mend, non è mai troppo tardi per emendarsi.
It is no use crying over spilt milk, è inutile piangere sul latte versato (*o* cosa fatta capo ha).
It never rains but it pours, le disgrazie non vengono mai sole.
It takes all sorts (to make a world), il mondo è bello perché è vario.

Kind words go a long way, le buone parole possono molto.
Knowledge is power, sapere è potere.

Least said, soonest mended, meno si parla, meglio è (*o* il silenzio è d'oro).
Let bygones be bygones, acqua passata non macina più.
Let sleeping dogs lie, non svegliar il can che dorme.
Let well alone, il meglio è nemico del bene.
Light(ly) come, light(ly) go, presto avuto, presto perduto.
Like father, like son, quale il padre, tale il figlio.
Little pitchers have long ears, i bambini hanno le orecchie lunghe.
Little strokes fell great oaks, la goccia scava la pietra.
Long absent, soon forgotten, lontano dagli occhi, lontano dal cuore.
Look before you leap (for snakes among the bright flowers creep), pensaci prima d'agire.
Love is blind, l'amore è cieco.
Love me, love my dog, chi ama me, ama il mio cane.

Make hay while the sun shines, batti il ferro finché è caldo.
Man proposes, God disposes, l'uomo propone e Dio dispone.
Many a little makes a mickle, molti pochi fanno assai.
Might is right, contro la forza la ragion non vale.
Misfortunes never come alone, le disgrazie non vengono mai sole.
Money makes the mare to go, con il denaro si fa tutto.
More haste, less speed, chi ha fretta vada adagio.
Murder will out, tutti i nodi vengono al pettine.

Near is my shirt, but nearer is my skin, di nulla m'importa più di me stesso.
Necessity is the mother of invention, il bisogno aguzza l'ingegno.
Necessity knows no law, necessità fa legge.
Never is a long day, è facile dire «mai!».
Never look a gift horse in the mouth, a caval donato non si guarda in bocca.
Never too late to learn, non è mai troppo tardi per imparare.
No cross, no crown, non c'è onore senza onere.
No fool like an old fool, nessuno è più stolto d'un vecchio stolto.
None so deaf as those who won't hear, non c'è peggior sordo di chi non vuol sentire.
No news is good news, nessuna nuova buona nuova.
No rose without a thorn, non c'è rosa senza spine.
No smoke without some fire, non c'è fumo senza arrosto.
Nothing new under the sun, non c'è nulla di nuovo sotto il sole.
Nothing succeeds like success, un successo ne chiama un altro.
Nothing venture, nothing have, chi non risica non rosica.

Of money, wit, and virtue, believe one fourth of what you hear, denari e santità, metà della metà.
Of two evils choose the less, fra due mali scegli il minore.
Old birds are not caught with chaff, passero vecchio non entra in gabbia.
Omelets are not made without breaking of eggs, con niente non si fa niente.
Omittance is no quittance, la mancata richiesta di pagamento non annulla il debito.
Once bit, twice shy, gatto scottato dall'acqua calda, ha paura della fredda.
One cannot draw blood from a stone, non si può cavar sangue da una rapa.
One man's meat is another man's poison, quel che giova all'uno nuoce all'altro.
One may as well be hanged for a sheep as a lamb, tanto vale essere impiccato per aver rubato una pecora e non soltanto un agnello.
One nail drives out another, chiodo scaccia chiodo.
One swallow does not make a summer, una rondine non fa primavera.

Opportunity makes the thief, l'occasione fa l'uomo ladro.
Out of sight, out of mind, lontano dagli occhi, lontano dal cuore.
Over shoes, over boots, quando si è in ballo bisogna ballare.

People who live in glass houses shouldn't throw stones, chi è senza peccato scagli la prima pietra.
Possession is nine-tenths of the law, possedere una cosa è già quasi averla per diritto.
Practice makes perfect, la pratica vale più della grammatica.
Prevention is better than cure, è meglio prevenire che curare.
Pride goes before and shame comes after, la superbia andò a cavallo e tornò a piedi.
Procrastination is the thief of time, non rimandare a domani quello che puoi fare oggi (*o* chi ha tempo non aspetti tempo).
Promises are like pie-crust, made to be broken, le promesse son fatte per non essere mantenute.

Red sky at night, shepherd's delight, rosso di sera, buon tempo si spera.
Roll my log and I'll roll yours, una mano lava l'altra.
Rome was not built in a day, Roma non fu fatta in un giorno.

Second thoughts are best, è sempre meglio riflettere.
Seeing is believing, vedere per credere.
Short reckonings make long friends, patti chiari, amicizia lunga.
Silence gives consent, chi tace acconsente.
Slow and steady wins the race, chi va piano va sano e va lontano (*o* chi la dura la vince).
Slow and sure, chi va piano va sano.
So many men, so many minds, tante teste, tanti pareri.
Spare the rod and spoil the child, il medico pietoso fa la piaga cancrenosa.
Speech is silvern, silence is golden, la parola è d'argento, ma il silenzio è d'oro.
Still waters run deep, le acque chete rovinano i ponti.
Strike while the iron is hot, batti il ferro finché è caldo.

Take care of the pence, and the pounds will take care of themselves, il risparmio incomincia dal centesimo.
Talk of the devil, and he is sure to appear, persona nominata o è qui o è per strada.
Tastes differ, tutti i gusti son gusti.
The cowl does not make the monk, l'abito non fa il monaco.
The devil is not so black as he is painted, il diavolo non è così brutto come lo si dipinge.
The devil was sick, the devil a monk would be; the devil was well, the devil a monk was he, passata la festa gabbato lo santo.
The early bird catches the worm, chi dorme non piglia pesci.
The end justifies the means, il fine giustifica i mezzi.
The exception proves the rule, l'eccezione conferma la regola.
The farthest way about is the nearest way home, la strada più lunga è la più spedita.
The first blow is as much as two, chi mena per primo mena due volte.
The greatest talkers are the least doers, chi più parla meno fa.
The grey mare is the better horse, (in quella casa) è la moglie che porta i pantaloni.
The mills of God grind slowly, Dio non paga il sabato.
The proof of the pudding is in the eating, alla prova si scortica l'asino.
There is a time for everything, ogni cosa a suo tempo.
There is honour among thieves, lupo non mangia lupo.
There is many a slip between (the) cup and (the) lip, dal dire al fare c'è di mezzo il mare.
There is safety in numbers, l'unione fa la forza.
The road to hell is paved with good intentions, la via dell'inferno è lastricata di buone intenzioni.
The tailor makes the man, l'eleganza nel vestire è cosa di gran peso.
The wish is father to the thought, si crede facilmente a ciò che fa piacere.
Those whom the gods love die young, muor giovane chi al Cielo è caro.
Time and straw make medlars ripe, col tempo e con la paglia si maturano le nespole.
Time flies, il tempo vola.
Time is money, il tempo è denaro.
Time tries all, il tempo è galantuomo.
Too many cooks spoil the broth, troppi cuochi guastano la cucina.
Too much breaks the bag, il troppo stroppia.
Too much is as bad as none at all, il troppo stroppia.
Two blacks do not make a white, due neri non fanno un bianco.
Two heads are better than one, due teste valgono più di una.
Two is company, but three is none, poca brigata, vita beata.
Two wrongs don't make a right, due torti non fanno una ragione.

Union is strength, l'unione fa la forza.
United we stand, divided we fall, l'unione fa la forza.

Virtue is its own reward, il ben fare non porta merito.

Walls have ears, i muri hanno orecchi.
Want is a severe, but efficient teacher, il bisogno è il miglior maestro.
Waste not, want not, il risparmio è il miglior guadagno.
Watched pot never boils, il desiderio rende lunga l'attesa.
Well begun is half done, chi ben comincia è a metà dell'opera.
What is done cannot be undone, cosa fatta capo ha.
What is sauce for the goose is sauce for the gander, ciò che vale per l'uno deve valere anche per l'altro.
What the eye sees not, the heart rues not, occhio non vede, cuore non duole.
When in Rome, do as the Romans do, paese che vai, usanza che trovi.
Where there's a will, there's a way, volere è potere.
While there's life, there's hope, finché c'è vita c'è speranza.
Who breaks pays, chi rompe paga.
Words are but wind, le parole volano.

You can't eat your cake and have it, non si può avere la botte piena e la moglie ubriaca.
You can't get blood out of a stone, non si può cavar sangue da una rapa.
You can't make a silk purse out of a sow's ear, non si può cavar sangue da una rapa.
Young saint old devil, santo da giovane, diavolo da vecchio.

italiano • inglese

A

(1) A, a *f.* A, a ● *(tel.) a come Ancona,* a for Andrew □ *essere all'a,* to be at the beginning □ *ricominciare dall'a,* to start all over again.

(2) a *prep.* ***1*** *(stato in luogo:* in genere, e con nomi di città considerati come punti geografici) **at**: *essere a scuola (alla stazione, a teatro),* to be at school (at the station, at the theatre) □ *atterrare a Londra,* to land at London ***2*** *(stato in luogo:* con nomi di città considerate come agglomeramenti urbani e in altri casi) **in**: *abitare a Milano,* to live in Milan □ *vivere al sud,* to live in the south ***3*** *(moto a luogo)* **to**: *andare alla stazione (a teatro, a scuola),* to go to the station (to the theatre, to school) □ *recarsi a Firenze,* to go to Florence □ *Sei mai stato allo zoo?,* have you ever been to the zoo? ***4*** *(direzione)* **to**: *Questa strada porta a Napoli,* this road leads to Naples □ *La Francia è a sud dell'Inghilterra,* France lies (o is) to the south of England ***5*** (punto d'arrivo) **at**: *gettare sassi agli uccelli,* to throw stones at the birds ***6*** *(compl. di termine)* **to**: *Dàllo a me, per favore,* give it to me, please ***7*** *(tempo,* di solito) **at**: *a Natale,* at Christmas □ *alle undici e un quarto,* at a quarter past eleven ***8*** *(prezzo)* **at**: *vendere un articolo a diecimila lire,* to sell an article at ten thousand lire ***9*** *(misura)* **a, an; per**: *Costa tre sterline alla iarda,* it costs three pounds a (o per) yard ***10*** *(causa)* **at**: *Mi rallegrai alla buona notizia,* I rejoiced at the good news ***11*** *(modo, maniera)* **at; in**: *a caso,* at random □ *all'italiana,* in (o after) the Italian fashion ***12*** *(vantaggio, danno, interesse)* **to; for**: *essere utile all'umanità,* to be useful to mankind ***13*** *(separazione)* **from**: *prendere q.c. a q.,* to take st. from sb. ***14*** *(mezzo)* **by; in**: *scritto a mano,* written by hand □ *dipinto a olio,* painted in oils ***15*** *(distributivo)* **by; at**: *a uno a uno,* one by one □ *due alla volta,* two at a time ***16*** *(davanti a un verbo all'inf.; è idiom.) Cominciai a ridere,* I began to laugh □ *Andiamo a vedere!,* let's go and see □ *stare a guardare,* to look on; to watch □ *stare a sedere,* to sit; to be sitting □ *Fosti tu a dirmelo,* it was you who told me so.

àbaco *m.* ***1*** (libretto elementare d'aritmetica) **arithmetic primer** ***2*** *(archit.)* **abacus*.**

abate *m.* **abbot.**

abat-jour *(franc.) m.* ***1*** (paralume) **lampshade** ***2*** (lampada) **(table) lamp.**

abbacchiare ***A*** *v. t.* (la frutta) to **knock down** ***B*** **abbacchiarsi** *v. rifl.* to **lose* heart.**

abbacchiato *a.* (abbattuto moralmente) **downcast; in low spirits; down in the mouth** *(fam.).*

abbàcchio *m.* (cucina) **lamb.**

abbacinaménto *m.* ***1*** (accecamento) **blinding** ***2*** (abbagliamento) **dazzling.**

abbacinare *v. t.* ***1*** (accecare) to **blind** ***2*** (abbagliare) to **dazzle.**

àbbaco *V.* **àbaco.**

abbagliaménto *m.* **dazzlement.**

abbagliante *a.* **dazzling.**

abbagliare *v. t. (*anche *fig.)* to **dazzle.**

abbàglio *m.* (errore) **blunder**: *prendere un a.,* to make a blunder.

abbaiare *v. i.* ***1*** to **bark**: *I cani abbaiano,* dogs bark ***2*** *(fig.)* to **howl**: *Lascialo a.!,* let him howl!

abbaino *m.* **dormer window.**

abbandonare ***A*** *v. t.* ***1*** (lasciare q. o q.c. definitivamente) to **abandon;** to **desert;** to **forsake***: *a. una nave che affonda,* to abandon a sinking ship □ *a. la moglie e i figli,* to abandon (o to forsake) one's wife and children ***2*** (lasciare per lungo tempo) to **leave*;** to **quit** *(raro)*: *a. la famiglia per cercar lavoro,* to leave one's family to look for work ***3*** (rinunziare a) to **renounce;** to **give* up;** to **forsake*;** *(leg.)* to **waive**: *a. il mondo e i suoi piaceri per farsi trappista,* to renounce the world and its pleasures to become a trappist □ *a. i propri progetti,* to give up one's plans ***4*** (dimettersi da, desistere da) to **resign;** to **give* up**: *a. l'ufficio per ragioni di salute,* to resign one's job on grounds of ill health ***5*** (lasciare andare) to **relinquish;** to **abandon;** to **give* up**: *a. ogni speranza,* to relinquish (o to give up) all hope ***6*** (cedere) to **surrender;** to **yield**: *a. i propri diritti a q.c.,* to surrender (o to yield) one's rights to st. ● *(mil.) a. le armi,* to lay down arms □ *a. il campo, (sport)* to abandon the match; *(mil.)* to lose the field, to retreat □ *a. il proprio lavoro,* to throw up one's job ***B*** **abbandonarsi** *v. rifl.* ***1*** (perdersi d'animo) to **lose* heart** ***2*** (darsi a q.c.) to **abandon oneself** (to); to **give* oneself up** (to); to **yield (oneself)** (to): *a. alla disperazione,* to abandon oneself (o to yield) to despair ***3*** (affidarsi a) to **throw* oneself** (on): *a. alla mercé di q.,* to throw oneself on the mercy of sb. ***4*** *(fam.:* lasciarsi andare) to **let* oneself go** ***5*** (rilassarsi) to **relax** ***6*** (lasciarsi cadere) to **drop;** to **flop**: *a. su una poltrona,* to drop into an armchair ● *a. al vizio della droga,* to become a drug addict.

abbandonato ***A*** *a.* **abandoned; derelict; deserted** ***B*** *m.* (trovatello) **foundling.**

abbandóno *m.* ***1*** **abandonment; desertion** ***2*** (desolazione) **neglect; desolation** ***3*** *(leg.)* **desertion** ● *lasciare in a. un giardino,* to let a garden run wild.

abbarbagliare *v. t.* to **dazzle.**

abbarbicarsi *v. rifl.* ***1*** (*bot.* e *fig.*: mettere radici) to **take* root** ***2*** (*bot.:* di piante rampicanti) to **cling*.**

abbaruffare ***A*** *v. t.* to **turn** (st.) **upside down** ***B*** **abbaruffarsi** *v. rifl.* to **come* to blows.**

abbassalingua *m. invar. (med.)* **tongue depressor.**

abbassaménto *m.* **lowering.**

abbassare ***A*** *v. t.* ***1*** to **lower;** to **bring* down;** to **sink***: *a. i prezzi,* to lower (o to bring down) prices □ *a. la voce in un bisbiglio,* to lower (o to drop) one's voice to a whisper ***2*** (calare giù) to **let* down;** to **lower**: *a. una bandiera,* to lower (o to haul down) a flag ***3*** (chinare) to **lower**: *a. il capo,* to lower (o to bow) one's head □ *a. gli occhi,* to lower one's eyes (o to look down) ***4*** (sbassare) to **lower;** to **make* lower** ***B*** *v. i.* (di febbre, temperatura, livello d'acque, ecc.) to **drop;** to **fall*** ***C*** **abbassarsi** *v. rifl.* ***1*** (per cedimento di terreno; del sole, della luna) to **sink*** ***2*** (di una volta, di un soffitto) to **sag** ***3*** (diminuire) to **diminish;** to **lower;** (di prezzi) to **go* down** ***4*** (del vento, della temperatura, degli occhi, della voce) to **drop;** to **fall*** ***5*** (chinarsi) to **stoop;** to **bend* down** ***6*** (*fig.:* avvilirsi) to **lower oneself;** to **stoop** (to).

abbasso ***A*** *avv.* ***1*** **down** ***2*** (al piano di sotto) **downstairs** ***B*** *inter.* **down with**: *A. il tiranno!,* down with the tyrant!

abbastanza *avv.* ***1*** (a sufficienza) **enough**: *Non abbiamo a. tempo,* we haven't enough time □ *a. bene,* well enough ***2*** (alquanto) **rather;** (discretamente) **quite** ● *averne a. di q. (q.c.),* to have had enough of sb. (st.).

abbàttere ***A*** *v. t.* ***1*** (atterrare) to **knock down;** (demolire) to **demolish** (anche *fig.)* ***2*** (tagliare) to **fell;** to **cut* down**: *a. un albero,* to fell a tree ***3*** (distruggere) to **destroy** ***4*** (vincere) to **overthrow*** ***5*** *(mil., aeron.)* to **shoot* down**: *a. un aereo,* to shoot down a plane ***6*** (*fig.:* stremare) to **exhaust** ***7*** (*fig.:* scoraggiare) to **discourage** ● *a. una porta,* to break (o to burst) open a door ***B*** **abbàttersi** *v. rifl.* ***1*** (cadere) to **fall*** ***2*** (*fig.:* scoraggiarsi) to **lose* heart;** to **be discouraged.**

abbattiménto *m.* ***1*** **demolition; destruction** ***2*** (il tagliare) **felling** ***3*** (prostrazione di forze) **exhaustion** ***4*** (scoraggiamento) **discouragement** ***5*** *(mil., aeron.)* **shooting down.**

abbattuto *a. (fig.)* **low-spirited; depressed; discouraged; downcast.**

abbazìa *f.* **abbey.**

abbecedàrio *m.* **primer.**

abbelliménto *m.* ***1*** **embellishment** ***2*** *(mus.)* **grace note; grace.**

abbellire ***A*** *v. t.* to **embellish;** to **adorn** ***B*** **abbellirsi** *v. rifl.* to **adorn oneself;** to **deck oneself out.**

abbeverare *v. t.* **abbeverarsi** *v. rifl.* to **water.**

abbeverata *f.* **watering** ● *condurre i cavalli all'a.,* to take the horses to water.

abbeveratóio *m.* **drinking trough.**
abbiccì *m.* alphabet.
abbiènte A *a.* **well-to-do; well-off B** *m. (al pl.)* **(the) well-to-do** ● *gli abbienti e i non abbienti,* the haves and the have-nots.
abbiètto e *deriv. V.* abiètto e *deriv.*
abbigliaménto *m.* **clothes** *(pl.)* ● *a. sportivo,* sportswear □ *negozio d'a. femminile,* women's wear shop □ *negozio d'a. maschile,* men's wear shop.
abbigliare *v. t.* **abbigliarsi** *v. rifl.* to **dress.**
abbinaménto *m.* **coupling.**
abbinare *v. t.* to **couple.**
abbindolare *v. t. (fig.)* to **cheat;** to **dupe.**
abbisognare *v. i.* to **be in need** (of); to **need.**
abboccaménto *m.* **interview; talk.**
abboccare A *v. i.* **1** to **bite*** **2** *(fig.)* to **swallow the bait B** *v. t.* **1** (afferrare) to **bite*** **2** (congiungere) to **join;** to **connect C abboccarsi** *v. rifl. recipr.* to **have an interview** (with); to **meet*.**
abboccato *a.* (di vino) **sweetish.**
abbonacciare A *v. t.* to **calm** (anche *fig.*) **B abbonacciarsi** *v. rifl.* to **become* calm;** to **calm down.**
abbonaménto *m.* **1** *(ferr.,* ecc.*)* **season ticket**: *fare l'a.,* to buy a season ticket **2** (a un giornale) **subscription**: *fare l'a.,* to take out a subscription.
abbonare A *v. t.* **1** to **make*** (sb.) **a subscriber 2** (defalcare) to **allow a discount of;** to **deduct B abbonarsi** *v. rifl.* **1** *(ferr.,* ecc.*)* to **buy* a season ticket 2** (a un giornale) to **take* out a subscription.**
abbonato *m.* **1** *(ferr.,* ecc.*)* **season-ticket holder; commuter 2** (a un giornale) **subscriber.**
abbondante *a.* **abundant; plentiful.**
abbondanza *f.* **abundance; plenty**: *vivere nell'a.,* to live in abundance ● *nuotare nell'a.,* to live in clover *(fam.).*
abbondare *v. i.* to **abound** (in) ● *a. in cortesie,* to be overpolite.
abbonire A *v. t.* **1** to **calm;** to **soothe 2** (un terreno) to **reclaim B abbonirsi** *v. rifl.* to **become* calm.**
abbordàbile *a.* **accessible; approachable.**
abbordàggio *m. (naut.)* **boarding.**
abbordare *v. t.* **1** *(naut.)* to **board 2** *(fig.)* to **accost;** to **approach** ● *a. un argomento,* to broach a subject □ *a. una curva,* to take a curve.
abborracciare *v. t.* to **bungle;** to **botch.**
abbottonare A *v. t.* to **button (up) B abbottonarsi** *v. rifl.* to **button oneself up.**
abbottonato *a.* **1 buttoned up 2** *(fig.)* **reserved; uncommunicative; tight-lipped.**
abbottonatura *f.* **buttoning;** (bottoni) **buttons** *(pl.).*
(1) abbozzare *v. t.* **1** to **sketch;** to **outline** (anche *fig.*) **2** *(pitt.)* to **sketch,** to **crayon (out),** to **outline;** *(scult.)* to **rough-hew** ● *a. un sorriso,* to smile faintly.
(2) abbozzare *v. t. (naut.)* to **stopper.**
abbòzzo *m.* **sketch; outline.**
abbozzolarsi *v. rifl.* **1** (diventare bozzoloso) to **go* lumpy 2** *(zool.)* to **cocoon.**
abbracciabòsco *m.* (*bot.,* Lonicera caprifolium) **honeysuckle.**
abbracciare A *v. t.* **1** (una persona, una fede, un'opinione, ecc.) to **embrace;** (una persona, anche) to **hug 2** (*fig.:* con il pensiero) to **take* in 3** (con lo sguardo) to **take* in at a glance 4** (circondare, attorniare) to **enclose;** to **encompass 5** (comprendere, contenere) to **comprise;** to **include** ● *a. una carriera,* to take up a career **B abbracciarsi** *v. rifl.* to **cling*;** to **twine**: *a. a q.c.,* to cling to st.; to twine round st. **C** *v. rifl. recipr.* to **embrace each other (o one another).**
abbràccio *m.* **embrace; hug** ● (nelle lettere) *un a. a...,* my love to...
abbrancare A *v. t.* (afferrare) to **seize;** to **collar B abbrancarsi (a)** *v. rifl.* to **grab.**
abbreviare *v. t.* to **shorten;** to **abbreviate;** to **cut* short.**
abbreviazióne *f.* **abbreviation.**
abbrivare *(naut.)* **A** *v. t.* to **get* under way B** *v. i.* to **make* headway.**
abbrivo *m. (naut.)* **headway** ● *prendere l'a.,* to gather way.
abbronzante *m.* (cosmetico) **suntan lotion; tanning cream.**
abbronzare A *v. t.* **1** to **bronze 2** (la pelle al sole) to **tan B abbronzarsi** *v. rifl.* to **get* tanned;** to **get* a tan.**
abbronzato *a.* **bronzed (by the sun); suntanned.**
abbronzatura *f.* **tan**: *prendere una bella a.,* to get a good tan.
abbruciacchiare *v. t.* to **singe;** to **scorch.**
abbrunare A *v. t.* **1** (rendere bruno) to **make* brown 2** (parare a lutto) to **drape in mourning 3** (una bandiera) to **fly* at half-mast B abbrunarsi** *v. rifl.* **1** to **become* brown 2** (mettersi il lutto) to **go* into mourning.**
abbrunato *a.* **1** (di bandiera) **at half-mast 2** (vestito a lutto) **wearing (o in) mourning.**
abbrunire A *v. t.* to **brown;** to **make* brown B** *v. i.* to **brown;** to **become* brown;** (di pelle) to **become* tanned.**
abbrustolire *v. t.* **1** (pane, ecc.) to **toast 2** (caffè) to **roast** (anche *fig.*).
abbrutiménto *m.* **brutalization.**
abbrutire A *v. t.* to **brutalize B abbrutirsi** *v. rifl.* to **become* like a brute.**
abbruttire A *v. t.* to **make* ugly B abbruttirsi** *v. rifl.* to **become* ugly.**
abbuffarsi *v. rifl.* to **stuff oneself.**
abbuiare A *v. t.* **1** (rendere buio) to **darken 2** (*fig.:* mettere a tacere) to **hush up B abbuiarsi** *v. rifl.* **1** (divenire buio) to **darken;** to **grow* dark 2** (della vista) to **grow* dim 3** *(fig.)* to **darken;** to **grow* sad.**
abbuòno *m.* **1** *(comm.)* **allowance; discount 2** *(sport)* **handicap.**
abburattare *v. t.* to **sift;** to **bolt.**
abdicare *v. i.* e *t.* to **abdicate.**
abdicazióne *f.* **abdication.**
abduttóre *(anat.)* **A** *a.* **abducent B** *m.* **abductor.**
abduzióne *f. (fisiologia)* **abduction.**
aberrante *a.* **aberrant.**
aberrazióne *f.* (anche *med., fis., astron.*) **aberration.**
abetàia *f.* **fir-wood.**
abéte *m.* **1** (albero) **fir-tree; fir 2** (legno) **fir.**
abiètto *a.* **base; abject; despicable; vile.**
abiezióne *f.* **degradation; abasement; abjection.**
abigeato *m. (leg.)* **cattle-stealing.**
àbile *a.* **1** (valente) **able 2** (idoneo) **fit**: *esser dichiarato a. al lavoro,* to be declared fit for the job **3** (astuto) **clever 4** (accorto) **skilful.**
abilità *f.* **1** (capacità) **ability 2** (idoneità) **fitness; aptitude 3** (astuzia) **cleverness 4** (accortezza) **skill** ● *(iron.) avere l'a. di far q.c.,* to be clever enough to do st.
abilitare A *v. t.* **1** to **qualify 2** *(leg.)* to **entitle B abilitarsi,** *v. rifl.* to **qualify**: *a. all'insegnamento,* to qualify as a teacher.
abilitato *a.* **qualified; certificated**: *un insegnante a.,* a certificated teacher.
abilitazióne *f.* **qualification** ● *diploma di a. all'insegnamento,* teaching diploma.
abissale *a.* **abyssal;** *(fig.)* **abysmal.**
abissino *a.* e *m.* **Abyssinian.**
abisso *m.* **1 abyss 2** *(fig.)* **gulf**: *Tra me e lui c'è un a.,* there's a gulf between us **3** (*al pl.:* profondità) **depths**: *gli abissi del mare,* the depths of the sea **4** (*lett., anche al pl.:* inferno) **pit** ● *gli abissi della terra,* the bowels of the earth □ *(fig.) essere sull'orlo dell'a.,* to be on the brink of disaster.
abitàbile *a.* **habitable.**
abitabilità *f.* **habitability; habitableness.**
abitàcolo *m.* **1** *(naut.)* **binnacle 2** *(aeron.)* **cockpit.**
abitante *m.* **inhabitant.**
abitare A *v. i.* to **live**: *a. al terzo piano,* to live on the third floor **B** *v. t.* to **inhabit.**
abitato *m.* **built-up area (o areas).**
abitatóre *m.* **inhabitant.**
abitazióne *f.* **residence; house.**
àbito *m.* **1** (da uomo) **suit 2** (da donna) **dress;** (abitino) **frock**: *un a. estivo,* a summer frock **3** (modo di

vestire) **dress**: *in a. da sera,* in evening dress **4** *(relig.)* **habit**; (di prete) **cassock**; (di monaco) **frock** **5** *(al pl.)* **clothes**; (abbigliamento) **clothing** *(sing.)*: *abiti fatti su misura,* made-to-measure clothes **6** (abitudine, disposizione) **habit**: *a. mentale,* habit of mind ● *abiti per bambini,* children's wear □ *(relig.) prendere l'a.*, to enter the Church.
abituale *a.* **habitual; usual; customary.**
abituare **A** *v. t.* to **accustom** **B** **abituarsi,** *v. rifl.* to **accustom oneself,** to **get*** **accustomed,** to **get*** **used** (to).
abitudinàrio **A** *a.* **of fixed habits** **B** *m.* **creature of habit.**
abitùdine *f.* **habit**: *prendere brutte abitudini,* to pick up bad habits ● *come d'a.*, as usual □ *per forza d'a.*, from habit.
abituro *m.* **hovel.**
abiura *f.* **abjuration; retractation.**
abiurare *v. t.* to **abjure**; (ritrattare) to **retract.**
ablativo *a.* e *m.* *(gramm.)* **ablative.**
ablazióne *f.* *(med., geol.)* **ablation.**
abluzióne *f.* **ablution** *(per lo più al pl.)*.
abnegazióne *f.* **abnegation; self-abnegation; self--denial.**
abnòrme *a.* **abnormal.**
abolire *v. t.* to **abolish**; to **do*** **away with**; (leggi) to **abrogate,** to **repeal**; (una restrizione) to **lift.**
abolizióne *f.* **abolition**; (di leggi) **abrogation.**
abolizionişmo *m.* **abolitionism.**
abolizionista *m.* e *f.* **abolitionist.**
abomaşo *m.* *(zool.)* **abomasum***.
abominare *v. t.* to **abominate**; to **detest**; to **loathe.**
abominazióne *f.* **abomination; detestation.**
abominévole *a.* **abominable; detestable; loathsome.**
abomìnio *m.* **abomination; abhorrence.**
aborìgeno *a.* e *m.* **aboriginal** ● *gli aborigeni,* the aborigenes.
aborriménto *m.* **abhorrence** ● *avere in a.*, to abhor.
aborrire *v. t.* to **abhor.**
abortire *v. i.* to **abort,** to **miscarry** (anche *fig.*).
abortista *m.* e *f.* **abortionist.**
abortivo **A** *a.* **abortive** **B** *m.* *(med.)* **abortifacient.**
abòrto *m.* **1** **abortion; miscarriage** **2** *(fig., spreg.)* **abortion; freak.**
abràdere *v. t.* to **abrade**; to **scrape off.**
abraşióne *f.* **abrasion** (anche *med.*).
abraşivo *a.* e *m.* **abrasive.**
abrogare *v. t.* *(leg.)* to **abrogate**; to **repeal.**
abrogazióne *f.* *(leg.)* **abrogation; repeal.**
àbside *f.* **1** *(archit.)* **apse** **2** *(astron.)* **apsis***.
abulìa *f.* *(psic.)* **abulia; lack of will power.**
abùlico *a.* **1** *(psic.)* **abulic** **2** *(fig., spreg.)* **spineless.**
abuşare *v. i.* **1** (fare uso illecito) to **abuse**: *a. di q.c.*, to abuse st. **2** (approfittare) to **take*** **advantage** (of).
abuşivo *a.* **illegal; unlawful** ● *un'edizione abusiva,* a piratical edition.
abuşo *m.* **1** (uso cattivo) **abuse; misuse** **2** (uso eccessivo) **overindulgence.**
acàcia *f.* (*bot.*, Acacia) **acacia.**
acanto *m.* (*bot.*, Acanthus) **acanthus.**
àcaro *m.* (*zool.*, Acarus) **mite.**
acattòlico *a.* e *m.* **non-Catholic.**
acca *f.* o *m.* **1** (lettera) **aitch** **2** *(fig.)* **straw**: *Non vale un'a.*, it's not worth a straw ● *(fig.) Non sa un'a.*, he doesn't know a thing.
accadèmia *f.* **academy**: *un'a. militare,* a military academy ● *(fig.) fare dell'a.*, to talk to no purpose.
accadèmico **A** *a.* (anche *fig.*) **academic** **B** *m.* **academician.**
accademista *m.* *(mil.)* **cadet.**
accadére *v. i.* to **happen**; to **occur**: *Accadeva spesso che si picchiassero,* it often happened that they came to blows.
accaduto *m.* **event** ● *Vi narrerò l'a.*, I'll tell you what happened.
accagliare *v. t.* e *i.* **accagliarsi** *v. rifl.* to **curdle**; to **coagulate.**
accalappiacani *m.* **dog-catcher.**
accalappiare *v. t.* to **catch***; to **ensnare** (anche *fig.*).
accalcarsi *v. rifl.* to **crowd**; to **throng.**
accaldarsi *v. rifl.* **1** to **grow*** **hot** **2** *(fig.)* to **get*** **heated** (o **excited**).
accaldato *a.* **1** **hot** **2** *(fig.)* **heated; excited.**
accalorarsi *v. rifl.* to **get*** **heated**; to **get*** **excited.**
accampaménto *m.* **camp**: *levare l'a.*, to break up camp.
accampare **A** *v. t.* **1** to **camp** **2** *(fig.)* to **advance** **B** **accamparsi** *v. rifl.* to **camp.**
accaniménto *m.* **1** **fury** **2** (ostinazione) **obstinacy.**
accanirsi *v. rifl.* **1** (infierire) to **rage** (against) **2** (ostinarsi) to **persist obstinately** (in).
accanito *a.* **1** (implacabile) **relentless; bitter** **2** (tenace) **obstinate; dogged.**
accannellare *v. t.* *(ind.)* to **wind***; to **spool.**
accanto *avv.* **nearby.**
accanto a *locuz. prep.* **beside; near; close to; by.**
accantonare *v. t.* **1** *(mil.)* to **billet**; to **quarter** **2** (mettere da parte) to **set*** **aside**; *(fig.)* to **shelve.**
accaparraménto *m.* *(comm.)* **cornering.**
accaparrare **A** *v. t.* **1** (fissare con caparra) to **pay*** **a deposit on** (st.) **2** *(comm.)* to **corner**; to **buy*** **up** **B** **accaparrarsi** *v. rifl.* to **secure for oneself**; to **gain.**
accaparratóre *m.* **cornerer.**
accapigliarsi *v. rifl. recipr.* **1** to **come*** to **blows** **2** (litigare) to **quarrel.**
accapo *m.* (capoverso) **new paragraph.**
accappatóio *m.* **bathrobe; dressing gown.**
accappiare *v. t.* to **loop**; to **noose.**
accappiatura *f.* **1** **looping; noosing** **2** (cappio) **loop; noose.**
accapponare *v. t.* to **caponize** ● *far a. la pelle,* to make one's flesh creep □ *Mi s'accappona la pelle per il freddo,* the cold is giving me gooseflesh.
accarezzare *v. t.* **1** to **caress**; to **fondle**; to **pet**; to **stroke** **2** (*fig.*: lusingare) to **flatter** **3** (*fig.*: vagheggiare) to **entertain**; to **cherish.**
accartocciare **A** *v. t.* to **roll up** **B** **accartocciarsi** *v. rifl.* to **curl up**; to **shrivel up.**
accasare **A** *v. t.* to **marry off** **B** **accasarsi** *v. rifl.* to **get*** **married.**
accasciare **A** *v. t.* to **prostrate** **B** **accasciarsi** *v. rifl.* **1** to **collapse** **2** *(fig.)* to **lose*** **heart.**
accasciato *a.* **prostrate; dejected.**
accasermare *v. t.* *(mil.)* to **quarter in barracks.**
accastellare *v. t.* to **pile up.**
accatastare *v. t.* **1** (ammucchiare) to **stack**: *a. la legna,* to stack wood **2** *(fig.)* to **pile on.**
accattare **A** *v. t.* (prendere in prestito) to **borrow**; (*spreg.*: scroccare) to **scrounge,** to **cadge** **B** *v. i.* (chiedere l'elemosina) to **beg**: *a. per vivere,* to live by begging.
accattivarsi *v. rifl.* to **win***; to **gain** ● *a. le simpatie di q.*, to enter into sb.'s good graces.
accatto *m.* **begging** ● *vivere d'a.*, to live on charity.
accattonàggio *m.* **begging.**
accattóne *m.* **beggar**; (scroccone) **scrounger.**
accavalciare *v. t.* to **bestride***.
accavallare **A** *v. t.* **1** (nel lavoro a maglia) to **pass over** **2** (incrociare) to **cross**: *a. le gambe,* to cross one's legs **B** **accavallarsi** *v. rifl.* **1** (addensarsi) to **gather**; to **throng** **2** (sovrapporsi) to **overlap.**
accecaménto *m.* **1** **blinding** (anche *fig.*) **2** (l'ostruire) **blocking up** **3** (di chiodo, ecc.) **burying.**
accecare **A** *v. t.* **1** to **blind** (anche *fig.*) **2** (chiudere un'apertura) to **block up**; to **wall up** **3** (un chiodo, ecc.) to **bury** **B** **accecarsi** *v. rifl.* to **go*** (o to **become***) **blind.**
accecatóio *n.* *(mecc.)* **countersink; fraise.**
accèdere *v. i.* **1** (appressarsi) to **approach**; (raggiungere) to **reach**; (entrare in) to **enter** **2** *(fig.)* to **accede**: *a. a un trattato,* to accede to a treaty.

acceleraménto *m.* **acceleration.**
accelerare *v. t.* ***1*** to **quicken;** to **speed* up** ***2*** *(mecc.)* to **accelerate;** *(autom.)* to **speed* up.**
accelerato ***A*** *a.* ***1*** **quick** ***2*** *(fis.)* **accelerated** ***B*** *m.* (treno) **slow train.**
acceleratóre *m. (mecc., chim., fotogr.)* **accelerator.**
accelerazióne *f.* ***1*** **acceleration** ***2*** *(autom.)* **pick-up** *(fam.).*
accèndere ***A*** *v. t.* ***1*** (far ardere) to **light***: *a. il fuoco,* to light the fire ***2*** (far funzionare) to **turn on**: *a. il gas,* to turn on the gas ***3*** (di interruttore) to **switch on**: *a. la luce,* to switch on the light ***4*** *(mecc.)* to **ignite** ***5*** *(fig.:* provocare*)* to **foment** ***6*** *(rag.)* to **open**: *a. un conto,* to open an account ● *(leg.) a. un'ipoteca,* to raise a mortgage ***B*** **accèndersi** *v. rifl.* ***1*** to **catch* fire** ***2*** *(fig.:* illuminarsi*)* to **light* up;** (infiammarsi) to **become* inflamed.**
accendigàs *m. invar.* **gas-lighter.**
accendino, accendisìgaro *m.* **lighter.**
accenditóre *m. (mecc.)* **igniter.**
accennare ***A*** *v. i.* ***1*** (con la mano) to **beckon;** (col capo) to **nod**: *a. a q. di fare q.c.,* to beckon sb. to do st. ***2*** *(fig.:* alludere*)* to **hint** (at); (trattare brevemente) to **touch** (upon, on) ***3*** *(fig.:* dare segno di*)* to **show* signs** (of); to **look as if;** (far atto di) to **make* as if**: *Il tempo accenna a rischiararsi,* it looks as if it is going to clear up ***B*** *v. t.* ***1*** to **point to** ***2*** *(pitt.)* to **sketch** ***3*** *(mus.:* con uno strumento*)* to **pick out the notes of;** (con la voce) to **hum.**
accénno *m.* ***1*** **sign; nod; gesture** ***2*** *(fig.:* allusione*)* **hint.**
accensióne *f.* ***1*** **lighting** ***2*** *(mecc.)* **ignition** ● *(leg.) a. di un'ipoteca,* raising of a mortgage.
accentare *v. t.* to **accent;** to **accentuate;** to **stress.**
accentazióne *f.* **accentuation.**
accènto *m.* ***1*** **accent** *(al pl. anche fig.)*; **stress**: *l'a. tonico,* the tonic accent □ *parlare con a. umile,* to speak with humble accents ***2*** (segno) **accent (mark)** ***3*** (intonazione) **accent; pronunciation**: *parlare l'italiano con a. inglese,* to speak Italian with an English accent ***4*** *(poet.:* parola*)* **accent; word** ● *(fig.) porre l'a. su q.c.,* to lay stress on st.
accentraménto *m.* **centralization.**
accentrare *v. t.* to **centralize.**
accentratóre ***A*** *a.* **centralizing** ***B*** *m.* **centralizer.**
accentuare *v. t. (*anche *fig.)* to **stress;** to **accentuate.**
accentuazióne *f. (*anche *fig.)* **stress; accentuation.**
accerchiaménto *m.* **encirclement.**
accerchiare *v. t.* to **encircle;** to **surround.**
accertàbile *a.* ***1*** **ascertainable** ***2*** *(fin.)* **assessable.**
accertaménto *m.* ***1*** **ascertainment;** (verifica) **check** ***2*** *(fin.)* **assessment** ***3*** *(leg.)* **investigation.**
accertare ***A*** *v. t.* ***1*** to **ascertain;** (verificare) to **check** ***2*** *(fin.)* to **assess** ***B*** **accertarsi** *v. rifl.* to **make* sure.**
accéso *a.* ***1*** **alight** *(pred.)*; **lighted (up)** ***2*** *(fig.)* **bright** ***3*** *(comm.)* **open** ● *(fig.) a. in volto,* flushed.
accessìbile *a.* ***1*** **accessible** ***2*** (rif. a persona) **approachable** ***3*** *(fig.:* comprensibile*)* **comprehensible** ***4*** *(fig.:* rif. a prezzi*)* **reasonable.**
accessibilità *f.* **accessibility.**
accessióne *f.* **accession.**
accèsso *m.* ***1*** **access; admittance**: *di difficile a.,* difficult of access □ *a. libero,* free admittance ***2*** (impulso violento) **attack; access**: *un a. d'ira,* an access of rage ***3*** *(med.)* **fit; attack; access.**
accessòrio *a.* e *m. (per lo più al pl.)* **accessory.**
accétta *f.* **hatchet.**
accettàbile *a.* **acceptable.**
accettante *m.* e *f. (comm., leg.)* **acceptor.**
accettare *v. t.* to **accept** *(*anche *comm., leg.)*: *a. un'eredità,* to accept an inheritance □ *a. un invito,* to accept an invitation ● *a. una proposta,* to agree to a proposal.
accettazióne *f.* ***1*** **acceptance** *(*anche *comm., leg.)* ***2*** (ufficio) **reception desk.**
accètto *a.* **agreeable.**
accezióne *f.* **meaning.**
acchiappafarfalle *m.* **butterfly net.**
acchiappamósche *m.* ***1*** **fly-catcher; fly-trap** ***2*** *(fig.)* **idler; lounger.**
acchiappare *v. t. (*anche *fig.)* to **catch*.**
acchito *m. (biliardo)* **lead** ● *(fig.) di primo a.,* right away.
acciabattare *v. t. (fig.)* to **cobble;** to **botch;** to **bungle.**
acciabattóne *m.* **botcher; bungler.**
acciaccare *v. t. (*anche *fig.)* to **crush.**
acciacco *m.* **ailment; infirmity.**
acciaiare *v. t. (ind.)* to **convert into steel;** *(metall.)* to **steel.**
acciaierìa *f. (ind.)* **steelworks; steel mill.**
acciàio *m.* **steel**: *lana d'a.,* steel wool □ *rivestito d'a.,* steel-clad □ *(fig.) nervi d'a.,* nerves of steel.
acciambellare *v. t.* **acciambellarsi** *v. rifl.* to **coil (up).**
acciarino *m.* ***1*** (per la pietra focaia) **steel** ***2*** (di ruota) **linchpin.**
accidèmpoli *inter.* **good heavens!; goodness gracious!; cripes!** *(pop.).*
accidentale *a.* ***1*** (casuale) **accidental; fortuitous** ***2*** (non essenziale) **incidental.**
accidentato *a.* ***1*** (di terreno) **uneven** ***2*** (di strada) **bumpy** ***3*** (paralizzato) **paralysed.**
accidènte *m.* ***1*** **event; accident;** (evento non lieto) **mishap** ***2*** *(med.)* **stroke** ***3*** *(fig.:* ragazzo vivace*)* **little devil** ***4*** *(filos.)* **accident** ***5*** *(mus.)* **accidental** ● *per a.,* by chance □ *essere brutto come un a.,* to be as ugly as sin □ *mandare degli accidenti a q.,* to call down curses upon sb. □ *non capire un a.,* not to understand a thing □ *Non m'importa un a.,* I don't care a damn.
accidenti *inter.* **my goodness!; damn!** ● *A. a lui!,* the devil take him!
accidèrba *inter.* **gosh!; cripes!** *(pop.).*
accìdia *f.* **sloth.**
accidióso *a.* **slothful.**
accigliarsi *v. rifl.* to **frown.**
accigliato *a.* **frowning.**
accìngersi *v. rifl.* to **be about** (to); to **set* about.**
acciocchè *cong.* **so that; in order that.**
acciottolare *v. t.* to **cobble;** to **pave with cobbles.**
acciottolato *m.* **cobbled paving.**
acciottolìo *m.* **clatter.**
accipìcchia *inter.* **good heavens!; goodness me!**
acciuffare *v. t.* ***A*** ***1*** (afferrare) to **snatch** ***2*** (catturare) to **catch*** ***B*** **acciuffarsi** *v. rifl. recipr.* to **come* to blows.**
acciuga *f. (zool.,* Engraulis encrasicholus*)* **anchovy** ● *stretti come acciughe,* packed like sardines.
acciugata *f. (cucina)* **achovy sauce.**
accivettare *v. t. (caccia)* to **decoy.**
acclamare ***A*** *v. t.* ***1*** (eleggere per acclamazione) to **acclaim** ***2*** (applaudire) to **applaud** ***B*** *v. i.* to **cheer.**
acclamazióne *f.* **applause; acclamation.**
acclimare, acclimatare ***A*** *v. t.* to **acclimatize** ***B*** **acclimarsi, acclimatarsi** *v. rifl.* to **become* acclimatized.**
acclimatazióne *f.* **acclimatization.**
acclùdere *v. t.* to **enclose.**
accluso *a.* **enclosed.**
accoccolarsi *v. rifl.* ***1*** to **crouch** ***2*** (per paura) to **cower.**
accodare ***A*** *v. t.* to **line up** ***B*** **accodarsi** *v. rifl.* to **line up** ● *a. a q.,* to follow sb.
accogliènte *a.* **pleasant;** (comodo) **comfortable, cosy.**
accogliènza *f.* **reception; welcome**: *fare buona a. a q.,* to give sb. a warm welcome.
accògliere *v. t.* ***1*** (ricevere) to **receive;** (dare il benvenuto) to **welcome** ***2*** (accettare) to **accept;** to **grant**: *a. una richiesta,* to grant a request ***3*** *(lett.)* *V.* **contenere** ● *a. q. con freddezza,* to give sb. a cold welcome.

accòlito *m. (relig.* e *fig.)* **acolyte.**
accollare A *v. t.* **1** (caricare eccessivamente) to **overload 2** *(fig.:* addossare*)* to **saddle** (with): *a. un debito a q.*, to saddle sb. with a debt **B** *v. i.* (di vestito) to **be high-necked;** (di scarpa) to **cover the ankle C accollarsi** *v. rifl.* to **take* upon oneself.**
accollato *a.* (rif. a un vestito) **high-necked.**
accollatura *f.* (di vestito) **neckline.**
accòllo *m.* **1 overload 2** (appalto) **contract 3** *(archit.)* **projection.**
accòlta *f. (lett.)* **company.**
accoltellare *v. t.* to **stab;** to **knife.**
accoltellatóre *m.* **stabber.**
accomandante *m. (fin., leg.)* **limited partner.**
accomandatàrio *m. (fin., leg.)* **general partner.**
accomàndita *f. (fin., leg.)* **limited partnership.**
accomiatare A *v. t.* **1** to **dismiss 2** (congedare) to **give*** (sb.) **leave B accomiatarsi** *v. rifl.* to **take* one's leave.**
accomodàbile *a.* **repairable; mendable.**
accomodaménto *m.* **agreement; settlement.**
accomodante *a.* **obliging; accommodating.**
accomodare A *v. t.* **1** (riparare) to **repair;** to **mend 2** (correggere) to **amend 3** (adattare) to **adapt 4** (mettere in ordine) to **tidy 5** (sistemare) to **settle B** *v. i.* (convenire) to **suit C accomodarsi** *v. rifl.* **1** (adattarsi) to **make* do** (with) **2** (sedersi) to **take* a seat;** (mettersi a proprio agio) to **make* oneself comfortable 3** (giungere a un accordo) to **come* to an agreement.**
accompagnaménto *m.* **1** (seguito) **train; suite; retinue 2** (funebre) **funeral precession 3** *(mus.)* **accompaniment ●** *lettera d'a.*, covering letter.
accompagnare A *v. t.* **1** to **accompany** *(anche mus.* e *fig.)*: to **take* 2** (con lo sguardo) to **follow (with one's eyes) 3** (scortare) to **escort 4** (una giovane in pubblico) to **chaperon 5** (appaiare) to **couple;** (armonizzare) to **match ●** *a. q. a casa*, to see sb. home □ *a. q. alla porta*, to show sb. out; to see sb. to the door □ *a. q. alla stazione*, to see sb. off at the station □ *a. una sposa all'altare*, to give a bride away □ *Dio ti accompagni!*, God be with you! **B accompagnarsi** *v. rifl.* **1** to **join company** (with); to **go*** (with) **2** (armonizzare) to **go* (together);** to **match 3** *(mus.)* to **accompany oneself.**
accompagnatóre *m.* **1** *(in genere)* **companion 2** (cavaliere) **escort;** (per un ballo) **partner 3** *(mus.)* **accompanist 4** (di comitiva) **guide 5** *(sport)* **team manager.**
accompagnatrice *f.* **1** *(in genere)* **companion 2** (dama di compagnia, di corte) **attendant; lady-in-waiting 3** (di una giovane in pubblico) **chaperon 4** *(mus.)* **accompanist 5** (di comitiva) **guide.**
accomunare *v. t.* to **join;** to **unite;** (mettere in comune) to **share.**
acconciare A *v. t.* **1** to **adorn;** (capelli) to **dress 2** (sistemare) to **arrange B acconciarsi** *v. rifl.* to **adorn oneself;** to **dress up.**
acconciatóre *m.* **hairdresser.**
acconciatura *f.* **1 hair style; hair-do 2** (ornamento per il capo) **headdress.**
accóncio *a.* **suitable; convenient.**
accondiscéndere *v. i.* to **consent ●** *a. ai desideri di q.*, to comply with sb.'s wishes.
acconsentire *v. i.* to **consent;** to **assent.**
accontentare A *v. t.* to **satisfy B accontentarsi** *v. rifl.* to **be satisfied** (with); to **content oneself** (with).
accónto *m.* **advance; part payment ●** *pagare in a.*, to pay on account.
accoppare *v. t. (pop.)* to **bash** (sb.'s) **brains in.**
accoppiaménto *m.* **1** (il combinare) **combination 2** (l'unire in coppia) **pairing off 3** (di colori) **matching 4** *(mecc.)* **connection; coupling 5** (congiungimento carnale) **copulation;** (rif. ad animali) **coupling, mating.**
accoppiare A *v. t.* **1** (combinare) to **combine 2** (unire in coppia) to **pair off 3** (colori, ecc.) to **match B accoppiarsi** *v. rifl.* (congiungersi carnalmente) to **copulate;** (di animali) to **couple,** to **mate.**
accoppiata *f. (ippica)* **bet on winner and second placed in the same race in the exact order of the finish; bet on the precise 1, 2 finish; exacta** *(USA).*
accoppiatura *f.* **coupling; pairing.**
accoraménto *m.* **anguish; sorrow; grief; heartache.**
accorare A *v. t.* to **grieve;** to **wound deeply B accorarsi** *v. rifl.* to **grieve.**
accorataménte *avv.* **sorrowfully; sadly; mournfully.**
accorato *a.* **grief-stricken; sorrowful; sad; mournful.**
accorciaménto *m.* **1 shortening 2** *(mecc.)* **shrinkage.**
accorciare A *v. t.* to **shorten ●** *a. un vestito*, to raise the hemline of a dress **B accorciarsi** *v. rifl.* to **shorten;** to **become* shorter.**
accorciativo *m.* **shortened form; abbreviation.**
accorciatóia *f. (raro)* **short cut.**
accordare A *v. t.* **1** (concedere) to **grant;** to **give*;** to **allow**: *(comm.) a. uno sconto del 10%*, to grant a 10% discount **2** (ricompense, premi, ecc.) to **award 3** (armonizzare) to **match 4** (mettere d'accordo) to **reconcile 5** *(mus.)* to **tune 6** *(gramm.)* to **make* agree**: *a. il verbo col soggetto*, to make the verb agree with the subject **B accordarsi** *v. rifl. recipr.* **1** (di colori, ecc.) to **match;** to **go* (together) 2** (raggiungere un accordo) to **come* to** (o to **reach) an agreement.**
accordatóre *m. (mus.)* **tuner**: *un a. di pianoforti*, a piano tuner.
accòrdo *m.* **1** (conformità di voleri) **accord; consent**: *di comune a.*, (fra due) by mutual consent; (fra tanti) with one accord **2** (armonia) **harmony 3** *(di voci e fig.)* **unison 4** (patto, accomodamento) **agreement 5** *(gramm.)* **agreement; concordance 6** *(mus.)* **chord ●** *andare d'a.*, to get on well together □ *essere d'a.*, to agree □ *in a. con*, in accordance with □ *mettersi d'a.*, to come to an agreement □ *non essere d'a.*, to disagree □ *stare agli accordi*, to keep to the terms agreed upon □ *D'a.!*, granted!; O.K.! □ *D'a.?*, all right?
accòrgersi *v. rifl.* **1** to **notice**: *Non m'ero accorto di lui*, I hadn't noticed him **2** *(fig.)* to **become* aware** (of); to **realize**: *Mi accorgo di aver sbagliato*, I realize I have made a mistake.
accorgiménto *m.* **1** (accortezza) **shrewdness 2** (espediente) **contrivance.**
accórrere *v. i.* to **run*;** to **rush.**
accortaménte *avv.* **shrewdly;** (oculatamente) **cautiously, warily.**
accortézza *f.* **shrewdness;** (oculatezza) **cautiousness, wariness.**
accòrto *a.* **shrewd;** (oculato) **cautious, wary ●** *stare a.*, to be on one's guard.
accosciarsi *v. rifl.* to **squat.**
accostaménto *m.* **1 approach 2** (di colori, ecc.) **matching 3** *(naut.)* **hauling.**
accostare A *v. t.* **1** to **approach;** to **draw* near 2** (porta o finestra) to **set* ajar**: *a. la porta*, to set the door ajar **B** *v. i.* **1** *(naut.)* to **haul 2** *(autom.)* to **pull up ●** *(naut.) a. a sinistra*, to port □ *a. le labbra all'orecchio di q.*, to put one's lips to sb.'s ear **C accostarsi** *v. rifl.* **1** (avvicinarsi) to **approach;** to **come*** (o to **go*,** to **draw*) near** (to) **2** (aderire a) to **accept 3** (rassomigliare) to **be similar** (to) **4** *(naut.)* to **come* alongside ●** *(relig.) a. ai Sacramenti*, to receive the Sacraments.
accostata *f. (naut.)* **turn.**
accòsto *avv.* **near**: *farsi a.*, to draw near.
accòsto a *locuz. prep.* **near; close to; next to.**
accostumare A *v. t.* to **accustom B accostumarsi** *v. rifl.* to **accustom oneself;** to **get* accustomed.**
accotonare *v. t.* **1** *(ind. tessile)* to **raise 2** (i capelli) to **back-comb.**
accottimare *v. t.* to **give* (out) as piece-work.**
accovacciarsi *v. rifl.* to **crouch.**
accovonare *v. t.* to **bind* into sheaves.**
accozzàglia *f.* **1 rabble; mob 2** (massa disordinata di cose) **hotchpotch; medley; muddle; jumble.**
accozzare *v. t.* **1** (cose) to **knock together 2** (persone) to **throw* together.**
accòzzo *m.* **medley; muddle; jumble.**

accreditare A *v. t.* **1** to **give* credit to; to credit**: *a. a q. una determinata somma,* to credit sb. with a certain sum **2** (di ambasciatore, ecc.) to **accredit** ● *(comm.) a. una somma in un conto,* to credit an amount to an account **B accreditarsi** *v. rifl.* to **gain credit.**
accreditato *a.* **1** *(comm.)* **credited 2** (di ambasciatore, ecc.) **accredited.**
accréscere A *v. t.* to **increase;** to **augment B accréscersi** *v. rifl.* to **increase;** to **grow*.**
accrescimento *m.* **increase.**
accrescitivo *a.* e *m.* (anche *gramm.*) **augmentative.**
accucciarsi *v. rifl.* **1** to **lie* down 2** (rannicchiarsi) to **crouch.**
accudire *v. i.* to **attend** (to); to **look after.**
acculturare *v. t.* *(sociologia)* to **acculturate.**
acculturazióne *f.* *(sociologia)* **acculturation; culturalization.**
accumulare A *v. t.* to **accumulate;** to **heap up B accumularsi** *v. rifl.* to **accumulate.**
accumulatóre *m.* **1 accumulator 2** *(autom.)* **(storage) battery.**
accumulazióne *f.* **accumulation.**
accurataménte *avv.* **accurately; carefully; precisely.**
accuratézza *f.* **accuracy; carefulness; precision.**
accurato *a.* **accurate; careful; precise.**
accușa *f.* **1 accusation**: *fare un'a.,* to make an accusation **2** *(leg.)* **indictment; accusation; charge**: *muovere un'a. a q.,* to bring a charge against sb. **3** *(leg.*: magistrato*)* **Public Prosecutor** ● *(leg.) atto d'a.,* charge □ (anche *leg.*) *mettere q. in stato d'a. per q.c.,* to charge sb. with st.
accușàbile *a.* (anche *leg.*) **chargeable.**
accușare A *v. t.* **1** to **accuse 2** *(leg.)* to **charge**: *a. q. di q.c.,* to charge sb. with st. **3** *(comm.)* to **acknowledge**: *a. ricevuta di una lettera,* to acknowledge receipt of a letter **4** (un dolore) to **complain of**: *a. un dolore di testa,* to complain of a headache **5** (carte) to **declare B accușarsi** *v. rifl.* to **accuse oneself;** to **blame oneself C** *v. rifl. recipr.* to **accuse (**o to **blame) each other.**
accușativo *a.* e *m.* *(gramm.)* **accusative.**
accușato *m.* *(leg.)* **accused.**
accușatóre A *a.* (anche *leg.*) **accusing B** *m.* **1 accuser 2** *(leg.*: magistrato*)* **Public Prosecutor.**
accușatòrio *a.* **accusatory;** *(leg.)* **accusatorial.**
acèfalo *a.* **acephalous** (anche *fig.*).
acerbità *f.* **1** (di sapore) **sourness 2** (di frutta, ecc.) **unripeness; sourness 3** *(fig.*: l'essere immaturo*)* **inexperience.**
acèrbo *a.* **1** (acre) **sour 2** (non maturo) **unripe; green; sour 3** *(fig.*: intenso*)* **bitter 4** *(fig.*: immaturo*)* **green; inexperienced.**
aceréta *f.* **maple plantation.**
àcero *m.* *(bot.,* Acer; anche il legno*)* **maple.**
acèrrimo *a. superl.* **very fierce.**
acetato *m.* *(chim.)* **acetate.**
acètico *a.* *(chim.)* **acetic**: *acido a.,* acetic acid.
acetilène *m.* *(chim.)* **acetylene.**
acéto *m.* **vinegar** ● *cipolline sotto a.,* pickled onions.
acetóne *m.* **1** *(chim.)* **acetone 2** (per le unghie) **nail-polish remover.**
acetósa *f.* *(bot.,* Rumex acetosa*)* **garden sorrel.**
acetosèlla *f.* *(bot.,* Oxalis acetosella*)* **wood sorrel.**
acetóso *a.* **acetous** (anche *chim.*); **sour; vinegary.**
acìclico *a.* *(fis.)* **acyclic.**
acidificare *v. t.* to **acidify.**
acidità *f.* **acidity, sourness** (anche *fig.*).
àcido A *a.* **acid, sour** (anche *fig.*) **B** *m.* *(chim.)* **acid.**
acìdulo *a.* **acidulous.**
àcino *m.* **1** *(bot., anat.)* **acinus* 2** (chicco) **grape; berry.**
acme *f.* **1 acme; highest point 2** *(med.)* **crisis*.**
acne *f.* *(med.)* **acne.**
acònito *m.* *(bot.,* Aconitum napellus) **monkshood; aconite.**
àcqua *f.* **1 water**: *a. dolce,* fresh water □ *a. sorgiva,* spring water □ *a. potabile,* drinking water **2** *(al pl.*: tratto d'a.*)* **waters**: *acque territoriali,* territorial waters **3** (pioggia) **rain** ● *a. alta,* deep water; (di marea) high tide □ *a. bassa,* shallow water; (di marea) low tide □ *(fig.) un'a. cheta,* a sly one; a slyboots *(fam.)* □ *a. di Colonia;* eau-de-Cologne □ *andare per via d'a.,* (per mare) to go by sea; (lungo un canale, un fiume) to go by water □ *(fig.) aver l'a. alla gola,* to be in low water; to be on one's beam-ends □ *corso d'a.,* stream; water-course □ (anche *fig.*) *della più bell'a.,* of the first water □ *fare a.,* (di un recipiente) to leak; *(naut.,* anche*)* to take in water; *(fam.*: orinare*)* to make water □ *(fig.) gettare a. sul fuoco,* to pour oil on troubled waters □ *lasciar correre l'a. per la sua china,* to let things take their course □ *(fig.) lavorare sott'a.,* to act in an underhand way □ *(fig.) navigare in cattive acque,* to be in deep waters □ *nelle acque di Napoli,* off the coast of Naples □ *(fig.) portare a. al mare,* to carry coals to Newcastle □ *(fig.) tirar l'a. al proprio mulino,* to bring grist to one's mill □ *A. in bocca!,* keep it to yourself! □ *L'a. vien giù a dirotto,* it's pouring □ *(fig.) È una barca che fa a. da tutte le parti,* it's a very shaky concern.
àcqua-àcqua *locuz. a.* **ship-to-ship**: *missili a.,* ship-to-ship missiles.
àcqua-ària *locuz. a.* **ship-to-air**: *missili a.,* ship-to-air missiles.
acquafòrte *f.* (incisione, stampa) **etching.**
acquafortista *m.* e *f.* **etcher.**
acquàio *m.* **sink.**
acquaiòlo A *a.* **aquatic B** *m.* **water-carrier.**
acquamarina *f.* *(miner.)* **aquamarine.**
acquaplano *m.* **aquaplane; surf-board.**
acquaràgia *f.* **turpentine.**
acquàrio *m.* **1 aquarium* 2** *(astron.; astrologia)* **Aquarius.**
acquartierare A *v. t.* *(mil.)* to **quarter B acquartierarsi** *v. rifl.* *(mil.)* to **take* up quarters** (anche *fig.*).
acquasanta *f.* **holy water.**
acquasantièra *f.* **holy-water font; stoup.**
acquata *f.* **downpour.**
àcqua-tèrra *locuz. a.* **ship-to-land**: *missili a.,* ship-to-land missiles.
acquàtico *a.* **aquatic** ● *sport acquatici,* water sports; aquatics.
acquattarsi *v. rifl.* **1** to **crouch 2** (nascondersi) to **hide*.**
acquavite *f.* **brandy.**
acquazzóne *m.* **shower; cloudburst.**
acquedótto *m.* **aqueduct; waterworks** *(pl. col verbo al sing.).*
àcqueo *a.* **aqueous** ● *vapore a.,* water vapour.
acquerellista *m.* e *f.* **water-colourist.**
acquerèllo *m.* **water-colour** ● *dipingere all'a.,* to paint in water-colours.
acquerùgiola *f.* **drizzle.**
acquiescènte *a.* **acquiescent.**
acquiescènza *f.* **acquiescence** (anche *leg.*).
acquietare A *v. t.* to **appease B acquietarsi** *v. rifl.* **1** to **calm down 2** (rassegnarsi) to **resign oneself.**
acquìfero *a.* **aquiferous; water-bearing.**
acquirènte *m.* e *f.* *(comm.)* **buyer; purchaser.**
acquișire *v. t.* to **acquire.**
acquișito *a.* **acquired** ● *(leg.) diritto a.,* vested right.
acquistàbile *a.* **acquirable; purchasable.**
acquistare A *v. t.* **1** (acquisire) to **acquire;** (comprare) to **buy*,** to **purchase 2** (procurarsi) to **gain**: *a. esperienza,* to gain experience **B** *v. i.* (migliorare) to **improve.**
acquisto *m.* **1 purchase 2** (acquisizione) **acquisition** ● *(econ.) potere d'a.,* purchasing power; value in exchange □ *uscire per acquisti,* to go shopping.
acquitrino *m.* **bog; marsh.**
acquitrinóso *a.* **boggy; marshy.**
acquolina *f.* — *far venire l'a. in bocca a q.,* to make sb.'s mouth water.
acquóso *a.* **watery.**
acre *a.* **1** (di sapore, odore) **acrid; pungent 2** *(fig.)* **acrid; acrimonious; harsh;** *(mordace)* **sharp, biting.**

acrèdine *f.* ***1*** **acridity** ***2*** *(fig.)* **acridity; acrimony; harshness.**
acrimònia *f.* **acrimony; acridity.**
acrimonióso *a.* **acrimonious; acrid.**
acro *m.* **acre.**
acròbata *m.* e *f.* **acrobat.**
acrobàtica *f.* **acrobatics** *(pl. col verbo al sing.).*
acrobàtico *a.* **acrobatic.**
acrobatiṣmo *m.* **acrobatism.**
acrobazia *f.* **acrobatics** *(pl. col verbo al sing.)* ● *(aeron.) acrobazie aeree,* stunt flying □ *È una vera a.!,* it's a real tour de force!
acrocòro *m.* **plateau.**
acromàtico *a. (fis.)* **achromatic.**
acrònimo *m.* **acronym.**
acròpoli *f.* **acropolis.**
acròstico *m. (letter., enigmistica)* **acrostic.**
acuire *v. t.* (anche *fig.)* **to sharpen; to whet.**
acùleo *m.* ***1*** *(bot.)* **aculeus*; prickle; thorn** ***2*** *(zool.)* **aculeus*; sting.**
acume *m.* **acumen; perspicacity; sharpness of mind.**
acuminare *v. t.* to **sharpen.**
acuminato *a.* **sharp; pointed.**
acùstica *f.* **acoustics** *(pl. col verbo al sing.).*
acùstico *a.* **acoustic; auditory** ● *apparecchio a.,* hearing aid □ *cornetto a.,* ear trumpet.
acutaménte *avv.* **sharply; intensely; acutely.**
acutàngolo *a. (geom.)* **acute-angled; acutangular.**
acutézza *f.* ***1*** (anche *fig.)* **acuteness; sharpness** ***2*** *(mus.)* **height.**
acutiẓẓare ***A*** *v. t.* (anche *fig.)* to **sharpen** ***B*** **acutiẓẓarsi** *v. rifl.* ***1*** (anche *fig.)* to **sharpen** ***2*** *(med.)* to **become* acute.**
acuto ***A*** *a.* ***1*** (appuntito) **sharp; pointed** ***2*** (intenso) **intense** ***3*** (perspicace) **sharp; subtle; keen** ***4*** *(med., mat., fon.)* **acute** ***5*** *(mus.)* **high**: *note acute,* high notes ● *odore a.,* strong odour □ *voce acuta,* shrill voice ***B*** *m. (mus.)* **high note.**
ad *V.* **(2) a.**
adacquare *v. t. (agric.)* to **water.**
adagiare ***A*** *v. t.* to **lay* down;** to **set* down** ***B*** **adagiarsi** *v. rifl.* to **lie* down.**
(1) adàgio ***A*** *avv.* **slowly** ***B*** *m. (mus.)* **adagio*.**
(2) adàgio *m.* **adage; saying; maxim.**
adamantino *a. (lett.,* anche *fig.)* **adamantine.**
adamìtico *a.* **Adamitic** ● *(scherz.) in costume a.,* in one's birthday suit.
adattàbile *a.* **adaptable.**
adattabilità *f.* ***1*** (di cosa materiale) **fitness** ***2*** (di sentimento, animo, ecc.) **adaptability** ***3*** *(mus.)* **adaptability.**
adattaménto *m.* **adaptation.**
adattare ***A*** *v. t.* ***1*** (una cosa materiale) to **fit** ***2*** (sentimenti, animo, ecc.) to **adapt** ***3*** *(mus., letter.)* to **adapt** ***B*** **adattarsi** *v. rifl.* ***1*** (essere adatto) to **be suitable** ***2*** (rassegnarsi) to **submit.**
adatto *a.* **fit; suitable; right**: *a. a q. (q.c.),* fit for sb. (st).
addebitare *v. t.* ***1*** to **debit**: *a. una somma a q.,* to debit sb. with a sum ***2*** *(fig.)* to **charge**: *a. q.c., a q.,* to charge sb. with st.
addébito *m.* ***1*** **debit** ***2*** *(fig.)* **charge.**
addèndo *m. (mat.)* **addend.**
addensaménto *m.* ***1*** **accumulation** ***2*** (di persone) **crowding; thronging.**
addensare ***A*** *v. t.* ***1*** to **thicken;** to **condense** ***2*** (ammassare) to **accumulate** ***B*** **addensarsi** *v. rifl.* ***1*** to **thicken** ***2*** (accalcarsi) to **gather;** to **crowd;** to **throng.**
addentare *v. t.* ***1*** to **bite*** ***2*** *(fig.:* di tenaglie) to **grip.**
addentellato *m.* ***1*** *(archit.)* **toothing** ***2*** *(fig.:* pretesto) **pretext.**
addentrarsi *v. rifl.* ***1*** to **penetrate** ***2*** *(fig.)* to **go* deeply** (into).
addéntro *avv.* **deep; deeply** ● *essere molto a. in q.c.,* to be well versed in st.
addestraménto *m.* **training.**
addestrare ***A*** *v. t.* ***1*** to **train** ***2*** *(mil.)* to **drill** ***B*** **addestrarsi** *v. rifl.* to **train oneself;** to **train.**
addestratore *m.* **trainer.**
addétto ***A*** *a.* (assegnato) **assigned** ***B*** *m.* ***1*** (impiegato) **employee** ***2*** (agente) **agent** ***3*** (a. d'ambasciata) **attaché** ● *a. stampa,* press agent.
addì *avv.* **on the (day) of**: *addì 17 maggio,* on the 17th of May.
addiàccio *m.* ***1*** (per pecore) **sheep-pen** ***2*** *(mil.)* **bivouac** ● *dormire all'a.,* to sleep in the open.
addiètro *avv.* ***1*** (indietro) **back; behind**: *farsi a.,* to draw back ***2*** (di tempo) **before; ago**: *due mesi a.,* two months ago ● *lasciare a. q.c.,* to postpone st.
addìo *m.* e *inter.* ***1*** **goodbye**: *dire a.,* to say goodbye ***2*** *(poet.)* **farewell.**
addirittura *avv.* ***1*** (direttamente) **directly** ***2*** (senza indugio) **immediately; straight away; right away** ***3*** (persino) **even** ● *È a. un asino,* he's an absolute ass □ *A.!,* really!
addirsi *v. rifl.* to **become*,** to **befit,** to **suit** (sb.).
additare *v. t.* ***1*** to **point at** (o **to)** ***2*** *(fig.:* mostrare) to **point out.**
additivo *a.* e *m.* **additive.**
addivenire *v. i.* to **come*** (to).
addizionale ***A*** *a.* **additional** ***B*** *f. (fin.)* **additional tax; surtax.**
addizionare *v. t.* to **add;** to **sum up.**
addizionatrice *f.* **adding machine.**
addizióne *f.* **addition**: *fare un'a.,* to make an addition.
addobbare ***A*** *v. t.* ***1*** (una chiesa, sala, ecc.) to **decorate;** to **hang* with tapestry** ***2*** (una persona) to **deck out** ***3*** *(cucina)* to **garnish** ***B*** **addobbarsi** *v. rifl.* to **deck oneself out;** to **dress up.**
addobbatóre *m.* **decorator.**
addòbbo *m.* **decoration; hangings** *(pl.).*
addolcire ***A*** *v. t.* ***1*** to **sweeten** ***2*** *(fig.:* temperare) to **soften** ***3*** *(fig.:* calmare) to **calm (down);** to **soothe** ***B*** **addolcirsi** *v. rifl.* ***1*** to **become* sweet(er);** to **become* mild(er);** to **relent** ***2*** (calmarsi) to **calm down.**
addolcitóre *m.* **(water) softener.**
addolorare ***A*** *v. t.* to **pain;** to **cause suffering to** (sb.); to **grieve** ***B*** **addolorarsi** *v. rifl.* to **grieve** (at, for, over); to **be sorry.**
addolorato *a.* **grieved; sorrowful; sorry.**
addòme *m. (anat.)* **abdomen.**
addomesticàbile *a.* ***1*** (di animale) **tameable** ***2*** (di pianta) **trainable.**
addomesticare ***A*** *v. t.* ***1*** (un animale) to **tame;** to **domesticate** ***2*** (una pianta) to **train** ***B*** **addomesticarsi** *v. rifl.* ***1*** (rif. ad animale) to **become* tame** ***2*** (rif. a persona) to **become* more sociable** ***3*** (abituarsi) to **grow*** (o to **get*) familiar** (with); to **get* accustomed** (to).
addomesticato *a.* ***1*** **tamed; tame** ***2*** *(fig.)* **rigged; cooked** *(fam.)*: *elezioni addomesticate,* rigged elections.
addomesticatóre *m.* **tamer.**
addominale *a. (anat.)* **abdominal.**
addormentare ***A*** *v. t.* ***1*** to **send* to sleep** ***2*** (intorpidire) to **dull;** to **deaden** ***3*** *(pop.:* anestetizzare) to **anaesthetize** ● *a. q. cantando,* to sing sb. to sleep □ *cullare un bambino finché non s'addormenti,* to rock a child asleep (o to sleep) ***B*** **addormentarsi** *v. rifl.* ***1*** to **fall* asleep** ***2*** (intorpidirsi) to **grow* numb.**
addormentato *a.* ***1*** **sleeping; asleep** *(pred.)* ***2*** (assonnato) **sleepy** ***3*** *(fig.)* **dull.**
addossare ***A*** *v. t.* ***1*** (appoggiare) to **lean*** (against) ***2*** *(fig.)* to **saddle** (sb.) **with** (st.) ***B*** **addossarsi** *v. rifl.* ***1*** (appoggiarsi) to **lean*** ***2*** (accalcarsi) to **crowd (one against the other)** ***3*** *(fig.:* assumersi) to **take* upon oneself**: *a. la responsabilità,* to take the responsibility upon oneself.
addòsso *avv.* **on;** (sulle spalle) **on one's back**: *mettersi a. un cappotto pesante,* to put on a heavy coat ● *(fig.) avere la famiglia a.,* to have one's family on one's shoulders □ *(fig.) avere il diavolo a.,* to be in the devil of a temper □ *(fig.) avere la sfortuna a.,* to be bowed down with misfortune □ *(fig.) levarsi q. d'a.,* to get rid of sb.

addòsso a *locuz. prep.* ***1*** (sopra) **on**: *mettere le mani a. a q.*, to lay hands on sb. ***2*** (molto vicino) **close up against; close to** ● (anche *fig.*) *dare a. a q.*, to attack sb. □ *non togliere gli occhi d'a. a q.*, not to take one's eyes off sb. □ (*fig.*) *tagliare i panni a. a q.*, to run sb. down.
addottorare ***A*** *v. t.* to **confer a degree on** (sb.) ***B*** **addottorarsi** *v. rifl.* to **take* a degree**; to **graduate.**
addottrinare *v. t.* to **indoctrinate.**
addurre *v. t.* to **adduce**; to **allege**; to **bring* forward**; (citare) to **cite.**
adduttóre (*anat.*) ***A*** *a.* **adducent** ***B*** *m.* **adductor.**
adduzióne *f.* (*fisiologia*) **adduction.**
Ade *m.* (*mitol.*) **Hades.**
adeguàbile *a.* **adaptable; conformable.**
adeguaménto *m.* **adjustment; adaptation.**
adeguare ***A*** *v. t.* to **adjust**; to **adapt**; to **conform** ***B*** **adeguarsi** *v. rifl.* to **conform (oneself).**
adeguatézza *f.* **adequacy.**
adeguato *a.* ***1*** **adequate** ***2*** (equo) **fair**; (conveniente) **suitable.**
adémpiere ***A*** *v. t.* to **fulfil**; to **accomplish**; to **carry out** ***B*** **adémpiersi** *v. rifl.* to **come* true.**
adempiménto *m.* **fulfilment; realization; accomplishment.**
adenòidi *f. pl.* (*anat.*) **adenoids.**
adèpto *m.* (*lett.*) **initiate.**
aderènte ***A*** *a.* ***1*** **adherent** ***2*** (di abito) **close-fitting** ***B*** *m.* **adherent; supporter.**
aderènza *f.* ***1*** **adhesion** (anche *med.*) ***2*** (*al pl.*, *fig.*) **connexions; contacts.**
aderire *v. i.* ***1*** (attaccarsi) to **adhere**; to **stick*** ***2*** (*fig.*: consentire) to **agree** (to); (accettare) to **accept** (st.) ***3*** (*fig.*: associarsi a un partito) to **join**; (parteggiare) to **adhere** (to), to **support.**
adescaménto *m.* ***1*** **enticement; allurement; seduction** ***2*** (*idraulica*) **priming (of a pump).**
adescare *v. t.* ***1*** to **bait** ***2*** (*fig.*) to **entice**; to **allure**; to **seduce** ***3*** (*idraulica*) to **prime.**
adescatóre *m.* **enticer; allurer.**
adeṣióne *f.* ***1*** **adhesion** ***2*** (*fig.*: consenso) **agreement; acceptance** ***3*** (*fis.*) **adhesion** ***4*** (appoggio) **support.**
adeṣivo *a.* e *m.* **adhesive** ● *nastro a.*, Sellotape, Scotch tape (*marchi*).
adèsso *avv.* **now**: *da a. in poi*, from now on ● *a. a.*, just now.
adiacènte *a.* **adjacent; adjoining.**
adiacènza *f.* ***1*** **adjacency** ***2*** (*al pl.*) **surroundings; neighbourhood** (*sing.*).
adibire *v. t.* to **use** (as, for); to **turn** (into).
adipe *m.* **fat.**
adiposità *f.* **adiposity.**
adipóso *a.* **adipose; fatty.**
adirarsi *v. rifl.* to **get* angry**; to **fly* into a temper.**
adirato *a.* **angry.**
adire *v. t.* to **resort to**: *a. le vie legali*, to resort to (o to take*, to start) legal proceedings ● (*leg.*) *a. un'eredità*, to enter upon an inheritance.
àdito *m.* ***1*** (entrata) **entrance** ***2*** (*fig.*) **access; admittance** ● *dare a. a*, to lead to; (*fig.*) to give rise to (st.).
adocchiare *v. t.* ***1*** to **eye** ***2*** (scorgere) to **catch* sight of** (sb., st.).
adolescènte ***A*** *a.* **adolescent** ***B*** *m.* **adolescent; teenager.**
adolescènza *f.* **adolescence; teens** (*fam.*): *essere nell'a.*, to be in one's teens.
adombràbile *a.* ***1*** (di carattere) **suspicious; touchy** ***2*** (di cavallo) **skittish.**
adombrare ***A*** *v. t.* ***1*** (coprire d'ombra) to **overshadow** ***2*** (*fig.*) to **veil**; to **conceal** ***3*** (*fig.*: alludere) to **adumbrate**; to **hint at** (st.) ***B*** **adombrarsi** *v. rifl.* ***1*** (di cavallo) to **shy**; to **get* skittish** ***2*** (di carattere) to **grow* suspicious**; to **take* offence** (at).
adontarsi *v. rifl.* to **take* offence** (at).
adoperàbile *a.* **usable.**
adoperare ***A*** *v. t.* to **use**; to **employ**; to **make* use of** (st.) ***B*** **adoperarsi** *v. rifl.* to **strive***; to **try hard**; to **take* trouble.**
adoràbile *a.* **adorable.**
adorare *v. t.* to **adore**; to **worship.**
adoratóre *m.* **worshipper.**
adorazióne *f.* **adoration; worship.**
adornaménto *m.* ***1*** **adornment** ***2*** (ornamento) **ornament; trimming.**
adornare ***A*** *v. t.* to **adorn** (anche *fig.*) ● *a. una città*, to deck a city ***B*** **adornarsi** *v. rifl.* to **adorn oneself.**
adórno *a.* **ornate; adorned** (with).
adottante *m.* e *f.* **adopter.**
adottare *v. t.* to **adopt** (anche *fig.*).
adottato ***A*** *a.* **adopted** ***B*** *m.* (*leg.*) **adoptee.**
adottivo *a.* (*leg.*, *fig.*) **adoptive.**
adozióne *f.* (*leg.*, *fig.*) **adoption.**
adrenalina *f.* (*fisiologia, farm.*) **adrenalin.**
adulare *v. t.* to **flatter** (anche *fig.*).
adulatóre *m.* **flatterer**; (a. servile) **fawner.**
adulatòrio *a.* **flattering.**
adulazióne *m.* **flattery.**
adùltera *f.* **adulteress.**
adulterare *v. t.* to **adulterate**; to **sophisticate.**
adulterazióne *f.* **adulteration; sophistication.**
adulterino *a.* **adulterine.**
adultèrio *m.* **adultery** (anche *leg.*).
adùltero ***A*** *a.* **adulterous** ***B*** *m.* **adulterer.**
adulto *a.* e *m.* **adult; grown-up.**
adunanza *f.* **meeting; assembly**: *convocare un'a.*, to call a meeting.
adunare ***A*** *v. t.* ***1*** to **assemble** (anche *fig.*); to **muster** (anche *mil.*) ***2*** (raccogliere) to **amass** ***B*** **adunarsi** *v. rifl.* to **meet***; to **assemble.**
adunata *f.* **assembly**; (*mil.*) **muster** (anche *fig.*).
adunco *a.* **hooked**: *un naso a.*, a hooked nose.
adunghiare *v. t.* to **clutch.**
adusto *a.* (*lett.*) **scorched.**
aèdo *m.* ***1*** (*stor.*) **bard** ***2*** (poeta) **poet.**
aerare *v. t.* ***1*** to **air**; to **ventilate** ***2*** (*chim.*) to **aerate.**
aeratóre *m.* (*mecc.*) **aerator.**
aerazióne *f.* ***1*** **airing; ventilation** ***2*** (*chim.*) **aeration.**
aèreo ***A*** *a.* ***1*** **aerial**: *trazione aerea*, aerial traction ***2*** (*fig.*: vano) **airy** ***3*** (che va per l'aria) **air** (*attr.*): *posta aerea*, air mail □ *spedire per posta aerea*, to air-mail ***B*** *m.* ***1*** (*fam.*: aeroplano) **aeroplane; airplane** (*USA*); **aircraft** ***2*** (*radio*) **aerial** ● *a. di linea*, airliner.
aerifórme *a.* (*fis.*) **aeriform; gaseous.**
aerobrigata *f.* (*aeron., mil.*) **wing.**
àerobus *m.* **airbus.**
aeroclùb *m.* **flying club.**
aerodinàmica *f.* **aerodynamics** (*pl. col verbo al sing.*).
aerodinàmico *a.* ***1*** **aerodynamic** ***2*** (di carrozzeria) **streamlined.**
aeròdromo *m.* **aerodrome; airdrome** (*USA*).
aerofaro *m.* (*aeron.*) **air-beacon.**
aeròfono *m.* **sound locator.**
aerògrafo *m.* **airbrush.**
aerolìnea *f.* (*aeron.*) **air-line.**
aeròlito *m.* (*geol.*) **aerolite; aerolith.**
aeromòbile *m.* **aircraft.**
aeromodelliṣmo *m.* **model aircraft flying.**
aeromodellista *m.* e *f.* **model aircraft enthusiast.**
aeromodèllo *m.* **model aircraft.**
aeronàuta *m.* **aeronaut.**
aeronàutica *f.* **aeronautics** (*pl. col verbo al sing.*); **aviation** ● *l'A. britannica*, the Royal Air Force □ *Ministero dell'A.*, Air Ministry.
aeronàutico *a.* **aeronautic(al).**
aeronavale *a.* **air-sea** (*attr.*); **aeronaval.**
aeronave *f.* **airship.**
aeronavigazióne *f.* **air navigation.**
aeroplano *m.* **aircraft; plane; aeroplane; airplane** (*USA*): *un a. a reazione*, a jet plane ● *a. di linea*, airliner.
aeropòrto *m.* **airport.**
aeroscalo *m.* **airship station.**

aerosilurante *m. (aeron.)* **torpedo bomber.**
aerosiluro *m. (aeron.)* **aerial torpedo.**
aerostàtica *f. (fis.)* **aerostatics** *(pl. col verbo al sing.).*
aerostàtico *a.* **aerostatic(al).**
aeròstato *m.* **aerostat.**
aerostaziòne *f.* **air terminal.**
aerotassì *m.* **air-taxi; taxiplane** *(USA).*
aerovìa *f. (aeron.)* **air lane.**
afa *f.* **sultriness; closeness.**
affàbile *a.* **affable.**
affabilità *f.* **affability.**
affaccendaménto *m.* **bustle; stir.**
affaccendarsi *v. rifl.* **to busy oneself** (with); **to bustle about.**
affaccendato *a.* **busy**: *essere molto a.,* to be very busy.
affacciare ***A*** *v. t.* ***1*** (*fig.*: esprimere) **to venture**: *a. un dubbio,* to venture a doubt ***2*** (mettere alla finestra) to **bring* to the window** ***B*** **affacciarsi** *v. rifl.* ***1*** (mettersi alla finestra) **to appear at the window** ***2*** (mostrarsi) to **appear** ***3*** (presentarsi alla mente) to **strike*.**
affamare *v. t.* to **starve.**
affamato *a.* ***1*** **starving**: *un uomo a.,* a starving man ***2*** *(fig.)* **eager**: *a. di gloria,* eager for glory ● *(pl., collett.) gli affamati,* the hungry.
affannare ***A*** *v. t.* ***1*** **to leave* breathless** ***2*** *(fig.)* **to worry; to trouble** ***B*** **affannarsi** *v. rifl.* ***1*** **to worry** ***2*** (darsi da fare) **to busy oneself.**
affannato *a.* ***1*** **breathless** ***2*** *(fig.)* **worried; troubled.**
affanno *m.* ***1*** **breathlessness** ***2*** *(fig.)* **worry; trouble; anxiety**: *una vita piena d'affanni,* a life full of worries □ *dare a.,* to give trouble ● *prendersi a. per q.c.,* to worry about st.
affannosaménte *avv.* ***1*** **breathlessly; with difficulty** ***2*** *(fig.)* **anxiously.**
affannóso *a.* ***1*** (di respiro) **laboured** ***2*** *(fig.)* **anxious; troubled.**
affardellare *v. t.* ***1*** **to make* a bundle of** (st.) ***2*** *(fig.)* **to heap up.**
affare *m.* ***1*** (*comm.; sing.:* transazione) **(business) transaction; piece of business;** (a. vantaggioso) **bargain** ***2*** *(anche al pl.)* **business** *(collett.; col verbo al sing.)*: *avere un a. urgente (o affari urgenti),* to have urgent (o pressing) business □ *fare affari,* to do business ***3*** (faccenda) **affair; business** (collett.); **concern**: *Bada agli affari tuoi!,* mind your own business □ *affari esteri,* foreign affairs ***4*** (*fam., scherz.:* aggeggio) **thing; gadget; thingamabob** *(fam.)*: *un a. da nulla,* a thing of no account ● *a. di cuore,* love affair □ *a. giudiziario,* (causa) lawsuit; (processo) trial □ *donna di mal a.,* prostitute □ *fare un (buon) a.,* to strike a bargain □ *essere (entrare) in rapporti d'affari con q.,* to be in (to enter into) business relations with sb. □ *(comm.) mettersi negli affari,* to go into business □ *parlare di affari,* to talk business □ *uomo d'affari,* businessman □ *viaggiare per affari,* to travel on business □ *A. fatto!,* that's settled! (o agreed!) □ *(fig.) Questo è un altro a.!,* this is another question!
affarişmo *m.* **unscrupulous business dealings** *(pl.)*; **profiteering; speculation.**
affarista *m.* **unscrupulous businessman*; profiteer; speculator.**
affarìstico *a.* **speculative.**
affascinante *a.* **charming; fascinating.**
affascinare *v. t.* ***1*** (ammaliare) **to bewitch** ***2*** *(fig.)* **to charm; to fascinate.**
affascinatóre *m.* **charmer; enchanter.**
affascinatrice *f.* **charmer; enchantress.**
affastellare *v. t.* ***1*** **to tie up in bundles; to make* up into bundles** ***2*** *(fig.)* **to pile up** (o **on).**
affaticare ***A*** *v. t.* **to tire** ● *a. gli occhi,* to strain one's eyes ***B*** **affaticarsi** *v. rifl.* **to tire oneself; to get* tired.**
affatto *avv.* ***1*** **completely; quite** ***2*** *(in frasi neg.)* **at all**: *niente a.,* not at all.
affatturare *v. t.* ***1*** **to put* a spell on** (sb.) ***2*** (adulterare) **to adulterate.**
affermare ***A*** *v. t.* ***1*** **to affirm;** (asserire) **to assert** ***2*** (*lett.:* sostenere) **to assert**: *a. un diritto,* to assert a right ***B*** **affermarsi** *v. rifl.* **to make* oneself known.**
affermativa *f.* **affirmative.**
affermativaménte *avv.* **affirmatively; in the affirmative.**
affermativo *a.* **affirmative.**
affermazióne *f.* ***1*** **affirmation; assertion; statement** ***2*** (successo) **achievement; performance.**
afferràbile *a.* ***1*** **seizable** ***2*** *(fig.)* **comprehensible.**
afferrare ***A*** *v. t.* ***1*** **to seize** (anche *fig.*): *a. un'occasione,* to seize an opportunity ***2*** *(fig.)* **to grasp** ***B*** **afferrarsi** *v. rifl.* **to grasp** (at).
(1) affettare *v. t.* (tagliare a fette) **to slice; to cut*** (st.) **into slices.**
(2) affettare *v. t.* (ostentare) **to affect.**
(1) affettato ***A*** *a.* (tagliato a fette) **sliced** ***B*** *m.* **sliced ham (salami,** ecc.**).**
(2) affettato *a.* (artificioso) **affected; artificial.**
affettatrice *f.* **slicing-machine; slicer.**
affettazióne *f.* **affectation; artificiality.**
affettività *f.* **affectivity.**
affettivo *a.* **affective.**
(1) affètto *m.* **affection; love**: *provare (o nutrire, avere) a. per q.,* to feel affection towards sb.; to have affection for sb.; to love sb. □ *riversare il proprio a. su q.,* to set one's affections on sb. □ *con a.,* with love; affectionately.
(2) affètto *a.* **afflicted** (with); **suffering** (from).
affettuosaménte *avv.* **affectionately; lovingly; with love.**
affettuosità *f.* **affectionateness; tenderness; fondness.**
affettuóso *a.* **affectionate; fond; loving.**
affezionarsi *v. rifl.* **to grow* fond** (of); **to take* a liking** (for).
affezionato *a.* ***1*** **affectionate; loving** ***2*** (devoto) **devoted.**
affezióne *f.* ***1*** **affection; love** ***2*** *(med.)* **affection**: *un'a. cardiaca,* an affection of the heart ● *prezzo d'a.,* sentimental value.
affiancare *v. t.* ***1*** **to place side by side** ***2*** *(mil.)* **to flank** ***3*** (*fig.:* sostenere) **to help; to support.**
affiataménto *m.* **harmony; (good) understanding.**
affiatare ***A*** *v. t.* **to make*** (people) **get on well together** ***B*** **affiatarsi** *v. rifl.* **to get* on well together.**
affibbiare *v. t.* ***1*** **to buckle** ***2*** (*fig.:* assestare) **to deal*; to let* fly** ● *a. a q. la colpa di q.c.,* to lay the blame for st. on sb. □ *a. q.c. a q.* (con frode) to palm st. off upon sb. □ *a. un soprannome a q.,* to give a nickname to sb.
affidaménto *m.* **assurance;** (fiducia) **confidence** ● *fare a. su q.,* to rely upon sb. □ *meritare a.,* to be reliable.
affidare ***A*** *v. t.* **to entrust**: *a. q.c. a q.,* to entrust sb. with st.; to entrust st. to sb. ***B*** **affidarsi** *v. rifl.* **to place one's trust**: *a. a Dio,* to place one's trust in God ● *a. a q.c.,* to trust to st. □ *a. a q.,* to rely upon sb.
affidavit *(lat.) m. (leg.)* **affidavit.**
affievolire ***A*** *v. t.* **to weaken; to enfeeble** ***B*** **affievolirsi** *v. rifl.* ***1*** **to weaken; to grow* weak** ***2*** *(radio)* **to die out; to fade.**
affìggere *v. t.* (manifesti, ecc.) **to post up; to put* up.**
affilare ***A*** *v. t.* ***1*** **to sharpen; to whet;** (sul cuoio) **to strop;** (sulla mola) **to grind*;** (sulla pietra) **to hone** ***2*** (*fig.:* assottigliare) **to make* thinner** ***B*** **affilarsi** *v. rifl.* **to get* thin (o thinner).**
affilata *f.* **(slight) sharpening; touch of the strop.**
affilato *a.* ***1*** **sharp** ***2*** *(fig.)* **thin; pinched.**
affilatóio *m.* **sharpener.**
affilatrice *f. (mecc.)* **sharpener; grinder.**
affiliare ***A*** *v. t.* **to affiliate** ***B*** **affiliarsi** *v. rifl.* **to affiliate** (with, to).
affiliato *m.* **associate; affiliate.**
affiliazione *f.* **affiliation** (anche *leg.*).
affinare ***A*** *v. t.* ***1*** (affilare) **to sharpen** ***2*** (aguzzare) **to make* keener; to sharpen** ***3*** (*fig.:* perfezionare) **to refine; to improve** ***B*** **affinarsi** *v. rifl. (fig.)* **to get***

refined.

affinato *a.* **1** **refined** **2** (reso sottile) **thin.**

affinatóre **A** *m. (metall.)* **refiner** **B** *a.* **refining.**

affinché *cong.* **so that; in order that; that**: *Te lo dissi a. tu facessi qualcosa,* I told you in order that you might do something.

affine **A** *a.* **similar; like; alike** **B** *m.* e *f.* **relative--in-law.**

affine di *locuz. cong. (lett.)* **in order to; so as to.**

affinità *f. (*anche *leg.)* **affinity.**

affiochire **A** *v. t.* to **weaken** **B** *v. i.* e **affiochirsi** *v. rifl.* to **grow* weak** (o **weaker**); to **weaken.**

affioraménto *m.* **emergence** *(*anche *fig.).*

affiorare *v. i.* **1** to **emerge** *(*anche *fig.)* **2** *(fig.)* to **crop up** **3** *(naut.:* di sottomarino) to **surface.**

affissióne *f.* **posting; bill-posting** ● *Vietata l'a.,* post no bills.

affisso *m.* **1** (manifesto) **notice; bill; poster** **2** *(gramm.)* **affix.**

affittacàmere **A** *m.* **landlord** **B** *f.* **landlady.**

affittanza *f.* (locazione) **tenancy;** (contratto d'affitto) **lease.**

affittare *v. t.* **1** (dare in affitto) to **let***; to **rent** **2** (prendere in affitto) to **rent.**

affitto *m.* **rent** ● *contratto d'a.,* lease □ *dare in a.,* to let; to rent □ *prendere in a.,* to rent.

affittuàrio *m.* **tenant; leaseholder.**

afflato *m. (lett.)* **afflatus; (divine) impulse; inspiration.**

affliggere **A** *v. t.* to **afflict**; to **torment** **B** **affliggersi** *v. rifl.* to **distress oneself**; to **worry.**

afflitto *a.* **afflicted; vexed; distressed** ● *(pl., collet.) gli afflitti,* the suffering.

afflizióne *f.* **affliction; distress; torment.**

afflosciare **A** *v. t.* to **make* flabby** **B** *v. i.* e **afflosciarsi** *v. rifl.* to **become* flabby**; to **become* soft.**

affluènte *a.* e *m.* **tributary.**

affluènza *f.* **1** (anche *fig.)* **flow**: *l'a. della gente verso il parco,* the flow of people towards the park **2** (concorso di gente) **crowd.**

affluire *v. i.* **1** (scorrere) to **flow** **2** *(fig.)* to **pour in.**

afflusso *m.* **1** (anche *fig.:* l'affluire) **influx; inflow** **2** (flusso) **flow.**

affogare **A** *v. t.* **1** (annegare) to **drown** *(*anche *fig.)* **2** *(cucina)* to **poach** **B** *v. i.* to **drown** ● *(fig.) a. in un bicchiere d'acqua,* to make a mountain out of a mole-hill □ *(fig.) a. nei debiti,* to be head over heels in debt □ *(fig.) o bere o a.,* sink or swim **C** **affogarsi** *v. rifl.* to **drown oneself.**

affogato *a.* **1** **drowned** **2** *(cucina)* **poached**: *uova affogate,* poached eggs ● *gelato a. al whisky,* ice-cream drowned in whisky.

affollaménto *m.* **1** (l'affollarsi) **crowding** **2** (folla) **crowd.**

affollare **A** *v. t.* to **crowd** **B** **affollarsi** *v. rifl.* to **crowd**; to **throng.**

affollato *a.* **crowded** (with).

affondaménto *m.* **sinking.**

affondare *v. t.* e *i.* to **sink*.**

affossare **A** *v. t.* **1** to **ditch** **2** *(fig.:* accantonare*)* to **shelve** **B** **affossarsi** *v. rifl.* to **grow* hollow.**

affossato *a.* **sunken; hollow.**

affrancaménto *m.* **1** (il liberare) **release; liberation** **2** (il riscattare) **redemption.**

affrancare **A** *v. t.* **1** (liberare) to **free**; to **set* free**; to **release**; to **liberate** **2** (riscattare) to **redeem** **3** (applicare francobolli) to **stamp** **B** **affrancarsi** *v. rifl. (*anche *fig.)* to **free oneself.**

affrancatrice *f. (mecc.)* **stamping machine.**

affrancatura *f.* **postage.**

affranto *a.* **1** (dal dolore) **depressed; disheartened** **2** (distrutto) **worn out** ● *un cuore a.,* a broken heart.

affratellaménto *m.* **fraternization.**

affratellare **A** *v. t.* to **make*** (people) **fraternize** **B** **affratellarsi** *v. rifl. recipr.* to **fraternize.**

affrescare *v. t. (pitt.)* to **fresco.**

affrésco *m. (pitt.)* **fresco*.**

affrettare **A** *v. t.* **1** to **hurry**; to **hasten** **2** (un lavoro, ecc.) to **speed* up** ● *a. il passo,* to quicken one's pace **B** **affrettarsi** *v. rifl.* to **hurry**; to **hasten**; to **make* haste.**

affrettataménte *avv.* **hurriedly; hastily; in a hurry** ● *camminare a.,* to hurry along.

affrettato *a.* **1** **hurried; hasty** **2** (poco curato) **careless.**

affrontare **A** *v. t.* **1** to **confront** **2** *(fig.)* to **face**: *a. la morte,* to face death **B** **affrontarsi** *v. rifl. recipr.* (venire alle mani) to **come* to blows**; (di eserciti) to **clash.**

affrónto *m.* **affront; insult** ● *fare un a. a q.,* to affront sb.; to insult sb.

affumicare *v. t.* **1** (riempire di fumo) to **fill with smoke** **2** (annerire di fumo) to **blacken with smoke** **3** *(cucina)* to **smoke**; (aringhe) to **kipper.**

affumicato *a.* **1** **blackened with smoke; smoky** **2** *(cucina)* **smoked**; (di aringhe) **kippered**: *prosciutto a.,* smoked ham.

affusolare *v. t.* to **taper.**

affusolato *a.* **tapering.**

affusto *m. (mil.)* **gun-carriage.**

afgano *a.* e *m.* **Afghan.**

àfide *m. (zool.)* **aphid; aphis*.**

afonìa *f. (med.)* **aphonia.**

àfono *a.* **aphonic; voiceless.**

aforișma *m.* **aphorism.**

aforìstico *a.* **aphoristic.**

afóso *a.* **sultry; close.**

africano *a.* e *m.* **African.**

àfrico *m.* **south-west wind.**

afroamericano *a.* e *m.* **Afro-American.**

afrodișìaco *a.* e *m.* **aphrodisiac.**

àgape *f.* **agape*.**

àgata *f. (miner.)* **agate.**

àgave *f. (bot.,* Agave) **agave.**

agènda *f.* **diary**: *un'a. tascabile,* a pocket diary.

agènte *m.* **agent** *(*anche *leg.)*: *agenti fisici (chimici),* physical (chemical) agents □ *un a. pubblicitario,* a press--agent □ *un a. segreto,* a secret agent ● *a. delle imposte indirette,* exciseman □ *a. di polizia,* police officer.

agenzìa *f.* **agency**: *un'a. di viaggi,* a travel agency □ *un'a. di collocamento,* an employment agency.

agevolare *v. t.* to **facilitate**; to **lend*** (sb.) **a helping hand.**

agevolazióne *f.* **1** **facilitation** **2** (riduzione) **reduction** ● *(fin.) agevolazioni fiscali,* tax facilities.

agévole *a.* **easy;** (di strada) **smooth.**

agevolménte *avv.* **easily.**

agganciaménto *m.* **1** **hooking** **2** *(ferr.)* **coupling.**

agganciare *v. t.* **1** to **hook** **2** *(ferr.)* to **couple** ● *(fam.) a. una ragazza,* to latch on to a girl.

aggéggio *m.* **1** (arnese) **gadget; contraption** **2** *(fig.)* **contrivance.**

aggettare *v. i.* to **jut out.**

aggettivale *a. (gramm.)* **adjectival.**

aggettivare *v. t. (gramm.)* to **adjective.**

aggettivazióne *f.* **use of adjectives.**

aggettivo *m. (gramm.)* **adjective.**

aggètto *m. (archit.)* **projection.**

agghiacciante *a.* **spine-chilling.**

agghiacciare **A** *v. t.* **1** to **ice** **2** *(fig.)* to **freeze* one's blood** **B** **agghiacciarsi** *v. rifl.* to **freeze*.**

agghindare *v. t.* to **dress up**; to **titivate** *(fam.).*

àggio *m. (fin.)* **agio*.**

aggiogare *v. t.* **1** to **yoke** **2** *(fig.)* to **subjugate.**

aggiornaménto *m.* **1** (il differire) **postponement; adjournment** **2** (il mettere a giorno) **bringing up to date** ● *corso di a.,* refresher course.

aggiornare **A** *v. t.* **1** (differire) to **postpone**; to **adjourn** **2** (mettere a giorno) to **bring* up to date** **B** *v. i.* (farsi giorno) to **dawn** **C** **aggiornarsi** *v. rifl.* to **bring* oneself up to date.**

aggiornato *a.* **up-to-date.**

aggiotàggio *m. (Borsa)* **agiotage; jobbery.**

aggiraménto *m.* **1** (il trarre in inganno) **trickery** **2** *(mil.)* **outflanking.**

aggirare **A** *v. t.* **1** (trarre in inganno) to **trick**; to **swindle**; to **cheat** **2** *(mil.)* to **outflank** **B** **aggirarsi**

v. rifl. **1** (vagare) to **hang*** **about** **2** (di prezzo: approssimarsi) to **be about**; to **rule about**: *Il prezzo s'aggira sulle diecimila lire,* the price rules at about ten thousand lire **3** (*fig.*: riguardare) to **deal*** (with).
aggiudicante *m.* **1** **awarder** **2** *(leg.)* **adjudicator**.
aggiudicare *v. t.* **1** to **award**; to **adjudge**: *a. un premio,* to award a prize **2** *(leg.)* to **adjudicate** **3** (in una vendita all'asta) to **knock down** ● *aggiudicarsi il primo premio,* to win the first prize.
aggiudicazióne *f.* **award**; **adjudication**.
aggiùngere ***A*** *v. t.* to **add** ***B*** **aggiùngersi** *v. rifl.* to **be added**; (di persona) to **join** (sb.).
aggiunta *f.* **addition**.
aggiuntare *v. t.* to **join together**.
aggiuntivo *a.* **adjunctive**; **additional**.
aggiunto *a.* e *m.* **assistant**.
aggiustàggio *m.* *(mecc.)* **adjustment**; **fitting**.
aggiustare ***A*** *v. t.* **1** (accomodare) to **mend**; to **repair** **2** (regolare) to **settle**: *a. una questione,* to settle a matter ● *a. una pedata a q.,* to land sb. a kick □ *T'aggiusto io!,* I'll fix you! ***B*** **aggiustarsi** *v. rifl.* **1** (*fam.*: mettersi in ordine) to **tidy oneself up** **2** (farsi elegante) to **make*** **oneself smart** **3** (migliorare) to **improve** ***C*** *v. rifl. recipr.* (*fam.*: venire a un accordo) to **come*** **to an understanding**; to **reach an agreement**.
aggiustatóre *m.* *(mecc.)* **fitter**.
agglomeraménto *m.* **agglomeration**.
agglomerare *v. t.*, **agglomerarsi** *v. rifl.* to **agglomerate**.
agglomerato *a.* e *m.* **agglomerate** ● *a. urbano,* built-up area.
agglutinare *v. t.* to **agglutinate**.
aggomitolare ***A*** *v. t.* to **wind*** **into a ball**; to **ball** ***B*** **aggomitolarsi** *v. rifl.* to **curl up**.
aggottare *v. t.* *(naut.)* to **bail out**.
aggradare *v. i. difett.* to **please**: *Se così t'aggrada,* if it so pleases you.
aggraffare *v. t.* to **hook**; to **clutch**.
aggranchire ***A*** *v. t.* to **numb**; to **benumb** ***B*** **aggranchirsi** *v. rifl.* to **grow*** **numb**.
aggranchito *a.* **numb**; **benumbed**.
aggranfiare *v. t.* **1** to **claw** **2** (*fig.*: rubare) to **pinch**.
aggrappare ***A*** *v. t.* to **seize**; to **grasp** ***B*** **aggrapparsi** *v. rifl.* to **cling*** (anche *fig.*).
aggravaménto *m.* **1** (aumento) **increase**: *un a. di pena,* an increase in sentence **2** (di malato: il peggiorare) **worsening**.
aggravante ***A*** *a.* **aggravating** ***B*** *f.* *(leg.)* **aggravation**.
aggravare ***A*** *v. t.* **1** (aumentare) to **increase** **2** (peggiorare) to **make*** **worse**; to **worsen** ● *cibo che aggrava lo stomaco,* food which lies heavy on the stomach ***B*** **aggravarsi** *v. rifl.* to **become*** **worse**; to **worsen**; (di malato) to **get*** **worse**.
aggràvio *m.* (aumento) **increase**.
aggraziare *v. t.* to **grace** ● *aggraziarsi q.,* to ingratiate oneself with sb.
aggraziato *a.* **graceful**.
aggredire *v. t.* to **attack**; to **assault**; to **assail** (anche *fig.*).
aggregaménto *m.* **aggregation**.
aggregare ***A*** *v. t.* to **aggregate** ***B*** **aggregarsi** *v. rifl.* to **become*** **a member** (of).
aggregato ***A*** *a.* **1** **aggregated** **2** (di funzionario, ecc.) **associate** **3** *(fis., geol.)* **aggregate** ***B*** *m.* **aggregate**.
aggregazióne *f.* **aggregation**.
aggressióne *f.* **aggression**; **assault** ● *(polit.) patto di non a.,* non-aggression pact.
aggressività *f.* **aggressiveness**.
aggressivo ***A*** *a.* **aggressive** ***B*** *m.* **weapon**.
aggressóre *m.* **aggressor**; **assailant**.
aggrinzare, aggrinzire *v. t.* **aggrinzarsi, aggrinzirsi** *v. rifl.* to **wrinkle**.
aggrondato *a.* **frowning**.
aggrottare *v. t.* — *a. le ciglia,* to knit one's brows; to frown.
aggrovigliaménto *m.* **entanglement**.
aggrovigliare ***A*** *v. t.* to **tangle**; to **entangle** ***B*** **aggrovigliarsi** *v. rifl.* to **get*** **entangled**.
aggrovigliato *a.* **1** **entangled** **2** *(fig.)* **complex**; **intricate**.
aggrumare *v. i.* **aggrumarsi** *v. rifl.* to **clot**.
aggruppare *v. t.* **aggrupparsi** *v. rifl.* to **group**.
agguagliare ***A*** *v. t.* **1** (spianare) to **level** **2** (rendere uguale) to **equalize**; (essere uguale) to **equal**, to **match** **3** (paragonare) to **compare** ***B*** **agguagliarsi** *v. rifl.* (paragonarsi) to **compare oneself** (to).
agguàglio *m.* **comparision**.
agguantare *v. t.* **1** (afferrare) to **seize** **2** (*fam.*: colpire) to **catch***.
agguato *m.* **1** **ambush**: *stare in a.,* to lie in ambush **2** (tranello) **trap**: *tendere un a.,* to set a trap.
agguerrire *v. t.* **agguerrirsi** *v. rifl.* *(mil.)* to **train**.
agguerrito *a.* **1** **trained** **2** — *(fig.) essere a. in q.c.,* to be well versed in st.
aghifórme *a.* **needle-shaped**.
agiatézza *f.* **comfort**; **affluence**.
agiato *a.* **well-off**; **well-to-do** ● *essere di condizione agiata,* to be well off □ *gente agiata,* well-to-do people.
agìbile *a.* **fit** (o **ready**) **for use**.
àgile *a.* (anche *fig.*) **agile**; **nimble** ● *(fig.) a. di mano,* light-fingered □ *a. di piede,* nimble-footed.
agilità *f.* (anche *fig.*) **agility**; **nimbleness**.
àgio *m.* **1** (opportunità) **chance**: *non avere a. di fare q.c.,* to have no chance to do (o of doing) st. **2** (comodità) **ease**; **comfort**: *sentirsi a proprio a.,* to be at one's ease ● *mettersi a proprio a.,* to make oneself at home.
agiografìa *f.* **hagiography**.
agiogràfico *a.* **hagiographic(al)**.
agiògrafo *m.* **hagiographer**.
agiologìa *f.* **hagiology**.
agire *v. i.* **1** (fare, operare) to **act**: *a. per il meglio,* to act for the best **2** (funzionare) to **work**; to **operate** **3** (comportarsi) to **behave** **4** (influire su) to **affect**: *a. sui nervi,* to affect the nerves **5** *(leg.)* to **take*** **legal action** (against) **6** (*teatr.*: recitare) to **play**.
agitare ***A*** *v. t.* **1** (scuotere) to **shake*** **2** (scuotere violentemente) to **toss** **3** (*fig.*: turbare) to **upset***; to **trouble** **4** (*fig.*: dibattere) to **discuss** ● *a. la mano (in segno di saluto),* to wave one's hand ***B*** **agitarsi** *v. rifl.* **1** to **toss (oneself) about** **2** (*fig.*: turbarsi) to **get*** **excited**; to **become*** **upset**; to **distress oneself** **3** (darsi da fare) to **bustle about** **4** *(polit.)* to **agitate**.
agitato ***A*** *a.* **1** (scosso) **shaken** **2** (*fig.*: turbato) **upset**; **excited**; **troubled** **3** (*fig.*: dibattuto) **discussed** ***B*** *m.* *(med.)* **violent mental patient**.
agitatóre *m.* **1** **agitator** **2** *(mecc.)* **stirrer**; **mixer**.
agitazióne *f.* **agitation** (anche *polit.*) ● *agitazioni sindacali,* labour troubles □ *Siamo tutti in a.,* we are all agitated □ *Non metterlo in a.,* don't distress him.
agliàio *m.* **garlic bed**.
agliata *f.* *(cucina)* **garlic sauce**.
àglio *m.* (*bot.*, Allium sativum) **garlic** ● *(fig.) mangiare l'a.,* to swallow one's rage.
agnato *m.* **agnate**.
agnellino *m.* **lambkin**.
agnèllo *m.* **lamb** ● *pelle d'a.,* lambskin.
agnizióne *f.* *(letter.)* **recognition**.
agnosticismo *m.* **agnosticism**.
agnòstico *a.* e *m.* **agnostic**.
ago *m.* **1** **needle**: *aghi da calza,* knitting needles **2** (della bilancia) **tongue** **3** *(mecc.)* **needle**; **tongue** **4** *(bot.)* **needle**: *aghi di pino,* pine needles.
agognare *v. t.* e *i.* to **yearn for** (st.).
agóne *m.* *(lett.)* **1** **struggle** (anche *fig.*) **2** (arena) **arena** (anche *fig.*).
agonìa *f.* **agony** (anche *fig.*); **death throes** *(pl.)*.
agonismo *m.* **competitive spirit**.
agonista *m.* e *f.* **agonist**; **athlete**.
agonìstica *f.* **athletics**.
agonìstico *a.* **agonistic**; **athletic**.
agonizzare *v. i.* to **be in one's death throes**; to **be on the point of death**.
agopuntura *f.* *(med.)* **acupuncture**.
agorafobìa *f.* *(psic.)* **agoraphobia**.
agoràio *m.* **needle-case**.
agostiniano *a.* e *m.* *(relig.)* **Augustinian**.

agósto *m.* **August.**
agrària *f.* **agriculture.**
agràrio ***A*** *a.* **agricultural** ***B*** *m.* **landowner.**
agrèste *a.* **agrestic; rustic.**
agrèsto ***A*** *m.* **verjuice** ***B*** *a.* **sour.**
agrétto ***A*** *a.* **sourish** ***B*** *m.* **sourish taste.**
agricolo *a.* **agricultural.**
agricoltóre *m.* **farmer.**
agricoltura *f.* **agriculture.**
agrifòglio *m.* (*bot.*, Ilex aquifolium) **holly.**
agrimensóre *m.* **land-surveyor.**
agrimensura *f.* **land-surveying.**
agriturismo *m.* **farm holidays** *(pl.).*
agriturista *m.* e *f.* **farm holidaymaker.**
(1) agro *a.* (anche *fig.*) **sour; tart; bitter** • *prendere l'a.*, to become sour.
(2) agro *m.* **campagna**: *l'A. Romano,* the Roman Campagna.
agrobiologìa *f.* **agrobiology.**
agrobiòlogo *m.* **agrobiologist.**
agrodólce *a.* **bitter-sweet** (anche *fig.*); *(cucina)* **sweet-and-sour.**
agronomìa *f.* **agronomy; agronomics** *(pl. col verbo al sing.).*
agrònomo *m.* **agronomist.**
agrume *m.* **citrus fruit**: *gli agrumi,* citrus fruits.
agruméto *m.* **citrus grove.**
agrumicoltóre *m.* **citrus-fruit grower.**
agucchiare *v. i.* (cucire) to **sew* idly.**
aguzzare *v. t.* to **sharpen** (anche *fig.*).
aguzzino *m.* ***1*** *(stor.)* **slave-driver** ***2*** (carceriere) **jailer; gaoler.**
aguzzo *a.* **sharp.**
ah *inter.* **ah; ha.**
ahi *inter.* **ah; oh.**
ahimè *inter.* **alas.**
àia *f.* *(agric.)* **threshing-floor** • *(fig.) menare il can per l'a.*, to beat about the bush.
àio *m.* **tutor.**
aìre *m.* **impulse** • *prendere l'a.*, to start off.
airóne *m.* (*zool.*, Ardea) **heron.**
aitante *a.* **sturdy; stalwart; staunch.**
aiuòla *f.* **flower-bed.**
aiutante *m.* ***1*** **helper; assistant** ***2*** *(mil.)* **adjutant;** *(naut.,* anche*)* **master at arms, mate** • *a. di campo,* aide-de-camp.
aiutare ***A*** *v. t.* to **help;** to **assist** ***B*** **aiutarsi** *v. rifl.* to **do*** one's **best;** to **help oneself** ***C*** *v. rifl. recipr.* to **help each other** (o **one another).**
aiuto *m.* ***1*** (soccorso) **help; aid** *(non fam.)*: *A., a.!,* help! help! □ *chiedere a.*, to ask for help ***2*** (assistenza) **assistance**: *venire in a. di q.*, to come to sb.'s assistance ***3*** (assistente) **assistant.**
aizzare *v. t.* to **incite** • *a. un cane contro q.*, to set a dog on sb.
ala *f.* ***1*** (in quasi tutti i significati) **wing**: *spiegare le ali,* to spread one's wings □ *(sport) l'ala destra (sinistra),* the right (left) wing ***2*** (di elica) **blade** • *(fig.) abbassare le ali,* to come off one's perch □ *(fig.) mettere le ali ai piedi di q.*, to lend wings to sb.
alabarda *f.* *(stor.)* **halberd.**
alabardière *m.* *(stor.)* **halberdier.**
alabastro *m.* **alabaster.**
àlacre *a.* **brisk; quick; active.**
alacrità *f.* **alacrity.**
alàggio *m.* *(naut.)* **haulage; towage.**
alamaro *m.* **frog.**
alambicco *m.* *(chim., ind.)* **alembic; still.**
alano *m.* (cane) **Great Dane.**
(1) alare *m.* **firedog; andiron.**
(2) alare *v. t.* *(naut.)* to **haul;** to **tow.**
(3) alare *a.* **wing** *(attr.).*
alato *a.* **winged** (anche *fig.*).
alba *f.* **dawn** (anche *fig.*).
albagìa *f.* **conceit; haughtiness**: *pieno di a.*, full of conceit.
albagióso *a.* **conceited; haughty.**
albanése *a.* e *m.* **Albanian.**
àlbatro *m.* (*zool.*, Diomedea) **albatross.**
albeggiare *v. i.* to **dawn** (anche *fig.*).
alberare *v. t.* ***1*** to **plant with trees** ***2*** *(naut.)* to **mast.**
alberatura *f.* ***1*** **plantation** ***2*** *(naut.)* **masting.**
alberèllo *m.* **sapling.**
albergare ***A*** *v. t.* ***1*** to **lodge** ***2*** *(fig., lett.)* to **harbour** ***B*** *v. i.* to **lodge;** to **stay.**
albergatóre *m.* **hotel-keeper.**
alberghièro *a.* **hotel** *(attr.).*
albèrgo *m.* ***1*** **hotel** ***2*** (*lett.*: ricovero) **shelter.**
albero *m.* ***1*** **tree** ***2*** *(naut.)* **mast** ***3*** *(mecc.)* **shaft** • *(naut.) a. maestro,* mainmast.
albicòcca *f.* **apricot.**
albicòcco *m.* (*bot.*, Prunus armeniaca) **apricot tree.**
albinismo *m.* *(biol.)* **albinism.**
albino *m.* *(biol.)* **albino*.**
albo *m.* ***1*** (registro) **register; roll**: *a. d'onore,* roll of honour ***2*** (per fotografie, francobolli, ecc.) **album** ***3*** (per avvisi) **notice board.**
albóre *m.* ***1*** (chiarore) **(first) light (of day); dawn** ***2*** *(fig., specialm. al pl.)* **dawning.**
album *m.* **album.**
albume *m.* ***1*** (bianco dell'uovo) **albumen; white (of an egg)** ***2*** *(bot.)* **albumen.**
albumina *f.* *(chim.)* **albumin.**
alburno *m.* *(bot.)* **alburnum; sapwood.**
alcàico *a.* *(poesia)* **Alcaic**: *la strofa alcaica,* the Alcaic strophe.
àlcali *m.* *(chim.)* **alkali*.**
alcalinità *f.* *(chim.)* **alkalinity.**
alcalino *a.* *(chim.)* **alkaline.**
alcalòide *m.* *(chim.)* **alkaloid.**
alce *m.* (*zool.*, Alces alces) **elk.**
alchèrmes *m.* **alkermes.**
alchìmia *f.* (anche *fig.*) **alchemy.**
alchimista *m.* **alchemist.**
alcióne *m.* *(zool.)* ***1*** (martin pescatore) **kingfisher; halcyon** *(lett.)* ***2*** (gabbiano) **seagull.**
àlcol *m.* **alcohol.**
alcolicità *f.* **alcohol content.**
alcòlico *a.* **alcoholic.**
alcolismo *m.* *(med.)* **alcoholism.**
alcolizzato *a.* e *m.* *(med.)* **alcoholic.**
alcolòmetro *m.* *(chim.)* **alcoholometer.**
àlcool e *deriv.* *V.* **àlcol** e *deriv.*
alcòva *f.* **alcove.**
alcunché *pron. indef.* *(lett.)* ***1*** *(in frasi afferm.)* **something;** *(in frasi interr.)* **anything**: *a. di vero,* something true ***2*** *(in frasi neg.)* **anything**: *non a. di,* not anything; nothing.
alcuno ***A*** *a. indef.* ***1*** *(in frasi afferm. o comunque con valore positivo; generalm. al pl.)* **some; a few** *(pl.)*: *Ho alcuni libri,* I have some (o a few) books □ *Per favore, vuoi comprarmi alcuni francobolli?,* will you please buy me some stamps? □ *alcuni miei amici,* some friends of mine □ *Alcuni libri non mi occorrono* (ma gli altri sì), there are some books I don't need ***2*** *(in frasi neg., interr., dubit. e interr. neg.)* **any; a few** *(pl.)*: *senza a. dubbio,* without any doubt □ *Hai alcuni fiammiferi?,* have you got any matches? □ *Non ha a. amico?,* hasn't he got any friends (o has he no friends?) ***3*** *(in frasi neg.; come attr. del sogg.;* salvo con *there is)* — *non... a.*, no: *Non era presente a. studente,* no student was present ***B*** *pron. indef.* ***1*** *(in frasi afferm. o comunque con valore positivo; generalm. al pl.)* **some, some people, a few** (rif. a persone); **some, a few** (rif. a cose); **some, a few** (rif. a un partitivo): *Alcuni dicono che è bravo,* some (o some people) say he is clever □ *Ne ho visti solo alcuni,* I only saw some (of them) □ *Alcuni di questi libri non mi occorrono,* there are some of these books I don't need ***2*** *(in frasi neg., interr., dubit. e interr. neg.)* **anyone, anybody** (rif. a persone); **any** (rif. a cose); **any(one)** (rif. a un partitivo): *Non hai incontrato a.?,* haven't you met anybody? □ *Non vidi a. di voi,* I didn't see any of you (o I saw none of you) ***3*** *(in frasi neg., come sogg.;* salvo con *there is)* — *non... a.*, no one, nobody; (rif. a un partitivo) none, no one: *Non lo dice a.*, no one (o nobody) says so.
aldèide *f.* *(chim.)* **aldehyde.**
aldilà *m.* **life after death; life to come; (the) hereaf-**

ter.
àlea *f. (lett.)* **risk**: *correr l'a.,* to run the risk.
aleatòrio *a.* **aleatory.**
aleggiare *v. i. (lett.)* to **flutter**; to **flit.**
aleşàggio *m. (mecc.)* **bore;** (alesatura a mano) **reaming;** (a macchina) **boring.**
aleşare *v. t. (mecc.)* (a mano) to **ream;** (con alesatrice) to **bore.**
aleşatrice *f. (mecc.)* **boring-machine.**
alessandrino ***A*** *a.* **Alexandrian** ***B*** *m.* (poesia) **Alexandrine.**
alétta *f.* ***1*** *(mecc.)* **tongue; fin; flyer** ***2*** *(zool.)* **pinnule; paddle.**
alettóne *m. (aeron.)* **aileron.**
alfa *f.* o *m.* **alpha** • *(fig.) dall'a. all'omega,* from A to Z; from beginning to end □ *(fis.) raggi a.,* alpha rays.
alfabeticaménte *avv.* **alphabetically; in alphabetical order.**
alfabètico *a.* **alphabetic(al).**
alfabèto *m.* **alphabet** (anche *fig.*) • *l'a. Morse,* the Morse code.
alfière *m.* ***1*** *(mil.)* **ensign** ***2*** *(scacchi)* **bishop.**
alfine *avv.* **at last; eventually; in the end.**
alga *f. (bot.)* **alga*; seaweed.**
àlgebra *f.* **algebra.**
algèbrico *a.* **algebraic(al).**
algebrista *m.* e *f.* **algebrist.**
algerino *a.* e *m.* **Algerian.**
algoritmo *m. (mat.)* **algorithm; algorism.**
algóso *a.* **abounding in algae; seaweedy.**
aliante *m. (aeron.)* **glider.**
àlibi *m. invar. (leg.,* anche *fig.)* **alibi.**
alice *f. (zool.,* Engraulis encrasicholus) **anchovy.**
alidada *f. (tecn.)* **alidade; alidad.**
alienàbile *a. (leg.)* **alienable.**
alienare ***A*** *v. t.* ***1*** *(leg.)* to **alienate;** to **transfer** ***2*** *(fig.:* allontanare) to **alienate;** to **estrange;** (distaccare) to **cut* off** ***B*** **alienarsi** *v. rifl. (fig.)* to **become* estranged** (from).
alienato *m. (med.)* **lunatic.**
alienazióne *f.* ***1*** *(leg.)* **alienation; transfer** ***2*** *(fig.)* **alienation; estrangement** ***3*** *(med.)* **alienation**: *a. mentale,* (mental) alienation; insanity.
alienista *m.* e *f.* **alienist; psychiatrist.**
alièno ***A*** *a.* **averse** (to, from) ***B*** *m. (fantascienza)* **alien.**
(1) alimentare ***A*** *v. t.* ***1*** to **nourish;** to **feed*** ***2*** *(fig.:* il fuoco) to **add fuel to** ***3*** *(fig.:* rinfocolare) to **nourish;** to **foment** ***4*** *(fig.:* una caldaia, ecc.) to **stoke** ***B*** **alimentarsi** *v. rifl.* to **feed*** (on).
(2) alimentare *a.* **alimentary** • *generi alimentari,* foodstuffs.
alimentarista *m.* e *f.* ***1*** (dettagliante) **retailer of foodstuffs; grocer** ***2*** (lavoratore dell'industria) **worker in the food industry** ***3*** (nutrizionista) **nutritionist.**
alimentatóre *m. (fis., mecc.)* **feeder;** (di caldaia) **stoker.**
alimentazióne *f.* ***1*** **nourishment; feeding** ***2*** *(mecc.)* **feeding;** (di caldaia, ecc.) **stoking** • *(autom.) pompa d'a.,* fuel pump.
aliménto *m.* ***1*** **nourishment** ***2*** *(fig.)* **fuel** ***3*** *(al pl., leg.)* **alimony.**
alìnea *f. invar.* (capoverso) **paragraph.**
alìquota *f.* ***1*** **share** ***2*** *(mat., ind.)* **aliquot (part); rate** ***3*** *(fin.)* **tax rate.**
aliscafo *m. (naut.)* **hydrofoil.**
aliṣèo ***A*** *a.* **trade**: *venti alisei,* trade-winds ***B*** *m. pl.* **(the) Trades.**
alitare *v. i.* ***1*** to **breathe** ***2*** *(fig.:* di vento) to **sigh.**
àlito *m.* **breath** (anche *fig.*): *un a. di vento,* a breath of wind.
allacciaménto *m.* ***1*** (collegamento) **link** ***2*** *(fis.)* **connection.**
allacciare *v. t.* ***1*** to **lace up**: *a. le scarpe,* to lace up one's shoes ***2*** (abbottonare) to **button up;** (affibbiare) to **buckle;** (con una lampo) to **zip shut,** to **zip up** ***3*** (collegare) to **link** ***4*** *(fig.)* to **establish.**
allacciatura *f.* ***1*** **lacing** ***2*** (di bottoni) **buttoning;** (di fibbia) **buckling** ***3*** (il collegare) **linking.**
allagaménto *m.* **flooding;** (effetto) **flood.**
allagare ***A*** *v. t.* to **flood,** to **inundate** (anche *fig.*) ***B*** **allagarsi** *v. rifl.* to **flood;** to **be flooded.**
allampanato *a.* **lanky; lank; as lean as a rake.**
allargaménto *m.* ***1*** **widening** ***2*** (l'aprire) **opening** ***3*** (l'estendere) **extension.**
allargare ***A*** *v. t.* ***1*** to **widen;** to **enlarge** ***2*** (aprire) to **open**: *a. la mano,* to open one's hand ***3*** (estendere) to **extend** ***4*** (un abito) to **let* out** ***5*** *(calcio)* to **open up** ***B*** **allargarsi** *v. rifl.* ***1*** to **widen** ***2*** (trasferirsi in una casa più grande) to **move into larger premises** ***3*** *(meteorologia)* to **improve** ***4*** *(naut.)* to **sheer off.**
allarmante *a.* **alarming.**
allarmare ***A*** *v. t.* to **alarm;** to **startle** ***B*** **allarmarsi** *v. rifl.* to **be alarmed;** to **be startled;** to **take* fright.**
allarme *m.* **alarm** (anche *fig.*): *il campanello d'a.,* the alarm bell □ *dare l.'a.,* to give the alarm • *mettere in a.,* to alarm □ (per incursione aerea) *segnale d'a.,* air-raid warning □ *segnale di cessató a.,* all-clear signal.
allarmiṣmo *m.* **alarmism.**
allarmista *m.* e *f.* **alarmist; scaremonger.**
allarmìstico *a.* **alarmist.**
allato *avv. (lett.)* **beside**: *Mi stava a.,* he was beside me.
allattaménto *m.* **nursing; suckling** • *a. artificiale,* bottle-feeding.
allattare *v. t.* to **nurse;** to **suckle** • *a. artificialmente,* to bottle-feed.
alleanza *f.* **alliance**: *stringere un'a. con q.,* to enter into an alliance with sb.
alleare ***A*** *v. t.* to **ally;** to **unite** ***B*** **allearsi** *v. rifl.* to **form an alliance;** to **join forces.**
alleato ***A*** *a.* **allied** ***B*** *m.* **ally.**
(1) allegare *v. t.* ***1*** (addurre) to **adduce** ***2*** (accludere) to **enclose.**
(2) allegare ***A*** *v. t.* (dei denti) to **set* on edge** ***B*** *v. i. (bot.)* to **set*.**
allegato ***A*** *a.* **enclosed** ***B*** *m.* **enclosure.**
alleggerire ***A*** *v. t.* ***1*** to **lighten;** to **relieve**: (anche *fig.*) *a. un fardello,* to lighten a burden □ *(scherz.) a. q. del portafoglio,* to relieve sb. of his wallet ***2*** *(fig.:* alleviare) to **lessen;** to **relieve;** to **alleviate** ***3*** *(fig.:* ridurre) to **reduce**: *a. le tasse,* to reduce taxation ***B*** **alleggerirsi** *v. rifl.* to **put* on lighter clothes.**
allegorìa *f.* **allegory.**
allegòrico *a.* **allegoric(al).**
allegraménte *avv.* **cheerfully; merrily.**
allegrétto *m. (mus.)* **allegretto*.**
allegrézza *f.* **joy; joyfulness.**
allegrìa *f.* **gaiety; mirth; cheerfulness** • *stare in a.,* to have fun.
allégro ***A*** *a.* ***1*** **cheerful; merry** ***2*** (di colore) **bright** ***3*** (alticcio) **tipsy** • *(eufemistico) donnina allegra,* woman of loose morals; tart *(pop.)* ***B*** *m. (mus.)* **allegro*.**
allegróne *m. (fam.)* **jolly fellow.**
allelùia *m.* e *inter.* **hallelujah.**
allenaménto *m. (sport)* **training** (anche *fig.*): *essere fuori a.,* to be out of training.
allenare *v. t.* **allenarsi** *v. rifl. (sport)* to **train** (anche *fig.*).
allenatóre *m. (sport)* **trainer; coach.**
allentare ***A*** *v. t.* ***1*** to **loosen;** to **release** ***2*** (il passo, ecc.) to **slacken** ***3*** (mitigare) to **relax** ***B*** **allentarsi** *v. rifl.* ***1*** to **grow* loose** ***2*** (di passo, ecc.) to **slacken** ***3*** (di ingranaggio) to **work loose.**
allergìa *f. (med.)* **allergy** (anche *fig.*).
allèrgico *a. (med.)* **allergic** (anche *fig.*).
allestiménto *m.* ***1*** **preparation** ***2*** *(ind.:* di una lavorazione) **equipment; equipping** ***3*** (di una nave) **fitting out.**
allestire *v. t.* ***1*** to **prepare** ***2*** *(ind.)* to **equip** ***3*** (una nave) to **fit out.**
allettaménto *m.* **allurement; attraction.**
(1) allettare *v. t.* to **allure;** to **entice;** to **attract.**
(2) allettare ***A*** *v. t. (agric.)* to **flatten** ***B*** **allettarsi** *v. rifl.* ***1*** to **take* to one's bed** ***2*** *(agric.)* to **be flattened (to the ground).**
allettévole *a.* **alluring; charming; attractive.**
allevaménto *m.* ***1*** (di bambini) **upbringing** ***2*** (di animali) **breeding** ***3*** (di piante) **rearing** ***4*** (luogo di a.)

stock farm.
allevare *v. t.* **1** (bambini) to **bring* up** **2** (animali) to **breed*** **3** (piante) to **rear**; to **raise**.
allevatóre *m.* (di animali) **breeder**.
alleviare *v. t.* **1** to **relieve**; to **alleviate** **2** *(fig.)* to **lighten**.
allibire *v. i.* to **be astounded**; to **be shocked**.
allibrare *v. t.* to **register**.
allibratóre *m.* **bookmaker**; **bookie** *(fam.)*.
allietare **A** *v. t.* to **cheer up**; to **gladden** **B** **allietarsi** *v. rifl.* to **rejoice** (in, at).
allièvo *m.* **1** **pupil** **2** (apprendista) **apprentice** **3** *(mil.)* **cadet**.
alligatóre *m. (zool.)* **alligator**.
allignare *v. i.* **1** (di pianta) to **take* root** **2** *(fig.)* to **thrive***.
allineaménto *m.* **1** **alignment** **2** *(mil.)* **dressing** **3** *(polit.)* **alignment; line-up** ● *(tipogr.) a. dei caratteri,* ranging of characters □ *(econ.) a. dei prezzi,* adjustment of prices □ *(polit.) non a.,* non-alignment.
allineare **A** *v. t.* **1** to **line up**; to **align**; to **range** **2** *(mil.)* to **dress** **B** **allinearsi** *v. rifl.* **1** to **line up** **2** *(mil.)* to **dress** **3** *(polit.)* to **align (oneself)** (with).
allineato *a.* **aligned** ● *(polit.) paese non a.,* non-aligned country.
allitterazióne *f.* **alliteration**.
allòcco *m.* **1** *(zool.,* Strix aluco) **(tawny) owl** **2** *(fig.)* **fool; dolt**.
allocuzióne *f.* **allocution; address**.
allòdola *f.* (Alauda arvensis) **lark; skylark**.
allogare **A** *v. t.* **1** to **put***; to **place**; (denaro) to **invest** **2** *(tosc.:* dare in affitto) to **let*** ● *a. una figlia,* to marry off a daughter **B** **allogarsi** *v. rifl.* (impiegarsi) to **take* a job**.
allògeno *a.* e *m.* **alien**.
alloggiaménto *m.* **1** **accomodation** **2** *(mil.:* in caserma) **quarters** *(pl.)*; (in casa privata) **billet**.
alloggiare **A** *v. t.* **1** to **lodge**; to **put* up** **2** *(mil.)* (in caserma) to **quarter**; (in casa privata) to **billet** **B** *v. i.* **1** to **lodge** (at, with) **2** *(mil.)* (in caserma) to **quarter**; (in casa privata) to **be billeted**.
allòggio *m.* **1** **accomodation; lodging**: *vitto e a.,* board and lodging **2** *(mil.)* **quarters** *(pl.)*; (in casa privata) **billet** **3** (casa) **house**; (appartamento) **flat** ● *a. unifamiliare,* living unit.
allontanaménto *m.* **1** **removal** **2** (licenziamento) **dismissal**.
allontanare **A** *v. t.* **1** to **remove**; to **take* away** **2** (mandare via) to **send* away**; to **send* off**; to **dismiss** **3** (un pericolo, dei sospetti, ecc.) to **avert** **B** **allontanarsi** *v. rifl.* **1** (andarsene) to **go* away**; to **go* off** **2** (smettere di frequentare) to **stop seeing**.
allopatia *f. (med.)* **allopathy**.
allopàtico *a. (med.)* **allopathic**.
allóra *avv.* **1** (in quel momento) **then**: *a. sì che...,* then, indeed... □ *fin a.,* till then □ *da a. in poi,* from then on **2** (in quel tempo) **in those days; at that time** **3** (in questo caso) **well, then; then**: *Piove? A. si sta a casa,* is it raining? well, then we'll stay at home **4** *(interr.)* **what now?** **5** (quindi) **so; therefore** ● *a. a.,* just: *L'avevo incontrato a. a.,* I had just met him □ *a. come a.,* at that moment □ *d'a.,* of old □ *A. poi!,* if that's the case!
allorché *cong.* **when**.
allòro *m. (bot.,* Laurus nobilis) **laurel** (anche *fig.*): *riposare (o dormire) sugli allori,* to rest on one's laurels.
allorquando *cong.* **when**.
allòtropo *m. (chim.)* **allotrope**.
àlluce *m.* **big toe; hallux*** *(anat.)*.
allucinante *a.* **1** **hallucinatory** **2** (abbagliante) **dazzling**.
allucinare *v. t.* **1** to **hallucinate** **2** (abbagliare) to **dazzle**.
allucinazióne *f.* **hallucination**.
allucinògeno *(farm.)* **A** *m.* **hallucinogen** **B** *a.* **hallucinogenic**.
allùdere *v. i.* to **allude** (to); to **hint** (at).
allume *m. (chim.)* **alum**.
allumina *f. (chim.)* **alumina**.
allumìnio *m. (chim.)* **aluminium**.
allunàggio *m. (miss.)* **moon landing**.
allunare *v. i. (miss.)* to **moon-land**.
allungàbile *a.* **extensible; prolongable**.
allungaménto *m.* **1** **lengthening; extension; prolongation** **2** (il diluire) **watering down** **3** *(gramm.)* **lengthening** **4** *(mecc.)* **stretch; stretching**.
allungare **A** *v. t.* **1** to **lengthen**; to **prolong** **2** (parti del corpo) to **stretch out** **3** (porgere) to **hand** **4** (una pedata, ecc.) to **let* fly** **5** (diluire) to **water down** ● *a. un abito (una gonna),* to lower the hemline of a dress (of a skirt); to let down a dress (a skirt) □ *a. il collo,* to crane one's neck □ *a. le orecchie,* to strain one's ears □ *a. il passo,* to quicken one's pace **B** **allungarsi** *v. rifl.* **1** to **lengthen**; to **grow* longer** **2** (distendersi) to **lie* down**.
allungatura *f.* **lengthening; elongation**.
allungo *m. (calcio)* **long pass**; *(atletica)* **spurt**; *(scherma)* **extended lunge**.
allușióne *f.* **allusion; hint**.
allușivo *a.* **allusive**.
alluvionale *a.* **alluvial**: *terreno a.,* alluvial soil.
alluvionato **A** *a.* **flooded** **B** *m.* **flood victim**.
alluvióne *f.* **1** **flood; alluvion** (anche *leg.*) **2** *(fig.)* **flood; torrent; stream**.
almanaccare *v. i.* to **puzzle one's brains**.
almanacco *m.* **almanac**.
alméno *avv.* **at least** ● *A. ti decidessi!,* if only you would make up your mind!
àloe *m. (bot.,* Aloe) **aloe**.
alògeno *m. (chim.)* **halogen**.
alóne *m. (astron., fis.)* **halo** (anche *fig.*).
alòșa *f. (zool.,* Alosa alosa) **allice shad**.
alpaca *m.* **1** *(zool.,* Lama pacos) **alpaca** **2** (tessuto) **alpaca**.
alpacca *m.* **nickel silver**.
alpe *f.* **alp**.
alpéggio *m.* **summer alpine pasture**.
alpèstre *a.* **1** (delle Alpi) **Alpine** **2** (montano) **mountainous**.
alpigiano *m.* **Alpine dweller**; (montanaro) **mountaineer**.
alpinișmo *m.* **alpinism; mountaineering; mountain-climbing**.
alpinista *m.* e *f.* **alpinist; mountaineer; mountain-climber**.
alpino **A** *a.* **Alpine** **B** *m. (mil.)* « **alpino*** ».
alquanto **A** *a.* e *pron.* **1** **a certain amount** (of) **2** *(al pl.)* **some; several** **B** *avv.* **rather; somewhat**.
alsaziàno *a.* e *m.* **Alsatian** (anche il cane).
alt *inter.* e *m.* **halt**: *dare l'alt,* to call a halt.
altaléna *f.* **1** **swing** **2** (tavola in bilico; anche *fig.*) **seesaw**.
altaménte *avv.* **highly; greatly**; (moltissimo) **very much**.
altana *f.* **roof-terrace**.
altare *m.* **altar** ● *(fig.) scoprire gli altarini,* to reveal the skeleton in the cupboard.
altèa *f. (bot.,* Althaea officinalis) **marsh mallow**.
alteràbile *a.* **alterable**.
alterare **A** *v. t.* **1** to **alter**; (un cibo) to **adulterate**; (falsificare) to **falsify**, to **forge** **2** *(fig.:* travisare) to **distort**: *a. le parole di q.,* to distort sb.'s words **3** *(fig.:* turbare) to **fuddle** **B** **alterarsi** *v. rifl.* **1** to **alter**; to **change**; (del cibo) to **go* bad**; (del latte, ecc.) to **go* sour**; (delle merci) to **deteriorate** **2** (adirarsi) to **lose* one's temper**.
alterato *a.* **1** **altered**; (guasto) **bad** **2** *(fig.:* travisato) **distorted** **3** (turbato) **upset**.
alterazióne *f.* **1** **alteration**; (di cibo) **adulteration** **2** *(fig.)* **distortion**.
altercare *v. i.* to **altercate**; to **wrangle**; to **squabble**.
altercazióne *f.* **altèrco** *m.* **altercation; wrangle; squabble**.
alterigia *f.* **haughtiness**.
alternanza *f. (agric.)* **rotation**.
alternare *v. t.* **alternarsi** *v. rifl.* **1** to **alternate** **2** *(mecc.)* to **reciprocate**.
alternativa *f.* **1** (scelta) **alternative** **2** (l'alternarsi) **alternation**.

alternativo *a.* ***1*** **alternative** ***2*** *(mecc.)* **reciprocating.**
alternato *a.* **alternate; alternating**: *(elettr.) corrente alternata,* alternating current.
alternatóre *m. (elettr.)* **alternator.**
alternaziόne *f.* **alternation.**
altèrno *a.* **alternate.**
altèro *a.* ***1*** (orgoglioso) **proud** ***2*** (superbo) **haughty.**
altézza *f.* ***1*** **height**: *Qual è la tua a.?,* what is your height? □ *Sono più di un metro e ottanta d'a.,* I am six feet in height (o I am six feet tall) ***2*** (statura alta) **tallness** ***3*** (profondità) **depth** ***4*** (della marea) **height** ***5*** (di stoffa) **width; breadth**: *un metro in a.,* one metre in width (o wide); one metre in breadth (o broad) ***6*** (di suono) **pitch**: *avere altezze diverse,* to vary in pitch ***7*** *(fig.:* grandezza, nobiltà) **loftiness; nobility; greatness** ***8*** (titolo) **Highness**: *Sua A. Reale,* His Royal Highness ***9*** *(geom.)* **altitude** ***10*** *(astron.)* **elevation** ● *all'a. di,* (di moto) to; (di fronte a) opposite; (fuori di) outside; *(naut.:* al largo di) off □ *(fig.) essere all'a. di q.c.,* to be up to st.; to be equal to st. □ *(fig.) essere all'a. dei tempi,* to be up-to-date.
altezzosità *f.* **haughtiness.**
altezzóso *a.* **haughty.**
altìccio *a.* **tipsy.**
altimetrìa *f.* **altimetry.**
altìmetro *m.* **altimeter.**
altipiano *m.* **plateau; tableland.**
altisonante *a.* **high-sounding; sonorous.**
altitùdine *f. (geogr.)* **altitude; height.**
(1) alto *a.* ***1*** **high** *(anche fig.)*: *un monte a. duemila metri,* a mountain 2,000 metres high □ *avere un a. concetto (o alta stima) di q.,* to have a high opinion of sb. ***2*** (di statura) **tall** ***3*** (profondo) **deep**: *L'acqua è alta un metro,* the water is one metre deep ***4*** (di stoffa) **wide; broad**: *Questa stoffa è alta un metro,* this material is one metre wide (o broad) ***5*** (di voce, di suoni: forte) **loud**: *ad alta voce,* in a loud voice; aloud ***6*** (di voce: acuta, da soprano) **treble** ***7*** (elevato) **lofty; soaring; towering** ***8*** *(fig.)* **lofty; noble; great; sublime**: *un uomo d'a. valore,* a man of great value ***9*** *(geogr.)* **upper;** (settentrionale) **northern**: *l'Alta Slesia,* Upper Silesia □ *l'Alta Italia,* Northern Italy ***10*** *(polit.)* **upper**: *la Camera Alta,* the Upper House ***11*** (di mare: mosso) **rough** ***12*** (di Pasqua, Carnevale, ecc.) **late** ***13*** (arduo, difficile) **arduous; difficult; highbrow** ***14*** *(stor.)* **early**: *l'a. Medioevo,* the early Middle Ages ● *a notte alta,* at dead of night □ *camminare a testa alta,* to walk with one's head erect; *(fig.)* to have nothing to feel ashamed of □ *le classi alte* (della società), the upper classes □ *(turismo) in alta stagione,* in (full) season.
(2) alto *m.* ***1*** (cima) **top; summit**: *dall'a. della montagna,* from the top of the mountain ***2*** (la parte alta) **(the) upper part** ***3*** (cielo) **Heaven** ● *gli alti e bassi,* the ups and downs □ *dall'a.,* from above; *(fig.)* from high quarters □ *(fig.) guardare q. dall'a. in basso,* to look down one's nose at sb.; to look down on sb. □ *in a.,* on high; *(fig.)* in high quarters; (verso l'a.) upwards, up.
(3) alto *avv.* **high; up**: *volare a.,* to fly high ● *dichiarare a. che...,* to assert without fear of contradiction that... □ *tenere a. il proprio nome,* to uphold one's good name □ *tenersi a.* (nel prezzo), to ask a high price.
(4) alto *inter.* **halt!**: *A. là!,* halt!
altocùmulo *m. (meteorologia)* **altocumulus*.**
altofórno *m. (ind.)* **blast furnace.**
altolocato *a.* **in a high social position; high-ranking.**
altoparlante *m.* **loudspeaker.**
altopiano *m.* **tableland.**
altorilièvo *m. (scult.)* **alto-rilievo*; high-relief.**
altostrato *m. (meteorologia)* **altostratus*.**
altresì *avv. (lett.)* **likewise; also.**
altrettanto ***A*** *a. correlativo* **as much (...as),** *(pl.)* **as many (...as);** *(nelle frasi neg.)* **so much (... as),** *(pl.)* **so many (...as)**: *dieci mele e altrettante pere,* ten apples and as many pears ***B*** *pron. correlativo* ***1*** **as much (...as),** *(pl.)* **as many (...as);** *(nelle frasi neg.)* **so much (...as),** *(pl.)* **so many (...as)** ***2*** (la stessa cosa) **the same**: «*Buon Anno!*» «*A. a voi!*», «A happy New Year!» «The same to you!» □ *fare a.,* to do the same ***C*** *avv. correlativo* ***1*** *(con agg.* e *avv.)* **as... (as);** *(nelle frasi neg.)* **so... (as)**: *Egli è a. alto che suo fratello,* he is as tall as his brother ***2*** *(con verbi)* **as much (as).**
altri *pron. indef. sing.* ***1*** (un'altra persona) **another (person);** (altre persone) **other people, others** *(pl.)* ***2*** (qualcun altro) **somebody, someone (else); anybody, anyone (else).**
altrièri *m.* **(the) day before yesterday.**
altriménti *avv.* **otherwise.**
altro ***A*** *a.* ***1*** **other;** (un altro) **another;** (in più) **more;** (ulteriore) **further;** (diverso) **different**: *l'a. uomo,* the other man □ *un a. uomo,* another man □ *l'a. giorno,* the other day □ *Ripetilo un'altra volta,* say it once more (o say it again) □ *altri cinque minuti,* another five minutes □ *Vuoi dell'a. vino?,* will you have some more wine? □ *Dobbiamo procurarci altre informazioni,* we must get further information ***2*** *(con agg., avv.* e *pron. interr.* o *indef.)* **else**: *qualcun a.,* somebody (o anybody) else □ *nessun a.,* nobody else □ *Nient'a., grazie,* nothing else, thank you □ *Chi a. era presente?,* who else was present? □ *in nessun a. luogo,* nowhere else ***3*** (precedente) **previous, preceding;** (scorso) **last**: *l'a. anno,* last year ***4*** (prossimo) **next**: *quest'a. anno,* next year ● *l'a. ieri* (o *ier l'a.*), the day before yesterday □ *d'altra parte,* on the other hand □ *Questa è tutt'altra cosa,* this is quite another thing ***B*** *pron.* ***1*** **(the) other;** (un altro) **another (one);** (in più) **more**: *un giorno o l'a. (una volta o l'altra),* some day or other (some time or other) □ *Ne voglio dell'a. (o degli altri),* I want some more ***2*** (rif. a persona) — *un a.,* another (person) □ *(gli) altri,* (the) others; other people; (qualcun a.) somebody (o anybody) else; (chiunque a.) anybody else ***3*** *(sostantivato)* (qualcosa) **something (o anything) else;** (qualcosa di diverso) **something (o anything) different;** (altre cose) **other things**: *Parliamo d'a.,* let's talk of something else (o let's change the subject) □ *(Serve) a.?,* anything else? □ *Fra l'a., mi disse che...,* among other things, he told me that... □ *penne, matite e a.,* pens, pencils, and other things (besides) ● *A. che!,* of course; (most) certainly □ *da un giorno all'a.,* from day to day; (qualsiasi giorno) any day (now) □ *(fig.) diventare un a.,* to change completely □ *né l'uno né l'a.,* neither; *(in presenza di neg.)* either □ *non a. che,* nothing but: *Non fa a. che studiare,* he does nothing but study □ *per a.,* however; still; but □ *più che a.,* above all; particularly □ *se non a.,* at least □ *senz'a.,* certainly □ *Tutt'a.!,* of course not!; (most) certainly not! □ *tutt'a. che,* anything but □ *l'un l'a.* (o *l'un l'altra*), each other (fra due); one another (fra più di due) □ *Farò questo e a.,* (di più) I'll do this and a lot more; (di peggio) I'll do this and worse □ *Asino, che non sei a.!,* you ass, that's all you are! □ *C'è ben a.,* there's much more to it (than you think); and that's not all, there's more to come □ *(fig.) Non ci mancava a.,* this is (o that was) the last straw □ *(fam.) È una ragione come un'altra,* it's a good enough reason.
altrónde *avv. (lett.:* da altro luogo) **from elsewhere** ● *d'a.,* on the other hand; however.
altróve *avv.* **somewhere else; elsewhere** ● *(fig.) aver la testa a.,* to be wool-gathering.
altrùi ***A*** *a. poss.* **others'; other people's**: *la roba a.,* other people's belongings ***B*** *pron. indef. (lett.)* **others** ***C*** *m.* (ciò che è di altri) **other people's belongings** *(pl.).*
altruișmo *m.* **altruism; unselfishness.**
altruista *m.* e *f.* **altruist.**
altruìstico *a.* **altruistic; unselfish.**
altura *f.* ***1*** (luogo alto) **high ground** ***2*** *(naut.)* **open sea.**
alunno *m.* ***1*** (allievo) **pupil** ***2*** (apprendista) **apprentice.**
alveare *m.* **hive** *(anche fig.).*
àlveo *m.* **river-bed.**
alvèolo *m. (anat.)* **alveolus*.**
alzabandièra *f. invar.* **(ceremony of) hoisting the flag.**
alzacristallo *m. invar. (autom.)* **window winder.**
alzàia *f.* **towrope** ● *strada d'a.,* towpath.
alzare ***A*** *v. t.* ***1*** **to lift (up);** *(anche fig.)* **to raise**: *a. la*

testa, to lift one's head □ *a. i pensieri a Dio,* to raise one's thoughts to God ***2*** (sollevare a fatica) to **heave** ***3*** (issare) to **hoist**: *a. le vele (la bandiera),* to hoist the sails (the flag) ***4*** (costruire) to **build***; (erigere) to **erect,** to **raise** ● *a. le carte* (da gioco), to cut the cards □ *a. la casa di un (altro) piano,* to add another storey to the house □ *a. una lepre,* to raise (o to start) a hare □ *a. la mano contro q.,* (in atto di colpire) to raise one's hand against sb.; (percuoterlo) to lay hands on sb. □ *(fig.) a. q. (q.c.) alle stelle,* to praise sb. (st.) to the skies □ *a. le spalle,* to shrug one's shoulders ***B*** **alzarsi** *v. rifl.* ***1*** to **rise***; (dal letto) to **get* up** ***2*** (con fatica) to **raise oneself** ***3*** (di persona corpulenta) to **heave** (o to **hoist**) **oneself up** ***4*** (crescere in altezza) to **grow* tall** ● *a. in piedi,* to stand up; to rise to one's feet.

alzata *f.* ***1*** (l'alzare) **lifting up; raising** ***2*** (l'alzarsi) **rising** ***3*** (aumento) **rise**: *un'a. dei prezzi,* a rise in prices ***4*** *(archit.)* **elevation** ***5*** (argine) **embankment** ***6*** (parte verticale d'uno scalino) **riser** ● *a. d'ingegno,* happy thought; brain wave *(scherz.)* □ *(fig.) a. di scudi,* rebellion; protest □ *un'a. di spalle,* a shrug □ *votare per a. di mano,* to vote by show of hands.

alzato *a.* (in piedi) **up; out of bed.**

alzàvola *f.* (*zool.,* Anas crecca) **teal.**

alzo *m.* (di arma da fuoco) **sight.**

amàbile *a.* ***1*** **lovable** ***2*** (di bevanda) **sweet.**

amabilità *f.* ***1*** **lovableness** ***2*** (di bevanda) **sweetness.**

amaca *f.* **hammock.**

amàlgama *m. (chim.)* **amalgam** *(anche fig.).*

amalgamare *v. t.* **amalgamarsi** *v. rifl. (chim.)* to **amalgamate** *(anche fig.).*

amalgamazióne *f. (chim.)* **amalgamation** *(anche fig.).*

amante ***A*** *a.* **fond** (of); **keen** (on) ***B*** *m.* e *f.* **lover.**

amanuènse *m.* **amanuensis*.**

amaraménte *avv.* **bitterly.**

amaranto ***A*** *a.* **amaranthine** ***B*** *m.* (*bot.,* Amaranthus) **amaranth.**

amarasca *V.* **marasca.**

amarasco *V.* **marasco.**

amare ***A*** *v. t.* ***1*** to **love;** to **be fond of** (sb., st.); to **have a passion for** (st.): *a. i genitori,* to love one's parents □ *a. molto la musica,* to be very fond of (o to have a passion for) music ***2*** (essere innamorato di) to **be in love with** (sb.) ● *farsi a. da q.,* to endear oneself to sb. ***B*** **amarsi** *v. rifl. recipr.* to **love each other** (o **one another**); to **be fond of each other** (o **of one another**).

amareggiare ***A*** *v. t.* ***1*** to **embitter** *(anche fig.)* ***2*** (persone) to **sadden** ***B*** **amareggiarsi** *v. rifl.* to **grieve.**

amarèna *f. (bot.)* **sour black cherry.**

amarétto *m.* ***1*** (biscotto) **macaroon** ***2*** (liquore) **« amaretto ».**

amarézza *f.* ***1*** **bitterness** *(anche fig.)* ***2*** (*al pl.:* guai) **troubles.**

amarilli(de) *f.* (*bot.,* Amaryllis belladonna) **amaryllis; belladonna lily.**

amaro ***A*** *a.* **bitter** *(anche fig.)*: *aver la bocca amara,* to have a bitter taste in one's mouth ***B*** *m.* ***1*** **bitterness** ***2*** (liquore) **bitters** *(pl.).*

amarógnolo *a.* **bitterish.**

amato ***A*** *a.* **beloved; darling** *(attr.)* ***B*** *m.* — *l'a.,* one's beloved.

amatóre *m.* ***1*** **lover** ***2*** (intenditore) **connoisseur;** (dilettante) **amateur.**

amatòrio *a. (lett.)* **amatory** ● *filtro a.,* love philtre.

amàẓẓone *f.* ***1*** **horsewoman*** ***2*** *(mitol.)* **Amazon** ● *vestito d'a.,* riding habit.

ambagi *f. pl. (lett.)* **ambages.**

ambasceria *f.* **embassy.**

ambàscia *f.* ***1*** (dolore) **anguish** ***2*** (difficoltà di respiro) **laboured breathing.**

ambasciata *f.* ***1*** **embassy** ***2*** (messaggio) **message; errand.**

ambasciatóre *m.* ***1*** **ambassador** ***2*** (messaggero) **messenger.**

ambasciatrice *f.* **ambassadress.**

ambedùe *a.* e *pron.* **both.**

ambiare *v. i.* to **amble.**

ambidèstro *a.* **ambidextrous; two-handed.**

ambientale *a.* **environmental.**

ambientare ***A*** *v. t.* ***1*** to **acclimatize** ***2*** *(fig.)* to **set*** ***B*** **ambientarsi** *v. rifl.* to **get* acclimatized;** to **find* one's feet** *(fam.).*

ambientazióne *f.* ***1*** **acclimatization; acclimation** ***2*** *(cinem., teatr.)* **setting.**

ambiènte ***A*** *a.* **surrounding** ***B*** *m.* ***1*** **environment; milieu; surroundings** *(pl.)* ***2*** (stanza) **room** ● *ambienti finanziari,* financial circles.

ambigènere *a. (gramm.)* **of common gender.**

ambiguità *f.* ***1*** **ambiguity; ambiguousness** ***2*** (di persona) **shadiness.**

ambìguo *a.* ***1*** **ambiguous** ***2*** (di persona) **shady.**

àmbio *m.* **amble.**

ambire *v. t.* e *i.* to **aspire** (to); to **long** (for).

àmbito *m.* (anche *fig.*) **ambit; circle.**

ambivalènte *a.* **ambivalent.**

ambivalènza *f.* **ambivalence.**

ambizióne *f.* **ambition**: *pieno d'a.,* full of ambition; ambitious.

ambizióso *a.* **ambitious; full of ambition.**

(1) ambo *a.* **both**: *a. le mani,* both hands.

(2) ambo *m.* **double.**

ambra *f.* **amber** ● *a. grigia,* ambergris □ *a. nera,* jet.

ambrato *a.* ***1*** **amber-coloured** ***2*** (che profuma d'ambra) **amber-scented.**

ambròșia *f.* **ambrosia.**

ambroșiano ***A*** *a.* ***1*** **Ambrosian** ***2*** (milanese) **Milanese** ***B*** *m.* **Milanese.**

ambulacro *m.* **ambulatory.**

ambulante *a.* **itinerant** ● *(fig.) biblioteca a.,* walking encyclopaedia □ *sonatore a.,* strolling musician □ *venditore a.,* pedlar; hawker.

ambulanza *f.* **ambulance.**

ambulatòrio *m. (med.)* **surgery;** (di ospedale) **outpatients' department.**

amèba *f. (zool.)* **amoeba*.**

àmen *inter.* e *m.* **amen** ● *in un a.,* in a moment; in a twinkling.

amenità *f.* ***1*** **amenity; pleasantness** ***2*** (facezia) **pleasantry.**

amèno *a.* ***1*** **pleasant; agreeable** ***2*** (bizzarro) **funny.**

amènto *m. (bot.)* **ament; amentum*; catkin.**

americanata *m. (scherz., iron.)* **something out of all proportion.**

americanișmo *m.* **Americanism.**

americanìstica *f.* **American studies** *(pl.).*

americaniẓẓare *v. t.* **americaniẓẓarsi** *v. rifl.* to **Americanize.**

americano ***A*** *a.* **American** ***B*** *m.* ***1*** **American** ***2*** (aperitivo) **« americano ».**

americio *m. (chim.)* **americium.**

amerindio *a.* e *m.* **American Indian; Amerindian; Amerind.**

ametista *f. (miner.)* **amethyst.**

amianto *m. (miner.)* **amiant(h)us; asbestos.**

amica *f.* **(girl) friend.**

amicarsi *v. rifl.* to **befriend**: *a. q.,* to befriend sb.

amichévole *a.* **friendly; amicable.**

amicìzia *f.* ***1*** **friendship** ***2*** (*al pl.:* amici) **friends** ● *fare (o stringere) a. con q.,* to make friends with sb.

amico ***A*** *a.* **friendly**: *una parola amica,* a friendly word ***B*** *m.* ***1*** **friend**: *l'a. del cuore,* one's bosom friend ***2*** (amante) **lover.**

amicóne *m.* **bosom friend; close friend.**

amidàceo *a.* **starchy; amylaceous.**

àmido *m.* **starch** ● *dare l'a. a q.c.,* to starch st.

ammaccare ***A*** *v. t.* ***1*** to **bruise** ***2*** (di metallo, ecc.) to **dent** ● *a. il naso di q. con un pugno,* to flatten sb.'s nose with a punch ***B*** **ammaccarsi** *v. rifl.* ***1*** to **get* bruised** ***2*** (di metallo, ecc.) to **get* dented;** to **dent.**

ammaccatura *f.* ***1*** **bruise** ***2*** (di metallo, ecc.) **dent.**

ammaestraménto *m.* ***1*** **teaching** ***2*** (l'addestrare) **training** ***3*** (lezione) **lesson.**

ammaestrare *v. t.* ***1*** (istruire) to **teach***: *a. q. in q.c.,*

to teach sb. st. **2** (animali) to **train.**
ammaestrato *a.* **trained.**
ammaestratóre *m.* **1 teacher 2** (di animali) **trainer.**
ammagliare *v. t.* **1** to **knit together 2** (di balle, ecc.) to **cord.**
ammainabandièra *f. invar.* **(the) lowering of the flag.**
ammainare *v. t.* **1** *(naut.*: le vele*)* to **furl 2** (la bandiera) to **lower;** to **strike*;** to **haul down** ● *a. una lancia,* to hoist out a boat.
ammalarsi *v. rifl.* to **fall* ill;** to **be taken ill.**
ammalato A *a.* **ill; sick** *(attr.)* **B** *m.* **1 sick person 2** (paziente) **patient.**
ammaliare *v. t.* to **bewitch;** to **fascinate;** to **enchant.**
ammaliatóre A *a.* **bewitching; charming; enchanting B** *m.* **enchanter.**
ammaliatrice *f.* **enchantress; charmer.**
ammalinconire A *v. t.* to **sadden B ammalinconirsi** *v. rifl.* to **become* sad** (o **melancholy).**
ammanco *m.* **shortage; deficit.**
ammanettare *v. t.* to **handcuff.**
ammanierato *a.* **affected; artificial.**
ammannare *v. t. (agric.)* to **bind* in sheaves.**
ammannire *v. t.* to **prepare.**
ammansare, ammansire A *v. t.* **1** (rendere mansueto) to **tame 2** (calmare) to **calm (down);** to **soothe B ammansirsi** *v. rifl.* **1** to **become* tame 2** (calmarsi) to **calm down.**
ammantare A *v. t.* to **mantle,** to **cloak** *(anche fig.)* **B ammantarsi** *v. rifl.* **1** to **wrap oneself in a cloak 2** *(fig.)* to **be clothed** (in, with).
ammaràggio *m.* **1 alighting (on water); (water) landing 2** *(miss.)* **splashdown.**
ammarare *v. i.* **1** to **alight (on water) 2** *(miss.)* to **splash (down).**
ammarràggio *m. (naut.)* **mooring.**
ammarrare *v. t. (naut.)* to **moor.**
ammassaménto *m.* **mass.**
ammassare A *v. t.* to **heap up;** to **amass B ammassarsi** *v. rifl.* (affollarsi) to **crowd together.**
ammasso *m.* **1 heap; mass; stack 2** *(econ.)* **pool.**
ammatassare *v. t.* to **wind* into a skein.**
ammattiménto *m.* **(a) lot of bother; nuisance.**
ammattire *v. i.* to **go* mad** ● *far a. q.,* to drive sb. mad.
ammattonare *v. t. (costr.)* to **pave with bricks.**
ammattonato *m. (costr.)* **brick floor; brick pavement.**
ammazzaménto *m.* **murder; killing.**
ammazzare A *v. t.* to **murder;** to **kill**: *(fig.) a. il tempo,* to kill time **B ammazzarsi** *v. rifl.* to **kill oneself** ● *(fig.) a. di lavoro,* to overwork oneself.
ammazzasètte *m. invar.* **braggart.**
ammazzatóio *m.* **slaughter-house.**
ammènda *f.* **1 amends** *(pl.)*: *fare a. di q.c.,* to make amends for st. **2** (multa) **fine.**
ammendare *v. t.* **1** (emendare) to **amend 2** *(agric.)* to **condition.**
ammennìcolo *m.* **1** (pretesto) **pretext 2** *(al pl.,* piccole aggiunte) **sundries 3** *(leg.)* **adminicle.**
amméttere *v. t.* **1** (introdurre; accettare) to **admit**: *a. q. alla presenza del Re,* to admit sb. into the King's presence **2** (riconoscere) to **admit;** to **acknowledge 3** (supporre) to **suppose**: *ammesso che...,* supposing that **4** (permettere) to **allow;** to **admit**: *non a. scuse,* to admit no excuses.
ammeẓẓare *v. t.* to **halve.**
ammeẓẓato *m.* **mezzanine.**
ammezzire *v. i. (bot.)* to **grow* over-ripe.**
ammiccare *v. i.* **1** to **wink** (at) **2** (con la mano) to **motion.**
ammicco *m.* **wink.**
amministrare *v. t.* **1** to **administer 2** (dirigere) to **run*;** to **manage.**
amministrativo *a.* **administrative.**
amministratóre *m.* **1 administrator 2** (direttore d'azienda) **manager;** (consigliere di società) **director**: *a. delegato,* managing director **3** *(leg.)* **curator.**
amministrazióne *f.* **administration; management** ● *(comm.) consigliere di a.,* member of the board of directors □ *(comm.) consiglio di a.,* board of directors.
amminoàcido *m. (chim.)* **amino acid.**
ammiràbile *a.* **admirable.**
ammiràglia *f. (naut.)* **flagship.**
ammiragliato *m.* **admiralty.**
ammiràglio *m.* **admiral**: *a. di squadra,* vice-admiral.
ammirare *v. t.* to **admire.**
ammirativo *a.* **admiring** ● *(gramm.) punto a.,* exclamation mark.
ammiratóre *m.* **admirer;** (di attori, ecc.) **fan.**
ammirazióne *f.* **admiration.**
ammirévole *a.* **admirable.**
ammissìbile *a.* **admissible; allowable.**
ammissióne *f.* **1 admission; admittance 2** (riconoscimento, anche *leg.)* **acknowledgement** ● *esame d'a.,* entrance examination □ *tassa d'a.,* entrance fee.
ammobiliaménto *m.* **1 furnishing 2** (i mobili) **furniture.**
ammobiliare *v. t.* to **furnish.**
ammodernare *v. t.* to **modernize;** to **bring* up to date.**
ammòdo A *a.* **nice; well-bred; respectable B** *avv.* **properly.**
ammogliare A *v. t.* to **find* a wife for** (sb.); to **marry off B ammogliarsi** *v. rifl.* to **get* married** (to).
ammogliato A *a.* **married B** *m.* **married man*.**
ammollare A *v. t.* **1** (render molle) to **soften 2** (bagnare) to **soak 3** (allentare) to **slacken 4** *(fig.*: assestare) to **land B ammollarsi** *v. rifl.* **1** (diventar molle) to **become* soft 2** (bagnarsi) to **get* soaked 3** (allentarsi) to **slacken.**
ammollire A *v. t.* to **soften** *(anche fig.)* **B ammollirsi** *v. rifl.* to **grow* soft** *(anche fig.).*
ammòllo *m.* **soaking; soak.**
ammonìaca *f. (chim.)* **ammonia.**
ammoniménto *m.* **admonition; warning.**
ammònio *m. (chim.)* **ammonium.**
ammonire *v. t.* to **admonish;** to **warn;** to **caution.**
ammonizióne *f.* **admonishment; admonition; warning.**
(1) ammontare A *v. t.* to **pile up B** *v. i.* to **amount** (to).
(2) ammontare *m. (comm.)* **amount.**
ammonticchiare *v. t.* to **pile up;** to **heap.**
ammorbare *v. t.* to **infect;** to **taint** *(anche fig.).*
ammorbidire *v. t.* **ammorbidirsi** *v. rifl.* to **soften.**
ammorsare *v. t.* to **vice,** to **vise.**
ammortaménto *m. (econ., fin.)* **amortization** ● *fondo di a.,* sinking fund.
ammortare *v. t. (econ.)* to **amortize.**
ammortire *v. t.* **1** to **deaden 2** *(fig.*: indebolire) to **soften 3** *(fig.*: colori) to **tone down.**
ammortiẓẓare *V.* **ammortare.**
ammortiẓẓatóre *m. (mecc.)* **shock absorber.**
ammosciare, ammoscire A *v. t.* to **render flabby B** *v. i.* to **become* flabby.**
ammostare *v. t.* to **tread*;** (con l'ammostatoio) to **press.**
ammucchiaménto *m.* **1 piling up 2** (mucchio) **pile.**
ammucchiare *v. t.* **ammucchiarsi** *v. rifl.* to **pile up.**
ammuffire *v. i.* to **grow* mouldy.**
ammuffito *a.* **1 mouldy 2** *(fig.)* **fossilized.**
ammutinaménto *m.* **mutiny; rebellion.**
ammutinare A *v. t.* to **incite to mutiny B ammutinarsi** *v. rifl.* to **mutiny.**
ammutinato *m.* **mutineer; rebel.**
ammutolire *v. i.* to **be struck dumb** *(anche fig.)*; (tacere) to **keep* silent** ● *far a.,* to silence.
amneṣìa *f.* **amnesia; loss of memory.**
amnistìa *f. (leg.)* **amnesty; general pardon.**
amnistiare *v. t. (leg.)* to **grant amnesty to** (sb.); to **amnesty.**
amnistiato *m.* **prisoner released under amnesty.**

amo *m.* *1* **fish-hook** *2* *(fig.)* **bait.**
amoèrro *f.* **moire.**
amorale *a.* **amoral.**
amoralità *f.* **amorality.**
amorazzo *m.* **love affair.**
amóre *m.* *1* **love**: *a. a prima vista,* love at first sight □ *a. non corrisposto,* unrequited love *2* **sake**: *per a. di brevità,* for the sake of brevity □ *Per a. di Dio!,* for Heaven's sake!; for God's sake! *3* *(fig.)* **love; darling; beauty**: *Che a. di bambina!,* isn't she a little darling? *4* *(al pl.)* **amours; love affairs** ● *a. di sé,* self-love; (egoismo) selfishness □ *a. proprio,* self-respect □ (di animali) *andare in a.,* to be on heat □ *d'a. e d'accordo,* in love and accord □ *fare all'a. con q.,* to make love to sb. □ *per a.,* out of love □ *per a. o per forza,* by hook or by crook; willy-nilly □ *soffrire di mal d'a.,* to be lovesick.
amoreggiaménto *m.* **flirtation.**
amoreggiare *v. t.* to **flirt.**
amorétto *m.* **flirtation.**
amorévole *a.* **loving; tender; fond.**
amorevolézza *f.* *1* **lovingness; tenderness; fondness** *2* (atto amorevole) **kindness.**
amòrfo *a.* *1* **amorphous; shapeless** *2* *(fig.)* **colourless.**
amorino *m.* *1* (puttino alato) **cupid** *2* (bambino grazioso) **little darling** *3* (*bot.*, Reseda odorata) **mignonette** *4* (divano) **sociable.**
amorósa *f.* *1* **lover; sweetheart** *2* *(teatr.)* **amorosa.**
amorosaménte *avv.* **lovingly; tenderly; amorously.**
amoróso ***A*** *a.* *1* **loving; affectionate; amorous** *2* (che concerne l'amore) **amatory** ***B*** *m.* *1* **lover; sweetheart** *2* *(teatr.)* **amoroso.**
amovìbile *a.* **removable.**
amperàggio *m.* *(elettr.)* **amperage.**
ampère *(franc.)* *m.* *(elettr.)* **ampere.**
amperòmetro *m.* **ammeter; amperometer.**
amperóra *m. invar.* *(elettr.)* **ampere-hour.**
ampiézza *f.* *1* **width** *2* (di ambiente) **spaciousness** *3* *(fis.)* **amplitude** *4* *(fig.)* **amplitude; breadth.**
àmpio *a.* *1* (largo) **wide** *2* (spazioso) **spacious** *3* *(fig.)* **ample** *4* (di abito) **loose(-fitting).**
amplèsso *m.* **embrace.**
ampliaménto *m.* *1* (il rendere più largo) **widening** *2* (il rendere più largo e più lungo) **enlargement** *3* *(fig.)* **amplification.**
ampliare ***A*** *v. t.* *1* (allargare) to **widen** *2* (ingrandire) to **enlarge** *3* *(fig.)* to **amplify** ***B*** **ampliarsi** *v. rifl.* to **become* larger.**
amplificare *v. t.* *1* to **amplify** *2* (magnificare) to **extol.**
amplificatóre *m.* *(radio)* **amplifier.**
amplificazióne *f.* **amplification; enlargement.**
ampólla *f.* *1* (per olio, aceto) **cruet** *2* *(relig.)* **ampulla*.**
ampollièra *f.* **cruet-stand.**
ampollosità *f.* **pomposity; bombast.**
ampollóso *a.* **pompous; bombastic.**
amputare *v. t.* *1* to **amputate** *2* *(fig.)* to **cut*.**
amputazióne *f.* **amputation.**
amulèto *m.* **amulet.**
anabattista *m.* e *f.* *(stor.)* **Anabaptist.**
anabbagliante *(autom.)* ***A*** *a.* *1* (di faro) **dipped; dimmed** *(USA)* *2* (di retrovisore) **non-glare** ***B*** *m. pl.* **dipped headlights; dimmers** *(USA).*
anacàrdio *m.* (*bot.*, Anacardium occidentale) **cashew.**
anacoluto *m.* *(gramm.)* **anacoluthon*.**
anacorèta *m.* *1* **anchorite** *2* *(fig.)* **hermit.**
anacroniṣmo *m.* **anachronism.**
anacronìstico *a.* **anachronistic.**
anàgrafe *f.* *1* **register of births, marriages and deaths** *2* (ufficio) **registry office.**
anagràfico *a.* — *dati anagrafici,* private data.
anagramma *m.* **anagram.**
anagrammare *v. t.* to **anagrammatize.**
anagrammàtico *a.* **anagrammatic(al).**
analcòlico *a.* **non-alcoholic** ● *bibita analcolica,* soft drink.
anale *a.* *(anat.)* **anal.**
analfabèta *a., m.* e *f.* **illiterate.**
analfabetiṣmo *m.* **illiteracy.**
analgèṣico *a.* e *m.* *(farm.)* **analgesic.**
anàliṣi *f.* **analysis*; test(ing)** ● *in ultima a.,* in conclusion.
analista *m.* e *f.* **analyst** ● *(elab.)* *a. di sistemi,* computer analyst.
analìtico *a.* **analytic(al).**
analiẓẓare *v. t.* to **analyse,** to **analyze;** to **test.**
analiẓẓatore *m.* *1* *(chim.)* **analyst** *2* *(telev.)* **scanner.**
analogaménte *avv.* **analogously.**
analogìa *f.* **analogy.**
analògico *a.* **analogic(al).**
anàlogo *a.* **analogous.**
anamnèṣi *f.* *(med.)* **anamnesis*; case history.**
ànanas, ananasso *m.* (*bot.*, Ananas sativus; anche il frutto) **pineapple.**
anapèsto *m.* *(poesia)* **anapaest.**
anarchìa *f.* *1* **anarchy** *2* (dottrina) **anarchism.**
anàrchico ***A*** *a.* **anarchic(al)** ***B*** *m.* **anarchist.**
anarchiṣmo *m.* **anarchism.**
anarcòide ***A*** *a.* **anarchist** *(attr.)* ***B*** *m.* e *f.* **person with anarchist tendencies.**
anatèma *m.* **anathema.**
anatematiẓẓare *v. t.* to **anathematize.**
anatomìa *f.* **anatomy** (anche *fig.*).
anatòmico *a.* **anatomic(al)** ● *sala anatomica,* dissecting room.
anatomista *m.* e *f.* **anatomist.**
anatomiẓẓare *v. t.* to **anatomize** (anche *fig.*); to **dissect.**
ànatra *f.* **duck;** (il maschio) **drake** ● *a. selvatica,* wild duck; mallard.
anatròccolo *m.* **duckling.**
anca *f.* *1* **hip; haunch** *2* *(naut.)* **quarter.**
ancèlla *f.* *(lett.)* **maid** (anche *fig.*).
ancestrale *a.* **ancestral.**
anche ***A*** *avv.* *1* (in aggiunta) **too; also; as well**: *C'era a. lui,* he was there, too *2* *(davanti a compar.)* **even; still; yet** ● *Odio i gatti, e a. lei li odia,* I hate cats, so does she ***B*** *cong.* — *a. se (o quand'a.),* even if.
ancheggiare *v. i.* to **wiggle** (o to **wriggle,** to **sway**) **one's hips.**
anchiloṣarsi *v. rifl.* to **anchylose,** to **ankylose;** to **grow* stiff.**
anchiloṣato *a.* **anchylosed, ankylosed; stiff.**
anchilòṣi *f.* *(med.)* **anchylosis, ankylosis.**
ància *f.* *(mus.)* **reed.**
ancillare *a.* **ancillary.**
ancóna *f.* *1* *(arte)* **ancona*; altar-piece** *2* (nicchia) **niche.**
(1) àncora *f.* *(naut.)* **anchor**: *a. di salvezza,* sheet-anchor (anche *fig.*) □ *essere all'a.,* to be (o to lie) at anchor.
(2) ancóra *avv.* *1* **still**: *C'è a. tempo,* there is still time *2* *(per lo più in frasi neg. o rif. al futuro)* **yet**: *Non s'è visto a.,* he has not shown up yet *3* (di nuovo) **again** *4* (di più) **some more; any more**: *Ne avete a.?,* have you any more? *5* *(davanti a compar.)* **still; yet** *6* *(con agg. o pron. di quantità)* **more**: *a. un po',* a little more *7* *(rif. a tempo)* **longer.**
ancoràggio *m.* *(naut.)* **anchorage; berth.**
ancorare ***A*** *v. t.* to **anchor** (anche *fig.*) ***B*** **ancorarsi** *v. rifl.* *1* *(naut.)* to **anchor;** to **cast* anchor** *2* *(fig.)* to **cling*** (to).
ancorché *cong.* *(lett.)* *1* (anche se) **even if; even though** *2* (quantunque) **although.**
andaluṣo *a.* e *m.* **Andalusian.**
andaménto *m.* *1* **course; state** *2* *(mus.)* **modulation** ● *(fin.)* *l'a. del mercato monetario,* the tendency of the money market.
andana *f.* *1* **pathway** *2* *(naut.)* **tier.**
andante ***A*** *a.* *1* **common; cheap** *2* (di stile) **plain** ***B*** *m.* *(mus.)* **andante.**
(1) andare ***A*** *v. i.* *1* *(generalm.)* to **go***: *a. a caccia (a pesca, a far compere),* to go shooting (fishing, shopping) □ *a. a cavallo,* to go on horseback (o to ride) □ *a. in*

aeroplano, to go by plane (o to fly) □ *a. in automobile*, to go by car (o to drive, to motor) □ *a. in bicicletta*, to go by bicycle; to ride a bicycle (o to cycle) □ *a. in treno*, to go by train □ *a. per mare (per terra, per via aerea)*, to go by sea (by land, by air) □ *a. a piedi*, to go on foot (o to walk) □ *Dove va questa strada?*, where does this road go to? □ *Questo orologio non va*, this clock doesn't go □ *Tutto quel che risparmia va in libri*, all his spare money goes on books **2** (visitare) to **go* to see; **to **call** (on sb., at a place); to **see***; to **visit**: *Andrò da lui domani*, I'll go and see him tomorrow **3** (essere; stare di salute; procedere, ecc.) to **be**; to **get* on**: *Va bene*, (sta bene) that's all right; (basta così) that will do □ *Come va?*, how are you? (o how are you getting on?) □ *a. per i settanta*, to be getting on for seventy **4** (agire, comportarsi) to **act**; to **behave 5** (funzionare, far servizio) to **run***; to **work**; to **be**: *L'ascensore non va*, the lift isn't working □ *Va bene il tuo orologio?*, is your watch right? **6** (della moneta: aver corso, anche) to **be current; **to **be legal tender 7** (essere venduto) to **go* off**; to **be sold**; to **sell***; (essere richiesto) to **be in (great) demand 8** (essere di moda) to **be fashionable**; to **be (all) the fashion**; to **be in fashion 9** (a. bene, convenire, confarsi) to **suit**; (a. bene di misura) to **fit**; (accordarsi, armonizzare) to **go* (together)**; to **match**: *Ti va bene domani?*, does tomorrow suit you? □ *Voglio un cappello che vada bene con questo vestito*, I want a hat to go with this dress **10** (a. a genio, gradire, piacere) to **like**; to **feel* like**: *Non mi va quel suo modo di comportarsi*, I don't like his behaviour □ *Ti andrebbe di fare una lunga passeggiata?*, do you feel like going for a long walk? **11** (a. a finire) to **end**; to **finish up**: *Credo che andrà così*, I think it will end like that **12** — *andarci* (volerci, occorrere), to take*; to be needed; to be required; to be (to): *Ci andranno dieci anni in questo lavoro*, this work will take ten years **13** *(nella voce passiva:* essere*)* to **be**; to **get* 14** (dover essere) to **be** (to); *(pres.)* **must**; *(condiz., congiunt.)* **should**: *Questo conto va pagato!*, this bill must be paid! **15** *(seguito da gerundio)* to **be**; to **go* around**: *Va litigando con tutti*, he goes around quarrelling with everyone **16** *(nelle inter.)* — *Va là!* (o *Andiamo!*), come!; come on!; now! (e altri modi idiom.) ● *(fig.) a. a Canossa*, to humble oneself; to eat humble pie *(fam.)* □ *a. a chiamare q.*, to go for sb. □ *(fam.) a. a donne*, to cruise □ *a. all'università*, to go up (to university) □ (dell'orologio) *a. avanti (indietro) di due minuti al giorno*, to gain (to lose) two minutes a day □ *a. da sé*, to go without saying; to be a matter of course: *La cosa va da sé*, it goes without saying; it's a matter of course □ *a. di mezzo*, to be (o to get) involved; (subire le conseguenze) to suffer the consequences; (essere in gioco) to be at stake □ *a. (di) sopra*, to go upstairs □ *a. (di) sotto*, to go downstairs □ *a. errato*, to be mistaken □ *a. in città (a Londra)* (dalla periferia, dalla provincia), to go up to town (to London) □ *a. nel mondo dei più*, to pass away; to die □ *lasciar a.*, (smettere) to give up; (lasciar correre) to let pass (o go); (assestare) to let fly: *Per questa volta, lasciamo a.!*, let it pass, this time □ *lasciarsi a.*, (non trattenersi) to let oneself go; (trascurarsi) to neglect oneself, to lose pride in oneself (in one's appearance) □ *Va a fidarti!*, look what comes of trusting people! □ *Vallo a indovinare!*, who can tell! □ *(volg.) Va in malora (o vatti a far friggere)!*, go to hell! □ *Vada come vada!*, come what may! □ *Vallo a contare a un altro!*, go and tell that to the marines! □ *Finché la va!*, as long as it keeps up! □ *Vado e torno*, I'll be back in no time □ *(fig.) Quell'uomo non mi va giù*, I cannot stand (o bear) that man **B andàrsene** *v. rifl.* **1** to **go*** (anche *fig.*); to **go* away** (o **off**): *Ora devo andarmene*, I must be going now **2** (morire) to **go***; to **die**: *Chiama il prete, il poveretto se ne va*, get a priest, the poor man is going **3** (consumarsi, spendersi) to **go***; to **go* by**: *Come se ne vanno i soldi!*, how quickly money goes! **4** (scomparire) to **disappear**; (di macchia) to **come* out**; (di rossetto, ecc.) to **come* off 5** (sbiadire) to **fade**.

(2) andare *m.* (andatura) **gait; way of walking** ● *a lungo a.*, in the long run □ *a tutto a.*, (a tutta velocità) at full speed; (moltissimo) for all one is worth □ *con l'a. del tempo*, with the passing of time.

andata *f.* **1 going**: *La sua a. a Milano fu una sorpresa*, his going to Milan came as a surprise **2** (viaggio d'a.) **outward journey; (the) journey there 3** (andatura) **gait; way of walking** ● *a lunga a.*, in the long run □ *biglietto di a. e ritorno*, return ticket □ *biglietto di (sola) a.*, single ticket; one-way ticket *(USA)* □ *viaggio di a. e ritorno*, journey there and back; *(ferr., ecc.)* round trip; *(naut.)* voyage out and home.

andato *a.* **1** (scorso) **past; last**: *il mese a.*, last month **2 gone by**: *nei tempi andati*, in times gone by **3** *(fig.:* consunto*)* **worn out 4** *(fig.:* spacciato*)* **done for; ruined.**

andatura *f.* **1 gait; way of walking 2** (portamento) **carriage 3** (velocità) **going; speed**: *a forte a.*, at great speed **4** *(sport)* **pace; running**: *imporre l'a.*, to set the pace **5** *(naut.)* **tack.**

andazzo *m. (spreg.)* **(bad) practice.**

andicappare *v. t. (sport)* to **handicap** (anche *fig.*).

andicappato A *a.* **handicapped** (anche *fig.*) **B** *m. (minorato)* **handicapped person** ● *gli andicappati*, the handicapped.

andirivièni *m.* **1 coming and going; bustle 2** *(fig.)* **maze; labyrinth.**

àndito *m.* **1** (corridoio) **passage 2** (bugigattolo) **corner.**

andrògino A *a.* (anche *bot.*) **androgynous B** *m.* **androgyne.**

andróne *m.* **entrance-hall; lobby.**

aneddòtica *f.* **anecdotes** *(pl.)*; **anecdotage.**

aneddòtico *a.* **anecdotal.**

aneddotista *m.* e *f.* **anecdotist.**

anèddoto *m.* **anecdote.**

anelante *a.* **1 panting; gasping 2** *(fig.)* **eager.**

anelare *v. i.* **1** to **pant 2** *(fig.)* to **be eager,** to **yearn** (for, after).

anèlito *m.* **1 panting;** (respiro) **breath 2** *(fig.)* **longing; yearning.**

anèllo *m.* **1 ring**: *un a. d'oro*, a gold ring **2** (di metallo, ecc.) **ring; link 3** (ditale) **thimble 4** (ricciolo) **curl 5** *(fig.)* **link** ● *a. portachiavi*, key-ring.

anemìa *f. (med.)* **anaemia.**

anèmico *a. (med.)* **anaemic.**

anemòmetro *m.* **anemometer; wind-gauge.**

anèmone *m.* (*bot.*, Anemone) **anemone; windflower.**

anesteṣìa *f. (med.)* **anaesthesia.**

anesteṣista *m.* e *f.* **anaesthetist.**

anestètico *a.* e *m. (med.)* **anaesthetic.**

anestetiẓẓare *v. t. (med.)* to **anaesthetize.**

anèto *m.* (*bot.*, Anethum graveolens) **dill.**

aneuriṣma *m. (med.)* **aneurysm, aneurism.**

anfibio A *a.* **1** *(zool.)* **amphibian; amphibious 2** (di automobile, aereo) **amphibious B** *m. (zool., mil.)* **amphibian.**

anfiòsso *m.* (*zool.*, Branchiostoma lanceolatum) **lancelet; amphioxus*.**

anfiteatro *m. (archit.)* **amphitheatre** ● *(med.) a. anatomico*, anatomy theatre.

anfitrióne *m.* **amphitryon.**

ànfora *f.* **amphora*.**

anfratto *m.* **winding path; gorge.**

angariare *v. t.* to **vex**; to **harry.**

angèlico *a.* **angelic(al).**

àngelo *m.* **angel**: *il proprio a. custode*, one's guardian angel ● *a. mio*, my darling □ *(zool.) pesce a.* (Squatina squatina), angelfish □ *suonare come un a.*, to play divinely.

angelus *(lat.) m. (relig.)* **Angelus.**

angherìa *f.* **oppression; vexation.**

angina *f. (med.)* **angina** ● *(med.) a. pectoris*, angina pectoris.

angiòma *m. (med.)* **angioma*.**

angipòrto *m.* **blind alley.**

anglicanéṣimo, anglicaniṣmo *m. (relig.)* **Anglicanism.**

anglicano *a.* e *m. (relig.)* **Anglican.**

angliciṣmo *m.* **Anglicism.**

anglista *m.* e *f.* **Anglicist.**

anglo-americano *a.* e *m.* **Anglo-American.**

anglofilìa *f.* **Anglophilia.**

anglòfilo *m.* **Anglophil(e).**

anglofobìa *f.* **Anglophobia.**
anglomanìa *f.* **Anglomania.**
anglonormanno *a.* e *m.* **Anglo-Norman.**
anglosàssone *a.* e *m.* **Anglo-Saxon.**
angolare *a.* **angular** ● *pietra a.,* corner-stone; head-stone.
angolazióne *f.* ***1*** **angulation** ***2*** *(cinem.)* **angle shot** ***3*** *(sport)* **angling** ***4*** *(fig.)* **angle; slant.**
angolièra *f.* **corner cupboard.**
àngolo *m.* ***1*** *(geom., fis.)* **angle**: *a. di deviazione,* angle of deviation ***2*** (canto, spigolo; anche *fig.*) **corner; nook**: *girare l'a.,* to go round the corner □ *È qui all'a.,* it's just round the corner □ *un posto d'a.,* a corner seat ***3*** (gioco del calcio) **corner** ***4*** (*fig.*: luogo) **place, spot;** (parte, zona) **part** ● *fare a.* (di strada), to turn off (into).
angolóso *a.* **angular** (anche *fig.*).
Àngora *f.* *(geogr.)* **Angora; Ankara** ● *gatto d'A.,* Angora cat □ *lana d'A.,* Angora wool.
angòscia *f.* **anguish.**
angosciare ***A*** *v. t.* to **distress** ***B*** **angosciarsi** *v. rifl.* to **grieve** (at, for, over).
angosciato *a.* **anguished.**
angoscióso *a.* ***1*** (che dà angoscia) **distressful; grievous; painful** ***2*** (che è segno d'angoscia) **sorrowful.**
anguilla *f.* (*zool.,* Anguilla) **eel.**
anguillàia *f.* **eel-pond.**
angùria *f.* (*bot.,* Citrullus vulgaris) **watermelon.**
angùstia *f.* ***1*** (ansia) **anguish; distress** ***2*** (*lett.*: insufficienza) **lack** ***3*** (*lett.*: strettezza) **narrowness** ● *stare in a.,* to worry.
angustiare ***A*** *v. t.* to **afflict;** to **distress;** to **torment** ***B*** **angustiarsi** *v. rifl.* to **distress oneself;** to **worry** (about, over).
angustiato *a.* **afflicted; anguished; worried.**
angusto *a.* **narrow** (anche *fig.*).
ànice *m.* (*bot.,* Pimpinella anisum) **anise** ● *semi di a.,* aniseed.
anicino *m.* (biscotto) **aniseed biscuit.**
anidride *f.* *(chim.)* **anhydride** ● *a. carbonica,* carbon dioxide.
anilina *f.* *(chim.)* **aniline.**
ànima *f.* ***1*** *(relig.)* **soul;** (spirito) **ghost, spirit**: *l'immortalità dell'a.,* the immortality of the soul □ *evocare l'a. di un defunto,* to call up a spirit from the dead ***2*** *(fig.)* **soul; (the) life and soul**: *La pubblicità è l'a. del commercio,* advertising is the very soul of business ***3*** (coscienza) **conscience;** (cuore) **heart;** (sentimento) **feeling**: *avere q.c. sull'a.,* to have st. on one's conscience □ *con tutta l'a.,* with all one's heart □ *metterci l'a.,* to do st. with feeling ***4*** (persona) **soul; person;** (abitante) **inhabitant**: *Non si vedeva a. viva,* there wasn't a living soul to be seen ***5*** (parte centrale di q.c.) **core, centre, heart;** (seme) **kernel, seed;** (di fucile o pistola) **bore;** (di un violino) **sound-post**: *essere corrotto fino all'a.,* to be rotten to the core ● *un'a. candida,* a simple soul □ *essere l'a. dannata di q.,* to be sb.'s evil angel (o to have an evil influence on sb.) □ *(fig.) essere un'a. in pena,* to be in great distress □ *(scherz.) un'a. lunga,* a tall fellow □ *avere q. sull'a.,* to be unable to stand sb.; to be pestered by sb. □ *un bene dell'a.,* heartfelt love □ *la buon'a. di mio padre,* my father, God rest his soul □ *una cosa che arriva all'a.,* a soul-stirring thing □ *darsi a. e corpo a q.c.,* to give oneself body and soul to st. □ *(fig.) giocarsi l'a.,* to stake everything; to bet one's last halfpenny □ *reggere (o tenere) l'a. con i denti,* to be at the end of one's tether; to be run down □ *rodersi l'a.,* to eat one's heart out; to peak and pine □ *A. mia!,* my love!; my darling! □ *Non dirlo ad a. viva!,* don't tell anybody! (o keep it to yourself!).
animale ***A*** *a.* **animal**: *il regno a.,* the animal kingdom ***B*** *m.* ***1*** **animal**: *un a. ragionevole,* a reasoning animal ***2*** *(fig.)* **beast.**
animalésco *a.* ***1*** **animal** *(attr.)* ***2*** (*spreg.*: di persona) **bestial.**
animalità *f.* **animality.**
animare ***A*** *v. t.* ***1*** to **make*** (st.) **seem alive;** to **give* life to** (st.) ***2*** (avvivare) to **animate,** to **enliven;** (ispirare) to **inspire;** (spingere, eccitare) to **stimulate,** to **rouse,** to **incite** ***3*** (infondere coraggio, gioia, ecc.) to **encourage;** to **hearten;** to **gladden;** to **elate** ***4*** (promuovere) to **foster;** to **activate;** to **invigorate**: *a. l'industria,* to foster (o to give life to) industry ***B*** **animarsi** *v. rifl.* ***1*** (avvivarsi, accalorarsi) to **become* animated** (o **lively, spirited, expressive)** ***2*** (farsi animo) to **take* heart;** to **take* courage;** to **cheer up.**
animataménte *avv.* **animatedly; in a lively way; vivaciously.**
animato ***A*** *a.* ***1*** (vivente) **animate; living**: *esseri animati,* living beings ***2*** (vivace) **animated; lively** ***3*** (anche *comm.*) **brisk; buoyant** ● *bastone a.,* sword-stick □ *disegni animati,* (animated) cartoons ***B*** *m.* *(mus.)* **animato.**
animatóre ***A*** *m.* ***1*** **animator; enlivener** ***2*** *(cinem.)* **animator (of cartoons)** ● *l'a. della festa,* the life and soul of the party □ *a. di gruppo,* team-leader ***B*** *a.* ***1*** (che dà vita) **life-giving** ***2*** (che avviva) **animating; enlivening.**
animazióne *f.* ***1*** **animation; liveliness;** (attività) **excited activity, bustle** ***2*** (anche *comm.*) **briskness; buoyancy** ***3*** *(cinem.)* **animation.**
animèlla *f.* *(cucina)* **sweetbread.**
animișmo *m.* *(filos.)* **animism.**
animista *m.* e *f.* *(filos.)* **animist.**
ànimo *m.* ***1*** (mente) **mind**: *avere in a. di fare q.c.,* to have a mind (o to intend) to do st. □ *mettersi l'a. in pace,* to set one's mind at rest □ *mettersi in a. di fare q.c.,* to make up one's mind to do st. ***2*** (cuore) **heart;** (coraggio) **courage, spirit**: *farsi a.,* to take heart □ *perdersi d'a.,* to lose heart ***3*** (indole) **disposition; nature**: *un uomo d'a. gentile,* a man of a kindly disposition; a good-natured man ***4*** (inclinazione) **inclination** ***5*** (intenzione) **intention** ***6*** (opinione) **opinion** ● *alienarsi l'a. di q.,* to fall out of sb.'s favour □ *bastare l'a. di fare q.c.,* to feel up to doing st.; to have the heart to do st. □ *essere di buon a.,* to be in a cheerful mood □ *fare q.c. di buon a.,* to do st. willingly □ *fare q.c. di mal a.,* to do st. unwillingly □ *guadagnarsi l'a. di q.,* to win sb.'s favour □ *stato d'a.,* state of mind; mood □ *A.!,* come on!; cheer up! □ *Me lo diceva l'a.!,* I could feel it in my bones!; I had a presentiment!
animosità *f.* **animosity; ill will; resentment; hostility.**
animóso *a.* **courageous; brave; bold; fiery.**
anióne *m.* *(fis.)* **anion.**
anișétta *f.* **anisette.**
ànitra *V.* **ànatra.**
annacquare *v. t.* ***1*** (allungare) to **water down;** to **dilute** ***2*** *(fig.)* to **mitigate.**
annacquata *f.* (pioggerella) **light shower.**
annacquato *a.* ***1*** (allungato) **watered down; diluted** ***2*** *(fig.)* **mitigated.**
annaffiare *v. t.* ***1*** to **water**: *a. il giardino,* to water the garden ***2*** (di pioggia) to **wet*** ***3*** (*scherz.*: annacquare) to **water down.**
annaffiata *f.* ***1*** **watering** ***2*** (breve pioggia) **light shower.**
annaffiatóio *m.* **watering can.**
annaffiatrice *f.* **water-cart.**
annaffiatura *f.* **watering.**
annali *m. pl.* **annals.**
annalista *m.* **annalist.**
annaspare ***A*** *v. t.* *(ind. tessile)* to **reel;** to **spool** ***B*** *v. i.* to **grope** (anche *fig.*).
annata *f.* ***1*** **year**: *un'a. abbondante,* a fruitful year □ *un'a. magra,* a lean year ***2*** (rif. a numeri di periodici e sim.) **volume.**
annebbiare ***A*** *v. t.* ***1*** to **befog;** to **cloud** ***2*** *(fig.)* to **dull** ***B*** **annebbiarsi** *v. rifl.* ***1*** to **grow* foggy;** to **cloud (over)**: *Il cielo s'annebbia,* the sky is clouding ***2*** (*fig.*: della vista) to **dim** ***3*** (*fig.*: della mente) to **cloud.**
annegaménto *m.* **drowning.**
annegare ***A*** *v. t.* to **drown** (anche *fig.*): *a. i dispiaceri nel vino,* to drown one's cares in wine ***B*** *v. i.* to **drown;** to **be** (o to **get***) **drowned** ● *a. nell'oro,* to be rolling in wealth ***C*** **annegarsi** *v. rifl.* to **drown oneself.**
annegato ***A*** *a.* **drowned** ***B*** *m.* **drowned person.**
annerire ***A*** *v. t.* to **blacken** ***B*** *v. i.* e **annerirsi** *v. rifl.* to **become* black;** to **blacken;** to **darken.**
annessióne *f.* **annexation.**
annèsso ***A*** *a.* **attached; enclosed** ***B*** *m.* ***1*** (edificio)

annexe; **assex** (specialm. *USA*) **2** (*al pl.: anat.*) **adnexa** ● *annessi e connessi,* **appurtenances.**
annèttere *v. t.* **1** (allegare) to **attach**; (accludere) to **enclose** **2** (aggiungere) to **add** **3** (unire politicamente) to **annex** **4** (attribuire) to **attach**: *a. importanza a q.c.,* to attach importance to st.
annichilire *v. t.* to **annihilate** (*anche fig.*).
annidare **A** *v. t.* **1** to **put* into a nest** **2** (*fig.*) to **harbour** **B** **annidarsi** *v. rifl.* **1** to **nest** **2** (nascondersi) to **hide*** **3** (*fig.*) to **nestle**; to **lurk.**
annientaménto *m.* **destruction; annihilation.**
annientare **A** *v. t.* to **destroy** (*anche fig.*); to **annihilate** ● *a. gli ostacoli,* to eliminate obstacles **B** **annientarsi** *v. rifl.* to **humble oneself.**
anniversàrio *a.* e *m.* **anniversary.**
anno *m.* **year** (*anche fig.*): *l'a. corrente,* the present year (o this year) □ *nell'a. di grazia 1965,* in the year of our Lord, 1965 □ *un a. dopo l'altro,* year after year (o year in, year out) □ *di a. in a.,* from year to year □ *l'a. scorso,* last year □ *l'a. prossimo,* next year □ *Sono anni (o cent'anni) che non lo vedo,* I haven't seen him for years (o it's ages since I saw him last) ● (*astron.*) *a.-luce,* light-year □ *augurare a q. il buon anno.,* to wish sb. a Happy New Year □ *dodici mesi all'a.,* all the year round □ *negli anni venti (trenta ecc.),* in the twenties (thirties, etc.) □ *portare bene gli anni (che si hanno),* not to look one's age □ « *Quanti anni hai?* » « *Ventuno* », « how old are you? » « I'm twenty-one » □ « *Quanti anni hanno?* » « *Ne hanno uno nove, l'altro undici* », « what are their ages? » « their ages are nine and eleven » □ *Non ha ancora vent'anni,* he is still in his teens.
annobilire *v. t.* (*lett.*) to **ennoble.**
annodare *v. t.* **A** **1** to **knot** **2** (legare) to **tie** ● (*fig.*) *a. un'amicizia con q.,* to make friends with sb. **B** **annodarsi** *v. rifl.* to **become* knotted** ● *a. la cravatta,* to knot one's tie □ *Mi s'annodò la lingua in bocca,* I became tongue-tied.
annoiare **A** *v. t.* **1** to **bore** **2** (dar fastidio) to **annoy** **B** **annoiarsi** *v. rifl.* **1** to **be bored** **2** (sentir fastidio) to **be annoyed.**
annoiato *a.* **1** (tediato) **bored** **2** (infastidito) **annoyed.**
annòna *f.* **food administration** (o **board**).
annonàrio *a.* **victualling; food** (*attr.*) ● *tessera annonaria,* ration card.
annóso *a.* (*lett.*) **aged.**
annotare *v. t.* **1** (postillare) to **annotate**: *a. un testo,* to annotate a text **2** (prender nota) to **note down** **3** (registrare) to **book.**
annotazióne *f.* **1** **annotation; note** **2** (registrazione) **entry.**
annottare *v. i. impers.* to **grow* dark.**
annoverare *v. t.* to **count**; to **number.**
annuale **A** *a.* **annual; yearly** **B** *m.* **anniversary.**
annualità *f.* **annuity.**
annualménte *avv.* **annually; yearly.**
annuàrio *m.* **yearbook.**
annuire *v. i.* **1** to **nod** **2** (acconsentire) to **agree.**
annullàbile *a.* (*leg.*) **voidable; avoidable.**
annullaménto *m.* **1** (*anche leg.*) **annulment** **2** (*anche comm.*) **cancellation.**
annullare **A** *v. t.* **1** to **annul** (*anche leg.*); (*leg.*) to **avoid** **2** (*anche comm.*) to **cancel**: *a. un ordine,* to cancel an order **3** (disfare) to **undo*** **B** **annullarsi** *v. rifl. recipr.* to **cancel each other**; to **cancel out.**
annullo *m.* **cancellation.**
annunciare *v. t.* to **announce** ● *farsi a. presso q.,* to send in one's name.
annunciatóre *m.* **announcer**; (*radio, telev.*) **newsreader.**
annunciazióne *f.* **annunciation.**
annùncio *m.* **1** **announcement**: *fare un a.,* to make an announcement **2** (annuncio pubblicitario) **advertisement; advert, ad** (*abbr.*): *mettere un a. su un giornale,* to put an advertisement in a newspaper **3** (*fig.:* indizio) **sign; presage.**
annunziare *V.* **annunciare.**
Annunziata *f.* (*relig.*) **Our Lady of the Annunciation.**
ànnuo *a.* **annual; yearly.**
annusare *v. t.* **1** to **smell***; to **sniff** **2** (*fig.:* capire) to **twig** (*fam.*) ● *a. tabacco,* to take snuff.
annusata *f.* **sniff.**
annuvolare **A** *v. t.* to **cloud** (*anche fig.*) **B** **annuvolarsi** *v. rifl.* to **become* cloudy**; to **cloud (over).**
annuvolato *a.* **1** **cloudy** **2** (*fig.*) **clouded.**
ano *m.* **1** (*anat.*) **anus** **2** (di pesci, uccelli, ecc.) **vent.**
anòbio *m.* (*zool.,* Anobium) **anobium; deathwatch.**
anòdino *a.* e *m.* (*farm., fig.*) **anodyne.**
ànodo *m.* (*fis.*) **anode.**
anòfele *m.* (*zool.,* Anopheles) **anopheles** (*invar. al pl.*).
anomalìa *f.* **anomaly.**
anòmalo *a.* **anomalous.**
anonimato *m.* **anonymity.**
anonimìa *f.* **anonymity.**
anònimo **A** *a.* **anonymous**: *una lettera anonima,* an anonymous letter ● (*comm.*) *società anonima,* joint--stock company **B** *m.* (autore) **anonymous author** ● *conservare l'a.,* to remain anonymous.
anoressìa *f.* (*med.*) **anorexia.**
anormale **A** *a.* **abnormal** **B** *m.* e *f.* **subnormal person.**
anormalità *f.* **abnormality.**
ansa *f.* **1** (manico) **handle** **2** (di fiume) **loop** **3** (*anat.*) **loop.**
ansante *a.* **panting; gasping.**
ansare *v. i.* to **pant**; to **gasp.**
ànsia *f.* **anxiety** ● *essere in a. per q.c.,* to be anxious about st.
ansietà *f.* **anxiety.**
ansimare *v. i.* to **pant.**
ansióso *a.* **1** **anxious; uptight** (*fam.*) **2** (desideroso) **eager.**
anta *f.* **shutter**; (di armadio) **door.**
antagonismo *m.* **antagonism.**
antagonista *m.* e *f.* **antagonist.**
antagonìstico *a.* **antagonistic.**
antàrtico *a.* **antarctic** ● *l'emisfero a.,* the Southern hemisphere.
ante- *pref.* **ante-; pre-.**
antecedènte **A** *a.* **preceding; previous** **B** *m.* **antecedent.**
antecedentemènte *avv.* **previously.**
antecedenza *f.* **antecedence; precedence** ● *in a.,* previously.
antecèdere *v. t.* (*raro*) to **precede.**
antecessóre *m.* **predecessor.**
antefatto *m.* **antecedents** (*pl.*).
anteguèrra **A** *a.* **prewar** (*attr.*) **B** *m.* **prewar period.**
antelucano *a.* (*lett.*) **antelucan.**
antenato *m.* **ancestor; forefather; forebear.**
antenna *f.* **1** (*naut.*) **yard; spar** **2** (*zool.*) **antenna***; **feeler** **3** (*radio, telev.*) **aerial; antenna*.**
antennista *m.* (*radio, telev.*) **aerial fitter.**
antepórre *v. t.* to **place before.**
anteprima *f.* (*cinem., teatr.*) **preview.**
antèra *f.* (*bot.*) **anther.**
anterióre *a.* **1** (che è davanti) **front** **2** (*rif. a tempo*) **former; previous; preceding; prior** ● *le zampe anteriori di un cavallo,* the forefeet of a horse.
anteriorità *f.* **priority; precedence.**
anteriorménte *avv.* **1** (frontalmente) **in front** **2** (precedentemente) **formerly; previously.**
antesignano *m.* **1** (*stor., mil.*) **standard-bearer** **2** (*fig.:* precursore) **precursor; forerunner.**
anti- *pref.* (*in ogni senso*) **anti-.**
antiabbagliante **A** *a.* **anti-dazzle** **B** *m.* (*al pl., autom.*) **dipped headlights; dimmers** (*USA*).
antiabortista **A** *a.* **antiabortion** (*attr.*) **B** *m.* e *f.* **antiabortionist.**
antiaèreo *a.* (*mil.*) **anti-aircraft.**
antialcòlico *a* **anti-alcoholic; teetotal.**
antiatòmico *a.* **anti-atomic** ● *rifugio a.,* atomic shelter.
antibiòtico *a.* e *m.* (*farm.*) **antibiotic.**
anticàglia *f.* **1** (*spreg.*) **junk** **2** (oggetto antico) **curiosity; antique.**

anticaménte *avv.* **in ancient** (o **former) times; in days of old** *(lett.)*; **in olden days** *(lett.)*.
anticàmera *f.* **anteroom; antechamber** • *fare a.*, to be kept waiting □ *far fare a. a q.*, to keep sb. waiting.
anticarro *a. (mil.)* **antitank.**
anticattòlico *a.* e *m.* **anti-Catholic.**
antichità *f.* ***1*** **antiquity** ***2*** (il tempo antico) **antiquity; ancient times** *(pl.)* ***3*** (ciò che è antico) **antique.**
anticiclòne *m. (meteorologia)* **anticyclone.**
anticipare ***A*** *v. t.* ***1*** to **anticipate** ***2*** (denaro) to **pay* in advance;** (prestare) to **advance** ***B*** *v. i.* (di mezzo di trasporto) to **be ahead of time.**
anticipataménte *avv.* **in advance; in anticipation; beforehand.**
anticipato *a.* (in anticipo) **in advance.**
anticipazióne *f.* **anticipation.**
antìcipo *m.* ***1*** **anticipation** ***2*** (di denaro) **advance** ***3*** *(autom.)* **spark advance** • *in a.*, in advance; beforehand; (rispetto ai costumi) ahead; (rispetto all'orario) ahead of time □ *arrivare in a.*, to arrive early.
anticlericale *a., m.* e *f.* **anticlerical.**
antico ***A*** *a.* ***1*** **ancient**: *il mondo a.*, the ancient world ***2*** (non recente) **old; antique** • *all'antica*, old-fashioned *(agg.)*; in an old-fashioned way *(avv.)* ***B*** *m. pl.* **(the) ancients.**
anticoagulante *a.* e *m. (farm.)* **anticoagulant.**
anticomunista *a., m.* e *f.* **anti-Communist.**
anticonformiṣmo *m.* **nonconformism.**
anticonformista *m.* e *f.* **nonconformist.**
anticongelante ***A*** *a.* **antifreezing** ***B*** *m.* (per motori) **antifreeze.**
anticòrpo *m. (biol.)* **antibody.**
anticostituzionale *a.* **anticonstitutional.**
anticristo *m.* **antichrist.**
anticrittogàmico *a.* e *m. (agric.)* **fungicide.**
antidatare *v. t.* to **antedate.**
antidemocràtico ***A*** *a.* **undemocratic** ***B*** *m.* **anti--democrat.**
antidetonante *a.* e *m.* **antiknock.**
antidiftèrico *a. (farm.)* **antidiphtheric.**
antidiluviano *a.* e *m.* **antediluvian.**
antidolorìfico *(farm.)* ***A*** *a.* **pain-relieving; analgesic** ***B*** *m.* **pain-reliever; pain-killer.**
antìdoto *m. (farm.)* **antidote.**
antieconòmico *a. (econ.)* **uneconomic(al).**
antieròe *m.* **antihero*.**
antieròico *a.* **antiheroic.**
antiestètico *a.* **unaesthetic.**
antifasciṣmo *m.* **antifascism.**
antifascista *a., m.* e *f.* **antifascist.**
antifebbrile *a.* e *m. (farm.)* **antipyretic; antifebrile.**
antifecondativo *a.* e *m.* **contraceptive.**
antiflogìstico *a. (farm.)* **antiphlogistic.**
antìfona *f. (mus., relig.)* **antiphon** • *(fig., fam.) capire l'a.*, to guess what's coming next.
antifórfora *a.* **anti-dandruff.**
antifrizióne *a. (mecc.)* **antifriction.**
antifurto ***A*** *a.* **thief-proof** ***B*** *m.* **thief-proof device.**
antigàs *a.* **antigas** • *maschera a.*, gas mask.
antìgene *m. (biol.)* **antigen.**
antigiènico *a.* **unhygienic; unsanitary.**
antìlope *f. (zool.*, Antilope*)* **antelope.**
antimeridiano *a.* **antemeridian** (abbr. **a.m.**).
antimilitariṣmo *m.* **antimilitarism; pacifism.**
antimilitarista *m.* e *f.* **antimilitarist; pacifist.**
antimissile *a. (mil.)* **antimissile.**
antimònio *m. (chim.)* **antimony.**
antincèndio *a.* **fire** *(attr.)*: **fireproof.**
antinébbia *a.* **fog** *(attr.)*: *(autom.) fari a.*, fog lamps.
antinevràlgico *a.* e *m. (farm.)* **analgesic.**
antinomìa *f.* **antinomy.**
antioràrio *a.* **counterclockwise.**
antipapa *m.* **antipope.**
antipastièra *f.* **hors-d'oeuvre tray.**
antipasto *m.* **hors d'oeuvre; appetizer.**
antipatìa *f.* **aversion; dislike**: *le mie simpatie e antipatie*, my likes and dislikes • *prendere in a. q.*, to take a dislike to sb. □ *provare a. per q.*, to dislike sb.
antipàtico *a.* **unpleasant; disagreeable.**
antipièga *a.* **anticrease; crease-resisting.**
antipirètico *a.* e *m. (farm.)* **antipyretic.**
antìpodi *m. pl.* **antipodes** • *(fig.) essere agli a.*, to be poles apart.
antipòlio *a. (farm.)* **anti-polio** *(attr.)*.
antipòrta *f.* ***1*** **outer door** ***2*** (di castello) **outer gate.**
antiquariato *m.* **antique dealing** • *un pezzo di a.*, an antique.
antiquàrio *m.* **antiquarian; antiquary.**
antiquato *a.* **antiquated; old-fashioned;** (di una parola) **obsolete.**
antiràbbico *a. (farm.)* **antirabid.**
antireumàtico *a.* e *m. (farm.)* **antirheumatic.**
antirùggine ***A*** *a.* **antirust** *(attr.)*; **rustproof** ***B*** *m.* **rust-preventer.**
antirughe *a.* **wrinkle-preventing** *(attr.)*.
antisala *f.* **anteroom.**
antischiaviṣmo *m.* **antislavery; abolitionism.**
antiṣdrucciolévole *a.* **antiskid** *(attr.)*; **nonskid** *(attr.)*.
antisemita *m.* e *f.* **anti-Semite.**
antisemitiṣmo *m.* **anti-Semitism.**
antisèttico *a.* e *m. (farm.)* **antiseptic.**
antisociale *a.* **antisocial.**
antistante *a.* **in front** (of); **opposite.**
antitàrmico ***A*** *a.* **mothproof** ***B*** *m.* **moth-repellent.**
antìteṣi *f.* **antithesis*.**
antitètico *a.* **antithetic(al).**
antitossina *f. (biol.)* **antitoxin.**
antiurto *a.* **shockproof.**
antivedére *v. t. (lett.)* to **foresee*.**
antiveggènza *f.* **foresight.**
antivigìlia *f.* **(the) day before the eve.**
antologìa *f.* **anthology.**
antològico *a.* **anthological.**
antònimo ***A*** *a.* **antonymous** ***B*** *m.* **antonym.**
antonomàṣia *f. (retor.)* **antonomasia.**
antracite *f. (miner.)* **anthracite.**
antro *m.* ***1*** **cavern** ***2*** *(fig.)* **hole.**
antròpico *a.* **anthropic(al).**
antropofagìa *f.* **anthropophagy; cannibalism.**
antropòfago *m.* **cannibal; man-eater.**
antropòide *a.* e *m. (zool.)* **anthropoid.**
antropologìa *f.* **anthropology.**
antropòlogo *m.* **anthropologist.**
antropometrìa *f.* **anthropometry.**
antropomòrfo *a.* **anthropomorphous.**
anulare ***A*** *a.* **annular**: *(astron.) eclisse a.*, annular eclipse • *raccordo a.*, ring road ***B*** *m.* **ring finger.**
anzi *cong.* ***1*** (al contrario) **on the contrary** ***2*** *(con valore rafforzativo)* **indeed; or rather** ***3*** — *a. che*, rather than ***4*** — *a. che no*, rather: *È vecchio a. che no*, he is rather old.
anzianità *f.* ***1*** (vecchiaia) **old age** ***2*** (di grado) **seniority** • *a. di servizio*, seniority; length of service.
anziano ***A*** *a.* ***1*** **elderly;** (vecchio) **old** ***2*** (di grado) **senior** ***B*** *m.* ***1*** **elderly person** ***2*** *(stor.)* **elder.**
anziché *cong.* **rather than.**
anzidétto *a.* **aforesaid; above-mentioned.**
anzitèmpo *avv.* **before (one's) time.**
anzitutto *avv.* **first of all.**
aòrta *f. (anat.)* **aorta.**
apartheid *f. (polit.)* **apartheid; racial segregation.**
apartìtico *a.* **non-party** *(attr.)*.
apatìa *f.* **apathy; indifference.**
apàtico *a.* **apathetic(al); indifferent.**
ape *f.* **bee;** (il maschio) **drone**: *a. operaia*, worker bee □ *a. regina*, queen bee • *nido d'api*, honeycomb; *(ricamo)* smocking.
aperitivo *m.* (bevanda) **aperitif.**
apertaménte *avv.* **openly; frankly.**
apèrto ***A*** *a.* ***1*** **open**: *all'aria aperta*, in the open air □ *dormire con le finestre aperte*, to sleep with the windows open □ *tenere gli occhi aperti*, to keep one's eyes open ***2*** (franco) **frank; unreserved; sincere; open** ***3*** (esposto) **exposed;** (indifeso) **undefended, open** ***4*** (sgombro) **clear; unobstructed; open** • *a occhi aperti*, with

open eyes □ *a viso a.*, frankly; sincerely □ *(comm.) conto a.*, open account □ *giochi all'aria aperta*, outdoor games □ *(med.) operazione a cuore a.*, open-heart operation □ *pronuncia aperta*, broad pronunciation ***B*** *m.* **(the) open**: *dormire all'a.*, to sleep in the open ● *una scuola all'a.*, an open-air school ***C*** *avv.* **openly; frankly; freely.**

apertura *f.* ***1*** **opening;** (inizio, anche) **beginning;** (inaugurazione) **inauguration;** *(polit.* anche) **overture, approach;** (scoppio) **outbreak**: *(mil.) l'a. delle ostilità*, the outbreak of hostilities ***2*** (spazio aperto) **opening, aperture;** (fenditura) **cleft, crack;** (fessura) **chink, cranny, slit;** (di macchina automatica) **slot;** (spacco) **gap;** (buco) **hole** ***3*** (di caverna) **mouth** ***4*** (ampiezza, larghezza) **width; spread** ***5*** *(mus.)* **overture** ***6*** *(fig.:* a. mentale) **open-mindedness; broad-mindedness** ***7*** *(fotogr.)* **aperture** ● *(aeron.) a. alare*, wing span □ (a teatro) *a. alle ore venti*, doors open at 8.00 p.m. □ *(econ.) l'a. di nuovi mercati*, the opening-up of new markets □ *(leg.) l'a. di un testamento*, the reading of a will □ *orario (o ora) di a.*, opening time; (di negozio) business hours; (di ufficio) office hours; (di museo) visiting hours ● *la stagione dell'a. della caccia (o della pesca)*, the open season.

apiàrio *m.* **apiary.**

àpice *m.* ***1*** *(mat., anat.)* **apex*** ***2*** *(fig.)* **height; apex.**

apicoltóre *m.* **beekeeper; apiarist.**

apicoltura *f.* **beekeeping; apiculture.**

apnèa *f. (med.)* **apnoea** ● *immergersi in a.*, to skin-dive.

apneista *m.* e *f. (sport)* **skin-diver.**

apocalisse *f.* ***1*** *(Bibbia)* **Apocalypse** ***2*** *(fig.)* **apocalypse.**

apocalìttico *a.* **apocalyptic(al).**

apòcrifo *a.* **apocryphal; spurious.**

apodìttico *a.* **apodictic.**

apòdoṣi *f. (gramm.)* **apodosis*.**

apòfiṣi *f. (anat.)* **apophysis*.**

apogèo *m.* **apogee** (anche *fig.*).

apògrafo *m.* **apograph.**

apòlide ***A*** *a.* **stateless** ***B*** *m.* e *f.* **stateless person.**

apolìtico *a.* **non-political; apolitical.**

apollìneo *a.* **Apollonian.**

apologèta *m.* **apologist.**

apologètica *f.* **apologetics** *(pl. col verbo al sing.).*

apologètico *a.* **apologetic(al).**

apologìa *f.* **apology.**

apologista *m.* e *f.* **apologist.**

apòlogo *m.* **apologue.**

apoplessìa *f. (med.)* **apoplexy.**

apoplèttico *a. (med.)* **apoplectic(al).**

apostaṣìa *f.* **apostasy, apostacy.**

apòstata *m.* e *f.* **apostate.**

apostolato *m.* **apostolate.**

apostòlico *a.* **apostolic(al).**

apòstolo *m.* **apostle.**

(1) apostrofare *v. t.* (interpellare) to **apostrophize.**

(2) apostrofare *v. t. (gramm.)* to **apostrophize.**

apòstrofe *f. (retor.)* **apostrophe.**

apòstrofo *m. (gramm.)* **apostrophe.**

apotèma *m. (geom.)* **apothem.**

apoteòṣi *f.* **apotheosis*** (anche *fig.*) ● *(fig.) far l'a. di q.*, to sing sb.'s praises.

appacificare *v. t. (lett.)* to **pacify.**

appagàbile *a.* **satisfiable.**

appagaménto *m.* **satisfaction.**

appagare ***A*** *v. t.* to **satisfy;** to **fulfil** ***B*** **appagarsi** *v. rifl.* to **be satisfied** (with).

appaiaménto *m.* **pairing; coupling.**

appaiare ***A*** *v. t.* to **pair;** to **couple** ***B*** **appaiarsi** *v. rifl.* to **(form a) pair;** (di animali) to **mate.**

appallottolare ***A*** *v. t.* to **roll into a ball** ***B*** **appallottolarsi** *v. rifl.* to **roll up into a ball.**

appaltare *v. t.* ***1*** *(comm.:* dare in appalto) to **let* out on contract** ***2*** *(comm.:* prendere in appalto) to **undertake* on contract.**

appaltatóre *m.* **contractor** (anche *leg.*).

appalto *m. (comm.)* **contract.**

appannàggio *m.* **ap(p)anage.**

appannaménto *m.* ***1*** **misting;** (di metalli) **tarnishing** ***2*** (della vista) **dimming.**

appannare ***A*** *v. t.* ***1*** to **mist;** (un metallo) to **tarnish** ***2*** (la vista) to **dim** ***B*** **appannarsi** *v. rifl.* ***1*** to **mist over;** (di metalli) to **tarnish** ***2*** (della vista) to **grow* dim.**

appannato *a.* ***1*** **misted;** (di metallo) **tarnished** ***2*** (di vista) **dim.**

apparato *m.* ***1*** (pompa) **display** ***2*** *(tecn.)* **apparatus*;** *(mecc.)* **device** ***3*** *(anat.)* **apparatus***: *l'a. digerente*, the digestive apparatus ***4*** *(polit.)* **apparatus*; machinery; machine.**

apparecchiare ***A*** *v. t.* ***1*** (preparare) to **prepare** ***2*** *(ind. tessile)* to **dress** ***B*** *v. i.* to **lay* the table.**

apparecchiatura *f.* ***1*** *(ind. tessile)* **dressing** ***2*** *(tecn.)* **equipment.**

apparécchio *m.* ***1*** **apparatus*; instrument; set;** (congegno) **device, appliance**: *un a. televisivo*, a television set; a TV set ***2*** *(aeron.)* **aircraft; (air)plane** ***3*** *(ortodonzia)* **brace** (di solito al *pl.*) ● *(fis., chim., mecc.) a. di prova*, tester □ *a. fotografico*, camera □ *apparecchi igienico-sanitari*, sanitary fittings.

apparentaménto *m. (polit.)* **election alliance.**

apparentare ***A*** *v. t.* to **ally (by marriage)** ***B*** **apparentarsi** *v. rifl.* ***1*** to **become* related by marriage;** to **marry (into)** ***2*** *(polit.)* to **form an election alliance.**

apparènte *a.* **apparent** (anche *leg.*): *l'erede a.*, the heir apparent.

apparenteménte *avv.* **apparently.**

apparènza *f.* ***1*** **appearance**: *all'a.*, to all appearance □ *salvar le apparenze*, to keep up appearances ***2*** (aspetto) **appearance; look.**

apparigliare *v. t.* to **pair.**

apparire *v. i.* ***1*** to **appear**: *a. in sógno*, to appear in a dream ***2*** (sembrare) to **seem;** (aver l'aspetto) to **look.**

appariscènte *a.* **striking;** (vistoso) **garish, showy.**

apparizióne *f.* **apparition.**

appartaménto *m.* **flat; apartment** *(USA).*

appartarsi *v. rifl.* to **withdraw*** (from); to **keep* apart;** to **keep* oneself to oneself.**

appartato *a.* **secluded** ● *rimanere a.*, to keep oneself to oneself.

appartenènza *f.* ***1*** **belonging** ***2*** *(leg.)* **appurtenance.**

appartenére *v. i.* ***1*** to **belong** ***2*** (far parte) to **be a member** (of) ***3*** (riguardare) to **be proper** (to).

appassionante *a.* **exciting; thrilling; engrossing.**

appassionare ***A*** *v. t.* ***1*** to **impassion** ***2*** (commuovere) to **move** ***B*** **appassionarsi** *v. rifl.* ***1*** (affliggersi) to **grieve** (over) ***2*** (prender passione) to **take* a great interest** (in); to **become* fond** (of).

appassionato *a.* ***1*** **impassioned; passionate** ***2*** (amante) **(passionately) fond** (of).

appassire *v. i.* **appassirsi** *v. rifl.* to **wither,** to **fade** (anche *fig.*).

appassito *a.* ***1*** *(bot.)* **withered** ***2*** *(fig.:* di bellezza) **faded.**

appellante *a., m.* e *f. (leg.)* **appellant.**

appellare *v. i.* **appellarsi** *v. rifl.* to **appeal** (anche *leg.*).

appellativo *m.* **appellation** (anche *gramm.*).

appèllo *m.* ***1*** (il chiamare per nome in ordine alfabetico) **roll-call**: *rispondere all'a.*, to be present at roll-call ***2*** *(leg.)* **appeal**: *ricorrere in a.*, to file an appeal; to appeal ***3*** (invocazione) **call** ● *fare l'a. (nominale)*, to call the roll □ *fare a. a q.c.*, to appeal to st.

appéna ***A*** *avv.* ***1*** (a stento) **hardly; scarcely** ***2*** (soltanto, non di più) **(only) just** ***3*** (da poco) **barely; just**: *Saranno a. le dieci*, it must be just ten o'clock ***B*** *cong.* (non a. che) **as soon as**: *(Non) a. riceverò la lettera, ti scriverò*, as soon as I receive the letter, I shall write to you ● *a... che (o quando)*, just... when; no sooner... than: *Avevo a. ricevuto il suo telegramma che arrivò lui in persona*, I had just received his telegram when he arrived in person □ *Erano a. arrivati che ripartirono*, no sooner had they arrived than they left again □ *Con quello stipendio c'era a. a. da non morire di fame*, with those wages there was just enough to keep body and

soul together.
appèndere *v. t.* **1** to **hang***: *a. un quadro al muro,* to hang a picture on the wall □ *Appendi il tuo cappotto,* hang up your coat **2** (*lett.:* impiccare) to **hang**.
appendiàbiti *V.* **attaccapanni.**
appendice *f.* **appendix*** (anche *anat.*) ● *romanzo d'a.,* serial.
appendicite *f.* (*med.*) **appendicitis.**
appendigònna *f.* **skirt-hanger.**
appesantire A *v. t.* **1 to increase the weight of**; to **make* heavy 2** (*fig.*) to **make* dull B appesantirsi** *v. rifl.* to **put* on weight**; to **grow* stout.**
appéso *a.* **1** (sospeso) **hanging 2** (*lett.:* impiccato) **hanged.**
appestare *v. t.* **1** to **infect with plague 2** (di puzza) to **stink* 3** (*fig.*) to **infect**; to **corrupt.**
appestato *a.* **1** (colpito dalla peste) **plague-stricken 2** (puzzolente) **stinking 3** (*fig.*) **infected** ● *gli appestati,* the plague-stricken.
appetìbile *a.* **desirable; plummy** (*fam.*).
appetire *v. t.* (*lett.*) to **crave for** (st.).
appetito *m.* (nei vari significati) **appetite**: *avere a.,* to have an appetite □ *perdere l'a.,* to lose one's appetite ● *mangiare con a.,* to eat heartily.
appetitóso *a.* **1** (di cibo) **appetizing 2** (*fig.*) **tempting; dishy** (*pop.*).
appètto a *locuz. prep.* **1** (dirimpetto) **opposite 2** (in confronto a) **in comparison with** (sb., st.).
appezzaménto *m.* **piece** (o **plot**) **of ground.**
appianare A *v. t.* **1** (rendere liscio) to **smooth 2** (livellare) to **level 3** (*fig.:* eliminare) to **remove**; to **smooth away B appianarsi** *v. rifl.* (accomodarsi) to **straighten out.**
appianatóio *m.* **roller.**
appiastricciarsi *v. rifl.* to **stick* together.**
appiattare *v. t.* **appiattarsi** *v. rifl.* to **hide*.**
appiattire *v. t.* **appiattirsi** *v. rifl.* to **flatten.**
appiccare A *v. t.* (impiccare) to **hang** ● *a. il fuoco a q.c.,* to set fire to st.; to set st. on fire **B appiccarsi** *v. rifl.* to **hang oneself.**
appiccicare A *v. t.* **1** (attaccare) to **stick* (on) 2** (*fig.:* rifilare) to **palm** (st.) **off** (on) **3** (*fig.:* appioppare) to **let* fly** ● (*fig.*) *a. un soprannome a q.,* to give sb. a nickname; to dub sb. **B appiccicarsi** *v. rifl.* **1** (attaccarsi) to **stick* 2** (*fig.:* essere sempre vicino) to **cling* like a leech.**
appiccicaticcio *a.* **sticky.**
appiccichino *m.* **hanger-on*.**
appiccicóso *a.* **sticky;** (viscoso) **tacky.**
appiè *prep.* **at the foot**: *a. di pagina,* at the foot of the page.
appiedare *v. t.* to **dismount.**
appièno *avv.* **fully; completely; entirely.**
appigionare *v. t.* to **let*** ● *Appigionasi,* (house) to let.
appigliarsi *v. rifl.* **1** (afferrare) to **seize hold of** (st.) **2** (*bot.*) to **take* root** ● *Il fuoco si è appigliato alla casa,* the house has caught fire.
appiglio *m.* **1** (*alpinismo*) **hold 2** (*fig.*) **pretext; opportunity.**
appiómbo A *avv.* **perpendicularly B** *m.* **perpendicularity.**
appioppare *v. t.* **1** (*fam.:* assestare) to **land**; to **let* fly 2** (*fam.:* rifilare) to **palm** (st.) **off** (on).
appiṣolarsi *v. rifl.* to **doze off.**
applaudire A *v. t.* **1** to **applaud 2** (approvare) to **approve of B** *v. i.* **1** to **applaud 2** (approvare) to **applaud**; to **approve.**
applàuṣo *m.* **1 applause 2** (*al pl.*) **cheers** (*pl.*); **cheering.**
applauṣòmetro *m.* (*radio, telev.*) **applauseometer.**
applicàbile *a.* **1 applicable 2** (che si può far valere) **enforceable.**
applicare A *v. t.* **1** to **apply**: *a. un cerotto al braccio,* to apply a piece of sticking-plaster to one's arm □ *a. la mente a q.c.,* to apply one's mind to st. **2** (mettere in vigore) to **enforce B applicarsi** *v. rifl.* to **apply oneself** (to).
applicato A *a.* **applied B** *m.* (impiegato) **junior clerk.**
applicazióne *f.* **1 application** (anche *fig.*) **2** (il mettere in vigore) **enforcement 3** (elemento decorativo, anche nei lavori di cucito) **appliqué** ● *applicazioni tecniche,* handicrafts.
appoggiacapo *m.* **1 headrest 2** (di stoffa) **antimacassar.**
appoggiamano *m.* (*pitt.*) **maulstick.**
appoggiapièdi *m.* **footstool; footrest.**
appoggiare A *v. t.* **1** to **lean***; to **rest**: *a. una scala al muro,* to lean a ladder against the wall □ *a. i gomiti sul tavolo,* to lean one's elbows on the table **2** (sostenere, anche *fig.*) to **support**: *a. q.,* to support sb.; to back sb. up **B appoggiarsi** *v. rifl.* **1** to **lean* 2** (*fig.:* affidarsi) to **place one's trust** (in); to **rely** (on).
appoggiatèsta *m.* (*autom.*) **headrest.**
appoggiatura *f.* (*mus.*) **appoggiatura; grace note.**
appòggio *m.* **support** (anche *fig.*) ● *pezza d'a.,* voucher.
appollaiarsi *v. rifl.* to **roost**; to **perch.**
appoppato *a.* (*naut.*) **down by the stern.**
appórre *v. t.* to **affix**; to **append**: *a. la firma,* to affix one's signature.
apportare *v. t.* **1** to **bring***: *a. disgrazia,* to bring ill luck □ (*fig.*) *a. buoni frutti,* to bring forth good fruits **2** (citare) to **quote** ● *a. modifiche,* to introduce changes.
appòrto *m.* (*comm., leg.*) **contribution.**
appoṣitaménte *avv.* **expressly; on purpose.**
appòṣito *a.* **special.**
appoṣizióne *f.* **1** (*gramm.*) **apposition 2** (l'apporre) **affixing.**
appòsta *avv.* **1** (deliberatamente) **on purpose 2** (con uno scopo preciso) **specially 3** (in funzione di *agg.*) **special**: *un arnese a.,* a special tool ● *neanche a farlo a.,* by sheer coincidence.
appostaménto *m.* **1** (agguato) **ambush 2** (*mil.*) **emplacement.**
appostare A *v. t.* to **lie* in wait for B appostarsi** *v. rifl.* to **lie* in ambush.**
apprèndere *v. t.* **1** (imparare) to **learn* 2** (comprendere) to **grasp 3** (venire a sapere) to **learn***; to **hear*.**
apprendiménto *m.* **learning.**
apprendista *m.* e *f.* **apprentice.**
apprendistato *m.* **apprenticeship.**
apprensióne *f.* **apprehension; anxiety** ● *essere in a.,* to be anxious □ *tenere in a.,* to keep on tenterhooks.
apprensivo *a.* **apprehensive; anxious.**
appressare *v. t.* **appressarsi** *v. rifl.* to **approach.**
apprèsso *avv.* **1** (dietro) **behind 2** (in seguito) **after; later 3** (vicino) **near.**
apprèsso a *locuz. prep.* (vicino a) **by; close to.**
apprestare A *v. t.* (*lett.*) to **prepare B apprestarsi** *v. rifl.* to **get* ready.**
apprettare *v. t.* (*ind. tessile*) to **dress**; to **size.**
apprètto *m.* (*ind. tessile*) **dressing; size.**
apprezzàbile *a.* **appreciable;** (di un'opera) **notable.**
apprezzaménto *m.* **1 appreciation 2** (*fig.:* opinione) **opinion.**
apprezzare *v. t.* to **appreciate.**
appròccio *m.* **approach; overture** (*per lo più al pl.*) ● (*fig.*) *fare qualche a.,* to put out a few feelers.
approdare *v. i.* **1** (*naut.*) to **land 2** (*fig.*) to **come*** (to); to **lead*** (to): *non a. a nulla,* to come to nothing.
appròdo *m.* (*naut.*) **1 landing 2** (luogo d'approdo) **landing place.**
approfittare *v. i.* to **take* advantage** (of); to **profit** (by); to **avail oneself** (of).
approfondiménto *m.* **1 deepening 2** (*fig.*) **investigation.**
approfondire A *v. t.* **1** to **deepen 2** (*fig.*) to **study** (st.) **thoroughly B approfondirsi** *v. rifl.* **1** to **deepen**; to **become* deeper 2** (*fig.*) to **get* a deeper knowledge** (of).
approntare *v. t.* to **prepare**; to **make* ready.**
appropriare A *v. t.* **1** (fare proprio) to **appropriate 2** (adattare) to **adapt B appropriarsi** *v. rifl.* to appro-

priate (st.).
appropriato *a.* **appropriate.**
appropriazióne *f.* **appropriation** ● *(leg.) a. indebita,* embezzlement.
approssimare *v. t.* **approssimarsi** *v. rifl.* **to approach.**
approssimativaménte *avv.* **approximately.**
approssimativo *a.* **approximate** ● *calcolo a.,* rough calculation.
approssimazióne *f.* **approximation** ● *per a.,* approximately.
approvare *v. t.* ***1*** **to approve of;** (lodare) **to praise** ***2*** (promuovere) **to pass**: *a. un candidato,* to pass a candidate ***3*** (accettare ufficialmente) **to approve.**
approvazióne *f.* ***1*** **approval** ***2*** (benestare) **approbation** ***3*** (di un disegno di legge, ecc.) **passage.**
approvvigionaménto *m.* ***1*** **victualling** ***2*** (*al pl.,* provviste) **provisions; supplies.**
approvvigionare ***A*** *v. t.* **to provision; to supply provisions to** (sb., st.); **to supply** ● *a. di cibo,* to victual ***B*** **approvvigionarsi** *v. rifl.* **to lay* in supplies.**
appuntalàpis *m.* **pencil-sharpener.**
appuntaménto *m.* ***1*** **appointment; rendezvous** ***2*** (fra innamorati) **date** ● *mancare a un a.,* to miss an appointment; not to turn up.
(1) appuntare ***A*** *v. t.* ***1*** (fare la punta a) **to sharpen**: *a. una matita,* to sharpen a pencil ***2*** (introdurre con la punta) **to stick***: *a. uno spillo sul guancialino,* to stick a pin in the pincushion ***3*** (attaccare con spilli) **to pin** ***4*** (puntare) **to point** ***5*** *(fig.:* aguzzare) **to strain**: *a. gli occhi (le orecchie),* to strain one's eyes (one's ears) ***B*** **appuntarsi** *v. rifl.* ***1*** **to sharpen** ***2*** (puntarsi) **to be pointed** (at).
(2) appuntare *v. t.* **to note down; to make* a note of** (st.).
appuntato ***A*** *a.* **sharp; pointed** ***B*** *m. (mil.)* **lance corporal.**
appuntellare *v. t.* **to prop; to shore up.**
appuntino *avv.* **nicely.**
appuntito *a.* **sharp; pointed.**
(1) appunto *m.* ***1*** (nota) **note**: *prendere appunti,* to make notes ***2*** (rimprovero) **reproach** ● *fare un a. a q.,* to reproach sb. for st.
(2) appunto *avv.* **exactly; just** ● *per l'a.,* exactly □ *A. te!,* just the person I was looking for!
appurare *v. t.* ***1*** (scoprire) **to ascertain** ***2*** (verificare) **to check.**
appuzzare *v. t.* **to stink* up.**
apribócca *m. invar. (med.)* **gag.**
apribottiglie *m.* **bottle-opener.**
aprico *a. (lett.)* **sunny; bright.**
aprile *m.* **April** ● *il primo d'a.,* All Fools' Day.
apriorismo *m. (filos.)* **apriorism.**
aprioristico *a.* **aprioristic; a priori.**
aprire ***A*** *v. t.* ***1*** *(generalm.)* **to open**: *a. la porta,* to open the door □ *a. l'animo a un amico,* to open (o to unburden) one's mind to a friend ***2*** **to open up**: *(econ.) a. un mercato,* to open up a market ***3*** (stendere, spiegare) **to open (out); to unfold; to unwrap**: *a. la mano,* to open one's hand ***4*** (con la chiave) **to unlock** ***5*** (girando una chiavetta) **to turn on**: *a. il gas,* to turn on the gas ***6*** (girando un interruttore) **to switch on**: *a. la luce,* to switch on the light ***7*** (scavare, anche) **to dig*; to make***: *a. una buca,* to dig a hole ***8*** (mediante una cerniera lampo) **to zip open; to unzip** ***9*** (cominciare) **to open; to begin*** ***10*** (essere in testa a) **to head; to lead*** ***B*** *v. i.* **to open** ● *(fig.) a. un buco per tapparne un altro,* to rob Peter to pay Paul □ *a. la casa* (agli ospiti, agli amici), to throw open one's house □ *(fig.) a. gli occhi alla luce,* to see the light; to be born □ *(fig.) a. gli occhi a q. su q.c.,* to open sb.'s eyes to st. □ *(fig.) a. gli occhi su q.c.,* to become aware of st. □ *a. una porta con un calcio,* to kick a door open □ *(fig.) a. le porte al nemico* (arrendersi), to give in; to surrender □ *a. la via a nuovi progressi,* to pave the way for further progress □ *non a. bocca,* to keep silent (o quiet) □ *(fig.) Apri gli occhi!,* look out! □ *(fam.) Apriti cielo!,* heavens above!; good gracious! ***C*** **aprirsi** *v. rifl.* ***1*** **to open** ***2*** (dare su) **to open (on to)** ***3*** (fendersi) **to crack; to split*** ***4*** (cominciare) **to open; to begin*** ***5*** (rasserenarsi) **to clear up** ***6*** (confidarsi) **to open one's heart** (to); (rivelare il proprio pensiero) **to open one's mind** (to).
apriscàtole *m.* **tin-opener; can-opener** *(USA).*
àquila *f.* ***1*** (*zool.,* Aquila) **eagle** ***2*** *(fig.)* **genius**: *Non è un'a.,* he's no genius.
aquilino *a.* **aquiline**: *naso a.,* aquiline nose.
aquilóne *m.* ***1*** (vento) **north wind** ***2*** (balocco) **kite.**
aquilòtto *m.* ***1*** *(zool.)* **eaglet** ***2*** *(aeron.)* **learner pilot.**
(1) ara *f.* (altare) **altar.**
(2) ara *f.* (misura) **are.**
(3) ara *f.* *(zool.,* Ara) **macaw.**
arabescare *v. t.* **to decorate with arabesques.**
arabésco *m.* **arabesque.**
aràbico *a.* **Arabic; Arabian.**
àrabo ***A*** *a.* **Arab; Arabian** ***B*** *m.* ***1*** **Arab** ***2*** (la lingua) **Arabic.**
aràchide *f.* (*bot.,* Arachis hypogaea) **groundnut; peanut** ● *olio di a.,* peanut oil.
aragonése *a., m.* e *f.* **Aragonese.**
aragósta *f.* (*zool.,* Palinurus vulgaris) **spiny lobster; crawfish*; crayfish*.**
aràldica *f.* **heraldry.**
aràldico *a.* **heraldic.**
araldo *m.* **herald.**
arancéto *m.* **orange-grove.**
arància *f.* **orange**: *succo d'a.,* orange juice.
aranciata *f.* **orangeade.**
aràncio *m.* ***1*** (*bot.,* Citrus aurantium) **orange-tree** ***2*** (colore) **orange** ● *fiori d'a.,* orange blossoms.
arancióne *a.* e *m.* **orange.**
arare *v. t.* **to plough; to plow** *(USA).*
arativo *a. (agric.)* **arable**: *terreno a.,* arable land.
aratóre *m.* **ploughman*.**
aratro *m.* **plough; plow** *(USA).*
aratura *f.* ***1*** (l'arare) **ploughing** ***2*** (stagione) **ploughing-season.**
araucària *f.* (*bot.,* Araucaria) **araucaria.**
arazzo *m.* **tapestry.**
àrbitra *f.* **arbitress.**
arbitràggio *m. (Borsa)* **arbitrage** ***2*** *(leg.)* **arbitration** ***3*** *(sport)* **umpiring; refereeing.**
arbitrale *a.* **arbitral.**
arbitrare ***A*** *v. t.* **to arbitrate;** *(sport)* **to umpire, to referee** ***B*** *v. i.* **to arbitrate; to act as arbitrator** (o **umpire, referee).**
arbitrariaménte *avv.* **arbitrarily.**
arbitrarietà *f.* **arbitrariness.**
arbitràrio *a.* **arbitrary.**
arbitrato *m.* **arbitration** (anche *leg.).*
arbìtrio *m.* **will**: *(filos.) libero a.,* free will ● *agire di proprio a.,* to act arbitrarily □ *prendersi l'a. di fare q.c.,* to take the liberty to do (o of doing) st.
àrbitro *m.* ***1*** **arbiter; arbitrator** (anche *leg.); (sport)* **umpire, referee** ***2*** *(fig.)* **arbiter.**
arbòreo *a.* **arboreal.**
arboricoltóre *m.* **arboriculturist; nurseryman*.**
arboricoltura *f.* **arboriculture.**
arboscèllo *m.* **sapling.**
arbusto *m.* **shrub.**
arca *f.* ***1*** **ark** (anche *fig.): l'a. di Noè,* Noah's ark ***2*** (*lett.:* tomba) **tomb** ● *(fig.) a. di scienza,* walking encyclopedia.
àrcade *a.* e *m.* **Arcadian.**
arcàdico *a. (geogr., fig.)* **Arcadian.**
arcaicità *f.* **archaism.**
arcàico *a.* **archaic;** (di parola) **obsolete.**
arcaismo *m.* **archaism.**
arcàngelo *m.* **archangel.**
arcano ***A*** *a.* **mysterious; occult** ***B*** *m.* **mystery.**
arcata *f.* ***1*** *(archit.)* **arch;** (serie d'archi) **arcade** ***2*** *(mus.)* **bowing.**
arcato *a.* **arched.**
archéggio *m. (mus.)* **bowing.**
archeologia *f.* **archaeology.**
archeològico *a.* **archaeologic(al).**
archeòlogo *m.* **archaeologist.**
archètipo *m.* **archetype.**
archétto *m. (mus.)* **bow.**

archibugière *m. (stor.)* **(h)arquebusier.**
archibùgio *m. (stor.)* **(h)arquebus.**
archipèndolo, archipènzolo *m.* **plumb rule.**
architettare *v. t.* **to plan** (anche *fig.*).
architétto *m.* **architect** (anche *fig.*).
architettònico *a.* **architectonic(al).**
architettura *f.* **architecture.**
architrave *m. (costr.)* **lintel; breastsummer.**
archiviare *v. t. (comm.)* **to file;** *(fig.)* **to shelve.**
archìvio *m.* **1 archives** *(pl.)*: *a. di Stato,* State archives **2** *(comm.)* **file.**
archivista *m.* **archivist.**
archivòlto *m. (archit.)* **archivolt.**
arcibeato *a.* **supremely happy; blissful.**
arcidiaconato *m.* **archdeaconry.**
arcidiàcono *m.* **archdeacon.**
arcidiàvolo *m.* **archfiend.**
arcidiòcesi *f.* **archdiocese.**
arciduca *m.* **archduke.**
arciduchéssa *f.* **archduchess.**
arcière *m.* **archer; bowman*.**
arcigno *a.* **gruff; surly.**
arcimilionàrio *m.* **multimillionaire.**
arcióne *m.* **1 saddle-bow 2** (sella) **saddle.**
arcipèlago *m.* **archipelago*.**
arciprète *m.* **archpriest; dean.**
arcivescovado *m.* **1** (residenza) **archbishop's palace 2** (dignità, ufficio) **archbishopric.**
arcivescovile *a.* **archiepiscopal.**
arcivéscovo *m.* **archbishop.**
arco *m.* **1** *(archit.)* **arch**: *un a. trionfale,* a triumphal arch **2** *(geom.)* **arc**: *un a. di cerchio,* an arc of a circle **3** (arma) **bow 4** *(mus.)* **bow 5** *(fis.)* **arc**: *una lampada ad a.,* an arc lamp **6** *(anat.)* **arch.**
arcobaléno *m.* **rainbow.**
arcolàio *m. (ind. tessile)* **wool-winder; skein-winder; reel-winder.**
arcuato *a.* **curved; bent; arched** ● *gambe arcuate,* bow legs.
ardènte *a.* **1 burning;** (infocato) **red-hot 2** *(fig.)* **burning; ardent; fiery**: *un desiderio a.,* a burning desire.
ardentemènte *avv.* **passionately; ardently.**
àrdere A *v. t.* **to burn*** (anche *fig.*) **B** *v. i.* **1 to burn* 2** *(fig.)* **to burn*** (with); **to glow** (with); **to be ablaze** (with): *a. d'ira,* to burn with rage □ *a. di zelo,* to glow with zeal.
ardèsia *f. (miner.)* **slate** ● *grigio a.,* slate grey.
ardiménto *m.* **daring.**
ardimentóso *a.* **daring; brave; bold.**
ardire *m.* **courage; boldness** ● *È stato un bell'a. il tuo!,* you certainly showed courage!
ardire *v. i.* **to dare; to venture**: *Non ardivo di parlarti,* I did not dare (to) speak to you.
arditézza *f.* **boldness; temerity.**
ardito A *a.* **1 bold; brave; courageous; daring 2** (rischioso) **risky 3** (ripido) **steep B** *m. pl. (mil.)* **shock troops.**
ardóre *m.* **1** (calore) **heat 2** *(fig.)* **ardour; fervour.**
arduo *a.* **1** (ripido) **arduous; steep 2** (*fig.*: difficile) **arduous; hard.**
àrea *f.* **1** *(geom.)* **area 2** (spazio di terreno) **land**: *a. da vendere,* land for sale **3** (zona) **zone; area**: *un'a. battuta dal vento,* a wind-swept zone □ *(econ., fin.) l'a. del dollaro,* the dollar area.
àrem *m.* **harem.**
(1) arèna *f.* **1** *(archit.)* **arena** (anche *fig.*) **2** (per corride) **bull-ring** ● *(fig., lett.) scendere nell'a.,* to enter the lists.
(2) aréna *f.* (sabbia) **sand.**
arenàceo *a.* **arenaceous; sandy.**
arenaménto *m.* **1 silting up 2** *(naut.)* **stranding.**
arenare *v. i.* **arenarsi** *v. rifl.* **1** *(naut.)* **to strand 2** *(fig.)* **to come* to a standstill.**
arenària *f. (miner.)* **sandstone.**
aréngo *m. (stor.)* **assembly.**
arenìcola *f. (zool,* Arenicola*)* **lugworm.**
arenile *m.* **1** (terreno) **sandy waste 2** (spiaggia) **beach.**
arenóso *a.* **sandy; arenaceous.**
areópago *m. (stor.)* **(the) Areopagus.**
areoplano *V.* **aeroplano.**
àrgano *m.* **1** *(naut.)* **winch; capstan 2** *(mecc.)* **windlass; winch.**
argentare *v. t.* **to silver-plate;** to **silver.**
argentato *a.* **1 silver-plated 2** (color argento) **silvery.**
argentatura *f.* **silvering.**
argènteo *a.* **silver** *(attr.)*; (simile nel colore all'argento) **silvery.**
argenterìa *f.* **silver plate; silverware.**
argentière *m.* **silversmith.**
argentìfero *a.* **argntiferous.**
(1) argentino *a.* **silver** *(attr.)*; **silvery.**
(2) argentino *a.* e *m.* **Argentine; Argentinean.**
argènto *m.* **1 silver 2** (*al pl., lett.*: argenteria) **silverware** ● *(chim.) a. vivo,* quicksilver.
argentóne *m.* **nickel silver; German silver.**
argilla *f. (miner.)* **clay** ● *a. per ceramiche,* potter's earth.
argillóso *a.* **clayey.**
arginare *v. t.* **1** (un corso d'acqua) **to embank 2** (un terreno) **to dike, to dyke 3** (*fig.*: di cose) **to check 4** (*fig.*: di persone) **to hold* in check** ● *a. la piena,* to stem the flood.
arginatura *f.* **1** (di corso d'acqua) **embankment 2** (di terreno) **diking, dyking 3** (argini) **embankments** *(pl.)*.
àrgine *m.* **1 bank; embankment;** (diga) **dike, dyke 2** (*fig.*: ostacolo) **barrier**: *fare a.,* to act as a barrier.
argo *m. (chim.)* **argon.**
argomentare A *v. t.* (dedurre) **to deduce; to infer B** *v. i.* **to argue.**
argomentazióne *f.* **1 argumentation 2** (prove) **arguments** *(pl.)*.
argoménto *m.* **1 argument**: *confutare un a.,* to confute an argument **2** (motivo) **motive 3** (materia, tema) **subject; subject-matter; matter**: *l'a. del libro,* the subject of the book □ *trattare un a.,* to discuss a subject ● *stare all'a.,* to keep to the point.
(1) argonàuta *m. (zool.,* Argonauta argo*)* **argonaut; paper nautilus*.**
(2) argonàuta *m. (mitol.)* **Argonaut.**
arguire *v. t.* (dedurre) **to deduce;** to **infer.**
arguto *a.* **witty**: *una persona arguta,* a witty (o sharp-witted) person □ *un detto a.,* a witty saying; a witticism.
argùzia *f.* **1 wit 2** (motto arguto) **witty remark; witticism.**
ària *f.* **1 air**: *a. buona (di mare, di montagna),* good (sea, mountain) air □ *a. condizionata,* conditioned air □ *a. viziata,* stuffy air; foul air □ *all'a. aperta,* in the open air □ *cambiare a.,* to have a change of air □ *cambiare l'a. (in una stanza),* to clear the air □ *campare d'a.,* to live on air □ (anche *fig.*) *in a.,* in the air: *C'è qualcosa in a.* (o *per a.*) *che non mi va,* there's something in the air that I don't like **2** (espressione del volto, sembianza) **expression; countenance; air;** (aspetto) **look, aspect**: *con un'a. feroce,* with a fierce countenance □ *con a. di trionfo,* with an air of triumph **3** (modo) **manner**: *con a. sbadata,* in a careless manner **4** *(mus.)* **air; tune; melody;** (d'opera) **aria 5** (*fig.*: il momento opportuno) **the right time (o moment);** (il luogo adatto) **the (right) place**: *Qui non è a. per lui,* this is no place for him ● *andare a gambe all'a.,* to fall head over heels □ *andare all'a.* (a vuoto), to come to nothing □ *avere l'a. di,* to look; to seem: *Ha l'a. di essere contento,* he looks happy □ *buttare all'a.,* to turn upside down □ *camera d'a.,* (di un pallone) bladder; (di un pneumatico) (inner) tube □ *dare a. a q.c.,* to air st. □ *darsi delle arie,* to give oneself airs □ *dire q.c. a mezz'a.,* to hint at st. □ *dotare d'a. condizionata,* to air-condition □ *un edificio con l'a. condizionata,* an air-conditioned building □ *far saltare in a.,* to blow up □ *fucile ad a. compressa,* air-gun □ *impermeabile all'a.,* airtight □ *(fig.) mandare all'a.,* to upset; to ruin; to spoil □ *mandare q. a pancia all'a.,* to lay sb. flat on his back □ *(aeron.) Maresciallo dell'A.,* Air Marshal □ *portare i bambini a prendere a.* (o *una boccata d'a.*), to take the children for an airing □ *prendere a.* (o *una boccata d'a.*), to have some fresh air □ *sposta-*

mento d'a. (d'esplosione), blast □ *una stanza piena d'a.*, an airy room □ *uscire a prendere a.* (o *una boccata d'a.*), to get out into the fresh air □ *(fig.) vedere che a. spira*, to see which way the wind is blowing □ *A.!* (via!), go away!; get out!; scram! *(pop.)* □ *Non lo saprà nemmeno l'a.*, I'll keep it to myself (o I won't breathe a word of it).

ària-ària *locuz. agg. (mil.)* **air-to-air.**

arianésimo, arianismo *m. (relig.)* **Arianism.**

(1) ariano *a.* e *m.* (di razza ariana) **Aryan.**

(2) ariano *a.* (seguace dell'arianesimo) **Arian.**

aridaménte *avv.* **dryly, drily.**

aridità *f.* **dryness** *(anche fig.)*.

àrido *a.* **dry** *(anche fig.)* ● *(fig.) cuore a.*, cold heart.

aridocoltura *f. (agric.)* **dry farming.**

arieggiare ***A*** *v. t.* ***1*** (dare aria) to **air;** (esporre all'aria) to **give*** (st.) **an airing**: *a. una stanza*, to air a room ***2*** (somigliare a) to **resemble,** to **look like** (sb., st.) ***B*** *v. i.* ***1*** (atteggiarsi) to **pose** (as) ***2*** (imitare) to **imitate;** to **ape** *(spreg.)* ● *a. a grand'uomo*, to give oneself superior airs.

arieggiato *a.* **airy; well-aired.**

ariète *m.* ***1*** *(zool.)* **ram** ***2*** *(astron., astrologia)* **Aries; (the) Ram** ***3*** *(stor)* **battering ram.**

ariétta *f. (mus.)* **arietta.**

aringa *f. (zool.,* Clupea harengus) **herring.**

arióso ***A*** *a.* (di luogo) **airy** ***B*** *m. (mus.)* **arioso*.**

(1) arista *f. (bot.)* **awn; arista*.**

(2) àrista *f. (cucina)* **chine of pork.**

aristocràtico ***A*** *a.* **aristocratic** ***B*** *m.* **aristocrat.**

aristocrazìa *f.* (nei vari significati) **aristocracy.**

aristotèlico *a.* e *m. (filos.)* **Aristotelian.**

aristotelismo *m. (filos.)* **Aristotelianism.**

aritmètica *f.* **arithmetic.**

aritmètico ***A*** *a.* **arithmetic(al)** ***B*** *m.* **arithmetician.**

aritmìa *f. (med.)* **arrhythmy.**

arìtmico *a. (med.)* **arrhythmic(al).**

arlecchinata *f.* ***1*** *(teatr.)* **harlequinade** ***2*** *(fig.)* **piece of buffoonery.**

arlecchinèsco *a. (teatr., fig.)* **Harlequin** *(attr.)*.

arlecchino *m.* ***1*** *(teatr.)* **Harlequin** ***2*** (buffone) **clown; fool** ***3*** (chi manca di parola) **weathercock.**

arma *f.* ***1*** **arm** *(di solito usato al pl.)*: *armi da fuoco*, fire-arms □ *essere in armi*, to be up in arms □ *un fatto d'armi*, a feat of arms □ *levarsi in armi*, to rise up in arms □ *posare le armi*, to lay down arms ***2*** *(anche fig.)* **weapon**: *armi offensive (difensive)*, offensive (defensive) weapons □ *armi nucleari*, nuclear weapons ***3*** *(mil.)* **arm; force**: *l'a. azzurra*, the air force ***4*** (stemma) **coat of arms; arms** *(pl.)* ● *a. bianca*, cold steel □ *essere alle prime armi, (mil.)* to be under fire for the first time; *(fig.)* to be still green (at one's job) □ *chiamare sotto le armi*, to call up (for military service) □ *combattere ad armi pari*, to fight on equal terms □ *combattimento ad a. corta*, hand-to-hand fighting □ *il mestiere delle armi*, soldiering □ *passare q. per le armi*, to shoot sb. □ *sala d'armi*, (di scherma) salle d'armes; (armeria) armoury □ *essere sotto le armi*, to be in the army (o in the forces) □ *uomo d'armi*, man-at-arms □ *venire alle armi*, to give battle; to fight □ *All'armi!*, to arms!

armacòllo, ad *locuz. avv.* o *agg.* **slung across the shoulders**: *portare il fucile ad a.*, to carry one's rifle slung across one's shoulders.

armadiétto *m.* **cupboard; cabinet; locker.**

armadillo *m. (zool.,* Dasypus) **armadillo*.**

armàdio *m.* **wardrobe**: *un a. a muro*, a built-in wardrobe.

armaiòlo *m.* **gunsmith; armourer.**

armamentàrio *m.* **outfit; paraphernalia** *(pl.)*.

armaménto *m.* ***1*** **armament; arming**: *la corsa agli armamenti*, the armaments race ***2*** *(naut.)* **rigging; fitting out** ***3*** *(ferr.)* **superstructure** ● *la politica degli armamenti*, power politics.

armare ***A*** *v. t.* ***1*** to **arm**: *a. la mano di un assassino*, to arm the hand of a murderer ***2*** (fortificare) to **fortify;** to **strengthen** ***3*** *(naut.:* allestire) to **rig,** to **fit out;** (a. ed equipaggiare) to **commission;** (fornire di provviste) to **provision** ***4*** (un'arma da fuoco) to **load** ***5*** *(costr.:* sostenere) to **support with props;** (con legname) to **timber** ***6*** *(costr.:* rinforzare) to **reinforce**: *a. il cemento* (con ferro), to reinforce concrete ***B*** **armarsi** *v. rifl.* to **arm oneself** ● *a. di coraggio*, to summon (up) one's courage □ *a. di pazienza*, to call forth all one's patience.

armata *f.* ***1*** **army**: *corpo d'a.*, army corps ***2*** *(naut.)* **fleet.**

armato *a.* ***1*** **armed** *(anche fig.)* ***2*** (fornito) **provided; equipped; furnished** ***3*** *(costr.)* **reinforced** ***4*** *(elettr.)* **armoured.**

armatóre *m.* **shipowner.**

armatura *f.* ***1*** *(stor., mil.)* **armour** ***2*** (telaio) **framework** ***3*** *(costr.:* impalcatura) **scaffolding** ***4*** (nel cemento armato) **reinforcing bars** (o **rods)** *(pl.)* ***5*** *(radio:* di condensatore) **plate** ***6*** *(ind. tessile)* **weave.**

armeggiaménto *m.* ***1*** **manoeuvring** ***2*** (l'affaccendarsi) **fuss.**

armeggiare *v. i.* ***1*** (intrigare) to **manoeuvre** ***2*** (affaccendarsi inutilmente) to **fuss about.**

armeggìo *m.* **manoeuvring.**

armeggióne *m.* **wire-puller; intriguer.**

armèno *a.* e *m.* **Armenian.**

arménto *m.* **herd.**

armerìa *f.* **armoury.**

armière *m. (mil.)* **gunner.**

armìgero ***A*** *a. (lett.)* **armed** ***B*** *m.* ***1*** (servo) **squire** ***2*** (guerriero) **warrior** ***3*** (guardia del corpo) **bodyguard.**

armistìzio *m.* **armistice.**

armo *m. (naut.)* **crew.**

armonìa *f.* **harmony** *(anche fig.)*.

armònica *f. (mus.)* **harmonica;** (a. a bocca) **mouth organ.**

armonicaménte *avv.* **harmonically.**

armònico *a.* ***1*** **harmonic;** *(fis.) frequenza armonica*, harmonic frequency ***2*** (armonioso) **harmonious.**

armònio *m. (mus.)* **harmonium.**

armonióso *a.* **harmonious.**

armonista *m.* e *f. (mus.)* **harmonist.**

armonizzare ***A*** *v. t.* to **harmonize** *(anche fig.)* ***B*** *v. i.* to **harmonize;** to **match.**

arnése *m.* ***1*** (strumento di lavoro) **tool; implement** ***2*** (oggetto non determinato) **thing; gadget** *(fam.)* ***3*** *(spreg.:* di persona) **fellow** ● *(fig.) a. da galera*, jailbird □ *essere male in a.*, to be down at heel □ *(fig.) rimettere q. in a.*, to set sb. on his feet again □ *(fig.) È un cattivo a.!*, he's a bad egg!

àrnia *f.* **beehive.**

àrnica *f. (bot.,* Arnica) **arnica.**

aróma *m.* **aroma; fragrance.**

aromàtico *a.* **aromatic.**

aromatizzare *v. t.* to **aromatize.**

arpa *f. (mus.)* **harp.**

arpeggiare *v. i. (mus.)* ***1*** (eseguire arpeggi) to **arpeggio;** to **play arpeggios** ***2*** (suonare l'arpa) to **harp.**

arpéggio *m. (mus.)* **arpeggio*.**

arpìa *f. (mitol.)* **harpy** *(anche fig.)*.

arpionare *v. t.* to **harpoon.**

arpióne *m.* ***1*** (fiocina) **harpoon** ***2*** *(ferr.)* **spike** ***3*** (uncino) **hook; grapnel** ***4*** (cardine) **hinge.**

arpista *m.* e *f. (mus.)* **harpist.**

arra *f. (lett.)* ***1*** (caparra) **earnest(-money)** ***2*** *(fig.)* **token.**

arrabattarsi *v. rifl.* to **strive*;** to **endeavour.**

arrabbiare ***A*** *v. i. (med.)* to **catch* rabies** ***B*** **arrabbiarsi** *v. rifl.* to **get* angry;** to **fly*** (o to **get*) into a temper** ● *Non t'arrabbiare!*, take it easy!

arrabbiata, all' *locuz. avv.* **in a great hurry.**

arrabbiato *a.* (di cane) **rabid;** (di persona) **angry** ● *(letter.) Giovani arrabbiati*, Angry Young Men.

arrabbiatura *f.* **rage**: *prendere un'a.*, to fly into a rage.

arraffare *v. t.* ***1*** (afferrare) to **snatch** ***2*** *(fig.:* rubare) to **pinch.**

arrampicarsi *v. rifl.* ***1*** to **scramble;** to **clamber;** to **climb*** ***2*** (di piante) to **clamber** ● *(fig.) a. sugli specchi*, (tentare di sostenere tesi inaccettabili) to argue that black is white and white black; (tentare di realizzare imprese impossibili) *to strive after impossibilities.*

arrampicata *f.* **climb; climbing.**
arrampicatóre *m.* **climber**: *(fig.) un a. sociale,* a social climber.
arrancare *v. i.* **1** (camminare) to **hobble** **2** (vogare) to **pull away.**
arrangiaménto *m. (mus.)* **arrangement.**
arrangiare **A** *v. t.* to **arrange** (anche *mus.*) **B arrangiarsi** *v. rifl.* to **manage to get along** ● *S'arrangi!,* let him fight his own battle!
arrangiatóre *m. (mus.)* **arranger.**
arrecare *v. t.* **1** to **bring*** **2** (causare) to **cause.**
arredaménto *m.* **1 interior decoration** **2** (i mobili) **furnishings** *(pl.);* **furniture.**
arredare *v. t.* to **furnish.**
arredatóre *m.* **interior decorator.**
arrèdo *m. (generalm. al pl.)* **fittings** *(pl.);* (mobili) **furnishings** *(pl.),* **furniture** ● *(relig.) arredi sacri,* church ornaments.
arrembàggio *m. (naut.)* **boarding.**
arrembare *v. t. (naut.)* to **board.**
arrèndersi *v. rifl.* **1** (darsi in mano al nemico) to **surrender** **2** *(fig.)* to **yield;** to **give* up.**
arrendévole *a.* **compliant; yielding; pliable.**
arrendevolézza *f.* **compliance; pliability.**
arrestare **A** *v. t.* **1** (fermare) to **stop;** to **halt** (specialm. *mil.*) **2** (liquidi) to **staunch,** to **stanch** **3** *(leg.)* to **arrest** **B arrestarsi** *v. rifl.* to **stop;** to **halt.**
arrèsto *m.* **1** *(leg.)* **arrest**: *mettere q. agli arresti,* to place sb. under arrest; to take sb. into custody **2** (fermata) **stop; halt;** *(fig.)* **standstill** **3** *(mecc.)* **stop; catch** ● *(med.) a. cardiaco,* heart failure.
arretrare **A** *v. t.* to **withdraw*** **B** *v. i.* e **arretrarsi** *v. rifl.* to **withdraw*;** to **draw* back.**
arretratézza *f.* **backwardness.**
arretrato **A** *a.* **1** (di persona) **behind**: *essere a. nel lavoro,* to be behind with one's work **2** (di cosa) **in arrears**: *lavoro a.,* work in arrears **3** (di paese, civiltà, ecc.) **backward** **B** *m.* **arrear.**
arri *inter.* **gee!**
arricchiménto *m.* **enrichment.**
arricchire **A** *v. t.* to **enrich** (anche *fig.*) **B** *v. i.* e **arricchirsi** *v. rifl.* to **grow* rich.**
arricchito *m.* — *a. di guerra,* profiteer □ *nuovo a.,* upstart; parvenu.
arricciacapélli *m.* **curling tongs** *(pl.).*
arricciare **A** *v. t.* to **curl** ● *(fig.) a. il naso,* to turn up one's nose **B arricciarsi** *v. rifl.* to **curl (up).**
arricciatura *f.* **curling.**
arridere *v. i.* to **smile on** (sb.); to **be propitious to** (st.).
arringa *f.* **1 harangue** **2** *(leg.)* **pleading.**
arringare *v. t.* to **harangue.**
arrischiare **A** *v. t.* to **risk**: *a. la vita,* to risk one's life ● *a. una parola,* to venture a word **B arrischiarsi** *v. rifl.* **1** (osare) to **dare**: *Non t'a.!,* don't you dare! **2** (azzardarsi) to **venture**: *a. in una impresa difficile,* to venture on a difficult task.
arrischiato *a.* **1** (pieno di rischi) **risky** **2** (temerario) **reckless.**
arrivare **A** *v. i.* **1** to **arrive** (at, in); to **reach** (a place); to **get*** (to): *a. a casa,* to arrive home □ *a. sano e salvo,* to arrive safe and sound □ *a. a ottant'anni,* to reach the age of eighty □ *fin dove arriva l'occhio,* as far as the eye can reach **2** (pervenire) to **come*** **3** (andare fino a; *fig.:* giungere a) to **go* as far as;** to **call at;** to **drop in**: *Arrivo (fino) al ponte e torno,* I'm just going as far as the bridge and back □ *Arrivo un momento dal droghiere,* I'll just call at the grocer's **4** (durare) to **last** **5** (accadere) to **happen** **6** (riuscire) to **succeed;** to **manage;** to **be able (o can, could)**: *Temo di non a. a ottenerlo,* I'm afraid I shan't succeed in getting it □ *Non arrivo a capirlo,* I can't understand it (o I can't make it out) **7** (*fig.:* avere successo) to **arrive;** to **get* there;** to **get* to the top** **8** — *arrivarci,* to reach (st.): *Prendi quel libro lassù, se ci arrivi,* take that book up there, if you can reach it **9** — *arrivarci* (*fig.:* capire), (to be able) to understand; to make (st.) out: *Non ci arrivo,* I can't make it out **B** *v. t.* (raggiungere) to **catch* up with** (sb.) ● *a. a chiedere l'elemosina,* to be reduced to begging □ *Mi sono arrivati molti libri,* I have received a lot of books □ *L'acqua m'arrivò alla vita,* the water came up to my waist □ *Il nemico ci arrivò alle spalle,* the enemy came upon us from behind □ *La neve m'arrivava alle ginocchia,* I was knee deep in the snow □ *(fig.) Il suo scopo è a.,* he aims at success □ *Questo vestito non mi arriva più,* this dress no longer fits me □ *Sono arrivato a metà del libro,* I am halfway through the book.
arrivato **A** *a.* (di persona, nella vita) **successful** ● *dare il ben a. a q.,* to welcome sb. □ *Ben a.!,* welcome! **B** *m.* **successful man*** ● *nuovo a.,* newcomer.
arrivedérci *inter.* e *m.* **goodbye** ● *A. a domani,* see you tomorrow.
arrivișmo *m.* **social climbing; careerism.**
arrivista *m.* e *f.* **social climber; careerist; arriviste** *(franc.).*
arrivo *m.* **arrival**: *arrivi e partenze,* arrivals and departures □ *al mio a. a Londra,* on my arrival in London ● (di cosa) *l'ultimo a.,* the latest thing (o article) □ *Che brutto a. a casa!,* what a sad homecoming!
arroccaménto *m. (scacchi)* **castling.**
arroccare *v. t.* **1** *(scacchi)* to **castle** **2** *(mil.)* to **move** (troops) **behind defence lines.**
arrochire **A** *v. t.* to **hoarsen;** to **make*** (sb.) **hoarse** **B** *v. i.* e **arrochirsi** *v. rifl.* to **become* hoarse.**
arrogante *a.* **arrogant; overbearing.**
arroganza *f.* **arrogance.**
arrogarsi *v. rifl.* to **arrogate (to oneself)** (anche *leg.*).
arrolaménto, arrolare *V.* **arruolaménto, arruolare.**
arrossaménto *m.* **reddening.**
arrossare **A** *v. t.* to **redden** **B** *v. i.* e **arrossarsi** *v. rifl.* to **redden.**
arrossire *v. i.* to **blush.**
arrostire **A** *v. t.* to **roast;** (abbrustolire) to **toast;** (a. sulla graticola) to **grill**: *a. le castagne,* to roast chestnuts □ *a. il pane,* to toast bread **B arrostirsi** *v. rifl.* to **roast;** (abbrustolirsi) to **toast** ● *(fig., fam.) a. al sole,* to bake (o to roast, to broil) in the sun.
arròsto **A** *a.* **roast**: *pollo a.,* roast chicken ● *(uso avv.) cuocere a.,* to roast **B** *m.* (carne arrostita) **roast** ● *carne a.,* roast meat.
arrotare *v. t.* **1** to **sharpen;** to **whet;** to **grind*** **2** (investire con un veicolo) to **run* over** ● *a. i denti,* to grind one's teeth.
arrotino *m.* **knife-grinder.**
arrotolare *v. t.* to **roll up.**
arrotondaménto *m.* **rounding (off).**
arrotondare **A** *v. t.* to **round;** to **round off** ● *a. la cifra,* to make a round figure □ *a. lo stipendio,* to round out one's salary **B arrotondarsi** *v. rifl.* **1** to **become* round** **2** *(fig.)* to **put* on weight.**
arrovellarsi *v. rifl.* **1** to **work oneself up into a rage** **2** (affannarsi) to **do* one's utmost** ● *a. il cervello,* to rack one's brains.
arroventare **A** *v. t.* to **make* red-hot** **B** *v. i.* e **arroventarsi** *v. rifl.* to **grow* red-hot.**
arroventato *a.* **red-hot.**
arrovesciare **A** *v. t.* **1** to **overturn;** to **upset*** **2** (rivoltare) to **turn** (st.) **inside out** **B arrovesciarsi** *v. rifl.* to **fall* backwards** ● *a. le maniche,* to turn up one's sleeves.
arruffamatasse *m.* e *f.* **mischief-maker.**
arruffapòpoli *m.* e *f.* **ringleader; demagogue.**
arruffare *v. t.* **1** to **ruffle;** to **dishevel** **2** (ingarbugliare) to **tangle.**
arruffio *m.* **tangle; confusion.**
arruffóne *m.* **1 bungler** **2** (imbroglione) **swindler.**
arrugginire **A** *v. t.* to **rust** **B** *v. i.* e **arrugginirsi** *v. rifl.* to **rust;** to **grow* rusty.**
arrugginito *a.* **rusty.**
arruolaménto *m. (mil.)* **enlistment.**
arruolare *v. t.* **arruolarsi** *v. rifl. (mil.)* to **enlist.**
arsèlla *f. (zool.)* **clam.**
arsenale *m.* **1** (cantiere) **shipyard; dockyard** **2** *(mil.)* **arsenal** (anche *fig.*) **3** (*fig.:* quantità di cose) **heap**: *un a. di roba,* a heap of things.
arsenalòtto *m. (naut.)* **docker.**
arsènico *m. (chim.)* **arsenic.**
arsìccio *a.* **scorched.**

arso *a.* **1** **burned, burnt** **2** (riarso) **dry.**

arsura *f.* **1** (dell'atmosfera) **heat** **2** (siccità) **drought** **3** (dovuta a sete) **parching thirst** **4** (dovuta a febbre) **feverish thirst.**

arte *f.* **1** **art**: *le belle arti,* the fine arts □ *un'opera d'a.,* a work of art □ *l'a. per l'a.,* art for art's sake **2** (mestiere) **trade** **3** (abilità) **knack**: *avere l'a. di fare q.c.,* to have the knack of doing st. **4** (artifizio) **art; cunning** **5** (*stor.:* corporazione) **guild** ● *a. marinaresca,* seamanship □ *a. oratoria,* oratory □ *una cosa fatta con a. (senz'a.),* st. done skilfully (clumsily) □ *figlio d'a.,* (actor) born of a theatrical family.

artefatto *a.* **1** **adulterated** **2** (*fig.*) **artificial.**

artéfice *m.* **1** **craftsman*; builder** **2** (*fig.:* autore) **author** ● *il sommo A.,* the supreme Architect.

artèria *f.* **1** (*anat.*) **artery** **2** (*fig.:* via) **artery; thoroughfare.**

arterioscleroşi *f.* (*med.*) **arteriosclerosis.**

arteriosclerótico *a.* e *m.* (*med.*) **arteriosclerotic.**

arterióso *a.* (*anat.*) **arterial.**

arteşiano *a.* **artesian**: *un pozzo a.,* an artesian well.

àrtico *a.* (*geogr.*) **arctic**: *il circolo polare a.,* the Arctic Circle.

(1) articolare *a.* (*anat.*) **articular.**

(2) articolare **A** *v. t.* **to articulate** **B** **articolarsi** *v. rifl.* **to be articulated.**

articolato *a.* **1** (di suono) **articulate, articulated** **2** (*gramm.*) **linked with an article** **3** (*mecc.*) **jointed; hinged; articulated.**

articolazione *f.* **1** (di suono) **articulation** **2** (*anat.*) **articulation** **3** (*mecc.*) **articulated joint** (o **knuckle, link, connection**).

articolista *m.* e *f.* (*giornalismo*) **columnist.**

artìcolo *m.* **1** (*gramm.*) **article**: *l'a. determinativo (indeterminativo),* the definite (indefinite) article **2** (*comm.*) **article** **3** (di giornale) **article**: *l'a. di fondo,* the leading article **4** (punto essenziale) **article**: *un a. di fede,* an article of faith **5** (*leg.*) **article** ● *articoli da cucina,* kitchen utensils □ *articoli da viaggio,* travelling kit □ *articoli di lana,* woollens □ *articoli vari,* sundries.

artière *m.* **1** (*raro:* artigiano) **artisan** **2** (*mil.*) **pioneer.**

artificiale *a.* **artificial** ● *fuochi artificiali,* fireworks.

artificialménte *avv.* **artificially.**

artificière *m.* **1** (*mil.*) **artificer** **2** (chi disinnesca bombe) **bomb-disposal expert** **3** (pirotecnico) **pyrotechnist.**

artificio *m.* **artifice** ● *fuochi d'a.,* fireworks.

artificióso *a.* **1** **artful; cunning** **2** (affettato) **affected.**

artifizio *V.* **artificio.**

artigianale *a.* **artisan, handicraft** (*attr.*) ● *prodotti artigianali,* handicraft.

artigianato *m.* **1** (ceto) **craftsmen** (*pl.*) **2** (attività) **handicraft** ● *mostra dell'a.,* arts and crafts exhibition.

artigiano **A** *a.* **artisan** (*attr.*) **B** *m.* **craftsman*.**

artiglière *m.* (*mil.*) **artilleryman*.**

artiglierìa *f.* (*mil.*) **artillery** ● *pezzo d'a.,* gun.

artiglio *m.* **1** **claw;** (specialm. di uccello rapace) **talon** **2** (*fig.*) **clutch.**

artista *m.* e *f.* **artist.**

artisticaménte *avv.* **artistically.**

artìstico *a.* **artistic.**

arto *m.* (*anat.*) **limb.**

artrite *f.* (*med.*) **arthritis.**

artrìtico *a.* e *m.* (*med.*) **arthritic.**

artròşi *f.* (*med.*) **arthrosis*.**

arturiano *a.* (*letter.*) **Arthurian**: *il ciclo a.,* the Arthurian cycle.

arẓigogolare *v. i.* **1** (fantasticare) **to let* one's mind wander; to muse** (on, over) **2** (cavillare) **to quibble.**

arẓigògolo *m.* **1** (fantasticheria) **reverie** **2** (cavillo) **quibble** **3** (giro di parole) **roundabout expression.**

arẓillo *a.* **1** **sprightly; spry** **2** (leggermente ubriaco) **tipsy.**

aşbèsto *m.* (*miner.*) **asbestos; amiant(h)us.**

asbùrgico *a.* **Habsburg** (*attr.*).

àscaro *m.* (*mil.*) **askari.**

ascèlla *f.* **1** (*anat.*) **armpit** **2** (*bot.*) **axil.**

ascellare *a.* (*anat., bot.*) **axillary.**

ascendentale *a.* **ancestral**: *la linea a.,* the ancestral line.

ascendènte **A** *a.* **ascending** **B** *m.* **1** (antenato) **ancestor** **2** (*astron.*) **ascendant** **3** (influenza) **ascendancy, ascendency**: *avere un grande a. su q.,* to have great ascendancy over sb.

ascendènza *f.* **ancestors** (*pl.*).

ascéndere **A** *v. i.* **1** **to ascend** **2** (ammontare) **to amount** **B** *v. t.* **to ascend; to climb.**

ascensionale *a.* **ascensional.**

ascensióne *f.* **1** **ascension; ascent** **2** (*relig.*) **Ascension.**

ascensionista *m.* e *f.* (*sport*) **climber.**

ascensóre *m.* **lift; elevator** (*USA*).

ascensorista *m.* **liftman*; liftboy.**

ascésa *f.* **ascent;** (al trono) **accession.**

ascèşi *f.* **asceticism; exercise of self-discipline.**

ascèsso *m.* (*med.*) **abscess.**

ascèta *m.* e *f.* **ascetic.**

ascètica *f.* **asceticism.**

ascètico *a.* **ascetic.**

ascetişmo *m.* **asceticism.**

àscia *f.* **axe** ● (*fig.*) *fare q.c. con l'a.,* to bungle st.

ascisc *m.* **hashish.**

ascissa *f.* (*mat.*) **abscissa*.**

asciugacapelli *m.* **hair-dryer** (o **-drier**).

asciugamano *m.* **towel.**

asciugare **A** *v. t.* **to dry** **B** *v. i.* **to dry; to get* dry** **C** **asciugarsi** *v. rifl.* **to dry oneself**: *a. le mani,* to dry one's hands ● *a. le lacrime,* to wipe one's tears □ *a. il sudore,* to wipe away one's sweat.

asciugatóio *m.* **1** (asciugamano) **towel** **2** (*mecc.*) **dryer, drier.**

asciuttézza *f.* **1** **dryness** **2** (*fig.:* di tono) **curtness** **3** (della figura) **leanness.**

asciutto **A** *a.* **1** **dry**: *tempo a.,* dry weather **2** (*fig.:* di tono) **curt** **3** (di figura) **lean** ● *a. di parole,* of few words □ *a bocca asciutta,* without a bite to eat or a drop to drink; (*fig.*) disappointed □ (*cucina*) *pasta asciutta,* pasta **B** *m.* **dry place; dry climate** ● (*fig.*) *essere all'a.,* to be penniless; to be hard up (*pop.*) □ (*fig.*) *rimanere all'a.,* to be left without a penny.

ascoltare *v. t.* **1** **to listen to** (sb., st.): *Ascolta!,* listen! **2** (dar retta) **to listen to, to pay* attention to** (sb.) ● *a. q.c. alla radio,* to listen in to st.

ascoltatóre *m.* **1** **listener** **2** (al *pl.*) **audience** (*sing.*).

ascólto *m.* — *dare a. a q.,* to give sb. a hearing; to listen to sb. □ (*radio, telev.*) *indice di a.,* rating □ *stare in a.,* to be listening.

ascrìvere *v. t.* **1** (annoverare) **to count** **2** (attribuire) **to ascribe** ● *a. q.c. a lode di q.,* to praise sb. for st.

asessuale *a.* (*biol.*) **asexual.**

asèttico *a.* (*med.*) **aseptic.**

asfaltare *v. t.* **to asphalt.**

asfaltatura *f.* **1** (l'asfaltare) **asphalting** **2** (asfalto) **asphalt.**

asfaltista *m.* asphalter.

asfalto *m.* **asphalt.**

asfissìa *f.* (*med.*) **asphyxia; suffocation.**

asfissiante *a.* **1** (*med.*) **asphyxiating** **2** (soffocante) **stifling** **3** (*fig.*) **boring; tiresome.**

asfissiare **A** *v. t.* **1** (*med.*) **to asphyxiate** **2** (soffocare) **to stifle** **3** (*fig.*) **to bore** **B** *v. i.* **to die of asphyxia.**

asfìttico *a.* (*med.*) **asphyxiated.**

asfodèlo *m.* (*bot.,* Asphodelus) **asphodel.**

aşiàtico *a.* e *m.* **Asiatic; Asian.**

aşilo *m.* **1** (d'infanzia) **kindergarten; nursery school** **2** (rifugio) **shelter**: *trovare a. in un luogo,* to find shelter in a place ● *diritto d'a.,* (*leg.*) right of sanctuary; (*polit.*) right of asylum.

asimmetrìa *f.* **asymmetry.**

asimmètrico *a.* **asymmetric(al).**

asina *f.* **she-ass; jenny.**

asinata *f.* **asininity.**

asincronişmo *m.* **asynchronism.**

asìncrono *a.* **asynchronous.**
asìndeto *m.* *(gramm.)* **asyndeton*.**
asinerìa *f.* **asininity; stupidity.**
asinésco *a.* **asinine.**
asinino *a.* **asinine** ● *tosse asinina,* (w)hooping-cough.
asinità *f.* **asininity; stupidity.**
àsino *m.* ***1*** (*zool.*, Equus asinus) **ass; donkey;** (il maschio) **jackass** ***2*** *(fig.)* **ass; donkey; dolt; blockhead** ● *a. risalito,* upstart □ *essere come l'a. di Buridano,* to be unable to make up one's mind □ *(fig.) Qui casca l'a.,* there's the rub.
asișmico *a.* **aseismic.**
așma *f.* *(med.)* **asthma.**
așmàtico *a.* *(med.)* **asthmatic.**
asociale *a.* **asocial.**
àșola *f.* **buttonhole.**
asparagéto *m.* **asparagus bed.**
aspàrago *m.* (*bot.*, Asparagus officinalis) **asparagus*.**
aspèrgere *v. t.* *(lett.)* to **sprinkle.**
asperità *f.* **asperity** (anche *fig.*).
aspersióne *f.* **aspersion.**
aspersòrio *m.* *(relig.)* **aspergillum*.**
aspettare ***A*** *v. t.* ***1*** to **wait for** (sb., st.); to **await** (specialm. *comm.*): *Che cosa aspettate?,* what are you waiting for? □ *Aspettiamo che smetta di piovere!,* let's wait for the rain to stop □ *Una piacevole sorpresa lo aspettava,* a pleasant surprise awaited him ***2*** (aspettarsi) to **expect**: *Lo aspettiamo da un momento all'altro,* we are expecting him at any moment ***B*** *v. i.* to **wait**: *Aspettai a lungo,* I waited a long time ● *a. q.c. ansiosamente,* to look forward to st. □ *fare a. q.,* to keep sb. waiting □ *farsi a.,* to keep people waiting □ (minaccia) *Aspetta, che ti accomodo io!,* just you wait, I'll fix you! ***C*** **aspettarsi** *v. rifl.* to **expect**: *C'era da aspettarselo,* it was only to be expected □ *Mi aspettavo che dicesse q.c.,* I expected him to say st.
aspettativa *f.* ***1*** **expectation;** (speranza) **hope**: *corrispondere all'a.,* to come up to sb.'s expectations □ *essere deluso nelle aspettative,* to have one's hopes shattered ***2*** (congedo temporaneo) **leave (of absence)**: *essere in a.,* to be on leave (o to have leave of absence).
aspettazióne *f.* **expectation;** (speranza) **hope;** (stato d'animo) **expectancy.**
(1) aspètto *m.* ***1*** (sembianza) **appearance; look; aspect** ***2*** *(fig.)* **point of view; angle**: *considerare una questione sotto più aspetti,* to consider a matter from various angles ● *avere un a. severo,* to look severe □ *di bell'a.,* good-looking.
(2) aspetto *m.* (attesa) **wait; waiting**: *una sala d'a.,* a waiting-room.
àspide *m.* (*zool.*, Vipera aspis) **asp** ● *(zool.) a. di Cleopatra* (Naja haje), asp.
aspirante ***A*** *a.* ***1*** **aspiring** ***2*** *(mecc.)* **sucking; suction**: *una pompa a.,* a suction pump ***B*** *m.* ***1*** **aspirant; candidate** ***2*** *(naut.)* **midshipman*** ***3*** *(aeron.)* **air-force cadet.**
aspirapólvere *m.* **vacuum cleaner.**
aspirare ***A*** *v. t.* ***1*** to **inhale;** to **inspire;** to **breathe in** ***2*** *(mecc.)* to **suck** ***3*** *(fon.)* to **aspirate** ***B*** *v. i.* to **aspire**: *a. a q.c.,* to aspire to st.
aspiratóre *m.* *(ind., mecc.)* **aspirator; exhauster; exhaust fan.**
aspirazióne *f.* ***1*** **aspiration** (anche *fon.*) ***2*** *(mecc.)* **suction; intake.**
aspirina *f.* *(marchio: farm.)* **aspirin.**
aspo *m.* (ind. tessile) **reel; swift.**
asportare *v. t* to **remove.**
asportazióne *f.* **removal** (anche *med.*).
asprézza *f.* ***1*** (di sapore) **sourness; tartness** ***2*** (ruvidezza) **roughness** ***3*** *(fig.)* **harshness.**
asprì *m.* **osprey.**
asprigno ***A*** *a.* **sourish** ***B*** *m.* **sour taste.**
aspro *a.* ***1*** (di sapore) **sour; tart** ***2*** (di suono) **harsh; rasping** ***3*** *(fig.)* **harsh** ***4*** (ruvido) **rough** ● *avere sapore a.,* to taste sour.
assaggiare *v. t.* to **taste** (anche *fig.*).
assaggiatóre *m.* **taster.**
assàggio *m.* ***1*** **tasting** ***2*** (piccola quantità di cibo, ecc.; anche *fig.*) **taste** ***3*** *(miner., chim.)* **assay.**
assài *avv.* ***1*** (molto) **much** ***2*** (a sufficienza) **enough;** (fin troppo) **more than enough** ***3*** *(in funzione di agg.)* **much;** *(pl.)* **many**: *a. gente,* many people; a lot of people ● *Non c'entro né poco né a.,* it's nothing to do with me at all □ *(iron.) Sa a., lui!,* what can he know about it?
assale *m.* *(mecc.)* **axle.**
assalire *v. t.* ***1*** to **attack;** to **assail;** (*mil.*, anche) to **storm** ***2*** *(fig.)* to **assail;** to **strike*.**
assalitóre *m.* **assailant; attacker.**
assaltare *v. t.* ***1*** to **assault;** to **attack;** (*mil.*, anche) to **storm** ***2*** (rapinare) to **hold* up.**
assaltatóre *m.* **aggressor; assaulter.**
assalto *m.* ***1*** *(mil.)* **assault; attack**: *dar l'a. al nemico,* to make an assault on the enemy ***2*** (rapina) **hold up** ***3*** *(fig.)* **attack** ● *(mil.) truppe d'a.,* storm troops.
assaporare *v. t.* to **savour** (anche *fig.*); to **taste.**
assaporire *v. t.* to **season.**
assassinare *v. t.* ***1*** to **murder** (anche *fig.*): *a. un brano musicale,* to murder a piece of music ***2*** (*fig.*: danneggiare gravemente) to **cripple.**
assassìnio *m.* **murder.**
assassino ***A*** *m.* **murderer** ***B*** *a.* **murderous** ● *(fig.) occhi assassini,* killing eyes.
(1) asse *f.* (di legno) **board**: *un'a. da stiro,* an ironing board.
(2) asse *m.* ***1*** *(geom., geogr., polit.)* **axis*** ***2*** *(mecc.)* **axle.**
(3) asse *m.* — *(leg.) a. ereditario,* hereditament.
assecondare *v. t.* ***1*** to **favour** ***2*** (esaudire) to **comply with** (st.).
assediante ***A*** *m.* e *f.* **besieger** ***B*** *a.* **besieging.**
assediare *v. t.* ***1*** *(mil.)* to **besiege** (anche *fig.*) ***2*** (*fig.*: importunare) to **pester** (with).
assèdio *m.* *(mil.)* **siege** (anche *fig.*): *rompere l'a.,* to raise the siege.
assegnaménto *m.* **assignment; allotment** ● *far a. su q.c. (q.),* to count (o to rely) on st. (sb.).
assegnare *v. t.* ***1*** to **assign;** to **allot** ***2*** (aggiudicare) to **award** ● *a. a q. la custodia di q.c.,* to put sb. in charge of st.
assegnatàrio *m.* *(leg.)* **assignee.**
assegnazióne *f.* **assignment; allotment; grant.**
asségno *m.* ***1*** **allowance**: *assegni familiari,* family allowances ***2*** (a. bancario) **cheque; check** *(USA)*: *un a. in bianco,* a blank cheque □ *un a. a vuoto,* a dud cheque ● *(leg.) a. alimentare,* alimony □ *a. circolare,* banker's draft □ *a. di studio,* grant □ *libretto degli assegni,* cheque-book □ *(spedizione) contro a.,* cash on delivery (abbr. C.O.D.).
assemblàggio *m.* ***1*** *(ind.)* **assembly** ***2*** *(arte)* **assemblage.**
assemblèa *f.* **assembly; meeting.**
assembramènto *m.* **assemblage; crowd**: *fare a.,* to form a crowd ● *proibire gli assembramenti,* to forbid public gatherings.
assembrare *v. t.* **assembrarsi** *v. rifl.* to **assemble.**
assennatézza *f.* **judiciousness; sensibleness; good sense.**
assennato *a.* **judicious; sensible.**
assènso *m.* **assent.**
assentarsi *v. rifl.* to **absent oneself.**
assènte ***A*** *a.* **absent; away**: *essere a. da casa,* to be away from home ***B*** *m.* e *f.* **absentee.**
assenteișmo *m.* **absenteeism.**
assenteista *m.* e *f.* **habitual absentee (from work).**
assentire *v. i.* to **consent.**
assènza *f.* ***1*** **absence**: *a. ingiustificata,* absence without leave ***2*** (mancanza) **lack.**
assenziènte *a.* **consentient.**
assènzio *m.* ***1*** (*bot.*, Artemisia absinthium) **wormwood** ***2*** (liquore) **absinth.**
asserire *v. t.* to **assert;** to **affirm.**
asserragliare ***A*** *v. t.* to **barricade** ***B*** **asserragliarsi** *v. rifl.* to **barricade oneself.**
assèrto *m.* **assertion.**

assertóre *m.* assertor.
asserviménto *m.* enslavement (anche *fig.*).
asservire ***A*** *v. t.* to enslave (anche *fig.*) ***B*** **asservirsi** *v. rifl.* to become* a slave.
asserzióne *f.* assertion.
assessorato *m.* councillorship.
assessóre *m.* councillor; member of an administrative council.
assestaménto *m.* ***1*** arrangement; settlement ***2*** (*comm.*) balance ***3*** (*mecc.*) bedding ***4*** (*costr.*) settling.
assestare ***A*** *v. t.* ***1*** to arrange; to put* in order ***2*** (*comm.*) to balance ● *a. un colpo,* to deal a blow ***B*** **assestarsi** *v. rifl.* ***1*** to settle in ***2*** (*costr.*) to settle.
assestato *a.* ***1*** orderly ***2*** (*fig.*) sensible.
assèsto *m.* ***1*** order: *dare a. a q.c.,* to put st. in order ***2*** (*comm.*) balance.
assetare *v. t.* ***1*** to make* (sb.) thirsty ***2*** (*fig.*) to arouse a thirst in (sb.) (for).
assetato ***A*** *a.* ***1*** thirsty ***2*** (*fig.*) thirsting (for) ***3*** (di terreno) thirsty (for rain); dry ***B*** *m.* thirsty person.
assettare ***A*** *v. t.* ***1*** to put* (st.) in order; to tidy (up) ***2*** (*costr.*) to settle ***B*** **assettarsi** *v. rifl.* ***1*** to tidy oneself; to make* oneself tidy ***2*** (*costr.*) to set*.
assettato *a.* tidy; neat and tidy; trim.
assètto *m.* ***1*** order; arrangement; disposition ***2*** (*naut., aeron.*) trim ● *l'a. politico,* the political structure (o set-up).
asseverare *v. t.* (*lett.*) to assert; to aver.
asseverazióne *m.* (*lett.*) asseveration; assertion.
assiale *a.* (*mat., mecc.*) axial.
assicèlla *f.* (*costr.*) lath; small board; batten.
assicuràbile *a.* (*ass.*) insurable.
assicurare ***A*** *v. t.* ***1*** (dare per sicuro) to assure ***2*** (procurare) to ensure ***3*** (garantire) to guarantee ***4*** (*ass.*) to insure ***5*** (fissare, legare) to secure; to fasten; to tie up ***6*** (*naut.:* di vele, funi) to bend* ***7*** (consegnare) to deliver ***B*** **assicurarsi** *v. rifl.* ***1*** (accertarsi) to make* sure ***2*** (impadronirsi) to secure ***3*** (*ass.*) to take* out an insurance; (contro q.c.) to insure oneself: *a. contro l'incendio,* to insure oneself against fire.
assicurata *f.* insured letter.
assicurativo *a.* (*ass.*) insurance (*attr.*).
assicurato *a.* e *n.* (*ass.*) insured.
assicuratóre *m.* (*ass.*) insurer.
assicurazióne *f.* ***1*** assurance ***2*** (*ass.*) insurance: *una a. sulla vita,* a life insurance □ *una a. contro l'incendio,* a fire insurance ● *società d'assicurazioni,* insurance company.
assideraménto *m.* frostbite ● *morire per a.,* to freeze to death.
assiderare ***A*** *v. t.* to benumb ***B*** *v. i.* e **assiderarsi** *v. rifl.* to freeze*.
assiderato *a.* ***1*** frozen; frostbitten ***2*** (morto a.) frozen to death.
assìdersi *v. rifl.* (*lett.*) to take* one's seat.
assiduaménte *avv.* constantly; assiduously; (diligentemente) diligently.
assiduità *f.* ***1*** constancy; assiduity; assiduousness; (diligenza) diligence ***2*** (frequenza regolare) regular attendance.
assìduo ***A*** *a.* ***1*** constant; assiduous; (diligente) diligent ***2*** (regolare) regular: *un visitatore a.,* a regular visitor ● *essere a. alle lezioni,* to attend lectures regularly ***B*** *m.* habitué.
assième *V.* **insième.**
assiepare ***A*** *v. t.* ***1*** to hedge in; to surround with a hedge ***2*** (*fig.*) to surround ***B*** **assieparsi** *v. rifl.* to crowd.
assillante *a.* harassing; pestering; (fastidioso) troublesome.
assillare *v. t.* to pester; to bother; to worry.
assillo *m.* goad; harassing thought; (tormento) worry.
assimilàbile *a.* assimilable.
assimilare *v. t.* ***1*** to assimilate (anche *fig.*) ***2*** (assorbire) to absorb.
assimilativo *a.* assimilative.
assimilazióne *f.* assimilation.
assiòlo *m.* (*zool.,* Otus scops) horn owl.
assiòma *m.* axiom.
assiomàtico *a.* axiomatic; self-evident.
assiro *a.* e *m.* Assyrian.
assiṣe *f. pl.* ***1*** (*stor.*) assizes ***2*** — (*leg.*) *Corte d'A.,* Court of Assizes.
assiṣo *a.* (*lett.*) seated.
assistènte *m.* e *f.* ***1*** assistant ***2*** (a un esame scritto) invigilator ● *a. di volo,* steward; (donna) stewardess, hostess □ *a. sociale,* social (welfare) worker.
assistènza *f.* ***1*** (l'essere presente) presence; attendance ***2*** (aiuto) help; assistance ***3*** (cura) treatment ***4*** (*comm.*) service ***5*** (a un esame) invigilation ● *a. infermieristica,* nursing □ *fare a.,* to invigilate □ *servizio (di) a.,* (*comm., autom.*) servicing; (su strada) breakdown service.
assistenziale *a.* relief, charitable (*attr.*).
assìstere ***A*** *v. i.* ***1*** (trovarsi presente) to be present (at) ***2*** (frequentare) to attend ***3*** (a un esame scritto) to invigilate ***B*** *v. t.* ***1*** (aiutare) to help; to assist ***2*** (curare) to treat.
assito *m.* ***1*** (tramezzo) wood partition ***2*** (pavimento) plank floor.
asso *m.* ***1*** (*gioco*) ace ***2*** (*fig.*) champion; ace ● *piantare q. in a.,* to leave sb. in the lurch.
associàbile *a.* associable.
associare ***A*** *v. t.* ***1*** to associate; to join ***2*** (eleggere membro) to elect to membership: *a. q. a un circolo,* to elect sb. to membership of a club ***B*** **associarsi** *v. rifl.* ***1*** (farsi socio) to become* a member (of); to join (st.) ***2*** (partecipare) to join (in) ***3*** (unirsi) to associate (with); to join forces ***4*** (*comm.*) to go* into partnership (with).
associativo *a.* associative.
associato ***A*** *m.* associate; partner ***B*** *a.* (*comm.*) in partnership.
associazióne *f.* ***1*** association: *a. d'idee,* association of ideas ***2*** (società) society; company; association ● *a. operaia,* trade union.
assodare ***A*** *v. t.* ***1*** (irrobustire) to strengthen; (indurire) to harden ***2*** (consolidare, anche *fig.*) to consolidate ***3*** (*fig.:* accertare) to ascertain ***B*** **assodarsi** *v. rifl.* to harden.
assoggettaménto *m.* ***1*** subdual; subjection ***2*** (l'assoggettarsi) submission.
assoggettare ***A*** *v. t.* to subdue; to subject ***B*** **assoggettarsi** *v. rifl.* to submit.
assolato *a.* sunny.
assoldare *v. t.* ***1*** to enlist ***2*** (mercenari) to hire.
assólo *m.* (*mus.*) solo*.
assolutaménte *avv.* absolutely: *È a. impossibile,* it's absolutely impossible.
assolutézza *f.* absoluteness.
assolutiṣmo *m.* absolutism.
assolutista *m.* e *f.* absolutist.
assoluto *a.* absolute.
assolutòrio *a.* (*leg.*) acquitting ● *sentenza assolutoria,* acquittal.
assoluzióne *f.* ***1*** (*leg.*) acquittal; discharge ***2*** (*relig.*) absolution.
assòlvere *v. t.* ***1*** (*leg.*) to acquit ***2*** (*relig.*) to absolve ***3*** (compiere) to perform: *a. un dovere,* to perform a duty.
assomigliante *a.* like; alike.
assomigliare ***A*** *v. t.* to liken ***B*** *v. i.* to resemble; to be like: *Il ragazzo assomiglia alla madre,* the boy is (just) like his mother (o takes after his mother) ***C*** **assomigliarsi** *v. rifl. recipr.* to be alike.
assommare ***A*** *v. t.* ***1*** to add; to sum ***2*** (*fig.*) to combine ***B*** *v. i.* (ammontare) to amount (to).
assonanza *f.* assonance.
assonnato *a.* sleepy; drowsy.
assopiménto *m.* drowse; doze; doziness.
assopire ***A*** *v. t.* ***1*** to make* drowsy ***2*** (*fig.:* calmare) to assuage; to soothe ***B*** **assopirsi** *v. rifl.* ***1*** to drowse; to doze off ***2*** (*fig.:* calmarsi) to be assuaged; to cool down.
assopito *a.* drowsy.
assorbènte *a.* e *m.* absorbent ● *a. igienico,* sanitary

towel.
assorbiménto *m.* **1** **absorption** **2** (l'assimilare) **assimilation.**
assorbire *v. t.* **1** to **absorb** **2** (assimilare) to **assimilate** **3** *(fig.)* to **demand;** to **engross:** *Il suo lavoro lo assorbiva tutto,* he was completely engrossed in his work ● *La terra assorbe la pioggia,* the earth soaks up the rain.
assordaménto *m.* **deafening.**
assordante *a.* **deafening** (anche *fig.*).
assordare ***A*** *v. t.* **1** (anche *fig.*) to **deafen** **2** (*fig.:* stordire) to **stun** ***B*** *v. i.* to **become* deaf.**
assortiménto *m.* **assortment.**
assortire *v. t.* **1** to **sort out** **2** (fornire) to **stock** **3** (colori, ecc.) to **match.**
assortito *a.* **1** **assorted** **2** (accoppiato) **matched.**
assòrto *a.* **engrossed; absorbed:** *a. nel lavoro,* engrossed in one's work.
assottigliare ***A*** *v. t.* **1** to **make* thin** **2** (anche *fig.:* aguzzare) to **sharpen** **3** (*fig.:* diminuire) to **reduce** **4** (*fig.:* alleggerire) to **lighten** ***B*** **assottigliarsi** *v. rifl.* **1** to **grow* thin** **2** (*fig.:* diminuire) to **be reduced** **3** (*fig.:* alleggerirsi) to **grow* lighter** **4** (*fig.:* diradarsi) to **grow* fewer;** to **thin out.**
assuefare ***A*** *v. t.* **1** (rif. a persona) to **accustom** (to) **2** (rif. a animali, piante) to **train** ***B*** **assuefarsi** *v. rifl.* to **get* used** (o **accustomed**): *a. a un certo tipo di vita,* to get used to a certain way of life □ *a. a fare q.c.,* to get used to doing st.
assuefazióne *f.* **1** **habit** **2** *(med.)* **tolerance.**
assùmere *v. t.* **1** to **assume;** to **put* on:** *a. un'aria di protezione,* to assume (o to put on) a protective air **2** (un impegno, ecc.) to **undertake*;** (una responsabilità) to **take* upon oneself** **3** (prendere alle dipendenze) to **engage;** to **appoint** **4** (innalzare a una dignità) to **raise** ● *(relig.) a. al Cielo,* to take up into Heaven.
Assunta *f. (relig.)* **1** **Our Lady of the Assumption** **2** (la festa) **Assumption.**
assunto *m.* **1** (incarico, compito) **task** **2** (tesi) **thesis*; argument.**
assunzióne *f.* **1** (il prendere alle dipendenze) **engagement; appointment** **2** (l'essere innalzato a una dignità) **ascent** **3** (di un impegno) **undertaking** **4** *(relig.)* **Assumption.**
assurdità *f.* **absurdity.**
assurdo ***A*** *a.* **absurd** ***B*** *m.* **absurdity** ● *(letter.) teatro dell'a.,* theatre of the absurd.
assùrgere *v. i.* to **rise*.**
asta *f.* **1** **pole:** *(sport) salto con l'a.,* pole-vaulting **2** (di chi impara a scrivere) **pothook;** (parte diritta di una lettera) **stroke:** *fare le aste,* to draw pothooks (and hangers) **3** *(comm.)* **auction:** *vendere all'a.,* to sell by auction; to put up to auction **4** *(naut.)* **boom** **5** *(mecc.)* **rod** **6** *(stor., mil.)* **lance.**
astante ***A*** *a.* **present** ***B*** *m.* **onlooker.**
astanterìa *f. (med.)* **reception ward.**
àstato *m. (chim.)* **astatine.**
astèmio ***A*** *a.* **teetotal** ***B*** *m.* **teetotaller.**
astenérsi *v. rifl.* to **abstain,** to **refrain** (from).
astenìa *f. (med.)* **asthenia.**
astensióne *f.* **abstention.**
astensionişmo *m. (polit.)* **abstention.**
astensionista *m.* e *f. (polit.)* **abstentionist.**
aster *m. (bot.,* Aster amellus*)* **aster; Michaelmas daisy.**
asterisco *m.* **1** *(tipogr.)* **asterisk** **2** *(giornalismo)* **paragraph.**
asteròide *m. (astron.)* **asteroid.**
astigmàtico *a. (med.)* **astigmatic.**
astigmatişmo *m. (med.)* **astigmatism.**
astinènza *f.* **1** **abstinence:** *fare a.,* to observe abstinence **2** (privazione) **privation.**
àstio *m.* **resentment; rancour; spite; ill will; grudge:** *portare a. a q.,* to bear sb. a grudge.
astiosità *f.* **spitefulness; rancour; ill feeling.**
astióso *a.* **resentful; spiteful.**
astóre *m. (zool.,* Accipiter gentilis*)* **goshawk.**
astràgalo *m.* **1** *(bot., anat.)* **astragalus*** **2** *(archit.)* **astragal.**
àstrakan *m.* **astrakhan.**
astrale *a.* **astral.**
astrarre ***A*** *v. t.* to **abstract** ***B*** *v. i.* to **disregard** (st.) ***C*** **astrarsi** *v. rifl.* to **let* one's mind wander.**
astrattaménte *avv.* **abstractly; in the abstract.**
astrattézza *f.* **1** **abstractness** **2** (l'essere con la mente altrove) **abstractedness.**
astrattişmo *m. (arte)* **abstractionism.**
astrattista *m.* e *f. (arte)* **abstractionist.**
astratto ***A*** *a.* **1** **abştract** **2** (con la mente altrove) **abstracted; absent-minded** **3** *(gramm.)* **abstract** ***B*** *m.* **abstract** ● *in a.,* in the abstract.
astrazióne *f.* **1** **abstraction** **2** (l'essere con la mente altrove) **abstractedness** ● *facendo a. da...,* disregarding...
astringènte *a.* e *m. (farm.)* **astringent.**
astro *m.* **star;** (pianeta) **planet.**
astrofisica *f.* **astrophysics** *(pl. col verbo al sing.).*
astrofisico *m.* **astrophysicist.**
astrolàbio *m. (stor.)* **astrolabe.**
astrologare *v. i.* to **practise astrology.**
astrologìa *f.* **astrology.**
astrològico *a.* **astrologic(al).**
astròlogo *m.* **astrologer** ● *(scherz.) Crepi l'a.!,* heaven forbid!
astronàuta ***A*** *m.* **astronaut; spaceman*** ***B*** *f.* **astronaut; spacewoman*.**
astronàutica *f.* **astronautics** *(pl. col verbo al sing.).*
astronave *f.* **spaceship** ● *equipaggio d'a.,* space-crew.
astronomìa *f.* **astronomy.**
astronòmico *a.* **astronomic(al)** (anche *fig.*).
astrònomo *m.* **astronomer.**
astropòrto *m.* **cosmodrome.**
astruşerìa, astruşità *f.* **1** **abstruseness** **2** *(concreto)* **abstruse idea; abstruse argument.**
astruşo *a.* **abstruse.**
astùccio *m.* **case; box; container; holder.**
astuto *a.* **astute; crafty; cunning;** (furbo) **shrewd;** (scaltro) **wily.**
astùzia *f.* **1** **astuteness; shrewdness; subtleness** **2** *(concreto)* **trick; wile.**
atarassìa *f. (filos.)* **ataraxy.**
atàvico *a.* **atavic.**
atavişmo *m.* **atavism.**
ateişmo *m.* **atheism.**
ateista *m.* e *f.* **atheist.**
ateìstico *a.* **atheistic; atheist** *(attr.).*
atelier *(franc.) m.* **1** (laboratorio di confezioni per signora) **« atelier »** **2** (studio di pittore o scultore) **« atelier »; painter's** (o **sculptor's**) **studio*.**
atenèo *m.* **1** (università) **university** **2** (accademia) **academy.**
ateniése *a., m.* e *f.* **Athenian.**
àteo *a.* e *m.* **atheist.**
atìpico *a.* **atypical.**
atlante *m.* **atlas.**
atlàntico *a.* e *m. (geogr.)* **Atlantic.**
atlantişmo *m. (polit.)* **Atlanticism** ● *fautore dell'a.,* Atlanticist.
atlèta *m.* e *f.* **1** *(sport)* **athlete** **2** *(fig.)* **champion.**
atlètica *f.* **athletics** *(pl. col verbo al sing.)* ● *a. leggera,* track-and-field sports *(pl.).*
atlètico *a.* **athletic.**
atletişmo *m.* **athleticism.**
atmosfèra *f.* **atmosphere.**
atmosfèrico *a.* **atmospheric.**
atòllo *m. (geogr.)* **atoll.**
atòmico *a. (chim., fis.)* **atomic; atom** *(attr.): una bomba atomica,* an atomic (o atom) bomb; an A-bomb □ *energia atomica,* atomic energy.
atomìstica *f.* **atomistics** *(pl. col verbo al sing.).*
atomiẓẓare *v. t.* to **atomize.**
atomiẓẓatóre *m.* **atomizer.**
atomiẓẓazióne *f.* **atomization.**
àtomo *m.* **1** *(chim., fis.)* **atom.** **2** *(fig.)* **jot** *(generalmente in frase neg.).*
atonale *a. (mus.)* **atonal.**
atonalità *f. (mus.)* **atonality; atonalism.**
atonìa *f. (med., fon.)* **atony.**

àtono *a.* *(fon.)* **atonic; unaccented.**
àtrio *m.* ***1*** **entrance hall; lobby** ***2*** *(anat.)* **atrium*** ***3*** *(archeol.)* **atrium*.**
atro *a.* *(lett.)* **black; dark.**
atróce *a.* ***1*** **atrocious** ***2*** (terribile) **atrocious; very bad; terribile.**
atroceménte *avv.* **atrociously; terribly.**
atrocità *f.* ***1*** **atrociousness; horror** ***2*** (atto) **atrocity.**
atrofìa *f.* *(med.)* **atrophy.**
atrofizzare *v. t.* **atrofizzarsi** *v. rifl.* to **atrophy.**
attaccàbile *a.* **attachable.**
attaccabottóni *m.* e *f.* **buttonholer.**
attaccabrighe *m.* e *f.* **quarrelsome person; mischief-maker.**
attaccaménto *m.* **attachment.**
attaccante *m.* *(sport, calcio)* **forward.**
attaccapanni *m.* **clothes-hook;** (a stelo) **clothes--tree, clothes-stand.**
attaccare ***A*** *v. t.* ***1*** (congiungere, unire, fissare) to **attach;** to **fasten;** to **tie;** to **hitch** ***2*** (cucire) to **sew* on** ***3*** (appiccicare) to **stick* on** (o **up);** (incollare) to **glue** ***4*** (appendere) to **hang* (up)** ***5*** (applicare) to **apply** ***6*** (trasmettere) to **communicate;** to **pass on** ***7*** (assalire) to **attack** (anche *fig.);* to **assail;** to **set* upon;** (corrodere, anche) to **corrode;** (biasimare, anche) to **blame** ***8*** *(fam.:* cominciare) to **begin*;** to **start** ***9*** *(mus.:* cominciare a cantare) to **begin* to sing;** to **start singing** ***10*** *(mus.:* cominciare a suonare) to **strike* up** ***B*** *v. i.* ***1*** (appiccicarsi) to **stick*;** (essere appiccicoso) to **be sticky** ***2*** (far presa) to **catch* on** ***3*** (andare d'accordo) to **get* on** (with) ***4*** (attecchire) to **take* root** ***5*** *(fam.:* aver successo) to **meet* with success** (o **with sb's approval);** to **find* favour** ***6*** *(fig.:* andare) to **do*;** (funzionare) to **work:** *Con me (con lui, con lei, ecc.) non attacca,* nothing doing *(fam.)* ***7*** *(fam.:* cominciare) to **begin*;** to **start;** to **set* about;** *(mus.)* to **come* in** ***8*** (sferrare un attacco) to **attack;** to **launch an** (o **one's) attack** ● *a. fuoco a q.c.,* to set fire to st. □ *a. lite con q.,* to pick a quarrel with sb. □ *(fam.) attaccarla con q.,* to quarrel with sb. ***C*** **attaccarsi** *v. rifl.* ***1*** (appiccicarsi) to **stick*;** (aderire) to **adhere;** (appigliarsi) to **cling*** ***2*** (mettersi di buona lena) to **tackle;** to **set* about** ***3*** (essere contagioso) to **be contagious;** to **be catching** ***4*** (affezionarsi) to **become* attached** (to) ***5*** (dedicarsi) to **devote oneself** (to) ***D*** *v. rifl. recipr.* ***1*** (appiccicarsi) to **stick* together** ***2*** (azzuffarsi) to **come* to blows;** to **set* about each other.**
attaccaticcio *a.* ***1*** **sticky** ***2*** *(fig.)* **boring; tiresome.**
attaccato *a.* ***1*** (affezionato) **attached; devoted** ***2*** (legato; anche *fig.)* **tied** ● *a. al denaro,* (in senso buono) careful with one's money; (taccagno) close-fisted, stingy □ *un uomo a. al lavoro,* a hard-working man.
attaccatura *f.* ***1*** (l'attaccare) **attaching; joining** ***2*** (punto d'a.) **junction; juncture; join.**
attacchino *m.* **bill-poster; bill-sticker.**
attacco *m.* ***1*** *(mil.)* **attack** (anche *fig.);* **assault** ***2*** (di malattia) **attack; fit:** *un a. di cuore,* a heart attack □ *un a. di tosse,* a fit of coughing ***3*** *(calcio, rugby)* **forward line; forwards** *(pl.)* ***4*** (punto d'unione) **junction;** *(mecc., fig.)* **connection** ***5*** (di carri ferroviari) **coupling** ***6*** (di cavalli) **team** ***7*** (dello sci) **foot-binding** ***8*** (arte) **etching** ***9*** *(fig.:* pretesto) **pretext;** (occasione) **chance** ***10*** *(fig.:* avvio) **opening; beginning.**
attagliarsi *v. rifl.* to **be suitable** (for); to **suit.**
attanagliare *v. t.* ***1*** to **grip (with pincers)** ***2*** *(fig.)* to **grip.**
attardarsi *v. rifl.* to **loiter.**
attecchiménto *m.* **taking root** (anche *fig.).*
attecchire *v. i.* ***1*** (di piante) to **take* root** ***2*** *(fig.)* to **take*** (o to **strike*) root;** to **catch* on** *(fam.).*
atteggiaménto *m.* **attitude; pose.**
atteggiare ***A*** *v. t.* to **assume;** to **affect** ● *a. il viso all'ira,* to take on an expression of anger ***B*** **atteggiarsi** *v. rifl.* to **pose** (as): *a. a martire,* to pose as a martyr.
attempato *a.* **elderly.**
attendaménto *m.* ***1*** (l'attendarsi) **camping** ***2*** *(mil.)* **encampment.**
attendarsi *v. rifl.* to **camp;** to **encamp.**
attendènte *m.* *(mil.)* **orderly; batman*.**
attèndere ***A*** *v. t.* ***1*** (aspettare) to **wait for** (sb., st.): *a. che q. faccia q.c.,* to wait for sb. to do st. ***2*** (prevedere) to **expect** ***B*** *v. i.* ***1*** to **wait** ***2*** (badare) to **attend:** *a. a q.c.,* to attend to st.
attendìbile *a.* **reliable; trustworthy.**
attendibilità *f.* **reliability; trustworthiness.**
attendismo *m.* *(polit.)* **wait-and-see policy.**
attenérsi *v. rifl.* ***1*** to **keep*** (to); to **stick*** (to) ***2*** *(fig.:* seguire) to **follow.**
attentaménte *avv.* **attentively; carefully.**
attentare ***A*** *v. i.* to **attempt** (st.); to **make* an attempt** (on, against): *a. alla vita di q.,* to make an attempt on sb.'s life ***B*** **attentarsi** *v. rifl.* to **dare*.**
attentato *m.* **attack:** *un a. contro la religione,* an attack on (o against) religion ● *un a. alla vita di q.,* an attempt on sb.'s life.
attentatóre *m.* **assailant.**
attènti *(mil.)* ***A*** *inter.* **attention!** ***B*** *m.* **attention:** *stare sull'a.,* to stand at attention.
attènto *a.* **attentive; diligent; alert;** (accurato) **careful:** *dopo un a. esame,* after careful consideration ● *essere a. a q.c.,* to pay attention to st. □ *occhi attenti,* watchful eyes □ *Sta' bene a. alle mie parole,* listen carefully to what I have to say.
attenuante ***A*** *a.* **extenuating** (anche *leg.)* ***B*** *f.* **extenuating circumstance.**
attenuare ***A*** *v. t.* ***1*** to **attenuate** ***2*** *(fig.)* to **mitigate;** to **extenuate** (specialm. *leg.)* ***3*** (suono, immagine) to **subdue;** to **tone down** ● *(fig.) a. il colpo.,* to soften the blow ***B*** **attenuarsi** *v. rifl.* ***1*** (indebolirsi) to **weaken;** to **abate** ***2*** (di suono, immagine) to **tone down;** to **fade out.**
attenuazióne *f.* ***1*** **attenuation** ***2*** *(fig.)* **minimization; extenuation** (specialm. *leg.)* ***3*** (suono, immagine) **toning down; fading out.**
attenzióne *f.* ***1*** **attention:** *prestare a. a q. (q.c.),* to pay attention to sb. (st.) ***2*** (atto gentile) **kindness:** *fare un'a. a q.,* to do sb. a kindness ***3*** (cura, diligenza) **care; attention** ● *A.!,* look out!; (nella segnaletica stradale) caution!
attergare *v. t.* *(bur.)* to **docket.**
attergato *m.* *(bur.)* **docket.**
atterràggio *m.* *(aeron.)* **landing:** *un a. di fortuna,* an emergency landing □ *una pista d'a.,* a landing strip.
atterrare ***A*** *v. t.* ***1*** (abbattere, stendere a terra) to **knock down;** (pugilato, anche) to **floor** ***2*** (demolire) to **demolish** ***3*** *(fig.:* prostrare) to **prostrate** ***B*** *v. i.* *(aeron.)* to **land.**
atterrire ***A*** *v. t.* to **terrify;** to **terrorize** ***B*** **atterrirsi** *v. rifl.* to **be terrified.**
attésa *f.* ***1*** **wait:** *L'a. del treno fu lunga,* we had a long wait for the train ***2*** (aspettazione) **expectation** ● *essere in a.,* to be waiting □ *(comm.) in a. di una Vostra risposta,* awaiting your reply.
atteso *a.* ***1*** **waited for;** (a. a lungo) **long-awaited** ***2*** (desiderato) **longed for** ***3*** *(bur.)* **in consideration of:** *attesa la Sua domanda...,* in consideration of your application ● a. che, in view of the fact that; considering that.
(1) attestare *v. t.* ***1*** to **attest;** to **certify;** to **testify to;** to **vouch for** ***2*** *(fig.)* to **testify;** to **bear* witness to** (st.).
(2) attestare ***A*** *v. t.* ***1*** (unire) to **join** ***2*** *(mecc.)* to **abut** ***B*** **attestarsi** *v. rifl.* *(mil.)* to **form a bridgehead.**
attestato *m.* ***1*** **certificate** ***2*** (prova) **proof** ● *a. di buona condotta,* testimonial.
attestazione *f.* ***1*** **attestation** ***2*** (testimonianza) **testimony; proof** ***3*** (segno) **sign; token** ***4*** (attestato) **certificate.**
atticciato *a.* **thick-set; stocky.**
(1) àttico *a.* **Attic:** *(archit.) l'ordine a.,* the Attic order.
(2) àttico *m.* *(archit.)* **attic; penthouse.**
attiguità *f.* **contiguity; adjacency.**
attìguo *a.* **contiguous; next** (to).
attillare ***A*** *v. t.* to **fit closely** ***B*** **attillarsi** *v. rifl.* to **dress up.**

attillato *a.* **1** (aderente) **close-fitting; tight 2** (elegante) **dressy;** (vestito con ricercatezza) **dressed up.**
àttimo *m.* **moment**: *in un a.,* in a moment.
attinènte *a.* **connected** (with); **relating** (to).
attinènza *f.* **connection; relation.**
attìngere *v. t.* **1** (ricavare) to **derive;** to **get* 2** (acqua, ecc.) to **draw***; to **draw off 3** *(lett.:* raggiungere*)* to **reach.**
attìnia *f. (zool.,* Actinia*)* **actinia*; sea anemone.**
attinicità *f. (fis., chim.)* **actinism.**
attìnico *a. (fis., chim.)* **actinic.**
attìnio *m. (chim.)* **actinium.**
attirare A *v. t.* **1** (attrarre) to **attract 2** (condurre) to **draw* B attirarsi** *v. rifl.* **1** (cose buone, belle, ecc.) to **win***: *a la stima di q.,* to win sb.'s esteem **2** (cose brutte, spiacevoli, ecc.) to **incur**: *a. il biasimo di tutti,* to incur universal censure.
attitudinale *a.* **aptitude** *(attr.)*; **vocational.**
attitùdine *f.* **1** (atteggiamento) **attitude 2** (disposizione naturale) **aptitude; turn**: *avere molta a. per la matematica,* to have a real turn for mathematics.
attivamente *avv.* **busily; actively.**
attivare *v. t.* **1** to **activate** (anche *chim.)* **2** (far funzionare) to **put*** (st.) **into action;** to **set*** (st.) **going.**
attivazióne *f. (chim., fis.)* **activation.**
attivismo *m. (filos., polit.)* **activism.**
attivista *m.* e *f. (filos., polit.)* **activist;** *(polit.,* anche *)* **militant.**
attività *f.* **1 activity** (anche *fis.)* **2** *(comm.)* **assets** *(pl.)* **3** *(mil.:* a. di servizio*)* **active service**: *non essere più in a.,* to be no longer on active service ● *a. alberghiera,* hotel business.
attivo A *a.* **1 active** (anche *gramm., chim.*): *prendere parte attiva in un'impresa,* to take active part in an enterprise **2** *(comm.)* **receivable**: *cambiali attive,* receivable bills ● *(comm.) partite attive,* assets **B** *m.* **1** *(comm.)* **assets** *(pl.)*: *a. e passivo,* assets and liabilities **2** *(gramm.)* **active voice** ● *(comm.) all'a.,* on the credit side □ *(comm.) avere q.c. al proprio a.,* to have st. to one's credit (anche *fig.).*
attizzare *v. t.* **1** (il fuoco) to **poke 2** *(fig.)* to **inflame;** to **stir up.**
attizzatóio *m.* **poker.**
attizzatóre *m. (fig.)* **inflamer; instigator.**
(1) atto *m.* **1 act; action; deed;** (impresa) **exploit, feat**: *un a. di carità,* an act of charity □ *un a. lecito,* a lawful act □ *compiere atti di valore,* to perform feats of valour □ *esser colto nell'atto di fare q.c.,* to be caught in the act of doing st. □ *Dovrà rendere conto dei suoi atti,* he will have to answer for his actions **2** (atteggiamento) **attitude;** (gesto) **gesture**: *in a. di preghiera,* in an attitude of prayer **3** (strumento legale) **deed;** (certificato) **certificate;** (documento) **document;** (contratto) **contract**: *redigere un a.,* to draw up a deed □ *un a. di nascita,* a birth certificate □ *un a. di compravendita,* a contract of purchase **4** *(al pl., leg.)* **deeds; proceedings;** (azione giudiziaria) **action** *(sing.)*; (accordi) **agreements;** (registrazioni) **records**: *atti giudiziari (o processuali),* legal proceedings □ *gli atti d'una associazione,* the records (o transactions) of an association **5** *(teatr.)* **act**: *una commedia in tre atti,* a comedy in three acts **6** *(relig.)* **act**: *gli Atti degli Apostoli,* the Acts of the Apostles **7** (segno) **sign; mark; token**: *in (o per) a. di stima,* as a sign (o in token) of esteem ● *(leg.) a. d'accusa,* indictment □ *(leg.) a. di citazione,* summons □ *(leg.) a. giuridico,* legal transaction □ *(leg.) a. illecito,* tort □ *all'a. della consegna,* on delivery □ *all'a del pagamento,* on payment □ *all'a. pratico,* in practice □ *dare a. di q.c.,* to acknowledge st. □ *mettere agli atti,* (a verbale) to record, to enter in the minutes; (archiviare) to file, to place in the archives □ *prendere a. di q.c.,* to take note of st. □ *tradurre in a. q.c.,* to carry out st. □ *Fece a. di alzarsi,* he made as if to get up.
(2) atto *a.* **1** (capace) **able; capable; fit**: *Non è a. a questo lavoro,* he is not able to do this work **2** (adatto) **fit, suitable** (for).
attònito *a.* **amazed; astonished; dumbfounded.**
attòrcere *v. t.* **attorcersi** *v. rifl.* to **twist.**
attorcigliare *v. t.* **attorcigliarsi** *v. rifl.* to **twist.**
attóre *m.* **1 actor**: *il prim'a.,* the leading actor **2** *(leg.)* **plaintiff.**
attorniare A *v. t.* **1** to **surround 2** *(fig.)* to **get* round** (sb.) **B attorniarsi** *v. rifl.* to **surround oneself** (with).
attórno *avv.* **around, round; about**: *andare a.,* to go around ● *a. a,* all around □ *darsi a.,* to do all one can □ *levarsi q. d'a.,* to get rid of sb.
attórno a *locuz. prep.* **round; about**: *stare a. a q.,* to hang round sb. ● *girare a. a un problema,* to beat about the bush *(fam.).*
attossicare *v. t.* **1** to **poison 2** *(fig.)* to **embitter.**
attraccare *v. t.* e *i. (naut.)* to **berth;** to **dock.**
attracco *m. (naut.)* **1 berthing; docking 2** (punto di a.) **berth.**
attraènte *a.* **1 attractive 2** *(fig.)* **pleasant; attractive; seductive; charming.**
attrarre *v. t.* to **attract** (anche *fig.).*
attrattiva *f.* **attraction** ● *esercitare un'a. su q.,* to attract sb.
attraversaménto *m.* **crossing.**
attraversare *v. t.* **1** to **cross;** to **go* through**: *a. una strada,* to cross a road **2** (ostacolare) to **thwart 3** — *(archit.) a. con un arco,* to span ● *a. a nuoto,* to swim across □ *a. di corsa,* to run across □ *(fig.) a. il passo a q.,* to put a spoke in sb.'s wheel.
attravèrso A *prep.* **1 through; across**: *guardare a. una lente,* to look through a lens **2** *(di tempo)* **over**: *a. i secoli,* over the centuries **3** *(compl. di mezzo)* **through; by means of B** *avv.* **1** (obliquamente) **obliquely; crosswise; awry; askew 2** *(fig.)* **awry; wrong**: *andare a.,* to go wrong; (rif. a cibo) to go down the wrong way ● *prendere q.c. a.,* to take st. in ill part.
attrazióne *f.* **attraction** (anche *fis.)*; **appeal.**
attrezzare *v. t.* **1** (equipaggiare) to **equip 2** (rifornire di attrezzi) to **supply with tools; to tool 3** *(naut.)* to **rig.**
attrezzatura *f.* **1 equipment; outfit 2** *(naut.)* **rigging.**
attrezzeria *f. (teatr.)* **properties** *(pl.)*; *(abbr.)* **props** *(pl.).*
attrezzista *m.* **1** *(teatr.)* **property man*; propman* 2** (ginnasta) **gymnast.**
attrézzo *m.* **tool; implement; utensil** ● *(teatr.) attrezzi di scena,* properties □ *attrezzi ginnici,* gymnastic apparatus □ *carro attrezzi,* break-down van.
attribuire A *v. t.* **1** to **attribute;** to **ascribe 2** (imputare) to **impute 3** (assegnare) to **award** ● *a. importanza a q.c.,* to attach importance to st. **B attribuirsi** *v. rifl.* to **arrogate to oneself;** to **ascribe to oneself.**
attributivo *a. (gramm.)* **attributive.**
attributo *m.* **attribute** (anche *gramm.).*
attribuzióne *f.* **attribution; ascription.**
attrice *f.* **1** *(teatr.)* **actress 2** *(leg.)* **plaintiff.**
attristare *v. t. (lett.)* to **sadden;** to **make* sad.**
attristire *v. i.* **attristirsi** *v. rifl. (lett.)* to **sadden;** to **become* sad.**
attrito *m.* **friction** (anche *fig.).*
attrizióne *f. (relig.)* **attrition.**
attuàbile *a.* **feasible; practicable.**
attuale *a.* **1 present**: *nelle attuali circostanze,* in the present circumstances **2** *(filos.)* **actual.**
attualità *f.* **1** (avvenimento recente) **recent event 2** *(cinem.)* **newsreel** ● *argomento d'a.,* topical subject.
attuare A *v. t.* to **put* into effect;** to **effect;** to **carry out B attuarsi** *v. rifl.* to **be realized;** to **come* true.**
attuazióne *f.* **realization.**
attutire A *v. t.* to **appease;** to **reduce;** to **deaden;** to **muffle;** to **soften B attutirsi** *v. rifl.* to **be assuaged;** to **be deadened.**
audace *a.* **1 bold; audacious; daring;** (temerario) **rash;** (rischioso) **risky 2** (insolente) **audacious; brash;** (provocante) **provocative.**
audacemènte *avv.* **boldly; audaciously; daringly; rashly; riskily.**
audàcia *f.* **1 boldness; audacity;** (temerarietà) **rashness 2** (insolenza) **audacity; brashness; cheek**: *avere l'a. di fare q.c.,* to have the cheek to do st.

àudio *m. (telev.)* **sound; audio.**
audiofrequènza *f. (radio, telev.)* **audio frequency.**
audiovisivo *a.* audiovisual: *sussidi audiovisivi,* audio-visual aids.
auditivo *a.* **auditory.**
auditóre *m.* **listener; hearer.**
auditòrio *m.* **auditorium***; *(radio, telev.)* **studio*.**
audizióne *f.* **1** **hearing** (anche *leg.*) **2** *(mus.)* **audition.**
àuge *f.* **1** **height; apex**: *l'a. della potenza,* the height of power **2** *(astron.)* **apogee** ● *(fig.) essere in a.,* to enjoy great favour.
augurale *a.* **1** (di augurio) **auspicious 2** *(stor.)* **augural.**
augurare **A** *v. t.* **1** to **wish**: *a. buon viaggio a q.,* to wish sb. a pleasant journey □ *a. ogni bene a q.,* to wish sb. well **2** (*lett.*: predire) to **augur B augurarsi** *v. rifl.* (sperare) to **hope;** to **hope for** (st.).
àugure *m. (stor.)* **augur.**
augùrio *m.* **1** **wish**: *Gradite i miei sinceri auguri,* accept my sincere good wishes **2** (presagio) **omen**: *di buon a.,* of good omen.
augusto *a.* **august.**
àula *f.* **1** (scolastica) **schoolroom, classroom;** (universitaria) **lecture-hall;** (di tribunale) **courtroom 2** *(lett.)* **hall** ● *a. magna,* assembly hall.
àulico *a.* **1** **aulic; courtly 2** (di lingua, stile) **stately; noble.**
aumentare **A** *v. t.* to **increase;** to **raise B** *v. i.* to **increase;** to **rise*.**
auménto *m.* **1** **increase**: *essere in a.,* to be on the increase **2** *(econ., fin.)* **rise**: *l'a. del costo della vita,* the rise in the cost of living □ *un a. di stipendio,* a rise in salary.
au pair *(franc.) a.* e *avv.* **au pair**: *una ragazza a.,* an au pair (girl).
àura *f. (poet.)* **breeze.**
àureo *a.* **1** (*lett.*: d'oro) **gold;** (simile all'oro, del color dell'oro) **golden 2** (*fig.*: prezioso) **precious.**
aurèola *f.* **halo*** (anche *fig.*).
àurico *a. (chim.)* **auric.**
aurìcola *f.* **1** *(anat.)* **auricle 2** (*bot.,* Primula auricula) **bear's-ear.**
auricolare **A** *a.* **auricular; ear** *(attr.)*: *un testimone a.,* an ear-witness **B** *m.* **earphone.**
aurifero *a.* **auriferous**: *terreno a.,* auriferous land.
auriga *m. (lett.)* **charioteer.**
auròra *f.* **daybreak; dawn** (anche *fig.*) ● *a. boreale (australe),* aurora borealis (australis).
auscultare *v. t. (med.)* to **auscultate.**
auscultazióne *f. (med.)* **auscultation.**
ausiliare **A** *a.* **auxiliary** (anche *gramm.*) **B** *m.* e *f.* (aiutante) **assistant; auxiliary C** *m. (gramm.)* **auxiliary (verb).**
ausiliària *f. (mil.)* **member of the Women's Army Auxiliary Corps.**
ausiliàrio *a.* **auxiliary;** (di riserva) **reserve** *(attr.)*: *truppe ausiliarie,* reserve troops.
ausilio *m. (lett.)* **help; assistance.**
auspicare *v. t.* to **augur.**
àuspice *m.* **1** *(stor.)* **auspex* 2** *(fig.)* **patron; sponsor.**
auspìcio *m.* **1** *(stor.)* **auspice; omen**: *di fausto a.,* of good omen **2** (*fig.*: protezione) **patronage; auspice** *(generalm. al pl.)*: *sotto gli auspici di,* under the auspices of; sponsored by.
austerità *f.* **austerity.**
austéro *a.* **austere** ● *disciplina austera,* strict discipline.
australe *a. (geogr.)* **southern.**
australiana *f. (sport)* **pursuit cycle race on track.**
australiàno *a.* e *m.* **Australian.**
austrìaco *a.* e *m.* **Austrian.**
austroungàrico *a. (stor.)* **Austro-Hungarian.**
autarchìa *f.* **autarky; (national) economic self-sufficiency.**
autàrchico *a.* **autarkic(al)** ● *prodotto a.,* home product.
àut-àut *m.* **dilemma**: *imporre un a. a q.,* to put sb. in(to) a dilemma.
autèntica *f.* **approval; authentication.**
autenticare *v. t.* to **authenticate.**
autenticazióne *f.* **authentication.**
autenticità *f.* **authenticity; genuineness.**
auténtico *a.* **authentic; genuine; original.**
autière *m. (mil.)* **driver.**
autismo *m. (psic.)* **autism.**
autista *m.* **driver;** (privato) **chauffeur.**
autìstico *a. (psic.)* **autistic.**
àuto *f. invar. (fam.)* **car; auto*** *(fam. USA).*
autoaccensióne *f. (mecc.)* **self-ignition.**
autoaffondaménto *m. (naut.)* **scuttling.**
autoambulanza *f.* **(motor) ambulance.**
autoarticolato *m. (autom.)* **articulated vehicle.**
autobiografìa *f.* **autobiography.**
autobiogràfico *a.* **autobiographic(al).**
autobiògrafo *m.* **autobiographer.**
autoblinda *f.* **autoblindo** *m. (mil.)* **armoured car.**
autobótte *f.* **tanker; tank truck.**
àutobus *m.* **motorbus; bus** ● *a. a due piani,* double-decker.
autocarro *m.* **lorry; truck** *(USA).*
autocistèrna *f.* **tanker; tank truck.**
autocivétta *f.* **(police) patrol car.**
autoclave *f.* **autoclave.**
autocolónna *f.* **column of motor vehicles.**
autocombustióne *f.* **spontaneous combustion.**
autocommiserazióne *f.* **self-pity.**
autocompiaciménto *m.* **self-satisfaction; (self-)complacency.**
autocontròllo *m.* **self-control; self-command.**
autocorrièra *f.* **motorcoach.**
autòcrate *m.* **autocrat.**
autocrazìa *f.* **autocracy.**
autocrìtica *f.* **self-criticism.**
autòctono **A** *a.* **autochthonal; autochthonous B** *m.* **autochthon*.**
autodafé *m.* **1** *(stor.)* **auto-da-fé* 2** *(fig., scherz.)* **bonfire.**
autodecisióne, autodeterminazióne *f.* **self-determination.**
autodidatta *m.* e *f.* **self-taught person; autodidact.**
autodidàttico *f.* **autodidactic.**
autodifésa *f.* **self-defence.**
autodisciplina *f.* **self-discipline.**
autòdromo *m.* **autodrome.**
autoemotèca *f.* **bloodmobile.**
autofurgóne *m.* **motor van.**
autògeno *a.* **autogenous.**
autogestióne *f.* **self-management.**
autogiro *m. (aeron.)* **autogyro*.**
autogòl *m. (sport)* **own-goal.**
autogovèrno *m.* **self-government.**
autografare *v. t.* to **autograph.**
autografìa *f.* **autography.**
autògrafo *a.* e *m.* **autograph.**
autogrill *m. (marchio)* **motorway restaurant** (o **snack bar).**
autogrù *f.* **breakdown van; tow truck; wrecker** *(USA).*
autoincensaménto *m. (fig.)* **self-praise.**
autoinduzióne *f. (fis.)* **self-induction.**
autolatrìa *f.* **self-worship; narcissism.**
autolesióne *f.* **self-injury.**
autolesionismo *m.* **self-injuring.**
autolesionìsta *m.* **self-injurer.**
autolettiga *f.* **(motor) ambulance.**
autolibro *m.* **mobile library; bookmobile** *(USA).*
autolìnea *f.* **bus-line.**
autòma *m.* **automaton*, robot** (anche *fig.*).
automàtico **A** *a.* **automatic(al)** ● *distributore a.,* slot-machine **B** *m.* (bottone) **press stud; snap-fastener.**
automatismo *m.* **automatism.**
automazióne *f. (ind.)* **automation.**
automézzo *m.* **motor vehicle.**
automòbile **A** *a.* **self-propelling B** *f.* **motorcar;**

car.
automobilina *f.* **1** (giocattolo) **toy car 2** (dell'autoscontro) **Dodgem car** *(marchio)*; **bumper car 3** (modellino) **model car.**
automobilismo *m.* **1 motoring 2** *(sport)* **motor-racing.**
automobilista *m.* e *f.* **motorist; car driver.**
automobilìstico *a.* **motor** *(attr.).*
automotrice *f.* *(ferr.)* **rail-car.**
autonoléggio *m.* **care hire; car rental.**
autonomìa *f.* **1 autonomy 2** (distanza percorribile con mezzo meccanico) **range; operating-range 3** (indipendenza) **independence 4** (autosufficienza) **self-sufficiency.**
autonomismo *m.* **autonomism.**
autonomista *m.* e *f.* **autonomist.**
autònomo A *a.* **1 autonomous 2** *(mecc.)* **self-contained** ● *(econ.) lavoro a.*, self-employment **B** *m.* **independent (trade) unionist C** *m. pl.* (sindacati) **independent (trade) unions.**
autoparchéggio, autoparco *m.* **car park.**
autopilòta *m.* *(aeron., naut.)* **automatic pilot.**
autopista *f.* **motor-racing track.**
autopómpa *f.* **fire-engine.**
autopsìa *f.* **autopsy; post-mortem (examination).**
autopùbblica *f.* **taxi; taxicab.**
autopullman *m.* **coach; motorcoach.**
autoràdio *m.* **car radio.**
autoraduno *m.* **motor rally.**
autóre *m.* **1 author 2** (di un libro) **author;** (pittore) **painter;** (scultore) **sculptor;** (di musica) **composer** ● *(leg.) diritto d'a.*, copyright □ *diritti d'a.* (compenso), royalties.
autorespiratóre *m.* *(sport)* **aqualung; scuba.**
autoréte *f.* *(sport)* **own-goal.**
autorévole *a.* **1 authoritative 2** (che ha influenza) **influential.**
autorevolézza *f.* **authority; authoritativeness.**
autoriméssa *f.* **garage.**
autorità *f.* **1 authority**: *l'a. della legge*, the authority of the law □ *le a. cittadine*, the City Authorities □ *non avere nessuna a. su q.*, to have no authority over sb. **2** *(fig.)* **power.**
autoritàrio *a.* **1** *(polit.)* **authoritarian 2** *(fig.)* **authoritative; dictatorial.**
autoritarismo *m.* **authoritarianism.**
autoritratto *m.* **self-portrait.**
autorizzare *v. t.* **1 to authorize**: *a. q. a fare q.c.*, to authorize sb. to do st. **2** (legittimare) **to sanction.**
autorizzazióne *f.* **1 authorization 2** (documento) **permit.**
autosalóne *m.* **motor show.**
autoscatto *m.* *(fotogr.)* **automatic release; self-timer.**
autoscóntro *m.* **Dodgem car** *(marchio)*; **bumper car.**
autoscuòla *f.* **driving school.**
autostazióne *f.* **service station.**
autostèllo *m.* **motel.**
autostòp *m.* **hitchhiking** ● *fare l'a.*, to hitchhike; to thumb *(fam.).*
autostoppista *m.* e *f.* **hitchhiker.**
autostrada *f.* **motorway; expressway** *(USA).*
autostradale *a.* **motorway** *(attr.).*
autosufficiènte *a.* **self-sufficient.**
autosufficiènza *f.* **self-sufficiency.**
autosuggestióne *f.* **autosuggestion.**
autotassazióne *f.* *(fin.)* **self-taxation.**
autotelàio *m.* *(autom.)* **chassis*.**
autotraspòrto *m.* **motor transport.**
autotrèno *m.* **trailer truck.**
autoveìcolo *m.* **motor vehicle.**
autovettura *f.* **motorcar.**
autrice *f.* **authoress.**
autunnale *a.* **autumnal** ● *(comm.) catalogo a.*, autumn catalogue.
autunno *m.* **autumn; fall** *(USA).*
ava *f.* *(lett.)* **grandmother.**
avallante *m.* *(comm.)* **guarantor** (of a bill).
avallare *v. t.* *(comm.)* **to guarantee; to back** (a bill).
avallo *m.* *(comm.)* **guaranty.**
avambràccio *m.* *(anat.)* **forearm.**
avampósto *m.* *(mil.)* **outpost.**
avana *m.* **1** (sigaro) **Havana (cigar) 2** (colore) **Havana brown.**
avancàrica *f.* — *cannone (fucile, ecc.) ad a.*, muzzle-loader.
avancòrpo *m.* *(archit.)* **avant-corps** *(franc.).*
avanguàrdia *f.* **1** (anche *fig.*) **vanguard; van**: *essere all'a.*, to be in the van **2** *(letter., arte)* **avant-garde** *(franc.).*
avannòtto *m.* *(zool.)* **fry*.**
avanscopèrta *f.* *(mil.)* **reconnaissance** ● *andare in a.*, to scout.
avanspettàcolo *m.* **curtain-raiser.**
avanti A *avv.* **1** *(di luogo)* **forward; ahead; on**: *andare a.*, to go forward; (progredire, continuare) to go on, to get on, to go ahead *(fam.)*; (tirare a.) to carry on □ *fare un passo a.*, to take a step forward □ *farsi a.*, to come (o to step) forward; to put oneself forward **2** *(di tempo)* **before**: *una settimana a.*, a week before **3** (in anticipo) **beforehand; in advance** ● *a. e indietro*, backwards and forwards; to and fro □ *d'ora in a.*, from now on □ *mandare a. un'azienda*, to run a business □ *mandare a. la famiglia*, to send on one's family before; *(fig.)* to make both ends meet; (con difficoltà) to scrape a living □ *essere molto a. negli (o con gli) studi*, to be well advanced in one's studies □ *più a.* (più tardi), later □ *A. c'è posto!*, move along, please! □ *La nostra squadra era a. di due punti*, our team was leading by two points □ *Il mio orologio è a.*, my watch is fast **B** *inter.* **1** *(mil.)* **forward! 2** (vieni dentro!) **come in!;** (va dentro!) **go in! 3** (fatti coraggio!) **come on! 4** (va a.!) **go ahead!;** (continua!, anche) **go on! 5** (a tavola: serviti!) **help yourself! 6** *(naut.)* **ahead**: *A. adagio*, slow speed ahead **C** *prep.* **1** *(di luogo;* anche: *avanti a)* **in front of;** (al cospetto di) **before, in the presence of**: *A. a me non c'era nessuno*, there was no one in front of me **2** *(di tempo)* **before**: *a. Cristo*, before Christ (*abbr.*: *B. C.*) **3** — *a. che* (piuttosto), before; rather than ● *a. ieri*, the day before yesterday □ *Il bambino nacque a. tempo*, the child was born prematurely.
avantièri *avv.* **the day before yesterday.**
avantrèno *m.* *(mil.)* **limber.**
avanzaménto *m.* **1 advancement 2** (*fig.*: promozione) **promotion.**
avanzare A *v. t.* **1 to advance; to put* forward; to bring* forward; to promote; to propose; to present**: *a. una pretesa (una proposta, un'ipotesi)*, to advance (o to put forward, to bring forward, to present) a claim (a proposal, a hypothesis) □ *a. q. di grado*, to promote sb. in rank (o to upgrade sb.) **2** (precedere) **to precede 3** (superare) **to surpass; to exceed B** *v. i.* **1 to advance; to proceed; to go* forward (o ahead); to go* on; to gain ground 2** (restare) **to be left (over); to remain 3** (sovrabbondare) **to be in excess; to be more than enough** ● *a. negli anni*, to be getting on in years □ *Dieci meno tre, avanza sette*, three from ten leaves seven □ *Il mio orologio avanza cinque minuti*, my watch is five minutes fast □ *Non avanzo nulla da te*, you owe me nothing **C avanzarsi** *v. rifl.* **1 to advance; to draw* on; to come* (o to draw*) near(er)**: *Le tenebre s'avanzavano*, night drew on **2** (sporgere) **to project; to jut out.**
avanzata *f.* *(mil.)* **advance.**
avanzato *a.* **advanced** ● *idee avanzate*, progressive ideas.
avanzo *m.* **1 remainder; scrap 2** *(al pl.*, ruderi, anche *fig.)* **remains 3** *(econ., fin.)* **surplus** ● *(spreg.) a. di galera*, jailbird □ *Ce n'è d'a.*, there's more than enough □ *Ne ho d'a.*, I've enough and to spare.
avarìa *f.* **1** *(naut.)* **average; damage 2** *(ferr., comm.)* **damage 3** *(mecc.)* **breakdown.**
avariare A *v. t.* **to damage B avariarsi** *v. rifl.* **to go* bad.**
avariato *a.* **damaged**: *merce avariata*, damaged merchandise.
avarizia *f.* **avarice; stinginess; close-fistedness.**
avaro A *a.* **niggardly; stingy; miserly; close-fisted** ●

(fig.) un uomo a. di parole, a man of few words ***B*** *m.* **niggard; miser.**
ave *inter.* (specialm. *scherz.)* **hail!**
avellana *f. (bot.)* **hazelnut; filbert.**
avellano *m.* (*bot.*, Corylus avellana) **hazel; filbert.**
avèllo *m.* **tomb.**
avemarìa, avemmarìa *f.* ***1*** (preghiera alla Madonna) **Hail Mary** ***2*** (squilla dell'ora della sera) **Angelus** ***3*** (grano del rosario) **ave.**
avéna *f.* (*bot.*, Avena sativa) **oats** *(pl.)* ● *farina d'a.,* **oatmeal.**
(1) avére *v. t.* ***1*** to **have;** (possedere) to **possess,** to **own**: *Ne ho abbastanza,* I have enough □ *(fig.) Ne ho abbastanza di te,* I have had enough of you □ *avere la febbre (la tosse, il raffreddore),* to have a temperature (a cough, a cold) □ *Ebbi tutti dalla mia,* I had everyone on my side ***2*** *(v. ausiliare)* to **have**: *L'ho appena visto,* I have (o I've) just seen him □ *Se l'avessi saputo!,* if only I had (o I'd) known! ***3*** (ottenere, prendere) to **get***; (guadagnare) to **earn**: *Se posso averlo, lo sistemo io!,* if I get (hold of) him, I'll fix him ***4*** — *a. a, a. da (seguito dall'inf.:* dovere*),* to have to; *(pres.)* must; *(in frasi interr.)* shall: *Che s'ha da fare ora?,* what shall we do now? □ *Ebbe molte cose da fare prima di partire,* he had to do many things before leaving □ *Non avete che a dirlo,* you have only to say the word (o you need only say the word) ***5*** — *a. a* (essere per, stare per), to **be about (**o to **be going) to** ***6*** (sentire) to **feel***: *a. odio (ammirazione) per q.,* to feel hatred (admiration) for sb. ***7*** (prendere) to **take***: *a. cura di q.,* to take care of sb. ***8*** (a. indosso) to **wear***; to **have on**: *Aveva un cappello nuovo,* she was wearing (o she had on) a new hat ***9*** (incontrare) to **meet***; to **run* into** (st.) ***10*** *(lett.:* stimare*)* to **consider** ***11*** *(in locuz. idiom.)* to **be**: *a. colpa,* to be at fault; to be guilty □ *a. fame (sete, sonno, freddo, caldo, paura, vergogna),* to be hungry (thirsty, sleepy, cold, hot, afraid, ashamed) □ *a. gli occhi azzurri,* to be blue-eyed (o to have blue eyes) □ *a. ragione (torto),* to be right (to be wrong) □ *Quanti anni hai?,* how old are you? □ *Ho trent'anni,* I am thirty (years of age) ***12*** — *(lett.) v'ha* (c'è), there is: *Non v'ha pace per me,* there's no peace for me ● *a. del buono,* to have one's good points □ *a. memoria,* to have a good memory □ *averla (*o *avercela) con q.,* to be cross with sb. □ *non a. memoria,* to have a bad memory □ *Che hai?* (che c'è che non va?), what's the matter (with you)? □ *Ebbe a morire di paura,* he nearly died of fright □ *da quando ebbe a perdere la sua povera moglie,* since he lost his poor wife.
(2) avére *m.* ***1*** **substance; property; possessions** *(pl.);* **what (**o **all that) belongs (**o **belonged) to one** ***2*** *(fin., rag.)* **assets** *(pl.)* ***3*** *(rag.:* d'un conto*)* **credit (**o **creditor) side** ● *Quant'è il vostro a.?,* how much do I owe you?
avèrla *f. (zool.,* Lanius*)* **shrike; butcher-bird.**
Avèrno *m. (mitol.)* **Avernus.**
aviàrio ***A*** *a.* **avian** ***B*** *m.* **aviary.**
aviatóre *m.* **aviator;** *(mil.)* **airman*.**
aviatòrio *a. (aeron.,* anche *mil.)* **air** *(attr.).*
aviatrice *f.* **aviatress; aviatrix*;** *(mil.)* **airwoman*.**
aviazióne *f. (aeron.)* ***1*** **aviation** ***2*** *(mil.)* **Air Force.**
avicoltóre *m.* **bird-fancier; aviculturist.**
avicoltura *f.* **bird-fancying; aviculture.**
avidità *f.* ***1*** **avidity; greed**: *a. di denaro,* greed for money ***2*** *(lett.,* rif. alla violenza*)* **thirst**: *a. di sangue,* thirst for blood.
àvido *a.* ***1*** **avid, greedy, eager** (for, of) ***2*** *(lett.,* rif. alla violenza*)* **thirsting**: *essere a. di vendetta,* to be thirsting for revenge.
avière *m. (aeron., mil.)* **airman*.**
avifauna *f. (zool.)* **avifauna.**
aviogètto *m. (aeron.)* **jet plane.**
aviolìnea *f.* **airline; airway.**
aviorimèssa *f. (aeron.)* **hangar.**
aviotrasportare *v. t.* to **carry by air.**
aviotrasportato *a.* **air-borne.**
aviotraspòrto *m.* **air transport.**
avito *a. (lett.)* **ancestral.**
avo *m.* ***1*** *(lett.:* nonno*)* **grandfather** ***2*** *(al pl.:* antenati*)* **ancestors.**
avocado *m.* ***1*** *(bot.,* Persea gratissima*)* **avocado* (tree)** ***2*** (frutto) **avocado*; avocado pear.**
avocare *v. t.* — *a. a sé la facoltà di fare q.c.,* to take upon oneself the right to do st.
avocazióne *f.* **assumption.**
avocétta *f. (zool.,* Recurvirostra avocetta*)* **avocet, avoset.**
avòrio *m.* ***1*** **ivory**: *(fig.) a. nero,* black ivory ***2*** (colore) **ivory.**
avulso *a.* **extirpated; torn off.**
avvalérsi *v. rifl.* to **avail oneself** (of).
avvallaménto *m.* **subsidence.**
avvallare *v. i.* **avvallarsi** *v. rifl.* to **sink*.**
avvalorare *v. t.* ***1*** to **confirm** ***2*** (rafforzare) to **strengthen.**
avvampare *v. i.* ***1*** to **kindle;** to **blaze up;** (arrossire) to **flush** ***2*** *(fig.)* to **flare up;** to **be inflamed**: *a. d'ira,* to flare up with anger.
avvantaggiare ***A*** *v. t.* to **favour** ***B*** **avvantaggiarsi** *v. rifl.* ***1*** (trarre vantaggio) to **take* advantage** (of) ***2*** (far progredire) to **advantage**: *a. nel lavoro,* to advantage one's work ***3*** *(*anche *fig.)* to **draw* ahead.**
avvedèrsi *v. rifl.* to **notice,** to **realize** (st.).
avvedutézza *f.* **shrewdness; astuteness;** (prudenza) **wariness.**
avveduto *a.* **shrewd; astute;** (prudente) **wary.**
avvelenaménto *m.* **poisoning.**
avvelenare ***A*** *v. t.* ***1*** to **poison** *(*anche *fig.)* ***2*** *(fig.:* guastare*)* to **mar** ***3*** *(fig.:* amareggiare*)* to **embitter** ***B*** **avvelenarsi,** *v. rifl.* to **poison oneself.**
avvelenato *a.* ***1*** **poisoned** ***2*** *(fig.:* amareggiato*)* **embittered** ***3*** *(fig.:* irato*)* **enraged; furious** ● *(fig.) avere il dente a. contro q.,* to bear sb. a grudge.
avvelenatóre *m.* **poisoner.**
avvenènte *a.* **attractive; charming.**
avvenènza *f.* **attractiveness; charm.**
avveniménto *m.* **event.**
(1) avvenire *v. i.* ***1*** to **happen;** to **occur**: *Quando avvenne l'incidente?,* when did the accident occur? ***2*** *(impers.)* to **happen**: *Così avvenne che...,* and so it happened that... □ *Per caso avvenne che...,* it so happened that... ● *checché avvenga,* whatever the result.
(2) avvenire ***A*** *m.* ***1*** **future**: *Pensa al tuo a.,* think of your future ***2*** (probabilità di carriera, successo, ecc.) **prospects** *(pl.)*: *È un giovane senza a.,* he is a young man without prospects ***B*** *a.* **future; to come** *(pred.)*: *gli anni a.,* the years to come.
avvenirişmo *m.* **futurism.**
avvenirista *m.* e *f.* **futurist.**
avveniristico *a.* **futurist** *(attr.)*; **futuristic.**
avventare ***A*** *v. t.* ***1*** (gettare) to **fling***; to **hurl**: *a. una pietra contro q.,* to fling a stone at sb. ***2*** (vibrare) to **let* fly**: *a. un colpo contro q.,* to let fly a blow at sb. ● *(fig.) a. un giudizio,* to venture an opinion ***B*** **avventarsi** *v. rifl.* to **rush;** to **fling* oneself;** to **hurl oneself**: *a. contro q.,* to rush at (o upon) sb.
avventatézza *f.* **rashness; recklessness.**
avventato *a.* **rash; reckless.**
avventìzio ***A*** *a.* ***1*** **outside** *(attr.)*: *gente avventizia,* outside people ***2*** (d'impiegati) **temporary;** (di manodopera) **casual** ***3*** *(bot.)* **adventitious** ***B*** *m.* **temporary.**
avvènto *m.* ***1*** *(relig.)* **Advent** ***2*** *(lett.:* venuta*)* **accession.**
avventóre *m.* **customer.**
avventura *f.* ***1*** **adventure** ***2*** (vicenda amorosa) **affair** ● *per a.,* by chance.
avventurarsi *v. rifl.* ***1*** (esporsi ai rischi) to **take* risks** ***2*** (azzardarsi) to **venture.**
avventurièra *f.* **adventuress.**
avventurière, avventurièro *m.* **adventurer.**
avventuróso *a.* **adventurous; eventful.**
avverare ***A*** *v. t.* to **realize** ***B*** **avverarsi** *v. rifl.* to **be fulfilled;** to **come* true.**
avverbiale *a. (gramm.)* **adverbial.**
avvèrbio *m. (gramm.)* **adverb.**
avversare *v. t.* to **oppose;** to **set* oneself against** (sb., st.).
avversàrio ***A*** *a.* **opposing** ***B*** *m.* **opponent; adver-**

sary; antagonist.
avversativo *a.* *(gramm.)* **adversative.**
avversióne *f.* **aversion**: *avere a. per q.c.*, to have an aversion to st. ● *nutrire a. per q.*, to conceive a dislike for sb. □ *Sente a. per tutti e tutto,* he hates everything and everybody.
avversità *f.* ***1*** **adversity** ***2*** (calamità) **calamity.**
avvèrso *a.* ***1*** (contrario) **adverse; contrary**: *venti avversi,* adverse winds ***2*** (sfavorevole) **unfavourable** ***3*** (ostile) **averse**: *essere a. a q.c.*, to be averse to st.
avvertènza *f.* ***1*** (cura) **care;** (attenzione) **attention;** (cautela) **caution** ***2*** (nota) **note** ***3*** (prefazione) **foreward** ***4*** *(al pl.*: istruzioni) **directions.**
avvertiménto *m.* **warning.**
avvertire *v. t.* ***1*** (far notare) **to point out**: *a. q. di q.c.*, to point out st. to sb. ***2*** (informare) **to notify; to inform**: *a. la polizia,* to notify the police ***3*** (ammonire) **to warn** ● *a. un dolore,* to feel a pain.
avvertitaménte *avv.* **deliberately; on purpose.**
avvezzare ***A*** *v. t.* ***1*** (abituare) **to accustom** ***2*** (ammaestrare) **to train** ***3*** (educare) **to teach*** ***B*** **avvezzarsi** *v. rifl.* **to accustom oneself,** to **get*** **accustomed** (to).
avvézzo *a.* **used; accustomed**: *Sono a. ai maltrattamenti,* I am used to being badly treated.
avviaménto *m.* ***1*** **start; starting; commencement** ***2*** *(comm.)* **goodwill** ***3*** *(mecc.)* **starting; setting-in motion;** (meccanismo) **starting device** ● *a. allo studio del latino,* introduction to the study of Latin □ *scuola d'a.*, (industriale) school of technology; (commerciale) school of commerce.
avviare ***A*** *v. t.* ***1*** to **start;** to **start off**: *a. q. a una professione,* to start sb. off on a career ***2*** to **set* up**: *a. un negozio,* to set up a shop ***3*** *(mecc., autom.)* to **start**: *a. un motore,* to start (up) an engine ***B*** **avviarsi** *v. rifl.* to **set* off;** to **set* out.**
avviato *a.* ***1*** **initiated**: *essere a. in una scienza,* to be initiated in a science ***2*** *(comm.)* **going;** (bene a.) **thriving, prosperous** ● *essere bene a. negli affari,* to be doing well in business.
avviatóre *m.* *(fis.)* **starter**: *un a. automatico,* a self--starter.
avvicendaménto *m.* ***1*** **alternation** ***2*** *(agric.)* **rotation** ***3*** (del personale) **turnover.**
avvicendare ***A*** *v. t.* ***1*** to **alternate** ***2*** *(agric.)* to **rotate** ***B*** **avvicendarsi** *v. rifl. recipr.* to **alternate.**
avvicinaménto *m.* **approach.**
avvicinare ***A*** *v. t.* ***1*** to **bring* near(er)** ***2*** *(fig.*: trattare) **to have to do with**: *Io non avvicino quel tipo di persona,* I have nothing to do with that sort of person ***B*** **avvicinarsi** *v. rifl.* ***1*** to **come* near(er);** to **go* near(er);** to **approach** ***2*** *(fig.*: di tempo) to **approach;** to **draw* on.**
avvilènte *a.* **disheartening; discouraging; demoralizing.**
avviliménto *m.* ***1*** **disheartenment** ***2*** (umiliazione) **humiliation.**
avvilire ***A*** *v. t.* ***1*** (sconfortare) to **dishearten** ***2*** (umiliare) to **humiliate** ***B*** **avvilirsi** *v. rifl.* ***1*** (scoraggiarsi) to **lose* heart;** to **be disheartened** ***2*** (degradarsi) to **degrade oneself.**
avvilito *a.* ***1*** (sconfortato) **disheartened; downhearted; discouraged; crestfallen** *(fam.)* ***2*** (umiliato) **humiliated.**
avviluppare ***A*** *v. t.* ***1*** (avvolgere) to **envelop;** to **wrap up** ***2*** (ingarbugliare) to **entangle** ***B*** **avvilupparsi** *v. rifl.* ***1*** (avvolgersi) to **wrap oneself up** ***2*** (ingarbugliarsi, anche *fig.*) to **get* entangled;** to **get* mixed up.**
avvinazzare ***A*** *v. t.* *(raro)* to **make*** (sb.) **get drunk;** to **fuddle** ***B*** **avvinazzarsi** *v. rifl.* to **get* drunk;** to **fuddle oneself.**
avvinazzato *a.* *(fam., spreg.)* **drunk; fuddled; tight; boozy** *(pop.)*.
avvincènte *a.* **charming.**
avvìncere *v. t.* ***1*** to **bind*** ***2*** (attrarre) to **charm.**
avvinghiare ***A*** *v. t.* to **clutch;** to **grasp** ***B*** **avvinghiarsi** *v. rifl.* to **cling*** ● *a. al collo di q.*, to throw one's arms round sb.'s neck.
avvìo *m.* **start** ● *dare l'a. a q.c.*, to start st.
avvişaglia *f.* (scaramuccia) **skirmish.**
avvişare *v. t.* ***1*** (informare) to **inform**: *a. q. di q.c.*, to inform sb. of st. ***2*** (ammonire) to **warn.**
avvişatóre *m.* ***1*** **informer** ***2*** *(teatr.)* **call-boy** ● *a. acustico, (autom.)* horn; *(radio, telev.)* monitor; (di incendio) fire alarm.
avvişo *m.* ***1*** (annuncio) **announcement**: *a. al lettore,* announcement to readers ***2*** (annuncio affisso) **notice** ***3*** (opinione) **opinion**: *a mio a.*, in my opinion ● *(comm.) a. di consegna,* delivery note □ *a. pubblicitario,* advertisement □ *stare sull'a.*, to be on one's guard □ *Ti serva d'a. per un'altra volta,* let it be a warning to you.
avvistare *v. t.* to **sight** ● *(naut.) a. la terra,* to raise land.
avvitare ***A*** *v. t.* *(mecc.)* to **screw** ***B*** **avvitarsi** *v. rifl.* *(aeron.)* to **spin*.**
avvitata *f.* *(aeron.)* **spin.**
avviticchiare *v. t.* **avviticchiarsi** *v. rifl.* to **twine;** to **twist.**
avvivare ***A*** *v. t.* ***1*** to **animate** ***2*** *(fig.)* to **enliven** ***B*** **avvivarsi** *v. rifl.* *(fig.)* to **brighten up.**
avvizzire *v. t.* e *i.* to **wither.**
avvocatésco *a.* *(spreg.)* **pettifogging.**
avvocatéssa *f.* *(leg.)* **lady lawyer.**
avvocato *m.* *(leg.)* **lawyer; counsel*; advocate** (anche *fig.*); **attorney(-at-law)** *(USA)*; (civilista) **solicitor;** (penalista) **barrister** *(G.B.)*; **counsel(l)or** *(Irlanda, USA)*: *rivolgersi a un a.*, to apply to a lawyer ● *a. delle cause perse,* defender of lost causes □ *(fig.) essere a. in causa propria,* to defend one's own interests.
avvocatura *f.* *(leg.)* ***1*** (professione) **(the) legal profession; (the) Bar**: *esercitare l'a.*, to exercise the legal profession; to practise law ***2*** (complesso degli avvocati) **(the) Bar**: *l'a. romana,* the Roman Bar.
avvòlgere ***A*** *v. t.* ***1*** to **wrap up** (anche *fig.*); to **wind*** ***2*** (volgere intorno) to **wind* (round);** to **roll up** ● (anche *fig.*) *a. in una rete,* to entangle in a net □ *a. su rocchetto,* to spool ***B*** **avvòlgersi** *v. rifl.* ***1*** to **wrap oneself up** ***2*** (volgersi intorno) to **wind* round oneself.**
avvolgìbile ***A*** *a.* **roll-up; roll-down; roller** *(attr.)* ***B*** *m.* **roll-up shutter; roller blind.**
avvolgiménto *m.* ***1*** **wrapping up; rolling up; winding** ***2*** *(fis.)* **winding** ***3*** (di bobina) **coil-winding** ***4*** (di molla) **coiling.**
avvoltóio *m.* *(zool.*, Aegypius monachus) **vulture** (anche *fig.*).
avvoltolare ***A*** *v. t.* to **roll up** ***B*** **avvoltolarsi** *v. rifl.* to **roll about;** to **wallow**: *a. nel fango,* to wallow in the mud.
azalèa *f.* *(bot.* Azalea) **azalea.**
azienda *f.* *(comm.)* **firm; concern; business** ● *a. agricola,* farm □ *(econ.) a. a partecipazione statale,* state(-controlled) enterprise.
aziendale *a.* **business, firm** *(attr.)*.
àzimut *m.* *(astron.)* **azimuth.**
azionare *v. t.* *(mecc.)* to **operate;** to **set*** (st.) **going;** to **drive*;** to **work.**
azionàrio *a.* *(fin.)* **share, stock** *(attr.)*.
azióne *f.* ***1*** **deed; action**: *un uomo d'a.*, a man of action □ *fare una buona a.*, to do a good action (o deed) ***2*** *(mil.)* **action; fight; engagement** ***3*** *(leg.)* **action; lawsuit** ***4*** *(chim.)* **action; effect**: *l'a. di un acido,* the action of an acid ***5*** *(fin.)* **share**: *azioni quotate in borsa,* listed shares ● *(chim.) a. reciproca,* interaction □ *(mecc.) mettere in a. una macchina,* to operate a machine □ *(fin.) società per azioni,* joint-stock company.
azionista *m.* e *f.* *(fin.)* **shareholder; stockholder.**
azòico *a.* *(geol.)* **azoic.**
azotato *a.* *(chim.)* **nitrogenous.**
azotemìa *f.* *(med.)* **azotemia.**
azòto *m.* *(chim.)* **nitrogen.**
aztèco *a.* e *m.* **Aztec.**
azzannare *v. t.* to **snap;** to **bite***: *a. q.c.*, to snap (at) st.
azzardare ***A*** *v. t.* to **risk** ***B*** **azzardarsi** *v. rifl.* to **dare.**
azzardato *a.* **risky; hazardous.**
azzardo *m.* **risk; hazard** ● *giocare d'a.*, to gamble □ *gioco d'a.*, game of chance.

aẓẓardóso *a.* **1** (di persona) **reckless** **2** (di cosa) **risky.**
azzeccagarbugli *m. (spreg.)* **pettifogger.**
azzeccare *v. t.* **1** (indovinare) to **guess;** to **hit*** **2** (centrare) to **strike* fair and square** ● *azzeccarci,* to get it; to guess right □ *azzeccarla,* to hit the mark.
azzeccato *a.* **1 (just) right; perfect 2 well-aimed 3 well-chosen.**
aẓẓeraménto *m.* **1** *(fis.)* **zero setting 2** *(elettron.)* **zero resetting 3** (d'un cronometro) **flyback.**
aẓẓerare *v. t.* **1** *(fis.)* to **(set* to) zero 2** *(elettron.)* to **clear.**
àẓẓima *f.* **unleavened bread.**
aẓẓimare A *v. t.* to **adorn;** to **spruce up;** to **titivate** *(fam.)* **B aẓẓimarsi** *v. rifl.* to **spruce up;** to **titivate (oneself)** *(fam.).*
aẓẓimato *a.* **spruce; spruced up; dressed up.**
àẓẓimo A *a.* **unleavened B** *m.* **unleavened bread.**
azzittire A *v. t.* to **hush B azzittirsi** *v. rifl.* to **become* silent.**
azzoppare, azzoppire A *v. t.* to **lame B azzopparsi, azzoppirsi** *v. rifl.* to **become* lame.**
azzuffarsi *v. rifl.* to **come*** to **blows.**
aẓẓurrino *a.* e *m.* **pale** (o **light) blue.**
aẓẓurro A *a.* **blue; azure** *(poet.)* **B** *m.* **1 blue; azure** *(poet.)* **2** *(al pl. sport)* **(the) Italian national team** ● *Principe a.,* Prince Charming.
aẓẓurrógnolo *a.* **bluish.**

B

B, b *m.* o *f.* **B, b** ● *(tel.) b. come Bologna,* b for Benjamin.
babà *m. (cucina)* « **baba** » (sponge-cake soaked in rum).
babàu *m.* **bog(e)y; bugbear.**
babbèo A *a.* **foolish; simple B** *m.* **numskull; dupe; simpleton.**
babbo *m.* **father; dad, daddy** *(fam.);* **pop** *(USA).*
babbùccia *f.* **1 slipper 2** (calzatura orientale) **Turkish slipper; babouche 3** (per neonati) **bootee.**
babbuino *m. (zool.,* Papio cynocephalus) **baboon.**
babèle *f.* **babel; chaos; bear-garden** *(fam.).*
babèlico *a.* **chaotic; uproarious.**
babilonése *a., m.* e *f.* **Babylonian.**
babilònia *V.* **babèle.**
babirussa *m. invar. (zool.,* Babirussa babirussa) **babiroussa; babirusa.**
babórdo *m. (naut.)* **port side; larboard.**
baby-sitter *(ingl.) f.* e *m.* **baby-sitter** ● *fare la (o il) b.,* to baby-sit.
babysitteràggio *m.* **baby-sitting.**
bacare *v. i.* **bacarsi** *v. rifl.* to **rot;** to **go* bad.**
bacato *a.* **1 worm-eaten; maggoty; rotten 2** *(fig.)* **rotten; corrupt.**
bacca *f. (bot.)* **berry** ● *b. di biancospino,* haw.
baccalà *m.* **1 dried salted cod 2** *(fig.)* **blockhead; fool.**
baccanale *m.* **1** *(al pl., stor.)* **Bacchanalia 2** *(fig.)* **revelry; orgy.**
baccano *m.* **clamour; infernal noise.**
baccante *f.* **Bacchante; maenad** (anche *fig.).*
baccarà *m.* **baccarat.**
baccellierato *m.* **bachelorship.**
baccellière *m.* **bachelor.**
baccèllo *m.* **pod; hull.**
bacchétta *f.* **stick; rod;** (di direttore d'orchestra) **baton;** (di tamburo) **drumstick** ● *b. magica,* wand □ *(fig.) comandare a b.,* to rule with a rod of iron.
bacchettare *v. t.* to **beat* with a stick.**
bacchettata *f.* **blow with a stick.**
bacchettóne *m.* **bigot; pious humbug.**
bacchiare *v. t.* to **beat*** (o to **knock) down** (nuts, olives, etc.).
bacchiatura *f.* **1 beating** (o **knocking) down** (of nuts, olives, ecc.) **2** (periodo) **nut-gathering time; olive-gathering time.**
bàcchico *a.* **Bacchic.**
Bacco *m. (mitol.)* **Bacchus** ● *Per B.!,* by Jove!; by jingo! *(fam.).*
bachèca *f.* **glass showcase.**
bachelite *f. (marchio)* **Bakelite.**
bacheròzzo *m.* **worm; grub; maggot; caterpillar.**
bachicoltóre *m.* **silk grower.**
bachicoltura *f.* **silk growing.**
baciamano *m.* **hand-kissing.**
baciapile *m.* e *f.* **bigot; pious humbug.**
baciare A *v. t.* **1** to **kiss 2** (lambire, toccare) to **kiss;** to **touch;** to **meet*** ● *a rima baciata,* in rhyming couplets □ *Bacio le mani,* I greet you **B baciarsi** *v. rifl. recipr.* to **kiss each other.**
bacile *m.* **basin.**
bacillo *m. (biol.)* **bacillus*.**
bacinèlla *f.* **basin.**
bacino *m.* **1** (recipiente) **basin 2** *(geogr., metall.)* **basin 3** *(naut.)* **dock 4** *(med.)* **pelvis** ● *(geol.) b. carbonifero,* coal field □ *b. idrografico,* drainage area.
bàcio *m.* **kiss;** (sonoro) **smack**: *dare un b. a q.,* to give sb. a kiss.
baco *m.* **worm**: *b. da seta,* silkworm.
bacologìa *f.* **silkworm growing.**
bactèrio *m. (biol.)* **bacterium*.**

bacucco **A** *a.* **decrepit;** (rimbecillito) **doting** **B** *m.* **dotard.**

bada *f.* — *tenere a b. q.,* to keep sb. at bay.

badare **A** *v. i.* **1** (fare attenzione) to **be careful;** to **look out;** to **take* care;** to **mind:** *Bada che c'è un gradino,* look out, there's a step; mind the step □ *Bada di non cadere!,* mind you do not fall (o be careful not to fall) **2** (dare ascolto) to **pay* attention** (to); to **listen** (to); to **mark:** *Bada a quel che ti dico!,* pay attention to what I'm telling you **3** (prendersi cura di) to **look after** (sb.); to **mind:** *b. ai figlioli,* to look after the children □ *Non b. a spese!,* never mind the expense **4** (tenere d'occhio) to **watch;** to **keep* an eye** (on) **5** (accudire ad animali) to **look after;** (custodirli) to **tend,** to **watch over:** *i pastori che badavano alle greggi,* the shepherds tending their flocks **6** (continuare a) **just** to **go* on:** *Le donne badavano a ciarlare,* the women just went on chatting **7** (pensare solo a) **only** to **think* of:** *Badate solo a giocare,* you only think of playing **B** *v. t.* **1** (prendersi cura di) to **look after** (sb.) **2** (custodire animali) to **tend;** to **watch over** ● *b. alla casa,* to run the house; (di donna) to be a housewife □ *senza b. a,* regardless of.

badéssa *f.* **abbess; Mother Superior.**

badìa *f.* **abbey.**

badilante *m.* **navvy.**

badilata *f.* **1** (colpo dato col badile) **blow with a shovel** **2** (quantità di materiale) **shovelful.**

badile *m.* **shovel.**

baffo *m.* **1** **moustache:** *lasciarsi crescere i baffi,* to grow a moustache **2** (di animali) **whisker(s)** ● *ridere sotto i baffi,* to laugh up one's sleeve □ *(fam.) Mi fa un b.,* I don't care a rap.

baffuto *a.* **1** **moustached** **2** (di animale) **whiskered.**

bagagliàio *m. (ferr.)* **luggage van;** *(aeron.)* **luggage compartment;** *(autom.)* **boot; trunk** *(USA).*

bagàglio *m.* **luggage; baggage** *(USA): deposito b.,* left-luggage office ● *fare i bagagli,* to pack □ *(fig.) perdere armi e bagagli,* to lose lock, stock, and barrel.

bagarinàggio *m.* **ticket touting; scalping** *(USA).*

bagarino *m.* **ticket tout; scalper** *(USA).*

bagàscia *f. (volg.)* **whore; harlot.**

bagattèlla *f.* **1** **trifle; bagatelle** **2** *(mus.)* **bagatelle.**

baggianata *f.* **(piece of) nonsense.**

baggiano **A** *a.* **foolish; doltish** **B** *m.* **fool; simpleton; dolt.**

baghétta *f.* (ricamo laterale sulle calze) **clock.**

bàglio *m. (naut.)* **beam.**

baglióre *m.* **flash; glare; glow; gleam:** *(fig.) un b. di speranza,* a gleam of hope.

bagnante *m.* e *f.* **bather.**

bagnare **A** *v. t.* **1** to **wet;** (immergere) to **dip;** (inzuppare) to **soak,** to **steep;** (inumidire) to **moisten,** to **dampen;** (spruzzare) to **sprinkle;** (annaffiare) to **water** **2** (di fiume) to **flow through;** (di mare, di lago) to **wash** ● *b. la laurea,* to celebrate one's degree **B** **bagnarsi** *v. rifl.* **1** (in lago, in mare, ecc.) to **bathe** **2** (in vasca) to **take*** (o to **have) a bath** **3** (prendere la pioggia) to **get* wet** (o **soaked, drenched)** ● *b. le labbra,* to moisten one's lips.

bagnaròla *f.* **1** **bath-tub** **2** *(scherz.:* automobile ridotta in pessime condizioni) **old crock** *(pop.).*

bagnasciuga *m. (naut.)* **water line.**

bagnata *f.* **wetting.**

bagnato *a.* **wet** ● *b. come un pulcino,* drenched to the skin □ *b. fradicio,* soaked; wet through.

bagnino *m.* **bathing-attendant.**

bagno *m.* **1** **bath:** *fare il b. freddo tutte le mattine,* to take a cold bath every morning **2** (al mare, ecc.) **bathe:** *andare a fare un b.,* to go for a bathe **3** (stanza da b.) **bathroom** **4** *(chim.)* **bath** **5** *(ind.)* **soak; soaking** **6** *(al pl.,* luogo dove si fanno i bagni) **baths** ● *b. di sole,* sun bath □ *far fare il b. a q.,* to give a bath to sb.; to bath sb. □ *essere in un b. di sudore,* to be bathed in sweat □ *mettere q.c. a b.,* to put st. to soak.

bagnomarìa *m.* **bain-marie*; double saucepan:** *cuocere a b.,* to cook in a bain-marie.

bagordare *v. i.* to **carouse;** to **revel.**

bagórdo *m.* **carousal; revelry.**

bah *inter.* **bah!; tut(-tut)!**

(1) bàia *f. (geogr.)* **bay.**

(2) bàia *f.* **joke** ● *dare la b. a q.,* to make fun of sb.

baiadèra *f.* **bayadere.**

bailamme *m.* **hullabaloo*, uproar** *(generalm. al sing.).*

bàio *a.* e *m.* **bay.**

baiòcco *m.* « **baiocco** » (copper coin) ● *Non vale un b.,* it's not worth twopence.

baionétta *f. (mil.)* **bayonet.**

bàita *f.* **Alpine hut** (o **refuge).**

balalàica *f. (mus.)* **balalaika.**

balàscio *m. (miner.)* **balas (ruby).**

balaùstra, balaustrata *f.* **banisters** *(pl.);* **balustrade.**

balaustrino *m.* **(spring) bow compass.**

balaùstro *m. (archit.)* **baluster.**

balbettare *v. i.* e *t.* **1** to **stammer;** to **stutter** **2** (di bambino) to **babble** ● *b. l'inglese,* to speak broken English.

balbettìo *m.* **stammering; babble.**

balbùzie *f.* **stammer; stutter** ● *essere affetto da b.,* to stammer.

balbuziènte **A** *a.* **stammering; stuttering** **B** *m.* e *f.* **stammerer; stutterer.**

balcànico *a.* **Balkan** *(attr.).*

balconata *f.* **1** *(archit.)* **balcony** **2** (di teatro) **gallery.**

balcóne *m.* **balcony.**

baldacchino *m.* **canopy** *(anche fig.).*

baldanza *f.* **daring; boldness;** (sicurezza di sé) **self-confidence.**

baldanzóso *a.* **bold; daring; dashing.**

baldo *a.* **bold; daring; brave.**

baldòria *f.* **merry-making** ● *far b.,* to carouse; to make merry; to paint the town red *(fam.).*

baldracca *f. (volg.)* **whore; harlot.**

baléna *f. (zool.,* Balaena) **whale** ● *caccia alla b.,* whaling □ *(fig.) È una b.,* she's a mountain of a woman.

balenare *v. i.* **1** *(impers.)* to **lighten** **2** *(fig.)* to **flash:** *Mi balenò un'eccellente idea,* an excellent idea flashed into (o through) my mind.

balenièra *f.* **whaling-ship; whaler.**

balenière *m.* **whaler.**

balenìo *m.* **lightening; flashing.**

baléno *m.* **flash;** (lampo) **flash of lightning:** *(fig.) in un b.,* in a flash.

balenòtto *m.* **whale-calf*.**

balèra *f.* **public dance-hall.**

balèstra *f.* **1** **crossbow** **2** *(mecc.)* **leaf spring.**

balestrare *v. t.* to **shoot* with a crossbow.**

balestrière *m.* **crossbowman*.**

balestrùccio *m. (zool.,* Chelidon urbica) **house martin.**

(1) bàlia *f.* **wet nurse** ● *b. asciutta,* nursemaid; nanny *(fam.)* □ *mettere un bambino a b.,* to put a child out to nurse.

(2) balìa *f.* **power; authority** ● *in b. delle onde,* at the mercy of the waves □ *in b. della sorte,* in the hands of Fortune □ *cadere in b. di q.,* to fall into sb.'s hands.

balìstica *f.* **ballistics** *(pl. col verbo al sing.).*

balìstico *a.* **ballistic.**

balistite *f.* **ballistite.**

balla *f.* **1** **bale** **2** *(fig.:* fandonia) **lie; (tall) story.**

ballàbile *m.* **dance tune.**

ballare **A** *v. i.* **1** to **dance:** *b. dalla gioia,* to dance for joy **2** (essere sballottato) to **toss about** **B** *v. t.* to **dance:** *b. una polka,* to dance a polka.

ballata *f.* **1** *(letter.)* **ballad** **2** *(mus.)* **ballade.**

ballatóio *m.* **gallery.**

ballerina *f.* **1** **dancer** **2** (professionista) **ballerina; ballet-dancer** **3** *(zool.,* Motacilla) **wagtail.**

ballerino **A** *m.* **1** **dancer** **2** (professionista) **ballet-dancer** **B** *a.* **dancing.**

balléto *m.* **1** **dance** **2** *(teatr.)* **ballet** ● *balletti rosa,* bisexual parties □ *balletti verdi,* homosexual parties.

ballista *m.* e *f.* *(scherz.)* **liar.**
ballo *m.* **dance; ball;** (il danzare) **dancing**: *Mi concede questo b.?*, may I have the pleasure of this dance? ● *corpo di b.*, corps de ballet □ *(fig.) essere in b.*, to be involved □ *tirare in b. q.c.*, to call st. in question.
ballonzolare *v. i.* to **skip about**; to **dance about.**
ballòtta *f.* **boiled chestnut.**
ballottàggio *m.* **second ballot; ballotage** *(franc.).*
balneare *a.* **bathing** *(attr.)*: *la stagione b.*, the bathing season.
balneazióne *f.* **bathing; swimming.**
baloccare ***A*** *v. t.* to **keep*** (sb.) **amused** (with) ***B*** **baloccarsi** *v. rifl.* ***1*** to **amuse oneself** ***2*** (oziare) to **trifle away one's time**; to **dawdle.**
balòcco *m.* **toy; plaything.**
balordàggine *f.* **dullness; stupidity; foolishness** ***2*** (parola, azione balorda) **stupid** (o **foolish) thing to say** (o **to do).**
balórdo ***A*** *a.* **dull; foolish; doltish** ***B*** *m.* **dullard; dolt** ● *sentirsi b.*, to feel queer.
balsamèlla *f.* *(cucina)* **bechamel (sauce).**
balsàmico *a.* **balsamic; balmy.**
balsamina *f.* (*bot.*, Impatiens balsamina) **balsam.**
bàlsamo *m.* ***1*** **balm; balsam** ***2*** *(fig.)* **balm; solace; comfort.**
bàltico *a.* **Baltic.**
baluardo *m.* **bulwark** (anche *fig.*); **bastion; rampart.**
baluginare *v. i.* to **blink**; to **glimmer.**
balza *f.* ***1*** **crag** ***2*** (di veste femm.) **frill; flounce.**
balzano *a.* ***1*** **with white fetlocks** ***2*** *(fig.)* **odd; quaint; queer.**
balzare *v. t.* to **leap***; to **bounce**; to **jump**: *b. in piedi*, to jump to one's feet □ *b. dal letto*, to jump out of bed.
balzellare *v. i.* to **hop**; to **skip.**
balzèllo *m.* **heavy tax.**
balzellóni *avv.* **by leaps; by bounds** ● *procedere a balzelloni*, to bounce along.
(1) balzo *m.* **leap; bound; bounce**: *prendere la palla al b.*, to catch the ball on the bounce; *(fig.)* to seize the opportunity ● *dare un b.*, to give a start; to leap.
(2) balzo *m.* (balza) **crag; terrace** ● *a balzi*, terraced.
bambàgia *f.* ***1*** **cotton wool** ***2*** *(ind. tessile)* **cotton waste** ● *(fig.) tenere q. nella b.*, to coddle sb.
bambina *f.* **little girl; child***; (in fasce) **baby(-girl).**
bambinàggine *f.* **childish action.**
bambinàia *f.* **nursemaid; nanny** *(fam.).*
bambinata *f.* **childish thing (to do); childish action.**
bambineggiare *v. i.* to **behave like a child.**
bambinésco *a.* **childish; infantile.**
bambino ***A*** *m.* **little boy; child*; kid** *(fam.)*; (in fasce) **baby(-boy)**: *fare il b.*, to behave like a child ***B*** *a.* **immature; undeveloped.**
bambinóne *m.* **big baby** (anche *fig.*).
bambocciata *f.* **childish action.**
bambòccio *m.* ***1*** (bambino grassoccio) **chubby child*; bonny baby** ***2*** (semplicione) **big baby; simpleton** ***3*** (fantoccio) **rag doll.**
bàmbola *f.* **doll.**
bamboleggiare *v. t.* to **behave like a child.**
bambolòtto *m.* ***1*** **doll** ***2*** (bambino grassoccio) **chubby child*.**
bambù *m.* ***1*** **bamboo** ***2*** (bastone) **bamboo cane.**
banale *a.* **banal; commonplace; trivial.**
banalità *f.* **banality; triviality.**
banana *f.* ***1*** **banana** ***2*** (di capelli) **sausage curl.**
bananéto *m.* **banana plantation; banana grove.**
bananièra *f.* **banana-boat.**
banano *m.* *(bot.)* **banana(-tree).**
banca *f.* **bank**: *un biglietto di b.*, a bank note.
bancarèlla *f.* **stall; booth;** (di libri) **bookstall.**
bancarellista *m.* e *f.* **stall-keeper.**
bancàrio ***A*** *a.* **banking; bank** *(attr.)* ***B*** *m.* **bank clerk.**
bancarótta *f.* **bankruptcy** ● *fare b.*, to go bankrupt.
bancarottière *m.* **bankrupt.**
banchettare *v. i.* to **banquet**; to **feast.**
banchétto *m.* **banquet.**
banchière *m.* **banker.**
banchina *f.* ***1*** *(naut.)* **quay; wharf*; pier** ***2*** *(ferr.)* **platform.**
banchiṣa *f.* **ice pack.**
banco *m.* ***1*** **bench** ***2*** (di vendita, in un negozio) **counter;** (all'aperto) **stall** ***3*** (tavolo per scrivere) **desk** ***4*** (d'artigiano) **work-table; bench** ***5*** (banca) **bank**: *il B. di Napoli*, the Bank of Naples ***6*** (al gioco) **bank**: *tenere il b.*, to hold the bank ***7*** *(geogr.)* **bank**: *un b. di nebbia*, a fog-bank ● *(leg.) b. degli accusati*, dock □ *(leg.) b. della giuria*, jury-box □ *b. di chiesa*, pew □ *b. di corallo*, coral reef □ *b. di prova*, test stand □ *b. di rematore*, thwart □ *b. di scuola*, desk; (panca per più studenti) form □ *(fig.) passare q.c. sotto b.* (metterla a tacere), to hush st. up □ *vendere q.c. sotto b.*, to sell st. under the counter.
bancogiro *m.* *(banca)* **money transfer.**
banconière, banconista *m.* **barman*.**
banconòta *f.* **bank note; bill** *(USA).*
(1) banda *f.* **side**: *da b. a b.*, from side to side ● *mettere da b.*, to put aside.
(2) banda *f.* ***1*** *(araldica)* **bend** ***2*** (di stoffa) **band; stripe** ***3*** *(fis.)* **band.**
(3) banda *f.* ***1*** (di uomini armati) **band; gang**: *le Bande Nere*, the « Black Bands » ***2*** (di suonatori) **band.**
banderuòla *f.* ***1*** **vane; weathercock** ***2*** *(naut.)* **pennant** ***3*** (*fig.*: persona volubile) **turncoat; timeserver.**
bandièra *f.* **flag; banner** (anche *fig.*); **colours** *(pl.)*: *battere b. inglese*, to fly the English flag □ *issare la b.*, to hoist the flag; to raise the banner ● *(naut.) b. di segnalazione*, pennant □ *(fig.) mutar b.*, to change sides; (cambiare opinione) to change one's mind □ *rosso b.*, pillar-box red □ *verde b.*, kelly green.
bandierina *f.* *(sport)* **flag.**
bandinèlla *f.* **roller-towel.**
bandire *v. t.* ***1*** to **publish**; to **proclaim**; to **announce**: *b. q.c. ai quattro venti*, to proclaim st. to the four winds ***2*** (mettere al bando) to **ban** ***3*** (esiliare) to **exile**; to **banish** ● *b. le cerimonie*, to dispense with formalities; to put aside ceremony.
bandista *m.* *(mus.)* **bandsman*.**
bandìstico *a.* **band** *(attr.).*
bandita *f.* **preserve** ● *cacciare in b.*, to poach.
banditiṣmo *m.* **brigandage; banditry.**
bandito ***A*** *a.* **banished** ***B*** *m.* **outlaw; bandit*; brigand.**
banditóre *m.* ***1*** **(public) crier** ***2*** (nelle vendite all'asta) **auctioneer.**
bando *m.* ***1*** **proclamation; ban** ***2*** (esilio) **banishment** ● *(comm.) b. di gara*, call for bids □ *mandare in b.*, to banish □ *mettere al b.*, to outlaw □ *B. alle cerimonie!*, away with ceremony! □ *B. alle chiacchiere!*, cut the cackle! *(fam.).*
bandolièra *f.* *(mil.)* **bandoleer.**
bàndolo *m.* **end of a skein** ● *(fig.) perdere il b. della matassa*, to get mixed up □ *(fig.) trovare il b. della matassa*, to find the clue to the problem.
bànjo *m.* *(mus.)* **banjo** ● *sonatore di b.*, banjoist.
baobàb *m.* (*bot.*, Adansonia digitata) **baobab; monkey-bread.**
bar *m.* ***1*** **bar** ***2*** (mobile) **cocktail cabinet.**
bara *f.* **coffin; bier.**
barabba *m.* **rogue; rascal.**
baracca *f.* **hut; shanty; hovel** ● *far b.*, to revel □ *piantare b. e burattini*, to clear out; to give up everything □ *stentare a mandare avanti la b.*, to find it hard to make both ends meet.
baraccato *m.* **hut-dweller; shanty-dweller.**
baraccóne *m.* **booth.**
baraónda *f.* **hurly-burly; hullabaloo; bustle; hustle.**
barare *v. i.* to **cheat** (anche *fig.*).
bàratro *m.* **abyss, chasm** (anche *fig.*).
barattare *v. t.* to **barter**; to **swap** *(fam.).*
baratto *m.* **barter; swap** *(fam.).*
baràttolo *m.* **jar; pot;** (di latta) **tin; can** *(USA).*
barba *f.* ***1*** **beard**: *farsi crescere la b.*, to grow a beard ***2***

(bot.) **root**: *mettere le barbe,* to take root ***3*** *(fig., fam.)* **bore** ***4*** *(zool.*: di penna d'uccello*)* **barb** ***5*** (di alcuni cereali, ecc.) **awn** ● *b. e capelli,* shave and haircut □ *fare la b. a q.,* to shave sb. □ *farsi la b.,* to shave (oneself) □ *in b. a q.,* in defiance of sb.; in spite of sb. □ *notizie con tanto di b.,* stale news □ *Che b.!,* how boring! □ *Che b. d'un uomo!,* what a bore!
barbabiètola *f.* (*bot.,* Beta vulgaris) **beet, beetroot** ● *b. da zucchero,* sugar beet.
barbafòrte *m.* *(bot.,* Armoracia rusticana*)* **horseradish.**
barbagianni *m.* ***1*** (*zool.,* Tyto alba) **barn owl** ***2*** *(fig.)* **dolt.**
barbàglio *m.* **dazzle.**
barbàrico *a.* **barbaric; barbarian.**
barbàrie *f.* **barbarity.**
barbarişmo *m.* **barbarism.**
bàrbaro ***A*** *a.* ***1*** **barbaric; barbarous;** (pagano) **heathen** ***2*** *(fig.)* **uncivilized;** (di stile) **unpolished** ***B*** *m.* **barbarian.**
barbatèlla *f.* *(agric.)* **rooted cutting.**
barbazzale *m.* **curb.**
bàrbero *m.* **barb; Barbary horse.**
barbétta *f.* ***1*** **short beard;** (a punta) **goatee** ***2*** *(mil.)* **barbette** ***3*** *(naut.)* **painter.**
barbière *m.* **barber.**
barbificare *v. i.* to **take* root.**
barbìglio *m.* *(zool.)* ***1*** (di pesce) **barbel** ***2*** (di gallinaceo) **wattle.**
barbino *a.* **poor; mean; ghastly** *(fam.)*: *fare una figura barbina,* to cut a poor figure.
barbitonsóre *m.* *(scherz.)* **barber.**
barbitùrico ***A*** *a.* *(chim.)* **barbituric** ***B*** *m.* *(farm.)* **barbiturate.**
barbo *m.* (*zool.,* Barbus barbus) **barbel.**
barbògio ***A*** *a.* **doting** ***B*** *m.* **dotard.**
barbóne *m.* ***1*** **long beard** ***2*** (cane) **poodle** ***3*** (vagabondo) **tramp.**
barbóso *a.* *(fam.)* **boring.**
barbugliare *v. i. e t.* to **mumble;** to **stammer.**
barbuto *a.* **bearded.**
(1) barca *f.* **boat**: *una b. a remi,* a rowing boat □ *una b. a vela,* a sailing boat.
(2) barca *f.* ***1*** (bica) **stack** ***2*** *(fig., fam.,* grande quantità*)* **stack(s); lot(s); heap(s); load(s)**: *una b. di quattrini,* loads of money; a mint (of money).
barcàccia *f.* ***1*** **old boat** ***2*** (palco a teatro) **stage-box.**
barcaiòlo *m.* **boatman*; waterman*.**
barcamenarsi *v. rifl.* ***1*** (tergiversare) to **beat* about the bush** ***2*** (destreggiarsi) to **manage (to get along).**
barcarizzo *m.* *(naut.)* **gangway.**
barcaròla *f.* *(mus.)* **barcarole.**
barchino *m.* *(naut.)* **wherry; punt.**
barcollare *v. i.* to **stagger;** to **reel.**
barcollóni *avv.* — *camminare b.,* to stagger along.
barcóne *m.* **barge; scow.**
bardana *f.* (*bot.,* Arctium lappa) **burdock.**
bardare ***A*** *v. t.* ***1*** to **harness** ***2*** *(scherz.)* to **dress up** ***B*** **bardarsi** *v. rifl.* *(scherz.)* to **dress up.**
bardatura *f.* ***1*** **harness** ***2*** *(fig.)* **trappings** *(pl.).*
bardo *m.* **bard.**
bardòtto *m.* *(zool.)* **hinny.**
barèlla *f.* **stretcher.**
barellière *m.* **stretcher-bearer.**
baréna *f.* **sandbank; shoal.**
bargìglio *m.* *(zool.)* **wattle.**
baricèntrico *a.* *(fis.)* **barycentric.**
baricèntro *m.* *(fis.)* **barycentre; centre of gravity.**
barilàio *m.* **cooper.**
barile *m.* **barrel; cask.**
barilòtto *m.* ***1*** **small cask; keg** ***2*** (di bersaglio) **bull's eye** ***3*** *(fig.*: persona piccola e tozza*)* **podge** *(fam.).*
bàrio *m.* *(chim.)* **barium.**
barista ***A*** *m.* ***1*** **barman*; bartender** (specialm. *USA)* ***2*** (chi possiede un bar) **barkeeper** ***B*** *f.* **barmaid.**
baritonale *a.* **baritone** *(attr.).*
barìtono *m.* **baritone.**
barlume *m.* **glimmer, gleam** (anche *fig.*): *un b. di speranza,* a gleam of hope.
barnabita *m.* *(relig.)* **Barnabite.**
baro *m.* **cardsharper; cheat; swindler.**
baròccio e *deriv.* *V.* **barròccio** e *deriv.*
baròcco ***A*** *a.* ***1*** **Baroque** ***2*** *(fig.)* **odd; grotesque** ***B*** *m.* **Baroque.**
baroccume *m.* *(spreg.)* **baroquerie.**
barògrafo *m.* **barograph.**
baromètrico *a.* *(fis.)* **barometric.**
baròmetro *m.* **barometer.**
baronale *a.* **baronial.**
barόne *m.* **baron.**
baronéssa *f.* **baroness.**
baronétto *m.* **baronet;** (davanti al nome) **Sir.**
baronìa *f.* ***1*** **barony** ***2*** (dignità di barone) **baronage.**
barra *f.* ***1*** **bar** ***2*** *(naut.)* **helm; tiller** ***3*** *(ind., mecc.)* **bar; rod** ***4*** (segno grafico) **oblique (stroke); slash (mark); solidus*.**
barracano *m.* **barracan.**
barracuda *m.* (*zool.,* Sphyraena) **barracuda.**
barricare ***A*** *v. t.* to **barricade** ***B*** **barricarsi** *v. rifl.* to **barricade oneself.**
barricata *f.* **barricade** ● *(fig.)* *dall'altra parte della b.,* on the other side.
barrièra *f.* ***1*** **barrier** (anche *geol.)* ***2*** *(fig.)* **barrier; difficulty** ***3*** (stradale) **roadblock** ***4*** *(equitazione)* **jump** ● *(geol.)* *b. corallina,* barrier reef.
barrire *v. t.* to **trumpet.**
barrito *m.* ***1*** **trumpet, trumpeting** ***2*** *(fig.)* **roar.**
barrocciàio *m.* ***1*** **carter** ***2*** *(fig.)* **boor.**
barrocciata *f.* **cartful; cartload.**
barroccino *m.* **gig.**
barròccio *m.* **cart; wagon.**
baruffa *f.* **brawl; scuffle** ● *far b.,* to brawl; to scuffle.
barzellétta *f.* **joke**: *raccontare barzellette,* to crack jokes.
başale *a.* ***1*** **basal** ***2*** *(fig.)* **basic; fundamental** ● *(med.)* *metabolismo b.,* basal metabolism..
başalto *m.* *(miner.)* **basalt.**
başaménto *m.* ***1*** (piedistallo) **plinth; base** ***2*** (zoccolo di parete) **skirting board** ***3*** *(mecc.)* **bed; bedplate.**
başare ***A*** *v. t.* to **base;** to **found** ***B*** **başarsi** *v. rifl.* to **base oneself, to be founded** (on, upon).
basco ***A*** *a.* **Basque** ***B*** *m.* ***1*** **Basque** ***2*** (berretto) **beret.**
basculla *f.* **platform balance; platform scale.**
başe *f.* ***1*** **base**: *una b. navale,* a naval base □ *(geom.)* *la b. d'una piramide,* the base of a pyramid ***2*** (fondamento) **foundation** *(spesso al pl.)* ***3*** *(fig.)* **basis*** ***4*** (crema per trucco) **foundation cream** ***5*** (insieme degli iscritti a un partito, a un sindacato) **(the) rank and file** ● *in b. a,* on the grounds of; in accordance with □ *prezzo b.,* base (o basis) price; (nelle aste) starting price □ *stipendio b.,* basic (o base) salary.
başétta *f.* **side whisker.**
bàşico *a.* *(chim.)* **basic.**
başilare *a.* **basic; fundamental.**
başìlica *f.* **basilica.**
başìlico *m.* (*bot.,* Ocimum basilicum) **(sweet) basil.**
başilisco *m.* (*zool.,* Basiliscus) **basilisk.**
başire *v. i.* to **faint.**
başista *m.* e *f.* *(gergo)* **one who collects information to plan a crime.**
basket *(ingl.)* *m.* *(sport)* **basketball.**
bassa *f.* **plain; lowlands** *(pl.).*
basşézza *f.* ***1*** **lowness** ***2*** (di statura) **shortness** ***3*** *(fig.)* **baseness; lowness** ***4*** (*fig.*: azione bassa) **base (o mean) action.**
(1) basso *a.* ***1*** **low**: *un muro b.,* a low wall □ *prezzi (salari) bassi,* low prices (wages) ***2*** (di statura) **short** ***3*** (d'acqua) **shallow** ***4*** (di suono) **low; deep; soft;** *(mus.)* **bass, low-pitched**: *parlare a bassa voce,* to speak in a low voice ***5*** *(geogr.)* **low;** (inferiore) **lower;** (posto in basso) **low-lying;** (merid.) **southern**: *i Paesi Bassi,* the Low Countries (o the Netherlands) □ *la Bassa Italia,* Southern Italy ***6*** *(fig.)* **low; base; vile** ***7*** (inferiore) **lower; inferior**: *le classi basse,* the lower classes ***8***

(abbassato) **lowered** ***9*** *(stor.:* tardo*)* **late**: *il b. Medioevo,* the late Middle Ages ● *un abito dalla scollatura bassa,* a low-necked dress □ *a prezzo b.*, cheap; at a low price □ *in questo b. mondo,* here below □ *mantenere i prezzi bassi,* to keep prices down □ *tenere il capo b.*, to keep one's head down.

(2) basso *m.* ***1*** **lower part; bottom** ***2*** *(mus.)* **bass** ***3*** (squallida abitazione a pianterreno) **« basso* »** ● *(mus.) chiave di b.*, bass clef □ *(fig.) far cadere in b. q.*, to bring sb. low □ *da b.*, downstairs □ *dal b. in alto,* from the bottom upwards □ *guardare q. dall'alto in b.*, to look down one's nose at sb.

(3) basso *avv.* **low**: *mirare b.*, to aim low.

bassofóndo *m.* **shallow(s); shoal** ● *(fig.) i bassifondi,* the slums □ *(fig.) i bassifondi della società,* the dregs of society.

bassopiano *m.* **lowland.**

bassorilièvo *m.* **bas-relief.**

bassòtto *m.* **dachshund; badger dog; sausage dog** *(fam.).*

basta *f.* ***1*** **tacking; long stitching** ***2*** (piega) **tuck.**

bastante *a.* **sufficient.**

bastardo ***A*** *a.* **bastard; illegitimate** ***B*** *m.* ***1*** **bastard; illegitimate child*** ***2*** (di animale) **crossbreed.**

bastare *v. i.* ***1*** to **be sufficient**; to **be enough**; to **suffice** ***2*** (durare) to **last** ● *b. a se stesso,* to be self-sufficient □ *basta che,* provided that □ *non b. l'animo,* not to have the heart (to do st.) □ *Basta!*, that will do!

bastévole *a.* **sufficient.**

bastiménto *m.* **ship; vessel.**

bastióne *m.* **bastion; rampart.**

basto *m.* ***1*** **pack-saddle** ***2*** *(fig.)* **burden** ● *(fig.) essere da b. e da sella,* to be able to turn one's hand to anything.

bastonare *v. t.* to **beat***; to **thrash**; to **cudgel.**

bastonata *f.* **blow (with a stick).**

bastonatura *f.* **beating; thrashing; hiding** *(fam.).*

bastoncino *m.* **(small) stick** ● *(cucina) bastoncini di pesce,* fish fingers.

bastóne *m.* ***1*** **stick**; (da passeggio) **walking stick** ***2*** *(fig.)* **support**: *Sei il b. della mia vecchiaia,* you are the support of my old age ***3*** *(al pl.:* nelle carte*)* **clubs** ● *b. da montagna,* alpenstock □ *b. di comando,* staff of command □ *(fig.) mettere il b. tra le ruote a q.*, to put a spoke in sb.'s wheel.

batàcchio *m.* ***1*** (di campana) **clapper** ***2*** (di porta) **door-knocker** ***3*** (persona balorda) **dullard; dolt.**

batata *f.* *(bot.,* Ipomoea batatas*)* **sweet potato*; yam** *(fam. USA).*

batiscafo *m.* *(naut.)* **bathyscaph.**

batista *f.* **batiste** *(franc.)*; **cambric; lawn.**

batòcchio *m.* **clapper.**

batòsta *f.* (brutto colpo) **severe blow**; (sconfitta) **defeat.**

battage *(franc.) m. (pubblicità)* **build-up.**

battàglia *f.* ***1*** **battle** (anche *fig.*): *dare b.*, to give battle □ *nel pieno della b.*, at the height of the battle ***2*** *(pitt.)* **battlepiece.**

battagliare *v. i.* to **battle**; to **fight*** **a battle**; to **fight***.

battaglièro *a.* **pugnacious; warlike** ● *un re b.*, a warrior king.

battàglio *m.* ***1*** (di campana) **clapper** ***2*** (di porta) **door-knocker.**

battagliòla *f.* *(naut.)* **guardrail; rail.**

battaglióne *m.* *(mil.)* **battalion.**

battellière *m.* **boatman*; waterman*; ferryman*.**

battèllo *m.* **boat**; (pneumatico) **dinghy**: *un b. a remi,* a rowing boat.

battènte *m.* ***1*** (di porta) **leaf***; (di finestra) **shutter** ***2*** *(idraulica)* **head** ***3*** *(ind. tessile)* **batten; sley** ***4*** (di orologio) **hammer.**

bàttere ***A*** *v. t. e i.* ***1*** to **beat***; to **strike***; to **hit***; to **knock**; (specialm. con un bastone) to **thrash**; (sferzando) to **lash**; (agitando) to **flap**; (leggermente) to **rap**, to **tap**; (il piede) to **stamp**: *b. alla porta,* to knock at the door; to rap (at) the door □ *b. le ore,* to strike the hours □ *b. i piedi per terra* (con forza), to stamp one's feet (o to stamp the ground) □ *b. q. sulla spalla,* to tap sb. on the shoulder □ *b. un tappeto,* to beat a carpet □ *b. la testa contro il muro,* to knock one's head against the wall ***2*** (vincere, superare) to **beat***: *(sport) b. il primato,* to beat the record ***3*** *(metall.)* to **hammer**; to **beat* out**: *b. un pezzo di metallo,* to hammer a piece of metal flat ***4*** (coniare) to **strike***; to **mint** ***5*** (trebbiare) to **thresh** ***6*** (frequentare) to **frequent**; (percorrere) to **scour**: *b. la campagna,* to scour the country; *(fig.)* to get off the point ***7*** *(fam.:* scrivere a macchina*)* to **type**: *b. una lettera,* to type a letter ***8*** *(mil.)* to **pound**; to **bombard** ***9*** *(naut.)* to **fly***: *b. bandiera nera,* to fly a black flag ***10*** *(tennis)* to **serve** ● *(naut.) b. bandiera di un altro paese,* to sail under false colours □ *b. cassa,* to ask for money □ *(fig.) b. il chiodo,* to hammer a point home □ (di una donna) *b. il marciapiede,* to walk the streets □ *(comm.) b. una regione,* to work a district □ *(fig.) b. sempre sul medesimo chiodo,* to harp on the same string □ *b. sodo su q.c.* (insistere), to insist on st. □ *(fig.) b. i tacchi,* to take to one's heels □ *non b. ciglio,* (non essere sorpreso) not to bat an eyelid; (non avere paura) not to flinch □ *Vedremo, ora che hai fatto a modo tuo, dove andrai a b. il capo,* now you've had your own way, we'll see how you are going to end up ***B*** **bàttersi** *v. rifl.* ***1*** to **beat* (oneself)**: *b. il petto,* to beat one's breast; *(fig.)* to repent ***2*** (combattere) to **fight***: *b. all'ultimo sangue,* to fight to the last ● *battersela,* (scappar via) to take to one's heels; to beat it *(fam.)*; (svignarsela) to take French leave ***C*** *v. rifl. recipr.* to **fight***.

batterìa *f.* ***1*** *(mil.)* **battery** ***2*** *(fis.)* **battery; accumulator** ***3*** *(mus.)* **drums** *(pl.)* ***4*** *(sport)* **heat** ● *b. da cucina,* set of kitchenware.

battericida ***A*** *m.* **bactericide** ***B*** *a.* **bactericidal.**

battèrico *a.* **bacteric; bacterial.**

battèrio *m.* *(biol.)* **bacterium*.**

batteriologìa *f.* **bacteriology.**

batteriològico *a.* **bacteriological.**

batteriòlogo *m.* **bacteriologist.**

batterista *m.* e *f.* *(mus.)* **drummer.**

battesimale *a.* **baptismal**: *fonte b.*, (baptismal) font.

battésimo *m.* ***1*** **baptism** (anche *fig.*): *ricevere il b.*, to receive baptism; to be baptized ***2*** (cerimonia) **christening** ● *b. dell'aria,* first flight □ *nome di b.*, Christian name □ *tenere q. a b.*, to stand godfather (o godmother) to sb.

battezzando *m.* *(relig.)* **child to be baptized** (o **christened).**

battezzare *v. t.* to **baptize**, to **baptise**; to **christen** ● *(scherz.) b. il vino,* to water down wine.

battibaléno *m.* **flash**: *in un b.*, in a flash; in a twinkling.

battibécco *m.* **squabble; tiff.**

batticarne *m. invar.* **meat-pounder.**

batticuòre *m.* **palpitation (of the heart); heart-throbbing** ● *Che b.!*, my heart went pit-a-pat!

battìgia *f.* **water's edge.**

battilòro *m.* **gold-beater.**

battimano *m.* **hand-clapping; applause.**

battimare *m. invar.* **breakwater.**

battipalo *m.* *(mecc.)* **pile-driver; rammer.**

battipanni *m.* **carpet-beater.**

battiscópa *m.* *(edil.)* **skirting-board.**

battista *m.* **baptist**: *S. Giovanni B.*, St. John the Baptist.

battistèro *m.* *(archit.)* **baptistery.**

battistrada *m.* ***1*** **leader; herald** ***2*** (di pneumatico) **tread** ***3*** *(sport)* **pacemaker; pacesetter** ● *fare da b.*, to lead the way.

bàttito *m.* **pulsation; palpitation; throbbing** ● *battiti del cuore,* heartbeats; heart-throbs □ *il b. d'un orologio,* the ticking of a clock.

battitóre *m.* ***1*** *(tennis)* **server**; *(baseball)* **batter**; *(cricket)* **batsman***; *(caccia)* **beater** ***2*** *(mil.)* **scout; explorer** ***3*** (di macchina tessile) **beater.**

battitura *f.* (del grano) **threshing.**

bàttola *f.* *(relig.)* **clapper.**

battóna *f.* *(pop.)* **street-walker; tart** *(pop.).*

battuta ***A*** *f.* ***1*** **beat, beating** ***2*** *(dattilografia)* **stroke** ***3*** *(mus.)* **bar**; (misura di tempo che dà il maestro dirigendo) **beat** ***4*** *(caccia)* **beating** ***5*** *(tennis)* **service** ***6***

(detto arguto) **wisecrack; quip** ***7*** *(teatr.)* **cue** ***8*** *(fig.*: operazione di polizia*)* **combing; roundup** ● *b. di mani,* clapping □ *b. di piedi,* stamping □ *in poche battute,* in a jiffy.

battuto ***A*** *a.* ***1*** **beaten**: *la strada battuta,* the beaten track ***2*** (lavorato a martello) **wrought**: *ferro b.,* wrought iron ***B*** *m. (cucina)* **stuffing; forcemeat.**

batùffolo *m.* (di lana) **flock;** (di cotone) **wad.**

bau *voce onomatopeica* **bow-wow** ● *fare bau bau,* to bow--wow.

baùle *m.* ***1*** **trunk** ***2*** *(autom.)* **boot; trunk** *(USA).*

baulétto *m.* (da donna) **beauty-case.**

bauxite *f. (miner.)* **bauxite.**

bava *f.* ***1*** **slaver; dribble** ***2*** (di vento) **breath** ***3*** (di baco da seta) **filament** ***4*** *(metall.)* **burr** ● *con la b. alla bocca,* foaming at the mouth □ *fare la b.,* (dei bambini e dei vecchi) to dribble at the mouth; (essere in collera) to be mad with rage.

bavaglino *m.* **bib.**

bavàglio *m.* **gag** ● *mettere il b. a q.,* to gag sb. (anche *fig.*).

bavarése ***A*** *a., m.* e *f.* **Bavarian** ***B*** *f. (cucina)* **Bavarian cream.**

bavèlla *f. (ind. tessile)* **floss silk.**

bàvero *m.* **collar** ● *(fig.) prendere q. per il b.,* to pull sb.'s leg.

bavétta *f. (metall.)* **burr.**

bavóso *a.* **slavering; dribbling.**

bazàr *m.* **bazaar.**

bazuca *m. (mil.)* **bazooka.**

(1) bazza *f.* **good luck** ● *Che b.!,* what a piece of luck!

(2) bazza *f.* (mento sporgente) **protruding chin.**

bazzana *f.* **sheepskin.**

bazzècola *f.* **(mere) trifle.**

bàzzica *f.* ***1*** (gioco di carte) **bezique** ***2*** *(biliardo)* **pool.**

bazzicare *v. t.* e *i.* to **frequent;** to **haunt.**

bazzòtto *a.* (di uovo) **soft-boiled.**

(1) be' *V.* **bèh.**

(2) bè *voce onomatopeica* **baa.**

beare ***A*** *v. t.* to **make*** (sb.) **happy** ***B*** **bearsi** *v. rifl.* to **feel* happy;** to **delight** (in).

beatificare *v. t. (relig.)* to **beatify.**

beatificazióne *f. (relig.)* **beatification.**

beatìfico *a.* **beatific.**

beatitùdine *f.* **beatitude; blessedness; bliss.**

beato *a.* ***1*** **blessed** (anche *scherz.*); **beatified** ***2*** *(fig.)* **blissful; happy; lucky**: *B. te!,* lucky you! ● *(relig.) i beati,* the Blessed □ *vita beata,* care-free life.

bebè *m.* **baby.**

beccàccia *f. (zool.,* Scolopax rusticola) **wood-cock.**

beccaccino *m. (zool.,* Capella gallinago) **snipe.**

beccafico *m. (zool.,* Sylvia hortensis) **beccafico*; fig-pecker.**

beccamòrti *m. (spreg.)* **grave-digger; sexton.**

beccare ***A*** *v. t.* ***1*** to **peck** ***2*** *(fam.:* sorprendere*)* to **catch* (in the act);** to **get*** ***B*** **beccarsi** *v. rifl.* ***1*** (ottenere facilmente) to **pick up;** to **get*** ***2*** (buscarsi) to **get***: *b. il raffreddore,* to get (o to catch) a cold ***C*** *v. rifl. recipr.* ***1*** to **peck each other** ***2*** *(fig.:* bisticciarsi*)* to **squabble.**

beccata *f.* ***1*** **peck** ***2*** (quantità presa col becco) **beak-ful.**

beccatóio *m.* **seed-trough.**

beccheggiare *v. i. (naut., aeron.)* to **pitch.**

becchéggio *m. (naut., aeron.)* **pitching.**

beccheria *f.* **butcher's (shop).**

becchime *m.* **birdseed.**

becchino *m.* **grave-digger; sexton.**

(1) bécco *m.* ***1*** (dei volatili) **beak, bill;** *(scherz.)* **mouth** ***2*** (a gas) **burner** ***3*** (di bricchi, ampolle) **lip; spout** ● *bagnarsi il b.,* to wet one's whistle *(fam.)* □ *mettere il b. in q.c.,* to poke one's nose into st. □ *non avere il b. d'un quattrino,* not to have a bean *(pop.)*; to be stony broke *(pop.)*.

(2) bécco *m.* ***1*** (caprone) **billy-goat** ***2*** *(fig.)* **cuck-old.**

beccùccio *m.* ***1*** (di bricco, ampolla, ecc.) **lip; spout** ***2*** (per capelli) **spring-clip.**

bécero *m.* **cad; tyke.**

beduino *a.* e *m.* **Bedouin.**

befana *f.* ***1*** **Epiphany** ***2*** *(folklore)* « **Befana** » ***3*** (strenna) **Epiphany present** ***4*** (donna vecchia e brutta) **ugly old woman*** ● *Pare una b.,* she looks like an old witch.

bèffa *f.* **practical joke; jest** ● *farsi beffe di q.,* to scoff at sb.

beffardo *a.* **derisory; mocking; scornful.**

beffare ***A*** *v. t.* to **make* a fool of** (sb.); to **mock** ***B*** **beffarsi** *v. rifl.* to **scoff** (at); to **make* fun** (of).

beffeggiare *v. t.* to **laugh at** (sb., st.); to **mock;** to **scorn;** to **scoff.**

beffeggiatóre *m.* **mocker; scorner; scoffer.**

bèga *f.* ***1*** **dispute; quarrel** ***2*** (affare molesto) **trou-blesome task** ● *non volere beghe,* not to want any trouble.

beghina *f.* ***1*** *(relig.)* **Beguine** ***2*** *(spreg.)* **bigot.**

beghino *m.* ***1*** *(relig.)* **Beghard** ***2*** *(spreg.)* **bigot; maw-worm.**

begònia *f.* *(bot.,* Begonia) **begonia.**

bèh *inter. (fam.)* **well!**

behaviorismo *m. (psic.)* **behaviourism.**

beige *(franc.) a.* e *m.* **beige.**

belare *v. i.* to **bleat** (anche *fig.*).

belato *m.* **bleating.**

bèlga *a., m.* e *f.* **Belgian.**

bèlla *f.* ***1*** (donna b.) **beautiful woman*; belle** ***2*** (fi-danzata) **girl-friend; sweetheart** ***3*** (al gioco, *sport*) **(the) last round** ***4*** *(b. copia)* **fair copy.**

belladònna *f.* *(bot.,* Atropa belladonna) **deadly nightshade; belladonna.**

bellétto *m.* ***1*** **cosmetic(s); make-up; rouge** ***2*** *(fig.)* **artifice.**

bellézza *f.* ***1*** **beauty; loveliness;** (di forme; specialm. detto di uomini) **handsomeness;** (bell'aspetto) **(good) looks** *(pl.)* ***2*** (persona o cosa bella) **beauty** ● *la b. di un anno,* a whole year □ *la b. di diecimila lire,* a cool ten thousand lire □ *concorso di b.,* beauty contest □ *finire q.c. in b.,* to bring st. to a triumphal end □ *istituto di b.,* beauty parlour □ *per b.,* for show □ *reginetta di b.,* beauty queen □ *Che b.!,* how wonderful!

bellicismo *m. (polit.)* **bellicism; belligerence.**

bellicista *(polit.)* ***A*** *m.* e *f.* **bellicist;** (guerrafondaio) **warmonger** ***B*** *a.* **belligerent.**

bèllico *a.* **war** *(attr.)*.

bellicóso *a.* **warlike; bellicose.**

belligerante *a.* e *m.* **belligerent.**

belligeranza *f.* **belligerence; belligerency.**

bellimbusto *m.* **dandy; fop.**

bellino *a.* **pretty; nice.**

(1) bèllo *a.* ***1*** **fine;** (molto b.) **beautiful;** (attraente) **lovely;** (ben proporzionato) **handsome;** (gradevole, *in ogni senso*) **nice;** (grazioso) **pretty;** (di bell'aspetto) **good-looking;** (se di persona, piuttosto *arc.*) **fair;** (pia-cevole) **comely;** (ben fatto; specialm. di una parte del corpo) **shapely**: *una ragazza bellissima,* a beautiful girl □ *una bella ragazza,* a good-looking girl □ *una ragazza bellina,* a pretty girl □ *bei vestiti,* fine clothes □ *bella musica,* beautiful music □ *bei capelli,* lovely hair □ *una bella vacanza,* a lovely holiday □ *un bell'uomo,* a hand-some (o good-looking) man □ *una bella bambina,* a nice (o pretty) little girl □ *una bella tazza di tè,* a nice cup of tea □ *il bel sesso,* the fair sex ***2*** (del tempo) **fine; fair; beautiful; lovely; nice; good**: *Speriamo che domani sia b. (o faccia bel tempo),* let's hope for fine weather tomorrow ***3*** (buono) **good;** (grande) **good, fair;** (gen-tile) **kind;** (generoso) **handsome**: *una bella azione,* a good deed □ *un bel pensiero,* a kind thought □ *una bella somma,* a good amount of money ***4*** *(iron.* o *spreg.)* **fair; fine; pretty; nice;** (brutto) **nasty, dirty**: *Sei un bel cretino!,* you're a fine fool! □ *È una bella scusa!,* that's a fine excuse! □ *una bella mascalzonata,* a very nasty action ***5*** (elegante) **elegant; smart**: *il bel mondo,* the smart set ***6*** (di prezzi) **(very) high** ***7*** *(rafforzativo:* del tutto*)* **quite;** (di già) **already;** (or ora) **just; nice and...;** (b. e buono) **real, perfect, out and out, complete, thorough, utter**: *Ho bell'e fatto; vengo subito,* I'm coming; I've just finished □ *Il tè è b. caldo,* the tea is nice and hot □ *È oro b. e buono,* it's real gold □ *È uno stupido b. e buono,* he's an utter fool ● *bel b.*, slowly; as cool as a cucumber *(fam.)* □ *bella copia,* fair copy □ (d'abito) *bell'e fatto,* ready-made □ *bell'e morto,* as dead as a door-nail □ *un bell'ingegno,* a wit □ *una bella paura,* an awful fright □ *un bel vento,* a strong wind □ *alla bell'e meglio,* somehow or other; (anche) carelessly (o in a slipshod manner) □ *avere un bel daffare,* to have a lot of things to do; to be very busy □ *avere un bel dire,* to talk in vain; no matter (o in spite of) what one says □ *farsi b.*, to smarten oneself up □ *nei bei tempi antichi,* in the good old days □ *nel bel mezzo,* right in the middle □ *Hai un bel correre; non lo raggiungerai,* run as you may, you won't catch up with him □ *Ne hai fatte delle belle!,* nice things you've been up to! □ *Questa è bella!,* that's a good one! (o that's funny!) □ *L'ho fatta (o l'ho detta) bella!,* I've put my foot into it □ *Viene giù una bell'acqua,* it's pouring.

(2) bèllo *m.* ***1*** *(astratto)* **(the) beautiful; beauty** ***2*** (innamorato) **sweetheart; fiancé; boy-friend** *(fam.)* ***3*** *(vocat.)* **(old) friend; dear; darling** ● *fare il b.*, to play the gallant □ *sul più b.*, just then; at the crucial point; (all'improvviso) when least expected □ *Ci volle del b. e del buono per convincerlo,* it took a lot (of arguing) to convince him □ *Che c'è di b. al cinema?,* what's on at the cinema? □ *Ora viene il b.*, now comes the best of it □ *Il b. è che...*, the best of it (o of the joke) is that... □ (del tempo) *Si mette al b.*, it's clearing up □ *Questo è il b.!,* that's the beauty of it; (l'aspetto divertente) that's the fun of it.

bellospirito *m.* **wit; wag.**

belluino *a.* **ferocious; savage.**

beltà *f.* *(lett.)* **beauty.**

bélva *f.* ***1*** **wild beast** ***2*** *(fig.)* **brute.**

belvedére *m.* ***1*** **belvedere** ***2*** *(ferr.)* **observation car** ***3*** *(naut.)* **mizzen-topgallant sail.**

Belzebù *m.* **Beelzebub; Old Nick** *(fam.).*

bemòlle *m.* *(mus.)* **flat.**

benaccètto *a.* *(lett.)* **welcome; pleasant.**

benalzato *inter.* e *m.* **good morning**: *dare il b.*, to wish good morning.

benamato *a.* **cherished; beloved.**

benànche *cong.* **even if; although.**

benarrivato *inter.* e *m.* **welcome** ● *dare il b.*, to welcome.

benché *cong.* **although; though.**

bènda *f.* **bandage** ● *con le bende agli occhi,* blindfold.

bendare *v. t.* ***1*** to **bandage**; to **dress** ***2*** (gli occhi) to **blindfold** ● *con gli occhi bendati,* blindfold (anche *fig.*).

bendispósto *a.* **well-disposed; favourably disposed.**

(1) bène ***A*** *avv.* ***1*** **well**: *comportarsi b.*, to behave well □ *dire (o parlare) b. di q.*, to speak well of sb. □ *fare bene q.c.*, to do st. well □ *vestire b.*, to dress well □ *abbastanza b.*, pretty well (o fairly well) □ *Ben detto!,* well said! □ *Ben fatto!,* well done! ***2*** (rettamente) **rightly**: *agire b.*, to act rightly ***3*** (per b., convenientemente) **properly**: *essere vestito per b.*, to be properly dressed ***4*** *(rafforzativo)* **well; very; really; quite**: *Lo credo b.*, I can well believe it (o I should think so!) □ *Ne sono ben lieto,* I'm very pleased □ *Ti credo b.*, I quite believe you ***B*** *inter.* ***1*** **well!; all right!; okay!**: *B., eccoci arrivati!,* well, here we are at last! ***2*** (suvvia) **come (on)!** ● *ben b.*, very well, really well; (completamente) completely, thoroughly □ *essere b.*, to be a good thing; to be (o to have) just as well: *Sarebbe b. che tu lo facessi al più presto,* you had just as well do it as quickly as possible □ *ben due milioni,* a good (o a cool) two million □ *b. o male,* somehow or other; by hook or by crook □ *andare b.*, to go well; to come off well: *È andato tutto b.?,* did everything come off well? □ *ad andare b.*, if everything goes all right; (nella migliore delle ipotesi) at best □ *avere l'aria di star b.* (di salute), to look well □ *fare b. (seguito da inf.),* to do well □ *morire b.*, to die a good death □ *né b. né male,* so so □ *non stare b.* (di salute), to be unwell □ *pensare b.* (credere opportuno), to think it better: *Ho pensato b. di restare a casa,* I thought it better to stay at home □ *sentirsi b.* (di salute), to feel well □ *stare b.*, (specialm. di salute) to be well; (stare comodo) to be comfortable; (andare d'accordo) to get on (o along) well; (armonizzare) to go well; (adattarsi) to suit, (di misura) to fit; (convenire, addirsi) to suit, to become, to be proper (o right) □ *stare b. a quattrini,* to be well off □ *stare poco b.* (di salute), to be poorly □ *Ti sta b.!,* it serves you right! □ *Fu sgridato ben b.*, he got a good scolding □ *Va b.!,* all right!; okay!; very well!; (d'accordo) right you are!, agreed! □ *Lo spero b.!,* I do hope so! □ *Spero b. che verrai,* I do hope you'll come □ *Sono ben stanco,* I'm tired out.

(2) bène *m.* ***1*** **good**: *fare del b.*, to do good □ *Lo dico per il vostro b.*, I'm telling you for your own good ***2*** (amore) **love**: *il b. che ti voglio,* my love for you ***3*** (benedizione, dono) **blessing; gift** ***4*** (persona amata) **love; darling** ***5*** *(al pl.)* **goods; property, estate** *(sing.)*: *beni mobili,* personal property (o movables) □ *beni immobili,* real property (o immovables) ● *augurare (ogni) b. a q.*, to wish sb. well □ *avere dei beni al sole,* to be a man of property □ *fare b. a q.*, to do sb. good □ *non aver mai b.*, to be always restless □ *opere di b.*, good works □ *per b.*, (onesto) honest, decent; (rispettabile) respectable; (educato) well-bred □ *(fam.) perdere il ben dell'intelletto,* to go off one's head □ *prendere (in) b.*, to take in good part □ *la via del b.*, the straight and narrow path □ *volere b. a q.*, to love sb.; to be fond of sb. □ *Non ho più un'ora di b.*, I have no more peace □ *Gli ho scritto a fin di b.*, I wrote to him with good intentions.

benedettino *a.* e *m.* *(relig.)* **Benedictine.**

benedétto *a.* **blessed; holy**: *acqua benedetta,* holy water ● *Dio b.!,* good Lord!

benedire *v. t.* to **bless**; to **consecrate** ● *mandare q. a farsi b.*, to send sb. about his business.

benedizióne *f.* **blessing**; (in fine di funzione) **benediction.**

beneducato *a.* **well-bred; well-mannered; good-mannered.**

benefattóre *m.* **benefactor.**

benefattrice *f.* **benefactress.**

beneficare *v. t.* to **benefit**; to **help.**

beneficènza *f.* **charity; beneficence**: *opere di b.*, works of charity ● *istituto di b.*, charitable institution □ *spettacolo di b.*, benefit (performance).

beneficiare ***A*** *v. i.* to **profit** (by); to **benefit** (by) ***B*** *v. t.* to **benefit**; to **help.**

beneficiàrio ***A*** *a.* **beneficiary** ***B*** *m.* ***1*** *(leg.)* **beneficiary** ***2*** *(comm.)* **payee.**

beneficiata *f.* ***1*** *(teatr.)* **benefit** ***2*** *(fig.)* **run of luck.**

benefìcio *m.* ***1*** **benefit** ***2*** *(comm.)* **profit** ***3*** *(relig.)* **benefice** ***4*** *(leg.)* **benefit**: *concedere a q. il b. del dubbio,* to give sb. the benefit of the doubt ● *trarre b. da q.c.*, to benefit by st.

benèfico *a.* **beneficent; charitable.**

benemerènte *a.* *(lett.)* **meritorious; (well-)deserving.**

benemerènza *f.* **merit.**

benemèrito *a.* **meritorious; deserving.**

beneplàcito *m.* **consent** ● *agire a proprio b.*, to behave as one likes.

benèssere *m.* **wellbeing; welfare.**

benestante ***A*** *a.* **well-off; well-to-do** ***B*** *m.* e *f.* **well-off person.**

benestare *m.* **consent; approval**: *dare il b.*, to give one's approval.

benevolènte *a.* *(lett.)* **benevolent.**

benevolènza *f.* **benevolence; good will.**

benevolménte *avv.* **benevolently.**

benèvolo *a.* **benevolent.**

benfatto *a.* (rif. al fisico) **well-shaped; well-proportioned.**

bengala *m.* **Bengal light; firework.**

bengalése *a.*, *m.* e *f.* **Bengali; Bengalee.**

bengòdi *m.* — *il paese di B.*, the land of idleness and luxury.

beniamino *m.* **favourite; darling; pet.**

benignità *f.* **benignity; kindness of heart.**

benigno *a.* **benign** (anche *med.*); **kind-hearted; clement.**

benino *avv.* **pretty well; nicely**: *fare q.c. per b.*, to do

st. nicely (o properly).
benintenzionato *a.* **well-meaning.**
benintéso *avv.* **of course.**
benìssimo ***A*** *avv. superl.* **very well; quite well; perfectly well** ***B*** *inter.* ***1*** **very well!; all right!; okay!; great!** *(USA)* ***2*** (ben fatto) **well done!;** (ben detto) **well said!**
bènna *f. (mecc.)* **grab bucket.**
bennato *a. (lett.)* **well-born.**
benparlante *m.* e *f.* **good speaker.**
benpensante *m.* e *f.* **right-minded person;** *(spreg.)* **conventional person.**
benportante *a.* **hale and hearty; in fine fettle.**
benservito *m.* **reference; testimonial** ● *(fig.) dare il b. a q.,* to give sb. the push (o the sack) *(pop.);* to fire sb. *(fam. USA).*
bensì *cong.* **but; (quite) on the contrary.**
bènthos *m. (biol.)* **benthos.**
bentornato *inter.* e *m.* **welcome back.**
benvenuto *inter.* e *m.* **welcome** ● *dare il b. a q.,* to welcome sb.
benvisto *a.* **well-thought-of; well-liked.**
benvolére *v. t.* to **like;** to **love** ● *farsi b.,* to endear oneself to everyone □ *prendere a b. q.,* to take a liking to sb.
benvoluto *a.* **liked; loved; beloved.**
benẓina *f.* **petrol; gas, gasoline** *(USA).*
benẓinàio *m.* ***1*** (gestore) **service-station keeper** ***2*** (addetto a un distributore) **service-station attendant.**
benẓoino *m.* ***1*** (sostanza balsamica) **(gum) benzoin** ***2*** *(chim.)* **benzoin.**
benẓòlo *m. (chim.)* **benzol, benzole.**
beóne *m.* **toper; tippler; boozer** *(pop.).*
beòta *a., m.* e *f.* **Boeotian** *(anche fig.).*
bequadro *m. (mus.)* **natural.**
bèrbero ***A*** *a.* e *m.* **Berber** ***B*** *m.* (cavallo) **Barbary horse.**
berchèlio *m. (chim.)* **berkelium.**
berciare *v. i.* to **shout;** to **yell.**
(1) bére *v. t.* to **drink*:** *b. alla bottiglia,* to drink from the bottle □ *b. come una spugna,* to drink like a fish ● *b. un uovo,* to suck an egg □ *(fig.) darla a b. a q.,* to fool sb. into believing st.; to suck sb. in *(pop.)* □ *(fig.) o b. o affogare,* sink or swim □ *(fig.) Beveva avidamente le mie parole,* he drank in my words.
(2) bére *m.* **drink; drinking:** *il b. e il mangiare,* food and drink.
bergamòtto *m.* (*bot.,* Citrus bergamia) **bergamot.**
beribèri *m. (med.)* **beriberi.**
berìllio *m. (chim.)* **beryllium.**
berillo *m. (miner.)* **beryl.**
(1) berlina *f.* (antica pena) **public exposure in a pillory (o in stocks)** ● (anche *fig.*) *mettere alla b.,* to pillory □ *(fig.) essere messo alla b.,* to be exposed (o held up) to public scorn (o to ridicule).
(2) berlina *f.* ***1*** (carrozza di gala) **berlin** ***2*** *(autom.)* **saloon car; limousine.**
berlinése ***A*** *a.* **Berlin** *(attr.)* ***B*** *m.* e *f.* **Berliner.**
bermuda *m. pl. (moda)* **Bermuda shorts.**
bernésco *a.* **burlesque.**
bernòccolo *m.* ***1*** **bump; lump** ***2*** *(fig.)* **knack; bent.**
bernoccoluto *a.* **bumpy; lumpy.**
berrétta *f.* **cap** ● *b. da prete,* biretta.
berrétto *m.* **cap.**
bersagliare *v. t.* ***1*** to **bombard;** to **shell** ***2*** *(fig.)* to **bombard;** to **pelt:** *b. q. di domande,* to bombard sb. with questions ● *bersagliato dalla sfortuna,* dogged by misfortune.
bersaglière *m.* « **bersagliere** » ● *(fig.) alla bersagliera,* with dash.
bersàglio *m.* **target, butt** (anche *fig.*): *tiro al b.,* target practice.
(1) bèrta *f. (mecc.)* **ram.**
(2) bèrta *f.* (*zool.,* Puffinus) **shearwater.**
(3) bèrta *f.* — *(mil.) gran b.,* Big Bertha.
berteggiare *v. t. (lett.)* to **mock.**
bertùccia *f.* ***1*** (*zool.,* Macaca sylvana) **Barbary ape** ***2*** *(fig.)* **ugly, awkward woman*.**
besciamèlla *f. (cucina)* **bechamel (sauce).**
bestémmia *f.* ***1*** **oath; swearword; blasphemy** ***2*** (imprecazione) **curse** ***3*** (affermazione assurda) **ludicrous statement.**
bestemmiare ***A*** *v. t.* to **curse;** to **blaspheme** ***B*** *v. i.* to **swear*;** to **curse:** *b. come un turco,* to swear like a trooper ● *b. una lingua,* to murder a language.
bestemmiatóre *m.* **swearer; blasphemer.**
béstia *f.* **beast** (anche *fig.*); **animal:** *una b. da soma,* a beast of burden ● *(fig.) b. nera,* bugbear □ *(fig.) b. rara,* rare bird □ *andare in b.,* to fly into a rage □ *(fig.) brutta b.,* ugly thing □ *lavoro da b.,* hard work; drudgery.
bestiale *a.* **brutal; bestial; brutish** ● *persona b.,* brute.
bestialità *f.* ***1*** **brutality; bestiality** ***2*** (*fig.:* grosso sproposito) **gross mistake; blunder.**
bestiame *m.* ***1*** **livestock** ***2*** (b. bovino) **cattle.**
bestiàrio *m. (letter.)* **bestiary.**
bestióne *m.* ***1*** **big beast** ***2*** (bruto) **brute** ***3*** (sciocco) **blockhead.**
bèta *m.* o *f.* **beta.**
betatróne *m. (fis. nucl.)* **betatron.**
betonièra *f. (costr.)* **cement-mixer.**
béttola *f.* **inn; tavern.**
bettolière *m.* **innkeeper; tavern-keeper.**
bettolina *f. (naut.)* **barge.**
bettònica *f.* (*bot.,* Betonica officinalis) **betony.**
betulla *f.* (*bot.,* Betula) **birch.**
bèuta *f. (chim.)* **Erlenmeyer flask.**
bevanda *f.* **drink; beverage:** *i cibi e le bevande,* food and drink.
beveràggio *m.* ***1*** **beverage** ***2*** (per bestiame) **swill** ***3*** (pozione) **potion.**
beveratóio *m.* **drinking-trough.**
beveróne *m.* ***1*** **bran mash** ***2*** (*spreg.:* bevanda insipida) **insipid drink; nasty drink.**
bevìbile *a.* **drinkable; potable.**
bevitóre *m.* **drinker; boozer** *(pop.).*
bevuta *f.* **drink:** *fare una b.,* to have a drink.
bezzicare *v. t.* to **peck (at)** (st.).
bi- *pref.* **bi-; di-.**
biacca *f.* **white lead.**
biada *f.* **fodder.**
bianca *f.* ***1*** **white woman*; white girl** ***2*** (schiava b.) **white slave:** *la tratta delle bianche,* the white-slave traffic.
Biancanéve *f.* **Snow White.**
biancastro *a.* **whitish; off-white.**
biancheggiare *v. i.* to **be white;** to **whiten;** to **turn white.**
biancherìa *f.* **linen:** *b. da letto,* bed linen ● *b. personale,* underwear; underclothes *(pl.);* (da donna) lingerie.
bianchétto *m.* ***1*** (per i panni) **bleach** ***2*** (per i muri) **whitewash** ***3*** (per scarpe) **white-shoe cleaner** ***4*** (belletto) **ceruse** ***5*** *(al pl., cucina)* **whitebait.**
bianchézza *f.* ***1*** **whiteness** ***2*** (bianco intenso) **dazzling white.**
bianchìccio *a.* **whitish; off-white.**
bianchire *v. t.* ***1*** to **whiten;** to **bleach** ***2*** (metalli) to **polish;** to **scour** ***3*** *(ind. tessile)* to **bleach.**
(1) bianco *a.* ***1*** **white:** *capelli bianchi,* white hair □ *pane b.,* white bread ***2*** (non scritto) **blank; left blank:** *una pagina bianca,* a blank page ● *b. come un giglio,* lily-white □ *diventare b.* (per la paura), to turn pale □ *gente di razza bianca,* white-skinned people □ *un uomo dai capelli bianchi,* a white-haired man □ *Sono cose da far venire i capelli bianchi,* it's enough to turn one's hair grey.
(2) bianco *m.* ***1*** (il colore) **white:** *vestire di b.,* to dress in white (o to wear white) ***2*** (parte bianca) **white:** *il b. dell'occhio,* the white of the eye □ *due bianchi d'uovo,* the whites of two eggs ***3*** (spazio b.) **blank; blank space** ***4*** (uomo b.) **white man*** ***5*** (b. di calce) **whitewash** ● *i bianchi,* the whites (o white people) □ *cucitrice in b.,* seamstress □ *di punto in b.,* all of a sudden □ *un disegno in b. e nero,* a drawing in black and white □ *(leg.) in b.,* blank: *accettazione in b.,* blank acceptance □ *lasciare in b. una parola,* to leave a blank space □ *mangiare in b.,* only to eat food seasoned with oil and lemon (o with

butter and cheese) □ *mettere il nero sul b. (o nero su b.),* to set it down in black and white (o to put it down in writing) □ *(cucina) pesce in b.,* boiled fish □ *(fig.) pigliare (o prendere) il b. per il nero,* to misunderstand; to get it quite wrong *(fam.).*
biancóre *m. (lett.)* ***1*** **whiteness** ***2*** (pallore) **paleness; pallor.**
biancospino *m. (bot.,* Crataegus oxyacantha) **hawthorn.**
biascicare *v. t.* **to mumble.**
biaşimare *v. t.* **to blame; to reprove.**
biaşimévole *a.* **blameworthy.**
biàşimo *m.* **blame; reproof.**
Bìbbia *f.* **Bible.**
biberon *(franc.) m.* **feeding bottle.**
bìbita *f.* **drink.**
bìblico *a.* **biblical.**
bibliobus *m.* **mobile library; bookmobile** *(USA).*
bibliòfilo *m.* **bibliophile.**
bibliografìa *f.* **bibliography.**
bibliogràfico *a.* **bibliographic.**
bibliògrafo *m.* **bibliographer.**
bibliòmane *m.* e *f.* **bibliomane; bibliomaniac.**
bibliomanìa *f.* **bibliomania.**
bibliotèca *f.* **library** ● *(fig., scherz.) b. ambulante,* walking encyclopaedia □ *topo di b.,* bookworm.
bibliotecàrio *m.* **librarian.**
biblista *m.* e *f.* **biblicist; biblist.**
bica *f.* **stack.**
bicamerale *a. (polit.)* **bicameral.**
bicameralişmo *m. (polit.)* **bicameralism.**
bicarbonato *m. (chim.)* **bicarbonate.**
bicchierata *f.* ***1*** **glassful** ***2*** (bevuta fatta in comitiva) **round of drinks.**
bicchière *m.* ***1*** **glass; tumbler**: *un b. da vino,* a wine glass □ *un b. di vino,* a glass of wine ***2*** (contenuto d'un bicchiere) **glass; glassful** ● *b. di carta,* paper cup.
bicèfalo *a. (lett.)* **two-headed; bicephalous.**
bicentenàrio *a.* e *m.* **bicentenary.**
bici *f. (fam.)* **bike.**
biciclétta *f.* **bicycle; bike** *(fam.)*: *andare in b.,* to ride a bicycle; to cycle ● *b. a due posti,* tandem.
biciclo *m.* **old-fashioned bicycle; penny-farthing** *(fam.).*
bicìpite ***A*** *a.* **two-headed** ***B*** *m. (anat.)* **biceps*.**
bicòcca *f.* ***1*** (piccola rocca) **small fortress** ***2*** (casupola) **hovel.**
bicolóre *a.* ***1*** **two-coloured** ***2*** *(polit.)* **two-party** *(attr.).*
bicòncavo *a.* **biconcave.**
biconvèsso *a.* **biconvex.**
bicùspide *a.* **bicuspid.**
bidè *m.* **bidet.**
bidèllo *m.* **school-caretaker; janitor.**
bidonare *v. t. (pop.)* **to swindle; to cheat; to dupe.**
bidonata *f. (pop.)* **swindle.**
bidóne *m.* ***1*** **tank; drum; bin**: *b. dell'immondizia,* dustbin ***2*** *(pop.:* imbroglio) **swindle.**
bidonista *m.* e *f. (pop.)* **swindler.**
bidonville *(franc.) f.* **shantytown.**
bièco *a.* **sullen; sinister.**
bièlla *f. (mecc.)* **connecting rod.**
biennale ***A*** *a.* ***1*** (che dura due anni) **two-year** *(attr.)* ***2*** (che ricorre ogni due anni) **biennial** ***B*** *f.* **biennial exhibition.**
biènnio *m.* **(period of) two years.**
biètola *f. (bot.,* Beta vulgaris cicla) **chard.**
bietolóne *m. (fig.)* **simpleton; dupe.**
biétta *f. (mecc.)* **key; locking bar** ● *(mecc.) b. trasversale,* cotter.
bifaşe *a. (fis.)* **two-phase.**
biffa *f. (topografia)* **sighting stake.**
bìfido *a.* **bifid; forked.**
bifocale *a. (fis.)* **bifocal.**
bifólco *m.* ***1*** **ploughman*; peasant** ***2*** *(fig.)* **bumpkin; boor.**
bìfora *f. (archit.)* **mullioned window with to lights.**
biforcarsi *v. rifl.* **to bifurcate; to fork; to branch off.**
biforcazióne *f.* **bifurcation; branching off.**
biforcuto *a.* **forked.**
bifrónte *a.* **bifront; bifrontal; two-faced, double-faced** (anche *fig.).*
biga *f.* **two-wheeled chariot.**
bigamìa *f. (leg.)* **bigamy.**
bìgamo ***A*** *a.* **bigamous** ***B*** *m.* **bigamist.**
bighellonare *v. i.* **to lounge about; to wander about; to loaf.**
bighellóne *m.* **lounger; loafer.**
bigino *m. (pop.)* **crib.**
bìgio *a.* **grey, gray.**
bigiotterìa *f.* **cheap jewelry; trinkets** *(pl.).*
bìglia *V.* **bilia.**
bigliardo *V.* **biliardo.**
bigliettàio *m.* ***1*** *(ferr.:* in stazione) **booking clerk;** (sui treni) **ticket collector** ***2*** (di tram, ecc.) **conductor** ***3*** (di cinema, teatro) **box-office attendant.**
biglietterìa *f.* ***1*** *(ferr.)* **ticket office; booking office** ***2*** (di cinema, teatro) **box office.**
bigliétto *m.* ***1*** **ticket**: *un b. d'andata e ritorno,* a return ticket □ *un b. d'andata (o di corsa semplice),* a single ticket □ *un b. ferroviario,* a railway ticket □ *un b. festivo,* a week-end ticket □ *un b. d'ingresso,* an entrance (o admission) ticket; *(ferr.)* a platform ticket ***2*** (breve scritto) **note** ***3*** (cartoncino) **card**: *un b. d'invito,* an invitation card □ *un b. di (o da) visita,* a visiting card ***4*** (di banca) **(bank-)note** ● *b. postale,* letter card.
bignè *m. (cucina)* **cream puff.**
bigodino *m.* **hair-curler.**
bigóncia *f.* **tub.**
bigóncio *m.* **vat; large tub.**
bigòtta *f.* ***1*** (bacchettona) **bigot; pious humbug** ***2*** *(naut.)* **dead-eye.**
bigotterìa *f.* **bigottişmo** *m.* **bigotry; sanctimony.**
bigòtto *m.* **bigot; pious humbug.**
bikini *m. (moda)* **bikini.** .
bilància *f.* ***1*** **balance; pair of scales; scale(s)** ***2*** *(econ.)* **balance** ***3*** (rete da pesca) **square fishing-net** ***4*** (dell'orologio) **balance; balance-wheel** ● *(astron., astrologia) la B.,* the Scales □ *b. a ponte,* weighbridge □ *b. automatica,* automatic weighing-machine □ *braccio della b.,* balance-beam □ (anche *fig.) dare il tracollo alla b.,* to turn the scales □ *(fig.) pesare con giusta b.,* to hold the scales even □ *piatto della b.,* pan; scale.
bilanciare ***A*** *v. t.* ***1*** (tenere in equilibrio) **to balance** ***2*** *(fig.:* soppesare) **to weigh** ***3*** (equivalere a) **to balance; to equal** ***4*** (controbilanciare) **to counterbalance; to counterpoise** ***B*** **bilanciarsi** *v. rifl.* **to balance (oneself)** ***C*** *v. rifl. recipr.* **to balance out; to balance each other.**
bilancière *m.* ***1*** (di orologio) **balance(-wheel)** ***2*** *(mecc.)* **rocker arm; equalizer; compensator** ***3*** (di portatore di pesi, di funambolo) **pole** ***4*** *(sport:* sollevamento pesi) **bar.**
bilancino *m.* ***1*** **trace-horse** ***2*** (di carrozza) **splinter-bar.**
bilàncio *m.* ***1*** *(comm.)* **balance(-sheet); budget**: *fare il b.,* to draw up a balance-sheet ***2*** (dello Stato) **budget** ● *b. preventivo,* budget estimate □ *(fig.) fare il b. di q.c.,* to weigh all the pros and cons of st.
bilaterale *a.* **bilateral.**
bile *f.* ***1*** *(fisiologia)* **bile** ***2*** *(fig.)* **rage; anger; bad temper**: *crepare dalla b.,* to burst with rage.
bìlia *f.* ***1*** (palla) **billiard ball** ***2*** (buca) **pocket** ***3*** (pallina di vetro) **marble.**
biliardino *m.* **pin-table; pinball machine.**
biliardo *m.* **billiards** *(pl.)*: *una stecca da b.,* a billiard cue □ *un tavolo da b.,* a billiard table.
biliare *a. (fisiologia)* **biliary.**
bìlico *m.* ***1*** **(unstable) equilibrium (o balance)** ***2*** *(mecc.)* **bascule**: *un ponte a b.,* a bascule-bridge ● *mettere in b.,* to balance; to poise □ *(fig.) tenere q. in b.,* to keep sb. in suspense.
bilìngue *a., m.* e *f.* **bilingual.**
bilinguişmo *m.* **bilingualism.**
bilióne *m.* (mille milioni) **billion** *(in USA);* **milliard** *(in G. B.;* nel sistema ingl. **billion** è un milione di milioni).
bilióso *a.* ***1*** **bilious** ***2*** *(fig.)* **choleric; peevish; bad-**

-tempered.
bimbo *m.* **child***; **kid** *(fam.)*; (in fasce) **baby;** (che fa i primi passi) **toddler.**
bimensile *a.* **fortnightly**: *una rivista b.*, a fortnightly review.
bimestrale *a.* **two-monthly; bimonthly.**
bimèstre *m.* **(period of) two months.**
bimetallișmo *m.* **bimetallism.**
bimillenario *a.* e *m.* **bimillenary.**
bimotóre *m.* **twin-engined plane.**
binàrio ***A*** *a.* **binary** ***B*** *m.* **track; line**: *un b. morto,* a dead-end track ● *Il treno per Padova parte dal b. numero uno,* the train for Padua will leave from platform number one.
binato *a.* **in pairs.**
binda *f. (mecc.)* **jack.**
bindolo *m.* ***1*** (arcolaio) **winder** ***2*** (macchina per attingere acqua) **water-wheel** ***3*** *(fig.)* **dodge.**
binòcolo *m.* **binoculars** *(pl.)*; (da campagna) **field glasses** *(pl.)*; (da teatro) **opera glasses** *(pl.)*.
binòmio *m. (mat.)* **binomial.**
biobibliogràfico *a.* **biobibliographical.**
biòccolo *m.* (di lana) **tuft; flock;** (di neve) **flake.**
biochimica *f.* **biochemistry.**
biodegradàbile *a. (chim.)* **biodegradable.**
biofișica *f.* **biophysics** *(pl. col verbo al sing.)*.
biogèneși *f.* **biogenesis.**
biogeografia *f.* **biogeography.**
biografia *f.* **biography.**
biogràfico *a.* **biographic(al).**
biògrafo *m.* **biographer.**
biologia *f.* **biology.**
biològico *a.* **biological.**
biòlogo *m.* **biologist.**
biometeorologia *f.* **biometeorology.**
biónda *f.* **blonde.**
biondastro *a.* **blondish.**
biondeggiare *v. i.* to **be yellow;** to **be golden.**
biondina *f.* **blond girl.**
biondino ***A*** *a.* **fair-haired** ***B*** *m.* **blond** (o **fair-haired**) **young man*.**
bióndo ***A*** *a.* **fair; blond; golden** ● *b. cenere,* ash-blond □ *dai capelli biondi,* fair-haired □ *una ragazza dai capelli biondi come l'oro,* a golden-haired girl ***B*** *m.* **blond man*; fair-haired man*.**
biònica *f. (scient.)* **bionics** *(pl. col verbo al sing.)*.
biosfèra *f.* **biosphere.**
biòssido *m. (chim.)* **dioxide.**
bioterapia *f. (med.)* **biotherapy.**
bipartire *v. t.* **bipartirsi** *v. rifl.* to **divide into two (parts);** to **bifurcate.**
bipartìtico *a. (polit.)* **two-party** *(attr.)*.
bipartitișmo *m. (polit.)* **two-party system.**
bipartizióne *f.* **bipartition.**
bìpede ***A*** *a.* **biped; two-footed** ***B*** *m.* **biped; two--footed animal.**
bipènne *f.* **two-edged axe.**
biplano *m. (aeron.)* **biplane.**
bipolare *a. (fis.)* **bipolar.**
bipósto *a. (autom., aeron.)* **two-seater** *(attr.)*.
birba *f.* **rascal, scamp** (spesso *scherz.*).
birbante *m.* **scoundrel, rogue, rascal** (anche *scherz.*); **knave** *(arc.)*.
birbanteria *f.* **knavery; roguery.**
birbantésco *a.* **knavish; roguish.**
birbonata *f.* **knavish trick; mischievous trick; mischief.**
birbóne ***A*** *a.* — *avere una fame (una sete) birbona,* to be very hungry (very thirsty) □ *avere una paura birbona,* to be scared to death; to be in a funk *(pop.)* □ *un tiro b.*, a dirty trick □ *Fa un freddo b.*, it's terribly cold ***B*** *m.* **villain; rascal.**
birboneggiare *v. i.* to **behave like a rascal;** to **do* mischief.**
birboneria *f.* **villainy; roguery.**
birbonésco *a.* **knavish; roguish.**
bireattóre *m. (aeron.)* **two-engined jet.**
birichinata *f.* **prank; mischievous trick.**
birichino ***A*** *a.* **mischievous; impish** ***B*** *m.* **scamp; little rascal.**
birillo *m.* **skittle; ninepin.**
birmano *a.* e *m.* **Burmese*; Burman.**
biro *f. invar.* **biro*; ballpoint pen.**
biroccino *m.* **gig.**
biròccio *m.* **cart.**
birra *f.* **beer; ale**: *un boccale di b.*, a mug of beer ● *b. scura,* stout; porter □ *(fig.) a tutta b.*, at top speed □ *fabbrica di b.*, brewery.
birràio *m.* ***1*** **beer-house keeper** ***2*** (fabbricante di birra) **brewer.**
birreria *f.* ***1*** **beer-house; ale-house** ***2*** (fabbrica di birra) **brewery.**
bis *inter.* e *m. (teatr.)* **encore**: *concedere il b.*, to give an encore ● *treno (autobus) b.*, relief train (bus).
bișàccia *f.* **knapsack; saddle-bag(s).**
bișava, bișàvola *f.* **great-grandmother.**
bișavo, bișàvolo *m.* **great-grandfather.**
bișbètica *f.* **shrew.**
bișbètico *a.* **bad-tempered; peevish; crabbed.**
bișbigliare *v. t.* e *i.* to **whisper.**
bișbiglio *m.* **whisper; murmur.**
bișbiglio *m.* **whispering; murmuring.**
bișbòccia *f.* **feasting; revelry** ● *fare b.*, to revel; to make merry; to go on a spree.
bișboccióne *m.* **reveller; gay dog.**
bisca *f.* **gambling-house; gambling-den.**
biscaglina *f. (naut.)* **Jacob's ladder.**
biscaglino *a.* e *m.* **Biscayan.**
biscaiòlo *m.* **gambler.**
biscazzière *m.* ***1*** **gambling-house keeper** ***2*** (nel biliardo) **marker.**
(1) bìschero *m. (mus.)* **peg.**
(2) bìschero *m. (pop. tosc.)* **simpleton; ninny.**
bischétto *m.* **cobbler's bench.**
bìscia *f. (zool.,* Natrix natrix*)* **grass snake.**
biscottare *v. t.* to **bake over again;** to **bake twice.**
biscottato *a.* **twice-baked; toasted** ● *fette biscottate,* rusks.
biscottificio *m.* **biscuit factory.**
biscòtto *m.* ***1*** **biscuit; cookie** *(USA)* ***2*** (ceramica) **bisque; biscuit** ● *pan b.*, rusk.
biscròma *f. (mus.)* **demisemiquaver.**
biscugina *f.* **biscugino** *m.* **second cousin.**
bisecare *v. t. (geom.)* to **bisect.**
bisènso *m.* **word with a double meaning.**
bisessuale *a.* **bisexual.**
bișestile *a.* **bissextile** ● *anno b.*, leap year.
bisettimanale *a.* **twice-weekly; biweekly.**
bisettrice *f. (geom.)* **bisector.**
bisezióne *f. (geom.)* **bisection.**
bisillabo ***A*** *a.* **disyllabic; two-syllabled** ***B*** *m.* **disyllable.**
bișlaccheria *f.* **eccentricity; oddity; whimsicality.**
bișlacco *a.* **queer; odd; eccentric; whimsical; quaint.**
bișlungo *a.* **oblong.**
bișmuto *m. (chim.)* **bismuth.**
bișnipóte *m.* e *f.* ***1*** (di bisnonni) **great-grandchild*; great-grandson** *(masch.)*; **great-granddaughter** *(femm.)* ***2*** (di prozii) **great-nephew** *(masch.)*; **great--niece** *(femm.)*.
bișnònna *f.* **great-grandmother.**
bișnònno *m.* **great-grandfather.**
bișógna *f. (lett.)* **business; work; task**: *accingersi alla b.*, to set to work □ *una dura b.*, a hard task.
bișognare *v. i.* ***1*** *(impers.)* to **be necessary;** *(con costruzione pers. in ingl.)* to **have** (to), *(pres.)* **must,** *(condiz. e congiunt.)* **should, ought** (to): *Bisogna che tu parta,* you must leave □ *Bisognò dirglielo,* we had to tell him ***2*** (aver bisogno di) to **need** ***3*** (mancare, esser privo di) to **be lacking in** (st.); to **need**: *Gli bisogna un po' di coraggio,* he needs a little more courage.
bișognévole *a.* **needy; in need.**
bișógno *m.* ***1*** **need**: *Non c'è b. di lavorare tanto,* there is no need to work so hard ***2*** (necessità) **necessity**: *Il b. non ha legge,* necessity knows no law □ *in caso di b.*, in case of need; if need be □ *secondo il b.*, according to one's needs ***3*** (indigenza) **need; poverty** ● *al b.*, when required □ *avere b. (di),* to be in need (of); to need;

(essere privo di) to lack □ *(eufemistico) avere un b.*, to have to go to the toilet; to want to spend a penny *(fam.)* □ *(eufemistico) fare i propri bisogni*, to relieve oneself □ *più del b.*, more than necessary.
bişognóso **A** *a.* **needy; poor** **B** *m.* **needy** (o **destitute**) **person; pauper** ● *soccorrere i bisognosi*, to help the poor and needy.
bişónte *m.* (*zool.*, Bison) **bison.**
bissare *v. t. (teatr.)* to **encore.**
bisso *m. (zool.)* **byssus*.**
bistécca *f. (cucina)* **beefsteak; steak**: *una b. ai ferri*, a grilled steak.
bistecchièra *f.* **grill.**
bisticciare *v. i.* **bisticciarsi** *v. rifl. recipr.* to **quarrel;** to **bicker;** to **squabble.**
bistìccio *m.* **1 quarrel; tiff; squabble** **2** (gioco di parole) **pun.**
bistrato *a.* **bistred** ● *occhi bistrati*, made-up eyes.
bistrattare *v. t.* to **ill-treat;** to **maltreat.**
bistro *m.* **bistre.**
bìsturi *m. (med.)* **bistoury; scalpel.**
bişunto *a.* **very greasy.**
bitórzolo *m.* **pimple; spot.**
bitorzoluto *a.* **pimply; spotty.**
bitta *f. (naut.)* **bollard; bitt.**
bìtter *m.* **bitters** *(pl.)*.
bitumare *v. t.* to **bituminize;** to **tar.**
bitume *m.* **bitumen.**
bituminare *V.* **bitumare.**
bituminóso *a.* **bituminous.**
bivaccare *v. i.* to **bivouac.**
bivacco *m.* **bivouac.**
bivalènte *a.* **bivalent** (anche *chim.*).
bivalve *(zool.)* **A** *a.* **bivalvular** **B** *m.* **bivalve.**
bìvio *m.* **1 crossroads; road-fork** **2** *(fig.)* **dilemma.**
bizantinişmo *m.* **1 Byzantinism** **2** *(fig.)* **pedantry; hair-splitting.**
bizantino **A** *a.* **1 Byzantine** **2** *(fig.)* **pedantic** **B** *m.* **Byzantine.**
bizza *f.* **caprice; tantrum** ● *andare in b.*, to fly into a temper □ *fare le bizze* (di bambini), to be naughty.
bizzarrìa *f.* **eccentricity; whimsicality; oddity.**
bizzarro *a.* **1 bizarre; eccentric; whimsical; quaint; odd** **2** (rif. a cavallo) **high-spirited.**
bizzèffe, a *locuz. avv.* **in plenty; galore**: *denaro a b.*, money galore.
bizzóso *a.* **capricious;** (rif. a bambini) **naughty.**
blablà, blablablà *m.* **bibble-babble; blethering, blathering.**
blandire *v. t.* to **blandish;** to **flatter.**
blandìzie *f. pl.* **blandishments; flattery** *(sing.)*.
blando *a.* **bland; gentle; soft; mild; merciful.**
blasfèmo **A** *a.* **blasphemous** **B** *m.* **blasphemer; swearer.**
blaşonato *a.* **of noble birth; titled**: *gente blasonata*, titled people.
blaşóne *m.* **coat of arms; blazon.**
blaterare *v. i.* to **blab;** to **blabber;** to **blether,** to **blather.**
blateróne *m.* **blabber; blether, blather.**
blatta *f.* (*zool.*, Blatta orientalis) **cockroach.**
blènda *f. (miner.)* **blende.**
bleşità *f.* **lisp.**
blèşo *a.* **lisping** ● *pronuncia blesa*, lisp □ *essere b.*, to have a lisp.
blindare *v. t.* to **armour.**
blindato *a.* **armoured; armour-clad.**
bloccare **A** *v. t.* **1** to **block;** to **block up** **2** (isolare) to **isolate;** to **cut* off** **3** *(mecc.)* to **jam;** to **stall;** to **lock** **4** *(econ.)* to **freeze*** **5** *(mil.)* to **blockade** ● *b. un assegno*, to stop a cheque **B bloccarsi** *v. rifl. (mecc.)* to **jam.**
bloccastèrzo *m. (autom.)* **antitheft steering lock.**
bloccato *a. (mecc.)* **jammed; stalled** ● *affitti bloccati*, controlled rents □ *(econ.) averi bloccati*, controlled goods.
(1) blòcco *m.* **1** (stradale, ecc.) **block** **2** *(mil.)* **blockade** **3** *(med.)* **block** **4** (degli affitti) **control** **5** *(econ.)* **freeze.**
(2) blòcco *m.* **1 block;** *(comm.)* **bulk**: *un b. di marmo*, a block of marble □ *in b.*, in bulk **2** (blocchetto di fogli di carta) **pad** **3** *(polit.)* **coalition; bloc** ● *b. per appunti*, notebook.
blu *a.* e *m.* **blue** ● *avere il sangue blu*, to have blue blood in one's veins.
bluastro *a.* **bluish.**
bluff *(ingl.) m.* **bluff** (anche *fig.*).
bluffare *v. i.* to **bluff** (anche *fig.*).
bluşa *f.* **blouse.**
bluşòtto *m.* **sports shirt.**
(1) bòa *m.* **1** (*zool.*, Boa) **boa** **2** *(moda)* **boa.**
(2) bòa *f. (naut.)* **buoy** ● *boa di ormeggio*, mooring buoy.
boàrio *a.* **cattle** *(attr.)*: *mercato b.*, cattle market.
boato *m.* **rumble.**
bòb *m. (sport)* **bobsleigh.**
bobbista *m.* e *f. (sport)* **bobsleigh rider.**
bobina *f.* **1** (di pellicola) **spool;** (di proiettore) **reel** **2** *(elettr.)* **coil** **3** *(ind. tessile)* **reel; spool; bobbin.**
bobinatrice *f.* **1** *(elettr.)* **winding machine; coil winder** **2** *(ind. tessile)* **winding frame.**
bócca *f.* **1** (in molti sensi) **mouth**: *avere la b. grande*, to have a big mouth □ *aprir b.*, to open one's mouth □ *levare (o togliere) la parola di b. a q.*, to take the words out of sb.'s mouth □ *la b. di un cannone*, the mouth of a cannon □ *la b. d'un vaso*, the mouth of a vase **2** (lingua) **tongue**: *stare a b. chiusa*, to hold one's tongue **3** (labbra) **lips**: *Il suo nome correva di b. in b. (o era sulla b. di tutti)*, his name was on everyone's lips ● *la b. dello stomaco*, the pit of the stomach □ *essere la b. della verità*, to be the soul of truth □ *(bot.) b. di leone* (Antirrhinum majus), snapdragon □ *(fig.) andare in b. al lupo*, to put oneself in the hands of one's enemy □ *(fig.) avere sempre in b. q.c.*, to be always harping on st. □ *cantare a b. chiusa*, to hum □ *(fig.) chiudere (o tappare) la b. a q.*, to silence sb. □ *dire ciò che viene in b.*, to say the first thing that comes into one's head □ *essere di b. buona*, to be a hearty eater □ *fare la b. a q.c.*, to get to like st. □ *fare la b. storta a q.c.*, to turn up one's nose at st. □ *guardare q. a b. aperta*, to gape at sb. □ (anche *fig.*) *lasciare la b. cattiva*, to leave a nasty taste in the mouth □ *non aprir mai b.*, to keep silent (o not to say a word) □ *parole che riempiono la b.*, high-sounding words □ *prendere una medicina per b.*, to take a medicine orally □ *(fig.) restare a b. aperta*, to be taken aback □ *(fig.) essere sulla b. di tutti*, to be the talk of the town □ *Acqua in b.!*, don't say a word about it! □ *In b. al lupo!*, good luck!.
boccaccésco *a.* **1 in the style of Boccaccio** **2** *(fig.)* **licentious.**
boccàccia *f.* **1 grimace** **2** (bocca amara) **nasty taste in one's mouth** **3** *(fig.)* **foul-mouthed person** ● *fare le boccacce*, to pull faces.
boccàglio *m.* **1** *(mecc.)* **nozzle** **2** (di respiratore) **mouthpiece.**
boccale *m.* **jug; mug;** (generalm. con coperchio) **tankard.**
boccapòrto *m. (naut.)* **hatchway.**
boccascèna *m. (teatr.)* **proscenium*.**
boccata *f.* **mouthful.**
boccétta *f.* **small bottle.**
boccheggiare *v. i.* to **gasp.**
bocchétta *f.* **1 small opening** **2** (di strumento mus.) **mouthpiece** **3** *(mecc.)* **selvage.**
bocchettóne *m.* (per tubi) **pipe union.**
bocchino *m.* **1 cigarette-holder** **2** (di pipa, di strumento mus.) **mouthpiece** ● *fare il b.*, to purse one's lips.
bòccia *f.* **1** (bottiglia) **bottle;** (da vino) **decanter** **2** *(sport)* **bowl** **3** *(fig., fam.:* testa) **pate** *(scherz.)*; **head** ● *gioco delle bocce*, bowls.
bocciare *v. t.* **1** to **hit* (a bowl)** **2** (respingere) to **reject** **3** (agli esami) to **fail;** to **plough** (gergo studentesco) ● *essere bocciato ad un esame (in una materia)*, to fail in (o to fail to pass) an examination (in a subject).
bocciatura *f.* **failure.**
boccino *m.* **jack.**
bòccio *m.* **bud**: *in b.*, in bud.
bocciòdromo *m.* **bowling green.**

bocciòfilo *m.* **bowling fan.**
bocciòlo *m.* ***1*** **bud** ***2*** (di candeliere) **socket** • *b. di rosa,* rosebud.
bóccola *f.* ***1*** **buckle** ***2*** *(ferr.)* **axle box** ***3*** *(mecc.)* **bush; bushing.**
bóccolo *m.* **curl (of hair).**
bocconcino *m.* **titbit; dainty.**
boccóne *m.* **mouthful, morsel, bite** (anche *fig.*): *tutto in un b.,* in one mouthful □ *mangiare un b.,* to have a bite (o a snack) • *(fig.) il b. del prete,* the parson's nose □ *a pezzi e bocconi,* a bit at a time; piecemeal □ *(fig.) inghiottire un b. amaro,* to swallow a bitter pill.
boccóni *avv.* **face downwards; flat on one's face.**
body *(ingl.) m.* **body stocking.**
boèmo *a.* e *m.* **Bohemian.**
boèro *a.* e *m.* **Boer.**
bofonchiare *v. i.* to **grumble;** to **snort.**
bohème *(franc.) f.* **Bohemianism.**
bohémien *(franc.) m.* **Bohemian.**
bòia *m.* ***1*** **executioner;** (chi impicca) **hangman*;** (chi decapita) **headsman*** ***2*** *(fig.)* **scoundrel; rascal** • *(volg.) Fa un freddo b.,* it's cold as hell.
boiata *f. (volg.)* ***1*** (cosa mal riuscita) **botch; bad job; rubbish** ***2*** (azione cattiva) **nasty trick.**
boicottàggio *m.* **boycott.**
boicottare *v. t.* to **boycott.**
boiler *(ingl.) m.* **boiler; water-heater.**
boîte *(franc.) f.* **night club.**
bolèro *m. (mus., moda)* **bolero*.**
bolèto *m.* **boletus.**
bòlgia *f.* ***1*** *(letter.)* **« bolgia »** ***2*** *(fig.)* **hell.**
bòlide *m.* ***1*** **bolide; fire-ball; meteor** ***2*** *(fig.)* **fast car; racing car** ***3*** *(scherz.:* persona corpulenta*)* **strapper** *(fam.)* • *passare come un b.,* to flash past.
bolina *f. (naut.)* **bowline.**
boliviàno *a.* e *m.* **Bolivian.**
(1) bólla *f.* ***1*** **bubble:** *bolle di sapone,* soap bubbles ***2*** (vescichetta) **blister.**
(2) bólla *f.* ***1*** *(relig.)* **bull** ***2*** *(comm.)* **bill; note:** *b. di consegna,* delivery note.
bollare *v. t.* to **stamp;** to **seal;** (con marchio a fuoco) to **brand** (anche *fig.*): *carta bollata,* stamped paper □ *b. q. d'infamia,* to brand sb. with infamy.
bollènte *a.* ***1*** **boiling;** (caldissimo) **boiling hot** ***2*** *(fig.)* **fiery.**
bollétta *f. (comm.)* **bill;** (ricevuta) **receipt:** *b. doganale,* bill of entry □ *b. d'imbarco,* shipping-bill • *(fig.) essere in b.,* to be hard up.
bollettàrio *m.* **receipt book; counterfoil book.**
bollettino *m.* ***1*** (anche *med.*) **bulletin** ***2*** (pubblicazione) **gazette** ***3*** *(comm.)* **list; note:** *b. di spedizione,* consignment note • *b. meteorologico,* weather forecast.
bollilatte *m. invar.* **milk-boiler.**
bollino *m.* ***1*** *(pubblicità)* **trading stamp** ***2*** (per generi razionati) **coupon.**
bollire ***A*** *v. i.* to **boil** (anche *fig.*); to **seethe** (specialm. *fig.*) ***B*** *v. t.* (far bollire) to **boil** • *far b. piano piano,* to simmer □ *(fig.) Qualcosa gli bolle in testa,* he's cooking up st. □ *(fig.) Lascialo b. nel suo brodo,* let him stew in his own juice.
bollita *f.* **boiling** • *dare una b. a q.c.,* to boil st.
bollito ***A*** *a.* **boiled** ***B*** *m. (cucina)* **boiled meat.**
bollitóre *m.* **boiler:** *un b. elettrico,* an electric boiler.
bollitura *m.* **boiling.**
bóllo *m.* **stamp** (anche *leg.*): *marca da b.,* revenue stamp □ *tassa di b.,* stamp duty • *(autom.) b. di circolazione,* road licence.
bollóre *m.* ***1*** **boil, boiling:** *alzare il b.,* to come to the boil ***2*** *(fig.)* **ardour:** *bollori di gioventù,* youthful ardour.
bòlo *m.* ***1*** *(miner.)* **bole** ***2*** *(med.)* **bolus.**
bolsàggine *f.* ***1*** (di cavallo) **heaves** *(pl.)*; **broken wind** ***2*** *(fig.)* **weakness.**
bolscevico *a.* e *m.* **Bolshevik.**
bolscevismo *m.* **Bolshevism.**
bolscevizzare *v. t. (polit.)* to **bolshevize.**
bólso *a.* ***1*** (di cavallo) **broken-winded** ***2*** *(fig.)* **weak; nerveless.**
bòma *f. (naut.)* **boom.**
bómba *f.* ***1*** **bomb:** *una b. all'idrogeno,* an H-bomb □ *una b. lacrimogena,* a tear-gas bomb □ *lanciare bombe* (dall'alto), to drop bombs ***2*** *(fig.:* fandonia*)* **whopper** *(fam.)* ***3*** *(fig.:* notizia sensazionale*)* **bombshell** • *b. a mano,* hand grenade □ *b. inesplosa,* dud □ *a prova di b.,* bomb-proof (anche *fig.*) □ *(fig.) tornare a b.,* to get back to the point.
bombarda *f.* ***1*** *(mil.)* **bombard** ***2*** *(naut.)* **two-masted vessel.**
bombardaménto *m.* **bombing; bombardment:** *b. a tappeto,* carpet (o pattern) bombing.
bombardare *v. t.* ***1*** to **bomb;** to **bombard;** to **shell** ***2*** *(fis.)* to **bombard** ***3*** *(fig.)* to **bombard:** *b. q. di domande,* to bombard sb. with questions.
bombardière *m. (aeron.)* **bomber.**
bombardino *m. (mus.)* **baritone saxhorn.**
bombardóne *m. (mus.)* **bombardon.**
bombato *a.* **rounded; convex; bombé** *(franc.).*
bombétta *f.* **bowler (hat).**
bómbice *m.* **silkworm.**
bómbo *m. (zool.,* Bombus*)* **bumble-bee.**
bómbola *f.* **bottle; cylinder.**
bómbolo *m. (scherz.)* **podge; humpty-dumpty.**
bombolóne *m. (cucina)* **doughnut.**
bombonièra *f.* **fancy sweet-box.**
bomprèsso *m. (naut.)* **bowsprit.**
bonàccia *f.* ***1*** **dead calm** ***2*** *(fig.)* **calm; plain sailing.**
bonaccióne ***A*** *a.* **good-natured; easy-going** ***B*** *m.* **good-natured (o easy-going) fellow.**
bonarietà *f.* **good nature; kindliness; affability.**
bonàrio *a.* **good-natured; kindly; mild; affable:** *un tipo b.,* a kindly chap.
bonbon *(franc.) m.* **sweetmeat; candy** *(USA).*
bondiòla *f. (cucina)* **salted pork (in a ball-shaped sausage).**
bonìfica *f.* ***1*** **reclamation** ***2*** (terreno bonificato) **reclaimed land** ***3*** *(fig.)* **moral uplift.**
bonificare *v. t.* ***1*** to **reclaim** ***2*** *(comm.)* to **grant an allowance** (of).
bonìfico *m.* ***1*** *(comm.)* **allowance** ***2*** *(Banca)* **(credit) transfer.**
bonomìa *f.* **good nature; good-naturedness.**
bontà *f.* ***1*** **goodness; kindness:** *b. di cuore,* goodness of heart ***2*** (buona qualità) **good quality;** (eccellenza) **excellence;** (virtù) **virtue** • *avere la b. di fare q.c.,* to be so good (o kind) as to do st.; to be good (o kind) enough to do st. □ *Quanta b.!,* how kind!
bontempóne *V.* **buontempóne.**
bónzo *m. (relig.)* **bonze.**
bòra *f. (meteorologia)* **bora.**
borace *m. (miner.)* **borax.**
boracìfero *a.* **boraciferous.**
borbogliare *v. i.* to **rumble;** to **gurgle.**
borbottare ***A*** *v. i.* to **mumble;** to **grumble;** (degli intestini) to **rumble** ***B*** *v. t.* to **mumble;** to **mutter.**
borbottìo *m.* **mumbling; muttering.**
borbottóne *m.* **grumbler.**
bòrchia *f.* **boss.**
bordare *v. t.* ***1*** (fare un orlo a) to **hem;** to **border;** to **edge** ***2*** *(mecc.)* to **bead;** to **rim** ***3*** *(naut.)* to **spread*** (sails).
bordata *f.* ***1*** *(naut.)* **tack** ***2*** (di cannoni) **broadside.**
bordatura *f.* ***1*** (orlo) **rim; border; edge** ***2*** *(mecc.)* **beading.**
bordeggiare *v. i. (naut.)* to **tack.**
bordèllo *m.* ***1*** **brothel** ***2*** *(fig., volg.:* schiamazzo*)* **racket; shindy.**
bordino *m. (ferr.)* **flange.**
bórdo *m.* ***1*** **hem; border; edge** ***2*** *(mecc.)* **rim** ***3*** *(naut.)* **board:** *andare (o salire) a b.,* to go on board ***4*** (di marciapiede) **curb.**
bordò *a.* e *m.* **Bordeaux (red).**
(1) bordóne *m.* (bastone da pellegrino) **pilgrim's staff.**
(2) bordóne *m. (mus.)* **bourdon** • *(fig.) tenere b. a q.,* to be sb.'s accomplice.
bordura *f.* **border; edge; fringe.**

bòrea *m. (lett.)* **Boreas; north wind.**
boreale *a.* **boreal; northern.**
borgata *f.* **hamlet; village.**
borghése ***A*** *a.* ***1*** **bourgeois** *(franc.)* (anche *fig.*); **middle-class** *(attr.)* ***2*** (civile) **civilian**: *abito b.*, civilian (o plain) clothes; civ(v)ies *(fam.)* ***B*** *m.* e *f.* **bourgeois** ● *piccoli borghesi*, lower middle-class people.
borghesìa *f.* **middle classes** *(pl.)*; **bourgeoisie** *(franc.)*: *l'alta (la piccola) b.*, the upper (the lower) middle classes.
borghigiano *m.* **villager.**
bórgo *m.* ***1*** **village** ***2*** (sobborgo) **suburb.**
borgognóne *a.* e *m.* **Burgundian.**
borgomastro *m.* **burgomaster.**
bòria *f.* **vainglory; haughtiness; conceit** ● *mettere su b.*, to put on airs □ *pieno di b.*, vainglorious; haughty.
boriarsi *v. rifl.* to **put* on airs**; to **puff oneself up**; to **swagger.**
bòrico *a. (chim.)* **boric**: *acido b.*, boric acid.
borióso *a.* **vainglorious; haughty; conceited.**
bòro *m. (chim.)* **boron.**
borotalco *m.* **talcum powder.**
bórra *f.* ***1*** **padding** (anche *fig.*); **wadding** ***2*** (scarti di lana) **flocks** *(pl.)*.
borràccia *f.* **water-bottle;** *(mil.)* **canteen.**
borraccina *f.* (*bot.*, Sedum acre) **stonecrop.**
borrana *f.* **bórro** *m.* **gully.**
bórsa *f.* ***1*** **bag;** (portamonete) **purse;** (borsetta) **handbag**: *una b. da viaggio*, a travelling bag □ *(fig.) avere le borse agli occhi*, to have bags under one's eyes ***2*** (denaro) **money**: *comprare q.c. di propria b.*, to buy st. with one's own money □ *O la b. o la vita!*, your money or your life! ***3*** (Borsa valori) **Stock Exchange**: *quotazioni di B.*, Stock Exchange quotations ***4*** (*zool.*: marsupio) **pouch** ***5*** *(anat.)* **bursa*** ● *b. per il tabacco*, tobacco pouch □ *b. di studio*, scholarship; grant □ *b. nera*, black market □ *b. per l'acqua calda*, hot-water bottle □ *b. per documenti*, attaché case □ *allentare (stringere) i cordoni della b.*, to loosen (to tighten) the purse strings □ *pagare di propria b.*, to pay out of one's own pocket.
borsaiòlo *m.* **pickpocket.**
borsanéra *f.* **black market.**
borsanerista *m.* e *f.* **black marketeer.**
borseggiare *v. t.* to **pick** (sb.'s) **pocket.**
borseggiatóre *m.* **pickpocket.**
borséggio *m.* **pickpocketing.**
borsellino *m.* **purse.**
borsétta *f.* **handbag.**
borsétto *m.* **(gentleman's) handbag.**
borsista *m.* e *f.* ***1*** (chi specula in Borsa) **speculator; stock-jobber** ***2*** (chi usufruisce d'una borsa di studio) **scholarship holder.**
borsìstico *a.* **stock-exchange** *(attr.)*.
boscàglia *f.* **undergrowth; brushwood.**
boscaiòlo *m.* ***1*** **woodman*; woodcutter** ***2*** (guardaboschi) **forester.**
boscheréccio *a.* **woody; sylvan; woodland** *(attr.)*.
boschétto *m.* **thicket; grove.**
boschivo *a.* **wooded; woody** ● *terreno b.*, woodland.
bòsco *m.* **wood** (spesso al *pl.*) ● *b. ceduo*, copse; coppice.
boscóso *a.* **woody; wooded.**
bòsso *m.* ***1*** (*bot.*, Buxus sempervirens) **box (tree)** ***2*** (legno) **boxwood.**
bòssolo *m.* **(cartridge) case.**
botànica *f.* **botany.**
botànico ***A*** *a.* **botanic(al)**: *orto b.*, botanic gardens *(pl.)* ***B*** *m.* **botanist.**
bòtola *f.* ***1*** **trap door** ***2*** (b. stradale) **manhole.**
bòtolo *m.* **cur** (anche *fig.*).
bòtta *f.* ***1*** **blow** (anche *fig.*): *dare botte da orbi*, to deal out furious blows □ *fare a botte*, to come to blows □ *un sacco di botte*, a shower of blows □ *(fig.) Fu una b. tremenda per il suo orgoglio*, it was a tremendous blow to his pride ***2*** *(scherma)* **thrust** ***3*** (sparo) **shot** ● *b. e risposta*, thrust and parry.
bottàio *m.* **cooper.**
bottarga *f. (cucina)* **botargo.**
bottata *f.* **cutting remark.**
bótte *f.* ***1*** **barrel; cask; butt** ***2*** — *(archit.) volta a b.*, barrel-vault ● *(fig.) dare un colpo al cerchio e uno alla b.*, to run with the hare and hunt with the hounds □ *(fig.) essere in una b. di ferro*, to be out of harm's way; to be as safe as the Bank of England *(fam.)* □ *parere una b.*, to be as plump as a dumpling.
bottéga *f.* **shop**: *una b. ben fornita*, a well-stocked shop □ *mettere su b.*, to set up shop □ (anche *fig.*) *chiudere b.*, to shut up shop.
bottegàio *m.* **shopkeeper.**
botteghino *m.* ***1*** (di cinematografo, teatro, ecc.) **box office** ***2*** (del lotto) **lottery office.**
bottìglia *f.* **bottle** ● *b. Molotov*, Molotov cocktail □ *mettere il vino in b.*, to bottle the wine □ *verde b.*, bottle green.
bottiglierìa *f.* ***1*** **wine shop** ***2*** (cantina) **wine cellar.**
(1) bottino *m.* **booty; loot; swag; haul.**
(2) bottino *m.* ***1*** (pozzo nero) **cesspit; cesspool** ***2*** *(agric.)* **night soil.**
bòtto *m.* **stroke; blow;** (sparo) **shot** ● *di b.*, all at once.
bottonàio *m.* ***1*** (fabbricante di bottoni) **button-maker** ***2*** (venditore di bottoni) **button-seller.**
bottóne *m.* ***1*** **button** ***2*** (*elettr.*: pulsante) **button** ***3*** *(bot.)* **bud** ● *b. automatico*, press stud; snap fastener □ *(bot.) b. d'oro* (Ranunculus acris), buttercup □ *bottoni gemelli*, cuff-links □ *(fig.) attaccare un b. a q.*, to buttonhole sb. □ *(fig.) la stanza dei bottoni*, the control room; the nerve centre.
bottonièra *f.* ***1*** **row of buttons** ***2*** (quadro con pulsanti) **control panel.**
bottonifìcio *m.* **button factory.**
boutique *(franc.) f.* **boutique.**
bovaro *m.* **cowherd.**
bòve *m.* **ox*.**
bovile *m.* **cowshed; cowhouse.**
bovindo *m. (archit.)* **bow-window.**
bovini *m. pl.* **cattle** *(sing.)*.
bovino *a.* **bovine.**
box *(ingl.) m.* ***1*** (per cavalli) **box** ***2*** (per auto) **pit** ***3*** (per bambini) **play-pen.**
boxare *v. i. (sport)* to **box.**
boxe *(franc.) f. (sport)* **boxing; pugilism.**
boxer *(ingl.) m. (zool.)* **boxer.**
boxeur *(franc.) m. (sport)* **boxer; pugilist.**
(1) bòzza *f.* ***1*** *(archit.)* **boss; rusticated ashlar** ***2*** (protuberanza) **swelling** ***3*** *(naut.)* **stopper; guy.**
(2) bòzza *f.* ***1*** (abbozzo) **draft; sketch;** (brutta copia) **rough copy** ***2*** *(tipogr.)* **proof**: *bozze impaginate*, page-proofs □ *correggere bozze*, to read (and correct) proofs ● *correttore di bozze*, proof-reader □ *(tipogr.) seconda b.*, revise □ *(tipogr.) terza b.*, second revise.
bozzèllo *m. (naut.)* **block.**
bozzettista *m.* e *f.* ***1*** **writer of sketches** ***2*** *(pubblicità)* **poster designer.**
bozzétto *m.* **sketch.**
bòzzima *f.* ***1*** *(ind. tessile)* **size** ***2*** (pastone) **bran mash** ***3*** (miscuglio) **mix-up.**
bozzimare *v. t. (ind. tessile)* to **size.**
bòzzolo *m.* ***1*** **cocoon** ***2*** (grumo di farina) **lump** ***3*** (nodo) **knot.**
bozzolóso *a.* **lumpy.**
braca *f.* ***1*** *(naut.)* **sling** ***2*** (*al pl.*, *pop.*: calzoni) **trousers** ● *(fig.) calare le brache*, to give in.
bracalóne *m.* **untidy person; sloven.**
braccare *v. t.* to **search;** to **hunt.**
braccétto, a *locuz. avv.* **arm-in-arm.**
bracciale *m.* ***1*** (parte dell'armatura) **armlet** ***2*** (braccialetto) **bracelet; bangle.**
braccialétto *m.* **bracelet; bangle.**
bracciante *m.* **day-labourer.**
bracciare *v. t. (naut.)* to **brace.**
bracciata *f.* ***1*** **armful**: *a bracciate*, in armfuls ***2*** (nuoto) **stroke.**
bràccio *m.* (*pl.* **bràccia** *nelle def. 1, 2, 3;* **bracci** nelle altre) ***1*** **arm**: *accogliere q. a braccia aperte*, to welcome sb. with open arms □ *avere (o portare) il b. al*

collo, to have one's arm in a sling □ *portare in b. un bambino,* to carry a baby in one's arms □ *prendere q. per un b.,* to seize sb. by the arm □ *con le braccia in croce,* with folded arms **2** (*al pl., fig.:* manodopera) **hands; labourers; workmen 3** (*naut.:* misura di profondità) **fathom 4** (cosa a forma di braccio) **arm**: *un b. di mare,* an arm of the sea **5** (di bilancia o stadera) **beam; bar 6** (di grammofono) **pick-up 7** (di gru) **jib 8** (*archit.:* ala) **wing 9** (diramazione) **branch** ● *(fig.) essere il b. destro di q.,* to be sb.'s right hand □ *a forza di braccia,* with the strength of one's arms □ *alzare il b.,* to put up one's hand □ *darsi in b. al nemico,* to surrender to the enemy □ *(fig.) Se gli dai un dito, ti prende un b.,* give him an inch, and he will take a yard.
bracciòlo *m.* (d'una poltrona) **arm.**
bracco *m.* **1 hound 2** *(fig.)* **sleuth; bloodhound.**
bracconière *m.* **poacher.**
brace *f.* **embers** *(pl.)* ● *(fig.) cadere dalla padella nella b.,* to fall (o to jump) out of the frying-pan into the fire.
brachicefalìa *f.* **brachycephaly.**
brachicèfalo A *a.* **brachycephalic, brachycephalous B** *m.* **brachycephal.**
brachilogìa *f. (linguistica)* **brachylogy.**
bracière *m.* **brazier.**
braciòla *f. (cucina)* **chop**: *una b. di maiale,* a pork chop.
bradicardìa *f. (med.)* **bradycardia.**
bràdipo *m.* (*zool.,* Bradypus) **sloth.**
bradisişmo *m. (geol.)* **bradyseism.**
brado *a.* **wild.**
brama *f.* **desire; longing; yearning; craving.**
bramanéşimo, bramanişmo *m.* **Brahminism, Brahmanism.**
bramano *m.* **Brahmin, Brahman.**
bramare *v. t.* to **desire**; to **long for**; to **crave for**; to **yearn for (**o **after).**
bramino *m.* **Brahmin, Brahman.**
bramire *v. i.* to **bell**; to **bellow**; to **roar.**
bramito *m.* **bell; bellow; roar.**
bramosìa *f.* **longing; yearning; craving.**
bramóso *a.* **desirous, covetous** (of).
branca *f.* **1 claw;** (del gatto) **paw;** (dei rapaci) **talon 2** *(fig.)* **clutch; grip 3** (ramo) **branch** *(anche fig.)*: *una b. dello scibile,* a branch of knowledge **4** (rampa di scala) **flight (of stairs) 5** (di strumenti) **jaw.**
brancata *f.* **handful.**
brànchia *f. (specialm. al pl.)* **gill.**
brancicare A *v. i.* to **grope;** to **fumble about;** to **feel* one's way**: *b. nel buio,* to grope in the dark **B** *v. t.* to **paw.**
branco *m.* **1** (di pecore, uccelli) **flock;** (mandria) **herd;** (di lupi) **pack;** (di pesci) **shoal;** (di oche) **gaggle 2** (banda) **gang.**
brancolare *v. i.* to **grope**; to **feel* one's way** ● *b. nell'incertezza,* to be in doubt.
branda *f.* **camp bed; folding bed;** *(naut.)* **hammock.**
brandeggiare *v. i. (mil.)* to **traverse.**
brandèllo *m.* **1 shred; rag; tatter** *(di solito al pl.)*; **scrap; piece**: *a brandelli,* in tatters; tattered; in rags □ *fare a brandelli,* to tear to shreds **2** *(fig.)* **bit.**
brandire *v. t.* to **brandish.**
brando *m. (poet.)* **brand; sword.**
brano *m.* **fragment; shred; bit;** (di libro) **passage.**
branzino *m.* (*zool.,* Perca fluviatilis) **bass.**
braşare *v. t.* **1** *(cucina)* to **braise 2** *(metall.)* to **braze.**
braşato *(cucina)* **A** *a.* **braised B** *m.* **braise; pot roast.**
braşile *m.* **brazilwood.**
braşiliàno *a.* e *m.* **Brazilian.**
bràttea *f. (bot.)* **bract.**
bravàccio *m.* **braggart; boaster.**
bravaménte *avv.* **bravely; resolutely.**
bravata *f.* **1 bravado* 2** (millanteria) **brag.**
bravo A *a.* **1 fine;** (buono, abile) **good;** (abile) **clever**: *un b. scolaro,* a clever (o diligent) pupil □ *un brav'uomo,* a good man (o an honest man, a decent fellow) □ *essere bravo in q.c.,* to be good at st. □ *Su, da b., vieni qua,* there's a good boy, come here **2** (bello) **nice**: *fare la propria brava passeggiata serale,* to take one's nice evening walk **3** *(pleonastico, idiom.)*: *Accese il suo b. sigaro e uscì,* he lit up his cigar and went out ● *(spreg.) fare il b.,* to behave arrogantly; (a parole) to brag □ *Su, da b.!,* (esortando) come (on)!; (rincuorando) cheer up! □ *B.!,* (applauso) bravo!; (per congratularsi) well done! □ *(iron.) B. te!,* you clever thing! **B** *m. (stor.)* **bravo*.**
bravura *f.* **1** (abilità) **cleverness; skill 2** (coraggio) **bravery; courage 3** *(mus.)* **bravura** ● *fare q.c. con b.,* to do st. skilfully □ *(iron.) Bella b.!,* how clever of you!
(1) bréccia *f.* **breach**: *stare sulla b.,* to stand in the breach *(anche fig.)* ● *(fig.) far b. nell'animo di q.,* to wind one's way into sb.'s heart.
(2) bréccia *f.* **brecciame** *m.* **road metal.**
brefotròfio *m.* **foundling hospital.**
brénna *f.* **nag.**
bréntolo *m.* (*bot.,* Calluna vulgaris) **heather; ling.**
bretèlle *f. pl.* **1** (per i pantaloni) **braces; suspenders** *(USA)* **2** (di biancheria femm.) **shoulder straps.**
brètone, brèttone *a., m.* e *f.* **Breton.**
(1) brève A *a.* **short; brief** ● *a farla b.,* to make a long story short □ *in b.,* in short; briefly □ *tra b.,* shortly; in a short while **B** *f.* **1** *(mus.)* **breve 2** *(prosodia)* **short syllable.**
(2) brève *f.* (lettera pontificia) **(papal) brief.**
brevettare *v. t.* to **patent;** to **take* out a patent for** (st.).
brevettato *a.* **1 patented 2** *(fig., scherz.)* **infallible.**
brevétto *m.* **1 patent**: *diritto di b.,* patent right □ *Ufficio Brevetti,* Patent Office **2** (di pilota) **pilot's licence** ● *titolare di un b.,* patentee.
breviàrio *m. (relig.)* **breviary.**
brevità *f.* **shortness; brevity.**
brézza *f.* **breeze.**
bric-à-brac *(franc.) locuz. m.* **bric-à-brac.**
bricco *m.* **jug; pot**: *il b. del latte,* the milk-jug □ *il b. del caffè,* the coffee-pot.
bricconata *f.* **rascal's trick; mischievous trick.**
briccóne *m.* **blackguard; rascal; rogue; knave** *(arc.).*
bricconerìa *f.* **trickery; roguery.**
brìciola *f.* **crumb** *(anche fig.)* ● *non avere una b. di fortuna nella vita,* not to have a dog's chance in life.
brìciolo *m.* **bit** ● *non avere un b. di cervello,* to be brainless.
bricòlla *f.* **smuggler's bag.**
bridge *(ingl.) m.* (gioco di carte) **bridge.**
bridgista *m.* e *f.* **bridge-player.**
briga *f.* **1 trouble; care**: *darsi (o prendersi) la b. di fare q.c.,* to take the trouble to do st. **2** (lite) **quarrel**: *attaccare b. con q.,* to pick a quarrel with sb.
brigadière *m.* (sottufficiale dell'Arma dei Carabinieri, della Guardia di Finanza o della Pubblica Sicurezza) **« brigadiere »; sergeant (in the army).**
brigantàggio *m.* **brigandism; brigandage.**
brigante *m.* **1 brigand; highwayman* 2** *(scherz.)* **rogue; rascal.**
brigantino *m. (naut.)* **brigantine; brig.**
brigare *v. t.* to **scheme;** to **intrigue.**
brigata *f.* **1** *(mil.)* **brigade 2 company; group; set, gang** *(fam.)* ● *Brigate Rosse,* Red Brigades.
brìglia *f.* **1 bridle** *(anche fig.)* **2** *(naut.)* **bobstay 3** (*al pl.:* dande) **leading-reins** ● *a b. sciolta,* at full gallop.
brillaménto *m.* **blasting; shooting; firing; explosion.**
brillantare *v. t.* **1** (sfaccettare) to **cut*** (a diamond) **2** *(mecc.)* to **buff 3** *(falegnameria)* to **polish;** to **furbish 4** *(cucina)* to **ice.**
brillante A *a.* **bright;** (di luce molto intensa e *fig.*) **brilliant;** (splendente) **shining;** (sfavillante) **sparkling B** *m.* **diamond.**
brillantina *f.* **brilliantine.**
brillare A *v. i.* **1** to **shine*;** (sfavillare, scintillare) to **sparkle,** to **twinkle;** (b. di luce debole) to **gleam 2** (di vino) to **sparkle 3** (di mina) to **explode;** to **burst* B** *v.*

t. ***1*** (far esplodere) to **blast**; to **set* off** ***2*** (il riso) to **husk**.

brillatura *f.* **husking.**

brillo *a.* **tipsy.**

brina *f.* **(hoar)frost; rime.**

brinare ***A*** *v. i. impers.* — *È brinato la notte scorsa,* last night there was a frost ***B*** *v. t.* ***1*** to **cover with frost** ***2*** (un bicchiere) to **frost**; (con lo zucchero) to **sugar.**

brinata *f.* **(fall of) hoarfrost.**

brinato *a.* ***1*** **covered with hoarfrost** ***2*** (rif. a bicchiere) **frosted.**

brindare *v. i.* to **drink* a toast**; to **toast** (sb., st.) ● *b. alla salute di q.,* to drink sb.'s health.

brindèllo *m.* **rag; tatter**: *a brindelli,* in rags; tattered.

brindellóne *m.* **sloven; slovenly person; tatterdemalion.**

brìndiṣi *m.* **toast** ● *fare un b. alla salute di q.,* to drink sb.'s health.

brìo *m.* **brio** *(anche mus.);* **liveliness; gaiety; go** *(fam.)* ● *Quel ragazzo è pieno di b.,* that boy is full of beans *(fam.).*

briòfite *f. pl. (bot.)* **Bryophyta.**

briònia *f. (bot.,* Bryonia dioica*)* **bryony.**

briòscia *f. (cucina)* **brioche** *(franc.).*

briosità *f.* **gaiety; liveliness.**

brióso *a.* **lively; gay; full of life; full of beans** *(fam.).*

brìscola *f.* ***1*** « **briscola** » ***2*** (carta importante nel gioco di b.) **trump** ***3*** *(fig., fam.)* **blow**: *Che b.!,* what a blow! ● *(fig.) contare quanto il due di b.,* to count for nothing.

bristol *(ingl.) m.* **Bristol board.**

britànnico *a.* **British**: *l'Impero B.,* the British Empire.

britanno *m.* **Briton.**

brivido *m.* **shiver; shudder;** *(fig.)* **thrill** ● *classico del b.,* thriller □ *Mi fa venire i brividi,* it gives me the shudders.

brizzolato *a.* **grizzled.**

bròcca *f.* ***1*** **jug; pitcher** ***2*** (il contenuto) **jugful.**

broccatèllo *m.* ***1*** (tessuto) **brocatel(le)** ***2*** (marmo) **brocatello.**

broccato *m.* **brocade.**

bròccia *f. (mecc.)* **broach.**

(1) bròcco *m.* (stecco) **stick.**

(2) bròcco *m.* ***1*** (ronzino) **nag** ***2*** *(fig.)* **second-rater;** *(sport)* **rabbit** *(fam.).*

bròccolo *m.* ***1*** *(bot.,* Brassica oleracea) **broccoli** ***2*** *(fig.)* **blockhead.**

bròda *f.* ***1*** (per maiali) **swill** ***2*** (acqua sporca) **dishwater** ***3*** *(spreg.)* **thin broth; watery soup;** (caffè lungo) **weak coffee.**

brodàglia *f.* **thin broth; watery soup.**

brodétto *m. (cucina)* ***1*** **broth with egg and lemon juice in it** ***2*** « **brodetto** » (fish soup).

bròdo *m.* **broth**: *b. lungo,* thin broth □ *b. ristretto,* jelly broth □ *b. di pollo,* chicken broth ● *b. di manzo,* beef tea □ *(fig.) lasciar cuocere q. nel suo b.,* to let sb. stew in his own juice □ *Tutto fa b.,* it's all grist to one's mill.

brodolóne *m.* ***1*** **messy eater** ***2*** (persona sciatta) **sloven.**

brodóso *a.* **watery** ● *minestra brodosa,* thin soup.

brogliàccio *m.* **note-book;** *(rag.)* **daybook; blotter** *(USA).*

brogliare *v. i.* to **intrigue**; to **scheme.**

bròglio *m.* **intrigue** ● *b. elettorale,* gerrymander.

bròmo *m. (chim.)* **bromine.**

bromuro *m. (chim.)* **bromide.**

bronchiale *a. (anat.)* **bronchial.**

bronchite *f. (med.)* **bronchitis.**

bróncio *m.* **pout** ● *avere il b.,* to pout □ *tenere il b.,* to sulk.

brónco *m. (anat.)* **broncus** (*pl.* **bronchi).**

broncopolmonite *f. (med.)* **bronchial pneumonia.**

brontolare *v. i.* ***1*** to **grumble**; to **mutter** ***2*** (di tuono) to **rumble.**

brontolio *m.* ***1*** **grumbling; muttering** ***2*** (del tuono) **rumble; rumbling.**

brontolóne *m.* **grumbler.**

bronẓare *v. t.* to **bronze.**

brónẓeo *a.* **bronze** *(attr.);* **made of bronze; bronze--like.**

bronẓina *f. (mecc.)* ***1*** **bushing; bush** ***2*** (cuscinetto) **bearing.**

brónẓo *m.* ***1*** **bronze**: *l'età del b.,* the Bronze Age ***2*** (oggetto d'arte) **bronze** ● *(fig.) dal cuore di b.,* flint--hearted □ *(fig.) dalla faccia di b.,* brazen-faced.

brossura *f.* **paper-back (binding).**

brucare *v. t.* to **nibble**; to **browse** (on).

bruciacchiare *v. t.* to **singe**; to **scorch.**

bruciacchiatura *m.* **burn; scorch.**

bruciapélo, a *locuz. avv.* **point-blank** *(anche fig.).*

bruciare ***A*** *v. t.* to **burn***; to **burn* up**; to **burn* down**; (incendiare) to **set*** (st.) **on fire**, to **set* fire to** (st.) ***B*** *v. i.* ***1*** to **burn*** *(anche fig.);* (essere in fiamme) to **be on fire** ***2*** (provare una sensazione dolorosa) to **smart**; to **rankle**: *Il fumo mi faceva b. gli occhi,* the smoke made my eyes smart ● *(fig.) b. le cervella a q.,* to blow sb.'s brains out □ *b. dal desiderio di fare q.c.,* to be yearning (o to be longing) to do st. □ *(fig.) b. la propria vita,* to burn oneself out □ *Si brucia dal caldo,* it is burning hot ***C*** **bruciarsi** *v. rifl.* ***1*** to **burn* (oneself)**: *Mi sono bruciato un dito,* I've burnt my finger ***2*** (con un liquido) to **scald (oneself)** ***3*** *(fig.)* to **burn* oneself out.**

bruciata *f.* (caldarrosta) **roast chestnust.**

bruciatìccio *m.* ***1*** **residue** (of st. burnt) ***2*** (puzzo di b.) **smell of burning** ● *sapere di b.,* to taste burnt.

bruciato *a.* **burned, burnt;** (dal gelo) **nipped**: *un viso b. dal sole,* a sunburnt face ● *puzzo di b.,* smell of burning.

bruciatóre *m.* **burner.**

bruciatura *f.* ***1*** **burning** ***2*** (ustione) **burn;** (scottatura) **scald.**

brucióre *m.* **burning; smart** *(anche fig.)* ● *(med.) b. di stomaco,* heartburn.

bruco *m.* **caterpillar; grub; worm.**

brùf(f)olo *m.* **pimple; spot.**

brughièra *f.* **moor; heath.**

brûlé *(franc.) a.* — *vino b.,* mulled wine.

brulicare *v. i.* to **swarm,** to **teem** *(anche fig.).*

brulichìo *m.* **swarming.**

brullo *a.* **bare; bleak.**

brulòtto *m. (naut.)* **fire ship.**

bruma *f.* **mist.**

brumóso *a. (lett.)* **misty; hazy.**

bruna *f.* **brunette.**

brunastro *a.* **brownish.**

brunire *v. t.* to **burnish**; to **polish.**

brunitóre *m.* **burnisher.**

brunitura *f.* **burnishing.**

bruno ***A*** *a.* **brown; dark**: *una ragazza bruna,* a dark--haired girl □ *capelli di colore b. scuro,* dark brown hair ***B*** *m.* ***1*** (colore) **brown** ***2*** (uomo) **dark-haired man*** ***3*** (lutto) **mourning.**

brusca *f.* **horse-brush.**

bruschino *m.* **scrubbing brush.**

brusco *a.* **brusque; blunt; abrupt; rough;** (aspro) **sharp**: *un uomo b.,* a man with an abrupt manner; a rough-mannered man ● *con le brusche,* brusquely; abruptly; roughly □ *(fig.) tempi bruschi,* hard times.

brùscolo *m.* **mote.**

bruṣìo *m.* **buzz, buzzing.**

brutale *a.* **brutal; savage.**

brutalità *f.* **brutality; savagery.**

brutaliẓẓare *v. t.* to **brutalize**; to **treat** (sb.) **brutally.**

bruto ***A*** *a.* **brute; brutal**: *materia bruta,* brute matter ***B*** *m.* **animal; brute.**

brutta *f.* (b. copia) **rough copy.**

bruttézza *f.* **ugliness; unsightliness.**

(1) brutto *a.* ***1*** **ugly;** (cattivo) **bad;** (sgradevole) **nasty;** (b. a vedersi) **unsightly**: *una brutta abitudine,* a bad habit □ *b. come il peccato,* as ugly as sin □ *(pop.) un b. muso,* an ugly mug; *(fig.)* an arrogant fellow □ *b. tempo,* bad (o foul) weather ***2*** (abietto) **base;** (meschino) **mean** ● *brutta copia,* rough copy □ *alle brutte,* at (the) worst; if the worst comes to the worst □ *avere dei brutti modi,* to be ill-mannered □ *vederne delle brutte,* to see all sorts of nasty things □ *vedersela brutta,* to see death in the face; to feel lost □ *venire alle brutte* (a contesa), to come to blows □ *B. ignorante!,* you silly ass! □ *B. cattivo!,* you naughty one!

(2) brutto *m.* ***1*** **(the) ugly; ugliness** ***2*** (uomo b.) **ugly man*** ● *Il b. è che...,* the worst of it (o the trouble) is that... □ *Il tempo si mette al b.,* the weather is changing for the worse.

bruttura *f.* ***1*** **ugly (o horrible, shocking) thing** ***2*** (sudiciume) **filth** ***3*** (azione abietta) **base action;** (cosa meschina) **mean thing.**

bua *f.* — *(fam.) avere la bua al pancino,* to have a sore tummy □ *(fam.) farsi la bua,* to hurt oneself.

bùbbola *f.* ***1*** (fandonia) **fib; story** ***2*** (inezia) **(mere) trifle.**

bùbbolo *m.* **harness bell.**

bubbóne *m.* *(med.)* **bubo*.**

bubbònico *a.* *(med.)* **bubonic.**

buca *f.* **hole;** (fossa) **pit;** (tana) **den** ● *b. del biliardo,* pocket □ *b. delle lettere,* letter box □ *(teatr.) b. del suggeritore,* prompter's box.

bucanéve *f.* (*bot.,* Galanthus nivalis) **snowdrop.**

bucanière *m.* **buccaneer; pirate.**

bucare ***A*** *v. t.* ***1*** to **hole;** to **make*** (o to **punch) a hole in** (st.): *b. un biglietto,* to punch (a hole in) a ticket ***2*** (pungere) to **prick** ***B*** *v. i.* (*fam.:* di ciclista, automobilista) to **get* a puncture;** to **puncture** ● *(sport) b. la palla,* to miss the ball ***C*** **bucarsi** *v. rifl.* ***1*** (di pneumatico) to **puncture** ***2*** (pungersi) to **prick oneself** ***3*** (*pop.:* iniettarsi droga) to **shoot* up** *(pop.).*

bucato *m.* **wash; washing; laundry**: *fare il b.,* to do the washing □ *mettere le lenzuola in b.,* to put the sheets in the wash ● *di b.,* freshly laundered.

bucatura *f.* **hole;** (di pneumatico) **puncture.**

bùccia *f.* ***1*** (di frutta) **peel, rind, skin;** (di patata) **peel;** (di legumi) **pod;** (corteccia) **bark** ***2*** (*scherz.:* pelle umana) **skin; hide** ● *bucce* (specialm. di patate), peelings □ (anche *fig.) essere di b. dura,* to be thick-skinned.

bùccina *f.* *(mus., stor.)* **bugle.**

bucèfalo *a.* *(scherz.)* **nag.**

bùcero *m.* (*zool.,* Buceros rhinoceros) **rhinoceros hornbill.**

bucherellare *v. t.* **to riddle (with holes).**

bucintòro *m.* *(stor.)* **bucentaur.**

buco *m.* ***1*** **hole** (anche *fig.*): *il b. della chiave,* the keyhole □ *tappare un b.,* to stop a hole; *(fig.)* to pay a debt ***2*** (*pop.:* iniezione di droga) **shot** *(pop.)*; **fix** *(pop.)* ● *(fig.) fare un b. nell'acqua,* to waste one's time; to get nowhere.

bucòlica *f.* **bucolic; pastoral poem.**

bucòlico *a.* **bucolic; pastoral; rural.**

buddismo *m.* **Buddhism.**

buddista *m.* **Buddhist.**

budèllo *m.* (*pl. femm.* **budèlla** *def. 1)* ***1*** *(pop.)* **intestine; guts, bowels** *(pl.)* ***2*** (vicolo) **alley** ***3*** (tubo) **narrow tube** ● *empirsi le budella,* to stuff oneself (with food).

budino *m.* *(cucina)* **pudding.**

bue *m.* ***1*** (*zool.,* Bos) **ox*** ***2*** *(fig.)* **blockhead; numskull** ● *carne di bue,* beef.

bùfalo *m.* (*zool.,* Bubalus bubalis) **buffalo*.**

bufèra *f.* **storm; tempest;** (fortunale) **gale.**

buffare *v. t.* (nel gioco della dama) to **huff.**

buffata *f.* (di vento, fumo, ecc.) **puff.**

buffet *(franc.) m.* ***1*** (credenza) **sideboard** ***2*** (tavola con vivande; caffè ristorante) **buffet.**

buffetteria *f.* **buffet service.**

buffétto *m.* **fillip.**

(1) buffo *a.* ***1*** **funny; droll** ***2*** *(teatr.)* **comic.**

(2) buffo *m.* (di vento) **gust.**

buffonata *f.* **tomfoolery; (piece of) buffoonery.**

buffóne *m.* ***1*** **buffoon; clown** ***2*** (zimbello) **laughing-stock** ● *b. di corte,* jester; fool □ *fare il b.,* to play the fool.

buffoneria *f.* **buffoonery; drollery.**

buffonésco *a.* **clownish.**

buggerare *v. t.* *(pop.)* to **trick;** to **cheat.**

buggeratura *f.* *(pop.)* **trick; fraud.**

(1) bugia *f.* **lie; untruth;** (frottola) **fib**: *una b. pietosa,* a white lie □ *una b. bella e buona,* a whopping lie □ *dire bugie,* to tell lies.

(2) bugia *f.* *(candeliere)* **candlestick.**

bugiardo ***A*** *a.* **lying; deceitful; false** ***B*** *m.* **liar.**

bugigattolo *m.* ***1*** **storeroom; closet** (specialm. *USA)* ***2*** (abitazione ristretta) **hole.**

bugliòlo *m.* ***1*** *(naut.)* **bucket; bail** ***2*** (nelle carceri) **commode.**

bugna *f.* ***1*** *(archit.)* **boss; rusticated ashlar** ***2*** *(naut.)* **clew, clue.**

bugnato *m.* *(archit.)* **ashlar(-work).**

bugno *m.* **beehive; skep.**

buio ***A*** *a.* **dark** ● *b. come la notte,* as black as night ***B*** *m.* ***1*** **darkness; dark**: *essere al b.,* to be in the dark (anche *fig.)* □ *b. pesto,* pitch-dark ***2*** *(fig.)* **mystery.**

bulbifórme *a.* **bulbiform; bulb-shaped.**

bulbo *m.* ***1*** **bulb** ***2*** (dell'occhio) **eyeball.**

bulbóso *a.* **bulbous.**

bùlgaro ***A*** *a.* **Bulgarian** ***B*** *m.* ***1*** **Bulgarian** ***2*** (cuoio) **Russia leather.**

bulinare *v. t.* to **engrave.**

bulino *m.* **burin; graver.**

bulldog *(ingl.) m.* *(zool.)* **bulldog.**

bullétta *f.* **tack;** (da scarpone) **hobnail.**

bullettame *m.* **nails and tacks** *(pl.).*

bullo *m.* *(fam.)* **bully; tough** *(fam.).*

bullonare *v. t.* *(mecc.)* to **bolt.**

bullone *m.* *(mecc.)* **bolt; screw bolt** ● *dado del b.,* nut.

bum *inter.* **boom!; bang!**

bùmerang *m.* **boomerang.**

bunker *(ted.) m. invar. (mil.)* **bunker.**

buonaféde *f.* ***1*** **good faith** ***2*** *(leg.)* **bona fides** *(lat.)* ***3*** (fiducia, ingenuità) **confidence; candour; innocence.**

buonalana *f.* **scapegrace.**

buonànima ***A*** *f.* **(the) dear departed** ***B*** *a.* **late departed; late lamented; late.**

buonanotte *inter.* e *f.* **good night.**

buonasera *inter.* e *f.* **good evening;** (nel tardo pomeriggio) **good afternoon.**

buoncostume *m. invar.* **(public) morality; (public) decency** ● *squadra del b.,* vice squad.

buongiorno *inter.* e *m.* **good morning;** (di primo pomeriggio) **good afternoon.**

buongustaio *m.* ***1*** **gourmet** ***2*** (intenditore) **connoisseur.**

buongusto *m.* **good taste.**

(1) buono *a.* ***1*** (di persona) **good; good-natured; kind; kindly; nice**: *essere b. con q.,* to be kind to sb. □ *un buon diavolo,* a good-natured fellow; a nice chap □ *buona gente,* kindly people; *(spreg.)* simple souls □ *un'anima buona,* a kind soul □ *Buoni, ragazzi!,* be good, children! ***2*** (di cose) **good, kind;** (di animali) **good, fine**: *un buon cane da guardia,* a good watchdog □ *buone maniere,* good manners □ *buone parole,* kind words □ *buon senso,* good (o common) sense □ *b. tempo,* good (o fine, nice) weather □ *mettere (dire) una buona parola per q.,* to put in (to say) a good word for sb. □ *Non è una buona ragione,* that's not a good reason ***3*** — *b. a* (capace di), good for (o at); fit for: *un b. a nulla,* a good-for-nothing ***4*** — *b. da* (adatto a), good to; fit to ***5*** — *b. per,* (adatto per) good for, fit for; (valido per) good for ***6*** *(rafforzativo)* **good,** *(con un pl.)* **a good;** (almeno) **at least**: *(fig.) una buona lavata di testa,* a good scolding □ *Ci sono due miglia buone di qui alla chiesa,* it's a good two miles from here to the church ***7*** *(nelle esclamazioni)* **good, happy** (o *idiom.*): *Buon divertimento!,* have a good time! □ *Buona fortuna!,* good luck! □ *Buon giorno!,* good morning!; (di primo pomeriggio) good afternoon! □ *Buona notte!,* good night! □ *(fig.) e buona notte!,* and that's (o that was, that will be) the end of it □ *Buon riposo!,* sleep well! □ *Buona sera!,* good evening!; (nel tardo pomeriggio) good afternoon! □ *Buon viaggio!,* have a good journey □ *Dio b.!,* Good Lord!; Goodness gracious! ● *essere b. come un agnellino (o come il pane),* to be as good as gold □ *la buona società,* high society □ *a b. prezzo,* cheap □ *l'abito b.,* one's Sunday best □ *alla buona,* (*agg.*) informal, simple, unsophisticated; (*avv.*) informally, simply, plainly, without any fuss: *gente alla buona,* quite simple people □ *una ragazza alla buona,* an unsophisticated girl □ *essere vestito alla buona,* to be dressed plainly □ *Alla buon'ora!,* at last! (o finally!); (grazie a Dio!) thank goodness! □ *al momento b.,* at the right moment □ *averla buona,* to get off cheaply □ *con le buone,* kindly; politely; in a friendly manner □ *con le buone o con le cattive,* by hook or by crook; willy-nilly □ *di buon umore,* good-humoured (*agg.*); good-humouredly (*avv.*) □ *far b.* (*q.c.*), to pass (st.) as correct □ *guardare q.* (*q.c.*) *di buon occhio,* to look favourably upon sb. (st.) □ *essere in buona,* to be in a good mood □ (*fig.*) *essere in buone acque,* to be well off □ *menare b.,* to bring good luck □ *un uomo di buon cuore,* a kind-hearted man □ *un uomo tre volte b.* (sciocco), a simpleton □ *Il mare è b. oggi,* the sea is calm today □ (*iron.*) *L'hai fatta buona!,* you've put your foot into it! □ *B. per te se ti riesce,* good for you if you succeed □ *Dio ce la mandi buona!,* let's hope for the best.

(2) buòno *m.* **1** (astratto) **(the) good; goodness 2** (*col partitivo*) **good**: *niente di b.,* nothing (o anything) good □ *qualcosa di b.,* something (o anything) good □ *sapere di b.,* to taste (o to smell) good **3** (uomo b.) **good man***; (*al pl., collett.*) **good people, (the) good**: *i buoni e i cattivi,* the good and the wicked **4** (*comm.*) **bond; bill; note; order**: *b. del Tesoro,* Treasury bond (o bill) **5** (tagliando) **coupon; voucher**: *b. benzina,* petrol coupon □ *b. di cassa,* cash voucher ● *un b. a nulla,* a good-for-nothing □ *fare il b.,* to be good □ *È un poco di b., quel ragazzo,* that boy is (a bit of) a rascal □ *Ha questo di b., che...,* he has this point in his favour, that... □ *Questo è il b.!,* that's the best of it.

buonóra *f.* — *di b.,* early □ *Alla b.!,* at last!

buonsènso *m.* **common sense.**

buontempóne *m.* **care-free person; jolly fellow.**

buonuòmo *m.* **good-natured man*; easy-going man*.**

buonuscita *f.* **1** (per un appartamento) **key money 2** (a un negoziante, ecc.) **goodwill money 3** (*fin.*: rif. ad uscente d'una società) **compensation for loss of office 4** (ad un dipendente: per pensionamento) **retirement (**o **leaving) bonus** (non esiste in G.B.).

burattinàio *m.* **puppeteer.**

burattinata *f.* (*fig.*) **foolish action.**

burattino *m.* **puppet** (anche *fig.*) ● *fare la figura del b.,* to cut a sorry figure.

buratto *m.* **sieve.**

burbanza *f.* **haughtiness; arrogance.**

burbanzóso *a.* **haughty; arrogant.**

bùrbero *a.* **surly; gruff; crusty** ● *un b. benefico,* a rough diamond.

bùrchio *m.* « **burchio** »; **barge.**

bure *f.* (di aratro) **beam.**

burétta *f.* (*chim.*) **burette.**

buriana *f.* (*pop.*: trambusto) **turmoil; uproar;** (chiasso) **racket.**

burina *f.* (*naut.*) **bowline.**

burla *f.* **joke; trick**: *mettere in b. q.c.,* to make a joke about st. □ *fare una b. a q.,* to play a joke on sb. □ *per b.,* in joke; for fun: *fare q.c. per b.,* to do st. for fun.

burlare A *v. t.* **to make* a fool of** (sb.) **B** *v. i.* **to joke C burlarsi** *v. rifl.* **to make* a joke** (of); **to poke fun** (at).

burlésco *a.* **burlesque.**

burlétta *f.* **joke.**

burlóne *m.* **joker.**

burnùs *m.* **burnous.**

buròcrate *m.* **bureaucrat.**

burocràtico *a.* **bureaucratic** ● *linguaggio b.,* officialese.

burocratiṣmo *m.* **bureaucratism.**

burocratiẓẓare *v. t.* **to bureaucratize.**

burocrazìa *f.* **bureaucracy;** (*fig.*) **red tape.**

buròtica *f.* (*elab.*) **office automation.**

burrasca *f.* **storm; gale; tempest** (anche *fig.*) ● *tempo di b.,* stormy weather □ *Ci sarà b. in famiglia,* there'll be trouble in the family.

burrascóso *a.* **stormy** (anche *fig.*).

burrièra *f.* **butter dish.**

burrifìcio *m.* **creamery; butter factory.**

burro *m.* **butter** ● *b. di cacao,* cacao butter.

burróne *m.* **ravine.**

burróso *a.* **buttery.**

bus *m.* (*abbr.* di **autobus**) **bus.**

buscare *v. t.* **buscarsi** *v. rifl.* to **get***; to **catch***: *b. il raffreddore,* to catch a cold ● *buscarle,* to catch it.

buscherare *v. t.* (*pop.*) to **cheat;** to **trick.**

buscherìo *m.* (*fam.*) **1 noise 2** (gran quantità) **large quantity; heaps** (*pl.*).

buṣillis *m.* — *Qui sta il b.,* there's the rub.

bussa *f.* **blow; beating**: *prendere le busse,* to get a beating.

bussare *v. i.* to **knock;** to **rap;** to **tap**: *b. alla porta,* to knock at the door ● *b. a quattrini,* to ask for money.

(1) bùssola *f.* **1** (*naut.*) **compass 2** (*mecc.*) **bush** ● (*fig.*) *navigare senza b.,* to rush into things blindly □ (*fig.*) *perdere la b.,* to lose one's bearings.

(2) bùssola *f.* **1** (specie di portantina) **sedan chair 2** (seconda porta d'ingresso) **inner door 3** (porta ruotante) **revolving door.**

bussolòtto *m.* **1 can; tin 2** (per il gioco dei dadi) **dice-box.**

busta *f.* **1 envelope 2** (astuccio) **case** ● *b. a finestra,* window envelope □ *b. paga,* pay-packet.

bustàia *f.* **corset-maker.**

bustarèlla *f.* **bribe.**

bustina *f.* **1** (*mil.*) **forage-cap 2** (per farmaci) **paper;** (contenuto della b.) **powder.**

bustino *m.* (indumento) **corselet.**

busto *m.* **1** (*anat., scult.*) **bust**: *un b. di marmo,* a marble bust **2** (indumento) **corset; foundation garment** ● *una fotografia a mezzo b.,* a half-length photo.

butano *m.* (*chim.*) **butane.**

butirróso *a.* **buttery.**

buttafuòri *m.* **1** (*teatr.*) **call-boy 2** (di locale notturno) **bouncer** (*pop.*).

buttare A *v. t.* **1** to **throw***; to **fling***; to **cast***; to **pitch**: *b. q. a terra,* to throw sb. to the ground □ *b. una palla a q.,* to throw a ball to sb. □ *b. un sasso a un cane,* to throw (o to fling) a stone at a dog □ *b. q.c. in faccia a q.,* to throw st. in sb.'s face; (*fig.*) to cast st. in sb.'s teeth □ *essere buttato in prigione,* to be flung into prison **2** (b. via, sprecare) to **throw* about;** to **waste B** *v. i.* **1** (versare acqua) to **spout water;** (gocciolare) to **drip 2** (di fontana ornamentale) to **play 3** (di ferita: b. sangue) to **bleed***; (suppurare) to **suppurate 4** (germogliare) to **shoot***; to **sprout** ● *b. giù,* to throw down; (abbattere) to knock down, to cut down; (rovesciare) to overthrow; (del vento) to blow down; (inghiottire) to gulp down, to gobble down; (scrivere in fretta) to throw off, to jot down; (alla meglio) to scribble; (criticare) to disparage; (scoraggiare) to discourage; (far deperire) to pull down □ (*fig.*) *b. sassi in piccionaia,* to foul one's own nest □ *b. tutto all'aria,* to turn everything upside down □ *b. via una buona occasione,* to miss a good opportunity **C buttarsi** *v. rifl.* **1** to **throw* oneself;** to **fling* oneself**: *b. dalla finestra,* to throw oneself out of the window □ *b. su una sedia,* to fling oneself into a chair □ *b. nelle braccia di q.,* to throw oneself into sb.'s arms □ *b. addosso i vestiti,* to throw (o to fling) one's clothes on **2** (assalire improvvisamente) to **swoop down** (on); to **fall*** (upon) **3** (darsi, dedicarsi) to **throw* oneself** (into); to **take*** (to): *Si è buttato al bere,* he's taken to drink ● *b. allo sbaraglio,* to risk one's life; (*fig.*) to risk one's fortune (o one's reputation, etc.) □ *b. giù,* to throw oneself down; (*fig.*) to get depressed, to lose heart □ *b. in mare,* to jump into the sea; (da una nave) to jump overboard.

buttasèlla *m. invar.* (*mil.*) **boot and saddle.**

buttata *f.* **1 throw 2** (di piante) **shooting; sprouting.**

butterare *v. t.* to **pit.**

butterato *a.* **pockmarked; pitted.**

(1) bùttero *m.* **pockmark; pit.**

(2) bùttero *m.* (mandriano a cavallo) **cowboy.**

buẓẓo *m.* (*pop.*) **belly; paunch**: *metter su b.,* to get a paunch.

byroniàno *a.* (*letter.*) **Byronic.**

C

C, c f. o m. **C, c** ● (tel.) *c come Como,* c for Charlie.
càbala f. **1** (relig.) cab(b)ala **2** (arte divinatoria) sorcery; divination **3** (manovra politica, ecc.) intrigue; cabal.
cabalista m. e f. cab(b)alist.
cabalìstico a. **1** cab(b)alistic **2** (misterioso) mysterious; (incomprensibile) undecipherable.
cabaret (franc.) m. cabaret.
cabina f. **1** (naut., aeron.) cabin: *c. pressurizzata,* pressure cabin **2** — *c. telefonica,* telephone kiosk; call-box **3** (negli stabilimenti balneari) bathing hut **4** (di funicolare) cage; car **5** (di funivia) telpher ● (ferr.) *c. di comando dei segnali,* signal-box □ (aeron.) *c. di pilotaggio,* cockpit □ (cinem.) *c. di proiezione,* projection booth □ *c. di registrazione,* recording room □ *c. elettorale,* polling booth.
cabinato (naut.) **A** a. cabin (attr.) **B** m. cabin cruiser.
cablo m. (abbr. di **cablogramma**) cable; cablegram.
cablogramma m. cablegram; cable.
cabotàggio m. (naut.) coasting trade; cabotage ● (naut.) *nave di piccolo c.,* coaster; coasting vessel.
cabotière m. (naut.) coaster; skipper.
cabotièro **A** a. coasting **B** m. coasting vessel; coaster.
cabrare v. i. (aeron.) to pull up; to fly* tail-down.
cabrata f. (aeron.) pull-up.
cabriolet (franc.) m. (autom.) cabriolet; convertible.
cacào m. **1** (bot., Theobroma cacao) cacao(-tree) **2** (polvere e bevanda) cocoa.
cacare v. i. (volg.) to shit (volg.).
cacasénno m. e f. invar. (pop.) prig.
cacata f. (volg.) shit (volg.).
cacatòa, cacatùa m. (zool., Cacatua) cockatoo*.
cacca f. (volg.) shit; stool (quasi sempre al pl.).
cacchióne m. (zool.) **1** (di ape) bee-larva* **2** (di mosca) fly-blow.
càccia f. **1** hunting; shooting; chase **2** (inseguimento, ricerca) chase; pursuit **3** (cacciagione) game: *una riserva di c.,* a game-preserve **4** (aeron.) fighter **5** (naut.) destroyer ● *c. al cervo,* deer-hunting □ *c. alla lepre,* hare-shooting; (a cavallo) coursing □ (gioco) *c. al tesoro,* treasure hunt □ *c. grossa,* big-game hunting □ *andare a c.,* (a cavallo) to go hunting; (d'uccelli, ecc.) to go shooting □ (fig.) *andare a c. di q.c.,* to go after st. □ *andare a c. di guai,* to look for trouble □ *dare la c. a q.,* to chase (o to pursue) sb.
cacciabombardière m. (aeron.) fighter-bomber.
cacciagióne f. game.
cacciare **A** v. t. e i. **1** (andare a caccia grossa) to go* hunting; to hunt **2** (volatili, lepri, ecc., con fucile) to go* shooting; to shoot* **3** (con trappole e sim.) to set* traps (for); to trap; to ensnare **4** (esiliare) to banish **5** (mettere in fuga, scacciare) to drive* (o to chase, to send*) away; to throw* out; to turn out **6** (ficcare) to shove; to thrust*; to stick* **7** (riporre, nascondere) to put*; to hide*; to shove ● *c. fuori un coltello,* to whip out (o to pull out) a knife □ *c. fuori la lingua,* to put out one's tongue **B** **cacciarsi** v. rifl. **1** (penetrare risolutamente; coinvolgersi) to plunge (into); to thrust oneself (into) **2** (andare a finire) to get* to: *Dove s'è cacciato il mio ombrello?,* where has my umbrella got to? ● *c. le dita nel naso,* to put one's fingers into one's nose □ *c. in un'impresa disperata,* to embark on a desperate enterprise □ *c. in testa q.c.,* to get st. into one's head.
cacciasommergìbili m. (naut.) submarine chaser.
cacciata f. (espulsione) banishment; expulsion.
cacciatóra f. (indumento) shooting-jacket ● (cucina) *pollo (lepre, ecc.) alla c.,* chicken (hare, etc.) cacciatore (o cacciatora).
cacciatóre m. **1** hunter; huntsman* **2** (per diletto) sportsman*; (a cavallo) huntsman*; (col fucile) man* keen on shooting ● (fig.) *c. di donne,* skirt chaser □ (fig.) *c. di dote,* fortune-hunter.
cacciatorpedinière m. (naut.) torpedo-boat destroyer.
cacciatrice f. **1** (poet.) huntress **2** (per diletto) sportswoman*.
cacciavite m. screwdriver.
cacciù m. (ind.) cachou; catechu.
cacciucco m. (cucina) « cacciucco »; spiced fish soup.
càccola f. **1** (pop.: cispa degli occhi) eye-gum **2** (pop.: muco del naso) snivel; snot **3** (al pl.: sterco di alcuni animali) droppings **4** (specialm. al pl.: ciarle) cackle.
cachemire (franc.) m. cashmere.
cachessìa f. (med.) cachexy.
cachet (franc.) m. **1** (farm.) capsule **2** (per il mal di capo) headache pill **3** (per i capelli) (colour-)rinse **4** (teatr., mus.) fee.
(1) cachi m. (bot., Diospyros kaki) Japanese persimmon (anche il frutto).
(2) cachi a. e m. khaki.
càcio m. cheese: *una forma di c.,* a whole cheese ● *alto come un soldo di c.,* a mite of a child □ *Ci sta proprio come il c. sui maccheroni,* it's the very thing; it's just the job (fam.).
cacofonìa f. cacophony.
cacofònico a. cacophonous; harsh-sounding.
cacografìa f. cacography.
cacóne m. (fig., volg.) funk.
cacto, cactus m. (bot., Cactus) cactus*.
cadauno a. e pron. indef. (bur., comm.) each.
cadàvere m. (dead) body; corpse.
cadavèrico a. **1** cadaverous; corpse-like **2** (fig.) ghastly; deadly pale **3** (med.) cadaveric.
cadènte a. **1** falling **2** (di cose) crumbling; (di persone) enfeebled, gone-to-pieces.
cadènza f. **1** (mus.) cadenza **2** cadence; (ritmo) rhythm.
cadenzare v. t. to mark (o to emphasize) the rhythm of (st.).
cadenzato a. cadenced; rhythmic ● *passo c.,* measured tread.
cadére v. i. **1** to fall* (down); to drop; to tumble: *c. morto,* to fall down dead □ (fig.) *La Pasqua cade presto quest'anno,* Easter falls early this year **2** (fig.) to sink* **3** (far fiasco) to fail; to be a failure **4** (tramontare) to set* **5** (d'abiti o stoffe) to hang*; to fit: *Quest'abito cade bene,* this dress hangs well ● *c. bocconi,* to fall down flat on one's face □ (fig.) *c. dalle nuvole,* to be taken aback; (meravigliarsi) to be astounded (o very surprised) □ (fig.) *c. dal sonno,* to be very sleepy □ *c. in mare* (da una barca), to fall overboard □ (fig.) *c. in piedi,* to fall on one's feet □ (fig.) *c. nel volgare,* to lapse into vulgarity □ *far c. q.,* (inavvertitamente) to make sb. fall; (apposta) to knock sb. down □ (fig.) *far c. q.c. dall'alto,* to grant st. condescendingly □ *lasciar c.,* to drop, to let (st.) fall (anche fig.) □ *lasciarsi c. su (una sedia, ecc.),* to sink into (a chair, etc.).
cadétto m. e a. cadet.
càdmio m. (chim.) cadmium.
caducità f. frailty; caducity; transitoriness.
caduco a. **1** short-lived; frail; fleeting; transitory **2** (bot., zool., med.) deciduous ● (fam.) *mal c.,* epilepsy.
caduta f. **1** fall, drop (anche fig.): *una brutta c.,* a bad fall □ *un'improvvisa c. della temperatura,* a sudden drop in temperature **2** (fig.) downfall; failure; ruin.
caduto a. fallen ● *i caduti,* the fallen; the dead □ *monumento ai caduti,* war memorial.
caffè m. **1** (pianta) coffee tree **2** (chicchi) coffee (beans) **3** (bevanda) (a cup of) coffee: *Vorrei un c. lungo (ristretto),* I should like my coffee weak (strong) **4** (bar, pasticceria, ecc.) café; espresso bar; coffee

house; caff *(pop.)* ● *c. amaro,* coffee without sugar □ *c. corretto con cognac,* coffee with a dash of cognac □ *c. in polvere,* ground coffee □ *c. macchiato,* coffee with a dash of milk □ *c. nero,* black coffee □ *fondi di c.,* coffee grounds.

caffè concerto *m.* **café-chantant** *(franc.)*; **café with band.**

caffeàrio *a.* **coffee** *(attr.).*

caffeina *f. (chim.)* **caffeine.**

caffellatte *m.* **white coffee.**

caffetterìa *f.* ***1*** (generi serviti nei caffè) **coffee and light refreshments** ***2*** (in un servizio alberghiero) **hotel coffee shop.**

caffettièra *f.* ***1*** **coffee-pot** ***2*** *(fig.:* locomotiva malridotta; automobile sgangherata*)* **old crock, old rattletrap** *(pop.).*

cafóne *m.* ***1*** (Italia merid.) « **cafone** »; **peasant** ***2*** *(fig.)* **boor; cad.**

cagionare *v. t.* **to cause; to be the cause of, to bring* about** (st.).

cagióne *f.* **cause; motive; reason.**

cagionévole *a.* **delicate; sickly.**

cagliare *v. i.* **to curdle.**

cagliata *f.* **curd** *(generalm. al pl.).*

càglio *m.* **rennet.**

cagna *f.* ***1*** (femmina del cane) **bitch** ***2*** *(spreg.:* rif. a donna) **bitch** ***3*** *(spreg.:* rif. a attrice, cantante) **bad actress (singer).**

cagnàccio *m.* **cur.**

cagnara *f.* ***1*** *(raro)* **furious barking** ***2*** *(fig., fam.)* **rumpus; hubbub.**

cagnésco *a.* — *guardare q. in c.,* to scowl at sb.

cagnolino *m.* ***1*** **doggy** ***2*** (cucciolo) **puppy** ***3*** (di lusso) **lapdog.**

caimano *m.* *(zool.,* Caiman) **cayman, caiman.**

cala *f.* ***1*** *(geogr.)* **creek; cove** ***2*** *(naut.)* **partition in the hold.**

calabrése *a. m.* e *f.* **Calabrian.**

calabróne *m.* *(zool.,* Vespa crabro) **hornet.**

calafatare *v. t. (naut.)* **to caulk.**

calafato *m. (naut.)* **caulker.**

calamàio *m.* ***1*** **inkpot** ***2*** (con portapenne) **inkstand** ***3*** (infossato in un banco) **inkwell** ***4*** *V.* **calamaro.**

calamaro *m.* ***1*** *(zool.,* Loligo) **calamary; squid** ***2*** *(al pl., fig.:* occhiaie) **(dark) rings under the eyes.**

calamita *f.* **magnet** (anche *fig.*) ● *c. naturale,* lodestone, loadstone.

calamità *f.* **calamity; disaster.**

calamitare *v. t.* **to magnetize** (anche *fig.*).

calamitato *a.* **magnetic.**

càlamo *m.* ***1*** *(bot.)* **calamus*; hollow stalk** ***2*** *(zool.)* **quill** ***3*** (cannuccia per scrivere) **quill; pen.**

calandra *f.* ***1*** *(zool.,* Melanocorypha calandra) **calandra lark** ***2*** *(tecn.)* **calender.**

calandrare *v. t. (ind.)* **to calender.**

calandro *m.* *(zool.,* Anthus campestris) **tawny pipit.**

calàppio *m.* **snare** (anche *fig.*).

calapranzi *m.* **service-lift; dumbwaiter.**

(1) calare ***A*** *v. t.* ***1*** (abbassare) **to lower; to let* down** ***2*** (assestare, ammainare) **to strike*** ***3*** (nei lavori a maglia) **to cast* off** ***B*** *v. i.* ***1*** (abbassarsi) **to sink*; to drop; to get* lower; to set*; to fall*; to abate; to ebb** ***2*** (accorciarsi) **to grow* shorter** ***3*** (diminuire di peso) **to lose* (weight)** ***4*** (scendere) **to go* down; to come* down** ***5*** (assalire) **to drop** (o **to fall***) **upon** (sb.); **to invade** ***6*** (di suono) **to become* lower; to sink*** ***7*** *(mus.)* **to drop in pitch** ***C*** **calarsi** *v. rifl.* **to let* oneself down.**

(2) calare *m.* — *al c. del sole,* at sunset □ *al c. della notte (o delle tenebre),* at nightfall.

calata *f.* ***1*** (discesa) **descent;** (invasione) **invasion** ***2*** (caduta) **fall; drop** ***3*** (abbassamento) **lowering** ***4*** (banchina di porto) **quay; wharf*; pier** ***5*** (china) **descent; slope** ● *c. del sipario,* fall of the curtain □ *c. del sole,* sunset.

calca *f.* **(tightly-packed) crowd; throng.**

calcagno *m.* **heel** ● *(scherz.) mostrare le calcagna,* to show a clean pair of heels.

calcara *f.* (forno da calce) **limekiln.**

(1) calcare *m. (miner.)* **limestone.**

(2) calcare *v. t.* ***1*** **to tread*; to tread* (heavily) upon** (st.) ***2*** (ricalcare) **to trace** ***3*** (esagerare, sottolineare) **to emphasize; to underline** ● *c. la mano,* to overdo it □ *c. l'uva,* to tread grapes □ *calcarsi il cappello sugli occhi,* to pull one's hat down over one's eyes.

calcàreo *a.* **calcareous.**

calcata *f.* — *dare una c. a q.c.,* to ram (o to press) st. down.

(1) calce *f.* **lime**: *c. spenta,* slaked lime ● *c. viva,* quicklime □ *bianco di c.,* whitewash.

(2) calce *m.* — *(bur.) in c.,* at the foot of the page.

calcedònio *m. (miner.)* **chalcedony.**

calcestruzzo *f. (costr.)* **concrete.**

calciare *v. t.* e *i.* **to kick**: *(sport) c. in porta,* to kick at goal.

calciatóre *m. (sport)* **(association) footballer; soccer-player.**

calcificare *v. t.* **calcificarsi** *v. rifl.* **to calcify.**

calcina *f.* **(lime) mortar.**

calcinàccio *m.* ***1*** **flake of plaster** ***2*** *(al pl.)* **masonry debris.**

calcinare *v. t.* ***1*** *(chim.)* **to calcine** ***2*** *(conceria, agric.)* **to lime.**

calcinatura, calcinazióne *f. (chim.)* **calcination.**

calcinóso *a.* **limy.**

(1) càlcio *m.* ***1*** **kick** (anche *sport*) ***2*** (gioco) **association football; soccer** ***3*** (di un'arma) **butt;** (di fucile) **gunstock** ● *cacciar via q. a calci,* to throw (o to kick) sb. out □ *(fig.) dare un c. alla carriera,* to throw one's career to the winds □ *(fig.) dare a q. il c. dell'asino,* to hit a man when he's down □ *tirare calci,* to kick.

(2) càlcio *m. (chim.)* **calcium.**

calciobalilla *m. invar.* **table-football.**

calcìstico *a.* **football, soccer** *(attr.).*

calco *m.* ***1*** (con carta) **tracing** ***2*** *(arte)* **moulding; mould.**

calcografìa *f.* ***1*** (tecnica) **chalcography** ***2*** (incisione) **copper plate.**

calcògrafo *m.* **copper-plate engraver; chalcographer.**

calcolàbile *a.* **calculable; that can be reckoned.**

calcolare *v. t.* e *i.* ***1*** **to reckon; to allow**: *senza c. le conseguenze,* without reckoning the consequences ***2*** *(mat.)* **to compute; to calculate** ***3*** (fare una stima) **to estimate; to value** ● *c. q. fra i presenti,* to count sb. in □ *c. vantaggi e svantaggi,* to weigh the pros and cons.

calcolatóre ***A*** *a.* **calculating** ***B*** *m.* ***1*** *(mecc.)* **calculator** ***2*** *(fig.)* **calculating person; calculator** ● *c. elettronico,* computer.

calcolatrice *f. (mecc.)* **calculating machine; calculator.**

(1) càlcolo *m.* ***1*** **calculation; estimate** ***2*** *(mat.)* **calculus*; calculation; reckoning** ***3*** *(al pl.)* **accounts; figures**: *essere bravo nei calcoli,* to be quick at figures ● *fare bene i propri calcoli,* to weigh the pros and cons □ *Agisce sempre per c.,* everything he does is premeditated.

(2) càlcolo *m. (med.)* **stone; calculus***: *c. biliare,* biliary calculus; gallstone.

calcolòsi *f. (med.)* **calculosis*.**

caldàia *f.* **boiler.**

caldàio *m.* **cauldron.**

caldallèssa *f.* **boiled chestnut.**

caldaménte *avv.* **warmly; heartily.**

caldana *f.* ***1*** **(the) hottest time of day** ***2*** *(al pl.)* **hot flushes.**

caldarròsta *f.* **roast chestnut.**

caldeggiare *v. t.* **to support warmly.**

caldèo *(stor.)* ***A*** *m.* **Chaldee; Chaldean** ***B*** *a.* **Chaldean.**

calderàio *m.* ***1*** (ramaio) **coppersmith** ***2*** (stagnino) **tinker.**

calderóne *m.* ***1*** (recipiente) **cauldron** ***2*** *(fig.)* **medley; hotchpotch** ● *c. di gente,* motley crowd.

caldo ***A*** *a.* ***1*** **warm;** (molto caldo) **hot**: *acqua calda e fredda,* hot and cold water ***2*** *(fig.:* caloroso) **warm;**

ardent; fervent; passionate **3** *(fig.*: che è caratterizzato da conflitti*)* **hot**: *(polit., mil.) un punto c.*, a hot spot ● *pigliarsela calda per q.c.*, to take st. to heart □ *una testa c.*, a hothead □ (nelle istruzioni culinarie) *Questo piatto va servito c.*, serve hot ***B*** *m.* ***1*** **heat; hot weather** ***2*** *(fig.)* **heat; ardour; fervour**: *nel c. della lite*, in the heat of the quarrel □ (di animali) *essere in c.*, to be on heat ● *avere (o sentire) un gran c.*, to feel very hot □ *un golf che tiene c.*, a warm cardigan □ *mettere vivande in c.*, to keep food warm □ *Fa più c. oggi*, today it's warmer (sensazione piacevole); today it's hotter (spiacevole) □ (nelle istruzioni) *(Questa pomata) teme il c.*, keep (this ointment) in a cool place □ *(fig.) Non mi fa né c. né freddo*, I couldn't care less.

caldura *f.* **summer heat; sultriness.**

caleidoscòpio *a.* **kaleidoscopic.**

caleidoscòpio *m.* **kaleidoscope** (anche *fig.*).

calendàrio *m.* **calendar.**

calènde *f. pl.* **kalends, calends** ● *rimandare q.c. alle c. greche*, to put st. off till doomsday.

calèndola *f.* (*bot.*, Calendula officinalis) **pot marigold.**

calèsse *m.* **gig.**

calétta *f.* **mortise, mortice** ● *c. a coda di rondine*, dovetail.

calettare *v. t. (mecc.)* ***1*** to **key** ***2*** (a coda di rondine) to **dovetail.**

calettatura *f. (mecc.)* ***1*** **keying** ***2*** (a coda di rondine) **dovetailing.**

calibrare *v. t. (mecc.)* to **gauge**; to **calibrate.**

càlibro *m. (mecc.)* ***1*** **gauge; bore; calibre, caliber** (anche *fig.)* ***2*** (strumento) **callipers** *(pl.)*; **gauge** ● *grossi calibri*, big guns (anche *fig.*); *(fig.)* big shots, V.I.P.s (very important persons).

calicanto *m.* (*bot.*, Calycanthus) **calycanthus.**

càlice *m.* ***1*** **wine glass;** (antico o pregiato) **goblet** ***2*** *(relig.)* **chalice** ***3*** *(bot.)* **calyx*** ● *il c. dell'amarezza*, the cup of bitterness.

calicò *m. (ind. tessile)* **calico.**

califfato *m.* **caliphate; califate.**

califfo *m.* **caliph, calif.**

califòrnio *m. (chim.)* **californium.**

calìgine *f.* ***1*** **fog** ***2*** (nebbia mista con fumo) **smog.**

caliginóso *a.* ***1*** **foggy; murky** ***2*** (oscuro) **dark.**

calipso *m.* (ballo) **calypso*.**

calla *f.* (*bot.*, Zantedeschia aethiopica) **calla; arum lily.**

callifugo *m.* **corn-plaster.**

calligrafìa *f.* ***1*** **calligraphy** ***2*** (scrittura personale) **handwriting.**

calligràfico *a.* ***1*** **calligraphic** ***2*** *(fig.)* **minutely-finished; over-refined.**

callìgrafo *m.* ***1*** **calligrapher; calligraphist** ***2*** *(fig.)* **over-refined stylist** ● *(leg.) perito c.*, handwriting expert.

callista *m.* e *f.* **chiropodist.**

callo *m.* **corn** ● *(fig.) Ci ho fatto il c.*, I'm hardened to it.

callosità *f.* **callosity.**

callóso *a.* ***1*** **with corns; horny** ***2*** *(fig.)* **callous.**

calma *f.* **calm; calmness; peacefulness; tranquillity.**

calmante ***A*** *a.* **calming; soothing** ***B*** *m. (farm.)* **sedative.**

calmare ***A*** *v. t.* to **calm (down)**; (lenire) to **soothe** ***B*** **calmarsi** *v. rifl.* ***1*** to **grow* calm**; to **calm down** ***2*** (placarsi) to **abate.**

calmierare *v. t. (econ.)* to **fix a ceiling price for** (st.).

calmière *m.* ***1*** *(econ.)* **ceiling price (fixed by the authorities)** ***2*** (listino prezzi) **official price-list** ● *prezzo di c.*, controlled price.

calmo *a.* **calm; peaceful; tranquil; quiet.**

calo *m. (comm.)* ***1*** (dei prezzi) **fall, drop** (in prices) ***2*** (di volume) **shrinkage** ***3*** (di qualità) **falling-off** (in quality) ***4*** (di peso) **shortage.**

calomelano *m. (farm.)* **calomel.**

calóre *m.* ***1*** (eccessivo) **heat;** (tepore) **warmth**: *c. estivo*, summer heat □ *(fig.) nel c. della discussione*, in the heat of the argument ***2*** (di animali) **heat**: *essere in c.*, to be on heat ***3*** *(fis.)* **heat** ***4*** *(pop.*: infiammazione cutanea*)* **heat rash.**

calorìa *f. (fis., biol.)* **calorie.**

calòrico *m. (fis., biol.)* **caloric.**

calorìfero *m.* ***1*** (l'impianto) **central heating** ***2*** (radiatore) **radiator.**

calorìfico *a. (fis.)* **calorific; heat-producing.**

calorosamente *avv.* **warmly; heartily.**

caloróso *a.* ***1*** (che produce calore) **warming** ***2*** *(fig.*: cordiale*)* **warm; hearty** ● *essere c.* (non sentire il freddo), not to feel the cold.

calòscia *f.* **galosh, golosh.**

calòtta *f.* ***1*** *(mecc.)* **cap** ***2*** (zucchetto) **calotte;** (papalina) **skullcap** ● *(anat.) c. cranica*, calvarium; skullcap.

calpestare *v. t.* ***1*** to **trample down**; to **tread* (upon)** ***2*** *(fig.)* to **trample on** ● *un popolo calpestato*, a downtrodden people □ *È vietato c. l'erba*, keep off the grass.

calpestìo *m.* **stamping; trampling;** (strisciando i piedi) **shuffling.**

calùgine *f.* **down.**

calùnnia *f.* **calumny; slander.**

calunniare *v. t.* to **slander.**

calunniatóre *m.* **slanderer.**

calunnióso *a.* **slanderous.**

calura *f. (lett.)* **heat; sultriness.**

calvàrio *m.* ***1*** **Calvary** ***2*** *(fig.)* **trial; cross.**

calvinismo *m. (relig.)* **Calvinism.**

calvinista *m.* e *f. (relig.)* **Calvinist.**

calvìzie *f.* **baldness.**

calvo ***A*** *a.* **bald** ***B*** *m.* **bald man*; baldhead; baldpate** *(fam.)*.

calza *f.* ***1*** (da donna) **stocking** ***2*** (da uomo) **sock** ***3*** (lavoro a maglia) **knitting**: *ferri da c.*, knitting needles ● *fare la c.*, to knit.

calzamàglia *f.* **tights** *(pl.)*; **leotard** *(spesso al pl.)*.

calzante *a.* **apt; fitting; à propos** *(franc.)*.

calzare ***A*** *v. t.* ***1*** (indossare) to **wear*** ***2*** (infilare q.c. a q.) to **help** (sb.) **on** (with); to **help** (sb.) **to pull on** (st.) ***3*** (mettersi) to **put*** (st.) **on**; to **get*** (st.) **on** ***4*** (provvedere di calzature) to **fit out (o to supply) with shoes (boots,** etc.) ***B*** *v. i.* to **fit**; *(fig.)* to **be fitting**, to **be apt.**

calzascarpe, calzatóio *m.* **shoehorn.**

calzatura *f. (spesso al pl.)* **footwear.**

calzaturière *m.* **shoe manufacturer.**

calzaturièro ***A*** *a.* **shoe manufacturing** ***B*** *m.* **shoe factory worker.**

calzaturificio *m.* **shoe factory.**

calzeròtto *m.* **sock.**

calzettàio *m.* **hosier.**

calzettóne *m.* **knee-length woollen sock (with turnover).**

calzificio *m.* **stocking factory.**

calzino *m.* **sock.**

calzolàio *m.* **shoemaker.**

calzolerìa *f.* ***1*** **shoemaker's (shop)** ***2*** (negozio) **shoe shop.**

calzoncini *m. pl.* **shorts.**

calzóni *m. pl.* ***1*** **trousers; pants** *(USA)*: *calzone (sing.)*, trouser-leg ***2*** (corti e stretti al ginocchio) **breeches;** (alla cavallerizza) **riding-breeches** ***3*** (alla zuava) **plus fours; knickerbockers** ● *(fig.) Si vede chi porta i c. in quella casa*, it's easy to see who wears the trousers in that house.

camaleónte *m.* (*zool.*, Chamaeleo chamaeleo) **chameleon** (anche *fig.*).

cambiadischi *m.* **record changer; autochanger.**

cambiale *f.* ***1*** *(comm.)* **bill of exchange; bill;** (c. tratta) **draft** ***2*** (pagherò cambiario) **promissory note** ● *c. a breve (a lunga) scadenza*, short-dated (long-dated) bill □ *c. a vista*, bill at sight □ *c. di favore*, accomodation bill; kite *(fam.)* □ *c. in circolazione*, outstanding bill □ *spiccare una c. su q.*, to draw on sb.

cambiaménto *m.* ***1*** **change**: *un c. d'aria*, a change of air □ *un c. in meglio (in peggio)*, a change for the better (for the worse) ***2*** (modifica) **alteration** ● *c. di marea*, turn of the tide □ *c. di vento*, shift in the wind □ *c. totale*

(radicale), change-over.
cambiare ***A*** *v. t.* ***1*** to **change;** (modificare) to **alter**: *c. idea,* to change one's mind □ *Puoi cambiarmi diecimila lire?,* can you change a ten thousand lire note for me? ***2*** (sostituire) to **replace** ***B*** *v. i.* ***1*** to **change** ***2*** (del vento, ecc.) to **shift** ● *c. casa,* to move (to a new house) □ *c. di mano (o di padrone),* to change hands □ *c. posto con q.,* to change seats □ *c. vita,* to turn over a new leaf □ *tanto per c.,* just for a change ***C*** **cambiarsi** *v. rifl.* ***1*** to **change;** (d'abito) to **change (one's clothes)** ***2*** (mutarsi) to **turn** (into).
cambiàrio *a. (comm.)* **exchange** *(attr.).*
cambiavalute *m.* e *f.* **money-changer; cambist.**
càmbio *m.* ***1*** **change;** (modifica) **alteration** ***2*** (scambio) **exchange; swop** *(fam.)*: *in c. di,* in exchange for ***3*** *(fin.)* **exchange; rate (of exchange)**: *c. favorevole (sfavorevole),* favourable (unfavourable) exchange □ *guadagnare al c.,* to gain on (o by) the exchange □ *oscillazioni del c.,* fluctuations (in the rate) of exchange ***4*** *(mecc.)* **change gear; speed gear** ***5*** *(autom.)* **gear** ***6*** (spiccioli) **(small) change** ● *agente di c.,* stockbroker □ *dare il c. a q.,* to relieve sb.
cambrì *m. (ind. tessile)* **cambric.**
cambuşa *f. (naut.)* **storeroom; galley.**
cambuşière *m. (naut.)* **storekeeper.**
camèlia *f. (bot.,* Camellia japonica) **camellia.**
càmera *f.* ***1*** (da letto) **bedroom**: *una c. a due letti* (matrimoniale), a double room □ *una c. a un letto,* a single room ***2*** (stanza) **room; chamber** *(poet.)*: *camere da affittare,* rooms to let □ *una c. sulla strada,* a front room □ *una c. sul retro,* a back room ***3*** *(polit.)* **Chamber; House**: *la C. dei Comuni,* the House of Commons; the Commons; the House □ *la C. dei Pari,* the House of Lords; the Lords □ *la C. di Commercio,* the Chamber of Commerce ***4*** *(cinem., fotogr.)* **camera** ● *c. a gas,* gas chamber □ *c. ardente,* mortuary chapel □ *c. blindata,* strong room □ *c. d'affitto,* lodgings *(pl.)* □ *c. da letto e salotto* (tutt'uno), bed-sitting room; bedsitter *(fam.)* □ *c. da letto e studio* (tutt'uno), study-bedroom □ *c. d'aria,* (di pneumatico) (inner) tube; (di pallone) bladder □ *c. degli ospiti,* spare room □ *c. dei bambini,* nursery □ *c. oscura, (fis.)* « camera obscura »; *(fotogr.)* dark room □ *un appartamento di tre camere,* a three-roomed flat □ *compagno di c.,* room-mate □ *(polit.) le due Camere,* (the Houses of) Parliament.
(1) camerata *f.* (dormitorio) **dormitory.**
(2) camerata *m.* e *f.* **comrade; chum, pal** *(fam.).*
cameratésco *a.* **friendly; chummy** *(fam.).*
cameratişmo *m.* **comradeship; fellow feeling; fellowship.**
camerièra *f.* ***1*** **maid; maidservant** ***2*** (di ristorante, albergo, ecc.: quella che serve a tavola) **waitress;** (quella che fa le camere) **chambermaid** ***3*** (in casa privata) **housemaid** ***4*** (c. personale) **lady's maid.**
camerière *m.* ***1*** (in casa privata) **manservant*;** (se funge da maggiordomo) **butler;** (dipendente dal maggiordomo) **footman*** ***2*** (che serve a tavola in un locale pubblico) **waiter**: *capo c.,* head waiter; maître d'hôtel *(franc.)* ● *c. personale,* valet.
camerino *m.* ***1*** (di teatro o stadio) **dressing room** ***2*** **small room** ***3*** *(naut.)* **cabin** ***4*** (latrina) **lavatory; toilet.**
camerista *f.* **waiting maid.**
camerléngo *m. (relig.)* **papal chamberlain; camerlingo*.**
càmice *m.* ***1*** (di dottori, infermieri, ecc.) **white coat** ***2*** *(relig.)* **alb.**
camicerìa *f.* **shirt shop.**
camicétta *f.* ***1*** **blouse** ***2*** (di foggia maschile) **shirt.**
camìcia *f.* ***1*** (da uomo) **shirt;** (da donna) **blouse, shirt** ***2*** (cartella di cartoncino per documenti) **folder; file** ***3*** *(mecc., costr.)* **jacket; cover; case** ● *c. da notte,* (da uomo) nightshirt; (da donna) nightgown, nightdress, nighty *(fam.)* □ *c. di forza,* strait-jacket □ *ridursi in c.,* to give everything one has □ *(fig.) vendere la c.,* to sell the shirt off one's back □ *(fig.) È nato con la c.,* he was born with a silver spoon in his mouth.
camiciàia *f.* **camiciàio** *m.* ***1*** (chi fa camicie) **shirtmaker** ***2*** (chi le vende) **shirt-seller.**
camiciòla *f.* **vest.**
camiciòtto *m.* **(labourer's) smock.**
caminétto *m.* **fireplace.**
caminièra *f.* **fire-guard.**
camino *m.* ***1*** (focolare) **fireplace; hearth** ***2*** (gola del camino) **chimney; chimney-flue** ***3*** (comignolo) **chimney-pot;** (più comignoli riuniti) **chimney-stack** ***4*** *(alpinismo)* **chimney.**
càmion *m.* **lorry; truck** *(USA).*
camionàbile, camionale *a.* e *f.* **(road) open to lorry traffic.**
camioncino *m.* **light lorry; van.**
camionétta *f.* **jeep.**
camionista *m.* **lorry-driver; truck-driver** *(USA).*
camìtico *a.* **Hamitic.**
camma *f. (mecc.)* **cam.**
cammellato *a.* **camel-borne.**
cammellière *m.* **camel-driver; cameleer.**
cammèllo *m.* ***1*** *(zool.,* Camelus) **camel** ***2*** (pelo di c.) **camel's hair** ● *color c.,* **camel.**
cammèo *m.* **cameo.**
camminaménto *m. (mil.)* **communication trench.**
camminare *v. i.* ***1*** to **walk;** (andare a piedi) to **go* on foot**: *c. di buon passo,* to walk at a good pace ***2*** (funzionare) to **work;** to **go*** ***3*** (progredire) to **move;** to **grow*** ***4*** (di frase, discorso) to **go*;** to **sound** ● *c. a grandi passi,* to stride □ *c. a passi pesanti,* to tramp □ *c. a quattro zampe,* to go on all fours □ *c. per i quaranta (anni),* to be getting on for forty.
camminata *f.* ***1*** **walk**: *fare una c.,* to take (o to go for) a walk ***2*** (andatura) **gait.**
camminatóre *m.* **walker.**
camminatura *V.* **camminata** *def. 2.*
cammino *m.* ***1*** **way**: *per tutto il c.,* all the way ***2*** (sentiero) **path; track**: *(fig.) il c. della gloria,* the path to Glory ***3*** (strada) **road** ***4*** (itinerario) **route;** *(fig.)* **course** ***5*** (viaggio) **journey** ● *c. facendo,* on the way; on one's way □ *fare molto c.,* to go a long way; *(fig.)* to go far □ *(fig.) lasciare il retto c.,* to go astray □ *mettersi in c.,* to set out □ *Ci sono due ore di c.,* it is a two hours' walk from here (o from there).
camomilla *f.* ***1*** *(bot.,* Anthemis nobilis) **camomile** ***2*** (infuso di c.) **camomile-tea.**
camòrra *f.* **« camorra ».**
camorrista *m.* e *f.* **camorrist.**
camòscio *m.* ***1*** *(zool.,* Rupicapra rupicapra) **chamois*** ***2*** (pelle di c.) **chamois-leather; shammy (leather).**
campagna *f.* ***1*** **country; land; countryside**: *vivere in c.,* to live in the country □ *la c. inglese,* the English countryside ***2*** *(mil., fig.)* **campaign** ***3*** (tenuta) **estate; property (in the country)** ● *(geogr.) la c. romana,* the Campagna □ *(fig.) buttarsi alla c.,* to take to the woods.
campagnòla *f.* ***1*** **countrywoman*; country girl** ***2*** *(autom.)* **off-road vehicle.**
campagnòlo ***A*** *a.* **rustic; country** *(attr.)* ***B*** *m.* **countryman*; peasant.**
campale *a.* **open-field**: *una battaglia c.,* an open-field battle ● *giornata c., (mil.)* day of the decisive battle; *(fig.)* exhausting day.
campana *f.* ***1*** **bell** ***2*** (di vetro) **glass dome;** (per proteggere piante) **cloche** ***3*** *(naut.:* di palombaro) **diving bell** ***4*** *(al pl., mus.)* **bells; chimes** ● *gioco della c.,* hopscotch □ *gonna a c.,* bell-shaped skirt □ *(fig.) Vorrei sentire l'altra c.,* I should like to hear what the other side has to say.
campanàccio *m.* **cowbell; cattle-bell.**
campanàrio *a.* **bell** *(attr.)*: *una torre campanaria,* a bell tower.
campanaro *m.* **bell-ringer.**
campanèlla *f.* ***1*** **little bell** ***2*** (anello di tenda) **curtain ring** ***3*** (battente d'uscio) **(ring-shaped) knocker** ***4*** (orecchino) **ring-shaped earring.**
campanèllo *m.* ***1*** (da tavolo) **handbell** ***2*** (elettrico) **(electric) bell** ***3*** (all'uscio) **doorbell** ● *c. d'allarme,* alarm-bell.
campanile *m.* **bell tower; church tower; belfry.**
campanilişmo *m.* **local patriotism; parochialism.**

campanilista *m.* e *f.* **narrow-minded local patriot.**
campànula *f. (bot.)* **1** (Campanula) **campanula; bell-flower 2** (Campanula rotundifolia) **harebell; bluebell** *(Scozia, Inghilterra sett., USA).*
campare *v. i.* e *t.* **1** to **live**: *c. d'aria,* to live on air **2** (tirare avanti) to **earn one's living somehow; to get* along somehow; to keep* body and soul together** ● *c. alla giornata,* to lead a hand-to-mouth existence □ *Tira a c.!,* take it easy!
campata *f.* **1** (d'arco) **span 2** (di ponte) **bay.**
campato *a.* — *c. in aria,* unrealistic; unfounded; unsound.
campeggiare *v. i.* **1** (fare campeggio) to **camp;** to **go* camping 2** *(mil.:* essere accampato) to **camp;** to **encamp 3** (spiccare) to **stand* out.**
campeggiatóre *m.* **(holiday) camper.**
campéggio *m.* **1** (attendamento) **camp; holiday camp 2** (l'attendarsi) **camping 3** (il terreno) **camping ground.**
campeggista *m.* e *f.* **(holiday) camper.**
campèstre *a.* **rural; country** *(attr.)*: *vita c.,* rural life.
Campidòglio *m. (stor.)* **(the) Capitol.**
campionare *v. t. (comm., stat.)* to **sample.**
(1) campionàrio *m. (comm.)* **1 collection (o set) of samples 2** (di tessuti, ecc.) **pattern-book; pattern--card.**
(2) campionàrio *a.* — *fiera campionaria,* trade fair.
campionarista *m.* e *f. (comm., stat.)* **sampler.**
campionato *m.* **championship.**
campionatura *f. (comm., stat.)* **sampling.**
campióne *m.* **1** (anche *sport*) **champion**: *il c. del mondo,* the world champion □ *(fig.) il c. dei deboli,* the champion of the weak **2** *(comm.)* **sample;** (di tessuti) **pattern 3** (esemplare) **specimen** ● (di merce) *non corrispondere (o non essere conforme) al c.,* not to be up to sample □ *spedire come c. senza valore,* to send by sample-post □ *(iron.) Un bel c.!,* a fine specimen!
campionéssa *f. (sport)* **(woman*, lady) champion.**
campionìssimo *m.* **champion of champions; great champion.**
campire *v. t. (pitt.)* to **paint the background.**
campo *m.* **1** *(generalm.)* **field**: *un c. di grano,* a cornfield □ *un c. di battaglia,* a battlefield □ *(araldica) un giglio rosso in c. argento,* a red lily on a silver field **2** *(mil.)* **field;** (accampamento) **camp**: *un c. di concentramento,* a concentration camp **3** *(fig.)* **field; range; scope**: *un vasto c. d'azione,* a wide field of action; a wide range **4** *(sport)* **ground; field; course**: *un c. sportivo,* a sports ground; a playing field □ *un c. di golf,* a golf-course; a links **5** *(pitt.)* **background 6** *(cinem.)* **shot** ● *c. d'aviazione,* airfield □ *c. di Marte,* drill ground; parade ground □ *c. di tiro,* (poligono) rifle range; (di un cannone) field of fire □ *(radio) c. d'onda,* wave band □ *(fig.) avere c. libero,* to have a free hand □ *fiori di c.,* wild flowers □ *(cinem., telev.) fuori c.,* off screen: *voce fuori c.,* off-screen voice □ *(fig.) mettere in c.,* to put forward □ (anche *fig.*) *scendere in c.,* to take the field □ *Datemi c. di riflettere,* give me time to think it over.
camposanto *m.* **1 cemetery 2** (presso una chiesa) **churchyard.**
camuffare A *v. t.* **1** to **disguise 2** (mimetizzare) to **camouflage B camuffarsi** *v. rifl.* to **disguise oneself.**
camuṣo *a.* **flat-nosed; blunt-nosed** ● *naso c.,* snub nose.
can *m.* (principe tartaro) **khan.**
canadése *a., m.* e *f.* **Canadian.**
canàglia *f.* **1** (plebaglia) **rabble; mob; scum 2** (mascalzone) **scoundrel; rascal.**
canagliata *f.* **scurvy trick; blackguardly (o scoundrelly) action.**
canagliésco *a.* **rascally; scoundrelly.**
canagliume *m.* **rabble; mob; scum.**
canale *m.* **1** (artificiale) **canal 2** (naturale; anche *radio, telev.* e *fig.*) **channel**: *il C. della Manica,* the (English) Channel **3** (scanalatura) **duct; channel; groove** ● *(anat.) canali biliari,* biliary ducts.
canaliẓẓare *v. t.* to **canalize.**
canaliẓẓazióne *f.* **canalization.**
canalóne *m.* **gully.**
cànapa *f.* (*bot.,* Cannabis sativa) **hemp** ● *tela di c.,* hempen cloth.
canapàia *f.* **hemp field.**
canapè *m.* **sofa.**
canapicoltóre *m.* **hemp grower.**
canapicoltura *f.* **hemp growing.**
canapificio *m.* **hemp mill.**
cànapo *m.* **(thick) hempen rope; cable.**
canarino A *m.* (*zool.,* Serinus canarius) **canary** ● *mangiare quanto un c.,* to eat like a bird **B** *a.* (color c.) **canary yellow.**
canasta *f.* (gioco di carte) **canasta.**
cancàn *m.* **1** (ballo) **French cancan 2** (chiasso) **racket;** *(fig.:* scandalo) **scandal** ● *(fig.) fare un c.,* to raise hell.
cancellàbile *a.* **erasable; effaceable.**
cancellare *v. t.* **1** (con una croce) to **cross out 2** (con un frego) to **strike* off 3** (con la gomma) to **rub out;** to **erase 4** (con cimosa, straccio, ecc., e *fig.*) to **wipe out 5** (disdire) to **annul;** to **cancel 6** *(fig.)* to **wipe out;** to **erase;** to **efface;** to **obliterate** ● *(elab.) c. lo schermo,* to clear.
cancellata *f.* **railing; iron fence.**
cancellatura *f.* **erasure; cancellation.**
cancellazióne *f.* **1 cancelling; crossing out; striking off 2** (annullamento) **annulment; cancellation 3** *(telev.)* **blanking.**
cancelleria *f.* **1** *(polit.)* **chancellery 2** (di tribunale) **office of the clerk (of a Court) 3** (articoli per scrivere) **stationery.**
cancellierato *m.* **chancellorship.**
cancellière *m.* **1** *(polit.)* **Chancellor 2** *(leg.)* **registrar;** (di tribunale) **clerk (of the Court), magistrate's clerk.**
cancellino *m.* (per la lavagna) **duster; blackboard eraser.**
cancèllo *m.* **gate.**
cancerògeno *(med.)* **A** *a.* **carcinogenic B** *m.* **carcinogen.**
cancerologia *f. (med.)* **cancerology.**
canceròlogo *m. (med.)* **cancerologist; cancer specialist.**
canceróso *a. (med.)* **cancerous.**
canchero *m.* **1** (*pop.:* cancro) **cancer 2** (*fig.:* scocciatore) **nuisance; bore 3** (acciacco) **ailment.**
cancrèna *f.* **1** *(med.)* **gangrene 2** *(fig.)* **canker** ● *andare in c.,* to gangrene; *(fig.)* to degenerate.
cancrenóso *a. (med.)* **gangrenous.**
cancro *m.* **1** *(med.)* **cancer 2** — *(astron., astrologia) il C.,* Cancer; the Crab.
candeggiante A *a.* **bleaching B** *m.* **bleach.**
candeggiare *v. t.* to **bleach;** to **whiten.**
candeggina *f.* **bleaching solution.**
candéggio *m.* **bleaching** ● *dare il c. a q.c.,* to bleach st.
candéla *f.* **1 candle**: *una c. di cera,* a wax candle **2** *(autom.)* **spark(ing) plug 3** *(fis.)* **candela** ● *(fig.) accendere una c. a Dio e una al diavolo,* to have a foot in both camps □ *a lume di c.,* by candlelight.
candelabro *m.* **candelabrum*.**
candelàggio *m. (fis.)* **candlepower.**
candelière *m.* **1 candlestick 2** *(naut.)* **stanchion.**
candelòra *f. (relig.)* **Candlemas.**
candelòtto *m.* **squat candle** ● *c. fumogeno,* smoke bomb □ *c. lacrimogeno,* tear-gas bomb.
candidato *m.* **1 candidate 2** (aspirante a un posto) **applicant.**
candidatura *f.* **candidature.**
candidézza *f.* **1 whiteness 2** *(fig.)* **purity.**
càndido *a.* **1 snow-white; white 2** *(fig.)* **candid.**
candire *v. t.* to **candy**: *frutta candita,* candied fruit.
candito *m.* **(piece of) candied fruit.**
candóre *m.* **1 brilliant (o immaculate) white; snowy whiteness 2** *(fig.)* **purity; innocence; candour.**
cane *m.* **1 dog**: *aizzare un c. contro q.,* to set a dog on sb. **2** (da seguito o da corsa) **hound 3** (insulto) **dog**: *C.*

d'un rinnegato!, dog of a renegade! ***4*** (*spreg.*: d'attore) **bad actor; ham;** (di cantante) **bad (o rotten) singer**: *Quel cantante è un c.*, he's a rotten singer ***5*** (persona spietata) **brute *6*** (d'arma) **cock *7*** (*mecc.*) **catch; jaw** ● *c. bastardo*, mongrel □ *c. da caccia*, sporting dog □ *c. da guardia*, watchdog □ *c. da pastore*, sheepdog □ *c. da pastore scozzese*, collie □ *c. da punta*, pointer □ *c. da riporto*, retriever □ *c. da salotto*, lapdog □ *c. di razza*, pure-bred dog □ *c. lupo*, wolf-dog □ (*astron.*) *il C. Maggiore (Minore)*, the Greater (Lesser) Dog □ (*fig.*) *fatica da cani*, very hard work □ *essere fortunato come un c. in chiesa*, not to have a dog's chance □ *Figlio di un c.!*, son of a bitch! □ *un lavoro fatto da cani*, a bad job; a slipshod piece of work □ *morire come un c.*, to die abandoned by all; (senza prete) to die without the comforts of religion; (in miseria) to die in the gutter □ *sentirsi solo come un c.*, to feel desperately lonely □ *È una vita da cani*, it's a dog's life □ *È un c.!*, he's a heartless fellow □ *Fa un freddo c.*, it's terribly cold □ (*fig.*) *Non c'era un c.*, there wasn't a soul there.

canèa *f.* **barking of many dogs;** (*fig.*) **hue and cry.**

canèstra *f.* **wicker basket.**

canestrata *f.* **basketful.**

canèstro *m.* ***1*** **basket;** (con coperchio) **hamper *2*** (*sport*) **basket.**

cànfora *f.* **camphor.**

canforato *a.* **camphorated**: *olio c.*, camphorated oil.

cangiante *a.* **changing; shot** (*attr.*): *seta c.*, shot silk.

canguro *m.* (*zool.*, Macropus) **kangaroo.**

canìcola *f.* **summer heat** ● *giorni della c.*, dog days.

canicolare *a.* **hot; burning** ● *giorni canicolari*, dog days.

canile *m.* ***1*** **kennel** (nel senso di allevamento, al *pl.*) ***2*** (*fig.*) **den; pigsty.**

canino *a.* **canine; of a dog** ● *dente c.*, canine tooth; eye-tooth □ *mosca canina*, horsefly □ *mostra canina*, dog show.

canìzie *f.* **white hair*;** (*fig.*) **old age.**

canizza *f.* (*caccia*) **baying (of hounds).**

canna *f.* ***1*** (*bot.*, Arundo donax) **reed *2*** (*bot.*, Canna) **canna *3*** (*bot.*: c. coltivata) **cane *4*** (bastone) **stick; cane *5*** (del camino) **flue *6*** (del fucile) **barrel *7*** (dell'organo) **pipe *8*** (da pesca) **(fishing-)rod *9*** (della bicicletta) **crossbar** ● *essere povero in c.*, to be as poor as a church mouse.

(1) cannèlla *f.* (*bot.*, *cucina*) **cinnamon.**

(2) cannèlla *f.* (rubinetto) **tap.**

cannèllo *m.* ***1*** **small pipe *2*** (pipetta) **pipette *3*** (portapenne) **penholder** ● *c. di ceralacca*, stick of sealing--wax □ (*mecc.*) *c. per saldature*, welding blowpipe.

cannéto *m.* **thicket of canes; bed of reeds.**

cannìbale *m.* **cannibal; man-eater.**

cannibalésco *a.* **cannibal-like.**

cannibalismo *m.* **cannibalism.**

cannicciata *f.* **trelliswork.**

cannocchiale *m.* **spy-glass; telescope.**

cannonata *f.* ***1*** **cannon-shot; gunshot *2*** (*al pl.*) **cannonade** (*sing.*) ***3*** (*sport*: nel calcio) **shot at goal** ● (*fam.*) *È una c.!*, it's a smasher!

cannoncino *m.* ***1*** (*mil.*) **light gun *2*** (*sartoria*) **box--pleat.**

cannóne *m.* ***1*** (*mil.*) **gun;** (antiquato) **cannon**: *palla di c.*, cannon-ball ***2*** (*sartoria*) **box-pleat *3*** (tubo) **pipe; tube *4*** (*fig.*) **ace; champion** ● (*fig.*) *carne da c.*, cannon fodder □ (in circhi o baracconi) *donna c.*, fat woman.

cannoneggiaménto *m.* **cannonade; gunfire; shelling.**

cannoneggiare *v. t.* e *i.* **to cannonade; to fire; to shell.**

cannonièra *f.* ***1*** (*naut.*) **gunboat *2*** (*mil.*) **embrasure.**

cannonière *m.* ***1*** (*naut.*) **gunner *2*** (*sport*: nel calcio) **goal-scorer.**

cannùccia *f.* ***1*** **small reed; thin cane *2*** (di pipa) **stem *3*** (portapenne) **penholder *4*** (per bibite) **(drinking-)straw.**

canòa *f.* **canoe** ● *andare in c.*, to canoe.

canòcchia *f.* (*zool.*, Squilla mantis) **squill; mantis shrimp.**

canoismo *m.* (*sport*) **canoeing.**

canoista *m.* e *f.* (*sport*) **canoeist.**

cañón (*spagn.*) *m. invar.* (*geogr.*) **canyon.**

cànone *m.* ***1*** (norma) **canon; rule *2*** (*relig.*) **canon *3*** (d'affitto) **rent** ● *c. d'abbonamento*, subscription fee.

canònica *f.* **parsonage; rectory; vicarage** (*fam.*).

canonicato *m.* ***1*** **canonicate; canonry *2*** (*fig.*, *scherz.*) **sinecure.**

canònico A *a.* ***1*** **canonical; canon** (*attr.*): **diritto c.**, canon law ***2*** (*fig.*) **appropriate; suitable *B*** *m.* **canon.**

canonista *m.* (*leg.*) **canonist.**

canonizzare *v. t.* ***1*** (*relig.*) **to canonize *2*** (*fig.*) to **sanction;** to **ratify.**

canonizzazióne *f.* (*relig.*) **canonization.**

canòro *a.* **melodious; singing**: *uccelli canori*, singing birds.

canottàggio *m.* ***1*** (per diletto) **boating;** (a un remo) **rowing;** (a due remi) **sculling *2*** (*sport*) **boat racing** ● (*sport*) *gara di c.*, boat race.

canottièra *f.* ***1*** (maglia) **singlet; vest *2*** (cappello) **boater.**

canottière *m.* **oarsman*; rowing man*.**

canòtto *m.* ***1*** (canoa) **canoe *2*** (barchetta) **small boat; dinghy.**

canovàccio *m.* ***1*** (per i piatti) **dishcloth;** (per spolverare) **duster *2*** (tela da ricamo) **canvas *3*** (trama di un'opera) **plot *4*** (traccia, abbozzo) **draft.**

cantàbile A *a.* **singable *B*** *m.* (*mus.*) **cantabile.**

cantante *m.* e *f.* **(professional) singer.**

cantare *v. t.* e *i.* ***1*** to **sing***: *c. una canzone*, to sing a song □ *c. le imprese di q.*, to sing (of) sb.'s exploits ***2*** (del gallo) to **crow* *3*** (della gallina) to **cackle *4*** (del grillo e sim.) to **chirp *5*** (dire con enfasi) to **tell* over and over again *6*** (tradire i complici) to **squeal** ● *c. a bocca chiusa*, to hum □ *c. con accompagnamento di piano*, to sing to the piano □ (*fig.*) *cantarla chiara*, to speak one's mind □ (*fig.*) *c. sempre la stessa canzone*, to harp on the same string □ *c. vittoria*, to exult in one's victory; to crow □ (*fig.*) *far c. q.*, to make sb. speak out.

cantàride *f.* (*zool.*, Lytta vesicatoria; anche *farm.*) **Spanish fly.**

cantastòrie *m.* e *f.* **ballad-singer; story-teller.**

cantata *f.* ***1*** (*mus.*) **cantata *2*** (*fam.*) **singing; sing--song.**

cantautóre *m.* **song singer-writer.**

canterano *m.* **chest of drawers.**

canterellare *v. t.* e *i.* to **sing* softly;** to **hum (to oneself).**

canterino *a.* **singing; warbling; chirping.**

càntero *m.* (*pop.*) **chamber pot.**

canticchiare *v. t.* to **sing* softly;** to **hum.**

càntico *m.* ***1*** (*letter.*) **religious poem *2*** (*relig.*) **canticle.**

cantière *m.* ***1*** **yard**: *c. stradale*, road yard ***2*** (*naut.*) **shipyard; dockyard *3*** (*min.*) **stope** ● *c. scuola*, work-shop □ (*naut.*) *in c.*, on the stocks.

cantilèna *f.* ***1*** **sing-song *2*** (intonazione monotona) **sing-song voice *3*** (discorso uggioso e prolisso) **boring, long-winded speech.**

cantina *f.* ***1*** **cellar; wine vault *2*** (bottega di vinaio) **wine shop; vintner's *3*** (luogo umido e buio) **hovel.**

cantinière *m.* ***1*** **butler *2*** (di monastero) **cellarer *3*** (*mil.*) **sutler.**

(1) canto *m.* ***1*** (canzone) **song *2*** (il cantare) **singing**: *lezioni di c.*, singing lessons ***3*** (liturgico) **chant *4*** (d'uccelli) **song; singing;** (cinguettìo) **chirrup, chirruping;** (gorgheggio) **warble, warbling *5*** (del gallo) **crow, crowing *6*** (della gallina) **cackle, cackling *7*** (del grillo e sim.) **chirp, chirping *8*** (parte di poema) **canto* *9*** (poesia) **poem; lyric** ● *c. di Natale*, Christmas carol □ *studiare c.* (come professione), to train as a singer.

(2) canto *m.* ***1*** (angolo) **corner;** (di strada) **street--corner *2*** (*fig.*) **way; hand**: *dall'altro c.*, on the other hand ● *dal c. mio,* as for me; as far as I am (o was) concerned □ *da ogni c.*, on all sides □ *mettere q.c. in un c.*, to put st. aside □ *per ogni c.*, everywhere.

cantonale *m.* (mobile) **corner cupboard.**

cantonata *f.* ***1*** **(street-)corner** ***2*** (*fig.*: grosso errore) **blunder.**

cantóne *m.* ***1*** (*geogr.*) **canton** ***2*** (angolo) **corner** ● *il gioco dei quattro cantoni,* puss-in-the-corner.

cantonièra *f.* ***1*** **road-tender's house** ***2*** (angoliera) **corner cupboard.**

cantonière *m.* ***1*** **road tender** ***2*** (*ferr.*) **trackman*; signalman*.**

cantóre *m.* ***1*** (*relig.*) **chorister;** (solista) **cantor** ***2*** (poeta) **singer; bard.**

cantorìa *f.* **choir-stalls** (*pl.*); **choir.**

cantùccio *m.* ***1*** **corner; nook** ***2*** (di pane o cacio) **crust.**

canuto *a.* **white-haired; hoary.**

canzonare ***A*** *v. t.* to **tease;** to **make* fun of** (sb.) ***B*** *v. i.* to **joke.**

canzonatóre *m.* **mocker; tease** (*fam.*).

canzonatòrio *a.* **teasing; mocking.**

canzonatura *f.* **joke** (at the expense of sb.); **mockery.**

canzóne *f.* ***1*** **song**: *c. popolare,* folk song ***2*** (*poesia*) **canzone** ● (*fig.*) *È sempre la solita c.!*, it's always the same old story!

canzonetta *f.* **(light music) song; popular song.**

canzonettista *m.* e *f.* **music-hall singer.**

canzonière *m.* ***1*** (*letter.*) **(collection of) lyrics** ***2*** (raccolta di canzoni) **songbook.**

caolino *m.* (*miner.*) **kaolin.**

caos *m.* **chaos** (anche *fig.*).

caòtico *a.* **chaotic** (anche *fig.*).

capace *a.* ***1*** **able; capable** (anche *leg.*): *essere c. di fare q.c.*, to be able to do st.; to be capable of doing st. ***2*** (abile, esperto) **capable; skilful** ***3*** (idoneo) **fit** ***4*** (ampio) **capacious** ● *farsi c.* (capacitarsi), to realize □ (*fam.*) *È c. che,* may be.

capacità *f.* ***1*** (abilità) **ability, capacity, capability;** (perizia) **skill** ***2*** (capienza) **capacity** ***3*** (*fis.*) **capacity** ***4*** (*leg.*) **capacity**: *c. di agire,* capacity to contract.

capacitare ***A*** *v. t.* to **persuade** ***B*** **capacitarsi** *v. rifl.* to **realize;** to **understand*** ● *Non posso capacitarmene,* I can't believe it; I can't get over it.

capanna *f.* ***1*** **hut; cabin** ***2*** (catapecchia) **hut; hovel** ***3*** (casetta) **cottage**: *un cuore e una c.*, love in a cottage.

capannèllo *m.* **small knot of people discussing current topics; small group.**

capanno *m.* ***1*** (al mare) **bathing-hut** ***2*** (da caccia) **shooting-box.**

capannóne *m.* ***1*** **(big) shed** ***2*** (*aeron.*) **hangar.**

caparbietà *f.* **obstinacy; stubbornness.**

capàrbio *a.* **obstinate; stubborn.**

caparra *f.* ***1*** **earnest(-money); deposit** ***2*** (*fig.*) **earnest; pledge.**

capata *f.* **blow with one's head** ● *battere (o dare) una c.*, to bang (o to bump) one's head.

capatina *f.* — *fare una c.*, to put in an appearance; to look in; to drop in (on).

capécchio *m.* **tow.**

capeggiare *v. t.* to **lead*;** to **head;** to **be the leader of.**

capeggiatóre *m.* **ringleader.**

capéllo *m.* ***1*** **hair**: *un c. nella minestra,* a hair in the soup ***2*** (*al pl., collett.*: capigliatura) **hair** (solo *sing.*): *capelli folti (radi),* thick (thin) hair □ *Mi cadono i capelli,* my hair is falling out ● *a c.*, to a hair, exactly; perfectly; to a tee □ *avere più debiti che capelli,* to have as many debts as one has hairs on one's head; to be head over ears in debt □ *avere un diavolo per c.*, to be in a very bad temper; to have got out of bed on the wrong side □ *averne fin sopra i capelli,* to be fed up with (o sick to death of) (sb., st.) □ (*fig.*) *cacciarsi le mani nei capelli,* not to know which way to turn □ *far rizzare i capelli a q.*, to make sb.'s hair stand on end □ *mancarci un c. che,* to be within an ace of □ (*fig.*) *pigliarsi per i capelli,* to come to blows □ (di donna) *portare i capelli molto corti,* to wear one's hair very short; to have bobbed hair □ *salvarsi per un c.*, to escape by a hair's breadth; to have a narrow escape □ *tirato per i capelli* (stiracchiato), far-fetched; forced □ *C'è da mettere i capelli bianchi,* it's enough to turn one's hair white.

capellóne *m.* **long-haired youth; beatnik; mop-head.**

capelluto *a.* **long-haired; mop-headed** ● *cuoio c.*, scalp.

capelvènere *m.* (*bot.*, Adiantum capillus Veneris) **maidenhair.**

capèstro *m.* ***1*** (cavezza) **halter** ***2*** (corda usata per impiccare) **(hangman's) halter** ● *condannato al c.*, sentenced to be hanged □ *tipo da c.*, gallows-bird.

capezzale *m.* ***1*** **bolster** ***2*** (*fig.*) **bedside; sick-bed; death-bed.**

capezzièra *f.* **antimacassar.**

capézzolo *m.* **nipple; teat;** (di animale) **dug.**

capiènza *f.* **capacity.**

capigliatura *f.* **hair*; head of hair.**

capillare *a.* ***1*** (*fis., anat.*) **capillary** ***2*** (*fig.*) **detailed.**

capillarità *f.* (*fis.*) **capillarity; capillary action.**

capinéra *f.* (*zool.*, Sylvia atricapilla) **blackcap.**

capintésta *m.* e *f.* *invar.* ***1*** (*sport*) **leader** ***2*** (*spreg.*) **ringleader.**

capire *v. t.* ***1*** to **understand*;** to **see*** ***2*** (rendersi conto di) to **realize** ***3*** (interpretare, decifrare) to **make* out** ● (*fig.*) *c. l'antifona,* to see what sb. is driving at; to take the hint □ *far c. a q. (che),* to give sb. to understand (that) □ *farsi c.*, to make oneself understood □ (*fig.*) *non c. in sé (o nella pelle, nei panni) dalla gioia,* to be beside oneself with joy □ *Si capisce!*, of course!; naturally!; certainly!

(1) capitale *a.* ***1*** (*leg.*) **capital**: *sentenza c.*, capital (o death) sentence ***2*** (principale) **capital; prime; primary; main** ● *nemico c.*, mortal enemy.

(2) capitale *m.* ***1*** (*econ.*) **capital** ***2*** (*iron.*: di persona) **ne'er-do-well; scamp** ● *c. immobile,* real estate □ *c. liquido,* cash assets (*pl.*) □ *c. mobile,* movables (*pl.*).

(3) capitale *f.* (città principale) **capital.**

capitalismo *m.* **capitalism.**

capitalista *m.* e *f.* **capitalist.**

capitalìstico *a.* **capitalistic.**

capitalizzare *v. t.* (*econ.*) to **capitalize.**

capitalizzazióne *f.* (*econ.*) **capitalization.**

capitana *f.* (*naut.*) **flag-ship.**

capitanare *v. t.* to **lead*;** to **command;** to **head** ● *c. una squadra di calcio,* to captain a football team.

capitanerìa *f.* **harbour office.**

capitano *m.* ***1*** **captain; leader** ***2*** (*mil.*) **captain** ***3*** (*naut.*) **captain; master; skipper** (*fam.*): *un c. di lungo corso,* a master mariner; a sea captain □ *un c. di piccolo cabotaggio,* a skipper ***4*** (*aeron.*) **flight lieutenant** ● (*naut.*) *c. di corvetta,* lieutenant commander (*abbr.*: Lt. Cdr.) □ (*naut.*) *c. di fregata,* commander □ (*naut.*) *c. di vascello,* captain.

capitare *v. i.* ***1*** (accadere) to **happen;** to **befall*** (*lett.*): *Capita a tutti,* it happens to everyone □ *Mi capitò di rivederla in chiesa,* I happened to meet her again in church ***2*** (presentarsi, saltar fuori) to **turn up;** to **occur** ***3*** (arrivare casualmente) to **find* oneself;** to **happen to go** ● *c. bene (male),* to be lucky (unlucky) □ *c. tra le mani di q.*, to fall into the hands of sb. □ (*iron.*) *Siamo capitati bene!*, this is a fine kettle of fish!; this is just fine!

capitèllo *m.* ***1*** (*archit.*) **capital** ***2*** (*legatoria*) **head-band.**

(1) capitolare *v. i.* ***1*** (*mil.*) to **capitulate;** to **surrender on terms** ***2*** (*fig.*) to **capitulate;** to **give* in;** to **surrender.**

(2) capitolare *m.* (*stor.*) **capitulary.**

(3) capitolare *a.* (*relig.*) **capitular; of a cathedral chapter.**

capitolato *m.* **specification** (*spesso al pl.*).

capitolazióne *f.* (*mil.*) **capitulation; terms of surrender** (*pl.*).

capitolino *a.* **Capitoline.**

capìtolo *m.* ***1*** (di libro) **chapter** ***2*** (*relig.*) **chapter** ***3*** (*letter.*) **humorous poem in « terza rima »** ***4*** (*rag.* di bilancio) item.

capitombolare *v. i.* to fall* (o to tumble) down headlong; to fall* head over heels.

capitómbolo *m.* headlong fall; tumble • *fare un c.*, to tumble down; *(fig., fam.)* to come a cropper.

capitóne *m. (zool.)* (female) eel.

capitòzza *f. (agric.)* pollard.

capitozzare *v. t. (agric.)* to pollard.

capo *m.* **1** (testa) head: *chinare il c.*, to bend one's head **2** (cima, estremità) top; head; end; (bulbo) bulb: *da c. a fondo*, from top to bottom □ *da un c. all'altro*, from end to end □ *in c. alla pagina*, at the top of the page □ *andare in c. al mondo*, to go to the ends of the earth □ *un c. d'aglio*, a bulb of garlic **3** (persona autorevole) head; chief; boss *(fam.)*; *(polit.)* leader; (di « clan » scozzese) chieftain; (di pellirosse) chief; (di una azienda) manager **4** (posizione di comando) head: *essere a c. di un esercito*, to be at the head of an army **5** (singolo animale) head*; animal **6** (singolo oggetto) article; item; (di enumerazione) item: *un c. di vestiario*, an article of clothing **7** (di fune) strand **8** *(geogr.)* cape; headland; promontory; (nei toponimi) head, point **9** *(naut.)* chief petty officer • *C. del Governo*, Premier □ *c. officina*, chief foreman □ *c. operaio*, foreman □ *(cinem.) c. operatore*, first cameraman □ *c. ufficio*, head clerk □ *andare a c.* (scrivendo), to start a new paragraph □ *avere altro per il c.*, to have other things to think of □ *(mil.) comandante in c.*, Commander in Chief *(abbr.*: C.-in-C.*)* □ *da c.*, over again; from the beginning; *(mus.)* « da capo » □ *da c. a piedi*, from head to foot (o from top to toe); (di cosa) from top to bottom □ *dire per sommi capi*, to give a summary; to give the main outline □ *fare c. a*, (di persona) to link up with; (di strada) to end up at, to lead to □ *in c. a quattro mesi*, after four months (o at the end of four months) □ *(fig.) mettersi in c. q.c.*, to get st. into one's head □ *non sapere dove battere il c.*, to be at a loss □ *rompersi il c.* (scervellarsi), to cudgel (o to rack) one's brains □ *tenere il cappello in c.*, to keep one's hat on □ *tenere* (o *portare) il c. alto*, to hold one's head high □ *(fig.) tra c. e collo*, unexpectedly □ *venire a c. di q.c.*, to get to the end of st. □ *(med.) venire a c.* (maturare), to come to a head □ (dettando) *A c.!*, new line!; new paragraph! □ *Felice C. d'Anno!*, Happy New Year! □ *È un ragionamento senza c. nè coda!*, that's all nonsense!

capobanda *m.* **1** *(mus.)* bandmaster **2** (caporione) ringleader **3** (di delinquenti) head of a gang.

capocàccia *m.* (chief) huntsman*.

capocamerière *m.* head-waiter.

capocannonière *m.* **1** *(mil.)* master gunner **2** *(sport)* top goal-scorer.

capòcchia *f.* head: *la c. di un chiodo*, the head of a nail.

capòccia *m.* **1** *(scherz.)* boss; leader **2** (di operai) overseer.

capoclasse *m.* e *f.* head of one's form.

capocòmico *m. (teatr.)* actor-(o actress-)manager.

capocordata *m.* e *f. (alpinismo)* leader of mountain climbers; roped-party leader.

capocrònaca *m.* leading article.

capocronista *m.* e *f.* news editor.

capocuòco *m.* head cook; chef.

capodanno *m.* New Year's Day.

capodivișióne *m.* head of a (Government) department.

capodòglio *m.* (*zool.*, Physeter macrocephalus) sperm whale.

capofàbbrica *m. (ind.)* works manager.

capofamìglia *m.* e *f.* head of a family.

capofila *m.* e *f.* first of a line; leader.

capofitto, a *locuz. avv.* headlong; headfirst; head foremost.

capogiro *m.* giddiness; dizziness • *far venire il c. a q.*, to make sb. giddy.

capogruppo *m.* e *f.* group-leader.

capolavóro *m.* masterpiece.

capolìnea *m.* terminus*.

capolino *m.* **1** — *far c.*, to peep (out, in); to poke one's head (through) **2** (*bot.*: infiorescenza) (flower) head.

capolista *m.* e *f.* first name on a list • *essere c.*, to head a list □ *candidato c.*, candidate heading (o at the head of) the list □ *squadra c.*, league leader.

capoluògo *m.* chief town (of a province).

capomastro *m. (costr.)* master builder; master mason.

caponàggine *f.* obstinacy; pig-headedness.

capóne *m (naut.)* cathead; cat.

capopàgina *m. (tipogr.)* head-piece.

capoparte *m.* leader of a political faction.

capopèzzo *m. (mil.)* gun commander; *(naut.)* gun captain.

capopósto *m. (mil.)* commander of the guard.

caporale *m.* **1** *(mil.)* lance-caporal **2** (*pop.*: d'operai) foreman*.

caporalésco *a. (fig.)* overbearing.

caporeparto *m.* e *f.* **1** (di operai) foreman* **2** (di negozio, di ufficio) department head; (di grande magazzino) shopwalker.

caporióne *m.* ringleader.

caposala **A** *m.* (di stabilimento industriale) foreman* **B** *f.* **1** *(med.)* ward sister **2** (di stabilimento industriale) forewoman*.

caposaldo *m.* **1** *(costr.)* datum point (o line, plane) **2** *(mil.)* strong point; stronghold **3** *(fig.)* corner-stone; basis*.

caposcuòla *m.* e *f.* leader of a (literary, artistic, ecc.) movement.

caposquadra *m.* **1** (di operai) foreman* **2** (di soldati) squad leader.

capostazióne *m.* stationmaster.

capostìpite *m.* founder of a family.

capotàvola *m.* e *f.* head of a table.

capotècnico *m. (ind.)* technical director.

capotrèno *m. (ferr.)* guard; conductor *(USA)*.

capotribù *m.* chief; chieftain.

capoturno *m.* e *f.* head of a shift.

capoufficio *m.* head clerk; chief clerk.

capovèrso *m.* **1** paragraph **2** *(tipogr.)* indention.

capovóga *m. (sport)* stroke • *fare da c.*, to stroke.

capovòlgere **A** *v. t.* **1** to turn upside-down; to overturn; to stand* (st.) on its head; to upset* **2** *(fig.)* to invert; to reverse **B** **capovòlgersi** *v. rifl.* **1** to overturn; to capsize **2** *(fig.)* to be reversed.

capovolgiménto *m.* **1** overturning; upsetting; capsizing **2** *(fig.)* reversal; inversion.

capovòlto *a.* upside-down; topsy-turvy.

(1) cappa *f.* **1** (mantello senza maniche) cape; mantle *(lett.)*; (con maniche) cloak **2** *(relig.)* cope; (di frate) cowl **3** (del camino) cowl; (*ind.*: di fucina) chimney **4** (di cucina a gas, elettrica) cooker-hood • *la c. del cielo*, the canopy of heaven □ *nero come la c. del camino*, as black as soot □ *romanzo di c. e spada*, cloak-and-dagger novel.

(2) cappa *m.* o *f.* (the letter) k.

(1) cappèlla *f.* **1** *(archit.)* chapel **2** (complesso dei cantori) choir • *(mus.) maestro di c.*, Kapellmeister; choir-master.

(2) cappèlla *f.* **1** (di fungo) cap **2** (di chiodo) head **3** (*gerg. mil.*: recluta) raw recruit; rookie *(fam.)*.

cappellàccia *f.* (*zool.*, Galerida cristata) crested lark.

cappellàio *m.* hatter.

cappellano *m. (relig.)* chaplain.

cappellata *f.* hatful • *quattrini a cappellate*, bags of money.

cappellerìa *f.* hat-shop.

cappellièra *f.* hat-box.

cappellificio *m.* hat factory.

cappèllo *m.* **1** hat: *Avevo il c. (in testa)*, I had my hat on **2** *(mecc.)* cap; (di mina, ecc.) safety cover **3** (di fungo) cap **4** (preambolo) preamble; opening paragraph • *c. a cilindro* (o *a staio, a tuba)*, top-hat; silk hat □ *c. a larga tesa*, broad-brimmed hat □ *c. duro*, bowler (hat) □ *calotta di un c.*, crown (of a hat) □ *(fig.) far tanto di c. a q.*, to take one's hat off to sb. □ *Giù il c.!*, hat(s) off!

cappellóne *m.* (recluta) raw recruit; rookie *(fam.)* • *film c.*, western.

cappellòtto *m. (mecc.)* **cap.**
càpperi *inter.* **by Jove!; good heavens!; gosh!**
càppero *m. (bot.,* Capparis spinosa*)* **caper** ● *(cucina) salsa di capperi,* caper sauce.
càppio *m.* **slip-knot; loop.**
capponàia *f.* **1 fattening coop 2** *(fig., spreg.)* **quod** *(pop.).*
cappóne *m.* **capon.**
cappòtta *f. (autom.)* **hood.**
cappottare *v. i.* **1** *(autom.)* to **ouverturn 2** *(aeron.)* to **nose over.**
cappòtto *m.* **1 (over)coat 2** (al gioco) **capot;** (nel bridge) **slam** ● *dare c. a q.,* to capot sb.
Cappuccétto Rósso *m.* **Little Red Riding Hood.**
cappuccina *f. (bot.,* Lactuca sativa capitata*)* **cabbage lettuce; head lettuce.**
cappuccino *m.* **1** *(relig.)* **Capuchin (friar) 2** (bevanda) **white coffee.**
(1) cappùccio *m.* **1 hood 2** (di stilografica) **cap 3** (di frate) **cowl.**
(2) cappùccio *a.* — *(bot.) cavolo c.* (Brassica oleracea capitata), head cabbage.
càpra *f.* **1** *(zool.,* Capra) **goat**: *due capre e un caprone,* two she-goats (*fam.:* nanny-goats) and a he-goat (*fam.:* billy-goat) **2** (cavalletto) **trestle** ● *(fig.) salvare capra e cavoli,* to have one's cake and eat it.
capràio *m.* **goatherd.**
caprétto *m.* **kid**: *guanti di c.,* kid gloves.
capriata *f. (costr.)* **truss.**
caprìccio *m.* **1 whim; passing fancy; vagary; caprice**: *i capricci della moda,* the vagaries of fashion **2** *(mus.)* **capriccio*** ● *a c.,* whimsically; in one's own sweet way □ *fare i capricci,* to have tantrums; to be very naughty.
capricciόso *a.* **1 capricious;** (stravagante) **whimsical;** (testardo) **wayward;** (lunatico) **moody 2** (di bambino) **naughty.**
capricòrno *m. (astron., astrologia)* **Capricorn.**
caprifòglio *m. (bot.,* Lonicera caprifolium) **honeysuckle.**
caprino A *a.* **goat-like; goatish; caprine; goat** *(attr.)* **B** *m.* **1 smell of goats 2** (formaggio) **goat's milk cheese.**
(1) capriòla *f.* **1 somersault; caper 2** *(equitazione)* **capriole 3** *(danza classica)* **cabriole** ● *fare una c.,* to turn head over heels; to turn a somersault; to cut a caper; *(equitazione)* to capriole.
(2) capriòla *f. (zool.)* **doe (of a roe deer).**
capriòlo *m. (zool.,* Capreolus capreolus) **roe deer*;** (il maschio) **roebuck.**
capro, capróne *m.* **he-goat; billy-goat** *(fam.).*
càpsula *f.* **1** (di miscela fulminante) **primer; (percussion) cap 2** *(anat., bot., farm., miss.)* **capsule 3** (di dente) **crown.**
captare *v. t.* **1** *(radio)* to **pick up;** to **intercept 2** (accattivarsi) to **gain.**
capzióso *a.* **captious.**
carabàttola *f. (fam.)* **1 trifle 2** *(al pl.)* **odds and ends.**
carabina *f.* **rifle; carbine.**
carabinière *m.* **carabineer; « carabiniere ».**
carachiri *m.* **hara-kiri.**
caracollare *v. i. (equitazione)* to **caracol(e).**
caracòllo *m. (equitazione)* **caracol(e).**
caraffa *f.* **carafe;** (da vino) **decanter.**
caraìbico *a.* **Caribbean.**
caràmbola *f. (biliardo)* **carambole; cannon.**
carambolare *v. i. (biliardo)* to **cannon.**
caramèlla *f.* **1 sweetmeat; caramel; sweet 2** (lente) **monocle.**
caramellàio *m.* **sweet-vendor.**
caramellare *v. t.* **1** to **coat with burnt sugar 2** (candire) to **candy.**
caramèllo *m.* **caramel.**
caramellóso *a.* **1 caramellike 2** *(fig.)* **sugary.**
caratèllo *m.* **keg.**
carato *m.* **1 carat 2** (*comm.:* quota di una società) **share 3** *(naut.)* **one twenty-fourth (of the value of a ship).**
caràttere *m.* **1 character; disposition; temper; nature**: *la formazione del c.,* character-building **2** (caratteristica) **character; characteristic; peculiarity 3** (lettera) **character; letter;** (grafia) **hand**: *caratteri a stampatello,* block letters; (maiuscoli) block capitals **4** *(tipogr.)* **type** ● *(tipogr.) c. comune,* body type □ *c. corsivo,* italic type; italics *(pl.)* □ *c. grassetto* (o *neretto),* boldface type □ *avere c.,* to have character (o backbone) □ *avere un buon c.,* to be good-natured; to have a kindly disposition □ *avere un caratteraccio,* to be very bad-tempered (o ill-natured) □ *commedia di c.,* comedy of types (o of humours) □ *essere in c.,* to be in character □ *mancare di c.,* to lack strength of character; to have no backbone □ *non essere in c.,* to be out of character.
caratteriale A *a.* **1 character** *(attr.)*; **personality** *(attr.)* **2** *(psic.)* **suffering from behaviour disorders B** *m.* e *f. (psic.)* **person with behaviour disorders.**
caratterista *m.* e *f. (teatr.)* **character actor** *(masch.)*; **character actress** *(femm.).*
caratterìstica *f.* **1 characteristic; (characteristic) feature; trait 2** *(mat.)* **characteristic 3** *(radio)* **pattern 4** *(al pl., metall.)* **specifications.**
caratterìstico *a.* **1 characteristic; typical 2 quaint**: *una cittadina antica molto caratteristica,* a quaint little old town ● (in passaporti, ecc.) *segni caratteristici,* special peculiarities.
caratterizzare *v. t.* to **be characteristic of** (sb., st.); to **characterize.**
caratterizzazióne *f.* **characterization.**
caratterologìa *f. (psic.)* **characterology.**
caratura *f.* **1** *(comm.)* **share 2** *(naut.)* **part-ownership.**
caravanserràglio *m.* **caravanserai.**
caravèlla *f. (naut.)* **caravel, carvel.**
carboidrato *m. (chim.)* **carbohydrate.**
carbonàia *f.* **1 charcoal pit 2** (dove si tiene il carbone) **coal-cellar.**
(1) carbonàio *m.* **1** (chi fa il carbone) **charcoal-burner 2** (chi lo vende) **coalman*; coal-seller.**
(2) carbonàio *a.* — *nave carbonaia,* collier.
carbonaro *m. (stor.)* **Carbonaro*.**
carbonato *m. (chim.)* **carbonate.**
carbónchio *m.* **1** *(med.)* **carbuncle 2** *(agric.)* **black blight; smut.**
carboncino *m.* **charcoal crayon** ● *disegno a c.,* charcoal drawing.
carbóne *m.* **1** *(miner.)* **coal**: *(fig.) c. bianco,* white coal □ *c. fossile,* (pit) coal □ *miniera di c.,* coal-mine; coal-pit **2** (di legna) **charcoal** ● *carta c.,* carbon paper □ *copia c.,* carbon copy □ *giacimento di c.,* coalfield □ *nero come il c.,* as black as soot □ *(fig.) stare sui carboni ardenti,* to be on tenterhooks.
carbonèlla *f.* **charcoal slack.**
carbonerìa *f. (stor.)* **secret society of the Carbonari.**
carbònico *a. (chim.)* **carbonic; carbon** *(attr.).*
carbonièra *f. (naut.)* **1 collier 2** (chiatta) **coal-barge.**
carbonifero *a.* (anche *geol.)* **carboniferous** ● *bacino c.,* coalfield.
carbonile *m. (naut.)* **(coal) bunker.**
carbònio *m. (chim.)* **carbon** ● *ossido di c.,* carbon monoxide.
carbonizzare *v. t.* **1** (totalmente) to **carbonize 2** (parzialmente) to **char** ● *morire carbonizzato,* to be burned to death.
carbonizzazióne *f.* **carbonization.**
carburante *m.* **1** *(autom.)* **fuel 2** (benzina) **petrol** ● *rifornimento di c.,* refuelling.
carburare *v. t.* to **carburize;** to **carburet.**
carburatóre *m. (autom., aeron.)* **carburettor, carburetter.**
carburazióne *f.* **carburation; carburetion.**
carburo *m. (chim.)* **carbide.**
carcame *m.* **carcase.**
carcassa *f.* **1** (di animali) **carcase 2** (intelaiatura) **framework; skeleton;** *(naut.)* **hulk 3** *(mecc.)* **casing 4** (*fig.:* di macchina) **decrepit piece of machinery;** (di veicolo) **old crock** *(pop.)*; (di persona) **aged frame;**

(old) bones *(pl.)*.
carcerare *v. t.* to **imprison; to commit to prison.**
carceràrio *a.* **prison** *(attr.)*.
carcerato *m.* **prisoner.**
carcerazióne *f.* **incarceration; imprisonment.**
càrcere *m.* **prison; jail; gaol;** (la pena, anche) **imprisonment**: *cinque anni di c.*, five years' imprisonment ● *c. preventivo*, detention.
carcerière *m.* **jailor; gaoler; warder.**
carcinòma *m. (med.)* **carcinoma*.**
carciòfo *m.* ***1*** (*bot.*, Cynara scolymus) **artichoke** ***2*** *(fig.)* **booby.**
carda *f. (ind. tessile)* **carding machine; card.**
cardànico *a. (mecc.)* **cardanic; cardan** *(attr.)*: *(autom.) giunto c.*, cardan (o universal) joint.
cardano *m. (mecc.)* **cardan (o universal) joint.**
cardare *v. t. (ind. tessile)* to **card;** to **tease.**
cardatóre *m. (ind. tessile)* **carder; teaser.**
cardatrice *f. (ind. tessile)* ***1*** **carder; teaser** ***2*** (carda) **carding machine; card.**
cardatura *f. (ind. tessile)* **carding; teasing.**
cardellino *m.* (*zool.*, Carduelis carduelis) **goldfinch.**
cardìaco *(med.)* ***A*** *a.* **cardiac; heart** *(attr.)*: *un attacco c.*, a heart attack ***B*** *m.* **heart patient; cardiopath.**
(1) cardinale ***A*** *a.* **cardinal**: *i punti cardinali,* the cardinal points □ *numerali cardinali,* cardinal numbers ***B*** *m. (relig.)* **cardinal.**
(2) cardinale *m.* (*zool.*, Richmondena cardinalis) **cardinal bird; grosbeak.**
cardinalésco, cardinalizio *a. (relig.)* **of (o pertaining to) a cardinal; cardinal** *(attr.)* ● *cappello c.*, cardinal's hat.
càrdine *m.* ***1*** **hinge; pivot** ***2*** *(mecc.)* **pintle** ***3*** *(fig.)* **support; foundation.**
cardiochirurgìa *f.* **cardiac surgery; surgery of the heart.**
cardiògrafo *m. (med.)* **cardiograph.**
cardiogramma *m. (med.)* **cardiogram.**
cardiologìa *f. (med.)* **cardiology.**
cardiòlogo *m. (med.)* **cardiologist; heart specialist.**
cardiopalmo *m. (med.)* **palpitation of the heart.**
cardiopàtico *m. (med.)* **cardiopath; heart patient.**
cardiotònico *a.* e *m. (farm.)* **cardiotonic.**
cardiovascolare *a. (med.)* **cardiovascular.**
cardite *f. (med.)* **carditis.**
cardo *m.* ***1*** (*bot.*, Carduus) **thistle** ***2*** (*bot.*, Cynara cardunculus altilis) **cardoon** ***3*** *(ind. tessile)* **teasel.**
cardóne *m.* (*bot.*, Cynara cardunculus altilis) **cardoon.**
carèna *f. (naut.)* **bottom; keel; hull.**
carenàggio *m. (naut.)* **careening; careenage** ● *bacino di c.*, dry dock.
carenare *v. t.* ***1*** *(naut.)* to **careen** ***2*** *(aeron.)* to **streamline;** to **fair.**
carenatura *f. (aeron., naut.)* **fairing.**
carènte *a.* **lacking, wanting** (in).
carènza *f.* ***1*** (mancanza) **lack; want** ***2*** (scarsità, inadeguatezza) **scarcity; inadequacy** ***3*** *(med.)* **deficiency.**
carestìa *f.* ***1*** **famine** ***2*** (anche *fig.*) **dearth; scarcity; shortage.**
carézza *f.* ***1*** **caress** ***2*** *(al pl.)* **endearments** ● *fare una c. a q.*, to caress sb.
carezzare *V.* **accarezzare.**
carezzévole *a.* **caressing; endearing; tender.**
cargo *m.* ***1*** *(naut.)* **cargo ship; freighter** ***2*** *(aeron.)* **cargo plane; freighter.**
cariare *v. t.* **cariarsi** *v. rifl.* to **decay.**
cariàtide *f. (archit.)* **caryatid*.**
cariato *a.* **decayed; carious.**
caribù *m.* (*zool.*, Rangifer caribou) **caribou*.**
càrica *f.* ***1*** (ufficio, dignità) **office**: *essere in c.*, to be in office □ *dimettersi da una c.*, to resign office □ *non essere più in c.*, to be out of office ***2*** (impiego) **post; position**: *una c. di grande responsabilità,* a highly responsible position ***3*** *(mil.)* **charge; onslaught**: *(stor.) la c. dei Seicento,* the charge of the Six Hundred ***4*** (d'arma da fuoco) **charge** ***5*** *(elettr.)* **charge** ***6*** (d'orologio) **winding** ***7*** *(metall.)* **charge** ***8*** *(sport)* **tackle** ● *le alte cariche dello Stato,* the dignities (*personificato*: the dignitaries) of the State □ *dare la c. all'orologio,* to wind up the clock (o one's watch) □ *(fis.) potenziale di c.*, charging potential □ *tornare alla c.*, *(mil.)* to charge again; *(fig.)* to try again □ *Su, torna alla c.!*, come on, have another go!
caricare ***A*** *v. t.* e *i.* ***1*** *(in genere)* to **load (up);** to **charge**: *c. una nave (un camion, un vagone, ecc.)*, to load a ship (a lorry, a truck, etc.) ***2*** (di nave) to **embark** (merce, passeggeri): to **take* on board** ***3*** *(fig.)* to **load;** to **cover;** to **burden;** to **weigh down**: *c. q. di responsabilità,* to burden sb. with responsibilities ***4*** (riempire) to **fill**: *c. la pipa,* to fill one's pipe ***5*** *(mil.)* to **charge** ***6*** (un'arma da fuoco) to **load;** to **charge** ***7*** *(elettr.)* to **charge**: *c. una batteria,* to charge a battery ***8*** (una macchina fotografica) to **load;** to **thread** ***9*** (un orologio, un giocattolo, ecc.) to **wind* (up)** ***10*** (una trappola) to **set*** ***11*** *(ferr., naut.)*: una caldaia) to **stoke** ***12*** *(metall.*: un forno) to **charge** ● *c. la dose,* to increase the dose; *(fig.)* to lay it on thick □ *c. eccessivamente,* to overload; *(elettr.)* to overcharge □ *c. la mano con q.*, to put the screws on sb. □ *(comm.) c. merce su una nave,* to ship goods □ *(comm.) c. il prezzo di q.c.*, to raise the price of st. □ *c. q. di botte,* to give sb. a sound thrashing □ *c. le tinte,* to paint in deeper colours; *(fig.)* to exaggerate ***B*** **caricarsi** *v. rifl. (fig.)* to **burden oneself** (with).
caricato *a.* **affected; over-elaborate.**
caricatóre *m.* ***1*** (anche *mil.*) **loader** ***2*** *(comm., naut.)* **shipper** ***3*** (di fucile ecc.) **magazine** ***4*** *(fotogr., cinem.)* **magazine** ● *(ferr.) piano c.*, (loading) platform.
caricatura *f.* ***1*** **caricature** ***2*** (vignetta) **cartoon.**
caricaturale *a.* **grotesque; ludicrous.**
caricaturista *m.* e *f.* **caricaturist; cartoonist.**
càrice *f.* (*bot.*, Carex) **sedge.**
(1) càrico *a.* ***1*** **loaded; laden; burdened**: *un vagone c. d'arance,* a truck loaded with oranges ***2*** (di caffè, vino) **strong** ***3*** (di colore) **thick; deep; strong** ***4*** (pieno) **full; filled** (with) ***5*** (del cielo) **overcast** ***6*** (d'arma da fuoco o proiettile) **loaded; live** *(attr.)*; **charged** ***7*** *(elettr.)* **charged; live** *(attr.)* ***8*** (d'orologio) **wound (up)** ● *c. di debiti,* full of debts □ *c. di pensieri,* weighed down with cares □ *troppo c.*, overloaded.
(2) càrico *m.* ***1*** **load, burden, weight** (anche *fig.*) ***2*** (di nave) **bulk; cargo*; shipload; shipment; freight**: *una nave da c.*, a cargo ship (o vessel) ***3*** (aggravio, spesa) **charge; expense**: *essere a c. di q.*, to be made at sb.'s expense; *(comm.)* to be charged to sb. ***4*** (accusa) **charge;** *(leg.)* **prosecution** ***5*** (di imposte) **taxation; burden** ● *un c. di legnate,* a sound thrashing □ *(comm.) a c. del destinatario,* at consignee's expense □ *avere q. a c.*, to have sb. to support □ *far c. a q. di q.c.*, to charge sb. with st.; to blame sb. for st. □ *operazioni di c.*, loading □ *persone a c.*, dependants □ *(comm.) segnare una somma a c. di q.*, to debit sb. with an amount □ *vivere a c. di q.*, to be dependant on sb.
Cariddi *f. (geogr., mitol.)* **Carybdis** ● *trovarsi tra Scilla e C.*, to be between the Devil and the deep blue sea.
càrie *f.* ***1*** *(med.)* **caries*; decay** ***2*** *(bot.)* **caries.**
carillon *(franc.) m.* **carillon.**
carino *a.* **pretty; lovely; nice; pleasant.**
cariocinèși *f. (biol.)* **karyokinesis.**
carișma *m. (relig.* e *fig.)* **charism.**
carișmàtico *a. (relig.* e *fig.)* **charismatic.**
carità *f.* ***1*** **charity; charitableness**: *vivere di c.*, to live on charity □ *Suore di C.*, Sisters of Charity ***2*** (amore) **love**: *c. di patria,* love of one's country ***3*** *(relig.)* **charity** ***4*** (elemosina) **alms**: *fare la c.*, to give alms ● *chiedere la c.*, to beg □ *istituto di c.*, charitable institution □ *Per c.!*, for goodness' sake!; (Dio me ne guardi!) God forbid!; (no davvero!) good heavens, no!; (non ti disturbare!) please, don't bother!; (non mi sono disturbato affatto) it was no trouble at all.
caritatévole *a.* **charitable.**
carlinga *f. (aeron.)* **nacelle.**
Carlomagno *m. (stor.)* **Charlemagne.**
carlóna, alla *locuz. avv.* **carelessly; approximately; roughly.**

carme *m. (letter.)* **poem.**
carmelitana *f.. (relig.)* **Carmelite (nun).**
carmelitano *(relig.)* ***A*** *a.* **Carmelite *B*** *m.* **Carmelite (friar).**
carminio *m.* **carmine.**
carnagióne *f.* **complexion**: *una c. chiara,* a fair complexion.
carnàio *m.* **charnel house; shambles;** *(fig.)* **massacre, slaughter.**
carnale *a.* **carnal; sensual** ● *cugino c.,* first cousin.
carname *m.* **mass of carcases; carnage.**
carne *f.* ***1*** (di animale) **flesh;** (come alimento, generalm.) **meat;** (di frutto) **flesh, pulp**: *c. fresca (salata, cruda, cotta),* fresh (salted, raw, cooked) meat □ *c. in scatola,* tinned meat ***2*** (dell'uomo) **flesh;** (*al pl.*: carnagione) **complexion *3*** *(fig.)* **flesh**: *i peccati della c.,* the sins of the flesh ● *c. di maiale,* pork □ *c. di manzo,* beef □ *c. di manzo conservata,* corned beef □ *c. di pecora,* mutton □ *calze color c.,* flesh-coloured stockings □ *essere di c. e d'ossa,* to be made of flesh and blood □ *non essere né c. né pesce,* to be neither flesh, nor fowl, nor good red herring □ *rimettersi in c.,* to put on flesh (o weight) □ *Lo vidi in c. e ossa,* I saw him in the flesh □ *Non è c. per i miei denti,* it is not my cup of tea; I am not up to the job □ *Non mettere troppa c. al fuoco!,* don't bite off more than you can chew!
carneade *m.* **unknown (person); dark horse.**
carnéfice *m.* ***1*** **executioner *2*** (chi impicca) **hangman* *3*** *(fig.)* **torturer.**
carneficina *f.* **slaughter; massacre; butchery.**
càrneo *a.* **meat** *(attr.)*: *alimentazione carnea,* meat diet.
carnet *(franc.) m.* — *c. di assegni,* chequebook; checkbook *(USA)* □ *c. di ballo,* dance programme.
carnevalata *f.* ***1*** **festive celebration in Carnival *2*** *(fig.)* **buffoonery; farce.**
carnevale *m.* ***1*** **Carnival *2*** *(fig.)* **merry-making; revelry** ● *far c.,* to make merry; to make whoopee *(fam.).*
carnevalésco *a.* **carnival** *(attr.).*
carnicino *a.* **flesh-coloured.**
carnière *m.* **game-bag.**
carnivoro *A* *a.* **flesh-eating;** *(zool., bot.)* **carnivorous** ● *animale c.,* carnivore □ *pianta carnivora,* carnivore ***B*** *m.* **carnivore.**
carnóso *a.* ***1*** **fleshy; plump; fat; well-covered** *(fam.)* ***2*** *(bot.)* **fleshy; pulpy.**
caro *A* *a.* ***1*** **dear**: *È una cara personcina,* she's a dear little thing □ *Cara mia, questa è la verità,* my dear girl, this is the truth ***2*** (costoso) **dear; expensive; costly** ● *C. te!,* my dear John (o altro nome) □ *carissimo,* darling; *(iron.)* my dear chap □ *avere c. l'aiuto di q.,* to value sb.'s help □ *avere c. q.,* to care for sb.; to love sb. □ *avere c. di fare q.c.,* to do st. gladly □ *rendersi c. a q.,* to endear oneself to sb. □ *tenere c. il ricordo di q. c. (di q.),* to cherish the memory of st. (of sb.) □ *Avrei c. che tu lo facessi subito,* I should be grateful if you would do it at once ***B*** *m.* ***1*** *(al pl.)* **dear ones; beloved**: *i miei cari,* my dear ones ***2*** (alto costo) **high cost; high price *C*** *avv.* **dear**: *comprare a buon prezzo e vendere c.,* to buy cheap and sell dear.
carógna *f.* ***1*** **carcass; carcase *2*** *(fig.)* **blackguard; skunk.**
carognata *f.* **mean, contemptible action.**
caròla *f. (letter.)* **carol.**
caroṣello *m.* ***1*** (torneo cavalleresco) **carousel *2*** (giostra) **merry-go-round; roundabout *3*** *(fig.)* **whirl; maelstrom.**
caròta *f.* ***1*** (*bot.*, Daucus carota) **carrot *2*** *(fig.)* **tall story** ● *(fig.) pel di c.,* carrot-top *(pop.).*
caròtide *f. (anat.)* **carotid.**
carovana *f.* ***1*** **caravan *2*** (comitiva) **party *3*** (fila di veicoli) **procession *4*** (convoglio) **convoy.**
carovanière *m.* **caravan guide; caravaneer.**
carovanièro *a.* **of (o pertaining to) caravans** ● *strada carovaniera,* caravan route; track (for caravans).
carovita *m.* ***1*** **high cost of living *2*** (indennità) **cost--of-living bonus.**
carpa *f.* (*zool.*, Cyprinus carpio) **carp.**
carpenteria *f.* **carpentry.**
carpentière *m.* ***1*** **carpenter *2*** *(naut.)* **shipwright.**
carpétta *f.* **folder.**
càrpine *m.* (*bot.*, Carpinus betulus) **hornbeam.**
carpire *v. t.* ***1*** **to snatch;** to **seize *2*** (estorcere) to **extort *3*** (con la frode) to **cheat** (sb.) **out of** (st.).
carpo *m. (anat.)* **carpus*.**
carpóne, carpóni *avv.* **on all fours; on one's hands and knees.**
carràbile *a.* **suitable for carts** (o **vehicles).**
carradóre *m.* **cartwright; wheelwright.**
carràia *f.* **cart road.**
carràio *a.* **carriage** *(attr.).*
carraréccia *f.* ***1*** **cart road *2*** (traccia delle ruote) **rut.**
carrata *f.* **cartful; cartload** ● *(fig.) a carrate,* galore.
carreggiàbile *A* *a.* **practicable for four-wheel traffic *B*** *f.* **cart road.**
carreggiare *v. t.* to **cart.**
carreggiata *f.* ***1*** **roadway; carriageway *2*** (solco) **rut; wheel-track *3*** (scartamento) **track; tread; gauge** ● *(fig.) rimettere q. in c.,* (rimetterlo sulla retta via) to set sb. right; (farlo rientrare in argomento) to bring sb. back to the point □ *(fig.) uscire di c.,* (lasciare la retta via) to go off the rails; (uscire d'argomento) to stray from the point.
carréggio *m.* ***1*** **cartage; carting *2*** (*mil.*: salmerie) **baggage train.**
carrellare *v. i. (cinem., telev.)* to **track;** to **dolly.**
carrellata *f. (cinem., telev.)* **tracking** (o **running) shot; dolly shot.**
carrellista *m.* ***1*** *(cinem., telev.)* **operator *2*** (nelle stazioni) **platform vendor.**
carrèllo *m.* ***1*** (*ferr.*: per ispezionare i binari) **trolley *2*** (*ferr.*: telaio di carrozza) **bogie *3*** (*ferr.*: per portare bagagli) **trolley; hand-car *4*** (di miniera) **truck; trolley *5*** *(aeron.)* **undercarriage *6*** (di macchina da scrivere) **carriage *7*** (portavivande) **trolley (table); tea trolley *8*** *(cinem., telev.)* **dolly *9*** (di supermercato) **pushcart; shopping trolley.**
carrétta *f.* ***1*** **cart *2*** *(naut.)* **tramp *3*** (*spreg.*: veicolo malridotto) **old crock** *(pop.)*; **jalopy** *(pop.)* ● *(fig.) tirare la c.,* to plod along; to slave.
carrettata *f.* **cartload; cartful.**
carrettière *m.* **carter.**
carrétto *m.* **hand-cart; pushcart; wheelbarrow.**
carrettóne *m.* **big cart; wagon.**
carriàggio *m. (mil.)* ***1*** (carro) **wagon; baggage wagon *2*** (*al pl.*: salmerie) **baggage train.**
carrièra *f.* (in tutti i sensi) **career** ● *di c. (o di gran c.),* at a gallop; full tilt □ *far c.,* to get on; to gain advancement; to go up the ladder *(pop.)* □ *(mil.) ufficiale di c.,* regular officer.
carrieriṣmo *m.* **careerism.**
carrierista *m.* e *f.* **careerist.**
carriòla *f.* **wheelbarrow.**
carrista *m. (mil.)* **member of a tank crew; tankman*.**
carro *m.* ***1*** (a due ruote) **cart *2*** (a quattro ruote) **cart; wag(g)on *3*** (contenuto di un c.) **cartload *4*** *(stor.)* **chariot** ● *(mil.) c. armato,* tank; *(pl. collett.)* armour □ *(autom.) c. attrezzi,* breakdown van □ *c. bagagli,* luggage van □ *c. di Carnevale,* float □ *c. di Tespi,* travelling theatre □ *c. funebre,* hearse □ *(ferr.) c. merci,* truck; goods wagon □ *(fig.) mettere il c. davanti ai buoi,* to put the cart before the horse.
carròccio *m. (stor.)* **« carroccio ».**
carròzza *f.* ***1*** **carriage; coach;** (di capo di Stato, ecc.) **state-coach *2*** *(ferr.)* **carriage; car; coach**: *una c. panoramica,* an observation car □ *una c. letto,* a sleepingcar; a sleeper *(fam.)* □ *la c. ristorante,* the restaurant car; the diningcar; the diner *(fam.)* ● *c. di piazza,* cab □ *In c.!,* all aboard!
carrozzàbile *a.* **carriageable; carriage** *(attr.)*: *una strada c.,* a carriage road.
carrozzare *v. t. (autom.)* to **make*** (o to **build*) the body of** (a car).
carrozzèlla *f.* ***1*** (per invalidi) **wheelchair; Bath chair *2*** *V.* **carrozzina.**

carrozzerìa *f.* ***1*** **coachwork; styling; bodywork; body** ***2*** (officina) **body shop.**
carrozzière *m. (autom.)* ***1*** (chi fa carrozzerie) **car stylist; body-builder; coach-builder** ***2*** (chi le ripara) **car-body repairer.**
carrozzina *f.* (per bambini) **perambulator; pram** *(fam.);* (pieghevole) **push-chair.**
carrozzino *m.* ***1*** **light carriage** ***2*** (di motocicletta) **sidecar.**
carrozzóne *m.* ***1*** **large coach; lumbering coach** ***2*** (furgone) **van; wagon** ***3*** (degli zingari, di circo, ecc.) **caravan** ***4*** (per il trasporto dei detenuti) **prison van; Black Maria** *(pop.).*
carruba *f. (bot.)* **carob.**
carrubo *m.* (*bot.*, Ceratonia siliqua) **carob (tree).**
carrùcola *f.* ***1*** **pulley** ***2*** *(naut.)* **dead-eye.**
càrsico *a. (geol.)* **karst** *(attr.).*
carta *f.* ***1*** **paper**: *un foglio di c.*, a sheet of paper □ *c. asciugante (o assorbente),* blotting paper □ *c. bollata,* stamped paper □ *c. da disegno,* drawing paper □ *c. da imballaggio,* wrapping paper □ *c. da lettere,* letter paper, writing paper; (a fogli piccoli) note paper □ *c. da parati,* wallpaper □ *c. intestata,* headed letter paper □ *c. millimetrata,* graph paper □ *c. oleata,* greaseproof paper □ *c. smerigliata,* emery paper □ *c. vetrata,* sandpaper ***2*** (carta geografica) **map; plan; chart**: *una c. automobilistica,* a motoring map □ *una c. topografica,* a topographic map; (di città) a town plan □ *una c. nautica,* a chart ***3*** (statuto) **charter** ***4*** (*al pl.*: documenti) **papers; documents** ***5*** (da gioco) **card; playing card**: *(fig.) scoprire la c. più importante,* to play one's trump card ● *(fig.) cambiare le carte in tavola,* to shift one's ground □ *(fig.) costringere l'avversario a mettere le carte in tavola,* to force a show-down □ *dare c. bianca a q.*, to give sb. a free hand □ *fare le carte a q.*, to tell sb.'s fortune □ *giocare a carte scoperte,* to play with one's cards on the table; *(fig.)* to act above-board □ *(stor.) la Magna C.*, the Magna Charta □ *mettere sulla c. q.c.*, to put st. (down) in writing; to put st. down in black and white □ *pranzare alla c.*, to dine à la carte □ *(fig.) tentare una c.*, to take a chance □ *(fig.) l'ultima c.*, the last trick in the bag.
cartàccia *f.* ***1*** *(peggiorativo)* **coarse paper** ***2*** (carta straccia) **waste paper** ***3*** (nel gioco) **bad card** ***4*** *(al pl., spreg.)* **rubbish** *(sing.).*
cartàceo *a.* **papery; paper** *(attr.)*: *moneta cartacea,* paper money.
cartaglòria *f. (relig.)* **altar-card.**
cartàio *m.* **paper manufacturer.**
càrtamo *m.* (*bot.*, Carthamus tinctorius) **safflower.**
cartamodèllo *m.* **paper pattern.**
cartamonéta *f.* **paper money; paper currency.**
cartapècora *f.* **vellum; parchment.**
cartapésta *f.* **papier mâché** *(franc.)* ● *(fig.) eroe di c.*, tin god.
cartàrio *a.* **paper** *(attr.)*: *industria cartaria,* paper industry.
cartastràccia *f.* **waste paper.**
cartasuga *f.* **blotting paper.**
cartéggio *m.* ***1*** **correspondence** ***2*** (raccolta di lettere) **letters** *(pl.).*
cartèlla *f.* ***1*** (di cartone) **folder** ***2*** (il contenuto della c.) **file** ***3*** (per disegni, stampe, ecc.) **portfolio*** ***4*** (di scolaro) **satchel; (school-)bag** ***5*** (di uomo d'affari, ecc.) **briefcase** ***6*** (foglio dattiloscritto) **typewritten sheet (o page)** ***7*** (della tombola) **tombola card** ***8*** (della lotteria) **lottery ticket** ***9*** *(fin.)* **share certificate.**
cartellino *m.* ***1*** (etichetta) **label; tag**: *il c. del prezzo,* the price-tag ***2*** (*ind.*: per segnare le ore di lavoro) **time-card.**
cartèllo *m.* ***1*** **sign-board; sign;** (di bottega) **shop sign** ***2*** (indicatore) **road sign; traffic sign; sign-(o finger-)post** ***3*** *(econ., fin.)* **cartel** ● *c. pubblicitario,* poster; placard.
cartellóne *m.* ***1*** **poster; placard** ***2*** *(teatr.)* **(play-)bill** ● *c. della tombola,* tombola scorecard □ *(teatr.) tenere il c.*, to have a long run; to be a hit.
cartellonista *m.* e *f.* **poster designer.**
càrter *m.* ***1*** (di bicicletta) **chain-guard** ***2*** *(autom.)* **oil sump.**
carteṣiano *a. (filos., mat.)* **Cartesian.**
cartièra *f.* **paper-mill.**
cartìglio *m. (archit.)* **cartouche; scroll ornament.**
cartilàgine *f. (anat.)* **cartilage; gristle.**
cartilaginóso *a. (anat.)* **cartilaginous; gristly.**
cartina *f.* ***1*** *(med.)* **dose** ***2*** (per sigarette) **cigarette paper** ***3*** *(geogr.)* **(small) map** ● *c. di aghi,* paper of needles.
cartòccio *m.* ***1*** **cornet; (paper) bag** ***2*** *(archit.)* **cartouche** ***3*** (*mil.*: artiglieria) **powder charge** ***4*** (della pannocchia del granturco) **maize leaves** *(pl.).*
cartografìa *f. (geogr.)* **cartography; map-making.**
cartògrafo *m. (geogr.)* **cartographer; map-maker.**
cartolàio *m.* **stationer.**
cartolerìa *f.* **stationer's (shop).**
cartolibrerìa *f.* **stationery and book shop.**
cartolina *f.* (postale) **postcard**: *una c. illustrata,* a picture postcard ● *(mil.) c. precetto,* call-up notice.
cartomante *m.* e *f.* **fortune-teller.**
cartomanzìa *f.* **cartomancy; fortune-telling (by cards).**
cartonare *v. t.* **to bind* in paper boards.**
cartoncino *m.* ***1*** **(piece of) thin pasteboard** ***2*** (biglietto) **card.**
cartóne *m.* ***1*** **cardboard; pasteboard;** (grosso) **millboard** ***2*** *(arte)* **cartoon** ***3*** (per imballaggio) **carton** ● *(cinem.) c. animato,* (animated) cartoon.
cartonifìcio *m.* **cardboard factory.**
cartonista *m.* e *f.* **cartoonist.**
cartùccia *f.* ***1*** **cartridge** ***2*** (per la ricarica di penne stilografiche) **refill** ● *(fig.) mezza c.*, pygmy, pigmy.
cartuccièra *f.* **cartridge-belt.**
casa *f.* ***1*** (abitazione) **house;** (in certi casi) **building, dwelling, cottage**: *una c. di mattoni,* a brick house □ *una c. isolata,* a detached house □ *una c. popolare* (ad appartamenti), a tenement (house) □ *una vista senza case,* a view without buildings ***2*** (specialm. la propria casa, come ambiente familiare) **home;** (come edificio) **house**: *C. mia, c. mia!,* home, sweet home! □ *essere in c.*, to be at home □ *andare a c.*, to go home □ *mandare avanti la c.*, to run the house ***3*** (casato, famiglia, dinastia) **house; family**: *la c. reale,* the royal family □ *la C. di Windsor,* the House of Windsor ***4*** (governo di casa; domestici, ecc.) **household**: *doveri (spese, ecc.) di c.*, household duties (expenses, etc.) ***5*** (ditta) **house; firm** ***6*** (convento) **religious house; monastery; convent** ***7*** (edificio pubblico) **house; home; hall**: *una c. da gioco,* a gambling house ● *c. grande e signorile,* mansion □ *c. madre, (relig.)* mother house; *(comm.)* head office □ *c. per malattie mentali,* mental home □ *andare di c. in c.*, to go from door to door □ *essere di c.*, to be like one of the family □ *essere fuori c.*, to be out (of doors) □ *Fai come se fossi a c. tua!,* make yourself at home! □ *Ehi, di c.!,* is there anybody there?
caṣacca *f.* **coat; jacket** ● *(fig.) voltare c. ogni momento,* to be a turncoat.
caṣàccio *m.* — *a. c.*, at random.
casale *m.* ***1*** **hamlet** ***2*** (casolare) **farmhouse.**
casalinga *f.* **housewife*.**
casalingo *a.* ***1*** (che ama la casa) **home-loving** ***2*** (fatto in casa) **home-made** ***3*** (modesto) **homely; unpretentious** ● *cucina casalinga,* good plain cooking.
casamatta *f. (mil.)* **pillbox; casemate.**
casaménto *m.* ***1*** **tenement house** ***2*** (gli inquilini) **tenants** *(pl.).*
caṣaro *m.* **dairyman*.**
casata *f.* **lineage; clan; family.**
casato *m.* ***1*** **(family) name; surname** ***2*** (origine) **birth** ***3*** *V.* **casata.**
cascame *m. (ind. tessile)* **waste;** (di seta) **schappe.**
cascamòrto *m.* **languishing lover; love-sick individual** ● *fare il c.*, to pretend to be madly in love (with).
cascante *a.* ***1*** (debole) **feeble** ***2*** (cadente) **falling; drooping; droopy** ***3*** (flaccido) **flabby.**
cascare *v. i.* **to fall*; to drop; to tumble**: *c. dalla fame,* to be dropping with hunger ● *(fig.) c. male,* to be unlucky; to come off badly □ *far c. q.c. dall'alto,* to do st. as a special favour □ *Caschi il mondo, domani parto!,* I am leaving tomorrow, whatever happens (o come what

may).
cascata *f.* **1** (caduta) **fall; tumble** *(fam., scherz.)* **2** (d'acqua) **waterfall; cascade;** (preceduto dal nome) **Falls 3** (di stoffe, perle, ecc.) **cascade.**
cascatóre *m. (cinem.)* **stunt man*.**
cascina *f.* **1** (fattoria) **dairy farm 2** (casa colonica) **farmhouse.**
cascinale *m.* **1** (fattoria) **farmhouse 2** (con edifici annessi) **farmstead.**
(1) casco *m.* **1** *(mil.)* **helmet;** (coloniale) **sun helmet, topee 2** (di motociclista, ecc.) **crash helmet 3** (per asciugare i capelli) **hair-dryer.**
(2) casco *m.* (di banane) **bunch.**
caseàrio *a.* — *industria casearia,* dairy-farming.
caseggiato *m.* **built-up area;** (casamento) **block of flats.**
caseificio *m.* **dairy; cheese factory.**
caseina *f. (chim.)* **casein.**
casèlla *f.* **1** (cassetta) **box**: *c. postale,* post-office box **2** (di uno schedario) **pigeon-hole 3** (riquadro) **square.**
casellante *m. (ferr.)* **1 signalman* 2** (custode di passaggio a livello) **level-crossing keeper.**
casellàrio *m.* **filing cabinet; files** *(pl.)* ● *c. penale,* criminal records.
casellista *m.* e *f.* **holder of a post-office box.**
casèllo *m.* **1** *(ferr.)* **level-crossing gatekeeper's lodge 2** (di autostrada) **toll booth; toll gate** ● *c. daziario,* toll-house.
caserèccio *a.* **home-made.**
casèrma *f. (mil.)* **barracks** *(pl.).*
casermàggio *m. (mil.)* **barrack equipment.**
casermóne *m. (fig.)* **ugly barrack-like building.**
casino *m.* **1** (circolo) **club 2** (residenza signorile rustica) **country house 3** (capanno da caccia) **shooting lodge 4** (casa di tolleranza) **brothel 5** *(fig., volg.:* confusione, frastuono) **racket; row; hubbub**: *face c.,* to kick up a racket.
casinò *m.* (casa da gioco) **casino*.**
casìstica *f.* **casuistry.**
caso *m.* **1** (destino, combinazione, probabilità) **chance**: *per c.,* by chance □ *Lo vidi per puro c.,* it was sheer chance that I saw him **2** (fatto, vicenda, circostanza, faccenda) **case; circumstance; event; affair**: *un c. di coscienza,* a case of conscience □ *un c. fortuito,* a fortuitous event □ *i casi altrui,* other people's affairs **3** (possibilità, evenienza) **possibility; alternative; opportunity 4** (modo) **way; possibility 5** *(gramm.)* **case** ● *c. mai,* if; in that case; possibly □ *a c.,* at random; in a haphazard fashion; at a guess; casually □ *esporre il proprio c. a q.,* to put one's case to sb. □ *far c. a q.c. (q.),* to pay attention to st. (sb.) □ *far c. di q. (q.c.),* to set great store by sb. (st.) □ *in c. affermativo,* in the affirmative □ *in ogni c.,* in any case; anyway □ *in qualunque c.,* in any case; whatever happens □ *in tal c.,* in that case □ *in tutti i casi,* in any case; at all events □ *nel c. contrario,* otherwise □ *Questo fa proprio al mio c.,* it's exactly what I need □ *Si dà c. che...,* it so happens that... □ *Il medico disse che non era il c. di preoccuparsi,* the doctor said there was no need to worry □ *Mettiamo (o poniamo) il c. che non venga,* (let's) suppose he doesn't come.
casolare *m.* **homestead; farmhouse; cottage.**
casòtto *m.* **shelter; box**: *il c. della sentinella,* the sentry-box ● *(naut.) c. del timone (o di navigazione),* pilot-house; wheelhouse.
càspita *inter.* **cripes!; you don't say so!; confound it all!**
cassa *f.* **1 case; chest; coffer; box** (specialm. *USA)* **2** *(comm.)* **cash; (cash-)desk; fund**: *pronta c.,* cash down; by cash; cash on the nail *(fam.)* □ *Pagare alla c.!,* pay at the desk □ *fondo di c.,* reserve fund **3** *(mus.)* **case 4** *(fis., naut.)* **tank 5** (gabbia da imballaggio) **crate** ● *(mus.) c. armonica,* sound box □ *c. da morto,* coffin □ *c. dell'orologio,* watch-case □ *(fis.) c. di risonanza,* resonance box □ *c. di risparmio,* savings-bank □ *(anat.) c. toracica,* chest □ *(fig.) battere la gran c. a q.,* to praise sb. sky-high □ *(mus.) gran c.,* bass drum; big drum *(pop.)* □ *libro di c.,* cash-book □ *registratore di c.,* cash-register □ *(fig.) tenere la c.,* to hold the purse-strings.
cassafòrte *f.* **1 safe 2** (camera blindata) **strong-room.**
cassaio *m.* **1** (chi fa casse) **case-maker 2** (chi le vende) **case-seller.**
cassapanca *f.* **chest;** (con spalliera) **settle.**
cassare *v. t.* **1 to score out;** to **cross out;** (con la gomma) to **erase 2** *(leg.)* to **repeal;** to **reverse;** to **quash.**
cassata *f.* « **cassata** » (Sicilian cake or ice-cream with candied fruits).
cassazióne *f. (leg.)* **cassation.**
càssero *m.* **1** *(naut.)* **quarter-deck 2** (per costruire sott'acqua) **caisson.**
casseruòla *f.* **saucepan** ● *(cucina) pollo in c.,* chicken en casserole.
cassétta *f.* **1 box; (small) case**: *la c. delle lettere,* the letter-box □ *una c. postale,* a post(-office) box **2** (per preziosi) **casket; jewel-box 3** (sedile del cocchiere) **box; coachman's seat 4** *(mus.)* **cassette** ● *c. di pronto soccorso,* first-aid box □ *un successo di c.,* a box-office success; a money-spinner *(fam.).*
cassétto *m.* **drawer.**
cassettóne *m.* **1 chest of drawers; tallboy 2** *(archit.)* **caisson**: *un soffitto a cassettoni,* a caisson ceiling; a lacunar (ceiling).
càssia *f.* (*bot.,* Cassia) **cassia; senna.**
cassière *m.* **cashier;** (di banca, anche) **teller.**
cassino *m.* **blackboard duster (o eraser).**
cassiterite *f. (chim.)* **cassiterite; tinstone.**
cassóne *m.* **1 large case 2** (di fornaio) **flour chest 3** *(mil.)* **ammunition chest (o wagon); caisson 4** *(costr.)* **caisson;** (a compartimento stagno) **coffer-dam.**
cassonétto *m. (edil.)* **box.**
casta *f.* **caste** (anche *fig.).*
castagna *f.* **1 chestnut 2** *(vet.)* **chestnut** ● *(fig.) prendere q. in c.,* to catch sb. out.
castagnàccio *m. (cucina)* **chestnut cake.**
castagnéto *m.* **chestnut wood.**
castagnétte *f. pl. (mus.)* **castanets.**
castagno A *m.* **1** (*bot.,* Castanea sativa) **chestnut(-tree) 2** (legno) **chestnut(-wood) B** *a.* **chestnut-coloured; nut-brown** ● *c. d'India,* horse chestnut.
castagnòla *f.* **cracker.**
castaldo *m.* **steward.**
castano *a.* **chestnut-coloured; nut-brown.**
castellana *f.* **lady of a castle.**
castellano *m.* **lord of a castle.**
castellétto *m. (banca)* **credit line.**
castèllo *m.* **1 castle;** (maniero) **manor-house;** (fortezza) **stronghold**: *(fig.) fare castelli in aria,* to build castles in the air (o in Spain) **2** *(edil.:* impalcatura a torre) **tower-shaped scaffolding** ● *(naut.) c. di poppa,* aft-castle □ *(naut.) c. di prua,* forecastle.
castigamatti *m. (fig., scherz.)* **martinet; bogeyman*.**
castigare *v. t.* **1** to **punish;** to **chastise 2** *(lett.:* emendare) to **emend.**
castigatézza *f.* **1** (castità, purezza) **chastity; purity; decency; propriety 2** (correttezza) **correctness; faultlessness.**
castigato *a.* **1** (casto) **chaste; pure 2** (corretto) **correct; faultless 3** (di edizione) **bowdlerized; expurgated.**
castigo *m.* **punishment; chastisement** ● *c. di Dio,* scourge; (calamità) act of God, calamity.
castità *f.* **chastity; purity** ● *(stor.) cintura di c.,* chastity belt.
casto *a.* **1 chaste; continent 2** *(fig.)* **chaste; pure; innocent.**
castóne *m.* **collet; setting; bezel.**
castorino *m.* (*zool.,* Myocastor coypus) **nutria.**
castòro *m.* **1** (*zool.,* Castor) **beaver 2** (pelliccia) **beaver(-fur)** ● *cappello di c.,* beaver-felt hat.
castrare *v. t.* **1** to **castrate;** to **geld 2** *(fig.:* uno scritto, ecc.) to **mutilate;** to **expurgate;** to **bowdlerize** ● *c. castagne,* to slit chestnuts.
castrato *m.* **1** (agnello o ariete) **wether;** (animale in genere) **gelding 2** *(cucina)* **mutton.**

castratura, castrazióne *f.* **castration.**
castrișmo *m. (polit.)* **Castroism; Fidelismo; Fidelism.**
castrista *a., m.* e *f. (polit.)* **Castroist; Fidelista; Fidelist.**
castróne *m.* ***1*** (agnello castrato) **wether** ***2*** (puledro castrato) **gelding** ***3*** (*volg.:* di uomo) **ninny; simpleton.**
castronerìa *f. (volg.)* **idiotic mistake.**
cașuale *a.* **accidental; fortuitous; casual; chance** *(attr.).*
cașualità *f.* **fortuitousness; casualness.**
cașualménte *avv.* **by chance; accidentally; fortuitously.**
cașuàrio *m. (zool.,* Casuarius casuarius*)* **cassowary.**
casùpola *f.* **humble house; mean dwelling.**
catabolișmo *m. (biol.)* **catabolism, katabolism.**
cataclișma *m.* **cataclysm; deluge; upheaval** *(*anche *fig.).*
catacómba *f.* **catacomb** *(specialm. al pl.).*
catafalco *m.* **catafalque.**
catafascio, a *locuz. avv.* **topsy-turvy; higgledy-piggledy; pell-mell** ● *andare a c.,* to go to bits; to go to the dogs.
catalano *a.* e *m.* **Catalan.**
catalèssi, catalessìa *f. (med.)* **catalepsy.**
catalèttico *a. (med.)* **cataleptic.**
catalètto *m.* ***1*** (bara) **coffin; bier** ***2*** (barella) **stretcher.**
catàliși *f. (chim.)* **catalysis*.**
catalizẓare *v. t. (chim.)* to **catalyze.**
catalizẓatóre *m. (chim.)* **catalyst.**
catalogare *v. t.* to **catalogue;** to **catalog** *(USA).*
catàlogo *m.* **catalogue; catalog** *(USA).*
catamarano *m. (naut.)* **catamaran.**
catapécchia *f.* **hovel; hut; slum.**
cataplașma *m.* ***1*** *(med.)* **poultice** ***2*** (*fig.:* persona sempre piena di acciacchi) **valetudinarian** ***3*** (*fig.:* persona noiosa) **bore.**
catapulta *f. (mil., stor.)* **catapult.**
catapultare *v. t. (naut., aeron.* e *fig.)* to **catapult.**
catarifrangènte *m.* **reflector;** (di paracarro, ecc.) **cat's eye.**
catarrale *a. (med.)* **catarrhal.**
catarrina *f. (zool.)* **cata(r)rhine.**
catarro *m. (med.)* **catarrh.**
catarróso *a.* **catarrhal.**
catarsi *f.* **catharsis*; purification.**
catasta *f.* **pile; stack; heap.**
catastale *a. (leg., econ.)* **cadastral.**
catasto *m. (leg., econ.)* ***1*** **cadastre** ***2*** (ufficio) **land registry office.**
catàstrofe *f.* **catastrophe; disaster.**
catastròfico *a.* **catastrophic(al).**
catechèși *f. (relig.)* **catechesis*.**
catechișmo *m. (relig.)* **catechism.**
catechista *m.* e *f.* **catechist; catechizer.**
catechiẓẓare *v. t.* to **catechize.**
catecù *m.* ***1*** *(bot.,* Acacia catechu*)* **catechu** ***2*** *(ind.)* **cachou; catechu.**
catecùmeno *m. (relig.)* **catechumen.**
categorìa *f.* **category; class.**
categòrico *a.* **categoric(al)** *(*anche *filos.);* **unconditional.**
caténa *f.* ***1*** **chain**: *c. dell'orologio,* watch-chain □ *(mecc.) trasmissione a c.,* chain drive ***2*** *(al pl., fig.)* **chains; bonds; fetters**: *spezzare le catene,* to break the bonds ***3*** *(geogr.)* **chain; range** ***4*** (successione) **chain; sequence**: *una c. di avvenimenti,* a chain of events ***5*** *(fis., chim.)* **chain**: *reazione a c.,* chain reaction ***6*** *(archit.)* **chain; tie rod.**
catenàccio *m.* ***1*** **bolt** ***2*** (*fig.:* vecchia automobile) **old crock** *(pop.).*
catenèlla *f.* ***1*** (collana) **chain** ***2*** (della porta) **door-chain** ***3*** (dell'orologio) **watch-chain** ● *punto c.,* chain-stitch.
cateratta *f.* ***1*** **sluice; sluice-gate** ***2*** (cascata) **cataract** ***3*** *(med.)* **cataract** ● *piovere a cateratte,* to pour; to rain cats and dogs *(fam.).*
catèrva *f.* ***1*** (di persone) **horde; mob** ***2*** (di cose) **heap; pile.**
catetère *m. (med.)* **catheter.**
catèto *m. (geom.)* **cathetus*.**
catilinàrìa *f.* **philippic; bitter invective.**
catinèlla *f.* **basin** ● *piovere a catinelle,* to rain cats and dogs *(fam.);* to pour.
catino *m.* **basin; washing-up basin.**
catòdico *a. (fis.)* **cathode** *(attr.)*: *raggi catodici,* cathode rays.
càtodo *m. (fis.)* **cathode.**
catòrcio *m.* (*fig., fam.:* oggetto vecchio) **old crock** *(pop.).*
catramare *v. t.* to **tar.**
catrame *m.* **tar**: *c. di torba,* peat tar.
càttedra *f.* ***1*** (tavolo d'insegnante) **(teacher's) desk** ***2*** (posto d'insegnante medio) **teaching post** ***3*** (di professore universitario) **chair; professorship** ***4*** (vescovile) **(bishop's) throne; (episcopal) chair** ● *(fig.) stare in c.,* to be pedantic (o pompous).
cattedrale ***A*** *a.* **cathedral** *(attr.)*: *chiesa c.,* cathedral church ***B*** *f.* **cathedral.**
cattedrante *m.* e *f.* ***1*** *(lett.)* **professor** ***2*** *(spreg.)* **pedant; doctrinaire.**
cattedràtico *a.* ***1*** **professorial; university** *(attr.)* ***2*** (pedantesco) **pedantic; priggish.**
cattivarsi *v. rifl.* to **win***; to **gain**: *c. la stima di q.,* to win sb.'s respect ● *c. la simpatia di q.,* to win sb. over.
cattivèria *f.* ***1*** **wickedness; malice; spite**: *fare q.c. per (pura) c.,* to do st. out of spite ***2*** (di bambino bizzoso) **naughtiness** ***3*** (atto malvagio) **wicked action** ***4*** (parole malvagie) **malicious remark** ● *fare (dire) una c.,* to do (to say) an unkind thing.
cattività *f. (lett.)* **captivity; bondage.**
cattivo ***A*** *a.* ***1*** **bad; wicked; evil**: *(fam.) un c. soggetto,* a bad fellow; a scoundrel; a bad hat *(pop.)* ***2*** (detto di bambino o per scherzo) **naughty; bad** ***3*** (inetto, non idoneo) **bad; poor**: *un c. soldato,* a bad soldier ***4*** (sgradevole) **bad; nasty; horrid** ***5*** (crudele) **unkind; hard-hearted** ***6*** (amaro, pungente) **bitter; harsh**: *parole cattive,* bitter (o harsh) words ● *aria cattiva,* unhealthy air; (di luogo chiuso) **stuffiness** □ *essere in c. stato,* to be in a bad (o sorry) plight □ *mare c.,* rough sea □ *tempo c.,* bad weather □ *C'è c. sangue fra me e lui,* there is bad blood between him and me □ *Se non riesci con le buone, prova con le cattive,* if persuasion (o kindness) fails, try the strong manner ***B*** *m.* ***1*** **bad person; wicked man*** ***2*** (il male) **(the) bad**: *prendere il buono e il c.,* to take the bad with the good ***3*** (parte cattiva) **bad (part).**
cattolicéșimo, cattolicișmo *m.* **(Roman) Catholicism.**
cattolicità *f.* ***1*** **catholicity** ***2*** (i cattolici) **the Catholics** *(pl.).*
cattòlico *a.* e *m.* **(Roman) Catholic.**
cattura *f.* **arrest** *(*anche *leg.);* **capture; seizure.**
catturare *v. t.* to **capture;** to **seize;** to **arrest;** to **take*** (sb.) **prisoner.**
caucciù *m.* **caoutchouc; India rubber.**
caudato *a.* ***1*** *(zool.)* **caudate** ***2*** *(poesia)* **tailed.**
càule *m. (bot.)* **caulis*; stalk; stem.**
càușa *f.* ***1*** **cause**: *c. ed effetto,* cause and effect ***2*** (motivo) **motive; reason; ground; cause**: *senza una giusta c.,* without good cause □ *Dimmi la vera c. della tua offerta,* tell me the real reason for your offer ***3*** (credenza, partito) **cause**: *abbracciare la c. della libertà,* to embrace the cause of liberty ***4*** *(leg.)* **lawsuit; case; action**: *(*anche *fig.) perorare una c.,* to plead a cause ● *a c. di,* because of; owing to; by reason of *(lett.)* □ *(fig.) dar c. vinta a q.,* to throw up the sponge □ *far c. a q.,* to sue sb. □ *non essere in c.,* not to be in doubt (o in question) □ *essere parte in c., (leg.)* to be a party to a suit; *(fig.)* to be concerned in the matter □ *per c. tua* (per colpa tua), through your fault.
caușale ***A*** *a.* (anche *gramm.)* **causal** ***B*** *f. (leg.)* **motive; ground; cause.**
caușalità *f. (filos.)* **causality.**
caușare *v. t.* to **cause;** to **be the cause of,** to **bring* about,** to **give* rise to** (st.).
caușativo *a.* (specialm. *gramm.)* **causative.**

causìdico *m.* **1** *(stor.)* **pleader** **2** *(spreg.)* **pettifogger.**
causticità *f.* *(chim.)* **causticity** (anche *fig.*); **corrosiveness.**
càustico *a.* **1** *(chim.)* **caustic** **2** *(fig.)* **caustic; biting; cutting.**
cautèla *f.* **caution; circumspection; prudence.**
(1) cautelare *a.* **precautionary.**
(2) cautelare **A** *v. t.* to **protect**; to **defend** **B** **cautelarsi** *v. rifl.* to **take* precautions.**
cautèrio *m.* *(med.)* **1** **cautery** **2** (cauterizzazione) **cauterization.**
cauterizzare *v. t.* *(med.)* to **cauterize.**
càuterizzazióne *f.* *(med.)* **cauterization.**
càuto *a.* **cautious; circumspect; prudent; wary.**
cauzióne *f.* *(leg.)* **security;** (per ottenere la libertà provvisoria) **bail.**
cava *f.* **1** **quarry** **2** (miniera) **pit** **3** *(fig.)* **mine.**
cavadènti *m.* *(spreg.)* **tooth-drawer.**
cavalcare **A** *v. i.* to **ride***; to **go*** on **horse-back** **B** *v. t.* **1** to **ride*** **2** (stare a cavalcioni di) to **straddle;** to **bestride*** **3** (passare sopra) to **span.**
cavalcata *f.* **1** **ride**: *fare una c.*, to go for a ride **2** (comitiva a cavallo) **riding party** **3** (corteo a cavallo) **cavalcade.**
cavalcatóre *m.* **1** **rider** **2** (esperto) **horseman*.**
cavalcatrice *f.* **1** **rider** **2** (esperta) **horsewoman*.**
cavalcatura *f.* **mount.**
cavalcavia *f. invar.* **1** **fly-over; overpass** **2** *(ferr.)* **railway bridge.**
cavalcióni, a *locuz. avv.* **astride.**
cavalierato *m.* **knighthood.**
cavalière *m.* **1** (chi va a cavallo) **rider; horseman*** **2** *(stor. medievale)* **knight** **3** (*mil.:* soldato a cavallo) **cavalryman*; trooper** **4** (nobiluomo) **gentleman*; squire; cavalier**: *(stor.) puritani e cavalieri,* Roundheads and Cavaliers **5** (chi accompagna una donna) **escort** **6** (nel ballo) **partner** • *a c. di due secoli,* spanning two centuries □ *fare c. q.*, to knight sb.
cavalla *f.* **mare.**
cavallàio *m.* **horse-dealer.**
cavalleggèro *m.* *(mil.)* **light cavalryman*; trooper.**
cavalleresco *a.* **1** (di un ordine di cavalieri) **knightly; of knighthood** **2** *(stor. medievale)* **chivalrous; of chivalry**: *romanzi cavallereschi,* romances of chivalry **3** (nobile, generoso) **chivalrous.**
cavalleria *f.* **1** *(mil.)* **cavalry** **2** *(stor. medievale)* **chivalry** **3** (nobile comportamento) **chivalry.**
(1) cavallerizza *f.* (maneggio) **riding school.**
(2) cavallerizza *f.* (amazzone) **horsewoman*.**
cavallerizzo *m.* **1** **(skilled) horseman*** **2** (maestro di equitazione) **riding master.**
cavallétta *f.* *(zool.)* **grasshopper.**
cavallétto *m.* **1** *(mecc.)* **stand** **2** (di pittore) **easel** **3** (di macchina fotografica, cannocchiale, ecc.) **tripod** **4** (*costr.:* capra) **trestle** **5** (per segare) **sawhorse** **6** (*stor.:* strumento di tortura) **rack.**
cavallina *f.* **1** **filly; young mare** **2** (gioco infant.) **leap-frog** • *(fig.) correre la c.*, to sow (one's) wild oats.
cavallino **A** *a.* **horsy; horse** *(attr.)* **B** *m.* **pony;** (puledro) **colt.**
cavallo *m.* **1** *(zool.,* Equus caballus*)* **horse**: *un c. da corsa,* a racehorse □ *una corsa di cavalli,* a horse-race □ *un c. a dondolo,* a rocking horse □ *un c. da giostra (o da gioco),* a hobby-horse □ *un c. da soma,* a pack-horse **2** *(pl. collett. col v. al sing.)* **horse*** **3** (scacchi) **knight** **4** (inforcatura dei calzoni) **fork; crotch** **5** (attrezzo ginnico) **vaulting horse** • *c. da caccia,* hunter □ *c. di battaglia,* war-horse; *(fig.)* forte, strong point; *(fig., teatr.)* actor's (performer's, etc.) favourite (o most popular) part (o aria, piece, number) □ *(mecc.) c. vapore,* horsepower (*abbr.:* H. P.) □ *a c. di q.c.*, astride st. □ *(fig.) essere a c.*, to be well on the way to success □ *andare (essere) a c.*, to go (to be) on horseback; to ride □ *andare col c. di S. Francesco,* to go on Shanks' mare (o pony) □ *coda di c.* (acconciatura), ponytail □ *montare a c.*, to mount □ *polizia a c.*, mounted police □ *scendere da c.*, to dismount □ *(mil.) A c.!*, to horse!
cavallóne *m.* **billow; roller;** (frangente) **breaker.**
cavallùccio *m.* **pony** • *(zool.) c. marino* (Hippocampus), sea-horse □ *a c. di q.*, on sb.'s shoulders (o pick-a-back).
cavare **A** *v. t.* **1** (tirar fuori) to **take* out;** to **draw* (out);** to **pull out;** to **extract**: *c. un dente,* to draw out (o to extract) a tooth **2** (togliere) to **take* off;** to **remove** **3** (ricavare, ottenere) to **get***; to **obtain;** to **gain** • *c. un segreto di bocca a q.*, to worm a secret out of sb. □ *farsi c. un dente,* to have a tooth out **B** **cavarsi** *v. rifl.* **1** (togliersi) to **take* off**: *c. il cappello,* to take off one's hat **2** (liberarsi) to **get* out** (of); to **free oneself** (from) • *c. la fame,* to eat one's fill □ *c. la sete,* to quench one's thirst □ *c. la voglia di fare q.c.*, to give oneself the satisfaction of doing st. □ *cavarsela,* (a buon mercato) to get off (cheaply); (farcela) to find a way out; (senza danno) to get away with it □ *Cavati di torno!,* clear out!
cavastivali *m.* **bootjack.**
cavatappi *m.* **corkscrew.**
cavatina *f.* *(mus.)* **cavatina*.**
cavatóre *m.* **quarryman*.**
cavaturàccioli *m.* **corkscrew.**
cavèrna *f.* **cave; cavern**: *uomo delle caverne,* caveman.
cavernìcolo **A** *m.* **cave-dweller** **B** *a.* **cave-dwelling.**
cavernóso *a.* **cavernous;** (di voce) **hollow, deep.**
cavézza *f.* **halter** • *mettere la c. a un cavallo,* to halter a horse.
càvia *f.* *(zool.,* Cavia*)* **guinea-pig** (anche *fig.*); **cavy.**
caviale *m.* **caviar(e).**
cavicchio *m.* **1** **wooden pin; peg** **2** *(agric.)* **dibble** **3** (piolo di scala) **rung** **4** *(mus.)* **peg.**
caviglia *f.* **1** *(anat.)* **ankle** **2** *(naut.)* **belaying pin;** (di legno) **treenail** **3** *(ferr.)* **screw spike** **4** (cavicchio) **peg.**
caviglièra *f.* **1** **ankle band** **2** *(naut.)* **belaying-pin rack.**
cavillare *v. i.* to **quibble;** to **cavil;** to **split* hairs.**
cavillatóre *m.* **quibbler; captious person.**
cavillo *m.* **quibble; cavil.**
cavillóso *a.* **quibbling; hair-splitting.**
cavità *f.* **hollow; cavity** (anche *anat.*).
(1) cavo **A** *a.* **hollow; hollowed; concave** **B** *m.* **hollow; cavity.**
(2) cavo *m.* **1** **cable** (anche *elettr.*) **2** *(naut.)* **rope; cable;** (specialm. d'acciaio) **hawser.**
cavolàia *f.* **1** (luogo piantato a cavoli) **cabbage patch** **2** *(zool.,* Pieris brassicae*)* **garden white; cabbage butterfly.**
cavolfióre *m.* *(bot.,* Brassica oleracea botrytis*)* **cauliflower.**
càvolo *m.* *(bot.,* Brassica oleracea*)* **cabbage** • *(bot.) c. verde* (Brassica oleracea acephala), kale, kail □ *(bot.) c. verza* (Brassica oleracea sabauda), savoy □ *(pop.) andare a ingrassare i cavoli,* to go to feed the worms □ *(pop.) Non me ne importa un c.*, I don't care a fig.
cazzo *(volg.)* **A** *m.* **prick** *(volg.)* **B** *inter.* **hell!; shit!** *(volg.)*.
cazzottare **A** *v. t.* *(pop.)* to **punch** **B** **cazzottarsi** *v. rifl. recipr.* to **come* to blows.**
cazzottata *f.* *(pop.)* **punching.**
cazzòtto *m.* *(pop.)* **punch** • *fare a cazzotti,* to come to blows.
cazzuòla *f.* *(costr.)* **trowel.**
(1) ce *avv.* **there**: *Ce ne sono tre,* there are three • *Ce n'è voluto per farglielo capire!*, it has been a terrible job to get it into his head!
(2) ce *particella pron.* **us; to us.**
cèca *f.* (giovane anguilla) **elver.**
cecale *a.* *(anat.)* **caecal.**
cecchino *m.* **« cecchino »; sniper; sharpshooter.**
céce *m.* *(bot.,* Cicer arietinum*)* **gram; chickpea.**
cecità *f.* **blindness** (anche *fig.*).
cèco *a.* e *m.* **Czech.**
cecoslovacco *a.* e *m.* **Czechoslovak; Czecho-Slovak.**

cèdere **A** *v. i.* **1** (arrendersi) to **surrender;** to **yield;** to **give* up;** to **give* in:** *c. alle preghiere di q.,* to yield to sb.'s prayers **2** (sprofondare) to **give* way;** to **subside;** to **sink* down** **3** (allentarsi) to **give*** **4** (essere inferiore) to **be second** **B** *v. t.* **1** (dare) to **give* (up):** *c. il turno a q.,* to give up one's turn to sb. **2** (consegnare) to **give* up;** to **surrender;** to **yield;** (con trattato) to **cede** **3** (trasferire) to **make* over;** to **hand over;** to **transfer,** to **assign** (anche *leg.*): *c. i propri diritti a q.,* to make over (o to transfer) one's rights to sb. **4** (vendere) to **sell*;** to **dispose of (st.)** ● (di pavimento, ecc.) *c. al centro,* to sag □ (*mil.*) *c. le armi,* to surrender □ (*fig.*) *c. le redini a q.,* to let sb. take the lead.
cedévole *a.* **1 yielding; pliable;** (del terreno) **soft** **2** (arrendevole) **yielding; docile; accommodating.**
cedìglia *f.* **cedilla.**
cediménto *m.* **1 giving in** (anche *fig.*) **2** (di terreno) **sinking; subsiding;** (avvallamento del fondo stradale) **sag.**
cèdola *f.* (*fin.*) **coupon** ● *c. di commissione libraria,* bookseller's order form.
cedràngolo *m.* **sour orange.**
cedrata *f.* **citron juice.**
cedrina *f.* (*bot.,* Lippia citriodora) **lemon verbena.**
(1) cédro *m.* (*bot.,* Citrus medica; il frutto) **citron.**
(2) cédro *m.* **1** (*bot.,* Cedrus) **cedar** **2** (legno) **cedar.**
cedróne *m.* (*zool.,* Tetrao urogallus) **capercaillie.**
cèduo *a.* — *bosco c.,* copse; coppice.
cefalèa *f.* (*med.*) **cephalalgy; headache.**
cèfalo *m.* (*zool.,* Mugil cephalus) **grey mullet.**
ceffata *f.* **slap; smack; cuff.**
cèffo *m.* **1** (muso) **snout** **2** (*spreg.*) **ugly mug.**
ceffóne *m.* **slap; smack; cuff** ● *prendere a ceffoni q.,* to cuff sb.
celare **A** *v. t.* to **conceal;** to **hide*** **B** **celarsi** *v. rifl.* to **hide*** (o to **conceal) oneself;** (stare nascosto) to **be hidden,** to **hide*.**
celebèrrimo *a.* (*superl.* di **celebre**) **of great renown; very famous.**
celebrante *m.* (*relig.*) **celebrant.**
celebrare *v. t.* **1** (lodare) to **celebrate;** to **praise;** to **exalt;** to **extol** **2** (*relig.*) to **celebrate;** to **officiate** **3** (festeggiare) to **celebrate.**
celebrazióne *f.* **celebration.**
cèlebre *a.* **celebrated; famous; renowned.**
celebrità *f.* **celebrity.**
cèlere *a.* **1** (svelto) **swift; quick** **2** (pronto) **prompt** **3** (rapido) **accelerated** ● *la C.* (corpo di polizia), the Flying Squad.
celerità *f.* **swiftness; quickness; rapidity.**
celèsta *f.* (*mus.*) **celesta.**
celèste **A** *a.* **1** (divino) **heavenly; celestial** **2** (del cielo) **heavenly; of the sky:** *corpi celesti,* heavenly bodies **3** (di color celeste) **sky-blue; light-blue; pale-blue** ● *la volta c.,* the heavens; the sky **B** *m.* (colore) **sky-blue; light blue; pale blue.**
celestiale *a.* **celestial; heavenly.**
celestino *a.* **bluish; pale-blue.**
cèlia *f.* **joke; jest:** *dire q.c. per c.,* to say st. as a joke (o for fun).
celiare *v. i.* to **joke.**
celibato *m.* **celibacy; bachelorhood; single state.**
cèlibe **A** *a.* **celibate; unmarried; single** **B** *m.* **bachelor.**
celidònia *f.* (*bot.,* Chelidonium majus) **celandine.**
cèlla *f.* (quasi in ogni senso) **cell** ● *c. frigorifera,* cold store □ *essere messo in c. di rigore,* to be put in solitary confinement.
cèllofan *m.* **cellophane.**
cèllula *f.* (in ogni senso) **cell.**
cellulare **A** *a.* (*biol.*) **cellular:** *tessuto c.,* cellular tissue **B** *m.* (furgone c.) **police van; patrol wagon** (*USA*); **Black Maria** (*pop.*).
cellulite *f.* (*med.*) **cellulitis.**
celluloide *f.* (*chim.*) **celluloid** ● (*cinem.*) *il mondo della c.,* the motion-picture industry; filmdom; filmland.
cellulósa *f.* (*chim.*) **cellulose.**
cèlta *m.* (*stor.*) **Celt.**
cèltico *a.* e *m.* **Celtic** (anche la lingua).
cémbalo *m.* (*mus.*) **1** (*stor.*) **cymbal** **2** *V.* **clavicémbalo.**
cémbro *m.* (*bot.,* Pinus cembra) **stone pine.**
cementare *v. t.* to **cement** (anche *fig.*).
cementière *m.* **cement manufacturer.**
cementificio *m.* **cement factory.**
ceménto *m.* **cement** ● *c. armato,* reinforced concrete.
céna *f.* (leggera) **supper;** (lauta) **dinner.**
cenàcolo *m.* **1** (*archeol.*) **cenaculum*** **2** (gruppo di artisti) **coterie** ● (*pitt.*) *il C. di Leonardo,* Leonardo's Last Supper.
cenare *v. i.* to **have* supper;** to **be at supper;** to **sup** (*lett.*).
cenciàio, cenciaiòlo *m.* **rag-and-bone-man*.**
céncio *m.* **1 piece (o scrap) of cloth** **2** (logoro) **rag** **3** (per spolverare) **duster** **4** (per lavare i piatti) **dish-cloth** ● *coperto di cenci,* in rags (o in tatters) □ *pallido come un c.,* as white as a sheet □ (*fig.*) *essere ridotto un c.,* to be the shadow of one's former self □ (*fig.*) *essere (sembrare) un c.,* to feel (to look) washed-out.
cencióso **A** *a.* **ragged; tattered; in rags** **B** *m.* (*spreg.*) **pauper; tramp.**
ceneràio *m.* (di stufa) **ash-pan;** (di fucina) **ash-hole.**
cénere *f.* **1** (anche *fig.*) **ash(es);** (specialm. di carbone, legna, ecc.) **cinders** (*pl.*): *grigio c.* (o *color c.*), ash grey □ *andare in c.,* to be burnt to a cinder □ *il Mercoledì delle Ceneri,* Ash Wednesday **2** (*al pl.*) (di morto) **ashes;** (*fig.*) **mortal spoils** ● *capelli biondo c.,* ash-blond hair.
Cenerèntola *f.* **Cinderella** (anche *fig.*).
cenerino *a.* **ashen; pale ash-grey.**
céngia *f.* **ledge.**
cénno *m.* **1 sign; signal** **2** (gesto) **gesture** **3** (col capo) **nod:** *fare un c. a q.,* to give sb. a nod; to nod to sb. **4** (con la mano) **wave (of the hand)** **5** (con gli occhi) **wink** **6** (trafiletto) **short notice** **7** (allusione) **hint; mention; allusion** **8** (*di solito al pl.:* sunto) **outline; short account; notes** (*pl.*): *cenni di letteratura inglese,* an outline of English literature ● *fare c. a q.c.,* to mention st. □ *fare c. a q.,* to beckon to sb.; (col capo) to nod to sb.; (alludere) to mention sb. □ *fare c. di no,* (col capo) to shake one's head; (col dito) to shake one's finger □ *fare c. di sì,* to nod (one's assent).
cenòbio *m.* (*relig.*) **c(o)enoby.**
cenobita *m.* (*relig.*) **c(o)enobite.**
cenotàfio *m.* **cenotaph.**
censiménto *m.* **census:** *fare il c.,* to take a census.
censire *v. t.* to **take* a census of;** to **census.**
cènso *m.* **estate; wealth.**
censóre *m.* **1 censor** **2** (*fig.*) **(severe) critic; fault-finder.**
censòrio *a.* **1 censorial** **2** (*fig.*) **censorious; critical.**
censura *f.* **1** (di scritti e spettacoli) **censorship** **2** (*collett.*) **board of censors** **3** (postale) **censorship** **4** (ammonimento) **censure.**
censuràbile *a.* **censurable.**
censurare *v. t.* **1** to **censor** **2** (criticare) to **censure;** to **criticize.**
centaurèa *f.* (*bot.,* Centaurea) **knapweed.**
centàuro *m.* (*mitol.*) **centaur.**
centellinare *v. t.* to **sip.**
centellino *m.* **sip:** *a centellini,* sip by sip; in sips.
centenàrio **A** *a.* **1** (che ha cento anni) **centenarian** **2** (che ricorre ogni cent'anni) **centenary; centennial** **B** *m.* **1** (persona di cent'anni) **centenarian** **2** (commemorazione) **centenary.**
centennale **A** *a.* **centennial; secular** **B** *m.* **centenary.**
centènne *a.* **centennial.**
centènnio *m.* **(period of a) hundred years; century.**
centeṣimale *a.* **centesimal.**
centèṣimo **A** *a. num. ord.* **hundredth** **B** *m.* **1 (a, one) hundredth** **2** (centesima parte della lira) **centesimo*** ●

c. di dollaro, cent □ *c. di franco,* centime □ *non valere un c.,* not to be worth a farthing □ *essere senza un c.,* to be penniless.
centìgrado *a.* **centigrade.**
centigrammo *m.* **centigram(me).**
centilitro *m.* **centilitre.**
centìmetro *m.* **centimetre.**
cèntina *f.* **1** *(edil.)* **centring; centre 2** *(aeron.)* **rib.**
centinàio *m.* **(a) hundred; about a hundred.**
centinare *v. t.* **1** *(edil.)* **to support with a centring 2** *(cucito)* to **scallop.**
cènto *a. num. card.* e *m.* **a** (o **one**) **hundred**: *c. sterline,* a hundred pounds ● *un aumento del dieci per c.,* a ten per cent increase □ *novantanove volte su c.,* ninety-nine times out of a hundred □ *C. di questi giorni!,* many happy returns of the day!
centometrista *m.* e *f.* *(sport)* **hundred-metre runner (o sprinter).**
centomila A *a. num. card.* **1 a** (o **one**) **hundred thousand 2** (moltissimi) **thousands** *(pl.)*; **ten thousand**: *c. volte,* thousands of times **B** *m.* **a** (o **one**) **hundred thousand.**
centóne *m.* *(letter.)* **cento*.**
centopièdi *m.* *(zool.)* **centipede.**
centrale A *a.* **1 central 2** *(fig.:* principale) **main; central B** *f.* (sede c.) **head office** ● *c. atomica,* atomic power plant □ *c. elettrica,* power station; power plant □ *c. telefonica,* telephone exchange.
centralinista *m.* e *f.* **telephone operator; telephonist.**
centralino *m.* **1** (della compagnia telefonica) **telephone exchange 2** (di un istituto, albergo, ecc.) **switchboard.**
centralişmo *m.* *(polit.)* **centralism.**
centralità *f.* **centrality.**
centraliẓẓare *v. t.* to **centralize.**
centrare A *v. i.* to **hit* the centre;** to **hit* the mark** (anche *fig.)* **B** *v. t.* **1** (colpire nel centro) to **hit* the centre of** (st.) **2** *(mecc.)* to **centre;** to **true up 3** (gioco del calcio) to **centre 4** *(fig.)* to **get* to the heart of** (a problem, etc.).
centrato *a.* *(mecc.)* **true; balanced.**
centrattacco, centravanti *m.* *(sport)* **centre forward.**
centrifuga *f.* **centrifuge; centrifugal machine.**
centrifugare *v. t.* to **centrifuge;** to **centrifugate.**
centrifugazióne *f.* **centrifugation.**
centrifugo *a.* *(fis.* e *fig.)* **centrifugal**: *forza centrifuga,* centrifugal force.
centrino *m.* **doily.**
centripeto *a.* *(fis.)* **centripetal**: *forza centripeta,* centripetal force.
centrişmo *m.* *(polit.)* **centrism.**
centrista *(polit.)* **A** *a.* **centre** *(attr.)* **B** *m.* e *f.* **centrist.**
cèntro *m.* **1 centre**: *(astron.* e *fig.) c. d'attrazione,* centre of attraction **2** (luogo abitato) **centre; resort; town**: *un c. commerciale,* a commercial centre □ *un c. balneare,* a seaside resort **3** (di città) **centre; town centre; heart; downtown** *(USA)*: *il vero c. di Firenze,* the very heart of Florence **4** (istituto) **centre; institute**: *C. di Studi Italiani,* Institute of Italian Studies **5** (zona mediana, il mezzo) **middle 6** *(fig.:* essenza) **core; heart 7** *(sport)* **centre 8** (del bersaglio) **bull's eye** ● *c. da tavola* (ornamento), centre-piece □ *far centro,* (sparando) to hit the bull (o the bull's eye); (nel gioco del calcio) to score (a goal); *(fig.)* to hit the nail on the head □ *essere nel proprio c.,* to be quite at home.
centrocampista *m.* *(sport)* **midfield player.**
centrocampo *m.* *(sport)* **midfield.**
centrodèstra *m.* *(polit.)* **Centre-Right.**
centromediano *m.* *(sport)* **centre halfback.**
centrosinistra *m.* *(polit.)* **Centre-Left.**
centuplicare *v. t.* to **centuplicate;** to **centuple.**
cèntuplo *a.* e *m.* **hundredfold; (a) hundred times as much.**
centùria *f.* *(stor. romana)* **century.**
centurióne *m.* *(stor. romana)* **centurion.**
ceppàia *f.* *(bot.)* **stump (of a tree).**
céppo *m.* **1** (d'albero) **(tree-)stump 2** *(fig.:* stirpe) **stock; branch 3** (da ardere) **log 4** (per la decapitazione) **block 5** *(mecc.:* di freno) **shoe; block 6** *(naut.:* di ancora) **stock 7** *(al pl.:* di prigionieri e *fig.)* **bonds; fetters 8** (di aratro) **plough-stock 9** (c. di Natale) **Yule log;** (festività del Natale) **Yuletide;** (strenna natalizia) **Christmas present.**
(1) céra *f.* **wax**: *candele di c.,* wax candles □ *c. da pavimento,* floor wax ● *c. da scarpe,* shoe-polish □ *c. per mobili,* furniture polish □ *museo delle cere,* waxworks.
(2) céra *f.* (aspetto) **look; mien** *(lett.)* ● *avere buona c.,* to look well □ *avere cattiva* (o *brutta) c.,* not to look well.
ceralacca *f.* **sealing wax.**
ceràmica *f.* **1** *(arte)* **ceramics** *(pl. col verbo al sing.)*; **pottery 2** (materiale) **baked clay 3** (oggetto) **piece of pottery.**
ceràmico *a.* **ceramic**: *l'arte ceramica,* the ceramic art.
ceramista *m.* e *f.* **ceramist.**
cerato *a.* **waxed; wax** *(attr.)* ● *tela cerata,* oilcloth; oilskin.
cèrbero *m.* **1** *(mitol.)* **Cerberus 2** *(fig.)* **watchdog.**
cerbiatto *m.* *(zool.)* **fawn.**
cerbottana *f.* **1 blowpipe 2** (giocattolo) **pea-shooter.**
cérca *f.* **search; quest** *(lett.)* ● *(relig.) andare alla c.,* to collect alms □ *andare in c. di q. (q.c.),* to look (o to search) for sb. (st.).
cercamine *m.* **mine detector.**
cercare A *v. t.* **1** to **look for** (sb., st.); to **seek*;** to **search for** (sb., st.); to **try to find;** to **hunt for** (sb., st.): *c. q. nella folla,* to look for sb. in the crowd □ *c. guai,* to look for trouble **2** (richiedere) to **ask for** (st.); to **want**: *Cercasi cuoca per una piccola famiglia,* wanted a cook for a small family **3** (a tastoni) to **fumble for;** to **grope (for)**: *c. la via al buio,* to grope one's way in the dark **4** (una parola, ecc.) to **look up B** *v. i.* **1** (tentare) to **try;** to **endeavour 2** (sforzarsi) to **strive*.**
cercata *f.* — *dare una c.,* to give* a look around.
cercatóre *m.* **1 searcher; seeker 2** *(relig.)* **mendicant friar.**
cérchia *f.* **circle** (anche *fig.)* ● *c. delle mura,* city walls.
cerchiàio *m.* **hooper; cooper.**
cerchiare *v. t.* to **bind* with hoops;** to **hoop.**
cerchiato *a.* — *avere gli occhi cerchiati,* to have shadows round the eyes.
cerchiétto *m.* **1** (braccialetto) **bangle 2** (anello) **ring 3** *(al pl.,* gioco) **(the) graces** *(pl. col verbo al sing.)*.
cérchio *m.* **1** *(mat.)* **circle 2** (di ruota) **rim 3** (di botte; giocattolo) **hoop** ● *fare c. attorno a q.,* to gather round sb.; to form a circle round sb. □ *fare il c. della morte,* to loop the loop □ *in c.,* in a circle; in a ring.
cerchióne *m.* (di ruota) **rim;** *(ferr.:* di ruota di vagone) **tread.**
cércine *m.* **pad.**
cereale A *a.* **cereal** *(attr.)* **B** *m. pl.* **cereals; corn** *(sing.)*.
cerealicolo *a.* **cereal** *(attr.)*.
cerebrale *a.* *(anat.)* **cerebral** (anche *fig.)*.
cerebrospinale *a.* *(anat., med.)* **cerebrospinal.**
cèreo *a.* **1** (di cera) **wax** *(attr.)* **2** (pallido) **waxen; very pale.**
cerétta *f.* (per depilare) **(depilatory) wax.**
cerfòglio *m.* *(bot.,* Anthriscus cerefolium) **chervil.**
cerimònia *f.* **1 ceremony; ritual 2** *(relig.)* **service 3** (pompa) **ceremony; pomp** ● *dire (fare) q.c. per c.,* to say (to do) st. out of politeness □ *fare cerimonie,* to stand upon ceremony □ *senza cerimonie,* informally; without ceremony □ *visita di c.,* formal visit.
cerimoniale A *a.* *(lett.)* **ceremonial B** *m.* **ceremonial; etiquette.**
cerimonière *m.* **Master of Ceremonies.**
cerimonióso *a.* **1 ceremonious; formal 2** (di discorso) **flowery.**
cerino *m.* **wax match; vesta.**
cèrio *m.* *(chim.)* **cerium.**

cernècchio *m.* **lock of ruffled hair.**
cèrnere *v. t.* to **grade;** to **sort;** to **class;** to **pick;** *(ind. tessile:* scegliere secondo la qualità della fibra) to **staple.**
cèrnia *f. (zool.* Epinephelus) **grouper.**
cernièra *f.* ***1*** (a cardine) **hinge** ***2*** (di borsa di donna) **metal frame** ● *c. lampo,* zip fastener; zip *(fam.)* □ *munito di c.,* zip-fastened.
cèrnita *f.* **selection** ● *fare la c.,* to select; to sort.
céro *m.* **(church) candle.**
ceróne *m. (teatr., cinem.)* **grease-paint.**
ceroplàstica *f. (arte)* **ceroplastics** *(pl. col verbo al sing.).*
ceròtto *m.* ***1*** *(farm.)* **(adhesive) plaster; sticking--plaster;** (con medicazione) **antiseptic plaster** ***2*** *(fig.:* persona malaticcia) **crock** *(fam.).*
cèrro *m.* ***1*** *(bot.,* Quercus cerris) **turkey oak** ***2*** (legno) **bitter oak.**
certaménte *avv.* **certainly; surely; undoubtedly** ● *Ma c.!,* of course!; definitely!
certézza *f.* **certainty** ● *avere la c.,* to be certain.
certificare *v. t.* to **certify;** to **attest.**
certificato *m.* **certificate**: *un c. di nascita,* a birth certificate □ *un c. di sana costituzione,* a health certificate ● *c. di servizio,* testimonial.
(1) cèrto ***A*** *a.* ***1*** (sicuro) **certain; sure**: *Ne sono certissimo,* I am absolutely sure of it ***2*** (degno di fede) **reliable** ***3*** *(nelle frasi impers.)* **certainly true** ● *(leg.) prova certa,* irrefutable evidence ***B*** *m.* **certainty;** (sicurezza) **safety** ***C*** *avv.* **certainly; surely** ● *dare per c.,* to state as a fact □ *sapere per c.,* to know for certain □ *Ma c.!,* by all means!; of course! □ *No c.!,* certainly not! □ *Sì c.!,* yes indeed!; to be sure!
(2) cèrto ***A*** *a. indef.* ***1*** **certain**: *una certa persona,* a certain person ***2*** (qualche) **some**: *Rimasi un c. tempo,* I stayed some time ***3*** *(spreg.:* di tal genere) **such**: *certa gente,* such people ***B*** *pron. indef. pl.* ***1*** **some; some people** ***2*** *(in senso restrittivo)* **some of them (of you, of us)** ● *un c. John Black,* one John Black □ *un c. Mr Black,* a Mr Black □ *un c. non so che,* an indefinible something.
certóșa *f. (relig.)* **Carthusian monastery.**
certoșino ***A*** *m.* ***1*** *(relig.)* **Carthusian monk** ***2*** *(fig.)* **solitary man*; hermit** *(fig.)* ● *una pazienza da c.,* the patience of Job ***B*** *a.* **Carthusian.**
certuno ***A*** *a. indef.* **some** ***B*** *prom. indef.* **somebody; someone;** *(al pl.)* **some people, some.**
cerùleo *a.* **cerulean; sky-blue; pale blue.**
cerume *m. (med.)* **cerumen; earwax.**
cèrva *f. (zool.)* **hind; doe*.**
cervellétto *m. (anat.)* **cerebellum*.**
cervellino *m.* **hare-brained person.**
cervèllo *m.* ***1*** *(anat.)* **brain** *(talora usato al pl.)* ***2*** (intelligenza, senno, giudizio) **brain(s); mind; head**: *essere persona di gran c.,* to have plenty of brains □ *avere un c. di gallina,* to be hare-brained □ *avere il c. a posto,* to have one's head screwed on □ *Mi si è svuotato il c.,* my mind is a blank □ *Il vino gli ha dato al c.,* the wine has gone to his head ***3*** *(fig.:* mente direttiva) **brains** *(pl.)*: *essere il c. della banda,* to be the brains of the gang ● *c. elettronico,* electronic brain □ *avere un c. piccino,* to be narrow-minded □ *bruciarsi (o farsi saltare) le cervella,* to blow out one's brains □ *(fig.) fuga dei cervelli,* brain drain □ *(fig.) lavaggio del c.,* brain--washing □ *(fig.) mettere il c. a partito,* to turn over a new leaf □ *(fig.) senza c.,* brainless; scatter-brained.
cervellóne *m.* ***1*** *(fam.:* sapientone) **know-all** ***2*** *(iron:* zuccone) **dimwit** *(fam.).*
cervellòtico *a.* **eccentric; whimsical; nonsensical; unreasonable.**
cervicale *a. (anat.)* **cervical.**
cervice *f. (anat.)* **cervix*** ● *(fig.) piegare la c.,* to submit.
cèrvo *m. (zool.* Cervus) **deer;** (il maschio) **stag, hart;** (la femmina) **doe*** ● *c. volante, (zool.,* Lucanus cervus) stagbeetle; (aquilone) **kite** □ *carne di c.,* venison.
cesàreo *a.* **Caesarean, Caesarian.**
cesarișmo *m.* **Caesarism; military dictatorship.**
cesellare *v. t.* ***1*** to **chisel;** (incidere) to **chase,** to **engrave** ***2*** (in rilievo) to **emboss** ***3*** *(fig.)* to **polish.**
cesellatóre *m.* **chiseller; chaser.**
ceșèllo *m.* **chisel.**
cèșio *m. (chim.)* **caesium.**
cesóie *f. pl.* **shears**: *c. per potare,* pruning shears.
cèspite *m. (econ.)* **source of income.**
céspo *m. (bot.)* **tuft.**
cespùglio *m. (bot.)* **bush; shrub.**
cespuglióso *a.* **bushy** (anche *fig.*); **shrubby.**
cessare ***A*** *v. i.* ***1*** to **stop;** to **leave* off;** to **cease**: *c. di lavorare,* to stop working ***2*** (calmarsi) to **abate;** to **subside** ***B*** *v. t.* to **stop** ● *cessato pericolo!,* all clear!
cessazióne *f.* **cessation; suspension.**
cessióne *f. (leg.)* **assignment; cession; transfer.**
cèsso *m. (pop.)* **lavatory; loo** *(fam.)*; (di caserma, campo militare) **latrine.**
césta *f.* **(large) basket;** (con coperchio) **hamper.**
cestèllo *m.* **crate.**
cestinare *v. t.* ***1*** to **throw* into the waste-paper basket;** to **throw* away** ***2*** *(fig.)* to **discard;** to **reject.**
cestino *m.* ***1*** **small basket** ***2*** (per la carta straccia) **waste-paper basket.**
cestista *m.* e *f. (sport)* **basket-ball player.**
césto *m.* ***1*** **basket** ***2*** (d'insalata, ecc.) **head** ● *far c.,* to tuft.
ceșura *f. (metrica)* **caesura.**
cetàceo *m. (zool.)* **cetacean.**
cèto *m.* **(social) class; rank**: *il c. operaio,* the working class(es).
cetònia *f. (zool.,* Cetonia aurata) **rose-beetle; rose--chafer.**
cétra *f.* ***1*** *(archeol., mus.)* **cithara; cither; lyre** ***2*** *(mus.:* strumento bavarese, austriaco, ecc.) **zither** ***3*** *(fig.)* **lyre.**
cetriolino *m. (bot.)* **gherkin.**
cetriòlo *m. (bot.,* Cucumis sativus) **cucumber** ● *(zool.) c. di mare* (Holothuria), sea cucumber.
chalet *(franc.) m.* **chalet.**
champagne *(franc.) m.* **champagne.**
charte *(ingl.) (aeron.)* ***A*** *a.* **charter** *(attr.)*: *volo c.,* charter flight ***B*** *m.* (l'aereo) **chartered plane.**
châssis *(franc.) m. (autom.)* **chassis*.**
(1) che (pronuncia ché) *pron. relat.* ***1*** *(sogg.)* **who, that** *(rif. a persone)*; **which, that** *(rif. a cose o ad animali di sesso imprecisato)*; **that** *(per persone, cose e animali, insieme)*: *Mio padre, che non ama viaggiare, resterà a casa,* my father, who doesn't like travelling, will stay at home ***2*** *(ogg., spesso sottinteso)* **whom, that** *(rif. a persone)*; **which, that** *(rif. a cose o ad animali di sesso imprecisato)*; **that** *(per persone, cose e animali, insieme)*: *Mio padre, che non vedevo da anni, è appena tornato dall'Africa,* my father, whom I hadn't seen for years, has just come back from Africa □ *È il ragazzo più intelligente che abbia mai incontrato,* he is the cleverest boy (that) I ever met ***3*** (in cui, quando) **in which, on which, when** *(spesso sottintesi)*: *il giorno che c'incontrammo,* the day on which (o when) we met; the day we met ***4*** (la qual cosa) **which** ***5*** *(correlativo di « stesso », « medesimo »)* **as**: *lo stesso che sempre,* the same as before ● *Non c'è di che!,* don't mention it!
(2) che (pronuncia ché) ***A*** *a. interr.* ***1*** *(rif. a un numero imprecisato di cose o persone)* **what**: *Che libri leggi?,* what books do you read? □ *A che pagina?,* on what page? ***2*** *(rif. a un numero limitato di cose o persone)* **which**: *Che libro dell'Iliade preferisci?,* which book of the Iliad do you like best? ***B*** *pron. interr.* (che cosa?) **what**: *A che pensi?,* what are you thinking of? ● *che cosa?,* what? □ *che è, che non è,* all of a sudden; suddenly; unexpectedly □ *a che?* (a qual fine?), what for?; why?; to what end?
(3) che (pronuncia ché) ***A*** *a. escl.* **what (a)**: *Che bella giornata!,* what a lovely day! □ *Che coraggio!,* what courage!; how brave of him! □ *Che stupidi sono!,* what fools they are! ***B*** *pron. escl.* **what**: *Che! già alzato e in giro a quest'ora?,* what! up and about so early?
(4) che (pronuncia ché) *pron. indef.* **something**: *C'è un che di strano in quella casa,* there's something strange about that house ● *La festa non fu un gran che,*

the party was nothing to write home about *(fam.)*.
(5) che (pronuncia chè) *inter. (neg.)* **certainly not!; never!**
(6) che (pronuncia ché) *cong.* ***1*** *(dichiarativa; dopo verbi che esprimono opinione, sentimento, ecc.)* **that** *(spesso sottinteso)*: *Mi disse che avrebbe scritto,* he told me (that) he would write □ *Mi dispiace che tu non possa venire,* I'm sorry (that) you can't come ***2*** *(dichiarativa; dopo verbi di volontà o comando, o dopo locuz. impers. è idiom.)*: *Voglio che tu stia in casa,* I want you to stay at home □ *Vorrei che capisse che ho ragione io,* I wish he would understand (that) I am right □ *È impossibile ch'egli venga con noi,* it's impossible for him to come with us ***3*** *(causale)* **for** *(col gerundio)* ***4*** *(consecutiva)* **that**: *Le ho dato una sgridata tale che se la ricorderà,* I've given her such a scolding that she will remember ***5*** *(finale)* **that** *(spesso sottinteso)*; **so that;** *(nelle frasi neg.)* **lest** (che... non): *Bada che non si raffreddi,* mind it doesn't get cold □ *Sta' attento che il prigioniero non scappi,* be careful that the prisoner doesn't run away ***6*** *(comparativa)* **than** *(di maggioranza)*; **as** *(di uguaglianza)*: *più che mai,* more than ever □ *prima che tu non creda,* sooner than you think ***7*** *(temporale)* **when; after; as soon as; no sooner... than** *(invertendo l'ordine)*: *Cominciai che erano le dieci,* it was ten when I began (o I began at ten) □ *passata che fu la burrasca,* after the storm was over ***8*** *(disgiuntiva)* **whether**: *che tu venga o no,* whether you come or not ***9*** *(ottativa; è idiom.)*: *Che vada!,* let him go! ***10*** *(eccettuativa)* **but; only**: *non fare (altro) che brontolare,* to do nothing but grumble.
ché *cong. (lett.)* ***1*** *(causale)* **since; as; because; for** ***2*** *(finale)* **so that;** *(in frase neg.)* **lest** (ché... non).
checché *pron. rel. indef.* **whatever**: *c. tu dica,* whatever you may say.
chef *(franc.) m.* **chef.**
chèla *f. (zool.)* **chela*; nipper.**
chellerina *f.* **waitress.**
chemioterapìa *f. (med.)* **chemotherapy.**
chemisier *(franc.) m. (moda)* **shirtwaister.**
chepì, cheppì *m.* **kepi.**
cheratina *f. (biol.)* **keratin.**
cheroșène *m. (chim.)* **kerosene.**
cherubino *m. (relig.)* **cherub*** (anche *fig.*).
chetare ***A*** *v. t.* to **make*** (sb.) **be quiet;** to **make*** (sb.) **be still;** to **quieten;** to **hush** ***B*** **chetarsi** *v. rifl.* to **quiet down;** to **hush.**
chetichèlla, alla, *locuz. avv.* **secretly; furtively; silently** ● *entrare (uscire) alla c.,* to slip in (to slip out).
chéto *a.* **quiet; silent.**
(1) chi *pron. interr.* ***1*** *(sogg.)* **who**: *Chi è quell'uomo (quella donna)?,* who is that man (that woman)? □ *Mi domando chi sia costui,* I wonder who this man is □ *Chi è?,* who is it? ***2*** *(ogg. e compl. indir.)* **whom; who** *(fam.)*: *Chi preferisci?,* who(m) do you prefer? ***3*** *(rif. a un numero limitato di persone)* **which**: *Chi di noi preferisci?,* which of us do you prefer? ● *di chi?, (compl. di specificazione)* of whom?; *(poss.)* whose? □ *Di chi hai paura?,* of whom are you afraid?; who(m) are you afraid of? □ *Di chi è quella casa?,* whose house is that?
(2) chi *pron. relat.* ***1*** (colui che) **he** (*compl.:* **him) who** (*compl.:* **whom); the man** (o **the boy) who** (*compl.:* **whom)**: *Chi ha detto ciò deve essere pazzo,* the man who said that must be mad ***2*** (colei che) **she** (*compl.:* **her) who** (*compl.:* **whom); the woman** (o **the girl) who** (*compl.:* **whom)** ***3*** (colui o colei che) **the person who** (*compl.:* **whom); who** *(sogg.)*; **whom** *(compl.)* ***4*** (coloro che) **they** (*compl.:* **them) who** (*compl.:* **whom); those who(m); people who(m)** ***5*** (chiunque) *(sogg.)* **whoever, anyone who, anybody that;** *(compl.)* **who(m) ever, anyone whom, anyone that** ***6*** (uno che) **someone who, somebody who;** (alcuni che) **some who** ***7*** (se alcuno) **in case you**: *chi non lo sapesse,* in case you don't know ***8*** (purché uno) **provided (that) you; if you** ● *(pron. indef.) chi... chi,* some... some; some... others.
chiàcchiera *f.* ***1*** **chat; talk**: *fare due chiacchiere,* to have a chat □ *Troppe chiacchiere!,* too much talk! ***2*** (pettegolezzo) **gossip; talk; tale; rumour** ***3*** (loquacità) **loquacity; gift of the gab** *(fam.)*.
chiacchierare *v. i.* ***1*** to **talk;** to **chat** ***2*** (fare pettegolezzi) to **gossip** ***3*** (parlare molto) to **chatter;** to **be a chatterbox.**
chiacchierata *f.* **chat**: *fare una bella c.,* to have a good chat.
chiacchierino ***A*** *m.* **chatterer; chatterbox** ***B*** *a.* **chattering; chatty.**
chiacchierìo *m.* **chattering.**
chiacchieróne *m.* **great talker; chatterbox** ***2*** (pettegolo) **gossip.**
chiama *f.* **roll-call** ● *far la c.,* to call the roll.
chiamare ***A*** *v. t.* ***1*** to **call;** (a voce alta) to **call out** (for): *Chiamai tanto, ma non rispose nessuno,* I called and called, but nobody answered ***2*** *(leg.)* to **call;** to **summon**: *c. q. in giudizio (o in causa),* to summon sb. ***3*** (dar nome a) to **call;** to **name** ***4*** (far venire) to **call;** to **send* for** (sb.): *c. il dottore,* to send for the doctor ***5*** (al telefono) to **call up;** to **ring* up** ***6*** (invocare) to **call for** (st.); to **invoke;** to **call down** ***7*** (alle carte) to **call;** to **declare** ***8*** *(naut.:* marinai, col fischio) to **pipe** ● *c. le cose col loro nome,* to call a spade a spade □ *c. q. presso di sé,* to send for sb. □ *essere chiamato a render conto,* to be called to account □ *mandare a c. q.,* to send for sb. □ *Non sono chiamato in causa,* I don't come into the picture *(fam.)* ***B*** **chiamarsi** *v. rifl.* ***1*** (aver nome) to **be called**: *Mi chiamo Andrea,* I'm called Andrew; my name is Andrew ***2*** (considerarsi) to **consider oneself;** to **count oneself.**
chiamata *f.* ***1*** **call**: *una c. telefonica,* a telephone call ***2*** *(leg.)* **summons** ***3*** (appello) **roll-call** ***4*** (alla ribalta) **curtain call** ***5*** (alle armi) **call to arms; call-up** ***6*** *(tipogr.)* **cross-reference mark** ● *c. interurbana,* trunk call; long-distance call *(USA)*; (a breve distanza) toll call.
chiappa *f. (pop.)* **buttock.**
chiappare *v. t. (pop.)* to **catch*.**
chiara *f.* **white (of an egg)**: *tre chiare d'uovo,* the whites of three eggs.
chiaraménte *avv.* ***1*** (in modo chiaro) **clearly; distinctly** ***2*** (in modo esplicito) **openly; frankly** ***3*** (in modo evidente) **evidently; obviously.**
chiarétto *m.* (vino) **claret.**
chiarézza *f.* **clearness; clarity; lucidity.**
chiarificante *m.* **clarifying agent.**
chiarificare *v. t.* to **clarify** (anche *fig.*).
chiarificazióne *f.* **clarification** (anche *fig.*).
chiariménto *m.* **explanation; clearing up** (of a point).
chiarire ***A*** *v. t.* to **make* clear;** to **clarify;** *(fig.)* to **clear up,** to **explain** ***B*** **chiarirsi** *v. rifl.* ***1*** to **become* clear** ***2*** (del tempo) to **clear up.**
chiarìssimo *a. superl.* **most distinguished; renowned.**
(1) chiaro ***A*** *a.* ***1*** (limpido) **clear; limpid; unclouded**: *acqua chiara,* clear water ***2*** (di colore) **light; pale**: *grigio c.,* pale grey ***3*** (luminoso) **bright** ***4*** (*fig.:* evidente) **clear; obvious** ***5*** (*fig.:* illustre) **celebrated; famous; distinguished; renowned** ***B*** *m.* ***1*** (l'opposto di « notte ») **day; daylight** ***2*** (l'opposto di « scuro ») **light** ● *c. di luna,* moonlight; moonshine □ *(fig.) a questi chiari di luna,* in these hard times □ *mettere in c. q.c.,* to make st. clear □ *un no c. e tondo,* an unmistakable no; a very definite no □ *venire in c. di q.c.,* to clear up st.; to get to the bottom of st. □ *Si fa c.,* it is dawning.
(2) chiaro *avv.* ***1*** **clearly** ***2*** (con franchezza) **frankly; directly**: *vederci c. (in q.c.),* to see clearly (into st.) ● *c. e tondo,* plainly; in plain English.
chiaróre *m.* ***1*** **dim light; glimmer** ***2*** (della luna) **moonshine** ● *il c. dell'alba,* the first light of dawn.
chiaroscuro *m. (pitt.)* **light and shade; chiaroscuro*.**
chiaroveggènte ***A*** *a.* **clear-sighted** ***B*** *m.* e *f.* **clairvoyant.**
chiaroveggènza *f.* **clairvoyance.**
chiașma, chiașmo *m.* ***1*** *(retor.)* **chiasmus*** ***2*** *(anat.)* **chiasma*; chiasm.**
chiassata *f.* ***1*** (schiamazzo) **hubbub; row; racket** ***2*** (scenata) **row; rowdy scene; shindy**: *fare una c.,* to kick up a row (o a shindy).
(1) chiasso *m.* **uproar; clatter and row; noise** ● *fare*

c., to make a noise; (di bambini che giocano) to romp; *(fig.)* to cause a stir □ *fare un c. del diavolo,* to make the devil of a row; (per protesta) to raise hell *(fam.)*.

(2) chiasso *m.* (vicolo) **lane.**

chiassone *m.* **noisy person.**

chiassóso *a.* ***1*** **rowdy; noisy** ***2*** *(fig.)* **gaudy; showy.**

chiatta *f. (naut.)* ***1*** **barge; float; pontoon; scow; wherry**: *un ponte di chiatte,* a pontoon bridge ***2*** (nei porti) **lighter.**

chiavàccio *m.* **(big) bolt.**

chiavarda *f.* **(screw-)bolt.**

chiavare *v. t. (volg.)* to **screw,** to **fuck** *(volg.)*.

chiave *f.* ***1*** **key**: *(relig.) le chiavi di S. Pietro,* St. Peter's keys □ *(fig.) la c. del cuore di q.*, the key to sb.'s heart ***2*** *(mus.)* **clef** ***3*** (di un messaggio cifrato) **cipher key** ***4*** *(mecc.)* **spanner; wrench**: *una c. inglese (o a rollino),* a monkey-wrench ***5*** *(elab.)* **key** ● *(fig.) c. d'un enigma,* clue to a puzzle □ *(archit.) c. di volta,* keystone □ *c. maestra,* master key □ *chiudere a c.*, to lock □ *mettere sotto chiave,* to put under lock and key □ *parola c.*, key word □ *punto c.*, essential point.

chiavétta *f.* ***1*** (rubinetto) **tap** ***2*** (di giocattolo, ecc.) **key; winder** ***3*** *(mecc.)* **spline; key.**

chiàvica *f.* **drain; sewer.**

chiavistèllo *m.* **latch; bolt.**

chiazza *f.* **stain; spot.**

chiazzare *v. t.* ***1*** to **stain;** to **spot** ***2*** (variegare) to **dapple;** to **chequer.**

chic *(franc.) a.* **chic; stylish; elegant.**

chicca *f. (infant.)* **sweet; sweetie** *(fam.)*.

chicchera *f.* **cup**: *una c. da caffè,* a coffee cup.

chicchessìa *pron. indef.* **anyone; anybody.**

chicchirichì *inter.* e *m.* **cockadoodledoo** ● *fare c.*, to crow.

chicco *m.* ***1*** (di cereale) **grain** ***2*** (di melagrana) **seed** ***3*** (di un vezzo, di un rosario) **bead** ● *c. di caffè,* coffee--bean.

chièdere ***A*** *v. t.* ***1*** (per sapere) to **ask;** to **request;** (imperiosamente) to **demand;** (umilmente) to **beg;** (informarsi) to **inquire**: *Chiedigli come si chiama,* ask (him) his name □ *c. il prezzo,* to ask the price ***2*** (per avere, per comprare q.c.) to **ask for**: *c. q.c. a q.*, to ask sb. for st. □ *c. q.c. in prestito,* to ask for the loan of st. ***3*** (come prezzo) to **ask;** to **charge**: *Quanto chiedete per vitto e alloggio?,* how much do you charge for board and lodging? ● *c. di q.*, to ask for sb. □ *c. un favore a q.*, to ask a favour of sb. □ *c. notizie di q.* (o *c. come stia q.),* to ask (o to inquire) after sb. ***B*** **chièdersi** *v. rifl.* to **wonder.**

chièrica *f.* ***1*** *(relig.)* **tonsure** ***2*** *(scherz.:* calvizie) **baldness.**

chierichétto *m.* ***1*** **altar boy** ***2*** (corista) **choirboy.**

chièrico *m. (relig.)* ***1*** **altar boy** ***2*** (ecclesiastico) **cleric; clergyman*.**

chièşa *f.* ***1*** **church;** (di monastero) **minster;** (protestante) **chapel**: *andare in c.*, (per pregare) to go to church; (nell'edificio) to go into a church ***2*** (l'unione dei fedeli) **Church**: *la C. cattolica,* the (Roman) Catholic Church.

chieşuòla *f.* ***1*** (conventicola) **clique; coterie** ***2*** *(naut.)* **binnacle.**

chiffon *(franc.) m. (ind. tessile)* **chiffon.**

chìglia *f. (naut.)* **keel.**

chignon *(franc.) m.* **chignon; bun.**

(1) chilo *m.* **kilo*; kilogram(me).**

(2) chilo *m. (fisiologia)* **chyle** ● *(fam.) fare il c.*, to sit and rest after a meal.

chilociclo *m. (fis.)* **kilocycle.**

chilogrammo *m.* **kilogram(me).**

chilohertz *m. (fis.)* **kilohertz.**

chilometràggio *m.* ***1*** **distance in kilometres** ***2*** (in miglia) **mileage.**

chilomètrico *a.* **kilometric(al).**

chilòmetro *m.* **kilometre.**

chilowatt *m. (elettr.)* **kilowatt.**

chilowattóra *m. (elettr.)* **kilowatt-hour.**

chimèra *f.* ***1*** *(mitol.)* **chim(a)era** ***2*** *(fig.)* **fancy; dream; chimera.**

chimèrico *a.* **chimerical; utopistic; visionary; dreamlike.**

chìmica *f.* **chemistry.**

chìmico ***A*** *a.* **chemical** ***B*** *m.* **(research) chemist.**

chimo *m. (fisiologia)* **chyme.**

chimòno *m.* **kimono*.**

(1) china *f.* **slope; declivity** ● *(fig.) mettersi su una brutta c.*, to take a wrong turning.

(2) china *f.* (*bot.*, Cinchona calisaya) **cinchona.**

(3) china *f.* (inchiostro di c.) **Indian ink; China ink.**

chinare ***A*** *v. t.* to **bend*;** to **bow;** to **lower**: *c. il capo,* to bend one's head; (per dire di sì o per il sonno) to nod; (per salutare) to bow; *(fig.)* to bow one's head, to give in ***B*** **chinarsi** *v. rifl.* ***1*** to **stoop;** to **bend* (down);** to **bow** ***2*** *(fig.)* to **submit.**

chincaglierìa *f.* ***1*** *(generalm. al pl.)* **fancy goods; knickknacks** ***2*** (negozio) **fancy-goods shop; gift shop.**

chinino *m. (farm.)* **quinine.**

chino *a.* **lowered; bowed; bent.**

chinòtto *m. (bot.)* **bigarade.**

chintz *(ingl.) m. invar. (ind. tessile)* **chintz.**

chiòccia *f.* **brooding hen; hen with a brood of chicks.**

chiocciare *v. t.* to **cackle;** to **cluck.**

chiocciata *f.* **brood of chicks.**

chiòccio *a.* **clucking; shrill; hoarse; husky; harsh.**

chiòcciola *f.* ***1*** (*zool.*, Helix pomatias) **snail** ***2*** (degli strumenti ad arco) **scroll** ● *scala a c.*, winding staircase; spiral stairs *(pl.)*.

chioccolare *v. i.* ***1*** to **whistle;** to **warble** ***2*** (gorgogliare) to **gurgle.**

chioccolìo *m.* ***1*** **whistling; warbling** ***2*** (di fonte, ruscello, ecc.) **gurgling.**

chiodaiòlo *m.* **nailer; nail maker.**

chiodame *m.* **(assortment of) nails.**

chiodatrice *f. (mecc.)* **riveting machine; riveter.**

chiodatura *f. (mecc.)* **riveting.**

chioderìa *f.* ***1*** **nailery; nail factory** ***2*** (chiodame) **nails** *(pl.)*.

chiòdo *m.* ***1*** **nail;** *(mecc.)* **rivet;** (a capocchia larga) **stud;** (da scarpone) **hobnail**: *conficcare un c.*, to drive in a nail ***2*** *(alpinismo)* **piton; peg** ***3*** *(fam.:* debito) **debt**: *piantare chiodi,* to run into debt ● *c. di garofano,* clove □ *essere magro come un c.*, to be as thin as a lath □ *(fig.) È un suo c. e nessuno glielo toglie di testa,* it's a fixed idea of his and no one can get it out of his head.

chiòma *f.* ***1*** **head of hair; long thick hair; (flowing) locks** *(pl.)* ***2*** (criniera) **mane** ***3*** (di cometa) **tail** ***4*** (d'albero) **foliage.**

chiomato *a.* ***1*** **with long hair** ***2*** (d'albero) **leafy.**

chiòşa *f.* **gloss; note.**

chioşare *v. t.* to **gloss;** to **annotate.**

chiòsco *m.* ***1*** **kiosk** ***2*** (di giornalaio) **news-stand** ***3*** (per vendita di bibite, ecc.) **refreshment booth.**

chiòstra *f.* ***1*** (recinto) **enclosure** ***2*** (di monti) **encircling chain.**

chiòstro *m.* **cloister.**

chiòtto *a.* **quiet; unobtrusive** ● *c. c.*, without stirring.

chirògrafo *m. (leg.)* **chirograph.**

chiromante *m.* e *f.* **palmist; fortune-teller; chiromancer.**

chiromanzìa *f.* **palmistry; fortune-telling; chiromancy.**

chirurgìa *f. (med.)* **surgery.**

chirùrgico *a. (med.)* **surgical.**

chirurgo *m. (med.)* **surgeon.**

chissà *avv.* ***1*** **who knows; I wonder (whether)**: *C. se pioverà domani,* I wonder whether it will rain to-morrow ***2*** (forse) **perhaps; maybe.**

chitarra *f.* **guitar.**

chitarrista *m.* e *f.* **guitarist; guitar-player.**

chitina *f. (biol.)* **chitin.**

chiù *m.* ***1*** (*zool.*, Otus scops) **horned owl** ***2*** (verso dell'assiolo) **tu-whit tu-whoo.**

chiudènda *f.* (recinzione) **hedge; fence; enclosure.**

chiùdere ***A*** *v. t.* ***1*** to **shut*;** to **close**: (anche *fig.*) *c. la* *porta in faccia a q.*, to shut the door in sb.'s face □ *c. un conto*, to close an account **2** (recingere) to **enclose 3** (rinchiudere; chiudere definitivamente) to **shut* up**; to **shut* down**: *c. una fabbrica*, to shut down a factory **4** (concludere) to **close; to conclude;** to **end;** to **finish;** to **wind* up** *(fam.)*: *c. un discorso*, to conclude a speech **5** (staccare, spegnere) to **shut* off;** to **turn off;** to **switch off**: *c. il gas*, to shut off (o to turn off) the gas **6** (limitare, circondare) to **shut* in;** to **surround 7** (tappare) to **stop;** to **plug;** (con un sughero) to **cork**: *c. un buco*, to stop a hole **8** (sbarrare) to **bar B** *v. i.* **1** to **shut*;** to **close (down) 2** (finire) to **close;** to **end;** to **finish C chiùdersi** *v. rifl.* **1** to **shut*;** to **close 2** (rinchiudersi) to **shut* oneself up** (anche *fig.*) **3** (del cielo, del tempo) to **cloud over;** to **become* overcast 4** (stringersi intorno) to **close in** ● *c. in se stesso*, to retire into oneself.

chiudilèttera *m. invar.* **charity stamp.**

chiùnque A *pron. relat. indef.* **1** *(sogg.)* **whoever; anyone (o anybody) who** (o **that**); *(enf.)* **whosoever**: *C. venga, digli di aspettare*, whoever comes, tell him to wait **2** *(ogg. e compl.)* **who(m)ever; anyone (o anybody) who(m) (o that)**; *(enf.)* **whomsoever**: *C. tu incontri, fermalo*, stop anyone (whom) you meet **3** *(sogg., ogg. e compl.: rif. a un numero ristretto di persone)* **whichever; any(one) who(m)**: *C. di loro mi cerchi, digli che non sono in casa*, whichever of them calls (o may call), tell him I'm not at home **B** *pron. indef.* (chicchessia) **anyone; anybody**: *C. è capace di farlo*, anybody can do that ● *di c.*, *(compl. di argomento)* who(m)ever... of (o about); *(poss.)* whosever.

chiurlare *v. i.* to **hoot;** to **tu-whit;** to **tu-whoo.**

chiurlo *m.* (*zool.*, Numenius arquata) **curlew.**

chiusa *f.* **1** (di corso d'acqua) **dyke; dam; weir 2** (di canale) **lock; sluice 3** (di una valle fluviale) **narrowing 4** (conclusione) **end; ending.**

chiusino *m.* **1** (di fogna) **trap 2** (stradale) **manhole cover.**

chiuso A *a.* **1 closed; shut 2** *(comm.)* **balanced; settled** ● *cielo (tempo) c.*, overcast sky (weather) □ *persona chiusa*, reserved person **B** *m.* **1 enclosure 2** (per animali) **pen;** (per pecore) **fold** ● *puzzo di c.*, musty (o stuffy) smell.

chiusura *f.* **1** (serratura) **fastening; fastener; lock**: *una c. lampo*, a zip fastener; a zipper *(USA)* **2** (il chiudere) **closing; shutting;** (di iscrizioni, ecc.) **closing-date 3** (*polit.*: di un dibattito) **closure 4** (conclusione) **close; conclusion 5** (di un'azienda) **shut-down 6** (*rag.*: di conti) **closing; settling** ● *a c. automatica*, self-locking.

choc *(franc.)* *m.* *(med.* e *fig.)* **shock.**

(1) ci A *pron. pers. 1ª pers. pl.* **1** *(compl. ogg. e di termine)* **us**: *Perdonateci*, forgive us □ *Ascoltaci*, listen to us **2** (*fam.*, per « con lui, con lei; da lui, da lei ») **with him (o her); to him (o her) 3** *(coi v. rifl.)* **ourselves** *(spesso sottinteso)* **4** *(coi v. rifl. recipr.)* *(fra due)* **each other,** *(fra più di due)* **one another** *(talora sottintesi)*: *Dobbiamo aiutarci*, we must help one another (o each other) **B** *pron. dimostrativo* **it; this; that**: *Ci penserò*, I'll think it over.

(2) ci *avv.* **1** *(di luogo)* **here** (qui): **there** (là, lì): *Ci vado spesso*, I often go there **2** *(pop., di causa; spesso si omette)* **of it; because of it**: *Ci ho piacere*, I'm glad (of it) ● *c'è*, there is □ *ci sono*, there are □ *Eccoci!*, here we are! □ *Non ci feci caso*, I didn't take any notice.

ciabatta *f.* **1** (pantofola) **slipper; mule 2** (scarpa malandata) **old shoe; down-at-heel shoe 3** (*fig.*: di persona) **slipshod (o down-at-heel) person.**

ciabattàio *m.* **1** (chi fa ciabatte) **slipper maker 2** (chi vende ciabatte) **seller of slippers.**

ciabattare *v. i.* to **shuffle along (o about).**

ciabattino *m.* **1 cobbler; shoe repairer 2** *(fig.)* **cobbler; bungler; botcher.**

ciabattóna *f.* **slipshod woman*;** (pasticciona) **bungler.**

ciabattóne *m.* **slipshod fellow;** (pasticcione) **bungler.**

(1) ciàc *inter.* **squash!; whack!; slap!**

(2) ciàc *m.* *(cinem.)* **clapperboard.**

ciaccóna *f.* *(mus.)* **chaconne.**

cialda *f.* **wafer.**

cialdóne *m.* *(cucina)* **« cialdone »; cornet.**

cialtróna *f.* **1** (donna sciatta) **slovenly (o blowzy) woman*; slut 2** (abborracciona) **bungler; botcher.**

cialtróne *m.* **1** (uomo sciatto) **slovenly fellow; sloven 2** (nel lavoro) **careless worker; bungler; botcher 3** (*fig.*: individuo spregevole) **cad.**

cialtronerìa *f.* **1 slovenliness 2** *(fig.)* **mean behaviour.**

ciambèlla *f.* **1** *(cucina)* **ring-shaped cake; bun 2** (salvagente) **life ring 3** (per bambini durante la dentizione) **teething ring.**

ciambellano *m.* **chamberlain; steward.**

ciampicare *v. i.* **1** to **walk slowly dragging one's feet;** to **drag along 2** (inciampare) to **stumble.**

ciància *f.* **1** *(al pl.)* **vain words 2** (pettegolezzo) **gossip; tittle-tattle.**

cianciafrùscole *f. pl.* **trifles; bagatelles.**

cianciare *v. i.* to **talk idly;** to **chatter;** to **talk through one's hat** *(fam.)*.

ciancicare *(fam.)* **A** *v. t.* **1** (pronunziare male) to **mumble;** to **stammer 2** (biascicare) to **mumble B** *v. i.* (lavorare con lentezza) to **dawdle over one's work.**

cianfruglióne *m.* **clumsy person; blunderer.**

cianfruşaglie *f. pl.* **knickknacks; gewgaws; gimcracks.**

ciangottare *v. i.* to **mumble;** to **mutter.**

ciangottio *m.* **mumbling; muttering.**

cianìdrico *a.* *(chim.)* **hydrocyanic; prussic.**

cianografìa *f.* **blueprint; cyanotype.**

cianòşi *f.* *(med.)* **cyanosis.**

cianòtico *a.* *(med.)* **cyanotic.**

cianuro *m.* *(chim.)* **cyanide.**

ciao *inter.* **1** (incontrando q.) **hullo! 2** (lasciando q.) **bye-bye!; cheerio!**

ciaramèlla *f.* *(mus.)* **bag-pipe(s).**

ciarla *f.* **1** (loquacità) **gift of the gab; loquaciousness 2** (notizia falsa) **unfounded (o malicious) rumour; gossip; slander.**

ciarlare *v. i.* to **chat;** to **chatter;** to **gossip.**

ciarlatanata *f.* **humbug.**

ciarlataneria *f.* **quackery; charlatanry.**

ciarlatano *m.* **charlatan; quack; mountebank.**

ciarlièro *a.* **talkative; loquacious.**

ciarlóne *m.* **chatterbox; great talker.**

ciarpame *m.* **trash; rubbish.**

ciascuno A *a. indef.* **1** *(ogni)* **every 2** *(distributivo)* **each B** *pron. indef.* **1** *(ognuno)* **everybody; everyone 2** *(distributivo)* **each; each one (o man, woman).**

cibare A *v. t.* to **feed* B cibarsi** *v. rifl.* to **feed* (on).**

cibàrie *f. pl.* **provisions; food-stuffs.**

cibàrio *a.* **alimentary; edible; food** *(attr.)*.

cibernètica *f.* *(fis.)* **cybernetics** *(pl. col verbo al sing.)*.

cibo *m.* **1 food** (anche *fig.*) **2** (pietanza) **dish.**

cibòrio *m.* *(relig.)* **ciborium*; tabernacle.**

cicala *f.* **1** (*zool.*, Cicada) **cicada; balm cricket 2** (campanello elettrico) **buzzer 3** (*fig.*: chiacchierone) **chatterbox.**

cicalare *v. i.* to **chatter;** to **jabber;** to **twaddle.**

cicalata *f.* **long, boring talk; twaddle; rigmarole.**

cicaléccio *m.* **1 chatter; chit-chat; chattering; jabbering 2** (di uccelli o insetti) **chirping; chirruping; twittering.**

cicalino *m.* **buzzer.**

cicatrice *f.* **cicatrix*** *(med.)*; **scar** (anche *fig.*).

cicatrizzare *v. t.* e *i.* **cicatrizzarsi** *v. rifl.* to **cicatrize;** to **scar;** to **heal.**

(1) cicca *f.* **1 cigarette-end; cigar-end; fag-end; stump; stub 2** (da masticare) **quid** ● *non valere una c.*, not to be worth a brass farthing.

(2) cicca *f.* (*pop.*: gomma da masticare) **chewing gum.**

ciccare *v. i.* **1** to **quid;** to **chew a quid (o tobacco) 2** *(fig.)* to **sulk.**

cicchétto *m.* *(fam.)* **1 nip; dram; pick-me-up 2** *(fig.)* **sharp rebuke;** *(fam.)* **lecture, talking-to, dressing down**: *fare un c. a q.*, to give sb. a (good) talking-to (o dressing down) ● *(autom.)* *dare un c.*, to prime.

ciccia *f. (fam.)* **1** **meat** **2** *(scherz.:* carne umana*)* **flesh.**
ciccioli *m. pl. (cucina)* **cracklings.**
cicciόna *f. (fam.)* **very fat woman*; fatty** *(fam.).*
cicciόne *m. (fam.)* **very fat man*** (o **boy); fatty** *(fam.).*
cicciuto *a.* **fat; plump.**
cicerόne *m.* **guide; cicerone*** ● *fare da c. a q.*, to show sb. around.
cicisbèo *m.* **1** *(stor.)* **« cicisbeo »; « cavalier servente »; gallant** **2** (vagheggino) **ladies' man***; (bellimbusto) **fop.**
ciclàbile *a.* **cycle, cycling** *(attr.)*; **for bikes**: *pista c.*, cycle track; bike lane.
ciclamino *m. (bot.,* Cyclamen europaeum*)* **cyclamen.**
cìclico *a.* **cyclic(al).**
ciclismo *m. (sport)* **cycling.**
ciclista *m. e f.* **cyclist** ● *(moda) collo alla c.*, turtleneck.
ciclistico *a.* **bicycle, cycle** *(attr.).*
ciclo *m.* **1** **cycle**: *(letter.) il c. carolingio*, the Carlovingian cycle **2** (di malattia) **course** **3** *(elab.)* **loop.**
ciclocròss *m. invar. (sport)* **cyclo-cross; cross-country; cycle racing.**
ciclocrossista *m. (sport)* **cross-country cyclist.**
ciclòide *f. (geom.)* **cycloid.**
ciclomotόre *m.* **motor-bicycle; moped.**
ciclόne *m.* **1** *(meteorologia)* **cyclone;** (nelle Indie Occidentali) **hurricane;** (nell'estremo Oriente) **typhoon** **2** *(fig.)* **ball of fire; tornado*.**
ciclònico *a.* **cyclonic.**
ciclòpe *m. (mitol.)* **Cyclop(s)*.**
ciclòpico *a. (mitol., archeol., fig.)* **Cyclopean.**
ciclostilare *v. t.* to **cyclostyle;** to **mimeograph.**
ciclostile *m. (mecc.)* **cyclostyle; duplicator; Mimeograph** *(marchio).*
ciclotrόne *m. (fis.)* **cyclotron.**
cicloturismo *m.* **tourist cycling.**
cicloturista *m. e f.* **tourist cyclist.**
cicόgna *f.* **1** *(zool.,* Ciconia*)* **stork** **2** *(aeron.)* **grasshopper** **3** *(autom.)* **haulaway.**
cicòria *f. (bot.,* Cichorium intybus*)* **chicory; succory.**
cicuta *f. (bot.,* Conium maculatum; il veleno*)* **hemlock.**
ciecaménte *avv.* **blindly; rashly.**
cièco **A** *a.* **1** **blind** (anche *fig.*): *c. da un occhio*, blind in one eye **2** (buio, impenetrabile) **dark; gloomy; blind** **B** *m.* **1** **blind man*** **2** *(al pl., collett.)* **(the) blind** ● *c. come una talpa*, as blind as a bat (o as a mole) □ *andare alla cieca*, to grope one's way □ *diventare c.*, to go (o to become) blind □ *fare q.c. alla cieca*, to do st. rashly □ *(anat.) intestino c.*, caecum.
cièlo *m.* **1** **sky; heaven(s)** *(lett.)*: *un c. stellato*, a starry sky □ *un c. da temporale*, a stormy sky **2** (paradiso) **heaven(s)**; (Dio) **Heaven**: *Per amor del c.!*, for heaven's sake! □ *Grazie al c.!*, thank heavens! **3** (sfera celeste) **heaven**: *(fig.) essere al settimo c.*, to be in the seventh heaven **4** (clima) **climate** **5** (soffitto) **ceiling;** (volta) **vault** ● *dormire a c. aperto*, to sleep in the open air □ *muovere c. e terra*, to move heaven and earth □ *non stare né in c. né in terra*, to have neither rhyme nor reason; not to make sense □ *portare q. al settimo c.*, to praise sb. to the skies □ *Se il C. lo vorrà*, God willing.
cifra *f.* **1** **figure; digit; numeral**: *un numero di quattro cifre*, a four-digit number □ *cifre arabe*, Arabic numerals **2** (somma di denaro) **figure; sum** **3** (monogramma) **initials** *(pl.)*; **monogram** **4** (linguaggio convenzionale) **cipher, cypher; code**: *scrivere in c.*, to write in cipher.
cifrare *v. t.* **1** to **mark** (st.) **with initials** (o **with a monogram);** to **embroider** (sb.'s) **monogram on** (st.) **2** (scrivere in cifra) to **code;** to **cipher.**
cifràrio *m.* **code.**
cifrato *a.* **1** **with a monogram** **2** **in cipher**: *un messaggio c.*, a message in cipher.
ciglio *m.* **1** *(al pl.)* **eyelashes**: *avere ciglia lunghissime*, to have very long eyelashes **2** (sopracciglio) **eyebrow; brow** **3** *(poet.:* sguardo*)* **eyes** *(pl.)* **4** (orlo; *pl.* « *cigli* ») **brow; edge; brink; rim** **5** *(al pl., biol.)* **cilia** ● *in un batter di c.*, in the twinkling of an eye □ *senza batter c.*, without flinching.
cigliόne *m.* **1** **embankment** **2** (bordo) **edge; border; brink.**
cigno *m. (zool.,* Cygnus*)* **swan** (anche *fig.*): *canto del c.*, swan-song ● *(zool.) c. giovane*, cygnet.
cigolare *v. i.* **1** to **squeak;** to **creak** **2** (sibilare) to **hiss.**
cigolio *m.* **1** **squeaking; creaking** **2** (sibilo) **hissing.**
cilécca *f.* — *far c.*, (di arma da fuoco) not to go off, to misfire; *(fig.)* not to succeed, to fail.
cilèno *a. e m.* **Chilean.**
cilestrino *a.* **(very) pale blue.**
cilìcio *m.* **1** *(relig.)* **cilice; hair shirt** **2** *(fig.)* **agony.**
ciliegéto *m.* **cherry orchard.**
ciliègia *f.* **cherry**: *rosso c.*, cherry red; cerise □ *un nocciolo di c.*, cherry-stone.
cilìègio *m.* **1** *(bot.,* Prunus avium*)* **cherry(-tree)** **2** (legno) **cherry(-wood).**
cilindrare *v. t.* **1** (carta, stoffa) to **calender** **2** (una strada) to **roll.**
cilindrata *f. (mecc., autom.)* **displacement; swept volume** ● *(autom.) auto di grossa (di piccola) c.*, high-powered (low-powered) car.
cilìndrico *a. (geom.)* **cylindrical.**
cilindro *m.* **1** *(geom., autom., tipogr.)* **cylinder** **2** (per cilindrare carta o stoffa) **calender** **3** (rullo) **roll; roller** **4** (cappello) **top hat.**
cima *f.* **1** **top;** (cresta, ciglio di monte) **crest, brow;** (vetta) **summit, peak** **2** *(naut.)* **line; rope; cable** ● *da c. a fondo*, from top to toe; thoroughly; (di libro) from cover to cover □ *(fig.) non essere una c.*, to be no genius.
cimare *v. t.* **1** to **crop;** to **trim** **2** (un albero) to **poll;** to **lop** **3** *(ind. tessile)* to **shear*;** to **clip.**
cimasa *f. (archit.)* **cyma*; cymatium*.**
cimatura *f. (ind. tessile)* **1** **clipping; shearing** **2** (il pelo tagliato) **sheared nap; clippings** *(pl.).*
cìmbalo *m. (mus.)* **cymbal.**
cimèlio *m.* **1** **relic** **2** **curio*; antique** **3** (trofeo) **trophy.**
cimentare **A** *v. t.* **1** (mettere alla prova) to **put*** (sb.) **to the test** **2** (provocare) to **goad** **3** (rischiare) to **risk** **4** *(oreficeria)* to **assay;** to **test** **B** **cimentarsi** *v. rifl.* **1** (mettersi alla prova) to **put* oneself to the test;** to **test oneself** **2** (tentare) to **make* an** (o **the) attempt;** to **try** ● *c. con q.*, to compete with sb. □ *c. in q.c.*, to venture upon st.
ciménto *m.* **1** (prova) **test** **2** (rischio) **risk; danger** ● *mettere a c.*, (rischiare) to risk; (provare) to put to the test.
cìmice *f.* **1** *(zool.,* Cimex*)* **bug** **2** (puntina da disegno) **drawing-pin** ● *(zool.) c. dei letti* (Cimex lectularius), bedbug.
cimiciaio *m.* **1** **bug-infested place** **2** *(fig.)* **pigsty.**
cimicioso *a.* **buggy; bug-ridden; bug-infested.**
cimièro *m.* **1** **crest** **2** *(lett.:* elmo*)* **helmet** **3** *(araldica)* **crest.**
ciminièra *f.* **1** **smoke-stack** **2** (di nave) **funnel.**
cimitèro *m.* **1** **graveyard;** (annesso a una chiesa) **churchyard;** (non annesso a una chiesa) **cemetery** **2** *(fig.)* **graveyard; morgue.**
cimόsa *f.* **1** (vivagno) **selvage, selvedge** **2** (cancellino) **blackboard duster** (o **eraser).**
cimurro *m.* **1** *(vet.:* di cani*)* **distemper;** (di cavalli) **glanders** *(pl.)* **2** *(scherz.:* forte raffreddore*)* **bad cold.**
cinabro *m.* **1** *(miner.)* **cinnabar** **2** (color rosso vermiglio) **vermilion.**
cìncia *f. (zool.,* Parus*)* **titmouse*.**
cinciallégra *f. (zool.,* Parus major*)* **(great) titmouse*.**
cincilla *m.* o *f. (zool.,* Chinchilla laniger*)* **chinchilla.**
cincin *inter.* **cheers!; here's to you!**
cincischiare **A** *v. t.* **1** (tagliuzzare) to **cut* into**

shreds; to shred **2** (sgualcire) to **crease**; to **crush** **3** (le parole) to **mumble**; to **mutter** **B** *v. i.* to **fiddle (about)**; to **dawdle**; to **potter about** **C** **cincischiarsi** *v. rifl.* to **get*** **creased (o crumpled).**
cincischióne *m.* **potterer; dawdler.**
cineamatóre *m.* **film amateur.**
cineasta *m.* e *f.* **film expert.**
cinecàmera *f.* *(cinem.)* **motion-picture camera; cinecamera.**
cineclub *m.* **cineclub.**
cinegiornale *m.* **newsreel.**
cinema *(abbr.)* *V.* **cinematògrafo.**
cinemascope *m.* *(marchio)* **Cinemascope.**
cinematica *f.* *(fis.)* **kinematics** *(pl. col verbo al sing.).*
cinematografare *v. t.* to **film.**
cinematografaro *m.* *(spreg.)* **second-rate film producer.**
cinematografia *f.* **cinematography; cinema.**
cinematogràfico *a.* **film, cinema** *(attr.);* **cinematographic.**
cinematògrafo *m.* **1** (teatro, sala) **cinema; picture house** **2** *(arte)* **cinema; pictures** *(pl.);* **movies** *(pl., fam. USA)* **3** *(ind.)* **motion-picture industry** ● *stella del c.,* film star.
cineparco *m.* **drive-in cinema.**
cinepresa *f.* **cinecamera.**
cinerama *m.* *(marchio: cinem.)* **Cinerama.**
cineraria *f.* *(bot.,* Senecio cruentus) **cineraria.**
cineràrio *a.* **cinerary**: *un'urna cineraria,* a cinerary urn.
cinèreo *a.* **ashen; ashy; ash-coloured; ashen-grey; cinereous.**
cineromanzo *m.* **photo-strip story.**
cinése **A** *a.* **Chinese** **B** *m.* **1** **Chinaman*; Chinese**: *i cinesi,* the Chinese **2** (la lingua) **Chinese** **C** *f.* **Chinese woman*.**
cineserìa *f.* **chinoiserie** *(franc.).*
cinetèca *f.* **film library.**
cinètica *f.* *(fis.)* **kinetics** *(pl. col verbo al sing.).*
cinètico *a.* *(fis.)* **kinetic**: *energia cinetica,* kinetic energy.
cingalése *a., m.* e *f.* **Cingalese*; Sinhalese*.**
cingere *v. t.* **1** to **gird on**; to **wreathe**: *c. la fronte di q. di alloro,* to wreathe (o to crown) sb.'s brow with laurel **2** (circondare) to **encircle**; to **surround**; to **encompass**; to **enclose.**
cinghia *f.* **1** **strap;** (di cuoio) **thong;** (per affilare rasoi) **strop** **2** (cintura) **belt** **3** *(mecc.)* **belt** ● *c. del fucile,* sling □ *c. della sella,* girth □ *(fig.) tirare la c.,* to pull in one's belt.
cinghiale *m.* *(zool.,* Sus scropha) **wild boar** ● *pelle di c.,* pigskin.
cinghiata *f.* **blow with a strap.**
cingolato *a.* **tracked**: *un veicolo c.,* a tracked vehicle.
cìngolo *m.* **1** *(mecc.)* **track** **2** *(relig.)* **cingulum*; girdle.**
cinguettare *v. i.* **1** to **chirrup**; to **twitter** **2** (di bambini) to **prattle.**
cinguettio *m.* **1** **chirruping; twittering** **2** (chiacchierio) **prattling.**
cìnico **A** *a.* **cynical** **B** *m.* **1** **cynic** **2** *(stor., filos.)* **Cynic.**
cinìglia *f.* **chenille.**
cinismo *m.* **cynicism.**
cinnamòmo *m.* *(bot.,* Cinnamomum) **cinnamon.**
cinòdromo *m.* *(sport)* **greyhound track.**
cinòfilo **A** *m.* **cynophilist; dog fancier** **B** *a.* **dog-loving.**
cinquanta *a. num. card.* e *m.* **fifty** ● *negli anni c.,* in the fifties.
cinquantamila *a. num. card.* e *m.* **fifty thousand.**
cinquantenàrio **A** *a.* **fifty years old** *(pred.);* **fifty-year-old** *(attr.)* **B** *m.* **fiftieth anniversary.**
cinquantènne **A** *a.* **fifty years old** *(pred.);* **fifty-year-old** *(attr.)* **B** *m.* e *f.* **man*** (o **woman***) **of fifty.**
cinquantènnio *m.* **(period of) fifty years.**
cinquantèsimo *a. num. ord.* e *m.* **fiftieth.**
cinquantina *f.* **about fifty; fifty or so**: *essere sulla c.,* to be about fifty; to be in one's fifties.
cìnque *a. num. card.* e *m.* **five.**
cinquecentésco *a.* **sixteenth-century** *(attr.); (in Italia)* **of the « cinquecento »**; *(in G.B.,* talora) **Elizabethan.**
cinquecentista *m.* e *f.* **1** **sixteenth-century writer (artist,** etc.) **2** (dell'arte o della letter. ital.) **cinquecentist.**
cinquecènto **A** *a. num. card.* **five hundred** **B** *m.* **1** **five hundred** **2** (il secolo) **(the) sixteenth century;** (per l'arte italiana, anche) **« cinquecento ».**
cinquemila *a. num. card.* e *m.* **five thousand.**
cinquina *f.* **1** **set of five** **2** (gioco del lotto e della tombola) **row of five winning numbers** **3** *(mil., teatr.)* **five days' pay.**
cinta *f.* **1** (di città) **city walls** *(pl.)* **2** (recinto) **fence** **3** *(naut.)* **gunwale** ● *c. daziaria,* customs barrier □ *muro di c.,* boundary wall.
cinto *m.* **girdle; belt** ● *(med.) c. erniario,* truss.
cìntola *f.* **1** **waist**: *dalla c. in giù,* below the waist **2** *V.* **cintura.**
cintura *f.* **belt; waist-band;** (di tessuto) **sash; girdle** *(lett.): una c. di cuoio,* a leather belt ● *(naut.) c. di salvataggio,* safety belt; life belt □ *(aeron., autom.) c. di sicurezza,* safety belt; seat belt □ *(sport) c. nera,* black belt.
cinturino *m.* **strap.**
cinturóne *m.* *(mil.)* **belt.**
ciò *pron. dimostrativo* **this; that; it** ● *ciò che,* what □ *ciò non di meno (ciò nonostante),* in spite of this (o of that) □ *E con ciò?,* so what?
ciòcca *f.* **1** (di capelli) **lock** **2** (di fiori o frutta) **bunch; cluster** ● *c. di capelli sulla fronte,* forelock.
ciòcco *m.* **1** **log; block (of wood)** **2** *(fig.)* **dolt; blockhead** ● *stare lì come un c.,* to stand there like a fool.
cioccolata **A** *f.* **1** **chocolate**: *c. con panna,* chocolate and whipped cream **2** (cioccolato) **chocolate**: *c. al latte,* milk chocolate **B** *a.* **chocolate** *(attr.): color c.,* chocolate-coloured.
cioccolatièra *f.* (bricco) **chocolate pot.**
cioccolatino *m.* **chocolate.**
cioccolato *m.* **chocolate**: *c. fondente,* plain chocolate.
cioè *avv.* **1** **that is (to say);** (davanti a un elenco) **i.e.** (id est); **I refer to; namely** **2** (davanti a una rettifica) **at least.**
cioncare *v. t.* e *i.* to **swill**; to **guzzle.**
ciondolare **A** *v. i.* **1** to **be suspended**; to **hang*** (from); to **dangle** **2** (oscillare) to **swing* (to and fro,** o **backwards and forwards)** **3** *(fig.)* to **dawdle**; to **hang* about** **B** *v. t.* to **loll**; to **swing***: *c. il capo,* to loll one's head.
ciòndolo *m.* **pendant.**
ciondolóne, ciondolóni *avv.* **1** **hanging; dangling** **2** *(fig.)* **hanging about; dawdling (about); idling.**
ciononostante *avv.* **in spite of this (o of that).**
ciòtola *f.* **1** **bowl** **2** (il contenuto) **bowlful; bowl.**
ciottolare *v. t.* to **pave with cobblestones**; to **cobble.**
ciottolato *m.* **cobblestone paving; cobblestones** *(pl.).*
ciòttolo *m.* **1** **pebble** **2** (per fondo stradale) **cobblestone.**
ciottolóso *a.* **pebbly; stony.**
(1) cip *m.* *(poker)* **chip.**
(2) cip *inter.* **chirp!**
cipiglio *m.* **1** **frown; scowl** **2** (aspetto corrucciato) **scowling countenance** ● *guardare q. con c.,* to frown (o to scowl) at sb.
cipólla *f.* **1** *(bot.,* Allium cepa) **onion** **2** *(pop.:* bulbo) **bulb** **3** (di annaffiatoio) **rose** (of watering-can) **4** *(scherz.:* orologio da taschino) **turnip** *(pop.).*
cipollàio *m.* **1** (campo) **onion field** **2** (venditore) **onion seller.**
cippo *m.* **1** *(archeol.)* **cippus*** **2** (di confine) **boundary stone.**
cipressàia *f.* **cipresséto** *m.* **cypress grove (o wood).**

ciprèsso m. (*bot.*, Cupressus sempervirens) cypress.
cìpria f. powder ● *darsi la c.*, to powder oneself.
cipriòta a., m. e f. Cypriot; Cyprian.
circa **A** avv. or so; or thereabouts; (anteposto al termine di cui si vuole indicare l'approssimazione) about, roughly, approximately, around: *tre giorni c.*, about three days (o three days or so) **B** prep. (riguardo a) with regard to; concerning; about; on.
circènse a. (*stor. romana*) circus (*attr.*); circensian.
circo m. **1** (equestre) circus **2** (*archeol.*) circus **3** (*geol.*) cirque; corrie.
circolante a. circulating ● *biblioteca c.*, lending library.
(1) circolare **A** a. circular; round **B** f. **1** circular (letter) **2** (linea di tram o autobus) circle (line).
(2) circolare v. i. **1** to move on; to keep* moving; to move; to circulate **2** (del sangue, di aria) to circulate **3** (del denaro) to circulate; to be current **4** (di notizie) to spread*; to pass from mouth to mouth **5** (di veicoli) to run* **6** (passare di mano in mano) to pass from hand to hand; to circulate.
circolatòrio a. (*scient.*) circulatory.
circolazióne f. **1** circulation: *la c. del sangue*, the circulation of the blood **2** (*econ.*) circulation: *mettere in c.*, to put into circulation **3** (del traffico) traffic; flow ● *c. monetaria*, currency □ *c. vietata*, no thoroughfare.
cìrcolo m. **1** circle (anche *geom.*); ring; round **2** (associazione) club **3** (ambiente, gruppo di persone) circle; group **4** (circolazione) circulation.
circoncìdere v. t. to circumcise.
circoncişióne f. circumcision.
circondare **A** v. t. to surround (anche *fig.*); to encircle **B** **circondarsi** v. rifl. to surround oneself; to gather round oneself.
circondàrio m. **1** district **2** (territorio circostante) neighbourhood; surroundings (*pl.*).
circonferènza f. **1** (*geom.*) circumference **2** (di persona, di albero) girth.
circonflessióne f. circumflexion.
circonflèsso a. circumflex: *l'accento c.*, the circumflex (accent).
circonfuşo a. surrounded; bathed: *c. di luce*, bathed in light.
circonlocuzióne f. circumlocution.
circonvallazióne f. **1** ring road **2** (*mil.*) circumvallation.
circonvenire v. t. to circumvent; to dupe; to diddle.
circonvenzióne f. circumvention; duping.
circonvicino a. surrounding; neighbouring.
circonvoluzióne f. **1** (*anat.*) convolution **2** circumvolution.
circoscritto a. **1** (*geom.*) circumscribed **2** (*fig.*) circumscribed; limited; restricted.
circoscrìvere v. t. **1** (*geom.*) to circumscribe **2** (*fig.*) to circumscribe; to restrain; to limit.
circoscrizióne f. district; area; territory ● *c. elettorale*, constituency.
circospètto a. circumspect; cautious; wary.
circospezióne f. circumspection; caution.
circostante a. surrounding; encompassing; neighbouring.
circostanti m. pl. those nearby; those present.
circostanza f. **1** circumstance: *in queste (o quelle) circostanze*, in (o under) the circumstances **2** (condizione temporanea) occasion; circumstances (*pl.*): *in una c. drammatica*, in dramatic circumstances.
circostanziare v. t. (*leg.*, *bur.*) to circumstantiate; to describe circumstantially.
circostanziato a. detailed; circumstantial.
circuire v. t. **1** to get* round (sb.) **2** (*fig.*) to deceive; to circumvent.
circùito m. **1** (*fis.*) circuit: *interrompere il c.*, to break the circuit **2** (*sport*) circular track **3** (di teatri, cinema) circuit **4** (cinta) circuit; circumference ● (*tel.*) *c. interurbano*, trunk system.
circuizióne f. **1** encircling **2** (*fig.*) circumvention; entrapment.
circumnavigare v. t. to circumnavigate.
circumnavigazióne f. circumnavigation.
cirenèo **A** a. of Cyrene **B** m. **1** inhabitant of Cyrene **2** (*fig.*) scapegoat.
cirìllico a. Cyrillic: *alfabeto c.*, Cyrillic alphabet.
cirro m. **1** (*meteorologia*) cirrus*; fleecy cloud **2** (*bot.*) cirrus*; tendril **3** (*zool.*) cirrus*; (di certi pesci) barbel **4** (*lett.*: ricciolo) curl.
cirrocùmulo m. (*meteorologia*) cirro-cumulus*.
cirròşi f. (*med.*) cirrhosis.
cişalpino a. cisalpine.
cişmontano a. cismontane.
cispa f. (*med.*) eye-rheum.
cispadano a. (*geogr.*) cispadane.
cispóso a. bleary; rheumy.
cistercènse a. (*relig.*) Cistercian.
cistèrna f. reservoir; cistern; tank ● *auto c.*, tanker.
cisti f. (*biol.*, *med.*) cyst.
cistifèllea f. (*anat.*) gall-bladder.
cistite f. (*med.*) cystitis.
citare v. t. **1** to quote: *Citai Leopardi*, I quoted Leopardi **2** (addurre come esempio o prova) to cite; to instance **3** (*leg.*) to summon(s); to subpoena **4** (*leg.*: chiamare in giudizio) to sue.
citazióne f. **1** quotation **2** (*leg.*) summons; subpoena.
citerióre a. (nei toponomi antichi) hither.
citofonare v. i. **1** to speak* (to sb.) by intercom **2** to call (sb.) on the house-phone.
citòfono m. **1** (di uffici, sugli aerei) intercom; interphone **2** (di residenza privata) house-phone.
citologìa f. (*biol.*) cytology.
citòlogo m. (*scient.*) cytologist.
citoplaşma m. (*biol.*) cytoplasm.
citrato m. (*chim.*) citrate.
cìtrico a. (*chim.*) citric: *acido c.*, citric acid.
citrullàggine f. **1** foolishness; silliness **2** (azione da citrullo) foolish (o silly) action.
citrullo **A** a. foolish; silly **B** m. fool; ninny; simpleton; silly billy.
città f. **1** city; town: *la c. capitale*, the capital city □ *una c. marittima*, a sea town □ *una c. giardino*, a garden city **2** (contrapposto a «campagna») town: *Il dottore non è in c. (è fuori di c.)*, the doctor is not in town (is out of town) **3** (la popolazione) town: *tutta la c.*, the whole town ● *la c. alta e la c. bassa*, the lower town and the upper town □ *c. capoluogo di contea*, county town □ *c. degli studi*, university centre □ *gente di c.*, townspeople □ *vita di c.*, town life.
cittadèlla f. citadel; stronghold (anche *fig.*).
cittadina f. small town; country town.
cittadinanza f. **1** (popolazione d'una città) inhabitants of a city (*pl.*); citizens (*pl.*); townspeople, townsfolk (*pl.*) **2** (condizione di cittadino) citizenship; nationality: *diritto di c.*, right of citizenship ● *c. onoraria*, freedom of the city □ *acquistare la c. britannica*, to become a British subject.
cittadino **A** a. **1** town, city (*attr.*): *il centro c.*, the city centre; the civic centre **2** (cittadinesco) townish; cityfied **B** m. **1** (che ha la cittadinanza di uno Stato) citizen **2** (chi vive in città) town-dweller; (contrapposto a «campagnolo») townsman* **3** (di un «borough») burgess ● *c. britannico*, British subject □ *c. onorario di una città*, freeman of a city.
ciucca f. — (*pop.*) *prendere la c.*, to get drunk.
ciucciare v. t. e i. (*fam.*) to suck.
ciùccio m. (succhiotto) dummy; comforter.
ciuco m. **1** (*fam.*: *zool.*, Equus asinus) ass; donkey **2** (*fig.*) dunce.
ciuffo m. **1** tuft: *un c. d'erba (di penne)*, a tuft of grass (feathers) **2** (di capelli) forelock; (ritto e un po' ispido) tuft of hair, wisp of hair.
ciuffolòtto m. (*zool.*, Pyrrhula pyrrhula) bullfinch.
ciurlare v. i. — (*fig.*, *fam.*) *c. nel manico*, to play fast and loose.
ciurma f. **1** (*naut.*) crew **2** (*spreg.*) riff-raff; rabble; mob **3** (*stor.*: di galera) galley slaves (*pl.*).
ciurmàglia f. riff-raff; rabble; scum; mob.
ciurmare v. t. to humbug; to swindle; to take*

in.

civétta *f.* **1** (*zool.*, Carine noctua) **owl** **2** (*fig.*) **coquette; flirt** **3** (di giornali) **headline board** ● *auto c.*, squad car □ *fare la c.*, to coquette; to flirt □ (*mil.*) *nave c.*, decoy ship.

civettare *v. i.* to **coquette;** to **flirt.**

civetterìa *f.* **1** **coquetry; coquettishness** **2** (arti, mene) **wiles** (*pl.*) ● *con c.*, coquettishly; coyly.

civettuòlo *a.* **1** **coquettish** **2** (aggraziato) **pretty; perky; spruce.**

cìvico *a.* **civic; municipal; town** (*attr.*) ● *educazione civica*, civics (*pl. col verbo al sing.*) □ *senso c.*, public spirit.

civile **A** *a.* **1** **civil**: *diritti civili*, civil rights □ *guerra c.*, civil war **2** (contrapposto a « militare ») **civilian** **3** (contrapposto a « barbaro ») **civilized** **4** (cortese) **civil; polite; urbane** **5** (decoroso) **respectable; decent** **B** *m.* **civilian.**

civilista *m.* e *f.* (*leg.*) **1** **civil lawyer** **2** **civil law expert.**

civilizẓare *v. t.* to **civilize.**

civilizẓatóre *a.* **civilizing.**

civilizẓazióne *f.* **civilization.**

civilménte *avv.* **1** **civilly** **2** (educatamente) **civilly; politely** ● *sposarsi c.*, to get married at a registry office.

civiltà *f.* **1** **civilization** **2** (gentilezza) **civility; courtesy.**

civiṣmo *m.* **public spirit; civic virtue.**

clacchista *m.* e *f.* **member of a claque; claqueur.**

clàcson *m.* **hooter; motor-horn.**

clamóre *m.* **clamour; din; noise;** (di indignazione) **outcry.**

clamoróso *a.* **1** **clamorous; loud** **2** (*fig.*) **resounding; causing a great stir.**

clan *m.* **1** (tribù) **clan** **2** (*fig.*) **clique; clan; set.**

clandestino **A** *a.* **clandestine; covert; underground** ● *lotto c.*, unlicensed lottery □ (*naut.*) *passeggero c.*, stowaway **B** *m.* (*naut.*, *aeron.*) **stowaway.**

clangóre *m.* (*lett.*) **clangour; clang.**

claque (*franc.*) *f.* **claque.**

clarinettista *m.* e *f.* (*mus.*) **clarinet-player; clarinettist.**

clarinétto *m.* (*mus.*) **clarinet.**

clarino *m.* (*mus.*) **clarino*.**

clarissa *f.* (*relig.*) **(Poor) Clare.**

classe *f.* **1** **class**: *la c. dirigente*, the ruling class □ *la c. operaia*, the working class(es) □ *odio di c.*, class hatred **2** (*zool.*, *bot.*, *miner.*) **class** **3** (sui mezzi di trasporto) **class;** (dei panfili, ecc.) **rating**: *viaggiare in prima c.*, to travel first class □ (*naut.*, *aeron.*) *c. turistica*, tourist class **4** (l'insieme degli scolari) **class;** (corso) **form;** (aula) **schoolroom** **5** (*mil.*: leva) **class** (poco usato); **year; contingent**: *reclute della stessa c.*, recruits of the same year ● *di c.*, elegant; luxurious; first-class; exclusive □ *fuori c.*, in a class apart; of superlative quality.

classicìṣmo *m.* **classicism.**

classicista *m.* e *f.* **classicist.**

classicità *f.* **classicality.**

clàssico **A** *a.* **classic(al)** **B** *m.* **classic**: *i classici*, the classics.

classìfica *f.* **1** **classification** **2** (*sport*) **results** (*pl.*) **3** (posto in classifica) **position** ● (*sport*) *essere terzo in c.*, to be placed third.

classificàbile *a.* **classifiable** ● *non facilmente c.*, not easily classified.

classificare **A** *v. t.* **1** to **classify** **2** (assegnare a un gruppo) to **class** **3** (un compito) to **mark;** (uno studente) to **grade** **4** (*naut.*) to **rate** **B** **classificarsi** *v. rifl.* to **be classed;** (*sport*) to **be placed.**

classificatóre *m.* **1** **classifier** **2** (contenitore) **classified file.**

classificazióne *f.* **1** **classification; classing** **2** (graduatoria) **grading** **3** (voto scolastico) **mark.**

classiṣmo *m.* **class-consciousness.**

classista **A** *a.* **class** (*attr.*): *lotta c.*, class conflict **B** *m.* e *f.* **class-conscious person.**

claudicante *a.* **lame; limping; hobbling.**

claudicare *v. i.* to **limp;** to **hobble.**

clàuṣola *f.* (*leg.*, *comm.*) **clause**: *una c. penale*, a penal clause.

claustrale *a.* **claustral; cloistered.**

claustrofobìa *f.* (*psic.*) **claustrophobia.**

clauṣura *f.* (*relig.*) **1** **seclusion** **2** (convento) **cloister.**

clava *f.* **1** (mazza) **club; cudgel; bludgeon** **2** (da ginnastica) **(Indian) club** **3** (di poliziotto) **truncheon; baton.**

clavicémbalo *m.* (*mus.*) **harpsichord.**

clavìcola *f.* (*anat.*) **clavicle; collar-bone.**

clavicòrd(i)o *m.* (*mus.*) **clavichord.**

clàxon *V.* **clàcson.**

clemàtide *f.* (*bot.*, Clematis) **clematis.**

clemènte *a.* **mild** (anche *fig.*); **clement; merciful.**

clemènza *f.* **mildness** (anche *fig.*); **clemency; mercifulness.**

cleptòmane *m.* e *f.* (*psic.*) **kleptomaniac.**

cleptomanìa *f.* (*psic.*) **kleptomania.**

clergyman (*ingl.*) *m.* **(Catholic) priest's black suit.**

clericale *a.*, *m.* e *f.* (*polit.*) **clerical.**

clericaliṣmo *m.* (*polit.*) **clericalism.**

clèro *m.* (*relig.*) **clergy;** (cattolico, anche) **priesthood.**

clessidra *f.* (a sabbia) **sandglass;** (ad acqua) **water--clock, clepsydra*.**

cliché (*franc.*) *m.* **1** (*tipogr.*) **cliché; block** **2** (*fig.*) **cliché.**

cliènte *m.* e *f.* **1** (d'avvocato o altro professionista) **client** **2** (di medico) **patient** **3** (di negozio, ecc.) **customer** **4** (d'albergo) **guest** **5** (*spreg.*) **hanger-on.**

clientèla *f.* **1** (l'insieme dei clienti) **clientele; connection** **2** (di professionista) **clients** (*pl.*) **3** (di medico) **patients** (*pl.*); **practice** **4** (di negozio, ecc.) **customers** (*pl.*) **5** (di teatro, ecc.) **patrons** (*pl.*) **6** (*fig.*: parassiti) **hangers-on** (*pl.*).

clienteliṣmo *m.* (*spreg.*) **patronage system; favouritism.**

clima *m.* **1** **climate** **2** (*fig.*) **atmosphere; climate.**

climatèrico *a.* **1** (*med.*) **climacteric** **2** (*fig.*) **critical; unpropitious.**

climatèrio *m.* (*med.*) **climacteric.**

climàtico *a.* **climatic** ● *stazione climatica*, health resort.

climatizẓare *v. t.* to **air-condition.**

clinica *f.* **1** (insegnamento) **clinic** **2** (reparto ospedaliero dove s'impartisce un insegnamento universitario) **hospital department; clinic** **3** (casa di cura) **nursing home.**

clinico **A** *a.* (*med.*) **clinical** ● *occhio c.*, ability to make a swift and perspicacious diagnosis; (*fig.*) penetrating eye **B** *m.* (*med.*) **clinician.**

clip *m. invar.* **1** (fermaglio) **paper-clip; clip** **2** (orecchino) **clip earring.**

clistère *m.* (*med.*) **enema*; clyster.**

clitòride *f.* o *m.* (*anat.*) **clitoris.**

clivàggio *m.* (*geol.*) **cleavage.**

clivo *m.* (*lett.*) **hillock.**

cloaca *f.* **1** **sewer; cloaca*** **2** (*zool.*) **cloaca*** **3** (*fig.*) **sink of iniquity.**

cloche (*franc.*) *f.* **1** (*aeron.*) **control-stick** **2** (*moda*) **cloche** ● (*autom.*) *cambio a c.*, floor change gear.

cloridrico *a.* (*chim.*) **hydrochloric**: *acido c.*, hydrochloric acid.

clòro *m.* (*chim.*) **chlorine.**

clorofilla *f.* (*bot.*) **chlorophyll.**

clorofòrmio *m.* (*chim.*) **chloroform.**

cloroformizẓare *v. t.* to **chloroform.**

cloròṣi *f.* **1** (*med.*) **chlorosis; greensickness** (*pop.*) **2** (*bot.*) **chlorosis.**

cloruro *m.* (*chim.*) **chloride.**

clou (*franc.*) *m.* **clou; chief attraction; highlight; high spot** (*fam.*).

coabitare *v. i.* to **cohabit;** to **live together.**

coabitazióne *f.* **cohabitation.**

coadiutóre *m.* **coadjutor** (anche *relig.*); **assistant.**

coadiuvare *v. t.* to **co-operate with** (sb.); to **be** (sb.'s) **coadjutor.**

coagulante **A** *a.* **coagulative** **B** *m.* **coagulant.**
coagulare **A** *v. t.* to **coagulate** **B** **coagularsi** *v. rifl.* **1** to **coagulate** **2** (del latte) to **curdle.**
coagulazióne *f.* **coagulation.**
coàgulo *m.* **1** **coagulum*; clot** **2** (caglio) **curd** *(spesso al pl.).*
coalescènza *f. (fis.)* **coalescence.**
coalizióne *f.* **coalition; alliance.**
coalizzarsi *v. rifl.* to **form a coalition;** to **form an alliance.**
coartare *v. t.* to **coerce;** to **force.**
coattivo *a.* **coercive**: *mezzi coattivi,* coercive measures.
coatto *a.* **compulsory; forced.**
coautóre *m.* **coauthor.**
coazióne *f. (leg.)* **coercion; compulsion.**
cobalto *m.* **1** *(chim.)* **cobalt** **2** (colore) **cobalt blue.**
cobelligerante *a.* e *m.* **cobelligerent.**
cobelligeranza *f.* **cobelligerency.**
còbra *m.* (*zool.,* Naja) **cobra.**
còca *f.* (*bot.,* Erythroxylon coca) **coca.**
còca-còla *f. invar. (marchio)* **Coca-Cola; Coke** *(fam.)*:
cocaina *f.* **cocaine; snow** *(pop.).*
cocainismo *m. (med.)* **cocainism.**
cocainòmane *m.* **cocaine addict.**
(1) còcca *f.* **1** (angolo di fazzoletto, ecc.) **corner** **2** (di freccia) **notch.**
(2) còcca *f. (vezzegg.)* **darling; honey.**
coccarda *f.* **cockade; rosette.**
cocchière *m.* **1** **coachman*** **2** (vetturino) **cabman*; cabby** *(fam.).*
còcchio *m.* **1** **coach; carriage** **2** *(stor. romana)* **chariot.**
cocchiume *m.* **1** **bunghole** **2** (turacciolo) **bung.**
còccige *m. (anat.)* **coccyx*.**
coccinèlla *f.* (*zool.,* Coccinella) **ladybird.**
cocciniglia *f.* **1** *(zool.)* **cochineal insect** **2** (il colore) **cochineal.**
còccio *m.* **1** **crock; earthen pot** **2** (terracotta) **earthenware** **3** (*al pl., pop.:* stoviglie) **crockery** *(sing.)* **4** (*al pl.:* pezzi rotti) **fragments; bits and pieces** **5** (*fig.:* persona malaticcia) **crock** *(pop.).*
cocciutàggine *f. (fam.)* **obstinacy; pig-headedness.**
cocciuto *a. (fam.)* **obstinate; pig-headed.**
(1) còcco *m.* **1** (*bot.,* Cocos nucifera) **coco; coconut-palm** **2** (il frutto) **coconut**: *latte di c.,* coconut milk.
(2) còcco *m.* (*fam.:* uovo) **egg.**
(3) còcco *m. (fam., vezzegg.)* **darling; ducky; apple of** (sb.'s) **eye.**
(4) còcco *m. (biol.)* **coccus*.**
coccodè *inter.* e *m.* **cackle** ● *far c.,* to cackle.
coccodrillo *m.* (*zool.,* Crocodilus) **crocodile.**
còccola *f. (bot.)* **berry.**
coccolare **A** *v. t.* to **cuddle;** to **pet** **B** **coccolarsi** *v. rifl.* to **nestle.**
còccolo *m. (fam., vezzegg.)* **pet; little darling.**
coccolóni *avv.* **squatting; crouching.**
cocènte *a.* (anche *fig.*) **burning; scorching; scalding.**
cocker *(ingl.) m. (zool.)* **cocker (spaniel).**
cocktail *(ingl.) m.* **1** (miscela di bevande) **cocktail** **2** (trattenimento) **cocktail party.**
còclea *f. (anat.)* **cochlea*.**
cocomeràio *m.* **watermelon vendor.**
cocómero *m.* (*bot.,* Citrullus vulgaris) **watermelon.**
cocorita *f. (zool., fam.)* **lovebird.**
cocuzza *f. (dial.)* **1** (zucca) **pumpkin** **2** (*scherz.:* testa) **pate** *(fam.).*
cocùzzolo *m.* **1** **top** **2** (della testa, d'un cappello) **crown.**
códa *f.* **1** **tail** (anche *fig.*); (di volpe) **brush**: *Il mio cane ha la c. lunga,* my dog has a long tail **2** (fila) **queue**: *fare la c.,* to stand in a queue; to queue (up) **3** (strascico) **train**: *reggere la c.,* to be a train-bearer **4** (di discorso, scritto, ecc.) **tail-end; end; conclusion** **5** (di colonna in marcia, ecc.) **tail; tail-end; rear**: *essere in c.,* to bring up the rear **6** *(mus.)* **coda** **7** (*bot.:* d'aglio, porro, cipolla) **leaves** *(pl.)* **8** (*fig.:* persona retrograda) **reactionary; die-hard** **9** (treccia di capelli) **pigtail** **10** (pettinatura femm.; anche « coda di cavallo ») **ponytail** **11** *(elab.)* **queue** ● *(fig.) andarsene con la c. fra le gambe,* to go off with one's tail between one's legs □ *(fig.) avere la c. di paglia,* to have a guilty conscience □ *guardare q. con la c. dell'occhio,* to look at sb. out of the corner of one's eye □ *(fig.) non avere né capo né c.,* to be utter nonsense; not to make sense □ *(fig.) sapere dove il diavolo tiene la c.,* to know a thing or two □ *il vagone di c.,* the last carriage □ *Il diavolo ci aveva ficcato la c.,* the devil had a finger in the pie.
codardìa *f.* **cowardice.**
codardo **A** *a.* **cowardly** **B** *m.* **coward; poltroon.**
codazzo *m. (fam.)* **train (of people).**
codeina *f. (chim.)* **codeine.**
codésto *a.* e *pron. dimostrativo* **that*.**
còdice *m.* **1** *(leg.)* **code** (anche *fig.*) **2** (cifrario) **code**: *(fin.) c. fiscale,* fiscal code **3** (manoscritto) **codex*; manuscript** ● *c. della strada,* rules of the road □ *c. di avviamento postale (CAP),* post code; zip code *(USA).*
codicillo *m. (leg.)* **codicil.**
codificare *v. t.* to **codify.**
codificazióne *f.* **codification.**
codino *m.* **1** **pigtail;** (specialm. di parrucca) **queue** **2** *(fig.)* **reactionary; die-hard.**
codirósso *m.* (*zool.,* Phoenicurus phoenicurus) **redstart.**
códolo *m.* **tang.**
codóne *m.* (*zool.,* Anas acuta) **pintail.**
codrióne *m.* (degli uccelli) **rump.**
coeditóre *m.* **co-publisher.**
coedizióne *f.* **co-edition.**
coefficiènte *m.* **1** *(mat., fis., chim., mecc.)* **coefficient** **2** (concausa) **factor.**
coercitivo *a.* **coercive; compulsory.**
coercizióne *f.* (anche *leg.*) **coercion; compulsion; duress.**
coerède **A** *m.* **joint heir; coheir** **B** *f.* **joint heiress; coheiress.**
coerènte *a.* **coherent** (anche *fig.*) ● *essere c. con se stesso,* to be consistent.
coerènza *f.* **1** **coherence, coherency; cohesion** **2** *(fig.)* **coherence; consistency; logical connexion.**
coesióne *f.* **cohesion.**
coesistènza *f.* **coexistence.**
coesistere *v. i.* to **coexist.**
coesivo *a.* **cohesive.**
coetàneo **A** *a.* **contemporary; (of) the same age** **B** *m.* **person of the same age; contemporary.**
coèvo *a.* **coeval; contemporary.**
cofanétto *m.* **casket.**
còfano *m.* **1** **chest; coffer** **2** (per munizioni) **ammunition chest** **3** *(autom.)* **bonnet.**
còffa *f. (naut.)* **top; crow's nest** ● *c. di maestra,* maintop.
cogestióne *f.* **joint management.**
cogitabóndo *a. (lett.)* **thoughtful; in a brown study** *(fam.).*
cogitare *v. i. (lett.)* to **be deep in thought;** to **cogitate.**
cogitazióne *f. (lett.)* **cogitation; meditation.**
cògliere *v. t.* **1** (fiori, frutta) to **pick;** to **pluck;** to **gather** **2** (sorprendere) to **find*;** to **catch*;** to **come* upon** (sb.) **3** (colpire) to **get*;** to **hit*** **4** (in fallo) to **catch* (out)**: *c. q. in flagrante,* to catch sb. in the very act (o red-handed) **5** (capire) to **understand*;** to **grasp;** to **catch*** ● *c. nel segno,* to hit the target (o the bull's eye); *(fig.)* to hit the nail on the head □ *c. l'occasione,* to take the opportunity; to seize one's chance.
coglióne *m. (volg.)* **1** (*al pl.:* testicoli) **balls, ballocks** *(volg.)* **2** (*fig.:* babbeo) **fool; ass** *(fam.).*
cognàc *(franc.) m.* **cognac; French brandy.**
cognata *f.* **sister-in-law*.**
cognato *m.* **brother-in-law*.**
cògnito *a.* **known**: *quantità cognite,* known quantities.

cognizióne *f.* **1 knowledge; notion**: *acquistare nuove cognizioni,* to acquire new knowledge □ *cognizioni utili,* useful notions **2** *(leg.)* **cognizance 3** *(filos.)* **cognition.**
cognóme *m.* **surname; family name**: *c. da nubile,* maiden name.
coguaro *m.* (*zool.*, Felis concolor) **cougar; puma.**
coibènte *(fis.)* **A** *a.* **insulating; non-conducting B** *m.* **heat insulator.**
coibènza *f. (fis.)* **non-conductivity.**
coiffeur *(franc.) m.* **coiffeur; hairdresser.**
coincidènte *a.* **coinciding; coincident.**
coincidènza *f.* **1** *(geom.)* **coincidence 2** (combinazione) **coincidence 3** *(ferr.)* **connection.**
coincidere *v. i.* **1** *(geom.)* to **coincide 2** (collimare) to **coincide**; to **agree.**
coinquilino *m.* **co-tenant.**
cointeressare *v. t. (fin.)* to **give*** (sb.) **a share in the profits** (o **a percentage on the sales**); to **associate.**
cointeressato *(fin.)* **A** *a.* **profit-sharing B** *m.* **copartner; joint partner.**
cointeressènza *f. (fin.)* **share in the profits; profit-sharing.**
coinvòlgere *v. t.* to **involve**: *restare coinvolto,* to get involved.
còito *m.* **coitus; coition.**
coke *m.* **coke**: *scorie di c.,* coke breeze.
còla *f.* (*bot.*, Cola acuminata) **cola, kola ●** *noce di c.,* cola nut.
colà *avv.* **there; over there; down there; up there.**
colabròdo *m.* **colander; strainer.**
colàggio *m.* (perdita di liquidi) **leakage; ullage.**
colapasta *m.* **colander.**
colare A *v. t.* **1** (filtrare) to **strain**; to **filter**; to **drain 2** *(metall.)* to **cast* 3** (goccia a goccia) to **drip 4** (versare adagio) to **pour out slowly 5** (il brodo, la pasta) to **strain B** *v. i.* **1** (filtrare) to **strain**; to **filter**; to **drain**; to **ooze**; to **seep**; to **percolate**; to **trickle 2** (gocciolare) to **drip**; to **trickle**; (abbondantemente) to **pour**; (per una perdita) to **leak 3** (del caffè) to **percolate ●** *(naut.) (far) c. a picco,* to sink.
colata *f.* **1** *(metall.)* **casting 2** (quantità di metallo fuso) **melt; cast 3 flow**: *c. di lava,* lava flow **4** *(geol.)* **bed (o sheet) of lava.**
colatìccio *m.* **1 drippings** *(pl.)* **2** *(metall.)* **dross.**
colato *a.* (raffinato) **pure; refined**: *oro c.,* pure gold; *(fig.)* gospel truth.
colatóio *m.* **1 filter; strainer 2** (per il tè) **tea-strainer 3** (da cucina) **colander 4** (crogiolo) **crucible.**
colazióne *f.* **1** (del mattino) **breakfast 2** (di mezzogiorno) **lunch; luncheon ●** *c. di lavoro,* working luncheon □ *c. sull'erba,* picnic □ *fare c.,* (la prima) to have breakfast, to breakfast; (a mezzogiorno) to have lunch, to lunch.
colbacco *m.* **busby; bearskin.**
colecistite *f. (med.)* **cholecystitis.**
colèdoco *m. (anat.)* **choledoch (duct).**
colèi *pron. dimostrativo f.* **1** *(sogg.)* **she; that woman*** *(spreg.)* **2** *(compl.)* **her; that woman*** *(spreg.)* ● *c. che, (sogg.)* she who (o whom), the woman* who (o whom); *(compl.)* her who (o whom).
coleòttero *m. (zool.)* **coleopter.**
colèra *m. (med.)* **cholera.**
colèrico *a. (med.)* **choleric; cholera** *(attr.).*
colesterina *f.* **colesteròlo** *m. (biol.)* **cholesterol.**
còlf *f. invar.* (collaboratrice familiare) **housemaid; domestic; help** (specialm. *USA*).
colibrì *m. (zool.)* **humming-bird.**
còlica *f. (med.)* **colic.**
colino *m.* **strainer**: *un c. da tè,* a tea-strainer.
colite *f. (med.)* **colitis.**
còlla *f.* **1 glue 2** (di farina) **paste ●** *c. di pesce,* isinglass.
collaborare *v. i.* **1** to **co-operate**; to **work together** (on); to **collaborate 2** (a un giornale) to **contribute** (to); to **write*** (for).
collaboratóre *m.* **1 collaborator; member of a team 2** (di un giornale) **contributor.**
collaboratrice *f.* **collaborator ●** *c. familiare, V.* **colf.**
collaborazióne *f.* **1 teamwork; joint work; co-operation; collaboration 2** (a un giornale) **contribution.**
collaborazionismo *m. (polit.)* **collaborationism; quislingism.**
collaborazionista *m.* e *f. (polit.)* **collaborationist; quisling.**
collage *(franc.) m. (arte)* **collage.**
collana *f.* **1 necklace**; (di perle) **string 2** (serie) **series***; (raccolta) **collection.**
collant *(franc.) m.* **tights** *(pl.)*; **pantyhose.**
collare *m.* (in ogni senso) **collar ●** *(fig.) mettersi il c.,* to take holy orders.
collasso *m. (med.)* **collapse; breakdown ●** *c. cardiaco,* heart failure.
collaterale *a., m.* e *f. (leg.)* **collateral.**
collaudare *v. t.* to **test**; to **try out.**
collaudatóre *m.* **1 tester 2** (di automobili) **test driver 3** (di aeroplani) **test pilot.**
collàudo *m.* **test; trying; testing**: *superare un c.,* to stand (o to pass) a test □ *volo di c.,* test flight.
collazionare *v. t.* to **collate.**
collazióne *f.* **collation.**
còlle *m.* **hill.**
collèga *m.* e *f.* **colleague.**
collegaménto *m.* **1 connection, connexion 2** *(mecc., elettr.)* **connection**: *un c. telefonico,* a telephone connection **3** *(mil.)* **liaison**: *un ufficiale di c.,* a liaison officer ● *c. radiofonico,* radio link.
colleganza *f.* **colleagueship.**
collegare A *v. t.* to **connect**; to **join**; to **link B collegarsi** *v. rifl.* **1** to **join**; to **unite**; to **associate 2** (allearsi) to **confederate**; to **join in a league ●** *(tel.,* ecc.*) c. con q.,* to get the connection with sb.
collegiale A *a.* **collegiate; collegial; group, team, joint** *(attr.)* **B** *m.* e *f.* **1 boarder 2** *(fig.)* **(awkward) schoolboy** *(m.)*; **(demure) school-girl** *(f.).*
collegialità *f.* **collegiate character.**
collegialménte *avv.* **jointly; in a body.**
collegiata *f. (relig.)* **collegiate church.**
collègio *m.* **1** (convitto) **boarding school; public school**; (talora) **college**: *Eton è un famoso c. inglese,* Eton is a famous (English) public school □ *i collegi delle università anglo-americane,* the colleges of Anglo-American universities **2** (per studenti universitari, in Italia) **hall of residence 3** (consesso di persone) **college; corporation; body**: *(relig.) il c. dei cardinali,* the College of Cardinals **4** (*polit.*: circoscrizione elettorale) **constituency ●** *(leg.) c. di difesa,* counsel for the defence.
còllera *f.* **anger; (bad) temper ●** *la c. di Dio,* God's wrath □ *andare in c.,* to lose one's temper; to get angry □ *essere in c.,* to be angry.
collèrico *a.* **irascible; quick-tempered; choleric.**
collètta *f.* **1 collection 2** *(relig.)* **collect.**
collettivismo *m.* **collectivism.**
collettivista *a., m.* e *f.* **collectivist.**
collettivìstico *a.* **collectivistic.**
collettività *f.* **collectivity; community.**
collettivizzare *v. t. (polit.)* to **collectivize.**
collettivo A *a.* **1 collective; general; everybody's**: *È nell'interesse c.,* it is in everybody's interest **2** *(gramm.)* **collective**: *un nome c.,* a collective noun ● *biglietto c.,* group ticket **B** *m. (gramm.)* **collective.**
collètto *m.* **1 collar**: *un c. di camicia,* a shirt collar **2** (per signora, di trine) **collaret(te) 3** *(anat.)* **neck**: *il c. di un dente,* the neck of a tooth **4** *(bot.)* **collar.**
collettóre *m.* **1 collector**: *un c. delle imposte,* a tax-collector **2** *(mecc.)* **manifold**; (di caldaia) **header 3** *(elettr.)* **commutator 4** *(elettron.)* **collector.**
collettorìa *f.* **collector's office.**
collezionare *v. t.* to **collect.**
collezióne *f.* **1 collection 2** (il collezionare) **collecting ●** *fare c. di q.c.,* to collect st.
collezionismo *m.* **hobby of collecting things.**
collezionista *m.* e *f.* **collector**: *un c. di francobolli,* a stamp-collector.
collìdere *v. i.* to **collide.**
collier *(franc.) m.* **necklace.**

collimare *v. i.* to **agree**; to **coincide**; to **tally**.
collimatóre *m. (scient.)* **collimator.**
collimazióne *f.* **1 coincidence 2** *(scient.)* **collimation.**
collina *f.* **hill** ● *la sommità della c.,* the hilltop.
collinétta *f.* **hillock.**
collinóso *a.* **hilly.**
collìrio *m. (farm.)* **eyewash; collyrium*.**
collisióne *f.* **1 collision 2** *(fig.)* **collision; clash; conflict.**
(1) còllo *m.* **1** *(anat.)* **neck**: *gettare le braccia al c. di q.,* to throw one's arms round sb.'s neck **2** *(fig.)* **neck**: *il c. d'una bottiglia,* the neck of a bottle **3** (del piede o della scarpa) **instep 4** *(naut.)* **hitch;** (dell'àncora) **trend;** (giro di cavo) **hank, coil** (of a rope) ● *allungare il c.,* to crane one's neck ⊔ *avere (o portare) q.c. al c.,* to wear st. round one's neck ⊔ *(fig.) far allungare il c. a q.,* to keep sb. waiting; to make sb. cool his (o her) heels ⊔ *(fig.) giocarsi l'osso del c.,* to stake all one has; to put one's shirt (on st.) ⊔ *(fig.) essere indebitato fino al c.,* to be head over heels in debt ⊔ (macelleria) *parte posteriore del c. (dell'agnello),* scrag end (of lamb) ⊔ *(fig.) piegare il c.,* to submit; to give in ⊔ (anche *fig.*) *rompersi l'osso del c.,* to break one's neck ⊔ *tenere un bambino in c.,* to hold a baby in one's arms ⊔ *tirare il c. a un pollo,* to wring a chicken's neck.
(2) còllo *m.* **item** (o **piece) of luggage.**
(3) cóllo *V.* **con.**
collocaménto *m.* **1 disposal; placing;** (di fili) **laying 2** (impiego) **employment;** (di persona di servizio) **situation;** (di alta gerarchia) **appointment to a post**: *un'agenzia di c.,* an employment agency ● *(bur.) c. a riposo,* pensioning off; retirement; ⊔ *(bur.) c. in aspettativa,* temporary discharge (from one's duties).
collocare A *v. t.* **1** to **place**; to **put***; to **arrange**: *(fig.) c. tutte le proprie speranze in q.,* to place all one's hopes in sb. **2** (mettere q. in un impiego) to **place**; to **find* a job for** (sb.) **3** (maritare) to **marry off 4** (merci, ecc.) to **place**; to **sell***; to **find* a market for** (st.) ● *(bur.) c. a riposo,* to pension off ⊔ *(bur.) c. q. in aspettativa,* to discharge sb. (from his duties) **B collocarsi** *v. rifl.* **1** to **place oneself* 2** (ottenere un impiego) to **find* a job**; to **settle into a job.**
collocazióne *f.* **1 position; place 2** (sistemazione) **arrangement 3** *(leg.:* di creditori) **classification 4** (di libri nelle biblioteche) **pressmark.**
colloidale *a. (chim.)* **colloidal.**
collòide *m. (chim.)* **colloid.**
colloquiale *a.* **colloquial.**
colloquiare *v. i.* to **talk** (with); to **converse** (with).
collòquio *m.* **interview; conversation.**
collóso *a.* **glutinous; sticky; viscous;** (specialm. di vernice) **tacky.**
collotòrto *m.* **sanctimonius person; pious humbug.**
collòttola *f. (fam.)* **nape (of the neck); scruff of the neck.**
collusióne *f. (leg.)* **collusion.**
collusivo *a. (leg.)* **collusive.**
collutòrio *m. (farm.)* **mouthwash; gargle.**
colluttare *v. i.* **colluttarsi** *v. rifl. recipr.* to **grapple**; to **come* to blows**; to **scuffle.**
colluttazióne *f.* **fray; brawl; scuffle.**
collùvie *f.* **1 sewage 2** *(fig., spreg.)* **hotch-potch; hodge-podge** (specialm. *USA*).
cólma *f.* **high water.**
colmare *v. t.* **1** to **fill** (st.) **to the brim**; to **fill up 2** *(fig.)* to **fill**; to **load**; to **overwhelm**: *c. di lodi,* to overwhelm with praise **3** *(agric.)* to **reclaim** ● *(fig.) c. una lacuna,* to fill a gap.
colmata *f.* (terreno bonificato) **reclaimed area.**
cólmo A *a.* **full; full to the brim; brimful B** *m.* **1** (sommità) **summit; top 2** *(fig.)* **height; depths** *(pl.)*; **peak**: *al c. della disperazione,* in the depths of despair **3** (di tetto) **ridge** ● *È il c.!,* it (o that) is the limit!; it is too much!
colómba *f.* **1** *(zool.)* **dove** (anche *fig.*); **pigeon 2** (dolce pasquale) **(Easter) dove-cake 3** *(polit.)* **dove.**
colombàccio *m.* (*zool.*, Columba palumbus) **ring-dove; wood-pigeon.**
colombàia *f.* **dovecote** ● *(fig.) tirare sassi in c.,* to throw a boomerang; to cut off one's nose to spite one's face.
colombèlla *f.* (*zool.*, Columba oenas) **stock dove.**
colombicoltóre *m.* **pigeon breeder.**
colombicoltura *f.* **pigeon breeding.**
colómbo *m.* (*zool.*, Columba, ecc.) **dove; pigeon** ● *c. viaggiatore,* homing pigeon; carrier pigeon.
còlon *m. (anat.)* **colon.**
(1) colònia *f.* **1 colony**: *la c. italiana a Parigi,* the Italian colony in Paris **2 settlement**: *le prime colonie inglesi nell'America del Nord,* the first English settlements in North America.
(2) colònia *f.* — *acqua di c.,* eau de Cologne.
coloniale *a.* **colonial** ● *generi coloniali,* groceries.
colonialismo *m. (polit.)* **colonialism.**
colonialista *m.* e *f.* **1** (studioso di cose coloniali) **colonial expert 2** *(polit.)* **supporter of colonialism; colonialist.**
colònico *a.* **farm** *(attr.)*; **farmer's**: *una casa colonica,* a farmhouse.
colonizzare *v. t.* to **colonize.**
colonizzatóre *m.* **colonizer.**
colonizzazióne *f.* **colonization.**
colónna *f.* **1** *(generalm.)* **column**: *una c. dorica,* a Doric column ⊔ *una c. di fumo,* a column of smoke **2** (anche *fig.*) **pillar**: *(mitol.) le colonne d'Ercole,* the pillars of Hercules **3** *(fig.:* sostegno) **mainstay; prop** ● *c. di automezzi,* motorized column ⊔ *c. miliare,* milestone ⊔ *(cinem.) c. sonora,* sound-track ⊔ *c. spezzata,* cippus ⊔ *(anat.) c. vertebrale,* spine; backbone ⊔ *(tipogr.) bozza in c.,* galley proof ⊔ *mettersi in c.,* to form a column.
colonnato *m. (archit.)* **colonnade;** (coperto) **portico*.**
colonnèllo *m. (mil.)* **colonel**: *tenente c.,* lieutenant colonel.
colonnétta, colonnina *f.* **1** (della benzina) **petrol pump; gas pump** *(USA)* **2** *(archit.)* **cippus* 3** (di ringhiera) **rail post.**
colonnista *m. (giornalismo)* **columnist.**
colòno *m.* **1** *(agric.)* **farmer; peasant 2** (affittuario) **tenant 3** (mezzadro) **share-cropper 4** *(stor.)* **colonist; settler.**
colorante A *a.* **colouring B** *m. (chim.)* **dye.**
colorare A *v. t.* **1** to **colour**; to **tinge**; to **tint 2** (tingere) to **dye B colorarsi** *v. rifl.* to **colour (up)**; (arrossire) to **blush,** to **flush.**
colorazióne *f.* **1 colouring 2** (tintura) **dyeing.**
colóre *m.* **1 colour** (anche *fig.*); **hue** *(lett.)*; (tintura) **dye**: *i colori dell'arcobaleno,* the colours of the rainbow **2** (per dipingere) **paint; colour**: *una scatola di colori,* a paint-box ⊔ *colori a olio,* oil-paints ⊔ *colori ad acquarello,* water-colours **3** (come *agg.*) **coloured**: *un uomo di c.,* a coloured man (o a man of colour) **4** *(seguito da agg. indicante colore, si omette)*: *c. (verde) pisello,* pea green **5** (nelle carte) **suit 6** (nel poker) **flush** ● *dirne di tutti i colori a q.,* to cover sb. with insults ⊔ *diventare di mille colori,* to turn scarlet ⊔ *farne di tutti i colori,* (di ragazzi) to be up to all sorts of mischief (o of tricks); (più grave) to be a thorough-going rascal ⊔ *(lett.) sotto c. di,* in the guise of; under pretext (o colour, cover) of ⊔ *uomini politici di ogni c.,* politicians of all shades ⊔ *(fig.) Ne disse di tutti i colori,* there was nothing he didn't say.
colorificio *m.* **paint factory.**
colorire A *v. t.* **1** to **colour**; (dipingere) to **paint 2** *(fig.)* to **embellish**; to **embroider**; to **touch up B colorirsi** *v. rifl.* **1** to **take* on** (a colour, a hue): *c. di rosa,* to take on a rosy hue **2** (in viso) to **colour (up)**; to **blush**; to **flush.**
colorista *m.* e *f.* **colourist.**
coloristico *a.* **colouristic; colour** *(attr.)*.
colorito A *a.* **coloured; vivid B** *m.* **1 colouring; colour 2** (carnagione) **complexion 3** (vivacità espressiva) **vivacity; picturesqueness.**
coloritura *f.* **colouring.**
colóro *pron. dimostrativo m.* e *f. pl.* **1** *(sogg.)* **they; those people** *(spreg.)* **2** *(compl.)* **them; those people**

(spreg.) ● *c. che, (sogg.)* they (o those) who, they (o those) whom; *(compl.)* those (o them) who, those (o them) whom.
colossale *a.* **colossal; huge; enormous.**
Colossèo *m. (archeol.)* **Coliseum, Colosseum.**
colòsso *m.* **colossus*** (anche *fig.*).
colòstro *m. (fisiologia)* **colostrum.**
cólpa *f.* ***1*** **fault**: *Di chi è la c.?*, whose fault is it? ***2*** (morale) **sin; wrong** ***3*** (colpevolezza) **guilt** ***4*** (responsabilità di una c.) **blame**: *dare la c. a q.*, to lay the blame on sb. (o to blame sb.) □ *addossarsi la c.*, to take the blame (upon oneself) ● *per c. di*, because of; owing to; thanks to □ *senso di c.*, self reproach.
colpétto *m.* ***1*** **tap;** (affettuoso) **pat** ***2*** (col gomito) **nudge.**
colpévole ***A*** *a.* **guilty; to be blamed; culpable**: *c. di furto*, guilty of theft □ *dichiararsi c.*, to plead guilty ***B*** *m.* e *f.* ***1*** **culprit; guilty person** ***2*** *(leg.)* **offender.**
colpevolézza *f.* **guilt; culpability.**
colpevolista *m.* e *f.* **upholder of an accused person's guilt.**
colpire *v. t.* ***1*** to **hit***; to **strike*** (anche *fig.*); to **knock**: *c. il bersaglio*, to hit the target □ *c. q. alla testa*, to hit (o to strike) sb. on the head □ *una casa colpita dalla folgore*, a house struck by lightning ***2*** (con arma da fuoco) to **shoot*** ***3*** *(lett.)* to **smite*** ● (anche *fig.*) *c. q.c. alle radici*, to strike st. at the root □ *c. q. con un pugno facendolo cadere*, to knock sb. down.
cólpo *m.* ***1*** **blow, hit, stroke** (anche *fig.*); **knock; bang** *(fam.)*: *assestare un c.*, to deliver a blow □ (anche *fig.*) *il c. di grazia*, the finishing stroke; the « coup de grâce » □ *un c. sulla testa*, a knock (o bang, blow) on the head ***2*** (specialm. d'arma bianca) **cut;** (di taglio) **slash, cut;** (di punta) **thrust;** (pugnalata) **stab;** (di scure e sim.) **chop** ***3*** (specialm. d'arma da fuoco) **shot;** (salva) **round**: *sparare un c.*, to fire a shot □ *(mil.) un c. in bianco*, a blank round ***4*** (spinta, impulso) **touch; push; stroke** ***5*** *(tennis)* **stroke** ***6*** (rumore d'arma da fuoco) **shot, report;** (di pistola) **pistol shot;** (di fucile) **rifle shot, gunshot;** (di cannone) **firing (o booming) of the cannon, gunshot** ***7*** (rimbombo) **bang;** (colpo forte) **whack;** (di panno al vento, ecc.) **flap;** (secco e sordo) **rap** ***8*** *(mus.:* di strumento a percussione) **tap;** *(al pl.:* colpi ripetuti, di tamburo, ecc.) **beating** *(sing.)* ***9*** *(biliardo)* **shot** ***10*** *(giornalismo)* **scoop** ● *(med.) c. (apoplettico)*, stroke □ *c. d'aria*, chill □ *c. d'occhio*, « coup d'oeil »; glimpse; (veduta) view □ *c. di sole*, sunstroke □ *c. di stato*, « coup d'état » □ *(fig.) c. di testa*, whim; rash action □ *c. di vento*, gust (of wind) □ *andare a c. sicuro*, to be quite sure; to have the certainty □ *di c.*, suddenly □ *far c.*, to cause a stir (o a sensation); to impress □ *senza c. ferire*, without striking a blow; without firing a shot □ *tentare il c.*, to have a shot; to give it a try.
colpóso *a. (leg.)* **culpable; without malice aforethought** *(pred.)* ● *omicidio c.*, manslaughter.
còlt *f.* **Colt revolver.**
coltèlla *f.* **large knife (with a broad blade).**
coltellàccio *m.* ***1*** **cutlass** ***2*** (vela) **studding-sail; stunsail; stuns'l.**
coltellame *m.* **cutlery.**
coltellata *f.* ***1*** **stab; knife-thrust** ***2*** *(fig.)* **stab; pang.**
coltellièra *f.* **knife-box.**
coltellinàio *m.* **cutler.**
coltèllo *m.* **knife*** ● *(fig.) avere il c. per il manico*, to have the upper hand □ *(fig.) essere con il c. alla gola*, to have one's back against the wall.
coltivàbile *a.* **cultivable; tillable.**
coltivare *v. t.* ***1*** *(agric.)* to **cultivate;** to **till;** (una regione) to **farm,** to **grow*** ***2*** *(fig.)* to **cultivate;** to **encourage;** to **promote**: *c. rapporti amichevoli tra due paesi*, to promote friendly relations between two countries.
coltivatóre *m.* ***1*** **farmer** ***2*** **grower**: *un c. di cotone*, a cotton grower.
coltivazióne *f.* ***1*** *(agric.)* **cultivation; tillage; farming** ***2*** (di una determinata cultura) **growing**: *la c. del tabacco*, tobacco growing ***3*** (terreno coltivato) **plantation.**
coltivo *a.* ***1*** (coltivabile) **cultivable** ***2*** (coltivato) **cultivated.**
cólto *a.* **cultured; cultivated; educated.**
cóltre *f.* ***1*** (coperta di lana) **blanket** ***2*** (drappo funebre) **pall** ***3*** *(fig.)* **blanket; carpet.**
cóltro *m. (agric.)* **coulter.**
coltróne *m.* ***1*** (da letto) **quilt** ***2*** (tenda imbottita) **quilted curtain.**
coltura *f.* ***1*** *(agric.)* **cultivation; (large-scale) farming** ***2*** (allevamento) **rearing** ***3*** *(med., biol.)* **culture; colony.**
colubrina *f. (mil., stor.)* **culverin.**
colùbro *m. (zool.,* Coluber) **coluber.**
colùi *pron. dimostrativo m.* ***1*** *(sogg.)* **he; that man*** *(spreg.)* ***2*** *(compl.)* **him; that man*** *(spreg.)* ● *c. che, (sogg.)* he who, he whom, the man* who (o whom); *(compl.)* him who, him whom.
cólza *f. (bot.,* Brassica napus arvensis) **colza; rape.**
còma *m. (med.)* **coma.**
comandaménto *m. (relig.)* **commandment.**
comandante *m.* ***1*** *(mil.)* **commander** ***2*** *(naut.:* di nave da trasporto) **captain;** (di nave da carico) **skipper, (ship's) master;** (di porto) **harbour master** ***3*** (di fortezza) **commandant** ***4*** *(aeron.)* **captain; first pilot** ● *c. in capo*, commander-in-chief □ *(naut., mil.) c. in seconda*, second-in-command.
comandare *v. t.* e *i.* ***1*** to **order;** to **give*** **orders;** to **command;** to **issue commands;** to **be the master;** to **be the boss** *(fam.)*; to **enjoin**: *c. a q. di fare q.c.*, to order sb. to do st. ***2*** *(mil., naut.)* to **command;** to **be in command** (of); (dare un comando) to **give*** **an order** (o **a command)** ***3*** (una vivanda) to **order**: *c. il secondo (piatto)*, to order the second course ***4*** *(mecc.)* to **control;** to **operate;** (azionare) to **drive*** ***5*** *(bur.:* destinare a un nuovo incarico per lo più estraneo alle normali attribuzioni) to **second** ● *c. a bacchetta*, to be a martinet; to rule with a rod of iron □ *comandato a mano*, hand-driven □ *comandato meccanicamente*, machine-driven; power-operated □ *(relig.) feste comandate*, feast days (prescribed by the Church) □ *Comandi!*, what can I get you, sir?; (in risposta a una chiamata per nome) yes, sir!
comandata *f. (naut.)* **fatigue duty.**
comando *m.* ***1*** (ordine) **order; command;** *(leg.)* **order, injunction; bidding, behest** *(lett.)*: *dare un c.*, to give an order ***2*** (autorità) **command**: *avere il c. (o essere al c.) di un reggimento*, to be in command of a regiment ***3*** (sede del comandante) **headquarters** *(abbr.: H.Q.)* ***4*** *(mecc., elettr.)* **control;** (leva) **lever control, drive, driving gear** ***5*** *(aeron.)* **control**: *comandi di volo*, flying controls ● *essere sempre ai comandi di q.*, to be at sb.'s beck and call □ *Ai suoi comandi!*, at your service!
comare *f.* ***1*** (madrina) **godmother** ***2*** (vicina di casa) **neighbour;** (vecchia) **(old) woman*;** (pettegola) **gossip** ● *storie da comari*, old wives' tales.
comatóso *a. (med.)* **comatose.**
combaciare *v. i.* ***1*** to **fit (properly);** to **meet*** ***2*** (congiungersi) to **join;** to **fit together** ***3*** *(mecc.)* to **mate;** to **match** ***4*** *(fig.)* to **coincide;** to **agree;** to **tally.**
combattènte *m.* ***1*** **fighter** ***2*** *(mil.)* **member of the fighting forces** ● *ex c.*, ex-serviceman; (war) veteran.
combàttere *v. t.* e *i.* ***1*** to **fight*;** to **combat;** to **be at war**: *c. contro q.*, to fight sb. (o against sb.) □ *c. una buona battaglia*, to fight a good fight ***2*** *(fig.)* to **fight*;** (opporsi a) to **oppose;** (contendere) to **vie,** to **strive*,** to **contend.**
combattiménto *m.* ***1*** **fighting; battle; fight; combat; action**: *un c. all'ultimo sangue*, a fight to the last □ *un c. corpo a corpo*, a hand-to-hand fight □ *ucciso in c.*, killed in action ***2*** *(fig.)* **conflict; clash; skirmish; contest** ***3*** *(pugilato,* ecc.) **match** ● *di c.*, combat *(attr.)* □ *(pugilato) essere messo fuori c.*, to be knocked out.
combattività *f.* **combativeness; pugnacity.**
combattivo *a.* **combative; pugnacious.**
combattuto *a.* ***1*** (travagliato) **troubled; distressed** ***2*** (incerto) **undecided; uncertain** ● *essere c.*, to be unable to make up one's mind.
combinare ***A*** *v. t.* ***1*** to **combine** ***2*** (organizzare) to **arrange**: *un programma mal combinato*, a badly-

arranged programme **3** *(chim.)* to **combine** **4** *(fam.: fare)* to **do***; to **be up to** *(fam.)* **B** *v. i.* (accordarsi) to **agree**; to **go* together**; to **fit* in** **C** **combinarsi** *v. rifl. recipr.* **1** to **come* to an agreement** **2** *(chim.)* to **combine**.

combinata *f. (sport)* **combined event**.

combinazióne *f.* **1** (caso) **luck; chance; coincidence**: *Fu una pura c.*, it was sheer chance □ *per c.*, by chance **2** *(chim., mat.)* **combination** **3** (indumento) **combinations** *(pl.)*; **combs** *(pl., fam.)*; (tuta) **suit**.

combriccola *f.* **1** **gang; set of mischief-makers** **2** (compagnia di amici) **band; set; group; gang** *(scherz.)*.

comburènte **A** *a.* **burning** **B** *m.* **supporter of combustion**.

combustìbile **A** *a.* **combustible** **B** *m.* **fuel; combustible (material)** ● *(naut., aeron., ferr.) rifornirsi di c.*, to fuel.

combustibilità *f.* **combustibility**.

combustióne *f.* **combustion**; (il bruciare) **burning** ● *camera di c.*, (di caldaia) firebox; (di motore) combustion chamber.

combusto *a. (lett.)* **burnt**.

combutta *f.* **gang** ● *in c.*, in collusion; in cahoots *(fam. USA)*.

(1) cóme *avv.* e *cong.* **1** (simile a, a somiglianza di; allo stesso modo di, nel modo in cui) **as, like** *(davanti a un nome o a un pron.)*; **as** *(davanti a un verbo)*: *dormire c. un ghiro*, to sleep like a log □ *scrivere c. si parla*, to write as one speaks □ *Fa' c. me*, do as I do! **2** *(esemplificativo:* quale) **like; such as**: *animali che si arrampicano sugli alberi, come i gatti*, animals that climb trees like (o such as) cats **3** *(nei compar. d'uguaglianza)* **as... as** *(in frasi afferm. e interr.)*; **so... as** *(in frasi neg., ma non sempre)*: *Non posso farlo (così) presto c. vorrei*, I can't do it as quickly as I should like to **4** (in qualità di; in quanto) **as; speaking as**: *C. amico, posso dirti che hai torto?*, speaking as a friend, may I tell you that you are wrong? **5** *(correlativo)* **both... and; as well as**: *tanto i Greci c. i Romani*, both the Greeks and the Romans **6** *(interr.:* in che modo) **how**: *C. sei venuto?*, how did you come? **7** *(escl.: con agg. o avv.)* **how**: *C. sei pallido!*, how pale you are! □ *C. canta bene!*, how well he sings! **8** *(interr.:* quanto bene) **how (well); what... like**: *C. lo sai l'inglese?*, how well do you know English? what's your English like? **9** *(escl., enf.)* **what!; do you mean to say...?** **10** *(temporale)* **as soon as; when** **11** *(dichiarativo)* **that** *(spesso sottinteso)* ● *(comm.) c. da campione*, as per sample □ *c. d'accordo*, as agreed (upon) □ *(comm.) c. da vostro desiderio*, in compliance with your request □ *com'è?*, (come mai?) how is it?; (com'è fatto, che aspetto ha?) what is it (o he, she) like? □ *c. prima*, as before □ *c. pure*, as well as; (se i termini sono solo due, anche) both... and... □ *c. quando*, as... when □ *c. se*, as though; as if □ *c. sempre* (c. di solito), as usual □ *c. sopra*, as above □ *(così) c. stanno le cose*, as it is (o as things are) □ *(tel.) « A » c. Ancona*, « A » for Andrew □ *c. Dio volle*, eventually; at long last.

(2) cóme *m.* **means; way; manner** ● *il c. e il perché*, the whys and wherefores.

comedóne *m. (med.)* **comedo*; blackhead** *(pop.)*.

comènto *m. (naut.)* **seam**.

cométa *f.* **1** *(astron.)* **comet** **2** (aquilone) **kite**.

còmica *f. (cinem.)* **short slapstick-type silent film; comic**.

comicità *f.* **comit spirit** (o **effect**).

còmico **A** *a.* **1** **comic, comical; laughable; funny** **2** (di commedia) **comic; comedy** *(attr.)* **B** *m.* **1** (comicità) **comic spirit (o effect)** **2** (attore) **comic actor**; (di rivista) **comedian** **3** (autore di commedie) **writer of comedies**.

comignolo *m.* **1** (di camino) **chimney-pot** **2** (di tetto) **roof ridge**.

cominciare *v. t.* e *i.* to **begin***; to **start**; to **commence**: *c. col dire*, to begin by saying ● *a c. da oggi*, from this day (on) □ *(iron.) Si comincia bene!*, (that's) a fine beginning!

comino *m. (bot.,* Cuminum cyminum*)* **cum(m)in**.

comitale *a.* **of a count**; *(in G.B.)* **of an earl**.

comitato *m.* **committee**: *essere in un c.*, to be on a committee □ *far parte del c.*, to be a member of the committee.

comitiva *f.* **party; band; group; company**.

comiziante *m.* e *f.* **1** **person attending a political meeting** **2** (chi pronuncia un discorso a un comizio) **stump orator**.

comìzio *m.* **assembly; meeting**: *indire un c.*, to call a meeting ● *convocare i comizi (elettorali)*, to appeal to the country; to call a general election.

còmma *m.* **1** *(leg.)* **sub-section; paragraph** **2** *(mus.)* **comma**.

commando *m. invar. (mil.)* **commando***.

commèdia *f.* **1** **comedy; play**: *una c. di costume*, a comedy of manners □ *una c. a tesi*, a problem play **2** *(fig.)* **play-acting; sham; pretence; make-believe**: *Era tutta una c.*, it was just play-acting ● *(fig.) far più parti in una c.*, to hold contradictory opinions □ *(fig.) personaggio da c.*, figure of fun □ *(fig.) È stata tutta una c.!*, it was just like a farce!

commediante *m.* e *f.* **1** *(teatr.)* **comedian**; *(femm.,* anche) **comedienne** **2** *(teatr., spreg.)* **third-rate actor (o actress); mummer** **3** *(fig.)* **humbug; shammer** ● *(fig.) fare il c.*, to put on an act *(fam.)*.

commediògrafo *m.* **writer of comedies; playwright**.

commemorare *v. t.* to **commemorate**.

commemorativo *a.* **memorial** *(attr.)*; **commemorative** ● *monumento c.*, memorial.

commemorazióne *f.* **commemoration**.

commènda *f.* — *(relig.) in c.*, « in commendam ».

commendatóre *m.* **1** (titolo della Repubblica Italiana) **« commendatore »** **2** **knight commander**.

commensale *m.* e *f.* **table companion; fellow guest**.

commensuràbile *a. (mat.)* **commensurable**.

commentare *v. t.* **1** to **comment on** (st.) **2** (annotare un testo) to **annotate** **3** (alla radio o alla televisione, un avvenimento mentre si svolge) to **keep* up a running commentary on** (st.) **4** (fare un'osservazione) to **remark**.

commentàrio *m.* **commentary**.

commentatóre *m.* **1** (anche alla radio e alla televisione) **commentator**; (del notiziario) **newscaster** **2** (di un testo) **annotator**.

comménto *m.* **1** **commentary; notes** *(pl.)* **2** (ogni singola nota) **note**; (a piè di pagina) **footnote; annotation** **3** (apprezzamento) **comment; remark** **4** *(cinem., radio, telev.)* **(running) commentary** ● *(cinem.) c. musicale*, background music.

commerciàbile *a.* **saleable; negotiable; marketable**.

commerciale *a.* **commercial; trade** *(attr.)*; **business** *(attr.)*.

commercialista *m.* e *f.* *(leg.)* **expert in commercial law**; (consulente) **business consultant**.

commercializzare *v. t. (econ.)* to **commercialize** *(anche fig.)*.

commerciante *m.* e *f.* **1** **dealer; trader**: *un c. in pellami*, a trader in skins **2** (negoziante) **tradesman*** ● *c. all'ingrosso*, wholesaler □ *c. al minuto*, retailer.

commerciare *v. i.* to **deal***; to **trade**.

commèrcio *m.* **1** **commerce; trade; business; market**: *la Camera di C.*, the Chamber of Commerce □ *c. all'ingrosso (al minuto)*, wholesale (retail) trade □ *essere in c.*, (di persona) to be in trade; (di articoli) to be on the market **2** *(fig.)* **intercourse; dealings** *(pl.)* ● *mettersi in c.*, to go into business.

comméssa *f.* **1** (di negozio) **shop girl; saleswoman*; shop assistant** **2** *(econ.:* ordinazione) **order**: *una c. libraria*, a book order.

comméssso *m.* **1** (di negozio) **salesman*; shop assistant** **2** (d'ufficio, di banca) **messenger; walk clerk** ● *c. viaggiatore*, commercial traveller; (travelling) salesman; bagman *(fam.)*.

commestìbile **A** *a.* **edible; eatable** **B** *m. (al pl.)* **foodstuffs; provisions**.

comméttere **A** *v. t.* **1** to **commit**; to **perpetrate**; to **do***; to **make***: *c. un delitto*, to commit a crime □ *c. un errore*, to make a mistake **2** (ordinare) to **order** **3** (congiungere) to **join (together)**; to **joint**; to **fit* (to-**

gether); (incastrare) to **embed**, to **insert**; *(mecc.)* to **assemble** ***B*** *v. i.* (combaciare) to **fit* (closely).**

commettitura *f.* (punto d'incastro) **juncture; joint; join.**

commiato *m.* ***1*** **leave**; (partenza) **departure**: *prendere c. da q.*, to take leave of sb. ***2*** (congedo) **dismissal** ***3*** *(poesia)* **envoy.**

commilitóne *m.* **fellow soldier; comrade-at-arms** *(lett.).*

comminare *v. t. (leg.)* to **threaten**; to **inflict**; to **comminate.**

commiserare *v. t.* to **commiserate** (with); to **pity.**

commiṣerazióne *f.* **commiseration; pity.**

commissariato *m.* ***1*** *(mil.)* **commissariat** ***2*** (carica) **commissionership** ● *c. di polizia*, police station.

commissàrio *m.* ***1*** **commissioner; officer** ***2*** (di Pubblica Sicurezza) **police inspector** ***3*** *(naut.:* c. di bordo*)* **purser** ***4*** *(mil.)* **commissary** ***5*** *(in URSS)* **commissar** ***6*** *(sport)* **steward** ***7*** (membro d'una commissione) **commissioner; member of a board** ● *(sport) c. tecnico*, national team manager.

commissionare *v. t. (comm.)* to **order**; to **place an order** (for).

commissionàrio *m. (comm.)* **commission agent.**

commissióne *f.* ***1*** **message**: *dover fare una c. a q.*, to have a message to deliver to sb. ***2*** **errand**; *(al pl.:* compere*)* **shopping**: *mandare q. a fare una commissione*, to send sb. on an errand □ *fare delle commissioni in città*, to do some shopping in town ***3*** (collegio di funzionari o esperti) **committee; board; commission**: *la c. esaminatrice*, the board of examiners □ *una c. d'inchiesta*, a commission of inquiry □ *fare parte (o essere membro) di una c.*, to be on a committee ***4*** *(comm.)* **commission**: *comprare per c.*, to buy on commission ***5*** *(comm.:* ordinazione*)* **order**: *fatto su c.*, made to order.

commiṣurare *v. t.* to **proportion.**

commiṣurazióne *f.* **proportionment; proportioning.**

committènte *m.* e *f. (comm.)* **customer; purchaser; buyer.**

commodòro *m. (naut.)* **commodore.**

commòsso *a.* **touched; moved.**

commovènte *a.* **touching; moving; pitiful; pathetic.**

commozióne *f.* **emotion; compassion; sympathy** ● *(med.) c. cerebrale*, concussion.

commuòvere ***A*** *v. t.* to **touch**; to **move**; to **affect**; to **excite** (sb.'s) **pity** ● *c. sino alle lacrime*, to move to tears ***B*** **commuòversi** *v. rifl.* to **be touched**; to **be moved**; to **break* down.**

commutàbile *a.* **commutable.**

commutabilità *f.* **commutability.**

commutare *v. t.* to **commute**; to **change.**

commutativo *a.* **commutative.**

commutatóre *m.* ***1*** *(elettr.)* **commutator** ***2*** (interruttore) **switch.**

commutazióne *f. (leg., elettr.)* **commutation.**

comò *m.* **commode; chest of drawers.**

comodaménte *avv.* ***1*** **comfortably; at one's ease** ***2*** (facilmente) **easily.**

comodato *m. (leg.)* **commodatum*; gratuitous loan.**

comodino *m.* **bedside table.**

comodità *f.* **convenience; comfort**: *per la maggiore c. del cliente*, for the customer's greater convenience.

còmodo ***A*** *a.* ***1*** (opportuno) **convenient** ***2*** (confortevole) **comfortable**: *stare comodi*, to be comfortable ***3*** (ampio) **comfortable; roomy; loose-fitting** ● *Stia c. (non si alzi)!*, please, don't get up! □ *Stia c. (si segga)!*, do sit down ***B*** *m.* ***1*** **convenience**: *per tuo c.*, for your convenience ***2*** **comfort**: *una casa che ha tutti i comodi*, a house that has every comfort ● *cambiale di c.*, accomodation bill □ *far c.*, to be convenient; to be useful; to be a help □ *fare il proprio c.*, (prendersela calma) to take one's time; (fare quel che aggrada) to please oneself; (badare ai propri comodi) to think only of one's own convenience □ *Fà pure con c.!*, take it easy!

comodóne *m. (fam.)* **slowcoach.**

compaeṣano *m.* (concittadino) **fellow townsman***; (compatriota) **fellow countryman*.**

compàgine *f.* **structure; framework.**

compagna *f.* ***1*** **companion; mate** ***2*** (moglie) **wife*.**

compagnìa *f.* ***1*** **company; companionship**: *fare (o tenere) c. a q.*, to keep sb. company □ *essere di buona c.*, to be good company □ *una c. drammatica*, a theatrical company ***2*** (gruppo di persone) **gathering; group; band; set; party; circle**: *Spero che farai parte della c.*, I hope you'll be one of the party ***3*** *(fin., leg.:* società*)* **company**: *una c. di assicurazioni*, an insurance company ● *(relig.) la C. di Gesù*, the Society of Jesus □ *dama di c.*, (di personaggio reale) lady-in-waiting; (di signora anziana) lady companion.

(1) compagno *m.* ***1*** **companion; mate; chum** *(fam.)*; (in combinazione) **fellow** ***2*** *(comm.)* **partner**; *(al pl.)* **partners, company**: *Rossi e C.* (e Compagni), Rossi and partners; (nelle società per azioni) Rossi and Co ***3*** (membro di un partito di sinistra) **comrade** ***4*** (marito) **husband** ***5*** (al gioco, a un ballo) **partner** ***6*** (di un paio d'oggetti) **other; companion** ● *c. d'armi*, fellow soldier □ *(naut.) c. di bordo*, shipmate □ *c. di giochi*, playmate □ *c. di sofferenze*, fellow sufferer □ *c. di stanza*, room-mate □ *c. di sventura*, companion in misfortune □ *essere compagni d'ufficio*, to work in the same office □ *c. di viaggio*, fellow traveller; travelling companion □ *essere stati compagni di scuola*, to have been at school together.

(2) compagno *a. (fam.)* **like; alike; similar; (the) same (as).**

compagnóne *m.* **boon companion; jolly fellow.**

companàtico *m.* **something to go with one's bread**: *pane e c.*, bread and something.

comparàbile *a.* **comparable.**

comparàggio *m.* **connivance.**

comparare *v. t.* to **compare**; to **liken.**

comparativo *a.* **comparative** (anche *gramm.*).

comparato *a.* **comparative**: *anatomia comparata*, comparative anatomy.

comparazióne *f.* **comparison**: *gradi di c.*, degrees of comparison.

compare *m.* ***1*** (padrino) **godfather** ***2*** *(davanti a n. pr.)* **master**: *c. Alfio*, master Alfio ***3*** (complice) **accomplice**; (chi fa da spalla) **stooge** ● *c. d'anello*, best man.

comparire *v. i.* ***1*** to **appear**; to **show* oneself**; to **turn up**, to **show* up** *(fam.)*: *non avere coraggio di c.*, not to dare to show up ***2*** (di libri) to **appear**; to **come* out** ***3*** *(leg.)* to **appear before the court** ***4*** (far figura, risaltare) to **show* up**; to **make* a show**; to **be much in evidence.**

comparizióne *f. (leg.)* **appearance (in court)**: *mancata c.*, non-appearance ● *mandato di c.*, summons to appear.

comparsa *f.* ***1*** (il comparire) **appearance** ***2*** *(teatr., cinem.)* **super; extra; walk-on** *(fam.)* ***3*** *(leg.)* **statement of case; pleading** ● *(fig.) fare da c.*, to play an unimportant part □ *(teatr., cinem.) parte di c.*, walking-on part, walk-on *(fam.)*.

compartecipazióne *f. (fin.)* **profit-sharing.**

compartécipe *a.* **sharing** ● *(fin.) c. agli utili*, profit-sharing.

compartiménto *m.* ***1*** **division; section** ***2*** (circoscrizione amministrativa) **department** ***3*** *(ferr.)* **compartment** ***4*** *(naut.)* **compartment**: *un c. stagno*, a watertight compartment (anche *fig.*).

compartire *v. t. (lett.)* to **divide**; to **share out**; to **distribute.**

compartizióne *f.* **division; section.**

comparto *m.* ***1*** **division; section** ***2*** *(econ.)* **section.**

compassato *a.* **measured; cool and collected; deliberate; stiff.**

compassionare *v. t.* to **sympathize with** (sb.); to **feel* compassion for** (sb.); to **pity.**

compassióne *f.* **compassion; pity; sympathy**: *fare c. a q.*, to arouse sb.'s pity □ *muovere a c.*, to move to compassion (o to pity).

compassionévole *a.* ***1*** (che fa compassione) **pitiful; pitiable; pathetic** ***2*** (che ha compassione) **compas-**

sionate; sympathetic.
compasso *m.* **1** **(pair of) compasses** **2** *(mecc.)* **callipers** *(pl.)*.
compatìbile *a.* **1** (conciliabile) **compatible** **2** (da compatire) **excusable; forgivable.**
compatibilménte *avv.* **compatibly** ● *c. con i miei impegni,* my engagements permitting.
compatiménto *m.* **1** **pity** **2** (condiscendenza) **condescension** **3** (comprensione pietosa) **sympathy** **4** (tolleranza) **forbearance; indulgence.**
compatire *v. t.* **1** to **pity**; to **be sorry for** (sb.); to **sympathize with** (sb.) **2** (scusare) to **forgive***; to **make* allowances for** (st.) ● *farsi c.* (esporsi alle critiche altrui), to make a pitiful exhibition of oneself.
compatriòta *m.* e *f.* **fellow countryman*** *(masch.)*, **fellow countrywoman*** *(femm.)*; **fellow citizen; compatriot.**
compattézza *f.* **compactness; compactedness; firmness; solidity.**
compatto *a.* **1** **compact; close-packed; close** **2** (sodo) **firm; dense; thick; solid** **3** *(miner.)* **of compact texture** **4** (di stoffa e *fig.*) **close-knit**; (di tessuto) **close-woven** ● *(polit.) un fronte c.,* a united front.
compendiare *v. t.* to **summarize**; to **abridge**; to **epitomize.**
compèndio *m.* **1** **abridged version**; (di un libro) **abridged edition** **2** (sunto) **précis; outline; summary; digest.**
compendióso *a.* **compendious; concise.**
compenetrare **A** *v. t.* to **penetrate**; to **imbue**; to **permeate** **B** **compenetrarsi** *v. rifl.* **1** (essere conscio) to **realize** (st.); to **be fully aware** (of) **2** (essere pervaso da un sentimento) to **be overwhelmed** (with) **C** *v. rifl. recipr.* to **interpenetrate.**
compenetrazióne *f.* **interpenetration; permeation.**
compensare *v. t.* **1** to **compensate**; to **make* up for** (st.); to **offset*** **2** (indennizzare) to **indemnify** **3** (ricompensare) to **reward.**
compensato *m.* (legno c.) **plywood.**
compensatóre *m.* **1** *(elettr.)* **compensator** **2** *(aeron.)* **tab** **3** *(radio)* **trimmer.**
compensazióne *f.* **1** **compensation** **2** *(comm.)* **set-off**; *(fin.)* **clearance, clearing**: *stanza di c.,* clearing-house.
compènso *m.* **1** **remuneration** **2** (onorario) **fee** **3** (premio) **recompense; reward** ● *c. simbolico,* token payment □ *in c. della tua gentilezza,* in return for your kindness.
cómpera *f.* **1** **purchase**: *fare una c.,* to make a purchase **2** (*al pl.:* commissioni) **shopping** *(sing.)*: *fare compere,* to do some shopping.
comperare *V.* **comprare.**
competènte **A** *a.* **1** (adeguato) **competent; adequate; due** (dopo il nome) **2** (qualificato) **qualified**; (capace) **competent** **3** *(leg.)* **competent** **B** *m.* **expert; connoisseur** (specialm. d'arte).
competènza *f.* **1** (capacità) **competence; capacity; ability; expertise** **2** (autorevolezza) **authority** **3** *(fig.:* spettanza) **province; job** *(fam.)*: *di mia c.,* within my province **4** (remunerazione) **remuneration**; (onorario) **fee** **5** *(leg.)* **competence; cognizance** ● *di c. di,* pertaining to □ *(non) avere c.,* (not) to be competent.
compètere *v. i.* **1** (gareggiare) to **compete** (with); to **vie** (with); to **rival** (sb.) **2** (spettare) to **be due**; (essere compito) to **be up to** (sb.) *(fam.)*; to **be** (sb.'s) **province** (o **duty**).
competitività *f.* (specialm. *comm.*) **competitiveness.**
competitivo *a.* (anche *comm.*) **competitive.**
competitóre *m.* **competitor; rival.**
competizióne *f.* **competition; contest.**
compiacènte *a.* **obliging; complaisant.**
compiacènza *f.* **1** (il compiacere) **obligingness; complaisance** **2** (contentezza) **pleasure; gratification; satisfaction** ● *avere la c. di fare q.c.,* to be good enough (o kind enough) to do st. □ *un sorriso di c.,* a condescending smile.
compiacére **A** *v. t.* e *i.* **1** to **gratify**; to **please**: *c. al desiderio di q.,* to gratify sb.'s wish □ *c. a q.,* to please sb. **2** (assecondare) to **humour** **B** **compiacérsi** *v. rifl.* **1** to **delight** (in); to **be delighted** (o **glad**); to **congratulate oneself** (on) **2** (degnarsi) to **be graciously pleased**; to **be so good as** (to).
compiaciménto *m.* **1** **gratification; satisfaction**: *esprimere il proprio c. a q.,* to express one's satisfaction to sb. **2** (congratulazioni) **congratulations** *(pl.)*.
compiàngere *v. t.* **1** to **pity**; to **be sorry for** (sb.); to **sympathize with** (sb.) **2** (lamentare) to **lament**; (un morto) to **mourn.**
compianto **A** *a.* **lamented**: *il suo c. marito,* her lamented husband **B** *m.* **1** **grief; mourning** **2** (canto funebre) **lament.**
cómpiere **A** *v. t.* **1** (finire) to **finish**; to **complete**; to **bring* to an end**; to **round off**; to **conclude** **2** (effettuare) to **accomplish**; to **achieve**; to **perform** **3** (adempiere) to **fulfil**; to **discharge** **4** (commettere) to **commit** **5** (di età) to **be**: *Compirò 15 anni lunedì,* I shall be fifteen on Monday ● *(fig.) per c. l'opera,* to crown it all; on top of it all *(fam.)* **B** **cómpiersi** *v. rifl.* **1** (giungere a termine) to **end**; to **be over** **2** (avverarsi) to **be fulfilled**; to **come* true.**
compilare *v. t.* to **compile**; to **edit**; to **put* together**; to **draw* up**; to **fill in**: *c. un modulo,* to fill in a form.
compilatóre *m.* **compiler; editor.**
compilazióne *f.* **compilation.**
compiménto *m.* **ending; end; conclusion; completion; accomplishment; achievement**: *portare a c.,* to bring to an end.
compire *V.* **cómpiere.**
compitaménte *avv.* **politely; courteously; with polished manners.**
compitare *v. t.* to **spell (out).**
compitézza *f.* **politeness; refined manners** *(pl.)*.
(1) compito *a.* **polite; with polished manners; refined; courteous.**
(2) cómpito *m.* **1** **task; duty**; (specifico) **assignment** **2** (di scuola, ecc.) **preparation; prep** *(fam.)*; (di ragazzino e scherz. di adulto) **homework**; (spesso si specifica) **exercise** (esercizio), **essay** (componimento); (di studente universitario) **paper** ● *c. in classe,* classwork.
compiutaménte *avv.* **completely; fully; entirely.**
compiutézza *f.* **completeness.**
compiuto *a.* **finished; completed** ● *fatto c.,* fait accompli *(franc.)*.
compleanno *m.* **birthday.**
complementare *a.* **complementary** ● *imposta c.,* income tax □ (all'università) *materia c.,* subsidiary subject.
compleménto *m.* **complement** ● *(gramm.) c. diretto (indiretto),* direct (indirect) object □ *(mil.) ufficiale di c.,* reserve officer.
complessato *a.* *(psic.)* **full of complexes; neurotic.**
complessióne *f.* **constitution.**
complessità *f.* **complexity.**
complessivaménte *avv.* **in all; altogether; as a whole.**
complessivo *a.* **general; overall** *(attr.)*; **comprehensive** ● *cifra complessiva,* total (figure).
complèsso **A** *a.* **1** **complex; complicated; intricate; involved**; (pieno di sfumature) **subtle** **2** *(mat.)* **complex**: *numeri complessi,* complex numbers **B** *m.* **1** **combination; number; set; series*** **2** *(ind.)* **plant; unit; set; assembly** **3** *(mus.)* **ensemble; band; group** **4** *(psic.)* **complex**: *c. d'inferiorità,* inferiority complex ● *c. industriale,* industrial area □ *in c.,* on the whole; taken all in all.
completaménte *avv.* **completely; wholly; fully; thoroughly.**
completaménto *m.* **completion.**
completare *v. t.* to **complete**; to **finish**; to **conclude.**
completézza *f.* **completeness; entirety.**
complèto **A** *a.* **1** **complete; finished; entire; whole** **2** (pieno) **full (up)**: *Il teatro è c.,* there is a full house **B** *m.* **1** (per uomo) **suit** **2** (per donna) **suit; costume**; (di

maglia) **twin-set.**

complicare A *v. t.* to complicate **B complicarsi** *v. rifl.* **1** to **become* complicated 2** (di malattia) to **become* worse 3** (di trama e *fig.*) to **thicken.**

complicato *a.* **1 complicated; intricate 2** (di stile) **involved.**

complicazióne *f.* **complication.**

còmplice *m.* e *f.* *(leg.)* **accomplice; accessory, accessary.**

complicità *f.* **complicity.**

complimentare A *v. t.* **1** to **compliment**: *c. q. per q.c.*, to compliment sb. on st. **2** (ossequiare) to **pay* one's respects to** (sb.) **B complimentarsi** *v. rifl.* to **congratulate** (sb. on st.).

compliménto *m.* **1 compliment**: *fare complimenti a q.*, to pay sb. compliments **2** (*al pl.*: ossequi) **compliments; regards; respects 3** (*al pl.*: rallegramenti) **congratulations 4** (*al pl.*: cortesia eccessiva) **(elaborate) courtesy; ceremoniousness** *(sempre sing.)* ● *fare complimenti*, to stand upon ceremony □ *senza complimenti*, without ceremony; frankly; freely.

complimentóso *a.* **1 full of polite attentions 2** (lezioso) **mincing 3** (cerimonioso) **ceremonious 4** (manierato) **mannered; affected.**

complottare *v. i.* to **plot**; to **conspire.**

complòtto *m.* **plot; conspiracy.**

componènte A *a.* **component B** *m.* e *f.* **component; member.**

componìbile *a.* *(ind.)* **sectional; modular**: *mobili componibili*, modular (o unit) furniture.

componiménto *m.* **1** (scolastico) **essay; composition 2** *(mus.)* **composition 3** *(letter.)* **work; writing 4** *(leg.)* **settlement.**

compórre A *v. t.* **1** (costituire) to **make* up**; to **constitute**; to **form 2** (creare) to **compose**; to **invent 3** (ordinare) to **tidy (up)**; to **arrange 4** (conciliare) to **compose**; to **settle 5** *(tipogr.)* to **set* up**; to **compose 6** (un cadavere) to **lay* out 7** *(chim.)* to **compound** ● *(tel.) c. un numero*, to dial a number **B compórsi** *v. rifl.* to **consist** (of); to **be composed** (of).

comportamentişmo *m.* *(psic.)* **behaviourism.**

comportamentista *m.* e *f.* *(psic.)* **behaviourist.**

comportaménto *m.* **behaviour; conduct.**

comportare A *v. t.* **1** (richiedere) to **involve**; to **take* 2** (permettere) to **allow** (of); to **permit B comportarsi** *v. rifl.* to **behave**; to **act.**

compòrto *m.* **1 grace; respite**: *concedere due giorni di c. a q.*, to give sb. two days' grace **2** *(ferr.)* **admitted delay.**

compositivo *a.* **component; constituent** ● *elemento c.*, component.

compòşito *a.* **1** *(archit.)* **composite 2** *(mecc.)* **compound.**

compoşitóio *m.* *(tipogr.)* **composing stick.**

compoşitóre *m.* **1** *(mus.)* **composer 2** *(tipogr.)* **compositor; typesetter.**

compoşitrice *f.* **1 composer 2** *(tipogr.)* **typesetter; composing machine.**

compoşizióne *f.* **1 composition 2** (di una lite, ecc.) **composition; settlement 3** *(tipogr.)* **composition; typesetting;** (piombo) **matter** ● *(tipogr.) sala di c.*, composing room.

compósta *f.* *(cucina)* **compote.**

compostézza *f.* **1 composure; self-possession 2** (dignità) **decorum.**

compostièra *f.* **compote jar.**

compósto A *a.* **1 compound**: *(mat.) un numero c.*, a compound number **2** (ordinato) **tidy, neat;** (decoroso) **decorous, dignified;** (calmo, sereno) **composed, self--possessed 3** *(bot.)* **compound; composite B** *m.* **mixture; compound** (anche *chim.*).

comprare *v. t.* **1** to **buy***; to **purchase**: *c. q.c. di seconda mano*, to buy st. second-hand □ *c. q.c. da q.*, to buy st. from sb. □ *c. q.c. a mille lire*, to buy st. for one thousand lire □ *(fig.) c. la gatta nel sacco* (o *c. a occhi chiusi*), to buy a pig in a poke **2** (corrompere) to **bribe**: *c. il silenzio di q.*, to bribe sb. into silence.

compratóre *m.* **1 buyer; purchaser 2** *(leg.)* **vendee.**

compravéndita *f.* *(fin., comm.)* **trading; buying and selling** ● *atto di c.*, deed of sale.

comprèndere A *v. t.* **1** (contenere) to **include**; to **cover**; to **comprise**; to **take* in**; to **comprehend**: *tutto compreso*, everything included **2** (capire) to **understand***; to **see***; to **be able to make out** *(specialm. in frasi neg.)*; to **comprehend B comprendersi** *v. rifl. recipr.* to **understand* each other (o one another).**

comprendònio *m.* *(fam., scherz.)* **brains** *(pl.)*; **understanding** ● *essere duro di c.*, to be slow on the uptake *(fam.)*.

comprensìbile *a.* **understandable; comprehensible; intelligible.**

comprensibilità *f.* **comprehensibility; intelligibility.**

comprensióne *f.* **1 understanding; grasp; intelligence; comprehension 2** (partecipazione a sentimenti altrui) **sympathy.**

comprensivo *a.* **1 comprehensive; inclusive**: *c. di tutte le spese*, inclusive of all charges **2** (che dimostra comprensione per i sentimenti altrui) **sympathetic; understanding.**

comprensòrio *m.* **area; district.**

compréso *a.* **1 included**: *fino al 10 aprile c.*, up to the 10th of April included **2** (conscio) **fully aware; fully conscious** ● *tutto c.* (di prezzo), all-inclusive *(attr.)*; everything included *(pred.)*.

comprèssa *f.* **1** (c. di garza) **compress 2** *(farm.:* pastiglia) **tablet.**

compressióne *f.* **pressure; compression.**

comprèsso *a.* **compressed; pressed.**

compressóre *m.* **1** *(mecc.)* **compressor 2** (di motore a scoppio) **supercharger** ● *c. stradale*, road-roller.

comprimàrio *m.* **1** *(teatr.)* **second lead 2** *(med.)* **co-head physician.**

comprìmere *v. t.* **1** to **press hard**; to **compress**; to **constrict 2** (frenare) to **repress**; to **restrain**; to **bottle up** *(fam.)* **3** *(econ.)* to **squeeze.**

comprimìbile *a.* **1 compressible 2** (reprimibile) **restrainable 3** *(econ.)* **squeezable.**

comproméssо *m.* **1 compromise; half-measure**: *senza compromessi*, without half-measures **2** *(leg.)* **arbitration agreement.**

comprometténte *a.* **compromising.**

comprométtere A *v. t.* **1** to **compromise**; to **endanger**; to **jeopardize 2** (coinvolgere) to **implicate**; to **involve B comprométtersi** *v. rifl.* to **compromise oneself.**

comproprietà *f.* *(leg.)* **joint ownership; co-ownership.**

comproprietàrio *m.* **joint owner; co-owner.**

comprovare *v. t.* to **prove**; to **confirm.**

compulsare *v. t.* to **consult** (a work of reference); to **examine.**

compunto *a.* **1 conscience-stricken; regretful 2** (atteggiato a compunzione) **prudish; demure.**

compunzióne *f.* **1 compunction; regret 2** (atteggiamento non sincero) **demureness.**

computare *v. t.* to **reckon**; to **calculate**; to **compute.**

computerizzare *v. t.* to **computerize.**

computista *m.* e *f.* (contabile) **book-keeper.**

computisterìa *f.* (contabilità) **book-keeping.**

còmputo *m.* **reckoning; calculation; computation.**

comunale *a.* **1 municipal; town, city, borough** *(attr.)*: *il palazzo c.*, the town hall **2** *(in Italia*, ecc.*)* **communal.**

comunanza *f.* **community.**

(1) comune A *a.* **1** (generale) **common**: *per il bene c.*, for the common good □ *(polit.) Mercato C.*, Common Market **2** (abituale, normale) **common; ordinary; normal; everyday** *(attr.)*; **usual**: *senso c.*, common sense □ *(gramm.) un nome c.*, a common noun □ *la vita c. di una tipica famiglia inglese*, the everyday life of a typical English family **3** (ordinario, volgare) **common; cheap 4** (medio) **average** ● *fare vita c.*, to live together □ *l'uomo c.*, the man in the street **B** — *avere q.c. in c.*, to share st.; (di gusti, qualità, ecc.) to have st. in common □ *fuori del c.*, uncommon; exceptional; unusual □ *in c.*, in common.

(2) comune *m.* **1 commune** (in Italia, Francia, ecc.);

municipality, town council *(in G.B. e USA)* **2** (il palazzo) **town hall 3** *(stor.)* **free city** • *(polit.) la Camera dei Comuni,* the House of Commons.

(3) comune *f.* **1** — *(stor.) la C.,* the Commune (of Paris) **2** *(polit.)* **commune; collective.**

comunèlla *f.* **1** (chiave) **master key; skeleton key 2** — *far c.,* to be in league; to gang up.

comuneménte *avv.* **commonly; usually; generally.**

comunicàbile *a.* **communicable.**

comunicando *m. (relig.)* **communicant.**

comunicante *a.* **communicating.**

comunicare A *v. t.* **1** to **impart;** to **communicate**: *c. il proprio entusiasmo a q.,* to communicate one's enthusiasm to sb. (o to share one's enthusiasm with sb.) **2** *(relig.)* to **administer Holy Communion to;** to **communicate 3** (trasmettere per contagio) to **transmit**: *c. una malattia a q.,* to transmit a disease to sb. **B** *v. i.* to **communicate C comunicarsi** *v. rifl.* **1** to **be communicated;** to **be transmitted 2** *(relig.)* to **receive Holy Communion.**

comunicativa *f.* **power(s) of communication.**

comunicativo *a.* **1 communicative 2** (contagioso) **contagious.**

comunicato *m.* (diplomatico e *mil.*) **« communiqué »;** (ufficiale) **statement, announcement** • *(radio, telev.) c. commerciale,* commercial □ *c. medico,* bulletin □ *c. stampa,* press release.

comunicazióne *f.* **1 communication**: *mezzi di c.,* means of communication **2** *(mecc.)* **transmission 3** (messaggio, missiva) **announcement; message; letter**: *avere da fare una c.,* to have a message to give; to have an announcement to make • *(tel.) c. interurbana,* trunk call; long-distance call *(USA)* □ *c. telefonica,* telephone call; (collegamento) telephone connection □ *(tel.) dare la c. a q.,* to put sb. through □ *Ministero delle Comunicazioni,* Ministry of Transport □ *(tel.) togliere la c. a q.,* to cut sb. off.

comunióne *f.* **1** (spirituale) **communion 2** (l'Eucaristia) **(Holy) Communion**: *ricevere la c.,* to receive (o to go to) Holy Communion **3** (comunanza) **community.**

comunișmo *m. (polit.)* **communism.**

comunista *a., m.* e *f. (polit.)* **communist.**

comunistizzare *v. t.* to **communize,** to **communise.**

comunità *f.* **1 community 2** (di animali) **colony.**

comùnque A *avv.* **however; anyhow; in any case B** *cong.* **however; no matter how; whatever**: *Non cambierà nulla, c. tu faccia,* nothing will change, whatever you may do.

cón *prep.* **1** *(compagnia, unione, comparazione)* **with**: *Lo vidi con te,* I saw him with you □ *essere in pace (in guerra) con q.,* to be at peace (at war) with sb. □ *confrontare l'originale con la copia,* to compare the original with the copy **2** *(mezzo o strumento)* **with; by; by means of**: *Vediamo con gli occhi,* we see with our eyes □ *tagliare q.c. con il coltello,* to cut st. with a knife □ *arrivare (partire, viaggiare) col treno (col battello, con l'automobile, ecc.),* to arrive (to leave, to travel) by train (by boat, by car, etc.) **3** *(maniera)* **with; in**: *fare q.c. con cura,* to do st. with care □ *con tutto il cuore,* with all one's heart □ *rispondere con tono irato,* to answer in an angry tone **4** *(per indicare una caratteristica)* **with**: *un uomo con i capelli bianchi,* a man with white hair (o a white-haired man) **5** *(in senso temporale)* **with; at; on**: *con la tua venuta,* on your arrival (o when you come, when you came) **6** (verso) **with; to; towards**: *essere gentile con q.,* to be kind to sb. **7** (contro) **with; against**: *combattere con un drago,* to fight with (o against) a dragon; to fight a dragon **8** *(materia)* **from; out of**: *Il vino si fa con l'uva,* wine is made from grapes **9** *(avversativa)* **with; in spite of**: *Con tutti i suoi difetti, lo trovo simpatico,* with all his faults, I like him **10** *(consecutiva)* **to**: *con nostra grande gioia (nostro grande stupore, fastidio, ecc.),* to our great delight (astonishment, annoyance, etc.) • *con tutto che,* although □ *Con tutto questo, è un cretino,* for all that, he's an idiot □ *Uscì con i guanti e il cappellino,* she went out with her gloves and hat on.

conato *m.* **effort; attempt** • *(med.) avere conati di vomito,* to retch.

cónca *f.* **1 large (earthenware) basin 2** (serbatoio) **reservoir 3** (di canale) **lock 4** *(geogr.)* **hollow; basin 5** *(anat.)* **concha.**

concatenare *v. t.* (anche *fig.*) to **link (together);** to **connect;** to **concatenate.**

concatenazióne *f.* **connexion; concatenation.**

concàușa *f.* **1 concomitant cause 2** *(leg.)* **pre-existing cause.**

concavità *f.* **1 concavity 2** (di terreno) **hollow.**

còncavo *a.* **concave.**

concèdere *v. t.* **1** to **grant;** to **allow;** to **accord;** to **give*;** to **award;** to **bestow**: *c. una borsa di studio,* to grant a scholarship □ *c. un prestito,* to grant a loan □ *c. un favore a q.,* to bestow a favour on sb. **2** (ammettere) to **admit;** to **agree;** to **concede.**

concènto *m. (lett.)* **harmony.**

concentraménto *m.* **concentration.**

concentrare A *v. t.* **1** to **assemble;** to **gather together (at one point) 2** *(mil.)* to **mass;** to **concentrate 3** *(chim.)* to **concentrate B concentrarsi** *v. rifl.* **1** to **gather;** to **concentrate 2** *(fig.)* to **concentrate**: *c. in q.c.,* to concentrate on st.

concentrato A *a.* **concentrated B** *m.* **concentrate.**

concentrazióne *f.* **concentration.**

concèntrico *a. (geom.)* **concentric.**

concepìbile *a.* **conceivable; imaginable.**

concepiménto *m.* **conception.**

concepire *v. t.* **1** (generare, anche *fig.*) to **conceive 2** (comprendere) to **understand*;** (immaginare) to **imagine 3** (nutrire, provare) to **entertain**: *c. speranze (sospetti, dubbi),* to entertain hopes (suspicions, doubts) **4** (formulare) to **draw* up;** (escogitare) to **contrive,** to **devise.**

concerìa *f.* **1** (stabilimento) **tannery 2** (tecnica) **tannage.**

concèrnere *v. t.* to **concern;** to **relate to;** to **pertain to.**

concertare A *v. t.* **1** *(mus.)* to **orchestrate 2** *(fig.)* to **plan;** to **arrange B concertarsi** *v. rifl.* to **agree.**

concertato A *a.* **1 concerted**: *azione concertata,* concerted action **2** *(mus.)* **concerted B** *m. (mus.)* **concertato*.**

concertatóre *m.* — *(mus.) maestro c.,* conductor.

concertazióne *f. (mus.)* **orchestration; orchestral arrangement.**

concertino *m. (mus.)* **concertino*.**

concertista *m.* e *f. (mus.)* **concert performer.**

concertìstico *a.* **concert** *(attr.).*

concèrto *m.* **1** *(mus.)* **concert;** (di un solista) **recital**: *una sala per concerti,* a concert hall **2** (*mus.*: composizione musicale) **concerto* 3** *(iron.)* **chorus; symphony 4** (*fig.*: accordo) **agreement; concert; harmony.**

concessionàrio *(leg., comm.)* **A** *a.* **concessionary B** *m.* **grantee; agent**: *c. esclusivo,* sole agent • *c. di brevetto,* patentee □ *c. di licenza,* licensee.

concessióne *f.* **1 concession;** (autorizzazione) **permit 2** *(leg.)* **concession**: *una c. petrolifera,* an oil concession.

concessivo *a.* (anche *gramm.*) **concessive.**

concèsso *a.* — *Dato e non c. che...,* granted, for the sake of argument, that...

concettișmo *m. (letter.)* **concettism;** (nella letter. ingl.) **euphuism.**

concètto *m.* **1 concept 2** (opinione, idea) **opinion; (general) idea; conception**: *farsi un c. di q.c.,* to get the general idea of st.; to form an opinion on st. **3** (concezione) **conception; design; plan; project 4** *(letter.)* **conceit** • *(bur.) di c.,* responsible □ *operai e lavoratori di c.,* labourers and white-collar workers.

concettóso *a.* **1 pithy; concise 2** (pieno di concetti lambiccati) **full of conceits.**

concettuale *a.* **conceptual.**

concettualișmo *m. (filos.)* **conceptualism.**

concezióne *f.* **1 conception 2** *(fig.)* **conception; idea;** (il concepire) **conceiving, shaping;** (concezione politica) **policy.**

conchìglia *f. (zool.)* **conch; shell;** (di molluschi, ecc.)

test.

cóncia *f.* **1** tanning **2** (del tabacco) curing **3** (delle olive) pickling **4** (conceria) tannery.

conciare A *v. t.* **1** (pelli) to tan; (pelli e tessuti) to dress **2** (tabacco) to cure **3** (olive) to pickle **4** (pietre) to cut* **5** (*fig.*: maltrattare) to ill-treat; to beat* up **6** (sporcare) to dirty; to soil **B conciarsi** *v. rifl.* **1** (insudiciarsi) to dirty oneself; to get* into a filthy mess **2** (vestirsi in modo strano o ridicolo) to get* oneself up.

conciatétti *m.* (*costr.*) tiler; slater.

conciatóre *m.* **1** tanner **2** (di tabacco) curer.

conciliàbile *a.* reconcilable.

conciliàbolo *m.* clandestine (o secret) meeting; conventicle; powwow (*scherz.*).

conciliante *a.* conciliating; conciliatory.

conciliare A *v. t.* **1** to reconcile; to conciliate; to pacify **2** (procurare) to gain ● *c. il diavolo e l'acqua santa,* to make the best of both worlds □ *c. il sonno,* to make sleepy; to have a soporific effect **B conciliarsi** *v. rifl.* **1** (cattivarsi) to conciliate; to gain **2** (farsi alleato q.) to win* (sb.) over (to one's side) **3** (mettersi d'accordo) to become* reconciled; (andare d'accordo) to agree.

conciliativo *a.* conciliating; conciliatory.

conciliatóre A *m.* peacemaker; conciliator **B** *a.* conciliatory ● (*leg.*) *giudice c.,* Justice of the Peace.

conciliazióne *f.* reconciliation; conciliation.

concilio *m.* **1** (*relig.*) council **2** (di laici) council; committee; assembly; confabulation, huddle (*scherz.*).

concimàia *f.* **1** (a buca) manure-pit; dung-pit **2** (a mucchio) manure-heap; dunghill.

concimare *v. t.* to manure; to fertilize.

concimatrice *f.* (*agric.*) fertilizer spreader.

concimazióne *f.* manuring; fertilization.

concime *m.* **1** manure **2** (artificiale) fertilizer **3** (letame) dung.

cóncio A *a.* (*ind.*: conciato) tanned **B** *m.* (*archit.*) ashlar ● (*archit.*) *c. d'angolo,* quoin.

concionare *v. i.* (*lett.*) to harangue.

concionatóre *m.* haranguer.

concióne *f.* **1** (*lett.*) harangue; public speech **2** (*iron.*) pompous speech.

concisióne *f.* concision; conciseness; brevity.

conciso *a.* concise; brief; succinct; laconic; pithy.

concistòro *m.* (*relig.*) consistory.

concitato *a.* agitated; in agitation; moved; excited.

concitazióne *f.* agitation; excitement.

concittadino *m.* **1** fellow citizen **2** (connazionale) fellow countryman*.

conclamare *v. t.* (*lett.*) **1** to acclaim; to hail **2** (proclamare) to proclaim.

conclave *m.* (*relig.*) conclave.

conclavista *m.* (*relig.*) conclavist.

concludènte *a.* **1** conclusive **2** (di persona) energetic; efficient.

conclùdere A *v. t.* **1** (condurre a termine) to conclude; to end; to bring* to an end; to clinch; to round off (*fam.*) **2** (finire con buon risultato) to achieve; to carry out; to effect **3** (dedurre) to conclude ● *c. un'alleanza,* to form an alliance □ *c. la pace,* to make peace **B** *v. i.* to be conclusive.

conclusióne *f.* **1** conclusion: *trarre la c.,* to draw the conclusion **2** (*al pl., leg.*) summing up **3** (risultato) result; issue ● *in c.,* well; in short; to sum up; in conclusion.

conclusivo *a.* conclusive; final.

concluso *a.* **1** (compiuto) concluded **2** (completo, esauriente) complete; thorough; exhaustive.

concomitante *a.* (anche *med.*) concomitant; concurrent.

concomitanza *f.* concomitance; concurrence.

concordante *a.* concordant; agreeing.

concordanza *f.* (anche *gramm.*) agreement.

concordare A *v. t.* **1** (opinioni discordi e sim.) to reconcile **2** (stabilire di comune accordo) to agree upon (st.) **3** (combinare, negoziare) to arrange; to negotiate **B** *v. i.* to agree (anche *gramm.*).

concordatàrio *a.* **1** of (o pertaining to, in accordance with) a concordat **2** (*leg.*) composition (*attr.*).

concordato *m.* **1** (*relig.*) concordat; pact **2** (*leg.*) composition; arrangement.

concòrde *a.* concordant; agreeing; in agreement; unanimous.

concordeménte *avv.* with one accord; unanimously.

concòrdia *f.* concord; harmony; peace; goodwill.

concorrènte A *a.* **1** concurrent **2** competing **3** (*mat.*) converging; concurring **B** *m.* e *f.* **1** candidate; applicant **2** (*comm., sport*) competitor.

concorrènza *f.* **1** (afflusso) concourse **2** (competizione) competition (anche *comm.*): *I nostri prezzi non temono la c.,* our prices defy all competition ● *fare c. a un'altra ditta,* to compete with another firm.

concórrere *v. i.* **1** (*lett.*: affluire) to come* (together); to assemble; to converge **2** (contribuire) to contribute; to concur **3** (partecipare) to contribute; to share (in); to take* part (in): *c. alla spesa,* to contribute to (o to share in) the expense **4** (gareggiare) to compete; to enter; to go* in (for); (aspirare) to apply (for).

concórso *m.* **1** (afflusso) concourse; gathering **2** (concomitanza) concurrence; coincidence **3** (gara) competition; contest; (esame di c.) competitive exam: *bando di c.,* announcement of competition □ *un c. musicale,* a musical contest **4** (*leg.*) complicity (in a crime) ● (*comm.*) *c. d'appalto,* request (o call) for bids □ (*leg.*) *c. di colpa,* contributory negligence □ *c. ippico,* horse show □ *fuori c.,* out of competition; not for competition; unclassified □ *mettere a c.,* to announce a competition (for).

concretare A *v. t.* **1** to make* (st.) concrete; to concretize **2** (concludere, realizzare) to carry out; to get* (st.) done **B concretarsi** *v. rifl.* to take* shape; to be realized; to come* true.

concretézza *f.* concreteness; concrete form.

concretizzare *V.* **concretare.**

concrèto *a.* **1** concrete; actual; positive; real **2** (*chim., filos., gramm.*) concrete ● *in c.,* actually; in reality.

concrezióne *f.* (*geol., med.*) concretion.

concubina *f.* concubine.

concubinato *m.* concubinage.

concubino *m.* concubinary.

conculcare *v. t.* (*lett.*) to oppress; to trample upon; to crush.

concupiscènza *f.* lust; concupiscence.

concussióne *f.* (*leg.*) extortion; graft.

condanna *f.* **1** (*leg.*: penale) sentence; conviction; condemnation; (civile) judgement, condemnation: *c. capitale,* death sentence; capital sentence □ *c. a vita,* life sentence **2** (riprovazione) condemnation; (strong) censure ● (*leg.*) *riportare una c.,* to be sentenced.

condannàbile *a.* condemnable; (riprovevole, anche) censurable.

condannare *v. t.* **1** to convict; to sentence; to condemn (anche *fig.*): *c. a morte,* to sentence to death □ *c. q. per furto con scasso,* to convict sb. of burglary **2** (*fig.*) to damn: *condannato dai critici,* damned by the critics **3** (*relig.*) to censure ● (di un malato) *È condannato,* there's no hope; he's a dying man.

condannato *m.* prisoner; convict.

condensare A *v. t.* **1** (*chim., fis.*) to condense **2** (*fig.*) to condense; to compress; to concentrate **B condensarsi** *v. rifl.* to condense.

condensato A *a.* condensed (anche *fig.*) **B** *m.* **1** (compendio) summary; digest **2** (*fam.*: mucchio) heap; pile.

condensatóre *m.* **1** condenser **2** (*fis.*) condenser; capacitor: *c. ad aria,* air condenser.

condensazióne *f.* (*fis.*) condensation; condensing.

condiménto *m.* **1** flavouring; seasoning; (per l'insalata) dressing **2** (specialm. di pepe, spezie, ecc.) condiment **3** (salsa) sauce.

condire *v. t.* **1** to **flavour; to season;** (l'insalata) to **dress 2** (con odori, spezie, ecc.) to **season 3** (con salse) to **serve with a sauce 4** *(fig.)* to **season,** to **sprinkle** (with).
condirettóre *m.* **1 joint manager 2** (di giornale) **co-editor.**
condiscendènte *a.* **1 condescending 2** (arrendevole) **compliant.**
condiscendènza *f.* **1 condescension 2** (arrendevolezza) **compliance.**
condiscéndere *V.* **accondiscéndere.**
condiscépolo *m.* **fellow disciple.**
condivìdere *v. t.* to **share.**
condizionale A *a.* (anche *gramm.*) **conditional B** *m.* *(gramm.)* **conditional (mood) C** *f.* *(leg.)* **probation.**
condizionaménto *m.* **conditioning** (anche *psic.*): *c. d'aria,* air conditioning.
condizionare *v. t.* **1** (anche *psic.*) to **condition 2** (sottoporre a condizioni) to **make* conditional;** to **qualify**: *(comm.) accettazione condizionata,* qualified acceptance ● *ad aria condizionata,* air-conditioned.
condizionatóre *m.* **conditioner**: *un c. d'aria,* an air conditioner.
condizióne *f.* **1 condition; term;** (*nelle frasi neg.*, anche) **account**: *a c. che venga anche Martino,* on condition that Martin will come too □ *a una (sola) c.,* on one condition **2** (stato; *spesso al pl. ital. corrisponde un sing. ingl.*) **condition; position; state**: *non essere in condizioni di viaggiare,* to be in no condition to travel □ *essere in c. di fare q.c.,* to be in a position (o to be able) to do st. **3** (condizione adatta) **fit condition; fit state 4** (ceto, ambiente) **condition (**o **state) of life; social class 5** (qualità, requisito) **quality; qualification 6** *(leg.)* **condition; term; provision** ● *(naut.) essere in buone condizioni,* to be in repair □ *essere in buone (cattive) condizioni di salute,* to be in good health (in bad health) □ (d'atleti, cavalli, merce, ecc.) *essere in buone condizioni,* to be in good condition □ (di macchina) *essere in cattive condizioni,* to be out of repair.
condoglianza *f.* **condolence; sympathy**: *fare le proprie condoglianze,* to condole (with sb.); to express one's sympathy.
condolérsi *v. rifl.* to **condole,** to **sympathize** (with).
condomìnio *m.* **1** *(leg.)* **joint ownership;** *(collett.)* **(the) joint owners 2** (il caseggiato) **jointly owned block of flats; apartment building; condominium** *(USA).*
condòmino *m.* **joint owner.**
condonàbile *a.* (di debito) **remissible.**
condonare *v. t.* **1** *(leg.)* to **remit**: *c. un debito (una pena),* to remit a debt (a penalty) **2** (*lett.*: perdonare) to **condone;** to **forgive*.**
condóno *m. (leg.)* **remission.**
còndor *m.* (*zool.*, Vultur gryphus) **condor.**
condótta *f.* **1** (comportamento) **behaviour; conduct 2** (svolgimento) **handling; treatment 3** *(med.)* **district served by a municipal doctor;** (la carica) **post of municipal doctor 4** (il condurre acque) **conveyance** (of water supply) **5** (tubazione) **pipes** *(pl.)*; **piping 6** *(ferr.)* **goods train** ● *c. sleale,* foul play.
condottièro *m.* **1** *(stor., mil.)* **« condottiere »*; leader of mercenary troops 2** *(fig.)* **captain; general; commander.**
condótto A *a.* — *medico c.,* municipal doctor **B** *m.* **1** (tubo, canale, ecc.) **pipe; channel; conduit; duct;** (specialm. per il petrolio) **pipeline;** (per il fumo, per aria calda) **flue 2** *(anat.)* **duct.**
conducènte *m.* e *f.* **driver**: *un c. di autobus,* a bus-driver.
condurre A *v. t.* **1** to **lead*;** to **conduct** *(lett.)*: *c. le truppe alla vittoria,* to lead the troops to victory □ *c. una vita piacevole,* to lead a pleasant life **2** (accompagnare) to **take*;** (verso chi parla) to **bring***: *c. i ragazzi a spasso,* to take the children for a walk **3** (un veicolo) to **drive* 4** *(fis.)* to **conduct;** to **transmit 5** (dirigere, amministrare) to **conduct;** to **manage**: *c. una azienda,* to manage a firm **B** *v. i.* **1** (mettere capo, per es. di strada) to **lead*;** to **go* 2** *(sport)* to **lead***: *c. per tre a zero,* to lead by three-nil **C condursi** *v. rifl.* **1** (comportarsi) to **behave 2** (*lett.*: recarsi) to **betake* oneself.**
conduttanza *f. (fis.)* **conductance.**
conduttività *f. (fis.)* **conductivity.**
conduttivo *a. (fis.)* **conductive.**
conduttóre *m.* **1 conductor; leader; guide 2** (conducente di tram, autobus, ecc.) **driver 3** (controllore, sui treni) **guard; conductor** *(USA)* **4** *(fis.)* **conductor 5** *(leg.)* **lessee; tenant** ● *(elettr.) c. elettrico,* (electric) wire.
conduttura *f.* **plumbing; pipes** *(pl.)*; **main.**
conduzióne *f.* **1 management 2** *(fis.)* **conduction 3** *(leg.)* **leasehold; tenancy.**
confabulare *v. i.* *(scherz.)* to **confabulate.**
confabulazióne *f.* *(scherz.)* **confabulation.**
confacènte *a.* **becoming** (to); **suitable, fitting** (for).
confarsi *v. rifl.* to **become*;** to **suit;** to **agree** (with).
confederale *a.* **confederal.**
confederarsi *v. rifl.* to **form a confederation;** to **federate.**
confederato *a.* e *m.* **confederate** ● *(stor.) gli Stati Confederati d'America,* the Confederate States of America.
confederazióne *f.* **confederation; confederacy.**
conferènza *f.* **1 lecture**: *una c. su Verga,* a lecture on Verga **2** (riunione, congresso) **conference**: *una c. stampa,* a press conference ● *tenere una c. su q.c.,* to lecture on st.
conferenzière *m.* **lecturer.**
conferiménto *m.* **conferring; bestowal; grant.**
conferire A *v. t.* **1** (assegnare) to **confer,** to **bestow** (on); to **give*;** to **grant**: *c. a q. una laurea ad honorem,* to confer an honorary degree on sb. **2** (dare, aggiungere) to **lend*;** to **give* B** *v. i.* **1** (avere un colloquio) to **confer** (with) **2** (giovare) to **agree** (with) ● *(naut.) c. a un ufficiale il comando d'una nave,* to commission an officer.
conférma *f.* **confirmation**: *a c.,* in confirmation.
confermare A *v. t.* to **confirm;** to **attest;** to **bear* witness to;** to **corroborate**: *c. una teoria,* to corroborate a theory **B confermarsi** *v. rifl.* to **confirm oneself;** to **become* firmer.**
confermativo *a.* **confirmative.**
confermazióne *f.* (anche *relig.*) **confirmation.**
confessare A *v. t.* **1** (ammettere) to **confess;** to **admit;** to **acknowledge;** to **own 2** *(relig.)* to **confess;** to **hear* confessions**: *c. i propri peccati,* to confess one's sins □ *Il priore sta confessando,* the prior is hearing confessions **3** (professare, attestare) to **confess;** to **attest B confessarsi** *v. rifl.* (anche *fig.*) to **confess** ● *(leg.) c. colpevole,* to plead guilty.
confessionale *a.* e *m.* **confessional.**
confessióne *f.* **1** *(leg.)* **confession**: *una c. firmata,* a signed confession **2** *(relig.)* **confession**: *la c. dei propri peccati,* the confession of one's sins **3** (setta religiosa) **creed; sect; religion; confession.**
confèsso *a.* **(who has) confessed; self-acknowledged** ● *(leg.) essere reo c.,* to have pleaded guilty.
confessóre *m.* **confessor.**
confettare *v. t.* to **candy.**
confetterìa *f. (in ogni senso)* **confectionery.**
confettièra *f.* **sweet box (**o **jar).**
confettière *m.* **confectioner.**
confètto *m.* **1 sugar-coated almond 2** *(farm.)* **pill.**
confettura *f.* (marmellata) **jam;** (di arance) **marmalade.**
confezionare *v. t.* **1** (capi d'abbigliamento) to **make*;** to **tailor**: *un articolo confezionato,* a ready-made article **2** (cibi, ecc.) to **concoct;** to **prepare;** to **make* 3** (impacchettare) to **make* up;** to **wrap up;** to **pack;** to **package;** (di prodotti alimentari) to **box (up).**
confezióne *f.* **1** (il confezionare capi d'abbigliamento) **making (up); tailoring 2** (abito) **garment; article of clothing;** (da uomo) **suit;** (da donna) **dress, confection 3** (imballaggio) **packaging;** (inscatolamento) **boxing.**

conficcare A *v. t.* to **drive*** **(in)**; to **hammer (in)**; to **transfix**; to **stick***; (inchiodare) to **nail B conficcarsi** *v. rifl.* to **run*** (into).
confidare A *v. i.* to **confide**; to **trust**; to **put*** **one's trust** (in); to **feel*** **sure**; to **believe firmly**: *c. in q.*, to trust (o to confide in) sb. **B** *v. t.* **1** to **confide**: *c. un segreto a q.*, to confide a secret to sb. **2** (affidare) to **confide**; to **entrust**: *c. q.c. a q.*, to entrust st. to sb.; to entrust sb. with st. **C confidarsi** *v. rifl.* to **confide** (in).
confidènte A *a.* **confiding**; **trusting B** *m.* e *f.* **1** **confidant** (masch.), **confidante** (femm.) **2** (della polizia, ecc.) **(police) informer.**
confidènza *f.* **1** (fiducia) **confidence**; **trust 2** (familiarità) **intimacy**; **familiarity** ● *in c.*, in confidence; confidentially □ *prendersi troppa c.*, to be (too) familiar □ *Ti voglio fare una c.*, I want to tell you st. in confidence.
confidenziale *a.* **confidential** ● *a titolo c.*, confidentially.
confidenzialménte *avv.* **confidentially**; **in confidence.**
confìggere *v. t.* **1** to **drive*** **in 2** (inchiodare) to **nail.**
configurarsi *v. rifl.* to **take*** **on (o to assume) a form** (o **a shape).**
configurazióne *f.* **configuration**; **shape**; **outline**; **contour.**
confinante A *a.* **neighbouring**; **adjoining**; **bordering** (on) **B** *m.* e *f.* **neighbour.**
confinare A *v. t.* **1** (*leg.*: come pena) to **intern**; to **confine** (sb.) **to 2** (*fig.*) to **confine B** *v. i.* **1** to **border** (on); to **adjoin**; to **be bounded** (by) **2** (*fig.*) to **border** (on) **C confinarsi** *v. rifl.* to **shut*** **oneself up** (in).
confinàrio *a.* **1** **boundary** (*attr.*) **2** (di uno Stato) **frontier** (*attr.*).
confinato *m.* (*leg.*) **person subjected to political confinement**; **internee.**
confine *m.* **1** **boundary**; **limit 2** (di nazione) **frontier**; **border.**
confino *m.* **1** (*leg.*) **internment 2** (la zona) **place of internment** ● *mandare al c.*, to intern.
confisca *f.* (*leg.*) **forfeiture**; **confiscation.**
confiscare *v. t.* (anche *leg.*) to **forfeit**; to **confiscate.**
confiteor (*lat.*) *m.* (*relig.*) **confiteor.**
conflagrazióne *f.* **conflagration** (anche *fig.*).
conflitto *m.* **conflict**; (contrasto) **clash** ● *c. mondiale*, world war.
conflittualità *f.* (specialm. in campo sindacale) **conflict**; **strife.**
confluènte *a.* e *m.* **confluent.**
confluènza *f.* (*geogr.*) **confluence.**
confluire *v. i.* **1** (di corsi d'acqua) to **flow into each other**; (di valli, di strade) to **meet*** **2** (*fig.*) to **join**; to **meet***; to **join forces.**
confóndere A *v. t.* **1** (mescolare) to **muddle (up)**; to **make*** **a muddle of** (st.); to **confuse 2** (q., q.c. con q., q.c. altro) to **mistake*** (for) **3** (disorientare) to **confuse**; to **muddle**; (mettere in imbarazzo) to **embarrass B confóndersi** *v. rifl.* **1** (mescolarsi) to **mingle**; (di colori) to **blend 2** (turbarsi) to **be disconcerted**; to **be** (o to **get**) **confused 3** (diventare indistinto) to **be blurred** ● (*tosc.*) *Non ti c.: lo farò io*, never mind (o don't bother): I'll do it myself.
conformare A *v. t.* to **conform**; to **adapt**; to **proportion B conformarsi** *v. rifl.* to **conform** (to); to **comply** (with).
conformazióne *f.* **conformation.**
confórme A *a.* **1** **corresponding** (to); **modelled** (upon) **2** (simile) **similar, analogous** (to); **like** ● *essere c.*, to correspond **B** *avv.* **in conformity** (with): *agire c. al regolamento*, to act in conformity with the regulations.
conformeménte *avv.* **accordingly** ● *c. a*, in accordance with; in conformity with.
conformismo *m.* **1** (*relig., polit.*) **conformity 2** **conventionality.**
conformista *m.* e *f.* **1** (*relig., polit.*) **conformist 2** **conventional person**; **stickler for propriety.**
conformità *f.* **conformity**; **accordance**: *in c. di*, in conformity with.
confortante *a.* **comforting**; (rassicurante) **reassuring.**
confortare A *v. t.* **1** (consolare) to **comfort**; to **console**; (rassicurare) to **reassure 2** (incoraggiare) to **encourage 3** (sostenere) to **bear*** **out**; to **support**; to **strengthen B confortarsi** *v. rifl.* to **console oneself**; to **take*** **comfort.**
confortatóre A *m.* **comforter B** *a.* **comforting**; **reassuring.**
confortévole *a.* **1** **comforting**; **cheering 2** (comodo) **comfortable.**
confòrto *m.* **1** **reassurance**; **encouragement**; **consolation**; **comfort**: *cercare c. nella preghiera*, to seek consolation in prayer **2** (sostegno) **support**: *a c. di questa teoria*, in support of this theory **3** (comodità) **comfort.**
confratèllo *m.* **1** (*relig.*) **brother*** **2** (*fig.*) **colleague.**
confratèrnita *f.* (*relig.*) **brotherhood.**
confrontare *v. t.* **1** to **compare**: *c. la copia con l'originale*, to compare the copy with the original **2** (mettere a confronto) to **confront 3** (collazionare) to **collate.**
confrónto *m.* **1** **comparison 2** (*leg.*) **confrontation 3** (collazione) **collation** ● *c. all'americana*, identification parade □ *in c. di*, in comparison with; compared with □ *mettere a c.*, to compare; (*leg.*) to confront □ *senza confronti*, beyond comparison; incomparably.
confucianesimo *m.* (*relig.*) **Confucianism.**
confuciano *a.* e *m.* (*relig.*) **Confucian.**
confusaménte *avv.* **confusedly.**
confusionale *a.* (*psic.*) **confusional.**
confusionàrio A **bungling**; **muddling B** *m.* **bungler**; **muddler.**
confusióne *f.* **1** **muddle**; **confusion**; **disorder**; **mess**; (trambusto) **bustle**; (baccano) **hullabaloo 2** (smarrimento) **confusion**; **embarrassment** ● *c. di razze*, medley of races □ (*psic.*) *c. mentale*, (mental) confusion □ *fare c.*, to make a muddle (of st.); to muddle (up); to be a muddler.
confuso *a.* **1** **muddled**; **puzzling**: *idee confuse*, muddled ideas **2** (indistinto) **confused**; **blurred**; **vague 3** (turbato) **confused**; **bewildered 4** (mortificato) **mortified**; **covered with confusion**; **very sorry.**
confutare *v. t.* to **confute**; to **refute**; to **disprove.**
confutazióne *f.* **confutation**; **refutation.**
congedare A *v. t.* **1** to **dismiss 2** (licenziare) to **discharge**; to **dismiss**; to **sack** (*fam.*) **3** (*mil.*) to **discharge**; to **demobilize**; to **demob** (*fam.*) **B congedarsi** *v. rifl.* to **take*** **one's leave.**
congèdo *m.* **1** (commiato) **leave**: *prendere c.*, to take one's leave **2** (permesso) **leave (of absence)**: *essere in c.*, to be on leave □ *chiedere un c. per motivi di salute*, to apply for sick-leave **3** (*mil.*) **discharge 4** (*poesia*) **envoy** ● (*mil.*) *c. assoluto*, discharge (from military service) □ *foglio di c.*, discharge papers □ *visita di c.*, farewell call (o visit).
congegnare *v. t.* **1** to **put*** **together**; to **invent**; to **design**; to **devise 2** (*fig.*) to **plan**; to **construct 3** (*mecc.*) to **assemble.**
congégno *m.* (*mecc.*) **device**; **contrivance**; **apparatus**; **gear**; **machine**; (strumento) **instrument**; (meccanismo) **mechanism**; (piccolo) **gadget** (*fam.*).
congelaménto *m.* **1** (*fis.*) **freezing**; **congelation 2** (*med.*) **frostbite 3** (*econ.*) **freeze.**
congelare A *v. t.* to **freeze*** (anche *econ.*); to **congeal B congelarsi** *v. rifl.* **1** to **freeze***; to **become*** **congealed** (o **frozen**) **2** (*med.*) to **become*** **frostbitten.**
congelato *a.* **1** **congealed**; **frozen** (anche *econ.*): *carne congelata*, frozen meat **2** (*med.*) **frostbitten.**
congelatóre *m.* **freezer.**
congènere *a.* **of the same sort** (o **kind**); **congenerous** (anche *biol.*).
congeniale *a.* **congenial.**
congènito *a.* (anche *med.*) **congenital.**
congèrie *f.* **heap**; **congeries*** (*lett.*); **conglomeration**; **confused mass.**
congestionare *v. t.* (*med.*) to **congest**; (*fig.*, anche)

to overcrowd.
congestionato *a.* *(med.)* **congested;** *(fig.,* anche) **overcrowded** ● *viso c.,* flushed face.
congestióne *f.* *(med., fig.)* **congestion.**
congettura *f.* **conjecture; surmise; supposition.**
congetturale *a.* **conjectural.**
congetturare *v. t.* **to conjecture; to surmise; to suppose.**
congiùngere ***A*** *v. t.* **to connect; to join (together); to link; to unite;** (le mani) **to clasp;** (travi, binari) **to splice;** (a mortasa) **to mortise;** (a incastro) **to cog** ***B*** **congiùngersi** *v. rifl.* **to join; to be joined; to meet*; to link up; to join forces.**
congiungiménto *m.* ***1*** **joining** ***2*** *(mil.)* **link-up.**
congiuntiva *f.* *(anat.)* **conjunctiva*.**
congiuntivite *f.* *(med.)* **conjunctivitis.**
congiuntivo ***A*** *a.* ***1*** **conjunctive** ***2*** *(gramm.)* **subjunctive:** *il modo c.,* the subjunctive mood ***B*** *m.* *(gramm.)* **subjunctive.**
congiunto ***A*** *a.* **joined; connected; linked** ***B*** *m.* **relative; relation.**
congiuntura *f.* ***1*** **joint; joining** ***2*** *(anat.)* **joint; articulation** ***3*** *(fig.)* **juncture; conjuncture** ***4*** *(econ.:* situazione) **economic situation;** (tendenza) **economic tendency** (o **trend)** ***5*** *(econ.:* c. bassa) **slump.**
congiunturale *a.* *(econ.)* **relating to the economic situation.**
congiunzióne *f.* ***1*** **junction** ***2*** *(gramm., astron.)* **conjunction.**
congiura *f.* **conspiracy; plot.**
congiurare *v. i.* **to conspire; to plot.**
congiurato *m.* **conspirator; plotter.**
conglobaménto *m.* **lumping together; consolidation.**
conglobare *v. t.* **to lump together; to consolidate.**
conglomerare *v. t.* **to conglomerate.**
conglomerato *m.* ***1*** **conglomeration** (anche *fig.)* ***2*** *(geol.)* **conglomerate; pudding-stone.**
conglutinare *v. t.* **conglutinarsi** *v. rifl.* **to conglutinate.**
congolése *a., m.* e *f.* **Congolese*.**
congratularsi *v. rifl.* **to congratulate:** *c. con q. per q.c.,* to congratulate sb. on st.
congratulazióne *f.* *(generalm. al pl.)* **congratulation.**
congrèga *f.* ***1*** **band; bunch** *(fam.);* **gang** ***2*** *(relig.)* **congregation.**
congregare *v. t.* **congregarsi** *v. rifl.* **to congregate.**
congregazióne *f.* (anche *relig.)* **congregation.**
congressista *m.* e *f.* **member of a congress.**
congrèsso *m.* **congress; conference.**
congressuale *a.* **congressional; congress** *(attr.).*
còngrua *f.* *(relig.)* **(State) stipend.**
congruènte *a.* **congruent.**
congruènza *f.* **congruence** (anche *mat.);* **congruity.**
còngruo *a.* ***1*** (adatto) **congruous; suitable; fitting; proper;** (adeguato) **adequate** ***2*** *(mat.)* **congruent.**
conguagliare *v. t.* *(fin., rag.)* **to adjust; to balance; to settle.**
conguàglio *m.* *(fin., rag.)* **balance; settlement; adjustment.**
coniare *v. t.* **to coin** (anche *fig.);* **to mint; to strike*.**
coniatóre *m.* **coiner** (anche *fig.);* **minter.**
coniazióne *f.* **coinage; mintage.**
cònico *a.* ***1*** **conical; cone-shaped** ***2*** *(mat.)* **conic.**
conìfero *a.* *(bot.)* **coniferous.**
coniglièra *f.* ***1*** (gabbia per conigli) **rabbit-hutch** ***2*** (recinto) **warren.**
conigliétta *f.* (in alcuni club) **bunny (girl).**
conìglio *m.* ***1*** *(zool.,* Oryctolagus cuniculus) **rabbit;** (la femmina) **doe; bunny** (infant. e fam.) ***2*** *(fig.)* **chicken-hearted person; coward** ● *pelliccia di c.,* cony, coney.
cònio *m.* ***1*** (punzone) **minting die** ***2*** (l'impronta sulle monete) **stamp** (on a coin); **mint-mark; brand:** *una moneta di nuovo c.,* a brand-new coin ***3*** *(fig.)* **stamp; sort** ***4*** (il coniare) **coinage, mintage** (anche *fig.).*
coniugale *a.* (specialm. *leg.)* **conjugal** ● *vita c.,* married life.
coniugare ***A*** *v. t.* *(gramm.)* **to conjugate** ***B*** **coniugarsi** *v. rifl.* **to get* married.**
coniugato ***A*** *a.* ***1*** **married; joined in marriage** ***2*** *(mat.)* **conjugate** ***3*** *(bot.)* **conjugate** ***B*** *m.* **married man*.**
coniugazióne *f.* *(gramm.)* **conjugation.**
còniuge *m.* ***1*** **spouse; consort** ***2*** *(al pl.)* **married couple; husband and wife.**
connaturale *a.* **connatural.**
connaturare ***A*** *v. t.* **to make*** (st.) **connatural** ***B*** **connaturarsi** *v. rifl.* **to become* second nature.**
connaturato *a.* **ingrained; inveterate.**
connazionale ***A*** *a.* **of the same nationality** *(pred.)* ***B*** *m.* **fellow-countryman*** ***C*** *f.* **fellow-countrywoman*.**
connessióne *f.* ***1*** **connexion, connection** (anche *elettr.)* ***2*** *(falegnameria, mecc.)* **joint; juncture; join; link** (anche *fig.).*
connèsso ***A*** *a.* (anche *elettr.)* **connected, joined;** *(mecc.)* **linked** ***B*** *m.* — *con tutti gli annessi e connessi,* with all appurtenances (o appendages, accessories).
connèttere *v. t.* ***1*** (unire) **to join; to connect** (anche *fig.);* **to link** (anche *mecc.)* ***2*** (ordinare razionalmente i propri pensieri) **to think* straight.**
connettivo *a.* **connective;** *(anat.)* *tessuto c.,* connective tissue.
connivènte ***A*** *a.* **conniving** ● *essere c.,* to connive ***B*** *m.* e *f.* **conniver; accomplice.**
connivènza *f.* *(leg.)* **connivance.**
connotato *m.* **personal characteristic;** *(al pl.)* **description** (of a person) ● *(fam.)* *cambiare i connotati a q.,* to beat sb. black and blue.
connotazióne *f.* **connotation.**
connùbio *m.* ***1*** **matrimony; marriage;** (unione) **union** ***2*** *(fig.)* **alliance.**
còno *m.* *(in ogni senso)* **cone.**
conòcchia *f.* **distaff** ● *trarre la c.,* to spin.
conòide *m.* ***1*** *(geom.)* **conoid** ***2*** *(geol.)* **cone.**
conoscènte *m.* e *f.* **acquaintance.**
conoscènza *f.* ***1*** (il sapere) **knowledge:** *È giunto a nostra c. che...,* it has come to our knowledge that... ***2*** (l'essere cosciente, consapevole) **consciousness:** *perdere (riprendere) la c.,* to lose (to recover) consciousness ***3*** (il conoscere una persona; la persona conosciuta) **acquaintance:** *fare la c. di q.,* to make sb.'s acquaintance; to become acquainted with sb. ***4*** *(leg., bur.)* **cognizance:** *prendere c. di q.c.,* to take cognizance of st. ***5*** *(filos.)* **cognition** ● *essere a c. di q.c.,* to be acquainted with st.; to know st. □ *portare q.c. a c. di q.,* to acquaint sb. with st. □ *prendere c. di q.c.,* to acquaint oneself with st. □ *privo di c.,* unconscious; in a faint □ *venire a c. di q.c.,* to become acquainted with st.; to learn of (o to get to know) st. □ *Lieto di fare la Sua c.,* how do you do?; pleased to meet you.
conóscere ***A*** *v. t.* ***1*** **to know*:** *c. tutti,* to know everybody □ *c. q. di vista,* to know sb. by sight ***2*** (avere coscienza) **to be conscious** ***3*** (riconoscere) **to recognize; to know*:** *c. q. alla voce,* to recognize sb. by his (o her) voice ***4*** (fare la conoscenza di) **to make* the acquaintance of, to become* acquainted with** (sb.); **to meet*;** (essere presentato a) **to be introduced to** (sb.): *Desideravo conoscerLa,* I wanted to meet you ***5*** (distinguere) **to know*; to be able to tell; to discern:** *Non si conosce qual è quello vero,* you can't tell which is the real one ***6*** *(leg., bur.)* **to take* cognizance of** (st.) ● *darsi a c.,* to prove (o to show) oneself (to be) □ *(comm.)* *far c. un articolo,* to advertise an article □ *farsi c.* (acquistare fama), to make a name for oneself; to become famous □ *farsi c.* (riconoscere) *da q.,* to make oneself known to sb. □ *non c. il mondo,* to be ignorant of the world □ *È furibondo, non conosce ragione,* he is furious, he won't listen to reason ***B*** **conóscersi** *v. rifl.* **to know* oneself** ***C*** *v. rifl. recipr.* ***1*** **to know* each other** (o **one another)** ***2*** (fare conoscenza) **to meet*:** *Ci siamo già conosciuti?,* have we met before?
conoscitivo *a.* **cognitive.**
conoscitóre *m.* **expert; connoisseur; good judge** (of st.).

conosciuto *a.* **well-known**: *fatti conosciuti,* well-known facts.
conquassare *v. t.* **1** to **shake* violently 2** (fracassare) to **smash**; to **shatter.**
conquibus *m. (scherz., fam.)* **(the) wherewithal; dough** *(pop.).*
conquista *f. (in ogni senso)* **conquest**: *la c. dello spazio,* the conquest of space □ *fare una c.,* to make a conquest.
conquistare *v. t.* **1** *(mil.)* to **conquer**; to **capture 2** *(fig.:* cattivarsi) to **win***; to **win* over (to one's side) 3** (raggiungere) to **achieve**; to **get***; (lottando) to **win* through to** (st.) **4** (far innamorare) to **conquer.**
conquistatóre *m.* **1 conqueror 2** *(fig.)* **lady-killer; don Juan.**
conquistatrice *f.* **1 conqueress 2** *(fig.)* **heart-breaker.**
consacrare A *v. t.* **1** to **consecrate**; (un ecclesiastico, anche) to **ordain**; (una chiesa, anche) to **dedicate**; (un monarca, anche) to **anoint 2** *(fig.)* to **consecrate**; to **hallow**; (dedicare) to **give* (up),** to **devote**: *c. tutto il proprio tempo al lavoro,* to devote all one's time to work **B consacrarsi** *v. rifl. (fig.)* to **devote oneself.**
consacrazióne *f.* **1 consecration**; (di un sacerdote, anche) **ordination**; (di una chiesa, anche) **dedication**; (di un monarca, anche) **anointment 2** *(fig.)* **(final) seal; approval.**
consanguineità *f.* **blood relationship; consanguinity; kinship.**
consanguineo A *a.* **consanguineous; akin B** *m.* **blood relation; kinsman*.**
consapévole *a.* **(fully) aware; (fully) conscious**; (con senso di biasimo) **self-conscious**: *essere c. delle proprie responsabilità,* to be fully conscious of one's responsibilities ● *rendere q. c. di q.c.,* to inform sb. about st.
consapevolézza *f.* **awareness; consciousness.**
consapevolménte *avv.* **consciously; knowingly.**
cònscio *a.* **conscious; aware.**
consecutivo *a.* **1 consecutive**; (di seguito) **on end**: *per tre giorni consecutivi,* for three consecutive days (o for three days on end) **2** (successivo) **following; next 3** *(gramm.)* **consecutive.**
conségna *f.* **1** (anche *leg.*) **delivery**: *pagamento alla c.,* cash on delivery □ *spese di c.,* delivery charges **2** (partita di merce) **consignment 3** (anche *leg.:* deposito) **consignment**: *merce in c.,* goods on consignment **4** *(mil.:* punizione) **confinement to barracks 5** *(mil.:* ordine) **orders** *(pl.)* ● *dare le consegne,* to hand over □ *dare q.c in c. a q.,* to entrust st. to sb. (o to sb.'s care); to leave st. with sb. □ *prendere le consegne,* to take over (formally).
consegnare *v. t.* **1** to **give***; to **deliver** *(specialm. al passivo)*; (a mano) to **hand 2** (affidare) to **commit**; to **consign to** (sb.'s) **care**; to **entrust**; to **hand over**: *c. i pensieri alla carta,* to commit one's thoughts to paper **3** *(mil.)* to **confine** (sb.) **to barracks** ● *c. q. alla polizia,* to give sb. in charge to the police.
consegnatàrio *m. (comm.)* **consignee.**
conseguènte *a.* **consequent.**
conseguentemente *avv.* **consequently; in consequence.**
conseguènza *f.* **1 consequence; result 2** (importanza) **consequence; moment**: *cose di gran c.,* matters of great moment ● *di c.,* in consequence; consequently.
conseguìbile *a.* **achievable; attainable.**
conseguiménto *m.* **achievement; attainment.**
conseguire A *v. t.* to **achieve**; to **attain**; to **win* B** *v. i.* to **follow**; to **be the result**; to **be the consequence.**
consènso *m.* **consent** (anche *leg.*); **agreement.**
consensuale *a. (leg.)* **by mutual consent** *(pred.)*; **consensual.**
consentire A *v. i.* **1** (essere d'accordo) to **agree**; to **concur 2** (acconsentire) to **assent**; to **consent**: *c. a una proposta,* to assent to a proposal **3** (permettere) to **enable**; to **make* it possible B** *v. t.* to **allow**; to **give***; to **grant** ● *c. a una richiesta,* to grant a request.
consenziènte *a.* **agreeable** (to); **consenting; consentient** ● *Firmò, c. il marito,* she signed, with the consent of her husband.
(1) consèrto *a.* **intertwined; interwoven** ● *a braccia conserte,* with folded arms.
(2) consèrto *m.* — *di c.,* in concert; in agreement.
consèrva *f.* **1 preserve 2** (serbatoio) **reservoir** ● *c. di arance,* marmalade □ *c. di frutta,* jam □ *c. di pomodoro,* tomato sauce □ (di cibi) *in c.,* preserved; (in recipienti di vetro) bottled; (di latta) tinned, canned; (di terraglia) potted.
consèrva, di *locuz. avv.* **1** *(mil.)* **in convoy 2** *(fig.)* **together** ● *(fig.) andare di c.,* to act in concert.
conservàbile *a.* **preservable.**
conservare A *v. t.* **1** (tenere, custodire) to **keep***; **still** to **have**; (dalla distruzione, dal deperimento, dalla dimenticanza) to **preserve,** to **conserve,** to **retain 2** (tenere caro) to **cherish**; to **treasure**; to **keep* 3** (cibi) to **preserve**; to **conserve**; (in vasi di vetro) to **bottle**; (di latta) to **tin,** to **can**; (di terraglia) to **pot 4** *(elab.)* to **hold* B conservarsi** *v. rifl.* to **keep***: *c. in buona salute,* to keep fit.
conservativo *a.* — *(leg.) sequestro c.,* attachment.
conservato *a.* **1 preserved; kept**: *ben c.,* well-preserved **2** (di cibo) **preserved; conserved**; (in vasi di vetro) **bottled**; (di latta) **tinned, canned**; (di terraglia) **potted.**
conservatóre *a.* e *m. (polit.)* **Conservative.**
conservatòrio *m. (mus.)* **conservatoire; conservatory.**
conservatorismo *m. (polit.)* **conservatism.**
conservazióne *f.* **preservation** ● *in ottimo stato di c.,* in excellent condition □ *istinto di c.,* instinct of self-preservation.
conservifìcio *m.* **cannery.**
consèsso *m. (lett.)* **assembly; meeting.**
considerare A *v. t.* **1** (esaminare) to **consider**; to **observe**; to **examine 2** (reputare) to **consider**; to **look* upon**; to **regard**; to **deem** *(lett.)*: *tutto considerato,* all things considered □ *considerata la sua età,* considering his age **3** (tenere presente) to **consider**; to **take* into consideration** (the fact that) **4** (riflettere) to **think* over**; to **turn** (st.) **over in one's mind 5** (di leggi, decreti, ecc.) to **provide for** ● *c. molto q.* (stimarlo), to think highly of sb.; to have a good (o a high) opinion of sb. □ *c. la possibilità di fare q.c.,* to contemplate doing st. **B considerarsi** *v. rifl.* to **consider** (o to **regard,** to **deem) oneself.**
consideratamente *avv.* **deliberately; after due consideration.**
consideratézza *f.* **caution; wariness; carefulness.**
considerato *a.* **1 cautious; wary; careful; prudent 2** (stimato) **esteemed; highly thought of.**
considerazióne *f.* **1 consideration; reflection; thought 2** (stima) **consideration; regard; esteem**: *essere tenuto in gran c.,* to be held in great esteem (o in great consideration) **3** (il considerare) **consideration**: *prendere in c. una proposta,* to take a proposal into consideration (meglio: to consider a proposal) ● *agire senza c.,* to act inconsiderately (o thoughtlessly) □ *godere di grande c.,* to be thought of (very) highly.
considerévole *a.* **considerable; conspicuous; substantial.**
consigliàbile *a.* **advisable.**
consigliare A *v. t.* to **advise**; to **recommend**; to **suggest B consigliarsi** *v. rifl.* to **ask* for** (o to **seek***) (sb.'s) **advice**; to **consult** ● *voler c. con q.,* to want sb.'s advice.
consiglière *m.* **1 adviser; counsellor 2** (membro di un consiglio) **councillor; member of a council**: *un c. comunale,* a town councillor ● *(fin.) c. delegato,* managing director.
consìglio *m.* **1** (avvertimento, suggerimento) **advice** *(solo sing.)*; **suggestion**: *seguire il c. (o i consigli) di q.,* to follow sb.'s advice **2** (parere) **counsel 3** (organo amministrativo collegiale) **council; board**: *il c. comunale,* the town council □ *il c. d'amministrazione,* the board of directors ● *c. dei ministri,* Cabinet.
consiliare *a.* **board, council** *(attr.).*
consìmile *a.* **similar; like** *(attr.)*; **alike** *(pred.).*

consistènte *a.* **1** **substantial; firm** **2** (denso, spesso) **thick** **3** *(fig.:* valido*)* **sound; convincing; valid.**

consistènza *f.* **1** *(*anche *chim.)* **consistence, consistency** **2** (solidità) **firmness; solidity; substantial character** **3** *(fig.:* validità*)* **soundness; validity** ● *(comm.) c. di cassa,* cash on hand □ *(comm.) c. di magazzino,* stock on hand.

consistere *v. i.* to **consist** (of, in); to **be composed** (of); to **lie*** (in).

consociare A *v. t.* to **join in partnership; to associate B consociarsi** *v. rifl.* to **associate; to consociate.**

consociato A *a.* **associated B** *m.* **associate.**

consociazióne *f.* **1** **association** **2** (società) **club; society.**

consòcio *m.* **fellow member; copartner; consociate.**

consolàbile *a.* **consolable.**

consolante *a.* **consoling; comforting.**

(1) consolare A *v. t.* **1** to **console;** to **soothe;** to **comfort** **2** (ricreare, ristorare) to **cheer;** to **do*** (sb.) **good;** to **be a comfort** **3** (allietare) to **cheer (up) B consolarsi** *v. rifl.* **1** to **take* comfort;** to **be comforted;** to **get* over it** **2** (rallegrarsi) to **cheer up;** to **take* heart.**

(2) consolare *a.* **consular**: *la carriera c.,* the consular career.

consolato *m.* **consulate.**

consolatóre A *m.* **consoler; comforter B** *a.* **consoling; comforting.**

consolazióne *f.* **1** **consolation; comfort; solace** *(lett.)* **2** (gioia) **joy; delight** ● *premio di c.,* consolation prize.

(1) cònsole *m.* **consul.**

(2) console *(franc.) f. V.* **consòlle.**

consòlida *f.* *(bot.,* Symphytum officinale*)* **comfrey.**

consolidaménto *m.* **consolidation;** (rinforzamento) **strengthening.**

consolidare A *v. t.* **1** (assodare) to **consolidate;** to **stiffen** **2** (rafforzare) to **consolidate;** to **strengthen;** to **bolster up** **3** *(fin.)* to **consolidate B consolidarsi** *v. rifl.* to **consolidate.**

consolidato *m.* *(fin.)* **consolidated annuities** *(pl.)*; **consols** *(pl.)*.

consòlle *f.* **1** **console (table)** **2** (di elaboratore, ecc.) **console** ● *(elab.) c. di visualizzazione di messaggi,* message display console.

consommé *(franc.) m. (cucina)* **clear soup; consommé.**

consonante *f.* *(fon.)* **consonant.**

consonàntico *a.* *(fon.)* **consonantal; consonantic; of a consonant.**

consonanza *f.* **consonance.**

consonare *v. i.* *(lett.)* to **go*** (with); to **harmonize** (with).

cònsono *a.* **consistent** (with); **consonant** (with).

consorèlla *f.* *(relig.)* **sister.**

consòrte A *m.* **1** **consort**: *il principe c.,* the prince consort **2** *(scherz.)* **husband B** *f.* **1** **consort** **2** *(scherz.)* **wife*; one's better half** *(scherz.)*.

consorterìa *f.* **faction; clique; junto*.**

consorziale *a.* **of a league (**o **of an association,** ecc.**).**

consòrzio *m.* **1** **society; league; association** **2** *(leg.:* accordo fra imprenditori*)* **syndicate; union**: *c. agrario,* farmers' union **3** *(fin.:* c. monopolistico*)* **cartel; trust** **4** *(fig.:* di imprese*)* **pool.**

constare *v. i.* **1** (consistere) to **consist** (of, in); to **be composed** (of); to **be made up** (of) **2** (risultare) to **appear** ● *a quanto mi consta,* as far as I know □ *Non mi consta,* not to my knowledge (o not so far as I know).

constatare *v. t.* **1** to **ascertain;** to **verify;** to **establish** **2** (notare) to **note;** to **observe** ● *Puoi constatarlo da te,* you can see for yourself.

constatazióne *f.* **ascertainment; verification.**

consuèto *a.* **usual; customary**: *più del c.,* more than usual.

consuetudinàrio A *a.* **1** **customary; habitual** **2** *(leg.)* **consuetudinary B** *m.* **creature of habit.**

consuetùdine *f.* **1** **custom; habit**: *avere la c. di fare q.c.,* to be in the habit of doing st. **2** (regola) **rule**: *com'è nostra c.,* as is our rule.

consulènte A *m.* e *f.* **consultant B** *a.* **consulting; consultant** *(attr.)* ● *(leg.) c. di parte,* expert witness □ *c. legale,* legal adviser.

consulènza *f.* **advice.**

consulta *f.* **1** (consultazione) **consultation** **2** (organo consultivo) **council.**

consultare A *v. t.* **1** to **consult;** to **see***: *c. un medico,* to consult a doctor **2** (libri) to **consult;** to **look** (st.) **up in** ● *c. le fonti originali,* to go to the sources **B consultarsi** *v. rifl.* to **confer** (with); to **seek* the advice** (of); to **talk** (st.) **over** (with) *(fam.)*.

consultazióne *f.* **1** **consultation** **2** *(al pl., polit.)* **discussions; talks** ● *(polit.) c. elettorale,* election □ *libro di c.,* reference book.

consultivo *a.* **advisory; consultative.**

consulto *m.* *(med.)* **consultation.**

consultóre *m.* **consultant.**

consultòrio A *a.* **consultatory; consultative B** *m.* **advisory (**o **advice) bureau.**

consumare A *v. t.* **1** to **consume;** to **use;** to **expend;** (esaurire) to **use up;** (abiti) to **wear* out** **2** (dissipare) to **consume;** to **spend*;** to **waste;** to **get* through** *(fam.)*; to **dissipate**: *c. tempo e energia,* to spend time and energy **3** (mangiare) to **eat*;** to **consume**: *c. un pasto,* to eat (o to have) a meal **4** (compiere) to **complete;** to **accomplish;** to **carry out;** to **consummate;** (un delitto) to **commit**: *c. un matrimonio,* to consummate a marriage □ *(leg.) c. un delitto,* to commit a crime **B consumarsi** *v. rifl.* **1** to **consume;** (di vestiario) to **wear* out;** (di combustibili) to **burn* out** **2** (struggersi) to **long;** to **be consumed;** to **pine** **3** (per malattia) to **waste away.**

consumato *a.* **1** (logoro) **worn (out)** **2** (sprecato) **wasted** **3** (perfetto) **consummate;** (di persona, anche) **accomplished** **4** (roso) **consumed**: *c. d'invidia,* consumed with envy.

consumatóre *m.* **1** *(econ.)* **consumer** **2** (cliente di bar o ristorante) **customer; guest.**

consumazióne *f.* **1** *(*anche *leg., relig.)* **consummation** **2** (consumo) **consumption** **3** (bibita) **drink;** (spuntino) **snack.**

consumismo *m.* *(econ.)* **consumerism.**

consumista *m.* e *f.* *(econ.)* **consumerist.**

consumìstico *a.* *(econ.)* **consumers', consumer** *(attr.)*.

consumo *m.* **consumption; use; wear** ● *beni di c.,* consumers' goods □ *cooperativa di c.,* co-operative store; co-op *(fam.)*.

consuntivo *a.* e *m.* — *(bilancio) c.,* final balance.

consunto *a.* **1** (logoro) **worn out; shabby** **2** (di persona) **run down;** (smunto, dimagrito) **wasted;** (sfinito) **worn out.**

consunzióne *f.* *(pop.:* tubercolosi*)* **consumption.**

consuòcera *f.* **one's son's (**o **daughter's) mother-in-law.**

consuòcero *m.* **one's son's (**o **daughter's) father-in-law.**

consustanziale *a.* *(relig.)* **consubstantial.**

consustanziazióne *f.* *(relig.)* **consubstantiation.**

cónta *f.* — *fare la c.,* to count out.

contàbile A *a.* **book-keeping** *(attr.)* ● *valore c.,* book value **B** *m.* e *f.* **book-keeper;** (ragioniere) **accountant.**

contabilità *f.* **book-keeping** ● *tenere la c.,* to keep the accounts □ *ufficio c.,* accounts department.

contabilizzare *v. t.* *(bur.)* to **enter;** (computare) to **reckon.**

contachilòmetri *m.* **speedometer; speed-indicator.**

contadina *f.* **countrywoman*.**

contadinésco *a.* **1** **country** *(attr.)*; **rustic** **2** (rozzo) **rough; oafish.**

contadino *m.* **1** (agricoltore) **farmer;** (salariato) **farm-worker**: *c. fittavolo,* tenant farmer **2** (chi vive in campagna) **countryman*** **3** *(stor.* e di paese non anglosassone*)* **peasant.**

contado *m.* **country (round a town); countryside** ●

gente del c., country folk.
contafròttole *m.* e *f.* *(fam.)* **story-teller.**
contagiare ***A*** *v. t.* to **infect** ***B*** **contagiarsi** *v. rifl.* to **be infected.**
contàgio *m.* *(med.)* ***1*** **contagion** (anche *fig.*); **infection** ***2*** (malattia contagiosa) **contagious disease.**
contagióso ***A*** *a.* **contagious, infectious** (anche *fig.*); **catching** *(fam.)* ***B*** *m.* **contagious patient.**
contagiri *m.* *(autom., mecc.)* **revolution counter.**
contagócce *m.* **dropper** • *bottiglietta a c.*, dropping bottle □ *(fig.) dare q.c. col c.*, to give st. in dribs and drabs.
contaminare ***A*** *v. t.* *(in ogni senso)* to **contaminate;** (corrompere) to **corrupt** ***B*** **contaminarsi** *v. rifl.* to **be contaminated;** to **become* corrupted.**
contaminazióne *f.* *(in ogni senso)* **contamination; corruption;** (inquinamento) **pollution.**
contante *m.* *(generalmente al pl.)* **cash; ready money** • *in contanti*, cash; cash on the nail *(fam.)*; cash down: *pagare in contanti*, to pay cash □ *prezzo per contanti*, cash price.
(1) contare *v. t.* e *i.* ***1*** to **count (up);** (numerare) to **number,** to **enumerate;** (calcolare) to **calculate,** to **reckon**: *c. fino a dieci*, to count (up) to ten ***2*** (annoverare) to **count;** to **number;** to **reckon** ***3*** (aspettarsi, prevedere) to **expect;** to **propose;** to **intend** ***4*** (considerare, valutare) to **consider;** to **take* into account** ***5*** (importare) to **count;** to **be of importance**: *c. molto (poco)*, to count for much (for little) □ *non c. nulla*, not to count for anything ***6*** (fare assegnamento) to **count,** to **rely,** to **depend** (on) ***7*** *(fig.:* lesinare*)* to **count out;** to **(be)grudge;** to **dole out** • *(miss.) c. alla rovescia*, to count down □ *avere il denaro contato*, (averne poco) not to have a penny to spare; (avere la somma occorrente precisa) to have the exact amount □ *avere i minuti contati*, not to have a minute to spare □ *e, ciò che più conta...*, and, what is more... □ *Il vecchio Tom conta più di trent'anni di servizio*, old Tom has been in our service for over thirty years □ *(fig.) (Egli) ha i giorni contati*, his days are numbered.
(2) contare *v. t.* *(fam.:* raccontare*)* to **tell***: *(scherz.) Contala a chi vuoi, ma non a me!*, tell that to the marines!
contasecóndi *m.* **stopwatch.**
contata *f.* **rough reckoning; rough check-up.**
contatóre *m.* ***1*** **meter**: *un c. del gas*, a gas meter ***2*** *(fis.)* **counter.**
contattare *v. t.* to **contact;** to **get* in touch with** (sb.).
contatto *m.* ***1*** (anche *elettr.*) **contact**: *lenti a c.*, contact lenses □ *spina di c.*, contact plug □ *(elettr.) stabilire il c.*, to make contact (o to switch on) □ *(elettr.) togliere il c.*, to break contact (o to switch off) ***2*** *(fig.)* **contact; touch**: *stare in c. con q.*, to be in contact (o in touch) with sb.
cónte *m.* ***1*** **count** ***2*** (nella nobiltà ingl.) **earl;** *(al vocat., seguito dal cognome)* **lord;** *(senza cognome)* **my lord,** *(più ossequioso)* **your lordship.**
contèa *f.* ***1*** **county;** (nei composti) **shire**: *la c. di Chester*, Chestershire ***2*** (territorio, grado, ecc. di conte ingl.) **earldom.**
conteggiare ***A*** *v. t.* to **charge** (sb.) **for** (st.); (mettere in conto) to **put*** (st.) **down on the bill** ***B*** *v. i.* to **reckon;** to **calculate.**
contéggio *m.* **reckoning; calculation; computation; count** • *(miss.) c. alla rovescia*, countdown.
contégno *m.* ***1*** (comportamento) **behaviour** ***2*** (atteggiamento) **attitude**: *darsi un c.*, to strike an attitude.
contegnóso *a.* **sedate; staid; dignified;** (riservato) **reserved.**
contemperare *v. t.* ***1*** to **adapt;** to **make*** (st.) **fit** ***2*** (moderare) to **mitigate;** to **moderate;** to **temper.**
contemplare *v. t.* to **gaze at** (sb., st.); to **contemplate** (anche *fig.*).
contemplativo *a.* e *m.* **contemplative.**
contemplazióne *f.* (anche *relig.*) **contemplation.**
contèmpo *m.* — *nel c.*, meanwhile; in the meantime.
contemporaneaménte *avv.* **at the same time; simultaneously.**
contemporaneità *f.* **contemporaneity; contemporaneousness.**
contemporàneo ***A*** *a.* ***1*** **contemporary** (with); **contemporaneous** ***2*** (dei giorni nostri) **present-day** *(attr.)* ***B*** *m.* **contemporary.**
contendènte ***A*** *a.* **contending** ***B*** *m.* e *f.* **contestant; competitor; opponent.**
contèndere ***A*** *v. t.* to **contend;** to **contest**: *c. q.c. a q.*, to contend with (o against) sb. for st. ***B*** *v. i.* to **contest;** (litigare) to **quarrel** ***C*** **contèndersi** *v. rifl. recipr.* to **contend,** to **compete** (for); to **dispute** (st.).
contenére ***A*** *v. t.* ***1*** to **contain;** (comprendere) to **include,** to **comprise,** to **consist of;** (avere la capacità di) to **hold*** ***2*** (reprimere, frenare) to **repress;** to **force back;** to **check;** to **contain** ***B*** **contenérsi** *v. rifl.* ***1*** (dominarsi) to **contain oneself;** to **control oneself** ***2*** (comportarsi) to **act;** to **behave.**
conteniménto *m.* **control.**
contenitóre *m.* **container.**
contentàbile *a.* **satisfiable.**
contentare ***A*** *v. t.* ***1*** to **satisfy;** to **please;** to **do* what** (sb.) **wants**: *far di tutto per c. q.*, to do one's best to please sb. ***2*** (di un negozio, di una persona di servizio) to **give* satisfaction** ***B*** **contentarsi** *v. rifl.* to **content oneself;** to **be content;** to **be pleased**: *c. di poco*, to **be content with little.**
contentatura *a.* — *di difficile c.*, exacting; hard to please □ *di facile c.*, easily pleased.
contentézza *f.* **joy; gladness; contentment.**
contentino *m.* **(bit) extra;** *(scherz.)* **sop.**
contènto *a.* ***1*** (appagato) **content; satisfied**: *essere c. di q.c.*, to be satisfied (o content) with st. ***2*** (felice) **pleased; contented; glad; cheerful**: *una vita placida e contenta*, a placid and contented life • *c. come una Pasqua*, as happy as a lark (o as merry as a cricket); as pleased as Punch *(fam.)*.
contenutistico *a.* **of (o relating to) the subject matter.**
contenuto *m.* ***1*** (ciò che è contenuto in q.c.) **contents** *(pl.)* ***2*** *(chim.)* **content** ***3*** (argomento) **content; subject matter; matter** ***4*** (la parte essenziale) **substance;** (di un discorso e sim.) **tenor.**
contenzióso ***A*** *a.* *(leg.)* **contentious** ***B*** *m.* ***1*** *(leg.:* la giurisdizione*)* **contentious jurisdiction;** (il procedimento) **contentious procedure** ***2*** (nelle aziende: ufficio o reparto) **legal department.**
conterìe *f. pl.* **(glass) beads.**
conterràneo ***A*** *a.* **of the same country** ***B*** *m.* **fellow countryman*.**
contésa *f.* ***1*** **argument; dispute; contention** ***2*** (sportiva) **contest.**
contéssa *f.* ***1*** **countess** ***2*** *(in G. B., al vocat., seguito dal cognome)* **lady;** *(senza cognome)* **my lady,** *(più ossequioso)* **your ladyship.**
contessina *f.* **count's daughter; « contessina ».**
contestare *v. t.* ***1*** to **question;** to **object to;** to **contest;** to **challenge**: *c. a q. il diritto di fare q.c.*, to contest sb.'s right to do st. ***2*** (negare formalmente) to **deny** ***3*** (notificare) to **notify** ***4*** (sottoporre a critica strutture politiche, economiche, sociali) to **protest** (against).
contestatóre *m.* ***1*** **contestant; challenger** ***2*** (fautore della « contestazione ») **protester, protestor.**
contestazióne *f.* ***1*** (anche *leg.*) **objection; challenge; contestation** ***2*** (diniego) **denial** ***3*** (notifica) **notification** ***4*** (opposizione nei confronti delle strutture sociali, economiche e culturali) **protest.**
contèste *m.* e *f.* **co-witness; fellow witness.**
contèsto *m.* ***1*** **context** ***2*** *(fig.)* **framework.**
contestuale *a.* **contextual.**
contiguità *f.* **contiguity; contiguousness.**
contiguo *a.* ***1*** **adjoining; contiguous** ***2*** (di casa) **next-door.**
continentale *a., m.* e *f.* **continental** • *l'Europa c.*, the Continent.
(1) continènte *a.* **continent;** (che si domina) **self-controlled.**
(2) continènte *m.* **continent;** (terraferma) **mainland.**

continènza *f.* continence; self-control.
contingentare *v. t.* (*econ.*) to fix a quota for (st.).
contingènte ***A*** *a.* (anche *filos.*) contingent ***B*** *m.* ***1*** (*econ.*) quota ***2*** (*mil.*) contingent ***3*** (*filos.*) contingent.
contingènza *f.* ***1*** (anche *filos.*) contingency ***2*** (circostanza) circumstance • *indennità di c.*, cost-of-living bonus (o allowance).
continuaménte *avv.* ***1*** (ininterrottamente) continuously; nonstop ***2*** (frequentemente) continually.
continuare ***A*** *v. t.* ***1*** to go* on (with); to continue; to keep* up ***2*** (riprendere) to resume ***B*** *v. i.* ***1*** to go* on; to continue; to keep* on: *c. a fare q.c.*, to continue to do (o doing) st.; to keep on doing st. □ *La strada continua e continua*, the road goes on and on ***2*** (estendersi) to continue; to extend • *Continua* (di uno scritto a puntate), to be continued.
continuativo *a.* continuative.
continuato *a.* continuous; uninterrupted.
continuatóre *m.* ***1*** continuator ***2*** (seguace) follower.
continuazióne *f.* continuation.
continuità *f.* ***1*** continuity; continuousness ***2*** (connessione logica) coherence • *senza soluzione di c.*, without a halt; without interruption.
contìnuo *a.* ***1*** (ininterrotto) continuous ***2*** (frequente) continual; (che non cessa mai) constant: *un andirivieni c.*, a continual coming and going ***3*** (*elettr.*) direct: *corrente continua*, direct current • *di c.*, continually; constantly.
cónto *m.* ***1*** account (anche *rag.*): *fare i conti*, to draw up the accounts □ *c. corrente*, current account □ *aprire (chiudere) un c.*, to open (to close) an account ***2*** (di ristorante, d'albergo, ecc.) bill; (fattura) invoice: *pagare (saldare) un c.*, to pay (to settle) a bill ***3*** (calcolo) calculation; reckoning • *a buon c.*, anyhow; in any case □ *a conti fatti*, taken all in all; all things considered □ *la Corte dei Conti*, the Audit Office □ *far c. su q.c. (q.)*, to count on (o to rely on) st. (sb.) □ (*fig.*) *fare i conti senza l'oste*, to reckon without one's host □ *in fin dei conti*, after all □ *leggere, scrivere e far di c.*, reading, writing and arithmetic; the three R's □ *metter c.*, to be worth (while); to pay □ *mettersi per proprio c.*, to set up (in business) for oneself □ *per c. di q.*, on behalf of sb.; for sb.; (da parte di q.) from sb. □ *per c. mio* (in quanto a me), as far as I am concerned □ *prendere informazioni sul c. di q.*, to get information about (o regarding) sb. □ *rendersi c. di q.c.*, to realize st. □ *sapere il c. proprio*, to know one's job; to know what one is about □ *tenere di c. (o da c.) q.c.*, to set great store by st.; (custodire con cura) to keep st. with (great) care □ (*fig.*) *Ho fatto bene i miei conti*, I've worked it out carefully; I've weighed the pros and cons.
contòrcere ***A*** *v. t.* to twist; to contort; (panni bagnati) to wring* ***B*** **contòrcersi** *v. rifl.* to twist (about); to writhe.
contorciménto *V.* **contorsióne.**
contornare *v. t.* ***1*** to edge; to border (all round); to decorate (round the edge) ***2*** (dipingere il contorno) to outline ***3*** (circondare) to surround (anche *fig.*).
contórno *m.* ***1*** (profilo, sagoma) contour; outline ***2*** (*cucina*) vegetables (*pl.*); side dish.
contorsióne *f.* ***1*** contortion; writhing ***2*** (*fig.*) involution.
contorsionista *m.* e *f.* contortionist.
contòrto *a.* ***1*** twisted; contorted ***2*** (*fig.*) involved; (deformato) warped ***3*** (di legno: imbarcato) warped.
contrabbandare *v. t.* to smuggle.
contrabbandière *m.* smuggler; (di liquori) bootlegger; (d'armi) gunrunner.
contrabbando *m.* smuggling; contraband • *esportare (importare) q.c. di c.*, to smuggle st. out (in) □ *fare q.c. di c.*, to do st. secretly (o against the law) □ *merce di c.*, smuggled goods.
contrabbassista *m.* e *f.* (*mus.*) double-bass player.
contrabbasso *m.* (*mus.*) double-bass.
contraccambiare *v. t.* to return; to reciprocate; to repay*.
contraccàmbio *m.* return; reciprocation; (scambio) exchange; swop (*fam.*): *in c. di q.c.*, in exchange (o in return) for st. • *rendere il c.*, to give as good as one gets; to give tit for tat (*fam.*).
contraccettivo *a.* e *m.* contraceptive.
contraccezióne *f.* contraception.
contracchiave *f.* ***1*** (chiave di riserva) duplicate key ***2*** (seconda mandata) second turn (of a key).
contraccólpo *m.* ***1*** counterblow (anche *fig.*); rebound ***2*** (di arma da fuoco e *mecc.*) kick; recoil • *di c.*, on the rebound.
contraccuṣa *f.* (*leg.*) countercharge.
contrada *f.* ***1*** (quartiere di città) « contrada* »; district ***2*** (strada) road; street ***3*** (*lett.*: paese, regione) country; land.
contraddire ***A*** *v. t.* to contradict ***B*** **contraddirsi** *v. rifl.* to contradict oneself.
contraddistìnguere *v. t.* to check; to mark.
contraddittóre *m.* opposer; contradictor.
contraddittòrio ***A*** *a.* contradictory ***B*** *m.* ***1*** (*polit.*) debate ***2*** (*leg.*: di testimoni) cross-examination.
contraddizióne *f.* contradiction; discrepancy • *cadere in c.*, to contradict oneself □ *spirito di c.*, contrariness.
contraènte *m.* e *f.* (*leg.*) contracting party; contractor.
contraèrea *f.* (*mil.*) anti-aircraft artillery; ack ack (*fam.*).
contraèreo *a.* (*mil.*) anti-aircraft (*attr.*).
contraffare ***A*** *v. t.* ***1*** (scimmiottare) to mimic*; to copy-cat (*fam.*) ***2*** (imitare) to imitate; to counterfeit; (sofisticare) to adulterate; (simulare) to simulate ***3*** (falsificare) to counterfeit; to forge; to falsify ***B*** **contraffarsi** *v. rifl.* to disguise (oneself).
contraffatto *a.* counterfeit; forged; false.
contraffattóre *m.* counterfeiter; forger.
contraffazióne *f.* ***1*** imitation ***2*** (falsificazione) counterfeit; forgery.
contrafforte *m.* ***1*** (*archit.*) buttress; counterfort ***2*** (*geogr.*) spur.
contraggènio — *a* (o *di*) *c.*, against the grain; reluctantly.
contraltare *m.* (*fig.*) counterattraction; rival show (*fam.*).
contralto *m.* e *a.* (*mus.*) contralto*.
contrammiràglio *m.* (*naut.*) rear admiral.
contrappasso *m.* retaliation • *la legge del c.*, the law of an eye for an eye and a tooth for a tooth.
contrappèllo *m.* second roll-call.
contrappesare ***A*** *v. t.* ***1*** to balance (st.) against (st. else); to counterweigh ***2*** (valutare) to examine thoroughly; to weigh: *c. il pro e il contro*, to weigh the pros and cons ***B*** **contrappesarsi** *v. rifl. recipr.* (anche *fig.*) to counterbalance; (*fig.*) to even out.
contrappéso *m.* counterpoise; counterweight.
contrappórre ***A*** *v. t.* ***1*** to oppose ***2*** (confrontare) to compare; to set* up (st.) against (st. else) ***B*** **contrappórsi** *V.* **oppórsi.**
contrappoṣizióne *f.* ***1*** contraposition; juxtaposition ***2*** (confronto) comparison.
contrappósto *a.* e *m.* opposite.
contrappuntista *m.* e *f.* (*mus.*) contrapuntist.
contrappunto *m.* (*mus.*) counterpoint (anche *fig.*).
contrariaménte *avv.* contrarily; the other way round; (altrimenti) otherwise • *c. a*, contrary to □ *c. al solito*, just for once.
contrariare *v. t.* ***1*** to cross; to thwart; to oppose ***2*** (irritare) to vex; to annoy; to irritate.
contrariato *a.* ***1*** (irritato) vexed; cross (*pred.*, *fam.*) ***2*** (deluso) put out; disappointed.
contrarietà *f.* ***1*** contrariety ***2*** (sentimento d'avversione) aversion ***3*** (impedimento) set-back; impediment.
contràrio ***A*** *a.* ***1*** contrary; opposite: *in direzione contraria*, in the opposite direction ***2*** (sfavorevole) unfavourable; unpropitious ***3*** (riluttante) unwilling • *fino ad avviso c.*, until further notice □ *in caso c.*, otherwise ***B*** *m.* contrary; opposite • *al c.*, on the contrary; (a

ritroso) backwards □ *non aver nulla in c. a q.c.*, to have nothing against st.
contrarre A *v. t.* to **contract**: *c. un muscolo*, to contract a muscle □ *c. una malattia*, to contract an illness □ *c. un prestito*, to contract a loan **B contrarsi** *v. rifl.* to **shrink***; to **become* smaller.**
contrassalto *m. (mil.)* **counterattack.**
contrassegnare *v. t.* to **mark;** (con un cartellino) to **label.**
contrasségno *m.* **1 countermark; countersign 2** (pegno) **token 3** (distintivo) **badge;** *(mil.)* **badge of rank.**
contrastante *a.* **contrasting.**
contrastare A *v. t.* **1** (impedire) to **impede;** to **oppose;** to **put* obstacles in the way of 2** (resistere a) to **oppose;** to **resist 3** (contendere) to **dispute B** *v. i.* to **contrast** (with); to **be a contrast** (to); to **war** (with) *(lett.)* ● *un successo contrastato*, a hard-won success.
contrasto *m.* **1 contrast** (anche *fotogr.*) **2** (conflitto) **conflict 3** (litigio) **altercation; wrangle; dispute** ● *senza c.*, without opposition □ *vincitore senza c.*, uncontested winner □ *Piero si è messo in c. con Paolo*, Peter and Paul have fallen out.
contrattàbile *a.* **negotiable.**
contrattaccare *v. t. (mil.)* to **counterattack** (anche *fig.*).
contrattacco *m. (mil., scherma)* **counterattack** (anche *fig.*).
contrattare A *v. t.* to **bargain over** (st.); to **negotiate the price** (o **the sale, the purchase) of** (st.) **B** *v. i.* **1** to **negotiate;** to **discuss a business deal 2** (mercanteggiare) to **bargain;** to **haggle** *(fam.)*.
contrattazióne *f.* **1 negotiation 2 bargaining; haggling** *(fam.)*.
contrattèmpo *m.* **setback; mishap; mischance; hitch** *(fam.)*; **contretemps** *(franc.)*.
contràttile *a.* (anche *mat.*) **contractile.**
contratto *m.* (anche *leg.*) **agreement; contract** ● *c. (collettivo) di lavoro*, collective agreement □ *(naut.) c. di arruolamento*, ship's articles □ *c. di noleggio*, lease; *(naut.)* charter party.
contrattuale *a.* **of** (o **pertaining to) a contract; contractual.**
contravveléno *m.* (anche *fig.*) **antidote.**
contravvenire *v. i.* to **transgress,** to **contravene,** to **infringe** (st.) ● *c. a un obbligo*, to fail to meet an obligation.
contravventóre *m.* **transgressor; offender.**
contravvenzióne *f.* **1** (anche *leg.*) **transgression; contravention; infringement 2** (multa) **fine.**
contrazióne *f.* **1 contraction 2** *(econ., comm.)* **shrinkage; drop; fall-off.**
contribuènte *m.* e *f.* *(econ.)* **1 contributor 2** (rif. a imposte statali) **tax-payer;** (rif. a imposte locali) **rate--payer.**
contribuire *v. i.* **1** to **contribute 2** (partecipare) to **take* part in** (st.) **3** (condividere) to **share;** to **pay* one's share 4** (concorrere a) to **help.**
contributivo *a.* **contributing; contributive** ● *(fin.) capacità contributiva*, taxable capacity.
contributo *m.* **1 contribution;** (forzoso, anche) **tax, levy 2** (*al pl.:* della Previdenza Sociale) **social-insurance taxes (paid by an employer);** (trattenute) **deductions for social insurance 3** *(specialm. al pl.)* **levy for public expenses** ● *contributi sindacali*, union dues □ *(fin.) c. statale*, grant-in-aid.
contribuzióne *f.* **contribution.**
contristare A *v. t.* to **sadden;** to **distress;** to **make*** (sb.) **sad** (o **miserable);** to **grieve** (quasi *lett.*) **B contristarsi** *v. rifl.* to **grieve.**
contrito *a.* **contrite; penitent; remorseful.**
contrizióne *f.* (anche *relig.*) **contrition.**
cóntro A *prep.* e *avv.* **1 against**: *combattere c. q. (q.c.)*, to fight against sb. (st.) □ *Sei pro o c.?*, are you for it or against it? **2 at**: *sparare c. q.*, to shoot at sb. **3 counter to; contrary to; in opposition to**: *agire c. i desideri di q.*, to act counter to sb.'s wishes **4** *(comm.)* **against; on**: *c. assegno*, cash on delivery **5** *(leg., sport)* **versus B** *m.* **con(s)**: *valutare il pro e il c.*, to weigh the pros and cons ● *c. di me (te, lui, ecc.)*, against me (you, him, etc.) □ *dare c.*, to contradict □ *di c.*, opposite □ *per c.*, on the contrary; on the other hand □ *remare c. corrente*, to row upstream □ *sbattere c. il muro*, to bump (di veicolo: to crash) into the wall □ *scommettere tre c. uno*, to bet three to one.
controalişèi *m. pl. (geogr.)* **antitrades.**
controbàttere *v. t.* **1** to **counter** (anche *fig.*) **2** (a parole) to **answer back 3** (confutare) to **confute;** to **refute.**
controbilanciare *v. t.* to **counterbalance.**
controbuffè *m.* **second sideboard.**
controcampo *m. (cinem.)* **reverse shot.**
controcassa *f.* **outer casing.**
controcorrènte *f.* e *avv.* **countercurrent** ● *(fig.) andare c.*, to swim against the stream.
controdichiarazióne *f.* **counterdeclaration.**
controfagòtto *m. (mus.)* **double bassoon.**
controffensiva *f. (mil.* e *fig.)* **counter-offensive.**
controfigura *f. (cinem.)* **stand-in; double** ● *fare la c. di*, to double.
controfinèstra *f.* **double** (o **outer) window.**
controfiòcco *m. (naut.)* **flying jib.**
controfirma *f.* **countersignature.**
controfirmare *v. t.* to **countersign.**
controindicare *v. t. (med.)* to **contraindicate.**
controindicazióne *f. (med.)* **contraindication.**
controllare A *v. t.* **1** to **check;** to **verify;** to **inspect;** to **examine;** to **control;** (collaudare) to **test 2** (tenere sotto il proprio dominio) to **control 3** *(rag.)* to **audit B controllarsi** *v. rifl.* to **control oneself** ● *non saper c.*, to have no self-control.
controllato *a.* **1 controlled 2** (padrone dei propri nervi) **self-controlled.**
contròllo *m.* **1** (verifica, ispezione) **check; verification; inspection; examination; control;** (collaudo) **test**: *fare un c. di q.c.*, to keep a check on st. □ *c. sanitario*, sanitary inspection □ *sotto c.*, under control **2** (dominio, regolamentazione) **control**: *c. delle nascite*, birth control **3** *(aeron., radio)* **control; check 4** *(rag.)* **audit 5** *(naut.:* visita di c.) **search** ● *giro di c.*, round □ *riprendere il c. di q.c.*, to regain control over st. □ *(med.) visita di c.*, check-up.
controllóre *m.* **1 controller 2** *(ferr.)* **ticket collector 3** (autobus, tram) **conductor.**
controluce *avv.* **1 in a bad light; with the light in one's eyes 2** (in trasparenza) **against the light 3** *(cinem.)* **with backlighting.**
contromano *avv.* **in the wrong direction.**
contromarca *f.* **1 countermark 2** *(teatr.)* **pass-out check.**
contromàrcia *f. (mil.)* **countermarch.**
contromişura *f.* **countermeasure.**
contromòssa *f.* **countermove.**
controparte *f. (leg.)* **opposite party.**
contropartita *f.* **1 counterpart 2** *(rag.)* **contra; set--off 3** *(fig.)* **compensation.**
contropélo *avv.* e *m.* — *spazzolare c.*, to brush against the nap □ *(fig.) prendere q. di c.*, to rub sb. up the wrong way □ *(fig.) fare il pelo e il c. a q.*, to pick sb. to pieces.
contropiède *m.* — *(sport) azione di c.*, counterattack □ *(fig.) cogliere q. in c.*, to catch sb. off balance.
contropòrta *f.* **second** (o **inner) door.**
controproducènte *a.* **producing the opposite effect; counterproductive.**
controprogètto *m.* **counterplan; counterproject.**
contropròva *f.* **1 double check; countercheck;** (nelle votazioni) **recount 2** *(leg.)* **counter-evidence.**
controquerèla *f. (leg.)* **countercharge.**
controquerelare *v. t. (leg.)* to **countercharge.**
contrórdine *m.* **counterorder; countermand.**
Controrifórma *f. (stor., relig.)* **Counter-Reformation.**
controrivoluzionàrio *a.* e *m.* **counter-revolutionary.**
controrivoluzióne *f. (stor., polit.)* **counter-revolution.**
controscèna *f. (teatr.)* **by-play.**
controsènso *m.* **1 contradiction in terms 2** (assur-

dità) nonsense.

controserratura *f.* double lock.

controspionàggio *m.* *(mil.)* counter-espionage.

controstallìa *f.* *(naut.)* demurrage.

controstòmaco **A** *m.* repugnance; (nausea) nausea **B** *avv.* with repugnance; *(fig.)* against the grain, unwillingly.

controvènto *avv.* **1** *(con verbi di moto)* into the wind; against the wind; *(naut.)* windward, head wind, on the wind **2** (di cosa o persona ferma) facing the wind.

controvèrsia *f.* **1** dispute; contention; debate **2** (polemica) controversy.

controvèrso *a.* discussed; controversial; (discutibile) debatable.

controvòglia *avv.* unwillingly; against the grain.

contumace *(leg.)* **A** *a.* contumacious **B** *m.* e *f.* defaulter.

contumàcia *f.* **1** *(leg.)* default; absence; contumacy: *condannare q. in c.*, to sentence sb. by default **2** (quarantena) quarantine.

contumèlia *f.* contumely *(lett.)*; offensive language; abuse.

contundènte *a.* blunt: *corpo c.*, blunt instrument.

conturbante *a.* **1** perturbing **2** (eccitante) exciting.

conturbare **A** *v. t.* to perturb; to upset*; (eccitare) to excite **B** **conturbarsi** *v. rifl.* to get* upset; to be under a strain.

contuṣióne *f.* bruise; *(med.)* contusion.

contuṣo *a.* bruised; contused.

contuttoché *cong.* although, though.

contuttociò *avv.* nevertheless; however.

conurbazióne *f.* conurbation.

convalescènte *a.*, *m.* e *f.* *(med.)* convalescent.

convalescènza *f.* *(med.)* convalescence.

convalescenziàrio *m.* *(med.)* convalescent home.

convàlida, convalidaménto *V.* **convalidazióne.**

convalidare *v. t.* **1** (corroborare) to bear* out; to confirm; to corroborate **2** (ratificare) to ratify **3** *(leg.)* to validate; to confirm.

convalidazióne *f.* **1** corroboration; confirmation **2** (ratifica) ratification **3** *(leg.)* validation; confirmation.

convalle *f.* *(lett.)* valley; dale *(lett.)*; vale *(poet.)*.

convegnista *m.* e *f.* member of a convention; conventioner.

convégno *m.* **1** (congresso) convention; congress **2** (riunione) meeting; gathering **3** (abboccamento) appointment; rendezvous.

convenévole *a.* convenient; suitable; proper • *fare i convenevoli a q.*, to pay conventional compliments to sb.

conveniènte *a.* **1** (adatto) suitable; fitting; convenient **2** (decoroso) proper; decorous **3** (di prezzo) moderate; (d'un articolo) cheap **4** (opportuno) expedient.

convenièenza *f.* **1** convenience; suitability; fitness **2** (l'essere decoroso) propriety **3** (di prezzo) moderateness; (d'un articolo) cheapness **4** (opportunità) expedience; expediency • *convenienze sociali*, social conventions.

convenire **A** *v. i.* **1** *(impers.:* essere necessario) to be necessary; must *(difett., pers.)*; (essere opportuno) to be better (o expedient); (essere vantaggioso) to suit; (valere la pena) to be worthwhile **2** (riunirsi) to come* (together); to gather; to assemble **3** (essere d'accordo) to agree: *c. sul prezzo*, to agree upon the price **4** (ammettere) to allow; to grant; to admit **5** (confarsi) to suit **B** *v. t.* *(leg.)* to summon **C** **convenirsi** *v. rifl.* to suit; to be appropriate.

conventìcola *f.* secret meeting; clique.

convènto *m.* *(relig.)* convent; (di suore) nunnery; (di frati) monastery • *(fig., scherz.)* *contentarsi di quel che passa il c.*, to take potluck.

conventuale *a.* *(relig.)* conventual; of a convent.

convenuto **A** *a.* agreed (upon) **B** *m.* **1** agreement; settlement **2** *(leg.)* defendant • *i convenuti*, the persons present.

convenzionale **A** *a.* conventional **B** *m.* *(stor.)* Conventionalist.

convenzionaliṣmo *m.* conventionality.

convenzionare **A** *v. t.* to reach an agreement on **B** **convenzionarsi** *v. rifl.* to reach an agreement.

convenzióne *f.* **1** *(leg.)* agreement; covenant; convention; provision **2** *(al pl.:* consuetudine) convention *(spesso al sing.)*.

convergènte *a.* **1** converging **2** *(mat., biol.)* convergent.

convergènza *f.* (anche *scient.*) convergence.

convèrgere *v. i.* to converge.

convèrsa *f.* *(relig.)* lay sister.

conversare *v. i.* to converse *(lett.)*; to talk.

conversazióne *f.* **1** conversation; talk **2** (breve conferenza) talk.

conversióne *f.* *(quasi in ogni senso)* conversion • *(mil.)* *C. a destra (a sinistra)!*, right (left) wheel!

convèrso *m.* *(relig.)* lay brother*.

convertìbile **A** *a.* convertible **B** *f.* *(autom.)* convertible.

convertire **A** *v. t.* **1** (trasformare) to change; to turn (into) **2** *(relig., fin., filos., polit.)* to convert **B** **convertirsi** *v. rifl.* **1** (trasformarsi) to change **2** *(relig., fin., filos.)* to be converted.

convertito *m.* convert.

convertitóre *m.* **1** (chi converte) converter **2** *(elettr.)* converter, convertor.

convessità *f.* convexity.

convèsso *a.* convex.

convettóre *m.* convector.

convezióne *f.* *(fis.)* convection.

convincènte *a.* convincing.

convìncere **A** *v. t.* to convince; to persuade **B** **convìncersi** *v. rifl.* to become* convinced; to come* to believe.

convinciménto *m.* convincement; persuasion; (convinzione) conviction, belief.

convinto *a.* convinced; persuaded.

convinzióne *f.* (firm) belief; conviction.

convitato *m.* guest (at a banquet).

convito *m.* *(lett.)* banquet.

convitto *m.* boarding school.

convittóre *m.* boarder; pupil of a boarding school.

convivènte **A** *a.* living together **B** *m.* e *f.* cohabitant.

convivènza *f.* **1** living together **2** *(leg.)* cohabitation.

convìvere *v. i.* **1** to live together **2** *(leg.)* to cohabit.

conviviale *a.* convivial.

convocare *v. t.* **1** to summon; to send* for (sb.) *(fam.)* **2** (un'assemblea, ecc.) to convoke; to convene a meeting of.

convocazióne *f.* **1** convocation; summons **2** (riunione) meeting.

convogliare *v. t.* **1** (trasportare) to carry; to convey **2** (con tubazioni) to pipe **3** (scortare) to escort; to convoy.

convòglio *m.* **1** (soprattutto *mil.* e *naut.*) convoy; escort **2** (corteo) procession • *c. ferroviario*, train.

convolare *v. i.* — *(scherz.)* *c. a giuste nozze*, to get* married.

convòlvolo *m.* (*bot.*, Convolvulus) convolvulus.

convulsióne *f.* (anche *med.*) fit; convulsion.

convulsivo *a.* convulsive.

convulso **A** *a.* convulsive; jerky; feverish *(fig.)* **B** *m.* *(pop.)* fit(s).

cooperare *v. i.* to co-operate; to collaborate.

cooperativa *f.* **1** co-operative; co-op, coop.

cooperativo *a.* co-operative.

cooperatóre *m.* co-operator; collaborator.

cooperazióne *f.* (anche *econ.*) co-operation; collaboration.

coordinare *v. t.* (anche *scient.*) to co-ordinate.

coordinata *f.* *(mat., gramm., geogr.)* co-ordinate.

coordinato *a.* co-ordinate.

coordinatóre **A** *m.* co-ordinator **B** *a.* co-ordinating.

coordinazióne *f.* **co-ordination.**
coòrte *f.* **1** *(stor. romana* e *scherz.)* **cohort 2** (schiera) **band; troop.**
copale *m.* o *f.* **1** (resina) **copal 2** (pelle verniciata) **patent leather.**
copèco *m.* **copeck, kopeck.**
copèrchio *m.* **cover;** (di pentola e sim.) **lid;** *(mecc.)* **cap.**
copernicano *a. (astron.)* **Copernican.**
copèrta *f.* **1 blanket 2** (copriletto) **bedspread; counterpane 3** (da viaggio) **rug 4** *(naut.)* **deck** ● *(naut.) Tutti in coperta!,* all hands on deck!
copertina *f.* (di libro rilegato) **binding;** (non rilegato) **(paper) cover;** (sovraccoperta) **(book) jacket** ● *libro con c. di carta,* paperback □ *ragazza c.,* cover girl.
copèrto A *a.* **1** (chiuso) **closed 2** (riparato) **covered; sheltered 3** (vestito) **clothed;** (rivestito) **clad** *(lett.)* **4** (del cielo) **overcast 5** (nascosto) **hidden; concealed; covert;** (segreto) **secret 6** *(econ., ass.)* **covered B** *m.* **1 place** (laid at table); **cover 2** (prezzo del c.) **cover charge** ● *al c.,* under cover, under shelter; (dal vento) out of the wind; (dalla pioggia) out of the rain □ *mettersi al c.,* to get under cover; to take shelter.
copertóne *m.* **1** (incerato) **tarpaulin 2** (pneumatico) **tyre.**
copertura *f.* **1 cover; covering 2** *(econ., ass.)* **covering; coverage**: *la c. delle spese,* the covering of expenses **3** *(fin.:* d'una cambiale*)* **cover;** (di un'emissione di banconote) **coverage, backing** ● *c. con lamiere di ferro,* iron sheeting □ *(costr.) materiali da c.,* roofing.
(1) còpia *f.* **1 copy;** (trascrizione) **transcript;** (imitazione) **imitation;** (riproduzione) **reproduction 2** (stesura) **draft; copy**: *bella c.,* final draft; (in dattilografia) **top copy** □ *brutta c.,* rough draft □ *(leg.) per c. conforme,* the above is a certified (o true) copy **3** (esemplare) **copy**: *una c. (in) omaggio,* a complimentary copy **4** *(fotogr.)* **print.**
(2) còpia *f. (lett.)* (abbondanza) **abundance; plenty; quantity.**
copialèttere *m.* **1 letter-book 2** (macchina) **copying press; letterpress.**
copiare *v. t.* **1** to **copy (out);** (imitare) to **imitate;** (trascrivere) to **transcribe 2** (un compito scolastico) to **crib 3** (q. nei gesti) to **mimic.**
copiativo *a.* **copying; indelible**: *inchiostro c.,* copying ink.
copiatrice *f.* **copying machine.**
copiatura *f.* **1 copying; transcription 2** (copia) **copy.**
copióne *m.* **1** *(teatr.)* **prompt-copy 2** *(cinem., radio)* **script.**
copióso *a. (lett.)* **copious; plentiful; abundant.**
copista *m.* e *f.* **1 copyist 2** (dattilografo) **typist.**
copisteria *f.* **1 copying office 2** (dattilografica) **typing office.**
(1) còppa *f.* **1 goblet; (drinking-)cup** *(lett.)* **2** *(relig.)* **chalice 3** *(sport)* **sporting trophy; cup 4** *(mecc.:* dell'olio) **pan; sump 5** (di reggiseno) **(brassiere) cup** ● *c. per champagne,* champagne glass.
(2) còppa *f.* **1** *(lett.:* nuca*)* **nape 2** *(cucina)* « **coppa** » (pork sausage).
coppale *V.* **copale.**
coppétta *f. (med.)* **cupping glass** ● *applicazione di coppette,* cupping.
còppia *f.* **1 pair; couple***: *una bella c.,* a fine-looking pair (o couple) **2** (di selvaggina) **brace***: *due coppie di quaglie,* two brace of quails **3** *(fis.)* **couple; torque 4** *(mat.)* **dyad** ● *una c. di buoi,* a yoke of oxen □ *a coppie,* in pairs; two by two.
coppière *m.* **cupbearer.**
coppiòla *f.* **double shot.**
copricapo *m.* **headgear** (spesso *scherz.*); **hat.**
copricaténa *m. (mecc.)* **chain guard.**
coprifuòco *m.* **curfew.**
coprilètto *m. invar.* **bedspread; coverlet.**
coprire A *v. t.* **1** to **cover** (anche *fig.*): *essere coperto di polvere (fango, ecc.),* to be covered with dust (mud, etc.) □ *c. una distanza,* to cover a distance □ *(comm.) c. le spese,* to cover the expenses □ (di uno stallone) *c. una cavalla,* to cover a mare **2** (celare) to **cover;** to **conceal;** to **hide* 3** (ricoprire interamente) to **cover up 4** (un suono) to **smother;** to **drown 5** (occupare) to **hold*;** to **fill;** to **have**: *c. un'alta carica,* to hold a high office **6** (riempire) to **cover in 7** (turare) to **cover over 8** (rattoppare, anche *fig.*) to **patch up** ● *c. una casa (col tetto),* to roof a house □ *c. q. d'ingiurie,* to pour a torrent of abuse on sb. **B coprirsi** *v. rifl.* **1** to **cover oneself (up);** to **wrap (oneself) up 2** (la testa) to **put* on one's hat (o one's cap) 3** (del cielo) to **become* overcast 4** *(scherma)* to **be on (one's) guard** ● *c. il volto con le mani,* to bury one's face in one's hands.
copriteièra *f.* **tea cosy.**
coprivivande *m.* **dish cover.**
coproduzione *f. (cinem.)* **co-production.**
còpto A *a.* **Coptic B** *m.* **1 Copt 2** (la lingua) **Coptic.**
còpula *f.* **1** *(gramm.)* **copula 2** (accoppiamento) **copulation.**
copulativo *a. (gramm.)* **copulative.**
coràggio *m.* **1 bravery; courage; fortitude;** (in combattimento; spesso *retor.*) **valour;** (nelle citazioni mil.) **gallantry;** (audacia) **daring;** (quasi *fam.:* impeto audace) **dash;** (il non lasciarsi intimidire) **spirit;** (specialm. ove si tratti di darne prova) **mettle;** (quasi *fam.*) **pluck;** (« fegato ») **guts** *(pl., fam.)*; *(fam.:* baldanza) **spunk;** *(lett.* e *scherz.)* **derring-do**: *prendere il c. a due mani,* to take one's courage in both hands □ *farsi c.,* to screw up one's courage □ *storie di c. e di amor cortese,* tales of courtly love and derring-do **2** *(iron.:* sfacciataggine) **nerve; face; sauce** *(fam.)* ● *avere un c. da leone,* to be as brave (o as bold) as a lion □ *avere c. e sangue freddo,* to be cool and collected □ *far c. a q.,* (incoraggiarlo) to encourage sb.; (fargli animo) to cheer sb. (up) □ *perdersi di c.,* to lose heart □ *C.!,* cheer up! □ *Che c.!,* the cheek of it!
coraggióso *a.* **brave; courageous; fearless;** *(lett.,* spesso *mil.)* **valiant;** (audace) **bold, daring;** (impetuoso) **dashing;** (focoso) **mettlesome;** (spesso di donne o bambini) **plucky.**
corale A *a.* **choral;** (unanime) **unanimous B** *m.* **1** *(mus.)* **choral(e); hymn; anthem 2** *(relig.)* **anthem-book.**
corallìfero *a.* **coral** *(attr.)*; **coralliferous.**
corallino *a.* **coral** *(attr.)*; *(scient.)* **coralline.**
corallo m. **coral.**
corame *m.* **stamped leather.**
coramèlla *f.* **(razor-)strop.**
Corano *m. (relig.)* **Koran.**
corata, coratèlla *f.* **pluck.**
corazza *f.* **1 cuirass; armour 2** *(zool.)* **carapace; shell.**
corazzare A *v. t.* to **armour B corazzarsi** *v. rifl. (fig.)* to **harden oneself.**
corazzata *f. (naut.)* **battleship.**
corazzato *a.* **armour-plated** ● *(mil.) mezzi corazzati,* armour.
corazzatura *f. (naut.)* **armour-plating.**
corazzière *m.* **1** *(mil.)* **cuirassier 2** *(fig.)* **strapping fellow.**
còrba *f.* **large wicker basket.**
corbeille *(franc.) f.* **1 basket of flowers 2** *(Borsa)* **floor; pit** *(USA)*.
corbellare *(pop.)* **A** *v. t.* to **make* a fool of** (sb.) **B** *v. i.* to **joke.**
corbelleria *f. (pop.)* **1 (piece of) foolishness; folly 2** *(al pl.,* anche*)* **nonsense**: *un sacco di corbellerie,* a lot of nonsense **3** (errore madornale) **howler** *(fam.)*.
corbèllo *m.* **1 basket 2** *(fig., pop.:* persona sciocca*)* **fool; blockhead.**
corbézzola *f. (bot.)* **arbutus berry.**
corbézzoli *inter.* **good gracious!; goodness (me)!**
corbézzolo *m.* (*bot.,* Arbutus unedo) **arbutus; strawberry tree.**
corcontènto *m.* **happy-go-lucky person.**
còrda *f.* **1** *(in genere)* **rope; cord;** (cavo) **cable**: *una c. di funambolo,* a tightrope □ *una c. per saltare,* a skipping-rope **2** (per impiccare) **hangman's rope;** (con nodo scorsoio) **noose, halter 3** (spago e *mus.*) **string**: *(fig.) avere un'altra c. al proprio arco,* to have another

string to one's bow □ *(mus.) strumenti a c.*, stringed instruments **4** *(geom.)* **chord** (of an arc) **5** *(archit.)* **span** (of an arch) **6** *(anat.)* **cord; nerve; sinew; tendon**: *corde vocali*, vocal cords (o chords) **7** (per stendere il bucato) **line 8** *(al pl., naut.)* **cordage, rigging** *(collett.)*; **shrouds** ● *(fig.) avere la c. al collo*, to be like a rat in a hole □ *(fig.) dare c. a q.*, (dargli libertà) to give sb. rope; (per scoprire un segreto) to worm a secret out of sb. □ *dare la c. a un orologio*, to wind a clock □ *mostrare la c.*, (di tessuto) to be threadbare; *(fig.)* to be worn out □ *parlare di c. in casa dell'impiccato*, to mention the skeleton in sb.'s cupboard □ *saltare con la c.*, to skip □ *(fig.) tagliare la c.*, to slink off; to take French leave □ *(fig.) tenere q. sulla c.*, to keep sb. on tenterhooks □ *(fig.) Non bisogna tirar troppo la c.*, you mustn't go too far.

cordàio *m.* (chi fabbrica corde) **rope-maker 2** (venditore di corde) **seller of ropes.**

cordame *m.* **1 ropes** *(pl.)*; **cordage 2** *(naut.)* **rigging.**

cordata *f. (alpinismo)* **roped party** ● *in c.*, on the rope; roped together.

corderìa *f.* **ropery.**

cordiale A *a.* **cordial; genial; hearty** ● *cordiali saluti*, best wishes **B** *m.* (liquore) **cordial.**

cordialità *f.* **cordiality; geniality; warmth; heartiness.**

cordialménte *avv.* **cordially; warmly; heartily.**

cordialóne *m. (fam.)* **jolly good fellow; good mixer.**

cordiglièra *f. (geogr.)* **cordillera.**

cordìglio *m. (relig.)* **1** (di frate) **knotted cord 2** (di prete) **girdle.**

cordòglio *m.* **1** (lutto) **mourning 2** (dolore) **sorrow; grief.**

cordonata *f.* **stone ramp.**

cordonato *a. (ind. tessile)* **ribbed.**

cordóne *m.* **1 cord; string**: *(anat.) il c. ombelicale*, the umbilical cord **2** (di ordine cavalleresco) **cordon; ribbon 3** *(mil.)* **cordon 4** *(archit.)* **cordon.**

coreano *a.* e *m.* **Korean.**

coreografìa *f. (teatr.)* **choreography.**

coreogràfico *a. (teatr.)* **choreographic.**

coreògrafo *m. (teatr.)* **choreographer.**

coriàceo *a.* (anche *fig.*) **leathery; tough**: *carne coriacea*, tough meat.

coriàndoli *m. pl.* **confetti** *(col verbo al sing.)*.

coricare A *v. t.* **1** (adagiare) **to lay* (down, down flat) 2** (mettere a letto) **to put* to bed B coricarsi** *v. rifl.* **1** (adagiarsi) **to lie* down 2** (andare a letto) **to go* to bed 3** (tramontare) **to set*.**

corifèna *f.* (*zool.*, Coryphaena hippurus) **dolphin.**

corifèo *m. (archeol., teatr.)* **coryphaeus*** (anche *fig.*); *(fig.)* **leader.**

corindóne *m. (miner.)* **corundum.**

corìnzio *a.* e *m.* **Corinthian.**

corista A *m.* e *f. (mus.)* **1** *(relig.)* **member of (o singer in) a choir; chorister 2** (di coro non relig.) **member of a chorus B** *m.* (diapason) **tuning fork.**

cormorano *m.* (*zool.*, Phalacrocorax carbo) **cormorant; sea crow.**

cornàcchia *f.* **1** (*zool.*, Corvus corone) **carrion crow 2** *(fig.)* **croaker.**

cornamuṣa *f. (mus.)* **bagpipe(s)** ● *sonatore di c.*, bagpiper.

cornata *f.* **butt** ● *ricevere una c.*, to be gored.

còrnea *f. (anat.)* **cornea.**

còrneo *a.* **horny.**

cornétta *f.* **1** *(mus.)* **cornet 2** (del telefono) **receiver** ● *sonatore di c.*, cornetist.

cornettista *m. (mus.)* **cornetist.**

cornétto *m.* **1** (panino) **crescent-shaped bread roll; croissant** *(franc.)* **2** *(mus.)* **cornet(t) 3** (gelato) **cornet; (ice-cream) cone** (specialm. *USA*) ● *c. acustico*, ear trumpet.

cornice *f.* **1 frame**: *una c. (di quadro)*, a picture frame **2** *(archit.)* **cornice 3** *(alpinismo)* **cornice; ledge** ● *senza c.*, unframed.

corniciàio *m.* **frame-maker; frame-seller.**

cornicióne *m. (archit.)* **cornice** ● *c. di gronda*, eaves *(pl.)*.

(1) còrniola *f. (bot.)* **cornel; cornelian cherry.**

(2) corniòla *f. (miner.)* **cornelian.**

còrniolo *m.* (*bot.*, Cornus mas) **cornel (tree).**

còrno *m.* **1** (*zool.*; anche la materia e *fig.*) **horn**: *bottoni di c.*, horn buttons □ *i corni del dilemma*, the horns of the dilemma **2** (ramificato) **antler**: *le corna di un cervo*, the antlers of a deer **3** *(mus.)* **horn 4** — *c. da caccia*, (hunting) horn **5** (*scherz.*: bernoccolo) **bump** ● *(volg.) Un c.!*, rubbish! □ *(fig.) alzare le corna*, to get on one's high horse □ *dire (peste e) corna di q. (q.c.)*, to paint sb. (st.) in very black colours □ *fare le corna*, (come scongiuro) to touch wood □ *(volg.) fare le corna*, (al marito) to make a cuckold (of one's husband); (alla moglie) to be unfaithful (to one's wife) □ *(fig.) rompersi le corna*, to get the worst of it □ *(volg.) Non me ne importa un c.*, I don't care a damn.

cornucòpia *f.* **cornucopia; horn of plenty.**

cornuto A *a. (zool.)* **horned B** *m.* (*volg.*: marito tradito) **cuckold**; (insulto generico) **bugger.**

còro *m.* **1 chorus**: *in c.*, in chorus □ *fare parte del c.*, to be a member of the chorus **2** (*relig.*: gruppo di cantori) **choir 3** (di angeli) **choir 4** *(archit.)* **choir**: *un seggio del c.*, a choir stall.

corografìa *f.* **chorography.**

coròlla *f. (bot.)* **corolla.**

corollàrio *m. (filos., mat.)* **corollary.**

coróna *f.* **1** (di re o regina e *fig.*) **crown**; (potere regio) **Crown, Throne 2** (nobiliare) **coronet 3** (ghirlanda) **wreath; garland**; (solo se da portarsi in testa) **crown 4** (rosario) **rosary; beads** *(pl.)* **5** (di persone o cose) **circle; ring**: *fare c. a q. (q.c.)*, to form a ring (o a circle) round sb. (st.) **6** (serie) **set; sequence**: *una c. di sonetti*, a sonnet sequence **7** (*anat.*: di dente) **crown 8** (moneta ingl.) **crown**: *una mezza c.*, a half-crown; (il valore) half a crown **9** (moneta danese e norvegese) **krone***; (svedese) **krona* 10** *(astron., mus., archit.)* **corona*** ● *il discorso della C. (in G.B.)*, the Queen's (o King's) speech.

coronaménto *m.* **1 completion;** (ultimo tocco) **finishing touch;** (dell'opera di tutta una vita) **crowning achievement 2** *(naut.)* **taffrail.**

coronare *v. t.* **1** (ricompensare) **to reward; to crown 2** (concludere) **to complete 3** (circondare) **to encircle; to ring 4** *V.* **incoronare.**

coronàrico *a. (anat.)* **coronary** ● *(med.) insufficienza coronarica*, coronary insufficiency.

coronàrio *a. (anat.)* **coronary**: *(arterie) coronarie*, coronary arteries; coronaries *(fam.)*.

coronato *a.* **crowned** ● *c. da successo*, successful.

corpacciuto *a.* **corpulent; stout.**

corpétto *m.* **1 waistcoat 2** (corpino) **bodice; top.**

corpino *m.* **bodice; top.**

còrpo *m.* **1 body**: *anima e c.*, body and soul □ *corpi estranei*, foreign bodies (o foreign matter) **2** *(anat., leg.)* **corpus***: *(leg.) c. del reato*, « corpus delicti »; material evidence **3** (collettività) **corps*; staff;** *(mil.)* **corps*, force**: *il c. diplomatico*, the Corps Diplomatique □ *il c. insegnante*, the teaching staff **4** (parte principale) **main body;** (parte centrale) **central body, core, kernel**: *il c. dell'edificio*, the main body of the building **5** (pancia) **belly** *(fam.)*; **tummy** *(fam.)*: *dolori di c.*, tummy ache **6** (consistenza) **substance; matter 7** (di voce) **volume; range 8** (di nave) **hull 9** (cassa, custodia) **body; casing 10** *(tipogr.)* **body size; point** ● *(naut.) C. del Genio Navale*, Engineer Branch □ *C. di Bacco (o di mille bombe)!*, by Jove! □ *a c. morto*, whole-heartedly; with all one's might and main □ *(fam.) andare di c.*, to have a motion (of the bowels) □ *combattere a c. a c.*, to fight man to man □ *(fam.) mettere q.c. in c.*, to eat st. □ *prendere c.*, to take shape □ *ricacciare le parole in c. a q.*, to make sb. eat his (o her) words.

corporale *a.* **corporal; corporeal; bodily.**

corporativiṣmo *m. (polit.)* **corporativism; corporatism.**

corporativo *a.* **corporative; corporate.**

corporatura *f.* **build; physique.**

corporazióne *f.* **1 corporation 2** (stor. medievale) **guild.**

corpòreo *a.* **bodily; corporeal.**
corpóso *a.* **full-bodied.**
corpulènto *a.* **corpulent; stout; bulky;** (tarchiato) **stocky.**
corpulènza *f.* **corpulence; stoutness; bulkiness; stockiness.**
corpùscolo *m. (anat., fis.)* **corpuscle.**
Corpus Domini (il), *m. (relig.)* **Corpus Christi (Day).**
corredare *v. t.* **to equip; to supply; to furnish** (with).
corredino *m.* **layette.**
corrèdo *m.* ***1*** **outfit; equipment *2*** (di sposa) **trousseau *3*** (di arnesi) **kit *4*** *(fig.)* **store; fund.**
corrèggere *A* *v. t.* ***1*** **to correct;** (rettificare) **to rectify *2*** (raddrizzare) **to straighten; to right** (anche *fig.*) ***3*** (emendare) **to amend *4*** (ammonire) **to admonish *5*** (rif. a bevande) **to lace *6*** *(elab.)* **to patch *B* corrèggersi** *v. rifl.* **to correct oneself.**
corréggia *f.* **leather strap.**
correggiato *m. (agric.)* **(thresher's) flail.**
corregionale *A* *a.* **coming from the same part of the country *B*** *m.* **fellow countryman* *C*** *f.* **fellow countrywoman*.**
correità *f. (leg.)* **complicity.**
correlare *v. t.* **to correlate.**
correlativo *a.* (anche *gramm., geom.*) **correlative.**
correlazióne *f.* (anche *mat., biol., filos.*) **correlation.**
correligionàrio *m.* **co-religionist.**
(1) corrènte *a.* ***1*** **running; flowing**: *acqua c.*, running water ***2*** (attuale, in vigore) **current;** (*comm.:* del mese) **instant**: *in risposta alla Sua del 4 c.*, in reply to your letter of the 4th instant (abbr.: inst.; meglio: of the 4th of this month) ***3*** (di lingua, stile) **fluent *4*** (comune, ordinario) **ordinary; everyday** *(attr.)*; **common-or-garden** *(fam.)* ● *essere al c.*, to be (well) informed; to be up to date □ *mettere q. al c. (di q.c.)*, to inform sb. (about st.).
(2) corrènte *f.* ***1*** **stream;** (anche atmosferica) **current;** (d'aria) **draught**: *la C. del Golfo*, the Gulf Stream ***2*** *(elettr.)*; **current**: *c. continua*, direct current □ *c. alternata*, alternating current ***3*** *(fig.)* **trend; tendency; current;** (di un partito e sim.) **wing**: *una c. letteraria*, a literary current ● (anche *fig.*) *andare contro (la) c.*, to swim against the stream □ *(elettr.) presa di c.*, socket □ (anche *fig.*) *seguire la c.*, to go (o to swim) with the stream.
correnteménte *avv.* ***1*** (speditamente) **fluently *2*** (comunemente) **usually; generally.**
correntézza *f.* **fluency.**
correntista *m.* e *f. (comm.)* **holder of a current account.**
corrèo *m. (leg.)* **accomplice.**
córrere *v. i.* e *t.* ***1*** **to run*;** (precipitarsi) **to rush;** (specialm. di veicolo con ruote) **to speed*,** **to fly*,** **to roll (along)**: *c. una corsa*, to run a race □ (anche *fig.*) *c. dietro a q. (q.c.)*, to run after sb. (st.) ***2*** (scorrere) **to run*;** (anche *fig.*) **to flow *3*** (sport) **to race; to run* *4*** (andare veloce) **to run* on, to go* on;** (andare veloce) **to go* fast *5*** (*fig.:* con il pensiero, ecc.) **to turn; to go*;** **to fly* *6*** (esserci, intercorrere) **to be**: *Da qui a lì ci corre un miglio*, it is a mile from here to there □ *Ci corrono cinque anni da me a te*, there is a difference of five years between us ***7*** (di tempo: trascorrere) **to pass; to elapse *8*** (circolare, diffondersi) **to circulate; to be circulated** ● *c. a più non posso*, to run like mad □ *c. qua e là*, to run about □ *coi tempi che corrono*, as things are at present □ *Corre voce che...*, there is a rumour that...; it is rumoured that... □ *far c. un cavallo*, to run (o to race) a horse □ *lasciar c. q.c.*, to wink at st.; to close an eye on st.
corresponsàbile *(leg.)* ***A*** *a.* **jointly liable *B*** *m.* e *f.* **person jointly responsible;** (in diritto penale) **accomplice.**
corresponsabilità *f. (leg.)* ***1*** **joint liability *2*** (in diritto penale) **complicity.**
corresponsióne *f.* (pagamento) **payment.**
correttaménte *avv.* ***1*** **correctly *2*** (educatamente) **politely; properly *3*** (onestamente) **honestly; fairly.**
correttézza *f.* **correctness; propriety.**
correttivo *a.* e *m.* **corrective.**
corrètto *a.* ***1*** **correct;** (giusto) **right *2*** (educato) **polite; proper; civil *3*** (onesto) **honest; straightforward** ● *caffè c.*, black coffee laced with brandy (o rum, ecc.).
correttóre *m.* ***1*** **corrector *2*** *(tipogr.)* **proof-reader.**
correzionale *m.* **borstal; approved school.**
correzióne *f.* ***1*** **correction;** (modifica) **alteration *2*** (ammonimento) **admonition; reproof; lesson** ● *(elab.) c. degli errori*, error correction □ *(tipogr.) c. di bozze*, proof-reading □ *casa di c.*, reformatory; approved school; borstal.
corrida *f.* **bullfight.**
corridóio *m.* ***1*** **passage; corridor;** (rif. al Parlamento) **lobby *2*** *(naut.)* **between decks** ● *(polit.) manovre di c.*, lobbying.
corridóre *m.* ***1*** **runner *2*** (cavallo da corsa) **race-horse *3*** (chi partecipa a una gara) **racer** ● *c. ciclista*, racing cyclist.
corrièra *f.* **local bus;** (diligenza) **mailcoach.**
corrière *m.* ***1*** (chi trasporta merce) **carrier *2*** (diplomatico, ecc.) **courier; government dispatch bearer;** (della *G. B.*) **Queen's (o King's) Messenger *3*** (posta) **mail; post**: *a volta di c.*, by return of post.
corrigèndo *m. (leg.)* **juvenile offender.**
corrimano *m.* **handrail.**
corrispettivo *A* *a.* **corresponding; equivalent *B*** *m.* ***1*** **equivalent *2*** (compenso) **compensation *3*** *(comm., leg.)* **consideration.**
corrispondènte *A* *a.* **corresponding *B*** *m.* e *f.* ***1*** **correspondent *2*** *(comm.)* **agent.**
corrispondénza *f.* ***1*** *(in tutti i sensi)* **correspondence;** (corrispondenza epistolare) **letters** *(pl.)*, **post, mail;** (armonia) **agreement**: *essere (entrare) in c. con q.*, to be in (to enter into) correspondence with sb. □ *c. in arrivo (in partenza)*, incoming (outgoing) letters ***2*** (giornalismo) **dispatch** ● *scuola per c.*, correspondence school.
corrispóndere *A* *v. i.* ***1*** **to correspond** (to, with) ***2*** (essere in relazione epistolare) **to correspond** (with) ***3*** (contraccambiare) **to return; to repay*;** (in senso assoluto) **to respond *4*** (di luogo: comunicare) **to look on** (to); **to open on** (to); **to communicate** (with); **to correspond** (to) ***5*** (fare il paio) **to match** (st.) ***6*** (confermare, convalidare) **to bear* out** (sb., st.); **to agree** (with) ***7*** (di cifre, numeri) **to tally *B*** *v. t.* **to pay*;** **to pay* out; to give***: *c. una somma a q.*, to pay out a sum to sb. ● *c. alle aspettative di q.*, to come up to sb.'s expectations.
corrispósto *a.* ***1*** **requited** *(lett.)*; **mutual *2*** (di denaro) **paid (out).**
corrivo *a.* ***1*** (indulgente) **easy-going *2*** (avventato) **rash.**
corroborante *A* *a.* ***1*** **invigorating *2*** *(fig.)* **corroborative *B*** *m.* **corroborant; tonic.**
corroborare *v. t.* ***1*** (dar forza a) **to fortify; to invigorate; to strengthen *2*** (confermare) **to corroborate; to bear* out.**
corródere *A* *v. t.* **to corrode;** (della ruggine) **to rust;** (dell'acqua) **to wear* away;** (anche *fig.*) **to eat* into, to consume *B* corródersi** *v. rifl.* **to corrode; to wear* away.**
corrómpere *A* *v. t.* ***1*** (anche *fig.*) **to contaminate; to infect; to taint *2*** (*fig.:* traviare) **to corrupt; to deprave *3*** (con denaro) **to bribe;** (subornare) **to suborn *B* corrómpersi** *v. rifl.* ***1*** **to rot; to putrefy *2*** *(fig.)* **to become* corrupted.**
corroṣióne *f.* **corrosion.**
corrosivo *a.* e *m.* **corrosive.**
corrótto *a.* ***1*** **corrupt;** (con denaro) **bribed;** (dai costumi depravati) **vicious, depraved *2*** (di acqua e sim.) **foul; contaminated; tainted.**
corrucciarsi *v. rifl.* ***1*** (adirarsi) **to become*** (o **to get***) **angry (o cross) *2*** (preoccuparsi) **to worry; to fret *3*** (rif. ad espressione del volto) **to frown.**
corrucciato *a.* ***1*** (adirato) **angry; cross *2*** (preoccupato) **worried *3*** (di espressione) **frowning.**
corrùccio *m.* ***1*** (ira) **anger; indignation *2*** (cruccio)

worry.

corrugare ***A*** *v. t.* to **wrinkle** ● *c. la fronte,* to knit one's brows ***B*** **corrugarsi** *v. rifl.* to **knit* one's brows; to frown; to scowl.**

corrugato *a.* **wrinkled** ● *con la fronte corrugata,* with knitted brows.

corruscare *v. i. (lett.)* to **coruscate; to sparkle; to flash.**

corruttèla *f.* **corruption; immorality.**

corruttìbile *a.* ***1*** **corruptible** ***2*** (di funzionario, ecc.) **bribable.**

corruttóre *m.* ***1*** **corrupter** ***2*** (con denaro) **briber.**

corruzióne *f.* ***1*** (morale) **corruption; depravity** ***2*** (con denaro e sim.) **bribery** ***3*** (subornazione) **subornation** ***4*** (putrefazione) **putrefaction.**

córsa *f.* ***1*** **run; running** ***2*** (gara) **race** (anche *fig.*); **racing**: *le corse (di cavalli),* the races ***3*** (di treni, tram, ecc.) **journey; trip; route; run** (a volte si usa il nome del veicolo): *perdere l'ultima c.,* to miss the last bus (train, etc.) ***4*** (*mecc.*: di pistone) **stroke** ***5*** *(aeron.)* **run** ● *(fig.) la c. all'oro,* the gold rush □ *c. campestre,* cross-country race □ *c. nei sacchi,* sack race □ *andare e tornare di c.,* to run all the way there and back □ *automobile (bicicletta, ecc.) da c.,* racing car (bicycle, etc.) □ *cavallo da c.,* race-horse □ *di c.,* (correndo) running, at a run, on the run; (in fretta) in a rush, in a hurry □ *di gran c.,* at full speed; (in fretta) in great haste □ *fare una c.,* to go for a run; (affrettarsi) to run, to dash; *(sport)* to run a race □ *stagione delle corse,* racing season □ *Faccio una c. e torno,* I won't be a minute.

corsalétto *m.* ***1*** (*stor.*: leggera corazza) **breastplate** ***2*** *(zool.)* **corslet.**

corsaro ***A*** *a.* **pirate** (*attr.*): *una nave corsara,* a pirate (ship) ***B*** *m.* ***1*** *(stor.)* **privateer** ***2*** (pirata) **corsair; pirate; freebooter; buccaneer** ● *(naut., stor.) fare il c.,* to privateer □ *(naut., stor.) nave corsara,* privateer.

corsetterìa *f.* **corsetry.**

corsétto *m.* **corset;** (busto elastico) **girdle.**

corsìa *f.* ***1*** **passage; gangway** ***2*** (d'ospedale) **ward** ***3*** (di strada) **lane** ***4*** *(sport)* **lane** ● *(autom.) c. d'emergenza,* emergency lane.

corsière, corsièro *m. (lett.)* **steed.**

corsivista *m.* e *f. (giornalismo)* **writer of short articles (to be printed in italics).**

corsivo ***A*** *a.* ***1*** (di scrittura) **cursive** ***2*** *(tipogr.)* **italic** ***B*** *m.* ***1*** (scrittura) **cursive** ***2*** *(tipogr.)* **italics** *(pl.)* ***3*** *(giornalismo)* **short article (printed in italics).**

(1) córso *m.* ***1*** (anche *fig.*) **course**: *Lascia che le cose seguano il loro c.!,* let things run their course! □ *un c. sul Settecento,* a course (of lectures) on the 18th century ***2*** (anno di studio) **year**: *studenti del primo c.,* first-year students ***3*** (corso d'acqua) **watercourse; waterway** ***4*** (strada) **main street; « corso »** ***5*** (di parole) **current use** ***6*** (corteo) **procession** ***7*** (*econ.*: della moneta) **circulation**: *mettere in c.,* to put into circulation ● (di moneta) *c. forzoso,* forced currency □ *(comm.) affari in c.,* outstanding business □ *l'anno (il mese, ecc.) in c.,* the present (o current) year (month, etc.) □ *(econ.* e *fig.) avere c.,* to be current □ *(comm.) dare c. a un'ordinazione,* to carry out an order □ *dare libero c. alla propria immaginazione,* to give free play to one's fancy □ *frequentare i corsi serali,* to attend evening classes □ *in c. di costruzione,* under (o in course of) construction □ (di un libro) *in c. di stampa,* in the press □ *lavori (stradali) in c.,* roadworks ahead □ *moneta in c.,* currency □ *(naut.) nave di lungo c.,* seagoing vessel.

(2) còrso *a.* e *m.* **Corsican.**

corsóio ***A*** *a.* — *nodo c.,* slip-knot; running knot ***B*** *m.* **slider;** (di regolo calcolatore) **cursor.**

córte *f.* ***1*** (di sovrano e sim.; anche *fig.*) **court**: *un poeta di c.,* a court poet ***2*** (cortile) **courtyard; yard** ***3*** (di collegio universitario) **quadrangle; quad** *(fam.)* ***4*** *(leg.)* **law-court; court**: *C. d'Appello,* Court of Appeal □ *C. di Cassazione,* Court of Cassation ***5*** (corteggiamento) **courting; courtship** ***6*** (seguito) **retinue; train** ● *dama di c.,* lady-in-waiting □ *fare la c. a q.,* to woo sb.

cortéccia *f.* ***1*** *(bot.)* **bark; rind** ***2*** *(anat.)* **cortex*** ***3*** (parte esterna di q.c.) **rind;** (crosta) **crust.**

corteggiaménto *m.* **courtship; courting; wooing.**

corteggiare *v. t.* ***1*** to **court; to woo** ***2*** (adulare, fare complimenti a, ecc.) to **curry favour with** (sb.).

corteggiatóre *m.* **admirer; suitor; wooer.**

cortéggio *m.* **retinue; suite; court; train.**

cortèo *m.* ***1*** **procession; cortège** *(franc.)* ***2*** (seguito) **suite; train** ● *c. di protesta,* demonstration parade.

cortése *a.* ***1*** **polite; kind; courteous** ***2*** *(letter. medievale)* **courtly.**

cortesìa *f.* ***1*** **courtesy; politeness; kindness** ***2*** (favore) **kindness; favour** ● *colmare q. di cortesie,* to shower one's attentions on sb. □ *fare la c. (di),* to be kind (o good) enough (to); to have the kindness (to) □ *per c.,* please.

cortézza *f.* **shortness** ● *(fig.) c. di mente,* dul(l)ness; obtuseness.

cortigiana *f.* **courtesan.**

cortigianerìa *f.* ***1*** **courtier's art** ***2*** (adulazione) **flattery; adulation; obsequiousness.**

cortigianésco *a.* ***1*** **courtly** ***2*** *(spreg.)* **given to flattery; obsequious.**

cortigiano *m.* ***1*** **courtier** ***2*** (*spreg.*: adulatore) **flatterer.**

cortile *m.* ***1*** **courtyard** ***2*** (di locanda) **coachyard** ***3*** (di collegio universitario) **quadrangle; quad** *(fam.)* ***4*** (di casa colonica) **farmyard; barnyard** ***5*** (di palazzo ital.) **« cortile »** ● *animali da c.,* poultry.

cortina *f.* **curtain;** *(fig.,* anche*)* **screen**: *(polit.) c. di ferro,* iron curtain.

cortisóne *m. (chim., farm.)* **cortisone.**

córto *a.* **short**: *capelli corti,* short hair ● *essere a c. di argomenti,* to be at a loss what to say □ *essere a c. di mano d'opera,* to be short-handed □ *(fig.) andare per le corte,* to take a short cut □ *di c.,* lately; recently; not long ago □ *essere di vista corta,* to be short-sighted (anche *fig.*) □ *per farla corta,* in short; to cut a long story short □ *rimanere a c. di q.c.,* to run short of st.

cortocircùito *m. (elettr.)* **short circuit.**

cortometràggio *m. (cinem.)* **short.**

corvè *f.* ***1*** *(mil.)* **fatigue** ***2*** *(fig.)* **tiring task; sweat** *(fam.).*

corvétta *f. (naut.)* **corvette; sloop.**

corvino *a.* ***1*** (di corvo) **corvine** ***2*** **raven** *(attr.)*; **raven-black.**

còrvo *m. (zool.,* Corvus*)* **crow** ● *c. imperiale* (Corvus corax), raven □ *c. nero* (Corvus frugilegus), rook.

còsa *f.* ***1*** **thing**: *È una c. difficile da spiegare,* it's a difficult thing to explain □ *Le cose andarono di male in peggio,* things went from bad to worse ***2*** (faccenda) **matter; affair; business**: *le cose pubbliche,* public affairs □ *La c. deve restare tra noi,* the matter must remain between us □ *Che c. hai?,* what's the matter with you? ***3*** (*escl.* e *interr.*: che cosa) **what**: *(Che) c. vuoi?,* what do you want? □ *Non so (che) c. farmene,* I don't know what to do with it ● *a cose fatte,* when all is (o was) over □ *avere qualche c. contro q.,* to bear sb. a grudge □ *dire una c. per l'altra,* to make a mistake □ *nessuna c.,* nothing □ *ogni c.,* everything □ *prendere le cose alla leggera,* to take things lightly; to be an easy-going person □ *qualche c. (o qualcosa),* something, anything; (rif. a persona) somebody, someone: *qualche c. da mangiare,* something to eat □ *credersi qualche c.,* to think one is somebody □ *qualsiasi c.,* anything; whatever □ *la qual c. tutti auspicavano,* which was what everyone had hoped for □ *Sono cose dell'altro mondo,* it's unbelievable (o incredible) □ *È tutt'altra c.!,* it's quite another (o a different) thing! □ *La c. va da sé,* it is a matter of course □ *C. vuoi, sono ragazzi,* after all, boys will be boys.

cosà *avv. (fam.)* ***1*** — *(o) così o c.,* somehow or other ***2*** — *così c.,* so so.

cosacco *a.* e *m.* **Cossack.**

còscia *f.* ***1*** *(anat.)* **thigh** ***2*** *(cucina)* **leg; haunch** ***3*** *(costr.)* **abutment.**

cosciale *m.* **cuisse; cuish;** *(al pl.,* anche*)* **thigh armour.**

cosciènte *a.* **aware** *(pred.)*; **conscious.**

cosciènza *f.* ***1*** **conscience**: *avere la c. pulita,* to have a clear conscience □ *fare un esame di c.,* to examine one's conscience ***2*** (l'essere coscienzioso) **conscientiousness** ***3*** (consapevolezza) **awareness** ***4*** (conoscen-

za, anche *fig.*) **consciousness**: *riacquistare la c.*, to recover consciousness • *avere la c. sporca*, to have a guilty conscience □ *mettersi una mano sulla c.*, to put a hand on one's heart.
coscienziosità *f.* **conscientiousness.**
coscienzióso *a.* **conscientious; scrupulous.**
còscio, cosciòtto *m. V.* **còscia,** *def. 2.*
coscritto *m. (mil.)* **conscript; recruit.**
coscrìvere *v. t. (mil.)* **to conscript;** to **enrol(l).**
coscrizióne *f. (mil.)* **conscription; enrolment.**
cosecante *f. (mat.)* **cosecant** (*abbr.:* **cosec).**
coséno *m. (mat.)* **cosine** (*abbr.:* **cos).**
così A *avv.* **1 so; thus** *(lett.)*: *C. pare*, so it seems □ *È c.?*, is that so? **2** (in questa maniera) **like this; like that; this way**: *Era fatto c.*, he was like that **3** (altrettanto) **so**: *L'ho preso in uggia, e c. farai anche tu*, I've grown to dislike him, and so will you **4** (rif. a cosa già detta) **that is what; that is how**: *Non ho detto c.*, that is not what I said **5** (tanto) **so** *(con avv.)*; **so, such** *(con agg.)*: *È c. facile!*, it is so easy! □ *È un ragazzo c. intelligente*, he is such a clever boy **6** *(correlativo di « come »)* **as... as;** *(in frasi neg. che non siano anche interr.)* **so...as**: *È c. pigro come una volta?*, is he as lazy as he used to be? **7** *(correlativo di « che » e « da »)* **so...that; so...as 8** *(correlativo di « come »*, nel senso di: parimenti, entrambi) **both... and**: *c. il marito come la moglie*, both husband and wife **9** *(ottativo)* **so**: *C. sia!*, so be it! **B** *cong.* **1** (dunque, allora) **so; then 2** (perciò, quindi) **so; therefore C** *a.* (tale, siffatto) **such**: *Non s'è mai visto un bambino c.*, never was there such a baby • *c. c.*, so so □ *(fam.) c. cosà*, so so □ *e c. via*, and so on; and so forth □ *È c.?*, well?; what about it?; so what? □ *per c. dire*, so to say; as it were □ *proprio c.*, just so; quite so □ *Basta c.!*, that will do! □ *C. potessi aiutarti!*, if only I could help you!
cosicché *cong.* **so that; that.**
cosiddétto *a.* **so-called.**
cosiffatto *a.* **like that; such** *(attr.)*: *un uomo c.*, a man like that.
coșmèși, coșmètica *f.* **cosmetics** *(pl. col verbo al sing.)*; **beauty treatment.**
coșmètico *a.* e *m.* **cosmetic.**
coșmetista *f.* e *m.* **beautician; cosmetologist.**
còșmico *a.* **cosmic.**
còșmo *m.* **cosmos; universe.**
coșmòdromo *m. (miss.)* **cosmodrome.**
coșmologìa *f.* **cosmology.**
coșmològico *a.* **cosmological.**
coșmòlogo *m.* **cosmologist.**
coșmonàuta *m.* e *f.* **cosmonaut; astronaut.**
coșmonàutica *f.* **cosmonautics, astronautics** *(pl. col verbo al sing.)*.
coșmonave *f.* **spaceship.**
coșmopolita *a., m.* e *f.* **cosmopolitan; cosmopolite.**
coșmopolitișmo *m.* **cosmopolitism; cosmopolitanism.**
còso *m. (fam.)* **1 thingummy; thingumabob 2** (solo di cosa) **what-d'you-call-it 3** (solo di persona) **what's--his-name.**
cospàrgere *v. t.* **1** to **strew* 2** (con un liquido) to **sprinkle.**
cospètto *m.* — *al c. di*, in the presence of; before; in front of.
cospicuità *f.* **conspicuousness.**
cospìcuo *a.* **1 conspicuous; remarkable 2** *(fig.)* **large; considerable.**
cospirare *v. i.* to **conspire;** to **plot.**
cospiratóre *m.* **conspirator; plotter.**
cospirazióne *f.* **conspiracy; plot.**
còsta *f.* **1** *(geogr.)* **coast; coastline;** (anche rilievo delle coste) **seaboard;** (litorale) **shore 2** (pendio) **slope; hillside; mountainside**: *una c. ripida*, a steep slope □ *essere a mezza c.*, to be half-way up (o half-way down) the hill(side) **3** *(anat.:* costola) **rib 4** *(naut., bot., zool.)* **rib 5** (di coltello, di libro) **back 6** (di tessuto) **cord** • *(naut.) andare c. c.*, to hug the coast.
costà *avv.* **there; over there.**
costaggiù *avv.* **down there.**
costale *a. (anat.)* **costal.**
costante A *a.* **1 constant; faithful; persevering; steadfast; steady 2** (stabile) **steady; unchanged; invariable 3** *(fis., mat.)* **constant B** *f. (mat.)* **constant** (*abbr.:* **const.).**
costanza *f.* **constancy; faithfulness; steadfastness; perseverance.**
costare *v. i.* **1** to **cost*** (anche *fig.)*; to **be worth**: *Mi è costato una sterlina*, it cost me a pound (o I paid a pound for it) **2** *(fig.)* to **be a great wrench** (o **effort, ordeal);** to **require a great effort (on one's part)** • *c. caro*, to be dear □ *c. poco*, to be cheap □ *(fig.) Ti costerà caro!*, you'll have to pay for it!
costassù *avv.* **up there.**
costata *f. (cucina)* **chop**: *una c. d'agnello*, a lamb chop.
costatare *V.* **constatare.**
costato *m.* **1** *(anat.)* **chest; ribs** *(pl.)* **2** (di animale da macello) **side.**
costeggiare *v. t.* e *i.* **1** *(naut.)* to **sail along (the coast);** to **hug the coast** (o **the shore);** to **coast 2** *(fig.:* da terra) to **skirt;** to **go*** (o to **walk,** to **run*,** to **drive*,** ecc.) **along (the edge of).**
costèi *pron. dimostrativo f.* **she** *(sogg.)*; **her** *(compl.)*; **this** (o **that) woman*.**
costellare *v. t.* to **spangle,** to **deck,** to **stud** (with).
costellazióne *f. (astron., fig.)* **constellation.**
costernare *v. t.* to **dismay**: *La notizia mi costernò*, I was dismayed at the news.
costernato *a.* **dismayed.**
costernazióne *f.* **consternation; dismay.**
costì *avv.* **there; over there.**
costièra *f.* **stretch of coast; (rocky) coastline.**
costièro *a.* **coastal; coast** *(attr.)* • *nave costiera*, coaster.
costipare A *v. t.* **1** (stipare) to **condense;** to **compress;** to **pack tight 2** *(med.)* to **constipate B costiparsi** *v. rifl.* **1** *(med.)* to **become* constipated 2** *(fam.:* prendersi un raffreddore) to **catch* a bad cold.**
costipazióne *f.* **1** *(med.)* **constipation 2** *(fam.:* raffreddore) **bad cold.**
costituènte A *a.* **constituent**: *assemblea c.*, constituent assembly **B** *m.* **1 member of a constituent assembly 2** *(chim.)* **constituent C** *f.* **constituent assembly.**
costituire A *v. t.* **1** (fondare) to **constitute;** to **found;** to **establish;** to **set* up**: *c. un comitato*, to constitute a committee **2** (formare, comporre) to **constitute;** to **form;** to **compose;** to **make* up 3** (eleggere, nominare) to **constitute;** to **appoint;** to **make* 4** (assegnare) to **give*;** to **settle**: *c. una dote a q.*, to settle a dowry on sb. • *(leg.) c. reato*, to amount to a crime **B costituirsi** *v. rifl.* **1** *(leg.)* to **give*** (o to **deliver) oneself up (to the police) 2** (formarsi, comporsi) to **constitute oneself;** to **become* 3** (nominarsi, erigersi) to **constitute oneself;** to **appoint oneself** • *(leg.) c. in giudizio*, to appear before the Court.
costitutivo *a.* **constitutive** • *(leg.) atto c.*, deed (of partnership).
costituzionale *a. (polit., leg., med.)* **constitutional.**
costituzionalișmo *m. (polit.)* **constitutionalism.**
costituzionalista *m.* e *f. (polit.)* **constitutionalist.**
costituzionalità *f. (polit.)* **constitutionality.**
costituzióne *f.* **1 constitution; establishment; settlement**: *la c. di una società commerciale*, the establishment of a company **2** *(polit.)* **constitution 3** (struttura, conformazione) **constitution.**
còsto *m.* **1 expense(s);** (prezzo) **price;** *(econ., comm.)* **cost**: *Qual è il c.?*, what is the price? □ *(naut.) c., assicurazione e nolo*, cost, insurance and freight **2** *(fig.)* **cost**: *a qualunque c.*, at any cost □ *a c. della vita*, at the cost of one's life • *a nessun c.*, on no account; not for anything.
còstola *f.* **1** *(anat., naut., archit., bot.)* **rib 2** *(cucina)* **rib 3** (di libro) **back; spine 4** (di lama) **blunt edge** • *stare alle costole di q.*, to stick to sb. like his (o her) shadow.

costolétta *f.* *(cucina)* **cutlet.**
costóro *pron. dimostrativo pl.* **they** *(sogg.)*; **them** *(compl.)*; **these** (o **those) men** (o **women); these** (o **those) people.**
costóso *a.* **dear; expensive.**
costrìngere *v. t.* **1 to oblige; to force; to compel**: *c. q. a fare q.c.*, to compel sb. to do st. **2** *(lett.:* comprimere*)* **to compress.**
costrittivo *a.* **compelling; constrictive; coercive.**
costrizióne *f.* **pressure; constraint; coercion; compulsion.**
costruire *v. t.* **1 to build*; to make***; (ideare) **to construct;** (erigere) **to erect 2** *(gramm.)* **to construe.**
costruttivo *a.* **1** *(costr.)* **building** *(attr.)* **2** *(fig.)* **constructive.**
costrutto *m.* **1** (profitto) **profit 2** *(gramm.)* **construction.**
costruttóre A *m.* **1** (edile) **builder 2** (navale) **shipbuilder 3** (di invenzioni meccaniche, ecc.) **constructor B** *a.* **building** *(attr.)*.
costruzióne *f.* **1 construction; building;** *(ind.)* **manufacture 2** (edificio) **building 3** *(gramm.)* **construction** ● *(naut.:* di nave*)* *essere in c.*, to be on the stocks.
costùi *pron. dimostrativo m.* **he** *(sogg.)*; **him** *(compl.)*; **this** (o **that) man*.**
costumanza *f.* **custom; usage.**
costumare *v. i.* *(lett.)* **1** *(impers.)* **to be the custom** (o **the fashion) 2** (solere) **to be in the habit of** (doing st.).
costumatézza *f.* **good** (o **polite) manners** *(pl.)*; **decency.**
costumato *a.* **well-mannered; decent.**
costume *m.* **1 custom; usage;** (abitudine) **habit 2** *(al pl.)* **morals** *(pl.)*; (comportamento) **behaviour**: *una donna di facili costumi,* a woman of loose morals **3** (abito) **costume;** (per mascherata, anche) **fancy dress**: *un ballo in c.*, a fancy-dress ball **4** *(leg.:* buon c.*)* **public morality 5** (da bagno) **bathing suit; (bathing) costume.**
costumista *m.* e *f.* *(teatr., cinem.)* **costume designer.**
costura *f.* **seam.**
cotale *a. indef.* *(lett.)* **such**: *in cotal guisa,* in such a way; thus.
cotangènte *f.* *(mat.)* **cotangent.**
cotanto *(lett.)* **A** *a. indef.* **so great a; such a big**: *un c. uomo,* so great a man **B** *avv.* **1 so much 2** (così a lungo) **so long.**
còte *f.* **whetstone; hone.**
cotechino *m.* *(cucina)* « **cotechino** » (kind of big boiled pork sausage).
coténna *f.* **1 hide;** (di porco) **pigskin 2** (pelle dura) **thick skin** *(anche fig.)* **3** (del cranio) **scalp.**
cotésto *V.* **codésto.**
cotilèdone *m.* *(bot.)* **cotyledon; seed leaf*.**
cotógna *f.* *(bot.)* **quince.**
cotognata *f.* *(cucina)* **quince jam.**
cotógno *m.* (*bot.*, Cydonia vulgaris) **quince.**
cotolétta *f.* *(cucina)* **cutlet**: *c. alla milanese,* fried cutlet Milan style.
cotonare *v. t.* (i capelli) **to back-comb.**
cotonato A *a.* (di capelli) **back-combed B** *m.* **silk and cotton fabric.**
cotóne *m.* **1 cotton 2** (filo) **cotton yarn** (o **thread);** (tessuto) **cotton material** (o **cloth).**
cotonerìe *f. pl.* **cotton fabrics.**
cotonière *m.* **1** (industriale) **cotton manufacturer 2** (operaio) **worker in a cotton-mill; cotton-spinner.**
cotonièro *a.* **cotton** *(attr.)*: *industria cotoniera,* cotton industry.
cotonifìcio *m.* *(ind. tessile)* **cotton-mill.**
cotonina *f.* *(ind. tessile)* **calico.**
cotonóso *a.* **cottony.**
(1) còtta *f.* **1** *(relig.)* **surplice 2** (tunica sopra l'armatura) **surcoat.**
(2) còtta *f.* **1 cooking; baking 2** (infornata) **batch;** *(ind.)* **kilnful 3** *(fam.:* innamoramento*)* **infatuation; crush**: *aver preso una c. per q.*, to have a crush on sb. ● *furfante di tre cotte,* archvillain; thorough scoundrel.
cottimista *m.* e *f.* **pieceworker; jobber.**
còttimo *m.* **1** (contratto) **job contract; jobbing contract 2** (lavoro) **job work; piecework** ● *lavorare a c.*, to work by the job.
(1) còtto *a.* **1 cooked;** (di carne, cotta al sangue) **underdone,** (cotta molto) **overdone;** (al forno) **baked 2** (infatuato) **head-over-ears in love 3** (sport) **exhausted 4** (ubriaco) **drunk; tight** *(fam.)* ● *(fig.) farne di cotte e di crude,* to be up to all kinds of mischief □ *(fig.) né c. né crudo,* neither one thing nor the other.
(2) còtto *m.* **1** (mattone) **brick 2** (opera muraria di mattoni) **brickwork.**
cottura *f.* **cooking;** (al forno) **baking.**
coturnice *f.* (*zool.*, Alectoris graeca) **Greek partridge.**
coturno *m.* *(archeol., teatr.)* **buskin.**
coulomb *(franc.)* *m.* *(elettr.)* **coulomb.**
coupé *(franc.)* *m. invar.* *(autom.)* **coupé.**
coupon *(franc.)* *m.* **coupon; slip.**
cóva *f.* **1 brooding 2** (tempo) **brooding time** ● *fare la c.*, to brood; to sit (on eggs).
covare A *v. t.* **1 to sit* on (eggs); to brood;** (finché i piccoli non siano usciti dalle uova) **to hatch 2** *(fig.)* **to nurse; to brood over** (st.); **to hatch B** *v. i.* **1** (di fuoco e *fig.)* **to smoulder 2** (di malattia) **to be latent** ● *c. una malattia,* to be sickening for an illness □ *Gatta ci cova!,* I smell a rat! *(fam.)*.
covata *f.* (anche *fig.*) **brood.**
covatura *V.* **cóva.**
coventrizzare *v. t.* **to destroy; to raze to the ground.**
covile *m.* **1 den; lair 2** *(fig.)* **hovel; hole.**
cóvo *m.* **1** (tana, anche *fig.*) **den; lair 2** (di lepre) **form 3** (di coniglio, ecc.) **burrow 4** (di volpe) **earth.**
covóne *m.* *(agric.)* **sheaf*.**
coyòte *m.* (*zool.*, Canis latrans) **coyote; prairie wolf*.**
còzza *f.* (*zool.*, Mytilus edulis) **mussel.**
cozzare *v. t.* e *i.* **1** (con le corna) **to butt 2** (urtare) **to bang** (into); (di veicoli) **to collide 3** (*fig.:* essere in contrasto) **to clash** (with).
còzzo *m.* **1** (con le corna) **butt 2** (di corpi in movimento) **collision 3** *(fig.)* **clash; conflict.**
crac A *m.* **1** (rumore) **crack; crash 2** (tracollo) **downfall 3** (anche *econ.*) **crash; ruin; debacle 4** (crollo della resistenza fisica o psichica) **breakdown B** *inter.* **crack!**
crampo *m.* *(med.)* **cramp.**
crànico *a.* *(anat.)* **cranial.**
crànio *m.* **skull;** (*anat.*, anche) **cranium*;** *(fig.)* **head.**
craniologìa *f.* *(antropologia)* **craniology.**
craniòlogo *m.* *(antropologia)* **craniologist.**
craniotomìa *f.* *(med.)* **craniotomy.**
cràpula *f.* **debauch.**
crapulóne *m.* **guzzler; debauchee.**
crasso *a.* — *ignoranza crassa,* gross (o crass) ignorance.
cratère *m.* *(geol., archeol.)* **crater.**
cràuti *m. pl.* *(cucina)* **sauerkraut** *(sing.)*.
cravatta *f.* **necktie; tie** *(fam.)*: *una c. a farfalla,* a bow tie.
crawl *(ingl.)* *m.* *(sport)* **crawl.**
crawlista *m.* e *f.* *(sport)* **crawl swimmer.**
creanza *f.* **manners** *(pl.)*; **politeness**: *mala c.*, bad manners.
creare *v. t.* **1 to create; to make*; to invent 2** (nominare) **to create; to make*; to appoint 3** (procurare, suscitare) **to make***: *c. delle difficoltà,* to make difficulties **4** (causare) **to cause; to give* rise to** (st.) **5** (fondare) **to found; to establish.**
creatività *f.* **creativity; creativeness.**
creativo A *a.* **creative B** *m.* (pubblicitario) **copywriter.**
creato A *a.* **created B** *m.* **creation.**
creatóre A *m.* **creator; maker B** *a.* **creative.**
creatura *f.* **1 creature; human being 2** (bambino) **baby; infant; sweet** (o **dear, poor) little thing 3** (fa-

vorito) **creature** *(spreg.).*
creazióne *f.* ***1*** **creation; making** ***2*** (nomina) **appointment** ***3*** (il creato) **creation** ***4*** (fondazione) **foundation; establishment.**
credènte *m.* e *f.* **believer** ● *(collett.) i credenti,* the faithful.
(1) credènza *f.* ***1*** **belief;** (*relig.*, anche) **faith**: *Io ho la ferma c. che...,* it is my (firm) belief that... ***2*** (credito) **credit.**
(2) credènza *f.* (di sala da pranzo) **sideboard;** (di cucina) **dresser.**
credenziale *a.* — *lettere credenziali,* credentials.
(1) crédere ***A*** *v. t.* e *i.* ***1*** (ritenere vero, prestar fede) to **believe**: *c. in q., in q.c.,* to believe in sb., in st. □ *c. (a) q.* (cioè che dica la verità), to believe sb. □ *c. (a) q.c.* (cioè che la cosa sia vera), to believe st. ***2*** (aver fiducia) to **have faith** (in); to **trust**; to **believe** (in): *c. poco nei medici,* not to have much faith in doctors ***3*** (reputare) to **think***; to **believe;** to **consider**: *Lo credo un imbecille,* I consider him a fool; I think he is a fool □ *Credo di sì,* I think so □ *Credo di no,* I don't think so ***4*** (piacere, parere) to **like**: *Fa un po' quel che credi,* do as you like (o do as you think best) ● *c. bene,* to think it best □ *voler c.,* to trust; to hope □ *Non potevo c. ai miei occhi,* I could scarcely believe my eyes ***B*** **crédersi** *v. rifl.* to **consider oneself;** to **believe oneself (to be);** to **think* (one is).**
(2) crédere *m.* **judgment; opinion; belief**: *a mio c.,* in my opinion □ *oltre ogni c.,* past all belief.
credìbile *a.* **credible; believable;** (rif. a persona) **reliable.**
credibilità *f.* **credibility; credibleness;** (rif. a persona) **reliability** ● *margine di c.,* credibility gap.
creditìzio *a.* **credit** *(attr.)*: *(econ.) la stretta creditizia,* the credit squeeze.
crédito *m.* ***1*** (anche *comm.*) **credit;** (reputazione) **esteem, reputation**: *godere di molto c.,* to be held in high esteem; to have a good reputation □ *comprare (vendere) a c.,* to buy (to sell) on credit □ *far c. a q.,* to grant sb. credit □ *una lettera di c.,* a letter of credit ***2*** *(leg.)* **debt** ***3*** (il credere) **credit; confidence; trust; credence**: *dar c. a q.c.,* to give credit (o credence) to st.; to credit st. ● *(banca) carta di c.,* banker's (o bank) card □ *(leg.) millantato c.,* false pretences.
creditóre *m.* **creditor** ● *c. ipotecario,* mortgagee.
crèdo *m. (relig., fig.)* **creed.**
credulità *f.* **credulity.**
crèdulo *a.* **credulous; naïve; gullible.**
credulóne ***A*** *a.* **credulous; naive; gullible** ***B*** *m.* **gull; sucker** *(fam.).*
crèma *f.* ***1*** **cream** (anche *fig.*): *(cosmesi) c. detergente,* cleasing cream ***2*** (di zucchero, uova, ecc.) **custard** ***3*** (liquore) « **crème** » *(franc.)*; **cream**: *c. di menta,* « crème-de-menthe ».
cremaglièra *f. (mecc.)* **rack**: *una ferrovia a c.,* a rack railway.
cremare *v. t.* to **cremate.**
crematòrio ***A*** *a.* **crematory** ***B*** *m.* **crematory; crematorium*.**
cremazióne *f.* **cremation.**
crèmiṣi *a.* e *m.* **crimson.**
Cremlino *m.* **Kremlin.**
cremlinologìa *f. (polit.)* **Kremlinology; Sovietology.**
cremlinòlogo *m. (polit.)* **Kremlinologist; Sovietologist.**
cremóre *m.* — *(chim.) c. di tartaro,* cream of tartar.
cremóso *a.* **creamy.**
crèn *m. (bot.,* Armoracia rusticana; *cucina)* **horse-radish.**
creolina *f.* **creolin.**
crèolo *a.* e *m.* **Creole.**
creoṣòto *m. (chim.)* **creosote; coal-tar oil.**
crèpa *f.* ***1*** **crack; cleft; crevice; chink** ***2*** *(fig.)* **disagreement.**
crepàccio *m.* ***1*** **cleft** ***2*** (di ghiacciaio) **crevasse.**
crepacuòre *m.* **heartbreak; broken heart.**
crepapèlle, a *locuz. avv.* — *ridere a c.,* to burst one's sides with laughter □ *mangiare a c.,* to eat fit to burst; to gorge oneself to bursting point.
crepare *v. i.* ***1*** to **crack;** (spaccarsi) to **split***; (rompersi) to **break***; (dividersi in due) to **break* asunder** ***2*** (*scherz.*: scoppiare) to **burst*** ***3*** (*volg.*: morire) to **give* up the ghost;** to **kick the bucket** *(volg.)* ● *c. dalla fatica,* to be worn out; to be dog-tired □ *c. dalle risa,* to be bursting with laughter □ *c. d'invidia,* to be green with envy □ *c. di salute,* to be bursting with health □ *Crepa!,* go to blazes!
crepatura *f.* **crack; crevice; fissure; chink.**
crêpe *(franc.)* ***A*** *m. (ind. tessile)* **crêpe, crepe** ***B*** *f. (cucina)* **crêpe, crepe.**
crepitare *v. i.* to **crackle;** to **crepitate** *(lett.);* to **rustle.**
crepitìo *m.* **crackling; rustling.**
crepuscolare *a.* **crepuscular; twilight** *(attr.)* ● *luce c.,* twilight.
crepùscolo *m.* ***1*** **twilight;** (l'imbrunire) **dusk** ***2*** *(fig.)* **twilight; decline.**
crescèndo *m. (mus., fig.)* **crescendo*.**
crescènte *a.* ***1*** **growing** ***2*** (della luna) **waxing.**
crescènza *f.* **growth.**
créscere ***A*** *v. i.* ***1*** to **grow***; (diventare adulto) to **grow* up;** (specialm. in altezza) to **grow* taller** ***2*** (aumentare di volume, d'intensità) to **rise*** ***3*** (aumentare di numero) to **increase;** (talora) to **grow* bigger** ***4*** (aumentare di peso) to **put* on**: *Sono cresciuta (di) tre chili,* I've put on three kilos ***5*** (di prezzi: aumentare) to **go* up;** to **rise*** ***6*** (della luna) to **wax** ***7*** (aggiungere punti in lavori a maglia) to **increase;** to **add (on)** ***B*** *v. t.* ***1*** (*fam.*: allevare) to **rear;** to **bring* up** ***2*** (*fam.*: aumentare) to **raise;** to **increase;** to **put* up** ● *(fig.) c. nella stima di q.,* to rise in sb.'s esteem □ *far c. piante (fiori, ecc.),* to grow plants (flowers, etc.) □ *farsi c. la barba,* to grow a beard □ *farsi c. i capelli,* to let one's hair grow.
crescióne *m.* (*bot.*, Nasturtium officinale) **water-cress.**
créscita *f.* ***1*** (anche *fig.*) **growth** ***2*** (aumento) **increase; rise.**
crèṣima *f. (relig.)* **confirmation.**
creṣimando *m. (relig.)* **candidate for confirmation; confirmand.**
creṣimare *(relig.)* ***A*** *v. t.* to **confirm** ***B*** **creṣimarsi** *v. rifl.* to **be confirmed.**
crèṣo *m. (fig.)* **Croesus.**
créspa *f.* ***1*** (di vestito) **gather** *(specialm. al pl.)* ***2*** (ruga) **wrinkle** ***3*** (piccola onda) **ripple.**
créspo ***A*** *a.* **kinky; frizzy** ***B*** *m.* (ind. tessile) **crêpe, crepe;** (da lutto) **crape.**
crésta *f.* ***1*** *(zool.)* **comb; crest** (anche *fig.*) ***2*** (crinale) **ridge;** (spartiacque) **watershed;** (cocuzzolo) **crest, peak, top** ***3*** (cuffia di cameriera) **white starched cap** ***4*** (di solco e sim.) **edge** ***5*** *(fis.)* **crest, peak;** *(mecc.)* **crest, tip** ***6*** (dell'elmo) **crest** ● *(fig.) abbassare la c.,* to come off one's high horse □ *(fig.) alzare la c.,* to get* cocky □ (di persona) *con la c. abbassata,* crestfallen □ *(fig.) fare abbassare la c. a q.,* to take sb. down a peg or two □ *(fam.) fare la c. sulla spesa,* to chisel a bit on the shopping.
crestina *f.* **maidservant's cap.**
créta *f.* (argilla) **clay.**
cretése *a., m.* e *f.* **Cretan.**
cretinata *f.* **stupid** (o **silly) thing to do** (o **to say).**
cretinerìa *f.* ***1*** **foolishness; stupidity; silliness** ***2*** (atto, detto cretino) **stupid** (o **silly) thing to do** (o **to say).**
cretiniṣmo *m.* ***1*** *(med.)* **cretinism** ***2*** *(fig.)* **stupidity.**
cretino ***A*** *m.* ***1*** **stupid (person); fool; idiot** ***2*** *(med.)* **cretin** ***B*** *a.* ***1*** **stupid; foolish; silly** ***2*** *(med.)* **cretinous.**
cretóso *a.* **chalky; clayey.**
crìbbio *inter.* **cripes!, crikey!** *(pop.).*
(1) cric *inter.* e *m.* **crack; crackle; creak.**
(2) cric *m. (mecc.)* **jack; car jack** ● *sollevare col c.,* to jack up.
cricca *f.* (combriccola) **clique; cabal; set.**
cricco *V.* **(2) cric.**

cricéto *m.* (*zool.*, Cricetus cricetus) **hamster.**
cri cri *inter.* e *m.* **chirp** ● *fare cri cri,* to chirp.
criminale *a.*, *m.* e *f.* **criminal** ● *c. della strada,* road hog.
criminalista *m.* e *f.* *(leg.)* **criminal lawyer.**
criminalità *f.* **criminality; crime.**
criminalizzare *v. t.* to **criminalize.**
crìmine *m.* **crime.**
criminologìa *f.* **criminology.**
criminòlogo *m.* **criminologist.**
criminóso *a.* **criminal.**
crinale *m.* **crest; ridge.**
crine *m.* **horsehair** ● *c. vegetale,* vegetable hair.
crinièra *f.* *1* *(zool.)* **mane** *2* (*astron.:* di cometa) **tail.**
crinolina *f.* **crinoline.**
cripta *f.* *(archit.)* **crypt; vault.**
cripto *m.* *(chim.)* **krypton.**
criptocomunista *m.* e *f.* **crypto-Communist.**
crisàlide *f.* *(zool.)* **chrysalis*; chrysalid; pupa*.**
crisantèmo *m.* (*bot.*, Chrysanthemum) **chrysanthemum.**
crisi *f.* *1* *(med., polit., econ.)* **crisis*** *2* (*econ.*, anche) **slump; drepression** *3* (parossismo) **paroxysm; fit; attack** ● *crisi degli alloggi,* housing shortage (o problem).
crisma *m.* *1* *(relig.)* **chrism** *2* *(fig.)* **official approval; sanction.**
crisografìa *f.* **chrysography.**
crisòlito *m.* *(miner.)* **chrysolite.**
cristallàio *m.* *1* (chi lavora il cristallo) **worker in crystal** *2* (chi lo vende) **dealer in crystal.**
cristallerìa *f.* *1* **crystal factory** *2* (oggetti di cristallo) **crystal; glassware.**
cristallino *A* *a.* *1* **crystalline; crystal** *(attr.)* *2* *(fig.)* **crystal-clear** *B* *m.* *(anat.)* **crystalline lens.**
cristallizzare *v. t.* **cristallizzarsi** *v. rifl.* to **crystallize** (anche *fig.*).
cristallizzazióne *f.* **crystallization** (anche *fig.*).
cristallo *m.* *1* *(miner.)* **crystal** *2* (da lastra) **plate-glass** *3* (*al pl.*, oggetti di c. intagliato) **crystal** *(collett.)* *4* (vetro speciale per bicchieri, vasi) **crystal glass** ● *c. di Boemia,* Bohemian glass.
cristallografìa *f.* *(miner.)* **crystallography.**
cristianésimo *m.* **Christianity.**
cristianaménte *avv.* **like (o as) a Christian.**
cristiània *m.* *(sport)* **Christiania; Christie** *(fam.).*
cristianità *f.* *1* **Christianity** *2* (il mondo cristiano) **Christendom.**
cristianizzare *v. t.* to **convert** (sb.) **to Christianity.**
cristiano *A* *a.* **Christian** *B* *m.* *1* **Christian** *2* (*fam.:* uomo) **soul; man*; chap; devil** (solo con **poor**): *Non c'era un cristiano,* there wasn't a soul there.
Cristo *m.* *1* **Christ**: *avanti C.,* Before Christ (abbr.: B.C.) □ *dopo C.,* Anno Domini (abbr.: A.D.) *2* (crocifisso) **crucifix** ● *(fam.) un povero c.,* a poor devil (o a poor chap).
cristologìa *f.* *(teologia)* **Christology.**
critèrio *m.* *1* **criterion*; principle; standard; rule** *2* (*fam.:* senno) **judiciousness; (common) sense** ● *un giovane di c.,* a sensible young man □ *senza c.,* senseless.
crìtica *f.* *1* **criticism**: *c. d'arte,* art criticism *2* (recensione) **review** *3* (l'insieme dei critici) **(the) critics** *(pl.)* *4* (biasimo) **criticism; censure** ● *rivolgere critiche a q.,* to criticize sb.
criticàbile *a.* *1* **criticizable** *2* (biasimabile) **censurable.**
criticare *v. t.* *1* to **criticize** *2* (biasimare) to **criticize;** to **censure** ● *farsi c.,* to expose oneself to criticism.
criticismo *m.* *(filos.)* **criticism.**
crìtico *A* *a.* *1* **critical** *2* (climaterico) **climacteric** ● *età critica,* climacteric; menopause; change of life □ *momento c.,* crucial moment *B* *m.* *1* **critic**: *un c. letterario,* a literary critic *2* (recensore) **reviewer.**
criticóne *m.* **fault-finder.**
crittògama *f.* *(bot.)* **cryptogam.**
crittografìa *f.* **cryptography.**
crittogramma *m.* **cryptogram.**
crivellare *v. t.* *1* to **riddle;** to **pepper**: *c. q. di pallottole,* to riddle sb. with bullets *2* (vagliare) to **sift;** to **screen.**
crivèllo *m.* **sieve; riddle; screen.**
croato *A* *a.* **Croatian** *B* *m.* *1* **Croat; Croatian** *2* (la lingua) **Croatian.**
croccante *A* *a.* **crisp; crackling** ● *patatine croccanti,* potato crisps *B* *m.* *(cucina)* **almond sweetmeat; almond toffee.**
crocchétta *f.* *(cucina)* **croquette.**
cròcchia *f.* **chignon; bun.**
crocchiare *v. i.* *1* to **crackle;** to **crack** *2* (di gallina) to **cluck;** (di anatra) to **quack.**
cròcchio *m.* (capannello) **knot (of people); small group.**
cróce *f.* *1* *(in quasi tutti i sensi)* **cross**: *una c. di guerra,* *(in G.B.)* a Distinguished Service Cross; *(in Italia)* a War Cross □ *la C. Rossa,* the Red Cross □ *(astron.) la C. del Sud,* the Southern Cross *2* (tribolazione) **(sore) trial; cross; (heavy) burden** *3* (faccia di una moneta opposta a quella che rappresenta una testa) **tail(s)**: *« Testa o c.? »,* « heads or tails? » ● *c. uncinata,* swastika □ *con le braccia in c.,* with folded arms □ *(fig.) farci una c. sopra,* to think no more about it □ *fare (o farsi) il segno della c.,* to cross oneself □ *fare a testa o c.,* to toss (up) a coin □ *punto a c.,* cross-stitch □ *(fig.) tenere q. in c.,* to keep sb. on tenterhooks.
crocerista *m.* e *f.* **passenger on a cruise.**
crocerossina *f.* **Red Cross nurse.**
crocevìa *f.* **crossroads** *(sing.).*
crochet *(franc.)* *m.* *1* (uncinetto) **crochet hook** *2* (lavoro all'uncinetto) **crochet** *3* *(pugilato)* **hook.**
crociata *f.* *(stor.)* **crusade** (anche *fig.*).
crociato *m.* *(stor.)* **crusader.**
crocìcchio *m.* **crossroads** *(sing.).*
crocièra *f.* *1* *(naut.)* **cruise** *2* *(aeron.)* **long-distance flight** *3* *(archit.)* **cross-vault** ● *andare in c.,* to go on a cruise; to cruise.
crocière *m.* (*zool.*, Loxia curvirostra) **crossbill.**
crocifero *m.* **crucifer; cross-bearer.**
crocifìggere *v. t.* *1* to **crucify** *2* *(fig.)* to **torture;** to **keep*** (sb.) **on the rack.**
crocifissióne *f.* **crucifixion.**
crocifisso *A* *a.* **crucified** *B* *m.* **crucifix.**
cròco *m.* *1* (*bot.*, Crocus) **crocus** *2* (zafferano) **saffron.**
cròda *f.* **crag.**
crogiolare *A* *v. t.* to **cook** (st.) **on a slow fire** *B* **crogiolarsi** *v. rifl.* *(fig.)* to **bask;** to **be snug**: *c. al sole,* to bask in the sun.
crogiòlo *m.* **crucible; melting pot.**
croissant *(franc.)* *m.* *(cucina)* **croissant.**
crollare *A* *v. i.* *1* (anche *fig.*) to **collapse;** to **fall* down** (o **to pieces**); to **come* crashing down** *2* (*fig.:* cedere) to **give* way;** to **break* down** *3* (di tetto) to **cave in** *4* (di costruzione) to **collapse** *5* (sgretolandosi) to **crumble** (anche *fig.*) *6* (lasciarsi cadere) to **drop;** to **flop down;** to **slump** (into) *7* (*econ.:* di prezzi, ecc.) to **slump;** to **fall* suddenly** *B* *v. t.* *1* to **shake***: *c. il capo,* to shake one's head *2* to **shrug**: *c. le spalle,* to shrug one's shoulders.
cròllo *m.* *1* (anche *fig.*) **collapse; falling down** (o **to pieces**); *(fig.)* **breakdown, fall, ruin** *2* (scossa) **shake** *3* *(econ.)* **slump; sudden fall** *4* (scrollata del capo) **shake;** (delle spalle) **shrug** ● (anche *fig.*) *dare il c. alla bilancia,* to tip the scales.
cròma *f.* *(mus.)* **quaver.**
cromare *v. t.* *(ind.)* to **chromium-plate.**
cromàtico *a.* *1* **chromatic** *2* (di colori, anche) **colour** *(attr.).*
cromatismo *m.* *(fis.)* **chromatism.**
cromato *A* *a.* *(ind.)* **chromium-plated** *B* *m.* *(chim.)* **chromate.**
cromatura *f.* *(ind.)* **chromium-plating.**
cromìa *f.* *(pitt.)* **shade of colour.**
cròmo *m.* *(chim.)* **chromium; chrome.**
cromosòma *m.* *(biol.)* **chromosome.**
crònaca *f.* *1* *(stor.)* **chronicle** *2* (di giornale) **news** *(sing.);* (rubrica) **column; report(s)**: *c. mondana,* society news *3* *(radio, telev.)* **commentary** ● *fatti di c.,*

news items.
cronicità *f. (med.)* **chronicity.**
crònico ***A*** *a.* **chronic**: *un caso c.*, a chronic case ***B*** *m.* **chronic invalid.**
cronista *m.* e *f.* ***1*** *(stor.)* **chronicler** ***2*** (giornalista) **reporter** ● *c. mondano,* columnist.
cronistòria *f.* **chronicle.**
cronògrafo *m.* **chronograph.**
cronologìa *f.* **chronology.**
cronològico *a.* **chronological.**
cronologista *m.* e *f.* **chronologist.**
cronometràggio *m.* **(precision-)timing.**
cronometrare *v. t.* **to time.**
cronometrista *m.* e *f.* **timekeeper.**
cronòmetro *m.* ***1*** **chronometer;** (a scatto) **stop-watch** ***2*** (marino) **box chronometer.**
cross *(ingl.) m. (sport)* ***1*** *(calcio)* **cross-pass** ***2*** *(pugilato)* **cross.**
crossare *v. i. (sport)* **to cross-pass.**
cròsta *f.* ***1*** **crust** ***2*** *(cucina)* **pie-crust** ***3*** (di crostacei) **shell** ***4*** *(med.)* **scab** ***5*** (incrostazione) **scale** ***6*** *(fig.:* brutto quadro) **daub** ● *c. di formaggio,* cheese rind.
crostàceo *m. (zool.)* **crustacean; shellfish*.**
crostata *f. (cucina)* **jam tart.**
crostino *m. (cucina)* ***1*** **canapé** ***2*** (inzuppato o da inzuppare) **sippet.**
crostóso *a.* ***1*** **crusty** ***2*** *(med.)* **covered with scabs; scabby.**
cròtalo *m.* (*zool.*, Crotalus) **rattlesnake.**
croupier *(franc.) m.* **croupier.**
crucciare ***A*** *v. t.* **to vex;** to **torment;** to **worry** ***B*** **crucciarsi** *v. rifl.* to **worry;** to **fret.**
crucciato *a.* **vexed; annoyed.**
crùccio *m.* **worry; resentment; thorn in the flesh.**
cruciale *a.* **crucial.**
crucifige *(lat.) inter.* **crucify him!**
crucifórme *a.* **cruciform; cross-shaped.**
crucivèrba *m.* **crossword puzzle.**
crudèle *a.* ***1*** **cruel; merciless** ***2*** (doloroso) **painful.**
crudeltà *f.* ***1*** **cruelty; mercilessness** ***2*** (cosa crudele) **cruel thing.**
crudézza *f.* ***1*** **rawness** ***2*** *(fig.)* **harshness; crudeness; severity** ● *c. di linguaggio,* coarseness of speech.
crudo *a.* ***1*** **raw** ***2*** *(fig.)* **harsh; crude; severe** ● *acqua cruda,* hard water □ *parlare nudo e c.,* to call a spade a spade.
cruènto *a.* **bloody; sanguinary.**
crumiro *m.* **blackleg; scab.**
cruna *f.* **eye (of a needle).**
crup *m. (med.)* **croup.**
crusca *f.* ***1*** **bran** ***2*** *(pop.:* lentiggini) **freckles** *(pl.).*
cruschèllo *m.* **fine bran.**
cruscòtto *m. (autom.)* **dashboard;** *(aeron.)* **instrument panel.**
cubano *a.* e *m.* **Cuban.**
cubare *v. t. (mat.)* **to cube.**
cubatura *f. (mat.)* **cubature; cubage, cubic content; cubic volume.**
cubétto *m.* ***1*** **(small) cube; cubelet** ***2*** (nel gioco delle costruzioni) **(building) block** ● *(cucina) tagliare a cubetti,* to dice.
cubìa *f. (naut.)* **hawsehole.**
cùbico *a. (mat.)* **cubic(al)** ● *radice cubica,* cube root.
cubìcolo *m. (lett.)* **small bed-chamber.**
cubismo *m. (arte)* **cubism.**
cubista *m.* e *f. (arte)* **cubist.**
cubitale *a. (anat.)* **cubital** ● *lettere cubitali,* big block capitals.
cùbito *m.* ***1*** *(anat.)* **ulna*;** (gomito) **elbow** ***2*** (antica unità di misura) **cubit.**
cubo *(mat.)* ***A*** *a.* **cubic** ***B*** *m.* **cube.**
cubòide ***A*** *a.* **cuboid** ***B*** *m. (anat.)* **cuboid (bone).**
cuccagna *f.* ***1*** **abundance; plenty** ***2*** (allegria) **fun; high jinks** *(pl.)* ● *albero della c.,* greasy pole □ *far c.,* to make merry; to paint the town red □ *il paese di C.,* Cockaigne; the Land of Plenty.
cuccétta *f.* ***1*** *(ferr.)* **berth; couchette** ***2*** *(naut.)* **berth; bunk.**
cucchiàia *f.* ***1*** **dipper** ***2*** (di muratore) **trowel** ***3*** (per calafatare) **scoop.**
cucchiaiata *f.* **spoonful.**
cucchiaino *m.* ***1*** (da tè) **teaspoon;** (da caffè) **coffee-spoon** ***2*** (per la pesca) **spoon.**
cucchiàio *m.* ***1*** **spoon** ***2*** (cucchiaiata) **spoonful.**
cucchiaióne *m.* **ladle.**
cùccia *f.* ***1*** **dog's bed** ***2*** *(scherz.:* letto) **bed** ● *C.!,* down!
cucciolata *f.* **litter.**
cùcciolo *m.* (anche *fig.)* **pup, puppy.**
cucco *m.* ***1*** (cocco) **darling; pet** ***2*** (sciocco) **fool; gawk.**
cuccù *m. (zool.)* **cuckoo** ● *far c.,* to play peek-a-boo □ *orologio a c.,* cuckoo clock.
cùccuma *f.* ***1*** (per bollire acqua) **kettle** ***2*** (da caffè) **coffee-pot.**
cuccurucù *inter.* e *m.* **cock-a-doodle-doo.**
cucina *f.* ***1*** **kitchen** ***2*** *(naut.)* **galley; caboose** ***3*** (il cucinare) **cooking;** (arte del cucinare) **cookery, cuisine** ***4*** (per la cottura dei cibi) **cooker; range; stove**: *una c. economica,* a kitchen range.
cucinare *v. t.* **to cook.**
cucinière *m.* **(male) cook.**
cucinino, cucinòtto *m.* **kitchenette.**
cucire *v. t.* ***1*** to **sew*;** to **stitch**: *una macchina da c.,* a sewing machine ***2*** (con cucitrice) to **staple** ***3*** *(fig.)* to **string* together** ***4*** *(med.)* to **suture;** to **stitch** ● *c. la bocca a q.,* to stop sb.'s mouth □ *cucirsi la bocca,* to keep silent.
cucirino *m.* **sewing thread.**
cucita *f.* — *dare una c. a q.c.,* to put a few stitches in st.; to sew up st.
cucito *m.* ***1*** (il cucire) **sewing** ***2*** (il lavoro) **needlework.**
cucitóre *m.* **sewer.**
cucitrice *f.* ***1*** (donna) **seamstress; needlewoman*** ***2*** (macchina) **sewing machine;** (per carta) **stapler;** (per libri) **stitcher.**
cucitura *f.* ***1*** (costura) **seam** ***2*** (il cucire) **sewing** ***3*** (di fogli, fascicoli) **stapling;** (di libri in tipografia e legatoria) **stitching.**
cucù *V.* **cuccù.**
cuculo *m.* (*zool.*, Cuculus canorus) **cuckoo; gowk.**
cudù *m.* (*zool.*, Strepsiceros strepsiceros) **koodoo*; kudu.**
cùffia *f.* ***1*** **cap; bonnet** ***2*** *(radio, tel.)* **earphones** *(pl.)* ***3*** *(autom.)* **bonnet; cowling** ***4*** (di suggeritore) **prompt box.**
cugina *f.* **cugino** *m.* **cousin** ● *figlio di un primo c.,* first cousin once removed.
cui *pron. relat. m.* e *f., sing.* e *pl.* ***1*** *(nei casi obliqui, rif. a persone)* **whom;** (a cui) **to whom**: *la persona cui mi rivolsi,* the person to whom I turned (o the person I turned to) ***2*** *(nei casi obliqui, rif. a cose e animali)* **which;** (a cui) **to which**: *il libro di cui parlavo,* the book of which I was speaking (o the book I was speaking of) ***3*** *(genitivo poss.)* **whose** (di persone); **of which, whose** (di cose e animali): *la persona di cui ti dissi il nome,* the person whose name I mentioned ● *in cui,* in which; *(compl. di luogo)* where; *(compl. di tempo)* when □ *per cui,* therefore; so.
culàccio *m. (cucina)* **rump.**
culatta *f.* ***1*** (di arma da fuoco) **breech** ***2*** (di pantaloni) **seat** ***3*** *(cucina)* **rump.**
cul-de-sac *(franc.) m.* (anche *fig.)* **cul-de-sac*; blind alley.**
culinària *f.* **gastronomy; cookery; culinary art.**
culinàrio *a.* **culinary; gastronomic.**
culla *f.* **cradle** (anche *fig.)*: *fin dalla c.,* from the cradle.
cullare ***A*** *v. t.* ***1*** to **rock;** to **cradle;** to **dandle;** (cantando la ninna nanna) to **lull** ***2*** (illudere) to **lull** ***B*** **cullarsi** *v. rifl.* (illudersi) to **delude oneself;** to **fool oneself** (into) *(fam.).*
culminare *v. i. (astron.* e *fig.)* to **culminate.**
culminazióne *f. (astron.)* **culmination.**
cùlmine *m.* ***1*** **summit; peak** ***2*** *(fig.)* **climax; apex.**
culo *m.* ***1*** *(volg.)* **arse** *(volg.)*; **buttocks** *(pl.)*; **back-**

side, **bottom** *(fam.)* ***2*** (di bottiglia) **bottom.**
culòtte *f. pl.* **panties.**
culto *m.* ***1*** (adorazione) **worship; adoration** ***2*** (venerazione) **veneration; cult** ***3*** (religione) **religion; creed.**
cultóre *m.* **student**: *un c. di archeologia,* a student of archaeology.
cultura *f.* **culture; education; learning.**
culturale *a.* **cultural.**
culturismo *m.* **physical culture.**
culturista *m.* e *f.* **physical culturist.**
cumino *V.* **comino.**
cumulare *v. t.* (anche *econ.)* to **accumulate;** to **amass.**
cumulativo *a.* **accumulative; cumulative** (anche *fig.);* **combined.**
cùmulo *m.* ***1*** **heap; accumulation** ***2*** *(meteorologia)* **cumulus*** ***3*** (di impieghi, ecc.) **plurality** ● *c. di circostanze,* series of circumstances.
cuna *f. (lett.)* **cradle.**
cuneifórme *a.* **cuneiform; wedge-shaped.**
cùneo *m.* ***1*** **wedge; quoin** ***2*** *(archit.)* **quoin.**
cunétta *f.* ***1*** (lungo una strada di campagna) **ditch** ***2*** (di città) **gutter** ● *strada piena di cunette,* road full of bumps and holes.
cunìcolo *m.* ***1*** **tunnel; underground passage** ***2*** (di animali) **burrow** ***3*** *(min.)* **pit; shaft.**
cunicoltóre *m.* **rabbit breeder.**
cunicoltura *f.* **rabbit breeding.**
cuòca *f.* **(woman*) cook.**
cuòcere ***A*** *v. t.* ***1*** (specialm. alimenti) to **cook;** to **cook up** ***2*** (ceramiche, mattoni) to **bake;** to **fire** ***B*** *v. i.* ***1*** to **cook** ***2*** *(fig.)* to **burn*;** to **smart** ● *c. al forno,* to bake □ *c. alla griglia,* to grill □ *c. a lesso,* to boil □ *c. arrosto,* to roast □ *c. in umido,* to stew ***C*** **cuòcersi** *v. rifl.* ***1*** to **cook** ***2*** *(fam.:* innamorarsi) to **fall* in love.**
cuòco *m.* **cook;** (capo c.) **chef.**
cuoiàio *m.* **dealer in leather and hides.**
cuoiame *m.* **leather and hides** *(pl.);* **leather goods** *(pl.).*
cuòio *m.* **leather; hide** ● *(anat.) c. capelluto,* scalp □ *(fig.) rischiare di lasciarci le cuoia,* to risk one's skin □ *(fig.) tirare le cuoia,* to kick the bucket *(pop.)* .
cuòre *m.* ***1*** (anche *fig.)* **heart**: *(med.) una malattia di c.,* a heart disease □ *nel c. dell'inverno,* in the heart of winter □ *avere il c. sulle labbra,* to wear one's heart on one's sleeve ***2*** *(fig.,* anche*)* **centre; core** ***3*** *(al pl.,* nelle carte*)* **hearts** ● *a forma di c.,* heart-shaped □ *l'amico del c. (di q.),* (sb.'s) best (o bosom) friend □ *avere buon c.,* to be kind-hearted □ *avere un c. di leone (un c. di coniglio, ecc.),* to be lion-hearted (chicken-hearted, etc.) □ *di buon c.,* whole-heartedly; (volentieri) gladly, with pleasure □ *di c.,* heartily □ *di (tutto) c.,* with all one's heart □ *leggere nel c. di q.,* to see into sb.'s heart □ *mettersi il c. in pace,* to set one's mind at rest □ *C. mio!,* my love! □ *Mi si allargò il c. (per la speranza),* hope surged up in me □ *Il c. mi dice che tornerà,* I feel in my heart that he will come back □ *Mi si strinse il c.,* it gave me a stab in the heart □ *Non mi regge il c. di dirglielo,* I haven't the heart to tell him.
cuorifórme *a.* **heart-shaped.**
cupézza *f.* ***1*** **darkness** ***2*** (malinconia) **gloom.**
cupidìgia *f.* **cupidity; covetousness; greed.**
cùpido *a.* **covetous; greedy.**
Cupìdo *m. (mitol., fig.)* **Cupid.**
cupo *a.* ***1*** **dark** ***2*** (malinconico) **gloomy** ***3*** (profondo) **deep** ***4*** (minaccioso) **sinister** ● *c. in volto,* with a long face.
cùpola *f.* ***1*** **dome; cupola** ***2*** (di cappello) **crown** ● *a c.,* dome-shaped □ *automobile con la c. di vetro,* bubble car.
cupralluminio *m. (metall.)* **aluminium bronze.**
cùpreo *a. (lett.)* **cupreous** *(lett.);* **copper** *(attr.).*
cuprismo *m. (med.)* **copper poisoning.**
cuprite *f. (miner.)* **cuprite.**
cura *f.* ***1*** **care**: *prendersi c. di q.,* to take care of sb. □ *aversi c.,* to take care of oneself ***2*** (accuratezza, precisione) **care; carefulness; accuracy; attention**: *fare q.c. con grande c.,* to do st. with great care ***3*** *(al pl.:* pensieri, preoccupazioni) **cares** ***4*** *(al pl.:* premure) **attentions** ***5*** *(med.:* particolare metodo di cura) **treatment;** *(se qualificato da altra parola,* anche*)* **cure;** (vigilanza) **care, nursing** *(tutti quasi sempre al sing.)*: *prescrivere una c.,* to prescribe a treatment ***6*** *V.* **canònica** ● *la c. della casa,* housekeeping □ *avere c. della propria salute,* to take care of oneself □ *casa di c.,* nursing home □ *luogo di c. termale,* spa □ *senza c.,* carelessly.
curàbile *a.* **curable.**
curaçao *(franc.) m.* **curaçao.**
curante *a.* — *medico c.,* doctor in charge (of a case); family doctor.
curapipe *m.* **pipe cleaner.**
curare ***A*** *v. t.* ***1*** (aver cura di) to **take* care of** (sb., st.) ***2*** (provvedere) to **see*** (to) ***3*** (l'edizione di un libro) to **edit** (a book) ***4*** *(med.)* to **treat;** (guarire) to **cure;** (di un'infermiera) to **nurse**: *c. l'insonnia con una nuova terapia,* to treat insomnia by a new therapy ***5*** *(comm.)* to **see* to,** to **attend to** (st.) ***6*** *(relig.)* to **have the cure of** (souls) ***B*** **curarsi** *v. rifl.* ***1*** (aver cura di sé) to **take* care of oneself** ***2*** (fare una cura) to **follow a treatment** ***3*** (badare a) to **take* care of,** to **look after** (sb.) ***4*** (interessarsi a) to **mind,** to **care about** (sb., st.): *Curati dei fatti tuoi,* mind your own business.
curaro *m. (farm.)* **curare.**
curatèla *f. (leg.)* ***1*** **trusteeship;** (tutela) **guardianship** ***2*** (di fallimento) **receivership.**
curativo *a. (med.)* **curative.**
curato *m.* ***1*** (cattolico) **parish priest** ***2*** (protestante) **vicar.**
curatóre *m. (leg.)* ***1*** **trustee; administrator;** (tutore) **guardian** ***2*** (di fallimento) **receiver** ***3*** (di un testo) **editor.**
cùrcuma *f. (bot.,* Curcuma longa) **turmeric.**
curcumina *f. (chim.)* **turmeric.**
curdo ***A*** *a.* **Kurdish** ***B*** *m.* ***1*** (abitante) **Kurd** ***2*** (la lingua) **Kurdish.**
cùria *f.* ***1*** *(stor., archeol.)* **curia*** ***2*** *(relig.)* **curia***: *la c. romana,* the Roman Curia.
curiale *a.* ***1*** *(stor., archeol.)* **curial** ***2*** (aulico) **courtly; majestic.**
cùrio *m. (chim.)* **curium.**
curiosare *v. i.* ***1*** to **look about;** to **have a look around** ***2*** *(spreg.)* to **look about inquisitively;** to **poke and pry.**
curiosità *f.* ***1*** **curiosity**: *per (pura) c.,* out of curiosity ***2*** *(spreg.)* **inquisitiveness** ***3*** (oggetto raro) **curiosity; curio*.**
curióso ***A*** *a.* ***1*** **curious; inquisitive; prying** ***2*** (bizzarro) **curious; queer; eccentric; odd; bizarre; quaint** ● *essere c. di sapere,* to wonder; to be dying to know *(fam.)* ***B*** *m.* **curious person; nosy parker** *(fam.);* **inquisitive person.**
currìculum *m.* **curriculum* vitae** *(lat.).*
curry *(ingl.) m. (cucina)* **curry** ● *pollo al c.,* chicken curry.
cursóre *m.* ***1*** — *(relig.) cursori pontifici,* papal messengers ***2*** (di strumento mat.) **cursor** ***3*** *(mecc.)* **slider.**
curva *f.* ***1*** **curve; arc** ***2*** (di strada) **bend; curve**: *una c. a forcella,* a hairpin bend ***3*** (di proiettile) **trajectory** ***4*** *(geogr.)* **contour.**
curvare ***A*** *v. t.* ***1*** to **bend*;** to **curve** ***2*** (chinare) to **bend*;** to **bow**: *c. la fronte,* to bow one's head ***3*** (assi di legno) to **warp** ***B*** *v. i.* (di veicoli, strade) to **turn** ***C*** **curvarsi** *v. rifl.* to **bend*;** (abbassandosi) to **stoop;** (salutando) to **bow.**
curvatura *f.* (anche *mat.)* **curvature; bending.**
curvilineo ***A*** *a.* (anche *mat.)* **curvilinear** ***B*** *m.* (strumento) **French curve.**
cùrvo *a.* **curved;** (piegato) **bent** ● *dalle spalle curve,* round-shouldered.
cuscinétto *m.* ***1*** (imbottitura) **pad** ***2*** *(mecc.)* **bearing** ● *(anat.) c. adiposo,* pad □ *c. per timbri,* ink pad □ *(polit.) stato c.,* buffer state.
cuscino *m.* **cushion;** (guanciale) **pillow;** (capezzale) **bolster.**
cùscuta *f. (bot.,* Cuscuta) **dodder; hellweed.**
cùspide *f.* ***1*** *(archit.)* **spire** ***2*** (punta) **point.**
custòde *m.* e *f.* ***1*** **keeper** ***2*** (portiere) **janitor; cus-**

todian; porter ***3*** *(leg.)* **receiver** ● *c. delle carceri,* jailer □ *angelo c.,* guardian angel.

custòdia *f.* ***1*** **care; custody** ***2*** *(leg.)* **custody**; (rif. solo a persone) **guardianship** ***3*** (astuccio, ecc.) **case; holder**; (fodero) **sheath.**

custodire ***A*** *v. t.* ***1*** (conservare) to **keep***; to **guard**; to **preserve** ***2*** (aver cura di) to **take* care of**, to **look after** (sb.) ***3*** *(leg.:* rif. solo a persona) to **hold* in custody** ***B*** **custodirsi** *v. rifl.* to **look after oneself.**

cutàneo *a.* **cutaneous; skin** *(attr.)*.

cute *f. (anat.)* **cutis*; skin.**

cuticagna *f.* (collottola) **nape; scruff of the neck.**

cutìcola *f. (bot., anat.)* **cuticle.**

cutréttola *f. (zool.,* Motacilla flava) **yellow wagtail.**

czar *m.* **czar, tzar, tsar.**

czarda *f.* (danza ungherese) **csardas*, czardas*.**

D

D, d *m.* o *f.* **D, d** ● *(tel.) d come Domodossola,* d for David.

da *prep.* ***1*** *(compl. di moto da luogo, provenienza, separazione)* **from**: *venire da scuola,* to come from school □ *venire da Londra* (essere di Londra), to come from London □ *separarsi da q.,* to part from sb. ***2*** *(compl. d'agente* e *di causa efficiente)* **by**: *scritto da Chaucer,* written by Chaucer □ *spinto dalla curiosità,* driven by curiosity ***3*** *(origine)* **of**: *discendere da antica schiatta,* to come of ancient lineage ***4*** *(tempo, esprimendo durata)* **for** (che può essere sottinteso): *Aspetto da un'ora,* I've been waiting (for) an hour ***5*** *(tempo, esprimendo decorrenza)* **since**: *Aspetto dalle sei* (o *È dalle sei che aspetto),* I've been waiting since six o'clock □ *dall'ultima volta che lo vidi,* since I saw him last ***6*** *(modo)* **as** (a volte sottinteso): *fare da guida a q.,* to act as sb.'s guide □ *morire da vecchio,* to die an old man ***7*** *(compl. di moto per luogo)* **through** ***8*** (fuori di) **out of**: *buttare q.c. dalla finestra,* to throw st. out of the window ***9*** (presso) **at**: *comprare q.c. dal farmacista,* to buy st. at the chemist's ***10*** *(compl. di moto a luogo)* **to**: *Sono andato da loro,* I've been to them (o to their house) ***11*** *(con una funzione attr.)* **with**: *la fata dai capelli turchini,* the fairy with blue hair (o the blue-haired fairy) ***12*** *(limitazione)* **in; on**: *cieco da un occhio,* blind in one eye ***13*** *(causa)* **for; with**: *piangere dalla gioia,* to be crying for joy ***14*** (come, a somiglianza di) **like**: *vivere da nababbo,* to live like a nabob ● *da allora in poi,* ever since □ *avere troppo da fare,* to have too much to do □ *fare tutto da sé,* to do everything by oneself; to manage all on one's own □ *un francobollo da cento lire,* a hundred-lira stamp □ *non aver niente da fare,* to have nothing to do □ *un racconto da ridere,* a funny tale □ *tanto da,* (consecutivo) so much as (to); (a sufficienza) enough (to) □ *Dev'essere da queste parti,* it must be hereabouts; it must be roundabout here □ *Dammi da mangiare (da bere),* give me st. to eat (to drink) □ *(fam.) Su, da bravo!,* that's a good boy!

dabbasso *avv.* ***1*** **(down) below** ***2*** (al piano di sotto) **downstairs.**

dabbenàggine *f.* **credulity; simplemindedness.**

dabbène *a. invar.* **respected; worthy; honest** ● *(iron.) un dabben uomo,* a gullible man; a silly ass; a fool.

daccanto *avv.* **nearby.**

daccapo *avv.* ***1*** **over again; once more** ***2*** (dal principio) **from the beginning** ***3*** (punteggiatura) **(a new) paragraph** ● *Siamo d.,* here we go again *(fam.).*

dacché *cong.* ***1*** (da quando) **since** ***2*** (poiché, dal momento che) **since; as.**

dadaiṣmo *m. (arte)* **Dadaism.**

dadaista *(arte)* ***A*** *m.* **Dadaist** ***B*** *a.* **Dadaistic.**

dado *m.* ***1*** **die***: *Il d. è tratto,* the die is cast ***2*** *(mecc.)* **(screw) nut** ***3*** *(archit.)* **die*; dado*** ***4*** (cubetto) **cube** ***5*** *(cucina)* **bouillon cube.**

daffare *m.* **work; task; grind** *(fam.)* ● *avere un gran d.,* to be very busy; to have quite a lot to do □ *darsi d.,* to be on the go.

dafne *f. (bot.,* Daphne) **daphne.**

daga *f.* **dagger.**

dagherrotipìa *f. (fotogr.)* **daguerreotypy; daguerreotype.**

dagherròtipo *m. (fotogr.)* **daguerreotype.**

dàgli, dai *inter. (fam.)* ***1*** (forza!) **go on!; come on!** ***2*** (picchia!) **let him (**o **her,** ecc.**) have it!**

dàina *f. (zool.)* **doe.**

dàino *m. (zool.,* Dama dama) **fallow deer***; (il maschio) **buck.**

dàlia *f. (bot.,* Dahlia) **dahlia.**

dallato *avv.* **nearby.**

dàlmata *a., m.* e *f.* **Dalmatian.**

daltònico *a.* **colour-blind; Daltonic.**

daltoniṣmo *m.* **colour-blindness; Daltonism.**

dama *f.* **1 lady; lady of rank 2** (nei balli) **partner 3** *(gioco)* **draughts** *(pl.)*; **checkers** *(pl., USA)* **4** (la pedina raddoppiata) **king** • *d. di compagnia,* lady companion □ *far d.,* to crown a draughtsman.
damare *v. t.* to **crown**: *d. una pedina,* to crown a (draughts)man.
damascare *v. t.* **1** to **damask 2** *(metall.)* to **damaskeen,** to **damascene.**
damascato *a.* **damask** *(attr.)*.
damaschinare *v. t. (metall.)* to **damaskeen,** to **damascene.**
damaschino *a.* **1 of Damascus 2 damask** *(attr.)*.
damasco *m.* **damask.**
damerino *m.* **dandy; fop.**
damièra *f.* **damière** *m.* **draughtboard; checkerboard** *(USA)*.
damigèlla *f.* **1** *(lett.)* **damsel 2** (di una sposa) **bridesmaid.**
damigiana *f.* **1 demijohn 2** *(ind. chim.)* **carboy.**
damméno *a.* **inferior;** (peggiore) **worse.**
danaro *V.* **denaro.**
danaróso *a.* **well-to-do; well-off; moneyed** *(attr.)*; **rich; wealthy.**
dande *f. pl.* **leading reins.**
dandişmo *m.* **dandyism.**
danése A *a.* **Danish B** *m.* e *f.* **Dane C** *m.* **1** (la lingua) **Danish 2** *(zool.)* **great Dane.**
dannare A *v. t.* to **damn** • *far d. (l'anima a) q.,* to drive sb. mad **B dannarsi** *v. rifl.* **1** to **be damned 2** (tormentarsi) to **be worried (to death).**
dannato A *a.* **damned** • *avere una paura dannata,* to be terribly frightened **B** *m.* **1 damned soul 2** *(al pl., collett.)* **(the) damned**: *le grida dei dannati,* the cries of the damned.
dannazióne *f.* **eternal perdition; damnation** • *Quel ragazzo è la mia d.,* that boy will be the death of me □ *D.!,* damn it all!
danneggiare *v. t.* **1** to **damage 2** (sciupare) to **spoil* 3** (menomare) to **impair;** to **injure 4** (nuocere a) to **harm;** to **do* harm to.**
danneggiato A *a.* **damaged B** *m.* **victim** • *(leg.) la parte danneggiata,* the injured party.
danno *m.* **1 damage** (anche *leg.*): *recare d. a q.c.,* to cause damage to st. □ *chiedere a q. il risarcimento dei danni,* to claim damages from sb. □ *(comm.) in caso di perdita o d.,* in case of loss or damage **2** (causato a persona) **harm; injury**: *recare d. a q.,* to do sb. harm • *a mio d.,* to my prejudice; to my detriment.
dannosità *f.* **harmfulness; noxiousness.**
dannóso *a.* **harmful; noxious; injurious; bad** (for).
dantésco *a.* **Dantesque.**
dantista *m.* e *f.* **Dantist.**
danubiano *a.* **Danubian.**
danza *f.* **1 dance 2** (il danzare) **dancing.**
danzante *a.* **dancing** • *tè d.,* « thé dansant » *(franc.)*; tea dance.
danzare *v. i.* e *t.* to **dance** (anche *fig.*).
danzatóre *m.* **danzatrice** *f.* **dancer.**
dappertutto *avv.* **everywhere; all over the place** *(fam.)*.
dappiè, dappiède, dappièdi *avv.* **at the foot.**
dappiù *a. pred.* (migliore) **better;** (più importante) **more important.**
dappocàggine *f.* **worthlessness; ineptitude.**
dappòco *a.* **worthless; inept.**
dappòi *avv. (raro)* **then; afterwards.**
dapprèsso *avv.* **near; nearby; close at hand** • *seguire q. d.,* to be close behind sb.
dapprima *avv.* **at first; first of all.**
dapprincìpio *avv.* **first of all; at the beginning.**
dardeggiare *v. t.* e *i.* to **dart** (anche *fig.*).
dardo *m.* (anche *fig.*) **dart; arrow.**
(1) dare A *v. t.* **1** to **give***: *d. un bacio a q.,* to give sb. a kiss **2** (accordare, rilasciare) to **grant,** to **award;** (concedere, elargire) to **bestow** *(lett.)*: *d. a q. il permesso di fare q.c.,* to grant sb. permission to do st. □ *Gli fu dato il primo premio,* he was awarded the first prize **3** (produrre) to **bear*;** to **yield 4** *(comm.)* to **yield B** *v. i.* **1** (battere, urtare) to **hit*;** to **bump**: *d. nella porta con la testa,* to hit (against) the door with one's head; to bump one's head on the door **2** (di porte, finestre, ecc.) to **look out (onto);** to **have a view (on);** to **overlook;** to **open (onto)**: *La porta dà sul giardino,* the door opens onto the garden • *d. a intendere* (o *a bere) q.c. a q.,* to get sb. to swallow st. □ *d. il benvenuto a q.,* to welcome sb. □ *d. il buongiorno,* to say good morning □ *d. un calcio a q.,* to kick sb. □ *d. le carte,* to deal (cards) □ *d. del ladro a q.,* to call sb. a thief □ *darle a q.,* to give sb. a good hiding (o beating) □ *darle tutte vinte a q.,* to give in to sb. all along the line □ *d. q.c. per fatto,* to assure that st. is already done □ *d. q.c. per niente,* to give st. away (for nothing) □ *d. ragione (torto) a q.,* (di persona) to say that sb. is right (wrong); (di cosa) to prove (o to show) that sb. is right (wrong) □ *(pop.) darci dentro* (o *darci sotto)* (sgobbare, spendere e spandere, ecc.), to go it *(pop.)* □ *E dàgli!,* there we go again! □ *Dài, Tom!,* come on, Tom! □ *Quanti anni le dài?,* how old do you think she is? □ *Dàgli oggi, dàgli domani, ce l'hai fatta!,* you've made it at last! **C darsi** *v. rifl.* **1** (dedicarsi) to **devote oneself,** to **give* oneself up** (to) **2** (cominciare a fare, a studiare q.c.) to **take* up,** to **take* to,** to **go* into** (st.); to **start;** to **begin***: *d. alla fisica,* to take up physics □ *d. al bere,* to take to drinking □ *d. al commercio,* to go into business **3** (di donna: concedersi) to **give* oneself** (to).
(2) dare *m. (comm.)* **1 debit 2** (lato del d.) **debit side.**
dàrsena *f. (naut.)* **(wet) dock; dockyard.**
darvinişmo *m.* **Darwinism.**
darvinista *m.* e *f.* **Darwinist.**
data *f.* **date**: *in d. d'oggi,* under today's date • *(comm.) cambiale a trenta giorni d.,* bill at thirty days after date □ *senza d.,* undated □ *portare la d. (di),* to be dated.
datàbile *a.* **datable, dateable.**
datare *v. t.* e *i.* to **date** • *a d. da,* beginning from.
datazióne *f.* **dating.**
dativo *a.* e *m. (gramm.)* **dative.**
dato A *a.* **given**: *in una data situazione,* in a given situation • *d. che,* since; as □ *d. e non concesso,* supposing (that) **B** *m.* **1 datum***: *dati di stato civile,* vital data **2** *(elab.)* **data item** • *dati di fatto,* facts □ *dati statistici,* statistics *(pl. col verbo al sing.)* □ *(elab.) banca (dei) dati,* data bank □ *(elab.) centro (di) elaborazione (di) dati,* data-processing centre □ *(elab.) elaborazione di dati,* data processing □ *(elab.) insieme di dati,* data record □ *(elab.) stazione dati,* data station.
datóre *m.* **giver** • *d. di lavoro,* employer.
dàttero *m. (bot.)* **date** • *(zool.) d. di mare* (Lithodomus lithophagus), date mussel.
dàttilo *m. (poesia)* **dactyl.**
dattilògrafa *f.* **typist.**
dattilografare *v. t.* to **typewrite*;** to **type.**
dattilografìa *f.* **typewriting.**
dattilogràfico *a.* **typewriting** *(attr.)*.
dattilògrafo *m.* **typist.**
dattiloscritto A *a.* **typewritten; typed B** *m.* **typescript.**
dattórno *avv.* **around; round about** • *togliersi q. d.,* to get rid of sb.
davanti A *avv.* **in front B d. a** *locuz. prepositiva* **1 in front of 2** (al cospetto di) **before; in the presence of C** *m.* **front D** *a.* **fore, front** *(attr.)*.
davantino *m.* **dicky.**
davanzale *m.* **window-sill.**
davvéro *avv.* **really; indeed** • *dire d.,* to be in earnest □ *No d.!,* not at all!
daziàrio *a.* **customs** *(attr.)*.
dazière *m.* **exciseman*; excise officer.**
dàzio *m.* **1 customs** *(pl.)*; **excise (duty)**: *d. doganale,* customs-duty □ *esente da d.,* duty-free **2** (l'ufficio) **customs-office 3** (il casello) **toll-house.**
dèa *f.* **goddess.**
deambulazióne *f.* **deambulation; walking (o strolling) about.**
deamicişiano *a.* **1 of E. De Amicis 2** *(fig.)* (patetico) **pathetic;** (moralistico) **moralistic.**
débbio *m. (agric.)* **burn-beating.**
debellare *v. t.* **1** to **vanquish;** to **defeat 2** *(fig.)* to **subdue.**
debilitante *a.* **weakening; enfeebling; debilitat-**

ing.
debilitare *v. t.* to **weaken**; to **enfeeble**; to **debilitate.**
debilitazióne *f.* **weakening; enfeeblement; debilitation.**
debitaménte *avv.* **duly**; (in modo giusto) **rightly, properly.**
(1) débito *m.* **1** (anche *comm.* e *leg.*) **debt**: *il d. pubblico,* the National Debt □ *avere un d. di gratitudine verso q.,* to owe sb. a debt of gratitude **2** (*comm.:* « dare ») **debit**: *nota di d.,* debit note **3** (dovere) **duty** ● (*fig.*) *pagare il d. alla natura,* to pay one's debt to nature; to die □ (*comm.*) *segnare una somma a d. di q.,* to debit sb. with an amount □ *Lo voglio fare: è un d. di coscienza,* I want to do it: it's on my conscience.
(2) débito *a.* **due; proper**: *a tempo d.,* in due time □ *con le debite cautele,* with due caution.
debitóre *m.* **debtor** ● *essere d. di q.c. a q.,* to owe sb. st.
débole A *a.* **1 weak; feeble; frail**: *essere d. di gambe,* to be weak in the legs **2** (di luce o colore) **dim 3** (di suono) **faint** ● *avere la vista d.,* to be weak-sighted □ *il sesso d.,* the weaker sex **B** *m.* **1** (punto debole) **weak point 2** (inclinazione particolare) **weakness**: *avere un d. per q. (q.c.),* to have a weakness for sb. (st.).
debolézza *f.* **1 weakness; feebleness; frailty 2** (difetto) **weakness; foible.**
debolménte *avv.* **weakly; feebly.**
debordare *v. i.* **1** to **overflow 2** (*fig.*) to **wander from the point.**
debosciato A *a.* **debauched; dissolute B** *m.* **debauchee.**
debuttante A *m.* **débutant B** *f.* **débutante; deb** (*fam.*).
debuttare *v. i.* to **make* one's début**; to **come* out.**
debutto *m.* **début.**
dècade *f.* **1** (*raro:* dieci anni) **decade 2** (dieci giorni) **(period of) ten days.**
decadènte *a., m.* e *f.* (*letter., arte*) **decadent.**
decadentismo *m.* (*letter., arte*) **decadentism; decadence.**
decadentista *m.* e *f.* (*letter., arte*) **decadent.**
decadènza *f.* **1 decline; decay 2** (*letter., arte*) **decadence 3** (*leg.*) **loss; lapse** ● (di persona) *essere in d.,* to be past one's prime.
decadére *v. i.* to **decline**; to **decay** ● (*leg.*) *d. da un diritto,* to lose a right.
decaduto *a.* **impoverished.**
decaèdro *m.* (*geom.*) **decahedron.**
decaffeinato *a.* **caffeine-free; decaffeinated.**
decaffeinizzare *v. t.* to **decaffeinate.**
decagrammo *m.* **decagram(me).**
decalcare *v. t.* to **transfer** (a design); to **trace** (a drawing, etc.).
decalcificare *v. t.* (*chim., med.*) to **decalcify.**
decalcificazióne *f.* (*chim., med.*) **decalcification.**
decalcomanìa *f.* **decalcomania; transfer.**
decàlitro *m.* **decalitre.**
decàlogo *m.* (*relig.*) **Decalogue.**
Decameróne *m.* (*letter.*) **Decameron.**
decàmetro *m.* **decametre.**
decampare *v. i.* **1** (*mil.*) to **decamp 2** (*fig.*) to **give* up.**
decanato *m.* **deanery.**
decano *m.* **1 doyen; dean 2** (*relig.*) **dean.**
(1) decantare *v. t.* (magnificare) to **extol**; to **praise.**
(2) decantare *v. t.* (*chim.*) to **decant.**
decantazióne *f.* (*chim.*) **decantation**; (*ind.*) **racking.**
decapitare *v. t.* to **behead**; to **decapitate.**
decapitazióne *f.* **beheading; decapitation.**
decappottàbile *a.* (*autom.*) **convertible** ● *auto d.,* convertible.
decarburare *v. t.* (*chim.*) to **decarbonize.**
decasìllabo (*poesia*) **A** *a.* **decasyllabic B** *m.* **decasyllable.**
decatlèta *m.* (*sport*) **decathlete.**
dècathlon *m.* (*sport*) **decathlon.**
decèdere *v. i.* to **decease**; to **die.**
deceduto *a.* **deceased; dead.**
decelerare *v. t.* e *i.* to **decelerate**; to **throttle down.**
decelerazióne *f.* **deceleration.**
decennale A *a.* **decennial; ten-year** (*attr.*) **B** *m.* **tenth anniversary.**
decènne A *a.* **ten-year-old** (*attr.*); **ten years old** (*pred.*); **aged ten** (*pred.*) **B** *m.* **ten-year-old boy C** *f.* **ten-year-old girl.**
decènnio *m.* **decade; ten-year period; decennium*.**
decènte *a.* **1** (conforme alle leggi del decoro) **decent; proper; respectable; decorous 2** (accettabile) **satisfactory; fairly good; decent** (*fam.*).
decentraménto *m.* **decentralization.**
decentrare *v. t.* to **decentralize.**
decènza *f.* **decency; propriety; respectableness; decorum.**
decèsso *m.* **decease; death** ● (*leg.*) *atto di d.,* death certificate.
decibèl *m.* (*fis.*) **decibel.**
decìdere A *v. t.* **1** (risolvere, definire) to **decide**; to **settle 2** (stabilire) to **decide**; to **resolve**; to **determine**: *d. di fare q.c.,* to decide to do (o on doing) st. □ *d. la guerra,* to decide on war **B decidersi** *v. rifl.* to **make* up one's mind.**
deciduo *a.* (*bot., zool.*) **deciduous.**
decifràbile *a.* **decipherable.**
decifrare *v. t.* **1** to **decipher 2** (un messaggio cifrato) to **decode 3** (*fig.*) to **solve**; to **make* out.**
decigrammo *m.* **decigram(me).**
decilitro *m.* **decilitre.**
dècima *f.* (*stor.*) **tithe.**
decimale *a.* e *m.* **decimal.**
decimare *v. t.* to **decimate.**
decimazióne *f.* **1 decimation 2** (*fig.*) **drastic reduction.**
decìmetro *m.* **decimetre.**
dècimo *a. num. ord.* e *m.* **tenth**: *i nove decimi,* the nine tenths.
decimoprimo *a. num. ord.* **eleventh.**
decimosecóndo *a. num. ord.* **twelfth.**
decina *f.* **1** (dieci) **ten; half-a-score 2** (circa dieci) **about ten.**
decisaménte *avv.* **decidedly; resolutely; definitely.**
decisionale *a.* **decisional; decision-making** (*attr.*).
decisióne *f.* **1** (anche *leg.*) **decision; judgment**: *prendere una d.,* to take a decision; to make up one's mind **2** (risolutezza) **decision; resolution; firmness**: *mancare di d.,* to lack decision.
decisivo *a.* **decisive; conclusive** ● *momento d.,* crucial moment □ *voto d.,* casting vote.
deciso *a.* **firm; resolute; decided** ● *un taglio d.,* a clean cut.
declamare *v. t.* e *i.* **1** to **declaim**; to **recite 2** (*iron.*) to **rant.**
declamatóre *m.* **declaimer**; (d. ampolloso) **ranter.**
declamatòrio *a.* **declamatory; ranting.**
declamazióne *f.* **declamation.**
declaratòrio *a.* (*leg.*) **declaratory.**
declassare *v. t.* to **degrade**; to **declass.**
declinàbile *a.* (*gramm.*) **declinable.**
declinare A *v. t.* to **decline** (anche *gramm.*) **B** *v. i.* **1** (calare, degradare) to **sink***; to **get* lower**; to **decline**; to **go* down 2** (del sole) to **set***; to **sink* 3** (diminuire) to **decline**; to **wane 4** (deviare) to **deviate** ● *d. le proprie generalità,* to give one's name, address, place of birth, and other particulars.
declinazióne *f.* **1** (*gramm.*) **declension 2** (*astron.*) **declination.**
declino *m.* **decay; decline.**
declìvio *m.* **(downward) slope; declivity.**
decodificare *v. t.* to **decode.**
(1) decollare *v. i.* (*aeron.*) to **take* off.**
(2) decollare *v. t.* (decapitare) to **behead**; to **decapitate.**
décolleté (*franc.*) (*moda*) **A** *m. invar.* **1** (scollatura)

décolletage; **low-cut neckline** *2* (abito) **décolleté (dress); low-necked dress** *B* *a.* **décolleté.**
decòllo *m.* *(aeron.)* **take-off.**
decolorante *(chim.)* *A* *a.* **decolo(u)rizing** *B* *m.* **decolorant.**
decolorare *v. t.* to **decolo(u)rize**; to **bleach.**
decolorazióne *f.* **decolo(u)rization; bleaching.**
decomponìbile *a.* **decomposable.**
decompórre *v. t.* **decompórsi** *v. rifl.* to **decompose.**
decompoșizióne *f.* **decomposition.**
decompressióne *f.* **decompression.**
decongelare *v. t.* *1* to **defrost** *2* *(econ.)* to **unfreeze*.**
decongestionare *v. t.* *1* *(med.)* to **decongest** *2* (il traffico) to **keep* moving.**
decontaminare *v. t.* to **decontaminate.**
decorare *v. t.* to **decorate**; to **ornament.**
decorativo *a.* **decorative; ornamental** ● *(iron.) personaggio d.,* figure-head.
decorato *A* *a.* **decorated** *B* *m.* **holder of a decoration.**
decoratóre *m.* *1* **decorator** *2* (tappezziere) **paper-hanger.**
decorazióne *f.* *1* **decoration; ornament** *2* (medaglia) **decoration.**
decòro *m.* *1* (dignità) **decorum, dignity;** (appropriatezza) **propriety;** (di un arredamento, anche) **sober elegance** *2* *(fig.)* **ornament.**
decoróso *a.* **decorous; proper; decent.**
decorrènza *f.* — *(comm.) con d. dal 1º aprile,* starting from the 1st of April.
decórrere *v. i.* *1* (di tempo: trascorrere) to **elapse**; to **pass** *2* (avere effetto) to **run***; to **have effect** ● *a d. (da),* starting (from).
decórso *A* *a.* *1* **elapsed; past** *2* (scaduto) **due; overdue** *B* *m.* *1* (periodo) **lapse** *2* (svolgimento) **course.**
decòtto *m.* **decoction** ● *d. di camomilla,* camomile tea.
decreménto *m.* **decrement; diminution.**
decrepitare *v. i.* *(chim.)* to **decrepitate.**
decrepitézza *f.* **decrepitude.**
decrèpito *a.* **decrepit** ● (di persona) *essere vecchio d.,* to be on one's last legs *(fam.).*
decrescènte *a.* **decreasing; waning.**
decrescènza *f.* **decrease** ● *essere in d.,* to be on the wane.
decréscere *v. i.* *1* to **decrease**; to **diminish** *2* (della luna) to **wane** *3* (delle acque, di un gonfiore) to **subside** *4* (della marea) to **ebb.**
decretare *v. t.* *1* to **decree**; to **ordain** *2* (conferire) to **bestow,** to **confer** (on).
decréto *m.* **decree; writ** ● *d. legge,* decree-law.
decùbito *m.* *(med.)* **decubitus** ● *piaghe da d.,* bedsores.
decuplicare *v. t.* to **multiply by ten.**
dècuplo *A* *a.* **tenfold; decuple** *B* *m.* **decuple** ● *Cento è il d. di dieci,* a hundred is ten times ten.
decurtare *v. t.* to **curtail**; to **reduce**; to **dock.**
decurtazióne *f.* **curtailment; reduction.**
dèdalo *m.* **maze; labyrinth.**
dèdica *f.* **dedication.**
dedicare *A* *v. t.* *1* to **dedicate**; (consacrare) to **consecrate** *2* (rif. a opera letteraria o artistica) to **dedicate** *3* (destinare) to **devote**; to **dedicate**; to **consecrate** *B* **dedicarsi** *v. rifl.* to **devote oneself** (to).
dedicatòrio *a.* **dedicatory.**
dedicazióne *f.* **dedication.**
dèdito *a.* *1* **given** (to); (rif. a vizio) **addicted** (to) *2* (preso totalmente) **engrossed** (in).
dedizióne *f.* **devotion.**
deducìbile *a.* *1* **deducible** *2* (che si può sottrarre) **deductible.**
dedurre *v. t.* *1* to **deduce**; to **infer** *2* (sottrarre) to **deduct.**
deduttivo *a.* **deductive.**
deduzióne *f.* (anche *filos.* e *leg.*) **deduction; inference.**
defalcare *v. t.* to **deduct**; to **subtract**; to **knock off** *(fam.).*
defalcazióne *f.* **defalco** *m.* **deduction.**
defecare *A* *v. t.* *(chim.)* to **defecate** *B* *v. i.* *(fisiologia)* to **evacuate the bowels**; to **defecate.**
defecazióne *f.* *1* *(chim.)* **defecation** *2* *(fisiologia)* **evacuation of the bowels; defecation.**
defenestrare *v. t.* *1* to **throw*** (sb.) **out of the window** *2* *(fig.)* to **throw* overboard.**
defenestrazióne *f.* *1* **defenestration** *2* *(fig.)* **dismissal from office.**
deferènte *a.* *1* **deferential** *2* *(anat.)* **deferent.**
deferènza *f.* **deference**: *per d. verso di lei,* in deference to her.
deferiménto *m.* **referring; submitting.**
deferire *v. t.* to **refer**; to **submit.**
defezionare *v. i.* to **desert**; to **rat** *(fam.).*
defezióne *f.* **defection; desertion** (anche *mil.).*
deficiènte *A* *a.* *1* **deficient; defective; insufficient** *2* *(med.)* **mentally deficient** (o **defective)** *B* *m.* e *f.* *1* *(med.)* **mental deficient; moron** *2* *(spreg.)* **idiot; fool.**
deficiènza *f.* *1* **deficiency; lack; want** *2* (scarsità) **shortage; insufficiency** *3* *(med.)* **mental deficiency.**
dèficit *m.* *(fin., rag.)* **deficit.**
deficitàrio *a.* *1* *(fin., rag.)* **showing a deficit; in the red** *(fam.)* *2* (insufficiente) **deficient.**
defilare *v. t.* *(mil.)* to **defilade.**
défilé *(franc.)* *m.* **fashion show.**
definìbile *a.* **definable.**
definire *v. t.* *1* to **define** *2* (determinare) to **fix**; to **determine** *3* (risolvere) to **settle**; to **resolve.**
definitivaménte *avv.* **definitively;** (per sempre) **for good.**
definitivo *a.* **definitive; final** ● *in definitiva,* in short; after all.
definito *a.* **definite; determinate.**
definizióne *f.* *1* **definition** *2* (risoluzione) **settlement.**
deflagrare *v. i.* *(chim.)* to **deflagrate.**
deflagrazióne *f.* *(chim.)* **deflagration.**
deflazionare *v. t.* *(econ.)* to **deflate.**
deflazióne *f.* *(econ.)* **deflation.**
deflazionìstico *a.* *(econ.)* **deflationary.**
deflessióne *f.* *(fis.)* **deflection.**
deflèttere *v. i.* *1* to **deflect**; to **deviate** *2* *(naut.)* to **alter course** *3* *(fig.:* cedere) to **yield**; to **give* in.**
deflettóre *m.* *1* *(mecc.)* **deflector; baffle** *2* *(aeron.)* **flap** *3* *(autom.)* **quarter light.**
deflorare *v. t.* to **deflower.**
deflorazióne *f.* **defloration.**
defluire *v. i.* *1* to **flow down** *2* *(fig.)* to **flow**; to **stream.**
deflusso *m.* *1* **downflow** *2* (di marea) **ebb** *3* *(fig.)* **outflow.**
deformante *a.* **deforming; disfiguring.**
deformare *A* *v. t.* *1* to **deform**; to **disfigure** *2* (deturpare) to **deface** *3* (alterare, anche *fig.)* to **alter**; to **warp**; to **distort** *B* **deformarsi** *v. rifl.* *1* to **get* deformed**; to **become* disfigured** *2* *(mecc.)* to **buckle** *3* (del legno) to **warp.**
deformazióne *f.* *1* **deformation; disfigurement** *2* *(med.)* **deformity;** (congenita) **malformation;** (stortura) **distortion** ● *d. professionale,* professional (o vocational) bias.
deforme *a.* **deformed; disfigured; misshapen.**
deformità *f.* **deformity;** (congenita) **malformation.**
defraudare *v. t.* to **cheat**; to **defraud**; to **trick.**
defunto *A* *a.* **dead; late** *(attr.)*: *il mio d. marito,* my late husband *B* *m.* **dead person;** *(leg.)* **deceased.**
degenerare *v. i.* to **degenerate**; to **deteriorate.**
degenerato *a.* e *m.* **degenerate.**
degenerazióne *f.* *1* **degeneration** *2* *(fig.,* anche) **decline.**
degènere *a.* **degenerate.**
degènte *A* *a.* **ill in bed; bedridden** *B* *m.* e *f.* **patient.**
degènza *f.* **period in bed;** (in ospedale) **stay in hospital.**
deglutire *v. t.* to **swallow.**

deglutizióne *f.* **deglutition.**
degnare ***A*** *v. t.* **to consider** (sb.) **worthy** (of); **to condescend** *(seguito da un inf.)* ***B*** **degnarsi** *v. rifl.* **to deign; to be kind enough** (o **so kind as) to** *(seguito da un inf.).*
degnazióne *f.* **condescension** • *avere un'aria di d.,* to have a condescending air.
dégno *a.* ***1*** (meritevole) **worthy; deserving; worth** *(seguito dal gerundio): con uno zelo d. di miglior causa,* with a zeal worthy of a better cause □ *un libro d. d'essere letto,* a book worth reading ***2*** (rispettabile) **respectable; worthy; dignified** ***3*** (che s'addice) **worthy**: *Ciò non è d. di te,* this is not worthy of you • *d. di fiducia,* trustworthy □ *d. di lode,* praiseworthy □ *d. di nota,* noteworthy.
degradàbile *a. (chim.)* **degradable.**
degradante *a.* **degrading.**
degradare ***A*** *v. t.* ***1*** **to degrade** ***2*** (classificare più in basso) **to down-grade** ***B*** **degradarsi** *v. rifl.* **to degrade oneself.**
degradazióne *f.* **degradation.**
degrado *m.* **decay.**
degustare *v. t.* **to taste; to sample.**
degustazióne *f.* **tasting; sampling.**
dèh *inter. (lett.)* **ah!; oh!;** (di dolore) **alas!**
deicida *m.* e *f. (lett.)* **deicide.**
deicìdio *m. (lett.)* **deicide.**
deidratazióne *f.* **dehydration;** *(ind. della gomma)* **dewatering.**
deiezióne *f.* ***1*** *(fisiologia)* **dejection** ***2*** *(geol.)* **alluvial deposit; detritus.**
deificare *v. t.* **to deify** (anche *fig.).*
deiscènte *a. (bot.)* **dehiscent.**
deismo *m. (filos.)* **deism.**
deista *m.* e *f. (filos.)* **deist.**
delatóre *m.* **police informer; (copper's) nark** *(pop.).*
delazióne *f.* **(laying of) information; secret accusation.**
dèlega *f.* ***1*** **delegation** ***2*** *(leg.:* procura) **power of attorney; proxy.**
delegare *v. t.* **to delegate.**
delegato ***A*** *a.* **delegated** ***B*** *m.* ***1*** **delegate** ***2*** *(leg.)* **deputy; proxy.**
delegazióne *f.* ***1*** **delegation** ***2*** (commissione) **committee.**
deletèrio *a.* ***1*** **injurious; noxious; harmful** ***2*** *(fig.)* **ruinous.**
(1) delfino *m.* ***1*** (*zool.,* Delphinus delphis) **dolphin** ***2*** (nuoto) **dolphin-stroke.**
(2) delfino *m.* ***1*** *(stor. franc.)* **Dauphin** ***2*** *(fig.)* **probable successor.**
delibare *v. t.* ***1*** *(lett.)* **to taste; to relish** ***2*** *(fig.)* **to glance through** (st.).
delìbera *f.* ***1*** **deliberation;** (di un'assemblea) **resolution** ***2*** (nelle aste) **knocking down.**
deliberare ***A*** *v. t.* ***1*** **to deliberate;** (decidere) **to resolve, to decide** ***2*** (nelle aste) **to knock down** ***B*** *v. i.* **to deliberate; to take* counsel.**
deliberataménte *avv.* **deliberately; on purpose.**
deliberativo *a.* **deliberative.**
deliberato *a.* **decided; firm** • *con animo d.,* quite decidedly.
deliberazióne *f.* **deliberation;** (decisione) **resolution, decision.**
delicatézza *f.* ***1*** **delicacy** ***2*** (raffinatezza) **refinement; exquisiteness** ***3*** (tatto) **tact** ***4*** (sensibilità) **sensitiveness** ***5*** (di salute) **delicacy; frailty** ***6*** (gentilezza di sentimenti) **consideration; thoughtfulness** ***7*** (leggiadria) **delicate beauty** ***8*** (cibo squisito) **delicacy** • *d. di salute,* delicate health.
delicato *a.* ***1*** *(in tutti i sensi)* **delicate;** (di colore, anche) **tender, soft;** (di suono) **gentle, faint**: *cibo delicato,* delicate food □ *un bambino d.,* a delicate child □ *un tocco d.,* a delicate touch ***2*** (fine) **dainty; refined; exquisite**: *gusti delicati,* refined tastes ***3*** (pieno di tatto) **tactful** ***4*** (sensibile) **sensitive** ***5*** (di salute) **weakly; frail** (specialm. d'aspetto) ***6*** (scrupoloso) **scrupulous; fastidious** ***7*** (sottile) **subtle** • *essere d. di stomaco,* to have a weak stomach.
delimitare *v. t.* ***1*** **to delimit; to circumscribe** ***2*** (definire) **to define.**
delimitazióne *f.* ***1*** **delimitation** ***2*** (limite) **limits** *(pl.);* (confine) **boundary.**
delineaménto *m.* **outline; delineation.**
delineare ***A*** *v. t.* **to outline** (anche *fig.);* **to sketch out; to delineate** ***B*** **delinearsi** *v. rifl.* ***1*** **to be outlined; to loom** ***2*** *(fig.)* **to take* shape.**
delinquènte *m.* e *f.* **criminal; delinquent.**
delinquènza *f.* **criminality; delinquency.**
delinquere *v. i. (leg.)* **to commit a crime** • *associazione a d.,* criminal association.
deliquescènte *a. (chim.)* **deliquescent.**
deliquio *m.* **swoon; fainting fit; black-out** *(fam.)* • *cadere in d.,* to faint.
delirante *a.* **delirious; raving.**
delirare *v. i.* **to be delirious; to rave.**
delirio *m.* ***1*** *(med.)* **delirium;** (vaneggiamento) **raving** ***2*** *(fig.)* **infatuation; frenzy; fever** • *un d. di applausi,* delirious applause.
delitto *m.* ***1*** *(leg.)* **crime;** (reato) **offence;** (assai grave) **felony;** (lieve) **misdemeanour**: *commettere un d.,* to commit a crime □ *accusare q. di un d.,* to charge sb. with a crime ***2*** *(fig.)* **crime** • *(leg.) corpo del d.,* corpus delicti.
delittuóso *a.* **criminal.**
delìzia *f.* **delight** • *Piove che è una d.,* it's pouring; it's raining cats and dogs *(fam.)* □ *Suoni che è una d.,* you play delightfully.
deliziare ***A*** *v. t.* **to delight** ***B*** **deliziarsi** *v. rifl.* **to delight** (in).
delizióso *a.* **delightful;** (di sapore, profumo) **delicious.**
dèlta *m.* ***1*** (lettera dell'alfabeto greco) **delta** ***2*** *(geogr.)* **delta.**
deltaplano *m.* **hang-glider** • *sport del d.,* hang-gliding.
delucidare *v. t.* **to elucidate; to explain.**
delucidazióne *f.* **elucidation; explanation.**
deludènte *a.* **disappointing.**
delùdere *v. t.* **to disappoint.**
delusióne *f.* **disappointment.**
deluso *a.* **disappointed.**
demagnetizzare *v. t.* **to demagnetize; to degauss.**
demagogìa *f.* **demagogy.**
demagògico *a.* **demagogic(al).**
demagògo *m.* **demagogue.**
demandare *v. t.* ***1*** **to remit; to refer** ***2*** *(leg.)* **to submit; to refer.**
demaniale *a.* **State** *(attr.).*
demànio *m.* **State property;** *(in G.B.)* **Crown property.**
demarcare *v. t.* **to demarcate.**
demarcazióne *f.* **demarcation.**
demènte ***A*** *a.* **insane; mad** ***B*** *m.* e *f.* **lunatic.**
demènza *f.* **insanity; madness;** *(med.)* **dementia.**
demeritare ***A*** *v. t.* **to fail to deserve; to forfeit** ***B*** *v. i.* **to deserve censure** • *d. della patria,* to deserve ill of one's country.
demèrito *m.* **demerit.**
demiurgo *m. (filos.)* **demiurge.**
democraticità *f.* **democracy.**
democràtico ***A*** *a.* **democratic** ***B*** *m.* **democrat.**
democratizzare *v. t.* **to democratize.**
democrazìa *f.* **democracy.**
democristiano *(polit.)* ***A*** *a.* **Christian-Democratic** ***B*** *m.* **Christian Democrat.**
démodé *(franc.) a.* « **démodé** »; **outmoded; out of fashion.**
demografìa *f.* **demography.**
demogràfico *a.* **demographic(al).**
demògrafo *m.* **demographer.**
demolire *v. t.* **to demolish** (anche *fig.);* **to pull down.**
demolitóre ***A*** *m.* **demolisher; destroyer** ***B*** *a.* **destroying.**
demolizióne *f.* **demolition** (anche *fig.).*
dèmone *m.* ***1*** (genio) **d(a)emon** (anche *fig.)* ***2*** *(filos.)* **daemon.**

demonìaco *a.* demoniac(al).
demònio *m.* devil, demon (anche *fig.*): *Quell'uomo è un demonio quando si tratta di lavorare,* that man is a demon for work □ *Sei un d.!, Come hai fatto?,* you old devil! how did you manage?
demopsicologìa *f.* folk psychology.
demoralizzare *A v. t.* to demoralize *B* **demoralizzarsi** *v. rifl.* to become* demoralized.
demoralizzato *a.* demoralized; (avvilito) down-hearted, discouraged.
demoralizzazióne *f.* demoralization.
demòrdere *v. i.* — *non d.,* to stick it out *(fam.).*
demoscopìa *f.* public-opinion research.
demoscòpico *a.* — *indagine demoscopica,* public opinion poll.
denaro *m.* *1* money: *far d.,* to make money □ *d. contante,* ready money *2* (*al pl.:* seme delle carte da gioco) diamonds *3* (moneta romana) denarius* *4* (unità di misura per la titolazione dei filati) denier.
denaróso *V.* **danaróso.**
denatalità *f.* fall in the birth-rate.
denaturare *v. t. (chim.)* to denature; to methylate.
denaturato *a.* denatured; methylated: *alcol d.,* methylated spirits.
denazionalizzare *v. t. (econ.)* to denationalize.
denicotinizzare *v. t.* to denicotinize; to denicotine.
denigrare *v. t.* to denigrate; to disparage; to defame.
denigratóre *m.* denigrator; disparager; defamer.
denigratòrio *a.* disparaging; defamatory.
denigrazióne *f.* denigration; disparagement; defamation.
denominare *A v. t.* to call; to denominate *B* **denominarsi** *v. rifl.* to be called.
denominatóre *m. (mat.)* denominator.
denominazióne *f.* denomination.
denotare *v. t.* to denote; to signify.
denotazióne *f.* denotation.
densìmetro *m. (fis.)* densimeter; hydrometer.
densità *f.* density (anche *fis.*); thickness.
dènso *a.* *1* dense; thick *2* *(fig.)* full (of); teeming (with).
dentale *A a.* dental *B f. (fon.)* dental.
dentàrio *a. (med.)* dental.
dentaruòlo *m.* teething ring.
dentata *f.* *1* bite *2* (segno lasciato dai denti) tooth-mark.
dentato *a.* *1* toothed; *(bot., zool.)* dentate *2* *(mecc.)* toothed; (di ruota) cogged; (di sega) serrated.
dentatura *f.* *1* (set of) teeth *2* *(mecc.)* toothing.
dènte *m.* *1* tooth*: *denti artificiali,* artificial (o false) teeth □ *denti di latte,* milk teeth □ *mal di denti,* toothache □ *Battevo i denti,* my teeth were chattering □ *Il bambino metteva i denti,* the baby was cutting its teeth (o was teething) *2* (*al pl.,* di strumenti, ecc.) teeth; (di sega, anche) serration(s); (di forchetta, rastrello, tridente) prongs; (di ruota dentata) cogs: *i denti di un pettine (di una sega),* the teeth of a comb (of a saw) *3* (*fig.:* morso) sting *4* (d'animale feroce) fang *5* (d'elefante) tusk *6* (di montagna) jag; jagged peak • *(mecc.) d. d'arresto,* detent; pawl; click □ *(bot.) d. di leone* (Taraxacum officinale), taraxacum; dandelion □ *denti sporgenti,* buck-teeth □ *(cucina) al dente,* underdone □ *(fig.) armato fino ai denti,* armed to the teeth □ *(fig.) avere il dente avvelenato contro q.,* to bear sb. a grudge □ *farsi cavare un d.,* to have a tooth out □ *restare a denti asciutti,* to go hungry; *(fig.)* to be disappointed □ *Non è pane per i miei denti,* it's not my cup of tea □ *Non è pane per i tuoi denti,* you've bitten off more than you can chew.
dentellare *v. t.* to indent; to notch.
dentellato *a.* indented; notched.
dentellatura *f.* *1* indentation; notching *2* (a denti di sega) serration *3* *(bot., zool.)* dentation; crenature *4* *(filatelia)* perforation.
dentèllo *m.* *1* *(archit.)* dentil *2* *(mecc.)* tooth* *3* (di francobollo) perforation.
dèntice *m.* (*zool.,* Dentex dentex) dentex.
dentièra *f.* *1* denture; set of artificial teeth *2* *(mecc.)* rack.
dentifrìcio *A a.* tooth *(attr.)*: *pasta dentifricia,* toothpaste *B m.* dentifrice; (in polvere) tooth powder; (in crema) toothpaste.
dentista *m.* e *f.* dentist; dental surgeon.
dentìstico *a.* dental • *gabinetto d.,* dentist's rooms *(pl.).*
dentizióne *f.* dentition; teething.
(1) déntro *prep.* *1* inside; in: *d. la casa,* in (o inside) the house *2* (entro) within: *d. i confini,* within the boundaries *3* *(rif. a tempo)* by; within: *d. domani,* by tomorrow □ *d. il mese,* within the month • *d. casa,* indoors □ *D. di sé pensò che...,* he thought to himself that... □ *Dacci d.!,* put your back into it!
(2) déntro *A avv.* *1* in; inside: *qui d.,* in here *2* (all'interno di un edificio) indoors; within doors *(lett.)* *3* *(fig.)* inwardly; under surface; in one's mind • *(fam.) andare d.* (in prigione), to be jailed *B m.* inside: *il di d.,* the inside.
denudare *A v. t.* to bare; to strip (naked); to lay* bare; to denude (anche *geol.*) *B* **denudarsi** *v. rifl.* to strip; to undress.
denudazióne *f.* denudation (anche *geol.*).
denùncia *f.* *1* declaration (anche per il dazio); statement; report *2* (disdetta) denunciation *3* (accusa) charge; accusation.
denunciare *v. t.* *1* to report; to declare *2* (rif. ad accordo, trattato e sim.) to denounce *3* (portare a conoscenza della competente autorità) to denounce; to impeach *4* (manifestare) to reveal; to show*.
denùnzia, denunziare *V.* **denùncia, denunciare.**
denutrito *a.* underfed; undernourished.
denutrizióne *f.* underfeeding; undernourishment; *(med.)* malnutrition.
deodorante *a.* e *m.* deodorant.
deodorare *v. t.* to deodorize.
deontologìa *f.* code of conduct (o of ethics) • *d. medica,* medical ethics.
depauperaménto *m.* depauperation; impoverishment.
depauperare *v. t.* to pauperize; to impoverish.
depenalizzare *v. t. (leg.)* to de-criminalize.
depenalizzazione *f. (leg.)* de-criminalization.
depennare *v. t. (bur.)* to strike* off; to cross out.
deperìbile *a.* perishable • *merce d.,* perishables *(pl.).*
deperiménto *m.* *1* (state of) being run down in health *2* (di cose) deterioration.
deperire *v. i.* *1* to waste away *2* (di cose) to deteriorate • (di persona) *essere deperito,* to be run down.
depilare *v. t.* to depilate.
depilatóre *m.* hair remover.
depilatòrio *a.* e *m.* depilatory.
depilazióne *f.* depilation.
dépliant *(franc.) m.* folder; leaflet; hand-out.
deplorare *v. t.* *1* (compiangere) to grieve for (sb., st.); to lament; to deplore *2* (biasimare) to disapprove; to blame • *Non si deplorano vittime,* there are no casualties.
deplorazióne *f.* (biasimo) disapproval; blame; censure.
deplorévole *a.* *1* deplorable; lamentable *2* (biasimevole) blameworthy.
depolarizzare *v. t. (fis.)* to depolarize.
depoliticizzare *v. t.* to depoliticize.
deponènte *a.* e *m. (gramm.)* deponent.
depórre *v. t.* e *i.* *1* (porre giù) to put* (st.) down; to lay* (st.) down (anche *fig.*); (di un cadavere) to lay* to rest; (mettere da parte) to lay* aside: *d. le armi,* to lay down arms *2* (collocare) to place; to deposit *3* (togliersi di dosso) to take* off *4* (una persona da un grado) to depose (specialm. un sovrano); to remove (sb.) from office *5* *(leg.)* to testify; to bear* witness; to give* evidence *6* (depositare: di un corso d'acqua) to deposit *7* *(fig.)* to give* up; to renounce • *(leg.) d. il falso,* to bear false witness □ *d. uova,* to lay eggs; (di

pesci, molluschi, ecc.) to spawn.
deportare *v. t.* to **deport**; to **transport**.
deportato *m.* **deported convict.**
deportazióne *f.* **deportation.**
depositante *m.* e *f.* **1 depositor 2** *(leg.)* **bailor.**
depositare A *v. t.* **1** (in banca) to **deposit**; to **bank 2** (lasciare in custodia) to **leave*** (with) **3** (immagazzinare) to **store B** *v. i.* (di liquidi) to **make* a deposit.**
depositario *m.* **1 depositary; trustee 2** *(leg., comm.)* **bailee.**
depòsito *m.* **1 deposit** (anche *chim.* e *med.*) **2** (in banca) **deposit**: *denaro in d.*, money on deposit □ *d. vincolato*, time deposit **3** (magazzino) **warehouse; depot 4** (*naut.*: di munizioni) **powder-magazine 5** *(mil.)* **depot 6** (*ferr.*: di locomotive, ecc.) **engine-shed**; (di autobus) **(bus-)depot 7** (di legname) **timber-yard 8** *(leg.)* **bailment** • *(geol.) d. alluvionale*, drift □ *(ferr.) d. bagagli*, left-luggage office; checkroom *(USA)*.
deposizióne *f.* **1 deposition**: *la D.* (di Cristo), the Deposition (from the Cross) **2** (da una carica) **removal (from office) 3** *(leg.)* **deposition; testimony.**
depravare *v. t.* to **deprave**; to **pervert**; to **corrupt.**
depravato A *a.* **depraved; perverted; debauched; corrupt B** *m.* **depraved person; pervert.**
depravazióne *f.* **depravity; corruption.**
deprecàbile *a.* **to be deprecated.**
deprecare *v. t.* to **deprecate.**
deprecativo *a.* **deprecating; deprecatory.**
deprecazióne *f.* **deprecation.**
depredare *v. t.* to **despoil**; to **plunder**; to **pillage.**
depressióne *f.* *(in ogni senso)* **depression.**
depressivo *a.* **depressive** • *(psic.) stato d.*, state of depression.
deprèsso *a.* **1 depressed**; (avvilito) **dispirited, dejected, in low spirits**: *(econ.) aree depresse*, depressed areas **2** (materialmente) **sunk; low; low-lying.**
depressóre *(anat.)* **A** *a.* **depressor** *(attr.)* **B** *m.* **depressor (muscle).**
deprezzaménto *m.* **depreciation.**
deprezzare *v. t.* to **depreciate.**
deprimènte *a.* **depressing.**
deprìmere A *v. t.* to **depress**; to **dishearten**; to **discourage B deprimersi** *v. rifl.* to **get* depressed; to lose* heart.**
depurare *v. t.* to **purify.**
depurativo *a.* e *m.* **depurative; depurant.**
depuratóre A *m.* **depurator; purifier** • *(chim.* e *fis.) d. d'acqua*, water-softener □ *d. per gas*, scrubber **B** *a.* **depurant; purifying.**
depurazióne *f.* **purification**; *(chim., med.)* **depuration.**
deputare *v. t.* **1** to **depute**; to **delegate 2** (assegnare) to **appoint.**
deputato *m.* **1** *(polit.)* **deputy**; *(in G.B.)* **Member of Parliament 2** (delegato) **delegate; representative.**
deputazióne *f.* **1 deputation 2** (delegazione) **delegation.**
deragliaménto *m.* **derailment.**
deragliare *v. i.* to **go* off the lines** • *far d.*, to derail.
derapare *v. i.* *(autom., aeron.)* to **skid.**
derattizzazióne *f.* **de-ratting.**
derelitto A *a.* **abandoned; forsaken; forlorn**; (specialm. di nave) **derelict B** *m.* **wretch; down-and-out**; (specialm. di bambino o animale) **waif.**
deretano *m.* **buttocks** *(pl.)*; **sit-upon** *(fam.)*; **backside, bottom** (eufemistici); **bum** *(volg.)*.
derìdere *v. t.* to **deride**; to **mock**; to **laugh at**, to **scoff at** (sb., st.).
derisióne *f.* **derision; mockery; scoff.**
derisóre *m.* **derider; mocker; scoffer.**
derisòrio *a.* **derisive; derisory; mocking; scoffing.**
deriva *f.* **1** *(naut., aeron.)* **drift 2** (*naut.*: prolungamento della chiglia) **keel 3** (*aeron.*: piano verticale della coda) **fin** • *essere alla d.*, to be adrift □ *andare alla d.*, to drift; *(fig.)* to go downhill.
derivàbile *a.* **derivable.**
derivare A *v. t.* **1** to **derive**; to **result 2** (per nascita) to **be descended**, to **descend** (from) **3** *(aeron.)* to **drift B** *v. t.* **1** (un fiume, un canale, ecc.) to **divert 2** (trarre) to **derive 3** *(elettr.)* to **shunt.**
derivata *f.* *(mat.)* **derivative.**
derivato *m.* **1** (sottoprodotto) **by-product 2** *(gramm., chim.)* **derivative.**
derivazióne *f.* **1 derivation 2** *(elettr.)* **shunt.**
dèrma *m.* *(anat.)* **derm, derma.**
dermatite *f.* *(med.)* **dermatitis.**
dermatologìa *f.* *(med.)* **dermatology.**
dermatòlogo *m.* *(med.)* **dermatologist.**
dermatòsi *f.* *(med.)* **dermatosis.**
dermòide *f.* **leatherette.**
dèroga *f.* **1** *(leg.)* **derogation 2** (revoca) **repeal; revocation.**
derogàbile *a.* **that can be derogated.**
derogare *v. i.* **1** to **derogate**, to **depart** (from) **2** (contravvenire) to **contravene**; to **fail to conform** (to).
derogatòrio *a.* *(leg.)* **derogatory.**
derogazióne *f.* **derogation.**
derrata *f.* **commodity** • *derrate alimentari*, food-stuffs.
derubare *v. t.* to **steal***; to **rob**; (privare) to **deprive**: *d. q. di q.c.*, to steal st. from sb.; to rob sb. of st.; to deprive sb. of st.
derubato *m.* **victim of a theft.**
dervìscio *m.* *(relig.)* **dervish.**
deschétto *m.* (di calzolaio) **shoemaker's bench.**
désco *m.* **dinner-table.**
descrittivo *a.* **descriptive.**
descrittóre *m.* **describer.**
descrìvere *v. t.* **1** to **describe 2** (tracciare) to **describe**; to **draw***.
descrivìbile *a.* **describable.**
descrizióne *f.* **1 description 2** (d. particolareggiata) **specification.**
desensibilizzare *v. t.* *(med., fotogr.)* to **desensitive.**
desèrtico *a.* **desert** *(attr.)*.
desèrto A *a.* **1 desert** *(attr.)*; **wild**: *un'isola deserta*, a desert island **2** (abbandonato) **deserted; desolate; waste** *(attr.)*: *strade deserte*, deserted streets **3** (solitario) **lonely 4** (spoglio) **bare B** *m.* **desert**; *(fig.*, anche) **wilderness.**
déshabillé *(franc.)* *m.* **dishabille**: *essere in d.*, to be in dishabille.
desideràbile *a.* **desirable.**
desiderare *v. t.* **1** to **wish**; to **like**; to **want**; to **desire**: *Desideri partire subito?*, do you wish to leave at once? □ *Desideri ch'io parta ora?*, do you wish me to leave now? □ *Non posso d. nulla di meglio*, I cannot wish for anything better □ *Desidererei aiutarti*, I should like to help you **2** (augurare) to **wish**: *d. ogni felicità a q.*, to wish sb. all happiness **3** (d. ardentemente) to **be eager**, to **be longing** (to do st.); to **long for**, to **yearn for**, to **crave for**, to **hanker after** (st.) **4** (concupire) to **covet** • *farsi d.*, to keep (people) waiting □ *lasciare a d.*, to leave much to be desired.
desiderata *(lat.)* *m. pl.* (richieste, desideri) **desiderata** *(pl.)*.
desiderativo *a.* *(gramm.)* **desiderative; optative.**
desidèrio *m.* **wish; desire** *(lett.)*: *esprimere un d.*, to make a wish • *d. ardente*, longing; yearning; craving.
desideróso *a.* **desirous; eager, longing** (for).
designare *v. t.* **1** to **designate**; to **nominate**; to **appoint 2** (stabilire) to **set***; to **fix**; to **appoint.**
designazióne *f.* **designation; nomination; appointment.**
(1) desinare *m.* **dinner; lunch.**
(2) desinare *v. i.* to **dine**; to **have dinner** (o **lunch**).
desinènza *f.* *(gramm.)* **ending; termination.**
desistere *v. i.* to **desist**; to **forbear***.
desolante *a.* **distressing.**
desolare *v. t.* **1** (devastare) to **lay* waste**; to **desolate 2** (affliggere) to **distress**; to **afflict.**
desolato *a.* **1 desolate; deserted; dreary 2** (sconsolato) **desolate; disconsolate; distressed 3** (spiacente)

sorry: *Sono d.*, I am sorry.
deṣolazióne *f.* **1 desolation; dreariness 2** (dolore) **sorrow; grief; distress.**
dèspota *m.* **despot** (anche *fig.*).
desquamazióne *f.* **desquamation.**
dessert (*franc.*) *m.* **dessert**: *un cucchiaino da d.*, a dessert-spoon.
destalinizẓazióne *f.* (*polit.*) **de-Stalinization.**
destare A *v. t.* **1** to **wake*** (**up**); to **awake* 2** (scuotere) to **wake* up**; to **rouse 3** (suscitare) to **arouse**; to **stir**; to **awake* B destarsi** *v. rifl.* to **wake up**; to **awake*.**
destinare *v. t.* **1** to **destine**: *essere destinato alla carriera militare*, to be destined for the army **2** (assegnare, nominare) to **assign**; to **appoint**: *nel luogo e nell'ora destinati per l'incontro*, at the place and time appointed for the meeting **3** (intendere, riservare) to **intend**; to **design**; to **mean* 4** (dedicare) to **devote** ● *un piano destinato al fallimento*, a plan bound to fail.
destinatàrio *m.* **1** (di lettera, ecc.) **addressee 2** (di merce) **consignee.**
destinazióne *f.* **destination**: *arrivare a d.*, to reach one's destination ● *una nave con d. San Francisco*, a ship bound for San Francisco.
destino *m.* **1 destiny; fate 2** (sorte) **lot**: *rassegnarsi al proprio d.*, to be reconciled to one's lot **3** (avverso) **doom.**
destituire *v. t.* to **dismiss**; to **remove** (sb. from office).
destituito *a.* **devoid, destitute** (of).
destituzióne *f.* **dismissal; removal.**
désto *a.* **1 awake; wide-awake** (anche *fig.*) **2** (*fig.*) **alert.**
dèstra *f.* **1** (mano destra) **right hand 2** (lato destro) **right (side)**: *a d.*, on the right; to the right (of) **3** (*polit.*) **Right; Right Wing 4** (*naut.*) **starboard.**
destreggiarsi *v. rifl.* to **manage (somehow or other)**; to **manoeuvre**; to **contrive.**
destrézza *f.* **dexterity; deftness; adroitness; skill** ● *gioco di d.*, sleight of hand; legerdemain.
destrière, destrièro *m.* (*lett.*) **1 steed 2** (da battaglia) **war-horse.**
destriṣmo *m.* **1 right-handedness 2** (*polit.*) **right-wing tendencies** (*pl.*).
dèstro A *a.* **1 right**: *la mano destra*, the right hand **2** (abile) **clever; able; adroit;** (di mano) **dexterous, deft, skilful 3** (*araldica*) **dexter B** *m.* **1 opportunity; chance 2** (*pugilato*) **right.**
destrogiro *a.* (*fis.*) **dextro-rotatory.**
destròrso *a.* **1 dextrorse; clockwise** (*attr.*) **2** (*mecc.*) **right-hand 3** (*polit., scherz.*) **rightist.**
destròṣio *m.* (*chim.*) **dextrose; grape sugar; glucose.**
desuèto *a.* **obsolete.**
desùmere *v. t.* **1** (dedurre) to **infer**; to **deduce 2** (ricavare) to **glean**; to **gather 3** (derivare) to **derive.**
desumìbile *a.* **inferable; deducibile.**
detenére *v. t.* **1** to **hold***: *d. un primato*, to hold a record **2** (tenere in prigione) to **detain (in custody).**
detentivo *a.* **detentive.**
detentóre *m.* (*leg., sport*) **holder.**
detenuto *m.* **prisoner; convict.**
detenzióne *f.* **1** (il detenere) **holding 2** (pena) **imprisonment; custody; detention.**
detergènte *m.* (*chim.*) **detergent.**
detèrgere *v. t.* to **cleanse.**
deterioràbile *a.* **1 subject to deterioration 2** (di cibi) **perishable.**
deterioraménto *m.* **deterioration.**
deteriorare *v. t.* **deteriorarsi** *v. rifl.* to **deteriorate.**
deteriorato *a.* **deteriorated; damaged;** (andato a male) **gone bad.**
deterióre *a.* **inferior; second-rate** (*attr.*).
determinàbile *a.* **determinable; definable.**
determinante A *a.* **determining; determinant B** *m.* e *f.* **determining factor; determinant** (anche *mat.*).
determinare A *v. t.* **1** to **determine**; to **establish 2** (*ass.*) to **assess 3** (causare) to **cause**; to **bring* about B determinarsi** *v. rifl.* to **decide**; to **resolve**: *d. a fare q.c.*, to resolve to do st.; to resolve (up)on doing st.
determinatézza *f.* **1** (risolutezza) **determination 2** (precisione) **precision; exactness.**
determinativo *a.* **1 determining; determinative 2** (*gramm.*) **definite**: *l'articolo d.*, the definite article.
determinato *a.* **1 determinate; certain 2** (risoluto) **determined; resolute.**
determinazióne *f.* **1 determination 2** (risoluzione) **resolution; decision**: *venire a una d.*, to reach a decision.
determiniṣmo *m.* (*filos.*) **determinism.**
determinista *m.* e *f.* (*filos.*) **determinist.**
deterrènte *a.* e *m.* (*polit.*) **deterrent.**
detersivo *a.* e *m.* **detergent.**
detestàbile *a.* **detestable; hateful; odious.**
detestare *v. t.* to **detest**; to **hate**; to **loathe**; to **abhor**; to **abominate.**
detonante A *a.* **detonating; explosive B** *m.* **explosive.**
detonare *v. i.* to **detonate** ● *far d.*, to detonate.
detonatóre *m.* **detonator**: *un d. ad accensione elettrica*, an electric detonator □ *un d. meccanico*, a percussion detonator ● *d. secondario* (di esplosivi), booster charge.
detonazióne *f.* **detonation;** (scoppio) **explosion, blast.**
detrarre *v. t.* to **deduct**; to **detract**; to **subtract.**
detrattóre *m.* **detractor.**
detrazióne *f.* **deduction; detraction; subtraction.**
detriménto *m.* **detriment; harm; damage**: *a d. di*, to the detriment of □ *apportare d. a q.c.*, to cause damage to st.
detrito *m.* **1 deposit; debris 2** (*geol.*) **detritus 3** (di materiale edile: calcinacci, ecc.) **rubble.**
detronizẓare *v. t.* to **dethrone**; (spodestare) to **depose.**
détta — *a d. di q.*, according to sb.
dettagliante *m.* e *f.* (*comm.*) **retailer; retail trader.**
dettagliare *v. t.* **1** to **detail**; to **give* full details of** (st.) **2** (*comm.*) to **retail**; to **sell* by retail.**
dettagliataménte *avv.* **in detail; with full particulars.**
dettagliato *a.* **detailed; in detail.**
dettàglio *m.* **1 detail**: *entrare nei dettagli*, to go (o to enter) into details **2** (*comm.*) **retail**: *vendere al d.*, to sell by retail.
dettame *m.* **precept; dictate.**
dettare *v. t.* **1** to **dictate**: *d. una lettera*, to dictate a letter **2** (indicare, ecc.) to **direct**; to **counsel**; to **suggest 3** (imporre) to **dictate** ● *d. legge*, to lay down the law.
dettato *m.* **dictation.**
dettatura *f.* **dictation**: *scrivere sotto d.*, to write from dictation.
détto A *a.* **1 called;** (soprannominato) **nicknamed 2** (suddetto) **above-mentioned; above-named** ● *È presto d.!*, it's easier said than done **B** *m.* **1** (motto) **saying 2** (parola) **word.**
detumescènza *f.* (*med.*) **detumescence.**
deturpare *v. t.* to **disfigure**; to **deform**; (specialm. *fig.*) to **sully.**
deturpazióne *f.* **disfigurement.**
deutèrio *m.* (*chim.*) **deuterium.**
devalutazióne *f.* (*econ.*) **devaluation; depreciation.**
devastare *v. t.* **1** to **devastate**; to **lay* waste**; to **ravage 2** (di insetto nocivo, e *fig.*) to **blight.**
devastatóre *m.* **ravager; devastator.**
devastazióne *f.* **devastation; ravages** (*pl.*).
deviare A *v. t.* **1** to **divert**: *d. (il corso di) un fiume*, to divert the course of a river **2** (*ferr.*) to **shunt B** *v. i.* **1** to **deviate**; to **swerve 2** (*fig.*) to **go* astray** ● *d. il discorso*, to change the subject.
deviatóre *m.* **1** (*ferr.*) **pointsman***; **shunter 2** (*elettr.*) **switch.**
deviazióne *f.* **1 deviation 2** (*fis., mecc.*) **deflexion** ●

(di strada) *d. per evitare il centro di un paese,* by--pass.
deviazionismo *m. (polit.)* **deviationism.**
deviazionista *m.* e *f. (polit.)* **deviationist.**
devitalizzare *v. t.* to **devitalize.**
devoluzióne *f. (*anche *leg.)* **devolution; assignment.**
devòlvere *v. t.* to **devolve** (upon); to **transfer;** to **assign.**
devoniano *a.* e *m. (geol.)* **Devonian.**
devòto A *a.* **1** *(relig.)* **devout; pious 2** (affezionato) **devoted; sincere B** *m.* **devout (o pious) person.**
devozióne *f.* **1 piety; reverence; devoutness 2** *(al pl.:* preghiere) **devotions; prayers 3** (dedizione) **devotion 4** (affetto) **affection** ● *Gradisca i sensi della mia d.,* yours respectfully; yours faithfully.
di *prep.* **1** *(compl. di specificazione, denominazione, argomento, abbondanza, privazione, ecc.)* **of**: *parlare di q. (di q.c.),* to speak of sb. (of st.) □ *uomini di buona volontà,* men of good will □ *la città di Roma,* the city of Rome □ *il mese di maggio,* the month of May □ *privare q. di q.c.,* to deprive sb. of st. □ *il migliore di tutti,* the best of all □ *una ragazza di buona famiglia,* a girl of good family □ *morire di meningite,* to die of meningitis **2** *(possesso, appartenenza, relazione, ecc.)* **of** *(o il genitivo sassone)*: *« L'ora dei bambini »,* « Children's Hour » □ *il lavoro della giornata,* the day's work □ *L'ostilità dei miei parenti la rattristava,* my relations' antagonism saddened her **3** *(quando introduce un attr.)* **of** *(o idiom.)*: *un orologio d'oro,* a gold watch □ *una testa di bronzo,* a bronze head (o a head of bronze) □ *una multa di cinque sterline,* a five-pound fine □ *scrittori del ventesimo secolo,* twentieth-century writers (o writers of the 20th century) **4** *(uso idiom.: davanti all'inf., nell'esprimere l'età, nelle prep. composte, ecc.)*: *Sono lieto di accettare,* I am glad to accept □ *Smettila di ridere,* stop laughing □ *un uomo di trent'anni,* a man thirty years old; (anche) a man of thirty years of age □ *senza di te,* without you **5** *(davanti a proposizioni soggettive o oggettive)* **that** (che spesso si omette): *Credo di aver ragione,* I think (that) I am right **6** *(davanti a pron. relat. o interr. con significato possessivo, si amalgama con essi nel pron.* **whose**): *Di chi è questo cane?,* whose dog is this? **7** *(dopo un compar.)* **than**: *meglio di te,* better than you **8** *(per indicare l'autore)* **by 9** *(partitivo)* **some; any**: *del pane,* some bread □ *Hai del latte,* have you any milk? **10** *(provenienza; anche nelle prep. composte « di tra », « di su », ecc.)* **from** (o *idiom*): *essere di Venezia,* to come from Venice □ *di sul tetto,* from the roof **11** *(tempo)* **in; by**: *di primavera,* in spring □ *di mattina,* in the morning □ *di sera,* in the evening □ *di notte,* by night; at night; in the night **12** *(davanti ai giorni della settimana)* **on**: *di sabato,* on Saturday(s) **13** *(moto da luogo, allontanamento, separazione)* **from**: *andarsene di casa,* to go away from home **14** *(vari compl. di luogo)* **in** (stato in luogo); **over, beyond** (al di là di); **through** (transito); **(out) of** (per indicare uscita): *di qua,* over here (o in here, here) □ *di là delle colline,* over the hills **15** *(mezzo o strumento)* **with; by; on**: *ferire di spada,* to wound with a sword **16** *(argomento)* **about; of**: *So molte cose di lui,* I know a lot about him **17** *(causa)* **with; for; of**: *tremare di paura,* to tremble with fear □ *piangere di gioia,* to cry for joy □ *vergognarsi di q.c.,* to be ashamed of st.
dì *m. (lett.)* **day**: *Buon dì!,* good morning!
di- *pref. (in composti scientifici:* significa "due", « due volte ») **di-**: *(chim.) dimero,* dimer □ *dicromatico,* dichromatic.
diabète *m. (med.)* **diabetes.**
diabètico *a.* e *m. (med.)* **diabetic.**
diabòlico *a.* **diabolic(al); devilish; fiendish; satanic.**
diaconale *a. (relig.)* **diaconal.**
diaconato *m. (relig.)* **deaconship; diaconate.**
diàcono *m. (relig.)* **deacon.**
diacrìtico *a. (linguistica)* **diacritic(al)** ● *segno d.,* diacritic.
diadèma *m.* **1** (di sovrano) **diadem 2** (ornamento del capo) **tiara.**
diàfano *a.* **diaphanous.**
diafonìa *f.* **1** *(mus.)* **diaphony 2** *(tel.)* **cross-talk.**
diaframma *m. (*anche *anat.)* **diaphragm.**
diaframmare *v. i. (fotogr.)* to **diaphragm;** to **stop.**
diàgnosi *f. (med.)* **diagnosis*** *(*anche *fig.).*
diagnòstica *f. (med.)* **diagnostics** *(pl. col verbo al sing.).*
diagnosticare *v. t. (med.)* to **diagnose.**
diagnòstico *(med.)* **A** *a.* **diagnostic B** *m.* **diagnostician.**
diagonale A *a.* e *f.* **diagonal B** *m.* (tessuto) **twill.**
diagramma *m.* **diagram; graph** ● *d. grafico,* chart.
dialettale *a.* **dialectal; dialect** *(attr.)* ● *teatro d.,* regional theatre.
dialèttica *f. (filos.)* **dialectic; dialectics** *(pl. col verbo al sing.).*
dialèttico *(filos.)* **A** *a.* **dialectic(al) B** *m.* **dialectician.**
dialètto *m.* **dialect; regional (o local) speech.**
dialettologìa *f. (linguistica)* **dialectology.**
dialettòlogo *m. (linguistica)* **dialectologist.**
diàlisi *f. (chim.)* **dialysis*.**
dialogare A *v. i.* to **talk;** to **converse B** *v. t. (teatr.)* to **put* into dialogue form.**
dialogato A *a.* **in the form of a dialogue** ● *parti dialogate,* dialogues **B** *m.* **dialogue.**
dialògico *a.* **dialogue** *(attr.);* **dialogic(al).**
diàlogo *m.* **1 dialogue 2** *(fig.)* **talks** *(pl.);* **conversations** *(pl.).*
diamante *m.* **1 diamond**: *un d. senza difetti,* a flawless diamond **2** (tagliavetro) **glazier's diamond; pencil diamond 3** *(tipogr.)* **diamond 4** *(naut.:* dell'àncora) **crown.**
diametrale *a. (mat.)* **diametrical; diametral.**
diametralménte *avv.* **diametrically** *(*anche *fig.).*
diàmetro *m. (mat.)* **diameter.**
diàmine *inter.* **I should think so!; good heavens, yes!** ● *Che d. stai cercando?,* what on earth are you looking for?
diana *f.* **1** *(mil.)* **reveille**: *suonare la d.,* to sound the reveille **2** *(naut.)* **morning watch 3** *(astron., lett.)* **Lucifer; morning star.**
dianzi *avv.* **a little while ago; before;** (or ora) **just (now).**
diàpason *m. (mus.)* **1 tuning fork 2** (estensione di un suono) **compass; range 3** (intonazione) **pitch** *(*anche *fig.).*
diapositiva *f. (fotogr.)* **transparency; slide.**
diarchìa *f.* **diarchy, dyarchy.**
diària *f.* **travelling expenses (by the day).**
diàrio *m.* **diary; journal** (quasi antiquato) ● *d. scolastico,* notebook (for homework).
diarista *m.* e *f.* **diarist.**
diarrèa *f. (med.)* **diarrhoea.**
diascòpio *m.* (proiettore per diapositive) **slide projector.**
diàspora *f.* (Bibbia) **Diaspora; Dispersion.**
diaspro *m. (miner.)* **jasper.**
diàstole *f. (med., metrica)* **diastole.**
diatermano *a. (fis.)* **diathermanous; diathermic.**
diatermìa *f. (med.)* **diathermy.**
diatèrmico *a. (med.)* **diathermic.**
diatònico *a. (mus.)* **diatonic.**
diàtriba *f.* **diatribe.**
diàvola *f.* — *alla d.,* any old how; in a rough and ready manner ● (cucina) *pollo alla d.,* broiled chicken.
diavolerìa *f.* **devilry; devilment; mischief.**
diavolèssa *f.* **she-devil; fiend.**
diavoléto *m.* **rumpus; uproar; hubbub.**
diavolétto *m.* **1 little devil;** *(fig.,* anche) **imp 2** (per i riccioli) **curl-paper.**
diavolio *m.* **1 devil of a crowd** (of) **2** (diavoleto) **rumpus; uproar; hubbub.**
diàvolo *m.* **1 devil; fiend;** (il Diavolo per eccellenza) **Satan;** *(fam.:* nelle leggende) **Old Nick**: *Che il d. ti porti!,* the devil take you! □ *fare l'avvocato del d.,* to play the devil's advocate **2** *(in frasi escl.* e *interr.)* **deuce; devil**: *Che d. fai?,* what the deuce are you doing? □ *Chi (dove) d. sei?,* who (where) the devil are you? ● *abitare a casa del d.,* to live far away; to live somewhere at the back of beyond *(fam.)* □ *andare al d.,* to go to the devil

(specialm. di persone); to go to rack and ruin (specialm. di cose) □ *avere il d. in corpo,* to be on the go all the time □ *avere una fame del d.,* to be simply starving □ *avere una paura del d.,* to be in a blue funk; to be scared to death □ *brutto come il d.,* as ugly as sin □ *buon d.,* good-natured chap □ *essere come il d. e l'acqua santa,* to be like cat and dog □ *non essere mica il d.,* not to be so bad after all □ *È un d. scatenato* (di un bambino), he's an imp; there's no holding him □ *Quel d. d'uomo ce l'ha fatta!,* he's got away with it, the devil! (o the clever devil!, the lucky devil!).

dibàttere ***A*** *v. t.* ***1*** (una questione) to **debate;** to **discuss** ***2*** (le ali) to **flap** ***B*** **dibàttersi** *v. rifl.* ***1*** to **struggle;** to **wriggle;** to **writhe** ***2*** *(fig.)* to **grapple** (with).

dibattiménto *m.* ***1*** **debate; discussion** ***2*** *(leg.)* **trial.**

dibàttito *m.* ***1*** **debate; discussion** ***2*** (disputa) **controversy.**

diboscaménto *m.* **deforestation.**

diboscare *v. t.* to **deforest;** to **clear** (of trees).

dicastèro *m.* **office; ministry;** *(in USA)* **department**: *D. degli Esteri,* Foreign Office; *(in USA)* State Department.

dicco *m. (geol.)* **dike, dyke.**

dicèmbre *m.* **December.**

dicembrino *a.* **of December; December** *(attr.).*

diceria *f.* **rumour; gossip**: *le solite dicerie,* the usual gossip.

dichiarare ***A*** *v. t.* to **declare;** to **avow;** to **make*** (st.) **known;** to **proclaim;** (affermare ufficialmente) to **state**: *d. guerra,* to declare war □ *d. il proprio reddito,* to declare one's income □ *Dichiarai di non averlo mai conosciuto,* I stated that I had never met him ● *(leg.) d. q. colpevole (innocente),* to sentence (o to find) sb. guilty (not guilty) ***B*** **dichiararsi** *v. rifl.* to **declare (**o to **avow) oneself (to be)** ● *d. contrario (favorevole) a q. (a q.c.),* to declare against (for) sb. (st.) □ *(leg.) d. colpevole (innocente),* to plead guilty (not guilty).

dichiaratamente *avv.* **declaredly; professedly.**

dichiarativo *a.* **declaratory**: *una clausola dichiarativa,* a declaratory clause.

dichiarato *a.* **declared; avowed** ● *(fin.) capitale d.,* stated capital.

dichiarazióne *f.* **declaration;** *(bur.)* **statement;** (senza formalità) **remark**: *una d. di guerra,* a declaration of war ● *fare una d. d'amore a una ragazza,* to declare one's love to a girl.

diciannòve *a. num. card.* e *m.* **nineteen.**

diciannovènne ***A*** *a.* **nineteen years old; nineteen-year-old** *(attr.)* ***B*** *m.* **nineteen-year-old youth** ***C*** *f.* **nineteen-year-old girl.**

diciannovèṣimo *a. num. ord.* e *m.* **nineteenth.**

diciassètte *a. num. card.* e *m.* **seventeen.**

diciassettènne ***A*** *a.* **seventeen years old; seventeen-year-old** ***B*** *m.* **seventeen-year-old youth** ***C*** *f.* **seventeen-year-old girl.**

diciassettèṣimo *a. num. ord.* e *m.* **seventeenth.**

diciottènne ***A*** *a.* **eighteen years old; eighteen-year-old** *(attr.)* ***B*** *m.* **eighteen-year-old youth** ***C*** *f.* **eighteen-year-old girl.**

diciottèṣimo *a. num. ord.* e *m.* **eighteenth.**

diciòtto *a. num. card.* e *m.* **eighteen.**

dicitóre *m.* ***1*** **speaker** ***2*** *(teatr.)* **reciter.**

dicitura *f.* **wording; words** *(pl.).*

dicotilèdone *a. (bot.)* **dicotyledonous.**

dicotomìa *f.* **dichotomy.**

didascalìa *f.* ***1*** **explanation;** (di illustrazioni) **caption** ***2*** *(teatr.)* **stage direction** *(specialm. al pl.)* ***3*** *(cinem.)* **sub-title, caption** *(specialm. al pl.).*

didascàlico *a.* **didactic; instructive.**

didàttica *f.* **didactics** *(pl. col verbo al sing. o al pl.).*

didàttico *a.* **didactic; teaching** *(attr.)*: *un metodo d.,* a teaching method ● *direttore d.,* (elementary school) headmaster.

didéntro ***A*** *avv.* **inside; within** ***B*** *m.* **inside.**

didiètro ***A*** *m.* ***1*** (di cosa) **back; rear** ***2*** (di animale) **rump** ***3*** *(pop.:* deretano*)* **backside; bottom** *(volg.)* ***B*** *avv. V.* **diètro.**

dièci *a. num. card.* e *m.* **ten.**

diecimila *a. num. card.* e *m.* **ten thousand.**

diecina *V.* **decina.**

dièdro *(geom.)* ***A*** *a.* **dihedral** ***B*** *m.* **dihedron.**

dielèttrico *a.* e *m. (fis.)* **dielectric.**

dièreṣi *f.* **di(a)eresis*.**

diesel *a. (mecc.)* **Diesel**: *un motore d.,* a Diesel engine.

dièṣis *m. (mus.)* **sharp.**

(1) dièta *f. (stor., polit.)* **diet**: *la D. di Worms,* the Diet of Worms.

(2) dièta *f. (med.)* **diet**: *essere a d.,* to be on a diet.

dietètica *f. (med.)* **dietetics** *(pl. col verbo al sing.).*

dietètico *a. (med.)* **dietetic(al).**

dietista *m.* e *f.* **dietician; nutritionist.**

dietòlogo *V.* **dietista.**

dièṭro ***A*** *avv.* (anche *di dietro, in dietro*) ***1*** **behind; at the back** ***2*** (alla retroguardia; anche *scherz.*) **in the rear** ***3*** *(naut.)* **aft**: *davanti e d.,* fore and aft ● ***B*** *prep.* (anche *d. a*) **behind; at the back of; after**: *d. la casa (o d. alla casa),* behind (o at the back of) the house □ *d. a noi,* behind us □ (anche *fig.*) *correre d. a q. (q.c.),* to run after (o to pursue) sb. (st.) ● *essere d. a fare q.c.,* to be (just) doing st. □ *(comm.) d. ricevuta,* against receipt □ *(comm.) d. richiesta,* (orale) on demand; (scritta) on application □ *andare d. a q.,* to follow sb.; *(fig.)* to follow in sb.'s foot-steps ***C*** *a.* **back; hind** ***D*** *m.* **back; rear.**

dietrofrónt *m.* ***1*** *(mil.)* **right-about turn** ***2*** *(fig.)* **volte-face.**

difatti *cong.* **in fact; as a matter of fact.**

difèndere ***A*** *v. t.* ***1*** to **defend**: *d. gli oppressi (il proprio onore),* to defend the oppressed (one's honour) ***2*** *(leg.)* **to defend;** to **appear for** ***3*** (sostenere) to **maintain;** to **support;** to **uphold*** ***B*** **difèndersi** *v. rifl.* ***1*** to **defend oneself;** (parare) to **ward off;** (stare sulla difensiva) to **be on the defensive;** (*fig.,* anche) to **justify oneself** ***2*** (resistere, proteggersi) to **be able to stand** (st.); to **protect oneself** (from) ***3*** (andare avanti alla meglio) to **manage (somehow); (**to **manage)** to **keep afloat;** to **be able to get along.**

difensiva *f.* — *stare sulla d.,* to be on the defensive.

difensivo *a.* **defensive**: *un'arma difensiva,* a defensive weapon.

difensóre *m.* ***1*** **defender;** (nel diritto romano) **defensor** ***2*** (sostenitore) **advocate; supporter; upholder** ● *(leg.) avvocato d.,* counsel for the defence.

difésa *f.* ***1*** (anche *leg.*) **defence**: *legittima d.,* self--defence ***2*** *(leg.)* **counsel for the defence** ● *mettersi in posizione di d.,* to stand on one's guard □ *muro di d.,* protecting wall □ *prendere le difese di q.,* to side with sb. □ *senza d.,* defenceless; unprotected □ *venire in d. di q.,* to come to sb.'s rescue.

difettare *v. i.* to **be defective;** to **be lacking** (in); to **lack** (st.).

difettivo *a.* **defective** (anche *gramm.*).

difètto *m.* ***1*** (mancanza) **deficiency; lack; want; dearth** ***2*** (fisico) **defect;** (imperfezione) **blemish;** (morale) **fault;** (irregolarità) **flaw**: *difetti fisici,* physical (o bodily) defects □ *Tutti abbiamo i nostri difetti,* we all have our faults ***3*** (cattiva abitudine) **bad habit**: *È un mio d.,* it's a bad habit I have ● *essere in d.,* to be at fault □ *senza difetti,* faultless; flawless.

difettóso *a.* **defective; faulty; imperfect; unsound** (anche *fig.*).

diffalcare *v. t.* to **deduct;** to **subtract.**

diffamare *v. t.* to **defame;** to **slander** (anche *leg.*); (a mezzo di libello) to **libel.**

diffamatóre *m.* **slanderer** (anche *leg.*); (libellista) **libeller.**

diffamazióne *f.* **defamation; slander** (anche *leg.*); **libel.**

differènte *a.* **different** (from, to); **differing** (from); (che non assomiglia) **unlike, dissimilar.**

differenteménte *avv.* ***1*** (in modo differente) **differently; in a different way** ***2*** (altrimenti) **otherwise.**

differènza *f.* **difference**: *d. di temperatura,* difference

in temperature □ *Non fa nessuna d.*, it makes no difference • *(rag.) d. in meno*, deficiency □ *(rag.) d. in più*, excess □ *a d. di*, unlike.
differenziale ***A*** *a.* **differential**: *(mat.) calcolo d.*, differential calculus □ *(ferr.) tariffe differenziali*, differential tariffs ***B*** *m. (mecc.)* **differential gear** (o **gearing**).
differenziare *v. t.* **differenziarsi** *v. rifl.* to **differentiate.**
differenziazióne *f.* **differentiation.**
differìbile *a.* **postponable; that can be deferred.**
differiménto *m.* **postponement; deferment.**
differire ***A*** *v. t.* ***1*** to **postpone**; to **put* off**; to **defer**; to **delay**: *pagamento differito*, deferred payment ***2*** *(leg.)* to **defer**; to **adjourn** ***B*** *v. i.* to **differ** (from); to **be different** (from); to **be unlike.**
differita *f. (radio, telev.)* **recording.**
difficile ***A*** *a.* ***1*** **difficult**; **hard**: *tempi difficili*, hard times □ *d. da credere*, hard to believe ***2*** (che non si contenta facilmente) **hard** (o **difficult**) **to please; exacting** ***3*** (improbabile) **unlikely** • *avere una digestione d.*, to have a poor digestion ***B*** *m.* **difficulty.**
difficilménte *avv.* **with difficulty; hardly; unlikely** *(agg.)*: *Tim d. proverà di nuovo*, Tim is unlikely to try again.
difficoltà *f.* ***1*** **difficulty** ***2*** (obiezione) **objection**: *fare (o sollevare) d.*, to raise objections • *in d. finanziarie*, in financial straits; in Queer Street *(fam.)* □ *Non ho d. a dirtelo*, I don't mind telling you.
difficoltóso *a.* ***1*** **difficult; tricky** *(fam.)*; (che rende perplessi) **puzzling** ***2*** (di persona) **particular; fastidious; fault-finding.**
diffida *f. (leg.)* **warning; notice.**
diffidare ***A*** *v. i.* to **mistrust**; to **distrust**; to **be suspicious** (of); to **have no faith** (in) ***B*** *v. t. (leg.)* to **warn**; to **give* warning.**
diffidènte *a.* **mistrustful; distrustful; suspicious** (of).
diffidènza *f.* **mistrust; distrust; suspicion.**
diffóndere ***A*** *v. t.* ***1*** to **spread***; to **propagate**; to **diffuse**; to **shed***; to **scatter**; to **radiate** ***2*** (divulgare) to **advertise**; to **publicize** ***B*** **diffóndersi** *v. rifl.* ***1*** to **spread*** ***2*** (dilungarsi) to **expatiate**, to **dwell** (upon).
diffórme *a.* **unlike; different** (from, to).
difformità *f.* **unlikeness; difference.**
diffràngersi *v. rifl. (fis.)* to **diffract.**
diffrazióne *f. (fis.)* **diffraction.**
diffuṣaménte *avv.* **at length; in detail**; (prolissamente) **diffusely.**
diffuṣióne *f.* ***1*** **diffusion; spread; propagation** ***2*** (prolissità) **diffuseness; long-windedness; prolixity** ***3*** (di un giornale, una rivista) **circulation** ***4*** *(fis. atomica)* **scattering.**
diffuṣo *a.* ***1*** **diffuse(d); widespread** ***2*** (prolisso) **diffuse; long-winded; prolix** ***3*** (di un giornale, una rivista) **widely-circulated.**
diffuṣóre *m.* ***1*** **diffuser** ***2*** *(mecc.:* di carburatore) **choke** ***3*** *(acustica)* **sound diffuser** • (di luce) *d. a globo*, light globe.
difilato *avv.* ***1*** (direttamente) **straight; directly**: *Me ne andai a casa d.*, I went straight home ***2*** (subito) **straight away; straight off.**
diftèrico *a. (med.)* **diphtheric; diphtheritic.**
difterite *f. (med.)* **diphtheria.**
diga *f.* **dike, dyke; dam; embankment**; (frangiflutto) **breakwater.**
digerènte *a.* **digestive** • *(anat.) apparato d.*, digestive system.
digerìbile *a.* **digestible** • *(ind.) rendere* (un alimento) *più d.*, to predigest.
digeribilità *f.* **digestibility.**
digerire *v. t.* ***1*** to **digest** ***2*** *(fig.)* to **digest**; to **assimilate**; (tollerare) to **tolerate**, to **bear*.**
digestióne *f.* **digestion.**
digestivo ***A*** *a.* **digestive** ***B*** *m.* **digestive; digester.**
digèsto *m. (leg., stor.)* **digest.**
(1) digitale *a.* **digital** • *impronte digitali*, finger-prints.
(2) digitale *f. (bot.,* Digitalis purpurea) **digitalis; foxglove** *(pop.)*.
(3) digitale *a. (elab.)* **digital**: *calcolatore d.*, digital computer.
digitare *v. t.* e *i. (mus.)* to **finger.**
digiunare *v. i.* ***1*** (per penitenza) to **fast** ***2*** (fino a morire d'inedia) to **starve**; (di propria volontà) to **starve oneself.**
digiuno ***A*** *a.* ***1*** — *essere d.*, not to have eaten: *Sono d. da ieri*, I haven't eaten since yesterday ***2*** *(fig.)* **lacking** (in); **devoid** (of) • *essere completamente d. di latino*, to know no Latin at all ***B*** *m. (relig.)* **fast** • *a d.*, on an empty stomach □ *A d. non bevo mai*, I never drink before meals.
dignità *f.* ***1*** **dignity; self-respect** ***2*** (ufficio elevato) **high office; honour** ***3*** *(al pl.:* dignitari*)* **dignitaries.**
dignitàrio *m.* **dignitary.**
dignitosaménte *avv.* **with dignity; in a dignified manner.**
dignitóso *a.* **dignified; decorous**; (di aspetto) **decent.**
digradare *v. i.* ***1*** to **descend gradually**; to **slope down** ***2*** (di colori) to **shade off.**
digramma *m. (linguistica)* **digraph.**
digrassare *v. t.* ***1*** to **remove fat from** (st.) ***2*** (schiumare) to **skim** ***3*** (smacchiare) to **remove greasy stains from** (st.).
digressióne *f.* **digression.**
digressivo *a.* **digressive.**
digrignare *v. t.* to **grind***; to **gnash**; *(*di lupo, cane, ecc. e *fig.)* to **snarl**: *d. i denti*, to grind one's teeth.
digrossare *v. t.* ***1*** to **reduce**; to **thin down** ***2*** (sbozzare) to **rough out**; to **rough-hew** ***3*** *(fig.)* to **teach*** (sb.) **the rudiments** (of).
diguazzare *v. i.* to **splash about**; (nel fango) to **wallow.**
diktat *(ted.) m. (polit.)* **diktat.**
dilagante *a.* **rampant; on the increase.**
dilagare *v. i.* ***1*** to **flood** ***2*** *(fig.)* to **spread***; to **increase rapidly.**
dilaniare *v. t.* (anche *fig.)* to **tear* to pieces**; to **lacerate**; to **rend*.**
dilapidare *v. t.* to **squander**; to **dissipate.**
dilapidatóre *m.* **squanderer.**
dilatàbile *a.* **expansible; expanding; dilatable.**
dilatabilità *f.* **dilatability; expansibility; expansibleness.**
dilatare ***A*** *v. t.* to **dilate**; to **extend**; to **stretch**; to **expand** (anche *fis.)*; to **broaden** (anche *fig.)* ***B*** **dilatarsi** *v. rifl.* ***1*** to **swell***; to **spread***; to **widen out** ***2*** *(fis.)* to **expand.**
dilatazióne *f.* **dilatation; expansion** (anche *fis.)*.
dilatòrio *a.* (anche *leg.)* **dilatory.**
dilavaménto *m.* **washing away.**
dilavare *v. t.* to **wash away.**
dilazionare *v. t.* ***1*** to **delay**; to **put* off**; to **postpone** ***2*** (il pagamento di un debito) to **extend.**
dilazióne *f.* ***1*** (ritardo) **delay** ***2*** *(comm.:* di pagamento di un debito) **extension** ***3*** (rinvio) **postponement; deferment.**
dileggiare *v. t.* to **mock**; to **deride**; to **scoff at**, to **sneer at** (sb.).
dilèggio *m.* **mockery; derision; scoffing.**
dileguare ***A*** *v. t.* to **disperse**; to **dispel**; to **dissipate** ***B*** *v. i.* to **vanish**; to **disappear**; to **fade away** (o **off, into the distance**) ***C*** **dileguarsi** *v. rifl.* to **vanish**; to **disappear**; to **fade away.**
dilèmma *m.* (anche *fig.)* **dilemma.**
dilettante ***A*** *m.* e *f.* **amateur** (anche *sport)*; **dilettante*** ***B*** *a.* **amateur** *(attr.)*.
dilettantésco *a.* **amateurish.**
dilettantiṣmo *m.* **amateurishness; dilettantism.**
dilettantìstico *a.* **amateur** *(attr.)*; **amateurish; dilettantish.**
dilettare ***A*** *v. t.* to **give* pleasure to**; to **delight** ***B*** **dilettarsi** *v. rifl.* to **delight** (in); to **enjoy** (st.).
dilettévole *a.* **pleasant; agreeable.**
(1) dilètto ***A*** *a.* **dear; beloved**; (prediletto) **favourite** ***B*** *m.* **beloved; darling.**
(2) dilètto *m.* **pleasure; delight.**
diligènte *a.* ***1*** **industrious; diligent** ***2*** (accurato)

careful; accurate.
(1) diligènza *f.* **diligence; care.**
(2) diligènza *f.* **1** (corriera) **stage-coach** **2** (postale) **mail-coach.**
diliscare *v. t.* **to bone.**
dilucidare, dilucidazióne *V.* **delucidare, delucidazióne.**
diluènte **A** *m.* **diluent** **B** *a.* **diluting; diluent.**
diluire *v. t.* **to dilute;** (con acqua) **to water down** (anche *fig.*); (rendere meno denso) **to thin (out).**
diluizióne *f.* **dilution.**
dilungarsi *v. rifl.* **1** **to linger;** **to tarry** **2** (trattare diffusamente) **to dwell*** (upon).
diluviale *a.* **torrential.**
diluviare *v. i.* **1** *(impers.)* **to pour;** **to rain cats and dogs** *(fam.)* **2** *(fig.)* **to pour;** **to shower.**
dilùvio *m.* **1** **downpour;** **deluge** **2** *(fig.)* **shower; flood; torrent**: *un d. di lagrime,* a flood of tears ● *un d. di parole,* a stream of words.
dimagraménto *m.* **thinning; slimming.**
dimagrante *a.* **slimming**: *una dieta d.,* a slimming diet.
dimagrare **A** *v. i.* **to grow*** (o **to become***) **thin** (o **thinner**); **to lose* weight** **B** *v. t.* **to have a thinning** (o **slimming**) **effect on.**
dimagrire *v. i.* **to grow*** (o **to become***) **thin** (o **thinner**); **to lose* weight.**
dimenare **A** *v. t.* **to wag;** **to waggle;** **to swing***: *d. la coda,* to wag (o to waggle) one's tail **B** **dimenarsi** *v. rifl.* **to toss (about);** **to toss and turn;** (con moto serpentino) **to wriggle (about);** (lottando) **to struggle.**
dimenìo *m.* **tossing about; tossing and turning.**
dimensionale *a.* **dimensional.**
dimensióne *f.* **dimension;** (grandezza) **size**: *di piccole (grandi) dimensioni,* of small (large) dimensions ● *a tre dimensioni,* tridimensional (*abbr.*: 3-D).
dimenticanza *f.* **1** (tendenza a dimenticare) **forgetfulness;** (una particolare d.) **thing (one has) forgotten** **2** (inavvertenza) **inadvertence;** (svista) **oversight;** (omissione) **omission** **3** (oblio) **oblivion** ● *per d.,* inadvertently.
dimenticare *v. t.* **dimenticarsi** *v. rifl.* **to forget*** ● *d. un'offesa,* to forgive an offence □ *Dimentichiamo il passato!,* let bygones be bygones!
dimenticatóio *m.* — *cadere nel d.,* to fall (o to sink) into oblivion □ *mettere q.c. nel d.,* to forget all about st.
diméntico *a.* **1** **forgetful** (of) **2** (incurante) **unmindful** (of).
dimésso *a.* (di voce) **low, soft, subdued;** (umile) **modest, humble;** (trascurato) **shabby** ● *in abito d.,* shabbily dressed.
dimestichézza *f.* **familiarity** ● *aver d. con q., con q.c.,* to be (o to feel) at home with sb., in st. □ *Non ho molta d. con lui,* I'm not on familiar terms with him □ *Ho poca d. col francese,* I'm not very familiar with the French language.
diméttere **A** *v. t.* **1** **to discharge**: *esser dimesso dall'ospedale,* to be discharged from hospital **2** (da un pubblico ufficio) **to remove** (sb.) **from office;** **to dismiss** **B** **diméttersi** *v. rifl.* **to resign.**
dimezzare *v. t.* **to halve;** **to divide into halves** (o **in half**).
diminuèndo *m.* **1** *(mat.)* **minuend** **2** *(mus.)* **diminuendo***.
diminuire **A** *v. t.* **1** **to diminish;** **to lessen;** **to lower;** **to reduce;** **to cut* down;** **to make* a cut in** (st.) **2** (nei lavori a maglia) **to cast* off** **B** *v. i.* **to diminish;** **to grow* less;** **to decrease;** (decadere) **to decline,** **to ebb,** **to wane;** (del vento) **to drop;** (di peso) **to lose* weight;** (di suono o immagine) **to fade out** ● *d. di valore,* to lose value.
diminutivo *a.* e *m.* (anche *gramm.*) **diminutive** ● *Gianni è un d. di Giovanni,* Gianni is short for Giovanni.
diminutóre *m.* *(mat.)* **subtrahend.**
diminuzióne *f.* **diminution; decrease;** (riduzione, ribasso) **reduction**: *in d.,* on the decrease.
dimissionare *v. t.* *(bur.)* **to induce** (sb.) **to resign.**
dimissionàrio *a.* **resigning; outgoing.**
dimissióni *f. pl.* **resignation(s)**: *dare le d.,* to hand in one's resignation.
dimòra *f.* **1** (luogo in cui si abita) **abode; home**: *stabilire la propria d. in un luogo,* to take up one's abode in a place; to settle in a place **2** (permanenza) **stay** **3** (*lett.*: indugio) **delay.**
dimorare *v. t.* **to reside;** **to live;** **to stay.**
dimostràbile *a.* **demonstrable.**
dimostrabilità *f.* **demonstrability.**
dimostrante *m.* e *f.* **demonstrator.**
dimostrare **A** *v. t.* **1** (mostrare) **to show***; (rif. all'età) **to look;** (dar segno) **to give* signs** (of): *d. fiducia,* to show confidence □ *d. gli anni che uno ha,* to look one's age **2** (provare) **to prove;** (scientificamente) **to demonstrate** **B** *v. i.* (prendere parte a una dimostrazione) **to demonstrate** **C** **dimostrarsi** *v. rifl.* **to show* oneself;** **to prove (to be).**
dimostrativo *a.* **demonstrative**: *(gramm.) aggettivo (pronome) d.,* demonstrative adjective (pronoun).
dimostratóre *m.* **demonstrator.**
dimostrazióne *f.* *(in tutti i sensi)* **demonstration;** (manifestazione, anche non sincera) **show;** (prova) **proof, evidence;** (segno) **sign.**
dina *f.* *(fis.)* **dyne.**
dinàmica *f.* *(fis.)* **dynamics** *(pl. col verbo al sing.).*
dinamicità *f.* **dynamism** (anche *fig.*).
dinàmico *a.* **1** *(fis.)* **dynamic** **2** *(fig.)* **dynamic; energetic; zippy** *(fam.)* ● *una persona dinamica,* a live wire *(fam.).*
dinamismo *m.* **1** *(fis., filos.)* **dynamism** **2** *(fig.)* **dynamism; energy; zip** *(fam.).*
dinamitardo *m.* **dynamiter; dynamitard.**
dinamite *f.* **dynamite.**
dinamo *f.* *(fis.)* **dynamo*; generator.**
dinamòmetro *m.* **dynamometer**: *un d. elettrico,* an electric dynamometer ● *d. di torsione,* torquemeter.
dinanzi **A** *prep.* **1** *(d.a)* **in front of; opposite; before**: *Guarda d. a te!,* look in front of you! □ *d. ai miei stessi occhi,* before my very eyes **2** (al cospetto di) **in the presence of** **3** (al confronto di) **in comparison with** **B** *avv.* **in front; before**: *Ho tutta la vita d.,* my whole life is before me **C** *m.* **front** **D** *a.* **1** (che si trova nella parte anteriore) **front** *(attr.)* **2** (precedente) **previous; before**: *il giorno d.,* the previous day; the day before.
dìnaro *m.* (unità monetaria) **dinar.**
dinasta *m.* **dynast.**
dinastìa *f.* **dynasty.**
dinàstico *a.* **dynastic(al).**
dindìn, din din *inter.* e *m.* **ding-ding; ting-a-ling.**
dindòn, din dòn *inter.* e *m.* **ding-dong.**
dingo *m.* (*zool.*, Canis dingo) **dingo*.**
diniègo *m.* **denial; refusal**: *un secco d.,* a flat denial.
dinnanzi *V.* **dinanzi.**
dinoccolato *a.* **slouching; shambling; gangly, gangling** ● *andatura dinoccolata,* shamble.
dinosàuro *m.* *(paleontologia)* **dinosaur.**
(1) dintórno **A** *prep.* *(d. a)* **round; around** **B** *avv.* **around; all round; roundabout.**
(2) dintórno *m.* *(specialm. al pl.)* **environs; outskirts; suburbs.**
(1) dio *m.* **god**: *il d. della guerra (dell'amore, ecc.),* the god of war (of love, etc.) ● *credere di essere un d.,* to think one is God-almighty □ *simile a un d.,* godlike.
(2) Dio *m.* **1** **God**: *Che Dio ti benedica!,* (God) bless you! □ *se Dio vorrà,* God willing □ *come Dio volle,* thank God (o somehow or other) **2** (*fam.*, anche) **goodness; goodness gracious;** (per esprimere stizza, contrarietà, ecc.) **bother, dash;** (assai più forte, spesso blasfemo) **damn**: *Dio santo!,* dash (o damn) it all! □ *Grazie a Dio (o viva Dio, vivaddio), ho finito,* thank goodness (o thank God) I've finished ● *andarsene con Dio,* to go about one's business; (morire in pace) to die peacefully □ *un'ira di Dio,* the devil of a lot (of); (un vespaio) a hornet's nest; (di persona) a young (o an old) devil □ *per amor di Dio,* for heaven's sake □ *Vien giù come Dio la manda,* it is pouring (o it is raining cats and dogs) □ *Che Dio te la mandi buona!,* good luck to you!

diocesano *a. (relig.)* **diocesan.**
diòcesi *f. (relig.)* **diocese** (anche *stor.*)**; see.**
diodo *m. (elettron.)* **diode.**
dionèa *f.* (*bot.*, Dionaea muscipula) **Venus's fly-trap.**
dionisiaco *a.* **Dionysian; Dionysiac.**
diottria *f. (fis.)* **diopter.**
dipanare *v. t.* ***1*** to **wind* up;** to **wind* into a ball**: *d. una matassa di lana,* to wind (up) a skein of wool into a ball ***2*** *(fig.)* to **unravel;** to **disentangle.**
dipanatóio *m. (ind. tessile)* **skein-winder.**
dipanatura *f.* **winding (up).**
dipartimentale *a.* **departmental.**
dipartiménto *m.* ***1*** **department** ***2*** *(naut.)* **naval district.**
dipartirsi *v. rifl.* ***1*** to **depart;** to **go* away** ***2*** (morire) to **pass away;** to **depart this life** ***3*** (*fig.*: divergere) to **differ** ***4*** (di strada) to **branch off.**
dipartita *f. (lett.)* ***1*** (partenza) **departure** ***2*** (morte) **death.**
dipendènte ***A*** *a.* (anche *gramm.*) **dependent; subordinate** ***B*** *m.* e *f.* ***1*** (impiegato) **employee; subordinate** ***2*** *(al pl.)* **staff** *(sing. collett.)* ***C*** *f. (gramm.)* **subordinate clause** ● *dipendenti statali,* State employees; civil servants.
dipendènza *f.* ***1*** **dependence** ***2*** (edificio annesso) **annex(e)** ● *essere alle dipendenze di q.*, to be employed by sb.
dipèndere *v. i.* ***1*** to **depend** (on): *Dipende solo da te,* it depends entirely on you ***2*** (derivare) to **come*** (from); to **be owing (o due)** (to) ***3*** (essere a carico) to **depend,** to **be dependent** (on) ***4*** *(gramm.)* to **depend** (on) ● *non d. che da se stesso,* to be one's own master.
dipìngere ***A*** *v. t.* ***1*** *(in tutti i sensi)* to **paint;** to **depict** *(lett.)*: *d. q.c. di (o in) giallo,* to paint st. yellow ***2*** (ritrarre) to **portray** (anche *fig.*) ***3*** (*fig.*, anche) to **describe;** to **convey** ***B*** **dipingersi** *v. rifl.* (truccarsi) to **make* up;** to **put* on** (o to **use**) **make up.**
dipinto ***A*** *a.* **painted; depicted** ● *Non ci starei neanche d.!,* I would not stay there for worlds! ***B*** *m.* **painting.**
diplòma *m.* **diploma**: *essere in possesso di un d.*, to hold a diploma ● *d. di maturità,* General Certificate of Education.
diplomare ***A*** *v. t.* to **give*** (sb.) **a diploma;** to **graduate** *(USA)* ***B*** **diplomarsi** *v. rifl.* to **get* a diploma;** to **graduate** *(USA).*
diplomàtica *f.* **diplomatics** *(pl. col verbo al sing.).*
diplomàtico ***A*** *a.* **diplomatic** (anche *fig.*): *il corpo d.*, the diplomatic body (o corps) □ *intraprendere la carriera diplomatica,* to enter the diplomatic service □ *in modo molto d.*, in a very diplomatic way; most tactfully ***B*** *m.* **diplomat** (anche *fig.*).
diplomato ***A*** *a.* **trained; professional** ***B*** *m.* **holder of a diploma; graduate** *(USA).*
diplomazìa *f.* **diplomacy** (anche *fig.*).
dipòi ***A*** *avv.* **afterwards; later** ***B*** *a.* **following; next.**
dipòrto *m.* **recreation; amusement; pastime.**
diprèsso, a un *locuz. avv.* **approximately; roughly; about.**
dipsòmane *(med.)* ***A*** *a.* **dipsomaniac(al)** ***B*** *m.* **dipsomaniac.**
dipsomanìa *f. (med.)* **dipsomania.**
diradare ***A*** *v. t.* ***1*** to **space** (things) **further apart** ***2*** (piante, capelli) to **thin out** ● *d. le visite,* to call (on sb.) less frequently □ *Il sole diradò le tenebre,* the sun dissipated the clouds ***B*** **diradarsi** *v. rifl.* ***1*** to **thin out;** to **grow* fewer** *(con sogg. pl.)* ***2*** (di nebbia) to **clear up.**
diramare ***A*** *v. t.* (diffondere) to **issue;** to **circulate;** to **send* out** ● *d. notizie per radio,* to broadcast news ***B*** **diramarsi** *v. rifl.* to **branch out;** (di strada) to **branch off.**
diramazióne *f.* ***1*** **branch; ramification** ***2*** *(ferr.)* **branch-line** ***3*** (diffusione) **diffusion; sending out** ● *d. per radio,* broadcasting.
dire ***A*** *v. t.* ***1*** *(nel senso di « affermare », « enunciare », « recitare » e col discorso diretto)* to **say***: *Si ha un bel d., ma...,* you can say what you like, but... □ *d. la propria,* to say (o to have) one's say □ *vale a d.*, that is to say (o in other words) □ *Si dice che sia avaro,* they say (o it is said that) he is a miser ***2*** (parlare) to **talk;** to **speak***: *Lascialo d.*, let him talk ***3*** *(nel senso di « raccontare », « riferire », « comunicare », « ordinare »; nella frase attiva è sempre seguito dal compl. ogg.)* to **tell***: *Te lo dicevo io!,* I told you so! □ *Fa' come ti si dice!,* do as you are told! ***4*** (significare) to **mean*** ***5*** (dimostrare) to **show*** ***6*** (pensare) to **think*;** to **say***: *Che ne diresti di una bella passeggiata?,* what would you say to a nice walk? (o what about going for a nice walk?) □ *E dire che doveva essere uno scherzo!,* and to think it was meant to be a joke! ● *d. davvero (o sul serio),* to be in earnest □ *d. di no,* to refuse; to say one won't (wouldn't, etc.) □ *d. di sì,* to accept; to agree; to say one will (would, etc.) □ *d. fra i denti,* to mutter under one's breath □ *d. q.c. fra sé,* to say st. to oneself □ *dirsela con q.*, to be on good terms with sb. □ *avere da d. con q.*, to have a bone to pick with sb. □ *avere da d. su q.c.*, to find fault with st. □ *Chi mi (ti, ecc.) dice...,* how do I (you, etc.) know... □ *inutile d. che...,* needless to say that... (o it goes without saying that...) □ *mandare a d.*, to send word □ *per così d.*, as it were; so to say (quasi antiquato) □ *sentir d.*, to hear □ *voler d.*, to mean: *Non vuol d. nulla,* it doesn't mean anything; it doesn't mean a thing *(fam.)* □ *Ehi! Dì un po',* look here (o I say) □ *L'hai detto!,* quite so!; exactly! □ *Non c'è che d.*, there's no getting away from it (o there's no denying it) □ *Non se l'è fatto d. due volte,* he didn't wait to be told twice □ *Quella persona (quel quadro, ecc.) non mi dice nulla,* that person (that picture, etc.) doesn't appeal to me (o doesn't interest me; doesn't mean a thing to me, *fam.*) □ *È solo un si dice,* it's only a rumour ***B*** **dirsi** *v. rifl.* to **say* one is;** (definirsi) to **style oneself;** (professarsi) to **profess (to be)** ***C*** *m.* **speech; talk; words** *(pl.)* ● *a d. di tutti,* by general consent □ *oltre ogni d.*, beyond all description □ *stando al tuo d.*, according to what you say.
direttaménte *avv.* **directly; straight through; direct.**
direttissima *f. (alpinismo)* **shortest route** ● *(leg.) per d.*, summarily.
direttissimo *m. (ferr.)* **express (train).**
direttiva *f.* ***1*** **directive; direction; instruction** ***2*** (linea di condotta) **course of action.**
direttivo ***A*** *a.* **governing; leading;** *(comm.)* **managing** ● *consiglio d.*, board of directors ***B*** *m.* ***1*** **board of directors** ***2*** (di partito, sindacato) **leaders** *(pl.).*
dirètto ***A*** *a.* ***1*** **direct; straight**: *(gramm.)* **discorso d.,** direct speech ***2*** (immediato) **direct; immediate**: *un discendente d.*, a direct descendant ***3*** (indirizzato) **addressed** (to); **intended** (for): *La lettera è diretta a me,* the letter is addressed to me ***4*** (di veicolo) **going** (to); **bound** (for) ● *d. in su (in giù),* upward (downward) □ *d. verso nord,* northbound □ *essere d. a casa (a scuola),* to be on one's way home (to school) ***B*** *avv.* **direct; straight**: *andare d. a casa,* to go straight home ***C*** *m.* ***1*** (*pugilato:* d. destro) **straight right;** (d. sinistro) **straight left** ***2*** *(ferr.)* **through train.**
direttóre *m.* ***1*** **manager; director**: *il d. commerciale,* the sales manager □ *il d. della propaganda,* the advertising manager □ *il d. d'albergo,* the hotel manager □ *(cinem., teatr.) il d. di scena,* the stage manager ***2*** (di un giornale) **editor** ***3*** (d'orchestra) **conductor** ***4*** (di scuola) **headmaster;** (di « college ») **principal** ***5*** (di prigione) **governor** ● *(relig.) d. spirituale,* (spiritual) director.
direttoriale *a.* **directorial.**
direttòrio *m.* ***1*** **body of directors** ***2*** *(stor. franc.)* **Directory.**
direttrice *f.* ***1*** **manageress; directress** ***2*** (di un giornale, ecc.) **(lady) editor** ***3*** (di scuola) **headmistress;** (di « college ») **lady principal** ***4*** *(geom.)* **directrix*** ***5*** *(fig.)* **guiding principle.**
direzionale *a.* **directional** ● *centro d.*, office district.
direzióne *f.* ***1*** (verso cui q.c. o q. va) **direction; course** ***2*** (il dirigere) **directing;** (di albergo, teatro, ecc.) **management;** (di giornale) **editorship;** (di partito) **leadership;** (di scuola) **headmastership** ***3*** (sede) **administrative department;** (ufficio del direttore) **di-**

rector's (o manager's) office *4* (*collett.*: i direttori) **board of directors; management** • (*naut.*) *la d. della corrente,* the drift of the current □ *d. di marcia,* line of march □ *in d. di,* towards □ *in d. nord (sud, est, ovest),* northwards (southwards, eastwards, westwards).

dirigènte ***A*** *a.* **leading; ruling** ***B*** *m.* ***1*** **manager** ***2*** (*polit.*) **leader.**

dirigènza *f.* ***1*** **management; direction** ***2*** (carica) **managerial status.**

dirigenziale *a.* **managerial.**

dirìgere ***A*** *v. t. e i.* ***1*** to **direct**; to **be at the head** (of); (un albergo, un teatro, un'azienda, ecc.) to **manage,** to **run*** ***2*** (volgere) to **direct**; to **turn**; (indirizzare) to **address**: *d. i propri passi verso casa,* to direct one's steps homewards ***3*** (rivolgere, puntare) to **direct**; to **aim**; to **level**; to **point**: *d. un colpo a q.,* to aim (o to level) a blow at sb. ***4*** (*mus.*) to **conduct**; to **direct** ***5*** (un giornale) to **edit** • *d. una nave in porto,* to steer a ship into harbour ***B*** **dirigersi** *v. rifl.* to **be on one's way** (to); to **direct one's steps** (towards); to **head** (for); to **make*** (for).

dirigìbile ***A*** *a.* **dirigible** ***B*** *m.* (*aeron.*) **dirigible (balloon); airship.**

dirigişmo *m.* (*econ.*) **government control; dirigisme** • *d. economico,* economic planning.

dirigista (*econ.*) ***A*** *a. V.* **dirigìstico** ***B*** *m. e f.* **advocate of dirigisme.**

dirigìstico *a.* (*econ.*) **planned; State-controlled.**

dirimènte *a.* — (*leg.*) *impedimento d.,* diriment impediment.

dirìmere *v. t.* to **settle**; to **resolve.**

dirimpettàio *m.* **neighbour living across the road; person living opposite.**

dirimpètto ***A*** *avv.* **opposite** ***B*** **dirimpetto a** *locuz. prep.* **opposite (to).**

(1) diritto ***A*** *a.* ***1*** **straight; upright; erect; direct**: *una linea diritta,* a straight line □ *stare d.,* to stand upright (o erect) ***2*** (franco, onesto) **straight; upright; direct; straightforward**: *un uomo d.,* an upright man ***3*** (destro) **right; right-hand**: *a mano diritta,* (stato) on the right-hand side; (moto) to the right ***B*** *m.* ***1*** (di stoffa, ecc.) **right side** ***2*** (di medaglia o moneta) **obverse** ***3*** (nel lavoro a maglia) **plain** ***C*** *avv.* **straight; directly**: *andare sempre d.,* to go straight on • *andare d. per la propria strada,* to go one's way □ *rigare d.,* to behave properly; to toe the line.

(2) diritto *m.* ***1*** (ciò che giustamente spetta, ecc.) **right**: *far valere i propri diritti,* to stick up for one's rights □ *aver d. a q.c.,* to have a right to st. ***2*** (giurisprudenza) **law; jurisprudence** (solo come materia di studio): *d. canonico (civile, commerciale, marittimo, pubblico, privato, romano),* canon (civil, commercial, maritime, public, private, Roman) law □ *d. penale,* criminal law ***3*** (*quasi sempre al pl.*: tributi, ecc.) **dues** (*pl.*); (diritti doganali o del dazio) **duty** (*sing.*) • *diritti consolari,* consular fees □ *d. (o diritti) d'autore,* (proprietà letteraria) copyright; (competenze) royalties (*pl.*) □ *a buon d.,* rightly □ *avere d. di vita e di morte su q.,* to have power of life and death over sb. □ *di pieno d.,* by full right.

dirittura *f.* ***1*** — (*sport*) *d. d'arrivo,* finishing straight ***2*** (*fig.*) **rectitude; uprightness.**

dirizzare *V.* **drizzare.**

dirizzóne *m.* **blunder**: *prendere un d.,* to make a blunder.

diroccare *v. t.* to **demolish**; to **dismantle.**

diroccato *a.* **in ruins; falling to ruins; tumbledown.**

dirompènte *a.* **bursting** • *esplosivo d.,* high explosive.

dirottaménte *avv.* **copiously; in torrents** • *piangere d.,* to cry one's heart out.

dirottaménto *m.* ***1*** (*naut.*) **changing of course** ***2*** (*aeron.*) **hijacking; skyjacking.**

dirottare ***A*** *v. t.* ***1*** (*naut.*) to **alter the course of** ***2*** (*aeron.*) to **hijack**; to **skyjack** ***3*** (deviare) to **divert** ***B*** *v. i.* (*naut.*) to **alter course.**

dirottatóre *m.* (di un aereo) **hijacker; skyjacker.**

dirótto *a.* — *pioggia dirotta,* pouring rain □ *un pianto d.,* an uncontrollable fit of weeping • *a d., V.* **dirottaménte.**

dirozzare ***A*** *v. t.* ***1*** (sbozzare) to **rough-hew*** ***2*** (*fig.*) to **refine**; to **polish (up)** ***B*** **dirozzarsi** *v. rifl.* (*fig.*) to **get*** **some refinement**; to **improve one's manners.**

dirugginire *v. t.* ***1*** to **rub the rust off** (st.) ***2*** (i denti) to **grind***.

dirupato *a.* **precipitous; steep; abrupt.**

dirupo *m.* **crag**; (precipizio) **precipice.**

dişabbellire *v. t.* (*lett.*) to **spoil*** **the beauty of.**

dişabilitare *v. t.* to **incapacitate**; to **disable.**

dişabilitato *a.* **incapacitated; disabled.**

dişabitato *a.* **uninhabited**; (abbandonato) **deserted.**

dişabituare ***A*** *v. t.* to **make*** (sb.) **lose the habit** (of) ***B*** **dişabituarsi** *v. rifl.* to **lose*** (o to **get*** **out of**) **the habit** (of).

dişaccòrdo *m.* **disagreement; variance**: *essere in d.,* to be at variance.

dişadattato (*psic.*) ***A*** *a.* **maladjusted** ***B*** *m.* **maladjusted person; misfit.**

dişadatto *a.* **unsuitable** (for); **unfit** (for); **unbecoming** (to).

dişadórno *a.* **unadorned**; (*fig.*, anche) **plain, unvarnished.**

dişaffezionarsi *v. rifl.* to **lose*** **one's affection** (for); to **lose*** **interest** (in).

dişaffezióne *f.* **waning of affection; estrangement; disaffection.**

dişagévole *a.* **uncomfortable**; (difficile) **difficult, hard.**

dişàggio *m.* (*econ.*) **disagio.**

dişaggregare *v. t.* (*chim.*) to **disaggregate.**

dişagiato *a.* ***1*** **uncomfortable** ***2*** (povero) **poor; needy.**

dişàgio *m.* ***1*** **uneasiness; discomfort** ***2*** (disturbo) **inconvenience**: *sopportare gravi disagi,* to suffer great inconvenience ***3*** (*al pl.*: privazioni) **poverty; hardship** ***4*** (*fig.*) **embarrassment; apprehension** • *trovarsi a d.,* to feel uncomfortable (anche *fig.*); to be ill at ease.

dişalberare *v. t.* (*naut.*) to **dismast.**

dişambientato *a.* **out of place.**

dişàmina *f.* **close examination.**

dişamorare ***A*** *v. t.* to **estrange**; to **alienate** ***B*** **dişamorarsi** *v. rifl.* to **become*** **estranged** (from); to **lose*** **interest** (in).

dişamorataménte *avv.* **with one's heart elsewhere.**

dişamorato *a.* **loveless; cold-hearted**; (apatico) **apathetic.**

dişamóre *m.* **indifference; estrangement.**

dişancorare ***A*** *v. t.* (*naut.*) to **unanchor** ***B*** **dişancorarsi** *v. rifl.* ***1*** (*naut.*) to **weigh anchor** ***2*** (*fig.*) to **break*** **away** (from).

dişanimare ***A*** *v. t.* to **discourage**; to **dishearten**; to **daunt** ***B*** **dişanimarsi** *v. rifl.* to **lose*** **heart.**

dişappetènza *f.* **lack** (o **loss**) **of appetite.**

dişapprovare *v. t.* to **disapprove** (of).

dişapprovazióne *f.* **disapproval.**

dişappunto *m.* **disappointment.**

dişarcionare *v. t.* to **unseat**; to **unsaddle.**

dişarmante *a.* **disarming.**

dişarmare ***A*** *v. t.* ***1*** to **disarm** (anche *fig.*) ***2*** (una fortezza) to **dismantle** ***3*** (*naut.*) to **lay*** **up**; to **put*** **out of commission** ***4*** (*edil.*) to **take*** **down the scaffolding from** ***B*** *v. i.* ***1*** to **disarm** ***2*** (*fig.*) to **give*** **in.**

dişarmato *a.* ***1*** **disarmed** (anche *fig.*); (non armato) **unarmed** ***2*** (di fortezza) **dismantled** ***3*** (*naut.*) **laid up; out of commission.**

dişarmo *m.* ***1*** **disarmament** ***2*** (di una fortezza) **dismantlement.**

dişarmonìa *f.* (*mus.*) **discord** (anche *fig.*).

dişarmònico *a.* **discordant.**

dişarticolare *v. t.* to **disarticulate.**

dişastro *m.* ***1*** (calamità) **disaster; calamity** ***2*** (incidente grave) **serious accident** ***3*** (*fig.*) **failure** • *d. aereo,* (air-)crash.

dişastróso *a.* **disastrous; appalling; calamitous; ruinous.**

dişattèndere *v. t.* to **fail to comply with**; to **disregard.**

dişattènto *a.* **inattentive; unmindful.**

dişattenzióne *f.* ***1*** **inattention; carelessness** ***2*** (svi-

sta) **oversight.**
diṣattivare *v. t. (mil.)* to **deactivate; to defuse.**
diṣavanzo *m. (econ.)* **deficit** ● *essere in d.*, to be in the red *(fam.)*.
diṣavveduto *a.* **careless; thoughtless; heedless.**
diṣavventura *f.* **misadventure; mischance; mishap.**
diṣavvertènza *f.* **inadvertence.**
diṣavvezzare ***A*** *v. t.* to **make*** (sb.) **lose the habit** (of) ***B*** **diṣavvezzarsi** *v. rifl.* to **lose*** **the habit** (of).
diṣbórso *m.* **disbursement.**
diṣbrigare *v. t.* to **dispatch;** to **settle.**
diṣbrigo *m.* **dispatch; settlement.**
discàpito *m.* **detriment; prejudice.**
discàrica *f.* (di miniera) **dump.**
discàrico *m.* **defence**: *a tuo d.*, in your defence ● *a d. di coscienza*, to clear my conscience □ *(leg.) testimoni a d.*, witnesses for the defence.
discendènte ***A*** *a.* **descending** ***B*** *m.* e *f.* **descendant.**
discendènza *f.* ***1*** **descent** ***2*** (i discendenti) **descendants** *(pl.)*; **offspring; progeny** ● *la d. d'Adamo*, Adam's breed.
discéndere *v. i.* e *t.* ***1*** to **descend;** to **go*** (o to **come***, to **get***) **down** ***2*** (declinare, digradare) to **descend;** to **slope down** ***3*** (di temperatura, prezzi, ecc.) to **fall*** ***4*** (del sole, ecc.) to **sink***; to **set*** ***5*** (trarre origine) to **descend,** to **be descended** (from).
discènte *m.* e *f.* **pupil; learner; disciple** (spesso *iron.*).
discépolo *m.* ***1*** **disciple** ***2*** (scolaro) **pupil.**
discèrnere *v. t.* to **discern.**
discerniménto *m.* **discernment.**
discésa *f.* ***1*** (movimento o strada in discesa) **descent**: *una d. ripida*, a steep descent ***2*** (declivio, pendio) **slope; declivity** ***3*** (di barometro, ecc.) **fall** ***4*** (dei barbari, ecc.) **invasion (from the Alps)** ● *(aeron.) d. in picchiata*, nose-dive □ *(sci) d. libera*, downhill (race) □ *(sci) d. obbligata*, slalom □ *in d.* (di terreno o strada), downhill; sloping downwards.
discesiṣmo *m. (sport)* **downhill racing.**
discesista *m.* e *f. (sport)* **downhill racer; downhiller.**
dischiùdere *v. t.* ***1*** to **open (slightly)** ***2*** (manifestare) to **disclose.**
dischiuso *a.* **(slightly) open; ajar.**
discinto *a.* ***1*** **ungirt** *(lett.)*; **half-undressed** ***2*** *(lett.*: poveramente vestito*)* **poorly-dressed; shabby.**
disciògliere ***A*** *v. t.* ***1*** (slegare) to **unbind*** ***2*** (liquefare) to **dissolve;** (fondere) to **melt** ***B*** **disciògliersi** *v. rifl.* ***1*** (slegarsi) to **loosen** ***2*** (liquefarsi) to **dissolve;** (fondersi) to **melt.**
disciplina *f.* ***1*** **discipline**: *mantenere la d.*, to maintain discipline ***2*** (materia di studio) **discipline; subject** ***3*** (insegnamento) **teaching** ***4*** *(relig.)* **discipline; scourge.**
(1) disciplinare *a.* **disciplinary.**
(2) disciplinare ***A*** *v. t. (in ogni senso)* to **discipline** ***B*** **disciplinarsi** *v. rifl.* to **discipline oneself.**
disciplinato *a.* **disciplined** ● *essere d.*, to be used to discipline.
disco *m.* ***1*** **disc** (anche *anat.* e *bot.*); **disk** (specialm. *USA*): *il d. solare*, the sun's disc ***2*** *(mus.)* **record**: *un d. microsolco*, a long playing record ***3*** *(sport)* **discus***: *un lanciatore del d.*, a discus thrower ***4*** *(ferr.)* **disk signal** ● *d. volante*, flying saucer.
discòbolo *m. (sport)* **discobolus***; **discus thrower.**
discòfilo *m.* **record collector.**
discografia *f.* ***1*** (industria discografica) **record industry** ***2*** (elenco di incisioni fonografiche) **discography.**
discogràfico *a.* **record** *(attr.)*: *casa discografica*, record company.
discòide ***A*** *a.* **discoid(al); disk-shaped** ***B*** *m. (farm.)* **tablet; discoid.**
dìscolo ***A*** *a.* **mischievous;** (scapestrato) **wild;** (indisciplinato) **unruly** ***B*** *m.* **scamp;** (birichino) **mischievous boy, little rascal.**
discólpa *f.* **evidence of** (sb.'s) **innocence; excuse; defence**: *a mia d.*, in my defence; as evidence of my innocence.
discolpare ***A*** *v. t.* ***1*** to **clear (of a charge)** ***2*** (scusare) to **excuse;** to **justify** ***B*** **discolparsi** *v. rifl.* to **clear oneself (of a charge);** to **establish one's innocence.**
disconóscere *v. t.* to **disown;** to **refuse to acknowledge.**
discontinuità *f.* **discontinuity.**
discontìnuo *a.* **discontinuous.**
discordante *a.* ***1*** **discordant;** (in disaccordo) **disagreeing, clashing** ***2*** (di suoni) **discordant; jarring** ***3*** (di colori) **clashing.**
discordanza *f.* ***1*** **discordance;** (disaccordo) **disagreement, clash** ***2*** *(mus.)* **discord.**
discordare *v. i.* ***1*** to **disagree** (with); to **clash** (with) ***2*** (di suoni) to **be discordant.**
discòrde *a.* ***1*** **discordant; contradictory; disagreeing** ***2*** (di suoni) **discordant** ● *essere discordi*, to differ; to disagree; to vary.
discòrdia *f.* ***1*** **discord; variance; disagreement** ***2*** (discrepanza) **discrepancy** ● *seminare la d.*, to make mischief.
(1) discórrere *v. i.* to **talk** (about); (chiacchierare) to **chat,** to **chatter**: *d. del più e del meno*, to talk about this and that ● *e via discorrendo*, and so on.
(2) discórrere *m.* **talk**: *Si fa un gran d. sul tuo film*, your film has aroused a lot of talk.
discorsivo *a.* ***1*** **conversational; colloquial** ***2*** (loquace) **talkative.**
discórso *m.* ***1*** **speech;** (solenne o erudito) **discourse, oration** *(lett.)*: *fare un d.*, to make a speech □ *(gramm.) le parti del d.*, the parts of speech ***2*** (cose dette) **remark** *(sing.)*, **remarks** *(pl.)*; **words** *(pl.)* ***3*** *(al pl.*: il discorrere) **conversation** *(sing.)*: *discorsi animati*, lively conversation ***4*** (argomento) **subject; matter; story**: *cambiar d.*, to change the subject □ *È un lungo d.*, it's a long story ***5*** (futile, stravagante) **nonsense**: *Che discorsi!*, what nonsense! ● *d. a quattrocchi*, tête-à-tête □ *Che discorsi sono questi?*, what do you mean by that?; what the dickens do you mean?
discostare ***A*** *v. t.* to **move** (st.) **away** (from) ***B*** **discostarsi** *v. rifl.* to **draw*** (o to **move**) **away** (from).
discòsto ***A*** *a.* **distant; far** ***B*** *avv.* **apart; far off.**
discotèca *f.* ***1*** **record library** ***2*** (locale) **discotheque; disco** *(fam.)*.
discrédito *m.* **disrepute; discredit**: *cadere in d.*, to fall into disrepute □ *Questo tornerà a tuo d.*, this will bring discredit on yourself.
discrepante *a.* **discrepant.**
discrepanza *f.* **discrepancy.**
discretaménte *avv.* ***1*** (con discrezione) **discreetly** ***2*** (benino) **fairly well; quite nicely.**
discretézza *f.* **discretion.**
discréto *a.* ***1*** (che ha discrezione) **discreet** ***2*** (abbastanza buono) **fairly good** ***3*** (sufficiente) **adequate** ***4*** (moderato) **moderate.**
discrezionale *a. (leg.)* **discretionary.**
discrezióne *f.* ***1*** **discretion**: *fidarsi della d. di q.*, to rely on sb.'s discretion ***2*** (arbitrio) **discretion**: *a d. di q.*, at sb.'s discretion ***3*** (moderazione) **moderation.**
discriminante *m. (mat.)* **discriminant.**
discriminare *v. t.* to **discriminate.**
discriminatòrio *a.* **discriminatory.**
discriminazióne *f.* **discrimination.**
discussióne *f.* ***1*** **discussion; debate** ***2*** (disputa) **argument** ● *fuori d.*, beyond (all) dispute.
discusso *a.* **discussed; debated; argued.**
discùtere *v. t.* e *i.* to **discuss;** to **debate;** to **argue.**
discutìbile *a.* **disputable; debatable; questionable.**
diṣdegnare *v. t.* to **disdain.**
diṣdégno *m.* **disdain; scorn** ● *avere a d.*, to disdain.
diṣdegnóso *a.* **disdainful.**
diṣdétta *f.* ***1*** *(leg.)* **notice**: *dare la d.*, to give notice ***2*** (sfortuna) **(piece of) bad luck**: *Che d.!*, what bad

luck!
diṣdicévole *a.* **unbecoming; unsuitable.**
diṣdire ***A*** *v. t.* ***1*** (un contratto, ecc.) to **rescind; not** to **renew;** (annullare) to **cancel;** (rinunciare a) to **give* up** ***2*** (ritrattare) to **retract;** to **take* back;** to **say*** *(seguito da neg.)* ***3*** (contraddire) to **contradict;** to **give* the lie** (to) ***B*** *v. i.* (essere sconveniente) to **ill become*;** to **be unbecoming** (to) ● *d. un abbonamento,* to discontinue a subscription □ *dire e d.,* to go back on one's word.
diṣdòro *m.* **disgrace; shame; dishonour.**
diṣeducare *v. t.* to **bring* up badly;** to **miseducate.**
disegnare *v. t.* ***1*** to **draw*;** (a contorno) to **outline** ***2*** (progettare un mobile, un costume, ecc.) to **design** ***3*** *(fig.)* to **outline** ***4*** (progettare) to **plan;** to **arrange.**
disegnatóre *m.* **draftsman*;** (progettista) **designer.**
diségno *m.* ***1*** **drawing**: *un d. a matita,* a pencil drawing □ *un d. in scala,* a scale drawing ***2*** (progetto, anche *fig.)* **design** ***3*** (di un motivo decorativo) **pattern** ***4*** *(fig.:* intenzione) **intention;** (piano, progetto) **plan, scheme** ***5*** *(costr.)* **plan** ● *(cinem.) disegni animati,* cartoons □ *(leg.) d. di legge,* bill □ *professore di d.,* art teacher.
diṣeguale *V.* **diṣuguale.**
diṣeredare *v. t.* to **disinherit.**
diṣeredato *a.* **disinherited** ● *i diseredati dalla sorte,* the have-nots *(fam.).*
diṣeredazióne *f. (leg.)* **disinheritance.**
diṣertare *v. t.* e *i.* to **desert** (anche *mil.).*
diṣertóre *m.* **deserter** (anche *mil.).*
diṣerzióne *f.* **desertion** (anche *mil.).*
disfaciménto *m.* ***1*** *(lett.:* il disfare) **undoing** ***2*** (putrefazione) **decay** ***3*** (rovina) **ruin;** (lo sfaldarsi) **break-up.**
disfare ***A*** *v. t.* ***1*** to **undo*;** to **unmake*** ***2*** (un tessuto) to **unravel;** (una cosa cucita) to **rip** ***3*** (una costruzione) to **take* down** ***4*** (sciogliere, struggere) to **melt** ***5*** (sconfiggere) to **defeat;** to **rout** ***B*** **disfarsi** *v. rifl.* ***1*** (sciogliersi) to **melt** ***2*** (guastarsi) to **go* bad;** to **decay** ***3*** (di q. o q.c.) to **get* rid** (of).
disfatta *f.* **defeat; overthrow; rout.**
disfattiṣmo *m.* **defeatism.**
disfattista *a., m.* e *f.* **defeatist.**
disfatto *a.* ***1*** **undone** ***2*** (sciolto) **melted** ***3*** (sconfitto) **defeated** ***4*** (molto stanco) **worn-out.**
disfavóre *m. (lett.)* **disfavour** ● *a d. di q.,* to sb.'s disadvantage.
disfida *f. (lett.)* **challenge.**
disfunzióne *m. (med.)* **trouble; disorder**: *d. epatica,* liver trouble.
diṣgelare ***A*** *v. t.* to **thaw out;** to **defrost** ***B*** *v. i.* to **thaw.**
diṣgèlo *m.* **thaw** (anche *fig.).*
diṣgiùngere *v. t.* to **separate;** to **sever.**
diṣgiuntivo *a. (gramm.)* **disjunctive.**
diṣgiunzióne *f.* **disjunction;** (di fili telefonici, ecc.) **disconnexion.**
diṣgràzia *f.* ***1*** (incidente) **accident** ***2*** (sventura) **misfortune; bad luck;** (guaio) **trouble** ● *cadere in d.,* to fall into disgrace □ *per d.,* unfortunately; unluckily.
diṣgraziataménte *avv* **unfortunately; unhappily; unluckily.**
diṣgraziato ***A*** *a.* **unfortunate; unlucky; wretched; ill-starred** ***B*** *m.* **wretch.**
diṣgregare *v. t.* **diṣgregarsi** *v. rifl.* ***1*** to **break* up;** to **disintegrate** ***2*** *(chim.)* to **disgregate.**
diṣgregazióne *f. (chim.)* **disgregation.**
diṣguido *m.* **miscarriage** ● *d. postale,* error in postal delivery.
diṣgustare ***A*** *v. t.* to **disgust;** to **make*** (sb.) **feel sick** ***B*** **diṣgustarsi** *v. rifl.* to **be disgusted** (at, by, with).
diṣgusto *m.* **disgust;** (ripugnanza) **repugnance, repulsion;** (avversione) **distaste, dislike.**
diṣgustóso *a.* **disgusting; repugnant; repulsive; sickening.**
diṣidratare *v. t.* ***1*** *(chim.)* to **dehydrate** ***2*** *(min.)* to **dewater.**
diṣidratazióne *f.* ***1*** *(chim.)* **dehydration** ***2*** *(min.)* **dewatering.**
diṣillùdere ***A*** *v. t.* to **undeceive;** to **disenchant** ***B*** **diṣilludersi** *v. rifl.* to **be disenchanted.**
diṣilluṣióne *f.* **disillusion; disenchantment.**
diṣilluṣo *a.* **disillusioned; disenchanted.**
diṣimballare *v. t.* to **unpack.**
diṣimparare *v. t.* to **forget*;** to **unlearn*.**
diṣimpegnare ***A*** *v. t.* ***1*** to **get*** (st.) **out of pawn;** to **redeem** ***2*** (liberare da un impegno) to **release;** to **disengage** ***3*** *(naut.)* to **disentangle** ***4*** (compiere) to **carry out;** to **cope with** ***B*** **diṣimpegnarsi** *v. rifl.* ***1*** to **disengage oneself** ***2*** (cavarsela) to **manage.**
diṣimpegnato *a.* (specialm. *polit.)* **disengaged.**
diṣimpégno *m.* ***1*** (il liberare una cosa data in pegno) **redeeming** ***2*** (il liberarsi da un impegno) **disengagement; release** ***3*** (adempimento) **fulfilment** ***4*** (specialm. *polit.)* **disengagement** ● *fare q.c. per d.,* to do st. out of a sense of duty.
diṣincagliare ***A*** *v. t.* ***1*** *(naut.)* to **refloat** ***2*** *(fig.)* to **get*** (st.) **going again** ***B*** **diṣincagliarsi** *v. rifl.* ***1*** *(naut.)* to **get* afloat again** ***2*** *(fig.)* to **get* going again.**
diṣincantare *v. t.* to **disenchant.**
diṣincarnare *v. t.* to **disembody.**
diṣincrostante *m.* **scale-remover.**
diṣincrostare *v. t.* to **descale.**
diṣinfestare *v. t.* to **disinfest.**
diṣinfestazióne *f.* **disinfestation.**
diṣinfettante *a.* e *m.* **disinfectant.**
diṣinfettare *v. t.* to **disinfect.**
diṣinfezióne *f.* **disinfection.**
diṣinformazióne *f.* (specialm. *polit.)* **disinformation.**
diṣingannare ***A*** *v. t.* to **undeceive** ***B*** **diṣingannarsi** *v. rifl.* to **be undeceived.**
diṣinganno *m.* ***1*** **disillusionment** ***2*** (delusione) **disappointment.**
diṣingranare *v. t. (mecc.)* to **throw* out of gear** (o **mesh).**
diṣinibito *a. (psic.)* **disinhibited.**
diṣinibizióne *f. (psic.)* **disinhibition.**
diṣinnescare *v. t.* to **defuse.**
diṣinnestare ***A*** *v. t. (autom.)* to **disengage;** to **disconnect** ***B*** **diṣinnestarsi** *v. rifl. (autom.)* to **slip out of gear.**
diṣinnèsto *m. (mecc.)* **release; knock-off.**
diṣinquinare *v. t.* to **depollute.**
diṣinquinaménto *m.* **depollution.**
diṣinserire *v. t. (fis.)* to **disconnect.**
diṣintegrare *v. t.* **diṣintegrarsi** *v. rifl.* to **disintegrate.**
diṣintegrazióne *f.* **disintegration** ● *d. dell'atomo,* splitting of the atom.
diṣinteressare ***A*** *v. t.* to **cause** (sb.) **to lose interest** (in) ***B*** **diṣinteressarsi** *v. rifl.* to **take* no interest** (in).
diṣinteressato *a.* **disinterested; unselfish.**
diṣinterèsse *f.* ***1*** **disinterestedness; unselfishness** ***2*** (indifferenza) **indifference.**
diṣintossicante *a.* e *m. (farm.)* **detoxicant.**
diṣintossicare *v. t.* to **detoxicate.**
diṣintossicazióne *f.* **detoxication.**
diṣinvòlto *a.* ***1*** **unembarrassed; uninhibited; free and easy** ***2*** (ardito, sfrontato) **bold; impudent.**
diṣinvoltura *f.* ***1*** **unembarrassment; easy manner(s)** ***2*** (sfrontatezza) **boldness; impudence.**
diṣistima *f.* **lack of respect** (o **esteem).**
diṣistimare *v. t.* to **have a low opinion of** (sb.); to **despise.**
diṣlivèllo *m.* ***1*** **difference in level;** (in altezza) **difference in height** ***2*** (disuguaglianza) **inequality.**
diṣlocaménto *m.* ***1*** *(naut.)* **displacement** ***2*** *(mil.)* **dislocation.**
diṣlocare *v. t.* ***1*** *(naut.)* to **displace** ***2*** *(mil.)* to **dislocate.**
diṣlocazióne *f.* **dislocation** (anche *geol.).*
diṣmiṣura *f.* **excess**: *a d.,* to excess; immoderately.
diṣobbedire e *deriv. V.* **diṣubbidire** e *deriv.*

diṣobbligare **A** *v. t.* to **release** (sb.) **from an obligation** **B** **diṣobbligarsi** *v. rifl.* to **repay* an obligation**; to **do*** (st.) **in return** (for).
diṣoccupato **A** *a.* **unemployed; out of work** *(pred.)* **B** *m.* **unemployed person.**
diṣoccupazióne *f.* **unemployment** ● *sussidio di d.*, unemployment benefit; dole.
diṣonestà *f.* **1** **dishonesty; deceit** **2** (atto disonesto) **fraud.**
diṣonèsto *a.* **dishonest; deceitful.**
diṣonorante *a.* **dishonourable; shameful; disgraceful.**
diṣonorare *v. t.* **1** to **dishonour**; to **disgrace** **2** (sedurre) to **seduce.**
diṣonóre *m.* **dishonour; shame; disgrace.**
diṣonorévole *a.* **dishonourable; shameful; disgraceful.**
(1) diṣópra *avv.* e *a.* *V.* **sópra.**
(2) diṣópra *m.* **upper part; top (part); (the) part above.**
diṣordinare **A** *v. t.* **1** to **put* out of order**; to **muddle (up)**; to **disarrange** **2** (anche *mil.:* scompigliare) to **throw* into disorder**; to **confound** **B** *v. i.* (essere eccessivo) to **be immoderate**; to **do*** (st.) **to excess.**
diṣordinataménte *avv.* **untidily; unmethodically; confusedly;** (capricciosamente) **in a wayward fashion;** (alla rinfusa) **pell-mell.**
diṣordinato *a.* **1** **untidy; disorderly; muddled** **2** (sregolato) **intemperate; irregular.**
diṣórdine *m.* **1** **disorder; untidiness; confusion;** (pasticcio) **mess, muddle**: *in d.*, in disorder (o in a mess) **2** (sregolatezza) **intemperance; irregularity** **3** (tumulto popolare) **riot; disorder; tumult.**
diṣorgànico *a.* **incoherent.**
diṣorganizẓare **A** *v. t.* to **disorganize** **B** **diṣorganizẓarsi** *v. rifl.* to **become* disorganized.**
diṣorganizẓazióne *f.* **disorganization.**
diṣorientare **A** *v. t.* **1** to **disorientate** **2** *(fig.)* to **disconcert**; to **bewilder**; to **puzzle** **B** **diṣorientarsi** *v. rifl.* **1** to **lose* one's bearings** **2** *(fig.)* to **get confused.**
diṣorientato *a.* **bewildered; puzzled; confused; at a loss** *(pred.)*.
diṣormeggiare *v. t.* *(naut.)* to **unmoor.**
diṣossare *v. t.* to **bone.**
diṣossato *a.* **boned; boneless.**
diṣossidare *v. t.* *(chim.)* to **deoxidize**; to **deoxidate.**
(1) disótto *avv.* e *a.* *V.* **sótto.**
(2) disótto *m.* **underneath; lower part** (o **side**) ● *stare al d. di q.*, to be inferior to sb.
dispàccio *m.* **dispatch, despatch** ● *d. telegrafico,* telegram.
disparato *a.* **disparate; completely different.**
dìspari *a.* **odd; uneven.**
disparità *f.* **disparity; inequality; difference.**
disparte (in) *locuz. avv.* **aside; apart; aloof;** *(con verbi di moto)* to **one side;** *(con verbi di stato)* **on one side, on one's own**: *mettere q.c. in d.*, to set st. apart; *(fig.)* to put st. on the shelf.
dispèndio *m.* **expenditure** (anche *fig.*); **expense.**
dispendiosaménte *avv.* **expensively** ● *vivere d.*, to live like a lord.
dispendióso *a.* **expensive; costly.**
dispènsa *f.* **1** **larder; pantry;** (mobile) **sideboard, cupboard** **2** (distribuzione) **distribution** **3** (pubblicazione periodica) **instalment;** (*al pl.:* dispense universitarie) **set of university lectures, course** **4** *(leg., relig.)* **dispensation** **5** (esenzione) **exemption.**
dispensàbile *a.* **dispensable.**
dispensare *v. t.* **1** (distribuire) to **dispense**; to **bestow** (upon, on) *(lett.)*; to **distribute**; to **give* out** **2** (esimere) to **dispense**; to **exempt.**
dispensàrio *m.* *(med.)* **dispensary; clinic.**
dispensière *m.* (che sovraintende alla dispensa) **steward.**
dispepsìa *f.* *(med.)* **dyspepsia.**
dispèptico *a.* e *m.* *(med.)* **dyspeptic.**
disperare **A** *v. i.* **1** to **despair**; to **give* up hope** **2** (d. di, d. che) to **despair** (of); to **have no hope** (of): *Dispero di riuscire,* I despair (o I have no hope) of succeeding ● *far d.*, to drive (sb.) mad; to bring (sb.) to the verge of despair; to be (sb.'s) despair **B** **disperarsi** *v. rifl.* to **give* oneself up to despair.**
disperataménte *avv.* **1** **desperately** **2** (con grande urgenza, anche) **with desperate speed; against time.**
(1) disperato *a.* **1** **desperate;** (senza speranza) **hopeless;** (che non bada alle conseguenze) **reckless**: *un caso d.*, a desperate case □ *essere in condizioni d.*, to be in a hopeless state **2** (di disperazione) **despairing** **3** (miserabile) **destitute; wretched;** (senza un soldo) **penniless** ● *essere d.*, to be in despair □ *un'anima disperata,* a lost soul.
(2) disperato *m.* **1** (spiantato) **(penniless) wretch; tramp** (vagabondo); **spiv** (chi vive di espedienti) **2** (persona che osa l'impossibile) **reckless (**o **desperate) man*; desperado*** ● *correre come un d.*, to run like mad □ *lavorare come un d.*, to slave away.
disperazióne *f.* **despair; hopelessness; desperation**: *darsi alla d.*, to give oneself up to despair □ *per d.*, in desperation □ *ridurre q. alla d.*, to drive sb. to despair.
dispèrdere **A** *v. t.* **1** to **disperse;** (sostanze, energia) to **waste,** to **squander;** (un esercito, un gregge) to **scatter;** (nebbia, nuvole) to **dissipate,** to **dispel**: *d. le energie,* to waste one's efforts **2** (sconfiggere) to **rout** **B** **dispèrdersi** *v. rifl.* to **disperse**; to **scatter.**
dispersióne *f.* **1** **dispersion; dispersal; scattering** **2** (spreco) **waste** **3** *(fis.)* **leak; leakage** ● *d. del calore,* loss of heat.
dispersivo *a.* **dispersive.**
dispèrso **A** *a.* **lost; missing** **B** *m.* *(mil.)* **missing soldier.**
dispersóre *m.* *(elettr.)* **ground electrode.**
dispètto *m.* **spite; spitefulness; vexation**: *a d. di,* in spite of □ *per d.*, out of spite ● *fare dispetti a q.*, to tease sb.
dispettóso *a.* **spiteful;** (impertinente) **saucy, impudent.**
dispiacènte *a.* **1** **displeasing** **2** (dolente: nel chiedere scusa e sim.) **sorry**: *Ne sono d.*, I'm sorry for it.
(1) dispiacére *m.* **1** **affliction; sadness** (solo *sing.*); (grave d.) **sorrow, grief** **2** (rammarico) **regret; sorrow** **3** (preoccupazione) **worry; trouble** ● *avere (o provare, sentire) d.*, to be sorry (for); to regret □ *Sarà un d. (per me) non vederlo,* I'll be sorry not to see him.
(2) dispiacére **A** *v. i.* **1** (riuscire sgradito) to **be displeasing (**o **unpleasant)** **2** (non piacere) **not to like,** to **dislike** (costruzione pers.) **3** *(nelle frasi di cortesia)* to **be sorry,** to **mind** *(costruzione pers.)*: *Mi dispiace se La disturbo,* sorry (*ellittico per:* I am sorry) to trouble you □ *Se non ti dispiace, verrei un'altra volta,* if you don't mind, I'd rather come some other time **4** (far dispiacere a) to **displease** **B** **dispiacérsi** *v. rifl.* to **be sorry** (for).
dispiaciuto *a.* **1** (dolente) **sorry** **2** (contrariato) **annoyed.**
dispiegare *v. t.* **1** (*naut.:* d. le vele) to **unfurl** **2** *(fig.)* to **disclose.**
displùvio *m.* **1** (spartiacque) **watershed** **2** (falda) **slope; mountain-side; hill-side** **3** (di tetto) **ridge** **4** *(archit.)* **hip.**
dispnèa *f.* *(med.)* **dyspnoea.**
disponìbile *a.* **1** **available** **2** (libero) **vacant** **3** *(fig.:* libero da impegni*)* **free** **4** *(fig.:* aperto a esperienze nuove*)* **open-minded** ● *posto d.*, vacancy.
disponibilità *f.* **1** **availability** **2** *(econ.)* **available funds** *(pl.)*; **current assets** *(pl.)* ● *essere in d., (bur., mil.)* to be unattached; *(naut.)* to be in dry dock.
dispórre **A** *v. t.* **1** (assegnare a un posto, collocare) to **place;** (collocare in un certo ordine) to **arrange,** to **set* out;** (schierare) to **range** **2** (mettere in mostra) to **display** **3** (predisporre) to **make* arrangements** **B** *v. i.* **1** (*leg.*, generalm.) to **dispose** (of) **2** (avere a disposizione) to **have** (sb., st.) **at one's disposal** **3** (comandare, decidere) to **provide;** to **order;** (combinare) to **arrange** (for) ● *d. l'animo (per q.c.),* to put oneself in the mood (for st., to do st.); to prepare oneself (to hear,

to see, etc., st.) □ *L'albergo dispone di 200 letti,* the hotel can accomodate 200 people **C dispórsi** *v. rifl.* to **prepare**; to **get* ready**; to **be about** (to).

dispositivo *m.* **1** *(leg.)* **purview 2** *(mecc.)* **device; contrivance; appliance**; (se complicato) **apparatus**; (accessorio) **gear, attachment** ● *d. di sicurezza,* safety-bolt.

disposizióne *f.* **1 disposal**: *essere a d. di q.,* to be at sb.'s disposal **2** (collocamento) **disposition; placing**; (anche artistico) **arrangement 3** (ordine, istruzione) **order; direction; instruction**: *dare disposizioni,* to give orders □ *fino a nuove disposizioni,* till further instructions **4** (inclinazione, temperamento) **disposition; (natural) gift; tendency; bent; turn**: *avere d. per le lingue,* to have a bent for languages **5** (stato d'animo) **frame of mind; mood 6** *(leg.)* **provision**: *salvo diversa d. di legge,* if there is no provision to the contrary ● *(tipogr.) la d. di una pagina,* the lay-out (of a page) □ *(leg.) potere di d.,* power to dispose (of st.).

dispósto A *a.* **disposed; inclined; ready; willing**: *ben d. verso q.,* well-disposed towards sb. **B** *m. (leg.)* **provision(s)**: *ai sensi del d. di legge,* according to the provisions of the law.

dispòtico *a.* **despotic.**

dispotismo *m.* **despotism.**

dispregiativo A *a.* **1 disparaging; depreciatory 2** *(gramm.)* **pejorative B** *m. (gramm.)* **pejorative.**

disprègio *m.* **disparagement; depreciation**: *cadere in d.,* to incur disparagement ● *tenere in d.,* to hold in contempt.

disprezzàbile *a.* **despicable** ● *non d.,* considerable.

disprezzare *v. t.* **1** to **despise**; to **hold* in contempt**; to **look down upon** (sb., st.) **2** (disdegnare) to **scorn**; to **disdain.**

disprèzzo *m.* **contempt; scorn; disdain.**

dispròsio *m. (chim.)* **dysprosium.**

disputa *f.* **1 dispute; discussion; debate 2** (lite) **quarrel; squabble** *(fam.)* **3** *(filos.)* **disputation.**

disputare A *v. i.* **1** to **dispute** (about, on); to **discuss**; to **debate 2** (litigare) to **quarrel**; to **squabble** *(fam.)* **B** *v. t.* to **dispute C disputarsi** *v. rifl. recipr.* to **quarrel over** (st.); to **contend for** (st.).

disputatóre *m.* **disputant.**

disquisizióne *f.* **disquisition.**

dissacrare *v. t. (lett.)* to **desecrate.**

dissalare *v. t.* to **desalinate**; to **desalinize**; to **desalt.**

dissaldare *v. t. (mecc.)* to **unsolder.**

dissanguaménto *m.* **bleeding; blood-letting.**

dissanguare A *v. t.* **1** to **bleed***; to **draw* blood from** (sb.) **2** *(fig.)* to **bleed* (white)** ● *d. q. fino all'osso,* to suck sb. dry **B dissanguarsi** *v. rifl.* to **bleed* oneself** (anche *fig.*).

dissanguato *a.* **1 bloodless 2** *(fig.)* **exhausted; bled white.**

dissapóre *m.* **misunderstanding; slight disagreement.**

dissecare *v. t. (anat.)* to **dissect.**

disseccare A *v. t.* to **desiccate**; to **dry up**; to **parch B disseccarsi** *v. rifl.* to **dry up** (anche *fig.*).

disselciare *v. t.* to **unpave.**

dissellare *v. t.* to **unsaddle.**

disseminare *v. t.* to **disseminate**; to **sow* (the seeds of)**; to **spread* (abroad)**; to **scatter (abroad).**

disseminato *a.* **strewn** (with).

disseminazióne *f.* **dissemination; sowing; spreading.**

dissennatézza *f.* **madness; foolishness.**

dissennato *a.* **mad; foolish.**

dissènso *m.* **dissent; disagreement** ● *scrittori del d.,* dissenting (o dissident) writers.

dissenteria *f. (med.)* **dysentery.**

dissentire *v. i.* to **dissent** (from); to **disagree** (with).

dissenziènte A *a.* **dissentient B** *m.* e *f.* **1 dissentient 2** *(relig.)* **dissenter.**

disseppellire *v. t.* to **exhume**; to **disinter**; to **unearth** (anche *fig.*).

dissertare *v. i.* to **dissert**; to **discourse** (on).

dissertazióne *f.* **dissertation; (formal) discourse** ● *d. di laurea,* dissertation, thesis.

disservìzio *m.* **inefficiency.**

dissestare *v. t.* **1** to **disarrange 2** *(econ., fin.)* to **ruin.**

dissestato *a.* **1 disarranged; in disorder** *(pred.)* **2** *(fin.)* **ruined; in the red; encumbered with debts.**

dissèsto *m.* **financial difficulties** (o **troubles**) *(pl.).*

dissetante A *a.* **refreshing; thirst-quenching B** *m.* **refreshing drink.**

dissetare A *v. t.* to **quench** (sb.'s) **thirst B dissetarsi** *v. rifl.* to **quench one's thirst**; to **refresh oneself.**

dissezióne *f.* **dissection**: *d. anatomica,* anatomical dissection.

dissidènte A *a.* **1 dissident 2** *(relig.)* **dissenting**; (in *G.B.)* **nonconformist B** *m.* e *f.* **1 dissident 2** *(relig.)* **dissenter**; (in *G.B.)* **nonconformist.**

dissidènza *f.* **dissidence.**

dissìdio *m.* **1 dissension; disagreement; variance 2** (lite) **quarrel.**

dissigillare *v. t.* to **unseal**; to **remove the seal from** (st.).

dissìmile *a.* **dissimilar; unlike** (sb., st.); **different** (from).

dissimulare *v. t.* to **dissimulate**; to **dissemble**; to **conceal.**

dissimulatóre *m.* **dissimulator; dissembler.**

dissimulazióne *f.* **dissimulation; dissembling.**

dissipare A *v. t.* **1** (le proprie energie, ecc.) to **dissipate**; to **waste 2** (la nebbia, un dubbio, ecc.) to **dispel**; to **disperse**; to **dissipate 3** (scialacquare) to **dissipate**; to **squander**; to **run* through** *(fam.)* **B dissiparsi** *v. rifl.* **1** to **dissipate**; to **disperse**; to **clear 2** *(fig.)* to **be dispelled.**

dissipato *a.* **dissipated; frivolous.**

dissipatóre *m.* **spendthrift; squanderer.**

dissipazióne *f.* **dissipation**; (delle proprie sostanze, anche) **squandering; wasteful expenditure.**

dissociàbile *a.* **dissociable.**

dissociare *v. t.* **dissociarsi** *v. rifl.* to **dissociate.**

dissociazióne *f.* (anche *chim., psic.)* **dissociation.**

dissodaménto *m. (agric.)* **ploughing; tillage.**

dissodare *v. t. (agric.)* to **break* up**; to **till.**

dissolùbile *a.* **dissoluble; soluble; dissolvable.**

dissolubilità *f.* **dissolubility; solubility.**

dissolutézza *f.* **dissoluteness; licentiousness; depravity.**

dissoluto A *a.* **dissolute; licentious; depraved B** *m.* **dissolute person; debauchee; gay dog** *(pop.).*

dissoluzióne *f.* **1 dissolution; decomposition 2** (*fig.:* scioglimento) **dissolution 3** (*fig.:* dissolutezza) **dissoluteness; licentiousness.**

dissolvènza *f. (cinem., telev.)* **fading.**

dissòlvere A *v. t.* **1** (anche *fig.)* to **dissolve**; to **break* up 2** (dissipare, disperdere) to **dissipate**; to **dispel**; to **disperse**; to **drive* away 3** (sciogliere) to **dissolve B dissòlversi** *v. rifl.* **1** to **dissolve 2** *(fig.)* to **dissolve**; to **fade away.**

dissomigliante *a.* **unlike** (sb., st.); **different; dissimilar.**

dissomiglianza *f.* **unlikeness; dissimilarity.**

dissonante *a.* **dissonant.**

dissonanza *f.* **dissonance.**

dissonare *v. i.* to **be out of tune**; to **jar.**

dissotterrare *v. t.* (anche *fig.)* to **exhume**; to **disinter**; to **dig* up.**

dissuadére *v. t.* to **dissuade** (from).

dissuasióne *f.* **dissuasion.**

dissuetùdine *f.* **desuetude; disuse.**

distaccaménto *m.* (anche *mil.)* **detachment.**

distaccare A *v. t.* **1** to **detach**; to **separate 2** *(mil.)* to **second 3** *(sport)* to **leave* behind B distaccarsi** *v. rifl.* **1** to **be detached**; to **come* off 2** (distinguersi) to **stand* out 3** (allontanarsi) to **withdraw*.**

distaccato *a.* **1 detached; separated 2** *(fig.)* **detached; aloof; standoffish.**

distacco *m.* **1** separation; removal **2** (partenza) parting; leaving; leave-taking **3** *(aeron.)* take-off **4** *(miss.)* undocking **5** *(fig.:* indifferenza*)* detachment; aloofness; standoffishness • *(sport) vincere con d.*, to win hands down *(fam.)*.

distante *a.* **1** distant; remote; far; far-away; far-off: *La scuola è d. cinque miglia,* the school is five miles distant (o five miles from here, from there) **2** *(fig.)* distant; (diverso) different; *(fig.:* di persona) stand-offish **B** *avv.* far; far away.

distanza *f.* **1** distance (anche *fig.*); (molta d.) a long way; (vuoto fra due cose) gap, space: *in d.*, in the distance □ *C'è molta d. da qui al Perù,* it's a long way from here to Peru □ *(fig.) mantenere le distanze,* to keep one's distance **2** (d. massima) range: *(aeron., naut.) d. di visibilità,* range of visibility • *(fis.) d. focale,* focal length □ *(fig.) tenersi alla debita d.*, to know one's place □ *L'isola è a poca d. dalla costa,* the island is just off the coast.

distanziare *v. t.* **1** *(sport)* to leave* behind; to outdistance **2** (porre a una determinata distanza) to space out.

distanziatóre *m. (mecc.)* spacer.

distare *v. i.* to be distant; to be... away: *Dista due miglia da qui,* it is two miles away from here.

distèndere A *v. t.* **1** (orizzontalmente) to spread* **2** (parti del corpo) to stretch (out); (le ali, anche) to spread*, to open (out): *d. le braccia,* to stretch out one's arms **3** (mettere a giacere) to lay* **4** *(raro:* mettere per iscritto) to write* out; to draw* up: *d. un documento,* to draw up a document **5** (rilassare) to relax • *d. il bucato,* to hang out the washing □ *d. i nervi,* to relax □ *d. q. con un pugno,* to knock sb. down **B distèndersi** *v. rifl.* **1** (sdraiarsi) to lie* down; to lay* oneself down **2** (estendersi) to spread* (out); to stretch **3** (rilassarsi) to relax.

distensióne *f.* **1** stretching out; straining **2** (rilassamento) relaxation **3** *(polit.)* « détente ».

distensivo *a.* relaxing; soothing • *politica distensiva,* conciliatory policy.

distésa *f.* expanse; stretch • *a d.*, uninterruptedly; continuously □ *Le campane suonano a d.*, the bells are ringing a full peal.

distesaménte *avv.* extensively; at length; in detail.

distéso *a.* **1** extended; outstretched; stretched out **2** (rilassato) relaxed • *per d.*, extensively; at (full) length; in full □ *cadere lungo d.*, to fall flat.

dìstico *m. (poesia)* couplet; (classico) distich.

distillare *v. t.* e *i.* to distil.

distillato *m. (chim.)* distillate.

distillatóre *m. (chim.)* distiller.

distillazióne *f. (chim.)* distillation • *prodotto di d.*, distillate.

distillerìa *f.* distillery.

distìnguere A *v. t.* **1** *(in quasi tutti i sensi)* to distinguish, to tell* (from); (percepire la differenza) to realize the difference, to see* the difference (anche *fig.*); to hear* (to taste, ecc.) the difference **2** (discernere) to make* out; to see*: *Non si distingueva nulla nella nebbia,* one couldn't see anything in the fog **3** (dividere) to divide; to separate **4** (contrassegnare) to mark; (caratterizzare) to characterize, to distinguish **5** (far spiccare, far emergere) to mark out; to put* in a class apart **B distìnguersi** *v. rifl.* to distinguish oneself • *farsi d.*, to be conspicuous; to make* oneself conspicuous.

distinta *f. (comm.)* list; note: *d. dei prezzi,* price list □ *d. di sconto,* discount note • *d. di versamento,* paying-in slip.

distintaménte *avv.* **1** distinctly; clearly **2** (separatamente) separately; severally **3** (in modo distinto) in a distinguished manner **4** (nella chiusa di lettere) Yours faithfully; Yours truly.

distintivo A *a.* distinctive; distinguishing **B** *m.* (anche *fig.*) badge.

distinto *a.* **1** distinct; (separato, anche) separate; (chiaro, anche) clear **2** (raffinato) refined; well-bred; distinguished • (nella chiusa di lettere) *(Con) distinti saluti,* Yours faithfully □ *(teatr.) posti distinti,* stalls.

distinzióne *f. (in ogni senso)* distinction: *senza fare distinzioni,* without making any distinctions □ *conferire una d. a q.*, to confer a distinction on sb. • *fare d.*, to distinguish □ *senza d.*, indiscriminately; (in modo equo) impartially, fairly.

distògliere *v. t.* **1** (dissuadere) to dissuade; to persuade (o to get*) (sb.) not to do (st.) **2** (distrarre) to take* (sb.) away (from); to put* (sb.) off *(fam.)*; to sway, to turn* aside *(con neg.)*.

distòrcere A *v. t.* to distort (anche *fig.*); to writhe; to twist; to wrench **B distòrcersi** *v. rifl.* (contorcersi) to writhe • *d. la caviglia (il polso),* to sprain one's ankle (one's wrist).

distorsióne *f.* **1** distortion (anche *fig.*) **2** *(med.)* sprain.

distòrto *a.* **1** distorted **2** *(med.)* sprained.

distrarre A *v. t.* **1** to distract; (da una preoccupazione o sim.) to take* (sb.'s) mind off (st.) **2** (divertire) to entertain; to amuse **B distrarsi** *v. rifl.* **1** to take* one's mind off (st.); to let* one's mind wander **2** (svagarsi) to amuse oneself; to have some fun • *Non distrarti!*, pay attention!

distrattaménte *avv.* absent-mindedly.

distratto A *a.* absent-minded; (disattento) inattentive **B** *m.* absent-minded person.

distrazióne *f.* **1** absent-mindedness; (disattenzione) inattention; (sbadataggine) carelessness **2** (divertimento) amusement; entertainment; distraction • *errore di d.*, careless mistake.

distrétto *m.* **1** district **2** *(mil.)* recruiting office; (in *G.B.*) H.Q.

distrettuale *a.* district *(attr.)*.

distribuire *v. t.* **1** *(in tutti i sensi)* to distribute; to dispense (quasi *lett.*) **2** (assegnare) to allot; to allocate (più *bur.*) **3** (dividere in porzioni e assegnare a più persone) to share (out); to deal* (out): *d. le carte* (da gioco), to deal the cards **4** (con parsimonia) to dole out **5** (il petrolio, ecc., per mezzo di grandi tubazioni) to pipe; (erogare acqua, gas, ecc.) to bring* **6** (un giornale in una zona) to see* to (o to be* in charge of) the circulation of (a paper) **7** (a mano) to hand out **8** (disporre, collocare) to place; to arrange; *(mil.)* to station • *(teatr.) d. le parti* (di un dramma), to cast a play □ *d. la posta,* to deliver the post (o the mail).

distributivo *a. (in tutti i sensi)* distributive.

distributóre *m.* **1** distributor **2** (di benzina) petrol pump; gasoline pump *(USA)* **3** (automatico) slot-machine; vending machine **4** *(cinem.:* di una pellicola*)* releaser.

distribuzióne *f.* **1** distribution **2** (assegnazione) allotment; allocation **3** (della posta) (postal) delivery **4** (disposizione) arrangement; lay-out • *(teatr.) d. delle parti,* cast (o casting) of a play □ *(cinem.) d. d'una pellicola,* release of a film.

districare A *v. t.* to disentangle; to unravel; to extricate **B districarsi** *v. rifl.* to extricate oneself; (cavarsela) to manage.

distrofìa *f. (med.)* dystrophia; dystrophy.

distrùggere *v. t.* to destroy (anche *fig.*); *(fig.)* to shatter.

distruttivo *a.* destructive.

distruttóre A *m.* destroyer **B** *a.* destroying; destructive.

distruzióne *f.* destruction.

disturbare A *v. t.* **1** to disturb; to trouble; to bother; to be a nuisance (to) **2** (sconvolgere) to upset* **3** *(radio)* to jam • *d. la pubblica quiete,* to disturb the peace **B disturbarsi** *v. rifl.* to bother; to trouble; to take* the trouble.

disturbatóre *m.* disturber.

disturbo *m.* **1** trouble; bother; inconvenience; (della quiete pubblica) disturbance: *prendersi il d. di fare q.c.*, to take the trouble to do st. □ *Non è stato nessun d.*, it was no trouble at all **2** *(med.)* indisposition; ailment; disorder; trouble **3** *(al pl., radio)* atmospherics *(pl.)*; (intenzionale) jamming • *recare molto d. a q.*, to put sb. to great inconvenience.

diṣubbidiènte *a.* disobedient.

diṣubbidiènza *f.* disobedience.

diṣubbidire *v. i. (raro v. t.)* **1** to disobey: *d. a q.*, to

disobey sb. **2** (trasgredire) to **break*.**
dișuguaglianza *f.* **difference; inequality; unevenness.**
dișuguagliare *v. t.* to **make*** (st.) **unequal** (o **different).**
dișuguale *a.* **unequal; different; uneven.**
dișumanità *f.* **inhumanity; brutality.**
dișumano *a.* **inhuman; brutal.**
dișunióne *f.* **disunion;** (di opinioni) **dissension.**
dișunire *v. t.* to **disunite.**
dișunito *a.* **1 disunited 2** (irregolare) **uneven; unequal.**
dișùria *f. (med.)* **dysuria; dysury.**
dișușato *a.* **old-fashioned; out-of-use; obsolete.**
dișușo *m.* **disuse**: *cadere in d.*, to fall into disuse (o out of use) • *voci cadute in d.*, obsolete words.
dișùtile *a.* **useless; worthless** • *persona d.*, good-for-nothing.
dișutilità *f.* **uselessness.**
dișvalóre *m.* **disvalue; negative value.**
dișvolére *v. t.* to **want no longer** • *volere e d.*, to change one's mind continually; to chop and change *(fam.)*.
ditale *m.* **1 thimble 2** (per proteggere un dito malato) **finger-stall.**
ditata *f.* **finger-print; finger-mark.**
diteggiare *v. t. (mus.)* to **finger.**
diteggiatura *f. (mus.)* **fingering.**
ditirambo *m. (letter.)* **dithyramb.**
dito *m.* **1** (della mano, di un guanto) **finger 2** (del piede) **toe 3** (misura) **finger; (about an) inch**: *(fig.) Gli dai un d. e si prende la mano,* give him an inch, he'll take an ell **4** *(zool.)* **digit** • *(med.) d. di gomma,* finger-stall □ *mettersi le dita nel naso,* to pick one's nose □ *mostrare a d. q.*, to point at sb. □ *(fig.) non muovere un d. per q.*, not to lift a finger to help sb. □ *toccare il cielo con un d.*, to be beside oneself with joy; to be in the seventh heaven □ *(fig.) Me la lego al d.*, you'll pay for this.
ditola *f.* (*bot.*, Clavaria) **club fungus; coral fungus.**
ditta *f.* **firm; business; concern** • *Spett. D.*, (negli indirizzi) Messrs.; (nell'introduzione di una lettera) Dear Sirs.
dittàfono *m. (marchio)* **dictaphone.**
dittamo *m.* (*bot.*, Origanum dictamnus) **dittany.**
dittatóre *m.* **dictator.**
dittatoriale *a.* **dictatorial.**
dittatura *f.* **dictatorship.**
dìttico *m. (arte, archeol.)* **diptych.**
dittòngo *m. (fon.)* **diphthong.**
diurèși *f. (med.)* **diuresis.**
diurètico *a.* e *m. (farm.)* **diuretic.**
diurnista *m.* e *f.* **day-labourer.**
diurno *a.* **1 day-time** *(attr.)* **2** *(zool., astron.)* **diurnal** • *albergo d.*, public baths and lavatories (with barber, etc.) □ *(teatr.) spettacolo d.*, matinée.
diuturno *a. (lett.)* **diuturnal.**
diva *f.* **1** *(lett.)* **goddess 2** *(cinem.)* **(film-)star;** *(teatr.)* **leading lady;** (di opera lirica o *iron.*) **prima donna.**
divagare A *v. t. (raro:* distrarre*)* to **distract B** *v. i.* to **ramble;** to **wander;** to **digress;** to **stray C divagarsi** *v. rifl.* to **amuse oneself.**
divagazióne *f.* **digression.**
divampare *v. i.* **1** to **burst* into flame(s);** to **be all ablaze 2** *(fig.)* to **spread* like wildfire** • *d. d'ira,* to flare up.
divano *m.* **sofa; divan** • *d. letto,* sofa bed.
divaricare *v. t.* to **open wide.**
divaricato *a.* **1 wide apart 2** *(bot.)* **divaricate** • *stare a gambe divaricate,* to straddle.
divàrio *m.* **discrepancy** (spesso *pl.*); **difference; gap.**
divedére *v. t.* — *dare a d.*, to give* to understand.
divèllere *v. t.* to **uproot;** to **eradicate** (anche *fig.*).
(1) divenire *V.* **diventare.**
(2) divenire *m. (filos.)* **becoming.**
diventare *v. t.* to **become*;** (per gradi) to **grow*** *(seguito da agg.)*, to **grow* into** *(seguito da nome)*; (rapidamente) to **turn** *(seguito da agg.)*, to **turn into** (di cose concrete), to **turn to** (di cose astratte); to **get*** *(fam., seguito da agg.)*: *d. amici,* to become friends □ *d. vecchio,* to grow (o to get) old □ *Il latte è diventato acido,* the milk has turned sour □ *L'acqua è diventata ghiaccio,* the water has turned into ice • *d. di mille colori,* to turn all the colours of the rainbow □ *d. (un) uomo,* to grow into a man □ *Diventerà una brava moglie,* she will make a good wife (for him) □ *C'è da d. matti!*, it's enough to drive one mad!
divèrbio *m.* **altercation; squabble; tiff.**
divergènte A *a.* **diverging; divergent B** *m. (al pl., naut.)* **kites.**
divergènza *f.* **divergence; divergency** • *d. d'opinioni,* difference of opinion.
divèrgere *v. i.* to **diverge** (from).
diversaménte *avv.* **1** (in modo diverso) **in a different way; differently; otherwise 2** (altrimenti) **otherwise; if not; or else.**
diversificare A *v. t.* **1** (rendere vario) to **diversify;** to **vary 2** (rendere differente) to **differentiate B diversificarsi** *v. rifl.* to **differ.**
diversióne *f. (in tutti i sensi)* **diversion.**
diversità *f.* **1 difference; diversity 2** (varietà) **variety.**
diversivo A *a.* (che distrae) **diverting B** *m.* **diversion; distraction.**
divèrso A *a.* **1 unlike; different**: *È molto d. dal gemello,* he's very unlike his twin **2** (*al pl.:* parecchi, numerosi) **several; a good many** *(fam.)*; **various;** *(comm.)* **sundry**: *diversi giorni fa,* several (o some) days ago • *(comm.) generi diversi,* sundries **B** *pron. indef. pl.* **several people; many (people) C** *m.* **1 misfit 2** (omosessuale) **homosexual; queer** *(fam.)*.
divertènte *a.* **amusing; entertaining; funny.**
divertiménto *m.* **1 fun; amusement; pleasure;** (passatempo) **recreation, hobby, pastime**: *fare q.c. per d.*, to do st. for fun □ *Coltivare le rose è il mio d. preferito,* growing roses is my hobby **2** *(mus.)* **divertimento*; divertissement** *(franc.)* • *Buon d.!*, have a good time!
divertire A *v. t.* **1** to **amuse;** to **entertain 2** *(lett.:* deviare*)* to **divert B divertirsi** *v. rifl.* to **amuse oneself;** to **have a good time;** to **enjoy oneself**: *Dunque, ti sei divertito?*, well, did you enjoy yourself?
divertito *a.* **amused.**
divétta *f. (cinem.)* **starlet;** (canzonettista) **music-hall singer.**
divezzare A *v. t.* to **wean** (anche *fig.*) **B divezzarsi** *v. rifl.* to **wean oneself** (from): to **give* up** (st.).
dividèndo *m. (mat., fin.)* **dividend.**
divìdere A *v. t.* **1** *(in tutti i sensi)* to **divide;** to **divide** (st.) **up**: *d. q.c. in tre parti,* to divide st. into three parts □ *(mat.) d. x per y,* to divide x by y **2** *(chim., fig.:* scindere*)* to **split* 3** (condividere) to **share 4** (in porzioni) to **share out;** to **parcel out** *(fam.)* **5** (separare) to **separate;** (litiganti, ecc.) to **part 6** (distinguere secondo un criterio) to **sort (out) B dividersi** *v. rifl.* **1** to **separate;** to **divide**: *d. dal marito,* to separate from one's husband **2** (separarsi, lasciarsi) to **part (company);** (di soci in commercio) to **dissolve one's partnership 3** (fendersi) to **split*;** to **break* (up).**
divièto *m.* **prohibition** • *d. di affissione,* stick no bills □ *d. di parcheggio,* no parking □ *d. di transito,* no thoroughfare.
divinaménte *avv.* **divinely; superbly; excellently; beautifully** *(fam.)*.
divinare *v. t.* to **divine;** (predire) to **foretell*.**
divinatóre *m.* **diviner; foreteller.**
divinatòrio *a.* **divinatory; prophetic.**
divinazióne *f.* **1 divination 2** *(fig.)* **intuition.**
divincolare A *v. t.* to **wriggle B divincolarsi** *v. rifl.* to **wriggle;** to **struggle;** (liberarsi) to **wriggle out** (of).
divinità *f.* **1 divinity 2** (nume) **divinity; god** *(masch.)*; **goddess** *(femm.)*.
diviniẓẓare *v. t.* to **deify;** to **divinize.**
divino *a.* **divine; godlike**: *re per diritto d.*, king by divine right • *una voce divina,* a heavenly voice.
divișa *f.* **1** (uniforme) **uniform 2** (dei capelli) **parting 3** *(araldica)* **device** • *(fin.) d. estera,* foreign currency □

farsi la d. a sinistra, to part one's hair on the left □ *un ufficiale in d. di gala,* an officer wearing full dress.
divișare *v. t.* e *i. (lett.)* to **plan**; to **devise**.
divișibile *a. (anche mat.)* **divisible.**
divișibilità *f. (anche mat.)* **divisibility.**
divișionale *a. (mil., fin.)* **divisional.**
divișionario *a. (fin.)* **divisional.**
divișióne *f.* ***1*** *(in quasi tutti i sensi)* **division** ***2*** (separazione) **separation** ***3*** (discordia, ecc.) **discord; deep difference of opinion** ***4*** (divisione in porzioni) **sharing out** ***5*** *(bur.)* **government department; bureau** *(USA)* ***6*** *(leg.)* **partition.**
divișionișmo *m. (pitt.)* **pointillism.**
divișionista *m.* e *f. (pitt.)* **pointillist.**
divișmo *m.* ***1*** *(cinem.)* **star megalomania** ***2*** (infatuazione per i divi) **star worship.**
divișo *a.* ***1*** **divided; separated** ***2*** (discorde) **divided; disunited; at variance** *(pred.).*
divișóre *m. (mat.)* **divisor**: *il massimo comun d.,* the greatest common divisor (*abbr.:* G.C.D.).
divișorio A *a.* **dividing; partition** *(attr.)* **B** *m.* **partition.**
divo *m.* ***1*** *(lett.)* **god; deity** ***2*** (attore o campione) **star** ● *d. dello schermo,* film star.
divorare A *v. t.* to **devour**; to **eat* up**; (trangugiare) to **gobble up**; (solo *fig.*) to **consume**, to **rack**: *d. un libro,* to devour a book □ *d. un pollo intero,* to gobble up a whole chicken **B divorarsi** *v. rifl.* to **be consumed** (with).
divoratóre A *m.* **devourer B** *a.* **devouring.**
divorziare *v. i.* to **divorce**: *d. dalla moglie,* to divorce one's wife.
divorziata *f.* **divorcée.**
divorziàto A *m.* **divorcé B** *a.* **divorced.**
divòrzio *m. (anche fig.)* **divorce**: *ottenere il d.,* to get a divorce.
divorzista *m.* e *f.* **supporter of divorce.**
divulgare A *v. t.* ***1*** to **divulge**; to **spread***; (per radio) to **broadcast***; (per telev.) to **telecast*** ***2*** (in forma facile) to **popularize**; to **vulgarize B divulgarsi** *v. rifl.* to **spread*.**
divulgativo *a.* **popular**: *manuali divulgativi,* popular manuals.
divulgatóre *m.* **divulger; popularizer.**
divulgazióne *f.* ***1*** **divulgation** ***2*** (in forma facile) **popularization; vulgarization.**
dizionàrio *m.* **dictionary** ● *d. geografico,* gazetteer.
dizionarista *m.* e *f.* **compiler of a dictionary; lexicographer.**
dizióne *f.* ***1*** **diction**: *d. poetica,* poetic diction ***2*** (recitazione) **recitation; recital** ***3*** (pronunzia) **pronunciation.**
do *m. invar. (mus.)* **doh, do*; C**: *chiave di do,* C clef.
dobermann *(ted.) m. invar.* (cane) **Doberman (pinscher).**
dóccia *f.* ***1*** **shower(-bath); douche** ***2*** (tubo) **pipe**; (di scarico) **drain-pipe**; (grondaia) **rain-pipe, gutter** ***3*** (apparecchiatura ortopedica) **plaster cast** ● *(fig.) dare una d. fredda a q.,* to cool (o to damp down) sb.'s enthusiasm.
doccióne *m. (archit.)* **gargoyle.**
docènte A *a.* **teaching**: *il corpo d.,* the teaching staff **B** *m.* e *f.* **teacher** ● *libero d.,* (approssimativamente) university lecturer.
docènza *f.* **teaching** ● *ottenere la libera d.,* to qualify for university teaching.
dòcile *a.* ***1*** **docile; meek (and mild)** ***2*** (di materiali) **soft; easy to work; malleable.**
docilità *f.* ***1*** **docility; meekness** ***2*** (di materiali) **softness; malleability.**
docilménte *avv.* **docilely; meekly.**
docimologia *f. (pedagogia)* **(statistical) analysis of tests.**
documentàbile *a.* **documentable; that can be proved (by documents); for which there is written evidence.**
documentare *v. t.* to **document**; to **supply with documentary evidence.**
documentàrio A *a.* **documentary B** *m. (cinem.)* **documentary (film)** ● *d. turistico,* travelogue.
documentarista *m.* e *f.* **documentary-film maker.**
documentazióne *f.* ***1*** **documentation** ***2*** (documenti) **documents** *(pl.).*
documénto *m.* ***1*** **document** (specialm. *leg.* o *stor.*); **paper(s); certificate** ***2*** (testimonianza) **proof; evidence** ● *(elab.) d. origine,* source document □ *(elab.) d. stampato,* hard copy.
dodecaèdro *m. (geom.)* **dodecahedron*.**
dodecafonìa *f. (mus.)* **twelve-note system.**
dodecafònico *a. (mus.)* **twelve-note** *(attr.)* ● *È musica dodecafonica,* it's music based on the twelve-note system.
dodecasillabo A *(poesia) a.* **dodecasyllabic; twelve-syllable** *(attr.)* **B** *m.* **dodecasyllable.**
dodicènne A *a.* **twelve years old** *(pred.)*; **twelve-year-old** *(attr.)* **B** *m.* **twelve-year-old boy C** *f.* **twelve-year-old girl.**
dodicèșimo *a. num. ord.* e *m.* **twelfth** ● *(tipogr.) in d.,* in duodecimo (*abbr.:* 12mo).
dódici *a. num. card.* e *m.* **twelve.**
dodicimila *a. num. card.* e *m.* **twelve thousand.**
dóga *f.* (di botte, ecc.) **stave.**
dogana *f.* ***1*** **customs**: *passare la d.,* to go through the customs ***2*** (sede) **customs house** ● *franco di d.,* duty-free □ *pagare la d.,* to pay duty.
doganale *a.* **customs** *(attr.)*: *formalità doganali,* customs formalities ● *magazzino d.,* bonded warehouse.
doganière *m.* **customs officer.**
dòge *m. (stor.)* **doge.**
dòglia *f. (lett.)* **pain; throe** *(specialm. al pl.)* ● *avere le doglie del parto,* to be in labour.
dògma *m.* **dogma*.**
dogmàtica *f. (relig.)* **dogmatics** *(pl. col verbo al sing.).*
dogmàtico A *a.* **dogmatic B** *m.* **dogmatist.**
dogmatișmo *m.* **dogmatism.**
dogmatiẓẓare *v. i.* to **dogmatize.**
(1) dólce *a.* ***1*** *(in molti sensi)* **sweet**; *(fig.)* **gentle, mild** (mite): *Il caffè mi piace d.,* I like my coffee sweet □ *dolci sogni,* sweet dreams □ *un clima d.,* a mild climate ***2*** (di materia facile da lavorare, di colore, e talora *fig.*) **soft**: *ferro d.,* soft iron ***3*** (di aria) **balmy** ***4*** (di acqua) **fresh** ***5*** *(fon.)* **soft** ● *avere un carattere d.,* to be sweet-tempered □ *farina d.,* chestnut flour □ *parole dolci,* kind words □ *Mi piacciono le cose dolci* (da mangiare), I have a sweet tooth.
(2) dólce *m.* ***1*** (il sapore; si concretizza in) **sweet things, sweet-tasting things, sweets** *(tutti pl.)*: *Il d. fa male ai denti,* sweets (o sweet things) are bad for one's teeth ***2*** (piatto, portata; confetto, caramella, ecc.) **sweet; sweetmeat; candy** *(USA)* ***3*** (torta) **cake.**
dolceamaro *a.* **bitter-sweet.**
dolcevita *f. (moda)* **polo (neck); turtleneck (sweater).**
dolcézza *f.* ***1*** **sweetness**; (*fig.*, anche) **gentleness; kindness** (bontà): **mildness** (mitezza): *trattare q. con d.,* to treat sb. with kindness ***2*** (di colore, suono) **softness** ***3*** (di profumo) **fragrance** ● *le dolcezze della vita,* the sweets of life □ *(vocat.) d. mia,* darling; sweet.
dolciàrio *a.* — *industria dolciaria,* confectionery.
dolciàstro *a.* ***1*** **sweetish**; (stucchevole) **sickly(-sweet)** ***2*** *(fig.)* **soft-spoken.**
dolcificante A *a.* **sweetening B** *m.* **sweetener.**
dolcificare *v. t.* to **sweeten.**
dolciume *m. (al pl.)* **sweetmeats; sweets; sweet stuff** *(sing.).*
dolènte *a.* **sorrowful; sad; doleful**; (spiacente) **(very) sorry.**
dolére A *v. i.* ***1*** to **ache**; to **hurt***: *Mi duole la testa,* my head aches; I have a headache ***2*** (rincrescere) to **regret**; to **be sorry** (about, for): *Mi duole di non poter venire,* I regret being unable to come; I am sorry I can't come **B dolérsi** *v. rifl.* ***1*** (lamentarsi) to **complain**: *non avere di che d.,* to have nothing to complain of (o about) ***2*** (essere spiacente) to **be (so, very, extremely) sorry.**

dolicocèfalo *a.* *(etnologia)* **dolichocephalic; long--headed.**
dolina *f.* *(geol.)* **dolina, doline.**
dòllaro *m.* **dollar; buck** *(pop. USA).*
dòlo *m.* *(leg.)* **1 malice 2** (truffa, inganno) **fraud; deceit.**
dolomite *f.* *(miner.)* **dolomite.**
dolomìtico *a.* **1** *(miner.)* **dolomitic 2** *(geogr.)* **of the Dolomites.**
dolorante *a.* **aching; sore; painful.**
dolóre *m.* **1 pain; ache**: *un d. acuto,* a sharp pain **2** (d. morale) **sorrow; grief;** (rincrescimento) **regret**: *esprimere il proprio profondo d.,* to express one's deep sorrow (o grief) □ *Di d. non si muore,* sorrow can't kill you ● *(relig.) atto di d.,* act of contrition □ *letto di d.,* sick-bed.
doloróso *a.* **1** (che procura dolore) **painful; sorrowful; sad; distressing 2** *(lett.:* addolorato) **sorrowful; sorrow-laden.**
dolóso *a.* *(leg.)* **fraudulent; malicious** ● *incendio d.,* arson.
domanda *f.* **1 question** (anche di esame, orale o scritto): *rispondere a una d.,* to answer a question □ *fare (o rivolgere) una domanda a q.,* to ask sb. a question **2** *(bur.:* in carta bollata o libera*)* **application**: *compilare una d.,* to fill in (o to write) an application □ *presentare una d.,* to send in an application **3** (richiesta cortese di q.c.) **request**: *fare una d.,* to make a request **4** (richiesta che esige soddisfazione) **demand**: *(econ.) d. e offerta,* supply and demand **5** *(leg.)* **petition; claim**: *d. di grazia (di divorzio, ecc.),* petition for mercy (for a divorce, etc.) ● *fare d. d'impiego,* to apply for a situation (o for a job).
domandare *v. t.* e *i.* **1 to ask;** (per ottenere q.c.) to **ask for** (st.): *d. q.c. a q.,* to ask sb. st. □ *d. perdono,* to ask sb. to forgive one; to ask sb.'s forgiveness **2** — *d. di q.* (chiedere se q. c'è) to ask (o to inquire) for sb.; (informarsi della salute di q.) to ask (o to inquire) after sb. □ *d. di q.c.,* to inquire (o to ask) about st. **3** (esigere) to **demand**: *d. ragione a q. di q.c.,* to demand satisfaction; to call sb. to account for st. **4** (chiedersi) to **wonder; to ask oneself** ● *d. la parola,* to ask leave to speak □ *d. scusa (a q.),* to beg sb.'s pardon; to say one is sorry (for st.) □ *Domando e dico se è questo il modo di rispondere!,* I ask you, is this the way to answer?
domani A *avv.* **tomorrow**: *d. mattina (pomeriggio),* tomorrow morning (afternoon) □ *d. l'altro (o dopo d.),* the day after tomorrow □ *d. a otto,* tomorrow week □ *A d.!,* goodbye till tomorrow; see you tomorrow **B** *m.* **tomorrow; (the) next day; (the) following day**: *D. sarà domenica,* tomorrow will be Sunday ● *Il d. è sempre incerto,* the future is always uncertain.
domare *v. t.* **1 to tame** (anche *fig.*): *d. un leone,* to tame a lion **2** (cavalli, muli, ecc.) to **break* in 3** *(fig.)* to **get* the better of** (sb.); to **crush**; to **subdue**, to **control** (specialm. i propri sentimenti): *d. una ribellione,* to crush a rebellion.
domatóre *m.* **tamer**: *un d. di leoni,* a lion-tamer ● *d. di cavalli,* horse-breaker.
domattina *avv.* **tomorrow morning.**
doménica *f.* **1 Sunday**: *mettersi il vestito della d.,* to put on one's Sunday best □ *d. a otto,* Sunday week (o a week on Sunday) **2** (giorno di riposo prescritto dalla relig., specialm. protestante) **Sabbath.**
domenicale *a.* **Sunday** *(attr.).*
domenicana *f.* *(relig.)* **Dominican nun.**
domenicano *a.* e *m.* *(relig.)* **Dominican.**
domèstica *f.* **maid; servant;** (non fissa) **help.**
domèstico A *a.* **domestic; household** *(attr.)* **B** *m.* **man-servant*;** (non fisso) **help.**
(1) domiciliare *a.* **domiciliary.**
(2) domiciliare A *v. t.* *(comm.)* to **domicile B domiciliarsi** *v. rifl.* to **settle;** to **take* up one's residence.**
domiciliato *a.* **domiciled; resident; residing.**
domicìlio *m.* **1** *(leg.)* **domicile; (place of) residence 2** (abitazione) **domicile; house; home**: *(leg.) violazione di d.,* house-breaking ● *franco a d.,* to be delivered free of charge.
dominante A *a.* **1 dominant** (anche *mus.*) **2** (che predomina) **predominant; predominating; prevalent; prevailing 3** *(meteorologia)* **prevailing B** *f.* *(mus.)* **dominant.**
dominare A *v. t.* e *i.* **1** *(in molti casi)* to **dominate**: *d. per pura forza di carattere,* to dominate by sheer force of character **2** (riuscire, vincere, dopo una lotta) to **prevail** (over); to **get* the better** (of): *d. i ribelli,* to get the better of (o to subdue) the rebels **3** (sovrastare) to **overlook 4** (comandare, signoreggiare) to **rule;** to **reign supreme** *(lett.* o *scherz.)*: *d. i mari,* to rule the seas **5** (dispoticamente, quasi sempre *scherz.*) to **domineer;** to **lord it;** to **be the boss 6** (saper bene) to **master** ● *dominato da un senso d'incubo,* hag-ridden □ *dominato dal vento,* wind-swept □ *un marito dominato dalla moglie,* a henpecked husband □ *non riuscire a d. l'ira,* to be unable to control one's anger **B dominarsi** *v. rifl.* to **control oneself** ● *non sapere d.,* to have no self--control.
dominatóre *m.* **dominator; ruler.**
dominazióne *f.* **domination; rule; sway.**
domineddio *m.* **the (good) Lord.**
domìnio *m.* **1** *(in tutti i sensi)* **dominion; (**della *G. B.; polit.)* **Dominion 2** (il dominare) **domination; control; ascendancy; supremacy; rule; sway 3** (proprietà) **property 4** (campo, settore) **domain; field** ● *d. di sé,* self-control □ *avere il d. dei mari,* to rule over the seas □ *Ciò è di pubblico d.,* everybody knows that.
(1) dòmino *m.* (mantello) **domino*.**
(2) dòmino *m.* **1** (il gioco) **dominoes** *(pl. col verbo al sing.)* **2** (la pedina) **domino*.**
(1) dòn *m.* **1** *(relig.)* **Father;** (per alcuni ordini monastici) **Dom 2** (titolo spagnolo o ital.) **Don**: *don Giovanni,* Don Juan.
(2) dòn *inter.* e *m.* **dong**: *din don,* ding(-)dong.
donare A *v. t.* to **give* (as a present);** to **present** (with); *(leg.)* to **donate B** *v. i.* (addirsi) to **suit** (sb.); to **become*** (sb.).
donatàrio *m.* *(leg.)* **donee.**
donativo *m.* **gift; present.**
donatóre *m.* (anche *leg.*) **donor**: *(med.) un d. di sangue,* a blood donor.
donazióne *f.* (anche *fig.*) **donation; gift**: *(leg.) atto di d.,* deed of gift.
donchisciottésco *a.* **quixotic.**
dónde *avv.* *(lett.)* **whence; from where** ● *averne ben d.,* to have good reason (for st.).
dondolare A *v. t.* e *i.* **1** to **swing*;** to **dangle 2** (una culla, ecc.) to **rock B dondolarsi** *v. rifl.* **1** to **swing*;** to **rock (oneself) 2** *(fig.)* to **dawdle about;** to **hang* about;** to **idle** ● *passare il tempo a d.,* to idle away one's time.
dondolìo *m.* **rocking; swinging.**
dóndolo *m.* **swing** ● *cavallo a d.,* rocking horse □ *sedia a d.,* rocking chair.
dondolóne *m.* **loafer; idler.**
dondolóni *avv.* *V.* **ciondolóni.**
dongiovanni *m.* **Don Juan; lady-killer** *(fam.).*
dónna *f.* **1 woman***: *uomini e donne,* men and women □ *calzature da d.,* women's shoes **2** (giovane) **girl**: *Gli piacciono le donne,* he likes girls (o women) **3** (di servizio) **servant; maid; help;** (a ore) **part-time help, charwoman* 4** (titolo seguito da nome) **« donna » 5** (in senso medievale: signora) **lady 6** (delle carte da gioco) **queen** ● *d. di casa,* housewife (massaia); (the) stay-at-home sort of woman □ *d. di strada,* street-walker □ *d. nubile,* single woman; spinster □ *da d.* (spesso *spreg.*), womanish □ *(fam.) la mia d.,* my wife □ *le mie donne* (della famiglia), my women-folk □ *movimento per la liberazione della donna,* Women's Liberation □ *nemico delle donne,* woman-hater □ *prima d.,* (di prosa, operetta) leading lady; (di opera lirica e *fig.*) « prima donna » □ *riunione di donne (sole),* women's meeting; hen-party *(fam.).*
donnàccia *f.* **woman* of loose morals; tart** *(pop.).*
donnai(u)òlo *m.* **ladies' man*; Don Juan.**
donnésco *a.* **a woman's, women's; womanish** (spesso *spreg.*); **feminine.**
donnino *m.* **1 (pretty) little woman* 2** (di uomo) **sissy** *(fam.).*

dònnola *f.* (*zool.*, Putorius nivalis) **weasel.**
dóno *m.* ***1*** **gift; present**: *in d.*, as a gift ***2*** (disposizione) **gift; talent** ● *i doni della terra,* the fruits of the earth.
donzèlla *f.* *(lett.)* **damsel** *(lett., scherz.)*; **maiden** *(lett.)*.
(1) dópo ***A*** *prep.* ***1*** *(di tempo e luogo)* **after**: *d. un anno,* after a year □ *d. di lui,* after him □ *d. tutto,* after all ***2*** *(di luogo,* anche*)* **beyond; past** ***3*** *(seguito dal p.p.)* **after; when**: *D. dormito, ti sentirai meglio,* when you've had a sleep (o after a sleep, after sleeping), you'll feel better ***4*** *(di tempo,* talora*)* **since**: *Non ci siamo più visti d. Pasqua,* we haven't met since Easter ***B*** *avv.* ***1*** *(di tempo)* **after; afterwards; then**: *molto d.,* a long time after ***2*** *(di tempo:* più tardi*)* **later; later on** ***3*** *(di luogo)* **after; next;** (dietro) **behind**: *Che cosa viene d.?*, what comes next? ● *A d.!*, see you later!
(2) dópo *m.* **(what comes) afterwards; (the) future.**
dopobarba *m. invar.* **aftershave lotion.**
dopoché *cong.* **after** *(spesso seguito dal gerundio)*; **when;** (da quando) **since**: *D. ebbi letto il libro, cambiai idea,* after reading the book, I changed my mind.
dopodomani, dópo domani *avv.* **the day after tomorrow.**
dopoguèrra *m.* **(the) post-war (period)** ● *la generazione del d.,* the post-war generation.
dopolavóro *m.* « **dopolavoro** » (club with recreational facilities).
dopopranzo *m.* **afternoon**: *Vieni nel d.,* come this afternoon.
doposcì *a.* e *m.* (moda) **après-ski** ● *articoli per il d.,* après-ski wear *(collett.)*.
doposcuòla *m.* **after-school activities** *(pl.)*.
dopotutto *avv.* **after all.**
doppiàggio *m.* *(cinem.)* **dubbing(-in).**
doppiaménte *avv.* ***1*** **doubly** ***2*** (falsamente) **deceitfully.**
(1) doppiare *v. t.* ***1*** to **double** ***2*** *(naut.)* to **double**; to **round.**
(2) doppiare *v. t.* *(cinem.)* to **dub**; to **dub-in.**
doppiato *m.* *(cinem.)* **dub; dubbed sound-track.**
doppiatóre *m.* *(cinem.)* **dubber.**
doppieggiatura *f.* *(tipogr.)* **slur.**
doppière *m.* **two-branched candlestick (o chandelier).**
doppiétta *f.* **double-barrelled gun.**
doppiézza *f.* ***1*** **doubleness** (poco comune) ***2*** *(fig.)* **duplicity; double-dealing.**
dóppio ***A*** *a.* ***1*** **double** ***2*** *(più lett.)* **twofold** *(quasi sempre pred.)* ***3*** *(aeron.,* ecc.*)* **dual**: *d. comando,* dual controls *(pl.)* ***4*** (finto, ipocrita) **double-dealing; deceitful;** *(più lett.)* **double-faced, double-tongued** ● *arma a d. taglio,* double-edged (o two-edged) weapon (anche *fig.*) □ *avere un doppia vita,* to lead a double life □ *fare il d. gioco con q.*, to double-cross sb. □ *giacca a d. petto,* double-breasted jacket □ *(mecc.)* *pompa a d. effetto,* double-acting pump □ *serrare a d. giro,* to double-lock ***B*** *m.* ***1*** **twice (the) amount; twice as much** *(rif. a un sing.)*, **twice as many** *(rif. a un pl.)* ***2*** *(tennis)* **doubles** *(pl.)* ***3*** (di numero) **double;** (anche) **twice** (due volte): *il d. di novantanove,* twice ninety-nine ● *(fig.)* *a cento doppi* (molte volte di più), many times as much (o as many) □ (di campane) *sonare a d.*, to ring a full peal ***C*** *avv.* ***1*** **double**: (anche *fig.*) *vederci d.*, to see double ***2*** *(raro, fig.)* **deceitfully; ambiguously.**
doppiofóndo *m.* **double (o false) bottom.**
doppiogiochista *m.* e *f.* **double-dealer.**
doppióne *m.* ***1*** **duplicate** ***2*** (di parola) **doublet.**
doppiopètto ***A*** *a.* **double-breasted** ***B*** *m. invar.* (giacca) **double-breasted jacket;** (cappotto) **double-breasted coat.**
doppista *m.* e *f.* *(tennis)* **doubles player.**
dorare *v. t.* ***1*** to **gild***; (placcare d'oro) to **gold-plate** ***2*** *(cucina)* to **brown**; to **fry** (st.) **to a golden brown.**
dorato *a.* ***1*** **gilt; gold-plated** ***2*** *(fig.)* **gilded**: *gioventù dorata,* gilded youth ***3*** (color d'oro) **golden**: *uva dorata,* golden grapes *(pl.)* □ *bruno d.*, golden brown.
doratóre *m.* **gilder.**
doratura *f.* **gilding;** (placcatura) **gold-plating.**
dòrico ***A*** *a.* *(archit.)* **Doric** ***B*** *m.* (il dialetto) **(the) Doric (dialect).**
dorifora *f.* *(zool.,* Doryphora decemlineata*)* **potato-beetle.**
dormicchiare *v. i.* to **doze**; to **drowse**; to **slumber**; to **snooze** *(fam.)*.
dormiènte ***A*** *a.* **sleeping; asleep** *(pred.)* ***B*** *m.* e *f.* **sleeper** ***C*** *m.* *(edil.)* **sleeper; ground-beam.**
dormiglióne *m.* **sleepy-head.**
dormire *v. i.* e *t.* ***1*** to **sleep***; to **be asleep**: *d. come un ghiro,* to sleep like a top (o like a log) □ *Questo ti farà d.*, this will put you to sleep □ *d. sonni tranquilli,* to sleep peacefully □ *d. il sonno eterno,* to sleep one's last sleep ***2*** (essere provvisoriamente inattivo) to **be dormant**: *le passioni che dormono nel nostro cuore,* the passions dormant in our hearts ● *(fig.)* *d. a occhi aperti,* to be dropping with sleep □ *d. bene* (non soffrire d'insonnia), to be a good (o sound) sleeper □ *(fig.)* *d. con gli occhi aperti,* to sleep with one eye open □ *d. male,* to be a bad sleeper □ *andare a d.*, to go to bed □ *Puoi d. tra due guanciali,* you can set your mind at rest; there's absolutely no need to worry.
dormita *f.* **sleep**: *fare una bella d.*, to have a good sleep.
dormitina *f.* **nap; forty winks** *(fam.)*.
dormitòrio *m.* **dormitory** ● *d. pubblico,* dosshouse *(pop.)*.
dormivéglia *m.* **drowsiness** ● *stare in d.*, to be half-asleep.
dorsale ***A*** *a.* **dorsal** ● *(anat.)* *spina d.*, backbone ***B*** *f.* (di monte) **ridge.**
dorsista *m.* e *f.* *(sport)* **backstroke swimmer.**
dòrso *m.* ***1*** **back** ***2*** (di monte) **ridge** ***3*** (di libro) **back; spine** ***4*** (stile di nuoto) **backstroke.**
doșàggio *m.* **dosing; dosage.**
doșare *v. t.* ***1*** to **dose**; to **measure out** ***2*** (distribuire con parsimonia) to **dole out** ● *d. le parole,* to weigh one's words.
dòse *f.* **dose** (anche *fig.*); (di un ingrediente) **amount**: *la d. massima (minima, letale),* the maximum (minimum, lethal) dose ● *d. eccessiva,* overdose.
dossier *(franc.)* *m.* **dossier.**
dòsso *m.* **back** ● *cavarsi (o levarsi) di d. i vestiti,* to take off one's clothes □ *levarsi di d. q.c.*, to get rid of st.
dotale *a.* **dotal.**
dotare *v. t.* ***1*** to **endow** (anche *fig.*); to **bestow upon**: *d. un ospedale,* to endow a hospital □ *essere dotato di una eccellente memoria,* to be endowed with an excellent memory ***2*** (attrezzare) to **equip** (with).
dotato *a.* ***1*** **endowed, gifted** (with) ***2*** (provveduto di ottime qualità) **gifted; talented** ***3*** **equipped, provided** (with).
dotazióne *f.* ***1*** **endowment** ***2*** (di macchina, ecc.) **equipment.**
dòte *f.* ***1*** (di sposa) **marriage settlement; dowry; dot** ***2*** (beni assegnati a istituto o ente) **endowment** ***3*** (dono, qualità) **endowment; gift**: *doti mentali,* mental endowments ● *sposare la d.*, to marry money.
dòtto ***A*** *a.* **learned; deeply-read; scholarly; erudite;** (esperto) **skilled** ***B*** *m.* **scholar; learned man*.**
dótto *m.* *(anat.)* **duct.**
dottorale *a.* **doctoral** ● *assumere atteggiamenti dottorali,* to put on learned airs.
dottorato *m.* **doctorate.**
dottóre *m.* ***1*** (medico) **doctor,** *(abbr. davanti a nome)* **Dr.; physician**: *mandare a chiamare il d.*, to send for the doctor □ *Il Dott. Watson è il nostro medico curante,* Dr. Watson is our family doctor ***2*** (laureato in genere) **graduate;** *(davanti a nome)* **Mr**: *Il Dott. Scarpa è il mio avvocato,* Mr Scarpa is my lawyer ● *(relig.)* *i dottori della Chiesa,* the Doctors of the Church.
dottoreggiare *v. i.* *(scherz., spreg.)* to **pontificate**; to **put* on learned airs.**
dottoréssa *f.* ***1*** (in medicina) **(lady) doctor,** *(abbr. davanti a nome)* **Dr.** ***2*** (laureata) **graduate;** *(davanti a nome)* **Miss, Mrs.**
dottrina *f.* ***1*** **doctrine; teaching** ***2*** (erudizione) **learning** ***3*** (catechismo) **catechism** ● *andare alla d.*, to go to Sunday school.
dottrinale *a.* **doctrinal.**

dottrinàrio *a.* e *m.* **doctrinaire.**
double face *(franc.) a.* (di tessuto) **reversible.**
dóve A *avv.* **1 where** (anche *interr.*): *la casa dove nacqui,* the house where I was born □ *D. vai?,* where are you going? □ *Di d. sei venuto?,* where did you come from? **2** (anche: d. che, dovunque) **wherever** ● *d. che sia* (in un posto qualsiasi), **anywhere** □ *Per d. è passato?,* which way did he go? □ *Non so da d. cominciare,* I don't know where to begin □ *Fin d. l'accompagnasti?,* how far did you accompany him? **B** *cong. (lett.)* **1** (se) **if 2** (mentre) **while; whilst; whereas C** *m.* **where; (the) whereabouts**: *il d. e il quando,* the where and when ● *in (o per) ogni d.,* everywhere.
(1) dovére *v. i.* e *t.* **1** *(per esprimere obbligo, comando)* **must** *(difett., al pres.);* to **have to,** to **be to** (+ *inf.*); **shall** *(difett., nella 2ª e 3ª pers. sing. e pl.)*: *Il libro deve essere restituito subito,* the book must be returned at once □ *Dovetti andarmene prima della fine,* I had to leave before the end □ *Quando arriverà in Inghilterra, dovrà presentarsi alla polizia,* when he arrives in England, he is to report to the police □ *Le domande devono essere spedite entro il 1º ottobre,* all applications shall be sent within October 1st **2** *(necessità, opportunità; mi tocca, ecc.) (in frasi afferm. e interr. positive)* to **have to,** to **have got to, must** *(difett.); (in frasi interr. positive)* **need** *(difett.),* to **need;** *(in frasi neg.)* **need not** *(difett.),* **not to need to** (+ *inf.*), **not to have got to** (+ *inf.*): *A che ora devi partire?,* what time have you got to leave (o must you leave)? □ *Devi proprio andartene subito?,* must (o need) you really go at once? □ *Domani non devo alzarmi presto,* I needn't (o I haven't got to) get up early tomorrow □ *Non devi alzarti presto domattina?,* haven't you got to get up early tomorrow morning? **3** *(accordo, impegno, programma stabilito, fatalità, inevitabilità, imbarazzo)* **to be to** (+ *inf.*): *Chi deve parlare ora?,* who is to speak next? □ *Il peggio deve ancora venire,* the worst is still to come **4** *(forte probabilità)* **must** *(difett.); (certezza, destino)* to **be bound to** (+ *inf.*): *Dev'essere tardi,* it must be late □ *Doveva essere tardi,* it must have been late □ *Tutti gli uomini devono morire,* all men are bound to die (o must die) **5** *(in frasi interr.: devo..?, dobbiamo..?,* nel senso di: *vuoi che...?, volete che...?)* **shall I?** (o **shall we?**) *(difett.);* **am I** (o **are we**) **to** (+ *inf.*)?: *Devo aspettarti?,* shall I wait for you? **6** *(al condiz.)* **should** *(difett.);* **should have to** (+ *inf.*); *(specialm. per indicare l'idea di consiglio o rimprovero)* **ought to** (+ *inf.*): *Dovresti fare più attenzione,* you should (o you ought to) pay more attention □ *Non avresti dovuto dirglielo,* you shouldn't have told him **7** *(al congiunt. imperfetto)* **should** *(difett.);* **were to** (+ *inf.*): *Se dovesse arrivare, digli di attendere,* if he should (o should he) arrive, tell him to wait **8** *(nei modi e tempi non coperti dai difettivi)* to **have to** (+ *inf.*); *(essere costretto, obbligato, forzato)* to **be compelled (obliged, forced) to** (+ *inf.*): *se io avessi dovuto lavorare tanto...,* if I had to work so hard... □ *Se non ci pagate subito, dovremo adire le vie legali,* if you don't pay us at once, we shall be obliged to take legal steps **9** *(essere dovuto; essere da pagare, da attribuire, ecc.)* to **be due**: *Questo è il saldo che ci è dovuto,* this is the balance due to us **10** *(essere debitore di)* to **owe**: *Ti devo dieci sterline,* I owe you ten pounds ● *d. arrivare,* to be due (to arrive).
(2) dovére *m.* **1 duty**: *fare il proprio d.,* to do one's duty □ *doveri sociali,* social duties **2** *(al pl.:* ossequi) **respects; compliments** ● *credersi in d. di fare q.c.,* to think it one's duty to do st. □ *fare q.c. a d.,* to do st. correctly (o thoroughly, well) □ *sentire il d. di far q.c.,* to feel bound to do st.
doverosaménte *avv.* **duly; properly.**
doveróso *a.* **right (and proper)** ● *È d. riconoscere che...,* it must be admitted that...
dovìzia *f. (lett.)* **abundance; copiousness; wealth; plenty.**
dovizióso *a. (lett.)* **abundant; copious; wealthy.**
dovunque A *avv.* (dappertutto) **everywhere;** (in qualsiasi luogo) **anywhere B** *cong.* **wherever**: *d. io sia,* wherever I am.
dovutamènte *avv.* **duly.**
dovuto A *a.* **1 due** *(posposto al sost.)*: *il denaro d.,* the money due **2** *(debito)* **due; proper; rightful B** *m.* **amount due.**
dozzina *f.* **1 dozen**: *sei dozzine di matite,* six dozen pencils □ *novecento lire alla d., nine hundred liras a dozen* **2** (circa 12) **about a dozen 3** (pensione) **board and lodging** ● *a dozzine,* by the dozen; in dozens □ *prendere q. a d.,* to take in a boarder.
dozzinale *a.* **cheap; second-rate.**
dozzinante *m.* e *f.* **boarder.**
draconiano *a. (stor., fig.)* **Draconian; Draconic.**
draga *f. (mecc.)* **dredge.**
dragàggio *m.* **dredging.**
dragamine *m. (naut.)* **minesweeper.**
dragare *v. t.* to **dredge.**
dràglia *f. (naut.)* **stay.**
drago *m.* **dragon** ● *(aeron.) pallone d.,* kite balloon.
dragomanno *m.* **dragoman.**
dragóne *m.* **1** *(mitol.)* **dragon 2** *(mil.)* **dragoon.**
(1) dramma *m.* **1** *(teatr.)* **play; drama 2** *(fig.)* **tragedy.**
(2) dramma *f.* **1** (misura di peso) **dram, drachm 2** (moneta greca) **drachma*.**
drammàtica *f.* **dramatics** *(pl. col verbo al sing.);* **dramatic art.**
drammaticità *f.* **dramaticism; dramatic character.**
drammàtico *a.* **dramatic**: *una rappresentazione drammatica,* a dramatic performance ● *compagnia drammatica,* (theatrical) company □ *scrittore d.,* playwright; dramatist.
drammatizzare *v. t.* to **dramatize.**
drammatizzazióne *f.* **dramatization.**
drammaturgìa *f.* **dramatic composition; dramaturgy.**
drammaturgo *m.* **playwright; dramatist.**
drappeggiare *v. t.* to **drape.**
drappéggio *m.* **drapery; drape.**
drappèllo *m. (mil.)* **squad; platoon.**
drapperìa *f.* **1 drapery 2** *(negozio)* **draper's (shop).**
drappo *m.* **cloth; fabric** ● *d. funebre, pall.*
dràstico *a. (med., fig.)* **drastic.**
drenàggio *m.* **drain; drainage** ● *d. fiscale,* fiscal drag.
drenare *v. t.* to **drain.**
drìade *f. (mitol.)* **dryad; wood-nymph.**
dribblare *v. i.* e *t. (sport)* to **dribble.**
drindrìn *inter.* e *n.* **ting-a-ling.**
dritta *f.* **1** (mano destra) **right hand 2** (lato destro) **right(-hand) side 3** *(naut.)* **starboard.**
dritto A *a.* **1** *V.* **(1) diritto 2** *(gergo)* **slick** *(pop.)* **B** *m.* **1** *V.* **(1) diritto 2** *(naut.)* — *d. di poppa,* sternpost □ *d. di prua,* **stem 3** *(fam.:* persona scaltra, senza scrupoli) **slicker** *(pop.)* **C** *avv.* **straight.**
drittofilo *m.* (del cucire) **straight line** (marked with needle before sewing).
drizza *f. (naut.)* **halyard; halliard.**
drizzare A *v. t.* **1** (raddrizzare) to **straighten 2** (rizzare) to **prick up**: *d. le orecchie,* to prick up one's ears **3** (innalzare) to **erect B drizzarsi** *v. rifl.* **1** (raddrizzarsi) to **straighten 2** (alzarsi) to **rise*;** (in piedi) to **stand* up.**
dròga *f.* **1** (spezie) **spice 2** (stupefacente) **drug; dope** ● *essere dedito alla d.,* to be a drug addict.
drogare A *v. t.* **1** to **spice 2** (somministrare droghe) to **drug;** to **dope B drogarsi** *v. rifl.* to **take* drugs;** (abitualmente) to **be a drug addict.**
drogàggio *m. (sport)* **doping.**
drogato A *a.* **1 spiced; seasoned 2** (sottoposto a drogaggio) **doped B** *m.* **drug addict.**
drogherìa *f.* **grocer's (shop)** ● *generi di d.,* groceries.
droghière *m.* **grocer.**
dromedàrio *m. (zool.,* Camelus dromedarius) **dromedary.**
druidismo *m. (stor.)* **Druidism.**
drùido *m. (stor.)* **Druid.**
drupa *f. (bot.)* **drupe; stone fruit.**
duale *a.* e *m. (gramm.)* **dual.**
dualismo *m.* **1** *(filos.)* **dualism 2** *(fig.)* **rivalry; an-**

tagonism.
dualista *m.* e *f.* *(filos.)* **dualist.**
dualità *f.* **duality; twoness.**
(1) dùbbio *a.* **doubtful; uncertain; dubious** (in senso cattivo).
(2) dùbbio *m.* ***1*** **doubt**: *senza d.,* no doubt; without doubt □ *essere in d. se accettare o no,* to be in doubt whether to accept or not ***2*** (punto oscuro) **doubtful point** ***3*** (sospetto, anche) **suspicion**: *Non è che un d.,* it's only a suspicion ● *mettere in d.,* to doubt; to question □ *Non c'è d. che le sue intenzioni siano oneste,* no doubt he means well.
dubbióso *a.* **doubtful; uncertain; dubious.**
dubitare *v. i.* ***1*** (credere improbabile) to **doubt**: *Dubiti della mia parola?,* do you doubt my word? ***2*** (credere probabile; temere) to **suspect;** to **be afraid**: *Dubito che sia tardi,* I suspect (o I am afraid) it is late ***3*** (diffidare) **not** to **trust;** to **distrust;** to **be doubtful** (about): *Dubitavo del risultato,* I was doubtful about the result ● *Ne dubito,* I have my doubts (about it) □ *T'aiuterò, non d.!,* I will help you, depend on it.
dubitativo *a.* **dubitative.**
duca *m.* **duke.**
ducale *a.* **ducal.**
ducato *m.* ***1*** **dukedom** ***2*** (feudo ducale) **duchy** ***3*** (*stor.:* moneta) **ducat.**
duce *m.* ***1*** **captain; leader** ***2*** (titolo dato a B. Mussolini) **« duce ».**
duchéssa *f.* **duchess.**
duchessina *f.* **duke's daughter; « duchessina ».**
duchino *m.* **duke's son.**
due *a. num. card.* e *m.* ***1*** **two**: *Due più due fa quattro,* two and two is four □ *a due a due,* two by two; by twos □ *il due di quadri,* the two of diamonds ***2*** (*fig.:* quantità indeterminata) **a few; one or two; a couple of**: *Vorrei dire due parole,* I should like to say a few words ***3*** (nelle date) **2nd (second)**: *Arriverò il due,* I shall arrive on the 2nd ● *due volte,* twice □ *lavorare per due,* to work twice as hard as anybody else □ *mangiare per due,* to eat twice as much as anybody else □ *ogni due giorni,* every other day □ *Ho da dirgli due parole,* I want to have a word with him □ *Una delle due, o la smetti o ti caccio fuori,* either you stop it, or out you go.
duecentésco *a.* **thirteenth-century** *(attr.).*
duecentèsimo *a. num. ord.* e *m.* **two hundredth.**
duecentista *m.* e *f.* ***1*** **thirteenth-century writer** (o **artist)** ***2*** *(atletica)* **two hundred metre sprinter.**
duecènto ***A*** *a. num. card.* **two hundred** ***B*** *m.* ***1*** **two hundred** ***2*** (il secolo) **(the) thirteenth century;** (rif. all'arte italiana, anche) **« Duecento ».**
duellante *m.* e *f.* **duellist.**
duellare *v. i.* to **duel;** to **fight* a duel.**
duèllo *m.* **duel** (anche *fig.*): *battersi in d.,* to fight a duel.
duemila *a. num. card.* e *m.* **two thousand.**
duepèzzi *m.* ***1*** (costume da bagno) **two-piece bathing suit** ***2*** (abito) **two-piece (suit).**
duétto *m.* *(mus., fig.)* **duet.**
dugòngo *m.* (*zool.,* Dugong dugong) **dugong.**
dulcamara *f.* (*bot.,* Solanum dulcamara) **woody nightshade.**
dum-dum *a.* — *proiettile d.,* dumdum bullet.
duna *f.* **dune**: *dune di sabbia,* sand dunes □ *una d. mobile,* a wandering dune.
dùnque ***A*** *cong.* ***1*** *(per indicare conclusione, conseguenza)* **so; well then** ***2*** *(rafforzativo)* **then; so**: *Perché d. dovrei farlo?,* why then should I do it?; so why should I (do it)? ***3*** (incominciando o riprendendo un discorso) **well; so**: *D., devi sapere che...,* well, you must know that... ***B*** *m.* — *venire al d.,* to come to the point.
duo *m.* *(mus.)* **duo*; duet.**
duodècimo *a. num. ord.* **twelfth.**
duodenale *a.* *(anat.)* **duodenal.**
duodèno *m.* *(anat.)* **duodenum*.**
duòlo *m.* *(lett.)* **grief; sorrow.**
duòmo *m.* ***1*** **cathedral** ***2*** *(ferr.)* **dome; steam dome.**
duplex *m.* *(tel.)* **party line.**
duplicare *v. t.* to **duplicate.**
duplicato *m.* **duplicate.**
duplicatóre *m.* ***1*** **duplicator** ***2*** *(radio)* **doubler.**
dùplice *a.* **double; twofold** ● *in d. copia,* in duplicate.
duplicità *f.* ***1*** **doubleness** ***2*** (*raro:* doppiezza) **duplicity; double-dealing.**
duràcino *a.* *(bot.)* **clingstone.**
durallumìnio *m.* *(metall.)* **Duralumin** *(marchio).*
duramadre *f.* *(anat.)* **dura mater.**
durame *m.* *(bot.)* **duramen; heartwood.**
duraménte *avv.* ***1*** (aspramente) **harshly;** (in malo modo) **roughly** ***2*** (anche *fig.*) **hard**: *lavorare d.,* to work hard.
durante *prep.* ***1*** **during; in; in the course of; on** (solo con **way, journey,** ecc.): *d. l'estate,* in (o during) the summer □ *d. il viaggio,* on the journey ***2*** (per un intero periodo) **all through; for... on end; during the whole of; throughout**: *d. tutta la notte,* all through the night □ *d. tutto il seicento,* throughout the 17th century.
durare *v. i.* e *t.* ***1*** to **last;** to **go* on**: *Quanto credi che durerà?,* how long do you think it will last? □ *Lo spettacolo durava da tre ore,* the show had been going on for three hours ***2*** (resistere) to **hold* out;** to **last out** *(fam.);* to **wear* well** (di cose e anche *fig.*): *d. fino alla fine,* to hold out to the end ***3*** (conservarsi) to **keep*** ***4*** (persistere) to **persist** ***5*** (perseverare) to **persevere** ● *d. fatica,* to find it difficult (to); scarcely to be able (to); to have an awful job *(fam.);* to have difficulty (in, *con il gerundio*) □ *d. in carica,* to remain in office.
durata *f.* ***1*** **duration; length (of time)** ***2*** (periodo) **period; term**: *per la d. di vent'anni,* for a term of twenty years ***3*** (di un motore, ecc.) **life** ***4*** (di stoffa, ecc.) **wear** ● *essere di (lunga) d.,* to last well; (di stoffa, ecc.) to wear well □ *per tutta la d. di q.c.,* all through (o throughout) st. □ (di motore) *prova di d.* (al banco), endurance test.
durativo *a.* *(linguistica)* **durative.**
duraturo *a.* ***1*** **lasting; long-lived;** (solido) **sound** ***2*** (di tinta) **fast.**
durévole *a.* **lasting; durable.**
durézza *f.* ***1*** (anche *fig.*) **hardness** ***2*** (tigliosità e *fig.*) **toughness** ***3*** (asprezza) **harshness;** (rigidità) **stiffness** ***4*** (ostinazione) **obstinacy; pig-headedness** *(fam.)* ● *legno di grande d.,* very hard wood □ *trattare q. con d.,* to be very hard on sb.
duro ***A*** *a.* ***1*** **hard** (anche *fig.*): *legno d.,* hard wood □ *(chim.) acqua dura,* hard water □ *tempi duri,* hard times □ *essere troppo d. con q.,* to be too hard on sb. ***2*** (tiglioso e *fig.*) **tough**: *d. come il cuoio,* as tough as leather □ *un compito d.,* a tough job ***3*** (di meccanismo, ecc.) **stiff** ***4*** (aspro) **harsh**: *una voce dura e sgradevole,* a harsh, unpleasant voice ***5*** (ostinato) **obstinate; pig-headed** *(fam.)* ***6*** (di comprendonio) **dense; stupid** ● *la dura verità,* the plain, unvarnished truth □ *avere il cuore duro,* to be hard-hearted □ *avere i lineamenti duri,* to be hard-featured □ *pane d.,* stale bread □ *tener d.,* not to give in; to hold out; to stick it out *(fam.)* □ *uova dure,* hard-boiled eggs □ *Le vecchie superstizioni sono dure a morire,* old superstitions die hard ***B*** *m.* ***1*** **(something) hard** ***2*** (*fam.:* prepotente) **tough; tough guy (**o **hoodlum)** *(USA);* **hooligan; bully** ***3*** (*fam.:* ultimo a cedere) **diehard** ● *fare il d. con q.,* to bully sb. □ *Mi piace dormire sul d.,* I like a hard bed.
duróne *m.* **callosity.**
dùttile *a.* ***1*** **ductile; pliable; pliant** ***2*** *(fig.)* **pliable; supple.**
duttilità *f.* ***1*** **ductility; pliability** ***2*** *(fig.)* **pliability; suppleness.**

E

(1) E, e *f.* o *m.* **E, e** ● *(tel.) e come Empoli,* e for Edward.
(2) e *cong.* ***1*** **and**: *fratelli e sorelle,* brothers and sisters ***2*** (in nomi di ditte) **&**: *John Martin e Co.,* John Martin & Co. ***3*** (con valore avversativo) **but; yet**: *Ha promesso di venire e non si è visto,* he promised to come, but he hasn't turned up ● *tutti e due,* both; both of them □ *tutti e tre,* all three; the three of us (of you, of them).
ebanista *m.* **cabinet-maker.**
ebanisteria *f.* ***1*** (negozio di ebanista) **cabinet-maker's (shop)** ***2*** (arte dell'ebanista) **cabinet-making.**
ebanite *f. (ind.)* **ebonite; vulcanite.**
èbano *m.* (*bot.,* Diospyros ebenum: anche il legno) **ebony.**
ebbène *cong.* **well; well then.**
ebbrézza *f.* ***1*** **intoxication** ***2*** *(fig.)* **intoxication; elation; rapture.**
èbbro *a.* ***1*** **intoxicated** ***2*** *(fig.)* **intoxicated; elated; enraptured.**
ebdomadario *a.* e *m.* **weekly.**
èbete ***A*** *a.* **dull-witted; stupid; idiotic; goofy** *(fam.)* ***B*** *m.* e *f.* **idiot; blockhead; goof** *(fam.).*
ebetișmo *m.* **(mental) dullness; idiocy.**
ebollizióne *f.* (anche *fis.*) **boiling; ebullition**: *il punto di e.,* the boiling point ● *portare a e.,* to bring (st.) to the boil.
ebràico ***A*** *a.* **Hebrew; Hebraic; Jewish** ***B*** *m.* (la lingua) **Hebrew.**
ebraișmo *m.* **Hebraism.**
ebrèa *f.* **Hebrew; Jewess** (talora *spreg.*).
ebrèo ***A*** *a.* **Hebrew; Jewish** ***B*** *m.* **Hebrew; Jew** (talora *spreg.*).
ebùrneo *a.* **ivory-like; ivory** *(attr.).*
ecatómbe *f.* ***1*** *(stor.)* **hecatomb** ***2*** *(fig.)* **mass slaughter.**
eccedènte *a.* **excess** *(attr.)*; **in excess** *(pred.)*; **surplus** *(attr.).*
eccedènza *f.* **excess; surplus.**
eccèdere ***A*** *v. t.* **to exceed; to surpass** ***B*** *v. i.* **to go* too far.**
èçce hòmo (*locuz. lat.*) *m. invar. (arte)* **Ecce Homo.**
eccellènte *a.* **excellent; first-rate; first-class** *(fam.).*
eccellentìssimo *a. superl. assoluto* **Most Excellent.**
eccellènza *f.* ***1*** **excellence** ***2*** (titolo) **Excellency** ● *per e.,* pre-eminently; par excellence *(franc.).*
eccèllere *v. i.* **to excel; to surpass**: *e. in q.c.,* to excel at st.
eccèlso ***A*** *a.* **sublime; lofty** ***B*** *m.* — *l'E.,* the Almighty.
eccentricità *f.* ***1*** **eccentricity; whimsicality; oddity** ***2*** *(geom.)* **eccentricity** ***3*** *(mecc.)* **eccentricity; throw.**
eccèntrico ***A*** *a.* ***1*** **eccentric; whimsical; odd** ***2*** *(geom.)* **eccentric** ***B*** *m.* ***1*** **eccentric (o odd) person; crank; queer card, queer costumer** *(fam.)* ***2*** *(mecc.)* **eccentric; cam.**
eccepìbile *a.* **objectionable; exceptionable.**
eccepire *v. t.* **to object.**
eccessivaménte *avv.* **excessively; exceedingly; to excess.**
eccessività *f.* **excessiveness.**
eccessivo *a.* **excessive; exaggerated; extreme.**
eccèsso *m.* **excess**; (eccedenza) **surplus** ● *(leg.) e. di potere,* action « ultra vires » □ *dare in eccessi,* to fly into a temper □ *fino all'e.,* exceedingly.
eccètera *locuz.* **et cetera** (*abbr.:* **etc.**); **and so forth; and so on** *(fam.).*
eccètto *prep.* **except (for); but; save** ● *e. che,* unless.
eccettuare *v. t.* **to except.**
eccettuato *a.* **except for; excepting; excepted**: *e. il bambino,* excepting the child □ *eccettuati i presenti,* present company excepted.
eccezionale *a.* **exceptional** ● *in via e.,* as an exception.
eccezionalità *f.* **exceptionality.**
eccezióne *f.* ***1*** **exception**: *un'e. alla regola,* an exception to the rule □ *a e. di,* with the exception of ***2*** *(leg.)* **objection; exception** ● *d'e.,* exceptional □ *superiore a ogni e.,* above all criticism.
ecchimosi *f. (med.)* **ecchymosis*; bruise.**
eccì *inter.* **atishoo!**
eccìdio *m.* **slaughter; massacre.**
eccipiènte *a.* e *m. (chim., farm.)* **excipient.**
eccitàbile *a.* **excitable.**
eccitabilità *f.* **excitability.**
eccitaménto *m.* ***1*** **excitement** ***2*** (incitamento) **incitement.**
eccitante ***A*** *a.* **exciting; stimulating** ***B*** *m.* **stimulant; excitant.**
eccitare ***A*** *v. t.* ***1*** **to excite; to stimulate** ***2*** (istigare, provocare) **to excite; to rouse** ***3*** (suscitare) **to excite; to rouse; to stir (up)** ***B*** **eccitarsi** *v. rifl.* **to get* excited.**
eccitazióne *f.* ***1*** **excitement** ***2*** *(elettr.)* **excitation.**
ecclesiale *a. (relig.)* **ecclesiastical.**
ecclesiàstico ***A*** *a.* **ecclesiastical; clerical** ***B*** *m.* **ecclesiastic; priest; clergyman*.**
èсco *avv.* ***1*** **here; there**: *Eccomi,* here I am □ *Eccoli che passano,* there they go ***2*** *(rafforzativo)* **so there!**: *Non te lo dico, e.!,* I won't tell you, so there! ● *e. come,* that's how □ *e. perché,* that's why □ *E. fatto,* there, that's that! □ *E. tutto,* that's all.
eccóme *avv.* e *inter.* **yes, indeed!; certainly!**
echeggiare *v. i.* **to echo, to resound** (with).
echino *m.* ***1*** (*zool.,* Echinus) **sea-urchin** ***2*** *(archit.)* **echinus*.**
eclèttico *a.* e *m.* (anche *filos.*) **eclectic.**
eclettișmo *m.* (anche *filos.*) **eclecticism.**
eclissare ***A*** *v. t.* ***1*** *(astron.)* **to eclipse** ***2*** *(fig.)* **to eclipse; to outshine*** ***B*** **eclissarsi** *v. rifl.* ***1*** *(astron.)* **to be eclipsed** ***2*** *(fig.)* **to withdraw*; to disappear.**
eclissi *f. (astron.)* **eclipse.**
eclittica *f. (astron.)* **ecliptic.**
eclìttico *a. (astron.)* **ecliptic(al).**
èco *m.* o *f.* *(sempre masch. al pl.)* **echo** (anche *fig.*) ● *fare e. alle parole di q.,* to echo sb.'s words.
èco- (*in parole composte:* significa « casa », « ambiente naturale ») **eco-**: *ecocidio,* ecocide.
ecologìa *f.* **oecology, ecology.**
ecològico *a.* **ecological.**
ecòlogo *m.* **ecologist.**
ecòmetro *m. (naut.)* **echo sounder.**
economato *m.* ***1*** (la carica) **stewardship;** (nelle università) **bursarship** ***2*** (l'ufficio) **steward's office;** (nelle università) **bursar's office.**
econometrìa *f. (econ.)* **econometrics** *(pl. col verbo al sing.).*
economìa *f.* ***1*** (risparmio) **economy; saving** ***2*** (arte dell'amministrare) **economy** ***3*** *(scienza)* **economics** *(pl. col verbo al sing.)* ● *far e.,* to economize; to save money □ *senza e.,* freely; liberally; (abbondantemente) plentifully, abundantly.
econòmico *a.* ***1*** **economical; cheap;** (che spende poco) **thrifty** ***2*** (relat. all'economia come scienza) **economic.**
economista *m.* e *f.* **economist.**
economizzare *v. t.* e *i.* **to economize.**
ecònomo ***A*** *a.* **economical** ***B*** *m.* **steward; treasurer;** (di collegio, università) **bursar.**
ecosistèma *m. (ecologia)* **ecosystem.**
ecumènico *a. (relig.)* **(o)ecumenical.**
ecumenișmo *m. (relig.)* **(o)ecumenism.**
eczèma *m. (med.)* **eczema.**
ed *V.* **(2) e.**
edèma *m. (med.)* **(o)edema*.**
Eden *m. (Bibbia)* **Eden; earthly Paradise.**
èdera *f.* (*bot.,* Hedera helix) **ivy.**
edìcola *f.* **newspaper kiosk; newsstand; bookstall.**

edicolante, edicolista *m.* e *f.* **newsvendor; bookstall-keeper.**
edificante *a.* **edifying.**
edificare ***A*** *v. t.* ***1*** **to build* (up); to erect; to set* up** ***2*** *(fig.)* **to edify** ***B*** **edificarsi** *v. rifl.* **to be edified.**
edificazióne *f.* ***1*** **building** ***2*** (buon esempio) **edification.**
edificio *m.* ***1*** **building** ***2*** *(fig.)* **structure.**
edile *a.* **building** *(attr.)*: *un'impresa e.*, a building society.
edilizia *f.* **building; building trade.**
edilizio *a.* **building** *(attr.)*.
edìpico *a.* **of Oedipus** ● *(psic.) complesso e.*, Oedipus complex.
èdito *a.* **published;** (stampato) **printed.**
editóre *m.* **publisher.**
editorìa *f.* **publishing industry.**
editoriale ***A*** *a.* **publishing** ***B*** *m.* **editorial; leading article.**
editrice *a.* — *casa e.*, publishers *(pl.)*; publishing house.
editto *m.* **edict.**
edizióne *f.* **edition**: *un'e. riveduta e corretta,* a revised edition □ *un'e. economica,* a popular edition □ *un'e. numerata,* a limited edition.
edonişmo *m.* *(filos.)* **hedonism.**
edonista *m.* e *f.* *(filos.)* **hedonist.**
edonistico *a.* *(filos.)* **hedonistic.**
edòtto *a.* **informed** ● *rendere e. q. su q.c.*, to inform sb. about st.
edredóne *m.* (*zool.*, Somateria mollissima) **eider (duck).**
educanda *f.* **(girl) boarder.**
educandato *m.* **girls' boarding school.**
educare *v. t.* ***1*** **to educate;** (abituare) **to train** ***2*** (allevare) **to bring* up.**
educataménte *avv.* **politely.**
educativo *a.* **educational; instructive.**
educato *a.* **well brought-up; polite; well-bred.**
educatóre *m.* **educator;** (di professione) **educationalist.**
educazióne *f.* ***1*** **education** ***2*** (istruzione professionale) **training**: *e. fisica,* physical training ***3*** (buone maniere) **(good) manners** *(pl.)*; **good breeding**: *gente senza e.*, people with no manners ● *e. civica,* civics *(pl. col verbo al sing.)*.
edulcorare *v. t.* *(lett.)* ***1*** **to sweeten** ***2*** *(fig.)* **to soften; to edulcorate.**
efèbo *m.* *(lett.)* **ephebe.**
efèlide *f.* **freckle.**
effemèride *f.* **almanac; journal**: *(naut.) effemeridi astronomiche,* nautical almanac *(sing.)*.
effeminatézza *f.* **effeminacy.**
effeminato ***A*** *a.* **effeminate; unmanly** ***B*** *m.* **effeminate man*** (o **youth); sissy, milksop** *(pop.)*.
efferatézza *f.* **ferocity; atrocity; cruelty; savagery.**
efferato *a.* **ferocious; cruel; savage.**
effervescènte *a.* **effervescent; sparkling; fizzy.**
effervescènza *f.* ***1*** **effervescence; fizz** *(fam.)* ***2*** *(fig.)* **effervescence; excitement.**
effettivaménte *avv.* **really; actually; indeed.**
effettivo ***A*** *a.* ***1*** **real; actual** ***2*** (efficace) **effective** ***3*** *(mil.)* **regular** ***4*** (rif. a personale) **on the regular staff; permanent; regular** ● *socio e.*, active partner ***B*** *m.* ***1*** **permanent member** ***2*** — *(comm.) e. di cassa,* cash on hand ***3*** *(mil.)* **effectives** *(pl.)*; **(effective) strength.**
effètto *m.* ***1*** **effect**: *causa ed e.*, cause and effect □ *fare e.*, to have effect; (sorprendendo) to make an impression (on sb.) ***2*** *(comm.)* **bill; instrument of credit**: *un e. cambiario,* a bill of exchange ● *effetti personali,* personal belongings □ *(leg.) a ogni e. di legge,* for all legal purposes □ *fare l'e. di,* to give the impression of; to look like □ *frasi a e.*, claptrap □ *in e.*, actually □ *mandare q.c. a e.*, to carry out st. □ *(leg.) prendere e.*, to take effect □ *una scena a e.*, a sensational scene.
effettuale *a.* **actual.**
effettuare ***A*** *v. t.* **to effect; to carry out** ***B*** **effettuarsi** *v. rifl.* **to take* place; to be carried out.**
effettuazióne *f.* **execution.**
efficace *a.* **effective; efficacious.**
efficàcia *f.* **effectiveness; efficaciousness; efficacy;** *(leg.)* **effect.**
efficiènte *a.* **efficient.**
efficiènza *f.* **efficiency** ● *in piena e.*, in perfect working order.
effigiare *v. t.* **to represent;** (scolpire) **to sculpture;** (ritrarre) **to portray.**
effigie *f.* **effigy; image;** (ritratto) **portrait.**
effimera *f.* (*zool.*, Ephemera vulgata) **ephemera*; mayfly; drake.**
effìmero *a.* **ephemeral; short-lived; fleeting.**
efflorescènte *a.* *(chim.)* **efflorescent.**
efflorescènza *f.* *(chim.)* **efflorescence.**
efflusso *m.* **efflux; outflow.**
efflùvio *m.* **effluvium*; exhalation.**
effóndere ***A*** *v. t.* ***1*** **to pour out** (o **forth)** ***2*** *(fig.)* **to give* vent to** (st.) ***B*** **effóndersi** *v. rifl.* **to spread*.**
effrazióne *f.* *(leg.)* **effraction; house-breaking; burglary.**
effuşióne *f.* **effusion** ● *e. di lacrime,* shedding of tears.
effuşivo *a.* *(geol.)* **effusive** (anche *fig.*): *rocce effusive,* effusive rocks.
egèmone ***A*** *a.* **hegemonic** ***B*** *m.* **leader.**
egemonìa *f.* **hegemony.**
egemònico *a.* **hegemonic(al).**
ègida *f.* ***1*** **aegis** ***2*** *(fig.)* **aegis; shield; protection.**
ègira *f.* *(stor.)* **hegira.**
egittologìa *f.* **Egyptology.**
egittòlogo *m.* **Egyptologist.**
egiziano *a.* e *m.* **Egyptian.**
egizio *a.* e *m.* *(stor.)* **(ancient) Egyptian.**
eglefino *m.* (*zool.*, Gadus aeglefinus) **haddock.**
égli *pron. pers. m. 3ª pers. sing. sogg.* **he**: *e. stesso,* he himself.
ègloga *f.* *(poesia)* **eclogue.**
ego *m. invar.* *(filos., psic.)* **ego.**
egocèntrico ***A*** *a.* **egocentric; self-centred** ***B*** *m.* **egocentric** (o **self-centred) person.**
egocentrişmo *m.* **egocentrism; self-centredness.**
egoişmo *m.* **selfishness; egoism.**
egoista ***A*** *a.* **selfish** ***B*** *m.* e *f.* **selfish person; egoist.**
egoìstico *a.* **selfish; egoistic(al).**
egotişmo *m.* **egotism.**
egotista *m.* e *f.* **egotist.**
egrègio *a.* **remarkable; distinguished** ● *E. Signore,* Dear Sir.
eguale e *deriv.* *V.* **uguale** e *deriv.*
egualitàrio *a.* e *n.* *(polit.)* **egalitarian, equalitarian.**
egualitarişmo *m.* *(polit.)* **egalitarianism, equalitarianism.**
eh *inter.* **eh!** ● *eh, eh!,* (avvertimento) now, now!
éhi *inter.* **hey!; hullo! you there!** ● *Ehi dico!,* I say!
ehm *inter.* **hum!; hem, ahem.**
eiaculazióne *f.* *(fisiologia)* **ejaculation.**
eiettóre *m.* *(mecc.)* **ejector.**
eiezióne *f.* **ejection.**
einsteinio *m.* *(chim.)* **einsteinium.**
elaborare *v. t.* ***1*** **to work out; to elaborate** ***2*** (dello stomaco) **to digest** ***3*** (dati) **to process.**
elaboratézza *f.* **elaborateness.**
elaborato ***A*** *a.* **elaborate** ***B*** *m.* **paper.**
elaboratóre *m.* (elettronico) **computer** ● *e. di dati,* data processor.
elaborazióne *f.* **elaboration;** (di un progetto) **formulation** ● *(elab.) e. di dati,* data processing.
elargire *v. t.* **to give* liberally; to lavish** (st. on sb.).
elargizióne *f.* **donation.**
elasticità *f.* ***1*** **elasticity; resilience;** (di molle) **springiness** ***2*** (agilità) **nimbleness.**
elasticizzato *a.* **elasticized.**
elàstico ***A*** *a.* ***1*** **elastic; resilient;** (di molle) **springy** ***2*** (di coscienza) **accomodating; easy-going** ***3*** (agile) **nimble** ***B*** *m.* **rubber band;** (il tessuto) **elastic.**

eldorado *m.* **El Dorado; eldorado; land of Plenty.**
elefante *m.* (*zool.*, Elephas, Loxodonta) **elephant.**
elefantésco *a.* **elephantine.**
elefantéssa *f.* (*zool.*) **female elephant; cow elephant.**
elefantìaṣi *f.* (*med.*) **elephantiasis** (anche *fig.*).
elegante *a.* **smart; elegant;** (di un abito) **stylish;** (alla moda) **fashionable;** (dello stile, ecc.) **polished.** ● *una frase e.*, a well-turned phrase.
elegantóne *m.* **dandy; toff** (*pop.*).
eleganza *f.* **elegance; style; smartness.**
elèggere *v. t.* **1** to **elect;** (nominare) to **appoint** **2** (*bur.*: fissare) to **fix**: *e. il proprio domicilio,* to fix one's domicile.
eleggìbile *a.* **eligible.**
eleggibilità *f.* **eligibility.**
elegìa *f.* (*poesia*) **elegy.**
elegìaco *a.* (*poesia*) **elegiac**: *distici elegiaci,* elegiac couplets.
elementare *a.* **elementary** ● *scuola e.*, primary school.
elementarità *f.* **elementariness;** (semplicità) **simplicity.**
eleménto *m.* **1** (anche *chim.*) **element**: (anche *fig.*) *essere nel proprio e.*, to be in one's element □ *i primi elementi della geometria,* the (first) elements (o the rudiments) of geometry **2** (componente) **component, constituent;** (ingrediente) **ingredient** **3** (di radiatore) **section;** (di accumulatore) **battery cell** **4** (*bur.*) **individual; member; worker** **5** (*al pl.*: dati) **data; facts** **6** (*elab.*) **element; item** ● (di persona) *essere un cattivo e.*, to be a bad influence.
elemòṣina *f.* **alms** (*sing.* e *pl.*); **alms-giving;** (carità) **charity**: *campare di e.*, to live on charity ● *chiedere l'e.*, to beg.
elemoṣinare *v. t.* e *i.* to **beg.**
elemoṣinière *m.* (*stor.*, *relig.*) **almoner.**
elencare *v. t.* **1** to **list;** to **draw* up a list of** (st.) **2** (enumerare) to **enumerate.**
elènco *m.* **list; roll** ● *e. telefonico,* telephone directory.
elettivo *a.* **elective.**
elètto *a.* **1** (prescelto) **chosen; elect** **2** (pregiato, distinto) **select; choice** ● *gli eletti,* the elect.
elettorale *a.* **electoral; election** (*attr.*): *campagna e.*, election campaign ● *scheda e.*, ballot-paper.
elettorato *m.* (gli elettori) **electorate.**
elettóre *m.* **1** **elector; voter** **2** (*stor. germanica*) **Elector.**
elettràuto *m.* **1** (l'operaio) **car electrician** **2** (l'officina) **car electrical repairs.**
elettrice *f.* **woman* elector** (o **voter).**
elettricista *m.* **electrician.**
elettricità *f.* **electricity.**
elèttrico *a.* **electric(al)**: *una cucina elettrica,* an electric cooker □ *la sedia elettrica,* the electric chair □ *energia elettrica,* electric energy ● *giustiziare per mezzo della sedia elettrica,* to electrocute.
elettrificare *v. t.* to **electrify.**
elettrificazióne *f.* **electrification.**
elettriẓẓante *a.* **1** **electrifying** **2** (*fig.*) **electrifying; thrilling; exciting.**
elettriẓẓare *v. t.* **1** to **electrify** **2** (*fig.*) to **electrify;** to **thrill.**
elettriẓẓazióne *f.* **electrification; electrization** (*raro*).
elèttro- (*in parole composte:* significa « elettrico », « dell'elettricità ») **electro-.**
elettrocalamita *f.* **electromagnet.**
elettrocardiògrafo *m.* (*med.*) **electrocardiograph.**
elettrocardiogramma *m.* (*med.*) **electrocardiogram.**
elettrochimica *f.* **electrochemistry.**
elettrodinàmica *f.* **electrodynamics** (*pl. col verbo al sing.*).
elettrodinàmico *a.* **electrodynamic(al).**
elèttrodo *m.* (*fis.*) **electrode.**
elettrodomèstici *m. pl.* **electric household appliances.**
elettrodótto *m.* **power line.**
elettroencefalògrafo *m.* (*med.*) **electroencephalograph.**
elettroencefalogramma *m.* (*med.*) **electroencephalogram.**
elettrògeno *a.* **generating electricity** ● *gruppo e.*, generator.
elettròliṣi *f.* **electrolysis.**
elettrolìtico *a.* **electrolytic(al).**
elettròlito *m.* **electrolyte.**
elettromagnète *m.* **electromagnet.**
elettromagnètico *a.* **electromagnetic(al).**
elettromagnetiṣmo *m.* **electromagnetism.**
elettromeccànica *f.* **electromechanics** (*pl. col verbo al sing.*).
elettromeccànico *a.* **electromechanic(al).**
elettròmetro *m.* **electrometer.**
elettromotóre *m.* **electromotor.**
elettromotrice *f.* **electric rail car.**
elettróne *m.* (*fis.*) **electron.**
elettrònica *f.* **electronics** (*pl. col verbo al sing.*).
elettrònico *a.* **electronic.**
elettroscòpio *m.* **electroscope.**
elettroshock *m.* (*med.*) **electroshock.**
elettrostàtica *f.* **electrostatics** (*pl. col verbo al sing.*).
elettrostàtico *a.* **electrostatic.**
elettrotècnica *f.* **electrotechnology.**
elettrotècnico **A** *a.* **electrotechnical** **B** *m.* **electrotechnician.**
elettroterapìa *f.* (*med.*) **electrotherapy.**
elettrotrèno *m.* **electric (express) train.**
eleuṣino *a.* **Eleusinian.**
elevare **A** *v. t.* to **raise;** (specialm. *fig.*) to **elevate;** (rendere più alto) to **heighten;** (aumentare) to **increase;** (sollevare) to **lift (up);** (una costruzione) to **erect**: *e. al trono,* to raise to the throne □ (*mat.*) *e. un numero al quadrato,* to raise a number to the 2nd power (o to square a number) **B** **elevarsi** *v. rifl.* to **rise*;** to **raise oneself.**
elevatézza *f.* **loftiness; nobility.**
elevato *a.* **1** **elevated; high** **2** (*fig.*) **lofty;** (nobile) **high-minded.**
elevatóre *m.* (*mecc.*) **elevator** ● (*anat.*) *muscolo e.*, levator.
elevazióne *f.* **1** (anche *fig.*) **elevation** **2** (l'elevare) **raising** (anche *mat.*); **lifting (up)** **3** (*astron.*) **altitude.**
elezióne *f.* **1** **election**: *elezioni amministrative,* local government elections □ *elezioni politiche,* general election **2** (scelta) **choice**: *la patria d'e.*, the country of one's choice ● *presentarsi come candidato alle elezioni politiche,* to stand for Parliament.
èlfo *m.* (*mitol.*) **elf*.**
eli- (*in parole composte:* indica relazione con l'elicottero) **heli-.**
elianto *m.* (*bot.*, Helianthus) **helianthus.**
èlibus *m.* (*aeron.*) **helibus.**
èlica *f.* **1** (*geom.*) **helix*; spiral** **2** (*mecc.*, *aeron.*, *naut.*) **(screw) propeller;** (di elicottero) **rotor.**
elicoidale *a.* **1** (*geom.*) **helicoidal** **2** (*mecc.*) **helical.**
elicòide *m.* (*geom.*) **helicoid.**
elicòttero *m.* **helicopter.**
elìdere **A** *v. t.* **1** to **annul** **2** (*gramm.*) to **elide** **B** **elìdersi** *v. rifl. recipr.* to **annul each other.**
eliminare *v. t.* **1** to **eliminate;** to **exclude;** (disfarsi di) to **get* rid of** (sb., st.); (concorrenti, ecc.) to **weed out;** (nel pugilato) to **knock out** **2** (uccidere) to **liquidate** (*fam.*); to **bump off** (*pop.*).
eliminatòria *f.* — (*sport*) *gara e.*, preliminary heat.
eliminazióne *f.* **elimination;** (esclusione) **exclusion.**
èlio *m.* (*chim.*) **helium.**
èlio- (*in parole composte:* significa « sole », « solare ») **helio-.**
eliocèntrico *a.* (*astron.*) **heliocentric.**
eliografìa *f.* **1** **heliography** **2** (incisione eliografica) **heliograph.**
eliògrafo *m.* (*mil.*, *astron.*) **heliograph.**

elioterapìa *f.* *(med.)* **heliotherapy.**
elioteràpico *a.* *(med.)* **heliotherapic** ● *cura elioterapica,* sun treatment.
eliotipìa *f.* *(fotogr.)* **1** (il metodo) **heliotypy** **2** (il prodotto) **heliotype.**
eliotròpio *m.* **1** (*bot.*, Heliotropium europaeum) **turnsole** **2** *(miner.)* **heliotrope; bloodstone.**
eliotropiṣmo *m.* *(bot.)* **heliotropism.**
elipòrto *m.* *(aeron.)* **heliport.**
eliṣabettiano *a.* e *m.* *(stor.)* **Elizabethan.**
eliṣio *a.* *(mitol.* e *fig.)* **Elysian**: *i campi Elisi,* the Elysian Fields.
eliṣióne *f.* *(gramm.)* **elision.**
eliṣir, eliṣire *m.* **elixir.**
elitàrio *a.* **elitist.**
élite *(franc.)* *f. invar.* **élite** ● *l'é. della società,* the cream of society.
èlitra *f.* *(zool.)* **elytron*; wing-case.**
élla *f.* **1** *pron. pers. 3ª pers. sing. sogg.* **she**: *e. stessa,* she herself **2** *pron. pers.* (rivolgendosi cerimoniosamente a uomo o a donna) **you.**
ellèboro *m.* (*bot.*, Helleborus) **hellebore** ● *e. puzzolente* (Helleborus foetidus), setterwort.
Ellèni *m. pl.* *(stor.)* **Hellenes.**
ellènico *a.* **Hellenic.**
elleniṣmo *m.* **Hellenism.**
ellenista *m.* e *f.* **Hellenist.**
ellenìstico *a.* **Hellenistic.**
ellisse *f.* *(geom.)* **ellipse.**
ellissi *f.* *(gramm.)* **ellipsis*.**
ellissòide *f.* *(geom.)* **ellipsoid.**
ellìttico *a.* *(geom., gramm.)* **elliptic(al).**
elmétto *m.* **helmet.**
élmo *m.* **helmet.**
elocuzióne *f.* **elocution.**
elogiare *v. t.* to **praise.**
elogiativo *a.* **laudatory.**
elògio *m.* **praise; eulogy** (spesso *iron.*) ● *e. funebre,* funeral oration □ *fare gli elogi di q.,* to praise sb.
eloquènte *a.* **eloquent.**
eloquènza *f.* **eloquence; gift of the gab** *(fam.).*
elòquio *m.* *(lett.)* **speech; language.**
élsa *f.* **hilt.**
elucubrare *v. t.* *(lett.)* to **ponder (over);** to **burn* the midnight oil while working on;** to **lucubrate.**
elucubrazióne *f.* **lucubration.**
elùdere *v. t.* to **elude;** to **dodge;** to **shirk;** to **evade.**
eluṣivo *a.* **elusive.**
elvètico *A* *a.* **Swiss;** *(stor.)* **Helvetic, Helvetian** *B* *m.* **Swiss; Helvetian.**
elẓevirista *m.* e *f.* *(giornalismo)* **writer of literary articles.**
elẓeviro *m.* **1** *(tipogr.)* **Elzevir (type)** **2** *(giornalismo)* **literary article** (published in a daily newspaper).
emaciato *a.* **emaciated; lean and pale.**
emanare *A* *v. i.* to **emanate,** to **issue** (from) *B* *v. t.* **1** (mandar fuori) to **exhale** **2** (*fig.*: emettere) to **issue;** to **enact.**
emanazióne *f.* **1** **emanation;** (esalazione) **exhalation** **2** (emissione) **issuing; enactment.**
emancipare *A* *v. t.* to **emancipate** *B* **emanciparsi** *v. rifl.* to **become* emancipated.**
emancipato *a.* **emancipated.**
emancipazióne *f.* **emancipation.**
emarginare *v. t.* **1** to **make* marginal notes on** **2** *(fig.)* to **marginalize.**
emarginato *a.* **1** **with marginal notes** **2** **marginalized.**
emarginazióne *f.* **marginalization.**
emàtico *a.* *(fisiologia)* **hematic, haematic.**
ematite *f.* *(miner.)* **hematite, haematite.**
ematòma *m.* *(med.)* **hematoma, haematoma.**
embargo *m.* *(naut.)* **embargo*.**
emblèma *m.* **emblem; symbol; badge.**
emblemàtico *a.* **emblematic; symbolic.**
embolìa *f.* *(med.)* **embolism.**
èmbolo *m.* *(med.)* **embolus*.**
émbrice *m.* **flat tile.**
embriologìa *f.* *(biol.)* **embryology.**
embriòlogo *m.* **embryologist.**
embrionale *a.* **embryonal; embryonic** (anche *fig.*).
embrióne *m.* **embryo*** (anche *fig.*).
emendaménto *m.* **amendment;** (di un testo) **emendation.**
emendare *A* *v. t.* to **amend;** (un testo) to **emend** *B* **emendarsi** *v. rifl.* to **mend one's ways.**
emergènte *a.* **emergent.**
emergènza *f.* **emergency**: *in caso di e.,* in an emergency.
emèrgere *v. i.* **1** to **emerge;** to **come* to the surface;** *(naut.)* to **surface** **2** *(fig.)* to **emerge;** (distinguersi) to **stand* out.**
emèrito *a.* **emeritus;** *(scherz.)* **egregious.**
emerotèca *f.* **newspaper and periodical library.**
emersióne *f.* **emersion; emergence** ● *(naut.) in e.,* on the surface.
emètico *a.* e *m.* *(farm.)* **emetic.**
eméttere *v. t.* **1** (voce, suono) to **utter** **2** (calore, ecc.) to **give* out;** to **send* forth;** (sudore, umidità) to **exude** **3** (mettere in circolazione) to **put* into circulation;** to **issue** **4** *(econ., fin., leg.)* to **issue** **5** (un'opinione) to **express.**
emi- *(in parole composte:* significa « mezzo », « metà ») **hemi-.**
emiciclo *m.* **hemicycle.**
emicrània *f.* *(med.)* **hemicrania; migraine.**
emigrante *m.* e *f.* **emigrant.**
emigrare *v. i.* to **emigrate;** (di animali) to **migrate.**
emigrato *m.* **emigrant** ● *e. politico,* political exile.
emigrazióne *f.* **emigration;** (di animali) **migration.**
eminènte *a.* **eminent; distinguished.**
eminènza *f.* **eminence** (anche *fig.*).
emiplegìa *f.* *(med.)* **hemiplegia; hemiplegy.**
emiro *m.* **emir.**
emisfèrico *a.* **hemispheric(al).**
emisfèro *m.* **hemisphere.**
emissàrio *m.* **1** **emissary** **2** *(geogr.)* **effluent** **3** *(idraulica)* **outlet.**
emissióne *f.* **1** *(econ., fin.)* **issue** **2** (di calore, ecc.) **emission;** (di segnali, raggi) **sending out, giving out** ● *(radio, telev.) antenna d'e.,* transmitting aerial □ *banca d'e.,* issuing bank.
emistìchio *m.* *(poesia)* **hemistich.**
emittènte *A* *a.* **1** *(econ.)* **issuing**: *una banca e.,* an issuing bank **2** *(radio, telev.)* **broadcasting; transmitting** *B* *f.* *(radio, telev.)* **broadcasting station; transmitter** *C* *m.* e *f.* (di una cambiale) **drawer.**
emo- *(in parole composte:* significa « sangue », « sanguigno ») **haemo-, hemo-; haem-, hem-.**
emofilìa *f.* *(med.)* **h(a)emophilia.**
emoglobina *f.* *(biol.)* **h(a)emoglobin.**
emolliènte *a.* e *m.* *(farm.)* **emollient.**
emoluménto *m.* **emolument; fee.**
emorragìa *f.* *(med.)* **h(a)emorrhage.**
emorròidi *f. pl.* *(med.)* **h(a)emorrhoids; piles.**
emostàtico *a.* e *m.* *(farm.)* **h(a)emostatic** ● *matita emostatica,* styptic pencil.
emotèca *f.* *(med.)* **blood bank.**
emotività *f.* **emotivity; emotiveness; sensitiveness.**
emotivo *A* *a.* **emotional; sensitive** *B* *m.* **emotional person; emotionalist.**
emottìṣi *f.* *(med.)* **hemoptysis; haemoptysis.**
emozionante *a.* **exciting;** (commovente) **moving.**
emozionare *A* *v. t.* to **excite;** (commuovere) to **move** *B* **emozionarsi** *v. rifl.* to **get* excited;** (commuoversi) to **be moved.**
emozionato *a.* **excited;** (commosso) **moved.**
emozióne *f.* **emotion; excitement.**
empietà *f.* **impiety.**
émpio *a.* **impious;** *(spietato)* **cruel, pitiless;** (malvagio) **wicked.**
empire *A* *v. t.* to **fill;** (colmare) to **fill up;** (rimpinzare, anche *fig.*) to **stuff (up)** *B* **empirsi** *v. rifl.* to **fill (up).**
empìreo *m.* **empyrean.**
empìrico *a.* e *m.* **empiric.**
empiriṣmo *m.* *(filos., med.)* **empiricism.**

empirista *m.* e *f.* *(filos.)* **empiricist.**
empito *a.* **full (up)**: *e. fino all'orlo,* full to the brim.
empòrio *m.* ***1*** (centro comm.) **emporium*; market** ***2*** (grande magazzino) **(department) stores** *(pl.)* ***3*** *(fig.)* **store; mine.**
emù *m.* (*zool.*, Dromiceius novae-hollandiae) **emu.**
emulare *v. t.* to **emulate.**
emulatóre *m.* **emulator.**
emulazióne *f.* **emulation.**
èmulo ***A*** *a.* **emulous** ***B*** *m.* **emulator.**
emulsionare *v. t.* to **emulsify.**
emulsióne *f. (chim., fotogr.)* **emulsion.**
encefalite *f. (med.)* **encephalitis.**
encèfalo *m. (anat.)* **encephalon*.**
encìclica *f. (relig.)* **encyclical.**
enciclopedìa *f.* **encyclop(a)edia.**
enciclopèdico *a.* **encyclop(a)edic.**
enclìtica *f. (gramm.)* **enclitic.**
enclìtico *a. (gramm.)* **enclitic.**
encomiàbile *a.* **praiseworthy; commendable.**
encomiare *v. t.* to **praise;** to **commend.**
encomiàstico *a.* **encomiastic; panegyrical; laudatory.**
encòmio *m.* ***1*** **encomium*; panegyric** ***2*** *(mil.)* **mention in dispatches.**
endecasìllabo *(poesia)* ***A*** *a.* **hendecasyllabic** ***B*** *m.* **hendecasyllable.**
endemìa *f. (med.)* **endemic (disease).**
endèmico *a. (med., biol.)* **endemic.**
endìadi *f. (retor.)* **hendiadys.**
endocàrdio *m. (anat.)* **endocardium*.**
endòcrino *a. (anat.)* **endocrine.**
endocrinologìa *f. (med.)* **endocrinology.**
endògeno *a.* **endogenous;** (anche *geol.*) **endogenetic.**
endoreattóre *m. (aeron.)* **rocket propeller.**
endoscòpio *m. (med.)* **endoscope.**
endotèrmico *a. (chim.)* **endothermic.**
endovenósa *f. (med.)* **intravenous injection.**
endovenóso *a. (med.)* **intravenous.**
Enèide *f. (letter.)* **Aeneid.**
energètica *f. (fis.)* **energetics** *(pl. col verbo al sing.).*
energètico ***A*** *a.* ***1*** *(scient.)* **of energy; energy** *(attr.)* ***2*** (anche *farm.*) **energy-giving** ***B*** *m. (farm.)* **tonic** ● *(econ.) il programma e.,* the plan for the development of new sources of power.
energìa *f.* ***1*** **energy**: *e. atomica,* atomic energy ***2*** (vigore) **energy; vigour; zip** *(fam.).*
enèrgico *a.* ***1*** **vigorous; forcible; energetic** (specialm. di attività fisica); **zippy** *(fam.)* ***2*** (di rimedio, ecc.) **powerful; strong.**
energùmeno *m.* ***1*** **energumen** ***2*** *(fig.)* **spitfire;** (di donna) **virago*.**
ènfaşi *f.* **emphasis; stress;** *(spreg.)* **bombast, grandiloquence.**
enfàtico *a.* **emphatic;** *(spreg.)* **bombastic, grandiloquent.**
enfatiẓẓare *v. t.* to **emphasize.**
enfiagióne *f. (med.)* **swelling.**
enfiare ***A*** *v. t.* to **inflate** ***B*** **enfiarsi** *v. rifl.* to **swell*.**
enfişèma *m. (med.)* **emphysema.**
enfitèuşi *f. (leg.)* **emphyteusis*.**
enfiteuta *m.* e *f. (leg.)* **emphyteuta*.**
engagé *(franc.) a.* (culturalmente impegnato) **engagé; committed.**
enigma *m.* **enigma; puzzle;** (indovinello) **riddle.**
enigmàtico *a.* **enigmatic.**
enigmista *m.* e *f.* **enigmatographer** ● *essere un bravo e.,* to be good at puzzles.
enigmìstica *f.* **puzzles** *(pl.).*
enigmìstico *a.* **puzzle** *(attr.).*
enimma e *deriv.* V. **enigma** e *deriv.*
ennèşimo *a. (mat.* e *fig.)* **nth;** *(fig.)* **umpteenth** *(fam.)*: *all'e. grado,* to the nth degree □ *l'ennesima volta,* the umpteenth time.
enologìa *f.* **oenology.**
enològico *a.* **oenological.**
enòlogo *m.* **oenologist.**
enórme *a.* **enormous; huge; immense; colossal;** (in senso cattivo) **monstrous, shocking.**
enormità *f.* ***1*** **hugeness; immensity** ***2*** *(fig.)* **blunder;** (assurdità) **absurdity;** (mostruosità) **enormity.**
enotèca *f.* **stock of vintage wines.**
en passant *(franc.) locuz. avv.* **en passant; incidentally.**
ensifórme *a. (bot.)* **ensiform; sword-shaped.**
ènte *m.* ***1*** *(relig.* e *filos.)* **being**: *l'E. Supremo,* the Supreme Being ***2*** *(leg.)* **corporation; society; body; agency** *(USA).*
entèrico *a. (med.)* **enteric; intestinal.**
enterite *f. (med.)* **enteritis.**
enteroclişma *m. (med.)* **enema*.**
enterocolite *f. (med.)* **enterocolitis.**
entità *f.* ***1*** *(filos.)* **entity** ***2*** (importanza) **importance;** (grandezza) **size;** (limiti) **extent.**
entomologìa *f.* **entomology.**
entomològico *a.* **entomologic(al).**
entomòlogo *m.* **entomologist.**
entourage *(franc.) m.* **entourage.**
entraîneuse *(franc.) f.* **taxi dancer; taxi girl.**
entrambe *a.* e *pron. f. pl.*, **entrambi** *a.* e *pron. m. pl.* **both.**
entrante *a.* **next; coming**: *la settimana e.,* next week.
entrare *v. i.* ***1*** to **enter;** to **go* in** (o **into);** to **come* in** (o **into)**: *Il treno entrò in una galleria,* the train entered a tunnel □ *e. in una casa,* to go into a house □ *Entri pure!,* come in! ***2*** (in locuz. particolari, e nel senso di « aggregarsi, iscriversi, arruolarsi ») to **enter;** to **join**: *e. nell'esercito,* to enter (o to join) the army □ *e. in una fase nuova,* to enter upon a new phase ***3*** (penetrare; entrare con una certa difficoltà o arrampicandosi; starci, nei veicoli; e *fig.*, sempre *fam.*) to **get* into,** to **get* on to** (st.): *e. nel treno,* to get into the train □ *M'è entrato il freddo addosso,* the cold has got into me □ *Non ricordo come siamo entrati in argomento,* I can't remember how we got on to the subject ***4*** (combaciare, corrispondere; stare bene; starci, nel tempo a disposizione) to **fit**: *Non mi c'entra di andare anche alla mostra,* I can't fit in the exhibition too ***5*** (avere a che fare) to **have to do** (with): *Cosa c'entra?,* what's that got to do with it? □ *Tu che c'entri?,* what has it got to do to with you?; (più ostile) what business is it of yours? ● *e. furtivamente* (o *di soppiatto),* to steal in □ *(naut.) e. in bacino,* to dock □ *(mil.) e. in campagna,* to take the field □ *(fig.) e. in campo* (o *in gioco, in ballo),* to come into play □ *e. in ebollizione,* to begin to boil □ *e. nel cuore a q.,* to find the way to sb.'s heart □ *e. precipitosamente,* to rush in □ *entrarci come i cavoli a merenda,* to be beside the point □ *fare e. q.c. in testa a q.,* to drive st. into sb.'s head □ *impedire a q. di e.,* to keep sb. out.
entrata *f.* ***1*** **entrance** (anche *mus.*); **way in;** (di miniera) **adit**: *incontrarsi all'e. del teatro,* to meet at the entrance of the theatre □ *Divieto d'e.,* no entrance ***2*** (solenne) **entry** ***3*** (ingresso: stanza per cui si entra in una casa) **hall; (entrance) hall** ***4*** *(autom.:* d'autostrada) **access** ***5*** (reddito) **income;** (rendita) **unearned income;** (incasso) **take** ***6*** *(al pl., fin., rag., econ.)* **receipts; takings; revenue** *(sing.)* ● *e. libera,* admission free □ *(econ.) entrate pubbliche,* public revenue □ *(teatr.,* ecc.) *biglietto d'e.,* admission ticket.
entratura *f.* **entry; entrance** ● *avere e. con q.,* to be on familiar terms with sb. □ *avere e. in una famiglia,* to have the entrée into a family.
éntro *prep.* ***1*** *(di luogo)* **in; inside** ***2*** *(di tempo)* **within** (per un periodo non precisato): **not later than; by**: *e. l'anno,* within the year.
entrotèrra *m. invar. (geogr.)* **hinterland.**
entuşiaşmante *a.* **exciting.**
entuşiaşmare ***A*** *v. t.* to **arouse enthusiasm in** (sb. for st.); to **enthrall** ***B*** **entuşiaşmarsi** *v. rifl.* to **become*** (o to **be) enthusiastic;** to **enthuse** (over) *(fam.* e spesso *iron.).*
entuşiaşmo *m.* **enthusiasm; excitement** ● *facile all'e.,* easily fired.
entuşiasta ***A*** *m.* e *f.* **enthusiast** ***B*** *a.* **enthusiastic.**
entuşiasticaménte *avv.* **enthusiastically; with en-**

thusiasm.
entuṣiàstico *a.* **enthusiastic.**
enucleare *v. t.* **to enucleate** (anche *med.*).
enucleazióne *f.* **enucleation** (anche *med.*).
enumerare *v. t.* **to enumerate; to specify.**
enumerazióne *f.* **enumeration; list.**
enunciare *v. t.* **to enounce; to enunciate.**
enunciativo *a.* **enunciative.**
enunciato *m.* **(enunciative) proposition; terms** *(pl.)*.
enunciazióne *f.* **enunciation.**
enurèṣi *f. (med.)* **enuresis.**
enẓima *f. (biol.)* **enzyme.**
(1) eòlico, eòlio *a.* (dell'Eolia) **Aeolic, Eolic; Aeolian, Eolian.**
(2) eòlico, eòlio *a.* ***1*** (di Eolo) **Aeolian, Eolian** ***2*** (del vento, dovuto al vento) **aeolian, eolian** • *(mus.) arpa eolia,* Aeolian harp.
èpa *f.* **belly.**
epàtico *a. (anat., med.)* **hepatic; liver** *(attr.)*.
epatite *f. (med.)* **hepatitis**: *e. virale,* infectious (o viral) hepatitis.
èpica *f.* **epic poetry.**
epicèntro *m. (geol.)* **epicentre.**
èpico *a.* **epic** (anche *fig.*): *un poeta e.,* an epic poet.
epicureiṣmo *m.* ***1*** *(filos.)* **Epicureanism** ***2*** *(fig.)* **epicurism.**
epicurèo ***A*** *a. (filos.)* **Epicurean** ***B*** *m.* ***1*** *(filos.)* **Epicurean** ***2*** *(fig.)* **epicure.**
epidemìa *f. (med.)* **epidemic** (anche *fig.*).
epidèmico *a. (med.)* **epidemic(al)** (anche *fig.*).
epidèrmico *a.* ***1*** *(anat.)* **epidermic** ***2*** *(fig.)* **skin-deep; superficial.**
epidèrmide *f. (anat., bot.)* **epidermis.**
Epifanìa *f.* **Epiphany;** (*pop.*, anche) **Twelfth Night.**
epìfiṣi *f. (anat.)* **epiphysis*.**
epìfita *f. (bot.)* **epiphyte.**
epigàstrio *m. (anat.)* **epigastrium.**
epiglòttide *f. (anat.)* **epiglottis*.**
epìgono *m. (lett.)* **imitator; follower.**
epìgrafe *f.* **epigraph.**
epigrafìa *f.* (anche *archeol.*) **epigraphy.**
epigràfico *a.* **epigraphic(al); lapidary.**
epigrafista *m.* e *f.* **epigrapher; epigraphist.**
epigramma *m.* **epigram.**
epigrammàtica *f. (letter.)* ***1*** **art of writing epigrams** ***2*** (insieme di epigrammi) **epigrams** *(pl.)*; **epigrammatic production.**
epigrammàtico *a.* **epigrammatic.**
epigrammista *m.* e *f.* **epigrammatist.**
epilessìa *f. (med.)* **epilepsy.**
epilèttico *a.* e *m. (med.)* **epileptic.**
epìlogo *m.* **epilogue.**
episcopale *a. (relig.)* **episcopal.**
episcopato *m. (relig.)* **episcopate.**
episcòpio *m.* (residenza vescovile) **bishop's palace.**
epiṣòdico *a.* **episodic(al);** (frammentario) **fragmentary.**
epiṣòdio *m.* **episode.**
epistassi *f. (med.)* **epistaxis; nosebleed.**
epistemologìa *f. (filos.)* **epistemology.**
epistemòlogo *m.* **epistemologist.**
epìstola *f.* **epistle** (anche *relig.*).
epistolare *a.* **epistolary**: *la forma e.,* the epistolary form.
epistolàrio *m.* **letters** *(pl.)*; **correspondence.**
epitàffio *m.* **epitaph.**
epitalàmio *m. (letter.)* **epithalamium*.**
epitèlio *m. (anat.)* **epithelium.**
epìteto *m.* **epithet.**
epitomare *v. t.* **to epitomize; to summarize.**
epìtome *f.* **epitome; compendium*.**
epiẓoòtico *a. (vet.)* **epizootic.**
epiẓoozìa *f. (vet.)* **epizooty; epizootic (disease).**
època *f.* ***1*** **epoch; era; age** ***2*** (tempo, periodo) **time; days** *(pl.)*; **period**: *a quell'e.,* at that time (o in those days) ***3*** *(geol.)* **epoch** • *fare e.,* to mark a new epoch □ *una scoperta che fa e.,* an epoch-making discovery.
epòdo *m. (poesia)* **epode.**
epopèa *f.* ***1*** **epic (poem)** ***2*** (serie di leggende eroiche) **epos.**
èpos *m.* **epos.**
eppure *cong.* **and yet; (but) all the same; nevertheless.**
epurare *v. t.* **to weed out; to expel;** *(polit.)* **to purge.**
epurazióne *f. (polit.)* **purge.**
equaménte *avv.* **fairly; justly; equitably.**
equànime *a.* **even-tempered;** (imparziale) **impartial.**
equanimità *f.* **equanimity; composure;** (imparzialità) **impartiality.**
equatóre *m. (geogr., astron.)* **equator.**
equatoriale ***A*** *a. (geogr., astron.)* **equatorial** • *regione delle calme equatoriali,* the doldrums *(pl.)* ***B*** *m. (astron.)* **equatorial (telescope).**
equazióne *f. (mat.)* **equation.**
equèstre *a.* **equestrian** • *circo e.,* circus.
equiàngolo *a. (geom.)* **equiangular.**
equidistante *a.* (anche *geom.*) **equidistant.**
equidistanza *f.* **equidistance.**
equidistare *v. i.* **to be equidistant.**
equilàtero *a. (geom.)* **equilateral.**
equilibrare *v. t.* **equilibrarsi** *v. rifl.* **to balance; to counterbalance.**
equilibrato *a.* **well-balanced;** *(fis., mecc.)* **balanced.**
equilibratóre *m.* ***1*** *(mecc.)* **equalizer** ***2*** *(aeron.)* **elevator.**
equilìbrio *m.* **balance** (anche *fig.*); **equilibrium***: *mantenere l'e.* (o *stare in e.*), to keep one's balance.
equilibriṣmo *m.* **acrobatics** *(pl. col verbo al sing.)*.
equilibrista *m.* e *f.* **acrobat; rope-walker; equilibrist.**
equino *a.* **equine; horse** *(attr.)*.
equinoziale *a. (astron.)* **equinoctial.**
equinòzio *m. (astron.)* **equinox.**
equipaggiaménto *m.* **equipment; outfit.**
equipaggiare *v. t.* **to equip; to fit out; to rig out.**
equipàggio *m. (naut., aeron.)* **crew** • *e. di un'astronave,* spacecrew □ *(naut.) membro dell'e.,* hand.
equiparàbile *a.* **comparable.**
equiparare *v. t.* ***1*** (paragonare) **to compare** ***2*** (uguagliare) **to equalize.**
equiparazióne *f.* ***1*** (paragone) **comparison** ***2*** (eguagliamento) **equalization.**
èquipe *(franc.) f.* **team** • *lavoro d'é.,* teamwork.
equipollènte *a.* **equivalent; equipollent.**
equipollènza *f.* **equivalence; equipollence.**
equisèto *m.* (*bot.*, Equisetum) **equisetum*; horsetail.**
equità *f.* **equity** (anche *leg.*); **impartiality; fairness.**
equitazióne *f.* **riding; horsemanship; equitation**: *una scuola d'e.,* a riding school.
equivalènte *a.* e *m.* **equivalent.**
equivalènza *f.* **equivalence.**
equivalére *v. i.* **equivalérsi** *v. rifl. recipr.* **to be equivalent.**
equivocare *v. i.* **to misunderstand*** (st.); **to get* hold of the wrong end of the stick** *(fam.)*.
equìvoco ***A*** *a.* ***1*** **equivocal; ambiguous** ***2*** (dubbio, sospetto) **doubtful; dubious; questionable; shady** ***B*** *m.* ***1*** (ambiguità) **equivocation** ***2*** (malinteso) **misunderstanding; mistake** • *a scanso d'equivoci,* to avoid any misunderstanding □ *giocare sull'e.,* to equivocate.
èquo *a.* **equitable; fair; just; rightful.**
èra *f.* **era; age; period.**
erariale *a. (fin.)* **revenue** *(attr.)*; **fiscal.**
eràrio *m. (fin.)* **national (o inland) revenue; (the) Treasury.**
èrba *f.* ***1*** *(bot.)* **grass**: *un filo d'e.,* a blade of grass ***2*** (aromatica, medicinale) **herb** ***3*** *(gergo:* marijuana*)* **grass, pot** *(pop.)* • *(bot.) e. medica* (Medicago sativa), alfalfa; lucerne □ *coperto d'e.,* grassy □ *un dottore in e.,* a budding doctor □ *(fig.) far d'ogni e. un fascio,* to lump

everything together □ *infuso di erbe,* herb-tea □ *(ricamo) punto e.,* stem stitch □ *Non vi cresce un filo d'e.,* nothing will grow there □ *(fig.) Questa non è e. del tuo orto,* this isn't your own work.
erbàccia *f. (bot.)* **weed.**
erbàceo *a.* **grassy; grass-like; herbaceous.**
erbaggi *m. pl.* **greens; vegetables.**
erbaiòlo *m.* **greengrocer.**
erbàrio *m. (bot.)* **herbarium.**
erbicida *m. (agric.)* **weed-killer; herbicide.**
èrbio *m. (chim.)* **erbium.**
erbivéndolo *m.* **greengrocer;** (ambulante) **costermonger.**
erbìvoro *(zool.)* ***A*** *a.* **herbivorous** ***B*** *m.* **herbivore.**
erborare *v. i.* to **herborize;** to **botanize.**
erborista *m.* e *f.* **herbalist; herborist; botanizer.**
erboristerìa *f.* **herbalist's shop.**
erbóso *a.* **grassy; grass-grown; grass** *(attr.).*
ercùleo *a.* **Herculean.**
erède ***A*** *m.* **heir**: *e. legittimo,* heir-at-law □ *e. presunto,* heir presumptive □ *e. universale,* sole heir ***B*** *f.* **heiress.**
eredità *f.* ***1*** *(leg.)* **inheritance; heritage** *(anche fig.)* ***2*** *(biol.)* **heredity.**
ereditare *v. t.* to **inherit.**
ereditarietà *f. (biol.)* **heredity.**
ereditàrio *a.* **hereditary** ● *(leg.) asse e.,* hereditament □ *principe e.,* crown prince.
ereditièra *f.* **heiress.**
eremita *m.* **hermit.**
eremitàggio *m.* **hermitage.**
eremìtico *a.* **hermitic(al)** ● *una vita eremitica,* a hermit's life.
èremo *m.* **hermitage.**
ereșìa *f.* **heresy** ● *(fig.) Non dire eresie!,* don't talk nonsense!
ereșiarca *m.* **heresiarch.**
ereticale *a.* **heretical.**
erètico ***A*** *a.* **heretical** ***B*** *m.* **heretic.**
erèttile *a. (anat., bot.)* **erectile.**
erètto *a.* **erect; upright.**
erezióne *f.* ***1*** **erection;** (costruzione) **building** ***2*** (fondazione) **establishment.**
èrg *m. (fis.)* **erg.**
ergastolano *m.* **convict serving a life sentence; lifer** *(pop.).*
ergàstolo *m.* ***1*** (la pena) **penal servitude for life** ***2*** (il luogo) **prison** ● *condanna all'e.,* life sentence.
èrgere ***A*** *v. t. (lett.)* to **raise;** to **erect** ***B*** **èrgersi** *v. rifl.* to **rise*.**
èrgo *(lat.) cong. (lett., scherz.)* **ergo; therefore.**
èrgo- *(in parole composte:* significa « lavoro ») **ergo-, erg-**: *(med.) ergoterapia,* ergotherapy.
èrica *f. (bot.,* Erica) **heather; heath.**
erigèndo *a.* (da erigersi) to **be built;** (da istituirsi) to **be founded.**
erìgere ***A*** *v. t.* ***1*** (innalzare) to **erect;** to **raise** *(anche fig.)*; (costruire) to **build*** ***2*** (fondare) to **found;** (istituire) to **institute;** to **set* up** *(fam.)* ***B*** **erìgersi** *v. rifl.* to **set* oneself up** (as).
erișìpela *f. (med.)* **erysipelas; St. Anthony's fire** *(pop.).*
eritèma *m. (med.)* **erythema** ● *e. solare,* sun-rash.
èrma *f. (archeol.)* **herma*.**
ermafroditișmo *m. (biol.)* **hermaphroditism; hermaphrodism.**
ermafrodito *a.* e *m. (biol.)* **hermaphrodite.**
ermellino *m. (zool.,* Mustela erminea) **ermine; stoat.**
ermenèutica *f.* **hermeneutics** *(pl. col verbo al sing.).*
ermètico *a.* ***1*** **hermetic; airtight;** (a tenuta d'acqua) **watertight;** (a tenuta di gas) **gas-proof** ***2*** *(fig.)* **obscure; cryptic** ***3*** *(letter.)* **hermetic.**
ermetișmo *m.* ***1*** *(filos.)* **Hermetic philosophy** ***2*** (oscurità di un testo, ecc.) **obscurity** ***3*** *(letter.)* **Hermeticism.**
érmo *a. (lett.)* **lonely; solitary; secluded.**
èrnia *f. (med.)* **hernia*; rupture**: *e. strozzata,* strangulated hernia ● *(med.) e. del disco,* slipped disc.
erniàrio *a. (med.)* **hernial; herniary** ● *cinto e.,* truss.
eródere *v. i.* to **erode;** to **wear* away.**
eròe *m.* **hero**: *il culto degli eroi,* hero-worship.
erogare *v. t.* (fornire) to **supply;** to **distribute;** (gas, luce, acqua) to **deliver** ● *e. una somma a un'istituzione,* to endow an institution.
erogazióne *f.* ***1*** (dotazione) **endowment** ***2*** *(ind.)* **yield; output** ***3*** (di gas, luce, acqua) **delivery.**
eroicità *f.* **heroicness.**
eroicizzare *v. t.* to **heroize.**
eròico *a.* **heroic**: *una vita (morte) eroica,* a heroic life (death).
eroicòmico *a.* **mock-heroic; heroicomic.**
(1) eroina *f.* **heroine.**
(2) eroina *f. (farm.)* **heroin.**
eroinòmane *m.* e *f.* **heroin addict.**
eroișmo *m.* **heroism** ● *atto d'e.,* heroic deed.
erómpere *v. i.* ***1*** to **burst* out (o forth)** ***2*** (di vulcani e *med.)* to **erupt.**
eroșióne *f. (geol., med.)* **erosion.**
eroșivo *a.* **erosive.**
eròtico *a.* **erotic;** *(solo lett.)* **amatory.**
erotișmo *m.* **erotism.**
erotomanìa *f. (psic.)* **erotomania.**
èrpete *m. (med.)* **herpes.**
erpicare *v. t. (agric.)* to **harrow.**
érpice *m. (agric.)* **harrow.**
errabóndo *a. (lett.)* **wandering; rambling.**
errante *a.* **wandering; roving** ● *cavaliere e.,* knight errant.
errare *v. i.* ***1*** (vagare) to **wander (about);** to **roam;** to **rove;** to **ramble** ***2*** (sbagliare) to **be mistaken;** to **err** *(lett.);* to **be wrong**: *se non erro,* if I am not mistaken.
errata còrrige *(locuz. lat.) m.* **errata** *(pl.).*
erràtico *a. (geol.)* **erratic.**
errato *a.* **wrong.**
erròneo *a.* **wrong; erroneous.**
erróre *m.* **mistake; error;** (banale) **blunder**: *un e. d'ortografia,* a spelling mistake □ *commettere un e.,* to make a mistake □ *indurre q. in e.,* to lead sb. into error □ *per e.,* by mistake ● *e. di calcolo,* miscalculation □ *e. di stampa,* misprint.
érta *f.* **uphill street; steep ascent** ● *All'e.!,* look out! □ *stare all'e.,* to be on the alert; to be on the qui vive.
érto *a.* **steep; precipitous.**
erudire ***A*** *v. t.* to **educate;** to **teach*** ***B*** **erudirsi** *v. rifl.* to **get* educated.**
erudito ***A*** *a.* **learned; erudite; scholarly** ***B*** *m.* **scholar.**
erudizióne *f.* **learning; erudition.**
eruttare ***A*** *v. t.* to **erupt;** to **throw* out;** to **belch** ***B*** *v. i.* to **belch.**
eruttivo *a. (geol., med.)* **eruptive**: *rocce eruttive,* eruptive rocks.
eruzióne *f.* ***1*** **eruption** ***2*** *(med.)* **eruption; rash.**
eșacerbare *v. t.* to **exacerbate;** to **exasperate;** to **embitter.**
eșaèdro *m. (geom.)* **hexahedron.**
eșagerare ***A*** *v. t.* to **exaggerate** ***B*** *v. i.* to **exaggerate;** to **go* too far.**
eșagerato *a.* **exaggerated;** (di prezzo) **exorbitant, too high.**
eșagerazióne *f.* **exaggeration.**
eșagitato *a.* **excited; upset; uneasy; perturbed.**
eșagonale *a. (geom.)* **hexagonal.**
eșàgono *m. (geom.)* **hexagon.**
eșalare ***A*** *v. t.* to **exhale;** to **give* out** ***B*** *v. i.* to **exhale;** (di puzzo) to **reek** ● *e. l'ultimo respiro,* to breathe one's last.
eșalazióne *f.* **exhalation; fumes** *(pl.);* **vapour.**
eșaltare ***A*** *v. t.* to **exalt;** to **extol** ***B*** **eșaltarsi** *v. rifl.* to **become* elated;** to **get* excited (o thrilled).**
eșaltato ***A*** *a.* **elated; excited; thrilled; fanatical** ● *testa esaltata,* hothead ***B*** *m.* **fanatic; hothead.**
eșaltazióne *f.* ***1*** **exaltation** ***2*** (infervoramento) **elation; excitement.**

eṣame *m.* **1** **examination**: *essere all'e.*, to be under examination **2** (scolastico) **examination; exam**: *dare un e.*, to sit for (o to take) an exam □ *essere bocciato in un e.*, to fail (in) an exam □ *un e. di concorso*, a competitive exam ● *(med.) e. del sangue*, blood test □ *in e.*, on approval; *(abbr.)* on appro □ *prendere in e.*, to examine; to take into consideration.
eṣàmetro *m. (poesia)* **hexameter.**
eṣaminando *m.* **candidate** (for an examination).
eṣaminare *v. t.* **1** to **examine;** (interrogare) to **interrogate** **2** (osservare attentamente) to **observe;** to **scrutinize;** to **inspect;** to **look into** (st.) **3** (verificare) to **check.**
eṣaminatóre **A** *m.* **examiner** **B** *a.* **examining.**
eṣàngue *a.* **1** **bloodless** **2** *(fig.)* **(deadly) pale; colourless; wan.**
eṣanimare *v. t. (lett.)* to **discourage;** to **dishearten.**
eṣànime *a.* **lifeless; dead.**
eṣasperante *a.* **exasperating; irritating.**
eṣasperare **A** *v. t.* to **exasperate;** (irritare) to **irritate,** to **infuriate** **B** **eṣasperarsi** *v. rifl.* to **become* exasperated.**
eṣasperato *a.* **exasperated.**
eṣasperazióne *f.* **exasperation; (extreme) irritation.**
eṣattaménte *avv.* **exactly; correctly; precisely.**
eṣattézza *f.* **1** **exactness; exactitude** **2** (precisione) **precision; accuracy** **3** (puntualità) **punctuality.**
eṣatto *a.* **1** **exact; correct; right** **2** (preciso) **precise; accurate** **3** (puntuale) **punctual.**
eṣattóre *m.* **collector**: *un e. delle imposte*, a tax-collector ● *e. del dazio*, exciseman.
eṣattorìa *f.* **collector's office.**
eṣaudiménto *m.* **granting; fulfilment.**
eṣaudire *v. t.* to **grant;** to **fulfil.**
eṣauribile *a.* **exhaustible.**
eṣauriènte *a.* **exhaustive; thorough.**
eṣauriménto *m.* **exhaustion** ● *e. nervoso*, nervous breakdown.
esaurire **A** *v. t.* **1** to **exhaust;** to **deplete;** to **wear* out** (anche *fig.*) **2** (vendere sino all'esaurimento) to **sell* out** **B** **esaurirsi** *v. rifl.* **1** to **get* exhausted;** to **wear* oneself out;** to **work oneself out** **2** (di merci, ecc.) to **run* short** **3** (di sorgente e *fig.*) to **run* dry;** to **dry up.**
eṣaurito *a.* **1** **exhausted; worn out; run down** **2** (venduto fino all'esaurimento) **sold out;** (di un libro) **out of print** ● *piatto e.*, off the menu □ *(teatr.) tutto e.*, full house.
eṣàusto *a.* **exhausted; worn out; tired out; dead beat** *(pop.)*.
eṣautorare *v. t.* to **deprive** (sb.) **of authority;** to **downgrade** *(fam.)*.
eṣautorazióne *f.* **deprivation of authority; downgrading** *(fam.)*.
eṣazióne *f.* **exaction; collection.**
eṣbórso *m. (bur.)* **disbursement.**
(1) ésca *f.* **bait** (anche *fig.*) ● *prendere q. all'e.*, to decoy sb.
(2) ésca *f.* (sostanza infiammabile) **tinder; touchwood** ● *(fig.) dar e. a q.*, to egg sb. on *(fam.)* □ *pigliar fuoco come l'e.*, to take fire easily (anche *fig.*).
escandescènza *f.* — *dare in escandescenze*, to lose one's temper; to fly off the handle *(fam.)*.
escapiṣmo *m.* **escapism.**
escatologìa *f. (relig., filos.)* **eschatology.**
escatològico *a. (relig., filos.)* **eschatologic(al).**
escavatóre *m.* **escavatrice** *f.* (macchina) **excavator; digger.**
escavazióne *f.* **excavation.**
eschileo *a. (letter.)* **Aeschylean.**
eschimése *a., m.* e *f.* **Eskimo*.**
esclamare *v. t.* to **exclaim;** to **cry (out).**
esclamativo *a.* **exclamatory; exclamation** *(attr.)*.
esclamazióne *f.* **1** **exclamation** **2** *(gramm.)* **exclamation; interjection.**
esclùdere *v. t.* to **exclude;** to **leave* out** ● *Escludo che fosse Ruggero*, I refuse to believe it was Roger □ *Non escludo che potresti aver ragione*, I admit (o I won't deny) you may be right.
esclusióne *f.* **exclusion** ● *a e. di*, with the exception of □ *senza e.*, without exception.
esclusiva *f. (comm.)* **exclusive right;** (brevetto) **patent;** (rappresentanza in e.) **sole agency** ● *in e. mondiale*, with world copyright □ *(giornalismo) notizia in e.*, scoop.
esclusivaménte *avv.* **exclusively; solely; only.**
esclusiviṣmo *m.* **exclusivism.**
esclusivista *m.* e *f.* **1** *(comm.)* **sole agent** **2** (intollerante) **intolerant (person).**
esclusività *f.* **exclusiveness.**
esclusivo *a.* **exclusive; sole.**
escluṣo *a.* **excluded; excepted.**
escogitare *v. t.* to **contrive;** to **devise;** to **think* out;** to **excogitate.**
escoriare *v. t.* to **excoriate;** to **graze.**
escoriazióne *f.* **excoriation; abrasion.**
escreménto *m.* **excrement; faeces** *(pl.)*; (di animale) **dung; droppings** *(pl.)*.
escrescènza *f.* **excrescence.**
escrezióne *f. (fisiologia)* **excretion.**
esculènto *a.* **esculent; edible.**
escursióne *f.* **1** **excursion; trip; outing;** (a piedi) **hike** **2** *(mil.)* **raid** **3** *(meteorologia)* **range.**
escursioniṣmo *m.* **touring;** (a piedi) **hiking.**
escursionista *m.* e *f.* **excursionist; tripper** *(fam.)*; (appiedato) **hiker.**
escussióne *f. (leg.)* **examination**: *e. dei testi*, examination of witnesses.
eṣcùtere *v. t. (leg.)* to **examine.**
eṣecràbile *a.* **execrable; abominable; rotten** *(fam.)*.
eṣecrando *a.* **execrable; abominable; detestable.**
eṣecrare *v. t.* to **execrate;** to **abhor;** to **abominate;** to **loathe.**
eṣecrazióne *f.* **execration; abhorrence.**
eṣecutivo **A** *a.* (anche *leg.*) **executive; executory** **B** *m.* **executive.**
eṣecutore *m.* **1** *(mus.)* **performer; executant** **2** — *(leg.) e. testamentario*, executor **3** (di giustizia) **executioner.**
eṣecuzióne *f.* **1** **execution**: *mettere in e. un progetto*, to put a plan into execution; to carry out a plan **2** (e. capitale) **execution** **3** *(mus.)* **performance** ● *(leg.) e. d'una sentenza*, enforcement of a judgement □ *dare e. (a)*, to enforce.
eṣèdra *f. (archit.)* **exedra*.**
eṣegèsi *f.* **exegesis*.**
eṣegèta *m.* **exegete.**
eṣegètico *a.* **exegetic(al).**
eṣeguìbile *a.* **that can be carried out** (o **performed**); **feasible.**
eṣeguire *v. t.* **1** to **execute;** to **put*** (st.) **into execution (o practice);** to **carry out;** to **do*;** to **perform;** to **accomplish;** to **fulfil**: *e. un progetto*, to execute (o to carry out) a plan **2** *(mus.)* to **perform;** to **execute** (meno comune) **3** (un ritratto, ecc.) to **paint;** (un disegno, ecc.) to **draw*.**
eṣèmpio *m.* **example; instance;** (modello) **model, pattern;** (esemplare) **specimen**: *per e.*, for instance □ *dare il buon (cattivo) e.*, to set a good (bad) example □ *dare un e.* (castigando q.), to make an example of sb. ● *crudeltà senza e.*, unparalleled cruelty □ *Questo ti servirà d'e.!*, this will be a lesson (o a warning) to you!
eṣemplare **A** *a.* **exemplary; model** *(attr.)*: *una fattoria e.*, a model farm ● *dare a q. una punizione e.*, to make an example of sb. **B** *m.* **copy** (anche di libro); **specimen** (specialm. *scient.*); (modello) **model, pattern.**
eṣemplificare *v. t.* to **exemplify;** to **illustrate by examples.**
eṣemplificazióne *f.* **exemplification.**
eṣentare **A** *v. t.* to **exempt** (from); to **relieve** (of) **B** **eṣentarsi** *v. rifl.* to **free oneself** (from).
eṣentasse *a. invar.* **tax-free.**
eṣènte *a.* **exempt; free**: *e. da imposta*, duty-free.
eṣenzióne *f.* **exemption.**
eṣèquie *f. pl.* **obsequies; funeral rites** *(lett.)*; **funeral service.**

eṣercènte *m.* e *f.* **shop-keeper; trader; dealer.**
eṣercire *v. t.* to **run***; to **carry on;** (un negozio) to **keep***.
eṣercitare ***A*** *v. t.* ***1*** (una professione) to **practise**: *e. la medicina,* to practise medicine ***2*** (tenere in esercizio) to **exercise;** to **practise**: *e. la memoria,* to exercise one's memory ***3*** (fare, o far fare, esercizi militari o ginnastici) to **drill;** to **train** ***4*** (il potere, ecc.) to **wield;** to **exert;** to **exercise**: *e. i propri diritti,* to exercise one's rights ● *e. un mestiere,* to carry on (o to ply) a trade □ (di medico) *non e. più,* to have given up one's practice ***B*** **eṣercitarsi** *v. rifl.* to **practise** (anche *mus.*); to **get*** **some practice**: *e. al salto,* to practise jumping.
eṣercitazióne *f.* ***1*** **exercise; practice; drill** ***2*** (allenamento) **training** ***3*** (lezione) **drill-lesson.**
eṣèrcito *m.* ***1*** **army** (anche *fig.*): *arruolarsi nell'e.,* to join the army ***2*** *(fig.)* **host; crowd.**
eṣercìzio *m.* ***1*** **exercise; practice;** (di ginnastica, ecc.) **drill**: *essere fuori d'e.,* to be out of practice ***2*** *(econ., leg.)* **financial year; fiscal year** ***3*** (bottega, ecc.) **shop; business** ● *l'e. dell'autorità,* the exertion of authority □ *(ind.) costi di e.,* operational expenses □ *fare dell'e. (fisico),* to take some exercise □ *nell'e. delle proprie funzioni,* in the fulfilment of one's duties.
eṣibire ***A*** *v. t.* to **exhibit;** (mettere in mostra) to **display;** (documenti) to **produce** ***B*** **eṣibirsi** *v. rifl.* ***1*** (mettersi in mostra) to **show*** **off** ***2*** (offrire i propri servigi) to **offer one's services** ***3*** *(teatr.)* to **perform.**
eṣibitóre *m.* **exhibitor.**
eṣibizióne *f.* ***1*** **exhibition; show; display**: *dare e. di sé,* to make an exhibition of oneself ***2*** (offerta) **offer** ***3*** *(teatr.)* **show; performance.**
eṣibizioniṣmo *m.* (anche *psic.*) **exhibitionism.**
eṣibizionista *m.* e *f.* (anche *psic.*) **exhibitionist.**
eṣigènte *a.* **exacting; exigent; demanding;** (per raffinatezza) **fastidious, particular;** (con pignoleria) **fussy.**
eṣigènza *f.* **demand; requirement;** (bisogno) **need, exigency**: *soddisfare le esigenze di q.,* to meet sb.'s requirements ● *secondo le esigenze del caso,* as occasion may require.
eṣìgere *v. t.* ***1*** (richiedere) to **demand;** to **require;** to **call for** (st.) ***2*** (pretendere) to **require;** to **exact;** to **request** ***3*** (riscuotere) to **collect.**
eṣigìbile *a. (comm.)* **due; payable;** (riscuotibile) **collectable.**
eṣiguità *f.* **smallness; exiguousness;** (scarsità) **scantiness.**
eṣìguo *a.* **small; exiguous; slight;** (scarso) **scanty.**
eṣilarante *a.* **exhilarating** ● *gas e.,* laughing gas.
eṣilarare ***A*** *v. t.* to **exhilarate** ***B*** **eṣilararsi** *v. rifl.* to **have the time of one's life.**
èṣile *a.* ***1*** **slender; slim** ***2*** *(fig.)* **weak; faint.**
eṣiliare ***A*** *v. t.* to **exile;** to **banish** ***B*** **eṣiliarsi** *v. rifl.* to **go*** **into exile.**
eṣiliato ***A*** *a.* **exiled; banished** ***B*** *m.* **exile.**
eṣìlio *m.* **exile; banishment**: *mandare q. in e.,* to send sb. into exile; to banish sb.
eṣilità *f.* **slightness; slenderness; slimness.**
eṣimere ***A*** *v. t.* to **exempt,** to **dispense** (from) ***B*** **eṣimersi** *v. rifl.* to **get*** **out of** (st.); to **refuse** (to do st.).
eṣìmio *a.* **distinguished; eminent.**
eṣistènte *a.* **existing; in existence.**
eṣistènza *f.* **existence; life.**
eṣistenziale *a. (filos.)* **existential;** (riferito all'esistenzialismo) **existentialist.**
eṣistenzialiṣmo *m. (filos.)* **existentialism.**
eṣistenzialista *a., m.* e *f. (filos.)* **existentialist.**
eṣistere *v. i.* to **be;** to **exist.**
eṣitàbile *a. (comm.)* **saleable, salable.**
eṣitànte *a.* ***1*** **hesitating; doubtful** ***2*** (di voce) **faltering.**
(1) eṣitare *v. i.* to **hesitate;** (essere irresoluto) to **be unable to make up one's mind,** to **shilly-shally;** (titubare) to **waver;** (incespicare) to **falter**: *e. fra due opinioni,* to waver between two opinions.
(2) eṣitare *v. t. (comm.)* to **sell***.
eṣitazióne *f.* **hesitation.**
èṣito *m.* ***1*** **result; outcome; issue**: *giudicare dall'e.,* to judge from results ***2*** *(comm.)* **sale** ● *avere buon (cattivo) e.,* to come out well (badly); to be successful (unsuccessful) □ *(bur.) dare e. a una lettera,* to answer a letter.
eṣiziale *a.* **ruinous; fatal.**
èskimo *m.* (giaccone con cappuccio) **parka.**
èṣodo *m.* **exodus** ● (Bibbia) *l'E.,* the Exodus.
eṣòfago *m. (anat.)* **(o)esophagus*; gullet** *(pop.).*
eṣògeno *a. (biol., geol., med.)* **exogenous.**
eṣonerare *v. t.* to **exonerate;** (da un servizio, ecc.) to **exempt,** to **release** (from); (da un onere) to **relieve** (of).
eṣònero *m.* **exemption; release; exoneration.**
eṣorbitante *a.* **exorbitant; excessive.**
eṣorbitare *v. i.* to **exceed.**
eṣorciṣmo *m.* **exorcism.**
eṣorcista *m.* e *f.* **exorcist.**
eṣorcizzare *v. t.* to **exorcize.**
eṣordiènte *m.* e *f.* **beginner** ● *attore e.,* débutant.
eṣòrdio *m.* ***1*** **exordium*; preamble** ***2*** (sulle scene o in società) **début** ***3*** *(fig.:* inizio*)* **beginning.**
eṣordire *v. i.* ***1*** to **begin*** ***2*** *(teatr.,* ecc.*)* to **make*** **one's début.**
eṣornativo *a. (lett.)* **ornamental; decorative.**
eṣortare *v. t.* to **urge;** to **beg of** (sb.); to **exhort.**
eṣortativo *a.* **exhortative; exhortatory.**
eṣortazione *f.* **exhortation.**
eṣoṣità *f.* ***1*** (odiosità) **odiousness; hatefulness** ***2*** (avidità, avarizia) **greediness; meanness; stinginess** ***3*** (rif. a prezzi) **exorbitance.**
eṣòṣo *a.* ***1*** (odioso) **odious; detestable; hateful** ***2*** (avido, avaro) **greedy; mean; stingy** ***3*** (rif. a prezzi) **exorbitant.**
eṣotèrico *a.* **esoteric** (anche *filos.*).
eṣotèrmico *a. (fis., chim.)* **exothermic; exothermal.**
eṣòtico *a.* e *m.* **exotic**: *mode esotiche,* exotic fashions.
eṣotiṣmo *m.* **exoticism.**
espàndere *v. t.* **espàndersi** *v. rifl.* to **expand** (anche *fig.*); to **spread*** **(out);** to **extend.**
espansióne *f.* ***1*** **expansion** ***2*** (effusione) **expansiveness; effusion** ● *e. urbana incontrollata,* urban sprawl.
espansioniṣmo *m. (polit., econ.)* **expansionism; expansionist policy** (o **trend).**
espansionista *a., m.* e *f. (polit., econ.)* **expansionist.**
espansività *f.* **expansiveness; effusiveness; exuberance.**
espansivo *a.* **expansive; effusive; exuberant.**
espatriare *v. i.* to **leave*** **one's country;** to **go*** **abroad.**
espàtrio *m.* **expatriation.**
espediènte *m.* **contrivance; device; expedient; trick** ● *vivere d'espedienti,* to live by one's wits.
espèllere *v. t.* ***1*** to **eject;** to **expel;** to **turn out** ***2*** *(med.)* to **discharge.**
esperantista *m.* e *f.* **Esperantist.**
esperanto *m.* **Esperanto.**
esperiènza *f.* ***1*** **experience**: *sapere per e.,* to know by experience ***2*** (esperimento) **experiment** ● *persona di grande e.,* experienced person.
esperiménto *m.* ***1*** **experiment** ***2*** (prova) **test; trial.**
esperire *v. t.* — *(leg.) e. le vie legali,* to bring an action.
espèrto ***A*** *a.* **experienced; expert; skilled** ***B*** *m.* **expert.**
espettorante *a.* e *m. (farm.)* **expectorant.**
espettorare *v. t.* to **expectorate.**
espettorato *m. (med.)* **expectoration.**
espettorazióne *f. (med.)* **expectoration.**
espiàbile *a.* **expiable.**
espiare *v. t.* to **expiate;** to **make*** **amends for.**
espiatòrio *a.* **expiatory** ● *(fig.) capro e.,* scapegoat.
espiazióne *f.* **expiation.**
espirare *v. t.* to **expire;** to **exhale;** to **breathe out.**

espirazióne *f.* **expiration; exhalation.**
espletaménto *m. (bur.)* **dispatch; fulfilment.**
espletare *v. t. (bur.)* to **dispatch;** to **fulfil;** to **see*** (st.) **through.**
esplicare *v. t.* **1** *(lett.:* spiegare*)* to **explain** **2** (svolgere) to **carry on.**
esplicativo *a.* **explanatory; elucidatory.**
esplicazióne *f.* **explanation; explication.**
esplicito *a.* **explicit; express; clear.**
esplòdere *v. i.* **1** to **explode;** to **burst*;** (di arma da fuoco) to **go* off** **2** *(fig.)* to **burst* out** ● *far e.*, to set* off; to fire.
esplorare *v. t.* **1** to **explore** **2** *(mil.)* to **reconnoitre;** to **scout** **3** *(med.)* to **probe;** to **sound** **4** *(telev.)* to **scan** **5** *(fig.:* cercare di scoprire*)* to **investigate;** to **inquire into.**
esploratóre *m.* **1 explorer** **2** *(mil.)* **scout** **3** *(naut.)* **scout (ship)** ● *(miss.) e. lunare,* moonwalker □ *giovane e.,* boy scout.
esploratrice *f.* **explorer** ● *giovane e.,* girl guide.
esplorazióne *f.* **1 exploration** **2** *(mil.)* **scouting; reconnaissance** **3** *(med.)* **probing; sounding** **4** *(telev.)* **scanning.**
esplosióne *f.* **1 explosion; burst;** (di mine) **blast, blasting** **2** (detonazione) **report** **3** *(fig.)* **outburst; outbreak; flare-up.**
esplosivo *a.* e *m.* **explosive.**
esponènte **A** *m.* **1** *(mat.)* **exponent; index*** **2** (lemma) **headword; entry word** **B** *m.* e *f.* **1** (di un'istanza) **petitioner; applicant** **2** (di un partito, ecc.) **exponent; member.**
esponenziale *a. (mat.)* **exponential.**
espórre **A** *v. t.* **1** (anche *fotogr.*) to **expose**: *e. q. a un rischio,* to expose sb. to a risk **2** (in un'esposizione) to **exhibit;** (mettere in mostra) to **display,** to **show*,** to **expose** **3** (spiegare) to **expound;** to **explain;** (le proprie ragioni, un piano, ecc.) to **put* forth,** to **state;** (un dubbio) to **express** **4** (mettere in vista) to **put* up;** to **stick* up**: *e. un avviso,* to stick up a notice ● *e. la vita,* to risk one's life **B** **esporsi** *v. rifl.* **1** to **expose oneself** **2** (compromettersi) to **compromise oneself** ● *e. alle critiche,* to lay oneself open to criticism.
esportare *v. t.* to **export.**
esportatóre **A** *m.* **exporter** **B** *a.* **exporting.**
esportazióne *f.* **export; exportation** ● *merci d'e.,* exports.
espoṣimetro *m. (fotogr.)* **exposure meter.**
espoṣitivo *a.* **expository; expositive.**
espoṣitóre **A** *m.* **exhibitor** **B** *a.* **exhibiting**: *una ditta espositrice,* an exhibiting firm.
espoṣizióne *f.* **1** (anche *fotogr.*) **exposure** **2** (mostra pubblica) **exhibition; exposition** *(abbr.: expo)*; **show;** (mostra) **display** **3** (lo spiegare) **expounding; explaining; exposition** **4** (dichiarazione) **statement.**
espósto **A** *m.* **1** *(leg.)* **statement, account (of facts);** « **exposé** »; (petizione) **petition** **2** (trovatello) **foundling** **B** *a.* **1 exposed; exhibited; displayed** **2 explained; stated** **3** (collocato, rivolto) **facing**: *e. a nord,* facing north **4** (di avvisi) **put up; stuck up** ● *e. alle critiche,* open to criticism.
espressaménte *avv.* **explicitly;** (apposta) **expressly, specially.**
espressióne *f. (in ogni senso)* **expression.**
espressioniṣmo *m. (arte, letter.)* **expressionism.**
espressionista *a., m.* e *f. (arte, letter.)* **expressionist.**
espressività *f.* **expressiveness.**
espressivo *a.* **expressive; eloquent; full of expression.**
esprèsso **A** *a.* **express;** (esplicito) **explicit, definite** ● *caffè e.,* espresso (coffee) □ *nemico e.,* declared enemy **B** *m.* **1** (lettera) **express letter; special-delivery letter** **2** (caffè) **espresso*** **3** (treno) **express.**
esprimere **A** *v. t.* to **express;** to **voice** **B** **esprimersi** *v. rifl.* to **express oneself.**
esprimibile *a.* **expressible.**
espropriare *v. t.* to **expropriate** (from); to **dispossess** (of).
espropriazióne *f.* **espròprio** *m.* **expropriation; dispossession.**
espugnàbile *a.* **that can be taken by force.**
espugnare *v. t.* to **take* by storm;** to **storm.**
espugnazióne *f.* **assault and capture.**
espulsióne *f.* **expulsion.**
espulsivo *a.* **expulsive.**
espulsóre *m.* (di arma da fuoco) **ejector.**
espùngere *v. t.* to **expunge.**
espunzióne *f.* **expunction.**
espurgare *v. t.* to **expurgate;** to **bowdlerize.**
éssa *pron. pers. femm. 3ª pers. sing.* **1** (rif. a cosa o animale di sesso imprecisato) **it** **2** (rif. a femmina d'animale, o — fam. per « ella » e « lei » — *a donna)* **she** *(sogg.),* **her** *(compl.).*
essai *(franc.) m. invar.* — *d'e.,* experimental.
ésse *pron. pers. femm. 3ª pers. pl.* **they** *(sogg.),* **them** *(compl.).*
essènza *f.* **essence** ● *e. di rose,* attar of roses.
essenziale **A** *a.* **essential** **B** *m.* **(the) main thing** (o **point).**
essenzialità *f.* **essentiality.**
essenzialménte *avv.* **essentially; fundamentally.**
(1) èssere *v. i.* **1** *(nel senso di « esistere », come copula, e come ausiliare nel passivo)* to **be**: *Penso, dunque sono,* I think, therefore I am □ *Tutti gli uomini sono mortali,* all men are mortal □ *Chi è?,* who is it? □ *Sono io,* it's I (o it's me, *fam.)* **2** *(ausiliare dei verbi di moto, impersonali e riflessivi)* to **have**: *È appena arrivato,* he has just arrived □ *Non ti sei ancora lavato?,* haven't you washed (yourself) yet? **3** (andare) to **be**: *Sono stato due volte a Londra,* I have been to London twice **4** (accadere, avvenire) to **become***: *Che sarà di noi?,* what will become of us? **5** (consistere) to **consist;** to **lie*** **6** (costare) to **be;** to **cost*;** (valere) to **be worth;** (pesare) to **weigh;** (essere lungo) to **be... long**: *Quant'è?,* how much is it? **7** *(in varie locuz. temporali)* to **be (**o **ago,** o *idiom.***)**: *tre giorni or sono,* three days ago □ *Siamo a mezzo inverno,* we're half way through the winter □ *Sono ore che t'aspetto,* I've been waiting for you for hours (o for hours and hours) **8** — *e. da,* (addirsi a) to be worthy of; (essere atto a, fare per) to be fit for: *Questo è (un gesto) da uomo onesto,* this is worthy of an honest man **9** — *e. di* (provenire da), to come* from: *e. di Firenze,* to come from Florence (o to be a Florentine) **10** — *e. di* (appartenere a), to be *(con un poss.)*; to belong to: *Di chi è questo libro?,* whose book is this? □ *È di mio padre,* it is my father's **11** — *e. di* (essere fatto di), to be made of: *La tazza era d'argento,* the cup was made of silver (o it was a silver cup) **12** — *È* (nel senso di: fatto sta), the fact is; it so happens (that) ● *che è che non è,* unexpectedly □ *nei tempi che furono,* in time past □ *non esserci* (non essere in casa, o anche, non voler ricevere visite), not to be at home □ *sia chi si sia,* whoever it may be □ *sia come sia,* however that may be □ *(fig.) Ci siamo!,* (ora viene il difficile, vengono i guai) we're in for it; (siamo alle solite) here we go (o he goes, etc.) again □ *Cosa c'è* (che succede)*?,* what's the matter? □ *È per questo che sono venuto,* that's why I have come □ *E sia!,* very well, then!; agreed! □ *Sarà!,* may be (you're right)! □ *Silvia Smith fu (o del fu) Giosuè,* Sylvia Smith daughter of the late Joshua Smith.
(2) èssere *m.* **1 being;** (esistenza) **existence**: *l'E. Supremo,* the Supreme Being **2** (creatura umana) **human being** **3** (creatura vivente) **creature** *(spesso spreg.).*
éssi *pron. pers. masch. 3ª pers. pl.* **they** *(sogg.),* **them** *(compl.).*
essiccare **A** *v. t.* to **desiccate;** to **dry (up)** ● *e. al forno,* to kiln-dry **B** **essiccarsi** *v. rifl.* to **dry up** *(anche fig.).*
essiccativo *a.* **desiccative.**
essiccatóio *m.* **1** *(ind.)* **drier, dryer;** *(chim.)* **desiccator** **2** *(ind. tessile)* **drying chamber** **3** (reparto di essiccazione) **drying house.**
essiccazióne *f.* **desiccation; drying (process).**
ésso *pron. pers. masch. 3ª pers. sing.* **1** (rif. a cosa o animale di sesso imprecisato) **it** **2** (rif. ad animale maschio, o — fam. per « egli » e « lui » — *a uomo)* **he** *(sogg.),* **him** *(compl.).*
essudare *v. i.* to **exude.**
essudato *m. (med.)* **exudate.**

essudazióne *f. (med.)* **exudation.**
èst *m.* **east** ● *un viaggio verso e.*, an eastward journey □ *andare verso e.*, to go eastward(s).
èstaṣi *f.* **ecstasy; rapture** ● *andare in e.*, to go into raptures; to be enraptured □ *essere rapito in e.*, to be in ecstasy; *(med.)* to be in a trance.
estaṣiare A *v. t.* to **enrapture B estaṣiarsi** *v. rifl.* to **go* into raptures;** to **be enraptured;** to **be in one's seventh heaven.**
estaṣiato *a.* **enraptured.**
estate *f.* **summer**: *tempo d'e.*, summer weather □ *l'e. di San Martino,* St. Martin's summer; Indian summer.
estàtico *a.* **ecstatic;** (estasiato) **enraptured.**
estemporaneaménte *avv.* **extempore; extemporarily.**
estemporàneo *a.* **extemporary; extempore; extemporaneous.**
estèndere A *v. t.* **1** to **extend;** to **spread* out;** to **enlarge;** (in lungo) to **lengthen;** *(fig.)* to **expand 2** (di legge, diritto, ecc.) to **bestow;** to **grant;** to **give***: *e. il (diritto di) voto alle donne,* to give women the vote **B estèndersi** *v. rifl.* **1** to **extend;** to **stretch 2** (diffondersi) to **spread* 3** (espandersi) to **expand 4** (dilungarsi) to **dwell*** (upon); to **linger** (over).
estendìbile, estensìbile *a.* **extensible.**
estensióne *f.* **1 extension 2** (la superficie estesa) **extent; expanse; range 3** *(mus.)* **range; compass** ● *in tutta l'e. del termine,* in the full meaning of the word.
estensivaménte *avv.* **extensively.**
estensivo *a.* **extensive.**
estensóre *m.* **1** (scrivente) **writer; drafter 2** (attrezzo ginnico) **chest-expander 3** *(anat.)* **extensor (muscle).**
estenuante *a.* **weary; tiring; exhausting.**
estenuare A *v. t.* to **tire out;** to **exhaust B estenuarsi** *v. rifl.* to **get* exhausted;** to **tire oneself out.**
estenuato *a.* **tired out; exhausted.**
estenuazióne *f.* **exhaustion; weariness.**
èstere *m. (chim.)* **ester.**
esterióre A *a.* **external; outer, outward, outside** *(attr.)*; **exterior B** *m.* **exterior; outward appearance.**
esteriorità *f.* **outward appearance; appearances** *(pl.)*.
esterioriẓẓare *v. t.* (anche *psic.*) to **externalize;** to **exteriorize.**
esterioriẓẓazióne *f.* **1** (anche *psic.*) **externalization; exteriorization 2** *(med.)* **exteriorization.**
esteriorménte *avv.* **outwardly; externally.**
estèrna *f.* **day-girl; day-boarder.**
esternaménte *avv.* **externally; outwardly; from the outside.**
esternare A *v. t.* to **express;** (mostrare) to **show*;** (rivelare) to **disclose,** to **reveal B esternarsi** *v. rifl.* to **open one's heart** (to).
(1) estèrno *a.* **external; outer, outside, outdoor, outward** *(attr.)*: (di medicina) *per uso e.*, for external use only □ *l'involucro e.*, the outer wrapping ● *alunno e.*, day-pupil.
(2) estèrno *m.* **1** (allievo) **day-boy; day-pupil; day-boarder 2** (medico d'ospedale) **non-resident doctor.**
(3) estèrno *m.* **1** *(archit.)* **exterior; outside** *(più fam.)*: *dall'e.*, from the outside **2** *(al pl., cinem.)* **location shots; exteriors.**
èstero A *a.* **foreign**: *commercio e.*, foreign trade **B** *m.* **foreign countries** *(pl.)* ● *all'e.*, abroad □ *andare all'e.*, to go abroad.
esterofilìa *f.* **mania for foreign things; xenomania.**
esteròfilo A *a.* **xenophilous B** *m.* **xenophile.**
esterrefatto *a.* **1** (atterrito) **terrified; aghast** *(pred.)*; **appalled 2** (sbigottito) **dismayed; nonplussed.**
estesaménte *avv.* **1 widely; extensively 2** (per esteso) **in detail; in full.**
estéso *a.* **wide; broad; extensive; extended** ● *per e.*, in detail; (senza abbreviazioni) in full.
estèta *m.* e *f.* **aesthete.**
estètica *f. (filos.)* **aesthetics** *(pl. col verbo al sing.)*.
estètico *a.* **aesthetic(al).**
estetiṣmo *m.* **aestheticism.**
estetista *m.* e *f.* **beauty specialist; beautician** *(USA)*.
èstimo *m. (fin., leg.)* **estimate;** (a scopi fiscali) **assessment.**
estìnguere A *v. t.* **1** to **extinguish;** (la sete) to **quench;** (un incendio) to **put* out 2** (un debito, ecc.) to **pay* off;** (riscattare) to **redeem B estinguersi** *v. rifl.* to **die out;** to **fade away;** to **die away.**
estinguìbile *a.* **extinguishable.**
estinto A *a.* **1** (non più esistente) **extinct; extinguished 2** (morto, defunto) **deceased; dead 3** (rif. a un debito, ecc.) **paid off B** *m.* **(the) deceased.**
estintóre *m.* **(fire-)extinguisher.**
estinzióne *f.* **1** *(quasi in ogni senso)* **extinction 2** (di un debito) **paying-off;** (riscatto) **redemption.**
estirpare *v. t.* (anche *fig.*) to **extirpate;** to **uproot;** to **eradicate.**
estirpazióne *f.* (anche *fig.*) **extirpation; eradication.**
estivare *v. t. (zootecnica)* to **summer.**
estivo *a.* **summer** *(attr.)*: *vacanze estive,* summer holidays.
èstone *a.* e *m.* **Esthonian.**
estòrcere *v. t.* to **extort.**
estorsióne *f.* **extortion.**
estradare *v. t. (leg.)* to **extradite.**
estradizióne *f. (leg.)* **extradition.**
estradòsso *m. (archit.)* **extrados*.**
estradotale *a.* —*(leg.) beni estradotali,* paraphernalia.
estràneo A *a.* **1 extraneous; foreign**: *(biol.) un corpo e.*, a foreign body **2** (alieno) **alien; foreign** ● *essere e. a q.c.*, to have nothing to do with st. **B** *m.* **stranger.**
estraniare A *v. t.* to **estrange B estraniarsi** *v. rifl.* to **get* estranged.**
estrapolare *v. t. (mat.)* to **extrapolate.**
estrapolazióne *f. (mat.)* **extrapolation.**
estrarre *v. t.* **1** to **extract;** to **pull out**: *e. un dente,* to extract a tooth **2** (tirare a sorte) to **draw* 3** (da una cava) to **quarry 4** (da una miniera) to **mine 5** *(mat.)* to **extract.**
estratto *m.* **1 extract; essence**: *e. di manzo,* beef extract **2** (parte desunta da uno scritto) **extract, excerpt;** (articolo ristampato a sé) **off-print 3** *(leg.)* **estreat 4** (di lotteria, ecc.) **draw** ● *(banca) e. conto,* statement of account.
estrattóre *m.* **extractor; ejector.**
estrazióne *f.* **1 extraction**: *l'e. d'un dente,* the extraction of a tooth **2** (il tirare a sorte) **drawing 3** (da una cava) **quarrying 4** (da una miniera) **mining 5** *(mat.)* **extraction 6** *(fig.)* **extraction; origin; descent**: *gente di bassa e.*, people of low extraction.
estremaménte *avv.* **extremely; in the extreme.**
estremiṣmo *m.* (specialm. *polit.*) **extremism; ultraism.**
estremista *a., m.* e *f.* (specialm. *polit.*) **extremist; ultraist** ● *(polit.) e. di destra,* right-wing extremist; ultrarighest □ *(polit.) e. di sinistra,* left-wing extremist; ultraleftist.
estremità *f.* **1 extremity** (anche *fig.*) **2** (parte estrema) **end;** (punta) **tip, point 3** (punto più alto) **height, peak;** (punto più basso o profondo) **depths** *(pl.)* **4** *(al pl., anat.)* **extremities; limbs.**
estrèmo A *a.* **1 extreme; (the) utmost**: *(polit.) l'estrema sinistra (destra),* the Extreme Left (Right) □ *un caso e.*, an extreme case **2** (senza mezzi termini) **drastic B** *m.* **1 extreme** (anche *mat.*): *Gli estremi si toccano,* extremes meet **2** *(al pl., bur.* e *leg.)* **terms; data** ● *essere agli estremi,* to be at one's last gasp □ *(leg.) trovare gli estremi del reato,* to find sufficient grounds to proceed.
estrinsecare A *v. t.* to **express;** to **manifest B estrinsecarsi** *v. rifl.* to **be expressed.**
estrinsecazióne *f.* **expression; manifestation.**
estrìnseco *a.* **extrinsic.**

èstro *m.* ***1*** **fancy; whim; caprice** *(lett.)* ***2*** (ispirazione) **inspiration; (creative) impulse**: *e. poetico,* poetic inspiration (o fire) ***3*** (talento) **bent; gift** ***4*** *(zool.,* Oestrus) **gad-fly** • *venir l'e. di fare q.c.,* to take it into one's head to do st.
estrògeno ***A*** *a.* **oestrogenic, estrogenic** ***B*** *m.* **oestrogen, estrogen.**
estrométtere *v. t.* **to expel; to turn out; to oust.**
estromissióne *f.* **expulsion; turning out; ousting.**
estróso *a.* **capricious; whimsical; moody.**
estroversióne *f. (psic.)* **extroversion.**
estrovèrso *m. (psic.)* **extrovert.**
estuàrio *m. (geogr.)* **estuary.**
eṣuberante *a.* **exuberant.**
eṣuberanza *f.* **exuberance.**
eṣulare *v. i.* ***1*** *(raro)* **to go* into exile** ***2*** *(fig.)* **to lie*** outside (st.).
eṣulcerare *v. t.* ***1*** *(med.)* **to ulcerate** ***2*** *(fig.)* **to exacerbate.**
èṣule ***A*** *a.* **exiled** ***B*** *m.* e *f.* **exile.**
eṣultante *a.* **exultant; exulting; rejoicing.**
eṣultanza *f.* **exultation.**
eṣultare *v. i.* **to exult** (at, in); **to rejoice** (over, at).
eṣumare *v. t.* (anche *fig.)* **to exhume; to unearth.**
eṣumazióne *f.* (anche *fig.)* **exhumation.**
età *f.* ***1*** **age**: *Qual è la tua età?,* what age are you? (o how old are you?) □ *all'età di dodici anni,* at the age of twelve □ *non dimostrare la propria età,* not to look one's age ***2*** (epoca, periodo) **age**: *l'età della pietra,* the Stone Age • *essere in età minore,* to be under age □ *una persona di mezza età,* a middle-aged person □ *raggiungere la maggiore età,* to come of age □ *C'è un limite d'età?,* is there an age-limit?
etano *m. (chim.)* **ethane.**
etcì *V.* **eccì.**
etèra *f. (stor.)* **hetaera*, hetaira***; *(per estens.)* **courtesan.**
ètere *m.* ***1*** *(poet.)* **sky; (the) heavens** *(pl., lett.)* ***2*** *(chim.)* **ether.**
etèreo *a.* ***1*** **ethereal**: *bellezza eterea,* ethereal beauty ***2*** *(chim.)* **ethereal.**
eternaménte *avv.* **eternally; for ever.**
eternare ***A*** *v. t.* **to eternalize; to eternize; to immortalize** ***B*** **eternarsi** *v. rifl.* **to become*** (o **to grow***) **immortal.**
eternità *f.* **eternity** • *Era un'e. che non lo vedevo,* I had not seen him for ages.
etèrno ***A*** *a.* ***1*** **eternal**: *la Città Eterna,* the Eternal City ***2*** (interminabile) **eternal; everlasting; endless; unending; never-ending** ***B*** *m.* **eternity** • *l'E.,* the Eternal □ *in e.,* for ever; for all eternity.
eteròclito *a.* ***1*** *(gramm.)* **heteroclite** ***2*** *(fig.)* **irregular; queer.**
eterodina *f. (radio)* **heterodyne.**
eterodossìa *f.* **heterodoxy; unorthodoxy.**
eterodòsso *a.* **heterodox; unorthodox.**
eterogeneità *f.* **heterogeneity.**
eterogèneo *a.* **heterogeneous** (anche *gramm.).*
eterosessuale *a., m.* e *f.* **heterosexual.**
eterosessualità *f.* **heterosexuality.**
ètica *f. (filos.)* **ethics** *(pl. col verbo al sing.).*
(1) etichétta *f.* (cartellino) **label**: *un'e. autoadesiva,* a stick-on label; a sticker.
(2) etichétta *f.* (cerimoniale) **etiquette** • *senza e.,* informally.
etichettare *v. t.* **to label** (anche *fig.).*
(1) ètico *a. (filos.)* **ethical; moral.**
(2) ètico *a.* e *m. (med.)* **hectic; consumptive.**
etile *m. (chim.)* **ethyl.**
etilène *m. (chim.)* **ethylene.**
etìlico *a. (chim.)* **ethyl** *(attr.);* **ethylic.**
etiliṣmo *m. (med.)* **alcoholism.**
ètimo *m. (linguistica)* **etymon*.**
etimologìa *f. (linguistica)* **etymology.**
etimològico *a. (linguistica)* **etymologic(al).**
etimòlogo *m.* **etymologist.**
etìope *a., m.* e *f.* **Ethiopian.**
etiòpico ***A*** *a.* **Ethiopian** ***B*** *m.* (la lingua) **Ethiopic.**
etiṣìa *f. (med.)* **phthisis; consumption; tuberculosis.**
etnìa *f.* **ethnic group.**
ètnico *a.* **ethnic(al).**
etnografìa *f.* **ethnography.**
etnogràfico *a.* **ethnographic(al).**
etnògrafo *m.* **ethnographer.**
etnologìa *f.* **ethnology.**
etnològico *a.* **ethnologic(al).**
etnòlogo *m.* **ethnologist.**
etrusco *a.* e *m.* **Etruscan.**
etruscologìa *f.* **Etruscan studies** *(pl.);* **Etruscology.**
ettaèdro *m. (geom.)* **heptahedron.**
ettagonale *a. (geom.)* **heptagonal.**
ettàgono *(geom.)* ***A*** *a.* **heptagonal** ***B*** *m.* **heptagon.**
èttaro *m.* **hectare.**
ètte *m. (fam.)* **jot** • *Non m'importa un e.,* I don't care a damn *(pop.)* □ *Non ci capisco un e.,* it's double Dutch to me.
ètto, ettogrammo *m.* **hectogram(me).**
ettòlitro *m.* **hectolitre.**
ettòmetro *m.* **hectometre.**
eucalipto *m.* (*bot.*, Eucalyptus) **eucalyptus*; eucalypt.**
eucaristìa *f. (relig.)* **Eucharist; Holy Communion.**
eucarìstico *a. (relig.)* **Eucharistic(al).**
euclidèo *a.* **Euclidean, Euclidian.**
eufemiṣmo *m.* **euphemism.**
eufemìstico *a.* **euphemistic.**
eufonìa *f.* **euphony.**
eufònico *a.* **euphonic(al).**
euforìa *f.* **euphoria; elation.**
eufòrico *a.* **elated; in high spirits; euphoric.**
eufuiṣmo *m. (letter.)* **Euphuism.**
eugànéo *a. (geogr.)* **Euganean.**
eugenètica *f.* **eugenics** *(pl. col verbo al sing.).*
Eumènidi *f. pl. (mitol.)* **Eumenides.**
eunuco *m.* **eunuch.**
euraṣiatico *a.* e *m.* **Eurasian.**
èureka *inter.* **eureka!**
euritmìa *f.* **eurhythmy.**
eurìtmico *a.* **eurhythmic(al).**
eurocomuniṣmo *m. (polit.)* **Eurocommunism.**
eurodòllaro *m. (fin.)* **Eurodollar.**
europeiṣmo *m. (polit.)* **Europeanism.**
europeista *m.* e *f. (polit.)* **Europeanist.**
europeiẓẓare *v. t.* **to Europeanize.**
europeiẓẓazióne *f.* **Europeanization.**
europèo *a.* e *m.* **European.**
euròpio *m. (chim.)* **europium.**
euroviṣióne *f. (telev.)* **Eurovision.**
eutanaṣìa *f.* **euthanasia; mercy killing.**
evacuare *v. t.* e *i.* **to evacuate.**
evacuazióne *f.* **evacuation.**
evàdere ***A*** *v. i.* **to escape; to run* away; to get* away** *(fam.)* ***B*** *v. t.* ***1*** (sbrigare) **to dispatch; to get* through** (st.) ***2*** *(fin.)* **to evade; to dodge** • *e. la corrispondenza,* to clear correspondence □ *e. un ordine,* to carry out an order.
evanescènte *a.* **evanescent; fading.**
evanescènza *f.* ***1*** **evanescence** ***2*** *(radio, telev.)* **fading.**
evangèlico *a.* **evangelic(al).**
evangeliṣmo *m.* **evangelism.**
evangelista *m.* **evangelist.**
evangeliẓẓare *v. t.* **to evangelize.**
evangeliẓẓazióne *f.* **evangelization.**
evangèlo *m.* **Gospel.**
evaporare *v. t.* e *i.* **to evaporate** (anche *fig.).*
evaporatóre *m. (ind.)* **evaporator.**
evaporazióne *f.* **evaporation; vaporisation.**
evaṣióne *f.* ***1*** (di prigioniero) **escape; jailbreak; get-away** *(pop.)* ***2*** *(fin.)* **evasion**: *e. fiscale,* tax evasion • *(comm.) dare e. a un ordine,* to carry out an order □ *letteratura d'e.,* escapist literature.
evaṣivo *a.* **evasive**: *una risposta evasiva,* an evasive answer.
evaṣo *m.* **fugitive; runaway.**
evaṣóre *m.* **evader**: *un e. fiscale,* a tax-evader.

evenienza *f.* **event; eventuality; occurrence**: *essere pronto a ogni e.*, to be prepared for any eventuality.
evènto *m.* ***1*** **event** ***2*** (esito) **result** ● *ad ogni e.*, in any case.
eventuale *a.* **possible;** (probabile) **probable, prospective.**
eventualità *f.* **eventuality; possibility;** (probabilità) **probability.**
eventualménte *avv.* **in case; if necessary.**
eversióne *f.* **overthrow.**
eversivo *a.* **subversive; revolutionary.**
evidènte *a.* **evident; obvious.**
evidenteménte *avv.* **evidently; obviously.**
evidènza *f.* **obviousness; evidence** ● *mettere in e.*, to point out; to emphasize □ *mettersi in e.*, to make oneself conspicuous.
evidenziare *v. t.* to **underline;** to **point out.**
evirare *v. t.* to **emasculate** *(anche fig.).*
evitàbile *a.* **avoidable.**
evitare *v. t.* ***1*** to **avoid;** to **shun;** (eludere) to **evade,** to **elude,** to **dodge;** *(naut., fig.)* to **steer clear of** (st., sb.) ***2*** (sfuggire a) to **escape** ***3*** (risparmiare) to **spare**: *e. a q. il disturbo di fare q.c.*, to spare sb. the trouble to do st. ● *Non posso e. d'ammirarlo,* I cannot help admiring him.
èvo *m.* **epoch; ages** *(pl.)*: *il Medio E.*, the Middle Ages.
evocare *v. t.* ***1*** to **evoke;** to **conjure up** ***2*** *(fig.)* to evoke; to **recall.**
evocativo *a.* **evocative.**
evocazióne *f.* **evocation.**
evolutivo *a.* **evolutionary; evolutive.**
evoluto *a.* **evolved; (highly) developed.**
evoluzióne *f.* *(in ogni senso)* **evolution.**
evoluzionismo *m.* *(biol., filos.)* **theory of evolution; evolutionism.**
evoluzionista *m.* e *f.* **evolutionist.**
evòlvere *v. t.* **evòlversi** *v. rifl.* to **evolve.**
evulso *a.* **uprooted; eradicated; torn up.**
evviva ***A*** *inter.* **long live; hurrah!, hurray!**: *E. la Regina!*, long live the Queen! ● *E.! ci son riuscito!*, thank goodness I've succeeded! ***B*** *m.* **cheer; hurrah, hurray** ● *gridare e.*, to hurrah, to hurray.
èx *pref.* **ex; former**: *l'ex presidente,* the ex-president.
expo *f. invar.* **Expo; world exposition.**
èxtra ***A*** *a.* ***1*** (in più) **extra** ***2*** (speciale) **super; first--rate** ***B*** *m.* **extra.**
extra- *pref.* **extra-.**
extraeuropèo *a.* **non-European.**
extralegale *a.* **extralegal.**
extraterrèstre ***A*** *a.* **extraterrestrial** ***B*** *m.* e *f.* **extraterrestrial; alien.**
extraterritoriale *a.* **extraterritorial.**
extraterritorialità *f.* **extraterritoriality.**
extraurbano *a.* **extra-urban.**
eziologìa *f.* *(med.)* **aetiology.**
eziològico *a.* *(med.)* **aetiological.**

F

F, f *f.* o *m.* **F, f** ● *(tel.) f come Firenze,* f for Fred.
(1) fa *m.* *(mus.)* **fa; F.**
(2) fa *avv.* **ago**: *un anno fa,* a year ago.
fabbisogno *m.* **requirements** *(pl.)*; **requisites** *(pl.)*; **needs** *(pl.)*; **(the) necessary** *(generalm. al pl.).*
fàbbrica *f.* ***1*** **factory; works**: *una f. di automobili,* a motor-works ***2*** (costruzione) **building; construction** ● *nuovo di f.*, brand new; just out of the factory □ *prezzo di f.*, cost price; prime cost.
fabbricàbile *a.* **manufacturable** ● *appezzamento f.*, building lot □ *area f.*, building site.
fabbricante *m.* **manufacturer; maker.**
fabbricare *v. t.* ***1*** to **manufacture;** to **produce** ***2*** (fare) to **make*** ***3*** (costruire) to **build***; to **construct** ***4*** *(fig.:* inventare*)* to **fabricate;** to **invent;** to **trump up.**
fabbricato *m.* **building; edifice** ● *f. annesso,* outbuilding □ *(leg.) imposta sui fabbricati,* house tax.
fabbricatóre *m.* ***1*** **builder; constructor** ***2*** *(fig.)* **fabricator; inventor.**
fabbricazióne *f.* ***1*** **make; manufacture**: *f. nazionale,* home manufacture ***2*** (costruzione) **building** ***3*** *(fig.:* invenzione*)* **fabrication; invention** ● *di f. inglese,* made in England.
fabbricerìa *f.* *(relig.)* **vestry-board.**
fabbricière *m.* *(relig.)* **vestryman***.
fabbro *m.* ***1*** **smith;** (maniscalco) **blacksmith** ***2*** *(fig., lett.)* **artificer; contriver; maker.**
fabiano *a.* e *m.* *(polit.)* **Fabian.**
faccènda *f.* ***1*** *(in tutti i sensi)* **thing** ***2*** (questione) **matter; affair; business** ***3*** *(al pl.:* lavori domestici*)* **housework** *(sing.)*; **household chores** ● *essere in faccende,* to be busy.
faccendière *m.* **busybody.**
faccendóne *m.* **hustler; busy bee** *(fam.).*
faccétta *f.* **facet** ● *lavorato a f.*, faceted.
facchinàggio *m.* **porterage** (anche per spese di facchinaggio).
facchinésco *a.* ***1*** **of a porter** ***2*** (rozzo) **vulgar; coarse.**
facchino *m.* **porter** ● *fare il f.* (sfacchinare), to drudge □ *modi da f.*, coarse manners □ *una vita da f.*, a dog's life.
fàccia *f.* ***1*** *(anat., geom.* e *fig.)* **face**: *una f. amica,* a friendly face □ *ridere in f. a q.*, to laugh in sb.'s face □ *guardare q. in f.*, to look sb. in the face □ *a f. a f.*, face to face □ *le facce di un cubo,* the faces (o sides) of a cube ***2*** (sfacciataggine, anche: *f. tosta, f. di bronzo,* ecc.) **face; nerve;** (impertinenza) **cheek, impudence, effrontery**: *avere la f. di fare q.c.*, to have the face to do st. □ *Che f. tosta!*, what cheek (o impudence)! ***3*** (aspetto, espressione) **expression; look; mien** ● *avere una f. da stupido,* to look a fool □ *avere una bella f.* (un aspetto bello, sano), to look well □ *avere una brutta f.*, (un aspetto malaticcio) not to look fit (o up to the mark); (un'aria triste) to look sad (o blue, *fam.*) □ *di f.*, opposite; in front of: *l'albergo di f. alla stazione,* the hotel in front of (o facing, opposite) the station □ *(volg.) fare q.c. alla f. di q.*, to do st. in sb.'s teeth □ *farsi la f.* (truccarsi), to make (oneself) up □ *essere in f. a q. (q.c.),* to be facing sb. (st.) □ *(fig.) non guardare in f. a nessuno,* to be no respecter of persons □ *(fig.) perdere (salvare) la f.*, to lose (to save) (one's) face □ *stoffa a due facce,* double-faced material □ *visto di f.*, seen from the front.
facciale *a.* *(anat.)* **facial** ● *(fin.) valore f.*, face value.
facciata *f.* ***1*** *(archit.)* **front; façade; face** ***2*** (pagina) **page.**
facciòle *f. pl.* **bands.**
face *f.* *(lett.)* **torch.**
facèto *a.* **humorous; jocular; facetious** ● *detto f.*,

witticism.
facèzia *f.* **humorous remark; joke; pleasantry; witticism.**
fachiro *m.* **fakir.**
fàcile *a.* ***1*** **easy; simple; facile**: *È più f. dirlo che farlo,* it's easier said than done ***2*** (pronto) **ready** ***3*** (incline) **inclined; prone**: *essere f. all'ira,* to be prone to anger ***4*** (arrendevole, trattabile) **amenable; yielding** ***5*** (probabile) **probable; likely**: *È f. che piova,* it's likely to rain ● *essere f. alla commozione,* to be easily moved □ *avere la parola f.,* to have the gift of the gab □ *essere di carattere f.,* to be easy-going; to be easy to get along with □ *donna di facili costumi,* woman of easy virtue; loose woman.
facilità *f.* ***1*** **ease; facility** ***2*** (l'essere facile) **easiness** ***3*** (attitudine) **aptitude** ● *avere grande f. di parola,* to have the gift of the gab.
facilitare *v. t.* ***1*** **to facilitate; to make* (st.) easy (o easier); to simplify** ***2*** (aiutare) **to help**: *per f. la digestione,* to help digestion.
facilitazióne *f.* ***1*** **facilitation** ***2*** (agevolazione) **facility** ***3*** (*al pl.*: condizioni speciali) **special (o easy) terms.**
facilménte *avv.* ***1*** (senza difficoltà) **easily** ***2*** (prontamente) **readily** ***3*** (probabilmente) **probably**; (molto probabilmente) **very likely.**
facilóne *m.* **easy-going person; happy-go-lucky person.**
faciloneria *f.* **carelessness; happy-go-luckyism.**
facinoróso ***A*** *a.* **ruffianly; lawless; violent** ***B*** *m.* **ruffian.**
facocèro *m.* (*zool.*, Phacochoerus aethiopicus) **wart-hog.**
fàcola *f.* (*astron.*) **facula*.**
facoltà *f.* ***1*** **faculty**: *essere in pieno possesso delle proprie f.,* to be in full possession of one's faculties ***2*** (potere, autorità, ecc.) **power, authority**; (diritto) **right**; (permesso) **leave, licence** ***3*** (di università) **department; faculty** ***4*** (*al pl.*: averi) **property** *(sing.)* ● *f. di scelta,* option.
facoltativo *a.* **optional.**
facoltóso *a.* **well-off; well-to-do; rich; wealthy.**
facóndia *f.* **eloquence; fluency.**
facóndo *a.* **eloquent; fluent.**
facsìmile *m.* **facsimile.**
factòtum *m.* **factotum; jack-of-all-trades** *(fam.)*.
faggéta *f.* **faggéto** *m.* **beech-wood.**
faggina *f.* (*bot.*) **beech-mast; beech-nut.**
fàggio *m.* (*bot.*, Fagus silvatica) **beech.**
fagiana *f.* (*zool.*) **hen pheasant.**
fagiano *m.* (*zool.*, Phasianus colchicus) **pheasant**; (f. giovane) **poult.**
fagiolino *m.* **French bean; string-bean.**
fagiòlo *m.* ***1*** **bean** ***2*** (*bot.*, Phaseolus vulgaris) **kidney-bean** ***3*** (studente del secondo anno d'università) **second-year University student; sophomore** *(USA)* ● *(fig., fam.) capitare a f.,* to arrive just at the right moment □ *(fig., fam.) Mi andava a f.,* it suited me to a t.
(1) fàglia *f.* (*geol., miner.*) **fault.**
(2) fàglia *f.* (tessuto di seta) **faille.**
fagocita *V.* **fagocito.**
fagocitare *v. t.* ***1*** (*biol.*) **to phagocyte; to phagocytize** ***2*** (*fig.*: assorbire) **to absorb.**
fagocito *m.* (*biol.*) **phagocyte.**
fagottista *m.* e *f.* (*mus.*) **bassoonist.**
fagòtto *m.* ***1*** **bundle** ***2*** (*mus.*) **bassoon** ● *(fam.) far f.,* to bundle off.
fàida *f.* (*stor.*) **feud.**
faìna *f.* (*zool.*, Martes foina) **beech-marten.**
falange *f.* ***1*** (*stor., anat.*) **phalanx*** ***2*** (*fig.*) **host; multitude.**
falangétta *f.* (*anat.*) **terminal phalanx*.**
falangina *f.* (*anat.*) **middle (o second) phalanx*.**
falangismo *m.* (*polit.*) **Falangism.**
falangista *m.* e *f.* (*polit.*) **Falangist.**
falasco *m.* (*bot.*, Carex) **sedge.**
falcata *f.* ***1*** (*equitazione*) **falcade; curvet** ***2*** (*sport*) **stride.**
falcato *a.* ***1*** (anche *bot., zool.*) **falcate** ***2*** (di carro da guerra) **scythed.**
falce *f.* (con impugnatura lunga) **scythe**; (con impugnatura corta) **sickle** ● *(polit.) f. e martello,* hammer and sickle.
falcétto *m.* **sickle; reaping-hook.**
falchétta *f.* (*naut.*) **gunwale; gunnel.**
falciare *v. t.* ***1*** (*agric.*) **to scythe; to cut* down**; (con una macchina) **to mow*** ***2*** (*fig.*) **to mow* down.**
falciata *f.* ***1*** **stroke of the scythe** ***2*** (l'erba tagliata in una f.) **swath.**
falciatóre *m.* **mower.**
falciatrice *f.* ***1*** **mower** ***2*** (macchina falciatrice) **mowing machine**; (di giardino) **lawn mower.**
falciatura *f.* ***1*** **mowing; scything** ***2*** (periodo della f.) **mowing time.**
falcidia *f.* ***1*** **reduction; cut** ***2*** (massacro) **massacre.**
falcidiare *v. t.* ***1*** **to reduce; to cut* (down)** ***2*** (massacrare) **to massacre.**
falcifórme *a.* **sickle-shaped; falcate(d).**
falco *m.* ***1*** (*zool.*, Falco) **hawk**; (giovane, da addestrare) **eyas**; (addestrato) **falcon** ***2*** (*fig.*) **vulture** ***3*** (*polit.*) **hawk** ● (*zool.*) *f. pescatore* (Pandion haliaëtus), **osprey.**
falcóne *m.* (*zool.*, Falco) **falcon.**
falconeria *f.* **falconry; hawking.**
falconière *m.* **falconer; hawker.**
falda *f.* ***1*** (*geol.*) **stratum*; layer**; (di roccia) **slab** ***2*** (di neve) **flake** ***3*** (di un abito da cerimonia) **tail**: *un abito a falde,* a tail-coat; tails *(pl.)* ***4*** (di cappello) **brim** ***5*** (di monte) **slope** ***6*** (di tetto) **pitch.**
faldistòrio *m.* (*relig.*) **faldstool.**
falegname *m.* **carpenter**; (che fa lavori più leggeri e raffinati) **joiner.**
falegnameria *f.* ***1*** **carpentry; joinery** ***2*** (bottega di falegname) **carpenter's (o joiner's) shop.**
falèna *f.* (*zool.*) **moth.**
falèrno *m.* **Falernian (wine).**
falla *f.* (anche *naut.*) **leak**: *aprire (chiudere) una f.,* to spring (to stop) a leak.
fallace *a.* **fallacious; misleading; deceptive.**
fallàcia *f.* **fallaciousness; fallacy.**
fallìbile *a.* **fallible; liable to err.**
fallibilità *f.* **fallibility; liability to err.**
fàllico *a.* **phallic**: *simboli fallici,* phallic symbols.
fallimentare *a.* ***1*** (*leg.*) **bankruptcy** *(attr.)*: *procedura f.,* bankruptcy proceedings *(pl.)* □ *tribunale f.,* Bankruptcy Court ***2*** (*fig.*) **ruinous; disastrous.**
falliménto *m.* ***1*** (*leg.*) **bankruptcy; insolvency** ***2*** (*fig.*) **failure** ● *fare f.,* to go bankrupt.
fallire ***A*** *v. i.* ***1*** (*leg.*) **to go* bankrupt** ***2*** (*fig.*) **to fail** ***B*** *v. t.* **to miss**: *f. il colpo,* to miss the mark (anche *fig.*).
fallito ***A*** *a.* ***1*** (*leg.*) **bankrupt** ***2*** (*fig.*) **unsuccessful** ***B*** *m.* ***1*** (*leg.*) **bankrupt; insolvent (debtor)** ***2*** (*fig.*) **failure.**
(1) fallo *m.* **fault; error; offence**: *essere in f.,* to be at fault □ (*tennis*) *f. di piede,* foot-fault ● (*calcio*) *f. di mano,* hands □ *cogliere q. in f.,* to catch sb. out □ *mettere un piede in f.,* to take a false step □ *senza f.,* without fail.
(2) fallo *m.* (*anat.*) **phallus*.**
fallóso *a.* ***1*** **faulty; defective** ***2*** (*sport*) **foul.**
falò *m.* ***1*** **bonfire** ***2*** (per segnale) **beacon.**
falpalà *m.* **flounce; frill.**
falsare *v. t.* ***1*** **to distort; to misrepresent** ***2*** (falsificare) **to falsify.**
falsariga *f.* ***1*** **guide sheet of ruled paper** ***2*** (*fig.*) **model; pattern.**
falsàrio *m.* **forger; counterfeiter.**
falsétto *m.* (*mus.*) **falsetto*.**
falsificare *v. t.* **to falsify; to fake**; (firma o altra scrittura) **to forge**; (anche denaro) **to counterfeit.**
falsificatóre *m.* **falsifier; faker; forger; counterfeiter.**
falsificazióne *f.* **falsification; forgery.**
falsità *f.* ***1*** **falseness; falsity** ***2*** (menzogna) **falsehood; lie.**
(1) falso *a.* ***1*** (*in molti casi*) **false** ***2*** (erroneo, anche) **wrong; unfounded** ***3*** (bugiardo, traditore, ecc., anche)

lying; deceitful; treacherous **4** (fasullo, anche) **sham; bogus; spurious;** (specialm. di mobile antico, d'opera d'arte) **fake,** (di gioiello, ecc.) **imitation** (spesso usati come *sost.*): *un f. Rubens*, a fake Rubens □ *Il rubino è f.*, the ruby is an imitation □ *È tutto f.*, it's all sham **5** (falsificato) **forged; counterfeit** ● *falsa modestia*, mock modesty □ *documento f.*, forgery □ *(leg.) giuramento f.*, perjury □ *notizia (giornalistica) falsa*, canard.

(2) falso *m.* **1 falsehood 2** *(leg.)* **forgery 3** (opera d'arte contraffatta) **fake** ● *(leg.) giurare il f.*, to commit perjury □ *essere nel f.*, to be mistaken □ *(leg.) testimoniare il f.*, to bear false witness.

fama *f.* **1** (celebrità) **fame; renown**: *uno scienziato di f. mondiale*, a scientist of world-wide renown **2** (reputazione) **reputation; name; repute**: *godere buona (cattiva) f.*, to have a good (a bad) name □ *conoscere q. di f.*, to know sb. by repute.

fame *f.* **1** (anche *fig.*) **hunger**: *morire di f.*, to die of hunger; to be simply starving **2** (tale da portare a una condizione patologica o alla morte) **starvation**: *morire di f.*, to die of starvation **3** (carestia) **famine** ● *avere f.*, to be hungry □ *avere una f. da lupo*, to be ravenous □ *avere f. di gloria*, to hunger for glory □ *brutto come la f.*, as ugly as sin □ *far morire q. di f.*, to starve sb. to death □ *fare lo sciopero della f.*, to go on (a) hunger strike □ *prendere per f.*, to starve into submission.

famèlico *a.* **ravenous; famished.**

famigerato *a.* **notorious.**

famìglia *f.* **1 family**: *la Sacra F.*, the Holy Family □ *vincoli di f.*, family ties **2** (persone consanguinee, dipendenti e altri che vivono in una stessa casa) **household 3** (in quanto sede di virtù domestiche) **home; hearth and home** *(retor.)* ● *essere di f. con q.*, to be on familiar terms with sb. □ *un segreto di f.*, a skeleton in the cupboard □ *sentirsi proprio di f.*, to feel quite at home □ *(fig.) il sostegno della f.*, the breadwinner □ *un uomo di f.*, a family man.

famigliare e *deriv. V.* **familiare** e *deriv.*

familiare A *a.* **1 family** *(attr.)*; **domestic**: *la vita f.*, family life □ *cure familiari*, domestic cares **2** *(fig.)* **familiar 3** (semplice, senza cerimonie) **informal B** *m.* **relation; relative; member of the family.**

familiarità *f.* **familiarity.**

familiarizzare *v. i.* **familiarizzarsi** *v. rifl.* to **familiarize oneself,** to **make* oneself familiar** (with st.); to **become* friendly** (with sb.).

familiarménte *avv.* **with familiarity.**

famóso *a.* **famous; celebrated; renowned.**

fanale *m.* **1 lamp;** (lanterna) **lantern 2** *(naut.)* **light; lamp 3** *(autom.)* **light**: *f. anteriore*, head-light □ *f. di coda*, tail-light.

fanaleria *f.* **lighting equipment; lights** *(pl.)*.

fanalino *m.* — *f. di coda*, tail-lamp; tail-light.

fanalista *m.* **1** (di faro) **lighthouse-keeper 2** (di lampioni) **lamplighter.**

fanàtico A *a.* **fanatic(al) B** *m.* **fanatic; zealot;** (sostenitore entusiasta) **fan.**

fanatismo *m.* **fanaticism.**

fanatizzare *v. t.* to **arouse fanaticism** (in); to **fanaticize.**

fanciulla *f.* **(young) girl.**

fanciullàggine *f.* **childishness; puerility.**

fanciullata *f.* **childish action.**

fanciullésco *a.* **childish; child-like;** *(spreg.)* **puerile.**

fanciullézza *f.* **childhood.**

fanciullo *m.* **(young) boy; little boy.**

fandango *m.* (danza) **fandango*.**

fandònia *f.* **(piece of) nonsense;** (frottola) **lie; story, fib** *(fam.)*: *raccontare fandonie*, to talk nonsense □ *Fandonie!*, nonsense!; humbug!; fiddlesticks!

fanèllo *m.* *(zool.*, Carduelis cannabina) **linnet.**

fanerògama *f.* *(bot.)* **phanerogam.**

fanfaluca *f.* **(piece of) nonsense; story.**

fanfara *f.* *(mus.)* **1** (composizione) **fanfare 2** (banda) **brass-band.**

fanfaronata *f.* **brag; boastful talk; swagger.**

fanfaróne *m.* **braggart; boaster; swaggerer** ● *fare il f.*, to brag; to boast; to show off.

fangàia *f.* **muddy stretch of road.**

fangatura *f.* *(med.)* **mud-bath.**

fanghìglia *f.* **soft mud; slush; slime; ooze.**

fango *m.* **1 mud; mire** *(lett.)*; **sludge 2** *(al pl., med.)* **mud-baths** ● *(fig.) cadere nel f.*, to fall very low □ *(fig.) raccogliere q. dal f.*, to take sb. out of the gutter.

fangóso *a.* **muddy; miry; slimy.**

fangoterapìa *f.* *(med.)* **pelotherapy.**

fannullóne *m.* **idler; loafer;** (pigrone) **lazy-bones** *(fam.)*.

fanóne *m.* **whalebone.**

fantaccino *m.* **foot soldier; infantryman*; mud-crusher** *(pop.)*.

fantapolìtica *f.* **politics fiction.**

fantasciènza *f.* **science fiction.**

fantasìa *f.* **1** (facoltà immaginativa) **imagination; fancy; fantasy 2** (capriccio, fantasticheria) **fancy;** (il capriccio di un momento) **whim 3** *(moda*, ecc.) **fancy** *(attr.)*; (contrario di tinta unita) **pattern, design, print** (stampato, « imprimé »): *articoli di f.*, fancy goods □ *una f. bianca e nera*, a black and white print **4** *(mus.)* « **fantasia** ».

fantasióso *a.* **fanciful.**

fantasista *m.* e *f.* **variety (o cabaret) artist.**

fantasma *m.* **ghost; phantom; spectre** ● *f. poetico*, poetic fancy; figment of the imagination □ *governo f.*, phantom government.

fantasmagorìa *f.* **1 phantasmagoria 2** *(fig.)* **fancy.**

fantasmagòrico *a.* **phantasmagoric(al).**

fantasticare A *v. t.* to **dream* about B** *v. i.* to **day-dream***; to **let* one's imagination run away with one.**

fantasticherìa *f.* **day-dream; fancies** *(pl.)*; **idle thoughts** *(pl.)*; **reverie.**

fantàstico *a.* **1 fantastic(al); fanciful 2** (bizzarro) **eccentric; queer; odd 3** (straordinario) **marvellous; wonderful; smashing** *(fam.)*.

fante *m.* **1** (soldato) **infantryman*; foot-soldier 2** (di carte da gioco) **knave; jack.**

fanterìa *f.* *(mil.)* **infantry;** (contrapposto a cavalleria) **foot** ● *f. di marina*, (the) marines.

fantésca *f.* **maid; wench** *(arc.* o *scherz.)*.

fantino *m.* **jockey.**

fantocciàio *m.* **puppet-maker.**

fantòccio *m.* **1 puppet** (anche *fig.*) **2** (di cenci) **rag-doll** ● *governo f.*, puppet government □ *essere solo un f. nelle mani di q.*, to be a mere tool in sb.'s hands.

fantomàtico *a.* **1** (spettrale) **phantom** *(attr.)*; **spectral; ghostly 2** (inafferrabile) **elusive; chimerical.**

farabutto *m.* **rascal; rogue; crook; swindler.**

fàrad *m.* *(elettr.)* **farad.**

faraglióne *m.* *(geol.)* **stack.**

faraóna *f.* *(zool.*, Numida meleagris) **guinea-fowl.**

faraóne *m.* **1** *(stor.)* **Pharaoh 2** *(gioco)* **faro.**

fàrcia *f.* *(cucina)* **stuffing; forcemeat.**

farcino *m.* *(vet.)* **farcy.**

farcire *v. t.* *(cucina)* to **stuff**: *pollo farcito*, stuffed chicken.

fardèllo *m.* **bundle; burden** (anche *fig.*).

(1) fare A *v. t.* **1** *(in genere e in senso astratto)* to **do***: *f. q.c. bene*, to do st. well □ *f. del proprio meglio*, to do one's best □ *aver molto da f.*, to have a lot to do □ *Io non ci ho che f.*, I've got nothing to do with it **2** (creare, fabbricare, manipolare, formare, costruire, cucinare, confezionare; anche generico) to **make***: *f. un vestito*, to make a dress □ *f. una scoperta*, to make a discovery □ *Non fa nessuna differenza*, it makes no difference **3** (rendere, trasformare) to **make***: *Ne hanno fatto un eroe*, they've made a hero of him □ *fare un baule da una cassa per sapone*, to make a trunk out of a soap-box; to turn a soap-box into a trunk **4** (dire) to **say* 5** (dare, attribuire) to **give* 6** (agire come, agire per; recitare) to **act**: *f. le veci di q.*, to act as sb.'s deputy □ *f. una parte secondaria*, to act (o to play) a secondary part **7** (fingere) to **pretend;** to **feign 8** (dedicarsi a) to **go* in for** (st.) **9** (pulire, rassettare) to **clean;** to **do***; to **make***: *f. una stanza*, to clean *(fam.:* to do) a room **10** *(fam.:* credere, reputare) to **think***; to **believe 11** (procreare) to **bear***; to **have 12** *(fam.:* trascorrere, passare) to

spend*; to **do*** ***13*** (percorrere) to **go*** *(o altro verbo di moto);* to **do***: *f. molta strada,* to go a long way □ *Quell'automobile fa cento miglia all'ora,* that car does a hundred miles an hour ***14*** (avere) to **have**: *f. un sogno,* to have a dream; to dream a dream ***15*** *(in certi casi)* to **take***: *f. un esame,* to take (o to sit for) an exam ***16*** *(per evitare la ripetizione di un verbo)* to **do***: *Rispondi come fa Agnese,* answer as Agnes does ***17*** *(seguito da inf. esprimente azione attiva)* to **make*** (in genere, e nel senso di costringere); to **get*** (persuadere); to **let*** (permettere); to **cause** (causare); to **order**, to **bid*** (ordinare): *Non farmi ridere,* don't make me laugh □ *Fallo andare,* get him to go □ *Fammi vedere,* let me see □ *Il generale fece costruire un ponte di legno,* the general ordered a wooden bridge to be built ***18*** *(seguito da inf. esprimente azione passiva)* to **have**; to **get***: *Fallo f. subito,* get it done at once □ *Lo feci f. in pelle,* I had it made in leather ***19*** *(in molti casi un solo verbo ingl. corrisponde a* **fare** *e al suo compl. ogg.)*: *f. il broncio,* to sulk □ *f. mostra (fam.: finta),* to pretend □ *f. fuoco,* to fire □ *f. male a q.,* to hurt sb. □ *(autom.) f. il pieno,* to fill up □ *f. un sorriso,* to smile □ *f. un sospiro,* to sigh □ *f. il viso rosso,* to blush ***B*** *v. i.* ***1*** (essere; in aritmetica; di mestieri, ecc.) to **be**: *f. caldo (freddo),* to be hot (cold) □ *Fa bel tempo,* it is fine weather □ *Tre più quattro fa sette,* three and four is seven □ *f. il marinaio,* to be a sailor ***2*** — *f. per* (essere adatto), to **suit**: *Sarà un buon posto, ma non fa per me,* it may be a good job, but it doesn't suit me (o it's not my cup of tea) ***3*** — *f. per* (accingersi a), to be about (to); to be on the point (of) ***4*** — *f. a* (giocare), to play at: *f. a mosca cieca,* to play at blindman's buff ● *f. all'amore,* to make love □ *f. aspettare q.,* to keep sb. waiting □ *f. attenzione,* to pay attention (dar retta); to be careful □ *f. chiamare q.,* to send for sb. □ *f. entrare (uscire) q.,* to let sb. in (out) □ *f. una gita in automobile (o in carrozza),* to take a drive □ *f. in modo (di),* to try: *Fa' in modo di venire!,* try and come! □ *f. in tempo (a),* to be in time (to) □ *f. notare q.c. a q.,* to point out st. to sb. □ *f. poco caso (a),* to make light (of) □ *f. posto a q.,* to make room for sb. □ *f. i propri affari,* to mind one's business □ (nei giochi) *f. un punto,* to score a point □ *f. sapere q.c. a q.,* to let sb. know st. □ *f. (si) che...,* (provvedere) to take care (o to see to it) that...; (causare) to cause □ *farci la pelle,* to get used to st. □ *farci un pensierino,* to think it over □ *farla a q.,* to get the better of sb. (o to score off sb.; to diddle sb.) □ *darsi da f.,* to bestir oneself (o to bustle about) □ *strada facendo,* on the way □ *Faresti meglio a studiare,* you had better study □ *Ce l'ho fatta!,* I've made it! □ *Non ce la faccio più,* I can't go on any more (o I'm tired out; I'm fed up) □ *Tutto fa (o tutto fa brodo, fam.),* every little helps □ *È un tipo che si dà da f.,* he's a go-getter □ *Fai pure,* go ahead □ *Lascialo f.,* leave him alone □ *(fig.) Non mi fa né caldo né freddo,* it's all the same to me □ *Si fa presto a dire,* it's easy enough to talk ***C*** **farsi** *v. rifl.* ***1*** (diventare) to **become***; to **grow***: *f. prete,* to become a priest □ *S'è fatto più uomo,* he's grown more of a man ***2*** (fare in modo che) to **get* oneself**; to **have oneself**: *f. misurare,* to get oneself measured ***3*** (rendersi) to **make* oneself**: *f. capire,* to make oneself understood ***4*** (del tempo: diventare) to **get***: *Si fa buio (tardi, ecc.),* it's getting dark (late, etc.) ● *f. coraggio,* to pluck up courage □ *f. la (o il nodo alla) cravatta,* to tie one's tie □ *(fam.) f. fare i capelli,* to have one's hair cut □ *(fam.) f. in là,* to get out of the way □ *f. un nemico di q.,* to make an enemy of sb. □ *f. una ragione,* to resign oneself (o to make the best of a bad job) □ (del cielo) *f. sereno,* to clear up □ *f. strada (o f. largo),* to make one's way (anche *fig.*); to clear a way for oneself □ *farsela addosso, (fam.)* to wet oneself; *(fig.)* to be in a funk *(fam.)*.

(2) fare *m.* **manners** *(pl.);* **manner; behaviour**: *Non mi piace il suo f.,* I don't like his manners □ *Ha un f. molto simpatico,* he has a very pleasant manner ● *sul f. del giorno,* at daybreak □ *sul f. della notte,* at nightfall.

farètra *f.* **quiver.**

farfalla *f.* ***1*** *(zool.,* diurna) **butterfly** (anche *fig.*); (notturna) **moth** ***2*** *(fig.)* **fickle person; flibbertigibbet** ● *cravatta a f.,* bow-tie □ *nuoto a f.,* butterfly (stroke).

farfallista *m.* e *f.* *(nuoto)* **butterfly-stroke swimmer.**

farfallóne *m.* ***1*** (vagheggino) **philanderer** ***2*** (sfarfallone) **bloomer.**

farfugliare *v. i.* to **mutter**; to **mumble.**

farina *f.* **meal**; (fiore) **flour** ● *f. d'avena,* oatmeal □ *f. di riso,* ground rice □ *f. gialla,* maize-meal □ *f. integrale,* wholemeal □ *(fig.) f. del proprio sacco,* one's own work.

farinàcei *m. pl.* **farinaceous (o starchy) foods.**

farinàceo *a.* **farinaceous; starchy.**

farinata *f.* (d'avena) **porridge**; (di grano) **wheatmeal porridge.**

faringe *f.* o *m.* *(anat.)* **pharynx***.

faringite *f.* *(med.)* **pharyngitis.**

farinóso *a.* **floury** ● *neve farinosa,* powdery snow.

farişàico *a.* ***1*** **Pharisaic(al)** ***2*** *(fig.)* **pharisaic(al); self-righteous.**

farişaişmo, farişeişmo *m.* ***1*** **Pharisaism, Phariseeism** ***2*** *(fig.)* **pharisaism; hypocrisy; self-righteousness.**

farişèo *m.* ***1*** **Pharisee** ***2*** *(fig.)* **pharisee; hypocrite; whited sepulchre.**

farmacèutica *f.* *(chim.)* **pharmaceutics** *(pl. col verbo al sing.)*.

farmacèutico *a.* *(chim.)* **pharmaceutical.**

farmacìa *f.* ***1*** (la scienza) **pharmacy** ***2*** (il negozio) **chemist's (shop).**

farmacista *m.* e *f.* **chemist.**

fàrmaco *m.* **medicine; drug.**

farmacologìa *f.* **pharmacology.**

farmacòlogo *m.* **pharmacologist.**

farmacopéa *f.* **pharmacopoeia.**

farneticaménto *m.* **delirium; raving.**

farneticare *v. i.* ***1*** to **rave**; to **be delirious** ***2*** *(fig.)* to **talk nonsense.**

faro *m.* ***1*** *(naut.:* la torre) **lighthouse**; (il lume) **light(s)** ***2*** *(aeron., naut.)* **beacon** (anche fig. per « guida ») ***3*** *(autom.)* **headlight; headlamp**: *fari abbaglianti,* high-beam headlights; birghts *(pop. USA)* □ *fari antiabbaglianti* (o *anabbaglianti),* dipped headlights; dimmers *(USA)*.

farràgine *f.* **farrago*; hotch-potch; medley; jumble; muddle.**

farraginóso *a.* **hotch-potch** *(attr.)*; **muddled; woolly.**

farro *m.* *(bot.,* Triticum spelta) **spelt.**

farsa *f.* ***1*** *(teatr.)* **farce** ***2*** *(fig.)* **farce; mockery.**

farsésco *a.* **farcical; ludicrous.**

farsétto *m.* **doublet.**

fascétta *f.* ***1*** (busto da donna) **girdle** ***2*** (di giornale) **wrapper** ● *f. editoriale,* wrapround.

fàscia *f.* ***1*** **band**; (di carta) **wrapper**; (di cuoio) **strap** ***2*** (intorno alla vita) **cummerbund**; (anche a tracolla) **sash** ***3*** *(med.)* **bandage** ***4*** *(al pl.,* di neonato) **swaddling clothes; swaddling bands** ***5*** *(al pl., mil.)* **puttees** ***6*** *(anat., archit., astron.)* **fascia*** ● *bambino in fasce,* baby in arms (anche *fig.*); infant □ *spedire sotto f.,* to send under cover.

fasciame *m.* *(naut.:* di legno) **planking**; (di metallo) **plating.**

fasciare *v. t.* ***1*** (avvolgere) to **wrap**; to **swathe** *(lett.)* ***2*** *(med.)* to **bandage**; to **bind* up**; to **dress** ***3*** *(naut.)* to **serve**; (con legno) to **plank**; (con metallo) to **plate** ***4*** (un neonato) to **swaddle.**

fasciatura *f.* ***1*** **bandaging; binding; dressing** ***2*** (fasce) **bandages.**

fascìcolo *m.* ***1*** (di rivista) **issue; number** ***2*** (incartamento) **« dossier »; file** ***3*** (libretto) **booklet** ● (di pubblicazioni) *a fascicoli,* in numbers.

fascina *f.* **faggot.**

fàscino *m.* **fascination; charm; glamour.**

fascinóso *a.* **fascinating; charming; glamorous.**

fàscio *m.* ***1*** **bundle; bunch; sheaf***: *un f. di fiori,* a bunch of flowers □ *un f. di carte,* a sheaf of papers ***2*** *(geom.)* **sheaf*** ***3*** (di luce) **beam** ***4*** *(anat.)* **fascicle; bundle** ***5*** *(stor. romana, fascismo)* **fasces** *(pl.)* ● *mettere in un sol f.,* to bundle up.

fascişmo *m.* *(stor.)* **Fascism.**

fascista *a., m.* e *f.* *(stor.)* **Fascist.**
faşe *f.* **1** **stage; period; phase 2** *(fis., astron.)* **phase 3** *(mecc.)* **stroke** ● *(fig.) essere fuori f.,* to be out of form □ *(mecc.) messa in f.* (d'un motore), timing.
fastèllo *m.* **faggot; bundle.**
fasti *m. pl.* **1** *(stor. romana)* **Fasti 2** *(fig.)* **memorable events.**
fastìdio *m.* **1 nuisance; annoyance; bother 2** (preoccupazione) **trouble; worry 3** (scomodo) **inconvenience** ● *dare f. a q.,* to bother sb. □ *darsi f.,* to trouble; to bother □ *Ti dà f. il fumo?,* do you mind if I smoke?
fastidióso *a.* **1 troublesome; bothersome; tiresome 2** (schifiltoso) **fastidious; finicky.**
fastìgio *m.* **1** *(archit.)* **fastigium* 2** *(fig.: sempre al pl.)* **apex*; height.**
(1) fasto *a.* **propitious; favourable.**
(2) fasto *m.* **pomp; magnificence; splendour;** (ostentazione) **ostentation.**
fastosità *f.* **pomp; magnificence; splendour.**
fastóso *a.* **pompous; gorgeous; magnificent; sumptuous; ostentatious.**
faşullo *a.* **bogus; counterfeit; sham; fake; pinchbeck.**
fata *f.* **fairy**: *racconti di fate,* fairy-tales ● *il paese delle fate,* Fairyland.
fatale *a.* **1 fatal 2** (inevitabile) **fated; destined** ● *donna f.,* vamp.
fatalişmo *m.* **fatalism.**
fatalista *m.* e *f.* **fatalist.**
fatalità *f.* **1** (destino) **fate; destiny 2** (evenienza fatale) **fatality; unfortunate circumstance; mischance.**
fatalóne *m.* *(scherz.)* **lady-killer.**
fatato *a.* **1 spell-bound; enchanted 2** (di fata) **fairy** *(attr.)* ● *mani fatate,* magic fingers.
fatica *f.* **1 labour; hard work; toil**: *le fatiche di Ercole,* the labours of Hercules **2** (sforzo) **effort; exertion 3** (stanchezza) **tiredness; weariness; exhaustion; fatigue** ● *abito da f.,* working clothes *(pl.)* □ *animale da f.,* beast of burden □ *con f. (o a f.),* with difficulty □ *durare f. a intendere,* to find it difficult to understand □ *prendersi la f. di fare q.c.,* to take pains to do st. □ *Fu l'ultima sua f.,* it was the last thing he did.
faticare *v. i.* **1** to **toil;** to **labour;** to **slog along (**o **on, away) 2** (stentare) to **find* it difficult** (to).
faticata *f.* **1** (sforzo) **exertion; effort 2** (lavoro ingrato) **exhausting experience; grind** *(pop.);* **sweat** *(volg.).*
faticosaménte *avv.* **with difficulty; laboriously.**
faticóso *a.* **1 tiring; fatiguing; exhausting 2** (fatto con fatica) **laborious.**
fatìdico *a.* **1 prophetic 2** (fatale) **fatal.**
fato *m.* **fate; destiny;** (sorte) **lot** *(solo con un poss.).*
(1) fatta *f.* (specie, genere) **kind; sort**: *d'ogni f.,* of every kind (o sort) ● *male fatte,* misdeeds.
(2) fatta *f.* (escrementi di selvaggina) **droppings** *(pl.).*
fattàccio *m.* **1 evil deed 2** (delitto) **crime.**
fattézza *f.* *(per lo più al pl.)* **feature.**
fattìbile *a.* **feasible; practicable.**
fattispècie *f.* — *(leg.) nella f.,* in the case in point.
fattivo *a.* **1 effective; positive 2** (attivo) **active; efficient.**
(1) fatto *a.* (maturo) **ripe**: *fichi fatti,* ripe figs ● *f. a macchina,* machine-made □ *f. a mano,* hand-made □ *f. in casa,* home-made; (di tessuto) home-spun □ *a conti fatti,* when all is said and done □ *abiti bell'e fatti,* ready-made clothes □ *abiti fatti su misura,* clothes made to measure □ *ben fatto,* (d'oggetto) well-made; (d'uomo) handsome □ *Ben f.!,* well done!; (ben ti sta) it serves you right! □ *È giorno f.,* it's broad daylight □ *È uomo f.,* he's a full-grown man □ *È un uomo f. così,* that's the sort of man he is □ *Quella vita non è fatta per me,* that's not my sort of life.
(2) fatto *m.* **1 fact; event; affair; matter; business;** (contrario di parola) **deed**: *F. sta che...,* the fact is... □ *andarsene per i fatti propri,* to go about one's business □ *passare dalle parole ai fatti,* to pass from words to deeds **2** (azione) **action**: *Il f. si svolge a Milano,* the action takes place in Milan ● *f. di cronaca,* (piece of) news □ *f. di sangue,* murder □ *cogliere q. sul f.,* to catch sb. red-handed □ *dire il fatto suo a q.,* to give sb. a piece of one's mind □ *in f. di storia,* as for history □ *sapere il f. proprio,* to know one's job (o to know what one is about).
fattóre *m.* **1** (creatore) **maker**: *il nostro F.,* Our Maker **2** (elemento determinante) **factor** (anche *mat.* e in molti sensi tecnici) **3** (amministratore di beni rurali) **steward; bailiff; land-agent.**
fattoria *f.* **1** (azienda agricola) **farm 2** (casa principale di tale azienda) **farm-house 3** (casa del fattore) **bailiff's (**o **steward's) house 4** *(in USA)* **ranch.**
fattorino *m.* **messenger; errand boy;** (di un ufficio) **office-boy;** (che recapita telegrammi) **telegraph-boy;** (d'albergo) **page, bellboy.**
fattrice *f.* (cavalla da riproduzione) **brood-mare.**
fattucchièra *f.* **witch; sorceress.**
fattucchière *m.* **wizard; sorcerer.**
fattucchieria *f.* **witchcraft; sorcery.**
fattura *f.* **1** (il fare) **making;** (fabbricazione) **manufacture, make 2** (confezione) **cut; making up 3** (lavorazione) **workmanship 4** *(comm.)* **invoice;** (conto) **bill 5** *(pop.:* malia) **charm; spell.**
fatturare *v. t.* **1** (adulterare) to **adulterate 2** (affatturare) to **cast* a spell upon** (sb.) **3** *(comm.)* to **invoice.**
fatturato *m.* *(comm.)* **proceeds of sales** *(pl.)*; **sales** *(pl.)*; (giro d'affari) **turnover.**
fatuità *f.* **fatuity; fatuousness.**
fàtuo *a.* **fatuous; vain; silly.**
fàuci *f. pl.* *(anat.)* **fauces; jaws** (anche *fig.*).
fàuna *f.* **fauna*.**
fàuno *m.* *(mitol.)* **faun.**
fàusto *a.* **fortunate; propitious; happy.**
fautóre *m.* **advocate; partisan; supporter.**
fava *f.* (*bot.*, Vicia faba; anche il seme commestibile) **broad bean.**
favèlla *f.* **speech; tongue; language.**
favellare *v. i.* *(lett.)* to **speak*;** to **talk.**
favilla *f.* **spark** (anche *fig.*) ● *mandare faville,* to sparkle.
favo *m.* **1 honeycomb 2** *(med.)* **favus.**
fàvola *f.* **1 fable;** (racconto) **story, tale;** (leggenda) **legend 2** (fandonia) **tall story; (idle) tale; yarn** *(fam.)* **3** (oggetto di pettegolezzi) **laughing-stock; talk**: *essere la f. del paese,* to be the talk of the town.
favoleggiare *v. i.* to **tell* legendary (**o **old) tales;** to **recount legends;** to **spin* yarns** *(fam.).*
favolista *m.* **writer of fables.**
favolóso *a.* **1 fabulous; fabled; legendary 2** *(fam.:* straordinario) **fabulous; fab** *(fam.)*; **fantastic; terrific.**
favóre *m.* *(in tutti i sensi)* **favour**: *parlare in f. di q.,* to speak in sb.'s favour □ *fare un f. a q.,* to do sb. a favour (o a kindness) □ *godere il f. di q.,* to find favour in the eyes of sb. (o to stand high in sb.'s favour) ● *il f. popolare,* popularity □ *(comm.) a Vostro f.,* to your credit □ *biglietto di f.,* complimentary ticket □ *(comm.) cambiale di f.,* accomodation bill □ (rif. a prodotti, ecc.) *incontrare il f. del pubblico,* to meet with the public's approval; to find favour with the public □ *per f.,* please □ *prezzo di f.,* special price.
favoreggiaménto *m.* *(leg.)* **aiding and abetting.**
favoreggiare *v. t.* **1** to **support;** to **favour 2** *(leg.)* to **aid and abet.**
favoreggiatóre *m.* **1 supporter 2** *(leg.)* **abettor.**
favorévole *a.* **favourable; propitious.**
favorire *v. t.* **1** to **favour;** to **make* a favourite of** (sb.); (appoggiare, sostenere) to **support;** (aiutare) to **help,** to **aid 2** (dare, concedere) to **favour; (kindly)** to **give*,** to **pass**: *Mi hanno favorito due biglietti,* they've (kindly) given me two tickets **3** (promuovere) to **foster;** to **promote;** to **encourage** ● *Favorite entrare,* please come in □ *Favorite i biglietti!,* tickets, please!
favorita *f.* **favourite; (royal) mistress.**
favoritişmo *m.* **favouritism.**
favorito A *a.* **favourite; favoured B** *m.* **1 favourite; pet; darling 2** *(al pl.:* fedine) **side-whiskers; sideboards; sideburns** *(USA).*

fazióne *f.* **faction.**
faziosità *f.* **factiousness; party spirit; faction.**
fazióso ***A*** *a.* **factious; seditious** ***B*** *m.* **factionist.**
fazzolétto *m.* **handkerchief;** (da collo) **scarf;** (da testa) **head-square:** *un f. di carta,* a paper handkerchief; a cleaning-tissue • *(fig.) un f. di terra,* a small plot of land.
febbràio *m.* **February.**
fèbbre *f.* ***1*** *(med.)* **temperature;** (alta e in determinate malattie) **fever:** *avere la f.,* to have a temperature; to be feverish □ *f. ondulante,* undulant (o Malta) fever □ *f. gialla,* yellow (o jungle) fever ***2*** *(fig.)* **fever; excitement; heat:** *avere la f. addosso dalla voglia di fare q.c.,* to be in a fever to do st. • *la f. dell'oro,* the gold rush □ *avere la f. addosso* (fisicamente), to be feverish □ *avere una f. da cavallo,* to have a very high fever.
febbriciàttola *f. (med.)* **(persistent) slight fever.**
febbricitante *a.* **feverish.**
febbricola *f. (med.)* **febricula; slight fever.**
febbrifugo *a.* e *m. (farm.)* **febrifuge.**
febbrile *a.* **feverish; febrile;** (*fig.,* anche) **restless.**
febbróne *m. (med.)* **very high fever.**
féccia *f.* (anche *fig.)* **dregs, lees** *(pl.).*
fecciume *m.* ***1*** **dregs** *(pl.);* **lees** *(pl.)* ***2*** *(fig.)* **scum; rabble.**
fèci *f. pl. (med.)* **faeces.**
fècola *f.* **flour:** *f. di patate,* potato flour.
fecondare *v. t.* **to fertilize** (anche *fig.);* **to make* fruitful; to fructify;** (specialm. *fig.)* **to enrich, to impregnate.**
fecondativo *a.* **fertilizing; fecundative.**
fecondatóre ***A*** *m.* **fertilizer** ***B*** *a.* **fertilizing.**
fecondazióne *f.* **fertilization** • *f. artificiale,* artificial insemination.
fecondità *f.* (anche *fig.)* **fecundity; fertility; fruitfulness.**
fecóndo *a.* (anche *fig.)* **prolific; fertile; productive; fruitful.**
fedain *m. (polit.)* **fedai*; fedayin*; fedayee*.**
féde *f.* ***1*** **faith:** *la f. cristiana,* the Christian faith □ *aver f. in Dio (in q., in q.c.),* to have faith (o to believe) in God (in sb., in st.) □ *in buona (mala) f.,* in good (bad) faith ***2*** (parola data, anche) **word:** *In f. mia!,* upon my word! □ *giurare f.,* to give (o to pledge) one's word ***3*** *(relig., polit.,* ecc.) **belief** (spesso *pl.);* (*relig.,* anche) **faith** ***4*** (fiducia) **trust; confidence;** (talora) **credit** ***5*** (anello matrimoniale) **wedding ring** • *(comm.) f. di deposito,* warehouse receipt □ *f. di nascita,* birth certificate □ *degno di f.,* trustworthy □ *far f.,* to bear witness; to attest; to swear (to st.); (se il sogg. è una cosa, anche) to **prove** □ *(leg.) in f. di che,* in witness thereof □ *mantenere f. alla parola data,* to keep one's word □ *prestar f. (a),* to credit; to believe □ *(leg.) violazione della f. data,* breach of faith.
fedecommésso e *deriv. V.* **fidecomméssso,** e *deriv.*
fedéle ***A*** *a.* ***1*** **faithful:** *un amico f.,* a faithful friend ***2*** (veritiero) **true;** (preciso) **accurate;** (degno di fiducia) **trustworthy** • *restare f. alle proprie opinioni,* to hold fast to one's opinions □ *un suddito f.,* a loyal subject ***B*** *m.* ***1*** (credente) **believer:** *i fedeli,* the believers; (di una parrocchia, *collett.)* the congregation ***2*** (seguace) **follower.**
fedelménte *avv.* ***1*** **faithfully; loyally** ***2*** (esattamente) **accurately.**
fedeltà *f.* ***1*** **faithfulness; trustworthiness** ***2*** (esattezza) **accuracy; fidelity** ***3*** *(radio, dischi)* **fidelity:** *alta f.,* high fidelity (o Hi-Fi) ***4*** (al signore feudale, alla patria, a un partito) **allegiance; loyalty.**
fèdera *f.* **pillow-case; pillow-slip.**
federale *a.* **federal.**
federalișmo *m.* **federalism.**
federalista *a., m.* e *f.* **federalist.**
federare *v. t.* **federarsi** *v. rifl.* **to federate; to confederate.**
federato *a.* **federate; confederate.**
federazióne *f.* **federation; confederation** • *f. calcistica,* football league.
fedìfrago ***A*** *a.* **faithless; treacherous** ***B*** *m.* **faithless person; traitor.**
fedina *f.* — *f. penale,* (police) record: *avere la f. penale pulita,* to have a clean record.
fedine *f. pl.* **side-whiskers; sideboards; sideburns** *(USA).*
fegatàccio *m.* **dare-devil** • *essere un f.,* to have guts *(fam.).*
fegatèllo *m. (cucina)* **piece of pig's liver.**
fegatino *m.* (di pollo) **chicken's liver;** (di piccione) **pigeon's liver.**
fégato *m.* ***1*** (anche *cucina)* **liver** ***2*** *(fig.)* **courage; pluck; guts** *(pl., fam.);* **nerve.**
fegatóso *a.* ***1*** *(med.)* **hepatic** ***2*** (anche *fig.)* **liverish; bilious;** *(fig.)* **quick-tempered.**
félce *f. (bot.)* **fern** (anche *collett.);* **bracken; brake.**
feldmaresciallo *m. (mil.)* **field-marshal.**
feldspato *m. (miner.)* **feldspar.**
felice *a.* ***1*** *(in tutti i sensi)* **happy;** (contento) **pleased, glad;** (per una causa immediata) **delighted;** (beato) **blissful:** *giorni felici,* happy days □ *far f. q.,* to make sb. happy □ *Sono f. di vederti,* I'm delighted to see you ***2*** (fortunato, anche) **lucky;** (ben riuscito) **successful;** (talora anche) **good:** *F. notte!,* good night! □ *F. te!,* how lucky you are!; lucky you! *(fam.)* • *avere un esito f.,* to be crowned with success □ (nelle presentazioni) *F. di fare la Sua conoscenza,* how do you do?; pleased to meet you.
felicità *f.* **happiness; felicity** (quasi *arc.);* (contentezza) **gladness;** (per una causa immediata) **delight;** (beatitudine) **blissfulness** • *F.!* (dopo uno starnuto), bliss you! □ *Ti auguro ogni f.,* I wish you all the best.
felicitarsi *v. rifl.* to **congratulate:** *f. con q. per q.c.,* to congratulate sb. on st.
felicitazióni *f. pl.* **congratulations.**
felino *a.* e *m. (zool.)* **feline** (anche *fig.).*
fellóne *m. (lett.* e *scherz.)* **villain;** (criminale) **felon;** (traditore) **traitor.**
félpa *f.* **plush.**
felpato *a.* ***1*** **plush-covered** ***2*** *(fig.)* **soft** • *a passi felpati,* stealthily.
feltrare *v. t. (ind. tessile)* **to felt; to cover with felt.**
féltro *m.* **felt:** *un cappello di f.,* a felt hat.
feluca *f.* ***1*** *(naut.)* **felucca** ***2*** (cappello) **cocked hat.**
fémmina *f.* ***1*** **female;** (donna) **woman*;** (bambina, ragazza) **girl:** *(spreg.) una mala f.,* a loose woman □ *Ho due figli, un maschio e una femmina,* I have two children, a boy and a girl ***2*** (di animale) **female, she** *(attr.);* (di volatile) **hen** *(attr.);* (di bovino, foca, ecc.) **cow** *(attr.): la f. del lupo,* the she-wolf □ *la f. dell'elefante,* the cow-elephant □ *la f. del fagiano,* the hen-pheasant ***3*** *(mecc.)* **female** *(attr.): la f. della vite,* the female screw.
femmineo *a. (lett.)* **feminine;** (effeminato) **effeminate.**
femminile ***A*** *a.* ***1*** **female:** *il sesso f.,* the female sex ***2*** (femmineo) **feminine; womanly** ***3*** *(gramm.)* **feminine:** *il genere f.,* the feminine gender ***B*** *m. (gramm.)* **feminine (gender):** *al f.,* in the feminine.
femminilità *f.* **womanliness; femininity.**
femminino *a.* e *m. (lett.)* **feminine:** *l'eterno f.,* the eternal feminine.
femminișmo *m.* **feminism.**
femminista *a., m.* e *f.* **feminist** • *il movimento f.,* Women's Liberation.
femminùccia *f.* ***1*** **little girl** ***2*** (rif. ad uomo) **sissy** *(pop.).*
femorale *a. (anat.)* **femoral.**
fémore *m. (anat.)* **femur*; thigh-bone.**
fendènte *m. (scherma)* **downward stroke.**
fèndere ***A*** *v. t.* ***1*** to **cleave*;** to **cut* through;** to **break* up;** to **split*** ***2*** *(fig.)* to **cleave*;** to **pierce;** to **break*** ***B*** **fèndersi** *v. rifl.* to **split*.**
fendinébbia *m. (autom.)* **fog light.**
fenditura *f.* **crack; split; slit.**
fenice *f.* **phoenix.**
fenicio *a.* e *m. (geogr., stor.)* **Phoenician.**
fènico *a.* — *(chim.) acido f.,* phenol; carbolic acid.
fenicòttero *m.* (*zool.,* Phoenicopterus) **flamingo*.**
fenile *m. (chim.)* **phenyl.**

fenòlo *m.* *(chim.)* **phenol; carbolic acid.**
fenomenale *a.* **phenomenal;** (eccezionale) **extraordinary, prodigious.**
fenomènico *a.* *(filos., scient.)* **phenomenal.**
fenòmeno *m.* ***1*** *(filos., scient.)* **phenomenon*** ***2*** (manifestazione, ecc.) **symptom** ***3*** (esempio, caso) **case; instance** ***4*** (oggetto di meraviglia) **wonder**: *un f. vivente,* a living wonder.
fenomenologìa *f.* *(filos., scient.)* **phenomenology.**
ferace *a.* *(lett.)* **fertile; fruitful.**
ferale *a.* *(lett.)* **deadly; fatal.**
fèretro *m.* **coffin.**
fèria *f.* ***1*** *(relig.)* **feria*; week-day** ***2*** *(al pl.)* **holidays; vacation** *(sing.)*: *prendersi le ferie,* to take one's holidays.
feriale *a.* ***1*** **week, work, working** *(tutti attr.)*: *giorni feriali,* week-days ***2*** *(relig.)* **ferial.**
feriménto *m.* **wounding.**
ferino *a.* **wild; feral.**
ferire *v. t.* **to wound;** (far del male) **to injure;** (offendere) **to offend;** (colpire) **to strike*,** **to hit***: *il braccio ferito,* the wounded (o injured) arm □ *orgoglio ferito,* wounded pride ● *f. l'amor proprio di q.,* to hurt sb.'s feelings □ *ferirsi a un braccio (a una gamba, ecc.),* to hurt one's arm (leg, etc.) □ *senza colpo f.,* without striking a blow.
ferita *f.* **wound; injury**: *una f. mortale,* a mortal wound □ *una f. al proprio orgoglio,* a wound to one's pride □ *medicare una f.,* to dress a wound ● *riportare gravi ferite in un incidente,* to be seriously injured in an accident □ *(fig.) vecchie ferite* (d'amore, d'orgoglio, ecc.), old scars.
ferito ***A*** *a.* (anche *fig.*) **wounded; injured** ***B*** *m.* **wounded** (o **injured**) **person** ● *(collett.) i feriti,* the wounded.
feritóia *f.* ***1*** (nelle fortezze) **loop-hole** ***2*** (fessura, anche *mecc.*) **slit.**
feritóre *m.* **wounder** ● *Perdonai il mio f.,* I forgave the man who had wounded me.
férma *f.* *(mil.)* **(period of) service** ● *cane da f.,* setter.
fermacarte *m.* **paper-weight; letter-weight.**
fermacravatta *f. invar.* **tie-pin.**
fermàglio *m.* **clasp;** (con chiusura a scatto) **clip;** (a fibbia) **buckle.**
fermalibri *m.* **book-end.**
fermaménte *avv.* **firmly.**
fermapièdi *m.* **toe-clip.**
fermapòrta *m.* **door-stop.**
fermare ***A*** *v. t.* e *i.* ***1*** (arrestare, trattenere) **to stop; to arrest; to check**: *Fermai l'autobus,* I stopped the bus ***2*** (rinforzare) **to strengthen;** (cucendo) **to stitch on firmly;** (raffermare, fissare) **to fix, to fasten;** (q.c. che trema o che oscilla) **to steady**: *f. gli occhi su q.c.,* to fasten (o to fix) one's eyes on st. ***3*** (soldati in marcia, ecc.) **to halt** ***4*** *(leg.)* **to hold*; to detain in custody** ● *f. l'attenzione su q.c.,* to stop to consider st. (o to concentrate on st.) ***B*** **fermarsi** *v. rifl.* ***1*** **to stop**: *L'autobus si fermò,* the bus stopped □ *Fermati!,* stop! ***2*** (*mecc.:* di motore) **to stall** ***3*** (di soldati in marcia, ecc.) **to halt** ***4*** (soggiornare) **to stay.**
fermata *f.* **stop;** (intermedia: in una marcia o in un viaggio) **halt, stop-over;** (il luogo, anche) **stopping-place**: *una f. facoltativa (obbligatoria),* a request (regular) stop □ *scendere alla prima f.,* to get off at the first stop.
fermentare *v. t.* **to ferment** (anche *fig.*); **to work;** (di pasta) **to rise*** ● *far f.,* to ferment; to leaven.
fermentazióne *f.* **fermentation.**
ferménto *m.* **ferment** (anche *fig.*); **leaven;** (lievito) **yeast**: *(fig.) essere in f.,* to be in a ferment ● *f. sociale,* social unrest.
fermézza *f.* ***1*** **firmness; stability; steadiness** ***2*** (solo *fig.*) **steadfastness; resoluteness** ● *agire con f.,* to act firmly.
férmio *m.* *(chim.)* **fermium.**
férmo ***A*** *a.* ***1*** **firm;** (che non si muove) **still;** (solo *fig.*) **steadfast, resolute**: *essere f. come torre (che non crolla),* to be as firm as a rock ***2*** (stabile) **stable; steady; unwavering**: *avere la mano ferma,* to have a steady hand ***3*** (di veicolo) **stationary** ● *(mus.) canto f.,* plainsong □ *punto f.,* full stop □ *Gli affari sono fermi,* business is at a standstill □ *La lettera è ferma in posta,* the letter was sent « poste restante » (o the letter is awaiting collection at the post) ***B*** *m.* ***1*** (*leg.:* di polizia) **provisional arrest; detention** ***2*** (*leg.:* confisca) **seizure** ***3*** (*leg.:* di nave mercantile) **embargo*** ***4*** *(mecc.)* **catch; lock; stop** ● *(comm.) mettere il f. su un assegno,* to stop a cheque.
fermopòsta *m.* **« poste restante »; general delivery** *(USA).*
feróce *a.* **fierce; wild; savage; ferocious**: *un animale f.,* a wild animal ● *una fame f.,* a ravenous appetite.
ferócia *a.* **ferocity; wildness; savagery; fierceness.**
feròdo *m.* *(marchio, mecc.)* **brake lining.**
ferràccio *m.* ***1*** (ghisa) **pig-iron** ***2*** (rottami di ferro) **scrap-iron.**
ferràglia *f.* **scrap-iron.**
ferragostano *a.* **mid-August** *(attr.).*
ferragósto *m.* (vacanze di f.) **mid-August holiday(s).**
ferràio *m.* (anche *fabbro f.*) **blacksmith.**
ferrame *m.* **ironwork.**
ferraménta *f. pl.* **hardware** *(sing.)*; **ironware** *(sing.)*; **ironmongery** *(sing.)* ● *negozio di f.,* ironmonger's shop.
ferraménto *m.* (utensile di ferro) **iron tool.**
ferrare *v. t.* ***1*** **to fit with iron** ***2*** (cavalli) **to shoe** ***3*** (scarponi) **to set* with hobnails.**
ferraréccia *f.* ***1*** (negozio) **ironmonger's (shop)** ***2*** (oggetti di ferro, anche al *pl.*) **iron goods; ironmongery** *(sing.)*; **hardware** *(sing.).*
ferrato *a.* ***1*** **shod** ***2*** (edotto) **well-versed, well-informed** (in) ● *scarponi ferrati,* hobnailed boots □ *strada ferrata,* railway.
ferravècchio *m.* **dealer in old iron.**
fèrreo *a.* **iron** *(attr.;* anche *fig.).*
ferrièra *f.* **ironworks; (iron-)foundry.**
ferrigno *a.* **iron-like;** (nelle metafore, ecc., spesso) **steel, steely.**
fèrro *m.* ***1*** **iron**: *minerale di f.,* iron ore □ *f. fuso* (in stato di fusione) molten iron; (non battuto) cast iron □ *f. battuto,* wrought iron; (più tecnicamente) forged iron □ *(fig.) un uomo di f.,* a man of iron □ (anche *fig.*) *battere il f. mentre (o finché) è caldo,* to strike while the iron is hot □ *(fig.) governare con mano di f.,* to rule with a rod of iron □ *(archeol.) l'età del f.,* the Iron Age ***2*** (da stiro) **(flat-)iron**: *un f. elettrico,* an electric iron ***3*** (da calza) **knitting needle** ***4*** (dei parrucchieri) **curling tongs, curling irons** *(pl.)* ***5*** (*lett.:* spada) **sword** ***6*** (*al pl.:* ceppi) **irons; chains; fetters**: *mettere q. ai ferri,* to put sb. in irons ***7*** (*al pl.:* strumenti) **instruments; tools** ● *f. di cavallo,* horse-shoe □ *(fig.) essere ai ferri corti con q.,* to be at loggerheads with sb. □ *avere una memoria di f.,* to have an excellent memory □ *avere una salute di f.,* to have a cast-iron constitution; to be as strong as a horse □ *(cucina) cuocere ai ferri,* to grill □ *filo di f.,* wire □ *mettere a f. e fuoco,* to lay waste □ *Tocca ferro!* (per scongiuro), touch wood!
ferromodellismo *m.* **model railway collecting** (o **construction).**
ferromodellista *m.* e *f.* **model railway collector** (o **constructor).**
ferróso *a.* *(miner., chim.)* **ferrous.**
ferrotranviàrio *a.* **rail and tram** *(attr.).*
ferrotranvièri *m. pl.* **rail and tram workers.**
ferrovìa *f.* **railway; railroad** *(USA)*: *una f. a doppio binario,* a double-line (o double-track) railway □ *Ferrovie dello Stato,* (in Italia) Italian Railways; (in *G.B.*) British Railways ● *spedire per f.,* to send by rail.
ferroviàrio *a.* **railway** *(attr.)*: *una stazione ferroviaria,* a railway station □ *un incidente f.,* a railway accident.
ferrovière *m.* **railwayman*.**
ferruginóso *a.* **ferruginous.**
fèrtile *a.* (anche *fig.*) **fertile; fruitful; productive.**
fertilità *f.* (anche *fig.*) **fertility.**
fertilizzante *(agric.)* ***A*** *a.* **fertilizing** ***B*** *m.* **fertilizer.**

fertilizzare *v. t. (agric.)* **to fertilize; to enrich.**
fèrula *f.* ***1*** (bacchetta) **rod;** (per punire, anche) **ferule** ***2*** (*bot.*, Ferula communis) **ferula; giant fennel** ***3*** *(med.)* **splint.**
fervènte *a.* **fervent; ardent.**
fèrvere *v. i.* ***1*** **to be intense** (o **fervent, active, ardent**) ***2*** (*lett.:* essere infiammato) **to be burning.**
fèrvido *a.* **fervid; fervent; ardent** ● *con i miei più fervidi auguri,* with my best wishes.
fervóre *m.* **heat; excitement; ardour; fervour**: *nel f. della battaglia,* in the heat of the battle.
fervorino *m. (scherz.)* **lecture; pep-talk** *(fam.).*
fervoróso *a.* **fervent; ardent.**
fésa *f. (macelleria)* **cut of rump (of veal).**
fesserìa *f. (pop.)* ***1*** (l'essere fesso) **foolishness; craziness** ***2*** (discorsi da fesso) **nonsense; rubbish; boloney** *(pop.)*: *dire fesserie,* to talk nonsense □ *È una f.!,* that's a piece of nonsense! ***3*** (inezia) **trifle; mere nothing.**
fésso ***A*** *a.* ***1*** (incrinato) **cracked;** (spaccato) **cleft, cloven** ***2*** (rif. a suono) **cracked; harsh** ***3*** (*pop.:* sciocco) **cracked** *(fam.)*; **crazy; foolish** ***B*** *m. (pop.)* (*volg.:* **bloody) fool**: *fare f. q.,* to make a fool of sb.
fessura *f.* ***1*** **crack; fissure** ***2*** (per gettone o moneta) **slot.**
fèsta *f.* ***1*** *(relig.)* **feast-day; feast** (anche « banchetto »); **holy day**: *la f. della Natività,* the feast of the Nativity ***2*** (giorno festivo, vacanza) **holiday**: *una f. civile (o nazionale),* a public holiday; (in *G. B.*) a bank-holiday ***3*** *(al pl.)* **Christmas (holidays); Easter (holidays)**: *passare le feste in famiglia,* to spend Christmas (o Easter, o one's holidays) at home ***4*** (compleanno) **birthday;** (onomastico) **name day** ***5*** (gioia) **(great, greatest) joy**: *Sarà una f. per me vederlo,* it'll be the greatest joy (o, *fam.:* it'll be a treat) for me to see him ***6*** **festivity** (festosità; *al pl.:* festeggiamenti); **festival; party** (ricevimento); **entertainment** (trattenimento); **fête** (specialm. di beneficenza) ● *f. da ballo,* dance; ball □ *la f. di Sant'Antonio,* St. Antony's Day □ *conciare q. per le feste,* to give sb. a good thrashing □ *fare f.,* (fare vacanza) to have a holiday; (stare allegri) to make merry □ *fare f. a q.,* to give sb. a hearty welcome □ *(pop.) far la f. a q.* (ucciderlo), to do sb. in (o to bump sb. off) □ *vestito a f.,* in one's Sunday best.
festaiòlo ***A*** **party-going** *(attr.)*; **fond of parties** *(pred.)* ***B*** *m.* **reveller; gay dog** *(pop.).*
festante *a. (lett.)* **festive; joyful; jubilant.**
festeggiamènto *m.* **festivity; celebration.**
festeggiare *v. t.* ***1*** **to celebrate** ***2*** (accogliere festosamente) **to give*** (sb.) **a hearty welcome.**
festeggiato *m.* **guest of honour.**
festévole *a.* **light-hearted; gay; jovial.**
festicciòla *f.* **family party.**
festino *m.* **party; entertainment;** (ballo) **ball.**
fèstival *m.* **festival.**
festività *f.* ***1*** *(in tutti i sensi)* **festivity** ***2*** *(relig.)* **feast.**
festivo *a.* **holiday, Sunday** *(attr.)* ● *giorni festivi,* Sundays and public holidays.
festóne *m.* **festoon.**
festosità *f.* **festiveness; joyfulness; gaiety.**
festóso *a.* **festive; merry; joyful; gay.**
festuca *f.* **straw.**
fetènte ***A*** *a.* **stinking** ***B*** *m.* e *f. (volg.)* **stinker.**
feticcio *m.* (anche *fig.*) **fetish, fetich.**
feticìdio *m.* **f(o)eticide.**
feticismo *m.* **fetishism, fetichism; idolatry.**
fètido *a.* **fetid; stinking.**
fèto *m.* **f(o)etus.**
fetóre *m.* **stench; stink.**
fétta *f.* ***1*** **slice**: *tagliare q.c. a fette,* to cut st. into slices; to slice st. ***2*** (pezzo) **piece; bit** ● *(fig.) fare a fette q.,* to make mincemeat of sb.
fettina *f.* **thin slice.**
fettùccia *f.* **tape.**
feudale *a. (stor.)* **feudal.**
feudalésimo, feudalismo *m. (stor.)* **feudalism.**
feudatàrio *(stor.)* ***A*** *a.* **feudal** ***B*** *m.* **feudatory; vassal.**
fèudo *m.* ***1*** *(stor.)* **feud; fief** ***2*** (grande proprietà terriera) **(large) estate.**
feuilleton *(franc.) m.* **feuilleton; serial (story).**
fèz *m.* **fez.**
fiaba *f.* (anche *fig.*) **fairy tale; story.**
fiabésco *a.* **fairy-like; fantastic.**
fiacca *f.* ***1*** (stanchezza) **tiredness; weariness** ***2*** (pigrizia) **laziness; sluggishness** ***3*** (debolezza) **weakness** ● *battere la f.,* to slack off.
fiaccamènte *avv.* ***1*** (svogliatamente) **listlessly; half-heartedly** ***2*** (lentamente) **slowly** ***3*** (senza convinzione) **without much conviction.**
fiaccare ***A*** *v. t.* ***1*** (stancare) **to tire, to weary;** (spossare) **to exhaust, to tire out** ***2*** (indebolire) **to weaken;** (logorare) **to wear* out** ***3*** (rompere) **to break*** ***B*** **fiaccarsi** *v. rifl.* to **break***: *f. il collo,* to break one's neck.
fiaccheràio *m.* **cabman*.**
fiacchézza *f.* ***1*** (stanchezza) **tiredness; weariness** ***2*** (debolezza) **weakness** (anche *fig.*).
fiacco *a.* ***1*** (stanco) **tired; weary** ***2*** (indolente) **slack; sluggish; lazy** ***3*** (debole) **weak** ***4*** (svogliato) **listless; half-hearted.**
fiàccola *f.* (anche *fig.*) **torch.**
fiaccolata *f.* **torch-light procession.**
fiaccóne *m.* **idler; lazy-bones.**
fiala *f.* **phial; vial;** (per iniezione) **ampoule.**
fiamma *f.* ***1*** **flame** (anche *fig.*); (molto viva) **blaze;** (oscillante) **flare**: *andare in fiamme,* to burst into flame(s) □ *una mia vecchia f.,* an old flame of mine ***2*** (*naut.:* bandiera) **pennant; pennon; streamer** ***3*** (*mil.:* mostrina) **flash** ***4*** (*al pl.:* rossore) **flush, blush** *(sing.)* ● *(cucina) alla f.,* flambé □ *essere in fiamme,* to be on fire; to be aflame (anche *fig.*) □ *(autom.) ritorno di f.,* back-fire.
fiammante *a.* **flaming; blazing; fiery** ● *nuovo f.,* brand new.
fiammata *f.* **blaze; flare.**
fiammeggiare ***A*** *v. i.* **to be aflame;** to **blaze;** to **flame** (with) ***B*** *v. t.* **to singe.**
fiammiferaio *m.* ***1*** (fabbricante) **match-maker** ***2*** (venditore) **match-seller.**
fiammifero *m.* **match**: *una scatola di fiammiferi,* a box of matches □ *fiammiferi svedesi,* safety matches □ *accendere un f.,* to strike a match ● *(fig.) accendersi come un f.,* to be quick-tempered (o hot-tempered, irascible).
fiammingo ***A*** *a.* **Flemish** ***B*** *m.* ***1*** **Fleming** ***2*** (la lingua) **Flemish.**
fiancata *f.* ***1*** *(naut.)* **broadside** ***2*** (fianco, lato) **side; flank** ***3*** (colpo dato col fianco) **blow with one's side.**
fiancheggiare *v. t.* ***1*** **to flank; to line; to border** ***2*** *(mil.)* **to cover the flank of** ***3*** (assecondare) **to support; to back (up).**
fiancheggiatóre *m.* ***1*** *(polit.)* **supporter** ***2*** *(mil.)* **flanker.**
fianco *m.* ***1*** (*fig.,* anche *naut.*) **side**: *i fianchi della nave,* the sides of the ship □ *il f. di una casa (di una collina),* the side of a house (of a hill) □ *al mio f.,* at my side (o beside me) ***2*** (f. d'uomo o d'animale; *fig.* e *mil.*) **flank** ***3*** (soltanto dell'uomo) **hip**: *stare con le mani sui fianchi,* to stand with one's hands on one's hips ● *(mil.) f. destr', destr'!,* right about turn! □ *(mil.) f. sinistr', sinistr'!,* left about turn! □ *di f.,* sideways; on the side □ *prestare il f. alle critiche,* to lay oneself open to criticism □ *stare a f. di q.,* to stand by sb.
fiandra *f. (ind. tessile)* **Flanders-linen.**
fiasca *f.* **flask.**
fiaschetterìa *f.* **wine-shop.**
fiasco *m.* ***1*** **flask** ***2*** *(fig.)* **fiasco*; failure**: *fare f.,* to be a fiasco; to fall flat; to draw a blank.
fiat *(lat.) m.* — *in un f.,* in the twinkling of an eye; in a jiffy *(fam.).*
fiatare *v. i.* ***1*** **to breathe** (o **to say***) **a word** ***2*** (respirare) **to breathe.**
fiato *m.* ***1*** **breath**: *f. che puzza,* bad breath □ *È f. sprecato,* it's a waste of breath □ (anche *fig.*) *pigliare il f.,* to take breath □ *La notizia mi fece restare senza f.,* the news took my breath away ***2*** *(mus., sport)* **wind**: *strumenti a f.,* wind instruments ***3*** (*sport* e *fig.:* resi-

stenza) **stamina;** (forza) **strength** ● *essere all'ultimo f.* (morire), to be at one's last gasp □ *avere il f. corto,* to be short of breath (o to be short-winded) □ *avere il f. grosso (o essere senza f.),* to be out of breath □ *bere q.c. tutto d'un f.,* to drink st. at a draught □ *gridare con quanto f. si ha in gola,* to shout at the top of one's voice □ *Lo dirò finché avrò f. (in corpo),* I shall say so as long as I live.

fìbbia *f.* **buckle.**

fìbra *f.* ***1*** **fibre;** *(anat.) fibre muscolari,* muscle fibres □ *fibre tessili,* textile fibres □ *(fig.) f. morale,* moral fibre ***2*** (tessile, anche) **staple** ***3*** *(fig.:* costituzione fisica*)* **constitution** ***4*** (per valigie, borse, ecc.) **Leatheroid** *(marchio).*

fibrifórme *a.* **fibriform.**

fibròma *m. (med.)* **fibroma*.**

fibróso *a.* **fibrous.**

fìbula *f. (anat.)* **fibula*.**

fìca *f. (volg.)* **vulva; cunt** *(volg.).*

ficcanaso *m.* **busybody; nosy parker** *(fam.):* **Paul Pry** *(fam.).*

ficcare ***A*** *v. t.* ***1*** (far entrare con forza) to **thrust*;** (ficcare dentro) to **poke;** (con un martello) to **drive*:** *f. un chiodo nel muro,* to drive a nail into the wall □ *f. il naso nei fatti altrui,* to poke one's nose into other people's business ***2*** *(fam.:* mettere*)* to **put*;** to **stuff** ● *(fig.) f. gli occhi addosso a q.,* to stare hard at sb. ***B*** **ficcarsi** *v. rifl.* to **thrust* oneself;** to **get*** (into): *f. in un imbroglio,* to get into a scrape ● *f. le dita nel naso,* to pick one's nose □ *(fig.) f. in capo q.c.,* to get st. into one's head □ *f. in testa il cappello,* to put on one's hat.

fiche *(franc.) f.* ***1*** (gettone usato nel gioco) **chip** ***2*** (scheda) **filing card; index card.**

fico *m.* (*bot.,* Ficus carica) **fig-tree;** (il frutto) **fig:** *fichi secchi,* dried figs □ *una foglia di f.,* a fig-leaf □ *(fig.) Non me ne importa un fico,* I don't care a fig ● *(bot.) f. d'India* (Opuntia ficus-indica), prickly pear.

fidanzaménto *m.* **engagement; betrothal** *(lett.).*

fidanzare ***A*** *v. t.* to **engage;** to **betroth** *(lett.): essere fidanzato con q.,* to be engaged to sb. ***B*** **fidanzarsi** *v. rifl.* to **get* engaged.**

fidanzata *f.* **fiancée.**

fidanzato *m.* ***1*** **fiancé** ***2*** *(al pl.)* **engaged couple** *(sing.).*

fidare ***A*** *v. t. (lett.) V.* **affidare** ***B*** *v. i. V.* **confidare** ***C*** **fidarsi** *v. rifl.* ***1*** to **trust** (sb.); to **put* one's trust in** (sb.); to **rely on** (sb., st.): *Mi fido di lui,* I trust him ***2*** *(fam.:* osare*)* to **dare.**

fidatézza *f.* **trustworthiness; reliability.**

fidato *a.* **trustworthy; reliable** ● *non f.,* untrustworthy; unreliable.

fidecomméssо *m. (leg.)* **fidei-commissum*.**

fideiussióne *f. (leg.)* **fidejussion; guaranty.**

fideiussóre *m. (leg.)* **fidejussor; guarantor.**

(1) fido ***A*** *a. (lett.)* **faithful; devoted;** (di suddito) **loyal** ***B*** *m.* **faithful attendant; devoted follower.**

(2) fido *m. (econ.)* **credit** ● *(banca) (limite di) f.,* credit limit; credit line.

fidùcia *f.* ***1*** **confidence; reliance:** *guardare all'avvenire con f.,* to look to the future with confidence □ *(polit.) voto di f.,* vote of confidence □ *perdere (conquistarsi) la f. di q.,* to lose (to gain) sb.'s confidence □ *non avere f. in sé,* to lack confidence ***2*** (più solenne) **trust:** *tradire la f. di q.,* to betray sb.'s trust ● *f. in se stesso,* self-confidence □ *(leg.) abuso di f.,* breach of trust □ *un accordo basato sulla f. reciproca,* a gentlemen's agreement □ *aver f.,* to be confident □ *aver f. in q.,* to trust sb. □ *degno di f.,* reliable; trustworthy □ *di f.,* confidential.

fiduciàrio *(leg., econ.)* ***A*** *a.* **fiduciary; trust** *(attr.): fondo f.,* trust fund ***B*** *m.* **trustee.**

fiduciosaménte *avv.* **confidently, with confidence; trustfully, trustingly; hopefully.**

fiducióso *a.* **confident; trustful; hopeful.**

fièle *m.* ***1*** *(anat.)* **bile; gall** ***2*** *(fig.)* **gall; acrimony; bitterness.**

fienagióne *f.* ***1*** **haymaking** ***2*** (il tempo della f.) **hay-time.**

fienile *m.* **barn;** (sopra alla stalla) **hay-loft.**

fièno *m.* **hay:** *fare il f.,* to make hay □ *un mucchio di f.,* a haycock □ *(med.) febbre da f.,* hay-fever.

(1) fièra *f.* **fair:** *f. del bestiame,* cattle fair ● *f. campionaria,* trade fair □ *f. di beneficenza,* (charity-)bazaar.

(2) fièra *f. (zool.)* **wild beast.**

fierézza *f.* ***1*** (orgoglio) **pride** ***2*** (ferocia, rabbia) **fierceness** ***3*** (audacia) **daring; boldness** ***4*** (coraggio) **intrepidity** ***5*** (crudeltà) **cruelty.**

fièro *a.* ***1*** (orgoglioso) **proud** ***2*** (feroce, rabbioso) **fierce** ***3*** (selvaggio) **wild** ***4*** (audace) **daring; bold** ***5*** (indomito) **untamed** ***6*** (coraggioso) **valiant; intrepid** ***7*** (crudele) **crudel** ***8*** (guerresco) **war-like.**

fièvole *a.* **faint; feeble; weak;** (di luce, suono) **dim.**

(1) fìfa *f. (fam.)* **funk** ● *avere f.,* to be in a funk.

(2) fìfa *f. (zool.* Vanellus vanellus) **lapwing; pewit, peewit.**

fifóne *m. (fam.)* **funk.**

fìgaro *m.* ***1*** *(scherz.)* **barber** ***2*** (giubbetto) **bolero*.**

fìglia *f.* ***1*** **daughter** ***2*** *(comm.:* di un blocco o registro*)* **counterfoil.**

figliare *v. t. (in tutti i casi)* to **breed*,** to **bring* forth;** (di mucca) to **calve;** (di pecora) to **lamb;** (di cavalla) to **foal;** (di cagna, gatta, scrofa) to **litter;** (di bestia feroce) to **whelp.**

figliastra *f.* **stepdaughter; stepchild*.**

figliastro *m.* **stepson; stepchild*.**

figliata *f.* **litter.**

fìglio *m.* ***1*** (maschio) **son:** *due figli e tre figlie,* two sons and three daughters ***2*** *(generico)* **child*:** *due figli, Carlo e Maria,* two children, Charles and Mary ● *Era un f. d'arte,* the theatre had been his nursery □ *(volg.) F. d'un cane!,* son of a bitch!

figliòccia *f.* **goddaughter; godchild*.**

figliòccio *m.* **godson; godchild*.**

figliòla *f.* ***1*** (figlia) **daughter; child*** ***2*** (ragazza) **girl.**

figliolanza *f.* **progeny; offspring; children** *(pl.).*

figliòlo *m.* ***1*** (figlio) **son; child*** ***2*** (ragazzo) **boy; chap; lad.**

figura *f.* ***1*** **figure** (anche *geom., mus., ballo, pattinaggio,* ecc.): *(geom.) una f. piana (solida),* a plane (solid) figure □ *una f. retorica,* a figure of speech □ *avere una f. snella,* to have a slim figure □ *fare una bella f.,* to cut a fine figure; to cut a dash *(fam.)* □ *fare una brutta f. (o una figuraccia),* to cut a poor figure ***2*** (forma esterna di q.c., anche) **shape; form;** (contorno) **outline** ***3*** (illustrazione di un libro e sim.) **picture; illustration;** (tavola) **plate** ***4*** (nelle carte da gioco) **court-card** ● *far f.,* to look smart □ *far la f. dello sciocco,* to make a fool of oneself □ *ritratto a mezza f.,* half-length portrait.

figuràccia *f.* **poor figure:** *fare una f.,* to cut a poor figure.

figurante *(teatr.)* ***A*** *m.* **figurant; walker-on** ***B*** *f.* **figurante; walker-on.**

figurare ***A*** *v. t.* ***1*** (rappresentare) to **represent** ***2*** (simboleggiare) to **stand* for** (st.) ***3*** (fingere) to **pretend** ***B*** *v. i.* ***1*** (far figura) to **look smart;** (farsi notare) to **show* off** ***2*** (essere) to **be;** (apparire) to **appear;** (essere registrato) to **be down, to figure** ***3*** (spiccare) to **show* up** ***C*** **figurarsi** *v. rifl.* (immaginare) to **imagine,** to **fancy;** (pensare) to **think*** ● *« Ti do noia? » « Figurati! »,* « am I disturbing you? » « of course not (o not at all)! » □ *Figurarsi!,* just fancy!

figurativo *a.* **figurative.**

figurato *a.* ***1*** **figured; figure** *(attr.)* ***2*** (di linguaggio) **figurative** ***3*** (illustrato) **illustrated.**

figurazióne *f.* **figuration.**

figurina *f.* (statuetta) **figurine.**

figurinàio *m.* (venditore) **figurine-seller;** (artigiano) **figurine-maker.**

figurinista *m. e f.* **fashion-designer; dress-designer.**

figurino *m.* ***1*** **fashion-plate** ***2*** (rivista) **fashion-magazine.**

figurista *m. e f. (pitt.)* **painter of figures.**

figuro *m.* **scoundrel; blackguard; shady character.**

figuróne *m.* — *fare un f.,* to cut a fine figure; to make a

splash *(fam.)*.
fila f. **1** *(in genere)* **line**: *(mil.* e *fig.) essere in prima f.*, to be in the front line **2** (di persone o cose una dietro l'altra) **file**: *in f. indiana,* in single file **3** (di persone o cose l'una accanto all'altra) **row**: *posti in seconda f.*, seats in the second row **4** *(mil.:* di soldati l'uno accanto all'altro; di tassì o facchini) **rank**: *il primo tassì della f.*, the taxi at the head of the rank □ *(mil.) stare in f.*, to keep ranks **5** (di persone che aspettano ordinatamente il turno) **queue**: *mettersi in f. con gli altri,* to join the queue **6** *(fig.:* serie) **string; series; succession** ● *avanzare in f.*, to file along □ *di f.*, (di seguito) running, on end, in succession; (ininterrottamente) uninterruptedly □ *far la f.* (per aspettare il turno), to queue up □ *(fig.) un fuoco di f. di domande,* rapid-fire questions □ *mettere (o mettersi) in f.*, to line up □ *(mil.) Per f. destr'! (Per f. sinistr'!),* right wheel! (left wheel!) □ *Nevicò per tre giorni di f.*, it snowed three days on end (o for three days running).
filàccia f. **ravelling; lint; bast.**
filaccicóso, filacciόso a. **1** (di un tessuto) **frayed; threadbare** **2** (filamentoso) **stringy**: *carne filacciosa,* stringy meat.
filaménto m. *(biol., fis.)* **filament.**
filamentóso a. **filamentous.**
filanca f. *(marchio)* **stretch-nylon.**
filanda f. **spinning mill;** (della seta) **silk mill.**
filante a. — *stella f.*, **shooting star;** *(fig.)* **paper streamer.**
filantropìa f. **philanthropy; humanitarianism.**
filantròpico a. **philanthropic(al); humanitarian.**
filantropismo m. **philanthropism.**
filàntropo m. **philanthropist; philanthrope; humanitarian.**
(1) filare A v. t. **1** (lana, cotone, seta, ecc.) to **spin*** **2** (oro, argento) to **draw* out** **3** *(naut.:* una corda o cima) to **pay* out** (o **away**); to **ease off** (o **away**) **4** (versare a sottile getto) to **trickle** *(usato come v. i.)* **B** v. i. **1** (scappare) to **make* off;** to **clear off** (o **out**) **2** (andare veloce) to **go* at full speed;** to **bowl along** **3** (di ragionamento) to **hang* together;** to **make* sense** **4** *(fam.:* amoreggiare) to **go* (steady)**: *Filano da tre anni,* they have been going steady for three years **5** (di liquido: scorrere adagio) to **trickle;** (essere vischioso) to **be ropy** **6** (di gatto: far le fusa) to **purr** ● *(fig.) f. diritto,* to behave (well); to toe the line □ *far f. q.*, to make sb. behave; to make sb. toe the line □ *Fila! (o Fila via!),* off with you!; buzz off! *(fam.)*; scram! *(fam.)* □ *Fila subito a casa!,* go straight home!
(2) filare m. **row.**
filarino m. *(fam., scherz.)* **boy-friend.**
filarmònica f. **philharmonic society.**
filarmònico A a. **philharmonic B** m. **lover of music.**
filastròcca f. **1 rigmarole** **2** (per bambini) **nursery-rhyme.**
filatelìa f. **philately; stamp-collecting.**
filatèlico A a. **philatelic(al) B** m. **philatelist; stamp-collector.**
filato A a. **spun**: *oro f.*, spun gold ● *due ore filate,* two hours on end □ *zucchero f.*, candy floss **B** m. **yarn**: *f. di lana,* woollen yarn.
filatóio m. **1 spinning wheel;** *(ind.)* **spinning machine** **2** (filanda) **spinning mill.**
filatura f. **1** (ind. tessile) **spinning** **2** (filanda) **spinning mill.**
filellenismo m. **philhellenism.**
filettare v. t. **1** to **decorate with fillets;** to **fillet** **2** *(mecc.)* to **thread.**
filettatura f. **1** (il filettare) **filleting** **2** (di vite) **threading;** (filetto) **(screw) thread.**
filétto m. **1 border; fillet** **2** *(mil.)* **stripe** **3** *(cucina)* **fillet;** (di manzo) **fillet steak**: *filetti di sogliola,* fillets of sole **4** (di vite) **(screw) thread** **5** *(tipogr.)* **rule** **6** (tratto di penna) **serif** **7** *(anat.:* della lingua) **fr(a)enum*.**
filiale A a. **filial B** f. *(comm.)* **branch** ● *direttore di f.*, branch manager.
filiazióne f. (anche *leg.*) **filiation.**
filibustière m. **1** *(stor.)* **freebooter; pirate** **2** *(fig.)* **adventurer.**
filièra f. **1** *(mecc.)* **screw-cutting die;** (trafila) **draw-plate** **2** (ind. tessile) **spinneret** **3** *(zool.)* **spinneret.**
filifórme a. **thread-like; filiform.**
filigrana f. **1** (di oro, ecc.) **filigree** **2** (della carta) **watermark.**
filigranato a. (di carta, banconote) **watermarked.**
filippica f. **philippic.**
filippino A a. **Philippine B** m. **native of the Philippines.**
filisteismo m. **philistinism.**
filistèo m. **1** (Bibbia) **Philistine** **2** *(fig.)* **philistine.**
fillo- *(in parole composte:* significa "foglia"*)* **phyllo-, phyll-.**
fillòssera f. (*zool.*, Phylloxera) **phylloxera.**
film m. **film; (motion-)picture**: *girare un f.*, to shoot a film □ *un f. muto (sonoro),* a silent (a sound) film ● *f. a corto metraggio,* short □ *f. pornografico,* pornographic film; blue movie *(USA)* □ *f. western,* western.
filmare v. t. to **film;** to **shoot*.**
filmato m. **filmed sequence.**
filmina f. **film-strip; cinestrip.**
filmistico a. **film** *(attr.)*.
filmografìa f. **filmography.**
filmotèca f. **film library.**
filo m. **1** (anche *fig.*) **thread;** (specialm. per corda o tessitura) **yarn;** (di canapa, anche) **twine;** (di ordito) **warp;** (di trama) **woof, weft**: *f. di cotone,* cotton thread □ *f. cucirino,* sewing thread □ *un f. di luce,* a thread of light □ *perdere il f. del discorso,* to lose the thread of one's discourse **2** (di metallo) **wire**: *f. di ferro,* (iron) wire □ *f. di rame,* copper wire □ *f. spinato,* barbed wire **3** (di lama, coltello, spada, ecc.) **edge**: *il f. del rasoio,* the razor's edge **4** (per la biancheria, ecc.) **line**: *La biancheria era stesa sul f.*, the washing was hanging on the line **5** (venatura) **grain** **6** *(al pl.:* **fila**) **threads**: *le fila di una congiura,* the threads of a conspiracy ● *f. d'aria,* breath of air □ *f. d'acqua,* trickle of water □ *f. d'erba,* blade of grass □ *f. della schiena (o delle reni),* spine □ *f. di perle,* string of pearls □ *f. di speranza,* ray of hope □ *i fili dei burattini,* the puppet strings □ (anche *fig.*) *essere appeso a un f.*, to hang by a thread □ *dar f. da torcere a q.*, to lead sb. a dance □ *lana a cinque fili,* five-ply wool □ *montare su f. di ferro,* to wire □ *passare q. a f. di spada,* to put sb. to the sword □ *per f. e per segno,* in detail; thoroughly □ *(fig.:* di persona*) essere ridotto a un f.*, to be worn to a shadow □ *(fig.) tenere le fila,* to hold the reins.
(1) filo- *(in parole composte:* significa "che ha amore, simpatia", "che dimostra affinità" per persone o cose*)* **philo-, phil-; pro-**: *filocinese,* pro-Chinese □ *filosovietico,* pro-Soviet.
(2) filo- *(in parole composte:* nella terminologia botanica e zoologica significa "discendenza"*)* **phylo-, phyl-**: *filogenesi,* phylogenesis; phylogeny.
filobus m. **trolley-bus.**
filodiffusióne f. **wire broadcasting; wire(d) radio.**
filodiffusore m. **wire(d) radio(-set).**
filodrammàtica f. **amateur dramatic society.**
filodrammàtico A a. — *compagnia filodrammatica,* company of amateur actors □ *rappresentazioni filodrammatiche,* amateur theatricals **B** m. **amateur actor.**
filologìa f. **philology; linguistics** *(pl. col verbo al sing.)*.
filològico a. **philological.**
filòlogo m. **philologist.**
filoncino m. **(small) French loaf* (of bread).**
filóne m. **1** *(miner.)* **vein; seam; lode** **2** (di pane) **French loaf*** **3** (di fiume) **current** **4** *(fig.:* corrente*)* **trend** **5** *(fam.:* persona astuta*)* **wise guy.**
filóso a. **stringy.**
filosofale a. — *pietra f.*, **philosopher's stone.**
filosofare v. i. to **philosophize.**
filosofìa f. **philosophy** ● *f. spicciola,* common sense □ *prendere le cose con f.*, to take it easy.
filosoficaménte avv. **philosophically.**
filosòfico a. **philosophic(al).**
filòsofo m. **philosopher.**
filovìa f. **1 trolley-bus line** **2** (il veicolo) **trolley-**

bus.
filoviàrio *a.* **trolley-bus** *(attr.)*.
filtrare *v. t.* e *i.* to **filter;** to **strain;** to **percolate.**
filtrazióne *f.* **filtering; filtration; percolation.**
(1) filtro *m.* **filter; strainer; percolator** ● *sigarette col f.*, cork-tipped cigarettes.
(2) filtro *m. (bevanda magica)* **philtre; love-potion.**
filtroprèssa *m.* **filter-press.**
filugèllo *m. (zool.,* Bombyx mori*)* **silkworm.**
filza *f.* **1 string** (anche *fig.*) **2** (di documenti, carte) **file** ● *(cucito) punto a f.*, **running stitch.**
finale A *a. (in tutti i sensi)* **final**: *(gramm.) una proposizione f.*, a final clause **B** *f.* **1 ending 2** *(sport)* **final** *(per lo più al pl.)*: *entrare in f.*, **to get to the finals C** *m.* **1 end; ending; conclusion 2** *(mus.)* « **finale** ».
finalișmo *m. (filos.)* **finalism.**
finalista *m.* e *f. (filos., sport)* **finalist.**
finalità *f.* **1 finality 2** (scopo) **aim; purpose.**
finalmente *avv.* **at last; finally.**
finanche *avv.* **even.**
finanza *f.* **1 finance**: *alta f.*, high finance **2** *(al pl.:* dello Stato e *scherz.)* **finances** ● *guardia di f.*, customs officer □ *intendenza di f.*, revenue office.
finanziaménto *m.* **1 financing 2** (d'un programma radiotelevisivo) **sponsorship.**
finanziare *v. t.* **1** to **finance 2** (un programma radiotelevisivo) to **sponsor.**
finanziària *f. (fin.)* **holding company.**
finanziàrio *a.* **financial.**
finanzièra *f. (moda)* **frock-coat.**
finanzière *m.* **1 financier 2** (doganiere) **customs officer.**
finché *cong.* **1 until; till**: *Aspetta f. io (non) venga*, wait for me till I come **2** (per tutto il tempo che) **as long as**: *Puoi tenere il libro f. vuoi*, you can keep the book as long as you like.
(1) fine *f.* **end; ending**: *a lieto f.*, with a happy ending □ *mettere f. a q.c.*, to put an end to st. □ *fare una brutta f.*, to come to a bad end ● *f. settimana*, week-end □ *alla f.*, (in fin dei conti, dopotutto) after all; (finalmente) at last, in the end □ *aver f.*, to end, to come to an end □ *porre f. a q.c.*, to end (o to finish, to finish off) st. □ *senza f.*, without end, endlessly *(avv.)*; endless *(agg.)* □ *verso la f. dell'autunno*, in late Autumn □ *Buona f. e miglior principio!*, a Happy New Year (Buon anno)!
(2) fine *m.* **1** (scopo, meta) **end; aim; object**: *Il f. giustifica i mezzi*, the end justifies the means **2** (conclusione, risultato) **conclusion; result**: *andare (o giungere) a buon f.*, to have a successful conclusion; to turn out well ● *al f. di*, in order to □ *a fin di bene*, with the best of intentions □ *A che f.?*, why?; what for?
(3) fine *a.* **1 fine; thin; delicate**: *oro f.*, fine gold **2** (acuto, sottile) **subtle**: *un cervello f.*, a subtle mind **3** (raffinato) **refined** ● *avere l'udito f.*, to have a keen ear.
fine-settimana *m.* o *f. invar.* **week-end.**
finèstra *f.* **1 window**: *una f. a ghigliottina*, a sash--window □ *Mi affacciai alla f.*, I showed myself at the window; (per guardare) I looked out of the window □ *La f. dà sul giardino*, the window looks on (o onto) the garden **2** (a due battenti, anche) **casement** ● *entrare dalla f.*, to climb in through the window; *(fig.)* to get in by the backdoor □ *porta f.*, French window □ *vetro di f.*, window-pane.
finestrino *m.* (di treno, di auto) **window.**
finézza *f.* **1 fineness 2** (sottigliezza) **subtlety 3** (raffinatezza) **refinement 4** (acutezza) **keenness.**
fingere A *v. t.* e *i.* **1** to **pretend;** to **feign;** to **simulate 2** (immaginare, supporre) to **imagine;** to **suppose B fingersi** *v. rifl.* to **pretend;** to **feign oneself.**
finimento *m.* **1 set;** (di gioielli, anche) **parure 2** *(al pl.:* bardatura*)* **harness** *(sing.)*.
finimóndo *m.* **1 end of the world 2** *(fig.)* **pandemonium; rumpus.**
(1) finire A *v. i.* **1** to **end;** to **end up;** to **come* to an end**: *f. bene (male)*, to end happily (unhappily) □ *f. all'ospedale (in prigione ecc.)*, to end up in hospital (in jail, etc.) **2** — *f. con (seguito dall'inf.)*, to end by *(seguito dal gerundio)* **3** (smettere) to **stop;** (smettere di lavorare) to **stop work**: *f. di piangere (di ridere, ecc.)*, to stop crying (laughing, etc.) **4** (esaurirsi) to **finish up;** (di vestiti) to **wear* out;** (di merce) to **sell* out 5** (fare una fine, morire) to **die**: *Finì gloriosamente*, he died a glorious death **B** *v. t.* **1** to **finish;** to **end;** (portare a termine) to **bring* to an end;** (porre fine a) to **put* an end to** (st.); (completare) to **complete**: *f. i propri giorni*, to end one's days **2** (dare l'ultimo tocco a; dare il colpo di grazia a) to **finish off;** (fare piazza pulita di) to **polish off,** to **finish up** ● *andare a f.*, to end up □ *far f. q.c.*, to put an end to st. □ *Finiscila!*, stop it!; (più garbato) please stop!, do stop! □ *È ora di finirla!*, it's high time to stop (all this nonsense)! □ *Non so dove vuoi andare a f.*, I don't know what you're driving at.
(2) finire *m.* **end**: *sul f. dell'inverno*, towards the end of winter.
finissàggio *m. (ind.)* **finishing.**
finitézza *f.* **perfection; perfect finish.**
finìtimo *a.* **neighbouring.**
finito *a.* **1** (perfetto, specialm. come *attr.*) **finished;** (compiuto, di perfetta tecnica) **perfect, exquisite, accomplished 2** (che non si rialzerà più) **finished** (predizione): *È un artista f.*, as an artist, he's finished **3** (spacciato) **done for 4** (fallito, o gravemente malato) **broken 5** *(mat., filos., gramm.)* (contrario di « infinito ») **finite** ● *È finita!*, it's all over (o that's the end) □ *La lezione è finita*, the lesson is over □ *Con lui, l'ho fatta finita*, I'm through with him □ *Falla (o fatela) finita!*, have done with it!
finitura *f.* **1 finish 2** *(ind. tessile)* **dressing.**
finlandése A *a.* **Finnish B** *m.* e *f.* **Finn C** *m.* (la lingua) **Finnish.**
(1) fino *avv.* (persino) **even.**
(2) fino (a) *prep.* **1** (di tempo) **until; till; up to**: *f. a venerdì*, till Friday **2** (di luogo, anche *fig.*) **as far as; to**: *f. a Firenze*, as far as Florence **3** *(seguito dall'inf.)* **so much that** ● *f. a che*, V. **finché** □ *f. a ora*, V. **finóra** □ *f. all'ultimo*, to the last □ *f. da*, from; since □ *f. dal secolo XIII*, as far back as the 13th century □ *fin d'ora*, (d'ora innanzi) from now on; (subito) right now, straight away □ *Fin dove?*, how far? □ *F. a quando?*, till when?; (per quanto tempo?) how long?
(3) fino *V.* **fine.**
finòcchio *m.* **1** (*bot.*, Foeniculum vulgare) **fennel 2** *(volg.:* omosessuale*)* **queer, gay, pansy** *(fam.)*.
finóra *avv.* **till now; up to now; yet.**
finta *f.* **1 pretence; feint 2** *(sport, mil.)* **feint 3** *(sartoria)* **flap** ● *far f.*, to pretend; to make believe.
fintantoché *V.* **finché.**
finto A *a.* **1 false; sham; mock;** (di persona, anche) **deceitful;** (di oggetto) **dummy;** (simulato) **feigned, make-believe 2** *(comm.)* **imitation** *(attr.)*: *finta pelle*, imitation leather **B** *m.* (ipocrita) **hypocrite.**
finzióne *f.* **1 pretence; make-believe 2** (falsità) **deceitfulness; falsehood 3** (cosa immaginata) **fiction.**
fio *m.* **penalty**: *pagare il f.*, to pay the penalty.
fioccare *v. i.* **1** to **fall* (in flakes);** to **snow 2** *(fig.)* to **shower.**
fiòcco *m.* **1** (di nastro, ecc.) **bow**: *legare con un f.*, to tie in a bow **2** (di neve) **(snow-)flake 3** *(ind. tessile)* **tuft; flock;** (fibra) **staple 4** *(naut.)* **jib 5** (nappa) **tassel** ● *fiocchi di granturco*, corn-flakes □ *un pranzo coi fiocchi*, a super dinner *(fam.)*; a slap-up dinner *(pop.)*.
fiochézza *f.* **weakness;** (di suono) **faintness;** (di luce) **dimness.**
fiòcina *f.* **harpoon.**
fiocinare *v. t.* to **harpoon.**
fiocinatóre, fiocinière *m.* **harpooner.**
fiòco *a.* **weak;** (di suono) **faint;** (di luce) **dim.**
fiónda *f.* **1 sling 2** (strumento fanciullesco) **catapult; slingshot** *(USA)*.
fioràia *f.* **fioràio** *m.* **flower-seller;** (in negozio) **florist.**
fiorame *m.* **flower pattern** ● *a fiorami*, flowered.
fiorato *a.* **flowered; flowery; floral.**
fiordalișo *m.* **1** *(araldica)* **lily; fleur-de-lis* 2** (*bot.*, Centaurea cyanus) **cornflower; bluebottle.**
fiòrdo *m.* **fiord, fjord.**
fióre *m.* **1 flower**: *una mostra di fiori*, a flower-show □ *un vaso da fiori*, (per una pianta con terra) a flowerpot;

(per fiori recisi), a (flower-)vase, a (flower-)bowl □ *essere in f.*, to be in flower (o in bloom) ***2*** (di albero da frutto) **blossom**: *essere in f.*, to be in blossom ***3*** (fioritura) **bloom** (anche *fig.*) ***4*** (*al pl.*: seme delle carte da gioco) **clubs**: *il 4 di fiori*, the 4 of clubs ***5*** (superficie) **surface**: *a fior d'acqua*, on the surface of the water ● *un f. all'occhiello*, a button-hole □ *il f. della Divina Commedia*, a selection from the Divine Comedy □ *il fior f. della società*, the cream of society □ *f. di farina*, flour □ *f. di latte*, cream □ *un f. di ragazza*, a lovely girl □ *essere nel f. degli anni*, to be in one's prime □ *essere nel f. della salute*, to be in the pink of health (*fam.*) □ (di una pianta) *fare fiori*, to flower □ *È costato fior di quattrini*, it has cost a pretty penny (o a lot of money) □ *Ho i nervi a fior di pelle*, my nerves are on edge □ *Non è stato tutto rose e fiori*, it hasn't been plain sailing.

fiorellino *m.* (*bot.*) **floret; floweret.**

fiorènte *a.* (*fig.*) **thriving; flourishing.**

fiorentina *f.* (*cucina*) **grilled T-bone steak.**

fiorentino *a.* e *m.* **Florentine.**

fiorétta *f.* (*enologia*) **flowers** (*pl.*); **mould.**

fiorettare *v. t.* **to intersperse with flowery expressions.**

fiorettista *m.* e *f.* (*sport*) **foilsman*.**

fiorétto *m.* ***1*** (*sport*) **foil** ***2*** (*relig.*) **act of mortification** ***3*** (*bot.*) **floret; floweret** ***4*** (*al pl.*, *letter.*) **selected passages** ***5*** (*mus.*) **grace; embellishment.**

fiorino *m.* (anche *stor.*) **florin.**

fiorire ***A*** *v. i.* ***1*** **to flower**; (specialm. di alberi da frutto o *lett.*) **to blossom; to bloom; to be in flower** (o **in bloom**) ***2*** (sbocciare, apparire tutt'a un tratto fiorito) **to burst* into flower** ***3*** (far la muffa) **to become* mouldy** ***4*** (prosperare) **to flourish; to thrive*; to prosper** ***5*** (*econ.*) **to boom** ***B*** *v. t.* ***1*** (cospargere di fiori) **to strew* with flowers** ***2*** (ornare di fiori) **to deck with flowers** ***3*** (*fig.*) **to adorn; to embellish.**

fiorista *m.* e *f.* ***1*** **florist** ***2*** (pittore) **flower painter** ***3*** (chi fa fiori artificiali) **maker of artificial flowers.**

fiorita *f.* ***1*** **carpet of flowers** ***2*** *V.* **florilègio.**

fiorito *a.* ***1*** **full of flowers** ***2*** (in fiore) **in flower, in bloom** (*pred.*) ***3*** (*fig.*) **florid; ornate; flowery.**

fioritura *f.* ***1*** **flowering; blooming;** (di alberi da frutto) **blossoming** ***2*** (il complesso dei fiori) **flowers** (*pl.*) ***3*** (efflorescenza) **efflorescence** ***4*** (*fig.*) **flourishing.**

fioróne *m.* (*archit.*) **rose-window.**

fiorràncio *m.* (*bot.*, Calendula officinalis) **marigold.**

fiòtto *m.* **gush; stream** ● *sgorgare a fiotti*, to gush forth.

firma *f.* **signature**: *apporre la (propria) f.*, to put one's signature (to st.) ● (*fig.*) *È una grande f.*, he's a big name.

firmaménto *m.* **firmament.**

firmare *v. t.* **to sign**; (sottoscrivere) **to subscribe** (to).

firmatàrio *m.* **signatory; signer;** (sottoscrittore) **subscriber.**

fisarmònica *f.* (*mus.*) **accordion.**

fisarmonicista *m.* e *f.* (*mus.*) **accordionist.**

fiscale *a.* ***1*** **fiscal; revenue** (*attr.*) ***2*** (*fig.*) **inquisitorial; strict.**

fiscalismo *m.* ***1*** **fiscality** ***2*** (*fig.*) **inquisitorial methods** (*pl.*).

fiscalista *m.* e *f.* **tax expert; taxation consultant.**

fiscalizzare *v. t.* **to exempt from (taxes).**

fischiare ***A*** *v. i.* ***1*** **to whistle** ***2*** (di un proiettile) **to whiz(z)** ***3*** (di un segnale acustico) **to hoot** ***4*** (dei serpenti) **to hiss** ***B*** *v. t.* ***1*** **to whistle**: *f. un motivetto*, to whistle a tune ***2*** (per disapprovazione) **to hiss; to boo** ● *far f. una frusta*, to crack a whip □ *Mi fischiano le orecchie*, there is a buzzing in my ears; my ears are singing.

fischiata *f.* ***1*** **whistling** ***2*** (per disapprovazione) **hissing; booing.**

fischierellare, fischiettare *v. t.* e *i.* **to whistle (softly).**

fischiétto *m.* ***1*** **whistle** ***2*** (*naut.*) **pipe.**

fischio *m.* ***1*** **whistle** ***2*** (per disapprovazione) **hiss** ***3*** (di segnale acustico) **hoot** ***4*** (di un proiettile) **whiz(z)** ***5*** (nelle orecchie) **buzzing** ***6*** (fischietto) **whistle** ● *fare un f.*, to whistle; (con strumento) to blow a whistle □ (*fig.*) *prendere fischi per fiaschi*, to get hold of the wrong end of the stick.

fischióne *n.* (*zool.*, Anas penelope) **widgeon.**

fisciù *m.* **fichu.**

fisco *m.* ***1*** (erario) **(national) revenue; public** (o **inland) revenue** ***2*** (ufficio delle imposte) **tax office** ***3*** (chi ne cura le entrate) **revenue authorities** (*pl.*).

fisica *f.* **physics** (*pl. col verbo al sing.*).

fisico ***A*** *a.* **physical**: *geografia fisica*, physical geography ***B*** *m.* ***1*** (scienziato) **physicist** ***2*** (costituzione) **physique** ***3*** (figura) **figure.**

fisima *f.* **whim; fancy; (a) bee in one's bonnet** (*fam.*).

fisio- (*in parole composte:* ha il significato di « natura » o di « fisico ») **physio-.**

fisiocinesiterapia *f.* (*med.*) **physiokinesitherapy.**

fisiologia *f.* **physiology.**

fisiològico *a.* **physiologic(al).**

fisiòlogo *m.* **physiologist.**

fisionomia *f.* **physiognomy;** (volto) **face;** (espressione) **expression;** (aspetto) **aspect, appearance.**

fisionòmico *a.* **physiognomical.**

fisionomista *m.* **one who is good at remembering faces.**

fisioterapia *f.* (*med.*) **physiotherapy.**

fisioterapista *m.* e *f.* **physiotherapist.**

fissàggio *m.* ***1*** (*mecc.*) (l'atto del fissare) **fixing; fastening; clamping** ***2*** (dispositivo di fissaggio) **fastener; clamp** ***3*** (*chim.*, *fotogr.*) **fixing.**

fissaménte *avv.* **fixedly** ● *guardare f.*, to stare.

fissare ***A*** *v. t.* ***1*** (render fisso) **to fix** (*in quasi tutti i sensi*); **to set***: (*fotogr.*) *f. la negativa*, to fix the negative □ *f. il prezzo di q.c.*, to fix the price of st. ***2*** (fermare, chiudere) **to fasten**; (vele, funi) **to bend***; (con un dispositivo di sicurezza) **to secure**; (con un paletto) **to bolt**; (con uno spillo) **to pin**; (con una cinghia) **to strap** ***3*** (stabilire) **to arrange; to decide upon** (st.); **to fix** (*fam.*) ***4*** (assumere q.) **to engage**; (prendere q.c.) **to take*** ***5*** (prenotare) **to book** ***6*** (guardare fisso) **to stare** (at); **to gaze** (at); (fissare l'attenzione su q.c.) **to cast* one's eyes** (on); **to pay* particular attention** (to) ● *f. la propria residenza*, to take up one's residence □ *f. q. in viso*, to look sb. in the face ***B*** **fissarsi** *v. rifl.* ***1*** (degli occhi, dello sguardo) **to be fixed** ***2*** (pensare continuamente a q.c.) **to set* one's heart** (on) ***3*** (stabilirsi in un posto) **to settle, to take* up one's residence** (in a place) ● (di persona) **essersi fissato**, to have a bee in one's bonnet (*fam.*).

fissato ***A*** *a.* **fixed** ● *Mi sembra un po' f.*, I think he's a bit touched ***B*** *m.* **person with an obsession; fiend; fanatic.**

fissatóre *m.* ***1*** (*chim.*) **fixer; fixing-agent** ***2*** (*fotogr.*) **fixing-bath** ***3*** (per capelli) **setting-lotion;** (lacca) **hair-spray.**

fissazióne *f.* ***1*** **fixation; fixing** ***2*** **obsession; fixed idea.**

fissile *a.* ***1*** **fissile; cleavable** ***2*** (*fis. nucl.*) **fissionable.**

fissióne *f.* (*fis. nucl.*) **fission.**

fissità *f.* **fixity.**

fisso ***A*** *a.* ***1*** (*in quasi tutti i sensi*) **fixed** ***2*** (regolare) **regular**: *un impiegato f.*, a regular employee ***3*** (immobile) **stationary** ● *occhi fissi*, staring eyes ***B*** *avv.* **fixedly** ● *guardare f.*, to gaze; to stare.

fìstola *f.* ***1*** (*mus.*, *lett.*) **Pan-pipe(s); syrinx*** ***2*** (*med.*) **fistula*.**

fistolóso *a.* **fistulous; fistular.**

fito- (*in parole composte:* significa « pianta ») **phyto-**: *fitobiologia*, phytobiology □ *fitochimica*, phytochemistry □ *fitopatologia*, phytopathology.

fitta *f.* ***1*** (dolore acuto) **sharp pain; pang; twinge; stitch** (*solo al sing.*) ***2*** (calca) **crowd; crush** ● *provare una f. al cuore*, to feel a pang in one's heart.

fittàvolo *m.* **tenant.**

fittile *a.* **fictile; clay** (*attr.*).

fittizio *a.* **fictitious; imaginary; unreal; sham.**

(1) fitto ***A*** *a.* ***1*** (ficcato) **stuck in; thrust in; planted** ***2*** (denso) **thick; close; closely, thickly** (*con un p.p.*): *una nebbia fitta*, a thick fog □ *alberi fitti*, closely-planted trees ● *buio f.*, pitch dark ***B*** *m.* (la parte più fitta, il

colmo) **(the) thick;** (il cuore, la profondità) **(the) dead**: *nel f. della battaglia,* in the thick of the fight ***C*** *avv.* (anche ripetuto: *f. f.*) **thickly** ● *Pioveva (Nevicava) f.,* it was raining (snowing) heavily.
(2) fitto *m.* (affitto) **rent;** (noleggio) **hire.**
fittóne *m.* *(bot.)* **tap-root.**
fiumana *f.* ***1*** **swollen river;** (inondazione) **flood** ***2*** *(fig.)* **stream; flood**: *una f. di popolo,* a flood of people.
fiumara *f.* **torrent.**
fiume ***A*** *m.* ***1*** **river** ***2*** *(fig.,* anche) **torrent; flow; stream** ***B*** *a.* **long-spun; never-ending** ● *romanzo f.,* saga novel.
fiutare *v. t.* ***1*** to **smell*;** to **sniff;** (la selvaggina, ecc.) to **scent** ***2*** *(fig.:* intuire) to **smell*;** to **scent** ● *f. tabacco,* to take snuff.
fiutata *f.* **sniff**: *dare una f.,* to give a sniff; to sniff.
fiuto *m.* ***1*** **scent; sense of smell** ***2*** *(fig.)* **flair**: *avere f.,* to have a flair (for st.) ● *tabacco da f.,* snuff.
flabèllo *m.* (anche *relig.*) **flabellum*.**
flaccidézza *f.* **flabbiness; limpness; flaccidity.**
flàccido *a.* **flabby; limp; flaccid.**
flacóne *m.* **bottle; phial.**
flagellare *v. t.* to **flagellate;** to **scourge;** to **lash;** to **whip.**
flagellazióne *f.* **flagellation; scourging.**
flagèllo *m.* ***1*** (frusta) **scourge; whip** ***2*** *(fig.)* **scourge;** (calamità) **calamity** ***3*** *(fam.:* gran quantità) **abundance.**
flagrante *a.* *(leg.)* **flagrant** ● *f. contraddizione,* open contradiction □ *cogliere q. in f.,* to catch sb. in the very act; to catch sb. red-handed.
flagranza *f.* *(leg.)* **flagrancy.**
flan *m.* ***1*** *(cucina)* **flan** ***2*** *V.* **flano.**
flanèlla *f.* **flannel** ● *pantaloni di f.,* flannels.
flàngia *f.* *(tecn.)* **flange.**
flano *m.* *(tipogr.)* **flong.**
flash *(ingl.)* *m.* ***1*** *(giornalismo)* **(news) flash** ***2*** *(fotogr.)* **flash; flashlight.**
flato *m.* **flatus*.**
flatulènza *f.* **flatulence.**
flautato *a.* **soft and musical; fluted** *(spesso scherz. o iron.).*
flautista *m.* e *f.* *(mus.)* **flautist, flutist.**
flàuto *m.* *(mus.)* **flute** ● *f. dolce,* recorder.
flèbile *a.* **weak; feeble; faint;** (lamentevole) **plaintive.**
flebite *f.* *(med.)* **phlebitis.**
fleboclişi *f.* *(med.)* **phleboclysis.**
flebotomìa *f.* *(med.)* **phlebotomy; venesection.**
flèmma *f.* ***1*** (calma eccessiva) **phlegm; coolness** ***2*** *(med.)* **phlegm.**
flemmàtico *a.* **phlegmatic.**
flèmmone *m.* *(med.)* **phlegmon.**
flessìbile *a.* (anche *fig.*) **flexible; pliable** ● *copertina f.,* limp cover.
flessibilità *f.* (anche *fig.*) **flexibility; pliability.**
flessióne *f.* ***1*** **bending; flexion, flection** ***2*** *(gramm.)* **inflexion, inflection** ***3*** (progressiva riduzione) **decrease; drop** ● *fare una f.,* to bend (down).
flessivo *a.* *(gramm.)* **inflected**: *lingue flessive,* inflected languages.
flessóre *a.* e *m.* *(anat.)* **flexor**: *muscolo f.,* flexor (muscle).
flessuóso *a.* **supple; flexuous.**
flèttere ***A*** *v. t.* ***1*** to **bend*;** to **flex** ***2*** *(gramm.)* to **inflect** ***B*** **flettersi** *v. rifl.* to **bend*.**
flirt *(ingl.)* *m.* (relazione sentimentale superficiale) **flirtation.**
flirtare *v. i.* to **flirt.**
flòra *f.* *(bot.)* **flora*.**
floreale *a.* **floral** ● *stile f.,* Liberty style.
floricoltóre *m.* **floriculturist.**
floricoltura *f.* **floriculture.**
floridézza *f.* ***1*** **glowing health** ***2*** *(fig.)* **prosperity.**
flòrido *a.* ***1*** (di persona) **healthy; glowing with health** ***2*** (prospero) **flourishing; thriving; prosperous; florid.**
florilègio *m.* **anthology; florilegium*.**
flòscio *a.* **limp; flabby; flaccid; floppy; soft;** *(fig.,* anche) **spineless.**
flòtta *f.* *(naut.)* **fleet.**
flottazióne *f.* *(chim., miner.)* **flotation.**
flottìglia *f.* *(naut.)* **flotilla** ● *f. di pescherecci,* fishing-fleet.
fluènte *a.* ***1*** **flowing** ***2*** *(fig.)* **fluent; flowing.**
fluidità *f.* ***1*** **fluidity** ***2*** *(fig.:* scorrevolezza) **fluency** ***3*** *(fig.:* instabilità) **unstableness.**
flùido ***A*** *a.* ***1*** **fluid; flowing** ***2*** *(fig.:* scorrevole) **fluent; flowing** ***3*** *(fig.:* instabile) **unstable; unsettled** ***B*** *m.* **fluid.**
fluire *v. i.* to **flow.**
fluorescènte *a.* *(fis.)* **fluorescent.**
fluorescènza *f.* *(fis.)* **fluorescence.**
fluòro *m.* *(chim.)* **fluorine.**
flussióne *f.* *(med.)* **fluxion.**
flusso *m.* ***1*** **flow;** (del mare) **flood tide**: *f. e riflusso,* ebb and flow (anche *fig.*) ***2*** *(fis.)* **flux; stream**: *f. elettrico,* electric flux ***3*** *(med.)* **flux.**
flutto *m.* *(lett.)* **billow;** (onda) **wave;** (nel suo crescere) **surge.**
fluttuante *a.* (anche *fig.*) **fluctuating; floating.**
fluttuare *v. i.* ***1*** to **rise* and fall*;** (di marosi) to **heave and surge** ***2*** *(fig.)* to **fluctuate;** to **waver;** to **vacillate** ***3*** *(econ., fin.)* to **float.**
fluttuazióne *f.* **fluctuation;** *(econ., fin.)* **floating, float.**
fluviale *a.* **river** *(attr.);* **fluvial** ● *pesca f.,* fresh-water fishing.
fobìa *f.* **phobia** (anche *psic.*); **aversion; dread.**
fòca *f.* *(zool.,* Phoca vitulina) **seal; sea-calf***: *pelle di f.,* sealskin.
focàccia *f.* *(cucina)* **(flat) cake; bun.**
focàia *a.* — *pietra f.,* flint.
focale *a.* **focal**: *(fis.) la distanza f.,* the focal length.
focalizzare *v. t.* (anche *fig.*) to **focus;** to **focalize.**
fóce *f.* **mouth;** (sbocco) **outlet** ● *mettere f. (in),* to flow (into).
focèna *f.* *(zool.,* Phocaena phocaena) **porpoise.**
fochista *m.* ***1*** *(naut.)* **stoker** ***2*** (di locomotiva) **fireman*; stoker.**
focolàio *m.* ***1*** *(med.)* **focus*; centre of infection** ***2*** *(fig.)* **hotbed.**
focolare *m.* ***1*** **hearth; fireplace; fireside** ***2*** *(mecc.)* **furnace** ***3*** *(fig.:* famiglia, casa) **home; hearth.**
focomelìa *f.* *(med.)* **phocomelia.**
focomèlico *(med.)* ***A*** *a.* **phocomelic** ***B*** *m.* **phocomelus.**
focóso *a.* **fiery; passionate; ardent; impetuous.**
fòdera *f.* ***1*** (di vestito, ecc.) **lining** ***2*** (di poltrona, valigia, ecc.) **cover** ***3*** (di libro) **dust-jacket; dust-cover.**
foderare *v. t.* ***1*** to **line** ***2*** (ricoprire) to **cover.**
foderato *a.* **lined** (with) ● *(fig.) essere f. di carne,* to be well covered with flesh □ *(fig.) essere f. di soldi,* to have a mint of money.
fòdero *m.* **sheath; scabbard.**
fóga *f.* **impetuosity; whole-hearted enthusiasm; ardour** ● *nella f. della discussione,* in the heat of the argument.
fòggia *f.* **manner; fashion;** (taglio) **cut;** (forma) **shape;** (stile) **style**: *alla f. di,* in the style of; after the fashion of.
foggiare *v. t.* to **mould;** to **shape;** to **form.**
fòglia *f.* ***1*** *(bot.)* **leaf***: *una f. di fico,* a fig-leaf □ *Non si muoveva una f.,* not a leaf stirred ***2*** (di metallo) **foil;** (se sottile) **leaf*** ***3*** *(archit.)* **foil** ● *(fig.) mangiare la f.,* to smell a rat (o to take the hint).
fogliame *m.* **foliage; leaves** *(pl.).*
fogliare *a.* *(bot.)* **foliar; leaf** *(attr.).*
fòglio *m.* ***1*** **sheet**: *un f. di carta,* a sheet of paper ***2*** (di metallo) **sheet; plate** ***3*** (giornale) **(news)paper** ***4*** (banconota) **(bank) note** ***5*** (pagina) **leaf*** ● *(elab.) f. di codifica,* coding sheet □ *f. di via obbligatorio,* expulsion order □ *(autom.) f. rosa,* learner's driving licence □ *f. volante,* leaflet; handbill.
fogliolina *f.* **leaflet.**
fógna *f.* ***1*** **sewer; drain** ***2*** *(fig.)* **cesspool.**
fognare *v. t.* to **provide with sewers.**

fognatura *f.* **1** **sewerage; drainage** **2** (l'insieme delle fogne) **sewers** *(pl.)*.
föhn *(ted.) m.* **1** *(meteorologia)* **föhn, foehn** **2** *(asciugacapelli)* **hair-dryer.**
fòia *f.* **sexual urge** (o **desire**)**; lust** *(lett.)*: **libido** *(quasi med.)*.
fòla *f.* **1** **fairy tale** **2** (fandonia) **idle story.**
fòlade *f.* (*zool.*, Pholas dactylus) **piddock.**
fòlaga *f.* (*zool.*, Fulica atra) **coot.**
folata *f.* **gust; puff**: *una f. di vento,* a gust of wind.
folclóre *m.* **folklore.**
folclorista *m.* e *f.* **folklorist.**
folclorìstico *a.* (di una manifestazione pop.) **folk** *(attr.)*; (che riguarda il folclore) **folklore** *(attr.)*.
folgorare A *v. i.* **to lighten; to flash B** *v. t.* **1** **to strike* with lightning** **2** (abbagliare) **to dazzle.**
folgorazióne *f.* *(med.)* **fulguration.**
fólgore *f.* **thunderbolt.**
folk *(ingl) a.* e *m.* *(mus.)* **folk**: *un cantante f.,* a folk singer; a folkie *(pop.)*.
fòlla *f.* (anche *fig.*) **crowd; throng; multitude.**
follare *v. t.* **1** *(ind. tessile)* **to full;** to **mill** **2** (l'uva) **to press.**
fòlle A *a.* **1** (pazzo) **mad, insane, crazy;** (sciocco) **foolish** **2** *(mecc.)* **idle B** *m.* **1** (pazzo) **madman*; lunatic** **2** — *(autom.) in f.,* in neutral **C** *f.* **madwoman*; lunatic.**
folleggiare *v. i.* **1** **to act like a madman** **2** (scatenarsi nel divertimento) **to frolic.**
folleménte *avv.* **madly; crazily**: *essere f. innamorato di q.,* to be madly in love with sb.; to be head over heels in love with sb. *(fam.)*.
follétto *m.* **elf*; sprite; goblin; imp** (anche *fig.*).
follìa *f.* **1** (pazzia) **madness; insanity; lunacy; craziness** **2** (stoltezza) **folly; foolishness;** (sconsideratezza) **extravagance** **3** (azione folle) **folly; foolish act;** (idea folle) **foolish** (o **crazy**) **idea** ● *amare q. alla f.,* to be madly in love with sb.; to love sb. to distraction ⊔ *fare follie per q.c.,* to be crazy about st.
follicolare *a.* *(anat., bot., med.)* **follicular.**
follìcolo *m.* *(anat., bot.)* **follicle.**
foltézza *f.* *(raro)* **thickness.**
fólto A *a.* **thick; dense** ● *sopracciglia folte,* bushy eyebrows ⊔ *tenebre folte,* impenetrable darkness **B** *m.* **thick**: *nel f. della mischia,* in the thick of the fray ● *un f. d'alberi,* a thicket.
fomentare *v. t.* **to foment; to instigate; to stir up.**
fomentatóre *m.* **fomenter; instigator.**
foménto *m.* **1** *(med.)* **fomentation** **2** *(fig.)* **instigation; incitement.**
fòmite *m.* *(fig.)* **cause; source.**
(1) fòn *m.* *(fis.)* **phon.**
(2) fòn *V.* **föhn.**
fonazióne *f.* *(fisiologia)* **phonation.**
fónda *f.* *(naut.)* **anchorage** ● *(naut.) essere alla f.,* to ride at anchor.
fóndaco *m.* (magazzino) **warehouse; store.**
fondale *m.* **1** *(teatr.)* **back-cloth; back-drop** **2** *(naut.)* **soundings** *(pl.)*.
fondamentale *a.* **fundamental; basic.**
fondaménto *m.* *(pl. femm.* **fondamenta** *per la def. 1; pl. masch.* **fondamenti** *per la def. 2)* **1** **foundation**: *gettare le fondamenta di q.c.,* to lay the foundations of st. **2** *(fig.)* **basis*; foundation; ground(s)** ● *fare f. su q. (q.c.),* to rely on sb. (st.).
fondant *(franc.) m.* (confetto di zucchero) **fondant.**
fondare A *v. t.* **1** *(in tutti i sensi)* **to found;** (costruire) **to build*;** (*fig.*, anche) **to base** **2** (istituire, formare) **to establish; to set* up**: *f. una ditta,* to establish a firm **B** **fondarsi** *v. rifl.* **1** (di cosa) **to be founded** (on) **2** (basarsi) **to base oneself** (on) **3** (fare affidamento) **to rely** (on).
fondataménte *avv.* **with good reason; on good grounds.**
fondatézza *f.* **validity; truth.**
fondatóre *m.* **founder.**
fondazióne *f.* **1** **foundation** (anche *leg.*) **2** (istituzione) **institution.**

fondèllo *m.* **bottom.**
fondènte A *m.* **1** *(metall.)* **flux** **2** (confetto di zucchero) **fondant B** *a.* **melting** ● *cioccolato f.,* plain chocolate.
fóndere A *v. t.* e *i.* **1** (liquefare) **to melt** **2** (con un calore intenso) **to fuse** (anche *fig.*); **to found** **3** (f. in forma) **to cast*; to mould** **4** (per estrarre il metallo dal minerale grezzo) **to smelt** **5** (mescolare colori, suoni) **to blend B fóndersi** *v. rifl.* **1** **to melt** **2** (di colori, suoni) **to blend** **3** (unirsi) **to merge; to combine.**
fonderìa *f.* **foundry.**
fondiario *a.* **land, landed** *(attr.)*: *proprietà fondiaria,* landed property.
fondìglio *m.* **sediment; dregs** *(pl.)*.
fondina *f.* **1** (per pistola) **holster** **2** (piatto) **soup plate.**
fondista *m.* **1** *(sport)* **long-distance runner** **2** *(giornalismo)* **writer of leading articles.**
fonditóre *m.* **founder; caster; smelter; foundryman*.**
(1) fóndo *m.* **1** (parte inferiore) **bottom**: *il f. del bicchiere,* the bottom of the glass ⊔ *in f. alla pagina,* at the bottom of the page **2** (fine, estremità) **end**: *da cima a f.,* from beginning to end (o from top to toe) **3** (del mare e sim.) **ground**: *toccare il f.,* to touch ground **4** (parte posteriore) **back;** (sfondo) **background** **5** (dei calzoni) **seat** **6** *(al pl.:* di caffè) **(coffee-)grounds;** (feccia) **dregs, lees** **7** *(al pl.:* merce invenduta) **remainders; remnants** ● *f. stradale,* road-bed ⊔ *a f.,* thoroughly ⊔ *(naut.) andare a f.,* to sink ⊔ *(giornalismo) articolo di f.,* leading-article (o leader); (anche) editorial ⊔ *(ferr.) carrozze di f.,* rear carriages ⊔ *(naut.) dare f.,* to cast (o to drop) anchor ⊔ *dare f. al proprio denaro,* to spend one's last penny (o to run through all one's money) ⊔ *fino in f.,* (fino alla fine) to the end; (in modo esauriente) thoroughly ⊔ *in f.,* after all ⊔ *(naut.) mandare a f. una nave,* to sink a ship ⊔ *musica di f.,* background music.
(2) fóndo *m.* *(fin., rag.)* **fund**: *mancanza di fondi,* lack of funds ● *f. di cassa,* cash in hand ⊔ *f. monetario comune,* pool ⊔ *capitale a f. perduto,* sunk capital.
(3) fóndo *m.* **1** (rustico) **country-estate; farm** **2** (urbano) **town property; (town) house.**
(4) fóndo *m.* (*sport:* gara di f.) **long-distance race.**
(5) fóndo *a.* (profondo) **deep** ● *a notte fonda,* at dead of night ⊔ *piatto f.,* soup plate.
fondovalle *m.* **bottom of the valley; valley bottom.**
fonduta *f.* *(cucina)* « **fondue** » (melted cheese with cream and eggs).
fonèma *m.* *(linguistica)* **phoneme.**
fonemàtica *f.* *(linguistica)* **phonemics** *(pl. col verbo al sing.)*.
fonètica *f.* **phonetics** *(pl. col verbo al sing.)*.
fonètico *a.* **phonetic.**
fonetista *m.* e *f.* *(linguistica)* **phonetician.**
fònico A *a.* **phonic B** *m.* *(cinem.)* **sound-recordist.**
fonogràfico *a.* **phonographic.**
fonògrafo *m.* **phonograph.**
fonogramma *m.* **1** *(tel.)* **(written) telephone message** **2** *(linguistica)* **phonogram.**
fonologìa *f.* **phonology.**
fonològico *a.* **phonologic(al).**
fonoregistratóre *m.* **tape-recorder.**
fonorivelatóre *m.* **(phonograph) pick-up.**
fonovaligia *f.* **portable gramophone.**
fontana *f.* **1** **fountain** **2** (fonte, anche *fig.*) **source; spring.**
fontanella *f.* **1** (a spillo) **drinking fountain** **2** *(anat.)* **fontanelle.**
fontanière *m.* (idraulico) **plumber.**
fontanile *m.* **spring.**
fónte A *f.* **1** (sorgente) **spring;** (fontana) **fountain** **2** *(fig.)* **source B** *m.* — *f. battesimale,* font.
footing *(pseudoanglicismo) m.* *(sport)* **1** **jogging** **2** (corse di allenamento di atleta) **roadwork.**
foracchiare *v. t.* **to riddle.**
foraggiare *v. t.* **to forage; to fodder.**
foràggio *m.* **forage; fodder.**
foràneo *a.* **1** **outer; offshore**: *diga foranea,* outer

breakwater **2** — *(relig.) vicario f.*, vicar forane.
forare A *v. t.* **1** to **perforate**; to **pierce**; to **punch 2** (attraverso un grosso spessore) to **bore 3** (trapanare) to **drill 4** (una gomma) to **puncture B** *v. i.* (una gomma) to **have** (o to **get***) **a puncture**; to **puncture**.
foratóio *m.* **1 punch 2** (trapano) **drill**.
foratura *f.* **1 perforation; punching 2** (in profondità) **boring 3** (col trapano) **drilling 4** (di una gomma) **puncturing; puncture**.
fòrbici *f. pl.* **1 scissors**: *un paio di f.*, a pair of scissors **2** (grandi) **shears**; (da giardino, anche) **secateurs 3** (chele) **pincers**.
forbiciata *f.* **scissor-cut; snip**.
forbicina *f.* (*zool.*, *pop.*, Forficula auricularia) **earwig**.
forbire A *v. t.* **1** to **furbish**; to **clean up 2** *(fig.)* to **polish B forbirsi** *v. rifl.* to **clean oneself**: *f. la bocca,* to clean one's mouth.
forbitézza *f.* **elegance; polish**.
forbito *a.* **polished** (anche *fig.*).
fórca *f.* **1** *(agric.)* **hay-fork; pitchfork 2** (patibolo) **gallows; gibbet** ● *(fig.) fare f.*, to play truant.
forcata *f.* **1 forkful 2** (colpo inferto con una forca) **thrust with a fork**.
forcèlla *f.* **1** *(in molti sensi)* **fork 2** (per capelli) **hairpin 3** — *(mil.) fare f.*, to bracket **4** (valico) **col; pass 5** (*pop.:* osso del petto dei volatili) **wish-bone 6** *(tel.)* **rest**.
forchétta *f.* **fork** ● *essere una buona f.*, to be a hearty eater □ *parlare in punta di f.*, to speak mincingly.
forchettata *f.* **1 forkful 2** (colpo dato con una forchetta) **fork-thrust**.
forchettóne *m.* **carving fork**.
forcina *f.* **hairpin**.
fòrcipe *m.* *(med.)* **forceps** (*sing.* e *pl.*).
forcóne *m.* **pitchfork**.
forcuto *a.* **forked; furcate**.
forènse *a.* *(leg.)* **forensic**.
forèsta *f.* **forest**: *una f. vergine,* a virgin forest.
forestale *a.* **forest** *(attr.)*; **forestry** *(attr.)* ● *guardia f.*, forester.
foresterìa *f.* **guest-quarters** *(pl.)*.
forestierismo *m.* **foreignism; foreign idiom**.
forestièro A *a.* **foreign**; *(bur.)* **alien B** *m.* **1** (straniero) **foreigner**; *(bur.)* **alien**; (persona sconosciuta) **stranger 2** (*fam.:* ospite) **guest**.
(1) forfait *m.* **lump sum** ● *a. f.*, on a lump-sum basis.
(2) forfait *m.* — *(sport) dichiarare f.*, to withdraw; to scratch *(fam.)*; *(fig.)* to give up.
forfécchia *V.* **forbicina**.
forfet(t)àrio *a.* **lump-sum, flat-rate** *(attr.)*.
fórfora *f.* **dandruff; scurf**.
forforóso *a.* **dandruffy; scurfy**.
fòrgia *f.* **forge; smithy**.
forgiare *v. t.* to **forge**; to **shape**; to **mould** (anche *fig.*).
forièro *a.* **heralding; foreboding**.
fórma *f.* **1 shape; form**: *avere la f. di q.c.*, to have the shape (o form) of (o to be shaped like) st. **2** (stampo) **mould**; (*cucina*, anche) **shape**; *(mecc.)* **die 3** (di formaggio) **cheese 4** (per cappelli) **(hat-)block 5** (per calzature) **last 6** (stile) **style 7** (*al pl.:* conformazione del corpo umano) **figure** *(sing.)* **8** (*anche al pl.:* quanto è prescritto o stimato conveniente) **procedure**: *nelle debite forme,* according to the correct procedure **9** *(gramm.)* **form** ● *a f. di,* shaped: *a f. di cuore,* heart-shaped □ (*sport* e *fig.*) *essere in f.*, to be in good form (o in fine fettle) □ *per rispettare le forme,* to keep up appearances □ *La cerimonia fu solo « pro f. »*, the ceremony was a mere formality.
formaggiàio *m.* **cheesemonger**.
formaggièra *f.* **cheese-dish**.
formàggio *m.* **cheese**: *f. grattugiato,* grated cheese.
formaldèide *f.* *(chim.)* **formaldehyde**.
formale *a.* *(in tutti i sensi)* **formal**.
formalina *f.* *(chim.)* **formalin**.
formalismo *m.* **formalism**.
formalista *m.* e *f.* **formalist**.
formalità *f.* **formality** ● *senza tante f.*, informally.
formalizzarsi *v. rifl.* to **be shocked**; to **take*** **offence**.
formare A *v. t.* **1** to **form**; to **shape**; (fare) to **make*** **2** (plasmare) to **mould 3** (al tornio) to **spin*** **4** *(scult.)* to **make*** **the cast of**; to **cast*** **5** (istruire, addestrare) to **train** ● *(tel.) f. un numero,* to dial a number **B formarsi** *v. rifl.* **1** to **form 2** (diventare adulto o più maturo) to **grow*** **up**.
formativo *a.* **formative**.
formato A *m.* **size**; (di un libro) **format** ● (di un libro) *edizione f. tascabile,* pocket edition **B** *a.* **fully-grown; fully-developed**.
formatura *f.* *(metall.)* **moulding**.
formazióne *f.* **1 formation** (anche *geol.*); **forming 2** (*aeron.*, *mil.*) **flight 3** (addestramento) **training 4** *(sport)* **line-up** ● *(aeron.) volo in f.*, formation flying.
formèlla *f.* **1** (mattonella) **tile 2** (di cassettone, soffitto, ecc.) **panel**.
(1) formica *f.* *(zool.)* **ant** ● *(fig.) avere il cervello di una f.*, to have the brains of a fly.
(2) fòrmica *f.* *(marchio: ind.)* **Formica**.
formicàio *m.* **1 ants' nest; ant-hill 2** (schiera di formiche e *fig.*) **swarm**.
formicaleóne *m.* (*zool.*, Myrmeleon) **ant-lion**.
formichière *m.* (*zool.*, Myrmecophaga tridactyla) **(giant) ant-eater**.
fòrmico *a.* *(chim.)* **formic**: *acido f.*, formic acid.
formicolare *v. i.* **1** to **swarm**, to **teem** (with) **2** (dare una sensazione di formicolìo) to **tingle**; to **have pins and needles**: *Mi formicola la gamba destra,* I've got pins and needles in my right leg.
formicolìo *m.* **1** (brulichìo) **swarming; teeming 2** (di parti del corpo intorpidite) **pins and needles** *(pl.)*; **tingling**.
formidàbile *a.* **formidable; impressive**.
formóso *a.* **shapely; buxom**.
fòrmula *f.* **1 formula*** **2** (dicitura) **wording**.
formulare *v. t.* **1** to **formulate 2** (esprimere) to **express**.
formulàrio *m.* **formulary**.
formulazióne *f.* **formulation; wording**.
fornace *f.* *(metall.)* **furnace** (anche *fig.*); **kiln**.
fornàio *m.* **1 baker 2** (il negozio) **baker's shop**.
fornèllo *m.* **1 stove**; (a petrolio) **primus stove 2** (a gas) **gas-ring 3** (elettrico) **hot-plate 4** (a spirito) **spirit-stove 5** (della pipa) **bowl 6** *(min.)* **riser**.
fornicare *v. i.* to **fornicate**.
fornicatóre *m.* **fornicator**.
fornicazióne *f.* **fornication**.
fòrnice *m.* *(archit.)* **barrel-vault**.
fornire A *v. t.* to **supply**, to **provide** (sb. with st., st. for sb.); to **furnish** (sb. with st., st. to sb.) **B fornirsi** *v. rifl.* to **provide oneself**, to **supply oneself** (with st.); to **get*** (st.).
fornito *a.* **1 supplied, provided, furnished** (with) **2** (*fig.:* dotato) **endowed** (with) ● (di negozio) *ben f.*, well-stocked.
fornitóre *m.* **supplier; purveyor**; (navale) **ship-chandler**.
fornitura *f.* **1** (il fornire) **supplying 2** (le merci fornite) **supply; consignment 3** (attrezzatura) **fittings** *(pl.)*; **equipment**.
fórno *m.* **1 oven** (anche *fig.*) **2** (per mattoni, calce, ecc.) **kiln**; (per ceramica) **stove 3** *(metall.)* **furnace 4** (negozio di fornaio) **bakery; baker's shop 5** (*fig.:* bocca molto larga) **cavernous mouth 6** *(teatr.)* **empty house 7** (*al pl.*, *med.:* terapia) **thermotherapy**.
(1) fóro *m.* **hole**.
(2) fòro *m.* **1** *(stor. romana)* **forum*** **2** (*leg.:* tribunale) **law-courts** *(pl.)*; **court (of justice) 3** (*leg.:* il complesso degli avvocati) **the Bar**.
forosétta *f.* *(lett.)* **peasant girl; country lass**.
fórra *f.* **gorge**.
fórse A *avv.* **1 perhaps; maybe 2** *(nelle interrogazioni non si esprime)*: *Non è f. vero?*, isn't it true? **3** (circa) **about B** *m.* **doubt**: *senza f.*, without any doubt □ *essere (o stare) in f.*, to be in doubt; to hesitate ● *mettere in f.*, to doubt.
forsennata *f.* **madwoman***; **lunatic**.

forsennatézza *f.* **madness; (mad) fury.**
forsennato ***A*** *a.* **mad; crazy** ***B*** *m.* **madman*; lunatic.**
(1) fòrte *a.* ***1*** **strong** (anche *fig.*): *un uomo f.*, a strong man ***2*** (di volume di suono) **loud;** *(mus.)* **« forte »** ***3*** (gravoso) **heavy** ***4*** (del vino) **vinegary; (gone) sour** ***5*** (duro) **hard** ***6*** (di sentimento, passioni, anche) **deep; ardent;** (travolgente) **overwhelming** ***7*** (di studi) **severe; exacting** ***8*** (di colore, tinta) **fast** ***9*** (di malattia) **bad; severe** ● *essere f. in latino,* to be good at Latin □ *farsi f. di q.c.*, to rely on st. □ *ricorrere alla maniera f.*, to have recourse to strong action □ *una somma molto f.*, a very high figure □ *È più forte di me* (non ci posso far nulla), I can't help it.
(2) fòrte *m.* ***1*** (opera fortificata) **fort; fortress** ***2*** (uomo forte, specialm. moralmente) **strong man*** ***3*** (qualità in cui si eccelle) **« forte »; strong point** ***4*** *(mus.)* **« forte »** ● *il f. dell'esercito,* the main body (o the bulk) of the army □ *Il vino ha un po' di f.*, the wine is slightly sour.
(3) fòrte *avv.* ***1*** **strongly** ***2*** (duramente) **hard**: *picchiare f.*, to hit hard ***3*** (di volume di suono) **loudly;** (ad alta voce) **loud, aloud** ***4*** (velocemente) **fast**: *correre f.*, to run fast ● *mangiare f.*, to eat quite a lot □ *stare f.*, to hold on (o out); to hang on *(fam.)* □ *tenersi f.*, to hold tight.
forteménte *avv.* ***1*** (con forza) **strongly** ***2*** (moltissimo) **greatly; hard** ***3*** (valorosamente) **valiantly; bravely.**
fortézza *f.* ***1*** **fortitude; strength** ***2*** (luogo fortificato) **fortress; fort; stronghold.**
fortificare ***A*** *v. t.* ***1*** **to strengthen; to invigorate** ***2*** *(mil.)* **to fortify** (anche *fig.*) ***B*** **fortificarsi** *v. rifl.* *(mil.:* trincerarsi) **to dig* oneself in.**
fortilìzio *m.* *(mil.)* **small fort; small fortress.**
fortino *m.* **blockhouse.**
fortuitaménte *avv.* **by chance; fortuitously.**
fortùito *a.* **chance** *(attr.)*; **casual; accidental; fortuitous** ● *per un caso f.*, by (mere) chance.
fortuna *f.* ***1*** **fortune;** (meno solenne) **luck**: *buona (cattiva) f.*, good (bad) luck □ *Come f. volle,* as luck would have it □ *tentar la f.*, to try one's luck □ *nella buona o nella cattiva f.*, in good fortune or bad; in or out of luck ***2*** (prosperità, ricchezza) **fortune; success**: *far f.*, to make a fortune □ *aver f.*, to turn out a success; to be successful ● *(naut.) albero (timone) di f.*, jury-mast (jury-rudder) □ *(aeron.) atterraggio di f.*, emergency landing □ *aver f.*, to be lucky □ *mezzo di f.*, makeshift; stop-gap □ *per f.*, luckily; fortunately □ *(naut.) vela di f.*, storm-sail □ *Ebbi tutte le fortune,* my luck was in.
fortunale *m.* **storm (at sea); gale.**
fortunataménte *avv.* **luckily; fortunately.**
fortunato *a.* ***1*** **lucky; fortunate** ***2*** (coronato da successo) **successful.**
fortunóso *a.* **eventful; chequered.**
forùncolo *m.* *(med.)* **furuncle; boil.**
foruncolòṣi *f.* *(med.)* **furunculosis.**
forviare ***A*** *v. i.* **to go* astray** ***B*** *v. t.* **to lead* astray.**
fòrza *f.* ***1*** **strength** (anche *mil.*): *Dio è la nostra f.*, God is our strength ***2*** *(al pl.:* vigore fisico) **strength** *(sempre sing.)*: *riacquistare le forze,* to recover one's strength □ *Le forze mi abbandonavano,* my strength was giving out ***3*** (*fis., mil.;* o nel senso di « violenza ») **force**: *f. di gravità,* force of gravity □ *le forze armate,* the armed forces □ *forze di terra e di mare,* land and sea forces ***4*** (potenza) **power**: *f. motrice,* motive-power ***5*** (effetto) **effect** ***6*** (anche *la f. pubblica*) **(the) police** ● *(leg.) f. maggiore,* act of God; circumstances beyond one's control □ *f. vitale,* vitality (o life force) □ *a f. di,* by dint of □ *a tutta f.*, at full speed □ *(naut.) Avanti a tutta f.!*, full speed ahead! □ *(mil.) la bassa f.*, the ranks (o the rank-and-file) □ *farsi f.*, to pluck up courage □ *essere in forze,* to be in good health □ *« Allora accetti? » « Per f.! »*, « so you accept? » « I've got to » (o « what else can I do? ») □ *F.!*, (dai!, coraggio!) come on!; (sbrigati!) hurry up!
forzare *v. t.* ***1*** **to force; to compel**: *f. la mano a q.*, to force sb.'s hand □ *Fui forzato a cedere,* I was forced to give in ***2*** (aprire con la forza) **to force (st.) open; to pick;** (scassinare) **to break* (st.) open**: *f. una serratura,* to pick a lock ***3*** (sforzare) **to force; to strain**: *f. la vista,* to strain one's eyes ● *(mil.) f. il blocco,* to run the blockade.
forzataménte *avv.* **forcedly; of necessity; necessarily.**
forzato ***A*** *a.* *(in tutti i sensi)* **forced** ● *fare un sorriso f.*, to force a smile □ *lavori forzati,* hard labour ***B*** *m.* **prisoner condemned to hard labour; convict.**
forzatura *f.* **forcing; strain.**
forzière *m.* **coffer; strong-box.**
forzóso *a.* (specialm. *econ.*) **compulsory; forced.**
forzuto *a.* **(physically) strong; brawny; strongly-built.**
foschìa *f.* **haze; haziness; mist.**
fósco *a.* (scuro) **dark;** (cupo, triste) **gloomy;** (avvolto nell'ombra) **shadowy;** (di cielo, di tempo) **hazy** ● *dipingere q.c. a fosche tinte,* to paint a black picture of st.
fosfato *m.* *(chim.)* **phosphate.**
fosfito *m.* *(chim.)* **phosphite.**
fosforare *v. t.* *(chim.)* **to phosphorate.**
fosforescènte *a.* **phosphorescent.**
fosforescènza *f.* **phosphorescence.**
fosfòrico *a.* **phosphoric**: *acido f.*, phosphoric acid.
fosforiṣmo *m.* *(med.)* **phosphorism.**
fòsforo *m.* ***1*** *(chim.)* **phosphorus** ***2*** *(fig., fam.:* capacità intellettuali*)* **brains** *(pl.)*: *Gli manca molto f.*, he has no brains.
fosgène *m.* *(chim.)* **phosgene.**
fòssa *f.* ***1*** (buca) **pit, hole;** (cavità) **hollow** ***2*** (fosso) **ditch;** (trincea) **trench;** (nelle fortificazioni) **fosse** ***3*** (per un cadavere) **grave** ***4*** *(anat.)* **fossa*** ● *f. biologica,* cesspool; sump □ *(fig.) scavarsi la f. sotto i piedi,* to be one's own worst enemy.
fossato *m.* ***1*** **ditch** ***2*** (di fortificazione) **moat.**
fossétta *f.* **dimple** ● *ridere mostrando le fossette,* to dimple.
fòssile ***A*** *a.* **fossil** *(attr.)* ● *carbon f.*, (pit) coal ***B*** *m.* ***1*** *(geol.)* **fossil** ***2*** *(fig.)* **old fossil; old fogey** *(fam.)*; **stick-in-the-mud** *(fam.)*.
fossiliẓẓare *v. t.* **fossiliẓẓarsi** *v. rifl.* (anche *fig.*) **to fossilize.**
fòsso *m.* ***1*** **ditch** ***2*** *(mil.)* **ditch; fosse; moat** ***3*** (di scolo) **drain** ● *(fig.) saltare il f.*, to take the plunge.
fòto *f.* *(fam.)* **photo**: *una f. ricordo,* a souvenir photo.
fotocèllula *f.* *(fis.)* **photoelectric cell; photocell.**
fotocompórre *v. t.* *(tipogr.)* **to filmset*; to photocompose** *(USA)*.
fotocompositrice *f.* *(tipogr.)* **filmsetter; photocomposer** *(USA)*.
fotocomposizióne *f.* *(tipogr.)* **filmsetting; photocomposition** *(USA)*.
fotocòpia *f.* **photocopy.**
fotocopiare *v. t.* **to photocopy.**
fotocrònaca *f.* **photo-news.**
fotocronista *m.* e *f.* **press-photographer.**
fotoelèttrico *a.* *(fis.)* **photoelectric.**
fotofinish *m.* *(sport)* **photo finish.**
fotogèneṣi *f.* *(biol.)* **photogenesis.**
fotogènico *a.* **photogenic.**
fotogiornale *m.* **pictorial.**
fotografare *v. t.* **to photograph; to take* a photograph of** (sb., st.); **to photo** *(fam.)*; **to snap** *(fam.)*.
fotografìa *f.* ***1*** (l'immagine) **photograph; photo*** *(fam.)*; (istantanea) **snap**: *fare una f. a q.*, to take a photograph of sb. ***2*** (l'arte) **photography.**
fotogràfico *a.* **photographic** ● *macchina fotografica,* camera.
fotògrafo *m.* **photographer.**
fotogramma *m.* ***1*** *(cinem.)* **frame** ***2*** *(fotogr.)* **photogram.**
fotoincisióne *f.* **photogravure.**
fotoincisóre *m.* **photoengraver.**
fotomontàggio *m.* *(fotogr.)* **photomontage.**
fotóne *m.* *(fis.)* **photon.**
fotoreportage *m. invar.* **photoreport.**
fotorepòrter *m.* **press-photographer.**

fotoromanẓo *m.* **picture-story.**
fotosensìbile *a.* **photosensitive; light-sensitive.**
fotosfèra *f.* *(astron.)* **photosphere.**
fotosìnteṣi *f.* *(biol., chim.)* **photosynthesis.**
fotostàtico *a.* *(fotogr.)* **photostatic** • *copia fotostatica,* photostat.
fototèca *f.* **photograph library.**
fototerapìa *f.* *(med.)* **phototherapy.**
fototropiṣmo *m.* *(bot.)* **phototropism.**
fóttere *v. t.* ***1*** *(volg.)* to **fuck** *(volg.)* ***2*** *(fig., pop.)* to **swindle;** to **cheat.**
fottuto *a.* *(volg.)* **fucking** *(volg.).*
foulard *(franc.) m.* **foulard; (silk) head-square; (silk) scarf.**
foyer *(franc.) m. (teatr.)* **foyer.**
(1) fra *prep.* ***1*** **between** (propriamente fra due termini); **among** (quando i termini sono più di due): *La proprietà è divisa fra noi due,* the property is divided between us (o between the two of us) □ *La proprietà è divisa fra noi tre,* the property is divided among the three of us ***2*** *(luogo:* in mezzo a) **amid, amidst, in the middle of; in;** (attraverso) **through**: *perso fra la folla,* lost in the crowd ***3*** *(tempo)* **in; within**: *fra due giorni,* in two days' time ***4*** *(partitivo)* **of**: *il migliore fra tutti,* the best of all • *fra l'altro,* among other things; (inoltre) besides □ *fra una cosa e l'altra,* what with one thing and the other □ *fra poco,* in a little while (o presently) □ *fra il riso e il pianto,* half laughing and half crying □ *detto fra noi,* between ourselves; between you and me (and the lamp-post) □ *parlare fra sé,* to talk to oneself □ *essere sempre fra i piedi,* to be always in the way.
(2) fra *m.* (frate) **Brother.**
frac *m.* **tail-coat; tails** *(pl.) (fam.).*
fracassare *A* *v. t.* to **smash;** to **shatter;** (un veicolo) to **crash** • *f. le ossa a q.,* to break every bone in sb.'s body ***B* fracassarsi** *v. rifl.* to **smash;** to **break* up;** (di un veicolo) to **crash.**
fracasso *m.* **din; racket; noise;** (di cosa che si rompe) **crash**: *fare f.,* to make a noise; *(fig.)* to make a stir.
fracassóne *m. (fam.)* **clumsy person; (a) bull in a china shop.**
fràdicio *a.* ***1*** (bagnatissimo) **wet through; very wet; sopping wet** *(fam.);* **wet (**o **soaked) to the skin** ***2*** (guasto) **(gone) bad; rotten.**
fradiciume *m.* ***1*** **mass of rotten things** ***2*** (umidità) **wetness** ***3*** *(fig.)* **corruption.**
fràgile *a.* ***1*** **fragile;** (di ghiaccio, vetro, ecc.) **brittle** ***2*** *(fig.)* **frail** • (sugli imballaggi) *f.,* (handle) with care.
fragilità *f.* ***1*** **brittleness; fragility** ***2*** *(fig.)* **frailty.**
fràgola *f.* (*bot.,* Fragaria; anche il frutto) **strawberry** • *marmellata di fragole,* strawberry jam.
fragóre *m.* **uproar; din; crash; roar;** (metallico) **clang.**
fragoróso *a.* **crashing; roaring;** (anche *fig.)* **uproarious, thunderous.**
fragrante *a.* **sweet-smelling; scented; fragrant.**
fragranza *f.* **fragrance; sweet smell.**
fraintèndere *v. t.* to **misunderstand*;** to **get*** (st.) **wrong.**
frammassóne *m.* **Freemason.**
frammassonerìa *f.* **Freemasonry.**
frammentare *v. t.* to **fragmentize;** to **break* into fragments.**
frammentàrio *a.* **fragmentary; incomplete; scrappy.**
famménto *m.* ***1*** *(in tutti i sensi)* **fragment** ***2*** *(archeol.)* **potsherd.**
framméttere *v. t.* **framméttersi** *v. rifl.* to **interpose.**
frammezẓare *v. t.* to **interpolate.**
frammèẓẓo a *locuz. prep.* **between; among; in the midst of.**
frammischiare *v. t.* to **mix together;** to **intermingle.**
frammisto *a.* **mixed together; intermingled.**
frana *f.* **landslide; landslip** • *(fig.) Sei proprio una f.!,* you're a disaster!
franaménto *m.* ***1*** (di un terreno) **landslide; landslip** ***2*** (di uno scavo) **cave-in** ***3*** (di un argine) **slip** ***4*** (di una casa) **cave-in; collapse.**
franare *v. i.* ***1*** (del terreno) to **slide* down** ***2*** (delle pareti di una miniera) to **cave in** ***3*** (di una casa) to **collapse** ***4*** (cedere) to **give* way.**
francaménte *avv.* **frankly; honestly; openly; sincerely; candidly** • *parlare f.,* to speak out.
francescana *f.* *(relig.)* **Franciscan nun.**
francescano *a.* e *m. (relig.)* **Franciscan.**
francéṣe *A* *a.* **French *B*** *m.* ***1*** **Frenchman*** ***2*** (la lingua) **French *C*** *f.* **Frenchwoman*** • *i Francesi,* the French.
franceṣiṣmo *m.* **Gallicism.**
franceṣista *m.* e *f.* **specialist in French studies.**
franceṣiẓẓare *v. t.* **franceṣiẓẓarsi** *v. rifl.* to **Frenchify.**
franchézza *f.* **frankness; candour;** (nel parlare) **outspokenness, straightforwardness** • *parlare con f.,* to speak frankly; to speak out.
franchìgia *f.* ***1*** **immunity; exemption** ***2*** *(ass., leg.)* **franchise** • *in f. doganale,* duty-free □ *in f. postale,* post-free □ *(naut.) marinai in f.,* sailors on shore leave.
fràncio *m. (chim.)* **francium.**
(1) franco *A* *a.* ***1*** **frank; open; candid; outspoken; straightforward; direct** ***2*** (libero; e *comm.)* **free:** *porto f.,* free port □ *f. di dazio,* duty-free □ *f. a bordo,* free on board (*abbr.* F.O.B.) □ *f. di spese postali,* postage free • *f. tiratore, (mil.)* sniper; « franc-tireur » *(franc.); (fig., polit.)* defector, one who secretly votes against his own party □ *(comm.) deposito f.,* bonded warehouse □ *farla franca,* to get away with st.; to get off scot-free ***B*** *avv.* **frankly; openly; candidly.**
(2) franco *m.* (moneta) **franc.**
(3) franco *(stor.)* ***A*** *a.* **Frankish *B*** *m.* **Frank.**
(4) franco- *(in parole composte)* **Franco-**: *f.-italiano,* Franco-Italian.
francobóllo *m.* **(postage) stamp.**
frangènte *m.* ***1*** (onda) **breaker** ***2*** (scoglio affiorante) **reef;** (secca) **shallows** *(pl.)* ***3*** *(fig.)* **emergency; terrible (**o **awkward) situation.**
fràngere *v. t.* **fràngersi** *v. rifl.* to **break*.**
frangétta *f.* (acconciatura) **fringe.**
fràngia *f.* ***1*** **fringe** ***2*** *(fig.)* **embellishment.**
frangiare *v. t.* to **fringe;** to **border with a fringe.**
frangìbile *a.* **breakable; frangible.**
frangiflutti *m.* **breakwater.**
frangivènto *m. invar. (agric.)* **windbreak.**
franóso *a.* **subject to landslides.**
frantóio *m.* ***1*** (per pietre) **oil-mill** ***2*** (per pietre) **crusher.**
frantumare *A* *v. t.* to **break* up into small pieces;** to **shatter** (anche *fig.)* ***B* frantumarsi** *v. rifl.* to **crumble;** to **shiver.**
frantumi *m. pl.* **splinters; fragments; shivers**: *andare in f.,* to break into shivers (o into a thousand pieces).
frappa *f.* ***1*** (per guarnizione di abiti, tendaggi e sim.) **scalloped flounce** ***2*** *(arte)* **painted foliage.**
frappé *(franc.) m.* **shake**: *un latte f.,* a milk shake.
frappórre *A* *v. t.* to **interpose** • *f. ostacoli a q.,* to put obstacles in sb.'s way ***B* frappórsi** *v. rifl.* to **interpose.**
fraṣàrio *m.* ***1*** **vocabulary;** (linguaggio particolare) **jargon** ***2*** (raccolta di frasi) **phrase-book.**
frasca *f.* ***1*** **(leafy) branch; (leafy) bough** ***2*** (insegna di osteria) **bush.**
frascheggiare *v. i.* ***1*** to **rustle** ***2*** *(fig.)* to **flirt.**
fraschétta *f.* ***1*** **small branch** ***2*** *(fig.:* donna leggera) **coquette; flirt.**
fraṣe *f.* ***1*** **phrase;** *(con v. di modo finito)* **sentence** ***2*** *(mus.)* **phrase** • *f. fatta,* « cliché »; stock sentence.
fraṣeggiare *v. i.* to **phrase** (anche *mus.).*
fraṣéggio *m.* **phrasing** (anche *mus.).*
fraṣeologìa *f.* **phraseology.**
fraṣeològico *a.* **phraseologic(al).**
frassinéto *m.* **ash-grove.**
fràssino *m.* ***1*** (*bot.,* Fraxinus excelsior) **ash(-tree)** ***2*** (il legno) **ash.**
frastagliare *v. t.* to **indent;** to **jag.**
frastagliato *a.* **indented; jagged.**

frastagliatura *f.* **indentation.**
frastornare *v. t.* to **distract;** to **disturb;** to **bewilder** ● *sentirsi frastornato,* to feel thoroughly bewildered (o out of key).
frastuòno *m.* **racket; uproar; noise; din.**
frate *m.* ***1*** *(relig.)* **friar;** (monaco) **monk** ***2*** (come appellativo) *V.* **(2) fra.**
fratellanza *f.* ***1*** **brotherhood** ***2*** (associazione) **fraternity.**
fratellastro *m.* **half-brother; stepbrother.**
fratèllo *m.* ***1*** **brother** ***2*** *(relig.)* **brother*** ● *f. d'armi,* brother-in-arms □ *fratelli siamesi,* Siamese twins.
fraternità *f.* **fraternity; brotherhood.**
fraternizzare *v. i.* to **fraternize.**
fratèrno *a.* **brotherly; fraternal.**
fratésco *a.* **monkish; monk-like.**
fratina *f.* **refectory table.**
fratricida ***A*** *a.* **fratricidal** ***B*** *m.* e *f.* **fratricide.**
fratricìdio *m.* **fratricide.**
fratta *f.* **thicket; brake; spinney.**
frattàglie *f. pl.* *(cucina)* **chitterlings; pluck** *(sing.)*; (rigaglie) **giblets.**
frattanto *avv.* **in the meantime; meanwhile.**
frattèmpo *m.* — *in questo (o quel) f., V.* **frattanto.**
fratto *m.* *(mat.)* ***1*** **fractional** ***2*** (diviso) **divided by.**
frattura *f.* **break; fracture** (anche *med.*).
fratturare *v. t.* **fratturarsi** *v. rifl.* to **fracture;** to **break***.
fraudolènto *a.* **fraudulent.**
fraudolènza *f.* **fraudulence.**
frazionaménto *m.* ***1*** **splitting up; breaking up** ***2*** *(mat.)* **fractionization.**
frazionare *v. t.* ***1*** to **divide;** to **break* up** ***2*** *(mat.)* to **fractionize** ***3*** *(chim.)* to **fractionate.**
frazionàrio *a.* *(mat.)* **fractional; fractionary.**
frazionato *a.* ***1*** **divided; broken up** ***2*** *(mat.)* **fractionized** ***3*** *(chim.)* **fractional** ***4*** *(fin.)* **split.**
frazióne *f.* ***1*** **fraction** (anche *mat.*) ***2*** (di un comune) **hamlet.**
freàtico *a.* *(geol.)* **water-bearing**: *una falda freatica,* a water-bearing stratum.
fréccia *f.* ***1*** **arrow; dart** ***2*** (segnale di direzione) **arrow;** *(autom.)* **direction indicator** ***3*** *(archit.)* **height; rise** ***4*** *(moda:* baghetta*)* **clock.**
frecciare *v. t.* e *i.* to **shoot* arrows** (at).
frecciata *f.* ***1*** **arrow-shot** ***2*** (*fig.:* motto pungente) **cutting remark; quip; brickbat** *(fig., fam.)*.
freddaménte *avv.* ***1*** **coldly; coolly** ***2*** (a sangue freddo) **in cold blood.**
freddare ***A*** *v. t.* ***1*** to **chill;** to **cool** ***2*** (ammazzare) to **shoot*** (sb.) **dead;** to **bump** (sb.) **off** *(fam.)* ***B*** **freddarsi** *v. rifl.* to **become*** (o to **get***) **cold** (o **chilly**); to **cool (down).**
freddézza *f.* **coldness;** (*fig.*, anche) **coolness.**
freddino *a.* **chilly.**
(1) fréddo *a.* **cold;** (fresco, freddino; o *fig.*) **cool; chill; chilly**: *acqua calda e fredda,* hot and cold water (*comm.*, anche: H. & C.).
(2) fréddo *m.* ***1*** **cold; chill**: *Fa f.,* it is cold □ *tremare di f.,* to shiver with cold □ *prendere f.,* to catch cold ***2*** (freddezza) **coldness; chilliness** ***3*** (clima rigido) **cold weather** ● *avere f.,* to be (o to feel) cold (o chilly) □ *fare q.c. a f.,* to do st. in cold blood □ *Ho molto f. alle mani (ai piedi ecc.),* my hands (my feet, etc.) are very cold □ *Mi viene f. solo a pensarci,* it gives me the shivers only to think of it □ *(fig.) Non mi fa né caldo né f.,* it makes no difference at all to me.
freddolóso *a.* — *essere f.,* to feel the cold very much.
freddura *f.* **pun; quip;** (vecchia e risaputa) **old chestnut** *(fam.)*.
freddurista *m.* e *f.* **punster; (habitual) joker.**
fregagióne *f.* **friction;** (massaggio) **massage.**
fregare *v. t.* ***1*** to **rub** ***2*** (*volg.:* ingannare, truffare) to **cheat;** to **dupe;** to **take*** (sb.) **in;** to **sell*** (sb.) **a pup** ***3*** (*volg.:* rubare) to **pinch** *(fam.)* ● *(volg.) fregarsene,* not to care a rap; not to give a damn.
(1) fregata *f.* ***1*** **rub; rubbing** ***2*** *V.* **fregatura.**
(2) fregata *f.* *(naut.)* **frigate** ● *capitano di f.,* commander.
fregatura *f.* (*volg.:* truffa) **swindle** ● *Che f.!,* what a sell! *(fam.)*.
fregiare ***A*** *v. t.* to **decorate;** to **adorn;** to **embellish** ***B*** **fregiarsi** *v. rifl.* (di un titolo) **to confer upon oneself.**
frégio *m.* ***1*** *(archit.)* **frieze** ***2*** (ornamento) **decoration; ornament.**
frégo *m.* **mark; stroke; line;** (scarabocchio) **scrawl.**
frégola *f.* ***1*** (di animali in genere) **heat;** (di pesci) **spawning;** (di cervi e ovini) **rutting** ***2*** *(fig.)* **urge; excitement; desire.**
fremebóndo, fremènte *a.* **quivering; trembling; shaking; throbbing**: *fremente d'ira,* quivering with rage.
frèmere *v. i.* ***1*** to **quiver;** to **shake*;** to **quake;** to **tremble;** to **shiver;** to **thrill**: *f. di sdegno,* to quiver with indignation □ *f. di gioia,* to thrill with delight ***2*** (palpitare) to **throb** ***3*** (stormire) to **rustle;** (mormorare) to **murmur** ● *f. d'orrore,* to shudder with horror.
frèmito *m.* ***1*** **quiver; shiver; thrill;** (brivido) **shudder** ***2*** (palpito) **throb** ***3*** (delle foglie) **rustle** ***4*** (del mare o della folla) **roar.**
frenàggio *m.* ***1*** *(mecc.)* **locking**: *filo di f.* (di un dado), locking wire ***2*** *(autom.)* **braking.**
frenare ***A*** *v. t.* ***1*** to **put* on the brakes to;** to **brake** ***2*** (un cavallo, ecc.) to **curb;** to **rein in** ***3*** *(fig.)* to **check;** to **curb;** to **hold* back;** to **control** ***B*** *v. i.* to **put* on the brakes;** to **brake** ***C*** **frenarsi** *v. rifl.* to **control oneself.**
frenastenìa *f.* *(med.)* **mental deficiency.**
frenastènico *a.* *(med.)* **mentally deficient.**
frenata *f.* **braking** ● *fare una f.,* to brake.
frenatóre *m.* *(ferr.)* **brakesman*.**
frenesìa *f.* ***1*** **frenzy; delirium; mad fit** (*lett.* più che *med.*) ***2*** (desiderio sfrenato) **mania.**
frenètico *a.* ***1*** **frantic; phrenetic(al); frenzied;** (delirante) **raving**: *pazzo f.,* raving mad ***2*** (entusiastico) **frenzied; enthusiastic.**
frènico *a.* *(anat.)* **phrenic.**
fréno *m.* ***1*** (di veicolo) **brake**: *f. a pedale,* foot-brake □ *dare un colpo di f.,* to clap on the brake ***2*** *(fig.)* **check; curb; restraint** ***3*** (morso del cavallo) **bit** ● *(fig.) allentare il f. a q.,* to give sb. a freer hand □ *mordere il f.,* to be champing at the bit (anche *fig.*) □ *non conoscere più (alcun) f.,* to break loose from all restraint □ *(fig.) stringere i freni,* to tighten the reins □ *tenere a f.,* to rein in, to pull up (un cavallo, ecc.); to curb, to restrain (anche *fig.*); to keep in check (solo *fig.*) □ *tenere a f. la lingua,* to hold one's tongue.
frenologìa *f.* **phrenology.**
frenòlogo *m.* **phrenologist.**
frènulo *m.* *(anat.)* **fr(a)enulum*.**
frequentare *v. t.* ***1*** to **go* often to** (a place); to **frequent** (quasi *lett.*); to **haunt**: *un castello frequentato dagli spiriti,* a castle haunted by ghosts ***2*** (scuola, lezioni, conferenze, ecc.) to **attend;** to **go* to** ***3*** (un caffè, un dato negozio, ecc.) to **patronize** (quasi *scherz.*) ***4*** (un dato tipo di persone) to **go* about with; to associate with.**
frequentativo *a.* *(gramm.)* **frequentative.**
frequentato *a.* **popular** ● *f. dai fantasmi,* haunted.
frequentatóre *m.* (cliente abituale) **regular customer; patron; « habitué »** ● *f. di teatri,* theatre-goer.
frequènte *a.* ***1*** **frequent** ***2*** (*med.:* del polso) **quick** ● *di f.,* frequently; often.
frequenteménte *avv.* **frequently; often.**
frequènza *f.* ***1*** **frequence; frequency;** (assiduità) **attendance, assiduity**: *un certificato di f.,* a certificate of attendance ***2*** (*fis.* e *scient.*) **frequency** ● (*elettr., elettron.*) *a bassa (ad alta) f.,* low-frequency (high-frequency) *(attr.)* □ *con f.,* frequently; often □ *con troppa f.,* too often.
frèsa *f.* *(mecc.)* **(milling) cutter; miller; milling machine.**
fresare *v. t.* *(mecc.)* to **mill.**
fresatrice *f.* *(mecc.)* **milling machine; miller.**
freschézza *f.* **freshness;** (di temperatura, anche) **coolness.**
freschista *m.* *(pitt.)* **fresco painter.**

(1) frésco *a.* **1** *(in moltissimi casi)* **fresh**: *aria fresca,* fresh air ⊔ *latte f.,* fresh milk ⊔ *f. come una rosa,* as fresh as a daisy **2** (di temperatura, anche) **cool** (non sempre sostituibile con **fresh**); **cooled** (rinfrescato); **chilly** (spiacevolmente freddino): *un venticello f.,* a cool breeze **3** (nuovo, recente; anche) **new; recent; newly--made;** (di uovo) **new-laid 4** (riposato, rinvigorito) **refreshed** ● *notizie fresche,* the latest news; hot news *(gergo giornalistico)* ⊔ *vernice fresca,* wet paint ⊔ *Sto f.!,* now I'm in for it.
(2) frésco *m.* **1 coolness; freshness; (the) cool of the evening** (della sera); (ma spesso si specifica) **cool air, cool breeze** (riducendolo ad *agg.*) **2** (stoffa) **light wool material** ● *di f.,* just; recently; newly ⊔ *per il f.,* in the cool of the morning (o of the evening) ⊔ *prendere il f.,* to enjoy the cool of the evening ⊔ *tenere q.c. in f.,* to keep st. cool ⊔ *(fig.) L'hanno messo al f.,* they've put him in the cooler *(fam.).*
frescura *f.* **coolness; cool**: *la f. della sera,* the cool of the evening.
frèṣia *f.* (*bot.,* Freesia) **freesia.**
frétta *f.* **hurry; haste**: *avere f.,* to be in a hurry ● *fare f. a q.,* to hurry sb. ⊔ *in f. e furia,* helterskelter; carelessly; hotfoot *(fam.)* ⊔ *ritornare in tutta f.,* to hurry back ⊔ *troppo in f.,* too fast ⊔ *Fai in f.!,* hurry up!
frettare *v. t. (naut.)* to **hog;** to **scrub.**
frettazza *f.* **frettazzo** *m. (naut.)* **hog; scrubbing brush; scrubber.**
frettolosaménte *avv.* **hurriedly; hastily.**
frettolóso *a.* **hasty; hurried.**
freudiano *a. (psic.)* **Freudian.**
friàbile *a.* **friable; crumbly.**
friabilità *f.* **friability; friableness.**
fricandò *m. (cucina)* **fricandeau*.**
fricassèa *f. (cucina)* **fricassee.**
fricativo *a. (fon.)* **fricative.**
frìggere A *v. t.* to **fry B** *v. i.* **1** to **fry 2** (sfrigolare) to **sizzle** (anche *fig.*) ● *(fig.) mandare q. a farsi f.,* to send sb. to the devil.
friggitóre *m.* **1** (chi frigge) **fryer, frier 2** (chi vende cibi fritti) **vendor of fried food.**
friggitorìa *f.* **fried-food shop; fish-and-chip shop.**
frigidézza, frigidità *f.* (anche *med.*) **frigidity; frigidness.**
frìgido *a.* (anche *fig.*) **frigid.**
frìgio *a.* **Phrygian**: *un berretto f.,* a Phrygian cap.
frignare *v. i.* to **whimper.**
frignóne *m.* **whimperer; cry-baby** *(fam.).*
frigo *(fam.) V.* **frigorifero.**
frigorìa *f. (fis.)* **frigorie.**
frigorìfero A *a.* **refrigerant B** *m.* **refrigerator; fridge** *(fam.).*
frigorista *m.* **refrigerator technician.**
fringuèllo *m.* (*zool.:* Fringilla coelebs) **chaffinch.**
frinire *v. i.* to **chirp.**
frittata *f. (cucina)* **omelet(te)** ● *(fig.) fare una f.,* to make a mess (o a hash) of st. ⊔ *(fig.) rivoltare la f.,* to change one's tune.
frittèlla *f.* **1** *(cucina)* **pancake; fritter 2** (*fam.:* macchia) **grease-stain.**
fritto A *a.* **fried** ● *(fig.) fritto e rifritto,* stale ⊔ *(fig.) essere bell'e f.,* to have had it; to be played out **B** *m.* **fried food; fry**: *f. misto (di pesce),* mixed (fish-)fry.
frittura *f.* **1 fried food; fry 2** (di piccoli pesci) **small fry** (anche *fig.*).
frivoleggiare *v. i.* to **behave** (o to **speak***) **frivolously.**
frivolézza *f.* **frivolity.**
frìvolo *a.* **frivolous; trifling** (di poca importanza).
frizionare *v. t.* **1** to **rub;** to **massage 2** *(autom.)* to **declutch.**
frizióne *f.* **1 rubbing; friction 2** *(mecc.)* **clutch 3** *(fig.)* **friction; conflict.**
frizẓante *a.* **1** (effervescente) **effervescent, fizzy;** (del vino) **sparkling 2** (dell'aria) **bracing 3** *(fig.)* **pointed; pungent; witty; mordant.**
frizẓare *v. i.* **1** (di acque minerali, ecc) to **fizz;** (del vino) to **sparkle 2** *(fig.)* to **tingle;** to **smart;** to **sting*.**
frìzẓo *m.* **quip; witticism; jibe, gibe.**
frodare *v. t.* to **defraud;** to **cheat;** to **swindle**: *f. q. di q.c.* (o *q.c. a q.*), to cheat sb. out of st.
fròde *f.* **fraud** (anche *leg.*); **deceit** ● *f. fiscale,* tax--evasion.
fròdo *m.* — *cacciare di f.,* to poach ⊔ *cacciatore di f.,* poacher ⊔ *merce di f.,* smuggled goods.
frògia *f.* **(horse's) nostril.**
frollare A *v. t.* to **let*** (st.) **become soft** (o **tender, high**) **B** *v. i.* to **become* soft** (o **tender, high**).
fròllo *a.* **soft; tender;** (di selvaggina) **high 2** *(fig.)* **spineless** ● *(cucina) pasta frolla,* short pastry ⊔ *(fig.) essere una pasta frolla,* to have no backbone.
fròmbola *f. (lett.)* **sling.**
(1) frónda *f.* **1 leafy branch 2** (*al pl.:* fogliame) **foliage** *(sing.).*
(2) frónda *f.* **1** *(stor. franc.)* **Fronde 2** *(fig.)* **rebellion; revolt.**
frondeggiante *a.* **leafy; verdant; in leaf** *(pred.).*
frondista *m.* e *f.* **1** *(stor. franc.)* **Frondeur 2** *(polit.)* **rebel; opponent.**
frondosità *f.* **1 leafiness 2** *(fig.)* **over-ornateness; turgidity.**
frondóso *a.* **1 leafy 2** *(fig.)* **ornate; over-decorated; turgid.**
frontale A *a. (anat., mil.)* **frontal B** *m.* **1** (di un caminetto) **mantelpiece 2** (parte della briglia) **front.**
frontalménte *avv.* **frontally; from the front.**
frónte A *f.* **1 forehead; brow** *(spesso al pl.)* **2** (di edificio) **front; façade; frontage 3** (di animale) **frontlet 4** (in certe frasi) **face** (faccia): **head** (testa): *Gli si legge in f.,* you can see it in his face **B** *m. (mil.)* **front** (anche *fig.*) ● *(mil.) F. a destr' (a sinistr')!,* right (left) turn! ⊔ *con traduzione a f.,* with parallel translation ⊔ *corrugare la f.,* to frown; to knit one's brows ⊔ *di f.,* (dirimpetto) opposite; (in confronto a) in comparison (with) ⊔ *(mil.) Dietro front!,* about turn! ⊔ *far f. al nemico,* to face the enemy ⊔ *far f. alle spese,* to meet (o to cope with) the expenses.
fronteggiare *v. t.* **1** (opporsi) to **face;** to **oppose 2** (stare di fronte a) to **face;** to **front.**
frontespìzio *m.* **1** *(archit.)* **frontispiece 2** (di libro) **title-page.**
frontièra *f.* **frontier; border**: *passare la f.,* to cross the frontier.
frontino *m.* **toupee.**
frontista *m.* e *f.* **1** *(leg.)* **frontager 2** *(polit.)* **supporter of a political front.**
frontóne *m.* **pediment; fronton;** (di porta, finestra) **gable.**
frònẓolo *m.* **1 frill; frippery 2** (*al pl.,* dello stile) **frills.**
fronẓuto *a.* **leafy.**
froṣóne *V.* **fruṣóne.**
fròtta *f.* **swarm; crowd; troop; flock**: *a frotte,* in flocks.
fròttola *f.* **(idle) tale; (tall) story;** (della stampa) **canard, trumped-up story** *(fam.);* (*al pl.,* anche) **nonsense** *(sing.).*
fru fru, frufrù *m.* **frou-frou; rustle; rustling.**
frugale *a.* **frugal.**
frugalità *f.* **frugality.**
frugare *v. t.* e *i.* to **rummage;** to **fumble;** to **search;** (da cima a fondo) to **ransack;** (furtivamente) to **pry.**
frugìvoro *a. (zool.)* **frugivorous.**
frugolare *v. i.* **1** (frugare) to **rummage 2** (grufolare) to **root.**
frùgolo *m.* **lively child*.**
fruire *v. i.* to **have the use** (of); to **enjoy;** to **benefit** (from).
fruizióne *f.* **fruition.**
frullare A *v. t.* to **beat* (up);** to **whip;** to **whisk B** *v. i.* **1** (girare rapidamente) to **whirl;** to **spin* round 2** (di ali) to **flutter;** to **whirr.**
frullato *m. (cucina)* **shake**: *un f. di latte,* a milk shake.
frullatóre *m.* **mixer.**
frullino *m.* **whisk.**
frullo *m.* **whirr; flutter.**
fruménto *m.* (*bot.,* Triticum vulgare) **wheat.**
frumentóne *m.* (*bot.,* Zea mays) **maize; Indian**

corn.
frusciare *v. i.* to **rustle.**
fruscìo *m.* **1 rustle; rustling 2** (di radio, giradischi, ecc.) **ground noise.**
fruşone *m.* *(zool.,* Coccothraustes coccothraustes) **hawfinch; grosbeak.**
frusta *f.* **whip; lash**: *far schioccare la f.,* to crack one's whip.
frustare *v. t.* **1** to **whip;** to **lash** (anche *fig.)* **2** (logorare) to **wear* out.**
frustata *f.* **lash** (anche *fig.).*
frustino *m.* **riding whip; hunting crop.**
frusto *a.* **1 shabby; threadbare; worn-out 2** *(fig.)* **old; stale.**
frustrare *v. t.* to **frustrate;** to **baffle.**
frustrazióne *f.* **frustration** (anche *psic.).*
frutta *f. (sing. collett.)* **fruit;** (a fine pasto) **dessert**: *f. cotta,* stewed fruit; compote.
fruttare A *v. i.* **1** *(agric.* e *fig.)* to **yield;** to **produce;** to **bear* 2** *(econ.)* to **return a profit B** *v. t. (econ.)* to **yield;** to **bring*** (anche *fig.).*
fruttato *m.* **1** *(agric.)* **yield 2** *(econ.)* **profit.**
fruttéto *m.* **orchard.**
fruttìcolo *a.* **fruit** *(attr.)*: *mercato f.,* fruit market.
frutticoltóre *m.* **fruit grower.**
frutticoltura *f.* **fruit growing.**
fruttièra *f.* **fruit-dish.**
fruttìfero *a.* **1** *(bot.)* **fruit-bearing 2** *(econ.)* **interest--bearing 3** (utile) **useful; profitable.**
fruttificare *v. i.* to **bear* fruit** (anche *fig.).*
fruttivéndolo *m.* **greengrocer; fruiterer.**
frutto *m.* **1 fruit** (nel senso di « frutta », quasi sempre *sing. collett.)*: *i frutti della terra,* the fruits of the earth **2** (quando occorre un vero *sing.)* **one of the fruits (**o specificare: **an apple,** ecc.**) 3** *(fig.)* **result(s) 4** *(econ.)* **interest** (interesse); **income** (reddito); **revenue** (rendita) ● *frutti di mare,* shellfish; seafood *(sing.)* □ *dare scarso f.* (anche *agric.),* to yield very little □ *(econ.) mettere a f.,* to put to interest □ *(fig.) senza f.,* without any result.
fruttòşio *m. (chim.)* **fructose.**
fruttuóso *a.* **1 fruitful 2** *(fig.)* **advantageous; profitable.**
fu *a.* **late**: *Il fu Mattia Pascal,* the late Mattia Pascal.
fucilare *v. t.* to **shoot*.**
fucilata *f.* **gun-shot; rifle-shot.**
fucilazióne *f.* **(execution by) shooting.**
fucile *m.* **gun;** (carabina) **rifle**: *a tiro di f.,* within gun--shot.
fucileria *f. (mil.)* **fusillade.**
fucilière *m. (mil.)* **rifleman*.**
fucina *f.* **1 forge;** (di fabbro ferraio) **smithy 2** *(fig.)* **hotbed; mine.**
fucinare *v. t.* **1** to **forge 2** *(fig.,* anche) to **concoct;** to **cook up.**
fucinatóre *m. (metall.)* **forger.**
fucinatura *f. (metall.)* **forging** ● *f. a stampo,* drop--forging.
fuco *m. (zool.)* **drone.**
fùcsia *f.* (*bot.,* Fuchsia) **fuchsia.**
fuga *f.* **1 escape; flight**: *la f. in Egitto,* the flight into Egypt □ *darsi alla f.,* to take to flight **2** (di due innamorati) **elopement 3** (di gas, ecc.) **leak; leakage; escape 4** *(mus.)* **fugue** ● *una f. di scalini,* a flight of stairs □ *una f. di stanze,* a suite of rooms.
fugace *a.* **fleeting; transient; transitory; short--lived.**
fugaceménte *avv.* **fleetingly; transiently; briefly.**
fugacità *f.* **fleetingness; transiency.**
fugare *v. t.* to **put* to flight;** to **chase;** to **banish.**
fuggévole *a.* **fleeting; transient; transitory; short--lived.**
fuggiasco *a.* e *m.* **runaway; fugitive.**
fuggi fuggi *m.* **stampede; (sudden) rush.**
fuggire *v. i.* e *t.* **1** to **flee*;** to **run* away;** to **escape 2** (di due innamorati) to **elope 3** (schivare) to **avoid;** to **eschew** ● *a scappa e fuggi,* in a great hurry (o in a rush).
fuggitivo *a.* e *m.* **fugitive; runaway.**
fulcro *m.* **1** *(mecc.)* **fulcrum* 2** *(fig.)* **crucial point; heart; hub.**
fulgènte *a.* **shining; brilliant; resplendent.**
fùlgido *a.* **shining; bright; glittering; resplendent; radiant.**
fulgóre *m.* **splendour; brightness; brilliance; glitter; radiance.**
fulìggine *f.* **soot;** (una particella di f.) **smut.**
fuligginóso *a.* **sooty; smutty.**
full *m.* (gioco del poker) **full house.**
fulmicotóne *m.* **guncotton.**
fulminante A *a.* (anche *med.)* **fulminant B** *m.* (capsula f.) **primer.**
fulminare A *v. t.* **1** to **strike* by lightning 2** (colpire) to **strike* down;** (con arma da fuoco) to **shoot* 3** *(fig.)* to **fulminate B** *v. i.* to **thunder and lighten** ● *f. q. con uno sguardo,* to dumbfound sb. (with a glance) **C fulminarsi** *v. rifl.* (di lampadina elettrica) to **burn* out.**
fulminato *m. (chim.)* **fulminate.**
fùlmine *m.* **thunderbolt; bolt;** (lampo) **(flash of) lightning**: *(fig.) un f. a ciel sereno,* a bolt from the blue.
fulmineaménte *avv.* **like lightning; in a flash.**
fulmineo *a.* **instantaneous; as quick as lightning.**
fulvo *a.* **tawny; reddish-yellow.**
fumàcchio *m.* (legno) **smoky log;** (carbone) **smoky lump of charcoal.**
fumaiòlo *m.* **1 chimney-pot 2** (di bastimento, di locomotiva) **funnel; smoke-stack.**
fumante *a.* **smoking; steaming** (specialm. di vivanda, ecc.).
fumare *v. i.* e *t.* **1** to **smoke**: *f. come un turco,* to smoke like a chimney **2** (emettere vapore) to **fume 3** (per ebollizione) to **steam.**
fumàrio *a.* — *canna fumaria,* flue.
fumaròla *f. (geol.)* **geyser;** (vulcanica) **fumarole, smoke-hole.**
fumata *f.* **1 puff of smoke; smoke-signal 2** (il fumare tabacco) **smoke**: *fare una f.,* to have a smoke.
fumatóre *m.* **smoker** ● *(ferr.) carrozza per fumatori,* smoker.
fumeria *f.* **opium den.**
fumettista *m.* e *f.* **1 comic-strip writer 2** *(fig., spreg.)* **hack writer.**
fumettìstico *a. (spreg.)* **melodramatic;** (convenzionale) **stereotyped.**
fumétto *m.* **1** (nuvoletta) **balloon; bubble 2** *(generalm. al pl.)* **comic-strip; comics** *(pl.)* ● *romanzo a fumetti,* comic-strip story.
fumigare *v. i.* to **steam;** to **smoke.**
fumista *m.* **stove-repairer; boilerman*.**
fumo *m.* **1 smoke**: *una nuvola di f.,* a cloud of smoke **2** *(al pl.*: vapori o esalazioni) **fumes 3** (vapore acqueo) **steam** ● *f. di Londra (o color f.),* dark grey □ *mandare in f. le speranze di q.,* to dash sb.'s hopes □ *(fig.) molto f. e poco arrosto,* (a lot of) hot air; much cry and little wool □ *Per me quell'uomo è come il f. negli occhi,* I can't bear the sight of that man □ *La disturba il f.?,* do you mind if I smoke?
fumògeno *a.* **smoke** *(attr.)*: *una cortina fumogena,* a smoke-screen.
fumosità *f.* **1 smokiness 2** *(fig.)* **obscurity.**
fumóso *a.* **1 smoky 2** *(fig.*: borioso) **haughty; supercilious 3** *(fig.*: confuso, oscuro) **obscure.**
funàio, funaiòlo *m.* **1** (chi fa funi) **roper; rope--maker 2** (chi vende funi) **rope-seller.**
funambolişmo *m.* **tight-rope walking; funambulism.**
funàmbolo *m.* **tight-rope walker; funambulist; acrobat** (anche *fig.).*
fune *f.* **rope; cable** ● *(sport) tiro alla f.,* tug-of-war.
fùnebre *a.* **1 funeral** *(attr.)*: *una marcia f.,* a funeral march **2** (lugubre) **funereal; mournful; gloomy** ● *carro f.,* hearse □ *imprenditore di pompe funebri,* undertaker.
funerale *m.* **funeral** ● *(fig.) sembrare un f.,* to look the picture of misery.
funeràrio *a.* **funeral; funerary.**
funèreo *a.* **funereal; mournful; gloomy.**
funestare *v. t.* to **afflict;** to **distress;** to **sadden.**

funèsto *a.* **fatal; ruinous;** (doloroso) **woeful.**
fungàia *f.* ***1*** **mushroom-bed** ***2*** *(fig.)* **swarm.**
fùngere *v. i.* to **act** (as); to **exercise the office** (of).
funghicoltóre *m.* **mushroom grower.**
funghicoltura *f.* **mushroom growing.**
fungìbile *a.* *(econ., leg.)* **fungible.**
fungicida *m.* **fungicide.**
fungo *m.* *(bot.)* **fungus***; (mangereccio) **mushroom** ● *f. atomico,* mushroom cloud □ *f. di annaffiatoio,* rose (of a watering-can) □ *(bot.) f. velenoso,* toadstool □ *andare a cogliere i funghi,* to go mushrooming □ *(fig.) venir su come i funghi,* to sprout up like mushrooms.
fungóso *a.* **fungous; mushroom-shaped.**
funicèlla *f.* **cord; string.**
funicolare *f.* **funicular (railway).**
funìcolo *m.* *(anat.)* **funiculus***: *f. ombelicale,* funiculus; umbilical cord.
funivìa *f.* **(air) cableway.**
funzionale *a.* **functional; serviceable.**
funzionalità *f.* **functionality; serviceability.**
funzionaménto *m.* **operation** ● *istruzioni sul f.,* operating directions.
funzionare *v. i.* ***1*** (fare funzione di) to **act** (as) ***2*** (di una macchina, ecc.) to **work,** to **operate;** (di un motore, anche) to **run*** ***3*** (di cosa astratta) to **work;** to **function.**
funzionàrio *m.* **official; officer.**
funzióne *f.* ***1*** **function** ***2*** (carica) **office**: *entrare in f.,* to enter upon office ***3*** *(relig.)* **service** ***4*** *(mat.)* **function.**
fuochista *V.* **fochista.**
fuòco *m.* ***1*** **fire**: *accendere il f.,* to light the fire □ *dare f. a q.c.,* to set st. on fire □ *pigliar f.,* to catch fire; *(anche fig.)* to take fire □ *(fig.) scherzare col f.,* to play with fire □ *Al f.! Al f.!,* fire! fire! ***2*** (anche *mil.*) **fire**: *aprire (cessare) il f.,* to open (to cease) fire ***3*** *(mat., fis., fotogr.)* **focus*** ***4*** (*fig.:* ardore) **fire; ardour** ***5*** *(al pl., naut.)* **lights;** (delle caldaie) **fires** ● *fuochi artificiali,* fireworks □ *f. fatuo,* will-o'-the-wisp; jack-o'-lantern □ *(med., pop.) f. sacro,* herpes zoster; shingles *(pl.)* □ (*fig.:* di persona) *diventare di f.,* to flush crimson □ *far f.* (sparare), to fire □ *(fig.) far f. e fiamme,* to go to any length □ *(fotogr.) mettere a f.,* to focus; to focalize □ *occhi di f.,* fiery eyes □ *(mil.) ordinare il f.,* to give the order to fire □ *parole di f.,* fiery words □ *prova del f.,* *(stor.)* ordeal by fire; *(fig.)* crucial test □ *soffiare sul f.,* to blow the fire; *(fig.)* to fan the flame(s) □ *vigile del f.,* fireman □ *i Vigili del F.,* the Fire Brigade □ *(fig.) Il f. covava sotto la cenere,* the matter (o the trouble, etc.) lay smouldering □ *Metterei la mano sul f. che non è vero,* I bet you anything it's not true.
fuorché *cong.* e *prep.* **except; but; save**: *nessuno f. me,* nobody except myself (o but I) □ *Farei qualunque cosa f. scrivere quella lettera,* I'd do anything but write that letter.
(1) fuòri, fuòri di *prep.* e *avv.* ***1*** **out; out of**: *È in casa o f.?,* is he in or out? □ *essere in f.* (sporgere), to jut out □ *essere f. pericolo,* to be out of danger ***2*** (il contrario di « in casa ») **outdoors; out-of-doors** ***3*** (all'esterno) **outside**: *Aspettate f.!,* wait outside! □ *aspettare f. dalla porta,* to wait outside the door ***4*** (all'estero) **abroad**: *in Italia e f.,* in Italy and abroad ***5*** (eccetto) **except; apart from; but**: *Nessuno lo sa f. di te,* nobody knows but (o except) you ● *F.!,* get out! □ *(pugilato) f. combattimento,* knock-out □ *essere f. di sé,* to be beside oneself □ *con gli occhi di f.,* with one's eyes popping out □ *(pop.) fare f. q.,* to do sb. in □ *È f. centro,* it's not in the centre (o in the middle) □ *Siamo f. strada,* we're on the wrong road; *(fig.)* we are on the wrong track.
(2) fuòri, di fuòri *m.* **outside.**
fuoribórdo *m. invar.* *(naut.)* **outboard motorboat.**
fuoriclasse ***A*** *a.* **first-rate; top-notch, tip-top** *(fam.)* ***B*** *m.* e *f. invar.* **(undisputed) champion; first-rater; top-notcher, tip-topper** *(fam.).*
fuoricórso *a. invar.* ***1*** *(filatelia, numismatica)* **withdrawn from circulation** ***2*** — *studente f.,* student who has not got a degree within the prescribed time.
fuorigiòco *m. invar.* *(sport)* **off-side.**
fuorilégge *m.* e *f. invar.* **outlaw.**
fuorisèrie ***A*** *a.* **specially built** ***B*** *f. invar.* *(autom.)* **car with specially-built body.**
fuoristrada *m. invar.* *(autom.)* **cross-country motor vehicle; land rover.**
fuoriuscito *m.* **political exile.**
furbacchióne *m.* *(fam.)* **sly old thing; wily old fox.**
furberìa *f.* ***1*** **astuteness; shrewdness; cunning; slyness** ***2*** (espediente astuto) **clever trick; ruse.**
furbésco *a.* **cunning; sly** ● *lingua furbesca,* thieves' Latin (o cant).
furbo ***A*** *a.* **astute; shrewd; artful; cunning; sly** ***B*** *m.* **artful** (o **cunning) fellow.**
furènte *a.* **raging; furious** ● *f. d'ira,* mad with rage.
furerìa *f.* *(mil.)* **orderly office.**
furétto *m.* (*zool.,* Mustela furo) **ferret.**
furfante *m.* **scoundrel; rogue; rascal; scamp.**
furfanterìa *f.* **roguery; knavery.**
furfantésco *a.* **roguish; rascally; knavish.**
furgoncino *m.* **delivery van; small van.**
furgóne *m.* **van; delivery van;** (per traslochi) **furniture van**: *f. cellulare,* police van; Black Maria *(pop.).*
furgonista *m.* **van driver.**
fùria *f.* ***1*** **fury; rage; anger**: *andare su tutte le furie,* to fly into a rage ***2*** (veemenza) **fury** ***3*** (fretta) **hurry; haste**: *aver f.,* to be in a hurry ***4*** — *a f. di,* by dint of ***5*** (*fig.:* persona collerica) **fury** ● *far andare q. su tutte le furie,* to make sb. very angry.
furibóndo *a.* **furious; enraged; incensed; wrathful.**
furière *m.* ***1*** *(mil.)* **quartermaster** ***2*** *(naut.)* **paymaster.**
furiosaménte *avv.* **furiously.**
furióso ***A*** *a.* **furious; raging;** (violento) **violent, wild** ● *pazzo f.,* raving mad ***B*** *m.* **raving madman*; violent maniac.**
furóre *m.* ***1*** **fury; rage** ***2*** (veemenza, passione) **frenzy**: *sacro (o poetico) f.,* poetic frenzy ● *far f.,* to be (all) the rage.
furoreggiare *v. i.* to **be a great success;** to **be (all) the rage;** to **be the craze of the moment;** (di commedia, ecc.) to **be a hit.**
furtivo *a.* ***1*** **furtive; stealthy; surreptitious** ***2*** *(leg.)* **stolen.**
furto *m.* **theft; larceny**: *f. di poca entità,* petty larceny ● *f. con scasso,* burglary; housebreaking.
fusa *f. pl.* — *fare le f.,* to purr.
fuscèllo *m.* **twig** ● *magro come un f.,* as thin as a lath.
fusciacca *f.* **sash.**
fusèllo *m.* ***1*** *(mecc.)* **spindle; journal** ***2*** (per merletti) **bobbin.**
fuṣìbile ***A*** *a.* **meltable; fusible** ***B*** *m.* *(elettr.)* **fuse.**
fuṣifórme *a.* **spindle-shaped.**
fuṣióne *f.* ***1*** **fusion; founding; smelting; casting;** (di materiale non metallico) **melting** ***2*** *(fig.)* **fusion** ***3*** — *(leg.) f. di società,* merger.
fuṣioniṣmo *m.* *(polit.)* **fusionism.**
fuṣionista *m.* e *f.* *(polit.)* **fusionist.**
(1) fuṣo *a.* **fused; cast; smelted;** (di materiale non metallico) **melted, molten.**
(2) fuso *m.* ***1*** *(ind. tessile, mecc.)* **spindle** ***2*** *(geom.)* **lune** ***3*** (*naut.:* di àncora) **shank** ● *(geogr.) f. orario,* time zone □ *diritto come un f.,* as straight as a poker.
fuṣolièra *f.* *(aeron.)* **fuselage.**
fustagno *m.* **fustian.**
fustigare *v. t.* ***1*** to **flog;** to **lash;** to **beat*** ***2*** *(fig.)* to **censure.**
fustigazióne *f.* **flogging; beating; thrashing; flagellation.**
fustino *m.* **small container; tub.**
fusto *m.* ***1*** *(in molti sensi)* **stem** ***2*** (*bot.:* gambo) **stalk, stem;** (tronco) **trunk** ***3*** (intelaiatura) **frame** ***4*** (del corpo umano) **torso*; trunk** ***5*** *(archit.)* **shaft** ***6*** (recipiente di metallo per benzina, ecc.) **drum, can;** (in legno per vino, ecc.) **cask, barrel** ***7*** (*fam.:* giovane dal fisico prestante) **he-man*; muscleman*.**
fùtile *a.* **futile; trifling; frivolous; trivial.**
futilità *f.* **futility; frivolousness; triviality.**

futuribile *a.* **possible in the future.**
futurismo *m. (arte, letter.)* **futurism.**
futurista *m.* e *f. (arte, letter.)* **futurist.**
futuro ***A*** *a.* **future; next;** to **come**: *il mese f.*, next month □ *gli anni futuri*, the years to come ***B*** *m.* ***1*** **(the) future** ***2*** *(gramm.)* **future (tense).**
futurologia *f.* **futurology.**
futurològico *a.* **futurological.**
futuròlogo *m.* **futurologist; futurist.**

G

G, g *f.* o *m.* **G, g** ● *(tel.) g come Genova*, g for George.
gabardina *f.* (tessuto) **gabardine.**
gabbamóndo *m.* e *f. invar.* **cheat; swindler; trickster.**
gabbana *f.* — *(fig.) voltar g.*, to be a turncoat.
gabbanèlla *f.* **(doctor's) white coat.**
gabbare *v. t.* to **hoodwink;** to **dupe;** to **cheat;** to **make* a fool of** (sb.).
gàbbia *f.* ***1*** **cage;** (per polli) **hen-coop**: *un uccello di g.*, a cage-bird ***2*** (di ascensore) **lift-shaft** ***3*** *(naut.)* **crow's-nest** ***4*** *(leg.:* degli imputati) **dock** ***5*** (cassetta per imballaggio) **crate** ***6*** *(fam.:* prigione*)* **prison; jail, gaol**: *mettere in g. q.*, to put sb. in prison; to lock sb. up *(fam.)*.
gabbiano *m. (zool.,* Larus) **(sea-)gull** ● *(zool.) g. tridattilo* (Rissa tridactyla), **kittiwake.**
gabbière *m. (naut.)* **topman*.**
gabbióne *m.* ***1*** **big cage** ***2*** (per imputati) **dock** ***3*** *(mil.)* **gabion.**
gabèlla *f.* **excise; tax; toll.**
gabellare *v. t.* ***1*** to **tax** ***2*** (far passare per) to **pass** (sb.) **off** (as).
gabellière *m.* **exciseman*.**
gabinétto *m.* ***1*** *(polit.)* **cabinet** ***2*** (g. di decenza) **lavatory; water closet (o W.C.); toilet;** (in un albergo, un ristorante) **rest room** *(USA)*; (per uomini) **Gents** *(sing.)*, (per donne) **Ladies** *(sing.)* ***3*** (in una scuola o università) **laboratory; lab** *(fam.)* ***4*** (di medico, ecc.) **consulting room; surgery**: *un gabinetto dentistico*, a dental surgery.
gadolìnio *m. (chim.)* **gadolinium.**
gaèlico ***A*** *a.* **Gaelic** ***B*** *m.* ***1*** (abitante) **Gael** ***2*** (la lingua) **Gaelic.**
gaffa *f. (naut.)* **boat-hook.**
gaffe *(franc.) f.* **« faux pas », « gaffe »** *(franc.)*; **blunder**: *fare una g.*, to commit a « faux pas »; to drop a brick *(pop.)*.
gagà *m.* **dandy; toff** *(pop.)*.
gagate *f. (miner.)* **jet.**
gaggìa *f.* (*bot.,* Robinia pseudo-acacia) **false acacia.**
gagliardétto *m.* (anche *naut.*) **pennon; pennant.**
gagliardìa *f.* **vigour; energy; pep, vim, go** *(fam.)*.
gagliardo *a.* **strong; vigorous; hardy; lusty;** (di un vino) **strong and generous.**
gaglioffo *m.* **cad.**
gagnolare *v. i.* to **whine;** to **yelp.**
gaiaménte *avv.* **gaily; cheerfully; light-heartedly; merrily.**
gaiézza *f.* ***1*** **gaiety; cheerfulness; cheeriness** ***2*** (di colori) **brightness.**
gàio *a.* ***1*** **gay; cheerful; light-hearted; merry** ***2*** (di colori) **bright.**
gala *f.* ***1*** (trina) **frill; flounce** ***2*** (festa) **gala**: *uno spettacolo di g.*, a gala performance ● *in abito di g.*, in formal dress.
galalite *f. (ind.)* **Galalith** *(marchio)*.
galante ***A*** *a.* **gallant; love** *(attr.)*: *una letterina g.*, a love-letter ***B*** *m.* **gallant**: *fare il g.*, to play the gallant.
galanterìa *f.* **courtesy; gallantry.**
galantina *f. (cucina)* **galantine.**
galantomismo *m.* **gentlemanly (o honourable) behaviour.**
galantuòmo *m.* **honest (o trustworthy, honourable) man*; man* of honour; gentleman*** ● *Ehi, g!*, my good man!
galàssia *f. (astron.)* **galaxy** *(*anche *fig.)*.
galatèo *m.* ***1*** **book of etiquette** ***2*** (buone maniere) **(good) manners** *(pl.)*; **etiquette.**
galàttico *a. (astron.)* **galactic.**

galèa *f. (naut., stor.)* **galley.**
galèna *f.* **1** *(miner.)* **galena** **2** *(radio)* **galena crystal**: *un apparecchio ricevitore a g.*, a crystal set.
galeóne *m. (naut., stor.)* **galleon.**
(1) galeòtto *m.* **1** (schiavo su una galea) **galley-slave** **2** (ergastolano) **convict** **3** (furfante) **scoundrel.**
(2) galeòtto *m.* (mezzano) **pander; pimp; go-between.**
galèra *f.* **1** *(naut., stor.)* **galley;** (la condanna) **galleys** *(pl.)* **2** (prigione) **prison; jail, gaol** **3** *(fig.:* vita, lavoro insopportabili) **treadmill** ● *(fig.) fare una vita da g.*, to drudge and slave.
galèro *m. (relig.)* **cardinal's hat.**
galileiano *a.* **Galilean.**
galilèo *a.* e *m.* **Galilean.**
galla *f.* **1** *(bot.)* **gall** **2** (vescichetta) **blister; gall** ● *a g.*, afloat *(pred.)*; floating: *rimanere a g.*, to keep afloat □ *venire a g.*, to come to the surface; *(fig.)* to come to light.
gallare *v. t.* to **fecundate** (an egg).
galleggiabilità *f. (naut.)* **buoyancy.**
galleggiaménto *m.* **floating; flo(a)tation** ● *(naut.) linea di g.*, waterline.
galleggiante **A** *a.* **floating; afloat** *(solo pred.)* ● *casa g.*, houseboat **B** *m.* **float.**
galleggiare *v. i.* **1** to **float** **2** *(aeron.)* to **plane.**
gallerìa *f.* **1** (di palazzo, miniera; *teatr.)* **gallery;** (d'arte) **(art-)gallery** **2** (a porticato, in una città) **arcade** **3** (traforo per ferrovia, ecc.; o scavata da un animale) **tunnel** **4** (passaggio sotterraneo) **subway** **5** (di cinematografo) **balcony** **6** *(aeron.)* **tunnel** ● *(teatr.) prima g.*, dress-circle □ *(teatr.) seconda g.*, upper circle.
gallerista *m.* e *f.* **manager of an art-gallery.**
gallése **A** *a.* **Welsh** **B** *m.* **1** **Welshman*** **2** (la lingua) **Welsh** **C** *f.* **Welshwoman*.**
gallétta *f.* **(military) biscuit;** (per marinai) **ship's biscuit, hard tack.**
gallétto *m. (zool.)* **cockerel; young cock;** (gallo di razza piccola) **bantam** ● *fare il g.*, to be cocky *(pop.)*.
gallicismo *m.* **Gallicism; French idiom.**
gàllico *a. (stor.)* **Gallic.**
gallina *f. (zool.)* **hen** ● *(fig.) andare a letto con le galline,* to go to bed very early.
gallinàccio *m. (bot.,* Cantharellus cibarius) **chanterelle.**
gallinàceo **A** *a.* **gallinaceous** **B** *m.* **gallinacean.**
gallinèlla *f.* **1** *(zool.,* Gallinula chloropus) **water-hen; moor-hen** **2** (pollastra) **pullet.**
gàllio *m. (chim.)* **gallium.**
gallismo *m.* **cocksure behaviour (towards girls).**
(1) gallo *m. (zool.)* **cock; rooster** (specialm. *USA*): *al canto del g.*, at cock-crow ● *essere il g. della Checca,* to be the cock of the walk □ *camminare a g.*, to strut □ *(pugilato) peso g.*, bantam-weight.
(2) gallo *(stor.)* **A** *a.* **Gallic** **B** *m.* **Gaul.**
gallofobìa *f.* **Gallophobia.**
gallomanìa *f.* **Gallomania.**
gallonare *v. t.* to **trim with braid;** to **decorate with stripes.**
gallonato *a.* **braided; gallooned.**
(1) gallóne *m.* **1** **braid; galloon** **2** *(mil.)* **chevron; stripe.**
(2) gallóne *m.* (misura di capacità) **gallon.**
gallòzza, gallòzzola *f.* **blister.**
galoppante *a.* **galloping**: *(med.) tisi g.*, galloping consumption □ *(econ.) inflazione g.*, galloping (o runaway) inflation.
galoppare *v. i.* to **gallop.**
galoppata *f.* **gallop.**
galoppatóio *m.* **riding track.**
galoppatóre *m.* **galloper.**
galoppino *m.* **1** **messenger; errand-boy** **2** *(polit.)* **canvasser.**
galòppo *m.* **gallop**: *andare al gran g.*, to ride at full gallop ● *piccolo g.*, canter.
galvànico *a. (fis.)* **galvanic.**
galvanismo *m. (fis.)* **galvanism.**
galvanizzare *v. t.* (anche *fig.)* to **galvanize.**
galvanòmetro *m. (fis.)* **galvanometer.**
gamba *f.* **1** **leg** (di persona, animale, mobile, compasso): *con la coda fra le gambe,* with one's tail between one's legs □ *una gonna a mezza g.*, a skirt reaching half-way down the leg; a midi skirt **2** *(lett., e in frasi particolari)* **shank;** *(al pl.)* **pins** *(pop.)*: *andare con le proprie gambe,* to go on shanks' mare **3** (di una lettera) **shank; stem** (anche di una nota mus.) **4** *(in certe locuz., e sempre qualificato)* **legged**: *a tre gambe,* three--legged ● *a mezza g. nella neve,* up to one's knees in the snow □ *avere buone gambe,* to be a good walker □ *camminare a quattro gambe,* to go on all fours □ *correre a gambe levate,* to run at full speed □ *darsela a gambe,* to take to one's heels □ *fare il passo più lungo della g.*, to bite off more than one can chew □ *fare il passo secondo la g.*, to cut one's coat according to one's cloth □ *essere in g.*, to be smart; to be on the ball *(fam.)* □ *mandare q. a gambe levate,* to trip sb. up □ *(fig.) non cavarci le gambe,* to be unable to find a way out □ *sentirsi in g.*, to feel well.
gambacórta *m.* e *f. invar. (scherz.)* **lame person.**
gambale *m.* **1** **legging** **2** (di uno stivale) **boot-leg.**
gamberétto *m. (zool.)* **1** (Palaemon serratus) **prawn** **2** (Crangon vulgaris) **shrimp.**
gàmbero *m. (zool.,* Astacus, Cambarus) **crayfish; crawfish** ● *rosso come un g.*, as red as a (boiled) lobster.
gambétto *m. (scacchi)* **gambit** ● *dare il g. a q.*, to trip sb. up.
gambièra *f.* **1** (armatura della gamba) **greave; jamb** **2** *(sport)* **leg-guard; shin-pad.**
gambizzare *v. t.* to **shoot*** (sb.) **in the legs; to kneecap.**
gambo *m.* **1** *(in molti sensi)* **stem** **2** *(bot.)* **stalk; stem** **3** *(mecc.)* **shank.**
gamèlla *f. (mil.)* **mess-tin.**
gamète *m. (biol.)* **gamete.**
(1) gamma *f.* (alfabeto greco) **gamma** ● *(fis.) raggi g.*, gamma rays.
(2) gamma *f.* **1** (serie) **range; gamut** **2** *(mus.)* **gamut; scale** ● *(radio) g. di lunghezza d'onda,* waveband.
gamo- *(in parole composte:* col significato di "nozze", "accoppiamento" o anche semplicemente "unione", "congiunzione") **gamo-, gam-**: *(bot.) gamopetalo,* gamopetalous □ *(bot.) gamosepalo,* gamosepalous.
ganàscia *f.* **1** **jaw;** *(al pl.,* di animale o *spreg.*, di persona) **chaps** **2** *(al pl., mecc.)* **jaws;** *(autom.:* di freno) **(brake-)shoes** ● *(fig.) mangiare a due (o a quattro) ganasce,* to eat like a horse; to gobble up.
gàncio *m.* **1** **hook** **2** *(ferr.:* di trazione) **coupler** **3** *(agric.:* per attacco di aratro) **clevis** **4** *(pugilato)* **hook.**
ganga *f.* **1** *(miner.)* **gangue; gang** **2** *(fam.:* banda di malviventi) **gang.**
gànghero *m.* **1** (di porte, finestre, ecc.) **hinge** **2** (gancetto) **hook** ● *(fig.) essere fuori dei gangheri,* to be beside oneself □ *(fig.) uscire dai gangheri,* to fly into a temper.
gànglio *m. (anat., med.)* **ganglion*** (anche *fig.)*.
gangrèna e *deriv. V.* **cancrèna** e *deriv.*
gangsterismo *m.* **gangsterism.**
ganimède *m.* **dandy; beau*.**
ganza *f.* **1** *(spreg.)* **mistress; doxy** **2** *(pop.:* persona scaltra) **smart one.**
ganzo *m.* **1** *(spreg.)* **lover; paramour** **2** *(pop.:* persona scaltra) **smart one.**
gara *f.* **1** **competition**: *iscriversi a una g.*, to enter a competition **2** (sportiva) **competition; event; contest; match** **3** (corsa) **race.**
garage *m.* **garage.**
garagista *m.* **garage hand;** (padrone) **garage-owner.**
garante *m.* e *f.* (anche *leg.)* **guarantor; guarantee; surety** ● *rendersi g. di q.c.*, to vouch for st.
garantire **A** *v. t.* **1** to **guarantee;** to **warrant** **2** (rendersi garante di) to **vouch for** (sb., st.) **3** (assicurare) to **assure;** to **warrant** **B** *v. i.* to **go* bail** (for sb.) ● *(fam.) Te lo garantisco io!,* I can tell you!
garantito *a.* (anche *leg.)* **guaranteed; secured** ● *(fin.) g. da obbligazioni,* bonded.

garanzìa *f.* ***1*** **guaranty, security** *(leg.)*; **guarantee; warrant** ***2*** (pegno) **security; pledge** ● (di persona) *dare g. di serietà,* to be reliable.
garbare *v. i.* to **like** (sb., st.) *(costruzione pers.)*: *gli garbi o non gli garbi,* whether he likes it or not.
garbatézza *f.* **politeness; polite manners** *(pl.)*.
garbato *a.* **polite; well-mannered.**
garbo *m.* **politeness; pleasant manners** *(pl.)*; (tatto) **tact;** (grazia) **grace**: *con bel g.,* with (a) good grace ● *a g.,* nicely.
garbùglio *m.* **entanglement; muddle; mix-up.**
garçonne *(franc.) f.* **bachelor girl** ● *capelli alla g.,* bob; bobbed hair.
garçonnière *(franc.) f.* **bachelor flat.**
gardènia *f. (bot.,* Gardenia) **gardenia.**
gareggiare *v. i.* to **compete;** to **vie.**
garènna *f.* **(rabbit-)warren.**
garganèlla *f.* — *bere a g.,* to pour down one's throat; to drink from the bottle.
gargarișmo *m.* **gargle** ● *fare i gargarismi,* to gargle.
gargarizzare *v. t.* to **gargle.**
gargaròzzo *m. (pop.)* **gullet; throat.**
garibaldino *m.* **follower of Garibaldi.**
garitta *f. (mil.)* **sentry-box.**
garòfano *m. (bot.)* ***1*** (Dianthus) **pink** ***2*** (Dianthus caryophyllus) **carnation** ● *g. a mazzetti* (Dianthus barbatus), sweet-william □ *(farm., cucina) chiodi di g.,* cloves.
garrése *m.* **withers** *(pl.)*.
garrétto *m.* ***1*** (di quadrupede) **fetlock** ***2*** (di persona) **(back of the) heel.**
garrire *v. i.* ***1*** (di uccelli) to **chirp;** to **shriek;** to **screech** ***2*** (di bandiera) to **flap.**
garrito *m.* **chirping;** (strillo) **shriek, screech.**
garrulità *f.* **garrulity; garrulousness; talkativeness.**
gàrrulo *a.* **garrulous; talkative.**
garza *f.* **gauze.**
garzare *v. t. (ind. tessile)* to **teasel,** to **teazle.**
garzo *m. (ind. tessile)* **teasel, teazle.**
garzóne *m.* **boy**: *g. di macellaio (di fornaio, di stalla, ecc.),* butcher's-boy (baker's-boy, stable-boy, etc.).
gas *m.* **gas**: *gas asfissiante,* poison gas □ *gas esilarante,* laughing-gas □ *gas lacrimogeno,* tear-gas □ *accendere (spegnere) il gas,* to turn on (to turn off) the gas ● *(fam.) andare a tutto gas,* to go at full speed (o flat-out).
gașdótto *m.* **gas-pipeline.**
gașòlio *m.* **gas oil; diesel fuel.**
gassa *f. (naut.)* **eye; loop.**
gassare *v. t.* to **gas.**
gassificare *v. t.* to **gasify.**
gassista *m.* **gasman*; gas-fitter.**
gassògeno *m. (ind.)* **gas-generator** (o **-producer**).
gassòmetro *m. (ind.)* **gas-holder; gasometer.**
gassósa *f.* **fizzy drink.**
gassóso *a.* **gaseous; gassy; fizzy.**
gàstrico *a. (med.)* **gastric**: *febbre gastrica,* gastric fever.
gastrite *f. (med.)* **gastritis.**
gastroenterite *f. (med.)* **gastroenteritis.**
gastronomìa *f.* **gastronomy; culinary art.**
gastronòmico *a.* **gastronomic(al).**
gastrònomo *m.* **gastronome; gastronomer; gastronomist.**
gatta *f.* **(she-)cat; female cat; tabby (cat); pussy(--cat)** *(fam.)* ● *avere altre gatte da pelare,* to have other fish to fry □ *comprare la g. nel sacco,* to buy a pig in a poke □ *G. ci cova!,* I smell a rat!; there is a snake in the grass!
gattabùia *f. (scherz.)* **jail, gaol; quod, clink, stir, jug** *(pop.)*.
gattamòrta *f. (fam.)* **sly one** ● *fare la g.,* to act slyly.
gatteggiare *v. i.* to **gleam;** to **glint.**
gattésco *a.* **cat-like; cattish; catty; feline.**
gàttice *m. (bot.,* Populus alba) **white poplar.**
gattina *f.* **(female) kitten.**
gattino *m.* ***1*** (piccolo) **little cat;** (giovane) **kitten** ***2*** *(bot., pop.:* amento) **ament; catkin** ● *(fig., fam.) fare i gattini,* to be sick; to cat *(pop.)*.
gatto *m.* **cat; puss, pussy, pussy-cat** *(infant.* e *fam.)*: *un g. maschio,* a male cat; a tomcat □ *un g. selvatico,* a wild cat □ *il G. con gli Stivali,* Puss-in-boots ● *(fig.) g. a nove code,* cat-o'-nine-tails □ *vivere come cane e g.,* to live a cat-and-dog life □ *(fig.) C'erano quattro gatti,* there was hardly anybody there.
gattomammóne *m.* **bogey.**
(1) gattóni *avv.* **on all fours**: *andare g.,* to go on all fours; to crawl ● *gatton g.,* stealthily.
(2) gattóni *m. pl. (pop.:* parotite) **(the) mumps** *(col verbo al sing.)*.
gattopardo *m. (zool.,* Felis serval) **serval; tiger-cat** ● *(zool.) g. americano* (Felis pardalis), ocelot.
gattùccio *m.* ***1*** (sega) **keyhole-saw; compass-saw** ***2*** *(zool.,* Scyliorhinus canicula) **lesser-spotted dogfish** ● *(zool.) g. maggiore* (Scyliorhinus stellaris), larger-spotted dogfish.
gaudènte ***A*** *a.* **pleasure-loving** ***B*** *m.* **playboy; gay spark; reveller.**
gàudio *m.* **joy.**
gaudióso *a. (lett.)* **joyful.**
gauss *m. (fis.)* **gauss.**
gavazzare *v. i. (lett.)* to **lead* a gay life;** to **be dissipated;** to **revel;** to **carouse** *(lett.* o *scherz.)*.
gavétta *f. (mil.)* **mess-tin** ● *(mil.) venire dalla g.,* to rise from the ranks; *(fig.)* to be a self-made man.
gavitèllo *m. (naut.)* **buoy.**
gavòtta *f. (ballo* e *mus.)* **gavotte.**
gazza *f. (zool.,* Pica pica) **magpie.**
gazzarra *f.* **uproar; hubbub; din; hullabaloo.**
gazzèlla *f.* ***1*** *(zool.,* Gazella) **gazelle** ***2*** *(fig.:* auto della polizia) **police car.**
gazzétta *f.* **gazette.**
gazzettino *m.* ***1*** **news-sheet** ***2*** *(fig.)* **gossip; newsmonger** ● *g. rosa,* gossip column.
gèco *m. (zool.)* **gecko*.**
geisha *f. invar.* **geisha*.**
gèl *m. (chim.)* **gel.**
gelare *v. t.* e *i.* to **freeze*;** (raffreddare con ghiaccio) to **ice**: *Stanotte gelerà,* it will freeze tonight □ *(fig.) (far) g. il sangue,* to make (sb.'s) blood freeze ● *(fig.) Mi sentii g.,* I was terrified.
gelata *f.* **frost.**
gelatàio *m.* **ice-cream man*; ice-cream vendor.**
gelaterìa *f.* **ice-cream shop.**
gelatièra *f.* **ice-cream machine.**
gelatina *f.* ***1*** *(cucina)* **jelly** ***2*** *(chim.)* **gelatin** ***3*** (colla di pesce) **isinglass.**
gelatinóso *a.* **jelly-like; gelatinous.**
gelato ***A*** *a.* **icy; frozen** ***B*** *m.* **ice-cream.**
gelidaménte *avv.* **coldly; icily; gelidly.**
gèlido *a.* ***1*** **icy; ice-cold; frozen** ***2*** *(fig.)* **icy; chilly; gelid.**
gèlo *m.* ***1*** (freddo intenso) **cold**: *stare fuori al g.,* to stay outside in the cold ***2*** (ghiaccio) **ice;** (brina) **frost** ***3*** *(fig.)* **chill; iciness.**
gelóne *m. (med.)* **chilblain.**
gelosaménte *avv.* ***1*** **jealously** ***2*** (con cura scrupolosa) **jealously; scrupulously; with loving care.**
gelosìa *f.* ***1*** **jealousy** ***2*** (cura scrupolosa) **solicitude; loving** (o **scrupulous**) **care** ***3*** (persiana) **jalousie; shutter.**
gelóso *a.* ***1*** **jealous**: *essere g. di q.,* to be jealous of sb. ***2*** (sollecito, premuroso) **solicitous** (for); **particular** (about).
gelséto *m.* **mulberry plantation.**
gèlso *m. (bot.,* Morus) **mulberry(-tree).**
gelsomino *m. (bot.,* Jasminum) **jasmin(e); jessamine.**
gemebóndo *a.* **moaning; groaning.**
gemellàggio *m.* **twinning.**
gemellanza *f.* **twinship.**
(1) gemellare *a.* **twin** *(attr.)*: *parto g.,* twin birth.
(2) gemellare *v. t.* to **twin.**
gemèllo ***A*** *a.* **twin** *(attr.)*: *letti gemelli,* twin beds ***B*** *m.* ***1*** **twin** ***2*** (di polsino) **cuff-link** ● *(astron., astrologia) i Gemelli,* the Twins; Gemini.
gèmere ***A*** *v. i.* ***1*** (dolersi) to **moan;** to **groan;** to **wail** ***2***

(trasudare) to **drip**; to **leak**; to **ooze (out)**; to **trickle** ***3*** (tubare) to **coo** ***B*** *v. t.* (emettere, versare a gocce) to **drip**; to **ooze**; to **trickle**.
geminato *a.* **geminate.**
gèmito *m.* **moan; groan; wail.**
gèmma *f.* ***1*** **gem** (anche *fig.*); **jewel** ***2*** (*bot.*) **gemma***; **bud** ***3*** (*zool.*) **gemma*** ● (*bot.*) *mettere le gemme,* to bud.
gemmare ***A*** *v. i.* (*bot.*) to **bud**; to **put* forth buds** ***B*** *v. t.* to **bejewel** ***C*** **gemmarsi** *v. rifl.* to **bejewel oneself.**
gemmazióne *f.* (*bot., biol.*) **gemmation.**
gendarme *m.* ***1*** « **gendarme** »; **policeman*** ***2*** (*fig.*: di donna) **battle-axe** (*fam.*).
gendarmerìa *f.* ***1*** « **gendarmerie** »; **(the) police** ***2*** (caserma) **police-station.**
gène *m.* (*biol.*) **gene.**
genealogìa *f.* **genealogy.**
genealògico *a.* **genealogical**: *un albero g.,* a genealogical tree; a family tree.
genealogista *m.* e *f.* **genealogist.**
genepì *m.* **genepi liqueur.**
(1) generale ***A*** *a.* ***1*** **general; common** ***2*** (nelle gerarchie) **general**: *il direttore g.,* the general manager; (a volte si pospone) *l'ispettore g.,* the Inspector-General ● *in g.,* in general; as a rule ***B*** *m.* **(the) general** ● *tenersi sulle generali,* to keep to generalities.
(2) generale *m.* ***1*** (*mil., aeron.*) **general**: *g. di corpo d'armata,* lieutenant general ***2*** (*relig.*) **general** ● *g. di brigata,* brigadier.
generaléssa *f.* ***1*** **general's wife** ***2*** (*scherz.*) **bossy woman*** (*fam.*).
generalissimo *m.* (*mil.*) **generalissimo***.
generalità *f.* ***1*** **generality**; (concreto, anche) **general run; majority** ***2*** (idea generale) **generalization** ***3*** (*al pl.*, dati per uso burocratico) **name, address, place of birth and other particulars.**
generalizzare *v. t.* e *i.* to **generalize.**
generalizzazióne *f.* **generalization.**
generalménte *avv.* **generally; in general; as a rule.**
generare *v. t.* ***1*** to **give* birth to** (a child); to **procreate**; (di animali) to **breed*** ***2*** (*scient., tecn.*) to **generate**; to **produce** ***3*** (*fig.*) to **generate**; to **beget***; to **breed***.
generativo *a.* **generative.**
generatóre *m.* (*fis., mecc.*) **generator.**
generatrice *f.* (*mat.*) **generatrix***.
generazióne *f.* **generation; procreation.**
gènere *m.* ***1*** **kind; sort**: *gente d'ogni g.,* all sorts of people ***2*** (*biol.*) **genus*** ***3*** (*gramm.*) **gender** ● *generi di prima necessità,* commodities □ *il g. drammatico,* drama □ *il g. epico,* epic poetry □ *il g. umano,* mankind □ *in g.,* generally speaking; as a rule □ *pittura di g.,* « genre » painting □ *unico nel suo g.,* unique.
genericaménte *avv.* **generically; in generic terms.**
genericità *f.* **lack of precision; vagueness.**
genèrico ***A*** *a.* **generic(al); general; vague** ***B*** *m.* (*teatr.*) **utility actor.**
gènero *m.* **son-in-law***.
generosaménte *avv.* **generously; liberally; with open hands.**
generosità *f.* **generosity**; (liberalità) **liberality, munificence.**
generóso *a.* ***1*** **generous; liberal; open-handed** ***2*** (fertile) **rich; generous** ***3*** (abbondante) **plentiful; generous; bounteous.**
gènesi *f.* ***1*** **genesis; origin** ***2*** (Bibbia) **Genesis.**
genètica *f.* (*biol.*) **genetics** (*pl. col verbo al sing.*).
genètico *a.* (*biol., filos.*) **genetic.**
genetista *m.* e *f.* **geneticist.**
genetlìaco ***A*** *a.* (*lett.*) **birthday** (*attr.*) ***B*** *m.* **birthday.**
genétta *f.* (*zool.*, Genetta genetta) **(common) genet.**
gengiva *f.* (*anat.*) **gum.**
gengivite *f.* (*med.*) **gingivitis.**
genìa *f.* (*spreg.*) **brood; tribe.**
geniale *a.* ***1*** **ingenious; clever; brilliant** ***2*** (congeniale) **congenial.**
genialità *f.* **ingeniousness; cleverness; brilliance.**
genialòide *m.* e *f.* **eccentric genius.**
genière *m.* (*mil.*) **sapper; engineer.**
(1) gènio *m.* ***1*** **genius**: *uomini di g.,* men of genius □ *un g. incompreso,* a misunderstood genius ***2*** (spirito o divinità tutelare) **genius*** ***3*** (inclinazione) **genius; talent; flair; (natural) bent** ● *il g. del luogo,* « genius loci » □ *andare a g. a q.,* to be to sb's liking (o taste); to appeal to sb.
(2) gènio *m.* (*mil.*) **Corps of Engineers;** (*in G.B.*) **Royal Engineers** (*abbr.*: **R.E.**) ● *G. Civile,* Civil Engineers.
genitale ***A*** *a.* **genital** ***B*** *m. pl.* **genitals.**
genitivo *a.* e *m.* (*gramm.*) **genitive**: *il (caso) g.,* the genitive (case) ● *il g. sassone,* the possessive case.
genitóre *m.* **father; parent**: *i miei genitori,* my parents.
genitrice *f.* **mother; parent.**
gennàio *m.* **January.**
genocìdio *m.* **genocide.**
genovése *a., m.* e *f.* **Genoese.**
gentàglia *f.* (*spreg.*) **rabble.**
gènte *f.* ***1*** (numero indeterminato di persone) **people, folk** (*collett., col verbo al pl.*): *Quanta g.!,* what a lot of people! □ *La g. dice...,* people say... □ *g. di campagna,* country people ***2*** (popolo, nazione) **people** (*con pl. regolare*) ● *g. di teatro,* stage-folk □ *g. timorata di Dio,* God-fearing people □ (*leg.*) *il diritto delle genti,* the law of nations.
gentildònna *f.* **gentlewoman*; lady.**
gentile *a.* ***1*** **kind**; (garbato) **courteous, polite**: *essere g. con tutti,* to be kind to everyone ***2*** (dolce, mite; di nobile origine) **gentle**: *di casato g.,* of gentle birth □ *il g. sesso,* the gentle sex ***3*** (delicato) **delicate** ***4*** (nelle lettere) **Dear**: *G. Signora,* Dear Madam.
gentilézza *f.* **kindness**; (dolcezza, tenerezza) **gentleness**; (garbo, cortesia) **courtesy, politeness** ● *Per g.!,* please!
gentili *m. pl.* ***1*** (*Bibbia:* i non Ebrei) **Gentiles** ***2*** (i pagani) **heathens.**
gentilìzio *a.* **aristocratic; noble** ● *stemma g.,* coat of arms.
gentilménte *avv.* **kindly; politely; gently.**
gentiluòmo *m.* **gentleman*** ● *g. di campagna,* squire.
genuflessióne *f.* **genuflexion, genuflection.**
genuflèttersi *v. rifl.* to **genuflect**; to **kneel* down.**
genuinità *f.* **genuineness; authenticity.**
genuino *a.* **genuine; authentic; unsophisticated.**
genziana *f.* (*bot.*, Gentiana) **gentian.**
geo- (*nei composti:* significa "terra", "globo terrestre") **geo-**: *geomorfologia,* geomorphology.
geocèntrico *a.* (*astron., geogr.*) **geocentric.**
geocentrismo *m.* **geocentricism.**
geochìmica *f.* **geochemistry.**
geòde *m.* (*miner.*) **geode.**
geodesìa *f.* **geodesy; geodetics** (*pl. col verbo al sing.*).
geodètico *a.* **geodetic.**
geofìsica *f.* **geophysics** (*pl. col verbo al sing.*).
geofìsico ***A*** *a.* **geophysical** ***B*** *m.* **geophysicist.**
geografìa *f.* **geography.**
geogràfico *a.* **geographic(al).**
geògrafo *m.* **geographer.**
geòide *m.* **geoid.**
geolinguìstica *f.* **geolinguistics** (*pl. col verbo al sing.*).
geologìa *f.* **geology.**
geològico *a.* **geologic(al).**
geòlogo *m.* **geologist.**
geomagnetismo *m.* **geomagnetism; terrestrial magnetism.**
geòmetra *m.* ***1*** (*raro:* cultore di geometria) **geometer** ***2*** (agrimensore) **land-surveyor.**
geometrìa *f.* **geometry.**
geomètrico *a.* **geometric(al).**
geopolìtica *f.* **geopolitics** (*pl. col verbo al sing.*).

geòrgico *a.* — *poema g.*, georgic ● *le Georgiche*, the Georgics.
geotècnica *f.* **geotechnics** *(pl. col verbo al sing.).*
Gèova *m. (Bibbia)* **Jehovah** ● *(relig.) testimoni di G.*, Jehovah's Witnesses.
gerànio *m.* (*bot.*, Geranium) **geranium.**
gerarca *m.* ***1*** *(relig.)* **hierarch** ***2*** *(polit.)* **(party) leader.**
gerarchìa *f.* **hierarchy.**
geràrchico *a.* **hierachic(al)** ● *per via gerarchica*, through official channels.
geremìade *f.* **jeremiad.**
gerènte *m.* **manager; managing director.**
gerènza *f.* **management.**
gergale *a.* **slangy; slang** *(attr.)*; **cant** *(attr.)*: *una espressione g.*, a slang expression.
gèrgo *m.* **slang; cant; jargon** ● *g. giornalistico*, journalese.
geriatra *m.* e *f.* **geriatrician; geriatrist.**
geriatrìa *f. (med.)* **geriatrics** *(pl. col verbo al sing.).*
geriàtrico *a. (med.)* **geriatric.**
gèrla *f.* **pannier.**
germànico *a.* ***1*** **Teutonic; Germanic** ***2*** (tedesco) **German.**
germànio *m. (chim.)* **germanium.**
germanişmo *m.* **Germanism.**
germanista *m.* e *f.* **Germanist.**
germanìstica *f.* **Germanic (**o **German) studies** *(pl.)*; **Germanistics** *(pl. col verbo al sing.).*
germaniẓẓare ***A*** *v. t.* e *i.* to **Germanize** ***B*** **germaniẓẓarsi** *v. rifl.* to **become* Germanized.**
(1) germano *a. (lett.)* **german**: *fratello g.*, brother-german.
(2) germano *m.* (*zool.*, Anas platyrhynchos) **mallard; wild(-)duck.**
gèrme *m.* ***1*** **germ; embryo*** ***2*** *(fig.)* **germ; seed; source.**
germicida *m.* **germicide.**
germinale *a.* **germinal; embryonic.**
germinare *v. i.* to **germinate;** to **sprout.**
germinazióne *f.* **germination.**
germogliare ***A*** *v. i.* ***1*** to **bud;** to **sprout;** to **germinate;** to **shoot*** ***2*** *(fig.)* to **spring* up** ***B*** *v. t.* to **put* forth;** to **sprout.**
germòglio *m.* **bud; sprout; shoot; offset.**
geroglìfico ***A*** *a.* **hieroglyphic** ***B*** *m.* **hieroglyph** (anche *fig.*).
gerontologìa *f. (med.)* **gerontology.**
gerontòlogo *m.* **gerontologist.**
geroşolimitano ***A*** *a.* **of Jerusalem** ***B*** *m.* **Hospital(l)er; Knight (of the order) of St John of Jerusalem; Knight of Malta.**
gerùndio *m. (gramm.)* **gerund.**
gerundivo *m. (gramm.)* **gerundive.**
gessàia *f.* **chalk-pit.**
gessétto *m.* **piece of chalk; crayon.**
gèsso *m.* ***1*** **chalk** ***2*** *(med., scult., edil.)* **plaster** ***3*** *(miner.)* **gypsum** ● *g. da stucchi*, gesso.
gessóso *a.* **chalky.**
gèsta *f. pl. (lett.)* **deeds; (heroic) achievements.**
gestante *f.* **pregnant woman*; expectant mother.**
gestatòrio *a.* — *(relig.) sedia gestatoria*, gestatorial chair.
gestazióne *f.* **pregnancy; gestation** (anche *fig.*).
gesticolare *v. i.* to **gesticulate.**
gesticolazióne *f.* **gesticulation.**
gestionale *a.* **managerial.**
gestióne *f.* **management; administration.**
(1) gestire *v. i.* (gesticolare) to **gesticulate.**
(2) gestire *v. t.* (amministrare) to **run*;** to **manage;** to **administer.**
gèsto *m.* ***1*** **gesture**: *fare un g.*, to make a gesture ***2*** (azione) **deed.**
gestóre *m.* **manager; administrator.**
Gesù *m.* **Jesus**: *G. Cristo*, Jesus Christ ● *G. Bambino*, the Holy Child □ *(inter.) G.!*, goodness me!; goodness gracious!
geşuita *m. (relig.)* **Jesuit** (anche *fig., spreg.*).
geşuìtico *a.* **Jesuitic(al)** (anche *fig., spreg.*).
geşuitişmo *m.* **Jesuitism** (anche *fig., spreg.*).
geşummarìa *inter.* **good heavens!**
gettare ***A*** *v. t.* ***1*** to **throw*** (anche *fig.*): *g. via (giù)*, to throw away (down) □ *g. q. a terra*, to throw sb. to the ground □ *g. q.c. in faccia a q.*, to throw (o to cast) st. in sb.'s teeth □ *g. luce su q.c.*, to throw light on st. ***2*** (« fondere » in scultura; in certe frasi fatte, ecc.) to **cast***: *g. in bronzo*, to cast in bronze □ *(naut.) g. l'ancora*, to cast anchor □ *g. biasimo su q.*, to cast (o to throw) blame on sb. ***3*** (con impeto) to **fling***; (scagliare) to **hurl**: *g. in aria il cappello*, to fling one's hat up (in the air) □ *g. un sasso a q.*, to fling (o to throw) a stone at sb. ***4*** (senza sforzo) to **toss**: *g. una palla a q.*, to toss (o to throw) a ball to sb. ***5*** (fruttare, rendere) to **yield** ***6*** (*naut.*: il carico, la zavorra, ecc., per alleggerire) to **jettison** ***B*** *v. i.* (di piante) to **sprout;** to **bud** ***C*** **gettarsi** *v. rifl.* ***1*** to **throw* oneself;** to **cast* oneself**: *g. nelle braccia di q.*, to throw oneself into sb.'s arms ***2*** (con impeto) to **fling* oneself;** to **hurl oneself**: *g. su una sedia*, to fling oneself on to a chair ***3*** (sfociare) to **flow** ● *g. a terra*, to throw oneself down □ *g. in ginocchio*, to fall on one's knees.
gettata *f.* ***1*** **throw** ***2*** *(metall.)* **cast** ***3*** (diga) **jetty** ***4*** *(bot.)* **shoot** ***5*** *(mil.)* **range.**
gèttito *m. (fin.)* **yield; takings** *(pl.)* ● *g. fiscale*, tax revenue.
gètto *m.* ***1*** (lancio) **throw; hurl** ***2*** (di liquido) **jet; spouting; spurt;** (*med.*, anche) **flux, discharge** ***3*** (fusione) **casting** ***4*** *(mecc.)* **jet** ***5*** *(bot.)* **shoot; sprout** ***6*** (il buttare a mare q.c. per alleggerire la nave) **jettison** ● *a g. continuo*, uninterruptedly □ *di g.*, in one go *(fam.)*.
gettonare *v. t.* ***1*** (telefonare a q.) to **ring*** (sb.) **up** ***2*** (far suonare una canzone in un juke-box) to **select** (a record) **on a juke-box.**
gettóne *m.* ***1*** (al gioco) **counter; chip** (solo di giochi d'azzardo) ***2*** *(tel.)* **telephone counter** ***3*** (di presenza) **attendance-check.**
geyser *m. (geol.)* **geyser.**
ghènga *f. (scherz.)* **band; set; gang** *(scherz.)*.
ghepardo *m.* (*zool.*, Acinonyx jubatus) **cheetah.**
ghéppio *m.* (*zool.*, Falco tinnunculus) **kestrel; windhover** *(dial.)*.
gherìglio *m.* **kernel.**
gherminèlla *f.* **trick.**
ghermire *v. t.* to **seize;** to **snatch;** to **clutch.**
gheróne *m.* **gusset.**
ghétte *f. pl.* (alte) **gaiters;** (basse) **spats.**
ghettiẓẓare *v. t.* to **ghettoize;** to **ghetto.**
ghétto *m.* ***1*** **ghetto*** ***2*** (quartiere povero, malfamato) **slum.**
ghiacciàia *f.* ***1*** **ice-house** ***2*** (frigorifero) **refrigerator; fridge** *(fam.)*.
ghiacciàio *m.* **glacier.**
ghiacciare ***A*** *v. t.* to **freeze*;** to **ice** ***B*** *v. i.* to **freeze*;** to **ice over.**
ghiacciata *f.* **iced drink.**
ghiacciato *a.* ***1*** (gelato) **frozen** ***2*** (freddissimo) **icy; ice-cold.**
ghiàccio ***A*** *m.* **ice**: (anche *fig.*) *rompere il g.*, to break the ice □ *un campo di g.*, an ice-field ***B*** *a.* **icy; cold**: *sudore g.*, cold sweat.
ghiacciòlo *m.* ***1*** **icicle** ***2*** (di pietra preziosa) **flaw** ***3*** (tipo di gelato) **ice-lolly** *(fam.)*.
ghiàia *f.* **gravel; shingle** (specialm. su spiaggia marina).
ghiaióne *m.* **scree.**
ghiaióso *a.* **gravelly.**
ghianda *f. (bot.)* **acorn.**
ghiandàia *f.* (*zool.*, Garrulus glandarius) **jay.**
ghiàndola *f. (anat.)* **gland.**
ghiandolare *a. (anat.)* **glandular.**
ghibellino *a.* e *m. (stor.)* **Ghibelline.**
ghibli *m.* **gibleh.**
ghièra *f.* **ferrule; metal ring.**
ghigliottina *f.* **guillotine** ● *finestra a g.*, sash window.
ghigliottinare *v. t.* to **guillotine.**
ghigna *f. (fam.)* **grim-frowning face; cheeky look.**
ghignare *v. i.* to **sneer;** to **leer.**

ghigno *m.* **sneer; leer; sardonic grin.**
ghinèa *f.* *(numismatica;* oggi moneta di conto*)* **guinea.**
ghìngheri *m. pl.* — *in g.*, in one's Sunday best; dressed up to the nines *(fam.)* ⊔ *mettersi in g.*, to dress up.
ghiótta *f.* *(cucina)* **dripping pan.**
ghiótto *a.* ***1*** (di persona) **greedy; gluttonous** ***2*** (di cibo, ecc.) **delicious; dainty; appetizing** ● *essere g. di cose dolci*, to have a sweet tooth.
ghiottóne *m.* ***1*** **greedy person; glutton; gourmand** ***2*** *(zool.,* Gulo gulo*)* **glutton.**
ghiottonerìa *f.* ***1*** **greediness; gluttony** ***2*** (cibo ghiotto) **delicious dish; tit-bit** ***3*** *(fig.)* **rarity.**
ghiòzzo *m.* *(zool.,* Gobius*)* **goby.**
ghirba *f.* **water-skin** ● *(fig.) salvare la g.*, to save one's skin.
ghiribìzzo *m.* **whim; whimsical notion; caprice** ● *Mi saltò il g. (di)*, I suddenly took it into my head (to).
ghirigòro *m.* **scribble; doodle;** (*al pl.*, anche) **loops and squiggles.**
ghirlanda *f.* **wreath; garland.**
ghiro *m.* *(zool.,* Glis glis*)* **dormouse*.**
ghirónda *f.* *(mus.)* **hurdy-gurdy.**
ghìsa *f.* *(metall.)* **cast iron** ● *g. di prima fusione*, pig iron.
già *avv.* ***1*** **already**: *È già tardi*, it's already late ***2*** (un tempo) **former** *(agg.)*; **formerly** *(avv.)* ***3*** *(rafforzativo)* **indeed** *(spesso si omette)* ***4*** *(per indicare consenso)* **of course; yes; absolutely; sure** (specialm. *USA*) ● *di già*, already ⊔ *Di già?*, what, already?
giacca *f.* **coat; jacket** ● *g. a vento*, windcheater; anorak; parka (specialm. *USA*).
giacché *cong.* **as; since; in as much as** *(lett.)*.
giacchétta *f.* **jacket.**
giacchio *m.* **casting net.**
giacènte *a.* ***1*** **pending; in abeyance** ***2*** (di lettera o pacco) **undelivered; unclaimed** ● *ufficio della posta g.*, dead-letter office.
giacènza *f.* ***1*** *(fin., rag.)* **cash in hand** ***2*** *(comm.)* **remainder** ***3*** (merce in magazzino) **stock (on hand)** ● *capitale in g.*, uninvested capital ⊔ *giacenze di magazzino*, unsold goods ⊔ *giorni di g.* (controstallìe), demurrage ⊔ *libri in g.* (copie invendute), unsold copies ⊔ *merce in g.* (non ritirata), unclaimed goods.
giacére *v. i.* to **lie***: *g. bocconi*, to lie on one's face ⊔ *g. supino*, to lie on one's back.
giacìglio *m.* **pallet; couch** *(lett.)*.
giaciménto *m.* *(geol.)* **layer; deposit** ● *g. di petrolio*, oil-field ⊔ *g. minerario*, ore body.
giacinto *m.* *(bot.,* Hyacinthus orientalis*)* **hyacinth.**
giacobinìsmo *m.* *(stor.)* **Jacobinism.**
giacobino *m.* e *a.* *(stor.)* **Jacobin.**
giacobita *m.* e *f.* *(stor.)* **Jacobite.**
giaconétta *f.* *(ind. tessile)* **jaconet.**
giaculatòria *f.* ***1*** *(relig.)* **ejaculatory prayer** ***2*** (bestemmia) **curse.**
giada *f.* *(miner.)* **jade.**
giaggiòlo *m.* (*bot.*, Iris) **iris***; (*lett.*, anche) **flower--de-luce.**
giaguaro *m.* (*zool.*, Panthera onca) **jaguar.**
gialappa *f.* *(bot.,* Exogonium purga; *farm.)* **jalap.**
giallastro, giallìccio *a.* **yellowish.**
giallista *m.* e *f.* **detective-story writer.**
giallìstica *f.* *(letter.)* **detective fiction.**
giallo ***A*** *a.* ***1*** **yellow**: *(polit.) il pericolo g.*, the yellow peril ***2*** (di carnagione) **sallow** ***B*** *m.* ***1*** **yellow** ***2*** (d'uovo) **yolk** ***3*** (romanzo o film poliziesco) **thriller; crime** (o **murder) story** (o **play, film)**; (racconto poliziesco) **detective story.**
giallógnolo *a.* **yellowish.**
giallume *m.* ***1*** **unpleasant** (o **nasty) yellowness** ***2*** (malattia delle piante) **(the) yellows** *(pl.)*.
giamaicano *a.* e *m.* **Jamaican.**
giàmbico *a.* *(poesia)* **iambic.**
giambo *m.* *(poesia)* ***1*** **iambus*; iamb** ***2*** (satira in giambi) **iambics** *(pl.)*.
giammài *avv.* **never**: *G. lo dimenticherò*, I'll never forget him.
gianduia *m.* *(cucina)* **gianduia (chocolate cream).**
giannìzzero *m.* ***1*** **janissary, janizary** ***2*** *(fig.)* **henchman*.**
giansenìsmo *m.* *(relig.)* **Jansenism.**
giansenista *m.* e *f.* *(relig.)* **Jansenist.**
giapponése *a.*, *m.* e *f.* **Japanese** ● *lotta g.*, ju-jitsu; judo.
giapponeserìa *f.* **Japanese bric-à-brac.**
giara *f.* **(earthenware) jar.**
giardinàggio *m.* **gardening.**
giardinétta *a.* *(autom.)* **estate car; station-wagon** *(USA)*.
giardinièra *f.* ***1*** (mobile per vasi da fiori) **jardinière** *(franc.)* ***2*** *(autom.)* **estate car; station-wagon** *(USA)* ***3*** *(cucina)* **pickles** *(pl.)*.
giardinière *m.* **gardener.**
giardino *m.* **garden**: *g. zoologico*, zoological gardens *(pl.)*; zoo ● *g. d'infanzia*, kindergarten; nursery school.
giarrettièra *f.* **garter;** (di busto o reggicalze) **suspender** ● *Ordine della G.*, Order of the Garter.
giavanése *a.* e *m.* **Javanese; Javan.**
giavazzo *m.* *(miner.)* **jet.**
giavellottista *m.* e *f.* *(sport)* **javelin thrower.**
giavellòtto *m.* **javelin** ● *(sport) il lancio del g.*, the javelin.
gibbóso *a.* **gibbous; humped.**
gibèrna *f.* **cartridge-box.**
gibus *m.* **gibus; opera-hat.**
giga *f.* (danza) **gigue; jig.**
gigante ***A*** *m.* **giant** ● *fare passi da g.*, to make great strides; to make astonishing progress ***B*** *a.* **huge; gigantic; giant** *(attr.)*.
giganteggiare *v. i.* to **rise* like a giant;** to **tower** (over).
gigantésco *a.* **gigantic; giant** *(attr.)*.
gigantéssa *f.* **giantess.**
gigantìsmo *m.* *(med.)* **gigantism; giantism.**
gigantografìa *f.* *(fotogr.)* **blow-up.**
gigióne *m.* *(gergo teatr.)* **ham** *(pop.)*.
gigioneggiare *v. t.* *(gergo teatr.)* to **ham** *(pop.)*.
gigionìsmo *m.* *(gergo teatr.)* **hamming** *(pop.)*.
gìglio *m.* ***1*** (*bot.*, Lilium) **lily** ***2*** *(araldica)* **lily** ● *(araldica) g. di Francia*, fleur-de-lis ⊔ *bianco come un g.*, lily-white.
gigolette *(franc.)* *f.* *(gergo:* ragazza della malavita*)* **moll** *(pop.)*.
gigolo *m.* **gigolo*; lounge-lizard** *(pop.)*.
gilè *m.* **waistcoat.**
gimnòto *m.* *(zool.)* ***1*** (Gymnotus) **gymnotid** ***2*** (Electrophorus electricus) **electric eel.**
gin *m.* **gin.**
gincana *f.* *(sport)* **gymkhana.**
ginecèo *m.* **gynaeceum*** (anche *bot.*).
ginecologìa *f.* *(med.)* **gynaecology.**
ginecològico *a.* *(med.)* **gynaecological.**
ginecòlogo *m.* *(med.)* **gynaecologist.**
ginepràio *m.* ***1*** *(bot.)* **juniper thicket** ***2*** *(fig.)* **fix; hole** *(fam.)*; **tight corner** *(fam.)*: *cacciarsi in un g.*, to get oneself into a (bad) fix.
ginépro *m.* (*bot.*, Juniperus communis) **juniper.**
ginèstra *f.* (*bot.*, Genista; Cytisus) **broom.**
ginestrèlla *f.* (*bot.*, Genista tinctoria) **dyer's broom; greenweed.**
ginestróne *m.* (*bot.*, Ulex europaeus) **furze; gorse; whin.**
ginevrino ***A*** *a.* **of Geneva; Geneva** *(attr.)* ***B*** *m.* **Genevan.**
gingillarsi *v. rifl.* ***1*** to **dawdle;** (oziare) to **idle** ***2*** (giocherellare) to **fiddle** (with).
gingillo *m.* ***1*** (ninnolo) **knick-knack; trinket; gimcrack; gewgaw; bauble** ***2*** (balocco) **toy** ● *perdersi in gingilli*, to trifle away one's time.
gingillóne *m.* **dawdler; idler.**
ginnasìale *a.* **grammar-school** *(attr.)*: *(studente) g.*, grammar-school student; high-school student *(USA)*.
ginnàsio *m.* **grammar school; (junior) high school** *(USA)*.
ginnasta *m.* e *f.* **gymnast.**
ginnàstica *f.* **gymnastics** *(pl. col verbo al sing.)*; **gym** *(fam.)*; **physical training** ● *g. ritmica*, callisthenics *(pl. col verbo al sing.)*.

ginnàstico *a.* **gymnastic; gym** *(attr.) (fam.).*
gìnnico *a.* **gymnastic** ● *giochi ginnici,* athletic games.
ginocchiata *f.* **blow with the knee.**
ginocchièllo *m.* **1** (per protezione) **knee-pad 2** (parte dell'armatura) **knee-piece.**
ginocchièra *f.* **1 knee-band; knee-cap 2** *(sport)* **knee-guard 3** *(mecc.)* **toggle.**
ginòcchio *m.* **knee**: *In g.!,* down on your knees! □ *piegare il g.,* to bend one's knee ● *(che arriva) fino al g.,* knee-deep □ *in g.,* on one's knees; kneeling □ *mettersi in g.,* to kneel down □ *stare in g.,* to kneel.
ginocchióni *avv.* **on one's knees; kneeling.**
ginsèng *m.* *(bot.,* Panax ginseng; anche la radice) **ginseng.**
giocare A *v. i.* e *t.* **1** to **play**: *g. una carta (bene le proprie carte),* to play a card (one's cards well) □ *g. a palla (a bocce, a carte, a scacchi),* to play ball (bowls, cards, chess) □ *g. agli indiani (ai soldati),* to play at being Indians (soldiers) **2** (d'azzardo) to **gamble;** (in Borsa) to **speculate 3** (scommettere) to **bet*;** (puntare) to **stake**: *g. alle corse (ippiche),* to bet on horses **4** (ingannare, prendere in giro) to **take*** (sb.) **in;** to **outwit** (sb.); to **make* a fool of** (sb.) ● (in Borsa) *g. al rialzo,* to bull □ (in Borsa) *g. al ribasso,* to bear □ *g. la vita,* to risk one's life □ *(fig.) A che gioco giochiamo?,* what is your little game? (o what are you up to?) **B giocarsi** *v. rifl.* **1** (perdere) to **gamble away;** *(fig.)* to **lose* 2** (scommettere) to **bet* 3** (farsi gioco) to **make* game** (of).
giocata *f.* **1** (mossa del gioco) **move 2** (puntata) **stake 3** (partita) **game 4** *(con una locuz. verbale)*: *In due giocate persi tutto,* I played twice and lost everything.
giocatóre *m.* **1 player**: *(sport) un g. di calcio,* a football player; a footballer **2** (d'azzardo) **gambler.**
giocàttolo *m.* **toy; plaything** (anche *fig.*): *un negozio di giocattoli,* a toy-shop.
giocherellare *v. i.* to **play;** to **toy;** (nervosamente) to **fiddle.**
giochétto *m.* **1** (scherzo) **joke;** (tiro mancino) **trick 2** *(fig.:* lavoro assai facile) **child's play.**
giòco *m.* **1 game**: *Che g. si fa?,* what game shall we play? □ *giochi all'aperto,* outdoor games □ *Ah, sarebbe questo il tuo g.?,* so that's your little game? **2 play**: *g. leale (sleale),* fair (foul) play □ *g. di parole,* play upon words; pun **3** *(mecc.)* **clearance; play 4** (scherzo) **joke; fun**: *prendersi g. di q.,* to make fun of sb. **5** (tutti gli attrezzi di un gioco) **game; set 6** (di Borsa) **speculation** (o **gambling) on the Stock-Exchange** ● *giochi d'acqua,* waterworks □ *(fig.) aver buon g.,* to have all the advantages on one's side □ *barare al g.,* to be a card-sharper □ *campo di g.,* (sportivo) playing field; (per bambini) playground □ *casa da g.,* gaming house □ *(fig.) celare il proprio g.,* to play a deep game □ *(fig.) entrare in g.,* to come into play □ *(fig.) fare il g. di q.,* to play into sb.'s hands □ *fare il doppio g. con q.,* to double-cross sb. □ *(fig.) essere in g.,* to be at stake □ *perdere una fortuna al gioco,* to gamble away a fortune □ *stare alle regole del g.,* to play the game □ *tavoloda g.,* gaming-table; card-table □ *È un g. da ragazzi!,* it's child's play!
giocofòrza *m.* — *essere g.,* to be necessary □ *Gli fu g. partire,* he had to leave.
giocolière *m.* **juggler.**
giocondità *f.* **joyousness; gaiety; cheerfulness; mirth.**
giocóndo *a.* **joyous; gay; cheerful.**
giocóso *a.* **playful; jocose; merry; gay; light-hearted** ● *(mus.) opera giocosa,* comic opera □ *(letter.) poesia giocosa,* burlesque poetry.
giogàia *f.* **1** (di bovini) **dewlap 2** *(geogr.)* **range of mountains.**
giógo *m.* **1 yoke** (anche *fig.*) **2** (di bilancia) **beam 3** *(geogr.)* **mountain ridge.**
(1) gioia *f.* **joy; gladness; delight**: *lagrime di gioia,* tears of joy □ *saltare dalla g.,* to jump for joy ● *darsi alla pazza g.,* to give oneself up to a whirl of pleasure □ *G. mia!,* my love!
(2) giòia *f.* (pietra preziosa) **jewel; gem; precious stone.**
gioielleria *f.* **1** (l'arte) **jeweller's craft 2** (bottega) **jeweller's shop.**
gioiellière *m.* **jeweller.**
gioièllo *m.* **jewel** (anche *fig.*); **piece of jewellery;** (*al pl.,* anche) **jewellery** *(sing. collett.)*: *i gioielli della Corona,* the Crown Jewels.
gioióso *a.* **joyous; joyful; glad; happy; gay.**
gioire *v. i.* to **rejoice** (at); to **delight** (in).
giorgina *V.* **dàlia.**
giornalàio *m.* **newsagent; news-vendor;** (strillone) **news-boy.**
giornale *m.* **1 newspaper; paper;** (specificamente quotidiano) **daily;** (di un foglio solo) **news-sheet 2** (diario) **diary; journal** (anche nel nome di certi periodici) **3** *(naut.:* g. di bordo) **journal; log(-book) 4** *(rag.)* **day-book; journal 5** *(cinem.)* **news-reel 6** (*al pl., collett.:* la stampa) **(the) press** ● *g. di moda,* fashion magazine □ *g. di piccolo formato* (con molte fotografie), tabloid □ *g. radio,* news bulletin; newscast □ *g. settimanale,* weekly □ *ritagli di g.,* press cuttings.
giornalièro A *a.* **daily; everyday** *(attr.)* **B** *m.* **day-labourer.**
giornalismo *m.* **journalism;** (la stampa) **(the) press.**
giornalista *m.* e *f.* **journalist; reporter** ● *g. indipendente,* free lance.
giornalìstico *a.* **journalistic** ● *(spreg.) linguaggio g.,* journalese.
giornalménte *avv.* **daily.**
giornante *f.* **daily help; charwoman*.**
giornata *f.* **day;** (lavoro di un giorno) **day's work;** (paga di un giorno di lavoro) **day's pay** ● *Telefoneranno in g.,* they'll telephone sometime today.
giórno *m.* **1 day**: *uno di questi giorni,* one of these days □ *un g. o l'altro,* some day or other □ *un g. dopo l'altro,* day after day □ *un g. sì, un g. no* (o *a giorni alterni),* every other day □ *di g.,* by day □ *a giorni,* in a few days' time; in a few days **2** (luce del g.) **daylight; daytime;** (ma anche) **day**: *È g. chiaro,* it's broad day(light) **3** (*al pl.,* per « tempo », ecc., anche) **time(s); spell**: *giorni difficili,* hard times **4** — (nel saluto) *Buon g.!,* good morning (prima di mezzogiorno); good afternoon (dopo mezzogiorno) ● *al g. d'oggi,* nowadays □ *dare gli otto giorni (di preavviso),* to give a week's notice □ *fare di notte g.,* to turn night into day (o to be a night-bird) □ *lavorare g. e notte (tutto il santo g.),* to work day and night (all day long) □ *(cucito) punto a g.,* hemstitch □ *quindici* (o *quattordici) giorni,* a fortnight □ *Che g. è oggi?,* (del mese) what's the date today?; (della settimana) what day of the week is it today? □ *Cento di questi giorni!,* many happy returns of the day!
giòstra *f.* **1 joust 2** (nelle fiere) **merry-go-round; roundabout; carousel** *(USA).*
giostrare *v. i.* **1** to **joust;** to **tilt 2** *(fig.:* destreggiarsi) to **manoeuvre;** to **manage.**
giottésco A *a.* **Giottesque B** *m.* **follower of Giotto.**
giovaménto *m.* (beneficio) **benefit;** (miglioramento) **improvement;** (anche finanziario) **relief;** (vantaggio) **advantage.**
gióvane A *a.* **1 young**: *morire in g. età,* to die young (o at a young age) **2** (giovanile) **youthful 3** (non stagionato) **new** ● *il g. Jones,* Jones junior □ *il mio fratello più g.,* (fra due) my younger brother; (fra più di due) my youngest brother **B** *m.* **1 young man*; youth 2** (aiutante) **assistant C** *f.* **girl; young woman* D** *m.* e *f. pl.* **young people E** *avv.* **as a young man** (o **woman).**
giovanétta *f.* **girl.**
giovanétto *m.* **boy; lad** *(fam.).*
giovanile *a.* **juvenile; youthful; young(-looking)** ● *(letter.) opere giovanili,* juvenilia *(lat.).*
giovanòtto *m.* **1 young man*; young chap 2** (scapolo) **bachelor.**
giovare A *v. i.* **1** (essere utile) to **be useful;** to **be of use;** to **be a help 2** (far bene) to **be good** (for sb., st.); to **do*** (sb., st.) **good** ● *Giova ricordare che...,* it should be remembered that... **B giovarsi** *v. rifl.* to **take* advantage** (of); to **make* use** (of).
giovedì *m.* **Thursday**: *di g.* (o *ogni g.),* on Thurs-

days.

giovènca *f.* **heifer.**

giovènco *m.* **steer.**

gioventù *f.* **1 youth 2** (i giovani) **young people; (the) young** ● *la g. bruciata,* the beat generation.

giovévole *a.* **useful; helpful; advantageous; good** (for sb., st.).

gioviale *a.* **jovial; cordial; jolly.**

giovialità *f.* **joviality; jollity.**

giovialóne *m.* **jolly** (o **cheery**) **fellow.**

giovinastro *m.* **hooligan; hoodlum** *(USA).*

giovinézza *f.* **youth.**

gipsotèca *f.* **collection** (o **gallery**) **of plaster casts.**

giràbile *a.* *(comm., leg.)* **endorsable.**

giradischi *m.* **record-player.**

giradito *m.* *(med.)* **whitlow.**

giraffa *f.* **1** (*zool.,* Giraffa camelopardalis) **giraffe 2** *(cinem., radio, telev.)* **boom 3** *(fig.)* **giraffe.**

giraffista *m.* *(cinem., radio, telev.)* **boom operator.**

giraménto *m.* **1 turning 2** (di capo) **fit of giddiness** (o **of dizziness**) ● *avere un g. di capo,* to feel dizzy.

giramóndo *m.* e *f. invar.* **vagrant; rolling-stone; globetrotter.**

giràndola *f.* **1 Catherine-wheel 2** (banderuola) **weathercock** (anche *fig.*) **3** (giocattolo) **(toy) windmill 4** (*fig.:* turbinìo) **whirl.**

girandolare *v. i.* to **stroll;** to **saunter;** to **gad about** *(fam.).*

girandolóne *m.* **stroller; saunterer; gad-about** *(fam.).*

girandolóni *avv.* — *andare g.,* to stroll; to mooch about *(pop.).*

girante *m.* e *f.* *(comm.)* **endorser.**

girare A *v. t.* **1** to **turn**: *g. la chiave nella toppa,* to turn the key in the key-hole **2** (intorno a un ostacolo, anche *fig.;* andare intorno a q.c.) to **go*** (o to **get***) **round** (st.) **3** (esplorare, esaminare) to **go*** (o to **have been**) **all over** (a place): *Ho girato tutta la casa,* I have been all over the house **4** (visitare viaggiando) to **tour;** to **travel 5** *(comm.)* to **endorse;** to **make* over** (st. to sb.) **6** (*cinem.:* di regista) to **shoot*;** to **film B** *v. i.* **1** to **turn;** (rapidamente sul proprio asse, anche) to **spin*;** (specialm. *mecc.*) to **revolve;** (turbinare) to **whirl 2** to **go* (all around);** (serpeggiare) to **wind* (around) 3** (andare attorno) to **go* about;** to **be on the go** *(fam.)*: *È tutto il giorno che giro,* I've been on the go all day **4** (vagare) to **wander;** to **ramble;** to **roam;** to **stroll 5** (del vento) to **veer 6** (essere in circolazione, anche *fig.*) to **circulate;** to **go* around** ● *g. il discorso,* to change the subject □ *g. una domanda,* to evade a question □ *g. la pagina,* to turn over the page □ *(naut.) g. sull'ancora,* to swing at anchor □ *far g. la testa a q.,* to turn sb's head □ *(fig.) Gira e rigira...,* no matter how hard I (o you, he, etc.) tried...; after looking here, there, and everywhere... □ *Mi gira la testa,* I feel dizzy □ *Se mi gira...,* if I feel like it...; if I'm in the mood... □ *Che ti gira?,* what's the matter with you? **C girarsi** *v. rifl.* **1** to **turn;** to **turn round 2** (cambiare posizione) to **turn over;** (agitarsi nel letto, ecc.) to **toss.**

girarròsto *m.* **roasting-jack; spit.**

girasóle *m.* (*bot.,* Helianthus annuus) **sunflower.**

girata *f.* **1 turn; turning**: *una g. di chiave,* a turn of the key **2** (passeggiata) **walk; stroll;** (in bicicletta, motocicletta) **ride;** (in auto) **drive, run 3** *(comm.)* **endorsement.**

giratàrio *m.* *(comm.)* **endorsee.**

giravòlta *f.* **1 full turn 2** (mutamento repentino) **shift 3** (curva) **sharp bend; hair-pin bend** ● *fare una g.,* to turn right round.

girèlla A *f.* (carrucola) **pulley B** *m.* (voltagabbana) **weathercock; turn-coat.**

girellare *v. i.* to **stroll;** to **saunter;** to **gad about** *(fam.).*

girèllo *m.* **1** (per bambini) **baby-walker; go-cart** (specialm. *USA*) **2** (di carciofo) **heart 3** (macelleria) **round; silverside.**

girellóne *m.* **loafer; saunterer; gad-about** *(fam.).*

girétto *m.* **short walk; stroll; saunter.**

girévole *a.* **turning; revolving; rotating** ● *poltrona g.,* swivel chair □ *ponte g.,* swing bridge.

girigògolo *m.* **1** (svolazzo) **flourish 2** (scarabocchio) **scrawl.**

girino *m.* *(zool.)* **tadpole.**

giro *m.* **1 turn**: (anche *fig.*) *un g. di vite,* a turn of the screw **2** (cerchio, circuito) **circle; ring; circuit 3** (di fune, ecc.) **coil 4** (*sport:* percorso) **tour;** (giro di pista) **lap**: *il g. di Francia,* the tour of France **5** (viaggio) **tour**: *il g. del mondo,* a tour around the world **6** (passeggiata) **stroll; walk;** (in auto) **drive, run;** (in bicicletta, in motocicletta) **ride**: *fare un g.,* to go for a stroll (o a drive, a ride) **7** (del postino) **round 8** (deviazione) **detour 9** *(mecc.)* **revolution 10** (nei lavori a maglia) **row 11** (*fig.:* ambiente) **circuit; ring**: *il g. della droga,* the drug circuit ● *(comm.) g. d'affari,* turnover □ *g. della manica,* arm-hole □ *g. di parole,* circumlocution; roundabout expression □ *andare in g.,* to go around □ *fare il g. di q.c.,* to go round st. □ *fare il g. notturno di Roma,* to do « Rome by night » □ *mettere in g. una chiacchiera,* to spread a rumour □ *nel g. di un anno,* in a year's time □ *portare q. in g. per un ufficio (una fabbrica, ecc.),* to show sb. round an office (a factory, etc.) □ *prendere in g. q.,* to tease sb.; to pull sb.'s leg □ *essere sempre in g.,* to be always on the move □ *(mecc.) essere su di giri,* to be revved up; *(fig., fam.)* to be in high spirits □ *La notizia fece subito il g. della città,* the news quickly went the round of the town □ *Il poliziotto faceva il suo g. (d'ispezione),* the policeman was on his beat.

girobùssola *f.* *(naut.)* **gyrocompass.**

girocòllo *m.* **1** *(scollatura)* **neckline 2** *(moda)* **round neck** ● *collana a g.,* necklet □ *maglione a g.,* round-necked jumper.

girocónto *m.* *(fin.)* **transfer; giro*.**

giróne *m.* *(sport)* **round; heat** ● *(calcio) g. di andata (di ritorno),* first (second) half of the season.

gironzolare *v. i.* to **stroll about.**

giropilòta *m.* *(aeron., naut.)* **gyropilot; automatic pilot.**

giroscòpio *m.* *(naut., mecc.)* **gyroscope.**

girotóndo *m.* **1 round dance 2** (di bambini) **ring-a-ring-o'-roses.**

girovagare *v. i.* to **wander about.**

giròvago A *a.* **wandering; itinerant** ● *(teatr.) attori girovaghi,* strolling players **B** *m.* **1 vagrant; tramp; hobo*** *(USA)* **2** (venditore ambulante) **hawker.**

gita *f.* **trip; excursion**: *una g. di fine settimana,* a week-end trip.

gitano A *m.* **Spanish gipsy B** *a.* **gipsy** *(attr.).*

gitante *m.* e *f.* **tripper** *(fam.);* **excursionist.**

gittata *f.* *(balistica)* **range.**

giù *avv.* **1 down**: *qua giù,* down here □ *buttare giù,* to knock down **2** (sotto) **under; below 3** (dabbasso) **downstairs;** (talora) **down**: *Ti aspetto giù nell'ingresso,* I'll wait for you downstairs in the hall ● *essere giù,* to be down (o downstairs); (di salute) to be run down; (di morale) to be in low spirits (o to feel blue) □ *giù di lì,* thereabouts; approximately; about: *quaranta o giù di lì,* forty or thereabouts; about forty □ *giù per,* down: *ruzzolare giù per le scale,* to tumble down the stairs □ *a capo in giù,* head foremost; head first; headlong □ *andare giù,* to go down (o downstairs); (in discesa) to go downhill; (cadere) to fall down; (perdere valore) to lose value; (deperire) to get weaker □ *in giù,* down; (secondo la corrente) downstream □ *su per giù,* more or less □ *È stato un boccone amaro, ma m'è toccato mandarlo giù,* I didn't like it (o it was a bitter pill to swallow), but I had to put up with it □ *Quella panzana non la mando giù,* I can't swallow that tale.

giubba *f.* (giacca e sim.) **jacket** (anche *naut.*); **coat.**

giubbòtto *m.* *(naut.)* **reefer** ● *g. antiproiettile,* flak jacket □ *(naut.) g. di salvataggio,* life jacket.

giubilante *a.* **jubilant; exultant.**

giubilare A *v. i.* to **be jubilant;** to **exult B** *v. t.* *(iron.* o *scherz.)* to **pension off.**

giubilèo *m.* *(stor., relig.)* **jubilee.**

giùbilo *m.* **rejoicing; exultation; triumph.**

giuda *m. invar.* (*fig.:* traditore) **Judas; traitor** ● *(bot.) albero di G.* (Cercis siliquastrum) Judas tree.

giudàico *a.* **Judaic.**
giudaiṣmo *m.* **Judaism.**
giudèo ***A*** *a.* (della Giudea) **Judaic;** (ebreo) **Jewish** ***B*** *m.* (abitante della Giudea) **Judean;** (ebreo) **Jew.**
giudicàbile *m.* e *f.* *(leg.)* **defendant.**
giudicante *(leg.)* ***A*** *a.* **judging** ***B*** *m.* **judge.**
giudicare *v. t.* ***1*** to **judge**: *Dio giudicherà tutti,* God will judge all men ***2*** *(leg.)* to **judge;** (processare) to **try** ***3*** (reputare) to **judge;** to **consider;** to **think***: *La gente lo giudicava pazzo,* people thought he was mad ● *g. male (bene) q.,* to think ill (well) of sb.
giudicato *m.* *(leg.)* **sentence; final judgment; « res judicata »** ● *passare in g.,* to become final.
giùdice *m.* e *f.* *(in ogni senso)* **judge** ● *(leg., collett.) i giudici,* the Bench; the judiciary □ *(leg.) g. conciliatore,* justice of the Peace □ *(sport) g. di gara,* umpire □ *(leg.) g. istruttore,* investigating magistrate □ *Non sei un buon g.* (non te ne intendi), you're no judge.
giudiziale *a.* *(leg.)* **judicial.**
giudiziàrio *a.* *(leg.)* **judicial; judiciary**: *atti giudiziari,* judicial acts ● *ufficiale g.,* bailiff.
giudìzio *m.* ***1*** (discernimento, senno) **judg(e)ment; wisdom; (common) sense**: *denti del g.,* wisdom teeth ***2*** (opinione) **opinion; judg(e)ment**: *a mio g.,* in my opinion □ *a g. di tutti,* in everybody's opinion ***3*** *(leg.:* processo) **trial; proceedings** *(pl.)*; (sentenza) **sentence, judg(e)ment;** (verdetto) **verdict**: *rinviare q. a g.,* to commit sb. for trial □ *pronunciare un g. su q.,* to pass judgment on sb. □ *il G. universale,* the Last Judgment □ *il giorno del G.,* the Day of Judgment; Doomsday ● *(stor.) g. di Dio,* ordeal □ *avere g.,* to be wise (o sensible) □ *(leg.) citare in g.,* to summon □ *(leg.) comparire in g.,* to appear before the Court □ *l'età del g.,* the age of reason □ *mettere g.,* to become sensible; to cut one's wisdom teeth □ *(leg.) trascinare q. in g. per diffamazione,* to sue sb. for slander (o for libel) □ *Abbi g.!,* be careful!
giudizióso *a.* **judicious; sensible.**
giùggiola *f.* **jujube** (il frutto e la pasticca) ● *(fig.) andare in brodo di giuggiole,* to go into raptures; to enthuse, to gush *(fam.).*
giùggiolo *m.* *(bot.,* Zizyphus jujuba) **jujube.**
giuggiolóne *m.* **silly billy.**
giugno *m.* **June.**
giugulare *a.* *(anat.)* **jugular**: *una vena g.,* a jugular vein.
giulèbbe *m.* **julep** (anche *med.*).
giuliano *a.* **Julian**: *il calendario g.,* the Julian calendar.
giulivo *a.* **merry; joyous; joyful; festive.**
giullare *m.* **minstrel; jester.**
giuménta *f.* (cavalla) **mare.**
giuménto *m.* **beast of burden; pack-animal.**
giunca *f.* *(naut.)* **junk.**
giuncàia *f.* **bed of rushes.**
giuncata *f.* *(cucina)* **curds and whey; junket.**
giunchìglia *f.* *(bot.,* Narcissus jonquilla) **jonquil** ● *g. grande* (Narcissus pseudo-narcissus), daffodil; lent lily.
giunco *m.* *(bot.,* Juncus) **rush** ● *g. di palude* (Scirpus lacustris), bulrush.
giùngere ***A*** *v. i.* ***1*** to **arrive** (at o in); to **reach;** to **get*** (to): *g. primo,* to be the first to arrive □ *g. alla meta,* to reach one's goal □ *fin dove giunge lo sguardo,* as far as the eye can reach ***2*** (riuscire) to **succeed** (in doing st.) ***B*** *v. t.* (congiungere) to **join;** to **clasp**: *g. le mani,* to clasp one's hands ● *g. a dire (che),* to go so far as to say (that) □ *g. a vie di fatto,* to come to blows.
giungla *f.* **jungle** (anche *fig.*).
giunónico *a.* **Junoesque; majestic.**
(1) giunta *f.* ***1*** (aggiunta) **addition; appendix*; extra piece** ***2*** (sovrappiù) **surplus;** (soprappeso) **overweight;** (per completare il peso) **makeweight** ● *per g.,* in addition; furthermore; into the bargain.
(2) giunta *f.* (persone riunite insieme per deliberare) **(deliberative) committee; council;** (nei paesi latini) **junta**: *g. municipale,* town council.
giuntare *v. t.* ***1*** to **join;** (cucendo) to **sew together** ***2*** *(cinem.)* to **splice.**
giunto *m.* *(mecc.)* **joint;** (di accoppiamento) **coupling.**
giuntura *f.* **joint** (anche *anat.*); **junction** ● *(anat.) giunture delle dita,* knuckles.
giunzióne *f.* ***1*** **junction; connection** ***2*** *(mecc.)* **joint** ● *fare una g.,* to joint □ *linea di g.,* seam □ *senza g.,* seamless.
giuòco e *deriv.* V. **giòco** e *deriv.*
giuraménto *m.* **oath**: *fare g.,* to take an oath; to swear (st.) □ *violare il g.,* to break one's oath ● *(fig.) un g. di marinaio,* a dicer's oath.
giurare *v. t.* e *i.* ***1*** to **swear*;** to **take* one's oath**: *g. su q. (q.c.),* to swear by sb. (st.) □ *g. di dire la verità,* to swear to tell the truth ***2*** (assicurare) to **assure** ● *g. il falso,* to perjure oneself.
giuràssico *a.* *(geol.)* **Jurassic** ● *il (periodo) g.,* the Jurassic.
giurato ***A*** *a.* **sworn**: *nemici giurati,* sworn enemies ***B*** *m.* *(leg.)* **juryman*; juror** ● *i giurati,* the jury □ *lista dei giurati,* (jury) panel.
giureconsulto *m.* *(leg.)* **jurisconsult; jurist.**
giurì *m.* *(leg.)* **jury.**
giurìa *f.* **jury;** (di una gara, anche) **judges** *(pl.).*
giuridicità *f.* **juridical nature.**
giurìdico *a.* *(leg.)* **legal; juridical; law** *(attr.).*
giuriṣdizionale *a.* **jurisdictional.**
giuriṣdizióne *f.* *(leg.)* **jurisdiction.**
giurisprudènza *f.* **jurisprudence; law.**
giurista *m.* e *f.* **jurist.**
giusquìamo *m.* *(bot.,* Hyoscyamus niger) **henbane.**
giusta *prep.* *(bur.)* **according to; in conformity with.**
giustacuòre *m.* **jerkin.**
giustaménte *avv.* **rightly; fairly; justly.**
giustappórre *v. t.* to **juxtapose.**
giustappoṣizióne *f.* **juxtaposition.**
giustézza *f.* ***1*** **exactness; correctness; accuracy** ***2*** *(tipogr.)* **measure.**
giustificàbile *a.* **justifiable.**
giustificare ***A*** *v. t.* to **justify** ***B*** **giustificarsi** *v. rifl.* to **justify oneself;** (scusarsi) to **excuse oneself.**
giustificataménte *avv.* **justifiably; with good reason.**
giustificativo *m.* *(comm.)* **voucher.**
giustificazióne *f.* **justification.**
giustìzia *f.* ***1*** **justice;** (imparzialità) **fairness**: *rendere g. a q.,* to do justice to sb. ***2*** *(leg.)* **law; justice**: *Palazzo di G.,* Law Courts ● *con g.,* fairly; justly □ *farsi g. da sé,* to take the law into one's own hands □ *(leg.) ricorrere alla g.,* to go to law.
giustiziare *v. t.* to **execute;** to **put* to death.**
giustizière *m.* **executioner;** *(boia)* **hangman*.**
giusto ***A*** *a.* ***1*** **just;** (equo, imparziale) **fair;** (ben fatto, senza errori) **right**: *Siamo giusti!,* let's be fair! □ *la parola giusta,* the right word □ *Hai l'ora giusta?,* have you got the right time? ***2*** (corretto, esatto; anche) **correct; exact**: *la risposta giusta,* the correct answer ***3*** (meritato, anche) **well-deserved** ***4*** (legittimo, giustificato) **lawful; legitimate** ● *tenersi al g. mezzo,* to stick to a happy medium ***B*** *m.* ***1*** (uomo retto) **just man*;** *(al pl.)* **(the) just** ***2*** (ciò che è giusto) **(the) right** ***3*** (ciò che spetta a q.) (sb.'s) **due**: dare a ciascuno il g., to give every man his due ***C*** *avv.* ***1*** (esattamente) **correctly; exactly** ***2*** (proprio) **just**: *È venuto g. ora,* he has just come □ *starci g. g.,* just to fit in ***D*** *inter.* **just so!; you're right!** (in risposta a un'obiezione) ● *colpire g.,* to shoot straight; *(fig.)* to hit the nail on the head; (indovinarci) to make a lucky guess.
glabro *a.* **hairless; smooth(-skinned); glabrous** (solo *scient.*).
glacé *(franc.)* *a.* ***1*** **glacé**: *guanti g.,* glacé-kid gloves ***2*** *(cucina)* **iced; glacé.**
glaciale *a.* ***1*** *(geol.)* **glacial** ***2*** (molto freddo) **icy, glacial** (anche *fig.*).
glaciazióne *f.* *(geol.)* **glaciation.**
gladiatóre *m.* **gladiator.**
gladìolo *m.* *(bot.,* Gladiolus) **gladiolus*; sword lily.**
glassa *f.* *(cucina)* **icing; glazing.**
glassare *v. t.* *(cucina)* to **ice;** to **glaze.**
glàuco *a.* *(lett.)* **blue-green; sea-green; glaucous.**
glaucòma *m.* *(med.)* **glaucoma.**

glèba *f.* **glebe** • *servo della g.*, serf.
(1) gli *V.* **(2) i.**
(2) gli *pron. pers. compl.* **1** *(rif. a persona)* **to him; him**: *Gli scrissi una lettera*, I wrote him a letter **2** *(rif. a cosa o animale)* **to it; it**: *Povera bestia, diamogli qualcosa da mangiare!*, poor beast! let's give it something to eat! **3** *(fam.:* a loro*)* **to them; them.**
glicemìa *f. (med.)* **glyc(a)emia.**
glicèride *m. (chim.)* **glyceride.**
glicerina *f. (chim.)* **glycerin(e); glycerol.**
glìcine *m. (bot.,* Wistaria sinensis*)* **wistaria, wisteria.**
glicògeno *m. (med.)* **glycogen.**
glicoșùria *f. (med.)* **glycosuria.**
gliéla *pron. pers. composto 3ª pers.* **1** (a lui) **it (to) him, her to him;** (a lei) **it (to) her, her to her 2** *(fam.:* a loro*)* **it (to) them; her to them.**
gliéle, gliéli *pron. pers. composto 3ª pers.* **1** (a lui) **them to him;** (a lei) **them to her 2** *(fam.:* a loro*)* **them to them.**
gliélo *pron. pers. composto 3ª pers.* **1** (a lui) **it (to) him, him to him;** (a lei) **it (to) her, him to her 2** *(fam.:* a loro*)* **it (to) them; him to them.**
gliéne *V.* **(2) ne.**
glifo *m.* **1** *(archit.)* **glyph 2** *(mecc.)* **link-block.**
glìttica *f.* **glyptic(s).**
globale *a.* **over-all** *(attr.)*; **total; all-inclusive; comprehensive; global** • *(pedagogia) metodo g.*, global method.
glòbo *m.* **1 globe**: *il g. terrestre (celeste)*, the terrestrial (celestial) globe **2** *(anat.:* dell'occhio*)* **eyeball.**
globulare *a.* **globular; globe-shaped.**
globulina *f. (biol., chim.)* **globulin.**
glòbulo *m.* **1 globule 2** *(biol.)* **corpuscle; blood cell.**
glomèrulo *m.* **1** *(bot.)* **glomerule 2** *(anat.)* **glomerulus*.**
(1) glòria *f.* **glory;** (o anche) **fame, renown**: *coprirsi di g.*, to cover oneself with glory • *farsi g. di q.c.*, to glory in st. □ *(scherz.) lavorare per la g.*, to be paid little or nothing for one's work □ *rendere g. a Dio*, to glorify God □ *(scherz.) Lo feci per la g.* (cioè, gratis), I did it for love □ *Che Dio l'abbia in g.!*, (may) God rest his soul.
(2) glòria *m. invar. (relig., mus.)* **gloria.**
gloriarsi *v. rifl.* to **glory** (in); to **be proud** (of); to **pride oneself** (on); (vantarsi) to **boast** (of, about).
glorificare *v. t.* to **glorify.**
glorificazióne *f.* **glorification.**
glorióso *a.* **glorious** • *(scherz.) g. e trionfante*, as proud as Punch □ *andare g. di q.c.*, to be proud of st.; to boast about st.
glòssa *f.* **gloss; annotation; marginal note.**
glossare *v. t.* to **annotate;** to **gloss.**
glossàrio *m.* **glossary.**
glossatóre *m.* **glossarist; annotator.**
glossèma *m. (linguistica)* **glosseme.**
glossite *f. (med.)* **glossitis.**
glòttide *f. (anat.)* **glottis*.**
glottologìa *f.* **glottology.**
glottòlogo *m.* **glottologist.**
glucide *m. (chim.)* **glucide.**
glucòșio *m. (chim.)* **glucose.**
glu glu *inter.* e *m.* **1 glug glug 2** (del tacchino) **gobble gobble.**
glutàmmico *a. (chim.)* **glutamic**: *acido g.*, glutamic acid.
glùteo *(anat.)* **A** *a.* **gluteal, glutaeal B** *m.* **gluteus*, glutaeus*.**
glutinato *a.* **gluten** *(attr.)*: *pane g.*, gluten bread.
glùtine *m.* **1 gluten 2** (colla, anche) **glue.**
glutinóso *a.* **glutinous; sticky.**
gnao, gnau *inter.* e *m.* **miaow** • *fare g. g.*, to miaow; to mew.
gnaulare *v. i.* to **mew;** to **yowl.**
gnòcco *m.* **1** *(al pl., cucina)* « **gnocchi** » **2** (sciocco) **blockhead.**
gnòme *f. (letter.)* **gnome; maxim; aphorism.**
gnòmo *m.* **gnome; goblin.**
gnomóne *m.* **gnomon.**
gnòrri *m.* e *f.* — *fare lo g.*, to pretend not to understand.
gnoșeologìa *f. (filos.)* **gnosiology.**
gnoșeològico *a. (filos.)* **gnosiological.**
gnu *m. (zool.,* Connochaetes gnu*)* **gnu; wildebeest.**
gòbba *f.* **1 hump; hunch 2** *(fig.)* **hump 3** (donna g.) **humpback; hunchback; humpbacked woman*** • *(fig.) spianare la g. a q.*, to give sb. a good thrashing.
(1) gòbbo A *a.* **1 humpbacked; hunchbacked 2** (curvo) **hunched up; bent** • *naso g.*, hooked nose **B** *m.* **1** (persona gobba) **humpback; hunchback 2** (protuberanza) **hump; lump; bump.**
(2) gòbbo *m. (telev.)* **autocue; idiot board** *(pop.)*; **Teleprompter** *(marchio, USA).*
gobióne *m. (zool.,* Gobio gobio*)* **gudgeon.**
góccia *f.* **drop;** (solo di g. che sta cadendo) **drip**: *a g. a g.*, drop by drop; in drops • *orecchini a g.*, drop-earrings □ *somigliarsi come due gocce d'acqua*, to be as like as two peas.
gocciare *V.* **gocciolare.**
gócciola *f.* **drop.**
gocciolare A *v. t.* to **drip;** to **drop B** *v. i.* to **drip;** to **trickle;** (del naso) to **run*.**
gocciolatóio *m. (edil.)* **dripstone.**
gocciolìo *m.* **dripping; trickling.**
gócciolo *m.* **drop.**
godére A *v. i.* **1** (essere felice) to **enjoy;** to **be glad;** to **be delighted**: *Godevo nel vederla così felice*, I enjoyed seeing her so happy; I was glad (o delighted) to see her so happy **2** (essere avvantaggiato, fruire) to **enjoy**: *g. della fiducia di q.*, to enjoy sb.'s confidence **B** *v. t.* **1** (gustare) to **enjoy;** to **take* delight in** (st.): *g. (o godersi) le vacanze*, to enjoy one's holidays **2** (possedere) to **enjoy;** to **have**: *g. buona salute*, to enjoy good health • *godersela*, to have a good time; to enjoy oneself; to groove *(pop.).*
goderéccio *a.* **1** (che dà piacere) **enjoyable; pleasant 2** (che è dedito ai piaceri) **pleasure-loving** • *fare una vita godereccia*, to lead a gay life.
godet *(franc.) m. (moda)* **flare.**
godiménto *m. (in tutti i sensi)* **enjoyment.**
goffàggine *f.* **1 awkwardness; clumsiness 2** (detto, atto goffo) **blunder; awkward** (o **clumsy) remark** (o **action).**
gòffo *a.* **awkward; clumsy; ungainly.**
goffrare *v. t.* to **emboss.**
gógna *f.* **pillory** (anche *fig.*).
gogo, à *(franc.) locuz. avv.* **galore**: *whisky à g.*, whisky galore.
go-kart *(ingl.) m. invar. (sport)* **(go-)kart; go-cart.**
gòl *m. (sport)* **goal.**
góla *f.* **1 throat**: *avere un nodo alla g.*, to have a lump in one's throat **2** *(geogr.)* **gorge 3** (di tiraggio, del camino, ecc.) **flue 4** *(mecc.:* scanalatura*)* **groove 5** *(archit.)* **cyma* 6** (golosità) **gluttony; greediness; greed** • *avere mal di g.*, to have a sore throat □ *gridare a piena g.*, to shout at the top of one's voice □ *(fig.) pieno fino alla g.*, fed up *(pop.)* □ *ricacciarsi il pianto in g.*, to swallow one's tears □ *ridere a g. spiegata*, to roar with laughter □ *Mi fa proprio g.!*, it really tempts me! □ *È un'offerta che fa g.*, it's a very tempting offer.
golétta *f. (naut.)* **schooner.**
gòlf *m.* **1** (giacca di lana) **jersey; pullover; jumper** (specialm. da donna); **sweater** (specialm. da uomo); **cardigan** (aperto) **2** *(sport)* **golf.**
golfista *m.* e *f. (sport)* **golfer.**
golfìstico *a. (sport)* **golf** *(attr.).*
gólfo *m.* **gulf.**
goliardìa *f.* **1 university spirit 2** (l'insieme dei goliardi) **university students** *(pl.).*
goliàrdico *a.* **university** *(attr.).*
goliardo *m.* **university student; undergraduate.**
gollișmo *m. (polit.)* **Gaullism.**
gollista *a., m.* e *f. (polit.)* **Gaullist.**
golosità *f.* **1 greediness 2** (boccone prelibato) **titbit.**
golóso A *a.* **greedy; gluttonous B** *m.* **glutton; gourmand.**
(1) gólpe *f. (agric.)* **smut; blight.**
(2) golpe *(spagn.) m. (polit.)* **military « coup**

d'État »; « golpe ».
golpista *m. (polit.)* **coupist.**
gómena *f. (naut.)* **hawser; cable;** (da rimorchio) **tow-rope.**
gomitata *f.* **push with the elbow;** (d'intesa, per attirare l'attenzione e sim.) **nudge** ● *farsi strada a gomitate,* to elbow one's way forward.
gomitièra *f. (sport)* **elbow-guard.**
gómito *m.* ***1*** *(anat.)* **elbow** ***2*** (raccordo di tubo) **elbow** ***3*** *(fig.:* di fiume, ecc.) **sharp bend** ● *(fig.) alzare troppo il g.,* to have a drop too much □ *(fig.) olio di g.,* elbow-grease □ *(fam.) picchiare il g.,* to hit one's funny-bone □ *sedere g. a g.,* to sit side by side.
gomìtolo *m.* **ball** (of wool, etc.).
(1) gómma *f.* ***1*** (caucciù) **India-rubber** ***2*** (per cancellare) **rubber;** (meno comune) **eraser** ***3*** (sostanza resinosa) **gum** ***4*** *(med.)* **gumma** ● *g. da masticare,* chewing gum.
(2) gómma *f.* (pneumatico) **tyre; tire** *(USA)*: *avere una g. a terra,* to have a flat tyre.
gommalacca *f. (ind.)* **shellac.**
gommapiuma *f.* **foam-rubber.**
gommare *v. t. (ind. tessile)* to **rubberize.**
gommato *a.* ***1*** **gummed** ***2*** (di ruota) **with tyre(s)** ***3*** (di tessuto) **rubberized.**
gommista *m. (autom.)* ***1*** **tyre repairer** ***2*** (rivenditore) **tyre distributor.**
gommóne *m. (naut.)* **rubber dinghy.**
gommóso *a.* **gummy; sticky.**
góndola *f. (naut.)* **gondola.**
gondolière *m.* **gondolier.**
gonfalóne *m.* **banner.**
gonfalonière *m.* ***1*** **banner-bearer** ***2*** *(stor.)* **gonfalonier.**
gonfiagióne *f.* **swelling.**
gonfiare ***A*** *v. t.* ***1*** to **blow* up** (o **out**); to **inflate;** (con una pompa, anche) to **pump (up)** ***2*** to **swell*** ***3*** *(fig.)* to **puff (up);** to **magnify;** to **boost** (q. o un prodotto, con la pubblicità) ***B*** *v. i.* e **gonfiarsi** *v. rifl* ***1*** to **swell* (out)** (anche *med.*) ***2*** (delle acque, anche) to **rise*.**
gonfiato *a.* ***1*** **swollen** ***2*** (riempito d'aria) **blown up; inflated; pumped up** ● *(fig.) essere un pallone g.,* to be swollen-headed *(fig.)*; to be puffed up; to be conceited.
gonfiatura *f.* ***1*** **inflation; swelling** ***2*** *(fig.)* **puff; puffing up.**
gonfiézza *f.* ***1*** **swelling** ***2*** *(fig., lett.)* **pomposity; bombast.**
(1) gónfio *a.* ***1*** **swollen** ***2*** (riempito d'aria) **blown up; inflated** ***3*** *(lett.:* dello stile) **bombastic; turgid** ***4*** *(fig.:* pieno di sé) **swollen-headed** *(fig.)*; **conceited; bumptious** ● *col cuore g.,* with a swelling heart □ *un portafoglio g.,* a well-filled (o bulging) wallet.
(2) gónfio, gonfiore *m.* **swelling.**
gòng *m.* **gong.**
gongolante *a.* **delighted; overjoyed.**
gongolare *v. i.* to **be delighted,** to **be overjoyed** (at).
goniòmetro *m.* **goniometer.**
gònna *f.* **skirt**: *una g. svasata (a pieghe),* a flared (pleated) skirt □ *una g. a pantaloni,* a divided skirt; a pantskirt.
gonnèlla *f.* **skirt** ● *stare attaccato alle gonnelle della mamma,* to be tied to one's mother's apron strings.
gonnellino *m.* **(short) skirt** ● *g. scozzese,* **kilt.**
gonocòcco *m. (biol.)* **gonococcus*.**
gonorrèa *f. (med.)* **gonorrhoea.**
gónzo *m.* **dupe; dolt; gull; simpleton.**
gòra *f.* ***1*** (di mulino) **mill-race** ***2*** (conserva d'acqua per il mulino) **mill-pond** ***3*** (stagno) **pond.**
gordiano *a.* **Gordian**: *il nodo g.,* the Gordian knot (anche *fig.*).
gorgheggiare *v. i.* to **warble;** to **trill.**
gorghéggio *m.* **warble; trill.**
gorgièra *f.* ***1*** (collare) **ruff** ***2*** (di armatura) **gorget.**
górgo *m.* **eddy; whirlpool.**
gorgogliare *v. i.* to **gurgle;** to **bubble.**
gorgóglio, gorgoglìo *m.* **gurgle; gurgling; bubbling.**
gorgonzòla *m. invar.* **Gorgonzola (cheese).**
gorilla *m.* ***1*** *(zool.,* Gorilla gorilla) **gorilla** (anche *fig.*) ***2*** (guardia del corpo) **bodyguard.**
gòta *f.* **cheek.**
gòtico *a.* e *m.* **Gothic.**
gòto *m. (stor.)* **Goth.**
gòtta *f. (med.)* **gout.**
gottazza *f. (naut.)* **bail; bailer.**
gòtto *m.* **mug; tankard.**
gottóso *(med.)* ***A*** *a.* **gouty** ***B*** *m.* **gouty person.**
governàbile *a.* **governable.**
governante ***A*** *m.* **ruler; governor** ***B*** *f.* ***1*** (istitutrice) **governess** ***2*** (chi regge la casa) **housekeeper.**
governare *v. t.* ***1*** *(polit.* e *fig.)* to **govern;** to **rule** ***2*** (dirigere) to **direct;** *(comm.)* to **manage,** to **run*** ***3*** (gli animali) to **tend;** to **look after;** (nutrirli) to **feed*;** (cavalli) to **groom** ***4*** *(naut.)* to **steer;** to **control** ***5*** *(aeron.)* to **control.**
governativo *a.* **government, State** *(attr.)*.
governatorato *m.* ***1*** (carica di governatore) **governorship** ***2*** (territorio soggetto alla giurisdizione del governatore) **governorate.**
governatóre *m.* ***1*** **governor** ***2*** (precettore) **tutor.**
govèrno *m.* ***1*** *(polit.)* **government;** (dominio) **rule** ***2*** (direzione) **direction;** *(comm.)* **management** ***3*** (di animali) **tending;** (il nutrirli) **feeding;** (di cavalli) **grooming** ***4*** *(naut.)* **steering; steerage** ***5*** *(aeron.)* **control** ● *g. della casa,* house-keeping □ *uomo di g.,* statesman.
gózzo *m.* ***1*** *(med.)* **goitre** ***2*** *(zool.)* **crop** ***3*** *(pop.:* gola) **throat, gullet;** (stomaco) **stomach** ● *(pop.) riempirsi il g.,* to stuff oneself with food.
gozzovìglia *f.* **debauch; carousal** *(lett.)*.
gozzovigliare *v. i.* to **go* on the spree;** to **carouse.**
gozzuto *a. (med.)* **goitrous; goitred.**
gracchiare *v. i.* to **croak** (anche *fig.*); to **caw.**
(1) gràcchio *m. (zool.,* Pyrrhocorax graculus) **(alpine) chough.**
(2) gràcchio *m.* (verso del corvo) **croak; caw.**
gracidare *v. i.* to **croak.**
gracidìo *m.* **croaking.**
gràcile *a.* ***1*** **delicate; frail** ***2*** *(fig.)* **puny.**
gracilità *f.* ***1*** **delicacy; frailness; frailty; feebleness** ***2*** *(fig.)* **puniness.**
gradasso *m.* **braggart; blusterer; boaster** ● *fare il g.,* to brag; to bluster; to boast.
gradataménte *avv.* **gradually; by degrees; step by step.**
gradazióne *f. (in tutti i sensi)* **gradation;** (di colori e *fig.*) **shade** ● *g. alcolica,* alcoholic strength; proof.
gradévole *a.* **pleasant; agreeable; pleasing.**
gradiènte *m. (fis.)* **gradient.**
gradiménto *m.* ***1*** **gratification; pleasure; liking** ***2*** (approvazione) **approval.**
gradina *f. (scult.)* **gradine.**
gradinare *v. t.* to **chisel (with a gradine).**
gradinata *f.* ***1*** **flight of steps; steps** *(pl.)* ***2*** (di teatro, stadio) **tiers** *(pl.)*.
gradino *m.* ***1*** **step** (anche *fig.*) ***2*** *(alpinismo)* **foothold.**
gradire *v. t.* ***1*** to **appreciate;** to **enjoy;** (desiderare) to **like** ***2*** (accettare) to **accept.**
gradito *a.* ***1*** **pleasing; pleasant** ***2*** (bene accetto) **welcome** ***3*** (nelle lettere) **kind** (ma spesso si tralascia): *in risposta alla gradita Vostra,* in reply to your letter.
(1) grado *m.* ***1*** *(fis., geom., geogr.,* ecc.) **degree**: *in sommo g.,* in the highest degree □ *(gramm.) il g. comparativo,* the comparative degree ***2*** (unità di una scala, di una graduatoria; anche) **grade** ***3*** *(mecc.)* **limit** ***4*** (proporzione) **ratio** ***5*** (sociale, *mil.*) **rank** ● *cugino di primo (di secondo) g.,* first (second) cousin □ *essere in g. di fare q.c.,* to be able (o to be in a position) to do st. □ *per gradi,* by degrees (o step by step) □ *(mil.) privare q. del g.,* to reduce sb. to the ranks.
(2) grado *m.* (gradimento) **liking; pleasure** ● *(assai) di buon g.,* (very) willingly; with pleasure □ *di mio (tuo) buon g.,* of my own (your own) accord.
gradóne *m. (agric.)* **terrace.**
graduale *a.* **gradual.**
gradualismo *m.* **gradualism.**

gradualità *f.* **gradualness; graduality** (poco comune).
gradualménte *avv.* **gradually; by degrees; step by step.**
graduare *v. t.* to **graduate;** to **grade.**
graduato ***A*** *a.* **graduated; graded** ***B*** *m.* *(mil.)* **non-commissioned officer.**
graduatòria *f.* ***1*** **classification** ***2*** (in un concorso) **list.**
graduazióne *f.* **graduation; scale.**
grafèma *m.* *(linguistico)* **grapheme.**
graffa *f.* ***1*** **clip** ***2*** *(tipogr.)* **brace** ***3*** *(mecc.)* **belt fastener.**
graffétta *f.* **staple; clip.**
graffiante *a.* **biting; mordant.**
graffiare *v. t.* to **scratch.**
graffiatura *f.* **scratch.**
gràffio *m.* ***1*** **scratch** ***2*** (uncino) **grapple;** *(naut.)* **grapnel.**
graffito *m.* **graffito*.**
grafìa *f.* ***1*** (scrittura) **handwriting** ***2*** (ortografia) **spelling.**
gràfica *f.* **graphic arts** *(pl.).*
gràfico ***A*** *a.* **graphic** ***B*** *m.* (diagramma) **graph.**
grafite *f.* *(miner.)* **graphite; plumbago.**
grafologìa *f.* **graphology.**
grafòlogo *m.* **graphologist.**
grafòmane *m.* e *f.* **incurable scribbler.**
grafomania *f.* ***1*** **craze for writing; insatiable urge to write** ***2*** *(psic.)* **morbid desire to write.**
grafospaşmo *m.* *(med.)* **writer's cramp.**
gragnòla *f.* ***1*** (grandine) **hail** ***2*** *(fig.)* **shower; hail.**
gramàglie *f. pl.* **mourning** *(sing.)*; (di una vedova) **widow's weeds.**
gramigna *f.* *(bot.)* ***1*** (Cynodon dactylon) **dog's-tooth** ***2*** (Triticum repens) **couch-grass.**
graminàceo *a.* *(bot.)* **graminaceous.**
grammàtica *f.* **grammar** ● *errori di g.*, grammatical mistakes.
grammaticale *a.* **grammar** *(attr.)*; **grammatical.**
grammàtico *m.* **grammarian.**
grammo *m.* **gramme, gram** ● *(chim.) g.-atomo,* gram atom □ *(chim.) g.-molecola,* gram molecule.
grammòfono *m.* **gramophone.**
gramo *a.* ***1*** (infelice) **wretched** ***2*** (povero, scarso) **poor; scanty.**
gràmola *f.* ***1*** *(ind. tessile)* **brake** ***2*** (per la pasta) **kneading machine.**
grana *f.* ***1*** (struttura interna di metalli, marmi, ecc.) **grain** ***2*** *(fam.:* seccatura, fastidio*)* **trouble; bore**: *piantare una g.*, to cause trouble ***3*** *(pop.:* soldi*)* **money; lolly** *(pop.)* ● *a g. grossa,* coarse-grained *(agg.)* □ *avere un sacco di g.*, to be rolling in money.
granàglie *f. pl.* **corn** *(sing.)*; **grain** *(sing.)*; **cereals.**
granàio *m.* ***1*** **barn; granary** ***2*** (solaio) **loft.**
(1) granata *f.* (scopa) **broom.**
(2) granata *f.* *(mil.)* **grenade.**
(3) granata *V.* **(2) granato.**
granatière *m.* ***1*** *(mil.)* **grenadier** ***2*** *(fig.)* **well-built strapping person.**
granatina *f.* **pomegranate syrup; grenadine.**
(1) granato *a.* — *melo g.*, pomegranate.
(2) granato *m.* (pietra preziosa) **garnet.**
grancassa *f.* *(mus.)* **bass-drum** ● *(fig.) battere la g.*, to beat the drum *(fam.).*
grancèvola *f.* *(zool.,* Maja squinado*)* **spider-crab.**
grànchio *m.* ***1*** *(zool.)* **crab** ***2*** *(fig.:* errore*)* **blunder**: *prendere un g.*, to make a blunder.
grandangolare *(fotogr.)* ***A*** *a.* **wide-angle** *(attr.)* ***B*** *m.* **wide-angle lens.**
grande ***A*** *a.* ***1*** *(specialm. in senso morale* e *fig.)* **great**: *un g. poeta,* a great poet □ *Alfredo il G.*, Alfred the Great ***2*** *(specialm. in senso materiale)* **big; large**: *una stanza g.*, a large (o big) room □ *un g. errore,* a big mistake ***3*** *(in certi casi)* **big; great;** (o anche, *fam.)* **great big**: *un uomo di gran cuore,* a big-hearted (o great-hearted) man □ *grandi occhioni,* great big eyes ***4*** (grandioso, sfarzoso, maestoso; nei titoli cavallereschi, ecc.) **grand**: *(stor.) la g. armata,* the Grand Army ***5*** (ampio, largo) **broad; wide**: *grandi pianure,* broad (o wide) plains ***6*** *(fam.:* alto*)* **high; tall**: *grandi montagne,* high mountains □ *Come ti sei fatto g.!*, how tall you have grown! ***7*** *(fam.:* adulto*)* **grown-up** ***8*** *(quando rafforza un sost.)* **very** *(seguito da un agg.)*: *avere un gran sonno (una gran fame, ecc.),* to be very sleepy (very hungry, etc.) ***9*** (molti; una gran quantità di) **many; much; a lot of** *(fam.)*: *avere gran quattrini,* to have a lot of money □ *Non ne so gran che,* I don't know much about it □ *Non è un gran che,* it's not up to much ***10*** (maiuscolo) **capital; big** ● *un g. bevitore,* a heavy drinker □ *un g. fumatore,* a heavy smoker □ *un g. mangiatore,* a big eater □ *il g. pubblico,* the general public (o the public at large) □ *a g. voce,* in a loud voice □ *con mio g. rincrescimento,* much to my regret □ *di g. lunga,* by far □ *farsi g.*, to grow (up); (diventare alto) to grow tall ***B*** *m.* ***1*** (adulto) **grown-up** ***2*** (uomo grande, importante) **great man*** ***3*** (grande di Spagna) **grandee** ● *in g.*, on a large (o grand) scale.
grandeggiare *v. i.* ***1*** **to loom large; to loom up** ***2*** (darsi arie) to **show* off;** to **put* on airs (of grandeur).**
grandeménte *avv.* ***1*** **greatly; very much** ***2*** (altamente) **highly; to a high degree; extremely** ***2*** (profondamente) **deeply.**
grandézza *f.* ***1*** **greatness** (spesso morale); **bigness** *(fam.)*; (in certi casi, anche) **size** ***2*** *(in senso materiale)* **bigness; largeness;** (ampiezza, larghezza) **breadth, width;** (mole) **bulk** ***3*** (altezza) **height, tallness;** *(fig.)* **loftiness** ***4*** (misura, dimensione) **size** ***5*** (fasto, grandiosità) **grandeur; grandness** ***6*** (liberalità) **liberality;** (prodigalità) **lavishness** ***7*** *(astron.)* **magnitude** (anche *fig.)* ***8*** *(mat., fis.)* **quantity.**
grandìgia *f.* **ostentation.**
grandinare *v. i.* to **hail** (anche *fig.).*
grandinata *f.* ***1*** **hail-storm** ***2*** *(fig.)* **hail; shower.**
gràndine *f.* **hail** (anche *fig.)*: *un chicco di g.*, a hailstone.
grandiosaménte *avv.* ***1*** **grandly; magnificently; majestically; splendidly** ***2*** (con sfoggio di magnificenza) **grandiosely.**
grandiosità *f.* **grandeur; grandness; magnificence.**
grandióso *a.* **grand; magnificent; majestic; splendid.**
granduca *m.* **Grand Duke.**
granducale *a.* **Grand-ducal.**
granducato *m.* **Grand Duchy.**
granduchéssa *f.* **Grand Duchess.**
grand'ufficiale *m.* **Grand Officer.**
granèllo *m.* ***1*** **grain** (anche *fig.)*: *un g. di sabbia,* a grain of sand ***2*** (di un frutto) **pip** ● *un g. di polvere,* a speck of dust.
grànfia *f.* **claw; talon** (specialm. di uccello rapace).
granìcolo *a.* **wheat, grain, corn** *(attr.).*
granicoltura *f.* **wheat growing.**
granìglia *f.* **grit.**
granire ***A*** *v. i.* *(agric.)* to **seed** ***B*** *v. t.* to **granulate.**
granita *f.* **« granita »; crushed-ice drink.**
granìtico *a.* ***1*** **granitic** ***2*** *(fig.)* **rock-like; unflinching.**
granito *m.* *(miner.)* **granite.**
granìvoro *a.* **granivorous.**
grano *m.* ***1*** *(bot.,* Triticum vulgare*)* **wheat**: *un campo di g.*, a field of wheat ***2*** *(bot.:* cereale in genere*)* **corn; grain** ***3*** (granello) **grain;** (solo di cereali) **kernel;** (anche di pepe) **corn**: *(fig.) con un g. di sale,* with a grain of salt ***4*** (di rosario, di collana) **bead** ***5*** (unità di peso) **grain.**
gran(o)turco *m.* *(bot.,* Zea mays*)* **Indian corn; maize.**
granturişmo *f. invar.* *(autom.)* **gran turismo (***abbr.* **GT); touring car.**
granulare *a.* **granular.**
grànulo *m.* **granule.**
granulòma *m.* *(med.)* **granuloma*.**
granulóso *a.* **granular.**
(1) grappa *f.* (acquavite di vinacce) **« grappa ».**
(2) gràppa *f.* *(edil.)* **cramp.**

grappétta *f.* **paper-clip.**
gràppolo *m.* **cluster, bunch** (anche *fig.*): *un g. d'uva,* a bunch of grapes.
grassàggio *m.* *(autom.)* **greasing.**
grassatóre *m.* **highwayman*; robber.**
grassazióne *f.* **robbery.**
grassèllo *m.* ***1*** *(calce spenta)* **lime putty** ***2*** (pezzetto di grasso) **piece of fat.**
grassétto *m.* *(tipogr.)* **heavy type; boldface.**
grassézza *f.* ***1*** **fatness;** (corpulenza) **stoutness, corpulence** ***2*** (untuosità) **greasiness** ***3*** (fertilità) **fertility; richness.**
grasso ***A*** *a.* ***1*** **fat;** (corpulento) **corpulent, stout;** (flaccido) **flabby;** (grassottello) **plump** ***2*** (unto) **greasy; oily** ***3*** (prospero) **prosperous;** (abbondante) **abundant, plentiful** ***4*** (fertile) **fat; rich; fertile** ● *fare grasse risate,* to laugh heartily □ *la settimana grassa,* Shrovetide □ *storielle grasse,* smutty stories ***B*** *m.* ***1*** **fat** ***2*** (per lubrificare) **grease** ***3*** (di balena) **blubber.**
grassòccio *a.* **plump; chubby; fattish.**
grassóna *f.* **fat woman*; fatty** *(fam.).*
grassóne *m.* **fat man*; fatty** *(fam.)*; **fat guts** *(pop.).*
grata *f.* **grill** (specialm. di convento); **grating; lattice.**
gratèlla *f.* *(cucina)* **gridiron; grill** ● *bistecca in g.,* grilled steak.
graticciata *f.* ***1*** (recinto) **fence** ***2*** (per i rampicanti) **trellis-work.**
gratìccio *m.* **hurdle.**
gratìcola *f.* ***1*** *(cucina)* **gridiron; grill** ***2*** (inferriata) **grating.**
graticolato *m.* ***1*** (rete metallica) **wire net** ***2*** (per pergolati, ecc.) **trelliswork.**
gratìfica *f.* **bonus.**
gratificare *v. t.* **to give* a bonus to** (sb).
gratinare *v. t.* *(cucina)* **to cook « au gratin ».**
gratinato *a.* *(cucina)* **« au gratin »** *(franc.).*
gràtis *avv.* **free; gratis; for love; for nothing.**
gratitùdine *f.* **gratefulness; thankfulness** ● *provare g.,* to feel grateful.
grato *a.* ***1*** (riconoscente) **grateful; thankful** ***2*** (gradito) **pleasant; agreeable.**
grattacapo *m.* **worry; bother; trouble.**
grattacièlo *m.* **skyscraper.**
grattare ***A*** *v. t.* ***1*** **to scratch** ***2*** (raschiare) **to scrape** ***3*** (grattugiare) **to grate** ***4*** (suonare male) **to scrape** ***5*** *(fig., pop.:* rubare*)* **to pinch** ***B*** *v. i.* **to scratch; to scrape** ***C*** **grattarsi** *v. rifl.* **to scratch oneself** ● *(fig., pop.) grattarsi la pancia,* to twiddle one's thumbs.
grattata *f.* **scratch.**
grattino *m.* **eraser; scraper.**
grattùgia *f.* **grater.**
grattugiare *v. t.* **to grate.**
gratuità *f.* **gratuitousness** (anche *fig.*).
gratuitaménte *avv.* ***1*** **free; gratis** ***2*** (arbitrariamente) **gratuitously.**
gratùito *a.* ***1*** **free; gratis**: *un biglietto g.,* a free ticket ***2*** (arbitrario) **gratuitous** ● *(leg.) g. patrocinio,* legal aid.
gravame *m.* ***1*** **burden** ***2*** (ipoteca) **mortgage;** (imposta) **tax.**
gravare *v. t.* e *i.* **to burden; to load; to weigh (heavy) on** (sb., st.); **to lie* heavy on** (sb., st.): *g. q. di imposte,* to burden sb. with taxes ● *(leg.) g. d'ipoteca,* to mortgage.
gravato *a.* — *(fin.) g. d'imposta,* subject to tax □ *(leg.) g. da ipoteca,* mortgaged.
grave ***A*** *a.* ***1*** (pesante) **heavy**: *fardello g.,* heavy burden □ *occhi gravi di sonno,* eyes heavy with sleep ***2*** (serio, importante) **grave; serious; weighty; momentous;** (di contegno, ecc.) **sober, solemm, stern** ***3*** *(fon.)* **grave** ***4*** (di voce, suono) **deep; low** ***5*** (severo) **severe; stern** ● *un g. compito,* a hard task □ *un g. dolore,* a deep sorrow □ *un g. errore,* a big (o serious) mistake □ *Il malato è g.,* the patient is seriously ill; the condition of the patient is very serious ***B*** *m.* *(fis.)* **(heavy) body.**
graveménte *avv.* **seriously; deeply.**
graveolènte *a.* *(lett.)* **strong-smelling; foul-smelling.**
gravidanza *f.* (anche *med.*) **pregnancy** ● *analisi di g.,* pregnancy test.
gràvido *a.* ***1*** **pregnant; with child**: *una donna gravida,* a woman with child; an expectant mother ***2*** *(fig.)* **teeming** (with); **laden** (with); **pregnant** (with).
gravina *f.* (piccone a zappa) **mattock.**
gravità *f.* ***1*** *(fis.* e *fig.)* **gravity** ***2*** *(fig.)* **seriousness; importance; weightiness** ***3*** (severità) **severity; sternness.**
gravitare *v. i.* (anche *fig.*) **to gravitate.**
gravitazionale *a.* *(fis.)* **gravitational.**
gravitazióne *f.* *(fis.)* **gravitation.**
gravosità *f.* **heaviness; oppressiveness.**
gravóso *a.* **burdensome;** (opprimente) **oppressive;** (di costo, prezzo, ecc.) **heavy, high;** (di un lavoro, di un compito: che esige molto da chi lo fa) **exacting, demanding.**
gràzia *f.* ***1*** **grace;** (armonia di movimenti, ecc.) **gracefulness;** (fascino) **charm, attractiveness** ***2*** (favore, benevolenza) **favour(s); mark of** (sb.'s) **favour**: *godere la g. di q.,* to enjoy sb.'s favour (*fam.:* to be in sb.'s good books) ***3*** *(leg.)* **pardon; mercy**: *concedere la g.,* to grant pardon □ *una domanda di g.,* a petition for mercy ***4*** *(relig.)* **grace**: *nell'anno di g. 1971,* in the year of grace 1971 ***5*** *(al pl.:* ringraziamenti*)* **thanks**: *Tante grazie (o Molte grazie, Mille grazie),* many thanks; thank you very much ***6*** *(tipogr.)* **serif** ● *grazie a Dio,* thanks to God □ *di g.,* if you please □ *in (o per) g. di,* thanks to; on account of; because of □ *per somma g.,* as a great concession (anche *iron.*) □ *senza g.,* graceless □ *sforzarsi di entrare nelle grazie di q.,* to curry favour with sb. □ *(mitol.) le tre Grazie,* the three Graces □ *Alla g.!,* goodness gracious!; good heavens! □ *Troppa g., Sant'Antonio!,* it never rains but it pours □ *tutta quella g. di Dio,* all that profusion of delightful things □ *Vostra G.* (titolo), Your Grace.
graziare *v. t.* ***1*** *(leg.)* **to pardon** ***2*** (concedere) **to grant** (sb., st.).
gràzie *inter.* **thank you!; thanks!**
graziosaménte *avv.* ***1*** (con movimenti graziosi; e anche: con tatto) **gracefully** ***2*** (in modo piacente) **charmingly; attractively; delightfully** ***3*** (con benevola condiscendenza) **graciously.**
grazióso *a.* ***1*** **graceful; charming; delightful** ***2*** (carino) **pretty** ***3*** (affabile) **gracious.**
grèca *f.* **Greek fret.**
grecale *m.* **north-east wind.**
grecismo *m.* **Graecism; Hellenism.**
grecista *m.* e *f.* **Greek scholar; Hellenist.**
grecizzare *v. t.* e *i.* **to Gr(a)ecize; to Hellenize.**
grèco ***A*** *a.* **Greek; Grecian** (quasi *lett.*) ● *la lingua greca (o il g.),* Greek ***B*** *m.* **Greek.**
grèco- *(in parole composte:* fa riferimento alla Grecia o ai Greci*)* **Graeco-; Greco-** (specialm. *USA*): *g.-romano,* Graeco-Roman.
gregàrio ***A*** *a.* *(zool., bot.)* **gregarious** ***B*** *m.* ***1*** *(mil.)* **private soldier** ***2*** *(fig.)* **follower** ***3*** *(ciclismo)* **minor member of a cycling team.**
gregarismo *m.* (anche *fig.*) **gregariousness; herd instinct.**
grégge *m.* (di ovini e *fig.*) **flock;** (di bovini) **herd.**
gréggio ***A*** *a.* ***1*** **raw; crude;** (di metallo) **coarse;** (di tessuto) **unbleached**: *materia greggia,* raw material ***2*** *(fig.)* **crude; unrefined** ***B*** *m.* **crude oil; raw petroleum.**
gregoriano *a.* **Gregorian.**
grembialata *f.* **apronful.**
grembiale, grembiule *m.* **apron;** (da bambino) **pinafore.**
grèmbo *m.* ***1*** **lap**: *in g.,* on one's lap ***2*** (ventre materno) **womb** ***3*** *(fig.)* **womb; bosom.**
gremire ***A*** *v. t.* **to fill (up);** (stipare) **to stuff, to pack, to cram;** (affollare) **to crowd** ***B*** **gremirsi** *v. rifl.* **to fill up; to get* crowded.**
gremito *a.* **full; packed** *(fam.)*; **crowded.**
gréppia *f.* **manger; rack; crib.**
grès *m.* **stoneware.**
gréto *m.* **pebbly shore; shingle.**
grétola *f.* (sbarra di una gabbia) **bar.**
grettézza *f.* ***1*** (meschineria) **meanness** ***2*** (ristrettezza

di vedute) **narrow-mindedness** ***3*** (spilorceria) **stinginess.**

grétto *a.* ***1*** (meschino) **mean** ***2*** (di vedute ristrette) **narrow-minded** ***3*** (spilorcio) **stingy; miserly.**

grève *a.* **heavy.**

grèzzo *V.* **gréggio.**

gridare *v. t.* e *i.* to **shout;** to **cry (out);** (strillare) to **scream,** to **bawl;** (urlare) to **yell**: *g. aiuto,* to cry for help.

gridìo *m.* **shouting; screaming; yelling.**

grido *m.* **cry;** (più forte) **shout;** (urlo) **yell;** (strillo) **scream**: *grida e fischi,* shouts and hoots ● *a grida di popolo,* by popular acclamation □ *di g.,* famous; well-known □ *l'ultimo g.* (della moda), the latest fashion.

grifagno *a.* ***1*** *(lett.)* **rapacious; predatory** ***2*** *(fig.)* **fierce; hawk-like.**

griffa *f. (mecc.)* **claw;** (innesto a denti) **dog (**o **jaw) clutch.**

grifo *m.* **snout.**

grifóne *m.* ***1*** *(mitol., araldica)* **griffin, griffon, gryphon** ***2*** *(zool.,* Gyps fulvus*)* **griffon-vulture.**

grigiastro *a.* **greyish.**

grìgio ***A*** *a.* ***1*** **grey, gray**: *g. ferro,* iron-grey ***2*** (monotono, triste) **dull; sad; gloomy** ● *dai capelli grigi,* grey-haired; grizzled ***B*** *m.* **grey, gray.**

grigióre *m. (anche fig.)* **greyness, grayness.**

grigiovérde ***A*** *a.* **grey-green** ***B*** *m. (mil.)* **grey-green uniform.**

grìglia *f.* ***1*** (grata) **grill(e); grate; grating** ***2*** (graticola) **grill; gridiron** ***3*** *(fis., radio)* **grid** ● *cuocere alla g.,* to grill.

grillettare *v. t.* e *i.* to **frizzle.**

grillétto *m.* **trigger.**

grillo *m.* ***1*** *(zool.,* Gryllus*)* **cricket** ***2*** *(fig.)* **whim; fancy; caprice; crotchet** ● *avere il capo pieno di grilli,* to have a maggot in one's head □ *Indovinala g.!,* who can tell?; your guess is as good as mine □ *Gli è saltato il g. (di),* he suddenly took it into his head (to).

grillotalpa *m. (zool.,* Gryllotalpa gryllotalpa*)* **mole cricket.**

grimaldèllo *m.* **picklock.**

grìnfia *f.* **clutch** *(anche fig.).*

grinta *f.* ***1*** **grim countenance** ***2*** *(anche sport)* **pluck; grit; guts** *(pl., fam.).*

grintóso *a.* **plucky.**

grinza *f.* **wrinkle;** (di stoffa) **crease** ● *non fare una g.,* (di abito) to fit like a glove; (di ragionamento) to be flawless.

grinzóso *a.* **wrinkled; wrinkly;** (di stoffa) **creasy, creased.**

grippare *v. i.* **gripparsi** *v. rifl. (mecc.)* to **seize.**

grisàglia *f. (ind. tessile)* **grisaille** *(franc.).*

grisèlla *f. (naut.)* **ratline.**

grisou *(franc.) V.* **grisù.**

grissino *m.* **bread-stick.**

grisù *m.* **firedamp.**

groenlandése ***A*** *a.* **Greenlandic** ***B*** *m.* e *f.* **Greenlander.**

grómma *f.* **tartar; incrustation;** (del vino, anche) **argol.**

grommato, grommóso *a.* **encrusted; coated with argol (**o **tartar).**

grónda *f.* **eaves** *(pl.)* ● *(naut.) cappello a g.,* sou'wester.

grondàia *f.* **(eaves) gutter;** (il condotto verticale) **rain-pipe.**

grondante *a.* **dripping; soaking; drenched**: *g. di sudore,* dripping with sweat □ *g. di pioggia,* drenched with rain.

grondare ***A*** *v. i.* to **drip;** to **trickle;** to **pour forth;** to **stream** ***B*** *v. t.* to **drip;** to **pour.**

gróngo *m. (zool.,* Conger conger*)* **conger; sea-eel.**

gròppa *f.* ***1*** (di quadrupede) **rump;** (di cavallo, anche) **crupper, back** ***2*** (di persona) **back** ● *avere molti anni sulla g.,* to be advanced in years.

groppata *f.* **buck-jump.**

gróppo *m.* ***1*** **knot;** (viluppo) **tangle** ***2*** (raffica di vento) **squall** ● *un g. alla gola,* a lump in one's throat.

groppóne *m. (scherz.)* **back** ● *(fig.) piegare il g.,* to put one's back into st.

gros-grain *(franc.) m.* ***1*** *(ind. tessile)* **grosgrain; grogram** ***2*** (nastro cordonato) **petersham.**

gròssa *f.* ***1*** *(comm.:* dodici dozzine) **gross** *(invar. al pl.)*; **twelve dozen** ***2*** (dei bachi da seta) **third sleep** ● *(fig.) dormire della g.,* to be sound asleep; to sleep like a top.

grossézza *f.* ***1*** **bigness** ***2*** (dimensione) **size** ***3*** (spessore) **thickness** ***4*** (volume) **bulk** ***5*** (diametro) **width.**

grossista *m.* e *f. (comm.)* **wholesaler.**

gròsso ***A*** *a.* ***1*** **big; large**: *un g. cane,* a big dog □ *un g. sbaglio,* a big mistake ***2*** (di spessore) **thick**: *panno g.,* thick cloth □ *labbra grosse,* thick lips ***3*** (composto di frammenti grossi) **coarse**: *sale g.,* coarse salt ***4*** (grossolano) **coarse; rather broad**: *tessuto g.,* coarse cloth ***5*** (incinta) **pregnant** ● *g. di cervello,* slow in the uptake □ *g. d'udito,* hard of hearing □ *g. modo* (approssimativamente), roughly; approximately □ *avere il fiato g.,* to be out of breath □ *dirle (o spararle) grosse,* to tell tall stories □ *(fam.) dito g.,* (pollice) thumb; (alluce) big toe □ *grande e g.,* great big (strapping) □ *parole grosse,* offensive words □ *vino g.,* full-bodied (o heavy) wine □ *L'hai fatta grossa!,* now you've done it! □ *Questa è grossa!,* that's too much! ***B*** *m.* **main part; main body; bulk; majority; most of** (st.).

grossolanità *f.* ***1*** **coarseness; roughness** ***2*** (villania) **coarseness; grossness** ***3*** (di un errore) **grossness.**

grossolano *a.* ***1*** (rozzo) **coarse; rough** ***2*** (villano) **coarse; gross; rough**: *linguaggio g.,* coarse language ***3*** (madornale) **gross**: *un errore g.,* a gross mistake; a blunder; a howler *(pop.).*

grossomòdo *locuz. avv.* **roughly; approximately.**

gròtta *f.* **cave;** (artificiale o pittoresca) **grotto*.**

grottésca *f. (arte)* **grotesque painting.**

grottésco *a.* e *m.* **grotesque.**

grovièra *m.* o *f.* **Gruyère cheese.**

grovìglio *m.* ***1*** **knot; tangle** ***2*** *(fig.)* **muddle; mess.**

gru *f.* ***1*** *(zool.,* Grus cinerea*)* **crane** ***2*** *(mecc.)* **crane** ***3*** *(naut.)* **davit.**

grùccia *f.* ***1*** (stampella) **crutch** ***2*** (per appendere abiti) **coat hanger.**

grufolare ***A*** *v. i.* ***1*** (di porci e *fig.*) to **root;** to **grub** ***2*** (frugare) to **root about;** to **rummage** ***B*** **grufolarsi** *v. rifl.* to **wallow in filth** *(anche fig.).*

grugare *v. i.* to **coo.**

grugnire *v. i.* to **grunt;** *(fig.,* anche) to **growl and grumble.**

grugnito *m. (anche fig.)* **grunt.**

grugno *m.* ***1*** **snout** ***2*** *(spreg.:* viso) **snout; (ugly) face** ● *fare il g.* (fare il broncio), to pout □ *tenere il g.,* to sulk.

grullo ***A*** *a.* **silly; foolish; stupid** ***B*** *m.* **fool; block-head; fat-head.**

gruma *f.* (delle condutture d'acqua) **fur;** (delle botti) **tartar.**

grumo *m.* **clot; lump** ● *fare g.,* to clot.

grùmolo *m.* **heart** (of a cabbage, of a lettuce).

grumóso *a.* **clotted; lumpy.**

gruppettaro *m. (polit.)* **member of a groupuscule.**

gruppo *m.* ***1*** **group; cluster** ***2*** *(mecc., fis.)* **unit; set** ***3*** (groppo) **knot** ● *g. di esperti,* team of experts; think-tank *(fam.)* □ *g. di lavoro,* team; work group □ *lavoro di g.,* teamwork.

gruppùscolo *m. (polit.)* **groupuscule.**

grùzzolo *m.* **hoard;** (risparmi) **savings** *(pl.)*, **nest egg** ● *mettere insieme il proprio g.,* to make one's pile.

guadàbile *a.* **fordable; wadable.**

guadagnare *v. t.* ***1*** to **earn** (anche: guadagnarsi, meritarsi): *guadagnarsi la vita,* to earn one's living ***2*** to **gain** (anche: ottenere): *g. tempo,* to gain time □ *g. velocità,* to gain speed □ *(mil.* e *fig.) g. terreno,* to gain ground ***3*** (vincere) to **win***: *g. una scommessa,* to win a bet ***4*** (realizzare un guadagno) to **make*** *(sempre con un compl. ogg.)*: *non pensare ad altro che a g.,* to think of nothing but making money ***5*** (buscarsi) to **catch*** ● *g. la cima,* to reach (o to get to) the top □ *g. il tempo perduto,* to make up for lost time □ *guadagnarsi di che vivere,* to make a living □ *guadagnarsi di che vivere a mala pena,* to scrape a living.

guadagno *m.* **1** (specialm. *fig.:* vantaggio) **gain;** (quasi sempre *fig.*) **profit 2** (*econ.:* specialm. di denaro, di una azienda, ecc.) **profits** (*pl.; meno comune al sing.*) **3** (in denaro, spesso di uno stipendiato, salariato, ecc.) **earnings** (*pl.*) **4** (a un gioco d'azzardo, al totocalcio, ecc.) **winnings** (*pl.*) **5** (ricompensa) **reward.**

guadare *v. t.* **to ford; to wade.**

(1) guado *m.* **ford** ● *passare a g.,* to ford; to wade.

(2) guado *m.* (*bot.,* Isatis tinctoria; anche la sostanza colorante) **woad; pastel.**

guài *inter.* **woe (betide)**: *G. ai vinti!,* woe to the vanquished!

guaime *m.* (*agric.*) **aftermath.**

guaìna *f.* **1** (fodero per armi) **scabbard; sheath 2** (*anat., bot.*) **sheath 3** (busto) **foundation garment; girdle; roll-on (belt)** (*fam.*).

guàio *m.* **difficulty; trouble; fix** (*fam.*): *andare in cerca di guai,* to look (o to ask) for trouble □ *ficcarsi nei guai,* to get into trouble; to get into hot water (*fam.*).

guaiolare, guaire *v. i.* to **yelp;** to **whimper;** to **whine.**

guaìto *m.* **yelp, yelping; whimper, whimpering; whine, whining.**

gualcire *v. t.* **gualcirsi** *v. rifl.* to **crease;** to **crumple;** to **crush.**

gualdrappa *f.* **saddle-cloth.**

guància *f.* **cheek.**

guanciale *m.* **pillow;** (cuscino in genere) **cushion** ● (*fig.*) *Puoi dormire fra due guanciali,* you can set your mind at rest.

guancialétto *m.* **1** (imbottitura) **padding 2** (cuscinetto per timbri) **ink-pad.**

guancialino *m.* (puntaspilli) **pincushion.**

guano *m.* **guano.**

guantàio *m.* **glover.**

guantièra *f.* **1 box for gloves 2** (vassoio) **tray.**

guanto *m.* **1 glove**: (*fig.*) *trattare q. con i guanti,* to handle sb. with kid gloves **2** (da scherma) **gauntlet** ● *mezzi guanti,* mittens.

guantóne *m.* (da pugile) **boxing glove.**

guardabòschi *m.* **forester.**

guardacàccia *m. invar.* **gamekeeper.**

guardacòste *m.* (*naut.*) **1 coast-guard 2** (nave) **coast-guard patrol-vessel.**

guardafili *m.* **lineman*.**

guardalìnee *m.* (*sport*) **linesman*.**

guardamano *m. invar.* (di spada) **sword-guard.**

guardapésca *m. invar.* **fishing warden.**

guardaportóne *m.* **door-keeper.**

guardare A *v. t.* e *i.* **1** to **look** (at): *Guarda!,* look! □ *Che cosa guardi?,* what are you looking at? □ *Guardami!,* look at me! □ *Guarda chi c'è!,* look who's here! □ *g. q. negli occhi,* to look sb. in the eyes □ *g. in faccia la morte,* to look death in the face **2** (dare un'occhiata) to **have** (o to **take***) **a look 3** (squadrare, guardare fisso) to **stare at,** to **gaze at** (sb., st.) **4** (guardare di sfuggita) to **glance at** (sb., st.); (guardare furtivamente) to **peep 5** (osservare) to **watch;** (scrutare) to **eye**: *g. la televisione,* to watch television **6** (affacciarsi, essere orientato) to **look out** (on, over); to **face 7** (considerare) to **consider;** to **view;** to **look on** (sb., st.) **8** (esaminare) to **look over,** to **look into** (st.) **9** (custodire) to **look after,** to **take* care of** (sb., st.) **10** (difendere) to **defend;** to **hold* 11** — (*nell'imper.*) *guarda, guardate* (stai attento, bada, ecc.), mind; (cerca di, ecc., anche), try: *Guarda di non cascare!,* mind you don't fall! **12** — *stare a g.,* to look on; to wait to see; to stand* (o to sit*) there staring ● *g. q. di buon occhio (di mal occhio),* to look favourably (unfavourably) on sb. □ *senza g. a spese,* regardless of expense □ *Dio ne guardi!,* God forbid! □ *A g. bene, aveva ragione lui,* when all is said and done, he was right **B guardarsi** *v. rifl.* **1** to **look at oneself**: *g. allo specchio,* to look at oneself in the looking-glass **2** (guardarsi da q. o q.c.) to **beware** (of); to **be wary** (of); to **be careful** (o to **take*** care) **not** (to do st.) **3** (astenersi) to **refrain** (from); (da bevande o alimenti) to **abstain** (from) **C** *v. rifl. recipr.* **1** to **look at each other** (o **at one another) 2** (fissamente) to **stare at each other** (o **at one another)** ● *Me ne guardo bene!,* Heaven forbid!

guardaròba *m. invar.* **1** (stanza per biancheria) **linen-room 2** (armadio per abiti) **wardrobe;** (per biancheria) **linen-cupboard 3** (di locale pubblico) **cloakroom 4** (*naut.*) **slop-room 5** (capi di vestiario di cui una persona dispone) **wardrobe.**

guardarobièra *f.* **cloak-room attendant.**

guardasigilli *m.* **Minister of Justice;** (*in G.B.*) **Lord Privy Seal.**

guardata *f.* **look; glance.**

guardavìa *m. invar.* (ringhiera di protezione stradale) **guardrail.**

guàrdia *f.* **1** (*in molti sensi*) **guard**: *il cambio della g.,* the changing of the guard (*fig.,* anche: changeover) □ *guardie a piedi (a cavallo),* foot-guards (horse-guards) □ *corpo di g.,* guard-room □ *g. del corpo,* bodyguard; (del sovrano inglese) Life-Guards □ *fare la g.,* to stand (o to keep) guard □ (*mil.*) *essere di g.,* to be on guard □ (*mil.*) *dare il cambio alla g.,* to relieve guard □ *stare in g.,* to be on one's guard (o to be on the look-out) **2** (azione del vigilare, anche *naut.*) **watch**: *fare buona g.,* to keep a good watch □ *un cane da g.,* a watch-dog **3** (periodo di servizio, ma non *naut.*) **duty**: *essere di g.,* to be on duty **4** (poliziotto) **policeman* 5** (sentinella) **sentry; sentinel**: *fare la g.* (camminando su e giù), to be on sentry-go **6** (*sport*) **guard 7** (di spada) **hilt-guard 8** (di libro) **flyleaf* 9** (di un fiume) **safety highwater-mark** ● *g. campestre,* country warden □ *g. carceraria,* warder; prison guard □ *g. doganale (o di finanza),* Customs officer □ (gioco) *guardie e ladri,* cops and robbers □ *g. notturna,* night-watchman.

guardiamarina *m. invar.* (*naut.*) **midshipman*.**

guardiano *m.* **1 keeper; caretaker; custodian; warden 2** (di carcere) **warder 3** (di armenti) **herdsman* 4** (*relig.*) **guardian.**

guardina *f.* **lock-up.**

guardinfante *m.* **farthingale; crinoline.**

guardingo *a.* **careful; circumspect; cautious; wary.**

guardiòla *f.* **1 gatekeeper's lodge 2** (*mil.*) **guard-room.**

guardóne *m.* **voyeur** (*franc.*); **peeping Tom** (*fam.*).

guarentìgia *f.* (*leg.*) **guaranty; security.**

guarìbile *a.* **curable.**

guarigióne *f.* **1 recovery; cure 2** (di ferita) **healing.**

guarire A *v. i.* **1** to **recover (one's health);** to **get* well;** (al passato, più comune) to **get* over** (an illness); (di ferita, piaga, ecc.) to **heal 2** (*fig.*) to **be cured;** to **get* rid**: *g. da una cattiva abitudine,* to get rid of a bad habit **B** *v. t.* to **cure,** to **heal** (anche *fig.*).

guaritóre *m.* **healer;** (chi guarisce con la preghiera, ecc.) **faith-healer.**

guarnigióne *f.* (*mil.*) **garrison.**

guarnire *v. t.* **1** (ornare) to **trim 2** (*cucina*) to **garnish 3** (fornire) to **furnish;** to **equip 4** (*naut.*) to **rig 5** (*mecc.*) to **pack.**

guarnizióne *f.* **1** (ornamento) **trimming 2** (*cucina*) **garnish 3** (*mecc.*) **gasket; packing.**

guascóne A *m.* e *f.* **1 Gascon 2** (*fig.*) **braggart B** *a.* **Gascon.**

guastafèste *m.* e *f.* **spoil-sport; killjoy; wet blanket** (*fam.*).

guastamestièri *m.* e *f.* **bungler.**

guastare A *v. t.* **1** to **spoil** (*in quasi tutti i sensi*); (*rovinare*) to **ruin,** to **mar;** (un meccanismo) to **break*;** (disturbare) to **disturb;** (lo stomaco e *fig.*) to **upset* 2** (far marcire) to **taint;** to **infect B guastarsi** *v. rifl.* **1** to **get* spoilt;** to **be upset 2** (di una macchina, un meccanismo) to **break* down;** (di un motore) to **fail 3** (del tempo) to **change for the worse;** to **cloud over 4** (con q.) to **quarrel;** to **fall* out 5** (marcire) to **rot;** (andare a male) to **go* bad** ● *g. l'appetito,* to spoil one's appetite □ *g. la reputazione,* to forfeit one's good name.

guastatóre *m.* (*mil.*) **sapper; pioneer.**

guasto A *a.* **1** (sciupato, viziato) **spoilt, spoiled 2** (corrotto) **tainted; depraved 3** (marcio) **rotten; gone**

bad; (di uovo) **bad** ***4*** (di un dente, ecc.) **decayed** ***5*** *(mecc.)* **broken down;** (danneggiato) **damaged;** (fuori uso) **out of order** ***B*** *m.* ***1*** (di macchina o meccanismo) **breakdown; something wrong** (with st.) *(fam.)*; (di motore, anche) **failure** ***2*** (danno) **damage** ***3*** (marciume, anche *fig.*) **something rotten; rot.**

guatemaltèco *a.* e *m.* **Guatemalan.**

guazza *f.* **heavy dew.**

guazzabùglio *m.* **hotch-potch; medley; muddle; mess; mix-up.**

guazzare *v. i.* to **wallow** (anche *fig.*).

guazzatóio *m.* **horse-pond.**

guazzétto *m.* *(cucina)* **stew.**

guazzo *m.* ***1*** **pool; puddle** ***2*** *(pitt.)* **gouache.**

guèlfo *a.* e *m.* *(stor.)* **Guelph.**

guèrcio ***A*** *a.* **squinting; squint-eyed; cross-eyed** ● *essere g.*, to have a squint ***B*** *m.* **squint-eye(s); squinter** *(fam.)*.

guèrra *f.* ***1*** **war**: *un prigioniero di g.*, a prisoner of war □ *essere sul piede di g.*, to be on a war footing □ *dichiarare g. a q.*, to declare war on (o upon) sb. □ *entrare in g.*, to come into the war □ *essere in g.*, to be at war □ *fare la g.*, to make (o to wage) war □ *(stor.) la G. delle due Rose*, the Wars of the Roses □ *(stor.) la G. dei Cento Anni*, the Hundred Years' War ***2*** (il guerreggiare, la tecnica guerresca) **warfare** ● *(fig.) g. d'interessi*, clash of interests □ *canto di g.*, war-song □ *g. lampo*, blitzkrieg *(ted.)*; blitz *(fam.)* □ *grido di g.*, war-cry □ *(stor.) la seconda g. mondiale*, World War II.

guerrafondàio, guerraiòlo *m.* *(spreg.)* **warmonger.**

guerreggiare *v. i.* to **wage war;** to **fight***.

guerrésco *a.* ***1*** (di guerra) **war** *(attr.)* ***2*** (bellicoso) **warlike.**

guerrièro ***A*** *m.* **warrior** ***B*** *a.* **warlike.**

guerrìglia *f.* **guer(r)illa.**

guerriglièro *m.* **guer(r)illero*; guer(r)illa.**

gufare *v. i.* to **hoot.**

gufo *m.* *(zool.*, Bubo) **owl** ● *g. reale* (Bubo bubo), eagle owl.

gùglia *f.* *(archit.)* **spire;** (di campanile) **steeple.**

gugliata *f.* **needleful.**

guida *f.* ***1*** **guide**: *fare da g. a q.*, to act as (o to be) sb.'s guide (ma, nel senso di « fare strada »: to show sb. the way) □ (libro) *g. alla grammatica*, a guide to grammar ***2*** (libro turistico) **guide-book** ***3*** (ammaestramento) **guidance** ***4*** (direzione) **direction;** (comando) **leadership** ***5*** *(autom.:* il guidare) **driving**: *maestro di g.*, driving instructor □ *esame di g.*, driving test ***6*** *(autom.:* lo sterzo) **steering**: *volante di g.*, steering wheel ***7*** *(mil.)* **guide; scout** ***8*** (tappeto) **runner** ***9*** *(al pl.:* redini) **reins** ● *g. telefonica*, telephone directory.

guidare *v. t.* ***1*** (fare da guida) to **guide** ***2*** (condurre come capo) to **lead*** ***3*** (un veicolo) to **drive*** ***4*** *(mus.:* un'orchestra) to **conduct** ● *g. un cavallo*, to ride a horse □ *g. una motocicletta*, to ride a motorcycle □ *g. una nave*, to steer a ship □ *sapersi g. da sé*, to know how to conduct oneself.

guidatóre *m.* **driver.**

guidoşlitta *f.* *(sport)* **bob-sleigh; bob-sled.**

guinzàglio *m.* **lead; leash**: *un cane al g.*, a dog on the lead.

guişa *f.* **manner; way; guise** ● *a g. di*, like □ *di (o in) g. che*, so that.

guitto *m.* **strolling player;** *(spreg.)* **bad actor, third-rate actor.**

guizzare *v. i.* ***1*** (tremare) to **quiver** ***2*** (muoversi rapidamente) to **dart** ***3*** (dimenarsi) to **wriggle** ***4*** (sgusciare) to **slither**: *g. di mano*, to slither out of one's hand ***5*** (balzare) to **spring*** ***6*** (della luce) to **flash;** to **flicker.**

guizzo *m.* ***1*** (tremito) **quiver** ***2*** (movimento rapido) **dart** ***3*** (della luce) **flash; flicker** ● *dare un g.*, to quiver.

gulasch *(ted.)* *m.* *(cucina)* **(Hungarian) g(o)ulash.**

guru *m. invar.* *(in India)* **guru.**

gùscio *m.* ***1*** **shell;** *(bot.*, anche) **hull**: *un g. di uovo*, an egg-shell ***2*** (di legumi) **pod;** (di cereali) **husk.**

gustare ***A*** *v. t.* ***1*** (assaggiare) to **taste;** to **have a taste of** (st.) ***2*** (assaporare con piacere) to **relish** (specialm. *fig.*) ***3*** *(fig.)* to **appreciate;** to **enjoy** ***B*** *v. i.* to **be to** (sb.'s) **taste;** to **like** *(costruzione pers.)*.

gustativo *a.* **gustatory; taste** *(attr.)*.

gusto *m.* ***1*** (senso del gusto; sapore; senso estetico) **taste;** (aroma) **flavour**: *il g. dell'acciuga*, the taste of anchovy □ *ammobiliato (vestito, ecc.) con g.*, furnished (dressed, etc.) with taste □ *cattivo (buon) g.*, bad (good) taste □ *È questione di gusti*, it's a matter of taste □ *Non è di mio g.*, it is not to my taste (o liking); I don't like it (più comune) ***2*** (piacere intenso) **gusto; relish; enjoyment** ***3*** (voglia, desiderio) **fancy** ***4*** (qualità, sorta) **kind; flavour**: *sei gusti di gelato*, six flavours of ice-cream ● *avere il g.* (il sapore) *di q.c.*, to taste of st. □ *mangiare di g.*, to have a hearty appetite; to enjoy one's food □ *prenderci g.*, to come to (o to get to) like it □ *ridere di g.*, to laugh heartily □ *senza g.*, tasteless.

gustosaménte *avv.* **with gusto; with relish; heartily.**

gustosità *f.* ***1*** **tastiness** ***2*** *(fig.)* **pleasantness.**

gustóso *a.* ***1*** (saporito) **tasty;** (piccante o comunque non dolce) **savoury** ***2*** *(fig.)* **pleasant; amusing.**

guttapèrca *f.* **gutta-percha.**

gutturale *a.* **guttural**: *una consonante g.*, a guttural consonant.

gutturalişmo *m.* **gutturalism.**

H

H, h *f.* o *m.* **H, h** ● *(tel.)* *h come hotel,* h for Harry.
habitat *m. (bot., zool.)* **habitat** *(anche fig.).*
habitué *(franc.) m.* **habitué** ● *È un h.,* he is a regular.
hàbitus *m. (bot., zool.)* **habit.**
hall *(ingl.) f.* **hall; foyer** *(franc.).*
hallalì *inter.* e *m.* **tally-ho.**
hamburger *(ingl.) m. (cucina)* **hamburger (steak).**
handicap *(ingl.) m. (sport* e *fig.)* **handicap.**
handicappare *v. t. (sport* e *fig.)* to **handicap.**
handicappato ***A*** *a.* **handicapped** *(anche fig.)* ***B*** *m.* (minorato) **handicapped person** ● *(collett.) gli handicappati,* the handicapped.
hangar *(franc.) m. (aeron.)* **hangar.**
hannoveriano *a.* e *m. (stor.)* **Hanoverian.**
harakiri *(giapponese) V.* **karakiri.**
hàrem *m.* **harem; seraglio*.**
hascìsc *m.* **hashish; hash** *(pop.).*
haute *(franc.) f.* **high society; (the) smart set.**
haute-couture *(franc.) f.* **haute couture; high fashion.**
hawaiano *a.* e *m. (geogr.)* **Hawaiian.**
hegeliano *a.* e *m. (filos.)* **Hegelian.**
hènna *f.* **henné** *(franc.) (bot.* Lawsonia inermis: tintura di h.) **henna.**
hertz *m. (fis.)* **hertz.**
hertziano *a. (fis.)* **Hertzian**: *onde hertziane,* Hertzian waves.
hindi *a.* e *f. invar.* **Hindi.**
hinterland *(ted.) m. (geogr.)* **hinterland.**
hitleriano *m. (stor.)* **Hitlerite.**
hitlerismo *m. (stor.)* **Hitlerism.**
hockeista *m. (sport)* **hockey player; hockeyist.**
hockey *m. (sport)* **hockey**: *h. su ghiaccio,* ice hockey.
honoris causa *(lat.) locuz. agg.* — *laurea honoris causa,* honorary degree; degree honoris causa.
hors-d'œuvre *(franc.) m. invar.* **hors-d'œuvre; antipasto*.**
hostess *f.* **air-hostess; stewardess.**
hôtel *(franc.) m.* **hotel.**
humus *m.* **humus.**
hurrà *inter.* **hurrah!; hurray!**

I

(1) I, i *m.* o *f.* **I, i** ● *(tel.) i come Imola,* i for Isaac □ *(fig.) mettere i puntini sugli i,* to dot one's i's.
(2) i, gli *art. determ. m. pl.* ***1*** **the**: *i primi mesi,* the first months □ *gli ultimi giorni,* the last days □ *i vini di questa regione,* the wines of this region □ *i tedeschi,* the Germans □ *gli Appennini,* the Apennines □ *gli Stati Uniti,* the United States □ *i ricchi e i poveri,* the rich and the poor ***2*** *(idiom.: omesso in ingl.)*: *I vini francesi sono molto buoni,* French wines are very good □ *I tedeschi sono biondi,* Germans are fair-haired □ *i miei libri,* my books □ *Quel ragazzo ha gli occhi blu,* that boy has blue eyes ***3*** *(idiom.: agg. poss. in ingl.)*: *Mi lavai le mani,* I washed my hands □ *Mettiti il cappello!,* Put your hat on! ***4*** *(idiom.: partitivo in ingl.)* **some;** *(in frasi neg.)* **any**: *Va a comprare i fiammiferi,* go and buy some matches.
ialino *a. (miner.)* **hyaline.**
iarda *f.* **yard.**
iato *m. (linguistica, anat.)* **hiatus** *(anche fig.).*
iattanza *f.* **haughtiness; boastfulness.**
iattura *f.* **misfortune; bad luck.**
ibèrico *a. (stor.)* **Iberian.**
ibernante *a. (zool.)* **hibernating.**
ibernare *v. i. (zool.)* to **hibernate.**
ibernazióne *f.* ***1*** *(zool.)* **hibernation** ***2*** *(med.)* **cryonics** *(pl. col verbo al sing.).*
ibis *m. (zool.,* Threskiornis) **ibis*.**
ibisco *m. (bot.,* Hibiscus) **hibiscus; rose-mallow** *(pop.).*
ibridare *v. t. (biol.)* to **hybridize.**
ibridazióne *f. (biol.)* **hybridization; cross-breeding.**
ibridismo *m. (biol.)* **hybridism** *(anche fig.).*
ìbrido *a.* e *m. (biol.)* **hybrid** *(anche fig.).*
icàstico *a.* **figurative; representational.**
icóna *f.* **icon.**
iconoclasta *m.* e *f. (relig., fig.)* **iconoclast.**
iconografìa *f.* **iconography.**
iconogràfico *a.* **iconographic(al).**
inocògrafo *m.* **iconographer.**
iconolatrìa *f.* **iconolatry; image worship.**
ictus *m. invar. (poesia, med.)* **ictus*.**
Iddio *m.* **God**: *I. non voglia!,* God forbid!
idèa *f.* ***1*** **idea**: *Non è una cattiva i.,* it's not a bad idea □ *un'i. luminosa,* a bright idea *(anche iron.)* □ *(iron.) Mi piace l'i.!,* I like the idea! □ *È ricco da non averne i.,* you have no idea (o you can't imagine) how rich he is ***2*** (i. capricciosa, anche) **whim; notion;** (progetto, anche) **plan**: *un'i. balzana,* a crazy notion ***3*** (proposta) **suggestion** ***4*** *(nelle locuz.: appena un'i., una pallida i., ecc.)* **glimmering** (barlume): **whiff** (sentore): **hint; touch**: *appena un'i. di aglio,* just a touch of garlic ***5*** (opinione) **opinion; mind**: *cambiare i.,* to change one's mind ***6*** (intenzione) **intention; mind**: *avere una mezza i. di fare q.c.,* to have half a mind to do st. ***7*** (ideale) **ideal** ● *farsi un'i. di q.c.,* to get the hang of st. *(fam.)*; to get the general idea of st. □ *nemmeno per i.,* by no means □ *Ho i. d'andare a teatro stasera,* I'm thinking of going to the theatre tonight □ *L'ho fatto io, di mia i.,* I did it off my own bat *(fam.).*
ideale *a.* e *m.* **ideal**: *un posto i. per una vacanza,* an ideal place for a holiday.
idealismo *m.* **idealism** *(anche filos.).*
idealista *m.* e *f.* **idealist** *(anche filos.).*
idealìstico *a.* **idealistic** *(anche filos.).*
idealità *f.* **idealism; ideality.**
idealizzare *v. t.* to **idealize.**
idealizzazióne *f.* **idealization.**
ideare *v. t.* ***1*** to **conceive** ***2*** (progettare) to **plan.**
ideatore *m.* **author; inventor.**
idem *(lat.) pron.* e *avv.* **the same; idem.**
identicità *f.* **identity.**
idèntico *a.* **identical.**

identificare ***A*** *v. t.* to **identify** ***B*** **identificarsi** *v. rifl.* to **identify oneself** ***C*** *v. rifl. recipr.* to **be identical.**
identificazióne *f.* **identification.**
idèntikit *m.* **identikit.**
identità *f.* (anche *mat.* e *filos.*) **identity**: *carta d'i.*, identity card.
ideogràfico *a.* **ideographic(al).**
ideogramma *m.* **ideogram; ideograph.**
ideologìa *f.* **ideology** (anche *filos.*).
ideològico *a.* **ideologic(al).**
ideòlogo *m.* **ideologist.**
idi *f.* o *m. pl.* *(stor.)* **Ides.**
idilliaco, idillico *a.* **idyllic.**
idillio *m.* ***1*** *(letter.)* **idyll** ***2*** *(fig.)* **romance.**
idiòma *m.* **idiom; language; tongue.**
idiomàtico *a.* **idiomatic.**
idiosincrasìa *f.* **idiosyncrasy** (anche *med.*).
idiòta ***A*** *a.* **idiotic** ***B*** *m.* e *f.* **idiot** (anche *med.*).
idiotismo *m.* ***1*** *(linguistica)* **idiom** ***2*** *(med.)* **idiocy.**
idiozìa *f.* ***1*** *(med.)* **idiocy** ***2*** (azione, discorso da idiota) idiocy ● *dire idiozie,* to talk nonsense.
idolatra ***A*** *a.* **idolatrous** ***B*** *m.* **idolater** ***C*** *f.* **idolatress.**
idolatrare *v. t.* (anche *fig.*) to **idolize**; to **worship.**
idolatrìa *f.* **idolatry.**
idoleggiare *v. t.* to **idolize**; to **make* an idol of.**
idolo *m.* **idol** (anche *fig.*).
idoneità *f.* **fitness; capacity; ability.**
idòneo *a.* **fit; suitable; proper;** (qualificato) **qualified.**
idra *f.* ***1*** *(zool.,* Hydra; anche *fig.)* **hydra*** ***2*** *(mitol.)* **Hydra.**
idrante *m.* **hydrant.**
idrargirismo *m.* *(med.)* **mercurial poisoning.**
idratante ***A*** *a.* ***1*** *(chim.)* **hydrating** ***2*** *(cosmesi)* **humectant; moisturizing** ***B*** *m.* *(cosmesi)* **humectant; moisturizer.**
idratare *v. t.* ***1*** *(chim.)* to **hydrate** ***2*** *(cosmesi)* to **moisturize.**
idratazióne *f.* *(chim.)* **hydration.**
idrato *(chim.)* ***A*** *a.* **hydrated** ***B*** *m.* **hydrate.**
idràulica *f.* **hydraulics** *(pl. col verbo al sing.).*
idràulico ***A*** *a.* **hydraulic** ***B*** *m.* **plumber; sanitary engineer.**
idrico *a.* **water** *(attr.).*
idro- *(in parole composte)* **hydro-.**
idrobiologìa *f.* **hydrobiology.**
idrocarburo *m.* *(chim.)* **hydrocarbon.**
idrocefalìa *f.* *(med.)* **hydrocephalus; hydrocephaly.**
idrocèfalo *(med.)* ***A*** *a.* **hydrocephalous** ***B*** *m.* **hydrocephalic.**
idroelèttrico *a.* **hydro-electric.**
idròfilo *a.* ***1*** *(chim.)* **hydrophile** ***2*** *(bot.)* **hydrophilous** ● *cotone i.,* cotton wool.
idrofobìa *f.* *(med.)* **hydrophobia; rabies.**
idròfobo *a.* ***1*** *(med.)* **hydrophobic; rabid; mad** ***2*** *(fig.)* **furious.**
idròfono *m.* *(naut.)* **hydrophone.**
idrogenazióne *f.* *(chim.)* **hydrogenation.**
idrògeno *m.* *(chim.)* **hydrogen**: *bomba all'i.*, hydrogen bomb.
idrografìa *f.* **hydrography.**
idrogràfico *a.* **hydrographic(al).**
idrògrafo *m.* **hydrographer.**
idròlisi *f.* *(chim.)* **hydrolysis.**
idrologìa *f.* **hydrology.**
idromèle *m.* **hydromel; mead.**
idròmetra *m.* *(zool.,* Hydrometra*)* **water strider; pond skater.**
idròmetro *m.* **hydrometer.**
idròpico *(med.)* ***A*** *a.* **hydropic; dropsical** ***B*** *m.* **sufferer from dropsy.**
idropisìa *f.* *(med.)* **dropsy.**
idroplano *m.* *(naut., aeron.)* **hydroplane.**
idropònica *f.* **hydroponics** *(pl. col verbo al sing.).*
idroscalo *m.* **seaplane base.**
idroscì *m.* *(sport)* **water-skiing.**
idroscòpio *m.* **hydroscope.**
idrosfèra *f.* *(geogr.)* **hydrosphere.**
idròssido *m.* *(chim.)* **hydroxide.**
idrostàtica *f.* *(fis.)* **hydrostatics** *(pl. col verbo al sing.).*
idrostàtico *a.* **hydrostatic.**
idroterapìa *f.* *(med.)* **hydrotherapeutics** *(pl. col verbo al sing.).*
idrovìa *f.* **waterway.**
idrovolante *m.* *(aeron., naut.)* **seaplane; hydroplane.**
idròvora *f.* **water-scooping machine.**
ièlla *f.* *(dial.)* **bad luck; hoodoo** *(fam.).*
ièna *f.* *(zool.,* Hyaena*)* **hy(a)ena.**
ieràtico *a.* ***1*** **hieratic(al)** ***2*** (grave, solenne) **grave; solemn.**
ièri *avv.* e *n.* **yesterday**: *i. mattina,* yesterday morning □ *i. sera,* yesterday evening; last night.
iettatóre *m.* **Jonah; hoodoo** *(fam.);* **jinx** *(fam.).*
iettatura *f.* (malocchio) **evil eye;** (sfortuna) **bad luck; hoodoo** *(fam.).*
igiène *f.* *(med.)* **hygiene; hygienics** *(pl. col verbo al sing.)* ● *ufficio d'i.,* public-health office.
igiènico *a.* ***1*** **hygienic(al); sanitary** ***2*** (salubre) **healthful; healthy** ***3*** *(fig.:* consigliabile) **advisable** ● *carta igienica,* toilet paper.
igienista *m.* e *f.* ***1*** **hygienist** ***2*** *(scherz.)* **valetudinarian.**
ignaro *a.* **unaware** (of); **unacquainted** (with).
ignàvia *f.* *(lett.)* **sloth; sluggishness.**
ignavo *a.* *(lett.)* **slothful; sluggish.**
ignìfugo *a.* **fire-retardant.**
ignizióne *f.* *(chim.)* **ignition.**
ignòbile *a.* **ignoble; despicable; base.**
ignobilménte *avv.* **ignobly; despicably; basely.**
ignominia *f.* **ignominy; disgrace.**
ignominióso *a.* **ignominious; disgraceful.**
ignorante ***A*** *a.* ***1*** **ignorant; uneducated** ***2*** (villano) **boorish; rude** ***B*** *m.* e *f.* ***1*** **ignoramus; ignorant person** ***2*** (villano) **boor; rude person.**
ignoranza *f.* **ignorance.**
ignorare *v. t.* ***1*** **not to know***; to **be unaware** (of) ***2*** (trascurare) to **ignore.**
ignorato *a.* ***1*** (sconosciuto) **unknown** ***2*** (escluso da un meritato apprezzamento) **neglected.**
ignòto ***A*** *a.* **unknown**: *il Milite I.,* the Unknown Warrior ***B*** *m.* ***1*** (l'ignoto) **(the) unknown** ***2*** *(leg.:* persona ignota) **person unknown.**
ignudo *a.* **naked** ● *vestire gli ignudi,* to clothe the naked.
igròmetro *m.* **hygrometer.**
igroscòpico *a.* **hygroscopic(al).**
igroscòpio *m.* **hygroscope.**
iguana *f.* *(zool.,* Iguana iguana*)* **iguana.**
iguanodónte *m.* *(paleontologia)* **iguanodont.**
ih *inter.* (di disgusto) **ugh!;** (di sorpresa) **oh!, ah!**
ikebana *(giapponese) m.* **ikebana** (flower arrangement).
il, lo *art. determ. m. sing.* ***1*** **the**: *il primo giorno,* the first day □ *l'ultimo mese,* the last month □ *il vino di quella vigna,* the wine of that vineyard □ *il libro che ho letto,* the book I've read □ *il sole,* the sun □ *il mare,* the sea □ *il Tamigi,* the Thames □ *l'Adriatico,* the Adriatic □ *Alfredo il Grande,* Alfred the Great ***2*** *(idiom.: omesso in ingl.)*: *il prossimo mese,* next month □ *lo scorso anno,* last year □ *Non mi piace il tè,* I don't like tea □ *Il tempo è denaro,* time is money □ *il tuo libro,* your book □ *Non è mio!,* it isn't mine! □ *Questo è il libro di Tom,* this is Tom's book □ *il giorno di Natale,* Christmas Day □ *il Monte Bianco,* Mont Blanc □ *il re Alfredo,* King Alfred □ *il signor Clark,* Mr Clark □ *lo zio Jack,* uncle Jack □ *il Foscolo,* Foscolo □ *L'uomo è mortale,* man is mortal ***3*** *(idiom.: agg. poss. in ingl.)*: *Non dimenticare l'ombrello,* don't forget your umbrella □ *Bevi il tè,* drink your tea □ *Lo dirò al babbo,* I'll tell your father ***4*** *(idiom.: art. indeterm. in ingl.)* **a, an**: *Il cavallo è un animale domestico,* a (*lett.*: the) horse is a domestic animal (o horses are domestic animals) □ *avere il naso lungo,* to have a long nose ***5*** *(idiom.: partitivo in ingl.)* **some;** *(in frasi neg.)* **any**: *Va a comprare lo zucchero!,* go and buy some sugar! □ *Non c'è il pane!,* there's not any (o no) bread! ***6*** (in luogo di « al », come distributivo) **a, an**: *diecimila lire al giorno,*

ten thousand lire a day □ *due volte l'anno,* twice a year.
ìlare *a.* **merry; hilarious.**
ilarità *f.* **hilarity; merriment; mirth** ● *provocare l'i. generale,* to make everybody laugh.
ìleo *m. (anat.)* ***1*** (ilio) **ilium*; hip-bone** ***2*** (parte dell'intestino tenue) **ileum*.**
(1) ilìaco *a. (anat.)* **iliac**: *vene iliache,* iliac veins.
(2) ilìaco *a. (stor.)* **Iliac; Trojan.**
Ilìade *f. (letter.)* **Iliad.**
ìlio *m. (anat.)* **ilium*; hip-bone.**
illacrimato *a. (lett.)* **unwept; unlamented.**
illanguidire ***A*** *v. t.* to **make* languid;** to **weaken;** to **enfeeble** ***B*** *v. i.* to **languish;** to **droop** (specialm. di fiori); to **grow* feeble.**
illazióne *f.* **illation; inference.**
illécito ***A*** *a.* **illicit;** (proibito) **forbidden** ***B*** *m. (leg.)* **offence** ● *i. civile,* tort.
illegale *a.* **illegal; unlawful.**
illegalità *f.* **illegality; unlawfulness.**
illegalménte *avv.* **illegally; unlawfully.**
illeggiadrire ***A*** *v. t.* to **embellish;** to **make*** (sb., st.) **pretty** ***B*** *v. i.* e **illegiadrirsi** *v. rifl.* to **become* pretty** (o **prettier).**
illeggìbile *a.* **illegible.**
illegittimità *f.* **illegitimacy.**
illegittimo *a.* **illegitimate.**
illéṣo *a.* **unhurt; uninjured; unharmed;** (di cose) **undamaged.**
illetterato *a.* **illiterate.**
illibatézza *f.* **chastity; purity.**
illibato *a.* **chaste; pure.**
illiberale *a.* **illiberal.**
illiberalità *f.* **illiberality.**
illiceità *f. (leg.)* **unlawfulness.**
illimitato *a.* **boundless; unlimited.**
illividire ***A*** *v. t.* to **make* livid** ***B*** *v. i.* to **turn livid.**
illogicità *f.* **illogicality; illogicalness.**
illògico *a.* **illogical; irrational.**
illùdere ***A*** *v. t.* to **delude;** to **deceive;** to **take* in** ***B*** **illùdersi** *v. rifl.* to **delude oneself;** to **deceive oneself.**
illuminante *a.* ***1*** **illuminating** ***2*** *(fig.)* **enlightening.**
illuminare ***A*** *v. t.* ***1*** to **light* up;** to **lighten;** to **illuminate;** to **shine* upon** ***2*** *(fig.)* to **enlighten;** to **illuminate** ● *i. a giorno,* to flood-light ***B*** **illuminarsi** *v. rifl.* to **light* up;** to **lighten;** to **brighten.**
illuminato *a.* ***1*** **lit up; illluminated** ***2*** *(fig.)* **enlightened.**
illuminazióne *f.* **lighting; illumination.**
illuminiṣmo *m. (filos.)* **(the) Enlightenment.**
illuminista *(stor., filos.)* ***A*** *a.* **Enlightenment** *(attr.)* ***B*** *m.* e *f.* **Enlightenment thinker** (o **philosoper,** ecc.).
illuṣióne *f.* **delusion; illusion** ● *farsi illusioni,* to cherish vain hopes.
illuṣioniṣmo *m.* **conjuring; illusionism.**
illuṣionista *m.* e *f.* **conjurer; illusionist.**
illuṣo ***A*** *a.* **deluded; deceived; hoodwinked** ***B*** *m.* **dupe; dreamer.**
illuṣòrio *a.* **illusory; deceptive; fallacious.**
illustrare *v. t.* ***1*** to **illustrate** ***2*** (spiegare) to **illustrate;** to **expound;** to **explain** ***3*** *(lett.:* rendere illustre*)* to **make* famous.**
illustrativo *a.* **illustrative.**
illustrato *a.* **illustrated** ● *cartolina illustrata,* picture postcard.
illustratóre *m.* **illustrator.**
illustrazióne *f.* ***1*** **illustration; picture; plate** ***2*** (spiegazione) **illustration; explanation.**
illustre *a.* **distinguished; renowned; famous; illustrious.**
ilòta *m.* ***1*** *(stor.)* **Helot** ***2*** *(fig.)* **helot; serf.**
imbacuccare ***A*** *v. t.* to **wrap up;** to **muffle up** ***B*** **imbacuccarsi** *v. rifl.* to **wrap oneself up;** to **muffle oneself up.**
imbaldanzire ***A*** *v. t.* to **embolden;** to **make*** (sb.) **bold** ***B*** *v. i.* e **imbaldanzirsi** *v. rifl.* to **grow*** (o to **become*) bold.**
imballàggio *m.* ***1*** **packing; packaging;** (in balle) **baling** ***2*** (spesa d'i.) **cost of packing.**
(1) imballare *v. t.* to **pack;** to **package;** (in casse) to **crate;** (in balle) to **bale.**
(2) imballare *v. t. (autom.)* to **race** (an engine).
imballo *V.* **imballaggio.**
imbalsamare *v. t.* to **embalm;** (impagliare) to **stuff.**
imbalsamatóre *m.* **embalmer;** (di animali) **taxidermist.**
imbalsamazióne *f.* **embalming;** (di animali) **taxidermy.**
imbambolato *a.* ***1*** (per meraviglia) **bewildered;** (per sonno) **drowsy** ***2*** (intontito) **stunned; dazed.**
imbandierare *v. t.* to **deck with flags;** *(naut.)* to **dress.**
imbandire *v. t.* to **lay*** (the table) **for a dinner-party.**
imbarazzante *a.* **embarrassing;** (sconcertante) **puzzling.**
imbarazzare ***A*** *v. t.* ***1*** to **embarrass;** to **place** (sb.) **in an embarrassing position;** to **make*** (sb.) **feel uncomfortable** ***2*** (ostacolare) to **embarrass;** to **encumber;** to **hamper** ***3*** (sconcertare) to **puzzle;** to **bewilder** ***B*** **imbarazzarsi** *v. rifl.* to **be embarrassed.**
imbarazzato *a.* ***1*** **embarrassed; ill at ease** ***2*** (impacciato) **hampered;** (goffo) **awkward** ***3*** (sconcertato) **puzzled; bewildered.**
imbarazzo *m.* ***1*** **embarrassment** ***2*** (impaccio) **awkwardness** ***3*** (disturbo) **trouble** ● *i. di stomaco,* indigestion □ *essere in i.,* to be embarrassed; to be in a quandary (di fronte a una scelta difficile); to be puzzled (perplesso) □ *mettere q. in i.,* to make sb. feel uncomfortable (o ill at ease) □ *togliere q. d'i.,* to help sb. out of a difficulty.
imbarbariménto *m.* **barbarization.**
imbarbarire ***A*** *v. i.* e **imbarbarirsi** *v. rifl.* to **become* barbarous;** (di una lingua) to **become* corrupt** ***B*** *v. t.* to **barbarize;** (una lingua) to **corrupt.**
imbarcadèro *m.* **landing-stage.**
imbarcare ***A*** *v. t.* to **take* aboard;** to **ship;** to **embark** (anche *fig.*): *(naut.) i. acqua,* to ship water ***B*** **imbarcarsi** *v. rifl.* ***1*** to **embark** (anche *fig.*); to **go* aboard;** to **board a** (o **the) ship;** to **sail** ***2*** (prendere servizio su una nave) to **ship** ***3*** (rif. ad assi di legno, travi, ecc.) to **warp.**
imbarcatóio *m.* **landing-stage.**
imbarcazióne *f.* **boat; craft*** ● *i. da cabotaggio,* coaster.
imbarco *m.* ***1*** **embarkation; shipping; shipment** ***2*** (imbarcadero) **landing-stage.**
imbardare *v. i. (aeron.)* to **yaw.**
imbardata *f. (aeron.)* **yaw.**
imbarilare *v. t.* to **store** (o to **put*,** to **pack) in barrel(s);** to **barrel.**
imbasciata *f.* **message.**
imbastardire ***A*** *v. i.* e **imbastardirsi** *v. rifl.* to **degenerate;** to **become* degenerate** ***B*** *v. t.* to **debase.**
imbastire *v. t.* ***1*** to **tack;** to **baste** ***2*** *(fig.)* to **plan out;** to **outline.**
imbastitura *f.* ***1*** **tacking; basting** ***2*** *(fig.)* **outline; sketch.**
imbàttersi *v. rifl.* — *i. in q.,* to meet* with sb.; to run* into (o across) sb.; to fall* in with sb. □ *i. in q.c.,* to meet* with st.; to run* across st.
imbattìbile *a.* **unbeatable; invincible.**
imbattibilità *f.* **invincibility.**
imbaulare *v. t.* to **pack in a trunk.**
imbavagliare *v. t.* to **gag** (anche *fig.*).
imbeccare *v. t.* ***1*** to **feed*** ***2*** *(fig.)* to **prompt;** to **put* words into** (sb.'s) **mouth.**
imbeccata *f.* ***1*** **beakful** ***2*** *(fig.)* **prompt.**
imbecillàggine *f.* **stupidity; idiocy; imbecility** (specialm. *med.*).
imbecille ***A*** *a.* **stupid; imbecile** ***B*** *m.* e *f.* **fool; idiot; imbecile; nitwit** *(fam.)*.
imbecillità *V.* **imbecillàggine.**
imbèlle *a. (lett.)* ***1*** **unwarlike** ***2*** (vile) **cowardly.**

imbellettare *v. t.* **imbellettarsi** *v. rifl.* to **make*** **up.**
imbellire ***A*** *v. t.* to **embellish;** to **adorn** ***B*** *v. i.* to **grow* beautiful;** to **become* prettier;** to **improve in looks.**
imbèrbe *a.* ***1*** **beardless; smooth-faced** ***2*** *(fig.)* **callow.**
imbestialire *v. i.* **imbestialirsi** *v. rifl.* (infuriarsi) to **become* furious;** to **fly* into a rage.**
imbévere ***A*** *v. t.* to **soak** ***B*** **imbéversi** *v. rifl.* ***1*** to **soak** (in); to **be imbued** (with) ***2*** *(fig.)* to **imbibe** (st.).
imbiaccare *v. t.* to **paint** (st.) **with white lead.**
imbiancare ***A*** *v. t.* ***1*** to **whiten;** (tessuti, anche) to **bleach** ***2*** (muri) to **whitewash** ***B*** *v. i.* e **imbiancarsi** *v. rifl.* to **grow* (**o to **turn) white.**
imbiancato *a.* ***1*** **whitened;** (rif. a tessuti, anche) **bleached** ***2*** (rif. a muri) **whitewashed** ● *(fig.) sepolcro i.,* whited sepulchre.
imbiancatura *f.* ***1*** **whitening;** (di tessuti, anche) **bleaching** ***2*** (di muri) **whitewashing.**
imbianchino *m.* ***1*** **whitewasher** ***2*** *(iron., spreg.)* **dauber.**
imbiondire ***A*** *v. t.* to **make* blond** ***B*** *v. i.* ***1*** to **turn* blond** ***2*** (del grano) to **ripen.**
imbirbonire *v. i.* to **become* a rascal.**
imbizzarrire *v. i.* **imbizzarrirsi** *v. rifl.* ***1*** to **get* out of control;** to **bolt** ***2*** *(fig.)* to **get excited (**o **angry).**
imboccare ***A*** *v. t.* ***1*** to **feed*** ***2*** *(fig.:* suggerire) to **prompt;** to **put* words into** (sb.'s) **mouth** ***3*** (una strada) to **come* on to,** to **turn* straight into** (a street); to **enter** ***4*** *(mus.)* to **put*** (a wind-instrument) **to one's mouth** ***B*** *v. i.* ***1*** (di arnesi, tubi, ecc.) to **fit*** (into) ***2*** (di strade, fiumi, ecc.) to **run*** (into).
imboccatura *f.* ***1*** **mouth; opening** ***2*** (entrata) **entrance** ***3*** *(mus.:* di strumento a fiato) **mouthpiece.**
imbócco *m.* **entrance; way in.**
imbolsire *v. i.* ***1*** (rif. a cavallo) to **become* broken-winded** ***2*** (rif. a persona) to **grow* fat and lazy.**
imboniménto *m.* ***1*** (di venditore) **sales-talk** ***2*** (di presentatore di spettacolo) **showman's barking.**
imbonire *v. t.* to **persuade** (the public) **to buy;** to **cry one's wares** *(quasi arc.).*
imbonitóre *m.* **barker; huckster; tout.**
imborghesiménto *m.* **bourgeoisification.**
imborghesire ***A*** *v. t.* to **make* bourgeois** ***B*** *v. i.* e **imborghesirsi** *v. rifl.* to **become* bourgeois.**
imborghesito *a.* **bourgeoisified.**
imboscare ***A*** *v. t.* to **hide*** (sb.) **in a wood** ***B*** **imboscarsi** *v. rifl.* ***1*** to **hide* in a wood;** (mettersi in agguato) to **lie* down in ambush** ***2*** (sottrarsi al servizio mil.) to **evade military service;** to **shirk.**
imboscata *f.* **ambush**: *tendere un'i.,* to lay an ambush.
imboscato *m. (mil.)* **shirker.**
imboschiménto *m.* **afforestation.**
imboschire ***A*** *v. t.* to **afforest** ***B*** *v. i.* e **imboschirsi** *v. rifl.* to **become* woody.**
imbottare *v. t.* to **put* into a cask (**o **into casks);** to **cask.**
imbottigliaménto *m.* ***1*** **bottling** ***2*** *(mil.)* **blockade** ***3*** *(fig.:* di traffico) **traffic jam.**
imbottigliare ***A*** *v. t.* ***1*** to **bottle** ***2*** *(mil.)* to **blockade** ***B*** **imbottigliarsi** *v. rifl.* to **be held* up in a traffic jam.**
imbottigliatrice *f.* **bottling machine.**
imbottire *v. t.* to **stuff** *(anche fig.)*; to **pad;** to **wad.**
imbottita *f.* **quilt.**
imbottito *a.* **stuffed; padded; wadded** ● *coperta imbottita,* quilt □ *panino i.,* sandwich.
imbottitura *f.* **stuffing; padding; wadding.**
imbozzimare *v. t.* ***1*** *(ind. tessile)* to **size** ***2*** (sporcare) to **smear.**
imbraca *f.* ***1*** **breeching(-strap)** ***2*** (per sollevare un carico) **sling.**
imbracare *v. t.* to **secure** (st.) **with a sling;** to **sling*.**
imbracatura *f.* ***1*** **sling** ***2*** (di paracadute) **harness.**
imbracciare *v. t.* to **sling* on one's arm.**
imbranato *(pop.)* ***A*** *a.* **raw; green** *(fam.)* ***B*** *m.* **greenhorn.**
imbrancare *v. t.* **imbrancarsi** *v. rifl.* to **herd (together)** (anche *fig.*).
imbrattacarte *m.* e *f. (spreg.)* **scribbler.**
imbrattamuri *m.* e *f. (spreg.)* **dauber.**
imbrattare ***A*** *v. t.* to **dirty;** to **soil;** to **smear** ***B*** **imbrattarsi** *v. rifl.* to **dirty oneself;** to **get* dirty.**
imbrattatéle *m.* e *f. (spreg.)* **dauber.**
imbrifero *a. (geogr.)* **drainage, irrigation** *(attr.)* ● *bacino i.,* catchment basin.
imbrigliare *v. t.* (anche *fig.*) to **bridle.**
imbroccare *v. t.* (anche *fig.*) to **hit***: *i. il bersaglio,* to hit the target ● *imbroccarla giusta,* to hit the nail on the head.
imbrodolare *v. t.* to **soil.**
imbrogliare ***A*** *v. t.* ***1*** (arruffare) to **tangle,** to **entangle** ***2*** (confondere) to **muddle;** to **confuse;** to **mix up** ***3*** (ingannare) to **cheat;** to **bamboozle** *(fam.)*; (truffare) to **swindle,** to **take* in** ***4*** *(naut.:* le vele) to **clew up;** to **brail (up)** ***B*** **imbrogliarsi** *v. rifl.* ***1*** to **get* mixed up** ***2*** (di fili, capelli) to **get* entangled** ● *La faccenda s'imbroglia,* the plot thickens *(scherz.).*
imbròglio *m.* ***1*** (groviglio) **tangle, entanglement; muddle; mix-up** ***2*** (inganno) **swindle; fraud; trick** ***3*** (impiccio) **scrape; fix** *(fam.)* ***4*** *(naut.)* **brail** ● *togliere q.c. a q. con un i.,* to cheat sb. out of st.
imbroglióne *m.* **swindler; cheat; trickster; crook** *(fam.).*
imbronciare *v. i.* **imbronciarsi** *v. rifl.* to **sulk;** to **pout.**
imbronciato *a.* ***1*** **sulky; pouting; grumpy** ***2*** (del cielo) **overcast.**
imbrunire *v. i.* (anche *impers.*) to **grow* (**o to **get*) dark.**
imbrunire *m.* **dusk; nightfall**: *sull'i.,* at dusk; at nightfall.
imbruttire ***A*** *v. t.* to **make*** (sb., st.) **ugly** ***B*** *v. i.* to **grow* ugly.**
imbucare ***A*** *v. t.* (impostare) to **post;** to **mail** (specialm. *USA*) ***B*** **imbucarsi** *v. rifl.* (nascondersi) to **hide*.**
imbudellare *v. t.* to **stuff** (sausage meat) **into a casing.**
imbullettare *v. t.* to **tack.**
imburrare *v. t.* to **butter.**
imbutifórme *a.* **funnel-shaped.**
imbuto *m.* **funnel.**
imène *m. (anat.)* **hymen.**
imenèo *m.* ***1*** (inno nuziale) **wedding-hymn** ***2*** *(al pl.:* nozze) **nuptials.**
imitàbile *a.* **imitable.**
imitare *v. t.* to **imitate;** to **copy;** to **mimic.**
imitativo *a.* **imitative.**
imitatóre *m.* **imitator.**
imitazióne *f.* ***1*** **imitation**: *a i. di,* in imitation of ***2*** (falsificazione) **fake.**
immacolato *a.* **immaculate; pure.**
immagazzinare *v. t.* (anche *fig.*) to **store (up).**
immaginàbile *a.* **imaginable.**
immaginare *v. t.* ***1*** to **imagine;** to **picture;** to **fancy** ***2*** (inventare) to **invent;** to **think* out;** to **concoct** ***3*** (supporre) to **suppose;** to **think*** ● *Immaginati! fare una cosa simile!,* fancy doing that! □ *S'immagini!,* just fancy!; (formula di cortesia) no trouble at all!, you're welcome!
immaginàrio *a.* **imaginary; fictitious** ● *malato i.,* hypochondriac.
immaginativa *V.* **immaginazióne.**
immaginativo *a.* **imaginative.**
immaginazióne *f.* ***1*** **imagination; fancy** ***2*** (cosa immaginata) **figment of** (sb.'s) **imagination.**
immàgine *f.* ***1*** **image; picture;** *(al pl.,* talora) **imagery** *(sing. collett.)*: *essere l'i. del proprio padre,* to be the image of one's father □ *essere l'i. della salute,* to be the picture of health ***2*** (figura disegnata) **figure** ***3*** *(zool.)* **imago*.**
immaginóso *a.* **imaginative; picturesque; vivid.**

immalinconire ***A*** *v. t.* to **make*** (sb.) **melancholy** ***B*** *v. i.* e **immalinconirsi** *v. rifl.* to **grow* melancholy.**
immancabilménte *avv.* **without fail; unfailingly; without doubt; undoubtedly.**
immancàbile *a.* **inevitable; unfailing.**
immane *a.* **huge; enormous;** (spaventoso) **appalling.**
immanènte *a. (filos.)* **immanent.**
immanènza *f. (filos.)* **immanence.**
immangiàbile *a.* **uneatable.**
immanità *f.* **hugeness; enormity.**
immantinènte *avv. (lett.)* **immediately; at once.**
immateriale *a.* **immaterial; incorporeal.**
immatricolare ***A*** *v. t.* ***1*** (uno studente) to **matriculate** ***2*** (un veicolo) to **register** ***B*** **immatricolarsi** *v. rifl.* to **matriculate.**
immatricolazióne *f.* ***1*** (di uno studente) **matriculation** ***2*** (di un veicolo) **registration.**
immaturaménte *avv.* **before one's time; too soon; immaturely.**
immaturità *f.* **unripeness; immaturity.**
immaturo *a.* ***1*** **unripe; immature** ***2*** (prematuro) **untimely.**
immedeşimarsi *v. rifl.* to **identify oneself** (with).
immediataménte *avv.* **directly; immediately; at once.**
immediatézza *f.* **immediacy; immediateness.**
immediato *a.* **immediate; direct** • *pagamento i.,* cash down.
immemoràbile *a.* **immemorial**: *da tempo i.,* from time immemorial.
immèmore *a.* **oblivious, forgetful** (of).
immensaménte *avv.* ***1*** (smisuratamente) **immensely; enormously** ***2*** (assai) **infinitely; awfully** *(fam.).*
immensità *f.* **immensity.**
immènso *a.* **immense; enormous; boundless.**
immèrgere ***A*** *v. t.* to **dip;** (impregnare) to **soak;** (lasciare immerso) to **bathe;** (tuffare) to **plunge** (anche *fig.*) ***B*** **immèrgersi** *v. rifl.* ***1*** to **plunge** ***2*** (di un sommergibile) to **dive;** to **submerge** ***3*** *(fig.)* to **immerse oneself;** to **give* oneself up** (to) • *immerso in un libro,* absorbed in a book □ *immerso nella luce,* steeped in light.
immeritataménte *avv.* **undeservedly; undeservingly.**
immeritato *a.* **undeserved.**
immeritévole *a.* **undeserving; unworthy.**
immersióne *f.* ***1*** **immersion; dip; plunge** ***2*** (di sottomarino) **submersion;** (anche di palombaro) **dive** ***3*** *(astron.)* **immersion.**
imméttere *v. t.* to **let* in;** to **introduce;** to **put* in** (o **on**).
immigrante *m.* e *f.* **immigrant.**
immigrare *v. i.* to **immigrate.**
immigrato ***A*** *a.* **immigrated** ***B*** *m.* **immigrant.**
immigrazióne *f.* **immigration.**
imminènte *a.* **imminent; impending; overhanging.**
imminènza *f.* **imminence.**
immişchiare ***A*** *v. t.* to **involve** ***B*** **immischiarsi** *v. rifl.* to **meddle** (in, with); to **interfere** (with).
immişerire ***A*** *v. t.* to **impoverish;** to **reduce to poverty** ***B*** *v. i.* e **immişerirsi** *v. rifl.* ***1*** to **become* poor** ***2*** (rinsecchire) to **wither.**
immissàrio *m. (geogr.)* **tributary.**
immissióne *f.* **immission; introduction.**
immòbile *a.* ***1*** **immovable** ***2*** (fermo) **motionless; stationary; still** • *(leg.) beni immobili,* real estate (o property) *(sing. collett.).*
immobiliare *a.* **immovable** • *proprietà i.,* real estate.
immobilişmo *m. (polit.)* **wait-and-see policy; policy of drift.**
immobilità *f.* **immobility; motionlessness; stillness.**
immobilizzare *v. t.* ***1*** to **immobilize** ***2*** *(fin.)* to **lock up.**
immobilizzazióne *f.* ***1*** **immobilization** ***2*** *(fin.)* **lock-up.**
immoderataménte *avv.* **immoderately; to excess.**
immoderàto *a.* **immoderate; intemperate; unrestrained.**
immodèstia *f.* **immodesty.**
immodèsto *a.* **immodest.**
immolare ***A*** *v. t.* to **sacrifice;** to **immolate** ***B*** **immolarsi** *v. rifl.* to **sacrifice oneself.**
immolazióne *f.* **immolation; sacrifice.**
immollare ***A*** *v. t.* to **soak** ***B*** **immollarsi** *v. rifl.* to **get* soaked.**
immondézza *f.* ***1*** **foulness; uncleanliness; filthiness** ***2*** (spazzatura) **garbage; refuse; trash** *(USA).*
immondezzàio *m.* **garbage dump.**
immondìzia *f.* ***1*** **filthiness; dirtiness** ***2*** (spazzatura) **garbage; refuse; trash** *(USA)* • *recipiente per l'i.,* dustbin; garbage-box; trash can *(USA).*
immóndo *a.* **filthy; dirty; unclean; foul.**
immorale *a.* **immoral.**
immoralità *f.* **immorality.**
immortalare ***A*** *v. t.* to **immortalize** ***B*** **immortalarsi** *v. rifl.* to **become* immortal.**
immortale *a.* **immortal; eternal; everlasting.**
immortalità *f.* **immortality.**
immotivato *a.* **groundless.**
immòto *a.* **motionless; still.**
immune *a.* ***1*** **exempt** (from); **free** (from) ***2*** *(med.)* **immune.**
immunità *f.* **immunity** (anche *leg., med.).*
immunizzare *v. t. (med.)* to **immunize.**
immunizzazióne *f. (med.)* **immunization.**
immunologia *f. (med.)* **immunology.**
immunòlogo *m.* **immunologist.**
immunoterapia *f. (med.)* **immunotherapy.**
immuşonirsi *v. rifl.* to **sulk;** to **pull a long face.**
immuşonito *a.* **sulky; cross.**
immutàbile *a.* **unchangeable; unchanging; immutable.**
immutabilità *f.* **immutability; unchangeableness; changelessness.**
immutato *a.* **unchanged.**
impaccare, impacchettare *v. t.* to **make* (up) a parcel;** to **make* a parcel** (of); to **wrap** (st.) **up.**
impacciare ***A*** *v. t.* ***1*** to **hamper** ***2*** (disturbare) to **trouble;** to **inconvenience** ***B*** **impacciarsi** *v. rifl.* (immischiarsi) to **interfere** (with); to **meddle** (in).
impacciato *a.* ***1*** (goffo) **awkward; clumsy** ***2*** (imbarazzato) **embarrassed;** (a disagio) **uneasy.**
impàccio *m.* ***1*** **hindrance; obstacle** ***2*** (situazione difficile) **awkward situation; scrape** ***3*** (imbarazzo) **embarrassment** • *essere d'i. a q.,* to be in sb.'s way.
impacco *m. (med.)* **compress.**
impadronirsi *v. rifl.* ***1*** to **take* possession** (of); to **appropriate;** (con la violenza) to **seize** ***2*** *(fig.)* to **master** (st.).
impagàbile *a.* **priceless; invaluable.**
impaginare *v. t. (tipogr.)* to **make* up;** to **page (up).**
impaginazióne *f. (tipogr.)* **pagination; paging (up).**
impagliare *v. t.* to **cover with straw;** to **stuff with straw;** to **pack in straw** • *una sedia impagliata,* a straw-bottomed chair.
impagliatóre *m.* ***1*** (di sedie) **chair-mender** ***2*** (di animali) **taxidermist.**
impagliatura *f.* (di sedie) **chair-mending** ***2*** (di animali) **taxidermy; stuffing.**
impalare ***A*** *v. t.* ***1*** to **impale** ***2*** *(viticoltura)* to **prop up;** to **stake** ***B*** **impalarsi** *v. rifl.* to **stand* stiff;** to **stand* stock-still.**
impalato *a.* **as stiff as a poker.**
impalcatura *f.* ***1*** **scaffolding; framework** (anche *fig.*) ***2*** (di cervo) **antlers** *(pl.)* ***3*** (di albero) **crotch.**
impallidire *v. i.* ***1*** to **turn pale** ***2*** (di colori e *fig.*) to **fade.**
impallinare *v. t.* to **hit* with shot.**
impalmare *v. t. (lett.)* to **marry.**
impalpàbile *a.* **impalpable.**
impaludarsi *v. rifl.* to **become* marshy** (o **swampy**).
impanare *v. t.* ***1*** *(cucina)* to **cover with bread-**

crumbs; to **bread** **2** *(mecc.)* to **thread**.
impaniare **A** *v. t.* to **lime** **B** **impaniarsi** *v. rifl.* **1** to **be caught with bird-lime** **2** *(fig.)* to **get* mixed up** (with, in); to **get* bogged down** (in).
impantanarsi *v. rifl.* **1** to **stick* in the mud** **2** *(fig.)* to **get* bogged down** (in).
impaperarsi *v. rifl.* to **slip up**; to **trip up** (over a word).
impappinarsi *v. rifl.* to **falter**; to **stumble**.
imparare *v. t.* to **learn***: *i. q.c. a memoria,* to learn st. by heart ◻ *i. a scrivere,* to learn (how) to write.
imparatìccio *m.* **half-baked knowledge**.
impareggiàbile *a.* **incomparable**; **peerless**.
imparentarsi *v. rifl.* to **marry** (into a family).
ìmpari *a.* **1** **unequal** **2** (inadeguato) **unfit** (for) **3** (dispari) **odd**.
imparisìllabo *a. (gramm., poesia)* **imparisyllabic**.
imparruccato *a.* **bewigged**; **wearing a wig**.
impartire *v. t.* **1** to **impart** **2** (concedere) to **grant**; to **bestow**.
imparziale *a.* **impartial**; **fair**.
imparzialità *f.* **impartiality**.
imparzialmente *avv.* **impartially**; **without impartiality**.
impassìbile *a.* **impassive**; **phlegmatic**.
impassibilità *f.* **impassiveness**; **phlegm**.
impassibilmente *avv.* **impassively**; **phlegmatically**.
impastare *v. t.* **1** (farina, creta, ecc.) to **knead** **2** (colori) to **mix**.
impastato *a.* **1** (rif. a farina, creta, ecc.) **kneaded** **2** (rif. a colori) **mixed** **3** *(fig.)* **full** (of) ● *avere la lingua impastata,* to have a furred tongue ◻ *occhi impastati di sonno,* eyes heavy with sleep.
impastatrice *f. (mecc.)* **mixer**.
impasticciare *v. t.* to **make* a mess** (o **a muddle**) **of** (st.); (lavorare male) to **botch**.
impasto *m.* **1** (pasta del pane) **dough** **2** *(pitt.)* « **impasto** » **3** (miscuglio) **mixture**.
impastoiare *v. t.* to **hobble**; to **fetter** (anche *fig.*).
impataccare *v. t.* to **splash**; to **stain**.
impattare *v. t.* e *i.* to **draw***.
impaurire **A** *v. t.* to **frighten**; to **scare** **B** **impaurirsi** *v. rifl.* to **get* frightened**; to **take* fright** (at).
impàvido *a.* **fearless**; **dauntless**; **undaunted**.
impaziènte *a.* **impatient**; (ansioso) **anxious**.
impazientirsi *v. rifl.* to **become* impatient**; to **lose* one's patience**.
impazienza *f.* **impatience**; (ansia) **anxiety** ● *con i.,* impatiently.
impazzare *v. i.* **1** *(raro)* to **go* mad** **2** (sfrenarsi) to **run* riot** **3** *(cucina)* to **curdle**.
impazzata, all' *locuz. avv.* **madly**; **wildly**; **like mad**; **at breakneck speed**.
impazzimento *m.* **trying task**.
impazzire *v. i.* to **go* mad**; to **become* insane** *(med.)*; to **lose* one's head** ● *far i. q.,* to drive sb. mad (o crazy).
impeccàbile *a.* **faultless**; **impeccable**.
impeciare *v. t.* to **pitch**; to **cover** (o to **coat**, to **smear**) **with pitch** (o **tar**).
impecorire *v. i.* to **become* like a lamb**.
impedènza *f. (elettr.)* **impedance**.
impedimento *m.* **impediment**; **hindrance**; **bar** ● *essere d'i. a q.,* to hinder sb.; to be (o to stand) in sb.'s way.
impedire *v. t.* **1** to **prevent**, to **keep*** (sb. from doing st.); (non permettere) **not to allow** (sb. to do st.) **2** (ostruire) to **obstruct**; to **get*** (o to **be**) **in** (sb.'s) **way** **3** (impacciare) to **hamper**; to **hinder**.
impegnare **A** *v. t.* **1** (al Monte di Pietà) to **put*** (st.) **in pawn**; (anche *fig.*) to **pawn**, to **pledge** **2** (assumere) to **engage**; to **employ**; (noleggiare) to **hire** **3** (prenotare) to **reserve**; to **book** **4** (vincolare) to **bind*** **5** *(mil.)* to **engage** ● *i. la parola,* to give one's word ◻ *i. una ragazza per un ballo,* to engage a girl for a dance **B** **impegnarsi** *v. rifl.* to **undertake*** (to do st.); to **pledge** (o to **bind***) **oneself**; to **commit oneself** ● *i. a fondo in q.c.,* to throw oneself into st. heart and soul.
impegnativo *a.* **1** (vincolante) **binding** **2** (che richiede impegno) **exacting**: *un lavoro i.,* an exacting piece of work.
impegnato *a.* **1** **engaged**; (occupato) **busy**; (riservato) **reserved**, **taken**; (prenotato) **booked** **2** (di intellettuale o movimento culturale) **committed** **3** (dato in pegno) **pawned**; **pledged** ● *(polit.) paesi non impegnati,* non-aligned countries.
impégno *m.* **1** **engagement**; (promessa, anche) **promise**, **pledge**; (vincolo) **commitment**; (compito) **task**: *adempiere un i.,* to fulfil (o to meet) an engagement **2** (cura diligente) **care**; **diligence** **3** *(comm.)* **obligation**: *far fronte ai propri impegni,* to meet one's obligations **4** (attivo interessamento ai problemi sociali e politici) **commitment**.
impegolare **A** *V.* **impeciare** **B** **impegolarsi** *v. rifl.* to **get* involved** (in); to **get* mixed up** (in).
impelagarsi *v. rifl.* to **get* involved**, to **get* mixed up** (in).
impellènte *a.* **impelling**; **pressing** ● *desiderio i.,* urge.
impellicciare *v. t.* to **wrap in furs**.
impenetràbile *a.* **impenetrable** (anche *fig.*).
impenetrabilità *f.* **impenetrability**; **impenetrableness**.
impenitènte *a.* **1** **impenitent**; **unrepentant** **2** *(fig.)* **incorrigible**.
impennacchiare **A** *v. t.* to **adorn with plumes**; to **plume** **B** **impennacchiarsi** *v. rifl.* **1** to **adorn one's head with plumes** **2** (agghindarsi in modo eccentrico) to **deck oneself out**.
impennàggio *m. (aeron.)* **empennage** *(franc.)*.
impennare **A** *v. t.* to **feather** **B** **impennarsi** *v. rifl.* **1** (di cavallo) to **rear up** **2** (adirarsi) to **bridle** **3** *(aeron.)* to **pitch** **4** (di prezzi) to **run* up**.
impennata *f.* **1** (di cavallo) **rearing** **2** *(aeron.)* **pitch** **3** *(fig.:* scatto d'ira) **fit of anger** **4** (di prezzi) **run-up**; **zoom**.
impensàbile *a.* **unthinkable**.
impensatamente *avv.* **unexpectedly**; **unawares**.
impensato *a.* **unthought-of**; (inaspettato) **unexpected**.
impensierire **A** *v. t.* to **make*** (sb.) **worry**; to **worry** **B** **impensierirsi** *v. rifl.* to **get* worried**; to **worry** (about).
impepare *v. t.* to **pepper**; to **season with pepper**.
imperante *a.* **1** (regnante) **reigning** **2** (dominante) **ruling**; **prevailing**; (di una moda, ecc.) **current**, **prevalent**.
imperare *v. i.* (anche *fig.*) to **reign**; to **rule**.
imperativo *a.* e *m. (gramm., filos.)* **imperative**.
imperatóre *m.* **emperor**.
imperatrice *f.* **empress**.
impercettìbile *a.* **imperceptible**.
imperdonàbile *a.* **unforgivable**; **unpardonable**.
imperfètto **A** *a.* **1** **imperfect** **2** (difettoso) **defective**; **faulty** **B** *m. (gramm.)* **imperfect**.
imperfezióne *f.* **imperfection**; **blemish**; **fault**; **flaw**.
(1) imperiale *a.* **imperial**.
(2) imperiale *m.* (di carrozza, ecc.) **top deck**.
imperialismo *m.* **imperialism**.
imperialista *m.* e *f.* **imperialist**.
imperialìstico *a.* **imperialistic**.
imperiosità *f.* **imperiousness**.
imperióso *a.* **1** **imperious** **2** *(fig.)* **impelling**; **pressing**.
imperituro *a. (lett.)* **imperishable**; **everlasting**.
imperìzia *f.* **inexperience**.
imperlare **A** *v. t.* to **adorn with pearls**; to **pearl**; to **bead** **B** **imperlarsi** *v. rifl.* **1** to **adorn oneself with pearls** **2** *(fig.)* to **become* beaded** (with).
impermalirsi *v. rifl.* to **take* offence** (at).
impermeàbile **A** *a.* **1** **impermeable** **2** (di un tessuto) **waterproof** **B** *m.* **mackintosh**; **waterproof**; **raincoat**; (di tipo mil.) **trench-coat**.
impermeabilità *f.* **impermeability**.
impermeabilizzare *v. t.* to **waterproof**.
imperniare *v. t.* **imperniarsi** *v. rifl.* to **hinge**, to **pivot** (on).
imperniatura *f.* (cardine) **hinge**; (pernio) **pivot**.

impèro *m.* **1** **empire** **2** (comando, autorità) **rule; sway; control.**
imperscrutàbile *a.* **inscrutable.**
imperscrutabilità *f.* **inscrutability; inscrutableness.**
impersonale *a.* **impersonal** (anche *gramm.*).
impersonare **A** *v. t.* to **personify;** to **impersonate** **B** **impersonarsi** *v. rifl.* to **take* bodily form.**
impertèrrito *a.* **1** **undaunted; fearless** **2** (impassibile) **unmoved.**
impertinènte *a.* **impertinent; pert; saucy; cheeky.**
impertinènza *f.* **impertinence; impudence; cheek.**
imperturbàbile *a.* **imperturbable.**
imperturbabilità *f.* **imperturbability; unperturbedness.**
imperturbato *a.* **unperturbed; unruffled; calm.**
imperversare *v. i.* **1** (infuriare) to **rage** **2** (inveire) to **rail,** to **inveigh** (against).
impèrvio *a.* **inaccessible.**
impetìgine *f.* *(med.)* **impetigo*.**
ìmpeto *m.* **1** (impetuosità) **impetuousness; vehemence** **2** (impulso) **impulse;** (slancio) **transport** ● *con i.,* impetuously; vehemently.
impetrare *v. t.* **1** to **impetrate** **2** (domandare) to **beseech*;** to **beg.**
impettito *a.* **stiff; upright** ● *camminare i.,* to strut.
impetuosità *f.* **impetuosity.**
impetuóso *a.* **impetuous;** (del vento, anche) **blustering.**
impiallacciare *v. t.* to **veneer.**
impiallacciatura *f.* **1** **veneering** **2** (legno per impiallacciare) **veneer.**
impiantare *v. t.* to **set* up;** to **start;** to **found;** to **establish.**
impiantire *v. t.* to **floor.**
impiantito *m.* **floor; flooring.**
impianto *m.* **plant; system; installation**: *i. elettrico,* electric system □ *i. di riscaldamento,* heating system.
impiastrare, impiastricciare *v. t.* **1** to **smear,** to **soil** (with) **2** (dipingere male) to **daub.**
impiastro *m.* **1** *(med.)* **poultice** **2** *(fig.)* **bore; nuisance.**
impiccagióne *f.* **hanging.**
impiccare **A** *v. t.* to **hang** **B** **impiccarsi** *v. rifl.* to **hang oneself.**
impiccato **A** *a.* **hanged** **B** *m.* **hanged man*.**
impicciare **A** *v. t.* to **encumber;** to **be** (o to **get***) **in** (sb.'s) **way** **B** **impicciarsi** *v. rifl.* to **interfere,** to **meddle** (in) ● *Impicciati degli affari tuoi!,* mind your own business!
impiccinire **A** *v. t.* **1** to **make* smaller** **2** (svalutare) to **depreciate** **B** **impiccinirsi** *v. rifl.* to **get* smaller.**
impìccio *m.* **1** **hindrance; obstacle** **2** (situazione difficile) **scrape; fix** *(fam.)* ● *cacciarsi in un brutto i.,* to get into a tight corner (o a hole) □ *essere d'i.,* to be in the way.
impiccióne *m.* **meddler; busybody.**
impiccolire *V.* **impiccinire.**
impiegare **A** *v. t.* **1** (usare) to **use;** to **employ;** to **make* use of** (st.) **2** (di tempo: metterci) to **take*** (anche *impers.*): *Quanto ci si impiega di qui a Firenze?,* how long does it take (from here) to Florence? **3** (dare un impiego a q.) to **employ;** to **engage** **4** (spendere, trascorrere) to **spend*** **5** (*fin.*: investire) to **invest** **B** **impiegarsi** *v. rifl.* (ottenere un impiego) to **get*** (o to **obtain**) **employment;** to **get*** (o to **find***) **a job.**
impiegatìzio *a.* **clerical; white-collar** *(attr.).*
impiegato *m.* **1** **employee; member of the staff;** (*al pl.,* anche) **staff** *(sing. collett.)* **2** (in certi uffici) **clerk; white-collar worker**: *un i. di banca,* a bank clerk ● *i. statale,* civil servant.
impiègo *m.* **1** **(regular) job; situation; position; post**: (nella pubblicità) *offerte d'i.,* situations vacant □ *avere un buon i.,* to have a good job □ *essere senza i.,* to be out of a job (o to be unemployed) **2** (occupazione) **employment**: *trovare i.,* to find employment **3** (uso) **use; employment**: *fare i. di q.c.,* to make use of st. **4** (*fin.*: di denaro) **investment** ● *avere un i. statale,* to be in the Civil Service.
impietosire **A** *v. t.* to **move to pity** **B** **impietosirsi** *v. rifl.* to **be moved to pity.**
impietóso *a.* **pitiless.**
impietrire *v. t.* **impietrirsi** *v. rifl.* to **petrify** (anche *fig.*).
impigliare **A** *v. t.* to **entangle;** to **ensnare** **B** **impigliarsi** *v. rifl.* to **get* entangled** (in) (anche *fig.*).
impigrire **A** *v. t.* to **make* lazy** **B** **impigrirsi** *v. rifl.* to **grow* lazy.**
impillaccherare *v. t.* to **splash with mud.**
impinguare **A** *v. t.* **1** to **fatten** (anche *fig.*); (la borsa) to **line** **2** (di notizie inutili, ecc.) to **pad** **B** **impinguarsi** *v. rifl.* **1** (ingrassare) to **grow* fat** **2** (arricchirsi) to **grow* rich.**
impiombare *v. t.* **1** to **seal with lead** **2** (otturare) to **stop;** to **fill** **3** *(naut.)* to **splice.**
impiombatura *f.* **1** (il sigillare) **sealing (with lead)** **2** (otturazione) **stopping; filling** **3** *(naut.)* **splice.**
impiparsi *v. rifl.* *(volg.)* **not to care a damn** (for).
impiumare **A** *v. t.* to **feather** **B** **impiumarsi** *v. rifl.* to **grow* feathers.**
implacàbile *a.* **implacable; unrelenting.**
implacabilità *f.* **implacability; relentlessness.**
implacabilménte *avv.* **implacably; relentlessly.**
implantologìa *f.* *(med.)* **implantology.**
implicare *v. t.* **1** to **involve,** to **implicate** (in) **2** (sottintendere) to **imply.**
implicazióne *f.* **implication.**
implicitaménte *avv.* **implicitly.**
implìcito *a.* **implicit; implied.**
implorante *a.* **imploring.**
implorare *v. t.* to **implore;** to **entreat.**
implorazióne *f.* **entreaty; supplication.**
implume *a.* **unfledged.**
impolìtico *a.* **1** **unpolitical** **2** (inopportuno) **impolitic; inexpedient.**
impollinare *v. t.* *(bot.)* to **pollinate;** to **pollen.**
impollinazióne *f.* *(bot.)* **pollination.**
impolpare **A** *v. t.* **1** to **fatten** **2** *(fig.)* to **pad** **B** **impolparsi** *v. rifl.* to **put* on weight.**
impoltronire **A** *v. t.* to **make* lazy** **B** *v. i.* e **impoltronirsi** *v. rifl.* to **grow* lazy.**
impolverare **A** *v. t.* to **cover with dust;** to **make* dusty** **B** **impolverarsi** *v. rifl.* to **get* dusty.**
impolverato *a.* **dusty.**
impomatare **A** *v. t.* to **pomade** **B** **impomatarsi** *v. rifl.* to **pomade one's hair.**
imponderàbile *a.* **imponderable.**
imponderabilità *f.* **imponderability.**
imponènte *a.* **imposing; grand; impressive.**
imponènza *f.* **grandeur; impressiveness.**
imponìbile *(fin.)* **A** *a.* **taxable; rateable** **B** *m.* **taxable income.**
imponibilità *f.* *(fin.)* **taxability.**
impopolare *a.* **unpopular.**
impopolarità *f.* **unpopularity.**
imporporare **A** *v. t.* to **empurple;** to **redden** **B** **imporporarsi** *v. rifl.* to **redden;** to **turn red;** to **blush.**
impórre **A** *v. t.* **1** to **impose** (on) **2** (comandare, costringere) to **order,** to **force** (sb. to do st.); to **make*** (sb. do st.) ● *i. un nome a q.,* to give sb. a name □ *i. rispetto a q.,* to command sb.'s respect **B** **impórsi** *v. rifl.* **1** to **impose oneself** (on) **2** (fissarsi un compito) to **set* oneself the task** (of) **3** (farsi valere) to **assert oneself** (o **one's authority**) **4** (avere successo) to **be successful;** (acquistare popolarità) to **become* popular** **5** (rendersi necessario) to **become* necessary** (o **inevitable**).
importàbile *a.* *(comm.)* **importable.**
importante **A** *a.* **important**: *È i. per me capire,* it's important for me to understand **B** *m.* **important** (o **main**) **thing.**
importanza *f.* **importance; consequence**: *una faccenda di nessuna (di una certa) i.,* a matter of no (of some) importance (o consequence) ● *credersi una persona di grande i.,* to think oneself very important □ *darsi i.,* to throw one's weight about *(fam.)* □ *Non ha i.,* it doesn't matter.

importare ***A*** *v. i.* ***1*** (avere importanza) to **matter** *(impers.)*; (stare a cuore) to **care** *(pers.)*: *Non importa,* it doesn't matter □ *Non m'importa che cosa tu abbia detto,* I don't care what you said ***2*** (essere necessario) to **be necessary** *(impers.)*; to **need** *(pers.)*: *Non importa che tu venga,* it isn't necessary for you to come (o you needn't come) ***B*** *v. t.* ***1*** *(comm.)* to **import** ***2*** (implicare) to **entail**; to **imply**; (significare) to **mean*** ***3*** (rif. a spese) to **amount to,** to **come*** **to**; (costare) to **cost***.
importatóre *m.* **importer.**
importazióne *f.* **importation; import** (specialm. *attr.*).
impòrto *m.* **amount; (total) cost** ● *per un i. di,* amounting to.
importunare *v. t.* to **importune**; to **pester**; to **bother**; to **trouble.**
importunità *f.* **importunity.**
importuno *a.* **troublesome; boring; tiresome; importunate.**
imposizióne *f.* ***1*** **imposition** ***2*** (ordine) **order; command.**
impossessarsi *V.* **impadronirsi.**
impossìbile ***A*** *a.* **impossible**: *Mi è i. andare,* it's impossible for me to go (o I can't go) ● *Pare i.!,* you wouldn't think it possible, would you? ***B*** *m.* **(the) impossible** ● *fare l'i.,* to do one's best (o one's utmost).
impossibilità *f.* **impossibility.**
impossibilitare *v. t.* ***1*** (rendere impossibile) to **make*** (st.) **impossible** ***2*** (mettere nell'impossibilità) to **make*** **it impossible**: *i q. a fare q.c.,* to make it impossible for sb. to do st.; to prevent sb. from doing st.
impossibilitato *a.* **unable.**
(1) impòsta *f.* ***1*** **shutter** ***2*** *(archit.)* **impost.**
(2) impòsta *f.* *(fin.)* **tax**; (doganale, ecc.) **duty**: *i. (complementare) sul reddito,* income tax □ *esente da i.,* tax-free; duty-free.
(1) impostare *v. t.* ***1*** (progettare) to **plan out** ***2*** (un problema, ecc.) to **define (the terms of)** ***3*** *(naut.)* to **lay*** **down** ***4*** *(mus.)* to **pitch.**
(2) impostare *v. t.* (imbucare lettere e sim.) to **post**; to **mail** *(USA)*.
(1) impostazióne *f.* ***1*** **planning out** ***2*** (di un problema, ecc.) **definition; statement** ***3*** *(naut.)* **laying down** ● *(mus.) l'i. della voce,* the pitch of the voice.
(2) impostazióne *f.* (spedizione per posta) **posting; mailing** *(USA)*.
impostóre *m.* **impostor; fraud.**
impostura *f.* **imposture; fraud.**
impotènte *a.* **impotent** (anche *med.*); **powerless; unable** (to).
impotènza *f.* **impotence** (anche *med.*); **powerlessness; inability.**
impoveriménto *m.* **impoverishment.**
impoverire ***A*** *v. t.* to **impoverish** ***B*** **impoverirsi** *v. rifl.* to **become*** **poor.**
impraticàbile *a.* (di strada) **impassable; impracticable.**
impratichire ***A*** *v. t.* to **train**; to **exercise** ***B*** **impratichirsi** *v. rifl.* to **practise** (st.); to **exercise oneself** (in).
imprecare *v. i.* to **curse** (sb., st.).
imprecazióne *f.* **curse; imprecation.**
imprecisàbile *a.* **indeterminable.**
imprecisióne *f.* **inaccuracy; inexactness; want of precision.**
impreciso *a.* **inaccurate; inexact.**
impregiudicato *a.* **unprejudiced.**
impregnare *v. t.* ***1*** to **impregnate** ***2*** *(fig.)* to **imbue,** to **impregnate** (with).
impremeditato *a.* **unpremeditated.**
imprèndere *v. t.* to **undertake***; to **start.**
imprendìbile *a.* **impregnable**; (invincibile) **invincible.**
imprenditóre *m.* **entrepreneur**; (appaltatore) **contractor**: *un i. edile,* a building contractor.
impreparato *a.* **unprepared.**
impreparazióne *f.* **unpreparedness.**
imprésa *f.* ***1*** **enterprise; undertaking** ***2*** (azione gloriosa) **exploit** ***3*** (*comm.:* ditta) **firm; concern** ***4*** *(araldica)* **device** ● *i. coronata dal successo,* achievement □ *i. rischiosa,* venture.
impresàrio *m.* ***1*** **entrepreneur**; (appaltatore) **contractor** ***2*** *(teatr.)* **manager; impresario***.
imprescindìbile *a.* **not to be set aside; not to be ignored.**
imprescrittìbile *a.* **indefeasible.**
impressionàbile *a.* **impressionable**; (anche *fotogr.*) **sensitive.**
impressionabilità *f.* **impressionability**; (anche *fotogr.*) **sensitivity.**
impressionante *a.* **impressive; striking.**
impressionare ***A*** *v. t.* ***1*** to **make*** **an impression upon** (sb.); to **impress**; to **affect**; to **strike*** ***2*** (impaurire) to **frighten** ***3*** *(fotogr.)* to **expose** ***B*** **impressionarsi** *v. rifl.* ***1*** to **be upset** ***2*** (impaurirsi) to **be frightened.**
impressióne *f.* ***1*** (anche *tipogr.*) **impression**: *fare buona i. a q.,* to make a good impression on sb. (anche: to impress sb. favourably) ***2*** (impronta, anche) **impress; imprint; mark** ***3*** (sensazione) **feeling; sensation** ● *dare a q. l'i. (di),* to strike sb. (as): *Mi dà l'i. di una cosa del tutto insolita,* it strikes me as being quite unusual □ *fare i. a q.,* to impress (o to strike, to frighten) sb.
impressionismo *m.* *(arte, letter.)* **impressionism.**
impressionista *m., f.* e *a.* *(arte, letter.)* **impressionist.**
impressionìstico *a.* *(arte, letter.)* **impressionistic.**
imprestare *v. t.* to **lend***; to **loan** (specialm. *USA*).
imprevedìbile *a.* **unforeseeable.**
impreveduto *a.* **unforeseen; unexpected.**
imprevidènte *a.* **improvident.**
imprevidènza *f.* **improvidence.**
imprevisto ***A*** *a.* **unforeseen; unexpected** ***B*** *m.* **unforeseen event** (o **occurrence**); **contingency** ● *salvo imprevisti,* circumstances permitting; all being well.
impreziosire *v. t.* to **make*** **precious.**
imprigionaménto *m.* **imprisonment.**
imprigionare *v. t.* ***1*** to **put*** **in prison**; to **imprison** ***2*** (rinchiudere) to **lock up** *(fam.)*; to **confine.**
imprìmere ***A*** *v. t.* ***1*** (specialm. *fig.*) to **impress** ***2*** (dare, lasciare un'impronta, anche *fig.*) to **stamp**; to **mark**; to **engrave**; to **imprint**: *essere impresso nella propria memoria,* to be engraved on one's memory ***3*** (comunicare) to **communicate**; to **impart**; to **give***: *i. un movimento a q.c.,* to communicate motion to st.; (anche *fig.*) to set st. in motion ***4*** (stampare) to **print** ***B*** **imprìmersi** *v. rifl.* to **be impressed** (o **engraved**) (on).
imprimitura *f.* *(pitt.)* **priming.**
improbàbile *a.* **improbable.**
improbabilità *f.* **improbability.**
improbità *f.* **dishonesty; wickedness.**
ìmprobo *a.* ***1*** **dishonest; wicked** ***2*** (duro) **laborious; hard.**
improduttività *f.* **unproductiveness.**
improduttivo *a.* **unproductive; unfruitful.**
(1) impróntа *f.* (anche *fig.*) **imprint; impression; print; mark; sign; trace**: *l'i. di un piede,* a foot-print □ *impronte digitali,* finger-prints □ *l'i. del genio,* the mark of genius.
(2) impróntа *nella locuz. avv. all'i.,* at sight; impromptu; extempore.
improntare ***A*** *v. t.* ***1*** to **impress**; to **imprint** ***2*** *(fig.)* to **stamp,** to **mark** (with) ***B*** **improntarsi** *v. rifl.* to **assume an expression** (of).
improntato *a.* *(fig.)* **characterized** (by); **full** (of); **shaped** (by) ● *col viso i. a tristezza,* with a sorrowful expression on one's face.
improntitùdine *f.* **effrontery; impudence.**
impronunciàbile *a.* **unpronounceable.**
impropèrio *m.* ***1*** **insult** ***2*** *(al pl.)* **abuse** *(sing. collett.)*.
improprietà *f.* **impropriety.**
impròprio *a.* *(in ogni senso)* **improper.**
improrogàbile *a.* **that cannot be postponed** (o **put**

off).
improvviṣaménte *avv.* **unexpectedly; suddenly; all of a sudden.**
improvviṣare ***A*** *v. t.* to **improvise;** to **make* up;** to **speak* extempore;** to **extemporize** ***B*** **improvviṣarsi** *v. rifl.* to **play**: *i. pittore,* to play the painter.
improvviṣata *f.* **surprise.**
improvviṣatóre *m.* **improviser.**
improvviṣazióne *f.* **improvisation.**
improvviṣo ***A*** *a.* (inaspettato) **unexpected;** (repentino) **sudden;** (imprevisto) **unforeseen** ● *all'i.,* suddenly ***B*** *m. (mus.)* **impromptu.**
imprudènte *a.* **imprudent; incautious;** (temerario) **rash.**
imprudentemente *avv.* **imprudently; incautiously; rashly.**
imprudènza *f.* **imprudence;** (temerarietà) **rashness** ● *Non fare imprudenze!,* take care of yourself!; be careful!
impudènte *a.* **shameless; insolent; impudent; cheeky.**
impudènza *f.* **effrontery; impudence; cheek.**
impudicìzia *f.* **immodesty; indecency.**
impudìco *a.* **immodest; indecent.**
impugnare *v. t.* ***1*** (stringere in pugno) to **grasp;** to **grip** ***2*** (contestare) to **impugn** (specialm. *leg.*); to **contest;** to **dispute**: *i. un testamento,* to dispute a will.
impugnatura *f.* ***1*** (manico) **handle;** (di spada o pugnale) **hilt;** (di coltello) **haft;** (di arnese, leva, ecc.) **handgrip** ***2*** (modo d'impugnare) **grip; grasp.**
impugnazióne *f. (leg.)* **impugnment.**
impulsività *f.* **impulsiveness.**
impulsivo *a.* ***1*** **impulsive** ***2*** *(fis., mecc.)* **impelling; propulsive.**
impulso *m. (in ogni senso)* **impulse**: *agire d'i.,* to act on impulse ● *dare i. a q.c.,* to boost st.
impuneménte *avv.* **with impunity.**
impunità *f.* **impunity.**
impunito *a.* **unpunished**: *restare i.,* to go unpunished.
impuntare ***A*** *v. i.* ***1*** (inciampare) to **stumble** ***2*** (balbettare) to **stammer** ***B*** **impuntarsi** *v. rifl.* ***1*** to **jib** ***2*** *(fig.)* to **be obstinate;** to **stick* to one's point.**
impuntire *v. t.* to **stitch;** to **quilt.**
impuntitura *f.* **stitching; quilting.**
impuntura *f. (cucito)* **backstitch.**
impurità *f.* **impurity.**
impuro *a.* **impure.**
imputàbile *a.* ***1*** **imputable** ***2*** (accusabile) **chargeable.**
imputare *v. t.* ***1*** (attribuire) to **impute;** to **attribute** ***2*** (accusare) to **charge** (with); to **accuse** (of); to **consider** (sb.) **responsible** (for).
imputato *m. (leg.)* **accused; defendant.**
imputazióne *f. (leg.)* **imputation; charge** ● *capo d'i.,* count (of indictment).
imputridire *v. i.* to **rot;** to **putrefy;** to **go* bad.**
imputridito *a.* **rotten.**
impuzzolentire *v. t.* to **cause** (st.) **to stink.**
(1) in *prep.* ***1*** *(stato in luogo,* anche *fig.)* **in; at**: *in una scatola,* in a box □ *nella scatola,* in the box □ *essere in città (in campagna, in Italia),* to be in town (in the country, in Italy) □ *rimanere in casa,* to stay at home (ma: in the house) ***2*** *(moto a luogo,* anche *fig.)* **to**: *andare in Italia,* to go to Italy □ *di giorno in giorno,* from day to day ***3*** *(penetrazione in luogo chiuso)* **into; in**: *entrare in un negozio,* to go into a shop □ *mettere q.c. in una scatola,* to put st. in(to) a box ***4*** *(moto per luogo)* **in; round; throughout**: *passeggiare in giardino (nel parco, ecc.),* to walk in (o round) the garden (the park, etc.) ***5*** (su, sopra) **on; upon** ***6*** (dentro) **in; inside** ***7*** *(tempo)* **in;** (talora) **at, on**: *in maggio,* in May □ *nel 1961,* in 1961 □ *nel ventesimo secolo,* in the 20th century □ *nello stesso tempo,* at the same time □ *in una notte d'inverno,* on a winter night (o one winter night) ***8*** *(mezzo)* **by**: *viaggiare in macchina (in treno, in aereo),* to travel by road (by rail, by air) (ma anche: in a car, in a train, in an aeroplane) ***9*** *(trasformazione)* **into; in**: *La fata cambiò il rospo in principe,* the fairy changed the toad into a prince □ *dividere una somma in quattro parti,* to divide a sum in(to) four parts ***10*** *(modo, condizione)* **in**: *dipinto in rosso,* painted in red □ *in fretta,* in a hurry □ *in breve,* in short □ *in lode di q.,* in praise of sb. □ *scritto in tedesco,* written in German □ *essere in condizione di fare q.c.,* to be in a position to do st. ***11*** *(limitazione)* **at; in**: *bravo in francese,* good at French □ *debole in matematica,* weak in maths ***12*** (in qualità di) **as**: *in dono,* as a gift ***13*** *(materia; è idiom.)*: *una statua in bronzo,* a bronze statue □ *una borsa in pelle,* a leather bag ***14*** *(davanti a un avv. è idiom.)*: *in su,* up □ *in giù,* down ***15*** *(davanti a un inf. è idiom.)*: *Nell'aprire la scatola, ho rotto il coperchio,* on opening the box, I broke the lid ● *È più in là,* it's further on □ *Siamo in estate,* it's summertime □ *Eravamo in quattro,* there were four of us.
(2) in *(ingl.)* *a.* (alla moda, in voga) **in** ● *l'essere in,* inness.
inabbordàbile *a.* **unapproachable.**
inàbile *a.* ***1*** **unable** (to); **incapable** (of) ***2*** *(mil.)* **unfit** (for): *i. al servizio militare,* unfit for military service.
inabilità *f.* ***1*** **incapacity; inability** ***2*** *(mil.)* **unfitness.**
inabilitare *v. t.* ***1*** to **disable;** to **render** (sb.) **unfit** ***2*** *(leg.)* to **disqualify.**
inabilitato *m. (leg.)* **disqualified person.**
inabilitazióne *f. (leg.)* **disqualification.**
inabissare ***A*** *v. t.* to **engulf** ***B*** **inabissarsi** *v. rifl.* to **sink*;** to **be engulfed.**
inabitàbile *a.* **uninhabitable.**
inabitato *a.* **uninhabited.**
inaccessìbile *a.* ***1*** **inaccessible** (to) ***2*** *(fig.)* **unapproachable.**
inaccessibilità *f.* ***1*** **inaccessibility** ***2*** *(fig.)* **unapproachableness.**
inaccettàbile *a.* **unacceptable.**
inacerbire ***A*** *v. t.* to **embitter;** *(fig.,* anche*)* to **exacerbate** ***B*** **inacerbirsi** *v. rifl.* to **become* exacerbated.**
inacetire *v. t.* e *i.* to **turn to** (o **into**) **vinegar.**
inacidire *v. t.* e *i.* to **sour,** to **turn sour** (anche *fig.*).
inacidito *a.* **sour** (anche *fig.*).
inadattàbile *a.* **unadaptable, inadaptable.**
inadatto *a.* **unsuitable; unfit** (for).
inadeguatézza *f.* **inadequacy.**
inadeguato *a.* **inadequate.**
inadempiènte *(leg.)* ***A*** *a.* **defaulting** ***B*** *m.* e *f.* **defaulter.**
inadempiènza *f.* **non-fulfilment; default.**
inadempito, inadempiuto *a.* **unfulfilled; broken.**
inafferràbile *a.* ***1*** **unseizable** ***2*** *(fig.)* **elusive.**
inagìbile *a.* **unfit for use.**
inagibilità *f.* **unfitness for use.**
inalare *v. t. (med.)* to **inhale.**
inalatóre *m. (med.)* **inhaler.**
inalazióne *f. (med.)* **inhalation.**
inalberare ***A*** *v. t.* ***1*** (una bandiera, un'insegna) to **hoist;** to **raise** ***2*** (piantare ad alberi) to **plant with trees** ***B*** **inalberarsi** *v. rifl.* ***1*** (di cavalli) to **rear (up)** ***2*** (adirarsi) to **get* angry;** to **fly* off the handle** *(fam.)*.
inalienàbile *a. (leg.)* **inalienable.**
inalienabilità *f. (leg.)* **inalienability.**
inalteràbile *a.* **unalterable; unchangeable** ● *colori inalterabili,* fast dyes.
inalterato *a.* **unaltered; unchanged.**
inalveare *v. t.* to **canalize.**
inamidare *v. t.* to **starch.**
inamidato *a.* ***1*** **starched** ***2*** *(fig.)* **starchy.**
inammissìbile *a.* **inadmissible.**
inammissibilità *f.* **inadmissibility.**
inamovìbile *a.* **irremovable.**
inamovibilità *f.* **irremovability; irremovableness.**
inane *a. (lett.)* **vain; useless; empty.**
inanellare *v. t.* ***1*** (arricciare) to **curl** ***2*** (rif. ad uccelli: munire d'anello) to **ring.**
inanellato *a.* ***1*** (arricciato) **curly** ***2*** (ornato di anelli) **ringed.**
inanimato *a.* **inanimate** (anche *fig.*).

inanità *f. (lett.)* **inanity; uselessness; emptiness.**
inanizióne *f. (med.)* **inanition.**
inappagàbile *a.* **unsatisfiable; insatiable.**
inappagato *a.* **unfulfilled; unsatisfied.**
inappellàbile *a. (leg.)* **final; not open to appeal.**
inappellabilménte *avv.* **without appeal; irrevocably; inappellably.**
inappetènte *a.* **without much appetite** *(pred.).*
inappetènza *f.* **inappetence; lack of appetite.**
inapplicàbile *a.* **inapplicable.**
inapplicabilità *f.* **inapplicability.**
inapprezzàbile *a.* **inestimable; invaluable.**
inappuntàbile *a.* **faultless; irreproachable.**
inarcare *v. t.* **inarcarsi** *v. rifl.* to **arch;** to **bend*.**
inargentare A *v. t.* to **silver-plate;** to **silver** *(anche fig.)* **B inargentarsi** *v. rifl.* to **silver; to take* on a silvery lustre.**
inaridire A *v. t.* to **dry up;** to **make* arid** *(anche fig.)* **B** *v. i.* e **inaridirsi** *v. rifl.* to **dry up;** to **wither;** to **become* arid** *(anche fig.).*
inarrestàbile *a.* **that cannot be stopped;** (inesorabile) **inexorable.**
inarrivàbile *a.* **1 unattainable; unreachable 2** *(fig.)* **incomparable.**
inarticolato *a.* **inarticulate.**
inascoltato *a.* **unheard; unheeded.**
inaspettato *a.* **1 unexpected; sudden 2** (imprevisto) **unforeseen.**
inaspriménto *m.* **1 embitterment 2** *(fig.,* anche*)* **worsening; sharpening; increase in tension; tightening up.**
inasprire A *v. t.* **1** (amareggiare) to **embitter;** to **exacerbate 2** (acuire) to **sharpen;** to **aggravate B inasprirsi** *v. rifl.* **1** to **turn bitter** (o **sour) 2** *(fig.)* to **be embittered.**
inastare *v. t.* **1** (una bandiera, ecc.) to **hoist 2** (la baionetta) to **fix.**
inattaccàbile *a.* **1 unassailable; impregnable 2** *(fig.)* **beyond all criticism; irreprehensible** ● *i. dalle tarme,* mothproof.
inattendìbile *a.* **unreliable; unfounded.**
inattènto *a.* **inattentive.**
inattenzióne *f.* **inattention.**
inattéso *a.* **unexpected.**
inattività *f.* **inactivity.**
inattivo *a.* **inactive; idle** ● *(fin.) capitale i.,* unemployed capital.
inattuàbile *a.* **impracticable.**
inaudito *a.* **unheard-of.**
inaugurale *a.* **inaugural** ● *(naut.) viaggio i.,* maiden voyage.
inaugurare *v. t.* to **inaugurate;** (una mostra, ecc.) to **open.**
inaugurazióne *f.* **inauguration;** (di una mostra, ecc.) **opening.**
inauspicato *a. (lett.)* **inauspicious; ill-omened.**
inavvedutaménte *avv.* **inadvertently; unintentionally.**
inavvedutézza *f.* **inadvertence; carelessness.**
inavveduto *a.* **inadvertent; careless.**
inavvertènza *f.* **inadvertence.**
inavvertitaménte *avv.* **inadvertently; without consideration.**
inavvertito *a.* **unnoticed; overlooked.**
inazióne *f.* **inaction.**
incagliare A *v. t.* to **hinder;** to **slow down B** *v. i.* e **incagliarsi** *v. rifl.* **1** *(naut.)* to **run* aground;** to **strand 2** *(fig.)* to **come* to a stop** (o **to a standstill);** (nel parlare) to **stumble and stop.**
incàglio *m.* **1** (ostacolo) **obstacle; hindrance 2** *(naut.)* **stranding.**
incàico *a.* **Incaic.**
incalcinare *v. t.* to **plaster with lime;** to **mix with lime.**
incalcolàbile *a.* **incalculable.**
incallire *v. i.* **incallirsi** *v. rifl.* to **harden;** to **grow* callous.**
incallito *a.* **hardened; callous** (specialm. *fig.*); **horny** ● *un fumatore i.,* an inveterate smoker.
incalorire A *v. t.* to **inflame;** to **heat B incalorirsi** *v. rifl.* to **get* heated;** to **heat up.**
incalzante *a.* **pressing; urgent.**
incalzare *v. t.* to **press** (upon); to **urge;** to **be imminent.**
incameraménto *m. (leg.)* **appropriation; confiscation.**
incamerare *v. t. (leg.)* to **appropriate;** to **confiscate.**
incamminare A *v. t.* to **start off** *(anche fig.)* **B incamminarsi** *v. rifl.* to **start;** to **set* out;** to **make* one's way** (to).
incanalare *v. t.* **1** to **canalize** *(anche fig.)* **2** *(fig.:* avviare*)* to **start.**
incancellàbile *a.* **indelible.**
incancherire A *v. i.* to **become* cancerous B** *v. t.* to **render cancerous.**
incancrenire *v. i.* **incancrenirsi** *v. rifl. (med.)* to **gangrene;** to **become* gangrenous.**
incandescènte *a.* **incandescent; white-hot.**
incandescènza *f.* **incandescence.**
incannare *v. t. (ind. tessile)* to **wind*;** to **spool.**
incannatóio *m. (ind. tessile)* **winder.**
incannatura *f. (ind. tessile)* **winding; spooling.**
incannucciare *v. t.* (sostenere con cannucce) to **stake.**
incantare A *v. t.* to **enchant;** to **charm;** to **hold*** (sb.) **spellbound B incantarsi** *v. rifl.* **1** to **be enchanted** (o **charmed);** to **stand* as if spellbound 2** (incepparsi) to **stick*;** to **get* stuck;** to **break* down.**
incantato *a.* **enchanted; bewitched; spellbound.**
incantatóre A *m.* **enchanter B** *a.* **enchanting; bewitching.**
incantatrice *f.* **enchantress.**
incantésimo *m.* **spell; charm; enchantment.**
incantévole *a.* **enchanting; delightful; charming.**
(1) incanto *m.* **spell; enchantment; fascination; charm** ● *come per i.,* as if by magic □ *Ti sta d'i.!,* it fits you like a glove!; it looks perfect on you!
(2) incanto *m.* (asta) **auction**: *mettere q.c. all'i.,* to put st. up for auction □ *vendita all'i.,* sale by auction.
incanutire *v. i.* to **turn white.**
incapace *a.* **incapable** (of); **unable** (to) ● *(leg.) i. d'intendere e di volere,* non compos mentis *(lat.).*
incapacità *f.* **1 incapacity; inability 2** *(leg.)* **disability; disqualification.**
incaparbire *v. i.* **incaparbirsi** *v. rifl.* to **be obstinate;** to **take* a firm stand** (on).
incapestrare *v. t.* to **put* a halter on.**
incaponirsi *v. rifl.* to **take* it into one's head** (to do st.).
incappare *v. i.* to **run*** (into).
incappellarsi *v. rifl. (fig.)* to **take* offence, to take* umbrage** (at).
incappottare A *v. t.* to **wrap** (sb.) **up in an overcoat B incappottarsi** *v. rifl.* to **put* on an overcoat;** to **wrap oneself up in an overcoat.**
incappucciare *v. t.* to **hood.**
incappucciato *a.* **hooded.**
incapricciarsi *v. rifl.* to **take* a fancy** (to, for).
incapsulare *v. t.* **1** (munire di capsula) to **capsule 2** (un dente) to **crown.**
incarcerare *v. t.* to **imprison;** to **jail;** to **put* in prison.**
incarcerazióne *f.* **incarceration; imprisonment.**
incardinare *v. t.* **incardinarsi** *v. rifl.* to **hinge.**
incaricare A *v. t.* to **charge** (sb. with st.); to **entrust** (st. to sb., sb. with st.); to **commit to** (sb.'s) **charge B incaricarsi** *v. rifl.* to **undertake*,** to **take* it upon oneself** (to do st.); to **see*** (to st.).
incaricato A *a.* **charged** (with); **responsible** (for); **appointed** (to) **B** *m.* **1 appointee; delegate 2 man* in charge** (of); **agent; employee 3** (professore i.) **teacher** (o **professor,** se universitario) **with an annual appointment** ● *i. d'affari,* « chargé d'affaires » *(franc.).*
incàrico *m.* **1 charge; commission;** (compito) **task; job** *(fam.)*; (nomina) **appointment 2** (d'insegnante fuori ruolo) **annual appointment.**
incarnare A *v. t.* to **incarnate;** to **embody B incarnarsi** *v. rifl.* to **become* incarnate.**
incarnato *a.* **1 incarnate**: *l'onestà incarnata,* honesty

incarnate **2** (di color rosa carne) **flesh-coloured; rosy.**
incarnazióne *f.* **incarnation; embodiment.**
incarnire *v. i.* **incarnirsi** *v. rifl.* to **grow* into the flesh** ● *(med.) unghia incarnita,* ingrowing nail.
incarognire *v. i.* **incarognirsi** *v. rifl.* to **let* oneself rot in idleness;** to **sink* into a state of sloth.**
incartaménto *m.* **papers** *(pl.)*; **documents** *(pl.)*.
incartapecorire *v. i.* **incartapecorirsi** *v. rifl.* to **shrivel.**
incartapecorito *a.* **wizened; shrivelled.**
incartare *v. t.* to **wrap in paper;** to **wrap up.**
incartocciare *v. t.* to **put* into a paper bag;** to **wrap up in paper.**
incasellare *v. t.* to **pigeon-hole.**
incassare *v. t.* **1** to **pack in a case;** to **crate 2** (una pietra preziosa) to **set* 3** *(mecc., edil.)* to **embed;** to **build* in 4** *(comm.)* to **cash;** to **collect 5** *(pugilato)* to **receive** (a blow); to **take* punishment.**
incassato *a.* **1 enclosed; embanked 2** (infossato) **deep-set; (deep-)sunken; hollow**: *occhi incassati,* hollow eyes.
incassatore *m.* **1 packer 2** *(pugilato)* **boxer who can stand up punishment.**
incasso *m.* **1 collection 2** (somma incassata) **takings** *(pl.)*; **receipts** *(pl.)*; **proceeds** *(pl.)*.
incastellatura *f.* **1** (armatura) **frame 2** *(edil.)* **scaffolding.**
incastonare *v. t.* to **set*.**
incastonatura *f.* **setting.**
incastrare A *v. t.* **1** to **insert;** to **fit in 2** *(edil.)* to **fix 3** *(carpenteria)* to **mortise 4** *(oreficeria)* to **set* 5** *(fig.)* to **put*** (sb.) **in a spot B incastrarsi** *v. rifl.* to **stick*;** to **jam.**
incastro *m.* **joint** ● *i. a coda di rondine,* dovetail.
incatenaménto *m.* **chaining.**
incatenare *v. t.* **1** to **chain;** to **put*** (sb.) **in chains;** (ai piedi) to **fetter 2** *(fig.)* to **tie (up, down);** to **captivate.**
incatramare *v. t.* to **tar.**
incattivire A *v. t.* **make* bad B** *v. i.* to **become* bad C incattivirsi** *v. rifl.* **1** (di cibo, ecc.) to **go* bad 2** (di bambini) to **become* naughty 3** (adirarsi) to **lose* one's temper.**
incautaménte *avv.* **incautiously; imprudently; unwarily; rashly.**
incàuto *a.* **incautious; imprudent; unwary; rash.**
incavallatura *f.* *(edil.)* **truss.**
incavare *v. t.* to **hollow out;** to **scoop out;** to **groove.**
incavato *a.* **hollow;** (di occhi, anche) **deep-set.**
incavatura *f.* **hollow; scoop; groove** ● *i. di vita,* waist-line.
incavezzare *v. t.* to **halter.**
incàvo *m.* **1 hollow 2** (scanalatura) **groove 3** *(anat.)* **socket.**
incavolarsi *(eufemistico)* *V.* **incazzarsi.**
incazzarsi *v. rifl.* *(volg.)* to **get* very angry;** to **fly* off the handle** *(fam.)*.
(1) incèdere *v. i.* to **walk with an air of dignity.**
(2) incèdere *m.* **(solemn) gait.**
incendiare A *v. t.* to **set* fire to** (st.); to **set*** (st.) **on fire B incendiarsi** *v. rifl.* to **take*** (o to **catch***) **fire;** to **burst* into flames.**
incendiàrio A *a.* **incendiary, inflammatory** (anche *fig.*) **B** *m.* **incendiary; arsonist.**
incèndio *m.* **fire** (anche *fig.*): *estinguere un i.,* to put out a fire □ *Scoppiò un i.,* a fire broke out.
incenerire A *v. t.* **1** to **burn*** (o to **reduce) to ashes;** to **incinerate 2** *(fig.)* to **annihilate** (with a glance, etc.) **B incenerirsi** *v. rifl.* to **be burnt** (o **reduced) to ashes.**
inceneritóre *m.* **incinerator.**
incensare *v. t.* **1** to **cense;** to **incense 2** *(fig.)* to **flatter.**
incensière *m.* **censer; thurible.**
incènso *m.* **1 incense 2** *(fig.)* **adulation; flattery.**
incensuràbile *a.* **above criticism** *(pred.)*; **irreproachable.**
incensurato *a.* **uncensured** ● *(leg.) essere i.,* to have a clean record.
incentivare *v. t.* to **stimulate;** to **enliven.**
incentivazióne *f.* **1 stimulation 2** (incentivo) **incentive** ● *(comm.) i. delle vendite,* sales promotion.
incentivo *m.* **incentive.**
incentrarsi *v. rifl.* to **centre.**
inceppaménto *m.* *(mecc.)* **jamming.**
inceppare A *v. t.* **1** to **clog (up);** to **block (up) 2** *(fig.)* to **obstruct;** to **hamper B incepparsi** *v. rifl.* *(mecc.)* to **jam;** to **stick*.**
incerare *v. t.* to **wax.**
incerata *f.* **oil-cloth; tarpaulin.**
incerato *a.* **waxed; wax-polished** ● *tela incerata,* oil-cloth; tarpaulin.
incerchiare *v. t.* to **hoop.**
incertézza *f.* **1 uncertainty; doubt 2** (indecisione) **indecision; hesitation; perplexity; irresolution** ● *essere nell'i.,* to be in a state of uncertainty; to be irresolute (o to hesitate) □ *tenere q. nell'i.,* to keep sb. on tenterhooks.
incèrto A *a.* **1 uncertain; doubtful; dubious 2** (indeciso) **undecided; hesitating; irresolute 3** (malsicuro) **hesitant; faltering; unsteady B** *m.* **1** — *l'i.,* the uncertain **2** *(al pl.:* guadagni occasionali*)* **perquisites; perks** *(fam.)* **3** *(al pl.:* casi imprevedibili*)* **uncertainties.**
incespicare *v. i.* to **stumble;** to **trip**: *(fig.) i. nel parlare,* to stumble over one's words.
incessante *a.* **incessant; unceasing; never-ending.**
incèsto *m.* **incest.**
incestuóso *a.* **incestuous.**
incètta *f.* **buying up; cornering** ● *fare i. di q.c.,* to buy up st.; to corner st.
incettare *v. t.* to **buy* up;** to **corner.**
incettatóre *m.* **buyer-up*.**
inchiavardare *v. t.* to **bolt;** to **fasten with a bolt.**
inchièsta *f.* **1 investigation; inquiry 2** (sondaggio d'opinioni) **poll.**
inchinare A *v. t.* to **bow;** to **bend*;** (abbassare) to **lower B inchinarsi** *v. rifl.* **1** to **bow** (to) **2** (di donna: fare la riverenza) to **curtsey, to make* a curtsey** (to) **3** *(fig.)* to **yield.**
inchino *m.* **bow;** (di donna) **curtsey** ● *fare un i.,* to bow; (di donna) to curtsey □ *facendo grandi inchini,* bowing right and left.
inchiodare A *v. t.* **1** to **nail 2** *(fig.,* anche*)* to **confine B inchiodarsi** *v. rifl.* *(fam.:* indebitarsi*)* to **run* into debt.**
inchiostrare *v. t.* (anche *tipogr.*) to **ink.**
inchiostrazióne *f.* *(tipogr.)* **inking.**
inchiòstro *m.* **ink** ● *macchia d'i.,* blot.
inciampare *v. i.* **1** to **trip** (over); to **stumble 2** (imbattersi) to **run* into, to run* across** (sb., st.) ● *fare i.,* to trip.
inciampo *m.* **obstacle; hindrance** ● *(fig.) essere d'i.,* to be in the way.
incidentale *a.* **1 incidental; casual 2** *(gramm.)* **parenthetic(al).**
incidentalménte *avv.* **1** (per caso) **incidentally; casually; by chance 2** (a titolo di parentesi) **incidentally; by the way.**
incidènte *m.* **1 incident 2** (disgrazia) **accident.**
incidènza *f.* **incidence**: *(fis.) angolo d'i.,* angle of incidence ● *per i.,* incidentally.
(1) incìdere *v. t.* **1** to **cut* into** (st.); to **engrave** (anche *fig.*); (il rame con acidi, ecc.) to **etch;** (marmo, pietra, legno) to **carve 2** *(fig.,* anche*)* to **impress** (on, upon) **3** (un albero per ricavarne la resina, ecc.) to **tap 4** (su disco) to **record 5** *(med.)* to **incise;** to **lance.**
(2) incìdere *v. i.* **1** (influire) to **affect;** to **have repercussions** (on) **2** (gravare) to **weigh** (on, upon).
incinerazióne *f.* **incineration.**
incinta *a. f.* **pregnant; with child**: *essere i.,* to be with child; to be in the family way *(fam.)* ● *essere i. di sei mesi,* to be six months gone *(fam.)*.
incipiènte *a.* **incipient.**
incipriare *v. t.* **incipriarsi** *v. rifl.* to **powder.**
incirca, all' *locuz. avv.* **about; approximately; more**

or less.

incisióne *f.* **1** **cut; incision** (specialm. *med.*) **2** (su metallo, legno, pietra, ecc.) **engraving;** (ad acquaforte) **etching** **3** (di tronco d'albero per ricavarne la resina, ecc.) **tapping** **4** (di un disco) **recording.**

incisività *f.* **incisiveness.**

incisivo **A** *a.* **incisive** (anche *fig.*) **B** *m.* (*anat.*) **incisor.**

inciso *m.* (*gramm.*) **parenthesis*** ● *per i.*, incidentally.

incisóre *m.* **engraver;** (all'acquaforte) **etcher.**

incitaménto *m.* **incitement; spur; stimulus*.**

incitare *v. t.* to **incite;** to **spur on;** to **egg on** (*fam.*): *i. q. a fare q.c.*, to incite sb. to do st.; to egg sb. on to do st.

incivile *a.* **1** (barbaro) **uncivilized** **2** (maleducato) **uncivil; impolite.**

incivilimento *m.* **civilizing; civilization.**

incivilire **A** *v. t.* to **civilize** **B** **incivilirsi** *v. rifl.* to **become* civilized.**

inciviltà *f.* **1** **barbarism** **2** (maleducazione) **incivility; impoliteness; want of manners.**

inclassificàbile *a.* **1** **unclassifiable** **2** (*fig.*: pessimo) **dreadful; disgraceful.**

inclemènte *a.* **1** **inclement** **2** (spietato) **pitiless; merciless.**

inclemènza *f.* **inclemency.**

inclinare **A** *v. t.* **1** to **tilt;** to **tip;** to **incline;** to **bend*;** to **bow** **2** (indurre) to **induce** **B** *v. i.* **1** (propendere) to **be inclined;** to **tend** **2** (pendere) to **lean*;** to **slope** **C** **inclinarsi** *v. rifl.* **1** to **slope;** to **tilt;** to **tip;** (pendere) to **lean*;** (piegarsi) to **bend*** **2** (*naut.*) to **list** **3** (dell'ago magnetico) to **dip** ● (*aeron.*) *i. in virata*, to bank.

inclinato *a.* **sloping; slanting; inclined;** (chinato) **bowed.**

inclinazióne *f.* **1** **inclination; slope; slant; tilt;** (angolo d'inclinazione) **angle;** (pendenza di una strada) **gradient** **2** (propensione) **inclination; tendency** **3** (i. magnetica) **dip.**

incline *a.* **inclined; prone**: *i. all'ira*, prone to anger.

inclinòmetro *m.* (*tecn.*) **inclinometer.**

ìnclito *a.* (*lett.*) **illustrious; famous.**

inclùdere *v. t.* **1** (comprendere) to **include** **2** (implicare) to **imply** **3** (allegare) to **enclose.**

inclusióne *f.* **inclusion.**

inclusivo *a.* **inclusive.**

incluso *a.* **1** (compreso) **inclusive; included** **2** (accluso) **enclosed** ● *prezzo tutto i.*, all-round price; all-in price.

incoativo *a.* **inchoative** (anche *gramm.*).

incoccare *v. t.* to **nock;** to **notch.**

incoercìbile *a.* **incoercible.**

incoerènte *a.* **1** **incoherent** **2** (contraddittorio) **inconsistent.**

incoerènza *f.* **1** **incoherence** **2** (contraddizione) **inconsistency.**

incògliere *v. i.* to **befall*.**

incògnita *f.* (*mat.*) **unknown quantity** (anche *fig.*).

incògnito **A** *a.* **unknown** **B** *m.* **incognito; incog** (*fam.*): *viaggiare in i.*, to travel incognito.

incollare **A** *v. t.* to **stick*;** (legno, ecc.) to **glue;** (carta) to **paste;** (*ind. tessile*) to **size** **B** **incollarsi** *v. rifl.* to **stick*** (anche *fig.*).

incollatura *f.* (*ippica*) **neck**: *vincere di un'i.*, to win by a neck.

incollerirsi *v. rifl.* to **lose* one's temper;** to **fly* into a temper.**

incollerito *a.* **enraged; furious.**

incolonnare **A** *v. t.* to **draw* up in columns;** (con la macchina da scrivere) to **tabulate** **B** **incolonnarsi** *v. rifl.* to **form columns;** (mettersi in fila) to **queue up.**

incolonnatóre *m.* (di macchina da scrivere) **tabulator.**

incolóre, incolóro *a.* (anche *fig.*) **colourless.**

incolpare *v. t.* to **blame** (for); to **accuse** (of); to **charge** (with).

incolpévole *a.* **guiltless.**

incolpevolézza *f.* **guiltlessness.**

incólto *a.* **1** (di terreno) **uncultivated; untilled** **2** (*fig.*) **uneducated; uncultured** ● *una barba incolta*, a straggly beard.

incòlume *a.* **unhurt; unscathed** (*lett.*); **safe and sound.**

incolumità *f.* **safety.**

incombènte *a.* **impending; overhanging.**

incombènza *f.* **duty; charge; task; job** (*fam.*).

incómbere *v. i.* **1** to **impend** (over); to **overhang*** **2** (spettare) to **be incumbent** (on).

incombustìbile *a.* **incombustible** ● *materiale i.*, fireproof material.

incominciare *v. t.* e *i.* to **begin*;** to **start;** to **commence**: *i. a studiare il russo*, to begin (o to start) to study Russian □ *i. a piangere*, to begin (o to start) crying ● *a i. da domani*, beginning from to-morrow □ *tanto per i.*, to begin with.

incommensuràbile *a.* **incommensurable.**

incommensurabilità *f.* **incommensurability.**

incomodare **A** *v. t.* to **inconvenience;** to **put*** (sb.) **to inconvenience;** to **disturb;** to **bother;** to **trouble** **B** **incomodarsi** *v. rifl.* to **disturb oneself;** to **trouble;** to **bother**: *Non s'incomodi, La prego*, please don't disturb yourself.

incomodato *a.* (indisposto) **indisposed; unwell.**

incòmodo **A** *a.* **uncomfortable** (materialmente); **inconvenient** **B** *m.* **1** **inconvenience; bother** **2** (indisposizione) **ailment** ● *fare il terzo i.*, to play gooseberry □ *pieno d'acciacchi e d'incomodi*, full of aches and pains □ *togliere l'i.* (andarsene), to take one's leave □ *Scusi l'i.!*, sorry to trouble you □ *Se non ti è d'i.*, if it isn't inconvenient to you.

incomparàbile *a.* **incomparable; peerless; matchless.**

incomparabilità *f.* **incomparableness; peerlessness.**

incompatìbile *a.* **incompatible.**

incompatibilità *f.* **incompatibility.**

incompetènte **A** *a.* (anche *leg.*) **incompetent** **B** *m.* e *f.* **incompetent; duffer** (*fam.*).

incompetènza *f.* (anche *leg.*) **incompetence.**

incompiutézza *f.* **unfinished state; incompleteness.**

incompiuto *a.* **unfinished; incomplete.**

incompletézza *f.* **incompleteness.**

incomplèto *a.* **incomplete.**

incompósto *a.* **1** (disordinato) **disorderly; dishevelled** **2** (sconveniente) **unbecoming.**

incomprensìbile *a.* **incomprehensible.**

incomprensibilità *f.* **incomprehensibility.**

incomprensióne *f.* **incomprehension.**

incompréso *a.* **misunderstood; not understood.**

incompressìbile *a.* (*fis.*) **incompressible.**

incomputàbile *a.* **incomputable; incalculable.**

incomunicàbile *a.* **incommunicable.**

incomunicabilità *f.* **incommunicability.**

inconcepìbile *a.* **inconceivable; incredible.**

inconcepibilità *f.* **inconceivability.**

inconciliàbile *a.* **irreconcilable; incompatible.**

inconcludènte *a.* **1** **inconclusive** **2** (rif. a persona) **feckless; inefficient.**

inconcusso *a.* (*lett.*) **firm; unshaken; unswerving.**

incondizionataménte *avv.* **unconditionally; without reservation.**

incondizionato *a.* **unconditional; unconditioned.**

inconfessàbile *a.* **unavowable; unmentionable.**

inconfessato *a.* **unconfessed; unavowed.**

inconfondìbile *a.* **unmistakable; unique.**

inconfutàbile *a.* **irrefutable.**

incongruènte *a.* **inconsistent; incongruous.**

incongruènza *f.* **inconsistency; incongruity.**

incòngruo *a.* **incongruous.**

inconoscìbile *a.* **unknowable.**

inconsapévole *a.* **unaware** (of, that); **ignorant** (of).

inconsapevolézza *f.* **ignorance; unawareness.**

inconsapevolménte *avv.* **unawares; unconsciously.**

inconsciaménte *avv.* **unconsciously.**

incònscio **A** *a.* **unconscious** **B** *m.* — (*psic.*) *l'i.*, the

unconscious.
inconseguènte *a.* **inconsequent.**
inconseguènza *f.* **inconsequence.**
inconsideràbile *a.* **inconsiderable; insignificant.**
inconsiderato *a.* **inconsiderate; thoughtless; rash.**
inconsistènte *a.* **insubstantial; flimsy; unfounded; groundless.**
inconsistènza *f.* **insubstantiality; flimsiness; groundlessness.**
inconsolàbile *a.* **inconsolable.**
inconsuèto *a.* **unusual.**
inconsulto *a.* **ill-advised; unadvised; rash.**
inconsumàbile *a.* **inconsumable** (anche *econ.*).
incontaminato *a.* **pure; uncontaminated.**
incontenìbile *a.* **uncontainable.**
incontentàbile *a.* ***1*** **insatiable** ***2*** (esigente) **hard to please; exacting.**
incontentabilità *f.* **insatiability.**
incontestàbile *a.* **incontestable; indisputable.**
incontinènte *a.* **incontinent; unrestrained.**
incontinènza *f.* (anche *med.*) **incontinence.**
incontrare ***A*** *v. t.* e **incontrarsi** *v. rifl.* ***1*** to **meet*** ***2*** (*davanti a un nome astratto*) to **meet* with** (st.) ***3*** (un ostacolo, un rifiuto, ostilità, ecc.) to **come* up against** (st.) ***4*** (*fam.:* imbattersi per caso, anche) to **run* into** (sb.); to **come* across** (st.); to **fall* in with** (sb.) ***5*** (andare d'accordo) to **agree** ***6*** (*sport:* calcio, ecc.) to **play;** (pugilato) to **fight*** ***B*** *v. i.* (aver successo) to **be popular** (o **a success, successful**) ● *i. il favore di q.*, to find favour with sb. □ *i. il gusto di q.*, to appeal to sb.
incontrastàbile *a.* **indisputable; incontestable.**
incontrastato *a.* **uncontested; unopposed.**
(1) incóntro *avv.* (e **incontro a** *locuz. prep.*) ***1*** **toward(s); to**: *Il ragazzo mi si fece i.*, the boy came towards me ***2*** (contro) **against**: *i. al nemico,* against the enemy ● *andare i. a difficoltà,* to come up against difficulties □ *andare i. a spese,* to incur expenses □ *andare i. a q.* (a incontrarlo), to meet sb.; to go to meet sb. □ *andare i. ai desideri di q.*, to meet sb.'s wishes □ *andare i. a guai,* to be heading for trouble.
(2) incóntro *m.* ***1*** **meeting;** (ostile o casuale) **encounter** ***2*** (*sport*) **match** ● *avere un i. con q.*, to meet sb. □ (come saluto) *Che bell'i.!*, how lovely to see you!
incontrollàbile *a.* **uncontrollable, incontrollable.**
incontrollato *a.* **uncontrolled; unrestrained.**
incontrovertìbile *a.* **incontrovertible.**
inconveniènte ***A*** *a.* **unsuitable** ***B*** *m.* **drawback; disadvantage.**
inconvertìbile *a.* **inconvertible.**
inconvertibilità *f.* **inconvertibility.**
incoordinazióne *f.* **incoordination.**
incoraggiaménto *m.* **encouragement.**
incoraggiante *a.* **encouraging.**
incoraggiare *v. t.* to **encourage.**
incordare ***A*** *v. t.* (*mus.:* uno strumento) to **string*** ***B*** **incordarsi** *v. rifl.* (divenire rigido) to **stiffen.**
incordatura *f.* ***1*** (*mus.:* di strumento) **stringing** ***2*** (*med.*) **stiffness.**
incornare *v. t.* to **gore.**
incorniciare *v. t.* to **frame.**
incorniciatura *f.* **framing;** (cornice) **frame.**
incoronare *v. t.* (anche *fig.*) to **crown.**
incoronazióne *f.* **coronation.**
incorporare *v. t.* ***1*** to **incorporate** ***2*** (un territorio) to **annex.**
incorporeità *f.* **incorporeity.**
incorpòreo *a.* **incorporeal; bodiless.**
incorreggìbile *a.* **incorrigible.**
incórrere *v. i.* to **run* into** (st.); to **incur** (st.).
incorrettézza *f.* **incorrectness; impropriety.**
incorrótto *a.* **uncorrupted.**
incorruttìbile *a.* **incorruptible.**
incorruttibilità *f.* **incorruptibility.**
incosciènte ***A*** *a.* ***1*** **unconscious** ***2*** (irresponsabile) **irresponsible; foolhardy** ***B*** *m.* e *f.* **irresponsible person.**
incosciènza *f.* ***1*** **unconsciousness** ***2*** (irresponsabilità) **irresponsibility.**
incostante *a.* **inconstant; fickle; changeable; variable.**
incostanza *f.* **inconstancy; fickleness; variableness.**
incostituzionale *a.* (*leg.*) **unconstitutional.**
incostituzionalità *f.* (*leg.*) **unconstitutionality.**
incredìbile *a.* **incredible; unbelievable.**
incredulità *f.* **incredulity.**
incrèdulo *a.* ***1*** **incredulous** ***2*** (miscredente) **unbelieving.**
incrementare *v. t.* to **increase;** to **promote.**
increménto *m.* **increase; increment.**
incresciόso *a.* **(most) regrettable; unpleasant.**
increspare *v. t.* **incresparsi** *v. rifl.* ***1*** (dell'acqua) to **ripple** ***2*** (di una stoffa) to **gather** ***3*** (della pelle, della fronte) to **wrinkle** ***4*** (dei capelli) to **crisp.**
increspatura *f.* ***1*** (dell'acqua) **ripple** ***2*** (*al pl.*, di una stoffa) **gathers** (*pl.*) ***3*** (della pelle, della fronte) **wrinkles** (*pl.*).
incretinire ***A*** *v. t.* to **make*** (sb.) **stupid** ***B*** *v. i.* to **become* stupid.**
incriminàbile *a.* (*leg.*) **impeachable; indictable.**
incriminare *v. t.* (*leg.*) to **incriminate;** to **impeach;** to **indict.**
incriminazióne *f.* (*leg.*) **incrimination; impeachment; indiction.**
incrinare *v. t.* **incrinarsi** *v. rifl.* ***1*** to **crack** ***2*** (*fig.*) to **break* up;** to **deteriorate.**
incrinatura *f.* **crack; flaw.**
incrociare ***A*** *v. t.* ***1*** to **cross**: *i. le braccia,* to cross (o to fold) one's arms; (*fig.*) to down tools ***2*** (*biol.*) to **crossbreed*** ***B*** *v. i.* (*naut., aeron.*) to **cruise** ***C*** **incrociarsi** *v. rifl.* to **cross.**
incrociato *a.* **crossed; cross.**
incrociatóre *m.* (*naut.*) **cruiser.**
incrόcio *m.* ***1*** **crossing** ***2*** (di razze) **crossbreed** ***3*** (di strade) **crossroads.**
incrollàbile *a.* **firm** (anche *fig.*); **unshakable.**
incrostare *v. t.* **incrostarsi** *v. rifl.* to **encrust.**
incrostazióne *f.* **encrustment; incrustation.**
incrudelire *v. i.* to **become* cruel;** to **pile cruelty upon cruelty** ● *i. contro q.*, to treat sb. ruthlessly.
incrudire *v. i.* ***1*** to **grow* worse** ***2*** (*metall.*) to **be work-hardened.**
incruènto *a.* **bloodless; without bloodshed.**
incubatrice *f.* **incubator.**
incubazióne *f.* (anche *med.*) **incubation.**
incubo *m.* **nightmare; incubus*.**
incùdine *f.* ***1*** **anvil** ***2*** (*anat.*, anche) **incus*** ● *essere fra l'i. e il martello,* to be between the devil and the deep blue sea.
inculcare *v. t.* to **inculcate** (on, upon).
incunàbolo *m.* **incunabulum*.**
incuneare *v. t.* (anche *fig.*) to **wedge.**
incupire ***A*** *v. t.* to **darken** ***B*** *v. i.* e **incupirsi** *v. rifl.* to **grow*** (o to **become***) **dark** (o **gloomy**); to **darken.**
incuràbile *a., m.* e *f.* **incurable.**
incurabilità *f.* **incurability; incurableness.**
incurante *a.* **heedless; careless; regardless.**
incuranza, incùria *f.* **carelessness; heedlessness; indifference.**
incuriosire ***A*** *v. t.* to **make*** (sb.) **curious;** to **excite** (sb.'s) **curiosity** ***B*** **incuriosirsi** *v. rifl.* to **become* curious.**
incursióne *f.* **raid; incursion**: *un'i. aerea,* an air raid.
incurvare *v. t.* **incurvarsi** *v. rifl.* to **bend*;** to **curve.**
incurvatura *f.* ***1*** **bend; curve; curvature** (anche *med.*) ***2*** (l'incurvare) **bending; curving.**
incustodito *a.* **unguarded; unattended.**
incùtere *v. t.* to **arouse;** to **excite;** to **strike***: *i. terrore a q.*, to strike terror into sb.; to strike sb. with terror.
indaco *m.* **indigo.**
indaffarato *a.* **busy.**
indagare *v. t.* e *i.* to **investigate;** to **inquire** (into).
indagatóre ***A*** *m.* **investigator; inquirer** ***B*** *a.* **inquiring; searching.**

indàgine *f.* **1** investigation; inquiry **2** (ricerca) research ● *i. demoscopica,* (opinion) poll.
indebitaménte *avv.* wrongfully; unduly.
indebitare **A** *v. t.* to get* (sb.) into debt **B** **indebitarsi** *v. rifl.* to run* (o to get*) into debt.
indebitato *a.* in debt: *essere i. fin sopra i capelli,* to be head over heels in debt.
indébito *a.* undue; (immeritato) undeserved; (illecito) unlawful.
indeboliménto *m.* **1** weakening; enfeeblement **2** (debolezza) weakness; feebleness.
indebolire **A** *v. t.* **1** to weaken; to enfeeble **2** *(fotogr.)* to reduce **B** **indebolirsi** *v. rifl.* to weaken; to grow* weak (o feeble).
indecènte *a.* indecent.
indecènza *f.* indecency.
indecifràbile *a.* indecipherable; illegible.
indecişióne *f.* indecision; uncertainty.
indecişo *a.* **1** undecided; uncertain **2** (irresoluto) irresolute.
indeclinàbile *a. (gramm.)* indeclinable.
indecomponìbile *a.* indecomposable.
indecoróso *a.* indecorous; unseemly; undignified.
indefessaménte *avv.* tirelessly; indefatigably; incessantly; without stopping.
indefèsso *a.* untiring; tireless; indefatigable.
indefettìbile *a. (lett.)* unfailing.
indefinìbile *a.* indefinable.
indefinitézza *f.* indefiniteness.
indefinito *a.* **1** indefinite (anche *gramm.*); vague **2** (non risolto) undefined; (non giudicato) « sub judice ».
indeformàbile *a.* undeformable; non-deformable; (irrestringibile) unshrinkable.
indegnità *f.* **1** unworthiness **2** (atto indegno) indignity.
indégno *a.* **1** unworthy; (immeritevole) undeserving **2** (spregevole) abominable; disgraceful; (che non vale nulla) worthless.
indeiscènte *a. (bot.)* indehiscent.
indeiscènza *f. (bot.)* indehiscence.
indelèbile *a.* **1** indelible **2** *(fig.)* ineffaceable; enduring.
indeliberato *a.* unpremeditated.
indelicatézza *f.* indelicacy.
indelicato *a.* indelicate; indiscreet; tactless.
indemagliàbile *a.* (di calza) non-laddering; ladder--proof.
indemoniato **A** *a.* **1** possessed **2** *(fig.)* frenzied; furious **B** *m.* **1** demoniac **2** maniac ● *gridare come un i.,* to shout like one possessed.
indènne *a.* uninjured; unhurt.
indennità *f.* indemnity; allowance; compensation: *i. di carovita,* cost-of-living allowance □ *i. di trasferta,* travelling allowance.
indennizzare *v. t.* to indemnify; to compensate.
indennizzo *m.* indemnity ● *domanda d'i.,* claim for damages.
indéntro *avv.* in; *(con verbi di moto)* inwards: *più i.,* further in.
inderogàbile *a.* intransgressible; unbreakable.
indescrivìbile *a.* indescribable; beyond description.
indesideràbile *a.* undesirable.
indesiderato *a.* undesired.
indeterminàbile *a.* indeterminable.
indeterminatézza *f.* indeterminateness.
indeterminativo *a. (gramm.)* indefinite.
indeterminato *a.* indeterminate; indefinite.
indi *avv. (lett.)* **1** *(di luogo)* whence **2** *(di tempo)* then; afterwards.
indiano *a.* e *m.* **1** (d'Asia) Indian; Hindu, Hindoo *(pop.)* **2** (d'America) (Red) Indian ● *fare l'i.,* to pretend not to know.
indiavolato *a.* **1** possessed **2** (impetuoso, travolgente) devilish; furious; stormy **3** (irrequieto) restless.
indicare *v. t.* **1** (con l'indice, e *fig.*) to point to, to point at (sb., st.); to point out **2** (mostrare, dimostrare) to show* **3** (mostrare, accennare) to indicate; to state **4** (segnare, anche) to mark **5** (essere sintomo di) to be indicative of (st.) **6** (significare) to mean* **7** (per sommi capi) to outline; to suggest; (non esplicitamente) to hint at (st.) **8** (con cartelli indicatori) to sign-post **9** (richiedere) to need.
indicativo **A** *a.* e *m.* (anche *gramm.*) indicative **B** *m. (tel.)* code number.
indicato *a.* **1** (adatto) suitable; apt **2** (consigliabile) advisable.
indicatóre **A** *m.* **1** indicator; (talora) gauge **2** (guida, prontuario) guidebook; directory ● *i. di direzione,* finger-post **B** *a.* indicative; indicating *(attr.)* ● *cartello i.,* road sign; guidepost.
indicazióne *f.* **1** indication; sign **2** (istruzione) direction: *indicazioni per l'uso,* directions for use **3** (informazione) information (sempre *sing.*).
ìndice *m.* **1** *(in quasi tutti i sensi)* index*: *i. di rifrazione,* index of refraction; refractive index □ (di un libro) *essere all'I.,* to be on the Index **2** (dito i., anche) forefinger **3** (dei capitoli, ecc. di un libro) (table of) contents; (ma: lista delle persone nominate in un testo) index* **4** (*mat.*, anche) exponent **5** (lancetta, anche) indicator; pointer; hand **6** (indizio) indication; sign ● *(radio, telev.) i. di gradimento,* popularity rating.
indicìbile *a.* inexpressible; unutterable; unspeakable.
indicibilménte *avv.* inexpressibly; undescribably.
indicizzare *v. t. (econ.)* to index-link; to index.
indicizzato *a.* **1** *(econ.)* index-linked; indexed **2** *(fin.)* floating-rate *(attr.)*.
indicizzazióne *f. (econ.)* index-linking; indexation.
indietreggiare *v. i.* to draw* back; to withdraw*.
indiètro *avv.* **1** *(luogo, tempo)* back; behind: *tornare i.,* to go back □ *rimanere i.,* to fall behind **2** *(moto all'i.,* anche) backwards: *avanti e i.,* backwards and forwards (o back and forth, to and fro) **3** *(naut.)* astern: *I. a tutta forza!,* full speed astern! ● (di orologio) *essere i.,* to be slow □ *essere i. con i pagamenti,* to be in arrears with one's payments □ (di orologio) *restare i.,* to lose.
indifendìbile *a.* indefensible.
indiféso *a.* undefended; unprotected.
indifferènte *a.* indifferent: *Mi è i.,* it's (quite) indifferent to me; it's all the same to me ● *fare l'i.,* to pretend not to care □ *La notizia mi lascia i.,* the news leaves me cold.
indifferentişmo *m.* indifferentism.
indifferènza *f.* indifference; unconcern; apathy.
indifferenziato *a.* undifferentiated.
indifferìbile *a.* that cannot be deferred (o put off); undelayable.
indìgeno *a.* e *m.* native.
indigènte *a.* very poor; needy; indigent; destitute ● *(collett.) gli indigenti,* the needy.
indigènza *f.* indigence; poverty; penury; destitution.
indigeribile *a.* indigestible (anche *fig.*).
indigestióne *f.* indigestion.
indigèsto *a.* **1** (di cibo) indigestible; heavy **2** *(fig.)* boring.
indignare **A** *v. t.* to arouse the indignation of (sb.) **B** **indignarsi** *v. rifl.* to be indignant; to get* angry.
indignato *a.* indignant; angry: *essere i. contro q. (per q.c.),* to be indignant with sb. (at st.).
indignazióne *f.* indignation.
indilazionàbile *a.* that cannot be deferred (o put off); undelayable.
indimenticàbile *a.* unforgettable; never-to-be-forgotten.
ìndio *m. (chim.)* indium.
indipendènte **A** *a.* independent: *essere i. da q. (da q.c.),* to be independent of sb. (of st.) **B** *m.* e *f. (polit.)* Independent.
indipendenteménte *avv.* independently (of); apart (from).
indipendènza *f.* independence.
indire *v. t.* to announce; to proclaim; to summon; to call.
indirètto *a.* indirect.

indirizzare **A** *v. t.* **1** (mandare ad un certo indirizzo; rivolgere la parola a) to **address**: *i. una lettera a q.*, to address a letter to sb. **2** (rivolgere, negli altri casi) to **turn**: *i. il pensiero a q.c.*, to turn one's thoughts to st. **3** (mandare q. da q. altro) to **send* on** (to); to **direct** (to); to **refer** (to) **4** (avviare q. a un'arte, a un mestiere, ecc.) to **train** (o to **educate**, to **bring*up**) **(as)** (seguiti dal concreto, per es. non « musica », ma « musicista »): to **have** (sb.) **trained** (o **educated, brought up**) **(as)** ● *i. i propri sforzi verso q.c.*, to direct one's efforts towards st. **B** **indirizzarsi** *v. rifl.* **1** (dirigersi) to **direct one's steps** (towards); to **make* one's way** (towards) **2** (rivolgere la parola a) to **address** (sb.); (domandare a) to **ask** (sb.); (scrivere) to **write*** (to) **3** (rivolgersi) to **apply** (to).
indirizzàrio *m.* **list of addresses;** (rubrica) **address book.**
indirizzo *m.* **1** (postale; messaggio o discorso) **address** **2** (direzione, piega) **direction; turn** **3** (linea di condotta) **course; line; trend** ● *macchina stampa-indirizzi*, addressing machine; addressograph.
indisciplina *f.* **indiscipline; lack of discipline.**
indisciplinato *a.* **undisciplined; unruly.**
indiscréto *a.* **indiscreet;** (curioso) **inquisitive;** (privo di tatto) **tactless.**
indiscrezióne *f.* **indiscretion.**
indiscriminato *a.* **indiscriminate.**
indiscusso *a.* **undiscussed; undisputed.**
indiscutìbile *a.* **indisputable; unquestionable.**
indispensàbile **A** *a.* **indispensable** **B** *m.* **what is necessary.**
indispettire **A** *v. t.* to **vex;** to **make*** (sb.) **cross;** to **annoy** **B** **indispettirsi** *v. rifl.* to **get* vexed.**
indispettito *a.* **vexed; cross; annoyed.**
indisponènte *a.* **irritating; annoying.**
indisponìbile *a.* **unavailable.**
indisponibilità *f.* **unavailableness; unavailability.**
indispórre *v. t.* to **irritate;** to **put* off;** to **antagonize.**
indisposizióne *f.* **indisposition; slight ailment.**
indispósto *a.* **unwell; indisposed.**
indissolùbile *a.* **indissoluble.**
indissolubilità *f.* **indissolubility.**
indistintaménte *avv.* **1** (senza discriminazione alcuna) **without distinction; indiscriminately** **2** (in modo confuso) **indistinctly; vaguely.**
indistinto *a.* **indistinct; faint; vague.**
indistruttìbile *a.* **indestructible.**
indisturbato *a.* **undisturbed.**
indìvia *f.* *(bot.,* Cichorium endivia*)* **endive.**
individuale *a.* **individual.**
individualismo *m.* **individualism.**
individualista *m.* e *f.* **individualist.**
individualìstico *a.* **individualistic.**
individualità *f.* **individuality.**
individualizzare *v. t.* to **individualize.**
individualménte *avv.* **individually;** (uno per uno) **one by one.**
individuare *v. t.* **1** (caratterizzare) to **individualize** **2** (localizzare) to **locate** **3** (distinguere) to **single out;** to **spot.**
individuazione *f.* **1** (caratterizzazione) **individualization** **2** (localizzazione) **location** **3** (riconoscimento) **individuation; singling out.**
indivìduo *m.* **1** **individual** **2** (spesso *spreg.*) **fellow; chap** *(fam.)*; **guy** *(USA)*.
indivisìbile *a.* **indivisible.**
indivisibilità *f.* **indivisibility.**
indiviso *a.* **undivided.**
indiziare *v. t.* to **throw* suspicion on** (sb.).
indiziàrio *a.* *(leg.)* **circumstantial:** *prova indiziaria*, circumstantial evidence.
indiziato **A** *a.* **suspected** **B** *m.* **suspect.**
indìzio *m.* **1** **sign;** (indicazione) **indication** **2** (traccia) **clue; clew** **3** (quasi sempre *leg.*) **(circumstantial) evidence.**
indòcile *a.* **indocile; recalcitrant; unruly; rebellious.**
indocilità *f.* **indocility; unruliness.**
indocinése *a.* e *m.* **Indo-Chinese.**
indoeuropèo *a.* e *m.* **Indo-European.**
indolcire **A** *v. t.* to **sweeten** **B** *v. i.* e **indolcirsi** *v. rifl.* to **sweeten;** to **become* sweet** (o **sweeter**).
ìndole *f.* **nature; disposition; character:** *per i.*, by nature.
indolènte *a.* **indolent; sluggish.**
indolènza *f.* **indolence; sluggishness.**
indolenziménto *m.* **ache; aching.**
indolenzire *v. t.* to **make* sore;** to **benumb.**
indolenzito *a.* **aching; sore; stiff.**
indolóre *a.* **painless.**
indomàbile *a.* **1** **untamable** **2** *(fig.)* **indomitable.**
indomani *m.* **(the) following day; (the) next day.**
indòmito *a.* **indomitable.**
indonesiano *a.* e *m.* **Indonesian.**
indorare *v. t.* **1** to **gild**: *(fig.) i. la pillola*, to gild the pill **2** *(cucina)* to **fry to a golden brown.**
indossare *v. t.* **1** to **wear*;** to **have** (st.) **on** **2** (mettere addosso) to **put*** (st.) **on.**
indossatóre *m.* **male model; male mannequin.**
indossatrice *f.* **model; mannequin.**
indòsso *avv.* **on**: *avere i.*, to have on □ *mettersi i.*, to put on.
indostano *a.* e *m.* **Hindustani.**
indótto **A** *a.* **induced** (anche *fis.*) **B** *m.* *(elettr.)* **armature.**
indottrinaménto *m.* (generalm. *spreg.*) **indoctrination.**
indottrinare *v. t.* (generalm. *spreg.*) to **indoctrinate.**
indovinare *v. t.* **1** to **guess** **2** (con arte divinatoria) to **divine** ● *Non ne indovino una*, I never hit it.
indovinato *a.* **felicitous; well-chosen.**
indovinèllo *m.* **riddle; puzzle.**
indovino **A** *a.* **prophetic** **B** *m.* **fortune-teller; soothsayer.**
indù *a.*, *m.* e *f.* **Hindu; Hindoo.**
indubbiaménte *avv.* **undoubtedly; without doubt; doubtless; no doubt.**
indùbbio *a.* **undoubted.**
indubitàbile *a.* **indubitable.**
indugiare *v. i.* **indugiarsi** *v. rifl.* **1** to **take* a long time** (over); to **take* (so) long;** to **be slow** (in, over); to **delay**: *Non hai indugiato!*, you didn't take long! **2** (con riluttanza a proseguire) to **linger** (over); to **hang* on** *(fam.)* **3** (trattenersi) to **stay on.**
indùgio *m.* **delay**: *senza i.*, without delay.
induismo *m.* *(relig.)* **Hinduism.**
indulgènte *a.* **indulgent; lenient** ● *troppo i.*, overindulgent.
indulgènza *f.* **indulgence** (anche *relig.*); **leniency** ● *eccessiva i.*, overindulgence.
indùlgere *v. i.* **1** to **indulge** (in) **2** (secondare) to **comply** (with).
indulto *m.* **1** *(relig.)* **indult** **2** *(leg.)* **pardon.**
induménto *m.* **garment;** (*al pl.*, anche) **clothes.**
induriménto *m.* **hardening.**
indurire **A** *v. t.* to **harden;** (del sole, della siccità, anche) to **bake** (st.) **hard** **B** **indurirsi** *v. rifl.* **1** to **harden** **2** (del cemento, ecc.) to **set*.**
indurre **A** *v. t.* **1** to **induce;** to **persuade;** to **lead***: *i. q. a fare q.c.*, to persuade sb. to do st. **2** *(filos.)* to **infer;** to **induce** **3** *(elettr.)* to **induce** ● *i. in errore*, to mislead **B** **indursi** *v. rifl.* (decidersi) to **make* up one's mind.**
industre *a.* *(lett.)* **industrious; painstaking.**
indùstria *f.* **1** **industry**: *l'i. tessile*, the textile industry **2** (operosità, anche) **industriousness; diligence.**
industriale **A** *a.* **industrial** **B** *m.* e *f.* **industrialist; manufacturer.**
industrialismo *m.* **industrialism.**
industrializzare *v. t.* to **industrialize.**
industrializzazióne *f.* **industrialization.**
industriarsi *v. rifl.* to **try;** to **do* one's best.**
industrióso *a.* **industrious; hard-working.**
induttanza *f.* *(elettr.)* **inductance.**
induttivo *a.* *(filos., elettr.)* **inductive.**
induttóre *m.* *(elettr.)* **inductor.**
induzióne *f.* *(in tutti i sensi)* **induction.**
inebetire **A** *v. t.* to **stupefy;** to **stun** **B** *v. i.* to **be stupefied.**

inebetito *a.* **stupefied; stunned.**
inebriante *a.* (anche *fig.*) **intoxicating.**
inebriare ***A*** *v. t.* (anche *fig.*) to **intoxicate;** to **inebriate** (*lett.*); (*fig.*) to **ravish** ***B*** **inebriarsi** *v. rifl.* ***1*** to **drink* oneself drunk** ***2*** (*fig.*) to **go* into raptures.**
ineccepìbile *a.* **unexceptionable.**
inèdia *f.* **starvation** ● (*fig.*) *morire d'i.*, to be bored to death.
inèdito *a.* **unpublished.**
ineducato *a.* **ill-mannered; impolite.**
ineffàbile *a.* **ineffable; inexpressible.**
ineffettuàbile *a.* **impracticable; unfeasible.**
inefficace *a.* **inefficacious; ineffectual.**
inefficàcia *f.* **inefficacy; ineffectualness.**
inefficiènte *a.* **inefficient.**
inefficiènza *f.* **inefficiency.**
ineguagliàbile *a.* **matchless; peerless.**
ineguaglianza *f.* ***1*** **inequality** ***2*** (di superficie) **unevenness.**
ineguale *a.* ***1*** **unequal** ***2*** (irregolare) **irregular;** (di superficie, ecc.) **uneven.**
inelegante *a.* **inelegant; unpolished; ungraceful.**
ineleganza *f.* **inelegance; ungracefulness.**
ineluttàbile *a.* **ineluctable.**
ineluttabilità *f.* **ineluctability.**
inenarràbile *a.* **untellable; indescribable.**
inequivocàbile *a.* **unequivocal.**
inerènte *a.* **inherent** (in).
inerènza *f.* **inherence.**
inèrme *a.* **unarmed; defenceless.**
inerpicarsi *v. rifl.* to **climb** (up); to **clamber** (up).
inèrte *a.* **inert** (anche *chim.*); **inactive; sluggish.**
inèrzia *f.* ***1*** **inertness; inactivity; sluggishness** ***2*** (*fis.*) **inertia.**
inerziale *a.* (*fis.*) **inertial.**
ineṣattézza *f.* **inexactitude; inaccuracy;** (svista) **slip.**
ineṣatto *a.* ***1*** **inexact; inaccurate** ***2*** (non riscosso) **uncollected.**
ineṣaudito *a.* **ungranted.**
ineṣauribile *a.* **inexhaustible.**
ineṣàusto *a.* **unexhausted.**
inescuṣàbile *a.* **inexcusable.**
ineṣigìbile *a.* **uncollectible**: *credito i.*, uncollectible credit.
ineṣistènte *a.* **inexistent; non-existent.**
ineṣistènza *f.* **inexistence; non-existence.**
ineṣoràbile *a.* **inexorable; relentless; unrelenting.**
ineṣorabilità *f.* **inexorability; inexorableness; relentlessness.**
ineṣorabilménte *avv.* **inexorably; relentlessly.**
inesperiènza *f.* **inexperience.**
inespèrto *a.* **inexpert;** (senza esperienza) **inexperienced.**
inespiàbile *a.* **inexpiable.**
inesplicàbile *a.* **inexplicable.**
inesplorato *a.* **unexplored.**
inesplòṣo *a.* **unexploded.**
inespressivo *a.* **inexpressive; expressionless.**
inesprimìbile *a.* **inexpressible.**
inespugnàbile *a.* ***1*** **impregnable** ***2*** (*fig.*) **incorruptible.**
inestimàbile *a.* **inestimable; invaluable.**
inestinguìbile *a.* **inextinguishable** (anche *fig.*); **unquenchable.**
inestricàbile *a.* **inextricable.**
inettitùdine *f.* **ineptitude.**
inètto ***A*** *a.* ***1*** **unfit** (for); **unsuited** (to, for) ***2*** (dappoco) **inept** ***B*** *m.* **incompetent (person).**
inevaṣo *a.* (*bur.*) **unanswered; outstanding.**
inevitàbile *a.* **inevitable; unavoidable.**
inèzia *f.* **trifle; (a) mere nothing.**
infagottare ***A*** *v. t.* to **wrap up;** to **bundle up** ***B*** **infagottarsi** *v. rifl.* to **bundle oneself up.**
infallìbile *a.* **infallible; surefire** (*fam.*).
infallibilità *f.* **infallibility.**
infamante *a.* **defamatory; slanderous.**
infamare ***A*** *v. t.* to **defame;** to **disgrace;** (con calunnie) to **slander** ***B*** **infamarsi** *v. rifl.* to **disgrace oneself.**
infamatòrio *a.* **defamatory; slanderous.**
infame *a.* ***1*** **infamous; disgraceful** ***2*** (*fig.*) **rotten; horrible.**
infàmia *f.* **infamy; disgrace.**
infangare *v. t.* ***1*** to **cover with mud** ***2*** (*fig.*) to **throw*** (o to **fling***) **mud at** (sb.); to **disgrace;** to **besmirch.**
infangato *a.* ***1*** **muddy** ***2*** (*fig.*) **disgraced.**
infante *m.* e *f.* **infant** (*lett.*); **baby** (*fam.*).
infanticida *m.* e *f.* **infanticide.**
infanticìdio *m.* **infanticide.**
infantile *a.* **infantile; childish;** (puerile) **puerile.**
infantiliṣmo *m.* (*med.*) **infantilism.**
infànzia *f.* ***1*** **infancy** (anche *fig.*); **childhood** ***2*** (bambini in generale) **children** (*pl.*).
infarcire *v. t.* (anche *fig.*) to **stuff;** to **cram.**
infarinare *v. t.* to **flour;** to **cover** (o to **dredge**) **with flour.**
infarinatura *f.* (*fig.*) **smattering.**
infarto *m.* (*med.*) **infarct; infarction.**
infastidire ***A*** *v. t.* to **annoy;** to **vex;** to **irritate** ***B*** **infastidirsi** *v. rifl.* to **get* annoyed;** to **get* bored.**
infaticàbile *a.* **indefatigable; untiring.**
infatti *cong.* **in fact; as a matter of fact; actually.**
infatuare ***A*** *v. t.* to **infatuate** ***B*** **infatuarsi** *v. rifl.* to **become*** (o to **get***) **infatuated** (with); to **fall*** (for) (*fam.*).
infatuato *a.* **infatuated** (with); **crazy** (about, over).
infatuazióne *f.* **infatuation.**
infàusto *a.* **inauspicious; unpropitious; ill-omened.**
infecondità *f.* **sterility; barrenness.**
infecóndo *a.* **sterile; barren; unfruitful.**
infedéle ***A*** *a.* **unfaithful; faithless** ***B*** *m.* e *f.* (*stor., relig.*) **infidel.**
infedeltà *f.* **unfaithfulness; faithlessness.**
infelice ***A*** *a.* ***1*** **unhappy; wretched;** (triste, anche) **sad;** (sfortunato, anche) **unfortunate, unlucky;** (che non riesce bene) **unsuccessful** ***2*** (malfatto) **bad** ***3*** (inopportuno) **ill-timed; untimely** ● *avere l'aria i.*, to look unhappy □ *una situazione i.*, an awkward situation ***B*** *m.* e *f.* ***1*** **unhappy person** ***2*** (sventurato) **(poor) wretch** ***3*** (deficiente) **mental defective.**
infelicità *f.* **unhappiness; wretchedness.**
infeltrire *v. t.* e *i.* **infeltrirsi** *v. rifl.* to **felt.**
inferióre ***A*** *a.* ***1*** **inferior**: *essere i. a q.*, to be inferior to sb. ***2*** (più in basso) **lower** ***3*** (sotto, di sotto) **below** (*avv.*) ***4*** (minore) **lesser;** (di prezzo, anche) **cheaper**: *a un prezzo i.*, at a cheaper (o lower) price ***5*** (di statura) **shorter** ● *i. alla media,* below average ***B*** *m.* e *f.* **inferior;** (*spreg.*) **underling;** (subordinato) **subordinate.**
inferiorità *f.* **inferiority.**
inferire *v. t.* ***1*** (dedurre) to **infer** ***2*** (arrecare) to **cause** ● *i. un colpo a q.*, to deal sb. a blow.
infermerìa *f.* **infirmary;** (di bordo) **sick-bay.**
infermièra *f.* **nurse; hospital nurse** ● *capo i.*, matron.
infermière *m.* **male nurse.**
infermierìstico *a.* **nursing** (*attr.*).
infermità *f.* **infirmity; illness** ● *i. di mente,* insanity.
inférmo ***A*** *a.* **invalid; ill** (*pred.*); **infirm** ***B*** *m.* **invalid.**
infernale *a.* ***1*** **infernal** ***2*** (maligno, anche) **diabolical; devilish; fiendish** ***3*** (*fam.: spesso all'agg. si sostituisce la costruzione con* **hell** *o* **devil**): *C'è un vento i.*, there's a hell (o a devil) of a wind.
infèrno *m.* **hell** (anche *fig.*): *il Paradiso e l'I.*, Heaven and Hell □ *Va all'i.!*, go to hell! □ *fare della vita di q. un i.*, to make sb.'s life a hell.
inferocire ***A*** *v. t.* to **make* fierce** (o **ferocious**) ***B*** *v. i.* e **inferocirsi** *v. rifl.* to **grow* fierce** (o **ferocious**).
inferriata *f.* **iron bars** (*pl.*); **grille; grating.**
infervorare ***A*** *v. t.* to **arouse enthusiasm** (in) ***B*** **infervorarsi** *v. rifl.* to **get* excited.**
infervorato *a.* **full of fervour; excited.**
infestaménto *m.* **infestation.**
infestare *v. t.* to **infest.**
infèsto *a.* **harmful.**

infettare A *v. t.* 1 to infect 2 *(fig.)* to corrupt B **infettarsi** *v. rifl.* 1 to become* infected 2 *(fig.)* to become* corrupted.
infettivo *a.* infectious; catching.
infètto *a.* 1 infected 2 *(fig.)* corrupt.
infeudare *v. t.* to enfeoff.
infezióne *f.* infection.
infiacchiménto *m.* enfeeblement.
infiacchire A *v. t.* to weaken; to enfeeble; to enervate B *v. i.* e **infiacchirsi** *v. rifl.* to grow* weak; to lose* one's vigour.
infiammàbile *a.* inflammable (anche *fig.*).
infiammabilità *f.* inflammability.
infiammare A *v. t.* 1 to set* on fire; to set* ablaze 2 *(fig.)* to inflame; to excite B **infiammarsi** *v. rifl.* 1 to burst* into flames; to blaze up 2 *(fig.)* to get* excited; to flare up 3 *(med.)* to become* inflamed.
infiammatòrio *a.* *(med.)* inflammatory.
infiammazióne *f.* *(med.)* inflammation.
infiascare *v. t.* to put* into flasks.
inficiare *v. t.* *(leg.)* to invalidate; to impugn.
infido *a.* treacherous; untrustworthy; faithless.
infierire *v. i.* 1 (imperversare) to rage; to be rampant 2 (operare con crudeltà) to act cruelly; to be pitiless (towards).
infìggere *v. t.* 1 to drive* (into); to thrust (into) 2 *(fig.)* to stamp: *i. q.c. nella memoria,* to stamp st. on one's memory.
infilare A *v. t.* 1 (con un filo e *fig.*) to thread; to string*: *i. un ago,* to thread a needle 2 (introdurre) to slip (into) 3 (mettere, indossare) to slip on; to put* on; to pull on 4 (imboccare una strada, ecc.) to take*; (una porta, ecc.) to slip through (st.); (voltando) to turn into (st.) 5 (imbroccare) to strike*; to hit* 6 (infilzare) to run* (sb.) through; to drive* (st.) through; to pierce • *i. l'uscio,* (entrando) to slip in; (uscendo) to slip out B **infilarsi** *v. rifl.* 1 (farsi largo) to thread one's way 2 (introdursi) to slip (into, through, etc.): *i. a letto,* to slip into bed 3 (indossare) to slip on; to put* on; to pull on: *i. le calze,* to pull on one's stockings.
infilata *f.* string; suite; row • *(mil.) battere d'i.,* to enfilade.
infiltrarsi *v. rifl.* 1 to infiltrate; to penetrate; to seep (through) 2 (insinuarsi) to worm one's way (into).
infiltrazióne *f.* infiltration; penetration; seepage.
infilzare *v. t.* 1 (trafiggere) to pierce; to run* (sb.) through; (con un ferro a punta) to spike 2 (conficcare) to stick* (into) 3 (infilare) to string* together • *i. un pollo nello spiedo,* to spit a chicken.
infilzata *f.* string; row.
ìnfimo *a.* lowest.
infine *avv.* 1 in the end; finally; at last 2 (dopotutto) after all.
infingardàggine *f.* sloth; laziness; sluggishness.
infingardo A *a.* slothful; lazy B *m.* sluggard; slacker.
infinità *f.* 1 infinity 2 (moltitudine) infinity; infinitude • *un'i. di modi,* infinite ways.
infinitaménte *avv.* 1 infinitely; endlessly 2 *(fam.)* awfully.
infinitesimale *a.* (anche *mat.*) infinitesimal.
infinitèsimo *a.* e *m.* *(mat.)* infinitesimal.
infinitivo *a.* *(gramm.)* infinitive.
infinito A *a.* 1 infinite; endless; (innumerevole) countless, innumerable, numberless; (senza limiti) boundless, unbounded, unlimited 2 *(gramm.)* infinitive • *ringraziamenti infiniti,* a thousand thanks B *m.* 1 infinity (anche *mat., fis.*): *all'i.,* to infinity; (con ripetizione continua) over and over again 2 *(gramm.)* infinitive.
infinocchiare *v. t.* *(fam.)* to hoodwink; to bamboozle.
infioccare *v. t.* to tassel; to adorn with tassels.
infiorare *v. t.* 1 to deck with flowers 2 (cospargere di fiori) to strew* with flowers 3 *(fig.)* to adorn.
infiorescènza *f.* *(bot.)* inflorescence.
infiorettato *a.* 1 flowery; florid 2 (cosparso) crammed, packed (with).
infirmare *v. t.* to invalidate.
infischiarsi *v. rifl.* not to care a rap; not to give* a damn.
infisso *m.* fixture; (di porta, finestra) frame, casing.
infittire A *v. t.* to thicken B *v. i.* e **infittirsi** *v. rifl.* to thicken; (di lana) to mat.
inflazionare *v. t.* to inflate.
inflazióne *f.* *(econ.)* inflation: *i. galoppante,* runaway inflation.
inflazionismo *m.* *(econ.)* inflationism.
inflazionista *m.* e *f.* *(econ.)* inflationist.
inflazionìstico *a.* *(econ.)* inflationary.
inflessìbile *a.* inflexible; unbending; unyielding.
inflessibilità *f.* inflexibility.
inflessióne *f.* inflexion.
inflìggere *v. t.* to inflict (on).
influènte *a.* influential.
influènza *f.* 1 influence 2 *(med.)* influenza; flu *(fam.)*.
influenzale *a.* *(med.)* influenza *(attr.)*.
influenzare *v. t.* to influence.
influenzato *a.* 1 influenced 2 *(med.)* sick with influenza • *essere i.,* to have got the flu.
influire *v. i.* to be a (contributing) factor; to influence; to exert an influence (on); to bear* (on).
influsso *m.* influence.
infocare A *v. t.* 1 to make* red-hot 2 *(fig.)* to inflame; to excite; to kindle B **infocarsi** *v. rifl.* 1 to become* red-hot 2 *(fig.)* to kindle.
infocato *a.* 1 red-hot 2 *(fig.)* fiery; inflamed; burning.
infoderare *v. t.* to sheathe.
infognarsi *v. rifl.* to plunge (into).
in fòlio *locuz. agg.* e *m. invar.* folio.
infoltire *v. i.* to grow* thick; to thicken.
infondatézza *f.* groundlessness.
infondato *a.* groundless; unfounded.
infóndere *v. t.* to infuse (into, with).
inforcare *v. t.* 1 (pigliare con la forca) to pitchfork 2 (un cavallo) to bestride*; (una bicicletta, ecc.) to get* on to 3 (gli occhiali) to put* on.
informale *a.* informal; unofficial • *arte i.,* non-representational art.
informare A *v. t.* 1 to inform; to acquaint: *i. q. di q.c.,* to inform sb. of st.; to acquaint sb. with st. 2 (improntare) to imbue; (pervadere) to pervade 3 (plasmare) to mould; to form; to shape B **informarsi** *v. rifl.* 1 to inquire: *i. su q.c.,* to inquire about st. □ *i. della salute di q.,* to inquire after sb. 2 (essere improntato, pervaso) to be imbued, to be pervaded (with).
informàtica *f.* information science; informatics *(pl. col verbo al sing.)*.
informativo *a.* informative • *a titolo i.,* for information.
informatóre *m.* informer; (della polizia) common informer.
informazióne *f.* 1 information *(sing. collett.)*: *ufficio informazioni,* information bureau (o inquiry office) □ *un'i. utile,* a useful piece of information 2 *(mil.)* intelligence: *Servizio Informazioni Militari,* Intelligence (Service).
infórme *a.* amorphous; formless; shapeless.
informicoliménto *m.* pins and needles *(pl.)*; tingling.
informicolirsi *v. rifl.* to have pins and needles; to tingle.
infornare *v. t.* to put* into the oven; (cuocere al forno) to bake.
infornata *f.* batch (anche *fig.*).
infortire *v. i.* **infortirsi** *v. rifl.* to turn sour.
infortunarsi *v. rifl.* to get* injured; to have an accident.
infortunato A *a.* injured in an accident B *m.* injured person; accident victim; casualty.
infortùnio *m.* accident • *assicurazione contro gli infortuni sul lavoro,* industrial accident insurance.
infortunìstica *f.* *(leg.)* (scientific) study of industrial accidents.
infortunìstico *a.* *(leg.)* (industrial) accident *(attr.)*.

infoscarsi *v. rifl.* **1** to **grow*** **dark** **2** *(fig.)* to **grow*** **gloomy;** to **take*** **on a gloomy cast of mind.**
infossarsi *v. rifl.* to **sink*;** to **become*** **hollow.**
infossato *a.* **hollow; deep-set; sunken.**
infra- *pref.* **infra-.**
infradiciare A *v. t.* to **drench;** to **soak B infradiciarsi** *v. rifl.* **1** to **get*** **drenched** (o **soaked) 2** (marcire) to **rot.**
infradiciato *a.* **wet through; drenched.**
inframmettènza *f.* **interference; meddling.**
inframméttere A *v. t.* to **interpose B inframméttersi** *v. rifl.* to **interfere;** to **meddle.**
infràngere A *v. t.* **1** to **smash;** to **shatter 2** *(fig.)* to **break*;** (una legge, ecc.) to **violate;** (speranze, illusioni, ecc.) to **shatter;** (diritti altrui) to **infringe B infràngersi** *v. rifl.* **1** to **break*** **down 2** *(fig.)* to **be shattered.**
infrangìbile *a.* **unbreakable; shatterproof.**
infranto *a.* (anche fig.) **broken** ● *(fig.) idolo i.*, fallen idol.
infrarósso *a.* *(fis.)* **infrared.**
infrascritto *a.* **undermentioned.**
infrasettimanale *a.* **midweek** *(attr.)*.
infrasonòro *a.* *(fis.)* **infrasonic.**
infrastruttura *f.* **infrastructure.**
infrasuòno *m.* *(fis.)* **infrasonic wave.**
infrazióne *f.* **infringement; infraction; breach.**
infreddarsi *v. rifl.* to **catch*** **a cold.**
infreddato *a.* — *essere i.*, to have a cold.
infreddatura *f.* **cold**: *prendersi un'i.*, to catch a cold.
infreddolirsi *v. rifl.* to **get*** **cold.**
infrequènte *a.* **infrequent; rare.**
infrequènza *f.* **infrequency; rarity.**
infrollire *v. i.* **infrollirsi** *v. rifl.* **1** (della selvaggina) to **become*** **high 2** (di persona) to **get*** **soft.**
infruttescènza *f.* *(bot.)* **infructescence.**
infruttìfero *a.* **unfruitful** ● *capitale i.*, capital lying idle.
infruttuóso *a.* **fruitless; vain.**
infunghire *v. i.* *(dial.)* to **grow*** **mouldy** (anche *fig.*).
infuòri *avv.* **1 out; outwards 2** — *all'i. di*, except; but.
infurbire *v. i.* **infurbirsi** *v. rifl.* to **become*** **shrewd;** to **grow*** **cunning.**
infuriare A *v. i.* to **rage B infuriarsi** *v. rifl.* to **fly*** **into a rage;** to **lose*** **one's temper;** to **see*** **red** *(fam.)*.
infuṣìbile *a.* *(fis.)* **infusible.**
infuṣióne *f.* **infusion.**
infuṣo A *a.* **infused** ● *(fig.) scienza infusa*, supernatural knowledge **B** *m.* **infusion.**
ingabbiare *v. t.* **1** to **cage 2** *(fig.)* to **coop up.**
ingaggiare *v. t.* **1** to **engage 2** *(mil.)* to **enrol(l);** to **enlist 3** (dare inizio a) to **engage.**
ingàggio *m.* **1 engagement 2** *(mil.)* **enrol(l)ment; enlistment.**
ingagliardire A *v. t.* to **invigorate;** to **strengthen B ingagliardirsi** *v. rifl.* to **become*** **stronger;** to **pluck up courage.**
ingalluzzire *v. i.* **ingalluzzirsi** *v. rifl.* to **perk oneself up.**
ingannare A *v. t.* **1** to **swindle;** to **cheat;** to **deceive;** to **beguile;** to **take*** (sb.) **in;** (di una cosa) to **be deceptive 2** (essere infedele a) to **be unfaithful to** ● *i. la fiducia di q.*, to let sb. down □ *per i. il tempo*, to while the time away **B ingannarsi** *v. rifl.* to **deceive oneself;** to **be mistaken;** to **be wrong.**
ingannatóre A *m.* **deceiver; swindler; cheat B** *a.* **deceiving.**
ingannévole *a.* **deceptive; deceitful; misleading.**
inganno *m.* **1 deception; deceit 2** (illusione) **self--deception 3** (frode) **fraud**: *con l'i.*, by fraud ● *cadere in i.*, to be mistaken □ *togliere q.c. a q. con l'i.*, to cheat sb. out of st. □ *trarre q. in i.*, to deceive sb.
ingarbugliare A *v. t.* to **muddle (up);** to **entangle B ingarbugliarsi** *v. rifl.* to **get*** **entangled** (o **mixed up).**
ingarbugliato *a.* **muddled; involved.**
ingegnarsi *v. rifl.* to **strive*;** to **do*** **one's best** ● *i. per vivere*, to live by one's wits.
ingegnère *m.* **engineer.**
ingegnerìa *f.* **engineering.**
ingégno *m.* **1** (intelligenza; genialità) **brains** *(pl.)*; **brain** *(sempre con un agg.)* **2** (astuzia, abilità) **ingenuity; wits** *(pl.)*: *acuire l'i.*, to sharpen one's wits **3** (talento) **talent; gift**: *avere i. per la musica*, to have a talent (o a gift) for music **4** (naturale disposizione della mente) **cast of mind.**
ingegnosità *f.* **ingenuity.**
ingegnóso *a.* **ingenious.**
ingelosire A *v. t.* to **make*** (sb.) **jealous;** to **arouse** (sb.'s) **jealousy B ingelosirsi** *v. rifl.* to **become*** **jealous.**
ingenerare *v. t.* to **generate;** to **give*** **birth to.**
ingenerosità *f.* **lack of generosity.**
ingeneróso *a.* **ungenerous; illiberal.**
ingènito *a.* **inborn; innate.**
ingènte *a.* **huge; enormous; colossal.**
ingentilire A *v. t.* to **refine B ingentilirsi** *v. rifl.* to **become*** **refined.**
ingenuità *f.* **ingenuousness; naïvety.**
ingènuo A *a.* **ingenuous; naïve; simple-minded B** *m.* **ingenuous person; simpleton.**
ingerènza *f.* **1 interference 2** (partecipazione) **share; part.**
ingeriménto *m.* **ingestion.**
ingerire A *v. t.* to **ingest;** to **swallow B ingerirsi** *v. rifl.* to **interfere** (in).
ingessare *v. t.* **1** to **plaster 2** *(med.)* to **put*** **in plaster.**
ingessatura *f.* **1 plaster 2** *(med.)* **plaster cast.**
ingestióne *f.* **ingestion.**
inghiaiare *v. t.* to **cover with gravel;** to **gravel.**
inghiottire *v. t.* to **swallow** (anche *fig.*); to **gulp (down).**
inghirlandare *v. t.* to **wreathe;** to **garland.**
ingiallire A *v. t.* to **make*** **yellow;** to **yellow B** *v. i.* e **ingiallirsi** *v. rifl.* to **become*** (o **to turn) yellow;** to **yellow.**
ingigantire A *v. t.* to **magnify;** to **exaggerate B ingigantirsi** *v. rifl.* to **become*** **enormous** (o **gigantic).**
inginocchiarsi *v. rifl.* to **kneel*** **(down);** to **fall*** **on one's knees.**
inginocchiato *a.* **kneeling; on one's knees.**
inginocchiatóio *m.* **prie-dieu** *(franc.)*; **kneeling--stool.**
inginocchióni *avv.* **on one's knees.**
ingioiellare A *v. t.* to **adorn with jewels;** to **bejewel B ingioiellarsi** *v. rifl.* to **adorn oneself with jewels.**
in giù, ingiù *avv.* **down; downward(s)** ● *all'i.*, down, downward *(agg.)*; down, downwards *(avv.)* □ *ragazze dai dodici anni i.*, girls of twelve and under.
ingiùngere *v. t.* to **enjoin;** to **order;** to **command.**
ingiunzióne *f.* **injunction** (anche *leg.*).
ingiùria *f.* **insult; affront** ● *le ingiurie della sorte*, the arrows and slings of Fortune □ *le ingiurie del tempo*, the ravages of time.
ingiuriare *v. t.* to **insult;** to **abuse;** to **wrong.**
ingiurióso *a.* **insulting; offensive.**
ingiustificàbile *a.* **unjustifiable.**
ingiustificato *a.* **unjustified.**
ingiustìzia *f.* **injustice;** (torto) **wrong**: *fare un'i. a q.*, to do sb. an injustice; to wrong sb. ● *È un'i.!*, it's not fair!
ingiusto *a.* **unjust; unfair**: *essere i. con q.*, to be unfair to sb. ● *il giusto e l'i.*, right and wrong.
inglése A *a.* **English** ● *filare all'i.*, to take French leave; to slip away **B** *m.* **1 Englishman* 2** (la lingua) **English C** *f.* **Englishwoman*.**
inglesiṣmo *m.* **Anglicism.**
inglorióso *a.* **1** (senza gloria) **inglorious; obscure 2** (disonorevole) **inglorious; dishonourable; ignominious.**
ingobbire *v. i.* **ingobbirsi** *v. rifl.* to **become*** **hunch-backed.**
ingoiare *v. t.* to **gulp down;** (specialm. *fig.*) to **swallow up,** to **engulf;** (divorare) to **devour.**

ingolfarsi *v. rifl.* **1** to **form a gulf** **2** *(fig.)* to **plunge** (into); to **be engulfed** (in); (in un'impresa difficile) to **embark** (upon) **3** *(autom.)* to **get* flooded.**
ingollare *V.* **ingoiare.**
ingolosire **A** *v. t.* to **make* greedy;** to **make*** (sb.'s) **mouth water** **B** **ingolosirsi** *v. rifl.* to **become* greedy.**
ingombrante *a.* **cumbersome; bulky.**
ingombrare *v. t.* to **encumber;** to **obstruct;** to **clutter up,** to **litter** (with).
ingómbro **A** *a.* **encumbered; obstructed** **B** *m.* **encumbrance; obstruction; impediment** ● *essere d'i.,* to be in the way.
ingommare *v. t.* to **gum;** to **stick*.**
ingordigia *f.* (avidità) **greed;** (golosità, anche *fig.*) **greediness.**
ingórdo *a.* **greedy; voracious.**
ingorgare **A** *v. t.* to **choke up;** to **clog;** to **block (up)** **B** **ingorgarsi** *v. rifl.* to **be choked up;** to **be blocked (up).**
ingórgo *m.* **1** **block; blockage; obstruction** **2** (del traffico) **traffic jam.**
ingozzare *v. t.* **1** (ingoiare avidamente) to **gobble;** to **gulp down** **2** (un'oca) to **stuff;** to **fatten** **3** *(fig.)* to **swallow.**
ingranàggio *m.* **1** *(mecc.)* **gear;** (sistema d'ingranaggio) **gearing** **2** *(fig.)* **mechanism** ● *dente d'i.,* cog □ *senza ingranaggi,* gearless.
ingranare **A** *v. t.* *(mecc.)* to **put* into gear;** to **interlock;** to **engage** **B** *v. i.* **1** *(mecc.)* to **engage;** to **mesh;** to **gear** **2** *(fig.)* to **get* on (well).**
ingrandiménto *m.* **1** (anche *fotogr.*) **enlargement** **2** (l'ingrandirsi) **growth** ● *lente d'i.,* magnifying glass.
ingrandire **A** *v. t.* **1** (anche *fotogr.*) to **enlarge;** (estendere) to **extend;** *(fotogr., fam.)* to **blow* up** **2** (di lente d'ingrandimento) to **magnify** **3** (esagerare) to **exaggerate;** to **magnify** **4** (aumentare la potenza di) to **aggrandize** **B** *v. i.* e **ingrandirsi** *v. rifl.* **1** to **become* larger;** to **grow* bigger** **2** (diventare più importante) to **become* more important** **3** *(comm.)* to **expand.**
ingranditóre *m.* *(fotogr.)* **enlarger.**
ingrassare **A** *v. t.* **1** to **fatten (up);** to **make*** (sb.) **fat** **2** (concimare) to **manure** **3** (lubrificare) to **grease;** to **lubricate** **4** (far apparire più grasso) to **make*** (sb.) **look fatter** **B** *v. i.* e **ingrassarsi** *v. rifl.* **1** to **fatten;** to **grow* fat;** to **put* on weight** **2** *(fig.)* to **thrive*** (on).
ingrasso *m.* **1** **fattening** **2** (di terreno) **manuring; fertilizing** **3** (concime animale) **manure** ● *mettere animali all'i.,* to fatten animals.
ingraticciare *v. t.* to **trellis.**
ingraticciata *f.* **trellis-work.**
ingratitùdine *f.* **ungratefulness; ingratitude.**
ingrato **A** *a.* **1** **ungrateful; thankless**: *i. verso q.,* ungrateful to sb. **2** (di cosa) **thankless;** (sgradevole) **unpleasant, uncongenial, offputting** *(fam.)*; (ostico) **difficult, uphill** *(fam.)* **B** *m.* **ungrateful person.**
ingravidare **A** *v. t.* to **make* pregnant** **B** *v. i.* to **become* pregnant.**
ingraziarsi *v. rifl.* to **ingratiate oneself** (with).
ingrediènte *m.* **ingredient.**
ingrèsso *m.* **1** **entrance**: *l'i. principale,* the front entrance **2** (l'entrare) **entry; entrance**: *fare un i. trionfale,* to make a triumphal entry **3** (facoltà di accedere in un luogo) **admission**: *i. libero,* admission free □ *biglietto d'i.,* admission ticket **4** (atrio) **hall** ● *Vietato l'i.,* no admittance.
ingrossaménto *m.* **swelling;** (aumento) **increase.**
ingrossare **A** *v. t.* (aumentare di spessore) to **thicken;** (aumentare) to **increase;** (allargare) to **broaden,** to **widen;** (gonfiare, accrescere) to **swell*;** (ingrandire) to **enlarge** **B** *v. i.* e **ingrossarsi** *v. rifl.* **1** to **become*** (o to **grow***) **bigger** **2** (aumentare) to **increase** **3** (ingrassare) to **become* fat;** to **grow* stout** **4** (di un fiume) to **rise*;** to **swell*.**
ingròsso, all' *locuz. avv.* **1** **wholesale**: *vendere all'i.,* to sell wholesale **2** (all'incirca) **approximately; roughly.**
ingrugnare *v. i.* **ingrugnarsi** *v. rifl.* to **sulk;** to **pout.**
ingrugnato *a.* **sulky; grumpy.**
ingrugnito *a.* **sulky; grumpy.**
inguadàbile *a.* **unfordable.**
inguaiare *(fam.)* **A** *v. t.* to **get*** (sb.) **into trouble** **B** **inguaiarsi** *v. rifl.* to **get* oneself into trouble.**
inguainare *v. t.* to **sheathe** (anche *fig.*).
ingualcìbile *a.* **crease-resisting; no-crush.**
inguantato *a.* **gloved.**
inguarìbile *a.* **incurable.**
inguinale *a.* *(anat.)* **inguinal.**
ìnguine *m.* *(anat.)* **groin.**
ingurgitare *v. t.* to **swallow;** to **ingurgitate.**
inibire *v. t.* **1** to **forbid*;** to **prohibit** **2** *(psic.)* to **inhibit.**
inibito *(psic.)* **A** *a.* **inhibited** **B** *m.* **inhibited person.**
inibitòrio *a.* (anche *psic.*) **inhibitory.**
inibizióne *f.* **1** (anche *psic.*) **inhibition** **2** (proibizione) **prohibition.**
inidòneo *a.* **unfit** (for).
iniettare *v. t.* to **inject** ● *iniettarsi eroina,* to shoot up heroin *(pop.).*
iniettóre *m.* **injector.**
iniezióne *f.* **injection.**
inimicare **A** *v. t.* to **alienate;** to **estrange** **B** **inimicarsi** *v. rifl.* to **make* an enemy of** (sb.); to **fall* out with** (sb.).
inimicìzia *f.* **enmity; hostility.**
inimitàbile *a.* **inimitable; matchless.**
inimmaginàbile *a.* **unimaginable.**
ininfiammàbile *a.* **uninflammable; fireproof; non-flammable.**
inintelligìbile *a.* **unintelligible.**
ininterrottaménte *avv.* **uninterruptedly; incessantly; nonstop.**
ininterrótto *a.* **uninterrupted; continuous; incessant; nonstop.**
iniquità *f.* **iniquity.**
inìquo *m.* **iniquitous.**
iniziale **A** *a.* **initial; beginning; starting** **B** *f.* **initial (letter)** ● *siglare con le iniziali,* to mark with one's initials.
inizialménte *avv.* **initially; at first; at the beginning.**
iniziare **A** *v. t.* **1** (q.c.) to **begin*;** to **start** (on): *i. il lavoro,* to begin working (o to begin to work, to start work) □ *i. un'impresa commerciale,* to start on a new business enterprise **2** (q.) to **initiate** (in) ● *i. una carriera,* to take up a career □ *i. la conversazione con q.,* to enter into conversation with sb. □ *i. un dibattito,* to open a debate □ *i. la pubblicazione di un giornale,* to start a newspaper **B** *v. i.* e **iniziarsi** *v. rifl.* to **begin*;** to **start.**
iniziativa *f.* **initiative; enterprise**: *fare q.c. di propria i.,* to do st. on one's own initiative □ *per i. di q.,* on the initiative of sb.
iniziato **A** *a.* **initiated** **B** *m.* **initiate.**
iniziatóre *m.* **initiator.**
iniziazióne *f.* **initiation.**
inìzio *m.* **beginning; start**: *sin dall'i.,* from the (very) beginning ● *dare i. a q.c.,* to begin st.
innacquare *v. t.* to **water;** to **water down;** to **dilute.**
innaffiare *v. t.* to **water;** (con un tubo di gomma) to **hose.**
innaffiatóio *m.* **watering-can.**
innaffiatrice *f.* (stradale) **road sprinkler.**
innalzaménto *m.* **elevation.**
innalzare **A** *v. t.* **1** (elevare) to **raise;** to **lift up**: *i. il cuore a Dio,* to lift up one's heart to God **2** (promuovere) to **raise;** to **elevate**: *i. q. a un grado più alto,* to raise sb. to a higher rank **3** (erigere) to **erect;** to **raise;** to **build*;** to **put* up** **4** (rendere più alto) to **make*** (st.) **higher;** *(fig.)* to **heighten** ● *i. q. al settimo cielo,* to praise sb. to the skies **B** **innalzarsi** *v. rifl.* **1** to **rise*** **2** (esaltarsi) to **exalt oneself** ● *i. a Dio,* to lift up one's soul to God.
innamoraménto *m.* **falling in love.**
innamorare **A** *v. t.* **1** to **enchant;** to **charm;** to **fascinate** **2** (suscitare amore in q.) to **make*** (sb.) **fall in love** **B**

innamorarsi *v. rifl.* **1** to **fall* in love** (with); to **take* a liking** (to) **C** *v. rifl. recipr.* to **fall* in love.**
innamorata *f.* **sweetheart; girl-friend.**
innamorato A *a.* **1 in love** *(pred.)* **2** (entusiasta) **fond** (of); **crazy** (on, about) **B** *m.* **sweetheart; boy-friend.**
innanzi A *avv.* **1** *(di luogo)* **forward; on; onward(s)**: *farsi i.*, to come forward **2** *(di tempo)* **on; onward(s)**: *d'ora i.*, from now onwards **B** *prep.* **1** (prima di) **before 2** — *i. a,* before; in front of ● *i. tutto,* first of all.
innàrio *m. (relig.)* **hymnal; hymn-book.**
innato *a.* **innate; inborn**: *(filos.) idee innate,* innate ideas.
innaturale *a.* **unnatural.**
innegàbile *a.* **undeniable; incontrovertible.**
inneggiare *v. i.* **1** to **sing* hymns** (to) **2** *(fig.)* to **sing* the praises** (of).
innervare *v. t. (anat.)* to **innervate.**
innervazióne *f. (anat.)* **innervation.**
innervosire A *v. t.* to **get* on** (sb.'s) **nerves B innervosirsi** *v. rifl.* to **become*** (o to **get***) **nervous.**
innescare *v. t.* (ordigni esplosivi e sim.) to **prime** ● *i. un amo,* to bait a hook.
innésco *m.* **primer.**
innestare *v. t.* **1** *(agric., med.)* to **graft 2** *(med.:* inoculare*)* to **inoculate 3** (inserire) to **insert**; (una spina) to **plug in 4** *(autom.)* to **engage.**
innèsto *m.* **1** *(agric., med.)* **graft; grafting 2** *(med.:* inoculazione*)* **inoculation 3** *(mecc.)* **clutch; coupling.**
innevato *a.* **snow-clad; covered with snow** *(pred.).*
inno *m.* **hymn; anthem**: *l'i. nazionale,* the national anthem.
innocènte *a., m.* e *f.* **innocent.**
innocentista *m.* e *f.* **upholder of an accused person's innocence.**
innocènza *f.* **innocence** ● *(leg.) dichiarare la propria i.*, to plead not guilty.
innocuità *f.* **innocuousness; harmlessness.**
innòcuo *a.* **innocuous; harmless.**
innominàbile *a.* **unnam(e)able; unmentionable.**
innominato *a.* **1 unnamed; unmentioned 2** *(anat.)* **innominate.**
innovare *v. t.* to **innovate** (in, on); to **change.**
innovatóre *m.* **innovator.**
innovazióne *f.* **innovation; change.**
innumerévole *a.* **innumerable; countless; numberless.**
inoccupazióne *f.* **unemployment** (of persons not previously employed).
inoculare *v. t.* **1** *(med.)* to **inoculate 2** *(fig.)* to **sow* the seeds of** (st.).
inoculazióne *f. (med.)* **inoculation.**
inodóre, inodóro *a.* **odourless; inodorous.**
inoffensivo *a.* **harmless; inoffensive.**
inoltrare A *v. t.* to **send* on**; to **forward B inoltrarsi** *v. rifl.* to **advance**; to **go* forward** ● *essere inoltrato negli anni,* to be advanced in years □ *a primavera inoltrata,* late in spring.
inóltre *avv.* **besides; moreover; what's more** *(fam.).*
inóltro *m.* **forwarding.**
inondare *v. t.* **1** to **flood,** to **inundate** *(anche fig.)* **2** (rovesciarsi come un torrente) to **pour down** (o **over, on to, into**) **3** *(fig.,* anche*)* to **fill.**
inondazióne *f.* **flood** *(spesso al pl.).*
inoperante *a.* **inoperative.**
inoperosità *f.* **1 inactivity; idleness 2** *(ind.:* di un macchinario*)* **outage.**
inoperóso *a.* **inactive; idle; at a standstill** *(pred.).*
inopinàbile *a.* **unforeseeable; inconceivable; unimaginable.**
inopinato *a.* **unforeseen; unexpected.**
inopportunità *f.* **inopportunity; inappropriateness.**
inopportuno *a.* **inopportune; inappropriate; untimely; out of place** *(pred.)* ● *È un momento i.*, it's not the right moment.
inoppugnàbile *a.* **incontrovertible.**
inorgànico *a.* **inorganic.**
inorgoglire A *v. t.* to **make* proud B** *v. i.* e **inorgoglirsi** *v. rifl.* to **become* proud**; to **pride oneself** (on, upon).
inorpellare *v. t.* to **decorate with tinsel**; to **tinsel.**
inorridire A *v. t.* to **horrify**; to **strike* with horror**; to **shock B** *v. i.* to **be horrified** (o **horror-struck, shocked).**
inospitale *a.* **inhospitable.**
inospitalità *f.* **inhospitality.**
inosservante *a.* (delle leggi, ecc.) **non-observant** (of).
inosservanza *f.* (delle leggi, ecc.) **non-observance** (of).
inosservato *a.* **1 unobserved 2** (inadempiuto) **unfulfilled.**
inossidàbile *a.* **stainless**; *(chim.)* **inoxidizable.**
inquadraménto *m.* **1 arrangement 2** *(mil., polit.)* **organization.**
inquadrare A *v. t.* **1** (mettere in cornice) to **frame 2** *(mil., polit.)* to **organize 3** *(fig.)* to **arrange**; to **set* 4** *(fotogr.)* to **frame B inquadrarsi** *v. rifl.* to **fit in** (with); to **be set.**
inquadratura *f. (fotogr., cinem.)* **shot.**
inqualificàbile *a.* **contemptible; disgraceful.**
inquietante *a.* **disquieting; alarming.**
inquietare A *v. t.* to **make* uneasy**; to **worry**; to **alarm B inquietarsi** *v. rifl.* **1** to **get* worried**; to **worry 2** (stizzirsi) to **lose* one's temper**; to **get* angry.**
inquièto *a.* **1** (che non ha quiete) **restless; agitated 2** (preoccupato) **uneasy; anxious; worried 3** (crucciato) **vexed; cross.**
inquietùdine *f.* **1 restlessness 2** (preoccupazione) **anxiety; worry.**
inquilino *m.* **tenant; lodger.**
inquinamento *m.* **pollution.**
inquinare *v. t.* to **pollute**; to **defile** *(anche fig.).*
inquinato *a.* **polluted.**
inquirènte *a.* **examining; investigating** ● *commissione i.*, committee of enquiry.
inquiṣire *v. t.* e *i.* to **investigate**; to **inquire** (into).
inquiṣitore A *a.* **inquiring; searching B** *m.* **inquisitor.**
inquiṣitòrio *a.* **inquisitorial.**
inquiṣizióne *f.* **inquisition**: *(stor.) la Santa I.*, the Inquisition.
insabbiamènto *m.* **1 silting up 2** *(fig.)* **shelving.**
insabbiare A *v. t.* **1** to **cover with sand**; to **silt up 2** *(fig.)* to **shelve B insabbiarsi** *v. rifl.* **1** to **get* filled up with sand**; to **silt up 2** *(fig.)* to **be shelved.**
insaccare *v. t.* **1** to **put* into a sack**; to **sack 2** (carne di maiale) to **make* into sausages 3** (intascare) to **pocket 4** (infagottare) to **bundle up C insaccarsi** *v. rifl.* (pigiarsi) to **squeeze.**
insaccati *m. pl.* **sausages.**
insalata *f.* **1 salad**: *condire l'i.*, to dress the salad **2** *(fig.)* **muddle; jumble.**
insalatièra *f.* **salad bowl.**
insaldare *v. t.* to **starch.**
insalivare *v. t.* to **insalivate.**
insalivazióne *f.* **insalivation.**
insalùbre *a.* **unhealthy.**
insalubrità *f.* **unhealthiness.**
insalutato *a.* — *partire i. ospite,* to slip away without saying good-bye; to take French leave.
insanàbile *a.* **incurable.**
insanguinare *v. t.* to **stain with blood.**
insanguinato *a.* **blood-stained.**
insània *f.* **insanity** *(med.)*; **madness; folly.**
insano *a.* **insane; mad.**
insaponare *v. t.* to **soap** *(anche fig.)*; to **lather.**
insaponata, insaponatura *f.* **soaping; lathering.**
insapóre, insapóro *a.* **flavourless; tasteless.**
insaporire A *v. t.* to **flavour**; to **season B insaporirsi** *v. rifl.* to **become* tasty.**
insaputa *f.* — *all'i. di q.*, without the knowledge of

sb.
insaziàbile *a.* **insatiable; unappeasable.**
insaziabilità *f.* **insatiability.**
insaziato *a.* **insatiate.**
inscatolare *v. t.* to **tin**; to **can** *(USA).*
inscenare *v. t.* to **stage** *(anche fig.)*; to **put* on the stage.**
inscindìbile *a.* **inseparable.**
inscrìvere *v. t. (geom.)* to **inscribe.**
inscurire *v. t.* to **darken**; to **make* darker.**
inscusàbile *a.* **inexcusable.**
insecchire ***A*** *v. t.* to **dry up** ***B*** *v. i.* ***1*** to **become* dry**; to **dry up** ***2*** (diventare magro) to **grow* thin** (o **thinner).**
insediaménto *m.* **installation.**
insediare ***A*** *v. t.* to **install** ● *(leg.) i. una giuria,* to swear in a jury ***B*** **insediarsi** *v. rifl.* ***1*** to **take* office** ***2*** (stabilirsi) to **settle.**
inségna *f.* ***1*** **sign(board)**: *insegne al neon,* neon signs ***2*** (bandiera) **ensign; banner; flag** ***3*** (emblema) **badge**; *(al pl.,* anche*)* **insignia.**
insegnaménto *m.* ***1*** **teaching**: *metodi d'i.,* teaching methods ***2*** (istruzione) **education**; (i. privato) **tuition** ***3*** (ammaestramento, lezione) **teaching** *(generalm. al pl.)*; **lesson; warning.**
insegnante ***A*** *a.* **teaching**: *corpo i.,* teaching staff ***B*** *m.* e *f.* **teacher.**
insegnare *v. t.* ***1*** to **teach***: *i. q.c. a q.,* to teach sb. st. (o to teach st. to sb.) ▫ *T'insegnerò a leggere,* I shall teach you how to read ***2*** (addestrare, preparare per una professione) to **train** ***3*** (dare un'informazione) to **tell***; to **show***: *Insegnami come ci si arriva,* tell me how to get there.
inseguiménto *m.* **pursuit; chase.**
inseguire *v. t.* to **pursue**; to **chase.**
inseguitóre *m.* **pursuer.**
insellare ***A*** *v. t.* ***1*** (sellare) to **saddle** ***2*** (far incurvare) to **sag** ***B*** **insellarsi** *v. rifl.* (incurvarsi) to **sag.**
inselvatichire ***A*** *v. t.* to **make*** (st., sb.) **go wild** ***B*** *v. i.* to **grow* wild.**
insenatura *f.* **inlet; creek.**
insensatézza *f.* ***1*** **senselessness; foolishness** ***2*** (atto, discorso da insensato) **nonsense.**
insensato ***A*** *a.* **senseless; crazy; insensate; foolish** ***B*** *m.* **fool; foolish person.**
insensìbile *a.* ***1*** **insensitive; indifferent** (to) ***2*** (che quasi non si avverte) **imperceptible; insensible** ***3*** (che non si commuove) **callous; unfeeling.**
insensibilità *f.* **insensitiveness; insensibility.**
inseparàbile ***A*** *a.* **inseparable** ***B*** *m. (zool.)* **lovebird.**
insepólto *a.* **unburied.**
inseriménto *m.* **insertion.**
inserire ***A*** *v. t.* ***1*** to **insert**; to **fit in** ***2*** (allegare) to **enclose** ***3*** (includere) to **include**; to **put* in** ***4*** *(elettr.)* to **connect**; to **plug in** ***B*** **inserirsi** *v. rifl.* to **manage to get into** (st.); to **become* part of** (st.).
insèrto *m.* ***1*** **file; dossier** ***2*** *(cinem.)* **insert** ***3*** (fascicolo inserito in un giornale e sim.) **insert; inset** ● *(cinem.) i. filmato,* (film) clip.
inservìbile *a.* **unserviceable; useless.**
inserviènte ***A*** *m.* **attendant; odd-job man*** ***B*** *f.* **attendant.**
inserzióne *f.* ***1*** **insertion** ***2*** (annuncio pubblicitario) **advertisement.**
inserzionista *m.* e *f.* **advertiser.**
insetticida *m.* **insecticide; pesticide** ● *polvere i.,* insect-powder.
insettìvoro *(zool., bot.)* ***A*** *a.* **insectivorous** ***B*** *m.* **insectivore.**
insètto *m. (zool.)* **insect; bug** *(USA).*
insicurézza *f.* **insecurity.**
insicuro *a.* **insecure.**
insìdia *f.* ***1*** **trap; snare**: *tendere un'i.,* to lay a snare ***2*** (pericolo) **peril; (insidious) danger.**
insidiare *v. t.* e *i.* to **lay* a trap**, to **lay* a snare** (for) ● *i. una ragazza,* to try to seduce a girl.
insidióso *a.* **insidious; treacherous; deceitful.**
(1) insième ***A*** *avv.* ***1*** **together**: *tutti i.,* all together ▫ *stare i.,* to keep together ▫ *mettere i.,* to put (o to get) together ***2*** (contemporaneamente) **at the same time**: *fare troppe cose i.,* to do too many things at the same time ▫ *ridere e piangere i.,* to laugh and cry at the same time ***3*** — *tutto i., (generalm.)* all together (*V. def. 1;* in certi casi) taken all in all; (tutto considerato) all things considered, altogether, all told; (in una volta) in one go, at one (fell) swoop ***B*** **i. a, i. con** *locuz. prep.* **with**; (nel senso di « e inoltre con ») **together with, along with** ● *mettere i. una frase,* to make up a sentence ▫ *mettere i. un po' di denaro,* to scrape together some money.
(2) insième *m.* ***1*** **whole**: *l'i. di q.c. (o q.c. nel suo i.),* st. as a whole ***2*** (di cose affini) **set; outfit** ***3*** (quando in ital. potrebbe stare l'agg. « generale ») **overall** *(agg.)*: *l'effetto d'i.,* the overall (o general) effect ***4*** *(moda)* **ensemble** ***5*** *(mat.)* **set** ● *(teatr.) l'i. degli attori,* the (whole) cast ▫ *nell'i.,* on the whole; as a whole.
insiemìstica *f. (mat.)* **theory of sets.**
insigne *a.* **great; famous; superlative; of great distinction** *(pred.).*
insignificante *a.* ***1*** **meaningless** ***2*** (trascurabile) **insignificant; negligible.**
insignire *v. t.* to **decorate**; to **bestow (a title on)**; (del titolo di cavaliere) to **dub.**
insilare *v. t.* to **ensile**; to **store** (fodder) **in a silo.**
insincerità *f.* **insincerity.**
insincèro *a.* **insincere.**
insindacàbile *a.* **unobjectionable; unquestionable.**
insino, insino a, insino a che *V.* **(2) fino.**
insinuante *a.* **insinuating; ingratiating; wheedling.**
insinuare ***A*** *v. t.* ***1*** to **penetrate** (into... with); to **introduce** ***2*** *(fig.)* to **insinuate** (into) ***B*** **insinuarsi** *v. rifl.* ***1*** to **insinuate oneself** (into); to **worm one's way** (into) ***2*** (entrare furtivamente) to **creep*** (into); (in un'apertura stretta) to **squeeze oneself** (into, through) ***3*** (filtrare) to **seep** (through).
insinuazióne *f. (in tutti i sensi)* **insinuation**; (allusione) **hint.**
insipidézza, insipidità *f.* **insipidity** *(anche fig.)*; **tastelessness.**
insìpido *a.* **insipid** *(anche fig.)*; **tasteless.**
insipiènte *a.* **foolish; ignorant; insipient** *(raro).*
insipiènza *f.* **ignorance; foolishness; insipience** *(raro).*
insistènte *a.* **persistent; insistent**; (che non dà tregua) **nagging.**
insistènza *f.* **persistence; insistence** ● *con i.,* insistently.
insìstere *v. i.* to **persevere** (in, with); to **persist** (in); to **insist** (on); to **go* on**, to **keep* on** (doing st.); to **stick*** (to) *(fam.).*
ìnsito *a.* **inherent; congenital; inborn.**
insociévole *a.* **unsociable.**
insoddisfacènte *a.* **unsatisfactory.**
insoddisfatto *a.* **unsatisfied; dissatisfied; discontented.**
insoddisfazióne *f.* **dissatisfaction; discontent.**
insofferènte *a.* **impatient; intolerant**: *i. ad ogni indugio,* impatient of all delay.
insofferènza *f.* **impatience; intolerance.**
insoffrìbile *a.* **unbearable; intolerable; insufferable.**
insolazióne *f.* **insolation**; (colpo di sole) **sunstroke.**
insolènte *a.* **insolent; rude; impudent; pert.**
insolentire *v. i.* e *t.* to **be insolent**, to **be rude** (to).
insolènza *f.* ***1*** **insolence; impudence; pertness** ***2*** (detto o atto insolente) **insolent (o rude) remark; insolent behaviour.**
insòlito *a.* **unusual; out of the ordinary; unaccustomed.**
insolùbile *a.* ***1*** **insoluble** ***2*** *(chim.)* **undissolvable.**
insolubilità *f.* ***1*** **insolubility** ***2*** *(chim.)* **undissolvability.**
insoluto *a.* ***1*** **unsolved** ***2*** (non pagato) **unpaid; outstanding.**
insolvènte *a. (leg.)* **insolvent.**
insolvènza *f. (leg.)* **insolvency.**

insolvìbile *a.* insolvent.
insolvibilità *f.* insolvency.
insómma ***A*** *avv.* ***1*** in short; in conclusion; in a word ***2*** (dunque) then; well ***B*** *inter.* well: *I., sì o no?*, well, is it yes or no?
insondàbile *a.* (anche *fig.*) unfathomable.
insònne *a.* ***1*** sleepless ***2*** (*fig.*) indefatigable.
insònnia *f.* insomnia (anche *med.*); sleeplessness.
insonnolito *a.* sleepy; drowsy.
insonorizzare *v. t.* (*tecn.*) to soundproof.
insonorizzato *a.* (*tecn.*) soundproof.
insopportàbile *a.* unbearable; unendurable; intolerable ● *Quel ragazzo è veramente i.!*, what a nuisance that boy is!
insopprimìbile *a.* unsuppressible.
insordire *v. i.* to grow* deaf.
insórgere *v. i.* ***1*** to rise* (up) ***2*** (manifestarsi improvvisamente) to arise*; to turn up (*fam.*).
insormontàbile *a.* unsurmountable.
insórto ***A*** *a.* rebellious; rebel (*attr.*); insurgent ***B*** *m.* insurgent; rebel.
insospettàbile *a.* above suspicion.
insospettato *a.* ***1*** unsuspected ***2*** (imprevisto) unexpected.
insospettire ***A*** *v. t.* to make* suspicious; to arouse (sb.'s) suspicions ***B*** *v. i.* e **insospettirsi** *v. rifl.* to become* suspiscious.
insostenìbile *a.* untenable.
insostituìbile *a.* irreplaceable.
insozzare *v. t.* to soil; to sully (per lo più *fig.*).
insperàbile *a.* not to be hoped for.
insperato *a.* ***1*** unhoped-for ***2*** (inaspettato) unexpected.
inspessire *v. t.* **inspessirsi** *v. rifl.* to thicken.
inspiegàbile *a.* inexplicable.
inspirare *v. t.* to inhale; to breathe in.
inspirazióne *f.* inhalation; (*med.*, anche) inspiration.
instàbile *a.* unstable; unsteady; insecure; (variabile) unsettled.
instabilità *f.* instability; unstableness.
installare ***A*** *v. t.* to install ***B*** **installarsi** *v. rifl.* to install oneself, to settle (in).
installazióne *f.* installation.
instancàbile *a.* indefatigable; untiring; tireless.
instancabilità *f.* indefatigability; tirelessness.
instaurare *v. t.* to found; to establish; to set* up.
instauratóre *m.* founder; establisher.
instaurazióne *f.* foundation; establishment.
instillare *v. t.* to instil(l) (anche *fig.*).
instradare *v. t.* to direct; to set* (sb.) on the road (to) ● *i. q. negli affari*, to start sb. in business.
insù *avv.* ***1*** up; upward(s): *camminare i. e ingiù*, to walk up and down ***2*** (d'età, tempo, prezzo, ecc.) on; upwards; and more; and over ● *all'i.*, up, upward (*agg.*); up, upwards (*avv.*) □ *da Firenze i.*, north of Florence.
insubordinato *a.* insubordinate.
insubordinazióne *f.* insubordination.
insuccèsso *m.* failure; flop (*fam.*).
insudiciare ***A*** *v. t.* to dirty; to soil ***B*** **insudiciarsi** *v. rifl.* to dirty oneself; to get* dirty.
insufficiènte *a.* ***1*** insufficient; not enough; inadequate ***2*** (nella valutazione scolastica) unsatisfactory; below standard.
insufficiènza *f.* ***1*** insufficiency (anche *med.*); (mancanza) deficiency ***2*** (scolastica) mark below standard; low mark; (agli esami) failure.
insufflare *v. t.* to blow* into; to insufflate (specialm. *med.*).
insulare *a.* insular.
insulina *f.* (*biol., farm.*) insulin.
insulsàggine *f.* ***1*** insipidity; silliness; foolishness ***2*** (cosa insulsa) nonsense.
insulso *a.* insipid; silly; foolish; dull.
insultante *a.* insulting; offensive.
insultare *v. t.* to insult; to affront; to abuse.
insulto *m.* ***1*** insult; affront; abuse (*sing. collett.*): *ricoprire q. d'insulti*, to heap insults on sb. ***2*** (*med.*) insult.
insuperàbile *a.* insuperable; unbeatable (*fam.*).
insuperato *a.* unsurpassed.
insuperbire ***A*** *v. t.* to make* proud ***B*** *v. i.* e **insuperbirsi** *v. rifl.* to be (o to become*) proud; to pride oneself (on).
insurrezionale *a.* insurrectional; insurrectionary.
insurrezióne *f.* insurrection; revolt.
insussistènte *a.* inexistent; groundless; baseless.
insussistènza *f.* inexistence; groundlessness; baselessness.
intaccàbile *a.* ***1*** corrodible ***2*** (*fig.*) easily injured.
intaccare ***A*** *v. t.* ***1*** (fare tacche) to notch; to dent ***2*** (corrodere) to corrode; to eat* into (st.) ***3*** (consumare in parte) to break* into, to draw* on (st.); (cominciare a consumare) to start, to begin* upon (st.) ***4*** (*fig.*) to impair; to damage; to injure ***B*** *v. i.* (tartagliare) to stutter.
intaccatura *f.* (tacca) notch; nick; indentation; dent.
intagliare *v. t.* to carve; to engrave; to incise.
intagliatóre *m.* carver; engraver.
intàglio *m.* carving; (su pietra dura) intaglio*.
intanarsi *v. rifl.* to go* to earth; to hide*.
intangìbile *a.* untouchable; intangible.
intangibilità *f.* untouchability; intangibility; intangibleness.
intanto *avv.* ***1*** in the meantime; meanwhile ***2*** (ad ogni buon conto) anyhow ***3*** (per dirne una) for one thing ***4*** (resta il fatto che) the fact remains that ● *i. che*, while; as.
intarlare *v. i.* **intarlarsi** *v. rifl.* to become* worm-eaten.
intarlatura *f.* worm-hole.
intarmare *v. i.* **intarmarsi** *v. rifl.* to become* moth-eaten.
intarsiare *v. t.* to inlay*.
intarsiatóre *m.* inlayer.
intàrsio *m.* inlay; marquetry.
intasaménto *m.* stoppage; clogging; block; obstruction.
intasare ***A*** *v. t.* to stop up; to clog; to obstruct; to choke (up) ***B*** **intasarsi** *v. rifl.* to get* stopped up; to become* obstructed.
intasatura *f.* stoppage; obstruction.
intascare *v. t.* to pocket; to put* into one's pocket.
intatto *a.* ***1*** intact; untouched; unbroken ***2*** (illeso) uninjured; undamaged ***3*** (puro) unsullied; unblemished.
intavolare *v. t.* to start; to begin*; to set* forth; (aprire) to open.
integèrrimo *a.* of the utmost integrity; strictly honest.
integrale *a.* integral (anche *mat.*); total; complete; unabridged ● *pane i.*, wholemeal bread.
integralismo *m.* (*polit.*) intégrisme (*franc.*); hard-line policy.
integralista *m.* e *f.* (*polit.*) intégriste (*franc.*); hard-liner.
integralménte *avv.* integrally; in full.
integrante *a.* integrant; integrating.
integrare ***A*** *v. t.* to integrate; to complete ***B*** **integrarsi** *v. rifl.* to become* integrated.
integrativo *a.* integrative.
integrato *a.* (*in ogni senso*) integrated.
integrazióne *f.* integration: (*polit.*) *i. razziale*, racial integration.
integrazionista *m.* e *f.* (*polit.*) (racial) integrationist.
integrità *f.* (anche *fig.*) integrity.
integro *a.* ***1*** (intero) integral; entire; whole ***2*** (di un testo) full; unabridged ***3*** (incorruttibile) upright.
intelaiatura *f.* (*mecc., edil.*) framework.
intellettivo *a.* intellectual.
intellètto *m.* brain; intellect: *uno dei migliori intelletti d'Italia*, one of the best brains in Italy □ *un uomo di grande i.*, a man of great intellect.

intellettuale ***A*** *a.* **intellectual** ***B*** *m.* e *f.* **intellectual; highbrow; bluestocking** *(femm.);* **egghead** *(fam.).*
intellettualismo *m.* **intellectualism.**
intellettualista *m.* e *f.* **intellectualist.**
intellettualistico *a.* **intellectualistic.**
intellettualità *f.* **intellectuality.**
intellettualizzare *v. t.* to **intellectualize.**
intellettualoide ***A*** *m.* e *f.* **would-be intellectual; intellectual snob; highbrow** ***B*** *a.* **highbrow** *(attr.).*
intelligente *a.* **intelligent; clever.**
intelligenza *f.* **intelligence; brain** *(spesso al pl.)*; **cleverness**: *Non basta la memoria; ci vuole i.,* memory is not enough; you need brains • *quoziente d'i.,* intelligence quotient.
intellighènzia *f.* **intelligentsia.**
intelligibile *a.* **intelligible.**
intelligibilità *f.* **intelligibility.**
intemerato *a.* **unblemished; irreproachable; spotless.**
intemperante *a.* **intemperate; immoderate.**
intemperanza *f.* **intemperance; excess.**
intempèrie *f. pl.* **severity** (o **inclemency**) **of the weather; bad weather** • *resistente alle i.,* weather-proof ▫ *volto solcato dalle i.,* weather-beaten face.
intempestività *f.* **untimeliness.**
intempestivo *a.* ***1*** **untimely** ***2*** (spesso è traducibile con locuz. avv.) **out of place; (in and) out of season; at the wrong moment.**
intendènte *m.* **superintendent; intendant.**
intendènza *f.* **superintendency; intendancy.**
intèndere ***A*** *v. t.* ***1*** (capire) to **understand***: *far i.,* to give (sb.) to understand ***2*** (udire) to **hear***: *Chi ha orecchie intenda,* anyone with ears in his head can hear (o can grasp) that ***3*** (avere intenzione) to **mean***; (con ferma volontà) to **intend**: *Che cosa intendi dire?,* what do you mean by that? ▫ *Intendo essere obbedito,* I intend to be obeyed • *i. a rovescio,* to misunderstand; to get hold of the wrong end of the stick *(fam.)* ▫ *farsi i.,* to make oneself understood ▫ *non i. ragione,* not to listen to reason ***B*** **intèndersi** *v. rifl. recipr.* ***1*** (capirsi) to **understand* each other** (o **one another**) ***2*** (raggiungere un accordo, la comprensione reciproca) to **come* to an understanding;** to **reach an agreement** ***C*** *v. rifl.* (essere esperto di q.c.) to **know* a lot** (about); to **be a connoisseur** (of) • *S'intende (o ben inteso),* of course; naturally; (nelle risposte) certainly ▫ *Intendiamoci (bene)!,* mind you; let me make it quite clear (that...) ▫ *Voi due ve l'intendete a meraviglia,* you two get on very well together.
intendiménto *m.* ***1*** **understanding** ***2*** (intenzione) **intention.**
intenditóre *m.* **connoisseur; expert.**
intenerire ***A*** *v. t.* ***1*** (ammorbidire) to **soften** ***2*** (commuovere) to **arouse a feeling of tenderness in** (sb.); to **move** ***B*** **intenerirsi** *v. rifl.* to **be moved.**
intensificare *v. t.* **intensificarsi** *v. rifl.* to **intensify.**
intensificazióne *f.* **intensification.**
intensità *f.* ***1*** **intensity** ***2*** (della luce) **power** ***3*** (del vento) **force.**
intensivo *a.* (anche *agric., gramm.*) **intensive.**
intènso *a.* **intense; strong; deep.**
intentare *v. t.* — *(leg.) i. un'azione giudiziaria contro q.,* to bring* an action against sb.; to sue sb.
intentato *a.* **unattempted.**
(1) intènto *a.* **intent** (upon); **entirely taken up** (with, by).
(2) intènto *m.* ***1*** (scopo, meta) **purpose; aim; goal; object**: *riuscire (fallire) nell'i.,* to succeed (to fail) in one's object ***2*** (intenzione) **intention; design; intent** (specialm. *leg.*): *con l'i. di fare q.c.,* with the intention of doing st.
intenzionale *a.* **intentional;** *(leg.)* **wilful.**
intenzionalità *f.* **intentionality.**
intenzionalménte *avv.* **intentionally; on purpose;** *(leg.)* **wilfully.**
intenzionato *a.* **inclined; determined; intending** • *essere i. di fare q.c.,* to intend (o to have an intention) to do st. ▫ *bene i.,* well-disposed; well-intentioned ▫ *male i.,* ill-disposed; ill-intentioned.
intenzióne *f.* **intention; intent** (specialm. *leg.*); **purpose;** (idea) **mind;** (desiderio) **wish**: *mutare i.,* to alter one's purpose (o to change one's mind) ▫ *Ho una mezza i. di dirglielo,* I have half a mind to tell him • *avere i. di fare q.c.,* to intend to do st. (o doing st.) ▫ *con i.,* on purpose; intentionally ▫ *non avere i. di fare q.c.,* to have no intention of doing st.
intepidire ***A*** *v. t.* ***1*** to **warm (up);** to **cool (down),** to **make*** (st.) **lukewarm** ***2*** *(fig.)* to **cool;** to **dampen** ***B*** *v. i.* e **intepidirsi** *v. rifl.* ***1*** to **grow* warm** (o **warmer**); to **cool down** ***2*** *(fig.)* to **cool off** (o **down**).
inter- *pref.* **inter-.**
interagire *v. i.* to **interact.**
interaménte *avv.* **wholly; entirely; completely; quite.**
interazióne *f.* **interaction.**
interbellico *a.* **interwar.**
(1) intercalare *v. t.* to **intercalate;** to **insert;** to **interpolate.**
(2) intercalare ***A*** *a.* **intercalary** ***B*** *m.* ***1*** **stock phrase** ***2*** *(poesia)* **refrain.**
intercalazióne *f.* **interpolation.**
intercambiabile *a.* **interchangeable.**
intercapèdine *f.* *(edil.)* **air space.**
intercèdere *v. i.* to **intercede**: *i. presso q. per q. altro,* to intercede with sb. for sb. else.
intercessióne *f.* **intercession.**
intercessóre *m.* **intercessor.**
intercettaménto *m.* **interception.**
intercettare *v. t.* *(in tutti i sensi)* to **intercept.**
intercettazióne *f.* **interception** • *i. telefonica,* wire-tapping.
intercettóre *m.* *(aeron.)* **interceptor.**
interclassismo *m.* *(polit.)* **interclass collaboration.**
intercomunale *a.* **between communes.**
intercomunicante *a.* **communicating.**
intercontinentale *a.* **intercontinental.**
intercórrere *v. i.* ***1*** (di tempo) to **elapse;** to **intervene** ***2*** (di spazio) to **lie*** (between).
intercostale *a.* *(anat.)* **intercostal.**
interdétto ***A*** *a.* ***1*** **interdicted; forbidden** ***2*** *(leg.)* **deprived of civil rights** ***3*** *(relig.)* **interdicted** ***4*** (sorpreso, turbato) **dumbfounded; abashed** ***B*** *m.* *(relig.)* **interdict.**
interdipendènte *a.* **interdependent.**
interdipendènza *f.* **interdependence.**
interdire *v. t.* ***1*** to **interdict;** to **forbid*** ***2*** *(leg.)* to **deprive** (sb.) **of civil rights** ***3*** *(relig.)* to **interdict.**
interdisciplinare *a.* **interdisciplinary.**
interdizióne *f.* ***1*** **interdiction** (anche *relig.*); **prohibition** ***2*** *(leg.)* **deprivation of civil rights.**
interessaménto *m.* **interest, trouble** (taken by sb. in sb. else's affairs, etc.) • *per i. di q.,* by sb.'s good offices.
interessante *a.* **interesting** • *essere in stato i.,* to be expecting *(fam.)*; to be in the family way *(fam.).*
interessare ***A*** *v. t.* ***1*** (destare interesse) to **interest;** to **hold*** (o to **arouse**) (sb.'s) **interest** ***2*** (riguardare) to **concern;** to **be of interest to** (sb.) ***3*** (essere nell'interesse di) to **be in the interest of,** to **be the concern of** (sb.) ***4*** *(econ.)* to **give** (sb.) **a financial interest** (in); (al passivo: essere interessato) to **have a share** (in), to **be a shareholder** ***5*** (indurre q. a occuparsi di q.c.) to **draw*** (sb.'s) **attention** (to); to **get*** (sb.) **to take an interest** (in) ***B*** *v. i.* to **be in the interest,** to **be the concern** (of); to **matter** ***C*** **interessarsi** *v. rifl.* ***1*** to **be interested,** to **take* an interest** (in) ***2*** (occuparsi di una pratica, ecc.) to **take* up** ***3*** (curarsi di) to **care** (for) • *Interessati degli affari tuoi!,* mind your own business!
interessataménte *avv.* **from interested motives.**
interessato ***A*** *a.* ***1*** **interested; concerned** ***2*** (mosso dal proprio tornaconto) **interested;** (*pred.:* opportunista) **with an eye to the main chance** ***B*** *m.* **person concerned; interested party** • *amore i.,* cupboard love.
interèsse *m.* ***1*** **interest** *(nel senso econ. l'ingl. usa spesso il sing. in luogo del pl. ital.)*: *(econ.) il capitale e gli interessi accumulatisi,* the capital and accumulated interest ▫ *(econ.) fruttare un i. del 9%,* to yield a 9%

interest □ *prendere i. a q.c.*, to take an interest in st. ***2*** (*al pl.:* affari privati) **affairs; business** *(sing.)*: *badare ai propri interessi,* (curarli) to attend to (o to look after) one's affairs; (non intromettersi negli affari altrui) to mind one's own business ***3*** (desiderio di lucro) **money; money-making; love of gain;** (i. personale) **self-interest** ● *saper fare bene i propri interessi,* to know how to look after number one.
interessènza *f. (econ., fin.)* **profit-sharing; share (in the profits).**
interézza *f.* **wholeness; entirety; totality.**
interfàccia *f. (scient., tecn.)* **interface.**
interfacoltà *f.* **(university) students' council.**
interferènza *f.* (anche *fis.*) **interference.**
interferire *v. i.* (anche *fis.*) to **interfere.**
interfogliare *v. t. (tipogr.)* to **interleave;** to **slip-sheet.**
interfòglio *m. (tipogr.)* **interleaf*; slip sheet.**
interfòno *m. (tel.)* **interphone; intercom** *(fam.)*.
interiettivo *a. (gramm.)* **interjectional.**
interiezióne *f. (gramm.)* **interjection.**
interim *m.* **interim** ● *assumere l'i.,* to carry on.
interinale *a.* **temporary.**
interinato *m.* **interim; temporary office.**
interino *A* *a.* **temporary *B*** *m.* (specialm. di medico) **locum (tenens*).**
interióra *f. pl.* **entrails; bowels.**
interióre *a.* ***1*** (interno) **internal; interior** *(attr.)* ***2*** (intimo) **inner, inward, interior** *(attr.)* ● *parte i.,* inside; interior.
interiorità *f.* **innerness, internality, interiority** *(tutti rari)*.
interiorizzare *v. t.* to **interiorize.**
interlìnea *f.* ***1*** **space between the lines *2*** *(tipogr.)* **lead.**
(1) interlineare *a.* **interlinear.**
(2) interlineare *v. t.* ***1*** to **interline *2*** *(tipogr.)* to **lead*.**
interlocutóre *m.* **interlocutor.**
interlocutòrio *a.* (anche *leg.*) **interlocutory.**
interlocuzióne *f. (raro)* **interlocution.**
interloquire *v. t.* to **join in a conversation;** to **chip in** *(fam.)*.
interlùdio *m.* (anche *mus.*) **interlude.**
intermediàrio *A* *a.* **intermediary *B*** *m.* **intermediary; go-between;** *(comm.)* **middleman*.**
intermèdio *a.* **intermediate.**
intermèzzo *m.* ***1*** *(teatr., mus.)* **intermezzo* *2*** (intervallo) **interval.**
interminàbile *a.* **interminable; endless; never-ending.**
intermissióne *f. (lett.)* **intermission.**
intermittènte *a.* **intermittent.**
intermittènza *f.* **intermittence.**
intermodulazióne *f. (radio)* **intermodulation.**
internaménte *avv.* **internally; inside; within.**
internaménto *m.* **internment.**
internare *A* *v. t.* ***1*** to **intern *2*** (in un manicomio) to **place** (sb.) **in a mental home (o under restraint) *B* internarsi** *v. rifl.* to **penetrate;** to **bury oneself (deep-down in).**
(1) internato *A* *a.* **interned *B*** *m. (polit.)* **internee.**
(2) internato *m.* ***1*** (collegio) **boarding-school *2*** (periodo di pratica professionale) **internship.**
internazionale *A* *a.* **international *B*** *f.* (associazione socialista) **International.**
internazionalismo *m.* **internationalism.**
internazionalista *m.* e *f.* **internationalist.**
internazionalistico *a.* **internationalistic; internationalist** *(attr.)*.
internazionalità *f.* **internationality.**
internazionalizzare *v. t.* to **internationalize.**
internista *m.* e *f. (med.)* **internist; specialist in internal medicine.**
intèrno *A* *a.* ***1*** **inside; interior; internal; inner** (solo *attr.;* anche *fig.*): *il cerchio i.* (cioè dentro un altro), the inner circle □ *(med.) medicina interna,* internal medicine ***2*** (solo *attr.;* opposto di « estero ») **home; inland** (anche *geogr.*): *commercio i.,* home (o inland) trade ***3*** (opposto di « esterno ») **indoor**: *una piscina interna,* an indoor swimming-pool ● *alunno i.,* boarder □ *(superl. assoluto) il più i.,* the innermost ***B*** *m.* ***1*** (il di dentro di q.c.) **inside; interior *2*** (di un'isola, di un continente, in rapporto alla costa) **interior *3*** (alunno) **boarder *4*** (fodera) **lining *5*** *(tel.:* numero i.) **extension *6*** (rif. ad appartamento) **flat (number) *7*** *(telev., cinem.)* **interior shot; studio shot *8*** *(calcio:* mezzala) **inside forward** ● *all'i.* (opposto di « fuori »), indoors.
internòdio *m. (biol.)* **internode.**
internùnzio *m. (relig.)* **internuncio*.**
intéro *A* *a.* ***1*** **whole; entire**: *(mat.) un numero i.,* a whole number □ *l'intera verità,* the whole truth □ *perdere un'intera giornata,* to waste a whole day ***2*** (in un sol pezzo) **whole** (sempre *pred.*): *inghiottire intera la pasticca,* to swallow the tablet whole ***3*** (intatto) **intact *4*** (completo, totale) **complete; total *5*** (pieno) **full** ● *Hai la mia piena e intera fiducia,* you have my full confidence ***B*** *m.* ***1*** **whole *2*** *(mat.)* **integer; whole number** ● *per i.,* in full.
interpartìtico *a. (polit.)* **interparty** *(attr.)*.
interpellante *a., m.* e *f. (polit.)* **interpellant.**
interpellanza *f. (polit.)* **interpellation.**
interpellare *v. t.* ***1*** to **consult *2*** *(polit.)* to **interpellate.**
interplanetàrio *a.* **interplanetary.**
interpolare *v. t.* to **interpolate.**
interpolatóre *m.* **interpolator.**
interpolazióne *f.* **interpolation.**
interpórre *v. t.* **interpórsi** *v. rifl.* to **interpose.**
interposizióne *f.* **interposition;** (a favore di q.) **intervention.**
interpósto *a.* — *per interposta persona,* through the medium of a third party.
interpretare *v. t.* ***1*** to **interpret;** to **explain *2*** *(teatr., mus., cinem.)* to **interpret;** to **play;** to **perform** ● *i. male* (fraintendere), to misinterpret.
interpretativo *a.* **interpretative; explanatory.**
interpretazióne *f.* **interpretation;** (*leg., comm.,* anche) **construction.**
intèrprete *m.* e *f.* ***1*** **interpreter *2*** *(mus.)* **interpreter;** *(teatr., cinem.)* **actor** *(masch.)*, **actress** *(femm.)* ● *farsi i. delle richieste di q.,* to voice sb.'s claims.
interpùngere *v. t.* to **punctuate.**
interpunzióne *f.* **punctuation**: *segni d'i.,* punctuation marks.
interraménto *m.* ***1*** (il coprire di terra) **covering with earth *2*** (seppellimento) **burial; sepulture; interment.**
interrare *A* *v. t.* ***1*** to **cover with earth *2*** (sotterrare) to **bury;** to **inter *B* interrarsi** *v. rifl.* to **get* silted up;** to **silt up.**
interrégno *m.* **interregnum*.**
interrelazióne *f.* **interrelation.**
interrogante *m.* e *f.* **interrogator; questioner.**
interrogare *v. t.* ***1*** to **ask** (about) ***2*** (un candidato a un esame, un imputato, ecc.) to **interrogate;** to **question;** (un testimone) to **examine** ● *i. il proprio cuore,* to look into one's heart.
interrogativo *a.* e *m.* **interrogative** ● *(gramm.) punto i.,* question mark.
interrogatòrio *A* *a.* **interrogatory *B*** *m.* **interrogation;** (di testimoni) **examination.**
interrogazióne *f.* ***1*** **interrogation *2*** (domanda) **question** (anche al Parlamento): **query *3*** (scolastica) **oral test.**
interrómpere *A* *v. t.* ***1*** (chi parla, il discorso altrui) to **interrupt**: *Non i.!,* don't interrupt! ***2*** (negli altri casi) to **break* off;** to **break*;** to **make* a break in** (st.); to **stop (for the time being)**: *i. le trattative,* to break off negotiations □ *i. il viaggio,* to break one's journey ● *i. seccamente q.* (che parla), to cut sb. short ***B* interrómpersi** *v. rifl.* to **stop;** to **break* off.**
interruttóre *m.* ***1*** **interrupter *2*** *(fis.)* **switch.**
interruzióne *f.* ***1*** **interruption;** (della corrente elettrica, delle comunicazioni) **black-out *2*** (piccolo intervallo) **break; pause *3*** (nel funzionamento di q.c.) **breakdown** ● *(ind.) i. del lavoro,* work stoppage.
intersecare *v. t.* **intersecarsi** *v. rifl.* to **intersect** (anche *geom.*).

intersecazióne, intersezióne *f.* intersection.
interstellare *a.* interstellar.
interstiziale *a.* interstitial.
interstìzio *m.* interstice.
intertèmpo *m.* *(sport)* **partial time.**
interurbano *a.* **interurban** • *telefonata interurbana,* trunk call; long-distance call *(USA).*
intervallare *v. t.* to **space (out).**
intervallo *m.* ***1*** **interval**: *un i. di tre giorni,* a three days' interval ***2*** (di tempo, anche) **pause; break** ***3*** (di spazio) **space** ***4*** *(mus.)* **interval.**
intervenire *v. i.* ***1*** (interporsi) to **intervene;** (intromettersi) to **interfere** ***2*** (essere presente) to **be present;** to **attend** ***3*** (*lett.:* accadere) to **happen;** to **occur** ***4*** *(med.)* to **operate** • *i. in favore di q.,* to take sb.'s part; to stand up for sb.
interventismo *m.* *(polit.)* **interventionism.**
interventista *m.* e *f.* *(polit.)* **interventionist.**
intervènto *m.* ***1*** **intervention** (anche *leg.*); **interference** ***2*** (presenza) **presence; attendance;** (partecipazione) **participation** ***3*** *(med.)* **operation.**
intervenuto *a.* **present** • *gli intervenuti,* the people present; the audience.
intervista *f.* **interview.**
intervistare *v. t.* to **interview.**
intervistatóre *m.* **interviewer.**
intésa *f.* ***1*** **agreement; understanding** ***2*** *(polit.)* **entente** *(franc.).*
intéso *a.* ***1*** (volto a un fine determinato) **meant** (to) ***2*** (convenuto) **agreed upon** • *non darsene per i.,* to pay no heed (to st.); to turn a deaf ear (to st.).
intèssere *v. t.* ***1*** to **interweave*;** to **weave*** (anche *fig.*) ***2*** (*fig.:* ordire) to **contrive;** to **scheme;** to **hatch.**
intestardirsi *V.* **intestarsi.**
intestare ***A*** *v. t.* ***1*** to **head** ***2*** (*comm.:* una proprietà) to **register** (st. in sb.'s name); (un conto) to **open;** (un assegno) to **make* out** ***B*** **intestarsi** *v. rifl.* to **get* it into one's head;** to **persist** (in).
intestatàrio *m.* *(comm.)* **holder;** (di titoli, azioni) **registered holder.**
(1) intestato *a.* ***1*** **headed** ***2*** *(comm.)* **registered** ***3*** (incaponito) **obstinate; stubborn** • *foglio di carta intestata,* letter-head.
(2) intestato *a.* (*leg.:* che non ha fatto testamento) **intestate.**
intestazióne *f.* ***1*** **heading; title** ***2*** (su carta da lettere) **letter-head.**
intestinale *a.* *(anat.)* **intestinal.**
intestino ***A*** *a.* **internal; civil** ***B*** *m.* *(anat.)* **bowel, intestine, gut** *(usati per lo più al pl.)*: *i. tenue,* small intestine □ *i. crasso,* large intestine.
intiepidire *V.* **intepidire.**
intièro *V.* **intéro.**
intimare *v. t.* ***1*** to **enjoin;** to **order;** to **summon**: *i. a q. la resa,* to summon sb. to surrender ***2*** *(leg.)* to **serve** • *i. la guerra,* to declare war.
intimazióne *f.* **injunction; order; summons; notice** • *i. di guerra,* declaration of war.
intimidatòrio *a.* **intimidatory.**
intimidazióne *f.* **intimidation.**
intimidire ***A*** *v. t.* ***1*** (rendere timido) to **make* shy** ***2*** (impaurire) to **intimidate;** to **cow** ***B*** **intimidirsi** *v. rifl.* to **grow* shy.**
intimismo *m.* *(arte)* **intimism.**
intimista *a., m.* e *f.* *(arte)* **intimist.**
intimità *f.* ***1*** **intimacy; privacy** ***2*** (familiarità) **familiarity** • *avere (o essere in) i. con q.,* to be on intimate terms with sb.
ìntimo ***A*** *a.* ***1*** **intimate; close**: *un amico i.,* an intimate friend ***2*** (profondo, radicato) **deep-set; deep-seated; heart-felt** ***3*** (*superl.* di « *interno* ») **innermost; inmost; intimate** ***B*** *m.* (amico, parente i.) **close** (o **intimate**) **friend** (o **relation**); **intimate** • *un i. di casa,* an intimate friend of the family □ *nell'i.,* at bottom; fundamentally □ *nell'i. del proprio cuore,* in one's heart of hearts; at heart.
intimorire ***A*** *v. t.* to **frighten;** to **cow** • *costringere q. a fare q.c. intimorendolo,* to cow sb. into doing st. ***B*** **intimorirsi** *v. rifl.* to **get* frightened;** to **be cowed.**
intìngere *v. t.* ***1*** to **dip** ***2*** (inzuppare) to **soak.**
intìngolo *m.* ***1*** (sugo) **gravy** ***2*** (salsa) **sauce** ***3*** (carne in umido) **stew.**
intirizzire ***A*** *v. t.* to **benumb;** to **numb** ***B*** **intirizzirsi** *v. rifl.* to **grow* numb.**
intirizzito *a.* **numb**: *essere i. dal freddo,* to be numb with cold.
intisichire *v. i.* ***1*** to **go* into consumption;** to **become* consumptive** ***2*** *(fig.)* to **languish;** to **grow* weak** ***3*** (di pianta) to **wilt.**
intitolare ***A*** *v. t.* ***1*** to **entitle** ***2*** (dedicare) to **dedicate** ***B*** **intitolarsi** *v. rifl.* to **be entitled;** to **be called.**
intoccàbile *a., m.* e *f.* **untouchable.**
intolleràbile *a.* **intolerable; insufferable; unbearable.**
intollerante *a.* **intolerant; impatient.**
intolleranza *f.* **intolerance.**
intonacare *v. t.* to **plaster.**
intonacatóre *m.* **plasterer.**
intonacatura *f.* **plastering.**
intònaco *m.* **plaster.**
intonare ***A*** *v. t.* *(mus.)* ***1*** (incominciare a cantare) to **tune up;** to **intone;** (a suonare) to **strike* up** ***2*** (accordare) to **tune** ***3*** *(fig.)* to **match** ***B*** **intonarsi** *v. rifl.* to **be in tune;** to **harmonize;** to **match** (with).
intonato *a.* ***1*** *(mus.)* **in tune** ***2*** (di colori) **matching; well-matched.**
intonazióne *f.* **intonation;** (talvolta) **tone.**
intònso *a.* ***1*** (non tagliato) **uncut** ***2*** (non raso) **unshaven.**
intontire ***A*** *v. t.* to **stun;** to **daze** ***B*** *v. i.* e **intontirsi** *v. rifl.* to **be stunned;** to **be dazed.**
intoppare ***A*** *v. t.* to **come* across** (sb., st.) ***B*** *v. i.* ***1*** to **run* into,** to **bump into** (o **against**) (sb., st.) ***2*** (in un ostacolo) to **come* up against** (st.) ***3*** (inciampare) to **stumble** (anche *fig.*).
intòppo *m.* **obstacle; stumbling-block.**
intorbidare, intorbidire ***A*** *v. t.* ***1*** to **make* turbid** ***2*** (turbare) to **confuse;** to **trouble** ***B*** *v. i.* e **intorbidarsi** *v. rifl.* ***1*** to **become* turbid** ***2*** (divenire confuso) to **become* troubled** ***3*** (offuscarsi) to **grow* dim;** to **cloud over.**
intormentire ***A*** *v. t.* to **benumb** ***B*** **intormentirsi** *v. rifl.* to **grow* numb.**
(1) intórno ***A*** *avv.* **round; around; (round) about**: *tutt'i. (o i. i.),* all around; right round ***B*** *a. invar.* **surrounding; around** *(pred.).*
(2) intórno a *locuz. prep.* ***1*** **round; around**: *viaggiare i. al mondo,* to travel round the world ***2*** (circa) **about; around; round about**: *i. alle sei,* about six (o' clock) ***3*** (riguardo, sull'argomento di) **about; on**: *lavorare i. a un progetto,* to work on a project.
intorpidire ***A*** *v. t.* to **benumb** ***B*** *v. i.* e **intorpidirsi** *v. rifl.* to **become* numb.**
intorpidito *a.* **torpid; numb.**
intossicare *(med.)* ***A*** *v. t.* to **poison** ***B*** **intossicarsi** *v. rifl.* to **be poisoned.**
intossicazióne *f.* *(med.)* **poisoning; intoxication.**
intra- *pref.* **intra-.**
intradòsso *m.* *(archit.)* **intrados.**
intraducìbile *a.* **untranslatable.**
intralciare ***A*** *v. t.* to **hamper;** to **impede;** to **hinder** ***B*** **intralciarsi** *v. rifl. recipr.* to **get* in each other's way.**
intràlcio *m.* **hindrance; obstacle; impediment.**
intrallazzare *v. i.* ***1*** to **have illicit dealings** ***2*** (intrigare) to **manoeuvre.**
intrallazzo *m.* ***1*** **illicit trade; black market** ***2*** (intrigo) **manoeuvre.**
intramezzare *v. t.* to **interpose;** to **sandwich** *(fam.).*
intramontàbile *a.* **eternal; evergreen.**
intramuscolare *a.* **intramuscular.**
intransigènte *a.* **uncompromising; intransigent; intolerant.**
intransigènza *f.* **intransigence; intolerance.**
intransitàbile *a.* **impracticable.**
intransitivo *a.* e *m.* *(gramm.)* **intransitive.**
intrappolare *v. t.* to **trap;** (specialm. *fig.*) to **en-**

trap.
intraprendènte *a.* enterprising.
intraprendènza *f.* enterprise; initiative.
intraprèndere *v. t.* to **undertake***; to **embark upon** (st.); to **enter upon** (st.).
intrasferìbile *a.* non-transferable.
intrattàbile *a.* intractable.
intrattenére ***A*** *v. t.* ***1*** *(raro:* trattenere*)* to **keep*** ***2*** (divertire) to **entertain** ***3*** (conversando) to **engage** (sb.) **in conversation** ***B*** **intrattenérsi** *v. rifl.* ***1*** (trattenersi) to **stop**; to **linger** ***2*** (soffermarsi a parlare su un argomento) to **dwell*** (upon).
intrattenimènto *m.* entertainment.
intravedére *v. t.* ***1*** (vedere di sfuggita) to **see* indistinctly**; to **catch* a glimpse of** (sb.) ***2*** *(fig.:* prevedere) to **foresee***.
intrecciare ***A*** *v. t.* ***1*** to **weave***, to **interweave***; to **interlace**; to **intertwine**; (giunchi, rami, ecc.) to **pleach**; (capelli) to **plait**, to **braid** ***2*** (le mani) to **clasp** ● *i. danze,* to dance □ *i. una relazione amorosa,* to embark on a love affair ***B*** **intrecciarsi** *v. rifl. recipr.* to **interlace**; to **intertwine**; to **be interwoven**.
intréccio *m.* ***1*** **interlacement** ***2*** (trama) **plot**.
intrepidézza, intrepidità *f.* **intrepidity**; **undauntedness**.
intrèpido *a.* intrepid; undaunted; fearless.
intricare ***A*** *v. t.* to **entangle** ***B*** **intricarsi** *v. rifl.* to **get* entangled** (o **involved**).
intricato *a.* intricate; involved.
intrico *m.* tangle.
intrìdere *v. t.* ***1*** to **soak** ***2*** (la farina) to **knead**.
intrigante ***A*** *a.* **intriguing**; **scheming** ***B*** *m.* e *f.* **intriguer**; **schemer**.
intrigare ***A*** *v. t.* to **entangle** ***B*** *v. i.* to **intrigue**; to **manoeuvre**; (fare manovre di corridoio) to **lobby** ***C*** **intrigarsi** *v. rifl.* to **interfere** (in); to **get* mixed up** (in).
intrigo *m.* ***1*** **intrigue**; **manoeuvre**; **plot** ***2*** (situazione imbarazzante) **nasty situation**; **fix** *(fam.)*.
intrìnseco ***A*** *a.* ***1*** **intrinsic**; **inherent** ***2*** (intimo) **intimate** ***B*** *m.* ***1*** (valore reale) **intrinsic value** ***2*** (l'essenziale) **essence** ● *nel mio i.,* in my heart of hearts.
intriṣo *a.* **soaked** (in); **drenched** (with); **sodden** (with).
intristire *v. i.* ***1*** (di pianta) to **wilt**; to **droop**; to **wither** ***2*** (di persona: deperire) to **pine away**; to **languish**.
intro- *pref.* **intro-**.
introdotto *a.* ***1*** (conosciuto) **well-known**; **well-established** ***2*** (esperto) **well-acquainted** (with) ● *(comm.) bene i.,* with many contacts.
introdurre ***A*** *v. t.* ***1*** to **introduce**: *i. parole nuove in una lingua,* to introduce new words into a language ***2*** (inserire) to **insert**; to **put* in**: *i. la chiave nella toppa,* to insert the key in the keyhole ***3*** (far entrare in un luogo) to **show* in**; to **lead* in**; to **usher in** ***4*** (portare dentro) to **bring* in**; to **take* in**: *i. merci in un paese,* to bring (o to import) goods into a country ● *i. con la forza,* to thrust in □ *i. una modifica,* to make an alteration □ *i. q.c. di contrabbando,* to smuggle st. in □ *i. q.c. di soppiatto,* to sneak st. in ***B*** **introdursi** *v. rifl.* to **get* in**; to **manage to get in** ● *i. con molta difficoltà,* to worm one's way in □ *i. di soppiatto,* to sneak in.
introduttivo *a.* introductory; introductive.
introduttóre *m.* introducer.
introduzióne *f.* introduction.
introitare *v. t.* *(comm.)* to **collect**; to **cash**.
intròito *m.* ***1*** *(relig.)* **introit** ***2*** *(comm.:* entrata*)* **income**; **revenue**; (incasso) **receipts, takings** *(pl.)*.
introméttere ***A*** *v. t.* to **insert**; to **interpose** ***B*** **introméttersi** *v. rifl.* to **intervene**; (ingerirsi) to **interfere**.
intromissióne *f.* **intervention**; (ingerenza) **interference, intrusion**.
intronare *v. t.* (assordare) to **deafen**; (intontire) to **stun**.
introspettivo *a. (psic.)* introspective.
introspezióne *f. (psic.)* introspection.
introvàbile *a.* **that cannot be found**; **not to be found**; (di un libro, ecc.) **unobtainable**.
introversióne *f. (psic.)* introversion.
introvèrso *a.* e *m. (psic.)* introvert.
introvèrtere *v. t.* to **introvert** (anche *zool.*).
introvertito *V.* **introvèrso.**
intrùdersi *v. rifl.* to **intrude (oneself)**.
intrufolarsi *v. rifl.* to **intrude (oneself)**; to **slither in**; to **slide* in**.
intrugliare ***A*** *v. t.* to **mix**; to **concoct** ***B*** **intrugliarsi** *v. rifl.* to **get* oneself into a mess**.
intrùglio *m.* ***1*** **concoction**; (broda) **slop** ***2*** *(fig.)* **muddle**; **jumble**; **hotchpotch**.
intrupparsi *v. rifl.* to **troop**; to **flock together**.
intruṣióne *f.* intrusion; interference.
intruṣivo *a. (geol.)* intrusive.
intruṣo *m.* intruder; outsider.
intuìbile *a.* intuitable.
intuire *v. t.* to **perceive (by intuition)**; to **intuit**; to **understand* immediately**; to **realize**.
intuitivaménte *avv.* intuitively; by intuition.
intuitivo *a.* **intuitive** ● *È i.!,* it is evident!
intùito *m.* **intuition**: *per i.,* by intuition.
intuizióne *f.* intuition; perception.
intumescènte *a. (med.)* intumescent.
intumescènza *f. (med.)* intumescence.
inturgidire *v. i.* **inturgidirsi** *v. rifl.* to **swell* up**; to **become* turgid**.
inuguale e *deriv. V.* **ineguale** e *deriv.*
inumanità *f.* inhumanity.
inumano *a.* inhuman.
inumare *v. t.* to **bury**; to **inter**.
inumazióne *f.* burial; interment.
inumidire ***A*** *v. t.* to **damp**; to **moisten** ***B*** **inumidirsi** *v. rifl.* to **become* damp**; to **moisten**.
inurbaménto *m.* urbanization.
inurbanità *f.* inurbanity; incivility.
inurbano *a.* **inurbane** *(raro)*; **uncivil**; **impolite**.
inurbarsi *v. rifl.* to **become* citified** (o **townified**).
inuṣato, inuṣitato *a.* **unusual**; **uncommon**; **out-of-the-way**.
inùtile *a.* ***1*** **useless**; **unserviceable** ***2*** (non necessario) **unnecessary**.
inutilità *f.* uselessness.
inutilizzàbile *a.* unusable.
inutilizzare *v. t.* to **make* useless**.
invadènte ***A*** *a.* **intrusive** ***B*** *m.* e *f.* **intruder**; **busybody**.
invadènza *f.* intrusiveness.
invàdere *v. t.* ***1*** to **invade**; to **overrun*** ***2*** (delle acque) to **flood** ***3*** (di uno stato d'animo) to **overcome***; to **take* possession of** (sb.) ***4*** (usurpare) to **encroach upon** (st.).
invaghirsi *v. rifl.* to **take* a fancy** (to); (innamorarsi) to **fall* in love** (with).
invalére *v. i.* to **become* established**; to **take* root**.
invalicàbile *a.* **impassable**; *(fig.)* **insurmountable**.
invalidàbile *a. (leg.)* voidable.
invalidare *v. t. (leg.)* to **invalidate**; to **void**.
invalidità *f.* ***1*** *(med.)* **invalidism**; **(chronic) infirmity**; (al lavoro) **disablement** ***2*** *(leg.)* **invalidity**.
invàlido *a.* ***1*** **invalid** *(attr.)*; **infirm**; **disabled** ***2*** *(leg.)* **invalid**; **void** ***B*** *m.* **invalid**; (al lavoro) **disabled person**.
invano *avv.* in vain; uselessly; to no purpose.
invariàbile *a.* ***1*** **invariable** ***2*** *(gramm.)* **indeclinable**; **uninflected**.
invariabilità *f.* invariability; invariableness.
invariato *a.* unchanged; stationary.
(1) invaṣare *v. t.* ***1*** to **possess**: *essere invasato dal demonio,* to be possessed (by the devil) ***2*** (di un sentimento violento) to **obsess**.
(2) invaṣare *v. t.* ***1*** (mettere in vaso) to **pot** ***2*** *(naut.)* to **cradle**.
invaṣatura *f.* ***1*** **potting** ***2*** *(naut.)* **launching cradle**.
invaṣióne *f.* invasion.
invaṣo *a.* invaded; overrun.
invaṣore ***A*** *m.* **invader** ***B*** *a.* **invading**.
invecchiaménto *m.* ag(e)ing.
invecchiare ***A*** *v. i.* ***1*** to **age**; to **grow* old**; (d'aspetto) to **look old** (o **older**): *Non sei invecchiato per*

niente!, you don't look a day older! ***2*** (cadere in disuso) to **become* old-fashioned;** (di un mobile, un vestito ecc., ormai un po' logoro) to **become* old and shabby** ***B*** *v. t.* to **make*** (sb.) **look older;** to **age.**
invéce ***A*** *avv.* **instead; on the contrary; on the other hand; but; whereas** ***B*** **invéce di** *locuz. prep.* **instead of.**
inveire *v. i.* to **inveigh** (against); to **rail** (at, against).
invelenire ***A*** *v. t.* to **embitter;** to **envenom** ***B*** *v. i.* e **invelenirsi** *v. rifl.* to **be embittered;** (contro q.) to **be at daggers drawn** (with).
invendìbile *a.* **unsalable, unsaleable.**
invendicato *a.* **unavenged.**
invenduto *a.* **unsold.**
inventare *v. t.* ***1*** to **invent;** to **devise** ***2*** (raccontare frottole, ecc.) to **make* up;** to **fabricate;** to **invent.**
inventariare *v. t.* to **make* an inventory of;** to **inventory.**
inventàrio *m.* **inventory** ● *fare l'i.* (della merce in magazzino), to take stock.
inventiva *f.* **inventiveness.**
inventivo *a.* **inventive.**
inventóre *m.* **inventor.**
invenzióne *f.* ***1*** **invention** ***2*** (frottola) **lie; story; tale** ● *(leg.) i. brevettata,* patent.
inverdire *v. i.* to **become*** (o to **grow***) **green.**
inverecóndia *f.* **immodesty; shamelessness; impudence.**
inverecóndo *a.* **immodest; shameless; impudent.**
invernale *a.* **winter** *(attr.);* **wintry.**
invernata *f.* **winter.**
inverniciare *v. t.* to **paint;** to **varnish:** *i. le persiane di verde,* to paint the shutters green.
inverniciata *f.* **coat of paint** (o **varnish).**
inverniciatura *f.* ***1*** **painting; varnishing** ***2*** *(fig.)* **varnish; veneer.**
invèrno *m.* **winter:** *nel cuore dell'i.,* in the depth of winter.
invéro *avv. (lett.)* **in truth; indeed.**
inverosimiglianza *f.* **improbability; unlikelihood.**
inverosìmile *a.* **improbable; unlikely;** (incredibile) **incredible.**
inversióne *f.* **inversion** *(anche gramm., psic.);* **reversal** *(anche mecc., fis., fotogr.)* ● *(naut.) i. di rotta,* turn-about.
invèrso ***A*** *a.* ***1*** **inverse** *(anche gramm., mat.)* ***2*** (opposto) **opposite; contrary:** *in senso i.,* in the opposite direction ***B*** *m.* **(the) opposite; (the) contrary.**
invertebrato *a.* e *m. (zool.)* **invertebrate.**
invertìbile *a.* **reversible; invertible.**
invertire *v. t.* to **reverse;** to **invert** *(anche mat., mus.).*
invertito ***A*** *a.* ***1*** **reverse; inverted** ***2*** *(chim.)* **invert(ed)** ***B*** *m.* **invert; homosexual.**
invertitóre *m.* ***1*** *(fis.)* **reverser** ***2*** *(mecc.)* **reversing gear.**
invescare ***A*** *v. t.* ***1*** to **lime;** to **catch* with bird-lime** ***2*** *(fig.)* to **entice** ***B*** **invescarsi** *v. rifl. (fig.)* to **get* ensnared.**
investigare *v. t.* to **investigate;** to **inquire into** (st.).
investigativo *a.* **investigating** ● *agente i.,* detective; bloodhound *(fam.).*
investigatóre *m.* **investigator; detective:** *i privato,* private detective; bloodhound *(fam.).*
investigazióne *f.* **investigation; inquiry; research.**
investiménto *m.* ***1*** *(fin., mil.)* **investment** ***2*** (di automobili, ecc.) **collision, crash;** (incidente stradale) **road (o street) accident.**
investire ***A*** *v. t.* ***1*** *(stor., fin., mil.)* to **invest:** *i. q. di pieni poteri,* to invest sb. with full powers □ *i. del denaro in buoni del Tesoro,* to invest money in Treasury bonds ***2*** (assalire) to **attack;** to **assault** ***3*** (con l'automobile, ecc.) to **run* down, to run* over** (sb.); to **collide with,** to **run*** (o to **crash) into** (st.) ***4*** *(naut.)* to **collide with;** to **fall* foul of** (st.) ● *i. q. con domande (con ingiurie),* to assail sb. with questions (with insults) ***B*** **investirsi** *v. rifl.* to **invest oneself** (with).
investitura *f. (stor.)* **investiture.**
inveterato *a.* **inveterate.**
invetriare *v. t.* to **glaze.**
invetriata *f.* (finestra) **glass window;** (porta a vetri) **glass door.**
invettiva *f.* **invective.**
inviare *v. t.* ***1*** to **dispatch;** to **forward;** to **send*;** (via mare) to **ship** ***2*** (denaro) to **remit.**
inviato *m.* ***1*** *(diplomazia)* **envoy** ***2*** *(giornalismo)* **correspondent:** *i. speciale,* special correspondent.
invìdia *f.* **envy** ● *da fare i.,* enviable □ *fare i. a tutti,* to make everybody envious □ *sentire i. per q.,* to envy sb.
invidiàbile *a.* **enviable.**
invidiare *v. t.* to **envy:** *i. q.c. a q.,* to envy sb. st. ● *non aver nulla da i. a,* to be in no way inferior to; to be just as good as.
invidióso *a.* **envious:** *essere i. di q.,* to be envious of sb.
invigilare *v. i.* to **see*** (to); to **attend** (to); to **look** (after).
invigliacchire *v. i.* **invigliacchirsi** *v. rifl.* to **grow* cowardly;** to **lose* one's nerve.**
invigorire ***A*** *v. t.* to **invigorate;** to **brace** ***B*** **invigorirsi** *v. rifl.* to **gain strength.**
invilire ***A*** *v. t.* ***1*** to **lower;** to **debase** ***2*** (avvilire) to **depress;** to **dishearten** ***B*** **invilirsi** *v. rifl.* ***1*** to **lose* value** ***2*** (perdersi d'animo) to **lose* heart.**
inviluppare ***A*** *v. t.* to **wrap up;** to **envelop** ***B*** **invilupparsi** *v. rifl.* ***1*** to **wrap oneself up** ***2*** *(fig.)* to **get* entangled** (o **involved)** (in).
inviluppo *m.* **tangle.**
invincìbile *a.* **invincible; unconquerable.**
invincibilità *f.* **invincibility.**
invìo *m.* ***1*** **dispatch; forwarding; shipment; consignment** ***2*** (di denaro) **remittance.**
inviolàbile *a.* **inviolable;** (tabù) **taboo** *(pred.).*
inviolabilità *f.* **inviolability.**
inviolato *a.* **inviolate; unprofaned.**
inviperire *v. i.* **inviperirsi** *v. rifl.* to **become* furious;** to **flare up;** to **fly* into a temper.**
inviperito *a.* **furious.**
invischiare ***A*** *v. t.* ***1*** to **catch* with bird-lime** ***2*** *(fig.)* to **entice;** to **entangle** ***B*** **invischiarsi** *v. rifl.* to **get* entangled** (o **involved)** (in).
inviscidire *v. i.* to **become* slimy** (o **viscid).**
invișìbile *a.* **invisibile.**
invișibilità *f.* **invisibility.**
invișo *a.* **unpopular** (with); **disliked; hated.**
invitante *a.* **inviting; attractive; tempting.**
(1) invitare *v. t.* ***1*** to **invite;** to **ask:** *i. q. a pranzo,* to invite (o to ask) sb. to dinner □ *i. q. ad entrare,* to invite sb. in ***2*** (chiedere cortesemente) to **ask (kindly);** to **request;** to **beg:** *i. q. a fare q.c.,* to ask (o to request) sb. to do st. ***3*** (a carte) to **call** ● *invitarsi da sé,* to come unasked; to be a gate-crasher *(fam.).*
(2) invitare *v. t.* (avvitare) to **screw up** (o **on, in, down).**
invitato *m.* **guest.**
invitatura *f.* **screwing.**
invito *m.* ***1*** **invitation:** *solo per i.,* by invitation only ***2*** (richiamo) **call;** (fascino) **charm** ● *(relig.) i. sacro,* church notice □ *biglietto d'i.,* invitation card.
invitto *a. (lett.)* **unconquered; undefeated;** *(fig.)* **indomitable.**
invizzire *v. i.* to **wither.**
invocare *v. t.* ***1*** to **invoke;** to **call for** (st.); to **cry out for** (st.) ***2*** (far appello a) to **call upon,** to **appeal to** (sb.): *i. la testimonianza di q.,* to call upon sb. to give evidence.
invocativo, invocatòrio *a.* **invocatory.**
invocazióne *f.* **invocation.**
invogliare ***A*** *v. t.* to **tempt;** to **induce:** *i. q. a fare q.c.,* to tempt sb. to do st. ***B*** **invogliarsi** *v. rifl.* to **take* a fancy for** (st.).
involare ***A*** *v. t. (lett.)* to **steal*** ***B*** **involarsi** *v. rifl.* to **vanish.**
invòlgere *v. t.* to **wrap up;** to **envelop.**
invólo *m. (aeron.)* **take-off.**
involontariaménte *avv.* **unintentionally; involun-**

tarily.
involontàrio *a.* **unintentional; involuntary.**
involtare ***A*** *v. t. (fam.)* **to wrap up; to envelop** ***B*** **involtarsi** *v. rifl. (fam.)* **to wrap oneself up.**
involtino *m. (cucina)* **roulade.**
invòlto *m.* (fagotto) **bundle;** (pacco) **parcel, package.**
invòlucro *m.* ***1*** **covering; wrapping; wrapper; case;** (fodero) **sheath** ***2*** *(bot.)* **involucre** ***3*** *(aeron.)* **envelope.**
involuto *a.* ***1*** **involved; intricate** ***2*** *(bot., zool.)* **involute.**
involuzióne *f.* ***1*** **involution** (anche *med.*) ***2*** (regresso) **regression.**
invulneràbile *a.* **invulnerable.**
invulnerabilità *f.* **invulnerability.**
invulnerato *a.* **unscathed; unhurt; unwounded.**
inzaccherare ***A*** *v. t.* **to splash with mud; to bespatter** ***B*** **inzaccherarsi** *v. rifl.* **to get* splashed with mud.**
inzeppare *v. t.* ***1*** (mettere una zeppa) **to wedge; to fix with a wedge** ***2*** (riempire) **to cram; to stuff.**
inzolfare *v. t.* **to fumigate** (o **to spray) with sulphur.**
inẓotichirsi *v. rifl.* **to become* boorish.**
inzuccarsi *v. rifl.* **to be obstinate.**
inzuccherare *v. t.* ***1*** **to sugar; to sweeten** ***2*** *(fig.)* **to flatter; to butter up.**
inzuppare ***A*** *v. t.* ***1*** **to soak; to drench** ***2*** (immergere) **to dip; to soak** ***B*** **inzupparsi** *v. rifl.* **to get* soaked** (o **drenched, wet through).**
inzuppato *a.* **soaked; drenched; wet through.**
io ***A*** *pron. pers.* ***1*** **I**: *io sottoscritto,* I the undersigned □ *io e lui,* he and I □ *Sono qua io,* I am here □ *Io, no!,* not I! □ *E io a lui: Non ci credo,* I don't believe it, said I ***2*** *(fam.)* **me**: *Chi deve venire, io o Giovanni?,* who's to come, me or John? ● *E io, nulla?,* and what about me? □ *Da quel giorno non sono stato più io,* since then I haven't been myself ***B*** *m.* **ego; (the) self**: *(filos.) l'io e il non io,* the ego and the nonego.
iodato ***A*** *a.* **iodized** ***B*** *m. (chim.)* **iodate.**
iòdio *m. (chim.)* **iodine.**
iodiṣmo *m. (med.)* **iodism.**
iòide *m. (anat.)* **hyoid (bone).**
iòle *f. (naut.)* **jolly-boat; yawl.**
ióne *m. (fis.)* **ion.**
iònico *a. (stor., archit.)* **Ionic.**
iònio *m. (chim.)* **ionium.**
ioniẓẓare *v. t. (fis.)* **to ionize.**
ioniẓẓazióne *f. (fis.)* **ionization.**
ionosfèra *f.* **ionosphere.**
ióṣa, a *locuz. avv.* **galore; in plenty.**
iòta *m.* o *f.* **iota**: *(fig.) Non m'importa un i.,* I don't care an iota.
ipàllage *f. (retor.)* **hypallage.**
iper- *pref.* **hyper-; over-.**
ipèrbole *f.* ***1*** *(retor.)* **hyperbole** ***2*** *(mat.)* **hyperbola*.**
iperbòlico *a. (retor., mat.)* **hyperbolic.**
ipercalòrico *a.* **hypercaloric; high-calory** *(attr.).*
ipercritico ***A*** *a.* **hypercritical** ***B*** *m.* **hypercritic.**
ipermercato *m.* **hypermarket.**
ipermètrope *(med.)* ***A*** *a.* **hypermetropic** ***B*** *m.* e *f.* **hypermetrope.**
ipermetropìa *f. (med.)* **hypermetropia.**
ipersensìbile *a.* **hypersensitive; oversensitive; highly strung.**
ipersensibilità *f.* **hypersensitivity; oversensitiveness.**
ipersònico *a. (fis., aeron.)* **hypersonic; supersonic.**
ipertensióne *f. (med.)* **hypertension; high blood pressure.**
ipertéso *a.* e *m. (med.)* **hypertensive.**
ipertiroidèo *a.* e *m. (med.)* **hyperthyroid.**
ipertiroidiṣmo *m. (med.)* **hyperthyroidism.**
ipertrofìa *f. (med.)* **hypertrophy.**
ipertròfico *a.* **hypertrophic.**
ipervitaminico *a.* **vitamin-rich.**
ipnòṣi *f.* **hypnosis.**
ipnòtico *a.* e *m.* **hypnotic.**
ipnotiṣmo *m.* (anche *med.*) **hypnotism.**
ipnotiẓẓare *v. t.* **to hypnotize.**
ipnotiẓẓatóre *m.* **hypnotist.**
ipo- *pref.* **hypo-.**
ipocèntro *m. (geol.)* **focus.**
ipocondrìa *f. (psic.)* **hypochondria.**
ipocondrìaco *a.* e *m. (psic.)* **hypochondriac.**
ipocriṣìa *f.* **hypocrisy; cant.**
ipòcrita ***A*** *a.* **hypocritical** ***B*** *m.* e *f.* **hypocrite.**
ipodèrmico *a.* **hypodermic.**
ipodermocliṣi *f. (med.)* **hypodermoclysis*.**
ipòfiṣi *f. (anat.)* **hypophysis*.**
ipogàstrico *a. (anat.)* **hypogastric.**
ipogàstrio *m. (anat.)* **hypogastrium*.**
ipogèo *m. (archeol.)* **hypogeum*.**
ipòstaṣi *f.* **hypostasis*.**
ipostàtico *a.* **hypostatic.**
ipotassi *f. (linguistica)* **hypotaxis.**
ipotàttico *a. (linguistica)* **hypotactic.**
ipotèca *f. (leg.)* **mortgage**: *accendere un'i.,* to raise a mortgage ● *gravato da ipoteche,* heavily mortgaged.
ipotecare *v. t.* **to mortgage.**
ipotecàrio *a. (leg.)* **mortgage** *(attr.)* ● *creditore i.,* mortgagee □ *debitore i.,* mortgagor.
ipotensióne *f. (med.)* **hypotension; low blood pressure.**
ipotenuṣa *f. (mat.)* **hypotenuse.**
ipòteṣi *f.* ***1*** *(filos., mat.)* **hypothesis*** ***2*** (congettura) **conjecture; supposition; possibility** ● *nella migliore delle i.,* at the best □ *nella peggiore delle i.,* if the worst comes to the worst.
ipotéso *a.* e *m. (med.)* **hypotensive.**
ipotètico *a.* **hypothetical.**
ipotiẓẓare *v. t.* **to suppose; to assume.**
ipotrofìa *f. (med., bot.)* **hypotrophy.**
ìppica *f.* **horse-racing.**
ìppico *a.* **horse** *(attr.)*: *un concorso i.,* a horse show.
ippocampo *m. (zool.,* Hippocampus*)* **hippocampus*; sea-horse.**
ippocastano *m. (bot.,* Aesculus hippocastanum*)* **horse-chestnut.**
ippòdromo *m.* **race-course.**
ippoglòsso *m. (zool.,* Hippoglossus hippoglossus*)* **halibut.**
ippogrifo *m. (mitol.)* **hippogriff, hippogryph.**
ippopòtamo *m. (zool.,* Hippopotamus amphibius*)* **hippopotamus*.**
ìpsilon *m.* o *f.* ***1*** **letter y** ***2*** (lettera dell'alfabeto greco) **upsilon.**
ira *f.* **anger; wrath; rage; fury**: *suscitare l'i. di q.,* to arouse sb.'s anger □ *l'i. del vento (delle onde),* the fury of the wind (of the waves).
irachèno *a.* e *m.* **Iraqi, Iraki.**
iracóndia *f.* **wrath; ire.**
iracóndo *a.* **wrathful; choleric; quick-tempered.**
iranìano *a.* e *m.* **Iranian.**
irànico *a.* e *m.* **Iranian.**
irascìbile *a.* **irascible; irritable; quick-tempered; cantankerous.**
irascibilità *f.* **irascibility; irritability; cantankerousness.**
irato *a.* **irate; enraged; angry.**
ìreos *m. (bot.,* Iris*)* **iris*.**
ìride *f.* ***1*** *(anat.)* **iris*** ***2*** *(bot.,* Iris*)* **iris*** ***3*** (arcobaleno) **rainbow.**
iridescènte *a.* **iridescent.**
iridescènza *f.* **iridescence.**
irìdio *m. (chim.)* **iridium.**
ìris *f. (bot.,* Iris*)* **iris*.**
irlandése ***A*** *a.* **Irish** ***B*** *m.* ***1*** **Irishman*** ***2*** (la lingua) **Irish** ***C*** *f.* **Irishwoman*.**
ironeggiare *V.* **ironiẓẓare.**
ironìa *f.* **irony** ● *fare dell'i.,* to speak (o to write) ironically.
irònico *a.* **ironic(al).**
ironista *m.* e *f.* **ironist.**
ironiẓẓare ***A*** *v. t.* **to ironize** ***B*** *v. i.* **to be ironical; to speak* ironically.**

iróso *a.* **prone to anger; wrathful.**
irradiaménto *m.* **radiation; irradiation** (solo *fis.*).
irradiare ***A*** *v. t.* to **irradiate** (anche *fis.*, *med.*); to **radiate** ***B*** *v. i.* e **irradiarsi** *v. rifl.* to **radiate.**
irradiazióne *f.* **irradiation** (anche *fis.*, *med.*); **radiation.**
irraggiare *V.* **irradiare.**
irraggiungìbile *a.* **unattainable.**
irragionévole *a.* **unreasonable; irrational.**
irragionevolézza *f.* **unreasonableness; irrationality.**
irrancidire *v. t.* to **grow* rancid.**
irrazionale *a.* **irrational.**
irrazionalişmo *m.* (*filos.*) **irrationalism.**
irrazionalità *f.* **irrationality.**
irreale *a.* **unreal.**
irrealizzàbile *a.* **unattainable; unrealizable.**
irrealtà *f.* **unreality.**
irreconciliàbile *a.* **irreconcilable.**
irrecuperàbile *a.* **irretrievable; irrecoverable.**
irrecuşàbile *a.* **irrecusable; irrefutable.**
irredentişmo *m.* (*polit.*) **irredentism.**
irredentista *m.* e *f.* (*polit.*) **irredentist.**
irredènto *a.* **unredeemed.**
irredimìbile *a.* (anche *fin.*) **irredeemable.**
irrefrenàbile *a.* **uncontrollable.**
irrefutàbile *a.* **irrefutable.**
irreggimentare *v. t.* (*mil.*) to **regiment** (anche *fig.*).
irregolare ***A*** *a.* ***1*** **irregular** ***2*** (ineguale) **uneven** ***3*** (di movimento e anche *fig.*, di stile) **jerky** ***B*** *m. pl.* (*mil.*) **irregulars.**
irregolarità *f.* ***1*** **irregularity** ***2*** (del terreno, ecc.) **unevenness** ***3*** (*sport*) **foul.**
irreligióne *f.* **irreligion.**
irreligióso *a.* **irreligious.**
irremissìbile *a.* **irremissible.**
irremovìbile *a.* ***1*** (*raro*) **irremovable** ***2*** (*fig.*) **inflexible; unshakable.**
irreparàbile *a.* **irreparable.**
irreperìbile *a.* **nowhere to be found** ● *rendersi i.*, to make oneself scarce.
irreprensìbile *a.* **faultless; irreproachable.**
irreprensibilità *f.* **faultlessness; irreproachability.**
irrequietézza *f.* **restlessness; uneasiness.**
irrequièto *a.* **restless; uneasy; fidgety.**
irrequietùdine *f.* **restlessness.**
irresistìbile *a.* **irresistible.**
irresolutézza *f.* **irresoluteness; irresolution; indecision.**
irresoluto *a.* **irresolute; undecided.**
irrespiràbile *a.* ***1*** **unbreathable; irrespirable;** (che sa di rinchiuso) **stuffy;** (afoso) **sultry, close** ***2*** (*fig.*) **oppressive; intolerable.**
irresponsàbile *a.* **irresponsible.**
irresponsabilità *f.* **irresponsibility.**
irrestringìbile *a.* **unshrinkable.**
irretire *v. t.* to **snare,** to **ensnare;** to **trap,** to **entrap;** to **inveigle.**
irreversìbile *a.* **irreversible.**
irreversibilità *f.* **irreversibility.**
irrevocàbile *a.* **irrevocable.**
irriconoscìbile *a.* **unrecognizable.**
irrìdere *v. t.* (*lett.*) to **deride;** to **mock.**
irriducìbile *a.* **irreducible.**
irriflessióne *f.* **thoughtlessness.**
irriflessivo *a.* **thoughtless; unreflecting.**
irrigàbile *a.* **irrigable.**
irrigare *v. t.* (*agric.*, *med.*) to **irrigate** ● *irrigato di sangue,* bathed in blood.
irrigazióne *f.* **irrigation**: *canali d'i.*, irrigation canals.
irrigidiménto *m.* **stiffening;** (di un cadavere) **rigor mortis** (*lat.*).
irrigidire *v. t.* **irrigidirsi** *v. rifl.* to **stiffen.**
irriguardóso *a.* **disrespectful.**
irrìguo *a.* ***1*** (irrigato) **well-watered** ***2*** (che irriga) **irrigation** (*attr.*).
irrilevante *a.* **insignificant; unimportant; trifling.**
irrilevanza *f.* **insignificance.**
irrimediàbile *a.* **irremediable; irreparable.**
irripetìbile *a.* **unrepeatable.**
irrişióne *f.* **derision; mockery.**
irrişòrio *a.* ***1*** **derisory; derisive** ***2*** (assolutamente inadeguato) **ridiculous; trifling.**
irrispettóso *a.* **disrespectful.**
irritàbile *a.* **irritable** (anche *med.*); **peevish.**
irritabilità *f.* **irritability** (anche *med.*); **peevishness.**
irritante *a.* **irritating** (anche *med.*); **annoying; provoking.**
irritare ***A*** *v. t.* to **irritate** (anche *med.*) ***B*** **irritarsi** *v. rifl.* to **become* irritated** (anche *med.*); to **get* angry.**
irritato *a.* **irritated** (anche *med.*); **annoyed; vexed.**
irritazióne *f.* **irritation** (anche *med.*); **annoyance.**
irriverènte *a.* **irreverent; disrespectful.**
irriverènza *f.* **irreverence; disrespect.**
irrobustire ***A*** *v. t.* to **strengthen** ***B*** **irrobustirsi** *v. rifl.* to **grow* stronger.**
irrogare *v. t.* (*leg.*) to **inflict.**
irrómpere *v. i.* ***1*** to **storm,** to **burst*,** to **break*** (into) ***2*** (riversarsi impetuosamente) to **pour** (into).
irrorare *v. t.* ***1*** to **bedew;** to **sprinkle** ***2*** (*agric.*) to **spray.**
irroratóre *m.* **irroratrice** *f.* (*agric.*) **sprayer.**
irrorazióne *f.* ***1*** **sprinkling** ***2*** (*agric.*) **spraying.**
irruènte *a.* **vehement; impetuous.**
irruènza *f.* **vehemence; impetuousness.**
irrugginire *v. i.* **irrugginirsi** *v. rifl.* to **grow* rusty;** to **rust.**
irruvidire *v. t.* **irruvidirsi** *v. rifl.* to **roughen.**
irruzióne *f.* **irruption;** (specialm. della polizia) **bust** (*fam.*).
irsuto *a.* **hairy; shaggy; hirsute.**
irto *a.* ***1*** (ispido) **bristly; shaggy** ***2*** (che presenta molte sporgenze acuminate, anche *fig.*) **bristling** (with).
ìschio *m.* (*anat.*) **ischium*.**
iscritto *m.* ***1*** (a una gara, a un concorso) **competitor** ***2*** (a un partito) **member.**
iscrìvere ***A*** *v. t.* ***1*** (q.) to **enrol(l);** to **enter;** to **put*** (sb.'s name) **down** (for): *i. q. a una gara,* to enter sb. for a competition ***2*** (q.c.) to **enter;** to **register;** to **record;** to **set* down**: *i. un nome in un elenco,* to enter a name on a list ***3*** (*geom.*) to **inscribe** ***4*** (incidere) to **inscribe;** to **engrave** ***B*** **iscrìversi** *v. rifl.* to **enrol(l) oneself;** to **enter** (st.); to **enter one's name** (for); to **join** (st.); to **put* one's name** (o **oneself**) **down** (for): *i. a una scuola,* to enter a school □ *i. a un partito,* to join a party ● *i. all'università,* to matriculate.
iscrizióne *f.* ***1*** (a un corso, ecc.) **enrol(l)ment;** (a un esame, a un concorso, a una gara) **entrance, entry;** (registrazione) **registration** ***2*** (su una lapide, un monumento, ecc.) **inscription** ***3*** (all'università) **matriculation** ● *chiedere l'i.*, (a un corso, ecc.) to apply for admission; (a un circolo, ecc.) to apply for membership; (a una gara, ecc.) to ask (o to apply) to be entered □ *modulo (per la domanda) d'i.*, application form □ *tassa d'i.*, (a un corso, ecc.) admission fee; (a un circolo, ecc.) membership fee; (a una gara, ecc.) entrance fee; (all'università) matriculation fee.
işlàmico *a.* **Islamic.**
işlamişmo *m.* (*stor.*, *relig.*) **Islamism; Islam.**
işlamìta *m.* e *f.* **Islamite.**
işlandése ***A*** *a.* **Icelandic** ***B*** *m.* e *f.* **Icelander.**
işo- (*in parole composte:* indica uguaglianza o affinità) **iso-.**
işòbara *f.* (*meteorologia*) **isobar.**
işòbata *f.* (*geogr.*) **isobath.**
işoclinale *a.* (*geol.*) **isoclinal.**
işocronişmo *m.* (*fis.*) **isochronism.**
işòcrono *a.* (*fis.*) **isochronous; isochronal.**
işògona *f.* (*fis.*) **isogonic (line).**

iṣoipsa *f.* *(geogr.)* **contour line.**
ìṣola *f.* **1** *(geogr.)* **island** (anche *fig.*); **isle**: *un'i. corallina,* a coral island □ *l'i. di Man,* the Isle of Man **2** (isolato) **block; island 3** *(med.)* **island.**
iṣolaménto *m.* **1 isolation 2** *(fis.)* **insulation** • *reparto di i.* (in un ospedale), isolation ward.
iṣolano A *a.* **island** *(attr.)*; **insular B** *m.* **islander.**
iṣolante *(fis.)* **A** *a.* **insulating B** *m.* **insulator.**
iṣolare A *v. t.* **1** to **isolate** (anche *chim., med.*); to **cut*** **off 2** *(elettr.)* to **insulate;** *(acustica)* to **soundproof B iṣolarsi** *v. rifl.* to **go* off by oneself;** to **keep* oneself to oneself** *(fam.).*
iṣolato A *a.* **1 isolated; lonely 2** *(elettr.)* **insulated;** *(acustica)* **soundproof B** *m.* **block.**
iṣolatóre *m.* *(elettr.)* **insulator.**
iṣolazioniṣmo *m.* *(polit.)* **isolationism.**
iṣolazionista *a., m.* e *f.* *(polit.)* **isolationist.**
iṣolétta *f.* **iṣolòtto** *m.* **islet.**
iṣòmero *(chim.)* **A** *a.* **isomeric B** *m.* **isomer.**
iṣomorfiṣmo *m.* *(chim., miner.)* **isomorphism.**
iṣomòrfo *a.* *(chim., miner.)* **isomorphous.**
iṣòscele *a.* *(geom.)* **isosceles.**
iṣotèrma *f.* *(geogr.)* **isotherm.**
iṣotèrmico *a.* *(geogr., fis.)* **isothermal.**
iṣòtopo *(chim.)* **A** *a.* **isotopic B** *m.* **isotope.**
iṣòtropo *a.* *(fis.)* **isotropic; isotropous.**
ispaniṣmo *m.* **Hispanicism.**
ispanista *m.* e *f.* **Hispanicist; Hispanist.**
ispano- *(nei composti)* **Hispano-**: *i.-moresco,* Hispano-Moresque.
ispessire *v. t.* **ispessirsi** *v. rifl.* to **thicken.**
ispettivo *a.* **inspection** *(attr.)*; **inspectoral.**
ispettorato *m.* **1 inspectorate 2** (sede dell'ispettore) **inspector's office.**
ispettóre *m.* **inspector**: *un i. scolastico,* a school inspector.
ispettrice *f.* **inspectress; lady inspector.**
ispezionare *v. t.* to **inspect.**
ispezióne *f.* **inspection.**
ìspido *a.* **bristly; shaggy.**
ispirare A *v. t.* to **inspire**: *i. q.c. a q.,* to inspire sb. with st. **B ispirarsi** *v. rifl.* to **draw* inspiration** (from); to **be inspired** (by) • *per ispirarsi,* to seek inspiration.
ispirato *a.* **inspired; infused** (with).
ispiratóre A *a.* **inspiring B** *m.* **inspirer.**
ispirazióne *f.* **inspiration** • *una buona i.,* a brain-wave.
iṣraeliano *a.* e *m.* **Israeli.**
iṣraelita A *a.* **Israelite; Jewish B** *m.* **Israelite; Jew C** *f.* **Israelite; Jewess.**
iṣraelìtico *a.* **Israelite; Jewish.**
issa *inter* **heave-ho!**
issare *v. t.* to **hoist.**
issòpo *m.* *(bot.,* Hyssopus officinalis*)* **hyssop.**
istamina *f.* *(biol.)* **histamine.**
istantànea *f.* **snapshot; snap** *(fam.).*
instantaneamente *avv.* **instantly; immediately; at once.**
istantaneità *f.* **instantaneousness.**
istantàneo *a.* **instantaneous; instant.**
istante *m.* **instant;** *(al pl. più comune)* **second, minute**: *fra qualche i.,* in a few seconds; in a minute or two □ *in questo stesso i.,* this very instant.
istanza *f.* **1** (richiesta) **request**: *su vostra i.,* at your request **2** *(leg.)* **instance**: *tribunale di prima i.,* court of first instance **3** (scritta) **petition; application 4** (aspirazione, esigenza) **expectation; aspiration; requirement** • *(leg.) tribunale di seconda i.,* court of appeal.
istèrico *(psic.)* **A** *a.* **hysteric(al)** • *avere un attacco i.,* to go into hysterics **B** *m.* **hysteric.**
isterilire A *v. t.* **1** to **render sterile;** to **sterilize 2** *(fig.)* to **dry up B** *v. i.* e **isterilirsi** *v. rifl.* to **become* barren** (o **sterile, unproductive).**
isteriṣmo *m.* *(psic.)* **hysteria; hysterics** *(pl. col verbo al sing.).*
istigare *v. t.* to **instigate;** to **incite;** to **egg** (sb.) **on.**
istigatóre *m.* **instigator.**
istigazióne *f.* **instigation; incitement.**
istillare e *deriv.* **instillare** e *deriv.*
istintivaménte *avv.* **instinctively; by instinct.**
istintivo *a.* **instinctive.**
istinto *m.* **instinct**: *fare q.c. per i.,* to do st. by instinct.
istituire *v. t.* **1** to **found;** to **establish;** to **institute;** to **set* up**: *i. un ordine religioso,* to found a religious order **2** *(leg.)* to **appoint.**
istitutivo *a.* **institutive.**
istituto *m.* **1 institute;** (i. scolastico, anche) **school 2** (istituzione) **institution** • *i. bancario,* bank □ *i. di bellezza,* beauty parlour □ *i. di ricerca,* research institute; think tank *(fam.).*
istitutóre *m.* **1** (fondatore) **founder 2** (precettore) **tutor.**
istitutrice *f.* **governess.**
istituzionale *a.* **institutional.**
istituzionalizẓare *v. t.* to **institutionalize.**
istituzióne *f.* **1 institution 2** *(al pl.:* principi fondamentali) **institutes.**
istmico *a.* **isthmian.**
istmo *m.* *(geogr., anat.)* **isthmus*.**
istologìa *f.* **histology.**
istològico *a.* **histological.**
istoriare *v. t.* to **story.**
istoriògrafo *m.* **historiographer.**
istradare e *deriv. V.* **instradare** e *deriv.*
istriano *a.* e *m.* **Istrian.**
ìstrice *f.* **1** *(zool.,* Hystrix*)* **porcupine 2** *(fig.)* **prickly person.**
istrióne *m.* *(teatr.)* **histrion; ham actor** *(pop.).*
istrionésco *a.* *(spreg.)* **histrionic; stag(e)y.**
istriònico *a.* **histrionic.**
istrioniṣmo *m.* **histrionism; staginess.**
istruire A *v. t.* **1** to **educate;** (in una particolare scienza o tecnica, ecc.) to **instruct;** (insegnare) to **teach*;** (addestrare) to **train 2** (rendere edotto) to **inform** (of) • *(leg.) i. un processo,* to prepare a case for trial **B istruirsi** *v. rifl.* to **learn*;** to **improve one's education.**
istruito *a.* **educated; learned** • *i. da sé,* self-taught.
istruttivo *a.* **instructive.**
istruttóre *m.* **1 instructor; teacher 2** *(sport)* **trainer; coach 3** *(mil.)* **drill-sergeant** • *(leg.) giudice i.,* investigating (o examining) magistrate.
istruttòria *f.* *(leg.)* **judicial inquiry; investigation.**
istruttòrio *a.* *(leg.)* **preliminary.**
istruzióne *f.* **1 education;** (addestramento) **training;** (insegnamento) **teaching**: *i. elementare (secondaria, tecnica),* elementary (secondary, technical) education **2** (norma) **instruction, direction** *(spesso al pl.); (al pl., mil.)* **orders**: *istruzioni per l'uso,* directions for use **3** *(leg.) V.* **istruttoria.**
istupidire A *v. t.* to **make* stupid;** to **stupefy;** to **stun B** *v. i.* e **istupidirsi** *v. rifl.* to **become* stupid.**
italianiṣmo *m.* **Italianism.**
italianità *f.* **Italianism; Italianity.**
italianiẓẓare *v. t.* **italianiẓẓarsi** *v. rifl.* to **Italianize.**
italiano *a.* e *m.* **Italian.**
itàlico *a.* **1** *(stor.)* **Italic 2** *(geogr.)* **Italian**: *la penisola italica,* the Italian peninsula **3** *(tipogr.)* **italic.**
ìtalo *a.* *(lett.)* **Italian.**
ìtalo- *(in parole composte)* **Italo-**: *italo-americano,* Italo-American □ *italofobia,* Italophobia.
iterare *v. t.* *(lett.)* to **repeat;** to **iterate.**
iteratamente *avv.* **repeatedly; iteratively.**
iterativo *a.* **1 repetitive 2** *(gramm.)* **iterative; frequentative.**
iterazióne *f.* **1** *(lett.)* **iteration; repetition 2** *(elab.)* **loop.**
itinerante *a., m.* e *f.* **itinerant.**
itineràrio *m.* **itinerary; route.**

ittèrbio *m. (chim.)* **ytterbium.**
ittèrico *a.* e *m. (med.)* **icteric.**
itterìzia *f. (med.)* **jaundice.**
ìttico *a.* **ichthyic;** *(nei composti)* **ichthyo-; fish, fishing** *(attr.).*
ittiocòlla *f.* **fish-glue; isinglass.**
ittiòlo *m. (farm.)* **ichthyol.**
ittiologìa *f.* **ichthyology.**
ittiològico *a.* **ichthyologic(al).**
ittiòlogo *m.* **ichthyologist.**
ittiosàuro *m. (paleontologia)* **ichthyosaur.**
ittita *a., m.* e *f. (stor.)* **Hittite.**
ìttrio *m. (chim.)* **yttrium.**
iùgero *m.* **juger.**
iugoslavo *a.* e *m.* **Yugoslav, Iugoslav.**
iùnior *a.* **junior.**
iuta *f.* **jute.**
iutifìcio *m.* **jute-factory.**
ivi *avv. (lett.)* **there** ● *ivi incluso,* enclosed therein.

J

J, j *m.* o *f.* **J, j** ● *(tel.) j come Jersey,* j for Jack.
jazz *(ingl.) m.* e *a.* **jazz.**
jazzista *m.* **jazz player.**
jazzìstico *a.* **jazz** *(attr.)*: *un complesso j.,* a jazz band.
jeep *(ingl.) f.* **jeep.**
jet *(ingl.) m. (aeron.)* **jet.**
jolly *(ingl.) m.* **joker.**
joule *(franc.) m. (fis.)* **joule.**
judo *(giapponese) m. (sport)* **judo.**
judoista *m.* e *f. (sport)* **judoist; judoka*.**
juke-box *(ingl.) m.* **juke-box.**
jumbo *(ingl.) m. (aeron.)* **jumbo jet; jumbo*.**

K

K, k *m.* o *f.* **K, k** ● *(tel.) k come Kursaal,* k for king.
kaki *a.* e *m.* **khaki.**
kantiano *a.* e *m. (filos.)* **Kantian.**
kantismo *m. (filos.)* **Kantianism; Kantism.**
kapok *m.* **kapok.**
karakiri *m.* **hara-kiri.**
karatè *m. (sport)* **karate.**
karatèka *m.* e *f. invar. (sport)* **karateka.**
kedivè *m.* **khedive.**
képi *(franc.) m.* **kepi.**
kepleriano *a. (astron.)* **Keplerian.**
kermesse *(franc.) f.* **kermess; kermis.**
kimono *m.* **kimono*.**
kitsch *(ted.) m.* e *a.* **kitsch.**
kiwi *m. (zool.,* Apteryx australis*)* **kiwi.**
koala *m.* (*zool.,* Phascolarctos cinereus) **koala.**
kriss *m.* **kris; creese.**
kümmel *(ted.) m.* **kümmel.**
kursaal *(ted.) m.* **kursaal.**

L

L, l *f.* o *m.* **L, l** ● *(tel.) l come Livorno,* l for Lucy.
(1) la *art. determ. f. sing.* ***1*** **the**: *Apri la porta, per favore,* open the door, please □ *la prima (l'ultima) settimana,* the first (the last) week □ *la rivista che leggevo,* the magazine I was reading □ *la bellezza di quel paesaggio,* the beauty of that landscape □ *la terra,* the earth □ *la luna,* the moon □ *la Vergine Maria,* the Virgin Mary ***2*** *(idiom.: omesso in ingl.)*: *la prossima volta,* next time □ *Non mi piace la marmellata,* I don't like jam □ *la Francia,* France □ *l'Italia,* Italy □ *la regina Anna,* Queen Anne □ *la domenica di Pasqua,* Easter Sunday □ *la mamma,* mother; mummy *(fam.)* □ *la tua bicicletta,* your bicycle □ *Non è la mia!,* it isn't mine! □ *la sorella di Tom,* Tom's sister □ *la signora Brown,* Mrs Brown □ *la zia Alice,* aunt Alice □ *la Bellezza,* Beauty ***3*** *(idiom.: agg. poss. in ingl.)*: *Mettiti la giacca,* put on your jacket □ *Lo dirò alla mamma,* I'll tell your mother ***4*** *(idiom.)* **a, an**: *La tigre è un animale feroce,* a (*lett.:* the) tiger is a wild animal (o tigers are wild animals) □ *Fumo la pipa,* I smoke a pipe ***5*** *(idiom.: partitivo in ingl.)* **some**; *(in frasi neg.)* **any**: *Va' a comprare la farina!,* go and buy some flour □ *Non c'è la carne!,* there isn't any (o there's no) meat ***6*** *(in luogo di « alla », come distributivo)* **a, an**: *tre volte la settimana,* three times a week.
(2) la *pron. pers. f. 3ª pers. sing.* ***1*** *(compl. ogg.: rif. a persona)* **her;** (a cosa o animale) **it**: *Chiamala!,* call her! □ *Leggila!,* read it! ***2*** (dando del « Lei ») **you**: *La ringrazio,* I thank you.
(3) la *m. (mus.)* **A; lah, la**: *la bemolle,* A flat □ *dare il la,* to give the A; *(fig.)* to set the tone.
là *avv.* **there**: *qua e là,* here and there □ *là dentro,* in there □ *Chi è là?,* who's there? □ *Chi va là?,* who goes there? □ *Voglio quello là,* I want that one (there) ● *là per là,* there and then (o on the spot; on the spur of the moment) □ *l'al di là,* the hereafter □ (anche *fig.*) *andare troppo in là,* to go too far □ *da quel giorno in là,* from that day on □ *di là* (in un'altra stanza), in there; over there *(o idiom.)* □ *(per) di là* (da quella parte), that way □ *di là da (o al di là di),* beyond; on the other side of □ *essere in là con gli anni,* to be well on in years □ *mandare in là* (posticipare), to put off □ *(fig.) essere più di là che di qua,* to be more dead than alive □ *più in là,* (nello spazio) further on; (nel tempo) later on □ *Alto là!,* halt!
làbaro *m.* **labarum*; standard; banner.**
labbro *m.* **lip** (anche *fig.*): *il l. superiore (inferiore),* the upper (lower) lip □ *leccarsi le labbra,* to lick one's lips □ *pendere dalle labbra di q.,* to hang on sb.'s lips □ *i labbri di una ferita,* the lips of a wound ● *avere il cuore sulle labbra,* to wear one's heart upon one's sleeve □ *un invito a fior di labbra,* a half-hearted invitation □ *sorridere a fior di labbra,* to force a smile.
labiale *a.* e *f. (fon.)* **labial.**
làbile *a.* ***1*** (fugace) **fleeting; transitory; transient; ephemeral** ***2*** (debole) **weak**: *una memoria l.,* a weak (o slippery) memory.
labilità *f.* ***1*** (fugacità) **transience, transiency; transitoriness** ***2*** (debolezza) **weakness.**
labiolettura *f.* **lip-reading.**
labirìntico *a.* **labyrinthine.**
labirinto *m.* **labyrinth** (anche *anat.*); **maze.**
laboratòrio *m.* ***1*** **laboratory; lab** *(fam.)*: *un l. linguistico,* a language laboratory ***2*** (annesso a un negozio, ecc.) **workshop; workroom.**
laboriosità *f.* ***1*** **laboriousness** ***2*** (fatica) **wearisomeness** ***3*** (operosità) **industriousness; industry.**
laborióso *a.* ***1*** (difficile, faticoso) **laborious; toilsome; arduous** ***2*** (industrioso) **hard-working; laborious; industrious.**
laburismo *m. (polit.)* **Labourism.**
laburista *(polit.)* ***A*** *a.* **Labour** *(attr.)* ***B*** *m.* e *f.* **member of the Labour Party; Labourite.**

laburno *m.* *(bot.,* Laburnum anagyroides*)* **laburnum.**
lacca *f.* ***1*** **lacquer** ***2*** (per capelli) **hair spray** ● *l. giapponese,* japan □ *gomma l.,* shellac.
laccare *v. t.* ***1*** (il legno) to **lacquer;** to **japan** ***2*** (i capelli) to **spray** ***3*** (verniciare a smalto) to **enamel.**
laccato *a.* ***1*** (con vernice a smalto) **enamelled** ***2*** (di legno) **lacquered; japanned.**
laccatura *f.* **lacquering; japanning; enamelling.**
lacchè *m.* **lackey, lacquey** (anche *fig., spreg.*)**; footman*.**
làccio *m.* ***1*** **noose;** (nodo scorsoio) **slip-knot;** (capestro) **halter** ***2*** (trappola, anche *fig.*) **snare; trap** ***3*** (da scarpe) **shoe-lace; shoe-string** ● *(med.) l. emostatico,* haemostat □ *prendere al l.,* to ensnare.
lacerante *a.* **lacerating; tearing; piercing.**
lacerare ***A*** *v. t.* (anche *fig.*) to **lacerate;** to **tear*;** to **rend*:** *un cuore lacerato dal dolore,* a heart torn by grief ***B*** **lacerarsi** *v. rifl.* to **tear*.**
lacerazióne *f.* **laceration; rent.**
làcero *a.* **torn; ragged; tattered; in rags.**
làcero-contuso *a.* *(med.)* **lacerated-contused.**
laconicaménte *avv.* **laconically; concisely.**
laconicità *f.* **laconicism, laconism; brevity; conciseness.**
lacònico *a.* **laconic; concise.**
làcrima *f.* ***1*** **tear:** *scoppiare in lacrime,* to burst into tears □ *non versare una l.,* not to shed a single tear □ *commuoversi fino alle lacrime,* to be moved to tears □ *con le lacrime agli occhi,* with tears in one's eyes ***2*** (goccia) **drop; drip** ● *piangere a calde lacrime,* to cry one's heart out.
lacrimale *a.* *(anat.)* **lachrymal** ● *(archeol.) vaso l.,* tear-bottle; lachrymatory.
lacrimare *v. i.* ***1*** (versare lacrime) to **shed* tears;** to **weep*;** to **cry** ***2*** (per irritazione) to **water** ***3*** (stillare) to **ooze;** to **drip.**
lacrimatóio *m.* *(archeol.)* **tear-bottle; lachrymatory.**
lacrimévole *a.* **tearful; pitiful; pathetic** ● *film* (o *storia) l.,* tear-jerker *(fam.).*
lacrimògeno *a.* **lachrymatory** ● *gas l.,* tear-gas.
lacrimóso *a.* ***1*** (pieno di lacrime) **tearful** ***2*** (che è causa di lacrime) **tearful; pitiful; pathetic.**
lacuale *a.* **lake** *(attr.).*
lacuna *f.* ***1*** **lacuna*; hiatus*** *(lett.)***; gap** ***2*** *(tipogr.)* **blank.**
lacunare *m.* *(archit.)* **lacunar.**
lacunóso *a.* **full of gaps** (o **blanks**)**;** (incompleto) **incomplete, sketchy.**
lacustre *a.* **lake** *(attr.)*; *(geol.)* **lacustrine.**
laddóve *cong.* **whereas; whilst; while.**
ladino *a.* e *m.* **Ladin.**
ladrería *f.* **robbery; thievery.**
ladrésco *a.* **thievish.**
ladro ***A*** *a.* **thieving; thievish** ● *occhi ladri,* killing eyes □ *tempo l.,* foul (o dirty, horrible) weather ***B*** *m.* **thief*;** (scassinatore) **housebreaker, burglar;** (borsaiolo) **pickpocket;** (ladruncolo) **pilferer:** *È un l. (una ladra),* he is a thief (she is a thief) □ *Al l.!,* Stop thief! □ *un l. in guanti gialli,* a gentleman thief ● *l. d'automobili,* car-napper □ *l. di cuori,* lady-killer □ *tempo da ladri,* foul (o dirty) weather □ *vestito come un l.,* dressed like a tramp.
ladrocìnio *V.* **latrocìnio.**
ladróne *m.* **robber; highwayman*.**
ladrùncolo *m.* **petty thief*; pilferer.**
lager *(ted.) m.* **concentration camp.**
laggiù *avv.* **down there;** (lontano) **over there.**
lagna *f.* (cosa o persona noiosa) **bore.**
lagnanza *f.* **complaint.**
lagnarsi *v. rifl.* to **complain.**
lago *m.* ***1*** **lake;** (laghetto montano) **tarn:** *il l. Trasimeno,* Lake Trasimeno ***2*** *(fig.)* **lake; pool:** *in un l. di sangue,* in a pool of blood.
làgrima e *deriv. V.* **làcrima** e *deriv.*
laguna *f.* **lagoon.**
lagunare *a.* **lagoon** *(attr.).*
laicale *a.* **lay** *(attr.)*; **laic(al); secular.**
laicato *m.* **laity.**
laicismo *m.* **secularism; laicism.**
laicizzare *v. t.* to **secularize;** to **laicize.**
làico ***A*** *a.* **secular; lay** *(attr.)*; **laic(al)** ***B*** *m.* **layman*.**
laidézza *f.* ***1*** **foulness; filth** ***2*** (oscenità) **obscenity.**
làido *a.* ***1*** **foul; dirty; filthy** ***2*** (osceno) **obscene.**
laidume *m.* **filth; dirt.**
(1) lama *f.* **blade** ● *(fig.) una buona l.,* a good swordsman.
(2) lama *m. invar.* *(zool.,* Lama glama*)* **llama.**
(3) lama *m. invar.* (monaco buddista) **lama.**
lamantino *m.* *(zool.,* Trichechus manatus*)* **manatee; lamantin.**
lambiccare ***A*** *v. t.* to **distil** ***B*** **lambiccarsi** *v. rifl.* — *l. il cervello,* to cudgel (o to rack) one's brains.
lambiccato *a.* *(fig.)* **far-fetched; stilted.**
lambicco *m.* **alembic; retort.**
lambire *v. t.* to **lick (up);** to **lap.**
lamé *(franc.) V.* **laminato,** *def. 2.*
lamèlla *f.* **lamella*.**
lamellare *a.* **lamellar; laminate.**
lamentare ***A*** *v. t.* to **lament;** to **mourn:** *l. la morte di un amico,* to lament (o to mourn) the death of a friend; to mourn over a friend's death ***B*** **lamentarsi** *v. rifl.* ***1*** (proferire lamenti) to **groan;** to **moan** ***2*** (fare rimostranze) to **complain.**
lamentazióni *f. pl.* **lamentations; wailings.**
lamentèla *f.* **complaint.**
lamentèvole *a.* **complaining; plaintive; mournful.**
laménto *m.* ***1*** **moan; groan; cry;** *(al pl.,* spesso*)* **moaning, groaning, wailing** *(tutti sing.)* ***2*** (lagnanza) **complaint** ***3*** (composizione lett. o mus.) **lament.**
lamentóso *V.* **lamentévole.**
lamétta *f.* (di rasoio) **razor-blade.**
lamièra *f.* *(ind. metallurgica)* **plate; sheet:** *l. ondulata,* corrugated sheet-iron.
làmina *f.* ***1*** **lamina*; thin plate; thin layer; thin sheet** ***2*** *(anat., geol., bot.)* **lamina*;** (scaglia) **scale** ● *l. d'oro,* gold leaf □ *l. di ottone,* brass foil.
(1) laminare *a.* **laminar:** *(geol.) uno strato l.,* a laminar layer.
(2) laminare *v. t.* *(metall.)* to **roll;** to **laminate.**
laminato *m.* ***1*** **rolled section** ***2*** (tessuto) **lamé.**
laminatóio *m.* *(mecc.)* **rolling-mill.**
laminatura *f.* *(metall.)* **lamination; rolling.**
laminazióne *f.* ***1*** *(geol.)* **lamination** ***2*** *(metall.)* **rolling.**
làmpada *f.* **lamp** ● *l. a stelo,* floor lamp □ *l. da tavolo,* reading lamp.
lampadàrio *m.* **chandelier.**
lampadina *f.* **(electric-light) bulb** ● *l. tascabile,* pocket torch.
lampante *a.* (chiaro) **clear; evident** ● *nuovo l.,* brand new.
lampara *f.* *(naut.)* « **lampara** ».
lampeggiaménto *m.* **flashing;** (di un lampo) **lightning;** (nelle segnalazioni) **blinking.**
lampeggiare *v. i.* e *t.* ***1*** *(impers.)* to **flash with lightning;** to **lighten:** *Tuonava e lampeggiava,* it thundered and lightened ***2*** (di luce e *fig.*) to **flash** ***3*** (di segnalazioni) to **blink.**
lampeggiatóre *m.* *(autom.)* **flashing indicator; winking light.**
lampionàio *m.* **lamp-lighter.**
lampióne *m.* ***1*** (di strada) **street-lamp;** (il palo) **lamp-post** ***2*** (di carrozza) **carriage-lamp.**
lampo *m.* ***1*** **lightning** *(sempre sing.)*: *lampi e tuoni,* thunder and lightning ***2*** *(al sing.,* spesso*)* **flash of lightning** ***3*** (guizzo di luce) **flash;** (bagliore) **flashing:** *(fig.) in un l.,* in a flash (o in a trice) ● *l. di genio,* stroke of genius □ *chiusura l.,* zip (fastener) □ *correre come un l.,* to run like lightning □ (degli occhi) *mandare lampi di collera,* to flash with anger □ *telegramma l.,* express telegram.
lampóne *m.* *(bot.,* Rubus idaeus; anche il frutto*)* **raspberry.**
lamprèda *f.* *(zool.,* Petromyzon*)* **lamprey.**
lana *f.* ***1*** **wool:** *l. da rammendo,* darning wool □ *un gomitolo di l.,* a ball of wool ***2*** — *(fatto) di l.,* woollen;

woolly: *una coperta di l.*, a woollen blanket ● *(ind.) l. di vetro,* glass wool; fibreglass □ *l. per lavori a maglia,* knitting wool □ *(fig.) buona l.*, rascal; scamp □ *indumenti di l.*, woollens; woolens *(USA)*.
lanàrio *m. (zool.,* Falco biarmicus*)* **lanner.**
lanceolato *a. (*anche *bot.)* **lanceolate; hastate.**
lancétta *f.* **1** *(med.)* **lancet 2** (di orologio) **hand**: *la l. dei minuti,* the minute hand **3** (di bussola) **needle;** (di altro strumento) **pointer.**
(1) lància *f.* **1 lance; spear 2** (lanciere) **lancer 3** (becco di estintore) **nozzle.**
(2) lància *f. (naut.)* **ship's boat; launch** ● *l. a vapore,* steam pinnace □ *l. di salvataggio,* lifeboat.
lanciabómbe *m. (mil.)* **bomb-thrower.**
lanciafiamme *m. (mil.)* **flame-thrower.**
lanciarazzi *m. (mil.)* **rocket launcer.**
lanciare A *v. t.* to **throw***; to **hurl;** to **fling***; to **pitch**: *l. una palla a q.*, to throw a ball to sb. □ *l. sassi contro q.*, to throw (o to fling) stones at sb. **2** (da un aereo) to **drop 3** (siluri) to **fire;** to **discharge;** to **launch 4** *(talora)* to **cast***: *l. un'occhiata a q.*, to cast a glance at sb.; to glance at sb. **5** *(talora)* to **launch**: *l. un razzo,* to launch a rocket **6** *(comm.)* to **launch;** to **boost**: *l. q. negli affari,* to launch sb. into business □ *l. una moda,* to launch (o to set) a fashion ● *l. in aria una moneta,* to toss up a coin □ *l. un urlo,* to utter (o to give) a cry; to shout **B lanciarsi** *v. rifl.* **1** to **throw*** (o **to hurl) oneself;** to **fling* oneself;** to **dash 2** (col paracadute) to **bale out 3** *(fig.)* to **launch out** (into).
lanciasiluri *m. (mil.)* **torpedo-tube.**
lanciatóre *m. (atletica)* **thrower;** *(baseball)* **pitcher.**
lancière *m.* **1** *(mil.)* **lancer 2** *(al pl., danza)* **lancers.**
lancinante *a.* **lancinating; shooting; piercing; acute.**
làncio *m.* **1 throwing; flinging; hurling;** (*sport,* anche) **pitching;** (singolo l., distanza del l., modo di lanciare) **throw, fling, hurl;** (*sport,* anche) **pitch 2** (con paracadute) **parachuting; drop 3** (di siluri) **firing; discharge; launching 4** (pubblicitario) **launching; advertising campaign 5** *(miss.)* **launching; launch** ● *(sport) l. del peso,* putting the shot □ *(aeron.) l. di bombe,* dropping of bombs.
landa *f.* **moor; heath.**
landò *m.* **landau.**
lanerìa *f.* **woollen goods** *(pl.)*; **woollens** *(pl.)*; **woolens** *(USA)*.
languènte *a.* **languishing.**
languidézza *f.* **languor.**
languido *a.* **1 languid; languishing 2** (di luce) **dim; faint.**
languire *v. i.* **1** to **languish;** to **pine**: *l. in prigione,* to languish in prison **2** (di una pianta) to **droop 3** (della luce) to **grow* dim (o faint) 4** (del commercio, degli affari) to **be slack.**
languóre *m.* **languour; weakness; faintness.**
lanìccio *m.* **fluff.**
lanière *m.* **woollen manufacturer.**
lanièro *a.* **wool(len)** *(attr.)*: *industria laniera,* wool industry.
lanifìcio *m.* **wool(len) mill; wool(len) factory.**
lanolina *f. (ind.)* **lanolin(e); wool fat.**
lanosità *f.* **woolliness.**
lanóso *a.* **woolly; wool, woollen** *(attr.)*.
lantànio *m. (chim.)* **lanthanum.**
lantèrna *f.* **1 lantern**: *una l. magica,* a magic lantern **2** (faro) **lighthouse.**
lanternino *m.* — *(fig.) cercare q.c. col l.,* to search high and low for st. □ *(fig.) cercarsele col l.*, to be asking for trouble.
lanùgine *f.* **down.**
lanuginóso *a.* **downy.**
lanzichenécco, lanzo *m. (stor.)* **lansquenet.**
laónde *cong. (lett.)* **therefore; wherefore.**
laotiàno *a.* e *m.* **Laotian.**
lapalissiano *a.* **obvious; self-evident.**
laparatomìa *f. (med.)* **laparotomy.**
lapidare *v. t.* **to stone (to death);** to **lapidate.**
lapidàrio *a.* **lapidary** *(*anche *fig.)*.
lapidazióne *f.* **stoning; lapidation.**
làpide *f.* **1** (funeraria) **tombstone; gravestone 2** (commemorativa) **memorial tablet.**
lapillo *m. pl. (geol.)* **lapillus*.**
làpis *m.* **pencil**: *un l. copiativo,* an indelible pencil.
lapişlàẓẓuli *m. (miner.)* **lapis lazuli.**
lappare *v. t.* e *i.* to **lap (up).**
làppola *f. (bot.)* **bur(r).**
lappóne A *a.* **Lappish; Lapp B** *m.* e *f.* **Laplander; Lapp.**
làpsus *m.* **lapse; slip.**
lardellare *v. t.* **1** *(cucina)* to **lard 2** *(fig.)* to **interlard.**
lardèllo *m.* **strip of bacon; lardon.**
lardo *m.* **lard; bacon fat.**
larga, alla *locuz. avv.* **at a distance; away**: *stare alla l. da q.*, to keep away from sb.
largheggiare *v. i.* to **be generous** (with, in); to **be profuse** (in); to **be lavish** (of).
larghézza *f.* **1 breadth; broadness; width**: *avere una l. di dieci piedi,* to be ten feet in breadth **2** (abbondanza) **abundance 3** (generosità) **generosity; liberality** ● *l. di vedute,* broad-mindedness.
largire *v. t. (lett.)* to **bestow** (upon); to **grant.**
largizióne *f.* **bestowal; donation.**
largo A *a.* **1 broad; wide**: *l. due metri,* two metres broad (o wide, in breadth) □ *attraversare un fiume nel punto più l.*, to cross a river at its widest point **2** *(in certi casi, sempre)* **wide**: *pantaloni larghi,* wide trousers □ *a gambe larghe,* with legs wide apart **3** *(e in altri, sempre)* **broad**: *di spalle larghe,* broad-shouldered □ *di vedute larghe,* broad-minded **4** (ampio) **ample; wide; large**: *a larghi intervalli,* at wide intervals □ *un uomo d'idee larghe,* a man with large ideas **5** (di veste, ecc.: troppo ampio) **loose 6** (generoso) **generous; free; liberal;** (nello spendere) **open-handed** ● *in larga misura,* to a great extent □ *una gonna larga,* a full skirt □ *stare larghi,* to have plenty of room □ *su larga scala,* on a large scale **B** *m.* **1** (larghezza) **breadth; width 2** (mare aperto) **open sea; offing 3** (piccola piazza) **« largo »; square 4** *(mus.)* **largo*** ● *L.! (o fate l.!),* make way! □ *(naut.) al l.*, off shore; in the open sea; in the offing □ *(naut.) al l. della costa francese,* off the French coast □ *(naut.) andare al l.*, to go out to sea □ *farsi l. tra la folla,* to make (o to elbow) one's way through the crowd □ *in lungo e in l.*, in all directions; far and wide □ *per il l.*, broadways □ *prendere il l.*, *(naut.)* to bear off; *(fig.)* to take to one's heels □ *tenersi al l.*, to keep (o to steer) clear (of sb., of st.).
làrice *m. (bot.,* Larix europaea; anche il legno*)* **larch.**
laringe *f. (anat.)* **larynx*.**
larìngeo *a. (anat.)* **laryngeal.**
laringite *f. (med.)* **laryngitis.**
laringoiatra *m.* e *f.* **laryngologist.**
laringoiatrìa *f. (med.)* **laryngology.**
laringoscòpio *m. (med.)* **laryngoscope.**
larva *f.* **1** *(zool.)* **larva***; (d'insetto) **grub 2** (fantasma) **ghost.**
larvato *a.* **masked; hidden; concealed.**
laşagne *f. pl. (cucina)* **lasagne, lasagna.**
lasciapassare *m.* **pass.**
lasciare A *v. t.* e *i.* **1** to **leave***: *l. q. dopo tre anni,* to leave sb. after three years □ (morendo) *l. una moglie e due figli,* to leave a wife and two children □ *l. la propria casa,* to leave home □ *l. fuori q.* (anche *fig.*), to leave sb. out **2** (dimenticare, non portare con sé, anche) to **leave*** (st.) **behind 3** (permettere) to **let***: *Lasciami andare!*, let me go (away) **4** (abbandonare, l. per sempre) to **abandon;** to **give* up;** to **desert**: *l. ogni speranza,* to abandon (o to give up) all hope □ *l. la moglie,* to desert one's wife **5** (interrompere) to **break* off;** (desistere) to **stop,** to **leave* off 6** (l. andare, l. la presa) to **let* go**: *Lascia (andare) la corda!*, let go the rope! **7** (l. da parte, serbare) to **keep* 8** (dare, concedere) to **give***; to **let*** (sb.) **have**: *Te lo lascerò per mille lire,* you may have it for one thousand lire **9** — *lasciarci,* (perdere) to **lose***; (rimetterci) to **cost*** *(impers.)* ● *(fig.) l. correre,* to let things go their own way □ *l. detto a q.*, to leave word with sb. □ *l. entrare q.*, to let sb. in □ *l. q. perplesso,* to puzzle sb. □ *l. stare q. (q.c.)*, to leave sb. (st.) alone □ *l. uscire q.*, to let sb. out; □ *Questo lascia il tempo che trova,* it

makes no difference □ *Lascia fare a me!*, leave it to me! ***B* lasciarsi** *v. rifl.* to **let* oneself**; to **be** *(seguito dal p.p.)*: (anche *fig.*) *l. andare*, to let oneself go □ *Non mi lascerò ingannare!*, I'm not going to be cheated! ***C*** *v. rifl.* to **leave* each other** (o **one another**); to **part**; to **separate**.
làscito *m.* *(leg.)* **legacy; bequest.**
lascìvia *f.* **lasciviousness; lewdness; wantonness.**
lascivo *a.* **lascivious; lewd; wanton.**
lasco *a.* **loose; slack.**
laşer *m.* *(fis.)* **laser.**
lassativo *a.* e *m.* *(farm.)* **laxative.**
lassişmo *m.* **laxity; permissivism.**
lassista ***A*** *m.* e *f.* **permissivist** ***B*** *a.* **permissive.**
(1) lasso *a.* *(lett.)* **weary** ● *Ahi l.!*, alas!
(2) lasso *m.* **lapse**: *un lungo l. di tempo*, a long lapse of time.
lassù *avv.* ***1*** **up there** ***2*** (in cielo) **up above; in heaven.**
lastra *f.* ***1*** **slab**: *selciato con lastre di pietra*, paved with slabs of stone (o flagstones) ***2*** (di metallo; *fotogr.*) **plate**: *una l. di ottone*, a brass plate ***3*** (di vetro o ghiaccio) **sheet** ***4*** (pellicola radiografica) **X-ray (photograph).**
lastricare *v. t.* to **pave**; to **flag.**
lastricato *m.* **(stone) pavement.**
lastricatura *f.* **paving; flagging.**
làstrico *m.* **(stone) pavement** ● *(fig.) gettare q. sul l.*, to turn sb. out of house and home; to reduce sb. to poverty.
latènte *a.* **latent; dormant.**
latènza *f.* **latency** (anche *med.*, *psic.*); **dormancy.**
laterale ***A*** *a.* **side** *(attr.)*; **lateral** ● *via l.*, by-street ***B*** *m.* *(sport)* **half-back.**
lateralménte *avv.* **laterally; sideways.**
lateranènse *a.* **Lateran** *(attr.)*.
laterizi *m. pl.* **bricks; tiles.**
latifondista *m.* e *f.* **big landowner.**
latifóndo *m.* **large landed estate**; *(al pl., stor.)* **latifundia.**
latinişmo *m.* **Latinism.**
latinista *m.* e *f.* **Latin scholar; Latinist.**
latinità *f.* **Latinity.**
latiniẓẓare *v. t.* to **Latinize.**
latino *a.* e *m.* **Latin** ● *(naut.) vela latina*, lateen sail □ *Per me è l.*, it's Greek to me.
latitante ***A*** *a.* **absconding** ***B*** *m.* e *f.* **absconder; fugitive from justice.**
latitanza *f.* **abscondence** ● *darsi alla l.*, to abscond.
latitudinale *a.* **latitudinal.**
latitùdine *f.* **latitude.**
(1) lato *a.* **broad; wide** ● *in senso l.*, broadly speaking.
(2) lato *m.* ***1*** **side**: *(geom.) i tre lati di un triangolo*, the three sides of a triangle □ *un cugino dal l. di madre*, a cousin on one's mother's side □ *da ogni l.*, on (o from) all sides; on (o from) every side □ *il l. sinistro*, the left (hand) side ***2*** (punto di vista) **point of view** ***3*** (parte) **end**: *all'altro l. del negozio*, at the other end of the shop ● *farsi da un l.*, to stand aside □ *Per un l. è bene*, in one way it's a good thing.
latóre *m.* **bearer.**
latrare *v. i* to **bark**; (ululare) to **howl.**
latrato *m.* **bark; howl.**
latrina *f.* **latrine; lavatory; water-closet.**
latrocìnio *m.* **theft; larceny.**
latta *f.* ***1*** **tin-plate** ***2*** (recipiente) **can**; (lattina) **tin; can** *(USA)*.
lattàia *f.* **milkwoman*.**
lattàio *m.* **milkman*.**
lattante ***A*** *a.* **breast-fed; unweaned;** (di animali) **sucking** ***B*** *m.* e *f.* **suckling.**
lattazióne *f.* **lactation.**
latte *m.* **milk**: *l. condensato (in polvere, intero, scremato)*, condensed (powdered, whole o full-cream, skim) milk □ *l. di cocco*, coconut milk ● *(cucina) l. alla portoghese*, crème caramel; caramel cream □ *l. di gallina* (frullato), egg-flip □ *(zool.) l. di pesce*, milt; soft roe □ *centrale del l.*, milk distribution centre □ *dare il l.* (allattare), to breast-feed; to nurse; to suckle □ *figlio di l.*, foster son □ *fratello di l.*, foster brother □ *togliere il l. a un bambino*, (svezzarlo), to wean a baby □ *(fig.) essere tutto l. e miele*, to be all smiles and amiability □ *(fam., fig.) Ha ancora il l. alla bocca*, he is a young whipper-snapper.
lattemièle *m.* **whipped cream.**
làtteo *a.* **milky; milk** *(attr.)*: *una dieta lattea*, a milk diet □ *(astron.) la Via Lattea*, the Milky Way ● *farina lattea*, baby-food.
latteria *f.* **dairy; milk-shop.**
làttice *m.* *(bot.)* **latex.**
latticini *m. pl.* **milk (o dairy) products.**
làttico *a.* *(chim.)* **lactic**: *acido l.*, lactic acid.
lattièra *f.* **milk-jug.**
lattièro *a.* **dairy, milk** *(attr.)*.
lattìfero *a.* **lactiferous** (anche *anat.*, *bot.*); (di un animale) **milch** *(attr.)*.
lattiginóso *a.* ***1*** **milky** ***2*** *(bot.)* **laticiferous; lactiferous.**
lattime *m.* *(pop.:* crosta lattea*)* **milk crust.**
lattina *f.* **tin; can** *(USA)*.
lattivéndolo *m.* **milkman*.**
lattonière *m.* **tinker; tinsmith.**
lattónzolo *m.* **sucking pig; sucker.**
lattòşio *m.* *(chim.)* **lactose; milk-sugar.**
lattuga *f.* *(bot.*, Lactuca sativa*)* **lettuce.**
làudano *m.* *(farm.)* **laudanum.**
laudativo *a.* **laudatory; laudative.**
làurea *f.* **(university) degree; doctorate**: *conseguire una l.*, to take a degree.
laureando *m.* **graduand; final-year student.**
laureare ***A*** *v. t.* to **confer a degree on** (sb.) ***B* laurearsi** *v. rifl.* to **take* a degree**; to **graduate.**
laureato *a.* e *m.* **graduate** ● *essere l.*, to have a degree.
laurènzio *m.* *(chim.)* **lawrencium.**
làuro *m.* *(bot.*, Laurus nobilis*)* **laurel; bay-tree.**
làuto *a.* **lavish; sumptuous** ● *lauti guadagni*, large profits.
lava *f.* **lava**: *una colata di l.*, a stream of lava.
lavabiancherìa *f. invar.* **washing machine.**
lavàbile *a.* **washable.**
lavabo *m.* **wash-basin;** (di sagrestia o artistico) **lavabo*.**
lavabottìglie *m.* **bottle-washer.**
lavacristallo *m.* *(autom.)* **windscreen washer; windshield washer** *(USA)*.
lavacro *m.* *(lett.)* **bath** ● *santo l.*, laver.
lavadita *m.* **finger-bowl.**
lavàggio *m.* **washing** ● *l. a secco*, dry-cleaning.
lavagna *f.* ***1*** *(miner.)* **slate** ***2*** (per aula scolastica, ecc.) **blackboard.**
lavamano *m.* **wash-stand.**
(1) lavanda *f.* *(bot.*, Lavandula officinalis*)* **lavender.**
(2) lavanda *f.* ***1*** **wash** ***2*** *(med.)* **lavage.**
lavandàia *f.* **washerwoman*; laundress.**
lavandàio *m.* **laundryman*.**
lavanderìa *f.* **laundry;** (con apparecchi automatici) **launderette.**
lavandino *m.* **wash-basin;** (acquaio) **sink.**
lavapiatti ***A*** *m.* **dish-washer** ***B*** *f.* (sguattera) **scullery-maid.**
lavare ***A*** *v. t.* to **wash**; (con il bruschino) to **scrub**; (con detersivi) to **scour**; (i piatti sporchi) to **wash up** ● *l. a secco*, to dry-clean □ *l. i piatti*, (anche) to do the washing up □ *bianco come un cencio lavato*, as white as a sheet ***B* lavarsi** *v. rifl.* to **wash (oneself)**: *l. le mani*, to wash one's hands □ *(fig.) lavarsene le mani*, to wash one's hands of it.
lavastovìglie *m.* o *f.* **dish-washer.**
lavata *f.* **wash** ● *(fig.) l. di capo*, dressing down; talking-to: *dare a q. una l. di capo*, to give sb. a (good) dressing down.
lavativo *m.* ***1*** *(pop.:* clistere*)* **enema*** ***2*** *(fig.)* **malingerer; skiver** *(pop.)*; **scrimshanker** (gergo mil.) ● *fare il l.*, to skive *(pop.)*.
lavatóio *m.* **wash-house.**

lavatrice f. washing machine.
lavatura f. washing ● *l. di piatti*, dish-water (anche *fig.*).
lavèllo m. sink.
làvico a. lava (*attr.*).
lavina f. avalanche.
lavoràbile a. workable.
lavorante m. worker; workman*.
lavorare v. i. e t. **1** to work; (con fatica) to labour, to toil; (con scarso compenso o poca soddisfazione) to drudge: *l. molto (o sodo)*, to work hard □ *l. come un negro*, to work like a nigger □ *l. a ore*, to work by the hour □ *l. per conto proprio*, to work on one's own □ *l. intorno a q.c.*, to work on (o at) st. **2** (star lavorando; agire) to be at work **3** (fare un certo tipo di lavoro) to do*... -work: *l. d'ago*, to do needle-work □ *l. il ferro*, to do iron-work □ *l. di cervello*, to do brain-work **4** (di una ditta, ecc.) to do* business: *l. molto (poco)*, to do (not to do) good business **5** (funzionare) to operate; to work **6** (trattare) to process ● *l. a cottimo*, to do piece-work □ *l. da sarto*, to work as a tailor □ *l. di fantasia*, to day-dream □ *l. di gomiti*, to elbow one's way □ *l. la terra*, to till the land □ *l. troppo*, to overwork (oneself).
lavorativo a. **1** working **2** (di terreno) tillable; arable ● *giorno l.*, workday; week-day.
lavorato a. worked; (di metallo) wrought; (di pietra, marmo, legno) carved; (sottoposto a processo industriale) machined, processed; (di terreno) tilled, cultivated ● *l. a mano (a macchina)*, hand-made (machine-made).
lavoratóre **A** m. **1** worker: *un l. accanito*, a hard worker **2** (operaio) workman*; (che fa un lavoro faticoso) labourer: *un l. a giornata*, a day-labourer ● *l. a cottimo*, piece-worker □ *l. agricolo*, (anche) farm-hand **B** a. working: *le classi lavoratrici*, the working classes.
lavorazióne f. working; work; (metodo di l.) processing; (esecuzione) workmanship; (del terreno) tillage, cultivation.
lavorio m. **1** constant work **2** (*fig.*) intrigue.
lavóro m. **1** work: *l. manuale*, manual work □ *l. intellettuale*, brain-work □ *giorno di l.*, working day; workday □ *l. a ore (a giornata)*, work by the hour (by the day) □ *l. a cottimo*, piece-work □ *l. specializzato*, skilled work □ *mettersi al l.*, to set to work □ *essere al l.*, to be at work □ *essere senza l.*, to be out of work **2** (spesso work è un collett., di cui il sing. è:) piece of work: *È un bel l.!*, it's a fine piece of work! **3** (impiego, ecc., anche) job (*fam.*): *avere un buon l.*, to have a good job **4** (faticoso) labour; toil: (*leg.*) *lavori forzati*, hard labour □ (*econ.*) *domanda (offerta) di l.*, labour demand (supply) □ (*econ.*) *mercato del l.*, labour market **5** (*mecc.*) work ● *l. a mano*, hand-work □ *l. di gruppo (o d'équipe)*, team-work; group work □ (*ind. min.*) *lavori di scavo*, mining □ *l. penoso* (estenuante, di scarsa soddisfazione), drudgery □ *l. straordinario*, overtime □ (*econ., mecc.*) *l. utile*, output □ *abiti da l.*, working clothes □ *condizioni di l.*, working conditions □ *datore di l.*, employer □ *eccesso di l.*, overwork □ *fare i lavori di casa* (le faccende), to do the housework □ *orario di l.*, working hours.
lazẓarétto m. **1** quarantine station **2** (*stor.*) lazaretto*, lazaret.
lazẓaronata f. (*fam.*) rascally (o dirty) trick.
lazẓaróne m. rascal; good-for-nothing.
lazẓeruòlo m. (*bot.*, Crataegus azarolus) azarole; Neapolitan medlar.
lazẓo m. joke; jest; drollery.
(1) le art. determ. f. pl. **1** the: *le stagioni*, the seasons □ *le chiese che visitammo*, the churches we visited □ *le ultime notizie*, the latest news □ *le Montagne Rocciose*, the Rocky Mountains **2** (*idiom.: omesso in ingl.*): *le chiese inglesi*, English churches □ *Le tigri sono animali feroci*, tigers are wild animals □ *le nostre valigie*, our suitcases □ *le sorelle di Andrea*, Andrew's sisters □ *avere le gambe lunghe*, to have long legs **3** (*idiom.: agg. poss. in ingl.*): *Fammi vedere le mani*, show me your hands **4** (*idiom.: partitivo in ingl.*) some; (*in frasi neg.*) any: *Va' a comprare le sigarette!*, go and buy some cigarettes.
(2) le pron. pers. f. 3ª pers. **1** (*sing., compl. indir.*) to her; her **2** — *Le*, (*sing., compl. indir.*; forma di cortesia) to you; you **3** (*pl., compl. ogg.*) them.
leale a. **1** faithful; loyal **2** (onesto) fair.
lealiṣmo m. (*polit.*) loyalism; loyalty.
lealista m. e f. (*polit.*) loyalist.
lealtà f. **1** loyalty **2** (onestà) fairness.
lébbra f. (*med.*) leprosy.
lebbrosàrio m. leper hospital.
lebbróso (*med.*) **A** a. leprous **B** m. leper.
lécca lécca m. lollipop; lolly (*fam.*).
leccapiatti m. **1** guzzler; greedy-guts **2** (parassita) toady.
leccapièdi m. toady; lick-spittle; spaniel.
leccarda f. (*cucina*) dripping pan.
leccare **A** v. t. **1** to lick **2** (*fig.*: adulare) to butter (up); to flatter **B** **leccarsi** v. rifl. **1** to lick oneself **2** (lisciarsi, ecc.) to titivate (oneself).
leccata f. lick.
leccato a. affected.
leccéto m. ilex grove.
léccio m. (*bot.*, Quercus ilex) ilex; holm-oak (anche il legno).
leccornìa f. dainty; delicacy; titbit.
lecitina f. (*biol., chim.*) lecithin.
lécito **A** a. licit; lawful; permissible; allowable **B** m. right: *il l. e l'illecito*, right and wrong.
lèdere v. t. to injure; to impair; to harm ● *l. gli interessi di q.*, to be prejudicial to sb.'s interests.
(1) léga f. **1** (*polit.*) league: *la l. delle Nazioni*, the League of Nations **2** (associazione) combination; union **3** (*metall.*) alloy ● (*fig.*) *di buona l.*, of good quality; sterling □ (*fig.*) *di cattiva l.*, of inferior quality; cheap; shoddy □ *fare l. insieme*, to gang up.
(2) léga f. (*misura*) league.
legàccio m. string; lace.
legale **A** a. **1** legal; law (*attr.*) **2** (legittimo) lawful ● (*med.*) *medicina l.*, forensic medicine □ *numero l.*, quorum □ *ora l.*, summer time □ *termini legali*, prescribed times **B** m. lawyer; legal adviser; attorney (*USA*).
legaliṣmo m. legalism.
legalista m. e f. legalist.
legalìstico a. legalistic.
legalità f. lawfulness; legality ● *nella l.*, within the law.
legalizẓare v. t. to legalize; to authenticate; to certify.
legalizẓazióne f. legalization; authentication.
legalménte avv. legally; lawfully.
legame m. **1** tie; bond **2** (rapporto) link; connexion **3** (*chim.*) bond; link.
legaménto m. (*anat.*) ligament.
(1) legare **A** v. t. **1** to tie (up); to fasten (up): *l. un pacco con dello spago*, to tie up a parcel with string □ *l. un cartellino a una valigia*, to tie a label on to a suitcase □ (*fig.*) *l. la lingua a q.*, to tie sb.'s tongue **2** (l. forte; fasciare; rilegare) to bind*: *l. q. mani e piedi*, to bind sb. hand and foot □ *essere legato da una promessa*, to be bound by a promise **3** (collegare) to connect **4** (gemme) to set*; to mount **B** v. i. **1** (essere collegato) to be connected; to connect **2** (accordarsi, stare bene con) to go* well (with) **3** (rassodarsi) to thicken **4** (*metall.*) to alloy ● *l. q. come un salame*, to truss up sb. **C** **legarsi** v. rifl. to tie oneself, to bind* oneself (to) ● (*fig.*) *legarsela al dito*, to bear (a wrong, an offence) in mind.
(2) legare v. t. (*leg.*) to bequeath.
legata f. tying up ● *dare una l. a q.c.*, to tie up st.
legatàrio m. (*leg.*) legatee.
(1) legato m. **1** (*relig.*) legate **2** (ambasciatore) ambassador.
(2) legato m. (*leg.*) legacy; bequest.
(3) legato **A** a. (impacciato) stiff; awkward; (di stile e sim.) stilted **B** m. (*mus.*) legato*.
legatóre m. bookbinder.
legatorìa f. bookbinding establishment.
legatura f. **1** tying; binding; (di libro) bookbinding **2** (*tipogr., mus.*) ligature.
legazióne f. legation.
légge f. **1** law: *l. civile*, civil law □ *a norma di l.*, by law □ *essere fuori della (rimanere nella) l.*, to be outside (to be

within) the law □ *dettar l.*, to lay down the law **2** (regola, anche) **rule; principle 3** (votata dal Parlamento) **act (of Parliament) 4** (l. parlamentare: spesso *stor.*) **bill ●** *disegno di l.*, bill □ *dottore in l.*, doctor of laws □ *proposta di l.*, draft bill □ *ricorrere alla l.*, to go to law □ *studiare l.*, to read law □ *un uomo rispettoso delle leggi*, a law-abiding man.

leggènda *f.* **1 legend 2** *(fig.)* **tale 3** (iscrizione) **inscription; legend 4** (didascalia) **caption.**

leggendàrio *a.* **legendary.**

lèggere *v. t.* e *i.* to **read★** (anche *fig.*): *l. ad alta voce*, to read aloud □ *l. nei pensieri di q.*, to read sb.'s thoughts □ *l. la mano a q.*, to read sb.'s hand ● *l. da capo a fondo*, to read through □ *l. per addormentarsi*, to read oneself to sleep □ *l. q.c. con gli occhi* (o *in silenzio*), to read st. to oneself □ *È un uomo che ha letto molto*, he is a well-read man.

leggerézza *f.* **1 lightness 2** (agilità) **nimbleness 3** (*fig.*: spensieratezza) **thoughtlessness;** (mancanza di serietà) **irresponsibility;** (incostanza) **fickleness ●** *È stata una l. da parte tua*, it was thoughtless of you.

leggerménte *avv.* **1** (con tocco leggero) **lightly; gently 2** (lievemente) **slightly 3** (agilmente) **lightly; nimbly 4** (sconsideratamente, alla leggera) **lightly; thoughtlessly; heedlessly; inconsiderately.**

leggèro *a.* **1 light**: *l. come una piuma*, as light as a feather □ *musica leggera*, light music □ *vino l.*, light wine □ *a cuor l.*, with a light heart; light-heartedly **2** (di una stoffa, o moneta, anche) **light-weight 3** (agile) **nimble 4** (non grave, lieve) **slight**: *un l. mal di testa*, a slight headache **5** (spensierato) **thoughtless;** (irresponsabile) **irresponsible;** (che ha poco cervello) **feather-brained;** (incostante) **fickle 6** (di droga) **soft ●** *alla leggera*, lightly; thoughtlessly □ *(sport) atletica leggera*, track-and-field sports (o events) *(pl.)* □ *avere il sonno l.*, to be a light sleeper □ *caffè (tè) l.*, weak coffee (tea) □ *un po' leggera* (di donna o ragazza), rather a flirt □ *prendere q.c. alla leggera*, not to take st. seriously.

leggiadrìa *f.* **loveliness; prettiness.**

leggiadro *a.* **fair; lovely; pretty; graceful.**

leggìbile *a.* **1 legible; readable 2** (che merita di essere letto) **readable.**

leggìo *m.* **1 book-rest; reading desk 2** *(mus.)* **music-stand 3** *(relig.)* **lectern.**

legiferare *v. i.* to **legislate.**

legionàrio *m.* e *a.* *(stor.)* **legionary.**

legióne *f.* **legion**: *la L. Straniera*, the Foreign Legion.

legișlativo *a.* **legislative.**

legișlatóre *m.* **legislator; lawmaker; lawgiver.**

legișlatura *f.* **legislature.**

legișlazióne *f.* **legislation.**

legìttima *f.* *(leg.)* **legitime.**

legittimare *v. t.* *(leg.)* to **legitimate;** to **legitimatize.**

legittimazióne *f.* *(leg.)* **legitimation.**

legittimișmo *m.* *(polit.)* **legitimism.**

legittimista *m.* e *f.* *(polit.)* **legitimist.**

legittimità *f.* *(leg., polit.)* **legitimacy.**

legìttimo *a.* **legitimate; lawful ●** *legittima difesa*, self-defence.

légna *f.* **wood;** (da ardere) **firewood;** (pezzo di tronco) **log ●** *(fig.) mettere l. al fuoco*, to add fuel to the flames.

legnàia *f.* **wood-shed.**

legname *m.* **timber; lumber.**

legnare *v. t.* to **beat★**; to **thrash.**

legnata *f.* **blow with a stick.**

légno *m.* **1 wood**: *l. dolce (duro)*, soft (hard) wood **2** (xilografia) **wood-cut 3** (nave) **boat; vessel 4** (carrozza) **carriage 5** *(al pl., mus.)* **woodwind ●** *di l.*, wooden; wood *(attr.)* □ *(edil.) rivestimento in l.*, wainscot □ *(fig.) testa di l.*, blockhead.

legnosità *f.* **1 woodiness; woodenness 2** (*fig.*: rigidezza) **stiffness.**

legnóso *a.* **1 woody; wooden 2** (rif. a carne) **tough 3** *(fig.)* **stiff.**

legulèio *m.* *(spreg.)* **pettifogger.**

legume *m.* *(bot.)* **1** (baccello) **pod 2** *(al pl.)* **legumes; pulse** *(sing.)*.

legumièra *f.* **vegetable-dish.**

leguminóse *f. pl.* (*bot.*, Leguminosae) **Leguminosae.**

lèi *pron. pers. f. 3ª pers. sing.* **1** *(compl. ogg. e indir.)* **her 2** *(fam., sogg.)* **she 3** (*sogg., compl. ogg. e indir.*; forma di cortesia) — *Lei*, you.

leitmotiv *(ted.) m. (mus.)* **leitmotiv, leitmotif, leading motif** (anche *fig.*).

lèmbo *m.* **1 edge 2** (piccola parte) **strip; shred 3** *(bot.)* **blade.**

lèmma *m.* **1** *(filos., mat.)* **lemma★ 2** (di dizionario) **headword; entry.**

lèmme lèmme *locuz. avv. (fam.)* **(very) slowly.**

lèmure *m.* (*zool.*, Lemur) **lemur; macaco★.**

léna *f.* **vigour; energy; enthusiasm;** (resistenza) **stamina.**

lèndine *m.* **nit.**

lène *a.* *(lett.)* **soft; gentle; mild.**

leninișmo *m.* *(polit.)* **Leninism.**

leninista *a., m.* e *f.* *(polit.)* **Leninist; Leninite.**

lenire *v. t.* to **soften;** to **mitigate;** to **allay;** to **assuage;** to **soothe.**

lenitivo *(farm.)* **A** *a.* **lenitive; sedative; pain-killing B** *m.* **lenitive; sedative; pain-killer.**

lenocìnio *m.* **1** *(leg.)* **procuration (and connivance) 2** *(fig.)* **blandishment.**

lenóne *m.* **procurer; pander** *(lett.)*; **pimp; ponce** *(pop.)*.

lentaménte *avv.* **1 slowly 2** (pigramente) **sluggishly; lazily 3** *(mus.)* **lentamente.**

lènte *f.* **1** *(fis.)* **lens**: *lenti a contatto*, contact lenses **2** (*al pl.*: occhiali) **spectacles; glasses.**

lentézza *f.* **slowness ●** *con l.*, slowly.

lentìcchia *f.* (*bot.*, Lens culinaris) **lentil.**

lentìggine *f.* **freckle.**

lentigginóso *a.* **freckled.**

lènto *a.* **1 slow;** (di comprendonio) **tardy, dull**: *(cucina) cuocere a fuoco l.*, to cook on a slow fire □ *(med.) un polso l.*, a slow pulse **2** (non teso) **loose; slack 3** *(mus.)* **lento.**

lènza *f.* **fishing line.**

lenzuòlo *m.* (*pl. f.* **lenzuola;** *pl. m.* **lenzuoli**) **sheet ●** *l. da bagno*, bath-towel □ *l. funebre*, shroud.

leonardésco *a.* **in (o after) the manner of Leonardo.**

leóne *m.* **1** (*zool.*, Panthera leo) **lion 2** (segno dello zodiaco) **Leo ●** *Riccardo Cuor di L.*, Richard the Lion-Heart.

leonéssa *f.* **lioness.**

leonino *a.* **leonine; lion-like** *(attr.)*.

leopardo *m.* (*zool.*, Felis pardus) **leopard ●** *(zool.) l. delle nevi* (Felis uncia), snow leopard.

lepidézza *f.* **1 wit; facetiousness 2** (detto lepido) **witticism.**

lèpido *a.* **facetious; witty.**

leporino *a.* **leporine ●** *labbro l.*, harelip.

lèpre *f.* (*zool.*, Lepus) **hare.**

lepròtto *m.* **leveret.**

lèrcio *a.* **filthy.**

lerciume *m.* **filth.**

lèșbica *f.* **lesbian.**

leșbișmo *m.* **lesbianism.**

leșèna *f.* *(archit.)* **pilaster strip.**

léșina *f.* **1 awl 2** (*fig.*: taccagneria) **stinginess.**

leșinare A *v. t.* to **grudge B** *v. i.* to **skimp;** to **be stingy ●** *l. il centesimo*, to count the pennies □ *l. sul prezzo*, to higgle.

leșionare *v. t.* to **damage.**

leșióne *f.* **1** (danno) **damage 2** *(med.)* **lesion 3** (crepa) **crack ●** *(leg.) l. personale*, personal injury.

leșivo *a.* **injurious; prejudicial.**

léșo *a.* **injured ●** *(leg.) lesa maestà*, lese-majesty.

lessare *v. t.* to **boil;** (lentamente) to **stew.**

lessèma *m.* *(linguistica)* **lexeme.**

lessicale *a.* **lexical.**

lèssico *m.* **lexicon ●** *studio del l.*, word-study.

lessicografìa *f.* **lexicography.**

lessicògrafo *m.* **lexicographer.**

lésso A *a.* **boiled; stewed B** *m.* **boiled beef; boiled meat.**

lestézza *f.* **quickness; nimbleness.**
lèsto A *a.* **quick;** (agile) **nimble;** (sbrigativo) **hasty** ● *l. di mano,* light-fingered **B** *avv.* **quickly.**
lestofante *m.* e *f.* **swindler; cheat; slippery customer** *(fam.).*
letale *a.* **lethal; mortal; deadly.**
letamàio *m.* **1 dunghill 2** *(fig.)* **pigsty; (dirty) hovel.**
letame *m.* **1 manure; dung 2** *(fig.)* **dirt.**
letargìa *f.* **1** *(med.)* **lethargy 2** *(fig.)* **inanition.**
letàrgico *a. (med.)* **lethargic.**
letargo *m.* **1** *(med.)* **lethargy 2** (di animali) **hibernation.**
letìzia *f.* **joy; happiness; felicity.**
lètta *f.* — *dare una l. a q.c.,* to skim (through) st.
lèttera *f.* **1 letter**: *lettere maiuscole,* capital letters □ *lettere minuscole,* small letters □ *una l. d'amore,* a love letter □ *(comm.) una l. di credito,* a letter of credit **2** (*al pl.,* anche *belle lettere*) **letters; literature** *(sing.)* **3** *(Bibbia)* **epistle** ● *lettere corsive,* italics □ *lettere cubitali,* block capitals □ *alla l.,* literally; word for word □ *scrivere un numero in lettere,* to write a number in words.
letterale *a.* **literal**: *una traduzione l.,* a literal translation.
letteralménte *avv.* **literally.**
letteràrio *a.* **literary; bookish** *(fam.).*
letterato A *a.* **lettered; well-read B** *m.* **literary man*; man* of letters.**
letteratura *f.* **literature.**
lettièra *f.* **1 bedstead 2** (strame) **litter.**
lettiga *f.* **litter; stretcher.**
lettighière *m.* **litter-bearer.**
lètto *m.* **bed**: *un l. a una piazza (o a un posto),* a single bed □ *un l. a due piazze (o matrimoniale),* a double bed □ *letti gemelli,* twin beds □ *sul l. di morte,* on one's death-bed □ *essere a l.,* to be in bed □ *andare a l.,* to go to bed □ *balzare dal l.,* to jump out of bed □ *rifare il l.,* to make the bed □ *mandare (mettere) q. a l.,* to send (to put) sb. to bed □ *mettersi a l.* (per malattia), to take to one's bed □ *rivoltarsi nel l.,* to toss about (in one's bed) ● *l. a castello,* bunk bed □ *l. a quattro colonne,* four-poster; four-post bed □ *colonna di l.,* bedpost □ *figlio (o figlia) di primo l.,* child of the first marriage □ *fusto di l.,* bedstead □ *essere inchiodato in un l.,* to be bedridden □ *È ora d'andare a l.,* it's bedtime.
lèttone A *a.* **Latvian; Lettish B** *m.* e *f.* **Latvian; Lett.**
lettorato *m.* **1** (d'università) **lectorship 2** *(relig.)* **lectorate.**
lettóre *m.* **1 reader 2** (d'università) **lecturer 3** *(relig.)* **lector** ● *l. per microfilm,* microreader.
lettura *f.* **1** (atto, modo di leggere; interpretazione) **reading**: *brani di l.,* reading passages **2** (lo scritto che si legge) **text (to be read); reading text 3** (conferenza) **lecture** ● *libro di letture* (elementari), primer; reader.
leucemìa *f. (med.)* **leukaemia.**
leucocita *m. (anat.)* **leucocyte.**
leucòma *m. (med.)* **leucoma.**
(1) lèva *f. (mecc.)* **lever** (anche *fig.)* ● *l. liberacarrello* (di macchina da scrivere), carriage release □ *far l.,* to lever □ *(fig.) far l. su q.c.,* to appeal to st.
(2) lèva *f. (mil.)* **1** (chiamata alle armi) **call-up; conscription; levy 2** (soldati di leva) **levy; conscripts** *(pl.)* ● *chiamare alla l.,* to call up □ *essere di l.,* to be liable to call-up □ *(fig.) le nuove leve,* the new (o rising) generation.
levante *m.* **1 east 2** (vento) **East wind.**
levantino *a.* e *m.* **Levantine.**
(1) levare A *v. t.* **1** (togliere) to **take* away;** to **remove;** (specialm. di sopra a q.c.) to **take* off;** (specialm. dall'interno di q.c.) to **take* out** (of): *l. una macchia,* to remove a stain □ *Me l'hai levato di bocca,* you have taken the words from my mouth □ *Leva il coperchio!,* take the lid off! □ *È uno spettacolo che leva il fiato,* it's a sight that takes one's breath away **2** (alzare, sollevare) to **raise;** to **lift (up) 3** (stanare, far alzare nella caccia) to **flush 4** (eccettuare) to **except;** to **make* allowance(s) for** (st.) ● *l. il bicchiere alla salute di q.,* to raise one's glass to sb. □ *l. il campo,* to strike camp □ *l. un grido,* to utter a cry □ *l. il latte a un bambino,* to wean a baby □ *l. q. (q.c.) di mezzo,* to get rid of sb. (st.) □ *l. le tende,* to strike tents; *(fig.)* to pack up (and go) □ *l. la voce,* to raise one's voice **B levarsi** *v. rifl.* **1** (alzarsi) to **get* up;** (sorgere) to **rise*;** (alzarsi in piedi) to **stand* up 2** (in volo: d'uccello) to **take* flight,** to **take* wing;** (d'aeroplano) to **take* off 3** (togliersi da un luogo) to **get* out** (of): *Levati di lì!,* get out of the way **4** (togliersi di dosso) to **take* off;** to **remove**: *l. il cappello,* to take* off one's hat **5** (con un'operazione chirurgica) to **have** (st.) **out 6** (insorgere) to **rise* up** ● *l. un capriccio,* to satisfy a whim □ *l. la fame,* to appease one's hunger □ *l. la sete,* to quench one's thirst.
(2) levare *m.* **1 rise; rising 2** *(mus.)* **upbeat** ● *al l. del sole,* at sunrise.
levata *f.* **1 rising**: *la l. della luna,* the rising of the moon **2** (della posta) **collection 3** (l'ora d'alzarsi, specialm. in un collegio) **rising-bell; first bell** ● *(fig.) di prima l.,* first thing in the morning.
levato *a.* **1** (alzato da letto) **up**: *essere già l.,* to be already up **2** *(in costr. assolute*: « salvo », « eccetto ») **except for; apart from** ● *andare a gambe levate,* to go head over heels.
levatóio *a.* — *ponte l.,* drawbridge.
levatrice *f.* **midwife*.**
levatura *f.* **standing; calibre; talent.**
levigare *v. t.* **1** to **smooth;** to **polish 2** *(mecc.)* to **lap.**
levigatézza *f.* **smoothness.**
levigato *a.* **smooth; polished.**
levigazióne *f.* **1 smoothing; polishing 2** *(mecc.)* **lapping.**
levita *m. (Bibbia)* **Levite.**
levità *f.* **1 lightness 2** *(fig.)* **levity.**
levitare *v. i.* to **levitate.**
levitazióne *f.* **levitation.**
levrière, levrièro *m.* **harrier; greyhound.**
lezióne *f.* **1 lesson;** (collettiva) **class;** (universitaria) **lecture**: *una l. di francese,* a French lesson □ *Gli servirà di l.,* it will be a lesson to him **2** (di un testo) **reading; variant** ● *fare (o dare) l.,* to teach; (all'università) to lecture □ *ora di l.,* period.
leziosàggine *f.* **affectedness; affectation.**
leziosaménte *avv.* **affectedly; with affectation.**
lezióso *a.* **affected; simpering; mincing.**
lézzo *m.* **1 stench; stink 2** *(fig.)* **filth.**
(1) li *pron. pers. m. 3ª pers. pl. (compl. ogg.)* **them** ● *Eccoli!,* here they are!
(2) li *art. determ. m. pl. (arc., talora usato nelle date: omesso in ingl.)*: *li 27 agosto 1964,* 27th August, 1964.
(3) lì *avv.* **there**: *lì dentro (fuori, intorno),* in (out, round) there □ *« Dov'è il bambino? » « Eccolo lì! »,* « where's the boy? » « there he is! » □ *Voglio quello lì,* I want that one (there) ● *lì per lì,* (sul momento) there and then, on the spot, on the spur of the moment; (dapprima) at first □ *essere lì lì per fare q.c.,* to be on the point (o on the verge) of doing st. □ *di lì a un anno,* a year later; after a year □ *di lì a poco,* soon after; after a while □ *fin lì,* as far as there; *(fig.)* up to that point, so far □ *o giù di lì,* or so; or thereabouts □ *(per) di lì* (da quella parte), that way □ *Tutto finì lì,* that was the end of it.
liana *f. (bot.)* **liana, liane.**
libagióne *f.* **libation;** (*scherz.,* anche) **potation** *(generalm. al pl.).*
libanése *a., m.* e *f.* **Lebanese.**
libare *v. t.* **1** to **libate 2** (gustare) to **sip.**
libbra *f.* **1** *(stor.)* **libra* 2** (misura di peso anglosassone) **pound.**
libecciata *f.* **south-westerly gale.**
libéccio *m.* **south-west wind.**
libellista *m.* **libeller, libellist; pamphleteer.**
libèllo *m.* **libel; pamphlet.**
libèllula *f. (zool.)* **dragon-fly.**
liberale A *a.* **1 liberal;** (generoso) **generous, open-handed 2** *(polit.)* **Liberal**: *il partito l.,* the Liberal party **B** *m.* e *f. (polit.)* **Liberal.**
liberalismo *m. (polit.)* **liberalism** ● *l. economico,* free

trade.
liberalità *f.* **liberality; generosity.**
liberalizzare *v. t.* **1** to **liberalize** **2** (*econ.*) to **decontrol; to unfreeze*.**
liberalizzazióne *f.* **1 liberalization** **2** (*econ.*) **decontrol; unfreezing.**
liberalménte *avv.* **liberally; generously; with open hands.**
liberalòide *m.* (*polit.*) **would-be Liberal.**
liberamàrgine *m.* o *f.* (nella macchina da scrivere) **margin-release.**
liberaménte *avv.* **1 freely** **2** (a proprio piacimento) **at discretion.**
liberare A *v. t.* **1** to **free;** to **set*** (sb.) **free;** to **liberate;** to **release**: *l. un paese oppresso,* to liberate (o to free) a country from oppression **2** (sbarazzare) to **deliver** (from); to **rid*** (of): *l. un paese dai banditi,* to rid a country of bandits **3** (salvare) to **save;** to **rescue** **4** (sgombrare) to **clear**: (*ferr.*) *l. un binario,* to clear a track **5** (*mecc.*) to **release;** to **trip** ● *Dio ce ne scampi e liberi,* God forbid **B liberarsi** *v. rifl.* **1** to **free oneself** (from) **2** (sbarazzarsi) to **rid* oneself,** to **get* rid** (of).
liberatóre A *m.* **liberator** **B** *a.* **liberating.**
liberazióne *f.* **1 liberation; freeing; release;** (*leg.*: d'un fondo, di un titolo azionario) **redemption** **2** (lo sbarazzarsi di q.) **riddance** **3** (il salvare) **rescue** **4** (*ferr.*) **clearing.**
libèrcolo *m.* **worthless book.**
liberiàno *a.* e *m.* **Liberian.**
liberismo *m.* (*econ.*) **free trade.**
liberista (*econ.*) **A** *m.* e *f.* **free-trader** **B** *a.* **free-trade** (*attr.*).
libero *a.* **1 free**: *l. da pregiudizi,* free from prejudice □ *l. arbitrio,* free will □ *un l. pensatore,* a free-thinker □ *versi liberi,* free verse □ *essere l. di fare q.c.,* to be free to do st. □ *lasciar l. q.,* to set sb. free; to let sb. go free **2** (non impegnato, anche) **disengaged** **3** (vacante) **vacant**: *un posto l.,* a vacant position; a vacancy **4** (non ostruito) **clear**: *l. dai ghiacci,* clear of ice **5** (licenzioso, ecc., anche) **broad; loose; licentious; uninhibited**: *discorsi (troppo) liberi,* free (o loose) talk **6** (disponibile) **available** **7** (di tassì) **for hire** ● *essere l. di sé,* to be free to do what one likes □ *l. professionista,* professional man □ *essere a piede l. dietro pagamento di cauzione,* to be out on bail □ *all'aria libera,* in the open air □ *carta libera* (non da bollo), ordinary paper; unstamped paper □ *disegno a mano libera,* free-hand drawing □ (*mil.*) *essere in libera uscita,* to be off duty □ (*segnale di*) *via libera,* go-ahead signal.
libertà *f.* **1 freedom; liberty; release**: *l. dal bisogno,* freedom from want □ *l. di parola,* freedom of speech □ *prendersi la l. di dire (di fare) q.c.,* to take the liberty of saying (of doing) st. □ *prendersi troppe libertà,* to take too many liberties **2** (licenziosità, ecc.) **broadness; looseness** ● (*leg.*) *l. vigilata,* probation: *essere in l. vigilata,* to be on probation □ (*leg.*) *accordare a q. la l. provvisoria,* to let sb. out on bail □ *in l.,* at liberty; free; (a proprio agio) comfortable, at home, at ease □ (*leg.*) *essere in l. provvisoria,* to be out on bail □ *in tutta l.,* freely; frankly □ *mettere q. in l.,* to set sb. free; to release sb. □ *mettersi in l.,* to make oneself at home □ *trattare q. con troppa l.,* to be too familiar with sb. □ *Ieri era il mio giorno di l.,* yesterday was my day off.
libertàrio A *a.* **anarchic(al)** **B** *m.* **anarchist.**
liberticida *a., m.* e *f.* **liberticide.**
liberticìdio *m.* **liberticide.**
libertinàggio *m.* **libertinism; libertinage; licentiousness.**
libertino *a.* e *m.* **libertine.**
libèrto *m.* (*stor.*) **freedman*.**
liberty *a.* — *stile l.,* art nouveau (*franc.*); modern style.
lìbico *a.* e *m.* **Libyan.**
libìdine *f.* **lust; lechery.**
libidinóso *a.* **lustful; lewd; lecherous; libidinous.**
libràio *m.* **bookseller.**
libràrio *a.* **book** (*attr.*): *commercio l.,* book trade.
librarsi *v. rifl.* to **hover** ● *l. in aria,* to soar.
librerìa *f.* **1** (negozio) **bookshop; bookseller's (shop)** **2** (mobile) **bookcase** **3** (biblioteca) **library.**
librésco *a.* **bookish.**
librettista *m.* e *f.* **writer of librettos; librettist.**
librétto *m.* **1 (small) book; booklet**: *l. degli assegni,* cheque-book **2** (*mus.*) **libretto*** ● *l. di lavoro,* employment card.
libro *m.* **1 book**: *un l. illustrato,* an illustrated book □ (*fig.*) *essere un l. chiuso,* to be a closed book **2** (registro) **register** **3** (*bot.*) **liber** ● *l. da messa,* missal □ *l. di lettura,* reader □ (*comm.*) *l. mastro,* ledger □ (*comm.*) *l. paga,* pay-roll □ *l. poliziesco,* detective novel □ (*comm.*) *mettere a l.,* to book (o to enter).
licàntropo *m.* (*med.*) **lycanthrope; wer(e)wolf.**
liccio *m.* (*ind. tessile*) **heddle.**
liceale *a.* « **liceo** » (*attr.*); **high-school** (*attr.*) ● *studente l.,* student at a « liceo »; high-school student.
liceità *f.* (*leg.*) **lawfulness.**
licènza *f.* **1 licence**: *l. di pesca,* fishing-licence **2** (autorizzazione, anche) **permit** **3** (permesso di assentarsi) **leave**: *essere in l.,* to be on leave □ *l. per malattia,* sick-leave □ *prendersi una l. di un mese,* to take a month's leave **4** (scolastica) **(school-leaving) certificate; diploma** **5** (sfrenatezza) **licence** ● *essere munito di regolare l.* (specialm. autorizzato alla vendita di q.c.), to be licensed □ *prendersi la l. (di),* to take the liberty (of, to).
licenziaménto *m.* **dismissal; discharge.**
licenziare A *v. t.* **1** to **dismiss;** to **discharge;** to **sack,** to **fire** (*fam.*) **2** (dare un diploma) to **grant a diploma to** (sb.) **B licenziarsi** *v. rifl.* **1** (congedarsi da q.) to **take* one's leave** **2** (dimettersi da un impiego, ecc.) to **give* notice;** to **resign** **3** (ottenere un diploma) to **take* one's school-leaving certificate;** to **graduate from high school.**
licenziosità *f.* **licentiousness.**
licenzióso *a.* **licentious; dissolute.**
licèo *m.* « **liceo** »; **high school.**
lichène *m.* (*bot.*) **lichen.**
licitazióne *f.* **1** (offerta in una pubblica asta) **bid** **2** (vendita all'asta) **auction sale** **3** (offerta a una gara d'appalto) **tender.**
licopòdio *m.* (*bot.*, Lycopodium clavatum) **lycopodium; club moss.**
lido *m.* **shore; beach**: *i patri lidi,* one's native shores.
lièto *a.* **1 happy; joyful; joyous;** (contento) **glad;** (di buon umore, allegro) **cheerful, merry**: *un lieto fine,* a happy ending □ *Sono l. di accettare il vostro invito,* I am glad to accept your invitation **2** (buono, anche) **good**: *di umore l.,* in a good humour ● *L. di conoscerla!,* how do you do?
liève *a.* **1** (leggero) **light; gentle**: *l. come una piuma,* as light as a feather □ *una l. brezza,* a gentle breeze **2** (tenue) **slight; faint**: *un l. sorriso,* a faint smile.
lieveménte *avv.* **1 lightly; gently** **2** (appena, un po') **slightly.**
lievità *f.* **1 lightness; gentleness** **2** (tenuità) **slightness.**
lievitare A *v. t.* to **leaven** **B** *v. i.* **1** to **rise*;** to **ferment** **2** (di prezzi) to **rise*;** to **swell*.**
lièvito *m.* **yeast; leaven** (anche *fig.*).
lìgio *a.* **faithful; loyal.**
lignàggio *m.* **lineage; ancestry; pedigree.**
lìgneo *a.* **wooden; woody; ligneous.**
lignite *f.* **lignite.**
lìgure *a., m.* e *f.* **Ligurian.**
ligustro *m.* (*bot.*, Ligustrum vulgare) **privet.**
liliale *a.* **lily-like** (*attr.*).
lilla A *m.* (*bot.*, Syringa vulgaris) **lilac** **B** *m.* e *a.* (colore) **lilac.**
lillipuziano *a.* e *m.* **Lilliputian.**
lima *f.* **file** ● *lavorare di l.* (ai propri scritti, ecc.), to polish.
limaccióso *a.* **slimy;** (fangoso) **muddy, miry.**
limare A *v. t.* **1** (*mecc.*) to **file** **2** (*fig.*: gli scritti) to **polish** **B limarsi** *v. rifl.* to **worry.**
limatura *f.* **1** (il limare) **filing** **2** (la polvere dell'oggetto limato) **filings** (*pl.*).
limbo *m.* **limbo*** (anche *fig.*).
(1) limétta *f.* (*bot.*, Citrus aurantifolia) **lime.**

(2) limétta *f.* (per unghie) **nail-file.**
limitàbile *a.* **limitable.**
(1) limitare *m.* *(lett.)* **threshold** (anche *fig.*).
(2) limitare A *v. t.* **1** to **limit;** to **set* a limit to** (st.): *l. le proprie ambizioni,* to set a limit to one's ambitions **2** (specialm. con l'autorità o la forza) to **restrict 3** (moderare, anche) to **moderate;** (frenare) to **curb 4** (delimitare) to **bound B limitarsi** *v. rifl.* **1** to **confine** (o to **limit) oneself** (to) **2** (ridursi) to **be restricted** (to).
limitataménte *avv.* **to a limited degree; within (certain) limits.**
limitatézza *f.* **narrowness; exiguousness.**
limitativo *a.* **restrictive; limitative; limiting.**
limitato *a.* **1 limited;** (ristretto) **restricted, narrow;** (scarso) **scanty 2** (di mentalità) **narrow-minded** ● *l. di mezzi,* with scanty means.
limitazióne *f.* **limitation; restriction**: *porre limitazioni a q.c.,* to place restrictions on st. ● *l. delle nascite,* birth control.
lìmite *m.* **1 limit**: *porre un l. a q.c.,* to set a limit to st. □ *entro certi limiti,* within (certain) limits □ *l. di età,* age limit □ *(autom.) l. di velocità,* speed limit **2** (confine, anche) **boundary** (anche *fig.*); **border**: *arrivare ai limiti del territorio svizzero,* to go as far as the Swiss border **3** (*fig.*, anche) **limitation**: *avere coscienza dei propri limiti,* to know one's limitations **4** *(mat.)* **limit** ● *caso l.,* marginal case □ *passare i limiti,* to go too far; to be beyond the bounds (of st.) □ *senza limiti,* without limit; limitless, boundless *(agg.)* □ *Questo passa ogni l.!,* that's the limit!
limìtrofo *a.* **neighbouring; adjacent** (to).
limnologìa *f.* *(scient.)* **limnology.**
limnòlogo *m.* *(scient.)* **limnologist.**
limo *m.* **slime; mud; mire.**
limonàio *m.* **lemon-seller.**
limonata *f.* **lemonade;** (spremuta) **lemon squash.**
limóne *m.* *(bot.,* Citrus limonum; anche il frutto*)* **lemon**: *succo di l.,* lemon juice ● *(fig.) l. spremuto,* squeezed orange.
limonéto *m.* **lemon grove.**
limonite *f.* *(miner.)* **limonite.**
limóso *a.* **slimy; muddy; miry.**
limpidézza *f.* **transparency; limpidity, limpidness.**
lìmpido *a.* **clear; transparent; limpid.**
linària *f.* *(bot.,* Linaria vulgaris) **toadflax.**
lince *f.* *(zool.,* Lynx lynx) **lynx** ● *(fig.) dagli occhi di l.,* lynx-eyed.
linciàggio *m.* **lynching.**
linciare *v. t.* to **lynch.**
lindo *a.* **spick and span; neat (and clean); trim; spruce.**
lìnea *f.* **1 line**: *(chiromanzia) la l. del cuore,* the line of the heart □ *(mat.) una l. retta (curva),* a straight (curved) line □ *su tutta la l.,* all along the line □ *l. di confine,* borderline □ *l. di condotta,* line of conduct (o of action) **2** (di comunicazione) **line;** (talora) **route**: *una l. telegrafica (telefonica, ferroviaria),* a telegraph (telephone, railway) line □ *(tel.) La l. è occupata,* the line is engaged **3** *(naut.* e *mil.)* **line**: *la l. del fuoco,* the firing line □ *la l. gotica,* the Gothic line **4** (del corpo, con riferimento all'essere grassi o magri) **figure**: *mantenere la l.,* to keep one's figure ● *l. aerea,* airline; air-route □ *(naut.) l. di rotta,* (ship's) course □ *(geogr.) la l. equatoriale,* the Line (o the Equator) □ *aeroplano di l.,* airliner □ *in l. d'aria,* in a bee-line (o as the crow flies) □ *essere in l.,* to be lined up; to be in a row □ *(mil.* e *fig.) essere in prima l.,* to be in the front line □ *mettersi in l.,* to line up; *(naut.)* to take up station; *(fig.)* to get into line (with) □ *nave di l.,* liner □ *(tel.) restare in l.,* to hold the line □ *tracciare a grandi linee,* to outline (st.) □ *(tel.) Non riesco ad avere la l. libera,* I can't get through.
lineaménti *m. pl.* **1 features 2** (elementi principali) **outlines.**
lineare *a.* **1 linear 2** *(fig.)* **straightforward; coherent.**
linearità *f.* **1 linearity 2** *(fig.)* **straightforwardness; coherence.**
lineétta *f.* (tratto breve) **hyphen;** (tratto lungo) **dash.**
linfa *f.* **1** *(bot.)* **sap** (anche *fig.*) **2** *(fisiologia)* **lymph.**
linfadenite *f.* *(med.)* **lymphadenitis.**
linfàtico *a.* **lymphatic.**
linfatismo *m.* *(med.)* **lymphatism.**
lingòtto *m.* **ingot; bar.**
lìngua *f.* **1** *(anat., cucina* e *fig.)* **tongue**: *(fig.) aver perso la l.,* to have lost one's tongue (o to be tongue-tied) □ *(cucina) l. di bue,* ox-tongue; neat's tongue □ *mettere fuori la l.,* to put out one's tongue □ *tenere a posto (o frenare) la l.,* to hold one's tongue □ *avere q.c. sulla punta della l.,* to have st. on the tip of one's tongue **2** (linguaggio) **language; tongue**: *la l. italiana,* the Italian language □ *la l. materna,* one's mother tongue ● *l. di terra,* strip of land □ *l. furbesca,* (thieves') cant □ *(fig.) arrivare con tanto di l. di fuori,* to arrive puffing and panting □ *avere la l. sciolta,* to have the gift of the gab □ *genti (paesi) di l. inglese,* English-speaking peoples (countries) □ *(fig.) in l. povera,* in plain words.
linguàccia *f.* **evil tongue; slanderer.**
linguacciuto *a.* **gossipy; slanderous.**
linguàggio *m.* **1 language;** (facoltà di parlare) **speech**: *l'origine del l.,* the origin of speech **2** (di un gruppo particolare) **special language; terms** *(pl.);* **jargon; slang; lingo*** ● *l. infantile,* baby talk.
linguale *a.* **lingual.**
linguétta *f.* **1** (di scarpa) **tongue 2** *(mus.)* **reed 3** *(mecc.)* **tang; spline; tongue.**
linguista *m.* e *f.* **linguist.**
linguìstica *f.* **linguistics** *(pl. col verbo al sing.).*
linguìstico *a.* **linguistic; linguistical.**
linifìcio *m.* *(ind. tessile)* **flax-mill.**
liniménto *m.* *(farm.)* **liniment; embrocation.**
lino *m.* **1** *(bot.,* Linum usitatissimum*)* **flax 2** *(ind. tessile)* **flax 3** (tessuto) **linen** ● *olio di l.,* linseed-oil.
linòleum *m.* **linoleum; lino** *(abbr. fam.).*
linóne *m.* *(ind. tessile)* **lawn.**
linósa *f.* **linseed.**
linotipìa *f.* **linotyping.**
linotipista *m.* e *f.* *(tipogr.)* **linotype operator; linotyper.**
linotype *m. invar. (marchio: tipogr.)* **Linotype.**
liocòrno *m.* *(mitol.)* **unicorn.**
liofilizzare *v. t.* *(chim., ind.)* to **lyophilize.**
lippa *f.* (gioco infant.) **tip-cat.**
liquame *m.* **sewage.**
liquefare *v. t.* **liquefarsi** *v. rifl.* to **liquefy;** to **melt.**
liquefazióne *f.* **liquefaction; melting.**
liquescènte *a.* *(fis.)* **liquescent.**
liquescènza *f.* *(fis.)* **liquescence.**
liquidare *v. t.* to **liquidate;** to **wind* up;** (pagare) to **pay* off,** to **settle;** (merci) to **sell* off,** to **clear off** ● *l. q.* (ucciderlo), to liquidate sb.
liquidatóre *m.* *(leg.)* **liquidator.**
liquidazióne *f.* **1 liquidation; winding up;** (di un debito) **settling;** (di merce) **sale 2** (indennità per cessazione di lavoro) **severance pay; gratuity;** (per pensionamento) **retirement bonus** (non esiste in Inghilterra).
liquidità *f.* **1 liquidness; liquidity 2** *(econ., fin.)* **liquidity; liquid assets** *(pl.).*
lìquido A *a.* **1 liquid; fluid 2** *(comm.)* **ready; available**: *denaro l.,* ready cash **B** *m.* **1 liquid 2** *(econ.)* **ready money; cash.**
liquirìzia *f.* *(bot.,* Glycyrrhiza glabra; prodotto dolciario*)* **liquorice.**
liquóre *m.* **liqueur;** *(al pl.:* alcolici in genere*)* **spirits.**
liquoróso *a.* **liqueur-like.**
(1) lira *f.* **1** *(mus.)* **lyre 2** — *(zool.) uccello l.* (Menura superba), lyre-bird.
(2) lira *f.* (moneta italiana) **lira*** ● *l. sterlina,* pound sterling.
lìrica *f.* **1 lyric poetry 2** (componimento lirico) **lyric 3** *(mus.)* **opera.**
lìrico A *a.* **1 lyric;** (d'intonazione lirica) **lyrical 2** *(mus.)* **opera** *(attr.)*: *la stagione lirica,* the opera season **B** *m.* **lyric poet; lyricist.**
lirismo *m.* **lyricism;** *(iron.)* **high-flown sentiments** *(pl.).*
lisca *f.* (di pesce) **fish-bone** ● *(pop.) avere la l.,* to

lisp.
lisciare ***A*** *v. t.* ***1*** (rendere liscio) to **smooth**; to **sleek** ***2*** (accarezzare) to **stroke** ***3*** (lusingare) to **flatter**; to **coax** ***4*** (levigare, anche *fig.*) to **polish** ***B*** **lisciarsi** *v. rifl.* ***1*** (agghindarsi) to **doll oneself up**; to **prink oneself up** ***2*** (d'uccello) to **preen oneself**.
lisciata *f.* **smooth**: *darsi una l. ai capelli,* to give one's hair a smooth.
lisciatóio *m.* **sleeker.**
liscio *a.* ***1*** **smooth**; (anche lucido) **sleek**; (levigato) **polished**: *un cane dal pelo l.,* a smooth-haired dog ***2*** (opposto di ricciuto) **straight**: *capelli lisci,* straight hair ***3*** (di una bevanda alcolica) **neat**; **straight** ***4*** *(fig.)* **simple**; **clear**; **plain**; **straightforward** ● *(fig.) andare l.,* to go smoothly; to be plain sailing □ *passarla liscia,* to get away with it.
liscìvia *f.* **lye.**
lisciviare *v. t.* to **leach**; to **lixiviate.**
liscóso *a.* **full of bones.**
liṣi *f. (biol., med.)* **lysis*.**
liṣo *a.* **worn-out**; **threadbare.**
liṣòlo *m. (chim.)* **lysol.**
lista *f.* ***1*** (striscia) **strip**; (larga) **band** ***2*** (elenco) **list**: *occupare il primo posto in una l.,* to be first on a list ● *(polit.) l. elettorale,* electoral register □ *l. delle vivande,* menu.
listare *v. t.* to **border**; to **edge.**
listèllo *m. (archit.)* **fillet**; **listel.**
listino *m.* **list**: *l. dei prezzi,* price-list.
litanìa *f.* ***1*** *(specialm. al pl., relig.)* **litany** ***2*** *(fig.:* sfilza) **string.**
litantrace *m. (miner.)* **low-grade anthracite.**
lite *f.* ***1*** **quarrel**; **altercation** ***2*** *(leg.)* **lawsuit.**
litìaṣi *f. (med.)* **lithiasis.**
litigante *m.* ***1*** **quarreller**; **brawler** ***2*** *(leg.)* **litigant.**
litigare ***A*** *v. i.* ***1*** to **quarrel**; to **wrangle**; to **squabble**; (avere un battibecco) to **bicker**; (avere una rissa) to **brawl** ***2*** *(leg.)* to **litigate** ***B*** **litigarsi** *v. rifl. recipr.* to **contend for** (st.).
litighino *m.* **quarrelsome person**; **troublemaker.**
litìgio *m.* **quarrel**; **altercation**; **tiff.**
litigiosità *f.* **quarrelsomeness**; **contentiousness.**
litigióso *a.* **quarrelsome**; **contentious.**
lìtio *m. (chim.)* **lithium.**
litogèneṣi *f. (geol.)* **lithogenesis.**
litografare *v. t.* to **lithograph.**
litografìa *f.* ***1*** **lithography** ***2*** (una riproduzione) **lithograph.**
litogràfico *a.* **lithographic.**
litògrafo *m.* **lithographer.**
litologìa *f.* **lithology.**
litorale ***A*** *a.* **coast** *(attr.)*; **littoral** ***B*** *m.* **littoral.**
litoràneo *a.* **coastal**; **coast** *(attr.)*; **littoral.**
litosfèra *f. (geol.)* **lithosphere.**
litòte *f. (retor.)* **litotes*.**
litro *m.* **litre**; **liter** *(USA).*
littóre *m. (stor. romana)* **lictor.**
littorina *f. (ferr.)* **Diesel-powered rail-car.**
littòrio *a. (stor. romana)* **lictorian** ● *fascio l.,* fasces (of the Roman lictors).
lituano *a.* e *m.* **Lithuanian.**
liturgìa *f. (relig.)* **liturgy.**
litùrgico *a.* **liturgical.**
liutàio *m.* **lutist**; **lute-maker.**
liutista *m.* e *f. (mus.)* **lute-player**; **lutanist**; **lutist.**
liùto *m. (mus.)* **lute.**
livèlla *f.* **level**: *una l. a bolla d'aria,* a spirit level.
livellaménto *m.* **levelling (up, down)**; **evening (up)**; **flattening (out).**
livellare ***A*** *v. t.* to **level (up, down, out)** ***B*** **livellarsi** *v. rifl.* to **find* a common level.**
livellatóre ***A*** *m.* **leveller** ***B*** *a.* **levelling.**
livellatrice *f. (mecc.)* **bulldozer.**
livellazióne *f.* **levelling.**
livèllo *m.* ***1*** **level**: *sopra il l. del mare,* above sea level □ *sotto al l. del mare,* below sea level ***2*** *(fig.)* **level**; **standard**: *sotto al l. normale,* below standard □ *essere allo stesso l. (di),* to be on a level (with).
lividézza *f.* **lividness**; **lividity.**
livido ***A*** *a.* **livid** (anche *fig.*); **leaden**; (per le percosse) **black-and-blue**; (contuso) **bruised**: *l. dalla rabbia,* livid with rage ***B*** *m.* **bruise.**
lividura *f.* **bruise.**
livóre *m.* **spite**; **envy**; **malice.**
livornése ***A*** *a.* **of Leghorn**; **Leghorn** *(attr.)* ***B*** *m.* e *f.* **inhabitant (o native) of Leghorn.**
livrèa *f.* ***1*** **livery** ***2*** *(zool.)* **plumage** ● *(fig.) non portare la l. di nessuno,* to be one's own master.
lizza *f. (stor., fig.)* **lists** *(pl.)*: *scendere in l.,* to enter the lists.
(1) lo *art. determ. m. sing.* **the** (*V.* anche **il**).
(2) lo *pron. pers. m. 3ª pers. sing.* ***1*** *(compl. ogg.: rif. a persona)* **him**; *(rif. a cosa o animale)* **it** ***2*** *(nel senso di « ciò », « questo », è idiom.)*: *Lo so,* I know □ *Dillo a me!,* tell me! □ *Lo si dice,* so they say ***3*** *(rif. a un'intera frase, è idiom.: omesso in ingl.)*: *« È intelligente? » « Certo che lo è »,* « is he clever? » « of course he is » ● *Lo dicevo, io!,* what did I tell you? (o I told you so!).
lobato *a. (bot., zool.)* **lobed**; **lobate.**
lòbbia *f.* o *m.* **Homburg (hat).**
lòbo *m. (anat., biol.)* **lobe**: *il l. dell'orecchio,* the lobe of the ear.
lòbulo *m. (anat.)* **lobule.**
locale ***A*** *a. (in tutti i sensi)* **local** ● *ora l.,* zone time ***B*** *m.* ***1*** **room** ***2*** *(al pl.:* sede di q.c.) **premises** *(pl.)* ● *(naut.) l. delle caldaie,* stokehold.
località *f.* **place**; **locality**; (di villeggiatura) **resort.**
localiẓẓare *v. t.* ***1*** (individuare la posizione di) to **locate** ***2*** (circoscrivere) to **localize.**
localiẓẓazióne *f.* ***1*** **location** ***2*** (anche *elab.*) **localization.**
locanda *f.* **inn.**
locandièra *f.* **landlady (of an inn)**; **innkeeper.**
locandière *m.* **landlord (of an inn)**; **innkeeper.**
locandina *f.* **play-bill.**
locare *v. t.* to **let*.**
locatàrio *m.* **tenant** (inquilino); **lessee.**
locativo *a.* e *m. (gramm.)* **locative.**
locatóre *m. (leg.)* **landlord** (padrone di casa); **lessor.**
locazióne *f.* **location**; *(leg.)* **lease.**
locomotiva *f.* **locomotive.**
locomotóre *m.* **electric locomotive.**
locomotòrio *a. (fisiologia)* **locomotor**; **locomotory.**
locomozióne *f.* **locomotion** ● *mezzi di l.,* vehicles.
lòculo *m.* ***1*** **burial niche** ***2*** *(archeol.)* **loculus*.**
locusta *f. (zool.,* Locusta migratoria*)* **locust.**
locuzióne *f.* **idiom**; **expression**; **locution.**
lodare ***A*** *v. t.* to **praise**; to **laud** *(lett.)* ***B*** **lodarsi** *v. rifl.* to **praise oneself**; to **brag.**
lòde *f.* **praise**; **laud** *(lett.)*: *una poesia in l. di q.,* a poem in praise of sb. □ *cantare (o tessere, fare) le lodi di q.,* to sing the praises of sb. ● *cantare (o tessere) le proprie lodi,* to blow one's own trumpet □ *senza infamia e senza l.,* without praise or blame □ *L. a Dio!,* God be praised!
loden *(ted.) m.* ***1*** *(ind. tessile)* **loden (cloth)** ***2*** (soprabito) **loden coat.**
lodévole ***A*** *a.* **praiseworthy**; **commendable** ***B*** *m.* (voto scolastico) **« excellent ».**
lòdo *m. (leg.)* **award**: *l. arbitrale,* arbitrator's award.
logarìtmico *a. (mat.)* **logarithmic(al).**
logaritmo *m. (mat.)* **logarithm**; **log** *(abbr.).*
lòggia *f.* ***1*** **loggia*** ***2*** (massonica) **lodge.**
loggiato *m.* **portico***; **gallery.**
loggióne *m. (teatr.)* **gallery**; *(scherz.)* **(the) gods.**
lògica *f.* **logic** ● *a fil di l.,* logically speaking □ *privo di l.,* illogical.
logicità *f.* **logicality.**
lògico ***A*** *a.* **logical** ***B*** *m.* **logician.**
logistica *f. (mil.)* **logistics** *(pl. col verbo al sing.).*
logistico *a. (mil.)* **logistic(al).**
loglierèlla *f. (bot.,* Lolium perenne*)* **rye-grass.**
lòglio *m. (bot.,* Lolium temulentum*)* **darnel.**
logoraménto *m.* (anche *fig.*) **wear and tear.**
logorante *a.* **wearing.**
logorare ***A*** *v. t.* to **wear* out**; (specialm. *fig.*) to **wear***

down; (intaccare) to **impair**: *l. scarpe (vestiti),* to wear out shoes (clothes) □ *l. la resistenza di q.*, to wear down sb.'s resistance ***B* logorarsi** *v. rifl.* ***1*** to **wear* out** (o **down)**: *Questa stoffa si logora presto,* this material wears out quickly ***2*** *(fig.)* to **wear* oneself out.**

logorìo *m.* **wear and tear;** *(fig.)* **strain.**

lógoro *a.* **worn; worn-out; worn-down; battered.**

lòlla *f.* **husk** *(generalm. al pl.)*; **chaff.**

lombàggine *f. (med.)* **lumbago.**

lombardo *a.* e *m.* **Lombard.**

lombare *a. (anat.)* **lumbar.**

lombata *f. (macelleria)* **loin.**

lómbo *m.* ***1*** *(anat.)* **loin** ***2*** (d'animale macellato) **loin;** (di manzo) **sirloin.**

lombrico *m. (zool.,* Lumbricus*)* **worm; earthworm.**

londinése ***A*** *a.* **London** *(attr.)* ***B*** *m.* e *f.* **Londoner.**

longànime *a.* **long-suffering; forbearing.**

longanimità *f.* **forbearance; tolerance.**

longarina *f. (edil.)* **iron girder.**

longevità *f.* **longevity.**

longèvo *a.* **long-lived.**

longherόne *m.* ***1*** *(autom.)* **side-member** ***2*** *(aeron.*: di fusoliera) **longeron;** (di ala) **spar.**

longilìneo *a.* **long-limbed;** (allampanato) **lanky.**

longitudinale *a. (geogr.)* **longitudinal.**

longitùdine *f. (geogr.)* **longitude.**

longobardo *a.* e *m.* **Longobard.**

long play *(ingl.) m.* **long player, long-playing record** *(abbr.* **LP).**

lontanaménte *avv.* **distantly; remotely.**

lontananza *f.* **distance; remoteness;** (l'essere lontano) **being far off (o far away)** ● *in l.*, in the distance.

(1) lontano *a.* ***1*** **far** *(usato come agg. solo in poche locuz.)*; **far-away, far-off; distant; remote**: *una città lontana,* a far-off city □ *in una terra lontana,* in a distant land ***2*** (distante nel tempo) **distant; remote; far-off**: *in tempi lontani,* in far-off times ***3*** *(spesso all'agg. ital. fa riscontro un avv. o locuz. avv. ingl.)* **far away; far off; far; in the distance** (in lontananza); **away** (con una misura precisa): *La scuola è lontana un miglio,* the school is a mile away (o a mile from here) □ *La scuola è lontana,* the school is a long way off (o it's a long way to the school) □ *È lontana la scuola?,* is the school far away? (o is it far to the school?) ***4*** (vago) **remote; faint; slight; dim** ***5*** (assente) **absent** ● *conoscere q. alla lontana,* to have a nodding acquaintance with sb. □ *più l.*, farther; further □ *il più l.*, the farthest (o the furthest) □ *tenersi l. da q.c.*, to keep away from st.

(2) lontano *avv.* ***1*** **far from here; far away; far off; away; a long way (off)**: *andare il più l. possibile,* to go as far away as possible □ *andare più l.*, to go further off □ *Dobbiamo andare l.?*, have we got a long way to go? ***2*** *(solo nelle frasi interr. e neg.)* **far**: *Siete andati l.?*, did you go far? □ *Non siamo andati molto l.*, we didn't go very far ● *al di là dei monti, l. l.*, over the hills and far away □ *(fig.) andare l.*, to go far: *Quell'uomo andrà l.*, that man will go far □ *(fam.) che ci vede bene da l.*, far-sighted □ *di (o da) l.*, from a distance; from far away; from afar *(lett.)*.

lóntra *f. (zool.,* Lutra lutra*)* **otter.**

lónza *f. (cucina)* **loin (of pork).**

lòppa *f.* ***1*** **chaff** ***2*** *(metall.)* **slag.**

loquace *a.* **loquacious; talkative; garrulous.**

loquacità *f.* **loquacity; talkativeness; garrulity.**

loquèla *f.* **(power of) speech; way of talking.**

lordare *v. t.* to **dirty;** to **soil.**

lórdo *a.* ***1*** **filthy;** (di unto) **besmeared; foul** *(anche fig.)* ***2*** *(comm.)* **gross**: *peso l.*, gross weight ● *(fin.) al l. delle imposte,* before-tax; pretax.

lordume *m.* **lordura** *f.* **filth.**

(1) lóro *pron. pers. m.* e *f. 3ª pers. pl.* ***1*** *(compl. ogg.* e *indir.)* **them**: *Andai con l.*, I went with them □ *Invita anche l.!*, invite them too □ *Viene uno di l.*, one of them is coming ***2*** *(pred. nominale)* **them; they** *(lett.)*: *Non sono l.*, it isn't them □ *Sono l. (che son) da biasimare,* it's they who are to blame ***3*** *(sogg.)* **they**: *Vengono anche l.*, they're coming too ***4*** (forma di cortesia) — *Loro,* you ● *l. due (l. tre, ecc.),* the two of them (the three of them, etc.).

(2) lóro ***A*** *a. poss.* ***1*** **their;** (loro proprio) **their own**: *il l. campo,* their field □ *i l. campi,* their fields □ *la l. barca,* their boat □ *le l. barche,* their boats □ *alcuni amici l.*, some of their friends (o some friends of theirs) ***2*** *(pred. nominale)* **theirs; their own**: *La colpa è l.*, the fault is theirs ***3*** (forma di cortesia) — *Loro,* your; *(pred. nominale)* yours ***B*** *pron. poss.* ***1*** **theirs**: *i miei e i l.*, mine and theirs ***2*** (forma di cortesia) — *Loro,* yours ● *una l. abitudine,* a habit of theirs □ *un panfilo (tutto) l.*, a yacht of their own ***C*** *m.* **their own; what is theirs** ● *Campano del l.*, they live on their income □ *Viene uno dei l.*, one of their men (o of their relatives, supporters) is coming.

loṣanga *f. (geom., araldica)* **lozenge.**

lósco ***1*** (bieco) **sinister** ***2*** (di dubbia onestà) **shady; shady-looking; disreputable**: *un tipo l.*, a shady-looking customer □ *affari loschi,* shady deals.

lossodromìa *f. (naut.)* **rhumb line.**

lòto *m. (bot.,* Lotus*)* **lotus.**

lotòfago *m. (mitol.)* **lotus-eater.**

lòtta *f.* ***1*** *(sport)* **wrestling**: *l. libera,* all-in wrestling ***2*** (combattimento) **fight;** (contesa) **struggle**: *la l. per il potere,* the struggle for power ● *(polit.) l. di classe,* class war; class struggle □ *(sport) fare alla l.*, to wrestle □ *essere in l. con q.*, to be fighting sb.; *(fig.)* to be at loggerheads with sb.

lottare *v. i. (sport* e *fig.)* to **wrestle;** to **grapple;** (col rischio d'essere sopraffatto) to **struggle;** (battersi) to **fight***: *Laocoonte che lotta col serpente,* Laocoon struggling (o grappling) with the serpent □ *l. col sonno,* to fight off sleep ● *(fig.) farsi strada nella vita lottando,* to fight one's way in life.

lottatóre *m. (sport)* **wrestler;** (chi combatte) **fighter, struggler.**

lotterìa *f.* **lottery** *(anche fig.)*; (abbinata a una gara ippica) **sweepstake.**

lottiẓẓare *v. t.* to **lot;** to **lot out.**

lottiẓẓazióne *f.* ***1*** **lotting** ***2*** *(polit.)* **bestowal of spoils** ● *(polit.) il sistema della l.*, the spoils system.

lòtto *m.* ***1*** **State lottery**: *estrazione del l.*, drawing of the lottery ***2*** (parte di un tutto diviso) **lot**: *un l. fabbricabile,* a building lot ***3*** (quantità di merce) **batch; parcel** ● *È come indovinare un terno al l.*, it's mere guesswork.

lozióne *f.* **lotion.**

lùbrico *a.* ***1*** **slippery** ***2*** *(fig.)* **lewd; wanton.**

lubrificante *a.* e *m.* **lubricant.**

lubrificare *v. t.* to **lubricate;** to **grease;** to **oil.**

lubrificazióne *f.* **lubrication; greasing; oiling.**

lucchétto *m.* **padlock.**

luccicante *a.* **twinkling; glittering; sparkling; glimmering.**

luccicare *v. i.* to **twinkle;** to **glitter;** to **sparkle;** to **glimmer;** to **shine***: *Le stelle luccicano in cielo,* the stars are twinkling in the sky □ *I suoi occhi luccicavano di gioia,* his eyes twinkled with joy.

luccichìo *m.* **twinkling; glittering; sparkling; glimmering.**

luccicóne *m.* **(big) tear.**

lùccio *m. (zool.,* Esox lucius*)* **luce; pike.**

lùcciola *f. (zool.,* Lampyris noctiluca*)* **glow-worm; fire-fly** ● *dare a intendere lucciole per lanterne,* to throw dust in (sb.'s) eyes □ *prendere lucciole per lanterne,* to get hold of the wrong end of the stick.

luce *f.* ***1*** **light**: *accendere (spegnere) la l.* (specialm. con l'interruttore), to turn the light on (off) □ *spegnere la l.* (specialm. se non è elettrica), to put out the light □ *La l. si spense,* the light went out □ *(arte) luci e ombre,* light and shade □ *alla l. del sole,* by the light of the sun; *(fig.)* openly □ *mettere q. in buona (in cattiva) l.*, to put sb. in a good (in a bad) light □ *portare alla l.*, to bring to light □ *venire alla l.* (nascere), to see the light □ *(fig.) far l. su q.c.*, to shed light upon st. □ *Tu sei la l. dei miei occhi,* you are the light of my eyes ***2*** (sistema d'illuminazione) **lighting** ***3*** (apertura) **opening; light** *(raro)* ***4*** *(archit.*: di ponte) **archway; span** ***5*** (finestra, vetrina) **window** ***6*** (specchio) **mirror**: *un armadio a tre luci,* a wardrobe with three mirrors ● *l. della luna,* moonlight; *(scient.)*

lunar light □ *l. del sole,* sunlight; *(scient.)* solar light □ *l. diurna,* daylight □ *(fig.) mettere in l.,* to point out; to emphasize.
lucènte *a.* **shining; bright; glossy.**
lucentézza *f.* **brilliance; brightness; glossiness; gloss; lustre.**
lucèrna *f.* **oil-lamp** ● *saper di l.,* to smell of the lamp.
lucernàrio *m.* **skylight.**
lucèrtola *f. (zool.,* Lacerta) **lizard.**
lucherino *m. (zool.,* Carduelis spinus) **siskin.**
lucidare *v. t.* **1** to **polish** **2** (ricalcare disegni) to trace.
lucidatóre *m.* **1 polisher 2** (di disegni) **(drawing)** tracer.
lucidatrice *f.* **floor-polisher.**
lucidatura *f.* **polishing.**
lucidézza *f.* **gloss; brightness; shine.**
lucidità *f.* **lucidity** ● *momenti di l.,* lucid intervals.
lùcido A *a.* **1** (che è stato lucidato) **polished;** (spesso) **highly-polished, well-polished;** (che risplende) **bright, shining, gleaming; shiny** *(più fam.),* **glossy;** (come il raso) **satiny**: *ottone l.,* polished brass □ *scarpe lucide,* well-polished shoes □ *carta lucida,* glossy paper **2** *(fig.)* **lucid** (anche *scient.*); **clear**: *(med.) intervalli lucidi,* lucid intervals □ *una mente lucida,* a lucid mind **B** *m.* **1** (materia che dà il l.) **polish; polishing-cream**: *l. per scarpe,* shoe-polish **2** (lucidezza) **gloss; brightness; shine, shininess** *(fam.)* **3** (ricalco) **tracing** ● *l. nero* (per scarpe, ecc.), blacking □ *dare il l. alle scarpe,* to polish (one's) shoes.
lucìgnolo *m.* **wick.**
lucrare *v. t.* **1** to **earn;** to **make* (money) 2** — *(relig.) l. indulgenze,* to gain indulgences.
lucrativo *a.* **lucrative.**
lucro *m.* **lucre; profit; gain.**
lucróso *a.* **lucrative; profitable.**
luculliano *a.* **Lucullan, Lucullian.**
ludìbrio *m.* **1 mockery**: *esposto al l. della gente,* held up to everybody's mockery **2** (oggetto di scherno) butt.
ludotèca *f.* **toy library; ludothèque** *(franc.).*
ludoterapìa *f. (psic.)* **play therapy.**
lue *f. (med.)* **lues; syphilis.**
luètico *a. (med.)* **luetic; syphilitic.**
lùglio *m.* **July.**
lùgubre *a.* **gloomy; lugubrious; dismal.**
lui *pron. pers. m. 3ª pers. sing.* **1** *(compl. ogg. e indir.)* **him**: *Voglio lui, non lei,* I want him, not her **2** *(pred. nominale)* **him; he** *(lett.)*: *È lui,* it's him **3** *(sogg.)* **he**: *Lo saprà lui,* he must know ● *Beato lui!,* lucky man (o boy, chap, ecc.)! □ *Cercavo proprio lui,* he is the man I was looking for □ *Non è da lui* (non è cosa degna di lui), it's not like him.
luì *m. (zool.,* Phylloscopus) **warbler.**
lumaca *f.* **1** *(zool.)* **snail**: *a passo di l.,* at a snail's pace **2** *(fig.)* **slowcoach** *(fam.).*
lumacóne *m.* **1** *(zool.)* **slug 2** *(fig.)* **slowcoach** *(fam.).*
lume *m.* **1** (lampada) **lamp; light**: *un l. a olio,* an oil-lamp **2** (luminosità) **light** *(spesso in parole composte)*: *al l. di luna (di candela),* by moonlight (by candlelight) **3** *(al pl.,* con riferimento ai filosofi del '700) **enlightenment**: *il secolo dei lumi,* the Age of Enlightenment **4** (candela) **candle** ● *a questi lumi di luna,* in these hard times □ *far l. a q.* (accompagnare q. con un l.), to show sb. the way with a pocket-torch (a lantern, a candle, etc.); to light sb. *(ma richiede sempre un avv. o compl.)*: *far l. a q. su (giù) per le scale,* to light sb. up (down) the stairs □ *(fig.) far l. su q.c.,* to shed light on st. □ *(fig.) perdere il l. degli occhi,* to see red □ *(fig.) perdere il l. della ragione,* to lose one's temper □ *(fig.) ricorrere ai lumi di un avvocato,* to take legal advice □ *(fig.) tenere il l.* (reggere il moccolo), to play gooseberry.
lumeggiare *v. t.* **1** *(pitt.)* to **heighten 2** *(fig.)* to **throw* light upon** (st.).
lùmen *m. (fis.)* **lumen*.**
lumicino *m.* **small light** ● *(fig.) cercare q.c. col l.,* to hunt for st. high and low □ *(fig.) ridursi al l.,* to be at death's door.
lumièra *f.* **chandelier.**
luminare *m.* **luminary.**
luminària *f.* **illuminations** *(pl.).*
luminèllo *m.* **wick-holder.**
luminescènte *a. (fis.)* **luminescent.**
luminescènza *f. (fis.)* **luminescence.**
luminìstica *f. (teatr.)* **lighting technique.**
lumino *m.* (da notte) **night-light.**
luminosità *f.* **brightness; luminosity; brilliance.**
luminóso *a.* **bright** (anche *fig.*); **luminous; of light**: *colori luminosi,* bright colours □ *una sorgente luminosa,* a source of light.
luna *f.* **moon**: *C'è la l. stasera?,* is there a moon to-night? □ *la l. piena,* a full moon □ *lume di l.,* moonlight □ *raggio di l.,* moonbeam □ *illuminato dalla l.,* moonlit ● *l. di miele,* honeymoon □ *abbaiare alla l.,* to bay at the moon □ *avere la l. (di traverso),* to be in a bad mood; to have got out of bed on the wrong side □ *chiaro di l.,* moonlight; moonshine □ *chiedere (o volere) la l.,* to ask for the moon □ *(fig.) una faccia di l. piena,* a face like a full moon □ *(fig.) far vedere la l. nel pozzo a q.,* to lead sb. up the garden path □ *(miss.) lancio verso la l.,* moon shot □ *(fig.) essere nella l. (o avere la testa nel mondo della l.),* to have one's head in the clouds □ *Era una notte di l.,* it was a moonlight night.
luna-park *m.* **fun-fair; amusement park.**
lunare *a.* **lunar** ● *(miss.) passeggiata l.,* moon walk.
lunària *f. (miner.)* **moonstone.**
lunàrio *m.* **almanac** ● *sbarcare il l.,* to scrape a living; to make both ends meet.
lunàtico *a.* **moody; whimsical; full of whims and fancies.**
lunàuta *m.* e *f. (miss.)* **lunarnaut, lunanaut.**
lunazióne *f. (astron.)* **lunation.**
lunedì *m.* **Monday**: *un l. pomeriggio,* one Monday afternoon.
lunétta *f. (archit.)* **lunette.**
lungàggine *f.* **slowness.**
lungagnata *f.* **1 long-winded speech; rigmarole 2** (faccenda che va per le lunghe) **long-drawn-out affair.**
lungaménte *avv.* **(for) a long time; long.**
lunghézza *f.* **1 length**: *(radio) l. d'onda,* wave-length **2** (estensione, anche) **extent.**
lungi *avv. (lett.)* **far** ● *l. da,* far from: *non l. da qui,* not far from here.
lungimirante *a.* **far-seeing; far-sighted; far-reaching.**
lungimiranza *f.* **far-sightedness.**
(1) lungo *a.* **1 long**: *una strada lunga e stretta,* a long narrow street □ *l. un miglio,* one mile long □ *(fig.) con il muso l.,* with a long face **2** (diluito) **weak; thin**: *caffè l.,* weak coffee □ *brodo l.,* thin soup **3** *(fam.:* alto) **tall**: *l. come una pertica,* as tall as a lamp-post **4** (troppo lungo) **lengthy 5** *(fam.:* lento) **slow 6** *(fon.)* **long** ● *l. come la fame,* interminable □ *l. disteso,* stretched out; flat on one's back: *cadere l. disteso,* to fall flat □ *a l.,* a long time; (con tutti i particolari) at length □ *a l. andare,* in the long run □ *alla più lunga,* at the latest □ *(fig.) avere le mani lunghe,* to be light-fingered □ *avere la vista lunga,* to be long-sighted (più comune: far-sighted) □ *di gran lunga,* far *(davanti a un compar.)*; by far *(davanti a un superl.)*; much □ *(fam.) fare il muso l.,* to pull a long face □ *(fam.) farla lunga,* to keep on □ *(fig.) non guardare q. quant'è l.,* not to give sb. so much as a glance □ *saperla lunga,* to know a thing or two; to know what's what □ *L'assicurazione pagherà, ma si andrà per le lunghe,* the insurance will pay, but it's bound to take time.
(2) lungo *m.* **length**: *dieci metri per il l.,* ten metres in length □ *misurare q.c. in l. e in largo,* to measure the length and breadth of st. ● *in l. e in largo,* far and wide; everywhere □ *per il l.* (per il verso della lunghezza), lengthwise; lengthways; longways □ *Ho girato la Spagna in l. e in largo,* I've travelled all over Spain.
(3) lungo *prep.* **1 along; by the side of** (st.) **2** (di tempo) **during.**
lungofiume *m.* **riverside.**

lungolago *m.* **lake-front.**
lungomare *m.* **sea-front; promenade.**
lungometràggio *m.* (*cinem.*) **feature** (o **full-length**) **film.**
lùnula *f.* ***1*** (*anat.*) **lunule; half-moon** (*fam.*) ***2*** (*geom.*) **lune.**
luògo *m.* ***1*** **place; locality; scene**: *l. di nascita,* birth-place □ *l. di provenienza,* place of origin □ *in primo (in secondo) l.,* in the first (in the second) place □ *fuori di l.,* out of place □ *in l. di,* in the place of (o instead of) □ *il l. del delitto,* the scene of the crime ***2*** (l. particolare o ristretto) **spot**: *sul l.,* on the spot ***3*** (*letter.:* passo d'autore) **passage** ***4*** (*geom.*) **locus*** ● *l. comune,* commonplace; platitude; cliché □ *l. di pena,* penitentiary □ *l. pio,* charitable institution □ *aver l.,* to take place □ (*fig.*) *dar l. a,* (causare) to cause, to give rise to; (condurre a) to lead to, to be conducive to: *dar l. a dubbi,* to give rise to doubts □ *dar l. a critiche,* to be open to criticism □ *del l.* (del paese, ecc.), local □ *in nessun l.,* nowhere □ *in ogni l.,* everywhere □ *in qualsiasi l.,* anywhere; wherever (*in frasi concessive*) □ *(Egli) non è del l.,* he doesn't live here; he is a stranger □ *La riunione avrà l. a Ginevra,* the meeting is to be held in Geneva.
luogotenènte *m.* ***1*** **deputy; representative** ***2*** (*mil.*) **lieutenant.**
luogotenènza *f.* ***1*** **deputyship** ***2*** (*mil.*) **lieutenancy.**
lupa *f.* **she-wolf*.**
lupacchiòtto *m.* **wolf-cub.**
lupara *f.* **sawn-off shotgun.**
lupésco *a.* **wolfish.**
lupétto *m.* ***1*** **wolf-club** ***2*** (nell'associazione dei giovani esploratori) **cub (scout).**
lupinèlla *f.* (*bot.*, Onobrychis sativa) **sainfoin.**
lupino *m.* (*bot.*, Lupinus) **lupin(e).**
lupo *m.* **wolf***: *gridare al l.,* to cry wolf ● *l. di mare* (vecchio marinaio), old salt □ *avere una fame da l.,* to be ravenous □ *mangiare come un l.,* to eat like a horse □ *tempo da lupi,* foul weather.
lùppolo *m.* (*bot.*, Humulus lupulus) **hop.**
lupus *m.* (*med.*) **lupus.**
lùrido *a.* **filthy; grimy.**
luridume *m.* **filthy mess; filth.**
lusco *a.* — *tra il l. e il brusco,* at dusk; at twilight; at nightfall.
lușinga *f.* **flattery; allurement.**
lușingare ***A*** *v. t.* to **flatter**; to **allure** ***B*** **lușingarsi** *v. rifl.* ***1*** to **flatter oneself** ***2*** (illudersi) to **entertain illusions;** (sperare) to **hope.**
lușingatóre ***A*** *m.* **flatterer** ***B*** *a.* **flattering.**
lușinghièro *a.* **flattering; alluring; tempting.**
lussare *v. t.* (*med.*) to **dislocate**; to **luxate.**
lussazióne *f.* (*med.*) **dislocation; luxation.**
lusso *m.* **luxury; sumptuousness;** (lo spendere troppo) **extravagance**: *vivere nel l.,* to live in luxury ● *di l.,* luxury (*attr.*); « de luxe »: *articoli di l.,* luxury articles.
lussuóso *a.* **luxurious; grand.**
lussureggiante *a.* **luxuriant.**
lussureggiare *v. i.* to **grow*** **luxuriantly.**
lussùria *f.* **lust; lasciviousness.**
lussurióso *a.* **lustful; lascivious.**
lustrale *a.* (*lett.*) **lustral.**
lustrare ***A*** *v. t.* to **polish** ***B*** *v. i.* to **shine***; to **be glossy.**
lustrascarpe *m.* **shoeblack; shoe-shine** (*USA*).
lustrino *m.* **sequin; spangle** ● *ornare di lustrini,* to spangle.
(1) lustro ***A*** *a.* **shiny; lustrous;** (di pelo, pelliccia, ecc.) **glossy;** (di q.c. cui è stato dato il lucido) **polished** ***B*** *m.* ***1*** (lucentezza) **lustre; gloss; sheen** ***2*** (*fig.:* l'essere illustre) **lustre** (*lett.*); **distinction; glory**: *acquistare nuovo l.,* to acquire new glory (o to add lustre to one's name) ● (*fig.*) *tirato a l.,* spick and span.
(2) lustro *m.* (quinquennio) **five-year period; lustre.**
luteranéșimo *m.* (*relig.*) **Lutheranism.**
luterano *a.* e *m.* (*relig.*) **Lutheran.**
lutèzio *m.* (*chim.*) **lutetium.**
lutto *m.* ***1*** **mourning**: *essere in l. per q.,* to be in mourning for sb. □ *prendere (portare) il l.,* to go into (to wear) mourning □ *mezzo l.,* half-mourning □ *l. stretto,* full (o deep) mourning ***2*** (perdita, dolore) **loss; bereavement** ● *listato a l.,* black-edged.
luttuóso *a.* **mournful; sad; woeful.**

M

M, m *m.* o *f.* **M, m** ● *(tel.) m come Milano,* m for Mary.

ma **A** *cong.* **1** *(generalm.)* **but**: *non per lui, ma per me,* not for him, but for me **2** (eppure, tuttavia) **yet; still**: *È strano, ma vero,* it is strange, yet true **3** (comunque) **however; nevertheless** **4** (al contrario) **on the contrary** **5** *(enf.; rafforzativo)* **why**: *Ma sì!,* why, of course! ● *Ma che!,* not at all!; nothing of the kind! □ *Ma no!,* (neg. enf.) certainly not!; (se esprime stupore, incredulità) really? (o you don't say so!) □ *non solo... ma anche,* not only... but also □ *Ma bravo!,* you clever one! □ *Ma che briccone!,* what a rascal! □ *Ma finitela!,* have done once for all! □ *Ma va!,* go along with you!; get away! **B** *m.* **but**: *A forza di ma e di se, egli non risolve mai niente,* with all his ifs and buts, he never makes up his mind ● *Non c'è ma che tenga!,* it's no use talking about it! **C** *inter.* **who knows!; goodness knows!**

màcabro *a.* **macabre; ghastly; gruesome.**

macaco *m.* **1** *(zool.,* Macacus*)* **macaco*; macaque** **2** *(fig.)* **simpleton.**

macadàm *m.* (rivestimento stradale) **macadam.**

macadamizzare *v. t.* to **macadamize.**

macào *m. invar. (zool.,* Ara*)* **macaw.**

macaóne *m. (zool.,* Papilio machaon*)* **swallow-tail.**

maccartismo *m. (polit.)* **McCarthyism.**

maccartista *m., f.* e *a. (polit.)* **McCarthyist.**

macché *inter.* **of course not!; certainly not!;** (neanche per idea) **not at all!, nothing of the kind!**

maccheróne *m.* **1** *(specialm. al pl.)* **macaroni**: *pasticcio di maccheroni,* macaroni cheese **2** *(fig.)* **blockhead; dolt** ● *(fam.) cascare come il cacio sui maccheroni,* to come just at the right moment.

maccherònico *a. (letter.)* **macaronic** ● *latino m.,* dog-Latin □ *versi maccheronici,* macaronics.

(1) màcchia *f.* **1** **stain; spot; blot; blur; smear; speck; speckle; fleck**: *levare una m.,* to remove (o to take out) a stain □ *una m. di sangue,* a blood-stain □ *una m. d'inchiostro,* an inkspot; a blot □ *una m. di colore,* a speck of colour **2** *(fig.)* **stain; spot; blemish; flaw**: *un nome senza m.,* a reputation without blemish **3** *(astron.)* **spot; patch**: *macchie solari,* sun-spots **4** *(med.)* **macula*; spot** ● *m. sulla pelle* (voglia), birth-mark □ *a macchie bianche,* white-spotted; white-speckled □ *senza m.,* stainless; spotless; (solo *fig.*) unblemished, flawless.

(2) màcchia *f.* (boscaglia) **bush; copse; thicket; scrub** ● *m. bassa,* undergrowth; underwood □ *darsi alla m.,* to take to the bush □ *(fig.) fare q.c. alla m.,* to do st. clandestinely (o surreptitiously) □ *vivere alla m.,* to be a bush-ranger.

macchiare **A** *v. t.* **1** to **stain**; to **spot**; (d'inchiostro) to **blot**; (di fango) to **spatter**, to **bespatter**; (di cosa untuosa) to **smear**, to **besmear**; (lordare) to **dirty**, to **soil**, to **sully**, to **tarnish**, to **foul**; *(tipogr.)* to **blur**, to **mackle**: *m. di sangue,* to stain (o to smear) with blood **2** *(fig.)* to **stain**; to **soil**; to **blemish**; to **foul**; to **sully**: *m. il nome di q.,* to stain (o to soil, to sully) sb.'s reputation **B** **macchiarsi** *v. rifl.* to **stain (oneself)**; to **soil (oneself)**; to **dirty oneself**; to **get* dirty**: *Questo tessuto si macchia facilmente,* this material stains easily □ (anche *fig.*) *m. le mani,* to soil one's hands.

macchiato *a.* **1** **stained;** (chiazzato) **spotted, mottled;** (variegato) **variegated**: *m. di sangue,* blood-stained **2** (di cavallo) **dappled; dapple** ● *caffè m.,* coffee with a dash of milk.

macchiétta *f.* **1** (piccola macchia) **little spot; speckle; fleck** **2** (schizzo) **sketch;** (caricatura) **caricature** **3** (tipo originale) **character; queer card (o customer); odd fish** *(pop.).*

macchiettare *v. t.* to **spot**; to **speckle.**

macchiettista *m.* e *f.* **1** **caricaturist** **2** *(teatr.)* **character actor.**

màcchina *f.* **1** (produttrice di energia) **engine**: *una m. a vapore,* a steam-engine □ *(ind., naut.) sala-macchine,* engine-room **2** (produttrice di lavoro) **machine**: *l'età delle macchine,* the age of machines □ *una m. elettrica,* an electric machine □ *una m. da cucire,* a sewing machine **3** *(al pl.:* macchinario*)* **machinery** *(sing.)* **4** *(fam.:* automobile*)* **car; motor; machine**: *una m. da corsa,* a racing car **5** *(fig.:* di persona*)* **machine; automaton*; robot** **6** (macchinazione) **machination; plot** ● *m. automatica a gettone (o a moneta),* slot-machine □ *(cinem.) m. da presa,* cine-camera □ *m. da scrivere,* typewriter □ *m. della verità,* lie-detector □ *m. fotografica,* camera □ *m. per maglieria,* knitting machine □ *(agric.) m. per la mietitura,* reaping machine; harvester □ *m. tipografica,* printing-press □ *(tipogr.) andare in m.,* to go to press □ *(elab.) codice m.,* machine code □ *fatto a m.,* machine-made.

macchinale *a.* **mechanical; automatic.**

macchinalménte *avv.* **mechanically.**

macchinare *v. t.* to **plot**; to **contrive**; to **scheme.**

macchinàrio *m.* **machinery.**

macchinatóre *m.* **plotter; contriver.**

macchinazióne *f.* **machination; plot; scheme.**

macchinista *m.* **1** *(ferr.)* **engine-driver; engineer** *(USA)* **2** *(ind.)* **machine-operator** **3** *(teatr.)* **stage-hand.**

macchinosità *f.* **complexity; involution.**

macchinóso *a.* **complex; complicated; involved; far-fetched.**

macèdone *a.* e *m.* **Macedonian** ● *Filippo il M.,* Philip of Macedon.

macedònia *f. (cucina)* **fruit-salad.**

macellàio *m.* **butcher** (anche *fig.*).

macellare *v. t.* to **butcher**, to **slaughter** (anche *fig.*).

macellazióne *f.* **butchery; slaughter.**

macellerìa *f.* **butcher's shop.**

macèllo *m.* **1** (mattatoio) **slaughter-house; shambles** **2** (macelleria) **butcher's shop** **3** (il macellare) **butchery; slaughtering** **4** *(fig.)* **slaughter; shambles;** massacre: *Che m.!,* what a shambles!

macerare **A** *v. t.* to **macerate** (anche *fig.*); to **steep**; (tessili) to **ret**; (pelli) to **bate** **B** **macerarsi** *v. rifl.* **1** to **macerate** **2** *(fig.)* to **waste away**; to **be consumed** (with).

maceratóio *m. (ind. tessile)* **retting-pit; rettery.**

macerazióne *f.* **1** **maceration; steeping;** *(ind. tessile)* **retting;** (di pelli) **bating** **2** *(fig.)* **mortification.**

macèrie *f. pl.* **ruins; rubble** *(sing.).*

màcero *m.* **1** (macerazione) **maceration** **2** (maceratoio) **retting-pit; rettery.**

machiavèllico *a.* **Machiavellian; cunning; crafty.**

machiavellismo *m.* **Machiavellianism; Machiavellism.**

macigno *m.* **boulder; rock** ● *dal cuore di m.,* flint-hearted.

macilènto *a.* **lean; meagre; emaciated.**

macilènza *f.* **leanness; meagreness; emaciation.**

màcina *f.* **1** **millstone** **2** *(fig.)* **burden; heavy load.**

macinàbile *a.* **capable of being ground (o milled); pulverizable.**

macinacaffè *m.* **coffee-grinder.**

macinapépe *m.* **pepper-mill.**

macinare *v. t.* **1** to **grind***; to **mill**; (grano) to **grist**: *m. il caffè,* to grind coffee **2** (polverizzare) to **pulverize**; (col pestello) to **pound** **3** (schiacciare) to **crush**; to **smash**; to **press** ● *(fig.) m. a due palmenti,* to eat greedily; to gobble.

macinata *f.* **grinding.**

macinato **A** *a.* **1** **ground; milled** **2** (schiacciato) **crushed; smashed** **3** (pestato) **pounded** **B** *m.* **flour; meal; grist.**

macinatóio *m.* **mill; press.**

macinatóre *m.* **grinder.**

macinatura, macinazióne *f.* **grinding; milling.**

macinèllo *m. (pitt.)* **muller.**

macinino *m.* **1** **mill; grinder**: *un m. da caffè,* a coffee-mill **2** *(scherz.:* automobile malridotta*)* **banger; jalopy** *(fam.)*; **old crock** *(pop.).*

maciulla *f. (ind. tessile)* **brake; scutch.**
maciullare *v. t.* **1** *(ind. tessile)* to **brake;** to **scutch** **2** (schiacciare) to **crush;** to **smash.**
macramè *m.* **macramé.**
macro- *(nei composti)* **macro-.**
macrobiòtica *f.* **macrobiotics** *(pl. col verbo al sing.).*
macrobiòtico *a.* **macrobiotic.**
macrocefalìa *f. (med.)* **macrocephaly.**
macrocèfalo *a. (med.)* **macrocephalic; macrocephalous.**
macrocòṣmo *m.* **macrocosm.**
macroscòpico *a.* **1** **macroscopic** **2** *(fig.)* **gross; glaring.**
macuba *m.* o *f.* (tabacco da fiuto) **Macuba snuff.**
màcula *f.* **macula*; spot; stain.**
maculato *a.* **spotted; dappled.**
madama *f. (scherz.)* **madam; (fine) lady.**
madamigèlla *f. (scherz.* o *iron.)* **mademoiselle.**
madapolàm *m.* **madapollam.**
madèra *m.* **Madeira (wine).**
màdia *f.* **kneading trough; flour-bin.**
màdido *a.* **wet; damp; moist**: *mani madide di sudore,* hands moist with perspiration.
madònna *f.* **Our Lady; (the) Virgin Mary; (the) Madonna** ● *M.! (o M. santa!),* goodness me!; goodness gracious!
madonnaro *m.* **pavement artist.**
madonnina *f. (iron.)* **demure (o prudish) young lady** ● *avere un fare di m.,* to have coy manners □ *avere un viso di m.,* to be demure-looking.
madornale *a.* **enormous; huge; gross** ● *una bugia m.,* a thumping lie; a bouncer *(pop.)* □ *un errore m.,* a blunder.
madre *f.* **1** **mother** **2** (d'animali) **dam** **3** *(relig.)* **Mother**: *M. Superiora,* Mother Superior **4** (madrevite) **nut screw** **5** (feccia) **dregs** *(pl.)*; **lees** *(pl.)* **6** *(anat.)* **mater**: *dura (pia) m.,* dura (pia) mater **7** *(bot.:* pianta m.*)* **stock** **8** *(comm.:* matrice*)* **counterfoil** **9** (dell'aceto) **mother** ● *m. patria,* mother country □ *amor di m.,* maternal love; a mother's love □ *divenire m.,* to give birth to a child □ *fare da m. a q.,* to mother sb. □ *lingua m.,* mother tongue □ *nonno da parte di m.,* (one's) maternal grandfather □ *ragazza m.,* unmarried mother □ *senza m.,* motherless.
madrelingua *f.* **mother tongue.**
madrepàtria *f.* **mother country; native land.**
madrepèrla *f.* **mother-of-pearl; nacre.**
madreperlàceo *a.* **nacreous; pearly.**
madrèpora *f. (zool.,* Madrepora*)* **madrepore.**
madrepòrico *a. (zool.)* **madreporic; madreporiform.**
madresélva *f. (bot.,* Lonicera periclymenum*)* **honeysuckle; woodbine.**
madrevite *f. (mecc.)* **nut screw; internal thread.**
madrigale *m. (poesia, mus.)* **madrigal.**
madrigalista *m.* **madrigalist.**
madrilèno *m.* e *a.* **Madrilenian.**
madrina *f.* **godmother; sponsor.**
maestà *f.* **1** **majesty; grandeur; loftiness; stateliness** **2** (titolo) **Majesty**: *Sua M. Britannica,* His (o Her) Britannic Majesty *(abbr.: H.B.M.).*
maestosaménte *avv.* **majestically.**
maestosità *f.* **majesty; grandeur; loftiness; stateliness.**
maestóso *a.* **1** **majestic; grand; lofty; stately; solemn** **2** *(mus.)* **maestoso.**
maèstra *f.* **1** **teacher; school-teacher; schoolmistress**: *una m. giardiniera,* a nursery school-teacher **2** *(naut.)* **mainsail** ● *(naut.) albero di m.,* mainmast.
maestrale *m.* **north-west wind.**
maestranza *f. (specialm. al pl.)* **hands** *(pl.)*; **workers** *(pl.).*
maestrìa *f.* **1** **mastery; (masterly) skill; dexterity** **2** (accortezza) **cunning; shrewdness.**
maèstro **A** *a.* **1** (principale) **main; chief** **2** (magistrale) **master** *(attr.)*; **masterly; skilful**: *un colpo m.,* a master-stroke ● *(naut.) albero m.,* mainmast □ *strada maestra,* high-road; highway **B** *m.* **1** **master;** (di scuola) **schoolmaster;** (insegnante) **teacher;** *(istruttore)* **instructor**: *un m. di scherma,* a fencing master □ *un m. di ballo,* a dancing master **2** (artigiano provetto) **master** ● *(mus.) m. compositore,* composer □ *m. d'ascia,* carpenter; *(naut.)* shipwright □ *(mus.) m. direttore d'orchestra,* conductor □ *essere m. in q.c.,* to know st. thoroughly; to master st.
màfia *f.* **1** **Mafia** **2** (eleganza vistosa) **swank** *(fam.).*
mafióso *m.* **1** **mafioso*; member of the Mafia** **2** (chi sfoggia un'eleganza vistosa) **swanker** *(fam.).*
maga *f.* **sorceress; enchantress; magician.**
magagna *f.* **1** (difetto) **defect;** (manchevolezza) **imperfection, flaw** **2** (acciacco) **infirmity; ailment.**
magagnare *v. t.* to **spoil;** to **mar;** to **damage.**
magari **A** *inter.* **would to God!; would to Heaven!** **B** *cong.* **1** (anche se) **even if** **2** (volesse il cielo che) **if only** **C** *avv.* (perfino) **even;** (forse) **perhaps, maybe.**
magaẓẓinàggio *m. (comm.)* **storage; warehousing.**
magaẓẓinière *m.* **storekeeper; warehouseman*.**
magaẓẓino *m.* **storehouse; store; warehouse**: *magazzini a catena,* chain-stores ● *magazzini di bacino,* docks □ *(ferr.) m. merci,* goods shed □ *grande m.,* department store □ *in m.,* on hand.
maggése **A** *a.* **May** *(attr.)*; **of May** **B** *m. (agric.)* **fallow; fallow land**: *tenere in m.,* to lay fallow □ *m. intero,* a year's fallow □ *mezzo m.,* six months' fallow.
màggio *m.* **1** **May** **2** *(fig.)* **bloom; prime; heyday.**
maggiociòndolo *m. (bot.,* Laburnum anagyroides*)* **laburnum.**
maggiolata *f.* **May song.**
maggiolino *m. (zool.,* Melolontha melolontha*)* **cockchafer; May-bug.**
maggiorana *f. (bot.,* Origanum majorana*)* **sweet marjoram.**
maggioranza *f.* **majority**: *essere eletto a grande m.,* to be elected by a large majority.
maggiorare *v. t. (comm.)* to **increase.**
maggiorasco *m. (leg., stor.)* **majorat.**
maggiorato *a.* **1** *(comm.)* **increased** **2** *(mecc.)* **oversize.**
maggiorazióne *f. (comm.)* **increase.**
maggiordòmo *m.* **butler; house-steward; majordomo*.**
maggióre **A** *a.* **1** (più grande, specialm. in senso morale e astratto) *(compar.)* **greater;** *(superl. relat.)* (fra due) **(the) greater,** (fra più di due) **(the) greatest;** (più importante) **major**: *Il tuo bisogno è m. del mio,* your need is greater than mine □ *Dante è il nostro m. poeta,* Dante is our greatest poet **2** (più grande, in senso materiale) *(compar.)* **larger, bigger;** *(superl. relat.)* (fra due) **(the) larger, (the) bigger;** (fra più di due) **(the) largest, (the) biggest** **3** (più alto) *(compar.)* **higher,** (di statura) **taller;** *(superl. relat.)* (fra due) **(the) higher, (the) taller;** (fra più di due) **(the) highest, (the) tallest**: *al m. offerente,* to the highest bidder **4** (di età) *(compar.)* **older,** (fra due consanguinei) **elder;** *(superl. relat.)* (fra due) **(the) older, (the) elder;** (fra più di due) **(the) oldest, (the) eldest**: *Il mio amico è m. di me,* my friend is older than I □ *la figlia m.,* the elder (o eldest, se le figlie sono più di due) daughter **5** *(relig., filos., mus., mat., mil.)* **major**: *la chiave di do m.,* the key of C major □ *m. generale,* major-general ● *andare per la m.,* to be (very) popular; to be in *(fam.)* □ *casi di forza m.,* uncontrollable events; acts of God □ *Catone m.,* Cato the Elder □ *essere d'età m.,* to be of age □ *l'età m.,* majority; full age □ *per la m. parte,* mostly □ *raggiungere l'età m.,* to come of age **B** *m.* **1** (di grado) **superior** **2** (d'età) **elder**: *i propri maggiori,* one's elders **3** *(mil.)* **major** **4** *(aeron.)* **squadron leader** **5** *(al pl.:* maggiorenti*)* **leading figures;** (di una città) **elders,** *(scherz.)* **bigwigs** **6** *(al pl.:* antenati*)* **forefathers; ancestors.**
maggiorènne **A** *a.* **of (full) age**: *divenire m.,* to come of age □ *essere m.,* to be of age **B** *m.* e *f.* **major.**
maggiorènte *m. (specialm. al pl.)* **notable (man*); magnate;** *(scherz.)* **bigwig.**
maggiorità *f. (mil.)* **staff office.**
maggioritàrio *a. (polit.)* **majority** *(attr.).*
maggiorménte *avv.* (di più) **more;** (più di tutto) **mostly, mainly, chiefly.**

Magi *m. pl. (relig.)* **Magi.**
magìa *f.* ***1*** **magic**: *per m.*, by magic ***2*** *(fig.)* **magic; charm; enchantment**: *la m. della bellezza,* the charm of beauty.
màgiaro *a.* e *m.* **Magyar.**
màgico *a.* ***1*** **magic(al)**: *una lanterna magica,* a magic lantern ***2*** *(fig.)* **charming; enchanting; fascinating** ● *una bacchetta magica,* a magician's wand □ *(fis.) occhio m.*, visual tuning indicator; magic eye *(fam.)*.
magistèro *m.* ***1*** (maestria) **mastery; skill; command** ***2*** (professione di maestro) **mastership;** (insegnamento) **teaching** ● *esercitare il m.*, to be a teacher (by profession).
magistrale *a.* **magisterial; masterly; skilful;** (cattedratico) **professorial, authoritative** ● *istituto m.*, training college.
magistralménte *avv.* **magisterially; skilfully; in a masterly manner; with masterly skill.**
magistrato *m.* **magistrate; judge.**
magistratura *f.* ***1*** (ufficio di magistrato) **magistrature; magistracy** ***2*** (insieme di magistrati) **(the) magistracy; (the) Bench** ● *esercitare la m.*, to be a magistrate (o a judge).
màglia *f.* ***1*** (intrecciatura di filo) **stitch**: *m. a diritto,* plain stitch □ *m. a rovescio,* inverted stitch; purl □ *lasciar cadere una m.*, to drop a stitch ***2*** (lavoro a maglia) **knitting** ***3*** (indumento da portare sulla pelle) **vest;** (giacchetta di lana a maglia) **cardigan;** (maglia a forma di camicia) **jersey;** (calzamaglia) **tights** *(pl.)* ***4*** (d'una rete) **mesh**: *rete a maglie grosse,* large-meshed net ***5*** *(mecc.*: di catena) **link** ● *(sport, fig.) m. gialla,* cyclist placed first (in the Tour de France) □ *(sport, fig.) m. iridata,* world cycling champion □ *(sport, fig.) m. rosa,* cyclist placed first (in the Tour of Italy) □ *di m.*, knit *(agg.)*: *calze di m.*, knit stockings □ *lavorare a* (o *fare la*) *m.*, to knit.
magliàia *f.* **knitter.**
maglierìa *f.* **hosiery; knitwear; knit goods** *(pl.)* ● *macchina per m.*, knitting machine □ *negozio di m.*, hosier's shop.
magliétta *f.* ***1*** (indumento intimo) **vest;** (m. girocollo con maniche corte) **T-shirt, tee-shirt** ***2*** (asola a cordoncino) **loop** ● *gancio e m.*, hook and eye.
maglifìcio *m.* **hosiery; knitwear factory.**
màglio *m.* ***1*** **maul, mall; beetle;** (mazzuolo) **mallet;** (battipalo) **monkey, rammer** ***2*** *(mecc.)* **hammer.**
maglióne *m.* **sweater; jumper**: *m. dolcevita,* polo-neck sweater.
magma *m. (geol.)* **magma*.**
magnàccia *m. (dial., spreg.)* **pimp.**
magnanimità *f.* **magnanimity; nobility of feeling.**
magnànimo *a.* **magnanimous; noble; generous; high-minded** ● *magnanime imprese,* heroic deeds.
magnano *m.* **locksmith.**
magnate *m.* **magnate; tycoon** *(USA)*: *un m. del petrolio,* an oil magnate.
magnèsia *f. (chim.)* **magnesia; magnesium oxide.**
magnèsio *m. (chim.)* **magnesium.**
magnète *m.* ***1*** *(fis.)* **magnet** ***2*** *(mecc.)* **magneto*.**
magnètico *a.* ***1*** *(fis.)* **magnetic(al)**: *un ago m.*, a magnetic needle ***2*** *(fig.)* **magnetic**: *un sorriso m.*, a magnetic smile.
magnetismo *m. (fis.)* **magnetism** (anche *fig.*).
magnetite *f. (miner.)* **magnetite; loadstone, lodestone.**
magnetizzare *v. t. (fis.)* to **magnetize** (anche *fig.*).
magnetizzazióne *f. (fis.)* **magnetization.**
magnetòfono *m.* **tape-recorder.**
magnetòmetro *m. (scient.)* **magnetometer.**
magnificaménte *avv.* **magnificently; splendidly;** (in modo munifico) **munificently, liberally.**
magnificare *v. t.* to **glorify;** (esaltare) to **exalt,** to **extol.**
magnìficat *m. (relig.)* **Magnificat.**
magnificènza *f.* **magnificence;** (liberalità) **liberality, munificence;** (grandezza) **greatness;** (grandiosità) **grandeur;** (splendore) **splendour;** (pompa) **pomp;** (sontuosità) **sumptuosity** ● *Che m.!*, how wonderful!
magnìfico *a.* **magnificent;** (liberale) **liberal, munificent;** (grandioso) **grand;** (splendido) **splendid;** (sontuoso) **sumptuous;** (del tempo atmosferico) **glorious**: *Lorenzo il M.*, Lorenzo the Magnificent.
magniloquènte *a. (lett.)* **magniloquent; bombastic.**
magniloquènza *f. (lett.)* **magniloquence; bombast.**
magno *a.* **great**: *Alessandro M.*, Alexander the Great ● *in cappa magna,* in one's long robe; in pomp and ceremony.
magnòlia *f. (bot.,* Magnolia*)* **magnolia.**
mago *m.* **magician; wizard; sorcerer; conjuror.**
magóna *f.* **iron-foundry; ironworks.**
magóne *m. (dial.)* **gizzard** ● *(fig.) avere il m.*, to have a lump in one's throat.
magra *f.* ***1*** **low water** ***2*** (scarsità) **shortage** ● *(fam.) fare una m.* (una figuraccia), to cut a poor figure □ (di un fiume) *essere in m.*, to be low □ *tempi di m.*, lean years.
magraménte *avv.* **thinly; poorly; scantily; stingily; scarcely.**
magrézza *f.* ***1*** **thinness; meagreness; leanness** ***2*** (scarsità) **scarcity; scantiness; poorness** ***3*** (del terreno) **poorness; barrenness** ● *(fig.) mostrare le ossa per m.*, to be all skin and bones.
magro ***A*** *a.* ***1*** **thin;** (scarno) **meagre;** (sottile) **slender;** (macilento) **lean;** (sparuto) **gaunt;** (smilzo) **spare** ***2*** (insufficiente) **meagre, insufficient, poor;** (scarso) **scarce, scanty, spare, lean**: *un pasto m.*, a poor (o meagre, spare, scanty) meal □ *un raccolto m.*, a scanty crop ***3*** (debole) **weak, lame;** (meschino) **paltry**: *una scusa magra,* a lame excuse ***4*** (sterile) **poor; barren; jejune** ● *essere m. stecchito,* to be as thin as a lath; to be as lean as a rake □ *acque magre,* low water □ *dal viso m.*, thin-faced; meagre-faced ***B*** *m.* (carne magra) **lean (meat)** ● *mangiare di m.*, to abstain from meat □ *minestra di m.*, vegetable soup.
mah *inter.* ***1*** (per esprimere dubbio) **who knows!; goodness knows!; heaven knows!** ***2*** (per esprimere rassegnazione) **well!**
mai *avv.* ***1*** (nessuna volta, in nessun tempo) **never**: *mai più,* never again; never more □ *Non ho mai visto una cosa del genere,* I've never seen anything like that; well, I never! □ *Non è mai troppo tardi per correggersi,* it is never too late to mend ***2*** (una volta, talvolta, in qualsiasi tempo; e quando ci sia un'altra negazione) **ever**: *Vedi mai la ragazza?*, do you ever see the girl? □ *Non succede mai niente qui,* nothing ever happens here ***3*** *(fam., pleonastico; omesso in ingl.)*: *Quant'è mai sciocca, quella ragazza!*, how silly that girl is! ● *Mai più!* (niente affatto), certainly not (o on no account) □ *Come mai?*, how is that? (o why on earth?) □ *meglio (peggio) che mai,* better (worse) than ever □ *meno (più) che mai,* less (more) than ever □ *quanto mai,* ever so; as ever □ *quasi mai,* hardly ever □ *se mai (o caso mai),* in case; if it should happen (that) □ *Non si sa mai!*, you never can tell! □ *Che dite mai?*, what on earth are you saying?
maiale *m.* ***1*** **pig** (anche *fig.*); **hog;** (verro) **boar;** (suino) **swine***: *un branco di maiali,* a herd of swine □ *mangiare quanto un m.*, to make a pig of oneself ***2*** (carne) **pork**: *braciole di m.*, pork chops.
maialésco *a.* **piggish; pig-like; hoggish; swinish.**
maiestàtico *a. (lett.)* **of majesty.**
maièutica *f. (filos.)* **maieutics** *(pl. col verbo al sing.)*.
maiòlica *f.* **majolica.**
maionése *f. (cucina)* **mayonnaise.**
màis *m. (bot.,* Zea mays*)* **maize; Indian corn.**
maître *(franc.) m.* **maître d'hotel; head waiter.**
maiùscola *f.* **capital (letter)** ● (di macchina da scrivere) *tasto delle maiuscole,* shift key.
maiuscolétto *m. (tipogr.)* **small capitals** *(pl.)*.
maiùscolo *a.* ***1*** **capital**: *lettere maiuscole,* capital letters; capitals ***2*** (enorme) **big; huge.**
majorette *(ingl.) f.* **majorette.**
makò *m.* **maco; Egyptian cotton.**
malaccètto *a.* **unwelcome.**
malaccòrto *a.* **imprudent; rash; heedless; careless; incautious; unwary.**

malachite *f. (miner.)* **malachite.**
malacologìa *f. (scient.)* **malacology.**
malacòlogo *m. (scient.)* **malacologist.**
malacreanza *f.* **impoliteness; incivility; ill-breeding.**
malafatta *f.* ***1*** *(specialm. al pl.)* **wrong-doing** ***2*** (difetto di tessitura) **flaw.**
malaféde *f.* **bad faith**: *agire in m.*, to act in bad faith.
malaffare *m.* — *gente di m.*, shady characters *(pl.)* □ *donna di m.*, prostitute.
malagévole *a.* **uneasy; uncomfortable;** (faticoso) **hard.**
malagràzia *f.* **bad grace; ill grace**: *con m.*, with (a) bad grace.
malalìngua *f.* **backbiter; slanderer.**
malaménte *avv.* **badly; dangerously.**
malandato *a.* **in bad condition;** (malridotto in salute) **in poor health.**
malandrinàggio *m.* **highway robbery; brigandism, brigandage** ● *darsi al m.*, to take (to) the highway.
malandrino ***A*** *a.* **roguish; knavish; mischievous; nasty** ***B*** *m.* ***1*** **highwayman*; robber; brigand** ***2*** *(fig.,* anche *scherz.)* **scoundrel.**
malànimo *m.* **ill-will; malevolence.**
malanno *m.* ***1*** (male fisico) **illness; ailment;** (acciacco) **infirmity;** (disturbo) **trouble** ***2*** (disgrazia) **mishap, misfortune;** (gran danno) **calamity;** (sfortuna) **bad luck** ***3*** (persona noiosa) **nuisance** ● *(scherz.) avere il male, il m. e l'uscio addosso,* to have everything hanging round one's neck, including the kitchen stove □ *Che ti colga il m.!,* (may) the devil take you!
malaparata *f.* **danger**: *vedere la m.*, to see danger right ahead.
malapéna, a *locuz. avv.* **hardly; scarcely**: *Lo capisco a m.*, I can hardly understand him.
malària *f. (med.)* **malaria; malarial fever.**
malàrico ***A*** *a.* **malarial; malarious** ***B*** *m.* **malarial.**
malasòrte *f.* **bad (o ill) luck; misfortune.**
malatìccio *a.* **sickly; weak; feeble; frail; weedy** *(fam.)*.
malato ***A*** *a.* ***1*** **sick** *(attr.)*; **ill** *(per lo più pred.)*; (di parte del corpo) **sore;** (indisposto) **unwell**: *essere gravemente m.*, to be seriously ill □ *sembrare m.*, to look ill □ *(mil.) darsi m.* (marcare visita), to report (*fam.:* to go) sick □ *un bambino m.*, a sick child □ *un dito m.*, a sore finger ***2*** *(fig.)* **unsound; morbid; unhealthy**: *una mente malata,* an unsound mind ***3*** (delle piante) **languishing** ● *essere m. allo stomaco,* to have a stomach-ache; to have a pain in one's stomach □ *essere m. di cuore,* to suffer from heart-disease; *(fig.)* to be love-sick □ *essere m. di petto,* to suffer from consumption; to be consumptive ***B*** *m.* **patient; sick person**: *un m. di petto,* a consumptive patient ● *un m. di mente,* a lunatic; an insane person.
malattìa *f.* **illness; sickness;** (anche delle piante) **disease;** (spesso *fig.*) **malady;** (leggera) **ailment, infirmity**: *una m. infettiva,* an infectious disease □ *le malattie del lavoro,* occupational diseases □ *curare una m.*, to treat an illness □ *le malattie della vecchiaia,* the infirmities of old age ● *essere colpito da una m.*, to be taken ill.
malauguratamente *avv.* **unfortunately; unluckily.**
malaugurato *a.* **inauspicious; ill-omened;** (sfortunato) **unfortunate, unlucky.**
malaugùrio *m.* **bad (o evil, ill) omen**: *uccello del m.*, bird of ill omen.
malaventura *f.* **bad luck; mischance**: *per m.*, by mischance; unluckily.
malavita *f.* **(the) underworld; gangsters** *(pl.)* ● *appartenere alla m.*, to be a gangster □ *gergo della m.*, underworld slang.
malavòglia *f.* **unwillingness; reluctance** ● *di m.*, unwillingly; reluctantly; against one's will; against the grain.
malavveduto *a.* (imprudente) **imprudent;** (malaccorto) **unwise;** (sconsigliato) **unwary;** (sconsiderato) **inconsiderate.**
malavvézzo *a.* **ill-bred; ill-mannered; unmannerly.**
malcaduco *m. (pop.)* **epilepsy.**
malcapitato ***A*** *a.* **unlucky; unfortunate** ***B*** *m.* **victim.**
malcàuto *a.* **incautious; heedless; unwary; rash.**
malcèrto *a.* ***1*** (malfermo) **unsteady** ***2*** (incerto) **uncertain; doubtful.**
malcóncio *a.* **bedraggled; (badly) battered; in a sorry (o sad) plight** ● *tutto pesto e m.*, black and blue all over.
malcontènto ***A*** *a.* **displeased; dissatisfied; discontented; malcontent**: *essere m. di q.*, to be displeased with sb. ***B*** *m.* ***1*** **malcontent** ***2*** (senso di scontentezza) **discontent; dissatisfaction.**
malcorrispósto *a.* **ill-requited.**
malcostume *m.* **immorality; immoral behaviour.**
maldèstro *a.* **inexperienced; inexpert;** (impacciato) **awkward, clumsy.**
maldicènte ***A*** *a.* **slanderous** ***B*** *m.* e *f.* **slanderer; backbiter.**
maldicènza *f.* **slander; backbiting.**
maldispósto *a.* **ill-disposed.**
(1) male *m.* ***1*** *(in senso morale)* **evil, ill, wrong;** *(in senso morale e fisico)* **harm**: *il bene e il m.*, good and evil □ *fare del m.*, to do evil □ *non saper distinguere fra il bene e il m.*, not to know the difference between right and wrong □ *Non c'è niente di m. a fare ciò,* there is no harm in doing that ***2*** *(in senso fisico:* malattia*)* **disease; illness; sickness; infirmity; trouble; pain; ache** *(us. generalm. nei nomi composti)*: *un m. contagioso,* a contagious disease □ *mal d'aria,* air-sickness □ *avere mal di capo,* to have a headache □ *mal di denti,* toothache □ *mal di fegato,* liver trouble □ *aver m. a un fianco,* to have a pain in one's side □ *mal di mare,* sea-sickness □ *mal di montagna,* mountain sickness ***3*** (disgrazia, calamità, ecc.) **misfortune; calamity; adversity; woe; trouble**: *i mali della guerra,* the calamities of war ***4*** — *far m., (in senso morale e fisico)* to hurt; *(in senso fisico)* to ache; (recar danno) to do harm; (del cibo) to be bad for one's health; (fare una cosa sbagliata) to do the wrong thing ***5*** — *farsi m.*, to hurt oneself; to get hurt ***6*** — *andare a m.*, (guastarsi) to go bad; (diventare acido) to go sour ● *(fig.) il mal della noia,* tedium □ *mal sottile,* consumption □ *avere m.*, to be (o to feel) ill □ *avere il mal di mare,* to be seasick □ *aversi a m.*, to take offence (at st.); to take (st.) amiss □ *indurre q. al m.*, to lead sb. astray □ *mettere m.*, to sow discord; to make mischief □ *venire m. (a q.),* to swoon □ *È m. di poco,* it is a matter of no importance □ *Non c'è m.!,* not bad!; pretty good!
(2) male *avv.* **badly; not well; ill; wrong; wrongly; incorrectly**: *andare m.*, to be wrong: *Il mio orologio va m.*, my watch is wrong □ *fare tutto m.*, to do everything wrong □ *parlare m. di q.*, to speak ill of sb.; to run sb. down □ *passarsela m.*, not to get on well □ *pronunziare m.*, to pronounce incorrectly; to mispronounce □ *rispondere m.*, (cioè, sbagliando) to answer wrong; (con sgarbatezza) to give a rude answer, to answer (a person) back □ *stare m.*, (essere malato) to be ill, to be unwell, to feel ill (o unwell); (non convenirsi) not to become; (non adattarsi) not to fit, not to suit ● *abituarsi m.*, to get into bad habits □ *andare di m. in peggio,* to go from bad to worse □ *capire m.*, to misunderstand □ *dire m. della propria famiglia,* to foul one's own nest *(fam.)* □ *finire m.*, to turn out badly; (morire di mala morte) to die a bad death □ *mettersi m.*, to take a bad turn □ *né bene, né m.*, so so □ *rimanere m.*, to be sorry; to be disappointed □ *star m. a quattrini,* to be short of money □ *M.!,* that's bad! □ *Dici m.!,* you are wrong! □ *Hai capito m.!,* you have got it wrong!
maledettaménte *avv.* **awfully; dreadfully; terribly.**
maledétto *a.* ***1*** **cursed; damned** ***2*** (orribile) **horrible; awful**: *È un tempo m.!,* what horrible weather we are having! ● *avere una fame maledetta,* to be awfully hungry; to be starving □ *Che tu sia m.!,* damn you!
malèdico *a. (lett.)* **slanderous.**
maledire *v. t.* to **curse;** to **execrate;** to **swear*** (at) ● *Che Dio mi maledica se ci vado!,* I'll be damned if I go.
maledizióne *f.* **curse; imprecation; malediction**:

avere la m. addosso, to be under a curse; *(fig.)* to be very unlucky □ *La m. pesa su questa casa,* there is a curse on this house • *per sua m.,* unfortunately; unluckily □ *M.!,* damn it all!

maleducato ***A*** *a.* **rude; ill-bred; ill-mannered; uncouth** ***B*** *m.* **ill-bred (o ill-mannered) person.**

maleducazióne *f.* **rudeness; ill-breeding.**

malefatta *f.* **(piece of) mischief; wrong-doing.**

malefìcio *m.* **witchcraft.**

malèfico *a.* ***1*** **malefic; baleful** ***2*** (dannoso) **harmful; bad.**

maleodorante *a.* **ill-smelling; smelly; whiffy** *(fam.).*

malèrba *f.* **weed.**

malése *a., m.* e *f.* **Malay.**

malèssere *m.* ***1*** (indisposizione) **malaise; indisposition** ***2*** (inquietudine) **uneasiness; discomfort** • *avere un m. generale,* to feel unwell; to be out of sorts □ *provare un senso di m.,* to be ill at ease.

malèstro *m.* **mischief**: *combinare malestri,* to be up to mischief.

malevolènza *f.* **malevolence; malice; spite.**

malèvolo *a.* **malevolent; malicious; spiteful.**

malfamato *a.* **of bad (o ill) repute.**

malfare *v. i. (lett.: us. solo all'inf.)* to **do* evil;** to **do* wrong.**

malfatto *a.* **ill-done;** (deforme) **misshapen, deformed.**

malfattóre *m.* **malefactor; evil-doer; wrong-doer; criminal.**

malférmo *a.* **unsteady; shaky;** (debole) **feeble, weak;** *avere una salute malferma,* to have a weak constitution.

malfido *a.* **unreliable; untrustworthy.**

malfondato *a.* **ill-founded.**

malformato *a.* **ill-formed.**

malformazióne *f.* **malformation.**

malgarbo *m.* **rudeness; discourtesy** • *con m.,* with a bad grace; in a rude manner.

malgiudicare *v. t.* to **misjudge.**

malgovèrno *m.* **misgovernment; maladministration.**

malgrado ***A*** *prep.* **in spite of; notwithstanding; for all, with all** ***B*** *cong.* **although; though.**

malìa *f.* ***1*** **(magic) spell; incantation; enchantment**: *fare la m. a q.,* to put sb. under a spell □ *avere la m.,* to be bound by (o as by) a spell, to be spellbound; (avere la disdetta) to be very unlucky ***2*** (fascino) **charm.**

maliarda *f.* ***1*** **sorceress; enchantress; witch** ***2*** *(fig.)* **charmer; vamp** *(fam.).*

maliardo *a.* **bewitching; charming.**

malignare *v. i.* to **malign** (sb.); to **speak* ill** (of).

malignità *f.* ***1*** (l'essere maligno) **malignity; malignancy; ill will** ***2*** (atto maligno) **malignity.**

maligno ***A*** *a.* ***1*** **malignant; malicious; malevolent; malign; evil**: *un vecchio tristo e m.,* a wicked, malign old man □ *occhiate maligne,* malignant glances □ *pensieri maligni,* evil thoughts ***2*** *(med.)* **malignant**: *un tumore m.,* a malignant tumour ***B*** *m.* **malicious person; evil person.**

malinconìa *f.* ***1*** **melancholy; gloom; spleen; dejection; sadness** ***2*** *(psic.)* **melancholia** • *Il volto della ragazza era atteggiato a m.,* the girl's face wore a melancholy expression □ *Bando alle malinconie!,* cheer up!; keep your chin up! *(fam.).*

malinconicaménte *avv.* **melancholically; in a melancholy manner.**

malincònico *a.* **melancholy; melancholic; gloomy;** (abbattuto) **dejected;** (triste) **sad, pensive.**

malincuòre, a *locuz. avv.* **unwillingly; against one's will; reluctantly.**

malintenzionato *a.* **ill-intentioned.**

malintéso ***A*** *a.* **misunderstood; misinterpreted; mistaken** ***B*** *m.* **misunderstanding**: *a scanso di malintesi,* to avoid misunderstandings.

malióso *a.* **bewitching; enchanting; charming.**

malizia *f.* ***1*** **malice**: *Dove non è m., non è peccato,* no malice, no sin ***2*** (astuzia) **cunning** ***3*** (espediente) **trick.**

maliziosaménte *avv.* **with malice; maliciously.**

malizióso *a.* ***1*** **malicious; mischievous** ***2*** (astuto) **artful; cunning.**

malleàbile *a.* **malleable** (anche *fig.*).

malleabilità *f.* **malleability** (anche *fig.*).

malleolare *a. (anat.)* **malleolar.**

mallèolo *m. (anat.)* **malleolus*.**

mallevadóre *m.* **surety; guarantor; sponsor**: *rendersi m. di q.,* to stand surety for sb.

mallevadorìa, malleverìa *f.* **surety; guarantee.**

mallo *m. (bot.)* **hull.**

mallòppo *m.* ***1*** **bundle** ***2*** (*gergo:* refurtiva) **swag** *(pop.).*

malmenare *v. t.* to **manhandle;** to **ill-treat;** to **ill--use.**

malmésso *a.* ***1*** (vestito con vesti dimesse) **poorly dressed; shabby-looking; seedy-looking** ***2*** (vestito senza gusto) **ill-dressed; inelegant** ***3*** (arredato male) **ill-furnished.**

malnato *a.* ***1*** (nato da gente spregevole) **ill-born** ***2*** (screanzato) **ill-bred** ***3*** (di cosa) **ill-begotten.**

malo *a. (lett.)* **bad; ill; evil;** (malvagio) **wicked**: *una mala azione,* an ill (o a wicked) action □ *con mala grazia,* with a bad grace • *nella buona e nella mala fortuna,* in weal and woe □ *prendere q.c. in mala parte,* to take st. amiss □ *ridurre q. a mal partito,* to put sb. with his back against the wall *(fam.).*

malòcchio *m.* **evil eye** • *dare il m. a q.,* to cast an evil eye on sb.

malóra *f.* **ruin**: *andare in m.,* to go to rack and ruin • *Alla m.!,* confound it □ *Va in m.!,* go to the devil!

malóre *m.* **illness** • *essere colto da improvviso m.,* to be suddenly taken ill.

malpìglio *m.* **disdain**: *con m.,* with disdain; with a frown.

malpreparato *a.* **unprepared; badly prepared.**

malridótto *a.* **in poor condition;** (malandato in salute) **in poor health, run-down.**

malsano *a.* **unhealthy;** (di clima) **insalubrious;** (di cibo) **unwholesome;** (non sano) **unsound.**

malsicuro *a.* **unsafe;** (incerto) **uncertain;** (dubbio) **dubious;** (poco stabile) **unsteady.**

malta *f.* ***1*** *(edil.)* **mortar** ***2*** (catrame minerale) **maltha.**

maltèmpo *m.* **bad weather.**

maltenuto *a.* **badly kept;** (disordinato) **untidy, in disorder.**

maltése *a., m.* e *f.* **Maltese*** • *febbre m.,* Malta fever.

malto *m.* **malt.**

maltolleràbile *a.* **intolerable; insupportable.**

maltòlto ***A*** *a.* **ill-gotten** ***B*** *m.* **ill-gotten goods** *(pl.);* **stolen things** *(pl.).*

maltòșio *m. (chim.)* **maltose.**

maltrattaménto *m.* **maltreatment; ill-treatment; misusage.**

maltrattare *v. t.* to **maltreat;** to **ill-treat;** to **ill-use** • *(fig.) m. un autore,* to misinterpret an author □ *(fig.) m. una lingua,* to murder a language.

maltușiano *a.* e *m. (econ.)* **Malthusian.**

malùccio *avv.* **rather badly; not very well.**

malumóre *m.* ***1*** **bad (o ill) humour; bad (o ill) temper; bad mood**: *essere di m.,* to be in a bad humour (o in a bad mood) ***2*** (discordia) **variance**: *C'è tra loro del m.,* they are at variance • *essere proprio di m.,* to be as cross as two sticks *(fam.)* □ *mettere q. di m.,* to make sb. cross.

malva *f. (bot.,* Malva sylvestris) **mallow** • *color m.,* mauve.

malvàgio ***A*** *a.* **wicked, bad; evil; iniquitous** ***B*** *m.* **wicked person.**

malvagità *f.* **wickedness; iniquity** • *commettere una m.,* to commit a wicked (o cruel) action.

malvașìa *f.* ***1*** (uva) **malvasia** ***2*** (vino) **malmsey.**

malversatóre *m. (leg.)* **embezzler.**

malversazióne *f. (leg.)* **embezzlement; malversation.**

malvestito *a.* **poorly-dressed; shabby.**

malvézzo *m.* **(bad) habit.**

malvisto *a.* **disliked; unpopular**: *essere m. da q.,* to be unpopular with sb.

malvivènte *m.* e *f.* **blackguard; criminal; crook** *(pop.).*
malvolentièri *avv.* **unwillingly; against one's will.**
(1) malvolére *v. t.* — *essere malvoluto da tutti,* to be unpopular with everybody □ *prendere q. a m.,* to take a dislike to sb.
(2) malvolére *m.* **ill-will; malevolence.**
malvóne *m. (bot.,* Althaea rosea*)* **hollyhock.**
mambo *m. invar.* (danza) **mambo*.**
mamma *f.* ***1*** **mother; mummy; mum; ma** ● *M. mia!,* dear me!; goodness gracious! □ *nudo come lo fece la m.,* stark naked.
mammalucco *m.* ***1*** *(stor.)* **Mameluke** ***2*** *(fam.)* **fool; ninny; simpleton; dolt.**
mammàrio *a. (anat.)* **mammary.**
mammèlla *f.* **breast;** (di femmina d'animale) **udder.**
mammellóne *m. (geogr.)* **mamelon; knoll.**
mammifero *m. (zool.)* **mammal.**
mammografia *f. (med.)* ***1*** (procedimento) **mammography** ***2*** (lastra) **mammogram; mammograph.**
màmmola *f.* ***1*** *(bot.,* Viola odorata*)* **violet** ***2*** *(fig.)* **over-modest person.**
mammùt *m. (zool.,* Elephas primigenius*)* **mammoth.**
manageriale *a.* **managerial.**
manata *f.* ***1*** **handful** ***2*** (colpo dato con una mano) **slap.**
manca *f.* ***1*** (mano sinistra) **left hand** ***2*** (parte sinistra) **left-hand side; left**: *a dritta e a m.,* left and right; on all sides.
mancaménto *m.* ***1*** **failing; defect; fault; imperfection; deficiency** ***2*** (svenimento) **swoon; fainting fit.**
mancante *a.* ***1*** (sprovvisto) **lacking** (in); **wanting; in need** (of); (a corto di) **short** (of) ***2*** (che non si trova più) **missing;** (assente) **absent.**
mancanza *f.* ***1*** (scarsità) **want, lack;** (deficienza) **shortage, deficiency**: *m. di tempo,* lack of time □ *m. di mano d'opera,* shortage of labour ***2*** (assenza) **absence** ***3*** (fallo) **fault; slip; mistake** ***4*** (difetto) **defect, shortcoming;** (imperfezione) **imperfection** ***5*** (svenimento) **swoon; fainting fit** ● *m. d'educazione,* bad manners *(pl.)* □ *in m. di,* in default of; failing: *in m. d'altro,* failing all else □ *in m. di meglio,* since there is nothing better □ *sentire la m. di q.,* to miss sb.
mancare ***A*** *v. i.* ***1*** (non avere a sufficienza) to **want** *(v.t.)*; to **lack** *(v.t.)*; to **be wanting,** to **be lacking** (in); to **be in want,** to **be in need** (of); (essere sprovvisto) to **be short** (of); to **need** *(v.t.)*: *m. di buon senso,* to lack common sense □ *m. di coraggio,* to be lacking in courage □ *m. di denaro,* to be short of money ***2*** (non esserci) to **be absent;** (non essere reperibile) to **be missing;** (essere lontano) to **be away** (from): *Manca un libro* (non c'è più), a book is missing □ *Mancavo da casa da una settimana,* I had been away from home for a week ***3*** (non essercene) **not to be any**: *Mancano le prove,* there is no evidence ***4*** (per completare q.c.) to **be wanting;** to **be needed** (o **required);** to **take*** *(impers.)*: *Mancavano ancora tre sterline* (per completare la somma), three pounds were still wanting □ *Ti manca molto a finire il lavoro?,* will it take you long to finish your work? ***5*** (per indicare l'ora) **to be...** (to): *Manca un quarto alle sette,* it is a quarter to seven ***6*** (agire male) to **do* wrong;** (sbagliare) to **be mistaken,** to **be wrong** ***7*** (omettere, trascurare) to **omit;** to **fail**: *Non mancare d'avvertirlo,* don't fail to let him know ***8*** (venir meno) to **fail**: *Gli mancarono le parole,* words failed him ***9*** (morire) to **pass away;** to **die** ***10*** — *mancare poco,* to be nearly; to be near (to): *Poco mancò ch'egli svenisse,* he nearly fainted ***B*** *v. t.* to **miss**: *m. il bersaglio,* to miss the mark ● *m. ai vivi,* to pass away; to depart from this life □ *m. di mezzi,* to be hard up □ *m. di parola,* to break one's word □ *m. d'un venerdì,* to have a screw loose *(fam.)* □ *m. il piede (a q.),* to lose one's footing; to slip □ *m. verso q.,* to be unfair to sb. □ *non m. di niente,* to have plenty of everything □ *(fig.) Non so che cosa gli manchi,* I don't know what's the matter with him □ *Non ci mancava che questo!,* this crowns all! (o this is the last straw!; o what next?) □ *Il tempo non gli manca,* he has plenty of time □ *Mancano tre settimane a Natale,* there are still three weeks (to go) before Christmas.
mancato *a.* **unsuccessful; would-be**: *un poeta m.,* a would-be poet ● *mancata accettazione,* non-acceptance □ *mancata consegna,* non-delivery □ *m. pagamento,* non-payment.
mancése *a., m.* e *f.* **Manchurian.**
manchévole *a.* **deficient; incomplete;** (imperfetto) **defective, imperfect, faulty.**
manchevolézza *f.* ***1*** **deficiency; defectiveness; faultiness** ***2*** (imperfezione) **imperfection; fault; defect; shortcoming** *(generalm. al pl.).*
mància *f.* **tip; gratuity**: *Sono proibite le mance,* no tips allowed ● *dare la m. a q.,* to tip sb.
manciata *f.* **handful.**
mancina *f.* **left hand; left side; left**: *a m.,* on the left; to the left.
mancino ***A*** *a.* ***1*** **left; left-hand; left-handed**: *essere m.,* to be left-handed ***2*** *(fig.)* **underhand; treacherous; dirty**: *un tiro m.,* a dirty trick ***B*** *m.* **left-handed person; left-hander.**
manco *avv. (pop.)* **not even**: *Non ce n'è m. uno,* there is not even one ● *M. per idea!,* not for the world!; not in the least!
mandamentale *a.* **of the district; district** *(attr.).*
mandaménto *m.* **district.**
mandante *m.* e *f. (leg.)* **mandator; principal.**
mandaràncio *m. (bot.)* **temple orange.**
mandare *v. t.* ***1*** *(generalm.)* to **send*;** (spedire) to **forward,** to **dispatch;** (spedire per via mare) to **ship;** (trasmettere) to **transmit**: *m. in galera,* to send to jail □ *Manderemo la merce prima della fine del mese,* the goods will be forwarded (o shipped) by the end of the month ***2*** (emettere) to **send* out** (o **off);** (esalare) to **exhale;** (un grido, ecc.) to **utter**: *m. fumo,* to send out smoke □ *m. un'imprecazione,* to utter a curse ***3*** (gettare) to **cast*;** to **throw*** ***4*** (azionare) to **drive*** ● *m. a chiamare q.,* to send for sb. □ *m. a dire q.c. a q.,* to send word to sb. □ *m. a prendere q.c.,* to send for st. □ *m. due righe a q.,* to drop sb. a line □ *m. gemiti,* to moan □ *m. giù,* to send down; to swallow (anche *fig.*) □ *m. in aria,* to send up: *m. in aria un razzo,* to send up a rocket □ *m. in pezzi,* to break to (o into) pieces; to smash (up) □ *m. in rovina,* to bring to ruin □ *(pop.) m. q. al diavolo,* to send sb. about his (o her) business; to tell sb. to go to hell □ *(fig.) m. q. a spasso,* to send sb. away; to send sb. packing *(fam.)*; (licenziarlo) to dismiss sb.; to give sb. the sack *(fam.)*; to fire sb. *(fam.)* □ *m. q. da Erode a Pilato,* to send sb. from pillar to post *(fam.)* □ *m. un sospiro,* to sigh □ *(fig.) non mandarle a dire,* to give (sb.) a bit of one's mind □ *ogni giorno che Dio manda sulla terra,* every day that dawns upon the earth □ *Che Dio gliela mandi buona!,* God help him! □ *Pioveva come Dio la mandava,* it was raining cats and dogs *(fam.).*
(1) mandarino *m. (stor.)* **mandarin.**
(2) mandarino *m. (bot.,* Citrus nobilis*)* **tangerine (orange).**
mandata *f.* ***1*** (il mandare) **sending;** (quantità che si manda in una volta) **lot, batch**: *a piccole mandate,* in small lots ***2*** (della chiave nella toppa) **turn (of the key)** ● *chiudere (la porta) con due mandate (o a doppia m.),* to double-lock the door.
mandatàrio *m. (leg.)* **mandatary, mandatory.**
mandato *m.* ***1*** (incarico) **commission** ***2*** *(leg.)* **warrant; writ;** (citazione) **summons**: *un m. di cattura,* a warrant of arrest ***3*** *(comm.)* **order**: *un m. di pagamento,* an order for payment; a money-order □ *riscuotere un m.,* to collect an order ***4*** *(polit.)* **mandate.**
mandìbola *f. (anat.)* **mandible; jaw.**
mandòla *f. (mus.)* **mandola.**
mandolinista *m.* e *f.* **mandolinist; mandolin player.**
mandolino *m. (mus.)* **mandolin.**
màndorla *f.* **almond** ● *a m.,* almond-shaped □ *dagli occhi a m.,* almond-eyed.
mandorlato ***A*** *a.* **with almonds; almond** *(attr.)* ***B*** *m. (cucina)* **almond cake.**
màndorlo *m. (bot.,* Amygdalus communis*)* **almond tree.**
mandràgora *f. (bot.,* Mandragora*)* **mandragora;**

mandrake.
màndria *f.* **herd** (anche *fig.*).
mandriano *m.* **herdsman*; stockman*.**
mandrillo *m.* **1** (*zool.*, Mandrillus sphinx) **mandrill 2** (*fig.*) **lecher; debauchee.**
mandrino *m.* (*mecc.*) **mandrel, mandril; spindle; chuck.**
mandritta *f.* **right hand; right side; right.**
mane *f.* (*lett.*) **morn** (*poet.*); **morning**: *da m. a sera,* from morning to night; all day long.
maneggévole, maneggiàbile *a.* **manageable; handy.**
maneggiare *v. t.* **1** to **handle;** to **manipulate;** to **use;** to **wield;** to **manage 2** (impastare) to **mould** ● *saper m. i numeri,* to be quick at figures.
manéggio *m.* **1 handling; managing; management; mastery 2** (*fig.*) **underhand plotting; scheming; scheme; intrigue 3** (*equitazione*) **manège, horsemanship;** (galoppatoio) **riding ground;** (scuola) **riding school.**
maneggióne *m.* (intrigante) **intriguer; wire-puller.**
manésco *a.* **quick with one's hands; quick--handed.**
manétta *f.* **1 handcuff 2** (impugnatura) **handle; hand lever** ● *mettere le manette a q.,* to handcuff sb.
manfòrte *f.* **support; help** ● *prestare m. a q.,* to back sb. up.
manganare *v. t.* (*ind. tessile*) to **mangle.**
manganato *m.* (*chim.*) **manganate.**
manganellare *v. i.* to **beat* with a club.**
manganellata *f.* **blow with a club.**
manganèllo *m.* **club; cudgel; truncheon.**
manganése *m.* (*chim.*) **manganese.**
màngano *m.* (*ind. tessile*) **mangle.**
mangeréccio *a.* **edible** ● *cose mangerecce,* edibles; eatables (*fam.*).
mangerìa *f.* (*fam.*) **graft.**
mangiàbile *a.* **eatable.**
mangiacarte *m.* (*spreg.*) **pettifogger.**
mangiacristiani *m.* e *f.* (*pop.*) **bully.**
mangiadischi *m.* **automatic record-player.**
mangianastri *m.* **tape player; cassette player.**
mangiapane, mangiapolènta *m.* e *f. invar.* (*fig.*) **good-for-nothing; idler; loafer.**
mangiaprèti *m.* e *f.* **rabid anticlerical.**
(1) mangiare *v. t.* e *i.* **1** (*generalm.*) to **eat*;** (consumare i pasti) to **take* one's meals**: *m. con appetito* (o *m. di gusto*), to eat heartily □ *m. avidamente,* to eat greedily; to gorge; to gormandize □ *m. di tutto,* to eat anything □ *Dove mangi di solito?,* where do you usually take your meals? **2** (divorare) to **eat* up;** to **devour 3** (corrodere) to **eat* into** (st.), to **corrode,** to **gnaw;** (distruggere) to **eat* away,** to **destroy 4** (sperperare) to **waste;** to **squander**: *mangiarsi un patrimonio,* to squander a fortune **5** (nei giochi) to **take*;** to **win*;** to **capture** ● *m. a ufo* (o *a sbafo*), to sponge a meal on sb. □ *m. di grasso,* to eat meat □ *m. di magro,* to abstain from eating meat; to eat no meat □ *m. di malavoglia,* to pick at one's food □ *m. fino alla nausea,* to eat oneself sick □ *m. (il pane) a tradimento,* to eat unearned bread □ *m. q.c. con gli occhi,* to devour st. with one's eyes □ *mangiarsi la camicia,* to spend one's last penny □ (*fig.*) *mangiarsi il fegato (dalla rabbia),* to be seething with anger □ (*fam.*) *mangiarsi la parola,* to break one's word □ (*fig.*) *mangiarsi le parole* (smozzicarle nel parlare), to clip one's words □ (*fig.*) *mangiarsi q.* (o *m. q. vivo*), to bite sb.'s head off □ (*fig.*) *mangiarsi q. con gli occhi,* to devour sb. with one's eyes □ (*fig.*) *mangiarsi q. di baci,* to smother sb. with kisses □ *mangiarsi le unghie,* to bite one's nails □ *dar da m.,* to feed □ *far da m.,* to cook □ *non valere il pane che si mangia,* not to be worth one's salt.
(2) mangiare *m.* **1** (atto del m.) **eating**: *m. e bere,* eating and drinking **2** (cibo) **food; victuals** (*pl.*) **3** (*cucina*) **cooking.**
mangiarino *m.* (*fam.*) **dainty.**
mangiasòldi *a. invar.* — *macchina m.,* fruit machine; slot machine (*USA*); one-armed bandit (*pop.*).
mangiata *f.* **1 hearty meal; square meal 2** (scorpacciata) **bellyful** (*volg.*).
mangiatóia *f.* **1 manger; fodder-trough 2** (*fig.*: fonte di guadagno) **gold-mine** ● (*fam.*) *badare solo alla m.,* to think of nothing else but food.
mangiatóre *m.* **eater**: *un gran m.,* a big eater.
mangiaufo *m.* e *f. invar.* **good-for-nothing;** (scroccone) **sponger.**
mangime *m.* **fodder;** (per pollame) **poultry-feed;** (per uccelli) **bird-seed.**
mangióne *m.* (*fam.*) **big eater;** (ghiottone) **glutton.**
mangiucchiare *v. t.* to **nibble;** to **pick** (at).
mango *m.* (*bot.*, Mangifera indica) **mango*.**
mangròvia *f.* (*bot.*, Rhizophora mangle) **mangrove.**
mangusta *f.* (*zool.*, Herpestes) **mongoose.**
mani *m. pl.* (*mitol.*) **manes.**
manìa *f.* **1** (*psic.*) **mania 2** (*fig.*) **mania; craze; rage**: *la m. dell'oro dell'avaro,* the miser's craze for gold ● (*psic.*) *m. di persecuzione,* persecution complex.
manìaco A *a.* **1 maniac(al); mad; insane 2** (*fig.*) **crazy**: *essere m. di q.c.,* to be crazy about st. **B** *m.* **maniac;** (*psic.*) **manic** ● *m. sessuale,* sex maniac.
manìaco-depressivo *a.* (*psic.*) **manic-depressive**: *psicosi maniaco-depressiva,* manic-depressive psychosis.
mànica *f.* **1 sleeve**: *senza maniche,* without sleeves; sleeveless □ *essere in maniche di camicia,* to be in one's shirt-sleeves **2** (*fig., spreg.*) **gang; set; pack**: *una m. di ladri,* a pack of thieves ● *m. a vento,* (*aeron.*) wind-cone; (*naut.*) wind-hose □ *con maniche larghe,* loose-sleeved □ (*fig.*) *essere di m. larga,* to be very indulgent; to be easy-going; (di larghe vedute) to be broad-minded □ *essere di m. stretta,* to be severe (o strict); (di vedute ristrette) to be narrow-minded □ *mezze maniche,* oversleeves □ *È un altro paio di maniche,* that's another pair of shoes (o kettle of fish).
manicarétto *m.* **dainty; delicacy; delicious dish.**
manichétta *f.* **1** (mezza manica) **oversleeve 2** (tubo) **hose**: *una m. antincendio,* a fire hose.
manichino *m.* **1** (da sarto) **tailor's dummy;** (da vetrina) **mannequin, life-size dummy 2** (da pittore, scultore) **mannequin; lay figure.**
mànico *m.* **1 handle**: *tenere q.c. per il m.,* to hold st. by the handle **2** (di strumento a corda) **neck** ● *m. dell'accetta,* helve □ *m. della scopa,* broomstick.
manicòmio *m.* **mental hospital; lunatic asylum; madhouse** (*fam.*) ● *Roba da m.!,* stuff and nonsense!
manicòtto *m.* **1 muff 2** (*mecc.*) **sleeve; coupling.**
manicure *m.* e *f. invar.* **1 manicure; manicurist 2** (trattamento) **manicure.**
manièra *f.* **1** (*generalm.*) **manner; way;** (costume) **custom, habit, usage;** (specie) **kind;** (sorta) **sort;** (guisa) **guise;** (moda) **fashion;** (stile) **style**: *la tua m. di parlare, di scrivere,* your way of speaking, of writing (o the way you speak, you write) □ *un quadro alla m. del Tiziano,* a picture after the manner of Titian □ *alla propria m.,* in one's own way **2** (*di solito al pl.*: modo di fare) **manners; manner** (*sing.*): *avere belle maniere,* to have good manners (o to be well-mannered) □ *avere brutte maniere,* to have bad manners (o to be ill--mannered) □ *non avere maniere,* to have no manners **3** (affettazione) **mannerism;** (ricercatezza) **affectation** ● *m. di dire,* idiom □ *di m.,* mannered; affected □ *di (o in) m. che,* so that □ *d'ogni m.,* of every description □ *fare alla propria m.,* to have one's own way (o to do as one likes) □ *in m. appropriata,* properly □ *in m. da,* so as to □ *in una m. o nell'altra,* (in) one way or another; somehow or other; anyhow; by hook or by crook (*fam.*) □ *in nessuna m.,* by no means; in no circumstances □ *in ogni m.,* (in) any way; in any case; at any rate □ *in qualche m.,* somehow; (in) some way □ *In quale m.?,* how? □ *in qualunque m.,* anyhow; (in) any way whatever □ *in tutte le maniere* (a ogni costo), by all means; at any cost □ *Si può dir tutto con buona m.,* it all depends on the way you say the thing (o you say things).
manierataménte *avv.* **in an affected manner** (o **way); with affectation; affectedly.**
manierato *a.* **affected; mannered; unnatural; artificial.**

manierismo *m. (arte, letter.)* **mannerism.**
manierista *a., m.* e *f. (arte, letter.)* **mannerist.**
manièro *m.* **manor-house; mansion-house.**
manieróso *a.* **affected; ceremonious.**
manifattura *f.* **1** **manufacture** **2** (fabbrica) **factory; manufactory.**
manifatturièro *a.* **manufacturing.**
manifestaménte *avv.* **manifestly; obviously; openly.**
manifestante *m.* e *f.* **demonstrator.**
manifestare **A** *v. t.* to **manifest;** (mostrare) to **show*;** (esporre) to **display;** (mettere in evidenza) to **evince;** (svelare) to **disclose;** (rivelare) to **reveal;** (esprimere) to **express;** (dichiarare) to **declare** **B** *v. i.* to **demonstrate;** to **take* part in a demonstration** **C** **manifestarsi** *v. rifl.* to **manifest oneself;** to **show* oneself;** to **reveal oneself;** to **prove oneself**: *m. amico,* to prove oneself (to be) a friend.
manifestazióne *f.* **1** **manifestation; display; effusion** **2** (dimostrazione pubblica) **demonstration** ● *m. musicale,* festival.
manifestino *m.* **leaflet; handbill.**
manifèsto **A** *a.* **manifest; apparent;** (ovvio) **obvious;** (evidente) **evident**: *una verità manifesta,* a manifest truth ● *rendere m.,* to manifest; to reveal **B** *m.* **1** **manifesto*** **2** (murale) **placard; poster; bill;** (cartellone) **play-bill;** (avviso) **notice**: *attaccare un m.,* to put up a placard **3** *(naut.)* **manifest.**
maniglia *f.* **1** **handle** **2** *(naut.)* **shackle;** (del timone) **spoke** **3** (sostegno per passeggeri nei tram, ecc.) **strap; handhold.**
manigóldo *m.* **rascal; scoundrel.**
manióca *f. (bot.,* Manihot utilissima*)* **cassava; manioc.**
manipolare *v. t.* **1** to **manipulate** (anche *fig.*); to **handle;** to **treat;** (impastare) to **knead,** to **mix** **2** (adulterare) to **adulterate.**
manipolazióne *f.* **1** **manipulation** **2** (adulterazione) **adulteration.**
manipolo *m.* **1** (fascio) **bundle;** (covone) **sheaf*** **2** *(relig., stor.)* **maniple;** (piccola schiera) **handful.**
maniscalco *m.* **farrier; shoeing-smith.**
manna *f. (Bibbia)* **manna** (anche *fig.* e sostanza lassativa) ● *(fig.) essere una m.,* to be a godsend; to be a (real) blessing □ *(fig.) aspettare la m. dal cielo,* to take things as they come.
mannàggia *inter. (fam.)* **hang it!; confound it!; damn!**
mannàia *f.* **1** (del boia) **axe** **2** (del macellaio) **cleaver.**
mannaro *a.* — *lupo m.,* bogy, bogey; (licantropo) werewolf*.
mannèllo *m.* **handful; bundle;** (covone) **sheaf*.**
mannequin *(franc.) f.* **mannequin; model.**
mannite *f. (chim.)* **mannite; manna sugar.**
mano *f.* **1** **hand**: *la m. destra (sinistra),* the right (left) hand □ *con le mani in tasca,* with one's hands in one's pockets □ *tenendosi per m. (o con la m. nella m.),* hand in hand □ *alzare la m. su q.,* to lift one's hand against sb. □ *baciare la m. a q.,* to kiss sb.'s hand □ *battere le mani,* to clap hands □ *di propria m.,* by one's own hand □ *legare q. mani e piedi,* to bind sb. hand and foot □ *stendere la m.,* to hold out one's hand **2** (potere, balia) **hand; power**: *cadere nelle mani di q.,* to fall into sb.'s hands **3** (parte, lato, direzione) **hand; side; direction**: *a (da) m. destra (sinistra),* on (from) the right (left) (hand) □ (di veicoli) *contro m.,* on the wrong side of the road **4** (scrittura) **hand; handwriting** **5** (tocco) **hand; touch**: *dare l'ultima m. a q.c.,* to give st. the last hand (o the finishing touch) **6** (di tinta, di vernice) **coat**: *la prima m. (di vernice),* the first coat (of paint) □ *dare un'altra m.,* to put on another coat **7** (nei giochi di carte) **hand**: *fare un'altra m.,* to play another hand ● *man m.,* little by little; gradually; by degrees □ *la M. Nera,* the Black Hand □ *alla m.,* easy-going; (semplice) plain; (maneggevole) handy □ *a m.,* by hand □ *a m. a m. che (o di m. in m. che),* as; while □ *a m. armata,* armed: *rapina a m. armata,* armed robbery □ *a mani piene,* with one's hands full □ *a mani vuote,* with one's hands empty; empty-handed □ *andare per le mani di tutti,* to pass through everyone's hands □ (nei giochi di carte) *avere la m.,* to have the lead; to be the first to play □ *avere le mani bucate,* to be open-handed; to be a spendthrift □ *(fig.) avere le mani di burro,* to be a butterfingers □ *(fam.) avere le mani in pasta,* to have a finger in the pie □ *avere la m. leggera,* to have a light hand (at st.) □ *avere m. libera,* to have a free hand □ *averci la m.* (essere pratico), to know one's job *(fam.)* □ *campare col lavoro delle proprie mani,* to earn one's living (o one's daily bread) □ *chiedere la m. di una signorina,* to ask for a young lady's hand □ *colpo di m.,* coup de main *(franc.)*; sudden attack □ *denaro alla m.,* ready money □ *dare di m. a q.c.,* to lay hands on st. □ *dare la m. a q.,* to shake hands with sb. □ *dare una m. a q.,* to lend a hand to sb.; to help sb. □ *dare una m. di bianco a q.c.,* to whitewash st. □ *di lunga m.,* a long time before; long ago □ *di prima m.,* at first hand □ *di seconda m.,* at second hand: *cose di seconda m.,* second-hand things □ *di sotto m.,* secretly; on the sly □ *fare man bassa,* to plunder; to pillage □ *(fig.) far toccare con m. q.c. a q.,* to make sb. realize st. □ *fuori (di) m.,* out of the way; remote; secluded □ *gioco di m.* (di prestigio), legerdemain *(franc.)*; sleight of hand □ *governare con m. ferrea,* to rule with a heavy hand (o with a rod of iron) □ *in m. sicura,* in good hands □ *lavorato (o fatto) a m.,* hand-made □ *mangiare in m. a q.,* to eat out of sb.'s hand □ *mettere m. a un lavoro,* to put (o to set) one's hand to a task □ *mettere m. alla spada,* to draw one's sword □ *(fig.) mettere le mani avanti,* to safeguard oneself □ *(fig.) mettersi le mani nei capelli,* to be at one's wits' end □ *parlare con il cuore in m.,* to wear one's heart on one's sleeve □ *per m. di* (tramite), through □ *una persona stretta di m.,* a stingy person □ *portare la m. al cappello,* to touch one's hat □ *prendere il coraggio a due mani,* to take one's courage in both hands □ *prendere la m.* (di cavalli), to get out of hand □ *(fig.) prendere la m. a q.,* to get out of sb.'s control □ *rimanere (o stare) con le mani in m.,* not to lift a hand (o a finger) □ *(leg.) tenere m. a q.,* to aid and abet sb. □ *tenere le mani* (frenarsi), to control oneself □ *venire alle mani,* to come to blows □ *vincere a mani basse,* to win hands down □ *Giù le mani!,* hands off! □ *Mani in alto!,* hands up! □ *Qua la m.!,* let's shake hands!
manodòpera *f. (econ.)* **1** **labour; manpower** **2** (costo) **cost of labour** ● *a corto di m.,* short-handed; underhanded.
manomésso *a.* **1** **that has been tampered with; unduly opened;** (violato) **violated, infringed** **2** *(stor. romana)* **manumitted.**
manòmetro *m.* **manometer; pressure gauge.**
manométtere *v. t.* **1** to **tamper with** (st.); (aprire indebitamente) to **open unduly;** (violare) to **violate,** to **infringe** **2** *(stor. romana)* to **manumit;** to **set* free.**
manomissióne *f.* **1** **tampering** (with); (violazione) **violation, infringement** **2** *(stor. romana)* **manumission.**
manomòrta *f. (leg.)* **mortmain.**
manonéra *f.* (associazione segreta) **Black Hand.**
manòpola *f.* **1** *(mecc.)* **hand grip;** (pomello) **knob** **2** (di manubrio) **handlebar grip** **3** (risvolto) **cuff** **4** (guanto) **mitten** **5** *(stor.)* **gauntlet.**
manoscritto **A** *a.* **handwritten** **B** *m.* **manuscript** (*abbr.:* **MS.**).
manovalanza *f.* **1** (l'insieme dei manovali) **hodmen** *(pl.)*; **unskilled workers** *(pl.)* **2** (la loro opera) **unskilled labour.**
manovale *m.* **hodman*; unskilled worker.**
manovèlla *f.* **crank; winch** ● *(autom.) m. di avviamento,* starting handle.
manòvra *f.* **1** *(mil.)* **manoeuvre**: *grandi manovre,* general manoeuvres **2** *(ferr.)* **shunting** **3** *(al pl., naut.)* **rigging** *(sing.)* **4** *(fig.)* **manoeuvre**: *manovre parlamentari,* parliamentary manoeuvres ● *una m. falsa,* a false move □ *(autom.) fare m.,* to manoeuvre □ *(polit.) fare manovre di corridoio,* to lobby.
manovrare *v. t.* **1** to **manoeuvre** (anche *fig.*); (azionare) to **operate** **2** *(ferr.)* to **shunt.**
manovratóre *m.* **1** (escogitatore d'espedienti) **manoeuvrer** **2** (di un tram) **(tram-)driver;** (di macchine) **operator** **3** *(ferr.)* **signalman*; shunter.**

manrovèscio *m.* **1** (ceffone) **(back-handed) slap 2** (colpo di spada) **back-handed blow; backstroke.**
mansalva, a *locuz. avv.* **without any risk;** (liberamente) **freely.**
mansarda *f. (archit.)* **mansard.**
mansióne *f.* **office; duty** • *Non rientra nelle mie mansioni,* it is not within my province.
mansuefare A *v. t.* **1** to tame *(anche fig.)* **2** *(fig.)* to subdue; to appease **B mansuefarsi** *v. rifl.* to become* tame (o docile).
mansuèto *a.* **1 tame 2** (mite, docile) **mild; meek; gentle; docile.**
mansuetùdine *f.* **1 tameness 2** (mitezza, docilità) **mildness; meekness; gentleness; docility.**
mantèca *f.* (pomata) **pomade.**
mantecare *v. t.* to **whisk.**
mantèlla *f.* **mantle; cloak.**
mantellina *f.* **cape.**
mantèllo *m.* **1 mantle, cloak** *(anche fig.)*; (soprabito) **overcoat, coat**: *un m. col cappuccio,* a cloak with a hood **2** (di animale) **coat; hair; fur** • *(fig.) mutare m.,* to turn one's coat; to change sides.
mantenére A *v. t.* **1** *(generalm.)* to **maintain,** to **keep***; (reggere) to **hold***; (continuare) to **keep* up**: *m. immobile,* to keep steady □ *(mil.) m. una posizione,* to hold a position □ *m. un segreto,* to keep a secret **2** (sostenere) to **support;** to **maintain;** to **keep***: *m. una famiglia (i genitori),* to support (o to maintain, to keep) a family (one's parents) **3** (adempiere) to **keep*,** to **carry out;** (soddisfare) to **fulfil**: *m. la parola data,* to keep one's word **4** (sostenere) to **maintain,** to **uphold***; (difendere) to **support,** to **defend** • *m. le proprie idee,* (anche) to stick to one's guns *(fam.)* □ *Lo dico e lo mantengo,* I mean what I say **B mantenérsi** *v. rifl.* **1** to **keep* (oneself);** to **maintain oneself;** (serbarsi) to **remain**: *m. calmo,* to remain calm; to keep one's head *(fam.)* □ *m. in forma,* to keep fit **2** (sostentarsi) to **earn one's living;** to **keep* oneself** • *m. bene* (avere un aspetto giovanile), to look very well (for one's age) □ *m. col proprio lavoro,* to earn one's living □ *m. di pari passo con q.,* to keep up with sb.
manteniménto *m.* **1** *(generalm.)* **maintenance; keeping;** (sostentamento) **support;** (adempimento) **fulfilment;** (osservanza) **observance;** (manutenzione) **upkeep 2** *(leg.:* alimenti*)* **alimony.**
mantenuta *f. (spreg.)* **kept woman*; mistress.**
mantenuto *m. (spreg.)* **gigolo*.**
màntice *m.* **1 bellows** *(pl.)*: *un m.,* a pair of bellows □ *tirare il m.,* to blow the bellows **2** (di carrozza, auto, ecc.) **hood 3** (di macchina fotografica) **bellows** *(pl.)* • *(fam.)* **soffiare come un m.,** to puff and blow; to puff (o to blow) like a grampus.
màntide *f. (zool.,* Mantis religiosa*)* **(praying) mantis*.**
mantiglia *f.* **mantilla.**
mantissa *f. (mat.)* **mantissa.**
manto *m.* **mantle, cloak** *(anche fig.)*.
mantovana *f.* **1** *(archit.)* **gableboard 2** (di tendaggio) **pelmet; valance** *(specialm. USA)*.
mantovano *a.* e *m.* **Mantuan.**
manuale A *a.* **manual B** *m.* **manual; handbook.**
manualìstico *a.* **manual-like.**
manùbrio *m.* **1 handle;** (di bicicletta, motocicletta) **handle-bar 2** (attrezzo ginnico) **dumb-bell.**
manufatto *m.* **manufactured article.**
manutèngolo *m.* (complice) **accomplice;** (ricettatore) **receiver of stolen goods; lock-all-fast** (gergo dei ladri).
manutenzióne *f.* **maintenance; upkeep;** *(mecc.)* **servicing** • *provvedere alla m.,* to service.
manẓo *m.* **1** *(zool.)* **steer 2** (carne macellata) **beef**: *m. arrosto,* roast beef.
maoiṣmo *m. (polit.)* **Maoism.**
maoista *a., m.* e *f. (polit.)* **Maoist.**
maomettano *a.* e *m.* **Mohammedan.**
maóna *f. (naut.)* **lighter; barge.**
mappa *f.* **map;** (d'una città o zona) **plan;** (carta naut.) **chart.**
mappamóndo *m.* **1 map of the world 2** (globo terrestre) **globe.**
maquillage *(franc.) m.* **make-up.**
marabù *m. (zool.,* Leptoptilus crumeniferus*)* **marabou.**
marachèlla *f.* **trick; prank.**
maragià *m.* **maharaja(h).**
maramèo *inter.* **fiddlededee!; snooks!** • *fare m.,* to make a long nose *(pop.)*; to cock a snook, to thumb one's nose (at sb.) *(pop.)*.
marangóne *m. (zool.,* Phalacrocorax carbo*)* **cormorant.**
marasca *f. (bot.)* **morello*; marasca (cherry).**
maraschino *m.* **maraschino.**
marasco *m. (bot.,* Prunus cerasus*)* **morello-tree; marasca cherry-tree.**
maraṣma *m.* **1** *(med.)* **marasmus 2** *(fig.)* **decay; decline.**
marasso *m. (zool.,* Vipera berus*)* **viper.**
maratóna *f. (sport)* **marathon** *(anche fig.)*; **long-distance race.**
maratonèta *m. (sport)* **marathon runner; long-distance runner.**
marc' *inter. (mil., sport)* **march!**: *Avanti m.!,* quick march!
marca *f.* **1 mark; sign 2** *(ind.)* **brand; mark;** (fabbricazione) **make**: *m. di fabbrica,* trade-mark **3** (scontrino) **check 4** (bollo) **stamp**: *m. da bollo,* revenue stamp.
marcantònia *f. (fam.)* **tall, stout woman*.**
marcantònio *m. (fam.)* **tall, stout man*.**
marcare *v. t.* **1** to **mark;** (marchiare) to **brand 2** *(sport)* to **mark;** (segnare) to **score** • *(mil.) m. visita,* to report sick.
marcatèmpo *m.* **time-keeper.**
marcato *a.* **1 marked 2** (accentuato) **marked; sharp; prominent.**
marcatóre *m.* **1 marker; brander 2** *(sport:* chi marca un avversario*)* **marker;** (chi segna punti) **scorer.**
marcatura *f.* **1 marking; branding 2** *(sport)* **scoring;** (marcamento) **marking.**
marchéṣa *f.* **marchioness; marquise.**
marcheṣato *m.* **marquisate.**
marchéṣe *m.* **marquis; marquess.**
marchétta *f.* (marca assicurativa) **(insurance) stamp.**
marchiano *a.* **enormous; huge; gross.**
marchiare *v. t.* **1** to **brand;** to **mark 2** (bollare) to **stamp.**
marchingégno *m.* **1 device; contrivance; gadget 2** *(fig.)* **clever expedient; dodge** *(fam.)*.
màrchio *m.* **1 brand, mark** *(anche fig.)*; (bollo) **stamp 2** *(ind.)* **brand (name); mark**: *m. di fabbrica,* trade-mark.
(1) màrcia *f. (pop.:* pus*)* **pus; matter.**
(2) màrcia *f.* **1 march**: *una m. forzata,* a forced march □ *essere in m.,* to be on the march **2** *(autom.)* **gear; speed 3** *(mus.)* **march**: *una m. funebre,* a dead (o funeral) march • *fare m. indietro, (autom.)* to go in reverse; *(naut.)* to go astern □ *(autom.) inversione di m.,* reverse □ *(autom.) mettere in m.,* to start up.
marciapiède *m.* **1 pavement; sidewalk** *(USA)* **2** *(ferr.)* **platform** • *battere il m.,* to walk the streets □ *donna da m.,* prostitute; street-walker.
marciare *v. i.* to **march** • *(fig.) m. diritto,* to behave properly □ *m. in testa,* to lead the march.
marciatóre *m.* **1 marcher 2** *(sport)* **road-walker.**
màrcio A *a.* **1 rotten; putrid; bad; decayed**: *acquaccia marcia,* putrid water □ *un uovo m.,* a rotten (o bad) egg **2** *(fig.)* **rotten; corrupt; depraved** • *avere torto m.,* to be quite wrong **B** *m.* **1** (parte marcia) **rotten part; rot; (the) bad 2** (materia purulenta) **(corrupt) matter 3** *(fig.)* **corruption** • *puzzare di m.,* to smell rotten.
marcire *v. i.* **1** to **rot;** to **putrefy;** to **decay;** to **go* bad 2** (di piaga) to **suppurate;** to **fester 3** (della canapa e sim.) to **macerate;** to **ret 4** *(fig.)* to **rot;** to **waste away.**
marcita *f.* **water meadow.**
marciume *m.* **1 rot; rottenness 2** (pus) **pus; (corrupt) matter 3** *(fig.)* **corruption; depravity.**
marco *m.* (moneta) **mark.**
marconigramma *m.* **marconigram; radiogram.**

marconista *m.* e *f.* **radio operator.**
marconiterapìa *f.* *(med.)* **diathermy.**
mare *m.* **1 sea**: *la superfice del m.*, the surface of the sea □ *al di là dei mari,* beyond the seas **2** *(naut.)* **sea**: *m. agitato (grosso),* rough (heavy) sea □ *m. calmo (piatto),* calm (smooth) sea □ *m. corto (o rotto),* choppy sea □ *m. in bonaccia,* calm (o smooth) sea □ *m. in burrasca,* stormy sea □ *in m.*, at sea □ *in alto m.*, on the high seas □ *scendere in m.* (di nave che si vara), to take the sea **3** *(fig.:* grande quantità) **sea; flood; multitude; crowd**: *un m. di guai,* a sea of troubles; a good deal of trouble □ *un m. di lacrime,* a flood (o floods) of tears ● *(fig., scherz.) m. magno,* great confusion; bustle; tumult □ *acqua di m.*, sea-water; salt water □ *andare al m.* (in gita, in vacanza), to go to the seaside □ *aria di m.*, sea-air □ *atto a tenere il m.*, seaworthy □ *azzurro come il m.*, sea-blue □ *bagni di m.*, sea-bathing □ *braccio di m.*, inlet □ *cercare per terra e per m.*, to search high and low; to look all over the place □ *una città di m.*, a seaside town □ *(naut.) gettare in m.*, to throw overboard □ *in m. aperto,* offshore □ *lupo di m.*, sea-dog □ *nave di alto m.*, sea-going ship □ *solcare i mari,* to plough the seas (o the waves) □ *uomo di m.*, seaman; sailor; mariner; seafarer *(lett.)* □ *Un uomo in m.!,* man overboard! □ *(fig.) È un vero porto di m.*, it's a regular beehive.
marèa *f.* *(naut.)* **tide**: *con l'alta (la bassa) m.*, at high (low) tide □ *m. montante (discendente),* flood (ebb) tide □ *m. massima (minima),* spring (neap) tide ● *(fig.) una m. di gente,* a stream of people.
mareggiare *v. i.* to **surge**; to **swell.**
mareggiata *f.* **sea-storm.**
marémma *f.* **maremma*.**
maremmano A *a.* **maremma** *(attr.)*; **of the Maremma B** *m.* **inhabitant** (o **native**) **of the Maremma.**
maremòto *m.* **sea-quake; submarine earthquake.**
maréngo *m.* *(numismatica)* **marengo*.**
mareògrafo *m.* **tide-gauge.**
maresciallo *m.* **1** (sottufficiale) **warrant-officer 2** (ufficiale) **marshal.**
marétta *f.* **1 choppy sea 2** *(fig.)* **troubled waters** *(pl.)*.
marezzare *v. t.* to **marble**; to **vein**; *(ind. tessile)* to **water.**
marezzato *a.* **marbled; veined**; (di stoffe) **watered; moiré.**
marézzo *m.* **marbling**; *(ind. tessile)* **watering.**
margarina *f.* *(cucina)* **margarine.**
margherita *f.* *(bot.,* Chrysanthemum leucanthemum*)* **(ox-eye) daisy; marguerite** ● *(cucina) pizza m.*, Neapolitan pizza with mozzarella.
margheritina *f.* *(bot.,* Bellis perennis*)* **daisy; gowan** *(scozz.)*.
marginale *a.* **marginal.**
marginare *v. t.* **1** to **edge**; to **border 2** *(tipogr.)* to **margin.**
marginatóre *m.* **margin(al) stop.**
marginatura *f.* **1 margining; edging 2** (margine) **margin; border; edge 3** *(tipogr.)* **furniture.**
màrgine *m.* **1 margin; edge;** (di un disegno) **border;** (parte) **side;** (sponda) **bank;** (orlo) **brink;** (labbro) **lip 2** *(comm.)* **margin**: *prezzi che offrono un buon m.*, pieces affording a fair margin (of profit) ● *ai margini della società,* on the fringe of society □ *postille in m.*, marginal notes.
margòtta *f.* *(agric.)* **layer.**
margottare *v. t.* *(agric.)* to **layer.**
margràvio *m.* *(stor.)* **margrave.**
mariano *a.* *(relig.)* **of Mary; Marian.**
marijuana *(spagn.)* *f.* **marijuana; marihuana; grass, pot** *(pop.)*; **Mary Jane** *(pop. USA)*.
marina *f.* **1 marine; navy** (anche *mil.*): *la m. mercantile,* the merchant (o mercantile) marine □ *entrare in m.*, to join the Navy **2** (costa) **marina; sea-coast;** (riva del mare) **sea-shore, seaside 3** *(pitt.)* **marine; sea-piece; seascape.**
marinàio *m.* **1 seaman*; sailor; mariner** *(lett.)*; (soldato di marina) **marine, blue jacket 2** *(al pl.:* equipaggio*)* **crew** ● *(spreg.) m. d'acqua dolce,* landlubber *(gergo naut.)* □ *una promessa da m.*, a dicer's oath □ *vecchio m.*, shellback *(gergo naut.)*.
marinara *f.* **1** (vestito) **sailor suit 2** (cappello) **sailor hat.**
marinare *v. t.* *(cucina)* to **marinate**; to **marinade**; to **pickle** ● *(fig.) m. la scuola,* to play truant.
marinarésco *a.* **seamanly; seaman-like; sailor-like** ● *canzoni marinaresche,* sea-songs.
marinaro A *a.* **seafaring**: *una nazione marinara,* a seafaring nation ● *colletto alla marinara,* sailor collar **B** *m. V.* **marinàio.**
marinato *(cucina)* **A** *a.* **marinated; pickled B** *m.* **marinade.**
marinerìa *f.* **marine; navy** (anche *mil.*).
marinismo *m.* *(letter.)* **Marinism.**
marinista *m.* e *f.* *(letter.)* **Marinist.**
marino *a.* **marine; sea** *(attr.)*: *aria marina,* sea-air □ *una brezza marina,* a sea-breeze □ *uccelli marini,* sea-birds □ *(zool.) cavalluccio m.* (Hippocampus), sea-horse □ *(zool.) vitello m.* (Phoca vitulina), sea-calf; seal.
mariolerìa *f.* **knavish trick; roguery.**
mariòlo *m.* **rogue; scoundrel; rascal** (anche *fam., scherz.*); (truffatore) **crook** *(fam.)*.
marionétta *f.* **1 marionette; puppet 2** *(fig.)* **puppet; tool.**
marionettista *m.* e *f.* **marionette-player; puppet-player.**
maritàbile *a.* **marriageable.**
maritale *a.* **marital.**
maritalménte *avv.* **maritally; as husband and wife.**
maritare A *v. t.* **1** to **marry (off)**; to **give* in marriage** (to) **2** *(fig.)* to **mate B maritarsi** *v. rifl.* to **get* married**; to **marry.**
maritata *f.* **married woman*.**
marito *m.* **husband** ● *una figlia da m.*, a daughter of marriageable age □ *prendere m.*, to get married.
maritòzzo *m.* *(cucina)* **bun.**
marittimo A *a.* **maritime; sea** *(attr.)*; **naval; marine**: *diritto m.*, maritime law □ *una potenza marittima,* a naval power **B** *m.* **seaman*; sailor.**
marmàglia *f.* **rabble; riff-raff.**
marmellata *f.* **jam;** (di arance o limoni) **marmalade.**
marmìfero *a.* **marble** *(attr.)*.
marmista *m.* **marble-cutter; worker in marble.**
marmitta *f.* **1** (pentola) **pot 2** *(autom.)* **silencer 3** *(geol.)* **pot-hole.**
marmittóne *m.* **raw recruit; rookie** *(gergo mil.)*.
marmo *m.* **marble**: *una statua di m.*, a marble statue □ *una cava di m.*, a marble quarry ● *(fig.) essere diventato un pezzo di m.*, to be benumbed with cold.
marmòcchio *m.* *(scherz.)* **little one; tot; kid** *(fam.)*; **brat** *(spreg.)*.
marmòreo *a.* **marmoreal** *(lett.)*; **marble** *(attr.)*.
marmorizzare *v. t.* to **marble.**
marmòtta *f.* **1** *(zool.,* Marmota*)* **marmot 2** *(fig.)* **drone; lazy-bones** ● *(zool.) m. americana* (Marmota monax), woodchuck □ *dormire come una m.*, to sleep like a dormouse.
marna *f.* *(geol.)* **marl; loam rock.**
marnare *v. t.* *(agric.)* to **marl.**
marnóso *a.* **marly.**
marocchino A *a.* **Moroccan B** *m.* **1 Moroccan 2** (cuoio) **morocco.**
maróso *m.* **billow; breaker; roller.**
marra *f.* **1** *(agric.)* **hoe; mattock 2** *(naut.)* **fluke.**
marrano *m.* **1** (traditore) **renegade 2** (villanzone) **boor; cad.**
marróne A *a.* **brown B** *m.* **1** *(bot.)* **chestnut(-tree) 2** (castagna) **chestnut; marron**: *marroni canditi,* marrons glacés **3** (il colore) **brown**: *m. chiaro (scuro),* light (dark) brown.
marrùbio *m.* *(bot.,* Marrubium vulgare*)* **horehound.**
marsala *m. invar.* **Marsala (wine).**
marsc' *V.* **marc'.**
marsigliése *m.* e *f.* **Marseillais*** ● *la M.* (inno francese), the Marseillaise.
marsina *f.* **dress-coat; tail-coat; tails** *(pl.)*.
marsupiale *a.* e *m.* *(zool.)* **marsupial.**
marsùpio *m.* *(zool.)* **marsupium*; pouch.**

Marte *m. (mitol., astron.)* **Mars** ● *campo di M.*, parade ground.
martedì *m.* **Tuesday**: *il m. grasso*, Shrove Tuesday.
martellaménto *m.* ***1*** **hammering; beating; pounding; thumping** ***2*** (delle tempie, ecc.) **throbbing** ***3*** *(mecc.:* di valvole) **pounding-in; hammering-in;** (rumore) **knock(ing), pounding.**
martellare *v. t.* e *i.* ***1*** to **hammer** (anche *fig.*) ***2*** (battere) to **beat***; (picchiare) to **strike***; to **thump** (anche *fig.*): (anche *fig.*) *m. il ferro fin che è caldo*, to strike the iron while it is hot □ *m. l'uscio (o all'uscio)*, to hammer at the door ***3*** (foggiare) to **shape (by hammering)** ***4*** (pulsare) to **throb** ***5*** *(mil.,* anche) to **pound** ● *m. a freddo*, to cold-hammer □ *(fig.) martellarsi il cervello*, to rack (o to cudgel) one's brains.
martellata *f.* **hammer-blow** ● *(fig.) una m. al cuore*, a terrible shock.
martellato *a.* **hammered** ● *(mus.) note martellate*, martellato notes.
martellétto *m.* ***1*** (del pianoforte) **hammer** ***2*** (di presidente d'assemblea, ecc.) **gavel** ***3*** (di macchina da scrivere) **type-bar** ***4*** (strumento medico) **percussion hammer.**
martellio *m.* ***1*** **(incessant) hammering** ***2*** (delle tempie, ecc.) **throbbing.**
martèllo *m.* ***1*** **hammer**: *la testa del m.*, the hammer-head □ *un m. da maniscalco*, a shoeing hammer □ *battere col m.*, to beat (o to strike) with a hammer; to hammer ***2*** (battente d'una porta) **(door-)knocker** ***3*** (di campana) **hammer** ***4*** *(sport)* **hammer** ***5*** *(anat.)* **malleus*; hammer** ● (delle campane) *suonare a m.*, to toll (o to ring the tocsin).
martinèllo, martinétto *m. (mecc.)* **jack**: *un m. a vite*, a screw-jack ● *sollevare col m.*, to jack.
martingala *f.* ***1*** (cintura) **half-belt** ***2*** *(negli altri sensi)* **martingale.**
martinicca *f.* **skid.**
martìn pescatóre *m. (zool.,* Alcedo atthis) **kingfisher.**
màrtire *m.* e *f.* **martyr** (anche *fig.*): *fare il (o atteggiarsi a) m.*, to make a martyr of oneself.
martìrio *m.* ***1*** **martyrdom** (anche *fig.*) ***2*** *(fig.)* **torture; torment.**
martirizzare *v. t.* ***1*** to **martyrize;** to **martyr** ***2*** *(fig.)* to **rack;** to **torture;** to **torment.**
martirològio *m.* **martyrology.**
màrtora *f. (zool.,* Martes) **marten.**
martoriare ***A*** *v. t.* to **rack;** to **torture;** to **torment** ***B*** **martoriarsi** *v. rifl. (raro)* to **torture oneself.**
marxiano *a.* **Marxian.**
marxismo *m. (polit.)* **Marxism.**
marxista *a., m.* e *f. (polit.)* **Marxist.**
marza *f. (agric.)* **scion; slip.**
marzapane *m. (cucina)* **marzipan.**
marziàle *a.* **martial; military; warlike**: *corte m.*, court martial □ *legge m.*, martial law □ *(sport) arti marziali*, martial arts.
marziàno *a.* e *m.* **Martian.**
marzo *m.* **March**: *le idi di M.*, the ides of March ● *(fig.) essere nato di m.*, to be screwy.
marzolino, marzuòlo *a.* **of March; March** *(attr.)*.
mas *m. (naut.)* **motor torpedo-boat.**
mascalcia *f.* **farriery.**
mascalzonata *f.* **rascally (o dirty) trick.**
mascalzóne *m.* **rascal; rogue; scoundrel; scamp.**
mascara *m. invar. (cosmesi)* **mascara.**
mascèlla *f. (anat.)* **jaw**: *la m. inferiore (superiore)*, the lower (upper) jaw.
mascellare *a. (anat.)* **maxillary; jaw** *(attr.)*: *osso m.*, jaw-bone.
màschera *f.* ***1*** *(generalm.)* **mask;** *(fig.)* **mask, cloak, disguise**: *una m. antigas*, a gas-mask □ (anche *fig.*) *gettare la m.*, to throw off one's mask ***2*** (persona mascherata) **mask; masker** ***3*** (costume) **fancy dress** ***4*** (inserviente teatrale) **(theatre-)usher;** (se donna) **usherette** ***5*** (personaggio della commedia dell'arte) **mask-character; stock-character** ● *m. da scherma*, fencing-mask (o face-guard) □ *m. di bellezza*, face-pack □ (di attore) *avere una m. molto espressiva*, to have a very expressive face □ *in m.*, masked; (travestito) in disguise: *un ballo in m.*, a masked ball; a fancy-dress ball □ (di persona) *parere una m.*, to look (so) funny □ *(fig.) strappare la m. a q.*, to unmask sb.
mascheraménto *m.* ***1*** **masking;** *(fig.)* **disguise** ***2*** *(mil.)* **camouflage.**
mascherare ***A*** *v. t.* ***1*** to **mask** (anche *fig.*); (travestire) to **disguise,** to **dress up;** (coprire in modo da nascondere) to **screen,** to **cloak;** (nascondere) to **conceal,** to **hide*,** to **veil**: *m. la propria ambizione*, to mask one's ambition □ *m. un bambino da principe*, to dress up a boy as a prince ***2*** *(mil.)* to **camouflage** ***B*** **mascherarsi** *v. rifl.* to **masquerade** (anche *fig.*); (travestirsi) to **disguise oneself;** (nascondersi) to **conceal oneself,** to **hide* (oneself).**
mascherata *f.* **masquerade** (anche *fig.*).
mascherato *a.* ***1*** **masked; visored, vizored** ***2*** (travestito) **disguised** ***3*** (nascosto) **concealed; hidden.**
mascherina *f.* ***1*** (mezza maschera) **domino*; eye mask** ***2*** (di calzatura) **toe-cap** ***3*** *(mecc.)* **template.**
mascheróne *m. (archit.)* **mask.**
maschiàccio *m.* ***1*** **wild, boisterous boy** ***2*** (ragazza con modi mascolini) **tomboy; romp.**
maschiétta *f.* — *capelli alla m.*, bobbed hair; shingle □ *portare i capelli alla m.*, to wear one's hair bobbed.
maschile ***A*** *a.* **masculine; male**: *(gramm.) il genere m.*, the masculine gender □ *il sesso m.*, the male sex ● *una scuola m.*, a school for boys; a boys' school ***B*** *m. (gramm.)* **masculine (gender).**
maschilismo *m.* **sexism; male chauvinism.**
maschilista *a., m.* e *f.* **sexist; male chauvinist.**
(1) màschio ***A*** *a.* ***1*** **male; masculine** ***2*** (virile) **virile; manlike; manly; manful** ***3*** (vigoroso) **vigorous; powerful** ***B*** *m.* ***1*** **boy;** (figlio) **son;** (di animale) **male** ***2*** *(mecc.:* per filettare) **tap.**
(2) màschio *m.* (di castello) **keep; donjon.**
mascolinità *f.* **masculinity.**
mascolinizzare ***A*** *v. t.* to **masculinize** ***B*** **mascolinizzarsi,** *v. rifl.* to **become* masculine;** to **assume masculine ways.**
mascolino *a.* **masculine; manly; manlike; mannish.**
mascotte *(franc.) f.* **mascot.**
maser *m. invar. (fis.)* **maser.**
masnada *f.* **set; gang; band.**
masnadière *m.* **robber; highwayman*.**
masochismo *m.* **masochism.**
masochista *m.* e *f.* **masochist.**
masochìstico *a.* **masochistic; masochist** *(attr.)*.
masonite *f. (costr.)* **Masonite.**
massa *f.* ***1*** *(generalm.)* **mass;** (volume) **bulk;** (grande quantità) **multitude, huddle;** (mucchio) **heap, lot(s);** (combriccola) **band, set**: *una m. d'argilla*, a mass of clay □ *una m. di cose*, a heap of things □ *in m.*, in (a) mass; in bulk ***2*** *(fis.)* **mass** ***3*** *(elettr.)* **earth** ● *la m. del popolo*, the masses □ *(comm.) m. fallimentare*, bankruptcy assets □ *adunata in m.*, mass meeting □ *cultura di m.*, mass education □ *(polit.) partito di m.*, party appealing to the masses.
massacrante *a.* (estenuante) **exhausting.**
massacrare *v. t.* ***1*** to **massacre;** to **slaughter;** to **butcher** ***2*** (malmenare) to **maltreat** ***3*** *(fig.:* stremare) to **exhaust.**
massacro *m.* **massacre; slaughter; carnage; butchery.**
massaggiare *v. t.* to **massage.**
massaggiatóre *m.* **masseur.**
massaggiatrice *f.* **masseuse.**
massàggio *m.* **massage.**
massàia *f.* **housewife*; housekeeper.**
massàio *m.* **steward; (farm) manager.**
massèllo *m.* ***1*** *(metall.)* **ingot; lump** ***2*** *(edil.)* **block (of stone)** ***3*** *(bot.)* **duramen; heartwood.**
masserìa *f.* **farm.**
masserizie *f. pl.* **household goods; implements; furniture** *(sing.)*.
massetère *m. (anat.)* **masseter.**
massicciata *f.* **road-bed;** *(ferr.)* **ballast.**
massìccio ***A*** *a.* ***1*** (solido) **massive, solid, compact, massy;** (grosso) **bulky;** (robusto) **stout**: *oro m.*, mas-

sive gold **2** (grossolano) **gross** **B** *m.* *(geogr.)* **massif.**

massificare *v. t.* to **standardize.**

màssima *f.* **1** (sentenza) **maxim, precept;** (detto) **saying;** (motto) **motto*** **2** (principio) **principle;** (norma) **rule** **3** (grado massimo di temperatura) **maximum** ● *in linea di m.*, generally speaking.

massimale **A** *a.* **maximal** **B** *m.* **1** **limit; ceiling** **2** *(ass.)* **maximum rate.**

massimalismo *m.* *(polit.)* **maximalism.**

massimalista *m.* *(polit.)* **maximalist.**

massimaménte *avv.* **chiefly; principally; above all; especially; particularly.**

màssimo **A** *a. superl.* **maximum; greatest; largest; most; utmost;** (il più alto) **highest;** (il più lungo) **longest;** (il migliore) **best**: *il prezzo m.*, the maximum price (o the top price) □ *al m. grado,* in the highest degree □ *il pericolo m.*, the utmost danger □ *dedicare la massima cura a q.c.*, to pay one's best attention to st. □ *al m.*, at (the) most □ *il tempo m.*, the maximum time; *(sport)* the time-limit **B** *m.* **maximum*** ● *il m. di densità,* the maximum density □ *col m. dei voti,* with full marks □ *Questo è il m. che io possa fare,* this is all I can do (for you, him, etc.).

masso *m.* **mass of stone;** (blocco) **block;** (roccia) **rock** ● *dormire come un m.*, to be fast (o sound) asleep; to sleep like a log.

massóne *m.* **Mason; Freemason.**

massonerìa *f.* **Masonry; Freemasonry.**

massònico *a.* **Masonic.**

massoterapìa *f.* *(med.)* **massotherapy.**

massoterapista *m.* e *f.* *(med.)* **massotherapist.**

mastectomìa *f.* *(med.)* **mastectomy.**

mastèllo *m.* **tub.**

masticare *v. t.* **1** to **masticate;** to **chew;** (facendo rumore) to **crunch,** to **munch**: *m. tabacco,* to chew tobacco **2** *(fig.:* borbottare) to **mutter;** (biascicare) to **mumble;** (storpiare) to **mangle**: *m. una lingua,* to mangle a language **3** *(fig.:* rimuginare) to **chew** (st.) **over** *(fam.)* ● *m. amaro (o veleno),* to boil with indignation; to foam with rage □ *m. un po' l'inglese,* to have a smattering of English □ *m. male q.c.*, to put up with st.

masticatòrio *a.* **masticatory.**

masticazióne *f.* **mastication.**

màstice *m.* **mastic;** (per vetri, ecc.) **putty.**

mastino *m.* *(zool.)* **mastiff.**

mastite *f.* *(med.)* **mastitis.**

mastodónte *m.* **1** *(zool.)* **mastodon** **2** *(fig.)* **colossus.**

mastodòntico *a.* **mastodontic.**

mastòide *f.* *(anat.)* **mastoid.**

mastoidite *f.* *(med.)* **mastoiditis.**

mastra *f.* (grossa madia) **kneading trough.**

mastro *m.* **1** **master** **2** *(comm.)* **ledger** ● *registrare a m.*, to post.

masturbare *v. t.* **masturbarsi** *v. rifl.* to **masturbate.**

masturbazióne *f.* **masturbation.**

matador *(spagn.)* *m.* **matador.**

matafióne *m.* *(naut.)* **gasket; point.**

matassa *f.* **skein; hank** ● *(fig.) trovare il bandolo della m.*, to get the clue □ *(fig.) È una m. intricata,* it's a Chinese puzzle.

matemàtica *f.* **mathematics** *(pl. col verbo al sing.)*; *(fam.)* **maths.**

matemàtico **A** *a.* **mathematical** (anche *fig.*) ● *sapere con certezza matematica,* to know for certain **B** *m.* **mathematician.**

materassàio *m.* **mattress-maker.**

materasso *m.* **mattress**: *un m. a molle,* a spring mattress.

matèria *f.* **1** *(generalm.)* **matter;** (materiale) **material;** (sostanza) **substance;** (argomento) **subject, theme;** (motivo) **ground, cause**: *m. e spirito,* matter and spirit □ *materie prime,* raw materials □ *C'è m. per intentare un processo,* there are grounds for legal action **2** (disciplina scolastica) **subject**: *materie facoltative (obbligatorie),* optional (compulsory) subjects □ *rivedere (o ripassare) una m.*, to brush up a subject *(fam.)* **3** (pus) **pus; matter** ● *in m. di,* on the subject of; as to; *(leg.)* in the matter of □ *indice per m.*, subject-index □ *nomi di m.*, material nouns.

materiale **A** *a.* **1** *(generalm.)* **material;** (fisico) **corporeal, physical;** (manuale) **manual**: *(econ.) beni materiali,* material goods **2** (grossolano) **gross, clumsy;** (volgare) **coarse;** (rozzo) **rough, rude** **3** (sensuale) **sensual** ● *alla m.*, carelessly; (ingenuamente) **ingenuously** □ *Non ho il tempo m. di farlo,* I just haven't the time to do it **B** *m.* **material; stuff**: *m. da costruzione,* building material □ *il m. per scrivere,* writing materials ● *(geol.) m. alluvionale,* alluvium □ *m. didattico sussidiario,* teaching aids □ *(ind.) m. di recupero,* salvage □ *(ferr.) m. rotabile,* rolling-stock.

materialismo *m.* **materialism.**

materialista **A** *a.* **materialistic** **B** *m.* e *f.* **materialist.**

materialìstico *a.* **materialistic.**

materialità *f.* **1** **materiality** **2** (grossolanità) **clumsiness;** (volgarità) **coarseness;** (rozzezza) **rudeness.**

materializzare *v. t.* **materializzarsi** *v. rifl.* to **materialize.**

materialménte *avv.* **materially;** (corporalmente) **corporeally, bodily;** (in maniera volgare) **coarsely;** (in maniera grossolana) **clumsily.**

materialóne *m.* **clumsy fellow; bear** *(fam.)*.

maternaménte *avv.* **maternally; like a mother.**

maternità *f.* **1** **maternity; motherhood** **2** (clinica ostetrica) **maternity hospital;** (reparto ospedaliero) **maternity ward.**

matèrno *a.* **maternal; motherly; mother** *(attr.)*: *affetto m.*, motherly love □ *uno zio m.*, a maternal uncle.

matinée *(franc.)* *f.* *(teatr.)* **matinée; afternoon performance.**

matita *f.* **pencil;** (pastello) **crayon, pastel.**

matràccio *m.* *(chim.)* **matrass** *(arc.)*.

matriarcato *m.* **matriarchy.**

matrice *f.* **1** *(anat., mat., elab., tecn.)* **matrix*** **2** *(comm.)* **counterfoil; stump.**

matricida *m.* e *f.* **matricide.**

matricìdio *m.* **matricide.**

matrìcola *f.* **1** (registro) **matricula; roll; register** **2** (studente) **freshman*** ● *numero di m.*, matriculation number.

matricolato *a.* **arrant; downright; thorough; perfect**: *un ladro m.*, an arrant thief □ *uno sciocco m.*, a perfect fool.

matricolazióne *f.* **matriculation; enrolment.**

matrigna *f.* **stepmother.**

matrimoniale *a.* **matrimonial; conjugal; nuptial; wedding** *(attr.)* ● *pubblicazioni matrimoniali,* banns.

matrimònio *m.* **1** **matrimony; marriage** **2** (cerimonia) **wedding** ● *un m. d'amore,* a love-match □ *unire in m.*, to marry □ *unirsi in m.*, to get married.

matròna *f.* **matron.**

matronale *a.* **matronal; matronly.**

matronèo *m.* *(archit.)* **women's gallery.**

matronìmico *a.* e *m.* **metronymic, matronymic.**

matta *f.* **1** **lunatic; mad woman*** **2** (carta da gioco) **joker.**

mattacchióne *m.* **wag; jolly fellow; (habitual) joker.**

mattana *f.* *(fam.)* **fit of bad temper; doldrums** *(pl.)*; (capriccio) **freak, whim**: *le mattane di marzo,* the freaks of March □ *saltare la m.*, to fly into a temper.

mattata *f.* *(pop.)* **foolish act.**

mattatóio *m.* **slaughter-house; abattoir; shambles.**

mattatóre *m.* *(teatr.)* **spotlight-chaser.**

matterèllo *m.* **rolling pin.**

mattina *f.* **morning**: *dalla m. alla sera,* from morning to night □ *di m.*, in the morning □ *domani m.*, tomorrow morning □ *giovedì m.*, on Thursday morning □ *la m. alle nove,* at nine in the morning □ *di prima m.*, early in the morning □ *una fredda m. d'inverno,* one cold winter morning.

mattinata *f.* **1** **morning; forenoon**: *tutta la m.*, the whole morning; all (the) morning **2** *(teatr.)* **matinée; afternoon performance** **3** *(mus.)* **dawn song; aubade; morning serenade.**

mattinièro *a.* **early-rising** ● *essere m.*, to be an early riser.
mattino *m.* **morning**: *i giornali del m.*, the morning newspapers □ *di buon m.*, early in the morning ● *(fig.) il m. della vita,* the dawn of life.
matto A *a.* **1 mad; insane; (mentally) deranged; crazy; daft; off one's head** *(fam.)*: *diventare m.*, to go mad (o to lose one's head) □ *far diventare m. q.*, to drive sb. mad □ *Fossi m.!*, do you think I am daft? **2** (opaco) **mat; dull**: *un colore m.*, a mat colour **3** (falso) **false; imitation** *(attr.)*: *una moneta matta,* a false (o counterfeit) coin; a duffer *(pop.)* ● *m. da legare,* raving mad; as mad as a hatter *(fam.;* anche: as a March hare) □ *(fig.) andare m. per q.c.*, to be crazy about st. □ *avere una voglia matta di q.c. (di fare q.c.),* to be dying for st. (to do st.) □ *È mezzo m.*, he is not all there; he has a screw loose *(fam.)* □ *È una testa matta!*, he's a hot-headed fool! **B** *m.* **1 madman*; lunatic;** *(teatr.)* **fool 2** (scacco m.) **checkmate** ● *correre come un m.*, to run like mad □ *ridere come un m.*, to roar with laughter □ *Cose da matti!*, that's sheer nonsense!
mattòide A *a.* **half-crazy; dotty, screwy** *(fam.)* **B** *m.* e *f.* **madcap.**
mattonàia *f.* **brickyard; brick-field.**
mattóne *m.* *(edil.)* **1 brick**: *mattoni refrattari,* fire-bricks **2** *(fig.:* cosa o persona noiosa) **bore; nuisance** ● *(fam.) avere un m. sullo stomaco,* to have st. lying (heavy) on one's stomach.
mattonèlla *f.* **1 tile 2** (sponda del biliardo) **cushion** ● *una parete a mattonelle,* a tiled wall.
mattonificio *m.* **brick-factory.**
mattutino A *a.* **morning** *(attr.)* **B** *m.* *(relig.)* **matins** *(pl.)*.
maturando *m.* **candidate for (secondary-)school-leaving certificate;** *(in G.B.)* **candidate for A-level General Certificate of Education.**
maturare A *v. i.* *(generalm.)* to **mature;** to **come*** to **maturity;** (di frutti e *fig.)* to **ripen;** *(med.)* to **come*** to **a head;** *(comm.)* to **fall* due,** to **be due B** *v. t.* **1** (portare a maturazione) to **mature;** to **bring*** (st.) to **maturity** (o to **ripeness);** *(med.)* to **bring* to a head 2** (scolastico: dichiarare maturo) to **pass** (sb.) **at school-leaving examination** ● *lasciar m. il vino,* to mellow wine.
maturazióne *f.* **1** *(generalm.)* **maturation; ripening 2** (maturità) **maturity** ● *(med.) portare a m.*, to bring to a head.
maturità *f.* *(generalm.)* **maturity;** (stato di m.) **ripeness** ● *esame di m.*, (secondary-)school-leaving examination; *(in G.B.)* examination for Advanced-level General Certificate of Education *(abbr.* A-level G.C.E.).
maturo A *a.* **1** *(generalm.)* **mature;** (di frutti, ecc.) **mellow, ripe;** (idoneo) **fit**: *età matura,* ripe age □ *dopo matura riflessione,* after mature (o careful) deliberation **2** *(med.)* **mature 3** *(comm.)* **mature; due B** *m.* **student who has obtained his (secondary-)school-leaving certificate;** *(in G.B.)* **student who has obtained his A-level General Certificate of Education.**
matuṣa *m.* e *f.* *(scherz.)* **Methuselah; stick-in-the-mud** *(fam.)*.
Matuṣalèmme *m.* *(Bibbia)* **Methuselah** ● *vecchio quanto M.*, as old as the hills.
màuro *m.* **Moor.**
mauṣolèo *m.* **mausoleum.**
maxi- *(nei composti)* **maxi-**: *(moda) maxicappotto,* maxicoat; maxi □ *(moda) maxigonna,* maxiskirt; maxi.
mazurca *f.* *(mus., danza)* **mazurka.**
mazza *f.* **1** (bastone) **staff; cudgel; club; truncheon;** (bastone da passeggio) **walking stick;** (bastone di comando) **mace**: *mazze da golf,* (golf) clubs **2** (grosso martello) **sledge(-hammer) 3** *(pitt.)* **maulstick, mahlstick.**
mazzacavallo *m.* **pile-driver; ram.**
mazzapìcchio *m.* **cooper's mallet; beetle.**
mazzata *f.* **blow** (anche *fig.)*.
mazzeranga *f.* **tamper.**
mazzétta *f.* **1** (di banconote, cartelle, ecc.) **wad; bundle 2** (di campioni di stoffe) **bunch of patterns.**
mazzière *m.* **mace-bearer.**
mazzo *m.* **bunch** (anche *fig.)*; **bundle; pack; set**: *un m. di carte,* a pack of cards □ *un m. di fiori,* a bunch of flowers □ *(fig.) appartenere al m.*, to be one of the bunch.
mazzolino *m.* **little bunch; bouquet; nosegay.**
mazzuòla *f.* **mazzuòlo** *m.* **mallet.**
me *pron. pers. m.* e *f.* 1^a *pers. sing.* **1** *(compl. ogg.* e *indir.)* **me;** (me stesso) **myself**: *Lascia fare a me!*, leave things to me □ *L'ho fatto da me,* I did it by myself □ *Non mi sento in me,* I don't feel like myself **2** *(in funzione di sogg.)* **I**: *È più forte di me,* he is stronger than I am □ *Fate come me,* do as I do **3** *(pleonastico: omesso in ingl.)*: *Me lo auguro!*, I certainly hope so! ● *per me (o in quanto a me),* for my part; as far as I am concerned □ *secondo me,* in my opinion □ *tra me (e me),* to myself.
meandro *m.* **meander** (anche *fig.)*; **winding.**
meato *m.* *(anat.)* **meatus*.**
meccànica *f.* **1 mechanics** *(pl. col verbo al sing.)* **2** (meccanismo) **mechanism.**
meccanicaménte *avv.* **mechanically.**
meccanicismo *m.* *(filos.)* **mechanism.**
meccànico A *a.* **mechanical**: *movimenti meccanici,* mechanical movements □ *ingegneria meccanica,* mechanical engineering **B** *m.* **mechanician; mechanic.**
meccaniṣmo *m.* **mechanism** (anche *fig.)*; **machinery; gear; works** *(pl.)*.
meccanizẓare *v. t.* to **mechanize.**
meccanizẓazióne *f.* **mechanization.**
meccano *m.* *(marchio:* gioco da ragazzi) **Meccano.**
meccanografia *f.* **machine accounting.**
meccanogràfico *a.* **data-processing** *(attr.)*: *centro m.*, data-processing centre.
mecenate *m.* **patron.**
mecenatiṣmo *m.* **patronage.**
méco *pron. pers. (lett.)* **with me** ● *m. stesso,* to myself.
medàglia *f.* **medal**: *il diritto della m.*, the obverse (o face) of the medal □ *il rovescio della m.*, the reverse of the medal (anche *fig.)*; the other side of the medal *(fig.)* □ *conferire una m. al valore militare,* to award a medal for military valour.
medaglière *m.* **1 collection of medals 2** (mobile) **medal show-case.**
medagliétta *f.* **1 small medal 2** (contrassegno dei membri del Parlamento) **M.P.'s badge.**
medaglióne *m.* **1** (anche *archit.)* **medallion 2** *(letter.)* **literary-biographical essay 3** (gioiello) **locket.**
medaglista *m.* **1** (collezionista) **collector of medals 2** (incisore) **medallist; designer of medals.**
medeṣimaménte *avv.* **likewise; in the same way.**
medéṣimo *a.* e *pron.* **same; self-same** *(lett.)*: *nel m. giorno,* on the same day □ *nel m. tempo,* at the same time; (insieme) together; (inoltre) moreover, besides □ *la medesima risposta di prima,* the same answer as before □ *Anche a me capita la medesima cosa,* it's the same with me ● *io m.*, I myself.
mèdia *f.* *(generalm.)* **average;** *(mat.)* **mean**: *m. oraria,* average per hour □ *in m.*, on an (o the) average ● *le medie (scolastiche),* the term's (proficiency) marks □ *fare (o raggiungere) una m. di,* to average: *Facemmo una m. di trecento chilometri al giorno,* we averaged three hundred kilometres a day.
mediaménte *avv.* **on an (o the) average.**
mediana *f.* **1** *(mat., stat.)* **median 2** *(calcio)* **half-back line.**
mediànico *a.* **mediumistic.**
mediano A *a.* **median; medial; medium; mean; middle B** *m.* *(calcio)* **half back.**
mediante *prep.* **by means of; through.**
mediato *a.* **mediate;** (indiretto) **indirect.**
mediatóre *m.* **1 mediator; middleman* 2** *(comm.)* **broker.**
mediazióne *f.* **1 mediation 2** *(comm.)* **brokerage.**
medicaménto *m.* **medicament; medicine.**
medicamentóso *a.* **medicinal; medicative.**
medicare A *v. t.* **1** to **medicate;** to **doctor;** to **treat;** (una ferita) to **dress 2** *(fig.)* to **heal;** to **cure B**

medicarsi *v. rifl.* to **medicate oneself**; to **doctor oneself.**
medicastro *m. (spreg.)* **medicaster; quack.**
medicazióne *f.* **1 medication;** (di una ferita) **dressing 2** (medicamento applicato) **medicament.**
medìceo *a. (stor.)* **Medicean.**
medicina *f.* **medicine** (anche *fig.*); (rimedio) **remedy**: *m. legale,* forensic medicine □ *una m. per tutti i mali,* a remedy for all diseases; a panacea □ *studiare m.,* to study medicine ● *studente di m.,* medical student; medic *(fam.).*
medicinale A *a.* **medicinal**: *erbe medicinali,* medicinal herbs **B** *m.* **medicine; remedy.**
mèdico A *m.* **1 doctor (of medicine); physician; medical man***: *il nostro m. di fiducia,* our family doctor □ *un m. legale,* a police doctor; *(ass.)* a medical examiner □ *mandare a chiamare un m.,* to send for a doctor □ *consultare un m.,* to see a doctor **2** *(fig.)* **healer** ● *m. chirurgo,* surgeon **B** *a.* **medical**: *un'accurata visita medica,* a thorough medical examination; a check-up □ *un ufficiale m.,* a medical officer.
medievale *a.* **medi(a)eval; of the Middle Ages.**
medievalismo *m.* **medi(a)evalism.**
medievalista *m.* e *f.* **medi(a)evalist.**
mèdio A *a. (generalm.)* **middle; medium; middling;** (calcolato fra un massimo e un minimo) **average, mean**: *onde medie,* medium waves □ *il prezzo m.,* the average price □ *il ceto m.,* the middle class(es) □ *l'uomo m.,* the average man; the man in the street □ *un uomo d'altezza media,* a man of medium height ● *scuola media,* secondary school **B** *m.* **1** (dito m.) **middle finger 2** *(mat.)* **mean (term).**
mediòcre A *a.* **mediocre; middling; second-rate; not too good B** *m.* **mediocrity**: *È un m.,* he is a mediocrity.
mediocreménte *avv.* **with mediocrity; moderately; middling** *(fam.).*
mediocrità *f.* **mediocrity; mean**: *l'aurea m.,* the golden (o happy) mean □ *essere una m.,* to be a mediocrity.
medioevale *V.* **medievale.**
medioèvo *m.* **Middle Ages** *(pl.).*
medioleggèro *m. (pugilato)* **welterweight.**
mediomàssimo *m. (pugilato)* **light-heavyweight.**
meditabóndo *a.* **meditative; cogitative; thoughtful; pensive.**
meditare A *v. t.* to **meditate**; to **ponder**: *m. vendetta,* to meditate revenge **B** *v. i.* to **meditate** (on, upon); to **ponder,** to **brood,** to **muse** (on, over): *m. sulle memorie del passato,* to muse over memories of the past.
meditataménte *avv.* **after due consideration; deliberately;** (a bella posta) **on purpose.**
meditativo *a.* **meditative.**
meditato *a.* **meditated; well-considered; thought-out; deliberate.**
meditazióne *f.* **1 meditation; cogitation 2** (considerazione) **consideration**: *degno di m.,* worthy of consideration.
mediterràneo *a.* **1 mediterranean; land-locked 2** (del Mare M.) **Mediterranean.**
mèdium *m.* e *f. (spiritismo)* **medium.**
medusa *f.* **1** *(mitol.)* **Medusa 2** *(zool.)* **medusa*; jelly-fish.**
mefistofèlico *a.* **Mephistophelean, Mephistophelian.**
mefite *f.* **mephitis.**
mefitico *a.* **mephitic(al).**
mega- *(in parole composte)* **mega-.**
megaciclo *m. (fis.)* **megacycle.**
megàfono *m.* **megaphone.**
megalite *m. (archeol.)* **megalith.**
megalìtico *a. (archeol.)* **megalithic.**
megalòmane *a., m.* e *f.* **megalomaniac.**
megalomanìa *f.* **megalomania.**
megalòpoli *f.* **megalopolis.**
mègaton *m. (fis. nucl.)* **megaton.**
megèra *f.* **hag; harridan; vixen.**
mèglio A *avv.* **1** *(compar.)* **better;** (piuttosto) **rather, sooner**: *Faresti m. ad andar via,* you had better go away □ *stare m.* (di un malato), to feel (o to be) better □ *molto m.,* much (o far) better □ *cento volte m.,* a hundred times better **2** *(superl. relat.)* **best**: *Chi lo fece m.* (di tutti)?, who did it best? □ *Fa come m. credi,* do as you think best ● *cambiare in m.,* to change for the better □ *campare alla m.,* to scrape a living; to scrape along □ *o m.* (ovvero, per meglio dire), or rather □ *Tanto m.!,* so much the better! □ *M. che nulla!,* better this than nothing at all! □ *M. per lui!,* so much the better for him! □ *(fam.) Stanno m. di noi* (a quattrini), they're better off than we are □ *Stavo m. sul divano,* I was more comfortable on the sofa **B** *a. (compar.)* **better;** *(superl. relat.)* (fra due) **(the) better;** (fra più di due) **(the) best C** *m.* e *f.* (la cosa migliore) **(the) best (thing);** (la parte migliore) **(the) best part**: *ciò che vi è di m. sul mercato,* the best things on the market ● *il m. dell'eleganza,* the pink of elegance □ *alla m.* (o *alla bell'e m.*), somehow (or other) □ *avere la m. su q.,* to have (o to get) the better of sb. □ *fare del proprio m.,* to do one's best (o utmost); to do everything in one's power □ *per il proprio m.,* for one's best □ *Non c'è nulla di m.,* this is the very best.
méla *f.* **apple**: *mele cotte,* stewed apples □ *una m. verde* (acerba), a green apple □ *una torta di mele,* an apple-tart ● *m. renetta,* rennet □ *m. selvatica,* crab.
melagrana *f.* **pomegranate.**
melagrano *V.* **melograno.**
melàngola *f.* **bitter** (o **Seville) orange.**
melàngolo *m. (bot.,* Citrus aurantium*)* **bitter** (o **Seville) orange (tree).**
melanzana *f.* **1** *(bot.,* Solanum melongena*)* **egg-plant; aubergine 2** (il frutto) **aubergine.**
melarància *f.* **sweet orange.**
melaràncio *m. (bot.,* Citrus sinensis*)* **sweet orange (tree).**
melassa *f.* **molasses** *(pl. col verbo al sing.).*
melata *f.* **honeydew.**
melato *a.* **honeyed** (anche *fig.*).
melensàggine *f.* **1 stolidity; doltishness; dullness 2** (atto melenso) **silly** (o **stolid) action.**
melènso A *a.* **stolid; doltish; dull(-witted) B** *m.* **dullard; simpleton.**
meléto *m.* **apple-orchard.**
mèlico *a. (letter.)* **melic**: *poesia melica,* melic poetry.
melissa *f. (bot.,* Melissa officinalis*)* **lemon balm.**
mellificazióne *f.* **honey-making.**
mellifluità *f.* **mellifluousness.**
mellìfluo *a.* **mellifluous; honeyed; honey-sweet; sugary.**
mélma *f.* **mud; mire; ooze; slime; sludge; slush.**
melmóso *a.* **muddy; miry; oozy; slimy; sludgy; slushy.**
mélo *m. (bot.)* **apple-tree** ● *m. selvatico,* crab.
melodìa *f.* **melody.**
melòdico *a.* **melodic;** (melodioso) **melodious.**
melodiosaménte *avv.* **melodiously.**
melodióso *a.* **melodious; musical; tuneful.**
melodista *m.* e *f.* **melodist; composer of melodies.**
melodramma *m.* **1** *(mus.)* **serious opera 2** *(fig.)* **melodrama.**
melodrammàtico *a.* **1** *(mus.)* **operatic 2** *(fig.)* **melodramatic(al).**
melograno *m. (bot.,* Punica granatum*)* **pomegranate.**
melóne *m. (bot.,* Cucumis melo; anche il frutto*)* **musk melon; melon.**
membrana *f.* **1** *(anat., bot.)* **membrane 2** *(mecc., radio)* **diaphragm.**
membranóso *a.* **membranous.**
membratura *f.* **framework; frame; structure.**
mèmbro *m.* **1** *(pl.* **membra***)* **limb** (anche *fig.*): *riposare le stanche membra,* to rest one's tired limbs **2** *(pl.* **membri***)* **member**: *un m. del Parlamento,* a Member of Parliament *(abbr.:* an M. P.) **3** *(gramm., mat., archit.)* **member** ● *(leg.) m. di giuria,* juryman; juror □ *dalle membra vigorose,* strong-limbed.
membruto *a.* **strong-limbed; sturdy-limbed.**
memènto *(lat.) m.* **memento*; reminder.**
memoràbile *a.* **memorable.**
memoràndum *(lat.) m.* **memorandum*; memo*.**

mèmore *a. (lett.)* **mindful** (of); (riconoscente) **grateful** (for).
memòria *f.* ***1*** *(generalm.)* **memory**; (mente) **mind**; (ricordo) **remembrance, recollection**; (reminiscenza) **reminiscence**: *avere molta m.*, to have a retentive memory □ *una m. di ferro*, a tenacious memory □ *richiamare q.c. alla m.*, to call st. back to one's memory; to recollect st. □ *richiamare q.c. alla m. di q.*, to remind sb. of st. □ *perdere (o smarrire) la m.*, to lose one's memory □ *le dolci memorie di quegli anni*, the sweet memories of those years ***2*** (oggetto conservato per ricordo) **souvenir** *(franc.)*; **keepsake** ***3*** (annotazione) **note; memo*** ***4*** (memoriale) **memorial; record** ***5*** *(al pl.:* opera autobiografica) **memoirs**: *le Memorie di Goldoni*, Goldoni's Memoirs ***6*** *(elab.)* **memory; storage** ● *m. di famiglia*, heirloom □ *a m.*, by heart; (meccanicamente) by rote □ *a m. d'uomo*, within living memory; from time immemorial □ *dipingere (suonare) a m.*, to paint (to play) from memory □ *esercizi di m.*, mnemonic exercises □ *imparare (sapere) a m.*, to learn (to know) by heart □ *tuo padre, di felice m.*, your father, of happy memory.
memoriale *m.* ***1*** *(letter.)* **memorial** *(generalm. al pl.)* ***2*** (petizione) **memorial; petition.**
memorialista *m.* e *f.* **memorialist.**
memorizzare *v. t.* to **memorize**; *(elab.,* anche*)* to **store.**
memorizzazióne *f.* **memorization**; *(elab.,* anche*)* **storage.**
ména *f.* **underhand dealing; intrigue; scheme; manoeuvre.**
menabò *m. (tipogr.)* **dummy.**
menadito, a *locuz. avv.* **perfectly; superlatively; thoroughly; at one's fingers' ends (**o **finger-ends, finger-tips)** *(fam.)*: *conoscere q.c. a m.*, to have st. at one's fingers' ends.
ménage *(franc.) m.* **menage; domestic management; housekeeping.**
menagramo *m.* e *f. invar. (fam.)* **Jonah; jinx** *(pop.)*.
menare *v. t.* ***1*** (condurre) to **lead***; to **take***; to **bring***: *(fig.) m. q. per il naso*, to lead sb. by the nose; to turn sb. round one's little finger *(fam.)* □ *il sentiero che mena al castello*, the path leading to the castle ***2*** (trascorrere) to **lead***; to **live**; to **spend***: *m. una vita da cani*, to lead a dog's life ***3*** (agitare, picchiare) to **beat***; to **hit***; to **strike***: *m. un colpo*, to deal a blow ● *m. un calcio*, to kick □ *(fig.) m. il cane per l'aia*, to beat about the bush *(fam.)* □ *m. la frusta*, to whip; to lash *(anche fig.)* □ *m. la lingua*, to gossip; (sparlare) to speak ill (of) □ *m. le mani*, to come to blows □ *m. q.c. per le lunghe*, to spin st. out □ *m. uno schiaffo*, to slap □ *m. vanto di q.c.*, to boast of st. □ *menarsi di santa ragione*, to have a good fight.
mènda *f.* **defect**; (colpa) **fault**; (imperfezione) **flaw.**
mendace *a.* **mendacious; untruthful; false; fallacious.**
mendàcia *f.* **mendacity.**
mendelèvio *m. (chim.)* **mendelevium.**
mendicante ***A*** *a.* **mendicant; begging**: *frati mendicanti*, mendicant friars ***B*** *m.* e *f.* **beggar.**
mendicare ***A*** *v. t.* ***1*** to **beg**; to **beg for** (st.) *(anche fig.)*; to **cadge**: *m. la vita*, to beg one's bread □ *m. un pasto*, to cadge a meal ***2*** *(fig.)* to **solicit**; to **beseech***; to **seek* (out)** ***B*** *v. i.* to **beg.**
mendicità *f.* ***1*** **mendicity; beggary** ***2*** (mendicanti) **beggars** *(pl.)* ● *ricovero di m.*, workhouse.
mendìco ***A*** *m.* **beggar** ***B*** *a.* **begging; mendicant.**
menefreghismo *m. (pop.)* **indifference; couldn't-care-less attitude** *(fam.)*.
menefreghista *m.* e *f. (pop.)* **indifferent; couldn't-care-less type of person** *(fam.)*.
meneghino ***A*** *a.* **Milanese** ***B*** *m.* ***1*** **Milanese*** ***2*** (dialetto milanese) **Milanese dialect.**
menestrèllo *m.* **minstrel.**
meninge *f. (anat.)* **meninx*** ● *(fam.) spremersi le meningi*, to cudgel (o to rack, to puzzle) one's brains.
meningèo *a. (anat.)* **meningeal.**
meningite *f. (med.)* **meningitis.**
menisco *m. (anat., fis.)* **meniscus*.**
méno ***A*** *avv.* ***1*** *(compar.)* **less; not... so (much)**; *(mat.)* **minus, less**: *Dovresti mangiare m.*, you should eat less (o you should not eat so much) □ *M. si studia, m. s'impara*, the less you study, the less you learn □ *(mat.) Sei m. quattro fa due*, six minus (o less) four is two □ *una differenza in m. di cento lire*, one hundred lire (o liras) less ***2*** *(superl. relat.)* (fra due) **(the) less**; (fra più di due) **(the) least**: *Dei due libri, questo è il m. interessante*, of the two books, this is the less interesting □ *Questi articoli sono i m. costosi che abbiamo*, these are the least expensive (più comune: the cheapest) articles we have ● *m. che mai*, less than ever □ *m. male*, it's just as well; it is a good thing (o job) □ *essere da m. di q.*, to be inferior to sb. □ *fare il m. possibile*, to do as little as possible □ *fare a m. di*, (rinunziare a) to give up; (fare senza) to do without □ *niente m. che*, no less than □ *sempre m.*, less and less □ *senza m.* (immancabilmente), without fail □ *venire m.* (svenire), to faint □ *venire m. a*, (abbandonare) to fail; (alla parola data, a una promessa, ecc.) to break; (trascurare) to neglect □ *M. siamo, meglio è*, the fewer, the better □ *Ho dieci anni m. di lui*, I am ten years younger than he (is) □ *Niente m.!*, just imagine that! □ *Non posso fare a m. di ridere*, I cannot help laughing □ *Non posso fare a m. di pensare che è uno sciocco*, I cannot but think he is a fool □ *Puoi fare a m. di venire*, you needn't come □ *Sono le dieci m. cinque*, it is five (minutes) to ten □ *Sono le due m. un quarto*, it is a quarter to two ***B*** *a.* ***1*** *(compar., con nome sing.)* **less, not so much**; *(con nome pl.)* **fewer, not so many**: *Ho m. denaro di lui*, I have less money than he (has); (più comune) I haven't so much money as he (has) □ *Ho m. amici di lui*, I have fewer friends than he (has); (più comune) I haven't so many friends as he (has) □ *M. sciocchezze!*, less nonsense! ***2*** *(superl. relat., con nome sing.)* **(the) least**; *(con nome pl.)* **(the) fewest** ● *M. male che non ti sei fatto niente*, thank goodness, you didn't get hurt ***C*** *m. (con valore compar.)* **less, smaller part; fewer** *(pl.)*; *(con valore superl.)* **least, smallest part; fewest** *(pl.)*: *Il m. che possa fare è di scusarmi*, the least I can do is to apologize □ *Il m. è toccato a me*, the smaller (o smallest) part has come to me □ *Mi ci vollero non m. di tre ore*, it took me no less than three hours ● *i m.* (la minoranza), the minority □ *dal più al m.*, more or less; about; approximately □ *in m. che non si dica*, in less than no time; before one could say Jack Robinson *(fam.)* □ *parlare del più e del m.*, to speak about this (thing) and that □ *per lo m.*, at least □ *(mat.) il (segno del) m.*, the minus sign □ *Questo sarebbe il m.*, this would not matter so much □ *Non si può acquistare per m.*, you cannot get it cheaper ***D*** *prep.* **except; but**: *tutti m. due o tre*, all except (o but) two or three ***E*** *cong.* — *a m. che non*, unless.
menomaménte *avv.* **not at all; not in the least**; (in nessun modo) **by no means, in no way.**
menomare *v. t.* (diminuire) to **diminish**; to **lessen**; (denigrare) to **disparage**; (indebolire) to **impair.**
menomato *a.* (diminuito) **diminished; lessened**; (attenuato) **attenuated**; (denigrato) **disparaged**; (indebolito) **impaired.**
menomazióne *f.* (diminuzione) **diminution**; (denigrazione) **disparagement**; (indebolimento) **impairment.**
menopàusa *f. (fisiologia)* **menopause.**
mènsa *f.* ***1*** **table**: *fare m. comune*, to eat at the same table □ *imbandire la m.*, to lay the table ***2*** (di convento, scuola, ecc.) **refectory**; (di militari) **mess**; (di fabbrica) **canteen** ● *accostarsi alla Sacra M.*, to receive Holy Communion.
mensile ***A*** *a.* **monthly**: *una rivista m.*, a monthly (magazine) ***B*** *m.* **monthly pay (**o **wages, salary).**
mensilità *f.* ***1*** **monthly pay; monthly salary** ***2*** (rata mensile) **monthly instalment** ● *tredicesima m.*, Christmas bonus.
mensilménte *avv.* **monthly; every month; once a month.**
mènsola *f.* ***1*** **bracket; console**; (ripiano) **shelf*** ***2*** *(archit.)* **corbel.**
ménta *f. (bot.,* Mentha*)* **mint** ● *m. piperita* (Mentha piperita), peppermint.

(1) mentale *a.* (della mente) **mental; of the mind** ● *uno specialista per le malattie mentali,* a mental specialist.
(2) mentale *a.* (del mento) **mental; of the chin.**
mentalità *f.* **mentality** ● *un uomo di ristretta m.,* a narrow-minded man.
mentalménte *avv.* **mentally;** (dentro di sé) **to oneself.**
ménte *f.* **1** *(generalm.)* **mind;** (intelletto) **intellect;** (intelligenza) **intelligence, understanding;** (memoria) **memory;** (testa) **head:** *avere (quasi) in m. di fare q.c.,* to have (half) a mind to do st. ◻ *balenare alla m.,* to flash into (o through) one's mind ◻ *ficcarsi in m. di voler fare q.c.,* to take it into one's head to do st. ◻ *richiamare alla m.,* to call back (o to recall) to one's mind; to recollect ◻ *tenere a m. q.c.,* to keep (o to bear) st. in mind **2** *(fig.)* **mind; intellect; brain:** *una delle migliori menti del nostro secolo,* one of the best minds of our century **3** (attenzione) **attention; mind:** *volgere la m. a q.c.,* to turn one's attention (o one's mind) to st. ● *a m.,* by heart; (mentalmente) mentally: *imparare q.c. a m.,* to learn st. by heart ◻ *dire quel che si ha in m.,* to speak one's mind ◻ *far venire in m. q.c. a q.,* to remind sb. of st. ◻ *togliersi q. (q.c.) dalla m.,* to get sb. (st.) out of one's head ◻ *Non mi viene in m. il suo nome,* I can't remember his (o her) name.
mentecatto A *a.* **mad; imbecile B** *m.* **madman*; idiot.**
mentina *f.* **peppermint-drop.**
mentire *v. i.* to **lie;** to **tell* a lie (**o **lies);** to **tell* stories** *(fam.)*; to **be a liar.**
mentito *a.* **false; counterfeit; sham.**
mentitóre A *m.* **liar; fibber, story-teller** *(fam.)* **B** *a.* **mendacious.**
ménto *m.* **chin:** *avere il m. in fuori,* to have a protruding chin ● *(scherz.) l'onor del m.,* the beard.
mentòlo *m.* *(chim.)* **menthol.**
mentonièra *f.* (di violino) **chin-rest.**
mèntore *m.* **mentor.**
méntre A *cong.* **1** *(temporale)* **while; as; when:** *Ho avuto un incidente m. venivo qui,* I had an accident while (I was) coming here **2** *(avversativo)* **while, whilst; whereas B** *m.* — *in quel m.,* that very moment.
mentùccia *f.* *(bot.,* Satureia nepeta*)* **field balm.**
menu *m.* **menu; bill of fare.**
menzionare *v. t.* to **mention.**
menzionato *a.* **mentioned:** *m. sopra,* above-mentioned.
menzióne *f.* **mention:** *fare m. di q. (q.c.),* to make mention of sb. (st.) *(in frasi neg.)*; to mention sb. (st.) ● *degno di m.,* worth mentioning.
menzógna *f.* **lie; untruth;** (frottola) **fib, story** *(fam.)*: *un'infame m.,* a dirty lie ◻ *un tessuto di menzogne,* a web of lies.
menzognèro *a.* **lying; untrue; mendacious; false; deceitful.**
meravìglia *f.* **1 wonder; astonishment; amazement;** (sorpresa) **surprise;** (m. unita a un senso di timore) **awe:** *con m.,* in wonder; in amazement ◻ *con mia grande m.,* to my great surprise ◻ *fare le meraviglie,* to show surprise **2** (cosa meravigliosa) **wonder; marvel:** *le sette meraviglie del mondo,* the seven wonders of the world ◻ *È una m.!,* it's a wonder!; it's wonderful!; that's marvellous! ● (anche *iron.*) *a m.,* wonderfully well; marvellously ◻ *dire meraviglie di q.,* to praise sb. to the skies ◻ *fare m.,* to surprise ◻ *muto per la m.,* wonder-dumb; aghast ◻ *nessuna m. (che),* no wonder (that) ◻ *il paese delle meraviglie,* wonderland.
meravigliare A *v. t.* to **surprise;** to **astonish;** to **amaze B** *v. i.* to **cause surprise (**o **amazement) C meravigliarsi** *v. rifl.* to **wonder,** to **marvel,** to **be surprised,** to **be astonished** (at); to **be struck with astonishment:** *Non mi meraviglierei affatto (se),* I should not wonder at all (if).
meravigliato *a.* **surprised; astonished; amazed.**
meravigliosaménte *avv.* **wonderfully; marvellously; amazingly.**
meraviglióso *a.* **wonderful; marvellous; amazing; astonishing;** (mirabile) **admirable;** (straordinario) **extraordinary.**
mercante *m.* **merchant; trader; dealer:** *un m. di cavalli,* a horse-dealer ◻ *un m. di schiavi,* a slave-trader; a slaver.
mercanteggiare A *v. i.* **1** *(raro)* to **deal*,** to **trade** (in): *m. in grano,* to deal in corn; to be a corn-dealer **2** (speculare) to **trade** (upon) **3** (contrattare tirando sul prezzo) to **bargain;** to **haggle B** *v. t.* to **prostitute;** to **sell*.**
mercantile A *a.* **merchant** *(attr.)*; **mercantile B** *m.* **merchant ship.**
mercantilismo *m.* *(econ.)* **mercantilism; mercantile system.**
mercantilista *m., f.* e *a.* *(econ.)* **mercantilist.**
mercanzìa *f.* (merce) **merchandise; goods** *(pl.)*; **commodities** *(pl.)*; **wares** *(pl.)*; (scorta) **stock:** *fare l'inventario della m. in magazzino,* to take stock ● *(fig.) saper vendere la propria m.,* to blow one's own trumpet ◻ *(iron.) Bella m.!,* that's mere trash!; that's rubbish!
mercato *m.* **market;** (luogo, anche) **market-place:** *m. animato (o attivo),* brisk market ◻ *m. debole (o fiacco),* dull market ◻ *m. fermo (o sostenuto),* steady market ◻ *(fig.) m. nero,* black market: *comprare q.c. a m. nero,* to buy st. on the black market ◻ *andare al m.,* to go to market ◻ *giorno di m.,* market day ◻ *il m. del caffè,* the coffee market ● *(fin.) m. con tendenza al rialzo (al ribasso),* bullish (bearish) market ◻ *m. dei titoli,* stock-market ◻ *a buon m.,* cheap: *comprare q.c. a buon m.,* to buy st. cheap ◻ *fare m. dell'onore,* to prostitute one's honour ◻ *fare m. di sé,* to prostitute oneself ◻ *per sopra m.,* besides; into the bargain ◻ *studio e analisi dei mercati,* marketing.
mèrce *f.* **goods** *(pl.)*; **commodities** *(pl.)*; **wares** *(pl.)*; **merchandise:** *m. avariata,* damaged goods ◻ *m. d'esportazione,* export goods ◻ *m. di contrabbando,* smuggled goods.
mercé *f.* *(lett.)* **mercy:** *chiedere m.,* to ask for mercy ◻ *essere alla m. di q.,* to be at the mercy of sb. ● *m. il proprio lavoro,* by means of one's own work.
mercède *f.* **1** (paga) **pay;** (salario) **wages** *(pl.)*; (stipendio) **salary;** (onorario) **fee 2** *(lett.:* ricompensa*)* **reward; recompense.**
mercenàrio A *a.* **mercenary; hireling;** (pagato) **hired, salaried:** *un soldato m.,* a mercenary (soldier) **B** *m.* **hireling;** (soldato m.) **mercenary.**
merceologìa *f.* **technology of commerce.**
merceòlogo *m.* **expert in the technology of commerce.**
mercerìa *f.* **1** (bottega del merciaio) **haberdasher's (shop) 2** (ciò che vende il merciaio) **haberdashery.**
mercerizzare *v. t.* *(ind. tessile)* to **mercerize.**
mercerizzato *a.* *(ind. tessile)* **mercerized.**
merciàio *m.* **haberdasher.**
mercificare *v. t.* to **reify.**
mercimònio *m.* **illicit trade; trafficking.**
mercoledì *m.* **Wednesday:** *il M. delle Ceneri,* Ash Wednesday.
mercuriale *f.* *(econ.)* **market-report.**
mercurialismo *m.* *(med.)* **mercurialism.**
mercùrio *m.* *(chim.)* **mercury; quicksilver.**
Mercurio *m.* *(mitol., astron.)* **Mercury.**
mèrda *f.* *(volg.)* **shit** *(volg.)*; (sterco) **dung; muck** (anche *fig.*).
merdàio *m.* *(volg.)* **dunghill; midden.**
merdóso *a.* *(volg.)* **shitty** *(volg.)*; **dungy.**
merènda *f.* **afternoon tea;** (spuntino) **snack;** (m. all'aperto) **picnic** ● *(fam.) C'entra come i cavoli a m.,* that has nothing to do with the matter.
meretrice *f.* **prostitute; whore.**
meretrìcio *m.* **prostitution; whoredom.**
meridiana *f.* **sun-dial.**
meridiano A *a.* **meridian; noonday, noon** *(attr.)* **B** *m.* *(geogr.)* **meridian.**
meridionale A *a.* **southern; south; southerly:** *la costa m.,* the south coast ◻ *l'Italia m.,* Southern Italy **B** *m.* e *f.* **southerner.**
meridióne *m.* **south.**
meriggio *m.* *(lett.)* **noon; midday:** *sul m.,* at noon.
meringa *f.* *(cucina)* **meringue.**
merino *m.* **1** *(zool.)* **merino (sheep*) 2** (tessuto) **merino.**

meritare *v. t.* **1** to **deserve;** to **merit;** to **be deserving of;** to **be worthy of**: *È più di quanto io meriti,* it is more than I deserve □ *meritarsi uno schiaffo,* to deserve to be slapped **2** (valere la pena) to **be worth (while)**: *Non merita che se ne parli,* it is not worth mentioning it □ *Non merita conto che...,* it is not worth while... *(col gerundio)* □ *Non merita la pena,* it is not worth it **3** (procurare) to **procure;** to **earn.**
meritataménte *avv.* **deservedly;** (a buon diritto) **rightly.**
meritévole *a.* **deserving;** (degno) **worthy** ● *m. di biasimo,* blameworthy □ *m. di lode,* praiseworthy.
mèrito *m.* **merit; desert** *(generalm. al pl.)*; (valore) **worth**: *non avere alcun m.,* to have no merits □ *essere premiato secondo il m.,* to meet with (o to get) one's deserts □ *promozione per m.,* promotion by merit ● *farsi m. di q.c.,* to make a merit of st.; (anche) to take credit for st. □ *in m. a,* as to; about: *Non so niente in m.,* I don't know anything about it □ *per m. tuo (suo, ecc.),* thanks to you (to him, etc.) □ *Dio ve ne renda m.!,* may God reward you!
meritocrazìa *f.* **meritocracy.**
meritòrio *a.* **meritorious; well-deserving.**
merlango *m. (zool.,* Gadus merlangus*)* **whiting.**
merlare *v. t. (archit.)* to **embattle;** to **crenellate.**
merlato *a. (archit.)* **embattled; battlemented; crenellated.**
merlatura *f. (archit.)* **battlement; crenellation.**
merlettare *v. t.* to **trim with lace.**
merlétto *m.* **lace**: *m. a tombolo,* pillow lace.
mèrlo *m.* **1** *(zool.,* Turdus merula*)* **ousel, ouzel; blackbird 2** *(fig.:* sciocco*)* **fool; dolt; simpleton 3** *(archit.)* **merlon** ● *(zool.) m. acquaiolo* (Cinclus cinclus), dipper.
merluzzo *m. (zool.,* Gadus morrhua*)* **cod*** ● *olio di fegato di m.,* cod-liver oil.
mèro *a.* **mere; pure; sheer**: *per m. caso,* by mere chance.
mesata *f.* **monthly pay; monthly wages** *(pl.).*
mescalina *f. (chim., farm.)* **mescaline.**
méscere *v. t.* **1** *(lett.:* mescolare*)* to **mix 2** (versare) to **pour (out)**: *Mesciti un'altra tazza di tè,* pour yourself another cup of tea.
meschinità *f.* **meanness; paltriness; scantiness; shabbiness.**
meschino *a.* **1 mean; paltry; scanty; shabby; wretched;** (futile) **petty;** (non convincente) **lame;** (povero) **poor**: *fare una figura meschina,* to cut a poor figure **2** (gretto) **stingy; niggardly; mingy** *(fam.).*
méscita *f.* **public house** (*abbr.:* **pub); tap-room.**
mescolanza *f.* **mixture; blend; medley;** (confusa) **mingle-mangle, hodge-podge**: *una m. di razze,* a medley of races □ *fare una m.,* to make a mixture.
mescolare A *v. t.* **1** to **mix;** to **mix up;** to **blend;** to **mingle;** to **shuffle**: *m. differenti qualità di tè,* to blend different kinds of tea □ *m. le carte* (da gioco), to shuffle the cards **2** (rimestare) to **stir B mescolarsi** *v. rifl.* **1** to **mix;** to **mix up;** to **get* mixed up;** to **blend;** to **mingle (up)**: *m. tra la folla,* to mingle with (o in) the crowd □ *L'olio e l'acqua non si mescolano,* oil and water will not mix **2** *(fig.:* immischiarsi*)* to **meddle** (in, with).
mescolata *f.* **mixing; mixing up; shuffle; shuffling** ● *dare una m.,* to mix up; (rimestare) to stir.
mescolatóre *m.* (anche *ind.*) **mixer.**
mescolatura *f.* **mixing; blending.**
mése *m.* **1 month**: *il m. passato,* last month □ *il m. prossimo (o venturo),* next month □ *(comm.) scadenza a tre mesi,* maturity at three months □ *verso la fine del m.,* by the end of the month □ *per mesi e mesi,* for months and months; month in, month out **2** (mesata) **monthly pay; monthly wages** *(pl.)* ● *il corrente m.,* this month; *(comm.)* instant (*abbr.:* inst.): *il 5 c.m.,* on the 5th inst.
meṣocarpo *m. (bot.)* **mesocarp.**
meṣóne *m. (fis.)* **meson.**
meṣoẓòico *a.* e *m. (geol.)* **Mesozoic.**
(1) méssa *f. (relig., mus.)* **Mass**: *m. solenne,* High Mass □ *m. piana,* Low Mass □ *m. di requiem,* (Mass of) Requiem (anche *mus.*) □ *andare alla m.,* to go to Mass.
(2) méssa *f.* **1** — *(mecc.) m. a punto,* setting-up □ *m. in moto,* (di motorino d'avviamento) starter; (avviamento) starting **2** — *(fis., fotogr.) m. a fuoco,* focusing **3** *(agric.:* pollone*)* **sprout; shoot;** (germoglio) **bud** ● *(fis.) m. a massa (o a terra),* grounding (o earthing) □ *m. in opera* (di impianto), installation □ *(tecn.) m. a zero,* zero adjustment □ □ *m. in scena* (di un'opera drammatica), mise en scène *(franc.);* staging (of a play).
messaggerìa *f. (generalm. al pl.)* **transport company.**
messaggèro *m.* **messenger;** (nunzio) **harbinger.**
messàggio *m.* **message.**
messale *m. (relig.)* **missal; Mass-book.**
mèsse *f.* (mietitura) **harvest;** (biade) **wheat, corn;** (raccolto) **crop** (anche *fig.*): *il tempo della m.,* harvest-time □ *raccogliere la m.,* to gather crops; to reap the harvest (anche *fig.*).
messère *m.* **Sir;** (accompagnato dal nome) **Master.**
Messìa *m.* **1** *(relig.)* **Messiah 2** *(fig.)* **messiah; (expected) deliverer; saviour.**
messiànico *a. (relig.)* **Messianic.**
messicano *a.* e *m.* **Mexican.**
messinscèna *f. (teatr.)* **mise en scène** *(franc.,* anche *fig.)*; **staging** ● *(fig.) È tutta una m.,* it's just an act.
mésso *m.* **messenger;** (inviato) **envoy;** (legato) **legate** ● *(leg.) m. di tribunale,* usher.
mestaménte *avv.* **sadly; dismally.**
mestare A *v. t.* to **stir (up);** (mescolare) to **mix (up);** (agitare) to **shake* (up) B** *v. i. (fig.)* to **meddle;** to **put* in one's oar** *(fam.).*
mestatóre *m. (fig.)* **meddler; intriguer.**
mèstica *f. (pitt.)* **priming.**
mesticare *v. t. (pitt.)* to **prime.**
mestichino *m. (pitt.)* **palette-knife*.**
mestierante *m.* e *f. (spreg.)* **money-grubber; profit-seeker; pot-boiler** *(fam.).*
mestière *m.* **1 trade; craft;** (professione) **profession;** (impiego) **job**: *arti e mestieri,* arts and crafts □ *i ferri del m.,* the tools of one's trade □ *esercitare un m.,* to carry on a trade □ *fare il m. del sarto,* to be a tailor by trade **2** *(spreg.)* **mere skill**: *Non è arte; è m.,* it isn't art; it's mere skill ● *essere del m.,* to be in the same business; *(fig.)* to know the tricks of the trade □ *fare tutti i mestieri,* to be a Jack of all trades.
mestìzia *f.* **sadness; melancholy; gloom; dejection.**
mèsto *a.* **sad; melancholy; dismal; gloomy; dejected.**
méstola *f.* **1 ladle; dipper 2** (cazzuola del muratore) **trowel.**
mestolata *f.* (quantità) **ladleful.**
méstolo *m.* **ladle** ● *(fig.) avere il m. in mano,* to have the upper hand.
mestruale *a.* **menstrual.**
mestruazióne *f.* **menstruation;** (mestruo) **menses** *(pl.).*
mèstruo *m.* **menses** *(pl.).*
(1) méta *f.* **turd** *(volg.).*
(2) mèta *f.* **1** (destinazione) **destination 2** (traguardo) **goal** (anche *fig.*); (fine) **aim, end;** (scopo) **purpose, object**: *la m. della vita,* one's goal (o aim) in life **3** (nel rugby) **try.**
(3) mèta *m. invar. (marchio:* metaldeide*)* **metaldehyde.**
metà *f.* **1 half***: *Ho letto m. del libro,* I have read half the book □ *la m. d'una mela,* half an apple □ *(scherz.) la mia m.,* my better half □ *a m. prezzo,* at half price □ *dividere q.c. a m.,* to divide st. into halves; to halve st. □ *fare q.c. a m.,* to do st. by halves □ *fare a m. di q.c. con q.,* to go halves (o fifty-fifty) with sb. in st. **2** (punto di mezzo) **middle** ● *a m. strada,* half-way; midway.
mèta- *pref.* **meta-.**
metabòlico *a. (biol.)* **metabolic.**
metaboliṣmo *m. (biol.)* **metabolism.**
metacarpo *m. (anat.)* **metacarpus*.**
metafiṣica *f. (filos.)* **metaphysics** *(pl. col verbo al sing.).*
metafiṣico A *a.* **metaphysical B** *m.* **metaphysi-**

cian.

metàfora *f.* **metaphor** ● *parlare sotto m.,* to speak metaphorically.

metafòrico *a.* **metaphoric(al).**

metaldèide *f. (chim.)* **metaldehyde.**

metalinguàggio *m. (linguistica)* **metalanguage.**

metàllico *a.* **metallic; metal** *(attr.)* ● *filo m.,* wire.

metallìfero *a.* **metalliferous.**

metallizzare *v. t. (metall.)* to **metallize.**

metallo *m.* **metal**: *m. fuso,* molten metal □ *m. in lamiere,* sheet metal.

metallòide *m. (chim.)* **metalloid.**

metallurgìa *f.* **metallurgy; metalworking.**

metallùrgico ***A*** *a.* **metallurgic(al)** ***B*** *m.* **metalworker.**

metalmeccànico ***A*** *a.* **metal and mechanical** ***B*** *m.* **metal and mechanical worker.**

metamòrfico *a.* **metamorphic.**

metamorfismo *m. (geol.)* **metamorphism.**

metamòrfosi *f.* **metamorphosis*.**

metanìfero *a. (ind.)* **methane-producing.**

metano *m. (chim.)* **methane.**

metanodótto *m. (ind.)* **methane pipe-line.**

metaplasma *m. (biol.)* **metaplasm.**

metapsìchica *f.* **metapsychics** *(pl. col verbo al sing.).*

metapsìchico *a.* **metapsychic, metapsychical.**

metàstasi *f. (med.)* **metastasis*.**

metatarso *m. (anat.)* **metatarsus*.**

metàtesi *f. (gramm.)* **metathesis*.**

metempsicòsi *f.* **metempsychosis*.**

metèora *f. (geogr., astron.)* **meteor.**

meteòrico *a.* **meteoric** *(anche fig.).*

meteorismo *m. (med.)* **meteorism.**

meteorite *m.* o *f.* **meteorite.**

meteorògrafo *m.* **meteorograph.**

meteorologìa *f.* **meteorology.**

meteorològico *a.* **meteorologic(al)** ● *previsioni meteorologiche,* weather forecast.

meteoròlogo *m.* **meteorologist.**

metìccia *f.* **mestiza** *(spagn.)*; **half-caste.**

metìccio *m.* **mestizo*** *(spagn.)*; **half-caste.**

meticolosità *f.* **meticulousness; fastidiousness.**

meticolóso *a.* **meticulous;** (di gusti difficili) **particular, fastidious;** (pignolo) **pernickety** *(fam.).*

metile *m. (chim.)* **methyl.**

metilène *m. (chim.)* **methylene.**

metìlico *a. (chim.)* **methylic** ● *alcol m.,* methyl alcohol.

metòdica *f.* **methodology.**

metodicaménte *avv.* **methodically.**

metodicità *f.* **methodicalness.**

metòdico *a.* **methodic(al);** (sistematico) **systematic(al).**

metodismo *m. (relig.)* **Methodism.**

metodista *m.* e *f. (relig.)* **Methodist.**

mètodo *m.* ***1*** **method**: *non avere m.,* to lack method ***2*** (modo) **way**: *il proprio m. di vita,* one's way of living.

metodologìa *f.* **methodology.**

metodològico *a.* **methodological.**

mètopa *f. (archit.)* **metope.**

metràggio *m.* **metratura** *f.* **length (in metres).**

mètrica *f.* **metrics** *(pl. col verbo al sing.)*; **prosody.**

mètrico *a.* ***1*** **metric(al)**: *il sistema m. decimale,* the metric system ***2*** *(poesia)* **metrical**: *prosa metrica,* metrical prose.

mètro *m.* ***1*** **metre; meter** *(USA)*: *m. quadrato (cubo),* square (cubic) metre ***2*** (strumento per misurare) **rule** ***3*** *(fig.:* canone secondo cui si giudica) **standard** ***4*** *(poesia)* **metre;** (struttura metrica) **metrical structure**: *il m. della ballata,* the ballad-metre; the ballad-measure ● *m. a nastro,* tape-line; tape-measure.

metrologìa *f.* **metrology.**

metrònomo *m. (mus.)* **metronome.**

metronòtte *m.* **night-watchman*.**

metròpoli *f.* **metropolis.**

metropolita *m. (relig.)* **metropolitan.**

metropolitana *f.* **underground railway; tube; subway** *(USA).*

metropolitano ***A*** *a.* **metropolitan** ***B*** *m.* (vigile urbano) **policeman*.**

méttere ***A*** *v. t.* ***1*** *(generalm.)* to **put***; (porre) to **set***; (in posizione orizzontale) to **lay***; (in posizione verticale) to **stand***; (collocare) to **place;** (disporre) to **arrange**: *m. della legna sul fuoco,* to put some wood on the fire □ *m. un'idea in testa a q.,* to put an idea into sb.'s head □ *m. le cose a posto,* to set things right □ (anche *fig.*) *m. le mani su q.c.,* to lay hands on st. □ *m. la tovaglia,* to lay the cloth □ *m. una scala contro un muro,* to stand a ladder against a wall ***2*** (indossare) to **put* on;** (infilarsi) to **slip on;** (portare abitualmente) to **wear*** ***3*** (appendere) to **put* up;** to **hang***: *m. un quadro alla parete,* to put up a picture ***4*** (impiegare) to **take***: *Quanto tempo ci metterai?,* how long will it take you? □ *Ci metterò un'ora,* it will take me an hour ***5*** (rendere, volgere) to **put***; to **set***; to **turn;** (tradurre) to **translate**: *m. in versi,* to put (o to turn) into verse □ *m. in musica,* to set to music ***6*** (investire) to **put* (out);** (scommettere) to **bet***, to **stake**: *m. mille lire su un cavallo,* to put (o to bet) one thousand lire on a horse ***7*** (far pagare) to **charge** ***8*** (imporre un tributo, una multa, ecc.) to **levy;** to **lay*** ***9*** (supporre) to **suppose** ***10*** (paragonare) to **compare** ***11*** (versare) to **pour (out)**: *m. dell'acqua in un bicchiere,* to pour some water into a glass ***12*** (accostare, portare) to **bring*** ***13*** (rif. a piante) to **put* forth** ***14*** (installare) to **install;** to **lay* on** ***B*** *v. i.* ***1*** (sboccare) to **lead*** (to) ***2*** (sfociare) to **flow** (into) ● *m. q. al bando,* to banish sb. □ *(comm.) m. q.c. all'asta,* to put st. up for auction □ *m. in chiaro q.c.,* to throw light upon st. □ *m. q.c. in conto a q.,* to charge st. to sb.'s account □ *m. in funzione,* (una macchina, ecc.) to start; (una linea ferroviaria, ecc.) to open up □ *m. q. in grado di fare q.c.,* to enable sb. to do st. □ *m. in guardia,* to warn □ *m. in libertà,* to set at liberty; to set free □ *(tel.) m. in linea,* to connect □ *m. in pericolo,* to endanger □ *m. il naso dappertutto,* to be nosy (o nosey); to be a nosy parker *(fam.)* □ *m. soggezione a q.,* to make sb. feel uneasy □ *m. su bottega a q.,* to set sb. up (in business) □ *m. su casa,* to set up house □ *m. su un negozio,* to set up a shop □ *(fam.) mettercela tutta,* to do one's very best (o to work hard) □ *Non mette conto che vi disturbiate,* you don't need to trouble ***C*** **méttersi** *v. rifl.* ***1*** to **put* oneself;** to **place oneself;** to **set* oneself**: *m. al posto di q.,* to put oneself in sb.'s place □ *m. le mani in tasca,* to put one's hands in (o into) one's pockets □ *m. a proprio agio,* to put oneself at ease (o to make oneself at home) ***2*** (cominciare) to **start;** to **begin***; to **set* to** (st.); to **set* about** (doing st.); to **turn** (to): *m. a piangere,* to start crying □ *m. al lavoro (o all'opera),* to set to work ***3*** (indossare) to **put* on;** (infilarsi) to **slip on;** (portare abitualmente) to **wear***: *m. le scarpe,* to slip on one's shoes ***4*** (volgere) to **turn out**: *Speriamo che le cose si mettano bene,* let's hope everything will turn out well ● *m. a letto,* to go to bed; (per malattia) to take to one's bed □ *m. alla testa (di),* to take the lead (of) □ (della situazione) *m. bene (male),* to take a turn for the better (for the worse) □ *m. in agitazione,* to get excited □ *m. in contatto con q.,* to get into touch with sb.; to contact sb. □ *m. in un impiccio,* to get into a scrape □ *(comm.) m. in società con q.,* to go into (o to form a) partnership with sb. □ *m. in vista,* to call attention to oneself; to show off □ *m. nei guai (o nei pasticci),* to get into trouble □ *(fam.) m. q. contro,* to make an enemy of sb. □ *stare a vedere come si mettono le cose,* to wait to see which way the wind is blowing (o which way the cat jumps).

mettifòglio *m. (tipogr.)* **feeder.**

mettimale *m.* e *f. invar.* **mischief-maker.**

mèzza *f.* **half;** (mezz'ora) **half-hour**: *È la m.,* it is half past twelve □ *Questo orologio non suona le mezze,* this clock does not strike the half-hours.

mezzacalzétta *f. (spreg.)* **second-rate person.**

mezzacartùccia *f. (spreg.)* **pygmy, pigmy** *(fig.)*; **half-pint** *(pop.).*

mezzadrìa *f.* **métayage; métayer system; share-cropping** *(USA).*

mezzadro *m.* **métayer; sharecropper** *(USA).*

mezzala *m. (calcio)* **inside forward.**

mezzalana *f.* **linsey-woolsey.**
mezzaluna *f.* ***1*** **half moon; crescent** (anche *fig.*) ***2*** (specie di coltello) **chopping knife*** ***3*** *(mil.)* **demilune.**
mezzana *f.* ***1*** *(naut.)* **miz(z)en(-sail)** ***2*** (ruffiana) **procuress; bawd.**
mezzanino *m.* *(archit.)* **mezzanine (floor); entresol.**
mezzano ***A*** *a.* **medium; mean; middle; middling** ***B*** *m.* ***1*** (mediatore) **mediator; go-between** ***2*** (ruffiano) **procurer; pimp.**
mezzanòtte *f.* **midnight.**
mezz'asta, a *locuz. avv.* **at half-mast.**
mezzatinta *f.* **middle tint; half-tone.**
mezzeria *f.* **centre line** (*abbr.*: **CL).**
mezzétta *f.* **half-litre; half a litre.**
(1) mèzzo ***A*** *a.* ***1*** (metà dell'intero) **half; semi-**: *mezza dozzina,* half a dozen □ *mezz'ora,* half an hour; half-hour □ *(mat.) un m. cerchio,* a semicircle □ *Avevo già letto m. libro,* I had already read half the book □ *un ritratto a m. busto,* a half-length portrait □ *alle quattro e mezza,* at half past four ***2*** (medio) **middle; mean**: *un uomo di mezza età,* a middle-aged man ● *(fam.) mezz'e m.,* so-so □ *una mezza parola* (un suggerimento), a hint □ *a m. novembre,* in the middle of November □ *a mezza via,* half-way □ *avere una mezza idea di fare q.c.,* to have half a mind to do st. □ *non perdere m. minuto,* to lose no time □ *È già la mezza,* it is already half past twelve ***B*** *avv.* ***1*** **half; semi-;** (quasi) **almost;** (pressoché) **nearly, all but**: *m. addormentato,* half-asleep □ *m. aperto,* half--open ***2*** *(mus.)* **mezzo**: *m. forte,* mezzo forte ***C*** *m.* ***1*** (metà) **half***: *Due mezzi fanno un intero,* two halves make a whole □ *due bicchieri e m.,* two glasses and a half ***2*** (parte centrale) **middle, midst;** (centro) **centre;** (giusto m.) **mean**: *nel m. della stanza,* in the middle of the room □ *nel m. dell'inverno,* in the midst (o heart) of winter ***3*** (espediente) **means** *(sing. o pl.)*; (modo) **way**: *con ogni m.,* by all means □ *con qualsiasi m.,* by any means □ *Il fine giustifica i mezzi,* the end justifies the means ***4*** *(fis., biol.)* **medium*** ***5*** (*al pl.*: denaro) **means**: *vivere al di sopra dei propri mezzi,* to live beyond one's means ***6*** (m. di trasporto) **means of transport** (o **of conveyance); transport;** *(aeron., naut.)* **craft**: *i mezzi pubblici,* public transport *(sing.)* □ *(mil.) un m. da sbarco,* a landing craft ● *andare* (o *andarci) di m.,* to be a loser (by st.) □ *l'età di m.* (il Medioevo), the Middle Ages □ *fare a m. con q.,* to go halves (o fifty-fifty) with sb. □ *fare le cose a m.,* to do things by halves □ *in m. a,* in the middle of; in the midst of; amid; among: *in m. alla folla,* in the midst of the crowd □ *in m. a tanti sconosciuti,* among so many strangers □ *mettere tempo in m.,* to delay □ *non avere mezzi* (denaro e sim.), to be hard up □ *per m. di,* by means of; by; through □ *il punto di m.,* the middle point; the centre □ *ricorrere a una via di m.,* to resort to compromise □ *(leg.) ricorrere ai mezzi legali,* to take legal steps □ *tentare ogni m.,* to do everything in one's power □ *togliere di m.,* to get rid of (sb., st.) □ *togliersi di m.,* to get out of the way.
(2) mézzo *a.* ***1*** (di frutto) **overripe** ***2*** *(fig.)* **rotten.**
mezzobusto *m.* *(scult.)* **bust.**
mezzodì *V.* **mezzogiórno.**
mezzofondista *m.* e *f.* *(sport)* **middle-distance runner** (o **racer).**
mezzofóndo *m.* *(sport)* **middle-distance race.**
mezzogiórno *m.* ***1*** **midday; noon;** (le dodici) **twelve o'clock**: *il pasto di m.,* the midday meal □ *a m.,* at noon ***2*** (punto cardinale) **south.**
mezzosàngue *m.* e *f.* *invar.* **half-breed.**
mezzosoprano *m.* *(mus.)* **mezzo-soprano*.**
mezzùccio *m.* *(spreg.)* **(mean) expedient; makeshift.**
(1) mi *pron. pers. m.* e *f.* *1ª pers. sing.* ***1*** *(compl. ogg.)* **me;** *(compl. indir.)* **(to) me**: *Dimmi,* tell me ***2*** *(coi verbi rifl.)* **myself** (o *idiom.*): *Non mi diverto mai,* I never enjoy myself □ *Mi devo lavare le mani,* I must wash my hands ● *Stammi bene!,* keep well!
(2) mi *m.* *(mus.)* **E; mi.**
miagolare *v. i.* ***1*** to **mew;** to **miaow** ***2*** *(fig.)* to **mewl;** to **whine.**
miagolata *f.* **mew; miaow.**
miagolìo *m.* ***1*** **mewing; miaowing** ***2*** *(fig.)* **mewling.**
mialgìa *f.* *(med.)* **myalgia.**
miào *inter.* e *m.* **miaow.**
miasma *m.* **miasma*.**
miasmàtico *a.* **miasmal; miasmatic.**
miastenìa *f.* *(med.)* **myasthenia.**
(1) mica ***A*** *f.* (briciola) **crumb; scrap; bit** ***B*** *avv.* **at all; in the least; a bit** *(fam.)*: *Non sono m. stanco,* I am not in the least tired □ *Non è m. cambiato,* he (o it) isn't changed a bit.
(2) mica *f.* *(miner.)* **mica.**
micascisto *m.* *(miner.)* **mica-schist.**
mìccia *f.* **fuse.**
micèlio *m.* *(bot.)* **mycelium*; spawn.**
micenèo *a.* **Mycenaean.**
michelangiolésco *a.* **Michelangelesque.**
mìcia *f.* **pussy-cat** *(fam.)*.
micidiale *a.* **deadly; mortal; fatal.**
micino *m.* **kitten; pussy(-cat).**
mìcio *m.* **(tom-)cat; pussy(-cat).**
micologìa *f.* **mycology.**
micòlogo *m.* **mycologist.**
micro- *(in parole composte)* **micro-.**
micròbio *m.* *(biol.)* **microbe.**
microbiologìa *f.* *(scient.)* **microbiology.**
microcefalìa *f.* *(med.)* **microcephaly.**
microcèfalo *a.* *(med.)* **microcephalic; microcephalous.**
microchirurgia *f.* **microsurgery.**
microcircùito *m.* *(tecn.)* **microcircuit** ● *m. integrato,* chip.
micrococco *m.* *(biol.)* **micrococcus*.**
microcòsmico *a.* **microcosmic(al).**
microcòsmo *m.* **microcosm.**
microelettrònica *f.* **microelectronics** *(pl. col verbo al sing.)*.
microfilm *m.* *(fotogr.)* **microfilm.**
microfilmare *v. t.* *(fotogr.)* to **microfilm.**
microfònico *a.* **microphonic.**
microfonista *m.* **microphone technician.**
micròfono *m.* **microphone; mike** *(fam.)*.
microfotografìa *f.* ***1*** **microphotography** ***2*** (riproduzione) **microphotograph.**
microlettóre *m.* **microfilm-reader.**
micromètrico *a.* **micrometric(al).**
micròmetro *m.* **micrometer.**
micromotóre *m.* **moped.**
micron *m.* **micron.**
microónda *f.* *(fis.)* **microwave.**
microrganismo *m.* **micro-organism.**
microschèda *f.* **microcard.**
microscòpico *a.* *(fis.)* **microscopic(al)** (anche *fig.*).
microscòpio *m.* *(fis.)* **microscope.**
microsólco *m.* ***1*** **microgroove** ***2*** (disco a 33 giri) **long-playing record;** (a 45 giri) **extended-play (record).**
microspìa *f.* **bug.**
midi- *(in parole composte)* **midi-**: *(moda) una midigonna,* a midi skirt; a midi.
midólla *f.* **crumb.**
midollare *a.* *(anat.)* **medullary; medullar.**
midóllo *m.* ***1*** *(anat.)* **medulla*; marrow**: *il m. spinale,* the spinal marrow ***2*** *(bot.)* **pith** ***3*** *(fig.)* **pith; pith and marrow; backbone; core**: *fino alle midolla,* to the backbone; to the core ● *essere bagnato fino al m.,* to be soaked to the skin.
midollóso *a.* ***1*** (che abbonda di midolla) **crumby** ***2*** (che abbonda di midollo) **marrowy** ***3*** *(bot.)* **pithy.**
mièle *m.* **honey** (anche *fig.*): *dolce come il m.,* as sweet as honey; honey-sweet ● *luna di m.,* honeymoon.
mielite *f.* *(med.)* **myelitis.**
mielóso *a.* ***1*** **sweetish;** (troppo dolce) **sickly sweet** ***2*** *(fig.)* **honeyed; sugary.**
mietere *v. t.* to **reap** (anche *fig.*); to **mow;** to **harvest**: *m. allori,* to reap (o to win) laurels.
mietitóre *m.* **reaper; mower; harvester.**
mietitrébbia *f.* *(agric.)* **combine(-harvester).**

mietitrice *f.* **1** reaper **2** *(mecc.)* **reaper; reaping machine; harvester.**

mietitura *f.* **1** (il mietere) **reaping; mowing 2** (messe raccolta) **harvest 3** (tempo in cui si miete) **harvest (time).**

migliàccio *m. (cucina)* **black pudding; blood pudding.**

migliàio *m.* **thousand**: *centinaia di migliaia,* hundreds of thousands □ *a migliaia,* by thousands.

migliarino *m.* **1** *(bot.,* Lithospermum officinale*)* **gromwell 2** *(al pl.:* pallini da schioppo*)* **small shot.**

(1) mìglio *m.* **1** (misura lineare) **mile**: *È lontano di qui mezzo m.,* it is at half a mile's distance □ *Si sentiva il rumore a un m. di distanza,* one could hear the noise a mile away **2** (pietra miliare) **milestone** ● *(fig.) essere lontani le mille miglia,* to be miles apart □ *essere lontano le mille miglia (dal),* to be far (from).

(2) mìglio *m. (bot.,* Panicum miliaceum*)* **millet.**

miglioraménto *m.* **improvement; betterment.**

migliorare A *v. t.* to **improve**; to **better**; (emendare) to **mend B** *v. i.* to **improve**; to **make* improvements**; to **get* better C migliorarsi** *v. rifl.* to **improve oneself**; to **better oneself.**

miglióre A *a.* **1** *(compar.)* **better**: *Non è m. di sua sorella,* she's no better than her sister □ *molto m.,* much better □ *un po' m.,* a little better □ *aver visto tempi migliori,* to have seen better days **2** *(superl. relat.)* **(the) best**: *Questo è il modo m.,* this is the best way ● *a m. mercato,* cheaper □ *a tempo m.,* at a more suitable time □ *fare q.c. con le migliori intenzioni,* to do st. for the best □ *È in condizioni finanziarie migliori delle mie,* he is better off than I am **B** *m.* e *f.* **(the) best.**

migliorìa *f.* **betterment; improvement.**

mignatta *f. (zool.,* Hirudo medicinalis*)* **leech.**

mìgnolo *m.* (della mano) **little finger**; (del piede) **little toe.**

mignon *(franc.) a. invar.* **mignon; small.**

migrare *v. i.* to **migrate.**

migratóre A *m.* **migrator; migrant B** *a.* **migratory; migrant.**

migratòrio *a.* **migratory.**

migrazióne *f.* **migration** *(anche chim.).*

mila *a. num. card. (pl.* di **mille***)* **thousand**: *ventimila,* twenty thousand.

milanése *a., m.* e *f.* **Milanese***: *i milanesi,* the Milanese.

miliardàrio *m.* **multi-millionaire; billionaire** *(USA).*

miliardo *m.* **milliard; billion** *(USA).*

(1) miliare *a.* — *pietra m.,* milestone *(anche fig.).*

(2) miliare *a. (med.)* **miliary**: *febbre m.,* miliary fever.

milieu *(franc.) m.* **milieu; environment.**

milionària *f.* **millionairess.**

milionàrio *m.* **millionaire.**

milióne *m.* **million**: *un m. trecentomila,* one million three hundred thousand.

milionèṣimo *a. num. ord.* e *m.* **millionth.**

militante *a., m.* e *f.* **militant.**

(1) militare A *a.* **military**: *disciplina m.,* military discipline □ *la vita m.,* military life ● *arte m.,* art of war □ *marina m.,* navy **B** *m.* **military man*; soldier** ● *fare il m.,* to serve in the army.

(2) militare *v. i.* to **militate** *(anche fig.)*; to **serve in the army.**

militarésco *a.* **soldierly; soldier-like.**

militariṣmo *m.* **militarism.**

militarista *m., f.* e *a.* **militarist.**

militariẓẓare *v. t.* to **militarize.**

mìlite *m.* **1 militiaman***; (soldato) **soldier**; (guerriero) **warrior**: *il M. Ignoto,* the Unknown Warrior **2** *(fig.)* **supporter.**

militeṣènte *a. (bur.)* **exempt from military service.**

milìzia *f.* **1** *(specialm. al pl.)* **militia**; (esercito) **army**; (truppa) **troop**: *milizie mercenarie,* mercenary troops □ *la m. terrestre,* the army **2** (esercizio del mestiere delle armi) **soldiering.**

miliziano *m.* **militiaman*.**

millantare A *v. t.* to **boast** (of); (lodare esageratamente) to **extol**, to **magnify**, to **overpraise B millantarsi** *v. rifl.* to **boast**, to **brag** (of, about); to **swagger** *(fam.)*; (gloriarsi) to **glory** (in).

millantatóre *m.* **boaster; braggart; swaggerer.**

millanterìa *f.* **1 boasting; bragging; swaggering 2** *(concreto)* **boast; brag.**

mille *a. num. card.* e *m.* **thousand**: *m. sterline,* a thousand pounds □ *m. e m. volte,* thousands of times □ *uno su (o fra) m.,* one in a thousand □ *a m. a m.,* by thousands ● *cose da M. e una notte,* the most fantastic (o incredible) things □ *Mi par m. anni che non lo vedo,* I have not seen him for ages; I am looking forward to seeing him again.

millefòglie *m.* **1** *(bot.,* Achillea millefolium*)* **milfoil; yarrow 2** *(cucina)* **mille-feuille** *(franc.)*; **napoleon** *(USA).*

millenàrio *a.* e *m.* **millenary.**

millènnio *m.* **millennium*.**

millepièdi *m. (zool.)* **millepede, millipede; galley-worm.**

millèṣimo A *a. num ord.* **thousandth B** *m.* **1 thousandth; millesimal 2** (millennio) **millennium* 3** (data) **date.**

milli- *pref.* **milli-.**

millibàr *m. (fis., meteorologia)* **millibar.**

milligrammo *m.* **milligramme, milligram.**

millilitro *m.* **millilitre; milliliter** *(USA).*

millìmetro *m.* **millimetre; millimeter** *(USA).*

milza *f. (anat.)* **spleen; milt.**

mimare *v. t.* to **mime.**

mimèṣi *f. (lett.)* **mimesis.**

mimètico *a.* **1 mimetic 2** (mimetizzato) **camouflage** *(attr.).*

mimetiṣmo *m.* **1** *(zool.)* **mimesis; mimicry 2** *(fig.)* **camouflage.**

mimetiẓẓare *v. t.* **mimetiẓẓarsi** *v. rifl.* to **camouflage** *(anche fig.).*

mimetiẓẓazióne *f.* **camouflage.**

mìmica *f.* **1** *(teatr.)* **(art of) mime 2** (il gesticolare) **mimicry; gesticulation**; (gesti) **gestures** *(pl.).*

mìmico *a.* **mimic** ● *(teatr.) arte mimica,* (art of) mime □ *danza mimica,* pantomime.

mimo *m.* **1** *(teatr.:* componimento; attore*)* **mime 2** *(zool.,* Mimus polyglottus*)* **mocking-bird.**

mimósa *f. (bot.,* Mimosa*)* **mimosa.**

mina *f.* **1** *(mil., naut.)* **mine**: *una m. galleggiante,* a floating mine □ *collocare una m.,* to lay a mine **2** (di matita) **lead.**

minàccia *f.* **menace** *(anche fig.)*; **threat**: *fare delle minacce,* to utter threats; to threaten ● *parole di m.,* threateing words.

minacciare *v. t.* to **threaten**; to **menace**: *m. d'uccidere q.,* to threaten to kill sb. □ *Il cielo minaccia tempesta,* the sky threatens a storm.

minacciosaménte *avv.* **threateningly; menacingly.**

minacciόso *a.* **threatening; menacing.**

minare *v. t.* to **mine**; to **undermine** *(anche fig.)*: *Il terreno è minato,* the ground is mined □ *m. la reputazione di q.,* to undermine (o to ruin) sb.'s reputation.

minaréto *m.* **minaret.**

minatóre *m.* **1 miner; pitman***; (di carbone) **collier 2** *(mil.)* **sapper.**

minatòrio *a.* **minatory; menacing; threatening.**

minchionàggine *f. (fam.)* **gullibility; credulity; simple-mindedness.**

minchionare *v. t. (fam.)* to **tease**; to **make* fun** (of); to **pull** (sb.'s) **leg.**

minchióne *(fam.)* **A** *m.* **gull; simpleton; ninny; noodle B** *a.* **gullible; credulous; simple-minded.**

minchionerìa *f. (fam.)* **1** (minchionaggine) **gullibility; credulity 2** (atto da minchione) **foolish action; (piece of) nonsense.**

minerale A *a.* **mineral**: *acqua m.,* mineral water □ *il regno m.,* the mineral kingdom **B** *m.* **mineral**; (da cui si può estrarre un metallo) **ore**: *un m. di ferro,* an iron ore.

mineraliẓẓare *v. t.* **mineraliẓẓarsi** *v. rifl.* to **mineralize.**

mineralogìa *f.* **mineralogy.**

mineralògico *a.* **mineralogical.**

mineralogista *m.* e *f.* **mineralogist.**
mineràrio *a.* **mining**: *leggi minerarie,* mining legislation.
minèstra *f.* **soup; pottage**: *m. di magro,* vegetable soup ● *(fig.) È sempre la stessa m.!,* it's always the same old story!
minestrina *f.* **thin soup.**
minestróne *m.* **1 vegetable soup 2** *(fig.)* **hotchpotch; jumble.**
mìngere *v. i.* to **urinate;** to **micturate.**
mingherlino *a.* **slim; slender; thin; delicate.**
mini- *(in parole composte)* **mini-**: *(moda) un miniabito,* a minidress; a mini □ *un miniappartamento,* a miniflat.
miniare *v. t.* to **miniature;** (codici) to **illuminate.**
miniatóre *m.* **miniaturist;** (di codici) **illuminator.**
miniatura *f.* **miniature;** (di codici) **illumination.**
miniaturista *m.* e *f.* **miniaturist.**
minibus *m. invar.* **minibus; maxi-taxi.**
minièra *f.* **mine** (anche *fig.*): *una m. di carbone,* a coal-mine; a colliery □ *una m. di notizie,* a mine of information.
minigòlf *m.* (gioco) **miniature golf.**
minigònna *f.* **miniskirt.**
mìnima *f.* **1** *(mus.)* **minim 2** *(meteorologia)* **minimum*.**
minimale *a.* **minimal.**
minimalista *m. (polit.)* **minimalist.**
minimaménte *avv. (per rafforzare la negazione)* **in the least; at all**: *Non lo conosco m.,* I don't know him at all.
minimizzare *v. t.* to **minimize.**
mìnimo A *a. superl.* **1** (il più piccolo) **(the) least, smallest, slightest;** (il più basso) **(the) lowest; minimum** *(attr.)*: *Non c'è la (benché) minima differenza,* there isn't the least (o smallest, slightest) difference □ *Non ne ho la minima idea,* I haven't the slightest (o faintest) idea □ *il prezzo m.,* the lowest price **2** (piccolissimo) **very small, very little;** (bassissimo) **very low**: *La differenza è minima,* there is very little difference □ *a un prezzo m.,* at a very low price **B** *m.* **1 minimum; least**: *È il m. che io possa fare,* it is the (very) least I can do **2** (di motore) **lowest gear; idling** ● *(leg.) il m. della pena,* the minimum penalty □ *(autom.: di motore) girare al m.,* to tick over; to idle.
mìnio *m. (chim.)* **minium; red lead.**
ministeriale *a.* **ministerial.**
ministèro *m.* **1** (ufficio nobile ed elevato) **ministry, office;** (funzione) **function(s) 2** (complesso di ministri) **ministry;** (gabinetto) **cabinet;** (governo) **Government 3** (ciascuna delle amministrazioni centrali dello Stato) **ministry; board; office; department** *(USA)*: *M. degli Affari Esteri,* Ministry of Foreign Affairs (in Italia, ecc.); Foreign Office *(G.B.);* Department of State *(USA)* □ *M. degli Interni,* Ministry of the Interior (o of Internal Affairs) (in Italia, ecc.); Home Office *(G.B.);* Department of the Interior *(USA)* □ *M. del Tesoro,* Treasury *(G.B.)*; Department of the Treasury *(USA)* □ *M. della Pubblica Istruzione,* Ministry of Education *(G.B.)*; Department of Health, Education and Welfare (anche M. della Sanità, *USA)* **4** (sede d'un m.) **ministry** ● *(leg.) Pubblico M.,* Public Prosecutor.
ministro *m.* **1** *(polit.)* **minister; secretary (of state)**: *Primo M.,* Prime Minister; (in *G.B.*, anche) Premier □ *M. degli Esteri,* Minister for Foreign Affairs (in Italia, ecc.); Foreign Secretary *(G.B.);* Secretary of State *(USA)* □ *M. dell'Interno,* Minister of the Interior (in Italia, ecc.); Home Secretary *(G.B.);* Secretary of State for the Interior *(USA)* **2** (amministratore, somministratore) **administrator;** *(fig.)* **instrument** ● *m. del culto,* minister (of religion); (cattolico) priest □ *M. del Tesoro,* Chancellor of the Exchequer *(G.B.);* Secretary of the Treasury *(USA)* □ *M. di Grazia e Giustizia,* Lord (High) Chancellor *(G.B.);* Attorney General *(USA)* □ *Consiglio dei ministri,* Cabinet □ *diventare m. del culto,* to enter the ministry.
minoranza *f.* **minority.**
minorato A *a.* **disabled B** *m.* **disabled person; handicapped person** ● *m. fisico,* physically handicapped person □ *m. psichico,* mentally handicapped person; mental defective.
minorazióne *f.* **1 diminution; depreciation;** (riduzione) **curtailment 2** (invalidità) **disablement;** (psichica) **mental deficiency.**
minóre A *a.* **1** (più piccolo) *(compar.)* **smaller, less, lesser** *(attr.); (superl. relat.)* (fra due) **(the) smaller,** (fra più di due) **(the) smallest;** (meno importante) **minor** (non seguito da *than*); (inferiore) **inferior** (to): *La parte è m. del tutto,* a part is smaller than the whole □ *in misura m.,* to a smaller extent □ *un'edizione m.,* a lesser edition □ *un poeta m.,* a minor poet □ *le opere minori* (di un autore), the minor works **2** (più basso) *(compar.)* **lower;** *(superl. relat.)* (fra due) **(the) lower,** (fra più di due) **(the) lowest 3** (più breve) *(compar.)* **shorter;** *(superl. relat.)* (fra due) **(the) shorter,** (fra più di due) **(the) shortest 4** (più lento) *(compar.)* **slower;** *(superl. relat.)* (fra due) **(the) slower,** (fra più di due) **(the) slowest 5** (più giovane) *(compar.)* **younger;** *(superl. relat.)* (fra due) **(the) younger,** (fra più di due) **(the) youngest**: *Catone il M.,* Cato the Younger ● *(leg.) m. età,* minority □ *Frate M.* (francescano), Friar Minor (*pl.*, Friars Minor); Minorite **B** *m.* e *f.* **1** (di età), **junior 2** (minorenne) **minor.**
minorènne A *a.* **under (full) age**: *essere m.,* to be under age **B** *m.* e *f.* **minor** ● *(leg.) tribunale dei minorenni,* juvenile court.
minorile *a.* **juvenile**: *la delinquenza m.,* juvenile delinquency.
minorita *m. (relig.)* **Minorite; Friar Minor** (*pl.* **Friars Minor**).
minorità *f.* **minority; nonage.**
minoritàrio *a.* **of the minority; minority** *(attr.).*
minuèndo *m. (mat.)* **minuend.**
minuétto *m. (mus.)* **minuet.**
minùgia *f.* **gut; catgut.**
minùscola *f.* **small letter.**
minùscolo *a.* **small; very small; tiny; itsy-bitsy** *(scherz.).*
minuta *f.* **draft; rough copy.**
minutàglia *f.* **bits and pieces** *(pl.)*; **odds and ends** *(pl.).*
minutaménte *avv.* **minutely; in detail.**
minutante *m.* e *f.* **1** (chi scrive le minute) **drafter 2** (chi vende al minuto) **retailer.**
minutare *v. t. (bur.)* to **draft.**
minuterìa *f.* (ninnoli) **trinkets, gewgaws** *(pl.)*; **trinketry.**
minutézza *f.* **minuteness; smallness.**
(1) minuto A *a.* **1 minute;** (molto piccolo) **(very) small, little, slight;** (sottile) **slender, fine;** (delicato) **delicate 2** (particolareggiato) **minute; detailed; full and particular; circumstantial;** (preciso) **precise;** (accurato) **accurate 3** (di poco conto; non importante) **small; petty; trifling;** (comune) **common** ● *pioggia minuta,* drizzle **B** *m. (comm.)* **retail**: *prezzi al m.,* retail prices □ *vendere al m.,* to sell retail.
(2) minuto *m.* **minute**: *mezzo m.,* half a minute □ *Mancano dieci minuti alle sei,* it is ten (minutes) to six □ *Sono le sei e dieci (minuti),* it is ten (minutes) past six ● *non avere un m. di pace,* to have no peace.
minùzia *f.* **trivial detail; trifle; bagatelle**: *badare troppo alle minuzie,* to stick at trifles.
minuziosàggine *f. (spreg.)* **fastidiousness.**
minuziosaménte *avv.* **minutely; meticulously; scrupulously;** (in modo pignolo) **fastidiously.**
minuziosità *f.* **minuteness; meticulousness; scrupulousness;** (pignoleria) **fastidiousness.**
minuzióso *a.* **minute;** (meticoloso) **meticulous;** (scrupoloso) **scrupulous;** (pignolo) **over-careful, particular, fastidious.**
minùzzolo *m.* **scrap; crumb; shred.**
minzióne *f. (fisiologia)* **urination; micturition.**
mio A *a. poss.* **1 my;** (mio proprio) **my own**: *mio padre,* my father □ *mia madre,* my mother □ *i miei pensieri,* my thoughts □ *un mio amico,* one of my friends (o a friend of mine) **2** *(pred. nominale)* **mine; my own**: *Questa casa è mia,* this house is mine (o my own) ● *la mia (lettera) del 10 u. s.,* my letter of the 10th last □ *un par mio,* one like me □ *quei miei libri,* those books of mine □ *Ho avuto le mie* (disgrazie), I've had to put up with a great deal

(fam.) □ *Tom è dalla mia (parte),* Tom is on my side □ *Vorrei avere una casa (tutta) mia,* I wish I had a house of my own □ *Voglio dire la mia,* I want to give you a piece of my mind ***B*** *pron poss.* **mine**: *i vostri libri e i miei,* your books and mine ● *Non ho niente di mio,* I have nothing of my own ***C*** *m.* ***1*** (il mio: denaro, averi, ecc.) **my own (money); what is mine;** (tutto quel che ho) **everything I have** ***2*** *(al pl.)* — *i miei,* (genitori) my parents; (parenti) my relations, my relatives; (di casa) my family, my folk *(fam.)*.

miocàrdio *m. (anat.)* **myocardium*.**

miocardite *f. (med.)* **myocarditis.**

miologìa *f. (med.)* **myology.**

miocène *m. (geol.)* **Miocene.**

miocènico *a.* e *m. (geol.)* **Miocene.**

mìope ***A*** *a.* **myopic; short-sighted** *(anche fig.)* ***B*** *m.* e *f.* **myope; short-sighted person.**

miopìa *f.* **myopia; short-sightedness** *(anche fig.)*.

mioșòtide ***A*** *f. (bot.,* Myosotis*)* **myosote; forget-me-not.**

mira *f.* ***1*** **aim; sight**: *prendere la m.,* to take aim ***2*** (bersaglio) **target; butt**: *cogliere la m.,* to strike the target; to hit the mark *(anche fig.)* □ *prendere di m. q.,* to make sb. one's butt ***3*** (scopo) **aim; end; goal;** (disegno) **design**: *attraversare le mire di q.,* to thwart (o to baffle) sb.'s designs ● *(fig.) A che cosa miri?,* what are you driving at?

miràbile *a.* **admirable; wonderful; marvellous.**

mirabìlia *f. pl.* **mirabilia; wonders**: *fare m.,* to work (o to do) wonders ● *dire m. di q.,* to praise sb. to the skies.

mirabilménte *avv.* **admirably;** (meravigliosamente) **wonderfully, wondrously, marvellously.**

mirabolante *a.* **astonishing; astounding; amazing.**

miracolato *m.* **miraculously-healed person.**

miràcolo *m.* ***1*** *(relig.)* **miracle** ***2*** *(fig.)* **miracle;** (cosa mirabile) **wonder, marvel;** (prodigio) **prodigy**: *fare miracoli,* to work wonders ***3*** *(teatr.)* **miracle (play)** ● *conoscere vita, morte e miracoli di q.,* to know all about sb. else's business □ *uscirne per m.,* to escape by the skin of one's teeth □ *È un m. che...,* it is really surprising that... □ *Che m.!,* how marvellous!

miracolosaménte *avv.* **miraculously; by a miracle.**

miracolóso *a.* **miraculous; prodigious; portentous; marvellous.**

miràggio *m.* **mirage** *(anche fig.)*.

mirare ***A*** *v. i.* to **take* aim;** to **aim** (at) *(anche fig.)* ***B*** *v. t. (lett.)* to **admire;** to **gaze** (at, on, upon) ● *(fig.) non m. ad altro,* to have no other aim (o object) ***C*** **mirarsi** *v. rifl.* to **look at oneself.**

mirìade *f.* **myriad.**

miriagrammo *m.* **myriagram, myriagramme.**

miriàmetro *m.* **myriametre; myriameter** *(USA)*.

mirino *m.* (di arma da fuoco, di strumento ottico) **sight;** (di apparecchio fotografico) **view-finder.**

mirmìdone *m. (mitol.)* **Myrmidon.**

mirra *f.* **myrrh.**

mirtillo *m. (bot.,* Vaccinium myrtillus; anche il frutto*)* **bilberry; whortleberry.**

mirto *m. (bot.,* Myrtus communis*)* **myrtle.**

mișantropìa *f.* **misanthropy.**

mișantròpico *a.* **misanthropic(al).**

mișàntropo *m.* **misanthrope; misanthropist.**

miscèla *f.* **mixture;** (di caffè, tè, tabacco) **blend.**

miscelare *v. t.* to **mix;** (caffè, tè, tabacco) to **blend.**

miscelatóre *m.* **mixer; blender.**

miscelatura *f.* **mixing; blending.**

miscellànea *f.* **miscellany.**

miscellàneo *a.* **miscellaneous.**

mìschia *f.* ***1*** (zuffa) **scuffle;** (rissa) **brawl, fray;** (combattimento) **fight**: *nel folto della m.,* in the thick of the fight ***2*** *(sport)* **scrummage; scrum.**

mischiare ***A*** *v. t.* to **mix;** to **blend;** to **mingle;** to **mingle-mangle;** to **shuffle**: *m. diverse qualità di tè,* to blend different kinds of tea □ *m. le carte,* to shuffle the cards ***B*** **mischiarsi** *v. rifl.* to **mix;** to **blend;** to **mingle.**

misconóscere *v. t.* **not to acknowledge;** to **disregard.**

miscredènte ***A*** *a.* **misbelieving; unbelieving** ***B*** *m.* e *f.* **misbeliever;** (ateo) **unbeliever.**

miscredènza *f.* **misbelief.**

miscùglio *m.* ***1*** **mixture** ***2*** *(fig.)* **huddle; medley; hotchpotch; jumble; farrago*.**

mișeràbile ***A*** *a.* ***1*** **miserable; wretched;** (infelice) **unhappy;** (degno di compassione) **pitiable, pitiful** ***2*** (povero) **poor; needy; indigent** ***3*** (meschino) **mean; petty;** (spregevole) **paltry, despicable, abject** ***B*** *m.* e *f.* ***1*** **miserable person; wretch** ***2*** (povero) **poor (**o **indigent) person** ***3*** *(spreg.)* **scoundrel.**

mișeraménte *avv.* **miserably; wretchedly.**

mișerando *a.* **pitiable; pitiful.**

mișerère *(lat.) m. (relig.)* **miserere** ● *(fig.) essere al m.,* to have one foot in the grave □ *(fig.) avere una faccia da m.,* to wear a mournful expression.

mișerévole *V.* **mișerando, mișeràbile.**

mișèria *f.* ***1*** (povertà) **poverty, indigence;** (penuria) **penury;** (bisogno) **want;** (scarsità) **lack, scarcity, scantiness**: *essere nella più squallida m.,* to live in extreme poverty; to have the wolf at the door *(fam.)* □ *ridursi in m.,* to be reduced to poverty □ *la m. del vitto,* the scantiness of food ***2*** (infelicità) **misery; unhappiness; wretchedness;** (calamità) **calamity, misfortune;** (deficienza) **shortcoming** *(generalm. al pl.)* ***3*** (inezia) **trifle; nonsense, rubbish** *(senza pl.)* ***4*** *(bot.,* Tradescantia*)* **spiderwort** ● *comprare q.c. per una m.,* to buy st. very cheap □ *costare una m.,* to be very cheap; to be a bargain □ *piangere m.,* to plead poverty □ *senza m.* (senza risparmio), with an unsparing hand; unsparingly.

mișericòrdia *f.* **mercy; pity**: *la m. di Dio,* God's mercy □ *opere di m.,* works of mercy □ *avere m. di q.,* to have mercy (up)on sb. □ *usare m. a q.,* to show mercy to sb. ● *M.!,* my goodness!; goodness gracious!; good heavens! □ *fare q.c. per m.,* to do st. out of charity □ *senza m.,* merciless *(agg.)*; mercilessly *(avv.)*.

mișericordióso *a.* **merciful; pitiful.**

mìșero *a.* ***1*** **miserable; wretched;** (povero) **poor**: *un m. tugurio,* a miserable slum □ *fare una figura misera,* to cut a poor figure ***2*** (infelice) **unhappy;** (sventurato) **unfortunate, unlucky** ***3*** (meschino) **mean; petty; paltry** ***4*** (scarso) **scanty;** (inadeguato) **lame**: *una misera scusa,* a lame excuse.

misfatto *m.* **misdeed;** (delitto) **crime.**

misirizzi *m.* (balocco) **tumbler; roly-poly.**

mișogamìa *f.* **misogamy.**

mișoginìa *f.* **misogyny; misogynism.**

mișògino *m.* **misogynist.**

mișoneișmo *m.* **misoneism.**

mișoneista *m.* e *f.* **misoneist.**

missàggio *m. (cinem., telev.)* **mixing** ● *tecnico del m.,* mixer.

missare *v. t. (cinem., telev.)* to **mix.**

mìssile *a.* e *m.* **missile**: *missili teleguidati,* guided missiles.

missilìstica *f.* **missilry; rocketry.**

missilìstico *a.* **missile** *(attr.)*.

missino *(polit.)* ***A*** *a.* **of the MSI (Italian Social Movement)** ***B*** *m.* **member of the MSI.**

missionàrio *m. (relig.)* **missionary** *(anche fig.)*.

missióne *f. (in tutti i sensi)* **mission**: *essere in m.,* to be on a mission.

missiva *f. (lett.)* **missive; letter.**

misteriosaménte *avv.* **mysteriously.**

misteriosità *f.* **mysteriousness.**

misterióso *a.* **mysterious; wrapt in mystery;** (segreto) **secret, occult;** (enigmatico) **enigmatic, puzzling.**

mistèro *m.* ***1*** *(in tutti i sensi)* **mystery;** (segreto) **secret;** (enigma) **enigma, puzzle**: *far m. di q.c.,* to make a mystery of st. ***2*** *(teatr.)* **mystery.**

mìstica *f.* ***1*** **mystical theology** ***2*** (misticismo) **mysticism.**

misticișmo *m.* **mysticism.**

mìstico ***A*** *a.* **mystic(al)** ***B*** *m.* **mystic.**

mistificare *v. t.* to **mystify;** to **hoax.**

mistificatóre *m.* **mystifier; hoaxer.**

mistificazióne *f.* mystification; hoaxing.
misto **A** *a.* mixed: *una scuola mista,* a mixed school; a co-educational school **B** *m.* mixture: *fare tutt'un m.*, to make a mixture.
mistura *f.* mixture.
miṣura *f.* **1** (*generalm.*) measure; measurement; (dimensione, taglia) size; (provvedimento) measure, step; (grado) degree: (anche *fig.*) *mezze misure,* half-measures □ *pesi e misure,* weights and measures □ *scarpe su m.*, shoes made to measure □ *essere tutti e due della stessa m.*, to be both the same size □ *fare buona m.*, to give full measure □ *prendere le misure a q.*, to take sb.'s measurements; to measure sb. (for st.) □ (di un abito, ecc.) *tornare a m., (a q.),* to be the right size (for sb.); to fit (sb.) **2** (limite) limit; extent; bound: (*fig.*) *passare la m.*, to overstep all limits □ *sino a una certa m.*, to a certain extent **3** (criterio) criterion*; standard; test; (giusta m.) moderation; (m. base) gauge **4** (*poesia*) measure; metre **5** (*mus.*) measure; bar ● *a m. che,* in proportion as; (di mano in mano che) as □ *contribuire nella m. delle proprie forze,* to do what one can □ *di m. inferiore al normale,* undersize (*agg.*) □ *fuori di m.*, beyond measure □ *fuori m.*, outsize (*agg.*); (*fig.*) excessive (*agg.*) □ *spendere senza m.*, to be a spendthrift □ (*fig.*) *usare due pesi e due misure,* to be unfair □ (*fig.*) *La m. è colma,* that's the limit!
miṣuràbile *a.* measurable; mensurable.
miṣurare **A** *v. t.* **1** (*generalm.*) to measure; to measure out (o off); (*tecn.*) to gauge; to mete (*lett.*); (m. contando i passi) to pace, to pace out (o off); (m. il terreno) to survey; (pesare) to weigh: *m. una distanza,* to measure a distance □ *m. le proprie forze,* to measure (o to try) one's strength □ *m. una iarda di stoffa,* to measure off a yard of cloth □ (*fig.*) *m. le proprie parole,* to weigh one's words **2** (valutare) to value; to estimate; to appraise; (calcolare) to calculate; (giudicare) to judge **3** (limitare) to limit; to ration **4** (provare) to try on **B** *v. i.* to measure ● *m. il peso di q.c.*, to weigh st. □ (*fig.*) *m. le scale,* to tumble down the stairs **C** **miṣurarsi** *v. rifl.* **1** to measure oneself **2** (indumenti) to try on **3** (mettere alla prova le proprie forze) to measure one's strength (with); (venire a gara) to compete (with, in).
miṣurato *a.* measured; (moderato) moderate; (parco) sparing, scanty; (prudente) cautious.
miṣuratóre *m.* **1** (chi misura) measurer; gauger; land-surveyor **2** (strumento) meter; gauge.
miṣurazióne *f.* measurement; gauging; (di terreno) surveying.
miṣurino *m.* measuring cup.
mite *a.* **1** mild; (mansueto) meek, gentle; (indulgente) indulgent, lenient, merciful; (clemente) clement: *un'indole m.*, a mild disposition □ *un inverno m.*, a mild winter **2** (moderato) moderate: *prezzi miti,* moderate prices ● *venire a più miti consigli,* to relent; to see reason.
miteménte *avv.* mildly; meekly; gently; (con indulgenza) indulgently, leniently.
mitézza *f.* **1** mildness; meekness **2** (moderazione) moderation.
miticiẓẓare *v. t.* to mythicize.
mìtico *a.* mythical.
mitigàbile *a.* mitigable.
mitigare **A** *v. t.* to mitigate; (alleviare) to alleviate, to allay, to relieve; (placare) to appease, to soothe **B** **mitigarsi** *v. rifl.* **1** (calmarsi) to calm down; (placarsi) to subside **2** (del clima) to become* milder.
mitigazióne *f.* mitigation; (lenimento) alleviation, relief.
mìtilo *m.* (*zool.*, Mytilus edulis) mussel.
mitiẓẓare *v. t.* to mythicize.
mito *m.* myth (anche *fig.*).
mitologìa *f.* mythology.
mitològico *a.* mythological.
mitòlogo *m.* mythologist.
mitòmane *a., m.* e *f.* (*psic.*) mythomaniac.
mitomanìa *f.* (*psic.*) mythomania.
(1) mitra *f.* (*relig.*) mitre ● *conferire la m. a,* to mitre.
(2) mitra *m.* (*mil.*) sub-machine gun; tommy-gun.
mitràglia *f.* (*mil.*) grape-shot.
mitragliaménto *m.* machine-gun fire.
mitragliare *v. t.* to machine-gun.
mitragliatóre *a.* — (*mil.*) *fucile m.*, sub-machine gun; tommy-gun.
mitragliatrice *f.* (*mil.*) machine-gun.
mitraglièra *f.* (*mil.*) machine-gun.
mitraglière *m.* (*mil.*) machine-gunner.
mitrale *a.* (*anat.*) mitral.
mitridatiṣmo *m.* (*med.*) mithridatism.
mittènte *m.* e *f.* sender.
mixomatòṣi *f.* (*vet.*) myxomatosis.
mnemònica *f.* mnemonics (*pl. col verbo al sing.*).
mnemonicaménte *avv.* mnemonically; (*spreg.*) mechanically.
mnemònico *a.* mnemonic(al); (*spreg.*) mechanical.
mo' *m.* way: *a mo' di,* by way of.
mòbile **A** *a.* **1** (che si può muovere) movable; (che si muove facilmente) mobile, moving: (*relig.*) *feste mobili,* movable feasts □ *scala m.*, moving staircase; escalator; (*fig., econ.*) sliding scale **2** (mutevole) mutable, changeable; (volubile) fickle; (instabile) unstable: *La donna è m.*, woman is fickle ● (*med.*) *rene m.*, floating kidney □ *sabbie mobili,* quicksands **B** *m.* piece of furniture: *un vecchio m.*, an old piece of furniture □ *mobili vecchi,* old furniture ● *m. bar,* cocktail cabinet; cellaret(te) **C** *f.* (squadra m.) flying squad.
mobìlia *f.* furniture.
(1) mobiliare *a.* (*econ., fin.*) movable; personal.
(2) mobiliare *v. t.* (ammobiliare) to furnish.
mobilière *m.* **1** (fabbricante) furniture-maker **2** (venditore) furniture-seller; (house) furnisher.
mobilifìcio *m.* furniture factory.
mobìlio *V.* **mobìlia.**
mobilità *f.* **1** mobility **2** (*fig.*: mutevolezza) mutability; changeableness; fickleness; instability.
mobilitare *v. t.* (*mil.*) to mobilize (anche *fig.*).
mobilitazióne *f.* (*mil.*) mobilization.
mòca *m. invar.* mocha (coffee).
mocassino *m.* moccasin.
moccicare *v. i.* **1** (colare moccio) to run* **2** (frignare) to snivel.
moccichino *m.* (*pop.*) snot-rag (*volg.*).
móccio *m.* snot (*volg.*).
moccióso **A** *a.* snotty(-nosed) (*volg.*) **B** *m.* (*spreg.*) brat.
moccolàia *f.* snuff.
mòccolo *m.* **1** (piccola candela) taper; (mozzicone di candela) candle-end **2** (moccolaia) snuff **3** (moccio) snot (*volg.*) **4** (*pop.*: bestemmia) oath ● (*fig.*) *tenere il m.*, to play gooseberry □ *tirare moccoli,* to swear.
mòda *f.* **1** fashion; style: *la m. francese,* the French fashion (o style) □ *essere di m.*, to be in fashion (o fashionable) □ *essere di gran m.*, to be all the fashion (o all the rage) □ *essere fuori m.*, to be out of fashion **2** (modelli) fashions (*pl.*) **3** (maniera) fashion; style; custom; manner: *alla m. di,* after the manner (o style) of ● *alla m.*, fashionable; up-to-date □ *alta m.*, haute couture (*franc.*) □ *rivista di m.*, fashion magazine.
modale *a.* (*gramm.*) modal.
modalità *f.* formality: *seguire le m. richieste,* to comply with all the necessary formalities.
modanare *v. t.* (*costr.*) to mould.
modanatura *f.* (*archit.*) moulding.
modèlla *f.* model.
modellare **A** *v. t.* to model (anche *fig.*); to mould; to fashion; to shape **B** **modellarsi** *v. rifl.* to model oneself (on, upon, after).
modellatóre *m.* modeller.
modellatura, modellazióne *f.* modelling; moulding.
modellino *m.* miniature.
modelliṣmo *m.* modelling; model-making.
modellista *m.* e *f.* model-maker; pattern-maker; designer.
modèllo *m.* **1** model; pattern: *un m. in grandezza naturale,* a life-size model □ *attenersi al m.*, to stick to the model □ (*aeron., naut.*) *prove con m.*, model testing **2** (stampo) mould: (*fig.*) *essere fatti sullo stesso m.*, to

be cast in the same mould **3** (forma, tipo) **model; style; fashion; shape 4** *(sartoria)* **pattern 5** *(fig.)* **model; pattern**: *un m. di gentilezza,* a pattern of kindness □ *una moglie m.,* a model wife ● *m. in scala ridotta,* miniature.

modenése *a., m.* e *f.* **Modenese*** ● *pozzi modenesi,* artesian wells.

moderare A *v. t.* **1** to **moderate;** (frenare) to **check,** to **curb,** to **restrain;** (contenere) to **control 2** (ridurre) to **reduce;** to **limit;** to **cut* down;** (abbassare) to **lower,** to **soften B moderarsi** *v. rifl.* to **moderate oneself;** (frenarsi) to **control oneself;** (frenare la propria collera) to **keep* one's temper** ● *m. nel cibo,* to eat moderately □ *m. nelle spese,* to keep within one's means.

moderataménte *avv.* **moderately; temperately; in a moderate manner;** (senza eccessi) **in moderation, to a moderate extent.**

moderatézza *f.* **moderateness; moderation; temperance.**

moderatişmo *m. (polit.)* **moderatism.**

moderato A *a.* **1 moderate; temperate;** (parco) **frugal;** (equilibrato) **self-controlled**: *prezzi moderati,* moderate prices □ *andare a velocità moderata,* to go at a moderate speed **2** *(mus.)* **moderato B** *m. (polit.)* **Moderate.**

moderatóre A *m.* **moderator** (anche *fis.*) **B** *a.* **moderating.**

moderazióne *f.* **moderation;** (temperanza) **temperance** ● *usare m.,* to be moderate.

modernaménte *avv.* **modernly; in a modern manner.**

modernişmo *m.* **modernism.**

modernista *m.* e *f.* **modernist.**

modernità *f.* **modernity.**

moderniẓẓare A *v. t.* to **modernize B moderniẓẓarsi** *v. rifl.* to **bring* oneself up-to-date.**

modèrno *a.* **modern; up-to-date**: *arte moderna,* modern art.

modestaménte *avv.* **modestly; with modesty;** (timidamente) **coyly.**

modèstia *f.* **1 modesty;** (timidezza) **coyness;** (riservatezza) **demureness**: *m. a parte,* in all modesty **2** (mediocrità) **modesty**: *la m. dei propri mezzi,* the modesty of one's means ● *peccare di m.,* to be over-modest.

modèsto *a.* **1 modest;** (timido, vergognoso) **bashful, coy;** (riservato) **demure, reserved;** (semplice) **unpretentious;** (umile) **humble 2** (mediocre) **modest; moderate**: *una rendita modesta,* a modest income.

modicità *f.* **moderateness;** (basso prezzo) **cheapness.**

mòdico *a.* **moderate; reasonable**: *prezzi modici,* moderate prices ● *articoli a prezzo m.,* cheap articles.

modìfica *f.* **modification; alteration.**

modificàbile *a.* **modifiable;** (emendabile) **amendable.**

modificare A *v. t.* **1** to **modify;** to **change;** to **alter 2** (correggere) to **correct;** (emendare) to **amend;** (migliorare) to **improve B modificarsi** *v. rifl.* to **change;** to **alter.**

modificativo *a.* **modificative; modificatory.**

modificazióne *f.* **1 modification; change; alteration**: *apportare una m. a q.c.,* to make a change in st. **2** (correzione) **correction; amendment.**

modiglióne *m. (archit.)* **modillion; truss.**

modista *f.* **milliner.**

modisterìa *f.* **1** (mestiere della modista) **millinery 2** (negozio) **milliner's (shop).**

mòdo *m.* **1** (maniera) **way, manner;** (costume) **custom, habit;** (stile) **style;** (tenore) **tenor;** (metodo) **method;** (sistema) **system**: *Non c'è m. di persuaderlo,* there is no way of convincing him □ *m. di vivere,* way of life (o of living) □ *in m. particolare,* in a particular way □ *(gramm.) avverbio di m.,* adverb of manner □ *fare a m. proprio,* to have one's own way (o to do as one likes) **2** (mezzo) **means** *(sing.* e *pl.)*; **way**: *trovar m. di fare q.c.,* to find a way of doing st. **3** *(al pl.:* maniera di fare*)* **manners** *(pl.)*: *avere bei modi,* to have good manners (o to be well-mannered) **4** *(gramm.)* **mood**: *il m. indicativo,* the indicative mood **5** *(locuzione)* **expression;** (m. di dire) **idiom**: *modi toscani,* Tuscan idioms **6** (misura) **measure**: *oltre m.,* beyond measure **7** *(mus.)* **mode** ● *a m.,* properly: *fare q.c. a m.,* to do st. properly □ *a ogni m.,* at any rate; anyhow □ *a quel m.,* that way; like that □ *a questo m.,* this way; like this □ *avere m. di fare q.c.,* to be in a position (o to be able) to do st.; to be allowed to do st. □ *con bel m.,* kindly; politely □ *di m. che,* so that; (e così) (and) so □ *fare in m. che q. faccia q.c.,* to get (o to convince) sb. to do st. □ *fare in m. (di),* to try: *Devi fare in m. di venire,* you must try to come □ *in che m.,* how □ *in malo m.,* unkindly, impolitely; (rudemente) roughly □ *in m. da,* in such a way as to; so as to: *Mi affrettai in m. da non far tardi,* I hurried so as not to be late □ *in un m. o nell'altro,* some way or other; by hook or by crook *(fam.)* □ *in nessun m.,* in no way; by no means □ *in ogni m.,* anyway; anyhow; in any case □ *in qualche m.,* somehow □ *in tutti i modi,* anyway; at any rate; by all means □ *per m. di dire,* so to say; as it were □ *una persona a m.,* a good-mannered person; a well-bred person □ *secondo il mio m. di vedere,* in my opinion □ *La pensiamo allo stesso m.,* we are of one mind.

modulare *v. t.* to **modulate** (anche *mus., fis.*).

modulàrio *m.* **set of forms.**

modulatóre *m. (radio)* **modulator.**

modulazióne *f.* **modulation**: *(radio) m. di frequenza,* frequency modulation (*abbr.:* F. M.).

mòdulo *m.* **1 form**: *un m. di domanda,* an application form □ *un m. per telegramma,* a telegraph form □ *riempire un m.,* to fill up a form **2** *(archit., elab., miss.)* **module 3** *(mat., mecc.)* **modulus* 4** *(numismatica)* **diameter.**

moféta *f. (geol.)* **mofette.**

mofféta *f. (zool.,* Mephitis mephitis*)* **skunk.**

mògano *m.* **mahogany.**

mòggio *m.* **moggio*** ● *(fig.) mettere la fiaccola sotto il m.,* to hide one's light under a bushel.

mògio *a.* **downhearted; in low spirits; crestfallen; in the dumps** *(fam.)*.

móglie *f.* **wife***: *Sono marito e m.,* they are husband (o man) and wife □ *riuscire una buona m.,* to make a good wife ● *prendere m.,* to marry; to get married □ *riprendere m.,* to marry again.

mohair *(franc.) m. (ind. tessile)* **mohair.**

moìna *f.* **caress; blandishment** ● *fare le moine a q.,* to caress (o to fondle) sb. □ *persuadere q. con le moine a fare q.c.,* to coax (o to wheedle) sb. into doing st.

moire *(franc.) f. invar. (ind. tessile)* **moire.**

mòla *f.* **1** (macina da mulino) **millstone 2** (per affilare coltelli e sim.) **grindstone; grinding wheel.**

(1) molare A *a.* **1** *(anat.)* **molar**: *un dente m.,* a molar tooth **2** *(chim.)* **molar B** *m. (anat.)* **molar (tooth*); grinder.**

(2) molare *v. t. (mecc.)* to **grind*.**

molato *a.* **ground.**

molatrice *f. (mecc.)* **grinder.**

molatura *f. (mecc.)* **grinding.**

molazza *f. (fonderia)* **muller.**

mole *f.* **1** (edificio grandioso) **massive structure;** (mausoleo) **mole, mausoleum* 2** (volume) **bulk, mass;** (dimensioni) **size, dimensions** *(pl.)*, **proportions** *(pl.)* ● *di gran m.,* bulky; massive, (enorme) huge; (imponente) mighty, towering; (pesante) ponderous.

molècola *f. (chim.)* **molecule.**

molecolare *a. (chim.)* **molecular.**

molestaménte *avv.* **annoyingly; vexingly; troublesomely.**

molestare *v. t.* to **molest;** (infastidire) to **annoy,** to **vex;** (disturbare) to **disturb,** to **trouble;** (irritare) to **tease;** (seccare) to **bother.**

molèstia *f.* **annoyance; trouble; bother.**

molèsto *a.* **troublesome; vexatious;** (fastidioso) **annoying, bothering;** (sgradevole) **unpleasant, nasty;** (tormentoso) **harassing**: *un bambino m.,* a troublesome child □ *scacciare tutti i pensieri molesti,* to drive away all harassing thoughts.

molibdenite *f. (miner.)* **molybdenite.**

molibdèno *m. (chim.)* **molybdenum.**

mòlla *f.* **1** *(mecc.)* **spring**: *la m. d'un orologio,* the spring of a watch □ *una serratura a m.,* a spring-lock □

caricato a m., spring-loaded □ *scaricare una m.*, to release a spring **2** *(al pl.:* arnese*)* **tongs** *(pl.)*: *molle per il fuoco,* fire-tongs **3** *(fig.)* **spring(s); mainspring**: *le molle delle condotta umana,* the springs of human conduct.

mollare A *v. t.* **1** to **slacken;** to **let* go;** to **release 2** *(naut.)* to **ease away B** *v. i.* to **give* in;** (smettere) to **stop,** to **give* up ●** *m. la presa,* to let go □ *m. uno schiaffo a q.,* to slap sb.'s face.

mòlle A *a.* **1** (morbido) **soft; tender**: *m. come la cera,* as soft as wax **2** (bagnato) **wet;** (umido) **moist, damp, dank;** (fradicio) **wet through, soaked**: *occhi molli di pianto,* eyes wet with tears □ *essere tutto m.,* to be wet through; to be soaked to the skin **3** *(fig.:* debole*)* **soft, weak, feeble;** (fiacco) **flabby, flaccid, limp;** (cedevole) **yielding;** (rilassato) **lax, loose;** (effeminato) **effeminate 4** *(fig.:* mite*)* **soft; mild; gentle; bland B** *m.* (parte m.) **soft part;** (del corpo) **fleshy part ●** *(fam.) mettere il becco in m.,* to soak one's clay *(fam.)* □ *tenere q.c. in m.,* to let st. soak.

molleggiaménto *m.* **springiness; elasticity.**

molleggiare A *v. i.* to **be springy;** to **be elastic B molleggiarsi** *v. rifl.* to **walk with a springy step.**

molleggiato *a.* **springy; elastic ●** *vettura (ben) molleggiata,* well-sprung car.

molléggio *m.* **1** (di veicolo) **suspension 2** (di divano, ecc.) **springing.**

molleménte *avv.* **softly; gently; tenderly;** (languidamente) **languidly, listlessly.**

mollétta *f.* **1** (per fermare i panni stesi) **clothes-pin; clothes-peg 2** (per i capelli) **hair-grip 3** *(al pl.)* **tongs**: *mollette per il ghiaccio,* ice tongs □ *mollette per lo zucchero,* sugar tongs.

mollettièra *f.* **puttee.**

mollettóne *m. (ind. tessile)* **thick flannel; swan's down.**

mollézza *f.* **1 softness; tenderness 2** *(fig.:* debolezza*)* **weakness, feebleness;** (fiacchezza) **flabbiness, flaccidity;** (rilassatezza) **laxity;** (effeminatezza) **effeminacy 3** *(al pl.:* comodità*)* **luxury.**

mollica *f.* **crumb** *(anche fig.)*.

molliccio A *a.* **1 wettish; moist; dampish; dank; dankish 2** (fiacco) **rather flabby; flaccid B** *m.* **damp (**o **soggy) ground.**

mollificare *v. t.* to **soften.**

mollusco *m.* **1** *(zool.)* **mollusc; shellfish* 2** *(fig.)* **sluggard ●** *(zool.) m. bivalve,* clam □ *(zool.) m. univalve,* univalve.

mòlo *m.* **mole; jetty; pier;** (banchina) **quay, wharf*.**

molòsso *m. (zool.)* **Molossian hound.**

mòlotov *f. invar.* (bottiglia M.) **Molotov cocktail.**

moltéplice *a.* **1 manifold; multifarious; numerous; various 2** (svariato) **varied; many-sided.**

molteplicità *f.* **multiplicity.**

moltiplica *f. (mecc.)* **gearing-up.**

moltiplicàbile *a.* **multipliable; multiplicable.**

moltiplicando *m. (mat.)* **multiplicand.**

moltiplicare A *v. t.* **1** to **multiply;** to **increase;** to **redouble 2** *(mat.)* to **multiply**: *m. tre per cinque,* to multiply three by five **B moltiplicarsi** *v. rifl.* **1** to **multiply;** to **increase 2** (prodigarsi) to **spare no efforts (**o **pains);** to **do* one's best (**o **utmost).**

moltiplicativo *a. (mat.)* **multiplicative.**

moltiplicatóre *m.* (anche *mat.*) **multiplier ●** *(mecc.) m. di velocità,* overdrive.

moltiplicazióne *f.* (anche *mat.*) **multiplication ●** *(mat.) segno della m.,* multiplication sign.

moltìssimo A *a. indef. superl. assoluto* **1 very much;** *(specialm. in frasi afferm.)* **a good (**o **a great) deal of; quite a lot of** *(fam.)*; **an awful lot of** *(fam.)*: *m. denaro,* a great deal of money (o quite a lot of money) □ *moltissima gente,* quite a lot of people **2** *(rif. a tempo)* **very long**: *m. tempo,* a very long time **3** (grandissimo) **very great; very large**: *moltissima distanza,* a very great distance **4** *(al pl.)* **very many; a great many; quite a lot of** *(fam.)*; **lots and lots of** *(fam.)*: *Non ha moltissimi amici,* he hasn't (got) very many friends □ *Ha moltissimi libri,* he has a great many books **B** *pron. indef.* **1 very much; a good (**o **a great) deal; quite a lot** *(fam.)*; **an awful lot** *(fam.)*: *Ho m. da fare,* I have quite a lot (o an awful lot) to do □ *sapere m.,* to know quite a lot (of things) **2** *(rif. a tempo)* **a very long time; very long** *(solo in frasi interr. e neg.)* **3** *(al pl.)* **very many (people); a great many (people); quite a lot of people** *(fam.)*; **lots and lots of people** *(fam.)* **●** *Non c'è m. di qui alla scuola,* it isn't very far from here to the school **C** *avv.* **1 very much; quite a lot** *(fam.)*; **an awful lot** *(fam.)*: *Mi piace m.,* I like it very much □ *Ti ringrazio m.,* thank you very much **2** (molto a lungo) **very long;** *(in frasi afferm., sempre)* **a very long time ●** *divertirsi m.,* to have the time of one's life *(fam.)* □ *lavorare (studiare) m.,* to work (to study) very hard.

moltitùdine *f.* **1 multitude;** (folla) **crowd;** (gran numero) **great number, lot**: *una m. di gente,* a lot of people; a crowd.

mólto A *a. indef.* **1 much; a great (**o **a large) quantity of; plenty of; a great (**o **a good) deal of; a lot of, lots of** *(fam.)*: *Ha m. denaro?,* has he got much money? □ *Ha m. denaro,* he has a lot of money □ *C'era ancora m. tempo,* there was plenty of time **2** *(rif. a tempo)* **long**: *Ho aspettato m. tempo,* I waited a long time □ *Non lo vedo da m. tempo,* I haven't seen him for a long time (o for long) **3** (grande) **great; large**: *prendersi molta cura di q.,* to take great care of sb. **4** *(al pl.)* **many; numerous; plenty of; a lot of, lots of** *(fam.)*: *Ha molti amici?,* has he (got) many friends? □ *Non ha molti amici,* he hasn't (got) many friends □ *Ha molti amici,* he has a lot of (o lots of) friends **●** *avere molta fame (sete),* to be very hungry (thirsty) □ *avere m. freddo (caldo),* to be very cold (warm) □ *avere molta fretta,* to be in a great hurry □ *avere m. sonno,* to be very sleepy □ *avere molta vergogna,* to be much ashamed □ *fra non m. tempo,* before long **B** *m.* **1** *— il m.,* the lot of things **2** *(al pl.) — i molti,* most people; the majority **C** *pron. indef.* **1 much; a great (**o **a good) deal; a lot** *(fam.)*: *Non posso dire m. di lui,* I cannot say much about him □ *Ho m. da fare,* I have a lot to do **2** (molto tempo) **a long time; long** *(solo in frasi interr. e neg.)*: *Ti ci vorrà m. a finire il lavoro?,* will it take you long to finish your work? □ *È m. che non lo vedo,* it's a long time since I saw him last; I haven't seen him for long □ *Non metterci m.; ho fretta,* don't be long; I'm in a hurry □ *fra non m.,* before long **3** *(al pl.)* **many (people); a lot of people** *(fam.)*; **lots of people** *(fam.)*: *Vennero in molti,* lots of people came **●** *a dir m. (o a far m.),* at the most □ *Ci corre m.* (molta differenza), there is a great difference □ *Non c'è m. di qui alla scuola,* it isn't far from here to the school **D** *avv.* **1** *(con agg. e avv. di grado positivo; con part. pres. e talora con part. pass. usati come agg.)* **very**: *m. piccolo,* very small □ *m. tardi,* very late □ *m. poco,* very little □ *m. volentieri,* very willingly (o with great pleasure) □ *un attore m. famoso,* a very famous actor **2** *(con agg. e avv. di grado compar.)* **much; (by) far; a great (**o **a good) deal; a lot** *(fam.)*: *m. migliore (o m. meglio),* much (o far) better **3** *(con un part. pass.)* **much; very much; greatly**: *un tiranno m. odiato,* a much-hated tyrant **4** *(retto da un verbo)* **much; very much; a lot** *(fam.)*: *Non lavora m.,* he doesn't work much □ *Mi piace m.,* I like it very much **5** (a lungo) **long; a long time**: *Hai aspettato m.?,* did you wait long? □ *Non ho aspettato m.,* I didn't wait long □ *Aspettai m.,* I waited a long time **●** *divertirsi m.,* to have a good time □ *lavorare (studiare) m.,* to work (to study) hard □ *né m. né poco,* not at all □ *Ti farà m. bene,* it will do you a lot of good □ *(iron.) Te ne importa m.!,* a lot you care!

mòlva *f. (zool.,* Molva molva*)* **ling.**

momentaneaménte *avv.* **momentarily; at the moment; just now.**

momentàneo *a.* **momentary;** (transitorio) **transitory, short-lived.**

moménto *m.* **1 moment;** (attimo) **instant;** (tempo) **time**: *aspettare un m.,* to wait a moment □ *cogliere il m. opportuno,* to choose the right moment □ *in qualunque m.,* at any moment (o time) □ *in quel m.,* at that moment; at the moment □ *in questo m.,* this moment; at the moment; just now □ *momenti difficili,* hard times □ *Un m., per favore!,* just a moment, please! **2** (opportunità) **opportunity; chance 3** (importanza) **moment 4** *(fis., mecc.)* **moment ●** *a momenti,* (fra poco) in a moment;

(quasi, per poco) nearly; (a volte) sometimes □ *al primo m.*, at first □ *i bisogni del m.*, the most urgent needs □ *un capriccio del m.*, a passing whim □ *da un m. all'altro*, suddenly □ *dal m. che* (dato che), since □ *non vedere il m. di fare q.c.*, to look forward to doing st. □ *per il m.*, for the time being □ *proprio in quel m.*, that very moment □ *sul m.*, at once; immediately □ *A momenti gli dicevo di andarsene*, I was on the point of sending him away.

mònaca *f.* **nun**: *farsi m.*, to become a nun; to take the veil.

monacale *a.* **monastic.**

monacarsi *v. rifl.* (farsi monaco) to **become* a monk**; (farsi monaca) to **take* the veil**, to **become* a nun.**

monacazióne *f.* **taking of (monastic) vows.**

monachèṣimo *m.* **monachism; monasticism.**

monachina *f.* **1** *(fig., iron.)* **prudish** (o **demure, coy**) **girl** (o **young lady**) **2** *(zool.,* Recurvirostra avosetta*)* **avocet, avoset; scooper 3** *(al pl.:* faville*)* **sparks ●** *con fare da m.*, prudishly □ *parere una m.*, to be prudish.

mònaco *m.* **monk**: *farsi m.*, to become a monk.

mònade *f. (filos.)* **monad.**

monadiṣmo *m. (filos.)* **monadism.**

monandro *a. (bot.)* **monandrous.**

monarca *m.* **monarch.**

monarchìa *f.* **monarchy.**

monàrchico A *a.* **monarchic(al) B** *m.* **monarchist; royalist.**

monastèro *m.* (di monaci) **monastery**; (di monache) **convent, nunnery.**

monàstico *a.* **monastic**: *voti monastici*, monastic vows.

moncherino *m.* **stump.**

mónco A *a.* **1 maimed 2** *(fig.)* **deficient; incomplete; inadequate ●** *m. d'un braccio*, one-armed **B** *m.* **maimed person.**

moncóne *m.* **stump.**

mónda *f.* (nelle risaie) **weeding.**

mondana *f. (spreg.)* **prostitute; street-walker.**

mondanità *f.* **worldliness.**

mondano *a.* **1 worldly; earthly; mundane 2** (della società elegante) **fashionable; society** *(attr.)*.

mondare *v. t.* **1** (sbucciare) to **peel**; (scortecciare) to **strip**; (sgranare) to **shell**, to **hull**; (togliere i fili) to **string***; (separare dalla pula) to **winnow**: *m. le patate*, to peel potatoes □ *m. un'arancia*, to peel an orange **2** *(agric.:* diserbare*)* to **weed 3** (pulire) to **clean 4** *(fig.)* to **purify**; to **cleanse.**

mondariso *m.* e *f. invar.* **rice-weeder.**

mondatura *f.* **1 peeling; hulling**; (dalla loppa) **winnowing**; (dalle erbacce) **weeding 2** (bucce) **peelings** *(pl.)*; (baccelli) **pods** *(pl.)*; (pula) **chaff.**

mondezzàio *m.* **1 rubbish heap**; (letamaio) **dunghill 2** *(fig.)* **sink ●** *È un vero m.!*, it's a pigsty!

mondiale *a.* **world** *(attr.)*; **world-wide**: *la prima guerra m.*, the First World War □ *un uomo di fama m.*, a world-famous man.

mondìglia *f.* **refuse**; *(metall.)* **dross**; *(ind.)* **tailings** *(pl.)*.

mondina *f.* **1** (castagna lessa) **boiled chestnut 2** (mondariso) **rice-weeder.**

(1) móndo *m.* **1 world**; (universo) **universe**; (terra) **earth**: *in tutto il m.*, all over the world □ *il M. Antico*, the Old World □ *il M. Nuovo*, the New World □ *(polit.) il terzo M.*, the Third World □ *fare il giro del m.*, to travel round the world □ *vivere in capo al m.*, to live at the ends of the earth **2** (regno) **world; kingdom**: *il m. animale (minerale, vegetale)*, the animal (mineral, vegetable) world (o kingdom) **3** (particolare complesso di fenomeni) **world**: *il m. soprannaturale*, the supernatural world **4** (esistenza umana) **world; life**: *l'altro m., (o il m. di là)*, the other world; the world to come □ *andare all'altro m.*, to depart (from) this life; to pass away □ *mettere al m. q.*, to bring sb. into the world; to give birth to sb. □ *venire al m.*, to come into the world; to be born □ *Così va il m.!*, it's the way of the world (o such is life) **5** (totalità degli uomini) **world**; (il genere umano) **mankind, human society**; (la gente) **people** *(pl.)*; (ognuno) **everybody**: *agli occhi del m.*, in the eyes of the world **6** (complesso di un ordine sociale, civile, umano) **world**: *il m. cristiano*, the Christian world □ *il m. politico*, the political world **7** (grandissima quantità) **world; crowd; lot** *(fam.)*: *un m. di gente*, a crowd (of people); an awful lot of people *(fam.)* □ *fare un m. di bene*, to do a world of good **8** (gioco) **hopscotch ●** *(polit.) abitante del terzo M.*, Third Worlder □ *essere al m.*, to be alive: *quand'era al m. mio nonno*, when my grandfather was alive □ *il bel m.*, high society □ *(fig.) caschi il m.*, no matter what happens □ *cose dell'altro m.*, things one would hardly believe □ *da che m. è m.*, from time immemorial □ *divertirsi un m.*, to have a very good time □ *una donna di m.*, a society woman (o lady) □ *mandare q. all'altro m.*, to send sb. to his (o her) last account □ *per nessuna cosa al m.*, not for the world; not for anything in the world □ *un uomo di m.*, a man of the world □ *vecchio quanto il m.*, as old as the hills □ *Pareva la fine del m.!*, it was a real disaster!

(2) móndo *a.* **1** (mondato) **peeled**; (netto) **clean 2** *(fig.)* **pure; spotless ●** *(scherz.) una zucca monda*, a bald head.

mondoviṣióne *f. (telev.)* **world vision.**

monegasco *a.* e *m.* **Monégasque.**

monèlla *f.* **tomboy; romp.**

monellerìa *f.* **prank; mischievous trick; (piece of) mischief.**

monellésco *a.* **mischievous; rascally; rompish; prankish.**

monèllo *m.* **rascal; (little) rogue; (little) scoundrel; urchin.**

monéta *f.* **1 coin; piece**: *una m. d'oro*, a gold coin □ *monete da due scellini*, two-shilling pieces □ *(fig.) pagare q. di pari m.*, to pay sb. back in his own coin **2** *(collett.)* **money**: *m. cartacea*, paper money □ *m. spicciola*, small money; small change □ *non avere m. con sé*, to have no money about one **●** *m. circolante*, currency □ *m. legale*, legal tender □ *m. metallica*, specie □ *(fig.) prendere per m. buona*, to take for granted.

monetàggio *m.* **mintage.**

monetare *v. t.* to **mint**; to **coin.**

monetàrio *a.* **monetary**: *l'unità monetaria*, the monetary unit **●** *mercato m.*, money market.

monetazióne *f.* **minting; coining; mintage; coinage.**

monetiẓẓare *v. t. (econ., fin.)* to **monetize.**

monetiẓẓazióne *f. (econ., fin.)* **monetization.**

mongolfièra *f.* **montgolfier; fire-balloon.**

mongoliṣmo *m. (med.)* **mongolism.**

mòngolo *a.* e *m.* **Mongolian; Mongol.**

mongolòide *a., m.* e *f.* **1 Mongoloid 2** *(med.)* **mongoloid.**

mongòmeri *V.* **montgomery.**

monile *m. (lett.)* **necklace.**

moniṣmo *m. (filos.)* **monism.**

monista *m.* e *f. (filos.)* **monist.**

mònito *m.* **warning; admonition.**

monitor *(ingl.) m. (tecn., telev.)* **monitor.**

monitóre *m. (naut.)* **monitor.**

mono- *(in parole composte)* **mono-; uni-.**

monoassiale *a. (fis.)* **uniaxial.**

monoblòcco *m. (mecc.)* **cylinder block.**

monòcolo A *a.* **one-eyed B** *m.* **monocle; eyeglass.**

monocolóre *a. (polit.)* **one-party** *(attr.)*.

monocòrde *a. (fig.)* **monotonous.**

monocotilèdone *a. (bot.)* **monocotyledonous.**

monocromàtico *a.* **monochromatic; monochrome.**

monocromìa *f. (arte)* **monochrome.**

monòcromo *a.* **monochrome; monochromatic.**

monodìa *f. (mus.)* **monody.**

monofaṣe *a. (fis.)* **single-phase** *(attr.)*.

monogamìa *f.* **monogamy.**

monògamo A *a.* **monogamous B** *m.* **monogamist.**

monografìa *f.* **monograph.**

monogràfico *a.* **monographic(al).**

monografista *m.* e *f.* **monographer; monographist.**

monogramma *m.* **monogram.**

monokini *m. (moda)* **monokini.**
monolingue *a.* **monolingual.**
monolitico *a.* **monolithic.**
monòlito *m.* **monolith.**
monolocale *m. (edil.)* **bedsitter; bedsit** *(fam.).*
monòlogo *m.* **monologue;** (soliloquio) **soliloquy.**
monomanìa *f. (psic.)* **monomania.**
monomanìaco *(psic.)* ***A*** *a.* **monomaniacal** ***B*** *m.* monomaniac.
monòmio *m. (mat.)* **monomial.**
monomotóre *a. (aeron.)* **single-engine** *(attr.).*
monopàttino *m.* **scooter.**
monoplano *m. (aeron.)* **monoplane.**
monòpoli *m. (marchio:* gioco*)* **Monopoly.**
monopòlio *m.* **monopoly** *(*anche *fig.).*
monopolista *m.* e *f.* **monopolist.**
monopolìstico *a.* **monopolistic.**
monopolizzare *v. t.* to **monopolize** *(*anche *fig.).*
monopolizzatóre *m.* **monopolizer** *(*anche *fig.).*
monopósto *(autom., aeron.)* ***A*** *a.* **single-seater** *(attr.)* ***B*** *m.* **single-seater.**
monoreattóre *(aeron.)* ***A*** *a.* **single-jet** *(attr.)* ***B*** *m.* **single-jet.**
monorotàia *f. (ferr.)* **monorail.**
monoscòpio *m. (telev.)* **monoscope.**
monosillàbico *a.* **monosyllabic.**
monosìllabo ***A*** *m.* **monosyllable** ***B*** *a.* **monosyllabic.**
monòssido *m. (chim.)* **monoxide.**
monoteismo *m. (relig.)* **monotheism.**
monoteista *m.* e *f. (relig.)* **monotheist.**
monoteìstico *a. (relig.)* **monotheistic; monotheistical.**
monotipìa *f. (tipogr.)* **monotype system.**
monotipista *m.* e *f. (tipogr.)* **monotypist.**
monòtipo *m. (tipogr.)* **Monotype** *(marchio).*
monotonìa *f.* **monotony; humdrum; dullness.**
monòtono *a.* **monotonous; humdrum; dull.**
monotrèmi *m. pl. (zool.,* Monotremata*)* **monotremes.**
monovalènte *a. (chim.)* **univalent; monovalent.**
monovèrbo *m. (enigmistica)* **single-word puzzle.**
monsignóre *m.* **monsignor*.**
monsóne *m.* **monsoon.**
mónta *f.* ***1*** **covering** ***2*** (luogo dove si tengono gli stalloni o i tori per la riproduzione) **stud** ***3*** *(archit.:* di un arco*)* **rise.**
montacàrichi *m.* **goods-lift; hoist.**
montàggio *m.* ***1*** *(mecc.)* **assembly; assemblage** ***2*** *(cinem.)* **montage; editing; cutting.**
montagna *f.* ***1*** **mountain**: *aria di m.,* mountain air □ *luogo di villeggiatura in m.,* mountain resort □ *andare in m.,* to go to the mountains ***2*** *(fig.)* **mountain; heap; pile; lot** *(fam.)* ● *montagne russe,* switchback *(sing.)*; roller coaster *(sing.).*
montagnóso *a.* **mountainous; hilly.**
montanaro ***A*** *a.* **mountain** *(attr.)* ***B*** *m.* **mountaineer; highlander.**
montanino, montano *a.* **mountain** *(attr.).*
montante *m.* ***1*** *(pugilato)* **uppercut** ***2*** *(aeron.)* **strut** ***3*** *(mecc., edil.)* **standard; upright; stanchion;** (pilastro) **post.**
montare ***A*** *v. i.* ***1*** (salire) to **mount**; to **ascend**; to **climb**; to **go* up**; to **get* on** (to): *m. a cavallo (*o *in sella),* to mount one's horse; to get on to one's horse □ *m. su un albero,* to climb a tree □ *m. su un autobus,* to get on (o to board) a bus ***2*** *(fig.)* to **mount**; to **go***; to **get***: *m. su tutte le furie,* to get into a rage; to fly into a passion; to see red *(fam.)* □ *Il vino gli montò alla testa,* the wine went to his head ***3*** (crescere) to **rise***; to **go* up** ***4*** (prendere servizio) to **go* on duty** ***B*** *v. t.* ***1*** (salire) to **mount**; to **climb (up)**; (cavalcare) to **ride***: *m. le scale,* to climb the stairs □ *m. un cavallo,* to ride a horse ***2*** (di animale, nell'accoppiamento) to **mount**; to **cover** ***3*** *(mecc.)* to **assemble** ***4*** (incastonare) to **mount**; to **set*** ***5*** (incorniciare) to **frame** ***6*** (installare) to **mount** ***7*** (sbattere, frullare) to **whip**: *m. la panna,* to whip cream ***8*** *(mil.)* to **mount**: *m. la guardia,* to mount guard ***9*** *(cinem.)* to **edit**; to **cut*** ● *(fig.) m. in collera,* to get angry □ *(fig.) m. la testa a q.,* to turn sb.'s head ***C*** **montarsi** *v. rifl.* to **grow*** (o to **get***) **excited**; to **work oneself up** ● *(fig.) m. la testa,* to get a swollen head; to get too big for one's boots *(pop.).*
montata *f.* **mounting; ascent** ● *(med.) m. lattea,* lactogenesis.
montatóio *m.* **footboard.**
montatóre *m.* ***1*** *(mecc.)* **fitter; assembler** ***2*** *(cinem.)* **editor.**
montatura *f.* ***1*** *(mecc.)* **fitting; assembling; assembly** ***2*** (di occhiali) **frame** ***3*** (di un cappello o sim.) **trimming** ***4*** *(fig.)* **puffery** ● *montatura pubblicitaria,* advertising stunt; ballyhoo *(fam.)* □ *Non è che una m.,* it's all bluff.
montavivande *m.* **food-lift; dumbwaiter.**
mónte *m.* ***1*** *(geogr.)* **mountain; mount** *(davanti a nome proprio e nello stile lett.)*: *il m. Everest,* Mount Everest *(abbr.:* Mt. Everest*)* □ *ai piè d'un m.,* at the foot of a mountain ***2*** *(fig.)* **mountain; heap; pile; lot** *(fam.)* ***3*** (m. di pietà) **pawnshop** ***4*** (nel gioco: complesso delle carte scartate) **discards, cards discarded** *(pl.)* ***5*** (ammontare delle poste dei giocatori) **pool; kitty** *(fam.)* ● *m. premi,* prize money; jackpot □ *a m.* (del corso d'un fiume), upstream □ *(fig.) andare a m.,* to fail; to come to nothing □ *avere un m. di debiti,* to be head over heels in debt □ *(fig.) mandare a m.,* (annullare) to cancel, to annul, to call off; (interrompere) to break off, to give up; (sconvolgere) to upset □ *per valli e per monti,* up hill and down dale □ *portare q.c. al m.* (di pietà), to pawn st.
montgomery *(ingl.) m. (moda)* **duffel coat.**
montóne *m. (zool.)* **tup; ram** ● *m. castrato,* wether □ *carne di m.,* mutton □ *(equitazione) salto del m.,* buck-jump.
montuosità *f.* ***1*** **hilliness** ***2*** (sollevamento montuoso) **hillock; mound.**
montuóso *a.* **mountainous; hilly.**
monumentale *a.* **monumental** *(*anche *fig.).*
monuménto *m.* **monument** ● *visitare i monumenti d'una città,* to see the sights of a town.
moquette *(franc.) f.* **moquette.**
(1) mòra *f. (bot.:* del gelso*)* **mulberry;** (del rovo) **blackberry, bramble.**
(2) mòra *f. (leg.)* **delay;** (dilazione) **respite**: *concedere una m.,* to grant a respite ● *essere in m.,* to be in arrears.
(3) mòra *f.* (donna bruna) **brunette.**
morale ***A*** *a.* **moral**: *forza m.,* moral courage □ *novelle morali,* moral tales □ *una vittoria m.,* a moral victory □ *vivere una vita m.,* to live a moral life ● *schiaffo m.,* affront ***B*** *m.* **morale** ***C*** *f.* ***1*** **morals** *(pl.)*; (moralità) **morality**: *la m. cattolica,* Catholic morals ***2*** (insegnamento morale) **moral**: *trarre la m.,* to draw the moral □ *(fig.) La m. della favola è che...,* the moral of the story is that...
moraleggiare *v. i.* to **moralize.**
moralismo *m.* **moralism.**
moralista *m.* e *f.* **moralist**: *(iron.) fare il m.,* to play the moralist.
moralìstico *a.* **moralistic.**
moralità *f.* ***1*** **morality; morals** *(pl.)*: *un uomo di dubbia m.,* a man of doubtful morals ***2*** *(teatr.)* **morality (play).**
moralizzare *v. t.* to **moralize.**
moralizzazióne *f.* **moralization.**
moratòria *f. (leg.)* **moratorium*.**
moràvo *a.* e *m.* **Moravian.**
morbidaménte *avv.* **softly; tenderly.**
morbidézza *f.* ***1*** **softness; tenderness; mellowness; smoothness** ***2*** (delicatezza) **delicacy** ***3*** *(fig.:* arrendevolezza*)* **docility; tractability.**
mòrbido *a.* ***1*** **soft; tender; mellow; smooth**: *cera morbida,* soft wax □ *la morbida erba,* the tender grass ***2*** (delicato) **delicate**: *pelle morbida,* delicate skin ***3*** *(fig.:* arrendevole*)* **docile; tractable.**
morbillo *m. (med.)* **measles** *(pl. col verbo al sing.).*
mòrbo *m.* **disease;** (epidemia) **epidemic** *(*anche *fig.).*
morbosaménte *avv.* **morbidly.**
morbosità *f.* **morbidness; morbidity.**
morbóso *a.* **morbid** *(*anche *fig.).*

mòrchia *f.* **dregs** *(pl.).*
mordàcchia *f.* **gag-bit.**
mordace *a.* **biting; cutting; mordant; pungent; caustic**: *parole mordaci,* biting (o cutting) words.
mordacità *f.* **mordacity; pungency.**
mordènte *m.* **1** *(chim.)* **mordant 2** *(mus.)* **mordent 3** *(fig.)* **push; drive.**
mòrdere *v. t.* **1** to **bite*** (anche *fig.*); *(per estens.:* pungere*)* to **sting***, to **nip,** to **pinch,** to **prick**: *La coscienza mi mordeva,* my conscience pricked me □ *essere tutto morso dalle zanzare,* to be badly bitten by mosquitoes □ *(fig.) m. la polvere,* to bite the dust **2** (intaccare, corrodere) to **bite* (**o to **eat*) into** (st.); to **corrode;** to **attack 3** (di ruota dentata o sim.) to **grip** ● *(fig.) m. il freno,* to champ at the bit □ *(fig.) mordersi le mani (o le dita),* to regret; to be very sorry (for st.).
mordicchiare *v. t.* to **nibble (at);** to **gnaw (at).**
mordigallina *f.* (*bot.,* Anagallis arvensis) **(scarlet) pimpernel.**
morèllo A *a.* **blackish B** *m.* (cavallo) **black horse.**
morèna *f. (geol.)* **moraine.**
morènico *a. (geol.)* **morainal; morainic.**
morènte A *a.* **dying; moribund; at the point of death B** *m.* e *f.* **dying person.**
morésco *a.* **Moorish.**
morétta *f.* **1** (ragazza negra) **negro girl 2** (ragazza bruna) **brunette.**
morétto *m.* **1** (ragazzo negro) **negro boy; coloured boy 2** (ragazzo di colorito bruno) **dark-complexioned boy.**
morfèma *m. (linguistica)* **morpheme.**
morfina *f. (farm.)* **morphine; morphia.**
morfinismo *m. (med.)* **morphinism.**
morfinòmane *m.* e *f. (med.)* **morphine addict; dope fiend** *(pop.).*
morfinomanìa *f. (med.)* **morphinomania; morphine addiction.**
morfologìa *f.* **morphology.**
morfològico *a.* **morphologic(al).**
morganàtico *a.* **morganatic**: *un matrimonio m.,* a morganatic (o left-hand) marriage.
morìa *f. (vet.)* **murrain.**
moribóndo A *a.* **moribund; dying B** *m.* **dying person.**
morigeratézza *f.* **good morals** *(pl.)*; (moderatezza) **moderation, temperance, sobriety.**
morigerato *a.* **of good morals;** (moderato) **moderate, temperate, sober-minded.**
moriglióne *m.* (*zool.,* Aythya ferina*)* **pochard.**
morire A *v. i.* **1** to **die;** to **meet* one's death;** to **pass away**: *m. giovane,* to die young □ *m. martire,* to die a martyr □ *m. tisico,* to die of consumption □ *m. di crepacuore,* to die of a broken heart (o broken-hearted) □ *m. di fame,* to die of hunger; to starve (anche *fig.*) □ *m. di m. naturale,* to die a natural death □ *m. di morte violenta,* to die a violent death; to die with one's boots on *(fam.)* □ *m. di vecchiaia,* to die of old age □ *lasciarsi m.,* to let oneself die **2** (cessare a poco a poco, spegnersi) to **die away (**o **out);** to **pass away;** to **come* to a close;** to **reach one's close 3** (di luce, di colore) to **fade 4** (terminare) to **terminate;** to **end B** *v. t. (lett.)* to **die**: *m. una morte onorata,* to die an honourable death ● *(fig.) m. dalla voglia di q.c. (o di fare q.c.),* to be dying for st. (o to do st.) □ *m. di freddo,* to freeze to death; *(fig.)* to be freezing □ *(fig.) m. per q.,* to dote on sb. □ *m. prematuramente,* to die young; to die before one's time □ *far m.,* to cause the death (of); to kill □ *lasciar m. il discorso,* to let the conversation drop □ *stanco da m.,* dead tired; dog-tired □ *Che io possa m., se lo so!,* may I drop down dead if I know! □ *(fam.) Chi non muore si rivede!,* fancy meeting you again!; look who is here! **C morirsi** *v. rifl. (lett.)* to **die (away).**
morituro *a. (lett.)* **doomed to die.**
mormóne *m. (relig.)* **Mormon.**
mormorare A *v. i.* **1** to **murmur;** to **mutter;** to **mumble;** (brontolare) to **grumble 2** (lamentarsi) to **murmur** (at, against); to **grumble** (about); to **complain** (of); (sparlare) to **speak* ill** (of), to **backbite*** (sb.) **B** *v. t.* to **murmur;** to **mutter;** to **mumble;** (sussurrare) to **whisper**: *m. q.c. all'orecchio di q.,* to whisper st. in sb.'s ear □ *m. q.c. tra i denti,* to mutter st. between one's teeth ● *Si mormora che...,* there is a rumour that...
mormorazióne *f.* **1** (maldicenza) **backbiting 2** *(al pl.)* **complaints.**
mormorìo *m.* **murmuring; babbling;** (bisbiglìo) **whispering;** (frusciò) **rustling;** (borbottìo) **grumbling, growling.**
mòro A *a.* **1 Moorish;** (negro) **black, coloured 2** (di capelli scuri) **dark-haired;** (di colorito bruno) **dark(-complexioned) B** *m.* (nativo della Mauritania; Saraceno) **Moor;** (uomo di razza negra) **negro; black (**o **coloured) man*; blackamoor** *(fam.).*
morosità *f.* **arrearage.**
moróso A *a.* **in arrears** *(pred.)*; **defaulting B** *m.* **defaulter.**
mòrra *f.* **mor(r)a**: *giocare alla m.,* to play mor(r)a.
mòrsa *f. (mecc.)* **vice; vise** *(USA).*
morsettièra *f. (elettr.)* **terminal board.**
morsétto *m. (mecc.)* **clamp; holdfast;** *(elettr.)* **terminal.**
morsicare *v. t.* **1** to **nibble;** to **gnaw 2** *(fam.:* mordere*)* to **bite*.**
morsicatura *f.* **bite**: *morsicature d'insetti,* insect-bites.
morsicchiare *v. t.* to **nibble;** to **nibble at** (st.); to **gnaw at** (st.).
mòrso *m.* **1 bite;** (puntura) **sting 2** *(fig.)* **sting; nip 3** (boccone) **bite; morsel; mouthful;** (pezzetto) **bit 4** (di cavallo) **bit;** (snodato) **snaffle** ● *dare un m. a q.,* to bite sb. □ *mangiare a morsi,* to gulp (down).
mortadèlla *f. (cucina)* **mortadella** (Bologna sausage); **polony.**
mortàio *m.* **mortar.**
mortale A *a.* **1 mortal;** (caduco) **transient, transitory**: *Gli uomini sono mortali,* man is mortal **2** (che cagiona morte) **mortal; deadly; deathly;** (fatale) **fatal;** (letale) **lethal**: *una ferita m.,* a mortal wound □ *un colpo m.,* a deadly blow **3** (sim. alla morte) **deadly; deathly; death-like 4** *(relig.)* **mortal; deadly**: *un peccato m.,* a mortal sin **B** *m.* **mortal**: *Fortunato m.!,* what a lucky mortal you are!
mortalétto *V.* **mortarétto.**
mortalità *f.* **1 mortality 2** (indice di m.) **mortality; death-rate 3** (per incidenti stradali) **road toll.**
mortalménte *avv.* **mortally** (anche *fig.*); (profondamente) **deeply; grievously.**
mortarétto *m.* **fire-cracker.**
mortasa *f. (falegnameria)* **mortise, mortice.**
mortasare *v. t. (falegnameria)* to **mortise,** to **mortice.**
mòrte *f.* **death;** (trapasso) **decease;** (dipartita) **departure;** (fine) **end**: *m. naturale,* natural death □ *m. per annegamento,* death from drowning □ *affrontare la m.,* to face death □ *essere annoiato a m.,* to be bored to death □ *trovare la m.,* to find one's death □ *mettere a m. q.,* to put sb. to death; to execute sb. □ *Sarai la mia m.!,* you'll be the death of me! ● *avercela a m. con q.,* to hate sb. heartily □ *dare la m. a q.,* to put sb. to death □ *darsi la m.,* to take one's own life; to kill oneself □ *in punto di m.,* at the point of death; at death's door □ *letto di m.,* death-bed □ *un silenzio di m.,* a deathly silence □ *trovarsi in faccia alla m.,* to be in the jaws of death □ *A m. il traditore!,* hang the traitor! (o death to the traitor!).
mortèlla *f.* (*bot.,* Myrtus communis*)* **myrtle.**
morticino *m.* **dead child*.**
mortificante *a.* **mortifying; humiliating.**
mortificare A *v. t.* to **mortify B mortificarsi** *v. rifl.* to **mortify oneself;** to **feel* mortified.**
mortificato *a.* **1 mortified; humiliated 2** (rammaricato) **very sorry; chagrined.**
mortificazióne *f.* **mortification;** (umiliazione) **humiliation.**
mòrto A *a.* **1 dead** (anche *fig.*); (trapassato) **deceased, departed**: *Lo trovarono m.,* they found him dead □ *un soldato m.,* a dead soldier □ *foglie morte,* dead leaves □ *lingue morte,* dead languages □ *cascar m.,* to drop down dead **2** (smorto) **dead; dull 3** (inattivo) **dead**: *la stagione morta,* the dead (o the off) season ● *essere m. di fame,* to be starved to death; to be starving □ *essere m.*

di freddo, to be frozen to death; to be freezing □ (anche *fig.*) *m. e sepolto,* dead and gone □ *buttarsi a corpo m. a fare q.c.,* to fling oneself into st. □ *un punto m.,* a deadlock; a standstill □ *essere stanco m.,* to be dead tired (o dead beat); to be tired out □ *terreno m.,* waste land **B** *m.* **1** **dead person;** (cadavere) **dead body, corpse**: *i morti e i vivi,* the living and the dead □ *seppellire i morti,* to bury the dead □ *fare il m.,* (fingersi m.) to pretend to be dead; (nel nuoto) to float on one's back **2** (*fam.*: denaro nascosto) **hoard** **3** (alle carte) **dummy** ● (*fam.*) *essere un m. di fame,* to be a down--and-out □ *il giorno dei morti,* All Souls' Day □ *ufficio dei morti,* dead-office; burial service.

mortòrio *m.* **1** **funeral** (anche *fig.*); (esequie) **obsequies** (*pl.*).

mortuàrio *a.* **mortuary**: *una camera mortuaria,* a mortuary ● *annunzio m.,* obituary notice.

mòrva *f.* (*vet.*) **glanders** (*pl. col verbo al sing.*).

moșaicista *m.* e *f.* **mosaicist.**

(1) moșàico *a.* (*Bibbia*) **Mosaic.**

(2) moșàico *m.* **mosaic** (anche *fig.*): *pavimentazione a m.,* mosaic flooring.

mósca *f.* **1** (*zool.*) **fly**: *morire come le mosche,* to die like flies **2** (finto neo) **patch; beauty spot** **3** (barbetta) **imperial; goatee** **4** (esca) **fly; buzz** **5** (*naut.*) **fly-boat** ● *m. bianca,* « rara avis »; rarity □ (gioco) *m. cieca,* blind man's buff □ *fare d'una m. un elefante,* to make a mountain out of a mole-hill □ *raro come le mosche bianche,* as rare as a blue diamond □ *restare con un pugno di mosche in mano,* to be left empty-handed □ *Mi saltò la m. al naso,* I lost my temper; I flew off the handle (*fam.*) □ (*fig.*) *Non si sentiva volare una m.,* one could have heard a feather (o a pin) drop □ (*scherz.*) *(Zitto e) m.!,* keep it dark.

moscàio *m.* **swarm of flies.**

moscaiòla *f.* **fly-net; meat-safe.**

moscardino *m.* **1** (*zool.,* Muscardinus avellanarius) **dormouse*** **2** (*fig.*: zerbinotto) **dandy; fop.**

moscatèllo *m.* **muscatel.**

moscato **A** *a.* **muscat** (*attr.*): *uva moscata,* muscat grapes (*pl.*) **B** *m.* (vino) **muscat (wine); muscatel.**

moscerino *m.* **midge; gnat.**

moschèa *f.* **mosque; mosk.**

moschettata *f.* **musket shot.**

moschetterìa *f.* **musketry.**

moschettière *m.* **musketeer** ● *alla moschettiera,* mousquetaire (*attr.*).

moschétto *m.* **musket.**

moschettóne *m.* **1** (*mil.*) **musketoon** **2** (gancio) **spring-catch.**

moschicida *a.* **fly-killing** ● *carta m.,* flypaper.

móscio *a.* **1** **soft; flaccid; flabby** (anche *fig.*): *un cappello m.,* a soft hat **2** (*fig.*) **dull; wishy-washy** ● *parlare con l'erre moscia,* to speak with a French r.

mòsco *m.* (*zool.,* Moschus moschiferus) **musk--deer*.**

moscóne *m.* **1** (*zool.*) **bluebottle; blowfly** **2** (*fig.*) **suitor** **3** (*naut.*) **moscone*** ● *m. d'oro,* rose-beetle; gold bug (*USA*).

moscovita *a., m.* e *f.* **Muscovite.**

mòssa *f.* **1** **movement** (anche *mil.*): *vigilare le mosse di q.,* to watch sb.'s movements **2** (nel gioco della dama o degli scacchi) **move** (anche *fig.*): *una m. sbagliata,* a false move □ *fare una m.,* to make a move ● *prendere le mosse,* to start □ *stare sulle mosse,* to be ready to start.

mossière *m.* (*sport*) **starter.**

mòsso *a.* **1** (animato) **animated;** (ondulato) **wavy;** (agitato) **agitated;** (del mare) **rough** **2** (*mus.*) **mosso.**

mostàccio *m.* (*spreg.*) **ugly mug** (*pop.*).

mostarda *f.* (*cucina*) **mustard.**

mostardièra *f.* **mustard-pot.**

mósto *m.* **must.**

mostóso *a.* **abounding in must.**

móstra *f.* **1** **show; exhibition; display**: *una m. d'arte,* an art exhibition □ *una m. di fiori,* a flower show □ (di un oggetto) *essere in m.,* to be on show □ *mettere in m.,* to display, to exhibit; (ostentare) to make a display of (st.), to show off, to parade **2** (d'un orologio) **clock-face; dial(-plate)** **3** (saggio di mercanzia) **sample;** (di panno) **pattern** ● *m. di negozio,* show-window; shop-window □ *far m. (di),* to pretend (to) □ *mettersi in m.,* to show off; to make oneself conspicuous □ *sala di m.,* show-room.

mostrare **A** *v. t.* (*generalm.*) to **show***; (esporre) to **exhibit,** to **display;** (far vedere) to **let*** (sb.) **see;** (indicare) to **point out;** (dimostrare) to **prove**: *m. a q. come fare q.c.,* to show (o to teach) sb. how to do st. □ *m. i denti,* to show one's teeth □ *m. la lingua al dottore,* to show one's tongue to the doctor □ *m. la propria viltà,* to prove oneself (to be) a coward □ *m. q.c. con un esempio,* to prove st. with an example; to make st. clear with an example □ *m. un errore,* to point out a mistake **B** *v. i.* (dare a vedere) to **make* (a) show;** to **pretend**: *m. di non curarsi di q.c.,* to pretend not to care about st. ● *m. i pugni a q.,* to shake one's fist at sb. □ *m. q. a dito,* to point at sb. □ *non m. i propri anni,* not to look one's age **C** **mostrarsi** *v. rifl.* **1** to **show* oneself;** (dimostrarsi) to **prove oneself** **2** (apparire) to **appear** ● *m. tale quale uno è,* to show one's true colours.

mostravènto *m.* (*naut.*) **vane.**

mostrina *f.* (*mil.*) **tab; badge; flash.**

móstro *m.* **monster** (anche *fig.*) ● *un m. di sapere,* a prodigy of learning.

mostruosaménte *avv.* **monstruously; horribly; hideously.**

mostruosità *f.* **monstrosity.**

mostruóso *a.* **monstrous** (anche *fig.*); (prodigioso) **prodigious;** (tremendo) **tremendous;** (orribile) **horrible, hideous;** (colossale) **colossal**: *un delitto m.,* a monstrous (o horrible, hideous) crime □ *È m.!,* that's tremendous!

mòta *f.* **mud; mire; slime; sludge; slush**: *ricoperto di m.,* bespattered with mud.

motèl *m.* **motel; motor hotel; motor inn.**

motivare *v. t.* **1** to **adduce (**o to **state,** to **allege) reasons for** (st.); to **justify** **2** (causare) to **motivate;** to **cause.**

motivazióne *f.* **1** **statement of motives;** (motivo) **motive, reason** **2** (*psic*) **motivation.**

motivo *m.* **1** **motive;** (ragione) **reason, ground;** (causa) **cause**: *motivi impellenti,* urgent reasons □ *avere buoni motivi per credere q.c.,* to have good grounds for believing st. □ *non avere m. di lagnarsi,* to have no reasons for complaining (o to complain) □ *Con che m.?,* for what reason?; on what grounds? □ *ecco il m. (per cui),* that's the reason (why) **2** (*mus.*) **motif**: *il m. conduttore,* the leitmotif; the leitmotiv **3** (elemento decorativo) **pattern; motif** ● *a m. di,* because of □ *senza m.,* motiveless, groundless (*agg.*); without reason (*avv.*) □ *Ti dirò il m.,* I shall tell you why.

(1) mòto *m.* **1** **motion; movement;** (d'un fluido) **flow**: *m. ondoso,* wave motion □ (*gramm.*) *avverbi (verbi) di m.,* adverbs (verbs) of motion □ *essere in m.,* to be in motion; to be on the move; (darsi da fare) to be on the go **2** (*fis., mecc.*) **motion**: *m. alternativo,* reciprocating motion **3** (esercizio fisico) **exercise**: *fare del m.,* to take some exercise **4** (sommossa) **rising; rebellion; revolt** **5** (*mus.*) **motion** ● *di m. proprio,* of one's own accord □ (*mecc.*) *mettere in m.,* to start □ *mettersi in m.,* to start; to set out.

(2) mòto *f. invar.* (motocicletta) **motor-bike** (*fam.*).

motobarca *f.* **motorboat.**

motocarro *m.* **three-wheeler; tricar.**

motocarrozzétta *f.* **motorcycle with side-car.**

motociclétta *f.* **motorbicycle; motorcycle; motorbike** (*fam.*).

motociclișmo *m.* **motorcycling.**

motociclista *m.* e *f.* **motorcyclist.**

motociclìstico *a.* **motorcycle** (*attr.*); **motorcycling.**

motociclo *m.* **motorcycle; motorbike** (*fam.*).

motocistèrna *f.* (*naut.*) **tanker.**

motocròss *m.* (*sport*) **motocross; cross-country motorcycle race.**

motocrossista *m.* e *f.* (*sport*) **cross-country motorcycle racer.**

motofurgóne *m.* **motor van.**

motolància *f.* (*naut.*) **motor launch.**

motoleggèra *f.* **lightweight motorcycle;** (motoretta)

motor scooter.
motonàuta *m.* e *f.* *(sport)* **motorboatman*.**
motonàutica *f.* *(sport)* **motorboating.**
motonàutico *a.* *(sport)* **motorboat** *(attr.).*
motonave *f.* **motorship (***abbr.:* **M/S).**
motopescheréccio *m.* *(naut.)* **motor trawler.**
motoraduno *m.* **motorcycle rally.**
motóre A *a.* **motor; motory; motive; driving; moving**: *forza motrice,* motive (o propellent) power □ *(anat.) nervi motori,* motor nerves **B** *m.* **1** *(mecc.)* **engine; motor**: *un m. elettrico,* an electrical motor; an electromotor □ *un m. termico,* a heat-engine □ *un m. veloce,* a high-speed engine □ *avviare (spegnere) un m.,* to start (to stop) an engine **2** *(lett.)* **mover**: *(filos.) il Primo M.,* the First Mover.
motorétta *f.* **motor scooter.**
motorino *m.* (ciclomotore) **moped** ● *(autom.) m. d'avviamento,* starter.
motòrio *a.* **motor** *(attr.)*; **motory.**
motorismo *m.* *(sport)* **motor sports** *(pl.).*
motorista *m.* **engineer**: *(aeron.) un m. di bordo,* a flight engineer.
motorizzare A *v. t.* to **motorize B motorizzarsi** *v. rifl.* *(fam.)* to **get* (oneself) a car (**o **a motorcycle).**
motorizzato *a.* **motorized**: *truppe motorizzate,* motorized troops ● *(fam.) essere m.,* to have a car.
motorizzazióne *f.* **motorization.**
motoscafo *m.* *(naut.)* **motorboat;** (da crociera) **cruiser.**
motosilurante *m.* *(mil.)* **motor torpedo-boat.**
motoveìcolo *m.* **motor vehicle.**
motovelièro *m.* *(naut.)* **auxiliary sailing ship.**
motovelòdromo *m.* **motordrome.**
motrice *f.* *(mecc.)* **engine.**
motteggiare A *v. i.* to **make* quips;** to **joke;** to **jest B** *v. t.* to **rally;** to **chaff;** to **banter;** (canzonare) to **make* fun** (of); (schernire) to **mock.**
motteggiatóre *m.* **witty person;** (burlone) **joker, jester, wag.**
mottéggio *m.* **1 raillery; banter 2** (detto arguto) **witticism; witty saying; quip;** (freddura) **joke, jest.**
mottétto *m.* *(mus.)* **mottetto*; motet.**
mòtto *m.* **1** (detto arguto) **witticism; witty saying; quip 2** (detto sentenzioso) **motto* 3** *(lett.:* parola*)* **word**: *senza far m.,* without a word **4** (pubblicitario) **slogan.**
mousse *(franc.) f.* *(cucina)* **mousse.**
movènte *m.* **motive; reason; cause.**
movènza *f.* **movement; carriage** *(sempre al sing.)*; (gesto) **gesture;** (atteggiamento) **attitude.**
movibile *a.* **movable.**
movimentare *v. t.* to **enliven;** to **animate.**
movimentato *a.* **animated; lively; full of life;** (pieno di eventi) **eventful;** (di strada, ecc.) **busy.**
moviménto *m.* **1 movement;** (moto) **motion;** (mossa) **move;** (gesto) **gesture;** (flusso) **flow**: *movimenti volontari (involontari),* voluntary (involuntary) movements □ *un m. politico,* a political movement □ *il m. dei turisti,* the flow of tourists □ *essere in m.,* to be in motion □ *fare un m. falso,* to make a false move **2** (traffico) **traffic;** (trambusto) **bustle; hustle and bustle**: *il m. stradale,* road traffic □ *il m. d'una metropoli,* the (hustle and) bustle of a metropolis **3** *(mil.)* **movement; evolution; manoeuvre 4** *(mus.)* **tempo*; movement 5** *(comm.)* **movement**: *il m. dei prezzi,* the movement of prices **6** *(tecn.)* **movement;** (moto) **motion;** (meccanismo) **mechanism, movement, action**: *il m. d'un orologio,* the movement of a watch □ *m. di andata e ritorno,* forward and reverse motion ● *(comm.) m. d'affari,* turnover □ *m. turbinoso,* whirl □ *essere in gran m.,* to be on the go; to be in full swing □ *(mecc.) mettere in m.,* to set in motion; to start □ *pieno di m.,* full of stir and movement; (pieno di vita) lively, full of life, animated □ *senza m.,* motionless; (senza vita) lifeless, inanimate.
moviòla *f.* *(cinem.)* **moviola; film-editing machine.**
mozióne *f.* **motion**: *respingere una m.,* to reject a motion ● *m. d'ordine,* point of order.
mozzare *v. t.* to **cut*;** to **cut* off;** to **cut* short;** to **dock;** to **crop;** (ridurre) to **curtail**: *m. il capo a q.,* to cut off sb.'s head; to behead sb. □ *m. la coda a un animale,* to dock an animal's tail ● *m. il fiato,* to take sb.'s breath away □ *(fig.) m. le parole in bocca a q.,* to cut sb. short.
mozzarèlla *f.* **mozzarella** (moist white Italian curd cheese).
mozzétta *f.* *(relig.)* **moz(z)etta.**
mozzicóne *m.* **stump; stub; butt; end; fag-end;** (di coda) **dock**: *un m. di sigaretta,* a cigarette-end; a fag--end *(fam.).*
(1) mózzo *a.* **cut-off; docked; cropped** ● *con le orecchie mozze,* crop-eared.
(2) mózzo *m.* *(naut.)* **ship-boy; cabin-boy** ● *m. di stalla,* stable-boy; groom.
(3) mòzzo *m.* *(mecc.)* **hub**: *m. della ruota,* wheel-hub; nave.
mucca *f.* **cow.**
mùcchio *m.* **heap; mass;** (pila) **pile;** (fascio) **bundle; lot** *(fam.)*: *un enorme m. di libri,* a big heap of books □ *un m. di quattrini,* a lot of money; heaps of money.
mùcido A *a.* **mouldy; musty; fusty;** (stantìo) **stale B** *m.* **mould.**
mucillàgine *f.* *(bot., farm.)* **mucilage.**
mucillaginóso *a.* **mucilaginous.**
muco *m.* **mucus.**
mucósa *f.* *(anat.)* **mucosa*; mucous membrane.**
mucosità *f.* (sostanza mucosa) **mucous substance; mucus.**
mucóso *a.* **mucous.**
muda *f.* **1** *(zool.)* **moult 2** (luogo della muda) **mew.**
muezzin *m. invar.* **muezzin.**
muffa *f.* **mould; mildew** ● *aver odore di m.,* to smell mouldy; to be fusty □ *fare (o prendere) la m.,* to mould; to grow mouldy (o musty, anche *fig.*).
muffire *v. i.* to **mould;** to **grow* mouldy (**o **musty).**
mùffola *f.* **1** (di forno) **muffle 2** (guanto a sacchetto) **mitten.**
muffóso *a.* **mouldy; musty, fusty** *(anche fig.).*
muflóne *m.* *(zool.,* Ovis musimon*)* **mouf(f)lon.**
muggènte *a.* **lowing; mooing; bellowing;** *(fig.)* **roaring, howling.**
mugghiare *v. i.* to **low;** to **moo;** to **bellow;** (ululare) to **howl;** (urlare, ruggire) to **roar.**
mùggine *m.* *(zool.,* Mugil*)* **mullet.**
muggire *V.* **mugghiare.**
muggito *m.* **bellow;** (ululato) **howl;** (urlo, ruggito) **roar.**
mughétto *m.* **1** *(bot.,* Convallaria majalis*)* **lily of the valley 2** *(med.)* **thrush.**
mugìc *m.* **moujik.**
mugnàio *m.* **miller.**
mugo *m.* *(bot.,* Pinus mugho*)* **Swiss mountain pine; mug(h)o pine.**
mugolare *v. i.* e *t.* **1** to **howl;** to **whimper;** to **whine;** (lamentarsi) to **moan,** to **groan 2** (mormorare) to **murmur;** (borbottare) to **mutter,** to **mumble.**
mugolìo *m.* **1 howling; whimpering; whining;** (lamentìo) **moaning, groaning 2** (mormorìo) **murmuring;** (borbottìo) **muttering, mumbling.**
mugugnare *v. i.* *(fam.)* to **grumble;** to **mutter.**
mugugno *m.* *(fam.)* **grumbling; muttering.**
mula *f.* *(zool.)* **mule.**
mulatta *f.* **mulatto*; mulatto woman*.**
mulattièra *f.* **mule-track.**
mulattière *m.* **muleteer; mule-driver.**
mulattièro *a.* **mule** *(attr.).*
mulatto *m.* **mulatto*.**
mulìebre *a.* **womanly; feminine; female.**
mulinare A *v. i.* **1** to **eddy;** to **whirl;** to **turn round and round 2** (fantasticare) to **be lost in reverie;** to **give* free play to one's fancy B** *v. t.* **1** (far girare) to **twirl;** to **whirl 2** *(fig.)* to **revolve (in one's mind);** (macchinare) to **scheme.**
mulinèllo *m.* **1** (vortice) **eddy, whirl;** (vortice d'acqua) **whirlpool;** (di vento) **whirlwind 2** (di canna da pesca) **reel 3** (balocco) **windmill 4** (ventilatore) **ventilating fan 5** *(naut.)* **windlass.**
mulino *m.* **mill**: *un m. ad acqua,* a water-mill □ *un m. a*

vapore, a steam-mill □ *un m. a vento,* a windmill □ *(fig.) combattere contro i mulini a vento,* to tilt at windmills ● *(fig.) essere un m. a vento,* to be a weathercock.
mulo *m. (zool.)* **mule** (anche *fig.*): *essere caparbio* (o *ostinato) come un m.*, to be as stubborn (o as obstinate) as a mule; to be pig-headed.
multa *f.* **fine; mulct; penalty** ● *infliggere una m.*, to fine.
multare *v. t.* to **fine;** to **mulct.**
multi- *(in parole composte)* **multi-.**
multicolóre *a.* **many-coloured; motley.**
multifórme *a.* **multiform; many-sided; varied.**
multilaterale *a.* **multilateral; many-sided.**
multilìngue *a.* **multilingual; polyglot.**
multimilionàrio *m.* **multimillionaire.**
multinazionale *a.* e *f. (comm.)* **multinational.**
multipara *(biol.)* ***A*** *a.* **multiparous** ***B*** *f.* **multipara.**
mùltiplo *a.* e *m.* **multiple**: *(mat.) il minimo comune m.*, the least common multiple.
multiprogrammazióne *f. (elab.)* **multiprogramming.**
multirazziale *a.* **multiracial.**
mùmmia *f.* **mummy** (anche *fig.*) ● *(fig.) Quella vecchia m.!*, that old fossil!; the old fog(e)y!
mummificare ***A*** *v. t.* to **mummify** ***B*** **mummificarsi** *v. rifl.* ***1*** to **mummify;** to **become* mummified** ***2*** *(fig.)* to **fossilize.**
mummificazióne *f.* **mummification; embalmment.**
mùngere *v. t.* to **milk** (anche *fig.*).
mungitóio *m.* **milking shed.**
mungitóre *m.* **milker** ● *(fig.) m. di borse,* extortioner.
mungitrice *f.* ***1*** **milkmaid** ***2*** (macchina) **milking machine.**
mungitura *f.* **milking.**
municipale *a.* **municipal; town** *(attr.)*: *il consiglio m.*, the town council □ *il palazzo m.*, the town hall.
municipalișmo *m.* **municipalism.**
municipalità *f.* **municipality.**
municipalizẓare *v. t.* to **municipalize.**
municìpio *m.* ***1*** **municipality** ***2*** (sede del m.) **town hall.**
munificènza *f.* **munificence;** (liberalità) **liberality, bounty.**
munìfico *a.* **munificent;** (liberale) **liberal, bounteous, bountiful.**
munire ***A*** *v. t.* ***1*** (fortificare) to **fortifty**: *m. una città di mura,* to fortify a town with walls ***2*** (provvedere) to **provide;** (fornire) to **furnish,** to **supply**: *m. q. di un salvacondotto,* to provide sb. with a safe-conduct ***B*** **munirsi** *v. rifl.* ***1*** (premunirsi) to **fortify oneself,** to **protect oneself** (against) ***2*** (provvedersi) to **provide oneself,** to **supply oneself** (with).
munizióne *f. (generalm. al pl.)* **munitions** *(pl.)*; **ammunition** *(solo sing.)*: *munizioni da guerra,* munitions of war ● *munizioni da caccia,* (cartucce) cartridges; (pallini) shot *(collett.)*.
muòvere ***A*** *v. t.* ***1*** (mettere in moto) to **move;** to **drive*** ***2*** (spostare) to **move;** to **shift;** to **draw*** ***3*** (agitare leggermente) to **move;** to **stir;** (scuotere) to **shake*** ***4*** (alzare o abbassare, distendere o piegare una parte del corpo) to **move;** to **stir** *(generalm. in frasi neg.)*; (dimenare) to **wag**: *m. il capo,* to move one's head □ *m. le gambe,* to move one's legs; *(fam.:* fare del moto) to take exercise □ *(fig.) non m. un dito,* not to stir (o to lift) a finger; to make no effort ***5*** *(fisiologia)* to **move**: *m. il corpo,* to move the bowels ***6*** *(fig.:* eccitare, suscitare) to **move;** to **excite;** to **rouse;** to **stir up;** to **arouse;** to **provoke**: *m. il pianto,* to move to tears □ *m. il riso,* to provoke laughter □ *m. q. a pietà,* to move sb. to pity; to arouse sb.'s pity ***7*** *(fig.:* commuovere) to **move** ***8*** *(fig.:* indurre, incitare) to **move;** to **stir;** to **induce;** to **prompt**: *m. q. a fare q.c.*, to move (o to induce) sb. to do st. ***9*** (incominciare a fare) to **move;** to **wage;** (sollevare) to **raise**: *m. guerra a q.*, to wage war upon (o on, against) sb. □ *m. una obiezione,* to raise an objection ***10*** *(lett.:* emettere) to **utter;** to **heave** ***B*** *v. i.* ***1*** (avanzare) to **move;** to **advance** ***2*** (avere origine) to **originate** (from, in, with), to **proceed;** (partire) to **start;** (incominciare) to **begin*** ***3*** *(dial.:* germogliare) to **bud;** to **be in bud** ● *m. un'accusa a* (o *contro) q.*, to bring a charge against sb. □ *(mecc.) m. avanti e indietro,* to reciprocate □ *(leg.) m. causa a q.*, to sue sb. □ *m. mari e monti,* to move heaven and earth □ *m. un passo,* to take a step ***C*** **muòversi** *v. rifl.* to **move;** to **stir;** (recarsi) to **go*;** (partire) to **leave***: *Non si moveva una foglia,* not a leaf stirred □ *m. dal proprio paese,* to leave one's village (o one's country) □ *m. di casa* (cambiare casa), to move (house) ● *m. a compassione,* to be moved to pity □ *m. alla volta di Torino,* to set off for Turin □ *(mecc.) m. avanti e indietro,* to reciprocate □ *non poter m. dal letto,* to be confined to one's bed; to be bed-ridden □ *Muoviti: è tardi,* hurry up (o stir your stumps, *fam.*): it's late.
(1) mura *f. (naut.)* **tack.**
(2) mura *V.* **muro.**
muràglia *f.* ***1*** **wall** (anche *fig.*) ***2*** (barriera) **barrier.**
muraglióne *m.* **massive wall.**
muraiòlo *a.* **wall** *(attr.)*; (rif. a pianta) **wall-climbing.**
murale *a.* **mural; wall** *(attr.)*: *una carta m.*, a wall map ● *pittura m.*, mural.
murare ***A*** *v. t.* ***1*** *(edil.)* to **build*;** to **mason** ***2*** (chiudere con un muro) to **wall up;** to **brick up** ***3*** (nascondere in un muro) to **wall up;** to **immure**: *m. q. vivo,* to wall up sb. ***B*** *v. i.* to **build*** ● *(fig.) m. la bocca a q.*, to seal sb.'s lips ***C*** **murarsi** *v. rifl.* to **immure oneself;** to **shut* oneself up.**
muràrio *a.* **building** *(attr.)* ● *arte muraria,* masonry.
murata *f. (naut.)* **bulwarks** *(pl.)*.
murato *a.* **walled;** (chiuso con muro) **walled-up, immured;** (cinto da muro) **walled-in.**
muratóre *m.* **mason; bricklayer.**
muratura *f.* **masonry; brickwork; stonework** ● *m. rustica,* nogging □ *m. di sostegno,* bulkhead.
murèna *f. (zool.,* Muraena helena) **moray.**
muriàtico *a. (chim.)* **muriatic**: *acido m.*, muriatic acid.
muricciòlo *m.* **low wall.**
mùrice *m. (zool.,* Murex) **murex*.**
muro *m. (pl.* **muri** *def. 1,* **mura** *def. 2)* ***1*** **wall**: *un m. di cinta,* a boundary wall □ *un m. in pietrame,* a stone wall □ (anche *fig.) con le spalle al m.*, with one's back to the wall □ *attaccare q.c. a un m.*, to hang st. on a wall □ *mettere q. al m.*, to drive sb. to the wall ***2*** *(al pl.:* complesso di opere murarie) **walls**: *le mura d'una città,* the walls of a city ● *(aeron.) m. del suono,* sound barrier □ *chiudere con un m.*, to wall up □ *chiudersi fra quattro mura,* to shut oneself up □ *(fig.) mettersi con le spalle al m.*, to put oneself on the safe side □ *(fig.) parlare al m.*, to speak to deaf ears □ *stare a uscio e m. con q.*, to be a next-door neighbour to sb.
mușa *f.* ***1*** *(mitol.)* **Muse** ***2*** *(fig.)* **muse.**
mușata *f.* **blow with the snout.**
muschiato *a.* **musky.**
(1) mùschio *m. (profumeria)* **musk.**
(2) mùschio, musco *m. (bot.)* **moss**: *ricoperto di m.*, overgrown with moss; moss-grown; mossy.
muscolare *a. (anat.)* **muscular; muscle** *(attr.)*.
muscolatura *f. (anat.)* **musculature;** (muscoli) **muscles** *(pl.)*.
mùscolo *m.* ***1*** *(anat.)* **muscle**: *i muscoli della gamba,* the leg muscles ***2*** (di carne macellata) **shin (of beef)** ***3*** *(zool.,* Mytilus edulis) **mussel** ● *(fig.) senza muscoli,* sinewless; nerveless □ *(fig.) un uomo tutto muscoli,* a sinewy man.
muscolóso *a.* **muscular; sinewy; brawny; stalwart.**
muscóso *a.* **mossy; moss-grown.**
muscovite *f. (miner.)* **muscovite; common mica.**
mușèo *m.* **museum**: *il M. britannico,* the British Museum □ *(fig.) un pezzo da m.*, a museum-piece; an old fossil.
mușeruòla *f.* **muzzle** ● *mettere la m. a un cane,* to muzzle a dog □ *(fig.) mettere la m. a q.*, to muzzle sb.
mușétta *f.* (sacchetto per la biada) **nosebag; feedbag** *(USA)*.

muṣétto *m.* **(pretty) little face.**
mùṣica *f.* **music** (anche *fig.*); (motivo) **tune**: *m. classica (moderna),* classical (modern) music □ *m. da camera,* chamber music □ *un maestro di m.,* a music--master □ *cambiare la m.,* to play a different tune; *(fig.)* to change one's tune □ *mettere in m.,* to set to music □ *Sempre la solita m.!,* it's always the same tune (o story)! ● *pezzo di m. per pianoforte,* sonata.
muṣicàbile *a.* **apt to be set to music; tunable.**
musical *(ingl.) m.* **musical; musical comedy.**
muṣicale *a.* **musical**: *strumenti musicali,* musical instruments ● *avere orecchio m.,* to have an ear for music.
muṣicalità *f.* **musicality; musicalness.**
muṣicante *m.* e *f.* **musician.**
muṣicare *v. t.* to **set*** (st.) **to music.**
muṣicassétta *f.* **musicassette.**
muṣicista *m.* e *f.* **musician**: *un abile m.,* a skilled musician.
muṣicògrafo *m.* **musicographer.**
muṣicologìa *f.* **musicology.**
muṣicòlogo *m.* **musicologist.**
muṣicòmane *m.* e *f.* **musicofanatic.**
muṣicomanìa *f.* **musicomania.**
muṣicoterapìa *f.* *(med.)* **musicotherapy.**
muṣivo *a.* **mosaic** *(attr.).*
muṣo *m.* ***1*** (di animale) **muzzle; snout** ***2*** *(scherz.:* faccia) **face; mug** *(volg.)*: *avere il m.,* to wear a long face □ *dire q.c. a q. sul m.,* to say st. to sb.'s face □ *mettere il m.,* to pull a long face; to pout □ *rompere (o spaccare) il m. a q.,* to smash sb.'s face in ***3*** *(aeron.)* **nose.**
muṣóne *m.* *(fam.)* **sulky person.**
muṣonerìa *f.* *(fam.)* **sulkiness; sulks** *(pl.).*
mùssola, mussolina *f.* *(ind. tessile)* **muslin.**
mussulmano *V.* **musulmano.**
mustacchi *m. pl.* **moustache** *(sing.)*: *avere i m.,* to have a moustache.
musulmano *a.* e *m.* **Mussulman; Moslem.**
(1) muta *f.* ***1*** (cambio) **change;** (di sentinella) **relief** ***2*** (di animali, delle penne) **moult, moulting;** (della pelle) **shedding, casting-off** ***3*** (del vino) **decantation** ***4*** (serie) **set.**
(2) muta *f.* (di cani) **pack;** (di cavalli) **team.**
mutàbile *a.* **changeable; mutable; variable.**
mutabilità *f.* **changeableness; changeability; alterableness;** (mutevolezza) **mutability;** (incostanza) **inconstancy.**
mutaménto *m.* **change;** (variazione) **variation;** (trasformazione) **transformation;** (alterazione) **alteration**: *un m. d'aria,* a change of air □ *un m. in meglio (in peggio),* a change for the better (for the worse) □ *fare un gran m.,* to make a great (o big) change.
mutande *f. pl.* ***1*** (da uomo) **pants; underpants** *(USA)* ***2*** (da donna o da bambino) **knickers; panties** ● *m. lunghe,* drawers.
mutandine *f. pl.* **briefs; pants; shorts;** (da donna) **panties**: *m. da bagno,* bathing shorts; trunks.
mutare *A* *v. t.* to **change;** (alterare) to **alter**: *m. aria,* to change air (anche *fig.*) □ *m. indirizzo,* to change one's address ***B*** *v. i.* to **change;** to **alter;** to **vary**: *m. di colore,* to change colour □ *m. di posto,* to change one's seat ● *m. casa,* to move (house) □ *m. città,* to move to another town □ *m. la pelle,* to cast off one's skin; (dei rettili) to slough off □ *m. le penne,* to moult □ *m. il vino,* to decant wine ***C* mutarsi** *v. rifl.* to **change;** (cambiarsi d'abito) to **change (one's clothes)**: *m. in meglio (in peggio),* to change for the better (for the worse) ● *Pare che il tempo si muti,* it looks as if there's going to be a change in the weather.
mutazióne *f.* ***1*** **mutation; alteration; variation; change** ***2*** *(biol., mus.)* **mutation.**
mutévole *a.* **mutable; changeable; variable;** (volubile) **fickle;** (incostante) **inconstant;** (instabile) **unsettled.**
mutevolézza *f.* **mutability;** (volubilità) **fickleness, inconstancy.**
mutevolménte *avv.* **mutably; variably.**
mutilare *v. t.* to **mutilate** (anche *fig.*); to **maim;** to **cripple.**
mutilato *A* *a.* **mutilated; maimed; crippled *B*** *m.* **cripple; disabled man*.**
mutilazióne *f.* **mutilation.**
mùtilo *a.* *(lett.)* **mutilated.**
mutiṣmo *m.* ***1*** **mutism; muteness** ***2*** (silenzio) **(obstinate) silence.**
muto *A* *a.* ***1*** (privo di favella) **dumb; mute**: *essere sordo e m.,* to be deaf and dumb ***2*** (di persona che rimane silenziosa o di cosa priva di voce) **mute, dumb;** (silenzioso) **silent;** (senza parole) **speechless, tongue--tied, voiceless; soundless**: *(cinem.) una pellicola muta,* a silent film □ *(teatr.) scena muta,* dumb show □ *m. come un pesce,* as mute as a fish (o as a mackerel) □ *restare m. per l'orrore,* to be struck dumb with horror ***3*** *(gramm.)* **mute; silent**: *una lettera muta,* a mute (o a silent) letter ● *carta geografica muta,* skeleton map □ *(fig.) fare scena muta,* not to say a single word ***B*** *m.* **dumb person; mute.**
mùtria *f.* **haughtiness; standoffishness.**
mùtua *f.* ***1*** (società di mutuo soccorso) **mutual aid association** ***2*** (per l'assistenza medica) **health insurance association** ● *medico della m.,* panel doctor.
mutualismo *m.* *(biol.)* **mutualism.**
mutualìstico *a.* **mutualist; mutualistic.**
mutualità *f.* **mutuality; mutual aid** (o **assistance).**
mutuante *m.* e *f.* *(leg.)* **lender.**
mutuare *v. t.* ***1*** (prendere a mutuo) to **borrow** ***2*** (dare a mutuo) to **lend*;** to **loan** *(USA).*
mutuatàrio *m.* *(leg.)* **borrower.**
mutuato *m.* **panel patient.**
(1) mùtuo *a.* **mutual;** (reciproco) **reciprocal**: *m. affetto,* mutual love □ *società di m. soccorso,* (mutual) benefit society □ *(iron.) società di m. incensamento,* mutual admiration society.
(2) mùtuo *m.* *(leg.)* **loan**: *m. ipotecario,* mortgage loan □ *concedere un m.,* to grant a loan ● *capitale a m.,* borrowed capital.

N

N, n *f.* o *m.* **N, n** • *(tel.) n come Napoli,* n for Nellie.
nababbo *m.* **nabob** *(anche fig.).*
nàcchera *f. (generalm. al pl.; mus.)* **castanet.**
nadìr *m. (astron.)* **nadir.**
nafta *f. (chim.)* **naphtha; fuel oil;** (per motori Diesel) **Diesel oil.**
naftalina *f. (chim.)* **naphthalene.**
(1) nàia *f. (zool.,* Naja*)* **cobra.**
(2) nàia *f. (gergo mil.)* **national service;** (vita militare) **military life.**
nàiade *f. (mitol.)* **naiad; water-nymph.**
naïf *(franc.) a. (arte)* **naive; naïf.**
nàilon *m.* **nylon**: *calze di n.,* nylon stockings; nylons.
nanchino *m. (ind. tessile)* **nankeen.**
nanismo *m.* **dwarfishness;** *(med.)* **nanism.**
nanna *f. (infant.)* **bye-bye**: *andare a n.,* to go to bye-bye • *Fai la n., bambino,* hushaby, baby.
nano A *a.* **dwarfish; dwarf** *(attr.)* **B** *m.* **dwarf*.**
nàpalm *m. (marchio: chim.)* **napalm** • *bomba al n.,* napalm bomb.
napoleóne *m. (numismatica)* **napoleon.**
napoleònico *a. (stor.)* **Napoleonic.**
napoletana *f.* **(reversible) coffee-pot (with filter).**
napoletano *a.* e *m.* **Neapolitan.**
nappa *f.* **tassel.**
nappo *m. (lett.)* **goblet; beaker; drinking cup.**
narcisismo *m. (psic.)* **narcissism.**
narcisista *m.* e *f. (psic.)* **narcissist.**
narciso *m. (bot.,* Narcissus poeticus*)* **narcissus*.**
narcoanàlisi *f. (med.)* **narcoanalysis.**
narcòsi *f. (med.)* **narcosis.**
narcòtico *a.* e *m. (farm.)* **narcotic** *(anche fig.).*
narcotizzare *v. t. (med.)* **to narcotize.**
narghilè *m.* **narghile; hookah.**
nari *f. pl. (lett.)* **nostrils.**
narice *f. (anat.)* **nostril.**
narrare *v. t.* **to tell*; to narrate.**
narrativa *f.* **fiction**: *opere di n.,* works of fiction.
narrativo *a.* **narrative.**
narratóre *m.* **narrator** • *n. di storie,* story-teller.
narrazióne *f.* **1 narration 2** (racconto) **tale; story.**
nartèce *m. (archit.)* **narthex.**
narvalo *m. (zool.,* Monodon monoceros*)* **narwhal; sea-unicorn.**
nasale A *a. (anat., fon.)* **nasal B** *f. (fon.)* **nasal.**
nasata *f.* — *dare (o picchiare) una n.,* to bang one's nose.
nascènte *a.* **1 dawning; new-born; rising**: *il sole n.,* the rising sun **2** *(chim.)* **nascent.**
nàscere *v. i.* **1 to be born; to come* into the world** *(lett.)*: *Nacqui in Italia il 27 agosto 1930,* I was born in Italy on the 27th of August 1930 □ *(fig.) L'ho veduto n.,* I've known him ever since he was born **2** (trarre origine, anche *fig.*) **to come*** (of, out of): *n. di buona famiglia,* to come* of a good family **3** (di piante) **to come* up,** to **spring* up;** (dalla terra) **to come* (out), to be out;** (germogliare) **to sprout 4** (di capelli, unghie, corna, ecc.) **to grow* 5** (degli astri, dei fiumi) **to rise*;** (dei fiumi, anche) **to have one's source** (o **one's spring);** (scaturire) **to well up 6** (di pulcini, ecc.) **to be hatched 7** (sorgere) **to arise*; to come* into being; to start;** to **be due** (to); **to originate** (from): *Nacque un dubbio circa la sua validità,* a doubt arose as to its validity • (di una pianta) *n. spontaneo,* to grow wild □ *far n. dei dubbi,* to give rise to some doubts □ *far n. un sospetto,* to arouse suspicion □ *far n. la speranza che...,* to awaken the hope that... □ *(fig.) non esserci nato,* not to be cut out for it: *Non sono nato per queste cose,* I am not cut out for these things □ *Mi nacque il sospetto che...,* I began to suspect that... □ *Le è nato un maschio,* she has had (o she has given birth to) a baby-boy □ *(fig., fam.) È nato con gli occhi aperti,* there are no flies on him *(pop.).*
nàscita *f.* **1 birth**: *alla n.,* at birth □ *luogo di n.,* birth-place □ *muto dalla n.,* dumb from birth (o born dumb) □ *essere francese di n.,* to be French by birth **2** (origine) **origin;** (lignaggio) **extraction, birth**: *nobile di n.,* of noble birth (o high-born) **3** (di astro) **rising** • *per (diritto di) n.,* by right of birth □ *prima della (dopo la) n. di Cristo,* before (after) Christ.
nascituro A *a.* **about to be born B** *m.* **(future) baby.**
nascóndere A *v. t.* **1** to **hide***; to **conceal**: *n. q.c. a q.,* to hide st. from sb. □ *n. i propri sentimenti,* to hide one's feelings **2** (n. alla vista) to **hide*** (st.) **from** (sb.'s) **view** • *n. la propria identità,* to keep one's identity secret □ *n. la verità a q.,* to keep the truth from sb. □ *n. il viso fra le mani,* to bury one's face in one's hands **B nascóndersi** *v. rifl.* to **hide* (oneself)** • *giocare a n.,* to play hide-and-seek.
nascondìglio *m.* **hiding-place; hide-out** *(fam.).*
nascondino *m.* **hide-and-seek.**
nascostaménte *avv.* **secretly.**
nascósto *a.* **hidden; secret; concealed** • *di n. a q.,* behind sb.'s back.
(1) nasèllo *m. (zool.,* Merluccius merluccius*)* **hake.**
(2) nasèllo *m.* **1** *(mecc.)* **nib 2** *(nasiera)* **nose-ring.**
nasièra *f.* **nose-ring.**
naso *m.* **nose** (anche di animali): *avere il n. all'insù,* to have a turned-up (o tip-tilted) nose □ *la punta del n.,* the tip of one's nose □ *(proprio) sotto il n. di q.,* (right) under sb.'s very nose □ *non vedere più in là del proprio n.,* to see no further than the end of one's nose □ *soffiarsi il n.,* to blow one's nose □ *parlare col (o nel) n.,* to speak through one's nose □ *mettere il n. negli affari altrui,* to poke one's nose into other people's business □ *arricciare il n. di fronte a q.c.,* to turn up one's nose at st. • *a lume di n.,* by rule of thumb; by guess-work □ *avere buon n. per q.c.,* to have a flair for st. □ *dal n. aquilino,* aquiline-nosed; hook-nosed □ *fazzoletto da n.,* pocket-handkerchief □ *restare con un palmo di n.,* to be badly disappointed □ *sbattere la porta sul n. a q.,* to slam the door in sb.'s face.
nassa *f.* **wickerwork fish trap;** (per aragoste) **lobster-pot.**
nastrifórme *a.* **ribbonlike.**
nastro *m.* **1 ribbon**: *un n. di macchina per scrivere,* a typewriter ribbon **2** *(tecn.)* **tape; band; strap; ribbon**: *(fis.) n. isolante,* insulating tape □ *n. di telescrivente,* ticker-tape □ *un registratore a n.,* a tape-recorder **3** (fascia, fascetta) **band**: *un n. da cappello* (specialm. da uomo), a hat-band.
nastrotèca *f.* **tape library.**
nastùrzio *m. (bot.,* Nasturtium officinale*)* **nasturtium; watercress** • *(bot.) n. indiano* (Tropaeolum maius), garden nasturtium; Indian cress.
nasuto *a.* **big-nosed;** (dal naso a becco) **hook-nosed.**
natale A *a.* **native; birth** *(attr.)*: *la propria città n.,* one's native town **B** *m.* **1** (giorno n.) **birthday 2** *(al pl.:* nascita*)* **birth**: *essere di illustri natali,* to be of noble birth • *il n. di Roma,* the anniversary of the foundation of Rome.
Natale *m.* **Christmas** *(abbr.:* **Xmas***)*: *il giorno di N.,* Christmas Day □ *un albero di N.,* a Christmas tree □ *Buon N.!,* merry Christmas!
natalità *f.* **natality; birth-rate.**
natalìzio A *a.* (del Natale) **Christmas** *(attr.)*: *doni natalizi,* Christmas presents • *giorno n.,* birthday **B** *m.* **birthday.**
natante A *a.* **floating B** *m. (naut.)* **craft** *(invar. al pl.)*; **boat.**
natatóia *f. (zool.)* **fin.**
natatòrio *a.* **swimming** *(attr.)*; **natatory.**
nàtica *f. (anat.)* **buttock.**
natìo *a. (lett.)* **native.**
natività *f.* **nativity.**
nativo *a.* e *m.* **native.**
nato *a.* **born**: *un attore n.,* a born actor □ *n. da povera*

gente, born of poor parents • (anche *med.*) *n. morto,* still-born □ *i nati nel 1966,* those born in 1966.
natta *f.* (*med.*) **wen.**
natura *f.* **1** **nature**: *la n. umana,* human nature **2** (istinto) **natural instinct** **3** (qualità, tipo) **sort; type; kind**: *libri di varia n.,* different kinds of books **4** (indole, anche) **character; disposition** • (*pitt.*) *n. morta,* still life □ *essere di n. impulsiva,* to be impulsive by nature □ *pagare in n.,* to pay in kind.
naturale *a.* **1** **natural**: *scienze naturali,* natural science (*sing.*) □ *storia n.,* natural history □ *un figlio n.,* a natural (o an illegitimate) son **2** (opposto a « finto ») **real** **3** (come risposta: per « naturalmente », « certo ») **of course** • *denti naturali,* one's own teeth □ *ritratto di grandezza n.* (o *al n.*), life-size (o life-sized) portrait □ *vita natural durante,* for the whole of one's life.
naturalézza *f.* **naturalness; natural way** (o **manner**) • *con n.,* naturally □ *mancare di n.,* to be stilted (o affected).
naturalismo *m.* (*letter., filos., arte*) **naturalism.**
naturalista *m.* e *f.* **naturalist.**
naturalistico *a.* **naturalistic.**
naturalizzare **A** *v. t.* to **naturalize** **B** **naturalizzarsi** *v. rifl.* to **become*** **naturalized.**
naturalizzazióne *f.* **naturalization.**
naturalménte *avv.* **1** (in modo naturale) **naturally** **2** (per natura) **naturally; by nature** **3** (certo, beninteso) **of course; naturally.**
naturismo *m.* **1** **naturism; back-to-nature movement** **2** (*med.*) **naturopathy.**
naturista *m.* e *f.* **1** **naturist; nature-worshipper** **2** (*med.*) **naturopath.**
naufragare *v. i.* **1** to **be (ship)wrecked** **2** (*fig.*) to **be wrecked**; to **fall*** **through.**
naufràgio *m.* **shipwreck; wreck** (anche *fig.*) • *far n.,* to be shipwrecked.
nàufrago *m.* **shipwrecked person**; (abbandonato dai compagni di navigazione) **castaway.**
nàusea *f.* **1** (*med.*) **nausea** **2** (*fig.*) **nausea; disgust** • *fare n. a q.,* to disgust sb. □ *sentire n.,* to feel sick.
nauseabóndo, nauseante *a.* **1** **nauseating; nauseous; sickening; queasy** **2** (*fig.*) **nauseating; revolting; disgusting.**
nauseare *v. t.* to **nauseate**; to **sicken.**
nauseato *a.* **nauseated; sick; disgusted.**
nàutica *f.* **(art of) navigation; nautical science.**
nàutico *a.* **nautical** • *sala nautica,* charthouse.
nàutilo *m.* (*zool.,* Nautilus pompilius) **(pearly) nautilus***.
navale *a.* **naval; nautical** • *cantiere n.,* shipyard.
navalmeccànica *f.* **marine engineering.**
navata *f.* (*archit.:* n. centrale) **nave**; (n. laterale) **aisle.**
nave *f.* **ship; craft** (*invar. al pl.*); **boat** (*fam.*); **vessel**: *n. a vapore,* steamship □ *n. a vela,* sailing ship □ *n. da guerra,* warship (o man-of-war) □ *n. mercantile,* merchant ship; merchantman □ *n. officina,* repair ship □ *n. da carico,* cargo boat (o freighter); (non di linea) tramp • *n. in servizio di linea,* liner.
navétta *f.* (*mecc.*) **shuttle** • (*miss.*) *n. spaziale,* space shuttle □ *treno s.,* shuttle train.
navicèlla *f.* **1** (per incenso) **incense-boat** **2** (*aeron.:* di pallone) **basket**; (di dirigibile) **car, gondola, nacelle.**
navigàbile *a.* **1** **navigable** **2** (di un'imbarcazione) **seaworthy.**
navigabilità *f.* **1** **navigability** **2** (di un'imbarcazione) **seaworthiness.**
navigante *m.* **sailor; seaman***.
navigare *v. i.* to **sail,** to **navigate** (*talora anche* v. t.); to **be at sea**: *n. intorno al mondo,* to sail round the world □ *n. i mari,* to sail the high seas • (anche *fig.*) *n. secondo il vento,* to trim one's sails according to the wind □ (*fig.*) *non n. in buone acque* (o *n. in cattive acque*), to be in low water; to be hard up; (di una ditta che non prospera) to be going downhill.
navigato *a.* (*fig.*) **wise** (o **shrewd**) **and experienced.**
navigatóre *m.* **1** **navigator** **2** (marinaio) **sailor; seaman***.
navigazióne *f.* **1** (*naut., aeron.*) **navigation**: *n. fluviale,* river navigation □ *n. aerea,* air navigation **2** (viaggio per mare) **voyage**; (traversata) **crossing** • *atto alla n.,* (di nave) seaworthy; (d'aeroplano) airworthy □ *compagnia di n.,* shipping company.
navìglio *m.* **1** **shipping; craft**: *n. silurante,* torpedo craft **2** (canale) **(ship-)canal.**
nazarèno *V.* **nazzarèno.**
nazifascismo *m.* (*polit.*) **Nazi-Fascism.**
nazifascista *a., m.* e *f.* (*polit.*) **Nazi-Fascist.**
nazionale **A** *a.* **national** **B** *f.* (*sport*) **national team.**
nazionalismo *m.* **nationalism.**
nazionalista *m.* e *f.* **nationalist.**
nazionalità *f.* **nationality.**
nazionalizzare *v. t.* to **nationalize.**
nazionalizzazióne *f.* **nationalization.**
nazionalsocialismo *m.* (*polit.*) **National Socialism; Nazi(i)sm.**
nazióne *f.* **nation.**
nazismo *m.* **Nazi(i)sm.**
nazista *a., m.* e *f.* **Nazi.**
nazzarèno *a.* e *m.* **Nazarene** • *capelli alla nazzarena,* flowing locks.
né *cong. neg.* **1** (*negando due termini*) **neither... nor**; (*più di due termini*) **neither... nor... nor**: *Non voglio né tè né caffè,* I want neither tea nor coffee (o I don't want either tea or coffee) **2** (e non) **nor** (*richiede l'inversione del sogg. e del verbo*); **and not**: *Non ci sono andata, né ci andrò,* I haven't been there nor am I going (o and I'm not going) • *né l'uno né l'altro,* neither.
ne *forma atona* **1** (*particella avv. di moto da luogo*) **from it; from there; from here**: *Andiamocene (da qui),* let us go away from here **2** (*particella pron.*) **of** (o **about, by, with**) **it** (o **him, her, them**) (*talora omesso in ingl. o reso con un agg. poss.*): *Non ha il libro; che cosa ne ha fatto?,* he hasn't got his book; what has he done with it? □ *Fanne una lista,* make a list (of them) □ *Se ne pentirà,* he will repent it (o he will be sorry for it) □ *Non ne conosco il prezzo,* I don't know its price **3** (*partitivo*) (*nelle frasi afferm. e nelle interr. quando si offre q.c. o il sogg. è un pron. interr.*) **some**; (*in frasi dubit., interr. e neg. in presenza di un'altra negazione*) **any**; (*in frasi neg. quando non vi sia altra negazione*) **none**; (*è omesso se accompagnato da un agg. num. o indef.; ma se questi sono seguiti da un agg. qualificativo, allora si rende con* **one, ones**): *Ho molte sigarette; ne vuoi?,* I have a lot of cigarettes; would you like some? □ *No, grazie; ne ho,* no, thank you; I've got some □ *Chi ne vuole?,* who wants some? □ *Non ne ho,* I haven't any □ *Non ne ho affatto,* I have none (at all) □ *Ne avevo dieci,* I had ten □ *Ne ho due molto belli,* I have two beautiful ones **4** (*pleonastico*) — *Me ne vado,* I'm going away □ *Ce ne andammo a spasso,* we went for a walk.
neanche **A** *avv.* **not... even** • *senza n.,* without even; without so much as **B** *cong.* **nor; neither; not... either**: *Non sa giocare a tennis e n. io,* he can't play tennis, nor (o neither) can I □ *N. Pietro è venuto,* Peter hasn't come either.
nébbia *f.* **1** **mist**; (foschìa) **haze** **2** (densa) **fog**; (mista a fumo) **smog** **3** (*fig.,* anche) **shadow** (ombra) • *C'è un po' di n.,* it's misty.
nebbiògeno **A** *a.* **smoke-making** **B** *m.* **smoke-making apparatus.**
nebbióne *m.* **dense** (o **thick**) **fog; pea-souper** (*fam.*).
nebbióso *a.* **1** **misty; foggy** **2** (*fig.*) **clouded; hazy.**
nebulizzare *v. t.* to **atomize**; to **spray (with aerosol).**
nebulizzatóre *m.* **atomizer; spray, sprayer.**
nebulizzazióne *f.* **nebulization; aerosol; vaporization; atomization.**
nebulósa *f.* (*astron.*) **nebula***.
nebulosità *f.* **1** **nebulosity** **2** (*fig.,* anche) **haziness; vagueness.**
nebulóso *a.* **1** **nebulous** **2** (*fig.,* anche) **hazy; vague.**
nécessaire (*franc.*) *m.* **dressing case; toilet case;** (per il trucco) **vanity bag, vanity case.**

necessariaménte *avv.* **necessarily; of necessity.**
necessàrio A *a.* **1 necessary** *(in quasi tutti i casi)*: *È proprio n.?*, is it really necessary? □ *È n. che tu vada?*, is it necessary for you to go? □ *Non è n. che vengano con noi*, they needn't come with us (o it isn't necessary that they should come with us) **2** (indispensabile) **indispensable**: *rendersi n. a q.*, to make oneself indispensable to sb. **3** (inevitabile) **inevitable 4** (che si richiede, che si esige) **requisite; required 5** *(talora omesso in ingl.)*: *Non abbiamo lo spazio n.*, we haven't the space □ *Non ho il denaro n.*, I haven't the money □ *È n. molto tempo per fare ciò*, it takes a long time to do that **B** *m.* **necessary, necessity** *(spesso al pl.)*; **(what is) necessary**: *lo stretto n.*, the bare necessities.
necessità *f.* **1 necessity**: *di n.*, of necessity; necessarily □ *fare di n. virtù*, to make a virtue of necessity **2** (bisogno, mancanza) **need; thing one needs**: *in caso di n.*, in case of need; if necessary □ *non sentire la n. di q.c.*, not to feel the need of st. **3** (miseria, strettezze) **straitened circumstances** *(pl.)* ● *secondo la n.*, as needed (o as required) □ *Non c'è n. che tu vada*, you needn't go.
necessitare A *v. t.* to **render necessary B** *v. i.* **1** (essere necessario) to **be necessary 2** (aver bisogno di) to **need** (st.).
necròforo *m.* **1 sexton 2** *(zool.,* Necrophorus*)* **sexton-beetle.**
necrologìa *f.* **1** (annuncio) **obituary 2** (orazione) **funeral oration.**
necrològico *a.* **obituary** *(attr.)*; **necrologic(al).**
necrològio *m.* **1** (annuncio) **obituary 2** (registro) **necrology.**
necrologista *m.* e *f.* **writer of obituary notices.**
necròpoli *f.* **necropolis*.**
necroscopìa *f. (med.)* **necropsy.**
necroscòpico *a. (med.)* **pertaining to necropsy.**
necròṣi *f. (med.)* **necrosis*.**
necròtico *a. (med.)* **necrotic.**
nefandézza *f.* **iniquity; infamy; turpitude.**
nefando *a.* **iniquitous; infamous; foul.**
nefasto *a.* **inauspicious; unpropitious; ill-omened.**
nefrite *f. (med.)* **nephritis.**
nefrìtico *a.* e *m. (med.)* **nephritic.**
negàbile *a.* **deniable; refusable.**
negare *v. t.* **1** to **deny**: *Negai tutto*, I denied everything □ *Negai di esserci stato*, I denied that I had been there **2** (non concedere) to **deny;** (rifiutare) to **refuse**: *n. obbedienza a q.*, to refuse to obey sb. **3** (escludere, non riconoscere) to **refuse to admit.**
negativa *f.* (anche *fotogr.*) **negative.**
negativaménte *avv.* — *rispondere n.*, to reply in the negative.
negativo *a.* **1 negative;** (contrario) **adverse;** (di un giudizio) **unfavourable 2** *(gramm., mat., fis., fotogr.)* **negative**: *il polo n.*, the negative pole □ *il segno n.*, the negative sign ● *avere esito n.*, to be unsuccessful; to draw a blank *(fam.)*.
negato *a.* **no good, hopeless** (at); **not cut out** (for).
negazióne *f.* **1 negation; denial 2** *(gramm.)* **negative.**
neghittosità *f.* **laziness; slothfulness.**
neghittóso *a.* **lazy; slothful.**
neglètto *a.* **1 neglected; derelict 2** (trascurato) **careless.**
négligé *(franc.) m.* **dressing-gown.**
negligènte A *a.* **negligent; neglectful; careless; inattentive B** *m.* e *f.* **negligent** (o **careless**) **person.**
negligenteménte *avv.* **negligently; neglectfully; carelessly; inattentively.**
negligènza *f.* **negligence; carelessness; lack of attention.**
negoziàbile *a. (comm.)* **negotiable; marketable.**
negoziante *m.* e *f.* **dealer; trader;** (esercente) **shop-keeper.**
negoziare A *v. t.* **1** to **(buy* and) sell*** (anche titoli in borsa); to **transact** (business) **2** (condurre le trattative di q.c.) to **negotiate** (anche *polit.*) **B** *v. i.* to **deal***, to **trade** (in).
negoziato *m.* **negotiation.**
negoziatóre *m.* **negotiator.**
negòzio *m.* **1** (bottega) **shop; store** *(USA)*: *un commesso di n.*, a shop-assistant **2** (affare) **(piece of) business; bargain** ● *(leg.) n. giuridico*, legal transaction.
négra *f.* **Negro-woman*; Negress; nigger** *(volg.)*.
negrétto *m.* **Negro boy; piccaninny.**
negrière, negrièro *m.* **1 slave-trader 2** *(fig.)* **slave-driver.**
négro A *a.* **Negro** (anche etnologico); **black; coloured**: *la razza negra*, the Negro race **B** *m.* **Negro*; coloured** (o **black**) **man*; nigger** *(spreg., volg.)*; **blackamoor** *(scherz., quasi lett.)* ● *mercante di negri*, slave-trader □ *tratta dei negri*, slave-trade.
negròide *a., m.* e *f.* **Negroid.**
negromante *m.* e *f.* **necromancer.**
negromanzìa *f.* **necromancy.**
nègus *m.* **Negus.**
nèh *inter. (dial.)* **isn't that so?** ● *Gli hai scritto, neh?*, you have written to him, haven't you? □ *È bravo, neh?*, he's clever, isn't he?
némbo *m.* **1 nimbus*; rain-cloud 2** *(fig.)* **cloud.**
nèmeṣi *f.* **nemesis*.**
nemico A *a.* **1** (ostile) **hostile** (to); (avverso) **adverse, opposed** (to) **2** (dannoso) **harmful; noxious 3** (del nemico) **enemy** *(attr.)* ● *farsi n. q.*, to make an enemy of sb. □ *La sorte gli fu nemica*, luck was against him **B** *m.* **enemy; foe** *(lett.)*; (avversario) **adversary.**
nemméno *V.* **neanche.**
nènia *f.* **1** (canto funebre) **dirge 2** (canto monotono) **sing-song.**
nèo *m.* **1 mole;** (posticcio) **beauty-spot, patch 2** (piccola imperfezione) **flaw.**
neo- *(in parole composte)* **neo-.**
neoclassiciṣmo *m.* **neo-classicism.**
neoclàssico *a.* **neo-classic(al).**
neodìmio *m. (chim.)* **neodymium.**
neofasciṣmo *m. (polit.)* **neo-Fascism.**
neofascista *a., m.* e *f. (polit.)* **neo-Fascist.**
neòfita, neòfito *m.* **neophyte.**
neolatino *a.* **neo-Latin; Romance.**
neolìtico *a.* e *m. (geol.)* **Neolithic.**
neològico *a.* **neologic(al).**
neologiṣmo *m.* **neologism.**
nèon *m. (chim.)* **neon**: *un'insegna al n.*, a neon sign.
neonato A *a.* **new-born** *(attr.)* **B** *m.* **new-born child*; baby.**
neoplaṣma *m. (med.)* **neoplasm.**
neoplatònico *(filos.)* **A** *a.* **Neoplatonic B** *m.* **Neoplatonist.**
neoplatoniṣmo *m. (filos.)* **Neoplatonism.**
neorealiṣmo *m. (letter., arte, cinem.)* **neorealism.**
neorealista *m.* e *f. (letter., arte, cinem.)* **neorealist.**
neorealistico *a. (letter., arte, cinem.)* **neorealistic.**
neoẓelandése A *a.* **New Zealand** *(attr.)* **B** *m.* e *f.* **New Zealander.**
neoẓòico *a. (geol.)* **Neozoic.**
nepalése *a., m.* e *f.* **Nepalese*.**
nepitèlla *f. (bot.,* Satureia calamintha*)* **calamint.**
nepotiṣmo *m.* **nepotism.**
nepotista *m.* **nepotist.**
neppure *V.* **neanche.**
nequìzia *f. (lett.)* **wickedness; iniquity.**
nerastro *a.* **blackish.**
nerbata *f.* **stroke of the whip.**
nèrbo *m.* **1 scourge 2** *(fig.)* **strength; backbone.**
nerboruto *a.* **muscular; sinewy;** (gagliardo) **sturdy.**
nereggiare *v. i.* to **appear black** (o **blackish**).
nerèide *f. (mitol.)* **Nereid.**
nerétto *m. (tipogr.)* **boldface.**
nericcio *a.* **blackish;** (di un abito vecchio, ecc.) **rusty black.**
néro A *a.* **black** (anche *fig.*); (scuro) **dark**: *capelli (occhi) neri*, dark hair (eyes) □ *un occhio n.* (pesto), a black eye □ *magia nera*, black magic □ *mercato n.*, black market □ (anche *fig.*) *una pecora nera*, a black sheep ●

essere n. in volto, to look as black as thunder □ *(fig.) bestia nera,* « bête noire » *(franc.)*; bugbear □ *(stor.) camicia nera,* Blackshirt □ *cronaca nera,* crime page □ *essere di umore n.*, to be in a bad mood □ *giornata nera,* gloomy (o sombre) day □ *miseria nera,* extreme (o dire) poverty □ *pozzo n.*, cesspool □ *(fig.) vedere tutto n.*, to look on the dark (o gloomy) side of things ***B*** *m.* **black**: *vestirsi di n.*, to dress in black ● *chiamare n. il n. e bianco il bianco,* to call a spade a spade.

nerofumo *m.* **lamp-black; gas-black.**

nerógnolo *a.* **blackish.**

nervatura *f.* ***1*** *(anat.)* **nervous system; nerves** *(pl.)* ***2*** *(archit., mecc.)* **rib(s); ribbing** ***3*** *(bot.)* **nervation;** *(bot., zool.)* **nervure** ***4*** *(legatoria)* **(raised) band.**

nervino *a.* **nerve** *(attr.)*; **nervine.**

nèrvo *m.* ***1*** *(anat.)* **nerve**: *il n. ottico,* the optic nerve □ *dare ai nervi a q.*, to get on sb.'s nerves ***2*** *(bot.)* **vein; rib** ● *avere i nervi,* to be in a bad temper □ *avere i nervi scoperti,* to be on edge *(fam.)*; to be nervy *(fam.)*.

nervosismo *m.* **nervousness.**

nervóso *a.* ***1*** *(anat., med.)* **nervous; nerve** *(attr.)*: *il sistema n.*, the nervous system □ *un esaurimento n.*, a nervous breakdown ***2*** (irritabile) **excitable; irritable; temperamental; nervous** ● *far venire il n. a q.*, to get on sb.'s nerves.

nèsci *m.* — *fare il n.*, to pretend not to know (o not to understand).

nèspola *f.* ***1*** *(bot.)* **medlar** ***2*** *(fig., fam.:* colpo, percossa*)* **blow; cuff** ● *(bot.) n. del Giappone,* loquat □ *(fig., fam.) dare le nespole a q.*, to give sb. a good hiding □ *Nespole!*, good heavens!

nèspolo *m. (bot.)* ***1*** (Mespilus germanica) **medlar(--tree)** ***2*** — *n. del Giappone* (Eriobotrya japonica), loquat.

nèsso *m.* **connexion, connection; link; nexus; bond.**

nessuno ***A*** *a. indef.* ***1*** **no; not...any**: *di n. valore,* of no value ***2*** (qualche) **any** ● *nessuna cosa,* nothing □ *in n. posto (o da nessuna parte),* nowhere; not...anywhere ***B*** *pron. indef.* ***1*** *(rif. a persona)* **nobody, no one** *(insostituibili come soggetto di una frase, eccetto con* **there is, there was***)*; **not** *(o altra neg.)*... **anybody; not** *(o altra neg.)*... **anyone**: *N. mi dice mai niente,* nobody ever tells me anything □ *Non dirlo a n.*, don't tell anybody □ *Non parlo mai con n.*, I never speak to anybody ***2*** *(rif. a cosa; o anche a persona, ma accompagnato da un partitivo)* **none; not...any**: *N. di loro sopravvisse,* none (o not one) of them survived ***3*** (qualcuno, alcuno) **anyone; anybody;** *(accompagnato da un partitivo)* **any**: *C'è n.?*, is anyone there? □ *Non ho visto n. dei tuoi amici,* I didn't see any of your friends ● *n. n.*, no one at all □ *n. altro,* nobody else; not anybody...else □ *(fig.) non guardare in faccia a n.*, to be no respecter of persons □ *(mil.) terra di n.*, no man's land □ *E io, non sono n.?*, what about me, don't I count for anything?

nettaménte *avv.* **clearly;** (decisamente) **decidedly.**

nettapénne *m.* **pen-wiper.**

(1) nèttare *m.* **nectar.**

(2) nettare *v. t.* to **clean.**

nettàrio *m. (bot.)* **nectary.**

nettatóia *f.* (arnese del muratore) **mortar-board.**

nettézza *f.* ***1*** **cleanness; cleanliness** ***2*** (ordine) **neatness** ● *n. urbana,* removal of house refuse and cleaning of streets; street cleaning (service).

nétto ***A*** *a.* ***1*** **clean** *(anche fig.)*: *un taglio n.*, a clean cut ***2*** (chiaro) **clear; clear-cut; clean-cut; sharp** ***3*** (reciso, secco) **flat; downright**: *un n. rifiuto,* a flat refusal ***4*** *(comm.)* **net**: *prezzo (peso, guadagno) n.*, net price (weight, profit) ***B*** *avv.* **plainly.**

nettùnio *m. (chim.)* **neptunium.**

Nettùno *m. (mitol., astron.)* **Neptune.**

netturbino *m.* **dustman*; refuse collector;** (spazzino) **street-sweeper.**

neurina *f. (biol., chim.)* **neurine.**

nèuro *f. invar.* (clinica neurologica) **clinic for nervous diseases.**

nèuro- *(in parole composte)* **neuro-.**

neurochirurgìa *f.* **neurosurgery.**

neurochirurgo *m.* **neurosurgeon.**

neurologìa *f. (med.)* **neurology.**

neurològico *a. (med.)* **neurological.**

neuròlogo *m. (med.)* **neurologist.**

neuropatìa *f. (med.)* **neuropathy.**

neuropàtico *(med.)* ***A*** *a.* **neuropathic** ***B*** *m.* **neuropath.**

neuropatologìa *f. (med.)* **neuropathology.**

neuropatòlogo *m. (med.)* **neuropathologist.**

neurovegetativo *a. (anat.)* **neurovegetative.**

neutrale *a.* e *m.* **neutral.**

neutralismo *m. (polit.)* **neutralism.**

neutralista *m.* e *f. (polit.)* **neutralist.**

neutralità *f.* **neutrality.**

neutralizzare *v. t. (in ogni senso)* to **neutralize.**

neutralizzazióne *f.* **neutralization.**

neutrino *m. (fis.)* **neutrino*.**

nèutro ***A*** *a.* ***1*** **neutral**: *un colore n.*, a neutral tint □ *(chim.) una sostanza neutra,* a neutral substance ***2*** *(gramm.)* **neuter**: *il genere n.*, the neuter gender ***B*** *m. (gramm.)* **neuter.**

neutróne *m. (fis.)* **neutron.**

nevàio *m.* **snow-field.**

nevato ***A*** *a.* ***1*** **snow-clad; snow-covered; snowy** ***2*** *(fig.:* del colore della neve*)* **snow-white; snowy** ***B*** *m.* **firn; névé** *(franc.)*.

néve *f.* **snow**: *bianco come la n.*, as white as snow (o snow-white) ● *n. bagnata e sporca,* slush □ *bloccato (o isolato) dalla n.*, snow-bound □ *(telev.) effetto n.*, snow □ *fiocco di n.*, snow-flake □ *palla di n.*, snowball □ *pupazzo di n.*, snowman.

nevicare *v. i. impers.* to **snow.**

nevicata *f.* **snowfall.**

nevischiare *v. i. impers.* to **sleet.**

nevìschio *m.* **sleet.**

nevóso *a.* **snowy;** (coperto di neve) **snow-covered.**

nevralgìa *f. (med.)* **neuralgia.**

nevràlgico *a. (med.)* **neuralgic** ● *(fig.) punto n.*, crucial point; nerve-centre.

nevrastenìa *f. (med.)* **neurasthenia.**

nevrastènico *a.* e *m. (med.)* **neurasthenic.**

nevrite *f. (med.)* **neuritis.**

nevròsi *f. (med.)* **neurosis*.**

nevròtico *a.* e *m. (med.)* **neurotic.**

nevvéro *inter. (fam.)* **isn't that so?** ● *Sei stanco, n.?*, you're tired, aren't you? □ *È un ragazzo molto alto, n.?*, he's a very tall boy, isn't he?

nìbbio *m. (zool.,* Milvus milvus*)* **kite.**

nìcchia *f.* ***1*** *(archit.)* **niche** *(anche fig.)* ***2*** *(pop.:* conchiglia*)* **shell.**

nicchiare *v. i.* to **hedge;** to **shilly-shally.**

nìchel *m. (chim.)* **nickel.**

nichelare *v. t.* to **nickel;** to **nickel-plate.**

nichelatura *f.* **nickel-plating; nickelling.**

nichelcròmo *m. (metall.)* **nickel-chromium (alloy).**

nichelino *m.* **small coin; nickel** *(USA)*.

nichèlio *m. (chim.)* **nickel.**

nichilismo *m. (filos., polit.)* **nihilism.**

nichilista *m.* e *f. (filos., polit.)* **nihilist.**

nicotina *f. (chim.)* **nicotine.**

nidiata *f.* ***1*** (di ovipari) **brood** *(anche fig.)* ***2*** (di altri animali) **litter.**

nidificare *v. i.* to **nest;** to **nidificate.**

nidificazióne *f.* **nest-building; nidification.**

nido *m.* ***1*** **nest;** (covo) **lair, den** ***2*** *(fig.)* **home; nest**: *farsi il proprio n.*, to make one's home ***2*** (giardino d'infanzia) **crèche; day nursery** ● *(ricamo) n. d'ape,* smocking.

niellare *v. t.* to **niello;** to **decorate with niello.**

nièllo *m.* **niello*.**

niènte ***A*** *pron. indef.* ***1*** **nothing** *(insostituibile come sogg., eccetto con* **there is, there was***)*; **not** *(o altra neg.)* **...anything**: *Qui non succede mai n. di nuovo,* nothing new ever happens here □ *non sapere n.*, to know nothing (o not to know anything) ***2*** (qualcosa) **anything**: *Domandagli se sa n.*, ask him if he knows anything about it ***3*** — *(enfatico) nient'affatto (o per n.)*, not at all; not in the least ***4*** — *per niente (*nel senso di *« gratis »)*, free *(agg.)*; gratis; for nothing ***5*** — *non fa n.* (nel senso di *« non importa »*), it doesn't matter ● *n. altro,* nothing else; not anything...else □ *n. altro che,* nothing but □ *una cosa da n.*, a matter of no importance

□ *non sapere n. di n.*, to know nothing at all **B** *m.* **1** **nothing**: *finire in n.*, to come to nothing **2** *(filos.)* **nothingness** **3** (q.c. di quasi impercettibile) **slightest thing**: *Si offende per un n., lui*, the slightest thing offends him ● *ridursi al n.*, to lose everything □ *(fig.) essere venuto dal n.*, to be a self-made man **C** *a.* **no; not** *(o altra neg.)* **...any** ● *(fam.) N. male!*, not bad at all! □ *N. paura!*, don't be afraid! **D** *avv.* **1** **nothing; not** *(o altra neg.)* **... anything** **2** *(rafforzativo di « non »)* **at all; in the least.**

nientediméno, nienteméno, *(scherz.)* **niente-popodiméno** *avv.* **1** *(rif. a persona)* **no less**; *(rif. a cosa)* **nothing less** **2** *(inter.:* addirittura*)* **I say!; you don't say so!**

nigeriano *a. e m.* **Nigerian.**

nimbo *m. (lett.)* **nimbus***; (aureola) **halo*.**

ninfa *f. (mitol., zool.)* **nymph.**

ninfèa *f. (bot.,* Nymphaea*)* **water-lily.**

ninfétta *f.* **nymphet.**

ninfòmane *f. (psic.)* **nymphomaniac; nympho*** *(fam.).*

ninfomania *f. (psic.)* **nymphomania.**

ninnananna *f.* **lullaby; cradle-song.**

ninnare *v. t.* **to sing*** (o **to lull, to rock**) **to sleep.**

ninnolare **A** *v. t.* **to amuse** **B** **ninnolarsi** *v. rifl.* **to trifle one's time away.**

nìnnolo *m.* **1** (balocco) **plaything; toy** **2** (gingillo) **knick-knack; bauble; gewgaw.**

niòbio *m. (chim.)* **niobium.**

nipóte **A** *m.* (di zii) **nephew**; (di nonni) **grandchild*, grandson** **B** *f.* (di zii) **niece**; (di nonni) **grandchild*, grand-daughter.**

nippònico *a. e m.* **Japanese*.**

nirvana *m. (relig.)* **nirvana** *(anche fig.).*

nitidézza *f.* **neatness; clearness.**

nìtido *a.* **1** **neat; clean; spick and span** **2** (di un'immagine, anche *fotogr.*) **clear; sharp.**

nitóre *m.* **brightness; shininess** *(fam.).*

nitrato *m. (chim.)* **nitrate.**

nìtrico *a. (chim.)* **nitric**: *acido n.*, nitric acid.

nitrire *v. i.* **to neigh.**

(1) nitrito *m.* (del cavallo) **neigh**; (il nitrire) **neighing.**

(2) nitrito *m. (chim.)* **nitrite.**

nitro *m. (chim.)* **nitre; saltpetre.**

nitrocellulósa *f. (chim.)* **cellulose nitrate; nitrocellulose.**

nitroglicerina *f. (chim.)* **nitroglycerin(e).**

nitróso *a. (chim.)* **nitrous**: *acido n.*, nitrous acid.

nìveo *a.* **snow-white; snowy.**

nizzardo **A** *a.* **Nice** *(attr.)* **B** *m.* **native** (o **inhabitant**) **of Nice.**

no **A** *avv.* **1** **no**: *No, non te lo dirò*, no, I won't tell you □ *No, grazie*, no, thank you □ *« Sei stanco? » « No »*, « are you tired? » « no, I'm not » □ *« Gli hai scritto? » « No »*, « have you written to him? » « no, I haven't » **2** **not**: *« Perché non vieni? » « Perché no »*, « why aren't you coming? » « because I'm not » □ *C'è chi voterà per lui e chi no*, some will vote for him and some will not **3** *(con un avv. o cong.; o con valore ellittico)* **not**: *no davvero* (o *no di certo*), certainly not □ *veramente no*, not really □ *ora no*, not now □ *Perché no?*, why not? **4** — *sì e no* (nel senso di « *neanche* »), barely; not more than; a mere: *sì e no dieci persone*, barely (o not more than, a mere) ten people **5** — *uno sì e uno no*, every other, every second (person, thing, etc.) ● *dire di no*, to say no; to refuse; to deny; to reply in the negative □ *più sì che no*, yes rather than no □ *stare per il no*, to be against (st.) □ *È difficile, non dico di no*, it's difficult, I must admit □ *Preferisco di no*, I'd rather not **B** *m.* **no***; (rifiuto) **refusal**; (diniego) **denial**: *I no superano i sì*, the noes have it □ *La risposta fu un bel no* (o *un no chiaro e tondo*), the answer was a flat refusal.

nobèlio *m. (chim.)* **nobelium.**

nobildònna *f.* **noblewoman*.**

nòbile **A** *a.* **1** **noble**: *sentimenti nobili*, noble feelings □ *(chim.) un metallo n.*, a noble metal □ *di cuore n.*, noble-hearted **2** (per rango, più comune) **of noble birth; high-born; titled** **B** *m. e f.* **noble.**

nobiliare *a.* **nobiliary; of the nobility.**

nobilitare **A** *v. t.* **1** **to raise** (sb.) **to the nobility** **2** *(fig.)* **to ennoble** **B** **nobilitarsi** *v. rifl.* **to be ennobled.**

nobiltà *f.* **1** **nobility** **2** (il ceto dei nobili, anche) **aristocracy.**

nobilùccio *m. (spreg.)* **lordling.**

nobiluòmo *m.* **nobleman*.**

nòcca *f.* **knuckle.**

nocchière, nocchièro *m.* **1** *(naut.)* **coxswain; quartermaster** **2** *(poet.)* **pilot.**

nocchieruto *a.* **nodose; nodous; knotty.**

nòcchio *m.* **node; knot.**

nocciòla **A** *a.* **light brown; hazel(-brown)** **B** *f. (bot.)* **hazel(-nut); filbert.**

nocciolaia *f. (zool.,* Nucifraga caryocatactes*)* **nutcracker.**

nocciolato *m.* **chocolate with nuts.**

nocciolina *f.* — *(bot.) n. americana* (Arachis hypogaea), **peanut.**

(1) nòcciolo *m.* **1** **stone**: *un n. di ciliegia*, a cherry-stone **2** *(fig.)* **core** ● *il n. della questione*, the heart of the matter □ *Veniamo al n.!*, let's come to the point!

(2) nocciòlo *m. (bot.,* Corylus avellana*)* **hazel; nut-tree.**

nóce **A** *m.* **1** *(bot.,* Juglans regia*)* **walnut-tree** **2** (legno) **walnut** **B** *f.* **walnut; nut**: *sgusciare (schiacciare) noci*, to shell (to crack) nuts ● *(cucina) una n. di burro*, a knob of butter □ *(bot.) n. di cocco*, coconut □ *n. moscata*, nutmeg.

nocepèsca *f. (bot.)* **nectarine.**

nocepèsco *m. (bot.,* Prunus persica nectarina*)* **nectarine.**

nocéto *m.* **walnut grove; walnut orchard.**

nocività *f.* **harmfulness; noxiousness.**

nocivo *a.* **harmful; injurious; noxious** ● *insetti nocivi*, pests.

nodale *a.* **1** **nodal** **2** *(astron.)* **nodical.**

nòdo *m.* **1** (anche *fig.*, e *naut.*) **knot**: *fare un n.*, to make a knot □ *un n. scorsoio*, a slip (o running) knot **2** (a cappio) **noose** **3** *(bot., astron., geom., fis.)* **node** **4** *(fig.:* vincolo*)* **tie; bond** *(talora al pl.)*: *l'amoroso n.*, the bonds of love **5** *(fig.:* punto cruciale*)* **crux**: *il n. della faccenda*, the crux of the matter **6** *(fig.:* intreccio*)* **plot** ● *n. ferroviario*, railway junction □ *n. stradale*, road junction □ *avere un n. alla gola*, to have a lump in one's throat □ *farsi il n. alla cravatta*, to tie (o to knot) one's tie.

nodosità *f.* **1** **knottiness** **2** (nodo) **node** *(anche med.)*; **nodosity.**

nodóso *a.* **knotty; nodose; gnarly; gnarled.**

nodulare *a. (geol., anat.)* **nodular.**

nòdulo *m. (geol., anat.)* **nodule.**

nói *pron. pers. m. e f. 1ª pers. pl.* **1** *(sogg.)* **we** **2** *(compl. ogg. e indir.)* **us** ● *da noi*, (a casa nostra) to us, to our house (moto a luogo): with us, at our house (stato in luogo); (nel nostro paese), in our country.

nòia *f.* **1** **boredom; tediousness; tedium** **2** (fastidio) **bother; annoyance** ● *avere a n.*, not to like □ *dar n. a q.*, to tease sb.; to bother sb. □ *morire di n.*, to be bored to death □ *prendere a n. q. (q.c.)*, to take a dislike to sb. (to st.) □ *Che n.!*, what a nuisance!; how boring! □ *Mi è venuta a n. tutta la faccenda*, I'm tired of the whole thing.

noialtri *m. pl.* **noialtre** *f. pl.* **1** *(sogg.)* **we** **2** *(compl. ogg. e indir.)* **us.**

noiosità *f.* **boringness.**

noióso **A** *a.* **boring; tedious; troublesome; tiresome** **B** *m.* **bore.**

noleggiare *v. t.* **to hire**; *(naut., aeron.)* **to charter.**

noleggiatóre *m.* **hirer**; *(naut., aeron.)* **charterer.**

noléggio *m.* **1** **hire**; *(naut., aeron.)* **charter** **2** (prezzo) **hire**; *(naut.)* **freightage** ● *n. (di) automobili*, car-hire.

nolènte *a. (lett.)* **unwilling** ● *volente o n.*, willy-nilly.

nòlo *m.* **1** **hire**; *(naut., aeron.)* **charter**; (per trasporto merci) **freight** ● *dare a n.*, to hire out □ *prendere a n.*, to hire.

nòmade **A** *a.* **nomadic; nomad** **B** *m. e f.* **nomad.**

nomadişmo *m.* **nomadism.**

nóme *m.* **1 name**: *portare il nome del proprio nonno,* to have one's grandfather's name; to be named after one's grandfather □ *i più bei nomi di Francia,* the greatest names in France □ *n. di battesimo,* Christian name □ *n. di famiglia,* family name (o surname) □ *n. commerciale,* trade name □ *un tale di n. Leo,* a man by the name of Leo □ *in n. della legge,* in the name of the law □ *n. d'arte,* stage-name **2** *(gramm.)* **noun 3** (soprannome) **nickname** ● *n. di battaglia,* « nom de guerre »; pseudonym □ *conoscere q. di n.,* to know sb. by name □ *farsi un n.,* to make a name for oneself □ *(leg.) in n. di,* on behalf of □ *mettere in lista il proprio n.,* to put one's name down (for st.) □ *In n. di Dio!,* for God's sake! □ *La pietà era per lui solo un n.,* pity was an empty word to him.

noméa *f.* **notoriety; reputation.**

nomenclatóre *m.* **nomenclator.**

nomenclatura *f.* **nomenclature.**

nomìgnolo *m.* **nickname.**

nòmina *f.* **appointment.**

nominàbile *a.* **mentionable** ● *non n.,* unmentionable.

nominale *a.* **1 nominal**: *il valore n. delle azioni,* the nominal (o face) value of the shares **2** *(gramm.)* **noun** *(attr.)*: *un suffisso n.,* a noun suffix ● *(leg.) appello n.,* roll-call.

nominare *v. t.* **1** to **name**; to **call 2** (menzionare) to **mention 3** (eleggere) to **designate** (as); to **appoint**; to **nominate.**

nominatività *f. (comm.)* **registration**: *n. dei titoli,* registration of securities.

nominativo A *a.* **1** *(gramm.)* **nominative**: *il caso n.,* the nominative case **2** *(comm.)* **registered**: *titoli nominativi,* registered securities (o stock) **B** *m.* **1** *(gramm.)* **nominative 2** (nome) **name.**

nón *avv.* **1 not**: *non Marco, ma Mario,* not Marco, but Mario □ *non quello,* not that one □ *non bella, ma gentile,* not good-looking, but kind □ *non qui,* not here □ *Non l'ho letto,* I have not (o haven't) read it □ *Non posso andare,* I cannot (o can't) go □ *Non glielo dirò,* I shall not (o shan't) tell him □ *Non glielo dirai, vero?,* you won't (o will not) tell him, will you? □ *Non è vero?,* isn't that so? □ *Per piacere, non far rumore,* please don't make a noise □ *Non abbiamo libri,* we haven't (got) any books; we have no books **2** *(davanti a un sost. o a un agg., quando è quasi un pref.)* **non**: *non conformista,* non-conformist □ *non intervento,* non-intervention **3** *(nelle frasi in cui è espressa un'altra neg. viene omesso)*: *Non l'ha visto nessuno,* nobody saw him ● *un certo non so che,* an inexpressible something; a « je ne sais quoi » □ *piaccia o non piaccia,* whether you like it or not □ *Se non fosse per lei...,* but for her... □ *Non c'è di che,* don't mention it (o you're welcome, specialm. *USA*).

nonagenària *f.* **nonagenarian.**

nonagenàrio *a.* e *m.* **nonagenarian.**

nonché *cong.* **1** (tanto meno) **let alone**: *Non vorrei parlarne, n. scriverne,* I wouldn't (even) talk about it, let alone write about it **2** (e inoltre) **as well as**: *È lungo n. difficile,* it's long as well as difficult.

nonconformismo *m.* **nonconformism.**

nonconformista *a., m.* e *f.* **nonconformist.**

noncurante *a.* **nonchalant; careless; indifferent.**

noncuranza *f.* **nonchalance; carelessness; indifference.**

nondiméno *cong.* **nevertheless; however.**

nònna *f.* **grandmother; grandma** *(fam.).*

nonnina *f.* **granny.**

nònno *m.* **1 grandfather; grandpa, grand-dad** *(fam.)* **2** *(al pl.:* antenati*)* **forefathers.**

nonnulla *m.* **trifle; (a) mere nothing; (the) slightest thing.**

nòno *a. num. ord.* e *m.* **ninth.**

nonostante A *prep.* **in spite of; notwithstanding B n. (che)** *cong.,* **though, although.**

non plus ultra *(lat.) m.* **(the) last word** (in); **acme.**

nonsènso *m.* **(piece of) nonsense; absurdity.**

nontiscordardimé *m. (bot.,* Myosotis palustris*)* **forget-me-not.**

nòrd *m.* **north**: *un vento freddo che spira dal n.,* a cold wind from the north □ *n.-ovest,* north-west □ *n.-est,* north-east □ *il Mare del N.,* the North Sea □ *il Polo N.,* the North Pole ● *andare a (o verso) n.,* to go northwards □ *nebbie del n.,* northern mists.

nordafricano *a.* e *m.* **North African.**

nordamericano *a.* e *m.* **North American.**

nordeuropèo *a.* e *m.* **North European.**

nòrdico A *a.* **1 northern 2** (dell'Europa settentrionale) **Nordic B** *m.* **1 northerner 2** (dell'Europa settentrionale) **Nordic; Northman*.**

nordista *a., m.* e *f. (stor. USA)* **Federal.**

nòrma *f.* **1 rule; precept; norm; standard**: *di n.,* as a rule **2** (avvertenza) **instruction**: *norme per l'uso,* instructions for use ● *a n. di legge,* according to law □ *per tua n.,* for your information.

normale A *a.* **1 normal; usual 2** (che dà una regola) **standard** *(attr.)*: *il peso n.,* the standard weight **B** *f. (geom.)* **normal; perpendicular.**

normalità *f.* **normality.**

normalizzare *v. t.* **1** to **bring* back to normal**; to **normalize 2** (standardizzare) to **standardize.**

normalizzazióne *f.* **1 normalization 2** (standardizzazione) **standardization.**

normalménte *avv.* **usually; as a rule.**

normanno *a.* e *m.* **Norman.**

normativo *a.* **normative.**

normògrafo *m.* **stencil.**

norvegése *a., m.* e *f.* **Norwegian.**

nosocòmio *m.* **hospital.**

nossignóra *avv.* **no, Madam.**

nossignóre *avv.* **no, Sir.**

nostalgìa *f.* **homesickness; nostalgia** *(lett.).*

nostàlgico *a.* **nostalgic; homesick.**

nostrale, nostrano *a.* **home-grown; national; local.**

nòstro A *a. poss.* **1 our**; (n. proprio) **our own**: *n. padre,* our father □ *un n. amico,* one of our friends (o a friend of ours) □ *una casa (tutta) nostra,* a house of our own **2** *(come pred. nominale)* **ours**: *Questo libro non è n.,* this book isn't ours **B** *pron. poss.* **ours**: *Il tuo divano assomiglia al n.,* your sofa is like ours **C** *m.* **1 our own; what is ours 2** *(al pl.:* i nostri parenti) **our relatives, our family;** (i nostri amici) **our friends;** (i nostri fautori) **our side** *(sing.)*; (i nostri soldati) **our soldiers**: *È dei nostri* (dalla nostra parte), he is on our side.

nostròmo *m. (naut.)* **coxswain; boatswain.**

nòta *f.* **1 note** (anche *mus.*): *Prendi n. di questo!,* make a note of this □ *degno di n.,* worthy of note (o noteworthy) □ *una n. stonata, (mus.)* a wrong note; *(fig.)* a jarring note □ *(fig.) portare una n. allegra,* to bring a note of gaiety **2** (segno; appunto circa la condotta, ecc., anche) **mark**: *note caratteristiche,* distinguishing marks (o features) **3** (fattura, conto) **bill 4** (elenco) **list**: *la n. della spesa,* the shopping list ● *n. a piè di pagina,* footnote □ *(comm.) n. di pegno,* warrant □ *mettere in n.,* to put down (on the list) □ *(comm.) prendere n. di un'ordinazione,* to book an order □ *testo con note,* annotated text.

nòta bène *m. invar.* **nota bene** *(abbr.:* **N.B.**).

notàbile A *a.* **notable; remarkable B** *m.* **notable.**

notàio *m.* **notary (public).**

notare *v. t.* **1** to **note**; to **make* a note of** (st.); to **write* down 2** (registrare) to **record 3** (segnare) to **mark 4** (osservare) to **notice** ● *farsi n.,* to call attention to oneself; to make oneself conspicuous.

notariato *m.* **office of a notary (public).**

notarile *a.* **notarial** ● *studio n.,* notary's chambers.

notazióne *f.* **notation.**

nòtes *m.* **notebook.**

notévole *a.* **1 notable; remarkable 2** (considerevole) **considerable.**

notìfica *V.* **notificazióne.**

notificare *v. t.* **1** *(leg.)* to **notify**; to **give* notice of 2** (informare) to **inform** (sb. of st.) **3** *(comm.)* to **advise.**

notificazióne *f.* **1 notification 2** *(leg.)* **service; summons.**

notìzia *f.* **1 (piece of) news;** (giornalismo) **news-item**: *È una buona n.?,* is it good news? **2** *(al pl.)* **news** *(sing. collett.)*; **tidings** *(pl., lett.)*: *le ultime notizie,* (le più recenti) the latest news; (in senso assoluto) the last news □ *notizie recentissime,* stop-press news **3** (informazione) **(piece of) information; data** *(pl.)* • *n. lampo,* flash □ *notizie biografiche,* biographical notes □ *dare n. di q.c. a q.,* to inform sb. about st. □ *(fam.) pieno di notizie,* newsy.

notiziàrio *m.* **1** *(cinem.)* **news-reel 2** *(radio, telev.)* **news-bulletin; (the) news 3** (specialm. *comm.)* **news--letter.**

nòto A *a.* **well-known; known** • *essere pubblicamente n.,* to be of public knowledge □ *rendere n. q.c.,* to make st. known **B** *m.* **(the) known.**

notorietà *f.* **notoriety.**

notoriaménte *avv.* **notoriously**: *n. disonesto,* notoriously dishonest.

notorietà *f.* **notoriety;** (fama) **renown.**

notòrio *a.* **well-known;** (specialm. in senso sfavorevole) **notorious.**

nottambulismo *m.* **night-wandering.**

nottàmbulo *m.* **night-wanderer; night-bird** *(fam.).*

nottata *f.* **night** • *fare n.,* to sit up all night.

nòtte *f.* **night**: *dare la buona n.,* to say good night □ *ieri n.,* last night □ *questa n.,* (futura) tonight; (passata) last night □ *di n.,* at (o by) night; (anche) at night-time □ *(fig.) una n. bianca,* a sleepless night □ *nel cuore della n.,* at dead of night □ *Il malato non passerà la n.,* the patient won't last the night (o won't see this night out) • *col favore della n.,* under the cover of darkness □ *passare la n.* (in un luogo), to stay overnight □ *sul far della n.,* at nightfall □ *Peggio che andar di n.!,* worse than ever! □ *Ci corre come dal giorno alla n.,* they are as different as chalk and cheese.

nottetèmpo *avv.* **by night; at night; at night--time.**

nòttola *f.* **1** *(zool.,* Nyctalus noctula*)* **noctule 2** (saliscendi) **latch.**

nottolino *m.* **1 door-latch 2** *(mecc.)* **pallet** • *(mecc.) n. d'arresto,* pawl.

notturno A *a.* **nocturnal; night** *(attr.)*: *un guardiano n.,* a night-watchman **B** *m.* **1** *(relig.)* **nocturn 2** *(mus., arte)* **nocturne.**

nòtula *f.* **bill.**

noùmeno *m.* *(filos.)* **noumenon*.**

nouvelle vague *(franc.) f.* *(cinem.)* **new wave.**

novanta *a. num. card.* e *m.* **ninety** • *gli anni n.,* the nineties.

novantènne A *a.* **ninety-year-old** *(attr.)*; **ninety years old** *(pred.)* **B** *m.* **ninety-year-old man* C** *f.* **ninety-year-old woman*.**

novantènnio *m.* **(period of) ninety years.**

novantèsimo *a. num. ord.* e *m.* **ninetieth.**

novantina *f.* **about ninety**: *una n. di libri,* about ninety books.

novatóre *m.* *(lett.)* **innovator.**

nòve *a. num. card.* e *m.* **nine** • *(mat.) fare la prova del n.,* to cast out nines.

novecentésco *a.* **twentieth-century** *(attr.).*

novecènto *a. num. card.* e *m.* **nine hundred** • *il N.,* the twentieth century.

novèlla *f.* **1 tale; story;** (come genere letter.) **short story 2** *V.* **notìzia** • *(relig.) la Buona N.,* the Gospel.

novellare *v. i.* to **tell* tales (o stories).**

novellatóre *m.* **story-teller; spinner of tales.**

novellière *m.* **1 short-story writer 2** (raccolta di novelle) **collection of short stories.**

novellino A *a.* **1** (primaticcio) **new; early 2** (inesperto) **raw; young and inexperienced B** *m.* **raw (o inexperienced) person; greenhorn** *(fam.).*

novellista *m.* e *f.* **short-story writer.**

novellìstica *f.* **short-story writing; short stories** *(pl.).*

novèllo *a.* **1 new; newly** *(con un agg.* o *part. pass.)*: *la sposa novella,* the newly-wed bride □ *patate novelle,* new potatoes **2** (secondo) **second**: *un n. Attila,* a second Attila **3** (primaticcio, anche) **early.**

novèmbre *m.* **November.**

novembrino *a.* **November** *(attr.).*

novemila *a. num. card.* e *m.* **nine thousand.**

novèna *f.* *(relig.)* **novena*.**

novenàrio *(poesia)* **A** *a.* **of nine syllables B** *m.* **nine-syllable line.**

novennale *a.* **nine-year** *(attr.)*; **recurring every ninth year.**

novènne A *a.* **nine-year-old** *(attr.)*; **nine years old** *(pred.)* **B** *m.* **nine-year-old boy C** *f.* **nine-year-old girl.**

novènnio *m.* **nine-year period; nine years** *(pl.).*

noverare *v. t.* to **count;** to **enumerate.**

nòvero *m.* *(lett.)* **number.**

novilùnio *m.* **new moon.**

novìssimo *a. superl.* **brand-new.**

novità *f.* **1** *(generalm.)* **novelty;** (l'essere nuovo) **newness 2** (innovazione) **innovation;** (mutamento) **change 3** *(concreto)* **new thing; something new 4** (notizia) **news**: *Che n. ci sono?,* what's the news? • *le n. della moda,* the latest fashions □ *le n. letterarie (teatrali),* the new books (plays).

novìzia *f.* *(relig.)* **novice.**

noviziato *m.* **1** *(relig.)* **novitiate 2** (tirocinio) **apprenticeship.**

novìzio *m.* **1** *(relig.)* **novice 2** (chi fa un tirocinio) **apprentice.**

novocaina *f.* *(farm.)* **novocain(e).**

nozióne *f.* **1** *(specialm. al pl.)* **information; knowledge 2** *(filos.)* **notion; idea** • *le prime nozioni di una disciplina,* the rudiments of a subject.

nozionismo *m.* **superficial factual knowledge.**

nòzze *f. pl.* **wedding** *(sing.)*; **marriage** *(sing.)*; **nuptials** *(lett.)*: *n. d'oro (d'argento),* golden (silver) wedding • *andare a n.* (sposarsi), to get married □ *essere come andare a n.,* to be just a piece of cake *(pop.)* □ *passare a seconde n.,* to get married for the second time □ *viaggio di n.,* honeymoon.

nuance *(franc.) f.* **nuance.**

nube *f.* **cloud**: *nubi passeggere,* passing clouds (anche *fig.).*

nubifràgio *m.* **cloud-burst; storm.**

nùbile A *a.* **unmarried; single B** *f.* **unmarried woman*;** *(leg.)* **spinster.**

nuca *f.* *(anat.)* **nape (of the neck).**

nucleare *a.* *(fis.)* **nuclear**: *energia n.,* nuclear energy.

nùcleo *m.* **1 nucleus*; core 2** (gruppo) **group; squad** • *n. familiare,* family unit.

nucleóne *m.* *(fis. nucl.)* **nucleon.**

nucleònica *f.* *(fis. nucl.)* **nucleonics** *(pl. col verbo al sing.).*

nudismo *m.* **nudism.**

nudista *a., m.* e *f.* **nudist.**

nudità *f.* **nakedness; nudity.**

nudo A *a.* **1** (spoglio) **bare**: *spalle nude,* bare shoulders □ (anche *fig.) mettere a n.,* to lay bare **2** (svestito) **naked**: *mezzo n.,* half-naked **3** *(fig.)* **plain; simple; bare**: *la verità nuda e cruda,* the plain unvarnished truth • *n. come Dio l'ha fatto,* as naked as when he was born; in his birthday suit □ *andare a piedi nudi,* to go barefoot □ *un ragazzo con i piedi nudi,* a bare-footed boy **B** *m.* (specialm. *arte)* **nude.**

nùgolo *m.* **swarm; cloud.**

nulla A *pron. indef. invar.* **nothing; not** *(o altra neg.)...* **anything**: *n. di più facile,* nothing easier □ *non accorgersi di n.,* not to notice anything **B** *m. invar.* **1 nothing**: *finire in n.,* to come to nothing **2** *(filos.)* **nothingness** • *n. di n.,* nothing at all; absolutely nothing □ *non mancare di n.,* to be well-off □ *venire dal n.,* to be a self-made man □ *Non ci vedo n. di male,* I see no harm in it **C** *avv.* **(not) at all**: *Non gli importa n.!,* he doesn't care at all!; he couldn't care less!

nullaòsta *m.* **permit.**

nullatenènte A *a.* **with no property B** *m.* e *f.* **person with no property** • *i nullatenenti,* the have-nots *(fam.).*

nullatenènza *f.* **lack of property.**

nullità *f.* **1 nonentity; insignificance; nothingness 2** *(leg.)* **nullity; voidness.**

nullo *a.* *(leg.)* **null (and void); void** • *(sport) incontro n.,* draw □ *scheda nulla,* spoiled vote.

nume *m.* *(lett.)* **god; divinity.**

numeràbile *a.* **countable** • *(gramm. ingl.) nomi non*

numerabili, uncountables; mass nouns □ *(gramm. ingl.) nomi numerabili*, countables; count nouns.
numerale *a.* e *m.* **numeral.**
numerare *v. t.* ***1*** to **number** ***2*** (contare) to **count.**
numeràrio *m. (fin.)* **specie; ready cash.**
numeratóre *m.* ***1*** *(mat.)* **numerator** ***2*** (apparecchio) **numbering machine.**
numerazióne *f.* ***1*** **(system of) numbering; numbers** *(pl.)* ***2*** *(mat.)* **numeration; notation.**
numèrico *a.* **numerical.**
nùmero *m.* ***1*** *(mat.)* **number; figure; digit**: *un n. pari (dispari)*, an even (uneven) number □ *un n. decimale*, a decimal figure (o number) ***2*** (negli altri casi, quasi sempre) **number**: *n. telefonico*, telephone number □ *(fis.) n. di massa*, mass number □ *n. di serie*, serial number □ *n. unico* (di una rivista, ecc.), single number (o issue) □ *formare un n.* (a un telefono automatico), to dial a number □ *(gramm.) genere, n. e caso*, gender, number and case ***3*** (misura, taglia) **size** ***4*** (gruppo; quantità di persone o cose) **number**: *profughi senza n.*, refugees without number; (anche) innumerable (o countless) refugees ***5*** (romano, arabo, ecc.) **numeral**: *numeri romani*, Roman numerals ***6*** (davanti a una cifra si abbrevia più spesso che in ital.) **no., No.**: *pagina n. 16*, page No. 16 ***7*** (di varietà) **turn; number; variety (**o **music hall) act** *(in G.B.)*; **vaudeville act** *(USA)* ● *n. legale*, quorum □ *(fig.) avere dei numeri*, to have much to recommend one □ *di n.*, in number: *dieci di n.*, ten in number □ *(fig.) essere nel n. dei più*, to have joined the great majority □ *(fig.) Gli manca qualche n.*, he is not quite all there □ *(fig., fam.) La zia Matilde è un n.*, aunt Matilda is a card.
numeróso *a.* **numerous; large; big.**
nùmida *a., m.* e *f.* **Numidian.**
numiṣmàtica *f.* **numismatics** *(pl. col verbo al sing.)*.
numiṣmàtico ***A*** *a.* **numismatic** ***B*** *m.* **numismatist.**
nunziatura *f. (relig.)* **nunciature.**
nùnzio *m. (relig.)* **nuncio*.**
nuòcere *v. i.* to **be bad** (for); to **do* harm** (to); to **harm**: *Non volevo nuocergli*, I didn't mean to do him any harm.
nuòra *f.* **daughter-in-law*.**
nuotare ***A*** *v. i.* ***1*** to **swim***: *n. sul dorso*, to swim on one's back ***2*** (galleggiare, anche) to **float** ***3*** *(fig.)* to **swim***; to **roll**; to **wallow**: *n. nell'abbondanza (o nell'oro)*, to be rolling in money ***B*** *v. t.* to **swim*.**
nuotata *f.* **swim.**
nuotatóre *m.* **nuotatrice** *f.* **swimmer.**
nuòto *m.* **swimming** ● *n. sul dorso*, back-stroke □ *cercare di salvarsi a n.*, to swim for it □ *traversare a n.*, to swim (across).
nuòva *f.* **news** *(sing. collett.)*.
nuovaménte *avv.* **again.**
nuòvo *a.* ***1*** **new**: *Mi giunge n.*, it is new to me □ *il N. Mondo*, the New World □ *sembrare n.*, to look as good as new □ *Felice anno n.!*, a happy New Year! ***2*** (altro, ulteriore) **other; further; new;** (diverso) **different**: *fino a n. ordine*, till further orders ***3*** (intatto) **fresh** ***4*** *(fig.:* novello, secondo) **second**: *un n. Cesare*, a second Caesar ● *i nuovi venuti*, the newcomers □ *essere n. di un luogo*, to be new to a place □ *n. di zecca*, brand-new □ *di bel n.*, once again □ *di n.*, again; (come formula di commiato) good-bye again □ *vestire di n.*, to wear new clothes □ *Che c'è di n.?*, what's the news?; (anche) what's happened now?
nùtria *f. (zool.,* Myocastor coypus*)* **coypu; nutria** (anche la pelliccia).
nutrice *f.* **(wet) nurse; foster-mother.**
nutriènte *a.* **nourishing.**
nutriménto *m.* **nourishment; nutriment; food.**
nutrire ***A*** *v. t.* ***1*** (alimentare) to **feed***; to **nourish** ***2*** (allattare) to **breast-feed***; to **nurse** ***3*** *(fig.)* to **nourish**; to **harbour**; to **foster** ● *n. molta stima per q.*, to hold sb. in great esteem ***B*** *v. i.* (essere nutriente) to **be nourishing** ***C*** **nutrirsi** *v. rifl.* to **feed*** (on).
nutritivo *a.* **nourishing; nutritious.**
nutrito *a.* ***1*** **fed; nourished**: *ben n.*, well-fed; well-nourished ***2*** *(fig.)* **substantial; solid** ● *nutriti applausi*, loud applause *(sing.)*.
nutrizióne *f.* **nutrition; nourishment.**
nutrizionista *m.* e *f.* **nutritionist.**
nùvola *f.* **cloud**: *una n. di fumo (di polvere)*, a cloud of smoke (of dust) □ *(fig.) con la testa tra le nuvole*, with one's head in the clouds.
nuvolàglia *f.* **mass of clouds.**
nùvolo ***A*** *a.* **cloudy** ***B*** *m.* ***1*** (nuvola) **cloud** ***2*** (moltitudine) **swarm.**
nuvolosità *f.* **cloudiness.**
nuvolóso *a.* **cloudy; overcast.**
nuziale *a.* **wedding** *(attr.)*; **nuptial** *(lett.)* ● *cerimonia n.*, wedding.
nuzialità *f. (stat.)* **marriage rate.**
nylon *m. (marchio)* **nylon.**

O

(1) O, o *f.* o *m.* **O, o** ● *(tel.) o come Otranto,* o for Oliver □ *a forma di o,* o-shaped.
(2) o, oh *inter.* **O!; oh!; oho!; ho!**
(3) o, od *cong.* ***1*** **or**: *due o tre giorni,* two or three days ***2*** (altrimenti) **or; or else; otherwise**: *Sbrigati o farai tardi,* hurry up, or else you'll be late ***3*** (ossia, ovvero) **or**: *la filosofia, o amore di sapienza,* philosophy, or love of wisdom ● *o... o...,* either... or... □ *o che... o che...,* whether... or... □ *o l'uno o l'altro,* either.
òasi *f.* **oasis*** (anche *fig.*).
obbediènte, obbediènza, obbedire *V.* **ubbidiènte, ubbidiènza, ubbidire.**
obbiettare, obbiettivo *V.* **obiettare, obiettivo.**
obbligare ***A*** *v. t.* ***1*** (costringere) to **oblige**; to **compel**; to **constrain**; to **make***; to **force**: *o. q. a fare q.c.,* to oblige (o to compel, to force) sb. to do st.; to make sb. do st. ***2*** (vincolare) to **bind*** ***3*** (legare l'animo altrui) to **oblige** ***B*** **obbligarsi** *v. rifl.* to **bind* oneself**; to **undertake***; to **engage (oneself)**: *o. a fare q.c.,* to bind oneself (o to engage) to do st.
obbligato *a.* ***1*** (costretto) **obliged; compelled; constrained; bound; forced**: *essere o. a fare q.c.,* to be obliged (o constrained, bound) to do st. ***2*** (relegato, costretto a rimanere) **confined**: *essere o. a rimanere in camera,* to be confined to one's room ***3*** (legato da gratitudine) **obliged**: *Vi sono molto o.,* I am much obliged to you ***4*** (prefissato) **set; fixed**: *rime obbligate,* set rhymes.
obbligatorietà *f.* **compulsoriness; obligatoriness.**
obbligatòrio *a.* ***1*** **compulsory; obligatory**: *materie obbligatorie,* compulsory subjects ***2*** *(leg.)* **binding.**
obbligazióne *f.* ***1*** **obligation** (anche *leg.*) ***2*** *(fin.)* **bond; debenture-bond; debenture**: *obbligazioni dello Stato,* Government bonds.
obbligazionista *m.* e *f.* *(fin.)* **bondholder; debenture-holder.**
òbbligo *m.* **obligation**; (dovere) **duty**: *adempiere un o.,* to fulfil an obligation □ *Sono in o. d'informarvi che...,* it is my duty to inform you that...; I must inform you that... □ *venir meno ai propri obblighi,* to neglect one's duties; to default (specialm. *leg.*) □ *non avere obblighi con nessuno,* to be under no obligation to anybody ● *o. di leva,* military service □ *avere l'o. di fare q.c.,* to be obliged to do st. □ *con l'o. di,* on condition that; provided that □ *d'o.,* obligatory; « de rigueur » □ *(relig.) feste d'o.,* days of obligation □ *scuola dell'o.,* compulsory education.
obbròbrio *m.* **opprobrium; infamy; dishonour; disgrace**: *essere l'o. della famiglia,* to be a disgrace to one's family.
obbrobriòso *a.* **opprobrious; infamous; dishonourable; disgraceful.**
obelisco *m.* *(archit.)* **obelisk.**
oberare *v. t.* to **overburden,** to **overload** (with).
oberato *a.* **overburdened; overwhelmed** ● *o. di debiti,* deep in debt; head over heels in debt *(fam.).*
obeșità *f.* **obesity; adiposity; corpulence, corpulency.**
obèșo *a.* **obese; corpulent.**
òbice *m.* *(mil.)* **howitzer.**
obiettare *v. t.* e *i.* to **object**: *o. su q.c.,* to object to (o against) st.; to raise objections concerning st.
obiettivaménte *avv.* **objectively;** (imparzialmente) **impartially, unbias(s)edly.**
obiettivarsi *v. rifl.* to **regard things from an objective standpoint.**
obiettività *f.* **objectivity.**
obiettivo ***A*** *a.* **objective;** (imparziale) **impartial, unbias(s)ed, unprejudiced** ***B*** *m.* ***1*** *(fis.)* **object glass; objective** ***2*** *(fotogr.)* **lens; objective** ***3*** *(mil.)* **objective** ***4*** *(fig.)* **object; purpose; aim; goal.**
obiettóre *m.* **objector**: *un o. di coscienza,* a conscientious objector; a conchie *(pop.).*
obiezióne *f.* **objection**: *muovere (o sollevare) un'o.,* to raise an objection ● *fare un'o.,* to object: *Hai qualche o. da fare se vado?,* do you object to my going?
obitòrio *m.* **mortuary; morgue.**
oblata *f.* *(relig.)* **Oblate (Sister).**
oblato *m.* *(relig.)* **Oblate.**
oblatóre *m.* ***1*** (donatore) **donor** ***2*** (offerente) **bidder.**
oblazióne *f.* ***1*** **donation; offering** ***2*** *(relig.)* **oblation; offertory.**
obliare *v. t.* *(lett.)* to **consign to oblivion;** to **forget*.**
oblìo *m.* *(lett.)* **oblivion; forgetfulness**: *cadere nell'o.,* to fall (o to sink) into oblivion.
oblióso *a.* *(lett.)* **oblivious; forgetful.**
obliquaménte *avv.* ***1*** **obliquely; sideways;** (a sghembo) **on the slant, aslant, slantwise;** (di traverso) **askance, askew** ***2*** *(fig.)* **in a roundabout way.**
obliquità *f.* **obliquity.**
oblìquo *a.* ***1*** **oblique** (anche *geom.*); **slanting; slantwise; sidelong; skew** ***2*** *(fig.)* **circuitous; roundabout** ***3*** *(gramm.)* **oblique**: *un caso o.,* an oblique case.
obliterare *v. t.* to **obliterate;** to **efface.**
obliteratrice *f.* **obliterator.**
obliterazióne *f.* **obliteration; effacement.**
oblò *m.* *(naut.)* **porthole; bull's-eye.**
oblungo *a.* ***1*** **oblong** ***2*** *(bot., zool.)* **elongate.**
òboe *m.* *(mus.)* **oboe; hautboy** *(arc.).*
oboista *m.* e *f.* *(mus.)* **oboist.**
òbolo *m.* ***1*** **(small) offering; mite** ***2*** *(archeol.)* **obolus*; obol.**
obsolèto *a.* *(lett.)* **obsolete.**
oc *m.* — *lingua d'oc,* langue d'oc *(franc.).*
òca *f.* ***1*** **goose*** ***2*** *(fig.)* **goose*; fool; simpleton** ● *oca giovane,* gosling □ *far venire la pelle d'oca a q.,* to make sb.'s flesh creep; to give sb. the creeps *(fam.)* □ *il gioco dell'oca,* snakes and ladders □ *pelle d'oca,* goose-flesh □ *penna d'oca,* goose-quill; quill pen □ *(fam.) Porca l'oca!,* damn it! *(pop.).*
ocàggine *f.* **stupidity; foolishness; silliness.**
ocarina *f.* *(mus.)* **ocarina.**
occașionale *a.* **occasional; chance** *(attr.)*; (casuale) **casual, incidental;** (fortuito) **fortuitous.**
occașionalménte *avv.* **on occasion; occasionally;** (casualmente) **casually, fortuitously.**
occașionare *v. t.* to **occasion;** to **cause;** to **bring* about.**
occașióne *f.* ***1*** **occasion; opportunity; chance**: *cogliere l'o.,* to seize the opportunity □ *lasciarsi sfuggire un'o.,* to miss an opportunity ***2*** (circostanza) **occasion**: *in diverse occasioni,* on several occasions ***3*** (buon affare) **bargain** ***4*** (causa, motivo) **occasion; cause** ● *all'o.,* on occasion; (se necessario) when necessary □ *aspettare l'o.,* to wait for the right moment □ *prezzo d'o.,* bargain price □ *vestiti d'o.,* second-hand clothes.
occașo *m.* *(lett.)* ***1*** (occidente) **west** ***2*** (tramonto) **sunset.**
occhiàccio *m.* *(generalm. al pl.)* **frown; ugly look** ● *fare gli occhiacci a q.,* to frown at sb.; to look daggers at sb.
occhiàia *f.* ***1*** (orbita dell'occhio) **eye-socket** ***2*** *(al pl.:* macchie livide sotto gli occhi) **rings under (**o **round) the eyes.**
occhialétto *m.* **lorgnette.**
occhiali *m. pl.* **spectacles; (eye-)glasses**: *occhiali da sole,* sun-glasses □ *occhiali di protezione,* protective glasses; goggles □ *mettersi (levarsi) gli occhiali,* to put on (to take off) one's spectacles ● *occhiali a stringinaso,* pince-nez *(franc.).*
occhialino *m.* **lorgnette.**
occhialuto *a.* **bespectacled; wearing spectacles.**
occhiata *f.* **look;** (rapida) **glance, glimpse**: *dare un'o. a q.c.,* to have a look at st.; to take a glance at st. □ *lanciare un'o. a q.,* to cast a glance at sb.; to glance at sb.
occhiato *a.* **ocellated; with eye-like spots.**
occhiazzurro, occhicerùleo *a.* *(lett.)* **azure-eyed;**

blue-eyed.

occhieggiare **A** *v. t.* to **ogle;** to **make* eyes at** (sb.) *(fam.)* **B** *v. i.* to **peep.**

occhiellàia *f.* **buttonholer.**

occhiellatrice *f.* **buttonhole machine.**

occhièllo *m.* **1** **buttonhole**: *fare occhielli,* to sew buttonholes; to buttonhole **2** *(mecc.)* **eyelet** **3** *(tipogr.)* **half-title** ● *un fiore da mettere all'o.,* a buttonhole.

occhiétto *m.* **1** **little eye** **2** *(tipogr.)* **half-title** ● *fare l'o. a q.,* to wink at sb.

òcchio *m.* **1** **eye**: *a occhi chiusi,* with closed eyes; *(fig.)* blindfold □ *in un batter d'o.,* in the twinkling of an eye (o in a jiffy) **2** (vista) **eye; sight**: *a o. nudo,* with (o to) the naked eye □ *a vista d'o.,* within sight □ *affaticarsi gli occhi,* to strain one's eyes **3** (sguardo) **eye; look; glance; stare**: *(fig.) mangiarsi q. (q.c.) con gli occhi,* to devour sb. (st.) with one's eyes □ *sotto gli occhi di q.,* under sb.'s eyes □ *a colpo d'o.,* at a glance (o at first sight) **4** (considerazione, stima) **eye; opinion; regard; view**: *agli occhi del mondo,* in the eyes of the world □ *agli occhi miei,* in my opinion **5** *(tecn.)* **eye; hole** **6** *(al pl., bot.)* **eyes; buds** ● *(fig.) a o.,* as far as one can judge □ *a o. e croce,* at a rough guess □ *(fig.) aprire gli occhi alla luce,* to see the light of day; to be born □ *(fig.) aprire gli occhi a q. su q.c.,* to make sb. open his eyes to st. □ *(fig.) a quattr'occhi,* privately; between you and me (and the lamp-post) *(fam.)* □ *avere gli occhi di lince,* to be lynx-eyed □ *battere gli occhi,* to blink □ *cercare q. con gli occhi,* to look round for sb. □ *(fig.) chiudere un o. su q.c.,* to turn a blind eye on st. □ *costare un o. della testa,* to be very expensive; to cost a packet *(fam.)* □ *dagli occhi neri (blu, ecc.),* dark-eyed (blue-eyed, etc.) □ *(fig.) dare nell'o.,* to strike the eye □ *dare nell'o. a q.,* to attract sb.'s attention □ *fare un o. nero a q.,* to give sb. a black eye □ *guardare q. con la coda dell'o.,* to look at sb. out of the corner of one's eye □ *(fig.) non chiudere un o.,* not to sleep a wink □ *strizzare gli occhi,* to screw up one's eyes □ *strizzare l'o. a q.,* to wink at sb. □ *vedere q.c. di buon o. (di mal o.),* to look favourably (with disfavour) upon st. □ *vedere q. come il fumo negli occhi,* to hate the sight of sb. □ *Ne ho fino agli occhi,* I'm fed up with it □ *O. al portafogli!,* watch your pockets!

occhiolino *m.* — *fare l'o. a q.,* to wink at sb.

occhióne *m. (zool.,* Burhinus oedicnemus*)* **stone curlew; stone plover.**

occhiuto *a.* **1** (pieno d'occhi) **ocellated; with eye-like spots** **2** *(fig.)* **keen-eyed; sharp-eyed; shrewd.**

occidentale *a.* **west** *(attr.)*; **western; westerly; occidental**: *il vento o.,* the west wind □ *le Indie Occidentali,* the West Indies.

occidentalismo *m.* (anche *polit.)* **Occidentalism.**

occidentalista *m.* e *f.* (anche *polit.)* **Occidentalist.**

occidentalizzare **A** *v. t.* to **westernize;** to **occidentalize** **B** **occidentalizzarsi** *v. rifl.* to **westernize;** to **become* occidentalized.**

occidènte *m.* **west**: *da oriente a o.,* from east to west □ *verso o.,* towards the west; westward *(agg.),* westward(s) *(avv.)* □ *l'O.,* the West; (i paesi occidentali) the Western countries.

occipitale *a. (anat.)* **occipital.**

occìpite *m. (anat.)* **occiput*.**

occlùdere *v. t.* to **occlude;** to **stop up.**

occlusióne *f.* **occlusion.**

occlusivo *a.* (specialm. *fon.)* **occlusive.**

occorrènte **A** *a.* **necessary; needful; required** **B** *m.* **what is necessary (o needed, required); everything necessary** ● *l'o. per scrivere (disegnare, ecc.),* writing (drawing, etc.) materials □ *l'o. per vivere,* the necessities of life.

occorrènza *f.* **1** (bisogno) **necessity; need**: *all'o.,* in case of need; when required **2** (circostanza) **circumstance; occasion; event.**

occórrere *v. i.* **1** (*impers.:* essere necessario) **must** *(al pres.)*; to **need;** to **have** (to): *Occorre farlo,* it must be done (o it has to be done) □ *Occorre che tu parta subito,* you must leave at once (o it is necessary for you to leave at once) □ *Non occorre che tu venga,* you needn't come (o there's no need for you to come) **2** (*pers.:* essere necessario) to **be needed;** to **be necessary;** to **be required;** to **be wanted**: *Occorrono centomila lire,* a hundred thousand lire are needed **3** (abbisognare) to **need;** to **want**: *Mi occorre molto denaro,* I need a lot of money **4** *(rif. a tempo)* to **take***: *Per arrivarci occorrono due ore,* it takes two hours to get there.

occultaménto *m.* **concealment.**

occultare **A** *v. t.* **1** to **occult** (specialm. *scient.)* **2** (nascondere) to **conceal;** to **hide***; (celare) to **keep* secret** **B** **occultarsi** *v. rifl.* to **conceal oneself;** to **hide*.**

occultazióne *f. (astron.)* **occultation.**

occultismo *m.* **occultism.**

occultista *m.* e *f.* **occultist.**

occulto *a.* **concealed; hidden; secret; occult**: *le scienze occulte,* the occult sciences ● *in o.,* secretly □ *(leg.) socio o.,* sleeping partner.

occupare **A** *v. t.* **1** to **occupy;** to **hold*;** to **fill;** to **take* up**: *o. il territorio del nemico,* to occupy the enemy's territory □ *o. un posto importante,* to occupy (o to hold) an important position □ *o. un posto vacante,* to fill a vacancy **2** (impiegare, utilizzare) to **spend***: *o. il tempo libero,* to spend one's spare time **3** (dar lavoro a) to **employ;** to **give*** (sb.) **a job;** (trovar lavoro a) to **find*** (sb.) **a job** ● *o. abusivamente,* to squat **B** **occuparsi** *v. rifl.* **1** to **occupy oneself,** to **be concerned** (with); to **be interested** (in); to **attend** (to) **2** (provvedere a) to **see*** (to); to **take* care** (of); to **mind**: *Me ne occuperò io,* I'll see to it □ *Occupati dei fatti tuoi!,* mind you own business! **3** (dedicarsi) to **devote oneself** (to) **4** (trovar lavoro) to **find* a job.**

occupato *a.* **1** (affaccendato, impegnato) **occupied; busy; engaged** **2** (non libero) **engaged; taken**: *La linea è occupata,* the line is engaged □ *Questo posto è o.,* this seat is taken.

occupatóre *m.* **1** **occupant; occupier** **2** (abusivo) **squatter.**

occupazionale *a.* **occupational.**

occupazióne *f.* **1** **occupation**: *un esercito d'o.,* an army of occupation **2** (attività, impiego) **occupation, employment;** (lavoro) **work, business, job**: *Qual è la sua o.?,* what is his job (o business)? **3** *(leg.)* **occupancy** ● *o. abusiva,* squatting.

oceànico *a.* **1** **oceanic** **2** *(fig.)* **ocean-like; vast; immense.**

ocèano *m. (geogr.)* **ocean** (anche *fig.)*: *l'O. Atlantico,* the Atlantic Ocean.

oceanografia *f.* **oceanography.**

oceanogràfico *a.* **oceanographic(al).**

oceanògrafo *m.* **oceanographer.**

ocèllo *m. (zool.)* **ocellus*.**

ocelot *(franc.) V.* **ozelòt.**

òcra *f. (miner.;* colore*)* **ochre.**

oculare **A** *a.* **ocular; eye** *(attr.)*: *un testimone o.,* an eyewitness **B** *m. (fis.)* **eyepiece.**

oculataménte *avv.* **shrewdly;** (cautamente) **cautiously;** (con circospezione) **with circumspection, warily.**

oculatézza *f.* (avvedutezza) **shrewdness;** (cautela) **caution;** (circospezione) **circumspection, wariness.**

oculato *a.* (avveduto) **shrewd, sharp-witted, keen-witted;** (cauto) **cautious;** (circospetto) **circumspect, wary.**

oculista *m.* e *f. (med.)* **oculist; eye specialist; ophthalmologist.**

oculìstica *f. (med.)* **ophthalmology.**

oculìstico *a. (med.)* **ophtalmologic(al).**

od *cong. V.* **(3) o.**

odalisca *f.* **odalisque, odalisk.**

ode *f. (letter.)* **ode**: *un'o. saffica,* a Sapphic ode.

odiabile *a.* **hateful; detestable; hideous; loathsome.**

odiare *v. t.* **1** to **hate** **2** (avere ripugnanza per) to **hate;** to **detest;** to **loathe.**

odiato *a.* **hated; detested.**

odièrno *a.* **1** **of today; today's** *(attr.)*; **of the present time (o age)**: *in data odierna,* under today's date **2** (attuale) **present** **3** (moderno) **modern.**

òdio *m.* **1** **hatred; hate**: *o. di classe,* class hatred **2** (avversione, ripugnanza) **loathing; strong aversion** ● *attirarsi l'o. di q.,* to make oneself hated by sb. □ *avere*

in o. q. (q.c.), to hate (o to loathe, to abhor) sb. (st.).
odiosaménte *avv.* **hatefully; odiously; hideously; loathsomely.**
odiosità *f.* **hatefulness; odiousness; hideousness; loathsomeness.**
odióso *a.* **hateful; odious; hideous; loathsome; detestable.**
Odissèa *f. (letter.)* **Odyssey** (anche *fig.*).
odòmetro *m.* **(h)odometer.**
odontàlgico *a.* e *m. (farm.)* **odontalgic.**
odontoiatra *m.* e *f. (med.)* **dental surgeon; dentist.**
odontoiatrìa *f. (med.)* **odontology; dentistry.**
odontologìa *f. (med.)* **odontology; dentistry.**
odontotècnica *f.* **dental mechanics** *(pl. col verbo al sing.).*
odontotècnico *m.* **dental mechanic.**
odorare ***A*** *v. t.* ***1*** to **smell***: *È buono! Odoralo!,* it's good; smell it! ***2*** *(fig.)* to **smell***; to **scent**: *o. un buon affare,* to scent a bargain ***3*** (rendere odoroso) to **scent**; to **perfume** ***B*** *v. i.* to **smell*** (anche *fig.*): *Queste rose odorano,* these roses smell nice □ *Odora di buono (di acido, di muffa),* it smells good (sour, mouldy).
odorato ***A*** *a. (lett.)* **odorous; sweet-smelling; fragrant** ***B*** *m.* **(sense of) smell; olfaction; nose** *(fam.).*
odóre *m.* ***1*** **smell; odour;** (piacevole) **scent, perfume;** (fragranza) **fragrance, aroma**: *C'è o. di cucina,* there's a smell of cooking □ *l'o. delle rose,* the scent of roses □ *senza o.,* without odour; odourless; scentless; inodorous □ *morire in o. di santità,* to die in the odour of sanctity ***2*** (essenza odorosa) **perfume; scent** ***3*** *(al pl., cucina)* **herbs** ● *mandare o.,* to smell □ *mandare buon o.,* to smell good (o nice) □ *mandare cattivo o.,* to smell offensively; to be smelly *(fam.)* □ *sentire l'o. di q.c.,* to smell st.: *sentire o. di bruciato,* to smell st. burning.
odorìfero *a. (lett.)* **odoriferous; odorous; sweet-smelling.**
odoróso *a.* **sweet-smelling; fragrant; odorous.**
òffa *f.* ***1*** *(lett.:* focaccia di farro) **spelt cake** ***2*** *(fig.)* **sop.**
offèndere ***A*** *v. t.* ***1*** (anche *leg.*) to **offend**: *o. la vista,* to offend the eye ***2*** (danneggiare) to **damage,** to **harm;** (far male a) to **hurt***; (ferire) to **injure;** (con un'arma) to **wound** ***3*** (insultare) to **insult,** to **outrage;** (calunniare) to **slander;** (con scritti) to **libel** ***4*** (violare) to **break***; to **infringe**: *o. la legge,* to break the law ● *Non per offenderti, ma...,* excuse my saying so, but... ***B*** **offèndersi** *v. rifl.* to **take* offence;** to **be offended.**
offensiva *f. (mil.)* **offensive.**
offensivo *a.* **offensive; insulting; injurious.**
offensóre *m.* ***1*** **offender** ***2*** *(mil.)* **attacker; aggressor.**
offerènte *m.* e *f.* ***1*** **offerer** ***2*** *(comm.)* **tenderer;** (a un'asta) **bidder.**
offèrta *f.* ***1*** **offer; offering**: *un'o. d'aiuto,* an offer of help (o to help) ***2*** (oblazione, donazione) **offering; donation; oblation** ***3*** *(comm.)* **offer;** (per appalti) **tender;** (all'asta) **bid** ***4*** *(econ.)* **supply**: *la legge della domanda e dell'o.,* the law of supply and demand ***5*** (proposta) **proposal** ● *offerte e domande d'impiego,* situations vacant and wanted □ *(comm.) o. speciale,* bargain.
offertòrio *m. (relig.)* **offertory.**
offésa *f.* ***1*** (anche *leg.*) **offence; offense** *(USA)*; (torto) **wrong**: *recare o. a q.,* to give offence to sb. □ *patire un'o.,* to suffer a wrong ***2*** (danno) **damage, harm;** (lesione) **lesion;** (con un'arma) **wound** ***3*** (insulto) **affront; insult; outrage** ***4*** *(mil.)* **offence;** (attacco) **attack;** (offensiva) **offensive**: *stare sull'o.,* to be on the offensive ● *armi di o.,* offensive weapons.
offéso *a.* ***1*** **offended; annoyed**: *sentirsi o.,* to feel offended ***2*** (danneggiato) **damaged;** (ferito) **injured;** (da un'arma) **wounded** ● *(leg.) la parte offesa,* the plaintiff.
officiante *(relig.)* ***A*** *a.* **officiating** ***B*** *m.* **officiant.**
officiare *v. i. (relig.)* to **officiate.**
officina *f. (mecc.)* **workshop;** (del fabbro) **smithery, smithy** ● *o. meccanica,* machine-shop.
officinale *a.* **officinal.**
officio *V.* **ufficio.**
officióso *a.* ***1*** (cortese) **courteous; kind; obliging** ***2*** *V.* **ufficióso.**
offrire ***A*** *v. t.* ***1*** to **offer;** to **tender**: *o. i propri servigi,* to offer one's services ***2*** (dedicare) to **offer (up);** to **dedicate**: *o. un sacrificio,* to offer up a sacrifice ***3*** *(comm.)* to **offer;** to **tender;** (all'asta) to **bid*** ***4*** (esporre) to **expose** ***5*** (invitare) to **invite** ● (di una ditta) *o. un programma radiofonico (o televisivo),* to sponsor a radio (o television) programme ***B*** **offrirsi** *v. rifl.* ***1*** to **offer (oneself); to volunteer** ***2*** (presentarsi) to **offer;** to **arise***; to **occur;** to **present oneself**: *Coglierò la prima occasione che si offre!,* I'll take the first opportunity that offers (o arises) □ *Un'idea mi s'offrì alla mente,* an idea occurred to me ***3*** (farsi avanti) to **come* forward** ***4*** (esporsi) to **expose oneself** ● *o. volontario,* to volunteer.
offuscaménto *m.* (anche *fig.*) **darkening; dimming.**
offuscare ***A*** *v. t.* ***1*** to **darken** ***2*** *(fig.)* to **obscure**: *o. la gloria di q.,* to obscure sb.'s glory ***3*** (annebbiare) to **dim,** to **bedim;** to **overshadow**: *Le passioni offuscano l'intelletto,* passions dim the mind ***4*** (intorbidire) to **cloud** ***B*** **offuscarsi** *v. rifl.* ***1*** to **darken;** to **grow*** (o to **become*,** to **get***) **dark** ***2*** *(fig.)* to **become*** (o to **be) obscured** ***3*** (annebbiarsi) to **dim;** to **grow*** (o to **become*,** to **get***) **dim** ***4*** (intorbidirsi) to **cloud over.**
offuscato *a.* ***1*** **darkened** ***2*** (annebbiato) **dimmed; dim; overshadowed** ***3*** (intorbidito) **cloudy; clouded.**
ofidi *m. pl. (zool.,* Ophidia*)* **ophidians.**
ofite *f. (miner.)* **ophite; serpentine marble.**
oftalmìa *f. (med.)* **ophthalmia; inflammation of the eye.**
oftàlmico *a. (med.)* **ophthalmic.**
oftalmologìa *f. (med.)* **ophthalmology.**
oftalmòlogo *m. (med.)* **ophthalmologist.**
oftalmoscòpio *m. (med.)* **ophthalmoscope.**
oggettivaménte *avv.* **objectively; from an objective standpoint.**
oggettivare *v. t.* to **objectify;** to **render objective.**
oggettivismo *m. (filos.)* **objectivism.**
oggettività *f.* **objectivity; objectiveness.**
oggettivo *a.* ***1*** **objective**: *dati oggettivi,* objective data ***2*** (obiettivo) **objective; impartial; unbias(s)ed; unprejudiced** ***3*** *(gramm.)* **objective; object** *(attr.)*: *una proposizione oggettiva,* an object clause.
oggètto *m.* ***1*** **object** (anche *filos.*); **thing; article**: *oggetti inutili,* useless things ***2*** (argomento) **subject; theme; subject-matter** ***3*** (materia, motivo) **object; subject**: *essere o. di pietà,* to be an object of (o a subject for) pity ***4*** (scopo, fine) **object; aim; purpose; end** ***5*** *(gramm.)* **object** ***6*** *(bur.)* **reference** *(abbr.:* **Re)** ● *o. di scherno,* laughing stock □ *oggetti preziosi,* valuables.
òggi *avv.* **today;** (attualmente, anche) **nowadays**: *gli scrittori d'o.,* the writers of today □ *O. è domenica,* today is Sunday □ *da o. innanzi (o in poi),* from today onwards □ *il giornale di o.,* today's paper ● *o. a otto,* today week; a week today □ *o. a quindici,* a fortnight today □ *o. come o.,* at present; for the time being □ *al giorno d'o.,* nowadays; at present □ *a tutt'o.,* till today; up to now □ *rimandare dall'o. al domani,* to put things off from day to day.
oggidì, oggigiórno *avv.* **nowadays; at (the) present (time).**
ogiva *f.* ***1*** *(archit.)* **ogive; pointed arch** ***2*** *(mil.)* **ogive; nose.**
ogivale *a. (archit.)* **ogival.**
ógni *a. indef.* ***1*** **every; each;** (tutti, tutte) **all**: *o. giorno (anno, settimana),* every day (year, week) □ *o. sorta di doni,* all sorts of presents ***2*** *(distributivo)* **every**: *o. due (tre, quattro, ecc.) giorni,* every two (three, four, etc.) days; every second (third, fourth, etc.) day ***3*** (qualsiasi) **any**: *ad o. costo,* at any cost □ *ad o. modo,* (tuttavia) anyhow, anyway; (ad o. costo) at any cost ● *o. altra persona,* everybody else □ *o. cosa,* everything □ *o.*

tanto, every now and then; every now and again □ *o. volta*, every time; whenever □ *l'inglese d'o. giorno*, everyday English □ *in o. luogo*, everywhere □ *la vita d'o. giorno*, everyday life.
ogniqualvòlta *cong.* **whenever; every time (that).**
Ognissanti *m. (relig.)* **All Saints' Day; Hallowmas.**
ognóra *avv. (lett.)* **always; at all times.**
ognuno *pron. indef.* **1 everybody; everyone; each (one);** (tutti, tutte) **all 2** *(seguito dal partitivo)* **each (one); every (single) one;** (tutti, tutte) **all.**
óh, òh *inter.* **oh!; ho!**
óhe, ohé *inter.* **ho!; hey!; hi!**
òhi, óhi *inter.* **oh!; ah!**
ohibò *V.* **oibò.**
ohimè *inter.* **alas!; oh dear!** *(fam.).*
ohm *m. (elettr.)* **ohm.**
oibò *inter.* **pshaw!; now then!**
oïl *(franc.) m.* — *lingua d'oïl*, langue d'oïl *(franc.).*
olà *inter.* **you there!**
olanda *f.* (tela d'Olanda) **Holland cloth; holland.**
olandése A *a.* **Dutch; Holland** *(attr.)* **B** *m.* **1** (abitante dell'Olanda) **Dutchman*; Hollander 2** (la lingua) **Dutch C** *f.* **Dutch woman*.**
oleàceo *a.* **oleaginous; oily; oil-like.**
oleandro *m. (bot.*, Nerium oleander*)* **oleander; rose-bay.**
oleàrio *a.* **oil** *(attr.)*: *il mercato o.*, the oil market.
oleastro *m. (bot.*, Olea europaea oleaster*)* **oleaster; wild olive.**
oleato *a.* **oiled** ● *carta oleata*, greaseproof paper; oil-paper.
olèico *a. (chim.)* **oleic**: *acido o.*, oleic acid.
oleìfero *a.* **oleiferous; oil-yielding** *(attr.).*
oleificio *m. (ind.)* **oil-mill.**
oleina *f. (chim.)* **olein.**
oleodótto *m. (ind.)* **oil pipeline.**
oleografìa *f.* **1** (il processo) **oleography 2** (riproduzione eseguita con processo) **oleograph** *(abbr.:* **oleo).**
oleogràfico *a.* **oleographic.**
oleosità *f.* **oiliness.**
oleóso *a.* **1** (che contiene olio) **oily; oiled;** (untuoso) **greasy 2** (oleifero) **oleiferous; oil-yielding** *(attr.)* **3** (che ha le caratteristiche dell'olio) **oily; oil-like.**
olezzante *a.* **sweet-smelling; odorous; fragrant; balmy.**
olezzare *v. i. (lett.)* to **be fragrant (**o **balmy);** to **smell* sweet.**
olézzo *m. (lett.)* **sweet smell; scent; fragrance.**
olfattivo *a.* **olfactory.**
olfatto *m.* **olfaction; sense of smell.**
oliare *v. t.* to **oil.**
oliato *a.* **1** (condito con olio) **oiled; (dressed) with oil 2** (unto d'olio) **oiled; oily; greasy.**
oliatóre *m.* **1** (recipiente) **oil-can; oiler 2** *(mecc.)* **oil-feeder.**
olièra *f.* **cruet-stand.**
oligarca *m.* **oligarch.**
oligarchìa *f.* **oligarchy.**
oligàrchico *a.* **oligarchic(al).**
olimpìade *f.* **1** *(stor.)* **Olympiad 2** *(al pl.)* **Olympic Games.**
olìmpico *a.* **Olympic; Olympian.**
olimpiònico *m.* **1 Olympic champion 2** (atleta che partecipa alle Olimpiadi) **competitor in the Olympic Games.**
òlio *m.* **oil**: *oli animali e vegetali*, animal and vegetable oils □ *o. da cucina*, cooking oil □ *o. da tavola*, salad-oil □ *o. di lino*, linseed oil □ *o. d'oliva*, olive oil □ *oli minerali*, mineral oils □ *(fig.) gettare o. sulle fiamme*, to pour oil on the flames ● *(fig.) o. di gomito*, elbow-grease □ *(fig.) essere all'o. santo*, to be at one's last gasp □ *colori a o.*, oil-colours □ *dare l'o. santo a q.*, to give extreme unction to sb. □ *dipingere a o.*, to paint in oils □ *quadro a o.*, oil-painting □ *(cucina) sott'o.*, in oil □ *Oggi il mare è un o.*, today the sea is like a millpond.
oliva *f.* **olive**: *olio d'o.*, olive oil ● *verde o.*, olive-green.
olivale, olivare *a.* **olivary** (per lo più *anat.*); **olive-shaped.**
olivastro A *a.* **olivaceous; olive-coloured; olive-green; olive** *(attr.)* **B** *m. (bot.*, Olea europaea oleaster*)* **oleaster; wild olive.**
olivéto *m.* **olive-grove.**
olivicoltóre *m.* **olive-grower.**
olivicoltura *f.* **olive-growing.**
olivina *f. (miner.)* **olivin(e).**
olivo *m. (bot.*, Olea europaea*)* **olive(-tree)** ● *l'o. benedetto*, the blessed palm □ *la Domenica degli Olivi*, Palm Sunday.
òlla *f. (archeol.)* **olla; earthenware jar.**
olmàia *f.* **olméto** *m.* **elm-grove.**
òlmio *m. (chim.)* **holmium.**
ólmo *m.* **1** *(bot.*, Ulmus campestris*)* **elm 2** (legno dell'o.) **elm(-wood).**
olocàusto *m.* **holocaust** (anche *fig.*); (sacrificio) **sacrifice** ● *offrire in o.*, to sacrifice; to immolate.
olocène *m. (geol.)* **(the) Holocene; (the) Recent.**
olocènico *a. (geol.)* **Holocene; Recent.**
ològrafo *a.* e *m. (leg.)* **holograph.**
olóna *f.* (tela) **sailcloth; canvas.**
olotùria *f. (zool.*, Holothuria*)* **holothurian; sea cucumber.**
oltraggiare *v. t.* to **outrage;** (offendere) to **offend;** (insultare) to **insult,** to **abuse,** to **affront.**
oltràggio *m.* **outrage** (anche *fig.*); (ingiuria) **injury;** (offesa) **offence;** (insulto) **insult, abuse;** (affronto) **affront**: *subire un o.*, to suffer an affront □ *un o. all'umanità*, an outrage against humanity ● *(leg.) o. alla magistratura*, contempt of Court □ *gli oltraggi del tempo*, the ravages of time.
oltraggióso *a.* **outrageous; outraging;** (ingiurioso) **injurious;** (offensivo) **offensive, insulting, abusive.**
oltr'alpe, oltralpe *avv.* **beyond the Alps** ● *d'o.*, transalpine.
oltramontano *a.* **ultramontane.**
oltranza *f.* — *ad o.*, « à outrance »; to the bitter end ● *una guerra ad o.*, a war to the knive (anche *fig.*) □ *una lotta ad o.*, a fight to the death.
oltranzismo *m. (polit.)* **extremism.**
oltranzista *m.* e *f. (polit.)* **extremist.**
óltre A *avv.* **1** *(con valore locativo)* **farther; further; far**: *andare troppo o.*, to go too far **2** *(con valore temporale)* **longer; more 3** *(con valore quantitativo)* **over**: *fanciulli di otto anni e o.*, children of eight and over ● *essere ben o. negli anni*, to be well on in years □ *più o.*, later on □ *qui o.*, somewhere here; hereabouts **B** *prep.* **1** *(con valore locativo)* **beyond; over; on the other side of**: *o. il mare*, beyond the seas **2** (più di) **more than; over; above**: *da o. due anni*, for over two years **3** *(con valore temporale)* **beyond; after**: *o. le dieci*, after ten o'clock **4** (in aggiunta) **besides; in addition to;** (come pure) **as well as** ● *o. che (o o. a)*, besides; apart from.
oltrecortina *avv.* e *a. (polit.)* **across the Iron Curtain.**
oltremànica *avv.* e *a. (geogr.)* **across the (English) Channel.**
oltremare A *avv.* **beyond the sea; overseas** ● *d'o.*, oversea(s) **B** *m.* (colore) **ultramarine (blue).**
oltremarino *a.* **ultramarine; overseas; from beyond the sea.**
oltremisura *avv.* **beyond (**o **above) measure.**
oltremòdo *avv.* **beyond measure; exceedingly; extremely.**
oltremondano *a.* **of the other world.**
oltremontano *V.* **oltramontano.**
oltrepassare *v. t.* **1** (passare oltre, anche *fig.*) to **go* beyond;** to **surpass;** to **overstep;** (eccedere) to **exceed;** (varcare) to **cross**: *o. la soglia*, to cross the threshold (o door) □ *o. il limite di velocità*, to exceed the speed-limit **2** (superare) to **pass;** to **overtake*;** to **outstrip**: *o. un'altra automobile*, to overtake another car **3** *(naut.)* to **round.**
oltretómba *m.* **(the) hereafter; (the) life to come.**
omaccióne *m.* **big, strong man*; bruiser** *(fam.).*
omàggio *m.* **1 homage**: *rendere o. a q. (q.c.)*, to pay homage to sb. (st.) **2** *(al pl.)* **compliments**: *con gli omaggi dell'autore*, with the Author's compliments **3** (offerta, dono) **gift; complimentary offer;** (articolo

dato in o.) **free sample, giveaway, premium** ● *un biglietto in o.*, a complimentary ticket □ *una copia in o.*, a presentation copy □ *in o. alla legge*, in observance of the law □ *inviare q.c. a q. in o.*, to send st. to sb. with one's compliments.

omàṣo *m.* (*zool.*) **omasum***.

ombelicale *a.* (*anat.*) **umbilical.**

ombelico *m.* (*anat.*) **umbilicus*; navel** ● (*bot.*) *o. di Venere* (Cotyledon umbilicus), pennywort; navelwort.

ómbra *f.* **1** (zona d'o.) **shade;** (talora) **shadow**: *essere seduto all'o.*, to be sitting in the shade □ *le ombre della sera*, the shades of evening □ (*pitt.*) *luci e ombre*, light and shade □ (*fig.*) *mettere q. (q.c.) in o.*, to put (o to throw, to cast) sb. (st.) in the shade **2** (figura di un corpo che intercetta la luce) **shadow**: (*fig.*) *aver paura della propria o.*, to be afraid of one's own shadow □ (anche *fig.*) *gettare un'o. su q.c.*, to cast a shadow on (o over) st. **3** (traccia, parvenza) **shade; shadow; trace; touch; hint**: *senza o. di dubbio*, without a shadow of doubt **4** (spettro, spirito) **shade; ghost**: *le ombre dei morti*, the shades of the dead ● (*fig.*) *correre dietro alle ombre*, to catch at shadows □ (*fig.*) *dare o. a q.*, to arouse suspicion in sb. □ (*fig.*) *nell'o.*, secretly □ *Nemmeno per o.!*, by no means!; certainly not! □ *non avere l'o. di un quattrino*, not to have a penny to one's name □ *parere l'o. di se stesso*, to be only the shadow of one's former self □ *prendere o.*, (di persona) to take umbrage; (di cavallo) to shy □ *Tutto gli dà o.*, he takes offence at the slightest thing.

ombreggiare *v. t.* **1** to **shade 2** (*disegno*) to **shade;** to **hatch.**

ombreggiatura *f.* (*disegno*) **shading; hatching.**

ombrèlla *f.* (*bot.*) **umbel.**

ombrellàio *m.* (chi fa ombrelli) **umbrella-maker;** (chi li ripara) **umbrella-mender;** (chi li vende) **umbrella--seller.**

ombrellata *f.* **blow with an umbrella.**

ombrellificio *m.* **umbrella factory.**

ombrellino *m.* **parasol; sunshade.**

ombrèllo *m.* **umbrella; brolly** (*fam.*) ● *o. da sole*, parasol; sunshade □ *a forma d'o.*, umbrella-shaped.

ombrellóne *m.* **beach-umbrella.**

ombrétto *m.* (*cosmesi*) **eye shadow.**

ombrina *f.* (*zool.*, Umbrina cirrhosa) **umbrine; umbra.**

ombrinale *m.* (*naut.*) **scupper.**

ombrosità *f.* **1 shadiness; shadowiness 2** (rif. a cavallo) **skittishness 3** (rif. a persona: suscettibilità) **touchiness.**

ombróso *a.* **1 shady; shadowy 2** (di cavallo: che si adombra) **skittish 3** (di persona: suscettibile) **touchy.**

omega *m.* (lettera dell'alfabeto greco) **omega** ● (*fig.*) *dall'alfa all'o.*, from beginning to end.

omelette (*franc.*) *f.* (*cucina*) **omelet; omelette.**

omelìa *f.* (*relig.*) **homily; sermon.**

oménto *m.* (*anat.*) **omentum*; caul.**

omeopatìa *f.* (*med.*) **homoeopathy.**

omeopàtico (*med.*) **A** *a.* **homoeopathic** (anche *fig.*) **B** *m.* **homoeopath.**

omerale *a.* (*anat.*) **humeral.**

omèrico *a.* (*letter.*) **Homeric** (anche *scherz.*).

òmero *m.* **1** (*anat.*) **humerus* 2** (spalla) **shoulder.**

omertà *f.* **conspiracy of silence.**

ométtere *v. t.* to **omit;** to **leave* out; not to insert**: *o. di fare q.c.*, to omit doing (o to do) st.

ométto *m.* **1 little man*** (anche *scherz.*, rif. a bambino) **2** (gruccia per appendere i vestiti) **clothes hanger 3** (*archit.*) **king post.**

omiciattolo *m.* (*spreg.*) **shrimp.**

omicida A *a.* **homicide** (*attr.*); **homicidal; murderous B** *m.* e *f.* **homicide;** (assassino) **murderer.**

omicidio *m.* **homicide; murder**: *commettere o.*, to commit homicide □ *o. premeditato*, wilful murder ● *o. colposo*, manslaughter.

omilètica *f.* **homiletics** (*pl. col verbo al sing.*).

omìnidi *m. pl.* (*antropologia*) **hominids.**

omissióne *f.* **omission**: (*comm.*) *salvo errori e omissioni*, errors and omissions excepted □ (*relig.*) *peccati di o.*, sins of omission.

òmnibus *m.* **omnibus** ● *treno o.*, slow train.

omnicomprensivo *a.* **comprehensive.**

omnium (*lat.*) *m.* (*sport*) **open race.**

omo- (*in parole composte*) **homo-.**

omofonìa *f.* (*mus., linguistica*) **homophony.**

omòfono *a.* (*mus., linguistica*) **homophonous; homophonic** ● *voci omofone*, homophones.

omogeneità *f.* **homogeneity; homogeneousness.**

omogeneiẓẓare *v. t.* to **homogenize.**

omogeneiẓẓato *a.* **homogenized.**

omogèneo *a.* (anche *mat.*) **homogeneous.**

omologare *v. t.* (*leg.*) **1** to **homologate 2** (ratificare) to **ratify.**

omologazióne *f.* (*leg.*) **1 homologation 2** (ratificazione) **ratification.**

omologìa *f.* (anche *mat.*) **homology.**

omòlogo *a.* (anche *mat.*) **homologous.**

omonimìa *f.* **homonymy.**

omònimo A *a.* **homonymous B** *m.* **1 homonym 2** (di persona) **namesake.**

omosessuale A *a.*, *m.* e *f.* **homosexual B** *a.* **gay** (*fam.*); **queer** (*fam.*); **faggy, faggoty** (*pop.*) **C** *m.* **gay** (*fam.*); **nancy, pansy, fag, faggot** (*pop.*).

omosessualità *f.* **homosexuality; faggotry** (*pop.*).

ònagro, onàgro *m.* (*zool.*, Equus onager) **onager; wild-ass.**

onaniṣmo *m.* **onanism; self-abuse.**

óncia *f.* (misura di peso) **ounce** (anche *fig.*): *sei once di zucchero*, six ounces of sugar; (*abbr.*) 6 oz. sugar □ *a o. a o.*, by ounces; by inches; gradually ● *non avere un'o. di cervello*, to have no brains at all.

oncologìa *f.* (*med.*) **oncology.**

oncòlogo *m.* (*med.*) **oncologist.**

ónda A *f.* **1 wave** (anche *fig.*) **2** (*poet.*: mare) **wave(s); sea; main 3** (*fis., radio*) **wave**: *onde medie (corte, lunghe)*, medium (short, long) waves □ *o. sonora*, sound-wave □ *lunghezza d'o.*, wave-length ● *o. grossa*, billow □ *o. lunga*, roller □ *andare a onde*, to zig-zag; to reel □ (*radio*) *andare in o.*, to be broadcast □ *a onde*, wavy: *capelli a onde*, wavy hair □ (*radio*) *mettere in o.*, to broadcast.

ondata *f.* **1 wave** (anche *fig.*): *un'o. di caldo*, a heat--wave □ *un'o. d'entusiasmo*, a wave of enthusiasm **2** (grossa onda) **billow; breaker** ● *Un'o. di sangue mi salì al viso*, blood rushed to my face.

ónde A *cong.* **1** (*finale*: affinché) **in order that, so that;** (per) **in order to, so as to 2** (*consecutiva*: perciò) **therefore; and so B** *avv.* (*lett.*) **whence C** *pron. relat.* (*lett.*) **from which; with which; by which.**

ondeggiaménto *m.* **1** (di barche e sim.) **rocking; rolling 2** (oscillamento) **waving;** (di bandiere, ecc.) **fluttering;** (di fiamma) **flickering 3** (*fig.*: esitazione) **wavering; hesitation.**

ondeggiante *a.* **1 rocking; rolling 2** (oscillante) **waving;** (di bandiere) **fluttering;** (di fiamma) **flickering;** (di capelli) **blowing 3** (*fig.*: esitante) **wavering; hesitating.**

ondeggiare *v. i.* **1** (di barche e sim.) to **rock;** to **roll 2** (*lett.*: di acqua) to **ripple 3** (fluttuare, oscillare) to **wave;** to **waver;** to **sway;** (di bandiere, ecc.) to **flutter;** (di fiamma) to **flicker 4** (*fig.*: esitare) to **waver;** to **hesitate.**

ondina *f.* **1** (*mitol.*) **undine; nixie 2** (*fig.*) **good swimmer.**

ondosità *f.* **waviness; undulation.**

ondóso *a.* **wavy; billowy.**

ondulare A *v. i.* to **undulate;** to **wave (gently);** to **ripple B** *v. t.* to **wave**: *farsi o. i capelli*, to have one's hair waved.

ondulato *a.* **1 undulated; undulating; wavy; wave--like**: *capelli ondulati*, wavy hair **2** (di lamiera, cartone) **corrugated.**

ondulatòrio *a.* **undulatory; wave-like** ● *movimento o.*, wave motion.

ondulazióne *f.* **1** (moto ondulatorio) **undulation; 2** (*fis.*) **ripple 2** (disposizione a onde) **undulation; waving 3** (dei capelli) **wave**: *un'o. permanente*, a permanent (wave); (*abbr.*) a perm.

onerare *v. t.* to **burden;** to **load.**

ònere *m.* **1** (peso, carico) **burden; load; charge** **2** (responsabilità) **responsibility** **3** *(leg.)* **onus** *(solo sing.)*; **burden;** (obbligo) **obligation**: *l'o. della prova,* the burden of proof ● *(econ.) oneri previdenziali,* welfare contributions.

oneróso *a.* **onerous; burdensome;** (pesante) **heavy, hard.**

onestà *f.* **1** (probità, rettitudine) **honesty; integrity; probity; uprightness**: *un uomo di specchiata o.,* a man of unblemished honesty (o integrity) **2** (castità) **chastity; virtue** **3** (decenza, decoro) **decency; decorum; propriety.**

onestaménte *avv.* **honestly; uprightly; honourably.**

onésto **A** *a.* **1** (integro, retto) **honest; honourable; upright; straightforward;** (equo) **fair**: *un uomo o.,* an honest (o an upright) man □ *un giudice o.,* a fair judge **2** (casto, pudico) **honest; chaste; virtuous** **3** (decente, decoroso) **decent**: *linguaggio o.,* decent language **B** *m.* **what is honest** (o **fair,** etc.); **honour; honourableness.**

ònice *f. (miner.)* **onyx.**

onìrico *a.* **oneiric.**

onisco *m. (zool.,* Oniscus*)* **woodlouse*; sow-bug.**

onnicomprensivo *V.* **omnicomprensivo.**

onnipossènte, onnipotènte *a.* **omnipotent; almighty; all-powerful.**

onnipotènza *f.* **omnipotence; almightiness.**

onnipresènte *a.* **omnipresent; ubiquitous.**

onnipresènza *f.* **omnipresence; ubiquity.**

onnisciènte *a.* **omniscient; all-knowing.**

onnisciènza *f.* **omniscience.**

onniveggènte *a.* **all-seeing.**

onniveggènza *f.* **all-seeingness.**

onnìvoro *a.* **omnivorous.**

onomàstica *f.* **onomastics** *(pl. col verbo al sing.).*

onomàstico **A** *m.* **name day** **B** *a.* **onomastic.**

onomatopèa *f. (linguistica)* **onomatopoeia.**

onomatopèico *a. (linguistica)* **onomatopoeic(al)**: *una parola onomatopeica,* an onomatopoeic word; an onomatope.

onoràbile *a.* **honourable; honorable** *(USA).*

onorabilità *f.* **honourableness;** (buon nome) **reputation.**

onoranza *f. (generalm. al pl.)* **honour**: *tributare solenni onoranze a q.,* to bestow solemn honours upon sb.

onorare **A** *v. t.* **1** to **honour**; to **honor** *(USA)*; to **hold*** **in honour** **2** (conferire onore a) to **honour**; to **do*** **honour** (o **credit**) **to,** to **bestow honour upon** (sb.); (dare lustro a) to **be an honour to** (sb.): *o. la propria famiglia,* to be an honour to one's family □ *o. q. di q.c.,* to honour sb. with st. **3** *(comm.)* to **honour**; to **meet*** **B** **onorarsi** *v. rifl.* to **feel*** (o to **be**) **higly honoured;** to **be proud**: *o. dell'amicizia di q.,* to be proud of sb.'s friendship.

(1) onoràrio *a.* **honorary**: *un socio o.,* an honorary member.

(2) onoràrio *m.* **fee; honorarium*.**

onorataménte *avv.* **honourably; honorably** *(USA)* ● *vivere o.,* to live an honourable life.

onorato *a.* **1** **honoured;** (onorevole) **honourable** **2** (onesto) **honest.**

onóre *m.* **1** **honour;** *(USA)* **honor**: *un uomo d'o.,* a man of honour (o an honourable man) □ *dare la propria parola d'o.,* to give one's word of honour **2** (gloria, vanto) **honour; glory;** (distinzione) **credit** **3** (atto di omaggio) **honour; homage**: *con tutti gli onori,* with full honours □ *rendere o. a q.,* to pay homage to sb. **4** (castità) **honour; chastity** **5** (ufficio, dignità) **office; dignity** **6** *(al pl.:* onorificenze*)* **honours** **7** *(al pl., bridge)* **honours** ● *a o. del vero,* to tell the truth □ *dama d'o.,* lady-in-waiting □ *delitto d'o.,* crime of passion □ *fare o. a un pasto,* to do (ample) justice to a meal □ *farsi o.,* to distinguish oneself □ *salire agli onori degli altari,* to be raised to the altars.

onorévole **A** *a.* **honourable; honorable** *(USA)* **B** *m.* e *f.* **Honourable Member; Member of Parliament** *(abbr.:* **M.P.**).

onorevolménte *avv.* **honourably.**

onorificènza *f.* **honour; dignity.**

onorìfico *a.* **honorific; of honour; honorary.**

ónta *f.* **1** (vergogna, disonore) **shame; dishonour; disgrace; ignominy; infamy**: *arrecare o. alla propria famiglia,* to bring shame (o disgrace) upon one's family **2** (ingiuria, offesa) **injury; insult; offence; outrage** ● *ad o. di,* in spite of; notwithstanding.

ontanéta *f.* **ontanéto** *m.* **alder wood.**

ontano *m. (bot.,* Alnus glutinosa*)* **alder.**

ontologìa *f. (filos.)* **ontology.**

ontològico *a. (filos.)* **ontologic(al).**

ontologismo *m. (filos.)* **ontologism.**

onusto *a. (poet.)* **laden; burdened.**

oolite *f. (miner.)* **oolite; roestone.**

oolìtico *a. (miner.)* **oolitic.**

opacità *f.* **1** **opacity; opaqueness** **2** *(fig.)* **dullness.**

opaco *a.* **1** **opaque** **2** *(fig.)* **dull; muffled; veiled** **3** (senza lucentezza) **dull; lustreless; mat.**

opale *m. (miner.)* **opal.**

opalescènte *a.* **opalescent.**

opalescènza *f.* **opalescence.**

opalina *f.* **opaline; opal glass.**

opalino *a.* **opaline; opal** *(attr.)*: *azzurro o.,* opal blue.

op art *(locuz. ingl.) f. (pitt.)* **op art.**

òpera *f.* **1** (attività, azione, lavoro) **work; action; deed**: *mettersi all'o.,* to get down to work; to set about one's work □ *essere all'o.,* to be at work (on st.) □ *fare un'o. buona,* to do a good action (o deed) **2** (prodotto di un'attività) **work; piece of work**: *opere d'arte,* works of art □ *opere pubbliche,* public works □ *tutte le opere di Shakespeare,* Shakespeare's complete works **3** *(mus.)* **work; opus***: *Beethoven o. 113,* Beethoven opus (*abbr.* op.) 113 **4** (*mus.:* melodramma) **opera**: *cantante d'o.,* opera singer □ *teatro dell'o.,* opera house **5** (mezzo) **means;** (aiuto) **help;** (servigi) **services**: *per o. di q.,* by means of sb.; thanks to sb. □ *valersi dell'o. di q.,* to avail oneself of sb.'s services **6** (organizzazione, istituto, ente) **organization; institution; institute; society**: *un'o. pia,* a charitable institution **7** (lavoro a giornata) **day-labour;** (lavoratore a giornata) **day-labourer, workman*, hand**: *lavorare a o.,* to work by the day ● *fare o. di convincimento presso q.,* to try to convince sb. □ *mano d'o.,* labour; man-power; (lavorazione) workmanship □ *mettere in o.,* to make (st.) ready for use; (mettere in azione) to set (st.) going (o running); (installare) to install □ *(iron.) per completare l'o.,* into the bargain; to make things worse □ *« Non fiori ma opere di bene »,* « no flowers ».

operàbile *a. (med.)* **operable.**

operàia *f.* **worker; workwoman*.**

operàio **A** *m.* **1** **workman*; worker; labourer; hand**: *un o. qualificato,* a skilled worker □ *la paga di un o.,* a worker's wages □ *o. a cottimo,* piece-worker □ *o. a giornata,* day-labourer **2** (addetto a una macchina) **operator; operative; tender**: *un o. addetto a una macchina,* a machine-tender **B** *a. (attr.)* **working; worker**: *api operaie,* worker-bees □ *la classe operaia,* the working class.

operaismo *m. (polit.)* **labourism; laborism** *(USA).*

operante *a.* **1** **operating; working** **2** (efficace) **effectual; efficacious** **3** *(leg.)* **operative.**

operare **A** *v. i.* **1** (agire) to **operate;** to **work;** to **act;** to **take*** **effect**: (di medicina, veleno, ecc.) *o. in fretta (lentamente),* to work quickly (slowly) □ *o. bene,* to act well **2** (di chirurgo) to **operate** **B** *v. t.* **1** to **work;** to **do*;** to **perform;** to **carry out**: *o. una riforma,* to carry out a reform **2** *(med.)* to **operate on** (sb.): *Fui operato di appendicite,* I was operated on for appendicitis.

operativo *a.* **operative; operating.**

operato **A** *a. (ind. tessile)* **diapered** **B** *m.* **action(s).**

operatóre *m.* **1** **operator; worker; agent** **2** *(med.)* **operating surgeon** **3** *(cinem., telev.)* **cameraman*.**

operatòrio *a.* **operating**: *una sala operatoria,* an operating theatre ● *(med.) intervento o.,* operation.

operazióne *f.* **1** (anche *med., mat., mil.*) **operation**: *le operazioni della natura,* the operations of nature □ *un'o. di appendicite,* an operation for appendicitis □ *(med.)*

fare un'o. a q., to perform an operation (up)on sb.; to operate (up)on sb. **2** *(comm.)* **transaction; dealing** *(generalm. al pl.)*: *operazioni di banca*, banking transactions.

opèrcolo *m. (bot., zool.)* **operculum*.**

operétta *f. (mus.)* **operetta*; light opera.**

operettista *m.* e *f. (mus.)* **operettist.**

operettìstico *a. (mus.)* **operette** *(attr.)*.

operìstico *a. (mus.)* **opera** *(attr.)*.

operosaménte *avv.* **laboriously; industriously; actively.**

operosità *f.* **laboriousness; industry; activity.**

operóso *a.* **laborious; industrious; active; hard-working.**

opifìcio *m.* **works** *(pl. col verbo al sing. o al pl.)*; **factory.**

opimo *a. (lett.)* **fertile; fruitful;** (ricco) **rich.**

opinàbile *a.* **opinable;** (pensabile) **thinkable, imaginable.**

opinare *v. t.* e *i.* to **opine** (per lo più *scherz.*); to **deem;** to **think*.**

opinióne *f.* **opinion;** (parere) **mind;** (idea) **notion, view**: *l'o. pubblica (generale)*, public (general) opinion □ *secondo l'o. di q.*, in sb.'s opinion □ *avere buona (cattiva) o. di q.*, to have a good (a poor) opinion of sb. □ *essere di o. che...*, to be of (the) opinion that... □ *cambiare o.*, to change one's mind □ *essere della stessa o.*, to be of a (o one) mind □ *vacillare continuamente nelle proprie opinioni*, not to know one's own mind; to blow hot and blow cold *(fam.)*.

óp là *inter.* **jump!; up you go!**

opòssum *m. (zool.,* Didelphis virginiana*)* **opossum.**

oppiàceo *a.* **opiate.**

oppiare *v. t.* to **opiate.**

oppiato *a.* e *m. (farm.)* **opiate.**

òppio *m.* **opium** (anche *fig.*): *un mangiatore d'o.*, an opium eater.

oppiòmane *m.* e *f.* **opium addict.**

oppiomanìa *f. (med.)* **opiomania; opiumism.**

opponènte ***A*** *a.* **opposing** ***B*** *m.* e *f.* **opponent; opposer; adversary.**

oppórre ***A*** *v. t.* to **oppose;** (obiettare) to **object** ● *o. un ostacolo*, to raise an obstacle □ *o. un rifiuto*, to give a refusal ***B*** **oppórsi** *v. rifl.* **1** to **oppose** (sb., st.); to **set* oneself** (against); to **be opposed** (to) **2** (fare obiezioni) to **object**: *Non mi oppongo affatto*, I don't object at all.

opportunaménte *avv.* **opportunely; at the right moment.**

opportunismo *m.* **opportunism; time-serving.**

opportunista *m.* e *f.* **opportunist; time-server.**

opportunìstico *a.* **opportunist** *(attr.)*; **opportunistic.**

opportunità *f.* **1** **opportuneness; timeliness; expediency** **2** (circostanza opportuna) **opportunity;** (occasione) **occasion, chance**: *cogliere l'o. del momento*, to seize the opportunity; to strike while the iron is hot *(fam.)* □ *non avere l'o. di fare q.c.*, to have no opportunity for doing (o to do) st.

opportuno *a.* **opportune; well-timed; timely; expedient;** (adatto) **suitable, fit;** (conveniente) **convenient;** (giusto) **right, proper**: *ritenere o. di...*, to think it convenient to... □ *in un momento quanto mai o.*, at a most opportune moment; (just) in the nick of time *(fam.)*.

oppositóre *m.* **opposer; opponent.**

opposizióne *f.* **1** (resistenza) **opposition; resistance** **2** (contraddizione) **opposition; contradiction** **3** (obiezione) **objection** **4** *(polit.)* **opposition**: *il partito d'o.*, the opposition party □ *un deputato dell'o.*, a Member of the Opposition ● *fare o. a q.c.*, to object to st.

oppósto ***A*** *a.* **opposite;** (contrapposto) **opposed;** (contrario) **contrary;** (inverso) **reverse**: *il lato o.*, the opposite side □ *in direzioni opposte*, in opposite directions ***B*** *m.* **opposite; contrary; reverse**: *Pensavo proprio l'o.*, I thought quite the contrary □ *all'o.*, on the contrary.

oppressióne *f.* **1** (atto, effetto dell'opprimere) **oppression** **2** (senso di prostrazione) **oppression; depression** ● *dare un senso di o.*, to make (sb.) feel depressed □ *Sento un'o. di stomaco*, there's something lying heavy on my stomach.

oppressivo *a.* **oppressive.**

opprèsso *a.* **1** **oppressed**: *un popolo o.*, an oppressed people □ *o. dal caldo*, oppressed with the heat **2** (sopraffatto) **weighed down; overwhelmed; overcome; overpowered**: *o. dal dolore*, overwhelmed (o weighed down) with grief.

oppressóre ***A*** *m.* **oppressor; tyrant** ***B*** *a.* **oppressive.**

opprimènte *a.* **1** **oppressive** (specialm. *fig.*) **2** (deprimente) **depressing** **3** (che stanca) **tiresome; burdensome.**

opprìmere *v. t.* **1** (tiranneggiare) to **oppress;** to **tyrannize over** (sb.): *o. un popolo*, to oppress a people **2** (gravare su) to **oppress;** to **weigh (up)on;** to **lie* heavy on;** (sopraffare) to **weigh down,** to **crush (down),** to **overwhelm**: *o. la mente*, to weigh (up)on one's mind □ *cibo che opprime lo stomaco*, food that lies (heavy) on the stomach **3** (deprimere) to **oppress;** to **depress.**

oppugnàbile *a.* **confutable; refutable.**

oppugnare *v. t.* **1** (impugnare) to **impugn** **2** (confutare) to **confute;** to **refute.**

oppugnazióne *f.* **1** (impugnazione) **impugnation** **2** (confutazione) **confutation; refutation.**

oppure *cong.* **or;** (altrimenti) **or else, otherwise.**

optare *v. i.* to **opt** (for, between); to **decide** (for).

optimum *(lat.) m.* **optimum.**

opulènto *a.* **1** *(lett.)* **opulent;** (ricco) **rich, wealthy** **2** *(fig.:* rif. a donna*)* **buxom; shapely.**

opulènza *f. (lett.)* **opulence;** (ricchezza) **wealth.**

opùscolo *m.* **1** **pamphlet; brochure** **2** (libretto) **booklet.**

opzionale *a.* **optional.**

opzióne *f.* **option** (anche *comm.*); (scelta) **choice.**

(1) óra *f.* **1** **hour**: *un'ora e mezzo*, an hour and a half □ *un'ora di lezione*, an hour's lesson □ *all'ora (o a ore)*, by the hour □ *nell'ora del pericolo*, in the hour of danger □ *problemi dell'ora*, questions of the hour □ *È uno che non ha ore*, he doesn't keep regular hours □ *(radio, telev.) l'ora dei piccoli*, children's hour □ *Sarò di ritorno fra due ore*, I'll be back in two hours' time **2** *(nel computo del tempo)* **time** (o *idiom.*): *l'ora estiva (o legale)*, summer (o daylight-saving) time □ *l'ora media di Greenwich*, Greenwich mean time □ *Che ora è?*, what time is it? □ *Che ora fai?*, what time do you make it? □ *Sono le (ore) sei e mezzo*, it is half past six □ *Sono le (ore) sei e tre quarti*, it is a quarter to seven **3** (tempo) **time;** (momento) **moment;** (minuto) **minute**: *ora di chiusura*, closing time □ *ora dei pasti*, meal time □ *l'o. del tè*, tea time □ *a una cert'ora*, at a certain moment □ *È ora di andare*, it's time to go □ *all'ora fissata (solita)*, at the appointed (usual) time □ *La mia ora s'avvicina*, my time is drawing near □ *Non ho mai un'ora di pace*, I never have a minute's rest ● *ora di andare a letto*, bedtime □ *ore straordinarie* (di lavoro), overtime □ *da un'ora all'altra*, (fra poco) soon; (improvvisamente) suddenly □ *di buon'ora*, early □ *di ora in ora*, hourly □ *domestica a ore*, part-time domestic help; charwoman □ *fare le ore piccole*, to stay up late □ *in ogni ora della giornata*, at any hour of the day; at any time of day □ *non veder l'ora di fare q.c.*, to look forward to doing st. □ *notizie dell'ultima ora*, the latest news □ *Alla buon'ora!*, at last!

(2) óra ***A*** *avv.* **1** (in questo momento) **now; at present**: *Ora ho da fare*, I'm busy just now □ *ora come ora*, just now; at present; for the time being □ *ora più che mai*, now more than ever □ *d'ora in avanti (o d'ora in poi)*, from now on (o onwards) □ *per ora*, for the present; for the time being **2** (poco fa) **just**: *L'ho visto ora*, I've just seen him **3** (fra poco) **presently; in a moment; in a minute** ● *ora... ora*, now... now; now... then □ *or ora*, just now; a moment ago □ *or sono*, ago: *due anni or sono*, two years ago ***B*** *cong.* **now**: *Ora avvenne che...*, now it happened that...

oracoleggiare *v. i.* to **talk like an oracle.**

oràcolo *m.* **oracle** (anche *fig.*).

òrafo *m.* **goldsmith.**

orale ***A*** *a.* **1** **oral; verbal**: *un esame o.*, an oral

examination **2** *(anat.)* **oral**: *la cavità o.*, the oral cavity ● *per via o.*, by mouth **B** *m.* **oral (examination).**
oralménte *avv.* **orally; by word of mouth.**
oramài *avv.* **1 by now; by this time;** (adesso) **now;** (a questo punto) **at this point 2** (quasi) **almost; nearly.**
orango, orangutàn(o) *m. (zool.,* Pongo pygmaeus*)* **orang-outang; pongo*.**
orare *v. t.* e *i. (lett.)* to **pray.**
oràrio A *a.* **hourly; per hour; time** *(attr.)*: *velocità oraria*, speed per hour □ *alla media oraria di trenta chilometri*, at an average speed of thirty kilometres per hour **B** *m.* **1** (tabella oraria) **time-table; schedule**: *o. delle lezioni*, school time-table **2** (tempo assegnato per fare q.c.) **time; hours** *(pl.)*: *o. d'ufficio*, office hours □ *o. di lavoro*, working hours □ *un impiego a o. intero*, a full-time job □ *essere in o.*, to be on time; to be punctual.
orata *f. (zool.,* Sparus aurata*)* **gilthead.**
oratóre *m.* **orator; public speaker.**
oratòria *f.* **oratory.**
oratòrio A *a.* (dell'oratore) **oratorical B** *m.* **1** (luogo sacro) **oratory 2** (ordine relig.) **Oratory 3** *(mus.)* **oratorio*.**
oratrice *f.* **oratress; (female) orator.**
oraziano *a. (letter.)* **Horatian; of Horace.**
orazióne *f.* **1** *(relig.)* **prayer**: *libretto delle orazioni*, prayer-book □ *l'o. domenicale*, the Lord's Prayer **2** (discorso) **oration; speech**: *un'o. funebre*, a funeral oration.
orbace *m. (ind. tessile)* **(Sardinian) coarse woollen fabric.**
orbare *v. t. (lett.)* to **bereave***; to **deprive.**
òrbe *m. (lett.)* **orb** ● *l'o. terrestre*, the earth.
orbettino *m. (zool.,* Anguis fragilis*)* **slow-worm; blindworm.**
òrbita *f.* **1** *(anat.)* **orbit; eye-socket 2** *(astron., miss.)* **orbit 3** *(fig.)* **orbit; sphere; range (of action)** ● *con gli occhi fuori delle orbite*, with bulging eyes; pop-eyed.
orbitale *a.* **orbital.**
orbitare *v. i. (astron., miss.)* to **orbit.**
òrbo A *a.* **1** *(lett.)* **bereft** (of) **2** (cieco) **blind B** *m.* **blind man*** ● *menare botte da orbi*, to deal out indiscriminate blows.
òrca *f.* **1** *(zool.,* Orcinus orca*)* **killer whale; grampus 2** (mostro marino) **sea-monster.**
orchéssa *f.* **ogress** (anche *fig.*).
orchèstra *f.* **1** *(mus.)* **orchestra;** (da ballo) **band**: *il direttore d'o.*, the conductor (of an orchestra) □ *un'o. d'archi*, a string orchestra **2** *(fig., scherz.)* **cats' concert** *(pop.)*.
orchestrale A *a. (mus.)* **orchestral; orchestra** *(attr.)*: *il corpo o. (o gli orchestrali)*, the orchestra-players **B** *m.* e *f.* **player (in an orchestra); musician.**
orchestrare *v. t. (mus.)* to **orchestrate**; to **score.**
orchestrazióne *f. (mus.)* **orchestration; scoring.**
orchestrina *f.* **light orchestra; dance band.**
orchidèa *f. (bot.)* **orchid; orchis.**
orciàio *m.* **potter.**
órcio *m.* **pitcher; pot; jar.**
òrco *m.* **1 ogre** (anche *fig.*) **2** *(mitol.)* **Orcus.**
òrda *f.* **horde** (anche *fig.*).
ordàlia *f. (stor.)* **ordeal** (anche *fig.*).
ordigno *m.* **1** (congegno) **contrivance; device; gadget** *(fam.)*; **contraption** *(fam.)* **2** (strumento) **implement; tool** (anche *fig.*) ● *o. esplosivo*, booby-trap *(pop.)*.
ordinale *a.* e *m. (mat.)* **ordinal**: *un numero o.*, an ordinal number.
ordinaménto *m.* **1 order; arrangement; organization 2** (complesso di leggi, regolamenti) **regulations** *(pl.)*; **rules** *(pl.)* ● *l'o. giuridico*, the legal system.
ordinando *m. (relig.)* **ordinand.**
ordinanza *f.* **1** (comando, per lo più *leg.*) **ordinance; order; injunction;** (mandato) **warrant 2** *(mil.:* attendente*)* **batman*** ● *(leg.) o. di non luogo a procedere*, nonsuit □ *(mil.) ufficiale d'o.*, orderly officer.
ordinare A *v. t.* **1** (mettere in ordine) to **put*** (o to **set***) **in order**; to **marshal**; to **arrange**; (truppe) to **array**, to **draw* up (in order) 2** (comandare) to **order**; to **command**; to **direct**; to **bid*** *(lett.)*; to **tell***: *o. a q. di fare q.c.*, to order sb. to do st. □ *Mi si ordinò di entrare (uscire)*, I was ordered in (out) **3** (commissionare) to **order**: *gli articoli che Vi abbiamo ordinato*, the articles we ordered (from you) **4** (prescrivere) to **prescribe**: *o. una medicina*, to prescribe a medicine **5** (conferire gli ordini sacri) to **ordain 6** *(elab.)* to **sort B ordinarsi** *v. rifl.* to **arrange oneself;** (prepararsi) to **get* ready.**
ordinariaménte *avv.* **ordinarily;** (di solito) **usually, normally;** (di regola) **as a rule;** (per lo più) **generally, in most cases.**
ordinariato *m.* **teaching post on the regular staff;** (universitario) **(full) professorship.**
ordinàrio A *a.* **1 ordinary; usual; average;** (abituale) **habitual;** (comune) **common, everyday;** (normale) **normal;** (regolare) **regular**: *spese ordinarie*, ordinary charges; recurring expenditure *(sing.)* □ *un insegnante o.*, a regular teacher **2** *(spreg.)* **common;** (insignificante) **plain;** (grossolano) **coarse, vulgar;** (dozzinale) **cheap, of poor quality**: *un vestito o.*, a plain dress □ *stoffa ordinaria*, coarse material ● *cose di ordinaria amministrazione*, ordinary business *(sing.)*; *(fig.)* nothing unusual, nothing out of the ordinary **B** *m.* **1 ordinary**: *fuori dell'o.*, out of the ordinary; unusual **2** (professore o.) **regular teacher;** (universitario) **(full) professor 3** *(relig.)* **ordinary** ● *come d'o.*, as usual □ *d'o.*, usually; ordinarily; as a rule.
ordinata *f.* **1 tidying up 2** *(mat.)* **ordinate 3** *(naut., aeron.)* **frame.**
ordinativo A *a.* **regulative; regulating B** *m. (comm.)* **order**: *passare un o. a q.*, to place an order with sb.
ordinato *a.* **1 tidy; neat; trim; orderly 2** (che si svolge con ordine) **orderly; regular; methodical; systematic.**
ordinatóre A *m.* **orderer; regulator;** (organizzatore) **organizer B** *a.* **regulative; regulating; organizing.**
ordinazióne *f.* **1** *(comm.)* **order;** (specialm. se inviata in G. B. dall'estero) **indent**: *un'o. di prova*, a trial order □ *fatto su o.*, made to order □ *passare (eseguire, annullare) un'o.*, to place (to carry out, to cancel) an order **2** (ricetta del medico) **prescription 3** *(relig.)* **ordination.**
órdine *m.* **1** (disposizione) **order; arrangement;** *(mil.,* anche*)* **array, alignment;** (fila) **line;** (serie) **series, sequence**: *in o. alfabetico*, in alphabetical order □ *mettere q.c. in o.*, to put st. in order □ *in o. di battaglia*, in battle order (o in battle array) **2** (disciplina) **order**: *mantenere l'o.*, to keep order **3** (comando) **order; command**: *fino a nuovo o.*, until further orders □ *essere agli ordini di q.*, *(mil.)* to be under sb.'s orders; *(fig.)* to be at sb.'s beck and call **4** *(comm.:* ordinazione*)* **order**: *accusare ricevimento di un o.*, to acknowledge an order □ *un assegno all'o.*, a cheque to order **5** (comunità, associazione) **order; association**: *gli ordini monastici*, the monastic orders □ *l'O. della Giarrettiera*, the Order of the Garter □ *O. degli Avvocati*, Bar Association **6** (categoria, classe) **order; class; category; rank**: *un ristorante di prim'o.*, a first-class restaurant □ *tutti gli ordini sociali*, all social ranks **7** (genere) **kind; nature 8** *(al pl., relig.)* **orders**: *ricevere gli ordini (sacri)*, to take holy orders **9** *(biol., archit.)* **order 10** *(leg.)* **order; injunction;** (mandato) **warrant, writ**: *un o. di sequestro*, a warrant of attachment ● *o. del giorno*, agenda □ *questioni all'o. del giorno*, items on the agenda □ *o. d'idee*, way of thinking □ *in o. a*, with regard to; concerning; as to □ *numero d'o.*, serial number □ *(comm.) sempre ai Vostri ordini*, faithfully yours □ *È un altro o. di cose*, it's quite a different thing.
ordire *v. t.* **1** *(ind. tessile)* to **warp 2** *(fig.:* tramare*)* to **plot**; to **plan**; to **scheme**; to **contrive**; to **devise**; to **hatch 3** *(fig.:* congegnare*)* to **weave***; to **frame.**
ordito *m. (ind. tessile)* **warp; web** (anche *fig.*).
orditóio *m. (ind. tessile)* **warping machine; warping mill.**
orditura *f.* **1** *(ind. tessile)* **warping;** (l'ordito) **warp 2** *(fig.)* **plot 3** *(edil.)* **frame.**
oreàde *f. (mitol.)* **oread; mountain-nymph.**
orécchia *f.* **1** *V.* **orécchio 2** (all'angolo d'una pagina)

dog-ear.
orecchiàbile *a. (fam.)* **catchy; easily-remembered**: *un motivo o.,* a catchy tune; an ear-catcher.
orecchiante *m. e f. (fam.)* **1** (chi suona a orecchio) **one who plays by ear** **2** (dilettante) **amateur; dabbler.**
orecchiétta *f. (anat.)* **auricle.**
orecchino *m.* **ear-ring; ear-drop.**
orécchio *m.* **1 ear;** (udito) **hearing**: *sordo da un o.,* deaf in one ear □ *essere tutt'orecchi,* to be all ears □ *dare (o prestar) o. a q.c.,* to give ear to st.; to listen to st. □ *avere o. per la musica,* to have an ear for music □ *essere duro d'o.,* to be hard of hearing **2** (d'aratro) **mould-board** **3** (d'ancora) **fluke** **4** *(zool.:* o. esterno*)* **auricle** ● *a forma d'o.,* ear-shaped □ *a portata d'o.,* within earshot □ *(scherz.) avere gli orecchi foderati di prosciutto,* to be hard of hearing □ *cantare (suonare) a o.,* to sing (to play) by ear □ *(fig.) con le orecchie basse,* crestfallen □ *fare le orecchie a un libro,* to dog-ear the pages of a book □ *fare orecchi da mercante,* to turn a deaf ear.
orecchióne *m.* **1** *(mil.:* di bocca da fuoco*)* **trunnion** *(per lo più al pl.)* **2** *(al pl., med.)* **mumps** *(generalm. col verbo al sing.).*
orecchiuto *a.* **with big** (o **long**) **ears; long-eared.**
oréfice *m.* (orafo) **goldsmith;** (gioielliere) **jeweller.**
oreficerìa *f.* **1** (arte dell'orefice) **goldsmith's art; goldsmith(e)ry** **2** (laboratorio dell'orefice) **goldsmith's workshop** **3** (negozio dell'orefice) **goldsmith's (shop); jeweller's (shop)** **4** (lavori dell'orefice) **jewellery.**
òrfana, orfanèlla *f.* **orphan girl; orphan.**
òrfano **A** *a.* **orphan;** (di padre) **fatherless;** (di madre) **motherless**: *rendere o.,* to make an orphan (of); to orphan **B** *m.* **orphan** (anche *fig.).*
orfanotrofio *m.* **orphanage; home for orphans.**
òrfico *a.* **Orphic** (anche *fig.).*
organàio *m.* **organ-maker.**
organdi, orgàndis *m. (ind. tessile)* **organdie.**
organétto *m. (mus.)* **1** (a manovella) **barrel-organ; hurdy-gurdy** **2** (armonica a bocca) **mouth-organ** **3** (fisarmonica) **accordion; concertina.**
organicaménte *avv.* **organically.**
organicità *f.* **organic unity.**
orgànico **A** *a.* **1 organic**: *una malattia organica,* an organic disease **2** *(fig.)* **organic; organized; systematic**: *un tutto o.,* an organic whole **B** *m.* **personnel; staff** ● *essere in o.,* to be on the roll.
organino *m. (mus.)* **1** (a manovella) **barrel-organ; hurdy-gurdy** **2** (a bocca) **mouth-organ.**
organismo *m.* **1 organism** **2** *(fig.)* **(organized) body; organization.**
organista *m. e f.* **organist.**
organizzare **A** *v. t.* **to organize; to set* up;** (predisporre) **to arrange;** (preparare) **to make* preparations for** **B** **organizzarsi** *v. rifl.* **to organize; to get* organized.**
organizzativo *a.* **organizational.**
organizzato **A** *a.* **organized** ● *viaggio o.,* package tour **B** *m.* **member (of an organization).**
organizzatóre *m.* **organizer.**
organizzazióne *f.* **organization.**
òrgano *m.* **1** *(mus.)* **organ**: *un o. a due tastiere,* a two-manual organ **2** *(anat.)* **organ**: *gli organi della digestione,* the organs of digestion **3** *(mecc.)* **member** **4** (centro di funzioni) **organ**: *gli organi del governo,* the organs of Parliament □ *un o. di partito,* a party organ.
organologìa *f. (scient.)* **organology; science of organs.**
organza *f. (ind. tessile)* **organdie.**
organzino *m. (ind. tessile)* **organzine.**
orgasmo *m.* **1** *(fisiologia)* **orgasm** **2** *(fig.)* **excitement; fever; flutter**: *stare in o.,* to be in a state of excitement; to be in a flutter ● *mettersi in o.,* to get excited.
òrgia *f.* **orgy** (anche *fig.)* ● *un'o. di colori,* a triumph of colours.
orgiàstico *a.* **orgiastic** ● *feste orgiastiche,* orgies.
orgóglio *m.* **pride;** (alterigia) **haughtiness, conceit**: *essere l'o. della famiglia,* to be the pride of one's family □ *essere pieno d'o.,* to be full of pride; to be haughty; to be as proud as a peacock *(fam.).*
orgogliosaménte *avv.* **proudly;** (con alterigia) **haughtily.**
orgoglióso *a.* **proud;** (altezzoso) **haughty, supercilious.**
òrice *m. (zool.,* Oryx*)* **oryx.**
oricèllo *m.* (sostanza colorante) **orchil; archil.**
orientàbile *a. (mecc.)* **rotary; revolving.**
orientale **A** *a.* **oriental; eastern; east** *(attr.)*: *paesi (usanze) orientali,* eastern countries (customs) **B** *m. e f.* **Oriental; Easterner.**
orientalismo *m.* **Orientalism.**
orientalista *m. e f.* **Orientalist.**
orientalistica *f.* **Oriental studies** *(pl.).*
orientaménto *m.* **orientation** ● *o. professionale,* vocational guidance □ *perdere l'o.,* to lose one's bearings □ *senso di o.,* sense of locality.
orientare **A** *v. t.* **1 to orient; to orientate; to set*** **2** *(fig.)* **to direct** **3** *(naut.)* **to trim** **B** **orientarsi** *v. rifl.* **1 to orientate oneself; to take* one's bearings** **2** (raccapezzarsi) **to find* one's way; to make* head or tail** (of) *(fam., sempre in frasi neg.)* **3** *(fig.:* indirizzarsi*)* **to take* up.**
orientazióne *f.* **orientation.**
orìènte *m.* **1 orient** *(lett.)*; **east**: *verso o.,* towards the east; eastward *(agg.)*; eastward(s) *(avv.)* **2** (paesi orientali) **Orient** *(lett.)*; **East**: *il Vicino (Medio, Estremo) O.,* the Near (Middle, Far) East.
orifiamma *f. (stor.)* **oriflamme** (anche *fig.).*
orificio, orifizio *m.* **1 orifice** (anche *anat.)*; **opening** **2** (bocca) **mouth** **3** *(zool.:* per la respirazione*)* **spiracle.**
origano *m. (bot.,* Origanum vulgare*)* **(wild) marjoram.**
originale **A** *a.* **1 original**: *il peccato o.,* original sin □ *leggere un libro nella lingua o.,* to read a book in the original **2** (che è proprio dell'autore) **original**: *il testo o.,* the original text **3** *(fig.:* che ha del nuovo*)* **original; first-hand; new; novel; fresh**: *idee originali,* original ideas **4** *(fig.:* bizzarro*)* **original; eccentric; odd; queer; quaint**: *metodi originali,* quaint methods □ *un tipo o.,* a queer customer, a queer fish *(fam.)*; a character **B** *m.* **1** (opera o.) **original** **2** (persona o cosa ritratta) **original; pattern** **C** *m. e f.* (persona bizzarra) **original; character; crank; odd fish** *(fam.)*: *È un bell'o.!,* he's a real original!; he's quite a character!; he's a regular crank! ● *o. televisivo,* teleplay.
originalità *f.* **1 originality**: *l'o. d'un'opera d'arte,* the originality of a work of art **2** (bizzarria) **originality; eccentricity; oddness; oddity.**
originare **A** *v. t.* **to originate; to give* origin to,** to **bring* about** (st.) **B** *v. i.* **to originate** (from, in).
originariaménte *avv.* **originally; at first; in the beginning.**
originàrio *a.* **1 aboriginal;** (nativo) **native**: *gli abitanti originari dell'America,* the aboriginal inhabitants of America □ *essere o. di Roma,* to be a native of Rome; to be Roman by birth **2** (che dà origine) **original; primary; first**: *la causa originaria,* the originary (o primary) cause.
origine *f.* **1** (principio) **origin; beginning; commencement; genesis*; starting-point; initial point;** (fonte) **source;** (radice) **root;** (causa) **cause**: *l'o. dell'uomo,* the origin of man □ *l'o. di un fiume,* the source of a river □ *in o.,* in the beginning; originally **2** (nascita) **origin, birth;** (discendenza) **descent;** (stirpe) **extraction;** (ceppo) **stock**: *d'umile o.,* of humble origin (o of low extraction) □ *di o. irlandese,* of Irish origin (o extraction, stock) **3** (provenienza) **origin; provenance**: *il luogo d'o.,* the place of origin ● *avere o. da q.c.,* to originate from (o in) st. □ *dare o. a q.c.,* to originate st.; to give rise to st.
origliare *v. i.* **to eavesdrop.**
orina *f.* **urine; water** *(fam.)*; **piss** *(volg.).*
orinale *m.* **urinal; chamber-pot; jerry** *(pop.).*
orinare **A** *v. i.* **to urinate; to pass water** *(fam.)*; **to piss** *(volg.)* **B** *v. t.* **to urinate.**
orinatóio *m.* **public urinal; gents'** *(fam.).*

oriòlo *m.* *(zool.,* Oriolus oriolus*)* **(golden) oriole.**
orittèropo *m.* *(zool.,* Orycteropus afer*)* **aardvark.**
oriundo ***A*** *a.* **native** ***B*** *m.* *(sport)* **foreign-born player.**
orizzontale *a.* ***1*** **horizontal; level**: *in posizione o.*, in a horizontal position ***2*** (dell'orizzonte) **horizontal; of the horizon; on the horizon** ● *mettersi in posizione o.*, to lie down.
orizzontalità *f.* **horizontal position.**
orizzontare ***A*** *v. t.* to **orient** ***B*** **orizzontarsi** *v. rifl.* ***1*** to **orientate oneself**; to **take* one's bearings** ***2*** (raccapezzarsi) to **find* one's way; to make* (it) out**; to **make* head or tail** (of) *(fam., sempre in frasi neg.)*.
orizzónte *m.* *(in ogni senso)* **horizon.**
orlare *v. t.* to **hem**; (bordare) to **border**, to **edge**; (una cosa rotonda) to **rim**: *o. un fazzoletto*, to hem a handkerchief ● *o. a giorno*, to hemstitch.
orlatóre *m.* (operaio, macchina) **hemmer.**
orlatura *f.* ***1*** (l'orlare) **hemming** ***2*** (orlo) **hem; border.**
órlo *m.* ***1*** (estremità, margine) **border; edge; margin; verge; brink; brim; rim**: *sedere sull'o. d'una sedia*, to sit on the edge of a chair □ *l'o. d'un precipizio*, the brink of a precipice □ *un bicchiere pieno fino all'o.*, a glass full to the brim □ *(fig.) essere sull'o. della fossa*, to be on the brink of the grave; to have one foot in the grave □ *(fig.) sull'o. della disperazione*, on the verge of despair ***2*** (lembo di vestito, di lavoro di tela, ecc.) **hem; border**: *fare un o.*, to make a hem; to hem ● *fare l'o. a giorno*, to hemstitch □ *punto a o.*, hemstitch.
órma *f.* **track**; (traccia) **mark, trace**; (di piede) **footprint, footmark, (foot)step**: *orme sulla neve*, tracks in the snow □ *(fig.) seguire (o calcare) le orme di q.*, to tread in sb.'s footsteps.
ormài *V.* **oramài.**
ormeggiare *v. t.* **ormeggiarsi** *v. rifl.* *(naut.)* to **moor.**
orméggio *m.* *(naut.)* ***1*** (l'ormeggiare) **mooring; moorage** ***2*** *(al pl.:* cavi e catene che servono per ormeggiare*)* **moorings** ● *diritti d'o.*, moorage *(sing.)* □ *posto d'o.*, berth; moorings *(pl.)*.
ormonale *a.* *(biol., med.)* **hormone** *(attr.)*; **hormonal.**
ormóne *m.* *(biol.)* **hormone.**
ornamentale *a.* **ornamental; decorative.**
ornamentazióne *f.* ***1*** (l'ornare) **ornamentation** ***2*** (gli ornamenti) **ornamentation; ornaments** *(pl.)*; **decorations** *(pl.)*.
ornaménto *m.* ***1*** (l'ornare) **ornamentation** ***2*** (cosa per abbellire) **ornament** (anche *fig.*); **decoration**: *essere di o. (a)*, to be an ornament (to) ***3*** *(mus.)* **ornament; embellishment; grace.**
ornare ***A*** *v. t.* (anche *fig.*) to **adorn**; to **embellish**; to **deck**; to **decorate**; to **ornament** ***B*** **ornarsi** *v. rifl.* to **adorn oneself**, to **deck oneself** (with).
ornatézza *f.* **ornateness; elegance.**
ornatista *m.* **ornamentalist; ornamentist.**
ornativo *a.* **decorative; ornamental.**
ornato ***A*** *a.* ***1*** **adorned; embellished; decked; decorated**; (dotato) **endowed** ***2*** (dello stile) **ornate; flowery; florid** ***B*** *m.* ***1*** *(disegno)* **ornamental design** ***2*** (insieme di motivi ornamentali) **ornamentation; decoration.**
ornatura *f.* **ornamentation.**
orneblènda *f.* *(miner.)* **hornblend(e).**
ornitologìa *f.* **ornithology.**
ornitòlogo *m.* **ornithologist; bird-fancier.**
ornitorinco *m.* *(zool.,* Ornithorhynchus anatinus*)* **duck-billed platypus; duckbill.**
òro *m.* ***1*** **gold**: *oro zecchino (o oro fino)*, fine gold □ *oro massiccio*, solid gold □ *un orologio d'oro*, a gold watch □ *un uomo che vale tanto oro quanto pesa*, a man worth his weight in gold; a sterling fellow ***2*** *(al pl.:* gioielli*)* **jewellery**; (posate) **gold plate** ● *oro in lingotti*, bullion □ *un affare d'oro*, a wonderful bargain □ *capelli d'oro*, golden hair □ *cercatore d'oro*, gold-digger □ *corsa all'oro*, gold rush □ *placcato in oro*, gold-plated □ *(fig.) vendere q.c. a peso d'oro*, to sell st. at a very high price □ *Non lo farei per tutto l'oro del mondo*, I wouldn't do it for all the money in the world.
orogènesi *f.* *(geol.)* **orogenesis; orogeny.**
orografìa *f.* *(geogr.)* **orography.**
orogràfico *a.* *(geogr.)* **orographic(al).**
orologerìa *f.* ***1*** (negozio dell'orologiaio) **watchmaker's (shop)** ***2*** (meccanismo d'un orologio) **clockwork** ● *bomba a o.*, time-bomb.
orologiàio *m.* **watchmaker.**
orològio *m.* **watch**; (da muro, ecc.) **clock**; (in genere) **time-piece**: *un o. a cronometro*, a stop-watch; a timer □ *un o. a pendolo*, a pendulum-clock □ *un o. marcatempo*, a time clock □ *Il mio o. è avanti (indietro) di due minuti*, my watch is two minutes fast (slow) □ *Il mio o. va avanti (resta indietro) due minuti al giorno*, my watch gains (loses) two minutes a day □ *mettere un o. all'ora esatta*, to set a clock (o a watch) ● *(zool.) o. della morte*, death-watch □ *o. solare*, sun-dial □ *nel senso delle lancette dell'o.*, clockwise □ *un'ora d'o.*, a whole hour.
oroscopìa *f.* **horoscopy.**
oròscopo *m.* **horoscope**: *trarre l'o.*, to cast a horoscope.
orpellare *v. t.* to **tinsel.**
orpèllo *m.* ***1*** *(metall.)* **pinchbeck; Dutch gold; Prince Rupert's metal** ***2*** *(fig.)* **tinsel.**
orrendaménte *avv.* **horribly; hideously; dreadfully.**
orrèndo *a.* **horrible; horrid; horrific; hideous; dreadful.**
orrìbile *a.* ***1*** **horrible; horrid; hideous** ***2*** (terribile) **terrible; terrific; awful; shocking; dreadful.**
orribilménte *avv.* **horribly; hideously.**
òrrido ***A*** *a.* **horrid; hideous; grim** ***B*** *m.* **ravine.**
orripilante *a.* **horripilant; horrifying; hair-raising; blood-curdling.**
orripilazióne *f.* *(med.)* **horripilation.**
orróre *m.* **horror** *(anche concreto)*; **dread; terror**: *avere un sacro o. di q.c.*, to have a great dread of st.; to have a holy terror of st. *(fam.)* □ *Mi faceva o.*, it filled me with horror; it horrified me ● *film dell'o.*, horror film □ *sacro o.* (timore reverenziale), awe: *pervaso da sacro o.*, awe-stricken □ *una vista che desta o.*, a horror-inspiring sight □ *Che o.!*, that's horrible! □ *Che o. di donna!*, what a horrible woman!
órsa *f.* **she-bear** ● *(astron.) O. maggiore*, Ursa Major; Great Bear □ *(astron.) O. minore*, Ursa Minor; Little Bear.
orsacchiòtto *m.* ***1*** **bear cub** ***2*** (giocattolo) **teddy bear.**
orsàggine *f.* **surliness; bearish manners** *(pl.)*.
órso *m.* **bear** (anche *fig.*): *un o. bruno (grigio)*, a brown (grizzly) bear □ *un o. polare*, a polar (o sea) bear.
orsolina *a.* e *f.* *(relig.)* **Ursuline.**
orsù *inter.* **come on!**
ortàggio *m.* *(agric.)* **vegetable**: *gli ortaggi*, vegetables; greens.
ortàglia *f.* *(agric.)* **vegetable-garden; kitchen-garden.**
ortènsia *f.* *(bot.,* Hydrangea hortensia*)* **hydrangea.**
ortica *f.* *(bot.,* Urtica*)* **(stinging-)nettle**: *pungere come l'o.*, to sting like a nettle; to nettle ● *(fig.) gettare la tonaca alle ortiche*, to unfrock oneself.
orticàio *m.* **nettle-bed.**
orticària *f.* *(med.)* **urticaria; nettle-rash.**
ortìcolo *a.* **horticultural.**
orticoltóre *m.* **horticulturist.**
orticoltura *f.* **horticulture.**
ortivo *a.* *(agric.)* **vegetable** *(attr.)*: *un terreno o.*, a vegetable-garden; a kitchen-garden.
òrto *m.* *(agric.)* **market-garden** (di un orticoltore); **kitchen-garden; back garden** ● *o. botanico*, botanical garden □ *(fam.) star coi frati e zappar l'o.*, to pretend not to know □ *(fam.) Non è erba del tuo o.*, it's not your own work □ *(fam.) Non è la via dell'o.*, it's a long way to go.
orto- *(in parole composte)* **ortho-.**
ortoclàsio *m.* *(miner.)* **orthoclase; common feldspar.**
ortodontìa *f.* *(med.)* **orthodontics** *(pl. col verbo al sing.)*.

ortodòntico *a. (med.)* **orthodontic.**
ortodossìa *f. (relig.)* **orthodoxy** (anche *fig.*).
ortodòsso *a.* e *m. (relig.)* **orthodox** (anche *fig.*).
ortofrutticolo *a.* **fruit and vegetable** *(attr.)*.
ortogonale *a. (geom.)* **orthogonal; right-angled.**
ortogonalità *f. (mecc.)* **squareness.**
ortogonalménte *avv. (geom.)* **orthogonally; at right angles.**
ortografìa *f. (gramm.)* **orthography; (correct) spelling**: *errori d'o.*, spelling mistakes.
ortogràfico *a. (gramm.)* **orthographic(al); of spelling.**
ortolano *m.* **1** (chi coltiva l'orto) **market-gardener 2** (chi vende ortaggi) **greengrocer 3** *(zool.*, Emberiza hortulana*)* **ortolan.**
ortomercato *m.* **fruit and vegetable market.**
ortopedìa *f. (med.)* **orthop(a)edy; orthop(a)edics** *(pl. col verbo al sing.)*.
ortopèdico *(med.)* **A** *a.* **orthop(a)edic(al)** ● *busto o.*, brace **B** *m.* **orthop(a)edist.**
òrza *f. (naut.)* **1** (canapo) **bowline 2** (fianco della nave sopravvento) **weatherboard; windward side** ● *andare all'o.*, to haul to the wind (o to windward); to luff.
orẓaiòlo *m. (med.)* **sty(e).**
orzare *v. t.* e *i. (naut.)* to **luff;** to **haul to the wind** (o to **windward).**
(1) orẓata *f. (naut.)* **luff.**
(2) orẓata *f.* **1** (acqua d'orzo) **barley-water 2** (sciroppo di mandorle) **orgeat.**
orẓato *a.* **(made) with barley; barley** *(attr.)*.
òrẓo *m. (bot.*, Hordeum*)* **barley**: *o. perlato*, pearl barley □ *acqua d'o.*, barley water □ *zucchero d'o.*, barley sugar.
oṣanna *inter.* e *m. (relig.)* **hosanna.**
oṣannare *v. i.* to **sing* hosanna.**
oṣare *v. t.* e *i.* to **dare***; to **venture**: *Come osi dire una cosa simile?*, how dare you say such a thing? □ *Non ho mai osato chiederglielo*, I never dared (to) ask him □ *Oserei dire*, I dare say ● *o. il tutto per tutto*, to risk one's all.
òscar *m. invar. (cinem.)* **Oscar** (anche *fig.*).
oscenaménte *avv.* **obscenely; indecently; lewdly.**
oscenità *f.* **obscenity; indecency; lewdness.**
oscèno *a.* **1** (che offende il pudore) **obscene; indecent; lewd 2** (abominevole) **abominable; loathsome.**
oscillante *a.* **1 swinging; oscillating 2** (di prezzi, temperatura, ecc.) **fluctuating**: *prezzi oscillanti*, fluctuating (o unsteady) prices ● *(radio) circuito o.*, oscillatory circuit.
oscillare *v. i.* **1** to **swing***; to **oscillate;** to **move to and fro;** (dondolare) to **rock**: *l'o. d'un pendolo*, the swinging of a pendulum **2** (di prezzi, temperatura, ecc.) to **fluctuate;** to **be unsteady 3** (essere dubbioso) to **fluctuate;** to **vacillate;** to **waver 4** *(elettr., radio)* to **oscillate** ● *far o.*, to swing; to rock.
oscillatóre *m. (elettr., radio)* **oscillator.**
oscillatòrio *a. (fis., mecc.)* **oscillatory; oscillating.**
oscillazióne *f.* **1** (l'oscillare) **oscillation; oscillating; swinging; moving to and fro; rocking 2** (di prezzi, temperatura, ecc.) **fluctuation; fluctuating 3** *(elettr., radio, telev.)* **oscillation 4** *(aeron.)* **oscillation**: *o. laterale (longitudinale)*, lateral (longitudinal) oscillation ● *(cinem.) o. dell'immagine*, unsteady picture □ *(cinem.) o. del suono*, flutter.
oscillògrafo *m. (fis.)* **oscillograph.**
oscilloscòpio *m. (fis.)* **oscilloscope.**
osculatóre *a. (mat.)* **osculating.**
osculazióne *f. (mat.)* **osculation.**
oscuraménte *avv.* **obscurely; darkly** ● *vivere o.*, to live in obscurity.
oscuraménto *m.* **1 obscuration; obscuring; darkening; dimming 2** *(mil.)* **blackout;** (parziale) **dim-out.**
oscurantiṣmo *m.* **obscurantism.**
oscurantista *m.* e *f.* **obscurantist.**
oscurare A *v. t.* **1** (anche *fig.*) to **obscure;** to **darken;** to **dim;** to **overshadow 2** *(mil.)* to **black out;** (parzialmente) to **dim out B oscurarsi** *v. rifl.* **1** to **be come*** (o to **grow***, to **get***) **dark** (o **dim**); to **darken;** to **dim;** to **cloud over**: *Il cielo si oscurò*, the sky clouded over **2** *(fig.)* to **be obscured.**
oscuratóre *m.* **1** (di sala, teatro) **dimmer 2** (di oblò) **deadlight.**
oscurità *f.* (anche *fig.*) **darkness; obscurity.**
oscuro A *a.* **1** (anche *fig.*) **dark; gloomy; sombre**: *Si fa o.*, it's getting dark □ *una notte oscura, senza luna*, a dark, moonless night □ *il lato o. delle cose*, the dark side of things **2** (difficile a comprendersi) **obscure; dark**: *passi oscuri*, obscure passages; obscurities □ *uno stile o.*, an obscure style **3** (non conosciuto) **obscure**: *un o. villaggio*, an obscure village **4** (umile) **humble; lowly**: *di origine oscura*, of humble birth **5** (di colore) **dark; sombre B** *m.* **dark** (anche *fig.*); **darkness**: *camminare all'o.*, to walk in the dark □ *tenere q. all'o. di q.c.*, to keep sb. in the dark about st.
òṣmio *m. (chim.)* **osmium.**
oṣmòṣi *f. (chim., fis.)* **osmosis; osmose.**
ospedale *m.* **hospital**: *un o. da campo*, a field hospital.
ospedalière, ospedalièro A *a.* **of a hospital; hospital** *(attr.)* **B** *m.* **hospital worker.**
ospedaliẓẓare *v. t.* to **hospitalize.**
ospedaliẓẓazióne *f.* **hospitalization; admission to hospital.**
ospitale *a.* **hospitable** ● *fare un'accoglienza o. a q.*, to make sb. welcome.
ospitalità *f.* **hospitality** ● *abusare dell'o. altrui*, to outstay one's welcome.
ospitare *v. t.* **1** to **give* hospitality to** (sb.); to **entertain 2** (alloggiare) to **lodge;** to **put*** (sb.) **up** *(fam.)* ● *Quell'albergo può o. 500 persone*, that hotel can accomodate 500 guests.
òspite *m.* e *f.* **1** (chi alloggia q. nella sua casa) **host** *(masch.)*; **hostess** *(femm.)* **2** (persona ospitata) **guest**: *un o. gradito*, a welcome guest □ *dare il benvenuto agli ospiti*, to welcome one's guests ● *(radio, telev.) o. d'onore*, special guest □ *partirsene insalutato o.*, to leave without saying good-bye; to take French leave □ *(sport) la squadra o.*, the visiting team.
ospìzio *m.* **hospice; home; house of refuge**: *un o. per i ciechi*, a home for the blind ● *o. per i trovatelli*, foundling hospital.
ossame *m.* **heap of bones.**
ossàrio *m.* **ossuary; charnel-house.**
ossatura *f.* **1** *(anat.)* **skeleton; bony framework; bones** *(pl.)*: *l'o. del corpo umano*, the skeleton of the human body **2** *(archit.)* **frame(work); structure; carcass, carcase**: *l'o. d'un grattacielo*, the skeleton (o the cage) of a skyscraper **3** *(fig.)* **structure** ● *avere una solida o.*, to be strongly-built □ *un uomo dall'o. solida*, a strongly-built (o sturdy) man.
osseina *f. (biol.)* **ossein(e); bone-cartilage.**
òsseo *a.* **bony; osseous**: *tessuto o.*, bony tissue.
ossequènte *a.* **respectful; deferential; submissive**: *o. alla tradizione*, respectful of tradition ● *o. alla legge*, law-abiding.
ossequiare *v. t.* to **pay* one's respects to** (sb.).
ossèquio *m.* **1 respect; regard; esteem;** (deferenza) **deference 2** (omaggio) **homage 3** *(al pl.)* **respects; regards**: *i miei migliori ossequi*, my best regards □ *Riceva i miei ossequi*, please accept my respects ● *in o. alla legge*, in obedience to the law; in observance of the law.
ossequiosaménte *avv.* **deferentially; respectfully;** (quasi servilmente) **obsequiously, in an obsequious manner.**
ossequiosità *f.* **1 deference; respectfulness 2 obsequiousness.**
ossequióso *a.* **1 deferential; respectful 2** (che suole fare ossequio) **obsequious**: *un o. adulatore*, an obsequious flatterer.
osservante A *a.* **observing; observant** ● *o. delle leggi*, law abiding **B** *m. (relig.)* **Observant.**
osservanza *f.* **1 observance;** (conformità) **compliance 2** (ossequio) **regards** *(pl.)*.
osservare *v. t.* **1** to **observe;** to **watch;** (esaminare) to **examine,** to **look through** (st.) **2** (rilevare) to **observe;** to **remark;** (far notare) to **point out;** (notare) to **notice;**

(obiettare) to **object** ***3*** (mantenere, rispettare) to **observe; to keep***: *o. una promessa,* to keep a promise □ *o. la legge (i regolamenti),* to observe (o to comply with) the law (the rules) □ *o. una dieta rigorosa,* to keep to a strict diet ● *o. il digiuno,* to fast □ *fare o. q.c. a q.,* to point out st. to sb.; to draw sb.'s attention to st. □ *non farsi o.,* to escape observation □ *Nulla da o.?,* any questions?

osservatóre *m.* **observer.**

osservatòrio *m.* ***1*** *(astron., meteorologia)* **observatory** ***2*** *(mil.)* **observation post.**

osservazióne *f.* ***1*** **observation**: *spirito d'o.,* power of observation □ *tenere q. sotto o.,* to keep sb. under observation ***2*** (nota, commento) **observation; note; remark; comment;** (obiezione) **objection**: *fare un'o.,* to make a remark; to raise an objection.

ossessionante *a.* **obsessive; obsessing; haunting.**

ossessionare *v. t.* to **obsess;** to **haunt;** (tormentare) to **harass,** to **torment,** to **worry.**

ossessióne *f. (psic.)* **obsession** (anche *fig.).*

ossessivo *a.* **obsessive; obsessing.**

ossèsso *m.* ***1*** (indemoniato) **person possessed** ***2*** (pazzo) **madman*.**

ossìa *cong.* (ovvero) **or;** (cioè) **that is, id est** (*abbr.:* **i. e.**).

ossiànico *a. (letter.)* **Ossianic.**

ossidàbile *a. (chim.)* **oxidizable; oxidable.**

ossidare *v. t.* **ossidarsi** *v. rifl. (chim.)* to **oxidize.**

ossidazióne *f. (chim.)* **oxidization; oxidation.**

òssido *m. (chim.)* **oxide**: *o. di ferro,* iron oxide.

ossìdrico *a. (chim.)* **oxyhydrogen**: *un cannello o.,* an oxyhydrogen blowpipe □ *la fiamma ossidrica,* the oxyhydrogen flame.

ossìfero *a. (geol.)* **ossiferous.**

ossificare *v. t.* **ossificarsi** *v. rifl.* to **ossify** (anche *fig.).*

ossificazióne *f.* **ossification.**

ossìfraga *f. (zool.,* Macronectes giganteus*)* **giant petrel; nelly.**

ossigenare *v. t.* ***1*** to **oxygenate** ***2*** (trattare con acqua ossigenata) to **peroxide;** to **bleach.**

ossigenato *a.* ***1*** **oxygenated**: *acqua ossigenata,* oxygenated water; hydrogen peroxide ***2*** (trattato con acqua ossigenata) **peroxided; bleached**: *capelli ossigenati,* bleached hair.

ossigenazióne *f. (chim.)* **oxygenation.**

ossìgeno *m. (chim.)* **oxygen** ● *(fig.) dare o. a q.,* to relieve sb.

ossiuro *m. (zool.,* Oxyuris vermicularis*)* **pinworm.**

òsso *m. (pl. m.* **òssi,** specialm. rif. a parti ossee di animale; *f.* **òssa,** *con significato collett.)* ***1*** **bone**: *le ossa della mano,* the bones of the hand □ *Il freddo mi penetrava nelle ossa,* I was frozen to the bone ***2*** *(al pl.:* corpo*)* **bones**: *le mie povere ossa,* my weary bones ***3*** (nocciolo) **stone**: *l'o. di una ciliegia,* a cherry stone ● *o. di balena,* whalebone □ *o. di seppia,* cuttle-bone □ *(fig.) un o. duro* (da rodere), a hard nut to crack □ *essere bagnato fino alle ossa,* to be soaked to the skin; to be wet through □ *essere di carne e ossa,* to be made of flesh and blood; to be human □ *fare l'o. a q.c.* (abituarsi), to get used to st. □ *in carne e ossa,* in the flesh; in person □ (di persona) *essere ridotto pelle e ossa,* to be (only) skin and bone □ *(fig.) rompere le ossa a q.,* to give sb. a sound beating (o a good thrashing).

ossobuco *m. (cucina)* **marrowbone.**

ossuto *a.* **bony; big-boned.**

ostacolare *v. t.* to **hinder;** to **handicap;** (intralciare) to **hamper,** to **stand* in** (sb.'s) **way;** (ostruire) to **obstruct;** (impedire) to **impede.**

ostacolista *m.* e *f.* ***1*** *(sport)* **hurdler** ***2*** *(equitazione)* **steeplechaser.**

ostàcolo *m.* ***1*** **obstacle; hindrance; handicap; obstruction; impediment; stumbling-block; drawback; lion in the path** *(fam.);* **snag** *(pop.)*: *opporre un o.,* to raise an obstacle ***2*** *(sport)* **obstacle; hurdle**: *una corsa a ostacoli,* an obstacle-race; a hurdle-race; the hurdles *(pl.)* ● *(equitazione) corsa a ostacoli,* steeplechase.

ostàggio *m.* **hostage**: *tenere q. in o.,* to hold sb. as a hostage.

ostare *v. i.* to **hinder;** to **be opposed.**

òste *m.* **host; innkeeper; publican; landlord.**

osteggiare *v. t.* to **be hostile to** (sb., st.); to **oppose.**

ostèllo *m.* ***1*** (albergo della gioventù) **(youth) hostel** ***2*** *(lett.:* albergo, abitazione*)* **hostel; abode.**

ostensòrio *m. (relig.)* **ostensory; monstrance.**

ostentaménto *m.* **ostentation; display.**

ostentare *v. t.* to **make* a show** (o **a display, a parade) of** (st.); to **display;** to **parade;** to **show* off** *(fam.)*: *o. la propria bravura,* to parade one's skill; to show off *(fam.)*; to blow one's own trumpet *(pop.).*

ostentataménte *avv.* **ostentatiously; pretentiously.**

ostentato *a.* **ostentatious; pretentious.**

ostentazióne *f.* **ostentation; showing off** *(fam.)*; **display; parade; show**: *Era tutta o.!,* it was all show (o make-believe).

osteo- *(in parole composte)* (terminologia medica) **osteo-, oste-.**

osteologìa *f. (scient.)* **osteology.**

osterìa *f.* **inn; tavern; public house** (*abbr.:* **pub).**

osterìggio *m. (naut.)* **skylight.**

ostéssa *f.* ***1*** **hostess; landlady; innkeeper** ***2*** (moglie dell'oste) **innkeeper's wife*.**

ostètrica *f.* **obstetrician;** (levatrice) **midwife*.**

ostetrìcia *f. (med.)* **obstetrics** *(pl. col verbo al sing.)*; **midwifery.**

ostètrico ***A*** *a.* **obstetric(al)** ***B*** *m.* **obstetrician; accoucheur** *(franc.).*

òstia *f.* ***1*** *(relig.)* **Host** ***2*** (sottilissima sfoglia di farina) **wafer.**

ostiàrio *m. (relig.)* **ostiary.**

òstico *a.* ***1*** (di sapore sgradevole) **harsh; disgusting; disagreeable; nasty;** (amaro) **bitter** ***2*** *(fig.)* **harsh;** (duro) **hard;** (spiacevole) **unpleasant.**

ostile *a.* **hostile;** (contrario) **contrary, adverse**: *essere o. a q.c.,* to be hostile (o contrary) to st.

ostilità *f.* ***1*** **hostility** ***2*** *(al pl., mil.)* **hostilities**: *incominciare (sospendere) le o.,* to open (to suspend) hostilities.

ostinarsi *v. rifl.* to **be obstinate;** (persistere) to **persist;** (insistere) to **insist,** to **be determined**: *Non ostinarti così!,* don't be so obstinate!; don't insist! □ *o. a voler fare q.c.,* to be determined on doing st. □ *o. a volere l'ultima parola,* to insist on having the last word.

ostinataménte *avv.* **obstinately; with obstinacy; stubbornly; doggedly; pertinaciously; mulishly** *(fam.)*; **pig-headedly** *(pop.).*

ostinatézza *f.* **obstinacy; stubbornness; pertinacity.**

ostinato ***A*** *a.* **obstinate; stubborn;** (testardo) **headstrong, dogged, mulish** *(fam.);* **pig-headed** *(pop.);* (pertinace) **pertinacious, determined** ***B*** *m.* **obstinate** (o **stubborn) person; mule** *(fam.).*

ostinazióne *f.* **obstinacy; stubbornness;** (testardaggine) **doggedness, mulishness** *(fam.),* **pig-headedness** *(pop.);* (pertinacia) **pertinacity.**

ostracismo *m. (stor.)* **ostracism** (anche *fig.)* ● *(fig.) dare l'o. a q.,* to ostracize sb.; to boycott sb.; to send sb. to Coventry *(fam.).*

òstrica *f. (zool.,* Ostrea edulis*)* **oyster**: *o. perlifera* (Meleagrina margaritifera), pearl-oyster □ *un banco di ostriche,* an oyster-bank.

ostricàio *m.* ***1*** (venditore di ostriche) **oyster-man*** ***2*** (allevamento di ostriche) **oyster-farm.**

ostrogòto ***A*** *a. (stor.)* **Ostrogothic** ***B*** *m.* ***1*** *(stor.)* **Ostrogoth** ***2*** *(fig.)* **barbarian** ● *(fig.) parlare o.,* to speak Greek (o double Dutch).

ostruire ***A*** *v. t.* to **obstruct;** (bloccare) to **block,** to **jam;** (occludere) to **occlude,** to **close up;** (impedire) to **stop,** to **interrupt;** (intasare) to **clog**: *o. il traffico,* to obstruct the traffic ***B*** **ostruirsi** *v. rifl.* to **become*** (o to **get*) obstructed;** to **clog;** (di melma) to **silt up.**

ostruttivo *a.* **obstructive; obstructing.**

ostruzióne *f.* **obstruction** (anche *fig.)*; **blocking up; jamming;** (occlusione) **occlusion, stoppage;** (intasamento) **clogging.**

ostruzionismo *m. (polit.)* **obstructionism; filibus-**

tering *(USA)*.
ostruzionista *m.* e *f.* *(polit.)* **obstructionist; filibuster** *(USA)*.
otalgìa *f.* *(med.)* **otalgia; earache.**
otarda *f.* *(zool.,* Otis tarda*)* **great bustard.**
otària *f.* *(zool.,* Otaria*)* **sea-lion; otary.**
otite *f.* *(med.)* **otitis; inflammation of the ear.**
oto- *(in parole composte)* **oto-.**
otoiatra *m.* e *f.* *(med.)* **otologist; ear specialist.**
otoiatrìa *f.* *(med.)* **otology.**
otorinolaringoiatra *m.* e *f.* *(med.)* **otolaryngologist; ear, nose and throat specialist.**
otorinolaringoiatrìa *f.* *(med.)* **otolaryngology; treatment of the ear, nose and throat diseases.**
ótre *m.* **leather bag (**o **bottle); goatskin** ● *essere pieno come un o.,* to be as full as an egg; to be full up *(fam.)*.
otrìcolo *m.* *(anat., bot.)* **utricle.**
òtta *(in parole composte)* **octa-, octo-.**
ottaèdrico *a.* *(geom.)* **octahedral.**
ottaèdro *m.* *(geom.)* **octahedron*.**
ottagonale *a.* *(geom.)* **octagonal.**
ottàgono *m.* *(geom.)* **octagon.**
ottano *m.* *(chim.)* **octane.**
ottanta *a. num. card.* e *m.* **eighty** ● *avere superato gli o. anni,* to be over eighty; to be in one's eighties.
ottante *m.* *(geom., astron., naut.)* **octant.**
ottantènne ***A*** *a.* **eighty years old** *(pred.)*; **eighty-year-old** *(attr.)* ***B*** *m.* e *f.* **person eighty years old; eighty-year-old person; octogenarian.**
ottantènnio *m.* **period of eighty years.**
ottantèsimo *a. num. ord.* e *m.* **eightieth.**
ottantina *f.* ***1*** (complesso di ottanta) **group of eighty; four score** ***2*** (circa ottanta) **some (**o **about) eighty**: *un'o. di persone,* some eighty people ● *un uomo sull'o.,* a man in his eighties.
ottativo *a.* e *m.* *(gramm.)* **optative.**
ottava *f.* *(relig., mus., poesia)* **octave.**
ottavino *m.* *(mus.)* **octave flute; piccolo*.**
ottavo ***A*** *a. num. ord.* **eighth**: *Carlo O.,* Charles the Eighth ***B*** *m.* ***1*** **eighth** ***2*** *(tipogr.)* **octavo***: *in o.,* in octavo *(abbr.:* **8vo, oct.**).
ottemperanza *f.* **compliance**: *in o. a,* in compliance with.
ottemperare *v. i.* to **comply with** (st.).
ottenebramento *m.* **obtenebration; overshadowing.**
ottenebrare *v. t.* **ottenebrarsi** *v. rifl.* (anche *fig.*) to **darken**; to **cloud.**
ottenére *v. t.* to **obtain**; to **get***; to **achieve**; to **attain**; to **gain**; to **reach**: *o. un buon risultato,* to obtain (o to achieve) a good result ◻ *o. informazioni,* to get (o to gain) information.
ottenìbile *a.* **obtainable; gettable;** (conseguibile) **attainable, achievable.**
ottenimento *m.* **obtainment;** (conseguimento) **attainment, achievement.**
ottènne *a.* **eight years old** *(pred.)*; **eight-year-old** *(attr.)*; **aged eight.**
ottentòtto *m.* **Hottentot** (anche *fig.*).
ottétto *m.* *(mus.)* **octet, octette.**
òttica *f.* ***1*** *(fis.)* **optics** *(pl. col verbo al sing.)* ***2*** *(fig.:* punto di vista*)* **point of view; viewpoint.**
òttico ***A*** *a.* ***1*** **optic**: *il nervo o.,* the optic nerve ***2*** (che concerne l'ottica) **optical**: *strumenti ottici,* optical instruments ***B*** *m.* **optician.**
ottimale *a.* **optimal; optimum** *(attr.)*.
ottimamente *avv.* **very well; quite well; excellently.**
ottimismo *m.* **optimism** (anche *filos.*).
ottimista *m.* e *f.* **optimist** (anche *filos.*).
ottimìstico *a.* **optimistic(al).**
ottimizzare *v. t.* to **optimize.**
òttimo ***A*** *a. superl.* **very good; quite good;** (eccellente) **excellent, first-rate, capital** ● *godere ottima salute,* to enjoy the best of health; to be in the pink (of health) *(fam.)* ***B*** *m.* **(the) best.**
òtto *a. num. card.* e *m.* **eight**: *una bambina di o. anni,* a girl eight years old; an eight-year-old girl ◻ *Sono le o.,* it's eight (o'clock) ● *o. volante,* switchback ◻ *(tipogr.)* *corpo o.,* eight-point body; brevier ◻ *ogni o. giorni,* once a week ◻ *È chiaro come quattro e quattro fa o.,* it's as plain as the nose on one's face (o as a pikestaff) *(fam.)*.
ottobrata *f.* *(fam.)* **picnic (**o **trip) in October.**
ottóbre *m.* **October.**
ottobrino *a.* **of October; October** *(attr.)*.
ottocentésco *a.* **nineteenth-century** *(attr.)*.
ottocentèsimo *a. num. ord.* e *m.* **eight hundredth.**
ottocentista *m.* e *f.* ***1*** **nineteenth-century writer (**o **artist)** ***2*** *(sport)* **eight-hundred-metre runner.**
ottocènto *a. num. card.* e *m.* **eight hundred** ● *l'O.,* (il secolo nono) the ninth century; (il secolo decimonono) the nineteenth century.
ottomana *f.* **ottoman; sofa; settee.**
ottomano *a.* e *m.* **Ottoman.**
ottomila *a. num. card.* e *m.* **eight thousand.**
ottonàio *m.* **brazier.**
ottonare *v. t.* to **coat with brass**; to **brass.**
ottonàrio *a.* e *f.* *(poesia)* **octosyllabic.**
ottóne *m.* ***1*** **brass**: *una targa d'o.,* a brass plate ***2*** *(al pl., mus.)* **(the) brass** *(sing.)*.
ottuagenàrio *a.* e *m.* **octogenarian.**
ottùndere *v. t.* ***1*** to **blunt** (anche *fig.*) ***2*** *(fig.)* to **dull**; to **obtund** (specialm. *med.*).
ottuplicare *v. t.* to **multiply by eight.**
òttuplo *a.* **octuple; eightfold; eight times as much.**
otturare ***A*** *v. t.* to **stop**; to **fill**; to **close up**; to **obturate**: *o. un dente,* to fill (o to stop) a tooth ***2*** (tamponare) to **plug** ***3*** (intasare) to **clog**; to **choke** ***4*** (ostruire) to **obstruct**; to **stop up**; to **block** ***B*** **otturarsi** *v. rifl.* to **close up**; to **clog**; to **get* choked up.**
otturatóre *m.* ***1*** (d'arma da fuoco) **obturator; breech-block** ***2*** *(fotogr., cinem.)* **shutter.**
otturazióne *f.* **stopping; filling; plugging; obturation.**
ottusàngolo *a.* *(geom.)* **obtuse-angled.**
ottusità *f.* ***1*** **obtuseness; obtusity; bluntness** ***2*** (mancanza di perspicacia) **dullness; obtuseness; doltishness.**
ottuso *a.* ***1*** (smussato, privo di punta) **blunt; obtuse; dull** ***2*** *(geom.)* **obtuse** ***3*** (lento nell'apprendere) **dull; dull-brained; obtuse; slow in understanding; flat; doltish**: *una persona ottusa,* a dull person; a dullard; a dolt ***4*** (non chiaro, oscuro) **dull; obscure** ***5*** (non acuto, sordo) **dull; flat; muffled**: *con voce ottusa,* in a dull voice.
ouverture *(franc.)* *f.* *(mus.)* **overture.**
ovàia *f.* *(anat.)* **ovary.**
ovale *a.* e *m.* **oval.**
ovàrio *m.* *(anat., bot.)* **ovary.**
ovatta *f.* **cotton wool; wadding.**
ovattare *v. t.* ***1*** to **wad**; to **pad** ***2*** *(fig.)* to **tone down**; to **muffle.**
ovazióne *f.* **ovation.**
óve *(lett.)* ***A*** *avv.* **where**: *ove crescono le rose,* where roses grow ● *ove che sia,* anywhere; everywhere ***B*** *cong.* **if; in case**: *ove non gli piaccia,* in case he does not like it.
òvest *m.* *(geogr.)* **west**: *ad o.,* in the west; (in direzione o.) to the west ◻ *nord-o.,* north-west ◻ *il vento dell'o.,* the west wind ● *i paesi dell'o.,* the Western countries ◻ *verso o.,* westward *(agg.)*; westwards *(avv.)*.
ovidótto *m.* *(anat.)* **oviduct.**
ovifórme *a.* *(lett.)* **egg-shaped; oviform.**
ovile *m.* **sheepfold** ● *ritornare all'o.,* to return to the fold (anche *fig.*).
ovino *a.* e *m.* **ovine**: *gli (animali) ovini,* the ovines.
ovìparo *a.* *(zool.)* **oviparous.**
ovoidale *a.* **ovoidal; ovoid; egg-shaped.**
ovòide *a.* e *m.* **ovoid.**
òvolo *m.* ***1*** *(bot.,* Amanita caesarea*)* **royal agaric** ***2*** *(bot.:* ovulo*)* **ovule** ***3*** *(archit.)* **ovolo*** ● *(bot.)* *o. malefico* (Amanita muscaria) fly agaric.
ovulazióne *f.* *(biol.)* **ovulation.**
òvulo *m.* *(bot., anat.)* **ovule.**
ovùnque *V.* **dovùnque.**
ovvéro *cong.* **or; or rather.**

ovviaménte *avv.* **obviously; evidently; naturally.**
ovviare *v. i.* to **obviate,** to **ward off** (st.).
ovvietà *f.* **obviousness.**
òvvio *a.* **obvious;** (evidente) **self-evident, manifest;** (naturale) **natural**: *una verità ovvia,* a manifest truth □ *È o.,* it's only too natural; it goes without saying.
ozelòt *m. (zool.,* Felis pardalis*)* **ocelot; tiger-cat.**
oziare, ozieggiare *v. i.* to **be idle;** to **idle about;** to **laze;** to **hang* (idly) about;** to **loaf;** to **twiddle one's thumbs** *(fam.)* ● *perdere il tempo oziando,* to be an idler; to idle (o to loaf, to while) away one's time.
òzio *m.* **idleness;** (neghittosità) **sloth;** (inattività) **inactivity**: *vivere (o poltrire) nell'o.,* to live in idleness □ *o. forzato,* forced inactivity ● *ore d'o.,* leisure hours; spare time □ *stare in o.,* to be idle; to idle about; to laze; to loaf; to twiddle one's thumbs *(fam.).*
oziosàggine *f.* **idleness; slothfulness; sluggishness.**
oziosaménte *avv.* **idly; in idleness.**
oziosità *f.* ***1*** **idleness** ***2*** (inutilità) **futility; idleness.**
ozióso ***A*** *a.* ***1*** **idle;** (neghittoso) **slothful, sluggish;** (inoperoso) **inactive**: *starsene o.,* to be idle; to idle away one's time; to loaf; to twiddle one's thumbs *(fam.)* ***2*** (inutile, vano) **idle; futile; vain**: *storielle oziose,* idle tales ***B*** *m.* **idler; loafer; sluggard.**
ozonizzare *v. t. (chim.)* to **ozonize.**
ozonizzatóre *m.* **ozonizer; ozone generator.**
ozòno *m. (chim.)* **ozone.**

P

P, p *m.* o *f.* **P, p** ● *(tel.) p come Palermo,* p for Peter □ *p. e.* (per esempio), e. g.; for example □ *p. p.* (prossimo passato), ult.; last □ *p. v.* (prossimo venturo), prox.; next.
pacare *v. t. (lett.)* to **placate;** to **pacify;** to **appease.**
pacatézza *f.* **placidity; peacefulness; calmness.**
pacato *a.* **placid; peaceful; calm; quiet.**
pacca *f.* **slap; smack.**
pacchétto *m.* **packet**: *un p. di sigarette,* a packet of cigarettes ● *(econ.) p. anticongiunturale,* booster measures *(pl.)* □ *(fin.) p. azionario,* parcel of shares □ *(econ.) p. di aiuti,* aid package.
pàcchia *f. (fam.)* **jolly good time; high jinks; cakes and ale** *(pop.).*
pacchianata *f.* **gross behaviour.**
pacchianerìa *f.* **garishness; showiness; gaudiness.**
pacchiano *a.* **garish; showy; flashy; gaudy**: *eleganza pacchiana,* garish elegance.
pacchiare *v. i. (fam.)* to **eat* greedily;** to **gormandize.**
pacco *m.* ***1*** **parcel; package**: *a mezzo p. postale,* by parcel post □ *confezionare un p.,* to make up a parcel □ *spedire (ritirare) un p.,* to post (to collect) a parcel ***2*** (involto) **bundle**: *un p. di giornali,* a bundle of papers ● *carta da pacchi,* brown paper.
paccottìglia *f.* **trumpery wares** *(pl.)*; **trash; worthless stuff.**
pace *f.* **peace;** (quiete, tranquillità, anche) **quietness, tranquillity;** (riposo) **rest**: *la p. dello spirito,* peace of mind □ *ottenere una p. onorevole,* to obtain peace with honour □ *(leg.) un giudice di p.,* a justice of the peace □ *essere in p.,* to be at peace □ *fare la p.,* to make peace □ *sopportare q. (q.c.) per amor di p.,* to put up with sb. (st.) for the sake of peace and quiet □ *turbare la p. pubblica,* to disturb the peace □ *la p. eterna,* eternal rest ● *darsi p.,* to resign oneself □ (di persona) *fare la p. con q.,* to make peace (o to make it up) with sb. □ *lasciare q. in p.,* to leave sb. alone □ *P. all'anima sua!,* peace be with him! □ *Santa p.!,* my goodness!
pachidèrma *m. (zool.)* **pachyderm** (anche *fig.*).
pachistano *a.* e *m.* **Pakistani.**
pacière *m.* **peacemaker; make-peace.**
pacificaménte *avv.* **pacifically; peacefully; tranquilly** ● *vivere p.,* to live a peaceful life.
pacificare ***A*** *v. t.* ***1*** (riconciliare) to **reconcile;** to **conciliate** ***2*** (mettere in pace) to **pacify;** to **appease;** to **pour oil on troubled waters** *(fam.)* ***B*** **pacificarsi** *v. rifl.* to **make* peace;** to **become* reconciled;** to **make* it up** *(fam.).*
pacificatóre *m.* **peacemaker.**
pacificazióne *f.* **pacification; reconciliation.**
pacìfico *a.* ***1*** **pacific; peaceful; peace-loving;** (tranquillo) **tranquil;** (quieto) **quiet**: *un uomo p.,* a (quiet and) peaceful man; a good-natured man ***2*** (ovvio) **obvious; self-evident.**
pacifismo *m.* **pacifism.**
pacifista *m.* e *f.* **pacifist; peacemonger** *(spreg.).*
pacioccóne *m. (fam.)* **plump, easy-going person.**
padano *a. (geogr.)* **of the Po; Po** *(attr.).*
padèlla *f.* ***1*** **frying pan** ***2*** (per gli infermi) **bed-pan; Dutch clock** *(pop.)* ***3*** (scaldaletto) **warming pan** ● *pesce in p.,* fried fish.
padellata *f.* ***1*** (quantità) **panful** ***2*** (colpo dato con una padella) **blow with a pan.**
padiglióne *m.* ***1*** *(mil.)* **pavilion; tent** ***2*** (baldacchino) **canopy** (anche *fig.*) ***3*** (edificio isolato che fa parte d'una serie) **pavilion;** (corsia) **ward** ***4*** *(anat.)* **pavilion; auricle.**
padovano *a.* e *m.* **Paduan.**
padre *m.* ***1*** **father**: *p. adottivo,* adoptive father; foster

father □ *essere p. di tre figli,* to be the father of three children □ *fare da p. a q.,* to be a father to sb. ***2*** (*relig.*) **father**: *il Santo P.,* the Holy Father □ *P. Cristoforo,* Father Cristoforo ***3*** (antenato) **forefather; ancestor**: *i nostri padri,* our forefathers ● (*relig.*) *p. spirituale,* father confessor □ *il signor Bianchi p.,* Mr Bianchi senior.

padretèrno *m.* (*relig.*) **God the Father** ● (*fig.*) *credersi un p.,* to think one is God Almighty.

padrigno *V.* **patrigno.**

padrino *m.* ***1*** (compare) **godfather** ***2*** (testimone in una vertenza cavalleresca) **second.**

padronale *a.* **of a master; master's**: *l'autorità p.,* the master's (o owner's) authority.

padronanza *f.* ***1*** **mastery; mastership; command; control**: *la p. di sé,* self-control ***2*** (*fig.*: piena conoscenza) **mastery; command; thorough knowledge**: *avere la p. di q.c.,* to have a thorough knowledge of st. ● *acquistare la p. d'una lingua straniera,* to master a foreign language.

padronato *m.* (i padroni) **(the) owners;** (la classe padronale) **(the) ruling class;** (i datori di lavoro) **(the) employers.**

padroncino *m.* ***1*** **taxi-driver who owns his taxi** ***2*** **truck owner-driver.**

padróne *m.* ***1*** **master; boss** (*fam.*): *essere p. della situazione,* to be master of the situation □ *farla da p.,* to play the lord and master; to lord it ***2*** (proprietario) **owner** ***3*** (terriero o di case d'affitto) **landlord** ***4*** (datore di lavoro) **employer; boss** (*fam.*) ● *essere p. di fare q.c.,* to be free to do st. □ *non essere p. delle proprie azioni,* not to be responsible for one's actions □ *non essere più p. di sé,* to have lost one's self-control □ *P.! (o Padronissimo!),* please yourself!; granted!; all right then!

padroneggiare ***A*** *v. t.* ***1*** to **master** (anche *fig.*); to **boss** (*fam.*) ***2*** (dominare) to **rule;** to **sway;** to **command;** to **control** ***B*** *v. i.* to **play the master** (o **the mistress,** *femm.*); to **be bossy** (*fam.*) ***C*** **padroneggiarsi** *v. rifl.* to **control oneself** ● *non saper p.,* to lack self-control.

paella (*spagn.*) *f.* (*cucina*) **paella.**

paeṣàggio *m.* **landscape** (anche *arte*); **scenery;** (panorama) **view, panorama.**

paeṣaggista *V.* **paeṣista.**

paeṣano ***A*** *a.* **of** (o **from**) **the country; country** (*attr.*): *la vita paesana,* country life ● *prodotti paesani,* home products ***B*** *m.* **countryman*; villager** ● *i paesani,* country people (o folk).

paéṣe *m.* ***1*** (nazione) **country;** (terra) **land;** (luogo) **place**: *scoprire paesi nuovi,* to discover new lands □ *il p. natio,* one's native place; one's birthplace ***2*** (villaggio) **village;** (cittadina) **(small) town** ● *il P. dei Balocchi,* Toyland □ *avere nostalgia del proprio p.,* to be homesick □ *gente di p.,* country people; provincials □ (*fam.*) *mandare q. a quel p.,* to tell sb. to go to hell.

paeṣista *m.* e *f.* (*arte*) **landscape-painter; landscapist.**

paeṣìstico *a.* (*arte*) **landscape** (*attr.*).

paf, pàffete *inter.* (*fam.*) **bang!**

paffuto *a.* **plump; chubby** ● *diventare p.,* to plump up (o out).

paga *f.* **pay;** (salario) **wage** (*comunemente al pl.*); (stipendio) **salary**: *La mia p. è di trenta sterline la settimana,* my wages are thirty pounds a week □ *foglio p.,* pay-sheet □ *tabella base delle paghe,* wage-scale ● (*fig.*) *per p.,* in return.

pagàbile *a.* (*comm.*) **payable**: *una cambiale p. a vista,* a bill payable at sight □ *p. al portatore,* payable to bearer.

pagàia *f.* (*naut.*) **paddle.**

pagaménto *m.* (*comm.*) **payment**: *p. anticipato,* payment in advance □ *p. a rate,* payment by instalments □ *avviso di p.,* notice of payment □ *condizioni di p.,* terms of payment □ *far fronte a un p.,* to meet a payment ● *p. alla consegna (o contro assegno),* cash on delivery □ *mancato p.,* non-payment □ *mandato di p.,* money-order.

paganéṣimo *m.* **paganism; heathenism.**

paganiẓẓare *v. t.* to **paganize;** to **convert to paganism;** to **heathenize.**

pagano *a.* e *m.* **pagan** (anche *fig.*); **heathen**: *il mondo p.,* the pagan world; heathendom.

pagare *v. t.* ***1*** to **pay*** (for); (saldare) to **settle**: *p. i creditori,* to pay (off) one's creditors □ *Quanto l'hai pagato?,* how much did you pay for it? □ *Me la pagherai!,* you'll pay for it! □ *p. alla consegna,* to pay cash on delivery □ *p. a tamburo battente,* to pay on the nail □ *p. in contanti,* to pay cash (down) □ *p. un occhio della testa,* to pay through the nose □ *p. in natura,* to pay in kind □ *p. un conto,* to settle an account ***2*** (ricompensare) to **repay*;** to **pay* back;** to **reward**: (*fig.*) *p. q. della stessa moneta,* to pay sb. back in his own coin ***3*** (offrire) to **treat** (to); to **stand*** (*fam.*): *p. da bere a q.,* to stand sb. a drink ● *far p. q.c. a q.,* to charge sb. for st. □ *Stasera pago io!,* it's my turn to pay tonight! □ *Non so cosa pagherei per poterlo salvare,* I would give anything (o the world) to be able to save him.

pagatóre ***A*** *m.* **payer** ***B*** *a.* **paying; pay** (*attr.*): *un ufficiale p.,* a paymaster.

pagèlla *f.* **school report; report-card.**

pàggio *m.* **page** ● *pettinatura alla p. (o a paggetto),* pageboy (style).

pagherò *m.* (*comm.*) **I owe you** (*abbr.*: **I O U**) ● *p. cambiario,* promissory note (*abbr.*: **P/N**).

paghétta *f.* (*fam.*) **pocket-money.**

pàgina *f.* ***1*** **page** (anche *fig.*): *una p. bianca,* a blank page □ *numerare le pagine d'un libro,* to number the pages of a book; to page a book ***2*** (*bot.*) **pagina*; blade.**

paginatura *f.* **pagination; page-numbering.**

pàglia *f.* **straw**: *un cappello di p.,* a straw hat □ (*fig.*) *un uomo di p.,* a man of straw ● *p. di ferro,* steel wool □ *una casetta col tetto di p.,* a thatched cottage □ (*fig.*) *un fuoco di p.,* a flash in the pan □ (*fig.*) *mettere la p. vicino al fuoco,* to tempt fate.

pagliaccésco *a.* (*spreg.*) **clownish; clown-like.**

pagliaccétto *m.* ***1*** (abitino per bambini) **(pair of) rompers** ***2*** (indumento intimo femm.) **combinations** (*pl.*).

pagliacciata *f.* **(piece of) buffoonery** ● *Non fare pagliacciate!,* don't play the buffoon!

pagliàccio *m.* **clown; buffoon** (anche *fig., spreg.*); **merry-andrew** (*fam.*).

pagliàio *m.* **straw-rick; straw-stack.**

pagliericcio *m.* **straw mattress; pallet; palliasse.**

paglierino *a.* **straw-coloured; straw-yellow.**

pagliétta *f.* ***1*** (cappello di paglia) **straw hat** ***2*** (di ferro, per lucidare pentole) **steel wool.**

pagliétto *m.* (*naut.*) **mat.**

pagliuzza *f.* ***1*** **straw; mote**: (*fig.*) *attaccarsi a una p.,* to catch at a straw ***2*** (d'oro, d'argento) **minute particle.**

pagnòtta *f.* ***1*** **loaf* (of bread)**: *mezza p.,* half a loaf ***2*** (*fig.*) **living; bread and butter** (*fam.*): *lavorare per la p.,* to work for one's bread and butter.

pago *a.* **content, contented, satisfied** (with).

pagòda *f.* ***1*** (*archit.*) **pagoda** ***2*** (moneta indiana) **pagoda.**

paguro *m.* (*zool.,* Pagurus) **hermit-crab; pagurian.**

paillard (*franc.*) *f.* (*cucina*) **grilled sirloin.**

paillette (*franc.*) *f.* (*moda*) **paillette; sequin; spangle.**

pàio *m.* ***1*** **pair**: *un p. di scarpe nuove,* a new pair of shoes ***2*** (oggetto formato da due parti distinte) **pair**: *un p. d'occhiali (di forbici),* a pair of spectacles (scissors) ***3*** (coppia) **couple; two (or three);** (di selvaggina) **brace*;** (di buoi) **yoke***: *tra un p. d'ore,* in a couple of hours; in an hour or two □ *cinque paia di buoi,* five yoke of oxen ● *fare il p.,* to be well-matched □ *È un altro p. di maniche,* that's another pair of shoes; that's quite a different story.

paiolata *f.* **potful; pot.**

paiòlo *m.* **pot;** (calderone) **cauldron**: *essere nero come un p.,* to be as black as a tinker's pot.

pala *f.* ***1*** **shovel** ***2*** (di remo, elica, ventilatore) **blade; vane;** (di ruota) **paddle** ● (*arte*) *p. d'altare,* altar-piece.

paladino *m.* ***1*** (nei romanzi cavallereschi) **paladin** ***2*** (*fig.*) **paladin; champion** ● *farsi p. di,* to champion.

palafitta *f.* ***1*** (*edil.*) **pile-work; pile-structure; piles**

(pl.); **spiles** *(pl.)*: *un'abitazione costruita su palafitte,* a pile(-built) dwelling **2** *(archeol.)* **palafitte** ● *un villaggio costruito su palafitte,* a lake-hamlet (o -village).
palafittare *v. t. (edil.)* to **pile**; to **support with piles.**
palafittìcolo **A** *a.* **lake** *(attr.)*; **pile** *(attr.)* **B** *m.* **lake--dweller; pile-dweller.**
palafrenière *m.* **groom.**
palafréno *m.* **palfrey; saddle-horse.**
palaménto *m. (naut.)* **oarage; outfit of oars.**
palamidóne *m. (scherz.)* **long frock-coat.**
palanca *f.* **1** (trave) **beam; girder** **2** *(pop.:* moneta di rame*)* **copper** ● *le palanche,* money; brass *(pop.)*.
palancato *m.* **palisade; stockade.**
palanchino *m.* **1** (specie di portantina) **palanquin, palankeen** **2** (specie di carrucola) **crow-bar; pinch(--bar).**
palàncola *f.* **plank; foot-bridge.**
palandrana *f.* **long, loose garment.**
palare *v. t.* (rafforzare con pali) to **pile**; to **support with piles.**
palata *f.* **1** (quanta roba sta nella pala) **shovelful** **2** (colpo di pala) **blow with a shovel** **3** (colpo di remo) **stroke (of an oar)** ● *a palate,* in plenty □ *denaro a palate,* heaps (o piles) of money □ *fare denaro a palate,* to make a mint of money *(fam.)*.
palatale *a. (anat., fon.)* **palatal.**
(1) palatino *a. (anat.)* **palatine; palatal.**
(2) palatino *a.* **1** (di palazzo) **palatine** **2** *(stor.)* **Palatine.**
palato *m.* **1** *(anat.)* **palate**: *p. duro (molle),* hard (soft) palate **2** (senso del gusto) **palate; (sense of) taste** ● *cibi che stuzzicano il p.,* appetizing food □ *gradevole al p.,* palatable.
palazzina *f.* **villa.**
palazzo *m.* **1** (reggia) **palace**: *il P. Reale,* the Royal Palace **2** (grande casa signorile) **mansion** **3** (edificio) **building;** (casamento) **block of flats** **4** (sede di uffici pubblici) **hall**: *il P. Municipale,* the Town Hall □ *il P. di Giustizia,* the Hall of Justice ● *il P. della Borsa,* the Stock Exchange.
palchettista *m.* e *f. (teatr.)* **box-holder.**
palchétto *m.* **1** **shelf*** **2** *(miner.)* **stull** **3** *(teatr.)* **box.**
palco *m.* **1** *(edil.)* **flooring; scaffolding** **2** (tribuna) **platform; stand**: *il p. della banda musicale,* the band--stand **3** (patibolo) **scaffold; gallows** **4** *(teatr.)* **box**: *un p. di prim'ordine,* a first-tier box **5** *(naut.)* **bridge** **6** *(zool.)* **antler** **7** (strato) **layer**: *disporre q.c. a palchi,* to lay st. in layers.
palcoscènico *m. (teatr.)* **stage** (anche *fig.*).
(1) palèo *m. (bot.)* **fescue-grass.**
(2) palèo *m.* (trottola) **whipping-top.**
palèo- *(in parole composte)* **palaeo-.**
paleografìa *f.* **pal(a)eography.**
paleògrafo *m.* **pal(a)eographer.**
paleolìtico *a.* **pal(a)eolithic.**
paleontologìa *f. (scient.)* **pal(a)eontology.**
paleontòlogo *m.* **pal(a)eontologist.**
paleozòico *a.* e *m. (geol.)* **Pal(a)eozoic.**
palesare **A** *v. t.* to **reveal;** to **disclose;** to **lay* open;** to **divulge;** to **make* known** **B** **palesarsi** *v. rifl.* to **reveal** (o **to show***) **oneself.**
palése *a.* **manifest; clear;** (noto) **well-known;** (evidente) **evident, obvious** ● *in p.,* manifestly; openly □ *rendere p.,* to manifest; to make known; (rivelare) to reveal, to disclose, to lay open.
paleseménte *avv.* **manifestly; clearly; obviously.**
palestinése *a.* e *m.* **Palestinian.**
palèstra *f.* **1** **gymnasium*** **2** *(fig.)* **gymnastics** *(pl.)*; **exercise; training** **3** *(stor.)* **pal(a)estra** (anche *fig.*); **wrestling-school.**
palétta *f.* **1** (per il focolare) **(fireside) shovel;** (giocattolo) **spade** **2** *(mecc.)* **blade** **3** *(agric.)* **trowel**: *una p. da giardiniere,* a garden trowel **4** (da vasaio) **pallet;** (da artista, anche) **palette** **5** *(ferr.)* **signal stick** **6** *(anat.)* **blade-bone.**
palettata *f.* **1** (quanta roba sta in una paletta) **shovelful** **2** (colpo di paletta) **blow with a shovel.**
palétto *m.* **1** **stake; pole** **2** (chiavistello) **bolt; sliding bar** ● *mettere il p. all'uscio,* to bolt the door.
palina *f.* **ranging rod.**
palingènesi *f.* **palingenesy; palingenesis.**
palinodìa *f.* **1** *(letter.)* **palinode** **2** (ritrattazione) **recantation.**
palinsèsto *m.* **palimpsest.**
pàlio *m.* **prize**: *mettere in p.,* to offer as a prize □ *vincere il p.,* to carry off the prize.
palissandro *m.* **rosewood.**
palizzata *f.* **fence; paling; palisade.**
palla *f.* **1** **ball**: *una p. di gomma,* a rubber ball □ *giocare a p.,* to play ball **2** (pallottola, proiettile) **bullet; shell; shot** **3** (per votazioni) **ballot** **4** *(al pl., volg.:* testicoli*)* **balls** ● *(sport) p. a volo,* volley-ball □ *(fam.) p. dell'occhio,* eyeball □ *p. di cavolfiore,* head of cauliflower □ *p. di neve,* snowball □ *(sport) p. ovale,* rugby □ *(zool.) pesce p.,* globefish □ *(fig.) prendere la p. al balzo,* to seize an opportunity.
pallabase *f. (sport)* **baseball.**
pallacanèstro *m. (sport)* **basket-ball.**
palladiano *a. (archit.)* **Palladian.**
pallàdio *m. (chim.)* **palladium.**
pallàio *m.* (luogo dove si gioca alle bocce) **bowling--green.**
pallamàglio *m.* o *f. (sport)* **pall-mall.**
pallanuotista *m.* e *f. (sport)* **water-polo player.**
pallanuòto *f. (sport)* **water polo.**
pallata *f.* **blow from a ball** ● *assalire q. a pallate (di neve),* to pelt sb. with snowballs □ *fare a pallate di neve,* to throw snowballs.
pallavolista *m.* e *f. (sport)* **volley-ball player.**
pallavólo *m. (sport)* **volley-ball.**
palleggiaménto *m. (calcio)* **dribbling.**
palleggiare **A** *v. i.* **1** (giocare a palla) to **play ball** **2** *(calcio)* to **dribble** **B** *v. t.* to **toss;** to **toss about** **C** **palleggiarsi** *v. rifl. recipr.* to **shift** (st.) **on to each other** (o **one another).**
palléggio *m. (calcio)* **dribble.**
pallettóni *m. pl.* **buckshot.**
palliare *v. t.* **1** *(stor.)* to **cover with a pallium** **2** *(fig.)* to **cloak;** to **disguise;** to **conceal.**
palliativo *a.* e *m. (farm.)* **palliative** (anche *fig.*).
pallidìccio *a.* **rather pale; palish.**
pàllido *a.* **1** **pale; pallid** *(lett.)*; **colourless; wan**: *un viso p.,* a pale face □ *la pallida Morte,* pallid Death □ *una luce pallida,* a pale (o dim) light □ *diventare (o farsi) p.,* to turn (o to grow) pale; to lose colour; to go white *(fam.)* □ *essere p. come un morto,* to be as pale as death (o a ghost) **2** *(fig.)* **pale; dim; faint; slight**: *una pallida immagine del vero,* a pale image of truth □ *Non ne ho la più pallida idea,* I haven't the slightest idea.
pallidùccio *a.* **palish; rather pale.**
pallina *f.* **1** (piccola palla) **little ball** **2** (bilia) **marble.**
pallino *m.* **1** (nel gioco delle bocce) **jack;** (nel gioco del biliardo) **cue ball** **2** (da caccia) **shot*; pellet** **3** *(fig.:* mania*)* **craze; mania**: *avere il p. di q.c.,* to have a mania for st.; to be crazy about st.; to be (dead) nuts on st. *(pop.)* ● *a pallini,* spotted; (di tessuto) polka-dot *(attr.)*.
pàllio *m. (stor., relig.)* **pallium*.**
pallonàio *m.* **1** (chi vende palloncini per bambini) **seller of balloons** **2** *(fig.:* chi dice fandonie*)* **bouncer** *(pop.)*.
pallonata *f.* **1** (colpo di pallone) **blow (with a football)** **2** *(fig.:* fandonia*)* **bounce(r)** *(pop.)*; **thumping big lie** ● *prendere una p. in testa,* to be struck on the head with a ball.
palloncino *m.* **1** (lampioncino di carta colorata) **Chinese lantern** **2** (giocattolo) **(toy-)balloon.**
pallóne *m.* **1** **ball;** (per il gioco del calcio) **football** **2** (gioco del calcio) **football**: *giocare a p.,* to play football **3** (gioco del p. col bracciale) **pallone** **4** *(aeron.)* **balloon**: *un p. frenato,* a captive balloon □ *un p. sonda,* a sounding balloon **5** *(chim.)* **flask** ● *(bot.) p. di maggio* (Viburnum opulus), **snowball** □ *(fig.) essere un p. gonfiato,* to be puffed up.
pallonétto *m. (sport)* **lob.**
pallóre *m.* **pallor; paleness.**
pallòttola *f.* **1** **(small) ball; pellet** **2** (per arma da

fuoco) **bullet; shot** ***3*** (del pallottoliere) **bead; counter** ● *(scherz.) un naso a p.*, a snub nose.
pallottolière *m.* **abacus*.**
(1) palma *f.* ***1*** *(anat.)* **palm** ***2*** (di remo) **palm; blade** ● *(fig.) tenere (o portare) q. in p. di mano*, to make much of sb.; to set great store upon sb.
(2) palma *f.* ***1*** *(bot.)* **palm**: *p. da datteri* (Phoenix dactylifera), date-palm □ *p. del cocco* (Cocos nucifera), coconut-palm ***2*** (foglia o ramo di p.) **palm** (anche *fig.*); **palm-leaf*; palm-branch**: *la domenica delle Palme*, Palm Sunday □ *riportare la p.*, to carry off the palm.
palmare *a.* ***1*** *(anat.)* **palmar** ***2*** *(fig.)* **patent; palpable;** (evidente) **evident, obvious.**
palmato *a.* *(bot., zool.)* **palmate; palmated** ● *dal piede palmato*, web-footed.
palménto *m.* **millstone** ● *(fig.) macinare a due palmenti*, to gobble; to gorge; to eat greedily.
palméto *m.* **palm-grove.**
palmìpede *(zool.)* ***A*** *a.* **palmiped; web-footed** ***B*** *m.* **palmiped.**
palmìzio *m.* ***1*** **palm-tree** ***2*** (foglie di palma intrecciate) **palm.**
palmo *m.* ***1*** *(anat.)* V. **(1) palma** ***2*** (spanna) **span** ● *a p. a p.* (a poco a poco), inch by inch, by inches; (in ogni particolare) thoroughly, in every detail □ *avere il muso lungo un p.*, to wear a long face □ *(fig.:* di notizia vecchia) *avere un p. di barba*, to be stale □ *avere un p. di lingua fuori*, to be gasping for breath □ *restare con un p. di naso*, to be badly disappointed.
pàlmola *f.* *(agric.)* **pitchfork.**
palo *m.* ***1*** **pole; post; pile; stake**: *un p. del telegrafo*, a telegraph pole ***2*** (complice di un ladro) **stall** ● *fare il p.*, to keep watch □ *rigido come un p.*, as stiff as a poker □ *(fig.) saltare di p. in frasca*, to jump from one subject to another; to ramble.
palómba *f.* *(zool.*, Columba palumbus*)* **wood-pigeon; ring-dove.**
palombaro *m.* *(naut.)* **diver.**
palómbo *m.* *(zool.*, Mustelus mustelus*)* **smooth dog-fish.**
palpàbile *a.* **palpable** (anche *fig.*).
palpare *v. t.* to **palpate** (specialm. *med.*); to **feel***; (tastare) to **touch;** (toccare con le dita) to **finger.**
palpata *f.* **touch; feel.**
palpazióne *f.* **palpation** (specialm. *med.*).
pàlpebra *f.* *(anat.)* **eyelid** ● *battere le palpebre*, to blink.
palpebrale *a.* *(anat.)* **palpebral; of the eyelids.**
palpeggiare V. **palpare.**
palpitante *a.* **palpitating; palpitant; beating; throbbing;** (tremante) **trembling.**
palpitare *v. i.* to **palpitate;** to **beat* (fast);** to **throb;** to **go* pit-a-pat** *(fam.)*; (pulsare) to **pulsate;** (tremare) to **tremble**: *Mi palpitava forte il cuore*, my heart was beating fast; my heart was going pit-a-pat □ *p. di paura*, to tremble with fear.
palpitazióne *f.* **palpitation** (anche *med.*); **throbbing; pulsation.**
pàlpito *m.* **palpitation; beat; throb; thrill**: *i palpiti del cuore*, the heart-beats □ *un p. di gioia*, a thrill of joy.
palpo *m.* *(zool.)* **palp; palpus*.**
paltò *m.* **overcoat; paletot** *(franc.)*.
paludaménto *m.* *(stor.)* **paludament; cloak.**
paludato *a.* *(stor.)* **wearing a paludament.**
palude *f.* **marsh; bog; swamp; fen**: *un abitante delle paludi*, a marsh-dweller; a fenman.
paludóso *a.* **marshy; boggy; swampy** ● *terreno p.*, marshland.
palustre *a.* **marsh, bog, swamp, fen** *(attr.)*: *uccelli palustri*, marsh-birds; fen-birds □ *miasmi palustri*, marsh-miasmata □ *febbre p.*, marsh fever; malaria.
pampa *f.* *(geogr.)* **pampa** *(specialm. al pl.)*.
pàmpino *m.* *(bot.)* **vine-leaf*** ● *(fig.) molti pampini e poca uva*, a great show and little behind it.
pan- *(in parole composte)* **pan-**: *(polit.) panamericanismo*, Pan-Americanism.
panacèa *f.* **panacea; cure-all.**
pànama *m.* **Panama hat; panama.**
panare *v. t.* *(cucina)* to **bread;** to **cover with bread-crumbs.**
panata *f.* *(cucina)* **bread-soup; pap.**
panato *a.* *(cucina)* **breaded; covered with bread-crumbs.**
panca *f.* **bench;** (di scuola) **form;** (di chiesa) **pew** ● *dire cose da far ridere le panche*, to talk absolute nonsense.
pancàccio *m.* **plank-bed.**
pancata *f.* **benchful.**
pancétta *f.* ***1*** **paunch; potbelly** ***2*** *(cucina)* **bacon.**
panchétto *m.* **stool;** (per poggiarvi i piedi) **foot-stool.**
panchina *f.* ***1*** **garden-seat; (park-)bench** ***2*** *(sport)* **(trainer's) bench.**
pància *f.* ***1*** **belly; paunch; tummy** *(fam.)*; **stomach**: *mal di p.*, stomach-ache □ *(fam.) metter su p.*, to develop a paunch (o to grow corpulent) ***2*** (di fiasco, ecc.) **belly** ***3*** (di muro, ecc.) **bulge** ● *starsene a p. all'aria*, to lie on one's back □ *tenersi la p. per le risa*, to hold one's sides with laughter □ *un uomo con una gran p.*, a big-bellied man; a potbelly.
panciata *f.* ***1*** (colpo battuto con la pancia) **belly-flop** ***2*** (scorpacciata) **bellyful.**
pancièra *f.* (ventriera) **body-belt.**
panciòlle *m.* — *stare in p.*, to lounge.
pancióne *m.* *(fam.)* **big-bellied person; potbelly.**
panciòtto *m.* **waistcoat.**
panciuto *a.* ***1*** (di persona) **with a big belly (**o **tummy); big-bellied; pot-bellied; corpulent**: *un uomo p.*, a corpulent man; a pot-bellied man; a potbelly ***2*** (di cosa) **bulging; bulgy** ● *un vaso p.*, a rounded vase.
pancóne *m.* (banco di lavoro) **(work-)bench.**
pancòtto *m.* **bread-soup; pap** ● *(fig.) essere di p.*, to have no backbone.
pàncreas *m.* *(anat.)* **pancreas.**
pancreàtico *a.* *(anat.)* **pancreatic; of the pancreas.**
panda *m.* *(zool.*, Ailurus fulgens*)* **(lesser) panda; bear cat** ● *(zool.) p. gigante* (Ailuropoda melanoleuca) giant panda.
pandemìa *f.* *(med.)* **pandemic.**
pandemònio *m.* **pandemonium** (anche *fig.*); **uproar.**
(1) pane *m.* ***1*** **bread**: *p. fresco (raffermo)*, fresh (stale) bread □ *p. bianco (nero)*, white (brown) bread □ *p. grattato*, breadcrumbs *(pl.)* □ *p. integrale*, wholemeal bread □ *una fetta di p.*, a slice of bread ***2*** (pagnotta) **loaf*** ***3*** *(fig.:* mezzi di sostentamento*)* **bread; living; livelihood**: *guadagnarsi il p.*, to earn one's living (o one's bread and butter) ***4*** (massa compatta di sostanze in forme parallelepipede) **lump; pat; cake; loaf***: *un p. di burro*, a pat of butter ● *(cucina) pan di Spagna*, sponge-cake □ *p. di zenzero*, gingerbread □ *p. tostato*, toast □ *(fig.:* di persona*) essere buono come il p.*, to be as good as gold □ *essere come p. e cacio*, to be hand in glove (with) □ *dire p. al p. e vino al vino*, to call a spade a spade □ *mangiare p. a tradimento (o a ufo)*, to eat unearned bread; *(fig.)* to be a layabout □ *mettere q. a p. e acqua*, to put sb. on bread and water □ *(fig.) per un pezzo di p.*, for next to nothing; for a song □ *rendere p. per focaccia*, to give tit for tat; to serve (sb.) with the same sauce *(fig.)* □ *trovare p. per i propri denti*, to meet one's match □ *Se non è zuppa è pan bagnato*, it's six of one and half a dozen of the other.
(2) pane *m.* *(mecc.:* della vite*)* **(screw-)thread.**
panegìrico *m.* *(letter.)* **panegyric;** (encomio) **encomium*, eulogy** ● *fare il p. di se stesso*, to sing one's own praises *(fam.)*.
panetterìa *f.* ***1*** (forno) **bakery** ***2*** (negozio dove si vende il pane) **baker's shop.**
panettière *m.* **baker**: *Vado dal p.*, I'm going to the baker's.
panétto *m.* **roll**: *un p. di burro*, a roll of butter.
panettóne *m.* *(cucina)* **panettone; fruit-cake.**
pànfilo *m.* *(naut.)* **yacht.**
panfòrte *m.* *(cucina)* **panforte.**
panfrutto *m.* *(cucina)* **plum-cake.**
pangolino *m.* *(zool.*, Manis*)* **pangolin; scaly anteater.**
pangrattato *m.* *(cucina)* **breadcrumbs** *(pl.)*.

pània *f.* **bird-lime** (anche *fig.*); (trappola) **snare.**
panicato *a.* (rif. a carne macellata) **measly.**
(1) pànico A *a.* **panic** (*attr.*): *timor p.*, panic fear **B** *m.* **panic**: *essere in preda al p.*, to be panic-stricken; to be panicky (*fam.*).
(2) panico *m.* (*bot.*, Setaria italica) **Italian millet; foxtail millet.**
panierata *f.* **basketful.**
panière *m.* **basket;** (con coperchio) **hamper:** *un p. per la spesa*, a shopping basket ● (*fig.*) *fare la zuppa nel p.*, to waste one's efforts; to drop a bucket into an empty well (*fam.*) □ (*fig.*) *rompere le uova nel p. a q.*, to upset sb.'s applecart (*fam.*); to queer sb.'s pitch (*fam.*).
panierino *m.* **(small) basket**: *un p. per la colazione*, a lunch basket.
panificare A *v. t.* to **make* into bread B** *v. i.* to **make* bread.**
panificatóre *m.* **bread-maker; bread-baker.**
panificazióne *f.* **bread-making.**
panifìcio *m.* **1** (luogo dove si fa il pane) **bakery 2** (negozio in cui si vende il pane) **baker's shop; bake-house.**
panino *m.* **roll; French roll** ● *p. imbottito*, sandwich.
paniuzza *f.* **lime-twig.**
(1) panna *f.* **cream**: *p. montata*, whipped cream.
(2) panna *f.* **1** (*naut.*) **position of a vessel hove-to 2** (*mecc.*) **breakdown** ● (*naut.*) *mettersi in p.*, to heave to.
panneggiare *v. i.* to **drape.**
pannéggio *m.* **drapery.**
pannèllo *m.* **1 light cloth 2** (*edil.*, *elettr.*, *aeron.*, *elab.*) **panel**: *rivestire con pannelli*, to fit with panels; to panel.
panno *m.* **1** (stoffa) **cloth**: *un pezzo di p.*, a piece of cloth □ *p. di lana (di lino)*, woollen (linen) cloth **2** (pezzo di stoffa destinato a qualche uso) **cloth**: *un p. per lavare (o asciugare) i piatti*, a dishcloth **3** (*al pl.*: abiti) **clothes; clothing** (*sing.*); **duds** (*pop.*): *mandare i panni in lavanderia*, to send the clothes (o the wash) to the laundry ● *panni da lavare (o mandati in lavanderia)*, laundry; wash □ *essere bianco come un p. lavato*, to be as white as a sheet □ (*fig.*) *mettersi (essere) nei panni di q.*, to put oneself (to be) in sb.'s shoes □ (*fig.*) *non stare nei propri panni*, to be beside oneself with joy □ (*fig.*) *sapere di che panni uno vesta*, to know what stuff one is made of □ (*fig.*) *tagliare i panni addosso a q.*, to speak ill of sb.; to run sb. down (*fam.*).
pannòcchia *f.* **1** (*bot.*) **panicle 2** (spiga del granturco) **cob.**
pannolano *m.* **woollen cloth.**
pannolino *m.* **1 linen (cloth) 2** (per bambini) **(baby's) napkin; nappy** (*fam.*); **diaper** (*USA*) **3** (assorbente igienico) **sanitary towel.**
panòplia *f.* **panoply; complete suit of armour.**
panorama *f.* **1 panorama;** (veduta) **view 2** (*fig.*) **outline; summary**: *p. della letteratura inglese*, an outline of English literature.
panoràmica *f.* **1** (*fotogr.*) **panorama; panoramic picture 2** (*cinem.*, *telev.*) **panning 3** (strada p.) **panoramic drive.**
panoramicare *v. t.* e *i.* (*cinem.*, *telev.*) to **pan.**
panoràmico *a.* **panoramic(al)** ● (*cinem.*, *telev.*) *schermo p.*, wide screen.
panpepato *m.* (*cucina*) **gingerbread.**
pansé *f.* (*bot.*, Viola tricolor) **pansy.**
pantagruèlico *a.* **Pantagruelian.**
pantalonàia *f.* **trouser-maker.**
pantaloncini *m. pl.* **shorts.**
pantalóni *m. pl.* **trousers; slacks** (anche da donna): *un paio di p.*, a pair of trousers ● *in p.* wearing trousers □ (*fig.*) *portare i p.*, to wear the breeches (*fam.*).
pantano *m.* **quagmire** (anche *fig.*); **swamp; bog; slough;** (fango) **mire, mud**: (*fig.*) *trovarsi (cacciarsi) in un bel p.*, to find oneself in (to get into) a quagmire; to be in (to get into) hot water (*fam.*).
pantanóso *a.* **quaggy; swampy; boggy;** (fangoso) **miry, muddy.**
panteismo *m.* (*filos.*) **pantheism.**
panteista *m.* e *f.* (*filos.*) **pantheist.**
panteìstico *a.* (*filos.*) **pantheistic(al).**
pantèra *f.* **1** (*zool.*, Panthera pardus) **panther 2** (*gergo:* macchina del pronto intervento della polizia) **police car.**
pàntheon *m.* **pantheon.**
pantòfola *f.* **slipper** ● *in pantofole*, wearing slippers.
pantofolàio *m.* **1** (chi fa pantofole) **slipper-maker 2** (chi vende pantofole) **slipper-seller 3** (*fig.*: chi ama il quieto vivere) **easy-going person.**
pantògrafo *m.* (*arti grafiche*, *ferr.*) **pantograph.**
pantomima *f.* **1** (*teatr.*) **pantomime 2** (*fig.*) **dumb show.**
pantomimo *m.* (*teatr.*) **1 pantomime 2** (mimo) **mime; mimic actor.**
panzana *f.* **fib; lie; story** (*fam.*); **whopper** (*pop.*).
paonazzo *a.* e *m.* **purple.**
papà *m.* **daddy; dad; papa; pa; pop** (*pop. USA*).
papa *m.* (*relig.*) **pope** ● (*fig.*) *ad ogni morte di p.*, once in a blue moon (*fam.*) □ (*fig.*) *andare a Roma e non vedere il p.*, to leave out the most important thing □ *stare (o vivere) come un p.*, to live like a lord; to be (o to live) in clover (*fam.*).
papàbile *a.* **eligible to the papacy.**
papàia *f.* (*bot.*, Carica papaya) **papaya; papaw.**
papale *a.* **papal; of the Pope.**
papalina *f.* **skull-cap.**
papalino A *a.* **papal;** (*spreg.*) **popish B** *m.* **papalist.**
paparazzo *m.* **paparazzo*; (aggressive) free-lance photographer.**
papasso *m.* **1** (*relig.*) **papa 2** (*scherz.*: caporione) **leader; ringleader.**
papato *m.* **papacy; popedom.**
papaverina *f.* (*chim.*) **papaverine.**
papàvero *m.* (*bot.*, Papaver) **poppy** (anche *fig.*): *p. sonnifero* (Papaver somniferum), opium poppy □ *il color rosso p.*, poppy red □ *olio di semi di p.*, poppy-seed oil ● (*fig.*) *gli alti papaveri*, the V.I.Ps; the big pots, the big bugs (*pop.*).
pàpera *f.* **1** (*zool.*) **young goose*; gosling 2** (*fig.*: donna stupida) **goose*; simpleton 3** (*fig.*: errore involontario) **slip-up** (*fam.*); **mistake**: *prendere una p.*, to make a mistake; to slip up (*fam.*).
pàpero *m.* (*zool.*) **young goose*; gosling.**
papésco *a.* (*spreg.*) **popish; papistic(al).**
papéssa *f.* **popess; female pope.**
papilla *f.* (*anat.*, *bot.*) **papilla*.**
papillare *a.* (*anat.*, *bot.*) **papillar; papillary.**
papillon (*franc.*) *m.* **bow tie.**
papiràceo *a.* **papyraceous.**
papiro *m.* **1** (*bot.*, Cyperus papyrus) **papyrus; bulrush 2** (manoscritto, documento) **papyrus*.**
papirologìa *f.* **papyrology.**
papiròlogo *m.* **papyrologist.**
papismo *m.* **papism.**
papista *m.* e *f.* **papist.**
pappa *f.* **pap;** (pancotto) **bread-soup;** (poltiglia) **mush** ● *p. reale*, royal jelly □ (*fig.*) *mangiare la p. in capo a q.*, (essere più alto) to be much taller than sb.; (trovarsi in posizione di vantaggio) to have the whip-hand of sb. □ (*fig.*) *scodellare la p. a q.*, to teach sb. st. in words of one syllable □ (*fig.*) *volere la p. fatta (o scodellata)*, to expect a little too much.
pappafico *m.* (*naut.*) **skysail.**
pappagallésco *a.* **parrot-like**: *in modo p.*, in a parrot-like manner; mechanically; by rote.
pappagallismo *m.* (*fam.*) **making passes.**
pappagallo *m.* **1** (*zool.*) **parrot** (anche *fig.*) **2** (recipiente di cui si servono i malati per orinare) **bedpan; Dutch clock** (*pop.*) ● *ripetere q.c. a p.*, to repeat st. parrot-fashion (o mechanically); to parrot st.
pappagòrgia *f.* **double chin.**
pappardèlla *f.* **1** (*al pl.*, *cucina*) **pappardella 2** (*fig.*) **rigmarole.**
pappare *v. t.* **1** (*fam.*) to **eat* up;** to **gobble up;** to **gorge 2** (*fig.*) to **grab.**
pappata *f.* (*fam.*) **hearty meal; square meal; good feed** (*scherz.*).
pappataci *m.* **1** (*zool.*, Phlebotomus papatasi) **sand-**

-fly **2** *(fig., spreg.)* **self-seeker.**
pappatóre *m.* **big eater;** (ingordo) **glutton.**
pappatòria *f.* **1** *(fam., scherz.)* **good living; feasting 2** *(fig.:* profitto illecito) **rake-off.**
pappo *m. (bot.)* **pappus*.**
pappolata *f.* **1 slop** *(specialm. al pl.)*; **pap; mush 2** *(fig., spreg.)* **rigmarole.**
pappolóne, pappóne *m. (fam., scherz.* o *spreg.)* **big eater;** (ingordo) **glutton.**
pàprica *f. (cucina)* **paprika.**
para *f. (comm.)* **Pará rubber.**
parà *m. invar. (mil.)* **paratrooper; para** *(fam.)*
para- *(in parole composte)* **para-.**
paràbola *f.* **1 parable**: *parlare per parabole,* to speak in parables **2** *(geom.)* **parabola.**
parabòlico *a. (geom.)* **parabolic(al).**
paraboloìde *m. (geom.)* **paraboloid.**
parabórdo *m. (naut.)* **fender.**
parabrézza *m. (autom.)* **windscreen; windshield** *(USA).*
paracadutare *v. t. (aeron.)* to **parachute.**
paracadute *m. (aeron.)* **parachute** ● *lanciarsi col p.,* to bale out.
paracadutismo *m.* **parachuting** ● *p. acrobatico,* skydiving.
paracadutista *m.* e *f.* **1** *(aeron.)* **parachutist 2** *(mil.)* **paratrooper** ● *p. acrobatico,* skydiver □ *(mil.) reparti di paracadutisti,* paratroops.
paracalli *m.* **corn-protector.**
paracarro *m.* **kerbstone.**
paracénere *m.* **fender; fire-guard.**
paraclèto *m. (relig.)* **Paraclete.**
paracólpi *m.* **bumper; buffer.**
paràcqua *m.* **umbrella; brolly** *(pop.).*
paradènti *m. (sport)* **gum-shield.**
paradigma *m. (gramm.)* **paradigm.**
paradigmàtico *a. (gramm.)* **paradigmatic.**
paradisìaco *a.* **paradisiac(al); celestial; heavenly.**
paradiso *m. (relig.)* **heaven, paradise** (anche *fig.)*: *sentirsi in p.,* to be in paradise; to be in the seventh heaven; to be as happy as a king *(fam.)* □ *« Il P. perduto » di Milton,* Milton's « Paradise Lost » □ *(zool.) uccello del p.* (Paradisea apoda), bird of paradise ● *(fig.) di p.,* heavenly; celestial; divine *(fam.)*: *una giornata di p.,* a heavenly day; a glorious day *(fam.)* □ *voler andare in p. in carrozza,* to expect to have the best of both worlds □ *voler entrare in p. a dispetto dei santi,* to go where one is unwelcome.
paradossale *a.* **paradoxical** ● *in modo p.,* paradoxically.
paradòsso *m.* **paradox**: *Sembra un p.!,* it sounds like a paradox.
parafa *f.* **paraph.**
parafango *m.* **splash-board;** *(autom.)* **mudguard; fender** *(USA).*
parafernale *a. (leg.)* **paraphernal** ● *beni parafernali,* paraphernalia.
paraffina *f. (chim.)* **paraffin (wax)**: *olio di p.,* paraffin-oil.
parafrasare *v. t.* to **paraphrase.**
paràfrasi *f.* **paraphrase.**
parafràstico *a.* **paraphrastic.**
parafùlmine *m.* **lightning-rod** (o **-conductor).**
parafuòco *m.* **fire-screen; fire-guard.**
paràggi *m. pl.* **1 parts; neighbourhood** *(sing.)*: *Abitano in questi paraggi,* they live in this neighbourhood; they live somewhere about here **2** *(naut.)* **(coastal) waters.**
paragonàbile *a.* **comparable** ● *Non è affatto p. a suo fratello,* he cannot compare (o bear comparison) with his brother.
paragonare A *v. t.* **1** (mettere a confronto) to **compare;** to **confront;** (collazionare) to **collate**: *p. q.c. con q.c. altro,* to compare st. with st. else **2** (ritenere simile) to **compare;** to **liken;** to **parallel**: *p. q.c. a q.c. altro,* to compare (o to parallel) st. to st. else **B paragonarsi** *v. rifl.* to **compare oneself;** to **be compared.**
paragóne *m.* **comparison;** (parallelo) **parallel**: *fare un p. fra (o mettere a p.) due cose,* to make a comparison (o to draw a parallel) between two things □ *reggere al p.,* to bear (o to stand) comparison □ *senza p.,* without comparison; past all comparison; incomparable, matchless, unequalled *(agg.)*: *d'una bellezza senza p.,* of incomparable beauty ● *portare un p.,* to give an example.
paragrafare *v. t.* to **paragraph;** to **divide into paragraphs.**
paràgrafo *m.* **1 paragraph** (anche *fig.)*; **section** *(abbr.:* **sect.) 2** *(tipogr.)* **section(-mark).**
paraguaiano *a.* e *m.* **Paraguayan.**
paràlisi *f. (med.)* **paralysis*; palsy** (anche *fig.)*: *p. progressiva,* creeping paralysis ● *p. infantile,* poliomyelitis.
paralìtico *(med.)* **A** *a.* **paralytic; palsied B** *m.* **paralytic.**
paralizzare *v. t. (med.)* to **paralyse** (anche *fig.)*; to **palsy** (per lo più *fig.).*
parallasse *f. (astron., fis.)* **parallax.**
parallàttico *a. (astron., fis.)* **parallactic.**
parallèla *f.* **1** *(geom.)* **parallel (line) 2** *(al pl.:* attrezzo ginnico) **parallel bars.**
parallelepìpedo *m. (geom.)* **parallelepiped.**
parallelismo *m. (nei vari significati)* **parallelism** (anche *fig.).*
parallèlo A *a. (geom.)* **parallel** (anche *fig.)*: *linee parallele,* parallel lines **B** *m.* **1** (confronto) **parallel; comparison**: *fare un p. fra due poeti,* to draw a parallel between two poets **2** *(geogr.)* **parallel (of latitude) 3** *(elettr.)* **parallel**: *batterie in p.,* batteries in parallel.
parallelogrammo *m. (geom.)* **parallelogram.**
paraluce *m. invar. (fotogr.)* **lens-screen; lens-hood.**
paralume *m.* **lampshade.**
paramèdico *a.* **paramedical**: *personale p.,* paramedical personnel.
paraménto *m.* **1** *(relig.)* **vestment 2** *(al pl.:* addobbo) **hangings.**
paràmetro *m. (mat.)* **parameter** (anche *fig.).*
paramezzale *m. (naut.)* **kelson, keelson.**
paramilitare *a.* **paramilitary.**
paramine *m. (naut.)* **paravane.**
paramósche *m.* **fly-net.**
paranco *m. (mecc., naut.)* **hoist; tackle.**
paraninfo *m. (lett.)* **paranymph** (anche *fig.).*
paranòia *f. (med.)* **paranoia.**
paranòico *a.* e *m. (med.)* **paranoiac.**
paranza *f. (naut.)* **(fishing-)smack; trawler.**
paraòcchi *m. invar.* **blinkers** *(pl.).*
paraorécchie *m. invar.* **earflap; earmuff.**
parapalle *m.* **butt.**
parapètto *m.* **1** *(edil.)* **parapet 2** *(mil.)* **parapet; breastwork 3** *(naut.)* **bulwark.**
parapìglia *m.* **turmoil; hurly-burly; bustle; stampede.**
parapiòggia *m.* **umbrella; brolly** *(pop.).*
parapólvere *m.* **dust-cover.**
parapsicologìa *f.* **parapsychology.**
parare A *v. t.* **1** (addobbare) to **adorn;** to **deck;** to **decorate 2** (riparare, proteggere) to **shield;** to **protect 3** (tener lontano, a bada) to **keep* off;** to **keep* out 4** (scansare) to **parry;** to **ward off;** to **avoid**: *(scherma) p. un colpo,* to parry a blow **5** *(fermare)* to **block;** to **halt;** to **stop 6** (porgere, offrire) to **offer;** to **stretch out;** to **hold* out 7** (difendere) to **defend;** to **save B** *v. i.* — *andare a p.,* to lead up to, to drive at (st.) **C pararsi** *v. rifl.* **1** (ripararsi) to **take* shelter;** to **shelter (oneself);** to **protect oneself 2** (presentarsi) to **appear;** to **present oneself.**
parascolàstico *a.* **extracurricular.**
parasóle *m.* **parasol; sunshade.**
paraspìgolo *m. (edil.)* **staff angle.**
parassita A *a.* **parasitic(al) B** *m.* **1** *(biol.)* **parasite 2** *(fig.)* **parasite; hanger-on; sponger** *(fam.)*; **toady, lick-spittle** *(pop.).*
parassìtico *a.* **parasitic(al).**
parassitismo *m. (biol.)* **parasitism** (anche *fig.).*
parastatale A *a.* **State-controlled; parastatal B** *m.* e *f.* **employee of a State-controlled body.**
parastinchi *m. (sport)* **shin guard.**
(1) parata *f.* **1** *(mil.)* **parade; review**: *sfilare in p.*

davanti a q., to march past sb. (on parade) ***2*** (sfoggio) **parade; display; show** ● *abito di p.*, full dress □ *vedere la mala p.*, to see that things are taking a bad turn.
(2) parata *f. (scherma)* **parry** (anche *fig.*).
paratìa *f. (naut.)* **bulkhead.**
paratifo *m. (med.)* **paratyphoid (fever).**
parato *m.* **hangings** *(pl.)*; (tappezzeria) **tapestry** ● *carta da parati*, wall paper.
paratóia *f.* **sluice-gate; sluice-valve.**
paratóre *m.* **decorator.**
paraurti *m. (autom.)* **bumper;** *(ferr.)* **buffer.**
paravènto *m.* **screen** (anche *fig.*).
Parca *f. (mitol.)* **Parca***: *le tre Parche*, the (three) Parcae; the Fates.
parcèlla *f.* ***1*** **honorarium*; fee** ***2*** *(leg.)* **(note of) counsel's fees.**
parcheggiàre *v. t.* to **park.**
parchéggio *m.* ***1*** **parking**: *divieto di p.*, no parking ***2*** (posteggio) **car park; parking lot** ● *posto di p.*, parking-bay.
parchettista *m.* **parquetry layer.**
parchìmetro *m.* **parking-meter.**
(1) parco *a.* **frugal; sparing; chary; temperate; moderate** ● *essere p. nel mangiare (nel bere)*, to be a moderate eater (drinker) □ *essere p. nello spendere*, to be parsimonious □ *un uomo p. di parole*, a man of few words.
(2) parco *m.* **park** (anche *mil.*); (recinto) **enclosure, paddock**: *un p. nazionale*, a national park □ *un p. automobilistico*, a car park ● *p. dei divertimenti*, fun-fair.
parécchio ***A*** *a. indef.* ***1*** **quite (o rather) a lot of**: *parecchia gente*, quite a lot of people ***2*** *(rif. a tempo)* **quite (o rather) a long;** (p. tempo) **quite a while; long** *(solo in frasi interr.)*: *Hai aspettato p. (tempo)?*, did you wait long? ***3*** *(al pl.)* **several; many; quite a lot of**: *parecchi libri*, quite a lot of books ***B*** *pron. indef.* ***1*** **quite a lot; rather a lot; a good bit** *(fam.)* ***2*** *(al pl.)* **several; quite a lot; quite a few; a good few; rather a lot** ***C*** *avv.* ***1*** *(con agg.)* **quite; rather** ***2*** *(rif. a verbo)* **quite a lot; quite a bit** *(fam.)*; **rather a lot.**
pareggiare ***A*** *v. t.* ***1*** (rendere pari) to **equalize;** to **make* equal;** (tagliando le sommità sporgenti) to **trim**: *p. i redditi*, to equalize incomes □ *p. i capelli a q.*, to trim sb.'s hair ***2*** (uguagliare) to **equal;** to **match**: *Non c'è chi lo pareggi*, no one can match him; he has no equal ***3*** (livellare) to **level;** to **make*** (st.) **level** ***4*** *(comm.)* to **balance;** to **settle;** to **square**: *p. i conti con q.*, to square accounts with sb. (anche *fig.*) ***5*** (parificare una scuola) to **recognize officially** ***B*** *v. i.* (nel gioco) to **draw*** ***C*** **pareggiarsi** *v. rifl.* to **be equal.**
paréggio *m.* ***1*** (dei conti) **balance; settlement** ***2*** (dei punti in una gara) **draw.**
parentado *m.* ***1*** (insieme dei parenti) **relatives, relations** *(pl.)*; **kindred** ***2*** (legame di parentela) **relationship; kinship; kindred.**
parentale *a.* **parental.**
parènte *m.* e *f.* **relative; relation; kinsman*** *(masch.)*, **kinswoman*** *(femm.)*: *È tuo p.?*, is he any relation to you? □ *un p. stretto (alla lontana)*, a near (distant) relation ● *amici e parenti*, kith and kin □ *Il sonno è p. della morte*, sleep is akin to death.
parentèla *f.* ***1*** (vincolo tra i parenti) **relationship; kinship; kindred**: *grado di p.*, degree of relationship ***2*** (i parenti) **relatives, relations** *(pl.)*; **kindred; kith and kin** ***3*** *(fig.)* **relationship; relation; connection, connexion.**
parèntesi *f.* ***1*** **parenthesis***: *aprire (chiudere) una p.*, to open (to close) a parenthesis ***2*** (segno grafico) **parenthetical mark; parenthesis*, bracket** *(comunemente al pl.)*: *p. tonde (quadre)*, round (square) brackets ***3*** *(fig.)* **interval; pause** ● *(detto) fra p.*, incidentally; by the way.
parentètico *a.* **parenthetic(al).**
(1) parére *v. i.* ***1*** to **seem;** to **appear;** to **look;** to **look (like)**: *Pare che non ci sia niente di nuovo*, there doesn't seem to be anything new □ *p. un morto*, to look like a dead man □ *far p. bianco il nero*, to make black seem white; to pass one thing off as another ***2*** (pensare) to **think***: *Che ti pare di quel ragazzo?*, what do you think of that boy? □ *Mi pare di sì*, I think so □ *Mi pare di no*, I don't think so ***3*** (volere) to **like;** to **please;** to **want**: *Vuol fare quel che gli pare*, he wants to do what he likes □ *Faccio quel che mi pare e piace*, I do as I please ● *a quanto pare*, as far as I (we, etc.) know □ *Mi par di sognare*, I can scarcely believe my eyes □ *Pare che voglia piovere*, it looks like rain □ *Mi par mill'anni*, it seems ages to me.
(2) parére *m.* **opinion; advice** *(collett.)*; **mind**: *a mio p.*, in my opinion □ *essere dello stesso p.*, to be of one mind □ *mutare p.*, to change one's mind.
parèsi *f. (med.)* **paresis.**
paretàio *m.* **(bird-)nets** *(pl.)*.
paréte *f.* ***1*** *(edil.)* **wall**: *la p. interna (esterna)*, the inside (outside) wall ***2*** (superficie interna o esterna di varie cose) **wall** *(usato al pl.)* ***3*** *(anat.)* **paries*; wall** ***4*** *(alpinismo)* **face; wall** ● *p. divisoria*, partition □ *tra le pareti domestiche*, at home; within one's own four walls *(fam.)*.
pargoleggiàre *v. i.* to **behave like a child.**
pàrgolo *V.* **bambino.**
(1) pari ***A*** *a. invar.* ***1*** **equal; same; like**: *a p. condizioni*, under the same conditions □ *essere p. a q. in q.c.*, to be equal to sb. in st.; to be sb.'s equal in st. ***2*** (sullo stesso piano) **level; even**: *La strada corre tutta p.*, the road runs (o is) completely level ***3*** (divisibile per due) **even**: *numeri p.*, even numbers □ *essere in numero p.*, to be even in number ***4*** (atto a, all'altezza di) **equal** (to): *non essere p. alla situazione*, not to be equal to (o not to be up to) the situation ● *p. e patta*, quits; square □ *al p. di*, in comparison to; compared with; as... as; in the same way as: *Sei intelligente al p. di lei*, you're as intelligent as she (is) □ *alla p., (comm.)* at par, at face value; (presso una famiglia) « au pair » □ *a piè p.*, with feet together; *(fig.)* altogether □ *andare di p. passo con q. (q.c.)*, to keep up with sb. (st.) □ (anche *sport*) *fare (o finire) p. (o alla p.)*, to draw □ *mettersi alla p. con q.*, to place oneself on the same level as sb. □ *mettersi in p. con i pagamenti*, to pay the arrears □ *mettersi in p. con il proprio lavoro*, to catch up with one's work; to work through one's backlog *(fam.)* □ *(tennis) quaranta p.*, deuce □ *saltare a piè p. un capitolo*, to skip a whole chapter □ *trenta p.*, thirty all □ *(comm.) vendere alla p.*, to sell at cost price ***B*** *m.* e *f.* **equal: peer**: *i p. tuoi*, your equals: people like you; the likes of you □ *trattare q. da p. a p.*, to treat sb. as one's equal □ *senza p.*, unequalled, peerless, matchless *(agg.)*.
(2) pari *m.* (membro della camera alta del Parlamento britannico) **peer; lord**: *i p. del Regno Unito*, the peers of the United Kingdom.
(1) pària *m.* **pariah** (anche *fig.*).
(2) parìa *f.* (dignità di pari; ceto dei pari) **peerage.**
parietale *a.* ***1*** **wall** *(attr.)* ***2*** *(anat.)* **parietal.**
parificare *v. t.* ***1*** (rendere pari) to **equalize;** to **make* equal** ***2*** (una scuola) to **recognize officially.**
parificazióne *f.* ***1*** **equalization** ***2*** (di scuola) **official recognition.**
parigina *f.* **Parisienne** *(franc.)*.
parigino *a.* e *m.* **Parisian** ● *vestire come un p.*, to be dressed up to the nines (o up to the knocker, *pop.*).
pariglia *f.* **pair; brace; team** ● *(fig.) rendere la p. a q.*, to give tit for tat *(fam.)*; to pay sb. back in his own coin *(fam.)*.
pariménti *avv.* **likewise; in like manner.**
parisìllabo *a. (gramm.)* **parisyllabic.**
parità *f.* ***1*** **parity; equality**: *a p. di voti*, at a parity of votes ***2*** *(sport)* **draw**: *chiudere in p.*, to end in a draw ● *p. di diritti*, equal rights *(pl.)*.
paritètico *a.* **joint** *(attr.)*.
(1) parlamentare ***A*** *a.* **parliamentary** (anche *fig.*): *il sistema p.*, the parliamentary system ***B*** *m.* e *f.* **Member of Parliament** *(abbr.:* **M.P.**).
(2) parlamentare *v. i.* to **parley;** to **negotiate;** to **arrange terms.**
parlamentarismo *m.* **parliamentarism.**
parlaménto *m.* ***1*** *(polit.)* **Parliament**: *convocare (riaprire) il P.*, to summon (to open) Parliament ***2*** *(stor.)* **assembly.**
parlante *a.* ***1*** **talking** ***2*** *(fig.)* **speaking; lifelike; faithful**: *un ritratto p.*, a lifelike portrait; a speaking

likeness ● *i ben (i mal) parlanti,* good (bad) speakers □ *essere il ritratto p. di q.,* to be the very image of sb.

parlantina f. *(fam.)* **talkativeness; loquaciousness; loquacity** ● *avere la p. sciolta,* to have the gift of the gab *(fam.).*

(1) parlare A v. i. **1** to **speak***; to **talk**: *p. chiaro,* to speak plainly □ *p. ad alta voce,* to speak in a loud voice (o aloud) □ *p. per esperienza,* to speak from experience □ *p. bene (male) di q.,* to speak well (ill) of sb. □ *p. d'affari,* to talk business □ *p. fra sé,* to talk to oneself □ *p. a caso (o a vanvera),* to talk at random; to talk nonsense **2** (trattare parlando) to **speak*** (about); (trattare scrivendo) to **write*** (about); to **mention** (sb., st.) **3** (discutere) to **discuss** (st.); to **talk** (about) **4** (rivolgersi a) to **address B** v. t. to **speak***: *Qui si parla italiano,* Italian (is) spoken (here) ● *p. al muro,* to speak to deaf ears □ *p. a quattr'occhi con q.,* to speak to sb. in private □ *p. con i piedi,* to talk through one's hat □ *p. fra i denti,* to mutter □ *(fig., fam.) p. ostrogoto (o arabo),* to talk double-Dutch □ *p. senza peli sulla lingua,* to be outspoken; not to mince one's words □ *con rispetto parlando,* if you don't mind my saying so □ *per non p. di,* not to mention; let alone □ *Parli sul serio?,* do you mean it?; are you serious? □ *Non se ne parli più!,* let's hear no more about it! □ *Non si parlano più,* they are no longer on speaking terms.

(2) parlare m. **1 speech; talk;** (parole) **words** *(pl.)*: *Ci sarà un gran p. in paese,* there will be a lot of talk in the village **2** (parlata) **language; dialect**: *il p. romanesco,* the Roman dialect **3** (modo di p.) **(way of) speaking.**

parlata f. **language;** (dialetto) **dialect;** (modo di parlare) **(way of) speaking.**

parlato A a. **spoken B** m. **1** *(mus.)* **spoken part 2** *(cinem.)* **dialogue.**

parlatóre m. **1 speaker; talker 2** (oratore) **orator.**

parlatòrio m. **(convent) parlour.**

parlottare v. i. to **speak* in a low voice;** to **murmur;** to **mutter.**

parlottìo m. **murmuring; muttering.**

parmigiano a. **Parmesan; of Parma**: *formaggio p.,* Parmesan cheese ● *(cucina) alla parmigiana,* with Parmesan cheese.

parodìa f. *(letter., mus.)* **parody** (anche *fig., spreg.*) ● *mettere in p.,* to parody.

parodiare v. t. *(letter.)* to **parody** (anche *fig.*).

parodista m. e f. *(letter.)* **parodist.**

paròla f. **1 word**: *tradurre p. per p.,* to translate word for word (o literally, verbatim) □ *un uomo di poche parole,* a man of few words □ *una p. composta,* a compound word □ *cavare una p. di bocca a q.,* to get a word out of sb. □ *mettere una buona p. a favore di q.,* to say (o to put in) a good word for sb. **2** (facoltà di parlare; favella) **speech**: *perdere la p.,* to lose the power (o the faculty) of speech **3** (promessa, impegno) **word; promise; parole** (specialm. *mil.*): *essere di p.,* to be as good as one's word □ *credere a q. sulla p.,* to take sb.'s word □ *mantenere (non mantenere) la propria p.,* to keep (to break) one's word □ *prendere q. in p.,* to take sb. at his word □ *rimangiarsi la p.,* to go back on one's word **4** (modo di esprimersi) **speech; tongue**: *avere la p. facile,* to have a glib (o ready) tongue ● *p. d'ordine,* password □ *parole incrociate,* crossword puzzle □ *chiedere la p.,* to ask leave to speak □ *dare la p. a q.,* to give sb. leave to speak; to call upon sb. to speak □ *dire brutte parole a q.,* to call sb. names □ *(elab.) elaborazione della p.,* word processing □ *far p. di q.c. con q.,* to mention st. to sb. □ *gioco di parole,* pun; play on words □ *masticare le parole,* to mumble □ *mettere le parole in bocca a q.,* to prompt sb. □ *non far p.,* to keep silent □ *prendere la p.,* to begin to speak; *(polit.)* to take the floor □ *rimanere senza p.,* to remain speechless □ *rivolgere la p. a q.,* to address sb. □ *togliere la p. a q.,* to cut sb. short; (nelle assemblee) to call sb. to order □ *venire a parole con q.,* to have words with sb. □ *Meno parole!,* less talk! □ *(Son) tutte parole!,* it's all hot air! *(fam.)* □ *Ha la p. il Signor Rossi,* it is Mr Rossi's turn to speak.

parolàccia f. **bad** (o **coarse) word** ● *dire parolacce a q.,* to call sb. names.

parolàio m. **chatterbox; windbag; hot-air merchant** *(pop.).*

parolière m. **lyricist.**

parolóne m. **big word.**

parossismo m. *(med.)* **paroxysm** (anche *fig.*).

paròtide f. *(anat.)* **parotid gland.**

parotite f. *(med.)* **parotitis; mumps** *(pl. col verbo al sing.).*

parquet m. **parquet.**

parricida A a. **parricidal B** m. e f. **parricide** (anche *fig.*).

parricidio m. **parricide** (anche *fig.*).

(1) parrocchétto m. *(naut.)* **fore-topsail** ● *albero di p.,* fore-topmast.

(2) parrocchétto m. *(zool.)* **parakeet, paroquet.**

parròcchia f. *(relig.)* **1** (la circoscrizione) **parish 2** (la chiesa) **parish church 3** (l'insieme dei fedeli) **parish.**

parrocchiale a. *(relig.)* **parish** *(attr.)*; **parochial.**

parrocchiano m. *(relig.)* **parishioner.**

pàrroco m. *(relig.)* (cattolico) **parish priest;** (anglicano) **parson.**

parrucca f. **1 wig; periwig 2** *(scherz.:* capigliatura zazzeruta) **long hair; mane.**

parruccàio m. **wig-maker.**

parrucchièra f. **(ladies') hairdresser.**

parrucchière m. **1** (chi acconcia i capelli) **hairdresser;** (barbiere) **barber 2** (chi fa parrucche) **wig-maker.**

parrucchino m. **toupee; hairpiece.**

parruccóne m. (vecchio di idee arretrate) **old fogey; stick-in-the-mud** *(fam.).*

parsimònia f. **parsimony** (anche *fig.*); **frugality** ● *usare p.,* to be parsimonious.

parsimonióso a. **parsimonious; frugal; sparing.**

partàccia f. **telling-off, (good) dressing down** *(fam.).*

parte f. **1** (porzione) **part; share; portion**: *le parti del discorso,* the parts of speech □ *la p. del leone,* the lion's share □ *dividere q.c. in due parti,* to divide st. into two parts **2** (luogo, regione) **parts** *(pl.)*; **district; region**: *da queste parti,* in these parts; round here **3** (lato) **side; part; way**: *da tutte e due le parti,* on both sides □ *dall'altra p.,* on the other side □ *Non so da che p. voltarmi,* I don't know which way to turn **4** *(teatr.* e *fig.)* **part; rôle**: *la p. principale di una commedia,* the leading rôle (o part) of (o in) a play □ *fare una p. secondaria,* to play a minor rôle **5** (partito, fazione) **party; faction 6** *(leg.)* **party** ● *(leg.) p. civile,* plaintiff □ *a p. ciò,* apart from that □ *essere a p. di q.c.,* to be informed of st.; to be in the know *(fam.)* □ *avere p. in q.c.,* to have a hand in st. □ *da p.,* aside: *mettere da p.,* (risparmiare) to put aside, to save up; (accantonare) to put aside, to shelve □ *da p. a p.,* right through □ *da una p..., dall'altra p.,* on (the) one hand..., on the other □ *da p. di,* on behalf of □ *da nessuna p.,* nowhere □ *da ogni p. (o da tutte le parti),* on all sides, everywhere; *(moto da luogo)* from all sides □ *da qualche p.,* somewhere □ *(teatr.) distribuzione delle parti,* cast; casting □ *fare p. della famiglia,* to be one of the family □ *fare una brutta p. a q.,* to play a mean (o *fam.:* dirty) trick on sb. □ *in gran p.,* largely; to a great extent □ *una lista a p.,* a separate list □ *la maggior p. di,* most; the majority of □ *mettere q. a p. di q.c.,* to inform sb. of st.; to put sb. in the know *(fam.)* □ (di parentela) *per (o da) p. di padre (di madre),* on one's father's (mother's) side □ *prendere p. a q.c.,* to join (o to take part) in st.; to share st. □ *Questo non è gentile da p. tua,* this isn't very kind of you □ *Saluti Sua moglie da p. mia,* remember me to your wife; (give) my best (o kind) regards to your wife □ *Questa è una cosa a p.,* this is a different thing altogether.

partecipante m. e f. **participant; partaker; sharer** ● *i partecipanti a una riunione,* the people attending a meeting.

partecipare A v. i. **1** (prender parte) to **take* part;** to **participate** (in); to **share** (st.); to **have a share** (in); to **partake*** (in, of): *p. alle spese,* to share expenses □ *p. al dolore (alla gioia) di q.,* to share sb.'s grief (joy) **2** (essere presente) to **attend** (st.); to **be present** (at): *p. a* *una festa,* to be present at (o to go to) a party ***3*** (avere in comune) to **have** (st.) **in common** (with); to **share** (st.) ***B*** *v. t.* ***1*** (annunciare) to **announce;** to **inform** (of); to **acquaint** (with) ***2*** (concedere, accordare) to **grant;** to **bestow** (on).

partecipazióne *f.* ***1*** (il partecipare) **participation; participating; sharing**: *la p. agli utili,* profit-sharing ***2*** (atto del comunicare q.c.) **announcement; communication** ***3*** (biglietto con cui si comunica q.c.) **card**: *una p. di nozze,* a wedding-card ***4*** (presenza) **presence; attendance** ● *(econ.) a p. statale,* State-controlled.

partécipe *a.* **participating; partaking; sharing** ● *essere p. di q.c.,* to participate in st.; to take part in st.; to share st. (o in st.); (essere consapevole di q.c.) to be aware of st. □ *fare (o rendere) p. q. di q.c.,* to inform sb. of st.; to acquaint sb. with st.

parteggiare *v. i.* to **side** (with); to **take* sides** (with): *non p. né per l'uno né per l'altro,* not to take sides; to sit on the fence *(fam.)*.

partenogènesi *f. (biol.)* **parthenogenesis.**

Partenóne *m. (archeol.)* **Parthenon.**

partenopèo *a.* e *m. (lett.)* **Parthenopean.**

partènza *f.* ***1*** **departure; leaving** ***2*** *(naut.)* **sailing** ***3*** *(sport)* **start** ● *essere in p.,* to be about to leave □ *(ferr.) in p. per,* leaving for □ *linea di p.,* starting-line □ *punto di p.,* starting-point (anche *fig.*) □ *segnale di p.,* starting--signal.

particèlla *f. (fis., gramm.)* **particle.**

participiale *a. (gramm.)* **participial.**

participio *m. (gramm.)* **participle**: *il p. presente (passato),* the present (past) participle.

partìcola *f. (relig.)* **particle; consecrated Host.**

particolare ***A*** *a.* ***1*** **particular; special**: *in questo caso p.,* in this particular case □ *nulla di p.,* nothing special ***2*** (fuori del comune, singolare) **peculiar; singular; of one's own**: *un fascino p.,* a peculiar charm ***B*** *m.* **particular; detail**: *tutti i particolari d'un problema,* all the details (o all the ins-and-outs) of a problem □ *dare tutti i minimi particolari,* to give full details; to give chapter and verse *(fam.)* □ *entrare nei particolari,* to go into details □ *in p.,* in particular; particularly; especially.

particolareggiare *v. t.* to **give* (full) details of;** to **detail.**

particolareggiato *a.* **detailed;** (minuzioso) **minute;** (circostanziato) **circumstantial.**

particolarismo *m. (polit.)* **particularism.**

particolarista *a., m.* e *f. (polit.)* **particularist.**

particolarità *f.* ***1*** **particularity;** (peculiarità) **peculiarity** ***2*** (circostanza particolare) **particular (circumstance); detail.**

partigianerìa *f.* **partisanship; party spirit.**

partigiano ***A*** *a.* **partisan, partizan** *(attr.)*; **party** *(attr.)* ***B*** *m.* **partisan, partizan** (anche *mil.*); (fautore) **supporter, champion.**

partire ***A*** *v. i.* ***1*** to **leave*** (a place); to **depart;** to **go* away;** (mettersi in moto) to **start,** to **set* out,** to **set* off;** (salpare) to **sail;** (decollare) to **take* off**: *p. a cavallo,* to leave on horseback (o to ride off) □ *p. in treno (in aereo, in piroscafo),* to leave by train (by plane, by boat) □ *p. per un lungo viaggio,* to set off on a long journey ***2*** (muovere, iniziare) to **start** (anche *fig.*) ***3*** (provenire) to **come*** (from) ● *a p. da,* beginning from; with effect from □ *far p. un colpo di fucile,* to fire a shot ***B*** *v. t. (lett.)* ***1*** (separare) to **separate;** to **divide** ***2*** (spartire) to **share** (anche *fig.*).

partita *f.* ***1*** *(comm.)* **lot; parcel; consignment**: *a partite,* by lots □ *in una sola p.,* in a single lot ***2*** *(rag.:* registrazione*)* **entry; item**: *contabilità in p. semplice (doppia),* single-entry (double-entry) book-keeping □ *registrare (annullare) una p.,* to make (to cancel) an entry ***3*** (in parecchi giochi) **game;** (sport) **match**: *fare (o giocare) una p.,* to play (o to have) a game □ *una p. di calcio,* a football match ● *p. di caccia,* hunting party □ *p. di onore,* duel □ *p. di piacere,* trip □ *dare p. vinta a q.,* to surrender; to give in; to draw in one's horns *(fam.)* □ *essere della p.,* to be one of the party □ *(comm.) in p.,* by wholesale; in the lump □ *(comm.) libro a p. doppia,* ledger.

partitàrio *m. (comm.)* **ledger.**

partitismo *m. (polit.)* **party politics** *(pl.)*.

partitivo *a.* e *m. (gramm.)* **partitive.**

partito *m.* ***1*** *(polit.)* **party**: *il p. comunista (conservatore, laburista),* the Communist (Conservative, Labour) Party □ *il p. all'opposizione,* the opposition (party) □ *iscriversi a un p.,* to join a party ***2*** (risoluzione) **resolution, decision;** (alternativa) **alternative**: *prendere un p.,* to come to a decision; to make up one's mind ***3*** (occasione di matrimonio) **match**: *un buon p.,* a good match ***4*** (condizione, stato) **condition; state; plight**: *trovarsi a mal p.,* to be in a sorry plight ***5*** (vantaggio) **advantage; profit** ● *i partiti di centro (di destra, di sinistra),* the Centre (the Right, the Left) □ *mettere il cervello a p.,* to turn over a new leaf; to mend one's ways □ *per p. preso,* of set purpose.

partitocrazìa *f. (polit.)* **party power.**

partitura *f. (mus.)* **score.**

partizióne *f.* **partition; division.**

parto *m.* ***1*** **childbirth; labour; birth; delivery** (anche *fig.*): *morire di p.,* to die in childbirth □ *sala p.,* delivery room ***2*** (*fig.*: opera) **product; work**: *parti letterari,* literary products ● *essere di p.,* to be in childbed; to be confined; to lie in; (avere le doglie del p.) to be in labour.

Parto *a.* e *m.* **Parthian.**

partoriènte *f.* **woman* in labour.**

partorire *v. t.* ***1*** to **bear***; to **give* birth to,** to **be delivered of** (a child) ***2*** (di animali) to **bring* forth;** to **drop;** to **litter;** (di bestia feroce) to **cub;** (di cagna) to **pup;** (di cavalla) to **foal;** (di gatta) to **kitten;** (di pecora) to **lamb;** (di scrofa) to **farrow;** (di mucca) to **calve** ***3*** *(fig., lett.)* to **beget***; to **breed***: *La violenza partorisce odio,* violence breeds hatred.

parvènza *f.* ***1*** *(lett.)* **appearance** ***2*** (*fig.*: ombra) **shadow; trace.**

parziale *a.* ***1*** **partial; fractional; sectional**: *un'eclissi p.,* a partial eclipse ***2*** (che favorisce una delle parti) **partial; prejudiced; bias(s)ed.**

parzialità *f.* **partiality.**

parzialménte *avv.* ***1*** (in parte) **partially; partly; in part** ***2*** (con parzialità) **partially; with partiality.**

pàscere ***A*** *v. t.* e *i.* ***1*** *(agric.)* to **pasture;** to **graze** ***2*** *(fig.)* to **feed***; to **nourish**: *p. la mente di utili cognizioni,* to nourish one's mind with useful knowledge ***B*** **pàscersi** *v. rifl.* ***1*** to **feed* on,** to **live on** (st.) ***2*** *(fig.)* to **cherish,** to **nurse,** to **foster** (st.): *p. di vane speranze,* to cherish (o to cling to) false hopes.

pascià *m.* **pasha, pacha** ● *(fig.) vivere come un p.,* to live like a lord.

pasciuto *a.* **fed; nourished**: *un uomo ben p.,* a well--fed man.

pascolare *v. t.* e *i. (agric.)* to **pasture;** to **graze.**

pascolativo *a. (agric.)* **pasturable** ● *terreno p.,* pasture(-land).

pàscolo *m.* ***1*** *(agric.)* **pasture; pasturage; pasture--land**: *mandare al p.,* to put out to pasture ***2*** *(fig.)* **nourishment; food** ● *greggi al p.,* flocks at grass.

Pàsqua *f.* ***1*** *(relig.)* **Easter**: *la domenica di P.,* Easter Sunday □ *un uovo di P.,* an Easter egg □ *augurare la buona P. a q.,* to wish sb. a happy Easter ***2*** (ebraica) **Passover.**

pasquale *a.* **Easter** *(attr.)*: *vacanze pasquali,* Easter holidays.

pasquétta *f. (fam.)* **Easter Monday.**

pasquinata *f. (letter.)* **pasquinade; lampoon; squib.**

passàbile *a.* **passable; fairly good; not so bad** *(pred.)*.

passabilménte *avv.* **passably; well enough.**

passàggio *m.* ***1*** **passage; passing;** (traversata) **crossing**: *aprirsi a forza un p. tra la folla,* to force a passage (o to make one's way) through the crowd ***2*** (transito) **transit** ***3*** (luogo dove si passa) **passage; way; crossing**: *un p. pedonale,* a pedestrian crossing; a zebra crossing □ *un p. a livello,* a level crossing ***4*** (viaggio marittimo, aereo) **passage;** (su automezzo) **lift**: *Mi puoi dare un p. fino a Mantova?,* can you give me a lift to Mantua? ***5*** *(mus., letter.)* **passage** ***6*** *(sport)* **pass** ● *essere di p. (per),* to be passing (through) □ *(fig.) il gran p.* (la morte), death; the passing away □ *(leg.) servitù di p.,* right of way □ *uccello di p.,* migratory bird □ *Notai di p. che...*, I noticed incidentally that... □ *Vietato il p.*, no thoroughfare.

passamanerìa *f.* ***1*** (fabbrica di passamani) **ribbon and braid factory** ***2*** (passamani) **braids** *(pl.)*; **braiding; trimming(s); passementerie** *(franc.)*.

(1) passamano *m.* (nastro per guarnizione) **braid; trimming.**

(2) passamano *m.* (passaggio di cose per le mani di più persone) **passing from hand to hand** ● *fare il p.*, to pass (st.) from hand to hand.

passamontagna *m.* **Balaclava helmet.**

passante ***A*** *m.* e *f.* **passer-by** ***B*** *m.* (di cintura e sim.) **loop.**

passapatate *m.* **potato-masher.**

passapòrto *m.* **passport.**

passare ***A*** *v. i.* ***1*** to **pass;** to **pass by;** to **go* along;** to **go* by;** to **proceed**: *Lasciami p., per favore,* please let me pass □ *Passammo per il centro di Parma,* we passed through the centre of Parma ***2*** (trascorrere) to **pass;** to **elapse;** to **go* by**: *man mano che passa il tempo,* as time goes by ***3*** (cessare) to **pass;** to **cease;** to **stop;** to **end**: *una moda che passa,* a passing fashion □ *Il pericolo è passato,* the danger has passed (o is over) ***4*** (fare una breve visita) to **call** (on sb., at a place); to **pass;** to **drop in**: *p. a prendere q.*, to call for sb. ***5*** (diventare) to **become*;** to **be promoted** ***6*** (essere reputato) to **pass** (for); to **be considered;** to **be thought (to be)**: *p. per facoltoso,* to be considered (o to be thought to be) well off ***7*** (essere approvato) to **be passed;** to **pass;** to **get* through;** to **be accepted**: *p. a un esame,* to pass (o to get through) an exam ***8*** (intercorrere) to **be;** to **exist**: *Fra me e lui passa una gran differenza,* there's a big difference between him and me ***9*** (a carte) to **pass** ***B*** *v. t.* ***1*** (oltrepassare) to **pass;** (attraversare, valicare) to **pass through,** to **cross,** to **go* beyond**: *p. una frontiera (un fiume),* to cross a frontier (a river) ***2*** (trascorrere) to **pass;** to **spend*;** to **while away**: *p. il tempo leggendo,* to spend one's time reading □ *p. l'estate al mare,* to spend the summer at the seaside ***3*** (far passare, far scorrere) to **pass**: *passarsi le dita fra i capelli,* to pass (o to run) one's fingers through one's hair ***4*** (dare) to **give*;** to **pass** (on); to **hand;** (fornire) to **supply**: *Passa il vassoio!,* hand the tray around □ *(comm.) p. un'ordinazione a q.*, to give sb. an order; to place an order with sb. ***5*** (sopportare, subire) to **go* through;** to **pass through;** to **suffer**: *p. un mucchio di guai,* to go through a lot of trouble ***6*** (trafiggere) to **run* through;** to **pass through;** to **pierce** ***7*** (promuovere, approvare) to **pass**: *p. uno studente a un esame,* to pass a student at an exam □ *p. un progetto di legge,* to pass a bill ***8*** (filtrare) to **strain;** (setacciare) to **sieve,** to **sift** ***9*** *(sport)* to **pass** ● *p. a miglior vita,* to pass away (o to breathe one's last) □ *p. al nemico,* to go over to the enemy □ *p. di mente,* to slip from (sb.'s) mind □ *p. di moda,* to go out of fashion □ *p. parola a q.*, to pass the word on to sb. □ *p. per la mente,* to cross (sb.'s) mind □ *(fig.) p. sopra,* to pass over; to overlook □ *p. il tempo nell'ozio,* to idle one's time away □ *passarla bella,* to have a narrow escape (o *fam.:* squeak) □ *passarne di tutti i colori,* to go through thick and thin □ *passarsela bene (male)* (a quattrini), to be well (badly) off □ (di cibo) *essere passato di cottura,* to be overdone (o overcooked) □ *fare (o lasciare) p.*, to let in: *Fallo p.!,* let him in! □ *(fig.) far p. q. (q.c.) (per),* to pass sb. (st.) off (as) □ *Per questa volta te la passo,* I'll let you off this time □ *Non gliene passa una* (nulla gli sfugge), nothing escapes him □ *Me la sono passata bene a Londra,* I had a good time in London □ *Sarà alto due metri e passa,* he's two metres tall and maybe more □ *Ho passato la trentina,* I am over thirty □ *Passa via!,* go away!; get away with you!; scram!, beat it! *(pop.)* □ *(tel.) Passo e chiudo,* over and out.

passata *f.* ***1*** (occhiata) **glance; look**: *dare una p. a un libro,* to have a look at a book; to skim through a book ***2*** (di vernice e sim.) **coat** ● *p. di pioggia,* shower □ *dare una p. (col ferro) a q.c.*, to pass the iron over st. □ *dare un'ultima p. (col pennello),* to add a finishing touch.

passatèmpo *m.* **pastime; diversion;** (p. preferito) **hobby**: *fare q.c. (così) per p.*, to do st. as a pastime.

passatista *m.* e *f.* **traditionalist; stick-in-the-mud** *(fam.)*.

passato ***A*** *a.* ***1*** (trascorso) **past; gone by; bygone**: *nei tempi passati,* in past times ***2*** (antecedente) **former** ***3*** *(gramm.)* **past; preterite**: *il participio p.*, the past participle ***B*** *m.* ***1*** (tempo p.) **(the) past**: *ricordi del p.*, memories of the past ***2*** (condotta antecedente) (sb.'s) **past; past life** ***3*** *(gramm.)* **past (tense); preterite (tense)** ***4*** *(cucina)* **purée; soup**: *il p. di piselli,* pea-soup ● *(gramm.) il p. prossimo,* the present perfect □ *nei bei giorni del p.*, in the good old times.

passatóia *f.* **runner; stair-carpet.**

passatóio *m.* **stepping-stone** *(di solito al pl.)*.

passaverdura *m.* **vegetable mill.**

passeggèro ***A*** *a.* **passing; transitory; transient;** (fugace) **fleeting, short-lived** ***B*** *m.* ***1*** (passante) **passer-by** ***2*** (viaggiatore) **passenger; traveller** ● *(naut.) p. clandestino,* stowaway.

passeggiare ***A*** *v. i.* to **walk;** to **take* a walk;** to **stroll;** to **promenade** ***B*** *v. t.* to **walk**: *p. un cavallo,* to walk a horse ● *p. fino a stancarsi,* to walk oneself tired.

passeggiata *f.* ***1*** **walk; stroll; promenade**: *fare una p.*, to take a walk (o a stroll); to go for a walk; to stroll ***2*** (luogo dove si passeggia) **public walk; promenade** ● *(miss.) p. lunare,* moonwalk □ *(mil.) p. militare,* route march; *(fig.)* walkover □ *(miss.) p. nello spazio,* spacewalk.

passeggiatrice *f.* *(spreg.)* **streetwalker.**

passeggino *m.* **pushchair; stroller** *(USA)*.

passéggio *m.* ***1*** (il passeggiare) **walk; stroll**: *uscire a p.*, to go out for a walk ***2*** (gente che passeggia in un luogo) **promenaders** *(pl.)* ***3*** (luogo dove si passeggia) **public walk; promenade.**

passe-partout *(franc.)* *m.* ***1*** (chiave) **passe-partout; master key** ***2*** (riquadro di cartone o tessuto per dare risalto a un dipinto) **passe-partout; mat.**

pàssera *f.* *(zool.)* **sparrow** ● *p. di mare* (Pleuronectes platessa), plaice.

passeràcei *m. pl.* *(zool.)* **passerines.**

passerèlla *f.* ***1*** *(naut.)* **gangway; gang-board** ***2*** *(aeron.)* **catwalk** ***3*** *(edil.)* **gangway; platform** ***4*** (cavalcavia) **foot-bridge** ***5*** (per sfilate di moda) **walk** ***6*** *(teatr.)* **forestage parade.**

pàssero *m.* *(zool.,* Passer) **sparrow** ● *p. solitario* (Monticola solitarius), blue rock-thrush.

passeròtto *m.* ***1*** **young sparrow** ***2*** *(fig.:* sproposito) **blunder.**

passìbile *a.* (specialm. *leg.*) **liable**: *p. di multa,* liable to a fine.

passiflòra *f.* *(bot.,* Passiflora coerulea) **passion-flower.**

passim *(lat.)* *avv.* **passim; in various places.**

passino *m.* **strainer.**

passionale *a.* ***1*** **passional; of passion**: *un delitto p.*, a crime of passion ***2*** (pronto a infiammarsi) **passionate**: *un temperamento p.*, a passionate nature.

passionalità *f.* **passionateness.**

passióne *f.* ***1*** **passion**: *essere accecato dalla p.*, to be blinded by passion □ *essere schiavo delle passioni,* to be a slave to one's passions ***2*** (afflizione) **affliction; distress; suffering** ***3*** *(relig.)* **Passion**: *la Domenica di P.*, Passion Sunday □ *la Settimana di P.*, Passion Week ● *avere p. per q.c.*, to be crazy about st. □ *non avere p. a niente,* not to take an interest in anything □ *parlare con p.*, to speak with fervour □ *prendere p. a q.c.*, to take a liking to st.

passionista *m.* *(relig.)* **Passionist.**

passista *m.* *(sport)* **long-distance racing cyclist.**

passito *m.* **raisin wine.**

passività *f.* ***1*** **passivity; passiveness** ***2*** *(comm.)* **liability** *(anche concreto)*: *p. a lunga scadenza,* long-term liabilities.

passivo ***A*** *a.* ***1*** (inerte) **passive; inactive; inert** ***2*** (che non oppone resistenza) **passive; submissive**: *resistenza passiva,* passive resistance ***3*** *(gramm.)* **passive**: *la forma passiva,* the passive voice ***4*** *(econ.)* **passive; unprofitable** ***B*** *m.* ***1*** *(gramm.)* **passive (voice)** ***2*** *(rag.)* **liabilities** *(pl.)* ● *(rag.) registrare al p.*, to enter on the debit side.

(1) passo *m.* ***1*** **step; stride**: *muovere i primi passi,* to take the first steps □ *cambiare il p.,* to change step □ *perdere il p.,* to fall out of step □ *a due passi di qui,* a few steps from here (o a stone's throw from here) □ *pochi passi più avanti,* a few steps further (on) □ *fare un p. avanti (indietro),* to take a step forward (backward) □ *p. (a) p.,* step by step □ *tornare sui propri passi,* to retrace one's steps ***2*** (andatura) **pace; step; tread**: *andare di buon p.,* to go at a good pace □ *a p. d'uomo (di lumaca, ecc.),* at a walking (snail's, etc.) pace □ *stare al p. con q.,* to keep pace (o to keep up) with sb. ***3*** (orma) **footstep; footprint; track**: *seguire i passi altrui,* to follow in sb.'s footsteps ***4*** (brano) **passage** ***5*** (di elica, di vite) **pitch** ● *p. p.,* very slowly □ *(fig.) a ogni p.,* at every turn □ *(mil.) Al p.!,* (keep) in step! □ *camminare a gran passi,* to stride □ *di questo (quel) p.,* at this (that) rate □ *fare passi da gigante,* to take great strides; (*fig.,* anche) to make great progress □ *(fig.) fare due (o quattro) passi,* to take (o to go for) a stroll □ *(fig.) fare tre passi su un mattone,* to be as slow as a tortoise □ *(cinem.) pellicola a p. normale (ridotto),* standard (substandard) gauge film □ *(fig.) Non muoverò un p. per loro,* I won't stir a finger to help them.

(2) passo *m.* ***1*** (passaggio) **way; passage**: *aprirsi il p. attraverso q.c.,* to make one's way through st. ***2*** *(geogr.)* **pass.**

(3) passo *a.* **dried; withered** ● *uva passa,* raisins *(pl.).*

pàssola, passolina, *f.* **raisins** *(pl.).*

pasta *f.* ***1*** (impasto per il pane) **dough;** (per pasticci, dolci) **paste, pastry**: *rimenare (spianare) la p.,* to knead (to roll out) the dough □ *p. sfoglia,* flaky pastry; puff pastry □ *p. frolla,* short pastry ***2*** (p. alimentare) **pasta; noodles** *(pl.)*; **macaroni** *(pl.)* ***3*** (pasticcino) **(tea-)cake; pastry** (anche *collett.*) ***4*** (sostanza ammassata come p.) **paste**: *p. d'acciughe,* anchovy-paste ***5*** *(fig.)* **stuff;** (indole) **disposition, nature**: *essere di buona p.,* to be of a kindly disposition ● *(ind. della carta) p. di legno,* wood-pulp □ *(ind. della carta) p. di stracci,* rag-pulp □ *(fig.) avere le mani in p.,* to have a finger in the pie *(fam.)* □ *(fig.) essere della stessa p.,* to be cast in the same mould □ *(fig.) mettere le mani in p.,* to meddle in sb.'s affairs □ *un uomo di buona p.,* a good-natured man; (quite) a decent chap *(fam.)* □ *Non so che p. d'uomo sia,* I don't know what sort of man he is.

pastafròlla *f.* **spineless person.**

pastasciutta *f.* *(cucina)* **pasta.**

pastècca *f.* *(naut.)* **snatch-block.**

pasteggiare *v. i.* to **have** (o to **take***, to **eat***) (st.) **for one's dinner;** to **have** (o to **take***, to **drink***) (st.) **with one's meals** ● *vino da p.,* table-wine.

pastèlla *f.* *(cucina)* **batter.**

pastellista *m.* e *f.* *(arte)* **pastel(l)ist.**

pastèllo ***A*** *m.* ***1*** **pastel**: *una scatola di pastelli,* a box of pastels ***2*** (dipinto a p.) **pastel** ***B*** *a.* **pastel** *(attr.)*: *verde p.,* pastel green.

pastétta *f.* *(pop.:* broglio elettorale*)* **gerrymander;** (imbroglio) **fraud.**

pasticca *f.* **pastil(le); tablet; lozenge.**

pasticcerìa *f.* ***1*** (negozio di dolciumi) **pastry-shop; confectioner's (shop); confectionery** ***2*** (paste dolci) **pastry; confectionery.**

pasticciare *v. t.* e *i.* to **make* a mess** (of); to **bungle.**

pasticcière *m.* **pastry-cook; confectioner.**

pasticcino *m.* *(cucina)* **fancy cake; tea-cake; pastry.**

pastìccio *m.* ***1*** *(cucina)* **pie; pasty; patty**: *un p. di carne,* a meat pie; a pasty □ *un p. di mele,* an apple pie ***2*** (lavoro mal fatto) **clumsy (o slapdash) piece of work; bungle; botch** ***3*** (faccenda imbrogliata) **mess; scrape; fix** *(fam.)*; **trouble**: *mettersi nei pasticci,* to get into trouble □ *trovarsi in un bel p.,* to be in a bad fix ***4*** *(letter., mus.)* **pasticcio*; pastiche.**

pasticcióne *m.* *(fam.)* **bungler; botcher; muddler.**

pastifìcio *m.* **pasta factory.**

pastìglia *f.* **pastil(le); tablet; lozenge**: *pastiglie per la tosse,* cough lozenges.

pastina *f.* ***1*** (pasta per brodo) **pastina** (pasta in small shapes) ***2*** *V.* **pasticcino.**

pastinaca *f.* *(bot.,* Pastinaca sativa*)* **parsnip.**

pasto *m.* **meal; feed** *(pop.)*: *un magro p.,* a poor (o scanty) meal □ *un p. abbondante,* a full (o hearty) meal; a good feed *(scherz.)*; a blow-out *(pop.)* □ *tra un p. e l'altro (o fuori p.),* between meals ● *(fig.) dare una notizia in p. al pubblico,* to regale the public with a piece of news □ *essere di poco p.,* to be a poor eater □ *vino da p.,* table-wine.

pastóia *f.* ***1*** **hobble** *(generalm. al pl.,* anche *fig.)*; **fetters** *(pl.)* ***2*** *(vet.)* **pastern** ● *liberarsi d'ogni p.,* to cast off all trammels □ *mettere le pastoie a,* to hobble; to fetter; *(fig.)* to trammel.

pastóne *m.* **(bran-)mash.**

pastóra *f.* **shepherdess.**

(1) pastorale *a.* ***1*** **pastoral**: *la poesia p.,* pastoral poetry ***2*** *(relig.)* **pastoral**: *il (bastone) p.,* the pastoral staff; the crosier □ *una (lettera) p.,* a pastoral (letter).

(2) pastorale *f.* *(mus.)* **pastorale*; pastoral.**

(3) pastorale *m.* (prima falange del piede del cavallo) **pastern.**

pastóre *m.* ***1*** *(agric.)* **shepherd** (anche *fig.*) ***2*** *(relig.)* **pastor; minister** ● *cane p.,* sheep-dog.

pastorèlla *f.* **young shepherdess.**

pastorìzia *f.* **sheep-rearing; sheep-breeding; sheep-farming.**

pastorizzare *v. t.* *(ind.)* to **pasteurize.**

pastorizzazióne *f.* *(ind.)* **pasteurization.**

pastosità *f.* ***1*** **pastiness; doughiness** ***2*** *(fig.)* **mellowness; softness.**

pastóso *a.* ***1*** (morbido come pasta) **pasty; doughy** ***2*** *(fig.)* **mellow; soft**: *una voce pastosa,* a soft voice □ *colori pastosi,* mellow colours □ *vino p.,* mellow wine.

pastrano *m.* **overcoat.**

pastura *f.* *(agric.)* **pasture; pasturage.**

patacca *f.* ***1*** (moneta di minimo valore) **farthing** ***2*** (macchia) **stain** ***3*** *(scherz.:* decorazione*)* **decoration; gong** *(pop.).*

pataccóne *m.* *(fig., fam.)* ***1*** *(spreg.:* vecchio e grosso orologio da tasca*)* **turnip** *(pop.)* ***2*** (persona grossa e goffa) **big, clumsy person; lubber** *(fam.)* ***3*** (chi è solito riempirsi gli abiti di patacche) **messy person.**

patapùm *inter.* **bang!**

patata *f.* ***1*** *(bot.,* Solanum tuberosum*)* **potato*; spud** *(pop.)* ***2*** (tubero della p.) **potato***: *patate fritte,* fried potatoes; chips *(fam.)*; French fries *(USA)*; (croccanti) crisps □ *patate lesse,* boiled potatoes □ *patate in umido,* stewed potatoes ● *(bot.) p. dolce* (Ipomoea batatas), batata; sweet potato.

patatàio *m.* **potato-merchant.**

patatràc ***A*** *inter.* **crack!; bang!** ***B*** *m.* ***1*** (scoppio) **crack; crash; bang** ***2*** (crollo rovinoso) **crash.**

patèlla *f.* ***1*** *(zool.,* Patella*)* **limpet** ***2*** *(anat.)* **patella*; kneepan; kneecap.**

patèma *f.* **anxiety; heartache.**

patèna *f.* *(relig.)* **paten.**

patentato *a.* ***1*** **licensed; chartered** ***2*** *(fig.)* **thorough; downright; out-and-out**: *uno sciocco p.,* a downright fool.

patènte ***A*** *a.* **patent; open;** (evidente) **evident, obvious** ***B*** *f.* **licence**: *(autom.) la p. di guida,* a driver's (o driving) licence.

patentino *m.* **temporary licence** ● *(autom.) p. internazionale di guida,* international driving licence.

paterazzo *m.* *(naut.)* **backstay** *(generalm. al pl.).*

pateréccio *m.* *(med.)* **whitlow.**

paternale *f.* **rebuke; reprimand; scolding; (good) dressing-down** *(fam.)*: *fare una p. a q.,* to give sb. a good dressing-down.

paternalismo *m.* (anche *polit.*) **paternalism.**

paternalìstico *a.* (anche *polit.*) **paternalistic; paternalist** *(attr.).*

paternaménte *avv.* **paternally; like a father.**

paternità *f.* ***1*** **paternity; fatherhood** ***2*** (nome del padre) **father's name** ***3*** (condizione di autore) **paternity; authorship.**

patèrno *a.* ***1*** **paternal; fatherly**: *affetto p.,* fatherly love ***2*** (da parte del padre) **paternal; on one's father's side**

• *in tono p.*, paternally.
paternòstro *m.* **1** *(relig.)* **paternoster; (the) Lord's Prayer 2** (della corona del rosario) **paternoster (bead)** • *sapere q.c. come il p.*, to have st. at one's fingers' ends *(fam.)*.
pateticità *f.* **pathetic tone.**
patètico A *a.* **1 pathetic; full of pathos;** (commovente) **moving, touching 2** *(anat.)* **pathetic**: *il nervo p.*, the pathetic nerve **B** *m.* (il genere p.) **(the) pathetic** • *fare il p.*, to sentimentalize.
pateticume *m. (spreg.)* **sentimentality.**
pàthos *m. (lett.)* **pathos.**
patibolare *a.* **fit for the gallows; gallows-bird** *(attr.)*.
patìbolo *m.* **gallows; gibbet; scaffold; block**: *condannare q. al p.*, to send sb. to the gallows (o the scaffold, the block) • *faccia da p.*, sinister face.
patiménto *m.* **suffering; affliction; torment; pain.**
pàtina *f.* **1** (velatura prodotta dal tempo) **patina 2** *(med.:* appannatura della lingua) **fur; coating 3** (della porcellana, terracotta, carta) **glaze 4** (strato di vernice) **coat of varnish.**
patinare *v. t.* **1** (verniciare) to **varnish 2** (pelli) to **dub 3** (porcellana, terracotta, carta) to **glaze.**
patinato *a.* **1** (coperto da patina) **patinated 2** (verniciato) **varnished 3** (di pelli) **dubbed 4** (di porcellana, terracotta, carta) **glazed** • *(med.) avere la lingua patinata*, to have a furred (o coated) tongue.
patire A *v. i.* **1** to **suffer 2** (di cose: essere danneggiate) to **be damaged B** *v. t.* **1** to **suffer**; to **undergo***: *p. il caldo (il freddo)*, to suffer from the heat (from the cold) □ *p. un torto*, to suffer a wrong **2** (sopportare, tollerare) to **bear***; to **stand***; to **suffer**: *Non posso p. quell'uomo*, I can't stand that man • *p. la fame*, to starve □ *far p. la fame a q.*, to starve sb.
patito A *a.* (malaticcio) **sickly;** (macilento) **emaciated, haggard B** *m.* **enthusiast; fan**: *un p. del jazz (del cinema)*, a jazz (film) fan.
pato- *(in parole composte)* **patho-**: *(med.) patofobia*, pathophobia.
patògeno *a. (med.)* **pathogenic.**
patologìa *f. (med.)* **pathology.**
patològico *a. (med.)* **pathologic(al).**
patòlogo *m. (med.)* **pathologist.**
pàtria *f.* **1 (native) country; native land; fatherland; motherland; mother-country**: *amor di p.*, love of one's country (o of one's native land) **2** (luogo nativo) **birthplace;** *(fig.)* **home, land** • *l'altare della p.*, the tomb of the Unknown Soldier □ *in p. e all'estero*, at home and abroad.
patriarca *m. (stor., relig.)* **patriarch** (anche *fig.*).
patriarcale *a. (stor., relig.)* **patriarchal** (anche *fig.*).
patriarcato *m. (stor., relig.)* **patriarchate.**
patricida, patricìdio *V.* **parricida; parricìdio.**
patrigno *m.* **stepfather; step-parent.**
patrimoniale *a.* **patrimonial; hereditary** • *(leg.) asse p.*, estate and property.
patrimònio *m.* **1 patrimony; property; estate**: *p. immobiliare*, real estate (o property) □ *p. mobiliare, personal estate* (o property) □ *p. pubblico*, public property **2** *(fig.)* **patrimony; heritage** • *(fig.) costare (spendere) un p.*, to cost (to spend) a mint of money *(fam.)* □ *mettere insieme un bel p.*, to make a fortune.
pàtrio *a.* **1 of one's (native) country 2** (paterno) **paternal** • *ritornare ai patrii lidi*, to return to one's native shores.
patriòt(t)a *m.* e *f.* **1 patriot 2** *(pop.:* compatriota) **compatriot; fellow-countryman*** *(masch.)*; **fellow--countrywoman*** *(femm.)*.
patriottardo *m. (spreg.)* **patrioteer; flag-waver.**
patriòttico *a.* **patriotic.**
patriottiṣmo *m.* **patriotism; love of one's country.**
patriziato *m.* **patricians, nobles, aristocrats** *(pl.)*; **aristocracy.**
patrìzio A *a.* **patrician; noble; aristocratic B** *m.* **patrician; noble(man*); aristocrat.**
patrocinante *m. (leg.)* **pleader.**
patrocinare *v. t.* to **patronize**; to **sponsor**; (difendere) to **plead**; (sostenere) to **support.**
patrocinatóre *m.* **1 patronizer; sponsor; supporter 2** (protettore) **patron; protector 3** *(leg.)* **pleader; counsel.**
patrocìnio *m.* **1 sponsorship; support 2** *(relig.)* **patronage; protection** • *(leg.) gratuito p.*, legal aid.
patròna *f. (relig.)* **patroness; (female) patron saint.**
patronale *a.* **patronal.**
patronato *m.* **1** (anche *relig.*) **patronage 2** (istituzione benefica) **charitable institution** (o **society**) • *p. dei carcerati*, prisoners' aid society.
patronéssa *f.* **patroness.**
patronìmico *a.* e *m.* **patronymic.**
patròno *m.* **1** (protettore) **patron; protector 2** *(relig.)* **patron (saint) 3** *(leg.)* **counsel.**
(1) patta *f.* **1** (risvolto di tasca) **flap 2** *(naut.)* **fluke; palm.**
(2) patta *f.* (nel gioco) **draw** (anche *fig.*): *fare p.*, to have a draw; to draw • *essere pari e p.*, to be quits.
pattare *v. i.* to **draw***; to **come* to a draw.**
patteggiaménto *m.* **negotiation** *(spesso al pl.)*.
patteggiare A *v. i.* to **negotiate**; to **enter into negotiations;** to **discuss terms;** (venire ai patti) to **come* to terms B** *v. t.* to **nagotiate;** to **arrange the terms of** (st.).
pattinàggio *m. (sport)* **skating**: *p. artistico*, figure--skating • *p. a rotelle*, roller-skating □ *p. sul ghiaccio*, ice-skating □ *pista di p.*, skating-rink.
pattinare *v. i. (sport)* to **skate** • *p. sul ghiaccio*, to ice-skate.
pattinatóio *m.* **skating-rink.**
pattinatóre *m. (sport)* **skater.**
pàttino *m.* **1** *(sport)* **skate** *(generalm. al pl.)*; (a rotelle) **roller-skate 2** *(aeron.)* **skid 3** *(mecc.)* **sliding block.**
patto *m.* **1** (convenzione, accordo) **agreement; understanding; pact** (specialm. *leg.*); **compact; covenant** *(leg., relig.)*; (tra nazioni) **treaty**: *il P. Atlantico*, the Atlantic Treaty □ *concludere (o stringere) un p.*, to make an agreement; to come to (o to reach) an understanding **2** (ciascuno dei punti della convenzione) **term** *(generalm. al pl.)*: *venire a patti*, to come to terms **3** (condizione) **condition**: *a p. che*, on condition that; provided that • *a nessun p.*, on no account; by no means □ *a qualsiasi p.*, at any cost.
pattùglia *f. (mil.)* **patrol**: *essere di p.*, to be on patrol.
pattugliaménto *m. (mil.)* **patrol; patrolling** • *auto della polizia in servizio di p.*, patrol car.
pattugliare *v. i.* e *t. (mil.)* to **patrol.**
pattuire *v. t.* to **stipulate;** to **negotiate;** to **settle;** to **fix.**
pattuito A *a.* **stipulated; agreed upon; settled; fixed**: *il prezzo p.*, the price agreed upon **B** *m.* **terms** *(pl.)*.
pattume *m.* **refuse; rubbish; trash; litter.**
pattumièra *f.* **dustbin.**
paturne, patùrnie *f. pl. (pop.)* **dumps, doldrums** *(fam.)*: *avere le p.*, to be in the dumps; to be out of sorts.
pauperiṣmo *m. (econ.)* **pauperism.**
paura *f.* **fear; dread;** (spavento) **fright, scare**: *tremare di p.*, to tremble with fear □ *vincere la p.*, to overcome one's fear □ *Che p.!*, what a fright! • *avere p. di q.c.*, to be afraid of st. □ *brutto da far p.*, frightful □ *il coraggio della p.*, Dutch courage □ *far p. a q.*, to frighten (o to scare) sb. □ *far morire q. di p.*, to scare (o to frighten) sb. to death □ *(fig.) morire di p.*, to be frightened (o scared) to death □ *per p. che*, lest; for fear that: *Non uscii per p. che piovesse*, I didn't go out lest it should rain □ *Ho p. che non venga*, I'm afraid he won't come.
paurosaménte *avv.* **fearfully; timorously; frightfully; dreadfully.**
pauróso *a.* **1** (che ha paura) **fearful; timorous; timid;** (codardo) **cowardly, faint-hearted 2** (che mette paura) **frightful; fearful; dreadful.**
pàuṣa *f.* **1 pause; stop; (short) interval**: *fare una p.*,

to make a pause; to pause; to stop **2** *(mus.)* **rest.**

paventare *v. t. (lett.)* to **fear**: *p. la morte,* to fear death.

paveşare *v. t.* **1** *(naut.)* to **dress (with flags);** to **deck (with flags) 2** (imbandierare) to **decorate (with flags).**

pavése *m. (naut.)* **bunting; flags** *(pl.)* ● *alzare il gran p.,* to dress a ship overall.

pàvido *(lett.)* **A** *a.* **pavid** (raro); **fearful; timid B** *m.* **coward.**

pavimentare *v. t.* (una stanza) to **floor;** (una strada) to **pave.**

pavimentazióne *f.* (di una stanza) **flooring;** (di una strada) **paving.**

pavimentista *m. (edil.)* **floor-layer.**

paviménto *m.* **floor; flooring**: *p. a parquet,* parquet floor.

pavonazzo *V.* **paonazzo.**

pavoncèlla *f. (zool.,* Vanellus vanellus*)* **lapwing; peewit, pewit.**

pavoncino *m. (zool.)* **peachick.**

pavóne *m. (zool.,* Pavo cristatus*)* **peacock** *(anche fig.)*; **peafowl**: *(fig.) fare il p.,* to play the peacock.

pavoneggiarsi *v. rifl.* to **strut;** to **show* off** *(fam.).*

pavonéssa *f. (zool.)* **peahen; peafowl.**

pazientare *v. i.* to **have patience;** to **be patient.**

pazïènte A *a.* **patient**: *essere p. con q.,* to be patient with sb. □ *lunghe e pazienti ricerche,* long and patient researches **B** *m.* e *f.* (chi è sottoposto alle cure d'un medico) **patient.**

pazientemènte *avv.* **patiently; with patience.**

pazïènza *f.* **patience; endurance; forbearance**: *mettere alla prova la p. di q.,* to try sb.'s patience □ *perdere la p.,* to lose one's patience (o one's temper) □ *far scappare la p. a q.,* to wear out sb.'s patience; to make sb. lose his temper ● *Fossi ricco, p.!,* were I rich, it wouldn't matter so much □ *P., verrai la prossima settimana,* never mind, you'll come next week.

pazzaménte *avv.* **1** (da pazzo) **like a madman; madly; furiously; wildly 2** (eccessivamente) **deeply; head over ears, head over heels** *(fam.)*: *essere innamorato p. di q.,* to be head over ears in love with sb.

pazzerèllo *m.* **madcap; crazy person.**

pazzerellóne *m.* **madcap; jolly (and carefree) fellow.**

pazzésco *a.* **1 maddish; (somewhat) mad; crazy; foolish 2** *(fig.:* assurdo*)* **absurd; senseless; foolish.**

pazzìa *f.* **1 madness; insanity; lunacy 2** (cosa insensata) **madness;** (azione pazzesca) **folly, foolish action;** (idea pazza) **folly, foolish idea**: *È una p. uscire con questa pioggia,* it's madness to go out in this rain ● *avere un ramo di p.,* to be crazy; to have a screw loose *(fam.)* □ *fare delle pazzie,* to act like a fool □ *fare delle pazzie per una donna,* to go crazy *(pop.:* to go nuts) for a woman.

pazzo A *a.* **1 mad; insane; crazy; lunatic** *(attr.)*: *diventare p.,* to go mad (o to go out of one's mind) □ (anche *fig.*) *far diventare p. q.,* to drive sb. mad (o crazy) □ *essere p. di dolore,* to be mad with pain **2** (bizzarro, strambo) **mad; crazy; foolish**: *un'idea pazza,* a crazy idea **3** (eccessivo) **wild; uncontrolled**: *risate pazze,* uncontrolled laughter ● *p. da legare,* stark (o staring) mad; raving mad □ *andare p. per q.c.,* to be crazy about st. □ *innamorato p.,* madly in love **B** *m.* **madman*; lunatic.**

pazzòide A *a.* **crazy; half-mad; daft** *(fam.)* **B** *m.* e *f.* **madcap.**

peana *m.* **paean.**

pècari *m. (zool.,* Tayassu*)* **peccary.**

pècca *f.* **(slight) defect; flaw; fault; blemish**: *senza p.,* without blemish; flawless; faultless.

peccaminóso *a.* **sinful.**

peccare *v. i.* **1** (commettere un peccato) to **sin;** to **commit a sin**: *p. in pensieri, parole e atti,* to sin in (o through) thought, word and deed □ *p. di superbia,* to commit the sin of pride **2** (commettere un errore) to **err;** to **sin**: *p. per troppa bontà,* to err on the side of goodness **3** (essere difettoso) to **be faulty;** to **be deficient** (in); to **lack** (st.).

peccato *m.* **sin**: *cadere nel p.,* to lapse (o to fall) into sin □ *un p. mortale (veniale),* a mortal (venial) sin □ *commettere un p.,* to commit a sin □ *i sette peccati capitali,* the seven deadly sins □ *essere brutto quanto il p.,* to be as ugly as sin ● *essere indurito nel p.,* to be a hardened sinner □ *È un p. che...,* it's a pity that... □ *Che p.!,* what a pity (o shame)!

peccatóre *m.* **peccatrice** *f.* **sinner.**

pécchia *f. (zool.,* Apis mellifera*)* **honey-bee.**

pecchióne *m. (zool.)* **drone.**

péce *f.* **pitch**: *spalmato di p.,* (be)smeared with pitch; pitchy □ *essere nero come la p.,* to be as black as pitch ● *p. da calzolaio,* cobbler's wax □ *p. greca,* colophony; rosin □ *p. liquida,* tar □ *(fig.) essere macchiati della stessa p.,* to be tarred with the same brush; to be cast in the same mould.

pechblènda *f. (miner.)* **pitchblende.**

pechinése *a., m.* e *f.* **Pekin(g)ese.**

pecióso *a.* **pitchy.**

pècora *f.* **1** *(zool.,* Ovis aries*)* **sheep*;** (p. femmina) **ewe**: *(fig.) la p. nera della famiglia,* the black sheep of the family **2** *(fig.)* **sheep*;** (vile) **coward** ● *p. tosata una volta sola,* shearling □ *allevamento di pecore,* sheep-farming □ *allevatore di pecore,* sheep-farmer □ *carne di p.,* mutton.

pecoràggine *f.* **moral cowardice.**

pecoràia *f.* **shepherdess.**

pecoràio *m.* **1 shepherd 2** *(fig.:* uomo rozzo*)* **rude, low-bred fellow.**

pecorame *m.* **flock of sheep** *(anche fig.).*

pecorèlla *f.* **1 sheep;** (agnello) **lamb**: *la p. smarrita,* the lost sheep **2** *(al pl.:* nuvolette*)* **fleecy clouds; mackerel clouds** ● *cielo a pecorelle,* fleecy (o mackerel) sky.

pecorile *m.* **sheepfold.**

pecorino *a.* **of sheep; sheep's**: *(formaggio) p.,* sheep's milk cheese.

pecoróne *m. (fig.)* **sheep*.**

pecorume *m. (fig.)* **flock of sheep.**

pectina *f. (chim.)* **pectin.**

peculato *m. (leg.)* **peculation; embezzlement (of public funds).**

peculiare *a.* **peculiar; particular.**

peculiarità *f.* **peculiarity.**

pecùlio *m.* **hoard;** (risparmi) **savings** *(pl.).*

pecùnia *f. (lett.* o *scherz.)* **money.**

pecuniàrio *a.* **pecuniary; money** *(attr.).*

pedàggio *m.* **toll**: *pagare il p.,* to pay toll.

pedagogìa *f.* **pedagogy; pedagogics** *(pl. col verbo al sing.).*

pedagògico *a.* **pedagogic(al); of pedagogy; teaching** *(attr.).*

pedagogista *m.* e *f.* **pedagogist; educationalist.**

pedagògo *m.* **pedagogue** (spesso *scherz.* o *spreg.).*

pedalare *v. i.* to **pedal;** to **cycle.**

pedalata *f.* **push on a pedal.**

(1) pedale *m.* **1** *(mecc.)* **pedal; treadle; foot-lever**: *(autom.) il p. del freno,* the foot-brake (pedal) □ *i pedali di una bicicletta,* the pedals of a bicycle □ *il p. del piano (del forte)* (in un pianoforte), the soft (loud) pedal □ *il p. d'una macchina da cucire,* the treadle of a sewing machine **2** (del calzolaio) **(cobbler's) leather strap.**

(2) pedale *m. (agric.)* **stock; trunk; stem.**

pedalièra *f.* **1 pedals** *(pl.)*; **pedal keyboard 2** *(aeron.)* **rudder-pedals** *(pl.)*; **rudder-bar.**

pedana *f.* **1 footboard;** (della cattedra) **dais 2** *(sport)* **springboard 3** *(autom.)* **running-board 4** (tappeto) **rug;** (scendiletto) **bedside rug.**

pedante A *a.* **pedantic B** *m.* e *f.* **pedant; hair-splitter** *(fam.)*: *fare il p.,* to play the pedant; to be pedantic; to split hairs *(fam.)* ● *da p.,* pedantic *(agg.)*: *un'espressione da p.,* a pedantic expression; a piece of pedantry.

pedanteggiare *v. i.* to **play the pedant;** to **pedantize.**

pedanterìa *f.* **pedantry.**

pedantésco *a.* **pedantic; hair-splitting** *(attr., fam.).*

pedata *f.* **1** (colpo dato col piede) **kick 2** (orma del

piede) **footprint; footmark; footstep** ***3*** (rumore d'un passo) **footstep; footfall** ***4*** *(archit.)* **tread** ● *cacciar via q. a pedate,* to kick sb. out.
pederasta *m.* **p(a)ederast.**
pederastìa *f.* **p(a)ederasty.**
pedèstre *a.* ***1*** **pedestrian** ***2*** *(fig.)* **pedestrian; dull; prosaic.**
pedestreménte *avv.* **in a pedestrian** (o **prosaic) way.**
pediatra *m.* e *f.* *(med.)* **p(a)ediatrician; p(a)ediatrist.**
pediatrìa *f.* *(med.)* **p(a)ediatrics** *(pl. col verbo al sing.).*
pediàtrico *a.* *(med.)* **p(a)ediatric** ● *ospedale p.,* children's hospital.
pedicèllo *m.* *(bot., zool.)* **pedicel; pedicle.**
pediculòṣi *f.* *(med.)* **pediculosis.**
pedicure *m.* e *f.* **pedicure; chiropodist.**
pedilùvio *m.* **foot-bath.**
pedina *f.* ***1*** (nel gioco della dama) **(draughts)man*; piece** ***2*** (nel gioco degli scacchi) **pawn** (anche *fig.*) ● (anche *fig.*) *muovere una p.,* to make a move.
pedinare *v. t.* to **shadow;** to **tag after** (sb.) *(fam.);* to **tail** *(fam.).*
pedìssequo *a.* **servile; slavish.**
pedivèlla *f.* *(mecc.)* **pedal crank.**
pedòmetro *m.* **pedometer.**
pedonale *a.* **pedestrian** *(attr.);* **for pedestrians**: *un passaggio p.,* a pedestrian (o zebra) crossing.
pedóne *m.* ***1*** **pedestrian; foot-passenger** ***2*** (nel gioco degli scacchi) **pawn.**
pedùccio *m.* (*cucina:* zampetto di maiale, agnello, ecc.) **trotter** *(per lo più al pl.).*
pedule *m.* **foot*** (of a sock, of a stocking).
pedùncolo *m.* *(bot., zool., anat.)* **peduncle.**
pegamòide *f.* *(marchio)* **pegamoid.**
pèggio ***A*** *a.* ***1*** *(compar.)* **worse**: *Tu sei p. di lui,* you are worse than he ***2*** (*superl. relat.;* regionalismo per « peggiore ») **(the) worst** ***B*** *avv.* ***1*** *(compar.)* **worse**: *andare di male in p.,* to go from bad to worse □ *(Tanto) p. per lui!,* so much the worse for him! □ *sempre p.,* worse and worse ***2*** *(superl. relat.)* **(the) worst** ● *alla p.,* at (the) worst (o if the worst comes to the worst) □ *campare alla meno p.,* to rub along *(fam.)* ***C*** *m.* e *f.* **(the) worst;** (la cosa peggiore) **(the) worst thing;** (la parte peggiore) **(the) worst part**: *Il p. è passato,* the worst is over □ *Preparati per il* (o *al) p.,* be prepared for the worst ● *avere la p.,* to come off worst; to get the worst of it.
peggioraménto *m.* **worsening; aggravation** ● *avere un p.,* to become (o to grow, to get) worse.
peggiorare ***A*** *v. t.* to **make* worse;** to **worsen;** to **aggravate** ***B*** *v. i.* to **become*** (o to **grow*,** to **get*) worse;** to **worsen**: *p. sempre più,* to get worse and worse.
peggiorativo *a.* e *m.* **pejorative** (anche *gramm.*).
peggióre ***A*** *a.* ***1*** *(compar.)* **worse**: *Sei p. di tuo fratello,* you are worse than your brother □ *diventare p.,* to get worse ***2*** *(superl. relat.)* **(the) worst**: *fare q.c. nel p. dei modi,* to do st. in the worst possible way □ *la cosa p. che tu possa fare...,* the worst thing you can do... ***B*** *m.* e *f.* **(the) worst.**
pégno *m.* ***1*** **pawn; pledge; lien** (specialm. *leg.*): *un prestito su p.,* a loan upon pledge □ *dare q.c. in* (o *per, come) p.,* to give st. as a pawn (o as a pledge); to pawn (o to pledge) st. ***2*** (testimonianza) **token; pledge** ***3*** (in certi giochi infantili o di società) **forfeit** ● *agenzia di prestiti su p.,* pawnshop □ *prestatore (di denaro) su p.,* pawnbroker.
pelàgico *a.* **pelagic.**
pèlago *m.* ***1*** **open sea; high sea** ***2*** *(fig.)* **sea.**
pelame *m.* **coat (of hair); hair; fur.**
pelandróne *m.* **loafer;** (poltrone) **lazy-bones** (o **-boots)** *(fam.).*
pelapatate *m.* **potato-peeler.**
pelare ***A*** *v. t.* ***1*** (togliere via i peli) to **strip** (o to **remove) the hair from** (st.) ***2*** (spennare) to **pluck**: *p. una gallina,* to pluck a hen ***3*** (spellare) to **skin**: *p. un coniglio,* to skin a rabbit ***4*** (sbucciare) to **peel**: *p. una patata,* to peel a potato ***5*** (*scherz.:* tagliare rasi i capelli) to **crop** (sb.'s) **hair;** to **cut*** (sb.'s) **hair very short** ***6*** (*scherz.:* radere la barba) to **shave;** to **give*** (sb.) **a (clean) shave** ***7*** (far pagare quanto più è possibile) to **make*** (sb.) **pay through the nose** *(pop.);* to **skin** *(pop.);* to **fleece** *(pop.)* ***8*** (pungere) to **pierce;** to **bite*;** to **cut* to the bone**: *un freddo che pela,* a piercing cold □ *un vento che pela,* a biting (o sharp) wind ***9*** (scottare) to **scorch** ● *(fig., fam.) una gatta da p.,* a hard nut to crack □ *lasciarsi sempre p.,* to be a dupe; to be a pigeon *(fam.)* ***B*** **pelarsi** *v. rifl.* to **lose* one's hair;** (diventare calvo) to **become*** (o to **go*) bald.**
pelata *f.* ***1*** (lo spennare) **plucking** ***2*** (lo sbucciare) **peeling** ***3*** (il tagliare rasi i capelli) **crop**: *dare una p. a q.,* to give sb. a (close) crop; to crop sb.'s hair ***4*** (il radere la barba) **shave; shaving**: *una buona p.,* a clean (o close) shave ***5*** (il far pagare quanto più è possibile) **skinning** *(pop.);* **fleecing** *(pop.)* ***6*** (*scherz.:* testa calva) **bald head.**
pelato *a.* (senza capelli) **bald; hairless** ● *pomodori pelati,* peeled tomatoes.
pellàccia *f.* *(fig., spreg.)* **rascal; scoundrel; scamp** ● *avere una p. dura,* to be a tough customer *(fam.).*
pellagra *f.* *(med.)* **pellagra.**
pellagróso *(med.)* ***A*** *a.* **pellagrous; pellagric; affected with pellagra** ***B*** *m.* **pellagrin.**
pellàio *m.* ***1*** (che vende pelli) **hide-merchant** ***2*** (conciatore di pelli) **tanner; leather-dresser.**
pellame *m.* *(ind.)* **hides** *(pl.);* **skins** *(pl.).*
pelle *f.* ***1*** **skin;** (carnagione) **complexion;** (di animale da pelliccia) **pelt**: *avere la p. chiara,* to have a fair complexion □ *una malattia della p.,* a skin-disease □ *I serpenti cambiano la p. ogni anno,* snakes slough their skins every year ***2*** (cuoio) **hide; leather**: *p. di camoscio,* chamois leather (o shammy) □ *rilegato in p.,* bound in leather (o leather-bound) □ *articoli in p.,* leather articles □ *conciare (lavorare) pelli,* to tan (to dress) hides □ *finta p.,* imitation leather ***3*** (buccia) **peel; skin; rind** ***4*** (del latte) **skin;** (del formaggio) **rind;** (della salsiccia) **skin** ***5*** (di un metallo) **skin** ***6*** (scavezzacollo) **rascal; scoundrel; scamp** ● *p. di daino,* buckskin □ *p. di talpa,* moleskin □ *(ind. tessile) p. d'uovo,* fine muslin □ *a fior di p.,* skin-deep □ *amici per la p.,* bosom friends □ *avere la p. d'oca,* to have the creeps *(fam.)* □ *avere la p. dura,* to be thick-skinned □ *fare la p. a q.,* to kill sb.; to do sb. in *(pop.)* □ *far venire la p. d'oca a q.,* to make sb.'s flesh creep □ *non stare più nella p. dalla gioia,* to be beside oneself with joy □ *rimetterci la p.,* to lose one's life □ *Ne va della tua p.,* your life's at stake □ *(fam.) Ci giocherei la p.,* I'd stake my life on it.
pellegrina *f.* (mantellina da donna) **pelerine; tippet.**
pellegrinàggio *m.* ***1*** **pilgrimage**: *andare in p.,* to go on (a) pilgrimage ***2*** (comitiva di pellegrini) **group of pilgrims; pilgrims** *(pl.).*
pellegrinare *v. i.* ***1*** (peregrinare) to **wander from place to place** ***2*** (andare in pellegrinaggio) to **pilgrimage;** to **go* on (a) pilgrimage.**
pellegrino ***A*** *a.* ***1*** (peregrino, ramingo) **wandering; roaming; roving** ***2*** (straniero) **alien; foreign** ***3*** (strano, nuovo) **outlandish; unfamiliar; far-fetched**: *idee pellegrine,* far-fetched ideas ***B*** *m.* ***1*** **pilgrim**: *(stor.) i Padri Pellegrini,* the Pilgrim Fathers ***2*** (*lett.:* viandante) **wanderer; wayfarer** *(lett.).*
pelleróssa *m.* e *f.* **redskin.**
pelletterìa *f.* **(fancy) leather goods.**
pellettière *m.* **dealer in leather goods.**
pellicano *m.* *(zool.,* Pelecanus*)* **pelican.**
pellicceria *f.* ***1*** (negozio di pellicciaio) **furrier's (shop)** ***2*** (assortimento di pellicce) **furs** *(pl.).*
pelliccia *f.* ***1*** (pelle di animale vivo, col pelo lungo) **fur; coat (of hair)** ***2*** (pelle di animale, conciata) **fur**: *una p. di castoro,* a beaver fur □ *un cappotto foderato di p.,* a fur-lined coat ***3*** (cappotto di p.) **fur (coat)** ● *una p. di visone,* a mink coat.
pellicciàio *m.* **furrier.**
pellicciame *m.* **furs** *(pl.).*
pellìcola *f.* ***1*** *(fotogr., cinem.)* **film**: *una p. sonora,* a sound-film ***2*** (membrana sottile) **(thin) skin; pellicle; film.**
pellirόssa *m.* e *f.* **redskin.**

pellùcido *a.* **pellucid.**
pélo *m.* ***1*** **hair;** (peluria) **down** ***2*** (pelame) **coat, hair;** (pelliccia) **fur**: *il p. di un cane,* a dog's hair (o coat) ***3*** (setola) **bristle** ***4*** *(al pl.:* di piante) **hair** *(sing.)* ***5*** (di tessuto grezzo) **pile;** (di tessuto lavorato) **nap** ● *(fig.) avere il p. sullo stomaco,* to be ruthless □ *cavalcare a p.,* to ride bareback □ *cavarsela per un p.,* to have a narrow squeak (o a close shave) □ *(fig.) cercare il p. nell'uovo,* to split hairs □ *un giovane di primo p.,* a callow youth; a greenhorn □ *levare il p. a q.,* (picchiarlo) to tan sb.'s hide; (sgridarlo) to give sb. the rough edge of one's tongue □ *lisciare il p. a q.,* to flatter sb. (o to fawn upon sb.) □ *non avere peli sulla lingua,* to be outspoken □ *Lo salvarono per un p.,* he was saved by the skin of his teeth.
pelosità *f.* **hairiness; hirsuteness; shagginess.**
pelóso *a.* **hairy; hirsute; shaggy.**
péltro *m.* **pewter.**
peluche *(franc.) f. (ind. tessile)* **plush.**
pelùria *f. (in tutti i significati)* **down**: *coperto di p.,* covered with down; downy.
pèlvi *f. (anat.)* **pelvis***.
pèlvico *a. (anat.)* **pelvic.**
péna *f.* ***1*** (punizione) **punishment; penalty**: *sotto p. di morte,* under penalty of death □ *il minimo (il massimo) della p.,* the minimum (maximum) penalty ***2*** (patimento) **pain; suffering;** (dolore) **grief, pang, sorrow, affliction**: *le pene dell'amore,* the pangs of love □ *soffrire le pene dell'inferno,* to suffer the pains (o torments) of hell ***3*** (fatica, disturbo) **trouble; bother**: *Non ne vale la p.,* it isn't worth the trouble; it isn't worth while □ *darsi la p. di fare q.c.,* to take the trouble to do st. ***4*** *(leg.)* **sentence** ● *(leg.) p. pecuniaria,* fine □ *a mala p.,* hardly; scarcely □ *casa di p.,* prison; jail; gaol; penitentiary (specialm. *USA);* (per minorenni) Borstal □ *essere in p. per q.,* to be anxious (o worried) about sb. □ *Che cosa ti dà p.?,* what is worrying you?
penale *(leg.)* ***A*** *a.* **criminal; penal**: *il codice p.,* the criminal code □ *diritto p.,* criminal law ***B*** *f.* (sanzione p.) **penalty.**
penalista *m.* e *f. (leg.)* ***1*** **criminal lawyer** ***2*** (esperto di diritto penale) **penologist; criminologist.**
penalità *f. (leg., sport)* **penalty.**
penalizzare *v. t. (sport)* to **penalize.**
penalizzazióne *f. (sport)* **penalization.**
penare *v. i.* ***1*** to **suffer** ***2*** (durare fatica) to **find* it difficult**; to **be hardly able** (to do st.) ● *p. poco a fare q.c.,* to be quick in doing st.
penati *m. pl. (mitol. romana)* **Penates; household gods** ● *ritornare ai propri p.,* to return home.
pencolare *v. i.* ***1*** to **dangle;** (oscillare) to **sway;** (barcollare) to **totter,** to **stagger** ***2*** *(fig.:* essere indeciso) to **waver;** to **vacillate;** to **hesitate;** to **shilly-shally** *(fam.);* to **dilly-dally** *(fam.).*
pendàglio *m.* **pendant.**
pendènte ***A*** *a.* ***1*** **hanging; pendent** ***2*** (inclinato) **leaning; sloping; slanting**: *la torre p. di Pisa,* the leaning tower of Pisa ***3*** *(leg.)* **pendent; pending**: *una causa p.,* a pending suit ***B*** *m.* (orecchino) **ear-drop;** (ciondolo) **pendant.**
pendènza *f.* ***1*** **slope; incline; slant**: *una lieve (forte) p.,* a slight (steep) slope ***2*** (grado d'inclinazione) **incline; grade; gradient**: *una p. del venti per cento,* a gradient of one in five ***3*** *(leg.)* **pending suit** ***4*** *(comm.)* **outstanding account.**
pèndere *v. i.* ***1*** (anche *fig.)* to **hang* (down)**: *Dalla finestra pendeva una fune,* a rope was hanging from the window □ *p. dalle labbra di q.,* to hang upon sb.'s lips ***2*** (inclinare, anche *fig.)* to **lean***; to **incline;** to **be inclined** (to) ***3*** (essere declive) to **slope;** to **slant** ***4*** (incombere) to **hang*** (over); to **lie*** (on); to **overhang*** (anche *fig.)* ***5*** *(leg.:* di una controversia) to **be pending** ***6*** (essere indeciso) to **hesitate;** to **waver** ***7*** (di una nave) to **list** ● *Ti pende la sottoveste,* your slip is showing.
pendice *f. (lett.)* **slope; slant; declivity.**
pendìo *m.* ***1*** (pendenza) **slope; slant; inclination; declivity**: *stare in p.,* to have a slope (o a slant); to slope; to be in a sloping (o slanting) position □ *in p.,* on the slant; aslant; sloping *(agg.);* slopingly *(avv.)* ***2*** (luogo in p.) **slope; declivity.**
pèndola *f.* **pendulum-clock; grandfather('s) clock.**
(1) pendolare *v. i.* to **swing***; to **oscillate.**
(2) pendolare ***A*** *a.* **pendular; pendulum** *(attr.)* ***B*** *m.* e *f.* **commuter** ● *fare il p.,* to commute.
pèndolo *m.* ***1*** *(fis.)* **pendulum**: *un orologio a p.,* a pendulum-clock ***2*** *(edil.)* **plumb-rule.**
pendóne *m.* **(ornamental) fringe; hanging** *(per lo più al pl.).*
pèndulo *a. (lett.)* **pendulous.**
pène *m. (anat.)* **penis***.
pènero *m.* **fringe.**
penetràbile *a.* **penetrable.**
penetrabilità *f.* **penetrability.**
penetrante *a.* **penetrating; piercing; keen;** (profondo) **deep.**
penetrare ***A*** *v. i.* ***1*** to **penetrate;** to **pierce;** to **enter;** to **get* into** (st.): *p. nell'interno d'una foresta,* to penetrate the depths of a forest □ *p. in un giardino,* to enter a garden ***2*** *(fig.)* to **penetrate;** to **touch**: *p. nell'animo di q.,* to touch sb.'s heart ***B*** *v. t.* ***1*** to **penetrate;** to **pierce**: *una corazza che nessun proiettile poteva p.,* an armour that no projectile could penetrate ***2*** *(fig.)* to **penetrate;** to **comprehend;** to **see* into (o through)** (st.); to **fathom.**
penetrativo *a.* **penetrative; penetrating.**
penetrazióne *f.* (anche *fig.)* **penetration.**
penicillina *f. (farm.)* **penicillin.**
peninsulare *a. (geogr.)* **peninsular.**
penisola *f. (geogr.)* **peninsula.**
penitènte ***A*** *a.* **repentant; penitent** ***B*** *m.* e *f.* **penitent** (anche *relig.).*
penitènza *f.* ***1*** (anche *relig.)* **penance**: *fare p.,* to do penance ***2*** (pentimento) **repentance; contrition** ***3*** (nei giochi infantili o di società) **forfeit** ***4*** (castigo) **punishment** ● *mettere in p.,* to punish.
penitenziale *a. (relig.)* **penitential.**
penitenziàrio ***A*** *a.* **penitentiary** ***B*** *m.* **prison; jail; gaol; penitentiary** (specialm. *USA).*
penitenzière *m. (relig.)* **penitentiary.**
pénna *f.* ***1*** (di uccello) **feather;** (come ornamento) **plume**: *leggero come una p.,* as light as a feather □ *un cappello con le penne,* a hat with plumes ***2*** (per scrivere) **pen**: *una p. a sfera,* a ball(-point) pen □ *una p. stilografica,* a fountain pen □ *un tratto (o frego) di p.,* a stroke of the pen □ *uno scorso di p.,* a slip of the pen ***3*** (scrittore) **penman*; writer** ***4*** (del martello) **peen** ***5*** (della freccia) **feather** ***6*** *(mus.)* **quill; plectrum*** ● *l'arte della p.,* penmanship □ *cane da p.,* bird dog □ *disegno a p.,* pen-and-ink drawing □ *(fig.) lasciare nella p.,* to leave out; to omit □ (d'un uccello) *mettere le penne,* to fledge □ *passare a p.,* to ink in □ *scritto a p.,* written in ink □ *testo a p.,* manuscript.
pennàcchio *m.* (anche *fig.)* **plume.**
pennacchiuto *a.* **plumed; plume-decked.**
pennaiòlo *m. (spreg.)* **hack (writer); scribbler.**
pennarèllo *m.* **felt-tip pen.**
(1) pennato *m. (agric.)* **billhook.**
(2) pennato *a.* ***1*** (pennuto) **feathered; feathery** ***2*** *(bot.)* **pinnate.**
pennécchio *m.* **distaff(-ful).**
pennellare *v. i.* to **work with a brush;** to **paint.**
pennellata *f.* **stroke of the brush.**
pennellatura *f. (med.)* **painting.**
pennelleggiare *v. t.* to **paint.**
pennelléssa *f.* **flat brush.**
pennèllo *m.* ***1*** *(generalm.)* **brush;** (da vernice) **paint-brush**: *un p. per la barba,* a shaving brush □ *un p. da pittore,* a painter's brush □ *quadri dello stesso p.,* paintings from the same brush ***2*** (maestro di p., pittore) **painter; brush** ***3*** *(naut.)* **(broad) pennant** ***4*** *(idraulica)* **groyne** ● *a p.,* to perfection; perfectly: *fare q.c. a p.,* to do st. to perfection □ *stare a p.,* to fit like a glove (o a dream); to fit to a « t ».
pennino *m.* **(pen-)nib**: *un p. d'acciaio,* a steel nib.
pennivéndolo *m. (spreg.)* **hack (writer).**
pennóne *m.* ***1*** *(naut.)* **yard; spar** ***2*** (bandiera) **pennon; pennant.**
pennuto ***A*** *a.* **feathered; plumed** ***B*** *m.* **bird.**
penómbra *f.* ***1*** **half-light; twilight; shadows** *(pl.)* ***2***

(astron.) penumbra*.

penosaménte *avv.* painfully; distressingly; distressfully.

penosità *f.* painfulness; grievousness.

penóso *a.* painful; distressing; distressful; (doloroso) grievous; (molesto) unpleasant.

pensàbile *a.* thinkable; cogitable; conceivable; imaginable.

pensaménto *m.* thought; idea.

pensante *a.* thinking; cogitative.

pensare **A** *v. t.* **1** to think*: *Pensi che pioverà?*, do you think it will rain? □ *Penso di sì*, I think so □ *Penso di no*, I don't think so □ *Penso che sia utile studiare il latino*, I think it (is) useful to study Latin **2** (proporsi, decidere) to think*; to decide; to make* up one's mind: *Penso di andare a Siena la settimana prossima*, I think I shall go to Siena next week □ *Ho pensato che rimarrò qui*, I've decided to stay here **3** (immaginare) to think*; to suppose; to imagine: *Le conseguenze le lascio p. a voi*, I'll leave you to think of (o to imagine) the consequences □ *Verranno stasera, penso*, they will come tonight, I suppose **B** *v. i.* **1** to think* (of sb., st.; of doing st.): *Debbo p. all'avvenire*, I must think of the future □ *È una cosa che ti fa p.*, it's something that makes you think **2** (giudicare) to think*; to have an opinion (of, about): *p. male di q.*, to have a bad opinion of sb. **3** (aspirare) to aim (at); to aspire (to) **4** (badare) to mind* (st.); to take* care (of); to look after (sb., st.); to see* to (st.): *Pensa ai fatti tuoi!*, mind your own business **5** (escogitare) to think* (st.) out; to plan; to devise ● *dar da p.*, to worry □ *Ci penserò su*, I'll think it over □ *Ho altro da p.*, I have more important things to attend to; I have bigger fish to fry *(fam.)* □ *Una ne fa e una (o cento) ne pensa*, he is always up to something.

pensata *f.* idea; thought; (trovata) find.

pensatóio *m. (scherz.)* thinking-shop.

pensatóre *m.* thinker: *un libero p.*, a free-thinker.

pensierino *m.* **1** *(fam.:* regalino*)* little gift **2** (breve esercizio di composizione) (child's) composition exercise.

pensièro *m.* **1** thought: *scacciare un cattivo p.*, to drive away an evil thought □ *essere assorto nei propri pensieri*, to be lost (o absorbed) in thought **2** (mente) mind: *esercitare il p.*, to exercise one's mind **3** (dottrina filosofica) thought; doctrine; philosophy **4** (opinione) mind; opinion: *cambiare p.*, to change one's mind □ *essere dello stesso p.*, to be of the same opinion (o to be of one mind) **5** (ansia, timore, preoccupazione) trouble; worry; care: *Ognuno ha i suoi pensieri*, everyone has his troubles (o worries) **6** (intenzione) idea; intention; (proposito) plan ● *darsi p. per q.c.*, to worry about st. □ *dire il proprio p.*, to say one's mind; (più forte) to speak out □ *essere sopra p.*, to be lost in thought; to be miles away *(fam.)* □ *stare in p. per q.*, to be anxious (o to worry) about sb.

pensieróso *a.* thoughtful; (cogitabondo) pensive.

pènsile *a.* pensile; hanging; suspended; pendulous.

pensilina *f. (ferr.)* platform-roof; (alle fermate dei mezzi pubblici) bus-shelter.

pensionàbile *a.* pensionable.

pensionaménto *m.* retirement.

pensionante *m.* e *f.* boarder; paying-guest.

pensionare *v. t.* to pension (sb.) off; to retire.

(1) pensionato *m.* (chi gode di una pensione) pensioner.

(2) pensionato *m.* (istituto che ospita pensionanti) boarding-house; pension; (convitto) boarding-school.

(1) pensióne *f.* (assegno vitalizio) pension: *una p. di guerra*, a war pension □ *una p. di vecchiaia*, an old-age pension ● *in p.*, retired *(agg.)*.

(2) pensióne *f.* **1** (vitto e alloggio) board and lodging; bed and board **2** (luogo dove si fa p.) boarding-house; pension ● *essere a p. da q.*, to board at sb.'s (house); to board with sb. □ *fare p.*, to take in boarders □ *prendere q. a p.*, to take in sb. as a boarder.

pensionìstico *a.* pension *(attr.)*.

pensosaménte *avv.* thoughtfully; pensively; wistfully.

pensóso *a.* thoughtful; lost (o absorbed) in thought; meditative; pensive; wistful.

penta- *(in parole composte)* penta-.

pentàcolo *m.* pentacle; pentagram.

pentacòrdo *m. (mus.)* pentachord.

pentaèdro *m. (geom.)* pentahedron*.

pentagonale *a. (geom.)* pentagonal.

pentàgono *m. (geom.)* pentagon.

pentagramma *m. (mus.)* stave; staff*.

pentàmetro *m. (poesia)* pentameter.

pentatèuco *m. (Bibbia)* Pentateuch.

pèntathlon *m. invar. (sport)* pentathlon.

pentatlèta *m.* e *f. (sport)* pentathlete.

Pentecòste *f. (relig.)* Whit Sunday, Whitsunday ● *settimana di P.*, Whitsuntide.

pentiménto *m.* repentance; contrition.

pentirsi *v. rifl.* **1** to repent: *p. dei propri peccati*, to repent (of) one's sins □ *p. d'aver fatto q.c.*, to repent having done st. **2** (provare rammarico) to repent; to feel* regret; to regret; to be (o to feel*) sorry: *Non avrai a pentirtene*, you will never repent it! □ *Se dirai d'essere pentito, ti perdonerò*, if you say you're sorry, I'll forgive you **3** (mutare proposito) to repent; to change one's mind.

pèntodo *m. (elettron.)* pentode.

péntola *f.* **1** pot: *pentole e pentolini*, pots and pans **2** (pentolata) pot(ful) ● *p. a pressione*, pressure-cooker □ *(fig.) sapere quel che bolle in p.*, to know what is brewing.

pentolàio *m.* **1** (chi fa pentole) potter **2** (chi vende pentole) dealer in earthenware (o pottery).

pentolata *f.* pot(ful).

pentolino *m.* (small) pot; kettle.

pentotàl, pentothàl *m. (marchio: farm.)* Pentothal.

penùltimo *a.* e *m.* last but one: *il p. giorno*, the last day but one.

penùria *f.* penury; scarcity; lack.

penzolare *v. i.* to dangle; to hang* (down).

penzolóni *avv.* dangling; drooping: *con le orecchie p.*, with drooping ears ● *stare p.*, to dangle; to hang down.

peònia *f. (bot.,* Paeonia officinalis*)* peony.

pepaiòla *f.* **1** pepper-box; pepper-pot; pepper-castor (o -caster) **2** (macinapepe) pepper-mill.

pepare *v. t.* to pepper.

pepato *a.* **1** peppered; peppery **2** *(fig.)* peppery; spicy; pungent; piquant; racy ● *pan p.*, gingerbread.

pépe *m.* **1** *(bot.,* Piper nigrum*)* pepper **2** (spezie) pepper: *p. macinato*, ground pepper ● *p. in chicchi*, peppercorns; whole pepper □ *color p. e sale*, pepper-and-salt *(agg.)*; grizzled □ *(fig.) essere tutto p.*, to have all one's wits about one *(fam.)*.

peperita *a.* — *(bot.) menta p.* (Mentha piperita), peppermint.

peperoncino *m.* **1** hot pepper **2** *(cucina)* paprika.

peperóne *m.* **1** *(bot.,* Capsicum annuum*)* Guinea pepper **2** (frutto) pepper; (piccante) chilli, chilly: *peperoni sott'aceto*, pickled peppers ● *rosso come un p.*, as red as a beetroot (o a lobster).

pepièra *f.* pepper-pot; pepper-castor (o -caster).

pepino *m.* (bambino tutto pepe) cute child *(fam.)*.

pepita *f. (miner.)* nugget; slug.

pèplo *m. (stor.)* peplum*.

pepsina *f. (biol., chim.)* pepsin.

pèptico *a. (fisiologia, med.)* peptic.

peptóne *m. (biol., chim.)* peptone.

per **A** *prep.* **1** *(moto per luogo)* through, all over; *(senza direzione fissa)* about: *passare per Firenze*, to pass through Florence □ *errare per il mondo*, to wander all over (o about) the world □ *per tutto il corpo*, all over the body **2** *(direzione)* for: *partire per Napoli*, to leave for Naples **3** *(stato in luogo)* in; on: *incontrare q. per la strada*, to meet sb. in the street **4** *(estensione)* for: *seguire una strada per dieci miglia*, to follow a road for ten miles **5** *(per un certo periodo di tempo o per una data precisa)* for; *(entro un termine)* by; *(per un intero* *periodo di tempo)* **through, throughout, all through**: *per due ore,* for two hours □ *per tutto l'inverno,* all through the winter; throughout the winter □ *Lo farò per domani,* I'll do it for tomorrow □ *Saranno di ritorno per il 6 marzo,* they'll be back by the 6th of March ***6*** *(mezzo)* **by**: *mandare una lettera (un pacco, ecc.) per posta,* to send a letter (a parcel, etc.) by post □ *per via aerea,* by air mail □ *per ferrovia,* by rail ***7*** *(prezzo)* **for**: *comprare q.c. per 100.000 lire,* to buy st. for 100,000 lire ***8*** *(causa)* **owing to; because of; on account of; for; out of; through; due to**: *fare q.c. per ambizione,* to do st. out of ambition □ *Questo non accadrà per colpa mia,* this will not happen through any fault of mine ***9*** *(vantaggio, interesse, utilità)* **for**: *Te lo dico per il tuo bene,* I'm telling you for your own good □ *Fatelo per me,* do it for me (o for my sake) ***10*** *(fine, scopo)* **for**: *la lotta per la vita,* the struggle for life □ *Per quale motivo parte stasera?,* for what reason is he leaving tonight (o why is he leaving tonight)? ***11*** *(con valore limitativo)* **for;** *(di misura)* **by;** (nei riguardi di) **to**: *per quanto mi riguarda,* as for me (o as far as I'm concerned) □ *perdere una partita per un punto,* to lose a game by one point □ *È sempre stata un'amica per me,* she has always been a friend to me ***12*** *(con valore distributivo)* **by; for; per**: *uno per uno,* one by one □ *il dieci per cento,* ten per cent □ *per persona,* per head (o each, o apiece) □ *uno per ogni cinque,* one for every five ***13*** *(mat.)* **by**: *dividere (moltiplicare) per cinque,* to divide (to multiply) by five ***14*** (come, in qualità di) **as**: *avere un libro per regalo,* to have a book as a present ***15*** (in cambio di) **in exchange for; for**: *Diedi via la fionda per dieci palline,* I swopped the catapult for ten marbles ***B*** *cong.* ***1*** *(finale)* **so as, in order** (to do st.) *(o anche il solo inf. del verbo ingl.)*: *Uscii per prendere un po' di aria,* I went out (in order) to get a breath of air ***2*** *(causale)* **for** (doing): *Fu respinto agli esami per aver copiato,* he was failed at the exams for cribbing ***3*** *(concessivo)* **however**: *per veloce che tu vada,* however fast you may go (o fast as you may go).

péra *f.* ***1*** (frutto del pero) **pear**: *fatto a p.,* pear-shaped ***2*** *(scherz.:* testa) **pate; onion** *(pop.)* ● *(fam.) cascare come una p. cotta,* (innamorarsi) to fall head over heels in love; (addormentarsi di colpo) to fall fast asleep.

peraltro *avv.* **moreover; what is more.**

perbacco *inter. (fam.)* **by Jove!; by jingo!** *(fam.).*

perbène ***A*** *a.* **honest; decent; respectable** ***B*** *avv.* **properly; nicely.**

perbenismo *m.* **respectability.**

percalle *m. (ind. tessile)* **percale.**

percentuale ***A*** *a.* **per cent**: *il tasso p.,* the rate per cent ***B*** *f.* **percentage.**

percepìbile *a.* ***1*** **perceivable** ***2*** (esigibile) **collectable; receivable.**

percepire *v. t.* ***1*** to **perceive** ***2*** (riscuotere, ricevere) to **cash;** to **collect;** to **receive;** (uno stipendio) to **draw*.**

percettìbile *a.* **perceptible;** (percepibile) **perceivable.**

percettivo *a.* **perceptive.**

percezióne *f.* **perception.**

perché ***A*** *avv. (interr.)* **why; what... for**: *P. non me l'hai detto?,* why didn't you tell me? □ *Dimmi p. non vuoi andare a Londra,* tell me why you don't want to go to London □ *P. non farlo subito?,* why not do it at once? □ *P. no?,* why not? □ *P. l'hai fatto?,* what have you done that for? ***B*** *cong.* ***1*** *(esplicativo)* **because; for; since; as**: *Lo feci p. mi dissero di farlo,* I did it because they told me to do it ***2*** *(finale)* **so (that); in order that; so as**: *Ti scrivo questa lettera subito p. ti giunga il più presto possibile,* I am writing this letter to you immediately so that it will reach you as soon as possible □ *Lo feci p. tu non ti spaventassi,* I did it so as not to frighten you ***3*** *(correlativo di « troppo »; è idiom.)*: *Sono troppo pessimista p. possa sperare di vincere,* I'm too pessimistic to hope I'll win ***C*** *m.* **reason; motive; why; wherefore**: *Ti dirò il p.,* I'll tell you why □ *senza un p.,* without any particular reason □ *Vuol sapere il p. e il percome,* he wants to know the why(s) and wherefore(s).

perciò *cong.* **for this** (o **that) reason; so; therefore; consequently**: *Era tardi, p. andai a casa,* it was late, so I went home.

percóme *m.* — *i perché e i p.,* the why(s) and wherefore(s).

percorrènza *f.* *V.* **percorso.**

percórrere *v. t.* ***1*** to **run* along;** (p. velocemente) to **scour**: *p. una strada,* to run along a road □ *p. la città,* to scour the town ***2*** (attraversare) to **run* through** (o **across);** to **travel** (o to **journey) over** (a country): *Per parecchie miglia la strada percorre una pianura,* for several miles the road runs across a plain □ *Ho percorso tutta la Gran Bretagna,* I've travelled all over Great Britain ● *p. un lungo tratto di strada,* to go a long way □ *p. molte miglia,* to cover many miles.

percórso *m.* ***1*** (tratto percorso o da percorrere) **route;** (cammino) **way, course;** (strada) **road**: *Quale p. facesti?,* which route did you take?; which way did you go? □ *È un p. assai lungo,* it's a very long way (to go) □ *seguire il p. più breve,* to go the shortest way ***2*** (distanza percorsa) **distance covered** ***3*** (viaggio) **journey; trip;** (corsa) **run**: *per tutto il p.,* during the whole journey; all along the way.

percòssa *f.* **blow; stroke; knock** ● *resistere alle percosse della sventura,* to bear up against misfortune.

percuòtere ***A*** *v. t.* ***1*** to **strike*;** to **hit*;** to **beat*;** to **knock**: *p. q. sulla testa,* to strike (o to hit, to knock) sb. on the head □ *p. q. con un bastone,* to strike sb. with a stick; to beat sb. ***2*** (di luce, suono) to **smite*** ***3*** (colpire, commuovere) to **strike*;** to **distress;** to **vex;** to **afflict** ***4*** (devastare) to **devastate** ***B*** **percuòtersi** *v. rifl. recipr.* to **strike*** (o to **hit*) each other** (o **one another)** ● *p. il petto,* to beat one's breast.

percussióne *f. (in ogni senso)* **percussion** ● *(mus.) strumenti a p.,* percussion instruments.

percussóre *m.* (di arma da fuoco) **percussion-pin; firing-pin; striker.**

perdènte ***A*** *a.* **losing** ***B*** *m.* e *f.* **loser.**

pèrdere ***A*** *v. t.* ***1*** to **lose***: *p. la vita,* to lose one's life □ *p. una gamba,* to lose a leg □ *non avere niente da p.,* to have nothing to lose □ *p. i contatti con q.,* to lose touch with sb. □ *p. la memoria,* to lose one's memory □ *p. la testa,* to lose one's head □ *p. la conoscenza,* to lose consciousness □ *p. un'abitudine,* to lose (o to get out of) a habit ***2*** (lasciarsi sfuggire) to **miss**: *p. il treno,* to miss the train □ *p. un'occasione,* to miss an opportunity ***3*** (sprecare) to **waste;** (del tempo, anche) to **lose***: *p. il tempo giocando a carte,* to waste one's time playing cards □ *p. i più begli anni della vita,* to waste the best years of one's life ***4*** (mandare in rovina) to **ruin** ***B*** *v. i.* ***1*** to **lose***: *p. d'importanza,* to lose importance ***2*** (fare acqua) to **leak** ● (di contenitore) *a p.,* not returnable; non-returnable; throwaway □ *saper p.,* to be a good loser □ *(fig.) Lasciamo p.!,* let's leave it at that ***C*** **pèrdersi** *v. rifl.* ***1*** (smarrirsi) to **lose* oneself;** to **get* lost;** to **lose* one's way** ***2*** (svanire, sparire) to **vanish;** to **fade away;** to **disappear**: *p. nell'aria,* to vanish into the air ***3*** (rovinarsi) to **be ruined;** to **ruin oneself** ***4*** (di un fiume: sfociare) to **flow,** to **run*** (into) ***5*** (andare smarrito) to **be mislaid;** to **get* lost** ● *p. d'animo,* to lose heart □ *p. dietro a q.,* to be taken up with sb. □ *p. in mare,* to be shipwrecked □ *p. in sciocchezze,* to waste one's time on trifles.

perdiana *inter.* **(by) gosh!; golly!** *(fam.)*; **by jingo!** *(fam.).*

perdifiato *m.* — *a p.,* at the top of one's voice: *gridare a p.,* to shout at the top of one's voice ● *correre a p.,* to run for one's life.

perdigiórno *m.* e *f.* **idler; loafer.**

perdinci, perdìo *inter.* **(by) gosh!; golly!** *(fam.)*; **by jingo!** *(fam.)*; **crikey!** *(pop.).*

pèrdita *f.* ***1*** **loss;** (spreco) **waste**: *p. di sangue,* loss of blood □ *p. di tempo,* waste (o loss) of time □ *subire forti perdite,* to suffer heavy losses ***2*** (falla, fuga) **leak; leakage** ● *a p. d'occhio,* as far as the eye can see.

perditèmpo ***A*** *m.* **waste of time** ***B*** *m.* e *f. invar.* **idler; trifler.**

perditóre *m.* **loser.**

perdizióne *f.* ***1*** (rovina) **ruin**: *andare in p.,* to go to ruin ***2*** *(relig.)* **perdition; damnation**: *menare alla p.,* to

lead to perdition.
perdonàbile *a.* **forgiv(e)able; excusable; pardonable.**
perdonare ***A*** *v. t.* ***1*** to **forgive***; to **pardon**: *Perdonami!,* forgive me! □ *Dio ti perdoni!,* God forgive you! ***2*** (scusare) to **excuse**; to **pardon**: *Perdona il disturbo,* excuse me for troubling you ***B*** *v. i.* (risparmiare) to **spare**: *La morte non perdona a nessuno,* death does not spare anyone ● *un male che non perdona,* an incurable disease ***C*** **perdonarsi** *v. rifl. recipr.* to **forgive* each other** (o **one another**).
perdóno *m.* **forgiveness; pardon**: *chiedere p. a q.,* to ask sb.'s forgiveness □ *Le chiedo p.!,* I beg your pardon (o pardon me)!
perdurare *v. i.* to **persist**; to **continue**; to **go* on**; to **last**: *p. nella propria ostinazione,* to persist in one's obstinacy.
perdutaménte *avv.* **desperately; hopelessly.**
perduto *a.* ***1*** (anche *fig.*) **lost**: *essere p. tra la folla,* to be lost in the crowd □ *dare q. per p.,* to give sb. up for lost ***2*** (dissoluto) **fallen; lost**: *una donna perduta,* a fallen woman ***3*** (rovinato) **ruined; lost**: *Sono p.!,* I'm ruined! ***4*** (sprecato) **wasted; useless; lost**: *una giornata perduta,* a wasted day (o a day lost) ***5*** (estinto) **extinct; lost**: *animali perduti,* extinct animals ● *andare p.,* to get lost.
peregrinare *v. i.* to **wander**; to **roam**; to **rove.**
peregrinazióne *f.* **peregrination; wandering.**
peregrino *a.* **rare; far-fetched**: *frasi peregrine,* far-fetched expressions.
perènne *a.* **perennial** (anche *bot.*); **never-ending; perpetual**; (eterno) **eternal, everlasting**: *nevi perenni,* perpetual snow(s) □ *fama p.,* everlasting fame.
perenneménte *avv.* **perennially; perpetually; for ever.**
perentorietà *f.* **peremptoriness.**
perentòrio *a.* **peremptory**; (decisivo) **final.**
perequare *v. t.* to **equalize**; to **make* equal.**
perequazióne *f.* **equalization; equal distribution.**
perétta *f.* ***1*** *(elettr.)* **pear-switch** ***2*** (per clisteri) **rubber-syringe.**
perfettaménte *avv.* ***1*** (in modo perfetto) **perfectly; to perfection** ***2*** (esattamente) **exactly; to a hair** *(fam.)*; **to a « t »** *(fam.)* ***3*** (completamente) **completely; thoroughly; quite.**
perfettìbile *a.* **perfectible.**
perfettivo *a.* **perfective** (anche *gramm.*).
perfètto ***A*** *a.* ***1*** **perfect**; (eccellente) **excellent**: *un lavoro veramente p.,* an excellent piece of work □ *godere perfetta salute,* to enjoy perfect (o excellent, the best of) health ***2*** (esatto) **perfect; exact; correct**: *una copia perfetta,* a perfect (o an exact) copy ***3*** (completo, intero) **perfect; thorough; complete; whole; full**: *la perfetta conoscenza di q.c.,* the thorough knowledge of st. ***4*** (di pianta, animale: giunto al completo sviluppo) **perfect** ***5*** *(mat., gramm., mus.)* **perfect** ***6*** (vero e proprio) **perfect; thorough**: *un p. gentiluomo,* a perfect gentleman ***B*** *m. (gramm.)* **perfect (tense).**
perfezionàbile *a.* **perfectible.**
perfezionaménto *m.* ***1*** **perfecting; improvement; betterment** ***2*** (specializzazione) **specialization; specializing**: *un corso di p.,* a specialization course ● *studi di p.,* specialized studies.
perfezionare ***A*** *v. t.* ***1*** to **perfect**; to **make* perfect**; (migliorare) to **improve**, to **better** ***2*** (completare) to **perfect**; to **complete**; to **carry through**; to **accomplish** ***3*** (raffinare) to **polish**; (rifinire) to **round off** ***4*** *(leg.)* to **execute** ***B*** **perfezionarsi** *v. rifl.* ***1*** to **become* perfect**; to **improve** ***2*** (fare studi di perfezionamento) to **perfect oneself** (in); to **improve one's knowledge** (of).
perfezióne *f.* **perfection**: *aspirare alla p.,* to aim at perfection □ *essere la p. in persona,* to be the pink of perfection □ *a p.,* to perfection; perfectly; thoroughly.
perfezionişmo *m.* **perfectionism.**
perfezionista *m.* e *f.* **perfectionist.**
perfidaménte *avv.* **perfidiously; treacherously.**
perfìdia *f.* **perfidy; perfidiousness; treachery.**
pèrfido *a.* **perfidious; treacherous.**
perfino *avv.* **even**: *p. in quell'occasione,* even on that occasion.
perforare *v. t.* ***1*** (forare, anche *mecc.*) to **pierce**; to **bore**; to **perforate**; to **punch** ***2*** *(miner.)* to **drill** ***3*** *(fis.)* to **puncture.**
perforatóre *m.* **perforator.**
perforatrice *f.* ***1*** (macchina) **drill; punch** ***2*** *(min.)* **rock drill** ***3*** *(elab.)* **key punch.**
perforazióne *f.* ***1*** **perforation; boring** ***2*** *(min.)* **drilling** ***3*** *(elab.)* **punching.**
perfosfato *m. (chim.)* **superphosphate.**
pergamèna *f.* **parchment; vellum; sheepskin**: *carta p.,* parchment paper □ *un documento su p.,* a (document on) parchment; a vellum.
pergamenàceo *a.* **of parchment; parchment** *(attr.)*; **vellum** *(attr.)*.
pèrgamo *m.* **pulpit.**
pèrgola *f.* **pergolato** *m.* **pergola; arbour; bower.**
pèri- *pref.* **peri-.**
perianzio *m. (bot.)* **perianth.**
pericàrdio *m. (anat.)* **pericardium*.**
pericàrp(i)o *m. (bot.)* **pericarp; seed-vessel.**
pericolante *a.* **in danger; threatening to fall; unsafe; tottery; precarious.**
pericolare *v. i.* to **be in danger**; to **be threatening to fall**; to **totter.**
pericolo *m.* ***1*** **danger; peril; hazard**: *essere fuori p.,* to be out of danger □ *correre p.,* to be in danger (of) □ *esporsi al p.,* to expose oneself to danger □ *a proprio rischio e p.,* at one's own risk and peril □ *una strada piena di pericoli,* a road full of hazards □ *tenersi lontano dal p.,* to keep out of danger ***2*** (*fam.:* probabilità) **fear; danger**: *Non c'è p.!,* no fear! ● *p. pubblico,* public enemy (o public menace) □ *mettere in p. la vita di q.,* to jeopardize (o to imperil, to endanger) sb.'s life □ *una nave in p.,* a ship in distress.
pericolosaménte *avv.* **dangerously; perilously.**
pericolóso *a.* **dangerous; perilous**; (malsicuro) **risky, unsafe**: *È p. fare una cosa del genere,* it's dangerous (o not safe) to do such a thing □ *un viaggio p.,* a dangerous journey □ *mari pericolosi,* perilous seas.
perièlio *m. (astron.)* **perihelion.**
perifèria *f.* ***1*** **outskirts** *(pl.)*; **suburbs** *(pl.)*; **environs** *(pl.)*: *(i quartieri posti al)la p. di Londra,* the suburbs of London □ *abitare in p.,* to live in the suburbs ***2*** *(geom.)* **periphery; circumference**; (perimetro) **perimeter.**
perifèrico *a.* ***1*** **suburban; in the suburbs; on the outskirts**: *in un luogo p.,* somewhere on the outskirts ***2*** *(geom., anat.)* **peripheral; peripheric(al).**
perìfraşi *f.* **periphrasis*; periphrase; circumlocution** ● *dire q.c. senza tante p.,* to speak up.
perifràstico *a.* **periphrastic; circumlocutory.**
perigèo *m. (astron.)* **perigee.**
perimetrale *a. (edil.)* **perimetric(al).**
perimètrico *a. (geom.)* **perimetric(al).**
perìmetro *m.* ***1*** **boundary; circumference** ***2*** *(geom.)* **perimeter.**
perinèo *m. (anat.)* **perineum*.**
periodare ***A*** *v. i.* to **build*** (o to **construct**) **sentences** ***B*** *m.* **sentence-building; turn of expression.**
periodicaménte *avv.* **periodically; at (regular) intervals.**
periodicità *f.* **periodicity.**
periòdico ***A*** *a.* ***1*** **periodic(al); recurrent; recurring** ***2*** *(mat.)* **recurring** ● *(chim.) tavola periodica degli elementi,* periodic table ***B*** *m.* **periodical; magazine.**
periodizẓare *v. t.* to **divide into periods.**
periodizẓazióne *f.* **periodization.**
periodo *m. (in ogni senso)* **period**: *il p. vittoriano,* the Victorian period □ *un p. di sei mesi,* a period of six months □ *(ind.) il p. di prova,* (del personale) the probationary period; (di macchina e sim.) the testing period □ *(gramm.) un p. ben costruito,* a well-constructed period (o sentence) □ *(med.) il p. d'incubazione,* the incubation period.
peripatètica *f.* **streetwalker.**
peripatètico *a.* e *m.* *(filos.)* **Peripatetic.**
peripezia *f.* **turn** (o **sudden change**) **of fortune; vicissitude**: *le peripezie della vita,* the vicissitudes (o ups and downs) of life.

pèriplo *m.* **periplus*; circumnavigation.**

perire *v. i.* **1** to **perish;** (morire) to **die;** (andare perduto) to **be destroyed,** to **be lost**: *p. fra le fiamme,* to perish in the flames □ *p. di spada,* to perish by the sword □ *La sua gloria non perirà mai,* his fame will never die **2** (languire) to **perish;** to **languish;** to **pine**: *p. per amore,* to be pining with love.

periscòpico *a. (fis., naut.)* **periscopic.**

periscòpio *m. (fis., naut.)* **periscope.**

peristalsi *f. (fisiologia)* **peristalsis*.**

peristàltico *a. (fisiologia)* **peristaltic.**

peristilio *m. (archit.)* **peristyle.**

peritale *a. (leg.)* **of an expert; expert** *(attr.).*

peritarsi *v. rifl.* to **hesitate;** to **scruple;** to **have scruples.**

perito A *a.* **expert; well-experienced; skilled; well-trained B** *m.* **(technical) expert;** (p. estimatore) **(official) appraiser** ● *p. agronomo,* land surveyor □ *p. navale,* ship (o marine) surveyor □ *p. traduttore,* sworn translator.

peritonèo *m. (anat.)* **periton(a)eum*.**

peritonite *f. (med.)* **peritonitis.**

perituro *a. (lett.)* **transient; fleeting; fugacious.**

perizia *f.* **1 expertness; skill; ability 2** (stima d'un perito) **appraisement; appraisal; valuation; estimate 3** (relazione d'un perito) **expert's report; appraiser's report.**

periziàre *v. t.* to **survey;** to **value;** to **estimate.**

perizòma *m.* **loincloth.**

pèrla *f.* **1 pearl** (anche *fig.*): *perle artificiali,* imitation pearls □ *perle coltivate,* culture pearls □ *la pesca delle perle,* pearl-fishing; pearling □ *un pescatore di perle,* a pearl-fisher (o -diver) □ *un vezzo di perle,* a string of pearls □ *grigio p.,* pearl grey □ *pescare le perle,* to fish for pearls; to go pearling □ *la p. delle suocere,* a pearl among mothers-in-law **2** *(farm.)* **pearl; capsule 3** *(iron.:* errore madornale) **blunder; howler** *(fam.).*

perlàceo *a.* **pearly; pearl-like; pearl-coloured; pearl** *(attr.).*

perlàio *m.* **worker in pearl(s); dealer in pearls.**

perlato *a.* **1** (del colore di perla) **pearly; pearl-coloured; pearl-like 2** (ornato di perle) **pearled; pearl-set; pearl-studded.**

perlìfero *a.* **pearl-yielding** ● *ostrica perlifera,* pearl-oyster.

perlina *f.* **seed-pearl;** (elemento di collana) **bead.**

perloméno *avv.* **at least.**

perlopiù *avv.* **mainly; in most cases.**

perlustrare *v. t.* to **patrol;** (esplorare) to **reconnoitre,** to **scout.**

perlustratóre *m.* **reconnoitrer; scout.**

perlustrazióne *f.* **patrol;** (l'esplorare) **reconnaissance, scouting.**

permalosità *f.* **touchiness; testiness; huffiness.**

permalóso *a.* **touchy; testy; tetchy; huffy; peevish; fretful.**

permanènte *a.* **permanent; standing; lasting:** *invalidità p.,* permanent disability □ *(mil.) un esercito p.,* a standing army □ *un'ondulazione p.,* a permanent wave; *(abbr.)* a perm.

permanénza *f.* **1 permanence 2** (soggiorno) **stay; sojourn**: *la mia breve p. a Roma,* my short stay in Rome ● *essere di p.,* to live; to reside.

permanére *v. i.* to **remain (for quite a long time);** to **stay on.**

permanganato *m. (chim.)* **permanganate.**

permeàbile *a.* **permeable.**

permeabilità *f.* **permeability.**

permeare *v. t.* (anche *fig.*) to **permeate.**

permeazióne *f. (chim.)* **permeation.**

permésso *m.* **1 permission; leave**: *col vostro p.,* by your leave **2** (di soldato, impiegato, ecc.) **leave:** *essere in p.,* to be on leave □ *cinque giorni di p.,* a five days' leave (of absence) **3** (licenza, autorizzazione) **licence; permit** ● *avere il p. di fare q.c.,* to be allowed (o permitted) to do st.

permèttere A *v. t.* to **allow;** to **permit;** to **let***: *p. q.c. a q.,* to allow sb. st. □ *p. a q. di fare q.c.,* to allow (o to permit) sb. to do st.; to let sb. do st. ● *Dio permettendo,* God willing □ *tempo permettendo,* weather permitting □ *È permesso?,* may I come in? □ *Crede che tutto gli sia permesso,* he thinks he can do anything he likes □ *I nostri mezzi non ci permettono questa spesa,* we can't afford this expense **B perméttersi** *v. rifl.* **1** to **allow oneself 2** (prendersi la libertà) to **take* the liberty** (of) ● *p. il lusso di q.c.,* to afford st.

permissìbile *a.* **permissible; allowable.**

permissivismo *m.* **permissivism.**

permissivo *a.* **permissive** ● *persona permissiva,* permissivist; permissionist.

pèrmuta *f. (leg.)* **permutation; barter.**

permutàbile *a.* **permutable; exchangeable.**

permutare *v. t.* **1** *(comm.)* to **exchange;** to **barter**: *p. merci,* to barter commodities **2** *(mat.)* to **permute.**

permutazióne *f.* **1** *(scambio)* **exchange; barter 2** *(mat.)* **permutation.**

pernàcchia *f. (volg.)* **raspberry** *(volg.).*

pernice *f. (zool.,* Perdix; Alectoris*)* **partridge** ● *(zool.) p. bianca* (Lagopus mutus), ptarmigan □ *(fig.) occhio di p.,* soft corn (between toes).

perniciόso *a.* **pernicious; (highly) injurious; ruinous; harmful**: *anemia perniciosa,* pernicious anaemia ● *superstizioni perniciose,* baneful superstitions.

pèrno *m.* **1** *(mecc.)* **pivot; pin; gudgeon; stud**: *il p. di bloccaggio,* the check pin □ *il p. di manovella,* the crank pin **2** (cardine) **hinge 3** *(fig.)* **pivot; hinge; prop; chief support**: *essere il p. della famiglia,* to be the chief support of one's family ● *fare p. su q.c.,* to pivot on st.

pernottaménto *m.* **overnight stay.**

pernottare *v. i.* to **stay overnight;** to **spend* the night.**

péro *m. (bot.* Pyrus communis*)* **pear-tree; pear** ● *(fig.) far p.,* to stand on a leg.

però *cong.* **but; however; yet; nevertheless; still.**

peróne *m. (anat.)* **perone; fibula*.**

peronòspora *f. (bot.)* **peronospora; mildew.**

perorare A *v. t.* to **plead;** to **advocate;** to **defend**: *p. la propria causa,* to plead one's own cause **B** *v. i.* to **perorate.**

perorazióne *f.* **1 pleading; advocating 2** (parte di un'orazione) **peroration.**

peròssido *m. (chim.)* **peroxide.**

perpendicolare A *a.* **perpendicular B** *f. (geom.)* **perpendicular (line)**: *abbassare una p.,* to drop a perpendicular.

perpendicolarità *f.* **perpendicularity.**

perpendìcolo *m.* **plumb-line** ● *a p.,* perpendicularly.

perpetrare *v. t.* to **perpetrate;** to **commit**: *p. un delitto,* to perpetrate a crime.

perpètua *f.* **priest's housekeeper** (o **servant).**

perpetuaménte *avv.* **perpetually; in perpetuity; for ever.**

perpetuare A *v. t.* to **perpetuate;** to **make* perpetual;** to **immortalize B perpetuarsi** *v. rifl.* to **be perpetuated;** to **be immortalized.**

perpetuazióne *f.* **perpetuation; immortalization.**

perpetuità *f.* **perpetuity.**

perpètuo *a.* **1 perpetual; everlasting; never-ending; endless;** (eterno) **eternal**: *(relig.) la dannazione perpetua,* perpetual damnation **2** (continuo) **perpetual; eternal; continual; unceasing; incessant 3** (a vita) **permanent; for life**: *un socio p.,* a permanent member ● *(fig.) avere il moto p. addosso,* to be restless; to have quicksilver in one's veins □ *carcere p.,* life imprisonment □ *in p.,* perpetually; for ever.

perplessità *f.* **perplexity; embarrassment;** (incertezza) **uncertainty.**

perplèsso *a.* **perplexed; puzzled; embarrassed;** (incerto) **uncertain, doubtful**: *rimanere p.,* to be puzzled; to be at a loss ● *lasciare p.,* to puzzle; to perplex.

perquisire *v. t.* to **search.**

perquisizióne *f.* **perquisition; (thorough) search** ● *mandato di p.,* search-warrant.

persecutóre *m.* **persecutor.**

persecuzióne *f.* (anche *fig.*) **persecution** ● *(psic.) mania di p.,* persecution complex.

perseguìbile *a. (leg.)* **prosecutable; indictable.**

perseguiménto *m.* **pursuit.**

perseguire *v. t.* **1** to **pursue;** to **follow up** **2** *(leg.)* to prosecute.
perseguitare *v. t.* to **persecute** (anche *fig.*); (opprimere) to **oppress** ● *essere perseguitato dal timore di q.c.,* to be haunted by the fear of st. □ *La sfortuna mi perseguita,* it's just my luck!
perseguitato *m.* **victim of persecution.**
perseverante *a.* **persevering; persistent.**
perseveranza *f.* **perseverance; persistence.**
perseverare *v. i.* to **persevere;** (persistere) to **persist**: *p. negli studi,* to persevere in one's studies.
persiana *f.* **(window-)shutter; blind**: *una p. avvolgibile,* a Venetian blind; a roller blind ● *stecca di p.,* slat.
persiano *a.* e *m.* **Persian.**
pèrsico *a. (geogr.)* **Persic; Persian**: *il golfo p.,* the Persian Gulf ● *(zool.) pesce p.* (Perca fluviatilis), perch.
persino *V.* **perfino.**
persistènte *a.* **persistent; persisting;** (perseverante) **persevering.**
persistènza *f.* **persistence, persistency;** (perseveranza) **perseverance** ● *(radar) p. dell'immagine,* afterglow.
persìstere *v. i.* to **persist;** to **hold* on;** (perseverare) to **persevere**: *p. in una cattiva abitudine,* to persist in a bad habit □ *p. nel male,* to persist in doing wrong.
pèrso *a.* **lost; wasted**: *riguadagnare il tempo p.,* to make up for lost time □ *un'anima persa,* a lost soul ● *fare q.c. a tempo p.,* to do st. just to kill time.
persóna *f.* **1 person;** (qualcuno) **somebody (**o **anybody), some one (**o **any one);** *(al pl.)* **people**: *una brava p.,* a nice person □ *C'è una p. di sotto che ti cerca,* there's somebody downstairs looking for you □ *Non c'è p. che gli voglia bene,* there isn't anyone (o anybody) who likes him □ *venti persone,* twenty people **2** (corpo) **body;** (figura) **figure** **3** *(leg.)* **person; body**: *p. fisica,* natural person □ *p. giuridica,* body corporate **4** *(gramm.)* **person**: *scrivere in prima p. plurale,* to write in the first person plural ● *p. di servizio,* domestic servant □ *in (o di) p.,* in person (o personally) □ *in p. di,* instead of; in the place of □ *trattare per interposta p.,* to deal through a third party □ *È la superbia in p.,* he (o she) is pride personified □ *È la generosità in p.,* he (o she) is the essence of generosity.
personàggio *m.* **1 personage**: *un gran p.,* a very important personage; a V.I.P. *(fam.)* **2** (di un dramma, d'un romanzo) **character.**
personale **A** *a.* **personal**: *oggetti personali,* personal belongings □ *(gramm.) un pronome p.,* a personal pronoun ● *biglietto p.,* non-transferable ticket □ *mostra p.,* one-man show **B** *m.* **1 staff; personnel; hands** *(pl.)*: *il p. insegnante,* the teaching staff □ *reparto del p.,* personnel department □ *fare parte del p. di una ditta,* to be on the staff of a firm □ *(naut.) p. di coperta,* deck hands **2** (figura) **figure** **C** *f.* (mostra p.) **one-man show.**
personalità *f.* **1 personality**: *una doppia p.,* a double personality □ *non avere p.,* to lack personality **2** *(leg.)* **legal status** **3** (personaggio cospicuo) **personage; personality; V.I.P.** *(fam.)*.
personalizzare *v. t.* to **personalize.**
personalizzazióne *f.* **personalization.**
personalménte *avv.* **1** (in persona) **personally; in person; (by) oneself** **2** (da parte propria) **personally; for one's own part.**
personificare *v. t.* to **personify;** (incarnare) to **incarnate,** to **embody**: *la giustizia personificata,* justice personified.
personificazióne *f.* **personification;** (incarnazione) **incarnation, embodiment.**
perspicace *a.* **perspicacious; discerning; penetrating; keen.**
perspicaceménte *avv.* **perspicaciously; with perspicacity; keenly.**
perspicàcia *f.* **perspicacity; discernment; penetration; keenness.**
perspicuità *f.* **perspicuity; perspicuousness; evidence.**
perspicuo *a.* **perspicuous; evident.**
persuadére **A** *v. t.* **1** to **persuade;** to **convince;** to **prevail (up)on**: *Lo persuasi che aveva torto,* I persuaded him that he was wrong □ *p. q. della propria innocenza,* to persuade sb. of one's innocence □ *p. q. a fare q.c.,* to persuade sb. (o to prevail upon sb.) to do st. **2** (piacere) to **like**: *Non è brutto, ma non mi persuade,* it isn't too bad, but I don't quite like it **B** **persuadérsi** *v. rifl.* to **persuade oneself;** to **convince oneself;** to **be convinced** ● *Si persuada!,* you must admit it!
persuasìbile *a.* **persuadable; persuasible.**
persuasióne *f.* **persuasion;** (convinzione) **conviction** ● *di difficile p.,* difficult to persuade □ *di facile p.,* easily persuaded.
persuasìva *f.* **persuasiveness; persuasion.**
persuasìvo *a.* **persuasive; convincing.**
persuaso *a.* **persuaded; convinced.**
persuasóre *m.* **persuader.**
pertanto *cong.* **for this (**o **that) reason; therefore; thus; so** ● *non p.,* yet; however; nevertheless.
pèrtica *f.* **1 pole** **2** (misura agraria) **perch; pole; rod** **3** (attrezzo ginnico) **climbing pole** **4** *(scherz.:* persona molto alta e magra) **bean-pole** *(pop.)*; **lamp-post** *(pop.)*.
pertinace *a.* **pertinacious; persistent; determined.**
pertinàcia *f.* **pertinacity; pertinaciousness; persistency.**
pertinènte *a.* **pertinent; pertaining; relevant**: *funzioni pertinenti al proprio ufficio,* duties pertaining to one's office.
pertinènza *f.* **pertinence, pertinency; relevancy** ● *Questo non è di mia p.,* this is no concern of mine.
pertósse *f. (med.)* **(w)hooping-cough.**
pertùgio *m.* **hole; opening.**
perturbaménto *m.* **perturbation; disturbance.**
perturbare *v. t.* to **perturb;** to **disturb**: *p. l'ordine pubblico,* to disturb the peace.
perturbatóre *m.* **perturber; disturber.**
perturbazióne *f.* **perturbation** (anche *astron.*); **disturbance** (anche *meteorologia*).
peruviano *a.* e *m.* **Peruvian.**
pervàdere *v. t.* (anche *fig.*) to **pervade**: *p. l'animo di tristezza,* to pervade the soul with sadness.
pervenire *v. i.* **1** to **reach;** to **attain;** to **achieve**: *p. alla meta,* to attain one's goal **2** (giungere) to **reach;** to **come* to**: *La vostra lettera ci è pervenuta proprio ora,* your letter has reached us just now; we have just received your letter ● *far p. q.c. a q.,* to send sb. st.
perversióne *f.* **perversion** (anche *med.*); **depravation**: *p. sessuale,* sexual perversion.
perversità *f.* **perversity; depravity.**
pervèrso *a.* **perverse; depraved; wicked**: *un mondo p.,* a perverse world □ *gente perversa,* depraved people.
pervertiménto *m.* **perversion.**
pervertire **A** *v. t.* to **pervert;** to **lead* astray;** (corrompere) to **corrupt**: *p. l'animo di q.,* to pervert sb.'s mind **B** **pervertirsi** *v. rifl.* to **be perverted;** to **become* depraved.**
pervertito *m.* **pervert.**
pervicace *a.* **headstrong; stubborn; obstinate.**
pervicàcia *f.* **stubbornness; obstinacy.**
pervinca *f. (bot.,* Vinca minor*)* **periwinkle**: *azzurro p.,* periwinkle (blue).
pésa *f.* **1** (pesatura) **weighing** **2** (luogo dove si compiono le operazioni di peso) **weigh-house** ● *p. a ponte,* weigh-bridge.
pesante *a.* **1** *(in quasi tutte le accezioni)* **heavy; weighty; ponderous**: *un cappotto p.,* a heavy coat □ *cibo p.,* heavy (o stodgy) food □ *mani pesanti,* heavy hands □ *un passo p.,* a heavy gait □ *(mil.) artiglieria p.,* heavy artillery **2** (di aria, atmosfera, tempo) **close; stuffy**: *un'atmosfera p.,* a close atmosphere **3** *(fig.:* di persona, di libro, stile e sim.*)* **heavy; dull; boring; stodgy**: *una persona assai p.,* a very dull person; a bore **4** (rif. a droga) **hard.**
pesantézza *f.* **heaviness** (anche *fig.*).
pesare **A** *v. t.* to **weigh** (anche *fig.*): *p. un bambino,* to weigh a baby □ *p. le proprie parole,* to weigh one's

words **B** *v. i.* **1** to **weigh;** (essere pesante) to **be heavy** **2** (gravare, anche *fig.*) to **weigh heavily** (on); to **lie* heavy** (on); to **hang*** (over); to **be a burden**: *Un senso di colpa gli pesa sulla coscienza,* a sense of guilt lies heavy on his conscience □ *La minaccia che pesa su di lui è grave,* the threat that hangs over him is serious **3** (*impers.*: rincrescere) to **be hard** (*impers.*); to **find* it hard** (*pers.*); to **regret**: *Gli è pesato di doverlo licenziare,* he found it hard to have to dismiss him ● *Quanto pesi?,* what's your weight? □ *Pesa le parole prima di parlare!,* think (twice) before you speak □ *Egli vale tant'oro quanto pesa,* he's worth his weight in gold **C** **pesarsi** *v. rifl.* to **weigh oneself.**

pesata *f.* **weighing** ● *dare una p. a q.c.,* to weigh st.

pesatóre *m.* **weigher.**

pesatrice *f.* (macchina per pesare) **weighing-machine.**

pesatura *f.* **weighing.**

(1) pèsca *f.* **peach**: *marmellata di pesche,* peach jam.

(2) pésca *f.* **1** (il pescare) **fishing**: *l'industria della p.,* the fishing industry; fishery □ *una rete per la p.,* a fishing-net □ *una canna da p.,* a fishing-rod □ *arnesi da p.,* fishing-tackle **2** (insieme dei pesci pescati) **draught; catch; haul**: *una buona p.,* a fine catch of fish; a good haul of fish **3** (specie di lotteria) **lucky-bag; lucky-dip** ● *p. a strascico,* trawling □ *p. con la lenza,* angling □ *andare a p.,* to go fishing.

pescàggio *m.* (*naut.*) **draught.**

pescagióne *V.* **pésca, pescaggio.**

pescàia *f.* **(fish-)weir.**

pescare **A** *v. t.* **1** to **fish for;** (prendere) to **fish,** to **catch***: *p. trote,* to fish for trout **2** (*fig.*) to **fish out;** to **find* (out)**; to **pick up**: *Un giorno o l'altro lo pescheranno,* they'll find him out one day or other **3** (estrarre a caso) to **draw*** **B** *v. i.* (*naut.*) to **draw*** ● *p. con la rete a strascico,* to trawl □ (*fig.*) *p. in aria,* to clutch at straws □ (*fig.*) *p. nel torbido,* to fish in troubled waters.

pescata *f.* **draught; catch; haul**: *una bella p.,* a fine catch of fish.

pescatóre *m.* **fisherman*; fisher;** (con la canna) **angler.**

pésce *m.* **1** **fish***: *pesci d'acqua dolce (di mare),* fresh-water (salt-water) fishes □ *p. congelato,* frozen fish □ *p. affumicato,* smoked fish □ *p. fritto (lesso, ecc.),* fried (boiled, etc.) fish □ *pescare molti pesci (un grosso p., due pesci),* to catch a lot of fish (a big fish, two fishes) □ *sentirsi come un p. fuori d'acqua,* to feel like a fish out of water **2** (*al pl., astron.*) **(the) Fishes; Pisces** ● *fare un p. d'aprile a q.,* to make an April fool of sb. □ (*zool.*) *p. gatto* (Ameiurus nebulosus), bullhead; catfish □ (*zool.*) *p. martello* (Sphyrna zygaena), hammer-head □ *pesci rossi,* goldfish □ (*fig.*) *non sapere che pesci pigliare,* to be at one's wits' end (o to be at a loss) □ *sano come un p.,* as fit as a fiddle; as sound as a bell.

pescecane *m.* **1** (*zool.*) **shark; dogfish** **2** (*fig.*) **profiteer.**

pescheréccio **A** *a.* **fishing** (*attr.*): *barche pescherecce,* fishing-boats **B** *m.* (*naut.*) **fishing-boat; smack.**

pescherìa *f.* (mercato) **fish-market;** (negozio) **fishmonger's (shop).**

peschéto *m.* **peach orchard.**

peschièra *f.* **fish-pond.**

pesciaiòla *f.* **1** (venditrice di pesce) **fishwife*** **2** (recipiente per lessare il pesce) **fish-kettle.**

pesciaiòlo, pescivéndolo *m.* **fishmonger.**

pèsco *m.* (*bot.,* Prunus persica) **peach-tree; peach**: *fiori di p.,* peach-blossom ● *rosa p.,* peach-blossom pink.

pescóso *a.* **abounding in fish.**

peseta (*spagn.*) *f.* (moneta spagnola) **peseta.**

pesista *m.* e *f.* (*sport*) **weight-lifter.**

pesìstica *f.* (*sport*) **weight-lifting.**

péso **A** *m.* **1** **weight**: (*fis.*) *p. atomico (molecolare),* atomic (molecular) weight □ (*comm.*) *p. lordo (netto),* gross (net) weight □ (di persona) *crescere (calare) di p.,* to put on (to lose) weight □ *piegarsi sotto il p. di q.c.,* to give way under the weight of st. □ *sollevare un p.,* to lift a weight □ *rubare sul p.,* to give short weight □ (*fis.*) *p. specifico,* specific weight **2** (di bilancia) **weight**: *pesi e misure,* weights and measures **3** (importanza) **weight, importance;** (attenzione) **heed, attention**: *una cosa di nessun p.,* a thing of no importance **4** (onere) **weight; load; burden**: *il p. degli anni,* the weight of years □ *Mi hai levato un bel p. dalla coscienza,* you have taken a big load (o weight) off my mind □ *essere di p.,* to be a burden **5** (*pugilato, lotta, ecc.*) **weight**: *p. piuma,* featherweight □ *p. mosca,* flyweight □ *p. gallo,* bantamweight □ *p. leggero,* lightweight □ *p. medio,* middleweight □ *p. massimo,* heavyweight **6** (*edil.*: del filo a piombo) **bob** ● *avere un p. di dieci chilogrammi,* to weigh ten kilos □ (*comm.*) *eccedenza di p.,* overweight □ *passare il p.,* to be overweight □ *sentire un p. sullo stomaco,* to have st. lying heavy on one's stomach □ *sollevare q. (q.c.) di p.,* to lift sb. (st.) up bodily □ (*fig.*) *togliersi un p. dallo stomaco,* to get st. off one's chest □ (*fig.*) *usare due pesi e due misure,* to judge by two different standards **B** *a.* (*pop.*: pesante) **heavy.**

pessimismo *m.* **pessimism.**

pessimista *m.* e *f.* **pessimist.**

pessimìstico *a.* **pessimistic(al).**

pèssimo *a. superl.* **very bad; quite bad; awfully bad; wretched; terrible** (*fam.*): *tempo p.,* awfully bad (o terrible, nasty, wretched) weather □ *essere di p. umore,* to be in a very bad temper; to be as cross as two sticks (*fam.*).

pésta *f.* **track; trail; footprint; footstep**: *essere sulle peste di q.,* to be on the track of sb. ● (*fig.*) *essere nelle peste,* to be in trouble.

pestàggio *m.* **1** **beating up** **2** (zuffa) **scuffle.**

pestare *v. t.* **1** to **crush**: *p. l'uva,* to crush (o to tread) grapes **2** (ridurre in polvere) to **pound;** to **crush up;** to **grind***: *p. i granelli di pepe,* to grind pepper-corns □ *p. col pestello,* to pound with a pestle **3** (calpestare) to **tread* (up)on** (st.); to **trample**: *p. i calli a q.,* to tread on sb.'s corns (anche *fig.*) □ *p. i fiori,* to trample (down) the flowers **4** (riempire di botte) to **beat* up** ● (*fig.*) *p. l'acqua nel mortaio,* to flog a dead horse □ *p. il muso a q.,* to smash sb.'s face in □ *p. un occhio a q.,* to give sb. a black eye □ *p. le orme di q.,* to follow in sb.'s track; to tread in sb.'s footsteps □ *p. il pianoforte,* to pound (on) a piano □ *p. i piedi,* to stamp one's feet.

pestata *f.* — *dare una p. a q.c.* (riducendola in polvere), to pound (o to crush, to grind) st.

pèste *f.* **1** (*med.*) **plague;** (pestilenza) **pestilence** **2** (*fig.*) **plague; bane; curse** **3** (*fam.*: fetore) **stench; nasty smell** **4** (*fam.*: persona insopportabile) **pest**: *Quel ragazzo è una vera p.,* that boy is a real pest ● (*vet.*) *p. bovina,* rinderpest; cattle plague.

pestèllo *m.* **pestle.**

pesticida *m.* (*agric.*) **pesticide.**

pestìfero *a.* **pestiferous** (anche *fig.*); **pestilential** ● *Quel ragazzino è p.!,* that boy is a (real) pest!

pestilenza *f.* **1** (*med.*) **pestilence** **2** (*fig., fam.*) **stench.**

pestilenziale *a.* **1** **pestilential; pestiferous** **2** (*fig.*: fetido) **stinking.**

pésto **A** *a.* **pounded; crushed; ground**: *pepe p.,* ground pepper ● *avere gli occhi pesti,* to have shadows under one's eyes □ (*fig.*) *avere le ossa peste,* to be played out (*fam.*) □ (*fig.*) *essere di carta pesta,* to have no backbone □ *un occhio p.,* a black eye **B** *m.* **1** (poltiglia) **pulp** **2** (*cucina*) **pesto*.**

pestóne *m.* **rammer.**

pètalo *m.* (*bot.*) **petal.**

petardo *m.* **1** (*mil.*) **petard** **2** (bomba di carta) **fire-cracker; banger** (*fam.*) **3** (*ferr.*) **detonator.**

petécchia *f.* (*med.*) **petechia*** (*specialm. al pl.*).

petecchiale *a.* (*med.*) **petechial**: *tifo p.,* petechial (o spotted) fever.

petitòrio *a.* (*leg.*) **petitory.**

petizióne *f.* **1** (anche *leg.*) **petition**: *fare una p. a q.,* to address (o to make) a petition to sb. **2** (supplica, istanza) **request; suit**: *a p.,* on request.

péto *m.* **fart** (*volg.*) ● *fare un p. (o peti),* to break wind; to fart (*volg.*).

Petrarca *m.* (*stor. letter.*) **Petrarch.**

petrarchésco *a.* (*letter.*) **of Petrarch; Petrar-**

ch(i)an.
petrarchişmo *m.* (*letter.*) **Petrarchism.**
petrarchista *m.* e *f.* (*letter.*) **Petrarchist.**
petrodòllari *m. pl.* (*econ., fin.*) **petrodollars.**
petrografia *f.* (*geol.*) **petrography.**
petrògrafo *m.* (*geol.*) **petrographer.**
petrolchìmica *f.* **petrochemistry.**
petrolchìmico *a.* **petrochemical** ● (*ind.*) *prodotti petrolchimici,* petrochemicals.
petrolièra *f.* (*naut.*) **(oil-)tanker; oiler.**
petrolière *m.* **1** (tecnico, operaio) **oil worker** **2** (*fam.:* industriale petrolifero) **oil magnate; oilman*.**
petrolièro *a.* **petroleum, oil** (*attr.*); **of petroleum.**
petrolìfero *a.* **oil-bearing; oil** (*attr.*): *un giacimento p.,* an oil-field.
petròlio *m.* **1** (*ind. min.*) **petroleum; oil**: *pozzi di p.,* oil-wells □ *trovare il p.,* to strike oil **2** (per illuminazione o combustione) **paraffin (oil); kerosene**: *un lume a p.,* a paraffin lamp.
pettégola *f.* (*zool.,* Tringa totanus) **redshank.**
pettegolare *v. i.* to **gossip;** to **tattle;** to **tittle-tattle.**
pettegolẹ́ẓẓo *m.* **gossip; idle talk; tittle-tattle** ● *fare pettegolezzi,* to gossip; to tittle-tattle.
pettégolo ***A*** *a.* **gossipy** ***B*** *m.* **gossip; tattler; magpie** (*pop.*) ● *discorsi da pettegoli,* idle talk; tittle-tattle.
pettinàio *m.* **comb-maker.**
pettinare ***A*** *v. t.* **1** to **comb** (sb.'s hair); to **dress** (sb.'s hair) **2** (*fig.:* rimproverare) to **dress** (sb.) **down** (*fam.*); to **scold** (sb.) **severely** **3** (*fig.:* criticare severamente) to **scarify;** to **criticize** (sb.) **severely** **4** (*ind. tessile:* la lana) to **comb,** to **card,** to **tease;** (il lino, la canapa e sim.) to **hackle,** to **dress** ***B*** **pettinarsi** *v. rifl.* to **comb one's hair.**
pettinata *f.* **1** (il pettinare i capelli) **combing of the hair; hair-dressing** **2** (*fig.:* rimprovero) **dressing down** (*fam.*); **severe scolding**: *dare una buona p. a q.,* to give sb. a good dressing down ● *darsi una p.,* to comb one's hair.
pettinato (*ind. tessile*) ***A*** *a.* **combed; carded**: *lana pettinata,* combed wool ***B*** *m.* **worsted.**
pettinatóre *m.* (*ind. tessile*) **1** (chi pettina la lana) **comber** **2** (chi pettina il lino, la canapa) **hackler, heckler; flax-dresser.**
pettinatrice *f.* **1** **hair-dresser** **2** (*ind. tessile*) (per la lana) **comber, combing machine;** (per il lino, la canapa) **hackling machine.**
pettinatura *f.* **1** (il pettinare i capelli) **combing of the hair** **2** (acconciatura dei capelli) **hair-style; hair-do; coiffure** **3** (*ind. tessile:* della lana) **combing, carding, teasing;** (del lino, della canapa) **hackling, heckling, dressing.**
pèttine *m.* **1** (per pettinare i capelli) **comb**: *un p. fitto,* a narrow-toothed comb; a toothcomb **2** (ornamento a forma di p.) **(ornamental) comb** **3** (*ind. tessile:* per la lana) **comb;** (per il lino, la canapa) **hackle** **4** (*zool.,* Pecten) **scallop** ● (*ind. tessile*) *p. per telaio,* reed.
pettinina *f.* **toothcomb.**
pettino *m.* **1** (parte di grembiule) **bib** **2** (parte di camicia da uomo) **shirt-front; dick(e)y** (*pop.*).
pettirósso *m.* (*zool.,* Erithacus rubecula) **redbreast; robin.**
pètto *m.* **1** **chest; breast**: (*mus.*) *voce (nota) di p.,* chest-voice (-note) □ (anche *fig.*) *battersi il p.,* to beat one's breast **2** (seno) **breast** **3** (cuore, animo, coraggio) **heart; courage; resolution** **4** (*cucina*) **breast; brisket**: *p. di pollo,* chicken breast **5** (di abito) **breast;** (di camicia) **front** ● *a p. a,* in comparison with □ *a p. a p.,* face to face □ *a p. nudo,* bare-chested (*agg.*) □ *(fino) al p.,* breast-high □ *giacca a un p. (a doppio p.),* single-breasted (double-breasted) jacket □ *malato di p.,* consumptive; phthisic(al) □ *prendere q.c. (q.) di p.,* to face (o to square) up to st. (sb.) □ *tenere q.c. in p.,* to keep st. to oneself.
pettorale ***A*** *a.* **pectoral** ***B*** *m.* (di cavallo) **breast-collar; breast-band; breast-plate** (anche di armatura).
pettorina *f.* **bib.**
pettoruto *a.* **1** **full-breasted; full-chested** **2** (*fig.*) **puffed up; haughty; cocky** (*fam.*) ● *incedere p.,* to strut.
petulante *a.* **insolent; arrogant; pert; saucy; cheeky** (*fam.*).
petulanza *f.* **insolence; arrogance; pertness; sauciness; cheek** (*fam.*).
petùnia *f.* (*bot.,* Petunia) **petunia.**
pèzza *f.* **1** (toppa) **patch**: *avere una p. sui calzoni,* to have a patch on one's trousers □ *mettere una p. a q.c.,* to put a patch on st.; to patch up st. (anche *fig.*) □ *È tutto pezze,* it's all patched up **2** (cencio, straccio) **rag**: *una bambola di p.,* a rag doll **3** (tessuto intero, avvolto in rotolo) **piece; roll; bolt** (*USA*): *tessuti in p.,* piece goods **4** (macchia) **patch; (large) spot** **5** (*lett.:* tratto di tempo) **time; while**: *da lunga p.,* for a long while ● (*comm.*) *p. d'appoggio,* voucher.
pezzato *a.* (di cavallo) **dappled** ● *cavallo p.,* dapple.
pezzatura *f.* **1** (di cavallo) **dappling** **2** (*comm.*) **size.**
pezzènte *m.* e *f.* **ragamuffin; tatterdemalion; tramp.**
pèzzo *m.* **1** **piece; bit**: *un p. di pane,* a piece (o bit) of bread □ *un p. di terra,* a piece (o patch) of land □ *andare in pezzi,* to break into pieces □ *tagliare a pezzi,* to cut to pieces (anche *fig.*) □ *fare a pezzi,* to break (o to pull) to pieces; to tear to shreds **2** (esemplare; elemento di un insieme) **piece**: *i pezzi di una collezione,* the pieces of a collection □ *un servizio da caffè di dodici pezzi,* a coffee-service of twelve pieces **3** (*mecc.*) **piece; part** **4** (*mil.*) **piece; gun** **5** (*mus.*) **piece** **6** (articolo di giornale) **(newspaper) article;** (p. importante) **feature** **7** — (di tempo) *un p.,* quite a bit; quite a long time; quite a while ● (*mil.*) *p. da campagna,* fieldpiece □ *pezzi degli scacchi,* chessmen □ *p. di cronaca,* report □ *p. duro* (di gelato), ice-cream slice □ (*fig.*) *un p. grosso,* a V.I.P.; a bigwig; a big noise; a big shot; a brass-hat (*gergo mil.*) □ *(abito a) due pezzi,* two-piece suit □ *(costume da bagno a) due pezzi,* two-piece bathing-suit □ *un bel p. di donna (d'uomo),* a fine figure of a woman (of a man) □ (*fig.*) *una persona tutta d'un p.,* a person of sterling character □ *P. d'asino!,* you fool!
pezzuòla *f.* **1** (fazzoletto da naso) **handkerchief; hanky** (*fam.*); **sneezer** (*pop.*) **2** (fazzoletto da capo) **kerchief; head-cloth** (*fam.*).
piacènte *a.* **attractive; charming.**
(1) piacére *v. i.* (*impers.*) to **like,** to **be fond of,** to **care for** (*pers.*); to **please** (sb.); to **be pleasing** (to sb.): *Mi piace molto la musica,* I am very fond of music □ *Mi piace uscire di sera,* I like going out in the evening □ *Quell'uomo non mi piace molto,* I don't care for that man very much (o I don't like that man very much) □ *Mi piacerebbe andare in Spagna,* I should like to go to Spain □ *Non mi piace che tu esca con lui,* I don't like your going out with him ● *a Dio piacendo,* God willing □ *piaccia o non piaccia,* whether one likes it or not □ *Sarà come a Dio piace,* it will be as God pleases (o wills) □ *Sto in casa perché così mi piace,* I'm staying in bacause I want to.
(2) piacére *m.* **1** **pleasure; delight**: *provare p. a fare q.c.,* to take pleasure in doing st. □ *Spero di avere il p. della Sua compagnia,* I hope to have the pleasure of your company □ *Mi fa sempre p. vederti,* it always gives me pleasure (o I am always delighted) to see you **2** (svago, divertimento) **pleasure; amusement; entertainment**: *una gita di p.,* a pleasure trip □ *darsi ai piaceri,* to give oneself up to pleasure **3** (favore, servigio) **favour; kindness**: *fare un p. a q.,* to do sb. a favour (o a kindness) □ *domandare un p. a q.,* to ask a favour of sb. **4** (volontà) **will**: *a p.,* at will (o at pleasure) ● (nelle presentazioni) *P.!,* how do you do? □ *per p.,* (if you) please □ *se ti fa p.,* if you like □ *Ti rivedo con p.,* I'm delighted to see you again □ *Piove che è un p.,* it's pouring (o it's raining cats and dogs) □ *Vuoi farmi il p. di avvertirmi?,* will you be so kind as to let me know? □ (*iron.*) *Ma fammi il p.!,* nonsense!
piacévole *a.* **pleasing; pleasant; agreeable; delightful; nice; pretty** ● *avere un aspetto p.,* to look nice.
piacevolézza *f.* **1** **pleasantness; agreeableness; delightfulness; niceness; prettiness** **2** (facezia) **pleasantry** ● *p. di maniere,* pleasant manners.

piacevolménte avv. **pleasantly; agreeably.**
piaciménto m. (gradimento) **liking;** (piacere) **pleasure**: *Era di mio p.*, it was to my liking • *Prendine a tuo p.*, take as much as you like (o want).
piaga f. **sore;** (ferita) **wound**: *una p. purulenta*, a purulent sore □ *le piaghe di Cristo*, the Wounds of Christ □ *(fig.) riaprire vecchie piaghe*, to reopen old sores **2** (*fig.*: flagello) **scourge; plague; calamity; bane; evil**: *le sette piaghe d'Egitto*, the seven plagues of Egypt **3** (*fig.*: persona molesta) **pest; bore; nuisance**: *Che p. che sei!*, what a bore you are! • *(fig.) mettere il dito sulla p.*, to touch on a sore point.
piagare v. t. to **wound** (anche *fig.*); to **injure**; to **fester.**
piaggiare v. t. e i. *(lett.)* to **coax**; to **wheedle**; to **cajole**; to **flatter.**
piagnistèo m. *(fam.)* **whining; whimpering.**
piagnóne m. *(fam.)* **whiner; whimperer; cry-baby** *(fam.)*.
piagnucolare v. i. to **whine**; to **whimper**; to **snivel**; to **pule**; (specialm. di bambino) to **grizzle.**
piagnucolio m. **whining; whimpering; puling.**
piagnucolóne m. **whiner; whimperer; sniveller; puler; cry-baby** *(fam.)*.
piagnucolóso a. **whining; whimpering; snivelling; puling; grizzling.**
piagóso a. **full of sores; covered with wounds.**
pialla f. *(falegnameria)* **plane**: *una p. per sgrossare*, a jack-plane.
piallàccio m. *(specialm. al pl.)* **(sheet of) veneer.**
piallare v. t. *(falegnameria)* to **plane.**
piallatóre m. *(falegnameria)* **planer.**
piallatrice f. *(mecc.)* **planer; planing machine.**
piallatura f. *(falegnameria)* **planing.**
piallettare v. t. **1** *(edil.)* to **float** **2** *(falegnameria)* to **jack-plane.**
piallétto m. **1** *(edil.)* **float** **2** *(falegnameria)* **jack-plane.**
piàna f. **stretch of level ground**; (pianura) **plain.**
pianale m. **1 terrace; stretch of level ground** **2** *(ferr.)* **platform-car; flat-car.**
pianeggiante a. **(almost) level** (o **flat**); **flattish.**
pianeggiàre A v. i. to **be (almost) level** (o **flat**) **B** v. t. to **level (off).**
pianèlla f. **1 mule; slipper**: *un paio di pianelle di velluto rosso*, a pair of red velvet slippers □ *stare in pianelle*, to wear slippers **2** (mattonella) **flat tile.**
pianeròttolo m. *(edil.)* **landing.**
(1) pianéta m. **1** *(astron.)* **planet** **2** (oroscopo) **horoscope.**
(2) pianéta f. *(relig.)* **chasuble.**
piangènte a. **crying; weeping; tearful; in tears.**
piàngere A v. i. **1** to **weep***; to **cry**; to **greet** *(scozz.)*: *p. di gioia (per il dolore)*, to weep for joy (to cry with pain) □ *far p. q.*, to make sb. cry **2** (soffrire, patire) to **suffer**; to **mourn**: *p. sotto la tirannia*, to suffer under tyranny **3** (gocciolare: di una pianta) to **bleed***; (di un rubinetto, ecc.) to **drip**; (lacrimare) to **water** **B** v. t. **1** to **weep***: *p. tutte le proprie lacrime*, to weep one's fill □ *p. lacrime di sangue*, to weep tears of blood **2** (lamentare) to **mourn**; to **mourn for** (sb., st.); to **mourn over** (st.); to **lament**; to **bewail**; to **grieve for** (o **over** st.): *p. la morte di q.*, to mourn sb.'s death **3** (rimpiangere) to **regret** • *(fam.) far p. i sassi*, to melt a heart of stone □ *Mi piange il cuore*, it breaks my heart.
pianificare v. t. to **plan.**
pianificatóre m. **planner.**
pianificazióne f. **planning**: *p. urbana*, town-planning.
pianigiano A a. **lowland** *(attr.)* **B** m. **lowlander.**
pianista m. e f. *(mus.)* **pianist.**
pianìstico a. *(mus.)* **for pianoforte; piano** *(attr.)*.
(1) piano A a. **1 flat; level; even**: *una superficie piana*, a level (o even) surface □ *(sport) una corsa piana*, a flat race **2** (liscio) **smooth** **3** (chiaro, intelligibile) **clear; plain** **4** (semplice) **simple**: *in parole piane*, in simple (o plain) words **5** *(geom.)* **plane** *(attr.)*: *geometria piana*, plane geometry **6** *(gramm.)* **paroxytone** **B** avv. **1** (sommessamente) **softly; quietly**; (a bassa voce) **in a low voice** **2** (lentamente) **slowly; slow** **3** (con cautela) **gently; carefully** • *(mus.) p.*, piano □ *pian p.* (a poco a poco), little by little □ *pian pianino*, very slowly; very carefully □ *Fa' p.*, don't make a noise.
(2) piano m. **1 plain; flat land; level land** **2** (superficie piana) **plane**: *(geom.) due piani paralleli*, two parallel planes **3** (di casa) **floor, storey;** (di autobus, nave) **deck**: *abitare al p. terreno di un palazzo di quindici piani*, to live on the ground floor of a fifteen-storeyed building □ *il p. superiore*, the top floor **4** (strato) **layer; stratum*** **5** (livello) **level; plane**: *essere sullo stesso p.*, to be on the same plane (o level) **6** (progetto, disegno) **plan** (anche *mil.*); **(fig.) plan, scheme, project**: *fare dei piani*, to make plans □ *un p. quinquennale*, a five-year plan • *(aeron.) p. alare*, plane □ *(aeron.) p. di deriva*, fin □ *(naut.) p. di galleggiamento*, water-plane □ *p. stradale*, roadway □ *un autobus a due piani*, a double-decker □ *passare in secondo p.*, to fade into the background (anche *fig.*); *(fig., fam.)* to take a back seat □ *un pittore di primo p.*, a first-rate painter □ *(arte, fotogr., cinem.) primo p.*, foreground □ *(cinem., telev.) un primo p.*, a close-up □ *(arte, fotogr., cinem.) secondo p.*, background.
(3) piano *(fam., mus.)* V. **pianofòrte.**
pianofòrte m. *(mus.)* **pianoforte; piano***: *un p. verticale*, an upright piano; a cottage piano □ *un p. a coda*, a grand piano □ *suonare il p.*, to play the piano.
pianòla f. *(mus.)* **pianola; player piano*.**
pianòro m. *(geogr.)* **plateau*; tableland.**
pianotèrra m. invar. *(edil.)* **ground floor; first floor** *(USA)*.
pianta f. **1** *(bot.)* **plant;** (albero) **tree**: *piante sempreverdi*, evergreen trees; evergreens **2** (del piede, della scarpa) **sole; plant** **3** (disegno di edificio, città, ecc.) **plan;** (carta topografica) **map** **4** (ruolo, organico) **staff**: *in p. stabile*, on the permanent (o regular) staff • *(bot.) p. cimata*, pollard □ *(bot.) p. del sottobosco*, groundling □ *(bot.) p. grassa*, cactus(-plant) □ *(bot.) p. rampicante*, climber; creeper; trailer □ *di sana p.*, (completamente) entirely, completely; (di bel nuovo) anew, afresh, all over again □ *inventare una storia di sana p.*, to make up a story.
piantacaròte m. e f. *(fam.)* **story-teller** *(fam.)*; **yarn-spinner** *(fam.)*.
piantàggine f. *(bot.*, Plantago major*)* **plantain.**
piantagióne f. *(agric.)* **plantation**: *piantagioni di tabacco (di caffè)*, tobacco (coffee) plantations.
piantagrane m. e f. *(fam.)* **trouble-maker.**
piantare A v. t. **1** to **plant**: *p. viti*, to plant vines **2** (conficcare) to **thrust***, to **drive***, to **ram**; (fissare) to **fix**, to **set* (up)**: *p. un chiodo in un muro*, to drive a nail into a wall □ *p. un palo*, to ram a post □ *p. una bandiera*, to set up (o to raise) a flag □ *p. gli occhi addosso a q.*, to fix (o to set) one's eyes on sb.; to stare at sb. **3** (abbandonare) to **leave***; to **abandon**; to **desert**; to **quit**: *p. q. in asso*, to leave sb. in the lurch; (un innamorato) to jilt sb. • *(fig., fam.) p. carote*, to tell stories □ *(fig.) p. chiodi*, to get into debt □ *p. una tenda*, to pitch a tent □ *p. le tende* (stabilirsi in un luogo), to settle down; to take up one's residence □ *Piantala!*, stop it! (o cut it out!) **B piantarsi** v. rifl. to **plant oneself** **C** v. rifl. recipr. to **leave* each other**; to **part.**
piantato a. **1** *(agric.)* **planted** **2** (solido, robusto) **strong; stout; sturdy** **3** (impettito) **stiff** • *ben p.*, well-set; well-knit.
piantatóre m. *(agric.)* **planter**: *un p. di cotone*, a cotton-planter.
pianterréno m. *(edil.)* **ground floor; first floor** *(USA)*: *una stanza a p.*, a ground-floor room; a downstair(s) room • *scendere a p.*, to go downstairs.
piantina f. *(agric.)* **seedling.**
pianto m. **1** (il versare lacrime) **weeping; crying; tear-shedding; greeting** *(scozz.)*; (per un morto) **mourning**: *prorompere (o scoppiare) in p.*, to start crying; to burst into tears **2** (lacrime) **tears** *(pl.)*: *un volto bagnato di p.*, a face wet with tears; a tear-wet face □ *asciugarsi il p.*, to wipe away one's tears **3** (grave dolore) **great distress** **4** *(bot.)* **bleeding.**
piantonare v. t. *(mil.)* to **guard**; to **stand*** (o to **mount**) **guard over.**
(1) piantóne m. *(agric.)* **shoot; scion.**

(2) piantóne *m.* *(mil.)* **orderly**; (sentinella) **guard, sentry, sentinel** ● *stare di p.*, to be on the watch.
pianura *f.* **plain; level** (o **flat**) **land; lowland** *(specialm. al pl.)*: *le pianure della Scozia*, the Lowlands (of Scotland) ● *abitante della p.*, lowlander.
pianuzza *f.* *(zool.*, Pleuronectes platessa*)* **plaice.**
piare *v. i.* to **peep**; to **cheep.**
piastra *f.* **1** (lastra sottile di metallo, di legno, di vetro) **plate**; (di pietra) **slab** **2** *(mecc., elettr.)* **plate** **3** *(numismatica)* **piastre, piaster.**
piastrèlla *f.* **1** **(floor-)tile; (paving-)tile** **2** (pietra piatta per giochi infantili) **jack-stone.**
piastrellare *v. t.* to **tile.**
piastrellista *m.* **1** (fabbricante) **tile-maker** **2** (operaio) **tiler.**
piastriccio *m.* *(fam.)* **hotchpotch; medley.**
piastrina *f.* **piastrino** *m.* *(mil.)* **identity disk.**
piastróne *m.* *(zool.)* **plastron.**
piattafórma *f.* *(generalm.)* **platform** (anche *fig.*): *una p. di carico*, a loading-platform ● *(geol.) p. continentale*, continental shelf □ *p. per ricerche petrolifere*, oil rig.
piattèllo *m.* — *(sport) tiro al p.*, clay-pigeon shooting; trapshooting.
piattézza *f.* **1** **flatness** **2** *(fig.)* **dullness; monotony.**
piattina *f.* **1** *(metall.)* **(metal) strap** **2** *(edil., min.:* per il trasporto di utensili o di materiali) **flatbed** (o **platform) truck** ● *(elettr.) p. di massa*, ground strap.
piattino *m.* **1** **saucer**: *tazze e piattini*, cups and saucers **2** (manicaretto) **dainty dish; titbit.**
(1) piatto *a.* **1** **flat**: *un pesce p.*, a flat fish **2** *(fig.)* **flat; dull; commonplace**: *una vita piatta*, a dull (o an uneventful) life ● *(geom.) angolo p.*, straight angle □ *avere i piedi piatti*, to be flat-footed □ *(pop.) piedi piatti*, flat-foot, flatty *(pop.)*.
(2) piatto *m.* **1** **plate**: *un p. fondo*, a soup plate **2** (p. da portata; e *fig.*: vivanda) **dish**: *il proprio p. favorito*, one's favourite dish **3** (portata) **course**: *il p. forte*, the main course □ *minestra e due piatti*, soup and two courses **4** (parte piatta) **flat (part)**: *colpire di p.*, to strike with the flat (of one's sword) **5** (di bilancia) **scale; pan** **6** (di giradischi) **turn-table** **7** *(al pl., mus.)* **cymbals** **8** (nei giochi di carte) **kitty** ● *asciugare i piatti*, to dry the dishes □ *lavare i piatti*, to wash up (o to do the dishes).
piàttola *f.* **1** *(zool.*, Phthirus pubis*)* **crab-louse*** **2** *(fig.:* persona noiosa*)* **bore; nuisance; pain in the neck** *(fam.)*.
piazza *f.* **1** **square** **2** (persone convenute in una p.) **people** *(pl.)* **(in the square)**; (folla) **crowd**; (volgo) **mob, rabble** **3** *(comm.)* **market**: *i prezzi della nostra p.*, the prices running (o quoted) on our market **4** (piazzaforte) **stronghold; fortress** **5** (radura di capelli o peli) **bald patch** ● *(mil.) p. d'armi*, drill-ground; parade-ground □ *p. del mercato*, market-place □ *(fig., scherz.) andare in p.* (diventare calvo), to go bald □ *automobile di p.*, taxi(-cab) □ *(comm.) fare la p.*, to canvass; to tout □ *far p. pulita*, to make a clean sweep (of sb., of st.); (prendere tutto) to sweep up everything, to sweep the board; (mangiare tutto ciò che è in tavola) to eat up everything; (rubare tutto ciò che v'era da rubare) to steal everything; (consumare tutto il proprio denaro) to squander away all one's money □ *gridare (mettere) q.c. in p.*, to noise (to spread) st. abroad □ *(comm.) quel che fa la p.*, the price(s) quoted on the market □ *vettura di p.*, hackney-coach; cab; *(taxi)* taxi.
piazzafòrte *f.* *(mil.)* **stronghold; fortress.**
piazzaiòlo **A** *a.* **vulgar; low** **B** *m.* **tyke, tike; cad** *(fam.)*.
piazzale *m.* **(large) square**: *il p. della chiesa*, the church-square.
piazzaménto *m.* **place.**
piazzare **A** *v. t.* to **place** (anche *comm.*); to **set*** **B** **piazzarsi** *v. rifl.* *(sport)* to **be placed.**
piazzata *f.* **(public) row; shindy** *(fam.)*.
piazzato *a.* *(sport)* **placed.**
piazzista *m.* *(comm.)* **commercial traveller; canvasser; tout; salesman*.**
piazzòla *f.* **1** *(mil.)* **emplacement** **2** (di strada) **lay-by** ● *(golf) p. di partenza*, teeing ground.
picador *(spagn.)* *m.* **picador.**
picarésco *a.* *(letter.)* **picaresque; rogue** *(attr.)*.
pìcaro *(spagn.)* *m.* **rogue; knave.**
(1) picca *f.* (puntiglio) **pique; animosity; ill-feeling; resentment; spite**: *fare q.c. per p.*, to do st. out of spite.
(2) picca *f.* **1** *(sor.)* **pike** **2** *(al pl.:* seme delle carte da gioco*)* **spades** *(pl.)* ● *contare quanto il fante di picche*, to count for very little (o for nothing) □ *rispondere picche*, to give (sb.) a flat denial.
piccante *a.* (anche *fig.*) **piquant; spicy; pungent; hot**: *una salsa p.*, a pungent sauce □ *una storiella p.*, a spicy (o risqué) story.
piccarsi *v. rifl.* **1** (pretendere puntigliosamente) to **pique oneself (up)on** (st.) **2** (offendersi, impermalirsi) to **be piqued**; to **be (easily) offended.**
piccato *a.* **piqued; in a (fit of) pique.**
picchè *m.* (tessuto) **piqué.**
picchettàggio, picchettaménto *m.* (sorveglianza praticata da picchetti) **picketing.**
picchettare *v. t.* **1** to **stake out** (o **off**); to **picket** **2** (mantenere sotto sorveglianza un luogo di lavoro con picchetti) to **picket.**
picchettatóre *m.* **1** (chi pianta i picchetti) **staker** **2** (chi mantiene sotto sorveglianza un luogo di lavoro, con picchetti) **picket**: *una fila di picchettatori*, a picket line.
(1) picchétto *m.* **1** (paletto) **stake; picket; peg** **2** *(mil.)* **picket, piquet**: *mettere di p.*, to post as a picket; to picket **3** (di scioperanti) **picket** ● *p. d'onore*, guard of honour □ *ufficiale di p.*, orderly officer.
(2) picchétto *m.* (gioco di carte) **piquet, picket, picquet.**
picchiapètto *m.* e *f.* (bacchettone) **bigot; mawworm** *(pop.)*.
picchiare **A** *v. t.* **1** (percuotere) to **beat***; to **hit***; to **thrash**; to **wallop** *(pop.)*; (bastonare) to **cudgel**; (con i pugni) to **thump**; (con la frusta) to **flog** **2** (battere) to **strike***; (battere forte) to **bang**; (battere leggermente) to **tap**: *p. un pugno sul tavolo*, to bang one's fist (o to thump) on the table **B** *v. i.* **1** (battere) to **beat*** (against, on); (bussare) to **knock** (at, on); (battere con forza) to **bang**, to **thump** (on); (battere leggermente) to **tap** (on): *p. con le dita sul vetro della finestra*, to tap on the window-pane **2** *(fig.:* insistere) to **insist**, to **harp** (on) ● *p. con il martello*, to hammer □ (di motore) *p. in testa*, to pink □ *p. i piedi*, to stamp one's feet □ *p. sodo*, to hit hard (o to have a heavy hand) **C** **picchiarsi** *v. rifl. recipr.* to **fight***; (venire alle mani) to **come*** **to blows.**
picchiata *f.* **1** (il picchiare una volta) **beat; hit; knock; blow; stroke** **2** *(aeron.)* **dive**: *un bombardiere da p.*, a dive-bomber □ *bombardare in p.*, to dive-bomb ● *gettarsi in p.*, to nose-dive.
picchiatèllo **A** *a.* **crazy; cracky, crack-brained** *(fam.)*; **screwy, dotty, potty** *(pop.)* **B** *m.* **crazy person; crack-brain** *(fam.)*; **crackpot** *(pop.)*.
picchiato *a.* **(a bit) touched; daffy** *(fam.)*.
picchiatóre *m.* (pugile dotato di molta aggressività) **slogger.**
picchiettare **A** *v. t.* **1** to **tap**; to **drum** **2** (punteggiare con piccoli tocchi di colore) to **spot**; to **dot**; to **speckle** **B** *v. i.* to **patter**; to **pat**; to **tap.**
picchiettato *a.* **spotted; dotted; spotty; speckled.**
picchiettìo *m.* **pattering; patting; tapping.**
(1) pìcchio *m.* **rap; tap; knock.**
(2) pìcchio *m.* *(zool.)* **woodpecker.**
picchiòtto, picchiòttolo *m.* **(door-)knocker.**
piccinerìa *f.* **1** **narrow-mindedness; meanness; pettiness** **2** (azione meschina) **mean action.**
piccino **A** *a.* **1** (molto piccolo) **tiny; very small; little; wee** *(scozz.)* **2** (povero, di umile condizione) **poor; humble; mean** **3** (gretto, meschino) **narrow; mean; petty** ● *p. d'età*, very young □ *p. di statura*, (very) short of stature □ *(fig.) farsi p. p.*, to cower; to try to escape notice **B** *m.* **1** **child*; little one; tiny tot; kid, kiddy** *(fam.)* **2** (degli animali) **whelp; cub.**
picciòlo *m.* *(bot.)* **petiole; leafstalk.**
piccionàia *f.* **1** **pigeon-house; dove-cot(e)** **2** (sof-

fitta) **loft; garret; attic** ***3*** (*scherz.:* loggione) **gallery.**

piccióne *m. (zool.)* **pigeon; dove**: *un p. viaggiatore,* a carrier-pigeon; a homing-pigeon □ *(sport) il tiro al p.,* pigeon-shooting ● *(fam.) prendere due piccioni con una fava,* to kill two birds with one stone.

picco *m.* ***1*** (cima aguzza) **peak; summit; pinnacle** ***2*** *(naut.)* **peak; gaff** ● *a p.,* vertically; perpendicularly □ *(naut.) colare (o andare) a p.,* to sink; to founder.

piccolézza *f.* ***1*** **smallness; littleness;** (ristrettezza) **narrowness** ***2*** (cosa piccola, inezia) **little thing; trifle; bagatelle**: *È una vera p.,* it's such a little thing!; it's but a trifle! ● *p. d'animo,* narrow-mindedness □ *p. di statura,* small stature (o size).

piccolo ***A*** *a.* ***1*** **small; little** (solo *attr.*); (minuscolo) **tiny; wee** *(scozz.)*: *le ore piccole,* the small hours □ *una piccola somma,* a small sum of money □ *un p. podere,* a small farm □ *una piccola maggioranza,* a small majority □ *un foglio di carta di formato p.,* a sheet of paper (of) small format □ *una lettera piccola* (minuscola), a small letter □ *un libro più p.,* a smaller book □ *il libro più p. della biblioteca,* the smallest book in the library ***2*** (giovane) **young;** (più giovane) **younger, youngest**: *il figlio (più) p.,* the younger (o youngest) son ***3*** (di poco conto) **petty; slight; small; minor**: *un p. errore (difetto),* a slight error (defect) ***4*** (meschino) **petty, mean;** (ristretto) **narrow**: *piccoli litigi,* petty quarrels (o squabbles) ***5*** (breve; basso di statura) **short**: *un p. viaggio,* a short journey □ *una piccola distanza,* a short distance □ *piccoli passi,* short steps ***6*** (umile) **humble**: *gente piccola,* humble people ● *p. borghese,* petit bourgeois *(franc.)* □ *la piccola borghesia,* the lower middle class □ *da p.,* when a child □ *farsi p.,* to cower □ *in p.,* in small; on a smaller scale □ *nel proprio p.,* in one's own small way ***B*** *m.* ***1*** **child*; little one** ***2*** *(al pl.:* dell'uomo*)* **(the) little ones;** (degli animali) **(the) young.**

piccóne *m.* **pick; pickaxe; mattock.**

piccosità *f.* **cantankerousness; peevishness;** (permalosità) **touchiness.**

piccóso *a.* **cantankerous; peevish; crabbed;** (permaloso) **touchy.**

piccòzza *f.* **ice-axe.**

piceo *a.* **piceous.**

pico- *pref.* **pico-**: *(elettr.) picofarad,* picofarad.

picrico *a. (chim.)* **picric**: *acido p.,* picric acid.

pidocchierìa *f.* **stinginess; meanness.**

pidòcchio *m. (zool.,* Pediculus humanus*)* **louse***: *pidocchi delle piante* (Aphides), plant-lice ● *(fig., spreg.) p. rifatto,* upstart; parvenu *(franc.)*.

pidocchióso *a.* ***1*** **lousy; infested with lice** ***2*** *(fig.:* gretto, spilorcio*)* **stingy; niggardly; miserly; mean.**

pied-à-terre *(franc.) m.* **pied-à-terre*.**

pied-de-poule *(franc.) m.* (ind. tessile) **hound's-tooth check.**

piède *m.* ***1*** **foot***: *piedi grossi,* big feet □ *piedi piatti,* flat feet □ *lavarsi i piedi,* to wash one's feet □ *(anche fig.) cadere in piedi,* to fall on one's feet □ *pestare i piedi,* to stamp one's feet ***2*** (parte inferiore) **foot*;** (base, sostegno) **foot*, base**: *il p. di una calza,* the foot of a stocking □ *a piè di pagina (o appiè di pagina),* at the foot of the page □ *ai piedi del monte,* at the foot of the mountain ***3*** (di animale) **paw;** (di uccello) **claw;** (di rapace, anche) **talon** ***4*** *(poesia)* **foot*** ***5*** (misura di lunghezza pari a cm. 30,48) **foot***: *Sono alto cinque piedi e dieci pollici,* I am five feet ten inches tall ***6*** (condizione, posizione) **footing**: *essere sul p. di pace (di guerra),* to be on a peace (on a war) footing □ *su un p. di parità,* on an equal footing ● *(mil.) Pied'arm!,* ground arms! □ *p. biforcuto,* cloven hoof □ *p. di porco* (arnese per scassinare), crowbar; jemmy □ *a piedi,* on foot □ *(leg.) a p. libero,* on bail □ *a piedi nudi,* barefoot □ *a ogni piè sospinto,* at every step □ *alzarsi in piedi,* to stand up □ *andare a piedi,* to walk (o to go on foot) □ *avere male ai piedi,* to have sore feet; to be footsore □ *corsa a piedi,* foot-race □ *dalla testa ai piedi,* from head to foot □ *dita dei piedi,* toes □ *(fig.) fare q.c. con i piedi,* to do st. in a slapdash way; to bungle st. □ *mettere p. a terra,* (da cavallo) to dismount; (da un veicolo) to get off, to get out, to alight; (da una nave) to go ashore (o to land) □ *mettere p. in un luogo,* to set foot in a place □ *(fig.) mettersi q. sotto i piedi,* to push sb. around □ *nota a piè di pagina,* footnote □ (anche *fig.*) *pestare i piedi a q.,* to tread on sb.'s toes □ *prendere p.,* (di piante) to take root; *(fig.)* to catch on (o to gain ground) □ *(fig.) puntare i piedi,* to put one's foot down □ *(fig.) ragionare con i piedi,* to reason like a fool □ *rimanere a piedi,* (perdere il treno, l'autobus) to miss the train (the bus); *(fig.)* to be left in the lurch □ *(sport) salto a piè pari,* standing jump □ *schiacciare q.c. con un p.,* to stamp st. flat (o to crush st. flat with one's foot) □ *stare in piedi,* to stand □ *(fig.) su due piedi,* immediately; at once □ *sulla punta dei piedi,* on tip-toe □ *Dopo mesi di degenza all'ospedale sono di nuovo in piedi,* I'm on my feet again after months in hospital □ *Io non mi faccio mettere sotto i piedi da nessuno,* I don't let anyone trample on me □ *(fam.) Se mi capita fra i piedi, gliele suono,* if he gets in my way, I'll thump him □ *Togliti dai piedi!,* get out of my way!; scram! *(pop.)*.

piedipiatti *m. (pop.)* **flat-foot, flatty, cop, copper, bobby** *(pop.)*.

piedistallo *m. (archit.)* **pedestal**: *(fig.) mettere q. su un p.,* to set sb. on a pedestal.

piedritto *m. (archit.)* **pier.**

pièga *f.* ***1*** (piegatura) **fold; folding; ply** ***2*** (fatta ad arte) **pleat;** (dei pantaloni) **crease**: *a pieghe,* with pleats; pleated: *una gonna a pieghe,* a pleated skirt ***3*** (spiegazzatura) **crease; wrinkle**: *togliere una p. col ferro,* to iron out a crease ***4*** *(fig.:* andamento*)* **turn**: *prendere una buona (una brutta) p.,* to take a turn for the better (for the worse) ***5*** *(geol.)* **fold** ● (di capelli) *messa in p.,* hair-set: *farsi (fare) la messa in p.,* to have one's hair set □ *non fare una p.,* (di vestito, che si adatta bene) to fit perfectly; to fit like a glove *(fam.)*; *(fig.:* di ragionamento e sim.) to be absolutely convincing, to be flawless.

piegàbile *a.* ***1*** **pliable; flexible** ***2*** (pieghevole) **folding** *(attr.)*.

piegaciglia *m.* **eyelash-curler.**

piegaménto *m.* **folding; bending;** (flessione) **flexion.**

piegare ***A*** *v. t.* ***1*** **to fold (up)**: *p. un asciugamano,* to fold (up) a towel ***2*** (flettere) **to bend*; to fold**: *p. le braccia,* to fold one's arms □ *p. il capo,* to bend one's head; (per riverenza) to bow ***3*** (sottomettere) **to subdue; to bend***: *p. q. alla propria volontà,* to bend sb. to one's will ***4*** (convincere) **to convince** ***B*** *v. i.* ***1*** (pendere da una parte) **to tilt;** *(naut.)* **to heel over, to list** ***2*** (volgere) **to bend*;** (voltare) **to turn**: *p. a destra (a sinistra),* to turn to the right (to the left) ***C*** **piegarsi** *v. rifl.* ***1*** (incurvarsi) **to bend***: *p. in avanti,* to bend forward ***2*** *(fig.:* cedere*)* **to yield, to give* in;** (sottomettersi) **to submit.**

piegata *f.* **fold; folding** ● *dare una p. a q.c.,* to fold up st.

piegatrice *f.* ***1*** *(mecc.)* **bender; bending machine** ***2*** *(legatoria)* **folding machine.**

piegatura *f.* ***1*** **folding; bending; pleating** ***2*** (piega) **fold; crease; wrinkle** ● *(mecc.) p. accidentale,* kink.

pieghettare *v. t.* **to pleat;** to **make* pleats in** (st.).

pieghettatura *f.* ***1*** (di tessuto) **pleating** ***2*** (pieghe) **pleats** *(pl.)*.

pieghévole ***A*** *a.* ***1*** **pliable; pliant; flexible;** (atto ad essere piegato) **folding** ***2*** (agile) **supple; agile** ***3*** *(fig.:* arrendevole*)* **supple; flexible; docile; yielding; easily influenced** ***B*** *m.* **folder; brochure.**

pieghevolézza *f.* **pliancy; pliability; flexibility; suppleness.**

piègo *V.* **plico.**

piemontése *a., m.* e *f.* **Piedmontese*.**

pièna *f.* ***1*** **flood; spate**: *in p.,* in flood; in spate; swollen ***2*** *(fig.:* gran concorso di persone*)* **crowd; throng** ***3*** *(fig.:* sovrabbondanza, foga*)* **flow; fullness; intensity.**

pienaménte *avv.* **fully; totally; completely; utterly; entirely;** (affatto) **quite**: *avere p. ragione (torto),* to be quite right (wrong).

pienézza *f.* **fullness; plenitude** ● *essere nella p. delle forze,* to be at the height of one's powers.

pièno ***A*** *a.* ***1*** (anche *fig.*) **full** (of); **filled** (with): *p. fino* *all'orlo,* full to the brim □ *p. solo a metà,* only half full □ *parlare con la bocca piena,* to speak with one's mouth full □ *un uomo p. di idee,* a man full of ideas ***2*** (massiccio, non cavo) **solid**: *(mecc.) un albero p.,* a solid shaft ***3*** (carnoso) **full; plump; chubby**: *gote piene,* chubby cheeks ***4*** (sazio) **full up** *(fam.);* **satiated** ***5*** *(fig.:* stufo) **fed up** *(fam.)*; **sick (and tired)** ● *essere p. di lavoro,* to be up to the eyes in work; to be very busy □ *p. di ogni ben di Dio,* blessed with everything □ *a piene vele,* in full sail □ *a piena voce,* at the top of one's voice □ *(fig., pop.) averne piene le tasche,* to have had (more than) enough (of st., sb.); to be fed up (with st., sb.) □ *in p.,* (completamente) completely, entirely, fully; (esattamente) exactly □ *in p. inverno,* in the middle (o in the depths) of winter □ *in p. giorno,* in broad daylight □ *in piena notte,* at dead of night □ *in piena stagione,* at the height of the season □ *in piena regola,* in perfect order □ *in p. viso,* full (o right) in the face □ *nella piena gioventù,* in the flower of one's youth □ *nel p. vigore delle forze,* in the flower of one's strength □ *una settimana piena di lavoro,* a busy week □ *un uomo p. di sé,* a man full of himself □ *È un otre p. di vento,* he is full of his own importance; he's an empty windbag *(fam.)* ***B*** *m.* ***1*** (mezzo) **middle;** (colmo) **height**: *nel p. della notte,* in the middle of the night; at dead of night □ *nel p. dell'estate,* at the height of summer □ *nel p. dell'inverno,* in the middle (o in the depths) of winter □ *nel p. delle proprie forze,* at the height of one's powers ***2*** (carico completo: di autocarro, ecc.) **full load;** (di nave) **full cargo** ● *(autom.) fare il p. (di benzina),* to fill up.

pienóne *m.* ***1*** (gran concorso di persone) **big crowd; throng** ***2*** (a teatro) **full house.**

pienòtto *a.* (grassoccio, paffuto) **plump; chubby; squabby; squatty** ● *dalla faccia pienotta,* round-faced; chubby-cheeked.

pietà *f.* ***1*** (compassione) **pity; compassion;** (misericordia) **mercy**: *avere p. di q.,* to have (o to take) pity (o mercy) on sb.; to feel pity for sb. □ *fare q.c. per p.,* to do st. out of pity □ *muovere q. a p.,* to move sb. to pity □ *senza p.,* without mercy; pitiless, merciless *(agg.);* pitilessly, mercilessly *(avv.)* □ *Per p.!,* for pity's sake! ***2*** (amore doveroso) **piety; devotion**: *p. filiale,* filial piety ● *libri di p.,* devotional books □ *pratiche di p.,* devotions; prayers □ *È una p.!,* it touches one's heart.

pietanza *f.* **dish;** (portata) **course**: *una p. di carne (di pesce),* a dish of meat (of fish) □ *una p. delicata,* a dainty dish.

pietismo *m.* ***1*** *(relig.)* **Pietism** ***2*** *(spreg.)* **pietism; sanctimony; lip-devotion.**

pietista *m.* e *f.* ***1*** *(relig.)* **Pietist** ***2*** *(spreg.)* **pietist; mawworm** *(pop.).*

pietistico *a.* **pietistic(al); sanctimonious.**

pietosaménte *avv.* ***1*** (con pietà) **pitifully; piteously; mercifully; with mercy; compassionately** ***2*** (in modo da destare pietà) **pitiably; piteously.**

pietóso *a.* ***1*** (che sente pietà) **pitiful; piteous; merciful; compassionate; tender**: *un cuore p.,* a tender heart □ *con occhio p.,* with a piteous eye ***2*** (che muove a pietà) **pitiful; pitiable; piteous; deplorable; lamentable**: *una vista pietosa,* a pitiful (o deplorable) sight ● *fare una figura pietosa,* to cut a poor figure.

piètra *f.* **stone**: *duro come la p.,* as hard as stone □ *una cava di p.,* a stone quarry; a stone pit □ *una p. dura,* a semi-precious stone □ *una p. preziosa,* a precious stone; a gem □ *p. pomice,* pumice stone □ *posare la prima p.,* to lay the foundation stone □ *l'Età della P.,* the Stone Age ● *p. calcarea,* limestone □ *p. da lastrico,* flagstone □ *p. da taglio,* freestone □ *p. del focolare,* hearth-stone □ *p. di paragone,* touchstone (anche *fig.*) □ *(miner.) p. lunare,* moonstone □ *(archit.) p. ornamentale sporgente,* boss □ *(miner.) p. refrattaria,* fire-stone □ *(fig.) mettere una p. sul passato,* to let bygones be bygones (o to bury the hatchet) □ *non lasciare p. su p.,* not to leave a stone standing; to raze st. to the ground.

pietràia *f.* ***1*** (mucchio di pietre) **heap of stones** ***2*** (cava di pietre) **quarry; stone pit.**

pietrame *m.* **stones** *(pl.).*

pietrificare ***A*** *v. t.* to **petrify** (anche *fig.*); to **convert into stone** ***B*** **pietrificarsi** *v. rifl.* to **be petrified** (anche *fig.*).

pietrificato *a.* **petrified** (anche *fig.*).

pietrina *f.* (per accenditori) **flint.**

pietrisco *m.* **rubble; crushed stone; road-metal.**

pietróso *a.* ***1*** (di pietra) **made of stone; stone** *(attr.)* ***2*** (pieno di pietre) **stony; full of stones; pebbly** ***3*** (simile a pietra) **stony.**

pievano *m. (relig.)* **parish priest.**

piève *f. (relig.)* ***1*** (chiesa parrocchiale) **parish church** ***2*** (giurisdizione del pievano) **parish.**

pievelóce *a. (lett.)* **swift-footed.**

pifferaio *m.* **piper; fifer.**

pìffero *m. (mus.)* ***1*** (strumento) **pipe; fife** ***2*** (suonatore di p.) **piper; fifer** ● *fare come i pifferi di montagna, che andarono per sonare e furono sonati,* to go for wool and come home shorn □ *suonare il p.,* to pipe; to fife.

pigiama *m.* **pyjamas** *(pl.)*; **pajamas** *(pl., USA)* ● *(moda) p. palazzo,* palazzo pyjamas.

pìgia pìgia *m. invar.* (calca) **press (of people); (dense) crowd; throng; crush.**

pigiare ***A*** *v. t.* to **press;** to **crush;** to **squeeze**: *p. q.c. con un dito,* to press st. with a finger □ *p. un bottone,* to press a button □ *p. l'uva,* to press (o to tread) grapes ***B*** *v. i.* ***1*** (spingere) to **press;** to **push** ***2*** *(fig.:* insistere) to **insist** (upon).

pigiata *f.* **squeeze; squeezing; pressing.**

pigiatrice *f.* (macchina per pigiare l'uva) **wine--press.**

pigiatura *f.* **pressing; crushing; squeezing.**

pigionante *m.* e *f.* **tenant; lodger.**

pigióne *f.* **rent**: *tre mesi di p.,* three months' rent ● *dare a p. una camera (un appartamento, una casa),* to let a room (a flat, a house) □ *prendere a p. una camera (un appartamento, una casa),* to rent a room (a flat, a house) □ *stare a p. presso q.,* to lodge with sb.

pigliamósche *m.* ***1*** *(zool.,* Muscicapa grisola*)* **fly--catcher** ***2*** *(bot.,* Dionaea muscipula*)* **(Venus's) fly--trap.**

pigliare *V.* **préndere.**

(1) pìglio *m.* (atto del pigliare) **catch; snatch** ● *dare di p. a q.c.,* to get hold of st.; to snatch st.

(2) pìglio *m.* (espressione) **look; countenance; expression.**

pigmentazióne *f. (biol.)* **pigmentation.**

pigménto *m. (biol., chim.)* **pigment.**

pigmèo ***A*** *a.* **pygm(a)ean; pygmy** *(attr.)* ***B*** *m.* **pygmy, pigmy.**

pigna *f.* ***1*** *(bot.)* **pine-cone** ***2*** (grappolo) **bunch**: *una p. d'uva,* a bunch of grapes ***3*** *(archit.)* **crown; vertex*.**

pignatta *f.* **pot.**

pignolàggine, pignolerìa *f.* ***1*** **pedantry; fastidiousness; fussiness** ***2*** (atto, detto da pignolo) **piece of pedantry.**

pignòlo ***A*** *a.* **pedantic; fastidious; over-particular; fussy; pernickety** *(fam.)* ***B*** *m.* ***1*** (pinolo) **pine-seed** ***2*** *(fam.)* **pedant; hair-splitter; fastidious** (o **over-particular) person; fusspot** *(pop.).*

pignóne *m.* ***1*** (argine) **embankment** ***2*** *(mecc.)* **pinion.**

pignoraménto *m. (leg.)* **distraint; attachment.**

pignorare *v. t.* ***1*** *(leg.)* to **distrain (up)on;** to **attach** ***2*** (dare in pegno) to **pawn.**

pignoratìzio *a.* — *(leg.) creditore p.,* pledgee; pawnee.

pigolare *v. i.* ***1*** to **peep;** to **cheep;** to **chirp** ***2*** *(fig.:* lamentarsi, piagnucolare) to **whine;** to **whimper.**

pigolìo *m.* **peeping; cheeping; chirping.**

pigraménte *avv.* **lazily; indolently; idly; slothfully.**

pigrìzia *f.* **laziness; indolence; idleness; slothfulness.**

pigro ***A*** *a.* ***1*** (indolente) **lazy; indolent; idle; slothful** ***2*** (lento) **lazy; slow; tardy; sluggish**: *le pigre ore,* the slow(-moving) hours; the heavy hours ***B*** *m.* **lazy person; lazy-bones, lazy-boots** *(fam.)*; **idler; sluggard.**

pila *f.* ***1*** (pilastro di ponte) **pier** ***2*** (colonna di oggetti sovrapposti) **pile;** (mucchio) **heap**: *una p. di piatti,* a pile of dishes ***3*** *(elettr.)* **pile; cell; battery**: *una p. a secco,* a dry battery **4** (vasca di pietra) **(stone) basin** ● *p. dell'acquaio,* sink □ (*relig.*) *p. dell'acqua santa,* (holy water) stoup.

pilàf *a.* e *m.* — (*cucina*) *(riso) p.,* pilau; pilaw; pilaf(f).

pilastro *m.* **1** (*archit.*) **pillar** (anche *fig.*); **pilaster; (square) column; post; pier**: (*fig.*) *fare il p.,* to stand like a post **2** (*anat.*) **pillar.**

pilìfero *a.* **piliferous.**

pillàcchera *f.* (*tosc.*) **1** (schizzo di fango) **splash (of mud) 2** (*fig.:* magagna) **fault; blemish.**

pillare *v. t.* to **ram;** to **tamp.**

pillo *m.* **rammer; tamper.**

pìllola *f.* (*farm.*) **pill;** (p. anticoncezionale) **contraceptive pill; (the) pill** (*fam.*): *una p. amara,* a bitter pill (anche *fig.*) □ (*fig.*) *indorare la p.,* to gild the pill.

pilóne *m.* **1** (*archit.:* di ponte) **pier;** (di linea elettrica) **tower, pylon 2** (mazzapicchio) **rammer.**

pilòrico *a.* (*anat.*) **pyloric.**

pilòro *m.* (*anat.*) **pylorus*.**

pilòta *m.* **1** (*naut.*) **pilot 2** (*aeron.*) **pilot; airman***: *un p. con brevetto,* a sky pilot **3** (di automezzo) **driver** ● (*naut., aeron.*) *p. automatico,* automatic pilot; autopilot; Gyropilot (*marchio*) □ (*aeron.*) *p. istruttore,* flying instructor □ (*zool.*) *pesce p.* (Naucrates ductor), pilot fish.

pilotàggio *m.* (*naut., aeron.*) **pilotage** ● (*aeron.*) *scuola di p.,* flying-school.

pilotare *v. t.* **1** (*naut., aeron.*) to **pilot 2** (*autom.*) to **drive*.**

piluccare *v. t.* **1** to **pick (grapes from the bunch) 2** (mangiare sbocconcellando) to **pick,** to **nibble** (st.); to **nibble at** (st.) **3** (*fig.:* spillare denaro) to **scrounge** (*fam.*).

piménto *m.* **1** (*bot.,* Pimenta officinalis) **pimento*; allspice tree 2** (pepe della Giamaica) **pimento; Jamaica pepper; allspice.**

pimpante *a.* (*fam.*) **1** (sgargiante) **gaudy; showy; flashy 2** (pieno di allegria, di vivacità) **jaunty.**

pimpinèlla *f.* (*bot.,* Sanguisorba minor) **salad burnet.**

pina *f.* **1** (*bot.*) **pine-cone 2** (*archit.*) **crown; vertex*.**

pinacotèca *f.* **picture-gallery.**

pinastro *m.* (*bot.,* Pinus pinaster) **pinaster; cluster pine.**

pince (*franc.*) *f.* (*sartoria*) **tuck; dart; fold.**

pindàrico *a.* (*letter.*) **Pindaric.**

pineale *a.* (*anat.*) **pineal.**

pinéta *f.* **pinéto** *m.* **pine-wood; pine-forest.**

ping-pong (*ingl.*) *m.* **ping-pong; table-tennis.**

pìngue *a.* **1** (grasso) **fat; plump;** (obeso) **corpulent, obese 2** (fertile) **fat; rich; fertile; opulent 3** (lucroso) **fat; lucrative.**

pinguèdine *f.* **fatness; plumpness;** (obesità) **corpulence, corpulency, obesity.**

pinguino *m.* **1** (*zool.*) **penguin 2** (gelato da passeggio) **chocolate-coated ice-cream (on a stick).**

pinna *f.* **1 fin;** (di pinguino) **flipper 2** (di sommozzatore) **flipper 3** (*zool.,* Pinna) **pinna*.**

pinnàcolo *m.* (*archit.*) **pinnacle; spire.**

pinnìpede *m.* (*zool.*) **pinniped.**

pino *m.* (*bot.,* Pinus) **pine**: *aghi di p.,* pine-needles.

pinocchiata *f.* (*cucina*) **pine-seed cake.**

pinòcchio, pinòlo *m.* **pine-seed.**

pinta *f.* (misura di capacità pari a 0,568 l.) **pint.**

pinza *f.* (*per lo più al pl.*) **1 pliers** (*pl.*); **pincers** (*pl.*); **tongs** (*pl.*); **nippers** (*pl.*); (pinzette) **tweezers** (*pl.*) **2** (*med.*) **forceps** (*sing.* e *pl.*) **3** (*zool.:* chela) **pincer; nipper; chela*.**

pinzare *v. t.* to **sting*.**

pinzata *f.* **sting; bite** ● *dare una p.,* to sting.

pinzétta *f.* (*generalm. al pl.*) **tweezers** (*pl.*).

pinzillàcchera *f.* (*scherz.*) **trifle; bagatelle.**

pinzòchero *m.* (*spreg.*) **maw-worm** (*pop.*); **sanctimonious humbug** (*pop.*).

pio *a.* **1** (devoto) **pious; devout 2** (pietoso, misericordioso) **charitable; beneficent; merciful 3** (di opere e istituti di carità) **charitable; charity** (*attr.*): *un pio istituto,* a charitable institution ● (*fig.*) *un pio desiderio,* a vain hope □ *luoghi pii,* holy places.

pioggerèlla *f.* **drizzle.**

piòggia *f.* **rain** (anche *fig.*): *camminare sotto la p.,* to walk in the rain □ *p. fine,* drizzling rain; drizzle □ *p. a dirotto,* heavy rain(fall); downpour □ *p. scrosciante,* driving (o pelting) rain □ *essere sorpreso dalla p.,* to be caught in the rain ● (*meteorologia*) *p. ghiacciata,* sleet □ (*fig.*) *fare la p. e il bel tempo,* to lay down the law □ *goccia di p.,* raindrop □ *scroscio di p.,* shower (of rain) □ *la stagione delle grandi piogge,* the rains.

piòlo *m.* **peg;** (di scala) **rung** ● *scala a pioli,* ladder.

piombaggine *f.* (*miner.*) **plumbago; black lead.**

piombare A *v. t.* **1** (sigillare con il piombo) to **plumb;** to **seal (with lead) 2** (otturare un dente) to **stop;** to **fill B** *v. i.* **1** (cadere a piombo) to **plumb;** to **fall*** (o to **plump) straight down 2** (cadere in modo violento e repentino) to **plump down;** to **pounce;** to **plunge** (anche *fig.*): *p. sulla preda,* to pounce upon one's prey □ *p. nella disperazione,* to plunge into despair **3** (sopraggiungere all'improvviso) to **plunge;** to **arrive** (o to **come*) suddenly** (o **unexpectedly**): *p. in una stanza,* to plunge into a room **4** (di abito) to **hang*.**

piombatura *f.* **1** (il sigillare con piombo) **plumbing; sealing (with lead) 2** (il piombo adoperato) **lead;** (sigillo di piombo) **leaden seal 3** (d'un dente) **filling; stopping.**

piombìfero *a.* **plumbiferous; lead-bearing.**

piombino *m.* **1** (pezzetto di piombo che serve come peso) **leadweight 2** (*edil.*) **plumb-bob; plummet 3** (sigillo di piombo) **leaden seal 4** (*zool.,* Alcedo ispida) **kingfisher.**

piómbo *m.* **1** (*chim.*) **lead**: *fonderia di p.,* lead-works (*sing.*) **2** (piombino del filo a p.) **plumb(-bob); plummet**: *fuori di p.,* out of plumb (o off plumb) **3** (sigillo di p.) **leaden seal 4** (*naut., sport:* di scandaglio o lenza) **sinker 5** (proiettile) **bullet;** (pallini del fucile) **shot** (*pl.*), **lead** (*pl.*) ● *a p.,* plumb (*agg.* e *avv.*); straight down: *un filo a p.,* a plumb line □ *affrontare il p. nemico,* to face the enemy's fire □ (*fig.*) *andare con i piedi di p.,* to proceed with great caution □ *di p.,* (made) of lead; (di color p.) lead-coloured, leaden (anche *fig.*) □ *Sembra p.,* it's as heavy as lead.

piombóso *a.* **1 leaden 2** (*chim.*) **plumbous.**

pionière *m.* **1 pioneer 2** (*mil.*) **sapper.**

pionierìstico *a.* **pioneer** (*attr.*); **pioneering.**

pio pio *inter.* e *m.* **peep peep; cheep cheep** ● *fare pio pio,* to peep; to cheep.

pioppàia *f.* **pioppéto** *m.* **poplar-wood; poplar-plantation.**

pioppicoltóre *m.* **poplar grower.**

pioppicoltura *f.* **poplar growing.**

piòppo *m.* (*bot.,* Populus) **poplar** ● (*bot.*) *p. tremulo* (Populus tremula), aspen □ (*fam.*) *dormire come un p.,* to sleep like a log (o a top).

piorrèa *f.* (*med.*) **pyorrhoea.**

piòta *f.* **1** (*agric.*) **turf; sod 2** (*arc.:* pianta del piede) **sole (of the foot).**

piotare *v. t.* to **turf.**

piovanèllo *m.* (*zool.,* Calidris alpina) **dunlin; red-backed sandpiper.**

piovano *a.* **rain** (*attr.*): *acqua piovana,* rain-water.

piovasco *m.* (*meteorologia*) **(rain) squall.**

piòvere A *v. i.* **1** (*impers.*) to **rain**: *Piove a dirotto* (o *a catinelle*), it's raining cats and dogs (o in torrents, in buckets); it's pouring □ *Sta per p.,* it's going to rain **2** (*fig.*) to **rain,** to **hail** (upon); to **pour**: *A primavera gli stranieri piovono in Italia,* in spring foreigners pour into Italy **B** *v. t.* (*lett.*) to **rain;** to **pour;** to **shower** ● *Oggi vuol p.,* it looks like rain today □ (*fig.*) *Piove sul bagnato,* it never rains but it pours □ *Ci piove in casa,* the rain is leaking in (through the roof); there is a leak in the roof.

piovigginare *v. i. impers.* to **drizzle.**

piovigginóso *a.* **drizzly;** (piovoso) **rainy.**

piovóso *a.* **rainy**: *tempo p.,* rainy weather.

piòvra *f.* **1** (*zool.,* Octopus) **octopus 2** (*fig.*) **leech; blood-sucker** (*pop.*).

pipa *f.* **1** (arnese per fumare) **(tobacco) pipe**: *una p. di terracotta,* a clay pipe □ *fumare la p.,* to smoke a pipe **2**

(quantità di tabacco che la p. contiene) **pipeful; pipe** ***3*** (*fig., scherz.:* naso grosso) **snout** *(pop.).*
pipare *v. i.* to **smoke a pipe.**
pipata *f.* ***1*** **smoke (of a pipe)**: *farsi una p.*, to have a smoke ***2*** (quanto tabacco sta in una pipa) **pipeful; pipe.**
pipétta *f. (chim.)* **pipette.**
pi pi *V.* **pio pio.**
pipì *f.* (linguaggio infant.) **pee** ● *fare p.*, to pee.
pipistrèllo *m.* ***1*** *(zool.,* Pipistrellus*)* **bat** ***2*** (pastrano senza maniche) **cloak.**
pipita *f.* ***1*** *(vet.)* **pip** ***2*** (pellicola cutanea che si solleva ai lati delle unghie della mano) **hangnail; agnail.**
pippolo *m. (tosc.)* ***1*** (piccola escrescenza) **pimple** ***2*** (granello) **grain.**
piqué *(franc.) m. (ind. tessile)* **piqué.**
pira *f. (lett.)* **pyre; funeral pile.**
piramidale *a.* ***1*** *(geom., anat.)* **pyramidal** ***2*** *(fig.)* **huge; enormous.**
piràmide *f.* ***1*** *(geom.)* **pyramid**: *a (forma di) p.*, in the shape of a pyramid; pyramid-like; pyramidal ***2*** *(archit.)* **pyramid** ***3*** (monte, catasta, ecc. a forma di p.) **pyramid**: *piramidi di libri,* pyramids of books □ *la p. sociale,* the pyramid of society.
piramidone *m. (marchio: farm.)* **Pyramidon.**
pirata *m.* **pirate** *(*anche *fig.)*; **freebooter** ● *p. dell'aria,* air pirate; hijacker; skyjacker □ *p. della strada,* hit-and-run driver; road hog □ *nave p.*, pirate(-ship).
pirateggiare *v. i.* to **pirate** *(*anche *fig.).*
pirateria *f.* **piracy** (anche *fig.)*: *p. aerea,* air piracy; hijacking; skyjacking.
piratésco *a.* **piratic(al); pirate-like.**
pirico *a.* **fire-producing; igniferous** ● *polvere pirica,* gunpowder.
pirite *f. (miner.)* **pyrite(s).**
piritico *a. (miner.)* **pyritic(al).**
piroétta *f.* **pirouette**: *fare una p.*, to perform a pirouette.
piroettare *v. i.* to **pirouette.**
piròfila *f.* ***1*** (materiale) **heat-resistant glassware** ***2*** (tegame) **heat-resistant pan.**
piròfilo *a.* **heat-resistant.**
piròga *f. (naut.)* **pirogue.**
pirografia *f.* **pyrography; poker-work.**
pirolétta *V.* **piroétta.**
piròmane *m.* e *f. (psic.)* **pyromaniac; fire-bug** *(pop.).*
piromania *f. (psic.)* **pyromania.**
piromanzia *f.* **pyromancy; divination by fire.**
piròmetro *m. (fis.)* **pyrometer.**
piròpo *m. (miner.)* **pyrope; fire-garnet.**
piròscafo *m. (naut.)* **steamship (***abbr.:* **S/S); steamer.**
piròși *f. (med.)* **pyrosis; heartburn.**
piròsseno *m. (miner.)* **pyroxene.**
pirotècnica *f.* **pyrotechnics** *(pl. col verbo al sing.)*; **pyrotechny.**
pirotècnico ***A*** *a.* **pyrotechnical(al)**: *uno spettacolo p.*, a pyrotechnic display; fireworks ***B*** *m.* **pyrotechnist; maker of fireworks.**
pìrrica *f.* (antica danza guerresca) **pyrrhic.**
pirrichio *m. (poesia)* **pyrrhic.**
piscatòrio *a.* **piscatory; piscatorial.**
pìscia *f. (volg.)* **piss** *(volg.)*; **urine** ● *fare la p.*, to piss; to pass water □ *fare la p. a letto,* to wet one's bed.
piscialletto *m.* e *f. (spreg.:* ragazzetto) **brat; chit.**
pisciare ***A*** *v. i. (volg.)* ***1*** (orinare) to **piss** *(volg.)*; to **pass water** *(fam.)*; to **urinate** ***2*** (di fontana e sim.) to **spirt**; to **spurt**; to **squirt** ***B*** *v. t.* to **piss** *(*anche *fig., volg.)*; to **pass.**
pisciata *f. (volg.)* ***1*** **pissing** *(volg.)*; **urination** ***2*** (orina emessa) **piss** *(volg.)*; **urine** ● *fare una p.*, to piss; to pass water.
pisciatóio *m. (volg.)* **(public) urinal.**
piscicoltóre *m.* **pisciculturist.**
piscicoltura *f.* **pisciculture; fish culture.**
piscina *f.* ***1*** **swimming pool** ***2*** (peschiera) **fish-pond.**
pìscio *m. (volg.)* **piss** *(volg.)*; **pee** *(fam.).*
pisellata *f. (cucina)* **pea-soup.**
pisèllo *m. (bot.,* Pisum sativum; anche il seme commestibile*)* **pea**: *piselli freschi (secchi),* green (dried) peas □ *piselli in scatola,* tinned peas □ *verde p.*, pea-green ● *(bot.) p. odoroso* (Lathyrus odoratus), sweet pea.
pișolare *v. i. (fam.)* to **have** (o to **take***) **a nap;** to **doze.**
pișolino, pìșolo *m. (fam.)* **nap; doze; forty winks** *(fam.)*: *fare un p.*, to have (o to take) a nap; to doze.
pìspola *f.* ***1*** *(zool.,* Anthus pratensis*)* **meadow pipit; titlark** ***2*** (fischietto usato dai cacciatori) **bird-call** ● *(fig.) raccontare pispole,* to talk nonsense.
pìsside *f.* ***1*** *(relig.)* **ciborium*; pyx** ***2*** *(bot.)* **pyxidium*; pyxis*.**
pissi pissi *m.* **whispering.**
pista *f.* ***1*** (orma) **footprint, footstep;** (di animale) **trail, track;** (traccia) **track, scent**: *essere sulla p. di q.*, to be on sb.'s track □ *Sei andato fuori p.*, you're off the track (anche *fig.)* ***2*** (corsia) **lane; track** ***3*** *(sport)* **track; race-track; running-track;** (di ghiaccio) **rink**: *gare di p.*, track events □ *una p. per corse automobilistiche,* a motor-racing track ***4*** *(aeron.)* **runway; strip** ***5*** (di circo) **ring** ***6*** (di elaboratori, registratori) **track** ● *p. da ballo,* dance floor.
pistàcchio *m. (bot.,* Pistacia vera; anche il seme di p.*)* **pistachio***: *verde p.*, pistachio green.
pistillo *m. (bot.)* **pistil.**
pistòla *f.* (arma da fuoco) **pistol**: *una p. automatica,* an automatic pistol ● *p. per lavaggio,* washing-gun; gun □ *p. per verniciatura a spruzzo,* spray-gun.
pistolèro *m.* **gunman*.**
pistolettata *f.* **pistol-shot.**
pistolòtto *m.* **high-sounding speech.**
pistóne *m.* ***1*** *(mecc., mus.)* **piston** ***2*** *(idraulica)* **ram** ● *p. per pompa,* plunger.
pitagoricișmo, pitagorișmo *m. (filos.)* **Pythagoreanism.**
pitagòrico *a.* e *m. (filos.)* **Pythagorean** ● *(mat.) tavola pitagorica,* multiplication table.
pitale *m. (volg.)* **chamber-pot.**
pitecàntropo *m.* **pithecanthrope; ape-man*.**
pìtico *a.* **Pythian; Pythic**: *i giochi pitici,* the Pythian Games.
pitoccheria *f.* ***1*** **beggary; mendicity** ***2*** (azione da pitocco) **beggarly action; mean action.**
pitòcco ***A*** *a.* **beggarly; mean** ***B*** *m.* ***1*** (accattone) **beggar** ***2*** (spilorcio) **miser; niggard; stingy person.**
pitóne *m. (zool.,* Python*)* **python.**
pitonéssa *f.* **pythoness; fortune-teller.**
(1) pìttima *f. (zool.,* Limosa*)* **godwit.**
(2) pìttima *f.* ***1*** *(med.)* **poultice; plaster** ***2*** *(fig.:* persona noiosa) **bore** ***3*** *(fig.:* spilorcio) **niggard; miser.**
pittografia *f.* **pictography; picture-writing.**
pittogràfico *a.* **pictographic.**
pittogramma *m.* **pictograph; pictogram.**
pittóre *m.* **painter** (anche *fig.)*: *fare il p.*, to be a painter □ *un p. di paesaggi,* a landscape-painter; a landscapist □ *un p. di marine,* a marine-painter; a seascapist.
pittorescaménte *avv.* **picturesquely; in a picturesque (o vivid) style.**
pittorésco *a.* **picturesque** (anche *fig.)*; **pictorial; graphic.**
pittòrico *a.* **pictorial; of a painter.**
pittrice *f.* **(woman*) painter.**
pittura *f.* ***1*** (arte del dipingere) **painting**: *p. a olio,* oil-painting □ *p. ad acquerello,* water-colour painting ***2*** (dipinto) **painting; picture** ***3*** *(fig.)* **(vivid) representation**: *una p. fedele di q.c.*, a faithful representation of st. ***4*** *(pop.:* vernice) **paint** ● *(fig.) stare come una p.*, to fit like a dream (o a glove, *fam.*).
pitturare ***A*** *v. t. (pop.)* ***1*** (dipingere) to **paint** ***2*** (verniciare) to **paint** ***B*** **pitturarsi** *v. rifl.* to **paint one's face;** to **make* up.**
pituitàrio *a. (anat.)* **pituitary.**
più ***A*** *avv.* ***1*** *(compar. di maggioranza)* **more; ...-er** *(suff. aggiunto agli avv. e agli agg. monosillabi e ad alcuni bisillabi)*: *più semplice,* simpler □ *più profondo,* deeper

□ *più bello,* more handsome (o handsomer) □ *Domani verrò più presto,* I'll come earlier tomorrow □ *Hai due anni più di me,* you're two years older than I □ *Quell'uomo è molto più ricco di quanto tu non pensi,* that man is much richer than you think □ *sempre più facile,* easier and easier □ *sempre più difficile,* more and more difficult □ *Più s'invecchia, più savi si diventa,* the older you get, the wiser you become □ *Più studio questa materia, meno difficile diventa,* the more I study this subject, the less difficult it becomes ***2*** *(superl. relat.)* **(the) most; (the) ...-est** *(suff. aggiunto agli avv. e agli agg. monosillabi e ad alcuni bisillabi);* (tra due) **(the) more; (the) ...-er** *(suff.)*: *Questo è il libro più difficile (facile) che io abbia mai letto,* this is the most difficult (the easiest) book I have ever read □ *È il più ricco dei due,* he is the richer of the two ***3*** *(rif. a tempo; in frasi neg. con « non »)* **no longer; not ... any longer; not ... any more;** *(lett.)* **no more;** *(con « mai »)* **never ... again**: *Non siamo più bambini,* we are no longer children □ *Non lo farò mai più,* I shall never do it again ***4*** *(rif. a quantità: in frasi neg.)* **not ... any more; no more**: *Non ne voglio più,* I don't want any more □ *Non c'è più pane,* there's no more bread ***5*** *(enfatico)* **more**: *Il tuo comportamento è più che riprovevole: è disgustoso,* your behaviour is more than reprehensible; it's disgusting ***6*** *(mat.)* **plus**: *Uno più uno fa due,* one plus one is two (o one and one are two) ● *più che mai,* more than ever □ *più di una volta,* more than once □ *al più (o tutt'al più),* at the most; (al più tardi) at the latest □ *per di più,* moreover; furthermore; what's more □ *per lo più,* mostly; for the most part; (di solito) usually □ *tanto più che,* all the more so because □ *uno di più,* one extra □ *Che puoi fare di più?,* what more (o else) can you do? □ *Ha un'automobile due volte più grande della mia,* his car is twice as big as mine □ *Rispondimi il più presto possibile,* answer me as soon as possible (o as soon as you can) ***B*** *a.* ***1*** *(compar.)* **more**: *Ho più denaro di te,* I have more money than you □ *Più soldi hai, più amici troverai,* (the) more money you have, (the) more friends you'll find ***2*** *(superl. relat.)* **most**: *Carlo ha più quattrini di tutti,* Charles has (the) most money ***3*** (parecchi) **several**: *più volte,* several times ***C*** *m.* ***1*** **most; (the) greater part** ***2*** (la cosa più importante) **(the) most important thing** ***3*** *(mat.: segno del più)* **plus sign** ● *i più,* the majority; most people □ *dal più al meno,* more or less; approximately □ *e il più è che...,* and moreover...; and what's more... □ *parlare del più e del meno,* to talk of nothing in particular; to talk of this and that ***D*** *prep.* (oltre a) **plus; besides; in addition to.**

piuccheperfètto *m.* *(gramm.)* **past perfect (tense).**

piuma *f.* ***1*** **feather; down;** (per ornamento) **plume**: *un guanciale di piume,* a feather pillow; a down pillow □ *essere leggero come una p.,* to be as light as a feather □ *essere morbido come una p.,* to be as soft as down; to be soft and downy; to be fluffy ***2*** (piumaggio) **plumage** ***3*** — *(sport) peso p.,* feather-weight.

piumàggio *m.* **plumage; down; feathering; feathers** *(pl.).*

piumato *a.* **adorned with a feather (o with feathers); plumed.**

piumino *m.* ***1*** **(eider-)down** ***2*** (grosso guanciale imbottito di piume) **eider-down (quilt)** ***3*** (per incipriarsi) **powder-puff** ***4*** (per spolverare) **feather-duster** ***5*** (giubbotto imbottito) **quilted jacket.**

piumóso *a.* **feathery; downy.**

piuòlo *V.* **piòlo.**

piuttòsto *avv.* ***1*** (preferibilmente) **rather; sooner;** (meglio) **better**: *Prenderei p. un bicchiere d'acqua,* I would (o had) rather have a glass of water □ *Vivrei p. a Londra che a Parigi,* I had sooner live in London than in Paris ***2*** (alquanto) **rather; somewhat; fairly**: *A me pare p. carina,* I think she is rather pretty.

piva *f.* *(mus.)* **bagpipes** *(pl.)* ● *(fig.) tornarsene con le pive nel sacco,* to return empty-handed.

pivèllo *m.* **young inexperienced person; colt** *(fam.)*; **greenhorn** *(fam.).*

piviale *m.* *(relig.)* **cope.**

pivière *m.* *(zool.,* Charadrius pluvialis*)* **plover.**

pizza *f.* ***1*** *(cucina)* **pizza**: *una p. alla napoletana,* a Neapolitan pizza ***2*** *(cinem.)* **can** ***3*** *(fig.:* cosa o persona noiosa*)* **nuisance; drag** *(pop).*

pizzardóne *m.* *(scherz.)* **cop** *(pop.)*; **bobby** *(pop.).*

pizzerìa *f.* **pizza-restaurant; pizza-shop.**

pizzicàgnolo *m.* **pork-butcher; delicatessen-seller.**

pizzicare ***A*** *v. t.* ***1*** to **pinch;** to **nip** ***2*** (pinzare) to **sting*** ***3*** (pungere, del freddo e sim.) to **pinch;** to **nip;** to **pierce** ***4*** *(pop.:* cogliere di sorpresa*)* to **catch***; (arrestare) to **pinch** *(fam.)*: *Se ti pizzico, sono guai!,* if I catch you, you'll pay for it! □ *farsi p.,* to get pinched ***5*** *(pop.:* rubare*)* to **pinch** *(fam.)*; to **steal*** ***6*** *(mus.)* to **pluck;** to **twang**: *p. le corde d'un violino,* to pluck the strings of (o to twang) a fiddle ***B*** *v. i.* ***1*** (sentire prurito) to **itch;** to **be (o to feel*) itchy;** (causare pizzicore) to **tickle**: *sentirsi p. le mani,* to feel one's hands itching (anche *fig.)* ***2*** (essere piccante) to **be pungent** (o **piquant);** to **be hot** ***3*** *(fig., fam.:* avere sentore*)* to **savour** (of); to **smack** (of); to **be something** (of); to **be** (o to **seem) a bit** (+ *agg.*): *Pizzica di eretico,* he is something of a heretic ● *p. la lingua,* to burn the tongue.

pizzicato *a.* e *m.* *(mus.)* **pizzicato*.**

pizzicherìa *f.* **pork-butcher's (shop); delicatessen (shop).**

pizzichino *a.* *(fam.)* ***1*** (piccante) **pungent; hot-tasting** ***2*** (frizzante) **fizzy.**

pizzico *m.* ***1*** **pinch; nip** ***2*** (quantità di roba che si prende con la punta delle dita) **pinch**: *un p. di tabacco da fiuto,* a pinch of snuff ***3*** *(fig.:* piccola quantità*)* **touch; smack; spice; bit** *(fam.)* ***4*** (pinzata d'insetto) **sting; bite.**

pizzicóre *m.* **itch** (anche *fig.)*; **itching.**

pizzicòtto *m.* **pinch; nip.**

pizzo *m.* ***1*** (picco di montagna) **peak** ***2*** (barbetta a punta) **pointed beard; goatee; imperial** ***3*** (trina) **lace** *(solo sing.).*

placàbile *a.* **placable.**

placare ***A*** *v. t.* (anche *fig.)* to **appease;** to **pacify;** to **calm (down);** to **placate;** to **soothe;** to **assuage;** to **allay** ***B*** **placarsi** *v. rifl.* to **calm oneself;** to **become* calm** (o **quiet);** to **calm down;** to **subside;** to **abate.**

placca *f.* ***1*** **(metal) plate; plaque** ***2*** *(med.)* **plaque; patch** ***3*** *(elettr.)* **plate.**

placcare *v. t.* to **plate**: *p. in oro,* to plate with gold; to gold-plate.

placcato *a.* *(metall.)* **plated**: *p. in argento,* silver-plated.

placcatura *f.* *(metall.)* **plating.**

placèbo *(lat.)* *m. invar.* *(farm.)* **placebo*.**

placènta *f.* ***1*** *(anat.)* **placenta*; afterbirth** ***2*** *(bot.)* **placenta*.**

placidaménte *avv.* **placidly; tranquilly; peacefully; calmly.**

placidità *f.* **placidity; tranquillity; peacefulness; calmness.**

plàcido *a.* **placid; tranquil; peaceful; calm;** (mite) **gentle.**

plafond *(franc.)* *m.* *(banca)* **line of credit.**

plaga *f.* *(lett.)* **region; district; zone.**

plagiare *v. t.* to **plagiarize.**

plagiàrio *m.* **plagiarist.**

plàgio *m.* **plagiarism.**

plaid *(ingl.)* *m.* **travelling rug.**

planare *v. i.* *(aeron.)* to **glide;** to **volplane.**

planata *f.* *(aeron.)* **glide; volplane.**

plància *f.* *(naut.)* **(pilot) bridge.**

plàncton *m.* *(biol.)* **plankton.**

planetàrio ***A*** *a.* *(astron.)* **planetary** ***B*** *m.* ***1*** *(astron.)* **orrery; planetarium*** ***2*** *(mecc.)* **crown wheel.**

planimetrìa *f.* ***1*** *(geom.)* **planimetry** ***2*** *(archit.)* **(location) plan.**

planimètrico *a.* *(geom.)* **planimetric(al).**

planisfèro *m.* *(astron.)* **planisphere.**

plantare ***A*** *a.* *(anat.)* **plantar** ***B*** *m.* (apparecchio ortopedico) **arch support.**

plantìgrado *a.* e *m.* *(zool.)* **plantigrade.**

plaşma *m.* *(biol., fis. miner.)* **plasma.**

plaşmàbile *a.* **mouldable; plastic.**

plaşmare *v. t.* to **mould** (anche *fig.*); to **shape;** to **form.**
plàstica *f.* ***1*** (arte del modellare) **plastic art** ***2*** (materia p.) **plastic** ***3*** *(med.)* **plastic surgery; plastics** *(pl. col verbo al sing.)*.
plasticare *v. t.* to **model (with plastic material).**
plasticità *f.* **plasticity.**
plàstico ***A*** *a. (in tutte le accezioni)* **plastic** (anche *fig.*): *argilla plastica,* plastic clay; modelling clay □ *chirurgia plastica,* plastic surgery; plastics *(pl. col verbo al sing.)* ***B*** *m. (archit.)* **plastic model** ● *bomba al p.,* plastic bomb.
plastificante *m.* **plasticizer.**
plastificare *v. t.* to **plasticize.**
plastilina *f. (marchio)* **Plasticine.**
plàtano *m. (bot.,* Platanus*)* **plane-tree.**
platèa *f.* ***1*** *(teatr.)* **stalls** *(pl.)*; **pit** ***2*** (gli spettatori che occupano la p.) **audience in the stalls; pit** ***3*** (pubblico in generale) **audience** ***4*** *(edil.)* **foundation(s); bed** ● *(geol.) p. continentale,* continental shelf.
plateale *a.* **vulgar; coarse; low.**
platelminti *m. pl. (zool.,* Platyhelminthes*)* **platyhelminths; flatworms.**
plàtina *f. (tipogr.)* **platen.**
platinare *v. t.* ***1*** *(ind.)* to **platinize;** to **platinum-plate** ***2*** (capelli) to **dye platinum blonde.**
platinato *a. (ind.)* **platinized; platinum-plated** ● *bionda platinata,* platinum blonde.
plàtino *m. (chim.)* **platinum.**
platirrine *f. pl. (zool.)* **platyrrhine monkeys.**
platònico ***A*** *a. (filos.)* **Platonic** (anche *fig.*): *amore p.,* Platonic love ***B*** *m. (filos.)* **Platonist; follower of Plato.**
platonişmo *m. (filos.)* **Platonism.**
plaudire *V.* **applaudire.**
plauşibile *a.* **plausible.**
plausibilità *f.* **plausibility.**
plàuşo *m. (lett.)* **applause;** (approvazione) **approbation;** (lode) **praise, encomium.**
plebàglia *f. (spreg.)* **mob; rabble; riff-raff; ragtag and bobtail** *(pop.)*.
plèbe *f.* ***1*** (volgo, basso popolo) **populace; lower classes** *(pl.)*; (plebaglia) **mob, rabble** ***2*** *(stor.)* **plebs*.**
plebeişmo *m. (spreg.)* **vulgarism; vulgar expression.**
plebèo ***A*** *a.* **plebeian;** (volgare) **vulgar** ***B*** *m.* **plebeian.**
plebiscitàrio *a.* **plebiscitary;** (unanime) **unanimous.**
plebiscito *m.* ***1*** *(stor., polit.)* **plebiscite** ***2*** (consenso universale) **general consent.**
plèiade *f.* **pleiad.**
Plèiadi *f. pl. (mitol., astron.)* **Pleiades; Pleiads.**
pleistocène *m. (geol.)* **Pleistocene.**
pleistocènico *a. (geol.)* **Pleistocene** *(attr.)*.
plenàrio *a.* **plenary** (anche *relig.*).
plenilunare *a.* **plenilunary; plenilunar.**
plenilùnio *m.* **full moon.**
plenipotenziàrio *a.* e *m.* **plenipotentiary.**
pleonaşmo *m. (gramm.)* **pleonasm.**
pleonàstico *a. (gramm.)* **pleonastic.**
plèsso *m. (anat.)* **plexus*.**
plètora *f. (med.)* **plethora** (anche *fig.*).
pletòrico *a. (med.)* **plethoric** (anche *fig.*).
plèttro *m. (mus.)* **plectrum*.**
plèura *f. (anat.)* **pleura*.**
plèurico *a. (anat.)* **pleural.**
pleurite *f. (med.)* **pleurisy.**
pleurìtico *a. (med.)* **pleuritic.**
pleuropolmonite *f. (med.)* **pleuro-pneumonia.**
plico *m.* **cover; wrapper;** (busta) **envelope:** *in p. a parte,* under separate cover.
plinto *m. (archit.)* **plinth.**
pliocène *m. (geol.)* **Pliocene.**
pliocènico *a. (geol.)* **Pliocene** *(attr.)*.
plissettare *v. t.* to **pleat.**
plotóne *m. (mil.)* **platoon** ● *p. d'esecuzione,* firing party; firing squad.
plùmbeo *a.* **leaden.**
plurale *a.* e *m. (gramm.)* **plural:** *al pl.,* in the plural.
pluralişmo *m. (filos., polit.)* **pluralism.**
pluralista *m.* e *f. (filos., polit.)* **pluralist.**
pluralità *f.* **plurality.**
pluralizzare *v. t.* to **pluralize;** to **make* plural.**
pluri- *(in parole composte)* **pluri-; multi-.**
pluricellulare *a. (biol.)* **pluricellular; multi-cellular.**
pluriennale *a.* **pluriannual; multiannual.**
plurilingue *a.* **plurilingual; multilingual.**
plùrimo *a.* **multiple;** (di voto) **plural.**
pluriuşo *a. invar.* **with many uses** *(pred.)*; **multipurpose.**
pluşvalòre *m. (econ.)* **surplus-value; unearned increment.**
Plutóne *m. (mitol., astron.)* **Pluto.**
plutòcrate *m.* e *f.* **plutocrat.**
plutocràtico *a.* **plutocratic.**
plutocrazìa *f.* **plutocracy.**
plutònio *m. (chim.)* **plutonium.**
plutonişmo *m. (geol.)* **plutonism.**
pluviale *a.* **pluvial; rain** *(attr.)*.
plùvio *a. (lett.)* **pluvious; rainy** ● *Giove P.,* Jupiter Pluvius.
pluviòmetro *m. (meteorologia)* **rain-gauge; pluviometer.**
pneumàtico ***A*** *a.* **pneumatic:** *un martello p.,* a pneumatic hammer ● *macchina pneumatica,* air-pump ***B*** *m.* **(pneumatic) tyre.**
pneumocòcco *m. (med.)* **pneumococcus*.**
pneumorragìa *f. (med.)* **pneumorrhagia.**
pneumotorace *m. (med.)* **pneumothorax.**
po' *V.* **pòco.**
pochézza *f.* **littleness;** (limitatezza) **narrowness;** (scarsezza) **scarcity, insufficiency;** (mancanza) **lack, want.**
pòco ***A*** *a. indef.* ***1*** **little; not much:** *p. pane,* little (o not much) bread □ *C'è p. da dire,* there's not much one can say ***2*** *(in espressioni di tempo)* **short;** *(in frasi ellittiche)* **a short time, not long, shortly:** *p. tempo fa,* a short time (o a while) ago □ *p. (tempo) dopo,* shortly after(wards); a little later □ *p. (tempo) prima,* shortly before; a short time before □ *di lì a p.,* shortly after(wards); after a while □ *da p.,* a short time ago; *(rif. al passato)* a short time before; *(di tempo continuato)* for a short time, for a little while: *È partito da p.,* he left a short time ago □ *È p. che ho smesso di scrivere,* it's not long since I stopped writing ***3*** *(al pl.)* **few; not many;** (alcuni, alcune) **a few:** *un uomo di poche parole,* a man of few words □ *molto pochi,* very few □ *troppo pochi,* too few □ *per pochi giorni,* for a few days □ *ogni pochi minuti,* every few minutes ● *cosa da p.,* trifle □ *fra p.,* shortly; very soon □ *per p.* (prezzo), cheap: *vendere q.c. per p.,* to sell st. cheap □ *uomo da p.,* good-for-nothing □ *C'è p. da Parma a Collecchio,* it's not (very) far from Parma to Collecchio □ *Caro mio, c'è p. da fare!,* my dear chap, there's nothing much we can do about it ***B*** *pron. indef.* ***1*** **little; very little; not much;** (un po') **a little, some:** *Io ho molto denaro, ma il mio amico ne ha p.,* I have a lot of money, but my friend has not much (o very little) □ *« Hai della lana? » « Poca »,* « have you got any wool? » « a little » ***2*** *(al pl.)* **few; very few; not many;** (alcuni, alcune) **a few:** *Dammene poche,* give me a few ***C*** *m.* ***1*** **little:** *Il p. vale meglio del nulla,* (a) little is better than nothing; half a loaf is better than no bread □ *Fece quel p. che poteva,* he did what little he could ***2*** — *un p.* (o *un po'*), a little; a bit: *un po' di tutto,* a little of everything □ *un po' di sale,* a little (o some) salt □ *un po' per uno,* a little each □ *quel po' di tempo libero che ho,* the little free time I have □ *un altro po',* a little more ***3*** — *un po' (di tempo),* a short time; a little □ *da un po',* some time ago; *(rif. al pass.)* some time before; *(tempo continuato)* for some time: *È partito da un po',* he left some time ago □ *Vivo qui da un po',* I have been living here for some time □ *fra un po',* in a short time (o before long) ***4*** *(al pl.)* **few; few people:** *Eravamo in pochi,* there were few of us □ *Erano in pochi alla partita,* there were few people at the match ● *un p. di buono,* a no-good; a bad egg *(fam.)* □ *un bel po' di q.c.,* a great deal of st. □ *a dir*

p., to say the least □ *Che po' po' di faccia tosta!*, what a brazen face! □ *Per p. non ci cascavo dentro*, I all but fell into it; I just avoided falling into it ***D*** *avv.* ***1*** *(con agg. e avv. di grado positivo; con part. pres. e part. pass. in funzione di agg.)* **not very**: *Mia sorella sta p. bene*, my sister is not very well □ *È p. convinto*, he's not very convinced ***2*** *(con agg. e avv. di grado compar.)* **little; not much**: *Il tuo giardino è p. più grande del mio*, your garden is not much bigger than mine ***3*** — *un p. (o un po')*, rather; quite; a little; a bit *(fam.)*: *sentirsi un po' meglio*, to feel a little (o a bit) better ***4*** *(con un part. pass.)* **little; not... very much**: *Quell'autore è p. letto*, that author is not read very much ***5*** *(con verbi)* **little; not much; not... very much**: *Questo vino mi piace p.*, I don't like this wine very much ***6*** *(enfatico o pleonastico:) Di un po'!*, listen here! □ *Vediamo un po'*, now let's see ● *un po' per questo... e un po' per quello...*, what with this... and (what with) that...

podagra *f. (med.)* **podagra; gout.**

podagróso *(med.)* ***A*** *a.* **podagrous; podagric; gouty** ***B*** *m.* **podagric.**

poderale *a. (agric.)* **of a farm; farm** *(attr.)*.

podére *m. (agric.)* **farm; holding; estate.**

poderóso *a.* **(very) strong; vigorous; powerful; mighty.**

podestà *f. (stor.)* **podestà.**

pòdio *m.* **podium*; platform.**

podişmo *m. (sport)* (marcia) **walking;** (corsa) **running.**

podista *m.* e *f. (sport)* (chi pratica la marcia) **walker;** (chi fa corse a piedi) **runner.**

podìstico *a. (sport)* **walking** *(attr.)*; **foot** *(attr.)*: *una corsa podistica*, a walking-race; a foot-race.

poèma *m. (letter., mus.)* **poem**: *un p. eroicomico*, a mock-heroic poem □ *un p. sinfonico*, a symphonic poem ● *p. cavalleresco*, metrical romance □ *(fig.) È un vero p.!*, that's wonderful!; never was seen (o heard, known) the like!

poeşia *f.* ***1*** (componimento in versi) **poem; piece of poetry**: *una raccolta di poesie*, a collection of poems ***2*** (produzione poetica di un autore, di un periodo storico, ecc.): **poetry**: *la p. di Dante*, the poetry (o poetical writings) of Dante □ *Storia della p. inglese*, a History of English Poetry ***3*** (arte e tecnica dell'esprimersi in versi) **poetry; poesy** *(poet.)* ***4*** *(fig.:* di cose belle o nobili che ispirano alti pensieri*)* **poetry; romance.**

poèta *m.* ***1*** **poet** (anche *fig.*): *P. si nasce*, one is born a poet □ *un p. lirico (epico, drammatico)*, a lyrical (an epic, a dramatic) poet □ *il p. laureato (o di corte)* (in *G. B.*), the Poet Laureate ***2*** *(scherz. o spreg.)* **(day-)dreamer; visionary.**

poetare *v. i.* to **write*** (o to **compose**) **poetry.**

poetastro *m. (spreg.)* **poetaster; rhymester.**

poetéssa *f.* **poetess; woman* poet.**

poètica *f. (letter.)* **poetics** *(pl. col verbo al sing.)*.

poeticherìa *f. (spreg.)* **(fumes of) fancy; romance.**

poètico ***A*** *a.* **poetic(al)** (anche *fig.*): *l'arte poetica*, the poetic art; the art of poetry □ *l'estro p.*, poetic inspiration (o fire) □ *una composizione poetica*, a poetic composition; a poem □ *licenza poetica*, poetic licence ***B*** *m.* **(the) poetic.**

poetizzare *v. t.* to **poeticize;** to **make* poetic.**

pòggia *f. (naut.)* **leeward; lee side** ● *andare a p.*, to bear up.

poggiacapo *m.* **headrest.**

poggiapièdi *m.* **footrest.**

(1) poggiare *V.* **appoggiare.**

(2) poggiare *v. i. (naut.)* to **bear* up.**

poggiatèsta *m. (autom.)* **headrest.**

pòggio *m.* **knoll; hillock; mound.**

poggiòlo *m.* **balcony.**

poh *inter.* **pooh!**

pòi ***A*** *avv.* ***1*** (successivamente) **then**: *prima uno, poi l'altro*, first one, then the other □ *E poi?*, and then?; what then? □ *da allora in poi*, from then onwards; ever since (then) ***2*** (dopo) **after, afterwards;** (più tardi) **later (on)**: *prima o poi*, sooner or later □ *Ve lo dirò poi*, I'll tell you afterwards □ *Arrivederci a poi*, see you later *(fam.)* ***3*** (in secondo luogo) **and then; secondly** ***4*** *(avversativo)* **but**: *Io ti consiglio così, tu poi farai come credi*, that's my advice, but do what you think fit ***5*** (finalmente, insomma) **finally; at last**: *Ha poi deciso di venire?*, has he finally decided to come? ***6*** *(in frasi enfatiche o rafforzative:) Non fa altro che pagare e poi pagare*, he does nothing else but pay and pay □ *Io poi non c'entro*, it's nothing to do with me □ *Questo poi è troppo*, this is really too much □ *Non era poi così facile parlargli*, it wasn't all that easy to speak to him ***B*** *m.* **(the) future; (the) years to come.**

poiana *f. (zool.,* Buteo buteo*)* **buzzard.**

poiché *cong.* ***1*** (dopo che) **after** ***2*** (giacché, dal momento che) **as; since; because; seeing that**: *P. insisti, te lo dirò*, since (o seeing that) you insist, I'll tell you.

pois *(franc.) m. (moda)* **polka dot** ● *stoffa a p.*, polka dot.

pòker *(ingl.) m.* **poker** ● *p. di donne (d'assi, ecc.)*, four queens (four aces, etc.).

pokerista *m.* e *f.* **poker-player.**

polacca *f.* ***1*** *(mus.)* **polonaise** ***2*** (veste di foggia p.) **polonaise** ***3*** (stivaletto) **bootee.**

polacco ***A*** *a.* **Polish** ***B*** *m.* **Pole.**

polare *a. (in ogni senso)* **polar** ● *stella p.*, pole-star; North Star.

polarità *f. (fis.)* **polarity** (anche *fig.*).

polarizzare *v. t.* **polarizzarsi** *v. rifl. (fis.)* to **polarize** (anche *fig.*).

polarizzatore *m. (fis.)* **polarizer.**

polarizzazióne *f. (fis.)* **polarization** (anche *fig.*).

polaròid(e) *m. (marchio: ottica)* **Polaroid.**

pòlca *f. (mus., danza)* **polka.**

polèmica *f.* **polemic; controversy.**

polemicità *f.* **polemic character.**

polèmico *a.* **polemic(al); controversial; argumentative.**

polemista *m.* e *f.* **polemist; polemic; controversialist** (specialm. *relig.*).

polemizzare *v. i.* to **polemize;** to **carry on a controversy.**

polèna *f. (naut.)* **figure-head.**

polènta *f.* ***1*** *(cucina)* **polenta** ***2*** *(fig., spreg.)* **pap; mash.**

polentóne *m.* ***1*** *(fig.:* persona lenta e pigra*)* **slowcoach; sluggard** ***2*** *(spreg. o scherz.)* **polentone; eater of polenta.**

polfer *f.* (*abbr.* di **polizia ferroviaria**) **railway police.**

poli- *(in parole composte)* **poly-; multi-.**

poliandrìa *f. (bot., etnologia)* **polyandry.**

poliarchìa *f.* **polyarchy.**

poliatòmico *a. (chim.)* **polyatomic.**

policlìnico *m.* **polyclinic; general hospital.**

policromìa *f.* **polychromy.**

polìcromo *a.* **polychromatic; polychromic; polychrome.**

polièdrico *a.* ***1*** *(geom.)* **polyhedral; polyhedrous; polyhedric** ***2*** *(fig.)* **polyhedric(al); many-sided.**

polièdro *m. (geom.)* **polyhedron*.**

polièstere *m. (chim.)* **polyester.**

polifonìa *f. (mus.)* **polyphony.**

polifònico *a. (mus.)* **polyphonic.**

polifonista *m.* e *f. (mus.)* **polyphonist.**

poligamìa *f.* **polygamy.**

polìgamo ***A*** *a.* (anche *bot.*) **polygamous** ***B*** *m.* **polygamist.**

poligèneşi *f.* **polygenesis.**

poliglòtta *a., m.* e *f.* **polyglot; plurilingualist.**

poliglòtto *a.* e *m.* **polyglot; plurilingual.**

poligonale *a. (geom.)* **polygonal.**

polìgono *m.* ***1*** *(geom.)* **polygon** ***2*** *(mil.)* **firing ground** ***3*** *(sport)* **rifle-range.**

poligrafìa *f.* ***1*** **polygraphy** ***2*** (copia poligrafica) **polygraphic copy.**

poligràfico ***A*** *a.* **polygraphic** ***2*** *m.* ***1*** (stabilimento) **printing plant** ***2*** (tecnico) **printer; typographer.**

polìgrafo *m.* ***1*** **polygraph** ***2*** (scrittore versatile) **polygraph; versatile writer.**

polimèrico *a. (chim.)* **polymeric.**

polimerizzare *v. t. (chim.)* to **polymerize.**

polimerizzazióne *f. (chim.)* **polymerization.**

polìmero *A* *m.* *(chim.)* **polymer** *B* *a.* *1* *(chim.)* **polymeric** *2* *(biol.)* **polymerous.**
polìmetro *m.* *(poesia)* **poem in various metres.**
polimorfismo *m.* *(scient.)* **polymorphism.**
polimòrfo *a.* *(scient.)* **polymorphous; polymorphic.**
polinesiàno *a.* e *m.* **Polynesian.**
polinòmio *m.* *(mat.)* **polynomial; multinomial.**
poliomielite *f.* *(med.)* **poliomyelitis; polio** *(fam.).*
polipètalo *a.* *(bot.)* **polypetalous.**
pòlipo *m.* *1* *(zool.)* **polyp** *2* *(med.)* **polypus*; polyp.**
polire *v. t.* to **polish** (anche *fig.*).
polisènso *m.* (gioco enigmistico) **puzzle; pun.**
polisillabo *A* *a.* **polysyllabic** *B* *m.* **polysyllable.**
polisìndeto *m.* *(gramm.)* **polysyndeton.**
polista *m.* *(sport)* **polo-player; poloist.**
polistiròlo *m.* *(chim.)* **polystyrene.**
politècnico *a.* e *m.* **polytechnic.**
politeismo *m.* **polytheism.**
politeista *m.* e *f.* **polytheist.**
politeistico *a.* **polytheistic(al).**
politène *m.* (materia plastica) **polythene.**
politézza *f.* (anche *fig.*) **polish; finish.**
polìtica *f.* *1* (arte di governare uno Stato) **politics** *(pl. col verbo al sing.)*; **statecraft**: *p. estera,* foreign politics □ *(spreg.)* *p. da caffè,* armchair politics *2* (indirizzo da dare alla vita pubblica; linea di condotta) **policy**: *la p. estera del Cavour,* Cavour's foreign policy □ *una p. temporeggiatrice,* a wait-and-see policy *3* (vita p.) **politics** *(pl. col verbo al sing.)*; **political life**: *darsi alla p.,* to go into politics □ *parlare di p.,* to talk politics □ *ritirarsi dalla p.,* to retire from political life *4* *(fig.)* **policy;** (diplomazia) **diplomacy, tact;** (astuzia) **craftiness.**
politicante *m.* e *f.* *(spreg.)* **politician.**
politicastro *m.* *(spreg.)* **petty politician.**
politicizzare *v. t.* to **politicize.**
politicizzazióne *f.* **politicization.**
polìtico *A* *a.* **political**: *teorie politiche,* political theories □ *scritti politici,* political writings □ *un prigioniero p.,* a political (prisoner) □ *economia politica,* political economy *B* *m.* **politician; statesman*.**
politicóne *m.* *(fam.)* **great intriguer;** (furbone) **sly fox** *(fam.).*
polito *a.* **polished** (anche *fig.*).
politologìa *f.* **political science.**
politòlogo *m.* **political scientist; expert in political matters.**
polìttico *m.* *(arte)* **polyptych.**
polivalènte *a.* *(chim.)* **polyvalent.**
polivalènza *f.* *(chim.)* **polyvalence.**
polizìa *f.* **police** *(collett.)*; **police force**: *La p. è sulle sue tracce,* the police are after him □ *la p. stradale,* the traffic police □ *un agente di p.,* a police-constable; a policeman*; a cop *(pop.)* □ *Commissariato di P.,* Police Station □ *ricercato dalla p.,* wanted by the police ● *p. giudiziaria,* Criminal Investigation Department *(abbr.: C.I.D.)* □ *p. sanitaria,* sanitary inspectors *(pl.).*
poliziésco *a.* **of the police; police** *(attr.)*; **policeman-like** ● *racconto p.,* detective story; thriller *(pop.).*
poliziòtto *m.* **policeman*; (police-)constable; copper, cop, bobby, flatfoot** *(pop.)* ● *cane p.,* police dog □ *donna p.,* policewoman.
pòlizza *f.* *1* *(ass.)* **policy**: *una p. di assicurazione sulla vita,* a life-insurance policy □ *una p. di assicurazione contro incendi,* a fire-insurance policy □ *fare una p.,* to take out a policy *2* *(naut.)* **bill**: *una p. di carico,* a bill of lading ● *p. di pegno,* pawn-ticket.
pòlla *f.* **spring (of water);** (fonte) **fountain.**
pollàio *m.* **poultry-pen; hen-pen; hen-house;** (recinto per polli) **fowl-run, chicken-run.**
pollaiòlo *m.* **pollaiòla** *f.* **poulterer.**
pollame *m.* **poultry.**
pollastra *f.* *1* **pullet** *2* *(fig., scherz.:* ragazzotta semplice) **wench.**
pollastro *m.* *1* **cockerel** *2* *(fig.:* semplicione) **callow youth; mug** *(pop.).*
pollerìa *f.* **poultry shop; poulterer's (shop).**
pòllice *m.* *1* *(anat.)* **thumb** *2* (misura lineare ingl.) **inch**: *(fig.)* *non cedere d'un p.,* not to yield an inch.
pollicoltóre *m.* **poultry-farmer.**
pollicoltura *f.* **poultry-farming.**
pòlline *m.* *(bot.)* **pollen; farina.**
pollìnico *a.* *(bot.)* **pollinic.**
pollino *a.* **of poultry; of fowls; poultry** *(attr.).*
pollivéndolo, pollivéndola *V.* **pollaiòlo, pollaiòla.**
póllo *m.* *1* **(barn-door) fowl; chicken;** (gallina) **hen;** (gallo) **cock**: *un p. d'allevamento,* a battery chicken □ *p. arrosto,* roast chicken □ *brodo di p.,* chicken broth □ *allevamento di polli,* chicken-farming; poultry-farming □ *un allevatore di polli,* a chicken-farmer; a poultry-farmer *2* *(fig.:* semplicione) **simpleton; mug** *(pop.)* ● *(fig.)* *alzarsi con i polli,* to get up at cock-crow; to get up with the lark □ *(fig.)* *andare a letto con i polli,* to go to bed very early □ *(fig.)* *conoscere i propri polli,* to know one's customers; to be nobody's fool □ *(fig.)* *far ridere i polli,* to make a cat laugh.
pollóne *m.* *(bot.)* **sucker; offset; tiller; scion; shoot.**
polmonare *a.* *(anat., med.)* **pulmonary; of the lungs.**
polmonària *f.* *(bot.,* Pulmonaria officinalis) **lungwort.**
polmóne *m.* *(anat.)* **lung**: *avere buoni polmoni,* to have good lungs □ *(med.)* *un p. d'acciaio,* an iron lung ● *respirare a pieni polmoni,* to breathe deeply □ *urlare a pieni polmoni,* to shout at the top of one's voice.
polmonite *f.* *(med.)* **pneumonia.**
(1) pòlo *m.* *1* *(geogr., astron.)* **pole**: *il p. nord (sud),* the North (South) Pole *2* *(fis., mat.)* **pole**: *il p. negativo (positivo),* the negative (positive) pole.
(2) pòlo *m.* *(sport)* **polo.**
(3) pòlo *f.* *(moda)* **polo shirt.**
pólpa *f.* *1* (di un frutto) **pulp**: *la p. d'una pesca,* the pulp of a peach *2* (carne muscolosa senz'osso) **lean meat** *3* (polpaccio) **calf*** *4* *(fig.)* **substance; pith** ● *(anat.)* *p. dentaria,* dental pulp □ *carne di manzo tutta p.,* beef without bones.
polònio *m.* *(chim.)* **polonium.**
polpàccio *m.* *(anat.)* **calf*.**
polpastrèllo *m.* *(anat.)* **(digital) pulp** ● *p. del pollice,* ball of the thumb.
polpétta *f.* *(cucina)* **rissole;** (di carne) **meat-ball;** (di carne o di patate) **croquette** ● *(fig., fam.)* *fare polpette di q.,* to make mince-meat of sb.; to beat sb. into a jelly.
polpettóne *m.* *1* *(cucina)* **meat-loaf*** *2* *(fig.)* **hotch--potch.**
pólpo *m.* *(zool.,* Octopus vulgaris) **octopus.**
polpóso *a.* **pulpy; pulpous; fleshy.**
polputo *a.* **fleshy; fat; plump.**
polsino *m.* **cuff; wrist-band.**
pólso *m.* *1* *(anat.)* **wrist**: *un orologio da p.,* a wrist--watch *2* *(med.)* **pulse**: *tastare il p. a q.,* to feel sb.'s pulse (anche *fig.*) *3* *(fig.)* **nerve; energy; vigour**: *un uomo di p.,* a man of nerve ● *con p. fermo,* with a strong hand.
polstrada *f.* (*abbr.* di **polizia stradale**) **traffic police.**
poltiglia *f.* *1* **mash; mush; pulp** *2* (fanghiglia) **sludge; slush; slime.**
poltiglióso *a.* *1* **mushy; pulpy** *2* (sudicio di fanghiglia) **sludgy; slushy; slimy.**
poltrire *v. i.* *1* to **lie* lazily in bed** *2* (stare in ozio) to **idle about;** to **hang* (idly) about** ● *p. nell'ozio,* to live in idleness.
poltróna *f.* *1* **armchair; easy-chair**: *sedere in p.,* to sit in an armchair *2* *(teatr.)* **stall** *3* *(fig.:* impiego comodo) **cushy job** *(pop.)* ● *p. a rotelle,* wheel-chair □ *(fig.)* *starsene in p.,* to idle one's time away.
poltroncina *f.* *1* **small armchair** *2* *(teatr.)* **back stall.**
poltróne *A* *a.* **lazy; indolent; sluggish; slothful** *B* *m.* **lazy (o indolent) person; sluggard; lazy-boots, lazy--bones** *(fam.).*
poltronerìa *f.* **laziness; indolence; sluggishness; sloth.**
poltronissima *f.* *(teatr.)* **front orchestra stall.**
poltronite *f.* *(scherz.)* **laziness; sloth** ● *È affetto da p.*

acuta, he's a lazy beggar!
pólvere *f.* ***1*** **dust** (anche *fig.*): *sollevare la p.,* to raise the dust □ *gettare la p. negli occhi a q.,* to throw dust in sb.'s eyes (anche *fig.*) ***2*** (sostanza ridotta minutissima) **powder**: *p. di riso,* rice powder; ground rice □ *sapone in p.,* soap powder □ *p. da sparo* (o *p. pirica*), gun-powder ● *p. di carbone,* coal-dust; coom □ *p. d'oro,* gold-dust □ *p. di stelle,* star-dust □ *in p.,* powdered; in powder □ *ridurre in p.,* to pulverize (anche *fig.*) □ (*fig.*) *scuotere la p. di dosso a q.,* to dust sb.'s jacket.
polverièra *f.* ***1*** (*mil.*) **powder-magazine** ***2*** (*fig.*) **powder-keg** (*fam.*).
polverifìcio *m.* (*ind.*) **powder-factory** (o **-mill**).
polverina *f.* ***1*** (*farm.*) **powder** ***2*** (*pop.*: cocaina) **coke, snow** (*pop.*).
polverio *m.* **(cloud of) dust.**
polverizzàbile *a.* **pulverizable.**
polverizzare ***A*** *v. t.* to **pulverize** (anche *fig.*); (nebulizzare) to **atomize** ● *p. un record,* to smash a record ***B*** **polverizzarsi** *v. rifl.* to **pulverize; to be reduced to powder.**
polverizzatóre *m.* ***1*** **pulverizer;** (nebulizzatore) **atomizer** ***2*** (*mecc.*) **sprayer.**
polveróne *m.* **(great) cloud of dust.**
polveróso *a.* ***1*** **dusty; full of dust; covered with dust** ***2*** (polverulento) **powdery**: *neve polverosa,* powdery snow.
polverulènto *a.* **powdery.**
polverume *m.* (*spreg.*) **heap of dust.**
pomata *f.* ***1*** **pomade; pomatum;** (per i capelli) **brilliantine;** (per la pelle) **cold cream** ***2*** (*farm.*) **ointment; salve; liniment.**
pomato *a.* **planted with fruit-trees.**
pomellato *a.* **dappled; dapple.**
pomèllo *m.* ***1*** (della gota) **cheek-bone** ***2*** (di leva, di maniglia) **knob; ball-grip.**
pomeridiano *a.* **post meridiem** (*abbr.:* **p.m.**)**; in the afternoon; afternoon** (*attr.*): *Sono le sei pomeridiane,* it is six p.m. □ *una passeggiata pomeridiana,* an afternoon walk.
pomerìggio *m.* **afternoon**: *Ci andrò domenica p.,* I shall go (there) on Sunday afternoon □ *ogni domenica p.,* on Sunday afternoons (o every Sunday afternoon).
pométo *m.* **(apple-)orchard.**
pómice *m.* (*miner.*) **pumice(-stone).**
pomiciare *v. i.* (*pop.*) to **pet**; to **neck.**
pomicióne *m.* (*pop.*) **one who likes petting** (o **necking).**
pomicoltóre *m.* (*agric.*) **fruit-grower.**
pomicoltura *f.* (*agric.*) **fruit-growing.**
pómo *m.* ***1*** (*bot.*, Pyrus malus) **apple-tree** ***2*** (il frutto) **apple** ***3*** (estremità tondeggiante) **pommel**: *il p. d'una spada,* the pommel of a sword ***4*** (*naut.:* p. d'albero) **truck** ● (*anat.*) *p. d'Adamo,* Adam's apple □ *il p. vietato,* the fruit of the forbidden tree.
pomodòro *m.* (*bot.*, Solanum lycopersicum; anche il frutto) **tomato***: *salsa di p.,* tomato-sauce □ *succo di p.,* tomato-juice ● *farsi rosso come un p.,* to flush up.
(1) pómpa *f.* ***1*** (apparato fastoso) **pomp; magnificence** ***2*** (ostentazione) **(ostentatious) display; parade; show**: *far p. della propria cultura,* to make a display of one's learning; to parade (o to show off) one's learning ● *impresario di pompe funebri,* undertaker; mortician (*USA*).
(2) pómpa *f.* ***1*** (*mecc.*) **pump**: *una p. aspirante,* a suction pump □ *una p. premente,* a force-pump □ *una p. per bicicletta,* a bicycle-pump ***2*** (*fam.:* distributore di benzina) **petrol pump; gas pump** (*USA*).
pompàggio *m.* **pumping.**
pompare *v. t.* to **pump**; to **pump up.**
pompata *f.* — *dare una p. a q.c.,* to pump up st.
pompeiano *a.* **Pompeian**: *rosso p.,* Pompeian red.
pompèlmo *m.* (*bot.*, Citrus paradisi; anche il frutto) **grape-fruit; shaddock.**
pompière *m.* **fireman*** ● *corpo dei pompieri,* fire-brigade.
pompista *m.* e *f.* **service-station attendant.**
pompon (*franc.*) *m.* **pompon.**
pomposaménte *avv.* **pompously;** (con ostentazione) **ostentatiously.**
pomposità *f.* **pompousness; pomposity.**
pompóso *a.* **pompous**: *un uomo p.,* a pompous (o self-important) man □ *uno stile p.,* a pompous (o high-flown, bombastic) style.
pònce *m.* **punch**: *p. al rum,* rum punch.
pòncio *m.* **poncho*** (*spagn.*).
ponderàbile *a.* **ponderable.**
ponderabilità *f.* **ponderability.**
ponderare *v. t.* e *i.* to **ponder;** to **ponder on** (st.); to **ponder over** (st.); to **consider (carefully);** to **think* over** (st.): *p. le parole di q.,* to ponder sb.'s words.
ponderataménte *avv.* **with due consideration.**
ponderatézza *f.* **circumspection.**
ponderato *a.* ***1*** **circumspect; careful; cautious** ***2*** (detto o fatto con ponderatezza) **well-pondered; well-considered; thought-out.**
ponderazióne *f.* **careful consideration; reflection.**
ponderóso *a.* **ponderous; weighty.**
ponènte *m.* ***1*** (ovest) **west**: *a p.,* in the west, (volto verso p.) to the west, westward(s) □ *esposto a p.,* facing the west; lying towards the west ***2*** (vento che spira da p.) **west wind.**
pongista *m.* e *f.* (*sport*) **table-tennis player.**
pónte *m.* ***1*** **bridge**: *un p. sospeso,* a suspension bridge □ *un p. di barche,* a pontoon bridge □ *gettare un p. su un fiume,* to throw a bridge across a river; to bridge a river ***2*** (*naut.*) **deck**: *p. di coperta,* upper deck □ *p. di passeggio,* promenade deck □ *p. di comando,* bridge deck □ *p. inferiore,* lower deck □ *Tutti sul p.!,* all hands on deck! ***3*** (*elettr.*) **bridge** ***4*** (*edil.*) **scaffold(ing)** ***5*** (*odontoiatria*) **bridge** ● *p. aereo,* air-lift □ (*naut.*) *p. di vedetta,* look-out bridge □ *p. radio,* radio link □ (*fig.*) *fare il p.,* to have an extra long week-end □ (*fig.*) *fare da p. a q.,* to give sb. a leg up □ *gioco del p.,* bridge □ (*naut.*) *nave a tre ponti,* three-decker □ (*fig.*) *tagliare i ponti con q.,* to break off with sb. □ (*mil.*) *testa di p.,* bridge-head.
pontéfice *m.* (*stor. romana, relig.*) **pontifex*; pontiff**: *il Sommo P.,* the Sovereign (o Supreme) Pontiff; the Pope.
pontéggio *m.* (*edil.*) **scaffold(ing); staging.**
ponticèllo *m.* (*mus.*) **ponticello*; bridge (of a stringed instrument).**
pontière *m.* (*mil.*) **pontoneer, pontonier.**
pontificale ***A*** *a.* (*stor. romana, relig.*) **pontifical** ***B*** *m.* (*relig.*) **Pontifical Mass.**
pontificare *v. i.* (*relig.*) to **pontificate** (anche *fig.*).
pontificato *m.* (*stor. romana, relig.*) **pontificate.**
pontifìcio *a.* ***1*** (*stor. romana*) **pontifical** ***2*** (*relig.*) **pontifical; papal; of the Pope.**
pontile *m.* (*naut.*) **wharf;** (da sbarco) **landing stage.**
pontóne *m.* (*naut.*) **pontoon; hulk; lighter.**
ponzare ***A*** *v. i.* to **rack** (o to **cudgel**) **one's brains;** to **pump one's brains (for a solution)** ***B*** *v. t.* to **produce** (st.) **after a great effort.**
pop (*ingl.*) *a.* **pop.**: *musica pop,* pop music ● *artista pop,* pop artist; popster (*pop. USA*).
pòpe *m.* (*relig.*) **pope.**
pòpeline *m.* (*ind. tessile*) **poplin.**
popolano ***A*** *a.* **of the (common) people** ***B*** *m.* **man* of the people.**
(1) popolare *a.* ***1*** (del popolo) **popular; of the people**: *guadagnarsi il favore p.,* to gain the favour of the people ***2*** (istituito per il popolo) **popular; folk** (*attr.*): *una biblioteca p.,* a popular library ***3*** (che proviene dal popolo, che è diffuso fra il popolo) **popular; folk** (*attr.*): *musica p.,* popular music; folk-music □ *canzoni (danze) popolari,* folk-songs (folk-dances) ***4*** (ammirato dal popolo) **popular**: *un uomo p.,* a popular man ● *case popolari,* working-class houses; (*in G.B.*) council houses.
(2) popolare ***A*** *v. t.* ***1*** (rendere abitato) to **populate;** to **people** ***2*** (abitare) to **populate;** to **inhabit** ***B*** **popolarsi** *v. rifl.* ***1*** (diventare popolato) to **become* populated** ***2*** (riempirsi di gente) to **get* crowded.**
popolarésco *a.* **popular; folk** (*attr.*); **folksy** (*fam.*).
popolarità *f.* **popularity.**

popolarizzare *v. t.* to **popularize.**
popolato *a.* **1 populated; peopled 2** (affollato) **crowded.**
popolazióne *f.* **1 population**: *una p. di cinquanta milioni,* a population of fifty millions □ *eccesso di p.,* over-population **2** (popolo, nazione) **people; nation.**
popolino *m.* **(the) common people** *(col verbo al pl.)*; **(the) lower classes** *(pl.)*; **(the) masses** *(pl.).*
pòpolo *m.* **1** (abitanti di uno Stato o d'una città) **people;** (nazione) **nation**: *il p. italiano,* the Italian people □ *i popoli europei,* the European peoples **2** (gente) **people** *(col verbo al pl.)*; **persons** *(pl.)*; (folla) **crowd (of people); multitude; folk** *(fam.)*: *una piazza gremita di p.,* a square full of people; a crowded square **3** (pubblico) **people; public**: *annunziare al p.,* to announce to the people **4** (ceto dei popolani) **(the) (common) people** *(col verbo al pl.)*; **(the) lower classes** *(pl.)*; **(the) working classes** *(pl.)*: *una donna del p.,* a woman of the people **5** (*lett.*: razza) **people; race**: *un p. di navigatori,* a race of navigators ● *il p. grasso,* the middle classes *(pl.)* □ *il p. minuto,* the lower classes *(pl.)* □ *essere eletto a voce di p.,* to be elected by the people.
popolóso *a.* **populous; thickly inhabited; densely populated.**
poponàia *f.* *(agric.)* **melon bed.**
popóne *m.* **1** *(bot.,* Cucumis melo) **musk melon 2** (*fig., scherz.*: gobba) **hump; hunch.**
(1) póppa *f.* *(naut.)* **stern; poop**: *da p. a prua,* from stem to stern; fore and aft ● *navigare col vento in p.,* to sail before the wind (anche *fig.*) □ *ponte di p.,* after-deck.
(2) póppa *f.* *(anat.)* **breast;** (di femmina d'animale) **udder** ● *dare la p.,* to suckle □ *togliere la p. a un bambino,* to wean a baby.
poppante A *a.* **sucking B** *m.* e *f.* **suckling.**
poppare *v. t.* e *i.* **1** to **suck (milk from the breast) 2** (*scherz.*: bere golosamente) to **suck up;** to **lap up.**
poppata *f.* **feed; suck.**
poppatóio *m.* **feeding-bottle.**
poppavìa *f.* — *(naut.) a p.,* aft; astern.
poppière *m.* *(naut.)* **1** (capovoga) **stroke 2** (marinaio addetto alle manovre di poppa) **stern-sheets man*.**
poppièro *a.* *(naut.)* **at the stern; stern** *(attr.).*
populismo *m.* *(polit.)* **populism.**
populista *a., m.* e *f.* *(polit.)* **populist.**
pòrca *f.* *(agric.)* **balk; ridge.**
porcacciòne *m.* *(fig., spreg.)* **filthy person; hog.**
(1) porcàio *m.* (guardiano di porci) **swine-herd.**
(2) porcàio *m.* **1** (luogo sudicio, immondo) **filthy place; pigsty 2** *(fig.)* **sink of corruption** (o **iniquity).**
porcaro *m.* **swine-herd.**
(1) porcellana *f.* **1** (ceramica) **porcelain; china**: *una tazza di p.,* a china cup **2** (*al pl.*: oggetti di p.) **china; chinaware.**
(2) porcellana *f.* (*bot.,* Portulaca oleracea) **(common) purslane.**
porcellino *m.* **1 piglet 2** *(fig., scherz.)* **little pig; dirty little thing** ● *(zool.) p. d'India* (Cavia cobaya), guinea-pig; cavy ● *p. di latte,* sucking pig.
porcèllo *m.* **1 young pig 2** *(fig.)* **pig; hog.**
porcherìa *f.* **1** (sudiciume) **filth; dirt; muck** *(fam.)* **2** (atto, detto indecente) **indecency; obscenity; smut** *(pop.)*: *dire delle porcherie,* to talk smut **3** (azione disonesta) **dirty trick; bad thing (to do) 4** (cibo schifoso) **nasty food 5** (*fig.*: cosa fatta in modo pessimo) **rubbish; trash.**
porchétta *f.* *(cucina)* **roast sucking pig.**
porcile *m.* **pigsty** (anche *fig.*); **piggery** (anche *fig.*).
porcino A *a.* **porcine; piggish; swinish; pig** *(attr.)* ● *carne porcina,* pork □ *(bot.) pan p.* (Cyclamen europaeum), sowbread **B** *m.* *(bot.,* Boletus edulis) **(edible) pore fungus** (o **mushroom).**
pòrco A *m.* *(zool.,* Sus: anche *fig.)* **pig; hog; swine***: *un guardiano di porci,* a swine-herd □ *essere sudicio come un p.,* to be as dirty as a pig □ *(fig.) È un gran p.!,* he's a dirty pig! ● *(zool.) p. selvatico* (Sus scrofa), wild boar □ *carne di p.,* pork □ *mangiare come un p.,* to make a pig of oneself **B** *a.* *(volg.)* **filthy; wretched; bloody** *(volg.)* ● *Porca miseria* (o *P. mondo)!,* damn it all!; hell!
porcospino *m.* *(zool.,* Hystrix) **porcupine** (anche *fig.*).
pòrfido *m.* *(miner.)* **porphyry.**
pòrgere *v. t.* **1** to **hand;** (passare) to **pass;** (dare) to **give*;** (consegnare) to **deliver**: *Porgimi quel libro, per favore,* please hand me that book □ *Porgimi il burro, per favore,* pass me the butter, please □ *(fig.) p. una mano a q.,* to give sb. a hand; to lend sb. a helping hand **2** (offrire) to **offer;** to **present**: *p. il braccio a q.,* to offer one's arm to sb. □ *p. le proprie scuse,* to offer one's apologies ● *p. attenzione,* to pay attention □ *p. orecchio,* to listen (to sb., to st.).
pòrno A *a. invar.* **pornographic; porn(o), porny** *(fam.)* **B** *m.* **pornography; porn(o)** *(fam.).*
porno- *(in parole composte)* **porno-.**
pornofilm *m.* **pornographic film; blue film; porn(o)** *(fam.).*
pornografìa *f.* **pornography.**
pornogràfico *a.* **pornographic.**
pornògrafo *m.* **pornographer.**
pòro *m.* *(anat., bot.)* **pore.**
porosità *f.* **porosity; porousness.**
poróso *a.* **porous.**
pórpora *f.* (nelle varie accezioni) **purple**: *vestito di p.,* clothed in purple □ *essere innalzato alla p.,* to be raised to the purple ● *farsi di p.,* to become purple.
porporato A *a.* **clothed in purple B** *m.* *(relig.)* **cardinal.**
porporina *f.* *(chim.)* **purpurin; madder-purple.**
porporino *a.* **purple; (purple-)red.**
pórre A *v. t.* **1** (posare, deporre) to **lay* (down),** to **put* (down);** (mettere) to **put*;** (collocare, disporre) to **place,** to **set***: *p. le fondamenta,* to lay the foundations □ *p. q. al comando di q.c.,* to place sb. in command of st. □ *p. la firma su un documento,* to put one's signature to a document □ *p. una domanda a q.,* to put a question to sb. **2** (presentare) to **submit 3** (supporre) to **suppose 4** (dedicare) to **erect;** to **set* up** ● *p. in libertà q.,* to set sb. free □ *p. in salvo,* to save; to put in safety □ *p. mano a q.c.,* to begin (o to start) st. □ *p. mente a q.c.,* to keep one's mind on st.; to pay attention to st. □ *p. un nome a q.,* to give a name to sb. □ *p. termine* (o *fine*) *a q.c.,* to put an end to st. □ *senza p. tempo in mezzo,* without delay **B pórsi** *v. rifl.* **1** to **put* oneself;** (collocarsi, disporsi) to **place oneself,** to **set* oneself 2** (accingersi) to **set* to** (o **about).**
pòrro *m.* **1** *(bot.,* Allium porrum) **leek 2** *(med.)* **wart.**
porróso *a.* **warty.**
pòrta *f.* **1 door**: *la p. principale (di servizio),* the front (back) door □ *una p. finta,* a blind door □ *chiudere (aprire) una p.,* to shut (to open) a door □ *bussare alla p.,* to knock on the door □ *accompagnare q. alla p.,* to see sb. to the door □ *andare di p. in p.,* to go from door to door **2** (di città, ecc.) **gate**: *le porte del Paradiso (dell'Inferno),* the gates of Heaven (of Hell) □ *le porte di un castello,* the gates of a castle **3** (*fig.*: ingresso) **admission 4** *(calcio)* **goal**: *tirare in p.,* to kick at goal; to shoot ● *abitare fuori p.,* to live outside the town □ *(fig.) essere alle porte,* to be (drawing) near □ *a porte chiuse,* behind closed doors; *(leg.)* in camera □ *mettere q. alla p.,* to show sb. the door; to turn sb. out □ *(anat.) vena p.,* portal vein.
portabagagli *m.* **1** (facchino) **(railway) porter 2** (arnese per sostenere i bagagli) **luggage-carrier;** (di treno, autobus) **luggage-rack.**
portabandièra *m.* e *f. invar.* **standard-bearer.**
portabastóni *m.* *(golf)* **caddie.**
portàbile *a.* **portable.**
portàbiti *m.* **clothes-stand.**
portabottiglie *m.* **bottle-rack.**
portaburro *m. invar.* **butter-dish.**
portacappèlli *m.* **hat-box.**
portacarte *m.* **brief-case; paper-holder.**
portacatino *m. invar.* **washstand.**
portacénere *m. invar.* **ash-tray.**
portachiavi *m.* **key-ring; key-chain.**

portacìpria *m. invar.* **powder-case; compact.**

portadischi *m.* ***1*** (album) **record-album** ***2*** (mobiletto) **record-stand** ● *piatto p.*, turntable.

portadólci *m.* **cake-stand.**

portaèrei *f. (naut.)* **aircraft-carrier; flattop** *(pop.).*

portaferiti *m. (mil.)* **litter-bearer; stretcher-bearer.**

portafiammiferi *m.* **match-box; match-holder.**

portafiaschi *m.* **flask-stand.**

portafinèstra *f.* **French window.**

portafióri *m.* **flower-stand.**

portafògli *m.* **wallet; pocket-book.**

portafòglio *m.* ***1*** *V.* **portafogli** ***2*** (cartella) **portfolio*** ***3*** *(polit.)* **portfolio**: *ministro senza p.*, minister without portfolio ***4*** *(banca, fin.)* **paper securities** *(pl.)*; **bills in hand** *(pl.)*; **portfolio*** ● *(moda) gonna a p.*, wrapround skirt.

portafortuna *m. invar.* **mascot(te);** (amuleto) **amulet** ● *ciondolo p.*, lucky charm.

portafrutta *m. invar.* **fruit-dish; fruit-bowl.**

portagiòie *m.* **jewel-case; trinket-box.**

portaimmondìzie *m.* **dustbin.**

portainségna *m. invar.* **ensign-bearer; standard-bearer.**

portalàmpada *m. invar.* **lamp-holder; bulb-socket.**

portalapis *m. invar.* **pencil-holder.**

portale *m. (archit.)* **portal.**

portalèttere ***A*** *m.* **postman*; mailman*** ***B*** *f.* **postwoman*.**

portamatite *m.* **pencil-case; pencil-box.**

portaménto *m.* ***1*** **gait; carriage** ***2*** (condotta) **bearing; demeanour; behaviour; conduct** ***3*** *(mus.)* **portamento*.**

portamina *m. invar.* **propelling pencil.**

portamonéte *m.* **purse.**

portampólle *m.* **cruet-stand.**

portante ***A*** *a.* ***1*** **bearing; carrying** ***2*** *(edil.)* **load-bearing** ***B*** *m.* (ambio) **amble.**

portantina *f.* ***1*** (sedia portatile) **litter; sedan(-chair);** (p. indiana, orientale) **palanquin, palankeen** ***2*** (lettiga) **litter; stretcher.**

portantino *m.* **litter-bearer.**

portanza *f.* ***1*** **carrying capacity** ***2*** *(aeron.)* **lift.**

portaombrèlli *m.* **umbrella-stand.**

portaórdini *m.* **messenger; courier;** *(mil.)* **dispatch rider.**

portapacchi *m.* **carrier.**

portapénne *m.* **penholder.**

portapipe *m.* **pipe-rack.**

portare ***A*** *v. t.* ***1*** (verso l'interlocutore) to **bring*;** (andare a prendere) to **fetch**: *Portami il giornale, per favore,* bring me the paper, please □ *p. su (giù, dentro, fuori),* to bring up (down, in, out) ***2*** (lontano dall'interlocutore; o accompagnare) to **take***: *Porta questo libro a tua sorella,* take this book to your sister □ *La portai a casa,* I took her home □ *p. su (giù, dentro, fuori, via),* to take up (down, in, out, away) ***3*** (sostenere; portare con fatica, con sé, o d'abitudine; avere una portata di) to **carry**: *p. sulle spalle,* to carry on one's shoulders □ *p. sotto il braccio,* to carry under one's arm □ *Non porto mai l'ombrello,* I never carry an umbrella ***4*** (prendere con sé) to **take*;** to **bring***: *Devi p. (o portarti) l'ombrello,* you must take an umbrella (with you) ***5*** (condurre) to **lead***: *Questa strada porta alla stazione,* this road leads to the station ***6*** (portare indosso, indossare, ecc.) to **wear*;** to **have on;** to **be dressed in** (st.): *D'inverno porto abiti pesanti,* in winter I wear heavy clothes □ *p. i capelli corti (lunghi),* to wear one's hair short (long) □ *p. un fiore all'occhiello,* to wear a flower in one's button-hole □ *p. gli occhiali,* to wear glasses ***7*** (di portamento) to **carry;** to **bear*** ***8*** (provare, nutrire sentimenti) to **bear*;** to **nourish**: *p. rancore verso q.,* to bear sb. a grudge ***9*** (causare) to **cause;** to **bring* about;** to **do***: *p. un cambiamento in meglio,* to bring about a change for the better □ *p. molto danno,* to do a lot of harm ***10*** (produrre) to **bear*;** to **bring* forth;** to **yield;** to **produce** ***11*** (avere; recare tracce, ecc.) to **have;** to **bear***: *p. un nome illustre,* to bear (o to have) a famous name ***12*** (sopportare) to **bear*;** to **endure;** to **suffer** ***13*** (addurre) to **adduce;** to **bring* forward;** to **put* forward**: *p. delle buone ragioni,* to adduce good reasons ***14*** *(mat.)* to **carry**: *Scrivo uno e porto sei,* I put down one and carry six ***15*** (di arma da fuoco) to **have a range of;** (di automezzo) to **have a load capacity of;** (di bilancia) to **weigh up to;** (di gru) to **lift up to** ● *(fig.) p. q. sulla cattiva strada,* to lead sb. astray □ *(fig.) essere portato (a),* to be inclined (to): *È portato alla pigrizia,* he's inclined to be lazy □ *Il vento mi portò via il cappello,* the wind blew my hat off □ *Mi hanno portato via l'automobile,* my car has been stolen ***B*** **portarsi** *v. rifl.* ***1*** (andare) to **go*;** (venire) to **come*** ***2*** (comportarsi) to **behave**: *Ti sei portato bene (male),* you have behaved well (badly) ***3*** (spostarsi) to **move**: *Portati un po' a destra,* move a little to the right.

portaritratti *m.* **picture-frame; photograph-frame.**

portariviste *m.* **newspaper-rack.**

portasapóne *m. invar.* (vaschetta) **soap-dish;** (scatoletta) **soap-box.**

portasciugamano *m.* **towel-rack; towel-horse.**

portasigarétte *m.* **cigarette-case.**

portasigari *m.* **cigar-case; cigar-box.**

portaspàzzole *m.* **brush-holder.**

portaspilli *m.* **pin-cushion.**

portastecchini *m.* **toothpick-holder.**

portastendardo *m.* **standard-bearer; ensign-bearer.**

portata *f.* ***1*** (di pranzo) **course**: *un pranzo di sette portate,* a dinner of seven courses; a seven-course dinner ***2*** (di nave) **(carrying) capacity;** (stazza) **tonnage;** (di automezzo, di bilancia) **capacity**: *(naut.) p. lorda,* dead weight capacity ***3*** (di fiume) **flow** ***4*** (di arma da fuoco) **range;** (dell'occhio o di strumento ottico) **range, reach** (anche *fig.*); (di microfono) **beam**: *essere a p. di fucile,* to be within rifle range □ *fuori p.*, out of range; *(fig.)* out of reach ***5*** *(fig.:* importanza, significato) **importance; significance; purport** ***6*** *(fig.:* capacità intellettiva) **capacity; reach; grasp**: *alla p. di tutti,* within everyone's reach (o grasp) ***7*** *(fig.:* livello) **level** ● *a p. di mano,* within reach □ *a. p. d'orecchio,* within earshot □ *a p. di voce,* within call.

portatèssera, portatèssere *m.* **ticket-holder; card-holder.**

portàtile *a.* **portable.**

portatóre *m.* ***1*** (chi porta) **bearer** ***2*** *(comm.)* **bearer;** (detentore) **holder**: *pagabile al p.*, payable to bearer ***3*** *(med.)* **carrier.**

portatovagliolo *m.* **napkin-ring.**

portauòvo *m. invar.* **egg-cup.**

portautènsili *m. (mecc.)* **tool-holder; tool-post.**

portavalóri *m.* **bank courier; cash guard.**

portavași *m.* (portafiori) **flower-stand.**

portavivande *m.* **food-container** ● *carrello p.*, trolley-table; dumb-waiter.

portavóce ***A*** *m. invar.* ***1*** (specialm. *naut.*) **speaking-tube;** (megafono) **megaphone** ***2*** *(fig.)* **spokesman*** ***B*** *f. invar. (fig.)* **spokeswoman*.**

portellino *m. (naut.)* **scuttle(-hole).**

portèllo *m. (naut., aeron.)* **porthole.**

portènto *m.* **prodigy; wonder; marvel; miracle**: *operare portenti,* to work wonders □ *un p. di sapienza,* a prodigy of learning.

portentóso *a.* **prodigious; wonderful; marvellous.**

porticato *m. (archit.)* **arcade.**

pòrtico *m. (archit.)* **portico*; arcade.**

portièra *f.* ***1*** (portinaia) **(female) doorkeeper; doorkeeper's wife** ***2*** *(relig.)* **portress** ***3*** *(autom.)* **door** ***4*** (tènda) **door-curtain; portière** *(franc.).*

portière *m.* ***1*** (portinaio) **doorkeeper; porter; janitor; concièrge** ***2*** *(sport)* **goal-keeper.**

portinàia, portinàio *V.* **portièra, portière.**

portinerìa *f.* **porter's lodge.**

(1) pòrto *m.* ***1*** *(naut.)* **port; harbour; haven** *(lett.)*: *entrare in (lasciare il) p.*, to enter (to leave) port □ *un p. di mare,* a seaport □ *un p. militare,* a naval port □ *un p. di scalo,* a port of call □ *fare scalo a un p.*, to call at a port ***2*** *(fig.)* **haven; harbour; port; shelter; refuge**: *un p. di pace,* a haven of rest ● *(naut.) capitaneria di p.*, harbour-master's office □ *(naut.) capitano di p.*, harbour-master □ *(fig.) condurre in p.*, to carry out □ *(naut.) diritti di p.*, harbour dues □ *essere in p.*, to be in port;

(fig.) to have reached one's goal.
(2) pòrto *m.* **1** (prezzo del trasporto) **carriage;** *(naut.)* **freight**: *franco di p.,* carriage paid □ *p. assegnato,* carriage forward **2** (licenza) **licence**: *p. d'armi,* gun licence ● *p. abusivo di armi,* unlawful carrying of arms.
(3) pòrto *m.* (vino) **port.**
portoghése A *a.* **Portuguese B** *m.* e *f.* **1** (abitante del Portogallo) **Portuguese***: *i Portoghesi,* the Portuguese **2** *(fig.:* chi entra in un luogo di pubblico spettacolo senza pagare il biglietto*)* **gate-crasher** *(fam.)* **C** *m.* (lingua p.) **Portuguese**: *parlare il p.,* to speak Portuguese.
portolano *m. (naut.)* **portolano*; pilot-book.**
portombrèlli *m.* **umbrella-stand.**
portóne *m.* **main door; main entrance; front gate.**
portuale A *a. (naut.,* anche **portuario***)* **port, harbour** *(attr.)*: *diritti portuari,* harbour dues; dockage *(sing.)* **B** *m.* **docker.**
porzióne *f.* **1** *(anche fig.)* **portion; share; part**: *avere la propria p. di q.c.,* to have one's share of st. **2** (quantità di vivande servita a un commensale) **portion; helping**: *una p. intera,* a full portion.
pòsa *f.* **1** (quiete, riposo) **rest; peace**: *non avere p.,* to have no peace □ *senza p.,* without rest **2** (il posare in un luogo) **laying; setting**: *la p. della prima pietra,* the laying of the foundation-stone **3** (di chi deve essere ritratto) **pose;** (seduta) **sitting 4** *(fotogr.)* **exposure 5** (atteggiamento affettato) **pose**: *Non è che una p.,* it is a mere pose **6** *(gramm.)* **stress; accent 7** *(mus.)* **rest; pause 8** (deposito, sedimento) **sediment.**
posacavi *m. (naut.)* **cable-layer.**
posacénere *m. invar.* **ash-tray.**
posafèrro *m. invar.* **iron-stand.**
posamine *f.* e *m. (naut.)* **mine-layer.**
posapiano *m.* e *f. invar. (scherz.:* persona lenta*)* **slow-coach.**
posare A *v. t.* **to put* (down), to lay* (down);** (appoggiare) **to rest, to lay*;** (collocare) **to place, to set***: *Lo posai qui,* I put it here □ *Posalo!,* put it down! □ *p. un libro sul tavolo,* to lay a book on the table □ *p. un cavo (una mina),* to lay a cable (a mine) **B** *v. i.* **1** (poggiare) **to rest, to stand*;** *(fig.:* fondarsi) **to be based 2** (restare immobile per farsi ritrarre) **to pose; to sit* 3** (assumere atteggiamenti affettati) **to pose**: *p. a intellettuale,* to pose as an intellectual **4** (di liquidi) **to stand*; to settle 5** *(lett.:* fermarsi*)* **to stay*, to stop;** (riposare) **to rest 6** *(lett.:* giacere) **to lie* C posarsi** *v. rifl.* **1 to alight; to settle;** (appollaiarsi) **to perch;** *(aeron.)* **to land 2** (soffermarsi) **to stay*; to rest 3** (di accento) **to fall*.**
posata *f.* **1** (cucchiaio) **spoon;** (forchetta) **fork;** (coltello) **knife*;** *(al pl.)* **cutlery** *(collett.)* **2** (coperto) **cover** ● *piatti e posate,* tableware.
posateria *f.* **cutlery.**
posatézza *f.* **staidness; sedateness; composure; composedness.**
posato *a.* **staid; sedate; composed; self-possessed.**
posatóio *m.* **perch; roost.**
posatóre *m.* **poser; poseur** *(franc.).*
posatrice *f.* **poser; poseuse** *(franc.).*
posatura *f.* **sediment; settlings** *(pl.);* **lees** *(pl.);* **dregs** *(pl.).*
pòscia *(lett.) V.* **pòi, dópo.**
poscritto *m.* **postscript** (*abbr.:* **P.S.).**
poșdatare *V.* **postdatare.**
poșdomani *avv. (lett.)* **the day after tomorrow.**
poșitiva *f. (fotogr.)* **positive.**
positivaménte *avv.* **positively; affirmatively; in the affirmative.**
poșitivișmo *m. (filos.)* **positivism.**
poșitivista *m.* e *f.* **1** *(filos.)* **positivist 2** *(fam.)* **practical person; matter-of-fact person.**
poșitività *f.* **positiveness.**
poșitivo A *a.* **1** (quasi in ogni senso) **positive**: *È p.,* that's positive (o quite sure, certain) □ *una risposta positiva,* a positive answer □ *una teoria positiva,* a positive theory □ *(gramm.) il grado p.,* the positive degree □ *(mat.) il segno p.,* the positive sign □ *(mat.) un numero p.,* a positive number □ *(fis.) il polo p.,* the positive pole □ *(fotogr.) un'immagine positiva,* a positive (picture) **2** *(fam.:* pratico*)* **practical; matter-of-fact** ● *di p.,* for certain □ *Vengo di p.,* of course, I'll come **B** *m.* **1** (ciò che è certo) **what is certain; reality 2** *(gramm.)* **positive (degree).**
poșitróne *m. (fis.)* **positron.**
poșizionale *a. (fis., linguistica)* **positional.**
poșizióne *f.* (nelle varie accezioni) **position** *(anche fig.)*; (situazione, condizione) **situation**: *la p. dell'Italia nel Mediterraneo,* Italy's position in the Mediterranean □ *le posizioni nemiche,* the enemy's positions □ *(mil.) p. di attenti,* position of attention □ *sedere in una p. comoda,* to sit in a comfortable position □ *(fig.) assumere una p. ben definita,* to take up a definite position □ *(fig.) trovarsi in una p. imbarazzante,* to be (o to find oneself) in an awkward situation (o position) □ *(fig.) farsi una p.,* to acquire a position □ *(fig.) un uomo nella tua p.,* a man in your position ● *p. sociale,* social status □ *prendere p.* (in una disputa), to come off the fence; to take sides □ *prendere p. contro q. (q.c.),* to take a stand against sb. (st.).
poșologia *f. (farm.)* **posology.**
pospórre *v. t.* **1** (posticipare) **to postpone; to defer;** to delay; to **put* off 2** (mettere dopo) to **place (**o to **put*)** (st.) **after.**
pospoșitivo *a. (gramm.)* **postpositive.**
pospoșizióne *f* **postposition.**
pòssa *f. (lett.)* **might; power**: *a tutta p.,* with all one's might.
possedére *v. t.* **1** (avere in possesso) to **possess;** to **own;** to **be in possession of** (st.); (avere) to **have 2** *(fig.)* to **possess 3** (conoscere a fondo) to **master;** to **have a mastery of** (st.); to **have a good knowledge of** (st.).
possediménto *m. (per lo più al pl.)* **possession; property;** (proprietà immobiliare) **estate**: *i possedimenti francesi d'oltremare,* the French overseas possessions.
possènte *a. (lett.)* **puissant; mighty; potent; powerful.**
possessivo *a. (gramm.)* **possessive** *(anche fig.)*: *un aggettivo (pronome) p.,* a possessive adjective (pronoun) □ *una madre possessiva,* a possessive mother.
possèsso *m.* **1 possession** *(anche leg.)*; **ownership**: *essere in p. di q.c.,* to be in possession of st.; to own st. □ *essere nel pieno p. delle proprie facoltà mentali,* to be in full possession of one's mental faculties □ *prendere p. di q.c.,* to take possession of st. □ *(leg.) i diritti di p.,* the rights of ownership (o of tenure) **2** *(specialm. al pl.:* proprietà immobiliare) **estate;** (possedimenti) **property 3** (padronanza) **mastery 4** *(leg.)* **tenure.**
possessóre *m.* **possessor;** (proprietario) **proprietor, owner;** (detentore) **holder**: *il legittimo p.,* the rightful owner.
possessòrio *a. (leg.)* **possessory.**
possibile A *a.* **possible**: *Non so se sia p.,* I don't know if it's possible □ *Non è p.,* it isn't possible; it's impossible □ *fare ogni sforzo p.,* to make every possible effort; to move heaven and earth *(fam.)* ● *il meno (il più) p.,* as little (as much) as possible □ *il più presto p.,* (di tempo) as soon as possible; (di velocità) as quickly as possible □ *È p. ch'egli lo faccia,* he may possibly do it **B** *m.* **(the) possible** ● *fare (tutto) il p.,* to do one's possible; to do all one (possibly) can (o one's best) □ *nei limiti del p.,* as far as possible.
possibilișmo *m. (polit.)* **possibilism.**
possibilista *a., m.* e *f. (polit.)* **possibilist.**
possibilità *f.* **1 possibility**: *dare a q. la p. di fare q.c.,* to give sb. the possibility of doing st.; to enable sb. to do st. **2** (opportunità) **opportunity; chance**: *Ti rimane una sola p.,* you have just a chance left **3** *(al pl.:* mezzi economici*)* **means**: *dare secondo le proprie p.,* to give according to one's means ● *C'è ancora la p. che egli venga,* he may still come.
possibilménte *avv.* **if possible.**
possidènte *m.* e *f.* **proprietor; owner;** (persona agiata) **well-to-do person** ● *p. terriero,* landowner.
post- *pref.* **post-.**
pòsta *f.* **1 post; mail**: *spedire per p.,* to send by post; to

post; to mail □ *p. aerea,* air mail □ *a giro di p.,* by return of post □ *p. in arrivo (in partenza),* incoming (outgoing) mail □ *p. raccomandata,* registered mail **2** (ufficio postale) **post office; post**: *p. centrale,* General Post Office *(abbr.: G.P.O.)* □ *un impiegato delle poste,* a post-office clerk **3** (al gioco d'azzardo) **stake 4** (di cacciatore) **position;** (di sentinella) **post 5** *(stor.:* diligenza delle poste*)* **post; mail-coach;** (stazione di p.) **stage, post(-stage) 6** (posto per un cavallo nella stalla) **stall; box** ● *Poste e Telegrafi,* Postal and Telegraph Services □ *a bella p.,* on purpose □ *direttore delle poste,* postmaster □ *fare la p. a q.,* to lie in wait for sb. □ (di una lettera) *ferma in p.* (o *fermo p.),* poste restante *(franc.)* □ *mettersi alla p. di q.,* to be on the look-out for sb. □ *Ministro delle Poste e Telecomunicazioni,* Postmaster General □ *spese di p.,* postage.

postagiro *m.* **postal transfer (**o **giro).**

postale A *a.* **postal; post, mail** *(attr.)*: *un vaglia p.,* a postal order □ *spedire per pacco p.,* to send by parcel post □ *tariffe postali,* postal tariffs □ *un ufficio p.,* a post office ● *cartolina p.,* postcard □ *casella p.,* post office box □ *cassetta p.,* letter box; (solo per imbucare) pillar box □ *impiegato p.,* post office clerk □ *spese postali,* postage **B** *m. (naut.)* **packet boat;** *(ferr.)* **mail-train.**

postare A *v. t.* (anche *mil.*) to **post;** to **station;** to **place B postarsi** *v. rifl.* to **post** (o to **station) oneself.**

postazióne *f. (mil.)* **emplacement.**

postbèllico *a.* **post-war** *(attr.).*

postdatare *v. t.* to **postdate.**

posteggiare *v. t.* **1** (fare la posta) to **lie* in wait for** (sb.); to **way-lay* 2** *(autom.)* to **park.**

posteggiatóre *m.* **1** *(autom.)* **car-park attendant 2** (venditore con bancarella) **stall-holder.**

postéggio *m.* **1** *(autom.)* **parking-place; car-park 2** (per venditori di piazza) **stall** ● *p. di auto pubbliche,* taxi-rank.

postelegràfico *a.* **post and telegraph** *(attr.)*: *un ufficio p.,* a post and telegraph office.

postelegrafònico *a.* **post, telegraph and telephone** *(attr.).*

postergare *v. t. (comm., leg.)* to **postpone;** to **defer.**

pòsteri *m. pl.* **posterity** *(sing.)*; **descendants.**

posterióre A *a.* **1 posterior; back; hinder; hind; rear** (specialm. *mil*): *la parte p.,* the posterior part; the back; the rear □ *le zampe posteriori d'un animale,* the hind legs of an animal **2** (che viene dopo) **posterior; later; subsequent; following B** *m.* (deretano) **buttocks** *(pl.)*; **bottom** *(fam.)*; **bum** *(pop.).*

posteriorità *f.* **posteriority.**

posteriorménte *avv.* **later on; subsequently.**

posterità *f.* **posterity; descendants** *(pl.)*; (specialm. *leg.)* **issue.**

postìccio *a.* **1** (artificiale) **artificial;** (fittizio) **fictitious, sham;** (falso) **false 2** (provvisorio) **temporary.**

posticipare *v. t.* to **put* off;** to **postpone;** to **defer;** to **delay.**

posticipato *a.* **deferred; delayed.**

posticipazióne *f.* **postponement; deferment; delay.**

postiglióne *m.* **postil(l)ion.**

postilla *f.* **marginal note; foot-note;** (chiosa) **gloss.**

postillare *v. t.* to **annotate;** (chiosare) to **gloss.**

postillatóre *m.* **annotator; commentator.**

postino *m.* **postman*; mail-carrier** *(USA).*

postmilitare *a.* **post-military.**

pósto *m.* **1 place**: *essere fuori p.,* to be out of place (anche *fig.*) □ *prendere il p. di q. (q.c.),* to take the place of sb. (st.) □ *Fossi al tuo p., non ci andrei,* if I were in your place, I wouldn't go □ *Tutto è a p.,* everything's in place; *(fig.)* everything's settled **2** (spazio libero) **room; space**: *Il pianoforte occupa troppo p.,* the piano takes up too much room □ *p. (disponibile) in piedi,* standing room **3** (sedile) **seat**: *il p. di guida,* the driver's seat □ *prendere p.,* to take a seat; to sit down □ *un p. d'angolo,* a corner seat □ *un p. riservato,* a reserved seat **4** (impiego) **situation; post; job; position**: *fare domanda per un p.,* to apply for a situation □ *occupare un p. importante,* to hold an important position **5** (sito, punto, posizione) **spot; place**: *arrivare sul p.,* to reach the spot; to arrive on the scene □ *Questo non è p. per te,* this is no place for you ● *(naut.) posti di combattimento,* stations □ *(mil.) p. di guardia,* sentry post □ *p. di medicazione,* dressing-station □ *(aeron.) p. di pilotaggio,* cockpit □ *p. di primo soccorso,* first-aid post □ *p. di polizia,* police station □ *p. di villeggiatura,* holiday resort □ *(teatr.) « posti esauriti »,* all seats sold (o all sold out) □ *automobile a due posti,* two-seater □ *(fig.) stare al proprio p.,* to keep one's place □ *tenere la lingua a p.,* to hold one's tongue □ *Tieni le mani a p.,* keep your hands to yourself □ *(fig.) Mettiamo le cose a p.!,* let's get things straight! □ *Lo metterò a p. io,* I'll put him in his place.

postrèmo *a. (lett.)* **last.**

postrìbolo *m.* **brothel.**

postulante *m.* e *f.* **petitioner; postulant** (specialm. *relig.*).

postulare *v. t.* to **petition for** (st.); to **postulate** (anche *relig.*).

postulato *m. (filos., mat.)* **postulate.**

pòstumo A *a.* **posthumous B** *m. pl. (med.)* **consequences;** (di una sbornia) **hangover** *(sing.).*

postutto, al *locuz. avv.* **after all; all things considered.**

potàbile *a.* **drinkable** ● *acqua p.,* drinking water.

potare *v. t. (agric.)* to **prune;** to **lop;** to **trim.**

potassa *f. (chim.)* **potash**: *p. caustica,* caustic potash.

potàssico *a. (chim.)* **potassic; potassium** *(attr.).*

potàssio *m. (chim.)* **potassium**: *nitrato di p.,* potassium nitrate; nitre; saltpetre.

potatóio *m. (agric.)* **pruning hook; pruning knife*.**

potatóre *m. (agric.)* **pruner; lopper.**

potatura *f. (agric.)* **pruning; lopping; trimming.**

potènte *a.* **powerful; potent; mighty** ● *i potenti,* the powerful.

potenteménte *avv.* **powerfully; potently; mightily.**

potènza *f.* **1 power; might;** (forza) **strength**: *la p. del denaro,* the power of money □ *la p. di una lente,* the power of a lens □ *la p. di Dio,* the power of God **2** (Stato) **power**: *le grandi Potenze,* the great Powers **3** (efficacia) **potency**: *la p. di un veleno,* the potency of a poison **4** *(mat.)* **power**: *elevare x alla quarta p.,* to raise x to the fourth power (o to the power of four) **5** *(mecc.)* **power; rating;** (in cavalli) **horse-power 6** *(fis.)* **capacity; power** ● *in p.,* potential *(agg.)*; potentially *(avv.).*

potenziale *a.* e *m.* **potential.**

potenzialità *f.* **potentiality; power.**

potenziaménto *m.* **potentiation.**

potenziare *v. t.* to **potentiate;** to **strengthen.**

(1) potére A *v. i.* **1** (avere la capacità, cioè la forza, la facoltà, la libertà di fare q.c.) **can** *(indic. e congiunt. pres.),* **could** *(indic. e congiunt. pass., condiz.)*; to **be able**: *Posso fare quello che voglio,* I can do what I like □ *Non posso alzare questo peso,* I cannot lift this weight □ *Quella sera non potei uscire,* that evening I could not (o was not able to) go out □ *Se potrò, ti verrò a trovare domani,* if I can, I'll come to see you tomorrow □ *Potrai incontrarmi domani alle nove?,* will you be able to meet me tomorrow at nine? □ *Se venisse, potrei dirgli ciò che accadde,* if he should come, I could tell him what happened □ *Se fossero venuti da me, li avrei potuti consigliare meglio,* if they had only come to me, I would have been able to advise them better □ *Feci tutto ciò che potevo,* I did all I could; I did my best □ *Vorrei p. fare il giro del mondo,* I wish I could travel round the world □ *Spero di p. partire entro la fine del mese,* I hope I shall be able to leave by the end of the month □ *Non puoi fare a meno di andare,* you cannot but go □ *Mi spiace, ma non ci posso fare niente,* I'm sorry, I can't do anything about it □ *Se non hai soldi, non ci posso fare nulla,* if you haven't any money, I can't help it **2** (avere la possibilità, il permesso di fare q.c.) **may** *(indic. pres.),* **might** *(condiz.; e, nel discorso indiretto, indic. pass.; spesso* *sostituiti nella lingua fam., rispettivamente da* **can** *e* **could**); to **be allowed; to be permitted**: *Posso uscire?*, may I go out? □ *Ci dissero che potevamo prendere i loro libri*, they told us that we might (o could) take their books □ *Potrò visitarlo la settimana prossima*, I shall be allowed to visit him next week ***3*** (essere probabile) **may** *(pres.)*, **might** *(pass.)*; to **be likely**: *Dove potrai essere domani?*, where are you likely to be tomorrow? □ *Posso aver torto*, I may be wrong □ *Può essere*, (it) may be □ *Potrei averlo fatto io*, I might have done it ***4*** (essere possibile) **can** *(pres.)*, **could** *(pass.)*: *Dove può essere andato a finire?*, where can it have gone? ***5*** *(augurio, esortazione)* **may, might**: *Possa arrivare presto l'estate!*, may summer come soon! □ *Potrebbe almeno rispondere!*, he might at least reply! ***6*** (avere influenza) to **be influential; to have influence** ***B*** *v. t.* ***1*** (p. fare; valere) **can do** *(pres.)*, **could do** *(pass.)*: *L'esempio può più delle parole*, example can do more than words ***2*** (reggere, portare) to **be able to carry** (o **to bear**): *Non lo può, tutto quel carico*, he cannot carry all that load ● *a più non posso*, to the utmost; as much as possible □ *può darsi*, maybe: *Può darsi che arrivi stasera*, maybe he will arrive this evening □ *Può darsi che si sia fatto male*, maybe he has hurt himself □ *Può darsi che lo sappia*, maybe he knows □ *Si salvi chi può!*, every man for himself! □ *Non ne posso più*, (sono esaurito) I am exhausted; I'm all in *(fam.)*; (sono al limite della sopportazione) I can't stand it any more □ *Correva a più non posso*, he was running as fast as he could.

(2) potére *m.* ***1*** **power** (anche *fig.*): *Non è in mio p. di procedere oltre*, it is not within my power to proceed any further □ *il p. assoluto*, absolute power □ *sete di p.*, thirst for power □ *fare tutto ciò che è in proprio p.*, to do everything in one's power □ *avere q. in proprio p.*, to have sb. in one's power □ *(polit.) essere al p.*, to be in power □ *conferire (ricevere) pieni poteri*, to grant (to be invested with) full powers ***2*** (influsso, dominio) **influence; sway**: *non avere alcun p. su q.*, to have no influence over sb. ***3*** (possibilità) **power, possibility**; (capacità) **power, capacity**: *non avere il p. di fare altrimenti*, not to have the possibility of acting otherwise ***4*** (autorità) **authority** ● *ambasciatore con pieni poteri*, plenipotentiary □ *a tutto p.*, with all one's might □ *(fig.) il quarto p.*, the Press.

potestà *f.* (potere) **power**; (autorità) **authority**: *Non è in mia p.*, it's not within my power □ *p. di vita e di morte*, power of life and death □ *(leg.) patria p.*, parental authority.

pot-pourri *(franc.) m.* ***1*** *(cucina)* **hotchpotch; stew** (of meat and vegetables) ***2*** *(letter., mus.)* **potpourri** ***3*** *(genericamente: miscuglio)* **hotchpotch; medley; farrago***.

pouf *(franc.) m.* (sgabello imbottito) **pouf, pouffe.**

poveràglia *f. (spreg.)* **beggars** *(pl.)*; **rabble.**

poverétto, poverino ***A*** *a.* **poor; wretched** ***B*** *m.* **poor thing; poor chap.**

pòvero ***A*** *a.* ***1*** (indigente) **poor; needy**: *gente povera*, poor people □ *le famiglie povere della città*, the needy families of the city ***2*** (miserabile) **poor; wretched; unfortunate**: *P. diavolo!*, poor devil! ***3*** (scarso) **scanty; poor**: *un raccolto p.*, a scanty (o poor) harvest ***4*** (sterile) **poor; barren; sterile**: *terreno p.*, barren land ***5*** (disadorno) **plain; bare**: *in parole povere*, in plain language ***6*** (umile) **humble; poor** ***7*** *(fam.:* defunto*)* **late; poor**: *il mio p. zio*, my late uncle ● *P. me!*, dear me!; oh dear! □ *(fam.) P. lui, se lo beccano!*, he'll be in for it if they catch him ***B*** *m.* ***1*** **poor man*; pauper** ***2*** (mendicante) **beggar** ● *(collett.) i poveri*, the poor (o the needy); poor people.

povertà *f.* ***1*** **poverty; indigence; want; penury; destitution**: *vivere in p.*, to live in poverty □ *fare voto di p.*, to take the vow of poverty ***2*** *(fig.)* **poverty**; (scarsezza) **poorness, scarcity, want, lack**; (piccolezza) **smallness**; (meschinità) **scantiness.**

pozióne *f. (med.)* **potion; draught.**

pózza *f.* **puddle; pool.**

pozzànghera *f.* **puddle.**

pozzétta *f.* (fossetta) **dimple.**

pozzétto *m.* ***1*** (di motore) **sump**; (di miniera) **winze** ***2*** *(naut.)* **cockpit.**

pózzo *m.* ***1*** **well** (anche *fig.*): *un p. petrolifero*, an oil-well □ *(fig., fam.) essere un p. di erudizione*, to be a well (o a mine) of learning ***2*** (cava) **pit**: *un p. carbonifero*, a coal-pit; a colliery ***3*** *(miner.)* **shaft** ● *p. dell'ascensore*, lift-shaft □ *(naut.) p. delle catene*, chain-locker □ *(naut.) p. delle pompe*, well □ *(fig., fam.) un p. di denari*, a mint of money □ *(fam.) il p. di S. Patrizio*, the widow's cruse □ *p. nero*, cesspool; sump.

pozzolana *f. (miner.)* **pozz(u)olana.**

pragmatismo *m. (filos.)* **pragmatism.**

pragmatista *m.* e *f. (filos.)* **pragmatist.**

pralina *f.* (specie di confetto) **praline.**

prammàtica *f.* (costumanza) **custom**: *Così vuole la p.*, custom requires us to do so ● *essere di p.*, to be customary.

prammàtico *a.* **pragmatic**: *(stor.) la Prammatica Sanzione*, the Pragmatic Sanction.

pranzare *v. i.* to **dine**; to **have dinner**; (consumare il pasto del mezzogiorno) to **lunch**, to **have lunch**: *p. a casa (fuori di casa)*, to dine in (out).

pranzo *m.* **dinner**; (pasto del mezzogiorno) **lunch, luncheon**: *È l'ora di p.*, it's dinner-time □ *Il p. è pronto*, dinner is ready □ *un ottimo p.*, an excellent dinner; a slap-up dinner *(pop.)* □ *invitare q. a p.*, to ask sb. to dinner □ *dopo p.*, after dinner ● *saltare il p.*, to go without dinner.

praseodimio *m. (chim.)* **praseodymium.**

prassi *f.* **praxis*; (accepted) practice; routine procedure.**

prataiolo ***A*** *a.* **of the fields** (o **meadows**)**; field, meadow** *(attr.)* ***B*** *m. (bot.,* Psalliota campestris*)* **meadow mushroom.**

pratènse *a.* **growing in the meadows; meadow, field** *(attr.)*.

prateria *f.* **prairie; meadow** *(generalm. al pl.)*; **grassland.**

pràtica *f.* ***1*** **practice**: *mettere q.c. in p.*, to put st. into practice ***2*** (esperienza) **practice; experience**: *La perizia si acquista con la p.*, skill comes with practice □ *Gli manca la p. in questo campo*, he lacks experience in this field ***3*** (addestramento) **training** ***4*** (consuetudine, usanza) **practice; custom; usage** ***5*** (affare, faccenda) **matter; affair; business** ***6*** (documento) **paper**; (incartamento) **file, dossier** ***7*** *(al pl.:* atti del culto religioso, ecc.*)* **practices**: *pratiche religiose*, religious practices (o observances) ***8*** *(al pl.:* trattative*)* **negotiation(s); dealing(s)** ● *(leg.) pratiche illecite*, unlawful conduct *(sing.)* □ *acquistare p.*, to learn by experience □ *avere molta p. di q.c.*, to have a good (practical) knowledge of st. □ *avere p. di una lingua (di un autore)*, to be familiar with a language (with an author) □ *fare p. con un avvocato*, to be articled to a lawyer □ *fare le pratiche per ottenere q.c.*, to get the papers ready for st. □ *fare p. presso un artigiano*, to serve one's apprenticeship with an artisan □ *mettere in p. i consigli di q.*, to take sb.'s advice □ *non avere p. di q.c.*, to have no practical knowledge of st. □ *perdere la p. di q.c.*, to lose practice (o the knack) of st.

praticàbile ***A*** *a.* ***1*** (che si può mettere in pratica) **practicable; feasible** ***2*** (che si può percorrere) **practicable; passable** ***B*** *m. (teatr.)* **practicable** *(fam.)*.

praticabilità *f.* **practicability; practicableness.**

praticàccia *f. (fam.)* **knack; empirical knowledge.**

praticaménte *avv.* ***1*** **practically; in practice** ***2*** (con la pratica) **by practice; by experience.**

praticante ***A*** *a.* **practising** ***B*** *m.* e *f.* ***1*** (chi fa pratica d'un mestiere) **apprentice; tyro*, tiro*** ***2*** (chi osserva le pratiche religiose) **church-goer.**

praticare *v. t.* ***1*** (mettere in pratica) to **practise**; to **put* into practice**; to **exercise** ***2*** (esercitare una professione, arte, ecc.) to **practise**; to **follow** ***3*** (frequentare) to **frequent**; to **associate with (sb.)**: *p. un luogo*, to frequent a place □ *Non p. certa gente!*, don't associate with such people! ***4*** (fare, aprire) to **make***: *p. un foro (un taglio)*, to make a hole (a cut).

praticità *f.* **practicalness; convenience.**

pràtico *a.* ***1*** **practical**: *un metodo p.*, a practical method ***2*** (comodo, funzionale) **convenient; handy** ***3*** (esperto, perito) **experienced, skilled** (in); **familiar**

(with) ***4*** (empirico) **practical; empirical**: *un uomo p.*, a practical man; a down-to-earth sort of man ● *essere p. del proprio mestiere,* to know one's trade □ *nella vita pratica,* in real life □ *Non ero p. del luogo,* I wasn't familiar with the place; I was a stranger there □ *Vollero vedermi all'atto p.*, they wanted to put me to the test.

praticóne *m.* **practised hand.**

pratìvo *a.* **meadowy; grass** *(attr.)*: *terreno p.*, grassland.

prato *m.* **meadow;** (p. rasato) **lawn** ● *terreno a p.*, grassland.

pratolina *f.* *(bot.,* Bellis perennis*)* **daisy.**

pravo *a.* *(lett.)* **perverse; wicked; iniquitous.**

pre- *pref.* **pre-; fore-.**

preaccennare *v. t.* to **mention beforehand.**

preaccennato *a.* **mentioned before; aforesaid.**

preàmbolo *m.* **preamble** ● *dire q.c. senza tanti preamboli,* to say st. right away □ *Lascia stare i preamboli!*, just come to the point, will you?

preannunziare *v. t.* to **preannounce;** to **announce in advance** (o **beforehand);** (predire) to **forebode,** to **foretell*.**

preannùnzio *m.* **preannouncement.**

preavvertiménto *m.* **forewarning.**

preavvertire, preavvisare *v. t.* to **forewarn;** to **inform in advance** (o **beforehand).**

preavvişo *m.* **notice; warning; forewarning**: *dietro p.*, upon notice □ *senza p.*, without notice □ *dare (ricevere) un mese di p.*, to give (to get) a month's notice (o warning).

prebarba ***A*** *m. invar.* (lozione) **pre-shave lotion;** (crema) **pre-shave cream** ***B*** *a. invar.* **pre-shave** *(attr.)*: *una crema p.*, a pre-shave cream.

prebèllico *a.* **pre-war** *(attr.).*

prebènda *f.* *(relig.)* **prebend.**

prebendàrio *m.* *(relig.)* **prebendary.**

precarietà *f.* **precariousness.**

precàrio ***A*** *a.* **precarious; uncertain;** (temporaneo) **temporary** ● *salute precaria,* delicate health ***B*** *m.* (docente p.) **pro-tempore teacher.**

precauzionale *a.* **precautionary.**

precauzióne *f.* ***1*** **precaution**: *prendere le debite precauzioni,* to take the necessary precautions □ *per p.*, as a precaution ***2*** (cautela) **caution; care; heed**: *con la massima p.*, with the greatest care.

prèce *(lett.)* V. **preghièra.**

precedènte ***A*** *a.* ***1*** **preceding; previous; foregoing**: *le pagine precedenti,* the preceding pages □ *il giorno p.*, the previous day; the day before ***2*** (anteriore) **former**: *in tempi precedenti,* in former times ***B*** *m.* ***1*** **precedent** (anche *leg.)*: *creare un p.*, to create (o to set) a precedent □ *senza precedenti,* without precedent; unprecedented *(agg.)* ***2*** *(al pl.:* condotta anteriore a un certo momento*)* **record** *(sing.)*: *avere buoni (cattivi) precedenti,* to have a good (bad) record.

precedenteménte *avv.* **previously; before; formerly.**

precedènza *f.* ***1*** **precedence; priority**: *avere la p.*, to take precedence (of, o over st.); to have priority (over sb. in st.) ***2*** *(autom.)* **right of way** ● *in p.*, previously; formerly.

precèdere ***A*** *v. t.* to **precede;** to **go*** (o to **come*)** **before** ***B*** *v. i.* to **come* first;** to **precede** ● *far p.*, to put first □ *farsi p. da q.*, to send sb. ahead.

precessióne *f.* *(astron., mecc.)* **precession.**

precettare *v. t.* *(mil.)* to **call up.**

precettìstica *f.* (precetti in complesso) **precepts** *(pl).*

precètto *m.* ***1*** (norma, regola) **precept** (anche *relig.)*; **rule** ***2*** (ordine, comando) **order; command** ***3*** *(mil.:* cartolina p.*)* **call-up notice** ● *il p. pasquale,* one's Easter duties *(pl.)* □ *festa di p.*, day of obligation; red-letter day *(fam.).*

precettóre *m.* **preceptor; tutor.**

precipitare ***A*** *v. t.* ***1*** (gettare giù a capofitto) to **precipitate;** to **throw*** (o to **cast*)** **down (headlong);** to **fling* down;** to **hurl down** ***2*** *(fig.:* affrettare troppo*)* to **precipitate;** to **rush;** to **hasten**: *p. le cose,* to precipitate things □ *p. una decisione,* to rush a decision; to make a hasty decision ***3*** *(chim.)* to **precipitate** ***B*** *v. i.* ***1*** (cadere rovinosamente) to **fall* headlong** (anche *fig.)* ***2*** *(aeron.)* to **crash** ***3*** *(chim.)* to **precipitate** ***4*** *(fig.:* giungere a compimento*)* to **come* to a head** ***C*** **precipitarsi** *v. rifl.* ***1*** (gettarsi giù) to **throw*** (o to **fling*,** to **hurl) oneself down** ***2*** (accorrere in gran fretta) to **rush;** to **dash;** (affrettarsi) to **hasten**: *p. in (fuori da) una stanza,* to rush into (out of) a room □ *p. a casa,* to hasten home.

precipitato ***A*** *a.* **precipitate; over-hasty; rash** ***B*** *m.* *(chim.)* **precipitate.**

precipitazióne *f.* (in ogni senso) **precipitation.**

precìpite *a.* *(lett.)* ***1*** (che cade col capo all'ingiù) **headlong** ***2*** *(fig.:* ripido, scosceso*)* **precipitous; steep.**

precipitosaménte *avv.* **precipitately; with all haste;** (avventatamente) **rashly, headlong, recklessly, impetuously.**

precipitóso *a.* ***1*** (che cade o corre a precipizio) **precipitous; headlong**: *una caduta precipitosa,* a headlong fall ***2*** *(fig.)* **precipitate; over-hasty; rash; reckless; headlong; impetuous**: *un uomo p.*, a rash man □ *una decisione precipitosa,* an over-hasty decision.

precipìzio *m.* ***1*** **precipice** (anche *fig.)*: *cadere in un p.*, to fall into a precipice ***2*** *(fig.:* rovina*)* **ruin**: *andare in p.*, to go to ruin ***3*** *(fig., fam.:* grandissima quantità*)* **heap; no end of; lots** *(pl.)* ● *a p.*, precipitately; headlong; impetuously □ *correre a p.*, to run (o to rush) headlong.

precipuaménte *avv.* **principally; mainly; chiefly; above all.**

precìpuo *a.* **principal; main; chief; leading.**

precişaménte *avv.* ***1*** (in modo preciso) **precisely; with precision** (o **accuracy)** ***2*** (in tutto e per tutto) **exactly; definitely; quite; just**: *Le cose stanno p. così,* things stand exactly like that □ *P.!*, definitely!; just so!

precişare *v. t.* to **state** (o to **tell*) precisely** (o **exactly);** to **specify**: *Non saprei p.*, I couldn't tell you exactly ● *p. i dettagli,* to give further details.

precişazióne *f.* ***1*** **precise** (o **specific, explicit) statement; specification** ***2*** *(al pl.)* **precise information** *(sing.).*

precişióne *f.* **precision; preciseness; exactness; accuracy** ● *di p.*, precision *(attr.)*: *una bilancia di p.*, a precision balance.

precişo *a.* **precise; exact;** (accurato) **accurate;** (ben determinato) **definite, particular**: *ordini precisi,* precise orders □ *una copia precisa dell'originale,* an exact copy of the original □ *un resoconto p. di q.c., a* (full and) particular account of st. □ *nulla di p.*, nothing definite □ *le tue precise parole,* your exact (o your very) words ● *alle tre precise,* at three o'clock sharp.

preclaro *a.* *(lett.)* **(most) illustrious; eminent.**

preclùdere *v. t.* ***1*** to **block;** to **obstruct;** to **bar;** to **preclude**: *p. la via a q.*, to block (o to bar) sb.'s way ***2*** *(leg.)* to **estop.**

preclușióne *f.* ***1*** **preclusion** ***2*** *(leg.)* **estoppel.**

precóce *a.* **precocious;** (anticipato) **early;** (prematuro) **premature, untimely**: *un bambino p.*, a precocious child □ *un inverno p.*, an early winter.

precoceménte *avv.* **precociously;** (prematuramente) **prematurely.**

precocità *f.* **precocity, precociousness; prematurity, prematureness; untimeliness.**

precognizióne *f.* **foreknowledge; precognition.**

preconcètto ***A*** *a.* **preconceived**: *idee preconcette,* preconceived ideas ***B*** *m.* **preconception; prejudice.**

preconizzare *v. t.* ***1*** to **preconize** (anche *relig.)* ***2*** (predire) to **foretell*;** to **predict.**

preconizzazióne *f.* **preconization** (anche *relig.)*

preconoscènza *f.* **foreknowledge.**

preconóscere *v. t.* to **know* beforehand.**

precòrdio *m.* *(anat.)* **praecordium*.**

precórrere *v. t.* to **forerun*;** to **be in advance of** (st.); to **anticipate;** to **forestall** ● *p. i tempi,* to be ahead of one's time.

precorritóre ***A*** *m.* **forerunner; precursor** ***B*** *a.* **forerunning.**

precòtto *a.* **pre-cooked.**

precursóre **A** *m.* **precursor; forerunner;** (annunziatore) **harbinger** **B** *a.* **precursory; forerunning; forestalling.**
prèda *f.* **1** **prey** (anche *fig.*); (animale braccato) **quarry**: *un uccello da p.*, a bird of prey □ *cadere in p. a q. (q.c.)*, to fall a prey to sb. (st.) □ *essere in p. a q.c.*, to be a prey to st. **2** (bottino, spoglie) **booty; plunder**: *diritto di p.*, right of plumder **3** *(naut.)* **prize** ● *darsi in p. a q.c.*, to give oneself up to st.; to abandon oneself to st. □ *fare p. di q.c.*, to plunder st.; *(naut.)* to prize st. □ *essere in p. a una crisi di nervi*, to have a fit of nerves □ *essere in p. alle fiamme*, to be on fire; to be aflame □ *essere in p. al vizio*, to be a slave to vice.
predare *v. t.* to **prey upon** (st.); to **plunder**; to **pillage**; to **maraud**.
predatóre **A** *m.* **plunderer; pillager; marauder** **B** *a.* **predatory.**
predecessóre *m.* **1** **predecessor** **2** (*al pl.*: antenati) **forefathers.**
predèlla *f.* **platform; dais;** (di altare) **predella*, foot-pace.**
predellino *m.* (di veicolo) **footboard; running board.**
predestinare *v. t.* to **predestinate,** to **(pre)destine** (anche *relig.*); to **foredoom**: *un tentativo che era predestinato all'insuccesso*, an attempt that was foredoomed to failure.
predestinazióne *f.* **predestination** (specialm. *relig.*).
predeterminare *v. t.* to **predetermine.**
predeterminazióne *f.* **predetermination.**
predétto *a.* **above-mentioned; aforesaid.**
prèdica *f.* **1** *(relig.)* **sermon; preach** *(fam.)*: *fare una p.*, to preach a sermon **2** (*fam.*: ramanzina) **lecture; talking-to, telling-off** *(fam.)*: *fare la p. a q.*, to give sb. a lecture (o a talking-to); to lecture sb. ● *Da che pulpito viene la p.!*, look who's talking!; just listen to him!
predicare **A** *v. t.* **1** *(relig.)* to **preach**: *p. il vangelo*, to preach the Gospel **2** (andare insegnando pubblicamente) to **preach;** to **preach up;** to **recommend;** to **teach***: *p. la pace*, to preach peace **3** *(filos.)* to **predicate** **B** *v. i.* to **preach;** to **sermonize** ● *p. al deserto*, to waste one's words □ *p. bene e razzolare male*, not to practise what one preaches; not to live up to one's principles.
predicativo *a.* *(gramm.)* **predicative; predicate** *(attr.)*.
predicato *m.* *(gramm., filos.)* **predicate** ● *essere in p. (di)*, to be a candidate (for).
predicatóre **A** *m.* **1** *(relig.)* **preacher** (anche *fig.*); (frate p.) **predicant** **2** (sostenitore) **advocate; upholder** **B** *a.* *(relig.)* **preaching; predicant.**
predicatòrio *a.* **predicatory; sermonizing.**
predicazióne *f.* *(relig.)* **preaching.**
predicòzzo *m.* *(scherz.)* **lecture; talking-to, telling-off** *(fam.)*: *fare un p. a q.*, to give sb. a lecture; to lecture sb.; to talk to sb. *(fam.)*.
predilètto **A** *a.* **favourite; dearest; best-loved; pet, darling** *(attr.)*: *i miei libri prediletti*, my favourite (o best-loved) books ● *animale p.*, pet **B** *m.* **favourite; pet; darling.**
predilezióne *f.* **predilection;** (preferenza) **preference**: *avere una p. per q.*, to have a predilection for sb.
predilìgere *v. t.* to **have a preference for** (sb., st.); to **prefer;** to **like better** (o **best**).
predire *v. t.* to **foretell***; to **predict;** to **prophesy**: *p. il futuro di q.*, to foretell sb's fortune.
predispórre **A** *v. t.* to **predispose** (anche *med.*); to **arrange (beforehand);** (preparare) to **prepare,** to **get*** (st.) **ready**: *p. la mente a q.c.*, to predispose one's mind to st. **B** **predispórsi** *v. rifl.* to **prepare oneself;** to **get* ready.**
predisposizióne *f.* **1** (il predisporre) **predisposition; pre-arrangement** **2** (l'essere predisposto) **(pre)disposition;** (inclinazione) **inclination, tendency, propensity, natural bent, turn**: *avere p. a q.c.*, to have a disposition to st. □ *mostrare p. alla musica (alla pittura)*, to show a natural bent for music (painting) **3** *(med.)* **predisposition.**
predizióne *f.* **prediction; prophecy.**
predominante *a.* **predominant; prevailing; prevalent; ruling; leading**: *il tratto p. del proprio carattere*, the predominant feature of one's character □ *l'idea p.*, the leading idea.
predominare *v. i.* to **predominate;** to **rule (supreme);** (prevalere) to **prevail.**
predominio *m.* **predominance;** (supremazia) **supremacy;** (prevalenza) **prevalence** ● *avere il p.*, to stand foremost.
predóne *m.* **marauder; plunderer; pillager; robber;** (p. del mare) **pirate, freebooter.**
preesistènte *a.* **pre-existent.**
preesistènza *f.* **pre-existence** (anche *relig.*)
preesìstere *v. i.* to **pre-exist.**
prefabbricare *v. t.* *(edil.)* to **prefabricate.**
prefabbricato *a.* *(edil.)* **prefabricated**: *una casa prefabbricata*, a prefabricated house; a prefab *(fam.)*.
prefabbricazióne *f.* *(edil.)* **prefabrication.**
prefàzio *m.* *(relig.)* **Preface.**
prefazióne *f.* **preface; introduction; foreward.**
preferènza *f.* **preference**: *avere p. per q. (q.c.)*, to have a preference for sb. (for st.); to prefer sb. (st.) □ *non avere preferenze*, to have no preferences ● *a p. di*, rather than □ *di p.*, preferably □ *(polit.) voto di p.*, preferential vote.
preferenziale *a.* **preferential**: *voti preferenziali*, preferential votes ● *(comm.) azioni preferenziali*, preference shares.
preferìbile *a.* **preferable;** to **be preferred.**
preferibilménte *avv.* **preferably;** (più volentieri) **more willingly, sooner;** (piuttosto) **rather.**
preferire *v. t.* to **prefer;** to **have a preference for** (sb., st.); to **like better** (o **best**): *Preferisco il tè*, I prefer tea; I like tea better ● *Che cosa preferiresti, tè o caffè?*, Which would you rather have, tea or coffee? □ *Preferirei la morte al disonore*, I would sooner die than live in dishonour □ *Preferirei non andare*, I had rather not go □ *Preferirei che tu non fossi venuto*, I'd rather you hadn't come.
preferito **A** *a.* **favourite; best-loved** **B** *m.* **favourite;** (beniamino) **pet, darling.**
prefettìzio *a.* **prefector(i)al.**
prefètto *m.* (in ogni senso) **prefect.**
prefettura *f.* (in ogni senso) **prefecture.**
prèfica *f.* *(stor.)* **hired (woman*) mourner.**
prefìggere **A** *v. t.* to **fix (beforehand);** to **establish (in advance);** to **arrange**: *p. un limite*, to fix a term **B** **prefiggersi** *v. rifl.* to **propose to oneself;** to **intend;** to **be determined** (on).
prefigurare *v. t.* to **prefigure.**
prefigurazióne *f.* **prefiguration.**
prefisso **A** *a.* **fixed in advance; appointed**: *all'ora prefissa*, at the appointed time **B** *m.* **1** *(gramm.)* **prefix** **2** *(tel.)* **code (number).**
preformazióne *f.* (anche *biol.*) **preformation.**
pregare *v. t.* **1** *(relig.)* to **pray**: *p. Iddio*, to pray God **2** (chiedere con preghiere) to **ask,** to **beg;** (richiedere) to **request**: *Pregalo di entrare*, ask him (to come) in □ *Mi pregarono di uscire con loro*, they asked me to go out (o they invited me out) with them □ *I clienti sono pregati di non toccare la merce*, customers are requested not to touch the goods ● *farsi p.*, to stand on ceremony; to wait to be asked twice □ *Ti prego di entrare*, please come in; do come in □ *Vi prego di sedervi*, please sit down.
pregévole *a.* **valuable; of great value** (o **worth**).
preghièra *f.* **1** *(relig.)* **prayer;** (prima dei pasti) **grace**: *dire le preghiere*, to say one's prayers □ *dire una p.* (prima dei pasti), to say grace □ *Dio esaudirà le tue preghiere*, God will answer your prayers **2** (richiesta) **request; entreaty**: *una p. di aiuto*, a request for help □ *su p. di q.*, at sb.'s request □ *rimanere sordo alle preghiere di q.*, to turn a deaf ear to sb.'s entreaties.
pregiare **A** *v. t.* *(lett.)* to **appreciate;** to **value;** to **esteem** **B** **pregiarsi** *v. rifl.* to **have the honour;** to **beg;** to **take* pleasure**: *Mi pregio d'informarVi che...*, I have the honour (o I beg) to inform you that...
pregiato *a.* **esteemed; valued; prized**: *molto p.*, highly esteemed □ *la Vostra pregiata lettera*, your esteemed letter ● *Pregiatissimo Signor John Brown*, (negli indi-

rizzi) Mr. John Brown; John Brown, Esq.; (a inizio di lettera) Dear Sir.

prègio *m.* **1** (stima, considerazione) **esteem; regard**: *tenere q. in gran p.*, to hold sb. in high esteem **2** (qualità positiva) **(good) quality; merit; excellence**: *pregi artistici (letterari),* artistic (literary) qualities **3** (valore) **value; worth**: *un libro di gran p.*, a book of great value □ *avere gran p.*, to be of great value □ *non avere nessun p.*, to be of no value; to be worthless ● *farsi un p. (di),* to have the honour (to).

pregiudicare *v. t.* to **prejudice**; to **be prejudicial to**; to **compromise**; (mettere in pericolo) to **jeopardize**; (danneggiare) to **impair**, to **harm**, to **injure**, to **be detrimental to**: *p. la salute,* to impair one's health □ *p. gli interessi di q.*, to be prejudicial to sb.'s interests.

pregiudicato *m. (leg.)* **previous offender; gaolbird** *(fam.)*.

pregiudiziale A *a.* **prejudicial; preliminary B** *f. (leg.)* **preliminary question.**

pregiudiziévole *a.* **prejudicial; detrimental.**

pregiudizio *m.* **1** (opinione erronea) **prejudice; bias**; (superstizione) **superstition**: *orgoglio e p.*, pride and prejudice □ *non avere pregiudizi,* to be free from prejudice; to be unbias(s)ed **2** (danno) **prejudice; detriment; inconvenience**: *con p. di,* to the detriment of ● *essere (o riuscire) di p. a q.c.*, to be prejudicial (o detrimental) to st. □ *recare p. alla salute,* to be bad for the health □ *senza pregiudizi,* unprejudiced *(agg.)*.

pregnante *a.* **pregnant** (anche *fig.*).

prégno *m.* **1 pregnant 2** *(fig.)* **saturated, impregnated** (with); (pieno) **teeming** (with), **full** (of).

prègo *inter.* **1** (rispondendo a chi ringrazia) **don't mention it!; it's a pleasure!; you're welcome!** (specialm. *USA*) **2** (per invitare q. a ripetere ciò che non si è capito) **pardon? 3** (per invitare q. ad accomodarsi, ad accettare q.c., ecc.) **please**: *P., sedetevi,* please sit down **4** (invitando q. ad entrare prima) **after you!**

pregustare *v. t.* to **foretaste**; to **anticipate**; to **look forward to** (st.): *p. la gioia di rivedere q.*, to look forward to seeing sb. again.

pregustazióne *f. (lett.)* **foretaste; anticipation.**

preistòria *f.* **prehistory.**

preistòrico *a.* **prehistoric(al)** (anche *fig.*).

prelatìzio *a. (relig.)* **prelatic(al).**

prelato *m. (relig.)* **prelate.**

prelatura *f. (relig.)* **prelacy.**

prelazióne *f. (leg.)* **pre-emption.**

prelegato *m. (leg.)* **preferential legacy.**

prelevaménto *m.* **1 withdrawal; withdrawing; drawing**: *avviso di p.*, withdrawal notice **2** (somma prelevata) **drawings** *(pl.)*.

prelevare *v. t.* **1** to **withdraw***; to **draw***: *p. denaro da una banca,* to draw money from a bank **2** (arrestare) to **arrest 3** *(med.)* to **take***.

prelibato *a.* **dainty; delicious; exquisite** ● *boccone p.*, tit-bit.

prelièvo *m.* **1 withdrawal; drawing 2** *(med.)* **taking**: *p. del sangue,* taking of a blood sample.

preliminare A *a.* **preliminary; preparatory**: *un esame p.*, a preliminary examination; a prelim *(fam.)* **B** *m.* **preliminary** *(generalm. al pl.)*.

preliminarménte *avv.* **preliminarily; as a preliminary.**

prelùdere *v. i.* **1** (introdurre) to **introduce**: *p. con poche parole all'argomento,* to introduce the subject in brief **2** (preannunziare) to **prelude**; to **be a sign of** (st.); to **betoken**; to **foreshadow**; to **forebode**: *nuvole che preludono a un temporale,* clouds foreboding a storm.

preludiare *v. i. (mus.)* to **prelude.**

prelùdio *m.* **1** (proemio) **prelude; introduction; preface; proem 2** (segno precursore) **prelude; sign; token; forerunner; foreboding 3** *(mus.)* **prelude.**

pré-maman *(marchio)* **A** *m. invar.* **maternity dress B** *a.* **maternity** *(attr.)*: *abiti p.*, maternity wear.

prematrimoniale *a.* **premarital; pre-marriage** *(attr.)*.

prematuraménte *avv.* **prematurely** ● *morire p.*, to die young.

prematurità *f.* **prematurity; prematureness.**

prematuro *a.* **premature; untimely.**

premeditare *v. t.* to **premeditate**; to **plan (in advance).**

premeditataménte *avv.* **premeditatedly; with premeditation.**

premeditato *a.* **premeditated.**

premeditazióne *f.* **premeditation** ● *un delitto con p. (senza p.),* a premeditated (an unpremeditated) crime.

prèmere A *v. t.* **1** to **press**; (anche spremere) to **squeeze**: *p. un bottone,* to press a button **2** (incalzare) to **press**; to **bear* down on** (sb.) **B** *v. i.* **1** to **press**: *p. sul pedale col piede,* to press one's foot on the pedal **2** (gravare, anche *fig.*) to **press**; to **bear* down**; to **weigh 3** (*v. impers.*: stare a cuore, importare) to **matter**; to **interest**; to **be important**; to **be of interest**; to **be anxious** (*v. pers.*): *Tutto ciò che mi preme è la tua felicità,* all that matters to me is your happiness □ *Mi preme di finire il più presto possibile,* I am anxious to finish as soon as possible **4** (urgere) to **be urgent**; to **be pressing 5** (*fig.*: fare pressione, cercare d'indurre) to **urge** (sb.) **to do st.**; to **bring* pressure to bear** (on).

preméssa *f.* **1 introductory** (o **preliminary, previous) statement; introduction**: *fare una p.*, to make a preliminary statement **2** *(filos.)* **premise, premiss 3** *(al pl., leg.)* **premises.**

premésso *a.* **stated beforehand** (o **in advance)**; (precedente) **preceding, previous**: *ciò p.*, that being stated ● *p. che,* since; considering that; *(leg.)* whereas.

preméttere *v. t.* **1** to **premise**; to **state beforehand** (o **in advance) 2** (mettere prima) to **put* before**; to **place before**: *p. il nome al cognome,* to put one's Christian name before one's surname.

premiando *m.* **prize-winner.**

premiare *v. t.* **1** to **give*** (o **to award) a prize to** (sb.) **2** (ricompensare) to **recompense**; to **reward**; to **repay***.

premiato *m.* **prize-winner.**

premiazióne *f.* **prize-giving.**

première *(franc.) f. (teatr., cinem.)* **premiere; first performance.**

premilitare *a. (mil.)* **pre-military.**

preminènte *a.* **pre-eminent.**

preminènza *f.* **pre-eminence; superiority.**

prèmio *m.* **1 prize; award**: *il p. Nobel,* the Nobel prize □ *un p. di consolazione,* a consolation prize □ *ricevere q.c. in p.*, to receive st. as a prize □ *Gli fu assegnato il primo p.*, he was awarded the first prize **2** (ricompensa) **reward; recompense**: *un p. per i propri servizi,* a recompense for one's services **3** *(ass.)* **premium** ● *p. d'anzianità* (di servizio), long-service bonus □ *(sport) p. d'ingaggio,* signing-on fee □ *buono p.*, premium bond.

premolare *a.* e *m. (anat.)* **premolar.**

premonitóre A *a.* **premonitory; forewarning B** *m.* **premonitor; forewarner.**

premonitòrio *a.* (anche *med.*) **premonitory.**

premonizióne *f.* **premonition; forewarning.**

premoriènza *f. (leg.)* **predecease.**

premorire *v. i.* to **die before** (sb. else); to **predecease.**

premunire A *v. t.* to **fortify (beforehand)**; to **forearm**; (proteggere) to **protect B premunirsi** *v. rifl.* **1** to **take* precautions** (o **protective measures)**, (rafforzarsi) to **fortify** (o **to arm) oneself** (against) **2** (provvedersi) to **provide oneself** (with).

premunizióne *f. (med.)* **premunition.**

premura *f.* **1** (sollecitudine, cura) **care; solicitude**: *avere p. (di),* to take care (to) **2** (cortesia) **kindness**; (riguardo, attenzione) **attention**: *Voglio ringraziarti della tua p. per mia madre,* I want to thank you for your kindness to my mother □ *colmare q. di premure,* to shower attentions upon sb.; to overwhelm sb. with kindness **3** (urgenza, fretta) **hurry; haste**: *avere (molta) p.*, to be in a (great) hurry □ *di p.*, in haste, in a hurry □ *Non c'è p.*, there is no hurry ● *avere p. di sapere q.c.*, to be anxious to know st. □ *darsi p.*, to take pains (to do st.) □ *far p. a q.*, to hurry sb. up.

premurarsi *v. rifl.* to **take* pains** (to do st.).
premurosaménte *avv.* **solicitously; considerately.**
premuróso *a.* **solicitous; considerate; kind; thoughtful.**
prenatale *a.* **prenatal.**
prèndere ***A*** *v. t.* ***1*** to **take*** (in molti casi); (acciuffare) to **catch***; (ghermire, afferrare) to **seize**: *p. q.c. fra le mani,* to take st. in one's hands □ *p. lezioni private,* to take private lessons □ *p. un tassì,* to take a taxi □ *p. le vacanze,* to take one's holidays □ *p. molto tempo,* to take a long time □ *p. un vocabolo da una lingua straniera,* to take (o to borrow) a word from a foreign language □ *p. i topi,* to catch mice □ *p. un cane per la coda,* to seize a dog by the tail □ *essere preso dal rimorso (dalla rabbia, dalla paura),* to be seized with remorse (anger, fear) □ *p. il posto di q.,* to take sb.'s place □ *p. le misure a q.,* to take sb.'s measurements □ *p. q. per la collottola,* to take sb. by the scruff of the neck □ *p. un autobus (un treno),* to take (o to catch) a bus (a train) ***2*** (cogliere sopraggiungendo) to **catch***; to **take***: *Lo presi mentre rubava,* I caught him stealing □ *p. q. sul fatto,* to catch sb. red-handed ***3*** (assumere) to **take* over;** to **assume;** (impiegati, operai, ecc.) to **engage**: *p. la gestione di un albergo,* to take over the management of a hotel ***4*** (occupare) to **take* up**: *p. troppo posto,* to take up too much room ***5*** (cogliere nel segno) to **hit*** ***6*** (ottenere, guadagnare) to **get***; to **earn**: *p. il primo premio,* to get (o to win) the first prize □ *p. novanta sterline alla settimana,* to earn ninety pounds a week ***7*** (comprare, acquistare) to **buy***; to **get*** ***8*** (prendere per, scambiare) to **mistake***; to **take***: *p. una cosa per un'altra,* to mistake one thing for another ***9*** (far pagare) to **charge**: *Quanto ti ha preso?,* how much did he charge you? ***B*** *v. i.* ***1*** (girare, voltare) to **turn**: *p. a destra (a sinistra),* to turn to the right (to the left) ***2*** (attecchire) to **take* root** ***3*** (rapprendersi, indurirsi) to **set*** ● *p. a* (cominciare), to take to (st., doing st.); to start (doing st.) □ *p. q. a calci,* to kick sb. □ *p. a cuore q.c.,* to take st. to heart □ *p. q. a pugni,* to strike sb. with one's fists □ *p. l'abitudine (di),* to get into the habit (of) □ *p. alloggio,* to put up (at) □ *p. un appuntamento,* to make an appointment □ *p. congedo da q.,* to take leave of sb. □ *p. contatto con q.,* to get in touch with sb.; to contact sb. □ *p. da* (somigliare), to take after (sb.) □ *p. d'assalto,* to take by storm (anche *fig.*) □ *p. in affitto,* to rent □ *p. q.c. in burla (sul serio),* to take st. as a joke (in earnest) □ *p. q. in disparte,* to draw sb. aside □ *p. informazioni,* to make inquiries □ *p. lavoro a cottimo,* to undertake piecework □ *p. marito (o moglie),* to get married □ *prenderle,* to catch it *(fam.)*; (rif. a bambini) to be spanked, to be smacked □ *prendersela,* to take offence (at st.) □ *prendersela (a cuore),* to take things to heart □ *prendersela comoda,* to take it easy; to take one's time □ *prendersela con q.,* (adirarsi) to get angry with sb.; (incolpare q.) to lay the blame on sb. □ *andare a p. q. (q.c.),* to fetch sb. (st.) □ *uscire a p. aria,* to go out for a breath of fresh air □ *Mi vennero a p. ieri,* they called for me yesterday □ *Per chi mi prendi?,* who do you take me for? □ *P. o lasciare!,* take it or leave it! □ *Che ti prende?,* what's the matter with you? ***C*** **prendersi** *v. rifl. recipr.* — *p. a pugni,* to come to blows.
prendìbile *a.* **tak(e)able.**
prendisóle *m. invar.* **beach suit.**
prenóme *m.* **Christian name.**
prenominato *a. (lett.)* **above-mentioned; aforesaid.**
prenotare ***A*** *v. t.* to **book;** to **reserve;** to **engage;** to **put* one's name down for** (st.): *p. una camera in un albergo,* to book a room at a hotel □ *p. un posto,* to book a seat □ *p. dieci copie d'un libro,* to put one's name down (o to subscribe) for ten copies of a book ***B*** **prenotarsi** *v. rifl.* to **book** (st.); to **put* one's name down** (for).
prenotazióne *f.* **booking; reservation** ● *ufficio prenotazioni,* booking agency; booking office.
prènsile *a. (zool.)* **prehensile.**
prensióne *f. (zool.)* **prehension.**
preoccupante *a.* **worrying; worrisome.**
preoccupare ***A*** *v. t.* to **worry;** to **trouble;** to **make*** (sb.) **anxious**: *Che cosa ti preoccupa?,* what is worrying you? □ *Quello che mi preoccupa è che...,* what troubles me is that... ***B*** **preoccuparsi** *v. rifl.* to **worry;** to **be troubled;** to **trouble** *(generalm. nelle frasi neg.)*; to **be anxious;** to **bother**: *Non ti p.!,* don't worry! □ *Oh, non ti p., grazie!,* oh, don't trouble, thanks! □ *p. per q.,* to be anxious for sb. □ *p. di q.c.,* to worry about st.
preoccupato *a.* **worried; troubled; anxious**: *essere p. per q.,* to be anxious for sb. □ *essere p. di q.c.,* to be troubled about st.; to worry about st.
preoccupazióne *f.* **worry; anxiety; care** *(us. al pl.)*; **trouble; apprehension**: *le preoccupazioni della vita,* the (cares and) worries of life □ *essere una grande p. per q.,* to be a great worry to sb.
preordinaménto *m.* **pre-arrangement.**
preordinare *v. t.* to **pre-arrange;** to **establish beforehand;** to **pre-ordain.**
preordinazióne *f.* **pre-ordination.**
preparare ***A*** *v. t.* to **prepare;** (apprestare) to **make*** (o to **get***) (sb., st.) **ready;** (predisporre) to **arrange**: *p. il pranzo,* to prepare dinner □ *p. un esame,* to prepare an examination □ *p. q. a un esame,* to prepare (o to coach) sb. for an examination ***B*** **prepararsi** *v. rifl.* ***1*** to **prepare (oneself);** to **get* ready;** (fare preparativi) to **make* preparations**: *p. a un viaggio,* to make preparations for a journey □ *p. a morire,* to prepare for death ***2*** (accingersi) **to be about to**: *p. ad uscire,* to be (just) about to go out.
preparativo *m.* **preparation; preparative**: *fare i preparativi per un viaggio,* to make preparations for a journey.
preparato ***A*** *a.* **prepared;** (pronto) **ready**: *essere p. a fare q.c.,* to be ready to do st. □ *essere p. per sostenere un esame,* to be prepared for an examination ***B*** *m. (chim., farm.)* **preparation.**
preparatòrio *a.* **preparatory; preparative**: *una scuola preparatoria,* a preparatory school; a prep (gergo studentesco).
preparazióne *f. (in ogni senso)* **preparation** ● *p. professionale,* vocational education □ *senza p.,* unprepared.
preponderante *a.* **preponderant; predominant; prevailing.**
preponderanza *f.* **preponderance;** (predominio) **predominance, predominancy;** (prevalenza) **prevalence;** (maggioranza) **majority;** (superiorità) **superiority;** (supremazia) **supremacy.**
preponderare *v. i.* to **preponderate;** to **predominate;** to **prevail.**
prepórre *v. t.* ***1*** (porre innanzi) to **place** (o to **put***) **before;** to **prefix** ***2*** (dare la preferenza) to **prefer;** to **set* above**: *p. il bene al male,* to set good above evil ***3*** (mettere a capo) to **put* at the head** (of).
prepositivo *a. (gramm.)* **prepositive**: *una particella prepositiva,* a prepositive (particle) ● *locuzione prepositiva,* prepositional phrase.
prepositura *f. (relig.)* **provostship; provostry.**
preposizióne *f. (gramm.)* **preposition.**
prepósto *V.* **prevòsto.**
prepotènte ***A*** *a.* ***1*** **overbearing; domineering; high-handed** *(fam.)* ***2*** *(fig.)* **irrepressible** ***B*** *m.* e *f.* **domineering person; bully** ● *fare il p.,* to bully; to ride the high horse, to be on one's high horse *(fam.)*.
prepotenteménte *avv.* **overbearingly; domineeringly; high-handedly.**
prepotènza *f.* **overbearance; overbearing behaviour; bullying**: *Smettila con le prepotenze!,* do stop it with your bullying! ● *di p.,* arrogantly.
prepotére *m.* **excessive power.**
preraffaellismo *m. (arte, letter.)* **Pre-Raphaelitism; Pre-Raphaelism.**
preraffaellita *a., m.* e *f. (arte, letter.)* **Pre-Raphaelite.**
prerogativa *f.* ***1*** **prerogative; privilege** ***2*** (dote tipica) **(special) quality** ***3*** (proprietà, virtù speciale) **property.**
preromano *a.* **pre-Roman.**
preromanticismo *m. (letter.)* **pre-Romanticism.**
preromàntico *a.* e *m. (letter.)* **pre-Romantic.**
présa *f.* ***1*** (atto del prendere) **taking; catching; seiz-**

ing: *la p. di possesso di una carica,* the taking up of an office **2** (espugnazione, conquista) **seizure; capture**: *la p. della Bastiglia,* the capture (o taking) of the Bastille **3** (stretta) **hold; grasp; grip**: *abbandonare la p.,* to let go one's hold □ *avere una p. forte,* to have a firm grip (o grasp) **4** (per maneggiare il ferro da stiro quando è caldo) **iron-holder** **5** (di acqua, d'aria) **intake;** (di gas) **outlet** **6** *(elettr.)* **tap**: *una p. di corrente,* a current-tap; a socket **7** (di cemento, ecc.) **set; setting** **8** (pizzico) **pinch** **9** (impugnatura) **grip;** (manico) **handle** **10** *(carte)* **trick** ● *p. in giro,* leg-pull □ *(fig.) essere alle prese con q.c.,* to grapple with st. □ *(fig.) avere p. su q.,* to have a hold over sb. □ *cane da p.,* retriever □ *dar p. alle calunnie,* to give rise to slander □ *far p.,* to have a grip (on st., sb.); (indurirsi) to set; (attaccarsi) to stick; (mettere radici) to take root □ *(cinem.) macchina da p.,* cine-camera □ *venire alle prese con q.,* to come to grips with sb.

preṣàgio *m.* **presage; omen; portent;** (presentimento) **presentiment, premonition, foreboding**: *essere di cattivo p.,* to be of bad omen.

preṣagire *v. t.* to **presage;** to **portend;** (prevedere) to **foresee*;** (predire) to **predict,** to **foretell*;** (presentire) to **have a presentiment of** (st.), to **forebode.**

preṣàgo *a.* **foreboding** ● *essere p. di q.c.,* to foresee st.; to have a presentiment of st.

presalàrio *m.* (assegno di studio) **(student's) grant.**

presame *m.* **rennet.**

preṣbiopìa *f. (med.)* **presbyopia; long sight.**

prèṣbite *(med.)* **A** *a.* **presbyopic; long-sighted** **B** *m.* e *f.* **long-sighted person.**

preṣbiterianéṣimo, preṣbiterianiṣmo *m. (relig.)* **Presbyterianism.**

preṣbiteriano *a.* e *m. (relig.)* **Presbyterian.**

preṣbitèrio *m. (archit., relig.)* **presbytery.**

preṣbitiṣmo *m. (med.)* **presbyopia; long sight.**

prescégliere *v. t.* to **select;** to **choose*.**

prescélto *a.* **select; selected; choice.**

presciènza *f.* **prescience; foreknowledge.**

prescìndere *v. i.* to **prescind** (from); to **leave*** (st.) **out of consideration** ● *a p. (o prescindendo) da questo,* apart from this.

prescolare, prescolàstico *a.* **preschool** *(attr.)* ● *bambini in età p.,* children under six □ *istruzione prescolastica,* nursery-school teaching.

prescritto *a.* **1** **prescribed;** (obbligatorio) **obligatory**: *riempire il modulo p.,* to fill in the prescribed form **2** *(leg.)* **statute-barred** ● *È p. l'abito da sera,* evening dress (de rigueur).

prescrìvere *v. t.* to **prescribe** (anche *med.*); (ordinare) to **enjoin**: *La legge prescrive che...,* the law prescribes that... □ *p. una medicina,* to prescribe a medicine.

prescrizióne *f.* **prescription** (anche *med., leg.*); (norma) **rule, precept;** (direttiva) **direction, instruction** *(usati al pl.)*: *attenersi alle prescrizioni,* to follow the instructions ● *(leg.) cadere in p.,* to be barred by the statute of limitations.

presèlla *f.* (per fucinatura) **fuller.**

preṣentàbile *a.* **presentable.**

preṣentare **A** *v. t.* **1** (mostrare, anche *fig.*) to **present,** to **show*;** (esibire) to **produce**: *p. molte difficoltà,* to present many difficulties □ *p. le proprie referenze,* to produce one's references **2** (inoltrare) to **put* in,** to **send* in** (st.); to **present;** to **submit**: *p. una domanda,* to send in an application □ *p. un reclamo,* to put in a claim; to make a complaint **3** (offrire, porgere, anche *fig.*) to **offer;** to **present**: *p. alcuni vantaggi,* to offer some advantages □ *p. i propri complimenti,* to present one's compliments □ *p. le scuse,* to offer one's apologies **4** (far conoscere) to **introduce**: *Permetti che ti presenti mia moglie?,* may I introduce my wife to you? ● *(mil.) p. le armi,* to present arms □ *p. i conti,* to render accounts □ *p. una mozione d'ordine,* to raise a point of order □ *p. i propri omaggi,* to pay one's respects □ *p. una sfida,* to deliver a challenge **B** **presentarsi** *v. rifl.* **1** to **present oneself;** (mostrarsi) to **show* oneself;** (comparire) to **appear**: *p. davanti al Tribunale,* to appear before the Court **2** (farsi conoscere) to **introduce oneself**: *Permette che mi presenti?,* may I introduce myself? **3** (offrirsi) to **offer (oneself)** **4** (sembrare) to **seem;** to **appear** ● *p. a un esame,* to sit for an exam □ *p. bene,* to look well; *(fig.)* to promise well □ *p. candidato al Parlamento,* to stand for Parliament □ *p. in ritardo (in anticipo),* to arrive late (early).

preṣentatàrm, preṣentat'arm *m. (mil.)* **present arms.**

preṣentatóre *m.* **1** *(radio, telev.)* **announcer; presenter; compere** **2** *(comm.)* **bearer**: *il p. d'una cambiale tratta,* the bearer of a draft ● *(radio, telev.) p. di dischi,* disk-jockey □ *p. di quiz,* quiz-master.

preṣentazióne *f.* **1** **presentation** **2** (il far conoscere una persona a un'altra) **introduction**: *una lettera di p.,* a letter of introduction **3** (*cinem.*: p. del prossimo film) **trailer** ● *(comm.) a p.,* on demand □ *fare le presentazioni,* to do the introducing.

(1) preṣènte **A** *a.* **1** **present**: *essere p. a una riunione,* to be present at a meeting □ « *P.!* », « present! »; « here! »; « adsum! » **2** (attuale) **present; current**: *il p. mese,* the current month **3** (questo) **this***: *il p. volume,* this volume □ *(comm.) la p. (lettera),* this letter ● *essere p. a se stesso,* to be self-possessed □ *avere p. q. (q.c.),* to remember sb. (st.) □ *tenere p. q.c.,* to bear (o to keep) st. in mind **B** *m.* **1** **(the) present**: *il passato, il p. e il futuro,* the past, the present, and the future □ *al p.,* at present **2** *(gramm.)* **present (tense)**: *al p.,* in the present **3** *(al pl.)* **those present**: *tutti i presenti allo spettacolo,* all those present at the show; all the spectators ● *i presenti esclusi,* present company excepted.

(2) preṣènte *m.* (dono) **present; gift.**

preṣenteménte *avv.* **at present; at this moment; now.**

presentiménto *m.* **presentiment; foreboding.**

presentire *v. t.* e *i.* to **have a presentiment** (of); to **forebode;** to **foresee*.**

preṣènza *f.* **1** **presence**: *accorgersi della p. di q.,* to notice sb.'s presence □ *giurare in p. di testimoni,* to take an oath in the presence of witnesses **2** (frequenza) **attendance** ● *p. di spirito,* presence of mind □ *di p.* (di persona), in person; personally □ *fare atto di p.,* to put in (o to make) an appearance □ *una persona di bella p.,* a good-looking person □ *Cercasi stenodattilografa, bella p.,* wanted: shorthand typist, smart appearance.

preṣenziare *v. t.* e *i.* to **be present** (at); to **attend.**

preṣèpe, preṣèpio *m.* **manger; crib**: *il santo p.,* the Holy Crib; the Christmas Crib.

preservare *v. t.* to **preserve;** (proteggere) to **protect,** to **guard.**

preservativo **A** *a.* **preservative** **B** *m. (farm.)* **prophylactic; condom; sheath.**

preservazióne *f.* **preservation.**

prèside **A** *m.* **principal; head-master;** (di facoltà universitaria) **dean, head of a department** **B** *f.* **lady principal; head-mistress.**

presidènte *m.* **1** (d'un consiglio, di un'assemblea) **chairman*** **2** *(polit.)* **President**: *il P. della Repubblica,* the President of the Republic **3** (della Camera dei deputati, del Senato) **Speaker** **4** (d'un tribunale) **presiding judge** ● *P. del Consiglio dei Ministri,* Premier; Prime Minister.

presidentéssa *f.* **1** **lady president;** (di un'assemblea) **chairwoman*** **2** (moglie del presidente) **President's wife; first lady** *(USA).*

presidènza *f.* **1** **presidency;** (di un'assemblea) **chairmanship;** (seggio presidenziale) **chair**: *assumere la p.,* to take the chair □ *essere alla p.,* to act as chairman **2** (ufficio, dignità di preside) **headmastership** **3** (ufficio, dignità di Presidente del Consiglio dei Ministri) **Premiership.**

presidenziale *a.* **presidential** ● *il seggio p.,* the chair.

presidiare *v. t. (mil.)* to **garrison** (anche *fig.*).

presidiàrio *a. (mil.)* **of a garrison; garrison** *(attr.).*

presìdio *m.* **1** *(mil.)* **garrison**: *milizie di p.,* garrison troops **2** (*fig.*: protezione) **protection;** (difesa) **defence.**

presièdere *v. i.* e *t.* **1** (fare da presidente) to **preside;**

to **act as chairman***: *p. una seduta,* to preside at (o over) a meeting; to act as chairman at a meeting **2** (dirigere) to **be at the head** (of).
préso *a.* **1** (indaffarato) **busy; engaged 2** (rif. a posto e sim.: occupato) **taken.**
prèssa *f.* **1** (calca, ressa) **pressing of people; crowd (of people); throng 2** *(mecc.)* **press** ● *fare p.* (accalcarsi), to crowd; to throng.
pressacarte *m.* **paper-weight.**
pressante *a.* **pressing; urgent.**
pressappòco *avv.* **approximately; roughly; about; more or less.**
pressare *v. t.* **1** to **press**: *(mecc.) p. a caldo (a freddo),* to hot-press (to cold-press) **2** *(fig.)* to **press;** to **urge.**
pressatura *f. (mecc.)* **pressing.**
pressióne *f.* **1 pressure** (anche *fig.*): *p. atmosferica,* atmospheric pressure □ *alta (bassa) p.,* high (low) pressure □ *(fisiologia) p. del sangue,* blood pressure □ *sotto p.,* under pressure **2** (in macchine a vapore) **steam**: *mantenere la p.,* to keep up steam ● *(fig.) fare p. su q.,* to bring pressure to bear on sb. □ *pentola a p.,* pressure-cooker.
prèsso A *avv.* **nearby; near; close (at hand)** ● *a un di p.,* about; approximately; roughly □ *da p.,* closely; at close quarters (anche *fig.*) □ *vedere la morte da p.,* to look death in the face **B** *prep.* **1** (vicino a) **near; not far from**: *Io abito p. Mantova,* I live near Mantua **2** (accanto a, a fianco di) **beside; next to; by**: *Si sedette p. la bella ragazza,* he sat down beside the beautiful girl **3** (a casa di, nell'ufficio di) **at, with;** (negli indirizzi) **care of** (*abbr.*: **c/o**): *Abito p. i Rossi,* I live at the Rossi's □ *Lavoro p. il signor Smith,* I work with (o for) Mr Smith □ *Egr. Sig. X. Y. p. Z.,* Mr X. Y. c/o Z **4** (fra) **among**: *p. il popolo,* among the people; in popular opinion **5** (in confronto) **in comparison** (with); **compared** (with) **6** *(fig.)* **with; over**: *avere molta influenza p. q.,* to have great influence over sb. ● *essere p. a fare q.c.,* to be about to do (o on the point of doing) st. □ *press'a poco,* approximately; roughly; about **C** *m. (al pl.)* **neighbourhood** *(sing.)*; (dintorni) **environs, outskirts**: *nei p. di Firenze,* in the neighbourhood of Florence; on the outskirts of Florence; somewhere near Florence.
pressoché *avv. (lett.)* **almost; all but.**
pressofuṣióne *f. (fonderia)* **die-casting.**
pressóio *m.* **presser.**
pressuriẓẓare *v. t. (aeron.)* to **pressurize.**
pressuriẓẓazióne *f. (aeron.)* **pressurization.**
prestabilire *v. t.* to **arrange** (o to **fix**) **beforehand** (o **in advance**) ● *Nulla c'era di prestabilito,* nothing had been decided yet.
prestanóme *m.* e *f. invar.* **1 figure-head; dummy;** *(masch.,* anche*)* **man* of straw 2** *(leg.)* **nominee.**
prestante *a.* **of fine presence; good-looking; handsome.**
prestanza *f.* **good looks** *(pl.)*.
prestare A *v. t.* to **lend***: *p. denaro (libri, riviste) a q.,* to lend money (books, magazines) to sb.; to lend sb. money (books, magazines) ● *p. aiuto,* to lend a hand □ *p. attenzione,* to pay attention □ *p. orecchio (o ascolto),* to lend an ear; to listen □ *p. la propria opera,* to give one's services □ *p. i primi soccorsi,* to give first aid **B prestarsi** *v. rifl.* **1** to **lend* oneself;** (acconsentire) to **consent;** (approvare) to **countenance 2** (rendersi utile) to **make* oneself useful 3** (essere idoneo) to **be fit** (o **suitable**) (for); to **lend* oneself.**
prestatóre *m.* **lender;** (di denaro) **money-lender.**
prestavóce *m.* e *f. (cinem.)* **dubber.**
prestazióne *f.* **1** *(al pl.:* servizi*)* **services 2** *(al pl., mecc.)* **performance** *(sing.)* **3** *(sport)* **performance.**
prestidigitatóre *V.* **prestigiatóre.**
prestidigitazióne *f.* **sleight-of-hand; legerdemain; prestidigitation.**
prestigiatóre *m.* **1 conjurer, conjuror; prestidigitator;** (giocoliere) **juggler 2** *(fig.)* **juggler; trickster.**
prestìgio *m.* **1** (gioco di mano) **sleight-of-hand; feat of legerdemain**: *giochi di p.,* legerdemain, jugglery *(sing.)* **2** *(fig.:* fascino*)* **glamour; charm 3** *(fig.:* autorità*)* **prestige; authority; ascendancy.**
prestigióso *a.* **1 glamorous; charming; fascinating 2** (che colpisce per importanza) **prestigious.**
prèstito *m.* **loan**: *un p. a breve (a lunga) scadenza,* a short-term (long-term) loan □ *p. di guerra,* war loan □ *contrarre (emettere) un p.,* to incur (to issue) a loan □ *sottoscrivere un p.,* to subscribe to a loan □ *avere q.c. in p.,* to have st. on loan ● *dare in p. q.c. a q.,* to lend st. to sb.; to lend sb. st. □ *prendere q.c. in p. da q.,* to borrow st. from (o of) sb.
prèsto *avv.* **1** (in breve tempo) **soon; in a short time; before long**: *Arrivederci a p.,* see you soon **2** (di buon'ora) **early 3** (in fretta) **quickly 4** (facilmente) **easily**: *Si fa p. a dire,* that's easily said **5** *(mus.)* **presto** ● *p. o tardi,* sooner or later □ *al più p.,* as soon as possible □ *fare p.,* to be quick; to hurry up; to make haste □ *P.!,* hurry up!; quick!
prèsule *m. (relig.)* **bishop; prelate.**
preṣùmere A *v. i.* to **presume,** to **rely too much** (on); to **take*** (st.) **for granted**: *p. della propria autorità,* to rely too much on one's authority □ *p. di sapere q.c.,* to presume to know st. **B** *v. t.* to **presume;** to **conjecture;** to **think*;** to **suppose** ● *p. troppo di sé,* to be over-confident.
preṣumìbile *a.* **presumable;** (probabile) **probable, likely.**
preṣuntivo *a.* **presumptive** ● *spesa presuntiva,* estimated expenditure.
preṣunto *a.* **presumed;** (valutato) **estimated;** (presuntivo) **presumptive, apparent**: *morte presunta,* presumed death □ *l'erede p.,* the heir presumptive.
preṣuntuosaménte *avv.* **presumptuously; presumingly; conceitedly; cockily** *(fam.)*.
preṣuntuóso A *a.* **presumptuous; presuming; over-confident; conceited; cocky** *(fam.)* **B** *m.* **presumptuous** (o **conceited**) **person.**
preṣunzióne *f.* **1** (presuntuosità) **presumption; presumptuousness; over-confidence; conceit; cockiness** *(fam.)*: *avere la p. di fare q.c.,* to have the presumption (o to presume) to do st. **2** (congettura) **presumption; conjecture; supposition 3** *(leg.)* **presumption**: *p. legale,* presumption of law ● *peccare di p.,* to be conceited (o over-confident); to be cocky *(fam.)*.
presuppórre *v. t.* **1** (immaginare in precedenza) to **presuppose;** to **suppose;** to **assume (beforehand);** to **conjecture 2** (implicare) to **presuppose;** to **imply.**
presuppoṣizióne *f.* **presupposition.**
presuppósto *m.* **presupposition; conjecture; premise.**
pretàglia *f. (spreg.)* **company of priests; confederacy of soutanes.**
prêt-à-porter *(franc.)* **A** *a.* **ready-made; ready-to-wear B** *m.* **ready-made.**
prète *m.* **1** *(relig.)* **priest; clergyman***: *farsi p.,* to become a priest; to take holy orders **2** *(fam.:* trabiccolo*)* **wooden frame (for a warming-pan)** ● *morire senza il p.,* to die without receiving the last Sacraments (o without the comforts of religion).
pretendènte *m.* **1 pretender 2** (corteggiatore) **suitor.**
pretèndere A *v. t.* **1** (vantarsi, sostenere) to **claim;** to **profess;** to **pretend**: *Pretende di essere un grande stratega,* he claims to be a great strategist **2** (credere indebitamente) to **think* one can** (do st.); to **think* oneself capable** (of doing st.): *Pretende di fare quel che gli piace,* he thinks he can do anything he likes **3** (esigere, aspettarsi) to **exact;** to **expect;** to **demand;** to **want**: *Pretesero la somma di dieci sterline,* they exacted the sum of ten pounds □ *Pretende di essere servito prima di tutti,* he expects to be served first □ *Pretendevano che io stessi zitto,* they wanted me to keep silent **4** (chiedere come prezzo) to **ask**: *Quanto pretende di quell'automobile?,* how much is he asking for that car? **B** *v. i.* to **pretend** (to); to **lay* claim** (to).
pretensióne *f.* **pretension; claim; pretence**: *un uomo che non ha pretensioni,* a man without pretence; an unpretentious man.
pretenziosità *f.* **pretentiousness.**
pretenzióso *a.* **pretentious.**
preterintenzionale *a. (leg.)* **unintentional** ● *omicidio p.,* manslaughter.
preterire *v. t. (raro)* to **pass over without mention;** to

omit.
pretèrito *a.* e *m.* *(gramm.)* **preterite.**
preterizióne *f.* *(retor.)* **preterition; paraleipsis*.**
preternaturale *a.* **preternatural.**
pretésa *f.* **1** (pretensione, presunzione) **pretension; claim; pretence**: *non avere pretese di correttezza grammaticale,* to make no pretence to grammatical accuracy □ *senza alcuna p.,* without (any) pretence **2** (pretesto) **pretence**: *con la p. di,* under (o on) the pretence (o pretext) of **3** (esigenza, richiesta) **claim; demand**: *Le mie pretese sono piccole,* my demands are small ● (nelle offerte d'impiego) *indicare pretese,* state salary required □ *Non avrai la p. che egli venga a quest'ora!,* you don't really expect him to arrive at this hour, do you?
pretésco *a.* *(spreg.)* **priestly; priest-like.**
pretéso *a.* **1** (reclamato) **claimed 2** (supposto) **alleged; supposed.**
pretèsto *m.* **1 pretext; pretence; excuse**: *un semplice p.,* a mere pretext □ *Sono tutti pretesti!,* that's all pretence! □ *col p. di,* on (o under) the pretext of; under cover of **2** (occasione) **occasion; opportunity**: *cogliere un p. per fare q.c.,* to seize the opportunity to do st.
pretino *m.* **young priest;** *(spreg.)* **priestling.**
pretóre *m.* **1** *(leg.)* **(police) magistrate 2** *(stor. romana)* **praetor.**
pretoriano *a.* e *m.* *(stor.)* **praetorian** (anche *fig.*).
(1) pretòrio *a.* **1** *(leg.)* **magisterial 2** *(stor. romana)* **praetorian.**
(2) pretòrio *m.* *(stor. romana)* **praetorium.**
prettaménte *avv.* **purely; genuinely;** (tipicamente) **typically.**
prètto *a.* **1** (schietto) **pure; genuine 2** *(fig.)* **pure; real; sheer.**
pretura *f.* **1** *(leg.)* **Local Magistrate's Court 2** *(stor. romana)* **praetorship.**
prevalènte *a.* **prevailing; prevalent;** (predominante) **predominating, predominant, ruling, leading.**
prevalenteménte *avv.* **prevalently; prevailingly; mostly.**
prevalènza *f.* **prevalence;** (predominio) **predominance.**
prevalére A *v. i.* to **prevail**; to **be prevalent**; (predominare) to **predominate**: *Prevarrà la verità,* truth will prevail □ *p. sui propri nemici,* to prevail over one's enemies **B prevalérsi** *v. rifl.* to **avail oneself,** to **take* advantage** (of).
prevaricare *v. i.* to **abuse one's office**; to **embezzle**; to **graft** (specialm. *USA*).
prevaricatóre *m.* *(leg.)* **embezzler; peculator; grafter** (specialm. *USA*).
prevaricazióne *f.* *(leg.)* **embezzlement; peculation; graft** (specialm. *USA*).
prevedére *v. t.* to **foresee***; to **anticipate**; (presagire) to **foretell***, to **forecast***, to **predict**: *p. quel che accadrà,* to foresee what will happen □ *p. il futuro,* to foretell the future ● *Era da p.!,* it was to be expected!; that's no surprise! □ *La legge non prevede questo caso,* the law does not provide for this case.
prevedìbile *a.* **foreseeable; predictable** ● *Era p.,* that's no surprise!
preveggènte, preveggènza *(lett.)* *V.* **previdènte, previdènza.**
prevenire *v. t.* **1** (arrivare prima, precedere) to **arrive before** (sb.); to **precede**; to **anticipate**; to **forestall**: *p. q. di circa mezz'ora,* to arrive about half an hour before sb. □ *p. una domanda,* to anticipate a question □ *p. un concorrente,* to forestall a competitor **2** (preavvertire) to **forewarn**; to **warn (beforehand)**; to **inform in advance** (o **beforehand) 3** (prevedere e cercare d'evitare) to **prevent**; (evitare) to **avoid,** to **ward off**: *p. una malattia,* to prevent an illness.
preventivaménte *avv.* **in advance; beforehand; previously.**
preventivare *v. t.* (anche *rag.*) to **estimate.**
preventivo A *a.* **preventive** (anche *med.*): *cura preventiva,* preventive (o prophylactic) treatment ● *(rag.)* *bilancio p.,* budget **B** *m.* *(rag.)* **estimate**: *fare un p.,* to make an estimate.
preventòrio *m.* *(med.)* **preventorium*.**
prevenuto *a.* **prejudiced; bias(s)ed**: *essere p. contro q. (q.c.),* to be prejudiced (o to have a prejudice) against sb. (st.).
prevenzióne *f.* **1** (il prevenire) **prevention**: *p. infortuni,* prevention of accidents **2** (preconcetto) **prejudice; bias; prepossession**: *giudicare senza prevenzioni,* to judge without prejudice □ *non avere nessuna p. contro q.,* to have no prejudice against sb.; to be unbiassed towards sb.
previdènte *a.* **provident; far-sighted;** (prudente) **prudent, wise.**
previdènza *f.* **providence; foresight** ● *p. sociale,* social security □ *istituto di p.,* provident institution.
previdenziale *a.* **social security** *(attr.)*.
prèvio *a.* **previous; prior**: *senza p. avviso,* without previous notice ● *p. avviso,* upon notice □ *p. pagamento (di),* upon payment (of).
previșióne *f.* **1 prevision; foresight 2** (cosa prevista) **prevision; forecast; expectation** *(generalm. al pl.)*: *previsioni meteorologiche,* weather forecast □ *in p. di,* in expectation of; in anticipation of □ *corrispondere alle proprie previsioni,* to meet one's expectations ● *(rag.)* *p. delle entrate (delle spese),* estimate of revenue (of expenditure).
previsto *a.* **1 foreseen; forecast; scheduled 2** *(rag.)* **estimated** ● *oltre il p.,* more than expected □ *più a lungo del p.,* longer than expected.
prevòsto *m.* *(relig.)* **head priest (of a parish);** (nella Chiesa protestante) **provost.**
preziàrio *m.* **price list.**
preziosișmo *m.* (anche *letter.*) **preciosity.**
preziosità *f.* **1 preciousness; great value 2** (eleganza affettata) **preciosity; over-refinement.**
prezióso A *a.* **1 precious;** (di gran pregio) **of great value**: *una pietra preziosa,* a precious stone □ *quadri preziosi,* paintings of great value **2** (*fig.*: di ciò che si tiene in gran conto) **precious; most valuable; highly-esteemed**: *un consiglio p.,* a most valuable piece of advice □ *doti preziose,* highly-esteemed qualities **3** (*fig.*: ricercato) **precious; over-refined; over-nice B** *m.* **jewel; valuable** *(generalm. al pl.)* ● *rendersi p.,* to keep to oneself.
prezzare *v. t.* *(comm.)* to **price-mark.**
prezzémolo *m.* (*bot.*, Petroselinum sativum) **parsley.**
prèzzo *m.* **1 price**: *un p. alto (basso),* a high (low) price □ *pagare il giusto p.,* to pay the right price □ *a p. di costo,* (at) cost price □ *p. d'acquisto,* purchase price □ *p. lordo (netto),* gross (net) price □ *il p. medio,* the average price □ *p. di listino,* list price □ *a metà p.,* at half price □ *un aumento (o rialzo) dei prezzi,* a rise in prices □ *una diminuzione (o calo) dei prezzi,* a fall (o decline) in prices □ *aumentare (abbassare) i prezzi,* to raise (to reduce) prices □ *vendere q.c. sotto p.,* to sell st. below cost price □ *ultimi (ultimissimi) prezzi,* bottom (rock-bottom) prices □ *pagare q.c. a caro p.,* to pay a high price for st.; (anche *fig.*) to pay dear(ly) for st. □ *praticare buoni prezzi,* to charge fair prices **2** (costo) **cost(s)**: *il p. della mano d'opera,* labour costs □ *a p. di,* at the cost of □ *a qualunque p.,* at any cost **3** (tariffa) **fare; rate; fee 4** (valore) **value; worth 5** *(al pl.:* condizioni*)* **terms; charges** ● *p. del silenzio,* hush-money □ *(Borsa) abbassare (rialzare) i prezzi,* to bear (to bull) the market □ *(Borsa) listino dei prezzi,* Stock Exchange quotations.
prezzolare *v. t.* to **hire.**
prezzolato *a.* **hired; mercenary** ● *stampa prezzolata,* venal press.
prigióne *f.* **1 prison; jail, gaol; quod** *(pop.)*: *mettere q. in p.,* to send (o to commit) sb. to prison (o jail); to imprison sb.; to take sb. into custody; to quod sb. *(pop.)* □ *rimanere in p. per tre anni,* to spend three years in jail; to serve a three years' sentence □ *evadere dalla p.,* to escape from prison; to break prison **2** (prigionìa) **imprisonment; detention; confinement**: *p. di rigore,* close confinement **3** *(fig.)* **prison; dungeon**: *Questa casa è una p.,* this house is as dark as a dungeon.
prigionìa *f.* **imprisonment; confinement; detention**: *cinque anni di p.,* five years' imprisonment.

prigionièro ***A*** *a.* **imprisoned; confined; shut up** ***B*** *m.* **prisoner**: *un p. di guerra,* a prisoner of war □ *fare p. q.,* to take sb. prisoner.

prillare *v. i. (dial.)* to **whirl**; to **spin***.

(1) prima ***A*** *avv.* ***1*** **before**: *Ne so quanto p.,* I know as much as I did before □ *molto p.,* long before □ *poco p.,* shortly (o a short time) before ***2*** (per primo, per prima cosa) **first**: *Carlo partì p. e gli altri seguirono,* Carlo left first and the others followed ***3*** (in anticipo) **beforehand; in advance** ***4*** (un tempo, una volta) **once; formerly** ***5*** (più presto) **earlier; sooner**: *p. o poi,* sooner or later ***B*** *locuz. cong.* — *p. di* (o *p. che*), before: *P. di partire (o che partisse), (egli) mi salutò,* before leaving (o before he left) he said goodbye to me □ *P. la morte che il disonore!,* death before (o rather than) dishonour! ***C*** *locuz. prep.* — *p. di,* before: *p. delle 10,* before 10 (o' clock) □ *p. di lui,* before him ● *come p.,* just as before □ *quanto p.,* as soon as possible □ *le usanze di p.,* former customs □ *(fig.) Non è più quello di p.,* he is no longer his former self; he isn't the man he was.

(2) prima *f.* ***1*** (a scuola: p. classe) **first class; first form** ***2*** (di nave, treno) **first class; first** *(fam.)*: *viaggiare in p.,* to travel first class □ *una carrozza di p.,* a first-class carriage ***3*** *(teatr., cinem.)* **first night; premiere** ***4*** *(autom.)* **first gear; first** *(fam.)* ***5*** *(scherma)* **prime** ***6*** *(relig.)* **prime** ● *sulle prime* (o *a tutta p.*), in the beginning; at first □ *Ci riuscii alla p.,* I succeeded at the first go.

primariaménte *avv.* ***1*** (principalmente) **primarily; principally; mainly; chiefly** ***2*** (in primo luogo) **primarily; first; firstly.**

primariato *m. (med.)* **post of a chief** (o **head**) **physician (in a hospital).**

primàrio *a.* **primary;** (primo) **first;** (principale) **principal, chief, main, leading**: *rocce primarie,* primary rocks □ *una delle primarie famiglie,* one of the first families □ *il (medico) p. d'un ospedale,* the chief (o head) physician of a hospital.

primate *m. (relig.)* **primate.**

primati *m. pl. (zool.,* Primates) **primates.**

primatìccio *a. (agric.)* **early**: *pesche primaticce,* early peaches.

primatista *m.* e *f. (sport)* **record-holder.**

primato *m.* ***1*** (supremazia) **supremacy; pre-eminence; primacy**: *tenere il p.,* to hold the supremacy; to be supreme ***2*** *(sport)* **record**: *battere un p.,* to break (o to beat) a record.

primavèra *f.* **spring** (anche *fig.*): *una bella giornata di p.,* a lovely spring day ● *avere sulle spalle parecchie primavere,* to have seen many winters; to be advanced in years.

primaverile *a.* **of spring; spring** *(attr.)*; **spring-like.**

primeggiare *v. i.* to **excel**; to **be pre-eminent**; to **take* the lead** *(fam.)*: *p. nello sport,* to excel at sport.

primièro *a. (lett.)* **first; former; previous.**

primigènio *a.* **primitive; primary;** *(zool.)* **primigenial.**

primìpara *f.* **primipara*.**

primitivismo *m.* **primitivism.**

primitivo ***A*** *a.* ***1*** **primitive; original; early; ancient**: *popoli primitivi,* primitive peoples □ *il significato p.,* the original meaning □ *dei tempi primitivi,* of ancient times ***2*** *(fig.)* **primitive; simple; rude; old-fashioned**: *vivere una vita primitiva,* to live a primitive (o simple) life ***3*** *(gramm.)* **primitive; original; radical**: *una voce primitiva,* a radical word; a root-word; a primitive ***B*** *m.* (in ogni senso) **primitive.**

primìzia *f.* ***1*** *(generalm. al pl.:* primi frutti) **first fruits; early fruits** ***2*** (notizia molto fresca) **(very) latest news; hot news** *(fam.)*; (in esclusiva) **scoop.**

primo ***A*** *a. num. ord.* ***1*** **first**: *il p. giorno del mese,* the first day of the month □ *(gramm.) la prima persona,* the first person □ *Questa è la prima e l'ultima volta che ti avverto,* this is the first and last time I'm warning you □ *Lo farò per prima cosa domattina,* I'll do it first thing tomorrow morning □ *riuscire p.,* to come first □ *arrivare p.,* to come in first □ *in p. luogo,* in the first place; first of all □ *dal p. momento,* from the very first (moment) ***2*** (precedente) **former**: *Preferisco la prima proposta alla seconda,* I prefer the former proposal to the latter ***3*** (prossimo) **next**: *la prima casa accanto alla mia,* the house next to mine ***4*** (principale) **principal, chief, main;** (il migliore) **best**: *una delle prime famiglie della città,* one of the best families in town ***5*** (antecedente, più lontano nel tempo) **early; first**: *la prima infanzia,* early childhood □ *nelle prime ore del mattino,* in the early hours of the morning □ *i primi Cristiani,* the early Christians ● *(teatr.) prima donna,* leading lady; (opera lirica) prima donna □ *p. nato,* first-born □ *(comm.) prima offerta,* upset price □ *(teatr.) prima parte,* leading role (anche *fig.*) □ *p. piano, (arte)* foreground (anche *fig.*); *(cinem., telev., fotogr.)* close-up □ *p. venuto,* first comer □ *atto I, scena VII,* act one, scene seven □ *di prim'ordine,* first-class; first-rate □ *(fig.) di p. piano,* first-rate; top-notch *(fam.)* □ *in un p. tempo,* at first □ *(mat.) numeri primi,* prime numbers ***B*** *m.* ***1*** **(the) first;** (tra due) **(the) former**: *il p. di maggio,* the first of May □ *Dei due quadri mi piaceva più il p.,* of the two pictures I preferred the former □ *Sono stato io il p. a difenderlo,* I was the first to defend him ***2*** (il migliore, il più importante) **(the) best; (the) first** ***3*** *(al pl.:* inizio) **beginning**: *ai primi di febbraio,* at the beginning of February ● *il p. dell'anno,* New Year's Day □ *essere il p.* (della classe), to be top (of the form).

primogènito *a.* e *m.* **first-born**: *il figlio p.,* the first-born (son); the eldest son; (fra due) the elder son.

primogenitura *f.* **primogeniture.**

primordiale *a.* **primordial; original; primitive; prim(a)eval.**

primòrdio *m. (specialm. al pl.)* **(very) beginning; origin; dawn**: *i primordi della civiltà,* the dawn of civilization.

prìmula *f. (bot.,* Primula vulgaris) **primrose;** (Primula veris) **cowslip.**

princesse *(franc.) f. (moda)* **princess dress.**

principale ***A*** *a.* **principal; chief; main; major; most important; foremost**: *i fiumi principali della Francia,* the chief rivers of France □ *la strada p. d'una città,* the main street of a town □ *le opere principali d'un poeta,* the major works of a poet ***B*** *m.* ***1*** **main point** ***2*** *(fam.:* padrone) **principal; chief; master; boss** *(fam.)*.

principalménte *avv.* **principally; chiefly; mainly;** (soprattutto) **above all, first and foremost.**

principato *m.* ***1*** (ufficio, dignità del principe) **princedom** ***2*** (Stato retto da un principe) **principality; princedom**: *il p. di Monaco,* the Principality of Monaco ***3*** (governo di un principe) **principality** ***4*** *(al pl.:* gerarchia angelica) **principalities.**

principe ***A*** *m.* **prince** (anche *fig.*): *il p. Carlo,* Prince Charles □ *il p. di Galles,* the Prince of Wales □ *il p. ereditario,* the Crown Prince □ *il p. consorte,* the Prince Consort □ *il p. reggente,* the Prince Regent □ *(fig.) stare come un p.,* to live like a prince □ *(fig.) il p. dei poeti,* the prince of poets ***B*** *a.* **princeps; first; original**: *l'edizione p.,* the « editio princeps »; the original edition.

principésco *a.* **princely; princelike.**

principéssa *f.* **princess**: *la p. Anna,* Princess Anne.

principiante *m.* e *f.* **beginner;** (apprendista) **apprentice.**

principiare *v. t.* e *i.* to **begin***; to **start**; to **commence**: *Ora principio a comprendere,* now I am beginning to understand ● *a p. da,* beginning with □ *a p. da domani,* starting from tomorrow.

princìpio *m.* ***1*** **beginning; start; commencement**: *al p. dell'anno scolastico,* at the beginning of the school year □ *un buon (cattivo) p.,* a good (bad) start □ *fin dal p.,* right from the start; from the very beginning □ *dal p. alla fine,* from beginning to end ***2*** *(al pl.:* rudimenti) **(first) principles; rudiments**: *i principi della chimica,* the rudiments of chemistry ***3*** (massima, verità, norma fondamentale) **principle**: *(fis.) il p. di Archimede,* Archimedes' principle □ *principi morali,* moral principles □ *ragazzi di sani e buoni principi,* boys of sound and good principles □ *per p.,* on principle □ *vivere secondo i propri principi,* to live according to one's principles □ *una persona senza principi,* a person of no principles; an unprincipled person ***4*** (cagione, origine) **(prime) cause;**

origin: *Dio, p. dell'universo,* God, the prime cause of the universe □ *(filos.) il p. del bene e del male,* the origin of good and evil ● *(filos.) p. vitale,* vital force □ *al (o da, in, sul) p.,* at first; at the beginning □ *dare p. a q.c.,* to start st.

principbécco *m.* **pinchbeck**: *di p.,* pinchbeck *(attr.,* anche *fig.)*; *(fig.)* sham, counterfeit, false.

prióra *f. (relig.)* **prioress.**

priorato *m. (relig.)* **priorate; priorship.**

prióre *m. (relig., stor.)* **prior** ● *(scherz.) stare come un p.,* to eat well and work little.

priorità *f.* **priority;** (precedenza) **precedence**: *il diritto di p.,* the right of priority.

prioritàrio *a.* **priority** *(attr.).*

prisma *m. (geom., fis., miner.)* **prism.**

prismàtico *a. (geom., fis., miner.)* **prismatic; prismal.**

prìstino *a. (lett.)* **pristine; former; primitive.**

privare A *v. t.* **1** to **deprive** (of) **2** (rendere orfano, vedovo, ecc.) to **bereave***: *essere privato dei genitori (della moglie, ecc.),* to be bereaved of one's parents (one's wife, etc.) **3** (rifiutare) to **deny**: *Non posso privarlo di nulla,* I can't deny him anything ● *p. q. della vita,* to take sb.'s life; to kill sb. **B privarsi** *v. rifl.* **1** to **deprive oneself** (of) **2** (negarsi) to **deny oneself;** to **give* up** (st.).

privataménte *avv.* **1** (in privato) **privately; in private 2** (da privato) **as a private person (o citizen).**

privatista *m.* e *f.* **private student; external candidate.**

privativa *f.* **1** (monopolio) **monopoly 2** (spaccio di tabacchi) **tobacconist's (shop)** ● *diritto di p.,* patent--right.

privativo *a.* **privative** (anche *gramm.*): *un prefisso p.,* a privative (prefix).

privatizzare *v. t. (econ.)* to **denationalize.**

privato A *a.* (in tutte le accezioni) **private**: *diritto p.,* private law □ *la propria vita privata,* one's private life; one's privacy □ *un segretario p.,* a private (o confidential) secretary □ *motivi privati,* private reasons; reasons of one's own ● *in p.,* in private; privately □ *ritirarsi a vita privata,* to retire **B** *m.* **1 private person; private citizen 2** (vita privata) **privacy** ● *culto del p.,* privatism.

privazióne *f.* **1** (il privare) **deprivation; depriving 2** (l'essere privato) **privation; loss**: *la p. della libertà,* the privation of freedom.

privilegiare *v. t.* to **privilege;** to **grant a privilege** (o **privileges) to** (sb.); to **bestow a privilege** (o **privileges) (up)on** (sb.).

privilegiato A *a.* **privileged**: *i pochi privilegiati,* the privileged few □ *(fin.) azioni privilegiate,* privileged stock; preference shares ● *essere p. di q.c.,* to enjoy the privilege of st. **B** *m.* **privileged person.**

privilègio *m.* **1 privilege**: *godere di un p.,* to enjoy a privilege □ *abolire tutti i privilegi,* to abolish all privileges **2** *(leg.)* **lien 3** (onore speciale) **honour; privilege.**

privo *a.* **deprived, bereft, devoid, void, destitute** (of); (mancante) **lacking, wanting** (in); (senza) **without, -less** *(suff.)*: *un uomo p. di senso comune,* a man devoid of common sense; a brainless man □ *p. di coraggio,* wanting in courage □ *parole prive di significato,* meaningless words ● *essere p. della vista,* to be blind □ *essere p. di genitori,* to be an orphan □ *essere p. di tutto,* to live in misery and want; to be as poor as a church mouse *(fam.).*

(1) pro *m.* **use; good; profit; advantage; benefit**: *A che pro?,* what's the use? □ *Buon pro ti faccia!,* much good may it do you! □ *a pro di q.,* to sb.'s advantage.

(2) pro A *prep.* **for; in favour of; on behalf of; for the benefit of; to the advantage of**: *Ci sono ragioni pro e contro,* there are reasons for and against (o pro and con) **B** *m.* **pro*** *(generalm. al pl.)*: *valutare il pro e il contro,* to weigh the pros and cons.

(3) pro *a., m.* e *f. invar.* (*sport: abbr. fam.* di **professionista**) **pro*; professional.**

(1) pro- *pref.* (indica estensione nello spazio e nel tempo; significa inoltre "invece di", "in luogo di", "che fa le veci di") **pro-.**

(2) pro- *pref.* (indica anteriorità, priorità) **pro-.**

proavo *m.* **1 great-grandfather 2** *(al pl.)* **ancestors.**

probàbile *a.* **probable; likely**: *È possibile, ma non p.,* it's possible, but not probable □ *È abbastanza p.,* it's likely enough □ *È p. che egli venga,* it's probable that he will come; he will probably come; he is likely to come □ *È p. ch'io vada a Parigi,* it's probable I'll go to Paris; I may probably go to Paris ● *poco p.,* improbable; unlikely.

probabilismo *m. (filos., relig.)* **probabilism.**

probabilista *m.* e *f. (filos., relig.)* **probabilist.**

probabilità *f.* **probability** (anche *mat.*); **likelihood; chance**: *Quel cavallo non ha nessuna p. di vincere,* that horse has no chance of winning □ *Quali p. ci sono?,* what are the probabilities? □ *C'è una sola p.,* there's just a chance □ *con tutta p.,* in all probability (o likelihood); most likely □ *(mat.) calcolo delle p.,* calculus of probability.

probabilménte *avv.* **probably; likely;** (forse) **possibly, perhaps, maybe**: *molto p.,* most probably □ *P. riuscirai,* you will probably succeed □ *P. non andrò,* maybe I won't go.

probante *a.* **convincing.**

probativo, probatòrio *a. (leg.)* **probative; evidential.**

probità *f.* **honesty; uprightness; integrity; rectitude; probity.**

probiviri *m. pl. (leg.)* **arbitrators.**

problèma *m.* **1** *(mat.)* **problem**: *i dati (la soluzione) d'un p.,* the data (the solution) of a problem □ *risolvere un p.,* to solve a problem; to find the answer to a problem **2** (questione particolare; persona difficile) **problem**: *È un p.!,* it's a problem; it's an enigma □ *i problemi dei giovani,* the problems of youth □ *problemi sociali,* social problems ● *Per me è un p.,* I just can't make it out.

problemàtica *f.* **problems** *(pl.).*

problematicità *f.* **problematic nature.**

problemàtico *a.* **problematic(al); doubtful; questionable**: *di carattere p.,* of a problematical character.

pròbo *a. (lett.)* **honest; righteous; upright.**

proboscidato *a.* e *m. (zool.)* **proboscidean, proboscidian.**

probòscide *f.* **1** *(zool.)* **proboscis*; trunk 2** *(scherz.:* grosso naso) **proboscis*.**

procàccia *m.* e *f. invar.* **rural postman*** *(masch.),* **rural postwoman*** *(femm.)*; **carrier.**

procacciare *v. t.* **procacciarsi** *v. rifl.* to **procure;** to **obtain;** to **get***: *p. da vivere,* to get (o to make) a living □ *p. guai,* to get into trouble.

procacciatóre *m.* **procurer** ● *p. d'affari,* dealer; tout.

procace *a.* **forward; pert; saucy; impudent;** (provocante) **provoking, tempting.**

procacità *f.* **forwardness; pertness; sauciness; impudence.**

pro capite *(lat.) locuz. agg.* e *avv.* **per capita.**

(1) procèdere *v. i.* **1** to **proceed;** to **go* on;** *(fig.)* to **continue**: *prima di p. oltre,* before proceeding any further **2** (iniziare) to **start** (st.); to **proceed** (to) **3** (comportarsi, agire) to **proceed,** to **act,** to **behave;** (trattare) to **deal* 4** (provenire) to **proceed,** to **originate,** to **arise*** (from) **5** *(leg.)* to **proceed;** to **start proceedings**: *p. per vie legali contro q.,* to start (o to take) legal proceedings against sb. ● *(leg.) p. a un'inchiesta,* to institute an inquiry □ *(leg.) non luogo a p.,* non-suit.

(2) procèdere *m.* **1 process; passing 2** (comportamento) **conduct; behaviour.**

procediménto *m.* **1** (modo di comportarsi) **conduct; behaviour 2** *(leg.)* **proceedings** *(pl.)* **3** (svolgimento, corso) **course**: *il p. naturale dei fatti,* the natural course of events **4** *(tecn.)* **process 5** (procedura) **procedure.**

procedura *f.* **1** (specialm. *leg.*) **procedure; proceedings** *(pl.)*; **practice**: *secondo la p. comune,* according to common practice **2** *(elab.)* **procedure; routine.**

procedurale *a. (leg.)* **procedural.**

procèlla *f. (lett.)* **1 storm; tempest 2** *(fig.)* **calami-**

ty.
procellària *f. (zool.,* Hydrobates pelagicus*)* **(storm) petrel.**
procellóso *a. (lett.)* **stormy, tempestuous** *(anche fig.).*
processare *v. t.* to **try**: *p. q. per omicidio,* to try sb. for murder ● *far p.,* to bring to trial; to prosecute.
processionale *a. (relig.)* **processional.**
processionària *f. (zool.,* Cnethocampa processionea*)* **processionary moth.**
processióne *f.* (anche *relig.)* **procession**: *andare in p.,* to go in procession □ *una p. di formiche,* a procession of ants ● *(fig., fam.) andare tutti in p.,* to go all together.
procèsso *m.* **1** *(leg.)* **trial; (legal) action; (law-)suit; (legal) proceedings** *(pl.)*: *p. penale,* criminal trial □ *essere sotto p. per furto,* to be on trial for theft □ *mettere q. sotto p.,* to bring sb. to trial **2** (procedimento, corso) **course; process**: (di un libro) *in p. di stampa,* in course of publication □ *in p. di costruzione,* in process of construction **3** *(tecn.)* **process**: *un p. chimico,* a chemical process **4** *(anat., bot., zool.)* **process** ● *(leg.) p. verbale,* minutes *(pl.).*
processuale *a. (leg.)* **of a trial; trial** *(attr.)* ● *spese processuali,* law expenses; costs.
procinto *m.* — *essere (o trovarsi) in p. di,* to be on the point of (doing st.); to be about to (do st.).
procióne *m. (zool.,* Procyon lotor*)* **rac(c)oon.**
proclama *m.* **proclamation; manifesto*.**
proclamare *v. t.* to **proclaim** *(anche fig.)*: *p. il nuovo re,* to proclaim the new king □ *p. la propria innocenza,* to proclaim one's innocence ● *p. uno sciopero,* to call (out) a strike.
proclamazióne *f.* **proclamation;** (dichiarazione) **declaration**: *la p. dei diritti dell'uomo,* the declaration of the rights of man.
proclìtico *a. (gramm.)* **proclitic.**
proclive *a. (lett.)* **prone; inclined**: *p. all'indulgenza,* prone to indulgence.
proconsolare *a. (stor. romana)* **proconsular.**
procònsole *m. (stor. romana)* **proconsul.**
procrastinare ***A*** *v. t.* to **postpone;** to **delay;** to **defer;** to **put* off** ***B*** *v. i.* to **procrastinate.**
procrastinazióne *f.* **procrastination.**
procreare *v. t.* to **procreate;** to **beget*;** to **engender;** to **generate.**
procreatóre *m.* **procreator; begetter.**
procreazióne *f.* **procreation; engenderment.**
procura *f.* **1** *(leg.)* **power of attorney; proxy**: *p. generale,* general power of attorney □ *mediante (o per) p.,* by proxy **2** (documento di p.) **letter of attorney** **3** (ufficio del procuratore) **attorney's office.**
procurare *v. t.* **1** (ingegnarsi d'avere) to **procure;** to **get*;** (provvedere) to **provide**: *p. q.c. a q.,* to procure (o to get, to provide) st. for sb.; to provide sb. with st. **2** (cercare, fare del proprio meglio) to **endeavour;** to **try;** to **do* one's best**: *p. di fare il proprio dovere,* to endeavour to do one's duty **3** (fare in modo) to **see* (to it);** to **make* sure**: *Procura ch'egli venga,* see to it that he comes **4** (causare) to **cause;** to **bring* about**: *p. molte noie a q.,* to cause sb. a lot of trouble ● *procurarsi da vivere,* to get (o to make, to earn) a living □ *procurarsi noie,* to get into trouble.
procuratóre *m.* **1** (persona munita di procura) **proxy**: *agire quale p.,* to stand proxy **2** *(leg.)* **attorney**: *p. legale,* attorney-at-law; public attorney; solicitor **3** *(stor., relig.)* **procurator** ● *(leg.) P. Generale,* Attorney General.
pròda *f.* **shore; coast; bank; strand** *(poet.);* (terra) **land.**
pròde *a.* **brave; bold; valiant; gallant.**
prodézza *f.* **1** **bravery; boldness; valour; gallantry** **2** (impresa da prode) **deed (of valour); feat; exploit** ● *(iron.) Conosco le tue prodezze,* I know how clever you are; I know what a fine one you are □ *(iron.) Belle prodezze!,* fine goings-on indeed!
prodière *m. (naut.)* **bowman*; bow** *(fam.).*
prodigalità *f.* **prodigality; extravagance; lavishness; profuseness.**
prodigare ***A*** *v. t.* to **squander;** to **lavish** *(anche fig.)*: *p. lodi (onori),* to lavish praise (honours) ***B*** **prodigarsi** *v. rifl.* to **try** (o to **do***) **one's best;** to **do* everything in one's power;** to **do* all one can**: *p. in tutti i modi,* to do one's very best; to leave no stone unturned *(fam.).*
prodìgio *m.* **prodigy; portent; wonder; marvel**: *i prodigi della scienza,* the marvels of science □ *fare prodigi,* to work wonders □ (con funzione appositiva) *un bambino p.,* an infant prodigy.
prodigiosità *f.* **prodigiousness.**
prodigióso *a.* **prodigious; portentous; wonderful; marvellous.**
pròdigo ***A*** *a.* **prodigal; extravagant; lavish; profuse**: *il figliol p.,* the prodigal son □ *essere p. di consigli,* to be lavish of advice ***B*** *m.* **spendthrift.**
proditòrio *a.* **treacherous; traitorous; treasonable.**
prodittatóre *m.* **pro-dictator.**
prodittatura *f.* **pro-dictatorship.**
prodótto ***A*** *m.* **1** **product; produce** *(collett., col verbo al sing.)*: *prodotti industriali,* industrial products □ *prodotti nazionali,* home products □ *prodotti agricoli,* agricultural produce □ *prodotti lavorati,* manufactured products □ *prodotti semi-lavorati,* unfinished products □ *prodotti di scarto,* waste products □ *prodotti di bellezza,* beauty products; cosmetics **2** (frutto, risultato) **fruit; result; product**: *il p. di un anno di lavoro,* the result of one year's work **3** *(zootecnia)* **breed**: *prodotti misti,* mixed breeds **4** *(mat.)* **product** **5** *(med.)* **secretion** ● *prodotti alimentari,* foodstuffs □ *p. derivato,* by-product ***B*** *a.* **1** **produced; made**: *p. in Italia,* made in Italy **2** (allegato, addotto) **produced; exhibited.**
pròdromo *m.* **1** (segno precursore) **premonitory sign** **2** *(med.)* **prodrome; premonitory symptom.**
produrre ***A*** *v. t.* **1** (far nascere, generare; anche *fig.)* to **produce;** to **yield;** to **bear*** **2** (fare, fabbricare) to **produce;** to **manufacture;** to **make*;** to **turn out** **3** (cagionare, originare) to **cause;** to **produce;** to **give* rise to** (st.) **4** *(arte, teatr., ecc.)* to **produce;** (pubblicare) to **bring* out** **5** (esibire, presentare) to **show*;** to **exhibit;** to **produce** **6** *(leg.)* to **call;** to **bring* forward;** to **produce**: *p. testimoni,* to call (o to bring forward) witnesses ***B*** **prodursi** *v. rifl. (teatr.)* to **play;** to **appear**: *p. nella parte di Otello,* to play Othello □ *p. sulla scena,* to appear on the stage.
produttività *f.* **productivity; productiveness.**
produttivo *a.* **1** **productive; fertile; fruitful**: *terra produttiva,* fertile soil **2** *(econ., comm.)* **productive; yielding; bearing**: *azioni produttive di un dividendo,* shares yielding a dividend ● *ciclo p.,* production cycle.
produttóre ***A*** *m.* **1** **producer**: *un p. cinematografico,* a film producer **2** (fabbricante) **manufacturer; maker**: *un p. di giocattoli,* a toy-maker; a toy-manufacturer **3** (coltivatore) **grower**: *produttori di vino,* wine-growers **4** *(comm.)* **sales-agent; salesman*** ***B*** *a.* **1** **producing**: *i paesi produttori di caffè,* coffee-producing countries **2** (che fabbrica) **manufacturing.**
produzióne *f.* **1** **production;** (fabbricazione) **manufacture**: *p. nazionale (estera),* home (foreign) production □ *p. artistica (letteraria),* artistic (literary) production □ *spese di p.,* production costs □ *un articolo di p. straniera,* an article of foreign manufacture **2** (sotto l'aspetto quantitativo; anche *fig.)* **output; production**: *la p. annua di una fabbrica,* the annual output (o production) of a factory □ *la p. letteraria dell'anno,* the literary output of the year **3** *(teatr., cinem.)* **production**: *una p. drammatica,* a theatrical production **4** (il produrre documenti, ecc.) **production; exhibition** **5** *(leg.)* **calling; production**: *la p. di testimoni,* the calling of witnesses ● *p. inferiore alla normale,* under-production □ *p. in serie,* mass production □ *articolo di p. inglese,* English-made article □ *(cinem.) direttore di p.,* producer □ *eccesso di p.,* over-production.
proèmio *m. (letter.)* **proem;** (prefazione) **preface, introduction.**
profanare *v. t.* **1** to **profane;** to **desecrate;** to **violate**: *p. il giorno del Signore,* to profane the Lord's day □ *p. una tomba,* to violate a tomb **2** (fare uso indegno di q.c.) to **profane;** to **abuse;** to **defile.**
profanatóre *m.* **profaner; desecrator; violator.**

profanazióne *f.* **profanation; desecration; violation.**

profanità *f.* **profanity.**

profano A *a.* **1** (non sacro) **profane; secular**: *storia profana,* profane history **2** (empio, sacrilego) **profane; irreverent; blasphemous**: *una mano profana,* an irreverent hand **B** *m.* **1 (the) profane**: *il sacro e il p.,* the sacred and the profane **2** (chi non s'intende di q.c.) **non-expert; bad judge; no judge; layman*** (soprattutto con riferimento alla legge, alla medicina): *essere un p. di musica,* to be no judge of music.

proferire A *v. t.* **1** (pronunziare) to **utter**; to **articulate**; to **pronounce**: *senza p. parola,* without uttering a word **2** (offrire) to **offer**; to **proffer** *(lett.)* **B proferirsi** *v. rifl.* to **offer**; to **propose.**

professare A *v. t.* **1** to **profess**: *p. una religione (una dottrina),* to profess a religion (a doctrine) **2** (dichiarare apertamente) to **profess**; to **avow**; to **acknowledge**: *p. gratitudine,* to profess gratitude **3** (esercitare una professione) to **profess**; to **practise**: *p. la medicina (l'avvocatura),* to profess medicine (law); to practise as a doctor (as a lawyer) **B professarsi** *v. rifl.* to **profess oneself**; to **avow oneself**: *p. amico di q.,* to profess (oneself) to be sb.'s friend.

professionale *a.* **professional**: *abilità p.,* professional skill □ *istruzione p.,* professional training ● *malattia p.,* occupational disease.

professionalità *f.* **professionalism.**

professionalménte *avv.* **professionally.**

professióne *f.* **1 profession; avowal; acknowledgement**: *la p. d'una credenza (di un'opinione),* the profession of a belief (of an opinion) □ *professioni d'amicizia,* professions of friendship **2** (esercizio d'una disciplina, di un'arte) **profession; calling**: *esercitare una p.,* to practise a profession: *esercitare la p. dell'avvocato,* to practise as a lawyer; to be a lawyer (by profession) □ *scegliere una p.,* to take up a profession □ *di p.,* by profession; professional *(agg.)*: *un giocatore di calcio di p.,* a professional footballer □ *Che p. esercita tuo padre?,* what is your father's profession? **3** *(relig.)* **profession**: *far p.,* to make one's profession ● *libera p.,* profession.

professionismo *m.* (anche *sport*) **professionalism.**

professionista *m.* e *f.* (anche *sport*) **professional.**

professionìstico *a.* (anche *sport*) **professional.**

profèsso *a.* *(relig.)* **professed.**

professorale *a.* **1 professorial 2** *(spreg.)* **pedantic.**

professorato *m.* (universitario) **professorship**; (scolastico) **post as a schoolteacher.**

professóre *m.* (di scuole secondarie) **(school-)master, teacher**; (universitario) **professor**; (universitario, non titolare di cattedra) **lecturer**: *il p. di matematica,* the mathematics master □ *il p. di francese,* the professor of French ● *p. d'orchestra,* orchestra-player.

professoréssa *f.* (di scuole secondarie) **schoolmistress, teacher**; (universitaria) **(woman*) professor**; (universitaria, non titolare di cattedra) **lecturer.**

profèta *m.* **prophet** ● *essere buon p.,* to guess right.

profetare *V.* **profetizzare.**

profetéssa *f.* **prophetess; woman* prophet.**

profètico *a.* **prophetic(al); of a prophet.**

profetizzare *v. t.* to **prophesy**; to **predict**; to **foretell*.**

profezìa *f.* **prophecy; prediction.**

profferire *v. t.* to **offer**; to **proffer** *(lett.).*

proffèrta *f.* **offer; proffer** *(lett.).*

proficuaménte *avv.* **profitably.**

profìcuo *a.* **profitable; useful.**

profilare A *v. t.* **1** (ritrarre in profilo) to **outline**; to **draw* in profile 2** (guarnire con sottile bordatura) to **border**; to **edge 3** *(mecc.)* to **profile B profilarsi** *v. rifl.* to **stand* out**; to **loom up** (anche *fig.*).

profilassi *f.* *(med.)* **prophylaxis*; preventive treatment.**

profilato A *a.* **1** (delineato nei contorni) **drawn in profile; outlined 2** (guarnito con bordatura) **bordered; edged** ● *avere un viso ben p.,* to have clear-cut features **B** *m.* *(metall.)* **section; structural shape.**

profilàttico A *a.* *(med.)* **prophylactic; preventive B** *m.* *(farm.)* **prophylactic; condom.**

profilatura *f.* **1** (il profilare) **outlining; drawing in profile 2** (il guarnire con bordatura) **bordering, edging**; (bordatura) **border, edging 3** *(mecc.)* **profiling.**

profilo *m.* **1** (linea di contorno) **outline; contour 2** (del volto) **profile**: *avere un p. delicato,* to have a delicate profile □ *disegnato di p.,* drawn in profile **3** *(archit.)* **profile; section 4** *(letter.)* **outline; summary**: *un p. della letteratura inglese,* an outline of English literature ● *(aeron.) p. aerodinamico,* aerofoil section.

profittare *v. i.* **1** (far profitto) to **progress**; to **make* progress**: *p. negli studi,* to make progress in one's studies **2** (trarre profitto) to **profit** (from, by); to **take* advantage,** to **avail oneself** (of): *p. dei consigli di q.,* to profit by sb.'s advice □ *p. di un'occasione,* to avail oneself of an opportunity □ *p. dell'amicizia di q.,* to take advantage of sb.'s friendship.

profittatóre *m.* **profiteer.**

profittévole *a.* **profitable.**

profitto *m.* **1 profit; advantage; benefit**: *trarre p. da q.c.,* to take advantage of st.; to profit by st.; to benefit by (o from) st. □ *a p. di q.,* for the benefit of sb. □ *studiare q.c. con p.,* to study st. to one's profit **2** (guadagno, vantaggio pecuniario) **profit; gain**: *vendere con p.,* to sell at a profit **3** *(al pl.:* proventi*)* **profit(s)**: *(comm.) conto profitti e perdite,* profit and loss account ● *(fin.) p. sul capitale,* return on capital □ *mettere a p. q.c.,* to turn st. to profit (o to account); (farne buon uso) to make good use of st.

proflùvio *m.* **flow; stream.**

profondaménte *avv.* **1** (a fondo, molto addentro) **deeply; deep; to a great depth**: *scavare p.,* to dig deep **2** (intensamente) **deeply; profoundly; intensely; with all one's heart**: *essere p. interessato in q.c.,* to be deeply interested in st. □ *essere p. grato a q.,* to be profoundly grateful to sb. □ *amare q. p.,* to love sb. with all one's heart ● *dormire p.,* to be sound asleep.

profóndere A *v. t.* to **squander**; to **lavish**: *p. il proprio denaro,* to squander one's money □ *p. lodi,* to lavish praise **B profóndersi** *v. rifl.* to **be profuse** (in); to **be lavish** (of): *p. in scuse,* to be profuse in one's apologies □ *p. in lodi,* to be lavish of one's praise ● *p. in riverenze,* to bow left and right.

profondità *f.* **depth**; (specialm. *fig.*) **profundity**: *le profondità inesplorate dell'oceano,* the unexplored depths of the ocean □ *la p. di un fiume,* the depth of a river □ *avere una p. di tre metri,* to have a depth of three metres; (più spesso) to be three metres deep □ *la p. del pensiero,* the profundity of thought ● *(naut.) p. d'immersione,* draught.

profóndo A *a.* **deep** (quasi in ogni senso); **profound**: *un lago (un fiume) p.,* a deep lake (river) □ *una profonda ferita,* a deep wound □ *l'azzurro p. del mare,* the deep blue of the sea □ *profonda malinconia,* deep (o profound) melancholy □ *un p. pensatore,* a profound thinker □ *una voce profonda,* a deep (o low-pitched) voice □ *un silenzio p.,* a deep (o profound) silence □ *un sospiro p.,* a deep sigh □ *un sonno p.,* a profound (o sound) sleep □ *essere p. oltre 800 piedi,* to be over 800 feet deep ● *essere p. in matematica,* to be well versed in mathematics □ *un fiume poco p.,* a shallow river **B** *m.* (anche *fig.*) **depth(s)**: *nel p. del cuore,* in the depth of one's heart **C** *avv.* **deep; deeply; profoundly.**

pro forma *(lat.)* *locuz. avv.* e *agg.* **pro forma.**

pròfugo A *a.* **fugitive B** *m.* **fugitive; refugee.**

profumare A *v. t.* to **perfume**; to **scent**; to **put* scent on** (st.) **B** *v. i.* to **smell* sweet C profumarsi** *v. rifl.* to **perfume oneself**; to **use scent.**

profumataménte *avv.* **profusely; generously; dearly** ● *pagare p.,* to pay through the nose *(fam.).*

profumato *a.* **perfumed; scented; fragrant; sweet-smelling**: *un fiore p.,* a sweet-smelling flower ● *p. di lavanda,* lavender-scented.

profumerìa *f.* *(in ogni senso)* **perfumery.**

profumière *m.* **perfumer.**

profumièro *a.* **perfume** *(attr.).*

profumo *m.* **1 scent; perfume; sweet smell; pleasant**

odour; fragrance: *il p. delle rose (del fieno),* the scent of roses (of hay) **2** (sostanza odorosa) **perfume; scent**: *una boccetta di p.,* a bottle of scent (o perfume) □ *mettere un po' di p. sul fazzoletto,* to put some scent on one's handkerchief ● *dal p. di rose,* rose-scented □ *mandare un buon p.,* to smell good.
profuṣióne *f.* **profusion**: *a p.,* in profusion; in abundance ● *dare a p.,* to give lavishly.
profuṣo *a.* **profuse; bountiful; prodigal; lavish.**
progènie *f. invar. (lett.)* **progeny; offspring; issue; descendants** *(pl.).*
progenitóre *m.* **progenitor; forefather; ancestor.**
progenitrice *f.* **progenitress; ancestress.**
progettare *v. t.* to **plan**; to **project**; to **design**; to **scheme**; to **make* plans for** (st.): *p. una spedizione,* to plan an expedition □ *p. un viaggio,* to make plans for a journey.
progettazióne *f.* **planning; design.**
progettista *m.* e *f.* **planner; designer.**
progettistica *f.* **planning; designing.**
progètto *m.* **1 plan; project; design; scheme**: *Quali sono i tuoi progetti per l'avvenire?,* what are your plans for the future? □ *progetti avventati,* wild-cat schemes □ *fare un p.,* to make a plan **2** (di una costruzione) **plan; lay-out** ● *(leg.) p. di legge,* bill □ *fare progetti campati in aria,* to build castles in the air.
prògnoṣi *f. (med.)* **prognosis*.**
prognòstico *a. (med.)* **prognostic.**
programma *m.* **1 programme; program** *(USA)*; (prospetto) **prospectus*, syllabus***; (p. politico) **platform**; (per lo più politico) **manifesto***; *(ind.)* **schedule** (specialm. *USA*): *il p. della giornata,* one's programme for the day □ *un p. teatrale,* a theatre programme □ *il p. d'un movimento letterario,* the manifesto of a literary movement □ *attenersi al proprio p. di lavoro,* to keep up to one's schedule **2** *(elab.)* **program** ● *p. didattico,* (teaching) syllabus.
programmare *v. t.* **1** to **programme**; to **program** *(USA)* **2** (spettacoli) to **put* on**; to **stage.**
programmàtico *a.* **programmatic.**
programmatóre *m.* **1** *(econ.)* **planner 2** *(elab.)* **programmer.**
programmazióne *f.* **programming** (anche *elab.*); *(ind.)* **scheduling** (specialm. *USA*).
programmista *m.* e *f.* **1 programmer; planner 2** *(radio, telev.)* **programme announcer.**
progredire *v. i.* **1** to **progress**; to **be in progress**; to **advance**; to **get* on 2** (*fig.:* fare progressi) to **make* progress**: *p. nello studio del latino,* to make progress in the study of Latin; to improve one's Latin.
progredito *a.* **advanced**: *idee progredite,* advanced ideas.
progressióne *f.* (anche *mat., mus.*) **progression.**
progressiṣmo *m. (polit.)* **progressivism.**
progressista *(polit.)* **A** *a.* **progressive**: *un partito p.,* a progressive party **B** *m.* e *f.* **progressive; progressist; progressivist.**
progressivaménte *avv.* **progressively; step by step.**
progressività *f.* **progressiveness.**
progressivo *a.* **1 progressive 2** *(gramm. ingl.)* **continuous**: *la forma progressiva,* the continuous form.
progrèsso *m.* **progress**; (sviluppo) **development**; (incremento) **advancement, growth**; (miglioramento) **improvement**: *i progressi della scienza,* the progress of science □ *il p. della cultura,* the advancement of learning □ *fare progressi,* to make progress; to improve.
proibire *v. t.* **1** to **forbid***; to **prohibit**: *p. a q. di fare q.c.,* to forbid sb. to do st.; to command (o to tell) sb. not to do st. **2** (impedire) to **prohibit,** to **prevent** (from).
proibitivo *a.* **prohibitive**: *prezzi proibitivi,* prohibitive prices.
proibito *a.* **forbidden; prohibited; not allowed**: *È severamente p. fumare,* smoking (is) strictly prohibited □ *il frutto p.,* the forbidden fruit ● *È p. fumare,* no smoking □ *È p. l'ingresso,* no admittance.
proibizióne *f.* **prohibition; forbiddance.**
proibizioniṣmo *m.* **prohibitionism.**
proibizionista A *m.* e *f.* **prohibitionist B** *a.* **prohibitionist** *(attr.).*
proiettare *v. t.* **1** (gettare fuori, innanzi a sé) to **project**; to **throw***; to **cast***: *l'ombra che il mio corpo proiettava,* the shadow my body projected **2** *(geom.)* to **project 3** *(cinem.)* to **project**; to **screen**; to **show*.**
proiettificio *m.* **ammunition factory.**
proiettile *m.* **projectile; missile; shell; bullet; ball**: *a prova di p.,* bullet-proof □ *un p. tracciante,* a tracer bullet ● *p. inesploso,* dud.
proiettivo *a. (geom.)* **projective** ● *(psic.) test p.,* projective test.
proiettóre *m.* **1 projector**: *un p. cinematografico,* a motion-picture projector □ *un p. per diapositive,* a slide-projector **2** (sorgente luminosa molto potente) **flood-light**; (specialm. *mil.*) **searchlight 3** *(autom.)* **headlight.**
proiezióne *f.* (in ogni senso) **projection**: *la p. dell'ombra di un corpo su una superficie,* the projection of the shadow of a body upon a surface □ *(geom.) la p. d'un punto su un piano,* the projection of a point on a plane surface □ *(geogr.) la p. di Mercatore,* Mercator's projection □ *(cinem.) una sala da p.,* a projection room □ *la p. d'un film,* the projection (o showing) of a film.
prolasso *m. (med.)* **prolapsus; prolapse.**
pròle *f.* **children** *(pl.)*; **offspring; progeny; issue** (per lo più *leg.*): *morire senza p.,* to die without issue.
prolegòmeni *m. pl. (lett.)* **prolegomena.**
proletariato *m.* **proletariat; wage-earners** *(pl.)*; **working classes** *(pl.).*
proletàrio *a.* e *m.* **proletarian.**
proletarizẓare *v. t.* to **proletarianize.**
proliferare *v. i. (biol.* e *fig.)* to **proliferate.**
proliferazióne *f. (biol.* e *fig.)* **proliferation.**
prolificare *v. i.* to **proliferate.**
prolificazióne *f.* **prolification.**
prolificità *f.* **prolificacy; prolificness; fertility.**
prolifico *a.* **prolific** (anche *fig.*); (fecondo) **fertile.**
prolissità *f.* **prolixity; long-windedness; verboseness; diffuseness**: *p. di stile,* prolixity of style.
prolisso *a.* **prolix; lengthy; long-winded; verbose; diffuse.**
pròlogo *m.* (in ogni senso) **prologue.**
prolunga *f.* **extension.**
prolungàbile *a.* **prolongable; extensible.**
prolungaménto *m.* **prolongation; extension**: *il p. d'una linea retta,* the prolongation of a straight line □ *il p. d'una linea ferroviaria,* the extension of a railway.
prolungare A *v. t.* **1** to **prolong**; to **extend**: *p. un muro,* to extend a wall □ *p. una visita,* to prolong (o to extend) a visit **2** (prorogare) to **extend**; to **delay B prolungarsi** *v. rifl.* **1** to **extend**; to **continue 2** (dilungarsi) to **dwell*** (on).
proluṣióne *f.* **inaugural speech**; (lezione) **inaugural lecture.**
promanare *v. i.* to **emanate.**
promemòria *m.* **memorandum*** (*abbr.:* **memo***); **note.**
(1) proméssa *f.* **promise**: *promesse d'aiuto,* promises of help □ *fare una p.,* to make a promise □ *mancare a (mantenere) una p.,* to break (to keep) a promise ● *pascere di promesse,* to delude □ *(leg.) rottura di p. di matrimonio,* breach of promise □ *Quello scrittore è una p.,* he is a writer of promise (o a promising writer).
(2) proméssa *f.* (*lett.:* fidanzata) **fiancée.**
proméssо A *a.* **promised**: *la Terra Promessa,* the Promised Land; the Land of Promise ● *gli sposi promessi,* the betrothed **B** *m.* (*lett.:* fidanzato) **fiancé.**
promèteo *m. (chim.)* **promethium.**
promettènte *a.* **promising.**
prométtere *v. t.* to **promise**: *Mi prometti di condurmi con te?,* will you promise to take me with you? □ *Promisi di arrivare prima delle quattro,* I promised to arrive (o that I would arrive) before four o'clock □ *Promette di far caldo questo pomeriggio,* it promises to be warm this afternoon □ *p. bene,* to promise (well); to be promising ● *p. in moglie,* to promise in marriage □ *p. mari e monti,* to promise the moon.
promèzio *V.* **promèteo.**
prominènte *a.* **prominent; protuberant.**
prominènza *f.* **prominence**; (protuberanza) **protu-**

berance.
promiscuità *f.* **promiscuity; promiscuousness; mixture.**
promiscuo *a.* **promiscuous;** (misto) **mixed**: *un matrimonio p.,* a mixed marriage ● *(gramm.) genere p.,* common gender.
promissàrio *m. (leg.)* **promisee.**
promissòrio *a. (leg.)* **promissory.**
promontòrio *m. (geogr.)* **promontory; headland.**
promòsso A *a.* **1 promoted 2** (nella scuola) **successful B** *m* **pass pupil** ● *elenco dei promossi,* pass list.
promotóre A *m.* **promoter; organizer B** *a.* **promoting; organizing.**
promozionale *a. (comm.)* **promotional**: *una campagna p.,* a promotional campaign ● *(comm.) attività promozionali di vendita,* merchandising.
promozióne *f.* **promotion; advancement; preferment**: *p. per merito (per anzianità),* promotion by merit (by seniority) □ *ottenere la p.,* to get one's promotion; (agli esami) to pass one's exams ● *(comm.) p. delle vendite,* sales promotion □ *ottenere la p. a sergente,* to be promoted sergeant.
promulgare *v. t.* to **promulgate.**
promulgatóre *m.* **promulgator.**
promulgazióne *f.* **promulgation.**
promuòvere *v. t.* **1** (far progredire, favorire) to **promote;** to **further;** to **foster**: *p. la cultura,* to promote learning □ *p. un disegno di legge,* to promote a bill **2** (far avanzare a un grado superiore) to **promote**: *p. q. (al grado di) colonnello,* to promote sb. to the rank of colonel □ *p. un alunno,* to promote a pupil (to a higher class) *(USA)*; to pass a pupil **3** (provocare, stimolare) to **bring* about;** to **bring* on;** to **cause;** to **induce**: *p. una lite,* to bring about a quarrel □ *p. la traspirazione,* to cause perspiration □ *p. il vomito,* to induce vomiting ● *p. un'azione legale contro q.,* to bring an action against sb.; to sue sb. □ *p. una sottoscrizione,* to open a subscription.
prònao *m. (archit.)* **pronaos*.**
pronipóte A *m.* **grand-nephew B** *f.* **grand-niece C** *m. pl.* **descendants; offspring** *(sing.)*.
pròno *a. (lett.)* **1** (piegato all'ingiù) **prone; prostrate; lying face downwards 2** *(fig.)* **prone; inclined; liable**: *una mente prona al dubbio,* a mind prone to doubt.
pronóme *m. (gramm.)* **pronoun.**
pronominale *a. (gramm.)* **pronominal.**
pronosticare *v. t.* **1** (predire) to **prognosticate;** to **predict;** to **foretell* 2** (far prevedere) to **presage;** to **forebode;** to **foreshadow.**
pronosticatóre *m.* **prognosticator; predictor.**
pronòstico *m.* **prognostic; prognostication; omen;** (presagio) **presage, foreboding;** (predizione) **prediction, forecast**: *fare un p.,* to make a prediction; to prognosticate; to foretell ● *fare un brutto p.,* to predict st. unpleasant.
prontaménte *avv.* **1 readily; quickly 2** (senza indugio) **promptly; without delay 3** (subito) **at once; immediately.**
prontézza *f.* **readiness; quickness; promptitude**: *p. di mente,* readiness of mind □ *p. di spirito,* readiness of wit; presence of mind ● *p. di parola,* fluency (in speech).
prónto *a.* **1 ready; prepared**: *La colazione sarà pronta fra mezz'ora,* lunch will be ready in half an hour □ *Tutto era p. per il viaggio,* everything was ready for the journey □ *essere p. per partire,* to be ready to leave □ *p. a tutto,* ready for anything □ *tenere p. q.c.,* to keep st. ready □ *tenersi p.,* to keep ready **2** (rapido, sollecito, vivace) **prompt; quick; ready**: *una pronta risposta,* a prompt reply □ *azione pronta,* prompt action □ *avere un'intelligenza pronta,* to have a ready wit; to be quick in understanding; to be quick-witted **3** (facile, propenso) **quick**: *essere p. all'ira,* to be quick to anger; to be quick-tempered ● *(comm.) pronta cassa,* ready cash □ *(med.) p. soccorso,* first aid □ *(comm.) pagamento a pronti contanti,* cash payment; cash down □ (al telefono) *P.!,* hallo!; hello!; hullo!
prontuàrio *m.* **manual; handbook.**
pronùncia e *deriv. V.* **pronùnzia** e *deriv.*
pronunciaménto *m. (polit.)* **pronunciamento*.**
pronùnzia *f.* **pronunciation; utterance**: *avere una buona (pessima) p.,* to have a good (very bad) pronunciation ● *un dizionario di p. inglese,* an English pronouncing dictionary.
pronunziàbile *a.* **pronounceable** ● *facilmente p.,* easy to pronounce.
pronunziare A *v. t.* **1** to **pronounce**: *p. una parola correttamente (scorrettamente),* to pronounce a word correctly (incorrectly) **2** (dire, proferire) to **pronounce;** to **utter;** to **say*;** to **speak*;** to **articulate**: *non p. una parola,* not to utter a single word □ *p. i voti (religiosi),* to pronounce one's vows **3** (recitare) to **deliver**: *p. un discorso,* to deliver a speech **4** (emettere) to **pronounce**: *p. una sentenza di morte,* to pronounce a death sentence ● *p. bene (male),* to have a good (bad) pronunciation □ *p. una parola lettera per lettera,* to spell a word **B pronunziarsi** *v. rifl.* (dichiararsi) to **pronounce (oneself),** to **declare oneself;** (manifestare la propria opinione) to **give* one's opinion**: *p. contro (in favore di) q.c.,* to pronounce against (in favour of) st.
pronunziato A *a.* **1** (sporgente) **prominent 2** (spiccato) **pronounced; marked; decided B** *m. (leg.)* **sentence.**
propagàbile *a.* **propagable.**
propagaménto *m.* **propagation; propagating.**
propaganda *f.* **propaganda;** *(comm.,* anche*)* **advertising** ● *far p.,* to propagandize.
propagandare *v. t.* to **propagandize;** *(comm.,* anche*)* to **advertise.**
propagandista *m.* e *f.* **propagandist.**
propagandìstico *a.* **propagandistic; propaganda** *(attr.)*; *(comm.,* anche*)* **advertising** *(attr.)*.
propagare A *v. t.* **1** *(biol.)* to **propagate 2** (diffondere) to **propagate;** to **spread***: *p. una malattia,* to propagate a disease □ *p. false notizie,* to propagate rumours **3** *(fis.)* to **propagate**: *p. il suono,* to propagate sound **B propagarsi** *v. rifl.* **1** *(biol.)* to **propagate 2** (diffondersi) to **spread* 3** *(fis.)* to **be propagated.**
propagatóre *m.* **propagator.**
propagazióne *f.* **1** *(biol.)* **propagation; propagating; reproduction 2** (il diffondersi) **propagation; spreading; spread**: *la p. d'una malattia,* the propagation of a disease **3** *(fis.)* **propagation**: *la p. del suono,* the propagation of sound.
propagginare *v. t. (agric.)* to **layer;** to **propagate by layering.**
propagginazióne *f. (agric.)* **layerage; layering.**
propàggine *f.* **1** *(agric.)* **layer 2** *(fig.:* diramazione*)* **offshoot 3** *(lett., fig.:* prole*)* **offshoot; offspring.**
propalare *v. t.* to **divulge;** to **spread* (abroad).**
propalatóre *m.* **divulger.**
propalazióne *f.* **divulgation; spreading.**
propano *m. (chim.)* **propane.**
propedèutica *f.* **propaedeutics** *(pl. col verbo al sing.)*.
propedèutico *a.* **propaedeutic.**
propellènte A *a.* **propellent; propelling B** *m.* **propellant, propellent.**
propèndere *v. i.* to **incline;** to **be inclined;** to **lean***: *Propendo a credere che...,* I am inclined to believe that... □ *p. per la clemenza,* to lean to the side of mercy ● *p. per il no,* to be against (st.) □ *p. per q.,* to be favourable to sb. □ *p. per il sì,* to have nothing against (st.).
propensióne *f.* **propensity; tendency; disposition; bent**: *avere p. per q.c.,* to have a disposition to st.; to have a bent for st.
propènso *a.* **inclined; disposed;** (favorevole) **favourable**: *essere p. a q.c. (a fare q.c.),* to be inclined to st. (to do st.) □ *essere p. verso q.,* to be favourable to sb.
propilène *m. (chim.)* **propylene.**
propina *f.* **(examiner's) fee.**
propinare *v. t.* to **administer.**
propiziare *v. t.* **propiziarsi** *v. rifl.* to **propitiate.**
propiziatóre *m.* **propitiator.**
propiziatòrio *a.* **propitiatory.**
propiziazióne *f.* **propitiation.**

propìzio *a.* **1** (favorevole, benigno) **propitious; favourably disposed**: *un oracolo p.*, a propitious oracle **2** (opportuno, adatto) **propitious; favourable; suitable**: *un momento quanto mai p. per agire*, a most propitious (o suitable) moment for action □ *il momento più p. per fare q.c.*, the most suitable time for doing st.

proponènte **A** *a.* **proponent; proposing** **B** *m.* e *f.* **proponent; proposer.**

proponìbile *a.* **proposable.**

proponiménto *m.* **intention; resolution** ● *fare p. di fare q.c.*, to resolve to do (o upon doing) st.

propórre **A** *v. t.* to **propose**; to **propound**; (suggerire) to **suggest**; (porre, sottoporre) to **set***, to **put***: *p. q. per una carica*, to propose sb. for a post □ *p. un brindisi*, to propose a toast □ *p. un argomento da discutere*, to suggest a subject for discussion □ *p. una teoria*, to propound a theory □ *p. una questione*, to set (o to put) a question □ *p. un problema*, to set a problem ● *p. a esempio*, to point out (o to set up, to hold up) as an example □ *p. un disegno di legge*, to bring in (o to introduce) a bill □ *p. un prezzo*, (chiederlo) to ask a price; (offrirlo) to offer a price **B** **propórsi** *v. rifl.* to intend; to **resolve**; to **propose (to oneself).**

proporzionale *a.* **proportional** (anche *mat.*); (proporzionato) **proportionate**: *inversamente p.*, inversely proportional □ *(polit.) rappresentanza p.*, proportional representation.

proporzionalità *f.* **proportionality.**

proporzionalménte *avv.* **proportionally; in proportion.**

proporzionare *v. t.* to **proportion**; to **proportionate**: *p. le spese ai redditi*, to proportion one's expenditure to one's income.

proporzionataménte *avv.* **proportionately.**

proporzionato *a.* **proportionate; proportioned**: *(ben) p.*, well-proportioned.

proporzióne *f.* **1** **proportion**: *la p. fra le nascite e le morti*, the proportion of births to deaths □ *mancante di p.*, wanting in proportion; disproportionate *(agg.)* **2** *(mat.)* **proportion**; (rapporto) **ratio***: *i termini di una p.*, the terms of a proportion □ *essere in p.*, to be in proportion **3** *(al pl.*, dimensioni*)* **proportions** (anche *fig.*); **dimensions**: *una nave di proporzioni colossali*, a ship of colossal proportions.

propòșito *m.* **1** **purpose**; (intenzione) **intention**; (disegno) **design, plan**; (scopo) **aim, object**: *pieno di buoni propositi*, full of good intentions □ *mettere in atto il proprio p.*, to carry out one's design □ *Il suo p. era di far saltare il ponte*, his object was to blow up the bridge **2** (argomento) **subject; point**: *Potrei dire molto a questo p.*, I could say a great deal on this subject ● *a p.*, by the way; incidentally □ *a p. di*, with regard to; in connexion with; apropos of □ *arrivare proprio a p.*, to arrive in the nick of time □ *cambiare p.*, to change one's mind □ *capitare (o giungere) a p.*, (di una cosa) to answer one's purpose; (di una persona) to turn up at the right moment □ *di p.*, (apposta) on purpose, intentionally; (seriamente) in earnest □ *fare il p. di fare q.c.*, to decide (o to resolve) to do st. □ *fare q.c. a p.*, to do st. at the right moment □ *fuori (di) p.*, irrelevant, inappropriate *(agg.)*; beside the point □ *male a p.*, unsuitable, ill-timed, inopportune *(agg.)*; inopportunely *(avv.)*; at the wrong moment □ *uomo (donna) di p.*, strong-willed man (woman) □ *Tutto tornò a p.*, everything turned out all right □ *A p., tu mi devi ancora dieci sterline*, by the way, you still owe me ten pounds □ *Questo non fa al mio p.*, this does not meet my requirements.

proposizióne *f.* **1** *(gramm.)* **sentence; clause**: *la p. principale*, the main clause □ *una p. subordinata*, a subordinate clause □ *una p. semplice (composta)*, a simple (compound) sentence **2** *(filos., mat.)* **proposition.**

propósta *f.* **1** **proposal**; (mozione) **motion**; (suggerimento) **suggestion**; (offerta) **offer**: *Siamo d'accordo sulla vostra p.*, we agree to your proposal □ *fare una p. a q.*, to make a proposal to sb. □ *accettare (rifiutare) una p.*, to accept (to decline) a proposal **2** (offerta di matrimonio) **proposal** ● *fare una p. di matrimonio a q.*, to propose to sb.

propósto *V.* **prevòsto.**

propriaménte *avv.* **1** (realmente) **really; actually** **2** (in senso proprio) **literally; in the literal sense** **3** (con proprietà di linguaggio) **properly.**

proprietà *f.* **1** (diritto di disporre di q.c.) **ownership; proprietorship**: *diritto di p.*, right of ownership; title **2** (ciò che si possiede) **property; estate; possessions** *(pl.)*: *p. fondiaria*, landed property **3** *(fis., chim.)* **property**: *le p. chimiche del ferro*, the chemical properties of iron **4** *(mat.)* **property; law**: *p. associativa (distributiva)*, associative (distributive) law **5** (uso di parole appropriate; precisione di significato) **propriety**; (correttezza) **correctness** ● *(leg.) p. letteraria*, copyright: *violazione di p. letteraria*, infringement of copyright □ *« p. privata »*, « no trespassing! » □ *essere di p. di q.*, to belong to sb.; to be sb.'s property □ *La notizia è di p. comune*, the news is common property.

proprietària *f.* **1** **owner; proprietress** **2** (di pensione, locanda, ecc.) **landlady.**

proprietàrio *m.* **1** **owner; proprietor**: *il legittimo p.*, the lawful owner **2** (di pensione, ecc.) **landlord** ● *(naut.) p. di banchina*, wharfinger □ *p. terriero*, landowner.

pròprio **A** *a.* **1** *(poss. e rafforzativo;* anche *pron.)* **one's; own; one's own; of one's own**: *badare ai fatti propri*, to mind one's own business □ *vedere q.c. con i propri occhi*, to see st. with one's own eyes □ *fare del p. meglio*, to do one's best □ *Non ho nulla di mio p.*, I have nothing of my own **2** (particolare, caratteristico) **characteristic; particular; peculiar; typical**: *l'azione propria di certi veleni*, the peculiar effect of certain poisons □ *avere un sistema tutto p. di fare q.c.*, to have a (particular) system of one's own of doing st. **3** (appropriato, conveniente, giusto) **suitable; apt; right; proper** **4** (rif. a parola, significato) **literal; exact**: *il senso p. di una parola*, the literal sense of a word **5** *(gramm., mat.)* **proper**: *un nome p.*, a proper noun □ *una frazione propria*, a proper fraction ● *amor p.*, self-respect; self-esteem □ *vero e p.*, real **B** *m.* **one's own; what belongs to one**: *spendere del p.*, to spend one's own money ● *avere una casa in p.*, to have a house of one's own □ *lavorare in p.*, to work on one's own □ *Bisogna dare a ciascuno il p.*, to each his due (o his own) **C** *avv.* **1** (precisamente) **just; exactly**: *p. allora (ora)*, just then (now) □ *p. così*, just so □ *Farai p. quello che ti dico*, you'll do exactly what I tell you **2** (veramente, davvero) **really**; (affatto) **quite**: *Quella ragazza è p. bella*, that girl is really beautiful □ *La tua proposta è p. ridicola*, your proposal is quite ridiculous ● *p. all'ultimo momento*, at the very last moment □ *L'hai detto p. tu*, you yourself said so □ *Non è p. vero!*, it isn't true at all! □ *« Avevo ragione io! » « P.! »*, « I was right! » « Yes, you were! ».

propugnàcolo *m.* **bulwark** (anche *fig.*).

propugnare *v. t.* to **fight*** **for** (st.); to **support**; to **advocate**; to **defend.**

propugnatóre *m.* **supporter; advocate; defender; champion.**

propulsióne *f. (mecc., aeron., naut.)* **propulsion**: *p. a reazione*, jet propulsion.

propulsivo *a. (mecc.)* **propulsive; propelling.**

propulsóre *m. (mecc.)* **propeller.**

pròra *V.* **prua.**

proravìa, a *locuz. avv. (naut.)* **ahead: forward.**

pròroga *f.* **1** **extension (of time); respite**; (dilazione) **delay, reprieve**: *una p. di una settimana*, a week's delay □ *una p. di pagamento*, an extension of payment □ *chiedere (concedere) una p.*, to ask for (to grant) a respite **2** (differimento) **deferment; postponement**; (aggiornamento) **adjournment.**

prorogàbile *a.* **extendible, extensible; subject to extension; liable to deferment.**

prorogabilità *f.* **extendibility, extensibility; liability to deferment.**

prorogare *v. t.* **1** to **extend**; to **respite**; (dilazionare) to **delay**: *Il termine di consegna è stato prorogato fino al 15 settembre*, the term of delivery has been extended until 15th of September □ *p. la scadenza d'una cambiale*, to extend the time of payment of a bill; to prolong a bill **2** (differire) to **defer**; to **postpone**; (aggiornare) to **adjourn**: *p. la chiusura d'un'esposizione*, to postpone the closing date of an exhibition.

prorompènte *a.* **gushing; issuing.**

prorómpere *v. i.* (anche *fig.*) to **burst*;** to **burst* out** (o **forth);** to **break* out** (o **forth);** (sgorgare) to **gush,** to **issue**: *p. in una risata,* to burst into laughter; to burst out laughing □ *p. in lacrime,* to burst into tears.

pròsa *f.* **1 prose**: *p. poetica,* poetic prose □ *un'antologia della p. inglese,* an anthology of English prose **2** (opera in p.) **prose work (**o **writing, composition) 3** (*fig.*, spesso *spreg.*) **prose; prosaicness; commonplace** ● (*teatr.*) *compagnia di p.*, theatrical company □ *scelta di prose,* selected prose writings □ *scrittore di prose,* prose-writer □ (*teatr.*) *teatro di p.*, playhouse; theatre.

proşaicişmo *m.* **proşaicità** *f.* **prosaicness; prosaicism; prosaism; prosiness.**

proşàico *a.* **1 prosaic 2** (*fig., spreg.*) **prosaic; matter-of-fact; commonplace; dull; prosy**: *un uomo p.*, a prosaic man; a prosaist □ *una vita prosaica e monotona,* a prosaic humdrum life.

proşàpia *f.* (*lett.*) **race; stock;** (discendenza) **lineage, descent;** (nascita) **birth, extraction.**

proşàstico *a.* (*lett.*) **prose** (*attr.*); **prosaic; prosy.**

proşatóre *m.* **prose-writer; proser; prosaist.**

proscènio *m.* (*teatr.*) **proscenium*;** (palcoscenico) **stage**: *palchi di p.*, proscenium boxes.

prosciògliere *v. t.* **1** to **acquit;** to **release**: *p. q. da un obbligo,* to acquit sb. of an obligation; to release sb. from an obligation **2** (*leg.*) to **acquit.**

proscioglimènto *m.* **1 acquittance; releasement; release 2** (*leg.*) **acquittal.**

prosciugamènto *m.* **1 drying up; draining; drainage 2** (il bonificare) **reclamation; reclaiming.**

prosciugare A *v. t.* **1** to **dry up;** to **drain 2** (bonificare) to **reclaim B prosciugarsi** *v. rifl.* to **dry up.**

prosciutto *m.* **ham**: *p. affumicato,* smoked ham □ *un panino al p.*, a ham sandwich □ *uova al p.*, ham and eggs ● (*fam.*) *avere gli occhi foderati di p.*, to be blind to evidence □ (*fam.*) *avere gli orecchi foderati di p.*, to be hard of hearing.

proscritto A *a.* **proscribed; banished; exiled B** *m.* **exile.**

proscrìvere *v. t.* **1** to **proscribe;** to **banish;** to **exile 2** (*fig.*) to **proscribe;** to **interdict;** to **prohibit;** to **forbid*.**

proscrizióne *f.* **1 proscription; banishment; exilement 2** (*fig.*) **proscription; interdiction; prohibition.**

prosecuzióne *f.* **prosecution.**

proseguiménto *m.* **prosecution;** (continuazione) **pursuance, continuation** ● *Buon p.!,* all the best to you!; (a chi viaggia) have a good trip!, I hope you will have a good journey.

proseguire A *v. t.* to **prosecute;** (continuare) to **pursue,** to **continue,** to **go* on** (with), to **keep* up;** (riprendere) to **resume**: *p. gli studi,* to pursue (o to continue) one's studies □ *p. il viaggio,* to continue (o to resume) one's journey **B** *v. i.* to **continue;** to **go* on;** to **keep* up;** (persistere) to **persist,** to **hold* on**: *p. a parlare,* to go on speaking ● (su lettera) « *far p.* », « please forward ».

proşelitişmo *m.* **proselytism.**

proşèlito *m.* **proselyte; convert.**

prosièguo *m.* (*bur.*) **course**: *in p. di tempo,* in the course of time.

proşodìa *f.* **prosody.**

proşòdico *a.* **prosodic(al).**

proşopopèa *f.* **1** (*retor.*) **prosopopoeia 2** (*spreg.*) **ostentation** ● *avere una gran p.*, to give oneself airs.

proşopopèico *a.* (*retor.*) **prosopopoeic(al).**

prosperare *v. i.* to **be prosperous;** to **prosper;** to **flourish;** to **thrive***: *I suoi affari prosperano,* his business is flourishing; he is doing well (in business).

prosperità *f.* **prosperity; welfare; well-being**: *un periodo di grande p.*, a period of great prosperity; a bonanza period (specialm. *USA*) ● (augurio a chi starnuta) *P.!,* (God) bless you!

pròspero *a.* **1** (fiorente) **prosperous; flourishing; thriving**: *industrie prospere,* flourishing industries **2** (propizio) **prosperous; propitious; favourable;** (felice) **happy**: *un anno p.*, a prosperous year □ *un p. evento,* a happy event **3** (robusto, vigoroso) **healthy; sturdy**: *un bambino p.*, a healthy child ● *la prospera fortuna,* good fortune □ *salute prospera,* very good health: *essere in prospera salute,* to enjoy very good health.

prosperóso *a.* **1** (fiorente) **prosperous; flourishing; thriving 2** (florido di salute) **healthy; hale and hearty; lusty;** (di donna) **buxom.**

prospettare A *v. t.* **1** (*raro:* essere volto verso un luogo) to **face;** to **front;** to **look out upon** (a place) **2** (*fig.:* mostrare, esporre) to **point out;** to **show*;** to **state 3** (*fig.:* formulare) to **advance;** to **put* forward**: *p. un'ipotesi,* to advance a hypothesis **B** *v. i.* (affacciarsi su un luogo) to **look out** (upon) **C prospettarsi** *v. rifl.* (presentarsi) to **appear;** to **seem.**

prospèttico *a.* **perspective** (*attr.*).

prospettiva *f.* **1** (disegno) **perspective** (*anche concreto*): *p. lineare,* linear perspective □ *in p.*, in perspective **2** (veduta, panorama) **view; prospect; scene; vista 3** (*fig.*) **prospect** (*spesso al pl.*); **outlook**: *Che triste p.!,* what gloomy prospects! □ *una p. misantropica della vita,* a misanthropic outlook on life ● *non avere nessuna p.*, to have nothing in prospect.

prospètto *m.* **1** (veduta) **prospect; view; outlook**: *il p. delle coste vedute dal mare,* the prospect of the coasts seen from the sea **2** (facciata) **façade; front**: *il p. d'un edificio,* the façade of a building **3** (tabella, specchietto) **list; table; schedule; statement**: *un p. particolareggiato delle spese,* an itemized statement of expenses ● *guardare q.c. di p.*, to get a front view of st.

prospezióne *f.* (*ind. min.*) **prospecting.**

prospiciènte *a.* **facing; overlooking; looking out upon** (a place): *i villini prospicienti il mare,* the cottages facing the sea.

prossimaménte *avv.* **presently; before long; shortly; in a short time.**

prossimità *f.* **proximity; closeness; nearness** ● *in p. di,* in proximity to; near.

pròssimo A *a.* **1** (molto vicino) **(very) near; close; at hand** (*pred.*): *un parente p.*, a near (o close) relative □ *in un p. avvenire,* in the near future □ *essere p. alla fine,* to be near the end; (*fig.*) to be near one's end **2** (che segue nel tempo o nello spazio; successivo) **next**: *la settimana prossima,* next week □ *nei prossimi giorni,* in the next few days □ *La prossima volta che ti vedrò, ti darò i dischi,* I'll give you the records the next time I see you ● *essere p. a fare q.c.*, to be about to do st.; to be on the point of doing st. □ *essere p. ai quarant'anni,* to be nearly forty; to be getting on for forty □ (*gramm.*) *passato p.*, present perfect □ (*gramm.*) *trapassato p.*, past perfect □ (*comm.*) *il venti del mese p.*, on the 20th prox. **B** *m.* **fellow creatures** (*pl.*) ● *Ama il p. tuo come te stesso,* thou shalt love they neighbour as thyself.

pròstata *f.* (*anat.*) **prostate.**

prostàtico *a.* (*anat.*) **prostate** (*attr.*); **prostatic.**

prosternare A *v. t.* (*lett.*) to **prostrate B prosternarsi** *v. rifl.* to **prostrate oneself.**

pròstilo *m.* (*archit.*) **prostyle.**

prostituire A *v. t.* (anche *fig.*) to **prostitute B prostituirsi** *v. rifl.* to **prostitute oneself;** to **make* a prostitute of oneself.**

prostituta *f.* **prostitute; streetwalker; whore.**

prostituzióne *f.* (anche *fig.*) **prostitution.**

prostrare A *v. t.* **1** to **prostrate;** to **throw* down 2** (*fig.*) to **prostrate;** to **exhaust B prostrarsi** *v. rifl.* to **prostrate oneself** ● *p. ai piedi di q.*, to throw oneself at sb.'s feet.

prostrato *a.* (anche *fig.*) **prostrate.**

prostrazióne *f.* (anche *fig.*) **prostration.**

prosuòcera *f.* **mother of one's father-in-law** (o **mother-in-law).**

prosuòcero *m.* **father of one's father-in-law** (o **mother-in-law).**

protagonista A *m.* **protagonist** (anche *fig.*); **chief character; hero***: *il p. di un dramma (d'un romanzo),* the protagonist of a play (of a novel) **B** *f.* **protagonist** (anche *fig.*); **chief (female) character; heroine.**

pròtaşi *f. (letter., gramm.)* **protasis***.

protèggere *v. t.* ***1*** **to protect;** (custodire) **to take* care of,** to **watch over;** (difendere) to **defend,** to **guard,** to **shield,** to **screen;** (mettere al coperto) to **shelter**: *Dio lo protegga!,* God protect him! □ *p. dal pericolo,* to protect from danger; to guard ***2*** (promuovere, favorire) to **promote;** to **patronize;** to **foster** ● *prendere a p. q.,* to take sb. under one's protection.

protèico *a. (chim.)* **proteinic; proteinous** ● *sostanze proteiche,* proteins.

proteifórme *a.* **proteiform; protean.**

proteina *f. (chim.)* **protein.**

protèndere ***A*** *v. t.* to **hold* out;** to **stretch out** (o **forth)** ***B*** **protèndersi** *v. rifl.* to **stretch oneself;** to **lean* forward** ● *p. da una finestra,* to lean out of a window.

pròteo *m. (zool.,* Proteus anguinus*)* **olm.**

protèrvia *f. (lett.)* **arrogance; haughtiness; pertness; insolence.**

protèrvo *a. (lett.)* **arrogant; haughty; pert; insolent.**

pròteşi *f.* ***1*** *(med.)* **prosthesis*** ***2*** *(gramm.)* **pro(s)thesis.**

protèsta *f.* ***1*** (attestazione, testimonianza pubblica) **protestation**: *una p. d'amicizia,* a protestation of friendship ***2*** (dichiarazione d'opposizione) **protest; complaint; remonstrance**: *fare una p.,* to make a protest (against st.); to protest; to remonstrate.

protestante *a., m.* e *f. (relig.)* **Protestant.**

protestantéşimo *m. (relig.)* **Protestantism.**

protestare ***A*** *v. t.* to **protest** (anche *leg.*): *p. la propria innocenza,* to protest one's innocence □ *p. una cambiale,* to protest a bill ***B*** *v. i.* to **protest;** to **make* a protest;** to **raise an objection;** to **remonstrate** ***C*** **protestarsi** *v. rifl.* to **protest oneself;** (dichiararsi) to **declare oneself,** to **avow oneself;** (professarsi) to **profess oneself** ● *p. innocente,* to protest one's innocence (o that one is innocent); *(leg.)* to plead not guilty.

protestatàrio *a.* **protesting; of protest.**

protèsto *m. (leg.)* **protest**: *p. per mancata accettazione (per mancato pagamento),* protest for non-acceptance (non-payment) ● *mandare una cambiale in p.,* to dishonour a bill.

protettivo *a.* **protective.**

protètto ***A*** *a.* **protected; sheltered; shielded; guarded**: *(econ.) industrie protette,* protected (o sheltered) industries ***B*** *m.* **protégé** *(franc.)*; **favourite.**

protettorato *m. (polit.)* **protectorate.**

protettóre *m.* ***1*** **protector; defender; guardian** ***2*** (fautore) **patron**: *un p. delle arti,* a patron of the arts ***3*** *(polit., relig.)* **Protector** ***4*** (sfruttatore d'una prostituta) **ponce; pimp** ● *(relig.) santo p.,* patron saint □ *Società protettrice degli animali,* Society for the Prevention of Cruelty to Animals.

protettrice *f.* **protectress; patroness.**

protezióne *f.* ***1*** **protection; defence; guardianship**: *essere sotto la p. di q.,* to be under sb.'s protection □ *prendere q. sotto la propria p.,* to take sb. under one's protection (o under one's wing, *fam.*) □ *senza p.,* without protection; unprotected; defenceless ***2*** (patrocinio) **patronage**: *la p. delle arti,* the patronage of the arts ● *(fam.) con aria di p.,* with a patronizing air □ *misure di p. antiaerea,* air-raid precautions.

protezionişmo *m. (econ.)* **protectionism.**

protezionista *a., m.* e *f. (econ.)* **protectionist.**

protezionistico *a. (econ.)* **protectionist** *(attr.)*.

pròto *m. (tipogr.)* **foreman*; overseer.**

proto- *(in parole composte)* **proto-, prot-.**

protoattìnio *m. (chim.)* **protactinium.**

(1) protocollare *a.* **protocolar; protocol** *(attr.)*.

(2) protocollare *v. t.* to **record;** to **register;** to **file;** to **protocol.**

protocollista *m.* e *f.* **keeper of records; filing clerk.**

protocòllo *m.* ***1*** **register of documents; record; file**: *essere a p.,* to be on record ***2*** *(leg.)* **protocol** ***3*** (cerimoniale) **protocol; ceremonial** ● *carta (formato) p.,* foolscap paper □ *mettere a p.,* to record; to register; to file □ *numero di p.,* reference number.

protóne *m. (fis.)* **proton.**

protonotàrio *m. (relig., stor.)* **prot(h)onotary.**

protoplaşma *m. (biol.)* **protoplasm.**

protòssido *m. (chim.)* **protoxide.**

protòtipo *m.* **prototype** (anche *fig.*) ● *essere il p. dei mascalzoni,* to be a perfect rascal.

protozòo *m. (zool.)* **protozoon*; protozoan.**

protrarre ***A*** *v. t.* ***1*** (prolungare) to **protract;** to **prolong;** to **extend;** to **lengthen;** to **continue**: *p. una visita,* to protract a visit □ *p. gli studi,* to continue one's studies ***2*** (differire) to **postpone;** to **defer;** to **delay;** to **put* off** ***B*** **protrarsi** *v. rifl.* to **be protracted;** (continuare) to **continue,** to **go* on.**

protrazióne *f.* ***1*** (prolungamento) **protraction; prolongation** ***2*** (differimento) **postponement; deferment; delay.**

protruşióne *f. (med.)* **protrusion.**

protuberante *a.* **protuberant; protrusive; prominent; bulgy.**

protuberanza *f.* **protuberance; prominence; swelling; lump**: *formare una p.,* to form a protuberance; to swell; to bulge out ● *(astron.) p. solare,* solar prominence.

pròva *f.* ***1*** (esperimento, saggio) **trial; test; experiment**: *p. di velocità,* speed trial □ *p. di durata, (mecc.)* endurance test; *(sport)* long-distance trial □ *p. di sicurezza,* reliability test □ *(aeron.) volo di p.,* trial flight □ *essere in p.,* to be on trial □ *p. del sangue,* blood test □ *reggere alla p.,* to stand the test □ *assumere q. in p.,* to give sb. a trial □ *(mil.) p. di tiro,* range trial □ *(comm.) ordine di p.,* trial order □ *mettere alla p.,* to put to the test □ *dare buona p.,* to stand the test ***2*** (testimonianza) **proof; evidence** (solo *sing.*): *Un indizio non è una p.,* a clue is no proof □ *dare p. di coraggio,* to give (a) proof of one's courage □ *a p. della mia stima,* as (a) proof of my esteem □ *(leg.) p. a carico,* evidence for the prosecution □ *(leg.) p. a discarico,* evidence for the defence □ *(leg.) prove indiziarie,* circumstantial evidence □ *(leg.) assoluzione per insufficienza di prove,* acquittal on the grounds of insufficient proof □ *(leg.) p. addotta dalla pubblica accusa,* evidence produced by the Public Prosecutor; (in *G.B.*) evidence for the Crown ***3*** (tentativo) **try; attempt**: *alla prima p.,* at the first attempt ***4*** (esame) **examination; exam; test**: *p. orale (scritta),* oral (written) exam (o test) □ *sostenere una p.,* to sit for (o to take) an examination ***5*** *(teatr.)* **rehearsal**: *la p. generale,* the dress rehearsal ***6*** (esito) **result**: *fare buona (cattiva) p.,* to give good (bad) results ***7*** *(tipogr.:* bozza*)* **proof**: *tirare una p.,* to pull a proof ***8*** (di abito) **fitting** ***9*** (afflizione, disgrazia) **affliction; sorrow; trial**: *Dio non ti abbandonerà nell'ora della p.,* God won't forsake you in your hour of affliction (o of need) ● *(stor.* e *fig.) p. del fuoco,* ordeal by fire □ *p. del nove, (mat.)* casting out nines; *(fig.)* crucial test □ *a p. di bomba,* bomb-proof □ *a p. di cannone,* shell-proof □ *a p. di fuoco,* fire-proof □ *banco di p.,* testing bench □ *(mat.) fare la p. del nove,* to cast out nines □ *(tipogr.) foglio di p.,* specimen page □ *onestà a tutta p.,* well-tried honesty □ *un uomo duramente messo a p.,* a sorely-tried man.

provàbile *a.* **prov(e)able; demonstrable.**

provare ***A*** *v. t.* ***1*** (sperimentare, tentare) to **try**: *p. un fucile,* to try a gun □ *p. un nuovo metodo,* to try a new method □ *p. a fare q.c.,* to try to do (o and do) st. ***2*** (dimostrare) to **prove;** to **show*;** to **demonstrate**: *Questo è ancora da p.,* this has yet to be proved □ *p. la verità di q.c.,* to demonstrate the truth of st. ***3*** (sentire) to **feel*;** (sperimentare in sé) to **experience**: *p. dolore (gioia),* to feel pain (joy) □ *p. pietà per q.,* to feel pity for sb. □ *p. una gran delusione,* to feel deeply disappointed ***4*** (indumenti, ecc.) to **try on;** (dal sarto) to **have a fitting**: *p. un paio di scarpe,* to try on a pair of shoes ***5*** (mettere alla prova) to **try;** to **test;** to **put* to the test** ***6*** *(fig.)* to **try;** to **afflict**: *La disgrazia lo ha duramente provato,* misfortune has sorely tried him ***7*** *(teatr.)* to **rehearse**: *p. una commedia,* to rehearse a play ***8*** (collaudare) to **test** ***9*** (gustare) to **taste**: *Prova queste castagne!,* taste these chestnuts! ***10*** (saggiare) to **try;** to **test;** to **analyse** ● *Proviamo un po'!,* let's have a try (o a go, *fam.*) ***B*** **provarsi** *v. rifl.* ***1*** to **try;** to **attempt;** to **endeavour**: *p. più volte inutilmente,* to try several times

in vain □ *Provatevi e poi vedrete!*, you just try! ***2*** (cimentarsi) to **measure oneself** (with) ***3*** (di indumenti, ecc.) to **try on;** (dal sarto) to **have a fitting.**
provato *a.* ***1*** (fedele) **tried; trustworthy; reliable** ***2*** (stremato) **weary; exhausted; worn-out.**
provenièn̄za *f.* ***1*** (luogo d'origine) **place of origin; provenance; provenience;** (origine) **origin**: *di p. ignota*, of unknown provenance ***2*** (fonte) **source**: *notizie di incerta p.*, news from an unreliable source ● *ufficio di p.*, forwarding office.
provenire *v. i.* ***1*** (derivare) to **derive,** to **proceed** (from); to **originate** (from, in); to **be caused** (by) ***2*** (per nascita) to **come*** (of); to **descend** (from): *la famiglia da cui egli proviene*, the family he comes of ***3*** (venire da un dato luogo) to **come***: *Non so da dove quel denaro provenga*, I dont' know where that money comes from.
provènto *m.* *(comm.)* **proceeds** *(pl.)*; **receipts** *(pl.)*; **return.**
provenzale ***A*** *a.* **Provençal; Provence** *(attr.)*: *la lingua p.*, (the) Provençal (language) ***B*** *m. e f.* **Provençal.**
provenzaleggiante *a.* *(letter.)* **in the Provençal style.**
proverbiale *a.* **proverbial** (anche *fig.*).
provèrbio *m.* **proverb; saying;** (adagio) **adage; (wise) saw**: *I proverbi sono la saggezza del genere umano*, proverbs are the wisdom of mankind □ *come dice il p.*, as the saying is (o goes) ● *gioco dei proverbi*, proverbs □ *passare in p.*, to become proverbial.
provétta *f.* *(chim.)* **test-tube**: *p. graduata*, graduated tube.
provètto *a.* **experienced; skilled; skilful; expert; practised**: *un artista p.*, a skilled artist □ *una mano provetta*, a practised hand.
provìncia *f.* ***1*** (circoscrizione amministrativa) **province; district** ***2*** (in opposizione a « capoluogo ») **provinces** *(pl.)*; **country**: *venire dalla p.*, to come from the provinces ***3*** (paese, regione) **country; region** ***4*** *(relig., stor. romana)* **province** ● *di p.*, provincial; country *(attr.)*: *gente di p.*, country people.
provinciale ***A*** *a.* ***1*** (della provincia) **provincial**: *una strada p.*, a provincial road ***2*** (di provincia) **provincial; countrified**: *usanze provinciali*, provincial (o countrified) customs ● *(relig.) padre p.*, provincial ***B*** *m. e f.* **provincial**: *vestirsi come un p.*, to dress like a provincial (o like one from the provinces) ***C*** *f.* (strada p.) **provincial road.**
provincialiṣmo *m.* ***1*** **provincialism; provinciality** ***2*** *(linguistica)* **provincialism; local word** (o **idiom).**
provino *m.* ***1*** **test-piece; specimen** ***2*** (*chim.*: provetta) **test-tube** ***3*** *(cinem.)* **screen-test.**
provocante *a.* **provoking; provocative.**
provocare *v. t.* ***1*** to **provoke;** to **excite;** (istigare) to **instigate,** to **incite**: *p. il riso*, to provoke laughter □ *p. la collera di q.*, to provoke sb. to wrath ***2*** (promuovere qualche effetto) to **cause;** to **induce;** to **bring* on**: *p. il sudore*, to cause perspiration □ *p. il vomito*, to induce vomiting ***3*** (irritare) to **provoke;** to **irritate;** to **annoy**: *Non mi p.!*, don't provoke me!
provocativo *a.* **provocative; provoking.**
provocatóre ***A*** *m.* **provoker** ***B*** *a.* **provoking; provocative.**
provocatòrio *a.* **provocative; provoking.**
provocazióne *f.* **provocation**: *adirarsi alla minima p.*, to get angry at the slightest provocation.
provvedére ***A*** *v. t.* ***1*** to **provide,** to **supply** (for, with); to **furnish** (with): *p. il necessario alla propria famiglia*, to provide (the necessities) for one's family ***2*** (disporre) to **prepare;** to **get* ready** ***B*** *v. i.* ***1*** to **provide,** to **make* provision** (for): *p. all'istruzione dei propri figli*, to provide for the education of one's children ***2*** (prendersi cura di) to **take* care of** (sb., st.); (badare a) to **look after** (sb.) ***3*** (prendere un provvedimento) to **take* a decision;** to **act;** to **take* steps** ***4*** (procurare, disporre) to **see*** (to, about); to **arrange** (for): *Ho provveduto a saldare i miei debiti*, I have seen to the payment of my debts ***C*** **provvedérsi** *v. rifl.* to **provide oneself,** to **furnish oneself** (with).
provvediménto *m.* **measure;** (misura di previdenza) **precaution**: *provvedimenti disciplinari*, disciplinary measures □ *provvedimenti sanitari*, sanitary precautions □ *provvedimenti di sicurezza*, safety precautions.
provveditorato *m.* **(government) office**: *p. agli studi*, provincial education office.
provveditóre *m.* **director, superintendent, head (of a Civil Service Office)**: *p. agli studi*, (provincial) director of education.
provveduto *a.* **well-provided; gifted; endowed**: *essere p. di tutto*, to be well-provided with everything.
provvidènza *f.* **providence**: *È un dono della p.*, it's a gift of providence ● *essere una p.*, to be a godsend; to be providential: *Fu una vera p.*, it was really providential; it was a real piece of good luck.
provvidenziale *a.* **providential.**
pròvvido *a.* **provident;** (previdente) **foreseeing;** (prudente) **prudent, wary**: *la provvida formica*, the provident (o wise) ant.
provvigióne *f.* *(comm.)* **commission**: *una p. del 5%*, a 5% commission □ *vendere a p.*, to sell on commission.
provviṣoriaménte *avv.* **provisionally; temporarily; pro tempore** (*abbr.*: **pro tem); for the time being.**
provviṣorietà *f.* **provisional character.**
provviṣòrio *a.* **provisional; provisory; temporary; interim**: *un governo p.*, a provisional government □ *un impiego p.*, a temporary job ● *in via provvisoria*, provisionally; temporarily; pro tempore (*abbr.*: pro tem).
provvista *f.* **provision** *(generalm. al pl.)*; **supply;** (scorta) **stock, store**: *provviste di alimentari*, food supplies; provisions □ *provviste di bordo*, naval stores □ *avere una buona p. di q.c.*, to have a good supply of st.; to be well-supplied with st. □ *essere a corto di provviste*, to be short of supplies □ *fare provviste*, to make provisions; to lay in stocks.
provvisto *a.* **provided; furnished; equipped**: *essere p. di q.c.*, to be provided with st. ● *essere p. dell'occorrente*, to have everything one needs.
prozìa *f.* **great-aunt.**
prozìo *m.* **great-uncle.**
prua *f.* *(naut.)* **bow; prow; stem; head**: *da poppa a p.*, from stem to stern; fore and aft.
prudènte *a.* **prudent;** (cauto) **cautious, wary, circumspect, discreet** ● *troppo p.*, over-cautious; gingerly.
prudenteménte *avv.* **prudently; cautiously; warily; with circumspection; discreetly; with discretion.**
prudènza *f.* **prudence;** (cautela) **caution, circumspection, discretion**: *avere* (o *usare*) *p.*, to use caution; to be prudent □ *operare con p.*, to act with circumspection.
prudenziale *a.* **prudential**: *misure prudenziali*, prudential measures.
prùdere *v. i.* to **itch** (anche *fig.*); to **be itchy**: *Mi prudono* (o *mi sento p.*) *le mani*, my hands are itchy (anche *fig.*) ● *(fig.) toccare q. dove gli prude*, to touch sb. on the raw.
pruderie *(franc.) f.* **prudery; prudishness; primness.**
prudóre *m.* **itching** ● *sentire p.*, to itch; to be itchy.
prugna *f.* *(bot.)* **plum**: *prugne secche*, dried plums; prunes.
prugno *m.* (*bot.*, Prunus domestica) **plum(-tree).**
prùgnola *f.* *(bot.)* **sloe.**
prùgnolo *m.* (*bot.*, Prunus spinosa) **sloe; blackthorn.**
pruina *f.* ***1*** *(bot.)* **bloom** ***2*** (*poet.*: brina) **hoarfrost.**
pruinóso *a.* *(bot.)* **pruinose; glaucous.**
prunàio *m.* ***1*** **thorn-bush; blackthorn thicket** ***2*** *(fig.)* **thorny situation; (bad) fix**: *mettersi in un p.*, to get oneself into a bad fix.
(1) prunèlla *f.* (*bot.*, Prunella vulgaris) **prunella; self--heal.**
(2) prunèlla *f.* ***1*** *(ind. tessile)* **prunella** ***2*** (liquore) **plum brandy.**
prunéto *m.* **thorn-bush; blackthorn thicket.**
pruno *m.* ***1*** (*bot.*, Prunus spinosa) **blackthorn; sloe**: *una siepe di pruni*, a (black)thorn-hedge ***2*** (spina di p.)

thorn: *(fig.) un p. in un occhio,* a thorn in one's side (o flesh); a real nuisance.
prurìgine *f.* **1 itchiness; itching; itch** (anche *fig.*) **2** *(med.)* **prurigo.**
pruriginóso *a.* **1 itching; itchy 2** *(fig.)* **exciting 3** *(med.)* **pruriginous.**
prurito *m.* **1 itching; itch** (anche *fig.*) **2** *(med.)* **pruritus** ● *sentire p.,* to itch; to be itchy.
prussiano *a* e *m.* **Prussian.**
prussiato *m. (chim.)* **prussiate; cyanide.**
prùssico *a. (chim.)* **prussic**: *acido p.,* prussic acid.
psèudo- *(in parole composte)* **pseudo-.**
pseudònimo *m.* **pseudonym; pen-name.**
psicanàlişi *f.* **psychoanalysis.**
psicanalista *m.* e *f.* **psychoanalyst.**
psicanalìtico *a.* **psychoanalytic(al).**
psicanalizzare *v. t.* to **psychoanalyse.**
(1) psiche *f.* **psyche.**
(2) psiche *f.* (grande specchio a oscillazione) **cheval-glass.**
psichedèlico *a.* **psychedelic.**
psichiatra *m.* e *f. (med.)* **psychiatrist.**
psichiatrìa *f. (med.)* **psychiatry.**
psichiàtrico *a. (med.)* **psychiatric(al)** ● *ospedale p.,* mental hospital.
psìchico *a.* **psychic(al).**
psico- *(in parole composte)* **psycho-**: *(farm.) psicofarmaci,* psychopharmaceuticals; psychoactive drugs.
psicologìa *f.* **psychology.**
psicològico *a.* **psychologic(al).**
psicòlogo *m.* **psychologist.**
psicomotòrio *a. (med.)* **psychomotor.**
psicopatìa *f. (med.)* **psychopathy; mental disease** (o **disorder).**
psicopàtico *(med.)* **A** *a.* **psychopathic B** *m.* **psychopath.**
psicopatologìa *f. (med.)* **psychopathology.**
psicopedagogìa *f.* **educational psychology.**
psicopedagogista *m.* e *f.* **educational psychologist.**
psicòşi *f. (med.)* **psychosis*.**
psicosomàtico *a.* **psychosomatic.**
psicotècnica *f.* **psychotechnology.**
psicotècnico A *a.* **psychotechnic(al) B** *m.* **psychotechnician.**
psicoterapìa *f. (med.)* **psychotherapy.**
psicoteràpico *a. (med.)* **psychotherapeutic.**
psicoterapista *m.* e *f.* **psychotherapist.**
psittacòşi *f. (med.)* **psittacosis.**
psorìaşi *f. (med.)* **psoriasis.**
pss, pst *inter.* **psst!**
ptialina *f. (biol., chim.)* **ptyalin.**
puah *inter.* **ugh!; pugh!; pshaw!**
pubblicàbile *a.* **publishable.**
pubblicaménte *avv.* **publicly; in public.**
pubblicano *m. (stor.)* **publican.**
pubblicare *v. t.* to **publish;** to **bring* out;** (dell'editore) to **issue**: *p. un libro,* to publish a book □ *p. una notizia,* to publish (o to give out) a piece of news.
pubblicazióne *f.* **1 publication; publishing; issue**: *la p. d'un libro,* the publication of a book **2** (libro pubblicato) **publication**: *pubblicazioni letterarie (scientifiche),* literary (scientific) publications ● *p. mensile,* monthly □ *p. settimanale,* weekly □ *p. trimestrale,* quarterly □ *curare la p. d'un libro,* to edit a book □ *fare le pubblicazioni matrimoniali,* to publish the banns.
pubblicista *m.* e *f.* **1** *(giornalismo)* **freelance journalist 2** (esperto di diritto pubblico) **publicist; expert in public law.**
pubblicità *f.* **1 publicity**: *andare in cerca di p.,* to seek publicity □ *evitare la p.,* to avoid publicity **2** (propaganda comm.) **advertising**: *La p. è l'anima del commercio,* advertising is the very soul of trade □ *p. radiofonica (televisiva),* radio (television) advertising; radio (TV) commercials *(pl.)* ● *agente di p.,* advertising agent; (al servizio di una persona celebre) publicity (o press) agent □ *agenzia di p.,* advertising agency □ *fare p. a q.c.,* to advertise st. □ *fare molta p. a q.c.,* to plug st. □ *piccola p.,* small advertisements *(pl.);* small ads *(pl., fam.).*
pubblicitàrio A *a.* **advertising**: *una campagna pubblicitaria,* an advertising campaign ● *avviso p.,* advertisement; ad *(fam.)* □ *spazio p. televisivo,* spot □ *trovata pubblicitaria,* publicity stunt **B** *m.* **advertising agent; ad writer; media man*.**
pubblicizzare *v. t.* to **publicize.**
pùbblico A *a.* **public;** (statale) **state, government** *(attr.)*: *giardini pubblici,* public gardens □ *servizi pubblici,* public utilities □ *rendere p. q.c.,* to make st. public; to broadcast st. □ *diritto p.,* public law □ *l'opinione pubblica,* public opinion □ *un nemico p.,* a public enemy □ *edifizi pubblici,* government (o public) buildings □ *scuole pubbliche,* state schools ● *p. ufficiale,* civil servant □ *agente di pubblica sicurezza,* policeman □ *la Pubblica Sicurezza,* the Police □ *Ministero dei Lavori Pubblici,* Ministry of Works □ *Ministero della Pubblica Istruzione,* Ministry of Education **B** *m.* **1 public**: *dire (fare) q.c. in p.,* to say (to do) st. in public □ *il p. dei lettori,* the reading public □ *Il p. è pregato di non toccare i quadri,* the public is (o are) requested not to touch the pictures **2** (uditorio) **audience;** (spettatori) **spectators** *(pl.)* ● *il favore del p.,* public favour.
pube *m. (anat.)* **pubis*.**
pùbere, puberale *a.* **puberal; pubertal.**
pubertà, *f.* **puberty.**
pubescènte *a.* **1 pubescent 2** *(bot.)* **pubescent; downy.**
pubescènza *f. (bot.)* **pubescence.**
pùbico *a. (anat.)* **pubic.**
puddinga *f. (geol.)* **pudding-stone.**
pudènde *f. pl. (anat.)* **pudenda.**
pudibóndo *a.* **modest; bashful; coy;** (di chi affetta pudore) **demure, prudish.**
pudicìzia *f.* **modesty; bashfulness; prudery.**
pudìco *a.* **modest; bashful; decent; chaste;** (in modo affettato) **prudish.**
pudóre *m.* **modesty; decency; chastity;** (vergogna) **shame**: *falso p.,* false modesty □ *un'offesa al p.,* an offence against decency □ *non avere p.,* to be lost to shame □ *senza p.,* without shame; shameless *(agg.);* shamelessly *(avv.).*
puericultóre *m.* **paediatrician; baby doctor.**
puericultrice *f.* **baby nurse.**
puericultura *f.* **puericulture; child welfare.**
puerile *a.* **1** (di, da fanciullo) **childish; child-like 2** *(spreg.)* **puerile; childish; foolish; silly** ● *l'età p.,* childhood.
puerilità *f.* **puerility** *(anche concreto)*; **childishness.**
puerìzia *f.* **childhood;** (rif. a fanciullo) **boyhood;** (rif. a fanciulla) **girlhood.**
puèrpera *f.* **woman* in childbirth; lying-in patient.**
puerperale *a.* **puerperal**: *febbre p.,* puerperal fever.
puerpèrio *m.* **childbirth confinement; lying-in.**
pugilato *m. (sport)* **boxing; pugilism**: *un incontro di p.,* a boxing match.
pùgile *m (sport)* **boxer; pugilist.**
pugilìstico *a. (sport)* **boxing** *(attr.)*; **pugilistic.**
pùglia *f.* **1** (gettone) **counter; fish 2** (posta, al poker) **pool.**
pugna *f. (lett.)* **battle; fight.**
pugnace *a. (lett.)* **pugnacious; bellicose; warlike.**
pugnalare *v. t.* to **stab** (with a dagger): *p. q. alle spalle,* to stab sb. in the back ● *morire pugnalato,* to be stabbed to death.
pugnalata *f.* **1** (colpo di pugnale) **stab**: *una p. alle spalle,* a stab in the back (anche *fig.*) **2** *(fig.)* **great blow; severe shock.**
pugnalatóre *m.* **stabber.**
pugnale *m.* **dagger** ● *colpo di p.,* stab □ *uccidere q. a colpi di p.,* to stab sb. to death.
pugnare *v. i. (lett.)* to **fight*;** to **battle.**
pugno *m.* **1 fist**: *a pugni stretti,* with clenched fists □ *mostrare i pugni a q.,* to shake one's fist at sb. **2** (colpo dato col p.) **punch; blow**: *assestare a q. un p. sulla testa,* to give sb. a punch (o to strike sb. a blow) on the head; to punch sb. on the head □ *venire a pugni,* to

come to blows ***3*** (manciata) **fistful; handful** *(anche fig.)*: *un p. di dollari*, a handful of dollars ***4*** (mano) **hand**: *con la spada in p.*, sword in hand ● *p. di ferro*, knuckle-duster □ *(fig.) p. di ferro in guanto di velluto*, an iron hand in a velvet glove □ *(fig.) essere un p. in un occhio*, to be an eyesore □ *di proprio p.*, in one's own hand(writing) □ *fare a pugni*, to fight; *(fig.)* to clash □ *(fig.) rimanere con un p. di mosche*, to be left empty-handed □ *(fig.) tenere q.c. (q.) in p.*, to hold (o to have) st. (sb.) in one's power.

puh *inter.* **pooh!; pugh!**

pula *f. (agric.)* **chaff.**

pulce *f. (zool.)* **flea**: *un morso di p.*, a flea-bite *(anche fig.)* ● *color p.*, puce (colour) □ *di color p.*, puce □ *mercato delle pulci*, flea market □ *(fig.) mettere una p. in un orecchio a q.*, to arouse sb.'s suspicions □ *essere noioso come una p.*, to be a deadly bore.

pulciàio *m.* **nest of fleas.**

pulcinàio *m.* **chicken-house; chicken-coop.**

pulcinèlla *m.* ***1*** (maschera napoletana) **Punchinello;** (marionetta ingl.) **Punch** ***2*** *(fig., spreg.)* **buffoon; fool**: *fare il p.*, to play the fool ● *segreto di p.*, open secret.

pulcino *m.* **chick** ● *essere bagnato come un p.*, to be drenched (o soaked) to the skin □ *essere come un p. nella stoppa*, not to know which way to turn □ *(fig.) sembrare un p. bagnato*, to look like a frightened hen.

pulcióso *a.* **full of fleas; infested with fleas.**

pulédra *f.* **filly.**

pulédro *m.* **colt; foal.**

pulèggia *f. (mecc.)* **pulley; sheave.**

pulire ***A*** *v. t.* ***1*** to **clean;** to **make* clean;** (strofinando) to **wipe;** (lavare) to **wash;** (fregare) to **scrub;** (spazzolare) to **brush**: *p. la casa*, to clean the house □ *p. il pavimento*, to scrub the floor □ *p. un cassetto*, to clean out a drawer ***2*** (lucidare) to **polish;** *(mecc.)* to **buff**: *p. un mobile*, to polish a piece of furniture ***3*** (levigare) to **smooth;** to **smooth down;** to **rub down** ***4*** (togliere ciò che ingombra, ciò che c'è d'estraneo) to **clean;** to **clear**: *p. il riso*, to clean rice ***B*** **pulirsi** *v. rifl.* to **clean oneself;** (lavarsi) to **wash oneself,** to **have a wash;** (mettersi in ordine) to **tidy oneself** ● *pulirsi i denti*, to brush one's teeth □ *pulirsi il naso*, to wipe (o to blow) one's nose □ *pulirsi le unghie*, to clean one's nails.

pulisciorècchi *m.* **ear-pick; ear-picker.**

pulisciipènne *m.* **pen-wiper.**

pulisciipièdi *m.* **door-mat.**

pulita *f.* **cleaning; cleaning up; wipe; wiping;** (lavata) **wash, scrubbing;** (spazzolata) **brush**: *dare una p. a q.c.*, to give st. a wipe; to wipe st.; to clean st.; (lavandola) to give st. a wash, to wash st.; (spazzolandola) to give st. a brush, to brush st.

pulito ***A*** *a.* **clean** *(anche fig.)*; (lindo, ordinato) **neat, spic and span**: *Hai le mani pulite?*, are your hands clean? □ *Mettiti un vestito p.*, put on a clean dress □ *una casa (una stanza) pulita*, a clean house (room) □ *tenere p. un bambino*, to keep a child clean ● *avere la coscienza pulita*, to have a clear conscience □ *farla pulita*, to get away with it □ *far piazza pulita*, to make a clean sweep; to sweep up all; (al gioco) to sweep the board (o the stakes); (mangiare tutto) to eat up everything ***B*** *avv.* **cleanly; neatly.**

pulitrice *f. (mecc.)* **buffer; polishing machine.**

pulitura *f.* ***1*** **cleaning; wiping;** (il lavare) **washing;** (lo spazzolare) **brushing**: *p. a secco*, dry-cleaning ***2*** (il lucidare) **polishing;** *(mecc.)* **buffing** ***3*** (il levigare) **smoothing down; rubbing down.**

pulizia *f.* ***1*** (il pulire) **cleaning**: *fare le pulizie*, to do the cleaning; to do the housework ***2*** (l'essere pulito) **cleanliness; cleanness; neatness** ● *far p.*, to clean up; *(fig.)* to make a clean sweep.

pullman *m.* ***1*** *(autom.)* **coach** ***2*** *(ferr.)* **Pullman (car).**

pullulare *v. i.* to **swarm,** to **teem** (with); to **pullulate.**

pulmino *m. (autom.)* **minicoach; minibus.**

pùlpito *m.* **pulpit** ● *(fig.) montare in p.*, to sermonize □ *(iron.) Da che p. viene la predica!*, look who's talking!

pulsante *m.* **push button;** (del campanello) **bell push.**

pulsar *m.* o *f. invar. (astron.)* **pulsar.**

pulsare *v. i.* to **pulsate** (per lo più *scient.*); to **beat*;** to **throb.**

pulsatilla *f. (bot.,* Anemone pulsatilla*)* **pasqueflower.**

pulsazione *f.* **pulsation** *(anche med.)*: **beat; beating; throb; throbbing.**

pulsòmetro *m. (mecc.)* **pulsometer.**

pulsoreattore *m (aeron.)* **pulse-jet engine.**

pulverulènto *a.* **pulverulent; powdery; dusty.**

pulvino *m. (archit.)* **dosseret; pulvino*.**

pulvìscolo *m* ***1*** **(fine) dust** ***2*** *(bot.)* **pollen** ● *p. atmosferico*, motes *(pl.)*.

pulzèlla *f. (lett.)* **maid; damsel.**

pum *inter.* **bang!**

puma *m. (zool.,* Felis concolor*)* **puma; cougar; mountain lion.**

pungènte *a* ***1*** **prickly; pricking; stinging** ***2*** *(fig.)* **pungent; piercing; biting; penetrating; sharp; poignant.**

pùngere *v. t.* ***1*** to **prick;** to **sting***: *pungersi il dito con un ago*, to prick one's finger with a needle □ *L'ortica punge*, nettles sting □ *Una vespa m'ha punto*, I've been stung by a wasp ***2*** (pizzicare) to **pierce;** to **pinch;** to **nip;** to **bite*** ***3*** (ferire, offendere) to **sting*;** to **prick;** to **pierce**: *Le mie parole lo punsero*, my words stung (o wounded) him □ *p. q. sul vivo*, to sting sb. to the quick ***4*** (spronare) to **spur;** to **urge on** ● *Mi pungeva il desiderio di vederla*, I was itching to see her.

pungiglione *m* **sting.**

pungitopo *m. (bot.* Ruscus aculeatus*)* **butcher's broom.**

pungolare *v. t.* to **goad** *(anche fig.)*; to **urge on.**

pùngolo *m.* ***1*** **goad** ***2*** *(fig.)* **goad; spur;** (morso) **sting, prick**: *il p. del bisogno*, the spur of necessity □ *il p. della fame*, the sting of hunger □ *il p. della coscienza (del rimorso)*, the prick of conscience (of remorse).

punìbile *a.* **punishable; liable** to **punishment.**

pùnico *a.* **Punic; Carthaginian**: *le guerre puniche*, the Punic Wars □ *fede punica*, Punic faith.

punire *v. t.* to **punish;** to **chastise;** to **bring* to book** *(fam.)*; to **give* it to** (sb.) *(fam.)* ● *p. q. a titolo d'esempio*, to make an example of sb.

punitivo *a.* **punitive.**

punitóre ***A*** *m.* **punisher; chastiser** ***B*** *a.* **punitory; punitive.**

punizióne *f.* ***1*** **punishment; chastisement**: *la p. d'un delitto*, the punishment of a crime □ *meritare una p.*, to deserve punishment (o to be punished) □ *infliggere una p. a q.*, to inflict a punishment on sb. ***2*** *(sport)* **penalty.**

(1) punta *f.* ***1*** **point**: *la p. di un ago (di uno spillo, di un lapis)*, the point of a needle (of a pin, of a pencil) □ *smussare (spezzare) la p.*, to blunt (to break) the point ***2*** (parte terminale) **tip; end**: *sulla p. delle dita*, on the tips of one's fingers □ *camminare sulla p. dei piedi*, to walk on the tips of one's toes; to walk on tiptoe; to tiptoe □ *(fig.) avere q.c. sulla p. delle dita*, to have st. at one's finger tips □ *(anche fig.) avere q.c. sulla p. della lingua*, to have st. on the tip of one's tongue ***3*** (quantità minima, pizzico) **touch; pinch; tinge; trace**: *una p. di invidia*, a touch (o tinge) of envy □ *una p. di sale*, a pinch of salt ***4*** (di vino: spunto) **sourness** ***5*** (cima: di albero, guglia, ecc.) **top;** (di monte) **peak**: *le punte degli alberi*, the tops of the trees; the tree-tops ***6*** (promontorio) **cape; promontory; headland;** (coi toponimi) **cape, point** ***7*** *(stat.)* **peak** ***8*** *(mecc.)* (di tornio) **centre;** (per perforazione) **bit;** (da trapano) **drill** ● *(macelleria) p. di petto*, brisket □ *cappello a tre punte*, three-cornered hat □ *fare la p. a una matita*, to sharpen a pencil □ *ferita di p.*, stab-wound □ *ore di p.*, rush hours □ *prendere q. di p.*, to clash with sb. □ *prendere q.c. di p.*, to take up st. with enthusiasm □ *(fis.) pressione di p.*, peak pressure □ *uomo di p.*, leading man □ *Quell'uomo non vede più in là della p. del suo naso*, that man can't see an inch in front of his nose.

(2) punta *f.* (atteggiamento del cane da caccia) **point** ● *cane da p.*, pointer.

puntale *m.* **1 ferrule; shoe; metal ring** (o **cap**); (di stringa) **tag** **2** *(naut.)* **pillar; stanchion.**

puntaménto *m.* *(mil.)* **laying; sighting.**

puntare **A** *v. t.* **1** to **push;** (mettere, poggiare) to **put*,** to **set***: *p. i gomiti sulla tavola,* to put one's elbows on the table □ *(fig.) p. i piedi,* to put one's foot down **2** (volgere, dirigere) to **point;** to **direct**: *p. l'attenzione su q.c.,* to direct one's attention to st. □ *p. un cannocchiale,* to point a pair of field-glasses □ *p. il dito verso q.c. (q.),* to point at (o to) st. (sb.) **3** (aggiustare la mira) to **point;** to **aim;** to **sight;** to **level**: *p. il fucile contro q.,* to aim (o to level) one's gun at sb. **4** (di cane) to **point** **5** (scommettere) to **bet*;** to **wager**: *p. dieci sterline su un cavallo,* to bet ten pounds on a horse **B** *v. i.* **1** (dirigersi) to **head** (for): *Puntavo su Calais,* I was heading for Calais **2** (mirare, anche *fig.*) to **aim** (at) **3** *(fig.:* fare assegnamento*)* to **count** (on, upon) ● *(mil.) p. un cannone,* to lay a gun.

puntaspilli *m.* **pincushion.**

(1) puntata *f.* **1** (colpo di punta) **thrust** **2** (somma scommessa) **stake; bet** **3** *(fam.:* breve visita*)* **flying visit.**

(2) puntata *f.* (parte d'una pubblicazione) **instalment**: *pubblicare un romanzo a puntate,* to publish a novel in instalments (o in serial form, serially) ● *romanzo a puntate,* serial (novel).

puntato *a.* **dotted.**

puntatóre *m.* **1** (al gioco) **better, bettor** **2** *(mil.)* **layer.**

punteggiare *v. t.* **1** *(gramm.)* to **punctuate** (anche *fig.*) **2** (segnare con punti) to **dot;** to **mark with dots** **3** (bucare col punteruolo) to **prick.**

punteggiato *a.* **1** *(gramm.)* **punctuated** (anche *fig.*) **2** (segnato con punti) **dotted** **3** (cosparso di piccole macchie) **dotted; spotted; speckled**: *p. d'azzurro,* dotted with blue; with blue dots (o spots).

punteggiatura *f.* **1** *(gramm.)* **punctuation**: *segni di p.,* punctuation marks **2** (disegno) **dotting** **3** (macchiettatura) **dotting; dots** *(pl.);* **spotting; spots** *(pl.);* **speckling; speckles** *(pl.).*

puntéggio *m.* **1** *(sport)* **score**: *totalizzare un buon p.,* to make a good score **2** (in un esame) **points** *(pl.).*

puntellare *v. t.* **1** to **prop;** to **shore;** to **stay up**: *p. una porta,* to prop a door □ *p. un muro,* to shore up a wall □ *p. un ramo con uno stecco,* to prop up a branch with a stick **2** *(fig.)* to **prop up;** to **support;** to **back up;** to **bolster up.**

puntellatura *f.* **1** (il puntellare) **propping; shoring; staying up** **2** (insieme di puntelli) **propping; props** *(pl.);* **shoring; shores** *(pl.)* ● *(edil.) p. di sostegno,* crib.

puntèllo *m.* **1 prop; shore; stay; support**: *mettere un p. (puntelli) a un muro (a una porta),* to set a prop (props) against a wall (a door); to prop a wall (a door) **2** *(fig.)* **prop; (chief) support; (chief) stay**: *essere il p. della famiglia,* to be the chief support (o stay) of one's family.

punterìa *f.* *(mecc.)* **tappet.**

punteruòlo *m.* **punch; pricker;** (per forare metalli) **drift(-pin);** (per forare cuoio o legno) **awl, bradawl;** (per forare panno) **bodkin** ● *(zool.) p. del grano* (Calandra granaria), granary weevil.

puntìglio *m.* **1 spite;** (picca) **pique**: *fare q.c. per p.,* to do st. out of spite **2** (ostinazione) **stubbornness; obstinacy** ● *Non si tratta che di un p. (da parte tua),* you just don't want to give in.

puntigliosità *f.* **1 spitefulness** **2** (ostinazione) **stubbornness; obstinacy.**

puntiglióso *a.* **1 spiteful; resentful** **2** (ostinato) **stubborn; obstinate.**

puntina *f.* **1** (da disegno) **drawing-pin; thumb-pin, thumb-tack** *(USA)* **2** (punta fonografica) **needle; stylus** **3** (piccolo chiodo) **brad.**

puntino *m.* **dot; spot**: *puntini di sospensione,* dots ● *(fig.) a p.,* properly; nicely; (esattamente) exactly, to a turn; (opportunamente) pat; (a pennello) like a glove, like a dream: *fare le cose a p.,* to do things properly □ *arrivare a p.,* to come pat; (di abito) *tornare a p.,* to fit like a glove □ *mettere i puntini sugli i,* to dot one's i's □ *Tutto procedette a p.,* everything went like clockwork.

punto **A** *m.* **1** *(generalm.)* **point**: *i punti cardinali,* the cardinal points □ *(mecc.) p. di contatto,* point of contact □ *p. di appoggio, (edil.)* point of support; *(fis.)* fulcrum □ *(mecc.) p. d'articolazione,* pivot point □ *(fis.) p. di fusione,* melting point □ *(geom.) p. d'intersezione,* intersection point □ *p. d'equilibrio, (fis.)* balance point; *(chim.)* end point □ *il mio p. debole,* my weak point □ *il mio p. di vista,* my point of view; my viewpoint **2** *(cucito, maglia)* **stitch**: *p. a croce,* cross-stitch □ *p. a giorno,* hem-stitch □ *p. pieno,* satin stitch □ *imparare un p. nuovo,* to learn a new stitch **3** (argomento, questione, particolare) **point; detail**: *un p. d'onore,* a point of honour □ *il p. essenziale,* the main point □ *p. per p.,* point by point; in detail □ *Vieni al p. !,* come to the point! □ *P. primo, dovremo pagare,* the first point is that (o first and foremost) we'll have to pay **4** (punteggio al gioco) **point;** *(al pl.)* **score**: *(pugilato) vincere ai punti,* to win on points □ *fare molti punti,* to make a good score **5** (momento) **point; moment;** (istante) **instant**: *a un certo p.,* at a certain point (o moment) □ *in p. di morte,* at the point of death □ *arrivare in buon p.,* to arrive at the right moment **6** (posto, luogo) **point; place; spot;** (posizione) **position;** (parte) **part;** (lato) **side**: *il p. di partenza,* the starting point □ *un p. incantevole sulla costa,* an enchanting spot on the coast □ *un p. di ritrovo,* a meeting place □ *nel p. opposto della città,* in the opposite part (o on the opposite side) of the town **7** (grado) **degree; extent; point**: *fino a un certo p.,* to a certain extent; up to a point **8** (voto di merito, a scuola) **mark**: *riportare ottimi (cattivi) punti,* to get excellent (bad) marks **9** *(med.)* **stitch**: *mettere (togliere) i punti,* to put in (to take out) stitches **10** *(fin.)* **point** **11** (segno molto piccolo) **spot; dot**: *un p. all'orizzonte,* a dot on the horizon **12** *(fig.:* macchia*)* **mark; spot**: *un p. nero nella vita di q.,* a black spot in sb.'s life **13** (sfumatura di colore) **shade**: *questo p. di rosso,* this shade of red **14** (passo di un libro) **passage** **15** *(tipogr.)* **point** **16** (segno d'interpunzione: punto fermo) **full stop** ● *p. dell'ordine del giorno,* item on the agenda □ *punti di sospensione,* dots □ *p. e a capo,* full stop and new paragraph □ *p. esclamativo (interrogativo),* exclamation (question) mark □ (segno d'interpunzione) *p. e virgola,* semi-colon □ *p. metallico,* staple □ *p. nero* (comedone), blackhead; comedo □ *essere a buon p.,* to have reached a satisfactory stage □ *al p. in cui stanno le cose,* as matters stand □ *alle tre in p.,* at three o' clock sharp □ *cogliere nel p.,* to hit the mark □ *dare un p. a un vestito,* to stitch (up) a dress □ *di p. in bianco,* unexpectedly; suddenly; all of a sudden □ *di tutto p.,* completely; entirely; thoroughly; from head to foot □ (segno d'interpunzione) *due punti,* colon □ *fare il p. su q.c.,* to define (o to clarify) st. □ *messa a p.,* set-up; *(mecc.)* tune-up; *(fis.)* focus; *(fig.)* restatement □ *mettere i punti sugli i,* to dot one's i's (anche *fig.*) □ *mettere a p.,* to set up; to adjust; *(fig.)* to restate; (un motore) to tune (up); (una lente) to focus □ *essere sul p. di fare q.c.,* to be on the point of doing st.; to be about to do st. □ *Questo è il p.!,* there's the rub! **B** *a. indef. (tosc.)* **(not) any**: *Non ho p. vino in cantina,* I haven't any wine (at all) in the cellar **C** *avv. (senza neg. espressa)* **not at all;** *(in frasi neg.)* **at all**: *Non sono p. stanco,* I'm not tired at all.

puntóne *m.* *(edil.)* **strut; principal rafter.**

puntuale *a.* **1 punctual; on time** *(pred.)*: *arrivare p.,* to arrive on time **2** (preciso nei propri impegni) **punctual**: *essere sempre p. a far fronte ai propri impegni,* to be always punctual in meeting one's engagements **3** (fatto con precisione) **accurate; precise; exact.**

puntualità *f.* **1 punctuality** **2** (esattezza) **exactness;** (precisione) **precision**: *con la massima p.,* with clock--work precision.

puntualizẓare *v. t.* to **define precisely;** to **take* stock of** (st.).

puntualménte *avv.* **1** (con puntualità) **punctually; on time** **2** (regolarmente) **regularly;** (debitamente) **duly** **3** (punto per punto) **point by point;** (con precisione) **accurately.**

puntura *f.* **1 puncture; prick;** (d'insetto) **sting, bite**: *punture di zanzara,* mosquito bites □ *una p. d'ago,* a needle-prick **2** *(fig.)* **pain**: *una p. che mi trafisse il* *cuore,* a pain which pierced my heart ***3*** *(med.:* fitta*)* **stitch; sharp** (o **shooting) pain**: *una p. al fianco,* a stitch in one's side ***4*** *(fam.:* iniezione*)* **injection; shot** *(fam.)*: *farsi una p.*, to have an injection.

puntuto *a.* **pointed; sharp** (anche *fig.*).

punzecchiare ***A*** *v. t.* ***1*** (pungere) to **prick**; to **prickle**; (d'insetto) to **sting***, to **bite*** ***2*** *(fig.:* stuzzicare*)* to **tease** ***B*** **punzecchiàrsi** *v. rifl. recipr.* to **tease each other** (o **one another**).

punzecchiatura *f.* **sting** (anche *fig.*); **bite**: *punzecchiature di zanzare,* mosquito bites.

punzonare *v. t.* to **punch**; to **stamp**.

punzonatóre *m.* **puncher.**

punzonatrice *f.* **punch; punching machine; punch press.**

punzonatura *f.* **punching.**

punzóne *m.* **punch; drift.**

pupa *f.* ***1*** *(zool.)* **pupa*; chrysalis*** ***2*** (bambola) **doll** ***3*** *(pop.:* bambina*)* **baby-girl; girl.**

pupàttola *f.* **doll, dolly** (anche *fig.*).

pupazzo *m.* **puppet** (anche *fig.*).

(1) pupilla *f.* ***1*** *(anat.)* **pupil** ***2*** (occhio) **eye**: *con le pupille asciutte,* with dry eyes; without shedding a tear ● *(fig.) essere la p. degli occhi di q.*, to be the apple of sb.'s eye.

(2) pupilla *f. (leg.)* **(female) ward; pupil.**

(1) pupillare *a. (anat.)* **pupil(l)ary.**

(2) pupillare *a. (leg.)* **pupil(l)ary.**

pupillo *m.* ***1*** *(leg.)* **ward; pupil** ***2*** *(fam.:* prediletto*)* **pet; favourite.**

pupo *m.* ***1*** (burattino) **puppet** ***2*** *(fam.)* **child*; little boy; baby boy; tot.**

puraménte *avv.* ***1*** (con purità) **purely; in a pure manner; chastely** ***2*** (unicamente, solamente) **purely; merely; simply; solely; only; just; but**; (del tutto) **quite**: *parlare p. per il piacere di parlare,* to talk merely for the sake of talking □ *È p. inutile,* it's quite useless; it isn't any good.

purché *cong.* **provided (that); on condition that; so long as; if only.**

purchessia *a. indef.* **any; any... whatever**: *Me ne basta uno p.*, any one will do for me □ *in un momento p.*, at any time □ *in un luogo p.*, in any place whatever; anywhere.

pure ***A*** *avv.* ***1*** (anche) **also; too; as well**: *C'era p. lei,* she was there too □ *L'ha detto p. a me,* he also told me; he told me too □ *Noi p. verremo con te,* we'll go with you as well ***2*** (permettendo, concedendo) **certainly; by all means; please; of course; as you like; if you like**: *Faccia p.!*, please do □ *« Vi dispiace? » « Faccia p.! »*, « do you mind? » « certainly not! (o of course not!, by no means!) » □ *Diglielo p.!*, tell him, if you like ● *È pur vero!*, it really is true! ***B*** *cong.* ***1*** (anche se) **even if; even though**: *Non lo vorrei, fosse p. d'oro,* I wouldn't have it even if it were gold ***2*** (tuttavia, eppure) **but; still; yet; however**: *Non posso andarvi, p. mi piacerebbe,* I can't go there, yet I'd like to ***3*** (solamente) **only**: *Se p. me l'avessero detto!*, if only they had told me! ***C*** **pur di** *locuz. cong.* **if only**: *Pur di andarvi, egli rinuncerebbe a tutto,* he would give up everything if only he could go there.

purè *m. (cucina)* **mash; purée** ● *p. di patate,* mashed potatoes.

purézza *f.* **purity; pureness; clearness**: *p. di cuore,* purity of heart □ *la p. del cielo,* the clearness of the sky.

purga *f.* ***1*** *(med.)* **purge; purgative**: *prendere la p.*, to take a purge; to take some medicine *(fam.)* ***2*** *(polit.)* **purge.**

purgante ***A*** *a.* **cathartic; purgative; purging** ● *(relig.) le anime purganti,* the souls in Purgatory ***B*** *m. (med.)* **cathartic; purge; purgative**: *un p. blando,* a mild purgative; a laxative; an aperient □ *un p. forte (o drastico),* a drastic purge □ *prendere un p.*, to take a purge; to take some medicine *(fam.)*.

purgare ***A*** *v. t.* ***1*** *(med.)* to **purge**; to **administer** (o to **give***) **a purge** (o **an aperient, a laxative**) **to** (sb.) ***2*** (purificare) to **purify**; to **depurate**; to **cleanse**; to **clarify**: *p. il sangue,* to purify (o to depurate) the blood ***3*** (nettare, pulire) to **clean**; to **clear (of)**; to **free (from)** ***4*** *(relig.)* to **purge away**; to **expiate**: *p. il peccato,* to expiate sin ***5*** *(letter.)* to **expurgate**; to **bowdlerize**: *p. un testo,* to expurgate a text ***6*** *(polit.)* to **purge** ***B*** **purgarsi** *v. rifl.* ***1*** *(med.)* to **purge oneself**; to **take* a purge** (o **an aperient, a laxative**); to **take* some medicine** *(fam.)* ***2*** (purificarsi) to **purge oneself**; to **purify oneself.**

purgatézza *f. (lett.)* **purity**: *p. di lingua,* purity of language.

purgativo *a. (med.)* **cathartic; purgative; purging.**

purgato *a.* ***1*** (castigato) **purified; pure** ***2*** *(letter.)* **expurgated; bowdlerized**: *un'edizione purgata,* an expurgated edition.

purgatòrio *m. (relig.)* **purgatory** (anche *fig.*) ● *Anime sante del p.!*, goodness gracious!

purgatura *f.* **impurities** *(pl.)*; **foreign elements** *(pl.)*.

purificare ***A*** *v. t.* ***1*** to **purify**; to **cleanse**; to **purge**: *p. il sangue,* to purify the blood ***2*** *(relig.)* to **purify**; to **cleanse (from sin)**: *p. l'anima,* to purify the soul ***B*** **purificarsi** *v. rifl.* to **purify oneself**; to **be purified.**

purificatóio *m. (relig.)* **purificator.**

purificatóre *a.* **purifying; cleansing.**

purificazióne *f.* **purification**; (anche *relig.*) **purifying; cleansing.**

purișmo *m.* **purism.**

purista *m.* e *f.* **purist.**

purità *f.* **purity; pureness.**

puritanéșimo *m.* ***1*** *(relig.)* **Puritanism** ***2*** *(fig.)* **puritanism.**

puritano ***A*** *a.* ***1*** *(relig.)* **Puritan** ***2*** *(fig.)* **puritanic(al)** ***B*** *m.* ***1*** *(relig.)* **Puritan** ***2*** *(fig.)* **puritan; (old) square-toes** *(fam.)*.

puro *a.* ***1*** **pure**: *lana (seta) pura,* pure wool (silk) □ *di razza pura,* of pure breed; thoroughbred □ *acqua (aria) pura,* pure (o clear) water (air) □ *oro p.*, pure gold ***2*** (semplice, schietto, p. e semplice) **sheer; mere; plain; simple**: *Questa è pura invenzione,* that's sheer invention □ *per p. caso,* by mere chance □ *dire la pura (e semplice) verità,* to tell the plain truth ***3*** (casto) **chaste; pure** ***4*** *(fig.:* incontaminato*)* **untainted; pure; clear**: *p. da peccato,* untainted by sin ● *Prendete solo il p. necessario!*, just take what is strictly necessary.

purosàngue *a.* e *m. invar.* **thoroughbred.**

purpùreo *a.* **purple; (purple-)red.**

purtròppo *avv.* **unfortunately** ● *P.!*, (all) too true! □ *P. è vero,* it's only too true □ *P. lo so,* I know only too well.

purulènto *a. (med.)* **purulent; suppurating; festering.**

purulènza *f. (med.)* **purulence, purulency.**

pus *m. (med.)* **pus; matter.**

pușillànime ***A*** *a.* **pusillanimous; cowardly; craven; faint-hearted; pigeon-hearted** *(fam.)* ***B*** *m.* e *f.* **coward; poltroon; craven.**

pușillanimità *f.* **pusillanimity; cowardliness; faint-heartedness.**

pùstola *f. (med.)* **pustule; pimple.**

pustolóso *a. (med.)* **pustulous; pimply; covered** (o **spotted) with pimples.**

putacașo *avv.* **suppose; supposing**: *P. ch'egli dicesse...*, just suppose he should say...

putativo *a.* **putative; reputed.**

pùtido *a. (lett.)* **fetid; stinking; foul-smelling.**

putifèrio *m.* **row; uproar; shindy, rumpus** *(fam.)*; **hubbub; hubble-bubble** *(pop.)*: *Che cos'è tutto questo p.?*, what's all this rumpus about? □ *fare un p.*, to kick up a row (o a shindy, a rumpus).

putrèdine *f.* ***1*** **putridity; putrescence; putrefaction; rottenness; rot** ***2*** *(fig.)* **(moral) corruption.**

putredinóso *a.* **putrescent; putrefying.**

putrefare *v. i.* **putrefarsi** *v. rifl.* to **putrefy**; to **decay**; to **rot**; to **go* bad** *(fam.)*.

putrefatto *a.* **putrefied; putrid; decayed; rotten.**

putrefazióne *f.* **putrefaction; decay; corruption**: *in uno stato di avanzata p.*, in an advanced state of putrefaction (o decomposition).

putrèlla *f. (edil.)* **iron beam; girder.**

putrescènte *a.* **putrescent; putrefying.**

putrescènza *f.* **putrescence.**
putrescìbile *a.* **putrescible; subject to putrefaction (o decomposition, decay); liable to rot.**
pùtrido *a.* (anche *fig.*) **putrid; rotten**: *acqua putrida,* putrid (o tainted) water □ *carne putrida,* rotten meat.
putridume *m.* ***1*** **putridity; rot** ***2*** *(fig.)* **corruption.**
Putsch *(ted.) m. (polit.)* **putsch.**
puttana *f. (volg.)* **whore; streetwalker; prostitute.**
putto *m.* ***1*** (bambino) **little boy; child*** ***2*** *(pitt., scult.)* **putto*.**
puzzacchiare *v. i. (fam.)* to **give* out a rather nasty smell;** to **emit a rather bad (**o **a somewhat offensive) odour;** to **be smelly.**
puzzare *v. i.* ***1*** to **stink*;** to **smell* (bad);** to **give* out (**o to **emit) an offensive odour (**o **a strong, nasty smell)**: *Puzza da levare il fiato,* it emits a breath-taking smell □ *p. d'aglio (di cipolla, ecc.),* to smell of garlic (of onion, etc.) ***2*** *(fig.)* to **smack;** to **smell***: *p. d'eresia,* to smack of heresy ● *(fig.) Gli puzzano i denari,* his money is burning a hole in his pocket □ *(fig.) Ti puzza forse la salute?,* you don't care a hoot (o two hoots) for your health.
puzzicchiare *V.* **puzzacchiare.**
puzzle *(ingl.) m.* ***1*** (ad incastro) **jigsaw (puzzle)** ***2*** (cruciverba) **crossword (puzzle).**
puzzo *m.* ***1*** **stench; stink; nasty (**o **bad, offensive, strong, foul) smell**: *un p. di bruciato,* a smell of burning □ *un p. d'uova fradice,* a smell (o stench) of rotten eggs ***2*** (sentore) **smack; smell; taint; tang** ● *p. di sudore,* body odour *(fam.).*
pùzzola *f. (zool.,* Mustela putorius) **polecat.**
puzzolènte *a.* **stinking; fetid; strong-smelling; smelly.**
puzzóne *m. (volg.)* ***1*** **stinker** *(volg.)* ***2*** *(fig.)* **skunk; rotter** *(pop.).*

Q

Q, q *f.* o *m.* **Q, q** ● *q come Quarto,* q for Queen.
(1) qua *avv.* **here**: *Venite qua!,* come here! □ *qua e là,* here and there □ *Eccolo qua,* here he is □ *qua dentro (fuori),* in (out) here □ *questo qua,* this one here □ *qua sopra,* up here ● *da un po' di tempo in qua,* for some time now □ *da sei mesi in qua,* for the last six months □ *di qua,* (da questo lato) on this side; (per di qua) this way □ *farsi (o tirarsi) in qua,* to come nearer □ *(fig.) essere più di là che di qua,* to be at one's last gasp; to be at death's door □ *Da quando in qua?,* since when? □ *Qua la mano!,* let's shake hands □ *Qua ti volevo!,* I've got you there!
(2) qua *inter.* e *m.* **quack.**
quàcchera, quàcquera *f. (relig.)* **Quakeress.**
quàcchero, quàcquero *m. (relig.)* **Quaker; Friend.**
quadèrna *f.* **combination of four numbers.**
quadèrno *m.* **exercise-book; copy-book;** (per appunti) **note-book.**
quadragèṣima, quadrageṣimale *V.* **quarèṣima, quareṣimale.**
quadragèṣimo *a.* e *m. (lett.)* **fortieth.**
quadrangolare *a. (geom.)* **quadrangular.**
quadràngolo *(geom.)* ***A*** *a. (raro)* **quadrangular** ***B*** *m.* **quadrangle.**
quadrante *m.* ***1*** *(geom., naut., astron.)* **quadrant** ***2*** (dell'orologio) **dial; dial-plate; (clock-)face** ● *q. solare,* sun-dial.
quadrare ***A*** *v. t.* ***1*** (ridurre in forma quadrata) to **square** ***2*** *(mat.)* to **square** ***3*** *(rag.)* to **balance** ***B*** *v. i.* ***1*** (essere esatto) to **balance**: *I conti quadrano,* the accounts balance ***2*** (corrispondere con esattezza) to **fit* in;** to **suit** (sb., st.): *q. a capello,* to fit like a glove (o like a dream) ***3*** *(fig., fam.:* andare a genio*)* to **be to one's taste (**o **liking)**: *Non mi quadra,* that's not to my taste; I don't like it ● *(fig.) q. la testa a q.,* to bring sb. to reason; to knock sense into sb.
quadrato ***A*** *a.* ***1*** **square** (anche *mat.*); (squadrato) **squared**: *una superficie quadrata,* a square surface □ *un metro q.,* a square metre □ *dalle spalle quadrate,* square-shouldered □ *dallo scollo q.,* square-necked □ *scarpe con la punta quadrata,* square-toed shoes ***2*** *(fig.)* **well-balanced; level; sensible**: *avere la testa quadrata,* to have a level head; to be well-balanced; to have one's brains in the right place *(fam.)* ***B*** *m.* ***1*** *(geom.)* **square** ***2*** *(mat.)* **square**: *Il q. di 4 è uguale a 16,* the square of 4 is 16; 4 squared is 16 ***3*** *(mil.)* **square** ***4*** *(naut.)* **wardroom; officers' mess(-room)** ***5*** *(sport)* **ring** ***6*** *(tipogr.)* **quadrat; quad** ● *(enigmistica) q. magico,* word square □ *(mat.) elevare un numero al q.,* to square a number.
quadratura *f.* ***1*** *(mat.)* **quadrature; squaring**: *la q. del circolo,* the squaring of the circle ***2*** *(astron.)* **quadrature** ● *cercare la q. del circolo,* to try to square the circle (anche *fig.*).
quadrèllo *m.* ***1*** (arnese per tirare righe) **square ruler** ***2*** (mattonella quadrata) **square tile** ***3*** *(lett.:* freccia) **quarrel.**
quadrerìa *f.* **picture-gallery.**
quadrettare *v. t.* to **divide into squares;** to **square off.**
quadrettato *a.* ***1*** **squared; in squares** ***2*** (di tessuto) **chequered; check** *(attr.).*
quadrétto *m.* ***1*** (piccolo quadro) **small picture** ***2*** *(archit.)* **moulding** ***3*** *(mecc.)* **board** ***4*** *(fig.:* spettacolo) **sight** ● *a quadretti,* squared; chequered.
quadri- *(in parole composte)* **quadri-, quadr-; four-.**
quadricìpite *m. (anat.)* **quadriceps (extensor).**
quadricromìa *f. (tipogr.)* **four-colour process.**
quadridimensionale *a.* **four-dimensional.**
quadriennale *a.* **quadrennial; four-yearly.**

quadriènnio *m.* **quadrennium*; period of four years.**
quadrifòglio *m.* **1** *(bot.)* **four-leaved** (o **four-leaf**) **clover 2** *(archit.)* **quatrefoil 3** (raccordo stradale a q.) **clover-leaf*.**
quadriga *f.* *(stor.)* **quadriga*.**
quadrigèmino *a.* — *parto q.*, birth of quadruplets.
quadrigètto *m.* *(aeron.)* **four-engined jet.**
quadriglia *f.* *(mus., danza)* **quadrille.**
quadrilàtero A *a.* *(geom.)* **quadrilateral; four-sided B** *m.* **quadrilateral.**
quadrilingue *a.* **quadrilingual.**
quadrimestrale *a.* **four-monthly.**
quadrimèstre *m.* **period of four months.**
quadrimotóre *(aeron.)* **A** *m.* **four-engined plane B** *a.* **four-engined.**
quadrinòmio *m.* *(mat.)* **quadrinomial.**
quadripartire *v. t.* to **divide into four parts.**
(1) quadripartito *a.* (diviso in quattro parti) **quadripartite.**
(2) quadripartito *(polit.)* **A** *a.* **four-party** *(attr.)* **B** *m.* **four-party government.**
quadrisillabo A *a.* **quadrisyllabic B** *m.* **quadrisyllable.**
quadrivio *m.* **1 crossroads** *(sing.)* **2** *(stor.)* **quadrivium.**
(1) quadro *m.* **1 picture** (anche *fig.*)**; painting**: *dipingere un q.*, to paint a picture □ *un q. a olio*, an oil painting □ *fare un q. spaventoso di q.c.*, to give a frightful picture of st. **2** *(tecn.)* **board; panel;** *(telev.)* **frame**: *q. di comando*, control board □ *q. a pulsanti*, press-button board **3** *(al pl.; polit., mil.)* **cadres 4** *(al pl., carte)* **diamonds**: *il fante di quadri*, the jack of diamonds **5** *(teatr.)* **scene 6** (tabella) **table; chart**: *il q. delle condizioni meteorologiche*, the weather chart **7** *(fig.:* scena, vista*)* **sight 8** (pezzo quadrato) **square ●** *q. riassuntivo*, summary □ *quadri viventi*, « tableaux vivants » □ *a quadri*, chequered □ (di stoffa, ecc.) *un disegno a quadri*, a check (pattern) □ *fare il q. della situazione*, to give a summary of the situation □ *Questo è il q. della situazione*, this is how things stand.
(2) quadro *a. V.* **quadrato.**
quadrùmane *(zool.)* **A** *a.* **quadrumanous; four-handed B** *m.* **quadruman(e).**
quadrùpede *(zool.)* **A** *a.* **quadruped(al); four-footed B** *m.* **quadruped.**
quadruplicare A *v. t.* to **quadruplicate;** to **quadruple;** to **multiply by four B quadruplicarsi** *v. rifl.* to **quadruple.**
quadrùplice *a.* **quadruple; fourfold**: *(stor.) la Q. Alleanza*, the Quadruple Alliance.
quàdruplo *a.* e *m.* *(mat.)* **quadruple; four times as much.**
quaggiù *avv.* **1 down here**: *Vieni q.*, come down here **2** (in questo mondo) **here below; in** (o **of**) **this world.**
quàglia *f.* *(zool.*, Coturnix coturnix*)* **quail.**
quaglière *m.* **quail-pipe.**
qualche *a. indef.* **1** *(in frasi afferm. o comunque con valore positivo; quando si offre q.c.)* **some;** (alcuni) **a few**: *Ti darò q. libro*, I'll give you some books □ *Non lo vedo da q. tempo*, I haven't seen him for some time □ *Vuoi q. caramella?*, would you like some sweets? □ *q. anno (mese, giorno) fa*, a few years (months, days) ago □ *tra q. giorno*, in a few days' time **2** *(in frasi neg., interr., dubit. e interr. neg.)* **any;** (alcuni) **a few**: *Hai q. fiammifero?*, have you got any matches? □ *Non so se sia rimasto q. biscotto*, I don't know whether there are any biscuits left **3** (quale che sia; uno o l'altro) *(in frasi afferm.)* **some... (or other);** *(in frasi interr.)* **any**: *Verrò a trovarti, q. giorno*, I'll come and see you some day or other □ *In q. modo ci riuscirò*, I'll succeed some way or other (o somehow) ● *q. cosa, V.* **qualcosa** □ *q. cosa di meno*, something less □ *q. volta*, sometimes □ *in q. luogo* (o *posto*), somewhere (or other); anywhere.
qualcheduno *V.* **qualcuno.**
qualcòsa *pron. indef.* **1** *(in frasi afferm. o comunque con valore positivo; quando si offre q.c.)* **something**: *q. da mangiare*, something to eat □ *qualcos'altro*, something else □ *q. del genere*, something of the kind; something like that □ *q. di nuovo*, something new □ *Ti posso offrire q. da mangiare?*, will you have something to eat? **2** *(in frasi interr., dubit. e condiz.)* **anything**: *Se q. non va, chiamami subito*, if anything goes wrong, call me immediately □ *Dovesse succedere q., non saprei reagire*, if anything should happen, I wouldn't know how to react ● *Beviamo q.?*, shall we have a drink?
qualcuno *pron. indef.* **1** *(in frasi afferm. o comunque con valore positivo)* **somebody, someone;** (con un partitivo) **some;** (uno) **one**: *Q. ti cerca*, someone (o somebody) is looking for you □ *Credi di essere q., ma sei una nullità*, you think you are (a) somebody, but you are (a) nobody □ *q. altro*, somebody else □ *q. di noi (di voi, di loro)*, (alcuni) some of us (of you, of them); (uno) one of us (of you, of them) □ *Potrò portare q. con me?*, can I bring someone with me? **2** *(in frasi interr., neg., dubit. e condiz.)* **anybody, anyone;** (con un partitivo) **any;** (uno) **any(one)**: *Se viene q., digli che non sono in casa*, if anyone (o anybody) comes, tell him I'm not at home □ *C'è q. altro?*, is there anybody else? □ *C'era q. della famiglia?*, was there any(one) of the family there? **3** (alcuni, certuni) **some; some people;** (alcuni, pochi) **a few;** (uno) **one**: *Q. sostiene che Tom ha ragione, ma io no*, some (o some people) maintain that Tom is right but I don't □ *Ha molti libri, ma solo q. è interessante*, he has many books but only a few are interesting.
quale A *a.* **1** *(correlativo di « tale », che spesso è sottinteso)* **(just) what; (just) as**: *È tale q. me l'aspettavo*, it's just as (o what) I thought **2** *(interr.: fra un numero limitato di cose o persone)* **which**: *Q. vestito hai scelto?*, which suit have you chosen? □ *Quali ragazzi marinarono la scuola?*, which boys played truant? **3** *(interr.: fra un numero indeterminato di cose o di persone)* **what**: *Quali sono le tue intenzioni?*, what are your intentions? □ *Per q. ragione non vuoi andare?*, what is your reason for not going? **4** *(in frasi escl. ed enfatiche: sing.)* **what (a);** *(pl.)* **what**: *Quali tristi pensieri!*, what sad thoughts! **5** *(indef.:* qualunque*)* **whatever ●** *la q. cosa*, which □ *in certo q. modo*, more or less; approximately □ *non so q.*, vague; undefinable: *Mi assalì non so q. dubbio*, a vague doubt assailed me □ *per la q.*, (very) good: *Hai fatto un lavoro non tanto per la q.*, you haven't done a very good job (of it) □ *tale e q.*, identical; exactly the same; just like: *Ne voglio uno tale e q.*, I want one exactly the same □ *È tale e q. suo fratello*, he's just like his brother □ *È tutto sua madre, tale e q.*, he's the very image (o *fam.:* he's the dead spit) of his mother **B** *pron.* **1** *(interr.: fra un numero limitato di cose o persone)* **which**: *Q. (o quali) di queste cravatte preferisci?*, which of these ties do you prefer? □ *Q. è tua sorella?*, which is your sister? **2** *(interr.: fra un numero indeterminato di cose o persone)* **what**: *Non saprei dirti quali siano le sue intenzioni*, I really couldn't tell you what his intentions are □ *Q. è il prezzo di quella merce?*, what is the price of those goods? **3** *(relat.: rif. a persone) (sogg.)* **who, that;** *(compl. ogg.)* **whom, that;** *(compl. indir.)* **whom;** *(poss.)* **whose**: *È un signore del q. tutti ammirano l'onestà*, he is a gentleman whose honesty is admired by all □ *È un amico sul q. posso sempre contare*, he's a friend on whom I can always rely (o he's a friend I can always rely on) **4** *(relat.: rif. a cose o animali) (sogg., compl. ogg. e indir.)* **which, that;** *(poss.)* **of which, whose**: *il mondo nel q. viviamo*, the world in which we live; the world we live in □ *Ecco il libro del q. ti ho parlato*, here's the book about which I spoke to you **5** *(indef.; lett.: in correlazione con « quale »)* **some... some** (o **others**): *q. qui, q. là*, some here, some there **C** *avv.* (con funzione di, in qualità di) **as**: *Fu mandato q. paciere*, he was sent as a peacemaker.
qualìfica *f.* **qualification;** (titolo) **title.**
qualificàbile *a.* **qualifiable.**
qualificare A *v. t.* to **qualify;** (caratterizzare) to **characterize,** to **style,** to **call;** (definire) to **define,** to **describe**: *Ti hanno qualificato come uno sciocco*, they have qualified you as a fool **B qualificarsi** *v. rifl.* **1** to **describe oneself (as) 2** (ottenere una qualifica; anche *sport)* to **qualify.**
qualificativo *a.* **1 qualificative; qualifying 2** *(gramm.)* **descriptive**: *un aggettivo q.*, a descriptive adjective; a qualifier.

qualificato *a.* ***1*** **qualified**: *essere pienamente q. a fare q.c.*, to be fully qualified to do st. ***2*** (esperto) **skilled; skilful.**
qualificazióne *f.* **qualification.**
qualità *f.* ***1*** **quality;** (natura) **nature;** (proprietà) **property**: *lana (seta, tabacco) di ottima q.*, wool (silk, tobacco) of excellent quality □ *una q. fisica*, a physical quality □ *avere molte buone q.*, to have many good qualities □ *la q. del suolo*, the nature of the soil ***2*** (genere, varietà) **kind; sort**: *vini di molte q.*, wines of many kinds; many kinds of wine ***3*** (grado, ufficio, carica) **capacity**: *nella mia q. di medico*, in my capacity as a doctor ***4*** (ceto, condizione sociale) **class; social standing** ● *di q. inferiore*, inferior *(agg.)* □ *di prima (o primissima) q.*, first-rate, choice *(agg.)* □ *servire in q. di*, to serve as.
qualitativaménte *avv.* **qualitatively.**
qualitativo ***A*** *a.* **qualitative**: *(chim.) analisi qualitativa*, qualitative analysis ***B*** *m. (comm.)* **quality.**
qualóra *cong.* **in case; if**: *q. non si possa*, if it's impossible □ *q. piovesse*, in case (o if) it should rain.
qualsìasi, qualùnque *a. indef.* ***1*** **any**: *a q. costo*, at any cost (o at all costs) □ *in q. caso*, in any case □ *consegna in q. parte della città*, delivery to any part of town □ *uno q. di voi (di noi, di loro)*, any one of you (of us, of them) ***2*** *(in frasi concessive:* quale che sia*)* **whatever;** *(con riferimento a un numero limitato di cose o persone)* **whichever**: *Q. decisione tu prenda, ricordati della tua promessa*, whatever decision you may take, remember your promise ***3*** (ogni) **every; each** ***4*** (senza particolari qualità o attitudini) **ordinary; common**: *un uomo q.*, an ordinary man ● *q. cosa*, whatever; anything; (ogni cosa) everything: *Q. cosa accada, non negarmi la tua fiducia*, whatever happens, don't lose your confidence in me □ *Q. cosa faccia, la fa bene*, everything he does, he does well □ *in q. modo*, anyhow.
qualunquişmo *m.* ***1*** *(polit., stor.)* « **Qualunquismo** » ***2*** (atteggiamento improntato a un'arida critica, specialm. in polit.) **non-committalism.**
qualunquista ***A*** *m.* e *f.* ***1*** *(polit., stor.)* **supporter of « Qualunquismo »** ***2*** (chi manifesta idee analoghe a quelle del Qualunquismo) **non-committed person** ***B*** *a.* **non-committal.**
qualunquìstico *a.* **non-committal.**
quando ***A*** *avv.* **when**: *Q. hai intenzione di partire?* when do you intend to leave? □ *Non so q. mi pagherà*, I don't know when he'll pay me ● *q..., q.*, sometimes..., sometimes □ *a q.?*, when? □ *da q.?*, since when?; how long? □ *fino a q.?*, till when?, how long? □ *per q.?*, when? □ *Per q. è la prossima partita?*, when is the next match? ***B*** *cong.* ***1*** **when**: *Q. ero a Roma, ero felice*, I was happy when I was in Rome □ *Te lo dirò q. ci rivedremo*. I'll tell you when I see you again ***2*** (ogni volta che) **whenever**: *Q. la incontro, mi sorride*, whenever I meet her, she smiles at me ***3*** *(con valore condiz. o causale)* **if; since; when**: *q. è così*, if that is the case □ *Q. non foss'altro, dovresti farlo per i tuoi genitori*, if for no other reason, you should do it for your parents □ *Come posso aiutarli a capire, q. non vogliono darmi ascolto?*, how can I help them to understand when they won't listen to me? ***4*** (mentre) **while**: *Io studio in camera mia q. gli altri guardano la televisione*, I study in my room while the others watch television ***5*** *(con valore avversativo)* **when**: *Non capisco perché tu ti alzi così presto q. potresti startene a letto*, I don't understand why you get up so early when you could stay in bed ● *q. anche*, even if; even though □ *q. ecco*, when suddenly □ *da q.*, since; ever since □ *di q.*, of the time when □ *di q. in q.*, from time to time; now and then; (every) now and again; occasionally □ *fino a q.*, until; till: *Sarò triste fino a q. tu non tornerai*, I'll be sad till you come back □ *Q. si dice nascere disgraziati!*, talk about being born unlucky! ***C*** *m.* **when**: *il dove e il q.*, the where and the when; the time and the place.
quàntico, quantìstico *a. (fis.)* **quantum** *(attr.)*: *meccanica quantistica*, quantum mechanics.
quantità *f.* ***1*** **quantity**: *La q. va spesso a scapito della qualità*, quantity is often prejudicial to quality ***2*** (quantitativo) **quantity; amount; number**: *in grandi q.*, in large quantities (o amounts, numbers); (in abbondanza) in abundance □ *in piccole q.*, in small quantities (o amounts) ***3*** (un gran numero; molto, molta; molti, molte) **lots** (of), (a) **lot** (of); (a) **number** (of); (a) **great (**o **good) deal** (of); (a) **large quantity** (of): *avere soldi in q.*, to have lots of money □ *Ho una q. di cose da dirti*, I have a lot of (o many) things to tell you ***4*** *(mat., filos., fis., poesia)* **quantity**: *una q. negativa*, a negative quantity.
quantitativaménte *avv.* **quantitatively.**
quantitativo ***A*** *a.* **quantitative**: *(chim.) analisi quantitativa*, quantitative analysis ***B*** *m. (comm.)* **quantity; amount; number.**
quantizẓare *v. t. (fis.)* to **quantize.**
quanto ***A*** *a.* ***1*** *(interr.,* anche *pron.)* **how much** (*pl.:* **how many)**: *Q. pane c'è?*, how much bread is there? □ *Non so q. denaro abbia*, I don't know how much money he has □ *Quanti ne hai presi?*, how many did you take? ***2*** *(escl.,* anche *pron.)* **what a lot (of), how much** (*pl.:* **what a lot (of), how many)**: *Q. denaro spendi in vestiti!*, What a lot of money you spend on clothes! □ *Quanti libri hai!*, What a lot of (o how many) books you have! ***3*** *(nel compar. di uguaglianza)* **as much (***pl.:* **as many);** *(soltanto in frasi neg.)* **so much (***pl.:* **so many)**: *Avrai tanto denaro q. te ne occorre*, you'll have as much money as you need □ *Non hai tanti libri quanti ne abbiamo noi*, you haven't so many books as we (have) ***4*** *(in frasi temporali ellittiche)* **how long**: *Non so q. ci voglia per andare da Ferrara a Venezia*, I don't know how long it takes to go from Ferrara to Venice ***5*** *(in altre frasi ellittiche)* **how much** (o *idiom.*): *Q. ti sono costati questi fiori?*, how much did these flowers cost you? □ *Q. c'è da Milano a Parigi?*, how far is it from Milan to Paris? □ *Q. hai di febbre?*, what's your temperature! □ *Quanti ne abbiamo oggi?*, what is the date today? ***B*** *pron. relat.* ***1*** *(al pl.:* tutti coloro che) **all those who; whoever**: *quanti desiderino andare*, all those who wish to go ***2*** (tutto quello che) **all (that);** (quello che) **what**: *Faccio q. posso*, I do what I can ● *per q. mi riguarda*, as far as I am concerned □ *per q. ne so io*, as far as I know ***C*** *avv.* ***1*** *(con agg. e avv.)* **how;** *(rif. a verbi)* **how much, what a lot**: *Q. è grande la casa?*, how big is the house? □ *Q. è graziosa quella ragazza!*, how pretty that girl is! □ *Q. hai camminato oggi?*, how much (o how far) have you walked today? □ *Q. hai mangiato!*, what a lot you've eaten! ***2*** — *tanto... q.*, *(con agg. e avv.)*, **as... as;** *(soltanto in frasi neg.)* **so.. as**: *Hanno una casa (tanto) bella q. la tua?*, have they as beautiful a house as you (have)? ***3*** *(rif. a verbi:* tanto q.*)* **as much as**: *Ne so q. (ne sapevo) prima*, I know as much as I did before ***4*** — *tanto... q.* (nel senso di: *sia... sia...)*, both... and: *Comprerò tanto la casa q. l'automobile*, I'll buy both the house and the car ***5*** — *per q. (seguito da congiunt.)*, *(con agg. e avv.)* however, *(rif. a verbi)* however much, whatever: *Per q. ricco tu sia, non potrai comprarlo*, however rich you may be, you won't be able to buy it □ *Per q. tu sappia, non saprai mai abbastanza*, however much you (may) know, you'll never know enough ***6*** — *q. più... tanto meno*, the more... the less; the... -er... the less: *Q. più scuro è un colore, tanto meno mi piace*, the darker a colour is, the less I like it ***7*** — *q. più... tanto più*, the more... the more; the... -er... the... -er: *Q. più studi, tanto più impari*, the more you study, the more you learn ● *q. a, as for;* (circa) as to: *in q. a me*, as for me □ *in q.*, since; as; in that: *in q. medico*, as a doctor □ *È q. dire che...*, it is as much as saying that... □ *Q. prima, tanto meglio*, the sooner, the better ***D*** *m. (fis.)* **quantum***: *la teoria dei quanti*, the quantum theory.
quantùnque *cong.* **although; though; tho'; notwithstanding (that);** (anche se) **even if**: *Q. fosse piuttosto tardi, andai lo stesso*, although it was rather late, I went all the same □ *Andrò, q. tu non voglia*, I'll go, even if you don't want me to.
quaranta *a. num. card.* e *m.* **forty**: *q. volte*, forty times □ *quarantadue uomini*, forty-two men □ *un uomo di q. anni*, a man of forty; a forty-year-old man □ *avere passato i q.*, to be over forty (years of age); to be in one's forties; to be on the wrong side of forty *(fam.)* ● *(tennis) q. pari*, deuce.
quarantèna *f.* **quarantine**: *fare la q.*, to be in quarantine.

quarantènne **A** *a.* **forty years old; forty-year-old** *(attr.)* **B** *m.* **forty-year-old man*** **C** *f.* **forty-year-old woman*.**
quarantènnio *m.* **period of forty years.**
quarantèṣimo *a. num. ord.* e *m.* **fortieth.**
quarantina *f.* **1** (circa quaranta) **about forty; some forty**: *una q. di ragazzi,* some forty children **2** (età di quarant'anni) **forty (years of age)**: *essere sulla q.*, to be about forty (years of age) □ *avere passato la q.*, to be over forty; to be in one's forties; to be on the wrong side of forty *(fam.).*
quarantóre *f. pl. (relig.)* **forty hours' devotion.**
quarantòtto *a. num. card.* e *m.* **forty-eight** ● *(fam.) fare un q.*, to kick up a shindy □ *(fam.) mandare a carte q.*, to mess up (st.).
quaréṣima *f. (relig.)* **Lent**: *fare la q.*, to keep Lent ● *(fig.) sembrare la q.*, to look half-starved.
quareṣimale **A** *a. (relig.)* **Lenten; of Lent; Lent** *(attr.)* **B** *m.* **Lenten** (o **Lent**) **sermons** *(pl.).*
quareṣimalista *m. (relig.)* **Lent preacher.**
quarta *f.* **1** (nell'ordinamento scolastico) **fourth class; fourth year** **2** *(naut.)* **rhumb** **3** *(autom.)* **fourth gear** **4** *(scherma)* **carte; quarte, quart** **5** *(mus.)* **fourth** ● *(fig.) partire in q.*, to throw oneself headlong into st.
quartabuòno *m.* (squadra da falegname) **quarter round.**
quartàna *f. (med.)* **quartan (fever).**
quartétto *m.* **1** *(mus.)* **quartet(te)**: *un q. d'archi,* a string quartet **2** *(fam.)* **quartet; foursome.**
quartière *m.* **1** (parte d'una città) **quarter; district**: *il nuovo q. residenziale,* the new residential quarter **2** (appartamento) **flat; apartment** *(USA)* **3** *(mil.)* **quarters** *(pl.)*; **barracks** *(pl.)*: *(fig., fam.) prendere q. in un luogo,* to take up one's quarters in a place **4** *(mil.: clemenza)* **quarter**: *chiedere (dare) q.*, to ask for (to give) quarter □ *non dar q.*, to give no quarter **5** *(araldica)* **quarter** ● *(mil.) q. generale,* headquarters.
quartina *f.* **1** *(poesia)* **quatrain** **2** *(mus.)* **quadruplet.**
quartino *m.* **1** *(mus.)* **small clarinet** **2** (misura d'un quarto di litro) **quarter (of a litre).**
quarto **A** *a. num. ord.* **fourth**: *la quarta parte,* the fourth part □ *Sisto Q.*, Sistus the Fourth □ *il q. mese dell'anno,* the fourth month of the year □ *arrivare q.*, to arrive fourth ● *la quarta arma,* the Air Force □ *(fig.) il q. potere,* the Press **B** *m.* **1** **fourth;** (quarta parte) **quarter**: *il primo q. della luna,* the first quarter of the moon □ *ridotto di un q.*, reduced by a quarter □ *dividere q.c. in quarti,* to divide st. into quarters; to quarter st. □ *un miglio e un q.*, a mile and a quarter □ (a carte, a tennis) *fare il q.*, to make a fourth **2** *(in senso temporale)* **quarter**: *tre quarti d'ora,* three quarters of an hour □ *Sono le sei e un q.*, it is a quarter past six □ *Sono le dieci e tre quarti,* it is a quarter to eleven □ *(fig.) passare un brutto q. d'ora,* to go through (o to pass) a bad quarter of an hour **3** *(tipogr.)* **quarto**: *un'edizione in q.*, a quarto edition **4** *(araldica)* **quarter** ● *(sport) quarti di finale,* quarter-finals □ *avere il proprio q. d'ora di celebrità,* to have one's brief spell of glory □ *non avere mai un q. d'ora di pace,* never to have a moment's peace.
quartogènito *a.* e *m.* **fourth-born.**
quartùltimo *a.* e *m.* **last but three.**
quarzìfero *a. (miner.)* **quartziferous.**
quarzite *f. (miner.)* **quartzite.**
quarzo *m. (miner.)* **quartz.**
quasar *f. invar. (astron.)* **quasar.**
quasi **A** *avv.* **1** **almost; nearly;** *(con significato neg.)* **hardly**: *È q. un'ora che aspetto,* I've been waiting for almost (o nearly) an hour □ *Non mi rimane q. niente,* I've hardly anything left □ *Non viene q. mai da me,* he hardly ever comes to my house □ *Ha q. vinto la corsa,* he almost (o nearly) won the race □ *Q. sposavo quella ragazza,* I nearly (o I all but) married that girl **2** *(in alcuni composti)* **quasi**: *(leg.) q. contratto,* quasi-contract **B** *cong.* **as if** ● *q. q.*, very nearly □ *senza q.*, certainly; definitely; of course □ *Q. q. andrei a trovarlo,* I've half a mind to go and see him.
quàssia *f. (bot.,* Quassia amara*)* **quassia.**
quassù *avv.* **up here.**
quatèrna *V.* **quadèrna.**
quaternàrio **A** *a.* **1** *(geol.)* **Quaternary** **2** *(poesia)* **of four syllables** **B** *m.* **1** *(geol.)* **Quaternary** **2** *(poesia)* **line of four syllables; four-syllabled line.**
quatto *a.* **cowering; crouching** ● *q. q.*, very quietly; stealthily ● *andarsene q. q.*, to steal away.
quattordicènne **A** *a.* **fourteen years old; fourteen-year-old** *(attr.)* **B** *m.* **boy of fourteen; fourteen-year-old boy** **C** *f.* **girl of fourteen; fourteen-year-old girl.**
quattordicèṣimo *a. num. ord.* e *m.* **fourteenth.**
quattórdici *a. num. card.* e *m.* **fourteen** ● *(poesia) verso di q. sillabe,* fourteener □ *Sono le q.*, it is two p.m.; it is two in the afternoon.
quattrinàio **A** *a.* **money-grubbing** **B** *m.* **money-grub, money-grubber.**
quattrino *m. (al pl.:* **denari***)* **money; brass, blunt** *(pop.)*: *fare quattrini,* to make money □ *buttare via tempo e quattrini,* to waste one's time and money □ *essere a corto di quattrini,* to be short of money; to be hard up *(fam.)* ● *avere quattrini a palate,* to have money to burn *(fam.)* □ *fior di quattrini,* a pretty penny □ *non avere il becco d'un q.*, to be as poor as a church mouse, to be on the rocks *(fam.)* □ *essere pieno di quattrini,* to be rolling in money □ *spendere fino all'ultimo q.*, to spend to the (very) last penny □ *Non vale un q.*, it's not worth a (brass) farthing (o a penny).
quattro *a. num. card.* e *m.* **four**: *Due e due fanno q.*, two and two make four □ *Sono le q.*, it's four (o'clock) □ *Ci siamo tutt'e q.*, the four of us are here □ *un bambino di q. anni,* a child of four; a four-year-old child ● *il q. aprile,* the fourth of April □ *dirne q. a qualcuno,* to tell sb. a thing or two; to give sb. a piece of one's mind □ *fare il diavolo a q.*, to be up to all kinds of mischief; to raise hell (o Cain) *(fam.)* □ *fare q. chiacchiere,* to have a chat □ *fare q. passi,* to take a stroll □ *farsi in q.*, to do one's very best; to leave no stone unturned *(fam.)* □ *in q. e quattr'otto,* in less than no time; in the twinkling of an eye.
quattròcchi *m.* **1** *(zool.,* Bucephala clangula*)* **garrot; goldeneye** **2** *(fam., scherz.)* **four eyes**: *il signor Q.*, Mr Four Eyes ● *a q.*, in private; confidentially; between you and me.
quattrocentésco *a.* **1** **of the fifteenth century; fifteenth-century** *(attr.)* **2** *(arte, letter. ital.)* **of the Quattrocento; Quattrocento** *(attr.).*
quattrocentèṣimo *a. num. ord.* e *m.* **four hundredth.**
quattrocentista *m.* e *f.* **fifteenth-century author (artist,** etc.**).**
quattrocènto **A** *a. num. card.* **four hundred** **B** *m.* **1** **four hundred** **2** (il secolo decimoquinto) **(the) fifteenth century**: *un poeta del Q.*, a fifteenth-century poet **3** *(arte, letter. ital.)* **Quattrocento.**
quattromila *a. num. card.* e *m.* **four thousand.**
quégli *pron. dimostrativo m. (lett.)* **that man; he.**
quèllo **A** *a. dimostrativo* **1** **that***: *quel ragazzo,* that boy □ *quella ragazza,* that girl □ *quei ragazzi,* those boys; those children □ *quelle ragazze,* those girls □ *quel mio libro,* that book of mine **2** *(come art. determ.)* **the**: *Non è più quella bella ragazza di un tempo,* she isn't the beautiful girl she was (years ago) **3** *(come pred. nominale, è idiom.)*: *Non sono più q. di prima,* I'm not the man I was once □ *Non è più q.*, he's not his old (o former) self □ *È sempre q.*, he's still the same as he used to be ● *q. del latte (del carbone),* the milkman (the coalman) □ *quelli di Roma (di Firenze),* the Romans (the Florentines) □ *in quel dì* (nei dintorni di), in the neighbourhood (o vicinity) of □ *Ehi, quel ragazzo!*, hey there, boy! □ *Ne fanno di quelle!*, they get up to all sorts of things □ *Ne dice di quelle!*, he (o she) talks such nonsense! □ *Ne ho passate di quelle!*, the things I've been through! **B** *pron. dimostrativo* **1** **that* (one)**: *q. lì,* that one □ *q. là,* that one there □ *Non è q. il colore che voglio,* that is not the colour I want □ *Se non vuoi questa penna, prendi quella,* if you don't want this pen, take that one □ *Quelle non sono le mie scarpe,* those aren't my shoes □ *Questo libro è mio; il tuo è q.*, this book is mine; that one is yours **2** *(in sostituzione di un sost., quando l'indicazione è data specificando qualità, materia, colore, misure, ecc.)* **the one** (*pl.:* **the ones**):

Prenderò q. che mi piace di più, I'll take the one I like best □ *Preferisci il clima caldo o quello freddo?*, do you prefer a warm climate or a cold one? □ *Preferisco il braccialetto d'oro a quello di platino,* I prefer the gold bracelet to the platinum one **3** *(con un poss., trova corrispondenza nel genitivo anglosassone del nome del possessore)* **'s**: *Questo non è il mio cappello ma q. di John,* this isn't my hat but John's **4** *(seguito da un pron. relat.) (con valore di « colui »)* **the one, the man;** *(con valore di « colei »)* **the woman, the girl;** *(pl., con valore di « coloro »)* **those, (the) people;** *(con valore di « chiunque »)* **whoever, anyone**: *Quella che parla col professore è mia zia,* the woman (who is) talking to the teacher is my aunt □ *Quelli che fanno cose del genere sono molto maleducati,* those (o people) who do such things are very rude **5** — *q. che,* (ciò che) what; (tutto q. che), all (that), everything (that): *Capisco q. che vuoi dire,* I see what you mean □ *Ho fatto per lui tutto q. che potevo,* I did all I could for him **6** *(con valore di « egli »)* **he** (*f.* **she;** *pl. m.* e *f.* **they**): *Q. (quella) mi disse che non era vero,* he (she) told me it wasn't true **7** — *q... questo (per riferirsi al primo e al secondo di persone o cose già menzionate),* the former... the latter: *John Fraser e Adam Smith abitano nella stessa strada: q. è avvocato, questo dentista,* John Fraser and Adam Smith live in the same street: the former is a lawyer, the latter a dentist **8** — *questo... quello,* (l'uno... l'altro) one... one (o the other); (alcuni... altri) some... some (o others): *Questo giocava a carte, q. cantava a squarciagola,* some were playing cards, some were singing at the top of their voices ● *di q. che (dopo un comparativo),* than: *È più ricco di quel che pensavo,* he is richer than I thought □ *per q. che ne so io,* as far as I know □ *Q. sì che è buono!,* that's really good!; *(iron.)* he's a fine one!

quercéto *m.* **oak-wood; oak-grove.**

quèrcia *f. (bot.,* Quercus*)* **oak.**

quercino *a.* **of oak; oaken, oak** *(attr.).*

querèla *f. (leg.)* **(legal) complaint; action (at law); suit**: *una q. per diffamazione,* an action for libel; a libel suit □ *sporgere q. contro q.,* to bring an action against sb.; to sue sb.

querelante *m.* e *f. (leg.)* **plaintiff; complainant.**

querelare A *v. t. (leg.)* to **bring* an action against** (sb.); to **sue B querelarsi** *v. rifl. (leg.)* to **take* legal proceedings.**

querelato *m. (leg.)* **defendant.**

quèrulo *a.* **querulous; complaining; peevish.**

queșito *m.* **question; query;** (problema) **problem**: *rispondere a ciascun q.,* to answer every question.

quésti *pron. (lett.)* **this man; he;** (quest'ultimo: di due) **the latter.**

questionare *v. i.* **1** (discutere) to **argue;** to **dispute 2** (litigare) to **quarrel.**

questionàrio *m.* **questionnaire.**

questióne *f.* **1** (disputa, controversia) **question, issue** (anche *leg.*): *Non si fa q. di denaro,* it's not a question of money □ *in q.,* in question; at issue: *la persona in q.,* the person in question □ *il punto in q.,* the point at issue □ *una q. di diritto,* an issue of law **2** (faccenda) **question; matter;** (punto della q.) **point**: *È q. di vita o di morte,* it's a matter of life and death □ *Questo è il nodo della q.,* this is the crux of the matter □ *Qui sta la q.,* this is the point □ *la q. trattata,* the point under discussion **3** *(polit.)* **problem; question**: *la q. di Berlino,* the Berlin problem **4** (litigio, diverbio) **quarrel; dispute.**

quésto A *a. dimostrativo* **this***: *q. ragazzo,* this boy □ *questa ragazza,* this girl □ *questi ragazzi,* these boys; these children □ *queste ragazze,* these girls □ *quest'altra ragazza,* this other girl □ *questi tuoi libri,* these books of yours □ *questi due miei amici,* these two friends of mine □ *fino a q. punto,* up to this point □ *in q. momento,* at this moment □ *questa settimana (q. mese, quest'anno),* this week (this month, this year) □ *In questi ultimi dieci giorni ho avuto molto da fare,* in these last ten days I have been very busy ● *quest'oggi,* today □ *In questi giorni ho avuto molto da fare,* in the last few days I have been very busy □ *In questi giorni partirò per Firenze,* I'll leave for Florence within the next few days □ *L'ho visto con questi occhi,* I saw him (o it) with my own eyes □ *Ci mancherebbe anche questa!,* we'd just need this to crown it all! **B** *pron. dimostrativo* **1 this* (one)**: *Questa è l'ultima volta che te lo dico,* this is the last time I'm telling you □ *q. quaggiù (quassù),* this one down here (up here) □ *Che cos'è q.?,* what is this? **2** *(con valore di « egli »)* **he** (f. **she;** pl. m. e f. **they**): *Aiutai il giovane, ma q. non mi ringraziò,* I helped the young man but he didn't thank me **3** (ciò) **this; that**: *Q. è quanto egli disse,* that is what he said □ *È q. tutto quello che egli disse?,* is this all he said? □ *Perché mi dici q.?,* why are you telling me this? □ *Tutto q. per nulla,* all that (o this) for nothing **4** — *quello... q.* (per riferirsi al primo e al secondo di persone o cose già menzionate), the former... the latter: *John Fraser e Adam Smith abitano nella stessa strada; quello è avvocato, q. dentista,* John Fraser and Adam Smith live in the same street; the former is a lawyer, the latter a dentist **5** — *q. ... quello,* (l'uno... l'altro) one... one (o the other); (alcuni... altri) some.. some (o others) ● *O q. poi, non ci voleva!,* we could have done without this □ *E con q.?,* so what? □ *Per q. gli ho risposto di no,* for this reason I turned him down □ *Q. mai e poi mai!,* never, I tell you! □ *Q. è quanto!,* that's all!

questóre *m.* **1 police superintendent 2** *(stor. romana)* **quaestor.**

quèstua *f.* **collection (of alms); quest** ● *andare alla q.,* to go begging.

questuante A *a.* **begging; mendicant B** *m.* e *f.* **mendicant.**

questuare A *v. t.* to **beg** (anche *fig.*) **B** *v. i.* to **go* begging.**

questura *f.* **police-headquarters** *(pl.)*; **(central) police station.**

questurino *m. (pop.)* **policeman*; bobby, copper** *(pop.).*

qui *avv.* **1 here**: *Vieni qui!,* come here! □ *Resta qui da noi stasera!,* stay here with us tonight □ *Eccomi qui,* here I am □ *qui dentro (fuori),* in (out) here □ *qui sotto (sopra),* down (up) here □ *qui vicino,* near here (o close by) □ *da qui a Roma,* from here to Rome **2** *(in espressioni temporali)* **now**: *da qui innanzi,* from now on □ *fin qui,* up to now (o so far) ● *di qui a poco,* in a short while □ *di qui a una settimana,* in a week's time □ *uno nativo di qui,* a native of these parts □ *non spostarsi di qui a lì,* not to budge an inch □ *per di qui,* this way: *Passeremo per di qui,* we'll go this way □ *Qui hai torto,* this is where you are wrong.

quid *(lat.) pron.* **something.**

quiescènte *a.* **1 quiescent 2** *(geol., bot.)* **dormant.**

quiescènza *f.* **1 quiescence 2** *(geol., bot.)* **dormancy** ● *trattamento di q.,* pension.

quietanza *f. (comm.)* **receipt; quittance**: *q. a saldo,* receipt in full ● *per q.,* paid; (value) received.

quietanzare *v. t. (comm.)* to **receipt.**

quietare A *v. t.* to **calm;** to **soothe B quietarsi** *v. rifl.* to **quiet down;** to **calm down;** to **be soothed.**

quiète *f.* **1 quiet, quietness;** (calma) **calm;** (tranquillità) **stillness, tranquillity;** (pace) **peace;** (silenzio) **silence**: *un periodo di q.,* a period of quiet □ *la q. che precede la tempesta,* the calm before the storm □ *la q. della notte,* the stillness (o silence) of the night □ *turbare la q. pubblica,* to disturb the peace □ *In questa casa non c'è q.,* there's no peace in this house **2** (tranquillità dell'animo) **peace of mind 3** *(fis.)* **rest**: *passare dallo stato di q. a quello di moto,* to pass from a state of rest to a state of motion ● *(fig.) l'ultima q.,* the last sleep.

quietișmo *m.* **1** *(relig.)* **quietism 2** (apatia) **quietism; passiveness.**

quietista *m.* e *f. (relig.)* **quietist** (anche *fig.*).

quièto *a.* **quiet;** (calmo) **calm;** (tranquillo) **still, tranquil;** (silenzioso) **silent;** (pacifico) **peaceful, pacific**: *una strada quieta,* a quiet road □ *per amore del q. vivere,* for the sake of peace and quiet □ *un mare q.,* a calm sea □ *l'aria quieta,* the calm air □ *stare q.,* to be (o to keep) quiet; (non muoversi) to keep still (o not to move) ● *q. q.,* very quietly (o softly) □ *andarsene q. q.,* to steal away.

quinàrio A *a.* **1 quinary 2** *(poesia)* **five-sillabled B** *m.*

(poesia) **line of five-syllables; five-syllabled line.**

quinci *avv. (lett.)* **hence; from here** ● *parlare in q. e quindi,* to mince one's words.

quindi A *avv.* (poi) **afterwards; then B** *cong.* (perciò, di conseguenza) **so; therefore; thus; consequently.**

quindicennale *a.* **1** (che dura quindici anni) **lasting fifteen years; fifteen-year** *(attr.)* **2** (che ricorre ogni quindici anni) **recurring every fifteen years.**

quindicènne A *a.* **fifteen years old; fifteen-year-old** *(attr.)* **B** *m.* **boy of fifteen; fifteen-year-old boy C** *f.* **girl of fifteen; fifteen-year-old girl.**

quindicènnio *m.* **period of fifteen years.**

quindicèşimo *a. num. ord.* e *m.* **fifteenth.**

quìndici *a. num. card.* e *m.* **fifteen**: *un ragazzo di q. anni,* a boy of fifteen (years of age); a boy aged fifteen; a fifteen-year-old boy ● *q. giorni,* a fortnight □ *lunedì a q.,* a fortnight next Monday; Monday fortnight □ *ogni q. giorni,* once every fortnight; fortnightly □ *avere q. anni,* to be fifteen years old □ *È il q. di agosto,* it is the 15th of August □ *Sono le ore q.,* it is three p.m.; it's three in the afternoon.

quindicina *f.* **1** (complesso di quindici) **(set of) fifteen 2** (circa quindici) **about fifteen**: *una q. di persone,* about fifteen people **3** (quindici giorni) **fortnight; two weeks**: *fra una q. di giorni,* in a fortnight **4** (paga di quindici giorni) **fortnight's pay.**

quindicinale *a.* **fortnightly; bi-monthly**: *una rivista q.,* a fortnightly magazine.

quinquagenàrio *a. (lett.)* **quinquagenarian.**

quinquagèşima *f. (relig.)* **Quinquagesima (Sunday).**

quinquennale *a.* **quinquennial; five-yearly.**

quinquènnio *m.* **quinquennium*; period of five years.**

quinta *f.* **1** *(teatr.)* **wing; side-scene**: *dietro le quinte,* behind the scenes (anche *fig.*) **2** *(mus.)* **quint; fifth 3** *(scherma)* **quinte.**

quintale *m.* **quintal; 100 kilograms.**

quintana *f. (med.)* **quintan fever.**

quintèrno *m.* **quinternion; five sheets of paper (combined into a set).**

quintessènza *f.* **quintessence** (anche *fig.*).

quintétto *m. (mus.)* **quintet(te)** (anche *fig.*).

quinto *a. num. ord.* e *m.* **fifth**: *Carlo Q.,* Charles the Fifth □ *due quinti,* two fifths □ *la Quinta Colonna,* the Fifth Column.

quintogènito *a.* e *m.* **fifth-born.**

quintùltimo *a.* e *m.* **last but four.**

quintuplicare A *v. t.* to **quintuple**; to **multiply by five B quintuplicarsi** *v. rifl.* to **quintuple**; to **become* five times as much (o as many).**

quintùplice *a.* **quintuple.**

quìntuplo A *a.* **quintuple; fivefold B** *m.* **quintuple.**

qui pro quo *(lat.) m.* **misunderstanding.**

Quirinale *m. (geogr.)* **Quirinal.**

quisquìlia *f.* **trifle; minutia*** *(generalm. al pl.).*

quivi *avv. (lett.)* **1** (lì) **there 2** (allora) **then.**

quiz *m.* **quiz**: *un presentatore di q.,* a quiz-master.

quondam *(lat.) avv.* **quondam; former; sometime; late.**

quorum *(lat.) m. invar. (leg.)* **quorum.**

quòta *f.* **1** (porzione) **quota; share; portion; part**: *la q. imponibile,* the taxable quota **2** (rata) **instal(l)ment**: *quote mensili,* monthly instalments **3** *(topografia)* **altitude 4** *(aeron.)* **height; altitude**: *q. di volo,* flying height □ *prendere (perdere) q.,* to gain (to lose) height **5** *(ippica)* **odds** *(pl.)* **6** *(naut.)* **depth** ● *q. di iscrizione,* entrance fee □ *(topografia) q. zero,* sea level □ *(aeron.) volare ad alta (bassa) q.,* to fly high (low).

quotare A *v. t. (comm., fin.)* to **quote**; to **rate**; to **state**: *Favorite q. il vostro ultimissimo prezzo,* please quote your very lowest price **B quotarsi** *v. rifl.* to **subscribe.**

quotato *a.* **1** *(comm., fin.)* **quoted; rated; stated;** (valutato) **estimated 2** *(fig.)* **(highly) esteemed; valued; efficient.**

quotazióne *f. (comm., fin.)* **quotation** ● *titoli non ammessi alla q. ufficiale di Borsa,* unquoted securities.

quotidianaménte *avv.* **daily; every day; day by day.**

quotidiano A *a.* **daily; everyday** *(attr.)* **B** *m.* **daily (newspaper).**

quòto *m. (mat.)* **quotient.**

quozïènte *m.* **1** *(mat.)* **quotient 2** *(stat.)* **quotient; rate**: *q. di mortalità,* death-rate ● *(psic.) q. d'intelligenza,* intelligence quotient.

R

R, r *m.* o *f.* **R, r** ● *(tel.)* *r come Roma,* r for Robert.
rabàrbaro *m.* *(bot.,* Rheum*)* **rhubarb.**
rabattino *m.* *(fam.)* **huckster.**
rabberciare *v. t.* to **botch** (anche *fig.*); to **patch up**; to **cobble**; *(fig.)* to **make* the best of a bad job.**
rabberciatura *f.* **1 botching** (anche *fig.*); **patching up; cobbling 2** (accomodatura fatta alla bell'e meglio) **botch; patchwork.**
ràbbia *f.* **1** (ira, furore) **anger; passion; rage; fury; wrath; ire** *(poet.)*: *essere divorato dalla r.,* to be consumed with anger □ *essere fuori di sé dalla r.,* to be beside oneself (o to be mad) with rage **2** *(med.)* **rabies; hydrophobia**: *avere la r.,* to be affected with rabies; to be rabid **3** (furia degli elementi) **rage; fury**: *la r. del vento,* the rage of the wind □ *la r. delle onde,* the fury of the waves **4** (avidità) **rage; frenzy**: *la r. dell'oro,* the rage of gold ● *Mi fa r.,* it greatly annoys me; it makes me (so) furious □ *Che r.!,* I'm awfully annoyed!
rabbìnico *a.* **rabbinic(al)**: *la letteratura rabbinica,* rabbinical literature.
rabbino *m.* **rabbin; rabbi.**
rabbióso *a.* **1** (che si adira facilmente) **choleric; irascible; passionate; hot-tempered 2** (adirato) **angry; enraged; furious; wrathful 3** (furioso, violento) **furious; raging; violent; rageful 4** (idrofobo) **rabid; hydrophobous; hydrophobic; mad.**
rabboccare *v. t.* to **fill up.**
rabbonire A *v. t.* to **calm down**; to **appease**; to **assuage**; to **pacify B** *v. i.* e **rabbonirsi** *v. rifl.* **1** to **calm down 2** (del tempo) to **clear up.**
rabbrividire *v. i.* to **shudder**; to **shiver**: *r. per il freddo,* to shudder (o to shiver) with cold ● *far r.* (per lo spavento), to make one's flesh creep.
rabbruscare *v. i.* **rabbruscarsi** *v. rifl.* to **become* overcast**; to **cloud over**; to **darken** (anche *fig.*).
rabbuffare A *v. t.* **1** to **ruffle**; to **dishevel**; to **tousle**: *r. i capelli a q.,* to dishevel sb.'s hair **2** (*fig.*: fare un rabbuffo) to **rebuke**; to **reprove B rabbuffarsi** *v. rifl.* (minacciare tempesta) to **grow* stormy** ● *Il tempo si rabbuffa,* a storm is brewing.
rabbuffato *a.* **dishevelled; tousled; tousy; unkempt.**
rabbuffo *m.* **rebuke; reproof; reprimand**: *fare un r. a q.,* to administer a rebuke to sb.; to reprimand sb.; to give sb. a good talking-to, to give sb. what for *(fam.).*
rabbuiare *v. i.* **rabbuiarsi** *v. rifl.* to **grow*** (o to **get***) **dark** (o **darker**); to **darken** (anche *fig.*).
rabdomante *m.* e *f.* **rhabdomancer; dowser; water-diviner.**
rabdomanzìa *f.* **rhabdomancy; dowsing.**
rabescare *v. t.* to **ornament with arabesques.**
rabésco *m.* **arabesque** (anche *fig.*).
raccapezzare A *v. t.* **1** to **scrape up** (o **together**): *r. un po' di denaro,* to scrape together some money **2** (riuscire a comprendere) to **make* out**; to **understand***; (riuscire a trovare) to **find* out**: *Non raccapezzo il senso di queste parole,* I cannot make out the meaning of these words **B raccapezzarsi** *v. rifl.* to **find* one's way**; to **make* it out**: *non r.,* to be unable to find one's way; to be at one's wits' end; to be at a loss.
raccapricciante *a.* **ghastly; gruesome; grisly; horrifying; appalling; blood-curdling.**
raccapricciare *v. i.* **raccapricciarsi** *v. rifl.* to **be horrified**; (rabbrividire) to **shudder**: *Raccapricciai a quella vista,* I was horrified at the sight (of it) ● *uno spettacolo che fa r.,* a blood-curdling scene.
raccaprìccio *m.* **horror; horripilation.**
raccattapalle *m.* **1** *(sport)* **ball-boy 2** *(golf)* **caddie, caddy.**
raccattare *v. t.* **1** (raccogliere) to **pick up**: *Raccatta subito quel libro,* pick up that book at once **2** (mettere insieme) to **gather**; to **put* together**; to **collect**: *r. notizie,* to gather information.
raccattatura *f.* **1 picking up 2** (ciò che si raccatta) **pickings** *(pl.).*
raccèndere *V.* **riaccèndere.**
racchetta *f.* *(sport)* **racket; bat**: *una r. da tennis,* a tennis racket □ *una r. da neve,* a racket; a snow-shoe ● *r. da sci,* ski-stick; ski-pole.
(1) ràcchio *a.* *(fam.)* **ugly; ill-looking.**
(2) ràcchio *m.* **small bunch of grapes (left on the vine after vintage).**
racchiùdere *v. t.* **1** (contenere) to **contain**; to **hold***; to **enclose**: *Questo museo racchiude molte opere preziose,* this museum contains many valuable works □ *I proverbi racchiudono molta sapienza,* proverbs contain a good deal of wisdom **2** (*fig.*: implicare) to **imply**: *Racchiude una contraddizione,* it implies a contradiction.
racciabattare *v. t.* *(raro)* to **botch**; to **cobble.**
raccògliere A *v. t.* **1** to **pick up**; (cogliere) to **pick**: *Raccolsi il bastone,* I picked up the (o my) stick □ *r. fiori (ciliegie, cotone),* to pick flowers (cherries, cotton) **2** (mietere) to **reap**; to **harvest 3** (radunare, mettere insieme) to **gather**; to **get* together**; to **assemble**; to **collect**: *r. informazioni,* to gather information □ *r. fondi,* to collect funds □ *r. i capelli in una crocchia,* to gather (up) one's hair into a bun □ *r. le proprie idee,* to collect one's thoughts **4** (ricevere) to **receive**: *La proposta raccolse pochissimi voti,* the proposal received (o obtained) very few votes **5** (collezionare) to **collect**; to **make* a collection of** (st.): *r. monete (francobolli, porcellane),* to collect coins (stamps, porcelain) **6** (dare rifugio a) to **shelter**; to **take* in**: *r. profughi politici,* to shelter (o to give shelter to) political refugees ● (di un uccello) *r. le ali,* to fold one's wings □ *(fig.) r. un'allusione,* to take a hint □ *r. lodi,* to win praise □ *r. simpatia,* to become popular **B raccògliersi** *v. rifl.* **1** (radunarsi) to **gather**; to **assemble**; to **crowd (together)**: *r. intorno a q.,* to crowd (o to gather) round sb. **2** (concentrarsi) to **collect one's thoughts**; to **concentrate.**
raccoglimento *m.* **concentration; concentrated attention; absorption (of mind)** ● *pregare con r.,* to be absorbed in prayer.
raccogliticcio A *a.* **picked up here and there; put together at haphazard** ● *truppe raccogliticce,* mercenary troops **B** *m.* **haphazard collection** (o **assemblage).**
raccoglitóre *m.* **1** (collezionista) **collector**: *un r. di oggetti rari,* a collector of curiosities **2** *(ind. tessile)* **picker 3** (cartella per lettere, documenti, ecc.) **file--holder.**
raccòlta A *f.* **1** (il raccogliere) (cereali) **harvesting**; (uva) **grape-harvesting**; (frutta, cotone, luppoli ecc.) **picking 2** (raccolto) **harvest; crop**; (di uva) **grape--harvest, vintage 3** (epoca del raccolto) **harvest-time 4** (collezione) **collection**: *pubblicare una r. di poesie liriche,* to publish a collection of lyrical poems **5** (adunanza) **gathering** ● *r. di leggi,* body of laws; statute--book □ *chiamare a r. le proprie energie,* to gather one's energies; to rally one's strength □ *chiamare a r. le truppe,* to gather (o to assemble) the troops □ *fare la r. del riso,* to harvest rice □ *fare la r. dei luppoli,* to pick hops □ *fare la r. di francobolli,* to collect stamps □ *suonare a r.,* to sound the rally.
raccòlto A *a.* **1** (adunato) **collected; gathered 2** (assorto) **absorbed; engrossed; collected; silent and intent**: *essere r. nei propri pensieri,* to be absorbed in thought **3** (tranquillo) **quiet, tranquil**; (confortevole) **cosy, snug**: *una stanza raccolta,* a cosy room **4** (còlto) **picked 5** (rannicchiato) **drawn up; curled up**: *con le gambe raccolte,* with one's legs drawn up **B** *m.* **crop; harvest**; (dell'uva) **vintage, grape-harvest**: *il r. del granoturco (del fieno, del grano),* the maize (hay, wheat) harvest □ *il r. del tabacco (del caffè),* the tobacco (the coffee) crop.
raccomandàbile *a.* **recommendable; advisable** ● *persona r.,* reliable person □ *persona poco r.,* unreliable person.

raccomandare A *v. t.* **1** (affidare) to **recommend;** to **commend;** to **commit**: *r. l'anima a Dio,* to recommend (o to commend) one's soul to God □ *r. q. alla clemenza dei giudici,* to recommend (o to commit) sb. to the clemency of the judges **2** (indicare all'attenzione altrui) to **recommend**: *r. un amico,* to recommend (o to put in a good word for) a friend **3** (lettere, pacchi, ecc.) to **register**: *r. una lettera,* to register a letter **4** (consigliare con insistenza) to **insist upon** (st.); (esortare) to **exhort,** to **urge**: *r. l'ubbidienza,* to insist upon (o to enjoin) obedience □ *r. a q. di fare q.c.,* to urge (o to advise) sb. to do st. **5** (attaccare, fissare) to **fasten;** to **tie;** to **fix B raccomandarsi** *v. rifl.* **1** (affidarsi) to **recommend oneself;** to **commend oneself 2** (supplicare, chiedere) to **entreat;** to **implore;** to **beg;** to **ask**: *r. a q. di fare q.c.,* to entreat (o to implore) sb. to do st.; to beg (of) sb. to do st. ● *r. alle proprie gambe,* to take to one's heels □ *r. da sé,* to need no recommendation □ *Non te lo dimenticare, mi raccomando!,* please don't forget!

raccomandata *f.* **registered letter.**

raccomandatàrio *m. (naut.)* **ship's agent.**

raccomandato A *a.* **1 recommended;** (fornito di raccomandazioni) **supplied with recommendations 2** (di lettera, plico, ecc.) **registered 3** (affisso) **fixed; fastened B** *m.* **person recommended** ● *r. di ferro,* person with quite a lot of pull *(fam.).*

raccomandatòrio *a.* **recommendatory; of recommendation**: *lettere raccomandatorie,* letters of recommendation.

raccomandazióne *f.* **1 recommendation**: *una lettera di r.,* a letter of recommendation (o of introduction) □ *non accettare raccomandazioni,* to accept no recommendations **2** (esortazione) **recommendation; exhortation; (piece of) advice 3** (di lettera, plico, ecc.) **registration**: *tassa di r.,* registration fee.

raccomodare *v. t.* **1** to **repair;** to **mend**: *r. un orologio,* to repair a watch □ *r. un paio di scarpe,* to mend a pair of shoes **2** *(fig.)* to **put*** (o to **set***) (st.) **right (again).**

raccomodatura *f.* **repair; repairing; mending**: *fare delle raccomodature,* to make repairs.

racconciare A *v. t.* **1** (riparare) to **mend** (anche *fig.*); to **repair 2** (rassettare) to **put*** (o to **set***) (st.) **in order B racconciarsi** *v. rifl.* (del tempo: rasserenarsi) to **clear up.**

raccontàbile *a.* **worth telling.**

raccontafàvole *m.* e *f.* **story-teller; yarn-spinner** *(fam.).*

raccontare *v. t.* to **tell*;** (narrare) to **narrate;** (riferire) to **relate,** to **recount**: *Raccontami tutto,* tell me all about it □ *Raccontami quanto è accaduto,* tell me what happened □ *Così mi hanno raccontato,* so I've been told □ *C'era proprio bisogno di raccontarglielo?,* was it really necessary to tell him? □ *r. una bugia,* to tell a lie ● *r. una barzelletta,* to crack a joke □ *r. per filo e per segno,* to narrate in detail □ *saperla r.,* to know one's own business □ *A me la racconti?,* don't tell me! □ *Va a raccontarla altrove!,* tell that to the marines!

raccónto *m.* **story; tale;** (narrazione) **narration, narrative**: *racconti per bambini,* children's stories □ *un r. per bambini piccoli,* a nursery tale □ *un libro di racconti,* a story-book ● *fare a q. il r. di q.c.,* to tell sb. of (o about) st.

raccorciare A *v. t.* to **shorten;** to **abbreviate;** to **abridge;** to **curtail** ● *r. un vestito,* to pull up the hem of a dress **B raccorciarsi** *v. rifl.* to **shorten;** to **become* shorter;** to **draw* in.**

raccordare *v. t.* to **join;** to **connect;** to **link.**

raccòrdo *m.* **1 joint; connection, connexion 2** *(ferr.)* **siding; side-track 3** (per tubi) **pipe-fitting** ● *r. autostradale,* connecting road; slip road; access road.

raccozzare *v. t.* to **throw*** (o to **draw*,** to **bring*,** to **scrape) together.**

racèmo *m. (bot.)* **raceme; cluster.**

ràchide *f.* o *m.* **1** *(anat.)* **r(h)achis*; vertebral column 2** *(bot., zool.)* **r(h)achis*.**

rachìtico A *a.* **1** *(med.)* **rachitic; affected with rickets; rickety 2** (stentato, poco sviluppato) **poorly--developed; stunted B** *m. (med.)* **person suffering from rickets; rickety person.**

rachìtide *f.* **rachitismo** *m. (med.)* **rachitis; rickets** *(pl. col verbo al sing.).*

racimolare *v. t.* (anche *fig.*) to **glean**: *r. notizie,* to glean news.

racimolatura *f.* **1** (anche *fig.*) **gleaning 2** (ciò che si è racimolato, anche *fig.*) **gleanings** *(pl.).*

racket *(ingl.) m.* **racket**: *il r. della droga,* the narcotics racket.

rada *f. (naut.)* **roadstead; roads** *(pl.)*; **haven.**

radància *f. (naut.)* **thimble.**

ràdar *m.* e *a.* **radar.**

radarfaro *m.* **radar beacon.**

radarista *m.* **radar operator; radarman*.**

radarlocalizzazióne *f.* **radar detection.**

radazza *f. (naut.)* **swab; mop.**

raddensare *v. t.* to **thicken;** to **make*** (st.) **thicker;** to **condense.**

raddobbare *v. t. (naut.)* to **refit;** to **repair.**

raddòbbo *m. (naut.)* **refit; repair.**

raddolcire A *v. t.* **1** (far diventare dolce) to **sweeten 2** *(fig.:* lenire) to **soften;** to **soothe;** to **assuage;** to **alleviate 3** (rif. a metallo) to **soften 4** (rif. a suono, colore) to **soften;** to **tone down B** *v. i.* e **raddolcirsi** *v. rifl.* **1** (diventare dolce) to **sweeten;** to **become* sweet 2** (del tempo: diventare meno rigido) to **become*** (o to **get*) milder;** to **milden 3** (rif. a sdegno, dolore e sim.) to **be soothed** (o **assuaged, alleviated).**

raddoppiaménto *m.* **doubling; redoubling; duplication.**

raddoppiare A *v. t.* **1** to **double;** to **duplicate;** to **reduplicate**: *r. una scommessa,* to double a bet **2** (aumentare notevolmente) to **double;** to **redouble**: *r. i propri sforzi,* to redouble one's efforts ● *Lascia o raddoppia,* double or quits **B raddoppiarsi** *v. rifl.* to **double;** to **be redoubled;** to **be duplicated.**

raddoppiato *a.* **1 double; doubled; doubled up 2** (molto accresciuto) **redoubled**: *con sforzi raddoppiati,* with redoubled efforts.

raddóppio *m.* **1 doubling; redoubling 2** (nel gioco del biliardo) **double** ● *(ferr.) binario di r.,* double track.

raddrizzaménto *m.* **1 straightening out** (o **up**) **2** *(elettr., radio)* **rectification.**

raddrizzare A *v. t.* **1** to **straighten;** to **put*** (st.) **straight**: *r. un filo di ferro,* to straighten a piece of wire □ *r. un quadro,* to put a picture straight **2** *(fig.)* to **straighten;** to **set*** (o to **put***) (st.) **right**: *r. le cose,* to straighten things **3** *(elettr.)* to **rectify** ● *(fig.) r. le gambe ai cani,* to wash a blackamoor white □ *(fig.) r. la testa a q.,* to straighten sb. up *(fam.)* **B raddrizzarsi** *v. rifl.* **1** to **straighten oneself up 2** (rif. al tempo) to **clear up;** to **settle.**

raddrizzatóre *m. (elettr.)* **rectifier.**

radènte *a.* **grazing**: *un tiro r.,* a grazing shot ● *(aeron.) volare r.,* to hedgehop.

radènza *f.* **grazing movement.**

ràdere A *v. t.* **1** to **shave**: *r. i baffi a q.,* to shave off sb.'s moustache □ *r. con il rasoio,* to shave with a razor □ *farsi r.,* to get shaved; to get a shave **2** (rasentare) to **graze;** to **skim;** to **shave**: *r. il suolo,* to graze the ground □ *r. la superficie dell'acqua,* to skim the surface of the water □ *r. il muro,* to shave the wall **3** (abbattere) to **raze,** to **rase**: *r. al suolo una città,* to raze a town to the ground **B ràdersi** *v. rifl.* (farsi la barba) to **shave (oneself).**

radézza *f.* **thinness; rareness; scarcity; sparseness 2** (spazio fra una cosa e l'altra) **interval 3** (successione a lunghi intervalli) **infrequency.**

radiale *a. (anat., geom.)* **radial.**

radiante A *a.* **radiant** (anche *fis.*); **beaming; beamy** *(poet.)*; **bright; glowing**: *r. di gioia,* radiant (o beaming) with joy **B** *m. (geom.)* **radian.**

radianza *f. (fis.)* **radiance.**

radiare *v. t.* **1** to **strike* off** (o **out**); to **cancel 2** *(naut.)* to **condemn** ● *r. dall'albo* (degli avvocati), to disbar.

radiatóre *m.* **radiator.**

(1) radiazióne *f.* (cancellazione) **striking off** (o **out**); **cancellation** ● *r. dall'albo* (degli avvocati), disbarment.

(2) radiazióne *f.* *(fis.)* **radiation.**
radica *f.* ***1*** *V.* **radice** ***2*** (legno) **briarwood; briar-root.**
radicale ***A*** *a.* ***1*** *(bot.)* **radical** ***2*** *(fig.)* **radical; thorough**: *una riforma r.*, a radical (o thorough) reform ***3*** *(polit.)* **Radical**: *il partito r.*, the Radical Party ***B*** *m.* ***1*** *(mat., chim.)* **radical** ***2*** *(gramm.,* anche *f.)* **radical; root**: *il* (o *la*) *r. d'una parola*, the root of a word ***3*** *(polit.,* anche *f.)* **Radical.**
radicaleggiare *v. i.* *(polit.)* to **lean* towards the Radical Party.**
radicalismo *m.* (anche *polit.*) **radicalism.**
radicalizzare *v. t.* (specialm. *polit.*) to **radicalize.**
radicalizzazióne *f.* (specialm. *polit.*) **radicalization.**
radicalménte *avv.* **radically; thoroughly; root and branch.**
radicando *m.* *(mat.)* **radicand.**
radicare *v. i.* **radicarsi** *v. rifl.* (anche *fig.*) to **root**; to **take*** (o to **strike***) **root.**
radicato *a.* **deep-rooted; deep-seated.**
radicazióne *f.* *(bot.)* **rooting.**
radicchio *m.* *(bot.,* Cichorium intybus) **chicory.**
radice *f.* (in ogni senso) **root**: (anche *fig.*) *mettere le radici*, to take root □ *(anat.) la r. di un dente*, the root of a tooth □ *(fig.) la r. di tutti i mali*, the root of all evil □ (anche *fig.*) *colpire alla r.*, to strike at the root *(gramm.) la r. d'un verbo*, the root of a verb □ *(mat.) la r. quadrata (cubica)*, the square (cube) root ● *radici commestibili*, root-crops □ *(mat.) segno di r.*, radical sign.
radichétta *f.* *(bot.)* **radicle.**
(1) ràdio *m.* *(anat.)* **radius*.**
(2) ràdio *m.* *(chim.)* **radium.**
(3) ràdio *f.* ***1*** *(radiofonia)* **radio; wireless**: *sentire q.c. alla r.*, to hear st. on the radio □ *trasmettere un messaggio per r.*, to send a message by radio (o wireless) ***2*** (apparecchio radiofonico) **radio (set); wireless set** *(raro)*: *una r. ricevente*, a radio-receiver □ *una r. trasmittente*, a radio-transmitter ***3*** (stazione trasmittente) **broadcasting station** ● *r. diffusione*, broadcast(ing) □ *ascoltare la r.*, to listen in □ *trasmettere per r.*, to broadcast.
radio- *(in parole composte)* **radio-.**
radioabbonato *m.* **radio subscriber.**
radioamatóre *m.* **amateur radio operator; ham** *(pop.)*.
radioascoltatóre *m.* **(radio-)listener.**
radioascolto *m.* **listening-in.**
radioassistènza *f.* **radio aid.**
radioattività *f.* *(chim., fis.)* **radio-activity.**
radioattivo *a.* *(chim., fis.)* **radio-active** ● *(fis. atomica) periodo r.*, half-life □ *(fis. atomica) pioggia radioattiva*, fall-out.
radioaudizióne *f.* **listening-in.**
radiobussola *f.* *(aeron., naut.)* **radio compass.**
radiocomandato *a.* **radio-controlled.**
radiocomando *m.* **radio control.**
radiocomunicazióne *f.* **radio communication.**
radiocrònaca *f.* **running (radio) commentary.**
radiocronista *m.* e *f.* **radio commentator** ● *r. di collegamento*, anchorman.
radiodiffóndere *v. t.* to **broadcast*.**
radiodiffusióne *f.* **broadcast(ing).**
radiodramma *m.* **radio play.**
radiofaro *m.* *(aeron., naut.)* **(radio) beacon.**
radiofonìa *V.* **radiotelefonìa.**
radiofònico *a.* **radio, wireless** *(attr.)*: *un apparecchio r.*, a radio set □ *una trasmissione radiofonica*, a (radio) broadcast.
radiofonògrafo *m.* **radio-gramophone; radiogram.**
radiofoto *f. invar.* **radiophotograph; radiophoto*.**
radiofotografìa *f.* **radiophotography.**
radiofrequènza *f.* **radio frequency.**
radiogoniòmetro *m.* **radiogoniometer; (radio) direction finder.**
radiografare *v. t.* to **radiograph**; to **X-ray.**
radiografìa *f.* ***1*** **radiography** ***2*** (lastra) **radiograph; X-ray (photograph).**
radiogràfico *a.* **radiographic; X-ray** *(attr.)*: *un esame r.*, an X-ray examination.
(1) radiogramma *V.* **radiotelegramma.**
(2) radiogramma *m.* (lastra) **radiograph; X-ray (photograph).**
radiogrammòfono *m.* **radio-gramophone; radiogram.**
radioisòtopo *m.* *(chim., fis.)* **radioisotope.**
radiolocalizzatóre *m.* **radar; radiolocator.**
radiologìa *f.* *(med.)* **radiology.**
radiològico *a.* *(med.)* **radiologic(al).**
radiòlogo *m.* *(med.)* **radiologist.**
radiomessàggio *m.* **radio message.**
radionavigazióne *f.* **radio navigation.**
radioónda *f.* **radio wave.**
radiopilòta *m.* **radio pilot.**
radioricevènte ***A*** *a.* **radio-receiving** *(attr.)* ***B*** *f.* ***1*** (apparecchio) **radio receiver; (wireless) receiving set** ***2*** (stazione) **radio-receiving station.**
radioricevitóre *m.* **radio receiver; receiving set.**
radioscopìa *f.* *(med.)* **radioscopy.**
radioscòpico *a.* *(med.)* **radioscopic(al).**
radiosegnale *m.* **radio signal.**
radiosità *f.* **radiance; splendour; brilliance, brilliancy.**
radióso *a.* **radiant; beaming; brilliant; bright; glorious.**
radiosónda *f.* *(meteorologia)* **radiosonde.**
radiotassì, radiotaxi *m.* **radiotaxi.**
radiotècnica *f.* **radio engineering.**
radiotècnico *m.* **radio engineer.**
radiotelefonìa *f.* **radiotelephony.**
radiotelefonista *m.* e *f.* **radiotelephone operator.**
radiotelèfono *m.* **radiotelephone** ● *r. portatile*, walkie-talkie *(fam.)*.
radiotelegrafìa *f.* **radiotelegraphy.**
radiotelegrafista *m.* e *f.* **radiotelegraph operator; radiotelegraphist.**
radiotelegramma *m.* **radiotelegram; radiogram.**
radiotelèmetro *m.* *(elettron.)* **range finder.**
radiotelescòpio *m.* *(astron.)* **radio telescope.**
radiotelescrivènte *f.* **radioteletypewriter; radio telex.**
radiotelevisióne *f.* **radio and television.**
radioterapìa *f.* *(med.)* **radiotherapy; radiotherapeutics** *(pl. col verbo al sing.)*.
radioterapista *m.* e *f.* **radiotherapist.**
radiotrasméttere *v. t.* to **broadcast*.**
radiotrasmettitóre *m.* **radio transmitter; transmitting set.**
radiotrasmissióne *f.* **broadcast; broadcasting.**
radiotrasmittènte ***A*** *a.* **(radio-)transmitting** *(attr.)*; **broadcasting** *(attr.)*: *un apparecchio r.*, a transmitting set; a radio transmitter ***B*** *f.* **broadcasting station.**
radioutènte *m.* e *f.* **radio licence-holder.**
ràdium *m.* *(chim.)* **radium.**
rado *a.* ***1*** (non fitto) **thin;** (non denso) **rare, sparse**: *una nebbia rada*, a thin mist □ *una barba rada*, a sparse beard □ *radi casolari*, sparse (o scattered) hamlets ***2*** (non frequente) **infrequent; occasional**: *visite rade*, occasional visits ● *rade volte* (o *di r.*), seldom; rarely □ *non di r.*, rather often □ *panno r.*, thin-woven cloth □ *pettine r.*, wide-toothed comb.
radon *m.* *(chim.)* **radon.**
radume *m.* **bare patches** *(pl.)*.
radunare ***A*** *v. t.* ***1*** (adunare, riunire) to **assemble**; to **gather together**; to **muster**; to **rally** ***2*** (raccogliere, mettere insieme) to **collect**; to **gather together** ***B*** **radunarsi** *v. rifl.* to **assemble**; to **gather**; to **meet***; to **convene.**
radunata *f.* **raduno** *m.* **assembly; gathering; meeting; rally.**
radura *f.* ***1*** **bare patch** ***2*** (in un bosco, prato) **clearing; glade.**
ràfano *m.* *(bot.,* Raphanus sativus) **radish.**
raffa *V.* **riffa.**
raffaellésco *a.* **Raphaelesque; after the style of Raphael.**
raffazzonare *v. t.* to **touch up**; (riparare alla meglio)

to **patch up**, to **botch**.
raffazzonatóre *m.* **botcher; bungler.**
raffazzonatura *f.* **botch; bungle.**
rafférma *f.* *(mil.)* **re-engagement.**
raffermare *v. t.* *(mil.)* to **re-engage.**
raffermo *a.* **stale**: *pane r.*, stale bread.
ràffia *f.* **1** *(bot.*, Raphia ruffia*)* **raffia (palm) 2** (la fibra) **raffia.**
ràffica *f.* **1 gust; blast; burst**: *una r. di vento,* a gust of wind; a squall **2** *(fig.)* **hail; volley**: *una r. d'ingiurie,* a volley of insults.
raffiguràbile *a.* **representable.**
raffigurare A *v. t.* **1** (rappresentare) to **represent**; to **show***; to **portray 2** (simboleggiare) to **symbolize**; to **be a symbol of** (st.) **3** (riconoscere) to **recognize B raffigurarsi** *v. rifl.* to **imagine**; to **figure (to oneself)**: *Non me lo raffiguravo così,* I didn't imagine him like that.
raffilare *v. t.* **1** (affilare) to **sharpen**; to **whet 2** (pareggiare) to **trim**; to **pare.**
raffilatura *f.* **1** (l'affilare) **sharpening; whetting 2** (il pareggiare) **trimming; paring 3** (materiale scartato raffilando q.c.) **trimmings** *(pl.)*; **parings** *(pl.)*.
raffinaménto *m.* **refinement** (anche *fig.*).
raffinare A *v. t.* to **refine** (anche *fig.*): *r. lo zucchero (il petrolio),* to refine sugar (oil) □ *r. la propria educazione (il proprio gusto),* to refine (o to improve) one's manners (one's taste) **B raffinarsi** *v. rifl.* to **become*** (o to **get***) **refined.**
raffinatézza *f.* **refinement**: *r. di modi,* refinement of manners □ *le raffinatezze della vita moderna,* the refinements of modern life.
raffinato *a.* **refined** (anche *fig.*): *zucchero (petrolio) r.*, refined sugar (oil) □ *uno stile r.*, a refined (o polished) style.
raffinatóre *m.* **refiner.**
raffinazióne *f.* **refining; refinement.**
raffinerìa *f.* *(ind.)* **refinery.**
ràffio *m.* **grappling iron; grapple; grapnel.**
raffittire A *v. t.* to **thicken B** *v. i.* e **raffittirsi** *v. rifl.* to **thicken**; to **become*** (o to **get***) **thicker.**
rafforzaménto *m.* **strengthening; reinforcement.**
rafforzare A *v. t.* to **strengthen**; to **invigorate**; to **fortify**; to **reinforce B rafforzarsi** *v. rifl.* to **strengthen**; to **grow*** (o to **get***) **stronger.**
rafforzativo *a.* **1 strengthening; reinforcing 2** *(gramm.)* **intensive.**
raffreddaménto *m.* **cooling; cooling down** (anche *fig.*): *r. ad aria,* air-cooling.
raffreddare A *v. t.* **1** to **cool**; to **make*** (st.) **cooler**: *r. ad acqua,* to water-cool □ *r. ad aria,* to air-cool **2** *(fig.)* to **cool**; to **cool down** (o **off**); to **chill**; to **dampen**, to **damp**: *r. l'entusiasmo di q.*, to cool sb.'s enthusiasm **B raffreddarsi** *v. rifl.* **1** to **cool down** (o **off**); to **become*** (o to **get***) **cooler** (o **cold**); to **chill 2** *(fig.)* to **cool down 3** (prendere un raffreddore) to **catch* a cold** (o **a chill**).
raffreddato *a.* **cooled; chilled** ● *essere r.*, to have a cold □ *essere molto r.*, to have a bad cold.
raffreddatura *f.* (raffreddore) **cold; chill.**
raffreddóre *m.* **cold; chill**: *avere il r.*, to have a cold □ *prendere (o buscarsi) il r.*, to catch a cold.
raffrenare A *v. t.* (anche *fig.*) to **curb**; to **check**; to **restrain**; to **control B raffrenarsi** *v. rifl.* to **restrain oneself**; to **control oneself.**
raffrontare *v. t.* to **confront**; (collazionare) to **collate**; (paragonare) to **compare.**
raffrónto *m.* **confrontation; collation; comparison**: *fare il r. fra due persone (due cose),* to make a comparison (o to draw a parallel) between two persons (two things).
ràfia *V.* **ràffia.**
ràgadi *f. pl.* *(med.)* **rhagades.**
raganèlla *f.* **1** *(zool.*, Hyla arborea*)* **tree-frog 2** *(mus.)* **rattle.**
ragazza *f.* **1 girl**; (fra i 13 e i 19 anni d'età) **teenager; lass, lassie** (specialm. *scozz.*): *un bel pezzo di r.*, a fine figure of a girl **2** (fidanzata) **girl(-friend); sweetheart; fiancée 3** (giovinetta che sta a servizio) **girl; maid(--servant)**; (commessa) **shop-girl** ● *averci la r.*, to be engaged □ *nome da r.*, maiden name □ *rimanere r.*, to remain unmarried.
ragazzàglia *f.* *(spreg.)* **(noisy) crowd of children** (o **of youngsters**); **pack of children.**
ragazzata *f.* **childish action; prank; mischievous trick; mischief**: *fare sempre delle ragazzate,* to be always up to mischief.
ragazzo *m.* **1 boy**; (fra i 13 e i 19 anni d'età) **teenager; child*; youngster; lad**: *da r.*, when (I was) a boy; as a child □ *trattare q. da r.*, to treat sb. like a child **2** (fidanzato) **boy-friend; sweetheart; fiancé 3** (garzone) **boy**: *un r. di bottega,* a shop-boy; (fattorino) an errand--boy; (apprendista) an apprentice **4** (figliolo) **boy; son** ● *cose da ragazzi,* childish things □ *fare il r.*, to behave like a child.
raggelare *V.* **gelare.**
raggiante *a.* (anche *fig.*) **radiant; beaming; gleaming; glowing; bright**: *il sole r.*, the radiant sun □ *occhi raggianti di gioia,* radiant eyes; eyes beaming with joy.
raggiare A *v. i.* (anche *fig.*) to **radiate**; to **be radiant**; (risplendere) to **shine* (brightly)**, to **glow**: *r. di felicità,* to be glowing with happiness **B** *v. t.* (anche *fig.*) to **radiate.**
raggiato *a.* **radial; radiate.**
raggièra *f.* **halo* (of rays)**; (fascio di raggi) **rays** *(pl.)*.
ràggio *m.* **1 ray; beam**; *(fig.)* **gleam, glimmer**: *i raggi del sole,* the rays of the sun; the sunbeams □ *i raggi della luna,* the rays of the moon; the moonbeams □ *un r. di speranza,* a gleam (o glimmer, ray) of hope **2** *(fis.)* **ray**: *raggi infrarossi (ultravioletti),* infra-red (ultraviolet) rays □ *raggi X,* X-rays **3** *(geom., mecc.)* **radius***: *r. vettore,* radius vector **4** (area, campo) **radius*; range**: *r. d'azione,* range (o field) of action □ *in un r. di dieci miglia,* within a radius of ten miles **5** (di ruota) **spoke 6** *(zool.)* **spine.**
raggirare *v. t.* to **deceive**; to **cheat**; to **swindle**; to **make* a fool of** (sb.); to **take* in**; to **sell*** (sb.) **a pup** *(fam.)*.
raggiratóre *m.* **deceiver; cheat; swindler.**
raggiro *m.* **deception; deceit; cheat; swindle; trick.**
raggiùngere *v. t.* **1** (arrivare a riunirsi con q.) to **reach**; to **overtake***; to **catch*** (sb.) **up**, to **catch* up with** (sb.) **2** (toccare un luogo) to **reach**, to **get* to**, to **arrive at** (a place); (conseguire, ottenere) to **attain**, to **achieve**, to **gain**: *r. la vetta d'una montagna,* to reach the top of a mountain □ *r. la meta,* to attain one's aim **3** *(naut.)* to **overhaul** ● *r. un accordo,* to come to an agreement □ *r. il bersaglio,* to hit the mark □ *r. il proprio reggimento,* to join one's regiment.
raggiungìbile *a.* **attainable; achievable.**
raggiungiménto *m.* **attainment; achievement.**
raggiuntare *v. t.* to **join together**; to **piece together.**
raggiustare A *v. t.* **1** (aggiustare) to **repair**; to **mend**; to **adjust 2** (mettere in ordine) to **put*** (o to **set***) **in order**; to **tidy up 3** *(fig.:* comporre, conciliare*)* to **settle B raggiustarsi** *v. rifl. recipr.* to **come* to an agreement**; to **make* it up** *(fam.)*.
raggomitolare A *v. t.* to **wind*** (st.) **into a ball**; to **roll up**; to **coil B raggomitolarsi** *v. rifl.* to **curl (oneself) up**; to **coil up**; to **huddle up.**
raggranellare *v. t.* to **scrape up**; to **scrape together**; (racimolare) to **glean.**
raggrinzare, raggrinzire A *v. t.* to **wrinkle**; to **crease**; to **crumple**; to **pucker up B** *v. i.* e **raggrinzarsi, raggrinzirsi** *v. rifl.* to **become*** (o to **get***) **wrinkled**; to **wrinkle**; to **crease**; to **crumple**; to **pucker.**
raggrumare *v. t.* **raggrumarsi** *v. rifl.* to **clot.**
raggruppaménto *m.* **1** (il raggruppare) **grouping 2** (persone o cose raggruppate) **group.**
raggruppare A *v. t.* to **group B raggrupparsi** *v. rifl.* to **group (oneself)**; to **gather in a group** (o **in groups**).
raggruzzolare *v. t.* *(fam.)* to **scrape up**; to **scrape together**; to **save up.**
ragguagliare *v. t.* **1** (uguagliare) to **equalize**; (livel-

lare) to **level** ***2*** (paragonare) to **compare** ***3*** *(rag.)* to **balance** ***4*** (informare) to **inform.**

ragguàglio *m.* ***1*** (confronto) **comparison**: *fare un r.,* to make a comparison ***2*** (informazione) **piece of information;** (resoconto) **report**: *ulteriori ragguagli,* further information (o details) ***3*** *(rag.)* **balance.**

ragguardévole *a.* ***1*** (degno di riguardo) **noteworthy; notable; remarkable; conspicuous** ***2*** (ingente) **considerable.**

ràgia *f.* **resin, rosin** ● *acqua r.,* turpentine.

ragià *m.* **rajah.**

ragionaménto *m.* ***1*** (il ragionare) **reasoning** ***2*** (dimostrazione, argomentazione) **reasoning; reasons** *(pl.)*; **arguments** *(pl.)* ● *fare troppi ragionamenti,* to talk too much □ *Questo non mi pare un r.,* I don't think all this makes much sense □ *(iron.) Bel r.!,* that's a fine way of talking!

ragionare *v. i.* ***1*** to **reason** ***2*** (discutere) to **argue** (with, about); to **discuss** (st.) (with); to **talk** (st.) **over** (with) ● *r. a vanvera,* to talk through one's hat *(fam.)* □ *r. tra sé e sé,* to talk to oneself.

ragionato *a.* ***1*** **reasoned;** (razionale) **rational;** (logico) **logical**: *ben r.,* well-reasoned; thought-out ***2*** (ragionevole) **reasonable** ***3*** (rif. a scritti) **annotated.**

ragionatóre *m.* **reasoner**: *un sottile r.,* a subtle reasoner.

ragióne *f.* ***1*** **reason**: *ascoltare la voce della r.,* to listen to reason □ *perdere la r.,* to lose one's reason □ *raggiungere l'età della r.,* to reach the age of reason (o of discretion) ***2*** (causa, motivo) **reason; motive**: *per nessuna r.,* for no reason (o on no account) □ *dare r. dei propri atti,* to give reasons for one's actions □ *ragioni di famiglia,* family reasons □ *la r. per la quale vado all'estero...,* the reason why I'm going abroad... ***3*** (giusto motivo, diritto) **right; reason**: *Questo mi appartiene di r.,* this belongs to me by right □ *Il tempo gli darà r.,* time will show (o prove) that he is (o was) right □ *far valere le proprie ragioni,* to assert one's rights ***4*** (argomento valido, prova) **reason; justification; consideration**: *provare q.c. con valide ragioni,* to prove st. with valid reasons □ *L'ignoranza della legge non è una r.,* ignorance of the law is no justification ***5*** (rapporto, misura, proporzione) **ratio; proportion;** (tasso) **rate**: *calcolare la perdita in r. del cinque per cento,* to calculate the loss at the rate of five per cent ● *r. d'essere,* reason for existence; raison d'être *(franc.)* □ *r. di più* (o *a maggior r.),* all the more reason □ *(polit.) r. di Stato,* reason of State □ *(comm.) r. sociale,* firm (o trade) name; style □ *a r. o a torto,* rightly or wrongly □ *a ragion veduta,* after due consideration □ *a più forte r.,* all the more so □ *avere r.,* to be right: *Hai perfettamente r.,* you are quite right □ *avere r. da vendere,* to be absolutely right □ *avere r. di q. (di q.c.),* to get the better (o the upper hand) of sb. (of st.) □ *chiedere r. a q.,* to call sb. to account □ *dare (o rendere) r. di q.c.,* to give the reason for st. □ *darle di santa r. a q.,* to give sb. a good (o a sound) beating (o thrashing); to tan sb.'s hide *(fam.)* □ *darsi (o rendersi) r. di q.c.,* to understand the reason for st. □ *farsi r. da sé,* to take the law into one's own hands □ *prenderle di santa r.,* to get a good beating (o thrashing) □ *rendere q.c. di pubblica r.,* to announce st. publicly; to make st. public □ *rendersi (o darsi, farsi) r.,* to resign oneself; to accept the inevitable; to make the best of a bad job □ *ricorrere a chi di r.,* to have recourse to the proper (o competent) authorities □ *Egli vuole sempre avere r.,* he always wants to have his own way □ *Ecco la r. per cui lo feci,* that's why I did it □ *Dovettero darmi r.,* they had to admit that I was right.

ragioneria *f.* ***1*** (disciplina) **accountancy; book-keeping** ***2*** (ufficio) **accounting department.**

ragionévole *a. (in quasi tutti i significati)* **reasonable**; (sensato) **sensible**: *una persona r.,* a sensible person □ *un'offerta r.,* a reasonable offer □ *prezzi ragionevoli,* reasonable (o moderate) prices ● *un essere r.,* a rational being.

ragionevolézza *f.* **reasonableness.**

ragionière *m.* **accountant**: *il r. capo,* the head accountant.

raglàn *f. invar.* e *a. (moda)* **raglan**: *maniche (alla) r.,* raglan sleeves.

ragliaménto *m.* **braying** (anche *fig.).*

ragliare ***A*** *v. i.* to **bray** (anche *fig.)* ***B*** *v. t.* to **bray out.**

ràglio *m.* **braying** (anche *fig.)*; **bray.**

ragna *f.* ***1*** (rete per catturare uccelli) **bird's net** ***2*** (*fig.:* insidia, tranello) **snare; trap** ***3*** (parte logora di un tessuto) **threadbare patch.**

ragnatéla *f.* **ragnatélo** *m.* **spider's web; spider web; cobweb.**

ragnato *a.* **threadbare.**

ragnatura *f.* **threadbare patch.**

ragno *m. (zool.)* **spider** ● *(fig.) non saper cavare un r. da un buco,* to be a good-for-nothing.

ragù *m. (cucina)* ***1*** (stufato) **ragout** ***2*** (sugo di carne) **meat sauce.**

ragutièra *f.* **sauce-boat.**

raid *(ingl.) m.* ***1*** *(sport)* **long-distance trial** ***2*** (incursione, specialm. aerea) **raid.**

ràion *m. (ind. tessile)* **rayon.**

ralinga *f. (naut.)* **bolt-rope.**

ralingare *v. t. (naut.)* to **rope.**

ralla *f. (mecc.)* ***1*** (supporto di spinta) **thrust-bearing; thrust-block** ***2*** (di porta) **pivot** ***3*** (morchia) **oily deposit.**

rallegraménto *m.* ***1*** **rejoicing** ***2*** *(al pl.:* congratulazioni) **congratulations**: *Le porgo i miei rallegramenti,* please accept my congratulations ● *fare i propri rallegramenti a q. per q.c.,* to congratulate sb. on st.

rallegrare ***A*** *v. t.* to **cheer up;** to **gladden;** to **rejoice** (sb.'s heart) ***B*** **rallegrarsi** *v. rifl.* ***1*** to **cheer up;** to **rejoice** (at, in, over); to **be delighted;** to **be glad** ***2*** (congratularsi) to **congratulate** (sb.) (on).

rallentaménto *m.* **slowing down; slowdown; slackening.**

rallentando *m. invar. (mus.)* **rallentando.**

rallentare ***A*** *v. t.* ***1*** to **slow down;** to **slacken**: *R.!,* slow down! □ *r. la velocità,* to slacken (o to reduce) speed □ *r. la presa,* to slacken one's hold ***2*** (*fig.:* diminuire la frequenza) to **make*** (st.) **less frequent** ***B*** *v. i.* to **slow down** (o **up);** to **slacken** ***C*** **rallentarsi** *v. rifl.* ***1*** to **slacken** ***2*** (*fig.:* diventare meno frequente) to **become* less frequent.**

rallentatóre *m.* ***1*** *(mecc.)* **decelerator** ***2*** *(cinem.)* **slow-motion camera** ***3*** *(fotogr.)* **restrainer.**

ramàglia *f.* **dead branches** *(pl.)*; **loppings** *(pl.)*; **prunings** *(pl.).*

ramàio *m.* **coppersmith.**

ramaiolata *f.* **ladleful.**

ramai(u)òlo *m.* **ladle.**

ramanzina *f.* **scolding; lecture; talking-to, telling-off, dressing down** *(fam.)*: *fare una r. a q.,* to give sb. a talking-to (o a dressing down); to lecture sb.

ramare *v. t.* ***1*** to **copper** ***2*** *(agric.)* to **spray with copper sulphate.**

ramarro *m. (zool.,* Lacerta viridis*)* **green lizard.**

ramato *a.* ***1*** **copper-plated** ***2*** (di color rosso rame) **auburn; copper** *(attr.).*

ramatura *f.* ***1*** **coppering** ***2*** *(agric.)* **spraying with copper sulphate.**

ramazza *f.* **broom.**

ramazzare *v. t.* to **sweep*.**

rame *m.* ***1*** *(chim., metall.)* **copper**: *filo di r.,* copper wire □ *una moneta di r.,* a copper (coin) □ *verde r.,* copper green ***2*** (incisione su r.) **copper-plate** ***3*** *(al pl.:* recipienti di r. per la cucina) **copper pots and pans.**

(1) ramìfero *a.* (che contiene rame) **cupriferous; copper-yielding.**

(2) ramìfero *a.* (ricco di rami) **full of branches; branchy.**

ramificare ***A*** *v. i.* to **branch;** to **put* forth branches;** to **ramify** ***B*** **ramificarsi** *v. rifl. (fig.)* to **branch;** to **branch out** (o **off);** to **ramify.**

ramificazióne *f.* **ramification; ramifying; branching.**

ramina *f.* **copper flake.**

ramingo *a.* **wandering; roaming; rambling; roving** ● *andare r.,* to wander; to roam; to ramble; to rove.

(1) ramino *m.* (vaso di rame) **copper pot; kettle.**

(2) ramino *m.* (gioco di carte) **rummy.**

rammagliare *v. t.* to **mend (a ladder).**

rammagliatura *f.* **mending.**
rammaricare A *v. t.* to **make*** (sb.) **feel (very) sorry; to afflict;** to **grieve B rammaricarsi** *v. rifl.* **1** to **regret** (st.); to **feel*** (o to **be) sorry** (about) **2** (lamentarsi) to **complain** (of, about): *Non fai che rammaricarti,* you are complaining all the time.
rammaricato *a.* **(very) sorry.**
rammàrico *m.* **regret;** (dolore) **grief, sorrow, repining:** *ricordare con r. i giorni dell'infanzia,* to look back with regret on the days of childhood □ *con mio grande r.,* much to my regret.
rammemorare *(lett.)* **A** *v. t.* to **recollect;** to **call back to one's mind;** to **recall B rammemorarsi** *v. rifl.* to **remember;** to **recollect:** *r. di q. (di q.c.),* to remember sb. (st.).
rammendare *v. t.* to **darn;** to **mend;** to **repair.**
rammendatura *f.* **darning; mending.**
rammèndo *m.* **darn; darning; mending:** *un ago per r.,* a darning needle ● *fare un r. a q.c.,* to darn st.
rammentare A *v. t.* **1** (aver presente alla memoria) to **remember;** to **recollect:** *Non rammento il nome del ragazzo,* I don't remember the boy's name **2** (richiamare alla memoria) to **remind;** to **call back to** (sb.'s) **mind:** *Per favore, rammentami che devo scrivere quella lettera,* please remind me to write that letter □ *La ragazza mi rammenta la madre,* the girl reminds me of her mother **3** (far menzione) to **mention 4** (suggerire) to **prompt B rammentarsi** *v. rifl.* to **remember:** *Ti rammenterai di me?,* will you remember me? □ *Non mi rammento nulla,* I cannot remember anything (about it) ● *non r. dal naso alla bocca,* to have a very bad memory.
rammentatóre *m. (teatr.)* **prompter.**
rammolliménto *m.* **softening.**
rammollire A *v. t.* (anche *fig.*) to **soften B** *v. i.* e **rammollirsi** *v. rifl.* (anche *fig.*) to **soften;** to **become*** (o to **get***) **soft.**
rammollito A *a.* (anche *fig.*) **soft B** *m.* **softling.**
rammorbidire *v. t.* e *i.* **rammorbidirsi** *v. rifl.* (anche *fig.*) to **soften.**
ramno *m. (bot.,* Rhamnus*)* **buckthorn.**
ramo *m.* **1** (parte dell'albero) **branch;** (r. grosso) **bough:** *un r. d'ulivo,* an olive branch **2** (linea di parentela) **branch 3** (di fiume, lago, strada e sim.) **branch; arm:** *quel r. del lago di Como,* that branch of the lake of Como **4** (di scienza, arte o disciplina) **branch:** *un r. dello scibile,* a branch of knowledge **5** *(anat.)* **ramification; twig 6** *(miner.)* **vein 7** *(comm.)* **branch; line:** *Non è il mio r.,* that's not in my line **8** (delle corna del cervo) **antler** ● *un r. di pazzia,* a touch of madness □ *avere un r. di pazzia,* to be a bit crazy (o dotty).
ramolàccio *m. (bot.,* Raphanus sativus*)* **radish.**
ramoscèllo *m.* **small branch; twig; sprig; spray.**
ramóso *a.* **branchy; branched; full of branches.**
rampa *f.* **1** *(araldica)* **paw 2** *(edil.)* **ramp;** (stradale) **slope;** *(ferr.)* **incline 3** (di scale) **flight (of stairs)** ● *r. di accesso* (a un'autostrada), slip road □ *(miss.) r. di lancio,* launching ramp.
rampante *a. (araldica)* **rampant:** *un leone r.,* a lion rampant.
rampata *f.* **ramp; steep ascent** (o **slope).**
rampicante *a.* **climbing:** *(piante) rampicanti,* climbing plants; climbers; creepers.
rampicatóre A *a.* **climbing B** *m.* **climber.**
rampichino *m. (zool.,* Certhia familiaris*)* **tree-creeper.**
rampinare *v. t. (naut.)* to **grapple.**
rampino *m.* **1** (ferro fatto a uncino) **hook 2** *(naut.)* **grapnel; grappling hook; grappling iron 3** (*fig.:* pretesto) **pretext:** *attaccarsi a tutti i rampini,* to seize upon any pretext.
rampógna *f. (lett.)* **rebuke; reproof; reprimand.**
rampognare *v. t. (lett.)* to **rebuke;** to **reprove;** to **reprimand.**
rampollare *v. i.* **1** (scaturire) to **spring* forth;** to **gush 2** (germogliare) to **sprout;** to **shoot* forth 3** (*fig.:* sorgere, derivare) to **spring* up;** to **originate;** to **arise*.**
rampóllo *m.* **1** (polla) **spring 2** (germoglio) **sprout; shoot 3** (discendente in linea diretta) **descendant; scion 4** (*scherz.:* figliolo) **child*; son; kid** *(fam.).*
rampóne *m.* **1 harpoon 2** *(alpinismo)* **crampon.**
ramponière *m.* **harpooner.**
rana *f. (zool.,* Rana*)* **frog** ● *(zool.) r. pescatrice* (Lophius piscatorius), sea-toad; frog-fish; angler □ *(fig.) essere gonfio come una r.,* to be swollen with pride; to be puffed up □ *(sport) nuoto a r.,* breast-stroke □ *uomo r.,* frogman.
rancidire *v. i.* to **become*** (o to **grow*) rancid.**
ràncido A *a.* **1 rancid; rank:** *olio (burro) r.,* rancid oil (butter) □ *sapere di r.,* to taste rancid **2** (*fig.:* vieto, antiquato) **stale; antiquated; out-of-date; old-fashioned B** *m.* (sapore di r.) **rancid taste;** (odore di r.) **rancid smell** ● *avere il r.,* to be rancid.
rancidume *m.* **1 rancid taste; rancid smell 2** (quantità di cose rancide) **rancid stuff 3** *(fig.)* **antiquated** (o **old-fashioned) things** *(pl.).*
ràncio *m. (mil.)* **mess** ● *distribuire il r.,* to distribute the rations.
rancóre *m.* **grudge; ill feeling; ill will:** *serbare r. a q.,* to have a grudge against sb.; to bear sb. a grudge.
randa *f. (naut.)* **spanker.**
randàgio *a.* **stray; wandering; lost:** *un cane r.,* a stray dog.
randellare *v. t.* to **cudgel.**
randellata *f.* **blow with a cudgel** (o **a club, a truncheon).**
randèllo *m.* **cudgel; club; truncheon.**
ranétta *V.* **renétta.**
rango *m.* **1** (ceto, grado) **rank; social class; standing:** *persone d'ogni r.,* people of all ranks (and classes) **2** *(mil.)* **rank; line:** (anche *fig.*) *serrare i ranghi,* to close ranks **3** *(naut.)* **rating** ● *(mil.) rientrare nei ranghi,* to fall in again.
ranista *m.* e *f. (sport)* **breast-stroke swimmer.**
rannicchiarsi *v. rifl.* to **crouch;** to **cower;** to **squat;** to **huddle up;** to **cuddle:** *r. in un angolo,* to crouch in a corner ● *(fig.) r. nel proprio guscio,* to retire into one's shell.
rannicchiato *a.* **crouching; cowering; squatting; squat** *(pred.)*; **huddled up:** *starsene r. nel letto,* to lie huddled up in bed.
ranno *m.* **lye** ● *(fig.) perdere il r. e il sapone,* to waste one's time and efforts.
rannuvolaménto *m.* **clouding over; darkening.**
rannuvolarsi *v. rifl.* **1** to **cloud over;** to **become* overcast;** (oscurarsi) to **grow* dark,** to **darken 2** *(fig.)* to **darken;** to **become* gloomy.**
rannuvolato *a.* **1 clouded; cloudy; overcast;** (oscuro) **dark 2** *(fig.)* **gloomy;** (accigliato) **sullen, frowning.**
ranòcchia *f. (zool.,* Rana esculenta*)* **(edible) frog.**
ranòcchio *m.* **1** *(zool.,* Rana*)* **frog 2** (*fig.:* persona di bassa statura e sgraziata) **puny, misshapen person 3** (*scherz.:* bambino) **child*; kid.**
rantolare *v. i.* to **wheeze;** (di moribondo) to **have the death-rattle (in one's throat).**
rantolio *m.* **wheezing; rattling (in the throat).**
ràntolo *m.* **1 wheeze;** (del moribondo) **death-rattle 2** *(med.)* **rale.**
ranùncolo *m. (bot.,* Ranunculus*)* **buttercup.**
rapa *f.* **1** *(bot.,* Brassica rapa; anche la radice della r.*)* **turnip 2** *(fig., fam.)* **blockhead; silly ass:** *Che testa di r.!,* what a silly ass! **3** (*scherz.:* testa calva) **bald head** ● *avere la testa come una r.,* (essere calvo) to be bald-headed; (essere rapato a zero) to have one's hair cropped clean □ *cime di r.,* turnip-tops □ *non valere una r.,* not to be worth a straw □ *(fig.) voler cavare sangue da una r.,* to try to draw blood from a stone.
rapace A *a.* **rapacious; predatory;** (avido) **avid, greedy B** *m. (zool.)* **bird of prey.**
rapacità *f.* **rapacity;** (avidità) **avidity, greed.**
rapàio *m. (agric.)* **turnip-field.**
rapare A *v. t.* to **crop;** to **cut*** (sb.'s hair) **very short B raparsi** *v. rifl.* to **have one's hair cropped (o cut very short);** to **have a crew cut.**
rapata *f.* **hair-crop; crew cut.**
rapato *a.* **(closely) cropped.**
raperónzolo *m. (bot.,* Campanula rapunculus*)* **rampion.**

ràpida *f. (geogr.)* **rapid** *(generalm. al pl.).*
rapidaménte *avv.* **rapidly; swiftly; fast; (very) quickly.**
rapidità *f.* **rapidity; rapidness; swiftness; quickness; celerity** ● *con la r. del fulmine,* as quick as lightning.
ràpido **A** *a.* **rapid; swift; (very) quick; speedy**: *r. come il pensiero (come il fulmine),* as quick as thought (as lightning) **B** *m. (ferr.)* **express (train).**
rapiménto *m.* (di donna) **abduction, rape;** (di bambino) **kidnapping** ● *r. estatico,* rapture; ravishment; ecstasy.
rapina *f.* **1 robbery**: *r. a mano armata,* armed robbery; hold-up **2** (bottino di una rapina) **plunder; booty; loot** ● *animali che vivono di r.,* predatory animals □ *uccelli di r.,* birds of prey.
rapinare *v. t.* **to rob.**
rapinatóre *m.* **robber.**
rapire *v. t.* **1 to carry off;** (rubare) **to steal*;** (una donna) **to abduct;** (un bambino) **to kidnap 2** (carpire, strappare) **to snatch; to seize 3** (*fig.*: avvincere, estasiare) **to ravish;** to **enrapture;** to **entrance.**
rapito *a.* **1** (rubato) **stolen 2** (di donna) **abducted;** (di bambino) **kidnapped 3** (in estasi) **enraptured; (en)rapt; entranced; in raptures;** (assorto in contemplazione) **absorbed (o lost) in contemplation.**
rapitóre *m.* (di donna) **abductor;** (di bambino) **kidnapper.**
rappacificare **A** *v. t.* **to pacify;** (riconciliare) to **reconcile B rappacificarsi** *v. rifl. recipr.* to **become* reconciled;** to **make* it up** *(fam.).*
rappacificazióne *f.* **pacification;** (riconciliazione) **reconciliation.**
rappattumare A *v. t.* **to reconcile;** to **bring* together again B rappattumarsi** *v. rifl. recipr.* to **become* reconciled;** to **make* it up** *(fam.).*
rappezzare *v. t.* (spesso *spreg.*) **to patch; to patch up;** to **mend;** (alla meglio, anche *fig.*) **to botch up.**
rappezzatóre *m.* **patcher; mender;** (anche *fig.*) **botcher.**
rappezzatura *f.* **1 patching up; mending; botching up 2** (parte rappezzata) **patch; mend;** (malfatta, anche *fig.*) **botch, bungle.**
rappèzzo *m.* **patch;** (malfatto, anche *fig.*) **botch.**
rappigliare *v. t.* e *v. i.* **rappigliarsi** *v. rifl.* **to curdle;** to **coagulate;** to **clot** ● *far r. il latte,* to curdle milk.
rapportare *v. t.* **1** (riferire) **to report;** to **relate 2** (confrontare) **to compare 3** (un disegno) **to transfer.**
rapportatóre *m.* (strumento da disegno) **protractor.**
rappòrto *m.* **1** (relazione) **report;** (dichiarazione) **statement**: *stendere un r.,* to write up a report □ *secondo un r. ufficiale,* according to an official report (o statement) **2** (correlazione, attinenza) **connection; relation; correlation; relationship; intercourse**: *rapporti commerciali (sociali),* business (social) relations □ *rapporti di amicizia,* friendly relations □ *rapporti di lavoro,* relations between employer and worker □ *il r. fra genitori e figli,* the parent-child relationship □ *rapporti sessuali,* sexual intercourse □ *rompere i rapporti diplomatici,* to break off diplomatic relations **3** (riguardo) **respect; reference**: *in r. a.,* with respect to; with reference to; in connection with □ *sotto tutti i rapporti,* in every respect; from all points of view **4** *(mat., fis., mecc.)* **ratio**: *(fis.) r. di trasformazione,* ratio of transformation □ *(fis.) r. di compressione,* pressure ratio □ *(mat.) nel r. di X a Y,* in the ratio of X to Y ● *chiamare q. a r.,* to summon sb. □ *fare r. contro q. a q. altro,* to report sb. to sb. else □ *essere in buoni rapporti con q.,* to be on good terms with sb. □ *mettersi in r. con q.,* to get in touch with sb.; to contact sb.
rapprèndere, rapprèndersi *V.* **rappigliare, rappigliarsi.**
rappresàglia *f.* **retaliation; reprisal**: *fare r.,* to make reprisals; to retaliate □ *per r.,* by way of retaliation.
rappreṣentàbile *a. (teatr.)* **suitable for stage performance.**
rappreṣentante A *a.* **representative B** *m.* e *f.* **1 representative; deputy; delegate 2** *(comm.)* **agent**: *r. esclusivo,* sole agent.
rappreṣentanza *f.* **1 representation; delegation**: *r. proporzionale,* proportional representation **2** *(comm.)* **agency**: *r. esclusiva,* sole agency **3** (gruppo di persone incaricate di agire per conto di altri) **representative body; deputation; delegation** ● *in r. di,* on behalf of.
rappreṣentare *v. t.* **1 to represent;** to **depict**: *Questo quadro rappresenta la flagellazione di Cristo,* this picture represents the scourging of Christ **2** (fare le veci di) **to represent;** to **act for;** *(comm.)* **to be the (o an) agent for**: *r. una ditta,* to be an agent (o to travel) for a firm **3** (simboleggiare) **to symbolize;** to **correspond to;** to **stand* for;** to **represent**: *Il verde rappresenta la speranza,* green symbolizes (o is the symbol of) hope **4** (identificarsi con un'idea) **to personify;** to **be the essence of**: *Egli rappresenta il materialismo più crudo,* he personifies (o he is the personification of) the coarsest materialism **5** *(teatr.)* (recitare una parte) **to play, to act;** (mettere in scena) **to perform,** to **stage;** to **give*,** to **put* on** *(fam.)*: (anche *fig.*) *r. una parte molto importante,* to play a very important part **6** (significare) **to mean***: *Quella ragazza non rappresenta nulla per me,* that girl means nothing to me **7** *(cinem.)* **to show***: *r. un film,* to show a film ● *(leg.) r. q. in giudizio,* to appear for sb.
rappreṣentativa *f. (sport)* **representative team.**
rappreṣentativo *a.* **representative.**
rappreṣentazióne *f.* **1 representation;** (descrizione) **description**: *Questo quadro è una r. della battaglia di Legnano,* this picture is a representation of the battle of Legnano **2** *(teatr.)* **performance**: *la r. di un'opera lirica (di una commedia),* the performance of an opera (of a play) **3** *(filos., leg.)* **representation** ● *(teatr.) r. diurna,* matinée *(franc.)* □ *(teatr., cinem.) prima r.,* première *(franc.)* □ *(teatr.) sacra r.,* mystery; miracle play.
rapsodìa *f. (letter., mus.)* **rhapsody.**
rapsodista *m.* e *f.* **1** *(letter.)* **rhapsodist; rhapsode 2** *(mus.)* **composer of rhapsodies.**
rapsòdo *m. (letter.)* **rhapsodist; rhapsode.**
raptus *(lat.) m. invar. (psic.)* **raptus** (anche *fig.*).
raraménte *avv.* **seldom; not very often; rarely.**
rarefare *v. t.* **rarefarsi** *v. rifl.* **to rarefy.**
rarefatto *a.* **rarefied.**
rarefazióne *f.* **rarefaction; rarefying.**
rarità *f.* **rarity; rareness 2** (cosa rara) **rarity; curiosity; curio*.**
raro *a.* **1 rare;** (insolito) **unusual;** (non comune) **uncommon, singular;** (eccezionale) **exceptional;** (prezioso) **precious**: *qualche r. esemplare,* some rare specimens □ *un uomo di r. coraggio,* a man of singular courage **2** (non frequente) **rare; infrequent; occasional**: *un avvenimento r.,* a rare occurrence ● *rare volte,* seldom; not (very) often; rarely; once in a blue moon *(fam.)* □ *(fam., fig.) una bestia rara,* one in a million □ *oggetto r.,* rarity; curiosity; curio □ *(chim.) terre rare,* rare earths.
ras *m.* (capo abissino) **ras.**
rasare A *v. t.* **1** (pareggiare tagliando) **to trim;** to **pare;** to **clip;** to **mow**: *r. una siepe,* to trim (o to clip) a hedge □ *r. un prato,* to mow a lawn **2** (radere) **to shave**: *farsi r.,* to get shaved **B rasarsi** *v. rifl.* **to shave (oneself).**
rasatèllo *m.* (raso di cotone) **sateen.**
rasato *a.* **1** (pareggiato) **trimmed; clipped; mown 2** (sbarbato) **shaven 3** (liscio come raso) **satin-like; satin** *(attr.)*; **smooth.**
rasatura *f.* **1 trimming; clipping; mowing 2** (il radere) **shave; shaving 3** (ciò che si asporta rasando) **trimmings, parings, clippings, shavings** *(pl.).*
raschiaménto *m.* **1 scraping; rasping 2** *(med.)* **curettage.**
raschiare *v. t.* **1 to scrape;** to **scrape off (o away);** to **rasp;** (cancellare raschiando) **to erase,** to **scratch out 2** *(med.)* **to curette** ● *raschiarsi la gola,* to clear one's throat.
raschiata *f.* **scrape; scraping; rasping** ● *dare una r. a q.c.,* to scrape st.
raschiatóio *m.* **1 scraper;** (per metalli) **rabble 2** *(med.)* **curette.**

raschiatura *f.* **1** **scraping; rasping;** (il cancellare raschiando) **erasure, scratching out** **2** (ciò che si asporta raschiando) **scrapings** *(pl.)*.
raschiétto *m.* **1** *(mecc.)* **scraper** **2** (per cancellare raschiando) **eraser; erasing-knife*.**
raschino *m.* **1** (per cancellare raschiando) **eraser; erasing knife*** **2** (raschiatoio) **scraper.**
ràschio *m.* **1** **clearing of one's throat** **2** (irritazione alla gola) **irritation in the throat** ● *fare il r.,* to clear one's throat.
ràscia *f.* *(ind. tessile)* **frieze; serge.**
rasciugare *v. t.* **rasciugarsi** *v. rifl.* to **dry up.**
rașentare *v. t.* **1** to **keep*** (o to **go***) **close to;** to **graze;** to **shave;** (sfiorare) to **skim along** (o **over, through**): *r. la sponda,* to keep close to the shore; to hug the shore □ *r. una superficie,* to skim along (o over) a surface **2** *(fig.)* to **border (up)on**: *parsimonia che rasenta la tirchieria,* parsimony bordering on stinginess ● *r. il codice penale,* to sail near (o close) to the wind □ *r. la quarantina (la cinquantina, ecc.),* to be nearly forty (fifty, etc.).
rașènte *prep.* **close to**: *r. il (o al) muro,* close to the wall ● *passare r. a q.c.,* to graze st.; to skim over st.
(1) raso *a.* **1** (di barba) **(fresh-)shaven;** (di capelli) **(close-)cropped, closely-cut** **2** (pieno, ma non colmo) **level, full;** (pieno fino all'orlo) **full to the brim**: *un cucchiaio r.,* a level spoonful □ *un bicchiere r.,* a glass full to the brim ● *una campagna rasa,* a bare countryside □ *pelo r.,* short hair □ *(ricamo) punto r.,* satin-stitch □ *essere tabula rasa,* to be a blank.
(2) raso *m.* *(ind. tessile)* **satin.**
rasoiata *f.* **razor-slash; razor-cut.**
rasóio *m.* **razor**: *un r. di sicurezza,* a safety-razor □ *un r. elettrico,* an electric razor □ *(fig.) camminare sul filo del r.,* to walk on a razor's edge.
raspa *f.* **rasp.**
raspare ***A*** *v. t.* **1** (levigare con la raspa) to **rasp;** to **scrape (with a rasp)** **2** (grattare con l'unghia, razzolare) to **scratch** **3** (irritare) to **rasp;** to **irritate** **4** *(pop.:* rubare) to **steal*;** to **pinch** *(fam.)* ***B*** *v. i.* **1** (produrre un rumore simile a un raschio) to **rasp** **2** (razzolare) to **scratch about** **3** *(fig., spreg.:* scrivere come grattando) to **scrawl** **4** (frugare) to **rummage** **5** (armeggiare, darsi da fare) to **fuss about.**
raspatura *f.* **1** **rasping; scraping** **2** (ciò che si asporta raspando) **raspings** *(pl.)* **3** (il razzolare) **scratching; scratching about** ● *(fig.) r. di gallina,* pothooks and hangers.
raspino *m.* **scraper; smoothing-file.**
raspìo *m.* **rasping; scraping; grating.**
raspo *m.* *(agric.)* **grape-stalk.**
raspollare *v. t.* e *i.* *(agric.)* to **glean (vines).**
raspollatura *f.* *(agric.)* **1** (il raspollare) **gleaning (of vines)** **2** (i raspolli colti) **gleanings** *(pl.)*.
raspóllo *m.* *(agric.)* **small bunch of grapes.**
rasségna *f.* **1** *(mil.)* **review; inspection**: *passare in r.,* to pass in review; to review (anche *fig.*) **2** *(fig.)* **review; survey**: *una r. teatrale,* a theatrical review **3** (pubblicazione periodica) **review; magazine**: *una r. letteraria,* a literary review **4** (mostra) **show; exhibition** ● *r. di successi musicali,* hit parade.
rassegnare ***A*** *v. t.* (presentare, consegnare) to **resign;** to **hand in;** to **send* in;** to **give***: *r. le proprie dimissioni,* to give (o to send in) one's resignation; to resign one's post ***B*** **rassegnarsi** *v. rifl.* to **resign oneself;** to **reconcile oneself;** to **submit;** to **accept (without complaint)** ● *Non c'è che r.,* you must accept things just as they are; grin and bear it!
rassegnato *a.* **resigned.**
rassegnazióne *f.* **resignation; submission; forbearance** ● *accettare q.c. con r.,* to be resigned (o reconciled) to st.
rasserenaménto *m.* **clearing up; brightening.**
rasserenare ***A*** *v. t.* **1** to **clear;** to **clear up** **2** *(fig.)* to **cheer;** to **cheer up;** to **brighten** ***B*** *v. i.* e **rasserenarsi** *v. rifl.* **1** to **clear up** **2** *(fig.)* to **cheer up;** to **brighten up.**
rasserenato *a.* **1** **clear again**: *Il cielo era tutto r.,* the sky was all clear again; the sky had cleared up **2** *(fig.)* **in better spirits.**
rassettaménto *m.* **1** (il riordinare) **setting in order; tidying up** **2** (effetto del rassettare) **readjustment; arrangement.**
rassettare ***A*** *v. t.* **1** (riordinare) to **put*** (o to **set***) **in order;** to **tidy up** **2** (raccomodare) to **mend;** to **repair;** (mettendo toppe) to **patch up** (anche *fig.*) ***B*** **rassettarsi** *v. rifl.* to **tidy oneself;** to **make* oneself (neat and) tidy.**
rassettatura *f.* **1** (il riordinare) **tidying up** **2** (il raccomodare) **mending; repairing; patching up** **3** (parte raccomodata) **mend; mending.**
rassicurante *a.* **reassuring.**
rassicurare ***A*** *v. t.* to **reassure;** to **give* confidence to** (sb.); (rendere sicuro) to **assure,** to **make*** (sb.) **(quite) sure** ***B*** **rassicurarsi** *v. rifl.* to **be reassured;** to **take* heart;** to **recover confidence.**
rassicurato *a.* **reassured; confident.**
rassicurazióne *f.* **reassurance; assurance.**
rassodaménto *m.* **1** (il rendere sodo) **hardening; stiffening; consolidating** **2** *(fig.)* **consolidation; consolidating; strengthening.**
rassodare ***A*** *v. t.* **1** (rendere sodo) to **harden;** to **stiffen;** to **consolidate** **2** *(fig.:* rendere stabile) to **consolidate;** to **strengthen** ***B*** *v. i.* e **rassodarsi** *v. rifl.* to **harden;** to **stiffen.**
rassomigliante *a.* **similar; like.**
rassomiglianza *f.* **resemblance; likeness; similarity.**
rassomigliare ***A*** *v. i.* (essere simile) to **resemble;** to **be** (o to **look**) **like** (sb.); to **take* after** (sb.): *Rassomigli molto a tua sorella,* you are just like your sister; you look very much like your sister □ *Il ragazzo rassomiglia al padre,* the boy takes after his father ***B*** **rassomigliarsi** *v. rifl. recipr.* to **resemble each other;** to **be alike**: *Non si rassomigliano,* they don't resemble each other; there is no resemblance between the two ● *r. come due gocce d'acqua,* to be cast in the same mould; to be as like as two peas *(fam.)*.
rastrellaménto *m.* **1** **raking; raking up** (o **together**) (anche *fig.*) **2** (rif. a forze di polizia o militari) **round-up; comb-out.**
rastrellare *v. t.* **1** to **rake;** to **rake up** (o **together**) (anche *fig.*) **2** (di forze di polizia o militari) to **round up;** to **comb out.**
rastrellata *f.* **1** **raking** **2** (quantità) **rakeful** **3** (colpo di rastrello) **blow with a rake.**
rastrellièra *f.* **1** *(agric.)* **rack;** (per il fieno) **hay-rack** **2** (per armi) **arm-rack** **3** (per piatti) **plate-rack.**
rastrèllo *m.* (attrezzo agricolo) **rake.**
rastremare *v. t.* **rastremarsi** *v. rifl.* *(archit., mecc.)* to **taper.**
rastremato *a.* *(archit., mecc.)* **tapered; tapering; taper.**
rastremazióne *f.* *(archit., mecc.)* **taper(ing).**
rasura *f.* (cancellatura) **erasure.**
rata *f.* *(comm.)* **instalment**: *a rate mensili (trimestrali, ecc.),* by monthly (quarterly, etc.) instalments □ *comprare (pagare) a rate,* to buy (to pay) by instalments.
ratafià *m.* (liquore) **ratafia; ratafee.**
rateale *a.* *(comm.)* **by instalments; on the instalment plan; instalment** *(attr.)*: *pagamento r.,* instalment payment.
ratealménte *avv.* *(comm.)* **by instalments.**
rateare *v. t.* *(comm.)* to **divide into instalments.**
rateazióne *f.* *(comm.)* **division into instalments.**
rateizzare, rateizzazióne *V.* **rateare, rateazióne.**
ràteo *m.* *(rag.)* **calculation of interest (for a broken period).**
ratìfica *f.* **ratification; approval; sanction.**
ratificare *v. t.* to **ratify;** to **approve and sanction;** (confermare) to **confirm.**
ratificazióne *f.* **ratification; approval; sanction;** (conferma) **confirmation,**
ratizzare *V.* **rateare.**
rato *a.* *(leg.)* **ratified; approved; sanctioned.**
rattenére *(lett.)* ***A*** *v. t.* **1** (trattenere) to **hold*;** to **hold* back;** to **keep* back** **2** (frenare) to **control;** to **check** ***B*** **rattenérsi** *v. rifl.* **1** (tenersi) to **hold* one-**

self; to **hold* on** ***2*** (frenarsi) to **control oneself.**

(1) ratto *(lett.)* ***A*** *a.* **rapid; quick; swift** ***B*** *avv.* **rapidly; quickly; swiftly.**

(2) ratto *m.* (rapimento) **abduction;** (di bambino) **kidnapping.**

(3) ratto *m. (zool.,* Rattus) **rat.**

rattoppare *v. t.* to **patch;** to **patch up** *(anche fig.);* to **mend;** to **repair;** to **botch,** to **cobble** *(anche fig.): r. un paio di scarpe,* to mend (o to cobble) a pair of shoes.

rattoppatura *f.* **patching; mending; repairing; botching; cobbling.**

rattoppo *m.* ***1*** *V.* **rattoppatura** ***2*** (toppa) **patch.**

rattrappimento *m.* **benumbment; benumbing.**

rattrappire ***A*** *v. t.* to **benumb;** to **make* stiff** ***B*** **rattrappirsi** *v. rifl.* to **be benumbed;** to **be stiff:** *Mi si sono rattrappite le mani per il freddo,* my hands are benumbed with cold.

rattrappito *a.* **numb; benumbed; stiff.**

rattristante *a.* **saddening; afflicting; distressing.**

rattristare ***A*** *v. t.* to **make*** (sb.) **sad;** to **sadden;** to **afflict** ***B*** **rattristarsi** *v. rifl.* to **grow* sad;** to **grieve:** *r. per la morte di q.,* to grieve over sb.'s death.

rattristato *a.* **saddened; sad.**

raucèdine *f.* **hoarseness; raucousness.**

rauco *a.* **hoarse; raucous:** *essere r.* (o *avere la voce rauca),* to be hoarse ⊔ *diventare r. per avere parlato troppo,* to talk oneself hoarse.

ravanello *m. (bot.,* Raphanus sativus) **radish.**

ravioli *m. pl. (cucina)* « **ravioli** ».

ravizzone *m. (bot.,* Brassica napus oleifera) **rape; cole.**

ravvedérsi *v. rifl.* to **acknowledge one's faults;** to **mend one's ways;** (pentirsi) to **repent.**

ravvedimento *m.* **acknowledgement of one's faults; amendment;** (pentimento) **repentance.**

ravviare ***A*** *v. t.* to **tidy up;** to **put*** (o to **set***) (st.) **in order;** to **straighten;** to **do*;** to **make*** (st.) **neat and tidy** ● *r. il fuoco,* to poke the fire ***B*** **ravviarsi** *v. rifl.* to **tidy oneself;** to **make* oneself neat and tidy;** to **trim oneself up.**

ravviata *f.* **tidying up; straightening** ● *dare una r. a una stanza,* to tidy up a room ⊔ *darsi una r.,* to tidy oneself ⊔ *darsi una r. ai capelli,* to comb one's hair.

ravvicinamento *m.* ***1*** **drawing nearer** (o **closer); approach** ***2*** *(fig.)* **reconciliation; reconcilement.**

ravvicinare ***A*** *v. t.* ***1*** (avvicinare di più) to **bring*** (st.) **nearer** (o **closer)** ***2*** *(fig.:* riconciliare) to **reconcile** ***3*** *(fig.:* confrontare) to **compare** ***B*** **ravvicinarsi** *v. rifl.* e *rifl. recipr.* ***1*** (avvicinarsi di più) to **draw* nearer** (o **closer);** (avvicinarsi di nuovo) to **re-approach** ***2*** *(fig.)* to **become* reconciled;** to **make* peace;** to **make* it up.**

ravviluppare *V.* **avviluppare.**

ravvisabile *a.* **recognizable.**

ravvisare *v. t.* to **recognize;** to **see*.**

ravvivamento *m.* ***1*** **revival** *(anche fig.);* **reanimation** ***2*** (rinvigorimento) **renewal (of vigour); enlivenment.**

ravvivante *a.* **reviving; reanimating; quickening.**

ravvivare ***A*** *v. t.* ***1*** (rianimare) to **revive;** to **reanimate;** to **restore** (sb.) **to life** (o **to consciousness);** to **bring*** (sb.) **round** *(fam.)* ***2*** (rinvigorire) to **reanimate;** to **enliven;** to **reinvigorate;** to **quicken:** *r. la fantasia,* to quicken the imagination ***3*** (rendere più vivace) to **enliven;** to **animate;** to **(re)kindle;** to **brighten (up):** *r. il fuoco,* to rekindle the fire; to stir the fire ***B*** **ravvivarsi** *v. rifl.* to **revive;** to **be revived;** to **brighten up.**

ravvolgere ***A*** *v. t.* to **wrap up;** to **enwrap;** to **envelop:** *La donna ravvolse il suo bambino in uno scialle,* the woman wrapped up her child in a shawl; the woman wound a shawl round her baby ⊔ *r. q.c. nella bambagia,* to wrap up st. in cotton wool ⊔ *r. q.c. nel mistero,* to envelop st. in mystery ***B*** **ravvolgersi** *v. rifl.* to **wrap oneself up;** to **wind*** (st.) **round oneself.**

ravvolgimento *m.* **winding** *(specialm. al pl.;* anche *fig.).*

ravvoltolare ***A*** *v. t.* to **roll (up);** to **wrap up** ***B*** **ravvoltolarsi** *v. rifl.* to **roll** (o to **wrap) oneself up;** to **roll;** to **wallow:** (anche *fig.) r. nel fango,* to wallow in the mire ⊔ *r. per terra,* to roll on the ground.

rayon *m. (marchio: ind. tessile)* **rayon.**

raziocinio *m.* ***1*** **faculty of reason** ***2*** (ragionamento) **ratiocination; reasoning** ***3*** *(fam.:* buon senso) **(common) sense.**

razionale *a. (in ogni senso)* **rational:** *un sistema r.,* a rational system ⊔ *una creatura r.,* a rational being ⊔ *(mat.) numeri razionali,* rational numbers.

razionalismo *m. (filos.)* **rationalism.**

razionalista *m.* e *f. (filos.)* **rationalist.**

razionalistico *a. (filos.)* **rationalistic.**

razionalità *f.* **rationality.**

razionalizzare *v. t.* to **rationalize.**

razionalizzazióne *f.* **rationalization.**

razionalmente *avv.* **rationally.**

razionamento *m.* **rationing.**

razionare *v. t.* to **ration.**

razione *f.* **ration** *(anche mil.);* (porzione) **portion, share:** *stabilire la r. dello zucchero,* to fix the ration of sugar ⊔ *mettere a r.,* to put on rations ⊔ *a razioni ridotte,* on short rations.

(1) razza *f.* ***1*** (schiatta, generazione) **race:** *la r. umana,* the human race; mankind ⊔ *la r. alata,* the winged race ***2*** *(etnografia)* **race:** *le razze umane,* the human races ⊔ *la r. bianca,* the white race ⊔ *odio di r.,* race hatred; racialism ***3*** (di animali) **race; breed:** *i cani di questa r.,* the dogs of this breed ⊔ *di r. pura,* of pure breed; thoroughbred ⊔ *di r. incrociata,* of mixed breed; cross-bred ***4*** (stirpe) **race; stock; descent; breed:** *un uomo di antica e nobile r.,* a man of ancient and noble race ⊔ *essere di buona r.,* to come of a good stock ⊔ *R. di vipere!,* breed of vipers! ***5*** *(fam.:* qualità, sorta) **kind; sort:** *C'era gente d'ogni r.,* all kinds of people were there ⊔ *Che r. d'uomo è?,* what sort of a man is he? ● *fare r.,* to breed ⊔ *(fig.) fare r. da sé (o non fare r. con nessuno),* to keep to oneself; to be standoffish ⊔ *Che r. di mascalzone!,* what a rascal! ⊔ *Che r. di roba è questa?,* what's this rubbish?

(2) razza *f. (zool.,* Raja) **ray; skate.**

(3) razza *f.* (raggio di ruota) **spoke.**

razzamàglia *f. (spreg.)* **rabble; riff-raff; rag-tag; rag, tag, and bobtail.**

razzia *f.* **raid; foray:** *fare una r.,* to make a raid; to raid; to foray.

razziale *a.* **racial; of the race:** *integrazione r.,* racial integration.

razziare *v. t.* to **raid;** to **foray;** (saccheggiare) to **plunder,** to **pillage.**

razziatore *m.* **raider; forayer; plunderer; pillager.**

razzismo *m.* **racialism; racism.**

razzista *a., m.* e *f.* **racialist; racist.**

razzistico *a.* **of racialism; racist.**

razzo *m.* ***1*** (sorta di fuoco artificiale) **rocket** ***2*** (proiettile) **rocket** ● *(mil.) r. illuminante,* star-shell; flare ⊔ *via come un r.,* off like a shot.

razzolare *v. i.* ***1*** (raspare, dei polli) to **scratch about** ***2*** (rovistare) to **rummage.**

razzolatura *f.* (il raspare, dei polli) **scratching about.**

razzumàglia *V.* **razzamàglia.**

(1) re *m.* ***1*** **king; sovereign:** *il re Carlo II,* King Charles II (the Second) ⊔ *il Re dei Re,* the King of Kings ⊔ *il Re Travicello,* King Log ⊔ *(fig.) il re del cotone,* the cotton king; king cotton ***2*** (nel gioco degli scacchi, delle carte) **king:** *il re di fiori,* the king of clubs ● *(zool.) re di quaglie* (Crex crex), corncrake.

(2) re *m. (mus.)* **D; re:** *re diesis,* D sharp.

reagente ***A*** *a.* **reacting** ***B*** *m. (chim.)* **reagent; reactant.**

reagire *v. i.* to **react** *(anche chim.);* to **show* opposition;** to **raise an objection;** (ribattere) to **retort;** to **kick** *(fam.).*

(1) reale *a.* (di, del re) **royal** *(anche fig.): la famiglia r. (o i Reali),* the royal family ⊔ *un principe r.,* a royal prince; a prince of the blood ⊔ *il palazzo r.,* the royal palace ⊔ *Sua Altezza R.,* His (o Her) Royal Highness.

(2) reale ***A*** *a.* ***1*** (effettivo, vero) **real; actual:** *fatti reali,* real (o actual) facts ***2*** *(leg., mat.)* **real** ***B*** *m.* **reality.**

realgàr *m.* (*miner.*) realgar; red arsenic.
realiṣmo *m.* (*filos., letter., pitt.*) realism.
(1) realista *m.* e *f.* (*polit.*) royalist.
(2) realista *m.* e *f.* (*filos., letter., pitt.*) realist.
realìstico *a.* (*filos., letter., pitt.*) realistic.
realiẓẓàbile *a.* (anche *comm.*) realizable.
realiẓẓare **A** *v. t.* **1** (effettuare) to realize; to accomplish; to fulfil; to execute; to carry out: *r. un progetto*, to carry out a plan □ *r. le proprie ambizioni*, to realize one's ambitions **2** (*fig.*: comprendere) to realize; to understand* **3** (*sport*: segnare) to score: *r. un gol.*, to score a goal **4** (*comm.*) to realize; to encash **B realiẓẓarsi** *v. rifl.* to come* true; to materialize.
realiẓẓazione *f.* realization (anche *fig.*); fulfilment; accomplishment; carrying out.
realiẓẓo *m.* (*comm.*) realization; conversion into cash.
realmente *avv.* really; (really and) truly; in reality; (effettivamente) actually, as a matter of fact.
realtà *f.* reality: *la r. dei fatti*, the reality of facts □ *in r.*, in reality; actually; as a matter of fact ● *È sogno o r.?*, am I dreaming or is it really true?
reame (*lett.*) *V.* **régno.**
reato *m.* (*leg.*) offence; crime: *il corpo del r.*, the « corpus delicti »; the substance of the offence □ *commettere un r.*, to commit a crime ● *r. di diffamazione*, slander □ *r. di lesa maestà*, high treason; lese-majesty □ (*iron.*) *Non credo d'avere commesso un r.*, I don't think there is much wrong in what I've done.
reattanza *f.* (*elettr.*) reactance: *r. induttiva*, inductive reactance.
reattino *V.* **scricciolo.**
reattività *f.* (*chim.*) reactivity.
reattivo **A** *a.* (*chim.*) reactive **B** *m.* **1** (*chim.*) reagent **2** (*psic.*) test: *un r. mentale* (o *psicologico*), a mental (o psychological) test.
reattore *m.* **1** (*aeron.*) jet aircraft **2** (*fis. nucl.*) reactor: *un r. nucleare*, a nuclear reactor **3** (*elettr.*) choke coil.
reazionario *a.* e *m.* (*polit.*) reactionary.
reazione *f.* (*in ogni senso*) reaction: *azione e r.*, action and reaction □ (*chim.*) *una r. a catena*, a chain reaction ● (*aeron.*) *aereo (di linea) a r.*, jet air-liner □ (*aeron.*) *motore a r.*, jet engine.
rebbiare *v. t.* **1** to prong **2** (*fam.*: bastonare) to thrash; to beat*.
rébbio *m.* prong; tine.
reboante *a.* **1** high-sounding; sonorous; resounding **2** (*fig., spreg.*) high-sounding; bombastic.
rèbus *m.* **1** rebus; puzzle **2** (*fig.*) enigma; riddle.
recalcitrare *V.* **ricalcitrare.**
recapitare *v. t.* to deliver: *r. un pacco (la merce)*, to deliver a parcel (the goods).
recàpito *m.* **1** (indirizzo) address; (ufficio) office: *dare un r. falso*, to give a false address **2** (consegna) delivery ● *In caso di mancato r. vogliate ritornare al mittente*, if undelivered, please return to sender.
recare **A** *v. t.* **1** (portare) to bring*; to bear*; to carry: *r. q.c. in dono a q.*, to bring sb. st. as a present **2** (avere su di sé) to bear*: *r. i segni di q.c.*, to bear the signs (o traces) of st. □ *r. la firma di q.*, to bear sb.'s signature **3** (arrecare, cagionare) to bring*; to cause: *r. gioia*, to bring joy □ *r. molestia (dolore, offesa)*, to cause trouble (sorrow, offence) ● *r. ad effetto*, to carry out □ *r. a termine*, to finish (off) □ *r. gioia a q.*, to make sb. happy □ *r. piacere a q.*, to give sb. pleasure **B recarsi** *v. rifl.* to go*; to betake* oneself (*lett.*).
recèdere *v. i.* to withdraw*; to recede.
recensione *f* review ● *fare la r. di un libro*, to review a book.
recensire *v. t.* to review.
recensore *m.* reviewer.
recènte *a.* recent; (nuovo) new; (aggiornato) up-to--date; (ultimo) late: *Queste sono le notizie più recenti (o le recentissime)*, this is the latest news □ *i recenti avvenimenti*, the recent events ● *di r.*, recently; lately; of late; not long ago.
recentemente *avv.* recently; lately; of late; not long ago.
rècere *v. i.* to vomit.
recessione *f.* **1** recession; receding; withdrawal **2** (*econ.*) recession; slump.
recessivo *a.* (*biol.*) recessive.
recesso *m.* **1** recess (anche *fig.*); nook: *un r. montano*, a mountain recess □ *negli intimi recessi dell'anima*, in the innermost recesses of one's soul **2** (il recedere) recession; receding **3** (*leg.*) withdrawal.
recìdere *v. t.* **1** to cut* off; to chop off; (tagliare) to cut*, to crop: *r. con la scure*, to chop off with an axe **2** (*chirurgia*) to excise.
recidiva *f.* **1** (*leg.*) recidivism **2** (*med.*) relapse.
recidività *f.* (*leg.*) recidivism.
recidivo **A** *a.* relapsing **B** *m.* recidivist (anche *leg.*); old offender; habitual criminal.
recìngere *v. t.* to enclose; to shut* in; to fence in; (circondare) to surround: *r. di mura*, to surround with walls.
recintare *v. t.* to fence in; to enclose.
recinto *m.* **1** (spazio cinto all'intorno) enclosure; (per animali) pen; (per cavalli) paddock **2** (stecconata) fence **3** (muro che recinge) enclosure wall; surrounding wall.
recinzione *f.* **1** enclosure; fencing in **2** (recinto) enclosure; fence.
recipiènte *m.* vessel; receptacle; container; (di dimensioni notevoli) vat: *un r. per generi alimentari*, a food container ● *r. di latta*, tin; can (*USA*).
reciprocamente *avv.* reciprocally; mutually ● *aiutarsi r.*, to help each other.
reciprocare *v. t.* to reciprocate; to interchange.
reciprocità *f.* reciprocity.
recìproco **A** *a.* **1** reciprocal; mutual: *amicizia reciproca*, mutual friendship **2** (*gramm.*) reciprocal: *pronomi reciproci*, reciprocal pronouns **3** (*mat.*) reciprocal **B** *m.* (*mat.*) reciprocal.
reciṣamente *avv.* resolutely; definitely; (bruscamente) abruptly, curtly, bluntly.
reciṣione *f.* **1** cutting off **2** (*chirurgia*) excision **3** (*fig.*) abruptness; curtness; bluntness.
reciṣo *a.* **1** (tagliato) cut; cut off **2** (*fig.*: risoluto) resolute; definite; (brusco) abrupt, curt, blunt: *un « no » r.*, a definite « no » □ *una risposta recisa*, a curt answer.
rècita *f.* (*teatr.*) performance: *la prima (l'ultima) r.*, the first (the last) performance.
recitàbile *a.* suitable for performance.
recitare **A** *v. t.* **1** (dire a memoria) to recite; to say*: *r. una poesia*, to recite a poem □ *r. la lezione*, to say (o to repeat) one's lesson □ *r. le preghiere*, to say one's prayers **2** (*teatr.*) to perform; to act; to play: *r. un dramma*, to perform a play □ *r. bene la propria parte*, to play one's part well (anche *fig.*) □ (*fig.*) *r. la commedia*, to play a part; to act **B** *v. i.* **1** (*teatr.*) to act: *r. con sentimento*, to act with feeling **2** (esprimersi in modo affettato) to declaim.
recitativo *m.* (*mus.*) recitative.
recitazione *f.* **1** recitation; recital **2** (modo di recitare) acting ● *scuola di r.*, dramatic school.
reclamante *m.* e *f.* claimant; claimer; complainant.
reclamare **A** *v. i.* to put* forward (o in) a claim; (protestare) to protest, to make* (o to lodge) a complaint **B** *v. t.* **1** to claim; to lay* claim to (st.); (chiedere) to ask for (st.): *r. i propri diritti*, to claim one's rights **2** (*fig.*) to claim; to require; to need.
réclame (*franc.*) *f.* **1** (pubblicità) advertising; publicity **2** (avviso pubblicitario) advertisement (*abbr.*: ad) ● *fare r. a q.c.*, to advertise st.
reclamista *m.* e *f.* **1** (agente di pubblicità) advertising agent **2** (chi ama mettersi in vista) self-advertiser.
reclamiẓẓare *v. t.* to advertise.
reclamo *m.* claim; (formal) complaint: *fare un r.*, to make (o to lodge) a complaint □ *avanzare un r. per q.c.*, to put forward (o in) a claim for st.
reclinare *v. t.* to recline; (chinare) to bend*.
recluṣione *f.* **1** reclusion; seclusion **2** (*leg.*) imprisonment; confinement: *tre anni di r.*, three years' imprisonment.
recluṣo **A** *a.* recluse; secluded **B** *m.* prisoner.
recluṣòrio *m.* prison; jail, gaol; penitentiary

(USA).
rècluta *f.* *(mil.)* **recruit; conscript; rookie** *(pop.).*
reclutaménto *m.* **1** *(mil.)* **recruitment; recruiting** **2** *(per estens.:* assunzione*)* **recruiting; employment.**
reclutare *v. t.* **1** *(mil.)* to **recruit;** to **enlist** **2** *(per estens.:* assumere*)* to **recruit;** to **employ.**
recòndito *a.* **1 secluded; sequestered; out-of-the--way**: *un luogo r.,* a secluded place **2** *(fig.)* **recondite; hidden; secret**: *pensieri reconditi,,* secret thoughts.
record *(ingl.)* *m.* *(sport)* **record** ● *(fig.) a tempo di r.,* in record time.
recriminare *v. i.* **1** (ritorcere un'accusa) to **recriminate** **2** (formulare lagnanze) to **complain.**
recriminazióne *f.* **1** (ritorsione di un'accusa) **recrimination** **2** (lagnanza) **complaint.**
recrudescènza *f.* **recrudescence**: *una r. dell'epidemia,* a recrudescence of the epidemic.
rècto *(lat.)* *m.* **face;** (di foglio) **recto;** (di moneta) **obverse.**
recuperare, recùpero *V.* **ricuperare, ricùpero.**
redarguire *v. t.* to **rebuke;** to **reprove;** to **reproach;** to **scold;** to **lecture.**
redatto *a.* **drawn up; written out; worded.**
redattóre *m.* **1** (di giornale) **member of the editorial staff**: *i redattori d'un giornale,* the editorial staff of a newspaper **2** (compilatore) **drawer; compiler; writer** ● *r. capo,* editor-in-chief □ *essere r. d'un giornale,* to be on the editorial staff of a newspaper.
redazionale *a.* **editorial.**
redazióne *f.* **1 drawing up; writing out; wording** **2** (d'un giornale) **editing** **3** (insieme dei redattori d'un giornale) **editorial staff** **4** (ufficio di r.) **editorial office** **5** *(filol.)* **version.**
redditìzio *a.* **profitable; lucrative; paying.**
rèddito *m.* **1 income; revenue**: *imposta sul r.,* income-tax □ *vivere di r.,* to live on one's income **2** (frutto) **profit; yield; return**: *il r. del capitale,* the return on capital ● *dichiarazione dei redditi,* income-tax return.
redènto *a.* **redeemed;** (riscattato) **ransomed.**
redentóre *m.* **redeemer**: *(relig.) il R.,* the Redeemer.
redenzióne *f.* **redemption; ransom**: *la r. del genere umano,* the redemption of man □ *(relig.) la R.,* the Redemption.
redìgere *v. t.* to **draw* up;** to **write* out;** to **make* out;** to **word;** (compilare) to **compile;** (scrivere) to **write***: *r. un atto (un contratto),* to draw up a deed (a contract) □ *r. il verbale (d'una seduta),* to draw up the minutes.
redìmere **A** *v. t.* to **redeem** *(anche fin.)*; to **ransom** **B** **redìmersi** *v. rifl.* to **redeem oneself.**
redimìbile *a.* **redeemable** *(anche fin.)*: *titoli redimibili,* redeemable stock.
redimibilità *f.* **redeemableness, redeemability** *(anche fin.).*
rèdine *f.* **rein** *(anche fig.)*: *tenere le redini,* to hold the reins □ *tirare le redini,* to draw rein.
redingote *(franc.)* *f.* **frock-coat.**
redivìvo *a.* **revived; restored to life; alive again.**
rèduce **A** *a.* **returning; back** (from): *essere r. da un lungo viaggio,* to be back from a long journey **B** *m.* **ex-serviceman*;** (superstite) **survivor** ● *(scherz.) r. dalle patrie galere,* scapegrace; scamp.
reduplicare *v. t.* *(lett.)* to **reduplicate;** to **redouble.**
réfe *m.* **thread**: *un rocchetto di r.,* a reel of thread ● *(fig.) a r. doppio,* with all one's might.
referèndum *m.* **referendum*.**
referènza *f.* **reference;** (benservito) **testimonial.**
refèrto *m.* **report.**
refettòrio *m.* **refectory; dining hall.**
refezióne *f.* **refection; meal**: *r. scolastica,* school--meal.
rèfolo *m.* **puff of wind.**
refrattarietà *f.* *(fis., med.;* anche *fig.)* **refractoriness.**
refrattàrio *a.* *(fis., med.;* anche *fig.)* **refractory** ● *essere r. a q.c.,* to have no aptitude for st.
refrigerante **A** *a.* **1 refrigerant; refrigerative; cooling** **2** *(fig.)* **refreshing** ● *miscela r.,* freezing mixture **B** *m.* **refrigerator; freezer.**
refrigerare **A** *v. t.* **1** to **refrigerate;** to **cool** **2** (dar refrigerio a) to **refresh;** to **cool** **B** **refrigerarsi** *v. rifl.* to **refresh oneself.**
refrigerativo *a.* **refrigerative; refrigerant; cooling.**
refrigeratóre *m.* **refrigerator; cooler.**
refrigerazióne *f.* **refrigeration; refrigerating; cooling.**
refrigèrio *m.* **1 refreshment** **2** (sollievo, conforto) **relief; solace; comfort** ● *sentire r.,* to feel refreshed.
refurtiva *f.* **stolen goods** *(pl.).*
refuṣo *m.* **misprint.**
regalare **A** *v. t.* **1** to **give*** (sb. st.) **as a present;** to **present** (sb.) (with); to **make* a present of** (st.) (to) **2** (vendere a buon prezzo) to **sell*** (st.) **for a song;** to **give*** (st.) **away** *(fam.)*: *È regalato,* it's just given away; it's dirt-cheap *(fam.)* ● *Te lo regalo!,* it's yours for good! **B** **regalarsi** *v. rifl.* to **allow oneself; to regale oneself** (with).
regale *a.* **1 regal; kingly; royal** **2** *(fig.)* **princely; splendid; magnificent.**
regalia *f.* **gratuity.**
regalità *f.* **1 regality; royalty; kingship** **2** *(fig.)* **majesty.**
regalo *m.* **present; gift**: *i regali di Natale,* Christmas presents (o gifts) □ *un r. di nozze,* a wedding present □ *un buono r.,* a gift coupon □ *fare un r. a q.,* to make a present to sb. □ *dare q.c. a q. in r.,* to give sb. st. as a present; to make a present of st. to sb. ● *(fig.) Se accetterete l'invito, mi farete un vero r.,* I shall be very much obliged to you if you accept my invitation.
regata *f.* *(sport)* **regatta; boat race.**
reggènte **A** *a., m.* e *f.* **regent**: *il Principe R.,* the Prince Regent **B** *f.* *(gramm.)* **main clause.**
reggènza *f.* **1 regency** **2** *(gramm.)* **government; regimen.**
règgere **A** *v. t.* **1** (sostenere, portare) to **bear*;** to **support;** to **carry;** to **hold* (up** o **straight, upright)**: *È così vecchio che le gambe non lo reggono più,* he's so old that his legs can't carry him any more □ *r. un bimbo fra le braccia,* to hold a child in one's arms **2** (tenere) to **hold***: *r. un cane per il collare,* to hold a dog by the collar □ *r. un bastone,* to hold a stick **3** (guidare, governare) to **guide;** to **rule;** to **govern**: *r. le fortune di un popolo,* to govern the fortunes of a people **4** (dirigere) to **manage;** to **run***: *r. un'azienda,* to run a business **5** (sopportare) to **stand*** **6** *(gramm.)* to **govern;** to **take***: *Questo verbo regge il complemento oggetto,* this verb takes the direct object **B** *v. i.* **1** (resistere) to **hold* out;** to **resist**: *Il nemico non poté r. all'assalto,* the enemy couldn't hold out against the assault **2** (durare) to **last;** to **hold* (out);** (di cibi) to **keep***: *Vedrai che questo direttore non regge,* you'll see, this manager won't last (long) □ *Se il tempo regge, partiremo domani,* if the weather holds (out), we'll leave tomorrow **3** (avere consistenza, sostenersi) to **stand*;** to **be consistent**: *Questo capo d'accusa non può r.,* this charge cannot stand □ *Il tuo argomento non regge,* your argument is not consistent (o does not hold water) **4** (stare in piedi) to **stand*** **5** (sopportare, resistere) to **stand*;** to **bear*;** to **resist**: *r. alla prova,* to stand the test □ *r. al caldo (al freddo),* to stand the heat (the cold) □ *r. al confronto (con),* to bear comparison (with) □ *r. a un colpo,* to stand (o to withstand) a blow □ *r. alla concorrenza,* to stand competition ● *r. al fuoco,* to be fireproof (o fire-resistant) □ *r. i cordoni* (a un funerale), to be a pall-bearer □ *r. il governo,* to hold the reins of government □ *(fig., fam.) r. il moccolo,* to play gooseberry □ *Non mi reggeva il cuore di dirglielo,* I hadn't the heart to tell him **C** **règgersi** *v. rifl.* **1** (sostenersi) to **stand***: *È così ubriaco che non si regge in piedi,* he's so drunk that he can hardly stand on his feet **2** (aggrapparsi) to **hold* on;** to **cling***: *Reggiti a questa fune!,* hold on to this rope **3** (resistere) to **hold* out;** to **keep* going** ● *r. a galla,* to float; to keep afloat □ *r. la pancia* (dalle risa), to hold one's sides with laughter □ *L'Italia si regge a repubblica,* Italy is a republic.

règgia *f.* **royal palace.**
reggicalze *m.* **suspender belt; garter belt.**
reggilibri, reggilibro *m.* **book-end.**
reggilume *m.* **lamp-stand.**
reggimentale *a.* *(mil.)* **regimental; of a regiment.**
reggiménto *m.* **1** *(mil.)* **regiment**: *un r. di fanteria (di cavalleria),* an infantry (a cavalry) regiment **2** *(fig.)* **regiments** *(pl.)*; **crowd**: *un intero r. di parenti,* whole regiments of relations.
reggipénne *m.* **pen-stand; pen-holder.**
reggipètto *m.* **1** (indumento femm.) **brassiere (***abbr. fam.:* **bra) 2** (del finimento del cavallo) **breast-collar; breast-strap.**
reggiséno *m.* **brassiere (***abbr. fam.:* **bra).**
reggitèsta *m* **head-rest.**
reggitóre *m.* *(lett.)* **ruler.**
regìa *f.* **1** *(teatr.)* **production 2** *(cinem.)* **direction 3** (monopolio) **government monopoly.**
regicida A *m.* e *f.* **regicide; king-killer B** *a.* **regicidal.**
regicìdio *m.* **regicide; king-killing.**
regime *m.* **1** *(polit.)* **régime, regime; (system of) government; rule**: *il vecchio r.,* the old régime **2** *(med.)* **regimen; régime of diet; diet**: *r. dietetico,* (régime of) diet ⊔ *essere a r.,* to be on a diet **3** *(mecc.)* **speed 4** (idrologia) **regimen** ● *r. di vita,* tenor of life.
regina A *f.* **1 queen**: *Dio salvi la r.,* God save the Queen ⊔ *la r. Elisabetta,* Queen Elizabeth ⊔ *la r. madre,* the queen mother **2** *(fig.)* **queen**: *Venezia, r. dell'Adriatico,* Venice, the queen of the Adriatic **3** (nel gioco degli scacchi, delle carte) **queen**: *la r. di cuori,* the queen of hearts **B** *in funzione di agg.* **queen** *(attr.)*: *l'ape r.,* the queen bee.
reginétta *f.* (vincitrice di un concorso di bellezza) **beauty queen.**
règio *a.* **royal; regal**: *autorità regia,* royal authority ⊔ *un decreto r.,* a royal decree ⊔ *la Regia Accademia,* the Royal Academy.
regionale *a.* **regional; district** *(attr.)*.
regionalismo *m.* **1** *(polit.)* **regionalism 2** (campanilismo) **localism 3** *(linguistica)* **localism; local idiom.**
regionalista A *m.* e *f.* **1** *(polit.)* **regionalist 2** (campanilista) **parish-pump politician; local patriot B** *a.* **regionalist** *(attr.)*; **regionalistic.**
regionalìstico *a.* **regionalistic; regionalist** *(attr.)*.
regióne *f.* **1 region; district; area**: *la r. dei laghi,* the Lake District ⊔ *una r. agricola (industriale),* an agricultural (industrial) district **2** (divisione amministrativa) **region; department**: *le regioni d'Italia,* the regions of Italy **3** *(anat.)* **region 4** *(fig.:* dominio*)* **realm; domain; province.**
regista *m.* e *f.* **1** *(teatr.)* **producer; stage-manager 2** *(cinem.)* **director**: *l'aiuto r.,* the assistant director **3** *(fig.)* **organizer.**
registràbile *a.* **1 recordable; fit to be recorded 2** *(mecc.)* **adjustable.**
registrare *v. t.* **1** to **register;** to **record**: *r. un fatto (una nascita, una morte, un testamento),* to register a fact (a birth, a death, a will) **2** *(rag.)* to **enter;** to **book;** (protocollare) to **file**: *r. una fattura,* to enter an invoice ⊔ *r. una ordinazione,* to book an order **3** *(mecc.)* to **adjust;** to **set***: *r. un orologio,* to set (o to regulate, to synchronize) a watch **4** (incidere) to **record;** (col magnetofono) to **tape-record** ● *(rag.) r. a mastro,* to post ⊔ *(naut.) r. nel giornale di bordo,* to log ⊔ *(mus.) r. un organo,* to set an organ.
registratóre *m.* (chi registra; apparecchio per registrare) **recorder**: *un r. a nastro,* a tape recorder ● *(comm.) r. di cassa,* cash register.
registrazióne *f.* **1 recording**: *una r. della B.B.C.,* a B.B.C. recording **2** *(rag.)* **entry; record**: *annullare una r.,* to cancel an entry ⊔ *la r. di un atto,* the record of a deed **3** *(mecc.:* messa a punto*)* **adjustment 4** *(leg.)* **registration** ● *(rag.) r. a giornale,* entry ⊔ *(rag.) r. a mastro,* posting ⊔ *(elab.) r. di dati,* data logging ⊔ *r. su nastro,* tape-recording ⊔ *r. televisiva,* telerecording.
registro *m.* **1 register**: *un r. scolastico,* a school register ⊔ *i registri di stato civile,* the registers of births, marriages and deaths **2** *(rag.)* **register; book**: *r. di magazzino,* warehouse book ⊔ *r. a madre e figlia,* counterfoil book ⊔ *r. a matrice,* counterpart register **3** (Ufficio del R.) **Registrar's Office; Registry 4** *(mus.)* (di voce) **register;** (di organo, ecc.) **stop 5** *(mecc., elab.)* **register** ● *r. dell'orologio,* clock (o watch) regulator ⊔ *(aeron., naut.) r. di bordo,* log-book ⊔ *r. genealogico* (di cavalli), stud-book ⊔ *(rag.) essere a r.,* to be on record ⊔ *(rag.) mettere a r.,* to enter; to book ⊔ *(fig.) mutare r.,* to change one's tune; (cambiare tenore di vita) to turn over a new leaf, to alter one's ways.
regnante A *a.* **1 reigning; regnant; ruling**: *una regina r.,* a queen regnant **2** *(fig.)* **predominating; dominant; prevalent; prevailing B** *m.* **king; sovereign C** *f.* **queen; sovereign.**
regnare *v. i.* **1** to **reign**: *Filippo II regnò sulla Spagna,* Philip II reigned over Spain **2** (dominare) to **reign;** to **rule;** to **dominate;** to **prevail**: *Regnava un silenzio assoluto,* complete silence reigned **3** (prosperare, allignare) to **flourish;** to **thrive*.**
régno *m.* **1** (stato retto a monarchia) **kingdom**: *il R. Unito,* the United Kingdom **2** (tempo durante il quale un sovrano esercita il suo potere) **reign**: *sotto il r. di Giorgio V,* in (o during) the reign of George V **3** *(fig.)* **kingdom; realm; province; domain**: *il r. animale (vegetale, minerale),* the animal (vegetable, mineral) kingdom ⊔ *il r. della poesia,* the realm of poetry ⊔ *il r. dell'arte,* the domain of art.
règola *f.* **1 rule**: *le regole della grammatica,* the rules of grammar ⊔ *attenersi a una r.,* to follow a rule ⊔ *un'eccezione alla r.,* an exception to the rule ⊔ *L'eccezione conferma la r.,* the exception proves the rule ⊔ *di r.,* as a rule **2** (norma, principio) **principle**: *L'economia è una buona r.,* thrift is a good principle **3** (esempio) **example**: *servire di r.,* to serve as an example **4** (misura, moderazione) **moderation; measure**: *non avere r. nel mangiare e nel bere,* to have no moderation in eating and drinking **5** *(relig.)* **rule**: *la r. monastica di San Benedetto,* the monastic rule of Saint Benedict **6** (ordine) **order**: *tenere tutto in r.,* to keep everything in order ● *a r. d'arte,* duly; perfectly ⊔ *(fig.) avere le carte in r.,* to have all the requisites necessary (for st.) ⊔ *essere in r. con i pagamenti,* to be up-to-date with one's payments ⊔ *per tua (norma e) r.,* for your information.
regolàbile *a.* *(mecc.)* **adjustable.**
(1) regolamentare *a.* **regulation** *(attr.)*; **regular; prescribed**: *la velocità r.,* the regulation speed ⊔ *nella forma r.,* in the prescribed form.
(2) regolamentare *v. t.* to **regulate;** to **control by regulations.**
regolamentazióne *f.* **1 regulation 2** (serie di norme) **regulations** *(pl.)*.
regolaménto *m.* **1 rule; regulations** *(pl.)*: *il r. scolastico,* school regulations ⊔ *un'infrazione al r.,* an infringement of the rule(s) ⊔ *conformarsi al r.,* to conform to the regulations **2** (di conti) **settlement** ● *r. edilizio,* building code.
(1) regolare *a.* **regular**: *lineamenti regolari,* regular features ⊔ *(mil.) un esercito r.,* a regular army ⊔ *avere il polso r.,* to have a regular pulse ⊔ *(gramm.) un verbo (un nome) r.,* a regular verb (noun) ● *passo r.,* even pace ⊔ *statura r.,* average (o medium) height ⊔ *Tutto era r.,* everything was in order.
(2) regolare A *v. t.* **1** to **regulate;** to **govern**: *r. la circolazione stradale,* to regulate the traffic ⊔ *r. la velocità,* to regulate the speed ⊔ *r. la propria condotta,* to regulate one's conduct **2** (governare, guidare) to **guide;** to **lead***: *lasciarsi r. dalle cattive compagnie,* to let oneself be led by bad company **3** (ordinare, disciplinare) to **control**: *r. il corso di un fiume,* to control the flow of a river ⊔ *r. le spese,* to control (the) expenses **4** (liquidare) to **settle;** (pagare) to **pay* (up)**: *r. un conto,* to settle (o to pay) an account ⊔ *Ho regolato quell'affare,* I have settled that matter **5** *(mecc.)* to **adjust;** to **square;** to **set***: *r. un orologio,* to set (o to synchronize) a watch (o a clock) **6** *(radio:* sintonizzare*)* to **tune in B regolarsi** *v. rifl.* **1** (agire) to **act;** (fare) to **do*;** (comportarsi) to **behave (oneself)**: *Ora so come regolarmi,* now I know what to do **2** (controllarsi) to **control oneself;** to **regulate oneself.**

regolarità *f.* **1** **regularity** **2** (puntualità) **punctuality** ● *andare con la r. di un orologio,* to go like clockwork.
regolarizzare *v. t.* to **regularize;** (regolare) to **settle.**
regolarizzazióne *f.* **regularization; settlement.**
regolarménte *avv.* **regularly; duly; in due course.**
regolataménte *avv.* **moderately; with moderation.**
regolatézza *f.* **1** **orderliness** **2** (moderatezza) **moderation.**
regolato *a.* **1** **orderly; balanced**: *uno stile r.,* a balanced style **2** (moderato) **moderate.**
regolatóre **A** *m.* **1** *(mecc., fis.)* **regulator; governor**: *un r. di velocità (o di giri),* a speed-governor **2** *(radio, telev.)* **control**: *r. di volume,* volume control **B** *a.* **regulating** ● *piano r.,* town-planning scheme.
regolazióne *f.* **1** **regulation; regulating** **2** *(mecc.)* **adjustment; adjusting** **3** *(elettr., radio)* **regulation**: *r. della tensione,* voltage regulation **4** (*autom.:* messa a punto) **tuning up.**
(1) règolo *m.* (riga) **rule; straightedge**: *un r. calcolatore,* a slide-rule.
(2) règolo *m.* **1** *(spreg.)* **kinglet; kingling** **2** *(zool.,* Regulus regulus) **goldcrest; kinglet.**
regredire *v. i.* to **regress;** to **retrogress;** to **recede;** to **go* back.**
regressióne *f.* (anche *scient.)* **regression.**
regressivo *a.* **regressive; retrogressive.**
regrèsso *m.* **1** **regress; regression; retrogression** **2** *(fig.)* **regression; decadence; decline** **3** *(leg., comm.)* **recourse.**
reiètto **A** *a.* **rejected; castaway** **B** *m.* **castaway; outcast.**
reiezióne *f.* **rejection.**
reimbarcare *v. t.* **reimbarcarsi** *v. rifl.* to **re-embark.**
reimbarco *m.* **re-embarkation.**
reincarnare **A** *v. t.* to **reincarnate** **B** **reincarnarsi** *v. rifl. (relig.)* to **be reincarnated.**
reincarnazióne *f.* **reincarnation.**
reingàggio *m.* **renewal of contract.**
reinserire **A** *v. t.* **1** (persone) to **reinstate** **2** (cose) to **reinsert** **B** **reinserirsi** *v. rifl.* to **become* reinstated;** to **take* one's place again.**
reintegrare **A** *v. t.* **1** to **reinstate;** to **restore**: *r. q. nel suo ufficio,* to reinstate sb. in (o to restore sb. to) his post □ *r. le proprie forze,* to restore one's strength **2** (risarcire) to **indemnify**: *r. q. del danno subito,* to indemnify sb. for the damage(s) **B** **reintegrarsi** *v. rifl.* to **be restored to one's former position.**
reintegrazióne *f.* **1** **reinstatement; restoration** **2** (risarcimento) **indemnification.**
reinvestiménto *m. (fin.)* **reinvestment.**
reinvestire *v. t. (fin.)* to **reinvest.**
reità *f.* **guilt; guiltiness.**
reiteràbile *a.* **repeatable.**
reiterare *v. t.* to **reiterate;** to **repeat.**
reiterataménte *avv.* **repeatedly; over and over again; again and again.**
reiterazióne *f.* **reiteration; repetition.**
relativaménte *avv.* **relatively; comparatively** ● *r. a.,* in (o with) relation to; as regards.
relativismo *m. (filos.)* **relativism.**
relativista *m.* e *f. (filos.)* **relativist.**
relativìstico *a. (filos.)* **relativistic.**
relatività *f.* **relativity; relativeness**: *(fis.) la teoria della r.,* the theory of relativity.
relativo *a.* **1** (che ha relazione con q.c.) **relative; pertinent**: *con le relative prove,* with the pertinent evidence **2** (non assoluto) **relative; comparative**: *vantaggi relativi,* comparative advantages **3** (rispettivo) **respective**: *secondo i (loro) relativi meriti,* according to their respective merits **4** *(gramm.)* **relative**: *pronomi relativi,* relative pronouns □ *una proposizione relativa,* a relative clause.
relatóre *m.* **reporter;** (*polit.:* portavoce) **spokesman*.**
relax *(ingl.) m.* **relaxation.**
relazionare *v. t. (bur.)* to **make* a report to** (sb.); to **inform.**
relazióne *f.* **1** **report; account**: *compilare una r.,* to draw up a report □ *(rag.) r. annuale del bilancio,* annual report **2** (collegamento logico, nesso) **connection, connexion; relation; relationship; correlation**: *avere (o essere in) r. d'affari con q.,* to have business relations (o dealings) with sb. □ *r. di causa e d'effetto,* relationship of cause and effect □ *relazioni d'amicizia,* friendly relations □ *pubbliche relazioni,* public relations □ *in r. a,* in relation to; with regard to **3** (conoscenza) **acquaintance; connection** **4** (contatto) **touch; contact**: *mettersi in r. con q.,* to get in touch with sb.; to contact sb. **5** (r. amorosa) **(love) affair** ● *essere in buone relazioni con q.,* to be on good terms with sb.
relè *m. (elettr.)* **relay.**
relegare *v. t.* to **relegate** (anche *fig.);* to **confine;** (bandire) to **banish.**
relegazióne *f.* **relegation; confinement; banishment.**
religióne *f.* **1** **religion** (anche *fig.)*: *la r. cattolica (anglicana, ecc.),* the Catholic (Anglican, etc.) religion □ *r. di stato,* established (o State) religion **2** (venerazione, culto) **worship; cult**: *la r. della morte,* the cult of death □ *la r. della patria,* the cult (o worship) of one's country (o patriotic fervour) **3** (esattezza scrupolosa) **religious care; reverent care** ● *(fig.) Non c'è più r.!,* the world's going to Hell!
religiosità *f.* **1** **religiousness; devoutness; piety** **2** (scrupolosa esattezza) **scrupulousness; conscientiousness** ● *con r.,* religiously.
religióso **A** *a.* **1** **religious; devout; pious**: *pratiche religiose,* religious practices □ *ordini religiosi,* religious (o monastic) orders **2** (scrupoloso) **religious; scrupulous**: *agire con onestà religiosa,* to act with scrupulous honesty ● *matrimonio r.,* church wedding **B** *m.* **religious*;** (monaco) **monk;** (frate) **friar.**
reliquia *f.* **relic** (anche *fig.)*: *una r. sacra,* a holy relic □ *le reliquie dei santi,* the relics of saints □ *le reliquie del passato,* the relics of the past ● *conservare q.c. come una r.,* to treasure st. most dearly.
reliquiàrio *m.* **reliquary; shrine.**
relitto *m.* **1** **wreck** (anche *fig.);* **wreckage; flotsam and jetsam** **2** *(fig.)* **outcast; down-and-out** ● *i relitti della società,* the scum of society.
remare *v. i.* to **row;** to **oar;** to **stroke;** (con la pagaia) to **paddle.**
remata *f.* **1** **row**: *farsi una r.,* to go for a row (o a pull) **2** (colpo di remo) **stroke.**
rematóre *m.* **rower; oarsman*; oar**: *essere un buon (cattivo) r.,* to be a good (a bad) oar.
remeggiare *v. i.* **1** to **row;** to **oar** **2** *(fig., lett.:* muovere le ali a guisa di remi) to **flap.**
reméggio *m.* **1** **rowing; oaring** **2** (complesso dei remi) **oarage.**
remigante *a.* — *(zool.) (penne) remiganti,* remiges.
remigare *v. i.* **1** *(lett.)* to **row** **2** (d'uccelli) to **flap one's wings.**
reminiscènza *f.* **reminiscence.**
remissìbile *a.* **remissible; pardonable.**
remissióne *f.* **1** (perdono) **remission; forgiveness; pardon**: *la r. dei peccati,* the remission of sins **2** (condono) **remission; acquittance**: *la r. d'un debito,* the remission of a debt **3** *(leg.)* **remission; withdrawal** **4** (deferenza all'altrui volontà) **submission; submissiveness; compliance** **5** *(med.)* **remission; abatement** ● *senza r.,* unremittingly; without mercy.
remissività *f.* **submissiveness.**
remissivo *a.* **submissive; docile.**
remittènte *a. (med.)* **remittent**: *febbre r.,* remittent fever.
remittènza *f. (med.)* **remission.**
rèmo *m. (naut.)* **oar;** (palella) **scull;** (pagaia) **paddle;** (r. lungo) **sweep**: *una barca a remi,* a rowing boat; a row-boat (specialm. *USA)* ● *barca a quattro remi,* four-oar □ *colpo di r.,* stroke □ *sbagliare un colpo di r.,* to catch a crab.
rèmora *f.* **1** (indugio) **delay** **2** (impedimento) **impediment; draw-back** **3** *(zool.,* Echeneis remora) **remora;**

shark sucker.

remòto *a.* **1** (lontano, isolato) **distant; remote; far-off; far-away; out-of-the-way; secluded**: *un r. villaggio,* a secluded (o a solitary) village **2** (lontano nel tempo) **remote; distant; far-off**: *avvenimenti remoti,* remote events.

remunerare *V.* **rimunerare.**

réna *f.* **sand** ● *(fig.) portare r. al lido,* to carry coals to Newcastle.

renàio *m.* **sand-bank.**

renaiòlo *m.* **sand-digger.**

renale *a. (anat.)* **renal; of the kidneys.**

renano *a.* **Rhenish; Rhine** *(attr.).*

rèndere A *v. t.* **1** (restituire) to **give* back**; to **return**; to **restore**: *Devo r. questi libri alla biblioteca entro la fine della settimana,* I have to return these books to the library by the end of the week □ *r. la vista ai ciechi,* to restore sight to the blind; to make the blind see □ *r. la libertà a q.,* to restore sb. to liberty; to set sb. free **2** (contraccambiare) to **return**; to **repay***; to **render**: *r. una visita,* to return (o to repay) a visit □ *r. bene per male,* to render good for evil **3** (dare, fare) to **render**; to **give***; to **pay***: *r. un servizio a q.,* to render sb. a service; to do sb. a favour □ *r. le estreme onoranze a q.,* to pay the last honours to sb. □ *r. omaggio a q.,* to pay homage to sb. □ *r. testimonianza,* to give evidence; to bear witness **4** (produrre, fruttare) to **produce**; to **yield**; to **return**; to **bear***: *Queste obbligazioni rendono un interesse del cinque per cento,* these bonds bear five per cent interest **5** (far diventare) to **render**; to **make***: *r. q. felice,* to make sb. happy □ *r. q.c. di pubblica ragione,* to make st. public (o known, manifest) **6** (esprimere, rappresentare, riprodurre) to **render**; to **reproduce**; to **express**: *un'opera che rende bene il disagio sociale del Novecento,* a work that well expresses the social unrest of the twentieth century **7** *(lett.:* emettere*)* to **emit**; to **give* out**; to **send* forth** **8** (tradurre) to **translate**; to **render**: *r. parola per parola,* to translate word for word (o literally) ● *r. l'anima a Dio* (o *r. l'ultimo respiro),* to breathe one's last □ *r. lode a q.,* to praise sb. □ *r. la vita impossibile a q.,* to lead sb. a dog's life □ *Il mio lavoro non rende molto,* my work is not very remunerative □ *(Bibbia) A ciascuno sarà reso per quel che avrà fatto,* each one will be rewarded for what he has done □ *A buon r.!,* my turn next time **B rèndersi** *v. rifl.* **1** to **become***; to **make* oneself**: *r. inutile,* to become useless □ *r. impopolare,* to make oneself unpopular □ *Renditi utile!,* make yourself useful! **2** (recarsi) to **go***: *r. in un luogo,* to go (o to make one's way) to a place ● *r. certo,* to make sure □ *r. conto di,* (capire) to realize; (capacitarsi di) to explain: *Non ti rendi conto di quello che hai fatto?,* don't you realize what you've done? □ *Non so rendermi conto di come sia avvenuto l'incidente,* I can't explain how the accident happened □ *r. persuaso,* to persuade oneself.

rendez-vous *(franc.) m. invar.* **rendezvous*** (anche *astronautica).*

rendicónto *m.* **1** *(comm.)* **statement of accounts; account; report**: *fare un r.,* to make a statement of accounts **2** (atti d'un'istituzione) **report of proceedings; minutes** *(pl.)* **3** (narrazione particolareggiata) **account.**

rendiménto *m.* **1 rendering**: *r. di grazie,* rendering of thanks (o thanksgiving) **2** (produzione) **yield; production;** (resa) **output**: *r. annuo,* yearly production □ *il r. di una miniera,* the output of a mine **3** *(fis., mecc.)* **efficiency** **4** (r. scolastico) **progress** ● *impiegato di buon (di scarso) r.,* efficient (inefficient) employee □ *motore ad alto r.,* high-efficiency engine.

rèndita *f.* **(unearned) income;** (di pubbliche amministrazioni) **revenue**: *vivere di r.,* to live on a private income ● *r. vitalizia,* life annuity.

rène *m. (anat.)* **kidney.**

renèlla *f. (med.)* **gravel.**

renétta *f. (bot.:* mela *r.)* **rennet.**

réni *f. pl. (anat.)* **loins;** (schiena) **back**: *mal di r.,* a pain in the back; backache ● *(fig.) avere le r. rotte,* to be tired out; to be dead beat *(fam.)* □ *fil delle r.,* backbone; spine.

reniccio *m.* **silt.**

renifórme *a.* **kidney-shaped; reniform.**

rènio *m. (chim.)* **rhenium.**

renitènte A *a.* **reluctant; unwilling;** (restio) **lo(a)th** *(pred.)*: *essere r. ai consigli di q.,* to be reluctant (o unwilling) to follow sb.'s advice ● *(mil.) essere r. alla leva,* to fail to report for military service; to dodge the draft *(USA)* **B** *m. (mil.)* **one who fails to report for military service; call-up dodger; draft dodger** *(USA).*

renitènza *f.* **reluctance; unwillingness**: *r. a ubbidire,* reluctance to obey ● *(mil.) r. alla leva,* failure to report for military service.

rènna *f. (zool.,* Rangifer tarandus*)* **reindeer*.**

renóso *a.* **sandy**: *terreno r.,* sandy soil.

rèo A *a.* **1** *(leg.)* **guilty**: *essere reo d'alto tradimento,* to be guilty of high treason **2** (malvagio) **wicked; evil** **B** *m. (leg.)* **offender; culprit.**

reòforo *m. (elettr.)* **rheophore.**

reòstato *m. (elettr.)* **rheostat.**

repàrto *m.* **1** (compartimento, sezione) **department;** (di ospedale) **ward**: *il r. collaudi,* the testing department □ *il r. degli abiti per uomo,* the men's clothing department □ *il capo r.,* the head of a department **2** *(mil.)* **unit; detachment**: *un r. di fanteria,* a detachment of infantry ● *(mecc.) r. montaggio,* fitting shop.

repêchage *(franc.) m. invar.* **repechage; second--chance trial heat.**

repellènte *a.* (anche *fig.)* **repellent; repelling; repulsive.**

repentàglio *m.* **risk; danger; hazard; jeopardy** ● *mettere a r.,* to risk; to hazard; to jeopardize.

repènte *(lett.)* **A** *a.* **sudden** ● *di r.,* all of a sudden; on a sudden; suddenly **B** *avv.* **suddenly.**

repentinità *f.* **suddenness; unexpectedness.**

repentino *a.* **sudden; unexpected;** (rapido) **hasty**: *un r. cambiamento del tempo,* a sudden change in the weather.

reperìbile *a.* **to be found** *(pred.)*; **available.**

reperibilità *f.* **availability.**

reperire *v. t.* to **find***; to **trace.**

repèrto *m.* **1** (anche *archeol.)* **find** **2** *(leg.)* **exhibit** **3** *(med.)* **(medical) report.**

repertòrio *m.* **1 index*; inventory** **2** *(teatr.)* **repertoire; repertory.**

rèplica *f.* **1 repetition; reiteration** **2** *(teatr.)* **repeat performance** **3** (d'opera d'arte) **replica** **4** (risposta) **reply; answer; replication** **5** (obiezione) **objection; retort** **6** *(leg.)* **repleader** ● *(teatr.) avere dieci (venti, ecc.) repliche,* to have a run of ten (twenty, etc.) successive nights □ *(teatr.) avere molte repliche,* to have a long run.

replicare *v. t.* **1** to **repeat**; to **reiterate** **2** (controbattere) to **retort**; to **object**; to **answer back** *(fam.)* **3** (rispondere) to **reply**; to **answer** **4** *(teatr.)* to **repeat**; to **perform (again).**

reportage *(franc.) m.* **report; reportage.**

repressióne *f.* **repression** (anche *psic.).*

repressivo *a.* **repressive.**

reprèsso *a.* **repressed.**

repressóre A *m.* **repressor, represser** **B** *a.* **repressive.**

reprimènda *f.* **reprimand; (severe) reproof; rebuke.**

reprìmere A *v. t.* **1** (domare con la forza) to **repress**; (sopprimere) to **suppress**, to **put* down**: *r. una rivolta,* to repress a revolt **2** (raffrenare) to **repress**; to **restrain**; to **check**; to **hold* back**: *r. l'ira,* to restrain (o to check) one's anger **B reprìmersi** *v. rifl.* to **restrain oneself;** (dominarsi) to **control oneself.**

rèprobo *a.* e *m.* **reprobate** (anche *relig.).*

reps *(franc.) m. (ind. tessile)* **rep, repp.**

repùbblica *f.* **1 republic**: *una r. democratica,* a democratic republic □ *la R. Italiana,* the Italian Republic **2** *(fig.)* **republic; commonwealth**: *la r. letteraria (o delle lettere),* the republic of letters **3** *(fam.:* confusione*)* **confusion; disorder** ● *(stor.) la r. inglese* (1649-1660), the Commonwealth.

repubblicano *a.* e *m.* **republican**: *il partito r.,* the Republican party.

repubblichino *a.* e *m. (stor.)* **Republican Fascist.**

repulisti — *(fam., scherz.) far r.,* to make a clean sweep (of st.).
repulsione f. *(fis.)* **repulsion.**
reputare A v. t. to **repute** *(nella forma passiva)*; to **consider**; to **think***; to **deem**: *Lo reputano un uomo onesto,* he is reputed (to be) an honest man ⊔ *Lo reputavo necessario,* I thought it necessary **B reputarsi** v. rifl. to **consider oneself.**
reputazione f. **reputation; repute; credit**: *godere d'una buona r.,* to have (o to enjoy) a good reputation ⊔ *rovinarsi la r.,* to lose one's reputation.
requie f. **rest; peace**: *non avere (non dare) r.,* to have (to give) no peace ● *senza r.,* incessantly; unceasingly.
requiem m. o f. invar. *(relig.)* **requiem; prayer for the dead** ● *(relig., mus.) Messa di r.,* (Mass of) Requiem.
requisire v. t. (specialm. *mil.*) to **requisition**; to **commandeer.**
requisito m. **requisite; requisition; requirement; qualification**: *avere i massimi requisiti,* to have the highest qualifications.
requisitoria f. **1** *(leg.)* **public prosecutor's statement of charges (against) and penalty called for 2** (severo rimprovero) **reprimand.**
requisizione f. (specialm. *mil.*) **requisition; commandeering.**
resa f. **1** *(mil.)* **surrender**: *le condizioni della r.,* the terms of surrender ⊔ *intimare la r. al nemico,* to summon the enemy to surrender **2** (restituzione) **return 3** *(comm.)* **rendering**: *la r. dei conti,* the rendering of accounts **4** (redditi, rendimento) **yield; output; profit.**
rescindere v. t. *(leg.)* to **rescind**; to **cancel**; to **annul.**
rescindibile a. *(leg.)* **rescindable; cancellable; annullable.**
rescissione f. *(leg.)* **rescission; cancellation; annulment.**
resecare v. t. to **cut* off** (o **away**); to **remove**; *(med.)* to **resect.**
reseda f. *(bot.,* Reseda odorata*)* **(garden) mignonette.**
resezione f. *(med.)* **resection.**
residente a., m. e f. **resident.**
residenza f. **residence; abode**: *C'è obbligo di r.,* residence is required ⊔ *il proprio luogo di r.,* one's place of residence (o abode) ⊔ *essere senza r. fissa,* to have no fixed residence ⊔ *fissare la propria r. in una città,* to take up one's residence in a town.
residenziale a. **residential.**
residuato A a. **residual; remaining B** m. **surplus; residue.**
residuo A a. **residual; remaining; left over B** m. **1 residue; remainder; residual product 2** *(mat.)* **remainder 3** *(chim.)* **residue; foot 4** *(al pl.: comm.)* **surplus; balance** ● *(ind.) r. di scarto,* tailings *(pl.).*
resiliente a. *(fis.)* **resilient.**
resilienza f. *(fis.)* **resilience, resiliency.**
resina f. **resin, rosin.**
resinato a. **treated with resin; resinated.**
resinificare v. t. e i. **resinificarsi** v. rifl. to **resinify.**
resinificazione f. **resinification.**
resinoso a. **resinous**: *sostanze resinose,* resinous substances.
resipiscente a. *(lett.)* **resipiscent.**
resipiscenza f. *(lett.)* **resipiscence.**
resistente a. **1 resistant; resisting;** (nei composti) **-proof**: *r. al calore,* heat-resisting; heatproof ⊔ *r. al fuoco,* fireproof ⊔ *r. alle intemperie,* weatherproof **2** (forte) **strong;** (duro) **hard**: *stoffa r.,* strong material **3** (di colore) **fast.**
resistenza f. **1 resistance** (anche *fig.*); (forza di sopportare un dolore, ecc.) **endurance**: *opporre r.,* to offer resistance ⊔ *vincere la r.,* to overcome (o to wear down) resistance **2** *(scient.)* **resistance; strength**: *r. di attrito,* frictional resistance ⊔ *(fis.) r. di contatto,* contact resistance **3** *(elettr.)* **resistor; resistance(-coil) 4** — *(polit.) la R.,* the Resistance ● *prova di r.,* endurance test.
resistenziale a. *(polit.)* **Resistance** *(attr.).*
resistere v. i. **1** to **resist,** to **withstand*** (sb., st.) (anche *fig.*); to **hold* out** (against): *r. al nemico,* to resist the enemy ⊔ *r. a un assedio,* to withstand a siege ⊔ *r. alle tentazioni,* to resist temptation ⊔ *r. fino alla fine,* to hold out (o on) to the last **2** (sopportare) to **endure**; to **bear***; to **bear* up** (against); to **put* up** (with): *r. al dolore,* to endure pain ⊔ *A sentirlo parlare così, non resistetti e ruppi in pianto,* I couldn't bear hearing him speak like that, and I burst into tears **3** (reggere) to **stand***; to **be resistant** (to); to **be proof** (against): *r. al fuoco,* to be resistant to fire; to be fireproof ⊔ *r. alla prova,* to stand the test.
resistività f. *(elettr.)* **resistivity.**
resistore m. *(elettr.)* **resistor.**
resocontista m. e f. **reporter.**
resoconto m. **account (of facts,** o **proceedings); statement (of facts); report**: *fare un r.,* to give an account; to make a report.
respingente A a. **repellent; repelling B** m. *(ferr.)* **buffer.**
respingere v. t. **1** to **repel**; to **drive* back**; to **push back**; to **repulse**: *r. il nemico,* to repel (o to drive back) the enemy ⊔ *r. la tentazione,* to repel (o to resist) temptation **2** (non accettare) to **reject**; to **turn down**; to **refuse to accept**: *r. una proposta,* to reject (o to turn down) a proposal **3** (rimandare al mittente) to **return**; to **send* back**: *r. una lettera,* to return a letter **4** (bocciare) to **reject**; to **fail**; to **plough,** to **pluck** *(pop.)*: *r. un candidato a un esame,* to reject (o to fail) a candidate in an examination ⊔ *essere respinto agli esami,* to fail in one's examinations; to be ploughed.
respinto a. **1** (rigettato) **rejected 2** (bocciato in un esame) **rejected; failed; ploughed, plucked** *(pop.).*
respirabile a. **breathable; respirable.**
respirare A v. i. **1** to **breathe**; to **respire**: *r. a pieni polmoni,* to breathe deeply **2** *(fig.)* to **breathe again**; to **be relieved**: *A quella notizia respirai,* when I heard the news, I was greatly relieved **3** (riprendere fiato) to **take* breath**; to **get* one's breath B** v. t. to **breathe**: *r. aria buona,* to breathe good (o fresh) air ● *non avere tempo di r.,* not to have a moment to spare.
respiratore m. **1** *(med.)* **respirator 2** (per immersioni subacquee) **aqualung 3** *(aeron.)* **oxygen breathing set.**
respiratorio a. **respiratory; breathing.**
respirazione f. **respiration; breathing**: *r. artificiale,* artificial respiration.
respiro m. **1 breathing;** (singolo movimento della respirazione) **breath**: *fare un r. profondo,* to take a deep breath ⊔ *trattenere il r.,* to hold (o to catch) one's breath ⊔ *una velocità da togliere il r.,* a breath-taking speed **2** *(fig.:* breve pausa, riposo*)* **respite; rest**: *non avere mai un minuto di r.,* never to have a moment's rest **3** *(fig.:* dilazione*)* **respite; delay**: *accordare un breve r. per il pagamento d'una fattura,* to grant a short respite for the payment of an invoice ● *un r. di sollievo,* a sigh of relief ⊔ *avere il r. corto,* to be short of breath ⊔ *fino all'ultimo r.,* to the last ⊔ *mandare l'ultimo r.,* to breathe one's last.
responsabile A a. **responsible; answerable; accountable; liable**: *essere r. davanti a Dio,* to be responsible before God ⊔ *essere r. di q.c.,* to be responsible for st.; to answer for st. **B** m. e f. **person responsible; person in charge.**
responsabilità f. **responsibility; liability**: *fare q.c. sotto la propria r.,* to do st. on one's own responsibility ⊔ *non incorrere in nessuna r.,* to incur no liability ⊔ *r. individuale e solidale,* joint and several liability ⊔ *assumere la r. di q.c.,* to assume (o to take upon oneself) the responsibility for st. ● *una carica di r.,* a responsible office.
responsabilizzare A v. t. to **make*** (sb.) **assume a responsibility B responsabilizzarsi** v. rifl. to **assume** (o **to take upon oneself**) **a responsibility.**
responsabilmente avv. **responsibly.**
responso m. **1** (di oracolo) **response; (oracular) answer 2** (giudizio pronunziato da q., anche *scherz.*) **opinion**: *il r. medico,* the doctor's opinion.

responsòrio *m.* *(relig.)* **responsory.**

rèssa *f.* **crowd; throng; crush; press; rush of people** ● *fare r.,* to crowd; to throng.

(1) rèsta *f.* **1** *(bot.)* **awn; beard 2** (lisca di pesce) **fish-bone.**

(2) rèsta *f.* (filza) **string**: *una r. di cipolle,* a string of onions.

(3) rèsta *f.* *(stor.)* **rest**: *con la lancia in r.,* with lance in rest.

restante A *a.* **remaining; left over**: *il denaro r.,* the money left over **B** *m.* **remainder; rest.**

restare *v. i.* **1** (rimanere) to **stay;** to **remain**: *Restate lì!,* stay where you are!; don't move! □ *Oggi resto in casa,* I am staying at home (o I'm staying in) today □ *I bambini restarono alzati fino alle nove,* the children stayed up till nine □ *r. a letto,* to stay in bed **2** (fermarsi) to **stop;** to **pause 3** (essere posto, trovarsi) to **be situated;** to **stand*;** to **lie***: *La mia bottega resta a sinistra,* my shop stands on the left **4** (essere grandemente meravigliato) to **be taken aback;** to **be greatly surprised**: *Quando lo vidi, restai,* I was greatly surprised when I saw him (o at seeing him) **5** (essere, diventare) to **be;** to **become***: *r. sorpreso,* to be surprised □ *r. male (o deluso),* to be disappointed □ *r. vedova,* to become a widow **6** (rimanere, essere lasciato) to **be left**: *r. al buio,* to be left in the dark □ *r. al verde,* to be left penniless **7** (avanzare, esserci ancora) to **remain;** to **be left;** to **be left over; to have** (st.) **left** *(v. pers.)*: *Mi restano solo dieci sterline,* I've only ten pounds left □ *Resta a vedere (se è vero),* that remains to be proved **8** (mettersi d'accordo) to **agree 9** (essere preso) to **be caught 10** (durare, resistere) to **stay;** to **last** ● *r. (morto) sul colpo,* to be struck dead on the spot □ *Resti fra noi!,* this must be confidential □ *Che cosa mi resta da fare?,* what else can I do? □ *Non mi resta altro da fare,* this is the only thing I can do □ *Non mi resta che andare,* I can but go.

restauràbile *a.* **restorable.**

restaurare *v. t.* **1** (rinnovare, riparare) to **restore;** to **repair**: *r. una chiesa,* to restore a church □ *r. un quadro,* to restore a painting **2** (ripristinare) to **restore;** to **re-establish**: *r. la monarchia,* to restore the monarchy.

restauratóre *m.* **restorer.**

restaurazióne *f.* **restoration; re-establishment**: *(stor.) la R.,* the Restoration.

restàuro *m.* **restoration**: *fare dei restauri,* to make restorations.

restìo *a.* **1** (di animale) **restive; jibbing; balky 2** (di persona) **reluctant; unwilling; lo(a)th**: *essere r. ad accettare q.c.,* to be reluctant to accept st. □ *essere r. a obbedire,* to be unwilling to obey.

restituìbile *a.* **returnable;** (rimborsabile) **repayable, refundable.**

restituire *v. t.* **1** (rendere) to **return,** to **give* back;** (rispedire) to **send* back;** (rimborsare) to **repay*,** to **pay* back,** to **reimburse,** to **refund**: *r. un libro,* to return a book □ *r. la merce,* to return the goods **2** (rimettere nello stato primitivo; reintegrare) to **restore;** to **reinstate.**

restitutóre *m.* **1** (chi restituisce) **returner 2** (restauratore) **restorer.**

restituzióne *f.* **1 restitution; return;** (rimborso) **repayment, reimbursement 2** (reintegrazione) **restoration; reinstatement.**

rèsto *m.* **1 remainder; rest**: *il r. del tempo (della vita),* the rest of the time (of one's life) □ *Ti dirò il r. domani,* I'll tell you the rest tomorrow **2** (differenza fra il denaro sborsato e quello dovuto) **change**: *Ho lasciato il r. per la mancia,* I left the change as a tip □ *Tieni il r.!,* keep the change! **3** *(al pl.)* (residui) **remnants, remains;** (ruderi) **remains, ruins**: *i resti mortali,* the mortal remains (o the corpse) □ *i resti dell'antica Roma,* the remains (o ruins) of ancient Rome **4** *(mat.)* **remainder 5** *(comm.:* differenza a saldo) **balance** ● *del r.,* besides; (d'altronde) on the other hand, however □ *(fig.) Egli ha avuto il suo r.,* he got what he deserved; he got his deserts.

restrìngere A *v. t.* **1** to **tighten;** to **tighten up;** to **narrow 2** (vestiti, ecc.) to **take* in 3** (contrarre) to **contract 4** (ridurre) to **reduce;** to **limit;** to **restrict;** to **cut* down B restrìngersi** *v. rifl.* **1** to **tighten;** to **narrow;** to **get* narrower 2** (contrarsi) to **contract 3** (di tessuto) to **shrink***: *Questa stoffa non si restringe,* this material does not shrink **4** (avvicinarsi a q. per occupare meno spazio) to **close up;** to **draw* nearer together.**

restringiménto *m.* **1 tightening; tightening up; narrowing 2** (contrazione) **contraction; contracting 3** (di tessuto) **shrinkage 4** *(med.)* **stricture.**

restrittivo *a.* **restrictive.**

restrizióne *f.* **restriction; reserve; limitation**: *imporre restrizioni a q.c.,* to place restrictions on st. ● *r. mentale,* mental reservation.

resurrezióne, resuscitare *V.* **risurrezióne, risuscitare.**

retàggio *m.* (anche *fig.*) **heritage.**

retata *f.* **1 draught; haul; catch**: *una bella r.,* a good catch **2** *(fig.)* **catch; round-up**: *una r. di ladri,* a round-up of thieves.

réte *f.* **1 net**: *una r. da pesca,* a fishing net □ *gettare (tirare) le reti,* to cast (to haul in) the nets □ *r. metallica,* wire net (o netting) □ *tendere le reti per uccellare,* to set the nets for fowling **2** (*fig.*: insidia, inganno) **trap; snare; net**: *cascare nella r.,* to fall into the net (o trap) □ *rimanere nella propria r.,* to be caught in one's own trap; to be hoist with one's own petard **3** (complesso di linee incrociate) **network; system; grid**: *una r. telegrafica (telefonica),* a telegraph (telephone) system (o network) □ *una r. di canali,* a network of canals □ *la r. di distribuzione elettrica,* the (electric) grid **4** *(calcio)* **net;** (punto segnato) **goal**: *segnare una r.,* to score a goal **5** *(tennis)* **(tennis-)net 6** (per la spesa) **string bag 7** (per i capelli) **hairnet** ● *(radio, telev.) r. di emittenti,* network □ *(ferr.) r. per i bagagli,* luggage-rack □ *calze di nailon a r.,* mesh nylons □ *(tennis) gettare la palla in r.,* to net the ball □ *maglia di r.,* mesh.

reticèlla *f.* (per capelli) **hairnet.**

reticènte *a.* **reticent.**

reticènza *f.* **reticence, reticency** ● *parlare senza r.,* to speak one's mind; to speak out □ *senza r.,* unreservedly; freely.

reticolare *a.* **reticular.**

reticolato A *a.* **reticulated; reticulate; reticular B** *m.* **1 network; graticule; grid 2** (rete metallica) **wire netting 3** *(mil.)* **wire entanglement.**

retìcolo *m.* **1 network 2** *(fis.)* **lattice**: *r. spaziale,* space lattice **3** *(zool.)* **reticulum*; honeycomb 4** *(ottica)* **reticle; grating.**

retifórme *a.* **retiform; reticular; net-like.**

(1) rètina *f.* *(anat.)* **retina*.**

(2) retina *f.* (per i capelli) **hairnet.**

retinite *f.* *(med.)* **retinitis; inflammation of the retina.**

retino *m.* **1 landing net 2** *(fotoincisione, tipogr.)* **screen.**

rètore *m.* **rhetor, rhetorician** (anche *spreg.*).

retòrica *f.* **rhetoric** (anche *spreg.*).

retòrico *a.* **rhetorical** (anche *spreg.*): *una domanda retorica,* a rhetorical question ● *figura retorica,* figure of speech.

retoricume *m.* *(spreg.)* **mere rhetoric; flowers of rhetoric** *(pl.)*.

retràttile *a.* **retractile.**

retribuire *v. t.* to **remunerate;** to **pay*;** to **repay*;** (ricompensare) to **recompense;** (premiare) to **reward**: *r. q. per i suoi servigi,* to remunerate sb. for his services □ *r. q. secondo il merito,* to reward sb. according to his merits.

retribuzióne *f.* **remuneration; pay;** (ricompensa) **recompense;** (premio) **reward**: *ricevere una r. per i propri servigi,* to receive a recompense for one's services.

retrivo A *a.* **backward;** (reazionario) **reactionary B** *m.* **reactionary; reactionist; die-hard.**

rètro *m.* **back** ● *sul r.* (d'una pagina), overleaf □ *vedi r.,* please turn over.

rètro- *pref.* **retro-.**

retroattività *f.* **retroactivity.**

retroattivo *a.* **retroactive; retrospective.**

retroazióne *f.* **1** retroaction **2** *(elettron.)* feedback.
retrobottéga *m.* o *f.* back-shop.
retrocàrica *f.* breech-loading ● *fucile a r.*, breech-loader.
retrocèdere **A** *v. i.* to retrocede; to recede; (ritirarsi) to retreat, to withdraw* **B** *v. t.* **1** *(mil.)* to degrade; to reduce in rank **2** *(sport)* to relegate: *r. una squadra in serie B,* to relegate a team to the second division ● *r. da una decisione,* to change one's mind.
retrocessióne *f.* **1** retrocession **2** *(sport)* relegation.
retrocucina *m.* o *f.* back-kitchen; scullery.
retrodatare *v. t.* to antedate; to back-date.
retrodatazióne *f.* antedating; back-dating.
retrogradare *v. i.* (specialm. *astron.*) to retrograde.
retrogradazióne *f.* (specialm. *astron.*) retrogradation.
retrògrado **A** *a.* **1** retrograde (specialm. *astron.*); backward: *moto r.*, retrograde motion **2** *(fig.)* retrograde; *(polit.)* reactionary: *idee retrograde,* retrograde (o out-of-date) ideas ⊔ *un partito r.*, a reactionary party **B** *m. (polit.)* reactionary; reactionist; die-hard.
retrogressióne *f.* retrogression; regression; retrocession.
retroguàrdia *f. (mil.)* rearguard; rear: *formare la r.*, to bring up the rear.
retromàrcia *f. (mecc.)* reverse motion ● *(autom.) far r.*, to reverse ⊔ *(autom.) ingranaggio della r.*, reverse gear.
retrorazzo *m. (miss.)* retrorocket.
retroscèna **A** *f. (teatr.)* backstage **B** *m.* **1** *(teatr.)* what goes on behind the scenes **2** *(fig.)* underhand dealings *(pl.)*.
retroscritto *a.* written on the back.
retrospettivo *a.* retrospective ● *(cinem.) scena retrospettiva,* flashback ⊔ *sguardo r.*, retrospect.
retrostante *a.* lying (o standing) behind; at the back.
retrostanza *f.* back room.
retrotèrra *m.* **1** *(geogr.)* hinterland; inland **2** *(fig.)* background.
retrovéndita *f. (comm.)* sale and (o or) return.
retroversióne *f.* **1** (anche *med.*) retroversion **2** (ritraduzione nella lingua originale) retroversion; retranslation; back-version.
retrovia *f. (mil.: specialm. al pl.)* area behind the front; back-lines *(pl.)*; rear.
retrovisivo *a.* rear-vision, rearview *(attr.)*: *(autom.) specchietto r.*, rearview mirror.
retrovisóre *m. (autom.)* rearview mirror.
(1) rètta *f. (geom.)* straight line.
(2) rètta *f.* — *dar r.*, to pay attention; to listen: *Non gli dar r.*, don't listen to him.
(3) rètta *f.* (pensione che paga chi è ospite in un convitto) charge; terms *(pl.)*: *la r. completa,* the inclusive terms.
rettale *a. (anat.)* rectal; of the rectum.
rettaménte *avv.* uprightly; righteously; rightfully; with rectitude; (giustamente) justly, rightly.
rettangolare *a. (geom.)* rectangular.
rettàngolo *(geom.)* **A** *a.* right-angled **B** *m.* rectangle.
rettìfica *f.* **1** straightening (out) **2** *(fig.:* correzione*)* rectification; correction; amendment **3** *(mecc.)* grinding ● *(elab.) r. di caratteri,* character adjustment.
rettificare *v. t.* **1** to straighten; to straighten out **2** *(fig.)* to rectify; to correct; to amend: *r. un errore,* to rectify a mistake **3** *(chim.)* to rectify: *r. l'alcol,* to rectify alcohol **4** *(geom.)* to rectify: *r. una curva,* to rectify a curve **5** *(mecc.)* to grind*.
rettificato *a.* **1** (corretto) rectified; corrected; amended **2** *(chim.)* rectified **3** *(mecc.)* ground.
rettificatóre *m. (radio)* detector; rectifier.
rettificatrice *f. (mecc.)* grinder; grinding machine.
rettificazióne *f.* **1** straightening; straightening out **2** (rettifica, correzione) rectification; correction; amendment **3** *(chim., geom.)* rectification **4** *(mecc.)* grinding **5** *(fis., radio)* rectification; detection.
rettifilo *m.* straight road; straight stretch.
rèttile **A** *a. (bot.)* reptant; creeping **B** *m. (zool.)* reptile (anche *fig.*, *spreg.*).
rettilineo **A** *a.* **1** rectilinear; rectilineal; straight-lined **2** *(fig.)* straightforward; upright **B** *m.* straight stretch ● *(sport) r. d'arrivo,* home stretch.
rettitùdine *f.* rectitude; integrity; uprightness; righteousness.
rètto **A** *a.* **1** (diritto) straight; right: *una linea retta,* a straight line **2** *(fig.)* upright; righteous; straightforward: *un uomo r.*, an upright man **3** (corretto, giusto) right; correct; proper; exact **4** *(geom.)* right: *un angolo r.*, a right angle **B** *m.* **1** *(anat.)* rectum* **2** *(geom.)* right angle **3** *(tipogr.)* recto* **4** (di medaglia, di moneta) obverse.
rettorato *m.* rectorate (anche *relig.*); (di università ingl.) chancellorship; (di università USA) presidency.
rettóre *m.* (di università ital.: anche *relig.*) rector; (di università ingl.) chancellor; (di università USA) president.
rèuma *m. (med.)* rheumatism.
reumàtico *a. (med.)* rheumatic(al).
reumatismo *m. (med.)* rheumatism; rheumatics *(pl., fam.)*.
reumatizzare **A** *v. t.* to cause rheumatism **B** **reumatizzarsi** *v. rifl.* to get* rheumatism (o rheumatics, *fam.*).
revanscismo *m. (polit.)* revanche; revanchism.
revanscista *m.* e *f. (polit.)* revanchist.
revanscistico *a. (polit.)* revanchist *(attr.)*.
reverendo **A** *a.* reverend: *il r. pastore John Smith,* the Rev. John Smith ⊔ *il r. padre O'Higgins,* the Rev. Father O'Higgins ⊔ *reverendissimo,* (rif. a vescovo) right reverend; (rif. ad arcivescovo) most reverend **B** *m.* reverend *(fam.)*; (sacerdote) priest.
reverènte, reverènza *V.* **riverènte, riverènza.**
reverenziale *a.* reverential ● *timore r.*, awe.
reversìbile *a.* reversible ● *pensione r.*, reversionary annuity.
reversibilità *f.* reversibility.
reversióne *f. (leg., biol.)* reversion.
revisionare *v. t.* **1** (rivedere, correggere) to revise **2** (verificare, controllare) to audit; to check up **3** *(mecc.)* to overhaul.
revisióne *f.* **1** revision **2** (controllo) check-up; (specialm. contabile) audit, auditing **3** *(mecc.)* overhaul; overhauling **4** *(leg.)* review; rehearing.
revisionismo *m. (polit.)* revisionism.
revisionista *a., m.* e *f. (polit.)* revisionist.
revisionìstico *a. (polit.)* revisionist *(attr.)*.
revisóre *m.* **1** reviser, revisor **2** (r. contabile) auditor.
reviviscènza *f.* **1** reviviscence, reviviscency; return to life **2** *(biol.)* revivification.
rèvoca *f.* (anche *leg.*) revocation; repeal; reversal.
revocabile *a.* (anche *leg.*) revocable.
revocabilità *f.* (anche *leg.*) revocability.
revocare *v. t.* **1** (anche *leg.*) to revoke; to repeal; to reverse **2** (richiamare) to recall; to call back ● *r. uno sciopero,* to call off a strike.
revocativo, revocatòrio *a.* revoking; revocatory.
revocazióne *V.* **rèvoca.**
revòlver *(ingl.) m.* (rivoltella) revolver.
revolverata *f.* revolver-shot.
revulsióne *f. (med.)* revulsion.
revulsivo *a.* e *m. (farm.)* revulsive.
rézzo *m. (lett.)* **1** (ombra) shade **2** (venticello) gentle breeze.
ri- *(pref.)* re-.
riabbaiare *v. t.* **1** (abbaiare di nuovo) to bark again **2** (abbaiare a propria volta) to bark back.
riabbandonare **A** *v. t.* to abandon (o to leave*) again **B** **riabbandonarsi** *v. rifl.* to abandon oneself again (to).
riabbassare *v. t.* to lower again.

riabbottonare **A** *v. t.* to **button** (st.) **up again** **B** **riabbottonarsi** *v. rifl.* to **button oneself up again.**
riabbracciare *v. t.* **riabbracciarsi** *v. rifl. recipr.* to **embrace again**; (vedersi di nuovo) to **meet* again (after a long time).**
riabilitare **A** *v. t.* **1** (rendere di nuovo abile) to **enable once more** (o **again**); *(med.)* to **rehabilitate** **2** (reintegrare nell'esercizio dei diritti) to **rehabilitate**; to **restore** (to a former right, rank, etc.) **3** (rendere nuovamente la buona fama a q.) to **rehabilitate**; to **re-establish the good name of** (sb.) **B** **riabilitarsi** *v. rifl.* to **recover one's reputation.**
riabilitazióne *f. (in ogni senso)* **rehabilitation.**
riabituare **A** *v. t.* to **reaccustom** **B** **riabituarsi** *v. rifl.* to **reaccustom oneself** (to); to **get* used again** (to).
riaccalappiare *v. t.* (anche *fig.)* to **ensnare again.**
riaccèndere **A** *v. t.* **1** (accendere di nuovo) to **light again** **2** (luce elettrica, gas, ecc.) to **put*** (o **to switch, to turn**) **on again** **3** *(radio, telev.)* to **switch on again**; to **put* on again** **4** *(fig.)* to **rekindle** **B** **riaccèndersi** *v. rifl.* **1** (prendere fuoco di nuovo) to **catch* fire again** **2** *(fig.)* to **be rekindled.**
riaccettare *v. t.* to **reaccept**; to **accept once again.**
riacchiappare, riacciuffare *v. t.* to **catch* again**; to **seize again**; to **recapture.**
riaccomodare **A** *v. t.* to **repair again**; to **mend again** **B** **riaccomodarsi** *v. rifl. recipr. (fig.)* to **make* friends again**; to **make* it up.**
riaccompagnare *v. t.* **1** (accompagnare di nuovo) to **accompany again**; to **reaccompany** **2** (accompagnare a propria volta) to **take* back.**
riaccostare *v. t.* **riaccostarsi** *v. rifl.* to **re-approach**; to **approach again.**
riacquistare *v. t.* **1** (acquistare di nuovo) to **buy* again**; to **repurchase** **2** (acquistare di nuovo ciò che si era venduto) to **buy* back**; to **repurchase** **3** (ricuperare) to **recover**; to **regain**; to **get* back.**
riacquisto *m.* **1** (l'acquistare di nuovo) **repurchase** **2** (ricupero) **recovery.**
riadattare **A** *v. t.* to **readapt** **B** **riadattarsi** *v. rifl.* to **readapt oneself**; to **adapt oneself again.**
riaddormentare **A** *v. t.* to **put* to sleep again** **B** **riaddormentarsi** *v. rifl.* to **go* to sleep again**; to **fall* asleep again.**
riaffacciare **A** *v. t.* to **bring* forward again** **B** **riaffacciarsi** *v. rifl.* to **present oneself again**; to **show* oneself again**; to **reappear.**
riaffermare **A** *v. t.* to **reaffirm**; to **reassert** **B** **riaffermarsi** *v. rifl.* to **reaffirm oneself.**
riafferrare *v. t.* to **seize again**; to **recapture.**
riaffittare *v. t.* **1** (dare in affitto di nuovo) to **let* again**; to **relet*** **2** (prendere in affitto di nuovo) to **rent again**; to **re-lease.**
riaffrontare *v. t.* to **face again.**
riagganciare **A** *v. t.* to **hang* up again** **B** **riagganciarsi** *v. rifl. (fig.)* to **be connected** (with).
riaggravare **A** *v. t.* to **make* worse**; to **aggravate again** **B** **riaggravarsi** *v. rifl.* to **get* worse again.**
riagguantare *v. t.* to **catch* again**; to **seize again.**
riallacciare **A** *v. t.* **1** (legare di nuovo) to **tie up again**; to **fasten again** **2** (riprendere) to **resume**; to **renew** **B** **riallacciarsi** *v. rifl. (fig.)* to **be connected** (with).
riallargare *v. t.* **riallargarsi** *v. rifl.* to **widen again.**
riallungare *v. t.* **riallungarsi** *v. rifl.* to **lengthen again.**
rialto *m.* **height**; **rise.**
rialzaménto *m.* **1 heightening again** **2** (rialzo) **height**; **rise** **3** (aumento) **rise**; **increase.**
rialzare **A** *v. t.* **1** to **heighten**; to **raise higher** **2** (sollevare) to **lift up (again)** **3** (aumentare) to **raise**; to **increase** **B** *v. i.* to **rise* (again)**; to **go* up** *(fam.)* **C** **rialzarsi** *v. rifl.* to **rise* again.**
rialzista *m. (Borsa)* **bull.**
rialzo *m.* **1** (aumento) **rise**; **increase**: *I prezzi sono in r.*, prices are on the rise; prices are rising **2** (parte rialzata) **height**; **prominence** **3** *(tipogr.)* **underlay** ● *r. improvviso dei prezzi*, boom □ *(Borsa) speculare al r.*, to bull □ *(Borsa) speculatore al r.*, bull □ *(Borsa) tendenza al r.*, upward (o bullish) trend □ *la tendenza al r. dei prezzi*, the upward trend of prices.
riamare *v. t.* **1** (corrispondere q. in amore) to **return** (sb.'s) **love** **2** (amare di nuovo) to **love again.**
riammalare *v. i.* **riammalarsi** *v. rifl.* to **fall* ill again**; (ricadere in una malattia) to **relapse.**
riamméttere *v. t.* to **readmit**; to **admit again.**
riammissióne *f.* **readmittance**; **readmission.**
riammogliarsi *v. rifl.* to **get* married again**; to **remarry.**
riandare **A** *v. i.* to **go* again** **B** *v. t.* (ripercorrere con la memoria) to **recall.**
rianimare **A** *v. t.* **1** to **reanimate**; to **restore to life** **2** *(fig.* ravvivare*)* to **revive**; to **cheer up** **3** *(fig.:* infondere nuovo coraggio*)* to **reanimate**; to **give* fresh courage** (o **heart**) **to** (sb.) **B** **rianimarsi** *v. rifl.* **1** (riaversi) to **recover (oneself)**; to **come* round** *(fam.)* **2** *(fig.:* riprendere animo*)* to **take* courage** (o **heart**); to **cheer up.**
rianimazióne *f.* **reanimation** ● *(med.) centro di r.*, intensive care unit.
riannodare *v. t.* to **knot again**; to **tie again (in a knot).**
riannuvolare *v. i.* **riannuvolarsi** *v. rifl.* to **cloud over again**; to **grow* cloudy again.**
riapertura *f.* **reopening**; (inizio) **beginning.**
riappalto *m.* **subcontract.**
riapparire *v. i.* to **reappear**; to **appear again.**
riapparizióne *f.* **reappearance**; **reappearing.**
riappèndere *v. t.* to **hang* up again.**
riappișolarsi *v. rifl.* to **doze off again.**
riapprovare *v. t.* to **approve again**; to **re-approve.**
riaprire *v. t.* **riaprirsi** *v. rifl.* to **reopen**; to **open again**; to **open up again.**
riàrdere *v. t.* e *i.* to **burn* (again)** (anche *fig.)*; to **burn* up.**
riarmaménto *m.* **rearmament.**
riarmare *v. t.* **riarmarsi** *v. rifl.* to **rearm.**
riarmo *m.* **rearmament.**
riarso *a.* **parched**; **quite dry**; **dried up.**
riasciugare *v. t.* **riasciugarsi** *v. rifl.* to **dry again**; to **dry up.**
riascoltare *v. t.* to **listen to** (sb., st.) **again.**
riassaporare *v. t.* (anche *fig.)* to **taste again**; to **relish again.**
riassegnare *v. t.* to **reassign**; to **assign again.**
riassestare **A** *v. t.* to **settle again**; to **readjust**; to **rearrange** **B** **riassestarsi** *v. rifl.* to **settle down again.**
riassettare **A** *v. t.* to **rearrange**; to **put*** (o **to set***) **in order**; to **tidy up** **B** **riassettarsi** *v. rifl.* to **put* oneself in order**; to **tidy oneself up.**
riassètto *m.* **rearrangement**; (nuovo ordinamento) **reorganization.**
riassicurare *v. t. (ass.)* to **reinsure**; to **reassure.**
riassicurazione *f. (ass.)* **reinsurance**; **reassurance.**
riassopirsi *v. rifl.* to **drowse again.**
riassorbiménto *m.* **reabsorption**; **resorption.**
riassorbire **A** *v. t.* to **reabsorb**; to **absorb again** **B** **riassorbirsi** *v. rifl.* to **be reabsorbed.**
riassùmere *v. t.* **1** (assumere di nuovo) to **reassume**; to **assume again**; to **take* on again** **2** (assumere di nuovo alle proprie dipendenze) to **re-employ**; to **re-engage**; to **engage again** **3** (compendiare, ricapitolare) to **sum up**; to **summarize**; to **recapitulate**; to **make* a précis of** (st.); to **précis** ● *per r.*, to sum up; in brief.
riassuntivo *a.* **recapitulatory**; **resumptive.**
riassunto *m.* **summary**; **recapitulation**; **précis.**
riassunzióne *f.* **1 reassumption** **2** (nuova assunzione alle proprie dipendenze) **re-employment**; **re-engagement.**
riattaccare **A** *v. t.* **1** (ritornare all'attacco, anche *fig.)* to **attack again**; to **re-attack** **2** (congiungere di nuovo) to **connect** (o **to join**) **again**; to **reattach**; to **attach**

again **3** (appiccicare di nuovo) to **stick* on again;** (con la colla) to **glue on again** **4** (ricominciare) to **resume;** to **begin* again;** to **start again** ● *r. un bottone,* to sew a button on again □ *r. un cavallo,* to harness a horse again □ *(tel.) r. il ricevitore,* to hang up (the receiver); to ring off **B riattaccarsi** *v. rifl.* **1** (congiungersi di nuovo) to **become*** (o to **get***) **attached again** **2** (tornare ad appiccicarsi) to **stick* together again** ● *(fig.) r. alla vita,* to cling to life again.

riattare *v. t.* to **refit;** to **make* fit (for use) again;** to **repair;** to **recondition.**

riattivare *v. t.* **1** to **bring* into use again;** to **put* back into service;** to **reopen;** to **open up again** **2** *(chim., med.)* to **reactivate.**

riattivazióne *f.* **1** **reopening** **2** *(chim., med.)* **reactivation.**

riattraversare *v. t.* to **cross again.**

riavére A *v. t.* **1** to **have again** **2** (ricuperare) to **get* back** **3** (riacquistare) to **recover;** to **regain** **B riavérsi** *v. rifl.* **1** (riprendere i sensi) to **recover;** to **come* to (oneself) again;** to **come* round** **2** (riprendere vigore) to **recover;** to **get* well again**: *r. da una malattia,* to recover from an illness; to get over an illness; to be oneself again **3** (rifarsi da perdite economiche) to **recover;** to **get* back on one's feet again.**

riavvertire *v. t.* to **inform again;** to **let* know again;** (per iscritto) to **send* word again.**

riavvicinare A *v. t.* **riavvicinarsi** *v. rifl.* to **reapproach;** to **approach again** **B** *v. rifl. recipr.* to **make* friends again;** to **become* reconciled.**

riavvòlgere *v. t.* to **rewind*;** to **wind* again;** (arrotolare di nuovo) to **roll up again.**

riazzuffarsi *v. rifl. recipr.* to **come* to blows again.**

ribadire *v. t.* **1** *(mecc.)* to **rivet;** to **rivet down (**o **in);** to **clinch** (anche *naut.*); to **fix** **2** *(fig.:* confermare*)* to **confirm;** to **corroborate.**

ribaditrice *f. (mecc.)* **riveter; riveting machine.**

ribaditura *f. (mecc.)* **riveting; clinching.**

ribagnare A *v. t.* to **wet again** **B ribagnarsi** *v. rifl.* to **get* wet again.**

ribalderìa *f.* **1** **rascality; roguishness; knavery** **2** (azione da ribaldo) **rascality; knavish trick; roguery.**

ribaldo *m.* **rascal; scoundrel; rogue; knave; scamp.**

ribalta *f.* **1** (piano ribaltabile) **flap** **2** (di botola) **trapdoor** **3** *(teatr.)* **front of the stage; apron** **4** *(fig.)* **limelight**: *alla r.,* in the limelight ● *(teatr.) luci della r.,* footlights □ *(teatr.) presentarsi alla r.,* to take a curtain call □ *(fig.) tornare alla r.,* to return to public life; (di questione) to come up again.

ribaltàbile *a.* **tipping; tip-up**: *un sedile r.,* a tip-up seat ● *autocarro r.,* dump truck; dumper.

ribaltaménto *m.* **overturn; overturning; upsetting; tipping.**

ribaltare A *v. t.* to **turn over;** to **overturn;** to **upset*;** to **capsize** **B** *v. i.* e **ribaltarsi** *v. rifl.* to **turn over;** to **upset*;** to **capsize.**

ribaltóne *m.* **jerk.**

ribassare A *v. t.* to **lower;** to **reduce;** to **abate** **B** *v. i.* to **lower;** to **be reduced;** to **decline;** to **fall*;** to **go* down;** to **sag.**

ribassista *m. (Borsa)* **bear.**

ribasso *m.* **reduction; abatement; fall; decline; sag**: *un r. dei prezzi,* a fall in prices □ *(fig.) essere in r.,* to be on the decline ● *(econ.) ondata di r.,* slump □ *(Borsa) operazione al r.,* bearish transaction □ *(Borsa) speculare al r.,* to bear □ *(Borsa) speculatore al r.,* bear □ *la tendenza al r. dei prezzi,* the downward trend of prices.

ribàttere *v. t.* **1** (battere di nuovo) to **beat* again;** (ad una porta, per es.) to **knock again;** (leggermente) to **tap again** **2** *(mecc.:* ribadire*)* to **rivet;** to **clinch** **3** (confutare) to **refute;** to **rebut;** to **confute** **4** (replicare) to **retort;** to **return;** (con sfrontatezza) to **answer back;** (discutere) to **argue** **5** *(sport)* to **return;** to **send* (**o to **throw*) back** **6** *(cucito)* to **fell** ● *(fig.) battere e r. sullo stesso tasto,* to harp upon the same string.

ribattezẓare *v. t.* **1** to **rebaptize;** to **rechristen** **2** *(fig.)* to **rename.**

ribattino *m. (mecc.)* **rivet.**

ribattitura *f.* **1** *(mecc.:* ribaditura*)* **riveting; clinching** **2** (il ribattere le cuciture) **felling;** (cucitura a punto ribattuto) **fell.**

ribattuta *f. (sport)* **return.**

ribellare A *v. t. (raro)* to **cause to rebel;** to **incite to revolt** **B ribellarsi** *v. rifl.* to **rebel** (against); to **rise* (in rebellion);** to **revolt** (against; *fig.:* at); to **mutiny;** to **kick over the traces** *(fam.)*: *La natura umana si ribella dinanzi a un simile delitto,* human nature revolts at such a crime.

ribèlle A *a.* **rebellious** (anche *med.*); **rebel** *(attr.)*; **mutinous**: *l'esercito r.,* the rebel army □ *marinai ribelli,* mutinous sailors □ *un carattere r.,* a rebellious temperament □ *gli angeli ribelli,* the rebel angels **B** *m.* e *f.* **rebel.**

ribellióne *f.* **rebellion; revolt; rising; insurrection; mutiny**: *una r. a mano armata,* an armed rebellion □ *reprimere una r.,* to repress (o to put down) a revolt.

ribes *m. (bot.,* Ribes rubrum*)* **ribes; red currant** ● *(bot.) r. nero* (Ribes nigrum), black currant.

riboccante *a.* **overflowing**: *strade riboccanti di gente,* streets overflowing with people.

riboccare *v. i.* to **overflow.**

ribollènte *a.* **boiling; bubbling; seething.**

ribolliménto *m.* **boiling; bubbling; seething** (anche *fig.*).

ribollire A *v. i.* **1** (bollire di nuovo) to **reboil;** to **boil again;** (continuare a bollire) to **boil away;** to **bubble;** to **seethe** **2** (fermentare) to **ferment;** to **work** **3** *(fig.)* to **boil over;** to **seethe;** to **surge**: *r. di rabbia,* to boil over (o to seethe) with anger **4** *(fig.:* riscaldarsi*)* to **boil**: *far r. il sangue,* to make one's blood boil **B** *v. t.* to **reboil;** to **boil again.**

ribollitura *f.* **reboiling; boiling again.**

ribòtta *f.* **carousal; spree** *(fam.)* ● *far r.,* to carouse; to go on a spree.

ribréẓẓo *m.* **horror; repugnance; disgust; loathing**: *provare r. di q.c.,* to feel disgust at (o for) st.; to be disgusted at (o by, with) st. ● *fare r. a q.,* to fill sb. with disgust; to disgust (o to revolt) sb. □ *Che r.!,* how disgusting!

ribussare *v. i.* to **knock again;** to **rap again.**

ributtante *a.* **repugnant; repulsive; disgustful; disgusting; revolting.**

ributtare A *v. t.* **1** (buttare di nuovo) to **throw* again;** to **fling* again;** to **hurl back**: *r. q.c. in terra,* to throw st. down again **2** (respingere con violenza) to **push (**o to **drive*) back (**o **away);** to **repel** **3** (vomitare) to **throw* up;** to **vomit** **B** *v. i.* **1** (ripugnare) to **disgust;** to **fill with disgust;** to **revolt;** to **repel**: *Mi ributta,* it revolts me **2** *(bot.)* to **sprout** **C ributtarsi** *v. rifl.* to **throw* oneself again**: *r. giù,* to throw oneself down again; (ammalarsi di nuovo) to take to one's bed again; (perdersi d'animo) to let oneself go.

ricacciare A *v. t.* **1** (cacciare di nuovo) to **chase away again;** to **drive* away again** **2** (respingere) to **drive* back;** to **repel** ● *r. le parole in gola a q.,* to make sb. swallow (o eat) his words **B ricacciarsi** *v. rifl.* to **throw* oneself again;** to **plunge again** ● *r. nei guai,* to get into trouble again.

ricadére *v. i.* **1** (cadere di nuovo) to **fall* (down) again (**o **once more)** (anche *fig.*): *r. ammalato,* to fall ill again **2** (avere una ricaduta) to **have a relapse;** to **relapse** (anche *fig.*): *r. nell'errore,* to relapse into error **3** (pendere) to **hang* (down)**: *È una stoffa che ricade bene,* it's a material (o cloth) that hangs well **4** (riversarsi) to **fall***: *La colpa ricadrà su di te,* the blame will fall upon you.

ricaduta *f.* **relapse** (anche *fig.*): *(med.) avere una r.,* to have a relapse.

ricalcàbile *a.* **traceable.**

ricalcare *v. t.* **1** (calcare di nuovo) to **press again,** to **tread* again;** (calcare di più) to **press down,** to **tread* down**: *(fig.) r. le orme di q.,* to tread in sb.'s footsteps **2** *(disegno)* to **transfer;** to **trace**: *carta da r.,* tracing paper **3** *(fig.:* imitare*)* to **imitate;** to **follow** **4** *(metall.)* to **upset*** ● *(fig.) r. le proprie orme,* to retrace one's steps.

ricalcatura *f.* **1** (disegno ricalcato) **transfer** **2** *(fig.:* imitazione) **imitation; copy** **3** *(metall.)* **upsetting.**

ricalcitrante *a.* *(fig.)* **recalcitrant.**

ricalcitrare *v. t.* **1** to **kick** **2** *(fig.)* to **be recalcitrant;** to **recalcitrate;** to **kick out** (at, against) *(fam.).*

ricalco *m.* **tracing.**

ricalpestare *v. t.* to **trample down again.**

ricamare *v. t.* to **embroider** *(anche fig.).*

ricamatrice *f.* **embroideress.**

ricambiare **A** *v. t.* **1** (cambiare di nuovo) to **change again** **2** (contraccambiare) to **reciprocate;** to **return** **B** **ricambiarsi** *v. rifl. recipr.* to **reciprocate;** to **exchange:** *Ci ricambiammo gli auguri,* we reciprocated good wishes.

ricàmbio *m.* **1** (contraccambio) **reciprocation; return; exchange:** *dare q.c. in r. di q.c. altro,* to give st. in return for st. else **2** (ricarica) **refill** **3** *(mecc.)* **spare (part):** *un pezzo di r.,* a spare part □ *una ruota di r.,* a spare wheel **4** *(biol.)* **metabolism.**

ricamminare *v. i.* to **walk again.**

ricamo *m.* **1** **embroidery; ornamental needlework** **2** (lavoro eseguito ricamando) **embroidery** *(anche fig.);* **embroidered work:** *un bel r.,* a lovely piece of embroidery.

ricantare *v. t.* to **sing* again** **2** *(fig.:* dire e ridire con insistenza) to **tell*** (sb. st.) **over and over again;** to **keep* on repeating** (st.).

ricapitare *v. i.* **1** (accadere di nuovo) to **happen again** **2** (giungere di nuovo per caso) to **turn up again.**

ricapitolare *v. t.* to **recapitulate;** to **summarize.**

ricapitolazióne *f.* **recapitulation; summary.**

ricàrica *f.* **reloading; recharge** *(anche elettr.).*

ricaricare *v. t.* **1** to **reload;** to **load up again;** to **recharge** **2** *(elettr.)* to **recharge** **3** (un orologio) to **rewind*;** to **wind* up.**

ricascare *v. i.* to **fall* again** *(anche fig.).*

ricattare *v. t.* to **blackmail.**

ricattatóre *m.* **blackmailer.**

ricatto *m.* **blackmailing; blackmail.**

ricavare *v. t.* **1** (cavare fuori) to **extract;** to **draw* out** **2** (ottenere) to **obtain;** to **get*;** to **gain;** to **make*;** (derivare) to **derive:** *Ecco quel che si ricava!,* that's what you get! □ *ricavare gran (poco) beneficio da q.c.,* to get (o to derive) much (little) benefit from st. **3** (ricalcare) to **trace;** to **transfer.**

ricavato *m.* **1** **proceeds** *(pl.)* **2** *(fig.)* **result.**

ricavo *m.* **proceeds** *(pl.);* **revenue; return.**

ricchézza *f.* **1** **richness; wealth** **2** *(spesso al pl.:* averi, sostanze) **riches** *(pl.);* **wealth** **3** (abbondanza) **richness; opulence; copiousness; abundance** ● *(econ., fin.) r. mobile,* personal property □ *imposta di r. mobile,* income tax.

(1) riccio **A** *a.* **curly:** *avere i capelli ricci,* to have curly hair; to be curly-headed **B** *m.* **1** **curl** **2** (chiocciola del violino) **scroll** **3** *(ind. tessile)* **terry** **4** *(cinem.:* di pellicola) **loop** ● *farsi i ricci,* to curl one's hair □ *ferro da ricci,* curling tongs.

(2) rìccio *m. (zool.,* Erinaceus europaeus) **hedgehog** ● *r. di mare* (Echinus), sea urchin.

(3) rìccio *m.* *(bot.)* **bur(r); husk (of the chestnut).**

ricciolo *m.* **1** **curl** **2** *(mecc.)* **burr.**

riccioluto, ricciuto *a.* **1** **curly:** *una testa ricciuta,* a curly head **2** *(ind. tessile)* **terry** *(attr.).*

ricco **A** *a.* **1** **rich; wealthy; well-off:** *un uomo r.,* a rich (o wealthy) man; a man of wealth □ *essere r. di famiglia,* to come of a wealthy (o rich) family □ *essere r. sfondato,* to be terribly rich; to be rolling in money **2** (abbondante, dovizioso) **rich** (in); **abounding** (in, with); **full** (of): *un paese r. di minerali,* a country rich in minerals □ *un libro r. d'informazioni,* a book rich in (o full of) information □ *r. di idee,* full of ideas **3** (sontuoso, sfarzoso) **sumptuous; rich:** *un r. banchetto,* a sumptuous feast **B** *m.* **rich (o wealthy) man*** ● *i ricchi,* the rich; the wealthy □ *nuovo r.,* nouveau riche *(franc.);* parvenu.

riccóne *m.* **very rich man*; nabob; Croesus.**

ricérca *f.* **1** **search; quest:** *andare alla r. di q.c.,* to go in search of st. □ *la r. dell'oro,* the quest for gold **2** (il perseguire) **pursuit:** *la r. della felicità (del sapere),* the pursuit of happiness (of knowledge) □ *alla r. di,* in pursuit of **3** (ricerca scientifica e sim.) **research:** *lavoro di r.,* research work □ *fare una r.,* to carry out a research **4** (indagine, investigazione) **investigation; inquiry:** *fare delle ricerche su q.c.,* to make inquiries about st. **5** *(econ.:* richiesta) **demand** (for).

ricercare *v. t.* **1** to **look for** (st., sb.) **again** **2** (cercare con impegno) to **seek*;** to **seek* for** (st., sb.); to **search for** (st., sb.) **3** (investigare) to **investigate;** to **inquire into** (st.) **4** (perseguire) to **pursue;** to **seek* after** (st.) **5** (esigere) to **want;** to **require;** to **demand.**

ricercataménte *avv.* **1** (in modo raffinato) **refinedly; with refined elegance** **2** (in modo affettato) **affectedly; with affectation.**

ricercatézza *f.* **1** **refinement; elegance:** *r. di stile,* refinement of style **2** (affettazione) **affectation.**

ricercato *a.* **1** (richiesto) **sought-after:** *un medico molto r.,* a much sought-after doctor **2** (raffinato) **refined;** (troppo raffinato) **over-refined:** *vestire con ricercata eleganza,* to dress with refined elegance **3** (affettato) **affected; recherché** *(franc.);* **far-fetched:** *modi ricercati,* affected manners **4** (cercato) **wanted:** *r. dalla polizia,* wanted by the police ● *Questa merce è molto ricercata sul mercato,* there's a great demand for these goods on the market.

ricercatóre *m.* **1** **researcher; research worker** **2** (apparecchio) **detector.**

ricetraṣmettitóre *m. (radio)* **transceiver.**

ricetrasmittènte *(radio)* **A** *a.* **two-way** *(attr.)* **B** *m.* e *f.* **two-way radio; transceiver** ● *r. portatile,* handie-talkie.

ricètta *f.* **1** *(med.)* **prescription** **2** *(cucina)* **recipe** **3** (rimedio) **receipt; remedy.**

ricettàcolo *m.* **1** **receptacle; den:** *un r. di ladri,* a den of thieves **2** *(bot.)* **receptacle.**

ricettare *v. t. (leg.)* to **receive (stolen property).**

ricettàrio *m.* **1** *(med.)* **prescription book** **2** *(cucina)* **recipe book; cookery book.**

ricettatóre *m. (leg.)* **receiver of stolen property; fence, lock-all-fast** *(pop.).*

ricettazióne *f. (leg.)* **receiving of stolen property; fencing** *(pop.).*

ricettività *f.* **receptivity.**

ricettivo *a.* **receptive.**

ricètto *m. (lett.)* **shelter; refuge.**

ricevènte **A** *a.* **receiving** **B** *m.* e *f.* **receiver.**

ricévere *v. t.* **1** to **receive:** *r. un telegramma (una telefonata),* to receive a telegram (a telephone call) □ *r. gli auguri di Natale,* to receive Christmas greetings □ *r. la santa Comunione,* to receive Holy Communion **2** (accettare) to **accept;** to **take*** **3** (ammettere) to **admit:** *Fu ricevuto nel collegio di Eton,* he was admitted to Eton College **4** (prendere, ottenere, avere) to **take*;** to **get*;** to **have;** to **receive:** *r. q.c. in cambio,* to take st. in exchange **5** (contenere) to **hold*;** (afferrare) to **grasp:** *una mente incapace di r. un'idea astratta,* a mind unable to grasp an abstract idea **6** (accogliere all'arrivo) to **receive;** to **meet*;** to **welcome:** *Erano a riceverlo alla stazione,* they were at the station to meet him **7** (ammettere a visitare) to **receive;** to **be at home to** (sb.): *Oggi non ricevo nessuno,* I'm not at home to anybody today **8** (ammettere a un'udienza) to **grant an audience to** (sb.): *Il Ministro lo riceverà domani,* the Minister will grant him an audience tomorrow **9** (di albergo, ecc.) to **accommodate** ● *r. il battesimo,* to be baptized □ *(radio, tel.) Ricevuto!,* roger!; wilco!

ricevimento *m.* **1** **receiving; receipt; reception:** *al r. della merce,* on receipt of the goods **2** (accoglienza) **welcome; reception** **3** (trattenimento, festa) **reception; party:** *una sala di r.,* a reception room □ *dare un r.,* to give a party.

ricevitóre *m.* **1** **receiver** **2** *(radio, tel.)* **receiver** ● *r. acustico,* sounder □ *r. delle imposte,* tax-collector.

ricevitorìa *f.* **receiving-office.**

ricevuta *f. (comm.)* **receipt;** (quietanza) **quittance:** *una r. a saldo,* a receipt in full (settlement) □ *una r. di versamento,* a receipt for payment □ *una raccomandata con r. di ritorno,* a registered letter with return receipt □ *accusare r.,* to acknowledge receipt: *Pregasi accusare*

r., please acknowledge receipt.
ricezióne *f. (radio, telev.)* **reception.**
richiamare A *v. t.* **1** (chiamare di nuovo) to **call again 2** (chiamare indietro, far tornare) to **call back;** to **recall 3** (attirare; far accorrere) to **attract;** to **draw***: *r. l'attenzione di q.*, to attract sb.'s attention ◻ *r. l'attenzione di q. su q.c.*, to draw (o to call) sb.'s attention to st.; to point st. out to sb. ◻ *r. folla*, to draw a crowd **4** (ritirare) to **withdraw***: *r. le truppe*, to withdraw troops **5** (rimproverare) to **rebuke;** to **reprimand 6** (citare) to **quote** ● *r. q. al dovere*, to recall sb. to his duty ◻ *r. q. in carica*, to recall sb. to office ◻ *r. q. in vita*, to restore (o to bring back) sb. to life ◻ *r. q.c. alla memoria*, to recall st. to mind ◻ *r. q.c. alla mente di q.*, to remind sb. of st. ◻ *r. sotto le armi*, to recall for military service **B richiamarsi** *v. rifl.* **1** (riferirsi) to **refer**: *Mi richiamo all'articolo 19 del codice stradale*, I'm referring to article 19 of the Highway Code **2** (appellarsi) to **appeal**: *r. alla Corte Suprema*, to appeal to the Supreme Court.
richiamato *m. (mil.)* **recalled serviceman*.**
richiamo *m.* **1 recall**: *r. alle armi*, recall to arms; call-up **2** (avvertimento) **warning 3** *(fig.)* **call**: *il r. del mare*, the call of the sea **4** (nella caccia) **bird-call 5** *(tipogr.)* **cross-reference mark** ● *r. all'ordine*, call to order ◻ *(mecc.) molla di r.*, return spring ◻ *parola che serve da r.*, catch-word ◻ *(tipogr.) segno di r.*, cross--reference mark ◻ (caccia) *uccello da r.*, decoy.
richiedènte *m.* e *f.* **applicant; petitioner.**
richièdere *v. t.* **1** (chiedere di nuovo) to **ask again for** (st.); (chiedere in restituzione) to **ask for** (st.) **back**: *Gli richiesi il libro ieri*, I asked him again for the book yesterday ◻ *chiedere e r.*, to ask again and again **2** (chiedere per sapere) to **ask** (st.); (chiedere con insistenza o con decisione) to **demand**: *Il poliziotto ci richiese nome e indirizzo*, the policeman demanded our names and addresses **3** (chiedere per avere q.c.) to **ask for** (st.): *r. l'aiuto di q.*, to ask for sb.'s help **4** (volere, esigere) to **request;** to **demand;** to **exact**: *r. la massima ubbidienza*, to exact absolute obedience **5** (necessitare) to **require;** to **need;** to **call for** (st., sb.): *un gioco che richiede destrezza*, a game that calls for skill.
richièsta *f.* **request; demand**: *fare una r.*, to make a request ◻ *accettare (rifiutare) la r. di q.*, to accept (to refuse) sb.'s request ◻ *a r.*, by (o on) request ◻ *dietro vostra r.*, at your request ◻ *C'è molta r. di cotone*, there is a great demand for cotton (o cotton is in great demand) ● *r. di matrimonio*, proposal of marriage.
richièsto *a.* **1 in demand; popular 2 necessary; required.**
richiùdere A *v. t.* **1** (chiudere di nuovo) to **close again;** to **shut* again;** (a chiave) to **lock again**: *Richiudi gli occhi*, close your eyes again **2** (chiudere bene) to **close up;** to **shut* up B richiùdersi** *v. rifl.* **1** (chiudersi di nuovo) to **close again;** to **shut* again 2** (chiudersi bene) to **close up;** to **shut* up.**
riciclàbile *a. (ind., econ.)* **recyclable.**
riciclàggio *m. (ind., econ.)* **recycling.**
riciclare *v. t. (ind., econ.)* to **recycle.**
rìcino *m. (bot.*, Ricinus communis) **castor-oil plant** ● *olio di r.*, castor oil.
ricognitóre *m. (aeron.)* **reconnaissance aircraft; scout; spotter.**
ricognizióne *f.* **1 recognition;** *(leg.)* **acknowledgment 2** *(mil.)* **reconnaissance; reconnoitre**: *(aeron.) un apparecchio da r.*, a reconnaissance aircraft ◻ *fare una r.*, to make a reconnaissance; to reconnoitre.
ricollegare A *v. t.* **1** (collegare di nuovo) to **reconnect;** to **connect again;** to **join again 2** *(fig.:* collegare insieme) to **connect;** to **associate B ricollegarsi** *v. rifl. recipr.* to **be connected;** to **be linked together.**
ricollocare *v. t.* to **replace;** to **place again;** (collocare nel luogo precedente) to **put* back again.**
ricolmare *v. t.* **1** (colmare di nuovo) to **fill again;** to **refill 2** (colmare con sovrabbondanza) to **fill up** ● *r. q. di lodi*, to overwhelm sb. with praises.
ricólmo *a.* **full to overflowing, brimful** *(pred.)*; *(fig.)* **overwhelmed** (with).
ricominciare *v. t.* e *i.* to **begin* again;** to **start again** (o **anew);** to **recommence;** (riprendere) to **resume,** to **take* up again**: *r. daccapo*, to begin all over again ◻ *r. a leggere (a parlare, ecc.)*, to begin (o to start) reading (talking, etc.) again ◻ *Ricomincia a piovere (a nevicare, ecc.)*, it is beginning to rain (to snow, etc.) again ◻ *r. una partita*, to resume a game ● *Ricomincia il freddo*, the cold weather is back again ◻ *Si ricomincia!*, we're at it again!
ricommèttere *v. t.* **1** (commettere di nuovo) to **recommit;** to **commit again 2** (ricongiungere le parti staccate di q.c.) to **put* together;** to **join** ● *r. lo stesso errore*, to repeat the same mistake.
ricomparire *v. i.* to **reappear;** to **appear again;** to **show* oneself again** ● *r. all'improvviso*, to turn up again.
ricomparsa *f.* **reappearance; reappearing; appearing again.**
ricompènsa *f.* **recompense;** (premio) **reward;** (retribuzione) **remuneration**: *lavorare senza r.*, to work without recompense ◻ *in r. di q.c.*, in (o as a) recompense for st.
ricompensare *v. t.* to **recompense;** (premiare) to **reward;** (retribuire) to **remunerate,** to **repay***: *r. q. per le sue prestazioni*, to remunerate sb. for his services.
ricompórre A *v. t.* **1** (comporre di nuovo) to **compose again;** to **rewrite*;** to **write* again 2** (riunire insieme le parti d'un tutto) to **put* together again;** to **reassemble 3** (ricostruire) to **reconstruct;** to **re-form;** to **form again 4** *(tipogr.)* to **reset*** ● *r. il viso*, to recompose one's features **B ricompórsi** *v. rifl.* to **resume one's composure.**
ricomposizióne *f.* **1** (nuova composizione) **recomposition 2** (il riunire le parti d'un tutto) **reassemblage 3** *(tipogr.)* **reset(ting).**
ricomprare *v. t.* **1** (comprare di nuovo quanto in precedenza venduto) to **buy* back;** to **repurchase 2** (comprare di nuovo) to **buy* again;** to **repurchase**: *Glielo ricomprai*, I repurchased it from him.
riconciliàbile *a.* **reconcilable.**
riconciliare A *v. t.* to **reconcile B riconciliarsi** *v. rifl. recipr.* to **become* reconciled;** to **make* friends again;** to **make* it up** *(fam.).*
riconciliatóre *m.* **reconciler; peacemaker.**
riconciliazióne *f.* **reconciliation; reconcilement.**
ricondurre *v. t.* **1** (condurre di nuovo) to **bring* again;** to **take* again;** to **lead* again**: *Riconducilo qui*, bring him here again **2** (riportare al luogo di partenza; anche *fig.)* to **reconduct;** to **bring* back;** to **take* back;** to **lead* back**: *Lo ricondussero a casa*, they took him back to his house ◻ *r. q. alla ragione*, to bring sb. back to reason.
riconférma *f.* **reconfirmation.**
riconfermare *v. t.* to **reconfirm;** to **confirm (again).**
riconfortare A *v. t.* to **comfort (again);** to **(re)console;** to **cheer up B riconfortarsi** *v. rifl.* to **take* heart again;** to **cheer up.**
ricongiùngere *v. t.* **ricongiùngersi** *v. rifl.* to **rejoin;** to **join again;** to **link together again** ● (di donna separata) *r. al marito*, to go to live with one's husband again.
ricongiungiménto *m.* **ricongiunzióne** *f.* **rejoining; reunion; reuniting.**
riconoscènte *a.* **thankful; grateful;** (obbligato) **obliged**: *Vi sono assai r.*, I am much obliged to you.
riconoscènza *f.* **thankfulness; gratefulness;** (gratitudine) **gratitude; thanks** *(pl.)*: *esprimere la propria r.*, to express one's gratitude.
riconóscere *v. t.* **1** to **recognize**: *Mi riconobbe subito*, he recognized me at once ◻ *r. q. alla voce*, to recognize sb. by his voice **2** (ammettere ufficialmente, dichiarare apertamente) to **acknowledge;** to **recognize**: *Riconobbi la giustizia delle loro rivendicazioni*, I acknowledged the justice of their claims ◻ *r. un debito*, to acknowledge a debt ◻ *r. q. come proprio erede*, to recognize sb. as one's heir **3** (ammettere) to **acknowledge;** to **admit;** to **own** (up to): *Riconosco di aver torto*, I acknowledge that I am wrong ◻ *Non vuol r. che io ho ragione*, he doesn't want to admit that I'm right ◻ *Il ladro riconobbe di aver compiuto quei furti*, the thief owned to having committed

those thefts **4** (comprendere) to **recognize;** to **know***: *r. i pregi di q. (di un quadro, ecc.),* to recognize the merits of sb. (of a picture, etc.) ◻ *Riconobbe che era impossibile continuare,* he knew that it was impossible to go on ● *farsi r.,* to identify oneself; to make oneself known ◻ *riconoscersi colpevole,* to admit one's guilt ◻ *riconoscersi vinto,* to admit (o to acknowledge) defeat.

riconoscìbile *a.* **recognizable, recognisable**: *appena r.,* hardly recognizable.

riconosciménto *m.* **1 recognition**: *il r. di una persona (di una cosa),* the recognition of a person (of a thing) **2** (ammissione ufficiale) **recognition; acknowledgment**: *il r. di uno Stato,* the recognition of a State ◻ *il r. di un debito,* the acknowledgment of a debt ◻ *(leg.) il r. di un figlio naturale,* the acknowledgment of an illegitimate child **3** (ammissione) **admission; avowal 4** (identificazione) **identification.**

riconquista *f.* **reconquest.**

riconquistare *v. t.* to **reconquer;** to **conquer again;** to **win* back;** to **regain.**

riconsacrare *v. t.* to **reconsecrate;** to **consecrate again.**

riconségna *f.* **redelivery; reconsignment.**

riconsegnare *v. t.* to **redeliver;** to **reconsign;** (restituire) to **hand** (o to **give***) **back,** to **return.**

riconsiderare *v. t.* to **reconsider;** to **consider again.**

riconvenire *v. t. (leg.)* to **sue by cross-action;** to **counterclaim.**

riconvenzione *f. (leg.)* **cross-action; counterclaim.**

riconversióne *f.* **reconversion.**

riconvocare *v. t.* to **summon again.**

riconvocazióne *f.* **resummons.**

ricopèrto *a.* **1 covered;** (coperto completamente) **covered up** (o **all over**) (with) **2** (placcato) **plated**: *r. d'oro,* gold-plated **3** (rivestito) **coated**: *r. di zucchero,* coated with sugar.

ricopertura *f.* **1 covering; cover 2** (placcatura) **plating 3** (rivestitura) **coating.**

ricopiare *v. t.* **1** (copiare di nuovo) to **recopy;** to **copy again 2** (trascrivere in bella copia) to **make* a fair copy of** (st.).

ricopiatura *f.* **recopying.**

ricoprire A *v. t.* **1** (coprire) to **cover;** (coprire di nuovo) to **re-cover,** to **cover again 2** (coprire completamente) to **cover up;** to **cover all over;** to **wrap up 3** (rivestire internamente) to **line;** (con uno strato sottile) to **coat**: *r. di stagno,* to coat with tin **4** (placcare) to **plate 5** (nascondere: anche *fig.*) to **cover;** to **conceal;** to **hide*;** to **screen 6** *(fig.:* colmare*)* to **load;** to **overwhelm**: *r. q. di onori,* to load sb. with honours ◻ *r. q. di gentilezze,* to overwhelm sb. with kindness **7** (rif. a carica, ufficio: occupare) to **fill;** to **hold*** ● *r. q. di baci,* to smother sb. with kisses **B ricoprirsi** *v. rifl.* (coprirsi, anche *fig.*) to **cover oneself;** (coprirsi completamente) to **cover** (o to **wrap**) **oneself up.**

ricordare A *v. t.* **1** (avere presente nella memoria) to **remember;** (richiamare alla propria memoria) to **recollect,** to **recall**: *Non ricordo il nome del ragazzo,* I can't remember the boy's name ◻ *Non ricordo di avere spedito quella lettera,* I don't remember having sent that letter **2** (richiamare alla memoria, far r.) to **recall;** to **call to mind**: *Questo mi ricorda qualcosa che vidi molti anni fa,* this recalls to me (o to my memory) something I saw many years ago **3** (richiamare alla memoria altrui) to **remind**: *Ricordami di comprare il giornale della sera,* remind me to buy the evening paper ◻ *Egli mi ricorda sua sorella,* he reminds me of his sister **4** (menzionare, nominare) to **mention**: *Il suo nome viene ricordato spesso,* his name is often mentioned ● *r. poco e male,* to have a bad memory **B ricordarsi** *v. rifl.* to **remember** (sb., st.); (richiamare alla propria memoria) to **recollect,** to **recall** (st.): *Non ti ricordi di me?,* don't you remember me? ◻ *r. d'aver fatto q.c.,* to remember having done st. ◻ *Si ricordò dei giorni felici quando era scapolo,* he recalled his happy bachelor days ● (come minaccia) *Me ne ricorderò!,* I won't forget in a hurry!

ricordino *m.* **1 keepsake; little souvenir 2** (immaginetta sacra) **holy picture.**

ricòrdo *m.* **1 memory; recollection; remembrance**: *vivere dei propri ricordi,* to live on one's memories; to live in the past ◻ *conservare un r. preciso di q.c.,* to retain (o to have) a clear memory of st. ◻ *ricordi della propria infanzia,* memories of one's childhood ◻ *Al solo r., me ne spavento ancora,* I am still frightened at the mere recollection of it **2** (oggetto che fa ricordare un luogo, un avvenimento) **souvenir;** (una persona defunta) **memento*;** (una persona assente, lontana) **keepsake 3** *(al pl.:* memorie*)* **reminiscences;** *(letter.)* **memoirs 4** (testimonianza) **record** ● *r. di famiglia,* heirloom ◻ *un monumento a r. degli eroi della Resistenza,* a monument as a memorial to the heroes of the Resistance.

ricorrèggere A *v. t.* to **correct again;** to **revise B ricorrèggersi** *v. rifl.* to **mend one's ways.**

ricorrènte A *a.* **recurrent; recurring B** *m.* e *f. (leg.)* **petitioner; complainant; plaintiff.**

ricorrènza *f.* **1** (ritorno periodico) **recurrence 2** (anniversario) **anniversary**: *la r. della nascita di q.,* the anniversary of sb.'s birth.

ricórrere A *v. t.* **1** (rivolgersi) to **apply;** to **resort;** to **have recourse;** to **have resort;** (fare appello) to **appeal**: *r. a q. per aiuto,* to apply (o to turn) to sb. for help; to have recourse to sb. ◻ *r. alla forza,* to resort to force ◻ *r. a un espediente,* to have recourse to an expedient ◻ *r. alle vie legali,* to have recourse to the law; to take legal proceedings **2** *(leg.)* to **appeal**: *r. contro una sentenza,* to appeal against a sentence ◻ *r. in Cassazione,* to appeal to the Supreme Court **3** (ripetersi) to **recur 4** (accadere) to **occur;** to **take* place 5** (di anniversario, di data) to **fall***: *Il giorno di Santo Stefano ricorre il 26 dicembre,* St Stephen's Day falls on the 26th of December **6** (correre di nuovo) to **run* again;** (tornare indietro di corsa) to **run* back** ● *(leg.) r. alla giustizia,* to go to Court ◻ *Oggi ricorre il compleanno di mia madre,* today is my mother's birthday **B** *v. t.* (anche *sport*) to **rerun*;** to **run* again.**

ricórso *m.* **1 resort; recourse**: *fare r. a q. (q.c.),* to have recourse (o to resort) to sb. (st.) **2** *(leg.)* **petition;** (appello) **appeal;** (reclamo) **claim**: *presentare un r. a q.,* to lodge (o to file) a petition with sb. ◻ *fare r. contro una sentenza,* to make an appeal (o to appeal) against a sentence **3** (il ripetersi periodico) **recurrence**: *i ricorsi storici,* historical recurrences.

ricostituènte *m. (farm.)* **(reconstituent) tonic; pick-me-up** *(fam.).*

ricostituire A *v. t.* to **reconstitute;** to **constitute again;** to **re-establish;** to **establish again;** to **set* up again;** (formare di nuovo) to **re-form,** to **form again B ricostituirsi** *v. rifl.* **1** to **be reconstituted 2** (rimettersi in buona salute) to **recover (one's strength).**

ricostituzióne *f.* **reconstitution; re-establishment.**

ricostruire *v. t.* to **reconstruct** (anche *fig.*)**;** to **construct again** (o **anew**)**;** to **rebuild***: *r. i fatti,* to reconstruct the facts ◻ *r. un testo,* to reconstruct (o to restore) a text.

ricostruttivo *a.* **reconstructive.**

ricostruzióne *f.* (anche *fig.*) **reconstruction.**

ricòtta *f.* « **ricotta** » ● *(fig.) avere il cervello di r.,* to be soft-headed; to be weak in the upper storey *(fam.)* ◻ *(fig.) avere le mani di r.,* to be butter-fingered ◻ *(fig.) essere un uomo di r.,* to be a milksop.

ricòtto *a.* **1 recooked; cooked again 2** *(metall.)* **annealed.**

ricottura *f.* **1 recooking; cooking again 2** *(metall.)* **annealing.**

ricoverare A *v. t.* to **shelter;** to **give* shelter to** (sb.) ● *r. q. in un ospedale,* to admit sb. to hospital; to hospitalize sb. **B ricoverarsi** *v. rifl.* to **shelter (oneself);** to **take* shelter;** to **find* a refuge.**

ricoverato A *a.* **sheltered B** *m.* **1** (in un ospizio) **inmate 2** (in un ospedale) **in-patient.**

ricóvero *m.* **shelter; refuge**: *dare r. a q.,* to give shelter to sb.; to shelter sb. ● *(med.) r. in ospedale,* admission to hospital; hospitalization ◻ *casa di r. per i vecchi,* old people's home.

ricreare A *v. t.* **1** (creare di nuovo) to **re-create;** to create anew (o **again) *2*** (ristorare) to **recreate**: *r. l'occhio,* to recreate one's eyes ***B* ricrearsi** *v. rifl.* to **recreate oneself; to recreate one's mind.**

ricreativo *a.* **recreative; recreational; amusing** ● *centro r.,* community centre.

ricreatòrio *m.* **recreation room.**

ricreazióne *f.* **recreation**: *l'ora della r.,* recreation time; playtime.

ricrédersi *v. rifl.* to **change one's mind;** to **be undeceived.**

ricréscere *v. i.* to **grow* again.**

ricréscita *f.* **new growth.**

ricucire *v. t.* ***1*** to **sew* (up) again *2*** (rammendare) to **mend;** to **stitch *3*** *(chirurgia)* to **stitch;** to **sew* up *4*** *(fig.:* scritti, discorsi*)* to **botch up.**

ricucitura *f.* ***1*** **sewing again *2*** (il rammendare) **mending; stitching *3*** (cosa ricucita) **mend *4*** *(fig.)* **botching up.**

ricuòcere *v. t.* ***1*** to **recook;** to **cook again *2*** *(metall.)* to **anneal.**

ricuperàbile *a.* **recoverable; retrievable.**

ricuperaménto *m.* **recovery; retrieval.**

ricuperare *v. t.* ***1*** (riacquistare) to **recover,** to **get* back,** to **recuperate;** (riguadagnare) to **regain,** to **make* up for** (st.), to **retrieve**: *r. le forze,* to recover one's strength □ *r. il proprio denaro,* to get one's money back □ *r. il tempo perduto,* to make up for lost time ***2*** (da naufragio, incendio) to **salvage *3*** *(ind.:* rigenerare*)* to **regenerate;** *(mecc.)* to **salvage *4*** (di una nave) to **refloat** ● *(sport) r. una partita,* to play a postponed match.

ricuperatóre *m.* ***1*** *(ind.)* **regenerator; recuperator *2*** *(naut.)* **salvager; wrecker.**

ricùpero *m.* ***1*** (riacquisto) **recovery; retrieval *2*** (da naufragio, incendio) **salvage *3*** *(mecc., ind.)* **regeneration *4*** (di una capsula spaziale) **pick-up** ● *r. di crediti,* collection of debts □ *capacità di r.,* resilience □ *(ind.) materiale di r.,* salvage □ *(sport) partita di r.,* replay.

ricurvo *a.* **bent; curved; crooked** ● *avere le spalle ricurve,* to be round-shouldered.

ricușa *f.* **refusal; rejection.**

ricușàbile *a.* ***1*** **admitting of refusal *2*** *(leg.)* **open to challenge.**

ricușare *v. t.* ***1*** to **refuse;** to **reject;** to **decline to accept**: *r. di fare q.c.,* to refuse to do st. ***2*** *(leg.)* to **challenge.**

ricușazióne *f.* *(leg.)* **challenge.**

ridacchiare *v. i.* to **giggle;** to **titter;** to **snigger;** to **snicker.**

ridanciano *a.* **prone to laughter** *(pred.)*; **jolly; merry; full of fun** *(pred.)*.

ridare *v. t.* ***1*** (dare di nuovo) to **give* again *2*** (restituire) to **give* back;** to **return** ● *r. fuori,* to vomit; to throw up □ *Dagli e ridagli, alla fine ci riuscii,* I did my very best, and I was successful at last.

ridarèlla *f.* *(fam.)* **giggles** *(pl.)*.

ridda *f.* ***1*** (antico ballo) **reel *2*** *(fig.)* **whirl; turmoil; tumult.**

ridènte *a.* ***1*** (che ride) **laughing;** (che sorride) **smiling;** (allegro) **merry, bright**: *occhi ridenti,* smiling eyes ***2*** (ameno) **pleasant; delightful; charming**: *un paesaggio r.,* a pleasant landscape.

(1) ridere *v. i.* ***1*** to **laugh** (at): *far r. q.,* to make sb. laugh □ *scoppiare a r.,* to burst out laughing; to break into laughter □ *r. di q.,* to laugh at sb. □ *Non c'è niente da r.,* there's nothing to laugh at □ *Mi fece r. fino alle lacrime,* he made me laugh till I cried ***2*** (arridere) to **smile** (on): *La fortuna ride agli audaci,* fortune smiles on the brave ● *r. a crepapelle,* to split one's sides with laughter □ *r. a fior di labbra,* to smile □ *r. come un matto,* to laugh one's head off □ *r. forzatamente,* to give a forced laugh □ *r. sgangheratamente,* to roar with laughter □ *aver voglia di r.,* to be in a laughing mood □ *dire q.c. per r.,* to say st. in (o for) fun □ *far r. i sassi (o i polli),* to make a cat laugh □ *Questa non è cosa da r.,* this is no laughing matter □ *Bada che io non rido!,* mind, I'm not joking! □ *Ci sarà da morire dal r.,* it will be great fun □ *Non mi piace che si rida di me,* I don't like being laughed at □ *Si fece ridere dietro da tutta la scuola,* he became the laughing stock of the whole school.

(2) ridere *m.* **laughter; laughing**: *Tutto questo r. mi dà sui nervi,* all this laughing gets on my nerves.

riderèllo *a.* **easily moved to laughter** *(pred.)*; **jolly; merry.**

ridestare *v. t.* **ridestarsi** *v. rifl.* (anche *fig.*) to **reawake*;** to **reawaken;** to **awake*** (o to **awaken) again;** to **wake* up again;** to **rouse up again.**

ridicolàggine *f.* ***1*** **ridiculousness; absurdity *2*** (cosa ridicola) **absurdity; (piece of) nonsense.**

ridicolézza *f.* ***1*** **ridiculousness; absurdity *2*** (cosa ridicola) **absurdity; (piece of) nonsense;** (inezia) **trifle, mere nothing** ● *Non fare ridicolezze!,* don't be ridiculous (o silly)!

ridicolizzare *v. t.* to **ridicule;** to **render ridiculous.**

ridìcolo *A* *a.* ***1*** **ridiculous; absurd**: *un uomo molto r.,* a very ridiculous (o funny) man □ *È r.!,* that's ridiculous!; that's silly! ***2*** (esiguo, meschino) **ridiculous; paltry *B*** *m.* ***1*** **ridicule**: *mettere in r. q.,* to hold sb. up to ridicule; to ridicule sb.; to poke fun at sb. □ *mettere in r. q.c.,* to turn st. (in)to ridicule ***2*** (ridicolaggine) **ridiculousness; absurdity** ● *cadere nel r.,* to become ridiculous.

ridimensionaménto *m.* ***1*** **reorganization *2*** (riduzione) **retrenchment *3*** *(fig.)* **reappraisal.**

ridimensionare *v. t.* ***1*** to **reorganize *2*** (ridurre) to **retrench *3*** *(fig.)* to **reappraise;** to **see*** (st.) **in the right perspective;** to **debunk** *(fam.)*.

ridire *v. t.* ***1*** (dire di nuovo) to **tell* again;** to **retell*;** to **say* again**: *Te l'ho detto e ridetto cento volte,* I've told you over and over again ***2*** (riferire) to **repeat**: *Egli ridice tutto quello che mi sente dire,* he repeats everything he hears me say ***3*** (dire censurando) to **find* fault** (with); (obiettare) to **object** (to): *Spero che non troverai nulla da r.,* I hope you won't object.

ridiscéndere *v. t.* e *i.* to **redescend;** to **descend again;** to **come*** (o to **go) down again.**

ridomandare *v. t.* ***1*** (domandare di nuovo) to **ask again;** (domandare con insistenza) to **keep* on asking *2*** (chiedere in restituzione) to **ask for** (st.) **back;** to **ask** (sb.) **to give back** (st.).

ridonare *v. t.* ***1*** (donare di nuovo) to **give* again *2*** (restituire) to **give* back;** to **restore** ● *r. la libertà a q.,* to set sb. free again.

ridondante *a.* **redundant; superabundant.**

ridondanza *f.* **redundance, redundancy; superabundance; excess.**

ridondare *v. i.* *(lett.)* ***1*** (sovrabbondare) to **be redundant;** to **superabound *2*** (risultare) to **redound**: *r. in favore di q.,* to redound (o to turn) to sb.'s advantage.

ridosso *m.* **lee** (specialm. *naut.*); **shelter**: *a r. di,* under (the) lee of; behind; at the back of; close by: *Il monte è a r. della città,* the mountain rises behind the town.

ridótta *f.* *(mil.)* **redoubt.**

ridótto *A* *a.* **reduced** ● *edizione ridotta,* abridged edition □ *formato r.,* small size □ *essere mal r.,* to be in a bad state (o in reduced circumstances) □ *orario r.,* short time □ *tariffa ridotta,* cheap fare ***B*** *m.* *(teatr.)* **foyer.**

riducènte *A* *a.* **reducing** (anche *chim.*) ***B*** *m.* *(chim.)* **reducer.**

riducìbile *a.* **reducible.**

ridurre *A* *v. t.* ***1*** to **reduce;** to **cut* down;** to **curtail;** to **shorten**: *r. la velocità,* to reduce speed □ *r. il prezzo di un prodotto,* to reduce (o to lower, to bring down) the price of a product □ *r. le spese,* to reduce (o to cut down) expenses □ *r. un discorso,* to curtail a speech ***2*** (mutare, trasformare) to **reduce** (to); to **turn** (into): *(mat.) r. più frazioni al minimo comun denominatore,* to reduce some fractions to the lowest common denominator (*abbr.:* to the L.C.D.) ***3*** (spingere, portare) to **drive*;** to **reduce**: *r. q. alla pazzia,* to drive sb. mad □ *r. q. alla disperazione,* to drive (o to reduce) sb. to despair □ *r. q. al silenzio,* to reduce sb. to silence □ *essere ridotto a fare q.c.,* to be reduced (o driven) to doing st. □ *r. q. in fin di vita,* to reduce sb. to his last gasp ***4*** (adattare) to **adapt**: *r. un romanzo per lo schermo,* to adapt a novel for the screen ***5*** *(mus.)* to **adapt;** to **arrange *6*** (tradurre) to **translate**: *r. un brano in latino,* to translate a passage into Latin ***7*** (raccogliere, adunare) to **unite;** to **assemble;** to **gather *8*** (ricondurre) to **bring* back;** to

take* back: *r. il gregge all'ovile,* to bring back the flock to the fold □ *r. q.c. alla memoria,* to bring st. back (o to recall st.) to memory ● *r. alla ragione,* to bring to reason □ *r. in pezzi,* to break into pieces; to smash to pieces □ *r. un'opera letteraria,* to abridge a literary work □ *r. q. a mal partito,* to reduce sb. to a sorry plight ***B* ridursi** *v. rifl.* ***1*** to **reduce oneself; to come* (down)**: *Tutti i miei progetti si sono ridotti a nulla,* all my plans have come to nothing ***2*** (diventare) to **be reduced; to become***: *r. pelle e ossa,* to be reduced to skin and bone (o almost to a skeleton) □ *r. a mendicare,* to become a beggar ***3*** (ritirarsi) to **retire**: *r. a vita privata,* to retire into private life ***4*** (restringersi) to **shrink*** *(anche fig.).*

riduttóre ***A*** *m.* ***1*** (chi riduce) **reducer** ***2*** *(mecc.)* **reducer**: *un r. di velocità,* a speed-reducer ***3*** *(fotogr.)* **adapter** ***B*** *a. (anche mecc.)* **reducing.**

riduzióne *f.* ***1*** **reduction; cut**: *(comm.) una r. dei prezzi,* a reduction in prices □ *una r. dei salari,* a cut in wages (o a wage-cut) ***2*** *(mat.)* **reduction**: *la r. di una frazione ai minimi termini,* the reduction of a fraction to the lowest terms ***3*** (di un libro) **abridg(e)ment;** *(mus.)* **arrangement, adaptation** ***4*** *(chim., mecc.)* **reduction** ***5*** (sconto) **discount**: *fare una r.,* to grant a discount ● *r. cinematografica (di un romanzo),* screen adaptation.

rièćco *avv.* **here again; there again**: *Rieccoti!,* here you are again! □ *Rieccoti il libro!,* here's your book! ● *R. la pioggia!,* it's raining again.

riecheggiare *v. i. e t.* ***1*** to **re-echo; to resound** ***2*** *(fig.)* to **echo.**

riedificare *v. t.* to **rebuild***; to **build* again**; to **reconstruct.**

riedificazióne *f.* **rebuild; rebuilding; reconstruction.**

rièdito *a.* **newly edited.**

riedizióne *f.* ***1*** **new edition; reissue** ***2*** *(cinem.)* **remake** ***3*** *(teatr.)* **revival.**

rieducare *v. t.* to **re-educate.**

rieducazióne *f.* **re-education.**

rielèggere *v. t.* to **re-elect;** to **elect again.**

rieleggìbile *a.* **re-eligible.**

rieleggibilità *f.* **re-eligibility.**

rielezióne *f.* **re-election.**

riemèrgere *v. i.* to **re-emerge.**

riemersióne *f.* **re-emergence.**

riempiménto *m.* **(re)filling; filling up; filling in** ● *a r. automatico,* self-filling.

riempire ***A*** *v. t.* ***1*** *(anche fig.)* to **fill (up); to stuff**: *r. un bicchiere,* to fill a glass up □ *r. q. di gioia (di terrore),* to fill sb. with joy (with terror) □ *r. un materasso (un guanciale),* to stuff a mattress (a pillow) □ *r. un pollo,* to stuff a chicken ***2*** (inserire quanto manca) to **fill in**: *r. un modulo,* to fill in a form ● *r. i vuoti,* (di bottiglie, ecc.) to refill the empties; (di spazi in bianco) to fill in the blanks ***B* riempirsi** *v. rifl.* ***1*** to **fill (up); to fill oneself; to be filled**: *Le si riempirono gli occhi di lacrime,* her eyes filled with tears ***2*** *(fam.:* rimpinzarsi) to **stuff oneself,** to **cram oneself** (with).

riempita *f. (fam.)* **(re)filling; filling up** ● *dare una r.,* to fill up.

riempitivo ***A*** *a.* **filling** ***B*** *m.* **filler; makeweight**: *Non è che un r.,* it's a mere filler.

riempitura *f.* ***1*** **(re)filling; filling up; filling in; stuffing** ***2*** (ciò che serve a riempire) **filler; filling.**

rientrante ***A*** *a.* ***1*** **re-entrant** ***2*** (incavato) **sunken; hollow; deep-set** ***B*** *m. (mil.)* **re-entrant.**

rientranza *f.* **recess; indentation.**

rientrare *v. i.* ***1*** (entrare di nuovo) to **re-enter,** to **enter** (a place) **again;** (tornare) to **return,** to **go* back,** to **come* back** (to): *r. in possesso di q.c.,* to re-enter into possession of st.; to regain possession of st. □ *r. in città,* to return (o to go back) to town ***2*** (essere compreso, far parte) to **form** (o to **be) part of** (st.); to **be included in** (st.); to **fall*** (o to **come*) within** (st.): *non r. nei propri obblighi,* not to form part of one's duties □ *Questo non rientrava nel nostro programma,* this wasn't included in our programme ***3*** (restringersi) to **shrink*** ***4*** (assumere un profilo concavo) to **curve inwards** ● *(mil.) r. alla base,* to return to one's base □ *(sport) r. in gioco,* to return to the game □ *(naut.) r. in porto,* to return to port □ *r. in sé,* to recover one's senses; to come to oneself □ *r. nelle grazie di q.,* to regain sb.'s favour □ *r. nei propri diritti,* to be reinstated in one's rights □ *r. nelle spese,* to recover one's expenses □ *(tipogr.) far r.* (una linea), to indent.

riéntro *m.* ***1*** **re-entry** (anche di navicella spaziale) ***2*** (restringimento di stoffa bagnata) **shrinkage** ***3*** *(comm.)* **return.**

riepilogare *v. t.* to **recapitulate; to sum up;** to **summarize.**

riepìlogo *m.* **recapitulation; summary.**

rieșame *m.* ***1*** **re-examination** ***2*** *(leg.:* d'una causa) **rehearing.**

rieșaminare *v. t.* ***1*** to **re-examine; to examine again** ***2*** *(leg.:* una causa) to **rehear*.**

rièssere *v. i.* to **be again;** to **be back again** ● *Ci risiamo!,* here we go again!

rieșumare *v. t. (anche fig.)* to **exhume.**

rieșumazióne *f. (anche fig.)* **exhumation.**

rievocare *v. t.* ***1*** to **recall;** to **call up again** ***2*** (commemorare) to **commemorate.**

rievocazióne *f.* ***1*** **recalling** ***2*** (commemorazione) **commemoration.**

rifaciménto *m.* ***1*** **remaking** ***2*** *(letter.)* **adaptation; rehash** *(spreg.)* ***3*** *(cinem.)* **remake.**

rifare ***A*** *v. t.* ***1*** to **do* again;** to **make* again;** to **remake***: *r. q.c. tutto da capo,* to do st. all over again ***2*** (imitare) to **imitate;** (scimmiottare) to **ape**: *r. la voce di q.,* to imitate (o to ape) sb.'s voice ***3*** (contraffare) to **forge**: *r. la firma di q.,* to forge sb.'s signature ***4*** (ripristinare) to **restore;** to **rebuild*** ***5*** (ripercorrere) to **retrace;** to **go* back over** *(anche fig.)* ***6*** (riparare) to **repair** ***7*** (cambiare, sostituire) to **change;** to **renew** ***8*** (rieleggere) to **re-elect** ● *r. le camere,* to do the bedrooms □ *r. un letto,* to make a bed □ *r. la pace,* to make it up (again) ***B* rifarsi** *v. rifl.* ***1*** to **make* up**: *r. del tempo perduto,* to make up for lost time ***2*** (vendicarsi) to **revenge oneself** (on, for); to **get* one's own back** (on) *(fam.)* ***3*** (ristabilirsi, riprendere le forze) to **recover** ***4*** (risalire nel tempo) to **go* back** (to) ***5*** (seguire, imitare) to **follow** ***6*** (del tempo) to **settle** ● *r. da zero,* to start again from scratch *(fam.)* □ *r. di una perdita,* to recover a loss □ *r. una vita,* to make a new life for oneself □ *Non so da che parte rifarmi,* I don't know where to start.

rifàscio *m.* — *a r.,* (a bizzeffe) in large quantities, in plenty, galore; (alla rinfusa) pell-mell ● *andare a r.,* to go to (rack and) ruin; to go to the dogs *(fam.)* □ *piovere a r.,* to pour; to rain cats and dogs *(franc.).*

rifatto *a.* ***1*** (fatto un'altra volta) **remade; made again; done again** ***2*** (racconciato) **patched up; botched** ***3*** (di vivande) **cooked again; warmed up** ● *villano r.,* upstart; parvenu.

riferìbile *a.* **referable.**

riferiménto *m.* ***1*** **reference**: *segno di r.,* reference mark □ *(comm.) con r. alla Vostra lettera,* with reference to your letter □ *fare un r. a q.c. (q.),* to make a reference (o to refer) to st. (sb.) ***2*** *(aeron.)* **datum*** ● *(topografia) punto di r.,* landmark.

riferire ***A*** *v. t.* ***1*** to **report;** to **tell***; to **relate** ***2*** (ascrivere) to **ascribe;** to **attribute;** to **refer** ***B* riferirsi** *v. rifl.* ***1*** (rapportarsi) to **refer,** to **make* reference** (to) ***2*** (concernere) to **concern** (sb., st.); to **refer,** to **apply** (to).

(1) riffa *f.* — *di r. o di raffa,* by hook or by crook.

(2) riffa *f.* (lotteria privata) **raffle.**

rifiatare *v. i.* ***1*** (respirare) to **breathe** ***2*** *(fig.:* riprendere fiato) to **take* breath** ***3*** (dir parola) to **breathe a word;** to **utter a (single) word**: *Guai a te se rifiati!,* mind you don't breathe a word of this! ● *senza r.,* without a moment's rest; uninterruptedly.

rifilare *v. t.* ***1*** (tagliare a filo) to **trim** ***2*** *(fam.:* menare, dare) to **deal***; to **deliver** ***3*** *(fam.:* dare con astuzia spesso fraudolenta) to **palm** (st.) **off** (on).

rifilatrice *f.* (macchina che rifila) **trimmer.**

rifilatura *f.* **trimming.**

rifinire *v. t.* (portare a compimento) to **finish off;** to **give* the finishing touches to** (st.).

rifinitézza *f.* **finish.**

rifinito *a.* **finished**: *un abito ben r.,* a well-finished suit.

rifinitóre *m.* **finisher.**

rifinitura *f.* **finish; finishing touches** *(pl.)*.
rifiorimènto *m.* *1* **blossoming again; blooming again** *2 (fig.)* **reflourishment; reflourishing; revival.**
rifiorire *v. i.* *1* to **blossom again;** to **bloom again** *2 (fig.:* riprendere vigore) to **reflourish;** to **flourish again;** to **thrive* again;** to **prosper again** *3* (di macchie: riaffiorare) to **reappear;** to **appear again;** to **come* out again.**
rifiorita *f.* **reflorescence; new blossoming; new blooming.**
rifioritura *f.* *1* **reflorescence; new blossom; new bloom** *2 (fig.)* **reflourishing; revival** *3* (il riaffiorare di macchie) **reappearance; coming out again** *4* (abbellimento) **embellishment.**
rifischiare *v. t.* e *i.* *1* (fischiare di nuovo) to **whistle again** *2* (fischiare in risposta) to **whistle back** *3 (fam.:* riferire) to **repeat;** to **tell*.**
rifiutàbile *a.* **admitting of refusal; rejectable.**
rifiutare *A* *v. t.* *1* (non accettare) to **refuse;** (declinare) to **decline;** (respingere) to **reject,** to **repel,** to **turn down**: *r. un dono,* to refuse a gift ◻ *r. i consigli di q.,* to refuse (o to turn down) sb.'s advice *2* (non voler concedere) to **refuse;** to **deny**: *r. il consenso,* to refuse one's consent ◻ *r. un favore a q.,* to deny sb. a favour *3* (rinnegare) to **refuse to recognize;** to **renounce;** to **disown;** to **deny** *B* **rifiutarsi** *v. rifl.* to **refuse;** to **decline**: *r. di fare q.c.,* to refuse to do st.
rifiuto *m.* *1* (il non accettare) **refusal; rejection; turning down**: *non accettare un r.,* to take no refusal *2* (diniego) **refusal; denial**: *un netto r.,* a flat denial *3* (scarto) **waste; refuse**: *acque di r.,* refuse water ◻ *materiale di r.,* waste material *4 (al pl.:* immondizie) **refuse, rubbish, litter** *(solo sing.)*; **scum** *(solo sing.:* anche *fig.)*; **dregs** (anche *fig.)*: *i rifiuti della società,* the dregs (o scum) of society ● *(comm.) r. di accettazione,* non-acceptance ◻ *r. di galera,* jail-bird ◻ *opporre un r.,* to refuse.
riflessióne *f.* *1* **reflection; meditation; consideration; deliberation**: *le riflessioni di un uomo saggio,* a wise man's reflections (o meditations) ◻ *dopo matura r.,* after mature deliberation *2 (fis.)* **reflection, reflexion**: *la r. di un'immagine (della luce, del suono),* the reflection of an image (of light, of sound) ◻ *angolo di r.,* angle of reflection *3* (osservazione) **remark; observation.**
riflessivo *a.* *1* **reflective; thoughtful** *2 (gramm.)* **reflexive**: *un pronome (un verbo) r.,* a reflexive pronoun (verb).
riflèsso *A* *a.* *1* (anche *fig.)* **reflected**: *brillare di luce riflessa,* to shine with reflected light *2 (fisiologia)* **reflex**: *atti riflessi,* reflex actions *B* *m.* *1* **reflection, reflexion;** *(fig.)* **repercussion** *2 (fisiologia)* **reflex.**
riflettènte *a.* (anche *fis.)* **reflecting.**
riflèttere *A* *v. t.* to **reflect;** *(fig.)* to **mirror,** to **reflect**: *r. un'immagine,* to reflect an image ◻ *L'occhio riflette i moti dell'animo,* the eye mirrors the workings of the mind *B* *v. i.* to **reflect** (upon); to **think*** (st.) **over;** to **consider** (st.); to **ponder** (on, over) ● *senza r.,* inconsiderately; thoughtlessly *C* **riflèttersi** *v. rifl.* *1* to **be reflected** (anche *fig.)*; to **be mirrored** *2 (fig.:* ripercuotersi) to **have repercussions** (on).
riflettóre *m. (fis., telev., radar)* **reflector;** (proiettore elettrico) **searchlight, spotlight, floodlight.**
rifluire *v. i.* *1* to **flow back;** to **reflow**: *fluire e r.,* to flow and reflow *2* (della marea) to **ebb** *3* (affluire di nuovo) to **pour again** (into).
riflusso *m.* *1* **reflux; refluence; flowing back**: *flusso e r.,* flux and reflux *2* (della marea) **ebb**: *il flusso e il r. della marea,* the ebb and flow of the tide.
rifocillamènto *m.* **refreshment.**
rifocillare *A* *v. t.* to **give* refreshment to;** to **refresh** *B* **rifocillarsi** *v. rifl.* to **refresh oneself;** to **take* refreshment** ● *r. lo stomaco,* to have st. to eat and drink.
rifoderare *v. t.* to **reline;** to **provide with a new lining.**
rifóndere *v. t.* *1* (rimborsare) to **refund;** to **reimburse;** to **repay*;** to **pay* back**: *r. le spese,* to refund expenses *2* (fondere di nuovo) to **remelt;** to **melt again** *3 (metall.)* to **recast*** *4* (rif. a scritti) to **recast*.**
rifórma *f.* *1* (il formare di nuovo) **re-formation; re-forming** *2* (il migliorare, il correggere) **reform; reformation; reforming; improvement; amendment**: *una r. sociale,* a social reform ◻ *una r. totale,* a sweeping reform *3 (mil.)* **declaration of unfitness for military service** *4 (stor.)* **Reformation.**
riformàbile *a.* *1* **reformable; susceptible of reformation** *2 (mil.)* **apt to be declared unfit for military service.**
riformare *A* *v. t.* *1* (formare di nuovo) to **re-form;** to **reshape;** to **form** (o to **shape) again** (o **anew)** *2* (migliorare, correggere) to **reform;** to **improve;** to **mend** *3 (relig.)* to **reform** *4 (mil.)* to **declare** (sb.) **unfit for military service;** to **reject (as unfit)** ● *(scherz.) r. (con un pugno) i connotati a q.,* to smash sb.'s face in *B* **riformarsi** *v. rifl.* to **form again.**
riformato *A* *a.* *1* (formato di nuovo) **re-formed; formed again** (o **anew)** *2* (emendato) **reformed; improved; amended** *3 (relig.)* **reformed**: *le Chiese riformate,* the Reformed Churches *B* *m. (mil.)* **man* declared unfit for military service.**
riformatóre *A* *m.* **reformer** *B* *a.* **reforming.**
riformatòrio *m.* **reformatory; approved school; borstal.**
riformazióne *f.* **re-formation; new formation.**
riformișmo *m. (polit.)* **reformism.**
riformista *m.* e *f. (polit.)* **reformist.**
riformìstico *a. (polit.)* **reformist** *(attr.)*; **reformistic.**
rifornimènto *m.* *1* (il rifornire, il rifornirsi) **(re)supply; restocking** *2* (il riempire) **filling up;** (di carburante) **refuelling**: *(autom.) un posto (o una stazione) di r.,* a filling-station; a petrol station *3 (al pl.:* provviste) **supplies; provisions.**
rifornire *A* *v. t.* *1* (fornire, fornire di nuovo) to **(re)supply;** to **provide (again);** to **restock**: *r. q. di q.c.,* to supply (o to provide) sb. with st. *2* (riempire) to **fill up (again);** (di carburante) to **refuel** *B* **rifornirsi** *v. rifl.* to **supply oneself (again),** to **provide oneself (again)** (with); to **make* a (fresh) supply** (of) ● *(naut.) r. di viveri (o di munizioni),* to take in stores.
rifornitóre *m.* **supplier; provider.**
rifrangènte *a. (fis.)* **refractive; refracting.**
rifrangènza *f. (fis.)* **refractivity.**
rifràngere *A* *v. t. (fis.)* to **refract** *B* **rifràngersi** *v. rifl.* *1 (fis.)* to **be refracted** *2* (di onde, ecc.) to **break*.**
rifrangìbile *a. (fis.)* **refrangible.**
rifratto *a. (fis.)* **refracted.**
rifrattóre *m. (fis.)* **refractor.**
rifrazióne *f. (fis., astron.)* **refraction.**
rifreddare *A* *v. t.* to **cool** *B* **rifreddarsi** *v. rifl.* to **cool down.**
rifréddo *a.* **cold.**
rifrìggere *v. t.* *1* (friggere di nuovo) to **fry (up) again** *2 (fig.:* ripetere più volte) to **repeat** (st.) **over and over again;** to **harp on** (st.): *friggere e r. sempre le stesse cose,* to be continually harping on the same string.
rifritto *a.* *1* (fritto di nuovo) **fried (up) again** *2 (fig.:* ripetuto più volte) **repeated over and over again; oft-told; stale.**
rifrittura *f. (spreg.)* **rehash.**
rifuggire *v. i.* *1* to **run* away again;** to **flee* again;** to **escape again** *2 (fig.)* to **shrink*;** to **recoil**: *r. dal fare nuove conoscenze,* to shrink from making new acquaintances ◻ *r. dalla vendetta,* to recoil from vengeance.
rifugiarsi *v. rifl.* to **take*** (o to **seek*) refuge** (anche *fig.)*; to **take* shelter;** to **shelter (oneself)**: *r. in un paese straniero,* to seek refuge in a foreign country.
rifugiato *m.* **refugee.**
rifùgio *m.* **refuge** (anche *fig.)*; **shelter**: *cercare r.,* to seek refuge ◻ *trovare r.,* to find shelter; to shelter ◻ *un r. antiaereo,* an air-raid shelter.
rifulgènte *a.* (anche *fig.)* **refulgent; resplendent; glowing.**
rifùlgere *v. i. (lett.)* (anche *fig.)* to **be refulgent;** to **shine* (bright);** to **glow.**
rifușióne *f.* *1 (metall.)* **remelting** *2 (fig.:* rimborso) **reimbursement; refund;** (risarcimento) **compensation.**
rifușo *a.* *1 (metall.)* **remelted** *2* (rimborsato) **reim-**

bursed; refunded.

riga *f.* **1 line**: *tirare una r.*, to draw a line ⊔ *(fig.) leggere fra le righe,* to read between the lines ⊔ *scrivere due righe a q.*, to drop sb. a few lines **2** (fila) **row**: *tutti su una r.*, all in a row; all in line **3** (regolo) **rule; ruler 4** (striscia) **stripe**: *a righe bianche e rosse,* with red and white stripes **5** (scriminatura) **parting 6** *(mus.)* **stave; staff*** ● *r. a forma di T.*, T-square ⊔ *calzini (pantaloni) a righe,* striped socks (trousers) ⊔ *farsi la r.* (nei capelli), to part one's hair ⊔ *(mil.) mettersi in r.*, to line up ⊔ *(fig.) mettersi in r. con q.*, to vie (o to compete) with sb. ⊔ *(fig.) rimettere in r. q.*, to make sb. toe the line ⊔ *(mil.) rompere le righe,* to break ranks ⊔ *(mil.) far rompere le righe a un plotone,* to dismiss a platoon ⊔ *(fig.) stare in r.*, to toe the line; to behave properly ⊔ *(tipogr.) ultima r. di un paragrafo,* break (line) ⊔ *(fig.) uscire dalla r.*, to step out of line ⊔ *È una canaglia di prima r.*, he's an out-and-out scoundrel.

rigàglie *f. pl.* (interiora di pollo) **giblets.**

rigàgnolo *m.* **rivulet; streamlet; runnel; trickle.**

rigare *v. t.* **1** (segnare con righe) to **rule**; to **line 2** (rif. a canna d'arma da fuoco) to **rifle 3** *(fig.)* to **furrow**; to **stream down**; to **flow down**: *Le lacrime le rigavano il volto,* tears streamed down her face ● *(fig.) r. diritto,* to behave properly; to toe the line.

rigatino *m. (ind. tessile)* **striped cotton material.**

rigato *a.* **1 ruled; lined**: *carta rigata,* ruled paper **2** (a strisce) **striped 3** (della canna d'un'arma da fuoco) **rifled 4** *(fig.:* solcato) **furrowed;** (bagnato) **bathed, wet**: *una fronte rigata di sudore,* a forehead bathed in sweat.

rigatterìa *f.* **junk; trash.**

rigattière *m.* **1 second-hand dealer; junk dealer 2** (chi rivende abiti usati) **old-clothes dealer** ● *bottega di r.*, junk shop; old-clothes shop.

rigatura *f.* **1 ruling; lining 2** (righe) **lines** *(pl.)*; **stripes** *(pl.)* **3** (di canna d'arma da fuoco) **rifling.**

rigenerare A *v. t.* **1** to **regenerate** (anche *fig.*) **2** *(ind.)* to **reclaim**; (pneumatici) to **retread B rigenerarsi** *v. rifl.* to **be regenerated**; to **grow* again.**

rigeneratóre *m.* **1 regenerator 2** *(ind.)* **heat-exchanger** ● *lozione rigeneratrice dei capelli,* hair-restorer.

rigenerazióne *f.* **1 regeneration** (anche *fig.*) **2** *(ind.)* **reclaiming**; (rif. a pneumatici) **retreading.**

rigettare A *v. t.* **1** (gettare di nuovo) to **throw* again**; to **fling* again**; to **hurl again 2** (gettare indietro) to **throw* back**; to **fling* back**; to **hurl back 3** (respingere) to **drive* back**; to **push back**; to **repel 4** (non accogliere) to **reject**; to **turn down**; to **throw* out**: *r. una proposta,* to reject (o to turn down) a proposal **5** (vomitare) to **vomit**; to **throw* up 6** *(bot.)* to **bud (again)**; to **sprout (again) 7** *(metall.)* to **recast*** ● *r. a riva,* to cast ashore **B rigettarsi** *v. rifl.* to **throw*** (o to **fling***) **oneself again.**

rigètto *m.* **1 rejection; rejecting**: *il r. d'un disegno di legge,* the rejection (o throwing out) of a bill **2** (cosa rigettata) **reject 3** *(biol., med.)* **rejection.**

righèllo *m.* **rule; ruler; straightedge** ● *r. graduato,* scale.

righettare *v. t.* to **rule**; to **line**; to **stripe.**

rigidaménte *avv.* **rigidly; with rigour; strictly.**

rigidézza *f.* **1 rigidness; rigidity; stiffness; inflexibility 2** *(fig.)* **rigidity; rigour; strictness; sternness 3** (asprezza di clima) **severity; rigours** *(pl.)*.

rigidità *f.* **1 rigidity; stiffness; inflexibility 2** *(fig.)* **rigidity; rigour; strictness; austerity 3** (asprezza di clima) **severity; rigours** *(pl.)* ● *(med.) r. cadaverica,* rigor mortis *(lat.)*; death stiffening.

rìgido *a.* **1 rigid; stiff; hard; inflexible; unbending 2** *(fig.)* **rigid; rigorous; strict; stern; severe; harsh**: *un insegnante r.*, a strict teacher ⊔ *disciplina rigida,* rigorous discipline **3** (di clima, stagione, tempo, ecc.) **severe; rigorous; harsh**: *un clima r.*, a rigorous climate **4** *(econ.:* di domanda, offerta) **sticky; inelastic.**

rigirare A *v. t.* e *i.* **1** (girare di nuovo) to **turn again**; to **turn round again**; (girare più volte) to **turn over**: *r. la chiave,* to turn the key again; to give the key another turn ⊔ *r. q.c. tra le mani,* to turn st. over in one's hands **2** (raggirare, menare per il naso) to **get* round** (sb.) **3** (percorrere girando attorno) to **go* all round** (a place); (cingere tutt'intorno) to **surround** ● *r. il discorso,* to change subject ⊔ *r. una frase,* to turn a sentence ⊔ *comunque rigiri la cosa,* however you look at it ⊔ *far r. q. nella tomba,* to make sb. turn in his grave **B rigirarsi** *v. rifl.* to **turn round**; to **turn over**: *r. nel letto,* to turn over in bed ● *non sapere dove r.*, not to know which way to turn.

rigiro *m.* **1 turning back; turning round 2** *(fig.:* imbroglio) **ruse; dodge; swindle** ● *usare molti rigiri di parole,* to beat about the bush.

rigo *m.* **1** (linea: linea di stampa o di scrittura) **line**: *scrivere un r.*, to drop a line **2** *(mus.)* **staff*; stave.**

rigóglio *m.* **luxuriance** (anche *fig.*); **luxuriant** (o **lush**) **growth**; (esuberanza) **exuberance** ● *(fig.) in pieno r.*, in full bloom.

rigoglióso *a.* **luxuriant** (anche *fig.*); **exuberant; lush.**

rigògolo *m. (zool.,* Oriolus oriolus) **golden oriole.**

rigonfiaménto *m.* **swelling; bulge.**

rigonfiare A *v. t.* to **blow* up (again)**; to **puff out (again)** ● *r. una gomma,* to pump up a tyre **B** *v. i.* e **rigonfiarsi** *v. rifl.* to **swell* (again)**; to **swell* up.**

rigónfio A *a.* **inflated; swollen; puffed out B** *m.* **swelling.**

rigóre *m.* **1** (freddo intenso) **rigour** *(per lo più al pl.)*; **severity; harshness**: *il r. invernale,* the rigours of winter **2** *(fig.)* **rigour; (extreme) strictness; severity**: *punire q. col massimo r. della legge,* to punish sb. with the utmost rigour of the law ● *a r. di termini,* strictly speaking ⊔ *(mil.) arresti di r.*, close arrests ⊔ *(sport) calcio di r.*, penalty kick ⊔ *di r.*, compulsory; obligatory; de rigueur *(franc.)*.

rigorişmo *m.* **rigorism; extreme strictness.**

rigorista *m.* e *f.* **rigorist.**

rigorosaménte *avv.* **rigorously; strictly.**

rigorosità *f.* **rigorousness; rigour; rigidity; strictness; severity.**

rigoróso *a.* **1** (rigido) **rigorous; rigid; strict; severe 2** (esatto) **rigorous; rigid; accurate; exact 3** *(mus.)* **strict.**

rigovernare *v. t.* **1** (lavare stoviglie sporche) to **wash up 2** (rif. a cavalli) to **groom.**

rigovernatura *f.* **1 washing up 2** (acqua usata per rigovernare) **dish-water.**

riguadagnare *v. t.* **1** (guadagnare di nuovo) to **re-earn**; to **earn again**; to **gain again 2** (ricuperare) to **regain**; to **win* back**; to **recover**; to **get* back**: *r. la stima di q.*, to regain sb.'s good opinion ⊔ *r. velocità,* to regain speed; to pick up speed.

riguardare A *v. t.* **1** to **look at** (sb., st.) **again**; (guardare attentamente) to **examine 2** (considerare) to **regard**; to **consider**; to **look on** (sb., st.) **3** (concernere) to **concern**; to **regard**: *Questo non mi riguarda,* this does not concern me (o this is no concern of mine) ⊔ *per quel che mi riguarda,* as far as I'm concerned **4** (custodire con cura) to **take* care of** (sb., st.) **B riguardarsi** *v. rifl.* **1** (avere riguardo di sé) to **take* care of oneself**; to **look after oneself**; to **protect oneself** (from) **2** (stare in guardia) to **beware** (of); to **guard** (against).

riguardata *f.* **look; glance**: *dare una r. a q.c.*, to have a look at st.; to look st. over.

riguardo *m.* **1** (attenzione, cura) **care**: *Abbiti r.*, take care of yourself ⊔ *fare q.c. col massimo r.*, to do st. with the utmost care ⊔ *con tutti i riguardi,* with the greatest care **2** (rispetto, deferenza) **respect; regard; consideration**: *non avere r. per q.c.*, to have no consideration for st. ⊔ *per r. a q.*, out of respect for sb. ⊔ *per r. alla sua età,* out of consideration for his (o her) age **3** (relazione, attinenza) **respect; connection; regard**: *r. a ciò,* with regard to this ⊔ *a questo r.*, in this connection ⊔ *sotto ogni r.*, in every respect ● *non avere riguardi,* not to stand on ceremony ⊔ *parlare senza r.*, to speak freely (o openly) ⊔ *persona di r.*, person of consequence ⊔ *senza r. a spese,* without considering the expense.

riguardóso *a.* **respectful; regardful; considerate**: *essere r. dei diritti altrui,* to be respectful of other people's rights.

rigurgitante *a.* (brulicante) **swarming; teeming.**

rigurgitare ***A*** *v. i.* ***1*** to **regurgitate;** to **gush back** ***2*** (traboccare) to **overflow** ***3*** *(fig.)* to **swarm,** to **teem** (with) ***B*** *v. t.* to **regurgitate.**

rigùrgito *m.* ***1*** **regurgitation** (anche *med.*); **regurgitating; gushing back** ***2*** (il traboccare) **overflow** ***3*** *(fig.:* improvviso ritorno*)* **resurgence.**

rilanciare ***A*** *v. t.* ***1*** (lanciare di nuovo) to **fling* again;** to **hurl again;** to **throw* again** ***2*** (lanciare a propria volta) to **fling* back;** to **hurl back;** to **throw* back** ***3*** *(fig.)* to **relaunch** ● (in un'asta; al gioco d'azzardo) *r. l'offerta,* to raise the bid; to make a higher bid ***B*** **rilanciarsi** *v. rifl.* to **fling*** (o to **hurl,** to **throw***) **oneself again.**

rilàncio *m.* ***1*** (il lanciare di nuovo) **flinging again; hurling again; throwing again** ***2*** (il lanciare a propria volta) **flinging back; hurling back; throwing back** ***3*** *(fig.)* **relaunching** ● (in un'asta; al gioco d'azzardo) *r. di un'offerta,* raising of a bid; higher bid.

rilasciare ***A*** *v. t.* ***1*** (lasciare di nuovo) to **leave* again** ***2*** (liberare) to **release;** to **set*** (sb.) **free** (o **at liberty)** ***3*** *(fig.:* allentare*)* to **relax** ***4*** (consegnare) to **deliver;** to **consign** ***5*** (concedere) to **grant;** to **give*;** to **allow** ● *r. un passaporto,* to issue a passport ⊔ *r. (una) ricevuta,* to make out a receipt ***B*** **rilasciarsi** *v. rifl.* to **relax.**

rilascio *m.* ***1*** (il lasciare libero) **release** ***2*** (consegna) **delivery; consignment** ***3*** (concessione) **grant** ● *r. d'un certificato (d'un passaporto),* issue of a certificate (of a passport).

rilassaménto *m.* **relaxation** (anche *med.*); **relaxing.**

rilassare ***A*** *v. t.* ***1*** to **relax**: *r. i nervi,* to relax one's nerves ⊔ *r. la disciplina,* to relax discipline ***2*** (allentare) to **slacken** ***B*** **rilassarsi** *v. rifl.* ***1*** to **relax**: *È necessario che tu ti rilassi,* you must relax ***2*** (allentarsi) to **slacken;** to **become* slack.**

rilassatézza *f.* (specialm. *fig.*) **laxity.**

rilassato *a.* ***1*** **relaxed** ***2*** *(fig.)* **lax; loose**: *costumi rilassati,* lax morals.

rilassatóre *a.* **relaxing.**

rileccare *v. t.* ***1*** to **lick again;** to **re-lick** ***2*** *(fig.)* to **polish up.**

rileccato *a.* ***1*** (di persona) **all dressed up; decked out;** (lezioso) **affected** ***2*** (di lavoro) **polished up.**

rilegare *v. t.* ***1*** (legare di nuovo) to **tie (up) again;** to **bind* again** ***2*** (un libro) to **bind*** ***3*** (incastonare) to **set*.**

rilegato *a.* ***1*** (legato di nuovo) **tied (up) again; bound again** ***2*** (di un libro) **bound**: *r. in pelle,* bound in leather ⊔ *un libro ben r.,* a well-bound book.

rilegatóre *m.* **bookbinder.**

rilegatura *f.* **binding**: *la r. di libri,* bookbinding.

rilèggere *v. t.* ***1*** (leggere di nuovo) to **read* over again;** to **re-read*** ***2*** (rivedere) to **revise.**

rilènto, a *locuz. avv.* **slowly;** (con cautela) **cautiously, with caution.**

rilevaménto *m.* ***1*** *(topografia)* **survey** ***2*** *(naut.)* **bearing**: *r. polare,* relative bearing ***3*** (sporgenza) **prominence** ***4*** *(mil.)* **relief; relieving** ***5*** *(fin.:* di un'azienda*)* **take-over.**

rilevante *a.* **considerable; remarkable.**

rilevanza *f.* **importance.**

rilevare ***A*** *v. t.* ***1*** (levare di nuovo) to **take* away** (o **off, out) again** ***2*** (notare) to **notice;** (far notare) to **point out** ***3*** (prendere) to **take***: *r. un'impronta digitale,* to take a fingerprint ***4*** (comprendere) to **understand*;** to **realize** ***5*** (sostituire, dare il cambio; anche *mil.*) to **relieve**: *r. una sentinella,* to relieve a sentry ***6*** (andare a prendere) to **call for** (sb.); to **meet***: *Verrò a rilevarti alla stazione,* I'll come along and meet you at the station ***7*** (apprendere) to **learn*** ***8*** *(fin.)* to **take* over**: *r. una ditta,* to take over a firm ***9*** *(topografia)* to **survey;** to **plot** ***10*** *(naut.)* **to take* the bearing of** (st.) ***B*** *v. i.* to **stand* out;** to **be in relief** ● *far r.,* to point out.

rilevatàrio *m. (fin.)* **purchaser; successor.**

rilevato *a.* ***1*** (in rilievo) **in relief** ***2*** (sporgente) **projecting; protruding.**

rilièvo *m.* ***1*** *(arte, geogr.;* anche *fig.)* **relief**: *(geogr.) una carta in r.,* a relief map ⊔ *un profilo in r.,* a profile in relief ⊔ *mettere q.c. in r.,* to put (o to bring) st. into relief ⊔ *ricamo in r.,* relief (o raised) embroidery ⊔ *alto (basso) r.,* high (low) relief ***2*** *(fig.:* importanza*)* **importance; stress; prominence**: *essere di grande r.,* to be of great importance ⊔ *una cosa di nessun r.,* a matter of no importance ⊔ *occupare una posizione di r.,* to hold a position of prominence; to hold a prominent position ***3*** (osservazione) **remark;** (critica) **criticism** ***4*** *(topografia)* **survey** ***5*** *(fin.)* **taking over**: *il r. di una ditta,* the taking over of a firm ***6*** (parte rilevata) **elevation; height** ● *r. topografico,* plotting ⊔ *libro a r.,* embossed book ⊔ *mettere in r. q.c.* (o *dare r. a q.c.),* to point out (o to emphasize, to stress) st.

rilucènte *a.* **resplendent; brilliant; bright; lustrous.**

rilùcere *v. i.* to **resplend;** to **be resplendent;** (brillare) to **shine*** (anche *fig.*); (luccicare) to **glitter.**

riluttante *a.* **reluctant; unwilling.**

riluttanza *f.* **reluctance** (anche *fis.*); **unwillingness**: *mostrare r.,* to show reluctance; to hang back *(fam.)* ⊔ *con (senza) r.,* with (without) reluctance.

riluttare *v. i.* to **be reluctant.**

rima *f. (poesia)* **rhyme**: *mettere in r.,* to put into rhyme (o verse) ⊔ *le Rime del Petrarca,* Petrarch's Rhymes ● *far r.,* to rhyme ⊔ *(fig.) rispondere a q. per le rime,* to give sb. blow for blow (o tit for tat); to pay sb. back in his own coin.

rimandare *v. t.* ***1*** (mandare di nuovo) to **send* again** ***2*** (mandare indietro, restituire) to **send* back;** to **return** ***3*** (rinviare) to **put* off;** to **postpone; to defer**: *r. q.c. alle calende greche,* to put st. off till doomsday ***4*** (licenziare) to **send* away,** to **dismiss;** (dimettere) to **discharge**: *r. un ammalato dall'ospedale,* to discharge a patient from hospital ***5*** (mandare ad altra prova di esame) to **make*** (sb.) **repeat an examination**: *Lo hanno rimandato in latino,* he has to repeat his Latin exam ● *r. a un altro libro (a un'altra pagina),* to refer to another book (to another page) ⊔ *r. q.c. all'ultimo momento,* to leave st. to the last minute.

rimandato ***A*** *a.* (di alunno) **who has to repeat an examination** ***B*** *m.* **pupil** (o **student) who has to repeat an examination.**

rimando *m.* ***1*** (il posporre) **postponement; putting off; deferment** ***2*** (il rimandare una palla) **return** ***3*** (richiamo per il lettore) **reference** ***4*** *(mecc.)* **intermediate control** ● *di r.,* in return.

rimaneggiaménto *m.* ***1*** **rehandling; re-arrangement** ***2*** *(letter.)* **rehash; adaptation.**

rimaneggiare *v. t.* ***1*** (maneggiare di nuovo) to **rehandle;** to **re-arrange** ***2*** (rifare, adattare) to **rehash;** to **adapt.**

rimanènte ***A*** *a.* **remaining;** (avanzato) **left over**: *il denaro r.,* the money left over ***B*** *m.* **remainder;** (resto) **rest, remaining part;** (residuo) **residue** ● *i rimanenti,* the remainder; the rest; the others.

rimanènza *f.* **remainder; remnant; surplus** ● *rimanenze di merci non vendute,* left-over stock *(sing.)*; left-overs.

rimanére *v. i.* ***1*** to **remain;** to **stay**: *r. a casa,* to stay at home (o indoors) ⊔ *r. alzato tutta la notte,* to stay up all night ⊔ *r. in città,* to remain in town ⊔ *Non vuoi r. con noi?,* won't you stay with us? ***2*** (avanzare) to **remain;** to **be left;** to **have** (st.) **left** *(v. pers.)*: *Ecco quel che rimane,* that's all that remains; that's all that's left ⊔ *Rimane ben poco da dire (da fare),* very little remains to be said (to be done) ⊔ *Mi rimangono soltanto mille lire,* I've only a thousand lire left ⊔ *Non mi rimane nulla,* I have nothing left ***3*** (essere situato) to **be situated** (o **located)** ***4*** (persistere, durare) to **remain;** to **last;** to **persist**: *Rimase in carica due anni,* he remained in office for two years ***5*** (convenire, restare d'accordo) to **agree** ***6*** (restare, mantenersi) to **keep*;** to **remain**: *r. insieme,* to keep together ⊔ *r. amici,* to remain friends ***7*** (rimanere sbalordito, stupirsi) to **be astounded** (o **astonished);** to **be greatly surprised**: *A vederlo così cambiato, rimasi,* I was greatly surprised to see such a change in him ***8*** (dipendere) to **depend** (on) ***9*** *(spettare)* to **rest** (with) ● *(fig.) r. a bocca aperta,* to be taken aback ⊔ *r. a corto di q.c.,* to run short of st. ⊔ *(fig.) r. all'asciutto* (o *al verde),* to be left without a penny ⊔ *r. in asso,* to be left in the lurch; to be left high and dry ⊔ *r. indietro,* to remain behind; to fall behind ⊔ *r. male,* (deluso) to be disappointed; (offeso) to take it amiss ⊔ *r. orfano,* to be left an orphan ⊔ *r. senza q.c.,* to run out of st. ⊔ *r. sullo stomaco,* not to agree with (sb.); *(fig.)* to rankle (in sb.'s mind) ⊔ *r. ucciso (ferito),* to be killed (wounded) ⊔ *Dove siamo rimasti?,* where did we leave off?; where did we stop? ⊔ *Otto meno quattro: rimane quattro,* four from eight leaves four.

rimangiare *v. t.* **1** (mangiare di nuovo) to **eat* again** **2** *(fig.:* ritrattare*)* to **take*** (st.) **back**; to **eat***, **to swallow** (one's words) ● *rimangiarsi una promessa,* to break a promise.

rimarcare *v. t.* to **remark**; to **observe**.

rimarchévole *a.* **remarkable**.

rimare *v. t.* e *i. (poesia)* to **rhyme**.

rimarginare **A** *v. t.* to **heal** *(anche fig.)* **B** *v. i.* e **rimarginarsi** *v. rifl.* to **heal**; to **heal up**.

rimàrio *m.* **rhyming dictionary**.

rimasticare *v. t.* **1** (masticare di nuovo) to **remasticate**; to **masticate again**; to **chew again**; (ruminare) to **chew the cud**, to **ruminate** **2** *(fig.:* rimuginare*)* to **chew** (st.) **over**; to **ruminate over** (o **about**, **on**) (st.); to **meditate on** (st.): to **turn** (st.) **over (and over) in one's mind**.

rimasùglio *m.* **1** **remainder**; **residue** **2** *(al pl.)* **left-overs**; **odds and ends**; **oddments**; **remnants**; **scraps**.

rimato *a.* **rhymed**.

rimatóre *m.* **rhymer**; **versifier**.

rimbacuccare **A** *v. t.* to **wrap up** **B** **rimbacuccarsi** *v. rifl.* to **wrap oneself up**.

rimbalzare *v. i.* **1** to **rebound**; to **bounce** **2** (rif. a proiettile) to **ricochet** ● *far r.,* to bounce.

rimbalzèllo *m.* **ducks and drakes**: *giocare a r.,* to play (at) ducks and drakes.

rimbalzo *m.* **1** **rebound**; **bounce**: *di r.,* on the rebound **2** (di proiettile) **ricochet** ● *(sport) calcio di r.,* drop-kick.

rimbambiménto *m.* **dotage**; **second childhood**.

rimbambire *v. i.* to **enter one's dotage** (o **second childhood**); to **grow* childish** (o **foolish**).

rimbambito **A** *a.* **in one's dotage**; **in one's second childhood** **B** *m.* **dotard**.

rimbarcare, rimbarco *V.* **reimbarcare, reimbarco**.

rimbeccare **A** *v. t.* to **retort**; to **answer back** **B** **rimbeccarsi** *v. rifl. recipr. (fig.)* to **bicker**; to **squabble**.

rimbécco *m.* **retort**: *di r.,* in retort.

rimbecillire **A** *v. t.* **1** to **make* stupid** **2** (stordire) to **stun** **B** *v. i.* e **rimbecillirsi** *v. rifl.* to **grow* stupid**; to **lose* one's mind**.

rimbellire **A** *v. t.* to **embellish**; to **beautify**; to **render more attractive** **B** *v. i.* to **grow* beautiful**; to **become* more attractive**.

rimboccare *v. t.* to **turn up** (o **down**); to **tuck up** (o **in**) ● *r. le coltri a q.,* to tuck sb. up in bed ⊔ *rimboccarsi le maniche,* to turn up (o to roll up) one's sleeves ⊔ *rimboccarsi i pantaloni,* to turn up one's trousers.

rimboccatura *f.* **1** **turning up** (o **down**); **tucking up** (o **in**) **2** (parte rimboccata) **turn-up**; **turn-down**.

rimbombante *a.* **1** **booming**; **rumbling**; **roaring**; **thundering**; (risonante) **resonant, resounding** **2** *(fig.)* **bombastic(al)**; **fustian**; **high-flown**.

rimbombare *v. i.* to **boom**; to **rumble**; to **roar**; to **thunder**; (risuonare) to **resound**, to **re-echo**.

rimbómbo *m.* **boom**; **rumble**; **roar**; **thunder**.

rimborsàbile *a.* **reimbursable**; **repayable**; (redimibile) **redeemable**: *r. a richiesta,* repayable at call.

rimborsare *v. t.* to **reimburse**; to **repay***; to **pay* back**; to **refund**; (riscattare) to **redeem**.

rimbórso *m.* **reimbursement**; **repayment**; **refund**; (riscatto) **redemption**.

rimboscare **A** *v. t.* to **reafforest**; to **replant with trees** **B** **rimboscarsi** *v. rifl.* to **hide* in the woods**; to **take* to the woods**.

rimboschiménto *m.* **reafforestation**.

rimboschire **A** *v. t.* to **reafforest**; to **replant with trees** **B** *v. i.* to **become* wooded again**.

rimbrottare *v. t.* to **rebuke**; to **reproach**; to **scold**; to **cast*** (st.) **in** (sb.'s) **teeth**.

rimbròtto *m.* **rebuke**; **reproach**; **scolding**.

rimediàbile *a.* **remediable**; **reparable** ● *La cosa non è più r.,* there is nothing to be done about it.

rimediare **A** *v. i.* to **remedy** (st.); to **find* a remedy** (for); to **make* up** (for): *r. al tempo perduto,* to make up for lost time **B** *v. t.* to **scrape**; to **scrape up** (o **together**); to **put* together**: *r. appena il necessario per vivere,* to scrape a living ● *rimediarla,* to scrape along ⊔ *E ora come si rimedia?,* well, what can we do about it?

rimèdio *m.* **1** (medicamento) **remedy**; **cure**: *Non c'è nessun r.,* it's past remedy ⊔ *un buon r. per il raffreddore,* a good remedy for a cold ⊔ *un r. per tutti i mali,* a remedy for all diseases; a cure-all; a panacea **2** (provvedimento) **remedy**; (espediente) **way out**: *Bisogna trovare un r.,* we must find some way out of it!

rimembranza *f. (lett.)* **remembrance**; **recollection**; **memory** ● *parco delle rimembranze,* memorial park.

rimembrare *v. t. (poet.)* to **remember**; to **recollect**; to **recall**.

rimenare *v. t.* **1** (menare di nuovo) to **bring* again** (o **back**); to **take* again** (o **back**) **2** (rimescolare) to **shake* up**; to **mix up**; to **stir up**.

rimescolaménto *m.* **1** (il mescolare di nuovo) **mixing again**; **mingling again** **2** (il mescolare bene) **mixing up**; **stirring up** **3** (di carte) **shuffling** **4** *(fig.:* turbamento*)* **stirring in the blood**; **thrill**; **shock**.

rimescolare **A** *v. t.* **1** (mescolare di nuovo) to **mix again**; to **mingle again** **2** (mescolare bene) to **mix up**; to **stir up** **3** (rif. a carte da gioco) to **shuffle** **4** (rovistare) to **rummage about** (o **among**) **5** (rivangare) to **rake up**: *r. questioni vecchie,* to rake up old matters ● *(fig.) far r. il sangue,* to stir the blood **B** **rimescolarsi** *v. rifl.* to **be terribly upset**.

rimescolata *f.* **1** **stir** **2** (di carte da gioco) **shuffle** ● *dare una r. alle carte,* to shuffle the cards ⊔ *dare una r. alla minestra,* to stir the soup.

rimescolìo *m.* **1** **stir**; (trambusto) **bustle** **2** *(fig.:* turbamento*)* **thrill**; **shock**.

riméssa *f.* **1** (il rimettere) **replacing**; **replacement** **2** (riserva) **store**; **reserve**: *fare una buona r. di q.c.,* to lay in a good store of st. **3** *(comm.:* invio di denaro*)* **remittance**; (invio di merci) **consignment** **4** *(comm.:* perdita*)* **loss**: *vendere a r.,* to sell at a loss **5** (per automobili) **garage**; (per carrozze) **mews**; (per aeroplani) **hangar**; (per tram, autobus) **depot** **6** (rif. a piante) **sprout**; **shoot** ● *(tennis, ecc.) r. della palla,* return ⊔ *(teatr.) r. in scena,* restaging ⊔ *(calcio, ecc.) r. laterale,* throw-in.

rimessitìccio *m. (agric.)* **shoot**.

rimestare *v. t.* **1** (mestare di nuovo) to **stir again**; to **mix again** **2** (mestare ben bene) to **stir up**; to **mix up** **3** *(fig.)* to **bring* back**; to **rake up**: *r. vecchi rancori,* to bring back old grudges ⊔ *r. questioni vecchie,* to rake up old matters.

rimestìo *m.* **continuous stirring**.

riméttere **A** *v. t.* **1** to **put* again**; to **put* back**: *r. un vestito nell'armadio,* to put a suit back into the wardrobe ⊔ *r. i sigilli,* to put the seals on again ⊔ *r. q.c. a posto,* to put st. back in its place **2** *(raro:* restituire*)* to **give* back**; to **return** **3** (mandare) to **remit**; (consegnare) to **hand**, to **deliver**; (presentare) to **submit**: *r. denaro a q.,* to remit money to sb. ⊔ *r. un prigioniero alla giustizia,* to hand a prisoner over to justice **4** (scapitare, perdere) to **lose***; to **ruin**: *Ci rimisi seimila sterline,* I lost six thousand pounds ⊔ *rimetterci di reputazione,* to lose one's reputation ⊔ *rimetterci la salute,* to ruin one's health ⊔ *Glielo dirò; che ci rimetto?,* I'll tell him; anyway, what have I got to lose? **5** (differire) to **defer**; to **postpone**; to **put* off**: *La riunione è stata rimessa,* the meeting has been put off (o is off) **6** (condonare, perdonare) to **remit**; to **forgive***; to **pardon**: *r. i peccati,* to remit sins ⊔ *r. un'offesa,* to pardon an offence **7** (recuperare) to **make* up for** (st.); to **recover**: *r. il tempo perduto,* to make up for lost time **8** (affidare) to **refer**; to **submit**; to **leave***; to **entrust**: *r. un affare al giudizio di q.,* to refer a matter to sb.'s judgment **9** (vomitare) to **vomit**; to **throw* up** ● *r. a nuovo,* to do up: *far r. q.c. a nuovo,* to have st. done up ⊔ *(sport) r. in gioco,* to throw in ⊔ *r. l'orologio,* to set the watch (o clock) right ⊔ *r.*

piede, to set foot again □ *r. sul trono,* to restore to the throne ***B*** **riméttersi** *v. rifl.* ***1*** (ristabilirsi) to **recover**: *r. in salute (in forze),* to recover one's health (one's strength) □ *r. da uno spavento,* to recover from a fright ***2*** (affidarsi) to **submit** (to); to **rely** (on) ***3*** (rif. al tempo: rasserenarsi) to **settle; to clear up** ***4*** (mettersi di nuovo) to **put* oneself again; to put on again**: *r. gli occhiali (il cappotto, ecc.),* to put on one's glasses (one's coat, etc.) again ● *r. a fare q.c.,* to start doing st. again ● *r. in cammino,* to set out (o off) again.

rimirare ***A*** *v. t.* to **gaze at** (sb., st.) **(again);** to **stare at** (sb., st.) **(again)** ***B*** *v. i.* to **aim again** (at) ***C*** **rimirarsi** *v. rifl.* to **admire oneself.**

rimischiare *v. t.* to **remix;** to **mix again.**

rimmel *m. (marchio)* **mascara.**

rimodernaménto *m.* **modernization.**

rimodernare ***A*** *v. t.* to **modernize;** to **remodel** ***B*** **rimodernarsi** *v. rifl.* to **bring* oneself up to date.**

rimodernatóre *m.* **modernizer; remodeller.**

rimodernatura *f.* **modernization; remodelling.**

rimónta *f.* ***1*** *(mil.)* **remount** ***2*** *(sport)* **recovery; catching up.**

rimontare *v. t.* e *i.* ***1*** (salire di nuovo) to **remount; to mount again; to go*** (o to **get***) **up again**: *r. a cavallo,* to remount one's horse; to get on horseback again ***2*** *(mecc.)* to **reassemble**: *r. un orologio,* to reassemble a watch ***3*** *(mil.)* to **remount** ***4*** *(naut.)* to **sail up**: *r. la costa,* to sail up the coast ***5*** (risalire) to **date back,** to **go* back** (to) ***6*** *(sport)* to **catch* up** ● *(naut.) r. la corrente,* to go upstream.

rimontatura *f. (mecc.)* **reassemblage.**

rimorchiare *v. t.* to **tow;** to **have** (o to **take***) **in tow** (anche *fig.*) ● *(fig.) r. una ragazza,* to pick up a girl.

rimorchiatóre *m.* ***1*** **tower** ***2*** *(naut.)* **tow; tow-boat; tug.**

rimòrchio *m.* ***1*** **tow; towing; towage**: *prendere a r.,* to take in tow; to tow ***2*** *(naut.:* canapo) **tow; tow-line; tow-rope** ***3*** *(autom.)* **trailer.**

rimòrdere *v. t.* ***1*** (mordere di nuovo) to **bite* again** ***2*** (mordere a propria volta) to **bite* back** ***3*** *(fig.)* to **prick**: *Mi rimordeva la coscienza,* my conscience pricked (o smote) me; I felt remorse.

rimòrso *m.* **remorse; compunction**: *il pungolo del r.,* the prick of remorse □ *provare r.,* to feel remorse (for st.) ● *essere preso da rimorsi,* to be conscience-stricken.

rimostranza *f.* **remonstration; remonstrance; expostulation** ● *fare le proprie rimostranze a q.,* to remonstrate with sb.

rimostrare ***A*** *v. t.* to **show* again; to re-exhibit,** to **exhibit again** ***B*** *v. i.* to **remonstrate** (with, about, against); to **expostulate** (with, about, on).

rimovìbile *a.* **removable.**

rimozióne *f.* ***1*** **removal; removing** ***2*** (destituzione) **removal; dismissal.**

rimpallare *v. i.* (nel gioco del biliardo) to **cannon.**

rimpallo *m.* (nel gioco del biliardo) **cannon.**

rimpannucciarsi *v. rifl. (fig.)* to **improve one's financial position;** to **feather one's nest.**

rimpastare *v. t.* ***1*** to **knead again;** to **mix up again** ***2*** *(fig.)* to **recast*;** to **recompose;** to **reshuffle** (anche *polit.*).

rimpasticciare *v. t.* to **botch up (again);** to **bungle (again).**

rimpasto *m.* ***1*** **kneading again; mixing up again** ***2*** *(fig.)* **recasting; recomposition; recomposing; reshuffling** ***3*** (cosa rimpastata) **mixture** ***4*** *(fig.)* **recast; recomposition; reshuffle** (anche *polit.*).

rimpatriare ***A*** *v. i.* to **return to one's own country** (o **to one's native land)** ***B*** *v. t.* to **repatriate;** to **send*** (sb.) **back to his own country.**

rimpatriata *f. (fam.)* **get-together** *(fam.)*.

rimpàtrio *m.* **repatriation.**

rimpennarsi *v. rifl.* ***1*** to **grow* new feathers;** to **feather (out) again** ***2*** (rimpannucciarsi) to **feather one's nest;** to **improve one's financial position** ***3*** (di cavallo) to **rear (up) again.**

rimpettirsi *v. rifl.* to **strut;** to **swell* with pride.**

rimpètto *avv.* **opposite** ● *r. a (o a r. di),* (di faccia a) opposite (to), in front of, facing; (in confronto a) in comparison with.

rimpiàngere *v. t.* to **regret;** (rammentare con rammarico) to **look back with regret on** (st.); (piangere) to **lament**: *r. la felicità perduta,* to regret one's lost happiness.

rimpianto ***A*** *a.* **regretted; (late) lamented** ***B*** *m.* **regret**: *tristi rimpianti e vani pentimenti,* sad regrets and vain repentances ● *avere inutili rimpianti,* to cry over spilt milk *(fam.)*.

rimpiattare ***A*** *v. t.* to **hide*;** to **conceal** ***B*** **rimpiattarsi** *v. rifl.* to **hide* (oneself);** to **conceal oneself.**

rimpiattino *m.* **hide-and-seek**: *fare a r.,* to play hide-and-seek.

rimpiazzare *v. t.* to **replace;** to **take*** (sb.'s) **place;** to **substitute;** to **supersede** ● *farsi r.,* to get a substitute.

rimpiazzo *m.* ***1*** **replacement; substitution**: *merce di r.,* replacement goods ***2*** (sostituto) **substitute.**

rimpiccinire, rimpiccolire ***A*** *v. t.* to **make* smaller** ***B*** **rimpiccinirsi, rimpiccolirsi** *v. rifl.* ***1*** to **get* smaller** ***2*** (restringersi) to **shrink*.**

rimpinguare *V.* **impinguare.**

rimpinzare ***A*** *v. t.* to **cram,** to **stuff** (with) (anche *fig.*); to **gorge** ***B*** **rimpinzarsi** *v. rifl.* to **cram oneself,** to **stuff oneself** (with) (anche *fig.*); to **gorge oneself** (with); to **overeat*.**

rimpolpare ***A*** *v. t.* ***1*** to **fatten (again)** ***2*** *(fig.)* to **augment;** to **enrich** ***B*** *v. i.* e **rimpolparsi** *v. rifl.* to **put* on flesh (again);** to **grow* fat (again).**

rimpolpettare *v. t. (fig., spreg.)* to **rehash.**

rimproverare ***A*** *v. t.* ***1*** to **scold;** to **reproach;** to **reprove;** to **rebuke;** to **upbraid;** to **reprimand;** to **tell* off** *(fam.)*: *r. q. di q.c.,* to scold (o to reproach, to reprove) sb. for st. □ *r. q.c. a q.,* to reproach (o to upbraid) sb. with st. □ *Fu rimproverato perché era in ritardo,* he was told off (o he got a telling-off) for being late ***2*** (rinfacciare) to **grudge** ***B*** **rimproverarsi** *v. rifl.* to **reproach oneself** (with); (rammaricarsi) to **regret** (st.); (pentirsi) to **repent** (st., of st.).

rimpròvero *m.* **reproach; reproof; rebuke; reprimand;** (sgridata) **scolding; telling-off** *(fam.)* ● *muovere un r. a q.,* to reproach (o to rebuke, to reprove, to scold) sb.

rimuginare *v. t.* e *i.* ***1*** (ripensare a lungo) to **turn** (st.) **over and over in one's mind;** to **revolve** (st.) **in one's mind;** to **brood on** (o **over)** (st.); to **ruminate over** (o **about, on)** (st.) ***2*** (frugare) to **rummage;** to **turn over**: *r. fra vecchie carte,* to rummage among old papers.

rimunerare *v. t.* to **remunerate;** to **recompense;** to **reward.**

rimunerativo *a.* **remunerative; profitable; paying.**

rimunerazióne *f.* **remuneration; recompense;** (di un professionista) **fee**: *a titolo di r.,* as a recompense.

rimuòvere ***A*** *v. t.* ***1*** (muovere di nuovo) to **re-move;** to **move again;** to **shift again** ***2*** (togliere di mezzo) to **remove;** to **eliminate**: *r. ogni dubbio,* to remove all doubts ***3*** (sgombrare) to **remove;** to **clear away** ***4*** (dissuadere) to **dissuade,** to **deter** (from) ***5*** (licenziare da un ufficio) to **remove,** to **dismiss** (from office) ***B*** **rimuoversi** *v. rifl.* to **move;** to **withdraw*;** *(nelle frasi neg.)* to **budge.**

rinascènte *a.* **renascent; reviving.**

rinascènza *f.* ***1*** **renascence; revival; rebirth** ***2*** *(arte, letter.)* **Renaissance.**

rinàscere *v. i.* ***1*** (nascere di nuovo) to **be born again;** (rivivere) to **return to life;** to **revive** (anche *fig.*) ***2*** (germogliare, crescere di nuovo) to **spring* up again;** to **grow* again** ***3*** *(fig.:* ritornare nell'uso) to **revive;** to **come* into use** (o **vogue) again** ● *sentirsi r.,* to feel (quite) another man (o woman).

rinascimentale *a. (arte, letter.)* **Renaissance** *(attr.)*; **of the Renaissance** (o **Renascence)**: *l'arte r.,* Renaissance art.

rinasciménto *m. (arte, letter.)* **Renaissance; Renascence**: *il R. italiano,* the Italian Renaissance; the Renaissance in Italy □ *mobili (stile) r.,* Renaissance furniture.

rinàscita *f.* **renascence; revival; re-birth; renew-**

al.
rincagnato *a.* **pug, snub** *(attr.)* ● *avere il naso r.,* to be pug-nosed (o snub-nosed).
rincalcare *v. t. (fam.)* to **press down**; to **pull down.**
rincalzare *v. t.* ***1*** *(agric.)* to **earth up** ***2*** (lenzuola) to **tuck in** (o **up)** ***3*** (fermare con rinforzi) to **prop**; to **prop up**; to **fix.**
rincalzatura *f. (agric.)* **earthing up.**
rincalzo *m.* ***1*** *(agric.)* **earthing up** ***2*** (rinforzo, aiuto) **reinforcement; support**: *di r.,* in support ***3*** *(sport)* **reserve** ● *(mil.) truppe di r.,* reserves.
rincamminarsi *v. rifl.* to **set* out again**; to **resume one's way.**
rincantucciare ***A*** *v. t.* to **drive* into a corner**; to **corner** ***B*** **rincantucciarsi** *v. rifl.* to **creep* into a corner**; to **hide* in a corner.**
rincarare ***A*** *v. t.* ***1*** (aumentare il prezzo di) to **raise** (o to **increase) the price of** (st.): *r. gli affitti,* to increase the rents ***2*** (*fig.:* aggravare) to **aggravate**; to **make* worse**: *r. la dose,* to make things worse; to pile it on ***B*** *v. i.* to **get* dearer**; to **become* more expensive**; to **go* up.**
rincaro *m.* **rise** (o **increase) in prices; mark-up.**
rincartare *v. t.* to **wrap up in paper (again).**
rincasare *v. i.* **rincasarsi** *v. rifl.* to **return home**; to **go*** (o to **come***) **(back) home.**
rinchiùdere ***A*** *v. t.* to **shut* up** (o **in)**; to **confine**; (a chiave) to **lock up** (o **in)**: *r. q. in una stanza,* to lock sb. up in a room □ *r. un uccello in gabbia,* to confine a bird in a cage (o to cage a bird) ***B*** **rinchiùdersi** *v. rifl.* to **shut* oneself up** (o **in)**; to **lock oneself in** ● *r. in convento,* to take the veil □ *r. in un monastero,* to withdraw into a monastery; to become a monk □ *r. in se stesso,* to retire into oneself; to go into one's shell.
rinchiuso ***A*** *a.* **shut up** (o **in)**; **locked up** (o **in)** ● *C'è aria rinchiusa,* the air is close ***B*** *m.* **enclosure; pen** ● *puzzare di r.,* to be musty (o fusty, stale-smelling) □ *puzzo di r.,* musty smell □ *una stanza che sa di r.,* a stuffy room.
rincitrullire ***A*** *v. t.* to **make* stupid** ***B*** *v. i.* e **rincitrullirsi** *v. rifl.* to **grow* foolish** (o **stupid)**; to **become* a fool.**
rincivilimento, rincivilire *V.* **incivilimento, incivilire.**
rincòforo *m. (zool.)* **snout-beetle.**
rincollare *v. t.* to **glue** (o to **paste) together again**; to **glue on again.**
rincominciare *v. t.* to **begin* again**; to **start again**: *r. q.c. da capo,* to start st. over again.
rincóntro *m.* **meeting** ● *di r. a,* in front of; opposite to.
rincorare ***A*** *v. t.* to **encourage**; (confortare) to **comfort** ***B*** **rincorarsi** *v. rifl.* to **take* heart**; to **feel* encouraged.**
rincorporare *v. t.* to **reincorporate.**
rincórrere ***A*** *v. t.* to **run* after** (sb.); (inseguire) to **pursue**, to **chase** ***B*** **rincórrersi** *v. rifl. recipr.* to **run* after each other** (o **one another)**; to **chase each other** (o **one another)** ● *fare (o giocare) a r.,* to play tig.
rincórsa *f.* **run**: *prendere la r.,* to take a run □ *di r.,* at a run.
rincréscere *v. i.* to **be sorry**; to **regret**: *Mi rincresce di non poter venire,* I am sorry I cannot come; I regret being unable to come (o that I cannot come) ● *se non ti rincresce,* if you don't mind.
rincresciménto *m.* **regret**: *esprimere il proprio r.,* to express one's regret □ *non senza mio grande r.,* much to my regret □ *Voglia accettare l'espressione del mio r.,* please accept my regrets.
rincretinire ***A*** *v. t.* to **make*** (sb.) **stupid**; to **drive*** (sb.) **crazy** ***B*** *v. i.* to **become* stupid**; to **go* crazy.**
rincrudiménto *m.* **aggravation; aggravating; worsening** ● *C'è stato un r. del freddo,* the weather has become colder.
rincrudire ***A*** *v. t.* to **aggravate**; to **make* worse**; to **worsen** ***B*** *v. i.* e **rincrudirsi** *v. rifl.* to **become* severer**; to **get* worse**; to **worsen.**
rinculare *v. i.* ***1*** to **recoil**; to **recede**; to **draw* back**; to **back** ***2*** (d'arma da fuoco) to **recoil**; to **kick.**
rinculata *f.* **recoiling; receding; drawing back.**
rinculo *m.* (di arma da fuoco) **recoil; kick.**
rincupire ***A*** *v. t.* to **darken** ***B*** *v. i.* e **rincupirsi** *v. rifl.* (anche *fig.*) to **grow*** (o to **get***) **darker** (o **duller)**; to **darken**; to **cloud over.**
rinfacciare *v. t.* to **throw*** (st.) **in** (sb.'s) **face**; to **cast*** (st.) **in** (sb.'s) **teeth**; to **reproach** (with).
rinfàccio *m.* **snub; reproach; rebuke.**
rinfiancare *v. t.* (anche *fig.*) to **back**; to **support**; to **prop**: *r. un'accusa con nuove prove,* to support a charge with new evidence.
rinfianco *m.* (anche *fig.*) **support; prop.**
rinfocolare ***A*** *v. t.* to **rekindle**; to **stir up**: *r. vecchi rancori,* to stir up old grudges ***B*** **rinfocolarsi** *v. rifl.* to **be rekindled**; to **be stirred up.**
rinfoderare *v. t.* to **sheathe (again).**
rinfornare *v. t.* to **put*** (st.) **back into the oven.**
rinforzaménto *m.* **strengthening; reinforcement.**
rinforzare ***A*** *v. t.* ***1*** to **strengthen**; to **make* stronger**; to **(re)invigorate**; to **brace** ***2*** *(mil.)* to **reinforce**: *r. un esercito,* to reinforce an army ***3*** *(edil.)* to **back**; to **support**; to **stiffen**; (puntellare) to **prop up** ***4*** *(mecc.)* to **reinforce**; to **strengthen** ***5*** *(fotogr.)* to **intensify** ***B*** *v. i.* to **become*** (o to **get***) **stronger** ***C*** **rinforzarsi** *v. rifl.* to **strengthen**; to **become* stronger.**
rinforzato *a. (generalm.)* **reinforced; strengthened.**
rinfòrzo *m.* ***1*** **reinforcement; strengthening** ***2*** *(edil.)* **backing; stiffening; propping up** ***3*** (ciò con cui si rinforza q.c.) **reinforce; reinforcement** ***4*** *(mil.)* **reinforcement** ***5*** *(fotogr.)* **intensification** ***6*** (*fig.:* sostegno, aiuto) **support; help.**
rinfrancare ***A*** *v. t.* to **reassure**; to **give*** (sb.) **new confidence** (o **courage)**; to **encourage**: *Quelle parole mi rinfrancarono,* those words reassured me (o removed all my doubts, cheered me up) ***B*** **rinfrancarsi** *v. rifl.* to **be reassured**; to **feel* more confident**; to **pluck up courage**; to **take* heart again.**
rinfrescante ***A*** *a.* **refreshing; cooling** ***B*** *m. (fam.)* **mild laxative.**
rinfrescare ***A*** *v. t.* ***1*** to **refresh**; to **freshen**; to **make* fresh(er)**; to **cool**; to **make* cool(er)** ***2*** (ritoccare, restaurare) to **freshen up**; to **renovate**; to **restore**; to **make*** (st.) **look like new** ***B*** *v. i. (meteorologia)* to **cool**; to **get* cool(er)**; (del vento) to **freshen** ● *r. l'aria in una stanza,* to change the air in a room □ *r. la memoria a q.,* to freshen up (o to refresh) sb.'s memory ***C*** **rinfrescarsi** *v. rifl.* ***1*** (ristorarsi, specialm. con bevande) to **refresh oneself**; to **take* refreshment**: *r. con una buona tazza di tè,* to refresh oneself with a nice cup of tea ***2*** (darsi una rinfrescata) to **freshen oneself up.**
rinfrescata *f.* ***1*** *(meteorologia)* **cooling (of the weather); cooler weather**; (del vento) **freshening** ***2*** (*fam.:* lavata) **freshening-up** ● *darsi una r.,* to freshen oneself up □ *È venuta una bella r.,* the weather has got much cooler □ *Non ti ricordi? Ti darò io una r.,* don't you remember? I'll freshen up your memory.
rinfrescativo *a.* **refreshing; cooling.**
rinfrésco *m.* ***1*** **refreshments** *(pl.)* ***2*** (ricevimento) **(cocktail) party.**
rinfronzolire ***A*** *v. t.* to **tit(t)ivate** ***B*** **rinfronzolirsi** *v. rifl.* to **tit(t)ivate oneself.**
rinfusa, alla *locuz. avv.* **pell-mell; helter-skelter; higgledy-piggledy**; *(comm.)* **in job lots**; *(naut.)* **in bulk.**
ring *(ingl.) m. (sport)* **ring** ● *(pugilato) campione del r.,* boxing champion.
ringagliardire ***A*** *v. t.* to **reinvigorate**; to **strengthen** ***B*** *v. i.* e **ringagliardirsi** *v. rifl.* to **become* more vigorous**; to **become* stronger.**
ringalluzzire ***A*** *v. t.* to **embolden** ***B*** *v. i.* e **ringalluzzirsi** *v. rifl.* to **become*** (o to **get***) **cocky** *(fam.)*; to **grow* bolder.**
ringalluzzito *a.* **cocky** *(fam.).*
ringhiare *v. i.* (anche *fig.*) to **snarl**; to **growl.**
ringhièra *f.* **railing(s)**; (di scala) **banisters** *(pl.).*
ringhio *m.* **snarl; growl.**
ringhioso *a.* (anche *fig.*) **snarling; growling.**
ringiovaniménto *m.* **rejuvenation.**
ringiovanire ***A*** *v. t.* ***1*** to **restore to youth**; to **make***

younger; to **rejuvenate** *2* (far sembrare più giovane) to **make*** (sb.) **look younger** ***B*** *v. i.* to **become* young again**; to **rejuvenate**; (specialm. *biol.*) to **rejuvenesce** ● *sembrare (sentirsi) ringiovanito,* to look (to feel) younger.

ringoiare *v. t.* ***1*** to **swallow up again** ***2*** *(fig.)* to **swallow**; to **take* back**.

ringraziaménto *m.* ***1*** **thanks** *(pl.)*: *Accettate i nostri ringraziamenti,* please accept our thanks □ *una lettera di r.,* a letter of thanks □ *fare i propri r. a q.,* to express one's thanks to sb.; to thank sb. ***2*** *(relig.)* **thanksgiving**.

ringraziare *v. t.* to **thank**: *r. q. di q.c.,* to thank sb. for st. □ *Ti ringrazio con tutto il cuore,* I thank you with all my heart □ *(iron.) Non hai che r. te stesso,* you have only yourself to thank.

ringuainare *v. t.* to **sheathe**.

rinite *f. (med.)* **rhinitis**.

rinnegaménto *m.* **denial; disavowal**.

rinnegare *v. t.* to **deny**; to **disown**; to **disavow**; to renounce: *Pietro rinnegò Cristo,* Peter denied Christ □ *r. il proprio figlio,* to disown one's son.

rinnegato *a.* e *m.* **renegade**.

rinnegatóre *m.* **denier**.

rinnestare *v. t.* ***1*** *(agric.)* to **graft again** ***2*** *(mecc.)* to **re-engage**.

rinnèsto *m. (agric.)* **new graft**.

rinnovàbile *a.* **renewable**.

rinnovaménto *m.* **renewal; renovation**; (rinascita) **revival**.

rinnovare ***A*** *v. t.* ***1*** to **renew**: *r. un contratto,* to renew a contract □ *r. i propri sforzi,* to renew (o to redouble) one's efforts ***2*** (sostituire) to **renew**; to **change**: *r. il personale,* to change (o to renew) the staff □ *r. l'aria in una stanza,* to change the air in a room ***3*** (ripetere) to **repeat**: *r. una richiesta,* to repeat a request ● *r. la casa,* to redecorate one's house □ *r. i ringraziamenti,* to thank again □ *r. le scuse (gli applausi),* to apologize (to applaud) again ***B*** **rinnovarsi** *v. rifl.* to **happen** (o to **occur**) **again**; to **be repeated**.

rinnovatóre *m.* **renewer; renovator**.

rinnovazióne *f.* **renewal; renovation**.

rinnòvo *m.* **renewal**.

rino- *(in parole composte)* **rhino-**: *(med.) rinofonia,* rhynophonia □ *(med.) rinologia,* rhinology.

rinoceróte *m. (zool.,* Rhinoceros*)* **rhinoceros**.

rinomanza *f.* **renown; fame; celebrity**.

rinomato *a.* **renowned; famous; celebrated; well-known**.

rinoplàstica *f. (med.)* **rhinoplasty**.

rinorragìa *f. (med.)* **rhinorrhagia; epistaxis; bleeding from the nose**.

rinoscopìa *f. (med.)* **rhinoscopy**.

rinoscòpio *m. (med.)* **rhinoscope**.

rinsaccare ***A*** *v. t.* ***1*** to **put* into sacks** (o **bags**) **again**; to **repack** ***2*** (scuotere un sacco perché c'entri più roba) to **shake*** (st.) **down in a sack** (o **bag**) ***B*** *v. i.* e **rinsaccarsi** *v. rifl.* to **be shaken up** ● *r. nelle spalle,* to shrug one's shoulders.

rinsaldaménto *m. (fig.)* **strengthening; consolidation**.

rinsaldare ***A*** *v. t.* ***1*** (insaldare di nuovo) to **starch again** ***2*** *(fig.:* rendere più saldo*)* to **strengthen**; to **consolidate** ***B*** **rinsaldarsi** *v. rifl.* to **become*** (o to **get***) **stronger**; to **be strengthened**.

rinsanguare ***A*** *v. t.* ***1*** to **give* fresh blood to** ***2*** *(fig.)* to **give* new strength to**; to **impart new vigour to**; to **reinvigorate** ***B*** **rinsanguarsi** *v. rifl.* ***1*** (riprendere vigore) to **recover (one's strength)**; to **become*** (o to **get***) **stronger** ***2*** *(fig.:* rimettersi economicamente*)* to **improve one's financial position**; to **recoup oneself**.

rinsanire *v. i.* to **become* sane again**; to **recover one's sanity**.

rinsavire *v. i.* to **become* sensible again**; to **return to reason**.

rinselvarsi *v. rifl.* to **revert to woodland**.

rinselvatichire ***A*** *v. t.* to **make* wild again** ***B*** *v. i.* to **grow*** (o to **get***) **wild again**.

rinserrare ***A*** *v. t.* to **shut* in** (o **up**) **(again)**; (a chiave) to **lock in** (o **up**) **(again)** ***B*** **rinserrarsi** *v. rifl.* to **shut* oneself in (again)**; (a chiave) to **lock oneself in** (o **up**) **(again)**.

rintanarsi *v. rifl.* ***1*** to **go* into one's hole again**; (della volpe) to **run*** (o to **go***) **to earth again** ***2*** (nascondersi) to **hide* (oneself)**; to **conceal oneself**.

rinterrare *v. t.* **rinterrarsi** *v. rifl.* to **fill up with earth**; to **silt up**.

rintèrro *m.* **bank; silting-up**.

rintoccare *v. i.* to **toll**: *il mesto r. d'una campana,* the sad tolling of a bell.

rintocco *m.* **toll; stroke** ● *i rintocchi d'una campana,* the tolling of a bell □ *suonare a rintocchi,* to toll.

rintontire *V.* **intontire**.

rintracciabile *a.* **traceable**.

rintracciare *v. t.* to **trace**; (ritrovare) to **find* out**, to **run* down**: *r. la selvaggina,* to trace game □ *r. le fonti d'un dramma,* to find out the sources of a play □ *r. una citazione,* to run down a quotation.

rintronare ***A*** *v. t.* ***1*** (scuotere) to **shake*** ***2*** (stordire) to **stun**; to **din**; (assordare) to **deafen** ***B*** *v. i.* to **boom**; to **roar**; to **thunder**.

rintronato *a.* **stunned**.

rintuzzare *v. t.* ***1*** (spuntare un oggetto appuntito) to **blunt**; to **dull**; to **take* the edge off** (st.) ***2*** *(fig.:* reprimere*)* to **repress**; to **check**; to **curb** ***3*** *(fig.:* ribattere*)* to **retort**.

rinunciare e *deriv. V.* **rinunziare** e *deriv.*

rinùnzia *f.* ***1*** **renunciation; renouncement; relinquishment; resignation; abandonment** ***2*** *(leg.)* **renunciation; waiver; quitclaim**.

rinunziare *v. i.* ***1*** to **renounce**; to **give* up**; to **abandon**; to **relinquish**; to **resign**; to **surrender**: *r. a fumare,* to give up smoking □ *r. a ogni speranza,* to abandon (o to relinquish) all hope □ *r. al mondo,* to renounce the world ***2*** (r. a un diritto) to **renounce**; to **resign**; to **give* up**; *(leg.)* to **waive**, to **quitclaim**: *r. al trono,* to renounce the throne; to abdicate.

rinunziatàrio *m.* **renouncer**.

rinvangare *V.* **rivangare**.

rinveniménto *m.* ***1*** (ritrovamento) **recovery** ***2*** (scoperta) **discovery; finding out** ***3*** (il ricuperare i sensi) **recovery** ***4*** *(metall.)* **tempering**.

rinvenire ***A*** *v. t.* ***1*** (ritrovare) to **find* (again)**; to **recover**: *r. un oggetto smarrito,* to recover st. lost ***2*** (scoprire) to **find* out**; to **discover**: *r. come sia andata q.c.,* to find out how st. happened ***B*** *v. i.* ***1*** (ricuperare i sensi) to **recover one's senses**; to **regain consciousness**; to **come* round** (o **to**) ***2*** (di cose: riprendere freschezza) to **revive**; (riprendere morbidezza) to **soften** ● *fare r. q.c.,* to soften st. □ *fare r. q.,* to bring sb. to his senses; to bring sb. round (o to).

rinverdire ***A*** *v. t.* ***1*** to **make* green again**; to **clothe with green again** ***2*** *(fig.)* to **revive**; to **renew** ***B*** *v. i.* e **rinverdirsi** *v. rifl.* ***1*** to **grow* green again** ***2*** *(fig.)* to **revive**; to **be renewed**: *Le mie speranze rinverdirono,* my hopes revived.

rinvestiménto *m. (fin.)* **reinvestment**.

rinvestire *v. t. (fin.)* to **reinvest**.

rinviare *v. t.* ***1*** (rimandare indietro) to **send* back**; to **return**: *r. q. a casa,* to send sb. back home □ *(sport) r. la palla,* to return the ball ***2*** (rimandare ad altro tempo) to **put* off**; to **postpone**; to **defer**; to **delay**; to **procrastinate**; (aggiornare) to **adjourn**: *La riunione è stata rinviata alla prossima settimana,* the meeting has been put off until next week ***3*** *(leg.)* to **remit**.

rinvigoriménto *m.* **reinvigoration; strengthening**.

rinvigorire ***A*** *v. t.* to **reinvigorate**; (rafforzare) to **strengthen**, to **brace** ***B*** *v. i.* e **rinvigorirsi** *v. rifl.* to **gain (new) vigour**; to **regain strength**; to **revive** *(anche fig.)*.

rinvilire ***A*** *v. t.* to **cheapen**; to **lower** (o to **cut* down**) **the price of** (st.) ***B*** *v. i.* to **become*** (o to **get***) **cheaper**.

rinvìo *m.* ***1*** (il rimandare indietro) **sending back; return** ***2*** (il rimandare ad altro tempo) **putting off; postponement; deferment; delay; procrastination**; (aggiornamento) **adjournment** ***3*** *(leg.)* **remittal** ***4*** (rimando) **(cross-)reference** ***5*** *(sport)* **return**.

rinvitare *v. t.* **1** (invitare di nuovo) **to invite again; to reinvite** **2** (ricambiare un invito) **to invite in return.**
rinvoltare **A** *v. t.* **to wrap up (again)** **B** **rinvoltarsi** *v. rifl.* *(fam.)* **to wrap oneself up (again).**
rinvoltolare **A** *v. t.* **to wrap round and round; to wind* over and over again** **B** **rinvoltolarsi** *v. rifl.* **to roll about; to wallow.**
rinvoltura *f.* **wrapping.**
(1) rio *(lett.)* *V.* **ruscello.**
(2) rio *(lett.)* *V.* **rèo.**
rioccupare **A** *v. t.* **to reoccupy; to occupy again** **B** **rioccuparsi** *v. rifl.* **to occupy oneself again** (with).
rionale *a.* **of the district; district, ward** *(attr.)*; **local.**
rióne *m.* **district; quarter; ward.**
riordinaménto *m.* **1** **reordering; rearrangement** **2** (riforma) **reform;** (riorganizzazione) **reorganization.**
riordinare **A** *v. t.* **1** **to reorder; to put*** (o **to set***) **in order (again); to tidy up (again); to rearrange** **2** (dare un nuovo ordinamento a) **to reform;** (riorganizzare) **to reorganize** **3** (ordinare di nuovo) **to order again** **B** **riordinarsi** *v. rifl.* **to tidy oneself up.**
riordinazióne *f.* **1** *(comm.)* **reorder** **2** *(relig.)* **reordination.**
riórdino *(bur.)* *V.* **riordinaménto.**
riorganiẓẓare *v. t.* **to reorganize; to organize again.**
riorganiẓẓazióne *f.* **reorganization.**
riottóso *a.* *(lett.)* **1** (litigioso) **quarrelsome; cantankerous; contentious** **2** (indocile) **refractory; unruly.**
ripa *f.* **steep bank** ● *(zool.)* *uccelli di r.,* riparian birds.
ripagare *v. t.* **1** (pagare di nuovo) **to repay*; to pay* again** **2** (*fam.:* ricompensare) **to repay*; to pay* back, to recompense**: *(fig.)* *r. q. con la stessa moneta,* to pay sb. back in his own coin **3** (risarcire) **to pay* for** (st.); **to replace.**
riparàbile *a.* **repairable;** (risarcibile) **reparable.**
(1) riparare **A** *v. t.* **1** (difendere) **to shelter; to protect; to shield; to screen**: *r. q. dal freddo (dal vento, dalla pioggia),* to shelter sb. from the cold (from the wind, from the rain) □ *r. q. con il proprio corpo,* to protect (o to shield) sb. with one's body **2** (accomodare) **to repair; to mend; to fix;** *(edil.)* **to restore;** *(aeron., naut.)* **to refit**: *r. un paio di scarpe,* to repair a pair of shoes □ *r. un vestito,* to mend a dress □ *(naut.)* *r. vele (alberi),* to refit sails (masts) **3** (fare ammenda, risarcire) **to redress; to make* amends for** (st.); **to make* up for** (st.); **to make* good**: *r. un danno (un torto),* to redress an injury (a wrong) **4** (nell'uso scolastico) **to repeat** **B** *v. i.* **1** (mettere riparo) **to remedy; to redress; to make* up for** (st.); **to make* good**: *r. a una perdita,* to make up for a loss **2** (nell'uso scolastico) **to repeat (an examination)** **C** **ripararsi** *v. rifl.* **to protect oneself** (from).
(2) riparare **A** *v. i.* **to take* refuge; to repair to** (a place) **B** **ripararsi** *v. rifl.* **to shelter (oneself); to take* shelter; to take* cover.**
riparata *f.* **repair.**
riparato *a.* **sheltered.**
riparatóre *m.* **repairer;** (restauratore) **restorer.**
riparazióne *f.* **1** **repair, repairing; mending; fixing;** (ripristino) **restoration;** (di vestiti) **alteration;** *(mecc.)* **repair, fixing;** *(aeron., naut.)* **refit** **2** *(fig.)* **reparation; atonement; amends** *(pl.)*; **redress**: *chiedere una r.,* to demand reparation (o satisfaction) □ *in r. di un torto,* in reparation of (o in atonement for, as amends for) a wrong ● *esami di r.,* resit exams; resits *(fam.).*
ripàrio *a.* *(lett.)* **riparial; riparian; riverine.**
riparlare **A** *v. i.* **to speak* again; to talk again** ● *(fig.)* *Ne riparleremo!,* just wait and see **B** **riparlarsi** *v. rifl. recipr.* **to be reconciled; to be friends again.**
riparo *m.* **1** **shelter; cover**: *trovare un r.,* to find a shelter □ *mettersi al r.,* to take cover **2** (difesa, schermo) **protection; defence; shield** **3** (rimedio) **remedy; cure**: *trovare r. a q.c.,* to find a remedy for st. **4** *(mecc.)* **guard** ● *correre ai ripari,* to take measures □ *farsi r.,* to protect (o to shield) oneself.
ripartìbile *a.* **divisible; distributable; allottable.**
ripartiménto *m.* **division; apportionment; distribution; allotment.**
(1) ripartire *v. t.* **to divide (into parts); to apportion; to portion out; to parcel out; to share out; to distribute; to allot.**
(2) ripartire *v. i.* **1** **to go* away again; to leave* again** **2** *(mecc.)* **to start again** ● *(mecc.)* *far r.,* to restart.
ripartizióne *f.* **1** **division; apportionment; portioning out; sharing out; distribution; allotment** **2** (ciascuna delle parti) **division; share; portion; allotment.**
ripassare **A** *v. t.* **1** (passare di nuovo) **to cross again; to recross; to go* through again**: *r. il fiume,* to cross the river again **2** (rivedere, dare un'ultima scorsa a q.c.) **to revise; to read*** (st.) **over again; to go* through** (st.) **again; to have a look at** (st.) **again; to go*** (o **to run***) **over** (st.) **(again)**: *r. una lezione,* to go over a lesson again □ *r. i conti,* to go over the accounts **3** (ritoccare) **to give* a finishing touch to** (st.); **to touch up; to retouch**: *r. un quadro,* to retouch a painting **4** *(mecc.)* **to overhaul**: *r. un motore,* to overhaul an engine **5** (*fam.:* picchiare) **to beat*; to give* a (good) beating** (o **thrashing) to** (sb.) **6** (porgere di nuovo) **to pass again; to hand again** **7** (colare, filtrare di nuovo) **to strain again** **B** *v. i.* **to pass again** (through a place); **to call** (at a place) **again; to call** (on sb.) **again.**
ripassata *f.* **1** (scorsa) **another look**: *dare una r. a q.c.,* to have another look at st.; to look over st. again **2** (pulita) **clean; cleaning**: *dare una r. a q.c.,* to give st. a clean **3** *(mecc.)* **overhaul; overhauling**: *dare una r. a un motore,* to give an engine an overhaul **4** (mano di vernice) **fresh** (o **new) coat of paint** **5** (*fig.:* sgridata) **scolding; telling-off** *(fam.)*; (bòtte) **(good) beating, thrashing** ● *dare una r. (col ferro) a q.c.,* to give st. a press.
ripasso *m.* **1** (ritorno) **return** **2** (revisione) **revision**: *esercizi di r.,* revision exercises ● *fare il r. di q.c.,* to go through st. again.
ripensaménto *m.* **1** (riflessione) **afterthought; second thought(s); reflection** **2** (mutamento d'idea) **change of mind.**
ripensare *v. i.* **1** (tornare a pensare) **to think* again; to rethink*; to think*** (st.) **over; to think* better** (of); (riflettere) **to reflect, to consider**: *Ripensaci!,* think it over! **2** (cambiare idea) **to change one's mind**: *Ci ho ripensato, rimango qui,* I've changed my mind, I'm going to stay here **3** (riandare con la mente a cose o persone lontane) **to recall; to call back to one's mind**: *r. ai bei giorni del passato,* to recall the good old times ● *ripensandoci meglio,* on second thoughts.
ripercórrere *v. t.* **1** **to travel over** (a place) **again; to run* through** (st.) **again** **2** *(fig.)* **to go* over** (st.) **again.**
ripercòssa *f.* **ripercotiménto** *m.* **repercussion** (anche *fig.*).
ripercuòtere **A** *v. t.* **1** (percuotere di nuovo) **to strike* again; to beat* again** **2** (riflettere) **to reflect; to throw* back** **B** **ripercuòtersi** *v. rifl.* **1** **to be reflected; to reverberate** **2** *(fig.)* **to influence; to have repercussions** (on).
ripercussióne *f.* (anche *fig.*) **repercussion.**
ripescare *v. t.* **1** (pescare di nuovo) **to fish again** **2** (trarre fuori dall'acqua cosa che vi sia caduta) **to fish out** (o **up); to draw*** (o **to pull) out of the water** **3** (trovare dopo molte ricerche) **to fish out; to find* (again).**
ripetènte **A** *a.* **repeating** **B** *m.* e *f.* **pupil repeating a year** ● *i ripetenti,* repeat students.
ripètere **A** *v. t.* **1** (fare di nuovo) **to repeat**; *r. un errore,* to repeat a mistake □ *r. un anno a scuola,* to repeat a year at school **2** (dire di nuovo) **to repeat; to say* again; to tell* again**: *r. una parola,* to repeat a word □ *Te l'ho detto e ripetuto,* I've told you again and again □ *Non c'è bisogno che tu me lo ripeta,* there's no need for you to tell me again **3** *(leg.)* **to claim back** ● *Non ho bisogno di farmelo r. due volte,* I don't need to be told twice **B** **ripètersi** *v. rifl.* **to repeat oneself; to be repeated.**
ripetìbile *a.* **repeatable.**

ripetitivo *a.* **repetitive.**
ripetitore *m.* ***1*** **repeater**: *(ferr.) un r. di segnali,* a signal repeater ***2*** *(acustica)* **echoer** ***3*** (insegnante privato) **coach** ● *r. televisivo,* television relay.
ripetizione *f.* ***1*** (il ripetere) **repetition**: *la r. di parole (di un fatto),* the repetition of words (of a fact) ***2*** (ripasso) **revision** ***3*** (lezione privata) **private lesson**: *andare a r. da q.,* to take private lessons from sb. □ *dare ripetizioni a q.,* to give private lessons to sb.; to coach sb. ***4*** *(leg.)* **claiming back** ● *fucile a r.,* repeating rifle.
ripetutamente *avv.* **repeatedly; over and over again; again and again.**
ripetuto *a.* **repeated.**
ripiano *m.* ***1*** (pianerottolo) **landing** ***2*** (tratto di terreno pianeggiante) **terrace**: *a ripiani,* in terraces ***3*** (palchetto d'un mobile) **shelf*** ***4*** *(geol.)* **bench.**
ripicca *f.* **spite; pique**: *fare q.c. per r.* to do st. out of spite.
ripicchiare ***A*** *v. t.* to **strike* again;** to **hit* again;** to **beat* again** ***B*** *v. i.* to **knock again**: *Picchia e ripicchia, nessuno mi aprì,* I knocked again and again, but nobody came to open the door for me.
ripicco *V.* **ripicca.**
ripidezza *f.* **steepness; precipitousness.**
ripido *a.* **steep; precipitous.**
ripiegamento *m.* ***1*** (il piegare di nuovo) **folding again; refolding** ***2*** (il piegare più volte) **folding up** ***3*** (ripiegatura) **fold; folding** ***4*** (tortuosità) **bend; curve; turn; winding** ***5*** *(mil.)* **retreat.**
ripiegare ***A*** *v. t.* ***1*** (piegare di nuovo) to **fold again;** to **refold;** *piegare e r.,* to fold and refold ***2*** (piegare più volte o a più doppi) to **fold up**: *r. le lenzuola,* to fold up the sheets ***3*** (abbassare) to **lower** ***B*** *v. i.* ***1*** *(mil.)* to **retreat;** to **withdraw*** ***2*** (trovare un ripiego) to **make* shift** (with) ● *r. le ali,* to fold one's wings *(anche fig.)* ***C*** **ripiegarsi** *v. rifl.* ***1*** (piegarsi) to **bend* down** ***2*** (incurvarsi) to **bend*;** to **turn;** to **wind*.**
ripiegata *f.* **folding; folding up** ● *dare una r. a q.c.,* to fold up st.
ripiegatura *f.* **folding;** (piega) **fold.**
ripiego *m.* **expedient; makeshift; resource; device**: *l'ultimo r.,* the last resource □ *trovare un r.,* to find out an expedient □ *per r.,* as a makeshift ● *vivere di ripieghi,* to live by one's wits.
ripieno ***A*** *a.* ***1*** **full up; quite full; replete** (with) ***2*** *(cucina)* **stuffed**: *un tacchino r.,* a stuffed turkey ***B*** *m.* ***1*** (ciò che serve a riempire) **filling; stuffing; padding** ***2*** *(cucina)* **stuffing** ***3*** *(fig.)* **makeweight.**
ripigliare *v. t.* ***A 1*** (riprendere) to **retake*,** to **take* again;** to **take* back** ***2*** (ricuperare) to **recover** ***3*** (riafferrare) to **catch* again;** to **seize again** ***4*** (ricominciare) to **resume** ***B*** *v. i.* (rif. a piante) to **revive** ***C*** **ripigliarsi** *v. rifl.* to **recover (oneself).**
ripiglino *m.* (gioco infant.) **cat's-cradle.**
ripopolamento *m.* **repopulation; repeopling.**
ripopolare ***A*** *v. t.* to **repopulate;** to **repeople** ***B*** **ripopolarsi** *v. rifl.* to **be repopulated.**
ripórre ***A*** *v. t.* ***1*** (porre di nuovo) to **put* again** ***2*** (ricollocare una cosa dove era prima) to **replace;** to **put* back;** (mettere via) to **put* away** ***3*** *(fig.:* collocare*)* to **put*;** to **place;** to **set***: *r. la propria fiducia in q.,* to put one's trust in sb. □ *r. ogni speranza in q.,* to place (o to repose) one's hopes in sb. ***4*** (nascondere) to **hide*;** to **conceal** ***B*** **ripórsi** *v. rifl.* ***1*** (rimettersi a fare q.c.) to **resume;** to **start again;** to **begin* again** ***2*** (nascondersi) to **hide* (oneself);** to **conceal oneself** ● *r. a sedere,* to sit down again.
riportare ***A*** *v. t.* ***1*** (verso l'interlocutore: portare di nuovo) to **bring* again,** (indietro) to **bring* back;** (lontano dall'interlocutore: portare di nuovo, o riaccompagnare) to **take* again,** (indietro) to **take* back,** to **carry back** ***2*** (riferire) to **report;** to **relate;** (citare) to **quote**: *r. la verità,* to report the truth ***3*** (ricevere, ottenere) to **receive;** to **get*;** to **carry off;** (subire) to **suffer**: *r. una buona impressione,* to receive a good impression □ *r. la vittoria,* to carry off the victory □ *r. danni,* to suffer damages ***4*** *(mat.)* to **carry;** *(rag.)* to **carry over (**o **forward)**: *Scrivo cinque e riporto due,* I write down five and carry two □ *r. una somma alla pagina seguente,* to carry a total forward to the next page ***5*** (un disegno) to **transfer** ***6*** (la selvaggina) to **retrieve** ***B*** **riportarsi** *v. rifl.* ***1*** (tornare) to **go* back** *(anche fig.)* ***2*** (riferirsi) to **refer.**
ripòrto *m.* ***1*** *(mat.)* **amount to be carried; carry** ***2*** *(rag.)* **carry-over; amount carried forward** ***3*** *(Borsa)* **contango*** ***4*** *(cucito, ricamo:* pezzo che si riporta per ornamento*)* **appliqué** ● *cane da r.,* retriever □ *(edil.) materiale di r.,* filling material.
riposante *a.* **restful; peaceful.**
riposare ***A*** *v. t.* ***1*** to **rest**: *r. la mente,* to rest the mind ***2*** (posare di nuovo) to **place back;** to **replace;** to **put* back;** to **lay* down again** ***B*** *v. i.* ***1*** to **rest;** (dormire) to **sleep*** ***2*** (essere sepolto) to **rest;** to **lie*** ***3*** (poggiare, reggersi) to **rest;** to **be built;** to **be supported** (by) ***4*** (confidare) to **rely** (upon, on) ***5*** (di terreno) to **rest;** to **lie* fallow** ***6*** (di liquido) **settle** ● *Dio lo riposi!,* may God grant him rest! ***C*** **riposarsi** *v. rifl.* to **rest;** to **have (**o to **take*) a rest;** (sdraiarsi) to **lie* down**: *Ho bisogno di riposarmi,* I need to take a rest □ *Mi riposerò per un'ora,* I'll have an hour's rest.
riposata *f.* *(fam.)* **rest.**
riposato *a.* ***1*** (tranquillo) **restful; tranquil; peaceful** ***2*** (ristorato, non stanco) **refreshed; fresh.**
riposino *m.* *(fam.)* **short rest; nap; forty winks** *(fam.).*
ripòso *m.* ***1*** **rest; repose** *(lett.)*: *in r.,* at rest □ *prendersi un po' di r.,* to take a little rest □ *un giorno di r.,* a day of rest □ *cinque minuti di r.,* five minutes' rest ***2*** *(lett.:* tranquillità, pace*)* **tranquillity; peace; quiet** ***3*** *(mus.)* **pause; hold** ● *andare a r.,* to retire □ *collocare q. a r.,* (per malattia) to put sb. on the sick-list; (per raggiunti limiti d'età) to superannuate sb. □ (della terra) *stare in r.,* to lie fallow □ *Buon r.!,* sleep well! □ *(mil.) R.!,* at ease! □ *Questo è il mio giorno di r.,* this is my day off.
ripostiglio *m.* **lumber-room; store-room.**
riposto *a.* ***1*** (segreto) **secret; recondite; hidden**: *i più riposti pensieri,* the most secret thoughts ***2*** (appartato) **secluded; out-of-the-way.**
riprèndere ***A*** *v. t.* ***1*** (prendere di nuovo) to **retake*,** to **take* again;** (riacchiappare) to **catch* again**: *r. il proprio posto* (a sedere), to take one's seat again; to sit down again □ *Mi era scappato, ma l'ho ripreso,* he had run away, but I caught him again ***2*** (prendere indietro) to **take* back;** to **get* back;** (ricuperare) to **recover**: *r. forza,* to recover one's strength □ *r. un dono,* to take a gift back □ *r. i sensi,* to recover (o to regain) consciousness ***3*** (ricominciare) to **begin* again;** to **resume**: *r. a lavorare,* to begin working again; to resume one's work ***4*** (continuare a dire) to **go* on;** to **continue;** (soggiungere) to **add** ***5*** (assumere di nuovo) to **reassume;** (impiegati) to **re-engage** ***6*** (riconquistare, riacquistare) to **retake*;** to **recapture** ***7*** (rimproverare) to **reprove;** (biasimare) to **find* fault with** (sb.) ***8*** *(sartoria)* to **take* in** ***9*** *(pitt.)* to **portray** ***10*** *(cinem.)* to **take*** *(anche fig.)*; to **shoot*;** to **film**: *r. una scena,* to take (o to shoot) a scene ***B*** *v. i.* to **recover;** to **revive** ● *r. le armi,* to take up arms again □ *r. il cammino,* to set out again □ *r. moglie (o marito),* to marry again □ *(lavoro a maglia) r. un punto,* to pick up a stitch □ *r. quota, (aeron.)* to regain height; *(fig.)* to regain popularity □ *La vita riprende,* things are getting back to normal ***C*** **riprèndersi** *v. rifl.* ***1*** (da una malattia) to **recover;** (da un'emozione e sim.) to **collect oneself** ***2*** (correggersi) to **correct oneself** ● *Non si riprenderà mai,* he'll never be his former self again.
riprensìbile *a.* *(lett.)* **reprehensible; reprovable; blameworthy.**
riprensióne *f.* *(lett.)* **reprehension; reproof; rebuke.**
riprésa *f.* ***1*** **renewal; resumption**: *la r. delle ostilità,* the renewal of hostilities ***2*** (rinascita) **revival** ***3*** (riconquista) **recapture** ***4*** (da una malattia, un'emozione, ecc.) **recovery** ***5*** *(autom.)* **pick-up** ***6*** *(cinem., fotogr.)* **shot; take**: *r. col rallentatore,* slow-motion shot ***7*** *(telev.:* r. diretta*)* **live telecast** ***8*** *(pugilato)* **round;** *(scherma)* **bout;** *(calcio, rugby, ecc.)* **second half** ***9*** *(mus.)* **repeat** ***10*** *(teatr.)* **revival** ● *a più riprese,* in successive stages; (più volte) several times, on several occasions

□ *(radio, telev.) programma in r. diretta,* a live programme.

ripreṣentare A *v. t.* **1** (offrire, proporre di nuovo) to **re-present,** to **present again;** to **offer again;** to **put* forward again;** to **send* in again 2** (mostrare di nuovo) to **show* again;** (esporre di nuovo) to **re--exhibit,** to **exhibit again;** (esibire di nuovo) to **re--produce,** to **produce again B ripreṣentarsi** *v. rifl.* to **re-present oneself;** to **present oneself again** • *quando si ripresenterà l'occasione,* as opportunity offers.

ripristinaménto *m.* **restoration; reinstatement.**

ripristinare *v. t.* to **restore;** to **reinstate;** (rimettere in uso) to **bring* back into use,** to **revive.**

riprìstino *m.* **restoration; reinstatement.**

riproducìbile *a.* **reproducible.**

riprodurre A *v. t.* **1** (produrre di nuovo) to **reproduce;** to **produce again**: *r. gli stessi effetti,* to produce the same effects again **2** (riferire, trascrivere) to **reproduce;** to **present again 3** (fare una copia di) to **reproduce;** to **produce a copy of** (st.) **4** (pubblicare) to **reproduce;** to **bring* out;** to **print;** to **publish B riprodursi** *v. rifl.* **1** *(biol.)* to **be reproduced 2** (riformarsi) to **form again.**

riproduttivo *a.* **reproductive.**

riproduttóre A *m.* **reproducer B** *a.* **reproducing.**

riproduzióne *f.* **1 reproduction; reproducing 2** (cosa riprodotta) **reproduction; copy 3** (ristampa) **reprint 4** *(biol.)* **reproduction.**

riprografia *f. (tecn.)* **reprography.**

riprografico *a. (tecn.)* **reprographic.**

ripromèttere A *v. t.* to **promise again B ripromèttersi** *v. rifl.* to **promise oneself;** (aspettarsi) to **expect;** (sperare) to **hope**: *r. di andare,* to hope to be able to go.

ripropórre A *v. t.* to **re-propose;** to **propose again B riproporsi** *v. rifl.* to **come* up again.**

ripròva *f.* **1** (nuova prova) **(new) proof; new evidence;** (riconferma) **(re)confirmation**: *a r.,* as a proof **2** *(mat.)* **proof.**

(1) riprovare *v. t.* e *i.* **riprovarsi** *v. rifl.* (provare, provarsi di nuovo) to **try again**: *Ora ci riprovo,* now I'll try again □ *Ci si riprovò più e più volte,* he tried over and over again.

(2) riprovare *v. t.* **1** (non approvare) to **reprove;** to **reprehend;** (disapprovare) to **disapprove,** to **censure 2** (nell'uso scolastico) to **fail;** to **reject;** to **plough,** to **pluck** *(pop.)*: *r. un candidato,* to reject a candidate (in an examination) • *essere riprovato in latino,* to fail in Latin.

riprovazióne *f.* **1 reproval; reproof; reprehension;** (disapprovazione) **disapproval, reprobation; censure 2** (nell'uso scolastico) **failure (in an examination).**

riprovévole *a.* **reprovable; reprehensible; censurable.**

ripubblicare *v. t.* to **republish;** to **publish again.**

ripudiare *v. t.* to **repudiate;** to **disown;** to **disavow.**

ripùdio *m.* **repudiation; disavowal.**

ripugnante *a.* **repugnant; repulsive; repellent; revolting; disgusting; offensive.**

ripugnanza *f.* **1 repugnance, repugnancy; repulsion; aversion; disgust**: *provare r. per q.c.,* to feel repugnance against (o to) st. **2** (riluttanza) **reluctance** • *avere r. a fare q.c.,* to be loath to do st.

ripugnare *v. i.* **1** to **cause repugnance;** to **fill with repugnance** (o **with disgust);** to **revolt;** to **disgust**: *La sola idea mi ripugna,* the very idea of it fills me with disgust **2** (essere contrario) to **be contrary** (to); to **be contradictory** (to); to **be inconsistent** (with); to **be incompatible** (with): *azioni che ripugnano ai propri principi,* actions that are inconsistent with one's principles.

ripulire A *v. t.* **1** (pulire di nuovo) to **clean again;** to **make* clean again;** (pulire bene) to **clean up;** to **do* up** *(fam.)* **2** *(fig.:* dirozzare*)* to **refine;** to **polish up 3** (togliere via tutto, far piazza pulita) to **clean up** (o **out);** to **make* a clean sweep of** (st.); (mangiare tutto) to **finish off** (o **up),** to **eat* up**: *r. q.* (levandogli tutti i quattrini), to clean sb. out **B ripulirsi** *v. rifl.* **1** to **clean oneself up;** to **make* oneself neat and tidy;** to **tidy oneself 2** *(fig.:* dirozzarsi*)* to **refine oneself;** to **polish up one's manners.**

ripulita *f.* **1 clean up; cleaning up 2** *(fig.)* **clean-up; clean sweep**: *fare una r. generale,* to make a clean-up; to clean up everything; to make a clean sweep of everything • *dare una r. a q.c.,* to clean up st. □ *darsi una r.,* to tidy oneself up.

ripulitura *f.* **1 cleaning up 2** *(fig.:* rifinitura*)* **finishing off; finishing touches** *(pl.).*

ripulsa *f.* **refusal; rejection.**

ripulsióne *f.* **1** (ripugnanza) **repulsion; repugnance; aversion**: *sentire r. per q.c.,* to feel repugnance against (o to) st. **2** *(fis.)* **repulsion.**

ripulsivo *a.* **1** (ripugnante) **repulsive; repellent; revolting; disgusting 2** *(fis.)* **repulsive.**

riputare, riputazióne *V.* **reputare, reputazióne.**

riquadrare *v. t.* to **square** • *(fig.) r. il cervello (o la testa) a q.,* to bring sb. to reason.

riquadratura *f.* **squaring.**

riquadro *m.* **1** (spazio quadro) **square 2** *(archit.)* **panel.**

risacca *f.* **backwash; surf.**

risàia *f.* **rice-field; paddy-field.**

risaiòla *f.* **risaiòlo** *m.* **rice-field** (o **paddy-field) worker.**

risaldare *v. t.* to **(re)weld;** to **weld again;** to **solder (again).**

risaldatura *f.* **1 (re)welding; soldering (again) 2** (punto risaldato) **weld; soldering.**

risalire A *v. t.* **1** to **go* up;** to **climb up;** to **ascend**: *r. la corrente,* to go upstream □ *r. un colle,* to climb up a hill **2** (salire di nuovo) to **re-ascend;** to **go* up again;** to **climb up again B** *v. i.* **1** to **go* up again;** to **re-ascend;** to **climb up again**: *r. sul trono,* re-ascend the throne □ *r. in camera,* to go up again to one's room **2** *(fig.)* to **go* up again;** to **rise* again**: *Le azioni dovranno pur r.,* shares will eventually have to go up again **3** (r. alle origini) to **go* back;** to **date back;** to **trace back**: *r. alle origini di q.c.,* to go back to the origins of st.

risalita *f.* **(re)ascent; climb.**

risaltare A *v. t.* e *i.* (saltare di nuovo) to **jump (over) again;** to **leap* (over) again B** *v. i.* **1** (fare spicco) to **show* up;** to **catch* the eye;** to **stand* out**: *un colore che risalta più di qualsiasi altro,* a colour that shows up more than any other □ *una ragazza che risalta in qualsiasi compagnia,* a girl who stands out in any company **2** *(archit.:* sporgere*)* to **project;** to **jut out** • *far r.,* to enhance; to show up.

risalto *m.* **1 prominence; relief;** (enfasi) **emphasis**: *dar r. a q.c.,* to give prominence to st.; (dare enfasi) to lay emphasis (o stress) on st. **2** (sporgenza rocciosa) **(rock)ledge 3** *(archit.)* **projection** • *far r.,* to stand out.

risalutare A *v. t.* **1** (salutare di nuovo) to **salute again;** to **greet again 2** (rendere il saluto) to **salute in return;** to **greet in return B risalutarsi** *v. rifl. recipr.* to **salute** (o **to greet) each other again.**

risanàbile *a.* **1 curable; healable 2** (di terra) **reclaimable.**

risanaménto *m.* **1 restoration to health; healing 2** (di terra) **reclamation 3** (r. edilizio) **slum-clearance; urban renewal 4** *(fig.)* **reformation.**

risanare A *v. t.* **1** (rendere sano, guarire) to **restore** (o **to bring* back) to health;** to **cure;** to **heal 2** (rendere salubre, bonificare) to **reclaim 3** *(fig.)* to **reform** • *r. il bilancio,* to balance the budget **B** *v. i.* to **recover;** to **get* well again.**

risanatore A *m.* **healer B** *a.* **healing.**

risapére *v. t.* to **come*** (o **to get*) to know**: *Come lo riseppero?,* how did they come to know about it?

risaputo *a.* **well-known.**

risarcìbile *a.* **recoupable; indemnifiable.**

risarciménto *m.* **recoupment; compensation; indemnification; indemnity** • *richiesta di r. dei danni,* claim for damages.

risarcire *v. t.* to **recoup;** to **make* up for** (st.); to **make* good;** to **compensate;** to **indemnify**: *r. q. per le perdite subite,* to recoup sb. for his losses □ *r. un danno,* to make up for a damage.

risarèlla *f. (fam.)* **uncontrollable laughter.**

risata *f.* **laughter** *(solo sing.)*; **laugh; burst of laughter**: *fare una bella r.,* to have a good laugh □ *scoppiare in una r.,* to burst into laughter; to burst out laughing □ *una r. omerica,* Homeric laughter □ *provocare una r. generale,* to raise a general laugh ● *r. beffarda,* sneer □ *r. fragorosa,* guffaw.

risatina *f.* **giggle; titter; snigger.**

riscaldaménto *m.* **1 heating**: *r. centrale,* central heating **2** *(fam.:* infiammazione*)* **inflammation.**

riscaldare A *v. t.* **1** to **warm;** to **heat**: *r. la stanza (la casa) con la stufa (con il termosifone),* to warm (o to heat) the room (the house) with a stove (with radiators) **2** (scaldare di nuovo) to **warm up;** to **heat up;** to **warm again;** to **heat again**: *Riscalda il brodo!,* warm up (o heat up) the broth! **3** *(fig.:* infiammare, eccitare*)* to **stir up;** to **excite;** to **heat B** *v. i. (fam.:* incalorire*)* to **cause inflammation C riscaldarsi** *v. rifl.* **1** to **warm oneself;** to **warm up;** to **get* warm** (o **hot) 2** *(fig.:* infervorarsi*)* to **warm up,** to **get* excited;** (adirarsi) to **get* heated,** to **get* angry.**

riscaldata *f.* **warming up** ● *dare una r. a q.c.,* to warm up st.

riscaldato *a.* **1 heated; warm 2** (di cibo) **warmed up; heated up 3** *(fig.:* eccitato*)* **excited;** (adirato) **angry.**

riscaldatóre *m.* **heater.**

riscaldo *m. (fam.:* infiammazione*)* **inflammation.**

riscattàbile *a.* (anche *fin., leg.)* **redeemable.**

(1) riscattare *v. i.* (scattare di nuovo) to **spring* up again.**

(2) riscattare A *v. t.* **1** to **ransom;** to **redeem**: *r. un prigioniero,* to ransom a prisoner **2** *(fig.:* redimere*)* to **redeem 3** *(fin., leg.)* to **redeem;** *(ass.)* to **surrender B riscattarsi** *v. rifl.* to **redeem oneself.**

riscatto *m.* **1 ransom; redemption**: *il r. d'un prigioniero di guerra,* the ransom of a prisoner of war **2** (prezzo pagato) **ransom 3** *(fig.)* **redemption 4** *(fin., leg.)* **redemption;** *(ass.)* **surrender**: *vendita con patto di r.,* sale with right of redemption.

rischiaraménto *m.* **1 lighting up; illumination 2** *(meteorologia)* **clearing up; brightening 3** (di liquidi) **clarification.**

rischiarare A *v. t.* **1** to **light* up;** to **give* light to** (st.); to **lighten;** to **illuminate 2** *(fig.)* to **enlighten;** to **illumine**: *r. la mente,* to enlighten the mind **3** (rif. a colori) to **brighten B** *v. i.* e **rischiararsi** *v. rifl.* **1** to **light* up;** to **lighten 2** *(meteorologia)* to **clear up;** to **brighten 3** (rif. a liquidi) to **become* clear;** to **clarify** ● *r. la voce,* to clear one's throat.

rischiare *v. t.* **1** (mettere a repentaglio) to **risk;** to **hazard;** to **venture**: *r. la vita,* to risk one's neck; to venture (o to hazard) one's life **2** (correre il pericolo di) to **run*** (o to **take*) the risk of;** to **risk**: *r. di fare q.c.,* to risk doing st.; to run the risk of doing st.

rischiarire *V.* **rischiarare.**

rischio *m.* **1 risk; hazard**: *correre un r.,* to run (o to take) a risk; to chance: *Ne correrò il r.,* I'll chance it □ *col r. di perdere tutto,* at the risk of losing everything **2** *(comm.)* **risk:** *a proprio r. e pericolo,* at one's own risk □ *a r. del compratore,* at buyer's risk ● *mettere a r.,* to risk; to venture □ *politica del r. calcolato,* brinkmanship □ *senza correre rischi,* safely *(avv.).*

rischióso *a.* **risky; hazardous.**

risciacquare *v. t.* to **rinse;** to **rinse out**: *r. il bucato,* to rinse the washing ● *risciacquarsi la bocca,* to rinse one's mouth.

risciacquata *f.* **1 rinse; rinsing**: *dare una r. a q.c.,* to give st. a rinse; to rinse st. **2** *(fam.:* rabbuffo*)* **scolding; rebuke**: *fare (o dare) una r. a q.,* to give sb. a scolding (for doing st.); to scold sb.; to check sb.

risciacquatura *f.* **1 rinse; rinsing 2** (acqua in cui è stato risciacquato q.c.) **rinsings** *(pl.)*; (r. dei piatti) **dish-water** ● *(fig.) r. di bicchieri,* mere wash.

risciàcquo *m.* **mouth-wash; mouth-rinse.**

risciò *m.* **ricksha(w).**

riscontare *v. t. (banca)* to **rediscount;** to **discount again.**

riscontràbile *a.* **1** (verificabile) **verifiable; checkable 2** (che si può trovare) **that may be found.**

riscontrare A *v. t.* **1** (confrontare) to **compare;** to **collate 2** (verificare) to **check;** to **verify 3** (rilevare) to **find*;** to **notice**: *non r. nulla d'irregolare,* to find nothing irregular **B** *v. i.* to **correspond;** to **agree;** to **match;** to **tally.**

riscontrata *f.* **check; verification.**

riscóntro *m.* **1** (confronto, collazione) **comparison; collation**: *fare un r.,* to make a comparison; to compare; to collate **2** (verifica) **check; checking; verification**: *il r. dei conti,* the checking of accounts **3** (risposta) **reply; answer**: *in r. alla vostra lettera,* in reply to your letter **4** (corrente d'aria) **draught** ● *mettere a r.,* to compare; to collate □ *non trovare r.,* to be unparalleled (o unmatched) □ *non trovare r. (in),* not to be found (in) □ *Favorite inviarci un cenno di r.,* please acknowledge receipt.

riscòssa *f.* **1** (insurrezione) **insurrection; revolt 2** (riconquista) **recovery.**

riscossióne *f.* **collection.**

riscotìbile *a.* **collectable; cashable, encashable.**

riscotitóre *m.* **collector**: *un r. delle imposte,* a tax-collector.

riscrivere A *v. t.* to **rewrite*;** to **write* again B** *v. i.* (rispondere) to **reply** (to); to **answer.**

riscuotere A *v. t.* **1** to **collect;** to **draw*;** to **receive;** (incassare) to **cash,** to **encash**: *r. le imposte,* to collect taxes □ *r. un assegno,* to cash a cheque **2** *(fig.:* ottenere*)* to **win*;** to **gain;** to **obtain;** to **get***: *r. la fiducia di q.,* to win sb.'s confidence **3** (scuotere) to **shake*;** to **rouse;** (risvegliare) to **awaken 4** (scuotere di nuovo) to **reshake*;** to **shake* again B riscuòtersi** *v. rifl.* **1** (trasalire) to **start;** to **be startled 2** (risvegliarsi da torpore) to **rouse oneself;** to **pull oneself together.**

risecare *V.* **resecare.**

risèga *f. (archit.)* **offset.**

risentiménto *m.* **1 resentment; grudge**: *non avere risentimenti contro q.,* to bear no resentment against sb.; to bear sb. no grudge **2** *(med.)* **after-effect.**

risentire A *v. t.* (udire di nuovo) to **hear* again,** to **re-hear*;** (sentire di nuovo) to **feel* again 2** (sentire, provare) to **feel*;** (subire) to **suffer**: *r. giovamento da una cura,* to feel the benefit of a treatment □ *r. la mancanza di un affetto sincero,* to suffer (from) the lack of a sincere affection **B** *v. i.* to **show* traces** (of); (di una persona) to **feel* the effects** (of) **C risentirsi** *v. rifl.* **1** to **resent** (st.); to **take* offence** (at) **2** (ricuperare i sensi) to **regain consciousness;** to **recover one's senses** ● *A risentirci!,* goodbye for now!

risentitézza *f.* **resentfulness;** (suscettibilità) **susceptibility.**

risentito *a.* **1** (pieno di risentimento, facile al risentimento) **resentful 2** (vivo, intenso) **bold; vigorous; strong.**

riserbare *V.* **serbare, riservare.**

risèrbo *m.* **reserve; reservedness; self-restraint** ● *senza r.,* unreservedly □ *uscire dal proprio r.,* to come out of one's shell.

riserìa *f.* **rice-mill.**

risèrva *f.* **1 reserve** (anche *fig.)*; **supply; stock**: *la r. aurea,* the gold reserve □ *(fin., rag.) fondo di r.,* reserve fund □ *riserve di grano,* wheat supplies □ *merce in r.,* goods in stock □ *una buona r. di informazioni,* a good stock of information **2** (restrizione) **reserve; reservation**: *senza riserve,* without reserve □ *r. mentale,* mental reservation **3** *(mil., sport)* **reserve 4** (di caccia, pesca) **preserve**: *una r. di caccia,* a game preserve **5** *(etnologia)* **reservation** ● *(leg.) con r. di tutti i diritti,* all rights reserved □ *(autom.) essere in r.,* to be on the reserve □ *(mecc.) pezzi di r.,* spare parts □ *(mil.) truppe di r.,* reserves □ *(mil.) ufficiale di r.,* officer on the reserve list.

riservare A *v. t.* **1** to **reserve;** to **keep*;** to **set* aside;** (prenotare) to **book,** to **reserve 2** (dimostrare) to **give*;** to **show***: *r. particolari attenzioni a q.,* to give (o to show) sb. special attention **B riservarsi** *v. rifl.* **1** to **reserve (oneself)**: *r. il diritto di fare q.c.,* to reserve the right to do st. **2** (ripromettersi) to **intend,** to **propose** (to do st.) ● *(comm.) Ci riserviamo di mandarvi un* *campione della merce,* we shall send you a sample of the goods in due time.

riservatézza *f.* **reservedness; reserve; self-restraint; discretion.**

riservato *a.* ***1*** (pieno di riserbo) **reserved; restrained; discreet** ***2*** (prenotato) **reserved**: *posti riservati,* reserved seats ***3*** (segreto) **confidential; private; secret**: *informazioni riservate,* confidential information ● *in via riservatissima,* strictly in confidence □ *proprietà letteraria riservata,* copyright.

riservista *m.* *(mil.)* **reservist.**

risguardo *m.* *(tipogr.)* **flyleaf*.**

risìbile *a.* **laughable; laughter-provoking; funny; ridiculous; ludicrous.**

risibilità *f.* **laughableness; ridiculousness; ludicrousness.**

risìcolo *a.* **rice** *(attr.).*

risicoltóre *m.* **rice-grower.**

risicoltura *f.* *(agric.)* **rice-growing.**

risièdere *v. i.* to **reside** *(anche fig.)*; to **live**; to **dwell**: *r. all'estero,* to reside abroad.

risièro *a.* **rice** *(attr.).*

risìpola *V.* **erisìpela.**

risma *f.* ***1*** **ream** (anche *ind.*) ***2*** *(fig., spreg.)* **kind; sort**: *gente d'ogni r.,* all kinds of people □ *essere tutti della stessa r.,* to be all of a kind.

(1) riso *m.* ***1*** **laughter** *(solo sing.)*; **laughing; laugh**: *Non potei frenare il r.,* I couldn't help laughing □ *uno scoppio di risa,* a burst of laughter □ *scoppiare dalle risa,* to split (o to burst) one's sides with laughter □ *muovere il r.,* to provoke laughter ***2*** *(fig.)* **smile; splendour**: *il r. della primavera,* the smile of spring □ *il r. della natura,* the splendour of nature ● *risa sfrenate,* roars of laughter □ *mettere tutto in r.,* to turn everything into ridicule □ *oggetto di r.,* laughing-stock.

(2) riso *m.* *(bot.,* Oryza sativa*)* **rice**: *la coltivazione del r.,* rice-growing □ *minestra di r.,* rice-soup □ *budino di r.,* rice-pudding.

risoffiare ***A*** *v. i.* to **blow* again** ***B*** *v. t.* *(fig.)* to **repeat**; to **tell*.**

risolare *v. t.* to **sole**; to **resole.**

risolatura *f.* **soling.**

risolino *m.* **giggle; titter; snicker; snigger.**

risollevare ***A*** *v. t.* ***1*** (sollevare di nuovo) to **raise again**; to **lift up again** ***2*** *(fig.:* confortare*)* to **comfort**; to **relieve** ***3*** *(fig.:* riproporre*)* to **raise again**; to **bring* up again** ***B*** **risollevarsi** *v. rifl.* ***1*** to **lift oneself up again** ***2*** *(fig.)* to **recover**; to **pick up.**

risolùbile *a.* **solvable; soluble; resolvable.**

risolutamente *avv.* **resolutely; decidedly; with resolution; without hesitation.**

risolutézza *f.* **resolution; resoluteness; determinedness; firmness.**

risolutivo *a.* **resolutive; resolutory.**

risoluto *a.* **resolute; resolved; determined; decided; firm** ● *mostrarsi r.,* to put on a bold face.

risoluzióne *f.* ***1*** **resolution; decision**: *prendere una r.,* to take a decision; to make up one's mind ***2*** (risolutezza) **resolution** ***3*** *(mat.)* **solution** ***4*** *(leg.)* **cancellation; dissolution** ● *prendere la r. di fare q.c.,* to resolve (o to decide) to do st.

risolvènte ***A*** *a.* **resolving; resolvent** ***B*** *m.* *(farm.)* **resolvent.**

risòlvere ***A*** *v. t.* ***1*** to **solve**; to **work out**; to **resolve**: *r. un problema,* to solve a problem □ *r. un dubbio (una difficoltà),* to resolve a doubt (a difficulty) ***2*** (deliberare, decidere) to **resolve**; to **decide**: *Egli ha risolto di accettare,* he has resolved (o decided) to accept; he has decided that he will accept ***3*** (comporre, definire) to **settle**: *r. una questione,* to settle a question ***4*** *(chim.)* to **resolve** (into); to **break* down** (into); to **reduce** (to): *r. un composto nei suoi elementi,* to reduce a compound to its elements ***5*** (rescindere) to **rescind**; to **annul**; to **cancel**: *r. un contratto,* to rescind a contract ***B*** **risòlversi** *v. rifl.* ***1*** (decidersi) to **resolve**; to **decide**; to **make* up one's mind**: *r. a fare q.c.,* to decide to do st.; to resolve to do (o upon doing) st. ***2*** (trasformarsi) to **change,** to **turn** (into) ***3*** (di malattia) to **resolve** ● *r. in bene (in male),* to turn out well (badly) □ *r. in nulla,* to come to (o to end in) nothing.

risolvìbile *a.* **solvable; soluble; resolvable.**

risonante *a.* **resonant** (anche *fis.*); **resounding; re-echoing.**

risonanza *f.* **resonance** (anche *fis.*); **sonority** ● *(fig.)* *avere vasta r.,* to be known far and wide; (suscitare interesse) to arouse considerable interest.

risonare *v. t.* e *i.* (suonare di nuovo) to **play again**; (eseguire di nuovo) to **perform again**; (rif. a campane, campanelli) to **ring* again,** to **re-ring*** ***2*** (riecheggiare) to **resound** (anche *fig.*); to **ring***; to **echo**: *Il teatro risonava di applausi,* the theatre resounded with applause.

risonatóre *m.* *(fis.)* **resonator.**

risóne *m.* **paddy.**

risórgere *v. i.* ***1*** (sorgere di nuovo) to **rise* again**; to **spring* up again** ***2*** (tornare in vita) to **rise* from the dead**; to **resuscitate**; to **come* back to life again** ***3*** *(fig.:* rifiorire*)* to **flourish again**; to **revive.**

risorgimentale *a.* *(stor.)* **of the (Italian) Risorgimento.**

risorgiménto *m.* ***1*** (rinascita) **revival; renaissance; rebirth** ***2*** *(stor.)* **(Italian) Risorgimento.**

risórsa *f.* ***1*** **resource** *(generalm. al pl.)*; **means** *(pl.)*: *risorse finanziarie,* pecuniary resources □ *non avere più risorse,* to be at the end of one's resources; to have exhausted every resource ***2*** (espediente) **resource; expedient; device; resort; shift**: *la mia ultima r.,* my last resource (o shift) ● *un uomo di molte risorse,* a resourceful man.

risòtto *m.* *(cucina)* « **risotto** ».

risovvenirsi *v. rifl.* to **remember**; to **recollect.**

risparmiare ***A*** *v. t.* ***1*** (mettere da parte) to **save**; to **save up**; to **lay*** (o to **put***) **by**; to **put* away**; to **set* apart**: *r. denaro,* to save money □ *r. per la vecchiaia,* to save up for one's old age □ *r. le proprie forze,* to save one's strength ***2*** (evitare spese, non sprecare) to **spare**; to **save**: *r. il fiato,* to save (o not to waste) one's breath (o words) ***3*** (non affaticare troppo) to **spare**: *r. gli occhi,* to spare one's eyes □ *r. q.,* to spare sb. ***4*** (salvare) to **spare**: *r. la vita a q.,* to spare sb.'s life ● *r. di fare q.c.,* to save oneself the trouble of doing st. □ *r. per il futuro,* to provide for a rainy day ***B*** **risparmiarsi** *v. rifl.* to **spare oneself.**

risparmiatóre *m.* **saver; thrifty person.**

rispàrmio *m.* ***1*** **saving**; (economia) **thrift, economy**; (parsimonia) **parsimony**: *il r. di tempo (di denaro, ecc.),* the saving of time (of money, etc.) ***2*** (denaro risparmiato) **savings** *(pl.)*: *prelevare dai propri risparmi,* to draw on one's savings □ *una cassa di r.,* a savings-bank ● *fare r. di q.c.,* to save st. □ *per r. di tempo,* in order to save time □ *prodigarsi senza r.,* to spare no pains □ *senza r. di forze,* sparing no effort.

rispecchiare ***A*** *v. t.* ***1*** (specchiare di nuovo) to **mirror again**; to **reflect again** ***2*** (specchiare) to **mirror**; (riflettere) to **reflect** (anche *fig.*) ***B*** **rispecchiarsi** *v. rifl.* to **be mirrored**; to **be reflected.**

rispedire *v. t.* ***1*** (spedire di nuovo) to **send* again**; to **forward again,** to **reforward**; to **ship again,** to **reship** ***2*** (spedire indietro) to **send* back**; to **return.**

rispettàbile *a.* ***1*** (degno di rispetto) **respectable; estimable** ***2*** (degno di considerazione, spesso *scherz.*) **respectable; considerable; prominent**: *una somma r.,* a respectable amount □ *un naso r.,* a prominent nose.

rispettabilità *f.* **respectability.**

rispettare ***A*** *v. t.* ***1*** to **respect**; (onorare) to **honour**: *r. i diritti altrui,* to respect other people's rights □ *r. il padre e la madre,* to honour one's father and mother □ *r. la propria firma (una cambiale),* to honour one's signature (a bill) ***2*** (osservare) to **respect**; to **observe**: *r. le leggi del proprio paese,* to respect the laws of one's country □ *r. le regole,* to observe the rules ● *far r. la legge,* to enforce the law □ *farsi r.,* to make oneself respected; to command respect ***B*** **rispettarsi** *v. rifl.* to **respect oneself**; to **have self-respect.**

rispettivaménte *avv.* **respectively.**

rispettivo *a.* ***1*** (relativo) **respective**: *secondo i rispettivi meriti,* according to their respective merits ***2*** (proprio) **one's**: *gli alunni con i rispettivi genitori,* the pupils with their parents.

rispètto *m.* **1 respect**: *avere r. per q.*, to have (o to show) respect for sb. □ *fare q.c. per r. a q.*, to do st. out of respect for sb. **2** (riguardo, punto di vista) **respect**: *sotto molti (tutti i) rispetti*, in many (all) respects ● *r. a*, (in relazione a) as regards, as to; (in confronto a) in comparison with □ *r. della legge*, observance of the law □ *il r. di se stesso*, self-respect □ *r. umano*, respect for public opinion □ *con r. parlando*, if you'll excuse my saying so □ *portare r. a q.*, to respect sb. □ *presentare i propri rispetti a q.*, to give one's respects (o regards) to sb.
rispettosaménte *avv.* **respectfully.**
rispettóso *a.* **respectful** ● *essere r. verso q.*, to show respect for sb.
risplendènte *a.* (anche *fig.*) **resplendent; shining; brilliant; bright;** (rilucente) **glowing;** (luccicante) **glittering**: *occhi risplendenti*, bright (o radiant) eyes □ *stelle risplendenti nel cielo*, stars glittering in the sky.
risplèndere *v. i.* (anche *fig.*) to **be resplendent;** to **shine* (brightly);** to **be bright;** (rifulgere) to **glow;** (luccicare) to **glitter**: *r. come l'oro*, to glitter like gold.
rispolverare *v. t.* **1** to **dust again 2** *(fig.)* to **brush up.**
rispondènte *a.* **corresponding; answering** (to); **in conformity** (with); **agreeing** (with).
rispondènza *f.* **correspondence; conformity; agreement.**
rispóndere A *v. i.* **1** to **answer** (st., sb.); to **reply** (to): *r. a una domanda*, to answer a question □ *r. ad alta voce (a bassa voce)*, to answer in a loud voice (in a low voice) □ *r. al telefono*, to answer the telephone □ *r. evasivamente*, to reply evasively; to give an evasive answer **2** (farsi garante) to **answer** (for); to **be responsible** (for); to **vouch** (for): *Risponderò io della sua onestà*, I'll vouch for his honesty **3** (corrispondere) to **answer** (st.); to **correspond** (to); to **meet***: *Questo non risponde al mio scopo*, this does not answer my purpose **4** (replicare vivacemente, ribattere) to **answer back 5** (obbedire) to **respond** (to); to **obey** (st.) **6** (aprirsi) to **look out** (on to); (di una porta) to **give*** (on to): *Questa finestra risponde sulla strada maestra*, this window looks on to the main road **7** (a carte) to **reply B** *v. t.* **1** to **answer**: *non r. verbo*, not to answer a word □ *r. poche parole*, to answer in a few words ● *r. all'appello*, to answer the roll; *(fig.)* to answer the call □ *r. al nome (di)*, to answer to the name (of) □ *r. al saluto di q.*, to return sb.'s greeting □ *r. a tono*, to give a reasonable answer □ *(fig.) r. picche*, to give (sb.) a flat denial □ *r. secco secco*, to give (sb.) a curt answer.
risposare A *v. t.* to **remarry;** to **marry again B risposarsi** *v. rifl.* to **remarry;** to **get* married again.**
rispósta *f.* **1 answer; reply**: *in r. a*, in reply to □ *dare una r. a q.*, to give sb. an answer □ *trovare una r. a tutto*, to find an answer for everything **2** *(scherma)* **riposte 3** (reazione) **reaction; response 4** *(elettr., elab.)* **response** ● *cartolina con r. pagata*, reply card □ *lasciare una lettera senza r.*, to leave a letter unanswered.
rissa *f.* **brawl; wrangle** ● *far r.*, to brawl; to wrangle.
rissaiòlo A *a.* **brawling; wrangling; quarrelsome B** *m.* **brawler; wrangler.**
rissare *v. i.* to **brawl;** to **wrangle.**
rissóso *a.* **brawling; wrangling; quarrelsome.**
ristabiliménto *m.* **1 re-establishment; restoration 2** (ritorno a perfette condizioni di salute) **recovery.**
ristabilire A *v. t.* **1** (stabilire di nuovo) to **re-establish;** to **establish again 2** (rimettere stabilmente in vigore) to **re-establish;** to **restore;** to **bring* back**: *r. la monarchia*, to re-establish monarchy □ *r. l'ordine*, to restore order **B ristabilirsi** *v. rifl.* to **recover;** to **get* well again**: *r. in salute*, to recover (one's health).
(1) ristagnare *v. t.* (stagnare di nuovo) to **re-tin,** to **tin again;** to **re-solder,** to **solder again.**
(2) ristagnare A *v. i.* **1** (diventare stagnante) to **stagnate;** to **become* stagnant;** (cessare di scorrere) to **cease flowing 2** *(fig.)* to **be stagnant (o slack);** to **slacken B** *v. t.* (far cessare di scorrere) to **staunch.**
ristagno *m.* **1 stagnation 2** *(fig.)* **stagnation; standstill; slackness**: *C'è un r. negli affari*, business is at a standstill; trade is slack.
ristampa *f.* **1 reprint; reprinting 2** (opera ristampata) **reprint; second (o new) impression** ● *essere in r.*, to be reprinting.
ristampare *v. t.* to **reprint;** to **print again.**
ristare *v. i.* *(lett.)* **1** (stare di nuovo) to **stay again;** (fermarsi) to **stop 2** (*fig.:* astenersi) to **refrain**: *r. dal fare q.c.*, to refrain from doing st.
ristorante *m.* **restaurant;** (di stazione ferroviaria) **refreshment-room** ● *(ferr.) vagone r.*, dining car.
ristorare A *v. t.* **1** (dare ristoro) to **refresh** (anche *fig.*) **2** (*fig., lett.:* risarcire) to **recoup** (for) **B ristorarsi** *v. rifl.* to **refresh oneself;** to **take* refreshment;** to **have something to eat and drink;** (riposarsi) to **rest,** to **have a rest.**
ristoratóre A *m.* (ristorante) **restaurant;** (di stazione ferroviaria) **refreshment-room B** *a.* **refreshing.**
ristòro *m.* **1** (sollievo) **relief; comfort; solace**: *trovare r.*, to find relief **2** (rifocillamento) **refreshment**: *un posto di r.*, a refreshment-room.
ristrettézza *f.* **1** (angustia) **narrowness 2** (meschinità) **meanness; poorness; poverty 3** (insufficienza) **lack; want**: *r. di mezzi*, lack of means **4** (*al pl.:* condizioni economiche disagiate) **straitened (o narrow, reduced) circumstances; (financial) straits**: *trovarsi in ristrettezze*, to be in financial straits ● *r. di mente*, narrow-mindedness.
ristrétto A *a.* **1** (angusto) **narrow**: *un luogo r.*, a narrow place **2** (limitato) **narrow; limited**: *nel senso più r.*, in the narrowest sense **3** (ridotto) **reduced**: *prezzi ristretti*, reduced (o rock-bottom) prices **4** (scarso) **narrow; straitened; scanty; poor**: *mezzi ristretti*, scanty means **5** (condensato) **condensed; concentrated** ● *avere idee troppo ristrette (o essere r. di mente)*, to be narrow-minded □ *(cucina) brodo r.*, clear soup; consommé *(franc.)* □ *caffè r.*, strong coffee **B** *m.* (compendio) **summary; précis; abstract.**
ristrutturare *v. t.* to **restructure.**
ristuccare *v. t.* **1** (stuccare di nuovo) to **replaster;** to **plaster (up) again 2** *(fig., fam.)* to **bore** (o to **weary,** to **tire)** (sb.) **to death.**
ristucco *a.* **sick and tired; bored to death; fed up** *(fam.)*: *essere stucco e r. di q.c.*, to be fed up with st.
risucchiare *v. t.* **1** to **suck again 2** (assorbire) to **suck in.**
risùcchio *m.* **1 eddy 2** *(naut.)* **undertow.**
risultante A *a.* **resultant; resulting B** *m.* o *f.* *(fis., mat.)* **resultant C** *f.* (*fig.:* risultato) **result; outcome.**
risultanza *f.* **result; outcome.**
risultare *v. i.* **1** to **result;** to **come* out;** to **turn out;** to **follow;** to **ensue;** to **spring* 2** (*impers.:* essere noto) to **understand*,** to **hear*,** to **know*** (*verbi pers.*): *Mi risulta che sei stato licenziato*, I understand (o I have come to know) that you have been dismissed □ *Non mi risulta*, I don't know anything about it ● *Ne risulta che...*, consequently...; the result is that... □ *Risulta chiaro che...*, it is obvious that...
risultato *m.* **result** (anche *mat.*); **outcome; issue** ● *(sport) r. di parità*, draw; tie.
risurrezióne *f.* **1 resurrection; rising**: *la r. dei morti*, the resurrection (o rising) of the dead **2** *(fig.)* **resurrection; revival; restoration.**
risuscitare A *v. t.* **1** (richiamare in vita) to **resuscitate;** to **bring* back to life again;** to **raise from the dead;** to **restore to life**: *r. i morti*, to resuscitate the dead **2** (*fig.:* rimettere in uso) to **resurrect;** to **revive;** to **restore;** to **bring* back into use**: *r. antiche consuetudini*, to restore old customs **B** *v. i.* **1** to **resuscitate;** to **come* back to life again 2** (*fam.:* riaversi) to **revive;** to **pick up.**
risvegliare A *v. t.* **1** (svegliare di nuovo) to **reawake*;** to **awake* again;** to **wake* up again 2** (svegliare) to **awake*;** to **awaken;** to **wake* up 3** *(fig.)* to **awaken;** to **awake*;** to **wake*;** to **arouse;** (eccitare) to **excite,** to **stimulate;** (ravvivare) to **revive,** to **freshen up**: *r. l'interesse di q. per q.c.*, to arouse sb.'s interest in st. **B risvegliarsi** *v. rifl.* to **awake*;** to **wake* up** (anche

fig.).
risvéglio *m.* **1** **(re)awakening; waking up** **2** *(fig.)* **awakening; revival**: *un r. del commercio,* a revival of trade ● *al mio r.,* when I awoke (o woke up).
risvòlto *m.* **1** (del collo d'una giacca) **lapel;** (di manica) **cuff;** (di tasca) **flap;** (di pantaloni) **turn-up** **2** (della sopraccoperta di un libro) **jacket-flap** **3** *(fig.)* **implication; (secondary) aspect** ● *stivali con r.,* top-boots.
ritagliare *v. t.* to **cut*** **(again);** to **cut*** **out.**
ritàglio *m.* **cutting; cut-out** ● *r. di stoffa,* remnant □ *(fig.) ritagli di tempo,* spare time; odd moments.
ritardare **A** *v. t.* to **delay;** to **retard;** to **keep*** **off;** to **stave off** **B** *v. i.* to **be delayed;** (essere in ritardo) to **be late.**
ritardatàrio *m.* **late-comer.**
ritardato **A** *a.* **1** **delayed** **2** *(psic.)* **retarded** **B** *m. (psic.)* **retarded child*; retardate.**
ritardo *m.* **1** **delay**: *un r. di tre ore,* a delay of three hours □ *senza r.,* without delay **2** *(psic.)* **(mental) retardation** **3** *(mus.)* **retardation** ● *essere in r.,* to be late; to be behind time; (con un pagamento) to be behindhand; (col lavoro) to be behind schedule; (di treno, nave, ecc.) to be overdue □ *Mi scusi del r.,* please excuse me for being late (o if I'm late).
ritégno *m.* **1** **reserve; reservedness**: *vincere il r. di q.,* to break through sb.'s reserve **2** (freno) **restraint; moderation**: *agire con r.,* to act with restraint □ *senza r.,* without restraint ● *avere r. a fare q.c.,* to hesitate (o to be reluctant) to do st.; to shrink from doing st.
ritemprare **A** *v. t.* **1** (ridare la tempra) to **retemper;** to **temper again** **2** *(fig.)* to **restore;** to **fortify;** to **strengthen**: *r. le forze,* to restore one's strength **B** **ritemprarsi** *v. rifl.* to **recover one's strength;** to **gain new strength.**
ritenére **A** *v. t.* **1** (trattenere) to **hold*** **(back);** to **stop;** to **retain;** to **keep*** **(back);** to **withhold***: *r. le lacrime,* to hold back one's tears **2** (credere, stimare) to **think*;** to **believe;** to **deem;** to **consider**: *Non lo ritengo necessario,* I don't think it necessary □ *È ritenuto il migliore dentista della città,* he is considered (o regarded) as the best dentist in town ● *r. q.c. a memoria,* to remember st. **B** **ritenérsi** *v. rifl.* **1** (trattenersi) to **restrain oneself**: *r. dal piangere,* to restrain oneself from crying **2** (considerarsi) to **consider oneself;** to **regard oneself**: *r. un grande atleta,* to regard oneself (as) a great athlete.
ritentare *v. t.* to **try again;** to **reattempt** ● *r. la prova,* to have another try.
ritentiva *f.* **retentive faculty; memory.**
ritentivo *a.* **retentive.**
ritenuta *f.* (trattenuta) **deduction; stoppage**: *una r. sullo stipendio,* a deduction from salary ● *(fin.) r. alla fonte,* taxation at source □ *(fin.) r. d'acconto,* capital gains tax.
ritenutézza *f.* **reserve; reservedness; restraint;** (cautela) **cautiousness, circumspection.**
ritenuto *a.* **reserved;** (cauto) **cautious, circumspect.**
ritenzióne *f.* (anche *med.*) **retention.**
ritèssere *v. t.* (anche *fig.*) to **weave*** **again;** to **reweave*.**
ritirare **A** *v. t.* **1** (tirare indietro) to **withdraw*;** to **draw*** **back;** to **take*** **back;** (anche, ritrattare) to **retract**: *r. la candidatura,* to withdraw one's candidature; to stand down □ *r. una querela,* to withdraw an action □ *r. un'offerta,* to withdraw (o to take back) an offer □ *r. q.c. dalla circolazione,* to withdraw st. from circulation □ *r. la parola data,* to take back one's word □ *L'imputato ritirò la sua confessione,* the accused retracted his confession **2** (riscuotere) to **draw*;** to **withdraw*;** (farsi consegnare) to **collect**: *r. lo stipendio,* to draw one's salary □ *r. una lettera (un pacco),* to collect a letter (a parcel) **3** (gettare di nuovo) to **throw*** **again** ● *r. un assegno,* to cash a cheque □ *r. un ordine,* to revoke an order **B** **ritirarsi** *v. rifl.* **1** to **retire;** to **withdraw***: *r. a vita privata,* to retire to private life □ *r. dagli affari,* to retire from (o to give up) business □ *r. in se stesso,* to retire into oneself **2** (di truppe) to **retreat;** to **withdraw*;** to **retire** **3** (di acqua) to **subside;** to **recede;** (di marea) to **ebb** **4** (specialm. di tessuti: restringersi) to **shrink*** **5** (mancare a una promessa) to **go*** **back on one's word;** to **take*** **back one's word** **6** (*leg.*: di tribunale) to **adjourn.**
ritirata *f.* **1** **retreat; withdrawal**: *battere in r.,* to beat a retreat (specialm. *fig.*) □ *suonare la r.,* to sound the retreat **2** (rientro in caserma) **tattoo***: *suonare la r.,* to beat (o to sound) the tattoo **3** (latrina) **lavatory; toilet; loo*** *(fam.)*.
ritirato *a.* **retired; secluded; sequestered**: *una vita ritirata,* a retired life □ *un luogo r.,* a secluded spot ● *vivere r.,* to live in seclusion (o in retirement).
ritiro *m.* **1** **withdrawal; retirement**: *il r. di banconote dalla circolazione,* the withdrawal of bank notes from circulation **2** (luogo appartato) **retreat; secluded spot; nook;** (eremo) **hermitage** **3** (contrazione) **contraction; shrinkage** ● *r. della patente di guida,* revocation (o suspension) of a driving licence.
ritmare *v. t.* to **beat*** **out.**
ritmica *f. (poesia, mus.)* **rhythmics** *(pl. col verbo al sing.)*.
ritmico *a.* **rhythmic(al); cadenced; measured**: *prosa ritmica,* rhythmical prose.
ritmo *m.* **1** *(generalm.)* **rhythm; cadence** **2** *(mecc.)* **rate** **3** *(fig.)* **pace; rate.**
rito *m.* **1** **rite; liturgy**: *il r. ambrosiano,* the Ambrosian rite **2** (cerimonia religiosa) **rite; rituals** *(pl.)*: *riti funebri,* burial rites □ *secondo il r. anglicano,* according to the Anglican rite **3** (*fam.*: usanza) **custom; usage; practice**: *È di r. far questo,* it is the custom to do so □ *di r.,* prescribed by custom; customary.
ritoccare *v. t.* **1** (toccare di nuovo) to **retouch;** to **touch again** **2** (fare correzioni) to **retouch;** to **touch up;** to **give*** **the finishing touches to** (st.): *r. una fotografia,* to retouch a photograph **3** (prezzi, tariffe) to **revise;** to **raise**: *r. i prezzi,* to raise prices.
ritoccata *f.* **retouch; touching up.**
ritoccatóre *m.* (specialm. *fotogr.*) **retoucher.**
ritoccatura *f.* **ritócco** *m.* **1** **retouch; touch-up; finishing touch; retouching** **2** (di prezzi, tariffe) **revision** ● *apportare alcuni ritocchi a q.c.,* to retouch (o to touch up) st.
ritògliere *v. t.* **1** (prendere di nuovo) to **take*** **again** **2** (riprendere quel che si era dato ad altri o ci era stato sottratto) to **take*** **back** **3** (levare di nuovo) to **take*** **off again** **4** (detrarre di nuovo) to **detract again;** to **deduct again.**
ritòrcere *v. t.* **1** (torcere di nuovo) to **retwist;** to **twist again;** to **twine again** **2** *(fig.)* to **retort;** to **throw*** **back**: *r. un'accusa,* to retort a charge; to turn the tables (on sb.) **3** *(ind. tessile)* to **twist.**
ritorcitura *f. (ind. tessile)* **twisting.**
ritornare **A** *v. i.* **1** to **return;** to **go*** **back;** to **come*** **back**: *r. a casa,* to return (o to go back, to come back) home □ *r. alle origini di q.c.,* to go back (o to return) to the origins of st. **2** (ricorrere) to **recur** **3** (diventare di nuovo, tornare ad essere) to **become*** **again** **B** *v. t.* (restituire) to **return;** to **give*** **back** ● *r. in sé,* (riprendere coscienza) to come to one's senses (o to come to, to come round); (rinsavire) to come to one's senses (o to see reason) □ *r. sopra una decisione,* to go back on a decision □ *ritornarsene,* to return; to go back.
ritornèllo *m. (mus., poesia)* **refrain** ● *(fig.) ripetere sempre il solito r.,* to be always harping on one (o the same) string.
ritórno *m.* **return;** (r. periodico) **recurrence**: *il r. della primavera,* the return of spring □ *il viaggio di r.,* the return journey; (per mare) the return voyage □ *al mio r.,* on my return ● *biglietto di andata e r.,* return ticket □ *essere di r.,* to be back □ *fare r.,* to come back □ *(comm.) merci di r.,* returned goods; returns □ *(sport) partita di r.,* return match □ *(comm.) « vuoti di r. »,* « empties to be returned ».
ritorsióne *f.* **1** (rappresaglia) **reprisal; retaliation** **2** (di un'accusa, ecc.) **retort.**
ritòrta *f.* **withy, withe.**
ritòrto **A** *a.* **1** (torto) **twisted** **2** (contorto) **twisted; contorted** **B** *m.* **twisted yarn.**
ritrarre **A** *v. t.* **1** (tirare indietro) to **withdraw*;** to **draw*** **back**: *r. la mano (il piede),* to withdraw (o to draw back) one's hand (one's foot) **2** (distogliere) to **divert;**

to **turn away**: *r. lo sguardo da q.c.,* to turn one's eyes away from st. ***3*** (ricavare, percepire) to **get***; to **obtain**; to **draw***; to **derive**: *r. beneficio da q.c.,* to derive benefit from st. ***4*** (riprodurre, rappresentare) to **portray**; to **depict**; to **reproduce**; to **represent** ***5*** (descrivere) to **describe**; to **paint**; to **picture**; to **portray** ***B*** **ritrarsi** *v. rifl.* ***1*** (ritirarsi) to **withdraw***; to **retire**; to **draw* back**: *r. da un'impresa,* to withdraw (o to retire) from an undertaking ***2*** (sottrarsi, liberarsi) to **withdraw***; to **get* out** (of) ***3*** (rappresentare se stesso) to **portray oneself**; to **represent oneself**.

ritrasméttere *v. t. (radio)* to **rebroadcast***.

ritrattàbile *a.* **retractable**.

ritrattare ***A*** *v. t.* ***1*** (trattare di nuovo) to **treat again**; to **re-treat**; to **deal* with** (st.) **again** ***2*** (ritirare una propria affermazione) to **retract**; to **withdraw***; to **take* back**; (pubblicamente) to **recant** ***B*** **ritrattarsi** *v. rifl.* to **retract**; to **withdraw*** (o to **take* back**) **one's words**; (pubblicamente) to **recant**.

ritrattazióne *f.* **retractation; retraction; withdrawal; recantation.**

ritrattista *m.* e *f.* **portrait painter; portraitist.**

ritratto ***A*** *a.* ***1*** (tratto indietro) **drawn back; withdrawn** ***2*** (rappresentato, figurato) **portrayed; pictured; depicted** ***B*** *m.* ***1*** **portrait**: *farsi fare il r.,* to have one's portrait painted ***2*** *(fig.)* **image; picture**: *Questo bambino è il r. di sua madre,* this child is the very image (o, *fam.:* the dead spit) of his mother.

ritrazióne *f.* **retraction**; (contrazione) **contraction.**

ritrito *a. (fig.)* **trite; stale; hackneyed; commonplace.**

ritrosia *f.* **bashfulness; shyness**; (rif. specialm. a fanciulla) **coyness** ● *avere r. a fare q.c.,* to be reluctant (o unwilling) to do st.

ritróso *a.* ***1*** (schivo) **bashful; shy**; (rif. specialm. a fanciulla) **coy**: *essere r. per natura,* to be naturally shy ***2*** (restio, avverso) **reluctant; unwilling; averse**: *essere r. ad accettare consigli,* to be reluctant (o unwilling) to accept advice ***3*** (che va all'indietro) **moving backwards; retrograde; retreating** ● *a r.,* backward(s): *andare a r.,* to go backwards.

ritrovaménto *m.* ***1*** **finding (again)**; (ricupero) **recovery** ***2*** (scoperta) **finding out; discovery.**

ritrovare ***A*** *v. t.* ***1*** to **find* again**; to **refind*** ***2*** (ricuperare) to **recover**: *r. la salute,* to recover (one's health) ***3*** (trovare cose, persone smarrite) to **find***: *Hai ritrovato il tuo ombrello?,* have you found your umbrella? ***4*** (scoprire) to **discover**; to **find***: *r. la soluzione di un problema,* to find the solution to a problem ***5*** (incontrare di nuovo) to **meet* (again)** ***6*** (riconoscere) to **recognize** ***B*** **ritrovarsi** *v. rifl.* ***1*** to **find* oneself** ***2*** (raccapezzarsi) to **see* one's way ahead**; to **make*** (st.) **out**; to **understand*** (st.) ***3*** (sentirsi a proprio agio) to **be** (o to **feel***) **at ease** ***C*** *v. rifl. recipr.* (incontrarsi) to **meet***; (trovarsi di nuovo insieme) to **meet* again** : *Ci ritroveremo qui fra un'ora,* we'll meet here in an hour's time.

ritrovato *m.* ***1*** (scoperta) **discovery**; (invenzione) **invention** ***2*** (espediente) **contrivance; device.**

ritrovatóre *m.* (scopritore) **discoverer**; (inventore) **inventor.**

ritròvo *m.* **meeting; resort**: *un (luogo di) r.,* a meeting-place; a (place of) resort; a haunt; (circolo) a club; *(spreg.)* a den: *un r. di ladri,* a den of thieves.

ritto ***A*** *a.* ***1*** (in posizione verticale o eretta) **standing on one's feet; upright; erect; straight; vertical**: *a coda ritta,* with one's tail erect (o up) □ *stare r.,* to stand erect; to stand straight up ***2*** (destro) **right**: *volgersi a man ritta,* to turn to the right ● *a naso r.,* with one's nose turned up □ *non reggersi più r.,* to be unable to stand; to be too weak to stand □ *Avevo i capelli ritti dal terrore,* my hair stood on end (with terror) ***B*** *m.* ***1*** (diritto) **right side; face** ***2*** (sostegno verticale) **upright; prop** ● *né per r. né per rovescio,* in no wise.

rituale ***A*** *a.* ***1*** **ritual**: *formule rituali,* ritual formulas ***2*** (conforme all'abitudine) **customary; usual; habitual** ***B*** *m.* ***1*** *(relig.)* **ritual** ***2*** (cerimoniale) **ceremonial.**

ritualismo *m. (relig.)* **ritualism.**

ritualista *m.* e *f. (relig.)* **ritualist.**

riunióne *f.* ***1*** **meeting; assembly; gathering**: *riunioni politiche,* political meetings □ *un luogo di r.,* a meeting-place □ *la sala per le riunioni,* the assembly-room □ *tenere una r.,* to hold a meeting ***2*** (nuova unione) **reunion** ● *(polit.) r. al vertice,* summit.

riunire ***A*** *v. t.* ***1*** to **reunite**; to **put* together** ***2*** (adunare) to **gather together (o up)**; to **collect**; to **get* together** ***3*** (riconciliare) to **bring* together again**; to **reconcile** ***B*** **riunirsi** *v. rifl.* ***1*** (unirsi di nuovo a) to **join again**; to **rejoin** ***2*** (adunarsi) to **meet***; to **gather**; to **get* together** ***C*** **riunirsi** *v. rifl. recipr.* to **be reunited**; to **come* together again.**

riunito *a.* ***1*** **reunited** ***2*** (associato) **united.**

riunto *a.* **greased again; oiled again; re-oiled** ● *villano r.,* upstart; parvenu.

riuscire *v. i.* ***1*** to **succeed** (in); to **manage**; (essere capace) to **be able; can** *(difett.)*: *Riuscii a liberarmi dalle catene,* I managed to free myself from the chains □ *Non so se riuscirò a superare questa prova,* I don't know whether I'll be able to pass this test ***2*** (avere esito) to **come* out**; to **turn out**; (avere esito positivo) to **be successful**: *L'esperimento riuscì bene,* the experiment turned out well (o was successful) ***3*** (avere attitudine) to **be good**, to **be clever** (at): *Mia figlia riesce nella musica, ma nella pittura no,* my daughter is good at music, but not at painting ***4*** (apparire, risultare) to **be**; (mostrarsi) to **prove (to be)** ***5*** (sboccare, mettere capo) to **lead*** (to) ***6*** (uscire di nuovo) to **go* out again** ● *non r. a fare q.c.,* to fail to do (o in) st. □ *Mi riesce proprio antipatico,* I don't like him at all □ *Riesce odioso a tutti,* he is hated by everyone.

riuscita *f.* (esito) **issue, result**; (successo) **success**: *Stiamo a vedere la r.!,* let's wait and see the result □ *La festa ha avuto una splendida r.,* the party was a splendid success □ *qualunque sia la r.,* whatever the result may be ● *cattiva r.,* failure; lack of success □ (di indumenti) *fare una buona (cattiva) r.,* to wear (not to wear) well.

riuscito *a.* ***1*** **well-done; good** ***2*** (che ha avuto successo) **successful.**

riutilizzàbile *a.* **reusable.**

riutilizzare *v. t.* to **reuse**; to **use again**; to **reutilize**, to **reutilise.**

riva *f.* (di fiume) **bank**; (di mare, lago) **shore**: *la r. sinistra (destra) del fiume,* the left (right) bank of the river □ *la r. del mare,* the sea-shore; the sea-side □ *a r.,* on shore; ashore □ *mantenersi a r.,* to keep close to (o to hug) the shore ● *città in r. al mare,* sea-side town.

rivaccinare *v. t.* to **revaccinate**; to **vaccinate again.**

rivaccinazióne *f.* **revaccination.**

rivale *a., m.* e *f.* **rival**: *rivali in amore,* rivals in love □ *non avere rivali,* to stand without rivals; to be unparalleled (o matchless); to be second to none.

rivaleggiare *v. i.* to **be in rivalry**; to **be the rival** (of); (competere) to **be in competition**, to **compete**, to **vie** (with).

rivalérsi *v. rifl.* ***1*** (valersi di nuovo) to **avail oneself** (of) **again**; to **make* use** (of) **again** ***2*** (rifarsi di una perdita subita) to **recoup oneself**; to **make* up for one's loss(es)**, to **make* good one's loss(es) (at sb.'s expense).**

rivalità *f.* **rivalry; rivalship**; (competizione) **competition, emulation**: *r. in amore (negli affari),* rivalry in love (in business).

rivalsa *f.* ***1*** (rivincita) **revenge** ***2*** (risarcimento) **recoupment; compensation** ***3*** *(econ.)* **redraft** ***4*** *(leg.)* **retaliation.**

rivalutare *v. t.* to **revalue.**

rivalutazióne *f.* **revaluation.**

rivangare *v. t.* ***1*** (vangare di nuovo) to **dig* up again** ***2*** *(fig.)* to **rake up**; to **recall** ● *Non rivanghiamo il passato!,* let bygones be bygones.

rivedére ***A*** *v. t.* ***1*** (vedere di nuovo) to **see* again**; (incontrare di nuovo) to **meet* again**: *Lo rivedrò domani,* I'll see him again tomorrow ***2*** (tornare in un luogo) to **return**, to **go* back**, to **come* back** (to): *Rividi l'Italia dopo dieci anni di assenza,* I returned to Italy after a ten-year absence ***3*** (correggere) to **correct**; to **revise**; to **look over**; (verificare) to **check**: *r. l'edizione di un* *libro,* to revise the edition of a book □ *r. i conti,* to check the accounts; (ufficialmente, da contabile) to audit the accounts **4** (ripassare) to **look over again**: *r. una lezione,* to look over a lesson again **5** (rif. a prezzi, tariffe: ritoccare) to **revise 6** (ispezionare) to **inspect;** to **examine 7** *(mecc.)* to **overhaul** ● *r. le bozze,* to proof-read □ *(fig.) r. le costole (o il pelo) a q.,* to give sb. a good hiding □ *(scherz.) Beato chi ti rivede!,* look who's here! **B rivedérsi** *v. rifl. recipr.* to **see* each other (**o **one another) again;** (incontrarsi di nuovo) to **meet* again** ● *A rivederci,* good-bye; see you soon; so long; cheerio *(fam.)* □ *Ci rivedremo a Filippi!,* my day will come!

rivedìbile *a.* **1 revisable 2** *(mil.)* **temporarily unfit.**

riveduta *f.* **(quick) revision** ● *dare una r. a q.c.,* to revise st. (quickly); to go* over st. again; (ridare uno sguardo a q.c.) to take a second look at st.

riveduto *a.* **revised; corrected**: *una nuova edizione riveduta e corretta,* a new revised edition.

rivelàbile *a.* **revealable.**

rivelare A *v. t.* **1** (palesare) to **reveal;** to **disclose;** (rendere noto) to **make* known;** (dire) to **tell***: *r. un segreto,* to reveal a secret □ *r. q.c. a q. in stretta confidenza,* to tell sb. st. in strict confidence **2** (mostrare) to **reveal;** to **display;** to **show*;** to **exhibit**: *r. il proprio carattere,* to show one's true colours **B rivelarsi** *v. rifl.* to **reveal oneself;** to **show* oneself;** to **prove (oneself)**: *r. un codardo,* to prove oneself (to be) a coward.

rivelatóre A *m.* **1 revealer; discloser 2** *(tecn.)* **detector 3** *(chim., fotogr.)* **developer B** *a.* **revealing; disclosing.**

rivelazióne *f.* **1 revelation** (anche *relig.*)**; disclosure 2** (manifestazione inaspettata) **revelation** *(fam.)* **3** *(tecn.)* **detection.**

rivéndere *v. t.* **1** (vendere di nuovo) to **resell*;** to **sell* again 2** (vendere un oggetto precedentemente comprato) to **resell*;** to **sell* back**: *Glielo rivenderò,* I'll sell it back to him **3** *(fig.)* to **surpass;** to **be superior to** (sb.).

rivendicare A *v. t.* to **vindicate;** to **claim**: *r. un diritto,* to claim a right **B rivendicarsi** *v. rifl.* to **take* vengeance** (upon, for).

rivendicatóre A *m.* **vindicator; claimer; claimant B** *a.* **vindicating; vindicative; vindicatory.**

rivendicazióne *f.* **revendication; claim.**

rivéndita *f. (comm.)* **1 resale 2** (negozio) **retail shop** ● *r. di giornali,* bookstall □ *r. di tabacchi,* tobacconist's shop.

rivenditóre *m.* **1 reseller 2** (chi rivende al minuto) **retailer 3** (chi rivende roba usata) **second-hand dealer.**

rivendùgliolo *m.* **small retailer;** (ambulante) **hawker, huckster.**

rivenire *v. i.* to **come* again;** to **come* back;** to **return** ● *Ora mi riviene in mente,* now I remember.

riverberare A *v. t.* to **reverberate B riverberarsi** *v. rifl.* to **reverberate;** to **be reflected** (anche *fig.*).

riverberazióne *f.* **reverberation; reflection.**

rivèrbero *m.* **reverberation; reflection;** (luce abbagliante) **glare**: *il r. del sole sull'acqua,* the glare of the sun on the water □ *di r.,* by reflection ● *(metall.) forno a r.,* reverberatory furnace (o kiln) □ *lume a r.,* reverberator.

riverènte *a.* **reverent; respectful.**

riverènza *f.* **1 reverence; respect; veneration**: *r. verso i genitori,* respect to one's parents **2** (inchino) **(low) bow; obeisance;** (di donna) **curts(e)y**: *fare una r.,* to (make a) bow; to make (o to drop) a curtsey.

riverenziale *a.* **reverential** ● *timore r.,* awe.

riverire *v. t.* **1** to **revere;** to **reverence;** to **hold* in reverence;** (rispettare) to **respect,** to **hold* in deep (**o **high) respect;** (venerare) to **venerate**: *r. i genitori,* to respect one's parents **2** (ossequiare) to **give* one's respects (**o **regards) to** (sb.).

riverito *a.* **respected; revered;** (stimato) **esteemed.**

riversare A *v. t.* **1** (versare di nuovo) to **pour again;** to **pour out again 2** (versare) to **pour;** to **pour out 3** (rovesciare) to **turn over** ● *r. la colpa su q.,* to throw (o to lay) the blame on sb.; to pass the bucket to sb. *(fam.)* **B riversarsi** *v. rifl.* **1** (sfociare) to **flow 2** (affluire) to **pour.**

rivèrso *a. (lett.)* **on one's back** *(pred.)***; supine.**

rivestiménto *m.* **1 covering; coating;** (r. interno) **lining 2** *(edil.)* **sheathing** ● *(edil.) r. a pannelli,* panelling □ *(edil.) r. in legno,* wainscot(t)ing; wainscot □ *(autom.) r. in panno,* cloth upholstery.

rivestire A *v. t.* **1** (vestire di nuovo) to **dress again;** to **clothe again 2** (provvedere di abiti) to **dress;** to **clothe;** to **provide with clothes 3** (ricoprire) to **cover;** to **coat;** (foderare) to **line 4** *(fig.)* to **hold***: *r. una carica,* to hold a position **5** *(ind.:* con isolante termico*)* to **lag;** to **insulate** ● *(edil.) r. con mattonelle,* to tile □ *(edil.) r. con pannelli,* to panel □ *r. con pannelli di legno,* to wainscot **B rivestirsi** *v. rifl.* **1** (vestirsi di nuovo) to **dress (oneself) again;** to **put* on one's clothes again 2** (provvedersi d'abiti nuovi) to **provide oneself with (new) clothes 3** (cambiarsi i vestiti) to **change one's clothes 4** *(fig.)* to **be clothed** (in).

rivestitura *f.* **covering.**

rivétto *m. (mecc.)* **rivet.**

rivièra *f.* **coast** ● *la r. italiana,* the Italian Riviera.

rivierasco A *a.* **coast** *(attr.)***; coastal; littoral; riparian B** *m.* **coast-dweller.**

rivìncere *v. t.* **1** (vincere di nuovo) to **win* again 2** (ricuperare vincendo) to **win* back.**

rivìncita *f.* **1** (nel gioco o nello sport) **return game; return match 2** *(fig.)* **revenge**: *prendersi la r.,* to take one's revenge.

rivișitare *v. t.* to **revisit;** to **visit again.**

rivista *f.* **1** *(mil.)* **review; parade**: *passare in r.,* to pass in review; to review **2** (revisione d'uno scritto) **revision 3** (pubblicazione periodica) **magazine; review 4** *(teatr.)* **revue; show.**

rivivere A *v. i.* **1** (vivere di nuovo) to **live again;** to **return to life 2** *(fig.:* riacquistare vigore; tornare in uso*)* to **revive 3** *(fig.:* continuare, perpetuarsi*)* to **relive;** to **live again B** *v. t.* to **live over again** ● *sentirsi r.,* to feel quite oneself again.

rivo *m.* **1 brook; rill; streamlet 2** (liquido che scorre) **stream**: *rivi di sangue,* streams of blood.

rivolére *v. t.* **1** (volere di nuovo) to **want again 2** (volere in restituzione) to **want back.**

rivòlgere A *v. t.* **1** to **turn**: *r. l'attenzione (i propri pensieri) a q.c.,* to turn one's attention (one's thoughts) to st. **2** (indirizzare) to **address**: *Le mie parole non erano rivolte a te,* my words were not addressed to you **3** (distogliere) to **turn away (**o **aside)**: *Rivolsi lo sguardo da quell'orrenda scena,* I turned my eyes away from that horrible sight ● *r. nella mente,* to brood over (o on) (st.); to turn (st.) over in one's mind □ *r. la parola a q.,* to address sb.; to speak to sb.: *r. la parola a q. in inglese (in italiano, ecc.),* to speak to sb. in English (in Italian, etc.) □ *r. il saluto a q.,* to say hello to sb. **B rivòlgersi** *v. rifl.* **1** (volgersi indietro) to **turn round 2** (volgersi a q.) to **turn** (to); (indirizzarsi) to **address** (sb.) **3** (ricorrere) to **turn;** to **apply**: *r. a q. per un prestito,* to turn to sb. for a loan □ *Rivolgiti al direttore!,* apply to the manager! **4** *(fig.:* darsi, applicarsi*)* to **turn;** to **devote oneself**: *r. alla musica,* to turn (o to devote oneself) to music.

rivolgiménto *m.* **1** (sconvolgimento) **upheaval** (anche *fig.*)**; disturbance; disorder; trouble 2** (cambiamento) **revolution; change.**

rìvolo *m.* **rivulet; rill; brooklet; streamlet.**

rivòlta *f.* **1** (sommossa) **revolt; rebellion; insurrection; rising 2** *(naut., mil.)* **mutiny.**

rivoltante *a.* **revolting; disgusting.**

rivoltare A *v. t.* **1** to **turn over again;** to **turn round again 2** (rovesciare) to **turn (over);** (con l'interno verso l'esterno) to **turn inside out;** (capovolgere) to **turn upside down 3** *(fig.:* turbare, sconvolgere*)* to **upset*;** to **turn 4** (mescolare) to **mix** ● *far r. lo stomaco a q.,* to turn sb.'s stomach □ *far r. un abito,* to have a suit turned **B rivoltarsi** *v. rifl.* **1** (rigirarsi) to **turn over;** to **toss about;** (voltarsi indietro) to **turn round**: *Dormendo, si è rivoltato più volte,* he turned over several times in his sleep **2** (ribellarsi) to **revolt;** to **rebel;** to **turn** (against, on) ***3*** *(fig.:* sconvolgersi*)* to **turn**: *Mi si rivolta lo stomaco solo a pensarci,* my stomach turns at the mere thought of it.

rivoltata *f.* **turning over** ● *dare una r. a q.c.,* to turn st. over.

rivoltatura *f.* **turning; turning out; turning inside out.**

rivoltèlla *f.* **revolver.**

rivoltellata *f.* **revolver shot.**

rivoltolare ***A*** *v. t.* ***1*** (voltolare più volte) to **turn over and over** ***2*** (mettere sossopra) to **turn upside down** ***B*** **rivoltolarsi** *v. rifl.* to **roll about;** to **wallow.**

rivoltolóne *m.* **somersault**: *fare un r.,* to turn a somersault.

rivoltóso ***A*** *a.* **rebellious; rebel** *(attr.)*; **mutinous** ***B*** *m.* **rebel.**

rivoluzionare *v. t. (*anche *fig.)* to **revolutionize.**

rivoluzionàrio *a.* e *m.* **revolutionary.**

rivoluzionarișmo *m.* **revolutionary tendencies** *(pl.)*.

rivoluzióne *f.* ***1*** *(quasi in ogni senso)* **revolution**: *la R. francese,* the French Revolution □ *(astron.) la r. della terra intorno al sole,* the revolution of the earth round the sun □ *una completa r. nella nostra industria nazionale,* a complete revolution in our national industry ***2*** *(fig., fam.:* scompiglio*)* **confusion; disorder; mess**: *Che r.!,* what a mess!

rivulsivo *a.* e *m. (farm.)* **revulsive.**

rizòma *m. (bot.)* **rhizome; rootstock.**

rizza *f. (naut.)* **lashing.**

(1) rizzare ***A*** *v. t.* ***1*** (mettere in posizione verticale) to **lift up;** to **set* up**: *r. una sedia,* to lift up a chair □ *r. una tenda,* to set up (o to pitch) a tent ***2*** (inalberare) to **hoist;** to **raise**: *r. una bandiera,* to hoist a flag ***3*** (innalzare, fabbricare) to **erect;** to **raise;** to **build*** ● *r. le orecchie,* to prick up one's ears (anche *fig.)* ***B*** **rizzarsi** *v. rifl.* ***1*** (alzarsi in piedi) to **stand* up,** to **rise*** to **one's feet;** (levarsi a sedere) to **sit* up** ***2*** (dei capelli: diventare ritti) to **stand* on end**: *Mi si rizzarono i capelli per l'orrore,* my hair stood on end with horror.

(2) rizzare *v. t. (naut.)* to **lash;** to **frap.**

roano *a* e *m.* **roan**: *un cavallo r.,* a roan (horse).

ròba *f.* **stuff; things** *(pl.)*; (effetti personali) **belongings** *(pl.)*; (beni; merce) **goods** *(pl.)*: *Si compra e si vende r. usata,* we buy and sell second-hand goods □ *r. a buon mercato,* cheap stuff ● *r. da matti,* sheer lunacy; nonsense □ *Hai portato della r. da mangiare?,* have you brought anything to eat? □ *(iron.) Bella r.!,* a fine thing indeed!

robàccia *f.* **rubbish; trash; junk** *(fam.)*.

róbbia *f. (bot.,* Rubia tinctorum*)* **madder.**

robinia *f. (bot.,* Robinia pseudo-acacia*)* **false acacia; locust-tree.**

robivècchi *m.* **second-hand dealer; rag-and-bone man*.**

roboante *V.* **reboante.**

ròbot *m. invar.* (anche *fig.)* **robot.**

robustézza *f.* **strength; vigour; sturdiness; stoutness** ● *r. di stile,* pithiness of style □ *un uomo di grande r.,* a strong sturdy man.

robusto *a.* **strong; robust; vigorous; well-knit; sturdy; stout; burly**: *un uomo di costituzione robusta,* a man with a strong constitution □ *un uomo dalle membra robuste,* a strong-limbed (o sturdy-limbed) man □ *uno stile r.,* a vigorous (o pithy) style.

rocàggine *f.* **hoarseness.**

(1) ròcca *f.* (fortezza, anche *fig.)* **fortress; stronghold; citadel** ● *cristallo di r.,* rock crystal.

(2) rócca *f.* (conocchia) **distaff.**

roccafòrte *f.* (anche *fig.)* **stronghold.**

(1) rocchétto *m.* ***1*** **reel; spool;** (bobina) **bobbin**: *un r. di filo,* a reel of thread ***2*** *(elettr.)* **coil.**

(2) rocchétto *m. (relig.)* **rochet.**

ròcchio *m.* ***1*** (di tronco d'albero) **log** ***2*** (di colonna) **drum** ● *r. di salsiccia,* sausage-roll.

ròccia *f.* ***1*** *(geol.)* **rock**: *rocce sedimentarie,* sedimentary rocks ***2*** *(fam.:* sudiciume*)* **dirt; filth.**

rocciatóre *m. (sport)* **rock-climber; cliffsman*.**

rocciόso *a.* **rocky; full of rocks.**

ròcco *m. (relig.)* **crosier, crozier.**

roccocò *a* e *m. (archit.)* **rococo**: *mobili alla r.,* rococo furniture.

ròco *V.* **ràuco.**

rococò *V.* **roccocò.**

rodàggio *m.* **running-in** ● *L'auto è in r.,* the car is being run-in.

rodare *v. t.* to **run* in.**

rodeo *(spagn.) m. invar.* **rodeo*.**

ródere ***A*** *v. t.* ***1*** to **gnaw;** (rosicchiare) to **nibble**: *r. un osso,* to gnaw (at) a bone ***2*** (corrodere) to **corrode;** to **eat* into** (st.); to **bite* into** (st.) ***3*** *(fig.:* tormentare*)* to **gnaw;** to **torture**: *L'inquietudine mi rodeva l'animo,* anxiety was gnawing (at) my heart ● *r. il freno,* to champ the bit □ *(fig.) un osso duro da r.,* a hard nut to crack ***B*** **ródersi** *v. rifl.* to **be consumed;** (preoccuparsi) to **worry,** to **be worried;** (logorarsi) to **wear* oneself out**: *r. d'invidia,* to be consumed with envy ● *r. il fegato,* to eat one's heart out.

rodiménto *m.* ***1*** **gnawing; nibbling** ***2*** *(fig.:* cruccio*)* **worry; anxiety.**

(1) ròdio *a. (geogr.)* **Rhodian.**

(2) ròdio *m. (chim.)* **rhodium.**

roditóre *a.* e *m. (zool.)* **rodent.**

rododèndro *m. (bot.,* Rhododendron*)* **rhododendron; rosebay.**

rodomontata *f.* **rodomontade.**

rodomónte *m.* **braggadocio*; braggart; vain boaster** ● *fare il r.,* to brag; to boast.

rogare *v. t. (leg.)* to **draw* up**: *r. un atto,* to draw up a deed.

rogatòria *f. (leg.)* **rogatory letter.**

rogatòrio *a. (leg.)* **rogatory.**

rogazióne *f.* ***1*** *(stor.)* **rogation** ***2*** *(al pl., relig.)* **rogations.**

rògito *m. (leg.)* **(notarial) deed.**

rógna *f.* ***1*** (scabbia) **scabies;** (di pecore, cani, ecc.) **scab, mange** ***2*** *(fig.:* briga fastidiosa*)* **trouble; worry**: *andare in cerca di rogne,* to ask for trouble.

rognóne *m.* **kidney.**

rognóso *a.* ***1*** **scabby; scabbed; mangy** ***2*** *(fig.)* **troublesome.**

rógo, rògo *m.* ***1*** **pyre** ***2*** (supplizio del fuoco) **stake**: *venire condannato al r.,* to be condemned to the stake.

rollare, rollìo *V.* **rullare, rullìo.**

romagnòlo ***A*** *a.* **of Romagna** ***B*** *m.* **inhabitant** (o **native) of Romagna.**

romàncio *a.* e *m.* **Romansh, Romansch.**

romanésco ***A*** *a.* **of Rome; Roman** ***B*** *m.* **(the) Roman dialect.**

romànico *a* e *m. (archit.)* **Romanesque.**

romanișmo *m.* **idiom of the Roman dialect.**

romanità *f.* **Romanism.**

romano ***A*** *a.* **Roman; of Rome**: *l'Impero r.,* the Roman Empire □ *la chiesa romana,* the Church of Rome □ *numeri romani,* Roman numerals ***B*** *m.* **Roman**: *i Romani,* the Romans ● *(tipogr.) carattere r.,* roman (type) □ *fare alla romana,* to go Dutch.

romanticherìa *f.* **romantic attitude(s); romantic nonsense; romance.**

romanticișmo *m.* ***1*** *(arte, letter.)* **Romanticism**: *il r. inglese,* English Romanticism ***2*** (sentimentalismo) **romanticism; sentimentality.**

romàntico ***A*** *a.* ***1*** *(arte, letter.)* **Romantic**: *un poeta r.,* a Romantic poet ***2*** (sentimentale) **romantic; sentimental**: *una ragazza romantica,* a romantic girl ***3*** (di luogo e sim.) **romantic** ***B*** *m.* ***1*** *(arte, letter.)* **Romantic; Romanticist** ***2*** (persona sentimentale) **romantic; sentimentalist.**

romanticume *m. (spreg.)* **romantics** *(pl.)*.

romanza *f. (letter., mus.)* **romance.**

romanzare *v. t. (letter.)* to **romanticize;** to **novelize;** to **fictionalize.**

romanzato *a. (letter.)* **romanticized; novelized; fictionalized.**

romanzésco *a.* **romantic;** (avventuroso) **adventurous**: *una storia romanzesca,* a romantic story □ *una vita romanzesca,* an adventurous life ● *poema r.,* romance.

romanzière *m.* **novelist.**
(1) romanzo *a.* **Romance** *(attr.)*; **Romanic**: *una lingua romanza,* a Romance language.
(2) romanzo *m.* **1** (componimento narrativo moderno) **novel**: *il r. storico,* the historical novel □ *romanzi a tesi,* problem novels □ *un r. giallo,* a detective novel; a thriller □ *un r. rosa,* a love novel; a novelette **2** (componimento di origine medievale che narrava imprese cavalleresche) **romance** **3** *(fig.:* storia inverosimile) **romance.**
rombante *a.* **rumbling; roaring; thundering; booming.**
rombare *v. i.* to **rumble**; to **roar**; to **thunder**; to **boom.**
rómbico *a. (geom.)* **rhombic.**
(1) rómbo *m.* **1** *(geom.)* **rhomb; rhombus***; (losanga) **lozenge, diamond** **2** *(naut.)* **rhumb.**
(2) rómbo *m. (zool.,* Rhombus*)* **rhombus** ● *r. gigante* (Rhombus maximus), turbot □ *r. liscio* (Rhombus laevis), brill.
(3) rómbo *m.* (rumore grave e forte) **rumble; roar; thunder; boom.**
romboèdro *m. (geom.)* **rhombohedron*.**
romboidale *a. (geom.)* **rhomboid(al).**
rombòide *a.* e *m. (geom.)* **rhomboid.**
romèno *a.* e *m.* **R(o)umanian.**
romitàggio, romito *V.* **eremitàggio, eremita.**
rómpere A *v. t.* (anche *fig.)* to **break***: *Chi lo ruppe?,* who broke it? □ *r. un bicchiere,* to break a glass □ *r. un fidanzamento,* to break (off) an engagement □ *r. l'incantesimo,* to break the spell □ *r. il silenzio,* to break the silence **B** *v. i.* **1** (anche *fig.)* to **break***: *r. con le vecchie abitudini,* to break with old habits **2** (prorompere) to **burst***: *r. in pianto,* to burst into tears ● *(volg.) r. l'anima (o le scatole, le tasche, gli stivali) a q.,* to pester sb.; to get. sb.'s goat *(pop.)* □ *naut.) r. il blocco,* to run the blockade □ *r. la calca,* to elbow one's way through the crowd □ *r. gli indugi,* to hesitate no longer □ *(pop.) r. il muso a q.,* to smash (o to bash) sb.'s face in □ *(mil.) r. il passo,* to break step □ *r. un ramoscello,* to snap a twig □ *r. la terra con l'aratro,* to break up the earth with the plough □ *(fig.) r. la testa a q.,* to drive sb. crazy □ *(mil.) Rompete le righe!,* dismiss! **C rómpersi** *v. rifl.* **1** to **break***: *r. un braccio (una gamba),* to break one's arm (one's leg) □ *Si rompe facilmente,* it breaks easily **2** (di vena, vescica) to **rupture**; to **burst*** ● *(fig.) r. la testa,* to rack one's brains (over st.).
rompicapo *m.* **1** (fastidio) **worry; trouble** **2** (in enigmistica) **puzzle; riddle.**
rompicòllo *m.* **daredevil; madcap; scapegrace** ● *a r.,* at breakneck speed; headlong.
rompighiàccio *m. invar.* (anche *naut.)* **ice-breaker.**
rompiscàtole, rompitasche *m.* e *f. (volg.)* **nuisance; bore; pain in the neck** *(fam.)*: *È un vero r.,* he's a perfect nuisance.
rónca *V.* **róncola.**
róncola *f. (agric.)* **pruning hook; bill-hook.**
róncolo *m. (agric.)* **gardening knife*.**
rónda *f. (mil.)* **1 patrol; rounds** *(pl.)*: *essere di r.,* to be on patrol □ *fare la r.,* to go the rounds **2** (soldati che fanno la r.) **patrol**: *Passa la r.,* the patrol is going the rounds ● *(fig.) fare la r. a una ragazza,* to dangle round (o after, about) a girl.
rondèlla *f. (mecc.)* **washer.**
róndine *f. (zool.,* Hirundo rustica*)* **swallow** ● *a coda di r.,* swallow-tailed.
rondinino, rondinòtto *m.* **young swallow.**
rondò *m.* **1** *(mus.)* **rondo*** **2** *(letter.)* **rondeau*.**
rondóne *m. (zool.,* Apus apus*)* **swift.**
ronfare *v. i.* **1** to **snore (loudly)** **2** (fare le fusa) to **purr.**
ronzare *v. i.* to **hum**; to **buzz**; to **drone** ● *(fig.) r. intorno a una ragazza,* to dangle round (o after, about) a girl □ *(fig.) Un'idea mi ronza in testa,* an idea keeps running through my head.
ronzino *m.* **jade; nag; hack; crock.**
ronzìo *m.* **humming; buzzing; drone.**
ronzóne *m. (zool.,* Melolontha melolontha*)* **cockchafer; May-bug.**
ròrido *a. (poet.)* **dewy.**
ròsa A *a.* **pink** ● *vedere tutto r.,* to see things through rose-coloured spectacles **B** *m.* **pink; rose**: *Il r. non ti si addice,* pink does not suit you □ *il r. antico,* old rose **C** *f.* **1** *(bot.,* Rosa*)* **rose**: *r. selvatica,* wild rose; briar, brier □ *r. canina* (Rosa canina), dogrose; eglantine □ *r. muschiata* (Rosa moschata), musk(-)rose □ *La vita non è un letto di rose,* life is not a bed of roses **2** *(fig.:* gruppo di persone) **group**; (lista) **list**: *una r. di candidati,* a list of candidates ● *(naut.) r. della bussola,* compass rose □ *(naut.) r. dei venti,* compass card □ *(bot.) r. rampicante,* rambler □ *acqua di rose,* rose-water □ *(fig.) all'acqua di rose,* tepid; lukewarm; mild; milk-and-water: *un marxista all'acqua di rose,* a lukewarm (o nominal) Marxist □ *una punizione all'acqua di rose,* a mild punishment □ *bocciolo di r.,* rosebud (anche *fig.)* □ *fresco come una r.,* as fresh as a daisy □ *Pasqua di rose,* Whitsunday.
rosàio *m. (bot.)* **rose-bush; rosary.**
rosàrio *m.* **1** *(relig.:* preghiera; corona di grani*)* **rosary**: *recitare il r.,* to say one's rosary; to tell one's beads **2** *(fig.)* **series; succession; sequence.**
rosato *a.* **1 rosy; roseate; rose-coloured; pink** **2** (aromatizzato con essenza di rose) **rose** *(attr.).*
ròsbif *m. (cucina)* **roast beef.**
rosé *(franc.) a.* e *m.* **rosé.**
ròseo *a.* **1 rosy; rose-coloured; roseate; rose-red; (rose) pink** **2** *(fig.)* **rosy; roseate; bright; sweet**: *sogni rosei,* sweet dreams ● *vedere tutto r.,* to see things through rose-coloured spectacles.
rosèola *f. (med.)* **roseola.**
rosèto *m. (bot.)* **rose-bed; rose-garden; rosary.**
rosètta *f.* **1** (diamante) **rose(-diamond)** **2** (coccarda) **rosette** **3** *(mecc.)* **washer.**
rosicante *a.* e *m. (zool.)* **rodent.**
rosicare *v. t.* to **gnaw**; to **nibble.**
rosicchiare *v. t.* to **gnaw**; to **nibble**: *r. un osso,* to gnaw (at) a bone □ *r. un biscotto,* to nibble (at) a biscuit.
rosicoltóre *m.* **rosarian.**
rosmarino *m. (bot.,* Rosmarinus officinalis*)* **rosemary.**
rosolàccio *m. (bot.,* Papaver rhoeas*)* **red weed; corn poppy.**
rosolare A *v. t. (cucina)* to **brown**; to **roast brown** **B rosolarsi** *v. rifl.* **1** *(cucina)* to **brown** **2** (riscaldarsi a un fuoco troppo vivo) to **roast oneself** ● *(fig.) r. al sole,* to bask in the sun.
rosolìa *f. (med.)* **German measles** *(pl.)*; **rubella.**
rosòlio *(ital.) m.* **« rosolio ».**
rosóne *m. (archit.)* **rose window; rosette.**
ròspo *m.* **1** *(zool.,* Bufo*)* **toad** **2** *(fig.:* persona scontrosa) **unsociable person** ● *(fig.) ingoiare un r.,* to swallow a bitter pill; to eat humble pie.
rossastro *a.* **reddish.**
rosseggiante *a.* **reddish; ruddy.**
rosseggiare *v. i.* to **redden**; to **be reddish**; to **appear red.**
rossèllo *m.* (chiazza rossa) **red spot.**
rossétto *m.* (per le guance) **rouge**; (per le labbra) **lip-stick**: *darsi il r.,* to put on rouge (o lip-stick).
rossiccio *a.* **reddish; somewhat red; ruddy; ginger.**
rósso A *a.* **red**: *capelli rossi,* red hair □ *diventare r.,* (per eccitazione, rabbia) to go red in the face (o to flush); (per imbarazzo) to turn red (o to blush) ● *r. come un gambero (o un peperone),* as red as a beetroot (o as a lobster) □ *pesce r.,* goldfish **B** *m.* **1 red**: *Era vestita di r.,* she was dressed in red □ *dipingere q.c. di r.,* to paint st. red □ *r. ciliegia,* cherry red; cerise □ *r. corallo,* coral red **2** (di un uovo) **yolk (of an egg)** **3** (di semaforo) **red light** ● *(polit.) i Rossi,* the Reds; the Commies *(fam.).*
rossóre *m.* **1 blush; flush** **2** (vergogna) **shame** ● *tingersi di r.,* to blush; to flush up; to become red (in the face) □ *un uomo senza r.,* a shameless man.
ròsta *f. (archit.)* **fan-window.**
rosticcerìa *f.* **rôtisserie** *(franc.)*; **roast meat shop; take-away food shop** *(fam.).*
rosticcière *m.* **owner of a roast meat shop.**
rostrato *a. (zool.)* **rostrate; rostrated; beaked.**
ròstro *m. (zool.)* **rostrum***; (becco) **beak.**

rosume *m.* **nibblings** *(pl.).*
rotàbile *a.* **carriageable** ● *strada r.,* carriage road.
rotacismo *m. (linguistica)* **rhotacism.**
rotàia *f.* **1** (solco lasciato dalle ruote d'un veicolo) **rut; (wheel-)track 2** *(ferr.)* **rail**: *r. a cremagliera,* rack-rail □ (anche *fig.*) *uscire dalle rotaie,* to go off the rails.
rotante *a.* **rotating; rotary; revolving.**
rotare A *v. t.* **to rotate B** *v. i.* **to rotate; to revolve.**
rotativa *f. (tipogr.)* **rotary press.**
rotativo *a.* **rotative; rotating; rotary.**
rotatòria *f. (autom.)* **roundabout; traffic circle** *(USA).*
rotatòrio *a.* **rotatory; rotative**: *moto r.,* rotatory motion ● *(anat.) muscolo r.,* rotator.
rotazióne *f.* **1 rotation**: *la r. della Terra,* the rotation of the Earth **2** *(agric.)* **rotation (of crops).**
roteare *v. t.* e *i.* **to rotate; to roll; to wheel; to whirl**: *r. gli occhi,* to roll one's eyes.
roteazióne *f.* **rotation; wheeling.**
rotèlla *f.* **1** (piccola ruota) **small wheel;** (r. orientabile) **castor;** (di pattino) **roller 2** *(anat.)* **rotula*; patella*; knee-cap** ● *r. tagliapasta,* jagging wheel □ *(fig.) avere una r. fuori posto,* to have a screw loose.
rotellista *m.* e *f. (sport)* **roller skater.**
rotismo *m. (mecc.)* **wheelwork; gearing; gear.**
rotocalco *m.* **1** *(tipogr.)* **rotogravure 2** (periodico illustrato a r.) **illustrated magazine.**
rotocalcografia *f. (tipogr.)* **rotogravure.**
rotolante *a.* **rolling**: *un sasso r.,* a rolling stone.
rotolare A *v. t.* e *i.* **to roll**: *(far) r. un sasso,* to roll a stone □ *Alcuni macigni rotolavano giù per la collina,* some big stones were rolling down the hillside **B rotolarsi** *v. rifl.* **to roll**: *r. per terra,* to roll on the ground.
ròtolo *m.* **roll**: *un r. di carta da parati,* a roll of wallpaper □ *un r. di stoffa,* a roll of cloth ● *andare a rotoli,* to go to (w)rack and ruin; to go downhill □ *mandare a rotoli,* to ruin.
rotolóne *m.* **tumble** ● *fare un r. giù per le scale,* to tumble down the stairs.
rotolóni *avv.* — *cadere (o venire giù) (a) r.,* to tumble down □ *(fig.) È andato tutto a r.,* everything has gone wrong.
rotonave *f. (naut.)* **rotor ship.**
rotónda *f. (archit.)* **rotunda.**
rotondeggiante *a.* **roundish.**
rotondeggiare *v. i.* **to take* on a round (o roundish) shape.**
rotondità *f.* **1 roundness** (anche *fig.*)**; rotundity 2** (*al pl.:* parti rotonde) **curves.**
rotóndo *a.* **round** (anche *fig.*)**; rotund** (per lo più *scient.*): *r. come una palla,* as round as a ball □ *una faccia rotonda,* a round face □ *i Cavalieri della Tavola Rotonda,* the Knights of the Round Table □ *in cifra rotonda,* in round figures ● *(fig.) un periodo r.,* a well-turned sentence.
rotóre *m. (fis., aeron.)* **rotor.**
(1) rótta *f. (mil.)* **rout; disorderly retreat; defeat**: *mettere in r.,* to put to rout; to overwhelm ● *a r. di collo,* at breakneck speed □ *essere in r. con q.,* to be on bad terms with sb.
(2) rótta *f. (naut., aeron.)* **course;** (itinerario) **route**: *la r. d'una nave,* a ship's course □ *r. aerea,* air route □ *deviare dalla r.,* to deviate from the (straight) course; to sheer ● *(naut.) cambio di r.,* sheer □ *(naut.) fare r. per,* to sail to; to head for; to make for □ *fare r. verso nord (verso est, ecc.),* to steer northwards (eastwards, etc.) □ *(naut.) in r. per,* sailing to; heading for □ *(naut., aeron.) ufficiale di r.,* navigating officer.
rottame *m.* **1** (di incidente, naufragio) **wreck** (anche *fig.*)**; wreckage**: *un r. umano,* a (mere) wreck **2** (residuo di materiale inservibile) **scrap**: *un ammasso di rottami,* a scrap-heap □ *rottami di ferro,* scrap iron ● *(naut.) rottami galleggianti,* flotsam *(sing.).*
rótto A *a.* **1 broken** (anche *fig.*): *una gamba rotta,* a broken (o fractured) leg □ *con voce rotta dai singhiozzi,* in a voice broken by (o with) sobs **2** (stracciato) **torn; split**: *scarpe rotte,* torn (o split) shoes **3** (dedito) **given; addicted**: *un uomo r. ad ogni vizio,* a man given (o addicted) to every vice **4** (abituato, avvezzo) **accustomed; inured**: *r. alla fatica,* inured to fatigue ● *sentirsi tutto r.,* to be aching all over **B** *m.* (*al pl.:* spiccioli) **small change** ● *(fig.) per il r. della cuffia,* by the skin of one's teeth □ *venti sterline e rotti,* twenty pounds odd.
rottura *f.* **1 breakage 2** *(fig.)* **break; breaking off** ● *(leg.) r. di contratto,* breach of contract □ *r. di un tubo,* pipe burst □ *punto di r.,* breaking point □ *(volg.) Che r. di scatole!,* what a drag!
ròtula *f. (anat.)* **rotula*; patella*; knee-cap.**
roulette *(franc.) f.* **« roulette ».**
roulotte *(franc.) f. (autom.)* **caravan; trailer** *(USA).*
rovaio *m.* **north wind.**
rovènte *a.* (anche *fig.*) **red-hot; fiery**: *ferro r.,* red-hot iron.
róvere A *m.* o *f. (bot.,* Quercus robur*)* **bay oak B** *m.* (legname di r.) **oak** ● *di r.,* oaken; oak *(attr.).*
rovèscia *f.* (risvolto: di manica) **cuff;** (di colletto) **lapel** ● *alla r.,* the wrong way; wrong □ *capire q.c. alla r.,* to misunderstand st. □ *(miss.) conto alla r.,* countdown.
rovesciaménto *m.* **1 upsetting; overturning; reversal 2** (di una barca) **capsizing 3** (di un governo, ecc.) **overthrowing.**
rovesciare A *v. t.* **1 to upset*, to overturn;** (capovolgere) **to turn upside down**: *r. una barca,* to upset (o to capsize) a boat **2** (gettare a terra) **to throw*** (sb., st.) **down 3** (versare intenzionalmente) **to pour;** (accidentalmente) **to spill* 4** (rivoltare) **to turn inside out**: *r. un paio di guanti,* to turn a pair of gloves inside out **5** (*fig.:* abbattere) **to overthrow***: *r. il governo,* to overthrow the government ● *r. la colpa su q.,* to lay the blame on sb. □ *r. insulti su q.,* to shower insults on sb. □ *(fig., fam.) r. il sacco,* to make a clean breast of st. □ *r. la situazione,* to reverse the situation **B rovesciarsi** *v. rifl.* **1 to overturn, to be overturned;** (capovolgersi) **to capsize 2** (gettarsi) **to throw* oneself;** (cadere) **to fall* down 3** (riversarsi) **to pour;** (ricadere) **to fall***: *La pioggia si rovesciò a catinelle,* the rain poured down in buckets.
rovèscio A *a.* (supino) **supine; on one's back** *(pred.)* ● (lavoro a maglia) *punto r.,* purl stitch **B** *locuz. avv.* — *a r.,* (capovolto) upside down; (con l'interno all'esterno) inside out; (col davanti dietro) back to front; *(fig.)* the wrong way, wrong, wrongly **C** *m.* **1 reverse; reverse side; back**: *il r. della medaglia,* the reverse (o the other side) of the medal; *(fig.)* the other side of the question **2** (precipitazione violenta) **heavy shower, downpour;** *(fig.)* **rain, hail, volley**: *un r. di sassi,* a volley of stones **3** *(tennis)* **backhand (stroke) 4** (manrovescio) **backhander 5** *(fig.)* **set-back; reverse**: *un r. finanziario,* a financial set-back □ *rovesci di fortuna,* reverses of fortune.
(1) rovescióne *m.* **1** (rovescio di pioggia) **downpour; heavy shower 2** (manrovescio) **backhander.**
(2) rovescióne, rovescióni *avv.* **on one's back; supine.**
rovéto *m.* **brier, briar; bramble-bush.**
rovina *f.* **1** (crollo, caduta) **collapse; fall 2** (*al pl.:* ruderi) **ruins; remains**: *le rovine di Troia,* the ruins of Troy **3** (sfacelo, causa dello sfacelo) **ruin; downfall**: *essere la r. della propria famiglia,* to be the ruin of one's family **4** (*lett.:* violenza, furia) **violence; fury** ● *andare in r.,* to go to rack and ruin □ *mandare q. in r.,* to ruin sb.
rovinare A *v. t.* **1 to ruin;** (guastare) **to spoil***: *Le cattive compagnie lo rovinarono,* bad company ruined him **2** (abbattere, demolire) **to demolish; to pull down B** *v. i.* **to crash; to collapse C rovinarsi** *v. rifl.* **to ruin oneself; to be ruined** ● *r. l'appetito,* to spoil one's appetite □ *r. la salute,* to ruin one's health.
rovinato *a.* (anche *fig.*) **ruined.**
rovinio *m.* **1** (crollo) **ruin; downfall 2** (rumore di cose che rovinano) **crash.**
rovinóso *a.* **1 ruinous; disastrous; pernicious 2** (furioso, impetuoso) **violent; furious.**
rovistare *v. t.* **to search;** (frugare) **to rummage, to ransack**: *r. da per tutto,* to search everywhere.
róvo *m. (bot.,* Rubus fruticosus*)* **bramble.**

ròzza *f.* **jade.**
rozzézza *f.* **1 roughness 2** *(fig.)* **roughness; rudeness** • *r. di modi,* rude manners.
rózzo *a.* **1** (non ben rifinito) **rough; coarse 2** *(fig.:* grossolano, zotico*)* **rough; rude; uncivil**: *una persona rozza,* a rough customer; an unlicked cub *(fam.)* **3** *(fig.:* inesperto*)* **rough; unskilled; inexperienced; raw**: *una mano rozza,* an inexperienced hand.
ruba *f.* — (di merci) *andare a r.,* to sell like hot cakes *(pop.)*.
rubacchiare *v. t.* to **pilfer.**
rubacuòri A *a.* **bewitching; captivating; ravishing B** *m. (scherz.)* **lady-killer C** *f. (scherz.)* **charmer; heart--breaker.**
rubamazzo, rubamónte *m.* (gioco di carte) **snap; beggar-my-neighbour**: *giocare a r.,* to play snap.
rubare *v. t.* to **steal*** (st. from sb.) (anche *fig.*); to **rob** (sb.) (of); (svaligiare) to **burgle** • *r. a man salva,* to plunder □ *r. un bambino,* to kidnap a child □ *r. nel gioco,* to cheat □ *r. la parola a q.,* to take the words out of sb.'s mouth □ *r. sul peso,* to give short weight.
rubato *a.* **stolen**: *roba rubata,* stolen goods • *(mus.) tempo r.,* (tempo) rubato.
rubefacènte *a.* e *m. (farm.)* **rubefacient.**
ruberìa *f.* **theft; stealing; robbery**: *È una r.,* that's robbery.
rubicóndo *a.* **rubicund; ruddy.**
rubìdio *m. (chim.)* **rubidium.**
rubinetterìa *f.* **taps and fittings** *(pl.)*.
rubinétto *m.* **tap; cock**: *Non lasciare il rubinetto aperto,* don't leave the tap running □ *aprire (chiudere) il r.,* to turn on (to turn off) the tap.
rubino *m.* **ruby** (anche *fig.*).
rubizzo *a.* **hale (and hearty); vigorous.**
rublo *m. (numismatica)* **rouble, ruble.**
rubrìca *f.* **1 index-book;** (per indirizzi) **address-book 2** (sezione di giornale) **column**: *la r. teatrale,* the theatre column **3** (titolo in rosso) **rubric; heading (in red ink) 4** *(relig.)* **rubric.**
rubricare *v. t.* **to index; to enter in an address--book.**
rubricazióne *f.* **indexing.**
rude *a.* **1 rough; coarse; rude 2** *(fig.:* aspro, duro*)* **hard.**
rudeménte *avv.* **rudely; impolitely; in an impolite** (o **an uncivil) manner; roughly.**
rùdere *m. (specialm. al pl.)* **ruin** (anche *fig.*): *i ruderi di Roma antica,* the ruins (o remains) of ancient Rome • *(fig.) Egli è ormai un r.,* he is a (o the) mere wreck of his former self.
rudézza *f.* **roughness; coarseness; rudeness.**
rudimentale *a.* **1** (elementare) **rudimental; rudimentary; elementary 2** *(biol.)* **rudimental; rudimentary; undeveloped**: *un organo r.,* a rudimentary organ; a rudiment.
rudiménto *m. (specialm. al pl.)* **rudiment**: *i rudimenti della matematica,* the rudiments (o the first principles, the first elements) of mathematics.
ruffa *f. (raro)* **scramble** • *fare a r. raffa,* to scramble.
ruffiana *f.* **procuress; bawd.**
ruffianésco *a.* **bawdy.**
ruffiano *m.* **procurer; pander; pimp;** (mezzano) **go--between.**
ruga *f.* (grinza) **wrinkle; pucker; furrow.**
rugbista *m. (sport)* **rugby player.**
ruggènte *a.* **roaring**: *un leone r.,* a roaring lion.
rùggine *f.* **1 rust**: *La r. mangia il ferro,* rust corrodes iron **2** *(fig.:* astio, rancore*)* **bad blood; ill feeling; ill will; grudge**: *Tra loro c'è della r.,* there's bad blood between them □ *avere della r. con q.,* to bear (o to owe) sb. a grudge • *r. del grano,* wheat rust; blight □ *di color r.,* rust-brown; rusty; russet □ *mela r.,* russet.
rugginóso *a.* **1 rusty** (anche *fig.*) **2** (di color ruggine) **rust-brown; rusty; russet.**
ruggire *v. i.* (anche *fig.*) to **roar**: *Il leone ruggisce,* a lion roars □ *il r. del vento,* the roaring of the wind.
ruggito *m.* (anche *fig.*) **roar.**
rugiada *f.* (anche *fig.*) **dew**: *gocce di r.,* dewdrops.
rugiadóso *a.* **dewy** (anche *fig.*); (bagnato di rugiada) **moist** (o **wet) with dew, dew-wet.**
rugliare *v. i.* (di animali) to **growl** (anche *fig.*); (di elementi naturali) to **rumble.**
rùglio *m.* (di animali) **growl;** (di elementi naturali) **rumble.**
rugosità *f.* **wrinkledness.**
rugóso *a.* **wrinkled; wrinkly; full of wrinkles; puckered.**
rullàggio *m. (aeron.)* **taxiing** • *pista di r.,* taxiway.
rullare A *v. i.* **1** (del tamburo) to **roll 2** *(naut.)* to **roll;** to **rock 3** *(aeron.)* to **taxi B** *v. t.* to **roll**: *r. una strada,* to roll a road.
rullatura *f.* **rolling.**
rullino *m. (fotogr.)* **(roll of) film.**
rullìo *m.* **1** (del tamburo) **rolling; roll 2** *(naut.)* **rolling; rocking 3** *(aeron.)* **taxiing.**
rullo *m.* **1 roll**: *il r. dei tamburi,* the roll (o beating) of drums **2** (arnese cilindrico) **roller; roll**: *un r. compressore (a vapore),* a steam-roller **3** *(fotogr.)* **roll**: *un r. di pellicola,* a roll of film **4** *(cinem.)* **reel 5** *(tipogr.)* **roller 6** (di macchina da scrivere) **plat(t)en.**
rum *m.* **rum.**
rumba *f.* (danza) **rumba.**
rumèno *a.* e *m.* **R(o)umanian.**
ruminante *a.* e *m. (zool.)* **ruminant.**
ruminare *v. t.* e *i.* **1** to **ruminate;** to **chew the cud 2** *(fig.)* to **ruminate;** to **turn** (st.) **over and over in one's mind.**
ruminazióne *f.* **rumination; cud-chewing.**
rùmine *m. (zool.)* **rumen*.**
rumóre *m.* **1 noise; din;** (suono) **sound**: *i rumori della strada,* the noise of traffic □ *fare r.,* to make a noise **2** *(elettron.)* **noise**: *r. di fondo,* background noise **3** *(fig.:* diceria*)* **rumour; talk** • *r. metallico,* clang □ *contro i rumori (molesti),* antinoise *(agg. attr.)* □ *(fig.) fare molto r.,* to arouse great interest; to cause a stir □ *molto r. per nulla,* much ado about nothing.
rumoreggiante *a.* **noisy; rumbling; clamorous.**
rumoreggiare *v. i.* to **make* a noise;** to **rumble.**
rumorìo *m.* **noise; rumbling.**
rumorista *m. (cinem., telev.)* **sound-effects man*.**
rumorosaménte *avv.* **noisily.**
rumoróso *a.* **noisy; full of noise.**
runa *f.* **rune.**
rùnico *a.* **runic**: *caratteri runici,* runic characters.
ruòlo *m.* **1** *(mil., bur.)* **list; roll**: *il r. del personale insegnante,* the list of state teachers □ *passare in r.,* to be put on the eployee roll **2** *(teatr.)* **rôle, role; part**: *il r. principale,* the leading rôle □ *recitare nel r. di Amleto,* to play the rôle of Hamlet **3** (novero) **class; category**: *essere nel ruolo degli stolti,* to belong to the category of fools **4** *(fig.:* funzione*)* **role; part** • *essere di r.,* to be on the permanent staff □ *insegnante di r.,* regular teacher □ *(leg.) mettere a r. una causa,* to enter a case (for trial) □ *il personale di r.,* the permanent staff.
ruòta *f.* **wheel**: *(autom.) una r. di scorta,* a spare wheel □ *una r. a pale,* a paddle(-)wheel □ *(mecc.) una r. d'ingranaggio,* a gear-wheel □ *un giro di r.,* a turn of the wheel • *r. panoramica,* Ferris wheel □ *fare la r.,* to display; *(fig.)* to strut like a peacock □ *(fig.) mettere i bastoni fra le ruote a q.,* to put a spoke in sb.'s wheel □ *seguire q. a r.,* to follow hot on the heels of sb. □ *(fig., fam.) essere l'ultima ruota del carro,* to be a mere cipher □ *(fig.) ungere le ruote,* to grease the wheels.
rupe *f.* **cliff; rock; crag.**
rupèstre *a.* **rocky; craggy.**
rupìa *f. (numismatica)* **rupee.**
rurale *a.* **rural; country** *(attr.)* • *i rurali,* country people; country folk.
ruscèllo *m.* **brook; rivulet; rill.**
ruspa *f.* **scraper** • *r. a prestazione pesante,* bulldozer.
ruspante *a.* (che razzola) **scratching about** • *pollo r.,* farmyard (o free-range) chicken.
ruspare *v. i.* to **scratch about.**
russare *v. i.* to **snore.**
russo *a.* e *m.* **Russian.**
russo- *(in parole composte)* **Russo-**: *russofilia,* Russophilism □ *russofobia,* Russophobia.
rusticano *a.* **rustic; rural; country** *(attr.)*.

rustichézza, rusticità *f.* **rusticity; rustic manners** *(pl.)*.
rùstico A *a.* **1** (di campagna) **rustic; rural; country** *(attr.)*: *scene rustiche,* rural scenes □ *gente rustica,* country people (o folk) □ *la vita rustica,* country life **2** (non socievole) **unsociable**: *un ragazzo r.*, an unsociable boy **3** (rozzo) **rough; unrefined B** *m.* **labourer's cottage.**
ruta *f. (bot.,* Ruta graveolens*)* **rue.**
rutènio *m. (chim.)* **ruthenium.**
rutilante *a. (lett.)* **rutilant; glowing with a ruddy light.**
rùtilo *m. (miner.)* **rutile.**
ruttare A *v. i. (volg.)* **to belch B** *v. t. (fig.)* **to belch forth; to vomit forth.**
ruttino *m.* (del lattante) **burp.**
rutto *m. (volg.)* **belch.**
ruttóre *m. (elettr.)* **contact-breaker; trembler.**
ruvidézza, ruvidità *f.* **roughness; ruggedness.**
rùvido *a.* **1** (non liscio) **rough; rugged 2** *(fig.)* **rough; rude.**
ruzzare *v. i. (fam.)* **to romp; to frolic;** (giocare) **to play.**
ruzzo *m.* (voglia, capriccio) **whim; fancy.**
ruzzolare *v. t.* e *i.* **to roll; to tumble**: *r. dalle scale,* to tumble down the stairs.
ruzzolata *f.* **tumble.**
ruzzolóne *m.* **tumble; purler** *(fam.)*: *fare un r.*, to have a tumble.
ruzzolóni *avv.* **tumbling down ●** *cadere r.*, to tumble down □ *fare le scale (a) r.*, to tumble down the stairs.

S

S, s *f.* o *m.* **S, s ●** *(abbr.* di « santo ») *S.*, St.: *S. Pietro,* St. Peter □ *(tel.) s come Salerno,* s for sugar □ *curva a S,* S curve.
sàbato *m.* **Saturday**: *(relig.) S. Santo,* Holy Saturday □ *s. prossimo,* next Saturday □ *Egli non viene mai il s.*, he never comes on Saturdays (o on a Saturday).
sabàudo *a.* **of Savoy; of the House of Savoy.**
sabba *m.* **witches' sabbath.**
sàbbia A *f.* **1 sand**: *(med.) un bagno di s.*, a sand-bath □ *(fig.) costruire sulla s.*, to build upon sand □ *(fig.) seminare nella s.*, to plough the sand **2** *(al pl., med.)* **urinary sand ●** *(geol.) sabbie mobili,* quicksand □ *(fig.) scrivere sulla s.*, to write on (o in) water **B** *a.* (di color s.) **sandy.**
sabbiare *v. t. (tecn.)* **to sand-blast.**
sabbiatrice *f. (tecn.)* **sand-blasting machine; sander.**
sabbiatura *f.* **1** *(med.)* **sand-bath(ing) 2** *(tecn.)* **sand-blast(ing).**
sabbièra *f. (ferr.)* **sand-box.**
sabbióso *a.* **sandy.**
sabino *a.* e *m. (stor.)* **Sabine.**
sabotàggio *m.* (anche *fig.)* **sabotage.**
sabotare *v. t.* (anche *fig.)* **to sabotage.**
sabotatóre *m.* **saboteur.**
sacca *f.* **1 bag;** (bisaccia) **knapsack**: *una s. da viaggio,* a travelling-bag **2** (insenatura) **cove; creek; inlet 3** *(mil.)* **pocket 4** *(biol.)* **sac ●** *(aeron.) s. d'aria,* air-pocket.
saccarifero *a.* **sacchariferous.**
saccarificare *v. t. (chim.)* **to saccharify.**
saccarificazióne *f. (chim.)* **saccharification.**
saccarina *f. (chim.)* **saccharin.**
saccaròide *m.* e *a. (miner.)* **saccharoid.**
saccaròsio *m. (chim.)* **saccharose.**
saccata *f.* **sackful; bagful**: *una s. di paglia,* a sackful of straw.
saccènte A *a.* **pedantic;** (presuntuoso) **presumptuous, pretentious, bumptious ●** *donna s.*, blue-stocking **B** *m.* e *f.* **pedant; know-all** *(fam.)*; **wiseacre ●** *fare il s.*, to parade one's knowledge.
saccenteria *f.* **pedantry;** (presunzione) **presumption, pretentiousness, bumptiousness.**
saccheggiamento *m.* **sacking; pillage; plunderage; looting.**
saccheggiare *v. t.* **1 to sack; to put* to sack; to pillage; to plunder; to loot; to despoil; to ravage 2** *(fig.)* **to plagiarize.**
saccheggiatóre *m.* **1 sacker; pillager; plunderer; looter; ravager 2** *(fig.)* **plagiarizer.**
sacchéggio *m.* **1 sack; pillage; plunder; ravage**: *dare il s. a una città,* to put a town to sack **2** *(fig.)* **plagiarism.**
sacchétta *f.* (musetta) **nose-bag.**
sacchétto *m.* **small sack; (small) bag; pouch; poke** *(pop.)*: *un s. di carta,* a paper bag.
sacco *m.* **1 sack; bag**: *un s. di farina (di patate),* a sack of flour (of potatoes) □ *(fig.) essere un s. d'ossa,* to be a bag of bones □ *mettere q.c. in un s.*, to put st. into a sack; to sack st. **2** (saccata) **sackful; bagful 3** *(fam.:* grande quantità) **sackful; pack** *(spreg.)*; **heap; lot**: *un s. di bugie,* a pack of lies □ *un s. di gente,* lots of people □ *quattrini a sacchi,* heaps (and heaps) of money; pots of money *(fam.)* **4** *(biol.)* **sac 5** (tela da s.; rozza veste, specialm. di penitenti) **sackcloth 6** *(mil.:* saccheggio) **sack; pillage; plunder**: *il s. di Roma,* the sack of Rome □ *mettere a s. una città,* to put a town to sack; to sack (o to pillage) a town ● *s. a pelo,* sleeping-bag □ *s. da montagna,* rucksack; knapsack □ *s. da viaggio,* travelling-bag □ *s. postale,* mailbag □ *abito a s.*, sack (frock) □ *(pop.) avere il s. pieno,* to be full up *(fam.)* □ *(fig.) cogliere q. con le mani nel s.*, to catch sb. red-handed □

colazione al s., picnic □ *(fig.) colmare il s.*, to pass all limits □ *corsa nel s.*, sack race □ *fare il s. a q.* (nel letto), to make sb. an apple-pie bed □ *(fig.) farina del proprio s.*, one's own work □ *(fig.) mettere q. nel s.*, (superarlo) to beat sb., to get the upper hand of sb.; (imbrogliarlo) to cheat (o to trick, to swindle) sb. □ *(spreg.) parere un s.*, to be baggy □ *(fig.) tenere il s. a q.*, to aid and abet sb. □ *(fig.) vuotare il s.*, to speak out; to spill the beans *(pop.)*.
saccòccia *f. (dial.)* **pocket.**
saccóne *m.* **straw mattress.**
sacerdotale *a.* **sacerdotal; priestly.**
sacerdòte *m.* **1 priest** (specialm. cattolico); **clergyman*; churchman*; minister (of religion) 2** *(fig.)* **priest; devotee** ● *farsi s.*, to enter the Church.
sacerdotéssa *f.* **priestess.**
sacerdòzio *m.* **priesthood** *(anche fig.)*.
(1) sacrale *a.* **sacral;** (sacro) **sacred, holy.**
(2) sacrale *a. (anat.)* **sacral.**
sacramentale A *a.* (anche *fig.*) **sacramental B** *m. pl. (relig.)* **sacramentals.**
sacramentare A *v. t.* **1** *(relig.)* to **administer the Sacraments to** (sb.) **2** (giurare) to **swear* B sacramentarsi** *v. rifl. (relig.)* to **receive the Sacraments;** (comunicarsi) to **receive Holy Communion** ● *(fig., fam.) fare q.c. con tutti i sacramenti*, to do st. with all the usual formalities.
sacraménto *m. (relig.)* **sacrament**: *il Santissimo S.*, the Blessed (o the Holy) Sacrament; Holy Communion □ *accostarsi ai sacramenti*, to receive the Sacraments.
sacrare *v. t. (lett.)* to **consecrate.**
sacràrio *m.* **1** *(archeol.)* **sacrarium*;** (santuario) **sanctuary, shrine 2** *(relig.)* **sacrarium* 3** *(fig.)* **bosom**: *nel s. della famiglia*, in the bosom of one's family.
sacrestano, sacrestìa *V.* **sagrestano, sagrestìa.**
sacrificare A *v. t.* (anche *fig.*) to **sacrifice;** to **immolate B sacrificarsi** *v. rifl.* to **sacrifice oneself;** (sacrificare la vita) to **sacrifice one's life.**
sacrifìcio, sacrifizio *m.* **sacrifice** (anche *fig.*); (immolazione) **immolation;** (offerta) **offering**: *un s. propiziatore (espiatore)*, a propitiatory (an expiatory) sacrifice □ *il s. di sé*, self-sacrifice □ *il s. supremo*, the last (o supreme) sacrifice □ *fare dei sacrifici*, to make sacrifices.
sacrilègio *m.* (anche *fig.*) **sacrilege.**
sacrìlego *a.* **sacrilegious** ● *lingua sacrilega*, blasphemous tongue.
sacripante *m.* **swashbuckler; hector.**
sacrista *V.* **sagrista, sagrestano.**
(1) sacro A *a.* **sacred; holy;** (divino) **divine**: *gli ordini sacri*, the holy orders □ *il S. Romano Impero*, the Holy Roman Empire □ *il s. suolo della patria*, the sacred soil of one's country □ *musica sacra*, sacred music **B** *m.* **(the) sacred.**
(2) sacro *m. (anat.:* osso s.*)* **sacrum*.**
sacrosanto *a.* **1 sacrosanct; most sacred 2** (meritato) **well-deserved** ● *È verità sacrosanta*, it's the pure truth.
sàdico A *a.* **sadistic B** *m.* **sadist.**
sadismo *m.* **sadism.**
sadomasochismo *m. (psic.)* **sadomasochism.**
sadomasochista *m.* e *f. (psic.)* **sadomasochist.**
saétta *f.* **1** *(lett.:* freccia*)* **arrow; bolt; dart 2** (fulmine) **(thunder)bolt;** (lampo) **(flash of) lightning**: *correre come una s.*, to run like lightning (o as quick as lightning) **3** *(geom.)* **sagitta* 4** *(fam.:* ragazzo molto vivace*)* **imp; pickle**: *È una s.!*, he's a little imp!
saettare *v. t.* **1** *(lett.)* to **shoot* arrows** (at) **2** *(fig.)* to **dart;** to **shoot***: *s. occhiate furiose*, to dart (o to shoot) angry glances (at sb.).
safàri *m.* **safari.**
sàffico *a. (poesia)* **Sapphic**: *un'ode saffica (o una saffica)*, a Sapphic ode ● *versi saffici*, Sapphics.
saga *f. (letter.)* **saga.**
sagace *a.* **sagacious; shrewd; keen-witted.**
sagàcia *f.* **sagacity; shrewdness.**
saggézza *f.* **wisdom.**
saggiaménte *avv.* **wisely;** (con buon senso) **sensibly, judiciously.**
saggiare *v. t. (metall.)* to **assay;** to **test** (anche *fig.*): *s. l'oro*, to assay gold.
saggiatóre *m.* **1 assayer; tester 2** (bilancia per saggiare) **assay-balance.**
saggiatura *f.* **assaying; testing.**
saggina *f. (bot.,* Sorghum vulgare*)* **sorghum; Indian millet** ● *(bot.) s. da granate* (Sorghum vulgare technicum), broomcorn.
sagginale *m.* **sorghum-stalk; millet-stalk.**
sagginare *v. t.* to **fatten.**
(1) sàggio A *a.* **wise; sage;** (dotato di buon senso) **sensible, judicious;** (prudente) **prudent**: *consigli saggi*, sage advice □ *detti saggi*, wise sayings; saws **B** *m.* **wise person; sage** ● *i saggi*, the wise.
(2) sàggio *m.* **1** (operazione sperimentale) **assay; test; trial 2** (campione, esemplare) **assay; specimen; sample**: *copia di s.*, specimen copy **3** *(fig.:* prova*)* **proof**: *dare s. della propria bravura*, to give proof of one's skill **4** *(letter.)* **essay**: *un s. biografico*, a biographical essay **5** *(fin.:* tasso*)* **rate** ● *s. ginnico*, gym display □ *s. musicale*, musical performance; school concert.
saggista *m. (letter.)* **essayist.**
saggìstica *f. (letter.)* **essay-writing.**
sagittale *a. (anat.)* **sagittal.**
sagittàrio *m. (astron., astrologia)* **Sagittarius; (the) Archer.**
sagittato *a. (bot.)* **sagittate(d).**
sàgola *f. (naut.)* **line; halyard.**
sàgoma *f.* **1 outline; profile; silhouette;** (forma) **shape, mould 2** *(mecc.)* **templet, template** ● *(fam.) È una bella s.!*, he is a funny one, indeed!
sagomare *v. t.* to **shape;** to **mould.**
sagra *f.* **village festival.**
sagrato *m.* **1 church-square 2** *(pop.:* bestemmia*)* **oath; curse**: *tirare sagrati*, to utter curses; to swear.
sagrestano *m. (relig.)* **sacristan; sexton.**
sagrestìa *f. (relig.)* **sacristy; vestry.**
sagrista *m. (relig.)* **sacrist; sacristan; sexton.**
sahariana *f. (moda)* **bush-jacket.**
sahariano *a.* **Saharan; Sahara** *(attr.)*.
sahib *m. (in India)* **sahib.**
sàia *f. (ind. tessile)* **twill.**
sàio *m.* **frock; cowl**: *vestire il s.*, to take the cowl.
sakè *(giapponese) m. invar.* **sake, saké, saki.**
sala *f.* **1 hall; room**: *s. da ballo*, dance-hall; ball-room □ *s. da biliardo*, billiard-room □ *s. da pranzo*, dining-room □ *s. d'aspetto*, waiting-room □ *s. di lettura*, reading-room □ *s. operatoria*, operating-room; operating-theatre □ *s. per concerti*, concert-hall **2** *(mecc.)* **axle.**
salacca *f. (zool.,* Alosa alosa*)* **allice-shad** ● (di persona magrissima) *sembrare una s.*, to be as lean as a rake; to be as thin as a lath.
salace *a.* **salacious; lewd;** (mordace) **pungent, spicy.**
salacità *f.* **salacity; salaciousness; lewdness;** (mordacità) **pungency, spiciness.**
salamandra *f. (zool.,* Salamandra*)* **salamander** (anche *fig.*).
salame *m.* **1 salami** *(sing.)* **2** *(fig.)* **dolt; blockhead; jackass.**
salamelècco *m.* **salaam; low bow** ● *fare salamelecchi*, to bow and scrape □ *senza tanti salamelecchi*, without ceremony; without beat of drum.
salamòia *f.* **brine; pickle** ● *mettere in s.*, to pickle □ *olive in s.*, olive pickles; pickled olives.
salare *v. t.* **1** to **salt;** to **season with salt;** to **add salt to** (st.) **2** (per conservare) to **salt (down);** to **corn;** to **pickle** ● *(fig.) s. la scuola*, to play truant.
salariale *a.* **of wages; pay** *(attr.)*.
salariare *v. t.* to **pay* wages to** (sb.).
salariato A *a.* **wage-earning; waged; hired B** *m.* **wage-earner.**
salàrio *m.* **wage** *(generalm. al pl.)*; (paga) **pay**: *s. netto*, take-home pay ● *s. base*, basic rate.
salassare *v. t.* **1** *(med.)* to **bleed* 2** *(fig.)* to **extort money from** (sb.); to **bleed*** *(fam.)*; to **suck** *(fam.)*.

salasso *m. (med.)* **bleeding** (anche *fig.*); **blood-letting** ● *fare un s. a q.*, to bleed sb. (anche *fig.*).
salata *f.* **salting** ● *dare una s. a q.c.*, to add some salt to st.
salatino *m.* **salt biscuit; cocktail-snack;** (al formaggio) **cheese-straw.**
salato ***A*** *a.* ***1*** **salt** *(attr.)*; **salty**: *acqua salata*, salt water ***2*** (conservato sotto sale) **salt; salted; corned; pickled**: *burro s.*, salted butter □ *carne di manzo salata*, corned beef ***3*** *(fig.:* costoso*)* **very dear; expensive; costly**: *costare s.*, to be very dear; to cost a pretty penny *(fam.)* □ *pagare q.c. s.*, to pay st. very dear; to pay through the nose for st. *(fam.)*; *(fig.)* to pay dear for st. ***4*** (*fig.:* mordace) **pungent; sharp; spicy** ***B*** *m.* ***1*** (sapore s.) **salty taste** ***2*** *(cucina)* **salt pork.**
salatóio *m.* **salting-room.**
salatura *f.* **salting.**
salda *f.* **starch-water.**
saldaménte *avv.* **firm; firmly; solidly; steadily.**
saldare ***A*** *v. t.* ***1*** (congiungere) to **join**; to **bind***; to **unite** ***2*** *(metall.)* to **solder**; to **weld** ***3*** *(comm.)* to **settle**; to **balance**; to **square**: *s. un conto*, to settle an account □ *(fig.) s. una partita*, to settle a matter ***B*** **saldarsi** *v. rifl.* (cicatrizzarzi) to **heal**; (di osso fratturato) to **knit together.**
saldatóio *m.* **soldering-iron.**
saldatóre *m.* **welder.**
saldatrice *f. (mecc.)* **welder; welding machine.**
saldatura *f.* ***1*** **soldering; welding**: *s. a fuoco*, forge-welding ***2*** (punto di s.) **weld.**
saldézza *f.* **firmness; steadiness;** (solidità) **solidity, solidness;** (compattezza) **compactness;** (tenacia) **tenacity, steadfastness.**
(1) saldo *a.* **firm; steady;** (solido) **solid;** (compatto) **compact;** (forte) **strong, sturdy;** (sano) **sound;** (tenace) **tenacious, sta(u)nch, steadfast**: *muscoli saldi*, firm muscles □ *una base salda*, a solid (o steady) foundation □ *una fede salda*, a sta(u)nch faith □ *s. come la roccia*, as firm as a rock.
(2) saldo *m. (comm.)* ***1*** **settlement; balance**: *s. a conto nuovo*, balance carried forward □ *a s. totale d'un conto*, in full balance ***2*** (liquidazione) **sale**: *saldi invernali (estivi)*, winter (summer) sales ● *pagare a s.*, to pay in full.
sale *m.* ***1*** **salt**: *s. grosso*, coarse salt □ *s. fino*, white salt □ *s. da tavola*, table salt □ *un pizzico di s.*, a pinch of salt □ *conservare sotto s.*, to preserve with salt; to salt □ *s. inglese*, Epsom salt(s) □ *sali aromatici*, smelling salts □ *sali da bagno*, bath salts ***2*** (*fig.:* buon senso, senno) **common sense; (good) judgment**: *avere s. in zucca*, to have plenty of sense; to have a good head on one's shoulders *(fam.)* ● *s. attico*, Attic salt (o wit) □ *(fig.) restare di s.*, to be dumbfounded; to be struck dumb □ *(fig.) sapere di s.*, to taste bitter.
saleșiano *a.* e *m. (relig.)* **Salesian.**
salgèmma *m.* **rock salt.**
sàlice *m. (bot.,* Salix*)* **willow(-tree)**: *s. piangente* (Salix babylonica), weeping willow.
salicilato *m. (chim.)* **salicylate.**
salicilico *a. (chim.)* **salicylic**: *acido s.*, salicylic acid.
sàlico *a. (stor.)* **Salic**: *la legge salica*, the Salic law.
salïènte ***A*** *a.* **salient; outstanding; prominent;** (principale) **main** ***B*** *m. (mil.)* **salient.**
salièra *f.* **saltcellar.**
salìfero *a.* **saliferous; salt** *(attr.)*.
salificare *v. t. (chim.)* to **salify.**
salina *f.* ***1*** *(ind.)* **saltern; salt-works** ***2*** (miniera di salgemma) **rock salt mine** ***3*** (giacimento di sale) **saline.**
salinàio, salinatóre *m.* **salter.**
salinità *f. (chim.)* **salinity.**
salino *a.* **salty;** *(chim.)* **saline.**
salire ***A*** *v. i.* ***1*** to **climb**; to **go* up**; to **mount**; to **ascend**; (alzarsi, crescere) to **rise***, to **increase**: *s. su una scala a pioli*, to climb a ladder □ *s. al trono*, to ascend the throne □ *La luna saliva in cielo*, the moon was rising in the sky □ *I prezzi salgono*, prices are rising ***2*** (su un mezzo di trasporto, ecc.) to **board**; to **get* on** (o **into**): *s. su un autobus (un treno)*, to board (o to get on) a bus (a train) ***3*** (ammontare) to **amount** (to) ***B*** *v. t.* to **climb**; to **go* up**; to **mount**; to **ascend**: *s. le scale*, to go upstairs □ *s. un colle*, to climb up a hill ● (di prezzi) *s. alle stelle*, to rocket □ (di vino) *s. alla testa*, to go to one's head □ *s. da q.* (andargli a far visita), to drop in on sb.
saliscéndi *m.* **latch** ● *La strada è un continuo s.*, the road is all ups and downs.
salita *f.* ***1*** **climb; (upward) slope;** *(ferr.)* **gradient**: *una s. ripida*, a steep slope ***2*** (il salire) **climbing; climb; ascent**: *La s. è dura*, it's a hard climb.
saliva *f.* **saliva; spittle.**
salivale, (1) salivare *a.* **salivary.**
(2) salivare *v. i.* to **salivate.**
salivazióne *f.* **salivation.**
salma *f.* **dead body; corpse.**
salmarino *m.* **sea-salt.**
salmastro ***A*** *a.* **brackish; saltish; brinish** ***B*** *m.* **saltish (o salty) taste.**
salmeggiare *v. i.* to **sing* psalms**; to **psalmodize.**
salmerìa *f. (mil.)* **impedimenta** *(pl.)*; **baggage.**
salmì *m. (cucina)* **salmi.**
salmista *m.* **psalmist.**
salmo *m.* **psalm** ● *libro dei salmi*, psalm book.
salmodìa *f.* **psalmody.**
salmodiare *v. i.* to **psalmodize**; to **sing* psalms.**
salmòdico *a.* **psalmodic.**
salmóne *m. (zool.,* Salmo salar*)* **salmon*.**
salnitro *m. (chim.)* **saltpetre.**
salomònico *a.* **Solomonic.**
salóne *m.* ***1*** **(large) hall; saloon** ***2*** (bottega del barbiere) **(barber's) saloon** ● *s. dell'automobile*, motor show □ *(ferr.) vettura s.*, Pullman car.
salottièro *a. (spreg.)* **drawing-room** *(attr.)*.
salòtto *m.* ***1*** **drawing-room; parlour; sitting-room** ***2*** (s. letterario) **salon.**
salpare *v. i. (naut.)* to **weigh anchor**; (far vela) to **set* sail**, to **sail** ● *s. l'ancora*, to weigh anchor.
salpinge *f. (anat.)* **salpinx*; Fallopian tube.**
salsa *f.* ***1*** **sauce**: *s. di pomodoro*, tomato sauce ***2*** (intingolo) **gravy** ***3*** *(geol.:* vulcano di fango*)* **salse; mud volcano** ● *(fig.) in tutte le salse*, in all ways.
salsapariglia *f. (bot.,* Smilax*)* **sarsaparilla.**
salsèdine *f.* ***1*** **saltiness; saltishness; saltness** ***2*** (incrostazione salina) **salt (deposit).**
salsìccia *f.* **(pork) sausage.**
salsicciàio *m.* ***1*** (chi fa salsicce) **sausage-maker** ***2*** (chi vende salsicce) **pork-butcher.**
salsièra *f.* **sauce-boat; gravy-boat.**
salso ***A*** *a.* **salt** *(attr.)*; **salty; briny;** (salmastro) **brackish** ***B*** *m.* ***1*** (salsedine) **saltiness** ***2*** (sapore di sale) **salty taste.**
salsoiòdico *a. (chim.)* **sodio-iodic.**
saltaleóne *m. (molla)* **spring.**
saltamartino *m.* ***1*** *(pop.:* grillo*)* **cricket;** (cavalletta) **grasshopper** ***2*** (balocco) **jumping-jack;** (misirizzi) **tumbler** ***3*** (bambino molto vivace) **imp.**
saltare ***A*** *v. i.* ***1*** to **jump**; to **leap***; to **spring***; (su un piede) to **hop**; (con la corda) to **skip**; (balzare) to **bound**; (rimbalzare) to **bounce**; (appoggiandosi sulle mani o su un'asta) to **vault**: *s. dalla gioia*, to jump for joy □ *s. giù dal letto*, to jump (o to spring) out of bed □ *s. in piedi*, to jump (o to spring) to one's feet □ *s. nell'acqua*, to jump into the water □ *s. sul tavolino*, to jump on to the table ***2*** (esplodere) to **explode**; to **blow* up**; (di valvola) to **blow* (out)** ***3*** (*fam.*, di un bottone) to **come* off** ***4*** (*fam.*, di una molla) to **break*** ***B*** *v. t.* ***1*** to **jump**; to **jump over (o across)** (st.); to **leap* (over)**; to **spring* over**; to **hop (over)**; to **vault over**: *s. uno steccato*, to jump over a fence; (servendosi di un'asta) to vault over a fence ***2*** (tralasciare) to **skip (over)**; (omettere) to **omit**, to **leave* out**: *s. una parola*, to skip a word □ *s. un intero capitolo*, to skip a whole chapter ***3*** *(cucina)* to **sauté** ● *s. al collo di q.*, to throw (o to fling) one's arms round sb.'s neck □ *s. un ballo* (restando seduto), to sit out a dance □ *s. in mente a q.*, to cross sb.'s mind □ *s. il ticchio (o il ghiribizzo)*, to take a fancy (to st.) □ *s. via* (staccarsi), to come off □ *far s. in aria*, to blow up; to

blast □ *far s. una serratura,* to break a lock □ *far s. uno steccato a un cavallo,* to jump a horse over a fence □ *far s. il tappo di una bottiglia,* to pop the cork out of a bottle □ *farsi s. le cervella,* to blow out one's brains □ *una verità che salta agli occhi,* a self-evident truth.

saltato *a. (cucina)* **sauté.**

saltatóre A *m.* **1 jumper 2** (acrobata) **acrobat; tumbler 3** *(sport)* **hurdler B** *a.* **jumping; leaping; hopping.**

saltellante *a.* **hopping; skipping.**

saltellare *v. i.* **1** to **dance about;** to **skip about;** to **trip;** to **hop;** (saltare gioiosamente) to **frisk,** to **caper,** to **prance 2** (palpitare) to **throb;** to **thump.**

saltèllo *m.* **hop; skip.**

saltellóni *avv.* **leaping; skipping** ● *andare (a) s.,* to skip (o to trip) along.

salterellare *V.* **saltellare,** *def.* 1.

salterèllo *m.* **1** (fuoco d'artificio) **cracker 2** *(mus.)* **jack 3** (danza popolare) **saltarello*.**

saltèrio *m.* **1** *(mus.)* **psaltery 2** *(relig.)* **Psalter.**

saltimbanco *m.* **acrobat; tumbler.**

salto *m.* **1 jump; leap; spring;** (balzo) **bound;** (con l'asta) **vault**: *(sport) il s. in alto (in lungo),* the high (long) jump □ *(fig.) un s. nel buio,* a leap in the dark **2** *(fig.:* omissione, lacuna*)* **gap** ● *s. mortale,* somersault: *fare un s. mortale,* to turn a somersault □ *a salti,* by fits and starts; by (o in) snatches □ *(cucina)* al s., sauté *(franc.)* □ *fare un s.,* to jump □ *fare due (o quattro) salti* (ballare), to dance (a little); to have a hop *(fam.)* □ *fare un s. da un amico,* to drop in on a friend □ *fare un s. dal tabaccaio,* to pop over to the tobacconist's □ *(fig.) In un s. vado e torno,* I shall be back in a jiffy □ *La settimana scorsa feci un s. a Parigi,* last week I skipped over to Paris □ *Qui c'è un s. di tre righe,* three lines have been omitted here.

saltuariaménte *avv.* **desultorily; by snatches; at intervals.**

saltuàrio *a.* **desultory.**

salubre *a.* **salubrious; wholesome; healthy; healthful**: *un clima s.,* a healthy climate.

salubrità *f.* **salubrity; wholesomeness; healthiness; healthfulness.**

salumàio *m.* **pork-butcher; delicatessen seller.**

salume *m.* **1 salt pork 2** *(al pl.)* **cold cuts.**

salumerìa *f.* **delicatessen (shop).**

salumière *m.* **delicatessen seller.**

salumifìcio *m.* **sausage (o salami) factory; delicatessen factory.**

(1) salutare A *v. t.* **1** to **greet;** to **salute** (anche *mil.*); to **hail** (anche *naut.*); to **say* hullo**: *Non mi salutò nemmeno,* he didn't even say hullo **2** (dire addio) to **say* good-bye** (to): *È tardi: devo salutarti,* it's late: I must say good-bye ● *s. q. con un « Buon giorno! »,* to say « Good morning » to sb. □ *s. q. con un cenno della mano,* to wave one's hand to sb.; (nell'accomiatarsi) to wave sb. good-bye □ *s. con una salva di cannoni,* to fire a salute □ *andare (o venire) a s. q.,* to drop in on sb.; to call on sb. □ *passare oltre senza s. q.,* to cut sb. *(fam.)* □ *Salutami tua sorella,* give my love to your sister; remember me to your sister □ (in fine di lettera) *Distintamente Vi salutiamo,* Yours truly (o faithfully) □ (in fine di lettera) *Ti saluto affettuosamente,* Yours affectionately; With my best (o kindest) regards; With lots of love *(fam.)* **B salutarsi** *v. rifl. recipr.* to **greet** (o to **salute**) **each other** ● *non s. più,* to be no longer on speaking terms.

(2) salutare *a.* **salutary, wholesome** (anche *fig.*); (giovevole) **beneficial.**

salutazióne *f.* *(lett.)* **salutation.**

salute *f.* **1** (del corpo) **health**: *una s. cagionevole,* delicate health □ *bere alla s. di q.,* to drink sb.'s health □ *essere il ritratto della s.,* to look the picture of health **2** (dell'anima) **salvation 3** (salvezza) **salvation;** (sicurezza) **safety;** (benessere) **welfare**: *la s. pubblica,* public welfare ● *(med.) casa di s.,* nursing-home □ *nocivo alla s.,* unhealthy; unwholesome □ *per motivi di s.,* on medical grounds □ *S.!,* (in un brindisi) good (o your) health!, cheers!; (a chi starnuta) bless you! □ *Il moto per lui è s.,* exercise is good for him *(fam.)*.

salutista *m.* e *f.* **valetudinarian; health fiend.**

saluto *m.* **1 greeting; salutation**: *un s. amichevole,* a friendly greeting **2** *(mil., naut.)* **salute**: *fare il s.,* to stand at the salute ● *fare un cenno di s. a q.,* (con la mano) to wave one's hand to sb.; (col capo) to nod to sb. □ *levare il s. a q.,* to cut sb. *(fam.)* □ (in fine di lettera) *Cordiali saluti,* With my kindest regards; Yours affectionately □ *(comm.) Vogliate gradire i nostri più distinti saluti,* (We are, dear Sirs), Yours faithfully (o truly).

salva *f. (mil., naut.)* **salvo*; volley; salute**: *(fig.) una s. di applausi,* a salvo of cheers □ *sparare a s.,* to fire salvoes ● *cartuccia a s.,* blank cartridge □ *colpo a s.,* blank shot.

salvàbile *a.* **saveable, savable; salvable** ● *salvare il s.,* to save whatever possible.

salvacondótto *m.* **safe-conduct.**

salvadanàio, salvadanaro *m.* **money-box.**

salvadorégno *a.* e *m.* **Salvador(i)an.**

salvagènte *m.* **1** *(naut.)* **life buoy; life belt; life jacket 2** (stradale) **street island.**

salvagócce *m.* **drip-catcher.**

salvaguardare *v. t.* to **safeguard;** to **protect;** to **defend.**

salvaguàrdia *f.* **safeguard; protection; defence.**

salvaménto *m.* **saving; deliverance; rescue** ● *condurre* (o *portare, trarre) a s.,* to save; to deliver; to rescue.

salvapunte *m.* **cap.**

salvare A *v. t.* to **save;** (da naufragio, incendio, ecc.) to **salvage;** (liberare) to **deliver,** to **rescue,** to **retrieve;** (tutelare) to **safeguard;** (proteggere) to **protect;** (difendere) to **defend**: *s. la vita a q.,* to save sb.'s life □ *Dio salvi la Regina!,* God save the Queen! **B salvarsi** *v. rifl.* to **save oneself** ● *Si salvi chi può,* every man for himself!

salvatacco *m.* **heel-piece.**

salvatàggio *m.* **1 rescue 2** *(naut.)* **salvage** ● *battello di s.,* lifeboat □ *cintura di s.,* life belt; safety belt.

salvatóre *m.* **saver; saviour;** (liberatore) **deliverer, rescuer.**

salvazióne *f.* **salvation.**

(1) salve *inter.* **hail!;** *(fam.)* **hullo!**

(2) salve *V.* **salva.**

salveregina *f. (relig.)* **Salve Regina.**

salvézza *f.* **salvation;** (sicurezza) **safety;** (scampo) **escape**: *la s. dell'anima,* the salvation of the soul □ *una via di s.,* a means of escape; a way out □ *cercare s. nella fuga,* to seek safety in flight ● *(naut.) ancora di s.,* sheet-anchor (anche *fig.*).

sàlvia *f. (bot.,* Salvia officinalis*)* **sage.**

salviétta *f.* **serviette; (table-)napkin.**

salvo A *a.* **safe;** (al sicuro) **secure**: *sano e s.,* safe and sound ● *a man salva,* without any risk **B** *m.* **safety**: *essere in s.,* to be in safety; to be safe □ *mettere in s.,* to put in safety; to put in a safe place **C** *prep.* **except; excepting; excepted; save; but; barring**: *tutti, s. due,* all but two □ *s. casi di forza maggiore,* Acts of God excepted; *(fam.)* circumstances permitting □ *s. errori ed omissioni,* errors and omissions excepted □ *s. imprevisti,* barring accidents ● *s. il vero,* if I am not mistaken.

salvo che *cong.* **except that; save that;** (a meno che) **unless; if... not.**

samàrio *m. (chim.)* **samarium.**

samaritano *a.* e *m.* **Samaritan.**

samba *f.* (mus., danza) **samba.**

sambernardo *m. (cane)* **St. Bernard.**

sambuco *m. (bot.,* Sambucus nigra*)* **elder.**

samovàr *m. invar.* **samovar; (Russian) tea-urn.**

samsonite *f. (miner.)* **samsonite.**

san *V.* **santo.**

sanàbile *a.* **1 curable, healable** (anche *fig.*) **2** (rimediabile) **remediable; retrievable.**

sanare A *v. t.* **1** to **cure** (anche *fig.*); (una ferita) to **heal** (anche *fig.*); (guarire) to **restore to health 2** (correggere) to **correct;** to **amend;** to **rectify;** to **retrieve 3** (bonificare) to **reclaim B sanarsi** *v. rifl.* to **heal (up).**

sanatòria *f. (leg.)* **act of indemnity.**

sanatoriale *a. (med.)* **sanatorium** *(attr.)*.

sanatòrio ***A*** *m. (med.)* **sanatorium*** ***B*** *a. (leg.)* **indemnifying.**
sancire *v. t.* to **sanction;** (ratificare) to **ratify;** (decretare) to **decree,** to **enact.**
sancta sanctorum *m.* ***1*** (del tempio ebraico) **Holy of Holies** ***2*** (ciborio dell'altare cristiano) **tabernacle** ***3*** *(fig.,* anche *scherz.)* **sanctum (sanctorum).**
sanctus *m. (relig., mus.)* **Sanctus.**
sanculòtto *m. (stor.)* **sansculotte** *(franc.).*
sandalificio *a.* **sandal factory.**
sàndalo *m.* ***1*** *(bot.,* Santalum*)* **sandal** ***2*** (legno del sandalo) **sandal(wood)** ***3*** (calzatura) **sandal.**
sandolino *m. (naut.)* **sculler; canoe.**
sandracca *f.* (resina) **sandarac.**
sandwich *(ingl.) m.* **sandwich**: *un s. al prosciutto,* a ham sandwich ● *uomo s.,* sandwich man.
sanforizzato *a. (marchio: ind. tessile)* **Sanforized.**
sangallo *m. (ind. tessile)* **broderie anglaise** *(franc.).*
sangrìa *(spagn.) f. invar.* **sangria** (bevanda).
sàngue *m.* ***1*** **blood**: *la circolazione del s.,* the circulation of blood □ *grondante di s.,* dripping (o streaming) with blood □ *rosso come il s.,* blood-red □ *cavare s. a q.,* to draw (o to let) blood from sb.; to bleed sb. (anche *fig.)* □ *Mi sentii agghiacciare il s.,* my blood froze (o ran cold) □ *Mi sento rimescolare il s. al solo pensarci,* my blood stirs at the very thought of it ***2*** *(fig.:* stirpe, origine) **blood; stock; descent; extraction**: *essere di s. nobile,* to be of noble extraction; to come of (a) noble stock □ *s. reale,* royal blood □ *legami di s.,* blood bonds ● *s. freddo,* sang-froid *(franc.)*; composure; self-control □ *animali a s. caldo (a s. freddo),* warm-blooded (cold-blooded) animals □ *(cucina) al s.,* underdone; rare □ *a s. caldo,* in hot blood; in the heat of passion □ *a s. freddo,* in cold blood □ *assetato di s.,* blood-thirsty □ *all'ultimo s.,* to the death □ *cavallo puro s.,* blood-horse; thoroughbred □ *donatore di s.,* blood-donor □ *farsi cattivo s. (o guastarsi il s.) per q.c.,* to bother (o to worry) about st. □ *iniettato di s.,* bloodshot □ *macchiato di s.,* blood-stained; blood-besmeared □ *rosso s.,* blood-red □ *senza s.,* bloodless *(agg.)* □ *spargimento di s.,* bloodshed □ *Gli esce s. dal naso,* his nose is bleeding □ *Ho dovuto sudar s. per convincerlo,* it took a lot of doing to persuade him *(fam.).*
sanguigna *f. (pitt.)* **sanguine.**
sanguigno ***A*** *a.* ***1*** **blood** *(attr.)*; **sanguineous; sanguine**: *gruppi sanguigni,* blood groups □ *un temperamento s.,* a sanguine temperament ***2*** (di colore simile al sangue) **blood-red; sanguineous; sanguine** *(lett.)* ***B*** *m.* **blood red.**
sanguinàccio *m. (cucina)* **black pudding; blood-pudding; blood-sausage.**
sanguinante *a.* (anche *fig.)* **bleeding.**
sanguinare *v. i.* (anche *fig.)* to **bleed*.**
sanguinàrio ***A*** *a.* **sanguinary; bloody; blood-thirsty** ***B*** *m.* **blood-thirsty person.**
sànguine *m.* **sanguinèlla** *f. (bot.,* Cornus sanguinea*)* **dogwood; dogberry; cornel.**
sanguinolènto *a.* **sanguinolent; bloody; bleeding.**
sanguinóso *a.* ***1*** **bloody; sanguinary; sanguine** *(lett.)*; (macchiato di sangue) **blood-stained, blood-besmeared, gory** ***2*** *(fig.)* **mortal; deadly;** (amaro) **bitter**: *lacrime sanguinose,* bitter tears □ *una ingiuria sanguinosa,* a mortal insult.
sanguisuga *f.* ***1*** *(zool.,* Hirudo medicinalis*)* **leech** ***2*** *(fig.)* **blood-sucker; leech.**
sanità *f.* ***1*** (salute del corpo) **(sound) health; soundness** (anche *fig.)*: *s. di corpo e di mente,* soundness of body and mind ***2*** (l'essere sano) **healthiness;** (salubrità) **salubrity, healthfulness, wholesomeness** ● *Servizio di S. Pubblica,* Public Health Service □ *ufficio di s.,* health office.
sanitàrio ***A*** *a.* **sanitary; medical; health** *(attr.)*: *misure sanitarie,* sanitary (o hygienic) precautions □ *un ufficiale s.,* a health officer ***B*** *m.* **doctor.**
sano *a.* ***1*** (in buona salute) **healthy;** (di mente) **sane;** (senza difetti) **sound, wholesome;** (salubre) **salubrious, salutary, healthful**: *cibi sani,* wholesome food □ *un colorito s.,* a healthy complexion □ *s. e salvo,* safe and sound □ *essere s. come un pesce,* to be as sound as a bell; to be as fit as a fiddle ***2*** *(fig.:* integro) **sound; healthy**: *sani principii,* sound (o well-grounded) principles ***3*** *(fig.:* intero) **entire, whole;** (completo) **complete, thorough;** (intatto) **intact, unimpaired**: *un pane s.,* a whole loaf ● *di sana pianta,* entirely; completely; thoroughly □ *non s. di mente,* insane; not right in the head *(fam.)* □ *rifare q.c. di sana pianta,* to do st. all over again □ *Sta s.!,* keep well!; take care of yourself!
sansa *f.* **olive husk(s).**
sànscrito *a.* e *m.* **Sanskrit, Sanscrit** ● *studioso di s.,* Sanskritist.
santabàrbara *f. (naut.)* **powder-magazine.**
santaménte *avv.* **holily; piously** ● *vivere s.,* to live a saintly life.
santarellina *f.* **prude; goody-goody** *(fam.)* ● *fare la s.,* to look as if butter would not melt in one's mouth.
santarèllo *m.* **sanctimonious humbug** *(fam.).*
santificare *v. t.* ***1*** (rendere santo) to **sanctify;** to **make* holy;** to **hallow** ***2*** (canonizzare) to **canonize** ***3*** (venerare) to **worship;** to **honour;** to **celebrate;** (osservare) to **observe,** to **keep***: *s. le feste,* to keep holy days.
santificazióne *f.* ***1*** **sanctification** ***2*** (canonizzazione) **canonization.**
santimònia *f. (spreg.)* **sanctimony; sanctimoniousness; pretended holiness.**
santino *m.* (piccola immagine sacra) **holy picture.**
santìssimo *a. superl. (relig.)* **Most Holy; Most Sacred.**
Santìssimo *m. (relig.)* **Most Holy Sacrament.**
santità *f.* **holiness; sanctity; saintliness**: *s. di vita,* holiness of life; saintliness □ *Sua S.,* His Holiness □ *morire in odore di s.,* to die in the odour of sanctity.
santo ***A*** *a.* ***1*** **holy;** (da santo) **saintly;** (benedetto) **blessed;** (sacro) **sacred;** (pio) **pious**: *il S. Padre,* the Holy Father □ *il Sant'Uffizio,* the Holy Office □ *l'acqua santa,* holy water □ *(stor.) la Lega Santa,* the Holy League □ *(stor.) la Santa Alleanza,* the Holy Alliance □ *lo Spirito S.,* the Holy Spirit (o Ghost) ***2*** *(seguito da nome proprio)* **Saint (***abbr.:* **St.;** *pl.,* **Sts., SS.)**: *San Giuseppe,* St. Joseph □ *la chiesa di S. Pietro,* St. Peter's □ *il s. patrono,* the patron saint ● *picchiare q. di santa ragione,* to give sb. a good (o sound) thrashing □ *tutto il s. giorno,* all day long □ *S. Iddio!,* Goodness me!; Goodness gracious! ***B*** *m.* **saint**: *avere la pazienza d'un s.,* to have the patience of a saint (o of Job) ● *a dispetto dei santi* (a ogni costo), at any cost □ *fare una morte da s.,* to die a holy (o saintly) death □ *far scappare la pazienza anche a un s.,* to try the patience of a saint □ *(fig.) non sapere a quale s. raccomandarsi (o a che s. votarsi),* not to know which way to turn □ *(tutti) i Santi* (Ognissanti), All Saints' Day □ *Qualche s. ci aiuterà!,* let's hope for the best!
santòcchio *m. (spreg.)* **sanctimonious humbug** *(fam.);* **mawworm** *(fam.).*
santóne *m.* **santon; marabout.**
santonina *f. (chim.)* **santonin.**
santoréggia *f. (bot.,* Satureja hortensis*)* **summer savory.**
santuàrio *m.* **sanctuary; shrine** (anche *fig.).*
sanzionare *v. t.* ***1*** (sancire) to **sanction;** (ratificare) to **ratify** ***2*** (applicare sanzioni punitive) to **apply sanctions against** (sb.).
sanzióne *f.* ***1*** **sanction; ratification** ***2*** (penalità) **sanction** ● *(leg.) sanzioni penali,* penalties.
(1) sapére ***A*** *v. t.* ***1*** (conoscere) to **know*;** (essere al corrente di) to **be acquainted with** (st.); (essere consapevole di) to **be aware of** (st.): *s. il proprio mestiere,* to know one's own business □ *s. la propria parte,* to know one's role (anche *fig.)* □ *s. q.c. a memoria (o a mente),* to know st. by heart □ *non s. nulla di nulla (o non saperne un'acca),* to know nothing at all about it □ *non s. quel che si vuole,* not to know one's own mind □ *So quel che dico,* I know what I'm talking about □ *È tutto quello che so,* that's all I know (about it) □ *Sai nessuno che voglia comprarlo?,* do you know of anybody who wants to buy it? □ *Dio lo sa!,* Heaven knows!; nobody

knows □ *Non si sa mai,* you never know; you never can tell □ *Non saprei,* I don't know; I can't say □ *Lo so,* I know □ *Ad averlo saputo!,* if only I had known about it! **2** (potere) to **know* how** (to); (posso) **can;** (potevo, potei, potrei) **could;** (essere in grado) to **be able** (to): *Sai guidare?,* can you drive? □ *Il bambino non sa ancora leggere,* the little boy cannot read yet □ *Non saprei fare senza,* I couldn't do without it **3** (apprendere) to **get* to know;** to **learn*;** to **hear*;** to **come* to** (sb.'s) **knowledge**: *Come hai fatto a saperlo?,* how did you get to know about it? □ *s. q.c. da q.,* to learn st. from sb. □ *Ho saputo che...,* it has come to my knowledge (that)... **B** *v. i.* **1** (avere odore) to **smell*** (of); (avere sapore) to **taste,** to **savour,** to **smack** (of): *s. d'amaro,* to taste bitter □ *s. di sapone,* to taste of soap; to have a soapy taste □ *s. di turacciolo,* to smack of the cork **2** (avere sentore; pensare, credere) to **think*;** to **bet*** *(fam.)*: *Mi sa che non ci è andato,* I bet he didn't go ● *s. di filosofia,* to be versed in philosophy □ *s. il fatto proprio,* to know a thing or two; to know what's what; to know the ropes *(fam.)* □ *s. male,* to be sorry □ *s. tutto per filo e per segno,* to know the long and the short of it □ *(fam.) saperci fare* (con la gente), to have a certain savoir faire □ *saperne una più del diavolo,* to be as shrewd as the devil □ *saperne quanto prima,* to be none the wiser □ *un certo non so che,* a certain « je ne sais quoi » □ *e che so io,* and what not □ *far s.,* to let know; (per iscritto) to send word, to drop a line □ *non s. di nulla,* to be tasteless (o very insipid) □ *(fig.) un giovane che non sa di nulla,* a very insipid young man □ *non s. quel che si dice,* to talk at random; to talk through one's hat *(pop.)* □ *non voler saperne di q. (di q.c.),* not to want to have anything to do with sb. (with st.) □ *Buono a sapersi!,* that's worth knowing! □ *Chi sa se verranno,* I wonder whether they will come (or not) □ *Non so che farci!,* I can't help it! □ *Non so che farei per lui,* I'd do anything for him.

(2) sapére *m.* (scibile) **knowledge;** (dottrina) **learning**: *un ramo del s.,* a branch of knowledge □ *un uomo di grande s.,* a man of great learning ● *il s. fare,* savoir faire *(franc.)*; tact □ *il s. vivere,* savoir vivre *(franc.)*; knowledge of the world.

sapidità *f. (lett.)* **sapidity** (anche *fig.*); **savouriness.**

sàpido *a. (lett.)* **sapid** (anche *fig.*); **savoury.**

sapiènte A *a.* **1** (saggio) **wise; sage; sapient** (generalm. *iron.*) **2** (colto) **learned;** (erudito) **erudite;** (dotto) **scholarly 3** (ammaestrato) **trained B** *m.* **1** (uomo saggio) **wise man*; sage; sapient** (generalm. *iron.*) **2** (uomo colto) **learned man*; man* of learning;** (dotto) **scholar; savant** (generalm. *iron.*).

sapienteménte *avv.* **wisely.**

sapientóne *m.* **wiseacre; wisehead; know-all.**

sapiènza *f.* **1** (saggezza) **wisdom 2** (il sapere) **knowledge; learning; erudition.**

saponàceo *a.* **saponaceous; soapy.**

saponàio *m.* **1** (chi fabbrica sapone) **soap-maker; soap-boiler 2** (chi vende sapone) **soap-seller.**

saponària *f. (bot.,* Saponaria officinalis*)* **soapwort; soap-plant.**

saponàrio *a.* **soap** *(attr.)*.

saponata *f.* **1** (per il bucato) **soapsuds** *(pl.)*; (per i capelli, la barba) **lather 2** (*fig.:* adulazione) **flattery; soft soap, soft sawder** *(pop.)*.

sapóne *m.* **soap**: *s. da toletta,* toilet-soap □ *s. per la barba,* shaving soap □ *una bolla di s.,* a soap bubble.

saponétta *f.* **cake of soap.**

saponièra *f.* **soap-box.**

saponièro *a.* **soap** *(attr.)*.

saponificare *v. t.* to **saponify.**

saponificazióne *f.* **saponification.**

saponifìcio *m.* **soap-factory; soapery.**

saponina *f. (chim.)* **saponin.**

saponóso *a.* **soapy.**

sapóre *m.* **1 taste;** (aroma) **flavour; savour, smack** (anche *fig.*): *un s. amaro (dolce),* a bitter (sweet) taste □ (anche *fig.*) *lasciare un cattivo s. in bocca,* to leave a bad (o nasty) taste in the mouth **2** *(fig.)* **spice; zest**: *dare s. alla vita,* to give spice to life ● *Che s. ha?,* what does it taste like?

saporire *v. t.* to **season;** to **flavour.**

saporitaménte *avv.* **with gusto; with relish; with zest** ● *dormire s.,* to sleep soundly; to sleep like a top *(fam.)*.

saporito *a.* **1 savoury** (anche *fig.*); **appetizing; palatable; nice; dainty; tasty** *(fam.)*: *un piatto s.,* a savoury dish **2** *(fig.)* **racy; zestful; tart; sharp; peppery; spicy** ● *conto s.,* stiff bill □ *risata saporita,* hearty laugh □ *sonno s.,* sound sleep.

saporóso *a.* **1 savoury** (anche *fig.*); **tasty** *(fam.)* **2** *(fig.)* **racy; piquant; zestful; spicy**: *uno stile s.,* a racy style.

saputèllo *m.* **little prig.**

saputo A *a.* **1** (che si sa) **known**: *una cosa saputa e risaputa,* a well-known thing **2** (erudito) **learned; well--informed; erudite 3** (che presume di sapere) **sapient** *(iron.)*; **pedantic; priggish B** *m.* **know-all; wisehead; wiseacre; prig** ● *fare il s.,* to show off one's knowledge.

sarabanda *f.* **1** *(mus.)* **saraband 2** *(fig.)* **uproar; hullaballoo*.**

saracco *m.* **rip-saw.**

saracèno *a.* e *m.* **Saracen** ● *(bot.) grano s.,* buckwheat.

saracinésca *f.* **1 rolling shutter 2** (chiusa) **sluice--gate 3** *(stor.)* **portcullis.**

sarcașmo *m.* **sarcasm; causticity.**

sarcàstico *a.* **sarcastic(al); sarky** *(pop.)*; **caustic; taunting;** (sardonico) **sardonic(al);** (beffardo) **scornful, sneerful.**

sarchiare *v. t. (agric.)* to **hoe;** to **weed.**

sarchiatrice *f.* (macchina) **weeder; hoeing machine.**

sarchiatura *f. (agric.)* **hoeing; weeding.**

sarchiellare *v. t.* to **hoe (up);** to **weed.**

sarchièllo, sàrchio *m.* **hoe; weeder; weeding hook.**

sarcòfaga *f. (zool.,* Sarcophaga carnaria*)* **flesh-fly.**

sarcòfago *m. (archit.)* **sarcophagus*.**

sarcòma *f. (med.)* **sarcoma*.**

sarda, sardèlla *f. (zool.,* Sardina pilchardus*)* **pilchard; sardine.**

sardina *f. (zool.,* Sardina pilchardus*)* **sardine**: *una scatola di sardine,* a tin of sardines □ *essere pigiati come le sardine,* to be packed like sardines.

sardo *a.* e *m.* **Sardinian.**

sardònico *a.* **sardonic(al);** (beffardo) **scornful, mocking**: *un ghigno s.,* a sardonic grin.

sargasso *m. (bot.,* Sargassum bacciferum*)* **sargasso*; gulfweed.**

sari *m.* (veste femminile indiana) **sari.**

sarménto *m. (bot.)* **runner;** (di vite) **vine-shoot, vine--branch.**

sarta *f.* **dressmaker; tailoress.**

sàrtia *f. (naut.)* **shroud** *(per lo più al pl.)*.

sartiame *m. (naut.)* **shrouds** *(pl.)*; **cordage; rigging.**

sartina *f.* **(apprentice) dressmaker.**

sarto *m.* **tailor.**

sartorìa *f.* **1 tailor's workshop 2** (arte del sarto) **tailoring; dressmaking.**

sartòrio *m. (anat.)* **sartorius*.**

sassafrasso *m. (bot.,* Sassafras officinale*)* **sassafras.**

sassàia *f.* **1** (riparo di sassi) **barrier of stones 2** (luogo sassoso) **stony place;** (strada sassosa) **stony road.**

sassaiòla *f.* **1** (grandine di sassi) **shower (o volley) of stones 2** (battaglia coi sassi) **fight with stones.**

sassata *f.* **blow with (o from) a stone** ● *fare a sassate,* to throw stones at each other (o one another) □ *prendere q. a sassate,* to pelt sb. with stones □ *uccidere q. a sassate,* to stone sb. to death.

sassèllo *m. (zool.,* Turdus musicus*)* **red-winged thrush; redwing.**

sasséto *m.* **stony ground.**

sassifraga *f. (bot.,* Saxifraga*)* **saxifrage; break-stone.**

sasso *m.* **stone;** (roccia) **rock;** (ciottolo) **pebble**: *una* *casa costruita sul s.*, a house built upon rock □ *(fig.) avere il cuore di s. (o essere di s.)*, to have a heart of stone □ *lanciare un s. contro q.*, to throw (o to cast, to fling) a stone at sb. ● *(fig.) restare di s.*, to be petrified; to be dumbfounded; to stand aghast.

sassofonista *m.* e *f.* *(mus.)* **saxophonist.**

sassòfono *m.* *(mus.)* **saxophone; sax** *(abbr. fam.)*.

sassofrasso *V.* **sassafrasso.**

sassolino *m.* **small stone; pebble.**

sàssone *a., m.* e *f.* **Saxon.**

sassóso *a.* **stony; full of stones; covered with stones; pebbly.**

Sàtana *n.* **Satan;** (il diavolo) **the Devil, the Evil One.**

satanasso *m.* ***1*** **Satan** ***2*** *(fig.)* **devil;** (persona prepotente) **bully.**

satànico *a.* **Satanic(al);** (diabolico) **diabolic(al), devilish;** (infernale) **infernal**: *(letter.) i poeti satanici*, the Satanic poets.

satanismo *m.* (anche *letter.*) **Satanism.**

satèllite ***A*** *a.* **satellite** *(attr.)*: *Stati satelliti*, satellite States ***B*** *m.* ***1*** *(astron.)* **satellite** ***2*** *(polit.:* Stato s.*)* **satellite; satellite State** ***3*** *(fig., spreg.)* **satellite; henchman*** ● *(miss.) s. artificiale*, (artificial) satellite □ *(radio, telev.) collegamento via s.*, link-up via satellite.

satin *m.* *(ind. tessile)* **satin.**

satinare *v. t.* to **glaze;** to **satin.**

satinato *a.* **glazed; satined; satin** *(attr.)*.

sàtira *f.* *(letter.)* **satire; lampoon.**

satireggiare ***A*** *v. t.* to **satirize;** to **lampoon** ***B*** *v. i.* ***1*** (fare della satira) to **be satirical** ***2*** *(letter.)* to **write*** **satires.**

satirésco *a.* **satyr-like; satyric(al).**

satìrico ***A*** *a.* **satiric(al)**: *un poeta s.*, a satiric poet ***B*** *m.* **satirist.**

sàtiro *m.* *(mitol.)* **satyr** (anche *fig.*).

satollare ***A*** *v. t.* to **satiate;** to **sate;** to **fill up;** to **glut** ***B*** **satollarsi** *v. rifl.* to **eat*** **one's fill.**

satóllo *a.* **satiated; sated; replete; full up** *(fam.)*.

sàtrapo *m.* ***1*** *(stor.)* **satrap** ***2*** *(fig.)* **petty despot.**

saturare ***A*** *v. t.* ***1*** *(chim., fis.)* to **saturate** (anche *fig.*) ***2*** *(fig.)* to **fill;** to **cram** ***B*** **saturarsi** *v. rifl.* to **become*** **saturated** (with).

saturazióne *f.* *(chim., fis.)* **saturation** (anche *fig.*).

saturnismo *m.* *(med.)* **saturnism; plumbism; lead-poisoning.**

Saturno *n. pr.* *(mitol., astron.)* **Saturn.**

sàturo *a.* ***1*** *(chim., fis.)* **saturated** (anche *fig.*) ***2*** (pieno) **full** (of); (zeppo) **crammed** (with); (stipato) **stowed** (with).

saudita *a.* **Saudi**: *Arabia Saudita*, Saudi Arabia.

sàuna *f.* **sauna (bath).**

sàuro *a.* e *m.* **sorrel.**

savana *f.* *(geogr.)* **savanna(h).**

saviézza *f.* **sensibleness; judiciousness;** (saggezza) **wisdom.**

sàvio ***A*** *a.* ***1*** (sano di mente) **sane** ***2*** (assennato) **sensible;** (giudizioso) **judicious;** (saggio) **wise, sage;** (prudente) **prudent;** (avveduto) **wary;** (accorto) **cautious**: *s. e avveduto*, wise and wary ***B*** *m.* (uomo sapiente) **wise man*; sage.**

savoiardo ***A*** *a.* **of Savoy; Savoyard** ***B*** *m.* ***1*** (abitante della Savoia) **Savoyard** ***2*** (biscotto) **sponge-biscuit; finger-biscuit.**

saziàbile *a.* **satiable.**

saziabilità *f.* **satiability.**

saziare ***A*** *v. t.* ***1*** to **satiate;** to **satisfy;** to **glut;** to **cloy;** to **gratify**: *s. l'appetito*, to glut (o to cloy) one's appetite ***2*** (di cibo che presto riempie) to **fill up**: *Le patate saziano presto*, potatoes soon fill you up ***B*** **saziarsi** *v. rifl.* ***1*** to **eat*** (o to **have**) **one's fill; to glut oneself** (with); to **surfeit** (with); (essere sazio) to **be satiated;** to **be full** *(fam.)* ***2*** *(fig.:* stancarsi*)* to **get* tired** (of): *Non me ne sazierei mai*, I'd never get tired of it; I could go on for ever.

sazietà *f.* **satiety** (anche *fig.*); **repletion**: *fino alla s.*, to satiety ● *a s.*, as much as one wants (o likes) □ *averne a s.*, to have quite enough; to have more than enough □ *mangiare (bere) a s.*, to eat (to drink) one's fill.

sàzio *a.* ***1*** **satiated** (anche *fig.*); **satisfied; filled to satiety; full to repletion; glutted; full up** *(fam.)*: *sentirsi s.*, to be full; to have had enough □ *Non è mai s.*, he is never satisfied ***2*** *(fam.:* stufo*)* **tired, sick and tired, weary** (of); **fed up** (with) *(pop.)*.

sbaccellare *v. t.* to **shell**: *s. piselli*, to shell peas.

sbacchettare *v. t.* to **beat***: *s. un tappeto*, to beat a carpet.

sbacchettata *f.* **beating.**

sbaciucchiare ***A*** *v. t.* to **kiss over and over again;** to **smother with kisses** ***B*** **sbaciucchiarsi** *v. rifl. recipr.* to **kiss each other over and over again;** to **neck** *(pop.)*.

sbadatàggine *f.* **carelessness; heedlessness; inattention; inadvertence, inadvertency; thoughtlessness;** (negligenza) **negligence;** (distrazione) **absent-mindedness.**

sbadataménte *avv.* **carelessly; heedlessly; inattentively; inadvertently;** (distrattamente) **absent-mindedly, absently.**

sbadato ***A*** *a.* **careless; heedless; inattentive; inadvertent; thoughtless;** (negligente) **negligent;** (distratto) **absent-minded** ***B*** *m.* **careless person; scatterbrain** *(fam.)*.

sbadigliare *v. i.* to **yawn**: *trascorrere la vita sbadigliando*, to yawn away one's existence.

sbadìglio *m.* **yawn** ● *fare uno s.*, to yawn.

sbafare *v. t.* *(fam.)* ***1*** (mangiare con avidità) to **devour (greedily);** to **gorge;** to **gormandize;** to **guttle;** to **gobble up** ***2*** (scroccare) to **sponge;** to **scrounge,** to **cadge** *(fam.)*.

sbafata *f.* *(fam.)* **feed; bellyful** *(fam.)*.

sbafatóre *m.* *(fam.)* ***1*** (mangione) **glutton; gormandizer** ***2*** (scroccone) **sponger; scrounger, cadger** *(fam.)*.

sbaffare *v. t.* to **smudge;** to **smear.**

sbaffo *m.* **smudge; smear.**

sbafo *m.* *(fam.)* **sponging; scrounging, cadging** *(fam.)* ● *a s.*, by sponging; by scrounging; (senza pagare) without paying, free □ *vivere a s.*, to scrounge a living.

sbagliare ***A*** *v. t.* to **mistake*;** (fallire) to **miss**: *s. il bersaglio*, to miss the target □ *s. q. con q. altro*, to mistake sb. for sb. else ● *s. i calcoli*, to miscalculate; to get st. wrong □ *s. strada*, to take (o to go, to come) the wrong way □ *s. treno*, to take (o to get into) the wrong train □ *(fam.) sbagliarla di grosso*, to be greatly mistaken; to be quite wrong ***B*** *v. i.* e **sbagliarsi** *v. rifl.* to **make* a mistake;** to **be mistaken;** to **be wrong;** to **be in the wrong;** to **err;** to **be on the wrong side of the hedge** *(fam.)*: *s. troppo spesso*, to make too many mistakes □ *se non sbaglio*, if I am not mistaken (o wrong) □ *Non c'è da s.*, there can be no mistake; there's no mistaking ● *Sbaglio, o siete la signora Rossi?*, you are Mrs Rossi, aren't you?

sbagliato *a.* **mistaken; wrong;** (erroneo) **erroneous, incorrect**: *fare q.c. in modo s.*, to do st. the wrong way □ *È tutto s.!*, it's all wrong!

sbàglio *m.* **mistake; error;** (fallo, colpa) **fault**: *uno s. d'ortografia*, a spelling mistake □ *commettere (o fare) uno s.*, to make a mistake □ *per s.*, by mistake.

sbalestraménto *m.* ***1*** (trasferimento) **transfer** ***2*** (il divagare) **wandering (from the point);** (divagazione) **digression** ***3*** (stato di disorientamento, disagio) **uneasiness.**

sbalestrare ***A*** *v. i.* ***1*** to **miss the mark** ***2*** (divagare) to **wander from the point;** to **beat* about the bush** *(fam.)* ***B*** *v. t.* ***1*** (gettare, scagliare) to **fling*;** to **hurl** ***2*** *(fig.)* to **send*;** to **remove;** to **shift**: *s. q. da Roma a Torino*, to remove sb. from Rome to Turin.

sbalestrato *a.* ***1*** (squilibrato) **unbalanced** ***2*** (in uno stato di disagio) **uneasy.**

sballare ***A*** *v. t.* to **unpack** ***B*** *v. i.* (nel gioco) to **go* out** ● *sballarle grosse*, to talk big; to draw the long bow *(fam.)*; to talk through one's hat *(pop.)*.

sballato *a.* ***1*** (privo di equilibrio) **unbalanced** ***2*** (privo di fondamento) **without foundation;** (inventato) **trumped-up, made-up;** (privo di logica) **senseless, meaningless.**

şballottaménto *m.* **tossing; pushing about.**
şballottare *v. t.* to **toss**; to **toss about**; (spingere qua e là) to **push about**: *essere sballottato dalle onde,* to be tossed by the waves ● *essere sballottato da un posto all'altro,* to be driven from pillar to post.
şbalordiménto *m.* **1 bewilderment; stupor; stupefaction 2** (meraviglia) **wonder**; (sorpresa) **amazement, astonishment.**
şbalordire A *v. t.* **1** to **bewilder**; to **daze**; to **stupefy**; (stordire) to **stun 2** (stupire) to **amaze**; to **astonish**; to **astound**; to **dumbfound**; to **flabbergast B** *v. i.* **1** (rimanere privo di sensi) to **lose* consciousness 2** (rimanere sbigottito) to **be bewildered.**
şbalorditàggine *f.* **1** (atto da balordo) **stupid (**o **foolish, silly, crazy) action;** (parole da balordo) **piece of nonsense 2** (balordaggine) **stolidity; dullness; stupidity; foolishness.**
şbalorditivo *a.* **amazing; astonishing; stunning** *(fam.)* ● *prezzi sbalorditivi,* staggering prices.
şbalordito *a.* **1** (stordito) **bewildered; in bewilderment; stupefied; dazed; stunned 2** (stupito) **amazed; astonished; astounded; lost in amazement.**
şbalzare A *v. t.* **1** (lanciare) to **hurl**; to **fling***; to **throw* (down) 2** *(fig.:* sbalestrare) to **send***; to **remove**; to **shift 3** *(fig.:* allontanare da una carica, un ufficio e sim.) to **dismiss** (from a position, an office); to **remove 4** *(metall.:* lavorare a sbalzo) to **emboss B** *v. i.* (balzare) to **bounce**; to **spring***; (saltare) to **leap***, to **jump.**
şbalzellare *v. i.* to **jolt**; to **jerk**; to **bump.**
şbalzo *m.* **1 jolt; jerk; start; hitch;** (salto) **bound, leap, jump;** (rimbalzo) **bounce**: *cogliere la palla di s.,* to catch the ball on the bounce □ *fermarsi con uno s.,* to stop with a jerk **2** (cambiamento) **(sudden) change 3** *(archit.)* **projecting part; overhang 4** *(metall.)* **embossment** ● *a. sbalzi,* by leaps and bounds; by fits and starts; (saltuariamente) desultorily; (a intervalli) at intervals □ *(metall.) lavoro a s.,* embossed work □ *muoversi a sbalzi,* to jolt along; to jerk along; to bump along.
şbancare A *v. t.* (in un gioco d'azzardo) to **break* (the bank) B şbancarsi** *v. rifl.* to **go* broke** *(pop.).*
şbandaménto *m.* **1 disbandment; dispersion 2** *(autom.)* **skid; skidding 3** *(naut.)* **list; heel; heeling 4** *(aeron.)* **bank; banking.**
şbandare A *v. t.* to **disband**; to **disperse**; to **scatter B** *v. i.* **1** *(autom.)* to **skid**; to **side-slip 2** *(naut.)* to **list**; to **heel 3** *(aeron.)* to **bank C şbandarsi** *v. rifl.* to **disband**; to **disperse.**
şbandata *f.* **1** V. **şbandamento,** *def.* 2, 3 e 4 **2** *(fig., fam.)* **crush** *(pop.)*: *prendere una s. per q.,* to get a crush on sb.
şbandato A *a.* **1 disbanded; dispersed; stray 2** *(fig.)* **bewildered; confused B** *m.* **straggler.**
şbandieraménto *m.* **waving of flags.**
şbandierare *v. t.* **1** to **wave (flags) 2** *(fig.:* ostentare) to **parade**; to **show off** *(fam.).*
şbandierata *f.* **display of flags.**
şbaraccare *(fam.)* **A** *v. t.* to **drive* out**; to **get* rid of B** *v. i.* to **pack up (and leave*)**; to **clear out.**
şbaragliare *v. t. (mil.)* to **rout**; to **put* to rout**; to **defeat and disperse**; (sopraffare) to **overwhelm.**
şbaraglino *m. (gioco)* **backgammon.**
şbaràglio *m. (mil.)* **rout; defeat** ● *buttarsi (o gettarsi) allo s.,* to chance one's arm *(fam.)* □ *mettere allo s.,* to endanger; to jeopardize.
şbarazzare A *v. t.* to **rid** (of); to **free** (from); to **clear B şbarazzarsi** *v. rifl.* to **rid oneself**, to **get* rid** (of); to **get* free** (from).
şbarazzina *f.* **romp; tomboy.**
şbarazzino A *m.* **scamp; rascal; (little) scoundrel B** *a.* **prankish; pert.**
şbarbare A *v. t.* **1** (sradicare) to **uproot** (anche *fig.)*; to **root out**; (estirpare, anche *fig.)* to **extirpate**, to **eradicate**, to **weed out 2** (radere la barba a) to **shave**; to **give* a shave** to **B şbarbarsi** *v. rifl.* (radersi) to **shave (oneself)**; to **have a shave.**
şbarbatèllo *m.* **young shaver; greenhorn.**
şbarbato *a.* (rasato) **(clean-)shaven.**
şbarbicare *v. t.* (anche *fig.)* to **uproot**; to **root out**; to **eradicate.**
şbarcare A *v. t.* **1** to **disembark**; to **land**; (scaricare materiale) to **unload**, to **discharge**: *s. passeggeri,* to disembark passengers □ *s. un carico,* to unload a cargo **2** *(fam.:* far scendere da un mezzo di trasporto) to **land 3** *(fig.:* trascorrere) to **spend***; to **pass B** *v. i.* **1** to **disembark**; to **land**; (temporaneamente) to **go* ashore**: *s. a Napoli,* to land at Naples **2** *(fam.:* scendere da un mezzo di trasporto) to **land**; to **alight 3** (cessare di far parte dell'equipaggio di una nave) to **be discharged.**
şbarcatóio *m.* **landing stage; landing place.**
şbarco *m.* **disembarkation; landing;** (di merci) **unloading, discharge** ● *ponte di s.,* gangway □ *truppe da s.,* marines.
şbarra *f.* **1 bar** (anche *fig.)*: *una s. di ferro,* an iron bar □ *la s. spaziatrice* (d'una macchina da scrivere), the space-bar **2** *(ginnastica)* **(horizontal) bar 3** *(naut.:* barra del timone) **tiller 4** *(leg.)* **bar 5** (lineetta obliqua) **oblique stroke** ● *(leg.) presentarsi alla s.,* to appear before the Court.
şbarraménto *m.* **1 barrage; barring; blocking;** (di acque) **dam, weir;** (barricata) **barricade, defence, blockade**: *(mil.) s. antiaereo,* antiaircraft barrage **2** (di un assegno) **crossing.**
şbarrare *v. t.* **1** to **bar** (anche *fig.)*; (ostruire) to **block**, to **obstruct**; (arginare) to **dam**; (barricare) to **barricade**: *s. il passo,* to bar the way □ *s. una porta,* to bar a door □ *s. una strada,* to block (up) a road **2** (spalancare) to **open wide**: *s. gli occhi,* to open one's eyes wide **3** (un assegno) to **cross**: *s. un assegno,* to cross a cheque.
şbarrato *a.* **1 barred;** (ostruito) **blocked, obstructed 2** (spalancato) **wide open 3** (rif. ad assegno) **crossed**: *un assegno s.,* a crossed cheque.
şbassare *v. t.* to **lower** (anche *fig.)*; to **make* lower.**
şbastire *v. t.* to **take* the tacking (**o **basting) out of.**
şbatacchiaménto *m.* **banging; slamming.**
şbatacchiare A *v. t.* **1** to **bang**; to **slam**: *s. l'uscio in faccia a q.,* to slam the door in sb.'s face **2** (gettare violentemente) to **dash**; to **hurl**; to **fling***; to **slap down**: *s. q. per terra,* to dash sb. to the ground; to knock sb. down **B** *v. i.* to **bang**; to **slam.**
şbatacchiata *f.* **bang; slam** ● *uscire dando una s. all'uscio,* to bang the door behind one.
şbàttere A *v. t.* **1** (sbatacchiare) to **bang**; to **slam**; (urtare) to **knock**, to **bump**: *s. la porta in faccia a q.,* to slam the door in sb.'s face □ *s. la testa nel muro,* to bump one's head against the wall; *(fig.)* to knock one's head against a brick wall □ *s. q.c. sul tavolo,* to bang st. on the table **2** (gettare violentemente) to **dash**; to **hurl**; to **fling***; to **cast***; (buttare fuori) to **throw* out**: *La nave fu sbattuta contro gli scogli,* the ship was dashed against the rocks **3** (sbalestrare) to **send***; to **shift**; to **remove**: *È stato sbattuto in Sicilia,* he has been sent (away) to Sicily **4** (scuotere) to **shake***; (battere) to **beat***; (montare) to **whip**: *s. un tappeto,* to beat a carpet; □ *s. un uovo,* to beat (up) an egg **5** (le ali) to **flap B** *v. i.* **1** (di porte, finestre) to **bang**; to **slam 2** (di ali, vele, tende, bandiere) to **flap** ● *s. i piedi,* to stamp one's feet □ *s. q. fuori dell'uscio,* to turn sb. out □ (del vento) *far s.,* to flap □ *(fam.) non sapere dove s. la testa,* not to know which way to turn □ *Questo colore ti sbatte,* this colour makes you look like a ghost **C şbàttersi** *v. rifl.* **1** (sballottarsi) to **toss (oneself) about 2** (dibattersi) to **struggle.**
şbattighiàccio *m.* **shaker.**
şbattiuòva *m.* **(egg) whisk.**
şbattuta *f.* **shake; shaking.**
şbattuto *a.* **1** (sballottato) **tossed 2** (montato) **beaten; whipped**: *un uovo s.,* a beaten egg **3** *(fig.:* abbattuto) **dejected; depressed; downcast;** (stanco) **tired out.**
şbavare A *v. i.* **1** to **slaver**; to **slobber**; to **dribble 2** *(tipogr.)* to **smudge**; to **blur 3** (di rossetto) to **smear B** *v. t.* **1** to **slaver over**, to **dribble on** (st.); to **slobber 2** *(metall.)* to **trim C şbavarsi** *v. rifl.* to **beslobber oneself**; to **slobber all over oneself.**
şbavatura *f.* **1** (bava) **slaver; slobber; dribble 2**

(di lumaca) **slime** **3** *(metall.)* **trimming** **4** *(tipogr.)* **smudge; blur** **5** (di rossetto) **smear.**
şbeccare, şbeccucciare ***A*** *v. t.* to **break*** the **spout of** (st.); to **chip the edge of** (st.) ***B*** **şbeccarsi, şbeccucciarsi** *v. rifl.* to **chip.**
şbeffeggiare *v. t.* to **mock.**
şbellicarsi *v. rifl.* — *s. dalle risa,* to split (o to burst) one's sides with laughter (o with laughing).
şbendare *v. t.* to **unbandage; to remove the bandage (o bandages) from; to uncover**: *s. gli occhi,* to uncover one's eyes.
şberciare *v. i. (pop.)* to **bawl;** to **bellow;** to **yell.**
şbèrla *f.* **slap.**
şberlèffo *m.* **sneer; jeer;** (smorfia) **grimace.**
şbertucciare *v. t.* **1** (sgualcire) to **crush;** to **crumple** **2** *(fig.:* schernire) to **mock;** to **sneer at** (sb.).
şbevazzare *v. i. (spreg.)* to **tipple;** to **bouse,** to **booze** *(pop.).*
şbiadire *v. i.* e *t.* **şbiadirsi** *v. rifl.* to **fade.**
şbiadito *a.* **1 faded** **2** *(fig.)* **colourless; dull.**
şbianca *f. (ind. tessile, cartaria)* **bleaching.**
şbiancante ***A*** *a.* **bleaching** ***B*** *m.* **bleacher; whitener.**
şbiancare ***A*** *v. i.* **1** to **whiten;** to **turn white;** (impallidire) to **grow* pale** **2** *(ind. tessile)* to **bleach** ***B*** *v. t.* **1** to **whiten** **2** *(ind. tessile)* to **bleach** ***C*** **şbiancarsi** *v. rifl.* to **whiten;** (impallidire) to **grow* pale.**
şbicchierare *v. i.* to **have a drink in merry company.**
şbicchierata *f.* **drink in merry company.**
şbièco *a.* **aslant** *(pred.)*; **slanting; slantwise;** (storto) **askew, asquint, awry** *(pred.)*; (obliquo) **oblique, sidelong** ● *di s.,* on the slant, on the bias, slantingly, slantwise, slantways; (di traverso) askance, askant, askew, asquint, awry; (obliquamente) obliquely, sideways: (anche *fig.*) *guardare q. di s.,* to look askance at sb. □ *tagliare q.c. di s.,* to cut st. on the bias.
şbigottiménto *m.* **bewilderment;** (costernazione) **dismay.**
şbigottire ***A*** *v. t.* to **bewilder;** (costernare) to **dismay,** to **appal** ***B*** *v. i.* e **şbigottirsi** *v. rifl.* to **be bewildered;** to **be dismayed;** to **stand* aghast.**
şbigottito *a.* **bewildered; dismayed; appalled; aghast** *(pred.).*
şbilanciare ***A*** *v. t.* **1** to **unbalance;** to **overbalance;** to **put*** (o to **throw***) **out of balance** **2** *(fig.:* dissestare) to **put* into difficulties** ***B*** *v. i.* to **overbalance** ***C*** **şbilanciarsi** *v. rifl.* **1** (perdere l'equilibrio) to **lose* one's balance** **2** *(fig.)* to **overreach oneself** ● *non s. troppo,* (nel parlare) to weigh one's words; (nello spendere) to be no spendthrift.
şbilanciato *a.* **out of balance; unbalanced.**
şbilàncio *m.* **1 lack of balance** **2** *(fin., rag.)* **deficit;** (eccesso) **excess.**
şbilènco *a.* **crooked;** (malfatto) **misshapen, ill-proportioned.**
şbirciare *v. t.* to **peep at** (sb., st.); (guardare di traverso) to **glance at** (sb. st.) **out of the corner of one's eye.**
şbirciata *f.* **peep; glance.**
şbirràglia *f. (spreg.)* **police** *(collett.)*; **cops** *(pl., pop.).*
şbirro *m. (spreg.)* **policeman*; bobby** *(fam.)*; **cop** *(pop.)* ● *essere furbo quanto sette sbirri,* to be a sly fox.
şbizzarrirsi *v. rifl.* to **indulge one's whims** (o **fancies).**
şbloccare *v. t.* **1** *(mil.)* to **raise the blockade of** **2** *(mecc.)* to **release (the brake of)** **3** (affitti, ecc.) to **decontrol.**
şblòcco *m.* **1** *(mil.)* **raising of a** (o **of the**) **blockade** **2** *(mecc.)* **release** **3** (di affitti, ecc.) **decontrol.**
şboccare ***A*** *v. i.* **1** (di corsi d'acqua) to **flow** (into); to **run*** (into) **2** (di strade, ecc.) to **lead*** (to, into); to **open** (into) **3** (irrompere) to **pour** (into); to **rush** (into) **4** *(fig.:* andare a finire) to **end up** ***B*** *v. t.* **1** (rompere all'imboccatura) to **break* the neck of** (st.) **2** (togliere un po' di liquido da un recipiente pieno) to **pour a few drops from** (st.).
şboccatàggine *f.* **coarseness of language.**
şboccato *a.* **1** (che ha l'imboccatura rotta) **chipped (at the edge)** **2** (di cavallo) **hard-mouthed** **3** (di persona) **foul-mouthed; foul-tongued.**
şbocciare *v. i.* **1** *(bot.)* to **blossom** **2** *(fig.:* nascere) to **originate** (from, in); to **spring*** (from).
şbòccio *m.* **blossoming** ● *di s.,* in bud.
şbócco *m.* **1** (d'un fiume) **(river) mouth; outfall** **2** (bocca) **mouth;** (varco) **opening** **3** (via d'uscita) **outlet; exit; passage out; way out** **4** *(comm.)* **outlet;** (mercato) **market**: *cercare nuovi sbocchi,* to open new markets ● *s. di sangue,* expectoration of blood; (emottisi) haemoptysis.
şbocconcellare *v. t.* **1** (mangiare a piccoli bocconi) to **nibble;** to **nibble at** (st.); to **peck at** (st.) *(fam.)* **2** (spezzettare) to **split* up into small pieces** **3** (piatti, tazze, ecc.) to **chip (at the edge).**
şbòffo *m.* **puff** ● *(moda) maniche con gli sboffi,* puffed sleeves.
şbollire *v. i.* **1** to **stop boiling** **2** *(fig.)* to **cool down;** to **calm down.**
şbolognare *v. t. (fam.)* to **palm** (st.) **off** (on).
şbòrnia *f. (fam.)* **intoxication** (anche *fig.*); **drunkenness** ● *avere una bella s.,* to be as drunk as a lord □ *prendere una bella s.,* to get dead-drunk □ *smaltire la s.,* to sober down.
şborniarsi *v. rifl. (fam.)* to **get* drunk.**
şborsare *v. t.* to **pay* out;** to **shell out** *(fam.)*; to **fork out** *(fam.).*
şbórso *m.* **1 paying out** **2** (denaro sborsato) **money paid out.**
şboscare *v. t.* to **deforest;** to **clear of trees.**
şbottare *v. i. (fam.)* to **burst* out;** to **blurt out;** to **speak* up.**
şbottata *f.* **burst; outburst.**
şbottonare ***A*** *v. t.* to **unbutton** ***B*** **şbottonarsi** *v. rifl.* **1** to **unbutton one's clothes** **2** *(fig., fam.)* to **unbosom oneself;** to **disclose one's feelings (o thoughts).**
şbozzare *v. t.* **1** to **outline;** to **sketch out** **2** *(carpenteria,* ecc.) to **rough(-shape)** **3** *(scultura)* to **rough-hew*.**
şbozzatura *f.* **şbòzzo** *m.* **rough sketch; (rough) outline.**
şbozzolare *v. i.* to **come* out of the cocoon.**
şbracalato *a. (spreg.)* **slovenly.**
şbracare ***A*** *v. t.* to **take*** (sb.'s) **trousers off** ***B*** **şbracarsi** *v. rifl.* to **take* off one's trousers** ● *s. dalle risa,* to roar (o to yell) with laughter.
şbracciarsi *v. rifl.* **1** (scoprirsi le braccia) to **uncover one's arms;** to **roll up** (o to **tuck up**) **one's sleeves** **2** (gesticolare) to **gesticulate;** to **saw* the air** **3** *(fig.:* adoperarsi con ogni sforzo) to **do* one's best** (o **all one can);** to **spare no efforts.**
şbracciato *a.* **1 with bare arms; bare-armed;** (con le maniche rimboccate) **with one's sleeves rolled up** (o **tucked up)** **2** (rif. ad abito) **short-sleeved;** (senza maniche) **sleeveless.**
şbraciare *v. t.* to **poke**: *s. il fuoco,* to poke the fire.
şbraciatóio *m.* **poker.**
şbraitare *v. i.* to **shout (at the top of one's voice);** to **bawl;** to **scream.**
şbranare ***A*** *v. t.* (anche *fig.*) to **tear* to pieces;** to **lacerate** ***B*** **şbranarsi** *v. rifl. recipr. (fig.)* to **tear* each other** (o **one another**) **to pieces.**
şbrancare ***A*** *v. t.* to **disperse;** to **scatter;** to **drive* away;** to **disband** ***B*** **şbrancarsi** *v. rifl.* to **disperse;** to **straggle;** to **stray.**
şbrano *m.* **tear; rent.**
şbrattare *v. t.* to **clear;** to **clear out;** to **clear up.**
şbrecciare *v. t.* to **breach;** to **make* a breach in** (st.).
şbriciolaménto *m.* **crumbling.**
şbriciolare ***A*** *v. t.* **1** to **crumble** **2** *(fig.)* to **crush;** to **finish** *(fam.)* ***B*** **şbriciolarsi** *v. rifl.* to **crumble;** to **crumble away.**
şbriciolatura *f.* **1 crumbling** **2** (briciole) **crumbs** *(pl.).*
şbrigare ***A*** *v. t.* to **dispatch;** to **get* through;** to **settle**: *s. un affare,* to dispatch (o to get through) a piece of business ● *s. la corrispondenza,* to clear off the

correspondence □ *s. q. in pochi minuti,* to get rid of (o to have done with) sb. in a few minutes ***B* şbrigarsi** *v. rifl.* ***1*** (affrettarsi) to **make* haste;** to **hurry up:** *Sbrigati: è tardi!,* hurry up: it's late! ***2*** (levarsi d'attorno) to **rid oneself** (of); to **get* rid** (of); to **get* free** (from).

şbrigativo *a.* **hasty; expeditious; speedy** ● *in modo s.,* in all haste; speedily; quickly; hurriedly □ *un uomo s.,* a go-ahead man *(fam.).*

şbrigliare ***A*** *v. t.* ***1*** (levare la briglia) to **unbridle** ***2*** *(fig.)* to **give* the rein(s) to;** to **allow free play to;** to **let* go** ***B* şbrigliarsi** *v. rifl. (fig.:* perdere ogni freno*)* to **unbridle oneself;** to **let* oneself go.**

şbrigliatézza *f.* **unrestraint; unruliness.**

şbrigliato *a.* ***1*** (senza briglia) **unbridled; unreined; reinless** ***2*** *(fig.)* **unbridled; reinless; unrestrained; unruly; wild** ● *a velocità sbrigliata,* at top speed.

şbrinaménto *m.* **defrosting.**

şbrinare *v. t.* to **defrost.**

şbrinatóre *m.* **defroster.**

şbrindellare ***A*** *v. t.* to **tear* to tatters** (o **to shreds)** ***B*** *v. i.* to **hang* in tatters.**

şbrindellato *a.* **torn to shreds; in tatters; tattered.**

şbrindellóne *m.* **tatterdemalion; ragamuffin.**

şbrodare, şbrodolare ***A*** *v. t.* to **soil;** to **stain** ***B* şbrodarsi, şbrodolarsi** *v. rifl.* to **soil oneself;** to **get* soiled.**

şbrodolóne *m.* **slovenly eater.**

şbrogliare ***A*** *v. t.* ***1*** (cosa imbrogliata) to **disentangle;** to **extricate** ***2*** (sgombrare) to **clear** ***3*** *(fig.:* risolvere*)* to **settle;** to **clear up** ***B* şbrogliarsi** *v. rifl.* to **disentangle (oneself)** *(anche fig.);* (liberarsi) to **extricate oneself,** to **free oneself** (from); (sbarazzarsi) to **get* rid** (of) ● *sbrogliarsela da sé,* to manage by oneself; to manage all alone.

şbrónza, şbronzarsi *V.* **şbornia, şborniarsi.**

şbrónzo *a. (fam.)* **tight** *(fam.);* **pie-eyed** *(pop.).*

şbruffare *v. t.* ***1*** to **spatter;** to **splutter** ***2*** *(fig.:* dare uno sbruffo a*)* to **bribe;** to **give* a sop to** (sb.) ***3*** *(fig.:* dire spacconate*)* to **brag;** to **boast.**

sbruffo *m.* ***1*** **spatter; splutter** ***2*** *(fig.:* mancia che si dà per ottenere agevolazioni*)* **bribe:** *dare lo s. a q.,* to give sb. a bribe; to grease sb.'s palm *(fam.).*

şbruffóne *m.* **swaggerer; braggart; boaster.**

şbucare *v. i.* ***1*** to **come*** (o to **get*) out (of a hole):** *s. dalla tana,* to get out of one's den ***2*** *(fig.)* to **spring*;** to **spring* out.**

şbucciapatate *m.* **potato-peeler.**

şbucciare ***A*** *v. t.* ***1*** to **peel;** to **take* off the skin of** (st.); to **skin;** to **pare;** to **shuck:** *s. le patate (un'arancia),* to peel potatoes (an orange) ***2*** (produrre un'abrasione) to **graze** ***B* şbucciarsi** *v. rifl.* (spogliarsi dell'involucro) to **cast*** (o to **shed*) one's skin;** to **slough off** ● *(fig., fam.) sbucciarsela,* to get off cheaply.

şbucciatura *f.* ***1*** (lo sbucciare) **peeling; paring** ***2*** (abrasione della pelle) **graze.**

şbudellare ***A*** *v. t.* ***1*** (cavare le budella a) to **disembowel;** to **gut;** to **draw*:** *spennare e s. un'oca,* to pluck and draw a goose ***2*** (ferire gravemente al ventre) to **run*** (sb.) **through the guts** ***B* şbudellarsi** *v. rifl.* — *(pop.) s. dal ridere,* to split one's sides with laughter.

şbuffante *a.* **puffing.**

şbuffare *v. i.* to **puff;** to **whiff;** to **snort;** (ansimare) to **puff and blow*,** to **pant;** (soffiare) to **blow* hard:** *s. come una locomotiva,* to puff like an engine □ *Il treno si allontanò sbuffando,* the train puffed away.

şbuffata *f.* **şbuffo** *m.* **puff; whiff:** *sbuffi di fumo,* puffs (o whiffs) of smoke.

şbugiardare *v. t.* to **give* the lie to** (sb.).

şbullonare *v. t. (mecc.)* to **unbolt.**

şburrare *v. t.* to **skim.**

şbuẓẓare *v. t.* ***1*** (sventrare) to **draw*;** to **gut** ***2*** *(pop.:* ferire al ventre*)* to **run*** (sb.) **through the guts.**

scàbbia *f. (med.)* **scabies; itch;** *(vet.)* **mange.**

scabbióso *a. (med.)* **scabbed; scabby;** *(vet.)* **mangy.**

scabro *a.* **scabrous; rough; harsh; rugged.**

scabrosità *f.* ***1*** **scabrousness** *(anche fig.);* **roughness; harshness; ruggedness** ***2*** *(fig.)* **harshness; rudeness;** (difficoltà) **difficulty.**

scabróso *a.* ***1*** **scabrous; rough; harsh; rugged** ***2*** *(fig.)* **harsh; rude;** (difficile) **difficult, hard, beset with difficulties, knotty;** (delicato a trattarsi) **scabrous, risky.**

scacchièra *f.* **chess-board;** (per la dama) **draught-board** ● *a. s.,* (a scacchi) chequered, checkered; (a quadretti) checked.

scacchière *m.* ***1*** *(mil.)* **sector** ***2*** *(in G.B.:* erario*)* Exchequer: *Cancelliere dello S.,* Chancellor of the Exchequer.

scacchista *m.* e *f.* **chess-player.**

scacciacani *m.* o *f.* **dummy pistol.**

scacciamósche *m.* **fly-flap; fly-whisk.**

scacciapensièri *m.* ***1*** *(mus.)* **jew's-harp** ***2*** (passatempo) **pastime.**

scacciare *v. t.* to **drive* away (o off, out);** (mandar via) to **send* away,** to **turn out;** (bandire) to **banish;** (espellere) to **expel;** (dissipare) to **dissipate,** to **dispel;** (far dileguare) to **disperse:** *s. i nemici dal paese,* to drive the enemy out of the country □ *s. ogni dubbio e timore,* to dispel one's doubts and fears □ *s. q. di casa,* to turn sb. out (of the house).

scaccino *m.* **beadle; sexton.**

scacco *m.* ***1*** (quadratino di scacchiera) **square** ***2*** *(al pl.,* gioco*)* **chess;** (complesso dei pezzi con cui si gioca) **chessmen** ● *s. matto,* checkmate *(anche fig.)* □ *(fig.) dare s. matto a q.,* to checkmate sb.; to baffle sb. □ (di tessuto, ecc.) *a scacchi,* chequered, checkered; (a quadretti) checked □ *stoffa a scacchi,* check □ *(fig.) subire uno s.,* to suffer a setback.

scaccomatto *m.* (nel gioco degli scacchi) **checkmate** *(anche fig.)* ● *(anche fig.) dare s.,* to checkmate.

scadènte *a.* **poor; second-rate; of inferior (o low, poor) quality; trashy.**

scadènza *f. (banca, leg.)* **maturity; expiration; expiry:** *s. a vista,* maturity at sight □ *alla s.,* at (o on) maturity ● *cambiale a breve s.,* short(-dated) bill □ *cambiale a lunga s.,* long(-dated) bill □ *fare q.c. a breve s.,* to do st. within a short time □ *programma a lunga s.,* long-term programme □ *una tratta con s. al 15 luglio p.v.,* a draft falling due on the 15th July next.

scadenzàrio *m. (comm.)* **bill-book.**

scadére *v. i.* ***1*** (declinare) to **decline;** (diminuire) to **decrease,** to **go* down;** (peggiorare) to **worsen,** to **fall* off:** *s. di valore,* to decrease in value ***2*** (di obbligazioni e sim.) to **fall* due;** to **mature:** *La cambiale scade il 3 corrente,* the bill falls due on the 3rd of this month ***3*** (giungere a scadenza) to **expire;** to **cease** ***4*** *(naut.)* to **sag to leeward** ● *s. nell'opinione pubblica,* to lose credit.

scadiménto *V.* **decadènza.**

scaduto *a.* **due; overdue; expired.**

scafandro *m.* ***1*** *(naut.)* **diving dress; diving suit** ***2*** (di astronauta) **space-suit.**

scaffalare *v. t.* ***1*** (arredare con scaffali) to **provide with shelves** ***2*** (disporre in scaffali) to **shelve;** to **arrange on (o upon) a shelf (o shelves).**

scaffalata *f.* **(whole) shelf*.**

scaffalatura *f.* ***1*** **shelving** ***2*** (serie di scaffali) **shelves** *(pl.).*

scaffale *m.* **shelf*.**

scafo *m. (naut., aeron.)* **hull.**

scagionare ***A*** *v. t.* to **exculpate** (from); to **excuse** ***B*** **scagionarsi** *v. rifl.* to **exculpate oneself;** to **excuse oneself.**

scàglia *f.* ***1*** *(zool.)* **scale** ***2*** (di sapone) **flake** ***3*** (scheggia) **chip** ● *sapone in scaglie,* soap flakes.

scagliare ***A*** *v. t.* ***1*** (lanciare) to **throw*;** to **fling*;** to **hurl;** to **sling*:** *s. un sasso contro q.,* to fling a stone at sb.; (con la fionda) to sling a stone at sb. □ *(fig.) s. insulti,* to hurl insults ***2*** (rompere in scaglie) to **scale** ***B*** **scagliarsi** *v. rifl.* to **fling* oneself;** to **hurl oneself.**

scagliòla *f. (bot,* Phalaris canariensis*)* **canary-grass.**

scaglionaménto *m.* ***1*** **spacing out; staggering** ***2*** *(mil.)* **arrangement in echelons.**

scaglionare *v. t.* ***1*** to **space (out);** to **stagger** ***2*** *(mil.)* to **echelon.**

scaglióne *m.* **1** *(geol.)* **terrace** **2** *(mil.)* **echelon** **3** (gruppo, in genere) **group**: *a scaglioni,* in groups.
scaglióso *a.* **scaly.**
scagnòzzo *m. (spreg.)* **1** (professionista o artista da strapazzo) **bungler** **2** (tirapiedi) **hanger-on.**
scala *f.* **1** (fissa, di pietra o altro) **staircase; stairway; stair; stairs** *(pl.)*: *una rampa di scale,* a flight of stairs □ *una s. a chiocciola,* a spiral staircase; winding stairs □ *una s. mobile,* an escalator; moving stairs □ *ruzzolare per le scale,* to tumble down the stairs □ *a metà s.,* (salendo) halfway up the stairs; (scendendo) halfway down the stairs **2** (portatile, di legno, ferro, ecc.) **ladder** (anche *fig.*): *una s. allungabile,* an extension ladder □ *una s. a pioli,* a (rung) ladder **3** *(geogr., mat., mus.)* **scale**: *una carta geografica in s. di 1 a 50.000,* a map on the scale of 1 to 50,000 □ *(mus.) fare le scale,* to practise scales (on the piano) **4** (serie progressiva) **scale; range**: *(comm.) s. dei prezzi,* range of prices □ *(econ.) s. mobile,* sliding scale □ *su vasta s.,* on a large scale; to a vast extent **5** (s. graduata) **scale** **6** (nel poker) **straight** ● *s. di servizio,* backstairs □ *(radio) s. parlante,* tuning-dial □ (nel poker) *s. reale,* straight flush; (all'asso) royal flush □ *salire (scendere) le scale,* to go (o to come) upstairs (downstairs).
(1) scalare *a.* **1** **graduated; graded** **2** *(mat.)* **scalar.**
(2) scalare *v. t.* **1** to **scale**; to **climb**: *s. un muro,* to scale a wall **2** (disporre in ordine decrescente) to **grade down** **3** (diffalcare) to **deduct.**
scalata *f.* **scaling; climbing:** *(alpinismo)* **ascent** ● *dare la s. alle mura,* to scale the walls □ *(fig.) dare la s. al potere,* to climb to power.
scalatóre *m.* **climber;** (rocciatore) **cragsman*.**
scalcagnato *a.* **down at heel;** (male in arnese) **shabby, seedy(-looking).**
scalcare *v. t.* to **carve.**
scalciare *v. i.* to **kick.**
scalcinato *a.* **down at heel; shabby; seedy; ropy** *(fam.).*
scalcinatura *f.* **removal of plaster.**
scalco *m. (stor.)* **carver; steward.**
scaldabagno *m.* **water heater; geyser.**
scaldalètto *m.* **bedwarmer; warming pan.**
scaldapanche *m.* e *f.* **lazybones** *(fam.).*
scaldapiatti *m.* **plate warmer; plate heater.**
scaldapièdi *m.* **foot warmer.**
scaldare **A** *v. t.* to **warm (up)**; to **heat**; to **scald** ● *(fig.) s. le panche,* to be a lazybones *(fam.)* □ *(fig.) s. la testa a q.,* to stir up sb.'s imagination **B scaldarsi** *v. rifl.* **1** to **warm oneself**; to **get* warm**; to **warm up** (anche *fig.*) **2** (eccitarsi) to **get* heated**; to **get* excited**; (adirarsi) to **get* angry**; (affannarsi) to **fuss**, to **get* into a fuss.**
scaldata *f.* **warm; warming** ● *dare una s. a q.c.,* to warm up st. □ *darsi una s.,* to warm oneself.
scaldavivande *m.* **chafing dish.**
scaldino *m.* **hand warmer.**
scalèa *f.* **flight of steps.**
scalèno *a. (geom.)* **scalene** ● *(anat.) muscolo s.,* scalenus.
scalèo *m.* **1** (scala a libretto) **step-ladder** **2** (mobile a due o tre scalini) **step-stool.**
scalétta *f.* **1** **short step-ladder** **2** *(cinem., telev.)* **treatment** ● *(aeron.) s. d'imbarco,* ramp.
scalfire *v. t.* to **graze**; to **scratch.**
scalfittura *f.* **graze; scratch.**
scalinata *f.* **stairs** *(pl.)*; **steps** *(pl.)*; **flight of steps.**
scalino *m.* **1** **step** (anche *fig.*); **stair**: *il primo s.,* the bottom stair □ *l'ultimo s.,* the top stair □ *Attento, c'è uno s.!,* mind the step! **2** (di scala a pioli) **rung** (anche *fig.*); **step** **3** *(alpinismo)* **step; foothold.**
scalmana *f.* **1** (raffreddore) **chill; cold**: *prendere una s.,* to catch a cold **2** (vampata di calore al viso) **hot flush** **3** (infatuazione) **fancy; fad.**
scalmanarsi *v. rifl.* **1** (affannarsi) to **bustle about**; to **fuss** (over); to **make* a (great) fuss** **2** (scaldarsi, accendersi) to **get* heated**; to **get* excited.**
scalmanato **A** *a.* **in a fuss;** (trafelato) **out of breath** **B** *m.* **hot-head.**
scalmièra *f. (naut.)* **poppet; rowlock.**
scalmo *m. (naut.)* **futtock;** (d'imbarcazione a remi) **rowlock, thole, tholepin.**
scalo *m.* **1** *(naut.)* **port (of call);** (s. di costruzione o di alaggio) **slipway**: *porto di s.,* port of call **2** *(aeron.)* **landing** **3** — *(ferr.) s. merci,* goods-station ● *fare s. a un porto,* to call at a port □ *volo senza s.,* non-stop flight.
scalógna *f. (fam.)* **bad luck** ● *avere s.,* to be down on one's luck □ *persona (o cosa) che porta s.,* jinx *(pop.)*; hoodoo (specialm. *USA*).
scalognato *a. (fam.)* **unlucky; down on one's luck** *(pred.).*
scalógno *m. (bot.,* Allium ascalonicum*)* **shallot; scallion.**
scalóne *m.* **grand staircase; main stair(s).**
scalòppa, scaloppina *f. (cucina)* **escalope.**
scalpellare *v. t.* to **chisel.**
scalpellatóre *m.* **chiseller; engraver.**
scalpellino *m.* **stonecutter; stonemason.**
scalpèllo *m.* **1** **chisel** **2** (scultore) **sculptor** **3** *(med.)* **scalpel** ● *s. da intagliatore,* scooper □ *s. da sbozzo,* boaster □ *s. tondo,* gouge.
scalpicciare *v. i.* to **shuffle one's feet**; to **shuffle along.**
scalpiccio *m.* **shuffle, shuffling.**
scalpitare *v. i.* to **paw (the ground)**; to **trample.**
scalpitio *m.* **pawing; trample, trampling.**
scalpo *m.* **scalp.**
scalpóre *m.* **noise; fuss** ● *fare s.,* to make a noise; *(fig.)* to cause a sensation, to be the talk of the town.
scaltraménte *avv.* **cunningly; shrewdly; astutely; craftily.**
scaltrézza *f.* **slyness; cunning; shrewdness; astuteness; craftiness; subtlety.**
scaltrire **A** *v. t.* to **sharpen** (sb.'s) **wits**; to **wake*** (sb.) **up** **B scaltrirsi** *v. rifl.* to **become* shrewd (o crafty)**; (acquistare esperienza) to **become* experienced.**
scaltrito *a.* **cunning;** (esperto) **expert, skilled, skilful.**
scaltro *a.* **sly; cunning;** (astuto) **shrewd, astute, artful, crafty;** (sagace) **sagacious, subtle.**
scalzacane *m.* e *f. (spreg.)* **1** **tramp; ragamuffin** **2** (inetto) **bungler.**
scalzapèlli *m.* **cuticle pusher; orange stick.**
scalzare **A** *v. t.* **1** (togliere scarpe e calze) to **take*** (sb.'s) **shoes and socks (o stockings) off** **2** *(agric.)* to **bare the roots of** (a plant) **3** (smuovere dalla base) to **undermine** (anche *fig.*) **4** *(fig.:* togliere da un ufficio) to **oust** (from) **B scalzarsi** *v. rifl.* to **take* one's shoes and socks (o stockings) off.**
scalzo *a.* **barefoot; barefooted; with bare feet**: *andare s.,* to go barefoot.
scambiare **A** *v. t.* **1** to **change**; to **exchange**; (barattare) to **barter***; to **swap**, to **swop** *(fam.)* **2** (confondere per errore) to **mistake*** (for); (prendere una cosa per un'altra) to **take* by mistake**, to **take... instead** (of): *Lo scambiai per suo fratello,* I mistook him for his brother ● *s. un libro per un altro,* to take the wrong book **B scambiarsi** *v. rifl. recipr.* to **exchange**; to **swap**, to **swop** *(fam.)*: *s. sguardi,* to exchange glances (with sb.).
scambiatóre *m. (fis.)* **exchanger.**
scambiévole *a.* **mutual; reciprocal.**
scàmbio *m.* **1** **change; exchange;** (baratto) **barter; swap, swop** *(fam.)*: *(comm.) lo s. delle merci,* the exchange of goods □ *fare uno s.,* to make an exchange □ *dare q.c. a q. in s. di q.c. altro,* to give sb. st. in exchange for st. else **2** *(ferr.)* **points** *(pl.)*; **switch** *(USA)* ● *(econ.) libero s.,* free trade.
scambista *m.* **1** *(Borsa)* **stockbroker** **2** *(ferr.)* **pointsman*; switchman*** *(USA).*
scamiciarsi *v. rifl. (fam.)* to **take* one's jacket off.**
scamiciato **A** *a.* **in one's shirt-sleeves** **B** *m.* **1** (abito) **pinafore dress** **2** *(polit.)* **descamisado** *(spagn.)*; **extremist.**
scamosciare *v. t.* to **chamois**; to **oil-tan.**
scamosciato *a.* **shammy; suede**: *guanti scamoscia-*

ti, suede gloves □ *pelle scamosciata,* chamois (o shammy) leather; suede.

scamozzare *v. t.* to **pollard**; to **lop**.

scampafórca *m.* **gallows-bird; blackguard.**

scampagnata *f.* **trip to the country**; (merenda all'aperto) **picnic.**

scampanare *v. i.* to **peal**; to **chime.**

scampanata *f.* **(merry) peal (of bells).**

scampanato *a. (moda)* **flared**; (rif. a pantaloni) **bell--bottomed, bell-bottom.**

scampanellare *v. i.* to **ring* loudly.**

scampanellata *f.* **(loud) ringing (at the door).**

scampanìo *m.* **peal; pealing**; (a festa) **chiming.**

scampare ***A*** *v. i.* ***1*** (uscire illeso) to **escape**; to **get* off safely**: *s. alla morte,* to escape death ***2*** (rifugiarsi) to **shelter**; to **take* refuge** ***B*** *v. t.* ***1*** to **escape**; (evitare) to **avoid**: *s. la morte per miracolo,* to escape death by a hair's breadth (o by the skin of one's teeth) ***2*** (salvare) to **save** ● *scamparla bella,* to have a hair-breadth (o narrow) escape □ *Che il Cielo ce ne scampi e liberi!,* God forbid!

scampato ***A*** *a.* **surviving; rescued** ***B*** *m.* **survivor.**

(1) scampo *m.* ***1*** **escape** ***2*** (via di s.) **(means of) escape; way out**; (salvezza) **safety**: *Non c'è via di s.!,* there is no way out!

(2) scampo *m. (zool.,* Nephrops norvegicus*)* **Norway lobster; prawn.**

scàmpolo *m.* ***1*** **remnant**: *una vendita di scampoli,* a remnant sale ***2*** *(fig.)* **remnant; scrap; little bit.**

scanalare *v. t.* ***1*** to **groove** ***2*** *(archit.)* to **flute**; to **channel.**

scanalatura *f.* ***1*** **groove** ***2*** *(archit.)* **flute, fluting.**

scancellare *V.* **cancellare.**

scandagliare *v. t.* ***1*** *(naut.)* to **fathom**; to **sound** ***2*** *(fig.)* to **probe**; to **sound.**

scandàglio *m.* ***1*** *(naut.:* strumento*)* **sounding line; sounding lead; plummet** ***2*** *(naut.:* lo scandagliare*)* **sounding**: *fare scandagli,* to take soundings *(anche fig.).*

scandalismo *m.* **scandalmongery.**

scandalista *m.* e *f.* **scandalmonger.**

scandalìstico *a.* **scandalmongering.**

scandalizzare ***A*** *v. t.* to **scandalize**; to **shock** ***B*** **scandalizzarsi** *v. rifl.* to **be scandalized**; to **be shocked**: *s. alle parole di q.,* to be shocked at sb.'s words.

scàndalo *m.* **scandal**: *la pietra dello s.,* a cause of scandal □ *fare uno s.,* to stir up a scandal □ *essere di s.,* to cause scandal.

scandalóso *a.* **scandalous; shocking; (grossly) disgraceful**; (licenzioso) **licentious, obscene.**

scandìnavo *a.* e *m.* **Scandinavian.**

scàndio *m. (chim.)* **scandium.**

scandire *v. t.* ***1*** *(poesia)* to **scan** ***2*** (parole) to **articulate**; to **pronounce** (st.) **distinctly.**

scannare *v. t.* ***1*** to **cut*** (sb.'s) **throat** ***2*** (uccidere brutalmente) to **slaughter**; to **butcher**; to **massacre** ***3*** *(fig.:* angariare*)* to **oppress**; to **burden** ***4*** *(fig.,* di negozianti: far pagare caro*)* to **fleece,** to **skin** *(fam.).*

scannatóio *m.* **slaughter-house.**

scannellare *v. t.* ***1*** (scanalare) to **groove** ***2*** *(archit.)* to **flute**; to **channel** ***3*** *(ind. tessile)* to **unwind*.**

scanno *m.* **bench; seat.**

scansafatiche *m.* e *f.* **shirker; skulker; slacker; lazybones** *(fam.).*

scansare ***A*** *v. t.* ***1*** (spostare) to **shift**; to **remove**; to **push aside**; to **draw* aside** ***2*** (evitare) to **avoid,** to **dodge**; (schivare) to **shun,** to **eschew**; (parare) to **parry**: *s. il pericolo,* to avoid danger □ *s. un colpo,* to parry a blow ***B*** **scansarsi** *v. rifl.* to **stand* aside** (o **off)**; to **get* out of the way.**

scansìa *f.* (scaffale) **shelf***; (libreria) **bookcase**; (armadietto) **cabinet.**

scansióne *f. (poesia)* **scansion; scanning.**

scanso *m.* **avoidance** ● *a s. di equivoci,* to avoid (all) misunderstandings.

scantinato *m.* **basement.**

scantonare *v. i.* ***1*** to **turn** (o to **round) the corner** (of a street) ***2*** *(fam.:* svignarsela*)* to **slink* away**; to **slip off.**

scanzonato *a.* **unconventional; free and easy.**

scapaccióne *m.* **slap; smack** ● *dare uno s. a q.,* to slap (o to smack) sb. □ *(fig.) passare un esame a scapaccioni,* to scrape through an examination □ *prendere q. a scapaccioni,* to box sb.'s ears.

scapatàggine *f.* **thoughtlessness; heedlessness; recklessness.**

scapato ***A*** *a.* **thoughtless; heedless; reckless; scatter-brained, hare-brained** *(fam.)* ***B*** *m.* **scatterbrain** *(fam.).*

scapestratàggine *f.* ***1*** (dissolutezza) **dissoluteness; profligacy; loose conduct**; (sfrenatezza) **wildness, recklessness** ***2*** (azione da scapestrato) **licentious act; reckless act.**

scapestrato ***A*** *a.* (dissoluto) **dissolute; profligate**; (sfrenato) **unbridled, wild, reckless** ***B*** *m.* (dissoluto) **profligate; loose fish** *(fam.)*; (scavezzacollo) **scapegrace, daredevil, madcap.**

scapezzare *v. t.* to **lop**; to **top**; to **top and lop**; to **pollard.**

scapigliare ***A*** *v. t.* to **ruffle** (sb.'s hair); to **tousle,** to **touzle**; to **dishevel** ***B*** **scapigliarsi** *v. rifl.* to **ruffle one's hair.**

scapigliato *a.* ***1*** **ruffled; dishevelled** ***2*** *(fig.) V.* **scapestrato.**

scapitare *v. i.* to **lose***; (patire danno) to **suffer damage** ● *s. nella stima,* to damage one's reputation.

scàpito *m.* **loss**; (danno) **damage, detriment, prejudice**: *recare s.,* to cause loss (o damage) □ *a s. (di),* to the prejudice (of); to the detriment (of).

scapitozzare *v. t.* to **pollard**; to **top (and lop).**

scapo *m.* ***1*** *(archit.)* **scape; shaft** ***2*** *(bot.)* **scape; flower-stalk.**

scàpola *f. (anat.)* **scapula*; shoulder-blade; blade--bone.**

(1) scapolare ***A*** *a. (anat.)* **scapular** ***B*** *m. (relig.)* **scapular.**

(2) scapolare *v. t.* e *i.* *(fam.:* scampare*)* to **escape (danger).**

scàpolo *m.* **bachelor** ● *essere s.,* to be single.

scapolóne *m. (fam.)* **old bachelor.**

scappaménto *m.* ***1*** (di orologio) **escapement** ***2*** (di motore) **exhaust.**

scappare *v. i.* (fuggire) to **flee*,** to **take* to flight,** to **escape**; (correre via) to **run* away,** to **hurry away**; (andarsene) to **be off,** to **dash off,** to **pop off**; (sfuggire) to **slip**: *s. di mano,* to slip out of one's hand (o through one's fingers) □ *s. di prigione,* to escape from prison □ *Vieni qui, non s.!,* come here, don't run away! □ *Devo s. (via),* I must dash (o pop) off ● *s. a gambe levate,* to take to one's heels □ *s. detto (a q.),* to say st. inadvertently □ *a scappa e fuggi,* in all haste □ *lasciar(si) s. un'occasione,* to miss an opportunity □ *Spesso mi scappa la pazienza,* I often lose my patience □ *Mi scappò da ridere,* I could not help laughing □ *Di qui non si scappa!,* there is no way out of it!

scappata *f.* ***1*** (breve visita) **short visit; call**: *fare una s. da q.,* to pay a short visit to sb.; to call on sb.; to drop (o to pop) in (to see sb.) ***2*** (scappatella) **escapade**; (monelleria) **piece of mischief.**

scappatèlla *f.* **escapade.**

scappatóia *f.* **way out; means of escape; loop-hole**; (sotterfugio) **subterfuge, shift**; (pretesto) **pretext.**

scappellarsi *v. rifl.* to **take* off** (o to **raise) one's hat** (to).

scappellata *f.* **raising (of) one's hat** ● *fare una s. a q.,* to raise one's hat to sb.

scappellòtto *m.* **box on the ear**; (scapaccione) **slap, smack** ● *prendere q. a scappellotti,* to box sb.'s ears; to slap sb.

scappucciarsi *v. rifl.* to **take* one's hood off.**

scapricciarsi *v. rifl.* to **gratify one's whims.**

scarabàttola *f.* **scarabàttolo** *m.* **(china) cabinet.**

scarabèo *m.* ***1*** *(zool.,* Scarabaeus*)* **beetle** ***2*** *(archeol.)* **scarab** ***3*** (nome comm. di un gioco) **Scrabble** *(marchio)* ● *(zool.) s. sacro* (Scarabaeus sacer), **scarab.**

scarabocchiare *v. t.* to **scribble;** to **scrawl.**
scarabòcchio *m.* **1 scribble; scrawl 2** *(fig.:* persona piccola e malfatta*)* **shrimp; runt** ● *quattro scarabocchi,* a hasty scribble.
scaracchiare *v. i. (volg.)* to **cough up phlegm;** to **expectorate.**
scaràcchio *m. (volg.)* **phlegm; expectoration.**
scarafàggio *m. (zool.,* Blatta orientalis*)* **cockroach; black-beetle.**
scaramanzìa *f.* **(magic) charm; spell** ● *fare s.,* to touch wood; to cross one's fingers □ *per s.,* for luck; against bad luck.
scaramùccia *f. (mil.)* **skirmish** (anche *fig.).*
scaraventare A *v. t.* **1** to **dash;** to **fling*;** to **hurl,** to **launch** (anche *fig.*): *s. a terra,* to dash to the ground □ *s. via un libro,* to fling a book away □ *s. minacce contro q.,* to hurl (o to launch) threats at sb. **2** *(fig.:* trasferire in una sede lontana*)* to **shift B scaraventarsi** *v. rifl.* to **dash;** to **fling* oneself;** to **hurl oneself**: *s. contro q.,* to hurl oneself at (o upon) sb.; to rush at sb.
scarcerare *v. t.* to **release from prison;** to **set*** (a prisoner) **free.**
scarcerazióne *f.* **release (from prison).**
scardare *v. t.* to **husk.**
scardassare *v. t. (ind. tessile)* to **comb;** to **card.**
scardasso *m. (ind. tessile)* **combing card.**
scardinare *v. t.* to **unhinge.**
scàrica *f.* **1** (di arma da fuoco) **discharge;** (di più armi) **volley;** (salva) **salvo* 2** *(elettr.)* **discharge; flash-over;** (tra elettrodi) **jump spark 3** *(radio)* **atmospheric disturbance 4** *(fisiologia)* **discharge (from the bowels) 5** *(fig.)* **volley; shower**: *una s. di pugni,* a shower of blows.
scaricabarili *m.* — *(fig.) fare a s.,* to throw the blame on each other (o on one another); to pass the buck *(fam.).*
scaricaménto *m.* **unloading; discharge.**
scaricare A *v. t.* **1** (levare il carico) to **unload,** to **unburden,** to **disburden** (anche *fig.*); to **discharge;** *(fig.)* to **vent**: *s. una nave,* to discharge a ship □ *s. un mulo,* to unburden a mule □ *(fig.) s. la propria collera su q.,* to vent one's wrath upon sb. **2** (un'arma) to **unload;** (sparare) to **discharge,** to **fire;** (scoccare) to **shoot*;** (far scattare) to **let* off 3** *(elettr.)* to **discharge 4** *(mecc.)* to **release 5** (versare, emettere) to **discharge,** to **send* out,** to **let* out;** (far scolare) to **drain away** ● *s. alla rinfusa,* to dump □ *(fig.) s. la colpa addosso a q.,* to lay the blame on sb.; to blame sb. □ *(fig.) s. improperi su q.,* to heap insults upon sb. **B scaricarsi** *v. rifl.* **1** to **unload oneself;** to **unburden oneself** (anche *fig.*) **2** *(fig.)* to **unburden one's soul;** to **relieve oneself;** (sfogarsi) to **pour out one's heart 3** (di orologio e sim.) to **run* down 4** (di acque) to **flow** (into) **5** — (di fulmine) *s. su,* to strike* **6** *(fig.:* rilassarsi*)* to **relax.**
scaricatóre *m.* **1** (di porto) **docker; stevedore 2** *(elettr.)* **discharger; arrester** ● *s. d'acqua,* water-trap □ *s. d'aria,* air-escape.
scàrico A *a.* **1** (non carico) **unloaded; burdenless 2** (di arma da fuoco) **unloaded; discharged 3** (di batteria, orologio) **run-down** ● *(fam.) capo s.,* scatterbrain **B** *m.* **1** (lo scaricare) **unloading; unburdening; discharge**: *porto di s.,* port of discharge **2** *(elettr.)* **discharge 3** *(mecc.)* **exhaust**: *valvola di s.,* exhaust-valve **4** *(edil.)* **sewer;** (canale di scolo) **drain**: *tubo di s.,* drain-pipe; waste-pipe **5** (rifiuti) **refuse; waste;** (deposito di rifiuti) **dump**: *acque di s.,* waste water **6** *(fig.:* discarico*)* **defence**: *a proprio s.,* in one's (own) defence ● *(comm.) bolletta di s.,* discharge receipt □ *(naut.) cominciare lo s.,* to break bulk □ *luogo di s.* (per rifiuti), dump.
scarificare *v. t. (med., agric.)* to **scarify.**
scarificatóre *m. (med., agric.)* **scarifier.**
scarlattina *f. (med.)* **scarlatina; scarlet fever.**
scarlatto *a.* e *m.* **scarlet** ● *farsi s. in viso,* to flush scarlet.
scarmigliare A *v. t.* to **dishevel;** to **tousle,** to **touzle;** to **ruffle** (sb.'s hair) **B scarmigliarsi** *v. rifl.* to **ruffle one's hair.**
scarnare *v. t.* **1** to **unflesh 2** *(conceria)* to **flesh.**
scarnire *v. t.* to **strip the flesh from** (st.).
scarnito *a.* **skinny; lean; thin.**
scarno *a.* **1 meagre; lean; thin; gaunt; skinny; scraggy 2** *(fig.)* **bare; scanty; meagre; jejune.**
scarógna, scarognato *V.* **scalógna, scalognato.**
scaròla *f. (bot.,* Lactuca scarola*)* **prickly lettuce.**
scarpa *f.* **1** (calzatura) **shoe;** (s. alta, stivaletto) **boot**: *scarpe a punta,* pointed shoes □ *scarpe a punta quadra,* square-toed shoes □ *scarpe col tacco alto (basso, a spillo),* high-heeled (low-heeled, spike-heeled) shoes □ *infilarsi (mettersi) le scarpe,* to slip on (to put on) one's shoes □ *togliersi le scarpe,* to take off one's shoes **2** *(edil.)* **scarp 3** *(fig., fam.:* persona incapace*)* **washout, dud** *(fam.)* ● *a s.* (in pendio), sloping *(agg.)* □ *(fig., fam.) avere il cervello nelle scarpe (o il giudizio sotto la suola delle scarpe),* to have no brains (at all) □ *non essere degno di legare (o lustrare) le scarpe a q.,* not to be fit to tie sb.'s shoe-laces (o shoe-strings).
scarpàio *m.* (venditore ambulante di scarpe) **(itinerant) shoe-vendor.**
scarpata *f.* **scarp; escarpment.**
scarpétta *f.* **1** (scarpa da bambino) **child's shoe 2** (scarpa bassa e leggera) **(light, low-heeled) shoe**: *scarpette da ginnastica,* gym shoes; plimsolls; sneakers *(USA)* □ *scarpette da tennis,* tennis shoes ● *scarpette da ballo,* pumps.
scarpièra *f.* **shoe-cupboard;** *(aperta)* **shoe-rack.**
scarpinata *f.* **long walk.**
scarpóne *m.* **boot; heavy boot; hobnailed boot.**
scarrocciare *v. i. (naut.)* to **make* leeway;** to **sag to leeward.**
scarròccio *m. (naut.)* **leeway**: *andare a s.,* to make leeway; to sag to leeward.
scarrozzare A *v. t.* to **take*** (sb.) **round about (in a carriage) B** *v. i.* to **drive* about (in a carriage).**
scarrozzata *f.* **drive (in a carriage).**
scarrucolare *v. i.* to **run* on a pulley.**
scarsaménte *avv.* **scantily; sparely; poorly.**
scarseggiare *v. i.* to **be short** (of); to **lack** (st.).
scarsézza, scarsità *f.* **scarceness, scarcity;** (insufficienza) **insufficiency, scantiness, shortage;** (mancanza) **lack, want.**
scarso *a.* **scarce; scanty; scant; meagre; spare;** (fiacco) **feeble;** (manchevole) **lacking, short;** (povero) **poor, lean**: *annate scarse,* lean years □ *mezzi scarsi,* scanty means □ *peso s.,* short weight □ *una luce scarsa,* a feeble (o faint) light □ *un pasto s.,* a spare meal □ *un raccolto s.,* a lean harvest.
scartabellare *v. t.* to **skim through** (a book); to **run* over the pages** (of a book).
scartafàccio *m.* **scribbling block; note-book; jotter.**
scartaménto *m. (ferr.)* **gauge**: *s. normale (ridotto),* standard (narrow) gauge.
scartare A *v. t.* **1** (di cosa incartata) to **unwrap 2** (nel gioco) to **discard 3** (mettere da parte) to **discard;** to **put*** (o to **set*,** to **lay*) aside;** to **reject**: *s. la merce avariata,* to discard damaged goods □ *s. una proposta,* to reject a proposal **4** *(mil.:* riformare*)* to **reject;** to **declare** (sb.) **unfit for military service 5** *(mecc.)* to **scrap B** *v. i.* (di veicoli o animali: deviare bruscamente) to **swerve.**
scartata *f.* (brusca deviazione) **swerve; swerving** ● *fare una s. a destra,* to swerve to the right.
scartina *f.* **1** (nei giochi di carte) **low card 2** *(fig., fam.)* **dud** *(fam.)*; *(sport)* **rabbit** *(fam.).*
(1) scarto *m.* **1** (cosa scartata) **discarded thing; refuse;** (in officina) **scrap, rejection 2** (nel gioco) **discard 3** *(spreg.:* di persona*)* **good-for-nothing; duffer** *(fam.).*
(2) scarto *m.* (di cavallo) **shy;** (di veicolo) **swerve.**
scartocciare *v. t.* **1** to **unwrap 2** *(agric.)* to **husk;** to **strip.**
scartòffie *f. pl. (spreg.)* **(heap of) papers.**
scassare A *v. t.* **1** (levare da una cassa) to **unpack 2** *(fam.:* rompere*)* to **break*;** to **smash 3** *(agric.)* to **break* up B scassarsi** *v. rifl.* *(fam.:* rompersi*)* to **break*.**
scassinaménto *m.* **forcing; breaking open.**

scassinare *v. t.* to **force (the lock of)**; to **break*** (st.) **open**; to **crack** *(pop.)* ● *s. una serratura,* to pick a lock.
scassinatóre *m.* **house-breaker; burglar; cracksman*** *(pop.)* ● *s. di casseforti,* safe-breaker; safe-cracker.
scasso *m.* **1** (lo scassinare) **housebreaking**; (di serratura) **lock-picking** **2** *(agric.)* **breaking up** ● *(leg.) furto con s.,* house-breaking; burglary.
scatarrare, scatarrata *V.* **scaracchiare, scaràcchio.**
scatenaménto *m.* (lo scatenarsi) **raging.**
scatenare **A** *v. t.* **1** *(raro)* to **unchain**; to **unfetter**; to **unshackle** **2** *(fig.)* to **incite**; to **stir up** **B** **scatenarsi** *v. rifl.* *(fig.:* prendere a infuriare) to **break* out**; (infuriare) to **rage.**
scatenato *a.* **1** *(raro)* **unchained; unfettered; unshackled** **2** *(fig.)* **unbridled; unrestrained; raging; furious; wild** ● *(fam.) diavolo s.,* holy terror.
scàtola *f.* **1** **box**; (astuccio) **case**: *una s. di cioccolatini,* a box of chocolates **2** (di latta) **tin; can** *(USA)*: *una s. (o scatoletta) di carne di manzo,* a tin of corned beef ● *(mus.) s. armonica,* musical box □ *s. a sorpresa (o s. magica),* jack-in-the-box □ *(anat.) s. cranica,* brain-box; brain-pan □ *a lettere di s.,* in block capitals □ *comprare (vendere) q.c. a s. chiusa,* to buy (to sell) a pig in a poke □ (di cibi) *in s.,* tinned *(agg.)*; canned *(agg., USA)* □ *mettere (cibi) in s.,* to tin; to can *(USA)* □ *(fig., volg.) rompere le scatole a q.,* to get sb.'s goat *(pop.)*.
scatolàio *m.* **1** (fabbricante) **box-maker** **2** (venditore) **box-seller.**
scatolame *m.* **1** **tins** *(pl.)*; **cans** *(pl., USA)* **2** (generi alimentari in scatola) **tinned food; canned food** *(USA)*.
scatolifìcio *m.* **box-factory.**
scatologìa *f.* **scatology.**
scatològico *a.* **scatologic; scatological.**
scattante *a.* **quick.**
scattare **A** *v. i.* **1** (di congegni, molle e sim.) to **go* off** **2** *(fig.:* adirarsi) to **get* angry**; to **lose* one's temper** **3** *(sport)* to **sprint** **B** *v. t.* *(fotogr.)* to **shoot***; to **take*** ● *s. in piedi,* to spring to one's feet □ *s. come una molla,* to spring up □ *far s. una molla,* to release a spring.
scattista *m.* e *f.* *(sport)* **sprinter.**
scatto *m.* **1** *(mecc.)* **release; click** **2** (molla) **spring**: *a s. (o con lo s.),* spring *(attr.)* **3** (di stipendio) **increment** **4** *(fig.:* scoppio) **outburst; fit**: *uno s. d'ira,* an outburst (o a fit) of anger **5** (di telefono) **unit** **6** *(sport)* **sprint** ● *a scatti,* by fits and starts; jerkily □ *di s.,* suddenly; all of a sudden □ *dire q.c. di s.,* to blurt st. out □ *muoversi a scatti,* to jerk along; to jolt along.
scaturìgine *f.* *(lett.)* **source; spring**; (origine) **origin.**
scaturire *v. i.* **1** to **spring*** (from, out of) *(anche fig.)*; to **gush** (from) **2** *(fig.)* to **originate**, to **issue** (from).
scavalcare *v. t.* **1** (gettare giù da cavallo) to **unhorse**; to **throw* down** (from a horse); (sbalzare di sella) to **unsaddle** **2** (passare al disopra di) to **pass** (o to **climb**) **over** (st.); to **stride* over** (o **across**) (st.); to **bestride*** **3** *(fig.)* to **supplant**; to **supersede.**
scavare *v. t.* **1** to **dig***, to **excavate**; to **hollow out**: *s. una buca nel terreno,* to dig a hole in the ground □ *s. un tronco per farne una canoa,* to hollow out a trunk to make a canoe **2** (estrarre scavando, portare alla luce) to **excavate**; to **dig* out**; to **dig* up**: *s. una città sepolta,* to excavate a buried city **3** *(fig.:* escogitare, rivangare) to **dig* up** **4** (con una paletta) to **scoop (out)** **5** (in miniera) to **dig***; to **mine** **6** (una galleria) to **dig***; to **bore** **7** (con la sgorbia) to **gouge (out)** **8** (con la draga) to **dredge** **9** (di parte d'un abito: allargare) to **widen** **10** *(fig.:* scovare) to **find* (out)**; to **dig* up** ● *(fig.) scavarsi la fossa (con le proprie mani),* to dig one's own grave.
scavato *a.* **hollow; sunken.**
scavatóre *m.* **digger.**
scavatrice *f.* (macchina) **excavator; digger.**
scavatura *f.* **excavation.**
scavezzacòllo *m.* *(fig.)* **reckless fellow; daredevil; scapegrace** ● *a s.,* at breakneck speed.
scavino *m.* **corer.**
scavo *m.* **1** (lo scavare) **excavation; digging, digging out**; *(min.)* **mining** **2** *(archeol.)* **excavation**: *gli scavi di Pompei,* the excavations of Pompeii **3** (incavatura) **hole**: *lo s. del collo,* the neckhole.
scazzottare **A** *v. t.* *(pop.)* to **punch** **B** **scazzottarsi** *v. rifl.* *(pop.)* to **come* to blows.**
scazzottata *f.* *(pop.)* **punch-up** *(fam.)*.
scègliere *v. t.* **1** to **choose***; to **pick out**; to **single out**; to **select**; to **sort out**; to **cull**: *s. i propri amici,* to choose one's friends □ *s. la via più lunga,* to choose the longest way **2** (preferire) to **prefer**; to **like better** **3** *(ind. tessile)* to **sort** ● *s. meticolosamente,* to pick and choose.
sceìcco *m.* **sheik(h).**
scekerare *v. t.* to **mix in a shaker.**
scelleratàggine, scelleratézza *f.* **1** **villainy; wickedness; iniquity; atrocity** **2** (azione da scellerato) **misdeed; iniquity; atrocity.**
scellerato **A** *a.* **villainous** (anche *fig.*); **wicked; iniquitous; atrocious** **B** *m.* **villain; wicked man*.**
scellino *m.* **1** *(ingl., stor.)* **shilling; bob*** *(pop.)* **2** (austriaco) **schilling** ● *ventun scellini,* guinea (non più in corso).
scélta *f.* **choice; selection; option**: *una s. di poesie,* a selection of poems □ *fare una s.,* to make a choice (o a selection) ● *merce di prima s.,* choice goods; first-quality goods □ *non avere possibilità di s.,* to have no choice.
scélto *a.* **choice; (well-)chosen; selected; select; first-rate; crack** *(fam.)*; (squisito) **exquisite, dainty**: *frutta scelta,* choice fruit □ *poesie scelte,* selected poems □ *una compagnia scelta,* a select company □ *un boccone s.,* a dainty bit; a tit-bit □ *un tiratore s.,* a crack shot; a marksman.
scemare **A** *v. t.* to **diminish**; to **lessen**; to **abate**; (ridurre) to **reduce** **B** *v. i.* to **diminish**; to **lessen**; to **decrease**; to **abate**; (indebolirsi) to **weaken**; (accorciarsi) to **grow* shorter**, to **shorten**, to **draw* in**; (declinare) to **decline**; (calare) to **wane** ● *s. d'autorità,* to lose authority □ *s. di peso,* to lose weight.
scemènza *f.* **imbecility; stupidity; idiocy** ● *dire scemenze,* to talk nonsense.
scémo **A** *a.* **(mentally) deficient; imbecile; stupid; idiotic** **B** *m.* **imbecile; stupid; idiot**; (sciocco) **fool, duffer, noodle.**
scempiàggine *f.* **stupidity; idiocy; piece of nonsense.**
scempiare *v. t.* to **undouble.**
scémpio **A** *a.* **1** (sciocco) **foolish; silly** **2** (semplice) **single**: *(bot.) fiori scempi,* single flowers **B** *m.* **1** (strage) **havoc**; (massacro) **slaughter**: *fare s. (di),* to play havoc (with); to make havoc (of) **2** *(fig.)* **ruin.**
scèna *f.* **1** *(teatr.:* palcoscenico) **stage** **2** *(teatr.:* luogo dell'azione drammatica; tela che lo rappresenta) **scene**: *un cambiamento di s.,* a change of scene □ *un pittore di scene,* a scene-painter □ (anche *fig.*) *dietro le scene,* behind the scenes **3** *(teatr.:* suddivisione dell'atto d'un dramma) **scene**: *la prima s. del terzo atto,* the first scene of the third act **4** *(cinem.)* **scene; shot**: *girare una s.,* to shoot a scene **5** *(telev.)* **set** **6** (teatro) **stage; theatre**: *abbandonare le scene,* to leave the stage □ *calcare le scene,* to take to the stage; to be an actor (o an actress) **7** (spettacolo della natura) **scene**; (vista) **view**; (paesaggio) **landscape** **8** *(fig., spreg.:* scenata) **scene; row** ● *(teatr.)* **andare in s.**, to be staged; to be performed □ *colpo di s.,* coup de théâtre *(franc.)*; *(fig.)* unforeseen event □ *direttore di s.,* stage-manager □ (di solito *fig.*) *entrare in s.,* to come on the scene □ *fare s.,* to make an impression □ *messa in s.,* mise-en-scène *(franc.)*; staging (of a play); *(fig., fam.)* put-up affair □ *mettere in s. un'opera teatrale,* to stage a play.
scenàrio *m.* *(teatr.)* **scenery** (anche *fig.*); *(cinem.)* **scenario*.**
scenarista *m.* e *f.* *(cinem.)* **scenario-writer; scenarist.**
scenata *f.* **scene; row**: *fare una s.,* to make a scene; to kick up a row.
scéndere **A** *v. i.* **1** (andare giù) to **descend**; to **go***

down; to **get* down;** (venire giù) to **come* down**: *salire e s.*, to go up and down □ *s. in cantina*, to go down into the cellar **2** (smontare) to **dismount;** to **alight;** to **get* off;** to **get* down**: *s. da cavallo*, to alight from a horse □ *s. da un autobus (un treno)*, to alight from a bus (a train); to get off a bus (a train) **3** (fermarsi, prendere alloggio) to **put* up;** to **stop**: *s. a un albergo*, to put up at a hotel **4** (di luoghi: presentare una pendenza) to **descend;** to **run* down;** to **slope;** (abbassarsi) to **lower;** (calare, diminuire) to **fall***, to **drop;** (ricadere) to **fall*** (over): *La strada scendeva ripidamente*, the road descended steeply □ *I capelli le scendevano sulle spalle*, her hair fell over her shoulders **5** (di astri) to **go* down;** to **sink*** **B** *v. t.* to **descend;** to **go* down;** to **come* down** ● *s. a patti*, to come to terms □ *s. a più miti consigli*, to listen to reason □ *(naut.) s. a terra*, to go ashore □ *s. da un'automobile*, to get out of a car □ *(fig.) s. in basso*, to degrade oneself □ *s. le scale di corsa*, to run down the stairs; to run downstairs □ *una melodia che scende al cuore*, a melody which goes straight to the heart.

scendibagno *m. invar.* **bath mat.**

scendilètto *m. invar.* **bedside carpet.**

sceneggiare *v. t. (teatr.)* to **adapt for the stage,** to **dramatize;** *(cinem.)* to **screen.**

sceneggiato **A** *a.* **dramatized; adapted** **B** *m.* (specialm. *telev.*) **dramatized version; screenplay.**

sceneggiatóre *m. (cinem., radio, telev.)* **scenario-writer; screenwriter; script-writer; scenarist.**

sceneggiatura *f. (teatr.)* **adaptation for the stage;** *(cinem., radio, telev.)* **scenario*, script, screenplay.**

scenétta *f.* (breve scena comica) **sketch.**

scènico *a. (teatr.)* **scenic; stage** *(attr.)*: *effetti scenici*, stage effects ● *allestimento s.*, staging.

scenografia *f.* **1** *(teatr.)* **scenography; scene-painting** **2** *(cinem.)* **setting; set-designing.**

scenogràfico *a. (teatr.)* **scenographic(al).**

scenògrafo *m.* **1** *(teatr.)* **scenographer; scene-painter** **2** *(cinem.)* **art-director; set-designer.**

scèpsi *f. (filos.)* **scepsis.**

sceriffo *m.* **1** **sheriff** **2** (discendente di Maometto) **shereef.**

scervellarsi *v. rifl.* to **puzzle** (o to **rack,** to **cudgel**) **one's brains.**

scervellato **A** *a.* **brainless; scatter-brained; hare-brained** **B** *m.* **scatterbrain; harebrain.**

scésa *f.* **descent;** (china) **slope, declivity.**

scespiriano *a. (letter.)* **Shakespearean, Shakespearian.**

scetticişmo *m.* (anche *filos.*) **scepticism.**

scèttico (anche *filos.*) **A** *a.* **sceptical** **B** *m.* **sceptic.**

scettrato *a. (poet.)* **sceptred.**

scèttro *m.* (anche *fig.*) **sceptre.**

sceverare *v. t. (lett.)* to **sever;** to **separate.**

scévro *a.* **devoid** (of); **exempt** (from); **free** (from).

schèda *f.* **(file-)card;** (modulo) **form**: *una s. perforata*, a punched card ● *s. elettorale*, ballot-paper; voting paper.

schedare *v. t.* to **file;** to **catalogue.**

schedàrio *m.* **1** (raccolta di schede) **file; card-index** **2** (mobile per contenere schede) **card-holder; filing cabinet.**

schedarista *m. e f.* **filing clerk.**

schedato **A** *a.* **1** (di documento, ecc.) **on file** *(pred.)* **2** (s. dalla polizia) **having a police record** **B** *m.* **person having a police record.**

schedatóre *m.* **card-compiler.**

schedatura *f.* **filing.**

schedina *f.* (del totocalcio e sim.) **coupon.**

schéggia *f.* **splinter; split; chip**: *rompersi in schegge*, to break (o to split) into splinters; to splinter.

scheggiare *v. t.* **scheggiarsi** *v. rifl.* to **break*** (o to **split***) **into splinters;** to **splinter;** to **chip.**

scheggiatura *f.* **1** **splintering; chipping** **2** (punto scheggiato) **split.**

schelètrico *a.* **1** *(anat.)* **skeletal** **2** (simile a scheletro) **skeleton-like** **3** *(fig.:* ridotto all'essenziale*)* **skeleton** *(attr.)*.

scheletrire **A** *v. t.* to **reduce to a skeleton** **B** **scheletrirsi** *v. rifl.* to **be reduced to a skeleton.**

scheletrito *a.* **1** (ridotto pelle e ossa) **skeletal; all skin and bone(s)** *(fam.)* **2** (secco, nudo) **bare** **3** *(fig.:* ridotto all'essenziale*)* **skeleton** *(attr.)*.

schèletro *m.* **1** *(anat.)* **skeleton**: *essere ridotto uno s.*, to be reduced to a skeleton **2** (intelaiatura, ossatura) **skeleton; framework** **3** *(fig.:* schema*)* **plan; scheme; outline.**

schèma *m.* **1** **scheme; outline;** (abbozzo) **draft;** (progetto) **plan** **2** *(fis.)* **diagram** **3** (modello normativo) **fixed pattern; model** ● *s. di legge*, bill.

schematico *a.* **schematic**: *forme schematiche*, schematic forms.

schematişmo *m.* **schematism.**

schematizzare *v. t.* to **schematize.**

schérma *f.* **fencing**: *un maestro di s.*, a fencing master ● *tirare di s.*, to fence.

schermàggio *m.* (anche *fis., radio*) **screening; shielding.**

schermàglia *f.* **skirmish.**

schermare *v. t.* (anche *fis., radio*) to **screen;** to **shield.**

schermire **A** *v. t.* to **protect;** to **shield** **B** **schermirsi** *v. rifl.* **1** (difendersi) to **defend oneself** (from); to **protect oneself** (from) **2** (parare) to **parry;** to **ward off;** to **fend off**: *s. da una domanda*, to parry a question.

schermìstico *a. (sport)* **fencing** *(attr.)*.

schermitóre *m. (sport)* **fencer.**

schérmo *m.* **1** **screen, shield** (anche *fis.*); **defence; protection** **2** *(cinem., telev.)* **screen**: *artisti dello s.*, screen actors; film stars **3** *(fotogr.)* **filter** **4** *(mecc.)* **baffle.**

schermografia *f.* **X-ray.**

schermogràfico *a.* **X-ray** *(attr.)*.

schernire *v. t.* to **mock;** to **scoff at;** to **jeer at;** to **sneer at;** to **flout.**

schernitóre **A** *m.* **mocker; scoffer; jeerer; sneerer; flouter** **B** *a.* **mocking; scoffing; jeering; sneering; flouting.**

schérno *m.* **1** **mockery; (scornful) derision**: *farsi s. di q. (q.c.)*, to hold sb. (st.) up to mockery; to scoff (o to jeer, to sneer) at sb. (st.) **2** (oggetto di s.) **laughing-stock** ● *parole di s.*, scornful words.

scherzare *v. i.* **1** to **joke;** to **jest;** to **make* fun** (of); (prendere alla leggera) to **trifle,** to **gamble**: *Egli scherza su tutto*, he makes fun of everything; he is fond of fun □ *Non è vero, scherzavo!*, it is not true; I was only joking! **2** (giocare) to **play;** (ruzzare) to **sport,** to **frolic,** to **frisk** ● *Non si scherza!*, it's no joke!

schérzo *m.* **1** **joke; jest;** (tiro) **trick**: *un brutto s.*, a nasty (o dirty) trick □ *per s.*, in joke; in jest; in (o for) fun □ *fare uno s. a q.*, to play a joke on sb.; (giocargli un tiro) to play a trick on sb.; (prenderlo in giro) to pull sb.'s leg *(fam.)* □ *Non è uno s.!*, it's no joke! **2** *(fig.:* inezia*)* **child's play; trifle** **3** *(mus.)* **scherzo*** *(ital.)* ● *scherzi a parte*, joking apart □ *(teatr.) s. comico*, farce □ *scherzi d'acqua*, water effects □ *scherzi di luce*, light effects □ *s. di natura*, freak of nature □ *volgere q.c. in s.*, to laugh st. off.

scherzosaménte *avv.* **1** (per scherzo) **in joke; in jest; in (o for) fun;** (non sul serio) **not earnest** **2** (in modo scherzoso) **playfully; sportively.**

scherzóso *a.* **jocular; jocose; joky** *(fam.)*; **playful; frolicsome; sportive;** (faceto) **facetious.**

schettinàggio *m.* **roller-skating.**

schettinare *v. i.* to **roller-skate.**

schèttino *m.* **roller-skate.**

schiacciaménto *m.* **crushing; squeezing; smashing; jamming; squashing; mashing.**

schiaccianóci *m.* **nutcrackers** *(pl.)*.

schiacciante *a.* **crushing; overwhelming;** (inoppugnabile) **incontestable, unquestionable.**

schiacciapatate *m.* **potato-masher.**

schiacciare **A** *v. t.* **1** to **crush;** to **squeeze;** to **smash;** to **jam;** (spiaccicare, spremere) to **squash;** (ridurre a poltiglia) to **mash;** (rompere, premendo fortemente) to **crack** **2** *(fig.:* annientare*)* to **crush;** to **smash;** to **overwhelm** **3** *(sport)* to **smash** ● *(pop.) s. moccoli*, to swear; to curse □ *(autom.) s. il pedale del*

freno, to slam down the brake pedal □ *(fig.) s. un sonnellino,* to take (o to have) a nap □ *morire schiacciato,* to be crushed to death **B schiacciarsi** *v. rifl.* **1** (spiaccicarsi) to **squash**; to **get*** **squashed** **2** (pestarsi) to **crush**.
schiacciasassi *m.* (compressore stradale) **road-roller**.
schiacciata *f.* **1 squeeze; squeezing 2** *(sport)* **smash**.
schiacciato *a.* **crushed; squashed;** (piatto) **(crushed) flat** ● *naso s.,* pug nose.
schiaffare A *v. t.* to **dump**; to **fling***; to **throw***: *s. q. in prigione,* to fling sb. into prison **B schiaffarsi** *v. rifl.* to **fling* oneself**; to **throw* oneself**: *s. in poltrona,* to fling oneself into an arm-chair.
schiaffeggiare *v. t.* to **slap**; to **smack**; to **box** (sb.'s) **ears**.
schiaffo *m.* **1 slap; smack; box on the ear 2** *(fig.:* smacco) **slap in the face** *(fam.)* ● *(fig.) s. morale,* affront □ *cose da schiaffi,* (the most) insolent things □ *faccia da schiaffi,* brazen face □ *prendere q. a schiaffi,* to slap sb.'s face; to box sb.'s ears.
schiamazzare *v. i.* **1** (di galline, oche e sim.) to **cackle**; to **gaggle 2** *(fig.)* to **make* a din**; to **kick up a racket**; (gridare a gran voce) to **clamour**.
schiamazzatóre *m.* **rowdy**.
schiamazzo *m.* **1 cackle, cackling; gaggle, gaggling 2** *(fig.:* strepito) **noise; din; uproar; racket; clamour**.
schiantare A *v. t.* to **break*** (anche *fig.*); to **break* off** (o **open**); to **crack**; (strappare) to **tear***, to **rend***; (spaccare) to **split***, to **burst***: *s. il cuore a q.,* to break sb.'s heart □ *s. un ramo,* to break a branch off □ *s. una porta,* to burst a door open **B** *v. i.* to **burst***; to **split***: *s. dalle risa,* to split (o to burst) one's sides (with laughter) **C schiantarsi** *v. rifl.* to **break*** (anche *fig.*); to **split***; to **burst***: *Mi si schianta il cuore a tale pensiero,* it breaks my heart to think of it.
schianto *m.* **1 crash**: *lo s. del tuono,* the crash of thunder **2** *(fig.)* **pang; sudden blow** ● *(fam.) uno s. di ragazza,* a smashing girl □ *di s.,* abruptly; (improvvisamente) suddenly, all of a sudden.
schiappa *f.* **1 (wood) splinter 2** *(fig.)* **duffer; bungler**; *(sport)* **rabbit** *(fam.)*.
schiariménto *m.* **1 clearing up 2** *(fig.:* spiegazione) **explanation; information** *(solo sing.)*.
schiarire A *v. t.* **1** to **clear**; to **clear up**: *schiarirsi la voce,* to clear one's throat **2** (capelli) to **dye** (hair) **a lighter shade 3** (liquidi) to **clarify**; to **refine** ● *s. un dubbio,* to remove a doubt **B** *v. i.* e **schiarirsi** *v. rifl.* **1** to **clear up**; (illuminarsi) to **brighten up 2** (diventare più chiaro) to **grow* lighter**; (sbiadire) to **fade** ● *sullo s. del giorno,* at daybreak.
schiarita *f.* **1 clearing up 2** *(fig.)* **improvement; turn for the better**.
schiatta *f.* *(lett.)* **race**; (ceppo) **stock**; (lignaggio) **lineage, descent**.
schiattare *v. i.* (scoppiare) to **burst*** (with); (morire) to **die**, to **peg out** *(fam.)*; to **go* west** *(pop.)*.
schiavismo *m.* **slavery**.
schiavista A *a.* **slave** *(attr.)* **B** *m.* e *f.* **1 antiabolitionist (of negro slavery) 2** (mercante di schiavi) **slave-trader; slaver**.
schiavìstico *a.* **slavish; slave** *(attr.)*.
schiavitù *f.* **slavery** (anche *fig.*); **thrall, thraldom; bondage** (anche *fig.*); (cattività) **captivity**: *l'abolizione della s.,* the abolition of negro slavery □ *cadere in s.,* to fall into captivity.
schiavo A *a.* **enslaved; enthralled;** (assoggettato) **subject**: *Non voglio essere s. di nessuno,* I don't want to be subject to anybody ● *rendere s.,* to make a slave (of sb.); to reduce to slavery **B** *m.* **slave** (anche *fig.*); **thrall** (anche *fig.*); (prigioniero) **captive**: *commercio (o traffico) degli schiavi,* slave-trade □ *mercante di schiavi,* slave-merchant; slaver □ *sorvegliante di schiavi,* slave-driver.
schidionata *f.* **(meat on a) spit**.
schidióne *m.* **spit**.
schièna *f.* **back**: *sentire un dolore alla s.,* to have a pain in one's back □ (anche *fig.*) *rompersi la s.,* to break one's back □ *girare la s. a q.,* to turn one's back on sb. ● *a forza di s.,* by working (very) hard □ *(fig.) colpire q. alla s.,* to stab sb. in the back □ *mal di s.,* backache.
schienale *m.* **1 back**: *lo s. d'una poltrona,* the back of an armchair **2** *(al pl.,* di bestie macellate) **spinal marrow**.
schièra *f.* **1** *(mil.)* **formation; array;** (fila) **rank**: *le schiere nemiche,* the enemy's ranks **2** (banda) **band;** (gruppo) **group;** (moltitudine) **crowd, multitude, swarm;** (fila) **row**.
schieraménto *m.* **1** *(mil.)* **marshalling; drawing up 2** *(fig.)* **line-up; front 3** *(sport)* **formation; line-up**.
schierare A *v. t.* *(mil.)* to **marshal** (anche *fig.*); to **draw* up B schierarsi** *v. rifl.* **1** *(mil.)* to **draw* up 2** *(fig.)* to **take* sides** (with); to **side** (with).
schiettaménte *avv.* **frankly; openly; plainly**.
schiettézza *f.* **purity; genuineness;** (sincerità) **sincerity, candour;** (franchezza) **frankness, straightforwardness;** (semplicità) **simplicity**.
schiètto *a.* (puro) **pure;** (non guasto) **sound;** (genuino) **genuine, true;** (sincero) **sincere, candid;** (franco) **frank, straightforward**: *acqua schietta,* pure water □ *una risposta schietta,* a straightforward answer □ *un uomo s.,* a straightforward (o an open-hearted) man □ *essere s. con q.,* to be (quite) frank with sb.
schifare *v. t.* **schifarsi** *v. rifl.* to **loathe**.
schifato *a.* **disgusted**.
schifézza *f.* **1 filthiness; foulness; loathsomeness 2** (cosa schifosa) **filth; loathsome (o disgusting) thing**.
schifiltóso *a.* **overnice; fastidious; particular; finical, finicky; fussy; hard to please** *(pred.)*.
(1) schifo *m.* **repugnance; disgust;** (nausea) **nausea**: *provare s.,* to feel disgust □ *Mi fa s.,* it fills me with disgust; it makes me sick ● *avere a s. q.c.,* to loathe st.; to recoil from st. □ *cibo che fa s.,* nauseating food □ *È uno s.!,* it's disgusting!
(2) schifo *m.* *(naut.)* **skiff**.
schifosàggine *f.* **1 nastiness; foulness; filthiness; loathsomeness 2** (cosa schifosa) **repulsive thing**.
schifóso *a.* **nasty; foul; filthy;** (disgustoso) **disgusting, loathsome;** (ripugnante) **repugnant, repulsive;** (che provoca nausea) **nauseating, sickening**.
schioccare *v. t.* e *i.* to **crack**; to **snap**; to **smack**: *s. (o far s.) le dita,* to snap one's fingers □ *s. le labbra,* to smack one's lips □ *s. (o far s.) una frusta,* to crack a whip ● *s. un bacio a q.,* to give sb. a smacking kiss.
schiòcco *m.* **crack; snap; smack**.
schiodare *v. t.* to **unrivet**.
schiodatura *f.* **unriveting**.
schioppettata *f.* **gun-shot; rifle-shot**.
schiòppo *m.* **gun; rifle** ● *a un tiro di s.,* within gun-shot.
schiribizzo *V.* **ghiribizzo**.
schisto *m.* *(geol.)* **schist; shale**.
schitarrare *v. i.* to **strum (on) a guitar**.
schiùdere *v. t.* **schiùdersi** *v. rifl.* to **unclose**; to **open**.
schiuma *f.* **1 foam; froth 2** (di sapone) **lather 3** *(fig.)* **scum** ● *(miner.) s. di mare,* sepiolite; meerschaum; sea-foam □ *avere la s. alla bocca,* to foam (o to froth) at the mouth □ *bagno di s.,* bubble bath □ (di sapone) *far s.,* to lather □ *levare la s.,* to skim off.
schiumare A *v. t.* (anche *metall.*) to **skim B** *v. i.* **1** to **foam**; to **froth 2** (del sapone) to **lather**.
schiumaròla *f.* **skimmer**.
schiumògeno A *a.* **foaming B** *m.* **foam extinguisher**.
schiumóso *a.* **1 foamy; frothy 2** (del sapone) **lathery**.
schivare *v. t.* to **shun**; to **eschew**; to **avoid**; to **dodge**.
schivata *f.* **dodge**.
schivo *a.* **1 loath; averse** (to) **2** (ritroso) **bashful; coy**.
schizofrenìa *f.* *(psic.)* **schizophrenia**.
schizofrènico *a.* e *m.* *(psic.)* **schizophrenic**.
schizzare A *v. i.* **1** to **squirt**; to **spout (up, out)**;

(zampillare) to **gush,** to **jet** ***2*** (saltare fuori) to **spring***; to **jump out**: *s. dal letto,* to jump out of bed ***B*** *v. t.* ***1*** to **squirt**; to **spirt**; to **spurt**; (spruzzare) to **sprinkle**, to **besprinkle**, to **spray**; (inzaccherare) to **spatter**, to **bespatter**, to **splash**, to **splutter**; (mandare fuori) to **send* out** (o **forth**), to **shoot* out**, to **jet**, to **spout**: *s. di fango,* to spatter with mud □ *s. d'inchiostro,* to splutter with ink □ *s. faville,* to send out sparks ***2*** *(disegno)* to **sketch** ● *s. fuoco,* to flash fire □ *s. salute,* to be bursting with health.

schizzata *f.* **squirt; spirt; spurt; spatter; splash; sprinkle.**

schizzettare *v. t.* to **spray.**

schizzétto *m.* ***1*** **spray** ***2*** (giocattolo) **water pistol; water gun** *(USA).*

schizzinóso *a.* **overnice; fastidious; particular;** (schifiltoso) **squeamish, finicky, finicking.**

schizzo *m.* ***1*** **squirt; spurt;** (zampillo) **gush, jet;** (spruzzo) **sprinkle, spray;** (zacchera) **spatter, splash, splutter** ***2*** *(disegno)* **sketch** ***3*** (schema) **scheme;** (piano) **plan;** (abbozzo) **draft** ● *caffè con lo s.,* coffee with a smack of liquor.

sci *m.* ***1*** (attrezzo) **ski*** ***2*** (lo sport) **skiing** ● *sci d'acqua,* (attrezzo) water-ski; (lo sport) water-skiing.

scia *f.* ***1*** *(naut.)* **wake; track** ***2*** (traccia) **trail** ● *(fig.) seguire la s. di q.,* to tread in sb.'s (foot)steps.

scià *m.* **shah.**

sciabècco *m. (naut.)* **xebec.**

sciàbica *f.* (rete da pesca) **trawl.**

sciàbola *f.* **sabre, saber.**

sciabolare *v. t.* to **sabre;** to **slash (with a sabre).**

sciabolata *f.* **sabre-cut; slash.**

sciabordare ***A*** *v. t.* to **shake*** ***B*** *v. i.* to **swash;** to **lap.**

sciabordìo *m.* **swash, swashing; lapping.**

sciacallo *m. (zool.,* Canis aureus) **jackal** (anche *fig.).*

sciacquabudèlla *m. (spreg.)* **wish-wash.**

sciacquadita *m.* **finger bowl.**

sciacquare *v. t.* to **rinse (out)** ● *sciacquarsi i denti (la bocca, i capelli),* to rinse one's teeth (one's mouth, one's hair).

sciacquata *f.* **rinse, rinsing.**

sciacquatura *f.* ***1*** **rinsing** ***2*** (acqua che è stata usata per sciacquare) **rinsings** *(pl.)*; (di piatti) **dish-wash.**

sciacquìo *m.* ***1*** **rinsing** ***2*** (sciabordio) **swash, swashing.**

sciàcquo *m.* ***1*** **(mouth-)rinsing; (mouth-)cleansing** ***2*** (liquido per sciacquarsi la bocca) **mouthwash.**

sciacquóne *m.* **flushing device** ● *tirare lo s.,* to flush the toilet.

sciagura *f.* ***1*** **disaster; calamity** ***2*** (sfortuna) **misfortune.**

sciaguratamente *avv.* **unfortunately; unluckily.**

sciagurato *a.* ***1*** (disgraziato) **wretched; unlucky; unfortunate; miserable** ***2*** (malvagio) **wicked; iniquitous** ***3*** (calamitoso) **calamitous;** (funesto) **baleful, woeful.**

scialacquare *v. t.* to **squander;** to **dissipate** ● *s. un patrimonio al gioco,* to gamble away a fortune.

scialacquatóre *m.* **squanderer; spendthrift.**

scialacquìo *m.* **(continuous) squandering;** (sperpero) **dissipation, waste.**

scialàcquo *m.* **squandering;** (sperpero) **dissipation, waste.**

scialare *v. i.* to **spend* money extravagantly;** to **play ducks and drakes with one's money** *(fam.).*

scialbo *a.* ***1*** (pallido) **pale; wan; light-coloured;** (sbiadito) **faded** ***2*** *(fig.)* **colourless; dull; expressionless.**

scialle *m.* **shawl.**

scialo *m.* ***1*** **waste; wastage; dissipation; squandering** ***2*** (sfoggio) **display; parade** ● *far s. di q.c.,* to waste st.

scialóne *m.* **squanderer; spendthrift.**

scialuppa *f. (naut.)* **shallop; sloop** ● *s. di salvataggio,* life-boat.

sciamare *v. i.* to **swarm** (anche *fig.).*

sciame *m.* **swarm** (anche *fig.*): *a sciami,* in swarms.

sciampagna *m. invar.* **champagne** ● *(di) color s.,* champagne *(attr.).*

sciampo *m.* **shampoo.**

sciancare ***A*** *v. t.* to **cripple** ***B*** **sciancarsi** *v. rifl.* to **dislocate one's hip;** to **become* a cripple.**

sciancato ***A*** *a.* **hip-shot** (anche *fig.*); **crippled;** (zoppo) **lame**: *guercio e s.,* blind and lame ***B*** *m.* **cripple.**

sciancrato *a.* (di abito) **fitting at the waist.**

sciantósa *f.* **chanteuse** *(franc.).*

sciarada *f.* **charade.**

sciare *v. i.* ***1*** *(sport)* to **ski**: *andare a s.,* to go skiing ***2*** *(naut.)* to **back water.**

sciarpa *f.* **scarf*** ● *sciarpe e cravatte,* neckwear.

sciata *f.* **skiing.**

sciàtica *f. (med.)* **sciatica.**

sciàtico *a. (anat.)* **sciatic**: *il nervo s.,* the sciatic nerve.

sciatóre *m.* **skier.**

sciatterìa *f.* **slovenliness; slatternliness; untidiness;** (trascuratezza) **carelessness; neglectfulness; sloppiness** *(fam.).*

sciatto *a.* **slovenly; slatternly; untidy; slipshod; frowzy; blowzy;** (trascurato) **careless, neglectful;** (trasandato) **sloppy** *(fam.).*

sciattóna *f.* **slattern; slut.**

sciattóne *m.* **sloven; slovenly fellow.**

scìbile *m.* **knowledge.**

sciccherìa *f. (pop.)* **chic; elegance; smartness; swankiness.**

sciccóso *a. (pop.)* **chic; stylish; elegant; smart; swanky.**

sciènte *a. (lett.)* **conscious; aware.**

scientemènte *avv.* **consciously.**

scientìfica *f.* (polizia s.) **criminal laboratory department.**

scientificaménte *avv.* **scientifically.**

scientìfico *a.* **scientific**: *un metodo s.,* a scientific method.

scièn̄za *f.* ***1*** **science**: *scienze naturali,* natural science □ *un uomo di s.,* a man of science; a scientist ***2*** (sapere, dottrina) **knowledge** ● *s. delle costruzioni,* construction theory □ *(fig.) arca di s.,* mine of information.

scienziato *m.* **scientist; man* of science.**

scilinguàgnolo *m.* **loquacity; talkativeness** ● *avere lo s. sciolto,* to have a glib tongue; to have the gift of the gab *(fam.)* □ *perdere lo s.,* to lose one's tongue.

scilla *f. (bot.,* Scilla maritima) **squill; sea-onion.**

scimitarra *f.* **scimitar.**

scimmia *f. (zool.)* **monkey, ape** (anche *fig.*): *muso di s.,* monkey-face.

scimmiésco *a.* **monkey** *(attr.)*; **monkey-like; monkeyish; apish.**

scimmiottare *v. t.* to **monkey;** to **ape.**

scimmiottatura *f.* **monkeying; aping; apery.**

scimmiòtto *m. (zool.)* **young monkey** (anche *fig.*): *sembrare uno s.,* to be as ugly as a (dead) monkey.

scimpanzé *m. (zool.,* Pan troglodytes) **chimpanzee; jocko***.

scimunitàggine *f.* ***1*** **foolishness; silliness; stupidity** ***2*** (azione da scimunito) **foolish (o stupid) act; silly thing.**

scimunito ***A*** *a.* **foolish; silly; stupid** ***B*** *m.* **fool; blockhead**: *È uno s.,* he is a fool; he has a screw loose *(fam.).*

scinco *m. (zool.,* Scincus scincus) **skink.**

scìndere *v. t.* ***1*** to **split***; to **cleave***; to **break* up;** (separare) to **separate,** to **divide** ***2*** *(chim.)* to **resolve.**

scintilla *f.* **spark** (anche *fig.*); **sparkle** ● *far scintille,* to give out sparks; to spark.

scintillante *a.* **sparkling; scintillating;** (lampeggiante) **flashing;** (luccicante) **glittering, twinkling.**

scintillare *v. i.* ***1*** (emettere scintille) to **spark;** to **give* out sparks** ***2*** (risplendere di viva luce) to **sparkle;** to **scintillate;** (lampeggiare) to **flash;** (luccicare) to **glitter,** to **twinkle.**

scintillazióne *f. (astron., fis.)* **scintillation.**

scintillìo *m.* **sparkling; scintillating; flashing; glit-**

tering; twinkling.
scintoiṣmo *m. (relig.)* **Shinto; Shintoism.**
scintoista *m.* e *f. (relig.)* **Shintoist.**
scintoìstico *a. (relig.)* **Shintoistic.**
sciò *inter.* **shoo!**
scioccaménte *avv.* **foolishly; like a fool; stupidly; in a silly way.**
scioccare *v. t.* to **shock.**
sciocchézza *f.* **1 silliness; foolishness; stupidity 2** (azione, parole da sciocco) **foolish** (o **silly, stupid) thing; (piece of) nonsense**: *dire sciocchezze,* to talk nonsense □ *Basta con le tue sciocchezze!,* I want no more of your nonsense! **3** (cosa da nulla) **trifle.**
sciòcco A *a.* **1 silly; foolish; stupid; thick-headed** *(fam.)*; (senza senso) **nonsensical 2** (insipido) **insipid B** *m.* **fool; silly** *(fam.)*; **duffer; noodle**: *fare lo s.,* to make a fool of oneself; to be silly.
scioccóne *m.* **big fool.**
sciògliere A *v. t.* **1** (disfare un legame) to **loose,** to **loosen,** to **let* loose;** (slegare) to **untie,** to **unfasten,** to **undo***; (s. dalla catena, dai ceppi) to **unchain,** to **unfetter;** (liberare) to **set* free,** to **release,** to **absolve**: *s. un nodo,* to loose (o to undo) a knot □ *s. q. da un obbligo,* to release sb. from an obligation □ *s. un cane dal guinzaglio,* to let a dog loose; to unleash a dog **2** (porre fine a) to **dissolve;** to **wind* up**: *s. una società,* to dissolve a partnership □ *s. il Parlamento,* to dissolve Parliament **3** (adempiere) to **fulfil**: *s. una promessa (un voto),* to fulfil a promise (a vow) **4** (risolvere) to **solve;** to **resolve**: *s. un dubbio,* to resolve (o to dispel) a doubt **5** (fare una soluzione) to **dissolve**: *s. lo zucchero nell'acqua,* to dissolve sugar in water **6** (liquefare) to **melt** ● *(fam.) s. il corpo,* to move the bowels □ *s. le gambe,* to loosen up one's legs □ *s. una seduta,* to close (o to break up) a meeting □ *(naut.) s. le vele,* to unfurl the sails **B sciògliersi** *v. rifl.* **1** (liberarsi) to **free oneself,** to **release oneself** (from); (slegarsi) to **break* loose;** (di legatura, nodo, ecc.) to **come* loose 2** (terminare) to **break* up;** (smembrarsi) to **be dissolved 3** (liquefarsi) to **dissolve;** to **melt 4** (del ghiaccio, del gelo) to **thaw** ● *(fig.) s. in lacrime,* to melt into tears.
scioglilìngua *m.* **tongue-twister.**
scioglimento *m.* **1** (il porre fine) **dissolution**: *lo s. del Parlamento,* the dissolution of Parliament □ *lo s. di un matrimonio,* the dissolution of a marriage **2** (adempimento) **fulfilment**: *lo s. di un voto,* the fulfilment of a vow **3** (soluzione) **solution**: *lo s. d'un problema,* the solution of a problem **4** (il liquefarsi) **melting**: *lo s. della neve,* the melting of the snow **5** *(lett.:* di un intreccio) **dénouement** *(franc.)*; **unravelling.**
sciolina *f.* **ski wax.**
sciòlta *f. (fam.)* **diarrhoea.**
scioltézza *f.* **1 looseness 2** (agilità) **agility; nimbleness 3** *(fig.)* **fluency.**
sciòlto *a.* **1** *(generalm.)* **loose;** (slegato) **untied, unbound, unfastened**: *capelli sciolti,* loose hair □ *lasciare un cane s.,* to leave a dog loose **2** (agile) **agile; nimble**: *dita sciolte,* nimble fingers **3** *(fig.:* disinvolto) **easy; smooth; fluent; free and easy**: *avere un fare s.,* to be free and easy **4** (libero) **free** (from) **5** (fuso) **melted** ● *a briglia sciolta,* whip and spur; *(fig.)* at full speed □ *avere la lingua sciolta,* to have the gift of the gab *(fam.)* □ *(letter.) versi sciolti,* blank verse.
scioperante A *m.* e *f.* **striker B** *a.* **striking; on strike.**
scioperare *v. i.* to **strike***; to **go* on strike;** to **down tools** *(fam.)*.
scioperatàggine, scioperatézza *f.* **idleness;** (poltroneria) **laziness, sloth, sluggishness.**
scioperato A *a.* **idle;** (poltrone) **lazy, slothful, sluggish B** *m.* **idler; sluggard; drone.**
sciòpero *m.* **strike; walk-out** *(fam.)*: *uno s. a scacchiera,* a staggered strike □ *uno s. a singhiozzo,* an intermittent (o an on-off) strike □ *uno s. bianco,* a sit-down strike; (applicazione rigida dei regolamenti) a work-to-rule □ *uno s. (a gatto) selvaggio,* a wildcat strike □ *essere (mettersi) in s.,* to be (to go) on strike.
sciorinare *v. t.* **1** to **hang* out**: *s. il bucato,* to hang out the washing **2** *(fig.)* to **pour out** ● *(fig.) s. la propria cultura,* to make a display of one's knowledge.
sciovìa *f. (sport)* **ski-lift.**
sciovinismo *m.* **chauvinism; jingoism.**
sciovinista *m.* e *f.* **chauvinist; jingo*; jingoist.**
sciovinìstico *a.* **chauvinistic; jingoist(ic).**
scipitézza *f.* **1 insipidness; insipidity; tastelessness 2** *(fig.)* **dullness; flatness; foolishness; silliness.**
scipito *a.* **1** (insipido) **insipid; tasteless; watery; wishy-washy 2** *(fig.:* insulso) **dull, flat;** (sciocco) **foolish, silly.**
scippare *v. t. (fam.)* to **bag-snatch.**
scippatóre *m. (fam.)* **bag-snatcher.**
scippo *m. (fam.)* **bag-snatching.**
sciroccale *a.* **sirocco** *(attr.)*.
sciròcco *m.* **sirocco*.**
sciroppare *v. t.* to **syrup** ● *(fig., fam.) sciropparsi q. (q.c.),* to put up with sb. (st.).
sciroppato *a.* **syruped; in syrup.**
sciròppo *m.* **syrup.**
sciroppóso *a.* (anche *fig.*) **syrupy.**
sciṣma *m.* **schism**: *lo s. anglicano,* the Anglican Schism.
sciṣmàtico A *a.* **schismatic(al) B** *m.* **schismatic.**
scìssile *a.* **scissile.**
scissióne *f.* **1 split;** (divisione) **division, separation 2** *(fis., biol.)* **fission.**
scissioniṣmo *m. (polit.)* **formation of splinter groups.**
scissionista *m.* e *f. (polit.)* **member of a splinter group.**
scisso *a.* **split; divided.**
scissura *f.* **1** *(anat.)* **scissure 2** (fessura) **cleft; fissure 3** *(fig.)* **dissension.**
scisto *m. (geol.)* **schist; shale.**
scistóso *a. (geol.)* **schistose.**
sciupare A *v. t. (generalm.)* to **waste;** (danneggiare) to **damage,** to **impair;** (guastare) to **spoil,** to **mar,** to **mangle;** (rovinare) to **ruin;** (sperperare) to **squander**: *s. il fiato,* to waste one's breath (o one's words) □ *s. tempo e denaro,* to waste (o to trifle away) one's time and money **B sciuparsi** *v. rifl.* **1** to **get* damaged;** to **spoil,** to **get* spoiled 2** (d'abito: sgualcirsi) to **crease,** to **get* creased.**
sciupato *a. (generalm.)* **wasted;** (danneggiato) **damaged, impaired;** (guasto) **spoiled, marred;** (rovinato) **ruined;** (sgualcito) **creased;** (affaticato) **run-down.**
sciupìo *m.* **waste; wastage**: *uno s. di tempo (di denaro),* a waste of time (of money).
sciupóne *m.* **waster;** (chi scialacqua) **squanderer, spendthrift.**
scivolare *v. i.* **1** to **slide***; to **glide;** (involontariamente) to **slip;** (barcollando) to **slither**: *s. di mano,* to slip out of (o from) one's hand(s) □ *s. sul ghiaccio,* to slide on the ice **2** *(fig.:* andare agile, silenzioso, furtivo) to **slide***; to **glide 3** *(autom.)* to **skid 4** *(aeron.)* to **slip;** to **slide***: *s. d'ala,* to side-slip □ *s. di coda,* to tail-slide **5** *(mus.)* to **glide** ● *far s. q.c. nella mano di q.,* to slip st. into sb.'s hand.
scivolata *f.* **1 slide, sliding; glide, gliding;** (involontaria) **slip, slipping 2** *(autom.)* **skidding 3** *(aeron.)* **slip; slide** ● *fare una s.,* to have a slide, to slide; (involontariamente) to slip.
scivolato *a. (mus.)* **glided**: *note scivolate,* glided notes.
scìvolo *m.* **1** (gioco per bambini) **slide 2** *(aeron., naut.)* **slipway 3** *(ind.)* **chute.**
scivolóne *m.* **slip;** (caduta) **(bad) fall.**
scivolóso *a.* (anche *fig.*) **slippery.**
scleròṣi *f. (med.)* **sclerosis*.**
scleròtica *f. (anat.)* **sclerotic; sclera.**
scleròtico *a. (med.)* **sclerotic.**
scòcca *f. (ind. automobilistica)* **body.**
scoccare A *v. t.* **1** (con arco, balestra) to **dart;** to **shoot***; to **fling***: *s. una freccia,* to shoot an arrow **2** (di orologio) to **strike* B** *v. i.* **1** (di congegni a molla: scattare) to **be released;** to **spring* up 2** (balenare) to **flash 3** (delle ore) to **strike***: *Sono appena scoccate le quattro,* it has just struck four ● *s. un bacio,* to give a smacking kiss.

scocciante *a. (fam.)* **annoying; boring; bothersome.**
scocciare ***A*** *v. t.* ***1*** *(dial.:* rompere*)* to **crack;** to **break*** ***2*** *(fam.:* seccare) to **bore;** to **bother;** to **annoy** ***3*** *(naut.)* to **unhook** ***B*** *v. rifl. (fam.)* to **get* bored** (o **annoyed).**
scocciatóre *m. (fam.)* **bore; nuisance.**
scocciatura *f. (fam.)* **bore; bother; nuisance.**
scòcco *m.* — *(naut.) gancio a s.,* pelican hook; slip-hook.
scodèlla *f.* **soup-plate;** (ciotola) **bowl.**
scodellare *v. t.* to **ladle out** (anche *fig.*); to **dish up;** to **serve up** ● *(fig.) s. fandonie,* to tell stories.
scodellata *f.* **dishful; bowlful.**
scodinzolare *v. i.* ***1*** to **wag one's tail** ***2*** *(fig.)* to **sway one's hips.**
scodinzolìo *m.* **wagging (of the tail).**
scoglièra *f.* **reef; cliff.**
scòglio *m.* ***1*** **rock; cliff; crag** ***2*** *(fig.)* **obstacle; drawback; stumbling-block.**
scoglióso *a.* **rocky; cliffy; cragged; craggy.**
scoiare *v. t.* to **skin;** to **flay.**
scoiàttolo *m. (zool.,* Sciurus vulgaris*)* **squirrel.**
scolabottìglie *m.* **bottle-rack.**
scolapiatti *m.* **draining board;** (a rastrelliera) **plate-rack.**
scolara *f.* **schoolgirl.**
(1) scolare ***A*** *v. i.* to **drip;** to **drain** ***B*** *v. t.* to **drain** (st.) **dry;** to **strain** ● *scolarsi una bottiglia di vino,* to drain a bottle of wine.
(2) scolare *a.* **school** *(attr.)*: *età s.,* school age ● *in età s.,* schoolable.
scolarésca *f.* **pupils** *(pl.)*; **students** *(pl.)*; **body of students.**
scolarésco *a.* **schoolboy** *(attr.)*: *gergo s.,* schoolboy slang.
scolarità *f.* **school-attendance index.**
scolarizzazióne *f.* **schooling.**
scolaro *m.* **schoolboy;** (alunno) **pupil;** (discepolo) **disciple.**
scolàstica *f. (filos.)* **scholasticism.**
scolàstico ***A*** *a.* ***1*** (della scuola) **scholastic; school** *(attr.)*: *un anno s.,* a school year ▫ *un libro s.,* a school book ***2*** *(filos.)* **scholastic** ***B*** *m. (filos.)* **scholastic.**
scolatóio *m.* **draining board; drainer.**
scolatura *f.* ***1*** **dripping; draining** ***2*** (liquido scolato) **dripping(s).**
scolioṣi *f. (med.)* **scoliosis*.**
scollacciarsi *v. rifl.* to **wear* low-necked dresses.**
scollacciato *a.* ***1*** **bare-necked; wearing a low-necked dress** ***2*** (di abito) **low-necked; décolleté** *(franc.)* ***3*** *(fig.)* **bawdy.**
scollacciatura *f.* **low-cut neckline; décolletage** *(franc.)*.
scollare ***A*** *v. t.* ***1*** (fare lo scollo a) to **cut* the neck-hole in** (a garment) ***2*** (staccare due pezzi incollati) to **unglue;** to **unstick*** ***B*** **scollarsi** *v. rifl.* (di cose incollate) to **unglue;** to **come* off.**
scollato *a.* ***1*** (di abito) **low-necked; décolleté** *(franc.)* ***2*** (di persona) **wearing a low-necked dress.**
scollatura *f.* **neckline; neck-opening** ● *s. a punta,* V neck ▫ *s. tonda,* round neck ▫ *con la s. a punta,* V-necked.
scòllo *m.* **neck-opening; neck-hole.**
scólo *m.* ***1*** **draining; drainage** ***2*** (liquido che scola) **waste water.**
scolopèndra *f. (zool.,* Scolopendra*)* **scolopender; scolopendra.**
scoloraménto *m. (chim., ind.)* **discoloration.**
scolorare, scolorarsi *V.* **scolorire, scolorirsi.**
scoloriménto *m.* **discolouring; fading.**
scolorina *f.* **ink-remover.**
scolorire ***A*** *v. t.* to **discolour;** to **fade** ***B*** *v. i.* e **scolorirsi** *v. rifl.* to **discolour;** to **lose* colour;** to **change colour;** (sbiadire) to **fade;** (impallidire) to **grow* pale.**
scolorito *a.* ***1*** **discoloured;** (sbiadito) **faded;** (smorto) **pale, wan** ***2*** *(fig.)* **faded; dim; faint.**
scolpare ***A*** *v. t.* to **exculpate;** to **justify** ***B*** **scolparsi** *v. rifl.* to **justify oneself.**
scolpire *v. t.* ***1*** (incidere) to **engrave;** to **cut*** (on, in, into); to **carve;** (formare figure) to **sculpture**: *s. il proprio nome su un tronco d'albero,* to carve one's name on a tree trunk ▫ *s. nella pietra (nel legno),* to engrave on stone (on wood) ▫ *s. una statua,* to sculpture a statue ***2*** *(fig.:* imprimere) to **engrave;** to **impress** ***3*** *(fig.:* parole) to **pronounce distinctly;** to **stress.**
scolpito *a.* ***1*** **graven; engraved; carved; sculptured** ***2*** *(fig.:* impresso) **engraved; impressed; stamped; fixed** ***3*** *(fig.:* spiccato) **stressed;** (distinto) **distinct;** (netto) **clear.**
scólta *f. (mil.)* **sentry.**
scombaciare *v. t.* to **disunite;** to **disjoin.**
scombinare *v. t.* ***1*** (disordinare) to **disarrange;** to **upset*** ***2*** (mandare a monte) to **break* off.**
scombinato ***A*** *a.* **muddled** ***B*** *m.* **muddle-head.**
scómbro *m. (zool.,* Scomber scombrus*)* **mackerel.**
scombussolaménto *m.* ***1*** (lo scombussolare) **upsetting; derangement; deranging; muddling** ***2*** (effetto dello scombussolare) **topsy-turvy; confusion; disorder; muddle; jumble.**
scombussolare *v. t.* to **upset*;** to **derange;** to **muddle up.**
scomméssa *f.* **bet; wager;** (posta) **stake:** *fare una s.,* to make a bet; to bet; to wager.
(1) scomméttere *v. t.* (disunire parti commesse) to **disjoin;** to **disconnect.**
(2) scomméttere *v. t.* (fare una scommessa) to **bet*;** to **wager;** to **stake;** to **make* a bet;** to **lay* one's bet** (on); (su un cavallo) to **back,** to **put*** (on): *s. alle corse* (di cavalli), to bet on horses ● *Scommetto che oggi piove,* it is going to rain to-day, you bet! *(fam.)* ▫ *Scommetterei la testa!,* I'd stake my life!
scommettitóre *m.* **better, bettor.**
scomodare ***A*** *v. t. (fam.)* to **disturb;** to **trouble;** to **bother** ***B*** **scomodarsi** *v. rifl.* to **disturb oneself;** to **trouble;** to **bother**: *Non ti s.!,* don't bother!
scomodità *f.* **inconvenience;** (disagio) **uneasiness, discomfort.**
scòmodo ***A*** *a.* **inconvenient; uncomfortable; uneasy**: *riuscire s.,* to be inconvenient ▫ *sedere in una posizione scomoda,* to sit in an uncomfortable position ***B*** *m.* **inconvenience; trouble; bother.**
scompaginare ***A*** *v. t.,* ***1*** to **upset*** (anche *fig.*); to **throw* into disorder;** to **put* out of joint** ***2*** *(tipogr.)* to **break* up** ***B*** **scompaginarsi** *v. rifl.* to **be upset;** (disgregarsi) to **break* up.**
scompaginatura, scompaginazióne *f. (tipogr.)* **breaking up.**
scompagnare *v. t.* to **break* up** (a pair); to **unmatch.**
scompagnato *a.* **unmatched; odd.**
scomparire *v. i.* ***1*** to **disappear;** to **pass away;** to **vanish**: *s. dal mondo,* to pass away from the world ***2*** *(fig.:* fare cattiva figura) to **cut* a bad** (o **poor) figure** ***3*** *(fig.:* non risaltare) **not to show* up; not to appear to advantage.**
scomparsa *f.* ***1*** **disappearance** ***2*** (morte) **death.**
scompartiménto *m.* ***1*** **compartment; partition** ***2*** *(ferr.)* **compartment.**
scompartire *v. t.* to **share out;** to **distribute;** to **divide.**
scomparto *m.* **compartment; partition.**
scompènso *m.* ***1*** **lack of balance** ***2*** *(med.)* **decompensation.**
scompiacènte *a.* **uncomplaisant; disobliging; unkind.**
scompigliare *v. t.* to **throw* into disorder;** to **put* out of order;** to **disarrange;** to **turn** (st.) **topsy-turvy;** to **muddle up;** (sconvolgere) to **upset*,** to **derange;** (confondere) to **confuse,** to **mix up;** (scarmigliare) to **dishevel;** (arruffare) to **ruffle,** to **rumple.**
scompiglio *m.* **disorder; muddle; mess; confusion;** (trambusto) **bustle;** (guazzabuglio) **jumble**: *in grande s.,* in utter confusion.
scompisciarsi *v. rifl.* — *s. dalle risa,* to split one's sides with laughter.
scomplèto *a.* **incomplete; not complete.**

scomponibile *a.* **decomposable.**

scompórre A *v. t.* **1** to **decompose;** (disfare) to **undo*;** (dividere) to **divide,** to **split* up;** (scompigliare) to **throw* into disorder,** to **disarrange;** (smontare) to **take* to pieces,** to **break* up;** (sconvolgere) to **discompose,** to **upset*;** (guastare) to **spoil;** (arruffare) to **ruffle,** to **rumple;** (alterare) to **alter,** to **change:** *(ferr.) s. un treno,* to split up a train □ *s. una macchina,* to take a machine to pieces **2** *(tipogr.)* to **distribute 3** *(mat.)* to **factorize B scompórsi** *v. rifl.* **1** to **decompose;** to **take* to pieces;** to **break* up 2** *(fig.)* to **lose* one's composure;** to **change one's countenance;** to **get* upset.**

scomposizióne *f.* **1 decomposition; splitting up 2** *(tipogr.)* **distribution.**

scompostézza *f.* **unbecomingness; unseemliness.**

scompósto *a.* **1** (separato nelle parti componenti) **decomposed; taken to pieces 2** (sguaiato) **unbecoming; unseemly 3** (sconnesso) **disconnected; incoherent; inconsequent.**

scomputare *v. t.* to **deduct.**

scòmputo *m.* **deduction.**

scomùnica *f. (relig.)* **excommunication** ● *(fig.) avere la s. (addosso),* to be born under an evil star.

scomunicare *v. t. (relig.)* to **excommunicate** (anche *fig.*).

scomunicato *m. (relig.)* **excommunicate.**

sconcertare A *v. t.* to **disconcert;** to **puzzle;** (sconvolgere) to **upset*,** to **derange,** to **bewilder;** (frustrare) to **frustrate,** to **baffle B sconcertarsi** *v. rifl.* to **be disconcerted;** to **be puzzled.**

sconcertato *a.* **disconcerted; puzzled; upset; perturbed; bewildered.**

sconcèrto *m.* **disconcertment; perturbation.**

sconcézza *f.* **1 indecency; obscenity; obsceneness; lewdness; smuttiness 2** (cosa sconcia) **indecency; obscenity** ● *dire sconcezze,* to talk bawdy; to talk smut.

sconciare *v. t.* to **spoil;** to **damage;** to **mar.**

scóncio A *a.* **1** (osceno) **indecent; obscene; lewd; bawdy; smutty 2** (deforme) **deformed; misshapen B** *m.* **1** (cosa sconcia) **shame; disgrace 2** (cosa fatta male) **mess; botch.**

sconclusionato A *a.* **inconclusive; inconsequent;** (sconnesso) **disconnected, rambling;** (incoerente) **incoherent B** *m.* **inconsequent person.**

sconcordante *a.* **discordant; dissonant; jarring.**

scondito *a.* **unseasoned.**

sconfacènte *a. (lett.)* **unsuitable; inappropriate.**

sconfessare *v. t.* to **disavow;** to **retract.**

sconfessionalizzare *v. t.* to **undenominationalize.**

sconfessionalizzazióne *f.* **undenominationalization.**

sconfessióne *f.* **disavowal; retraction.**

sconficcare *v. t.* to **draw* out;** to **extract;** to **remove.**

sconfiggere *v. t.* to **defeat** (anche *fig.*); to **overthrow*;** (sopraffare) to **overcome*,** to **vanquish.**

sconfinaménto *n.* **1** (l'oltrepassare la frontiera) **passing (o crossing) the frontier;** (penetrazione nel territorio altrui) **trespassing 2** (*fig.:* il varcare i limiti) **exceeding the limits** (of).

sconfinare *v. i.* **1** to **cross the frontier;** (penetrare nel territorio altrui) to **trespass** (on) **2** *(fig.)* to **exceed the limits** (of); to **digress** (from).

sconfinato *a.* **boundless;** (illimitato) **unlimited;** (infinito) **infinite, endless.**

sconfitta *f.* **defeat** (anche *fig.*); **overthrow.**

sconfitto *a.* **defeated** (anche *fig.*); **vanquished.**

sconfortante *a.* **discouraging; disheartening.**

sconfortare A *v. t.* to **discourage;** to **dishearten B sconfortarsi** *v. rifl.* to **get* discouraged;** to **get* disheartened;** to **lose* heart.**

sconfortato *a.* **discouraged; disheartened; downhearted; dejected.**

sconfòrto *m.* **discouragement; dejection; depression.**

scongelare *v. t.* to **defrost.**

scongiurare *v. t.* **1** (supplicare) to **beseech*;** to **implore;** to **entreat;** to **conjure:** *s. q. di avere pietà,* to entreat sb. to show mercy □ *s. q. di fare q.c.,* to beseech sb. to do st. **2** (evitare) to **avoid;** to **avert:** *s. il pericolo,* to avoid danger.

scongiuro *m.* (esorcismo) **exorcism** ● *fare gli scongiuri* (contro la iettatura), to touch wood; to cross one's fingers.

sconnessióne *f.* **disconnectedness; disjointedness;** (incoerenza) **incoherence.**

sconnèsso *a.* **disconnected; disjointed;** (incoerente) **incoherent.**

sconnèttere A *v. t.* to **disconnect;** to **disjoint B** *v. i.* to **ramble;** to **wander (in one's talk).**

sconoscènte *a.* **ungrateful; thankless.**

sconoscènza *f.* **ungratefulness; ingratitude.**

sconosciuto A *a.* **unknown; unfamiliar; unheard-of;** (oscuro) **obscure B** *m.* **1 stranger 2** *(leg.)* **person unknown.**

sconquassare *v. t.* **1** to **shatter;** to **smash;** to **break* up;** (rovinare) to **ruin 2** (scombussolare) to **upset*.**

sconquassato *a.* **1 shattered; smashed;** (rovinato) **ruined;** (sgangherato) **ramshackle, rickety 2** (scombussolato) **upset;** (stanchissimo) **tired out.**

sconquasso *m.* **1 shattering; smash; crash; ruin 2** (scompiglio) **disorder; mess.**

sconsacrare *v. t.* to **desecrate.**

sconsacrazióne *f.* **desecration.**

sconsiderataménte *avv.* **inconsiderately; thoughtlessly; carelessly; heedlessly;** (avventatamente) **rashly.**

sconsideratézza *f.* **inconsiderateness;** (sbadataggine) **thoughtlessness, carelessness, heedlessness;** (imprudenza) **imprudence;** (avventatezza) **rashness.**

sconsiderato *a.* **inconsiderate;** (sbadato) **thoughtless, careless, heedless;** (imprudente) **imprudent;** (avventato) **rash.**

sconsigliàbile *a.* **unadvisable.**

sconsigliare *v. t.* to **dissuade** (from); to **advise** (against).

sconsigliato *a.* **unwary; inconsiderate; thoughtless; heedless; reckless.**

sconsolante *a.* **disheartening; distressing; saddening; sad.**

sconsolato *a.* **disconsolate;** (desolato) **desolate, dismal, cheerless, gloomy, dreary;** (doloroso) **grievous;** (triste) **sad.**

scontàbile *a. (comm.)* **discountable.**

scontare *v. t.* **1** *(comm.)* to **discount 2** (detrarre) to **deduct 3** (espiare) to **expiate;** to **atone for** (st.); to **pay* for** (st.); (in carcere) to **serve 4** (prevedere) to **take*** (st.) **for granted.**

scontato *a.* **1** *(comm.)* **discounted 2** (espiato) **expiated 3** (previsto) **foregone; taken for granted:** *un risultato s.,* a foregone conclusion ● *dare per s.,* to take for granted.

scontentare *v. t.* to **displease;** to **dissatisfy;** (deludere) to **disappoint.**

scontentézza *f.* **discontent; dissatisfaction.**

scontènto A *a.* **discontented; displeased; dissatisfied;** (deluso) **disappointed:** *essere s. di q.,* to be displeased with sb. **B** *m.* **1** (chi è scontento) **discontented person; malcontent 2** (scontentezza) **discontent; dissatisfaction.**

scontista *m.* e *f. (comm.)* **discounter.**

scónto *m. (comm.)* **1** *(Banca)* **discount:** *presentare effetti allo s.,* to offer bills for discount **2** (detrazione) **discount; deduction;** (abbuono) **allowance;** (riduzione, ribasso) **abatement, rebate:** *concedere uno s. del 3%,* to grant a 3% discount.

scontrare A *v. t.* to **meet* with,** to **run* across** (sb.); to **encounter B scontrarsi** *v. rifl.* **1** (venire a battaglia) to **clash** (with); to **encounter** (sb.) **2** (urtarsi con violenza: di veicoli) to **collide;** to **crash** (into); (di persone) to **run* into** (sb., each other).

scontrino *m.* **ticket; coupon** ● *s. di consegna,* delivery note.

scóntro *m.* **1** (combattimento) **encounter; fight 2** (urto violento tra due veicoli) **collision; crash:** *uno s. ferroviario,* a railway crash **3** (*fig.:* contrasto d'opinioni)

clash; (s. verbale) **dispute.**
scontrosàggine, scontrosità *f.* **peevishness; moroseness; sullenness;** (permalosità) **touchiness, testiness, tetchiness.**
scontróso *a.* **peevish; morose; sullen; unsocial;** (permaloso) **touchy, testy, tetchy.**
sconvenévole *a. (lett.)* **unbecoming; unseemly; indecorous.**
sconveniènte *a.* **1** (non conveniente) **not convenient; unsuitable;** (disdicevole) **unbecoming, unseemly;** (indecoroso) **indecorous 2** (svantaggioso) **disadvantageous; unfavourable.**
sconveniènza *f.* **1 unsuitableness; unsuitability;** (disdicevolezza) **unbecomingness, unseemliness;** (mancanza di decoro) **indecorousness 2** (atto sconveniente) **breach of manners 3** (svantaggio) **disadvantage.**
sconvenire *v. i. (lett.)* **not to be convenient; to be unsuitable;** (disdire) **to be unbecoming.**
sconvolgènte *a.* **upsetting; perturbing.**
sconvòlgere *v. t.* **to upset*; to derange; to put* out of order;** (turbare) **to perturb, to disturb;** (scompigliare) **to throw* into disorder, to turn** (st.) **topsy-turvy, to muddle**: *s. i piani di q.*, to upset sb.'s plans; to upset sb.'s apple-cart *(fam.)* □ *s. l'ordine delle cose*, to upset the order of things.
sconvolgiménto *m.* **upset, upsetting; derangement;** (turbamento) **perturbation;** (scompiglio) **disorder, muddle, mess.**
sconvòlto *a.* **upset; deranged;** (turbato) **perturbed, disturbed, troubled**: *una mente sconvolta dal dolore*, a mind deranged by sorrow □ *essere tutto s.*, to be quite upset.
scooter *(ingl.) m.* **1 (motor) scooter 2** *(naut.)* **scooter.**
scópa *f.* **1** *(bot.,* Erica arborea*)* **tree heath 2** (granata) **broom; besom 3** (gioco di carte) **scopa** *(ital.)*.
scopare *v. t.* **1 to sweep* (with a broom); to broom 2** *(volg.)* **to fuck.**
scopata *f.* **1 sweep; sweep-up; sweep-out 2** (colpo dato con la scopa) **blow with a broom 3** *(volg.)* **fuck.**
scopatura *f.* **1 sweeping 2** (immondizia raccolta nello scopare) **sweepings** *(pl.)*; **dust.**
scoperchiare *v. t.* **to take* the lid off, to remove the cover from** (st.); **to uncover;** (togliere il tetto a) **to unroof.**
scopèrta *f.* **discovery;** (di cosa nascosta) **detection, disclosure**: *la s. dell'America*, the discovery of America □ *fare una s.*, to make a discovery ● *(iron.) Bella s.!*, Queen Anne's dead! *(fam.)*.
scopèrto A *a.* **1 discovered; disclosed 2** (non coperto) **uncovered; bare;** (non chiuso) **open;** (non riparato) **unsheltered, shelterless;** (senza tetto) **unroofed**: *una carrozza scoperta*, an open carriage ● *a capo s.*, bare-headed □ *a carte scoperte*, with one's cards on the table □ *(comm.) conto s.*, overdrawn account **B** *m.* **1** — *allo s.*, outdoor *(agg.)*, outdoors *(avv.)*; in the open air: *dormire allo s.*, to sleep in the open air **2** *(banca:* s. di conto*)* **overdraft** ● *(banca) trarre allo s.*, to overdraw one's account □ *vendita allo s.*, short sale.
scopéto *m.* **heath; moor.**
scopettóni *m. pl.* **long side-whiskers.**
scopiazzare *v. t. (spreg.)* **to copy (badly).**
scopiazzatura *f. (spreg.)* **(bad) copy(ing).**
scòpo *m.* **aim; end; object; purpose; intent**: *lo s. della propria vita*, the aim of one's life □ *non raggiungere il proprio s.*, to fail in one's object □ *a tale s.*, for this purpose ● *a s. di*, for the sake of □ *allo s. di*, in order to □ *andare diritto allo s.*, to go straight to the point □ *senza s.*, aimless *(agg.)*, aimlessly *(avv.)* □ *A che s.?*, what for?
scopóne *m.* (gioco di carte) **scopone** *(ital.)*.
scoppiare *v. i.* **1** (spaccarsi) **to burst*, to split*** *(anche fig.)*; (aprirsi) **to break* open;** (prorompere) **to break*** (into); (esplodere) **to burst*, to explode, to blow* up**: *s. dalle risa (o dal ridere)*, to burst (o to split) one's sides with laughter (o laughing) □ *s. in lacrime (o a piangere)*, to burst into tears □ *s. in una risata*, to burst out laughing; to break into laughter □ (di persona) *sentirsi s.*, to be ready to burst **2** (manifestarsi improvvisamente) **to break* out**: *Scoppiò un incendio*, a fire broke out **3** *(sport)* **to collapse** ● *far s. una bomba*, to explode a bomb.
scoppiettante *a.* **1 crackling 2** *(fig.)* **rippling.**
scoppiettare *v. i.* **1 to crackle 2** *(fig.)* **to ripple 3** (di motore) **to chug.**
scoppiettìo *m.* **1 crackling 2** (di motore) **chug, chugging.**
scòppio *m.* **1 burst, outburst** (anche *fig.*); (esplosione) **explosion, blast;** (di tuono, ecc.) **crash**: *uno s. d'ira*, an outburst of anger □ *uno s. di risa*, a burst of laughter □ *uno s. di tuono*, a crash of thunder; a thunder-clap **2** (il manifestarsi improvviso) **outbreak**: *allo s. della guerra*, at the outbreak of war ● *scoppi di risa*, (anche) gales of laughter □ *(mil.) bomba a s. ritardato*, delayed-action bomb.
scòppola *f. (dial.)* **1 blow; smack 2** *(fig.:* perdita*)* **(heavy) loss.**
scopriménto *m.* **uncovering; disclosure, disclosing;** (di monumento, statua) **unveiling.**
scoprire A *v. t.* **1** (liberare da ciò che copre) **to uncover; to lay* bare; to bare; to unveil**: *s. una pentola*, to uncover a pot; to take the lid off a pot □ *s. una statua*, to unveil a statue **2** (manifestare) **to lay* bare, to bare;** (rivelare) **to reveal, to disclose;** (far conoscere) **to make* known;** (esporre) **to expose, to show* up;** (portare alla luce) **to bring*** (st.) **to light**: *s. il proprio animo a q.*, to bare one's soul to sb. **3** (arrivare a conoscere ciò che era occulto, ignoto) **to discover; to find out***: *s. nuove terre*, to discover new lands □ *s. la verità*, to find out the truth **4** (scorgere) **to sight; to descry 5** *(mil.)* **to expose** ● (anche *fig.*) *s. le proprie carte*, to lay one's cards on the table □ *(iron.) Hai scoperto l'America!*, Queen Anne's dead! *(fam.)* **B scoprirsi** *v. rifl.* **1** (manifestarsi) **to show* oneself; to reveal oneself; to prove (to be) 2** (alleggerirsi degli indumenti) **to put* on lighter clothes 3** *(mil.)* **to expose oneself 4** *(pugilato)* **to drop one's guard.**
scopritóre *m.* **discoverer.**
scoraggiaménto *m.* **discouragement; disheartenment; depression.**
scoraggiante *a.* **discouraging; disheartening; depressing.**
scoraggiare A *v. t.* **to discourage; to dishearten; to depress B scoraggiarsi** *v. rifl.* **to lose* heart; to get* discouraged.**
scoraggiato *a.* **discouraged; disheartened; depressed; downcast; in low spirits.**
scoraménto *m. (lett.)* **disheartenment; discouragement.**
scorbùtico *a.* **1** *(med.)* **scorbutic 2** *(fig.:* bisbetico*)* **crabbed; cross(-tempered); cantankerous; querulous; peevish.**
scòrbuto *m. (med.)* **scorbutus; scurvy.**
scorciare A *v. t.* **1 to shorten; to make* shorter;** (ridurre) **to curtail 2** *(pitt.)* **to foreshorten B** *v. i.* e **scorciarsi** *v. rifl.* **to shorten; to grow* (o to get*) shorter.**
scorciatóia *f.* **short cut; by-way.**
scórcio *m.* **1** *(pitt.)* **foreshortening 2** (di tempo) **close; end**: *sullo s. del secolo*, towards the end of the century ● *rappresentare in s.*, to foreshorten.
(1) scordare *v. t.* **scordarsi** *v. rifl.* **to forget***: *scordarsi di q.c.*, to forget st. □ *Me ne scordai completamente*, I forgot all about it.
(2) scordare *(mus.)* **A** *v. t.* **to untune; to put* out of tune B scordarsi** *v. rifl.* **to get* out of tune.**
scordato *a. (mus.)* **out of tune; untuned.**
scoréggia *f. (volg.)* **fart** *(volg.)*.
scoreggiare *v. i. (volg.)* **to fart** *(volg.)*; **to break* wind.**
scòrfano *m.* **1** *(zool.,* Scorpaena*)* **scorpion fish 2** *(fig.)* **very ugly person.**
scòrgere *v. t.* **to discern; to descry; to perceive; to make* out;** (vedere) **to see*;** (rendersi conto di) **to realize**: *s. i propri difetti*, to realize one's defects □ *s. q. (q.c.) in lontananza*, to discern sb. (st.) in the distance ● *senza farsi s.*, unnoticed.

scòria *f.* ***1*** *(metall.)* **scoria*; slag; dross; cinder; scum** ***2*** *(fig.)* **dross** ***3*** *(al pl., geol.)* **scoriae.**
scorificare *v. t. (metall.)* to **scorify;** to **slag.**
scornare ***A*** *v. t.* ***1*** (rompere le corna a) to **dishorn** ***2*** *(fig.:* svergognare) to **put* to shame;** (beffare) to **hold* up to mockery** ***B*** **scornarsi** *v. rifl.* ***1*** (rompersi le corna) to **break* one's horns** ***2*** *(fig.)* to **make* a fool of oneself.**
scornato *a.* ***1*** **dishorned** ***2*** *(fig.)* **abashed; crestfallen.**
scorniciare *v. t.* to **unframe;** to **take*** (st.) **out of a frame.**
scòrno *m.* **shame; disgrace; ignominy.**
scorpacciata *f.* **bellyful** *(pop.)*: *fare una s. di q.c.,* to have a bellyful of st.; to stuff oneself with st.
scorpióne *m.* ***1*** *(zool.)* **scorpion** ***2*** *(astron., astrologia)* **Scorpio; Scorpion** ***3*** *(fig.)* **nasty ugly person.**
scorrazzare *v. i.* to **run* about;** to **rove;** to **wander.**
scórrere ***A*** *v. i.* ***1*** *(generalm.)* to **run*;** (fluire) to **flow,** to **stream** ***2*** (del tempo) to **elapse;** to **pass by (o away);** to **roll by;** to **glide on** ***3*** (scivolare) to **glide;** to **slide*** ***B*** *v. t.* ***1*** (fare scorrerie in) to **raid;** to **scour** ***2*** (leggere in fretta) to **run* one's eyes over,** to **look through** (st.); to **skim (through)** (st.) ● *far s. l'acqua,* to run the water □ *(fig.) uno stile che scorre,* a fluent (o smooth) style.
scorrerìa *f.* **raid; foray**: *fare una s.,* to make a raid (on, into); to raid; to foray; to scour.
scorrettaménte *avv.* ***1*** **incorrectly; improperly; erroneously** ***2*** (in modo indecoroso) **indecorously.**
scorrettézza *f.* ***1*** **incorrectness; impropriety** ***2*** (atto scorretto) **improper (o indecorous) act** ***3*** (errore) **error; mistake.**
scorrètto *a.* ***1*** **incorrect; not correct;** (erroneo) **erroneous, mistaken, wrong;** (pieno di errori) **full of mistakes** ***2*** (non conforme ai principi dell'educazione) **incorrect; uncivil; impolite;** (sleale) **unfair;** (privo di decoro) **indecorous.**
scorrévole *a.* ***1*** (anche *fig.*) **flowing; fluid; fluent; smooth** ***2*** *(mecc.)* **sliding**: *porta s.,* sliding door.
scorrevolézza *f.* (anche *fig.*) **fluidity; fluency; smoothness.**
scorribanda *f.* ***1*** **inroad; incursion; raid** ***2*** *(fig.)* **excursion.**
scorriménto *m.* ***1*** *(mecc.)* **slide, sliding;** (slittamento) **slip, slipping, slippage** ***2*** *(elettr., geol.)* **slip** ***3*** *(elab.)* **shift.**
scórsa *f.* **glance**: *dare una s. al giornale,* to take a glance at (o to glance through) the newspaper; to skim (through) the newspaper.
scórso ***A*** *a.* **last; past**: *l'anno s.,* last year □ *lunedì s.,* last Monday; on Monday last ***B*** *m.* **slip; lapse**: *uno s. di penna,* a slip of the pen.
scorsóio *a.* **running**: *un nodo s.,* a running knot; a slip-knot; a noose.
scòrta *f.* ***1*** **guide; guidance** ***2*** *(mil.)* **escort; convoy**: *quattro uomini di s.,* an escort of four men □ *fare la s. (a),* to act as an escort (to); to escort; to convoy ***3*** (provvista) **provision(s); supply; store; stock**: *una buona s. di viveri,* a good store of food ● *(agric.) scorte morte,* dead stock □ *(agric.) scorte vive,* livestock □ *di s.* (di ricambio), spare *(agg.).*
scortare *v. t.* to **escort;** to **convoy.**
scortecciare ***A*** *v. t.* ***1*** to **bark;** to **peel**: *s. un albero,* to bark a tree ***2*** (un muro, ecc.) to **scrape;** to **unplaster** ***B*** **scortecciarsi** *v. rifl.* to **peel off.**
scortéṣe *a.* **unkind; discourteous; rude; impolite.**
scorteṣìa *f.* ***1*** **unkindness; discourtesy; rudeness; impoliteness** ***2*** (atto scortese) **unkind (o rude, impolite) act; unkindness; discourtesy** ● *fare una s. a q.,* to be unkind to sb.
scorticagatti *m. (fam., scherz.)* **sawbones** *(pop.).*
scorticare *v. t.* ***1*** (levare la pelle a) to **skin;** to **flay** ***2*** (produrre un'abrasione in) to **abrade;** to **scrape off;** to **graze;** to **excoriate;** to **bark** *(fam.)*: *scorticarsi un ginocchio,* to scrape one's knee ***3*** *(fig.:* pretendere un prezzo esagerato) to **fleece;** to **flay;** to **skin** *(pop.)* ***4*** *(fig.:* esaminare con rigore) to **grill** *(pop.).*
scorticatura *f.* **abrasion; excoriation; scratch.**
scortichino *m.* ***1*** (coltello) **flaying knife*** ***2*** (chi scortica le bestie macellate) **flayer** ***3*** *(fig.:* strozzino) **usurer; skinflint.**
scòrẓa *f.* ***1*** (corteccia degli alberi) **rind; bark** ***2*** (buccia di alcuni frutti) **rind; peel; skin**: *la s. di un'arancia,* the rind (o peel) of an orange □ *s. d'arancia,* orange-peel ***3*** (rivestimento cutaneo dei pesci e delle serpi) **skin;** (spoglia) **slough** ***4*** *(fig.:* pelle dell'uomo) **skin** ***5*** *(fig.:* aspetto esteriore) **rind; surface** ● *(fig.) essere di s. dura,* to be thick-skinned; to be tough.
scorẓonéra *f. (bot.,* Scorzonera hispanica) **scorzonera; black salsify.**
scoscéndere *v. i.* **scoscéndersi** *v. rifl.* (franare) to **slide* down.**
scoscendiménto *m.* ***1*** (luogo scosceso) **steep slope** ***2*** (frana) **landslide.**
scoscéso *a.* **steep; precipitous.**
scosciare ***A*** *v. t.* to **cut* off the legs of** (a fowl) ***B*** **scosciarsi** *v. rifl.* to **stretch one's legs wide apart.**
scòssa *f.* ***1*** **shake; shock; bump;** (sbalzo) **jerk, jolt;** (sobbalzo) **start**: *dare una s.* (sobbalzare), to give a start; to start □ *a scosse,* by fits and starts ***2*** *(elettr.)* **shock**: *una s. elettrica,* an electric shock ***3*** *(fig.)* **shock; blow** ● *s. di pioggia,* (light) shower.
scòsso *a.* ***1*** **shaken** ***2*** (danneggiato) **damaged; shattered**: *nervi scossi,* shattered nerves ***3*** (sconvolto) **upset.**
scossóne *m.* **jolt; jerk** ● *s. di pioggia,* heavy shower □ *procedere a scossoni,* to jolt along.
scostante *a.* **standoffish.**
scostare ***A*** *v. t.* ***1*** to **remove;** to **shift;** to **push away;** to **push aside (o apart)**: *s. una sedia da un tavolino,* to remove a chair from a table ***2*** *(fig., fam.:* evitare) to **avoid;** to **keep* away from** (sb.) ***B*** **scostarsi** *v. rifl.* to **draw* away (o aside);** to **turn away (o aside);** to **stand* aside;** (deviare) to **stray,** to **get* away** (from): *s. dalla finestra,* to draw away from the window □ *(fig.) s. da un argomento,* to stray from a subject; to get away from the point.
scostumatézza *f.* ***1*** **dissoluteness; licentiousness** ***2*** (villania) **rudeness; ill-breeding.**
scostumato *a.* ***1*** **dissolute; licentious** ***2*** (villano) **rude; ill-bred.**
scotch *(ingl.) m.* ***1*** (whisky) **Scotch whisky; Scotch** *(fam.)* ***2*** *(marchio:* nastro adesivo) **Scotch tape** *(marchio)*; **Sellotape** *(marchio).*
scotennare *v. t.* to **flay;** to **skin;** (togliere il cuoio capelluto a) to **scalp.**
scotennatóio *m.* **flaying knife*.**
scòtola *f. (ind. tessile)* **scutcher; scutch.**
scotolare *v. t. (ind. tessile)* to **scutch.**
(1) scòtta *f.* (siero non rappreso) **whey.**
(2) scòtta *f. (naut.)* **sheet.**
scottante *a.* **burning** (anche *fig.*); **scalding.**
scottare ***A*** *v. t.* ***1*** to **scorch;** to **scald;** (bruciare) to **burn*** ***2*** (cuocere brevemente) to **half-cook;** (sbollentare) to **scald** ***3*** *(fig.)* to **sting*;** to **nettle;** to **hurt*** ***B*** *v. i.* ***1*** to **scorch;** to **burn*** ***2*** (di cibi) to **be (too) hot;** to **be burning** ● *(fig.) Gli scotta la terra sotto i piedi,* he's itching to be off ***C*** **scottarsi** *v. rifl.* ***1*** to **burn* oneself** ***2*** *(fig.)* to **get* one's fingers burnt.**
scottata *f. (cucina)* **half-cooking;** (in acqua bollente) **scalding.**
scottato *a.* **scorched; scalded;** (bruciato) **burnt** ● *s. dal sole,* sunburnt □ *(fig.) rimanere s.,* to be a loser.
scottatura *f.* **scorch; burn; scald** ● *farsi una s.,* to burn oneself.
(1) scòtto *a.* (troppo cotto) **overcooked; overdone.**
(2) scòtto *m.* — *(fig.) pagare lo s.,* to pay the penalty.
scout *(ingl.) m.* **(boy) scout.**
scoutiṣmo *m.* **scouting.**
scovare *v. t.* ***1*** to **drive* out of a den (o hole);** to **rouse** ***2*** *(fig.)* to **find* out;** to **discover.**
scovolino *m.* ***1*** (per pulire pipe) **pipe-cleaner** ***2*** (per pulire bottiglie) **bottle-cleaner.**
scóvolo *m.* **swab.**

scòzia *f. (archit.)* scotia.
scozzare *v. t.* to **shuffle**: *s. le carte,* to shuffle the cards.
scozzata *f.* **shuffle, shuffling.**
scozzése ***A*** *a.* **Scots; Scottish; Scotch** • *tessuto s.,* tartan ***B*** *m.* ***1*** **Scotsman*; Scot** ***2*** (la lingua) **Scotch** ***C*** *f.* Scotswoman*; Scot.
scozzonare *v. t.* ***1*** to **train** (anche *fig.*); to **break* in** ***2*** *(fig.)* to **teach*** (sb.) **the first elements** (of).
scozzóne *m.* **trainer; horse-breaker.**
scranna *f.* **bench.**
screanzato ***A*** *a.* **ill-mannered; ill-bred; unmannerly; rude** ***B*** *m.* **ill-mannered** (o **ill-bred, rude**) **person.**
screditare ***A*** *v. t.* to **discredit**; to **throw* discredit (on)** (sb.) ***B*** **screditarsi** *v. rifl.* to **bring* discredit upon oneself.**
screditato *a.* **discredited.**
scrédito *m.* **discredit; disrepute.**
scremare *v. t.* to **skim**: *s. il latte,* to skim the milk.
scrematrice *f.* **cream-separator; skimmer.**
scrematura *f.* **skimming.**
screpolare ***A*** *v. t.* to **chap**; to **cause to crack** ***B*** *v. i.* e **screpolarsi** *v. rifl.* to **chap**; to **crack.**
screpolato *a.* **cracked; chapped; chappy.**
screpolatura *f.* **chap; crack; chink; fissure.**
screziare *v. t.* to **variegate**; to **streak**; to **speckle**; to **fleck.**
screziato *a.* **variegated; streaked; speckled; flecked.**
screziatura *f.* **variegation.**
scrèzio *m.* **dissension; disagreement; variance**: *C'è qualche s. tra noi,* we are at variance.
scriba *m.* (anche *Bibbia*) **scribe.**
scribacchiare *v. i.* to **scribble.**
scribacchino *m.* **scribbler; hack(-writer).**
scricchiolare *v. i.* to **creak**; to **squeak** • *scarpe che scricchiolano,* creaky shoes.
scricchiolìo *m.* **creaking; squeaking.**
scricciolo *m.* ***1*** *(zool.,* Troglodytes troglodytes*)* **wren** ***2*** *(fig.)* **mite.**
scrigno *m.* **casket; coffer; jewel-case.**
scriminatura *f.* **parting.**
scrìmolo *m.* **(extreme) edge; verge; brink; border.**
scriteriato ***A*** *a.* **senseless; brainless; irresponsible** ***B*** *m.* **senseless** (o **irresponsible**) **fellow; scatterbrain** *(fam.).*
scritta *f.* ***1*** (atto notarile) **deed**; (contratto) **contract** ***2*** (iscrizione) **inscription.**
scritto ***A*** *a.* **written**: *leggi scritte,* written laws ***B*** *m.* ***1*** (cosa scritta) **writing**; (lettera) **letter** ***2*** (opera letteraria o scientifica) **writing** *(generalm. al pl.)*; **work**: *scritti critici,* works of criticism ***3*** (scrittura) **(hand)-writing; hand** • *in* (o *per*) *iscritto,* in writing; written *(agg.).*
scrittóio *m.* **writing desk.**
scrittóre *m.* **writer**; (autore) **author.**
scrittrice *f.* **woman* writer; lady-writer.**
scrittura *f.* ***1*** (lo scrivere) **writing**: *sala di s.,* writing-room ***2*** (cosa scritta) **writing**; (atto notarile) **deed**; (contratto) **contract**: *la (Sacra) S.,* the Holy Writings *(pl.)*; the Scriptures *(pl.)* ***3*** *(rag.)* **entry** • *s. aerea,* skywriting □ *s. a mano,* handwriting □ *avere una bella s.,* to write a good hand □ *bella s.,* calligraphy; penmanship.
scritturale ***A*** *a. (relig.)* **Scriptural** ***B*** *m.* (scrivano) **clerk**; (copista) **copyist, scribe.**
scritturare *v. t.* ***1*** *(teatr., cinem.)* to **engage** ***2*** *(rag.)* to **enter.**
scritturazióne *f.* **engagement; engaging.**
scrivanìa *f.* **writing desk; bureau*.**
scrivano *m.* **clerk**; (copista) **copyist, scribe.**
scrivènte ***A*** *a.* **writing** ***B*** *m.* e *f.* **writer.**
scrìvere ***A*** *v. t.* ***1*** to **write***: *s. a mano,* to write by hand □ *s. a matita (a penna),* to write in pencil (in ink) □ *s. a q.,* to write to sb. □ *s. una lettera a q.,* to write sb. a letter ***2*** (le lettere d'una parola) to **spell**; to **write***: *Come si scrive il tuo nome?,* how do you spell your name? ***3*** *(rag.:* registrare) to **enter** • *s. a macchina,* to typewrite; to type □ *macchina per s.,* typewriter □ *occorrente per s.,* writing materials □ *Era scritto nel libro del destino,* it was bound to happen ***B*** **scriversi** *v. rifl. recipr.* to **write* to each other** (o **to one another**).
scroccare *v. t.* to **sponge**; to **scrounge.**
scroccatóre *m.* **sponger, sponge; scrounger.**
(1) scròcco *m.* **sponging; scrounging** • *vivere a s.,* to scrounge a living; to cadge.
(2) scròcco *m.* (scatto) **click** • *coltello a s.,* clasp-knife.
scroccóne *m.* **sponger, sponge; scrounger.**
scròfa *f.* ***1*** **sow** ***2*** *(fig., spreg.)* **tart; slut.**
scròfola *f. (med.)* **scrofula; king's evil.**
scrofolóso *(med.)* ***A*** *a.* **scrofulous** ***B*** *m.* **sufferer from scrofula.**
scrollare ***A*** *v. t.* to **shake***: *s. la testa,* to shake one's head • *s. le spalle,* to shrug one's shoulders ***B*** **scrollarsi** *v. rifl.* to **shake* oneself**; *(fig.)* to **wake* up.**
scrollata *f.* **shake, shaking**: *dare una s. a q.c.,* to give st. a shake • *s. di spalle,* shrug (of the shoulders).
scròllo *m.* **shake, shaking.**
scrosciante *a.* (di pioggia) **pelting**; (di risa) **roaring**; (di applausi) **thundering.**
scrosciare *v. i.* (di pioggia) to **pelt**; (di risa) to **roar**; (di applausi) to **thunder.**
scròscio *m.* **pelting; shower**; (di risa) **roar**; (di applausi) **thunder**; (scoppio) **burst**: *uno s. di pioggia,* a shower □ *scrosci di risa,* roars of laughter • *piovere a s.,* to pour.
scrostare ***A*** *v. t.* ***1*** to **take* the crust off** (st.) ***2*** (intonaco, vernice, ecc.) to **scrape** (o **to strip, to peel**) **off** ***B*** **scrostarsi** *v. rifl.* to **scale off**; to **peel off.**
scrostatura *f.* **scraping; stripping; peeling.**
scròto *m. (anat.)* **scrotum*.**
scrùpolo *m.* ***1*** **scruple**: *un uomo senza scrupoli,* a man of no scruples □ *non avere s. a fare q.c.,* to have no scruples about doing st. ***2*** (cura, diligenza) **care; diligence; conscientiousness** • *essere esatto sino allo s.,* to be scrupulously exact.
scrupolosaménte *avv.* **scupulously; with great care.**
scrupolosità *f.* **scrupulosity; scrupulousness**; (meticolosità) **meticulousness, queasiness.**
scrupolóso *a.* **scrupulous**; (meticoloso) **meticulous, queasy**: *essere troppo s.,* to be overscrupulous.
scrutare *v. t.* to **scrutinize**; to **peer at** (sb.), to **peer into** (st.); to **scan**; to **search**: *s. l'orizzonte,* to scan the horizon.
scrutatóre ***A*** *m.* (nelle votazioni) **scrutineer** ***B*** *a.* **scrutinizing; searching; inquisitive.**
scrutinare *v. t.* ***1*** to **scrutinize** ***2*** (nel linguaggio scolastico) to **assign (the term's) marks to** (sb.).
scrutinatóre *m.* **scrutineer.**
scrutìnio *m.* ***1*** (in una votazione) **poll; ballot; voting**: *a s. segreto,* by secret ballot ***2*** (spoglio dei voti) **scrutiny** ***3*** (nel linguaggio scolastico) **assignation of (the term's) marks.**
scucire ***A*** *v. t.* to **unstitch**; to **unseam** ***B*** **scucirsi** *v. rifl.* to **come* unstitched.**
scucito *a.* ***1*** **unstitched; ripped (at the seams)** ***2*** *(fig.)* **disconnected; incoherent; rambling.**
scucitura *f.* **seam-rent.**
scuderìa *f.* **stable.**
scudétto *m. (sport)* **championship; shield.**
scudièro *m.* ***1*** *(stor.)* **esquire; squire** ***2*** (titolo) **equerry.**
scudisciare *v. t.* to **lash**; to **whip.**
scudisciata *f.* **lash.**
scudiscio *m.* **lash**; (frustino) **riding whip.**
(1) scudo *m.* ***1*** **shield; buckler** ***2*** (stemma gentilizio) **escutcheon** • *fare s. a q.,* to shield sb.
(2) scudo *m. (numismatica)* **scudo*** *(ital.).*
scùffia *f.* — *(naut.) fare s.,* to capsize □ *(pop.) prendersi una s.,* to get drunk.
scugnizzo *m.* **(street-)urchin.**
sculacciare *v. t.* to **spank.**
sculacciata *f.* **sculaccióne** *m.* **spank, spanking** • *dare una s. a q.,* to spank sb.
sculettare *v. i. (fam.)* to **sway one's hips (in walking).**

scultóre *m.* **sculptor.**

scultòreo, scultòrio *a.* **1 sculptural; sculpturesque 2** *(fig.)* **incisive; clear-cut.**

scultrice *f.* **sculptress.**

scultura *f.* (arte dello scolpire; opera scolpita) **sculpture.**

scuoiare *V.* **scoiare.**

scuòla *f. (in ogni senso)* **school**: *andare a s.,* to go to school □ *essere a s.,* to be at school □ *essere* (o *trovarsi) nella s.,* to be in the school □ *È ora di andare a s.,* it's time to go to school; it's school-time □ *la s. platonica,* the Platonic school □ *la s. romantica,* the Romantic school ● *s. classica* (in *G. B.*), grammar school □ *s. di ballo,* dancing-school □ *s. elementare,* elementary (o primary) school; grammar school *(USA)* □ *s. magistrale,* (teachers') training-school □ *s. materna,* kindergarten; nursery-school; infant school □ *s. media,* secondary school; high school *(USA)* □ *s. privata, (in G.B.)* public school; *(in USA)* private school □ *s. professionale,* vocational school □ *s. pubblica, (in G.B.)* State school; *(in USA)* public school □ *s. tecnica commerciale, (in G.B.)* school of commerce; *(in USA)* commercial high school □ *compagno di s.,* schoolfellow; schoolmate □ *giorni di s.,* school days □ *nave s.,* training ship.

scuòlabus *m.* **school bus.**

scuòtere A *v. t.* e *i.* to **shake***; to **stir**; to **toss**; (dimenare) to **wag**, to **waggle**; (destare) to **rouse**, to **wake* up**: *s. il capo (o la testa),* to shake one's head □ *(fig.) s. il giogo,* to shake off the yoke (of servitude) □ *s. q.* (perché si svegli), to shake (o to wake) sb. up □ *s. q. dall'indolenza,* to rouse sb. from indolence □ *Il vento scuoteva le foglie,* the wind stirred the leaves ● *s. le spalle,* to shrug one's shoulders **B scuòtersi** *v. rifl.* to **shake* (oneself)**; (destarsi) to **rouse oneself**, to **wake* up**; (darsi da fare) to **stir oneself** ● *s. di dosso una cattiva abitudine,* to shake off a bad habit.

scure *f.* **ax(e); hatchet.**

scurétto *m.* **(window-)shutter.**

scurire A *v. t.* to **darken**; to **obscure B** *v. i.* e **scurirsi** *v. rifl.* to **darken**; to **grow*** (o to **become***) **dark.**

scuro A *a.* **dark; dusky; obscure; dim**; (tetro) **sombre, gloomy, dismal**; (torvo) **grim**: *avere gli occhi scuri,* to have dark eyes □ *un linguaggio s.,* an obscure language ● *s. di carnagione,* swarthy *(agg.)* **B** *m.* **1 dark; dusk; gloom**: *(fig.) essere allo s. di q.c.,* to be in the dark about st. **2** (imposta) **(window-)shutter** ● *vestire di s.,* to wear dark colours.

scurrile *a.* **scurrilous; coarse; gross; foul--mouthed.**

scurrilità *f.* **scurrility.**

scuṣa *f.* **1 excuse; apology**: *Ti prego di presentargli le mie scuse,* please give him my apologies **2** (motivo a giustificazione di q.c.) **excuse**; (pretesto) **pretext, pretence**: *È una s. buona,* that's a good excuse □ *allontanare q. con una s.,* to put sb. off with an excuse □ *cercare una s.,* to fish for an excuse □ *Sono tutte scuse,* that's all pretence ● *chiedere s.,* to beg sb.'s pardon; to apologize (to sb., for st., for doing st.) □ *fare le proprie scuse,* to excuse oneself □ *Chiedo s.!,* excuse me; (per una mancanza già avvenuta) sorry!

scuṣàbile *a.* **excusable; pardonable.**

scuṣare A *v. t.* **1** to **excuse**; (perdonare) to **pardon**, to **forgive***: *Scusami il ritardo,* excuse me (o forgive me) for coming late (o if I am late) □ *Scusami,* excuse me; (per una mancanza già avvenuta) sorry! **2** (giustificare) to **excuse**; to **justify** ● *Scusi, come ha detto?,* (I beg your) pardon? **B scuṣarsi** *v. rifl.* (formulare una scusa) to **apologize** (for); (fornire una scusa) to **excuse oneself**; (giustificarsi) to **justify oneself**; (trovare scuse) to **find* excuses.**

scuterista *m.* e *f.* **motor-scooter rider.**

ṣdaziare *v. t. (comm.)* to **clear.**

ṣdebitarsi *v. rifl.* **1** to **pay* off one's debts 2** *(fig.:* disobbligarsi) to **repay* an obligation** ● *s. d'un favore ricevuto,* to return a favour.

ṣdegnare A *v. t.* to **disdain**; to **look down** (upon); to **scorn B ṣdegnarsi** *v. rifl.* (adirarsi) to **get* angry**; (offendersi) to **be offended.**

ṣdegnato *a.* **indignant**; (adirato) **angry.**

ṣdégno *m.* **disdain**; (ira) **anger**; (indignazione) **indignation**: *frenare lo s.,* to control one's anger ● *avere q. (q.c.) a s.,* to disdain sb. (st.) □ *parole di s.,* disdainful words.

ṣdegnosità *f.* **disdainfulness**; (alterigia) **haughtiness, superciliousness.**

ṣdegnóso *a.* **disdainful**; (altero) **proud, haughty, supercilious.**

ṣdentare A *v. t.* to **break* the teeth of B ṣdentarsi** *v. rifl.* to **lose* one's teeth.**

ṣdentato *a.* **toothless.**

ṣdilinquiménto *m.* **mawkishness; lackadaisicalness.**

ṣdilinquirsi *v. rifl.* **1** (languire) to **languish 2** (andare in deliquio) to **faint**; to **swoon 3** *(fig.)* to **be languidly sentimental**; to **get* maudlin** (o **mawkish**).

ṣdoganaménto *m. (comm.)* **clearance.**

ṣdoganare *v. t. (comm.)* to **clear (through the customs).**

ṣdolcinatézza *f.* **sugariness**; (svenevolezza) **mawkishness, lackadaisicalness; sloppiness** *(fam.).*

ṣdolcinato *a.* **sugary**; (lezioso) **full of affectation, namby-pamby**; (svenevole) **languidly sentimental, maudlin, mawkish, lackadaisical; sloppy** *(fam.)*: *maniere sdolcinate,* sugary manners; mawkish ways □ *una persona sdolcinata,* a namby-pamby (person).

ṣdolcinatura *f.* **1 mawkish manners** *(pl.)*; **maudlin behaviour 2** (cosa sdolcinata) **namby-pamby.**

ṣdoppiaménto *m.* **division (into two parts); splitting** ● *(psic.) s. della personalità,* split personality.

ṣdoppiare *v. t.* **ṣdoppiarsi** *v. rifl.* to **divide (into two parts)**; to **split*.**

ṣdottoreggiare *v. i.* to **show* off one's learning.**

ṣdràia *f.* **deck-chair.**

ṣdraiare A *v. t.* to **lay* down B ṣdraiarsi** *v. rifl.* to **lay* oneself down**; to **lie* down**; to **stretch oneself out.**

ṣdraiato *a.* **lying**; (supino) **supine** ● *stare s.,* to lie.

ṣdràio *m.* — *sedia a s.,* deck-chair.

ṣdrammatiẓẓare *v. t.* to **render** (st.) **less dramatic.**

ṣdrucciolare *v. i.* to **slip**; to **slide*.**

ṣdrucciolévole *a.* **slippery; slithery.**

ṣdrùcciolo A *a. (fon.)* **proparoxytone** ● *parola sdrucciola,* proparoxytone **B** *m.* (sentiero in pendio) **sloping** (o **downhill**) **lane.**

ṣdrucciolóne *m.* **slip; slide** ● *fare gli sdruccioloni sul ghiaccio,* to slide on the ice.

ṣdrucciolóni *avv.* **sliding** ● *venire giù s.,* to slide down.

ṣdrucciolóso *V.* **ṣdrucciolévole.**

ṣdrucire *v. t.* to **rip (the seams of)**; (lacerare) to **tear* (open)**; to **rend*.**

ṣdrucito *a.* **torn; rent.**

ṣdrucitura *f.* **tear; rent; rip.**

(1) se A *cong.* **1** *(condizionale, causale, concessivo)* **if**: *Se studierai molto, sarai promosso,* if you study hard, you will pass your exam(s) □ *Se me l'avessero detto, avrei accettato,* if they had told me, I would have accepted □ *Se dici questo, sbagli,* if you say so, you are wrong **2** *(dubit.)* **whether; if**: *non sapere se andare o rimanere,* not to know whether to go or stay □ *Non so se egli venga o no,* I don't know whether he will come or not □ *Mi chiedo se ce la faremo a prendere l'ultimo autobus,* I wonder whether we shall catch the last bus **3** *(escl. e desiderativo)* **if (only)**: *Se solo l'avessi saputo!,* if only I had known! □ *Oh, se potessi andare!,* oh, if only I could go! □ *Come se non lo sapessi!,* as if I didn't know! ● *se mai,* if; (caso mai) in case □ *se no,* if not; or else; (altrimenti) otherwise □ *se non* (eccetto), but; except □ *se non altro,* at least □ *se non che,* but □ *come se,* as if; as though □ *nemmeno se,* not even if □ *E se provassimo?,* suppose we try! □ *E se facessimo una lunga passeggiata?,* what about a long walk? **B** *m.* **if**: *a furia di se e di ma,* with all one's ifs and buts.

(2) se *particella pron. atona* (invece di « si »; davanti a lo, la, li, le, ne) *(idiom.)*: *Se n'è andato,* he's gone away □ *Se ne parla ancora,* they are still talking about it □ *Egli se la prese con me,* he got angry with me.

(3) se *pron. rifl. (nelle locuzioni pron.:* se stesso, se stessa, ecc.*) V.* **sé.**
sé *pron. rifl. di 3ª pers. m.* e *f. (sing.* e *pl.)* ***1*** **oneself; himself, herself, itself; themselves; one; him, her, it; them**: *essere fuori di sé,* to be beside oneself; to be off one's head □ *parlare di sé,* to talk about oneself: *Amano parlare di sé,* they like to talk about themselves □ *ritornare in sé,* to come to oneself; to come round □ *da sé,* by oneself: *Lo fece da sé,* he (o she) did it (by) himself (o herself) □ *Ci pensi da sé,* it's up to him (o her) □ *fra sé,* to oneself □ *La cosa di per sé ha poca importanza,* the thing itself is not very important ***2*** — *di sé* (auto-), self-: *amore di sé,* self-love □ *compassione di sé,* self-pity □ *padronanza di sé,* self-control □ *pieno di sé,* self-important □ *un uomo sicuro di sé,* a self--confident man ● *non essere più in sé,* to be off one's head □ *uscire di sé,* to lose one's reason □ *È un uomo che si è fatto da sé,* he is a self-made man □ *Va da sé (che...),* it goes withouth saying (that...).
sebàceo *a. (anat.)* **sebaceous**: *ghiandole sebacee,* sebaceous glands.
sebbène *cong.* **although, though**: *Venne, s. fosse ammalato,* he came, though (he was) ill.
sèbo *m. (fisiologia)* **sebum.**
secante *a.* e *f. (geom.)* **secant.**
sécca *f. (naut.)* **shoal; shallows** *(pl.)*; **sandbank** ● *(fig.) abbandonare q. nelle secche,* to leave sb. in the lurch □ *(fig.) trovarsi nelle secche,* to be stranded.
seccante *a.* **boring; annoying; tedious; tiresome; wearisome; bothersome; irksome.**
seccare ***A*** *v. t.* ***1*** to **dry;** to **dry up;** to **desiccate;** to **wither up;** to **sear**: *s. i fichi,* to dry figs □ *s. un pozzo,* to dry up a well ***2*** *(fig.:* importunare) to **bore;** to **bother;** to **annoy;** to **worry** ***B*** *v. i.* to **dry up;** (appassire) to **wither** ***C*** **seccarsi** *v. rifl.* ***1*** to **dry up** ***2*** *(fig.)* to **get* bored** (o **annoyed).**
seccato *a.* ***1*** **dried; dried up;** (appassito) **withered** ***2*** *(fig.:* annoiato) **bored; annoyed;** (stufo) **tired; fed up** *(pop.)*: *essere s. di q.c. (con q.),* to be annoyed at st. (with sb.).
seccatóio *m.* ***1*** **drying room** ***2*** *(naut.)* **squeegee.**
seccatóre *m.* **bore; tiresome person; nuisance.**
seccatura *f.* **bore; bother; annoyance; nuisance;** (fastidio) **trouble**: *Che s.!,* what a nuisance!; oh bother!
secchézza *f.* ***1*** (aridità) **dryness** *(anche fig.)*; **aridity** ***2*** (magrezza) **thinness; leanness.**
sécchia *f.* ***1*** **bucket; pail** ***2*** (secchiata) **bucket(ful); pail(ful)** ***3*** *(gergo studentesco)* **sap; swot; grind** *(USA).*
secchièllo *m.* **(small) bucket**: *un s. per il ghiaccio,* an ice-bucket.
sécchio *m.* **pail; bucket.**
secchióne *m.* ***1*** *(metall.)* **ladle** ***2*** *(gergo studentesco)* **sap; swot; grind** *(USA).*
sécco ***A*** *a.* ***1*** **dry;** (arido) **arid;** (disseccato, prosciugato) **dried, dried up, parched;** (appassito) **withered, sear**: *fichi secchi,* dried figs □ *foglie secche,* withered (o dead) leaves □ *paglia secca,* dry straw □ *un pozzo s.,* a dry well □ *vini secchi,* dry wines ***2*** (magro) **thin; slender; lean; gaunt**: *essere s. come un chiodo,* to be as thin as a lath (o as a whipping-post) ***3*** *(fig.)* **curt; blunt;** (deciso) **flat, point-blank;** (brusco) **abrupt**: *una risposta secca,* a curt (o flat) answer ● *persona dalle gambe lunghe e secche,* spindle-shanks □ *rispondere con un no s.,* to refuse point-blank □ *spaccare q.c. con un colpo s.,* to split st. at a single blow ***B*** *m.* (siccità) **drought** ● *(naut.) in s.,* aground *(agg. pred. e avv.)* □ *lavare a s.,* to dry-clean □ *lavatura a s.,* dry-cleaning □ *(naut.) rimanere in s.,* to be stranded (anche *fig.*); *(fig.)* to be left without a penny (o penniless) □ *(naut.) tirare una barca in s.,* to beach a boat.
seccume *m.* **withered branches and leaves.**
secentésco *a. (arte, letter.)* **seventeenth-century** *(attr.).*
secentista *m. (arte, letter.)* **seventeenth-century writer (o artist).**
secèrnere *v. t. (biol.)* to **secrete.**
secessióne *f.* **secession**: *la Guerra di S.,* the War of Secession.
secessionismo *m.* **secessionism.**
secessionista *m., f.* e *a.* **secessionist.**
séco *pron. pers. m.* e *f. 3ª pers. compl. indir. (lett.)* (con lui) **with him;** (con lei) **with her;** (con esso) **with it;** (con loro) **with them;** (con sé) **with one.**
secolare *a.* ***1*** (che si verifica ogni secolo) **secular** ***2*** (che ha uno o più secoli) **secular; age-old**: *una quercia s.,* a secular oak ***3*** (che vive nel secolo) **secular;** (laico) **lay;** (mondano) **worldly, temporal**: *il clero s.,* the secular clergy.
secolarésco *a. (lett.)* **worldly.**
secolarizzare *v. t.* to **secularize;** to **laicize.**
secolarizzazióne *f.* **secularization; laicization.**
sècolo *m.* ***1*** **century**: *nel terzo s. avanti (dopo) Cristo,* in the third century before (after) Christ ***2*** (era) **era;** (epoca) **epoch;** (età) **age**: *il s. d'Augusto,* the Augustan Age ***3*** (tempo attuale) **age; time; days** *(pl.)*: *le meraviglie del nostro s.,* the wonders of our time ***4*** (nel linguaggio ascetico) **world**: *Fra Biagio, al s. Giovanni Bernuzzi,* Fra Biagio, in the world Giovanni Bernuzzi ***5*** *(al pl.,* tempo*)* **time**: *per tutti i secoli dei secoli,* to the end of time; world without end ● *Non ti vedo da un s.,* I have not seen you for ages; it's ages since I saw you last.
secónda *f.* ***1*** (a scuola) **second class** (o **year)** ***2*** *(autom.)* **second gear** ***3*** *(ferr.)* **second class**: *viaggiare in s.,* to travel second class ***4*** *(naut.)* **cabin-class** ***5*** *(mus.)* **second** ***6*** *(scherma)* **seconde** ● *a s. di,* in conformity with; according to.
secondare *v. t.* to **second;** to **support;** (favorire) to **favour;** (accondiscendere a) to **comply with** (st.); (indulgere) to **indulge,** to **gratify.**
secondariaménte *avv.* ***1*** **secondarily** ***2*** (in secondo luogo) **secondly; in the second place.**
secondàrio *a.* **secondary;** (subordinato) **subordinate;** (minore) **minor**: *l'istruzione secondaria,* secondary education □ *un intreccio s.,* a subordinate plot; a sub-plot □ *(gramm.) una proposizione secondaria,* a subordinate clause □ *di secondaria importanza,* of secondary (o minor) importance ● *avere un posto di secondaria importanza,* to play second fiddle *(fam.)* □ *(ferr.) linea secondaria,* branch line.
secondino *m.* **warder; jailer, jailor, gaoler.**
(1) secóndo ***A*** *a.* ***1*** *(num. ord.;* anche *fig.)* **second**: *Giacomo II,* James the Second □ *il s. atto,* the second act □ *la seconda volta,* the second time □ *un s. Raffaello,* a second Raphael □ *non essere s. a nessuno,* to be second to none ***2*** (per qualità) **second-best;** (per grandezza) **second-largest** ***3*** *(lett.:* favorevole) **favourable**: *venti secondi,* favourable (o fair) winds ● *seconda colazione,* lunch □ *di seconda categoria,* second-rate □ *di seconda classe,* second-class □ *di seconda mano,* second-hand ***B*** *m.* ***1*** **second** ***2*** (minuto s.; anche *fig.*) **second**: *fra mezzo s.,* in half a second; in a jiffy *(fam.)* ***3*** (padrino in un duello; assistente di pugile) **second**: *Fuori i secondi!,* seconds out of the ring! ***4*** *(naut.)* **second mate** ***5*** (s. piatto) **main course** ● *il primo..., il s. ...,* the former..., the latter... ***C*** *avv.* **second(ly).**
(2) secóndo *prep.* **according to; in accordance with; in compliance with**: *s. la Bibbia,* according to the Bible □ *s. l'uso,* in accordance with custom ● *s. che,* according to whether: *s. che gli piaccia o no,* according to whether he likes it or not □ *s. me (te, ecc.),* in my (your, etc.) opinion □ *s. la moda francese,* after the French fashion □ *(comm.) s. l'ordine dato,* as per order given □ *s. i precedenti accordi,* as previously agreed upon □ *« Partirai domani? » « S. il tempo! »,* « are you leaving tomorrow? » « it depends on the weather! » □ *« Glielo dirai? » « S.! »,* « are you going to tell him? » « that depends! ».
secondogènito ***A*** *a.* **second-born** ***B*** *m.* **second--born son.**
secrétaire *(franc.) m.* **secretaire; secretary; bureau*.**
secretivo *a. (biol.)* **secreting; secretory.**
secrèto *m. (biol.)* **secretion.**
secrezióne *f. (biol.)* **secretion.**
sèdano *m. (bot.,* Apium graveolens*)* **celery.**
sedare *v. t.* ***1*** (placare) to **assuage;** to **allay;** to **soothe;** to **mitigate** ***2*** (reprimere) to **repress;** to **put***

down.

sedativo *a.* e *m.* *(farm.)* **sedative; lenitive.**

sède *f.* ***1*** *(generalm.)* **seat;** (centro) **centre;** (residenza) **residence;** (dimora) **abode**: *Il Vaticano è la s. del Papato,* the Vatican is the seat of Papacy □ (di persona) *avere s. in un luogo,* to have one's residence (o to reside) in a place ***2*** *(relig.)* **see**: *la Santa S.,* the Holy See ***3*** *(comm.)* **office**: *la s. centrale d'una banca,* the head office of a bank ***4*** (sessione) **session; sitting**: *in separata s.,* in a special session; (in privato) in private ***5*** *(mecc.:* di valvola) **seat, seating;** (di cuscinetto) **housing** ● *città s. di università,* university town □ *in s. d'esami,* during the examinations □ *essere trasferito ad altra s.,* to be transferred to another town.

sedentàrio ***A*** *a.* **sedentary** ***B*** *m.* **person of sedentary habits.**

(1) sedére ***A*** *v. i.* *(generalm.)* to **sit***; to **be seated;** (mettersi a sedere) to **sit* down,** to **take* a seat**: *s. con le gambe incrociate,* to sit cross-legged □ *s. in (una) poltrona (su una panchina),* to sit in an armchair (on a bench) □ *Sedete, prego!,* please sit down! □ *s. in parlamento,* to sit in Parliament ● *alzarsi da s.,* to stand up □ *levarsi a s.,* to sit up □ *mettersi a s.,* to sit down; to take a seat □ *rimanere seduto,* to keep one's seat □ *stare a s. (o star seduto),* to be sitting; to be seated ***B*** **sedérsi** *v. rifl.* to **sit* down;** to **seat oneself;** to **be seated;** to **take* a seat**: *s. a tavola,* to sit down at (the) table □ *Sediamoci!,* let's sit down!

(2) sedére *m.* **backside; buttocks** *(pl.)*; **bottom** *(fam.)*; **bum** *(volg.)*.

sèdia *f.* **chair**: *una s. a braccioli,* an armchair □ *la s. elettrica,* the electric chair ● *sedie di prima fila,* first-row seats.

sedicènne ***A*** *a.* **sixteen-year-old** *(attr.)*; **sixteen years old** *(pred.)*; **aged sixteen** ***B*** *m.* **sixteen-year-old boy** ***C*** *f.* **sixteen-year-old girl.**

sedicènte *a.* **would-be; self-styled.**

sedicèșimo ***A*** *a. num. ord.* e *m.* **sixteenth** ***B*** *m.* *(tipogr.)* **sextodecimo*; sixteenmo***: *in s.,* in 16mo.

sédici *a. num. card.* e *m.* **sixteen** ● *il s. di questo mese,* on the sixteenth of this month □ *Sono le s.,* it is four p. m.

sedicina *f.* **some sixteen; about sixteen.**

sedile *m.* **seat;** (sedia) **chair;** (panca) **bench**: *i sedili del parco,* the park benches □ *un s. girevole,* a swivel chair.

sedimentàrio *a.* *(geol.)* **sedimentary.**

sedimentazióne *f.* *(chim., geol.)* **sedimentation.**

sediménto *m.* *(chim., geol.)* **sediment; deposit.**

sedizióne *f.* **sedition; rebellion; mutiny.**

sedizióso ***A*** *a.* **seditious; factious** ***B*** *m.* **rioter; rebel.**

seducènte *a.* **seductive; alluring; captivating; winning.**

sedurre *v. t.* ***1*** (traviare) to **seduce;** to **lead* astray;** (ingannare) to **beguile** ***2*** (allettare) to **allure;** to **entice;** to **tempt.**

seduta *f.* ***1*** **sitting; session; meeting**: *s. stante,* during the sitting (o meeting); *(fig.)* immediately □ *aprire (chiudere, sospendere) una s.,* to open (to close, to adjourn) a meeting □ *essere in s.,* to be in session ***2*** *(pitt., scult.)* **sitting.**

seduttóre *m.* **seducer.**

seduzióne *f.* **seduction; allurement; enticement; temptation**: *non cedere alla s.,* not to yield to temptation.

séga *f.* **saw** ● *s. meccanica,* sawing machine □ *a denti di s.,* saw-toothed; serrate, serrated □ *(zool.) pesce s.* (Pristis pristis), sawfish.

ségala, ségale *f.* *(bot.,* Secale cereale) **rye**: *pan di s.,* rye bread.

segaligno *a.* ***1*** (di segale) **rye** *(attr.)* ***2*** *(fig.:* di persona) **wiry.**

segare *v. t.* ***1*** to **saw***; (tagliare) to **cut***: *s. un tronco,* to saw a log (in two) ***2*** *(dial.:* mietere) to **cut***; to **reap;** to **mow** ***3*** (stringere fortemente) to **saw into,** to **cut* into** (st.).

segatóre *m.* **sawyer.**

segatrice *f.* *(mecc.)* **sawing machine.**

segatura *f.* ***1*** **sawing** ***2*** (s. di legno) **sawdust.**

seggétta *f.* **close-stool; commode.**

sèggio *m.* **seat; chair;** (stallo) **stall** ● *s. elettorale,* polling station; (i componenti) **board of scrutineers.**

sèggiola *V.* **sèdia.**

seggiolàio *m.* ***1*** (chi fa seggiole) **chair-maker** ***2*** (chi accomoda seggiole) **chair-mender** ***3*** (chi vende seggiole) **chair-seller.**

seggiolino *m.* (per bambini) **baby's chair** ● *(aeron.) s. eiettabile,* ejection seat.

seggiolóne *m.* ***1*** **big chair** ***2*** (per bambini) **high chair.**

seggiovia *f.* **chair-lift.**

segheria *f.* **saw-mill.**

seghétta *f.* **file.**

seghettare *v. t.* to **serrate.**

seghettato *a.* **serrate, serrated; jagged; saw-edged.**

seghétto *m.* (per metalli) **hack(-)saw.**

segmentare *v. t.* to **divide into segments;** to **segment.**

segmentazióne *f.* *(geom., biol.)* **segmentation.**

segménto *m.* ***1*** *(geom., biol.)* **segment** ***2*** (parte) **section; piece** ***3*** (di motori) **piston-ring.**

segnacarte *m.* **book-mark, book-marker.**

segnalare ***A*** *v. t.* ***1*** to **signal;** to **make* a signal** (o **signals**) (to) ***2*** *(fig.)* to **signalize;** to **point out;** to **mark out** (for) ***B*** **segnalarsi** *v. rifl.* to **signalize oneself;** to **distinguish oneself.**

segnalato *a.* **outstanding; remarkable; conspicuous;** (famoso) **famous, celebrated.**

segnalatóre *m.* ***1*** **signaller** ***2*** *(ferr., naut., mil.)* **signalman*.**

segnalazióne *f.* ***1*** **signalling;** (segnale) **signal**: *fare segnalazioni,* to make signals; to signal ***2*** *(fig.)* **recommendation.**

segnale *m.* **signal;** (specialm. luminoso) **beacon;** *(aeron.)* **marker**: *s. acustico,* sound signal □ *s. d'allarme,* warning signal □ *s. di partenza,* starting signal; *(naut.)* Blue Peter □ *s. di pericolo,* warning sign(al); *(radio)* distress signal □ *(radio, telev.) s. orario,* time signal ● *(tel.) s. di linea libera,* dialling tone □ *(tel.) s. di occupato,* engaged tone.

segnalètica *f.* **signals** *(pl.)*: *s. stradale,* traffic signals; road signs.

segnalètico *a.* **identifying** ● *dati segnaletici,* identification marks.

segnalibro *m.* **book-mark, book-marker.**

segnalìnee *m.* *(sport)* **linesman*.**

segnapósto *m.* **place card.**

segnaprèzzo *m. invar.* **price-tag.**

segnapunti *m.* ***1*** **scorekeeper** ***2*** (tabellone) **score-board.**

segnare ***A*** *v. t.* ***1*** *(generalm.)* to **mark;** (con un marchio, e *fig.*) to **brand;** (tracciare) to **draw***: *s. gli errori col lapis rosso,* to mark (o to underline) the mistakes in red pencil □ *s. il bestiame con un marchio,* to brand the cattle □ *s. la linea di confine,* to draw the boundary line ***2*** (prendere nota di) to **note down;** to **write* down** ***3*** (indicare) to **mark;** to **indicate;** to **show*;** (di strumento) to **read*** ***4*** (scalfire) to **mark;** to **scratch** ***5*** *(sport)* to **mark;** to **score**: *s. i punti,* to mark the game; to keep the score □ *s. un goal,* to score a goal ***B*** *v. i.* *(sport)* to **score** ● *(mil.) s. il passo,* to mark time (anche *fig.*) □ *(fig.) s. q. a dito,* to point the finger of scorn at sb. □ *(mus.) s. il tempo,* to beat time □ *(comm.) s. una somma a credito (a debito) di q.,* to credit (to debit) sb. with an amount □ *L'orologio segna le ore,* the clock tells the time ***C*** **segnarsi** *v. rifl.* to **cross oneself;** to **make* the sign of the cross.**

segnataménte *avv.* *(lett.)* **chiefly; mainly; especially.**

segnatàrio *m.* **signer; signatory.**

segnatasse *m.* **postage-due stamp.**

segnato *a.* ***1*** **marked; branded**: *una pecora segnata,* a branded sheep; *(fig.)* a marked person ***2*** *(fig.:* deciso) **decided; fixed; settled.**

segnatura *f.* ***1*** (il segnare) **marking** ***2*** (segno) **mark, sign;** (numero di collocazione d'un libro) **press-mark** ***3*** *(tipogr.)* **signature** ***4*** *(sport)* **score.**

segnavènto *m. invar.* **weathercock.**

ségno *m.* **1** *(generalm.)* **sign; mark;** (marchio) **brand;** (impronta) **print, impression;** (traccia) **trace, track;** (graffio) **scratch;** (voglia) **birthmark**: *(mat.) il s. meno (più),* the minus (plus) sign □ *segni convenzionali,* conventional signs □ *segni di interpunzione,* punctuation marks □ *(tipogr.) segni di ripetizione,* ditto marks □ *il s. della croce,* the sign of the cross □ *(astron.) i segni dello zodiaco,* the signs of the Zodiac **2** (cenno) **sign; motion;** (col capo) **nod;** (gesto) **gesture 3** (indizio) **sign; mark; indication;** (prova) **token;** (sintomo) **symptom**: *un s. di distinzione,* a mark of distinction; a feather in one's cap *(fam.)* □ *dare segni di stanchezza,* to show signs of weariness **4** (simbolo) **sign; mark; symbol 5** (bersaglio) **mark; target**: *tiro a s.,* target-shooting □ *colpire nel s.,* to hit the target; *(fig.)* to hit the mark; to strike home *(fam.)* **6** (limite) **limit; extent;** (grado) **degree;** (punto) **point**: *(fig.) passare il s.,* to overstep all limits □ *a tal s. che,* to such a degree that □ *fino a questo s.,* up to this point (o extent); so far **7** (vestigio) **sign; trace; vestige** ● *segni caratteristici,* special peculiarities □ *(tipogr.) s. di paragrafo,* section (*abbr.:* sect) □ *segni di passi,* footprints □ *far s. con la mano (a q. di fare q.c.),* to beckon (sb. to do st.) □ *far s. con la testa,* to motion; to nod □ *fare s. di no,* to shake one's head □ *fare s. di sì,* to nod assent □ *farsi il s. della croce,* to cross oneself □ *perdere il s. (in un libro),* to lose one's place (in a book) □ *per filo e per s.,* in detail; thoroughly □ *(fig.) stare con la testa a s.,* to keep one's head.

ségo *m.* **tallow**: *una candela di s.,* a tallow candle.

segóso *a.* **tallowy; tallowish.**

segregare A *v. t.* to **segregate;** to **isolate;** to **seclude;** (un prigioniero, un pazzo) to **place in confinement B segregarsi** *v. rifl.* **to segregate oneself;** to **seclude oneself.**

segregato *a.* **segregated; isolated; secluded;** (appartato) **sequestered;** (solitario) **solitary.**

segregazióne *f.* **1 segregation; isolation; seclusion 2** *(leg.)* **confinement**: *s. cellulare,* solitary confinement.

segregazionismo *m. (polit.)* **segregation.**

segregazionista *m.* e *f. (polit.)* **segregationist; seg, seggie** *(pop. USA).*

segréta *f.* **dungeon.**

segretaménte *avv.* **secretly; in secret; in private;** (confidenzialmente) **confidentially, in confidence;** (furtivamente) **stealthily, on the sly.**

segretària *f.* **(woman*) secretary** ● *(cinem., telev.) s. di edizione,* continuity girl.

segretariale *a.* **secretarial.**

segretariato *m.* **secretariat.**

segretàrio *m.* **secretary**: *Primo S.,* Chief Secretary □ *s. di ambasciata,* secretary of embassy □ *S. di Stato,* Secretary of State for Home Affairs (*abbr.:* Home Secretary) □ *s. generale,* secretary-general □ *s. particolare,* private secretary ● *s. comunale,* town clerk.

segreterìa *f.* **secretariat** ● *S. di Stato,* Secretariat of State □ *s. telefonica,* (telephone-)answering service.

segretézza *f.* **secrecy; privacy**: *in gran s.,* in all secrecy.

segréto A *a. (generalm.)* **secret;** (privato) **private;** (appartato) **secluded;** (nascosto) **hidden, underhand;** (occulto) **occult**: *intrighi segreti,* underhand dealings □ *una porta segreta,* a secret (o private) door □ *una società segreta,* a secret society □ *un nemico s.,* a secret enemy; a snake in the grass *(fam.)* □ *servizio s.,* (d'informazioni militari) secret service; (polizia) secret police □ *tenere q.c. s.,* to keep st. secret; to keep st. to oneself **B** *m.* **1 secret**: *il s. del successo,* the secret of success □ *lasciarsi sfuggire un s.,* to let out a secret; to let the cat out of the bag *(fam.)* □ *mettere q. a parte d'un s.,* to let sb. into a secret **2** (segretezza) **secrecy**: *il s. epistolare,* secrecy of correspondence □ *il s. professionale,* professional secrecy **3** (congegno segreto) **combination** ● *nel s. del cuore,* in the depth of one's heart.

seguace *m.* e *f.* **follower; disciple; adherent.**

seguènte A *a.* **following; next**: *il giorno s.,* the following (o next) day; the day after □ *la pagina s.,* the next page **B** *m.* e *f.* **next one; next person.**

segùgio *m.* **1** *(zool.)* **bloodhound 2** *(fig.)* **policeman*; sleuth** *(fam.).*

seguire *v. t.* e *i.* **1** *(generalm.)* to **follow;** to **come* after;** to **go* after;** to **pursue;** *(mil.)* to **track**: *s. i consigli di q.,* to follow sb.'s advice □ *s. i propri studi,* to pursue one's studies □ *s. l'esempio di q.,* to follow sb.'s example; to take a leaf out of sb.'s book *(fam.)* □ *s. q.,* to follow sb.; (pedinarlo) to dog sb.'s footsteps □ *come segue,* as follows □ *Segue lettera,* letter following **2** (frequentare) to **attend 3** (istruire privatamente) to **coach 4** (accadere) to **happen** ● (anche *fig.*) *s. la corrente,* to swim with the tide (o with the stream) □ *s. la via giusta,* to take the right path □ *con quel che segue,* and all the rest □ *Segue a tergo,* please turn over.

seguitare A *v. t.* to **continue;** to **carry on**: *s. il proprio lavoro,* to carry on one's work; to go on with one's work **B** *v. i.* to **continue;** to **go*** (o to **keep***) **on**: *s. a fare q.c.,* to go on doing st.

séguito *m.* **1** (scorta) **retinue; train; suite**: *essere al s. dell'ambasciatore,* to be among the ambassador's suite **2** (aderenza, consenso) **following**: *aver molto s. in un'assemblea,* to have a large following in an assembly **3** (complesso di imitatori o fautori) **followers** *(pl.)* **4** (sequela) **succession; series; sequence; train; suite**: *un lungo s. di anni,* a long succession of years □ *un s. di idee,* a train of ideas **5** (continuazione) **continuation** ● (nei giornali, nelle riviste, ecc.) *il s. al prossimo numero,* to be continued (in our next issue) □ *dare s. a q.c.,* to carry out st.; to execute st. □ *di s.,* uninterruptedly; at a stretch; on end: *per quattro ore di s.,* for four hours on end □ *e così di s.,* and so on; and so forth □ *fare s. a q.c.,* to follow (up) st. □ *in s.,* afterwards; later on □ *in s. a,* in consequence of; owing to.

sei *a. num. card.* e *m.* **six**: *sei ragazzi,* six children □ *Datemene sei, per favore,* give me six, please □ *un ragazzo di sei anni,* a boy six years old; a six-year-old (boy) □ *in gruppi di sei,* in sixes □ *Sono le sei,* it is six (o' clock) ● *il sei di maggio,* on the sixth of May.

seicènto A *a. num. card.* **six hundred B** *m.* **1 six hundred 2** (il secolo XVII) **(the) seventeenth century;** (arte italiana) **Seicento.**

sélce *f. (miner.)* **flint; flintstone.**

selciare *v. t.* to **pave (with flints);** to **flag.**

selciato A *a.* **paved; flagged B** *m.* **pavement.**

selciatóre *m.* **paver; paviour.**

selciatura *f.* **1 paving; flagging 2** (selciato) **pavement.**

selcióso *a.* **flinty.**

selènico *a. (chim.)* **selenic**: *acido s.,* selenic acid.

selènio *m. (chim.)* **selenium.**

selenite *f. (miner.)* **selenite.**

selettivaménte *avv.* **selectively.**

selettività *f.* (anche *radio*) **selectivity.**

selettivo *a.* (anche *radio*) **selective.**

selettóre *m.* (specialm. *tel., radio, telev.*) **selector.**

selezionare *v. t.* to **select;** to **pick out;** to **sort.**

selezionatóre A *m.* **selector B** *a.* **selecting.**

selezionatrice *f.* (macchina) **sorter; sorting machine.**

selezióne *f.* **1 selection 2** (*radio:* selettività) **selectivity** ● *(tel.) s. automatica,* automatic dialling.

sèlla *f.* **1 saddle**: *un cavallo da s.,* a saddle-horse □ *balzare in s.,* to vault into the saddle **2** *(geogr.)* **col; saddle 3** *(cucina)* **saddle (of mutton).**

sellàio *m.* **saddler.**

sellare *v. t.* to **saddle.**

sellatura *f.* **saddling.**

sellerìa *f.* **saddlery.**

sellino *m.* **saddle** ● *s. posteriore* (di motocicletta), pillion.

sèltz *m.* **soda(-water).**

sélva *f.* **1 wood** *(spesso al pl.)*; **woodland 2** *(fig.)* **forest; multitude; host; lots** *(pl.) (fam.)*: *una s. di capelli,* a forest of hair; bushy hair.

selvaggiaménte *avv.* **wildly; savagely;** (da selvaggio) **like a savage.**

selvaggina *f.* **game** *(collett.).*

selvàggio A *a.* **wild; savage; barbarous; uncivilized;** (rozzo) **rude, rough;** (primitivo) **primitive**: *animali selvaggi,* wild animals □ *tribù selvagge,* wild (o

savage) tribes **B** *m.* savage; barbarian.
selvatichézza *f.* wildness; (rozzezza) roughness, rudeness; (scontrosità) unsociableness, unsociability.
selvàtico *a.* wild; savage; (non domestico) untame; (rozzo) rough, rude; (non socievole) unsociable ● *puzzare di s.,* to smell wild □ *sapere di s.,* to taste gamy.
selvóso *a.* **1** woody; wooded **2** *(fig.)* bushy.
semafòrico *a.* semaphoric.
semaforista *m.* semaphorist; (segnalatore) signaller, signalman*.
semàforo *m.* **1** *(naut.)* signal-station **2** *(ferr.)* semaphore **3** (segnale per il traffico) traffic lights *(pl.).*
semàntica *f. (linguistica)* semantics *(pl. col verbo al sing.).*
semàntico *a. (linguistica)* semantic.
sembiante *m. (lett.)* semblance; appearance; (volto) countenance.
sembianza *f.* **1** semblance; appearance; aspect; (figura) figure, form; (immagine) image; (somiglianza) likeness **2** *(al pl.,* fattezze*)* looks *(pl.)*; (lineamenti) features *(pl.)* ● *avere belle sembianze,* to be good-looking.
sembrare *v. i.* **1** (parere) to seem, to appear *(con costruzione pers. o impers.)*; (avere apparenza) to look, to look like; (dare l'impressione) to sound; (all'udito) to sound like; (al gusto) to taste like; (al tatto) to feel* like: *Sembra che sia un uomo onesto,* he seems to be an honest man □ *Sembri triste,* you look sad □ *Sembra un vecchio,* he looks like an old man □ *Sembra che voglia piovere,* it looks like rain □ *Ci sembra assai strano,* it sounds very strange to us □ *Sembra miele,* it tastes like honey □ *Sembra di velluto,* it feels like velvet **2** (credere, supporre) to seem, to appear *(costruzione impers.)*; to think*; (piacere) to like: *Mi sembra che tu abbia torto,* it seems to me that you are wrong; I think you are wrong □ *Come ti sembra questo caffè?,* how do you like this coffee? ● *Non mi sembra vero,* I can't believe it.
séme *m.* **1** seed*; (di arancia, pera, ecc.) pip: *s. di lino,* flax-seed; linseed **2** *(fig.:* origine*)* seed; origin; source **3** (delle carte da gioco) suit **4** *(sperma)* sperm ● *s. d'anice,* aniseed □ *s. di cacao,* cacao-bean □ *senza semi,* seedless; pipless.
semeiòtica *f. (med.)* semeiotics *(pl. col verbo al sing.).*
seménta *f.* **1** sowing **2** (tempo della semina) sowing-season; seed-time **3** (semente) seed.
seménte *f.* seed.
semènza *f.* **1** seed **2** *(fig.:* origine*)* seed; origin **3** *(fig.:* discendenza*)* seed; offspring.
semenzàio *m.* seed-bed.
semenzale *m. (agric.)* seedling.
semestrale *a.* semi-annual; half-yearly; six-monthly: *una rivista s.,* a six-monthly (magazine).
semestralménte *avv.* every six months.
semèstre *m.* period of six months; half-year.
sèmi- *(in parole composte)* semi-; half-; demi-.
semiapèrto *a.* half-open; (rif. a porte) ajar *(pred.).*
semiasse *m.* **1** *(geom.)* semi-axis* **2** *(autom.)* axle-shaft.
semiautomàtico *a.* semi-automatic.
semibàrbaro *a.* semi-barbarian; semi-civilized; half-wild.
semibiscròma *f. (mus.)* hemidemisemiquaver.
semibrève *f. (mus.)* semibreve.
semicérchio *m.* (anche *geom.*) semicircle.
semicingolato *(autom.)* **A** *a.* half-track(ed) **B** *m.* half-track.
semicircolare *a.* semicircular.
semicìrcolo *m. (geom.)* semicircle.
semiconduttóre *m. (fis.)* semiconductor.
semiconsonante *f. (fon.)* semiconsonant; semivowel.
semicròma *f. (mus.)* semiquaver.
semicùpio *m.* sitz-bath; hip-bath.
semideponènte *a.* e *m. (gramm.)* semideponent.
semidio *m. (mitol.)* demigod; semigod.
semifinale *f. (sport)* semifinal: *le semifinali,* the semifinals.
semifinalista *m.* e *f. (sport)* semifinalist.
semifréddo *m. (cucina)* parfait.
semigratùito *a.* half-price.
semilavorato *(ind.)* **A** *a.* semi-finished; semi-manufactured **B** *m.* semi-manufactured (o partly-finished) product.
semilunare *a.* semilunar.
semiminima *f. (mus.)* crotchet.
sémina, seminagióne *f.* seeding; sowing.
seminale *a. (agric., fisiologia)* seminal.
seminare *v. t.* to seed; to sow* (anche *fig.*); (spargere) to scatter, to spread*: *s. il grano,* to sow wheat □ *s. un campo a grano,* to sow a field with wheat □ *s. odio,* to sow the seeds of hatred.
seminàrio *m.* **1** *(relig.)* seminary **2** (esercitazione universitaria) seminar.
seminarista *m. (relig.)* seminarist.
seminativo *a. (agric.)* fit for seed.
seminato **A** *a.* sown; (sparso) scattered, strewed, strewn **B** *m.* sown ground ● *(fig.) uscire dal s.,* to wander from the subject.
seminatóre *m.* sower ● *s. di scandali,* scandalmonger.
seminatrice *f.* **1** sower **2** (macchina) sowing machine; seeder.
seminfermità *f. (med.)* partial infirmity ● *(leg.) s. mentale,* partial insanity.
seminterrato *m. (edil.)* basement.
seminudo *a.* half-naked.
semiologìa *f.* **1** *(med.)* semeiotics *(pl. col verbo al sing.)*; semiology **2** *(linguistica)* semiology, semeiology.
semioscurità *f.* half-darkness; twilight.
semioscuro *a.* half-dark.
semiòtica *f. (linguistica)* semiotics *(pl. col verbo al sing.).*
semirètta *f. (geom.)* half-line.
semirìgido *a.* semirigid; semiflexible.
semiselvàggio *a.* semi-savage; half-wild; wildish.
semisèrio *a.* semi-serious; seriocomic.
semisfèra *f. (geom.)* semisphere; hemisphere.
semisfèrico *a. (geom.)* semispheric(al); hemispheric(al).
semispènto *a.* half-extinguished; half-dead; (fioco) faint, weak.
semita **A** *m.* e *f.* Semite **B** *a.* Semitic.
semìtico *a.* Semitic.
semitóndo *a.* half-round.
semitòno *m. (mus.)* semitone.
semitrasparènte *a.* semitransparent; almost transparent.
semivestito *a.* half-dressed.
semivocale *f. (fon.)* semivowel.
sémola *f.* **1** (crusca) bran **2** *(pop.:* lentiggini*)* freckles *(pl.).*
semolata *f.* bran-water.
semolino *m.* semolina.
semovènte *a.* self-propelled; self-moving; (automatico) automatic(al).
sempitèrno *a. (lett.)* sempiternal; eternal; everlasting.
sémplice *a.* **1** (che consta d'un solo elemento) simple; single: *(bot.) un tulipano s.,* a single tulip **2** (non mescolato o combinato con altro) simple; unmixed; uncompounded: *un corpo s.,* a simple body **3** (non complicato) simple; plain; (facile) easy; (elementare) elementary; (schietto) sheer; (naturale) artless, naive, unaffected, unsophisticated: *un pasto s.,* a plain (o homely) meal □ *un vestito s.,* a plain dress **4** (null'altro che; puro e s.) simple; mere; pure; bare; plain; sheer; but *(avv.)*; (soltanto) only, just *(avv.)*: *la (pura e) s. verità,* the simple (o plain) truth □ *una s. perdita di tempo,* a sheer waste of time □ *una s. supposizione,* a mere conjecture **5** (di persona) simple; open; straightforward; (ingenuo) ingenuous, candid, simple-minded; (alla buona) unpretentious, plain **6** *(chim., mat.)* simple ● *(naut.) marinaio s.,* ordinary

seaman; rating □ *(mil.) soldato s.*, private (soldier).
sempliceménte *avv.* ***1*** (in modo semplice) **simply; in a simple manner; plain(ly)** ***2*** (solamente) **simply; merely; only; but; just** ***3*** (con ingenuità) **simply; ingenuously; candidly.**
semplicióne *m.* **simpleton; greenhorn; gull; Simple Simon** *(fam.)*.
semplicioneria *f.* **simplicity; ingenuousness; credulity.**
semplicismo *m.* **simplism.**
semplicista *m.* e *f.* **simplicist.**
semplicistico *a.* **simplistic.**
semplicità *f.* ***1*** **simplicity, simpleness; plainness** ***2*** (ingenuità) **simplicity; ingenuousness; credulity.**
semplificare ***A*** *v. t.* ***1*** to **simplify** ***2*** *(mat.)* to **reduce (to its lowest terms)** ***B*** **semplificarsi** *v. rifl.* to **become*** (o to **get***) **simpler.**
semplificazióne *f.* **simplification.**
sèmpre *avv.* ***1*** (in ogni tempo) **always; ever;** (a ogni ora) **at all times;** (in ogni circostanza) **on all occasions**: *Mi è s. piaciuto,* I always liked it □ *Non andrà s. così!,* it will not be always like this! □ *non s.,* not always □ *per s.,* for ever; (definitivamente) for good ***2*** (tutto il tempo; dall'inizio alla fine) **all the time**: *Piovve s.,* it rained all the time ***3*** (ancora) **still**: *C'è s. tempo,* there is still plenty of time ***4*** (tuttavia; pur s.) **always; anyhow, however, nevertheless** *(cong.)*: *Posso s. tentare,* I can always try (o anyhow, I can try) ***5*** *(in composizione con un agg. attr.)* **ever-**: *un numero s. crescente di persone,* an ever-increasing number of people ***6*** *(davanti a un compar., con valore intensivo, è idiom.; in ingl. si raddoppia il compar.)*: *s. meno ciarliero,* less and less talkative □ *s. peggio,* worse and worse □ *s. più facile,* easier and easier □ *s. più interessante,* more and more interesting ● *s. che,* provided (that); if only □ *da s.,* from time immemorial (o from time out of mind); always: *Lo conosco da s.,* I have always known him □ *di s.,* usual *(agg.)* □ *ora e s.,* now and for ever □ *una volta per s.,* once (and) for all.
sempreverde *a., m.* e *f.* *(bot.)* **evergreen.**
semprevivo *m.* *(bot.,* Sempervivum tectorum*)* **sengreen; houseleek.**
sèna *f.* *(bot.,* Cassia acutifolia*)* **senna.**
senapato *a.* **with mustard; mustard** *(attr.)*.
sènape *f.* *(bot., cucina)* **mustard.**
senapièra *f.* **mustard pot.**
senapismo *m.* ***1*** *(med.)* **mustard plaster** (o **poultice**) ***2*** *(fig.)* **pest.**
senàrio *(poesia)* ***A*** *a.* **of six feet** ***B*** *m.* **senarius*.**
senato *m.* ***1*** **senate** ***2*** (sede del s.) **senate-house.**
senatóre *m.* **senator; member of the Senate.**
senatoriale, senatòrio *a.* **senatorial.**
senegalése *a., m.* e *f.* **Senegalese*.**
senescènza *f.* **senescence.**
senése *a., m.* e *f.* **Sienese, Siennese.**
senile *a.* **senile** ● *età s.,* old age.
senilismo *m.* *(med.)* **premature senility.**
senilità *f.* **senility** (anche *med.*); (vecchiaia) **old age.**
senior *(lat.)* *a.* **senior; elder.**
sènna *V.* **sèna.**
sénno *m.* **(common) sense; judg(e)ment; (practical) wisdom** ● *il s. di poi,* afterwit □ *perdere il s.* (o *uscire di s.*), to lose one's wits; to go out of one's mind.
sennò *avv.* *(fam.)* **otherwise.**
sennonché *cong.* **but; except that.**
séno *m.* ***1*** (petto) **breast; bosom**: *allattare un bambino al s.,* to breast-feed a baby □ *stringere q. al s.,* to press (o to hug) sb. to one's breast ***2*** (grembo, anche *fig.*) **bosom; womb**: *portare un figlio in s.,* to carry a child in one's womb ***3*** *(fig.:* animo*)* **bosom; heart** ***4*** (cavità) **bosom; cavity** ***5*** *(anat.)* **sinus*; cavity** ***6*** *(mat.)* **sine** ● *(geogr.) s. di mare,* inlet; creek □ *(fig.) in s. a,* in the bosom of; within.
senofobia, senòfobo *V.* **xenofobia, xenòfobo.**
sensale *m.* *(comm.)* **broker; middleman*.**
sensataménte *avv.* **sensibly; judiciously** ● *parlare s.,* to talk sense.
sensatézza *f.* **sensibleness; good sense; judiciousness.**
sensato *a.* **sensible; judicious.**
sensazionale *a.* **sensational; thrilling; (most) exciting.**
sensazióne *f.* ***1*** **sensation; feeling** ***2*** (impressione viva) **sensation; stir; excitement**: *fare s.,* to cause (o to create) a sensation ● *a s.,* sensational.
senseria *f.* *(comm.)* **brokerage.**
sensibile ***A*** *a.* ***1*** (che si percepisce o si acquisisce per mezzo dei sensi) **sensible**: *fenomeni sensibili,* sensible phenomena ***2*** (che ha sensibilità) **sensitive; impressionable; tender-hearted**: *un bambino s.,* a (very) sensitive child □ *essere s. alla bellezza,* to be sensitive to beauty ***3*** *(mecc., radio, fotogr.,* ecc.*)* **sensitive**: *una bilancia s.,* a sensitive balance □ *una pellicola s.,* a sensitive film ***4*** (rilevante) **sensible; considerable; appreciable**: *una perdita s.,* a considerable loss ***B*** *f.* *(mus.)* **leading note.**
sensibilità *f.* ***1*** (capacità di percepire gli stimoli esterni) **sensibility** ***2*** (disposizione a sentire vivamente) **sensitivity, sensitiveness; tender-heartedness** ***3*** *(mecc., radio, fotogr.,* ecc.*)* **sensitivity; sensibility.**
sensibilizzare *v. t.* ***1*** *(fotogr.)* to **sensitize** ***2*** *(fig.)* to **awaken** (to); to **make* aware** (of).
sensibilménte *avv.* ***1*** **sensitively** ***2*** (in modo rilevante) **sensibly; considerably.**
sensismo *m.* *(filos.)* **sensationalism; sensism.**
sensista *m.* e *f.* *(filos.)* **sensationalist; sensist.**
sensitiva *f.* *(bot.,* Mimosa pudica*)* **sensitive plant.**
sensitività *f.* **sensitivity, sensitiveness.**
sensitivo ***A*** *a.* ***1*** **sensitive; sensuous; sensory**: *percezioni sensitive,* sensitive (o sensuous) perceptions ***2*** (di persona: facile a commuoversi) **sensitive; impressionable; tender-hearted** ***B*** *m.* ***1*** **sensitive (person)** ***2*** *(metapsichica)* **medium.**
sènso *m.* ***1*** **sense; sensibility; faculty of sensation** (o **of feeling**): *gli organi del s.,* the organs of sense; the sense-organs □ *un sesto s.,* a sixth sense ***2*** (sensazione) **sense; sensation; feeling**: *un uomo di nobili sensi,* a man of noble feelings □ *il s. dell'umorismo,* a sense of humour □ *un s. di vergogna,* a sense of shame □ *avere il s. del bello,* to have a (deep) feeling for beauty; to be sensitive to beauty ***3*** (significato) **sense; meaning**: *il s. letterale,* the literal sense □ *nel s. migliore della parola,* in the best sense of the term □ *afferrare il s. di q.c.,* to grasp the meaning of st. □ *avere s.,* to make sense □ *dare un altro s. alle parole di q.,* to put (o to give) a wrong meaning to sb.'s words; to misunderstand sb. □ *Che s. c'è a fare una cosa del genere?,* what's the sense of doing that? □ *in un certo s.,* in a sense ***4*** (direzione) **direction; way**: *in s. opposto,* in the opposite direction ***5*** (modo) **way; manner**: *in questo o in quel s.,* in one way or another; one way or other ● *s. comune,* common sense □ (traffico stradale) *s. unico,* one way: *una strada a s. unico,* a one-way street □ (traffico stradale) *s. vietato,* no thoroughfare; no entry □ *ai sensi di legge,* according to the law □ *buon s.,* good sense; sound judgment □ *in s. orario (antiorario),* clockwise (counterclockwise) □ *mortificare i sensi,* to mortify the flesh □ *nel s. della larghezza,* breadthwise; in breadth □ *nel s. della lunghezza,* lengthwise; in length □ *perdere i sensi,* to lose consciousness; to faint □ *riacquistare i sensi,* to recover (o to regain) consciousness; to come round *(fam.)* □ *ripetere q.c. a s.,* to repeat st. in one's own words □ *La vista del sangue mi fa s.,* the sight of blood makes me sick □ (nelle lettere) *Gradisca i sensi della mia gratitudine,* please accept this expression of my gratitude.
sensoriale *a.* **sensorial.**
sensòrio ***A*** *a.* **sensory** ***B*** *m.* *(fisiologia)* **sensorium*.**
sensuale *a.* ***1*** (che si riferisce al piacere dei sensi) **sensuous** ***2*** (incline ai piaceri dei sensi; che rivela voluttà) **sensual; carnal; voluptuous.**
sensualismo *m.* **sensualism.**
sensualista *m.* e *f.* **sensualist.**
sensualità *f.* **sensuality; voluptuousness.**
sentènza *f.* ***1*** (aforisma) **aphorism; maxim;** (detto) **saying, saw** ***2*** *(leg.)* **judg(e)ment; sentence**: *s. di morte,* death sentence □ *pronunziare una s.,* to pass

judgement (on sb.) • *sputare sentenze,* to play the wiseacre.
sentenziare *v. i.* **1** to **pass judgement (***o* **sentence);** (giudicare) to **judge 2** *(fig.)* to **talk sententiously.**
sentenzióso *a.* **sententious; aphoristic.**
sentièro *m.* **path** (anche *fig.*); **lane**: *i sentieri della gloria,* the paths of glory • (anche *scherz.*) *essere sul s. di guerra,* to be on the warpath.
sentimentale *a.* **sentimental;** (per lo più *spreg.*) **novelettish.**
sentimentalismo *m.* **sentimentalism.**
sentimentalista *m.* e *f.* **sentimentalist.**
sentimentalità *f.* **sentimentality;** (sdolcinatura) **lackadaisicalness.**
sentiménto *m.* **1 feeling; sentiment;** (sensazione) **sensation;** (senso) **sense**: *il s. dell'onore,* one's sense of honour □ *un uomo di nobili sentimenti,* a man of noble feelings □ *ferire i sentimenti di q.,* to hurt sb.'s feelings **2** (facoltà di sentire) **feeling**: *non avere un briciolo di s.,* not to have a grain of feeling **3** (opinione) **opinion; point of view; mind**: *avere un alto s. di sé,* to have a high opinion of oneself **4** *(al pl.,* conoscenza*)* **consciousness** *(sing.)*; (sensi) **senses**: *perdere i sentimenti,* to lose consciousness • *con tutti i sentimenti,* with all one's might □ *perdere il s. di sé,* to lose one's dignity.
sentina *f.* **1** *(naut.)* **bilge 2** *(fig.)* **receptacle; den.**
sentinèlla *f.* **sentry** (anche *fig.*); **guard**: *dare il cambio alla s.,* to relieve the sentry □ *essere di s.,* to be on sentry-duty; to be on sentry-go □ *montare di s.,* to mount guard.
(1) sentire A *v. t.* **1** to **feel***; to **have a sensation of**: *s. fame (sete),* to feel (*o* to be) hungry (thirsty) □ *s. freddo (caldo),* to feel (*o* to be) cold (warm) □ *s. una gran stanchezza,* to feel (*o* to be) very tired (*o* dead tired) □ *Sentii q. scuotermi,* I felt sb. shaking me **2** (rif. al tatto) to **feel***: *Senti com'è liscio!,* just feel how smooth it is! **3** (rif. al gusto) to **taste**: *s. (il sapore di) q.c.,* to taste st. **4** (rif. all'olfatto) to **smell***: *s. bruciare q.c.,* to smell st. burning □ *s. l'odore di q.c.,* to smell st. **5** (rif. all'udito) to **hear***; (ascoltare) to **listen to** (sb., st.): *s. un rumore,* to hear a noise □ *Proprio io te l'ho sentito dire,* I myself heard you say so □ *s. q. gridare,* to hear sb. shouting □ *Fu sentita piangere,* she was heard to cry □ *Stammi a s.,* listen to me! **6** (rendersi conto) to **feel***; to **realize;** (capire) to **understand***: *Sentii che qualcosa di terribile stava per accadere,* I felt that something dreadful was going to happen **7** (rif. a impressione o moto dell'animo) to **feel***; to **be** (*+ agg.* o *part. pass.*); (provare) to **experience**: *s. ammirazione,* to feel admiration (for); to admire □ *s. invidia,* to feel envy (of); to envy □ *s. orrore,* to be horrified □ *s. riconoscenza,* to be thankful **8** (provare le conseguenze di) to **feel***; to **suffer from** (st.): *s. il caldo,* to feel the heat; to suffer from the heat **B** *v. i.* **1** (avere sensazioni) to **feel* 2** (avere sapore) to **taste;** to **smack**: *s. d'acido,* to taste sour □ *s. di tappo,* to smack of the cork **3** (avere odore) to **smell***: *s. di muffa,* to smell mouldy (*o* musty) **4** (udire) to **hear***: *Non (ci) sente; è sordo,* he cannot hear; he is deaf • *s. dire* (*o aver sentito dire*) (apprendere), to hear □ *s. parlare di q. (q.c.),* to hear of (*o* about) sb. (st.) □ (di persona) *farsi s.,* (farsi udire) to make oneself heard; *(fig.)* to speak out, to speak up □ *non s. (o non sentirci) da un orecchio,* to be deaf in one ear; *(fig.)* to turn a deaf ear □ *Il freddo comincia a farsi s.,* the cold is setting in □ *(fig.) Mi sentirà!,* things will not stop here! **C sentirsi** *v. rifl.* **1** to **feel***; to **be**: *s. bene,* to feel (*o* to be) well; to feel quite oneself □ *s. male,* not to feel well □ *s. stanco,* to feel tired □ *Come ti senti oggi?,* how are you feeling today? **2** (avere coscienza) to **feel***; to **be aware (***o* **conscious)**: *Il povero uomo si sentiva morire,* the poor man felt he was dying **3** (riconoscersi) to **feel***: *s. obbligato a q.,* to feel* obliged to sb. **4** (essere disposto) to **feel* up to** (st.); (sentire il desiderio) to **feel* like**: *Non mi sento di mangiare adesso,* I don't feel like eating just now • *s. svenire,* to feel faint.
(2) sentire *m.* *(lett.)* **sentiment; feeling**: *un uomo di nobile s.,* a man of noble feelings.
sentitaménte *avv.* **sincerely;** (con tutto il cuore) **with all one's heart.**
sentito *a.* **1 sincere; heartfelt 2** (udito) **heard** • *per s. dire,* by hearsay.
sentóre *m.* **sign; trace; inkling** • *aver s. di q.c.,* to get wind of st.
sènza *prep.* e *cong.* **without; -less** *(suff.)*: *s. amici,* friendless □ *s. casa,* homeless □ *s. fine,* endless □ *s. paragone,* without equal; matchless; incomparable □ *s. quattrini,* without money; penniless □ *s. dire nulla,* without saying a word □ *fare s. q.c.,* to do without st. □ *rimanere s. q.c.,* to be left without st. □ *s. di me (di te, di lui),* without me (you, him) □ *s. che glielo dicessi,* without my telling him.
senzadìo *m.* e *f. invar.* **1 atheist 2** (persona senza scrupoli morali) **godless person.**
senzapàtria *m.* e *f. invar.* **1 stateless person 2** *(spreg.)* **unpatriotic person.**
senzatétto *m.* e *f. invar.* **homeless person.**
sèpalo *m.* *(bot.)* **sepal.**
separàbile *a.* **separable.**
separabilità *f.* **separability.**
separare A *v. t.* *(generalm.)* to **separate;** (dividere) to **divide,** to **part,** to **sever,** to **dissociate,** to **drive* asunder;** (segregare) to **segregate B separarsi** *v. rifl.* e *rifl. recipr.* **1** to **separate;** to **part** (from, with); to **get* asunder**: *Separiamoci da amici,* let us part friends **2** (rif. a coniugi) to **separate.**
separataménte *avv.* **1 separately 2** (uno alla volta) **severally; one at a time; one by one.**
separatismo *m.* *(polit., relig.)* **separatism.**
separatista *a., m.* e *f.* *(polit., relig.)* **separatist.**
separato *a.* **1 separate; separated**: *vivere separati,* to live separate □ *dormire in camere separate,* to sleep in separate rooms **2** (distinto) **distinct.**
separatóre A *m.* *(tecn.)* **separator B** *a.* **separating.**
separazióne *f.* **separation;** (divisione) **division, parting, severance;** (dissociazione) **dissociation;** (segregazione) **segregation**: *(leg.) s. consensuale,* separation by mutual consent □ *(leg.) s. legale,* judicial separation.
sepiolite *f.* *(miner.)* **sepiolite; meerschaum; sea foam.**
sepolcrale *a.* **1 sepulchral; mortuary**: *una pietra s.,* a sepulchral stone; a gravestone **2** *(fig.)* **sepulchral; funereal; dismal; gloomy**: *un silenzio s.,* a dismal silence.
sepolcréto *m.* **cemetery; graveyard; burial ground.**
sepólcro *m.* **sepulchre;** (tomba) **tomb, grave**: *il Santo S.,* the Holy Sepulchre □ *(fig.) un s. imbiancato,* a whited sepulchre.
sepólto *a.* (anche *fig.*) **buried**: *s. vivo,* buried alive □ *una città sepolta,* a buried city □ *È morto e s.,* he is dead and buried □ *ricordi sepolti nel cuore,* memories buried in the heart • *i sepolti,* the dead □ *(relig.) sepolte vive,* cloistered nuns.
sepoltura *f.* **sepulture; burial; interment** • *accompagnare q. alla s.,* to attend sb.'s funeral □ *dare s. ai morti,* to bury the dead.
seppelliménto *m.* **burial; interment; entombment.**
seppellire A *v. t.* to **bury** (anche *fig.*); to **inter**: *s. i morti,* to bury the dead □ *s. un osso (un tesoro),* to bury a bone (a treasure) □ *s. il ricordo di q.c.,* to bury the memory of st. **B seppellirsi** *v. rifl.* *(fig.)* to **bury oneself;** to **be buried.**
séppia *f.* *(zool.,* Sepia officinalis*)* **cuttlefish; inkfish** • *nero di s.,* sepia □ *osso di s.,* cuttlebone.
seppure *cong.* **even if; even though.**
sèpsi *f.* *(med.)* **sepsis.**
septicemìa *f.* *(med.)* **septicaemia.**
sequèla *f.* **sequence; chain.**
sequènza *f.* *(in ogni senso)* **sequence.**
sequestràbile *a.* *(leg.)* **seizable.**
sequestrare *v. t.* **1** *(leg.)* to **sequestrate;** to **seize;** to **distrain upon** (st.); to **attach**: *s. i beni di q.,* to sequestrate sb.'s property; to distrain upon sb.'s belongings **2** (catturare e occultare per ricatto) to **kidnap 3** (togliere q.c. a q.) to **sequestrate;** to **take*** (from) •

essere sequestrato in casa, to be kept indoors.
sequèstro *m. (leg.)* **sequestration; seizure; distraint; attachment** ● *s. di persona,* unlawful imprisonment; duress; (a scopo di ricatto) kidnapping □ *disporre il s.,* to levy a distress.
sequòia *f. (bot.,* Sequoia*)* **sequoia.**
séra *f.* **evening; even, eventide** *(poet.)*; **night**: *la s. del sette,* on the evening of the 7th □ *Buona s.!,* good evening! □ *dalla mattina alla s.,* from morning to night; all day □ *di s.,* in the evening □ *domani s.,* tomorrow evening (o night) □ *ieri s.,* yesterday evening; last night □ *questa s.,* this evening; tonight.
seràfico *a.* **seraphic(al).**
serafino *m.* **seraph*.**
serale *a.* **of the evening; evening** *(attr.)*; **night** *(attr.)*.
serata *f.* **1** (durata della sera) **evening; night**: *passare la s. con q.,* to spend the evening with sb. **2** (ricevimento serale) **soirée** *(franc.)*; **evening party 3** *(teatr.)* **performance**: *una s. di gala,* a gala performance.
serbare A *v. t.* to **keep***; (mettere da parte) to **lay* aside,** to **put* away,** to **put* by,** to **store up;** (risparmiare) to **save**: *s. il posto a q.,* to keep a seat for sb. ● *s. un dolce ricordo di q.,* to remember sb. dearly □ *s. odio,* to hate **B serbarsi** *v. rifl.* to **keep***; to **be**: *s. fedele a q.,* to be faithful to sb.
serbatóio *m.* **tank; reservoir; receiver**: *un s. d'acqua,* a water reservoir □ *il s. della benzina,* the petrol tank.
(1) sèrbo *m.* — *avere in s.,* to have in store □ *mettere in s.,* to lay in store; to store up □ *tenere in s.,* to keep in store.
(2) sèrbo *a.* e *m.* **Serb; Serbian.**
serbocroato *a.* e *m.* **Serbo-Croatian.**
serenaménte *avv.* **1 serenely; with serenity; tranquilly; peacefully; in peace; calmly 2** (con imparzialità) **impartially; fairly.**
serenata *f.* **serenade.**
serenità *f.* **1 serenity;** (tranquillità) **peace, peacefulness, tranquillity;** (quiete) **quietness, calmness**: *s. d'animo,* peace of mind; contentedness; equanimity **2** (titolo) **Serenity; Serene Highness.**
seréno A *a.* **1 serene;** (chiaro) **clear;** (limpido) **limpid;** (senza nuvole) **cloudless**: *un cielo s.,* a clear (o cloudless) sky **2** *(fig.)* **serene; tranquil; peaceful; calm; unperturbed; placid**: *un carattere calmo e s.,* a peaceful, placid nature **3** *(fig.:* imparziale, obiettivo*)* **impartial; unbiassed**: *un giudizio s.,* an unbiassed opinion ● *dormire a ciel s.,* to sleep under the stars; to sleep in the open **B** *m.* **clear sky; starlit sky** ● *(anche fig.) il s. dopo la tempesta,* the calm after the storm □ *rimettersi al s.,* to clear up.
sergènte *m. (mil.)* **sergeant**: *s. maggiore,* sergeant major.
seriaménte *avv.* **seriously; with seriousness;** (sul serio) **in earnest.**
seriare *v. t.* (specialm. *stat.*) to **seriate.**
seriazióne *f. (stat.)* **seriation.**
sèrico *a.* **silky; silk** *(attr.)*; **silken.**
serìcolo *a.* **sericultural.**
sericoltóre, sericultóre *m.* **sericulturist.**
sericoltura, sericultura *f.* **sericulture.**
sèrie *f.* **1 series*** (anche *fis., chim., mat.*); (assortimento, collezione) **set;** (successione) **succession;** (sequenza) **sequence;** (catena) **chain;** (fila) **line, row**: *una s. di chiavi,* a set of keys □ *una s. concatenata di fatti,* a chain of events □ *una lunga s. di re,* a long line of kings **2** *(comm.:* di prodotti*)* **line 3** *(sport)* **division**: *(calcio) s. A,* first division ● *(comm., ind.) modello di s. (fuori s.),* current (special) model □ *numero di s.,* serial number □ *prodotto in s.,* mass-produced *(agg.)* □ *produzione in s.,* mass production.
serietà *f.* **seriousness; earnestness;** (gravità) **gravity.**
sèrio A *a.* **serious; earnest;** (grave) **grave B** *m.* (serietà) **seriousness** ● *il s. e il faceto,* the serious and the humorous □ *sul s.,* seriously; in earnest; (davvero) really, indeed □ *Son cose serie!,* it's no nonsense!
sermóne *m.* **sermon** (anche *fig.*): *fare un s.,* to deliver (o to preach) a sermon; *(fig.)* to give (sb.) a lecture.
seròtino *a.* **1** *(lett.)* **evening** *(attr.)* **2** (tardivo) **serotinous; late.**
sèrpa *f.* **coach-box.**
serpàio *m.* **place infested with serpents; snake-pit.**
sèrpe *f. (zool.)* **serpent; snake**: *scaldarsi una s. in seno,* to cherish a snake in one's bosom.
serpeggiaménto *m.* **winding; meandering.**
serpeggiante *a.* **serpentine; tortuous; sinuous; winding.**
serpeggiare *v. i.* **1** to **wind***; to **meander**: *Il sentiero sale serpeggiando,* the path winds its way up **2** *(fig.)* to **spread*.**
serpènte *m. (zool.)* **snake, serpent** (anche *fig.*) ● *(zool.) s. a sonagli* (Crotalus), rattlesnake □ *(zool.) s. marino,* sea serpent □ *brutto come un s.,* as ugly as sin (o as a toad) □ *incantatore di serpenti,* snake-charmer □ *pelle di s.,* snakeskin: *una borsa di s.,* a snakeskin bag.
serpentina *f.* (tubo a spirale) **worm(-pipe); coil.**
serpentino A *a.* **serpentine; of a serpent; of a snake;** (che ha forma o qualità di serpente) **serpent-like, snake-like, snaky** ● *(fig.) una lingua serpentina,* a venomous tongue **B** *m.* **1** *(miner.)* **serpentine 2** (tubo a spirale) **worm(-pipe); coil.**
sérqua *f.* **1** *(pop.:* dozzina*)* **dozen 2** *(fig.:* gran quantità*)* **dozens** *(pl.)*; **lots** *(pl.)*.
(1) sèrra *f.* **hothouse; greenhouse; glasshouse; conservatory**: (anche *fig.*) *un fiore di s.,* a hothouse flower.
(2) sèrra *f. (geogr.)* **sierra; mountain-range.**
serrafila A *m.* e *f.* **last in file B** *f. (naut.)* **rear.**
serrafilo *m. (elettr.)* **terminal.**
serràglio *m.* **1** (di bestie feroci) **menagerie 2** (harem) **seraglio*.**
serramànico *m.* — *coltello a s.,* clasp knife*; jack knife*.
serraménti *m. pl. (edil.)* **window and door frames.**
serranda *f.* (chiusura a saracinesca) **rolling shutter.**
serrare A *v. t.* **1** to **shut***; to **close;** (a chiave) to **lock;** (sbarrando) to **bolt;** (circondando) to **enclose,** to **surround**: *s. q. dentro (fuori),* to shut (o to lock) sb. in (out) □ *s. q. in una stanza,* to lock sb. up in a room □ *s. una porta (una finestra),* to shut (o to close) a door (a window) **2** (chiudere stringendo) to **close;** to **clench;** to **clasp;** to **tighten;** (premere) to **press**: *s. gli occhi,* to close one's eyes □ *s. i pugni,* to clench one's fists □ *a denti serrati,* with clenched teeth **3** *(naut.)* to **furl;** to **take* in**: *s. le vele,* to furl the sails **B** *v. i.* to **shut***; to **close;** (a chiave) to **lock.**
sèrra sèrra *m.* **crush; stampede.**
serrata *f.* **lock-out.**
serrato *a.* **1** (chiuso) **closed; shut 2** (fitto) **close; closely-knit; tightly-woven;** (compatto) **compact;** (spesso) **thick 3** *(fig.:* conciso*)* **close; concise; brief and to the point 4** (rapido) **fast.**
serratura *f. (mecc.)* **lock**: *la s. di una porta,* a door-lock □ *una s. a due mandate,* a double-turn lock □ *una s. di sicurezza,* a safety lock □ *rompere una s.,* to break (o to force) a lock ● *s. a combinazione,* combination lock □ *s. con scatto a molla,* latch.
sèrto *m. (lett.)* **wreath; chaplet; garland.**
sèrva *f.* **woman-servant*; servant-girl;** (cameriera) **maid(-servant).**
servàggio *m. (lett.)* **servitude.**
servènte A *a.* — *cavalier s.,* cavalier-servant; lady's (o ladies') man* **B** *m. (mil.)* **member of a gun crew; gunner.**
servibile *a.* **us(e)able; serviceable.**
servigio *m.* **service.**
servile *a.* **1 servile; slavish; menial**: *lavori servili,* menial tasks □ *(stor.) una guerra s.,* a servile war **2** *(fig.)* **servile; fawning; cringing; smarmy** *(fam.)*; (abietto) **abject, base, vile**: *adulazione s.,* servile (o fawning) flattery **3** *(gramm.)* **servile**: *un verbo s.,* a servile verb ● *adulatore s.,* fawner; lickspittle; toady.
servilismo *m.* **servilism.**

servilità *f.* **servility** ● *s. d'animo,* servile disposition.
servire ***A*** *v. t.* ***1*** **to serve; to be in** (sb.'s) **service**; to **work for** (sb.): *s. Dio (il re, il diavolo),* to serve God (the king, the devil) □ *(fig.) s. due padroni,* to serve two masters ***2*** (rif. specialm. a persone di servizio) to **wait (up)on,** to **attend (up)on** (sb.): *s. q. di tutto punto,* to wait on (o to serve) sb. hand and foot ***3*** (nei negozi) to **serve**: *s. al banco,* to serve behind the counter □ *s. un cliente,* to serve a customer ***4*** (a tavola) to **serve** (with); to **help to**: *Gli servii della carne,* I helped him to some meat □ *Il pranzo è servito,* dinner is served ***5*** (aiutare) to **serve;** to **attend to** (sb.); to **help;** to **do* st. for** (sb.): *Posso servirvi?,* can I help you in any way? □ *In che posso servirLa?,* what can I do for you? □ *(iron.) s. q.,* to serve (o to pay) sb. out ***6*** *(sport)* to **serve** ***7*** (nei giochi di carte) to **deal* (out)** ***B*** *v. i.* ***1*** (prestare servizio) to **serve;** to **work** ***2*** (a tavola) to **serve;** to **wait**: *s. a tavola,* to wait at table ***3*** *(mil.)* to **serve (in the forces);** to **do* military service** ***4*** (fare l'ufficio di q.c.) to **serve** (as, for); to **act** (as); to **do* duty** (for): *s. di guida a q.,* to act as sb.'s guide □ *s. di scusa,* to serve as an excuse; to be a pretext ***5*** (essere usato) to **be used** (for): *Gli occhi servono a guardare,* the eyes are used for looking ***6*** (giovare) to **serve;** to **be of use** (o **of service);** to **come* in handy**: *s. a uno scopo,* to serve a purpose □ *Non serve ripeterglielo,* it is no use (o no good) telling him again □ *A che servirebbe?,* what would be the use of it? ***7*** (bastare) to **be sufficient** (o **enough)**: *Tanto serve,* that's enough; that will do ***8*** (occorrere) to **need**: *Ti serve nulla?,* is there anything you need? (o can I do anything for you?) ***9*** *(sport)* to **serve** ***10*** *(nei giochi di carte)* to **deal*** ● *s. da bere a q.,* to give sb. a drink □ *s. in un ristorante,* to be a waiter in a restaurant □ *Per servirla!,* at your service! □ *(sport) A chi tocca s.?,* whose serve (o service) is it? □ *Non serve proprio a niente,* it's really no use ***C*** **servirsi** *v. rifl.* ***1*** to **use;** to **make* use** (of) ***2*** (fornirsi) to **buy*,** to **get*** (things): *Mi servo da quel libraio,* I buy (o I get) my books at that bookseller's ***3*** (a tavola) to **help oneself**: *s. di q.c.,* to help oneself to st. □ *Serviti, per favore,* please help yourself.
servitorame *m. (spreg.)* **servants** *(pl.)*.
servitóre *m.* **(man-)servant*; domestic servant.**
servitù *f.* ***1*** **servitude** (anche *leg.*); (schiavitù) **slavery, slavedom, thraldom;** (cattività) **captivity, bondage** ***2*** (insieme delle persone di servizio) **servants** *(pl.)*; **domestic staff.**
serviziévole *a.* **obliging; helpful.**
servizio *m.* ***1*** (attività come domestico) **service**: *andare a s.,* to go out to (o to go into) service □ *assumere al proprio s.,* to take into one's service □ *mettere q. a s.,* to put sb. out to (o into) service ***2*** (prestazione di lavoro) **service; duty**: *ore di s.,* service-hours; work-time □ *essere (non essere) di s.,* to be on (off) duty ***3*** (prezzo del s., al ristorante, ecc.) **service**: *escluso il s.,* service not included ***4*** *(mil.)* **service**: *s. obbligatorio,* compulsory service □ *in s.,* on active service ***5*** (complesso di mezzi di pubblica utilità) **service**: *pubblici servizi,* public (utility) services □ *s. di autobus,* bus service □ *s. telefonico,* telephone service ***6*** *(relig.)* **service**: *il s. funebre,* the burial service; the last offices *(pl.)* ***7*** (atto utile e gradito) **service; turn;** (favore) **favour**: *rendere un s. a q.,* to do sb. a service (o a favour) □ *rendere un buon (un cattivo) s. a q.,* to do sb. a good (a bad) turn ***8*** (serie di oggetti) **service; set**: *un s. da tè,* a tea service (o set) □ *un s. di porcellana,* a china set ***9*** *(giornalismo)* **article; series of articles** ***10*** *(al pl.:* faccende) **housework** *(sing.)*; **chores** *(fam.)* ***11*** *(al pl.:* cucina e bagno) **bathroom and kitchen** ***12*** *(sport)* **serve; service** ● *appartamento con doppi servizi,* flat with two bathrooms □ *avere venti anni di s.,* (di domestico, soldato, ecc.) to have served twenty years; (d'impiegato, operaio, ecc.) to have been twenty years (with a firm), to have worked twenty years (for a firm) □ *donna di s.,* domestic (servant); maid □ *fare s.,* (rif. a ufficio, ecc.) to be open; (rif. a mezzo di trasporto) to run □ *essere fuori s.* (fuori uso), to be out of order □ *mettersi al s. di q.* (a sua disposizione), to place oneself at sb.'s disposal □ *porta (scala) di s.,* back door (stairs) □ *prestare s. in marina,* to serve in the navy □ *(autom.) stazione di s.,* service (o filling) station.
sèrvo *m.* **servant** ● *s. muto,* dumb-waiter.
servocomando *m. (mecc.)* **servo control.**
servofréno *m. (autom.)* **servo brake.**
servomotóre *m. (mecc.)* **servomotor.**
servostèrzo *m. (autom.)* **power steering.**
sèṣamo *m. (bot.,* Sesamum indicum*)* **til; sesame**: *olio di s.,* sesame oil; til oil □ *Apriti s.!,* open sesame!
sèsqui- *(in parole composte)* **sesqui-.**
sessagenàrio *a.* e *m. (lett.)* **sexagenarian.**
sessagèṣima *f. (relig.)* **Sexagesima (Sunday).**
sessanta *a. num. card.* e *m.* **sixty.**
sessantènne ***A*** *a.* **sixty-year-old** *(attr.)*; **sixty years old** *(pred.)*; **aged sixty** ***B*** *m.* e *f.* **sixty-year-old person.**
sessantènnio *m.* **period of sixty years.**
sessantèṣimo ***A*** *a. num. ord.* **sixtieth** ***B*** *m.* **sixtieth (part).**
sessantina *f.* ***1*** **sixty years of age**: *un uomo sulla s.,* a man about sixty (years of age) ***2*** (circa sessanta) **some sixty; about sixty.**
sessile *a. (biol.)* **sessile.**
sessióne *f.* **session; term**: *in s. straordinaria,* in special session.
sèsso *m.* **sex**: *il s. debole,* the weak(er) sex □ *il s. forte,* the sterner sex ● *persone d'ambo i sessi,* both males and females.
sessuale *a.* **sexual; sex** *(attr.)*: *educazione s.,* sex education.
sessualità *f.* **sexuality.**
sessuato *a. (biol.)* **sexual.**
sessuologìa *f.* **sexology.**
sessuòlogo *m.* **sexologist.**
sèsta *f.* ***1*** *(relig.)* **sext** ***2*** *(mus.)* **sixth (interval).**
sestante *m. (naut.)* **sextant.**
sestèrzio *m. (stor.:* moneta romana) **sesterce.**
sestétto *m.* ***1*** *(mus.)* **sextet; sextette** ***2*** (complesso di sei persone) **sextet.**
sestina *f.* ***1*** *(poesia:* stanza di sei versi) **sextet; six-line stanza;** (componimento) **sestina** ***2*** *(mus.)* **sextuplet.**
(1) sèsto ***A*** *a. num. ord.* **sixth**: *Giacomo VI,* James the Sixth ***B*** *m.* **sixth (part).**
(2) sèsto *m.* ***1*** (ordine) **(good) order**: *essere fuori di s.,* to be out of order □ *mettere q.c. in s.,* to put (o to set) st. in order; to put st. straight ***2*** *(archit.)* **curve (of an arch)** ***3*** *(tipogr.)* **format** ● *(archit.) arco a s. acuto (a tutto s.),* pointed (round) arch.
sestuplicare *v. t.* to **sextuple.**
sèstuplo ***A*** *a.* **sextuple; sixfold** ***B*** *m.* **sextuple.**
séta *f.* **silk**: *s. artificiale,* artificial silk; rayon □ *s. grezza,* raw silk □ *di s.,* made of silk; silk *(attr.)* ● *articoli di s.,* silks □ *morbido come la s.,* silky; silken.
setacciare *v. t.* ***1*** to **sieve;** to **sift** ***2*** *(fig.)* to **comb;** to **search.**
setàccio *m.* **sieve; sifter.**
setàceo *a.* **silk-like; silky; silken.**
setaiòlo *m.* ***1*** **silk-merchant** ***2*** (tessitore di seta) **silk-weaver.**
séte *f.* ***1*** **thirst**: *morire di s.,* to die of thirst □ *soffrire una s. del diavolo,* to be dying with thirst ***2*** *(fig.)* **thirst; longing; yearning; craving**: *la s. di ricchezza (d'onori),* the thirst for wealth (honours) ● *avere s.,* to be thirsty; to feel dry *(fam.)* □ *avere s. di q.c.,* to thirst for (o after) st.; to long for st.; to yearn for (o after) st.; to crave for st. □ *avere s. di sangue,* to be bloodthirsty.
seterìa *f.* ***1*** **silk factory** ***2*** *(al pl.)* **silk goods; silks.**
setifìcio *m.* **silk mill; silk factory.**
sétola *f.* **bristle.**
setolóso, setoluto *a.* **bristly.**
sètta *f.* **sect;** (fazione) **faction, party.**
settanta *a. num. card.* e *m.* **seventy.**
settantènne ***A*** *a.* **seventy-year-old** *(attr.)*; **seventy years old** *(pred.)*; **aged seventy** ***B*** *m.* e *f.* **seventy year-old person; septuagenarian.**
settantènnio *m.* **period of seventy years.**
settantèṣimo ***A*** *a. num. ord.* **seventieth** ***B*** *m.* **seventieth (part).**

settantina *f.* ***1*** (settant'anni) **seventy years of age**: *essere vicino alla s.*, to be nearly seventy ***2*** (circa settanta) **some seventy; about seventy.**
settàrio *a.* e *m.* **sectarian.**
settarismo *m.* **sectarianism.**
sètte *a. num. card.* e *m.* **seven**: *la guerra dei s. anni*, the Seven Years' War □ *un ragazzo di s. anni*, a boy seven years old; a boy aged seven; a seven-year-old (boy) □ *Sono le s.*, it is seven (o' clock) ● *farsi un s. nei pantaloni*, to tear one's trousers.
settecentésco *a.* **eighteenth-century** *(attr.)*.
settecentista *m.* e *f.* **eighteenth-century writer** (o **artist, philosopher).**
settecènto *a. num. card.* e *m.* **seven hundred** ● *il S.*, the eighteenth century.
settèmbre *m.* **September.**
settembrino *a.* **of** (o **in**) **September; September** *(attr.)*.
settenàrio *a.* e *m.* *(poesia)* **septenary.**
settennale *a.* **septennial.**
settennato *m.* **septennate.**
settènne *a.* **seven-year-old** *(attr.)*; **seven years old** *(pred.)*; **aged seven.**
settènnio *m.* **septennium*; period of seven years.**
settentrionale ***A*** *a.* **northern; northerly; north** *(attr.)* ***B*** *m.* e *f.* **northerner.**
settentrióne *m.* **north** ● *popoli del s.*, northern peoples.
sètter *(ingl.) m. invar. (zool.)* **setter.**
setticemìa *f. (med.)* **septicaemia.**
setticèmico *a. (med.)* **septicaemic.**
sèttico *a. (med.)* **septic.**
sèttima *f. (mus.)* **seventh (interval).**
settimana *f.* ***1*** **week**: *la s. prossima (scorsa)*, next (last) week □ *fra una s.*, in a week('s time) □ *ogni due settimane*, every two weeks; every other week □ *il fine s.*, the week-end ***2*** (salario di una s. di lavoro) **week's pay** (o **wages**, *pl.*).
settimanale ***A*** *a.* **weekly; week** *(attr.)* ***B*** *m.* **weekly.**
settimanalménte *avv.* **weekly; every week** ● *pagare s.*, to pay by the week.
settimino *m.* ***1*** **seven months' child*** ***2*** *(mus.)* **septet; septette.**
sèttimo ***A*** *a. num. ord.* **seventh**: *Enrico VII*, Henry the Seventh □ *essere al s. cielo*, to be in the seventh heaven of delight ***B*** *m.* **seventh (part).**
sètto *m. (anat.)* **septum*.**
settóre *m.* ***1*** *(geom., elab., mil.)* **sector** ***2*** *(fig.)* **sector; field.**
settoriale *a.* **sectorial.**
settuagenàrio *a.* e *m.* **septuagenarian.**
settuagèsima *f. (relig.)* **Septuagesima (Sunday).**
sèttuplo ***A*** *a.* **septuple; sevenfold** ***B*** *m.* **septuple.**
severità *f.* **severity; sternness; austerity;** (rigore) **strictness, rigour;** (rigidità) **rigidity;** (gravità) **gravity.**
sevèro *a.* **severe; stern;** (austero) **austere;** (rigoroso) **strict, rigorous;** (rigido) **rigid;** (grave) **grave.**
sevìzia *f. (specialm. al pl.)* **torture** ● *sottoporre q. a sevizie*, to torture sb.
seviziare *v. t.* to **torture.**
seviziatóre *m.* **torturer.**
sévo *m.* **tallow.**
sezionare *v. t.* ***1*** to **section**; to **sectionalize** ***2*** *(med.)* to **dissect.**
sezióne *f.* ***1*** **section** (anche *mat., fis., archit., mil.*); **division**: *le sezioni d'un libro*, the sections of a book □ *una s. elettorale*, an electoral division ***2*** (reparto) **department;** (di stabilimento industriale) **division**: *una s. di lingue straniere*, a foreign-language department ***3*** *(med.)* **dissection.**
sfaccendare *v. i. (fam.)* to **be busy**; to **bustle about**; to **be on the go** *(fam.)* ● *s. per casa*, to do the housework.
sfaccendato ***A*** *a.* **idle** ***B*** *m.* **idler; lounger; loafer.**
sfaccettare *v. t.* to **facet.**
sfaccettatura *f.* ***1*** **faceting** ***2*** (faccette) **facets** *(pl.)* ***3*** *(fig.:* aspetto) **aspect; point of view.**
sfacchinare *v. i.* to **toil**; to **drudge.**
sfacchinata *f.* **drudgery; tough job** *(fam.)*.
sfacciatàggine *f.* **impudence; shamelessness; cheek, sauciness** *(fam.)*: *avere la s. di fare q.c.*, to have the impudence (o the cheek) to do st. ● *Ci vuole una bella s.!*, that's pretty cool behaviour, isn't it?
sfacciataménte *avv.* **impudently; pertly; cheekily, saucily** *(fam.)*.
sfacciato ***A*** *a.* ***1*** **impudent; shameless; pert; cheeky, saucy** *(fam.)*: *un ragazzo s.*, a cheeky boy ***2*** (vistoso) **showy; bold**: *un rosso s.*, a bold red ***B*** *m.* **impudent person; cheeky fellow** *(fam.)*; **brazenface** *(fam.)* ● *fare lo s.*, to be cheeky □ *Sei uno s.!*, you are a cheeky one!
sfacèlo *m.* ***1*** **decay;** (rovina) **ruin;** (crollo) **collapse, downfall**: *essere in s.*, to be in decay ***2*** *(med.)* **sphacelation.**
sfagno *m. (bot.)* **bog moss.**
sfaldare ***A*** *v. t.* to **flake**; to **scale** ***B*** **sfaldarsi** *v. rifl.* to **flake (off)**; to **scale (off).**
sfaldatura *f.* **flaking; scaling** ***2*** *(miner.)* **cleavage.**
sfalsare *v. t.* ***1*** *(mecc., edil.)* to **stagger**; to **offset*** ***2*** (deviare, scansare) to **ward off**; to **parry.**
sfamare ***A*** *v. t.* to **satisfy** (o to **appease**) (sb.'s) **hunger**; to **feed***; to **supply food for** (sb.) ***B*** **sfamarsi** *v. rifl.* to **satisfy** (o to **appease**) **one's hunger.**
sfare ***A*** *v. t.* to **undo*** ***B*** **sfarsi** *v. rifl.* (liquefarsi) to **melt away.**
sfarfallaménto *m.* ***1*** *(autom.)* **wobble** ***2*** *(cinem., telev.)* **flicker.**
sfarfallare *v. i.* ***1*** (di baco da seta) to **come* out of** (o to **emerge from**) **the cocoon** ***2*** *(svolazzare, anche fig.)* to **flutter**; to **flit**; to **flicker** ***3*** *(autom.)* to **wobble** ***4*** *(cinem., telev.)* to **flicker.**
sfarfallatura *f.* **emergence** (o **emerging**) **from the cocoon.**
sfarfallìo *m.* **fluttering; flitting;** *(cinem., telev.)* **flickering.**
sfarfallóne *m. (fam.)* **blunder; howler** *(fam.)*.
sfarinare ***A*** *v. t.* to **reduce to powder**; to **pulverize** ***B*** *v. i.* e **sfarinarsi** *v. rifl.* to **be reduced to powder**; to **crumble.**
sfarinato *m. (ind.)* **flour; meal.**
sfarzo *m.* **pomp; luxury;** (magnificenza) **magnificence, grandeur.**
sfarzosità *f.* ***1*** (sontuosità) **luxuriousness; sumptuousness** ***2*** (vistosità) **gaudiness; garishness; showiness.**
sfarzóso *a.* ***1*** (sontuoso) **luxurious; sumptuous** ***2*** (vistoso) **gaudy; garish; flashy; showy.**
sfasaménto *m. (elettr.)* **phase-displacement.**
sfasare *v. t. (elettr.)* to **displace the phase of**; **put* out of phase.**
sfasato *a.* ***1*** *(elettr.)* **out of phase** ***2*** *(fig.)* **bewildered; confused; off one's head** *(fam.)*.
sfasciacarròzze *m. (autom.)* **car breaker.**
(1) sfasciare *v. t.* (disfare una fasciatura) to **unbandage;** (levare dalle fasce) to **unswathe**, to **unswaddle.**
(2) sfasciare ***A*** *v. t.* ***1*** (rompere sconquassando) to **shatter**; to **smash** ***2*** (smantellare) to **dismantle** ***B*** **sfasciarsi** *v. rifl.* to **shatter (into pieces)**; to **get* smashed**; to **crash**; (crollare) to **crumble**, to **collapse.**
sfasciatura *f.* **unbandaging; removing of the bandage(s);** (di bambino) **unswathing, unswaddling.**
sfàscio *m.* **collapse; ruin; breakdown.**
sfasciume *m. (spreg.)* ***1*** (rovine) **ruins** *(pl.)* ***2*** *(fig.)* **wreck.**
sfatare *v. t.* to **explode**; to **discredit**; to **debunk** *(fam.)*.
sfaticato ***A*** *a.* **idle;** (pigro) **lazy** ***B*** *m.* **idler; lazybones** *(fam.)*.
sfatto *a.* ***1*** (disfatto) **undone** ***2*** (liquefatto) **melted** ***3*** (troppo cotto) **overcooked; overdone** ***4*** (troppo maturo) **overripe** ***5*** (vizzo) **withered** ***6*** (floscio) **flabby.**
sfavillante *a.* **sparkling; glittering; twinkling;** (raggiante) **radiant.**

sfavillare *v. i.* **1** to **spark**; to **give* out sparks**; to **sparkle** **2** *(fig.)* to **sparkle**; to **glitter**; to **twinkle**; to **glow**; (essere radiante) to **be radiant**.
sfavillìo *m.* **sparkling; glittering; twinkling.**
sfavóre *m.* **disfavour; disapproval.**
sfavorévole *a.* **unfavourable**; (avverso) **adverse**; (contrario) **contrary**; (negativo) **negative** ● *ricevere un'impressione s. di q.*, to be unfavourably impressed by sb.
sfavorire *v. t.* to **treat unfairly.**
sfebbrato *a.* **without fever; no longer feverish.**
sfegatarsi *v. rifl. (fam.)* to **wear* oneself out.**
sfegatato ***A*** *a.* **passionate; ardent; fanatical** ***B*** *m. (fam.)* **daredevil.**
sfenòide *a.* e *m. (anat.)* **sphenoid**: *l'osso s.*, the sphenoid (bone).
sfèra *f.* **1** *(geom.)* **sphere** **2** *(fig.:* condizione, grado sociale) **sphere (of life); rank; social position** **3** *(fig.:* ambito, campo) **sphere; range; province; field**: *la propria s. d'azione,* one's sphere (o range) of action **4** *(mecc.)* **ball**: *cuscinetto a sfera,* ball-bearing ● *la s. celeste,* the celestial sphere □ *penna a s.,* ball-point pen.
sfericità *f.* **sphericity.**
sfèrico *a.* **spherical** *(anche geom.)*; **globe-shaped.**
sferistèrio *m.* **1 sports ground** **2** *(stor.)* **sphaeristerium.**
sferoidale *a.* **spheroidal.**
sferòide *m. (geom.)* **spheroid.**
sferragliare *v. i.* to **rattle**; to **clatter.**
sferrare ***A*** *v. t.* **1** (un cavallo) to **unshoe*** **2** (liberare dalle catene) to **unshackle**; to **unfetter** **3** *(fig.)* to **launch**: *s. un assalto,* to launch an attack ● *s. un calcio,* to lash out (at sb.) □ *s. un colpo,* to land a blow ***B*** **sferrarsi** *v. rifl.* **1** (di cavalli) to **cast* a shoe** **2** (avventarsi) to **fling*** (o to **hurl**) **oneself.**
sferruzzare *v. i.* to **knit away.**
sfèrza *f.* **whip; lash, scourge** *(anche fig.)* ● *la s. del sole,* the merciless rays of the sun.
sferzare *v.t.* to **whip**; to **lash**, to **slash**, to **scourge** *(anche fig.)*; (fustigare) to **flog.**
sferzata *f.* **1 blow (with a whip); lash; slash** **2** *(fig.:* critica pungente) **lashing; sharp criticism.**
sfiaccolare *v. i.* to **glare.**
sfiancare ***A*** *v. t.* **1** to **break* through** (st.) **2** (spossare) to **exhaust**; to **tire out**; to **knock up** *(fam.)* ***B*** **sfiancarsi** *v. rifl.* (logorarsi) to **exhaust oneself (by hard work)**; to **tire oneself out**; to **be knocked up** *(fam.)*.
sfiancato *a.* **worn out; done up; knocked up** *(fam.)*.
sfiataménto *m.* **leakage; escape.**
sfiatare ***A*** *v. i.* to **leak**; to **escape** ***B*** **sfiatarsi** *v. rifl.* to **talk** (o to **shout**) **oneself breathless**; to **talk oneself hoarse.**
sfiatato *a.* **breathless; out of breath.**
sfiatatóio *m.* **1 vent-hole** **2** *(zool.)* **blowhole**; (dei cetacei) **spiracle.**
sfibbiare *v. t.* to **unbuckle**; to **unfasten**; to **unclasp.**
sfibrante *a.* **enervating; exhausting.**
sfibrare ***A*** *v. t.* to **enervate**; (indebolire) to **enfeeble**, to **weaken**; (sfinire) to **exhaust**; to **knock up** *(fam.)* ***B*** **sfibrarsi** *v. rifl.* to **exhaust oneself.**
sfibrato *a.* **enervated**; (esausto) **exhausted, worn out; played out** *(fam.)*.
sfida *f.* **challenge; defiance**: *accettare la s.,* to accept the challenge; (a duello) to take up the glove ● *cartello di s.,* cartel □ *con aria di s.,* defiantly.
sfidante *m.* e *f.* **challenger.**
sfidare ***A*** *v. t.* **1** to **challenge**; to **defy**; to **dare**: *s. q. a duello,* to challenge sb. to a duel; to throw down the glove to sb. □ *s. q. a fare q.c.,* to challenge sb. to do st. □ *s. la legge,* to defy the law **2** (affrontare) to **face**: *s. un pericolo (la morte),* to face danger (death) ● *Sfido!,* naturally!; of course! ***B*** **sfidarsi** *v. rifl. recipr.* to **challenge each other.**
sfidato ***A*** *a.* **challenged** ***B*** *m.* **person challenged.**
sfidùcia *f.* **1 mistrust; distrust; want** (o **lack**) **of confidence** **2** *(polit.)* **no-confidence** ● *avere s. in q.,* to mistrust sb.
sfiduciare ***A*** *v. t.* to **discourage**; to **dishearten** ***B*** **sfiduciarsi** *v. rifl.* to **lose* confidence**; to **get* discouraged.**
sfiduciato *a.* **discouraged; disheartened.**
sfigurare ***A*** *v. t.* to **disfigure**; to **deface** ***B*** *v. i.* **1** (fare cattiva figura) to **cut* a bad** (o **poor, sorry**) **figure** **2** (non armonizzare) **not to match; not to go* well** (with).
sfigurato *a.* **disfigured; defaced**; (stravolto) **distorted.**
sfilacciare *v. t.* **sfilacciarsi** *v. rifl.* to **fray.**
sfilacciato *a.* **frayed**: *polsini sfilacciati,* frayed cuffs.
sfilacciatura *f.* (lo sfilacciarsi, parte sfilacciata) **fraying.**
sfilare ***A*** *v. t.* **1** (una cosa infilata) to **unthread**; (perle e sim.) to **unstring***; (l'arrosto dallo spiedo) to **unspit**: *s. la gugliata dall'ago (o s. l'ago),* to unthread a needle **2** (un tessuto) to **draw* out a thread** (o **threads**) **from** (st.) **3** (togliere di dosso) to **slip off** ***B*** *v. i.* (anche *mil.*) to **parade**; to **defile**; to **file off**; to **march past**: *s. in parata,* to march past (on parade) ***C*** **sfilarsi** *v. rifl.* **1** (di cosa infilata) to **get* unthreaded**; (rif. a perle) to **get* unstrung,** to **come* off the string** **2** (di calza) to **ladder.**
sfilata *f.* **1 passing (in procession); filing off**; (parata) **parade**; *(mil.)* **march past**: *la s. delle truppe,* the march past (of the troops) □ *una s. di moda,* a fashion parade **2** (lunga successione) **long line; long row; succession; series***: *una s. d'alberi,* a long line of trees □ *una s. di citazioni,* a series of quotations.
sfilatino *m.* **(French) loaf*.**
sfilato *m. (ricamo)* **drawn-thread work; drawn--work.**
sfilatura *f.* **1 unthreading; unstringing** **2** (smagliatura) **ladder.**
sfilza *f.* **series*; string.**
sfinge *f.* **1** *(mitol., archeol.)* **Sphinx** **2** *(fig.)* **sphinx*** **3** *(zool.,* Sphinx) **sphinx(-moth); hawk-moth.**
sfiniménto *m.* **faintness; weariness; extreme weakness; languor.**
sfinire ***A*** *v. t.* to **wear* out**; to **tire out**; to **exhaust** ***B*** **sfinirsi** *v. rifl.* to **tire oneself out**; to **get* exhausted.**
sfinitézza *f.* **faintness; extreme weakness.**
sfinito *a.* **exhausted; worn out; tired out; run down; knocked up, done up** *(fam.)*; **all in** *(pop.)*.
sfintère *m. (anat.)* **sphincter.**
sfioccare ***A*** *v. t.* to **fray into a tassel**; to **ravel out** ***B*** **sfioccarsi** *v. rifl.* to **fray out**; to **ravel out.**
sfioraménto *m.* **skimming** *(anche fig.)*; **grazing.**
sfiorare *v. t.* **1** to **skim**; to **brush**; to **graze** **2** *(fig.)* to **skim over,** to **touch on** (st.) **3** (scremare) to **skim** ● *s. il successo,* to be very close to success.
sfiorire *v. i.* **1** *(bot.)* to **drop one's petals**; (appassire) to **fade**, to **wither** **2** *(fig.:* perdere la freschezza) to **fade away**; to **decay**; to **wither.**
sfiorito *a.* *(anche fig.)* **faded; withered.**
sfioritura *f.* *(anche fig.)* **fading; withering.**
sfittare *v. t.* to **vacate.**
sfitto *a.* **vacant.**
sfocato *a. (fotogr.)* **out-of-focus** *(attr.)*; **out of focus** *(pred.)*; **blurred.**
sfociare *v. i.* to **flow** (into); to **disembogue** (into).
sfoderaménto *m.* **unsheathing.**
sfoderare *v. t.* **1** (levare la fodera a) to **unline**; to **take* the lining out of** (st.) **2** (levare dal fodero) to **unsheathe** **3** *(fig.:* tirare fuori) to **draw* out** **4** *(fig.:* fare sfoggio di) to **make* a display of** (st.); to **parade**; to **show* off** *(fam.)*.
sfoderato *a.* **1** (senza fodera) **unlined** **2** (senza fodero) **unsheathed.**
sfogare ***A*** *v. t.* **1** to **give* outlet to**; to **let* out**; to **discharge** **2** *(fig.)* to **give* vent to**; to **vent**; to **wreak**; to **pour out**: *s. il proprio risentimento su q.,* to wreak one's resentment (up)on sb. ***B*** *v. i.* **1** (trovare uno sfogo) to **find* a vent** (through); to **find* an outlet** **2** *(fig.)* to **find* vent** (o **relief**); to **be relieved** ● *far s. q.,* to let sb. say (o take) his fill □ *lasciar s. una malattia,* to let a

disease run its course ***C* sfogarsi** *v. rifl.* ***1*** to **relieve one's feelings;** to **unbosom oneself;** to **pour out** (o to **open) one's heart;** to **get* it off one's chest** *(fam.)*: *s. con q.*, to unbosom oneself to sb. ***2*** (levarsi la voglia di dire, di fare q.c.) to **say*** (o to **take*) one's fill** ***3*** (di bambino) to **run* wild** ***4*** (di tempesta, temporale) to **die out** ● *s. in lacrime,* to weep out one's grief.

sfoggiare *v. t.* e *i.* to **show* off** *(fam.)*; to **make* a display of** (st.); to **parade;** to **flaunt.**

sfòggio *m.* **(ostentatious) display; show; parade**: *fare s. di q.c.*, to make a display of st.; to show off st. *(fam.)*; to parade st.; to flaunt st.

sfòglia *f.* ***1*** (lamina) **lamina*; plate; foil; leaf*;** (falda) **flake** ***2*** *(cucina)* **puff pastry.**

(1) sfogliare *A* *v. t.* (levare le foglie, i petali a) to **strip the leaves (petals) off** ***B* sfogliarsi** *v. rifl.* (perdere le foglie) to **shed* leaves;** (i petali) to **drop petals.**

(2) sfogliare *A* *v. t.* ***1*** (scorrere frettolosamente) to **skim** (o to **glance) through** (st.); to **take* a glance at** (st.) ***2*** (tagliare le pagine d'un libro intonso) to **open the (uncut) pages of (a book)** ***B* sfogliarsi** *v. rifl.* (sfaldarsi) to **flake off.**

(1) sfogliata *f.* **glance**: *dare una s. a un libro,* to take a glance at a book; to skim through a book.

(2) sfogliata *f. (cucina)* **puff(-pastry cake).**

sfogliatura *f. (agric.)* **leaf-stripping.**

sfógo *m.* ***1*** (apertura) **vent; outlet; way out** ***2*** *(fig.:* manifestazione dei propri sentimenti) **vent; outburst**: *dare s. alla propria ira,* to give vent to (o to vent) one's wrath ***3*** *(fig.:* libero s.) **free play** ***4*** (sbocco economico) **outlet; market** ***5*** *(pop.:* eruzione cutanea) **rash.**

sfolgorante *a.* **flashing; flaring; glaring; blazing;** (scintillante) **sparkling, glittering;** (brillante) **brilliant.**

sfolgorare *v. i.* to **flash;** to **flare;** to **glare;** to **blaze;** (scintillare) to **sparkle,** to **glitter.**

sfolgorìo *m.* **flashing; flaring; glaring; blaze, blazing;** (scintillìo) **sparkling, glittering.**

sfollagènte *m.* **truncheon; baton.**

sfollaménto *m.* ***1*** (d'una folla) **dispersion** ***2*** (da una città) **evacuation.**

sfollare *A* *v. i.* ***1*** (diradarsi: di una folla) to **disperse;** to **thin off** ***2*** (allontanarsi di singole persone) to **clear out** (o **off)** *(fam.)* ***3*** (da una città) to **evacuate** ***B*** *v. t.* (sgomberare) to **disperse people (out of);** (vuotare) to **empty.**

sfollato *m.* **evacuee.**

sfoltire *v. t.* **sfoltirsi** *v. rifl.* to **thin.**

sfondaménto *m.* **breaking (down); staving in; smashing in.**

sfondare *A* *v. t.* ***1*** (rompere il fondo di) to **knock the bottom out of** (st.) ***2*** (spalancare schiantando) to **break* down;** to **break*** (o to **burst*,** to **force) open;** to **stave in;** to **smash in** (o **down);** to **crash into** (st.); to **crack** *(pop.)*: *s. una vetrina,* to crash into a shop-window □ *s. un uscio,* to break down a door ***3*** *(mil.)* to **break* through** ***B*** *v. i.* (affermarsi) to **make* a name for oneself;** to **be successful** ● *s. le scarpe,* to wear holes in one's shoes ***C* sfondarsi** *v. rifl.* ***1*** (perdere il fondo) to **burst* at the bottom** ***2*** (spalancarsi di schianto) to **burst* open.**

sfondato *a.* ***1*** **bottomless** ***2*** *(fig.:* insaziabile) **insatiable** ● *essere ricco s.*, to be rolling in money □ *scarpe sfondate,* shoes with holes in them; worn-out shoes.

sfóndo *m.* ***1*** *(pitt.)* **background**: *sullo s.*, in the background ***2*** *(fig.)* **background; setting.**

sfondóne *m. (fam.)* **gross mistake; blunder.**

sforbiciare *v. t.* to **cut* up (with scissors);** to **snip.**

sforbiciata *f.* ***1*** **cut; snip** ***2*** *(sport)* **scissors.**

sformare *A* *v. t.* ***1*** (alterare nella forma) to **spoil* the shape of** (st.); to **stave in** ***2*** (togliere dalla forma) to **take* out of** (o to **remove from) a mould** ***B* sformarsi** *v. rifl.* to **get* out of shape.**

sformato *A* *a.* **shapeless; unshapely** ***B*** *m. (cucina)* **timbale** *(franc.)*.

sfornare *v. t.* ***1*** to **take*** (st.) **out of the oven** ***2*** *(fig.)* to **dish up;** to **bring* out.**

sfornire *A* *v. t.* to **deprive** (of) ***B* sfornirsi** *v. rifl.* to **deprive oneself.**

sfornito *a.* **unprovided** (with); **without; destituite** (of).

sfortuna *f.* **bad** (o **ill) luck; misfortune**: *S. volle che...*, as (ill) luck would have it... □ *essere perseguitato dalla s.*, to be dogged by misfortune.

sfortunataménte *avv.* **unluckily; unfortunately; sad to say.**

sfortunato *a.* **unlucky; unfortunate; ill-starred.**

sforzare *A* *v. t.* ***1*** (scassinare) to **force;** to **force open;** to **break* open** ***2*** (forzare, sottoporre a tensione) to **force;** to **strain**: *s. la vista,* to strain one's eyes □ *s. la mente di un bambino,* to force a child's mind ***B* sforzarsi** *v. rifl.* to **do* one's best** (o **utmost);** to **try one's best;** to **strive*;** to **endeavour;** to **make* every effort** ● *s. per nulla,* to waste one's efforts.

sforzato *a.* **forced; strained; unnatural**: *un sorriso s.*, a forced (o strained) smile.

sforzatura *f.* ***1*** (lo scassinare) **forcing open; breaking open** ***2*** (il sottoporre a tensione) **forcing; straining** ***3*** (eccesso arbitrario) **exaggeration.**

sfòrzo *m.* ***1*** **effort; endeavour; exertion**: *fare uno s.*, to make an effort □ *senza s.*, without effort; easily □ *Ci volle un grande s. di volontà,* it required a great effort of will □ *Non costa molto s.*, it doesn't need much effort ***2*** (tensione eccessiva) **strain**: *uno s. di nervi,* a strain on the nerves ***3*** *(mecc.)* **stress; strain** ● *fare ogni s.*, to do one's best (o utmost); to do all (o the best) one can; to strive hard; to leave no stone unturned *(fam.)* □ *Non fare sforzi!*, don't strain yourself!

sfóttere *v. t. (pop.)* to **kid;** to **tease;** to **take* the mickey out of** (sb.) *(fam.)*.

sfracellare *v. t.* **sfracellarsi** *v. rifl.* to **smash;** to **crash.**

sfrangiare *v. t.* to **fray (into a fringe).**

sfrangiato *a.* ***1*** **frayed** ***2*** *(bot.)* **laciniate(d).**

sfratarsi *v. rifl.* to **unfrock oneself.**

sfrattare *A* *v. t.* to **turn out;** *(leg.)* to **evict** ***B*** *v. i.* to **move.**

sfrattato *m. (leg.)* **evictee.**

sfratto *m.* **turning out;** *(leg.)* **eviction** ● *ordine di s.*, *(leg.)* eviction order; *(fam.)* notice to quit.

sfrecciare *v. i.* to **dart** ● (d'aeroplano) *s. rombando,* to zoom.

sfregaménto *m.* **rubbing.**

sfregare *v. t.* ***1*** to **rub** ***2*** (graffiare) to **scratch.**

sfregata *f.* **rub; rub-up; rub-down.**

sfregiare *A* *v. t.* ***1*** (con arma tagliente) to **slash;** to **gash** ***2*** (deturpare) to **deface;** to **disfigure** ***B* sfregiarsi** *v. rifl.* to **be disfigured.**

sfregiato *a.* **defaced; disfigured.**

sfrégio *m.* ***1*** (taglio) **slash; gash; cut** ***2*** (cicatrice) **scar** ***3*** (deturpazione) **disfigurement** ***4*** *(fig.)* **affront; insult**: *fare uno s. a q.*, to put an affront on sb.

sfrenare *A* *v. t.* to **unbridle,** to **unrein** (anche *fig.*); to **let* loose** ● *s. la fantasia,* to give free play to one's imagination ***B* sfrenarsi** *v. rifl.* to **break* loose from all restraint;** to **let* oneself go.**

sfrenatézza *f.* ***1*** **wildness** ***2*** (di costumi) **licentiousness; dissoluteness.**

sfrenato *a.* ***1*** **unbridled, unreined** (anche *fig.*); **unrestrained; unchecked; uncontrolled; wild** ***2*** (licenzioso) **licentious; dissolute.**

sfriggere, sfrigolare *v. i.* to **frizz;** to **frizzle;** to **sizzle;** to **sputter.**

sfrigolio *m.* **frizzing; frizzling; sizzling; sputtering.**

sfrittellare *v. t. (fam.)* to **spatter with grease.**

sfrondare *A* *v. t.* ***1*** to **strip of leaves;** to **thin (out) the branches of** (a tree) ***2*** *(fig.)* to **curtail;** to **cut* down** ***B* sfrondarsi** *v. rifl.* to **shed*** (o to **lose*) leaves.**

sfrontatézza *f.* **impudence; forwardness; pertness; cheek** *(fam.)*: *avere la s. di fare q.c.*, to have the cheek to do st.

sfrontato *A* *a.* **impudent; forward; pert; cheeky** *(fam.)* ***B*** *m.* **impudent person; cheeky fellow; brazenface** *(fam.)*.

sfrusciare *v. i.* to **rustle.**

sfruscio *m.* **rustling.**

sfruttaménto *m.* (anche *fig.*) **exploitation.**

sfruttare *v. t.* ***1*** (anche *fig.*) to **exploit;** *(fig.)* to

overwork, to **sweat**: *s. una miniera,* to exploit (o to work) a mine □ *s. i propri operai,* to sweat one's workers **2** *(fig.:* approfittare di*)* to **profit by;** to **take* advantage of.**

sfruttatóre *m.* **exploiter; profiteer.**

sfuggènte *a.* **1 receding 2** *(fig.)* **evasive; shifty.**

sfuggévole *a.* **transient; fleeting.**

sfuggire A *v. t.* to **avoid;** to **shun;** to **elude;** to **eschew**: *s. i pericoli,* to avoid dangers **B** *v. i.* **1** (sottrarsi) to **avoid;** to **escape** (from); to **evade;** to **elude**: *s. alla giustizia,* to evade justice **2** (scampare) to **avoid;** to **escape**: *s. alla morte,* to escape death **3** (scorrere via) to **slip**: *s. di mano,* to slip out of one's hand(s) **4** (uscire dalla memoria) to **slip (from) one's mind**: *Mi sfugge il nome,* the name has slipped from my mind **5** (passare inosservato) to **escape**: *Nulla gli sfugge,* nothing escapes him **6** (s. nel parlare) to **escape one's lips;** to **slip**: *lasciarsi s. una osservazione non gentile,* to let slip an unkind remark ● *lasciarsi s. un segreto,* to let the cat out of the bag *(fam.).*

sfuggita *f.* — *di s.,* in a hurry; hurriedly; hastily ● *vedere q. di s.,* to catch a glimpse of sb.

sfumare A *v. i.* **1** to **vanish;** to **fade away;** to **disappear;** (andare in fumo) to **fail,** to **come* to nothing 2** *(disegno)* to **shade off** (o **away);** to **gradate;** to **fade** (into) **B** *v. t.* **1** *(disegno)* to **shade off;** to **gradate;** (con sfumino) to **stump 2** *(mus.)* to **tone down 3** (capelli) to **trim.**

sfumato *a.* **1** (dileguato) **vanished; faded-away** *(attr.)*; (andato in fumo) **broken-off** *(attr.)*; (perduto) **lost 2** (di colore) **soft;** (pastoso) **mellow 3** (di luce) **soft; mellow; faint 4** (di capelli) **trimmed.**

sfumatura *f.* **1 shading off; gradation 2** (gradazione) **gradation; shade; tone; nuance 3** (di capelli) **trimming 4** *(fig.)* **hint; touch.**

sfumino *m. (disegno)* **stump.**

sfuriata *f.* **outburst of anger; fit of passion** ● *s. di vento,* gust of wind □ *fare una s. a q.,* to give sb. a good talking-to *(fam.)*; to tell sb. off *(fam.)*; to give sb. the edge of one's tongue *(fam.).*

sfuşo *a.* (di merci che si vendono sciolte) **loose.**

şgabellata *f.* **blow with a stool.**

şgabèllo *m.* **stool.**

şgabuzzino *m.* **storeroom; lumber-room.**

şgambarsi *v. rifl.* to **walk oneself off one's legs.**

şgambata *f. (fam.)* **long walk;** (corsa) **run.**

şgambettare A *v. i.* **1** (camminare a passi corti e rapidi) to **trip along;** to **scurry about 2** (dei bambini: cominciare a camminare) to **toddle 3** (dimenare le gambe oziosamente) to **kick one's legs about B** *v. t.* (far cadere con uno sgambetto) to **trip up.**

şgambétto *m.* **trip** ● *fare lo s. a q.,* to trip sb. up; *(fig.)* to supplant sb.

şganasciare A *v. t.* to **dislocate the jaws of** (sb.) **B şganasciarsi** *v. rifl.* to **dislocate one's jaws** ● *s. dalle risa,* to split one's sides with laughing; to roar with laughter.

şganciare A *v. t.* **1** to **unhook;** to **unfasten the hook** (o **hooks) of** (st.) **2** *(aeron. mil.)* to **release;** to **drop**: *s. bombe,* to drop bombs **3** *(ferr.)* to **uncouple 4** *(fig., fam.:* sborsare*)* to **fork out** (o **up)** *(pop.)* **B şganciarsi** *v. rifl.* **1** to **unhook 2** *(fig.:* staccarsi*)* to **break*** (o to **get*) away** (from); to **get* clear** (of) **3** *(mil.)* to **disengage oneself.**

şgangherare *v. t.* **1** to **unhinge;** to **take*** (a door) **off the hinges 2** (sconquassare) to **shatter;** to **break* up;** to **knock to pieces** ● *(fig.) sgangherarsi dalle risa,* to split one's sides with laughing.

şgangheratamènte *avv.* **grossly; boisterously** ● *ridere s.,* to split one's sides with laughing; to roar with laughter.

şgangherato *a.* **1 clumsy; disorderly; ramshackle;** (malsicuro) **rickety, tumble-down 2** (sconnesso) **disconnected; incoherent** ● *risa sgangherate,* boisterous laughter; roars of laughter.

şgarbatàggine, şgarbatézza *f.* **impoliteness; incivility; discourtesy** ● *s. di modi,* ungainly manners.

şgarbataménte *avv.* **impolitely; rudely.**

şgarbato *a.* **ill-mannered; impolite; uncivil;** (scortese) **discourteous, unkind, rude, gruff.**

şgarberìa *f.* **şgàrbo** *m.* **incivility; discourtesy; impolite** (o **rude) act** ● *fare uno s. a q.,* to be rude to sb.

şgargiante *a.* **garish; gaudy; tawdry; showy; flashy.**

şgarrare *v. i.* **1** (sbagliare) to **be wrong;** to **be mistaken 2** (venir meno all'osservanza di un dovere) to **go* wrong** ● *Questo orologio non sgarra un minuto,* this watch keeps perfect time □ *Il mio orologio sgarra di tre minuti al giorno,* (va avanti) my watch gains three minutes a day; (resta indietro) my watch loses three minutes a day □ *Eccolo! lui non sgarra un minuto,* here he is: he is always dead on time.

şgattaiolare *v. i.* to **slink* away** (o **off);** to **sneak away;** to **slip away.**

şgelare *v. t.* e *i.* **şgelarsi** *v. rifl.* to **thaw.**

şgèlo *m.* **thaw.**

şghémbo A *a.* (obliquo) **slanting; slantwise; oblique;** (storto) **crooked B** *m.* — *a s.,* on the slant; slantingly; aslant; askew; obliquely **C** *avv.* **slantingly; obliquely** ● *camminare s.,* to walk crabwise.

şgheronato *a.* **gusseted; gored.**

şghèrro *m. (spreg.)* **sbirro*; peeler** *(fam.)*; **slop** *(pop.).*

şghiacciare *v. t.* e *i.* **şghiacciarsi** *v. rifl.* to **thaw.**

şghignazzare *v. i.* to **guffaw.**

şghignazzata *f.* **guffaw; horse-laugh** ● *fare una s.,* to guffaw.

şghimbèscio *V.* **şghémbo.**

şghiribizzo *V.* **ghiribizzo.**

şgobbare *v. i. (fam.)* to **work hard;** to **drudge;** to **grind*,** to **swot** *(fam.)*; to **sap** (gergo studentesco).

şgobbata *f. (fam.)* **fag; (piece of) drudgery; grind, swot** *(fam.).*

şgobbóne *m. (fam.)* **drudge; grind, swot, swotter** *(fam.)*; **sap** (gergo studentesco).

şgocciolare A *v. t.* **1** (far cadere a gocciole) to **drip 2** (vuotare delle ultime gocciole) to **drain (to the last drop) B** *v. i.* to **drip.**

şgocciolatura *f.* **1 dripping 2** (gocciole cadute) **drippings** *(pl.)*; (gocciole residue) **(very) last drops** *(pl.)* **3** (difetto di verniciatura) **runs** *(pl.).*

şgocciolìo *m.* **dripping; drip-drop; drip, drip, drip.**

şgócciolo *m.* **1 dripping 2** (sgocciolatura) **last drops** *(pl.)* ● *(fig.) essere agli sgoccioli,* to be at the end of one's tether □ *Il vino è agli sgoccioli,* there is hardly any wine left.

şgolarsi *v. rifl.* to **talk** (o to **shout) oneself hoarse** ● *s. inutilmente,* to waste one's breath.

şgomberare A *v. t.* **1** to **clear;** to **clear out;** (svuotare) to **empty out;** (evacuare) to **evacuate 2** (un alloggio) to **vacate;** to **move out** (of) **B** *v. i.* (cambiare casa) to **move (house).**

şgómbero *m.* **move; removal** ● *fare lo s.,* to move out.

şgombranéve *m. invar.* **snow-plough.**

şgombrare, (1) şgómbro *V.* **şgomberare, şgombero.**

(2) şgómbro *a.* **clear** (of); **free** (from).

(3) şgómbro *m. (zool.,* Scomber scombrus*)* **mackerel.**

şgomentare A *v. t.* to **dismay;** to **appal;** to **daunt B şgomentarsi** *v. rifl.* to **be dismayed** (o **appalled, daunted).**

şgoménto A *a.* **dismayed; appalled; daunted; awe-stricken B** *m.* **dismay; consternation** ● *lasciarsi vincere dallo s.,* to be dismayed (o appalled).

şgominare *v. t.* to **rout;** (sconfiggere) to **defeat,** to **overthrow*.**

şgomitolare *v. t.* **şgomitolarsi** *v. rifl.* to **unwind*.**

şgommare *v. t.* **1** to **ungum 2** *(ind. tessile)* to **degum.**

şgonfiare A *v. t.* **1** to **deflate;** to **flatten 2** *(fig.)* to **bring* down;** to **prick B** *v. i.* e **şgonfiarsi** *v. rifl.* **1** to **become* deflated;** to **go* flat;** to **flatten out 2** (perdere il gonfiore) to **go* down.**

şgonfiato, (1) şgónfio *a.* **deflated; flattened out; flat;** (forato) **punctured, pricked**: *(anche fig.) un pallone s.,* a pricked balloon.
(2) şgónfio *m.* (sboffo) **puff.**
şgonnellare *v. i. (fam.)* to **gad about.**
şgórbia *f.* **gouge.**
şgorbiare *v. t.* to **scrawl**; to **scribble**, to **scrabble.**
şgòrbio *m.* ***1*** (scarabocchio) **scrawl; scribble** ***2*** (macchia d'inchiostro) **blot;** (macchia di colore) **daub** ***3*** (disegno malfatto) **daub** ***4*** *(fig.:* persona brutta e sgraziata*)* **fright** *(fam.).*
şgorgare *v. i.* to **gush out (**o **forth)** *(*anche *fig.)*; to **spout**; to **issue forth.**
şgórgo *m.* **gush, gushing.**
şgozzare *v. t.* ***1*** to **cut* the throat of;** (strozzare) to **throttle** ***2*** *(fig.:* di strozzini*)* to **bleed***; to **squeeze money out of** (sb.).
şgradévole *a.* **disagreeable; unpleasant; nasty.**
şgradito *a.* **unwelcome; disagreeable; unpleasant; uncalled-for** *(attr.)*: *riuscire s.,* to be unwelcome.
şgraffiare *v. t.* to **scratch.**
şgraffignare *v. t. (fam.)* to **pinch** *(fam.)*; to **pilfer.**
şgràffio *m.* **scratch** ● *farsi uno s.,* to scratch oneself.
şgrammaticato *a.* **ungrammatical; grammarless; full of grammatical mistakes.**
şgrammaticatura *f.* **mistake in grammar; grammatical mistake.**
şgranare ***A*** *v. t.* ***1*** to **shell**; to **hull**; (sgusciare) to **husk**: *s. i piselli (i fagioli),* to shell peas (beans) ***2*** *(fig.:* mangiare con gusto*)* to **eat*** (st.) **heartily** ***3*** *(mecc.)* to **ungear** ● *s. gli occhi,* to open one's eyes wide □ *s. il rosario,* to tell one's beads ***B*** **şgranarsi** *v. rifl.* to **crumble.**
şgranato *a.* ***1*** **shelled; hulled; husked** ***2*** *(mecc.)* **ungeared** ***3*** *(fig.)* **wide open**: *con gli occhi sgranati,* with one's eyes wide open.
şgranchire ***A*** *v. t.* to **stretch** ***B*** **şgranchirsi** *v. rifl.* to **strech (oneself)**: *s. le gambe,* to stretch one's legs.
şgranellare *v. t.* to **remove grains from** (st.) ● *s. l'uva,* to pick grapes (from a bunch).
şgranocchiare *v. t.* to **crunch**; to **munch.**
şgrassare *v. t.* ***1*** to **remove grease from** (st.) ***2*** *(ind. tessile)* to **degrease**; to **scour.**
şgravare ***A*** *v. t.* ***1*** to **unload**; to **unburden**; to **relieve** (of) ***2*** *(fig.)* to **unburden**; to **disburden**; to **relieve**; to ease ***B*** **şgravarsi** *v. rifl.* ***1*** to **unburden oneself**; to **relieve oneself**, to **ease oneself** (of) ***2*** (partorire) to **be delivered of a child;** (di animali) to **bring* forth** ● *s. la coscienza,* to ease one's conscience.
şgràvio *m.* ***1*** **unloading; disburdenment** ***2*** *(fig.)* **alleviation; relief; ease.**
şgraziato *a.* **clumsy; awkward; ungainly; ungraceful; graceless.**
şgretolaménto *m.* **crumbling; falling to pieces; mouldering.**
şgretolare ***A*** *v. t.* to **crumble**; to **crush down** ***B*** **şgretolarsi** *v. rifl.* to **crumble**; to **fall* to pieces**; to **moulder.**
şgridare *v. t.* to **scold**; to **lecture**; to **tell* off**, to **dress down** *(fam.).*
şgridata *f.* **scolding; telling-off, talking-to, dressing down** *(fam.)*: *fare una (bella) s. a q.,* to give sb. a (good) dressing down; to give sb. a (good) lecture.
şgrillettare *v. i.* to **sizzle.**
şgrinfia *V.* **grinfia.**
şgrommare *v. t.* to **scrape the tartar off** (st.).
şgrondare *v. t.* e *i.* to **drain** ● *far s. il bucato,* to let the washing drip.
(1) şgroppare *v. t.* to **unknot**; to **untie a knot.**
(2) şgroppare *v. i.* (di cavallo) to **buck.**
şgroppata *f.* **buck-jump.**
şgropponarsi *v. rifl.* to **get* a sore back**; (sgobbare) to **fag away** (at), to **drudge.**
şgropponata *f.* (sgobbata) **fag; (piece of) drudgery.**
şgrossare *v. t.* ***1*** to **whittle down**; (sbozzare) to **rough out**, to **rough-hew*** ***2*** *(fig.)* to **refine.**
şgrovigliare *v. t.* to **unravel**; to **untangle**; to **disentangle.**
şgrugnare *v. t. (fam.)* to **smash (**o to **bash)** (sb.'s) **face in.**
şgrumare *V.* **şgrommare.**
şguaiatàggine *f.* **rudeness; coarseness; vulgarity.**
şguaiato ***A*** *a.* **rude; coarse; vulgar** ***B*** *m.* **rude person; vulgar, ill-bred person; impudent rascal.**
şguainare *v. t.* to **unsheathe**; to **draw*.**
şgualcire *v. t.* **şgualcirsi** *v. rifl.* to **crumple**; to **crush**; to **crease.**
şgualcitura *f.* **crease.**
şgualdrina *f.* **trollop; slut; tart** *(pop.).*
şguàncio *m. (archit.)* **splay.**
şguardo *m.* ***1*** **look; glance**: *dare uno s. a q.c.,* to have a look at st.; to take a glance at st. □ *lanciare uno s. a q.,* to cast a glance at sb.; to glance at sb. ***2*** (occhi) **eye(s)**: *sollevare lo s.,* to raise one's eyes □ *fin dove arriva lo s.,* as far as the eye can see ● *s. fisso,* stare □ *attirare gli sguardi di q.,* to attract (o to draw) sb.'s attention □ *cercare q. con lo s.,* to look round for sb. □ *distogliere lo s. da q. (q.c.),* to look away from sb. (st.) □ *lanciare sguardi languidi a q.,* to cast sheep's eyes at sb. *(fam.).*
şguarnire *v. t.* ***1*** to **untrim**; to **strip of trimming** ***2*** *(mil.)* to **dismantle.**
şguàttera *f.* **scullery-maid; kitchen-maid.**
şguàttero *m.* **scullery-boy.**
şguazzare *v. i.* ***1*** to **splash about**; to **paddle**; to **dabble** ***2*** (avvoltolarsi, anche *fig.*) to **wallow**, to **welter**, to **roll** (in): *s. nel fango,* to wallow in the mud □ *s. nella ricchezza,* to be rolling in money ***3*** (di liquido in un recipiente) to **splash about.**
şguinzagliare *v. t.* ***1*** to **unleash** ***2*** *(fig.:* aizzare*)* to **set*** (on): *s. i poliziotti dietro a q.,* to set the cops on sb.
(1) şgusciare *v. i.* ***1*** (sfuggire) to **slip**: *s. di mano,* to slip out of one's hands ***2*** *(fig.:* s. via*)* to **slip away**; to **slink* away**: *s. dal proprio nascondiglio,* to slink out of one's hiding-place.
(2) şgusciare *v. t.* (levare dal guscio) to **shell**; to **hull**; to **husk.**
shaker *(ingl.) m.* **(cocktail) shaker.**
shakerare *v. t.* to **mix** (st.) **in a shaker.**
shakespeariano *a. (letter.)* **Shakespearean, Shakespearian.**
shock *(ingl.) m.* (anche *med.*) **shock.**
shockterapia *f. (med.)* **shock therapy.**
(1) si ***A*** *pron. rifl. di 3ª pers.* ***1*** *(con i verbi riflessivi propri)* **oneself** *(impers.)*; **himself** *(m. sing.)*; **herself** *(f. sing.)*; **itself** *(neutro sing.)*; **themselves** *(pl.)*: *lavarsi,* to wash oneself □ *Egli si lavò,* he washed himself □ *Si lavarono,* they washed themselves □ *guardarsi nello specchio,* to look at oneself in the mirror ***2*** *(con i riflessivi impropri, quando funge da compl. di termine, trova riscontro nel corrispondente agg. poss. ingl.)*: *lavarsi le mani,* to wash one's hands □ *Mi lavai le mani,* I washed my hands ***3*** *(spesso a un v. rifl. ital. corrisponde un v. i. o una locuz. verbale ingl.)*: *lavarsi,* (anche) to wash □ *fermarsi,* to stop □ *pentirsi,* to repent □ *prepararsi,* to get ready □ *stancarsi,* to get tired ***B*** *pron. recipr.* ***1*** **each other** (fra due); **one another** (fra più di due): *Carlo e Anna si amano,* Charles and Ann love each other □ *Si vogliono tutti bene,* they are all fond of one another ***2*** *(talora omesso in ingl.)*: *Si baciarono,* they kissed □ *Si incontrarono a Londra,* they met in London ***C*** *pron. indef.* ***1*** **one** *(impers.)*; **we** (noi); **you** (voi); **they** (essi); **people** (la gente); **folk** *(fam.)*: *Si vede che sei felice,* one can see you are happy □ *In Italia si beve molto caffè,* in Italy we drink a lot of coffee □ *In Inghilterra si beve molto tè,* in England they drink a lot of tea □ *Che cosa si dirà di te?,* what will people say of you? □ *Si dice che...,* they (o people) say that... ***2*** *(con valore passivo)*: *Si vide un bagliore nel cielo,* a flash was seen in the sky □ *Qui si parla inglese,* English (is) spoken here □ *Si affittano appartamenti,* flats to let ***3*** *(pleonastico)*: *Egli non sa quel che si dice,* he doesn't know what he is talking about ● *Mi si dice che...,* I am told that... □ *Non si sa mai!,* you never can tell □ *Si sa!,* of course!
(2) si *m. (mus.)* **si; B.**
(1) sì ***A*** *avv.* (affermazione) **yes; ay(e)** *(arc.* o *dial)*:

« *Hai letto la lettera?* » « *Sì* », « have you read the letter? » « yes, I have » □ « *Studi l'inglese?* » « *Sì* », « do you study English? » « yes, I do » □ « *Andranno a Roma?* » « *Sì* », « will they go to Rome? » « yes, they will » ● *un giorno sì e l'altro no,* every other day □ *rispondere di sì,* to answer in the affirmative □ *Credo di sì,* I think so □ *E sì che...,* and yet... □ *Ma sì che lo vidi,* I did see him ***B*** *m.* ***1*** **yes** ***2*** (voto favorevole) **ay(e)**: *i sì e i no,* the ayes and noes ● *essere tra il sì e il no,* to be unable to make up one's mind.
(2) sì *avv.* (*lett.*: così) **so; such** ● *fare sì che q. faccia q.c.,* to persuade (o to get) sb. to do st. □ *fare sì da...,* to manage (to do st.).
siamése *a., m.* e *f.* **Siamese**: *i siamesi,* the Siamese ● *fratelli siamesi,* Siamese twins □ *gatto s.,* Siamese cat.
sia ... sia *cong.* ***1*** (o...o) **whether...or; either...or**: *sia che gli piaccia, sia che non gli piaccia,* whether he likes it or not ***2*** (tanto...quanto) **both...and**: *Sia Giovanni sia suo fratello verranno,* both John and his brother will come.
sibarita *m.* e *f.* (anche *fig.*) **Sybarite.**
sibaritico *a.* (anche *fig.*) **Sybaritic.**
siberiano *a.* e *m.* **Siberian.**
sibilante ***A*** *a.* **hissing; sibilant; whizzing** ***B*** *m.* (*fon.*) **sibilant.**
sibilare *v. i.* to **hiss**; to **whiz(z).**
sibilla *f.* (*mitol.*) **sibyl.**
sibillino *a.* (anche *fig.*) **sibylline.**
sìbilo *m.* ***1*** **hiss; whiz(z)** ***2*** (*med.*) **sibilus*.**
sicàrio *m.* **hired assassin; cut-throat; ruffian.**
sicché *cong.* ***1*** (così che) **so that** ***2*** (perciò) **so; therefore; thus** ***3*** (ebbene) **well.**
siccità *f.* **drought; dryness** ● *periodo di s.,* dry spell.
siccóme *cong.* **as; since.**
siciliano *a.* e *m.* **Sicilian.**
sicofante *m.* **informer; tale-bearer.**
sicomòro *m.* (*bot.,* Ficus sycomorus) **sycamore.**
sicumèra *f.* **haughtiness; self-sufficiency.**
sicura *f.* (*mecc.*) **safety-catch.**
sicuraménte *avv.* **surely; certainly; of course.**
sicurézza *f.* ***1*** **security; safeness; safety**: *per maggior s.,* for safety's sake □ *la campagna per la s. stradale,* the campaign for road safety ***2*** (certezza) **certainty**: *Non lo so con s.,* I can't say with certainty; I don't know for certain ***3*** (fiducia) **confidence; trust; assurance**: *s. di sé,* self-confidence; self-assurance □ *mancanza di s.,* lack of confidence ● *avere la s. di q.c.,* to be sure of st. □ *cassetta di s.,* strongbox □ *di s.,* safety (*attr.*): *cintura di s.,* safety-belt □ *la Pubblica S.,* the Police □ *uscita di s.,* emergency door (o exit).
sicuro ***A*** *a.* ***1*** **safe; secure**: *un luogo s.,* a safe place □ *sentirsi s. di q.c.,* to feel secure about (o as to) st. ***2*** (certo) **sure; certain; secure**: *andare incontro a morte sicura,* to face certain death □ *essere s. di sé,* to be (o to feel) sure of oneself; to be self-confident □ *Ne sei s.?,* are you sure of it? □ *Non ne sono proprio s.,* I am not quite sure ***3*** (attendibile) **safe; reliable**: *una notizia sicura,* a reliable piece of news ***4*** (fidato) **safe; trustworthy; reliable**: *una guida sicura,* a reliable guide ***5*** (saldo) **secure; steady**: *con mano sicura,* with a steady hand ***6*** (esperto) **skilled; skilful; expert** ● *mal s.,* unsafe; (incerto) uncertain ***B*** *m.* **safety;** (luogo s.) **safe place**: *essere al s.,* to be in safety; to be safe □ *mettere al s.,* to put in a safe place; to put out of harm's way ● *andare sul s.,* to keep to the safe side □ *di s.,* certainly; undoubtedly; for sure ***C*** *avv.* **surely; sure enough; certainly;** (naturalmente) **naturally, of course;** (proprio così) **quite so.**
siderale, sidèreo *a.* (*astron.*) **sidereal.**
siderite *f.* (*miner.*) **siderite.**
siderurgìa *f.* **iron metallurgy.**
siderùrgico ***A*** *a.* **iron (and steel)** (*attr.*) ***B*** *m.* **iron--worker.**
sidro *m.* **cider.**
siepàglia *f.* **thick, overgrown hedge.**
sièpe *f.* ***1*** **hedge** (anche *fig.*) ***2*** (*ippica*) **hurdle.**
sièro *m.* ***1*** (del latte) **whey** ***2*** (*fisiologia, med.*) **serum***: *s. della verità,* truth serum.
sierologìa *f.* **serology.**
sieróso *a.* **serous.**
sieroterapìa *f.* (*med.*) **serotherapy.**
sièrra *f.* (*geogr.*) **sierra.**
sièsta *f.* **siesta; afternoon rest** (o **nap).**
siffatto *a.* (per lo più *spreg.*) **such.**
sifilide *f.* (*med.*) **syphilis.**
sifilitico *a.* e *m.* (*med.*) **syphilitic.**
sifóne *m.* ***1*** **siphon** ***2*** (per il seltz) **siphon(-bottle).**
sigaràia *f.* ***1*** **cigar-maker; cigarette-maker** ***2*** (venditrice di sigari e sigarette) **cigar and cigarette seller.**
sigaràio *m.* **cigar-maker; cigarette-maker.**
sigarétta *f.* **cigarette**: *un pacchetto (una stecca) di sigarette,* a packet (a carton) of cigarettes.
sigaro *m.* **cigar.**
sigillare *v. t.* to **seal** (anche *fig.*); to **seal up**: *s. con piombini,* to seal with lead (seals).
sigillatura *f.* **sealing.**
sigillo *m.* **seal; signet**: *il Gran S. d'Inghilterra,* the Great Seal of England □ *un anello con s.,* a signet-ring □ *mettere (o apporre) un s.,* to put (o to set, to affix) a seal (to); to seal □ (*fig.*) *Ho il s. alle labbra,* my lips are sealed.
sigla *f.* **initials** (*pl.*); (monogramma) **monogram;** (abbreviazione) **abbreviation** ● (*radio, telev.*) *s. musicale,* signature tune.
siglare *v. t.* to **initial**; to **mark with a monogram.**
significante *a.* **significant; significative.**
significare *v. t.* ***1*** (voler dire) to **mean***; to **signify**: *Che cosa significa questa parola?,* what does this word mean?; what is the meaning of this word? ***2*** (valere) to **mean***; to **signify**; to **matter**: *La tua amicizia significa molto per me,* your friendship means a great deal to me ***3*** (manifestare, esprimere) to **signify;** to **make* known;** to **show*** ***4*** (simboleggiare) to **be a symbol of** (st.).
significativo *a.* **significative; significant; meaningful;** (espressivo) **expressive.**
significato *m.* **meaning; import; sense;** (valore, importanza) **purport**: *il s. di una parola,* the meaning of a word □ *una risposta priva di s.,* a meaningless answer.
signóra *f.* ***1*** **lady; Mrs** (*abbr.* di **mistress,** *us. coi nomi propri*); **madam** (*us. al vocat., senza nome proprio*): *la s. Brown,* Mrs Brown □ *Buon giorno, s.,* good morning, madam □ *È una vera s.,* she is a real lady ***2*** (*l'ingl. spesso preferisce usare*) **woman***: *Chi è quella bella s.?,* who is that beautiful woman? ***3*** (moglie) **wife***: *Mi saluti la Sua s.,* remember me to your wife ***4*** (donna ricca) **rich woman*** ***5*** (padrona di casa) **mistress** ***6*** (*relig.*) **Lady**: *Nostra S.,* Our Lady ● *il signor Bianchi e (la sua) s.,* Mr and Mrs Bianchi □ *il signor Walter Bianchi e (la sua) s.,* Mr and Mrs Walter Bianchi □ *vivere da (gran) s.,* to live like a duchess □ (cominciando un discorso) *Signori e Signore!,* Ladies and Gentlemen!
signóre *m.* ***1*** **gentleman*; Mr** (*abbr.* di **mister,** *us. coi nomi propri*); **sir** (*us. al vocat., senza nome proprio*): *Chi è quel s.?,* who is that gentleman? □ *Il s. Smith è qui, s.,* Mr Smith is here, sir □ *i signori Smith* (coppia di coniugi), Mr and Mrs Smith □ *i signori Smith, Brown e Robinson,* Messrs Smith, Brown and Robinson ***2*** (*di solito l'ingl. preferisce usare*) **man***: *È un s. molto gentile,* he is a very kind man ***3*** (gentiluomo) **gentleman***: *È un vero s.,* he is a real gentleman ***4*** (persona ricca) **rich man*** ***5*** (padrone) **master** ***6*** (*relig.*) **Lord;** (Dio) **God**: *il giorno del S.,* the Lord's Day □ *Il S. ti benedica!,* God bless you! ***7*** (*stor.*: principe) **Lord; Prince** ● *il s. dottore (avvocato, ecc.),* the doctor (the lawyer, etc.) □ *darsi le arie di gran s.,* to act the lord; to lord it □ *fare il (gran) s.,* to live like a lord □ *S.! (o S. Iddio!),* Lord!; good Lord! □ (cominciando un discorso) *Signori e Signore!,* Ladies and Gentlemen! □ (all'inizio di una lettera) *Egregio S.,* Dear Sir □ *Egregi signori,* Dear Sirs □ *S. Presidente,* Mr President.
signoreggiare ***A*** *v. t.* ***1*** to **dominate** ***2*** (*fig.*) to **master**; to **dominate** ***B*** *v. i.* to **domineer** (over).
signorìa *f.* ***1*** (dominio, potere) **dominion; rule; sway** ***2*** (titolo) (rivolto a un uomo) **Lordship;** (rivolto a una

donna) **Ladyship** ***3*** *(stor.)* **signoria*** *(ital.)*; **seigniory.**
signorile *a.* ***1*** (degno di un signore) **gentlemanly, gentlemanlike;** (di una signora) **ladylike** ***2*** (distinto, raffinato) **distinguished, refined;** (di prima categoria) **first-class, first-rate, high-class.**
signorilità *f.* **distinction; refinement.**
signorilménte *avv.* (da signore) **in a gentlemanly way, as befits a gentleman;** (da signora) **in a ladylike way, as befits a lady.**
signorina *f.* ***1*** **young lady; Miss** *(us. coi nomi propri)*: *la s. Maria,* Miss Mary □ *la s. Smith* (generalm. la figlia primogenita), Miss Smith □ *le signorine Smith,* the Misses Smith; (più comunemente) the Miss Smiths □ *Conosci quella s.?,* do you know that young lady? ***2*** *(l'ingl. spesso preferisce)* **girl**: *Chi è quella bella s.?,* who is that beautiful girl? ***3*** (giovane padrona) **young mistress** ***4*** (donna nubile) **unmarried woman*; spinster** ● *nome da s.,* maiden name.
signorino *m.* **master**: *il s. Carlo,* Master Charles.
signoróne *m.* **wealthy man*.**
signoròtto *m.* **squire.**
silènte *a. (lett.)* **silent; voiceless; still.**
silenziatóre *m.* **silencer; muffler.**
silènzio *m.* ***1*** **silence**: *ascoltare in s.,* to listen in silence □ *fare (o restare in) s.,* to keep silence; to be (o to keep) silent □ *rompere il s.,* to break silence □ *S.!,* silence!; be quiet! ***2*** (calma, quiete) **silence; stillness; quiet; hush**: *nel s. della notte,* in the silence (o hush) of night ● *(mil.) suonare il s.,* to sound lights-out.
silenziosaménte *avv.* **silently; in silence; quietly; mutely; noiselessly; soundlessly.**
silenzióso *a.* **silent; quiet; still; voiceless; soundless;** (taciturno) **taciturn**: *starsene s.,* to keep silent.
sìlfide *f. (mitol.)* **sylph** (anche *fig.*).
silfo *m. (mitol.)* **sylph.**
silhouette *(franc.) f.* ***1*** **silhouette** ***2*** (sagoma) **silhouette; outline** ● *avere una bella s.,* to have a fine figure.
silicato *m. (miner., chim.)* **silicate.**
sìlice *f. (miner.)* **silica.**
siliceo *a. (miner.)* **siliceous, silicious.**
silicico *a. (chim.)* **silicic.**
silicio *m. (chim.)* **silicon.**
silicóne *m. (chim.)* **silicone.**
silicòşi *m. (med.)* **silicosis.**
sìliqua *f. (bot.)* **siliqua*; silique; pod.**
sìllaba *f.* **syllable**: *dividere in sillabe,* to divide into syllables; to syllabize □ *senza mutare una s.,* without changing a (single) syllable ● *non proferire una s.,* not to say a word □ *parola d'una sola s.,* monosyllabic word; monosyllable □ *parola di tre sillabe,* three-syllabled word.
sillabare *v. t.* to **syllabize;** to **syllabify;** (compitare) to **spell.**
sillabàrio *m.* **spelling-book; primer; ABC.**
sillàbico *a.* **syllabic.**
sìlloge *f. (lett.)* **collection.**
sillogişmo *m. (filos.)* **syllogism.**
sillogìstico *a. (filos.)* **syllogistic(al).**
sillogiẓẓare *v. i.* e *t. (filos.)* to **syllogize.**
silo *m.* **silo*; storage bin.**
silofonista *m.* e *f. (mus.)* **xylophonist.**
silòfono *m. (mus.)* **xylophone.**
silografìa *f.* ***1*** **xylography; wood-engraving** ***2*** (copia a stampa) **xylograph.**
silògrafo *m.* **xylographer; xylographist.**
siluraménto *m. (mil.)* **torpedoing.**
silurante *f. (mil.)* **torpedo-boat.**
silurare *v. t.* ***1*** *(mil.)* to **torpedo** (anche *fig.*) ***2*** *(fig.:* privare del comando) to **oust.**
siluro *m.* ***1*** *(mil.)* **torpedo*** ***2*** *(zool.,* Silurus glanis*)* **sheat-fish.**
silvano *a. (lett.)* **sylvan, silvan; woodland** *(attr.).*
silvèstre *a.* **wild; sylvan, silvan; woodland** *(attr.).*
silvicoltóre *m.* **sylviculturist, silviculturist; forester.**
silvicoltura *f.* **sylviculture, silviculture; forestry.**
sim- *V.* **sin-.**
simbiòşi *f. (biol.)* **symbiosis*.**
simboleggiare *v. t.* to **symbolize;** to **be a symbol of** (st.).
simbòlico *a.* **symbolic(al).**
simbolişmo *m. (letter., arte)* **symbolism.**
simbolista *m.* e *f. (letter., arte)* **symbolist.**
simboliẓẓare *v. t.* to **symbolize.**
sìmbolo *m. (in ogni senso)* **symbol.**
simbologìa *f.* **symbology.**
similare *a.* **similar;** (omogeneo) **homogeneous.**
similarità *f.* **similarity;** (omogeneità) **homogeneity.**
sìmile ***A*** *a.* ***1*** **similar** (anche *geom.*); **like; alike** *(pred.)*: *simili nella forma (per il colore, ecc.),* similar in shape (in colour, etc.) □ *Sei s. a tuo padre,* you are like (o take after) your father ***2*** (tale, di tal fatta) **such**: *un uomo s.,* such a man □ *uomini simili,* such men □ *Non avevo mai visto una cosa s.,* I had never seen such a thing (o the like of it) □ *Non farò una cosa s.,* I will do no such thing ***B*** *m.* ***1*** **like**: *i tuoi simili,* the likes of you *(fam.)* □ *qualcosa di s.,* some such thing; something of the kind □ *nulla di s.,* no such thing; nothing of the kind □ *e simili,* and such; and the like ***2*** *(al pl.,* il prossimo*)* **fellow creatures.**
similitùdine *f.* ***1*** *(retor.)* **simile; similitude** ***2*** *(geom.)* **similarity.**
similménte *avv.* **similarly; likewise; in like manner.**
similòro *m.* **pinchbeck; tombac, tombak.**
similpèlle *f. (ind.)* **imitation leather; leatherette.**
simmetrìa *f.* **symmetry.**
simmètrico *a.* **symmetric(al).**
simonìa *f.* **simony.**
simonìaco ***A*** *a.* **simoniac(al)** ***B*** *m.* **simoniac.**
simpatìa *f.* ***1*** (inclinazione istintiva) **liking; fancy; attraction**: *avere s. per q. (q.c.),* to have a liking for sb. (st.) □ *prendere in s. q. (q.c.),* to take a liking (o a fancy) to sb. (to st.); to take to sb. (to st.) ***2*** (partecipazione ai sentimenti di q.) **sympathy** ***3*** *(med.)* **sympathy** ● *acquistarsi la s. generale,* to make oneself popular with everybody □ *le proprie simpatie e antipatie,* one's likes and dislikes.
(1) simpàtico *a.* **nice; pleasant; agreeable; congenial** ● *inchiostro s.,* sympathetic (o invisible) ink □ *Quel ragazzo non mi è affatto s.,* I don't like that boy at all.
(2) simpàtico *(anat.)* ***A*** *a.* **sympathetic** ***B*** *m.* **sympathetic nervous system.**
simpatiẓẓante *m.* e *f.* **sympathizer.**
simpatiẓẓare *v. i.* ***1*** to **take* a liking** (o **a fancy**) (to) ***2*** (avere affinità di opinioni, idee) to **sympathize** (with).
simpòşio *m.* ***1*** **symposium*; drinking-party** ***2*** (convegno) **symposium*; conference.**
simulacro *m.* **simulacrum*** (anche *fig.*); **image.**
simulare *v. t.* to **simulate;** to **pretend;** to **feign;** to **counterfeit;** to **sham**: *s. indifferenza,* to feign indifference.
simulato *a.* **simulated; pretended; feigned; counterfeit, sham, fake** *(attr.).*
simulatóre *m.* **simulator; shammer.**
simulatòrio *a.* **simulative; simulating.**
simulazióne *f.* **simulation; simulating; pretence.**
simultaneaménte *avv.* **simultaneously.**
simultaneità *f.* **simultaneity; simultaneousness.**
simultàneo *a.* **simultaneous**: *traduzione simultanea,* simultaneous translation.
simùn *m.* (vento del deserto) **simoom, simoon.**
sin- *pref.* **syn-, sym-.**
sinagòga *f.* **synagogue.**
sinceraménte *avv.* **sincerely; with sincerity; truly;** (fedelmente) **faithfully;** (francamente) **candidly, frankly, honestly;** (schiettamente) **genuinely;** (apertamente) **openly.**
sincerarsi *v. rifl.* to **make* sure** (of).
sincerità *f.* **sincerity; sincereness; truth;** (franchezza) **candour, frankness, honesty, openness** ● *con tutta s.,* (speaking) in all sincerity.
sincèro *a.* **sincere; true; heart-felt;** (fedele) **faithful;** (franco) **candid, frank, honest;** (schietto) **genuine**: *un amico s.,* a sincere (o faithful) friend □ *per essere s.,* to

be quite honest about it ● *amare q. d'amore s.*, to love sb. with all one's heart □ *vino s.*, unadulterated wine.
sinché *V.* **finché.**
sincopare *v. t. (linguistica, mus.)* to **syncopate.**
sincopato *a. (linguistica, mus.)* **syncopated.**
sìncope *f.* **1** *(linguistica, mus.)* **syncopation 2** *(med.)* **syncope.**
sincretiṣmo *m. (filos., relig., linguistica)* **syncretism.**
sincronìa *f.* **synchrony.**
sincroniṣmo *m.* **synchronism.**
sincroniẓẓare *v. t.* to **synchronize,** to **synchronise.**
sincroniẓẓatóre *m.* **synchronizer.**
sincroniẓẓazióne *f.* **synchronization.**
sìncrono *a.* **synchronous.**
sincrotróne *m. (fis. nucl.)* **synchrotron.**
sindacàbile *a.* **liable to audit** (o **inspection, censure).**
sindacale *a.* **trade-union** *(attr.)*; **union** *(attr.)*.
sindacaliṣmo *m.* **1 trade-unionism 2** *(polit.)* **syndicalism.**
sindacalista *m.* **1 trade-unionist 2** *(polit.)* **syndicalist.**
sindacaliẓẓare *v. t.* to **unionize.**
sindacare *v. t.* **1** to **audit;** to **inspect;** to **control;** to **check 2** *(fig.)* to **censure;** to **criticize.**
sindacato *m.* **1 trade-union 2** *(fin.)* **syndicate; trust; pool.**
sìndaco *m.* **1 mayor;** *(in Italia)* **syndic 2** *(fin.)* **auditor.**
sìndrome *f. (med.)* **syndrome.**
sinecura *f.* **sinecure.**
sinèddoche *f. (retor.)* **synecdoche.**
sinèdrio *m.* **synedrion*; synedrium*.**
sinèreṣi *f. (linguistica, chim.)* **syn(a)eresis.**
sìnfiṣi *f. (anat.)* **symphysis*.**
sinfonìa *f. (mus.)* **symphony** (anche *fig.*).
sinfònico *a. (mus.)* **symphonic** ● *concerto s.*, symphony concert □ *orchestra sinfonica*, symphony orchestra.
sinfonista *m.* e *f. (mus.)* **symphonist.**
singalése *a., m.* e *f.* **Sin(g)halese*.**
singhiozzare *v. i.* **1** (avere il singhiozzo) to **hiccup,** to **hiccough;** to **have the hiccups 2** (piangere a singhiozzi) to **sob.**
singhiózzo *m.* **1 hiccup, hiccough:** *avere il s.*, to have the hiccups; to hiccup, to hiccough **2** (s. che accompagna il pianto dirotto) **sob** ● *(fig.) a s.* (o *a singhiozzi)*, by fits and starts □ *addormentarsi fra i singhiozzi*, to sob oneself to sleep.
singolare A *a.* **1** *(gramm.)* **singular 2** (unico, eccellente) **singular; excellent; extraordinary 3** (insolito) **singular; unusual; uncommon;** (strano) **strange, peculiar;** (eccentrico) **odd, whimsical B** *m.* **1** *(gramm.)* **singular 2** *(tennis)* **single(s).**
singolarità *f.* **1 singleness; oneness 2** (rarità, eccellenza) **singularity; excellence 3** (originalità) **singularity; peculiarity; strangeness.**
singolarménte *avv.* **1 in a singular way; singularly 2** (a uno a uno) **one by one; singly; individually; separately.**
singolo A *a.* **single; individual; separate B** *m.* **1** (individuo) **individual 2** *(sport)* **single(s) 3** *(tel.)* **individual line.**
siniscalco *m. (stor.)* **seneschal; steward.**
sinistra *f.* **1** (mano s.) **left (hand) 2** (lato sinistro) **left (side); left-hand side:** *a s.*, on (o to) the left: *voltarsi a s.*, to turn to the left **3** *(polit.)* **left:** *la S.*, the Left.
sinistrato A *a.* **injured; damaged B** *m.* **victim.**
sinistrése *m.* **leftist jargon.**
sinistriṣmo *m. (polit.)* **leftism; left-wing trend** ● *s. di moda*, radical chic.
sinistro A *a.* **1 left; left-hand:** *la riva sinistra di un fiume*, the left bank of a river □ *scrivere con la mano sinistra*, to write with the left hand **2** (di cattivo augurio) **sinister; ominous; ill-omened; inauspicious; calamitous B** *m.* **1** (incidente) **accident 2** *(pugilato)* **(straight) left; left-hander.**
sinistròide *(polit.)* **A** *a.* **leftish; leftist B** *m.* e *f.* **leftist; lefty** *(fam.)*.
sinistròrso *a.* **1 left-hand(ed) 2** *(polit.)* **leftish; leftist.**
sino *V.* **fino.**
sinodale *a. (relig.)* **synodal; synodic(al).**
sìnodo *m. (relig.)* **synod.**
sinologìa *f.* **Sinology.**
sinòlogo *m.* **Sinologist; Sinologue.**
sinonimìa *f.* **1 synonymity 2** (sinonimo) **synonym.**
sinonìmico *a.* **synonymic(al).**
sinònimo A *a.* **synonymous B** *m.* **synonym.**
sinòpia *f.* **sinopia; sinopite.**
sinóra *V.* **finóra.**
sinòssi *f. (letter.)* **synopsis*; syllabus*.**
sinòttico *a. (letter.)* **synoptic(al).**
sinòvia *f. (anat.)* **synovia; joint-oil; joint-water.**
sinoviale *a. (anat.)* **synovial.**
sinovite *f. (med.)* **synovitis.**
sintassi *f. (gramm.)* **syntax; sentence-building.**
sintàttico *a. (gramm.)* **syntactic(al).**
sìnteṣi *f. (in ogni senso)* **synthesis*.**
sintètico *a. (in ogni senso)* **synthetic(al).**
sintetiẓẓare *v. t.* to **synthesize,** to **synthetize;** to **make* a synthesis of** (st.).
sintomàtico *a. (med.)* **symptomatic(al)** (anche *fig.*).
sintomatologìa *f. (med.)* **symptomatology.**
sìntomo *m. (med.)* **symptom** (anche *fig.*).
sintonìa *f. (radio)* **tuning.**
sintoniẓẓàbile *a. (radio)* **tunable.**
sintoniẓẓare *v. t. (radio)* to **tune in.**
sintoniẓẓato *a. (radio)* **tuned.**
sintoniẓẓatóre *m. (radio)* **tuner.**
sintoniẓẓazióne *f. (radio)* **tuning.**
sinuosità *f.* **sinuosity.**
sinuóso *a.* **sinuous;** (tortuoso) **winding, meandering.**
sinuṣite *f. (med.)* **sinusitis.**
sinuṣoidale *a. (mat.)* **sinusoidal.**
sinuṣòide *f. (mat.)* **sinusoid.**
sioniṣmo *m. (polit.)* **Zionism.**
sionista *m.* e *f. (polit.)* **Zionist.**
sionìstico *a. (polit.)* **Zionistic; Zionist** *(attr.)*.
sipariétto *m. (teatr.)* **entr'acte** *(franc.)*.
sipàrio *m. (teatr.)* **curtain; drop-curtain:** *Si alza il s.*, the curtain rises □ *Cala il s.*, the curtain drops.
siracuṣano *a.* e *m.* **Syracusan.**
sire *m.* **Sire.**
sirèna *f.* **1** *(mitol.)* **siren** (anche *fig.*); **mermaid 2** (apparecchio per segnali acustici) **siren;** (di fabbrica) **hooter 3** *(zool.,* Siren*)* **siren** ● *s. da nebbia*, foghorn.
siriàno *a.* e *m.* **Syrian.**
siringa *f.* **1** (specialm. *med.*) **syringe 2** *(mus.:* rozzo strumento pastorale*)* **syrinx*; Panpipe(s).**
siringare *v. t.* to **syringe.**
Sìrio *m. (astron.)* **Sirius; Dog Star.**
sirte *f.* **syrtis*; quicksand** (anche *fig.*).
siṣma *V.* **siṣmo.**
siṣmico *a.* **seismic(al).**
siṣmo *m.* **earthquake.**
siṣmografìa *f.* **seismography.**
siṣmògrafo *m.* **seismograph.**
siṣmogramma *m.* **seismogram.**
siṣmologìa *f.* **seismology.**
siṣmològico *a.* **seismologic(al).**
siṣmòlogo *m.* **seismologist.**
sissignóre *inter.* **yes, sir.**
sistèma *m.* **1** *(in tutti i sensi)* **system:** *adottare un s.*, to adopt (o to follow) a system □ *(astron.) il s. planetario*, the planetary system □ *(anat.) il s. nervoso*, the nervous system □ *il s. metrico decimale*, the metric system **2** *(polit.)* **(the) Establishment; (the) system 3** *(al totocalcio)* **permutation; perm** *(abbr. fam.)* ● *(ind.) s. d'impianto*, installation □ *(tecn.) s. d'ingranaggi*, gearing □ *s. di vita*, way of life: *mutar s.*, to change one's way of life □ *lavorare con (senza) s.*, to work with (without) method □ *ridurre a s.*, to systematize, to systematise □

Non è mio s. fare cose del genere, it's not my custom to do such things.
sistemare A *v. t.* **1** (ridurre a sistema) to **systematize,** to **systemize 2** (ordinare, mettere in assetto) to **arrange;** to **put* in order;** to **settle;** to **fix**: *s. i propri interessi,* to settle one's affairs □ *s. la casa,* to put the house in order **3** (regolare, definire) to **settle**: *s. un conto,* to settle an account □ *avere una questione da s. con q.,* to have an account to settle with sb.; to have a bone to pick with sb. *(fam.)* **4** (mettere a posto, a punto) to **set***; to **fix**: *s. una trappola,* to set a trap □ *(fam.) Ti sistemo io!,* I'll fix (o sort) you! **5** (*fam.:* trovare lavoro a q.) to **fix** (sb.) **up** (with a job) **6** (ospiti in albergo, ecc.) to **accommodate** ● *s. in gruppi,* to sort out □ *s. q. per la notte,* to fix sb. up for the night *(fam.)* **B sistemarsi** *v. rifl.* **1** (trovare stabile dimora) to **settle 2** (mettersi a posto) to **settle (oneself) down 3** (*fam.:* trovare un'occupazione) to **find* a job.**
sistemàtica *f.* **systematics** *(pl. col verbo al sing.).*
sistematicaménte *avv.* **systematically; in a systematic way.**
sistemàtico *a.* **systematic(al);** (metodico) **methodical.**
sistemazióne *f.* **1** (ordinamento, assestamento) **arrangement; settlement 2** (definizione) **settlement 3** (di macchinari, impianti) **layout;** (messa a punto di macchine, strumenti) **setting 4** (posto, impiego) **job; post 5** (alloggio) **accommodation.**
sistèmico *a.* **systemic.**
sistole *f. (fisiologia)* **systole.**
sitibóndo *a. (lett.)* **thirsty, thirsting** (anche *fig.*).
sito A *a. (bur.)* **situated; placed; located B** *m. (lett.)* **site; place.**
situare *v. t.* to **place;** to **locate.**
situazióne *f.* **situation; position; condition; plight; state (of affairs)**: *affrontare una s. difficile,* to face an awkward situation; to take the bull by the horns *(fam.)* □ *trovarsi in una triste s.,* to be in a sad (o sorry) plight ● *esporre la s.,* to put the case.
sketch *(ingl.) m.* **sketch; variety act** (o **number**).
ṣlabbrare A *v. t.* **1** to **chip the edge** (o **rim**) **of** (st.) **2** (slargare) to **widen;** to **open out B ṣlabbrarsi** *v. rifl.* to **get* chipped at the edge.**
ṣlabbratura *f.* **1 chipping 2** (punto slabbrato) **chipped edge; chip.**
ṣlacciare A *v. t.* to **unlace;** to **untie;** to **loosen;** to **undo* B ṣlacciarsi** *v. rifl.* to **come* unlaced** (o **untied**).
ṣlalom *m. (sport)* **slalom.**
ṣlalomista *m.* e *f. (sport)* **slalom racer.**
ṣlanciare A *v. t.* to **fling***; to **throw***; to **hurl B ṣlanciarsi** *v. rifl.* **1** (scagliarsi) to **fling* oneself;** to **throw* oneself;** to **rush;** to **dash**: *s. contro q.,* to rush (o to hurl oneself) at sb. **2** (avventurarsi) to **throw* oneself** (into); to **venture** (on, upon).
ṣlanciato *a.* **slender; slim.**
ṣlàncio *m.* **1 rush; dash 2** (*fig.:* impulso) **impulse; fit; outburst**: *agire di s.,* to act on impulse □ *in uno s. d'entusiasmo,* in a fit of enthusiasm.
ṣlargare A *v. t.* to **widen;** to **make* wider;** to **enlarge;** to **open out B ṣlargarsi** *v. rifl.* to **widen;** to **spread* out.**
ṣlattaménto *m.* **weaning.**
ṣlattare *v. t.* to **wean.**
ṣlavato *a.* **washed out, watery, washy** (anche *fig.*); (insipido) **insipid, flat, vapid.**
ṣlavina *f.* **landslide;** (di neve) **snowslide.**
ṣlavo A *a.* **Slavonian; Slavonic; Slavic; Slavish B** *m.* **Slav; Slavonian.**
ṣleale *a.* **disloyal; unfaithful; faithless; untrue; false; unfair; foul; treacherous**: *gioco s.,* foul play.
ṣlealtà *f.* **disloyalty; unfaithfulness; faithlessness; falseness; unfairness; tracherousness.**
ṣlegare A *v. t.* to **untie;** to **loosen;** to **unfasten;** to **unbind***; to **undo***; (liberare) to **set* free,** to **release B ṣlegarsi** *v. rifl.* to **come* untied** (o **unbound, undone**); to **get* loose.**
ṣlegato *a.* **1 untied; unbound; loose 2** *(fig.)* **loose; disconnected.**
slip *m.* **slips, briefs** *(pl.).*
ṣlitta *f.* **1 sledge; sleigh; sled 2** (artiglieria) **chassis* 3** *(mecc.)* **slide;** (di pressa) **ram;** (di tornio) **saddle.**
ṣlittaménto *m.* **1** (di veicoli) **skid, skidding;** (di aereo) **side-slip 2** *(mecc.)* **slipping 3** *(econ.* e *fig.)* **sliding.**
ṣlittare *v. i.* **1** (andare in slitta) to **sleigh;** to **go* sleighing;** to **sledge 2** *(autom.)* to **skid;** (d'aereo) to **side-slip 3** *(mecc.)* to **slip 4** *(econ.* e *fig.)* to **slide*.**
ṣlittovia *f.* **sledge-lift.**
ṣlogan *m. invar.* **slogan; catch-phrase; tag line.**
ṣlogare A *v. t.* to **dislocate;** to **sprain;** to **strain B ṣlogarsi** *v. rifl.* to **get* dislocated.**
ṣlogato *a.* **dislocated; sprained; strained.**
ṣlogatura *f.* **dislocation; sprain; strain.**
ṣloggiare A *v. t.* to **dislodge** (anche *mil.*); to **turn out;** to **drive* out B** *v. i.* to **dislodge;** to **remove;** to **move out.**
ṣlombato *a.* **enervate; nerveless; flaccid.**
ṣlovacco *a.* e *m.* **Slovak.**
ṣlovèno *a.* e *m.* **Slovenian.**
ṣmaccato *a.* (anche *fig.*) **sickly(-sweet); sickening; cloying.**
ṣmacchiare *v. t.* to **remove stains from;** to **clean.**
ṣmacchiatóre *m.* **1 (dry-)cleaner 2** (preparato chimico) **stain remover.**
ṣmacchiatura *f.* **removing of stains; (dry-)cleaning.**
ṣmacco *m.* (insuccesso umiliante) **humiliating defeat; failure; let-down;** (onta) **shame, disgrace**: *subire uno s.,* to have a let-down.
ṣmagliante *a.* **glowing; dazzling; brilliant.**
ṣmagliare A *v. t.* to **undo* the meshes of** (a net); to **break* the links of** (a chain-mail) **B ṣmagliarsi** *v. rifl.* **1** (di calze) to **ladder;** to **run* 2** (della cute) to **develop stretch marks.**
ṣmagliatura *f.* **1** (di calza) **ladder 2** (della cute) **stretch mark.**
ṣmagnetiẓẓare *v. t. (fis.)* to **demagnetize;** to **degauss.**
ṣmagnetiẓẓazióne *f. (fis.)* **demagnetization; demagnetizing.**
ṣmagrire A *v. t.* to **make* thin B** *v. i.* to **grow* thin;** to **lose* weight.**
ṣmaliziare A *v. t.* to **teach*** (sb.) **a thing or two** *(fam.)* **B ṣmaliziarsi** *v. rifl.* to **learn* a thing or two** *(fam.).*
ṣmaliziato *a.* **knowing.**
ṣmaltare *v. t.* **1** to **enamel 2** *(ind. ceramica)* to **glaze.**
ṣmaltato *a.* **1 enamelled 2** *(ind. ceramica)* **glazed.**
ṣmaltatóre *m.* **enameller; enamelist.**
ṣmaltatura *f.* **1 enamelling 2** *(ind. ceramica)* **glazing.**
ṣmalterìa *f.* **enamel factory.**
ṣmaltiménto *m.* **1** (il digerire) **digestion; digesting 2** *(comm.)* **selling off.**
ṣmaltire *v. t.* **1** (digerire) to **digest**: *s. il cibo,* to digest one's food **2** *(fig.)* to **digest;** to **swallow;** to **put* up with** (st.) **3** (vendere fino a esaurimento) to **sell* off 4** (far defluire) to **drain;** to **discharge** ● *s. la sbornia,* to sober down.
ṣmaltitóio *m.* **drain.**
ṣmalto *m.* **1** *(in quasi tutti i sensi)* **enamel 2** *(ind. ceramica)* **glaze 3** (s. per unghie) **nail-polish; nail--enamel.**
ṣmancerìa *f.* **affectation; mawkishness** ● *fare smancerie,* to be affected (o mawkish).
ṣmanceróso *a.* **affected; mincing; mawkish.**
ṣmangiucchiare V. **mangiucchiare.**
ṣmània *f.* **1 fidgets** *(pl.)*; **flutter; frenzy**: *avere la s.* (o *dare in smanie),* to have the fidgets; to be in a flutter **2** (*fig.:* voglia ardente) **craze; rage; longing, yearning, craving** (for) ● *avere la s. di fare q.c.,* to be eager to do st.
ṣmaniare *v. i.* **1** (aver smania) to **fidget;** to **have the fidgets;** to **be in a flutter 2** (desiderare ardentemente) to **have a rage** (for); to **be crazy** (about); to **long,** to **yearn,** to **crave** (for); to **hanker** (after): *s. di fare q.c.,* to

be longing to do st., to be eager to do st.
șmanierato *a.* **ill-mannered; unmannerly.**
șmanióso *a.* **eager; longing; yearning; craving; crazy** *(fam.)*: *essere s. d'imparare q.c.*, to be eager to learn st. □ *essere s. di rivedere gli amici,* to be longing to see one's friends again □ *essere s. di sciare,* to be crazy about skiing.
șmantellaménto *m.* (anche *mil.*) **dismantlement.**
șmantellare *v. t.* ***1*** *(mil., edil., naut., ind.)* **to dismantle** ***2*** *(fig.)* **to demolish.**
șmarcare *v. t. (sport)* **to free.**
șmargiassata *f.* **brag; fanfaronade.**
șmargiasso *m.* **braggart; swaggerer; swashbuckler; hector.**
șmarginare *v. t.* **to trim the margins** (o **the edge) of** (st.).
șmargottare *v. t. (agric.)* **to remove the layer(s) from.**
șmarriménto *m.* ***1*** **loss** ***2*** *(fig.:* turbamento) **bewilderment;** (sbigottimento) **dismay** ***3*** (svenimento) **swoon; fainting-fit.**
șmarrire ***A*** *v. t.* **to lose*** ***B*** **șmarrirsi** *v. rifl.* ***1*** **to lose* one's way; to lose* oneself; to get* lost** ***2*** *(fig.)* **to be at a loss; to be bewildered** (o **perplexed, puzzled); to be dismayed.**
șmarrito *a.* ***1*** (perduto) **lost; stray**: *un cane s.*, a stray dog □ *ufficio degli oggetti smarriti,* lost-property office ***2*** *(fig.)* **bewildered; perplexed; puzzled.**
șmartellare *v. i.* **to hammer away.**
șmascellarsi *v. rifl.* **to dislocate one's jaws** ● *s. dalle risa,* to split one's sides with laughter.
șmascheraménto *m.* ***1*** **unmasking** ***2*** *(fig.)* **unmasking; exposure.**
șmascherare ***A*** *v. t.* ***1*** **to unmask** ***2*** *(fig.)* **to unmask; to expose** ***B*** **șmascherarsi** *v. rifl.* ***1*** **to unmask; to take* off one's mask** ***2*** *(fig.)* **to unmask; to reveal one's true nature.**
șmembraménto *m.* **dismemberment.**
șmembrare *v. t.* **to dismember.**
șmemorare *v. i.* **to lose* one's memory.**
șmemoratàggine *f.* **forgetfulness.**
șmemoratézza *f.* **lack of memory.**
șmemorato *a.* ***1*** **forgetful** ***2*** (distratto) **absent-minded; scatter-brained** *(fam.)*.
șmentire ***A*** *v. t.* **to belie; to give* the lie to** (sb.); (negare) **to deny;** (sconfessare) **to disavow** ● *s. la propria fama,* to let down one's good name ***B*** **șmentirsi** *v. rifl.* **to be unworthy of oneself.**
șmentita *f.* **denial;** (sconfessione) **disavowal** ● *dare la s. a q.*, to give sb. the lie.
șmeraldino *a.* **emeraldine; emerald-green.**
șmeraldo *m. (miner.)* **emerald** ● *verde s.*, emerald green.
șmerciàbile *a. (comm.)* **sal(e)able; marketable.**
șmerciare *v. t. (comm.)* **to sell*; to sell* off; to market.**
șmèrcio *m. (comm.)* **sale; marketing** ● *avere poco s.*, not to sell easily.
șmerdare *v. t. (volg.)* **to foul** (anche *fig.*).
șmèrgo *m. (zool.,* Mergus*)* **merganser** ● *s. maggiore* (Mergus merganser), goosander; (la femmina) dun-diver.
șmerigliare *v. t.* ***1*** **to polish with emery** ***2*** *(mecc.)* **to grind*; to lap** ● *s. il vetro,* to frost glass.
șmerigliato *a.* **emery** *(attr.)*: *carta smerigliata,* emery-paper; sandpaper ● *vetro s.*, frosted glass.
șmerigliatura *f.* ***1*** **emery-polishing** ***2*** *(mecc.)* **lapping; grinding** ***3*** (carpenteria) **sanding; sandpapering.**
șmerìglio *m.* ***1*** *(miner.)* **emery** ***2*** *(zool.,* Lamna nasus*)* **porbeagle** ***3*** *(zool.,* Falco columbarius*)* **merlin.**
șmerlare *v. t.* **to scallop; to trim with scallops.**
șmèrlo *m.* **scallop** ● *(ricamo) punto (a) s.*, buttonhole stitch.
șmésso *a.* **cast-off; left-off; old**: *abiti smessi,* cast-off clothes.
șméttere *v. t.* **to stop; to cease; to leave* off; to give* up**: *s. il lavoro,* to leave off work □ *s. di fare q.c.*, to stop (o to leave off) doing st. □ *Ho smesso di fumare,* I have given up smoking □ *Smettila!,* stop it!
șmezzare *v. t.* **to halve; to divide into halves.**
șmidollare ***A*** *v. t.* ***1*** (levare il midollo) **to remove the marrow from** (a bone) ***2*** (levare la midolla) **to remove the crumb from** (a loaf) ***B*** **șmidollarsi** *v. rifl.* **to lose* one's energy** (o **vigour); to grow* weak.**
șmidollato ***A*** *a.* **spineless** ***B*** *m.* **spineless person; namby-pamby** *(fam.)*.
șmilitarizzare *v. t.* **to demilitarize.**
șmilitarizzazióne *f.* **demilitarization.**
șmilzo *a.* **slim; slender; thin; lean; lanky.**
șminare *v. t.* **to remove mines from** (a mine field); **to clear of mines.**
șminuire ***A*** *v. t.* ***1*** **to diminish; to lessen** ***2*** *(fig.)* **to belittle; to disparage** ***B*** **șminuirsi** *v. rifl.* **to belittle oneself.**
șminuzzare ***A*** *v. t.* ***1*** **to break* into small pieces** (o **tiny bits); to cut* up; to mince** ***2*** *(fig.)* **to enter into all the details** (o **particulars) of** (st.) ***B*** **șminuzzarsi** *v. rifl.* **to break* up.**
șminuzzolare *v. t.* **șminuzzolarsi** *v. rifl.* **to break* into tiny bits; to crumble.**
șmistaménto *m.* ***1*** *(ferr.)* **shunting**: *stazione di s.*, shunting station ***2*** (postale) **sorting.**
șmistare *v. t.* ***1*** *(ferr.)* **to shunt** ***2*** (la posta) **to sort; to sort out** ***3*** *(sport)* **to pass.**
șmișuratézza *f.* **immoderateness; excessiveness; immensity; enormousness; boundlessness.**
șmișurato *a.* **immoderate; excessive; exorbitant;** (immenso) **immense;** (enorme) **enormous;** (sconfinato) **boundless, unbounded.**
șmitizzare *v. t.* **to debunk** *(fam.)*.
șmobiliare *v. t.* **to remove the furniture from** (a room, a flat).
șmobiliato *a.* **unfurnished.**
șmobilitare *v. t. (mil.)* **to demobilize; to demob** *(fam.)*.
șmobilitazióne *f. (mil.)* **demobilization; demob** *(fam.)*.
șmoccolare ***A*** *v. t.* **to snuff** ***B*** *v. i. (pop.:* bestemmiare*)* **to swear*.**
șmoccolatóio *m.* **snuffers** *(pl.)*.
șmoccolatura *f.* ***1*** **snuffing** ***2*** (moccolaia) **snuff.**
șmodato *a.* **immoderate; excessive; unrestrained.**
șmoderatézza *f.* **immoderateness; immoderation.**
șmoderato *V.* **șmodato.**
șmoking *m.* **dinner-jacket; tuxedo*** *(USA)*.
șmonacarsi *v. rifl.* **to leave* the cloister.**
șmontàbile *a. (mecc.)* **demountable; detachable.**
șmontaggio *m. (mecc.)* **disassembly; take-down.**
șmontare ***A*** *v. i.* ***1*** (scendere) **to get* off** (o **down); to dismount; to alight;** (da un'automobile) **to get* out** (of a car): *s. da cavallo,* to dismount (o to get down) from one's horse □ *s. dalla bicicletta,* to dismount from (o to get off) one's bicycle □ *s. dal treno,* to alight from (o to get off) the train ***2*** (cessare il servizio, il lavoro) **to go* off duty; to stop work** ***3*** (scolorirsi) **to fade** ***B*** *v. t.* ***1*** (far scendere: da cavallo) **to dismount;** (da un veicolo) **to drop, to put* down;** (da una nave) **to disembark, to put* on shore** ***2*** *(mecc.)* **to disassemble; to dismount; to dismantle; to take* to pieces; to strip** ***3*** *(mil.)* **to dismount** ***4*** (togliere dalla montatura) **to remove** (from a setting); **to unset*** ***5*** *(fig.:* rendere privo di entusiasmo*)* **to cool** (sb.'s) **enthusiasm; to damp** (sb.'s) **spirits** ***C*** **șmontarsi** *v. rifl.* (perdere l'entusiasmo) **to cool down** (o **off);** (scoraggiarsi) **to lose* heart**: *Si è subito smontato,* his enthusiasm cooled down at once.
șmòrfia *f.* **grimace; wry face;** (sorriso affettato) **simper**: *fare smorfie,* to make grimaces (o faces); (sorridere affettatamente) **to simper.**
șmorfióso ***A*** *a.* **simpering; mincing; affected; skittish** ***B*** *m.* **affected person.**
șmòrto *a.* ***1*** **(deadly) pale; wan** ***2*** *(fig.)* **colourless; expressionless; dull.**
șmorzare ***A*** *v. t.* ***1*** (diminuire l'intensità di) **to damp, to dampen;** (suoni) **to lower, to deaden, to muffle;** (luce) **to dim, to soften;** (colori) **to tone down;** (estinguere) **to slake, to slack, to slacken;** *(fig.)* **to assuage, to appease, to allay**: *s. la sete,* to slake (o to quench)

one's thirst □ *s. la calce,* to slake lime □ *s. il fuoco,* to damp down the fire □ *s. il dolore,* to assuage pain **2** *(dial.:* spegnere*)* to **extinguish; to quench; to put* out**: *s. il fuoco,* to put out the fire □ *s. una candela,* to put (o to blow) out a candle **B şmorzarsi** *v. rifl.* **1** (di suono, luce) to **grow* faint(er);** (di colori) to **tone down;** (svanire) to **fade,** to **die away (o down);** (quietarsi) to **be assuaged,** to **be appeased 2** (spegnersi) to **go* out.**

şmorzato *a.* **damped;** (di suoni) **muffled, deadened;** (di luce) **dim;** (di colori) **toned down.**

şmorzatóre *m.* **1** *(mecc.)* **damper 2** *(mus.)* **muffler.**

şmorzatura *f.* **damping;** (di suoni) **deadening, muffling;** (di luci) **dimming, softening;** (di colori) **toning down.**

şmottaménto *m.* **landslip; landslide.**

şmottare *v. i.* to **slip down;** to **slide* down.**

şmozzare, şmozzatura *V.* **mozzare, mozzatura.**

şmozzicare *v. t.* to **mangle** (anche *fig.*); to **cut* to pieces**: *s. un vocabolo,* to mangle a word.

şmozzicato *a.* **mangled** (anche *fig.*).

şmùngere *v. t.* **1** (sottrarre denaro a) to **squeezze money out of** (sb.); to **soak** *(pop.)* **2** (rendere smunto) to **emaciate.**

şmunto *a.* **haggard; meagre; lean; emaciated.**

şmuòvere A *v. t.* to **shift;** to **move;** to **remove**: *(fig.) s. q.,* to move sb. (to do st.), to rouse sb. (to action) □ *(pop.) s. il ventre,* to move the bowels ● *(fig.) s. q. da un'idea,* to make sb. change his mind □ *s. la terra,* to dig the ground **B şmuòversi** *v. rifl.* to **move** ● *(fig.) s. dai propri proponimenti,* to change one's mind.

şmussare A *v. t.* **1** to **trim off** (edges); to **blunt;** to **round off 2** *(mecc., costr.)* to **bevel;** to **chamfer 3** *(fig.)* to **soften;** to **smooth(e) away B şmussarsi** *v. rifl.* (di lame) to **get* blunt.**

şmussato *a.* **1** *(mecc.)* **bevelled; chamfered 2** (del filo d'una lama) **blunt 3** *(fig.)* **softened; smoothed.**

şmusso *m.* *(mecc.)* **bevel; chamfer.**

şnaturare *v. t.* **1** to **alter the nature of** (sb., st.); to **alienate** (st.) **from its true nature 2** (travisare) to **misrepresent;** to **pervert;** to **distort.**

şnaturato *a.* **unnatural; inhuman.**

şnazionalizzare *v. t.* to **denationalize.**

şnebbiare *v. t.* **1** (dissipare la nebbia) to **dispel (o to drive* away) the fog (o the mist) from** (the sky) **2** *(fig.)* to **clear;** to **clear up**: *s. la mente,* to clear the mind.

şnellézza *f.* **slenderness; slimness.**

şnellire A *v. t.* to **make* slender (o slim);** to **slim 2** *(fig.:* semplificare*)* to **facilitate 3** *(fig.:* rendere più rapido, più efficiente*)* to **speed* up**: *s. il traffico,* to speed up the traffic **B şnellirsi** *v. rifl.* to **grow* slender (o slim).**

şnello *a.* **1 slender; slim**: *una ragazza alta e snella,* a tall, slender girl **2** (agile) **agile; nimble; brisk; lissom; lithesome 3** (spigliato, disinvolto) **free and easy** ● *dalla figura snella,* slimly-built.

şnervante *a.* **enervating; exhausting.**

şnervare A *v. t.* to **enervate;** to **unnerve B şnervarsi** *v. rifl.* to **get* exhausted.**

şnervatézza *f.* **nervelessness; enervation.**

şnervato *a.* **nerveless; enervate; spiritless.**

şnidare *v. t.* **1** to **drive* out;** to **rouse;** (far volare via) to **flush 2** *(fig.)* to **dislodge;** to **drive* out.**

şnòb A *m.* e *f.* **snob B** *a.* **snobbish.**

şnobbare *v. t.* to **snob;** to **look down on** (sb.); to **cold-shoulder.**

şnobişmo *m.* **snobbery; snobbishness.**

şnobìstico *a.* **snobbish.**

şnocciolare *v. t.* **1** to **stone;** to **take* the stone** (o **the stones) out of**: *s. ciliegie,* to stone cherries **2** *(fig.:* pagare in contanti) to **pay* out;** to **shell out 3** *(fig.:* dire senza alcun ritegno) to **rattle off;** to **blab out;** to **blurt out.**

şnocciolatóio *m.* **stone-remover; stoner.**

şnodàbile *a.* **jointed.**

şnodare A *v. t.* **1** to **unknot;** to **untie,** to **undo*,** to **loosen a knot in** (st.) **2** *(fig.:* sciogliere) to **loose;** to **loosen**: *s. la lingua,* to loosen one's tongue ● *s. le gambe,* to exercise one's legs **B şnodarsi** *v. rifl.* **1** to **come* loose (o untied) 2** (avere un andamento serpeggiante) to **wind*.**

şnodato *a.* **1** (slegato) **loose 2** (articolato) **jointed 3** (pieghevole) **supple; flexible.**

şnodatura *f.* **şnòdo** *m.* *(mecc.)* **articulation; articulated joint.**

şnudare *v. t.* to **unsheathe;** to **draw*.**

soave *a.* **sweet; soft; gentle; suave; mild.**

soavità *f.* **sweetness; softness; gentleness; suavity; mildness.**

sobbalzare *v. i.* **1** (fare sbalzi) to **jerk;** to **jolt 2** (trasalire) to **start;** to **give* a start**: *s. di paura,* to start back in fear.

sobbalzo *m.* **jerk; jolt** ● *di s.,* with a start □ *procedere a sobbalzi,* to jerk along; to jolt along.

sobbarcare A *v. t.* to **burden;** to **load down B sobbarcarsi** *v. rifl.* to **take* (it) upon oneself** (to); to **undertake*.**

sobbollire *v. i.* to **simmer** (anche *fig.*).

sobbórgo *m.* **suburb** ● *nei sobborghi di Firenze,* on the outskirts of Florence.

sobillare *v. t.* to **instigate;** to **incite;** to **stir up.**

sobillatóre *m.* **instigator.**

sobrietà *f.* **sobriety; temperance; moderation.**

sòbrio *a.* **sober; temperate; moderate.**

socchiùdere *v. t.* to **leave* ajar;** to **half-close;** to **half-open.**

socchiuso *a.* **ajar; half-close; half-open.**

soccombènte *a.* — *(leg.) parte s.,* losing party.

soccómbere *v. i.* **1** to **succumb,** to **yield,** to **surrender oneself** (to) **2** (morire) to **succumb;** to **die** ● *(leg.) s. in giudizio,* to lose one's case.

soccórrere *v. t.* to **help;** to **aid;** to **assist;** to **succour;** to **relieve;** to **bring* help to** (sb.): *s. chi è in pericolo,* to help people in distress.

soccorritóre *m.* (chi soccorre) **helper; aider; reliever.**

soccórso *m.* **1 help; aid; assistance; succour; relief**: *un fondo di s.,* a relief fund □ *chiedere s.,* to ask for help □ *prestare s.,* to bring help; to give assistance **2** *(med.)* **aid**: *pronto s.,* first aid □ *posto di s.,* first-aid station **3** *(mil.)* **succour; reinforcements** *(pl.)* ● *società di mutuo s.,* (mutual) benefit society; friendly society.

soccòscio *m.* *(macelleria)* **rump.**

socialdemocràtico *(polit.)* **A** *a.* **Social Democratic B** *m.* **Social Democrat.**

socialdemocrazìa *f.* *(polit.)* **Social Democracy.**

sociale *a.* **1 social**: *le relazioni sociali,* social relations □ *previdenza s.,* social security **2** *(fin.)* — *capitale s.,* registered capital □ *ragione s.,* firm name; style (of a firm) □ *sede s.,* head office □ *statuto s.,* articles of association.

socialişmo *m.* *(polit.)* **Socialism.**

socialista *a., m.* e *f.* *(polit.)* **Socialist.**

socialistòide *(polit.)* **A** *a.* **leaning towards Socialism B** *m.* e *f.* **Socialist sympathizer; pinko*** *(spreg. USA).*

socialità *f.* **sociality.**

socializzare *v. t.* to **socialize.**

socializzazióne *f.* **socialization.**

società *f.* **1 society**: *la s. umana,* human society □ *l'alta s.,* high society □ *il fior fiore della s.,* the cream of society **2** (associazione) **society; association;** (circolo) **circle, club**: *una s. segreta,* a secret society □ *una s. letteraria,* a literary circle **3** (lega, alleanza) **league**: *la S. delle Nazioni,* the League of Nations **4** *(fin.)* **company; partnership**: *una s. anonima (o per azioni),* a joint-stock company □ *una s. anonima a responsabilità illimitata,* an unlimited joint-stock company □ *una s. in accomandita,* a limited partnership □ *una s. in nome collettivo,* a general partnership □ *una s. finanziaria,* a holding company □ *entrare in s. con q.,* to enter into partnership with sb. ● *abito da s.,* evening dress □ *(fin.) atto costitutivo di una s.,* memorandum of association □ *fare s. con q.,* to associate oneself with sb. □ *giochi di s.,* parlour games □ *vita di s.,* social life.

sociévole *a.* **sociable; companionable; friendly;**

folksy *(fam.,* specialm. *USA).*
socievolézza *f.* **sociability; friendliness.**
sòcio *m.* ***1*** **member**: *farsi s. d'un circolo,* to become a member of a club; to join a club ***2*** *(fin.)* **partner; associate** ***3*** (di un'accademia o di una società scientifica) **fellow.**
sociolinguìstica *f.* **sociolinguistics** *(pl. col verbo al sing.).*
sociologìa *f.* **sociology.**
sociològico *a.* **sociological.**
sociòlogo *m.* **sociologist.**
socràtico *a.* e *m. (filos.)* **Socratic.**
sòda *f. (chim.)* **sodium carbonate; soda**: *bicarbonato di s.,* sodium bicarbonate □ *s. per lavare,* washing soda.
sodàglia *f. (agric.)* **untilled land.**
sodalìzio *m.* **association; brotherhood.**
sodare *v. t. (ind. tessile)* to **full.**
soddisfacènte *a.* **satisfactory; satisfying.**
soddisfaciménto *m.* **gratification; satisfaction; fulfilment.**
soddisfare ***A*** *v. t.* ***1*** (appagare) to **satisfy;** to **gratify;** to **fulfil;** to **meet***: *s. una richiesta,* to meet (o to comply with) a request ***2*** (accontentare) to **satisfy;** to **please** ***3*** (adempiere) to **satisfy;** to **fulfil;** to **perform;** to **carry out;** to **meet***: *s. i propri impegni,* to fulfil (o to meet) one's engagements ***4*** (pagare) to **discharge;** to **pay*** **(off)**: *s. i propri creditori,* to pay off one's creditors ***5*** (fare ammenda, riparare) to **make*** **reparation for;** to **make*** **amends for;** to **atone for**: *s. un'offesa,* to atone for an offence ***B*** *v. i.* to **satisfy;** to **fulfil;** to **perform**: *s. ai propri doveri,* to fulfil one's duties.
soddisfatto *a.* ***1*** **satisfied; pleased; gratified; contented; content** *(pred.)*: *essere s. di sé,* to be pleased with oneself ***2*** (adempiuto) **satisfied; fulfilled; performed** ***3*** (pagato) **paid-off; paid-up.**
soddisfazióne *f.* ***1*** (il soddisfare) **satisfaction; gratification; fulfilment** ***2*** (compiacimento) **satisfaction; pleasure**: *con mia grande s.,* much to my satisfaction ***3*** (riparazione) **satisfaction; reparation; redress; amends** *(pl.)*; **atonement**: *chiedere s. di un'ingiuria,* to demand satisfaction for an injury.
sodézza *f.* **hardness; solidity; compactness; consistency; firmness.**
sòdio *m. (chim.)* **sodium**: *carbonato di s.,* sodium carbonate; washing soda.
sòdo ***A*** *a.* ***1*** (duro) **hard; solid; compact; consistent; firm** ***2*** *(fig.:* saldo, solido) **firm; solid; sound** ***3*** *(agric.)* **fallow; untilled** ● *muro s.,* massive wall □ *venire al s.,* to come to the point; to come down to brass tacks *(fam.)* ***B*** *avv.* **hard**: *lavorare (studiare) s.,* to work (to study) hard ● *dormire s.,* to sleep like a log *(fam.)* □ *mangiare s.,* to be a good eater; (una volta tanto) to have a substantial meal.
sodomìa *f.* **sodomy.**
sodomita *m.* **sodomite.**
sofà *m.* **sofa; davenport** *(USA).*
sofferènte ***A*** *a.* **suffering;** (malato) **ill;** (indisposto) **unwell, not well** ● *essere s. di cuore,* to suffer from heart-trouble ***B*** *m.* e *f.* **sufferer.**
sofferènza *f.* **suffering; pain; distress; misery; agony**: *mitigare le sofferenze di q.,* to alleviate (o to relieve) sb.'s sufferings ● *(fin.) cambiale in s.,* unpaid bill.
soffermare ***A*** *v. t.* to **detain** ***B*** **soffermarsi** *v. rifl.* ***1*** to **stop for a while;** to **pause** ***2*** *(fig.)* to **dwell*** (upon); to **linger** (upon): *s. su un argomento,* to dwell upon a subject.
soffèrto *a.* ***1*** **suffered; endured** ***2*** *(fig.)* **deeply-felt.**
soffiare ***A*** *v. i.* ***1*** to **blow***: *s. sul fuoco,* to blow (up) the fire; *(fig.)* to fan the flame of discord □ *Soffiava un vento freddo,* a cold wind was blowing ***2*** (ansare) to **blow***, to **pant;** (sbuffare) to **puff** ***3*** (del gatto) to **spit*** ● *s. su una candela (e spegnerla),* to blow out a candle ***B*** *v. t.* ***1*** to **blow***: *s. il vetro,* to blow glass □ *s. via q.c.,* to blow st. off □ *Soffiati il naso,* blow your nose ***2*** (nel gioco della dama) to **huff** ***3*** *(pop.:* spifferare) to **blab out;** to **blurt out** ***4*** *(pop.:* rubare) to **pinch** *(fam.)*; to **relieve** (of, *scherz.)* ● *s. il posto a q.,* to supplant sb. □ *s. q.c. nell'orecchio a q.,* to whisper st. in sb.'s ear.
soffiata *f.* ***1*** **blow; blast; puff** ***2*** *(fig.:* spiata) **tip-off** *(pop.).*
soffiatóre *m.* ***1*** (s. di vetro) **glass-blower** ***2*** *(fig.:* spia) **spy; informer.**
soffiatura *f.* ***1*** **blowing** ***2*** *(ind. vetraria)* **glass-blowing.**
sòffice *a.* **soft; tender; gentle**: *la s. erba,* the soft (o tender) grass.
soffiétto *m.* ***1*** **bellows** *(pl.)*: *un s.,* a pair of bellows ***2*** (di carrozza) **hood** ***3*** (di macchina fotografica) **bellows** *(pl.)* ***4*** *(giornalismo)* **puff** ● *s. editoriale,* blurb □ *a s.,* folding.
sóffio *m.* ***1*** **blow, blowing; breath; puff; gust**: *un s. d'aria,* a puff (o a breath) of air ***2*** (rif. al gatto) **spit, spitting** ***3*** *(med.)* **murmur** ***4*** *(radio)* **hiss** ● *d'un s. (o in un s.),* in an instant; in a flash □ *spegnere una candela con un s.,* to blow out a candle.
soffióne *m.* ***1*** **fire-blower; blow-pipe;** (mantice) **(fire-)bellows** *(pl.)* ***2*** *(geol.)* **fumarole; smoke-hole** ***3*** *(bot.,* Taraxacum officinale) **dandelion** ***4*** *(fig., fam:* spia) **spy; informer.**
soffitta *f.* **garret; attic; loft.**
soffittare *v. t. (edil.)* to **ceil.**
soffitto *m.* **ceiling**: *un s. a cassettoni,* a lacunar (ceiling).
soffocaménto *m. V.* **soffocazióne.**
soffocante *a.* **choking; stifling; suffocating.**
soffocare ***A*** *v. t.* ***1*** to **choke;** to **stifle;** to **suffocate**: *s. il respiro,* to stifle the breath □ *Il fumo mi soffocava,* the smoke choked me ***2*** (uccidere impedendo la respirazione, e *fig.)* to **choke** (sb.) **to death;** to **smother;** (strangolare) to **strangle,** to **throttle**: *s. q. di baci,* to smother sb. with kisses ***3*** (rif. a fuoco, fiamme e sim.) to **choke;** to **stifle;** to **smother;** to **put*** **out** ***4*** *(fig.:* reprimere) to **choke down;** to **stifle;** to **quell;** to **smother;** to **suppress;** to **repress;** to **put*** **down;** (far tacere) to **silence**: *s. il proprio sdegno,* to choke down one's indignation □ *s. la voce della coscienza,* to silence one's conscience □ *s. una rivolta,* to suppress a rebellion □ *s. uno sbadiglio,* to stifle a yawn ***5*** *(fig.:* tenere segreto) to **smother up;** to **hush up**: *s. uno scandalo,* to hush up a scandal ***B*** *v. i.* to **choke;** to **suffocate;** to **be stifled.**
soffocato *a.* ***1*** **choked; stifled; suffocated** ***2*** (represso) **choked down; stifled; repressed** ● *morire s.,* to be choked to death; to be strangled.
soffocazióne *f.* **suffocation** (anche *med.)*; **suffocating; smothering.**
soffreddare *v. i.* **soffreddarsi** *v. rifl.* to **cool down.**
soffregare *v. t.* to **rub (gently).**
soffrìggere *v. t.* e *i. (cucina)* to **fry slowly to a light brown.**
soffrire ***A*** *v. t.* ***1*** (patire) to **suffer**: *s. la fame (la sete),* to suffer hunger (thirst) □ *s. il mal di mare,* to suffer from sea-sickness; to be seasick ***2*** (subire) to **suffer;** to **undergo***; to **go*** **through**: *s. una perdita (un torto),* to suffer a loss (a wrong) ***3*** (tollerare) to **endure;** to **bear***; to **stand***; to **suffer;** to **tolerate**: *Non posso s. quell'individuo,* I cannot stand that fellow ***B*** *v. i.* ***1*** (patire, sentir dolore) to **suffer**: *s. di emicranie,* to suffer from headaches ***2*** (patire danno) to **suffer;** to **be injured** (o **impaired)**: *Ne soffrirà la tua reputazione,* your reputation will suffer by it.
soffritto *m. (cucina)* **slightly-fried** (o **browned) onions** *(pl.).*
soffuṣo *a. (lett.)* **suffused.**
sofiṣma *m.* **sophism.**
sofista *m.* e *f.* **sophist.**
sofisticare ***A*** *v. i.* to **quibble;** to **cavil;** to **be captious;** to **split*** **hairs** ***B*** *v. t.* to **sophisticate;** to **adulterate;** to **doctor**: *s. il vino,* to doctor wine.
sofisticazióne *f.* **sophistication; adulteration; doctoring.**
sofisticherìa *f.* ***1*** **sophistry** ***2*** (cavillo) **quibble; cavil.**
sofìstico ***A*** *a.* ***1*** **sophistic(al)** ***2*** (cavilloso) **captious; hair-splitting** ***B*** *m.* **quibbler; caviller.**
soggettista *m.* e *f. (cinem., telev.)* **scriptwriter.**
soggettivaménte *avv.* **subjectively.**

soggettivișmo *m.* **1** *(filos.)* **subjectivism 2** *(arte)* **subjectivity.**
soggettivista *m.* e *f. (filos., arte)* **subjectivist.**
soggettività *f.* **subjectivity; subjectiveness.**
soggettivo *a.* **subjective.**
(1) soggètto *a.* **1** (sottoposto) **subject 2** (disposto, incline) **subject; liable; prone**: *andare s. ad infreddature,* to be subject to colds.
(2) soggètto *m.* **1** (argomento, tema) **subject; (subject-)matter; theme; topic**: *il s. d'una commedia,* the subject of a comedy □ *un catalogo per s.,* a subject catalogue **2** *(gramm.)* **subject 3** *(filos.)* **subject; ego 4** *(med.)* **subject 5** *(spreg.)* **fellow; individual; customer** *(fam.)*: *un cattivo s.,* a worthless fellow; a bad lot *(fam.)* ● *(teatr.) recitare a s.,* to act extempore.
soggezióne *f.* **1 subjection;** (sottomissione) **submission 2** (riguardo timoroso) **awe**: *avere s. di q.,* to stand in awe of sb.; to feel uneasy in the presence of sb. □ *dare s.,* to inspire awe; to make (sb.) feel uneasy.
sogghignare *v. i.* to **grin;** to **sneer.**
sogghigno *m.* **grin; sneer.**
soggiacére *v. i.* **1** (essere soggetto) to **be subject** (to) **2** (essere sottoposto) to **be subjected** (to) **3** (soccombere) to **yield.**
soggiogare *v. t.* (anche *fig.*) to **subjugate;** to **conquer;** to **subdue.**
soggiornare *v. i.* to **stay (for a time);** to **stop;** to **sojourn** *(lett.).*
soggiórno *m.* **1 (temporary) stay; sojourn** *(lett.)* **2** (luogo dove si soggiorna) **place to stay** ● *(leg.) s. obbligato,* obligatory residence □ *stanza di s.,* living-room □ *tassa di s.,* visitors' tax.
soggiùngere *v. t.* e *i.* to **add;** to **subjoin.**
soggiuntivo *a.* e *m. (gramm.)* **subjunctive.**
soggólo *m.* **1** (dell'abito monacale) **wimple 2** (nei finimenti del cavallo) **throat-lash; throat-band 3** (di berretto) **chin-strap.**
sogguardare *v. t.* to **peer up at** (sb., st.); to **steal* a glance at** (sb., st.).
sòglia *f.* **1 threshold; sill 2** *(fig.)* **threshold; dawn, dawning 3** *(fis., fotogr., psic.)* **threshold.**
sòglio *m.* **throne; seat.**
sògliola *f. (zool.,* Solea solea*)* **sole.**
sognante *a.* **dreamy; lost in reverie** *(pred.).*
sognare A *v. i.* to **dream***: *Sognavo di trovarmi in un'isola deserta,* I dreamt I was on a desert island **B** *v. t.* **1** to **dream*;** to **dream* of** (sb., st.): *s. un brutto sogno,* to dream (o to have) a bad dream **2** *(fig.:* desiderare ardentemente*)* to **dream*;** to **be one's dream** (to do st.) **3** *(fig.:* immaginare*)* to **dream*;** to **imagine;** to **fancy;** to **suppose**: *L'hai detto o me lo sono sognato?,* did you say so, or did I dream it? □ *Non me lo sognavo neppure che saresti venuto,* I little dreamt (o I never imagined) that you would come ● *s. a occhi aperti,* to day-dream **C sognarsi** *v. rifl.* to **dream*** (of).
sognatóre *m.* **1 dreamer 2** (chi sogna ad occhi aperti) **day-dreamer;** (visionario) **visionary.**
sógno *m.* **dream** (anche *fig.*): *i sogni della giovinezza,* the dreams of youth □ *fare un s.,* to have (o to dream) a dream □ *È tutto un s.!,* it's all like a dream! ● *s. a occhi aperti,* day-dream; reverie □ *interprete di sogni,* dream-reader □ *il mondo dei sogni,* dreamland □ *Neanche per s.!,* not at all!; by no means!; no fear! *(fam.).*
sòia *f. (bot.,* Glycine soja*)* **soya bean, soybean** ● *olio di s.,* soya-bean oil; soy oil.
sòl *m. (mus.)* **sol; G.**
solàio *m.* **1** *(edil.)* **floor 2** (soffitta) **loft; attic; garret.**
solaménte *avv.* **only; merely; but; just**: *Me ne rimangono s. due,* I have only (o but, just) two left □ *non s. ... ma anche,* not only... but also.
solare *a.* **1 solar; sun** *(attr.)*: *luce s.,* sunlight; sunshine □ *il sistema s.,* the solar system **2** *(anat.)* **solar**: *il plesso s.,* the solar plexus.
solàrio *m.* **solarium*; sun-parlour.**
solatìo *a.* **sunny; sunshiny** ● *a s.,* facing south; on the south side.
solcare *v. t.* (anche *fig.*) to **plough;** to **furrow**: *s. un campo,* to plough a field □ *s. le onde,* to plough the waves □ *guance solcate dalle lacrime,* cheeks furrowed with tears.
solcatura *f.* **ploughing; furrowing.**
sólco *m.* **1** *(agric.)* **furrow; drill 2** (traccia di ruota sul terreno) **rut; track; furrow 3** (scia) **wake 4** (ruga) **furrow; wrinkle 5** (di disco) **groove** ● *(fig.) uscire dal s.,* to get away from the point.
solcòmetro *m. (naut.)* **log.**
soldatàglia *f. (spreg.)* **(undisciplined) soldiery.**
soldatésca *f.* **soldiery; troops** *(pl.).*
soldatésco *a.* **soldierly; soldierlike; military.**
soldatéssa *f.* **1 woman* soldier 2** *(scherz.)* **battle-axe** *(fam.).*
soldatino *m.* **young soldier** ● (giocattolo) *s. di piombo,* tin soldier.
soldato *m.* **soldier**: *un s. a cavallo,* a mounted soldier; a horseman □ *un s. di fanteria,* an infantry (o a foot) soldier □ *un s. semplice,* a private (soldier); a Tommy Atkins *(fam.)* □ *fare il s.,* to be a soldier; to follow the drum *(fam.)* ● *s. del genio,* engineer □ *s. di cavalleria,* trooper □ *andare (a fare il) s.,* to join (o to enter, to go into) the army □ *giocare ai soldati,* to play at being soldiers.
sòldo *m.* **1** (moneta ital.) **soldo*;** (moneta franc.) **sou 2** *(fig.)* **penny*; farthing; copper**: *non spendere un s.,* not to spend a (single) penny □ *non valere un s.,* not to be worth a penny (o a farthing) **3** *(al pl.,* denaro in genere*)* **money** *(sing.)*: *essere pieno di soldi,* to have (quite) a lot of money □ *fare soldi,* to make money **4** *(mil.)* **pay**: *essere al s. di q.,* to be in the pay of sb. ● *soldi per le piccole spese,* pocket money □ *da pochi (o da quattro) soldi,* cheap; twopenny-halfpenny *(attr., fig.)* □ *non avere nemmeno un s.,* to be penniless.
sóle *m.* **1 sun**: *alzarsi col s.,* to rise with the sun □ *crogiolarsi al s.,* to bask in the sun **2** (luce, calore del s.) **sunlight; sunshine**: *in pieno s.,* in bright sunshine □ *Oggi c'è s.,* there is sunshine to-day; it's a sunny day ● *(fig.) aprire gli occhi al s.* (nascere), to see the light (of day) □ *(fig.) avere q.c. al s.,* to have a piece of land □ *bello come il s.,* as beautiful as the morning star □ *chiaro come il s.* (o *come la luce del s.),* as clear as daylight; as plain as the nose on your face *(fam.)* □ *fare la cura del s.,* to sun-bathe □ *una giornata senza s.,* a sunless day □ *illuminato dal s.,* sunlit □ *prendere il s.,* to lie in the sun; to sunbathe □ *il sorgere del s.,* sunrise □ *il tramonto del s.,* sunset.
solecișmo *m.* **solecism.**
soleggiare *v. t.* to **sun;** to **expose to the sun.**
soleggiato *a.* **exposed to the sun; sunny.**
solènne *a.* **1 solemn**: *una festa s.,* a solemn feast-day □ *un giuramento s.,* a solemn oath **2** (improntato a sostenuta gravità, serio) **solemn; grave; (highly) serious**: *dall'aspetto s.,* solemn-looking **3** *(in espressioni iperboliche)* **terrific** *(fam.)*; **thorough; downright; outright; out-and-out**: *un s. briccone,* a thorough scoundrel; an out-and-out scamp □ *un s. pugno,* a terrific blow.
solenneménte *avv.* **solemnly; with solemnity; with full ceremony.**
solennità *f.* **1 solemnity, solemnness;** (gravità) **gravity 2** (ricorrenza solenne) **solemnity**: *la s. del Natale (della Pasqua),* the solemnity of Christmas (Easter) **3** (cerimonia) **solemnity; ceremony**: *con tutte le solennità,* with all (the proper) solemnities.
solennizzare *v. t.* to **solemnize;** to **celebrate.**
solenòide *m. (elettr.)* **solenoid.**
solére *v. t.* e *i.* to **be accustomed to;** to **be used to;** to **be in the habit of**: *Sono solito alzarmi presto,* I am accustomed to getting up early; usually I get up early □ *Solevo andare a letto tardi,* I was accustomed to going to bed late; I used to go to bed late ● *come suole accadere,* as usually happens □ *Solevi parlare per ore di seguito,* you would talk for hours and hours.
solèrte *a.* **industrious; hard-working; painstaking;** (diligente) **diligent, active;** (zelante) **zealous.**
solèrzia *f.* **industriousness;** (diligenza) **diligence;** (zelo) **zeal.**
solétta *f.* **1** (di calza) **(stocking-)sole; foot* 2** (di scarpa) **insole 3** (suola di feltro o sughero che si inserisce nella scarpa) **(loose) sole; sock 4** *(edil.)* **slab.**
solétto *a.* — *solo s.,* all alone, quite alone *(pred.).*

sòlfa *f. (mus.)* **sol-fa** ● *battere la s.*, to beat time; to sol-fa; *(fig.)* to harp upon the same string □ *(fig.) È sempre la solita s.*, it's always the same old story.
solfara *f.* **sulphur-deposit.**
solfatara *f. (geol.)* **solfatara.**
solfato *m. (chim.)* **sulphate.**
solfeggiare *v. t. (mus.)* to **sol-fa.**
solféggio *m. (mus.)* **solfeggio*.**
solfidrico *a. (chim.)* **sulphydric; sulphuretted.**
solfito *m. (chim.)* **sulphite.**
solforare *v. t.* ***1*** *(chim.)* to **sulphurize** ***2*** *(agric.)* to **sulphur.**
solforatrice *f. (agric.)* **sulphurator.**
solforazióne *f. (chim.)* **sulphurization.**
solfòrico *a. (chim.)* **sulphuric**: *acido s.*, sulphuric acid.
solforóso *a. (chim.)* **sulphurous**: *acido s.*, sulphurous acid.
solfuro *m. (chim.)* **sulphide.**
solidale *a.* ***1*** **solidary; in sympathy with** *(pred.)* ***2*** *(leg.)* **jointly liable; jointly responsible** ● *(leg.) responsabilità congiunta e s.*, joint and several liability.
solidalménte *avv. (leg.)* **jointly.**
solidarietà *f.* ***1*** **solidarity** ***2*** *(leg.)* **solidarity; joint liability** ● *sciopero di s.*, sympathetic strike.
solidarizzare *v. i.* to **solidarize.**
solidificare *v. t.* **solidificarsi** *v. rifl.* to **solidify.**
solidificazióne *f.* **solidification.**
solidità *f.* ***1*** **solidity;** (compattezza) **compactness** ***2*** *(fig.)* **solidity; firmness; stability; soundness; validity** ***3*** (d'un colore) **fastness.**
sòlido ***A*** *a.* ***1*** **solid;** (compatto) **compact**: *un corpo s.*, a solid body ***2*** *(geom.)* **solid**: *geometria solida*, solid geometry ***3*** *(fig.)* **solid; firm; stable;** (saldo) **sound;** (valido) **valid;** (forte) **strong**: *motivi solidi*, solid (o sound) reasons □ *una reputazione solida*, a sound reputation ***4*** (di colori) **fast** ***B*** *m.* ***1*** (corpo allo stato solido) **solid (body)**: *i solidi e i liquidi*, solids and liquids ***2*** *(geom.)* **solid (figure)** ***3*** — *(leg.) in s.*, joint *(agg.)*; jointly *(avv.)*: *obbligarsi in s.*, to bind oneself jointly and severally.
solilòquio *m.* **soliloquy; monologue.**
solingo *a. (lett.)* **solitary; lonesome; lonely.**
solino *m.* ***1*** (colletto staccabile) **detachable collar** ***2*** (bavero d'uniforme di marinaio) **sailor collar.**
solìpede *a. (zool.)* **soliped; solidungular.**
solipsismo *m. (filos.)* **solipsism.**
solista *m. e f. (mus.)* **soloist.**
solitaménte *avv.* **usually; generally; as a rule.**
solitàrio ***A*** *a.* **solitary; lonely; lonesome;** (appartato) **secluded** ***B*** *m.* ***1*** (brillante) **solitaire;** (anello con un s.) **solitaire (ring)** ***2*** (gioco di carte) **patience.**
sòlito *a.* **usual; customary; habitual**: *all'ora solita*, at the usual (o same) time □ *come al s.*, as usual □ *più tardi del s.*, later than usual ● *essere s. (di) fare q.c.*, to be used to (o to be accustomed to, to be in the habit of) doing st.; to be wont to do st.: *Ero s. d'alzarmi presto (o Di s. mi alzavo presto)*, I was accustomed (o used) to getting up early; I used to get up early; I would get up early; it was my custom to get up early □ *di s.*, usually; generally; as a rule: *come di s. accade*, as usually happens □ *Siamo alle solite*, it's the same old story!
solitùdine *f.* ***1*** **solitude; loneliness; solitariness; seclusion** ***2*** (luogo solitario) **solitude; wilderness.**
sollazzare ***A*** *v. t.* to **amuse**; to **keep*** (sb.) **amused** ***B*** **sollazzarsi** *v. rifl.* to **amuse oneself**; to **enjoy oneself.**
sollazzévole *a.* **amusing;** (allegro) **merry, jolly.**
sollazzo *m.* **amusement.**
sollecitaménte *avv.* ***1*** (con prontezza) **promptly; readily; expeditiously; quickly** ***2*** (con cura premurosa) **solicitously; with solicitude.**
sollecitare *v. t.* ***1*** (affrettare) to **speed* up**; to **hasten**; to **hurry**; to **quicken**; to **urge on** ***2*** (chiedere con insistenza) to **solicit**; to **urge**; to **plead for**; to **press for**: *s. ordini*, to solicit (o to press for) orders ***3*** (stimolare) to **urge**: *s. q. ad agire*, to urge sb. to action ***4*** *(mecc.)* to **stress.**
sollecitatòrio *a. (comm.)* **dunning**: *una (lettera) sollecitatoria*, a reminder; a dunning letter; a follow-up.
sollecitazióne *f.* ***1*** **solicitation; request** ***2*** *(mecc.)* **stress** ***3*** *(edil.)* **strain** ● *lettera di s.*, reminder; dunning letter; follow-up.
sollécito *a.* ***1*** (pronto) **prompt; ready; expeditious; quick**: *essere s. nel fare q.c.*, to be quick in doing st. ***2*** (detto o fatto in modo s.) **prompt; early**: *una risposta sollecita*, a prompt (o an early) reply ***3*** (premuroso) **solicitous**: *essere s. della salute di q.*, to be solicitous about sb.'s health.
sollecitùdine *f.* ***1*** **promptness; promptitude; readiness; quickness** ***2*** (interessamento) **solicitude; solicitousness; concern**: *mostrare molta s. per q.*, to show great concern for sb. ● *(comm.) con cortese s.*, at your earliest convenience.
solleóne *m.* ***1*** **dog-days** *(pl.)* ***2*** (calura estiva) **summer heat.**
solleticare *v. t.* to **tickle** (anche *fig.*): *s. la curiosità di q.*, to tickle sb.'s curiosity ● *s. l'appetito*, to tempt (o to stimulate) the appetite □ *s. q. a fare q.c.*, to prompt sb. to do st.
sollético *m.* ***1*** **tickle, tickling** ***2*** *(fig.:* stimolo*)* **spur** ● *fare il s. a q.*, to tickle sb. □ *soffrire il s.*, to be ticklish.
sollevaménto *m.* (il sollevare) **raising; lifting;** (l'issare) **hoisting, heaving**: *(sport) s. pesi*, weight-lifting ● *(autom.) s. col cricco*, jacking.
sollevare ***A*** *v. t.* ***1*** to **raise** (anche *fig.*); to **lift;** (issare) to **hoist**, to **heave***: *s. gli occhi*, to raise one's eyes; to look up □ *s. un peso*, to lift a weight □ *s. un nuvolo di polvere*, to raise a cloud of dust ***2*** *(fig.:* dare sollievo*)* to **relieve**; to **comfort**: *s. il morale a q.*, to raise sb.'s spirits ***3*** *(fig.:* far insorgere*)* to **raise**; to **stir** (sb.) to **mutiny** (o to **revolt**) ***4*** *(fig.:* far sorgere*)* to **raise**; to **bring* up** (o **forward**): *s. un'obiezione*, to raise an objection ***B*** **sollevarsi** *v. rifl.* ***1*** (levarsi su) to **rise***; to **arise***; to **get* up** ***2*** (ribellarsi) to **rise***; to **revolt**: *sollevarsi in armi*, to rise in arms ***3*** (riprendersi) to **recover** (from); to **get over** (st.).
sollevato *a.* (rianimato) **relieved;** (rasserenato) **cheered up** ● *Oggi mi sento più s.*, I'm feeling better to-day.
sollevatóre *m. (mecc.)* **lift(er); hoist.**
sollevazióne *f.* **rising; insurrection; rebellion; revolt.**
sollièvo *m.* **relief;** (conforto) **comfort**: *un sospiro di s.*, a sigh of relief □ *dare s.*, to give relief; to relieve.
sollùchero *m.* **rapture; ecstasy (of delight)**: *andare in s.*, to go into raptures; to be enraptured □ *mandare in s.*, to send into raptures; to enrapture.
sólo ***A*** *a.* ***1*** **alone** *(pred.)*; **by oneself**: *tutto s. (o s. s.)*, all alone □ *vivere s.*, to live alone (o by oneself) ***2*** (per escludere la partecipazione di ogni altro) **(by) oneself**: *fare q.c. da s.*, to do st. by oneself ***3*** (unico) **only; single; sole; unique;** (uno s.) **one;** *(enf.)* **one and only**: *una sola volta*, only once □ *È il s. figlio che abbiano*, he is their only son □ *Non un s. uomo sfuggì al massacro*, not a single man escaped the massacre ***4*** (semplice) **only; alone; mere**: *Il s. pensiero mi rattrista*, the mere thought of it makes me sad ● *avere un colloquio da s. a s. con q.*, to have a tête-à-tête with sb. □ *ingresso ai soli soci*, members only ***B*** *m.* ***1*** (l'unico) **(the) only one; (the) only man*** ***2*** — *(mus.) a s.*, solo ***C*** *avv.* **only;** (semplicemente) **just, merely;** (non... che) **but;** *(enf.)* **alone**: *s. per farti piacere*, just to please you □ *S. lui può farlo*, he alone can do it □ *Posso s. dire che...*, I can but say that... □ *Se s. cessasse di piovere!*, if only it would stop raining! ● *s. che*, only; if only.
solstiziale *a. (astron.)* **solstitial.**
solstizio *m. (astron.)* **solstice.**
soltanto *avv.* **only; just**: *Non qui s., ma dappertutto*, not only here, but everywhere □ *s. due*, just two.
solùbile *a.* ***1*** **soluble** (anche *chim.*) ***2*** (risolvibile) **solvable; soluble** ● *caffè s.*, instant coffee.
solubilità *f.* ***1*** **solubility** (anche *chim.*) ***2*** (risolvibilità) **solvability.**
solubilizzare *v. t.* to **solubilize.**
soluto *m. (chim.)* **solute.**
soluzióne *f.* ***1*** **solution** (anche *chim.*): *la s. dello zucchero nell'acqua*, the solution of sugar in water ***2*** (risoluzione) **solution;** (spiegazione) **explanation**: *la s.*

d'un problema, the solution of a problem □ *Non c'è altra s.,* there is no other solution (o explanation) ***3*** (accordo) **settlement; agreement** ● (anche *med.*) *s. di continuità,* solution of continuity □ *s. provvisoria,* stopgag.
solvènte *a.* e *m.* (*chim., comm.*) **solvent.**
solvènza *f.* (*comm.*) **solvency.**
solvìbile *a.* (*comm.*) **solvent.**
solvibilità *f.* (*comm.*) **solvency.**
sòma *f.* **burden** (anche *fig.*); **load**: *una bestia da s.,* a beast of burden; a pack-animal.
sòmalo *a.* e *m.* **Somali.**
somaro *m.* **jackass; ass, donkey** (anche *fig.*).
somàtico *a.* (*biol.*) **somatic.**
somatologìa *f.* **somatology.**
sombrèro (*spagn.*) *m. invar.* **sombrero*.**
somigliante *a.* **similar; like; alike** (*pred.*): *essere s. a q.,* to be like sb.
somiglianza *f.* **resemblance; similarity; likeness.**
somigliare ***A*** *v. t.* e *i.* ***1*** to **resemble**; to **be similar** (to); to **be like,** to **look like** (sb., st.); to **take* after** (sb.): *s. al padre,* to take after one's father □ *s. esattamente a q.,* to be exactly like sb.; to be the living image of sb.; to be the dead spit of sb. (*fam.*) ***2*** (*lett.:* paragonare) to **compare;** to **liken** ***B*** **somigliarsi** *v. rifl. recipr.* to **resemble each other** (o **one another**); to **be alike** ● *s. come due gocce d'acqua,* to be as like as two peas.
sómma *f.* ***1*** (risultato dell'addizione) **sum**: *la s. totale,* the sum total ***2*** (addizione) **addition; sum**: *fare una s.,* to make an addition ***3*** (quantità di denaro) **sum; amount (of money)** ***4*** (complesso, insieme) **sum; whole amount** ***5*** (sostanza, conclusione) **sum and substance; gist; conclusion** ● *in s.,* summarily; in short □ *tirare le somme,* to cast up accounts; (*fig.*) to sum up □ (*fig.*) *tirate le somme,* all things considered.
sommacco *m.* (*bot.,* Rhus coriaria) **sumach.**
sommaménte *avv.* **to a high** (o **the last**) **degree; extremely.**
sommare ***A*** *v. t.* ***1*** (*mat.*) to **add up**; to **sum up** ***2*** (aggiungere) to **add** ***B*** *v. i.* (ammontare) to **amount** (to) ● *tutto sommato,* all things considered.
sommariaménte *avv.* **summarily;** (in breve) **in short, briefly.**
sommàrio ***A*** *a.* **summary** (anche *leg.*); **brief**: *giustizia sommaria,* summary justice ● *esporre in modo s.,* to state briefly; to summarize; to sum up ***B*** *m.* **summary.**
sommatòria *f.* (*mat.*) **summation.**
sommèrgere *v. t.* to **submerge** (anche *fig.*); (inondare) to **flood;** (*fig.*) to **overwhelm.**
sommergìbile ***A*** *a.* **submergible, submersible** ***B*** *m.* (*naut.*) **submarine.**
sommergibilista *m.* (*naut.*) **submariner.**
sommersióne *f.* **submersion.**
sommessaménte *avv.* (a bassa voce) **in a low** (o **subdued**) **voice; softly.**
sommésso *a.* ***1*** **submissive; meek** ***2*** (di suono) **low; soft; subdued.**
sommier (*franc.*) *m.* **divan bed.**
somministrare *v. t.* to **administer;** (dare) to **give*.**
somministrazióne *f.* **administration.**
sommissióne *f.* **submission; submissiveness.**
sommità *f.* (anche *fig.*) **top; summit; peak.**
sómmo ***A*** *a. superl.* **highest; topmost;** (supremo) **supreme;** (grandissimo) **(very) great;** (sublime) **sublime;** (divino) **divine**: *il s. Poeta,* the divine Poet □ *un s. artista,* a great artist □ *trattare q. con s. riguardo,* to show (very) great consideration for sb. □ *in s. grado,* in the highest degree ● *per sommi capi,* summarily □ *riassumere per sommi capi,* to summarize; to sum up ***B*** *m. V.* **sommità.**
sommòssa *f.* **rising; revolt; insurrection.**
sommozzatóre *m.* (*naut.*) **frogman*; skin-diver.**
sommuòvere *v. t.* to **instigate;** to **incite;** to **stir up.**
sonaglièra *f.* **collar with bells.**
sonàglio *m.* **harness-bell; sleigh-bell;** (sonaglino) **rattle** ● (*zool.*) *serpente a sonagli,* rattlesnake.
sonante *a.* **sounding** ● *denaro s.,* ready money; cash.
sònar *m.* (*naut.*) **sonar.**
sonare ***A*** *v. t.* ***1*** to **sound;** (campane, un campanello) to **ring***; (uno strumento mus., un disco) to **play;** (uno strumento a fiato) to **blow***: *s. il piano,* to play the piano □ *s. qualche disco,* to play some records □ *s. una tromba,* to blow (o to sound) a trumpet ***2*** (eseguire sonando) to **play;** to **perform**: *s. q.c. al piano,* to play st. on the piano ***3*** (battere le ore) to **strike***: *L'orologio ha appena sonato le sei,* the clock has just struck six ***4*** (*mil.*) to **sound**: *s. la ritirata,* to sound the retreat □ *s. la sveglia,* to sound (the) reveille ***5*** (significare) to **sound;** to **mean*** ***B*** *v. i.* ***1*** to **sound;** (di campane, campanelli) to **ring*;** (di strumento mus. o disco) to **play**: *Suona il campanello (il telefono),* the bell (the phone) is ringing ***2*** (essere sonatore) to **play**: *s. in un'orchestra,* to play in an orchestra ***3*** (delle ore: scoccare) to **strike*;** (di una sveglia) to **ring*** ***4*** (risonare) to **ring*;** to **resound;** to **re-echo** ***5*** (di parole, frasi, ecc.) to **sound**: *Questa frase suona male,* this sentence does not sound right ● *s. a distesa,* to peal □ *s. a festa,* to chime □ *s. a morto,* to toll; to knell □ (*fig.*) *sonarle a q.,* (dire apertamente le proprie ragioni a q.) to give sb. a piece of one's mind, to talk straight to sb.; (*fam.:* picchiare q. di santa ragione) to give sb. a sound thrashing; to tan sb.'s hide (*fam.*) □ *s. (il campanello) per chiamare la cameriera,* to ring for the maid □ (*autom.*) *s. il clacson,* to hoot.
sonata *f.* ***1*** **ring, ringing** ***2*** (*mus.*) **sonata**: *una s. per pianoforte,* a sonata for pianoforte.
sonatina *f.* (*mus.*) **sonatina.**
sonato *a.* ***1*** (compiuto, scoccato) **past**: *avere quaranta anni sonati,* to be past forty □ *Sono le quattro sonate,* it's past four ***2*** (matto) **off one's head** ***3*** (di pugile) **punch-drunk; groggy** (*fam.*).
sonatóre *m.* **player; musician** ● (*fam.*) *E buona notte sonatori!,* and that's all!
sónda *f.* ***1*** (*med.*) **sound; probe** ***2*** (*miner.*) **drill** ***3*** (*mecc.*) **feeler** ***4*** (*naut.*) **sounding line** ***5*** (*miss.*) **probe** ● (*meteorologia*) *pallone s.,* sounding balloon.
sondàggio *m.* ***1*** (anche *fig.*) **sounding; probing** ***2*** (*min.*) **drilling** ● *s. d'opinioni,* (opinion) poll.
sondare *v. t.* ***1*** (anche *fig.*) to **sound;** to **probe** ***2*** (*min.*) to **drill.**
sonerìa *f.* **striking mechanism;** (allarme) **alarm;** (congegno di segnalazione) **bell.**
sonettista *m.* e *f.* **sonneteer.**
sonétto *m.* (*poesia*) **sonnet** ● *scrittore di sonetti,* sonneteer □ *scrivere sonetti,* to sonneteer; to sonnetize.
sònico *a.* **sonic; sound** (*attr.*): *barriera sonica,* sound barrier.
sonnacchióso *a.* ***1*** **drowsy; dozy; sleepy; slumberous** ***2*** (*fig.*) **drowsy; torpid; dull; sluggish.**
sonnambulismo *m.* **somnambulism; noctambulism; sleep-walking.**
sonnàmbulo *m.* **somnambulist; noctambulist; sleep-walker.**
sonnecchiare *v. i.* ***1*** to **doze;** to **nod;** to **drowse;** to **slumber** ***2*** (*fig.*) to **take* it easy.**
sonnellino *m.* **nap; doze**: *fare un s.,* to have (o to take) a nap.
sonnìfero ***A*** *a.* **soporific; somniferous; sleep-inducing** ***B*** *m.* (*farm.*) **sleeping-draught** (o **-pill**)**; soporific; narcotic.**
sonnilòquio *m.* **somniloquy.**
sonnìloquo *m.* **somniloquist.**
sónno *m.* **sleep;** (leggero) **slumber**: *fra il s. e la veglia,* between sleep and waking □ *addormentarsi d'un s. profondo,* to fall into a deep sleep; to fall sound (o fast) asleep □ *parlare nel s.,* to talk in one's sleep □ *prendere s.,* to get* to sleep ● *avere s.,* to be (o to feel) sleepy □ (*med.*) *malattia del s.,* sleeping-sickness □ *Mi fa venir s.,* it makes me sleepy.
sonnolènto *a.* ***1*** (pieno di sonno) **sleepy; drowsy; dozy; somnolent; slumberous** ***2*** (che concilia il sonno) **drowsy; soporific; sleep-inducing** ***3*** (*fig.:* lento, pigro) **sleepy; drowsy; sluggish.**
sonnolènza *f.* **sleepiness; drowsiness; somnolence** ● *essere preso da s.,* to be heavy with sleep; to be drowsy.
sonorista *m.* e *f.* (*cinem.*) **sound engineer.**

sonorità *f.* **sonority; sonorousness.**
sonorizzare *v. t.* **1** *(fon.)* to **sonorize;** to **voice 2** *(cinem.)* to **add a sound-track to** (a film).
sonòro *a.* **1 sonorous; resonant; resounding;** (altisonante) **high-sounding;** (rumoroso) **loud:** *una voce sonora,* a sonorous voice □ *frasi sonore,* high-sounding sentences **2** *(fis., cinem.)* **sound** *(attr.)*: *onde sonore,* sound waves □ *la colonna sonora d'un film,* the sound track of a film **3** *(fon.)* **voiced.**
sontuosità *f.* **sumptuosity; sumptuousness; luxuriousness.**
sontuóso *a.* **sumptuous; luxurious.**
sopire *v. t.* **1** *(lett.)* to **send* to sleep;** to **lull (to sleep) 2** *(fig.)* to **lull;** to **soothe;** to **assuage;** to **appease.**
sopóre *m.* **1 drowsiness; doziness 2** (stato patologico) **sopor.**
soporìfero *a.* **soporific** (anche *fig.*).
soppalco *m.* *(edil.)* **attic; garret.**
sopperire *v. i.* to **provide,** to **make* up** (for); to **meet*.**
soppesare *v. t.* **1** to **weigh** (st.) **in one's hands 2** *(fig.)* to **weigh;** to **ponder.**
soppiantare *v. t.* to **supplant;** to **supersede;** to **oust.**
soppiatto, di *locuz. avv.* **by stealth; stealthily; secretly** ● *andarsene di s.,* to steal away □ *guardare q. di s.,* to cast a furtive glance at sb.
sopportàbile *a.* **endurable; tolerable; bearable; sufferable.**
sopportare *v. t.* **1** to **bear*;** to **support;** to **sustain:** *s. il peso di q.c.,* to bear (o to sustain) the weight of st. **2** *(fig.)* to **endure;** to **tolerate;** to **bear*;** to **stand*;** to **suffer;** to **put* up with:** *Non posso s. quell'individuo,* I can't stand that fellow.
sopportazióne *f.* **endurance; forbearance; tolerance.**
soppressata *f.* *(cucina)* **brawn.**
soppressióne *f.* **1 suppression 2** (abolizione) **abolition** ● *(leg.) s. di stato,* concealment of birth.
sopprìmere *v. t.* **1** to **suppress;** to **repress;** to **put* down 2** (abolire) to **abolish;** to **do* away with** (st.) **3** (uccidere) to **kill;** to **dispatch,** to **despatch.**
sópra A *prep.* **1** *(per indicare sovrapposizione con contatto)* **on, upon** (anche *fig.*): *il libro s. il tavolo,* the book on the table □ *uno s. l'altro,* one on top of the other □ *portare un carico s. le spalle,* to carry a burden on one's shoulders **2** *(per indicare sovrapposizione senza contatto; o anche con contatto, ma con l'idea di protezione, rivestimento e sim.)* **over** (anche *fig.*): *una spada che pende s. il capo di q.,* a sword hanging over sb.'s head □ *Stendi la tovaglia s. la tavola!,* spread the cloth over the table! **3** (al di s. di) **above:** *s. il livello del mare,* above sea-level □ *qui s.,* here above **4** (intorno a, riguardo a) **on, upon; about 5** (oltre, al di là di) **beyond 6** (dopo) **after:** *una disgrazia s. l'altra,* one misfortune after another **7** *(fig.:* rif. a governo, autorità e sim.*)* **over:** *regnare s. molti popoli,* to reign over many peoples **8** *(per indicare vicinanza)* **on; near:** *un bosco s. il lago,* a wood near the lake **9** (addosso) **on, upon:** *gettarsi s. q.,* to fling oneself upon sb. **B** *avv.* **1 above:** *come s.,* as above □ *come abbiamo detto s.,* as we said above □ *s. indicato,* above-mentioned **2** *(per indicare un piano superiore di casa)* **upstairs:** *Devono essere s.,* they must be upstairs ● *al di s. di,* above; beyond □ *il cassetto (lo scaffale, ecc.) di s.,* the top drawer (shelf, etc.) □ *(fig.) dormirci s.,* to sleep on it □ *in una delle stanze di s.,* in one of the upper rooms □ *una stanza di s.,* an upstairs room **C** *m.* **top; upper part.**
sopràbito *m.* **overcoat; top-coat.**
sopraccennato *a.* **above-mentioned.**
sopracciglio *m.* **eyebrow.**
sopracciliare *a.* **superciliary; of the eyebrow.**
sopraccitato *a.* **quoted above** *(pred.)*; **above-mentioned.**
(1) sopraccopèrta *f.* **1 coverlet; counterpane; bedspread 2** (di un libro) **(book-)cover; (book-)jacket; wrapper.**
(2) sopraccopèrta *avv.* *(naut.)* **on deck.**
sopraddétto *a.* **above-said; aforesaid; above-mentioned.**
sopraelevare *v. t.* **1** *(edil.)* to **build* another story on to** (a building); to **raise 2** (strade, rotaie ferroviarie) to **bank.**
sopraelevato *a.* **1** *(edil.)* **raised 2** (di strade, ecc.) **(super)elevated; banked.**
sopraelevazióne *f.* **1** *(edil.)* **raising 2** (di strade, rotaie ferroviarie, ecc.) **superelevation.**
sopraespósto *a.* **above-stated; above-mentioned.**
sopraffare *v. t.* to **overwhelm;** to **overcome*;** to **overpower;** to **crush down.**
sopraffazióne *f.* **1 overwhelming; overcoming 2** (sopruso) **abuse (of power).**
sopraffilo *m.* *(cucito)* **overcast(ing).**
sopraffino *a.* **1 superfine** (anche *fig.*); **extra fine; of the very best quality;** (eccellente) **excellent, first-rate, first-class 2** *(fig.)* **consummate; supreme; extreme:** *un ipocrita s.,* a consummate hypocrite □ *crudeltà sopraffina,* extreme cruelty.
sopraggitto *m.* *(cucito)* **whipping; overcast(ing)** ● *cucire a s.,* to whip; to overcast □ *punto a s.,* whip(-)stitch).
sopraggiùngere *v. i.* **1** (arrivare all'improvviso) to **arrive unexpectedly** (o **suddenly);** to **supervene;** to **come* along;** to **turn up 2** (accadere all'improvviso) to **happen** (o to **occur) unexpectedly;** to **turn up.**
sopraggiunta *f.* **extra addition** ● *per s.,* in addition; moreover; besides; into the bargain.
sopraindicato *a.* **above-stated; above-mentioned.**
sopraintèndere *V.* **soprintèndere.**
sopralluògo *m.* *(leg.)* **on-the-spot investigation.**
soprammànica *f.* **oversleeve** *(per lo più al pl.)*.
soprammenzionato *a.* **mentioned higher up** *(pred.)*; **above-mentioned.**
soprammercato, per *locuz. avv.* **in addition; into the bargain.**
soprammòbile *m.* **knick-knack, nick-nack.**
soprannaturale A *a.* **supernatural; heavenly B** *m.* **(the) supernatural.**
soprannóme *m.* **nickname.**
soprannominare *v. t.* to **nickname.**
soprannominato *a.* **1** (nominato sopra) **above-mentioned** *(attr.)*; **mentioned above** *(pred.)* **2** (chiamato con soprannome) **nicknamed.**
soprannumeràrio *a.* **supernumerary; extra.**
soprannùmero, in *locuz. avv.* **supernumerary** *(agg.)*; **in excess.**
soprano *m.* e *f.* *(mus.)* **soprano*:** *un mezzo s.,* a mezzo-soprano.
soprapparto *avv.* **in labour; in travail.**
soprappassàggio *m.* **overbridge; fly-over.**
soprappensièro *avv.* **lost in thought; absent-minded** *(agg.)*, **absent-mindedly** *(avv.)*.
soprappéso *m.* **overweight.**
soprappiù *m.* **overplus; surplus; extra** ● *in (o per) s.,* in addition; moreover.
soprapprèzzo *m.* **surcharge; overprice.**
soprapprofitto *m.* *(fin.)* **excess profit(s).**
soprascarpa *f.* **golosh, galosh.**
soprasensìbile *a.* **supersensible; supersensual.**
soprassalto *m.* **start:** *di s.,* with a start; (ad un tratto) all of a sudden, suddenly.
soprassaturazióne *f.* *(chim.)* **supersaturation.**
soprassàturo *a.* *(chim.)* **supersaturated.**
soprassedére *v. i.* to **postpone;** to **delay;** to **put*** (st.) **off.**
soprassòldo *m.* **extra pay.**
soprassuòla *f.* **outsole.**
soprassuòlo *m.* **top-soil.**
soprattacco *m.* **heel-piece.**
soprattassa *f.* *(fin.)* **surtax; additional tax; surcharge; extra charge.**
soprattutto *avv.* **above all;** (specialmente) **especially, principally, chiefly.**
sopravanzare A *v. t.* to **surpass B** *v. i.* to **be left (over):** *Non mi sopravanzerà nulla,* I'll have nothing left.
sopravanzo *m.* **1 excess; surplus:** *di s.,* in excess **2** (residuo) **residue; remainder** ● *Ce n'è di s.,* there's enough and to spare.
sopravvalutare *v. t.* to **overestimate;** to **overvalue;**

to overrate.
sopravvenienza *f.* **unexpected** (o **sudden**) **occurrence.**
sopravvenire *v. i.* ***1*** (sopraggiungere) to **supervene;** to **arrive unexpectedly;** to **turn up** ***2*** (accadere inaspettatamente) to **happen** (o to **occur**) **unexpectedly;** to **turn up.**
sopravvènto ***A*** *avv.* **windward; to windward**: *essere (mettersi) s.,* to be (to get) to windward ***B*** *m.* ***1*** *(naut.)* **windward (side)** ***2*** *(fig.)* **upper hand**: *prendere il s. su q.,* to get the upper hand of (o over) sb.; to gain an advantage over sb.; to get the better of sb.
sopravvèste *f. (stor.)* **surcoat.**
sopravvissuto ***A*** *a.* **surviving** ***B*** *m.* **survivor.**
sopravvivènza *f.* **survival; outliving.**
sopravvivere *v. i.* ***1*** to **survive;** to **outlive** (sb., st.) ***2*** *(fig.:* rimanere vivo*)* to **live on**: *s. nella memoria,* to live on in one's memory.
soprelevare, soprelevazióne *V.* **sopraelevare, sopraelevazióne.**
soprintendènte *m.* e *f.* **superintendent; supervisor; overseer.**
soprintendènza *f.* **superintendence; supervision.**
soprintèndere *v. i.* to **superintend,** to **supervise** (st.).
sopròsso *m. (pop.:* tumefazione callosa ossea*)* **bony outgrowth.**
sopruso *m.* **abuse of power; act of tyranny; outrage.**
soqquadro *m.* **disorder; muddle; mess; confusion** ● *mettere a s.,* to turn upside-down (o topsy-turvy); to mess up.
sòrba *f.* ***1*** (frutto del sorbo) **sorb-apple; service-berry** ***2*** *(fig.:* percossa*)* **blow** ● *s. selvatica,* rowan-berry.
sorbettièra *f.* **ice-cream freezer.**
sorbétto *m.* **ice-cream; sorbet; sherbet** (specialm. *USA)* ● *(fig.) diventare un s.,* to be freezing.
sorbire *v. t.* ***1*** to **drink* (in small sips);** to **sip** ***2*** *(fig.)* to **bear*;** to **put* up with** (sb., st.).
sòrbo *m. (bot.,* Sorbus domestica*)* **sorb; service(-tree)** ● *s. selvatico* (Sorbus aucuparia), rowan; European mountain ash.
sórcio *m. (zool.,* Mus*)* **mouse*** ● *(fig.) far vedere i sorci verdi a q.,* to lead sb. a pretty dance.
sordidézza *f.* ***1*** **sordidness; filthiness** ***2*** (spilorceria) **niggardliness; stinginess.**
sòrdido *a.* ***1*** **sordid; filthy** ***2*** (spilorcio) **niggardly; stingy.**
sordina *f. (mus.)* **mute;** (di pianoforte) **soft pedal** ● *in s.,* softly; *(fig.)* on the sly.
sordità *f.* **deafness.**
sórdo ***A*** *a.* ***1*** **deaf**: *essere s. come una campana (o s. spaccato),* to be as deaf as a post; to be stone-deaf □ *essere s. da un orecchio,* to be deaf in one ear ***2*** *(fig.)* **deaf**: *essere s. alla ragione,* to be deaf (o dead) to reason ***3*** (di suono) **dull; muffled; stifled; deadened** ***4*** *(fon.)* **unvoiced** ● *colpo s.,* thump; thud □ *(fig.) fare una guerra sorda a q.,* to oppose sb. secretly ***B*** *m.* **deaf man*** ● *fare il s.,* to turn a deaf ear (to sb.) □ *non intendere a s.,* to understand right away.
sordomuto ***A*** *a.* **deaf and dumb; deaf-mute** ***B*** *m.* **deaf-mute.**
sorèlla *f.* ***1*** **sister** (anche *fig.)*: *una s. di latte,* a foster sister □ *arti sorelle,* sister arts ***2*** (suora) **sister.**
sorellastra *f.* **half-sister; stepsister.**
sorgènte ***A*** *a.* **rising** ***B*** *f.* ***1*** **spring; source**: *la s. d'un fiume,* the source of a river □ *sorgenti termali,* hot springs ***2*** *(fig.)* **source; origin.**
sórgere *v. i.* ***1*** (levarsi) to **rise*** (anche *fig.)*: *s. in armi,* to rise in arms ***2*** (scaturire) to **rise*;** to **spring*** ***3*** *(fig.:* nascere*)* to **arise*** ● *al s. del sole,* at sunrise □ *far s.,* to raise; to bring about.
sorgivo *a.* **spring** *(attr.)*: *acqua sorgiva,* spring water.
sórgo *m. (bot.,* Sorghum vulgare*)* **sorghum; durra; Indian millet.**
soriano *a.* e *m.* **tabby.**
sormontare *v. t.* ***1*** (anche *fig.)* to **surmount** ***2*** (di acque) to **overflow.**
sornióne ***A*** *a.* **sly; sneaky** ***B*** *m.* **sly dog; sneak.**
sororale *a. (lett.)* **sisterly.**
sororicida *m.* e *f.* **sororicide.**
sororicidio *m.* **sororicide.**
sorpassare *v. t.* ***1*** to **surpass;** (oltrepassare) to **overstep,** to **overrun*;** (superare) to **excel,** to **outdo*;** (eccedere) to **exceed**: *s. il limite di velocita,* to exceed the speed-limit □ *s. ogni limite,* to surpass all limits ***2*** *(autom.)* to **overtake*;** to **pass.**
sorpassato *a.* (non più attuale) **old-fashioned; out** *(pred.).*
sorpasso *m. (autom.)* **overtaking**: *divieto di s.,* no overtaking.
sorprendènte *a.* **surprising; astonishing; amazing.**
sorprèndere ***A*** *v. t.* ***1*** (cogliere di sorpresa) to **catch*;** to **surprise;** to **take*** (sb.) **by surprise** (o **unawares**): *s. q. in flagrante,* to catch sb. in the very act □ *s. q. mentre sta rubando,* to catch sb. stealing □ *essere sorpreso da un temporale,* to be caught in a storm ***2*** *(fig.:* meravigliare*)* to **surprise;** to **astonish;** to **amaze**: *Ciò mi sorprende davvero,* this greatly surprises me ● *s. la buona fede di q.,* to take advantage of sb.'s confidence (in one) ***B*** **sorprèndersi** *v. rifl.* to **be surprised** (o **astonished, amazed**) (at, by).
sorprésa *f.* ***1*** (improvvisata) **surprise**: *una s. gradita (sgradita),* a pleasant (an unpleasant) surprise ***2*** (meraviglia) **surprise; astonishment; amazement**: *con mia grande s.,* much to my surprise ● *avere in serbo una s.,* to have st. up one's sleeve *(fam.)* □ *di s.,* by surprise; unexpectedly.
sorpréso *a.* **surprised; amazed; astonished.**
sorrèggere *v. t.* ***1*** to **support;** to **sustain;** to **hold* up** ***2*** *(fig.)* to **sustain;** (incoraggiare) to **encourage;** (aiutare) to **assist,** to **help.**
sorridènte *a.* **smiling** ● *essere tutto s.,* to be all smiles.
sorridere *v. i.* ***1*** to **smile** (anche *fig.)*: *s. a q.,* to smile at sb. □ *Gli sorrideva la vita,* life smiled (up)on him ***2*** *(fig.:* destar piacere*)* to **appeal** (to); to **please.**
sorriso *m.* **smile** (anche *fig.)*: *un s. ironico (di derisione),* an ironical (a scornful) smile ● *abbozzare un s.,* to smile faintly □ *avere sempre il s. sulle labbra,* to be always smiling.
sorsata *f.* **draught; gulp.**
sorseggiare *v. t.* to **sip.**
sórso *m.* **drop; sip; draught**: *un s. di birra,* a draught of beer □ *prendere un s. di q.c.,* to take (o to have) a drop of st. □ *Solo un s.!,* just a drop! ● *bere a piccoli sorsi,* to sip.
sòrta *f.* **kind; sort**: *due (tutti) d'una s.,* two (all) of a kind □ *d'ogni s.,* of every kind; of all sorts; of every description □ *ogni s. di libri,* every kind (o all kinds, all sorts) of books □ *Gliene fanno d'ogni s.,* they play all sorts of tricks on him ● *di (nessuna) s.,* whatever; whatsoever: *senza spesa di s.,* without any expense whatever; with no expense at all.
sòrte *f.* ***1*** **fate; destiny; fortune; lot; luck**: *meritare una s. migliore,* to deserve a better fate □ *tentare la s.,* to try one's luck □ *toccare in s. a q.,* to fall to sb.'s lot ***2*** (caso) **chance**: *affidarsi alla s.,* to trust to chance □ *far decidere q.c. alla s.,* to leave st. to chance ● *fare buon viso a cattiva s.,* to make the best of a bad bargain *(fam.)* □ *nella buona e cattiva s.,* through thick and thin □ *per buona s.,* luckily □ *per mala s.,* unluckily □ *tirare a s.,* to draw lots.
sorteggiare *v. t.* to **draw* (by lot);** to **draw* lots for** (st.).
sortéggio *m.* **drawing of lots; draw.**
sortilègio *m.* **sorcery; witchcraft.**
(1) sortire *v. t. (lett.:* avere in sorte*)* to **get* (by chance);** to **have;** to **receive** ● *s. buon effetto,* to be successful □ *non s. buon effetto,* to be unsuccessful.
(2) sortire *v. i.* ***1*** (uscire a sorte) to **be drawn (by lot);** to **come* out** ***2*** *(mil.)* to **make* a sortie;** to **sally** ***3*** *(pop.:* andare fuori*)* to **go* out.**
sortita *f.* ***1*** *(mil.)* **sortie; sally** ***2*** *(teatr.)* **entrance** ***3*** *(fig.:* battuta*)* **sally; brilliant** (o **witty**) **remark.**
sorvegliante *m.* **watchman*; caretaker; superintendent; supervisor; overseer.**

sorveglianza *f.* **watch; superintendence; supervision.**
sorvegliare *v. t.* e *i.* ***1*** to **guard;** to **watch** ***2*** (soprintendere) to **superintend;** to **supervise;** to **oversee*** ***3*** (tener d'occhio) to **keep* an eye on** (sb); to **watch,** to **look after** (sb., st.).
sorvegliato *m.* (s. speciale) **person (kept) under police surveillance.**
sorvolare *v. t.* e *i.* ***1*** *(aeron.)* to **overfly*;** to **fly* over** (st.) ***2*** *(fig.)* to **pass over** (st.); (omettere) to **leave* out,** to **omit,** to **skip.**
sorvólo *m. (aeron.)* **flying over.**
S.O.S. *m. (anche fig.)* **SOS**: *lanciare un S.O.S,* to send out an SOS.
sòșia *m.* **second self; double.**
sospèndere *v. t.* ***1*** to **suspend;** (appendere) to **hang* up**: *s. un quadro,* to hang up a picture ***2*** *(fig.: interrompere)* to **suspend;** to **stop;** to **interrupt;** (rinviare) to **put*** (o to **call**) **off,** to **adjourn,** to **postpone,** to **delay**: *s. una seduta,* to adjourn a sitting ***3*** (da una carica e sim.) to **suspend**: *s. q. da un impiego,* to suspend (o to remove) sb. from an office ***4*** *(comm., leg.)* to **suspend;** to **stop;** to **stay**: *s. i pagamenti,* to stop payment.
sospensióne *f.* ***1*** **suspension; hanging up** ***2*** (l'interrompere azione incominciata) **suspension, interruption;** (il rinviare) **adjournment, postponement, delay**: *la s. delle ostilità,* the suspension of hostilities ***3*** (il privare d'una carica e sim.) **suspension**: *la s. da un ufficio,* the suspension from an office ***4*** *(fig.: apprensione)* **suspense; anxiety; apprehension** ***5*** *(comm.)* **suspension; stoppage**: *la s. dei pagamenti,* the suspension of payment ***6*** *(chim., mecc.)* **suspension** ● *puntini di s.,* dots.
sospensiva *f.* **adjournment; delay.**
sospensivo *a.* **suspensive** *(anche fig.)* ● *punti sospensivi,* dots.
sospensòrio ***A*** *a. (anat.)* **suspensory** ***B*** *m.* **suspensory bandage;** *(sport)* **jockstrap.**
sospéso *a.* ***1*** (attaccato in alto e pendente) **suspended; hanging**: *una lampada sospesa al soffitto,* a lamp suspended (o hanging) from the ceiling ***2*** (interrotto) **suspended, interrupted;** (rinviato) **adjourned, postponed** ***3*** (incerto, perplesso) **doubtful; hesitating; uncertain** ● *col fiato s.,* out of breath □ *(comm.) in s.,* outstanding; unpaid: *conti in s.,* outstanding accounts □ *stare con l'animo s.,* to be anxious; to be on tenterhooks □ *tenere q. in s.,* to keep (o to hold) sb. in suspense.
sospettàbile *a.* **suspectable; open to suspicion.**
sospettare ***A*** *v. t.* ***1*** to **suspect** (of) ***2*** (immaginare) to **think*;** to **imagine;** to **surmise;** to **suspect** ***B*** *v. i.* to **suspect;** to **have one's suspicions;** to **be suspicious;** to **mistrust;** to **distrust**: *non s. di niente,* not to suspect anything; not to have the least suspicion.
sospètto ***A*** *a.* ***1*** (che desta diffidenza) **suspect** *(pred.)*; **suspected; suspicious**: *un tipo s.,* a suspicious character ***2*** (dubbio) **doubtful**: *di provenienza sospetta,* of doubtful origin ***B*** *m.* ***1*** **suspicion;** (dubbio) **doubt, misgiving**: *avere (o nutrire) un s.,* to have a suspicion; to smell a rat *(fam.)* □ *essere al di sopra di ogni s.,* to be above suspicion ***2*** (persona sospetta) **suspect.**
sospettóso *a.* **suspicious; mistrustful; distrustful.**
sospìngere *v. t.* ***1*** to **drive*** (**forward**); to **push** (**forward**) ***2*** *(fig.)* to **drive*;** to **urge**: *s. q. alla disperazione,* to drive sb. to despair □ *s. q. a fare q.c.,* to urge sb. to do st.
sospinto *a.* — *a ogni piè s.,* at every step; *(fig.)* at every moment.
sospirare ***A*** *v. i. (anche fig.)* to **sigh** ***B*** *v. t.* to **sigh for,** to **long for,** to **pine for,** to **yearn for** (st.) ● *far s. q.c. a q.,* to keep sb. longing for st. □ *farsi s.,* to keep sb. waiting a long time.
sospirato *a.* **sighed-for; longed-for.**
sospiro *m.* **sigh**: *mandare un s.,* to heave (o to give, to utter) a sigh □ *il Ponte dei Sospiri,* the Bridge of Sighs ● *a sospiri,* at (long) intervals □ *costare molti sospiri,* to cause a lot of trouble □ *dare un s. di sollievo,* to sigh with relief □ *mandare (o rendere) l'ultimo s.,* to breathe one's last.
sospiróso *a.* **plaintive.**
sossópra *V.* **sottosópra.**
sòsta *f.* **halt** (specialm. *mil.*); (fermata) **stop, stay;** (pausa) **pause;** (interruzione) **break;** (posa) **rest;** (tregua) **respite**: *una s. di un'ora,* an hour's break □ *fare una s.,* to have a rest □ *non dare s.,* to give no rest (o peace) □ *senza s.,* without respite; incessantly ● *divieto di s.,* no parking □ *fare s.,* to stop.
sostantivale *a. (gramm.)* **substantival.**
sostantivare *v. t. (gramm.)* to **substantivize** ● *aggettivo sostantivato,* adnoun.
sostantivo *(gramm.)* ***A*** *a.* **substantive** ***B*** *m.* **substantive; noun.**
sostanza *f.* ***1*** (materia) **substance; matter; material; stuff**: *sostanze liquide (gassose, solide),* liquid (gaseous, solid) substances ***2*** (parte essenziale) **substance; essence; gist**: *la s. delle cose,* the essence of things □ *la s. d'un libro,* the substance (o the essential points) of a book ***3*** *(al pl.,* patrimonio*)* **property** *(sing.)*; **wealth** *(sing.)*; **riches** ● *sostanze alimentari,* foodstuffs □ *cibo che dà s.,* nourishing (o substantial) food □ *in s.,* in substance; (in breve) in short; (in conclusione) to sum up, in conclusion.
sostanziale *a.* **substantial; essential.**
sostanzialità *f.* **substantiality.**
sostanzióso *a.* ***1*** **substantial; nourishing; rich**: *a substantial meal* ***2*** *(fig.)* **profitable; valuable.**
sostare *v. i.* to **stop (for a while);** to **stay;** to **pause.**
sostégno *m.* ***1*** *(anche fig.)* **support; prop**: *essere il s. della famiglia,* to be the chief support of one's family □ *a s. di,* in support of ***2*** *(mecc.)* **support; brace; standard** ***3*** *(edil.)* **support.**
sostenére ***A*** *v. t.* ***1*** (reggere, portare su di sé) to **support;** to **sustain;** to **carry (the weight of);** to **hold* up;** to **prop**: *s. un fardello,* to support (o to carry) a burden ***2*** (sopportare) to **sustain;** to **bear*;** to **stand***: *s. una grave perdita,* to sustain (o to suffer) a heavy loss □ *s. una prova,* to stand a test ***3*** (resistere, far fronte a) to **withstand*** ***4*** (difendere) to **support;** to **stand* up for** (sb.); to **uphold*;** to **defend;** (patrocinare) to **advocate** ***5*** (proteggere, aiutare) to **help;** to **assist;** to **back up,** to **stand* by** (sb.): *s. un amico nel bisogno,* to help a friend in need ***6*** (provvedere al mantenimento di) to **support;** to **provide for** (sb.); to **maintain;** to **keep*** ***7*** (affermare, propugnare) to **maintain;** to **assert**: *s. un diritto (una causa),* to assert a claim (a cause) ***8*** *(comm.)* to **keep* up**: *s. i prezzi,* to keep up prices ***9*** *(fig.:* tenere alto*)* to **keep* up** ***10*** (mantenere) to **keep* up** ● *s. una conversazione in inglese,* to carry on a conversation in English □ *s. un esame,* to take (o to sit for) an exam □ *(teatr.) s. una parte,* to sustain (o to perform, to act, to play) a part (o a rôle) □ *s. le spese,* to meet the expenses ***B*** **sostenérsi** *v. rifl.* ***1*** (reggersi in piedi) to **support oneself;** to **stand*** *(anche fig.)*: *s. su di un piede,* to stand on one leg ***2*** (sostentarsi) to **support oneself;** to **sustain oneself** ● *s. con un bastone,* to lean on a stick.
sostenìbile *a.* ***1*** (di opinioni, idee) **tenable; sustainable; maintainable** ***2*** (sopportabile) **bearable; endurable; tolerable.**
sostenitóre ***A*** *m.* **supporter; upholder; advocate; champion** ***B*** *a.* **supporting; contributing.**
sostentaménto *m.* ***1*** (mantenimento) **sustenance; support; maintenance** ***2*** (nutrimento) **(means of) sustenance; nourishment.**
sostentare ***A*** *v. t.* to **support;** to **maintain;** to **provide for** (sb.); to **keep*** ***B*** **sostentarsi** *v. rifl.* to **support oneself.**
sostenutézza *f.* **reservedness; stiffness; standoffishness.**
sostenuto *a.* ***1*** (riservato) **reserved; stiff; cold; uncommunicative; standoffish** ***2*** (rif. a stile) **elevated; lofty** ***3*** *(comm.)* **continuing high** *(pred.)*; **stable; steady**: *prezzi sostenuti,* prices continuing high ***4*** *(mus.)* **sostenuto.**
sostituìbile *a.* **replaceable.**
sostituire *v. t.* ***1*** (mettere al posto di un altro) to

replace: *s. una parola a un'altra,* to replace a word with another one **2** (prendere il posto di un altro) to **replace;** to **substitute;** to **take*** (sb.'s) **place 3** *(mecc.)* to **replace;** to **change.**
sostitutivo *a.* **substitutive.**
sostituto *m.* **substitute; deputy;** (s. temporaneo) **stopgap** *(fam.).*
sostituzióne *f.* **replacement; substitution** ● *agire in s. di q.,* to take sb.'s place ◻ *in s. di,* as a substitute for; in place of.
sostrato *m.* (anche *fig.*) **substratum*.**
sostruzióne *f. (edil.)* **substructure.**
sottàbito *m.* **petticoat; underskirt; slip.**
sottacére *v. t.* to **omit (to say);** to **leave* out.**
sottacéti *m. pl. (cucina)* **pickles.**
sottacéto *avv.* — *mettere s.,* to pickle.
sottàcqua *avv.* **under water**: *nuotare s.,* to swim under water.
sottoalimentazióne *f.* **undernourishment.**
sottana *f.* **1** (sottoveste) **petticoat; underskirt; slip 2** (gonna) **skirt**: *una s. a pieghe,* a pleated skirt **3** *(relig.)* **cassock; soutane** ● *(fig.) correre dietro alle sottane,* to run after women; to be a skirt-chaser *(fam.).*
sottécchi, di *locuz. avv.* **stealthily; by stealth; furtively**: *guardare q. di s.,* to look at sb. furtively; to cast a furtive glance at sb.
sottèndere *v. t. (geom.)* to **subtend.**
sottentrare *v. i.* to **take* the place** (of); to **replace** (sb.).
sotterfùgio *m.* **subterfuge; trick** ● *di s.,* secretly; stealthily; by stealth.
sottèrra *avv.* **underground** ● *voler nascondersi s.,* to wish the earth would open and swallow one.
sotterraménto *m.* **burial.**
sotterrànea *f. (ferr.)* **underground (railway).**
sotterràneo A *a.* **underground; subterranean**: *una ferrovia sotterranea,* an underground (railway) **B** *m.* **cellar; vault;** (di castello) **dungeon.**
sotterrare *v. t.* **1** to **bury (in the ground)**: *s. i morti,* to bury the dead **2** *(agric.)* to **sow.**
sottigliézza *f.* **1 thinness**: *la s. d'un filo metallico,* the thinness of a wire **2** (magrezza) **thinness; slenderness; slimness; tenuity 3** (*fig.:* acutezza) **subtlety; subtleness; acuteness; keenness 4** (sofisticheria) **cavil; quibble.**
sottile *a.* **1** (che ha poco spessore) **thin 2** (magro, snello) **thin; slender; slim; tenuous**: *una ragazza alta e s.,* a tall, slender girl **3** (fine, leggero) **thin; fine; light**: *polvere s.,* fine dust ◻ *capelli sottili,* thin hair **4** (*fig.:* acuto) **subtle; acute; keen; sharp**: *una distinzione s.,* a subtle distinction ● *guardare troppo per il s.,* to be fastidious (o too particular) ◻ *(pop.) mal s.,* consumption.
sottilette *f. pl.* (di formaggio) **slices of processed cheese.**
sottilizzare *v. i.* to **subtilize;** to **split* hairs.**
sottinsù, di *locuz. avv.* **upward(s); from below.**
sottintèndere *v. t.* **1** to **understand***: *È sottinteso il verbo,* the verb is understood **2** (implicare) to **involve** ● *Si sottintende!,* that's obvious!; of course!
sottintéso A *a.* **understood; implied B** *m.* **implicit meaning; allusion** ● *parlare per sottintesi,* to speak allusively ◻ *parlare senza sottintesi,* to speak openly.
sótto A *prep.* **1** *(generalm.)* **under** (anche *fig.*): *s. a (o di) me,* under me ◻ *s. il cielo,* under the sky ◻ *s. chiave,* under lock and key ◻ *s. i propri occhi,* under one's (very) eyes ◻ *vivere s. lo stesso tetto,* to live under the same roof ◻ *s. il dominio francese,* under (the) French rule ◻ *s. la protezione di q.,* under the protection of sb.; under sb.'s wing ◻ *s. l'impulso del momento,* under the impulse of the moment **2** (più in basso) **below;** (al di sotto) **beneath, underneath**: *l'appartamento s. il nostro,* the flat below ours ◻ *s. la media,* below average ◻ *s. zero,* below zero ◻ *non fare niente al di s. della propria dignità,* to do nothing beneath one's dignity **3** *(per indicare quantità o cifra minore)* **under; less than**: *i bambini s. i sei anni,* children under six years of age **4** *(in locuzioni di tempo:* in prossimità di) **near;** (durante) **at, during**: *s. gli esami,* near examination-time; during the examinations **5** *(cucina)* **in**: *s. olio,* in oil ● *s. altro nome,* by another name ◻ *s. questo aspetto,* from this point of view ◻ *a un miglio s. Roma,* one mile south of Rome ◻ *affermare s. giuramento,* to swear upon oath **B** *avv.* **1 under; below; beneath; underneath**: *qui s.,* under here ◻ *lì s.,* under there **2** (per indicare un piano inferiore di casa) **downstairs 3** (per indicare la parte inferiore di un oggetto o di una pila di oggetti) **at the bottom** ● *s. s.,* deep down; on the quiet ◻ *andare s.* (sommergersi, tramontare), to go down ◻ *il cassetto (lo scaffale, ecc.) di s.,* the bottom drawer (shelf, etc.) ◻ *(fig.) dare s. a q.c.* (per venirne presto a capo), to get down to st. ◻ *di s.,* below; (al piano di s.) downstairs ◻ *farsi s.,* (avvicinarsi) to draw near (o nearer); (spingersi innanzi) to push oneself forward ◻ *mettere q. s.,* (*fig.:* sottometterlo) to get the upper hand of sb.; (investirlo con un automezzo) to run sb. over ◻ *le stanze di s.,* the downstair(s) rooms ◻ *Vedi s.,* see below ◻ *(fig.) Ci dev'esser s. qualcosa,* there must be something behind it **C** *m.* (anche *disotto)* **bottom; underside.**
sottoascella *f.* **dress-shield.**
sottobanco *avv.* **underhand.**
sottobicchière *m.* **glass-mat; coaster;** (piattino) **saucer.**
sottobòsco *m.* **1 underwood; brushwood; undergrowth 2** *(fig., spreg.)* **hangers-on** *(pl.).*
sottobràccio *avv.* **arm-in-arm.**
sottocapo *m.* **assistant manager (o chief).**
sottòcchio *avv.* **under (o before) one's eyes; in front of one.**
sottoccupato *a.* **underemployed.**
sottoccupazióne *f.* **underemployment.**
sottochiave *avv.* **under lock and key; locked up.**
sottocìpria *m.* o *f. invar.* **foundation.**
sottoclasse *f. (biol.)* **subclass.**
sottocóda *m. invar.* **crupper.**
sottocommissióne *f.* **subcommission; subcommittee.**
sottocopèrta *avv. (naut.)* **below (deck).**
sottocòppa *m.* o *f.* (centrino) **coaster;** (piattino) **saucer.**
sottocòsto *avv.* **below cost (price).**
sottocuòco *m.* **under-cook.**
sottocutàneo *a.* **subcutaneous.**
sottodominante *f. (mus.)* **subdominant.**
sottoespórre *v. t. (fotogr.)* to **underexpose.**
sottofamìglia *f. (biol.)* **subfamily.**
sottofàscia *avv.* **under a wrapper.**
sottofóndo *m.* **1** *(edil.)* **foundation 2** *(cinem., telev., radio)* **background.**
sottogamba *avv.* — *prendere q.c. s.,* to make light of st.
sottogóla *m. invar.* **chin-strap.**
sottogònna *f.* **petticoat.**
sottogovèrno *m. (polit.)* **abuse of party patronage in the State administration.**
sottogruppo *m. (chim., mat.)* **subgroup.**
sottolineare *v. t.* **1** to **underline;** to **underscore 2** *(fig.)* to **underline;** to **stress;** to **emphasize.**
sottolineatura *f.* **underlineation; underlining; underscoring.**
sottolinguale *a. (anat.)* **sublingual.**
sott'olio, sottòlio *avv.* e *a. (cucina)* **in oil.**
sottomano *avv.* **1** (di nascosto) **underhand;** (segretamente) **secretly 2** (a portata di mano) **at hand; within reach; close by.**
sottomarino A *a.* **submarine; undersea B** *m. (naut.)* **submarine.**
sottomésso *a.* **1** (assoggettato) **subdued; subject 2** (rispettoso e ubbidiente) **submissive; obedient.**
sottométtere A *v. t.* **1** (assoggettare) to **subdue;** to **subjugate;** to **subject 2** (rendere ubbidiente) to **reduce** (sb.) **to obedience 3** (sottoporre) to **submit B sottométtersi** *v. rifl.* to **submit;** to **yield;** to **surrender oneself.**
sottomissióne *f.* **1 subjugation; subjection 2** (qualità di chi è sottomesso) **submission;** (docilità) **submissiveness.**
sottomùltiplo *a.* e *m. (mat.)* **submultiple.**
sottopància *m. invar.* **saddle girth; belly-band.**

sottopassàggio *m. (autom.)* **underpass;** (pedonale, anche) **subway.**
sottopórre A *v. t.* **1** (soggiogare) to **subdue;** to **subjugate;** to **subject**: *s. al proprio dominio,* to subject to one's rule **2** (costringere, indurre a subire) to **subject;** to **expose**: *s. q. a una disciplina di ferro,* to subject sb. to a most rigid discipline **3** *(fig.:* presentare*)* to **submit**: *s. un progetto al giudizio di q.,* to submit a plan to sb.'s judgment ● *s. all'azione del gas,* to gas **B sottopórsi** *v. rifl.* **1** (rendersi oggetto) to **subject oneself 2** (subire) to **undergo***, to **go* through** (st.) **3** (sobbarcarsi) to **undertake*** (st.) **4** (sottomettersi) to **submit;** to **yield;** to **surrender oneself.**
sottopósto *m.* **dependant; subordinate.**
sottoprodótto *m. (ind.)* **by-product.**
sottoprogramma *m. (elab.)* **subprogram.**
sottoproletariato *m.* **lumpenproletariat.**
sottórdine *m. (zool., bot.)* **suborder** ● *in s.,* in a subordinate position.
sottoscala *m. invar. (edil.)* **understairs** *(pl.).*
sottoscritto *a.* e *m.* **undersigned**: *noi sottoscritti,* we the undersigned.
sottoscrittóre *m.* **1 subscriber 2** *(fin.:* di titoli*)* **underwriter.**
sottoscrìvere A *v. t.* to **undersign;** to **underwrite*** (anche *fin.*) **B** *v. i.* (dare la propria adesione) to **subscribe.**
sottoscrizióne *f.* **1 signing; signature 2** (raccolta di firme di aderenti a un'iniziativa) **subscription**: *aprire una s.,* to open a subscription **3** *(fin.)* **underwriting.**
sottosegretàrio *m.* **undersecretary.**
sottosezióne *f.* **subsection.**
sottosópra A *avv.* **1 upside down; topsy-turvy 2** *(fig.)* **upside down; topsy-turvy; in disorder**: *mettere tutto s.,* to throw everything upside down ● *(fig.) essere s.,* to be in (utter) confusion; (essere sconvolto) to be upset **B** *m.* **disorder; (utter) confusion.**
sottospècie *f. invar. (zool., bot.)* **subspecies*.**
sottostante *a.* **underlying; (situated) below.**
sottostare *v. i.* **1** (subire) to **undergo* 2** (essere sottoposto, soggetto) to **be subject** (to) **3** *(fig.:* piegarsi*)* to **submit;** to **yield.**
sottostazióne *f.* **substation.**
sottosterzante *a. (autom.)* **understeering.**
sottostruttura *f.* **substructure; understructure.**
sottosuòlo *m.* **1 subsoil; underground 2** *(edil.)* **basement.**
sottoṣviluppato *a. (econ.)* **underdeveloped.**
sottoṣviluppo *m. (econ.)* **underdevelopment.**
sottotenènte *m. (mil.)* **second-lieutenant.**
sottotèrra *avv.* **underground.**
sottotétto *m. (edil.)* **garret.**
sottotitolo *m.* **1 subtitle** (anche *cinem.*); (didascalia) **caption 2** *(tipogr.)* **subhead, subheading.**
sottovalutare A *v. t.* to **undervalue;** to **underestimate;** to **underrate B sottovalutarsi** *v. rifl.* to **undervalue oneself.**
sottovaṣo *m.* **saucer (for flower-pot).**
sottovènto *avv., a.* e *m. (naut.)* **leeward.**
sottovèste *f.* **slip; petticoat; underskirt.**
sottovóce *avv.* **in a low voice.**
sottovuòto *a. invar. (ind.)* **vacuum-packed.**
sottraèndo *m. (mat.)* **subtrahend.**
sottrarre A *v. t.* **1** (rubare) to **abstract;** to **steal*;** to **pilfer;** to **purloin;** (appropriarsi indebitamente di q.c.) to **embezzle**: *s. del denaro da una cassaforte,* to abstract money from a safe **2** (detrarre) to **deduct 3** (liberare) to **deliver,** to **rescue** (from) **4** (allontanare, portare via) to **remove;** to **take* away 5** *(mat.)* to **subtract B sottrarsi** *v. rifl.* to **escape;** to **avoid;** to **shirk;** to **evade;** to **elude**: *s. alla cattura,* to escape capture □ *s. al servizio militare,* to evade military service ● *(fin.) s. al fisco,* to dodge taxes.
sottrazióne *f.* **1** (asportazione) **removal;** (furto) **stealing, theft 2** *(mat.)* **subtraction** ● *(leg.) s. di minorenni,* abduction of minors □ *s. di documenti,* abstraction of documents.
sottufficiale *m.* **1** *(mil.)* **non-commissioned officer 2** *(naut.)* **petty officer.**
soubrette *(franc.) f. (teatr.)* **soubrette.**
soufflé *(franc.) m. (cucina)* **soufflé.**
souplesse *(franc.) f.* (specialm. *sport*) **agility; nimbleness.**
souvenir *(franc.) m.* **souvenir; memento*.**
sovènte *avv.* **often; frequently; oftentimes** *(lett.).*
soverchiare *v. t.* **1** (superare) to **surpass;** to **excel 2** (sopraffare) to **overwhelm;** to **overpower;** to **overcome*;** to **browbeat*.**
soverchierìa *f.* **abuse (of power); outrage.**
sovèrchio *(lett.)* **A** *a.* **excessive; superfluous; immoderate; too much; too great; extreme**: *soverchi scrupoli,* too many scruples **B** *m.* **excess.**
sovèscio *m. (agric.)* **green manure.**
sovièt *m.* **soviet.**
soviètico *a.* e *m.* **Soviet.**
sovietiẓẓare *v. t.* to **Sovietize.**
sovrabbondante *a.* **superabundant.**
sovrabbondanza *f.* **superabundance.**
sovrabbondare *v. i.* to **superabound;** to **be superabundant.**
sovraccaricare *v. t.* to **overload;** to **overburden.**
sovraccàrico A *a.* **overloaded; overburdened B** *m.* **overload; overburden.**
sovraespórre *v. t. (fotogr.)* to **overexpose.**
sovraffollato *a.* **overcrowded.**
sovrana *f.* **1 sovereign; queen 2** *(numismatica)* **sovereign.**
sovranità *f.* **sovereignty** (anche *fig.*).
sovrannaturale *a.* **supernatural.**
sovrano A *a.* **sovereign; paramount;** (sommo, supremo) **supreme**: *uno stato s.,* a sovereign state **B** *m.* **sovereign; king.**
sovrappopolare *v. t.* to **overpopulate.**
sovrappopolato *a.* **overpopulated.**
sovrappopolazióne *f.* **overpopulation.**
sovrappórre *v. t.* to **place** (o to **lay***) (st.) **on** (st.); to **superimpose** (anche *fig.*); to **superpose** (anche *geom.*).
sovrappoṣizióne *f.* **superimposition** (anche *fig.*); **superposition** (anche *geom.*).
sovrappressióne *f.* **overpressure; extra pressure.**
sovrapproduzióne *f. (econ.)* **overproduction.**
sovrastampa *f.* **overprint.**
sovrastampare *v. t.* to **overprint.**
sovrastante *a.* (anche *fig.*) **overhanging.**
sovrastare *v. t.* e *i.* **1** to **overhang***: *il colle che sovrasta alla valle,* the hill which overhangs the valley **2** *(fig.:* essere imminente*)* to **overhang*;** to **impend;** to **threaten.**
sovrastruttura *f.* **superstructure.**
sovratensióne *f. (elettr.)* **overvoltage; excess voltage.**
sovreccitàbile *a.* **overexcitable.**
sovreccitare A *v. t.* to **overexcite B sovreccitarsi** *v. rifl.* to **get* overexcited.**
sovreccitazióne *f.* **overexcitement.**
sovrimpòsta *f. (fin.)* **additional tax; extra tax.**
sovrimpressióne *f.* **overprint.**
sovrintèndere *V.* **soprintèndere.**
sovrumano *a.* **superhuman** (anche *fig.*).
sovvenire A *v. t. (lett.:* soccorrere*)* to **assist;** to **help;** to **aid B** *v. i.* **1** (venire in aiuto) to **come* to the aid** (of) **2** (tornare alla mente) to **occur** (to); to **come* into** (one's) **mind;** (ricordare) to **remember B sovvenirsi** *v. rifl.* (ricordarsi) to **remember.**
sovvenzionare *v. t.* to **subsidize;** to **finance.**
sovvenzióne *f.* **subvention; subsidy; pecuniary aid; (cash) grant.**
sovversióne *f.* **subversion; overthrow.**
sovversivo A *a.* **subversive B** *m.* **subversive element.**
sovvertiménto *m.* **subversion; overthrow.**
sovvertire *v. t.* to **subvert;** (rovesciare) to **overthrow*.**
sovvertitóre *m.* **subverter.**
sózzo *a.* (anche *fig.*) **filthy; dirty; foul.**
sozzura *f.* **1** (anche *fig.*) **filthiness; dirtiness; foulness 2** (cosa sozza, anche *fig.*) **filth; filthy** (o **dirty,**

foul) thing.
spaccalégna *m.* **woodcutter.**
spaccamontagne *m.* **swaggerer; braggart; brag; boaster.**
spaccapiètre *m.* **stonebreaker.**
spaccare ***A*** *v. t.* to **break***; to **split***; to **cleave***; to **chop**; to **hew***: *s. la legna,* to chop wood □ *s. le pietre,* to break stones ● *(fig.) s. il minuto,* (d'orologio) to keep perfect time; (di persona) to be very punctual □ *un sole che spacca le pietre,* a blazing sun □ *(pop.) Ti spacco il muso!,* I'll bash your face in! ***B*** **spaccarsi** *v. rifl.* to **break***; to **split***; to **cleave***.
spaccata *f.* ***1*** *(ginnastica, danza)* **splits** *(pl.)*: *fare la s.,* to do the splits ***2*** (furto compiuto infrangendo una vetrina) **smash-and-grab raid.**
spaccato ***A*** *a.* ***1*** **broken; split; cleft; chopped; hewn** ***2*** *(fig.:* vero e proprio*)* **downright; absolute; thorough; out-and-out; through and through; arrant**: *un fiorentino s.,* a Florentine through and through ● *essere sordo s.,* to be stone-deaf □ *Quel bambino è suo fratello s.,* that child is just like his brother ***B*** *m. (archit.)* **vertical section.**
spaccatura *f.* ***1*** **split; cleft; fissure; crack** ***2*** *(fig.)* **cleavage.**
spacciare ***A*** *v. t.* ***1*** (vendere) to **sell* off** ***2*** (mettere in circolazione) to **circulate**; (divulgare) to **spread***, to **give* out**: *s. una notizia,* to spread a piece of news □ *s. monete false,* to circulate (o to utter) counterfeit coins ***3*** *(fam.:* dichiarare inguaribile*)* to **give*** (sb.) **up** ● *s. droga,* to push *(fam.)* □ *(fig.) Sono spacciato!,* I'm done for! *(fam.)* ***B*** **spacciarsi** *v. rifl.* to **pretend (to be)**; to **give* oneself out (to be,** o **as).**
spacciatóre *m.* **seller; vendor** ● *s. di droga,* drug pusher *(fam.)* □ *s. di moneta falsa,* utterer of counterfeit money.
spàccio *m.* ***1*** (vendita) **sale** ***2*** (luogo di vendita) **shop**: *uno s. di tabacchi,* a tobacconist's (shop) ***3*** *(mil.)* **canteen** ● *s. della droga,* drug pushing *(fam.)*.
spacco *m.* ***1*** (strappo) **tear; rent; split**; (fenditura) **fissure, cleft, slit**; (incrinatura) **crack** ***2*** *(moda)* **slit; vent.**
spacconata *f. (fam.)* **brag; boast.**
spaccóne *m. (fam.)* **swaggerer; braggart; brag; boaster.**
spada *f.* ***1*** (arma) **sword** *(anche fig.)*: *un colpo di s.,* a sword-thrust □ *incrociare le spade,* to cross (o to measure) swords (with sb.) ***2*** (tiratore di s.) **swordsman*** ***3*** *(al pl.:* seme delle carte da gioco*)* **spades** ● *(fig.) a s. tratta,* with all one's might □ *(zool.) pesce s.* (Xiphias gladius), sword-fish.
spadaccino *m.* **swordsman*.**
spadàio *m.* **sword-maker.**
spadista *m.* e *f. (scherma)* **fencer.**
spadóna *f. (bot.)* **Williams pear.**
spadroneggiare *v. i. (spreg.)* to **play the master.**
spaeṣato *a.* **out of one's element; lost.**
spaghettata *f. (fam.)* **spaghetti dinner.**
spaghetterìa *f.* **spaghetti shop.**
spaghétti *m. pl. (cucina)* **spaghetti** *(ital.)*.
spaghétto *m. (fam.:* paura*)* **funk.**
spaginare *v. t. (tipogr.)* to **alter the paging of** (a book).
spagliare *v. t.* to **remove the straw from** (st.).
spagnòla *f. (med.)* **Spanish influenza.**
spagnolésco *a. (spreg.)* **Spanish.**
spagnolétta *f.* (di cotone o seta) **spool.**
spagnoliṣmo *m.* **Spanish idiom; Hispanicism.**
spagnòlo ***A*** *a.* **Spanish**: *la lingua spagnola,* (the) Spanish (language) ***B*** *m.* **Spaniard.**
spago *m.* ***1*** **string; twine**: *s. grosso,* thick string; cord ***2*** *(fam., scherz.)* **fright; funk** ● *(fig.) dare s. a q.,* to give sb. rope; to humour sb.
spaiare *v. t.* to **separate (a pair of)**; to **unmatch.**
spaiato *a.* **odd; unmatched.**
spalancare ***A*** *v. t.* to **open wide**; to **throw* open**; to **fling* open**: *s. la bocca,* to open one's mouth wide; to gape ● *s. le ali,* to spread one's wings ***B*** **spalancarsi** *v. rifl.* to **open wide**; to **be throw open.**
spalancato *a.* **wide-open** ● *a braccia spalancate,* with open arms.
spalare *v. t.* ***1*** (levare via con la pala) to **shovel** ***2*** *(naut.)* to **feather (one's oars).**
spalatóre *m.* **shoveller.**
spalatura *f.* **shovelling.**
spalla *f.* ***1*** *(anat.)* **shoulder** (anche *fig.*): *avere le spalle larghe (o buone spalle),* to have broad shoulders □ *stringersi nelle spalle,* to shrug one's shoulders ***2*** *(al pl.:* schiena, dorso*)* **back** *(sing.)*: *mettere q. con le spalle al muro,* to put sb. with his back to the wall ***3*** (parte d'un vestito) **shoulder** ***4*** *(cucina)* **shoulder** ***5*** *(edil.)* **abutment** ***6*** *(teatr.)* **stooge** ● *(fig.) accarezzare le spalle a q.,* to dust sb.'s jacket *(fam.)* □ *avere una famiglia numerosa sulle spalle,* to have a large family on one's hands □ *dalle spalle larghe,* broad-shouldered □ *(teatr.) fare da s. a q.,* to stooge for sb. □ *fare s. a q.* (spalleggiarlo), to back sb. up □ *farsi largo con le spalle,* to shoulder one's way □ *gettarsi q.c. dietro le spalle,* to take no further notice of st. □ *prendersi una responsabilità sulle spalle,* to take a responsibility upon oneself □ *ridere alle spalle di q.,* to laugh at sb. behind his back □ *stare alle spalle di q.,* to stand behind sb. □ *vivere alle spalle di q.,* to live at sb.'s expense □ *volgere le spalle* (fuggire), to take to flight; to run away □ *voltare le spalle a q.,* to turn one's back to sb.; *(fig.)* to turn one's back on sb. □ *(mil.) Spall'arm!,* shoulder arms!
spallata *f.* ***1*** (urto dato con la spalla) **push with the shoulder** ***2*** (alzata di spalle) **shrug (of the shoulders).**
spalleggiare *v. t.* to **back up**; to **support.**
spallétta *f.* ***1*** (parapetto) **parapet** ***2*** *(edil.)* **embrasure** ***3*** (argine) **embankment.**
spallièra *f.* ***1*** (di sedia, poltrona, ecc.) **back** ***2*** (d'un letto: testata) **head**; (dalla parte dei piedi) **foot** ***3*** (di piante) **espalier** ***4*** (attrezzo ginnico) **wall bars** *(pl.)*.
spallina *f.* ***1*** *(mil.)* **epaulet(te)** ***2*** (di indumento femm.) **shoulder-strap.**
spallùccia *f.* — *fare spallucce,* to shrug one's shoulders.
spallucciata *f.* **shrug (of the shoulders).**
spalmare ***A*** *v. t.* to **smear**; to **spread*** ***B*** **spalmarsi** *v. rifl.* to **smear oneself**; to **rub** (st.) **on one's body.**
spalmatura *f.* **smearing; spreading.**
spalto *m. (mil.)* **glacis.**
spampanare ***A*** *v. t.* to **strip of foliage**; to **thin out** ***B*** **spampanarsi** *v. rifl.* (di fiori) to **be overblown.**
spanare *v. t.* **spanarsi** *v. rifl. (mecc.)* to **strip.**
spanciare ***A*** *v. i.* ***1*** to **swell* out**; to **bulge** ***2*** (di tuffatore) to **belly-flop** ***B*** **spanciarsi** *v. rifl.* — *s. dal ridere (o dalle risa),* to split one's sides (with laughter).
spanciata *f.* ***1*** (colpo con la pancia) **belly-flop** ***2*** (scorpacciata) **bellyful.**
spàndere ***A*** *v. t.* ***1*** (distendere) to **spread***; to **spread* out**; to **lay* out** ***2*** (versare, effondere) to **shed***; to **pour out**: *s. lacrime,* to shed tears ***3*** (spargere) to **spread***; to **scatter**; to **strew*** ***4*** *(fig.:* divulgare*)* to **spread***; to **hand on** ● *spendere e s.,* to squander one's money; to throw one's money about ***B*** **spàndersi** *v. rifl.* to **spread* out.**
spandiconcime *m. invar. (agric.)* **manure-spreader.**
spanna *f.* **span** ● *alto una s.,* tiny.
spannare *v. t.* to **skim the cream from** (the milk).
spannatóia *f.* **skimmer.**
spannatura *f.* **skimming.**
spannocchiare *v. t.* to **husk.**
spappolare ***A*** *v. t.* to **pulp**; to **reduce** (st.) **to a pulp** ***B*** **spappolarsi** *v. rifl.* to **be reduced to a pulp.**
spappolato *a.* **pulpy; mushy.**
(1) sparare *v. t.* e *i.* to **shoot***; to **fire**: *s. a una lepre,* to shoot at a hare □ *s. un fucile,* to fire (o to discharge) a gun □ *s. un colpo di fucile,* to fire (off) a shot ● *s. fandonie,* to tell tall stories □ *s. calci,* to kick; to lash out □ *(fig.) s. l'ultima cartuccia,* to play one's last card □ *spararle grosse,* to talk big.
(2) sparare *v. t.* (sventrare con un taglio longitudinale) to **split* open**; to **cut* lengthwise.**
sparata *f.* ***1*** **discharge; volley** ***2*** *(fig.:* spacconata*)* **brag, bragging; boast, boasting.**

(1) sparato *m.* (di camicia) **shirt-front.**
(2) sparato *a.* *(fam.:* veloce*)* **fast; quick; like a shot.**
sparatóre *m.* **shooter.**
sparatòria *f.* **shooting; exchange of shots;** (fra malviventi) **shoot-out.**
sparecchiare *v. t.* to **clear**: *s. la tavola,* to clear the table.
sparéggio *m.* ***1*** **difference; disparity; deficit *2*** *(sport)* **play-off.**
spàrgere *A* *v. t.* ***1*** to **scatter;** to **strew***: *s. il seme,* to scatter seed ***2*** (versare) to **shed***: *s. sangue,* to shed blood □ *s. lacrime,* to shed tears ***3*** (diffondere, divulgare) to **spread***: *s. false notizie,* to spread false news ***4*** (emanare) to **shed***: *s. un debole chiarore,* to shed a dim light ***B*** **spàrgersi** *v. rifl.* ***1*** (disperdersi) to **spread***; to **scatter;** to **disperse *2*** (diffondersi) to **spread*.**
spargiménto *m.* ***1*** **scattering; strewing *2*** (il versare) **shedding** ● *s. di sangue,* bloodshed.
spargipépe *m.* **pepper-caster; pepperbox.**
spargisale *m.* **saltcellar.**
sparigliare *v. t.* to **break* up (a pair of).**
sparire *v. i.* ***1*** to **disappear;** (svanire) to **vanish *2*** (cessare di esistere) to **disappear;** to **pass away** ● *far s. q.c.,* (nasconderla) to hide st., to conceal st.; (rubarla) to steal st., to purloin st.
sparizióne *f.* **disappearance.**
sparlare *v. i.* to **speak* ill** (of); to **run*** (sb.) **down** *(fam.).*
sparo *m.* **shot; report.**
sparpagliaménto *m.* **scattering; throwing about.**
sparpagliare *A* *v. t.* to **scatter;** to **throw*** (st.) **about *B* sparpagliarsi** *v. rifl.* to **scatter;** to **disperse.**
sparsaménte *avv.* **sparsely; here and there.**
sparso *a.* ***1*** (versato) **shed *2*** (cosparso) **strewn; covered *3*** (sciolto) **loose**: *con i capelli sparsi,* with one's hair loose ● *(mil.) in ordine s.,* in open order.
spartanaménte *avv.* **Spartanly; like a Spartan.**
spartano *a.* e *m.* **Spartan** (anche *fig.).*
spartiàcque *m.* *(geogr.)* **watershed.**
spartinéve *m. invar.* **snow-plough.**
spartire *v. t.* ***1*** to **share out;** to **divide**: *s. cento sterline fra cinque persone,* to share out one hundred pounds among five people ***2*** (separare) to **separate;** to **divide;** to **part** ● *non aver nulla da s. con q.,* to have nothing to do with sb.
spartito *m.* *(mus.)* **score.**
spartitràffico *m. invar.* **traffic island.**
spartizióne *f.* **partition; division.**
sparto *m.* *(bot.,* Lygeum spartum*)* **esparto (grass).**
sparuto *a.* ***1*** **lean; meagre; spare; gaunt; haggard *2*** *(fig.:* numericamente esiguo*)* **scanty; meagre.**
sparvière *V.* **sparviero.**
sparvièro *m.* ***1*** *(zool.,* Accipiter nisus*)* **sparrow-hawk *2*** *(edil.)* **hawk; mortar-board.**
spaşimante *m.* *(scherz.)* **wooer; suitor.**
spaşimare *v. i.* ***1*** to **suffer agonies;** to **be racked** (with): *s. per il dolore,* to be racked with pain ***2*** *(fig.)* to **long** (to do st.) ● *s. per q.,* to be head over ears in love with sb. *(fam.).*
spàşimo *m.* (anche *fig.)* **pang; agonies (of pain)** *(pl.)*: *gli spasimi della fame,* the pangs of hunger.
spaşmo *m.* *(med.)* **spasm.**
spaşmòdico *a.* **spasmodic(al)** (anche *med.).*
spassare *A* *v. t.* to **amuse *B* spassarsi** *v. rifl.* to **amuse oneself;** to **enjoy oneself;** to **have a good time** ● *Gli piace spassarsela,* he likes to give himself a good time.
spassionato *a.* **dispassionate; impartial; unbias(s)ed.**
spasso *m.* ***1*** (passeggiata) **(short) walk; stroll**: *andare a s.,* to go for a walk □ *menare q. a s.,* to take sb. for a walk; *(fig.)* to lead sb. up the (garden) path *(pop.)* ***2*** (divertimento, passatempo) **fun; amusement; pastime; lark** *(fam.)*: *Che s.!,* what fun!; how amusing!; what a lark! □ *prendersi s. di q.,* to poke fun at sb. ● *(fig.) essere (o trovarsi) a s.* (senza lavoro), to be out of work □ *(fig.) mandare q. a s.,* to send sb. about his business □ *(fig.) Va' a s.,* beat if!, scram! *(pop.)* □ *(fig.) Sei proprio uno s.!,* you are a perfect scream!
spassóso *a.* **funny; amusing.**
spàstico *a.* e *m.* *(med.)* **spastic.**
spàtico *a.* *(miner.)* **spathic.**
spato *m.* *(miner.)* **spar.**
spàtola *f.* ***1*** **spatula, spatule;** (mestichino) **palette--knife* *2*** *(zool.,* Platalea leucorodia*)* **spoonbill.**
spatriare *v. i.* to **leave* one's native country;** to **emigrate.**
spauràcchio *m.* ***1*** (spaventapasseri) **scarecrow *2*** *(fig.)* **scarecrow; bugbear; bog(e)y.**
spaurire *A* *v. t.* to **frighten;** to **scare *B* spaurirsi** *v. rifl.* to **take* fright;** to **be scared.**
spaurito *a.* **frightened; scared** ● *con occhi spauriti,* with fear in one's eyes.
spavaldaménte *avv.* **boldly; defiantly; arrogantly.**
spavalderìa *f.* **boldness; arrogance.**
spavaldo *a.* **bold; defiant; arrogant.**
spaventapàsseri *m.* (anche *fig.)* **scarecrow.**
spaventare *A* *v. t.* to **frighten;** to **give*** (sb.) **a fright;** to **scare *B* spaventarsi** *v. rifl.* to **be** (o to **get***) **frightened;** to **take* fright** (at); to **be** (o to **get***) **scared.**
spaventato *a.* **frightened; scared.**
spaventévole *a.* **frightful; frightening; fearful; dreadful.**
spavènto *m.* **fright; fear; funk** *(fam.)*: *essere preso dallo s.,* to be seized with fear; to be frightened □ *fare s. a q.,* to give sb. a fright; to frighten sb. □ *morire dallo s.,* to be frightened out of one's life; to be scared to death □ *(fam.) Quella donna è un vero s.!,* that woman is a real fright!
spaventosamente *avv.* **frightfully; dreadfully; terribly.**
spaventóso *a.* **frightful; dreadful; terrible; hideous; horrible**: *Che storia spaventosa!,* what a dreadful story! □ *un delitto s.,* a hideous crime.
spaziale *a.* **spatial; space** *(attr.).*
spaziare *A* *v. i.* ***1*** to **soar;** to **sweep*;** (vagare) to **wander,** to **range *2*** *(fig.)* to **range** (over) ***B*** *v. t.* (anche *tipogr.)* to **space.**
spaziatura *f.* (anche *tipogr.)* **spacing.**
spazieggiare *v. t.* (anche *tipogr.)* to **space.**
spazientirsi *v. rifl.* to **lose* one's patience.**
spazientito *a.* **out of patience.**
spàzio *m.* ***1*** **space**: *l'uomo nello s.,* man in space ***2*** (estensione limitata) **space;** (posto) **room;** (distanza) **distance**: *C'è s. per tutti,* there's plenty of room for everyone □ *per mancanza di s.,* for lack of space □ *lo s. di frenatura* (di veicoli), the braking distance ***3*** (tempo) **period; space**: *nello s. di sei mesi,* in the space of six months ***4*** *(tipogr., mus.)* **space.**
spaziosità *f.* **spaciousness; vastness; wideness.**
spazióso *a.* **spacious; roomy; large; vast; wide; broad.**
spazzacamino *m.* **chimney-sweep(er).**
spazzamine *m.* *(naut.)* **minesweeper.**
spazzanéve *m. invar.* **snow-plough.**
spazzare *v. t.* to **sweep*** (anche *fig.)*; to **scavenge**: *s. una stanza,* to sweep out a room □ *s. le foglie morte,* to sweep away the dead leaves ● *s. via tutto,* to make a clean sweep of everything; (al gioco) to sweep the board.
spazzata *f.* **sweep; sweep-up; sweep-out** ● *dare una s. a una stanza,* to sweep out a room.
spazzatura *f.* **sweepings** *(pl.)*; **dust; rubbish; refuse**: *la cassetta della s.,* the dustbin ● *(fig.) trattare q. come s.,* to treat sb. like dirt.
spazzaturàio *m.* **dustman*; refuse-collector.**
spazzino *m.* **street-sweeper; scavenger.**
spàzzola *f.* **brush**: *una s. per abiti,* a clothes brush □ *una s. da capelli,* a hair-brush ● *capelli a s.,* crew cut; brush-cut hair □ *portare i capelli a s.,* to wear a crew-cut □ *Portava i capelli a s.,* his hair was brush-cut.
spazzolare *v. t.* to **brush.**
spazzolata *f.* **brush.**
spazzolino *m.* **(small) brush**: *uno s. per denti,* a tooth-brush.
spazzolóne *m.* **mop.**

speaker *(ingl.) m.* **1** *(radio, telev.)* **announcer 2** *(sport)* **commentator 3** *(polit.)* **speaker.**
specchiàio *m.* **mirror-maker.**
specchiarsi *v. rifl.* **1** to **look at oneself in a mirror 2** (riflettersi) to **be reflected;** to **be mirrored.**
specchiato *a.* **flawless; spotless; upright** ● *un uomo di specchiata onestà,* a man of known honesty.
specchièra *f.* **1 (large) mirror 2** (toletta) **dressing-table.**
specchiétto *m.* **1 looking-glass; (hand-)mirror:** *(autom.) s. retrovisore,* driving mirror; rear-vision mirror □ *(autom.) s. laterale,* wing mirror **2** (prospetto) **table** ● *s. per le allodole,* mirror decoy (for luring skylarks); *(fig.)* lure, decoy.
spècchio *m.* **1 mirror** (anche *fig.*); **looking-glass:** *guardarsi nello s.,* to look at oneself in the mirror **2** (prospetto) **prospectus; register; schedule;** (orario) **timetable 3** (esempio) **model; example; pattern:** *uno s. di tutte le virtù,* a pattern of all virtues ● *s. d'acqua,* stretch of water □ *(autom.) s. retrovisore,* driving mirror; rear-vision (o rear-view) mirror □ *(telev., cinem.) s. segreto,* candid camera □ *essere pulito come uno s.,* to be as clean as a new pin.
speciale *a.* **special;** (particolare) **particular, peculiar:** *un favore s.,* a special favour □ *niente di s.,* nothing special.
specialista A *m.* e *f.* **1 specialist 2** *(ind.)* **technician; expert B** *a.* **specialist** *(attr.)*; **specialized.**
specialità *f.* **1** (ramo particolare di studio, di ricerche) **speciality 2** (prodotto speciale) **speciality; specialty; special article.**
specializẓare *v. t.* **specializẓarsi** *v. rifl.* to **specialize.**
specializẓato *a.* **specialized** ● *operaio s.,* skilled worker □ *operaio non s.,* unskilled worker.
specializẓazióne *f.* **specialization.**
specialménte *avv.* **especially; specially; particularly.**
(1) spècie *f. invar.* **1 kind; sort:** *gente di ogni s. e di ogni razza,* people of every kind and description □ *una s. di mago,* a sort of magician **2** *(scient.)* **species*:** *la s. umana,* the human species; mankind **3** *(relig.)* **species; appearance** ● *fare s. a q.,* to impress (o to surprise) sb. □ *in s.,* especially; in particular □ *in s. umana,* in human shape □ *mutare s.,* to change appearance.
(2) spècie *avv.* **especially; particularly.**
specìfica *f. (comm.)* **detailed list; specification.**
specificàbile *a.* **specifiable.**
specificaménte *avv.* **specifically.**
specificare *v. t.* to **specify;** to **mention explicitly.**
specificazióne *f.* **specification** ● *(gramm.) complemento di s.,* genitive case.
specificità *f.* **specificity.**
specìfico A *a.* **specific:** *un rimedio s.,* a specific remedy □ *(fis.) peso s.,* specific gravity **B** *m.* **specific (remedy).**
specillare *v. t. (med.)* to **probe.**
specillo *m. (med.)* **probe.**
specimen *(lat.) m.* **1** (saggio, campione) **specimen; sample 2** (nell'uso editoriale) **specimen (page) 3** *(banca)* **signature specimen.**
speciosità *f.* **speciosity; speciousness.**
specióso *a.* **specious.**
spèco *m. (lett.)* **cave; cavern; den.**
spècola *f.* **observatory.**
(1) speculare A *v. t.* to **speculate on,** to **inquire into** (st.) **B** *v. i.* (anche *fin.*) to **speculate:** *s. in Borsa,* to speculate (o to gamble) on the Stock Exchange ● *(Borsa) s. al rialzo,* to bull □ *(Borsa) s. al ribasso,* to bear.
(2) speculare *a.* **specular.**
speculativo *a.* **speculative.**
speculatóre *m. (Borsa, fin.)* **speculator; gambler** ● *s. al rialzo,* bull □ *s. al ribasso,* bear □ *(Borsa ingl.) s. professionista,* jobber.
speculazióne *f.* (anche *fin.*) **speculation:** *speculazioni filosofiche,* philosophical speculations □ *s. in borsa,* speculation on the Stock Exchange.
speculum *(lat.) m.* **speculum*.**
spedalità *f.* **hospitalization.**
spedire *v. t.* to **send*;** to **dispatch;** (per posta) to **mail;** (via mare) to **ship;** (inoltrare) to **forward:** *s. q.c. a mezzo corriere,* to send st. through a forwarding agent □ *s. in busta aperta,* to send as printed matter □ *s. contro assegno,* to send cash on delivery (*abbr.:* C.O.D.) □ *s. per ferrovia,* to send by rail □ *s. per posta aerea,* to send by air mail (o to air-mail) ● *s. q. all'altro mondo,* to send sb. to kingdom come.
speditaménte *avv.* **expeditiously; promptly; speedily; quickly** ● *parlare s.,* to speak fluently.
speditézza *f.* **expeditiousness, expedition; promptness; speed; quickness.**
spedito A *a.* **1** (sollecito, pronto) **expeditious; prompt; ready 2** (sciolto) **fluent 3** *(fam.:* spacciato*)* **done for; hopeless B** *avv.* **1 expeditiously; promptly 2** (in modo sciolto) **fluently.**
speditóre *m.* **sender; forwarder; consignor.**
spedizióne *f.* **1** *(comm.)* **consignment; forwarding;** (via mare) **shipment;** (di lettere, pacchi) **dispatch:** *spese di s.,* forwarding (o shipping) charges □ *s. per ferrovia,* forwarding by rail □ *bollettino di s.,* consignment note **2** *(scient., mil.)* **expedition:** *organizzare una s.,* to organize an expedition □ *una s. di soccorso,* a relief expedition ● *agenzia di s.,* forwarding (o shipping) agency □ *(mil.) corpo di s.,* expeditionary force.
spedizionière *m.* **1** *(comm.)* **forwarding agent 2** *(naut.,* anche *s. marittimo)* **shipper; shipping agent.**
spegnare *v. t.* to **redeem.**
spègnere A *v. t.* **1** to **extinguish;** (fuoco) to **put* out;** *(gas, luce, radio, telev.)* to **turn off;** (con un interruttore) to **switch off:** *s. le fiamme,* to extinguish the flames □ *s. il motore,* to switch off the engine □ *s. la luce,* to put out (o to turn off, to switch off) the light **2** *(fig.)* to **stifle;** to **extinguish;** to **kill** ● *s. la calce viva,* to slake (o to quench) lime □ *s. la polvere,* to lay the dust □ *s. la sete,* to quench one's thirst □ *s. una sigaretta,* to stub out a cigarette **B spègnersi** *v. rifl.* **1** (di luce, fuoco) to **be extinguished;** to **go* out;** to **die out;** (di fuoco) to **burn* out 2** *(fig.)* to **die down (o away);** to **fade away 3** (morire) to **pass away;** to **die.**
spegniménto *m.* **1 extinction 2** *(metall.)* **blowing-out.**
spegnitóio *m.* **extinguisher; snuffer.**
spegnitura *f.* **extinguishment; extinguishing.**
spelacchiare A *v. t.* to **tear* (patches of) hair off** (st.) **B spelacchiarsi** *v. rifl.* to **lose* (patches of) hair.**
spelacchiato *a.* **scanty-haired;** (logoro) **worn-out, shabby, bare.**
spelare A *v. t.* to **remove the hair from** (st.) ● *(fig.) s. q.,* to fleece sb. (of his money) **B** *v. i.* e **spelarsi** *v. rifl.* to **lose* one's hair.**
speleologìa *f.* **spel(a)eology.**
speleòlogo *m.* **spel(a)eologist.**
spellare A *v. t.* **1** to **skin;** to **flay:** *s. un coniglio,* to skin a rabbit **2** *(fam.:* scorticare*)* to **scrape;** to **graze 3** *(fig.)* to **skin;** to **fleece B spellarsi** *v. rifl.* to **peel.**
spellatura *f.* **1 skinning; flaying 2** (escoriazione) **scrape; excoriation.**
spelónca *f.* **den** (anche *fig.*); **cavern.**
spèlta *f. (bot.,* Triticum spelta*)* **spelt.**
spème *(lett.)* *V.* **speranza.**
spendaccióne *m.* **spendthrift.**
spèndere A *v. t.* to **spend*,** to **expend** (anche *fig.*): *s. troppo in vestiti,* to spend too much on clothes □ *s. gli anni migliori della vita in q.c.,* to spend the best years of one's life on st. **B** *v. i.* (fare spese) to **make* purchases;** (fare la spesa) to **go* shopping** ● *s. e spandere,* to squander one's money; to be a spendthrift □ *s. un occhio della testa (o l'osso del collo),* to spend an awful lot of money □ *s. una parola per q.,* to put in a good word for sb. □ *non badare a s.,* to spend freely □ *Quanto ti hanno fatto s.?,* how much did they charge you?
spenderéccio *a.* **spendthrift** *(attr.)*; **extravagant; prodigal.**
spenditóre *m.* **spender.**
spèngere *V.* **spègnere.**
spennacchiare A *v. t.* **1** to **pluck 2** *(fig.)* to **fleece;** to **skin B spennacchiarsi** *v. rifl.* to **moult;** to **lose* one's feathers.**

spennacchiato *a.* **1** plucked; featherless **2** *(scherz.:* privo di capelli*)* bald.
spennare A *v. t.* **1** to pluck; to pull out the feathers of (a fowl) **2** *(fig.:* far pagare troppo*)* to fleece; to skin **B spennarsi** *v. rifl.* to moult; to lose* one's feathers.
spennellare *v. t. e i.* (anche *med.)* to paint.
spennellata *f.* stroke of the brush.
spensieratàggine *V.* **spensieratezza.**
spensieratamente *avv.* thoughtlessly; in a happy-go-lucky fashion.
spensieratézza *f.* thoughtlessness; light-heartedness.
spensierato *a.* thoughtless; light-hearted; happy-go-lucky.
spènto *a.* **1** extinguished; out *(pred.)*: *a luci spente,* with lights out ⊔ *Il fuoco è s.*, the fire is out **2** (estinto, scomparso) extinct: *un vulcano s.*, an extinct volcano **3** *(fig.:* scialbo, smorto*)* dull; dead: *colori spenti,* dull colours.
spenzolare *v. t. e i.* **spenzolarsi** *v. rifl.* to dangle; to hang* (down).
spenzolóni *avv.* dangling; hanging down *(pred.)*.
speràbile *a.* to be hoped (for).
speranza *f.* hope: *abbandonare ogni s.*, to give up (o to abandon) all hope ⊔ *distruggere le speranze di q.*, to dash (o to destroy) sb.'s hopes ⊔ *oltre ogni s.*, beyond (o past) all hope ● *un giovane di belle speranze,* a young man of promise ⊔ *pieno di s.*, hopeful ⊔ *senza s.*, hopeless *(agg.)*; hopelessly *(avv.)*.
speranzóso *a.* (spesso *scherz.)* hopeful.
sperare A *v. t.* **1** to hope (for): *Spero di no,* I hope not ⊔ *Spero di sì,* I hope so ⊔ *Spero di riuscire,* I hope to succeed **2** (aspettarsi) to expect: *Che altro possiamo s. ora?,* what else can we expect now? **B** *v. i.* to hope (for, in): *s. nel futuro,* to hope in the future ⊔ *s. nella guarigione di q.*, to hope for sb.'s recovery ● *Speriamo bene!,* let's hope for the best!
spèrdersi *v. rifl.* to lose* oneself; to get* lost; to lose* one's way; to go* astray.
sperduto *a.* **1** (perduto) lost (anche *fig.)*: *sentirsi s.*, to feel lost; (a disagio) to be ill at ease **2** *(fig.:* isolato, solitario*)* secluded; solitary.
sperequazióne *f.* disproportion; inequality.
spergiurare *v. i.* to perjure oneself; to forswear* oneself.
spergiuro A *a.* perjured; forsworn **B** *m.* **1** (chi spergiura) perjurer **2** (giuramento falso) perjury.
spericolato A *a.* reckless; daring; foolhardy **B** *m.* daredevil.
sperimentale *a. (in tutti i sensi)* experimental.
sperimentalismo *m. (filos.)* experimentalism.
sperimentare *v. t.* to experiment with; to test; to try.
sperimentato *a.* **1** (esperto) experienced; expert; skilled **2** (provato) well-tried; well-tested; proved.
sperimentatóre *m.* experimenter.
sperimentazióne *f.* experimentation.
sperlano *m. (zool.,* Osmerus eperlanus*)* European smelt.
spèrma *m. (fisiologia)* semen; sperm.
spermacèti *m. (chim.)* spermaceti.
spermatozòo *m. (biol.)* spermatozoon*.
speronare *v. t. (naut.)* to ram.
speróne *m.* **1** *(in molti sensi)* spur **2** *(naut.)* ram.
sperperare *v. t.* to squander; to dissipate; to run* through (st.); to waste.
sperperatóre *m.* squanderer; wastrel; waster.
spèrpero *m.* squander, squandering; dissipation; waste: *s. di denaro (di tempo, ecc.),* waste of money (of time, etc.).
sperpètua *f. (fam., tosc.)* bad luck.
spèrso *a.* lost.
spersonalizzare A *v. t.* to depersonalize **B spersonalizzarsi** *v. rifl.* to lose* one's personality.
spersonalizzazióne *f.* depersonalization.
sperticarsi *v. rifl.* to exaggerate.
sperticato *a.* **1** (esageratamente lungo) lanky; awfully long; out of proportion **2** *(fig.)* excessive; exaggerated; lavish.
spésa *f.* **1** expense; expenditure; (costo) cost, charge: *a spese pubbliche,* at public expense ⊔ *ridurre le proprie spese,* to cut down one's expenses ⊔ *incorrere in grandi spese,* to incur great expenditure ⊔ *spese di viaggio,* travelling expenses ⊔ *spese legali,* legal costs ⊔ *spese di imballaggio,* packing charges (o expenses) ⊔ *spese postali,* postal charges (o postage) ⊔ *s. preventivata,* estimated expenditure ⊔ *spese straordinarie,* extra expenses **2** (compere) shopping; (acquisto) purchase; buy *(fam.)*: *fare la s.*, to do the shopping ● *spese a carico del destinatario,* charges forward ⊔ *spese comprese,* including costs ⊔ (anche *fig.) a spese altrui,* at other people's expense ⊔ *a proprie spese,* at one's expense; *(fig.)* to one's cost ⊔ *nota spese,* bill of costs.
spesare *v. t.* to pay* (sb.'s) expenses.
spesato *a.* with all expenses paid.
spésso A *a.* **1** (denso) thick; dense; compact: *spessi vapori,* dense vapours **2** (fitto, folto) thick: *capelli spessi,* thick (o bushy) hair **3** (frequente) frequent; repeated **4** (che ha un certo spessore) thick: *carta spessa,* thick paper ● *spesse volte,* often; frequently **B** *avv.* often; frequently: *non s.*, not often; seldom ⊔ *s. e volentieri,* very often ⊔ *troppo s.*, too often.
spessóre *m.* **1** thickness: *avere lo s. di quattro centimetri,* to be four centimetres in thickness; to be four centimetres thick **2** *(mecc.)* thickness; *(autom.:* di freni*)* lining.
spetezzare *v. i. (volg.)* to fart *(volg.)*; to break* wind.
spettàbile *a.* respectable; honourable ● *S. Ditta X e Y,* Messrs. X & Y.
spettacolare *a.* spectacular.
spettàcolo *m.* **1** spectacle; sight; view; scene: *Che s.!,* what a sight! **2** *(teatr.)* performance; show: *uno s. di varietà,* a variety show ● *dare s. di sé,* to make an exhibition of oneself ⊔ *industria dello s.*, show business; show biz *(fam.)*.
spettacolóso *a.* spectacular.
spettante *a.* due.
spettanza *f.* **1** concern; competence: *Non è di mia s.*, it is no concern of mine; it is beyond my authority **2** (ciò che compete per l'attività prestata) what is owing (o due); (remunerazione) remuneration; (onorario) fee.
spettare *v. i.* **1** to be (sb.'s) duty (o concern); to be up to (sb.): *Spetta a te decidere,* it's up to you to decide **2** (appartenere di diritto) to be due ● *Questa volta spetta a me,* it's my turn this time.
spettatóre *m.* **1** spectator; onlooker; (astante) bystander **2** *(al pl., teatr., cinem.)* audience *(sing.)* ● *essere s. di q.c.*, to witness st.
spettegolare *V.* **pettegolare.**
spettinare A *v. t.* to ruffle (sb.'s) hair; to dishevel (sb.'s) hair **B spettinarsi** *v. rifl.* to ruffle one's hair; to dishevel one's hair.
spettinato *a.* uncombed; dishevelled; unkempt.
spettrale *a.* spectral (anche *fis.)*; ghostlike; ghostly; ghastly.
spèttro *m.* **1** ghost; spectre; phantom; apparition **2** *(fis.)* spectrum*: *lo s. solare,* the solar spectrum ● *È ridotto che pare uno s.*, he is worn to a shadow of his former self.
spettrografia *f. (fis.)* spectrography.
spettrogràfico *a. (fis.)* spectrographic.
spettrògrafo *m. (fis.)* spectrograph.
spettrometria *f. (fis.)* spectrometry.
spettròmetro *m. (fis.)* spectrometer.
spettroscopia *f. (fis.)* spectroscopy.
spettroscòpico *a. (fis.)* spectroscopic(al).
spettroscòpio *m. (fis.)* spectroscope.
speziale *m.* chemist; druggist.
spèzie *f. pl.* spices.
spezzare A *v. t.* **1** to break* (anche *fig.)*; to shatter; to split*; to chop: *s. la legna,* to chop wood ⊔ *s. il cuore a q.*, to break sb.'s heart **2** (interrompere) to break*; to interrupt: *s. il viaggio,* to break one's journey **B spezzarsi** *v. rifl.* to break* ● *Non posso mica spezzarmi in due!,* I can't be in two places at once!
spezzatino *m. (cucina)* stew.

spezzato *a.* **broken; shattered; split; chopped.**
spezzettare *v. t.* to **divide** (o to **cut*** **up) into small pieces;** to **mince.**
spezzóne *m.* **1** *(mil.)* **incendiary bomb** **2** *(cinem.)* **strip of blank film.**
spia *f.* **1 spy; informer; squeaker, squealer** *(fam.)*; (rif. a bambini) **telltale, sneak**: *una s. della polizia,* a police informer; a nark *(pop.)* ⊔ *fare la s.,* to play the spy; (di bambini) to tell tales, to sneak **2** *(fig.:* indizio) **sign; evidence** **3** (spioncino) **spy-hole; peephole** ● *(autom.) s. dell'olio,* oil window ⊔ *s. luminosa,* warning light ⊔ *(elettr.) lampada s.,* pilot lamp.
spiaccicare A *v. t.* to **squash;** to **crush** **B spiaccicarsi** *v. rifl.* to **squash;** to **get*** **squashed.**
spiaccichio *m.* **squash; crushed mass.**
spiacènte *a.* **sorry**: *Sono davvero s.!,* I'm awfully sorry!
spiacére *v. i.* **1** (riuscire sgradito) to **be displeasing** (o **unpleasant)** **2 not** to **like** *(costr. pers.)* **3** *(nelle frasi di cortesia)* to **be sorry;** to **mind**: *Se non ti spiace, verrei un'altra volta,* if you don't mind, I'd rather come some other time **4** (far dispiacere a) to **displease.**
spiacévole *a.* **unpleasant; disagreeable.**
spiaggia *f.* **beach; shore** ● *articoli da s.,* beachwear *(collett.).*
spianare A *v. t.* **1** to **level:** to **flatten;** to **straighten out;** (rendere liscio) to **smooth** *(anche fig.)*: *s. il terreno,* to level the ground ⊔ *s. il fucile contro q.,* to level one's gun at sb. ⊔ *(fig.) s. la strada a q.,* to smooth the way for sb. **2** (radere al suolo) to **raze (to the ground)**: *s. una città,* to raze a town to the ground ● *(cucina) s. la pasta,* to roll out the dough **B spianarsi** *v. rifl.* (distendersi) to **relax.**
spianata *f.* **esplanade.**
spianatoia *f.* **baking board.**
spianatóio *m.* **rolling pin.**
spiano *m.* — *a tutto s.,* (senza interruzione) without interruption, uninterruptedly; (in abbondanza) lavishly, profusely.
spiantare *v. t.* **1** (sradicare) to **uproot;** (sconficcare) to **dig*** **out** **2** *(fig.)* to **ruin;** to **bring*** **to ruin.**
spiantato *a.* (ridotto in miseria) **ruined; penniless; hard up** *(fam.)*; **broke** *(pred., pop.).*
spianto *m.* **ruin.**
spiare *v. t.* **1** to **spy (up)on** (sb., st.); to **pry into** (st.) **2** (aspettare con ansia) to **watch for** (st.) ● *s. attraverso le imposte,* to peer through the shutters ⊔ *s. dal buco della chiave,* to peep through the keyhole.
spiata *f.* **delation; secret information.**
spiattellare *v. t. (fam.)* to **tell*** (sb. st.) **openly** (o **in plain words);** to **blab (out);** to **blurt out.**
spiattellato *a.* — *alla spiattellata,* openly; in plain words.
spiazzo *m.* **open space;** (radura in un bosco) **clearing.**
spiccace, spiccàgnolo *a.* **freestone** *(attr.)*: *pesche spiccagnole,* freestone peaches.
spiccare A *v. t.* **1** to **pick;** to **pluck;** (staccare) to **detach,** to **cut*** **off**: *s. un frutto (un fiore),* to pick (o to pluck) a fruit (a flower) **2** (pronunciare distintamente) to **pronounce distinctly;** to **articulate** **3** *(leg.)* to **issue**: *s. un mandato di cattura,* to issue a warrant of arrest **4** *(comm.)* to **draw***: *s. una cambiale,* to draw a bill **B** *v. i.* to **stand*** **out;** to **be conspicuous** ● *s. il bollore,* to begin to boil ⊔ *s. un salto,* to take a leap ⊔ *s. il volo,* to fly up; *(fig.)* to take (to) flight.
spiccataménte *avv.* **1 distinctly; conspicuously; clearly** **2** (tipicamente) **typically.**
spiccato *a.* **distinct; conspicuous; clear;** (marcato) **marked, strong.**
spicchio *m.* (di agrumi) **segment;** (fetta) **slice;** (di aglio) **clove**: *fare a spicchi,* to divide into segments; to slice ⊔ *a spicchi,* in slices; sliced ● *s. di luna,* crescent ⊔ *(geom.) s. sferico,* spherical wedge.
spicciare A *v. t.* **1** (sbrigare) to **dispatch;** to **get*** **through** (st.); to **get*** (st.) **rushed through** **2** (servire in fretta) to **serve quickly**: *s. un avventore,* to serve a customer quickly **3** (spicciolare) to **change (into small money)** **B** *v. i.* (sgorgare) to **gush forth** (o **out);** to **spurt out** **C spicciarsi** *v. rifl.* to **hurry up;** to **make*** **haste;** to **hasten.**
spicciativo *a.* **quick; hasty; speedy; expeditious.**
spiccicare A *v. t.* **1** to **unstick*;** to **take*** **off** **2** *(fig.:* pronunciare distintamente) to **pronounce distinctly** **B spiccicarsi** *v. rifl.* **1** to **come*** **off** **2** *(fig.)* to **tear*** **oneself away** (from).
spìccio *a.* **1** (sbrigativo) **quick; hasty; speedy; expeditious;** (sollecito) **prompt**: *qualcosa di s.,* something quick **2** (spicciolo) **small**: *denaro s.,* (small) change ● *andare per le spicce,* to make short work (of) ⊔ *modi spicci,* brisk manners.
spicciolame *m.* **small money; (small) change.**
spicciolare *v. t.* to **change (into small money).**
spicciolato *a.* **in coins** *(pred.)*; **small; loose** ● *alla spicciolata,* a few at a time; by twos and threes.
spicciolo A *a.* **in coins** *(pl.)*; **small** **B** *m. pl.* **small coins; (small) change** *(sing.)*: *Non ho spiccioli,* I have no change.
spicco *m.* **relief; prominence** ● *fare s.,* to catch the eye; to stand out.
spider *(ingl.) m.* o *f. (autom.)* **two-seater sports car.**
spidocchiare A *v. t.* to **delouse** **B spidocchiarsi** *v. rifl.* to **delouse oneself;** to **pick lice off oneself.**
spiedino *m.* **skewer.**
spiedo *m.* **spit**: *allo s.,* on the spit.
spiegabile *a.* **explainable; explicable.**
spiegamento *m. (mil.)* **deployment** (of troops).
spiegare A *v. t.* **1** (chiarire) to **explain;** (esporre) to **expound;** (interpretare) to **interpret**: *s. il significato di q.c.,* to explain the meaning of st. ⊔ *s. una teoria,* to expound a theory **2** (stendere) to **unfold;** to **spread*** **out;** to **lay*** **out;** to **unfurl**: *(anche fig.) s. le ali,* to unfold (o to spread) one's wings ⊔ *s. le vele,* to unfurl the sails **3** *(mil.)* to **deploy**: *s. le truppe,* to deploy the troops ● *(fig.) s. la voce,* to sing with full voice **B spiegarsi** *v. rifl.* **1** to **explain oneself;** to **make*** **oneself understood** **2** (stendersi) to **unfold,** to **spread*** **out;** (aprirsi) to **open out** ● *Spieghiamoci!,* let's get this straight! ⊔ *Mi spiego?,* do you see what I mean?; do I make myself clear.
spiegato *a.* **open; spread out; unfolded** ● *a bandiere spiegate,* with flags flying ⊔ *a vele spiegate,* with unfurled sails ⊔ *a voce spiegata,* at the top of one's voice.
spiegazióne *f.* **explanation;** (interpretazione) **interpretation** ● *avere una s. con q.,* to have it out with sb. ⊔ *domandare spiegazioni a q.,* to call sb. to account.
spiegazzare *v. t.* to **crease;** to **crush;** to **crumple;** to **rumple.**
spietato *a.* **pitiless; merciless; ruthless; relentless** ● *fare una corte spietata a una ragazza,* to court a girl relentlessy.
spifferare A *v. t. (fam.)* to **blab;** to **blurt out** **B** *v. i.* (fischiare del vento fra le fessure) to **whistle** (through a crack).
spiffero *m.* (corrente d'aria) **draught.**
spifferone *m. (fam.)* **telltale; blabbermouth;** *(gergo scolastico)* **sneak.**
spiga *f. (bot.)* **spike; ear** ● *(ricamo) punto a s.,* herring-bone stitch ⊔ *(ind. tessile) tessuto a s.,* twill.
spigare *v. i.* to **ear;** to **come*** **into ear.**
spigato *a.* (di tessuti) **twilled.**
spighetta *f.* **1** *(sartoria)* **braid** **2** *(bot.)* **spikelet** **3** (baghetta) **clock.**
spigionato *a.* **unlet; vacant.**
spigliatezza *f.* **ease; self-possession.**
spigliato *a.* **easy; free and easy; self-possessed.**
spignorare *v. t.* to **redeem.**
spigo *m. (bot.,* Lavandula officinalis) **lavender.**
spigola *f. (zool.,* Morone labrax) **bass.**
spigolare *v. t. (anche fig.)* to **glean.**
spigolatore *m. (anche fig.)* **gleaner.**
spigolatura *f.* **1** *(anche fig.)* **gleaning** **2** *(specialm. al pl., fig.:* notizie, curiosità) **gleanings** *(pl.).*
spigolo *m.* **edge; corner.**
spigoloso *a.* **1 angular** **2** *(fig.:* scontroso) **rough; unmanageable.**
spigonardo *V.* **spigo.**
spigrire A *v. t.* to **shake*** (sb.) **out of** (his) **laziness;** to

rouse (sb.) **to action** ***B*** **spigrirsi** *v. rifl.* to **shake* off one's laziness;** to **rouse oneself out of one's laziness.**
spilla *f.* **brooch.**
spillare *v. t.* ***1*** to **tap;** to **broach**: *s. una botte,* to tap a cask ***2*** (attingere dalla botte) to **tap;** to **draw* off**: *s. vino,* to tap wine ***3*** *(fig.)* to **tap** *(pop.)*: *s. notizie a q.,* to tap sb. for information □ *s. denaro a q.,* to tap sb. for money.
spillo *m.* ***1*** **pin**: *aghi e spilli,* pins and needles □ *un cuscinetto per spilli,* a pin-cushion □ *uno s. di sicurezza (o da balia),* a safety-pin □ *appuntare q.c. con uno s.,* to fasten st. with a pin; to pin st. (down, up) ***2*** (stiletto per forare le botti) **broach** ***3*** (foro fatto con lo s.) **tap-hole** ***4*** (spilla) **brooch** ● *tacchi a s.,* stiletto heels □ *(fig.) uccidere q. a colpi di s.,* to worry sb. to death.
spillóne *m.* (spillo per cappello) **hat-pin.**
spilluzzicare *v. t.* ***1*** to **peck at** (st.); to **nibble** (st.); to **nibble at** (st.) ***2*** *(fig.:* raggranellare) to **scrape up** (o **together).**
spillùzzico *m.* — *a s.,* bit by bit; in driblets.
spilorcerìa *f.* **stinginess; niggardliness; miserliness.**
spilòrcio ***A*** *a.* **stingy; niggardly; miserly; close--fisted** ***B*** *m.* **niggard; miser; skinflint; pinchpenny*.**
spilungóne *m.* **tall, lanky person; spindleshanks** *(pop.).*
spina *f.* ***1*** **thorn**: *le spine di una rosa,* the thorns of a rose ***2*** *(fig.:* tribolazione, cruccio) **torment; sorrow; grief**: *Quel ragazzo è la mia s.,* that boy is my torment ***3*** *(elettr.)* **plug** ***4*** *(mecc.)* **pin; peg** ***5*** (lisca di pesce) **fish-bone** ***6*** (di bótte) **bung-hole** ● *(anat.) s. dorsale,* backbone; spine □ *a s. di pesce,* herring-bone *(attr.)*: *disegno a s. di pesce,* herring-bone pattern □ *(fig.) avere una s. nel cuore,* to have a thorn in one's side (o in one's flesh); to have an aching heart □ *birra alla s.,* draught beer □ *(fig.) stare sulle spine,* to sit upon thorns; to be on tenterhooks.
spinàcio *m.* ***1*** *(bot.,* Spinacia oleracea*)* **spinach** ***2*** *(al pl., cucina)* **spinach** (solo *sing.).*
spinale *a. (anat.)* **spinal; of the backbone.**
spinapésce *m.* — *a s.,* herring-bone *(attr.).*
spinare *v. t.* to **bone**: *s. una sogliola,* to bone a sole.
spinarèllo *m. (zool.,* Gasterosteus aculeatus*)* **stickleback.**
spinato *a.* ***1*** (di filo di ferro) **barbed**: *filo s.,* barbed wire ***2*** (di tessuto) **twilled; herring-bone** *(attr.).*
(1) spinèllo *m. (miner.)* **spinel (ruby).**
(2) spinèllo *m.* (sigaretta alla marijuana) **marijuana cigarette; joint** *(pop.).*
spinéto *m.* **thorn-bush.**
spinétta *f. (mus.)* **spinet.**
spingarda *f.* ***1*** *(mil., stor.)* **springal(d)** ***2*** (mortaio) **mortar.**
spìngere ***A*** *v. t.* ***1*** to **push;** to **shove;** (ficcare) to **drive*,** to **thrust**: *s. q. (q.c.) avanti (indietro, dentro, fuori),* to push sb. (st.) forward (back, in, out) ***2*** (condurre) to **drive*;** (indurre) to **induce;** (istigare) to **egg on,** to **incite;** (stimolare) to **urge**: *s. q. al suicidio,* to drive sb to suicide □ *Il bisogno mi spinge a chiederti aiuto,* need drives me to ask you for help ***3*** *(fig.:* portare*)* to **carry**: *s. le proprie ambizioni troppo in alto,* to carry one's ambitions too far ***B*** *v. i.* (fare pressione) to **press** ● *s. con la pertica* (una barca), to punt □ *(naut.) s. con i remi,* to row ***C*** **spingersi** *v. rifl.* to **push;** to **venture**: *s. tra la folla,* to push (one's way) through the crowd □ *s. fino a Mosca,* to venture as far as Moscow ● *(anche fig.) s. troppo lontano,* to go too far.
(1) spino *m.* ***1*** *(bot.)* **thorn(-tree); thorn-bush; brier; bramble** ***2*** *V.* **spina,** *def. 1.*
(2) spino *a.* — *uva spina,* gooseberry.
spinóne *m. (zool.)* **griffon.**
spinosità *f.* ***1*** **thorniness; prickliness; spininess; spinosity** ***2*** *(fig.)* **thorniness; ticklishness.**
spinóso *a.* ***1*** **thorny; prickly; spiny; spinous** ***2*** *(fig.)* **thorny; ticklish.**
spinòtto *m. (mecc.)* **piston pin; gudgeon(-pin).**
spinta *f.* ***1*** **push;** (s. forte) **shove, thrust** ***2*** *(tecn.)* **thrust** ***3*** *(fig.:* stimolo) **spur; incentive; stimulus*** ***4*** *(fig.:* aiuto*)* **push; helping hand** ***5*** *(fig.:* appoggio*)* **backing;** (buona parola) **good word** ● *(econ.) spinte inflazionistiche,* inflationary tendencies.
spintarèlla *f.* ***1*** *(sport)* **push** ***2*** *(fig.:* appoggio*)* **backing;** (buona parola) **good word.**
spinterògeno *m. (autom.)* **distributor.**
spinteròmetro *m. (fis.)* **spark-gap.**
spinto *a.* ***1*** (disposto) **inclined; ready; willing** ***2*** (scabroso) **scabrous; risqué; spicy.**
spintóne *m.* **shove; vigorous push** ● (anche *fig.) farsi largo a spintoni,* to push one's way.
spiombare *v. t.* to **break* the (leaden) seals of** (st.); to **unseal.**
spionàggio *m.* **espionage.**
spioncino *m.* **peephole; spy-hole; judas.**
spióne *m.* **spy; informer;** (nel gergo scolastico) **sneak.**
spiovènte ***A*** *a.* **drooping; flowing; streaming** ***B*** *m.* ***1*** (di tetto) **slope** ***2*** *(geogr.:* versante*)* **versant; slope** ● *(archit.) a. s.,* weathered.
spiòvere *v. i.* ***1*** (cessare di piovere) to **stop raining** ***2*** (scorrere in giù) to **flow down** ***3*** (ricadere) to **fall*;** to **hang* down.**
spira *f.* ***1*** (giro di spirale) **coil** ***2*** (di serpente) **coil** ***3*** *(elettr., mecc.)* **turn; coil** ***4*** *(archit.)* **scroll** ● *avvolgere a spire,* to coil up □ *avvolgersi a spire,* to coil (oneself).
spiràglio *m.* ***1*** **(small) opening; vent** ***2*** *(naut.)* **skylight** ***3*** *(fig.)* **gleam; glimmer**: *uno s. di speranza,* a gleam of hope ● *s. d'aria,* breath of air.
spirale *f.* ***1*** *(geom.)* **spiral** ***2*** *(mecc.)* **spring** ***3*** (di orologio) **hair-spring** ***4*** *(fig.)* **spiral** ● *(med.) s. intrauterina,* intrauterine device □ *a s.,* spiral; coiled.
spirare ***A*** *v. i.* ***1*** (soffiare) to **blow*** ***2*** (morire) to **pass away;** to **breathe one's last** ***3*** (finire, scadere) to **expire;** to **fall* due** ***4*** (emanare) to **emanate;** to **exhale** ***B*** *v. t.* ***1*** (emanare) to **exhale;** to **send* off** ***2*** *(fig.)* to **radiate;** to **express** ***3*** *(lett.:* ispirare*)* to **inspire** ● *Oggi non spira un alito di vento,* there isn't a breath of air today □ *(fig.) Spira aria di burrasca,* there is a storm in the air; the atmosphere is stormy.
spirillo *m. (biol.)* **spirillum*.**
spiritato ***A*** *a.* **aghast; wild**: *con occhi spiritati,* with eyes aghast; with wild eyes ***B*** *m.* **one possessed (by an evil spirit)**: *urlare come uno s.,* to shout like one possessed.
spiritèllo *m.* ***1*** **elf; goblin** ***2*** (bambino vivace) **imp; little devil.**
spiritico *a.* **spiritualistic** ● *seduta spiritica,* séance.
spiritismo *m.* **spiritualism; spiritism.**
spiritista *m.* e *f.* **spiritualist; spiritist.**
spìrito *m.* ***1*** **spirit;** (anima) **soul**: *Dio è puro s.,* God is pure spirit □ *lo S. Santo,* the Holy Spirit (o Ghost) □ *rendere lo s. a Dio,* to give up one's soul to God □ *essere con q. in s.,* to be with sb. in spirit ***2*** (fantasma) **spirit; ghost; phantom**: *gli spiriti del passato,* the spirits (o shades) of the past □ *credere negli spiriti,* to believe in ghosts ***3*** (mente, intelligenza) **mind; spirit**: *nutrire lo s.,* to nourish the mind □ *presenza di s.,* presence of mind ***4*** (disposizione d'animo, attitudine) **spirit; attitude**: *s. di contraddizione (di osservazione, di sacrificio),* spirit of contradiction (of observation, of self--sacrifice) □ *s. di parte,* party spirit □ *s. di squadra,* team spirit ***5*** (significato essenziale) **spirit; inner meaning; sense**: *seguire lo s. della legge,* to go by (o to obey) the spirit of the law ***6*** (arguzia) **wit;** (umorismo) **(sense of) humour**: *mancare di s.,* to have no sense of humour ***7*** (vivacità) **life; liveliness** ***8*** *(pop.:* alcol*)* **spirit; alcohol**: *una lampada a s.,* a spirit lamp ● *s. di corpo,* esprit de corps; team spirit □ *s. folletto,* sprite □ *battuta (o motto) di s.,* witticism; witty remark; wisecrack *(fam.)* □ *una casa frequentata dagli spiriti,* a haunted house □ *fare dello s.,* to try to be funny □ *un uomo di s.,* a witty man; (che sta allo scherzo) a good sport □ *i valori dello s.,* spiritual values.
spiritosàggine *f.* ***1*** **wittiness** ***2*** **witticism;** *(spreg.)* **poor humour** ● *con le sue insulse spiritosaggini,* with all his nonsense.
spiritóso *a.* ***1*** (che contiene alcol) **alcoholic** ***2*** (arguto)

witty; clever; facetious: *un'osservazione spiritosa,* a witty (o facetious) remark **3** *(iron.)* **funny; clever**: *Non fare lo s.!,* don't be funny!
spirituale *a.* **spiritual**: *(relig.) esercizi spirituali,* spiritual exercises ● *canti spirituali negri,* spirituals.
spiritualismo *m. (filos.)* **spiritualism.**
spiritualista *m.* e *f. (filos.)* **spiritualist.**
spiritualistico *a. (filos.)* **spiritualistic.**
spiritualità *f.* **spirituality.**
spiritualizzare A *v. t.* to **spiritualize B spiritualizzarsi** *v. rifl.* to **be spiritualized.**
spiumare *v. t.* **1** to **pluck 2** *(fig.)* to **fleece**; to **skin.**
spizzicare *V.* **spilluzzicare.**
spizzico *m.* — *a s.* (o *a spizzichi),* in driblets; little by little.
splendente *a.* **resplendent; shining; bright.**
splendere *v. i.* (anche *fig.)* to **shine*.**
splendido *a.* **1 splendid** (anche *fig.*); **bright; brilliant; glorious; gorgeous 2** (lussuoso, sfarzoso) **splendid; magnificent; sumptuous; grand; stately 3** (liberale) **munificent; liberal 4** (ottimo) **splendid; excellent; very good**: *un'idea splendida,* a splendid idea.
splendore *m.* **1 splendour** (anche *fig.*); **brightness; brilliance; glory**: *lo s. del sole,* the splendour of the sun □ *lo s. d'un tramonto,* the glory of a sunset **2** (magnificenza) **splendour; magnificence; sumptuousness; grandeur; stateliness; pomp 3** *(fis.)* **brightness** ● *Che s. di ragazza!,* what a beautiful girl!
splène *m. (anat.)* **spleen; milt.**
splènico *a. (anat., med.)* **splenic.**
spocchia *f. (fam.)* **haughtiness; bumptiousness.**
spocchioso *a. (fam.)* **haughty; bumptious;** (millantatore) **swaggering.**
spodestare *v. t.* **1** (privare del potere) to **deprive of power;** (privare del trono) to **depose,** to **dethrone 2** (privare della proprietà) to **dispossess** (of).
spoetizzare *v. t.* to **disenchant;** to **disillusion.**
spoglia *f.* **1** (di rettile, ecc.) **slough; cast-off skin 2** *(al pl.:* preda di guerra) **spoils (of war); booty** *(sing.)* ● *le spoglie mortali,* the mortal remains □ *sotto mentite spoglie,* in borrowed plumes; in disguise.
spogliare A *v. t.* **1** to **strip**: *s. un giardino di tutti i fiori,* to strip a garden of all its flowers □ *s. l'altare,* to strip the altar **2** (svestire) to **undress 3** (privare) to **deprive,** to **strip;** to **divest**: *s. q di ogni autorità,* to strip (o to deprive) sb. of all authority **4** (depredare) to **rob;** (saccheggiare) to **plunder,** to **pillage,** to **despoil**: *s. una città,* to plunder (o to pillage) a town □ *s. un museo,* to despoil a museum **5** (fare lo spoglio di) to **go* through** (st.): *s. la corrispondenza,* to go through the mail **B spogliarsi** *v. rifl.* **1** to **undress;** to **strip**: *s. da capo a piedi,* to strip from head to toe **2** (di alberi, ecc.) to **shed*** (st.): *In autunno gli alberi si spogliano delle foglie,* trees shed their leaves in autumn **3** (privarsi) to **deprive oneself,** to **strip oneself,** to **divest oneself** (of); to **give* up** (st.): *s. di un diritto,* to give up a right **4** (liberarsi) to **rid* oneself** (of); **to put* aside** (st.) **5** (di rettile) to **slough one's skin; to cast one's slough 6** (di liquido) to **clear.**
spogliarellista *f.* **stripteaser; stripper.**
spogliarello *m.* **striptease.**
spogliatoio *m.* **dressing-room;** (guardaroba) **cloak-room.**
spogliatore *m.* (chi spoglia, rubando) **despoiler; plunderer.**
spoglio A *a.* **1** (spogliato, privo) **devoid; stripped 2** (nudo) **bare** ● *s. di pregiudizi,* free from prejudice **B** *m.* **1** (esame) **scrutiny; perusal; examination 2** (abito smesso) **cast-off** ● *fare lo s. di q.c.,* to go through st.
spòla *f. (ind. tessile)* **shuttle; spool;** (filato avvolto sulla s.) **cop** ● *(fig.) fare la s.,* to go to and fro; (di mezzi di trasporto) to ply; (di viaggiatori) to commute.
spoletta *f.* **1** (di ordigno esplosivo) **fuse 2** (di macchina per cucire) **shuttle.**
spoliazione *f.* **1** (appropriazione di cose altrui) **dispossession 2** (saccheggio) **despoliation; despoilment; plunderage.**
spoliticizzare *v. t.* to **depoliticize;** to **deprive** (st.) **of all political character.**
spolmonarsi *v. rifl.* to **talk** (o to **shout) oneself hoarse.**
spolpare *v. t.* **1** to **strip the flesh off** (st.); to **pick**: *s. un osso,* to pick a bone **2** *(fig.)* to **bleed* white** *(pop.)*; to **clean out** *(pop.).*
spoltrire, spoltrirsi *V.* **spoltronire, spoltronirsi.**
spoltroneggiare *v. i.* to **idle about;** to **idle (**o to **loaf) away one's time;** to **twiddle one's thumbs** *(fam.).*
spoltronire A *v. t.* to **shake*** (sb.) **out of (his) laziness;** to **wake*** (sb.) **up B spoltronirsi** *v. rifl.* to **shake* off one's laziness;** to **rouse oneself.**
spolverare *v. t.* **1** (levare la polvere) to **dust;** (con la spazzola) to **brush;** (col battipanni) to **beat* the dust out of** (st.): *s. i mobili,* to dust the furniture □ *(iron.) s. le spalle (o il groppone) a q.,* to dust sb.'s jacket **2** *(fig.:* mangiare ingordamente*)* to **eat* up;** to **wolf (down)** *(fam.)* **3** *(fig.:* portare via*)* to **make* a clean sweep of** (st.) **4** (cospargere con una sostanza in polvere) to **dust;** to **sprinkle** ● *s. un disegno,* to pounce a design.
spolverata *f.* **dusting** ● *dare una s. a q.c.,* to dust st.
spolveratura *f.* **1 dusting;** (con la spazzola) **brushing 2** *(fig.:* infarinatura*)* **smattering; superficial knowledge.**
spolverina *f.* **dust-coat; dust-cloak.**
spolverino *m.* **1 duster**: *uno s. di penne,* a feather-duster **2** (vasetto per cospargere q.c. con una sostanza in polvere) **duster 3** *V.* **spolverina.**
spolverio *m.* **1 cloud of dust 2** *(fig.:* grande mangiata*)* **blow-out** *(pop.).*
spolverizzare *v. t.* **1** (polverizzare) to **pulverize;** to **powder 2** (cospargere con una sostanza ridotta in polvere) to **dust;** to **sprinkle 3** *(disegno)* to **pounce.**
spólvero *m.* **1** (polvere minuta di q.c.) **dust; (fine) powder; pounce 2** *(disegno)* **pouncing 3** *(fig.:* infarinatura*)* **smattering.**
spónda *f.* **1** (riva) **bank; side; shore**: *la s. d'un fiume,* the bank of a river; the riverside □ *la s. d'un lago,* the shore of a lake □ *la s. del mare,* the sea-side; the seashore **2** (bordo) **edge; border 3** (parapetto) **parapet 4** (del tavolo da biliardo) **cushion.**
spondàico *a. (poesia)* **spondaic.**
spondèo *m. (poesia)* **spondee.**
sponsale A *a.* **nuptial; matrimonial B** *m. pl.* **nuptials; wedding** *(sing.).*
spontaneamente *avv.* **spontaneously; of one's own accord.**
spontaneità *f.* **spontaneity; spontaneousness.**
spontàneo *a.* **1** (detto, fatto di propria libera volontà) **spontaneous; voluntary**: *un'offerta spontanea,* a spontaneous offer **2** (naturale, privo di artificio) **natural; unaffected; free and easy**: *uno stile s.,* a free and easy style **3** (che si fa per istinto) **spontaneous**: *un movimento s.,* a spontaneous movement **4** *(bot.)* **volunteer** ● *di propria spontanea volontà,* of one's own free will.
spónte *(lat.) avv.* — *(scherz.) spinte o s.,* willy-nilly.
spopolamento *m.* **depopulation.**
spopolare A *v. t.* to **depopulate B** *v. i.* to **draw* crowds C spopolarsi** *v. rifl.* to **depopulate; to decrease in population.**
spopolato *a.* **depopulated; deserted.**
spoppare *v. t.* to **wean.**
spòra *f. (bot., zool.)* **spore.**
sporàdico *a.* **sporadic(al).**
sporàngio *m. (bot.)* **sporangium*; spore-case.**
sporcacciona *f.* **filthy woman*; slattern; slut; sloven.**
sporcaccione A *a.* **dirty; filthy B** *m.* **filthy man*; sloven; pig, hog** *(pop.).*
sporcare A *v. t.* **1** to **dirty;** to **make* dirty (**o **filthy);** to **soil;** (macchiare) to **stain 2** *(fig.)* to **foul;** to **soil;** to **stain;** to **sully**: *s. il proprio buon nome,* to sully one's reputation **B sporcarsi** *v. rifl.* to **dirty oneself;** to **get* dirty (**o **filthy).**
sporcìzia *f.* **1 dirtiness; filthiness; foulness; griminess 2** (cosa sporca) **dirt; filth; grime 3** *(fig.:* cosa oscena*)* **obscenity.**

spòrco A *a.* **1** (non pulito) **dirty; filthy; soiled; grimy; foul; unclean;** (macchiato) **stained**: *avere il viso s.*, to have a dirty face □ *mani sporche di sangue*, blood-stained hands **2** *(fig.)* **dirty; foul; obscene; nasty** ● *avere la coscienza sporca*, to have a guilty conscience □ *avere la fedina (penale) sporca*, to have a police record □ *avere la lingua sporca*, to have a coated (o furred) tongue □ *(color) bianco s.*, off-white □ *L'hai fatta sporca!*, you have behaved disgracefully! **B** *m.* **dirt; filth.**

sporgènte *a.* **projecting; jutting; protruding; protuberant.**

sporgènza *f.* **1 projection; protrusion 2** *(archit.)* **overhang.**

spòrgere A *v. t.* to **stretch out**; to **hold* out**; to **thrust* forward**; to **stick* out**; to **protrude B** *v. i.* to **project**; to **jut out**; to **protrude**; (sovrastare) to **overhang*** ● *(leg.) s. querela contro q.*, to sue sb. **C spòrgersi** *v. rifl.* to **lean* out.**

spòrt *m.* **sport**: *praticare gli s. invernali*, to practise winter sports ● *articoli d'abbigliamento per lo s.*, sportswear *(collett.)* □ *fare q.c. per s.*, to do st. for fun.

spòrta *f.* **1 basket;** (per la spesa) **shopping-basket; hamper 2** (quantità di roba che la s. contiene) **basket; basketful** ● *dirne un sacco e una s.*, to give (sb.) a piece (o bit) of one's mind.

sportellista *m. e f.* **counter-clerk; windowman*** *(masch.).*

sportèllo *m.* **1** (di portone) **wicket(-door) 2** (di auto, treno, ecc.) **door 3** (di ufficio) **counter; window;** (di biglietteria) **ticket-window.**

sportivaménte *avv.* **sportingly.**

sportivo A *a.* **sporting; sports** *(attr.)*: *abiti sportivi*, sports clothes **B** *m.* **sportsman*.**

spòrto *m. (archit.)* **projection.**

spòrula *f. (bot., zool.)* **sporule.**

spòṣa *f.* **bride;** (moglie) **wife*, spouse** ● *abito da s.*, wedding-dress □ *dare in s.*, to give in marriage; to marry □ *promessa s.*, betrothed; fiancée.

spoṣalìzio *m.* **wedding; nuptials** *(pl.).*

spoṣare A *v. t.* **1** (prendere in matrimonio) to **marry**; to **take* in marriage 2** (celebrare un matrimonio) to **marry**; to **join in marriage (**o **as husband and wife)**; to **wed 3** (dare in matrimonio) to **marry**; to **marry off**; to **give* in marriage 4** *(fig.:* unire*)* to **wed**; to **unite 5** *(fig.:* aderire a*)* to **embrace**: *s. una causa*, to embrace a cause ● *s. una persona di grado sociale inferiore*, to marry beneath one **B spoṣarsi** *v. rifl.* to **marry**; to **get* married.**

spoṣato *a.* **married; wedded** (anche *fig.*).

spòṣo *m.* **bridegroom;** (marito) **husband, spouse** ● *gli sposi novelli*, the newly-married couple □ *gli sposi promessi*, the betrothed; the engaged couple □ *una coppia di sposi*, a married couple.

spossante *a.* **tiring; tiresome; wearisome; fatiguing; exhausting.**

spossare A *v. t.* to **tire out**; to **weary**; to **wear* out**; to **fatigue**; to **exhaust B spossarsi** *v. rifl.* to **get* tired**; to **wear* oneself out**; to **exhaust oneself**; to **get* exhausted.**

spossatézza *f.* **tiredness; weariness; fatigue; exhaustion.**

spossato *a.* **tired out; weary; worn out; fatigued; exhausted.**

spossessare *v. t.* to **dispossess**, to **divest**, to **deprive** (of).

spostaménto *m.* **1** *(generalm.)* **shift, shifting;** (cambiamento) **change 2** *(fis., chim.)* **displacement 3** *(mecc.:* traslazione*)* **traverse.**

spostare A *v. t.* **1** to **move**; to **shift**; to **displace**: *s. i mobili*, to move (o to shift) the furniture **2** (trasferire) to **move**; to **transfer 3** (differire) to **defer**; to **delay**; (mutare) to **change 4** *(mus.)* to **transpose 5** *(fig.:* dissestare*)* to **ruin**; (sconvolgere) to **upset* B spostarsi** *v. rifl.* to **move**; to **shift**; to **change one's place.**

spostato A *a.* **shifted; displaced; out of place** ● *(fig.) essere un po' s.*, to have a tile loose *(fam.)*; to be weak in the upper storey *(fam.)* **B** *m.* **misfit.**

spot *(ingl.) m. invar.* **1** *(teatr.)* **spot; spotlight 2** *(radio, telev.:* spazio pubblicitario*)* **spot.**

spranga *f.* **bar; bolt** ● *mettere la s. a un uscio*, to bar (o to bolt) a door.

sprangare *v. t.* to **bar**; to **bolt.**

sprangatura *f.* **barring; bolting.**

spray *(ingl.)* **A** *m.* **atomizer; spray B** *a.* **spray**: *lacca s.*, spray lacquer.

sprazzo *m.* **1 splash**: *sprazzi d'acqua*, splashes of water **2** *(fig.)* **flash; gleam** ● *s. d'ingegno*, brainwave *(fam.).*

sprecare *v. t.* to **waste**; to **squander**: *s. denaro*, to waste (o to throw away) one's money □ *s. il tempo*, to waste (o to fritter away) one's time □ *s. il fiato*, to waste one's breath (o words); to talk in vain ● *È fiato sprecato*, it's waste of breath.

sprèco *m.* **waste**: *s. di tempo e di denaro*, waste of time and money ● *fare s. di q.c.*, to waste st.

sprecóne *m.* **waster; squanderer.**

spregévole *a.* **despicable; contemptible; mean; vile; paltry.**

spregiare *v. t.* to **despise**; to **contemn**; to **scorn**; to **disdain.**

spregiativo *a.* **disparaging; derogatory; pejorative** (anche *gramm.*).

sprègio *m.* **1 contempt; scorn; disdain**: *avere in s.*, to hold in contempt; to despise; to scorn; to disdain **2** (atto offensivo) **affront; insult** ● *fare q.c. per s.*, to do st. out of spite.

spregiudicatézza *f.* **1 freedom from prejudice; open-mindedness 2** (mancanza di scrupoli) **unscrupulousness.**

spregiudicato A *a.* **1** (che non ha pregiudizi) **unprejudiced; open-minded 2** (che non ha scrupoli) **unscrupulous; unprincipled B** *m.* **unscrupulous (**o **unprincipled) person.**

sprèmere *v. t.* **1** to **squeeze** (anche *fig.*); to **squash**: *s. un'arancia*, to squeeze an orange □ *s. denaro a q.*, to squeeze money out of sb. **2** (stoffa bagnata) to **wring***; to **wring* out** ● *(fig.) s. il sugo da q.c.*, to get the substance out of st. □ *spremersi le meningi*, to cudgel (o to rack) one's brains.

spremiagrumi *m.* **citrus-fruit squeezer.**

spremifrutta *m. invar.* **mill.**

spremilimóni *m.* **lemon squeezer.**

spremitóio *m.* **squeezer.**

spremitura *f.* **squeezing; squashing.**

spremuta *f.* **squash**: *s. di limone*, lemon squash □ *s. di arancia*, orange squash ● *dare una s. a q.c.*, to squeeze st.

spretarsi *v. rifl.* to **unfrock oneself.**

spretato *a.* **unfrocked.**

sprezzante *a.* **disdainful; scornful; contemptuous;** (altezzoso) **haughty** ● *con aria s.*, disdainfully; scornfully □ *mostrarsi s.*, to show disdain; to turn up one's nose (at sb., st.) *(fam.).*

sprezzare *(lett.)* V. **disprezzare.**

sprezzatura *f.* **nonchalance.**

sprèzzo *m.* **disdain; scorn; contempt.**

sprigionare A *v. t.* **1** *(raro)* to **release (from prison)**; to **set* free 2** *(fig.:* emettere*)* to **emit**; to **send* forth (**o **out)**; to **give* off**; to **exhale**: *s. scintille*, to send forth (a shower of) sparks **B sprigionarsi** *v. rifl.* to **be given off**; to **exhale**; to **issue.**

sprimacciare *v. t.* to **shake* up**; to **fluff up.**

sprintare *v. i. (sport)* to **sprint.**

sprizzare *v. t. e i.* to **spirt**; to **squirt** ● *s. felicità*, to bubble over with joy □ *s. salute da tutti i pori*, to be bursting with health.

sprizzo *m.* **1** (zampillo) **spirt; spurt; squirt**: *uno s. di sangue*, a spurt of blood **2** (sprazzo) **flash; spark.**

sprócco *m.* **sprout; shoot; twig.**

sprofondaménto *m.* **sinking; sinkage;** (crollo) **collapse.**

sprofondare A *v. i.* to **sink***; (andare a fondo) to **go* to the bottom**; (crollare) to **collapse**; (cedere) to **give* way**, to **subside**; (precipitare) to **fall* down** (into) **B** *v. t.* to **precipitate** ● *far s.*, to sink **C sprofondarsi** *v. rifl.* **1** to **sink***: *s. nel fango*, to sink into the mud □ *s. in una poltrona*, to sink (o to drop down) into an armchair **2** *(fig.)* to **sink***; to **become* (**o to **get*) absorbed (**o

immersed, engrossed): *s. in un libro,* to get absorbed in a book.
sprofondato *a.* **1** (inabissato) **sunken; collapsed; subsided 2** *(fig.)* **sunken; lost; absorbed; immersed; engrossed**: *essere s. nelle meditazione,* to be lost in meditation.
sproloquiare *v. i.* to **ramble.**
sprolòquio *m.* **long rigmarole; rambling speech; empty words** *(pl.).*
spromèttere *v. t. (fam.)* to **break* a promise.**
spronare *v. t.* **1** to **spur**: *s. un cavallo,* to spur a horse **2** *(fig.)* to **spur on;** to **urge;** to **goad;** to **prod**: *s. q. a fare q.c.,* to goad sb. into doing st. □ *s. uno studente pigro,* to prod a lazy student.
spronata *f.* **touch of the spur; spurring** (anche *fig.)* ● *avere bisogno di una s.,* to need the spur.
spróne *m.* **1 spur**: *dar di s. a un cavallo,* to set spurs to a horse; to spur a horse **2** *(fig.)* **spur; goad; prod 3** *(sartoria)* **yoke** ● *a spron battuto,* whip and spur; at top (o full) speed □ *(fig.) non aver bisogno di sproni,* not to need the spur.
sproporzionale *a.* **disproportionate.**
sproporzionato *a.* **disproportionate; out of proportion, in disproportion** *(pred.).*
sproporzióne *f.* **disproportion; want of proportion**: *la s. tra domanda e offerta,* the disproportion of supply to demand.
spropoşitato *a.* **1** (pieno di spropositi) **full of blunders (**o **gross mistakes) 2** *(fam.:* enorme*)* **enormous; huge; out of all proportion.**
spropòşito *m.* **1 blunder; gross (**o **bad) mistake; howler** *(fam.)*: *una traduzione piena di spropositi,* a translation full of bad mistakes □ *fare uno s.,* to make a blunder; (commettere un'azione grave) to do st. dreadful **2** *(fam.:* quantità straordinaria*)* **excessive (**o **vast) amount; enormous quantity** ● *a s.,* inopportunely □ *dire un sacco di spropositi,* to talk a lot of nonsense; to talk through one's hat *(fam.)* □ *Ti costerà uno s.,* it will cost you a mint of money.
sprovveduto *a.* **unprovided; unprepared.**
sprovvisto *a.* **unprovided; destitute**: *essere s. di q.c.,* to be destitute of st; to lack st.; to be short of st. ● *alla sprovvista,* unawares; unexpectedly; by surprise.
spruzzabiancherìa *m. invar.* **sprinkler.**
spruzzare *v. t.* to **spray;** to **sprinkle;** to **splutter;** to **spatter;** to **splatter;** to **sputter;** to **splash.**
spruzzata *f.* **1 spray, spraying; sprinkle; splash 2** (leggera e breve caduta di pioggia) **light shower.**
spruzzatóre *m.* **1 spray; sprayer; atomizer; vaporizer 2** *(autom.)* **jet.**
spruzzo *m.* **spray; sprinkle, sprinkling; jet; spurt; splash**: *verniciatura a s.,* spray painting □ *spruzzi di fango,* splashes of mud.
spudoratézza *f.* **impudence; shamelessness; cheek.**
spudorato A *a.* **impudent; shameless; audacious; brazen(-faced); cheeky B** *m.* **impudent; brazen-face.**
spugna *f.* **1** *(zool.)* **sponge** (anche lo scheletro, impiegato per vari usi): *un pescatore di spugne,* a sponge--diver; a sponge-fisher □ (anche *fig.) passare la s. su q.c.,* to pass the sponge over st. □ *(pugilato) gettare la s.,* to throw up the sponge (anche *fig.)* **2** (tessuto spugnoso) **sponge-cloth; terry cloth 3** *(fig.:* gran bevitore) **sponge; soak** *(pop.)* ● *bere come una s.,* to drink like a fish □ *(fig.) diventare una s.,* to get drenched; to get soaked (to the skin).
spugnare *v. t.* to **sponge.**
spugnata *f.* **sponging** ● *dare una s.,* to sponge.
spugnatura *f.* **sponging.**
spugnòla *f.* **spugnòlo** *m. (bot.,* Morchella esculenta*)* **morel.**
spugnosità *f.* **sponginess.**
spugnóso *a.* **spongy; sponge-like.**
spulare *v. t. (agric.)* to **winnow;** to **fan.**
spulciare A *v. t.* **1** (liberare dalle pulci) to **rid* of fleas 2** *(fig.)* to **scrutinize;** to **sift B spulciarsi** *v. rifl.* to **get* rid of fleas.**
spulciatura *f. (fig.)* **scrutiny; thorough examination.**
spuma *f.* **1 foam; froth;** (di marosi) **surf 2** (bevanda) **fizzy soft drink** ● *(miner.) s. di mare,* meerschaum; sepiolite.
spumante A *a.* **foaming; foamy;** (di vino) **sparkling B** *m.* **sparkling wine.**
spumare *v. i.* to **foam;** to **froth;** (di vino) to **sparkle.**
spumeggiante *a.* **foamy; frothy;** (di vino) **sparkling.**
spumeggiare *v. i.* to **foam;** to **froth;** (di vino) to **sparkle.**
spumóne *m.* (specie di gelato) **spumone*.**
spumóso *a.* **1 foamy; frothy; frothsome; spumy; spumous 2** *(fig.:* soffice e leggero*)* **light; flimsy.**
spunta *f. (bur.)* **ticking off; check.**
spuntare A *v. t.* **1** (rompere la punta di) to **blunt;** to **break* the point of** (st.): *s. un ago,* to blunt a needle **2** (tagliare la punta di) to **cut* the tip off** (st.); to **trim**: *s. un sigaro,* to cut the tip off a cigar □ *s. i baffi,* to trim a moustache **3** (levare spilli o aghi a) to **unpin;** to **undo* 4** (controllare, facendo un segno) to **tick off;** to **check 5** *(fig.:* superare*)* to **overcome* B** *v. i.* **1** (del sole, della luna, ecc.) to **rise*;** (di fiori, legumi, ecc.) to **sprout;** (di capelli, ecc.) to **begin to grow;** (di denti) to **cut*;** (di lacrime) to **well up 2** (apparire) to **appear;** to **come* out 3** (sporgere) to **stick* out** ● *spuntarla,* to succeed; to make it; to win through □ *farsi s. i capelli,* to have one's hair trimmed □ *Spunta il giorno,* day is breaking **C** *m.* (nascita, apparizione) **break, breaking**: *allo s. del giorno,* at break of day; at daybreak □ *allo s. dell'alba,* at break of dawn; at dawn ● *allo s. del sole,* at sunrise **D spuntarsi** *v. rifl.* **1** (perdere la punta) to **get* blunt;** to **become* blunted;** (di matita, ecc.) to **lose* its point 2** (staccarsi) to **become* unpinned (**o **unfastened) 3** *(fig.:* svanire*)* to **die down;** (perdere forza) to **lose* effect.**
spuntato *a.* (senza punta) **blunt; pointless.**
spuntatura *f.* **1 trimming; trimming off; clipping 2** (parte tagliata) **trimmings** *(pl.)*; **clips** *(pl.)*; **ends** *(pl.)*: *spuntature di sigari,* cigar-ends **3** *(mecc.)* **chamfering** ● *dare una s. ai capelli,* to trim one's hair.
spuntellare *v. t.* to **unprop;** to **remove props from** (st.).
spuntèrbo *m.* (di scarpa) **toe-cap.**
spuntino *m.* **snack;** (lo s. delle undici) **elevenses** *(fam.).*
spunto *m.* **1** *(teatr., mus.)* **cue 2** (punto di partenza) **starting-point;** (suggerimento) **cue, hint 3** (rif. a vino) **sourness; sour taste** ● *vino che ha lo s.,* wine that tastes sour.
spuntóne *m.* **1 spike 2** *(mil.)* **spontoon; halfpike 3** *(alpinismo)* **sharp projection (of rock).**
spurgare *v. t.* **1** (purgare, nettare) to **clean;** to **purge 2** (espellere) to **discharge;** to **eject**: *s. catarro* (o *spurgarsi),* to discharge phlegm; to expectorate.
spurgo *m.* **1** (il purgare) **cleaning; purge, purging 2** (l'espellere) **discharge; ejection;** (l'espellere catarro) **expectoration, discharge of phlegm 3** (materia spurgata) **discharge;** (catarro) **expectoration, phlegm.**
spùrio *a.* **1** (non legittimo) **spurious; illegitimate 2** (non autentico) **spurious; false**: *(anat.) costole spurie,* false ribs.
sputacchiare *v. i.* **1** (sputare spesso) to **spit* (and spit*) 2** (espellere saliva, nel parlare) to **sputter.**
sputacchièra *f.* **spittoon.**
sputare *v. t.* e *i.* to **spit***: *È vietato s.,* don't spit; no spitting □ (anche *fig.) Sputa fuori!,* spit it out! □ *(fig.) s. su q.c.,* to spit at (o on) st. □ *s. sangue,* to spit blood; *(fig.)* to sweat blood ● *s. sentenze,* to talk sententiously; to play the wiseacre □ *(fam.) nato e sputato,* the very (o dead) spit (of sb.) *(fam.).*
sputasénno, sputasentènze *m.* e *f. (spreg.)* **wiseacre; know-all.**
sputo *m.* **spittle; spit; saliva;** *(med.)* **sputum*.**
squadernare *v. t.* to **spread* open;** to **put*** (st.) **under** (sb.'s) **nose.**
squadra *f.* **1** (da disegno) **square**: *una s. a T,* a T(-)square □ *essere fuori s.,* to be out of square; *(fig.)* to be out of sorts **2** *(sport)* **team**: *una s. di calcio,* a football team **3** *(mil.)* **squad;** *(naut.)* **squadron;** (gruppo spe-

cializzato di polizia) **squad**: *la s. del buon costume,* the vice squad □ *la s. mobile,* the flying squad **4** (di operai) **gang;** (gruppo di lavoro) **team 5** *(mecc.)* **square** ● *s. di turno,* duty-squad; duty-team □ *(disegno) essere a s.,* to be at right angles □ *capo s.,* foreman; ganger □ *lavoro di s.,* teamwork.

squadrare *v. t.* **1** to **square** (anche *fig.*); to **square up 2** (osservare attentamente) to **look at** (sb.) **squarely** ● *s. q. dalla testa ai piedi,* to look sb. up and down; to eye sb. from top to toe.

squadratura *f.* **squaring.**

squadrismo *m.* *(stor.)* **Fascist action squads** *(pl.).*

squadrista *m.* e *f.* *(stor.)* **member of a Fascist action squad.**

squadrìglia *f.* *(naut., aeron.)* **squadron.**

squadro *m.* **1 squaring 2** (strumento topografico) **surveyor's cross.**

squadróne *m.* *(mil.)* **squadron.**

squagliare A *v. t.* to **melt B squagliarsi** *v. rifl.* **1** to **melt 2** *(fig.:* andarsene alla chetichella) to **slink* away;** to **sneak away** (o **off).**

squalìfica *f.* **disqualification.**

squalificare *v. t.* to **disqualify.**

squàllido *a.* **bleak; dismal; dreary; wretched.**

squallóre *m.* **bleakness; dreariness; squalor; wretchedness.**

squalo *m.* *(zool.)* **shark** ● *s. azzurro* (Prionace glauca), blue shark.

squama *f.* *(zool., bot., med.)* **squama*; scale.**

squamare A *v. t.* to **scale B squamarsi** *v. rifl.* to **scale off.**

squamóso *a.* **scaly; scaled.**

squarciagóla, a *locuz. avv.* **at the top of one's voice.**

squarciare A *v. t.* to **tear***; to **pull asunder;** to **rend*;** to **rip;** to **break* through** (st.) **B squarciarsi** *v. rifl.* to **be torn** (o **rent);** to **rend*.**

squàrcio *m.* **1 tear; rent; rip; split; gash 2** *(fig.:* brano letterario, poetico, musicale) **passage 3** *(naut.)* **hole.**

squartaménto *m.* **quartering.**

squartare *v. t.* to **quarter;** to **cut* up.**

squartatóio *m.* **butcher's cleaver; chopper.**

squartatóre *m.* **ripper.**

squarto *m.* **quartering.**

squassare *v. t.* to **shake* violently.**

squasso *m.* **violent shake.**

squattrinato A *a.* **penniless; hard up** *(fam.)*; **on the rocks** *(fam.)* **B** *m.* **penniless person; person without a penny.**

squilibrare *v. t.* to **unbalance;** to **put* out of balance.**

squilibrato A *a.* **unbalanced; (mentally) deranged; mad; crazy; not right in the head** *(fam.)*; **wrong in the upper storey** *(fam.)*; **cracked** *(pop.)* **B** *m.* **lunatic; crackbrain** *(pop.).*

squilìbrio *m.* **unbalance; want of balance** ● *s. mentale,* (mental) derangement; lunacy; insanity.

squilla *f.* **1 (small) bell**: *la s. della sera,* the Angelus-bell **2** (campanaccio dei bovini) **cow-bell.**

squillante *a.* **shrill; sharp and piercing; high-pitched.**

squillare *v. i.* to **ring* out;** (di tromba) to **blare.**

squillo A *m.* **ring, ringing;** (di tromba) **blast, blare B** *f.* (ragazza s.) **call-girl.**

squinternare *v. t.* **1** to **take* to pieces 2** *(fig.)* to **upset*.**

squinternato A *a.* **1 taken to pieces 2** *(fig.)* **crazy; nutty** *(pop.)* **B** *m.* (persona stramba) **eccentric person; queer card** (o **customer)** *(fam.).*

squisitézza *f.* **1 exquisiteness; daintiness; deliciousness 2** *(specialm. al pl.:* cosa squisita) **delicacy; dainty.**

squisito *a.* **exquisite; dainty; delicious;** (scelto) **choice.**

squittire *v. i.* to **squeak;** to **squeal.**

sradicare *v. t.* (anche *fig.*) to **uproot;** to **eradicate;** to **extirpate**: *s. le male erbe,* to extirpate weeds.

sradicato A *a.* **uprooted; rootless; displaced B** *m.* **déraciné; rootless** (o **displaced) person.**

sragionare *v. i.* to **talk nonsense.**

sregolatézza *f.* **1 lack of moderation; intemperance 2** (l'essere scapestrato) **recklessness; wildness;** (dissolutezza) **dissoluteness.**

sregolato *a.* **1 immoderate; intemperate 2** (scapestrato) **reckless; wild; disorderly;** (dissoluto) **dissolute.**

srotolare *v. t.* **srotolarsi** *v. rifl.* to **unroll.**

sss, st *inter.* **sh!**

stabaccare *v. i.* *(pop.)* to **take* snuff;** to **be a snuff addict.**

stabbiare A *v. i.* to **be folded;** to **be confined in a fold B** *v. t.* **1** (far s.) to **fold 2** (concimare) to **manure.**

stàbbio *m.* **1 fold 2** (letame) **manure; dung.**

stabbiòlo *m.* **(pig-)sty.**

stàbile A *a.* **1 stable; steady; firm**: *fondamenta stabili,* stable (o firm, steady) foundations **2** (permanente) **permanent; lasting**: *un impiego s.,* a permanent job □ (di impiegato) *essere in pianta s.,* to be on the permanent staff **3** (costante) **stable; steady; constant** ● *beni stabili,* real estate □ *colori stabili,* fast colours □ *(teatr.) compagnia s.,* repertory company □ *senza dimora s.,* of no fixed abode □ *(teatr.) teatro s.,* repertory theatre **B** *m.* **1 house; building 2** (teatro s.) **repertory theatre C** *f.* (compagnia teatrale s.) **repertory company.**

stabiliménto *m.* **1 factory; plant; works**: *uno s. siderurgico,* an iron and steel works **2** (edificio) **establishment**: *uno s. balneare,* a bathing establishment ● *s. carcerario,* prison.

stabilire A *v. t.* **1** to **establish;** (fissare) to **fix;** (sistemare) to **settle;** (definire) to **define**: *s. il prezzo di q.c.,* to fix (o to quote) the price of st. □ *s. una data,* to fix a date **2** (accertare) to **establish;** to **ascertain**: *s. un fatto,* to establish a fact **3** (proporsi) to **decide**: *s. il da farsi,* to decide upon what to do **4** (deliberare) to **establish;** to **decree** ● *s. un contatto con q.,* to contact sb. □ *s. un primato,* to set up a record **B stabilirsi** *v. rifl.* to **settle;** to **establish oneself.**

stabilità *f.* **stability; firmness; steadiness**: *la s. d'un edificio,* the stability of a building □ *la s. dei prezzi,* price stability.

stabilizzare A *v. t.* to **stabilize;** *(comm.,* anche) to **peg**: *s. i prezzi,* to stabilize prices □ *s. il mercato,* to peg the market **B stabilizzarsi** *v. rifl.* to **become* stable** (o **steady);** to **settle.**

stabilizzatóre *m.* *(chim., fis., naut., aeron.)* **stabilizer.**

stabilizzazióne *f.* **stabilization.**

stabilménte *avv.* **1 steadily; firmly 2** (permanentemente) **permanently.**

stacanovismo *m.* **1** *(stor.)* **Stakhanovism 2** *(iron.)* **overzealousness.**

stacanovista A *m.* e *f.* **1** *(stor.)* **Stakhanovite 2** *(iron.)* **eager beaver** *(fam.)* **B** *a.* **1** *(stor.)* **Stakhanovite** *(attr.)* **2** *(iron.)* **overzealous.**

staccàbile *a.* **detachable.**

staccaménto *m.* **detachment; detaching; disjoining.**

staccare A *v. t.* **1** to **take* off;** to **detach;** to **cut* off;** (strappare) to **tear* off;** to **tear* out;** to **pull off,** to **pull out;** (tirare giù) to **take* down**: *s. un quadro dalla parete,* to take off (o down) a picture from the wall □ *s. un foglio dal calendario,* to tear off a leaf from the calendar □ *s. una pagina da un quaderno d'appunti,* to tear a page out of a jotter □ *s. una tenda,* to take down a curtain **2** (sciogliere, slegare) to **unfasten;** to **untie;** to **unbind*;** (allentare) to **loosen;** (sganciare) to **unhook 3** (scostare) to **move away 4** (separare) to **separate 5** *(sport)* to **leave*** (sb.) **behind B** *v. i.* **1** (risaltare) to **stand* out 2** (venir via) to **come* off 3** *(fam.:* cessare il lavoro) to **knock off (work);** to **stop work** ● *s. un assegno,* to draw a cheque □ *s. il bollore,* to come to the boil □ *s. i buoi,* to unyoke the oxen □ *s. la corsa,* to start running □ *s. un fiore da una pianta,* to pick (o to pluck) a flower from a plant □ *(mus.) s. le note,* to play (notes) staccato □ *s. gli occhi da q.c. (q.),* to take one's eyes off st. (sb.) □ *s. le parole,* to pronounce each word clearly □

s. q.c. con un morso, to bite st. off □ *(ferr.) s. una carrozza,* to uncouple (o to unhitch) a coach **C staccarsi** *v. rifl.* **1** to **come* off;** to **come* out;** to **break* off;** to **get* detached 2** (sciogliersi, slegarsi) to **break* loose;** to **break* away;** (sganciarsi) to **get*** (o to **come***) **unhooked 3** (scostarsi) to **move away;** to **pull away;** to **get* away 4** (separarsi) to **leave*** (sb., st.); to **part,** to **tear* oneself away** (from) **5** (abbandonare) to **detach oneself** (from); to **give* up** (st.) **6** (specialm. *sport:* distaccare) to **pull ahead** (of); to **break* away** (from); to **outdistance** (sb., st.) **7** (essere differente) to **differ;** to **be different.**

staccato *a.* e *m. (mus.)* **staccato*.**

stacciare *v. t.* to **sieve;** to **sift.**

stàccio *m.* **sieve; sifter.**

staccionata *f.* **1** *(equitazione)* **hurdle 2** (recinzione) **stockade; fence.**

stacco *m.* **1 detachment; separation 2** *(sport)* **take-off 3** *(fig.:* intervallo*)* **break; interval; gap ●** *s. d'abito,* cut of cloth (for a dress); dress-length □ *fare s.,* to stand out; to be conspicuous.

stadèra *f.* **steelyard ●** *s. a ponte,* weigh-bridge.

stàdio *m.* **1** *(sport)* **stadium* 2** *(fig.:* periodo, fase*)* *stage; period; phase* **3** (di missile) **stage.**

staffa *f.* **1** *(equitazione)* **stirrup**: *il bicchiere della s.,* the stirrup cup **2** *(mecc.)* **stirrup; bracket 3** *(metall.)* **flask; moulding-box 4** *(naut.)* **clamp 5** *(anat.)* **stirrup-bone; stapes ●** *(fig.) perdere le staffe,* to lose one's temper; to fly off the handle *(fam.)* □ *(fig.) tenere il piede in due staffe,* to run with the hare and hunt with the hounds.

staffétta *f.* **dispatch-rider; courier ●** *(sport) corsa a s.,* relay race.

staffettista *m.* e *f. (sport)* **relay racer.**

staffière *m.* **1** (palafreniere) **groom 2** (servitore di casa signorile) **footman*; lackey.**

staffilare *v. t.* to **scourge,** to **lash** (anche *fig.*); to **flog.**

staffilata *f.* **lash** (anche *fig.*).

staffile *m.* **1** *(equitazione)* **stirrup-leather** (o **-strap**) **2** (sferza) **scourge; lash.**

stafilocòcco *m. (biol.)* **staphylococcus*.**

stàggio *m.* **support; stay-rod.**

stagionale *a.* **seasonal.**

stagionare *v. t.* e *i.* to **season;** (specialm. all'aria aperta) to **weather;** (far maturare) to **ripen;** (specialm. vini o liquori) to **age**: *s. il legname,* to season (o to weather) timber.

stagionato *a.* **seasoned; weathered; ripe**: *legno ben stagionato,* well-seasoned wood □ *vino s.,* ripe (o aged) wine ● *(fig., scherz.) È una ragazza piuttosto stagionata,* she is getting on in years; she is no chicken *(fam.).*

stagionatura *f.* **seasoning; weathering; ripening.**

stagióne *f.* **1 season**: *la s. delle piogge,* the rainy season □ *(comm.) prezzi d'alta s. (di bassa s.),* high-season (off-season) prices **2** (condizioni atmosferiche) **weather**: *Abbiamo avuto una bella s.,* we have had lovely weather **3** (tempo propizio a q.c.) **season**: *la s. dei fiori,* the flower season □ (anche *fig.*) *fuori s.,* out of season **4** *(teatr.)* **season**: *la s. lirica,* the opera season.

stagliarsi *v. rifl.* to **be silhouetted;** to **stand* out**: *s. contro il cielo,* to be silhouetted against the sky.

stagnàio *m.* (calderaio) **tinker;** (lattoniere) **tinsmith.**

stagnante *a.* **stagnant**: *acqua s.,* stagnant water.

(1) stagnare A *v. i.* (ristagnare) to **stagnate;** to **be stagnant B** *v. t.* to **stanch.**

(2) stagnare *v. t.* **1** *(metall.)* to **tin;** to **tin-plate;** (saldare) to **solder 2** (chiudere ermeticamente) to **make* watertight.**

stagnatura *f.* **tinning; tin-plating;** (saldatura) **soldering.**

stagnina *f.* **tin(-can).**

stagnino *V.* **stagnàio.**

(1) stagno *m.* (bacino d'acqua stagnante) **pond; pool.**

(2) stagno *m. (chim.)* **tin ●** *saldare a s.,* to solder.

(3) stagno *a.* (a tenuta d'acqua) **watertight**: *compartimenti stagni,* watertight compartments.

stagnòla *f.* **tinfoil; silver paper.**

stàio *m.* **1 bushel**: *a staia,* bushels of (st.) **2** (quanto tiene uno s.) **bushel(ful) ●** *(scherz.) cappello a s.,* top hat.

stalagmite *f.* **stalagmite.**

stalattite *f.* **stalactite.**

stalinismo *m. (polit.)* **Stalinism.**

stalinista *a., m.* e *f. (polit.)* **Stalinist.**

stalla *f.* **stall;** (per bovini) **cowshed, cowhouse, byre;** (per cavalli) **stable;** (per pecore) **sheepfold**: *un mozzo di s.,* a stable-boy ● *(fig.) sembrare una s.,* to be like a pig-sty.

stallàggio *m.* **stabling.**

stallàtico *m.* **1** (concime) **(stable) manure 2** (stallaggio) **stabling.**

stallìa *f. (naut.)* **lay-day**: *giorni di s.* (o *stallie*), lay-days.

stallière *m.* **stableman*; stable-boy; groom; hostler.**

stallo *m.* **1** (seggio) **stall; seat 2** *(aeron.)* **stall 3** (nel gioco degli scacchi) **stalemate ●** *(fig.) essere in una situazione di s.,* to be in a stalemate.

stallóne *m.* **stallion; stud-horse.**

stamane, stamani, stamattina *avv.* **this morning.**

stambécco *m. (zool.,* Capra ibex*)* **steinbock; ibex.**

stambèrga *f.* **hovel; dog-hole.**

stambùgio *m.* **small dark room; (cubby-)hole.**

stamburare A *v. i.* to **drum B** *v. t. (fig.)* to **trumpet.**

(1) stame *m.* (filo di lana) **(fine-carded) wool.**

(2) stame *m. (bot.)* **stamen*.**

stamigna, stamina *f. (ind. tessile)* **bunting.**

stampa *f.* **1 print** (anche *fotogr.*): *essere fuori s.,* to be out of print **2** (arte, atto dello stampare) **printing**: *s. a rilievo,* relief printing **3** *(fig.:* giornali, giornalisti*)* **(the) press**: *la libertà di s.,* the liberty of the press □ *la s. estera,* the foreign press □ *la s. locale,* the local press □ *la tribuna della s., (polit.)* the press-gallery; *(sport)* the press-box □ *una conferenza s.,* a press conference □ *ritagli di s.,* press-cuttings □ *ufficio s.,* press office **4** (riproduzione) **print 5** *(fig.:* genere*)* **kind; sort; stamp**: *essere della stessa s.,* to be of the same stamp **6** *(al pl.,* nelle spedizioni postali*)* **printed matter ●** *bozze di s.,* proofs □ *dare alle stampe,* to send to the press □ *errore di s.,* misprint □ *essere in corso di s.,* to be in the press; to be printing.

stampàggio *m.* **1** (stampa) **printing 2** *(mecc.)* **pressing.**

stampa-indirizzi *m.* **mailer; mailing machine.**

stampare A *v. t.* **1** (imprimere) to **stamp;** to **print**: *far s. il proprio nome su q.c.,* to have one's name printed on st. **2** (pubblicare) to **publish 3** *(tipogr., fotogr.)* to **print**: *s. un giornale (un libro),* to print a newspaper (a book) **4** (coniare) to **coin;** to **strike* ●** *s. un bacio in fronte a q.,* to imprint a kiss on sb.'s forehead □ *(mecc.) s. con la pressa,* to press **B stamparsi** *v. rifl. (fig.)* to **be (strongly) impressed.**

stampatèllo *m.* **block letters** *(pl.).*

stampato A *a.* **1** (anche *fig.*) **printed**: *stoffa stampata,* printed cloth; cotton print **2** (con pressa) **pressed 3** (coniato) **coined; struck ●** *(fam.) parlare come un libro s.,* to speak like a book **B** *m.* **1 printed publication 2** (modulo) **(printed) form ●** *stampati* (nelle spedizioni postali), printed matter.

stampatóre *m.* **printer.**

stampatrice *f.* **printer; printing machine.**

stampatura *f.* **1** *(tipogr.)* **printing 2** (con pressa) **pressing; presswork 3** (coniatura) **coniage; striking.**

stampèlla *f.* **crutch**: *camminare con le stampelle,* to go on crutches.

stamperìa *f. (tipogr.)* **printworks** *(pl. col verbo al sing. o al pl.)*; **printing house.**

stampìglia *f.* **stamp.**

stampigliare *v. t.* to **stamp.**

stampigliatura *f.* **stamping.**

stampino *m.* **1** *(disegno)* **stencil; stencil-plate 2**

(punteruolo) **punch** ***3*** *(cucina)* **mould.**

stampo *m.* ***1*** **die; stamp; mould**: *(cucina) uno s. per budini,* a mould for puddings ***2*** (genere, tipo) **kind; sort; stamp**: *una persona di antico s.,* a person of the old stamp.

stampóne *m. (tipogr.)* **proof(-sheet).**

stanare *v. t.* ***1*** to **drive*** (an animal) **out of its hole;** to **rouse** ***2*** *(fig.)* to **get*** (sb.) **to go out** (o **to leave the house).**

stancare ***A*** *v. t.* ***1*** to **tire;** to **weary;** to **make*** (sb.) **tired** (o **weary)**: *s. gli occhi a forza di leggere,* to tire one's eyes with reading □ *s. la mente,* to tire the mind ***2*** (infastidire) to **tire;** to **weary;** to **bore;** to **make*** (sb.) **sick (and tired);** to **annoy;** to **bother**: *Quella ragazza mi stanca,* that girl bores me; I've had enough of that girl *(fam.)* ***B*** **stancarsi** *v. rifl.* ***1*** to **get* tired;** to **grow* weary** ***2*** (infastidirsi) to **grow*** (o to **get*) tired** (o **weary);** to **get* bored.**

stanchézza *f.* **tiredness; weariness; fatigue** ● *essere sfinito dalla s.,* to be tired out.

stanco *a.* ***1*** **tired; weary; fatigued; exhausted**: *non sentirsi affatto s.,* not to feel tired at all; to be as fresh as (new) paint *(fam.)* □ *essere s. sfinito,* to be tired out; to be exhausted; to be played out *(fam.)* □ *essere s. morto,* to be dead tired; to be dog-tired ***2*** (infastidito, stufo) **tired; weary; sick (and tired); fed up** *(fam.)*; **bored; annoyed**: *Sono s. di fare le stesse cose tutti i giorni,* I'm tired of (o bored with) doing the same things day after day □ *essere s. di q. (q.c.),* to be tired of sb. (st.) □ *essere s. di vivere (o della vita),* to be life-weary.

stand *(ingl.) m.* ***1*** **stand; pavilion** ***2*** *(sport:* tribuna*)* **stand; grandstand.**

standardizzare *v. t.* to **standardize;** (produrre in serie) to **mass-produce.**

standardizzato *a.* **standardized; mass-produced.**

standardizzazióne *f.* **standardization; mass-production.**

standista *m.* e *f.* **standholder.**

stanga *f.* ***1*** (barra) **bar; cross-bar** ***2*** (di carro) **shaft; thill** ***3*** (di aratro) **beam** ● *(fig., spreg.) essere una s.,* to be as lean as a rake.

stangare *v. t.* ***1*** to **bar;** to **bolt** ***2*** (percuotere) to **beat*** ***3*** *(fig.:* far pagare un prezzo esorbitante*)* to **bleed*** *(fam.)* ***4*** (nel gergo scolastico: bocciare) to **fail.**

stangata *f.* ***1*** **blow with a bar** ***2*** *(fig.)* **blow** ● *(fig.) dare una s. a q.,* to do sb. a bad turn.

stanghétta *f.* ***1*** *(mecc.)* **bolt** ***2*** (di occhiali) **ear-piece; leg** *(fam.)* ***3*** *(mus.)* **bar (line)** ● *occhiali a s.,* spectacles.

stangóne *m.* ***1*** (grossa stanga) **heavy bar** ***2*** *(fig.)* **strapping person, strapper** *(fam.).*

stannico *a. (chim.)* **stannic**: *acido s.,* stannic acid.

stanòtte *avv.* ***1*** (questa notte) **this night** ***2*** (nella notte immediatamente trascorsa) **last night** ***3*** (nella notte che sta per venire) **tonight.**

stante ***A*** *a.* — *a sé s.,* apart □ *seduta s.,* during the sitting (o meeting); *(fig.)* on the instant, immediately ***B*** *prep.* **owing to; on account of** ***C*** *cong.* — *s. che,* as; since.

stantìo *a. (anche fig.)* **stale.**

stantuffo *m. (mecc.)* **piston; plunger.**

stanza *f.* ***1*** (parte della casa) **room; apartment**: *un appartamento di quattro stanze,* a four-roomed flat □ *la s. da bagno,* the bath-room ***2*** (luogo di dimora) **(place of) residence**: *prendere s. in un luogo,* to take up one's residence in a place ***3*** *(poesia)* **stanza** ● *(mil.) essere di s.,* to be stationed.

stanziale *a.* **standing; permanent.**

stanziaménto *m.* **appropriation.**

stanziare ***A*** *v. t.* to **appropriate** ***B*** **stanziarsi** *v. rifl.* to **settle.**

stanziatóre *m.* **appropriator.**

stanzino *m.* ***1*** (ripostiglio) **storeroom** ***2*** (gabinetto) **lavatory; toilet.**

stappare *v. t.* to **uncork;** (togliendo un tappo metallico) to **uncap** ● *s. gli orecchi a q.,* to clear wax from sb.'s ears; *(fig.)* to give sb. a piece of one's mind.

stare *v. i.* ***1*** to **stay;** to **remain;** (in piedi) to **stand*;** (seduto) to **sit**: *s. a letto,* to stay (o to remain) in bed □ *s. alzato,* to stay up □ *s. diritto,* to stand up straight □ *s. in casa,* to stay indoors □ *s. in disparte,* to stand aside □ *s. al sole (all'ombra),* to stay (o to stand) in the sun (in the shade) □ *s. fermo,* to stand still ***2*** (abitare) to **live;** to **reside;** to **dwell*** *(lett.)*: *s. da solo,* to live on one's own □ *s. uscio a uscio con q.,* to live next door to sb. ***3*** (essere) to **be**: *Il fatto sta che...,* the fact is that... □ *s. a dieta,* to be on a diet □ *s. comodo,* to be comfortable □ *stando così le cose,* that being so □ *s. bene (male),* (di salute) to be well (ill); (di condizioni finanziarie) to be well off (badly off) □ *Come stai?,* how are you? ***4*** (dipendere) to **depend** (on) ***5*** (spettare, toccare) to **be up** (to), to **be for** (sb.); (essere il turno di q.) to **be** (sb.'s) **turn**: *Sta a lui decidere,* it's up to him to decide ***6*** (parteggiare, aderire) to **side** (with); to **adhere** (to) ***7*** (attenersi) to **follow (out);** to **observe**: *Devi s. alle regole,* you must observe the rules ***8*** (consistere) to **consist,** to **lie*** (in) ***9*** (costare) to **cost*** ***10*** *(mat.)* to **be**: *Due sta a dieci come tre sta a quindici,* two is to ten as three is to fifteen ***11*** (nel gioco: mancare) to **need**: *Sto per un punto (per vincere),* I need one point to win ***12*** (nel gioco: non volere altre carte) to **pass**: *Sto!,* I pass! ● *s. a cuore a q.,* to have (st.) at heart; to be anxious □ *s. a occhi aperti,* to keep one's eyes open □ *s. bene a (q.),* (di un abito, ecc.) to suit; (addirsi) to be fitting, to be becoming: *Queste scarpe ti stanno a pennello,* these shoes suit you perfectly (o fit you to a T) □ *s. dietro a q.,* (pedinarlo) to dog sb.'s footsteps; (sorvegliarlo) to keep an eye on sb. □ *s. in poltrona,* to sit in an armchair □ *s. per fare q.c.,* to be going to do st.; to be about to do st.; to be on the point of doing st. □ *s. sdraiato,* to be lying □ *s. sempre a (+ inf.),* to be always (+ *gerundio)* □ *s. sulle generali,* to keep (o to stick) to generalities □ *(fig.) s. sulle sue,* to keep aloof; to stand on one's dignity □ *s. tutto il giorno senza far nulla,* to spend all day twiddling one's thumbs □ *lasciar s.,* to leave (st., sb.) alone □ *non s. in sé dalla gioia,* to be beside oneself with joy □ *quanto ne può s. in un sacco,* as much as a bag can hold □ *Suo fratello gliene fa di tutti i colori, ma lui ci sta,* his brother leads him a merry dance but he puts up with it □ *Sta bene!,* (va bene, d'accordo), all right; o.k. *(fam.)* □ *Starà poco a tornare,* he'll be back soon □ *Stammi a sentire!,* listen! □ *Stiamo a vedere come si comporta,* let's wait and see how he behaves □ *Ti sta bene!,* it serves you right! □ *Non puoi s. senza fumare per un'ora?,* can't you do without smoking for an hour? □ *(fig.) Non sa s. a tavola,* he has no table manners □ *Lì sta il busillis,* there's the rub.

starna *f. (zool.,* Perdix perdix*)* **(grey) partridge.**

starnare *v. t.* to **draw*.**

starnazzare *v. i.* to **flutter.**

starnutire *v. i.* to **sneeze.**

starnuto *m.* **sneeze** ● *fare uno s.,* to sneeze.

starter *(ingl.) m.* ***1*** *(sport)* **starter** ***2*** *(autom.)* **choke; starting device.**

stasare *v. t.* to **unclog;** to **unstop.**

staséra *avv.* **this evening; tonight.**

stasi *f.* ***1*** *(med.)* **stasis; stoppage** ***2*** *(fig.)* **standstill; stagnation.**

statale ***A*** *a.* **State** *(attr.)*; **government** *(attr.)* ● *essere un impiegato s.,* to be a civil servant (o in the Civil Service) ***B*** *m.* e *f.* **civil servant** ***C*** *f.* (strada s.) **main road.**

statalismo *m. (polit.)* **statism.**

statalista *m.* e *f. (polit.)* **statist.**

statalizzare *V.* **statizzare.**

statalizzazióne *V.* **statizzazione.**

statère *m. (numismatica)* **stater.**

stàtica *f. (fis.)* **statics** *(pl. col verbo al sing.).*

stàtico *a. (fis.)* **static** *(anche fig.).*

statino *m.* **examination form.**

statista *m.* **statesman*;** (uomo politico) **politician.**

statìstica *f.* ***1*** *(scienza)* **satistics** *(pl. col v. al sing.)* ***2*** (termini numerici) **statistics** *(pl.)* ● *esperto di s.,* statistician.

statìstico ***A*** *a.* **statistical**: *dati statistici,* statistical data ***B*** *m.* **statistician.**

statizzare *v. t. (polit., econ.)* to **nationalize.**

statizzazióne *f. (polit., econ.)* **nationalization.**

stato *m.* ***1*** **state; condition**: *(fis.) s. solido (liquido),* solid (liquid) state □ *in buono (in cattivo) s.,* in good (in bad) condition □ *In che s. sei!,* what a state you are in! ***2***

(posizione sociale) **position; (social) condition** ***3*** *(leg.)* **status** ***4*** (in senso politico) **State**: *gli Stati Uniti d'America,* the United States of America □ *scuola (università, religione) di S.,* State school (university, religion) □ *uno S. cuscinetto,* a buffer State □ *lo S. assistenziale,* the welfare State ● *(mil.) S. Maggiore,* General Staff □ *capo di S. Maggiore,* Chief of Staff □ *colpo di S.,* coup d'Etat *(franc.)* □ *ufficiale di s. civile,* Registrar □ *ufficiale di S. Maggiore,* Staff officer □ *ufficio di S. civile,* registry (o register) office □ *uomo di s.,* statesman.

statóre *m. (mecc.)* **stator.**

statoreattóre *m. (aeron.)* **ram-jet engine.**

stàtua *f.* **statue**: *una s. equestre,* an equestrian statue.

statuària *f. (arte)* **statuary.**

statuàrio *a.* **statuary;** *(fig.)* **statuesque.**

statuétta *f.* **statuette.**

statunitènse ***A*** *a.* **United States** *(attr.) (abbr.: U.S.)* ***B*** *m.* e *f.* **U.S. citizen.**

statura *f.* **height; size; stature** (anche *fig.*): *al di sotto della s. media,* below the average height □ *un uomo di grande s. morale,* a man of high moral stature ● *uomo di s. alta (bassa),* tall (short) man.

statutàrio *a.* **statutory; statute** *(attr.).*

statuto *m. (leg.)* ***1*** **statute;** (costituzione) **constitution** ***2*** (di una società) **charter;** (di una società di persone) **articles of partnership** *(pl.)*; (di una società di capitali) **articles of association** *(pl.).*

stavòlta *avv. (fam.)* **this time.**

stazionaménto *m.* **standing;** (parcheggio) **parking.**

stazionare *v. i.* to **stand***; (parcheggiare) to **park.**

stazionàrio *a.* **stationary.**

stazióne *f.* ***1*** **station**: *una s. ferroviaria,* a railway station □ *(radio) una s. emittente,* a broadcasting station □ *(radio) una s. ripetitrice,* a relay station □ *una s. meteorologica,* a weather (o meteorological) station □ *una s. di autobus,* a bus station ***2*** (luogo di villeggiatura) **resort**: *una s. balneare,* a seaside resort ***3*** (fermata) **stop; halt** ● *s. commerciale,* trading post.

stazza *f. (naut.)* **tonnage.**

stazzare *v. t. (naut.)* ***1*** to **have a tonnage of** ***2*** (misurare la stazza di) to **measure the tonnage of** (a ship).

stazzatóre *m. (naut.)* **(tonnage-)measurer.**

stazzo *m.* **pen; fold.**

stazzonare *v. t.* to **rumple;** to **crumple;** to **crease.**

steàrico *a. (chim.)* **stearic** ● *candela stearica,* tallow candle.

stearina *f. (chim.)* **stearin(e).**

steatite *f. (miner.)* **steatite; soapstone.**

stécca *f.* ***1*** **stick; rod; slat; lath; rib**: *le stecche d'un ombrello,* the ribs of an umbrella ***2*** *(med.)* **splint** ***3*** (da biliardo) **cue** ***4*** *(mus.)* **false note** ***5*** (di sigarette) **carton** ● *s. di balena,* whalebone.

steccare ***A*** *v. t.* ***1*** to **fence;** to **fence in** ***2*** *(med.)* to **splint** ***B*** *v. i.* ***1*** *(mus.)* to **sing* a false note** ***2*** (nel biliardo) to **miscue.**

steccato *m.* ***1*** **fence; paling;** (stecconata) **stockade** ***2*** *(equitazione)* **rails** *(pl.).*

stecchétto *m.* **small stick; twig** ● *stare a s.,* to be on short commons; to stint oneself □ *tenere q. a s.,* to keep sb. on short commons; to stint sb.

stecchino *m.* (stuzzicadenti) **toothpick.**

stecchire ***A*** *v. i.* **stecchirsi** *v. rifl.* to **grow*** (o to **get***) **very thin** ***B*** *v. t.* to **kill** (sb.) **on the spot.**

stecchito *a.* ***1*** **(very) thin; lank**: *gambe stecchite,* long, thin legs; spindle legs □ *essere secco s.,* to be as thin as a lath; to be as lean as a rake ***2*** (rif. a piante) **dried up; withered** ● *cadere morto s.,* to fall stone-dead □ *essere (morto) s.,* to be as dead as a door-nail *(fam.).*

stécco *m.* **stick; (dry) twig** ● *(fig.) essere ridotto uno s.,* to be as thin as a lath; to be as lean as a rake.

stecconata *f.* **stecconato** *m.* **stockade; enclosure.**

steccóne *m.* **post; pale; stake.**

stèle *f. (archeol.)* **stela*; stele.**

stélla *f.* ***1*** **star**: *la s. polare,* the North (o Pole) star □ (anche *fig.*) *vedere le stelle,* to see stars □ *un cielo pieno di stelle,* a sky full of stars; a starlit sky ***2*** *(fig.:* destino, fortuna*)* **star; fate; destiny**: *nascere sotto una buona (una cattiva) s.,* to be born under a lucky (an unlucky) star ***3*** *(fig.:* diva*)* **star**: *una s. del cinema (della televisione),* a film (television) star ***4*** (di cavallo) **blaze; star** ***5*** *(tipogr.:* asterisco*)* **asterisk; star** ● *(bot.) s. alpina* (Leontopodium alpinum), edelweiss □ *(zool.) s. di mare* (Asterias), starfish □ *(bot.) s. di Natale* (Euphorbia pulcherrima), poinsettia □ *(fig.) s. filante,* streamer □ *la bandiera delle stelle e delle strisce (degli USA),* the Stars and Stripes □ *un cielo senza stelle,* a starless sky □ *dormire sotto le stelle,* to sleep out in the open □ *(fig.) portare q. alle stelle,* to praise sb. to the skies □ *(astron.) le sette stelle dell'Orsa Maggiore,* the Great Bear; the Big Dipper □ *(astron.) le sette stelle dell'Orsa Minore,* the Little Bear; the Little Dipper □ *(fig.) La sua s. sta tramontando,* his sun is setting □ *I prezzi sono saliti alle stelle,* prices have rocketed.

stellante *a.* **star-like; as bright as a star.**

(1) stellare *a.* ***1*** *(astron.)* **stellar; astral** ***2*** (che ha forma di stella) **stellar; stellate; star-shaped; star-like.**

(2) stellare *v. t. (lett.)* to **adorn** (o to **stud) with stars.**

stellato *a.* ***1*** **studded with stars; star-spangled; starred; starry**: *la bandiera stellata (degli USA),* the star-spangled banner; the Stars and Stripes ***2*** *(scient.)* **stellate, stellated.**

stellétta *f.* ***1*** *(mil.)* **star** ***2*** *(tipogr.)* **asterisk.**

stellina *f. (cinem.)* **starlet.**

stelloncino *m.* **paragraph; (short) item of news.**

stèlo *m.* ***1*** *(bot.)* **stem; stalk** ***2*** *(mecc.)* **stem; shank.**

stèmma *m.* **coat of arms; armorial bearings** *(pl.).*

stemmàrio *m. (araldica)* **armorial.**

stemperare ***A*** *v. t.* to **dilute** (anche *fig.*); to **dissolve;** to **melt** ***B*** **stemperarsi** *v. rifl.* ***1*** to **be diluted;** to **dissolve;** to **melt** ***2*** (perdere la tempra) to **become*** (o to **get***) **untempered.**

stempiarsi *v. rifl.* to **go* bald (at the temples).**

stendardière *m.* **standard-bearer.**

stendardo *m.* ***1*** *(mil.)* **standard; ensign; banner** ***2*** *(relig.)* **banner** ***3*** *(bot.)* **vexillum*; banner; standard.**

stèndere ***A*** *v. t.* ***1*** (distendere, allungare) to **stretch (out)**: *s. le braccia (le gambe),* to stretch (out) one's arms (legs) ***2*** (spiegare) to **spread* (out);** to **lay* (out)**: *s. le reti,* to spread (o to lay, to set) the nets □ *s. il bucato sull'erba,* to spread the washing out on the grass □ *s. la tovaglia,* to lay the tablecloth ***3*** (sciorinare) to **hang* out**: *s. il bucato,* to hang out the washing ***4*** (mettere per iscritto) to **draw* up;** to **draft**: *s. un contratto,* to draw up a contract ***5*** (spalmare) to **spread***: *s. il burro sul pane,* to spread butter on bread ***6*** (metalli) to **hammer out** ● *s. a terra q. con un pugno,* to knock sb. down with a punch (o a blow) □ *(fig.) s. la mano,* to hold out one's hand □ *fare s. q.,* to make sb. lie down ***B*** **stèndersi** *v. rifl.* ***1*** (estendersi) to **stretch;** to **spread* out** ***2*** (allungarsi) to **strech oneself out;** (sdraiarsi) to **lie* down.**

stendibiancheria *m. invar.* **clotheshorse.**

stenditóio *m.* ***1*** (locale) **drying room** ***2*** (attrezzo) **clotheshorse** ***3*** *(ind. tessile)* **tenter.**

stenebrare *v. t. (lett.)* to **enlighten.**

stenodattilògrafa *f.* **shorthand typist.**

stenodattilografìa *f.* **shorthand typing.**

stenodattilògrafo *m.* **shorthand typist.**

stenografare *v. t.* to **write*** (o to **take* down) in shorthand;** to **stenograph.**

stenografato *a.* **(written) in shorthand.**

stenografìa *f.* **shorthand; stenography.**

stenogràfico *a.* **shorthand** *(attr.)*; **stenographic(al).**

stenògrafo *m.* **shorthand writer; stenographer.**

stenogramma *m.* **stenograph.**

stenòsi *f. (med.)* **stenosis*.**

stenotipìa *f.* **stenotypy.**

stenotipista *m.* e *f.* **stenotypist.**

stentare *v. i.* ***1*** (mancare del necessario) to **be in need**

(o **want)**; to **feel* the pinch of poverty** **2** (durare fatica) to **find* it hard,** to **be hardly able** (to); to **have difficulty** (in) ● *s. la vita,* to be badly off; to find it hard to make both ends meet.

stentatamente *avv.* **with difficulty; not without effort.**

stentato *a.* **1 difficult; hard; laboured**: *condurre una vita stentata,* to lead a hard life; to lead a dog's life *(fam.)* □ *uno stile s.,* a laboured style **2** (cresciuto a stento) **scrubby; stunted.**

stènto *m.* **difficulty;** (sforzo) **effort; pains** *(pl.)*: *a s.,* with difficulty; not without effort ● *una vita piena di stenti,* a hard life; a life of privation and hardship; a dog's life *(fam.)* □ *vivere tra gli stenti,* to lead a hard life; to lead a dog's life *(fam.)*.

stentòreo *a.* **stentorian.**

stéppa *f. (geogr.)* **steppe.**

stèrco *m.* **dung; excrement.**

stercoràceo, stercoràrio *a.* **stercoraceous; stercoral.**

stèreo- *(in parole composte)* **stereo-.**

stereochimica *f. (chim.)* **stereochemistry.**

stereofonìa *f. (fis., radio)* **stereophony.**

stereofònico *a. (fis., radio)* **stereophonic.**

stereoscopìa *f. (fis.)* **1** (la tecnica) **stereoscopy** **2** (fotografia stereoscopica) **stereograph; stereoscopic photograph.**

stereoscòpico *a. (fis.)* **stereoscopic.**

stereoscòpio *m. (fis.)* **stereoscope.**

stereotipare *v. t. (tipogr.)* to **stereotype.**

stereotipato *a. (tipogr.)* **stereotyped** *(anche fig.)*.

stereotipìa *f. (tipogr.)* **1** (procedimento) **stereotypy; stereotype** **2** (lastra) **stereotype (plate).**

stereotipista *m. e f. (tipogr.)* **stereotyper; stereotypist.**

stereòtipo *a. (tipogr.)* **stereotyped** *(anche fig.)*.

stèrile *a.* **1** (infecondo) **barren; sterile** **2** (che non dà frutto, anche *fig.*) **barren; sterile; unproducive; poor** **3** (vano) **vain; fruitless** **4** *(med.:* sterilizzato*)* **sterile; sterilized.**

sterilire *v. t.* to **render barren.**

sterilità *f.* **1 barrennes; sterility** **2** *(med.)* **sterility.**

sterilizzare *v. t.* to **sterilize.**

sterilizzatóre *m.* **sterilizer.**

sterilizzazióne *f.* **sterilization.**

sterlina *f.* **pound (sterling)**: *un biglietto da dieci sterline,* a ten-pound note; a tenner *(fam.)*.

sterminare *v. t.* to **exterminate.**

sterminatézza *f.* **boundlessness; endlessness.**

sterminato *a.* **boundless; unbounded; endless; immense.**

sterminatóre **A** *m.* **exterminator** **B** *a.* **exterminatory.**

sterminio *m.* **1 extermination; (utter) destruction; massacre** **2** *(fig.:* quantità immensa*)* **immense** (o **huge) quantity; awul lot.**

stèrna *f. (zool.,* Sterna hirundo*)* **tern; sea swallow.**

sternale *a. (anat.)* **sternal; of the breast-bone.**

stèrno *m. (anat.)* **sternum*; breast-bone.**

sternutire, sternuto *V.* **starnutire, starnuto.**

sterpàglia *f.* **(heap of) brushwood.**

sterpàia *f.* **sterpàio** *m.* **brushwood; undergrowth.**

stèrpo *m.* **(dry) twig.**

sterrare *v. t.* to **dig* out (earth);** to **excavate (earth).**

sterratóre *m.* **digger; navvy.**

stèrro *m.* **1 digging out; excavation** **2** (terra scavata) **earth dug out; excavated material.**

(1) sterzare *v. t.* (diradare) to **thin out.**

(2) sterzare *v. t. e i.* **1** *(autom.)* to **steer;** to **turn** **2** *(fig.)* to **swerve;** to **veer;** to **shift.**

sterzata *f.* **1** *(autom.)* **sudden turn** **2** *(fig.)* **swerve; sudden shift.**

stèrzo *m. (autom.)* **steering gear.**

stésa *f.* **1** (serie di cose stese) **display** **2** (mano di vernice e sim.) **coat.**

stèssere *v. t.* to **unweave*;** to **undo*.**

stésso **A** *a.* **1** (uguale, identico) **same**: *È la stessa situazione di prima,* it's the same situation as before □ *proprio quello s. giorno,* on the very same day **2** *(rafforzativo dei pron. rifl.)* **-self*** *(suff.)*: *me s.,* myself □ *te s.,* yourself □ *se s.,* (di persona) himself, (di cosa) itself; *(indef.)* oneself □ *se stessa,* herself □ *noi stessi,* ourselves □ *voi stessi,* yourselves □ *se stessi (se stesse),* themselves □ *essere fedele a se s.,* to be true to oneself **3** *(enf.)* **-self*** *(suff.)*: *io s.,* I myself □ *tu s.,* you yourself □ *egli* (o *lui) s.,* he himself □ *ella* (o *lei) stessa,* she herself □ *noi stessi,* we ourselves □ *voi stessi,* you yourselves □ *essi* (o *loro) stessi,* they themselves □ *esse* (o *loro) stesse,* they themselves □ *Lo farò io s.,* I'll do it myself □ *lo s. lo vidi partire,* I myself saw him leave **4** *(con valore di « proprio », « esattamente »)* **very**: *oggi s.,* this very day □ *in quel momento s.,* at that very moment **5** *(rafforzativo degli agg. poss.)* **own**: *con i miei stessi occhi,* with my own eyes **B** *pron.* **1** (la stessa persona) **(the) same person** **2** (la stessa cosa) **(the) same (thing)**: *Per me, è lo s.,* it's (all) the same to me **C** *locuz. avv.* — *lo s.,* (all) the same; anyway.

stesura *f.* **drawing up; writing out; wording.**

stetoscopìa *f. (med.)* **stethoscopy.**

stetoscòpico *a. (med.)* **stethoscopic(al).**

stetoscòpio *m. (med.)* **stethoscope.**

stìa *f.* **hen-coop; hutch.**

stiepidire *v. t.* to **warm up;** to **make* lukewarm.**

stìgio *a. (mitol.)* **Stygian.**

stigliare *v. t. (ind. tessile)* to **swingle.**

stigliatrice *f.* **swingle; scutching machine.**

stigma *m.* **1** (marchio) **stigma; mark; brand** **2** *(bot., zool.)* **stigma*.**

stìgmate *f. pl. (med., relig.)* **stigmata.**

stigmatizzare *v. t.* to **stigmatize.**

stilare *v. t.* to **write* out;** to **draw* up.**

stile *m.* **style;** (maniera) **manner**: *nello stile di Raffaello,* in Raphael's style; after the manner of Raphael □ *lo s. gotico,* the Gothic style □ *cambiare s.,* to change one's style □ *fare q.c. con s.,* to do st. in style □ *non avere s.,* to lack style □ *(sport) s. libero,* free style.

stilettata *f.* **1 stab** **2** *(fig.:* trafittura*)* **shooting pain; pang**: *una s. al fianco,* a shooting pain in the side.

stilétto *m.* **stiletto*; dagger.**

(1) stilista *m. e f. (letter., arte)* **stylist.**

(2) stilista *m. e f. (moda, ecc.)* **stylist.**

stilìstica *f.* **stylistics** *(pl. col verbo al sing.)*.

stilìstico *a.* **stylistic.**

stilizzare *v. t.* to **stylize.**

stilizzato *a.* **stylized.**

stilla *f. (lett.)* **drop; droplet**: *a stille,* in drops □ *a s. a s.,* drop by drop.

stillare *v. t. e i.* to **drip;** to **ooze;** to **exude** ● *(fig., fam.) stillarsi il cervello,* to cudgel (o to rack) one's brains.

stilliberista *m. e f. (sport)* **freestyler.**

stillicìdio *m.* **dripping.**

stilo *m.* **1** *(stor.)* **stylus*; style** **2** (pugnale) **stiletto*; dagger** **3** *(zool., bot.)* **style.**

stilogràfico *a.* **stylographic** ● *penna stilografica,* fountain pen.

stima *f.* **1** (valutazione) **estimate; valuation; appraisal; rating**: *fare la s. di q.c.,* to make an estimate of st.; to estimate (o to appraise) st. □ *s. catastale,* cadastral estimate (o survey) **2** (buona opinione) **esteem; estimation**: *avere molta s. di q.,* to hold sb. in high esteem.

stimàbile *a.* **respectable; estimable.**

stimare **A** *v. t.* **1** (valutare) to **estimate;** to **value;** to **appraise**: *s. il valore di q.c.,* to estimate (o to appraise) the value of st. □ *s. una proprietà,* to value a property **2** (apprezzare) to **esteem**: *s. molto q.,* to esteem sb. highly; to hold sb. in high esteem; to think highly of sb. **3** (giudicare, ritenere) to **consider;** to **think*** ● *s. q.c. al di sopra (al di sotto) del suo valore,* to overestimate (to underestimate) st. □ *s. q.c. a occhio e croce,* to make a rough estimate of st. **B stimarsi** *v. rifl.* to **consider oneself**: *s. fortunato,* to consider (o to think) oneself lucky.

stimato *a.* **(highly) esteemed; valued.**

stimatóre *m. (comm.)* **appraiser; estimator; valuer.**
stimma, stìmmate *V.* **stigma, stigmate.**
stimolante ***A*** *a.* **stimulating** ***B*** *m. (farm.)* **stimulant.**
stimolare *v. t.* ***1*** (pungere con lo stimolo) to **goad;** to **drive* on (with a goad)** ***2*** (incitare, spronare) to **stimulate;** to **incite;** to **spur;** to **goad;** to **prod on;** (eccitare) to **stir up,** to **rouse;** (acuire) to **whet:** *s. q. a fare q.c.,* to stimulate (o to incite) sb. to do st. □ *s. l'appetito,* to whet one's appetite ***3*** *(fisiologia)* to **stimulate.**
stimolatóre ***A*** *m.* **stimulator; inciter** ● *(med.) s. cardiaco,* pacemaker ***B*** *a.* **stimulating.**
stimolazióne *f.* **stimulation** (anche *fisiologia*); **incitement.**
stìmolo *m.* ***1*** (pungolo per i buoi) **goad** ***2*** (incitamento) **stimulus*; incitement; incitation; incentive; spur** ***3*** (assillo) **sting; prick:** *sentire lo s. della fame,* to feel the sting of hunger ***4*** *(fisiologia)* **stimulus*.**
stinco *m. (anat.)* **shin-bone** ● *(fig.) non essere uno stinco di santo,* to be far from being a saint.
stìngere *v. t.* e *i.* **stìngersi** *v. rifl.* to **fade;** to **discolour.**
stinto *a.* **faded.**
stipa *f.* **brushwood.**
stipare ***A*** *v. t.* to **crowd;** to **throng;** to **press together;** (riempire calcando) to **cram,** to **pack,** to **stuff** ***B*** **stiparsi** *v. rifl.* to **crowd;** to **throng;** to **be pressed together.**
stipato *a.* **crowded; thronged; crammed; packed; stuffed;** (pieno zeppo) **cramfull:** *essere s. di gente,* to be crowded with people.
stipendiare *v. t.* to **pay* a salary to** (sb.); to **salary.**
stipendiato ***A*** *a.* **salaried** ***B*** *m.* **salaried person.**
stipèndio *m.* **salary:** *ricevere uno s.,* to receive a salary.
stipettàio *m.* **cabinet-maker.**
stìpite *m.* ***1*** *(archit.)* **jamb** ***2*** *(bot.)* **stipe; stalk** ***3*** *(fig.:* ceppo, stirpe) **stock.**
stipo *m.* **cabinet.**
stìpola *f. (bot.)* **stipule.**
stipulante *(leg.)* ***A*** *a.* **stipulating** ***B*** *m.* e *f.* **stipulator.**
stipulare *v. t.* to **stipulate;** (redigere) to **draw* up.**
stipulato *a.* **stipulated; agreed upon.**
stipulazióne *f.* **stipulation; drawing up.**
stiracalzóni *m.* **trouser-press.**
stiracchiare ***A*** *v. t.* ***1*** to **stretch:** *s. le gambe,* to stretch one's legs ***2*** (forzare il significato di q.c.) to **strain;** to **distort** ***B*** *v. t.* e *i.* (mercanteggiare) to **haggle,** to **chaffer** (about); to **bargain** (for, over) ● *s. la vita,* to find it hard to make both ends meet ***C*** **stiracchiarsi** *v. rifl.* to **stretch (oneself).**
stiracchiato *a.* **forced; strained; distorted; far-fetched.**
stiraménto *m. (generalm.)* **stretching.**
stirare ***A*** *v. t.* ***1*** (allungare distendendo) to **stretch:** *s. le gambe (le braccia),* to stretch one's legs (one's arms) ***2*** (col ferro da stiro) to **iron;** to **press:** *s. un paio di calzoni,* to iron a pair of trousers ***3*** (i capelli) to **straighten** ***B*** **stirarsi** *v. rifl.* to **stretch (oneself).**
stiratóio *m.* ***1*** (panno sul quale si stira) **ironing blanket** ***2*** *(ind. tessile)* **drawing frame.**
stiratrice *f.* **ironer; laundress.**
stiratura *f.* **ironing.**
stireria *f.* (la stanza) **ironing room;** (il locale) **ironing shop, laundry.**
stiro *m.* — *asse da s.,* ironing board □ *ferro da s.,* flat-iron.
stirpe *f.* **stock; race; family;** (lignaggio) **lineage, ancestry;** (nascita) **birth, origin, extraction:** *essere di nobile s.,* to be of noble birth.
stitichézza *f.* **constipation; costiveness.**
stitico *a.* ***1*** **suffering from constipation; costive** ***2*** *(fig.:* taccagno) **costive; niggardly.**
stiva *f. (naut.)* **hold** ● *s. per il carbone,* bunker.
stivàggio *m. (naut.)* **stowage** ● *spese di s.,* stowage.
stivale *m.* **boot:** *stivali alla scudiera,* top-boots; wellingtons ● *(fig., pop.) rompere gli stivali a q.,* to get sb.'s goat *(pop.)* □ *(spreg.) Dei miei stivali!,* my foot! *(pop.).*
stivaleria *f.* **boot factory.**
stivalétto *m.* ***1*** **half-boot** (da signora o bambino) **bootee** ***2*** (per il pattinaggio) **skating-boot.**
stivalóne *m.* ***1*** **high boot** ***2*** (per pescatori) **hip-boot.**
stivare *v. t. (naut.)* to **stow.**
stivatóre *m. (naut.)* **stevedore; longshoreman*.**
stizza *f.* **anger; huff** ● *provare s. di q.c.,* to be angry about st.
stizzire ***A*** *v. t.* to **make*** (sb.) **angry (o cross)** ***B*** *v. i.* e **stizzirsi** *v. rifl.* to **get* angry (o cross);** to **get* into a huff.**
stizzito *a.* **angry; cross; huffy; in a huff** *(pred.).*
stizzóso *a.* **huffy; easily-offended; peevish; irascible; tetchy.**
stoccafisso *m.* **stockfish; dried cod** ● *sembrare uno s.,* to be as thin as a lath.
stoccata *f.* ***1*** **rapier-thrust; stab** ***2*** *(scherma)* **straight thrust** ***3*** *(calcio)* **goal shot** ***4*** *(fig.:* battuta pungente) **thrust; gibe** ***5*** *(fig.:* richiesta di denaro) **sudden request for money.**
stòcco *m.* **rapier.**
stòffa *f.* ***1*** (tessuto) **cloth; material; fabric:** *s. per abiti,* dress material □ *s. di cotone,* cotton cloth □ *stoffe di lana (di seta),* woollen (silk) fabrics ***2*** *(fig., fam.)* **stuff:** *non avere la s. dell'eroe,* not to be the stuff heroes are made of ● *(fig.) avere della s.,* to have talent.
stoicaménte *avv.* **stoically; with stoicism; like a stoic.**
stoicismo *m.* ***1*** *(filos.)* **Stoicism** ***2*** *(fig.)* **stoicism.**
stòico *a.* e *m.* ***1*** *(filos.)* **Stoic** ***2*** *(fig.)* **stoic.**
stoino *m.* **(door-)mat.**
stòla *f.* ***1*** *(relig.)* **stole** ***2*** (sciarpa di pelliccia) **stole.**
stolidità *f.* **dullness; obtuseness; stupidity.**
stòlido ***A*** *a.* **dull; obtuse; stupid** ***B*** *m.* **dolt; blockhead; fool.**
stóllo *m. (agric.)* **pole (of a straw-stack).**
stolóne *m. (bot.)* **stolon; runner.**
stoltézza *f.* ***1*** **foolishness; silliness; brainlessness** ***2*** (azione stolta) **foolish action; stupidity;** (parole stolte) **nonsense.**
stólto ***A*** *a.* **foolish; silly; brainless** ***B*** *m.* **fool; blockhead; dolt.**
stòma *m. (bot.)* **stoma*; breathing-pore.**
stomacare ***A*** *v. t.* (anche *fig.*) to **upset*** (o to **turn**) **the stomach;** to **nauseate;** to **make* sick;** to **sicken;** to **disgust** ***B*** **stomacarsi** *v. rifl.* to **get* sick;** to **be nauseated (o disgusted).**
stomachévole *a.* (anche *fig.*) **nauseous; nauseating; queasy; sickening; disgusting; offensive; nasty.**
stòmaco *m.* ***1*** *(anat.)* **stomach:** *avere uno s. di ferro,* to have a cast-iron stomach □ *rimanere sullo s.,* (di cibo) to lie heavy on one's stomach; *(fig.)* to stick in one's throat □ *mal di s.,* stomach-ache □ *a s. pieno (vuoto),* on a full (an empty) stomach ***2*** *(fig., fam.)* **nerve; grit; guts** *(pl.) (fam.): non avere lo s. di fare q.c.,* not to have the nerve to do st. ● *dare di s.,* to be sick; to throw up □ *fare q.c. contro s.,* to do st. unwillingly (o against the grain) □ *L'ho sullo s.,* I can't stand him.
stomatite *f. (med.)* **stomatitis.**
stomatologia *f. (med.)* **stomatology.**
stomatològico *a. (med.)* **stomatologic(al).**
stomatòlogo *m.* **stomatologist.**
stonare ***A*** *v. t.* e *i. (mus.)* to **sing*** (o to **play**) **out of tune** ***B*** *v. i. (fig.)* to **be out of place;** to **jar;** to **clash; not to go* well** (with): *una nota che stona,* a jarring note.
stonato *a.* ***1*** *(mus.)* **out of tune; false:** *una nota stonata,* a false note; *(fig.)* a jarring note ***2*** (turbato, confuso) **upset** ● *sentirsi tutto s.,* to be out of sorts.
stonatura *f. (mus.)* **false note:** *fare una s.,* to sing (o to play) a false note ● *(fig.) essere una s.,* to be a jarring note; to be out of place.
stop *(ingl.) m.* ***1*** (nei messaggi telegrafici) **stop** ***2***

(segnale stradale) **stop sign** **3** *(sport)* **stop.**
stóppa *f.* **tow;** (da calafato) **oakum** ● *capelli come s.,* flaxen hair □ *uomo di s.,* man of straw.
stoppàccio *m.* **wad; wadding.**
stoppare *v. t.* to **stop with tow.**
stóppia *f. (agric.)* **stubble.**
stoppino *m.* **1 wick** **2** *(ind. tessile)* **rove.**
stoppóso *a.* **towy** ● *carne stopposa,* tough meat.
stòrcere **A** *v. t.* (anche *fig.)* to **twist;** to **wrench**: *s. un braccio a q.,* to twist sb.'s arm □ *s. la bocca,* to twist one's mouth ● *s. gli occhi,* to roll one's eyes □ *storcersi una caviglia,* to sprain one's ankle **B** **stòrcersi** *v. rifl.* to **twist (and turn);** to **writhe.**
stordiménto *m.* **dizziness; daze; stupefaction.**
stordire *v. t.* **1** to **stun;** to **stupefy;** to **dizzy;** to **daze** **2** *(fig.)* to **stun;** to **astound;** to **astonish;** to **daze;** to **dazzle** ● *cercare di stordirsi bevendo,* to try to drown one's sorrows in drink.
storditàggine *f.* **1 carelessness; heedlessness** **2** (atto, detto da stordito) **foolish** (o **silly) action** (o **mistake); folly.**
stordito **A** *a.* **1** (tramortito) **senseless; unconscious; stunned** **2** (sbalordito) **stunned; stupefied; dazed; dazzled**: *sentirsi s.,* to feel dazed **3** (sbadato, sventato) **careless; heedless; scatterbrained; harebrained** *(fam.)* **B** *m.* **scatterbrain; harebrain** *(fam.).*
stòria *f.* **1 history**: *s. greca (romana),* Greek (Roman) history □ *la s. sacra,* sacred history □ *una lezione di s.,* a history lesson □ *un libro di s.,* a history book **2** (racconto) **story; tale**: *È una lunga s.,* it's a long story □ *È sempre la stessa s.,* it's always the same (old) story □ *una s. di fate,* a fairy tale (o story) **3** (bugia) **lie; story; fib** *(fam.)*: *raccontare storie,* to tell stories (o fibs) **4** (obiezione) **objection;** (pretesto) **excuse, pretext**: *fare delle storie,* to raise objections □ *Questa è una delle sue storie per non partire,* this is just one of his pretexts (o excuses) for not leaving ● *Storie!,* humbug!; stuff and nonsense!
storicismo *m. (filos.)* **historicism.**
storicista *m.* e *f. (filos.)* **historicist.**
storicìstico *a. (filos.)* **historicist** *(attr.).*
storicità *f.* **historicity.**
storicizzare *v. t.* to **historicize.**
stòrico **A** *a.* **historic(al)**: *avvenimenti storici,* historical events □ *un romanzo s.,* a(n) historical novel **B** *m.* **historian.**
storièlla *f.* **1** (storia non vera) **story** *(fam.);* **fib** *(fam.);* (bugia) **lie** **2** (barzelletta) **funny story; joke.**
storiografia *f.* **historiography.**
storiogràfico *a.* **historiographic(al).**
storiògrafo *m.* **historiographer; historian.**
storióne *m. (zool.* Acipenser sturio) **sturgeon.**
stormire *v. i.* to **rustle.**
stórmo *m.* **1 flock; flight**: *uno s. di rondini,* a flight of swallows **2** (frotta) **flock; swarm** **3** *(aeron.)* **formation** ● *sonare a s.,* to ring the alarm.
stornare *v. t.* **1** to **turn aside;** to **ward off;** to **stave off;** to **avert;** to **divert**: *s. un colpo,* to ward off a blow □ *s. q. dal suo proposito,* to turn sb. from his purpose; to make sb. change his mind; to talk sb. out of doing st. **2** *(rag.)* to **transfer;** to **reverse** **3** *(comm.:* annullare) to **cancel.**
stornellare *v. i.* to **sing* stornelli.**
(1) stornèllo *m.* (canto popolare) **stornello*.**
(2) stornèllo *V.* **stórno (2).**
(1) stórno *a.* **dapple-grey**: *un cavallo s.,* a dapple-grey (horse).
(2) stórno *m. (zool.,* Sturnus vulgaris) **starling.**
(3) stórno *m. (rag.)* **transfer; reversal.**
storpiare **A** *v. t.* **1** to **cripple;** to **make* a cripple of** (sb.); to **maim** **2** *(fig.:* pronunziare male) to **mangle;** (eseguire male) to **bungle,** to **botch** **B** **storpiarsi,** *v. rifl.* to **become* a cripple;** to **be crippled.**
storpiato **A** *a.* **1 crippled; maimed;** (deforme) **deformed, misshapen** **2** *(fig.:* pronunziato male) **mangled;** (eseguito male) **botched** **B** *m.* **cripple.**
storpiatura *f.* **1 crippling; maiming** **2** *(fig.:* il pronunziare male) **mangling;** (l'eseguire male) **bungling, botching** **3** (cosa storpiata) **bungle; botch.**
stòrpio **A** *a.* **crippled; maimed** **B** *m.* **cripple.**
stòrta *f.* **1 twist; wrench; sprain** **2** (recipiente per la distillazione) **retort.**
stòrto *a.* **1 crooked; twisted; distorted**: *gambe storte,* crooked legs; bandy legs □ *avere la bocca storta,* to have a twisted mouth **2** *(fig.)* **wrong; false**: *Tutto è andato s.,* everything has gone wrong (o awry).
stortura *f.* **distortion.**
stovìglie *f. pl.* **crockery** *(sing.).*
strabére *v. i.* to **drink* too much;** to **drink* like a fish** *(fam.).*
stràbico **A** *a.* **squinting;** (dagli occhi strabici) **cross-eyed; squint-eyed** ● *essere un po' s.,* to have a squint; to have a cast in the eye **B** *m.* **cross-eyed person; squint-eye.**
strabiliante *a.* **amazing; astounding; astonishing.**
strabiliare **A** *v. t.* to **amaze;** to **astound;** to **astonish** **B** *v. i.* to **be amazed** (o **astonished).**
strabiliato *a.* **amazed; in amazement** *(pred.);* **astonished.**
strabismo *m. (med.)* **strabismus; squint.**
strabocchévole *a.* **exorbitant; excessive; enormous.**
strabuzzare *V.* **stralunare.**
stracannare *v. t. (ind. tessile)* to **rewind*.**
stracàrico *a.* **overloaded; overladen; overburdened.**
stracca *f.* **tiredness; fatigue** ● *pigliare una s.,* to get tired.
straccale *m.* (di bestia da soma) **breeching-strap.**
straccare **A** *v. t.* to **tire out;** to **weary out;** to **exhaust** **B** **straccarsi** *v. rifl.* to **get* tired;** to **tire oneself out.**
stracceria *f.* **rags** *(pl.);* **tatters** *(pl.).*
stracciare *v. t.* **1** to **tear*;** to **tear* to pieces** (o **up, off);** to **rend*;** to **shred**: *s. una lettera,* to tear up a letter □ *s. un foglio del calendario,* to tear off a leaf from the calendar **2** *(fig., fam.:* stravincere) to **crush;** to **lick** *(fam.).*
stracciato *a.* **1** (strappato) **torn;** (a brandelli) **ragged** **2** (con vesti stracciate) **ragged; tattered; (dressed) in rags; in tatters.**
stracciatura *f.* (strappo) **tear; rent.**
(1) stràccio *a.* **torn; ragged** ● *carta straccia,* waste paper.
(2) stràccio *m.* **1** (cencio) **rag; tatter; shred** **2** *(al pl.:* vesti stracciate) **rags** *(pl.);* **old clothes** *(pl.)* **3** *(raro:* strappo) **tear; rent** ● *s. per la polvere,* duster □ *s. per le scarpe,* shoe-cloth □ *(fig.) essere ridotto uno s.,* to be worn out.
stracciòne *m.* **ragged person; tatterdemalion; ragamuffin.**
straccióso *a.* **ragged; in rags; tattered; in tatters; tattery.**
straccivéndolo *m.* **rag-and-bone man*; ragman*.**
stracco *a.* **1 tired out; exhausted; fatigued; worn out** **2** *(fig.)* **weak; tepid; lukewarm.**
stracontènto *a. (fam.)* **overjoyed; beside oneself with joy; as happy as a king** *(fam.);* **as pleased as Punch** *(fam.).*
stracòtto **A** *a.* (cotto troppo) **overdone** **B** *m. (cucina)* **stew.**
strada *f.* **1 road;** (di città) **street**: *la s. maestra,* the main road; the highway □ *incontrare q. per s.,* to meet sb. in the street □ *attraversare la s.,* to cross the street (o the road) □ *una s. di campagna,* a country road □ *una s. a senso unico,* a one-way street □ *dall'altra parte della s.,* on the other side of (o across) the road (o the street) □ *una s. secondaria,* a by-road □ *all'angolo della s.,* at the street corner □ *andare fuori s.,* to go off the road **2** (cammino, via) **way** (anche *fig.)*: *s. facendo,* on the (o on one's) way □ *domandare la s.,* to ask the (o one's) way □ *smarrire la s.,* to lose the (o one's) way □ *Non so che s. prendere,* I don't know which way to go; *(fig.)* I don't know which way to turn □ *tagliare la s. a q.,* to cross the road in front of sb.; *(fig.)* to stand in sb.'s way □ *farsi s. fra la folla,* to push one's way through the crowd □ *farsi s. nel mondo,* to make one's way in the world □ *andare per la propria s.,* to go one's own way □ *(fig.) fare molta s.,* to go a long way ● *s. a due (a*

quattro) corsie, two-lane (four-lane) highway □ *s. carreggiabile,* cart-road; cart-way □ *s. di circonvallazione,* ring road □ *s. ferrata,* railway □ *s. mulattiera,* mule-track; bridle-path □ *s. senza uscita,* cul-de-sac; blind alley □ *s. traversa* (scorciatoia), short cut □ *a un'ora di s.,* (camminando) an hour's walk away; (in automobile) an hour's run away □ *donna di s.,* streetwalker; prostitute □ *essere (mettere q.) su una buona (una cattiva) s.,* to be (to put sb.) on the right (wrong) track □ *ragazzo di s.,* street urchin □ *(fig.) l'uomo della s.,* the man in the street □ *(fig.) Mi vedo chiusa ogni s.,* I see every possibility closed to me.

stradale A *a.* **road** *(attr.)*; **of the road**: *lavori stradali,* road works □ *un cartello s.,* a road sign ● *piano s.,* roadway **B** *f.* (polizia s.) **traffic police.**

stradàrio *m.* **road-book; street-guide.**

stradino *m.* **roadman*.**

stradista *m.* *(sport)* **road-racing cyclist.**

stradivàrio *m.* *(mus.)* **Stradivarius; Strad** *(fam.).*

strafalcióne *m.* **blunder; gross mistake; howler** *(fam.)*; **boner** *(pop.).*

strafare *v. i.* to **overdo*** **it**; to **do*** **more than required.**

strafatto *a.* (troppo maturo) **overripe.**

strafóro *m. V.* **trafóro** ● *(fig.) di s.,* stealthily; on the sly.

strafottènte *a.* *(fam.)* **arrogant.**

strafottènza *f.* *(fam.)* **arrogance.**

strage *f.* **slaughter;** (massacro) **massacre, carnage, havoc.**

stragiudiziale *a.* *(leg.)* **extrajudicial.**

stràglio *m.* *(naut.)* **stay**: *stragli di maestra,* mainstays.

stragónfio *a.* **over-inflated.**

stragrande *a.* **very large; huge; enormous.**

stralciare *v. t.* to **take*** **off** (o **out, away**); to **remove** **2** (liquidare) to **wind*** **up**; to **liquidate.**

stralcio *m.* **1** **taking off** (o **out, away**); **removal** **2** (brano, passo) **extract; excerpt** **3** (liquidazione) **winding up; liquidation** ● *legge s.,* transitional law □ *vendere a s.,* to sell at bargain prices.

strale *m.* (anche *fig.*) **arrow; dart.**

strallo *V.* **stràglio.**

stralodare *v. t.* to **overpraise;** to **crack up** *(pop.).*

stralunare *v. t.* to **roll**: *s. gli occhi,* to roll one's eyes; to goggle.

stralunato *a.* **(greatly) upset; beside oneself** ● *con gli occhi stralunati,* with staring (o rolling) eyes □ *con gli occhi stralunati dal terrore,* staring in terror.

stramaledire *v. t.* *(pop.)* to **curse (from the bottom of one's heart).**

stramaturo *a.* *(fam.)* **overripe.**

stramazzare A *v. i.* to **fall*** **heavily**: *s. a terra,* to fall heavily to the ground **B** *v. t.* to **knock down;** to **strike*** **down.**

stramazzóne *m.* **heavy fall; nasty tumble.**

stramberìa *f.* **1** **queerness; oddity; oddness; strangeness; eccentricity; whimsicality** **2** (parola, atto di persona stramba) **oddity; eccentricity; whimsicality; quaint fancy.**

strambo *a.* **queer; odd; strange; eccentric; whimsical**: *un individuo s.,* an eccentric fellow □ *avere idee strambe,* to have queer ideas.

strame *m.* **straw; hay;** (foraggio) **fodder;** (lettiera) **litter.**

strampalato *a.* **eccentric; odd; queer; quaint; whimsical.**

strampalerìa *f.* **eccentricity; oddity; whimsicality.**

stranaménte *avv.* **strangely; oddly.**

stranézza *f.* **1** **strangeness; oddity; queerness** **2** (atto o discorso strano) **oddity; eccentricity.**

strangolaménto *m.* **strangulation; strangling; throttling.**

strangolare *v. t.* to **strangle;** to **throttle;** (strozzare) to **choke.**

strangolatóre *m.* **strangler; throttler.**

stranguglióne *m.* *(generalm. al pl.)* **1** *(veterinaria)* **strangles** *(pl.)* **2** (singhiozzo) **hiccup**: *avere gli stranguglioni,* to have (the) hiccups.

strangùria *f.* *(med.)* **strangury.**

straniare A *v. t.* to **estrange;** to **alienate** **B** **straniarsi** *v. rifl.* to **drift apart.**

stranièro A *a.* **foreign; alien**: *una lingua straniera,* a foreign language **B** *m.* **foreigner; alien;** (sconosciuto) **stranger.**

stranito *a.* **befuddled; dazed.**

strano *a.* **strange; odd;** (insolito) **unusual;** (bizzarro) **queer, quaint;** (buffo) **funny**: *Mi pare s.!,* I think it funny! □ *sentirsi s.,* to feel queer (o out of sorts) □ *s. a dirsi,* strange to say; oddly enough.

straordinariaménte *avv.* **extraordinarily; uncommonly; exceptionally;** (estremamente) **extremely.**

straordinarietà *f.* **extraordinariness; unusualness.**

straordinàrio A *a.* **extraordinary; uncommon; unusual; exceptional; singular; remarkable**: *misure straordinarie,* extraordinary measures □ *una donna di bellezza straordinaria,* a woman of singular beauty □ *q.c. di s.,* st. unusual ● (di giornale) *edizione straordinaria,* special edition □ *lavoro s.,* overtime □ *vendita straordinaria,* bumper sale **B** *m.* **1** (lavoro s.) **overtime** **2** (compenso per il lavoro s.) **overtime pay; extra pay** ● *fare lo s.,* to be on overtime; to work overtime □ *pagare a q. lo s.,* to pay sb. extra for overtime.

straorzare *v. i.* *(naut.)* to **yaw.**

straorzata *f.* *(naut.)* **yaw.**

strapagare *v. t.* to **overpay*.**

straparlare *v. i.* to **talk nonsense;** to **rave.**

strapazzare A *v. t.* to **ill-treat;** to **ill-use;** to **abuse;** (con rimproveri) to **scold,** to **reprimand** ● *s. un autore,* to misinterpret an author □ *s. un lavoro,* to bungle a piece of work □ *s. un pezzo di musica,* to mangle a piece of music □ *s. un uovo,* to scramble an egg **B** **strapazzarsi** *v. rifl.* to **overwork oneself;** to **tire oneself out.**

strapazzata *f.* **1** (sgridata) **scolding; reprimand; rebuke** **2** (fatica eccessiva) **overwork; fatigue** ● *fare una s. a q.,* to scold sb.; to give sb. a bit of one's mind.

strapazzo *m.* **overwork; excessive work; fatigue** ● *panni da s.,* working clothes □ *scrittore da s.,* scribbler □ *vita di strapazzi,* hard life.

strapazzóso *a.* **fatiguing; tiring; tiresome; toilsome.**

strapièno *a.* **overfull; full up.**

strapiombare *v. i.* to **be out of the perpendicular.**

strapiómbo *m.* **projection; precipice.**

strapotènte *a.* **overpowerful; overmighty.**

strapotére *m.* **excessive power.**

strappacuòre *a. invar.* **heartbreaking; heartrending.**

strappalàcrime *a. invar.* **tear-jerking** *(fam.)* ● *romanzo (o film) s.,* tear-jerker *(fam.).*

strappare A *v. t.* **1** (stracciare) to **tear***: *s. un foglio di carta,* to tear a sheet of paper **2** (sradicare; togliere tirando via) to **pull up;** to **pull out;** to **pull away;** to **tear*** **up;** to **rip;** to **wrench,** to **snatch** (anche *fig.*); *(fig.)* to **wring***: *s. un dente,* to pull out a tooth □ *s. una pagina da un libro,* to tear a page out of a book □ *s. un segreto a q.,* to wring (o to wrench) a secret from sb. □ *s. le lacrime a q.,* to wring tears from sb.; to move sb. to tears □ *s. le erbe cattive,* to pull up weeds □ *s. q. alla morte,* to snatch sb. from (the jaws of) death ● *s. le penne a un uccello,* to pluck a bird □ *s. la verità a q.,* to get (o to wring) the truth out of sb. **B** **strapparsi** *v. rifl.* to **tear***; to **get*** **torn**: *Questa carta si strappa facilmente,* this paper tears easily.

strappata *f.* **pull; tug; snatch; wrench.**

strappo *m.* **1** **tear; rent**: *uno s. nei calzoni,* a tear in one's trousers **2** (strappata) **pull; tug; snatch;** (strattone) **jerk, wrench;** *(fig.)* **wrench** **3** *(fig.:* infrazione*)* **infringement; breach; infraction** **4** (di muscoli) **sprain** **5** *(fig., fam.:* passaggio in macchina*)* **lift** ● *(fig.) a strappi,* by fits and starts; jerkily □ *(fig.) fare uno s. alla regola,* to make an exception to the rule; to stretch a point □ *farsi uno s. nel vestito,* to tear one's dress.

strapuntino *m.* **folding seat.**

strapunto *m.* **quilt.**

straricco *a.* **immensely rich; rolling in money** *(pred.).*
straripaménto *m.* **overflowing; flooding.**
straripare *v. i.* to **overflow***; to **flood.**
strascicare ***A*** *v. t.* to **drag;** to **drag out;** to **trail;** (i piedi) to **shuffle;** *(fig.)* to **drawl**: *s. le gambe,* to drag one's feet; to shuffle along □ *s. le parole,* to drawl (out) one's words ***B*** *v. i.* to **trail** ***C*** **strascicarsi** *v. rifl.* to **drag one's feet;** to **shuffle one's feet;** to **shuffle along.**
strascichìo *m.* **dragging; shuffling.**
stràscico *m.* ***1*** (lo strascicare) **dragging; shuffling** ***2*** (parte di abito lungo che strascica per terra) **train** ***3*** *(fig.:* conseguenza*)* **after-effect; aftermath** ***4*** *(naut.)* **trawl**: *una rete a s.,* a trawl-net ***5*** (corteo, accompagnamento) **train** ***6*** (segno lasciato dalle lumache) **trail** ● *parlare con lo s.,* to drawl (out) one's words.
strascinare ***A*** *v. t.* to **drag along** ***B*** **strascinarsi** *v. rifl.* to **drag oneself along.**
stràscino *m. (naut.)* **trawl-net; trail-net; drag-net.**
strass *m.* **strass; rhinestone.**
stratagèmma *m.* **stratagem; ruse; device; trick.**
stratèga *V.* **stratègo.**
strategìa *f. (mil.)* **strategy** *(anche fig.).*
stratègico *a. (mil.)* **strategic(al)** *(anche fig.).*
stratègo *m.* **strategist.**
stratificare *v. t.* **stratificarsi** *v. rifl.* to **stratify.**
stratificato *a.* **stratified; in layers** *(pred.).*
stratificazióne *f. (anche geol.)* **stratification.**
stratifórme *a. (anche geol.)* **stratiform.**
stratigrafia *f. (geol.)* **stratigraphy.**
strato *m.* ***1*** **stratum*; layer; bed;** (rivestimento) **coat, coating**: *gli strati dell'aria,* the strata of the air □ *uno s. di polvere,* a layer of dust □ *uno s. di vernice,* a coat of paint ***2*** *(meteorologia)* **stratus*; layer** ***3*** *(fig.:* ceto, classe*)* **stratum*; class.**
stratocùmulo *m. (meteorologia)* **stratocumulus*; cumulostratus*.**
stratosfèra *f. (meteorologia)* **stratosphere.**
stratosfèrico *a. (meteorologia)* **stratospheric(al).**
stratta *f.* **tug; haul; wrench; jerk**: *a stratte,* by jerks.
strattóne *m.* **violent pull; sharp tug.**
stravaccato *a.* **sprawling.**
stravagante ***A*** *a.* **queer; eccentric; whimsical; odd; extravagant** ***B*** *m.* e *f.* **character** *(fam.)*; **queer fellow; eccentric person.**
stravaganza *f.* ***1*** **queerness; eccentricity; whimsicality; oddness; oddity; extravagance** ***2*** (comportamento stravagante) **odd behaviour; eccentric ways** *(pl.).*
stravècchio *a.* **very old;** (stagionato a lungo) **aged.**
stravedére *v. i.* — *s. per q.,* to be crazy about sb. *(fam.).*
stravìncere ***A*** *v. t.* to **crush;** to **lick** *(fam.)* ***B*** *v. i.* to **win* hands down** (o **all along the line).**
straviziare *v. i.* to **be intemperate.**
stravìzio *m.* **intemperance** ● *fare stravizi,* to be intemperate.
stravòlgere *v. t.* ***1*** (torcere) to **twist;** to **roll;** to **writhe**: *s. gli occhi,* to roll one's eyes ***2*** *(fig.:* travisare*)* to **twist;** to **distort**: *s. la verità,* to distort the truth ***3*** *(fig.:* sconvolgere*)* to **upset*;** to **disturb.**
stravòlto *a.* **upset; deranged; disturbed; troubled; convulsed**: *una mente stravolta,* a deranged mind.
straziante *a.* **agonizing; piercing; heartrending; harrowing.**
straziare *v. t.* ***1*** to **tear* to pieces;** to **torture**: *s. un corpo,* to tear a body to pieces ***2*** *(fig.)* to **harrow;** to **rack;** to **rend*;** to **torment**: *s. il cuore a q.,* to rend sb.'s heart ● *s. una lingua,* to mangle a language □ *s. gli orecchi,* to grate (o to jar) upon one's ears.
straziato *a.* **torn; tortured; tormented.**
stràzio *m.* ***1*** (scempio) **havoc** ***2*** *(fig.)* **torment; agony; torture; severe pain** ***3*** *(fam.:* fastidio*)* **torture;** (persona noiosa) **nuisance, bore.**
strèga *f.* **witch, hag** *(anche fig.)*; (maga, fattucchiera) **sorceress** ● *(anche fig.) caccia alle streghe,* witch-hunt □ *(ricamo) punto a s.,* herring-bone stitch.
stregare *v. t.* to **bewitch,** to **cast* a spell on** (sb.) *(anche fig.).*
stregato *a.* **bewitched.**
stregóne *m.* **wizard.**
stregonerìa *f.* ***1*** **witchcraft, sorcery** *(anche fig.)* ***2*** (incantesimo) **spell.**
strègua *f.* **rate; standard; way; manner**: *alla stessa s.,* in the same way; alike: *trattare tutti alla stessa s.,* to treat everybody alike.
stremare *v. t.* to **exhaust;** to **tire out.**
stremato *a.* **exhausted; tired out.**
strèmo *m.* **extreme limit; very end.**
strènna *f.* **gift; present** ● *libro s.,* gift book.
strenuaménte *avv.* **bravely; boldly; valiantly; courageously.**
strènuo *a.* **brave; bold; valiant; courageous.**
strepitare *v. i.* to **make* an uproar** (o **a din);** to **kick up a shindy** *(fam.)*; (urlare) to **shout,** to **yell.**
strèpito *m.* **uproar; clamour; din; fuss; (great) noise; shindy** *(fam.)*: *fare s.,* to make an uproar (o a din, a great noise); to kick up a shindy *(fam.)* ● *(fig.) È una scoperta che fece s.,* that discovery was much talked about.
strepitosaménte *avv.* **uproariously; clamorously; boisterously; noisily.**
strepitóso *a.* ***1*** **uproarious; roaring; clamorous; boisterous; loud; stormy**: *risa strepitose,* uproarious laughter ***2*** *(fig.)* **striking; resounding.**
streptocòcco *m.* **streptococcus*.**
streptomicina *f. (farm.)* **streptomycin.**
stressante *a.* **stressing.**
stressare *v. t.* to **stress.**
stressato *a.* **stressful; under stress** *(pred.).*
strétta *f.* ***1*** **(firm) hold; grasp; grip** ***2*** *(fig.:* ansia, timore*)* **feeling of anguish; pang**: *provare una s. al cuore,* to feel a pang in one's heart ***3*** *(geogr.)* **(mountain) pass** ***4*** *(fin.)* **squeeze** ● *s. di mano,* handshake □ *essere alle strette,* to be in straits; to be at the end of one's tether *(fam.)* □ *dare una s. di mano a q.,* to shake hands with sb. □ *mettere q. alle strette,* to put sb. with his back to the wall.
strettaménte *avv.* ***1*** **tight(ly); fast** ***2*** (rigorosamente) **strictly.**
strettézza *f.* ***1*** **narrowness; tightness** ***2*** *(al pl.)* **straitened circumstances; financial difficulties; poverty** *(sing.)*: *essere in strettezze,* to be in straitened circumstances; to be hard up ● *(fig.) s. di tempo,* lack of time.
(1) strétto ***A*** *a.* ***1*** **narrow**: *una strada stretta,* a narrow road □ *s. di spalle,* narrow in the shoulders ***2*** (di abiti e sim.) **tight**: *scarpe strette,* tight shoes □ *Quel vestito le va un po' s.,* that dress is a bit tight on her ***3*** (serrato) **tight; fast;** (di denti, ecc.) **clenched**: *coi pugni stretti,* with clenched fists □ *a denti stretti,* with clenched teeth □ *un nodo s.,* a tight knot □ *tenere s. q.c.,* to hold st. tight ***4*** (rigoroso) **strict; close**: *stretta disciplina,* strict discipline □ *nel senso s. della parola,* in the strict sense of the word ***5*** (intimo) **close**: *amici stretti,* close friends ***6*** (preciso) **exact; precise** ***7*** (chiuso) **close**: *una vocale stretta,* a close vowel ***8*** (pigiato) **packed**: *essere stretti come sardine,* to be packed like sardines ● *lo s. necessario,* that which is strictly necessary □ *s. nelle catene,* bound in chains □ *avere il cuore s.,* to have a heavy heart; to be sad at heart ***B*** *avv.* **tight(ly); fast.**
(2) strétto *m. (geogr.)* **strait; straits** *(pl.)*: *lo S. di Gibilterra,* the Straits of Gibraltar.
strettóia *f.* ***1*** **narrow passage** ***2*** *(fig.)* **(great) difficulty; tight spot** *(fam.).*
strettóio *m. (mecc.)* **press.**
stria *f.* ***1*** **stripe; streak** ***2*** *(archit., anat.)* **stria*.**
striare *v. t.* to **stripe;** to **streak;** to **striate.**
striato *a.* **striped; streaked; striate(d).**
striatura *f.* **stria*** *(anche geol.)*; **striaton;** *(bot., zool.)* **striga*.**
stricnina *f. (chim.)* **strychnine.**
stridènte *a.* ***1*** **strident; shrill; sharp; jarring; grating; rasping** ***2*** *(fig.)* **clashing; jarring.**
strìdere *v. i.* ***1*** to **squeak;** to **screech;** to **shriek;** to **creak;** to **rasp** ***2*** *(fig.)* to **clash;** to **jar**: *colori che stridono,* clashing colours.

stridìo *m.* **squeaking; screeching; shrieking; creaking; rasping.**
strido *m.* **squeak; squeal; whoop; (shrill) cry.**
stridóre *m.* **stridor; screeching; creaking; shrieking.**
strìdulo *a.* **stridulous; stridulant; strident; squeaky; shrill; sharp; jarring; rasping**: *una voce stridula,* a shrill (o rasping) voice.
strigare *v. t.* (anche *fig.*) to **disentangle;** to **untwist;** to **unravel;** to **undo***: *s. una faccenda complicata,* to unravel a tangled situation.
strìglia *f.* **currycomb.**
strigliare *v. t.* **1** to **currycomb;** to **curry 2** *(fig.)* to **rebuke.**
strigliata *f.* **1 currycombing; currying 2** *(fig.)* **rebuke.**
strillare A *v. i.* to **scream;** to **shriek;** to **cry B** *v. t.* **1** (comunicare gridando) to **shout (out);** to **yell (out) 2** *(fam.:* sgridare*)* to **scold;** to **tell* off** *(fam.)*; to **dress down** *(fam.)*.
strillo *m.* **scream; shriek; (shrill, piercing) cry**: *fare uno s.,* to utter a sharp, shrill cry; to scream; to shriek.
strillóne *m.* **news-man*; news-boy.**
striminzito *a.* **1** (misero) **shabby 2** (molto magro) **skinny; scraggy;** (stentato) **stunted.**
strimpellare *v. t.* to **strum;** to **thrum;** to **pound;** to **twang;** to **scrape**: *s. un motivetto al pianoforte,* to strum a tune on the piano □ *s. una chitarra,* to thrum (on) a guitar □ *s. un violino,* to scrape a fiddle.
strimpellatóre *m.* **strummer; thrummer.**
strinare *v. t.* **1** *(cucina)* to **singe** (*part. pres.* **singeing) 2** (bruciacchiare stirando) to **scorch.**
strinato *a.* **1** *(cucina)* **singed 2** *(fig.:* magrissimo*)* **skinny; scraggy.**
stringa *f.* **lace; string**: *stringhe per scarpe,* shoe-laces.
stringare *v. t.* **1** to **lace;** to **tie up with a string 2** *(fig.)* to **condense.**
stringato *a.* **1 laced up 2** *(fig.)* **concise.**
stringènte *a.* **urgent; pressing.**
strìngere A *v. t.* **1** to **hold* tight(ly);** to **clasp;** to **grasp;** to **grip;** to **clench;** to **hug**: *s. q. fra le braccia,* to clasp sb. in one's arms □ *s. una fune,* to grasp a rope □ *s. i denti,* to clench one's teeth **2** (accostare, unire le parti) to **tighten;** (chiudere) to **close,** to **shut***: *s. una vite,* to tighten a screw □ (anche *fig.*) *s. i cordoni della borsa,* to tighten the purse-strings □ *s. le labbra,* to tighten one's lips **3** (concludere, stipulare) to **make***: *s. un'alleanza,* to make an alliance **4** (restringere) to **tighten;** to **take* in**: *s. un vestito,* to take in a dress **5** (premere dolorosamente) to **be tight;** to **pinch**: *Queste scarpe mi stringono in punta,* these shoes are tight at the toe **6** (costringere) to **compel 7** (accelerare) to **quicken 8** (riassumere) to **summarize**: *s. un discorso,* to summarize a speech **B** *v. i.* **1** (essere stretto) to **be tight;** (di scarpe, anche) to **pinch 2** (incalzare, premere) to **press**: *Il tempo stringe,* time presses ● *s. amicizia con q.,* to make friends with sb. □ *s. d'assedio una città,* to lay siege to a town □ *s. la mano a q.,* to shake hands with sb. □ *(naut.) s. il vento,* to hug the wind □ *(locuz. avv.) stringi stringi,* when all is said and done **C strìngersi** *v. rifl.* (accostarsi) to **draw* close** ● *s. nelle spalle,* to shrug one's shoulders □ *s. per far posto a q.,* to squeeze in.
stringiménto *m.* **1** (il serrare fortemente) **clasping; grasping; gripping; clenching; hugging 2** (l'accostare, l'unire le parti) **tightening;** (il chiudere) **closing, shutting** ● *(fig.) s. di cuore,* heavy heart.
stringinaso *m.* *(sport)* **nose-clip** ● *occhiali a s.,* pince-nez *(franc.)*.
strippata *f.* *(pop.)* **bellyful; blow-out** *(pop.)*.
striscia *f.* **1 stripe; (narrow) slip; strip**: *una s. di carta,* a strip (o slip) of paper □ *una s. di terreno,* a strip of land **2** (fumetto) **comic strip** ● *strisce pedonali,* zebra crossing *(sing.)* □ *a strisce,* striped.
strisciante *a.* **1 crawling; creeping 2** *(fig.)* **flattering; servile 3** *(bot., zool.)* **repent; reptant** ● *(econ.) inflazione s.,* creeping inflation.
strisciare A *v. i.* **1** to **crawl;** to **creep*;** to **steal***: *s. per terra,* to crawl on the ground □ *s. rasente il muro,* to creep close by the wall **2** *(fig.)* to **grovel B** *v. t.* **1** (sfiorare) to **graze**: *s. l'acqua,* to graze the water **2** (strascicare) to **shuffle;** to **drag C strisciarsi** *v. rifl.* **1** (sfregarsi) to **rub (oneself) 2** *(fig.:* adulare*)* to **flatter;** to **fawn.**
strisciata *f.* **1 grazing 2** (segno) **trail.**
strìscio *m.* **graze** ● *ballo con lo s.,* shuffle □ *colpire q.c. di s.,* to graze st.
(1) striscióne *m.* **large stripe; large band** ● *(sport) s. del traguardo,* tape □ *s. pubblicitario,* advertising banner.
(2) striscióne, striscióni *avv.* — *andare avanti s.,* to drag oneself along.
stritolare A *v. t.* **1** to **grind*;** to **crush;** to **crunch**: *s. q.c. (fra i denti),* to crunch st. **2** *(fig.)* to **crush B stritolarsi** *v. rifl.* to **break* (in)to pieces.**
strizzare *v. t.* to **squeeze;** (un panno bagnato e sim.) to **wring***: *s. un limone (un'arancia),* to squeeze a lemon (an orange) □ *s. i panni bagnati,* to wring wet clothes ● *s. l'occhio,* to wink.
strizzata *f.* **squeeze; wring** ● *s. d'occhio,* wink.
strizzatura *f.* **squeezing; wringing.**
stròfa, stròfe *f.* *(poesia)* **strophe.**
strofinàccio *m.* (per rigovernare) **dish-cloth;** (per asciugare stoviglie) **tea-cloth;** (per pulire pavimenti) **floor-cloth;** (per spolverare) **duster.**
strofinaménto *m.* **rubbing.**
strofinare A *v. t.* to **rub** ● *s. un pavimento,* to scrub a floor □ *s. q.c. con un cencio,* to wipe st. **B strofinarsi** *v. rifl.* to **rub oneself**: *s. gli occhi,* to rub one's eyes ● *s. le mani* (per riscaldarle), to **chafe one's hands.**
strofinata *f.* **rub; wipe** ● *dare una s. a q.c.,* to rub st.
stròlaga *f.* *(zool.)* **diver** ● *s. maggiore,* great northern diver; (common) loon *(USA)*.
strombare *v. t.* *(archit.)* to **splay.**
strombatura *f.* *(archit.)* **splay.**
strombazzare *v. t.* to **trumpet** ● *s. le proprie virtù,* to blow one's own trumpet.
strombazzata *f.* **trumpeting.**
strombazzatura *f.* **1 trumpeting 2** (chiassosa montatura propagandistica) **ballyhoo** *(fam.)*.
strombettare *v. i.* **1** to **blow* a trumpet;** to **trumpet 2** *(autom.)* to **hoot.**
strombettata *f.* **1 trumpeting** (anche *fig.*) **2** *(autom.)* **hoot, hooting.**
strombettìo *m.* **1 trumpeting; blowing of the trumpet 2** *(autom.)* **hooting.**
strómbo *V.* **strombatura.**
stroncare *v. t.* **1** to **break* off;** to **cut* off 2** *(fig.:* sottoporre a critica spietata*)* to **slash;** to **slate** *(fam.)* ● *s. una rivolta,* to crush a rebellion.
stroncatòrio *a.* *(fig.)* **slashing.**
stroncatura *f.* *(fig.)* **slashing (o scathing) criticism; slating** *(fam.)*.
stronzio *m.* *(chim.)* **strontium.**
strónzo *m.* **1** *(volg.)* **turd** *(volg.)* **2** *(fig., volg.)* **shit** *(volg.)*; **cunt** *(volg.)*.
stropicciare *v. t.* **1** to **rub;** (di piedi) to **scuffle,** to **shuffle 2** *(fam.:* sgualcire*)* to **crumple** ● *(pop.) Me ne stropiccio!,* I don't care a pin!
stropicciata *f.* **rub, rubbing.**
stropiccìo *m.* **rubbing;** (di piedi) **scuffling, shuffling.**
stròppo *m.* *(naut.)* **strop; strap.**
stròzza *f.* *(fam.)* **throttle; gullet; windpipe.**
strozzare A *v. t.* **1** to **throttle;** to **strangle;** to **choke;** to **scrag 2** *(fig.)* to **rook B strozzarsi** *v. rifl.* **1** to **choke 2** (restringersi) to **narrow;** to **become* narrower.**
strozzato *a.* **throttled; strangled; choked** ● *(med.) ernia strozzata,* strangulated hernia □ *vaso s.,* narrow-necked vase.
strozzatura *f.* **1** (restringimento) **narrowing 2** (di strada) **bottleneck.**
strozzinàggio *m.* **usury.**
strozzino *m.* **usurer; money-grubber; loan shark** *(fam.,* specialm. *USA)*.
struccare A *v. t.* to **remove the make-up of** (sb.) **B**

struccarsi *v. rifl.* to **take* off one's make-up.**
strudel *(ted.) m. (cucina)* **strudel.**
strùggere A *v. t.* **1** to **melt; to liquefy 2** *(fig.)* to **consume B strùggersi** *v. rifl.* **1** to **melt (away);** to **liquefy 2** *(fig.)* to **be consumed,** to **waste away,** to **pine away** (with) ● *s. dalla voglia di fare q.c.*, to be longing (o yearning) to do st.
struggiménto *m. (fig.)* **1 pining away; anguish; torment 2** (desiderio intenso) **longing; yearning** ● *s. di cuore,* heartache.
strumentale *a.* **instrumental.**
strumentalizzare *v. t.* to **instrumentalize;** to **make* instrumental (to some end);** to **make* an instrument of** (sb.).
strumentare *v. t. (mus.)* to **instrument;** to **orchestrate.**
stumentazióne *f. (mus.)* **instrumentation; orchestration.**
strumentista *m.* e *f. (mus.)* **instrumentalist.**
struménto *m.* **1 instrument, tool** (anche *fig.*); **implement**: *strumenti ottici,* optical instruments □ *uno s. musicale,* a musical instrument □ *essere lo s. della vendetta di q.*, to be the instrument of sb.'s revenge **2** *(leg.)* **instrument; deed.**
strusciare A *v. t.* to **rub** ● *s. i piedi,* to shuffle one's feet **B strusciarsi** *v. rifl.* **1** to **rub oneself 2** — *(fig.) s. a q.*, to fawn on sb.; to butter up sb. *(pop.)*.
strusciata *f.* **rubbing.**
strutto *m.* **lard.**
struttura *f.* **structure** (anche *fig.*); **frame**: *la s. del corpo umano,* the structure of the human body □ *(fis.) s. atomica,* atomic structure ● *(costr.) s. in ferro,* steel construction □ *(mecc.) s. nervata,* ribwork.
strutturale *a.* **structural.**
strutturalismo *m. (linguistica)* **structuralism.**
strutturalista *m.* e *f. (linguistica)* **structuralist.**
strutturalìstico *a. (linguistica)* **structuralist(ic).**
strutturare *v. t.* to **structure.**
struzzo *m. (zool.,* Struthio camelus) **ostrich**: *(fig.) avere uno stomaco di s.*, to have the digestion of an ostrich.
stuardo *a. (stor.)* **Stuart**: *Maria Stuarda,* Mary Stuart.
stuccare A *v. t.* **1** to **stucco;** to **putty 2** *(fig., fam.:* nauseare) to **nauseate;** to **make*** (sb.) **sick 3** (annoiare) to **bore B stuccarsi** *v. rifl.* to **have had enough** (of); to **be fed up** (with) *(fam.)*.
stuccatóre *m.* **stucco decorator; plasterer.**
stuccatura *f.* **1 stuccoing; puttying 2** (stucco applicato) **stucco; plaster; putty.**
stucchévole *a.* **1 nauseous; nauseating; sickening** (anche *fig.*): *cibo s.*, nauseating food **2** (noioso) **boring; tiresome; tedious**: *una persona s.*, a tiresome person.
stucchevolézza *f.* **1** (l'essere stucchevole) **nauseousness 2** *(fig.)* **nauseousness; tediousness.**
(1) stucco *m.* **1 stucco; plaster; putty**: *lavoro a s.*, stucco-work □ *s. da vetri,* glazing putty **2** (rilievo ornamentale) **stucco** ● *decorare a s.*, to stucco □ *(fig.) rimanere di s.*, to be taken aback; to be dumbfounded.
(2) stucco *a. (pop.)* **fed up.**
studènte *m.* **student;** (di scuola) **schoolboy**: *studenti di medicina,* medical students.
studentésca *f. (raro)* **student body; students** *(pl.)*.
studentésco *a.* **student** *(attr.)*.
studentéssa *f.* **girl-student.**
studiacchiare *v. t.* e *i.* to **study listlessly.**
studiare A *v. t.* **1** to **study;** (di studenti universitari) to **read*,** to **study**: *s. inglese (latino, matematica),* to study English (Latin, maths) □ *s. diritto,* to read law □ *s. il pianoforte,* to study the piano □ *s. molto,* to study hard **2** (esaminare) to **examine;** to **study**: *s. una situazione (una teoria),* to examine a situation (a theory) ● *s. le proprie parole,* to weigh one's words **B studiarsi** *v. rifl.* to **try;** to **endeavour.**
studiataménte *avv.* **1** (di proposito) **deliberately; on purpose 2** (in modo ricercato) **studiedly; with affectation.**
stùdio *m.* **1 study**: *dedicarsi allo s. del greco,* to devote oneself to the study of Greek □ *studi classici (scientifici),* classical (scientific) studies □ *incominciare (finire) gli studi,* to begin (to finish) one's studies **2** (singolo esercizio nell'ambito di un'arte: saggio critico, storico) **study**: *uno s. sul Leopardi,* a study on Leopardi □ *uno s. di Chopin,* a study by Chopin **3** (progetto) **plan 4** (stanza da studio) **study;** (ufficio di professionista) **office;** (di pittore, fotografo, ecc.) **studio***: *s. legale,* solicitor's office; chambers (of a barrister) *(pl.)* **5** *(cinem., telev.)* **studio*** ● *a bello s.*, on purpose □ (di progetto, legge, ecc.) *essere allo s.*, to be under consideration □ *programma di studi,* curriculum; syllabus.
studiòlo *m.* **small study.**
studióso A *a.* **studious; diligent B** *m.* **scholar; learned man*.**
stuellare *v. t. (med.)* to **tent.**
stuèllo *m. (med.)* **tent.**
stufa *f.* **stove** ● *s. elettrica,* electric heater.
stufaiòla *f.* **stew-pan; casserole.**
stufare A *v. t.* **1** *(cucina)* to **stew 2** *(fam.:* seccare) to **bore;** to **annoy B stufarsi** *v. rifl. (fam.)* to **get bored** (o **annoyed).**
stufato *m. (cucina)* **stew; stewed meat.**
stufo *a. (fam.)* **bored; sick (and tired); fed up** *(fam.)*: *essere s. di q.c.*, to be fed up with st.; to have had enough of st.
stuòia *f.* **mat.**
stuoino *m.* **door-mat.**
stuòlo *m.* **crowd; flock; band; swarm.**
stupefacènte A *a.* **1 amazing; astonishing 2** *(farm.)* **stupefacient; stupefying B** *m.* **drug; narcotic; dope** *(fam.)*.
stupefare *v. t.* to **amaze;** to **astonish;** to **surprise.**
stupefatto *a.* **amazed; astonished; (greatly) surprised.**
stupefazióne *f.* **1 amazement; astonishment; wonder 2** *(med.)* **stupor; stupefaction.**
stupèndo *a.* **wonderful; amazing; marvellous; terrific** *(fam.)*.
stupidàggine *f.* **1 stupidity; foolishness 2** (atto, discorso stupido) **stupid** (o **silly, foolish) thing** (o **idea, words,** etc.); **(piece of) nonsense.**
stupidaménte *avv.* **stupidly; sillily; foolishy; like a fool.**
stupidità *f.* **stupidity; stupidness; foolishness.**
stùpido A *a.* **stupid; foolish; thick-headed B** *m.* **stupid (person); fool; thickhead; nitwit** *(fam.)* ● *Non fare lo s.!*, don't be stupid!
stupire A *v. t.* to **amaze;** to **astonish;** to **astound B** *v. i.* e **stupirsi** *v. rifl.* to **be amazed** (o **astonished, astounded);** to **wonder** (at).
stupóre *m.* **1 amazement; astonishment; astoundment; great surprise; wonder 2** *(med.)* **stupor; stupefaction.**
stuprare *v. t.* to **rape.**
stupratóre *m.* **rapist.**
stupro *m.* **rape.**
stura *f.* **uncorking; opening;** (di barile, botte) **unbunging** ● *dare la s. a un barile,* to unbung a cask □ *dare la s. a una bottiglia,* to uncork a bottle.
sturabottìglie *m.* **cork-screw.**
sturalavandini *m.* **plunger.**
sturare *v. t.* **1** to **uncork;** to **open;** (barile, botte) to **unbung 2** (tubo, lavandino) to **clear;** to **unclog** ● *(fig.) s. gli orecchi a q.*, to give sb. a piece (o a bit) of one's mind.
stuzzicadènti *m.* **toothpick.**
stuzzicante *a.* (stimolante) **stimulating;** (appetitoso) **appetizing.**
stuzzicare *v. t.* **1** to **pick;** (punzecchiare) to **prod;** (strofinare) to **rub**: *stuzzicarsi i denti,* to pick one's teeth □ *stuzzicarsi gli occhi,* to rub one's eyes **2** *(fig.:* provocare, molestare) to **tease;** to **rag** *(fam.)*; to **provoke 3** *(fig.:* eccitare, stimolare) to **excite;** to **whet;** to **stir**: *s. l'appetito,* to whet one's appetite; to give an appetite □ *s. la curiosità di q.*, to excite (o to whet) sb.'s curiosity **4** (attizzare) to **poke;** to **stir 5** (toccare e ritoccare) to **finger;** to **touch.**
stuzzichino *m.* **1** *(fam.:* chi usa stuzzicare) **tease;**

teaser **2** *(dial.:* spuntino*)* **snack.**
su A *prep.* **1** *(sovrapposizione con contatto)* **on, upon;** *(direzione)* **on to**: *i libri sul tavolo,* the books on the table □ *sedere sull'erba,* to sit on the grass □ *salire di corsa sul treno,* to run on to the train **2** *(sovrapposizione senza contatto; e anche quando sia sottinteso il concetto di rivestimento, protezione, difesa, dominio, superiorità)* **over**: *portare i capelli sulle spalle,* to wear one's hair over one's shoulders □ *tirarsi il cappello sugli occhi,* to draw one's hat over one's eyes □ *avere un grande vantaggio su q.,* to have a great advantage over sb. □ *regnare su un paese,* to rule over a country **3** (al di sopra di, più in alto di) **above**: *a duemila metri sul mare,* two thousand metres above sea-level **4** (lungo) **on;** (affacciato su) **on to**: *Parigi è sulla Senna,* Paris is on the Seine □ *un appartamento che dà sul cortile interno,* a flat looking on to the inner courtyard **5** (verso, intorno a) **about**: *sul fare dell'alba,* about dawn □ *un uomo sulla sessantina,* a man about sixty (years old) **6** *(direzione:* verso*)* **towards, to;** (contro) **on, at**: *la Marcia su Roma,* the March on Rome □ *puntare il fucile su q.,* to aim one's gun at sb. **7** *(argomento:* intorno a*)* **on; about**: *un libro sulla vecchiaia,* a book on old age □ *Su che cosa parlerai?,* what will you talk about? ● *su due piedi* (subito), there and then □ *essere sul punto di fare q.c.,* to be about to do st.; to be on the point of doing st. □ *commettere errori su errori,* to make mistake after mistake □ *sette (otto, ecc.) su dieci,* seven (eight, etc.) out of ten **B** *avv.* **up;** (ai piani superiori) **upstairs**: *andare su,* to go up (o upstairs) □ *su e giù,* up and down □ *guardare su,* to look up □ *andare su per i monti,* to go up into the mountains □ *più su,* further up; farther up ● *su per giù,* more or less; about; roughly; approximately □ *andare in su,* to go upwards □ *dalla cintola in su,* from the waist upwards □ *mettere su arie,* to put on airs □ *prezzi da una sterlina in su,* prices from a pound upwards □ *tutti i giovani da ventun anni in su,* all young men of twenty-one and over □ *Dalle sette in su, mi troverai in casa,* from seven o'clock onwards you'll find me at home □ *Lo ha messo su contro di me,* he has turned him against me □ *Pensaci su!,* think it over! □ *Non sono cose da riderci su,* that's no laughing matter; it's no joke □ *Su con la vita!,* cheer up! □ *Su, andiamo!,* come on, let's go! □ *Di', su* (quello che sai)*!,* spit it out!
suaccennato *V.* **sopraccennato.**
suadènte *a.* **inviting; tempting; winning.**
sub *m.* e *f. (sport)* **skin-diver.**
subàcqueo A *a.* **subaqueous; underwater; submarine** ● *pesca subacquea,* skin-diving **B** *m. (sport)* **skin-diver.**
subaffittare *v. t.* to **sublet***; to **sublease.**
subaffitto *m.* **sublease; subtenancy.**
subaffittuàrio *m.* **sublessee; subtenant.**
subalpino *a. (geogr.)* **subalpine.**
subaltèrno A *a.* **subaltern; subordinate B** *m.* **1 subordinate 2** *(mil.)* **subaltern.**
subappaltare *v. t. (leg.)* to **subcontract.**
subappaltatóre *m. (leg.)* **subcontractor.**
subappalto *m. (leg.)* **subcontract.**
sùbbia *f.* **chisel.**
sùbbio *m. (ind. tessile)* **beam.**
subbùglio *m.* **turmoil;** (scompiglio) **muddle, mess;** (confusione) **confusion, fuss;** (trambusto) **bustle**: *essere in s.,* to be in a turmoil □ *in gran s.,* in utter confusion.
subcònscio, subcosciènte *(psic.)* **A** *a.* **subconscious B** *m.* **(the) subconscious.**
subcosciènza *f. (psic.)* **subconsciousness.**
sùbdolo *a.* **underhand; deceitful; crafty; cunning; shifty; sneaky.**
subentrare *v. i.* to **take* the place of** (sb.); to **take* over** (st.).
subire *v. t.* to **undergo***; to **go* through,** to **meet* with** (st.); to **suffer;** to **endure**: *(med.) s. un'operazione,* to undergo an operation □ *s. un torto,* to suffer a wrong ● *s. le conseguenze di q.c.,* to pay for st.
subissare A *v. t.* to **overwhelm** (anche *fig.*); to **ruin;** to **overthrow***: *s. q. di lodi,* to overwhelm sb. with praise **B** *v. i.* to **collapse.**
subisso *m.* **1 collapse; utter ruin 2** *(fig., fam:* quantità enorme) **heaps** *(pl.)*; **awful lot; no end** (of): *un s. di regali,* heaps of presents.
subitaneaménte *avv.* **suddenly; all of a sudden; unexpectedly.**
subitaneità *f.* **suddenness; unexpectedness.**
subitàneo *a.* **sudden; unexpected.**
(1) sùbito *a.* **1** *(lett.)* **sudden; unexpected 2** (pronto) **prompt; ready.**
(2) sùbito *avv.* **at once; immediately; directly; straight away; in less than no time**: *s. dopo,* immediately after; soon afterwards □ *s. s.,* all at once.
sublimare A *v. t.* **1** (elevare spiritualmente) to **sublime 2** *(chim.)* to **sublimate;** to **sublime 3** *(psic.)* to **sublimate B** *v. i. (chim.)* to **sublime.**
sublimato *m. (chim.)* **sublimate.**
sublimazióne *f.* (anche *psic., chim.*) **sublimation.**
sublime A *a.* **sublime;** (eccellente) **excellent B** *m.* **(the) sublime.**
subliminale *a. (psic.)* **subliminal.**
sublimità *f.* **sublimity; sublimeness;** (eccellenza) **excellence.**
sublinguale *a. (anat.)* **sublingual.**
sublocare *v. t.* to **sublet***; to **sublease.**
sublocazióne *f.* **sublease.**
sublunare *a.* **sublunary; sublunar.**
subnormale *(med.)* **A** *a.* **subnormal B** *m.* e *f.* **subnormal (person).**
suboceànico *a.* **suboceanic.**
subodorare *v. t.* to **get* wind of** (st.); to **smell***; (sospettare) to **suspect.**
subordinare *v. t.* to **subordinate.**
subordinata *f. (gramm.)* **subordinate** (o **dependent) clause.**
subordinativo *a. (gramm.)* **subordinating**: *congiunzioni subordinative,* subordinating conjunctions.
subordinato A *a.* **subordinate; dependent; secondary B** *m.* **subordinate.**
subordinazióne *f.* **subordination.**
subornare *v. t.* to **suborn;** to **bribe.**
subornatóre *m.* **suborner; briber.**
subornazióne *f.* **subornation; bribery.**
subsònico *a. (aeron.)* **subsonic.**
subumano *a.* **subhuman.**
suburbano *a.* **suburban.**
subùrbio *m.* **suburb.**
succedàneo A *a.* **acting as a substitute B** *m.* **succedaneum*; substitute.**
succèdere A *v. i.* **1** to **succeed** (sb.); **to succeed** (to) **2** (accadere) to **happen;** to **occur;** to **befall*** (sb.) **3** (seguire) to **follow**: *Al lampo succede il tuono,* thunder follows lightning ● *Che cosa ti succede?,* what's the matter with you? **B succèdersi** *v. rifl.* to **follow each other** (o **one another).**
successióne *f.* **1 succession**: *la s. al trono,* the succession to the throne **2** (seguito, serie) **succession; train; course 3** *(mat.)* **sequence; progression** ● *(leg.) imposta di s.,* inheritance tax; death duty.
successivaménte *avv.* **subsequently; afterwards; later.**
successivo *a.* **subsequent; successive; following; next.**
succèsso *m.* **1 success**: *avere s.,* to meet with success **2** (s. discografico, teatrale, ecc.) **hit 3** (esito) **outcome** ● *avere s. con le donne,* to be popular with women.
successóre *m.* **successor.**
succhiare *v. t.* **1** to **suck**: *s. il latte materno,* to suck one's mother's breast □ *s. un uovo,* to suck an egg □ *succhiarsi il pollice,* to suck one's thumb **2** (centellinare) to **sip 3** (assorbire) to **absorb** ● *(fig.) s. il sangue a q.,* to bleed sb. white.
succhiata *f.* **suck.**
succhiatóio *m. (zool.)* **sucker.**
succhiellare *v. t. (falegnameria)* to **bore;** to **wimble.**
succhièllo *m. (falegnameria)* **gimlet; auger; wimble.**
sùcchio *m. (bot.)* **sap.**
succhióne *m. (agric.)* **sucker.**

succhiòtto *m.* **(baby's) dummy.**
succiacapre *m.* (*zool.*, Caprimulgus europaeus) **nightjar; goatsucker** (*USA*).
succinto *a.* **1** (di veste) **short; scanty 2** (*fig.*: breve) **succinct; concise; brief.**
succitato *a.* **above-mentioned; above-stated.**
succo *m.* **1 juice**: *il s. di un'arancia,* the juice of an orange **2** (*fig.*) **gist; pith; essence; main point(s)**: *il s. d'un discorso,* the pith of a speech ● (*fisiologia*) *s. gastrico,* gastric juice.
succosità *f.* **succulence.**
succóso *a.* **1 juicy; succulent 2** (*fig.*) **pithy.**
sùccube *m.* e *f.*, **sùccubo** *m.* **1** (nella demonologia) **succubus* 2** (*per estens.*) **person dominated by sb.; slave.**
succulènto *a.* **1 succulent; juicy**: *frutta succulenta,* succulent fruit **2** (gustoso) **tasty; succulent.**
succursale *f.* (*comm.*) **branch office.**
sud *m.* (*geogr.*) **south**: *vivere nel sud,* to lie in the south □ *andare a sud,* to go south ● *del sud,* southern; south (*attr.*) □ *verso s.,* southwards.
sudafricano *a.* e *m.* **South African.**
sudamericano *a.* e *m.* **South American.**
sudanése *a.*, *m.* e *f.* **Sudanese*.**
sudare A *v. i.* **1** to **perspire**; to **sweat**: *far s. q.,* to cause sb., to sweat; to sweat sb. (anche *fig.*) **2** (*fig.*) to **work very hard;** to **sweat** (*fam.*): *s. sui libri,* to sweat (o to pore) over one's books **3** (trasudare) to **sweat;** to **ooze B** *v. t.* **1** to **sweat**: (anche *fig.*) *s. sangue,* to sweat blood **2** (guadagnare faticosamente, sudarsi q.c.) to **earn** (st.) **the hard way** (o **by the sweat of one's brow) 3** (trasudare) to **sweat;** to **ooze;** to **exude** ● *s. freddo,* to be in a cold sweat □ *s. sette camicie,* to work very hard; to be a hard job for (sb. to do st.).
sudàrio *m.* **1** (*relig.*) **sudarium* 2** (lenzuolo funebre) **shroud.**
sudata *f.* (anche *fig.*) **sweat.**
sudatìccio *a.* **sweaty; moist (with sweat).**
sudato *a.* **perspiring; wet with perspiration** (*pred.*); **sweating; sweaty; wet** (o **moist) with sweat, in a sweat** (*pred.*): *essere tutto s.,* to be all in a sweat ● *denaro s.,* hard-earned money.
suddétto *a.* **above-mentioned; above-said; aforesaid.**
suddiàcono *m.* (*relig.*) **subdeacon.**
sudditanza *f.* **subjection.**
sùddito *a.* e *m.* **subject.**
suddivìdere *v. t.* to **(sub)divide.**
suddivișióne *f.* **(sub)division.**
sudèst *m.* **southeast.**
sudicerìa *f.* **1 dirtiness; filthiness; foulness; griminess 2** (cosa sudicia) **dirty thing; filthy thing** ● *dire delle sudicerie,* to use foul language; to be foul-spoken; to talk smut.
sùdicio A *a.* **dirty** (anche *fig.*); **filthy; soiled; foul; grimy**: *avere il viso s. (le mani sudicie),* to have a dirty face (dirty hands) □ *un s. avaro,* a dirty niggard **B** *m.* **dirt** (anche *fig.*); **filth; grime.**
sudicióne *m.* **dirty** (o **filthy) fellow.**
sudiciume *m.* **dirt** (anche *fig.*); **filth; grime.**
sudista *a.*, *m.* e *f.* (*stor. USA*) **Confederate.**
sudorazióne *f.* (*fisiologia*) **perspiration; sweating.**
sudóre *m.* **1 perspiration; sweat**: *gocce di s.,* beads of perspiration □ *essere in un bagno di s.,* to be bathed in perspiration □ *un s. freddo,* a cold sweat **2** (*fig.*) **toil; sweat; hard work**: *guadagnarsi il pane col s. della fronte,* to earn one's living by the sweat of one's brow.
sudorìfero, sudorìfico A *a.* **sudoriferous; sudorific B** *m.* (*farm.*) **sudorific.**
sudorìparo *a.* **sudoriparous; sudoriferous.**
sudòvest *m.* **1 southwest 2** (copricapo di tela cerata) **sou'wester.**
suespósto *a.* **above-mentioned; above-stated.**
sufficiènte A *a.* **1 sufficient; enough**: *una quantità s.,* a sufficient quantity □ *Non credo che questo sarà s.,* I don't think this will be enough □ *avere tempo s. per fare q.c.,* to have enough time (o time enough) to do st. **2** (borioso) **self-important; self-sufficient** ● (termine scolastico) *s.,* fair **B** *m.* **1 enough**: *avere il s. per vivere,* to have enough to live on **2** (termine scolastico) **pass mark.**
sufficienteménte *avv.* **sufficiently; enough.**
sufficiènza *f.* **1 sufficiency 2** (termine scolastico) **pass mark 3** (boria) **self-importance; self-sufficiency 4** (ostentazione di superiorità) **self-importance; self-sufficiency** ● *a s.,* sufficiently; enough: *cibo a s.,* enough food; food enough.
suffisso *m.* (*gramm.*) **suffix.**
suffragàneo *a.* (*relig.*) **suffragan.**
suffragare *v. t.* **1** (*lett.*: sostenere) to **support 2** (*relig.*) to **pray for**: *s. le anime dei defunti,* to pray for the souls of the departed.
suffragétta *f.* **suffragette.**
suffràgio *m.* **1** (voto) **suffrage; vote**: *il diritto di s.,* the (right to) vote **2** (*lett.*: approvazione) **approval; support 3** (*relig.*) **intercession; suffrages** (*pl.*) ● *una messa di s. per le anime dei defunti,* a mass for the souls of the departed.
suffragista *m.* e *f.* **suffragist.**
suffumicare *v. t.* to **suffumigate.**
suffumìgio *m.* **suffumigation(s).**
suga, sugante *a.* — *carta s.,* blotting paper.
suggellare, suggèllo *V.* **sigillare, sigillo.**
suggeriménto *m.* **suggestion; hint; proposal; advice**: *dare un buon s. a q.,* to give sb. a good piece of advice.
suggerire *v. t.* **1** to **suggest;** to **hint;** to **propose;** to **prompt;** (consigliare) to **advise;** (dire) to **tell* 2** (a teatro, a scuola) to **prompt.**
suggeritóre *m.* (*teatr.*) **prompter.**
suggestionàbile *a.* **suggestible.**
suggestionare A *v. i.* to **influence B suggestionarsi** *v. rifl.* to **be influenced.**
suggestióne *f.* **1 suggestion; instigation 2** (*psic.*) **suggestion**: *guarire q. con la s.,* to cure sb. by suggestion.
suggestivo *a.* **suggestive; evocative; stimulating.**
sùghera *f.* (*bot.*, Quercus suber) **cork-oak; cork-tree.**
sugherifìcio *m.* **cork-factory.**
sùghero *m.* **1** (*bot.*, Quercus suber) **cork-oak; cork-tree 2** (corteccia del fusto della pianta) **cork 3** (turacciolo) **cork; stopper.**
sugheróso *a.* **1** (di sughero) **cork** (*attr.*); **of cork 2** (sim. a sughero) **corky; like cork** (*pred.*).
sugna *f.* **lard.**
sugnóso *a.* **1 lardy 2** (untuoso come la sugna) **like lard** (*pred.*); **greasy.**
sugo *m.* **1** (succo di frutta) **juice**: *s. di limone,* lemon-juice **2** (*cucina*: s. di carne) **gravy;** (salsa di pomodoro) **sauce 3** (*fig.*) **essence; substance; gist; point**: *il s. d'un discorso,* the substance of a speech □ *Non c'è s.,* there isn't any point (in it).
sugosità *f.* **juiciness; succulence.**
sugóso *a.* **1 juicy; succulent 2** (*fig.*) **pithy.**
suicida A *a.* **suicidal B** *m.* e *f.* **suicide.**
suicidarsi *v. rifl.* to **commit suicide;** to **kill oneself.**
suicìdio *m.* **suicide** (anche *fig.*); **self-murder.**
suindicato *V.* **sopraindicato.**
suino (*zool.*) **A** *a.* **swine** (*attr.*); **suilline** ● *carne suina,* pork **B** *m.* **swine*; pig.**
suite (*franc.*) *f.* (*mus.*) **suite.**
sulfamìdico *m.* (*farm.*) **sulphonamide; sulpha drug.**
sulfùreo *a.* **sulphureous.**
sultana *f.* **1 sultana 2** (specie di divano) **ottoman.**
sultanato *m.* **sultanate.**
sultanina *a.* — *(uva) s.,* sultana.
sultano *m.* **sultan** ● (*fig.*) *fare una vita da s.,* to live like a lord.
summenzionato, sunnominato *a.* **above-mentioned; above-named.**
sunteggiare *v. t.* to **summarize;** to **sum up.**
sunto *m.* **summary; précis, résumé** (*franc.*): *fare il s. di q.c.,* to write a summary (o to make a précis) of st.; to summarize st.
suntuóso e *deriv. V.* **sontuóso** e *deriv.*
suo A *a. poss.* **1** (di lui) **his;** (di lei) **her;** (rif. a cose o

animali) **its;** (suo proprio) **his own, her own, its own**: *suo padre,* (di lui) his father; (di lei) her father □ *i suoi fratelli* (di lei), her brothers □ *le sue sorelle* (di lui) his sisters □ *la scatola con il suo coperchio,* the box with its lid □ *Sono parole sue,* these are his (o her) very words □ *Non è affar suo,* it's none of his (o of her) business; it's no business of his (o of hers) **2** *(formula di cortesia)* **your**: *Voglio ringraziarLa della Sua gentilezza,* I want to thank you for your kindness **3** *(come pred. nominale)* (di lui) **his;** (di lei) **hers;** (di cose o animali) **its own** *(raro)*: *Quell'automobile non è sua,* that car isn't his (o hers) **4** *(con valore indef.)* **one's;** (suo proprio) **one's own 5** *(in forme ellittiche)* **his, her, its,** *(indef.)* **one's** (seguiti da un sost.): *Ne ha fatta una delle sue,* he (o she) has been up to his (o her) usual (o old) tricks □ *Spende del suo,* he (o she) is spending his (o her) own money □ *Vuole sempre dire la sua,* he (o she) always wants to have his (o her) say □ *in seguito alla Sua pregiata del 20 c. m.,* with regard to your letter of the 20th inst. ● (nella chiusa delle lettere) *Suo John Smith,* yours sincerely, John Smith □ *Ormai avrà i suoi ottant'anni suonati,* he'll be well over eighty by now □ *Ogni cosa a suo tempo,* there is a time for everything **B** *pron. poss.* (di lui) **his;** (di lei) **hers;** (di cose o animali) **its own** (raro): *Questo cappotto è mio, quello il suo,* this coat is mine, that one is his (o hers) **C** *m. pl.* — *i suoi,* (parenti, familiari) his (o her) family, his (o her) relatives, his (o her) folks *(fam.)*; (sostenitori, seguaci) his (o her) supporters (o followers).

suòcera *f.* **mother-in-law.**

suòcero *m.* **father-in-law.**

suòla *f.* **sole**: *rifare le suole,* to put new soles (on a pair of shoes); to sole ● *scarpe con s. di gomma,* rubber-soled shoes.

suòlo *m.* **1 ground; soil**: *cadere al s.,* to fall to the ground □ *il s. nativo,* one's native soil (o land) **2** (strato) **layer.**

suonare e *deriv. V.* **sonare** e *deriv.*

suòno *m.* **sound**: *un s. confuso di molte voci,* a confused sound of many voices □ *il s. d'un pianoforte,* the sound of a piano □ *(fis.) onde del s.,* sound waves ● *il s. delle campane,* the ringing of the bells □ *costringere q. a fare q.c. a s. di bastonate,* to cane sb. into doing st. □ *far tacere un attore a suon di fischi,* to hiss an actor into silence (o off the stage) □ *senza s.,* soundless □ *tecnico del s.,* acoustician.

suòra *f.* **Sister;** (monaca) **nun**: *Suor Maria,* Sister Mary □ *farsi s.,* to become a nun; to take the veil.

super A *a.* **premium**: *benzina s.,* premium petrol **B** *f. invar.* (benzina s.) **prempium petrol.**

super- *pref.* **super-.**

superàbile *a.* **superable; surmountable.**

superalcòlico A *a.* **high-proof B** *m. pl.* **high-proof spirits.**

superalimentazióne *f.* **supernutrition.**

superallenamento *m. (sport)* **overtraining.**

superaménto *m.* **1 overcoming 2** *(autom.)* **overtaking.**

superare *v. t.* **1** (sorpassare) **to exceed; to be over;** (rif. a persona) **to surpass,** to **excel**: *s. tutte le proprie aspettative,* to exceed all one's expectations □ *s. il limite di velocità,* to exceed the speed limit □ *s. q. in velocità,* to exceed sb. in speed; to be faster than sb. □ *s. le diecimila lire,* to be over ten thousand lire □ *s. q. in q.c.* (nel fare q.c.), to excel sb. in (o at) st. (in doing st.) **2** (oltrepassare) to **get* over,** to **climb over** (st.); (attraversare) to **cross;** (con un veicolo) to **pass,** to **overtake***: *s. un fiume,* to cross a river □ *s. q. in curva,* to overtake (o to pass) sb. on a bend **3** *(fig.:* vincere, sormontare*)* to **overcome*;** to **surmount;** to **get* over;** to **get* through**: *s. un ostacolo,* to overcome (o to surmount) an obstacle; *(sport)* to clear an obstacle □ *s. una malattia,* to get over an illness □ *s. un esame,* to get through (o to pass) an exam **4** *(naut.)* to **overhaul** ● *s. ogni primato,* to break all records □ *s. q. di dieci punti,* (durante una partita) to be ten points ahead of sb.; (alla fine d'una partita) to have scored ten points more than sb.

superato *a.* (non più attuale) **out-of-date; old-fashioned.**

superbaménte *avv.* **1** (con superbia) **proudly; with pride; haughtily; arrogantly 2** (magnificamente) **superbly; magnificently;** (splendidamente) **splendidly.**

supèrbia *f.* **pride; haughtiness** ● *mettere su s.,* to put on airs.

superbióso *a.* **self-confident; haughty; arrogant.**

supèrbo *a.* **1 proud; haughty**: *andare s. di q.,* to be proud of sb. **2** (magnifico) **superb; magnificent;** (splendido) **splendid**: *superbi tesori d'arte,* superb treasures of art □ *un dono s.,* a splendid gift **3** (altissimo, eccelso) **lofty.**

supercarburante *m.* **premium petrol.**

supercolòsso *m. (cinem.)* **supercolossal film.**

superdònna *f.* **superwoman*** (anche *iron.*).

superdòse *f.* **overdose.**

superdotato *a.* **highly-gifted.**

superficiale *a.* **superficial** (anche *fig.*); **surface** *(attr.)*: *una ferita s.,* a superficial (o skin-deep) wound □ *una conoscenza s. di q.c.,* a superficial knowledge of st. □ *impressioni superficiali,* surface impressions.

superficialità *f.* **superficiality** (anche *fig.*).

superficialménte *avv.* **superficially; in a superficial way; cursorily.**

superfìcie *f. (geom.)* **surface** (anche *fig.*); (area) **area**: *calcolare la s. d'un quadrato,* to calculate the (surface) area of a square □ *in s.,* on the surface □ *(aeron.) s. alare,* wing area ● *cortesia che non va oltre la s.,* surface politeness.

superfluità *f.* **superfluity; superfluousness.**

supèrfluo A *a.* **superfluous; surplus** *(attr.)*; **non-essential; needless**: *spese superflue,* superfluous (o unnecessary) expenses □ *s. dire,* needless to say **B** *m.* **surplus; extra.**

super-io *m. (psic.)* **superego.**

superióra *f. (relig.)* **Mother Superior.**

superióre A *a.* **1 superior**: *un essere s.,* a superior being □ *una qualità s.,* a superior quality □ *essere s. a q. per intelligenza,* to be superior to sb. in intelligence **2** (più alto, più elevato) **higher**: *una velocità s.,* a higher speed □ *animali che appartengono a un ordine s.,* animals that belong to a higher order □ *un grado s.,* a higher degree **3** (sovrastante) **upper**: *il labbro s.,* the upper lip □ *le classi superiori,* the upper classes □ *abitare al piano s.,* (di una casa a due piani) to live on the upper floor; (di una casa a diversi piani) to live on the floor above **4** *(fig.:* al di sopra*)* **above; beyond**: *un compito s. alle proprie capacità,* a task beyond (o above) one's capabilities □ *essere s. a ogni sospetto,* to be above all suspicion **5** (di grado superiore) **senior**: *le classi superiori di una scuola,* the senior classes of a school **6** (più avanzato) **advanced**: *studi superiori,* advanced studies ● *persona s.,* highly-gifted person **B** *m.* **1 superior**: *ubbidire ai propri superiori,* to obey one's superiors **2** *(relig.)* **Father Superior.**

superiorità *f.* **superiority.**

superlativo A *a.* **superlative** (anche *gramm.*); **excellent B** *m. (gramm.)* **superlative (degree)**: *il s. relativo (assoluto),* the relative (absolute) superlative.

superlavóro *m.* **overwork.**

supermercato *m.* **supermarket.**

supèrno *a. (lett.)* **supernal; supreme;** (celeste) **celestial, heavenly.**

supernutrizióne *f.* **supernutrition.**

sùpero *m. (comm.)* **surplus; excess.**

superpetrolièra *f. (naut.)* **supertanker.**

supersònico *a. (aeron.)* **supersonic.**

superstite A *a.* **surviving B** *m.* e *f.* **survivor.**

superstizióne *f.* **superstition.**

superstiziosità *f.* **superstitiousness.**

superstizióso *a.* **superstitious.**

superstrada *f.* **motorway; freeway** *(USA)*.

superuòmo *m.* **superman*** (anche *iron.*).

supervisióne *f.* **supervision.**

supervisóre *m.* **supervisor.**

supinatóre *a.* — *(anat.) muscolo s.,* supinator.

(1) supino *a.* **supine** (anche *fig.*); **lying on one's back, face upwards.**

(2) supino *m. (gramm. lat.)* **supine.**

suppellettile *m. (specialm. pl.)* **furnishings** *(pl.)*; **piece of furniture**: *le suppellettili di casa,* the house

furniture; the household goods.
suppergiù *avv.* **about; nearly; approximately; roughly.**
supplementare *a.* **supplementary** (anche *geom.*); **supplemental; additional**: *angoli supplementari,* supplementary angles ● (*sport*) *tempi supplementari,* extra time (*sing.*); overtime periods □ *treno s.,* relief train.
suppleménto *m.* **1 supplement**: *il s. letterario,* the literary supplement **2** (sovrapprezzo) **extra charge 3** (*geom.*) **supplement** ● (*ferr.*) *s. di tariffa,* extra fare.
supplènte A *a.* **temporary; substitute B** *m.* e *f.* **1** (impiegato s.) **substitute; sub** (*fam.*) **2** (insegnante s.) **supply teacher; temporary teacher.**
supplènza *f.* **temporary post.**
suppletivo *a.* **supplementary** ● (*polit.*) *elezioni suppletive,* by-elections.
suppletòrio *a.* **supplementary.**
supplì *m.* (*cucina*) **rice croquette.**
sùpplica *f.* **supplication; petition; entreaty.**
supplicante *a., m.* e *f.* **suppliant.**
supplicare *v. t.* to **entreat;** to **plead for;** to **implore;** to **beseech*;** to **beg**: *s. misericordia,* to plead for mercy.
sùpplice (*lett.*) *V.* **supplicante, supplichevole.**
supplichévole *a.* **suppliant; imploring; beseeching.**
supplire A *v. t.* to **supply;** (compensare) to **make* up for,** to **compensate for** (st.) **B** *v. t.* to **take* the place of,** to **substitute for** (sb.).
suppliziare *v. i.* to **torture;** to **torment.**
supplìzio *m.* **torture** (anche *fig.*); **torment** ● *condurre al s.,* to lead to death (o to execution) .
supponìbile *a.* **imaginable; presumable.**
suppórre *v. t.* to **suppose;** to **presume;** to **imagine;** to **think***: *Suppongo di sì,* I suppose so □ *Suppongo di no,* I suppose not □ *Supponi di trovarti in un'isola deserta,* imagine yourself (to be) on a desert island.
suppòrto *m.* **support; rest; stand; bearing** ● (*aeron.*) *s. di antenna radio,* mast □ (*elab.*) *s. di memorizzazione,* storage medium.
suppoṣitòrio *m.* (*farm.*) **suppository.**
suppoṣizióne *f.* **supposition; assumption; conjecture.**
suppósta *f.* (*farm.*) **suppository.**
suppurare *v. i.* to **suppurate;** to **come* to a head.**
suppurativo *a.* **suppurative.**
suppurazióne *f.* **suppuration** ● *venire a s.,* to suppurate; to come to a head.
supremazìa *f.* **supremacy.**
suprême (*franc.*) *f. invar.* (*cucina*) **suprême.**
suprèmo *a.* **1 supreme**: *la Corte Suprema,* the Supreme Court □ *l'Ente S.,* the Supreme Being □ *assumere il comando s.,* to assume the supreme command **2** (principale) **prime, chief;** (straordinario) **extraordinary**: *la causa suprema,* the prime (o chief) cause **3** (massimo, sommo) **great; greatest; highest**: *uno sforzo s.,* a great (o supreme) effort □ *in grado s.,* in the highest degree **4** (ultimo, estremo) **last**: *il s. addio,* the last farewell □ *i supremi conforti della religione,* the last consolations (o comforts) of religion ● *il Capo S. dello Stato,* the Head of State.
sùrah *m.* (*ind. tessile*) **surah.**
surclassare *v. t.* (anche *sport*) to **outclass.**
surf (*ingl.*) *m.* **1** (ballo) **surf 2** *V.* **surfing.**
surfing (*ingl.*) *m.* (*sport*) **surfing** ● *praticare il s.,* to surf-ride; to surf □ *tavola da s.,* surfboard.
surgelare *v. t.* to **deep-freeze*.**
surgelato A *a.* **deep-frozen**: *pesce s.,* deep-frozen fish **B** *m. pl.* **deep-frozen food.**
surplus (*franc.*) *m.* (*econ.*) **surplus.**
surreale *a.* **surreal.**
surrealiṣmo *m.* (*letter., arte*) **surrealism.**
surrealista *m.* e *f.* (*letter., arte*) **surrealist.**
surrealìstico *a.* (*letter., arte*) **surrealistic.**
surrenale *a.* (*anat.*) **suprarenal.**
surrène *m.* (*anat.*) **suprarenal** (o **adrenal**) **gland.**
surrettìzio *a.* **surreptitious.**
surriferito *a.* **above-mentioned; aforesaid.**
surriscaldaménto *m.* **overheating; superheating.**
surriscaldare A *v. t.* to **overheat;** to **superheat B surriscaldarsi** *v. rifl.* (anche *fig.*) to **get* overheated.**
surriscaldato *a.* **overheated** (anche *fig.*); **superheated.**
surrogare *v. t.* **1** (sostituire) to **subrogate** (sb.); to **put*** (sb., st.) **in the place of** (sb., st. else) **2** (subentrare ad altri) to **substitute for** (sb.); to **take* the place of** (sb.).
surrogato *m.* **substitute; ersatz** (*ted.*): *un s. del burro,* a substitute for butter □ *s. del caffè,* ersatz coffee.
surrogazióne *f.* **subrogation; substitution.**
suscettìbile *a.* **1 susceptible**: *essere s. di miglioramento,* to be susceptible of improvement **2** (ombroso, facile a offendersi) **susceptible; touchy** (*fam.*).
suscettibilità *f.* **susceptibility; touchiness** (*fam.*) ● *offendere la s. di q.,* to hurt sb.'s feelings.
suscitare *v. t.* to **stir up;** to **excite;** to **provoke;** to **arouse**: *s. invidia,* to excite envy □ *s. il riso,* to provoke laughter □ *s. una rivolta,* to stir up a revolt.
susina *f.* (*bot.*) **plum** ● *s. claudia,* greengage □ *s. di macchia,* sloe.
susino *m.* (*bot.,* Prunus domestica) **plum(-tree)** ● *s. di macchia* (Prunus spinosa), sloe.
suspicióne *f.* (*leg.*) **suspicion.**
susseguènte *a.* **subsequent; following.**
susseguire A *v. t.* e *i.* to **succeed;** to **follow;** to **come* after**: *Al lampo sussegue il tuono,* thunder follows lightning **B susseguirsi** *v. rifl.* to **follow one another.**
sussidiare *v. t.* to **subsidize.**
sussidiàrio *a.* **subsidiary; auxiliary.**
sussìdio *m.* **1 subsidy; benefit; support**: *s. di disoccupazione,* unemployment benefit; dole (*fam.*) □ *s. malattia,* sickness benefit; sick pay **2** (aiuto) **aid; help** ● *sussidi scolastici,* educational aids.
sussiègo *m.* **hauteur; superciliousness.**
sussiegóso *a.* **haughty; supercilious.**
sussistènza *f.* **1 subsistence; existence**: *mezzi di s.,* means of subsistence **2** (*mil.*) **supply department.**
sussìstere *v. i.* **1** to **subsist;** to **exist 2** (avere fondamento) to **hold* good;** to **hold* water.**
sussultare *v. i.* **1** to **start;** to **wince**: *s. di spavento,* to start back in fear **2** (di cose) to **shake*;** to **tremble.**
sussulto *m.* **1 start; wince 2** (scossa) **shake; shock; tremor.**
sussultòrio *a.* (di un terremoto) **sussultatory.**
sussurrare A *v. t.* to **whisper;** to **murmur B** *v. i.* **1** (bisbigliare) to **whisper;** to **murmur;** (di foglie) to **rustle 2** (sparlare) to **murmur.**
sussurrìo *m.* **whispering; murmuring;** (di foglie) **rustling.**
sussurro *m.* **whisper; murmur;** (di foglie) **rustle.**
sussurróne *m.* (*fam.*) **murmurer; backbiter.**
sutura *f.* (*anat., med.*) **suture.**
suturare *v. t.* (*med.*) to **suture.**
suvvìa *inter.* **come on!**
ṣvagare A *v. t.* **1** (ricreare) to **amuse;** to **keep*** (sb.) **amused;** to **entertain 2** (distrarre) to **distract;** to **divert** (sb.'s) **mind** (from) **B ṣvagarsi** *v. rifl.* **1** to **amuse oneself;** to **relax;** (divertirsi) to **enjoy oneself 2** (distrarsi) to **be distracted;** to **find* distraction.**
ṣvagatàggine, ṣvagatézza *f.* **absent-mindedness.**
ṣvagato *a.* **absent-minded; inattentive.**
ṣvago *m.* **amusement; entertainment; recreation; relaxation; diversion** ● *prendersi un po' di s.,* to relax.
ṣvaligiare *v. t.* to **rob** (a bank); to **burgle,** to **break* into** (a house); to **ransack.**
ṣvaligiatóre *m.* **robber; burglar; house-breaker; ransacker.**
ṣvalutare *v. t.* (*econ.*) to **devalue;** (*comm.*) to **depreciate,** to **cry down** (st.).

ṣvalutazióne *f. (econ.)* **devaluation;** *(comm.)* **depreciation.**
ṣvampare *v. t.* ***1*** to **blaze forth;** to **burst* out** ***2*** *(fig.:* diminuire d'intensità*)* to **die down;** to **cool down** (o **off).**
ṣvampito ***A*** *a.* **absent-minded; barmy** *(fam.)*; **not right in the head** (o **upper storey)** *(fam.)* ***B*** *m.* **scatterbrain.**
ṣvanire *v. i.* ***1*** (perdere odore, sapore) to **lose* (its) flavour** ***2*** *(fig.:* dileguarsi, sparire*)* to **fade** (o to **die) away;** to **vanish;** to **disappear.**
ṣvantaggiato *a.* **at a disadvantage** *(pred.)*.
ṣvantàggio *m.* **disadvantage; drawback; detriment; snag** *(fam.)*; **handicap** (anche *sport)* ● *in condizioni di s.,* under a disadvantage.
ṣvantaggióso *a.* **disadvantageous; detrimental; unfavourable; prejudicial.**
ṣvaporaménto *m.* **evaporation.**
ṣvaporare *v. i.* ***1*** (evaporare) to **evaporate** ***2*** *(fig.)* to **cool** (o **to die) down;** to **fade away;** to **disappear.**
ṣvariare *v. t.* to **vary;** to **diversify.**
ṣvariato *a.* **varied; various.**
ṣvarióne *m.* **blunder; bloomer; howler** *(fam.)*.
ṣvaṣare *v. t.* ***1*** (cambiare di vaso) to **repot** ***2*** (foggiare a forma di vaso) to **flare**: *s. una gonna,* to flare a skirt.
ṣvaṣato *a. (moda)* **flared; gored.**
ṣvaṣatura *f.* **flare, flaring.**
ṣvàstica *f.* **swastika.**
ṣvecchiaménto *m.* **modernization; renewal.**
ṣvecchiare *v. t.* to **modernize;** to **renew.**
ṣvedése ***A*** *a.* **Swedish** ***B*** *m.* e *f.* **Swede** ● *lo s.,* (la lingua) Swedish.
ṣvéglia *f.* ***1*** **call; early call** ***2*** (orologio) **alarm-clock**: *caricare una s.,* to set an alarm-clock ***3*** *(mil.)* **reveille.**
ṣvegliare ***A*** *v. t.* ***1*** to **wake* (up);** to **awake*;** to **rouse**: *Svegliami presto domattina!,* wake me early tomorrow morning! ***2*** *(fig.:* animare, scuotere*)* to **wake* up;** to **rouse;** to **liven up**: *Ho bisogno di qualcosa che mi svegli,* I need st. to wake me up ***3*** *(fig.:* risvegliare*)* to **awaken;** to **arouse,** to **rouse**: *s. l'interesse (la curiosità) di q.,* to awaken sb.'s interest (curiosity) □ *s. il senso del dovere in q.,* to awaken sb. to a sense of duty ***B*** **ṣvegliarsi** *v. rifl.* ***1*** to **wake* (up);** to **awake***: *Mi sono svegliato di soprassalto,* I awoke (o I woke up) with a start □ *Svegliati!,* wake up! ***2*** *(fig.:* risvegliarsi*)* to **reawaken;** to **rekindle** ***3*** (di vento: levarsi) to **rise*** ***4*** *(fig.:* scaltrirsi) to **wake* up**: *s. alla realtà,* to wake up to reality.
ṣvegliarino *m. (fam.)* **reminder.**
ṣvéglio *a.* ***1*** (desto) **awake** *(pred.)* ***2*** *(fig.)* **wide-awake; quick(-witted); alert; sharp; smart.**
ṣvelare ***A*** *v. t.* ***1*** to **unveil** ***2*** *(fig.:* palesare*)* to **disclose;** to **reveal**: *s. un segreto,* to reveal a secret ● *s. il proprio carattere,* to show one's colours *(fam.)* ***B*** **ṣvelarsi** *v. rifl.* to **reveal oneself.**
ṣvelenirsi *v. rifl.* to **give* vent to one's anger** (o **spite, hatred,** etc.).
ṣvèllere *v. t.* (anche *fig.)* to **uproot;** to **extirpate;** to **eradicate.**
ṣveltézza *f.* ***1*** (rapidità) **quickness; dispatch;** (velocità) **speed** ***2*** (prontezza) **quickness; readiness; promptness** ***3*** (forma slanciata) **slimness; slenderness** ● *fare q.c. con grande s.,* to do something (very) quickly.
ṣveltire ***A*** *v. t.* ***1*** to **quicken;** to **make*** (st.) **quicker;** (rendere più agile) to **make*** (st.) **nimbler;** (rendere più elastico) to **make*** (st.) **suppler**: *s. il passo,* to quicken one's pace; to hurry up ***2*** (rendere disinvolto) to **make*** (sb.) **come out of his** (o **her) shell;** (svegliare) to **wake* up,** to **rouse** ***3*** (abbreviare) to **shorten** ***4*** (semplificare) to **simplify** ● *s. la figura,* to slim □ *s. il traffico,* to speed up traffic ***B*** **ṣveltirsi** *v. rifl.* ***1*** to **become* quicker** (o **quick);** (diventare più agile) to **become* nimbler** (o **suppler)**: *s. nel fare q.c.,* to become quicker in doing st. ***2*** (diventare più spigliato) to **polish one's manners;** to **come* out of one's shell;** (svegliarsi) to **wake* up.**
ṣvèlto *a.* ***1*** (rapido, pronto) **quick**: *s. nel fare le cose,* quick in doing things □ *essere s. di lingua,* to have a quick tongue; to have the gift of the gab ***2*** (intelligente) **quick-witted; sharp-witted; smart; alert**: *un ragazzo s.,* a smart boy ***3*** (slanciato) **slender; svelte** ● *s. di mano,* (che ruba) light-fingered; (manesco) free with one's fists □ *alla svelta,* quickly.
ṣvenare ***A*** *v. t.* ***1*** to **open** (o to **cut*)** (sb.'s) **veins** ***2*** *(fig.)* to **bleed*** (sb.) **dry** ***B*** **ṣvenarsi** *v. rifl.* ***1*** to **open** (o to **cut*) one's veins** ***2*** *(fig.)* to **spend* one's last penny.**
ṣvéndere *v. t. (comm.)* to **sell* off.**
ṣvéndita *f. (comm.)* **selling-off; sale.**
ṣvenévole *a.* **mawkish; lackadaisical.**
ṣvenevolézza *f.* **mawkishness; lackadaisicalness; sentimentality.**
ṣveniménto *m.* **faint; fainting(-fit); swoon.**
ṣvenire *v. i.* to **faint;** to **swoon.**
ṣventagliare ***A*** *v. t.* to **fan** ***B*** **sventagliarsi** *v. rifl.* to **fan oneself.**
ṣventagliata *f.* ***1*** **fanning** ***2*** (scarica di arma) **sweeping burst of fire.**
ṣventare *v. t.* to **baffle;** to **foil;** to **thwart;** to **frustrate**: *s. i piani del nemico,* to thwart the enemy's plans.
ṣventatézza *f.* ***1*** **heedlessness; thoughtlessness; rashness** ***2*** (atto sventato) **thoughtless** (o **rash) action.**
ṣventato ***A*** *a.* **heedless; thoughtless; rash; scatterbrained; harebrained** *(fam.)* ***B*** *m.* **thoughtless** (o **rash) person; scatterbrain.**
ṣvèntola *f.* ***1*** (ventola) **fire-fan; fan** ***2*** (percossa) **blow; slap** ***3*** *(pugilato)* **swing** ● *(fig.) orecchie a s.,* flapping ears.
ṣventolare ***A*** *v. t.* e *i.* to **flap;** to **wave;** to **flutter**: *s. il fazzoletto,* to wave one's handkerchief ***B*** **ṣventolarsi** *v. rifl.* to **fan oneself.**
ṣventolìo *m.* **flapping; waving; fluttering.**
ṣventraménto *m.* ***1*** **disembowelment** ***2*** *(fig.)* **demolition** ● *s. dei quartieri popolari,* slum clearance.
ṣventrare *v. t.* ***1*** to **disembowel;** to **draw*;** to **clean out;** to **gut**: *s. un pollo,* to draw a chicken □ *s. un pesce,* to gut a fish ***2*** *(fig.:* demolire*)* to **demolish;** to **knock down;** to **clear.**
ṣventura *f.* ***1*** **misfortune; bad** (o **ill) luck** ***2*** (avvenimento doloroso) **misfortune; mishap** ● *per colmo di s.,* to crown it all.
ṣventurato *a.* **unlucky; unfortunate; hapless** *(lett.)*.
ṣverginare *v. t.* to **ravish;** to **deflower.**
ṣvergognare *v. t.* to **put*** (sb.) **to shame;** to **disgrace.**
ṣvergognatézza *f.* **shamelessness; impudence.**
ṣvergognato *a.* **shameless; impudent; brazen** ● *È uno s.,* he's lost to shame.
ṣvergolare *v. t.* ***1*** *(mecc.)* to **twist** ***2*** *(aeron.)* to **warp.**
ṣvernaménto *m.* **wintering;** (di animali) **hibernation.**
ṣvernare *v. i.* to **winter;** (di animali) to **hibernate.**
ṣvèrẓa *f.* **splinter.**
ṣverẓare *v. t.* to **splinter.**
ṣvescicare *v. t.* **ṣvescicarsi** *v. rifl. (fam.)* to **blister.**
ṣvestire ***A*** *v. t.* to **undress;** to **strip** (sb.) **of** (his) **clothes** ***B*** **ṣvestirsi** *v. rifl.* to **undress (oneself);** to **take* off one's clothes.**
ṣvettare ***A*** *v. t. (agric.)* to **poll;** to **lop** ***B*** *v. i.* ***1*** (di albero: agitare la vetta) to **wave its top** ***2*** (stagliarsi) to **be silhouetted (against the sky).**
ṣvettatóio *m.* **lopping shears** *(pl.)*.
ṣvèvo *a.* e *m.* **Swabian.**
ṣvezzaménto *m.* **weaning.**
ṣvezzare ***A*** *v. t.* ***1*** to **wean** ***2*** (disabituare) to **wean** (from) ***B*** **ṣvezzarsi** *v. rifl.* to **break* oneself (of a habit).**
ṣviaménto *m.* ***1*** **deviation** ***2*** *(ferr.)* **derailment.**
ṣviare ***A*** *v. t.* ***1*** to **divert;** to **avert;** to **ward off**: *s. l'attenzione di q. da q.c.,* to divert sb.'s attention from st. ***2*** (traviare) to **lead*** (sb.) **astray** ***B*** **ṣviarsi** *v. rifl.* to **go* astray** (o **off the right path).**
ṣvicolare *v. i. (fam.)* to **turn a corner;** (svignarsela) to

slip away.

ṣvignare *v. i.* **ṣvignàrsela** *v. rifl.* to **slink* away** (o **off**); to **slip away**; to **steal* away**; to **beat* it**, to **hook it** *(pop.)*.

ṣvigorire A *v. t.* to **enfeeble**; to **weaken**; to **debilitate B ṣvigorirsi** *v. rifl.* to **lose* one's vigour**; to **grow* weak**.

ṣviliménto *m.* **depreciation**.

ṣvilire *v. t.* to **depreciate** ● *s. i prezzi,* to reduce prices.

ṣvillaneggiare *v. t.* to **insult**; to **abuse**.

ṣviluppare A *v. t.* **1** (disfare, sciogliere) to **untie**; to **undo***; to **loosen**: *s. un nodo,* to untie (o to undo, to loosen) a knot **2** (far crescere) to **develop**; to **expand**: *s. le risorse naturali di un paese,* to develop the natural resources of a country **3** (rinvigorire) to **strengthen**; to **develop 4** (elaborare) to **develop**; to **work out**: *s. un piano d'attacco,* to work out a plan of attack **5** (produrre) to **develop**; to **generate**: *s. calore,* to generate heat **6** *(fotogr., mat.)* to **develop B ṣvilupparsi** *v. rifl.* **1** to **develop 2** (crescere) to **grow***; (rinvigorirsi) to **develop**, to **strengthen 3** (espandersi) to **expand**; to **develop 4** (scoppiare) to **break* out**.

ṣviluppo *m.* **1 development**; **growth**; (rafforzamento) **strengthening**: *s. fisico (morale),* physical (moral) development □ *lo s. dei muscoli,* the strengthening of the muscles **2** (espansione) **expansion**; **development**; **growth**: *lo s. di una città,* the expansion of a city □ *arrestare lo s. di q.c.,* to check the development of st. **3** (elaborazione) **working out**; **development 4** *(scient.: emissione)* **generation**: *lo s. di gas,* the generation of gas **5** *(fotogr., mat.)* **development** ● *s. edilizio,* housing boom.

ṣvinare *v. t. (agric.)* to **draw* wine (from a vat)**; to **rack**.

ṣvinatura *f. (agric.)* **racking**.

ṣvincolaménto *m.* **1 release, releasing**; **disengagement 2** *(leg.)* **redeeming 3** *(comm.)* **clearance**.

ṣvincolare A *v. t.* **1** to **release**; to **free**; to **disengage 2** *(leg.)* to **release**; to **redeem 3** *(comm.)* to **clear**: *s. merci,* to clear goods **B ṣvincolarsi** *v. rifl.* to **release oneself**; to **free oneself**.

ṣvìncolo *m.* **1** *(leg.)* **release**; **redemption 2** *(comm.)* **clearance 3** (autostradale) **turn-off**.

ṣviolinare *v. t. (fam.)* to **sing* the praises of** (sb).

ṣviolinata *f. (fam.)* **soft soap, soft sawder** *(pop.)*.

ṣviṣaménto *m.* **distorsion**; **misrepresentation**.

ṣviṣare *v. t.* to **distort**; to **misrepresent**; to **misinterpret**; to **twist**; to **wrench**: *s. la verita,* to distort the truth.

ṣviscerare A *v. t.* **1** (sventrare) to **disembowel**; to **draw***; to **gut 2** *(fig.)* to **examine** (st.) **thoroughly B ṣviscerarsi** *v. rifl.* to **dote** (on).

ṣvisceratézza *f. (spreg.)* **obsequiousness**.

ṣviscerato *a.* **1** (appassionato) **passionate**; **ardent**: *amore s.,* passionate love **2** *(spreg.)* **obsequious** ● *complimenti sviscerati,* fulsome flattery; soft soap *(pop.)*.

ṣvista *f.* **oversight**; **slip**; **mistake**.

ṣvitare *v. t.* **ṣvitarsi** *v. rifl. (mecc.)* to **unscrew**.

ṣvitato *a. (mecc.)* **unscrewed** ● *(fam.) essere uno s.,* to have a screw loose.

ṣviticchiare *v. t.* to **disentwine**; to **disentangle**.

ṣvìzzero *a.* e *m.* **Swiss**.

ṣvogliarsi *v. rifl.* to **lose*** (one's) **interest** (in).

ṣvogliatàggine *f.* **listlessness**; **laziness**.

ṣvogliataménte *avv.* **listlessly**; **unwillingly**; **indolently**; **lazily**.

ṣvogliatézza *V.* **ṣvogliatàggine**.

ṣvogliato A *a.* **unwilling**; **listless**; **indolent**; **lazy B** *m.* **indolent person**; **lazybones** *(fam.)*.

ṣvolazzante *a.* **fluttering**; **flitting**; **flying**.

ṣvolazzare *v. i.* to **flutter**; to **flit**; to **fly***.

ṣvolazzo *m.* **flourish**.

ṣvòlgere A *v. t.* **1** to **unwind***; to **uncoil**; (spiegare) to **unfold**; (srotolare) to **unroll**; (un pacco, ecc.) to **unwrap**: *s. un gomitolo di lana,* to unwind a ball of wool □ *s. una pellicola,* to unroll a film □ *s. un pacco,* to unwrap a parcel **2** (sviluppare) to **develop**; (trattare) to **treat**; (attuare) to **carry out**: *s. un argomento,* to treat a subject □ *s. un programma,* to carry out a programme ● *s. un problema,* to work out a problem □ *s. un tema,* to write an essay **B ṣvòlgersi** *v. rifl.* **1** to **unwind***; (srotolarsi) to **unroll 2** (svilupparsi) to **develop 3** (accadere) to **happen**, to **occur**, to **take* place**; (procedere) to **go* (on)**, to **go* off**: *Raccontami come si sono svolti i fatti,* tell me how things went **4** (essere ambientato) to **be set 5** (rif. a gare e sim.) to **be played**.

ṣvolgiménto *m.* **1 unwinding**; **unrolling 2** (trattazione) **treatment 3** (sviluppo) **development**; (andamento) **course**: *lo s. di un piano,* the development of a plan □ *lo s. degli eventi,* the course of events.

ṣvòlta *f.* **1 bend**; **turn**; **turning**; **curve 2** *(fig.)* **turning point 3** *(polit.)* to **swing-over** ● *(autom.) divieto di s. a destra (a sinistra)* (cartello), no right (left) turn.

ṣvoltare A *v. t.* to **unroll**; to **unwind***: *s. una pellicola,* to unroll a film **B** *v. i.* to **turn**: *s. a sinistra (a destra),* to turn (to the) left (right) □ *s. all'angolo,* to turn the corner.

ṣvoltata *f.* **1** (lo svoltare) **turning 2** *V.* **ṣvolta**.

ṣvòlto *a.* **1 uncoiled**; **unfolded**; **unrolled**; **unwrapped 2** (sviluppato) **developed**.

ṣvoltolare A *v. t.* to **unroll**; to **unwrap B ṣvoltolarsi** *v. rifl.* to **roll about**; to **wallow**.

ṣvuotaménto *m.* **emptying (out)**; **depletion**.

ṣvuotare *v. t.* **1** to **empty (out)**; to **clear out 2** *(fig.)* to **deprive** (of).

T

T, t *f.* o *m.* **T, t** ● *(tel.) t come Torino,* t for Tommy □ *a forma di T,* T-shaped □ *una squadra a T,* a T-square.
tabaccàio *m.* **tobacconist.**
tabaccare *v. i.* to **take* snuff.**
tabaccherìa *f.* **tobacconist's (shop).**
tabacchicoltóre *m.* **tobacco-grower.**
tabacchicoltura *f.* **tobacco-growing.**
tabacchièra *f.* **snuff-box.**
tabacco *m.* ***1*** *(bot.,* Nicotiana tabacum*)* **tobacco--plant; tobacco** ***2*** **tobacco**: *t. da masticare,* chewing--tobacco □ *color t.,* tobacco brown □ *Manifattura Tabacchi,* (State) Tobacco Factory ***3*** (da fiutare) **snuff**: *una presa di t.,* a pinch of snuff.
tabaccóne *m.* **snuff-taker.**
tabaccóso *a.* **snuffy.**
tabagismo *m. (med.)* **nicotinism.**
tabarro *m.* **cloak.**
tabe *f. (med.)* **tabes.**
tabèlla *f.* **table; schedule;** (lista) **list**: *la t. dei prezzi,* the price list ● *t. di marcia, (sport)* schedule; *(fig.)* work schedule.
tabellóne *m.* ***1*** **notice board** ***2*** (per le affissioni) **hoarding** ***3*** *(sport:* nella pallacanestro*)* **backboard.**
tabernàcolo *m. (relig.)* **tabernacle.**
tablòide *m. (farm.)* **tablet.**
tabù *a.* e *m.* **taboo*.**
tabula rasa *(locuz. lat.) f.* **tabula rasa** ● *fare t. r.,* to make a clean sweep.
(1) tabulare *a.* (anche *geol., mat., elab.)* **tabular.**
(2) tabulare *(mat., elab.)* to **tabulate.**
tabulato *m. (elab.)* **printout.**
tabulatóre *m. (elab.)* **tabulator.**
tabulazióne *f. (elab.)* **tabulation; tabulating**: *sistema di t.,* tabulating system.
tac *inter.* **click!; clack!**
tacca *f.* ***1*** **notch** ***2*** *(tipogr.)* **nick** ***3*** *(fig.:* statura*)* **height**: *un uomo di mezza t.,* a man of medium height; *(fig.)* a man of little worth ***4*** *(fig.:* livello*)* **class; kind; stamp** ***5*** *(fig.:* difetto*)* **fault; flaw; blemish.**
taccagnerìa *f.* **miserliness; niggardliness; stinginess.**
taccagno ***A*** *a.* **miserly; niggardly; stingy** ***B*** *m.* **miser; niggard.**
taccata *f. (naut.)* **keel-block** ● *le taccate,* the stocks.
(1) taccheggiare *v. t. (tipogr.)* to **interlay*;** to **underlay*.**
(2) taccheggiare *v. t.* e *i.* to **shoplift.**
taccheggiatóre *m.* **shoplifter.**
tacchéggio *m.* **shoplifting.**
tacchettìo *m.* **tapping of heels.**
tacchétto *m.* ***1*** (di scarpa femm.) **(high) heel** ***2*** (di scarpe da calciatori) **stud.**
tacchina *f. (zool.)* **turkey-hen.**
tacchino *m. (zool.,* Meleagris gallopavo*)* **turkey(--cock)** ● *Pare un t. quando fa la ruota,* he's as proud as Punch.
tàccia *f.* **(bad) reputation.**
tacciare *v. t.* to **tax,** to **charge** (with); to **accuse** (of).
tacco *m.* ***1*** **heel**: *tacchi alti (bassi),* high (low) heels □ *tacchi a spillo,* stiletto heels □ *(fig.) alzare i tacchi,* to take to one's heels; to show a clean pair of heels ***2*** (cuneo) wedge; chock ***3*** *(tipogr.)* **interlay; underlay** ● *scarpe con i tacchi alti (con i tacchi bassi),* high-heeled (low-heeled) shoes.
tàccola *f. (zool.,* Corvus monedula*)* **jackdaw.**
taccuino *m.* **note-book.**
tacére ***A*** *v. i.* ***1*** (anche *fig.)* to **be silent** ***2*** (rimanere in silenzio) to **keep* silent** ***3*** (di strumento musicale: non suonare) **not** to **be playing;** (smettere di suonare) to **stop playing** ***B*** *v. t.* to **say* nothing about** (st.); **not** to **say* a word about** (st.); (tralasciare) to **omit,** to **leave* out** (st.); (non far menzione di) **not** to **mention** (st.) ● *far t. q. (q.c.),* to silence sb. (st.) □ *mettere a t.,* to silence; to hush up: *mettere a t. uno scandalo,* to hush up a scandal □ *Taci!,* be (o keep) quiet!; hold your tongue!; shut up! *(pop.)* □ *Non posso t. che...,* I cannot avoid saying that... ***C*** *m.* **silence.**
tacheòmetro *m.* **tacheometer; tachymeter.**
tachicardìa *f. (med.)* **tachycardia.**
tachìmetro *m.* **speedometer; tachometer.**
tacitare *v. t.* ***1*** to **silence** ***2*** *(comm.)* to **pay* off.**
tàcito *a.* ***1*** **silent; quiet**: *una tacita preghiera,* a silent prayer ***2*** (non espresso) **tacit**: *un t. accordo,* a tacit agreement.
taciturnità *f.* **taciturnity.**
taciturno *a.* **taciturn; reserved; silent.**
tafano *m. (zool.,* Tabanus*)* **horse-fly; gad-fly.**
tafferùglio *m.* **brawl; scuffle.**
tàffete *inter.* **bump!; bang!** ● *Quando t.! capita proprio lui,* then, when I least expected him, there he was.
taffettà *m. (ind. tessile)* **taffeta.**
tàglia *f.* ***1*** (prezzo del riscatto) **ransom;** (tributo di guerra) **tribute** ***2*** (premio a chi assicura un malfattore alla giustizia) **reward; price**: *mettere una t. su q.,* to put a price on sb.'s head ***3*** (statura) **height;** (misura) **size.**
tagliabórse *m.* e *f.* **pickpocket.**
tagliabòschi *m.* **woodcutter.**
tagliacarte *m.* **paper knife*.**
tagliafuòco *m. invar. (costr.)* **fire-wall; fire-barrier.**
taglialégna *m.* **woodcutter.**
tagliamare *m. invar. (naut.)* **cutwater.**
tagliando *m.* **coupon.**
tagliapiètre *m.* **stonecutter; stonemason.**
tagliare ***A*** *v. t.* ***1*** to **cut***: *t. q.c. a pezzi,* to cut st. to pieces (o to bits) □ *farsi t. i capelli,* to have one's hair cut □ *t. il vetro con un diamante,* to cut glass with a diamond □ *(fig.) t. le carte* (da gioco), to cut the cards ***2*** (staccare tagliando, e *fig.)* to **cut* off**: *t. la testa a q.,* to cut sb.'s head off □ *(mil.) t. la ritirata al nemico,* to cut off the enemy's retreat □ *t. i viveri, (mil.)* to cut off supplies; *(fig.)* to cut off sb.'s allowance ***3*** (escludere, togliere) to **cut* out** ***4*** (attraversare) to **cut* across;** (intersecare) to **intersect** ***5*** (trinciare) to **carve**: *t. un pollo,* to carve a chicken ***6*** *(med.:* sezionare*)* to **dissect;** (amputare) to **amputate** ***7*** *(sport)* to **cut*** ***B*** *v. i.* ***1*** to **cut*;** (essere affilato) to **be sharp** ***2*** (prendere una scorciatoia) to **cut* across**: *t. per i campi,* to cut across the fields ● *(fig.) t. le braccia (o le gambe) a q.,* to cut the ground from under sb.'s feet □ *t. i capelli a zero a q.,* to crop sb.'s hair □ *(fig.) t. la corda,* to cut and run; to slink off; to slip away □ (del vino) *t. le gambe a q.,* to go to sb.'s head □ *(fig.) t. i panni addosso a q.,* to speak ill of sb.; to run sb. down □ *(autom.) t. la strada,* to cut in □ *t. la strada a q.,* to get in sb.'s way; *(fig.)* to thwart sb. □ *(fig.) t. la testa al toro,* to settle the question once for all □ *t. un vino,* to blend (o to mix) two wines □ *avere una lingua che taglia e cuce,* to have a biting tongue □ *per t. corto,* to cut a long story short □ *un vento che taglia la faccia,* a biting wind ***C*** **tagliarsi** *v. rifl.* (rompersi) to **split*.**
tagliata *f.* **cut, cutting.**
tagliatèlle *f. pl. (cucina)* **« tagliatelle ».**
tagliato *a.* ***1*** **cut** ***2*** *(fig.)* **cut out**: *essere t. per q.c.,* to be cut out for st. ● *un marito t. apposta per lei,* a husband made to measure for her □ *un uomo t. all'antica,* an old-fashioned man.
tagliatóre *m.* **cutter.**
tagliatrice *f.* ***1*** **cutter** ***2*** *(mecc.)* **slitting machine.**
tagliauòva *m.* **egg-slicer.**
tagliaùnghie *m.* **nail-clippers** *(pl.).*
taglieggiare *v. t.* to **levy a tribute on** (sb., st.).
tagliènte ***A*** *a.* (anche *fig.)* **sharp**: *una lingua t.,* a sharp tongue ***B*** *m.* **(cutting) edge.**
taglière *m.* **trencher; chopping board;** (per tagliare il pane) **breadboard.**
taglierina *f. (mecc.)* **cutter.**
taglierini *m. pl. (cucina)* **« taglierini »; noodles.**
tàglio *m.* ***1*** **cut**: *un t. profondo in una gamba,* a deep

cut in a leg □ *un t. netto,* a sharp cut □ *fare un t. in un discorso (in una pellicola),* to make a cut in a speech (in a film) ***2*** *(macelleria)* **cut (of meat)**: *un t. nella lombata,* a loin cut; a cut off the loin ***3*** *(med.:* incisione*)* **incision;** (amputazione) **amputation** ***4*** (parte tagliente) **edge**: *(anche fig.) un'arma a doppio t.,* a double-edged weapon ***5*** (margine) **edge**: *il t. dorato di un libro,* the gilt edge of a book ***6*** (di abito) **cut;** (stile) **style** ***7*** (lunghezza di stoffa) **length**: *un t. d'abito,* (da uomo) a suit-length; (da donna) a dress-length ***8*** (il tagliare) **cutting** ***9*** (di vini) **blending; mixing** ***10*** *(mus.:* lineetta*)* **stroke** ● *(med.) t. cesareo,* Caesarian section □ *t. di capelli,* haircut □ *arma da t.,* cutting weapon □ *biglietti (di banca) di grosso (di piccolo) t.,* large (small) banknotes □ *dalla parte del t.* (di un coltello, ecc.), on the cutting side; (dalla parte del margine) edgewise □ *(fam., fig.) darci un t.,* to cut it out □ *(fam.) dare un t. a una conversazione,* to cut short a conversation □ *(fig.) dare un t. netto a q.c.,* to put an end to st. □ *fare il t. a una lama,* to sharpen a blade □ *ferita d'arma da t.,* knife cut □ *per t.,* on edge; obliquely □ *(sartoria) scuola di t.,* (per donne) dressmaker's school; (per uomini) tailoring school □ *Mi sono fatto un t. al dito,* I have cut my finger □ *Questo sarto ha un buon t.,* this tailor is a good cutter.

tagliòla *f.* **trap; snare** (anche *fig.*).

taglióne *m.* **retaliation; talion**: *la legge del t.,* the law of retaliation; an eye for an eye and a tooth for a tooth.

tagliuzzare *v. t.* to **cut* up**; to **shred**; to **mince.**

tahitiano *a.* e *m.* **Tahitian.**

tailandése ***A*** *a.* **Thai; of Thailand** ***B*** *m.* e *f.* **Thai; Thailander** ***C*** *m.* (la lingua) **Thai.**

tailleur *(franc.) m.* **tailleur; (tailor-made) costume.**

talaltro *pron. indef.* — *taluno... t.,* some... some (o others) □ *talvolta... talaltra,* sometimes... sometimes.

tàlamo *m.* ***1*** *(bot., anat.)* **thalamus*** ***2*** *(lett.:* letto nuziale*)* **(nuptial) bed.**

talare *a.* — *abito t.,* priest's cassock.

talché *cong. (lett.)* **so that.**

talco *m. (miner.)* **talc** ● *t. in polvere,* talcum powder.

tale ***A*** *a.* ***1*** **such**: *tali cose,* such things □ *in t. modo,* in such a way □ *Tali furono le sue parole,* such were his words ***2*** *(preceduto dall'art. determ.)* **such and such**: *il t. giorno, alla t. ora,* on such and such a day, at such and such a time ***3*** *(preceduto da agg. dimostrativo, è idiom.)*: *quella t. signora,* that lady □ *quella t. cosa,* that thing ***4*** (questo, questa) **this;** (quello, quella) **that**: *in t. luogo,* in that place □ *Non potrei accusare t. o tal altro,* I couldn't accuse this or that person ***5*** (così) **so**: *Il freddo era t. che...,* it was so cold that... ***6*** (un certo) **certain**: *un t. signor Rossi,* a certain Mr Rossi (o one Mr Rossi) ● *Il tuo vestito è t. quale il mio,* your dress is just like mine □ *Ve lo vendo t. e quale l'ho comprato,* I'll sell it to you just as I bought it ***B*** *pron. indef. m.* **person; man*; fellow; chap**: *quel t.,* that fellow; that chap □ *C'è un t. che ti cerca,* there's a fellow (o someone) looking for you ● *il tal dei tali,* Mr So-and-So ***C*** *pron. indef. f.* **woman*; girl.**

talèa *f. (bot.)* **scion.**

talènto *m.* ***1*** (grande ingegno) **talent**: *un uomo di grande t.,* a man of great talent; a talented man ***2*** (inclinazione) **talent; gift; aptitude**: *avere t. musicale,* to have a talent (o a gift) for music ***3*** (antica moneta) **talent** ● *scopritore di talenti,* talent scout.

talismano *m.* **talisman; amulet.**

tàllero *m. (numismatica)* **thaler.**

tàllio *m. (chim.)* **thallium.**

tallire *v. i. (bot.)* to **sprout.**

tallo *m. (bot.)* **thallus***; (germoglio) **sprout.**

tallòfita *f. (bot.)* **thallophyte.**

tallonare *v. t.* ***1*** to **pursue** (sb.) **closely** ***2*** *(sport)* to **heel.**

talloncino *m.* **coupon.**

tallóne *m.* ***1*** *(anat.,* anche *fig.)* **heel**: *girare sui talloni,* to turn on one's heel(s) ***2*** (rinforzo della calza) **heel** ***3*** (tagliando) **coupon.**

talménte *avv. (con agg. o avv.)* **so;** *(con verbo)* **so much;** (in modo tale) **in such a way;** (a tal punto) **to such an extent**: *È t. piccolo che non riesco a vederlo,* it's so small that I can't see it.

talóra *avv.* **sometimes; at times.**

talpa *f.* ***1*** *(zool.,* Talpa europaea*)* **mole**: *cieco come una t.,* as blind as a mole ***2*** *(fig.:* persona ottusa*)* **narrow-minded person; dullard** ***3*** *(fig.:* spia*)* **mole; informer** ● *pelle di t.,* moleskin.

taluno ***A*** *a. indef. (al pl.)* **some**: *taluni errori,* some mistakes ***B*** *pron. indef.* ***1*** **somebody; someone**: *T. potrebbe dire che...,* someone might say that... ***2*** *(al pl.)* **some; some people.**

talvòlta *avv.* **sometimes; at times.**

tamarindo *m. (bot.,* Tamarindus indica; anche il frutto*)* **tamarind.**

tamarisco *m. V.* **tamerice.**

tambureggiaménto *m.* ***1*** **drumming** ***2*** *(fig., mil.)* **running fire.**

tambureggiante *a.* **drumming.**

tambureggiare *v. i.* to **drum.**

tamburellare *v. i.* (anche *fig.*) to **drum**: *t. con le dita sul tavolo,* to drum on the table with one's fingers.

tamburèllo *m.* ***1*** *(mus.)* **tambourine** ***2*** *(sport)* **tamburello*.**

tamburino *m.* ***1*** **drummer** ***2*** *(giornalismo:* elenco degli spettacoli*)* **entertainments guide.**

tamburo *m.* ***1*** *(mus.)* **drum**: *il rullo dei tamburi,* the roll of the drums □ *suonare il t.,* to beat a drum ***2*** *(mecc.)* **drum; cylinder;** (di orologio) **barrel** ***3*** *(archit.)* **tambour** ● *(fig.) a t. battente,* immediately; on the nail *(fam.).*

tamerice *f. (bot.,* Tamarix gallica*)* **tamarisk.**

tamponaménto *m.* ***1*** *(med.)* **tamponage** ***2*** *(autom.)* **collision; bump** ● (di autoveicoli) *tamponamento a catena,* pile-up *(fam.).*

tamponare *v. t.* ***1*** *(med.)* to **tampon;** to **plug** ***2*** *(autom.)* to **collide with,** to **bump into** (st.) ● *t. una falla,* to stop a leak; *(fig.)* to fill a gap.

tampóne *m.* ***1*** *(med.)* **tampon; plug** ***2*** *(ferr.)* **buffer** ***3*** (per timbri) **ink-pad** ***4*** (di carta assorbente) **blotting pad; blotter.**

tam-tam *m.* **tam-tam; Chinese gong.**

tana *f.* ***1*** **lair; den** (anche *fig.*) ***2*** *(fig.:* abitazione squallida*)* **hole**: *vivere in una t.,* to live in a hole ● *la t. d'una volpe,* a fox's earth.

tanacéto *m. (bot.,* Tanacetum vulgare*)* **tansy.**

tanca *f.* ***1*** *(naut.)* **tank** ***2*** (tanica) **can; jerry can.**

tàndem *m.* **tandem (bicycle).**

tanfata *f.* **whiff.**

tanfo *m.* ***1*** (puzzo) **stench; stink** ***2*** (odore di rinchiuso) **musty smell.**

tangènte ***A*** *a.* **tangent** ***B*** *f.* ***1*** *(geom.)* **tangent** ***2*** (quota) **quota; share** ***3*** (in traffici illeciti) **cut** *(fam.)*; **rake-off** *(pop.)* ● *(fig.) filare per la t.,* to slink away (o off).

tangènza *f.* ***1*** *(geom.)* **tangency** ***2*** *(aeron.)* **ceiling.**

tangenziale *a. (geom.)* **tangential** ● *(strada) t.,* by-pass; ring road.

tànghero *m.* **bumpkin; boor; lout.**

tangìbile *a.* **tangible.**

tangibilità *f.* **tangibility.**

tango *m. (mus.)* **tango*.**

tànica *f.* **can; jerry can.**

tànnico *a. (chim.)* **tannic**: *acido t.,* tannic acid.

tannino *m. (chim.)* **tannin.**

tantàlio *m. (chim.)* **tantalum.**

tantino ***A*** *pron. indef.* **bit; little (o tiny, wee) bit;** (rif. a liquidi) **drop** ***B*** — *un t., locuz. avv.* ***1*** **a little; a wee bit** *(fam.,* specialm. *scozz.)* ***2*** (rif. a tempo) **a bit; a moment.**

tanto ***A*** *a.* ***1*** *(con valore intensivo)* **so much** (*pl.:* **so many**)**; such a lot of** *(fam.)*; (tale) **such;** (così grande) **such (a) great, so great (a);** (così degno) **such a worthy**: *t. onore,* so much honour □ *tanta gente,* so many people □ *(iron.) come si conviene a t. signore,* as is fitting for such a worthy gentleman ***2*** *(in correlazione con « quanto »)* **as much** (*pl.:* **as many**)**;** *(in frasi neg.)* **so much** (*pl.:* **so many**)**; such a lot of** *(fam.)*: *Ho t. pane quanto te,* I have as much bread as you (have) □ *Non abbiamo tanti libri quanti (ne hanno) loro,* we have not so many books as they (have) **3** *(in correlazione con « che » e « da »)* **so much** (*pl.*: **so many**); **such a lot** (*fam.*); (abbastanza) **enough**: *Ho tanti amici che non sono mai solo,* I have so many friends that I am never alone **4** (altrettanto) **as much** (*pl.*: **as many**): *Tante parole, tanti errori,* there are as many mistakes as there are words ● *Da t. tempo attendevamo quel momento,* we had been waiting for that moment for so long □ *Ti voglio t. bene,* I love you so much □ *Tanti saluti alla mamma,* remember me to your mother **B** *avv.* **1** *(con agg. e avv.)* **so**: *Sii t. gentile da dirglielo tu,* be so kind as to tell him □ *Sono t. stanco che non riesco ad addormentarmi,* I am so tired that I cannot go to sleep □ *Fa t. freddo!,* it's so cold! **2** *(con verbi)* **so much; such a lot** (*fam.*); (così a lungo) **so long;** (così intensamente) **so hard**: *L'amava t.!,* he loved her so much! □ *È t. che attendo,* I have been waiting so long □ *Ho lavorato (studiato) t.,* I have worked (studied) so hard **3** *(in correlazione con « quanto »; con agg. e avv.)* **as;** *(in frasi neg.)* **so**: *È t. bravo (Non è t. bravo) quanto suo fratello,* he is as clever (he isn't so clever) as his brother □ *È t. bella quanto buona,* she is as beautiful as she is virtuous **4** *(in correlazione con « quanto »: con sost. e pron.)* **both (...and)**: *Conosco t. Carlo (lui) quanto suo padre,* I know both Charles (him) and his father; I know Charles (him) and his father as well **5** *(in correlazione con « quanto »: con verbi)* **as much;** *(in frasi neg.)* **so much;** (così a lungo) **as** (o **so**) **long;** (così intensamente) **as** (o **so**) **hard**: *Tu non studi t. quanto dovresti,* you don't study so hard as you should **6** *(con valore moltiplicativo)* **as much** (*pl.*: **as many**); (t. grande) **as big**: *due volte t.,* twice as much □ *tre volte t.,* three times as much **7** (soltanto) **just**: *t. per cambiare,* just for a change ● *t. è vero che...,* so much so that... □ *t. in India che altrove,* in India as elsewhere □ *T. meglio (T. peggio)!,* so much the better (the worse)! □ *t. più che...,* all the more so as... □ *di t. in t.,* every now and then □ *per una volta t...,* for this once... □ *quanto più... t. meno (t. più),* the more... the less (the more): *Quanto più insisti, t. meno mi convinci,* the more you insist, the less you convince me □ *una volta t.,* once in a while □ *Tant'è che non andassi affatto,* I might just as well not go □ *T. è lo stesso* (non c'è nulla da fare), it can't be helped **C** *cong.* **1** (comunque) **however; nevertheless; yet; but 2** *(con valore conclusivo)* **anyway; in any case; after all D** *pron.* **1 so much** (*pl.*: **so many**); **such a lot** (*fam.*); **that much**: *T. mi basta,* so much is enough for me □ *tanti dei nostri e tanti dei loro,* so many of our men, so many of theirs **2** (molto) **much** (*pl.*: **many**); **a lot** (*fam.*); (molte persone) **many people, a lot of people**: *Tanti dicono che non è vero,* many (o many people, a lot of people) say that it isn't true **3** (abbastanza) **enough 4** *(ellittico:* abbastanza denaro, spazio, ecc.*)* **enough** (+ *sost.*) ● *un omone con t. di baffi,* a big man with a fine moustache □ *Se fa t. di muoversi...,* if he does as much as stir a finger... □ *Spalancò t. d'occhi,* his (o her) eyes bulged **E** *m.* — *un t.,* so much: *un t. per cento,* so much per cent; a percentage.

taoişmo *m. (relig.)* **Taoism.**

taoista *a., m.* e *f. (relig.)* **Taoist.**

tapino *(lett.)* **A** *a.* **wretched B** *m.* **wretch.**

tapiòca *f.* **tapioca.**

tapiro *m. (zool.,* Tapirus*)* **tapir.**

tappa *f.* **1** (luogo di sosta) **halting place;** (sosta) **halt, stop 2** (parte d'un percorso) **stage** *(anche fig.)*; **leg** *(fam.)* **3** *(sport)* **lap** ● *(fig.) bruciare le tappe,* to shoot ahead.

tappabuchi *m.* e *f. (scherz.)* **stopgap.**

tappare A *v. t.* to **bung;** to **cork;** to **block up;** to **stop;** to **plug**: *t. una botte,* to bung a cask □ *t. una bottiglia,* to cork a bottle ● *(fig.) t. la bocca a q.,* to make sb. shut up □ *tapparsi la bocca,* to cover one's mouth; *(fig.)* to hold one's tongue □ *tapparsi il naso,* to hold one's nose □ *(anche fig.) tapparsi gli occhi,* to close one's eyes □ *(anche fig.) tapparsi gli orecchi,* to stop one's ears **B tapparsi** *v. rifl.* to **shut* oneself up**: *t. in casa,* to shut oneself up in the house.

tapparèlla *f. (pop.)* **rolling shutter.**

tappéto *m.* **carpet; rug**: *un t. persiano,* a Persian carpet □ *Pare di camminare su un t.,* it's like walking on a carpet □ *(fig.) mettere q.c. sul t.,* to bring st. on the carpet ● *t. erboso,* lawn □ (del tavolo da gioco) *t. verde,* green baize □ *(sport) mettere al t.,* to knock down.

tappezzare *v. t.* **1** (con stoffa le pareti) to **tapestry;** to **hang* (with tapestry);** (i mobili) to **upholster 2** (con carta) to **paper**: *t. un muro,* to paper a wall **3** *(fig.)* to **cover** ● *tappezzato d'edera,* ivy-mantled.

tappezzerìa *f.* **1** (tessuto per rivestimento di pareti) **tapestry;** (di mobili) **upholstery 2** (carta da parati) **wallpaper 3** (arte del tappezziere) **upholstering 4** *(autom.)* **upholstery** ● *(fig.) fare da t.,* to be a wallflower.

tappezzière *m.* **decorator; upholsterer; paperhanger.**

tappo *m.* **1** (di botte, barile) **bung;** (di bottiglia, ecc.) **stopper;** (di sughero) **cork;** (metallico) **cap;** (di lavandino, ecc.) **plug 2** *(fig.:* di persona*)* **stump; podgy person** ● *t. auricolare,* earplug □ *sapere di t.* (rif. a vino), to be corked.

tara *f.* **1** *(comm.)* **tare 2** *(med.)* **(hereditary) taint 3** *(fig.:* difetto*)* **flaw; blemish** ● *(fig.) far la t.,* to take (st.) with a grain of salt.

tarabuşo *m. (zool.,* Botaurus stellaris*)* **bittern.**

tarantèlla *f. (mus.)* **tarantella.**

taràntola *f. (zool.,* Lycosa tarentula*)* **tarantula; wolf spider.**

tarare *v. t.* **1** *(comm.)* to **tare 2** *(mecc.)* to **adjust.**

tarato *a.* **1** *(comm.)* **tared 2** *(med.)* **with a hereditary defect 3** *(mecc.)* **set 4** (calibrato) **calibrated.**

taratura *f.* **1** *(comm.)* **taring 2** *(mecc.)* **setting 3** *(tecn.)* **calibration.**

tarchiato *a.* **square-built; thickset; sturdy.**

tardare A *v. i.* to **be late;** (indugiare) to **delay**: *t. due giorni,* to be two days late □ *t. a fare q.c.,* to delay doing st. **B** *v. t.* to **delay.**

tardi *avv.* **late**: *far t.,* to be late ● *al più t.,* at the latest □ *più t.,* later.

tardivo *a.* **1 tardy 2** *(fig.:* di bambino*)* **backward; retarded.**

tardo *a.* **1 slow**: *t. nei movimenti,* slow in one's movements **2** (di tempo) **late**: *a tarda sera,* late in the evening **3** (che giunge tardi) **tardy 4** *(fig.:* ottuso*)* **backward.**

tardóna *f. (scherz.)* **woman past her prime who dresses and behaves as if she were still in her youth.**

targa *f.* **plate**: *una t. d'ottone,* a brass plate □ *una t. automobilistica,* a number-plate.

targare *v. t. (autom.)* to **give* a number-plate to** (a car).

targhétta *f.* **name-plate.**

tariffa *f.* **tariff; rate; price; charge; fare**: *t. doganale,* customs tariff □ *tariffe ferroviarie,* railway fares □ *tariffe postali,* postal rates ● *tariffe professionali,* professional fees □ *(ferr.) biglietto a t. intera (a mezza t.),* full-fare (half-fare) ticket.

tariffàrio A *a.* **tariff, price** *(attr.)* **B** *m.* **tariff; price-list.**

tarlare *v. i.* **tarlarsi** *v. rifl.* to **get* worm-eaten;** (tarmare, tarmarsi) to **get* moth-eaten.**

tarlato *a.* **worm-eaten;** (tarmato) **moth-eaten.**

tarlatura *f.* **worm-hole.**

tarlo *m.* **1** *(zool.)* **woodworm; worm 2** *(fig.)* **gnawings** *(pl.)*.

tarma *f. (zool.,* Tinea*)* **moth.**

tarmare *v. i.* **tarmarsi** *v. rifl.* to **get* moth-eaten.**

tarmato *a.* **moth-eaten.**

tarmicida *m.* **moth-killer.**

taròcco *m.* **tarot**: *un mazzo di tarocchi,* a pack of tarots ● *gioco dei tarocchi,* tarots.

tarpare *v. t.* (anche *fig.*) to **clip**: *t. le ali a q.,* to clip sb.'s wings.

tarsale *a. (anat.)* **tarsal.**

tarsìa *f. (arte)* **intarsia; marquetry.**

tarso *m. (anat.)* **tarsus*.**

tartagliare A *v. i.* to **stutter;** to **stammer B** *v. t.* to **stutter out;** to **stammer out;** to **mutter.**

tartaglióne *m.* **stutterer; stammerer.**

tartana *f. (naut.)* **tartan.**

tartàrico *a. (chim.)* **tartaric**: *acido t.,* tartaric acid.

(1) tàrtaro *a.* e *m.* **Tartar** ● *(cucina) bistecca alla tartara,* steak tartare; tartar steak.
(2) tàrtaro *m.* **1** *(chim.)* **tartar**: *cremore di t.,* cream of tartar **2** (t. dentario) **tartar; scale 3** (di vino) **argol.**
tartaruga *f.* **1** *(zool.)* **tortoise;** (di mare) **turtle 2** *(fig.)* **slowcoach** ● *pettine di t.,* tortoise-shell comb.
tartassare *v. t.* to **ill-treat;** to **harass** ● *t. un pezzo di musica (una lingua),* to murder a piece of music (a language).
tartina *f. (cucina)* **canapé.**
tartufàia *f.* **truffle-ground.**
tartufato *a. (cucina)* **truffled.**
tartufo *m. (bot.,* Tuber*)* **truffle; earth-nut.**
tasca *f.* **1 pocket**: *tasche a toppa,* patch pockets □ *una t. interna,* an inside pocket □ *mettere q.c. in t.,* to put st. into one's pocket; to pocket st. **2** (di valigia, borsa, ecc.) **compartment; pocket 3** *(anat.)* **pouch** ● *(fig.) averne le tasche piene,* to be fed up (with sb., st.) □ *conoscere q. come il fondo delle proprie tasche,* to know sb. like the palm of one's hand □ *(fig.) non venirne nulla in t.,* not to get anything out of st. □ *pagare di t. propria,* to pay out of one's own pocket □ *(fig.) rompere le tasche a q.,* to be a pain in sb.'s neck; to bore sb. to death.
tascàbile *a.* **pocket** *(attr.)*: *un dizionario t.,* a pocket dictionary □ *formato t.,* pocket-size *(agg.).*
tascapane *m. invar.* **haversack.**
tascata *f.* **pocketful.**
taschino *m.* **small pocket;** (della giacca) **breast--pocket.**
tassa *f.* **1 tax**: *t. di circolazione,* motor-vehicle tax **2 duty**: *t. sugli spettacoli,* entertainments duty **3 fee**: *tasse scolastiche,* school fees □ *t. di frequenza,* tuition fee □ *t. d'iscrizione* (a una scuola, un circolo, ecc.), entrance fee ● *(naut.) t. d'ancoraggio,* anchorage □ *t. di pedaggio,* toll □ *t. sui cani,* dog licence.
tassàbile *a.* **taxable; assessable.**
tassàmetro *m.* **taximeter; meter** *(fam.).*
tassare *v. t.* to **tax;** to **assess.**
tassativaménte *avv.* **peremptorily; absolutely.**
tassativo *a.* **peremptory; absolute; specific**: *ordini tassativi,* specific orders.
tassazióne *f.* **taxation; assessment.**
tassellare *v. t.* **1** to **reinforce 2** (tagliare q.c., estraendone un tassello) to **plug**: *t. un cocomero,* to plug a water-melon.
tassèllo *m.* **1 dowel; wedge 2** (per decorazione) **tessera* 3** (pezzetto che si estrae da q.c. come assaggio) **(sample) plug 4** *(sartoria)* **gusset 5** *(edil.)* **nog.**
tassì *m.* **taxi; taxicab**: *chiamare un t.,* to hail a taxi.
tassidermìa *f.* **taxidermy.**
tassidermista *m.* e *f.* **taxidermist.**
tassista *m.* **taxi-driver.**
(1) tasso *m. (zool.,* Meles meles*)* **badger; brock** ● *dormire come un t.,* to sleep like a log.
(2) tasso *m. (bot.,* Taxus baccata*)* **yew.**
(3) tasso *m.* (incudine) **stake.**
(4) tasso *m. (fin.)* **rate**: *il t. d'interesse,* the interest rate.
tassobarbasso *m. (bot.,* Verbascum thapsus*)* **mullein.**
tassonomìa *f.* **taxonomy.**
tastare *v. t.* **1** to **feel*;** to **touch**: *(med.) t. il polso a q.,* to feel sb.'s pulse (anche *fig.*) **2** (scandagliare) to **sound** ● *(fig.) t. il terreno,* to feel one's way.
tastata *f.* **touch.**
tastièra *f.* **keyboard.**
tastierista *m.* e *f.* **keyboard operator.**
tasto *m.* **1** (di strumento musicale, macchina per scrivere, ecc.) **key 2** (tatto) **touch 3** *(fig.)* **subject** ● *(fig.) andare a t.,* to grope one's way □ *(fig.) toccare il t. giusto,* to strike the right note □ *Questo è proprio il t. doloroso,* that's just where the shoe pinches; that's the trouble!
tastóni *avv.* **gropingly** ● *camminare t.,* to grope one's way.
tata *f. (infant.:* bambinaia*)* **nanny.**
tàttica *f. (mil.)* **tactics** *(pl. col verbo al sing.)* (anche *fig.).*
tàttico A *a. (mil.)* **tactical** (anche *fig.*) **B** *m.* **tactician.**
tatticóne *m. (fam.)* **sly fox.**
tàttile *a.* **tactile**: *organi tattili,* tactile organs.
tatto *m.* **1 touch**: *morbido al t.,* soft to the touch **2** *(fig.)* **tact** ● *avere t.,* to be tactful □ *privo di t.,* tactless.
tatuàggio *m.* **tattoo*; tattooing** ● *chi esegue tatuaggi,* tattooist.
tatuare A *v. t.* to **tattoo B tatuarsi** *v. rifl.* to **tattoo oneself.**
tatuato *a.* **tattooed.**
taumaturgìa *f.* **thaumaturgy.**
taumatùrgico *a.* **thaumaturgic(al).**
taumaturgo *m.* **thaumaturge; wonder-worker.**
taurino *a.* **1 taurine 2** *(fig.)* **taurine; bull-like; bull** *(attr.)*: *un collo t.,* a bull neck.
tauromachìa *f.* **tauromachy; bull-fight.**
tautologìa *f.* **tautology.**
tautològico *a.* **tautologic(al).**
tavèlla *f. (costr.)* **hollow flat block; hollow flat tile.**
tavèrna *f.* **1** (osteria) **public house; pub** *(fam.)*; **tavern 2** (ristorante in stile rustico) **rustic restaurant; inn.**
tavernière *m.* **pub-keeper; publican; landlord.**
tàvola *f.* **1 table**: *apparecchiare (sparecchiare) la t.,* to lay (to clear) the table □ *sedersi a t.,* to sit down to table (o to lunch, dinner, etc.) □ *sedere a capo t.,* to sit at the head of the table □ *essere a t.,* to be at table □ *in t.,* on the table **2** (banco da lavoro) **bench 3** (piano di legno) **board**: *le tavole del palcoscenico,* the boards of the stage **4** (asse) **plank 5** (tabella, prospetto) **table**: *tavole sinottiche,* synoptic tables □ *(mat.) t. pitagorica,* multiplication table **6** (indice) **index 7** (illustrazione) **plate**: *tavole a colori,* coloured plates **8** (quadro) **painting** ● *(sport) t. a vela,* windsurf □ *t. calda,* snack bar; quick--lunch counter □ *t. geografica,* map □ *t. reale* (gioco), backgammon □ *t. rotonda* (convegno), round-table conference □ *amare la t.,* to be fond of eating □ *tenere t. imbandita,* to keep open house □ *Il pranzo è in t.,* dinner is served.
tavolàccio *m.* **plank-bed.**
tavolata *f.* **table.**
tavolato *m.* **1 boarding; planking; wooden floor 2** *(geogr.)* **tableland.**
tavolétta *f.* **1 bar**: *una t. di cioccolata,* a bar of chocolate **2** *(farm.)* **tablet.**
tavolière *m.* **1 chessboard; draughtboard 2** *(geogr.)* **tableland.**
tavolino *m.* **(small) table**: *un t. da gioco,* a card-table □ *un t. da notte,* a bedside-table.
tàvolo *m.* **table**: *un t. da lavoro,* a work-table ● *(elab.) t. di comando,* console.
tavolòzza *f. (arte)* **palette.**
taxi *m. invar.* **taxi; taxicab.**
tazza *f.* **1 cup**: *una t. di tè,* a cup of tea □ *una t. da tè,* a tea-cup **2** (vaso del w.c.) **bowl.**
te *pron. pers. m.* e *f. 2ª pers. sing.* **1** *(compl. ogg. e indir.)* **you;** (te stesso) **yourself**: *Parlo con te,* I am talking to you □ *Devi farlo da te,* you must do it by yourself **2** *(come sogg. in frasi escl. e compar., e come pred.)* **you**: *Beato te!,* lucky you! □ *È ricco come te,* he is as rich as you **3** *(particella pron., spesso idiom.)* **you**: *Te lo dicevo,* I told you so ● *(Tocca) a te!,* it's your turn □ *Tocca a te decidere,* it's up to you to decide.
tè *m.* **1** *(bot.,* Thea sinensis*)* **tea-plant 2** (bevanda) **tea**: *un servizio da tè,* a tea-set; a tea-service □ *tè al limone,* tea with lemon □ *l'ora del tè,* tea-time □ *un barattolo per il tè,* a tea-caddy **3** (ricevimento) **tea-party** ● *tè dansante,* thé dansant *(franc.)*; tea dance.
tèa *a.* — *rosa tea,* tea-rose.
teatrale *a.* (anche *fig.*) **theatrical**: *uno spettacolo t.,* a theatrical performance □ *una compagnia t.,* a theatrical company.
teatralità *f.* **theatricality.**
teatralménte *avv.* **theatrically; in a theatrical way.**
teatrante *m.* e *f. (spreg.)* **second-rate actor.**
teatro *m.* **1** (edificio; spettacoli teatrali; attività tea-

trale) **theatre**: *un t. all'aperto,* an open-air theatre □ *il t. di Shakespeare,* Shakespeare's theatre (o plays) □ *andare a t.*, to go to the theatre □ *i palchi (il loggione) del t.*, the theatre boxes (gallery) ***2*** (lo spettacolo) **performance** ***3*** (il palcoscenico, le scene) **stage;** *(fig.) ritirarsi dal t.*, to retire from the stage ***4*** (il pubblico) **audience; theatre** ***5*** *(fig.:* luogo d'azione*)* **scene; theatre**: *il t. del delitto,* the scene of the crime ● *(cinem.) t. di posa,* studio □ *t. gremito,* full house □ *frequentatore di teatri,* theatre-goer.

tebano *a.* e *m.* **Theban.**

tèca *f.* ***1*** (per reliquie) **reliquary** ***2*** *(bot., anat.)* **theca*** ● *(anat.) t. cranica,* braincase.

technicòlor *m. invar. (marchio: cinem.)* **technicolor.**

tecnèzio *m. (chim.)* **technetium.**

tècnica *f.* ***1*** **technique** ***2*** (tecnologia) **technics** *(pl. col verbo al sing.)* ● *t. elettronica,* electronics *(pl. col verbo al sing.).*

tecnicișmo *m.* **technicality.**

tècnico ***A*** *a.* **technical** ***B*** *m.* **technician; engineer.**

tecnìgrafo *m.* **drafting machine.**

tecnòcrate *m.* e *f.* **technocrat.**

tecnocrazìa *f.* **technocracy.**

tecnologìa *f.* **technology.**

tecnològico *a.* **technologic(al).**

tecnopatìa *f. (med.)* **occupational disease.**

téco *pron. pers. (lett.:* con te*)* **with you.**

tèda *f. (lett.)* **torch.**

tedésco *a.* e *m.* **German.**

tediare ***A*** *v. t.* to **bore;** (infastidire) to **bother** ***B*** **tediarsi** *v. rifl.* to **get* bored.**

tèdio *m.* **boredom; tedium** ● *sentire il t. della vita,* to be bored with life.

tedióso *a.* **tedious; boring; wearying; irksome.**

tedòforo *m. (lett.)* **torch-bearer.**

tegame *m.* ***1*** **pan** ***2*** (contenuto) **panful** ● *uova al t.*, fried eggs.

téglia *f.* **baking-tin; baking-pan.**

tégola *f.* ***1*** **tile** ***2*** *(fig.)* **blow.**

tegumentale *a. (anat., biol.)* **tegumental.**

teguménto *m. (anat., biol.)* **integument.**

teièra *f.* **teapot** ● *copri t.*, tea cosy.

teina *f. (chim.)* **theine.**

teișmo *m. (filos.)* **theism.**

teista *m.* e *f. (filos.)* **theist.**

teistico *a. (filos.)* **theistic(al).**

tèk *m. (bot.,* Tectona grandis; anche il legno*)* **teak.**

tèla *f.* ***1*** **cloth**: *imbiancare la t.*, to bleach cloth ***2*** (di canapa o lino: per vele, tende, ecc., o per dipingere) **canvas** ***3*** (dipinto su t.) **painting**: *una t. di Raffaello,* a painting by Raphael ***4*** (sipario) **curtain**: *S'alza (Cala) la t.*, the curtain rises (drops) ***5*** *(fig.:* intreccio di romanzo, ecc.*)* **plot** ● *t. cerata,* oilcloth □ *t. da asciugamani,* towelling □ *t. da imballaggio,* packing cloth □ *t. da lenzuola,* sheeting □ *t. da sacco,* sackcloth □ *t. di lino,* linen □ *(zool.) t. di ragno,* spider's web; cobweb □ *un libro rilegato in t.*, a cloth-bound book □ *(pop.) Tela!* (scappa!), beat it!

telàggio *m.* **weaving.**

telàio *m.* ***1*** **loom**: *un t. a mano,* a handloom ***2*** (struttura, armatura) **frame**: *il t. della finestra,* the window frame ***3*** *(autom.)* **chassis*** ***4*** *(tipogr.)* **chase** ● *t. da ricamo,* embroidery frame.

telamóne *m. (archit.)* **telamon*.**

tèle- *(in parole composte)* **tele-.**

teleabbonato *m.* **television licence-holder.**

telearma *f. (mil.)* **guided weapon; missile.**

telecàmera *f.* **television camera; telecamera.**

telecomandato *a.* **remote-controlled.**

telecomando *m.* **remote control; telecontrol.**

telecompositrice *f. (tipogr.)* **teletypesetter.**

telecomunicazióne *f.* **telecommunication.**

telecrònaca *f.* **telecast; newsreel.**

telecronista *m.* e *f.* **TV commentator; telecaster** ● *t. di collegamento,* anchorman.

telediffóndere *v. t.* to **telecast*.**

telediffusióne *f.* **television broadcasting; telecasting.**

teledramma *m.* **teleplay.**

telefèrica *f.* **aerial railway; cableway.**

telefèrico *a.* **telpher, cableway** *(attr.).*

telefilm *m.* **telefilm.**

telefonare *v. t.* e *i.* to **telephone;** to **phone;** to **ring* up** *(fam.)* ● *Ti telefonerò,* I shall give you a ring.

telefonata *f.* **(telephone) call; ring** *(fam.)*: *una t. interurbana,* a long-distance call; a trunk call □ *una t. urbana,* a local call.

telefonìa *f.* **telephony.**

telefonicaménte *avv.* **by telephone; by phone; on** (o **over) the phone.**

telefònico *a.* **telephonic; telephone** *(attr.)*: *una cabina telefonica,* a telephone kiosk; a call-box □ *servizio t.*, telephone service □ *una chiamata telefonica,* a telephone call □ *un elenco t.*, a telephone directory.

telefonista *m.* e *f.* **(telephone) operator;** (negli uffici) **telephonist.**

telèfono *m.* ***1*** **telephone; phone** *(abbr. fam.)*: *un t. a gettoni,* a coin-box telephone; a pay phone □ *fili del t.*, telephone wires □ *un colpo di t.*, a telephone call □ *Vi vogliono al t.*, you are wanted on the telephone □ *Chi ha risposto al t.?*, who answered the telephone (bell)? ***2*** (servizio pubblico) **telephone service** ● *« t. amico »*, crisis centre □ *t. interno,* extension (phone); interphone □ *chiamare q. al t.*, to telephone sb.; to ring sb. up *(fam.)* □ *elenco degli abbonati al t.*, telephone directory.

telefòto *f.* **telephoto*.**

telefotografìa *f.* ***1*** **telephotography** ***2*** (l'immagine) **telephotograph.**

telegènico *a.* **telegenic.**

telegiornale *m.* **television newsreel; telecast news.**

telegrafare *v. t.* e *i.* to **telegraph;** to **wire** *(fam.)*; (per cavo sottomarino) to **cable.**

telegrafìa *f.* **telegraphy**: *la t. senza fili,* wireless telegraphy.

telegraficaménte *avv.* **by telegram; telegraphically.**

telegràfico *a.* **telegraphic** (anche *fig.*); **telegraph** *(attr.)*: *un messaggio t.*, a telegraphic message □ *un modulo t.*, a telegraph form ● *stile t.*, telegraphese.

telegrafista *m.* e *f.* **telegraph operator; telegraphist.**

telègrafo *m.* ***1*** **telegraph**: *pali del t.*, telegraph poles ***2*** (ufficio) **telegraph office.**

telegramma *m.* **telegram; wire** *(fam.)*; (per cavo sottomarino) **cable**: *un t. con risposta pagata,* a reply-paid (o prepaid) telegram.

telelibera *f.* **private television broadcasting station.**

telemetrìa *f.* **telemetry; range-finding.**

telèmetro *m.* **telemeter; range-finder.**

teleobiettivo *m. (fotogr.)* **telephoto lens.**

teleologìa *f. (filos.)* **teleology.**

teleològico *a. (filos.)* **teleologic; teleological.**

telepatìa *f.* **telepathy; thought transference.**

telepàtico *a.* **telepathic.**

telequìz *m.* **TV quiz; telequiz.**

teleradiotrașméttere *v. t.* to **simulcast*.**

telerìa *f.* **linen goods** *(pl.)* ● *negozio di t.*, draper's (shop).

telericevènte ***A*** *a.* **television receiving** *(attr.)* ***B*** *f.* **television receiving station.**

teleromanzo *m.* **telecast novel;** (a puntate) **television serial.**

teleschérmo *m.* **telescreen.**

telescòpico *a.* **telescopic.**

telescòpio *m.* **telescope.**

telescrivènte *f.* **teletypewriter; teleprinter.**

teleselezióne *f. (tel.)* **direct dialling system (for trunk calls); subscriber trunk dialling.**

telespettatóre *m.* **televiewer.**

teletrașméttere *v. t.* to **televise;** to **telecast*.**

teletrașmettitóre *m.* **television transmitter; telecaster.**

teletrașmissióne *f.* **telecast.**

teletrasmittènte ***A*** *a.* **television broadcasting** *(attr.)* ***B*** *f.* **television broadcasting station.**

teleutènte *m.* e *f.* **television licence-holder.**

televișióne *f.* ***1*** **television**: *guardare la t.*, to watch

television □ *t. a colori,* colour television **2** (*fam.:* televisore) **television set; TV set; telly** (*fam.*).
televiṣivo *a.* **television** (*attr.*): *trasmissioni televisive,* television programmes ● *« originale » t.,* teleplay □ *riproduttore t.,* video player.
televiṣóre *m.* **television set; TV set; telly** (*fam.*): *un t. a colori,* a colour TV set.
telex *m.* **telex** ● *trasmettere a mezzo t.,* to telex.
tellina *f.* (*zool.*) **clam.**
tellùrico *a.* (*chim., geol.*) **telluric.**
tellùrio *m.* (*chim.*) **tellurium.**
télo *m.* **length of material.**
telóne *m.* (*teatr.*) **curtain**: *calare il t.,* to lower the curtain.
(1) téma *f.* (*lett.:* timore) **fear**: *per t. di,* for fear that; lest.
(2) téma *m.* **1** (argomento) **subject; topic; theme 2** (scolastico) **essay; composition**: *svolgere un t.,* to write an essay **3** (*mus.*) **theme 4** (*linguistica*) **stem** ● *fuori t.,* not to the point.
temàtica *f.* **(main) themes** (*pl.*).
temàtico *a.* (anche *mus., linguistica*) **thematic.**
temerarietà *f.* **rashness; recklessness; foolhardiness.**
temeràrio A *a.* **rash; reckless; foolhardy B** *m.* **rash person; daredevil.**
temére A *v. t.* **1** to **fear**: *t. la morte,* to fear death **2** (avere paura) to **be afraid of**: *Non t.!,* don't be afraid! □ *Temo di sbagliare,* I am afraid of making a mistake □ *Non vi temo,* I'm not afraid of you **B** *v. i.* **1** to **fear**: *Non t. di nulla!,* never fear! **2** to **be afraid**: *Temo di sì,* I am afraid so □ *Temo di no,* I am afraid not ● *t. di se stesso,* to have no self-confidence □ *Teme la luce* (scritto su bottiglie, ecc.), keep in a dark place; do not expose to light □ *Teme l'umidità* (scritto su casse, ecc.), keep dry □ *Teme il calore* (scritto su bottiglie, ecc.), keep cool.
temerità *f.* **temerity.**
temìbile *a.* **dangerous; to be feared.**
tèmolo *m.* (*zool.,* Thymallus thymallus) **grayling.**
tempàccio *m.* **nasty weather.**
tèmpera *f.* **1** (*metall.*) **hardening 2** (*metall.:* la proprietà) **temper 3** (*pitt.*) **tempera; distemper** ● *dipingere a t.,* to distemper.
temperalàpis, temperamatite *m.* **pencil-sharpener.**
temperaménto *m.* **temperament; disposition.**
temperante *a.* **temperate; moderate.**
temperanza *f.* **temperance; moderation.**
temperare A *v. t.* **1** (frenare, moderare) to **control**; to **moderate**; to **temper 2** (*metall.*) to **temper**; to **harden 3** (affilare) to **sharpen**: *t. una matita,* to sharpen a pencil **4** (*pitt.:* i colori) to **blend**; to **mix B temperarsi** *v. rifl.* to **be moderate**; to **be temperate.**
temperato *a.* **1 temperate; moderate**: (*geogr.*) *una zona temperata,* a temperate zone **2** (*metall.*) **tempered 3** (affilato) **sharpened 4** (*pitt.:* dei colori) **blended; mixed.**
temperatura *f.* **temperature**: *misurare la t. a q.,* to take sb.'s temperature □ *uno sbalzo di t.,* a sudden change in temperature □ (*chim., fis.*) *t. assoluta,* absolute temperature □ (*fis.*) *t. di ebollizione,* boiling temperature.
tempèrie *f.* (anche *fig.*) **climate.**
temperino *m.* **penknife*.**
tempèsta *f.* **storm**: *essere travolto dalla t.,* to be swept away by the storm □ *La t. s'avvicina,* the storm is drawing near ● *t. di grandine,* hailstorm □ *t. di sabbia,* sandstorm □ *una t. di sassi,* a shower of stones □ *t. di vento,* windstorm □ (*fig.*) *un cuore in t.,* a heart in turmoil □ (*naut.*) *fuggire la t.,* to scud □ *Oggi fa t.,* it is stormy today.
tempestare A *v. i.* to **storm**; to **rage** (anche *fig.*) **B** *v. t.* **1** to **batter**; to **storm** (anche *fig.*): *t. q. di domande,* to storm sb. with questions **2** (ornare) to **stud** ● *t. q. di pugni,* to rain blows upon sb.
tempestato *a.* (ornato) **studded**: *un cielo t. di stelle,* a star-studded sky.
tempestivaménte *avv.* **opportunely; at the right moment.**
tempestività *f.* **opportuneness; timeliness.**
tempestivo *a.* **opportune; timely.**
tempestóso *a.* (anche *fig.*) **stormy; tempestuous.**
tèmpia *f.* (*anat.*) **temple.**
tempiale *m.* (di un telaio) **temple.**
tempificare *v. t.* to **time**; to **schedule.**
tèmpio *m.* (*relig.*) **temple** (anche *fig.*).
tempiṣmo *m.* **1 sense of rhythm 2** (*fig.*) **sense of timing.**
tempista *m.* e *f.* **1** (*mus.*) **good timekeeper; timist 2** (*fig.*) **person with a sense of timing 3** (cronotecnico) **time recorder; timer.**
templare *m.* (*stor.*) **Templar.**
tèmpo *m.* **1 time**: *t. libero,* free (o spare) time □ *il t. medio,* the average time □ *arrivare in t.,* to arrive in time □ *guadagnare t.,* to gain time □ *ricuperare il t. perduto,* to make up for lost time □ *Ogni cosa a suo t.,* everything at the right time □ *Ci vuole t.,* it takes time **2** (epoca, età) **times, days** (*pl.*); (talora) **time**: *ai tempi della regina Elisabetta,* in Elizabethan times **3** (periodo del servizio militare, della prigionia) **term; time 4** (stagione) **season**: *il t. della mietitura,* the harvest season **5** (atmosferico) **weather**: *t. bello (piovoso, sereno),* good (rainy, clear) weather □ *le previsioni del t.,* the weather forecast □ *Vuoi uscire con questo t.?,* do you want to go out in this weather? **6** (*mus.*) **tempo*; time**: *t. di valzer,* waltz time □ *andare a t.,* to keep time □ *battere il t.,* to beat time **7** (*mus.:* battuta) **beat**: *entrare in t.,* to start on the beat **8** (fase) **stage; phase 9** (parte) **part**: *il secondo t. del film,* the second part of the film **10** (*gramm.*) **tense**: *il t. presente (passato),* the present (past) tense ● *un t.,* once; long ago □ *t. d'estate,* summertime □ *t. d'inverno,* wintertime □ *t. di primavera,* springtime □ *t. fa,* some time ago □ *a un t.,* at the same time □ *a t. perso,* in one's spare time □ *al t. dei tempi,* long ago □ *aver fatto il proprio t.,* to be out of date □ *il buon t. antico (o andato),* the good old days □ *da quanto t.?,* how long? □ *darsi al bel (o buon) t.,* to have a good time □ *da t.,* for some time: *È sposato da t.,* he has been married for some time □ *da t. immemorabile,* from time immemorial □ *di notte t.,* by night □ *fare a (o in) t.,* to be in time □ *in un anno di t.,* in a year's time □ *in questi ultimi tempi,* lately □ (*fig.*) *marciare con i tempi,* to keep up with the times □ *nei ritagli di t.,* in one's spare time □ *nel più breve t. possibile,* as quickly as possible □ *per t.,* early □ *poco t. dopo,* a little later □ (*sport*) *il primo (secondo) t.,* the first (the second) half □ *C'è t.!,* there's plenty of time! □ *Quanto t. ci vuole per andarci?,* how long does it take to go there?
tèmpora *f. pl.* — (*relig.*) *le quattro t.,* the Ember Weeks.
(1) temporale *a.* (*anat.*) **temporal.**
(2) temporale A *a.* (anche *relig., gramm.*) **temporal**: *il potere t. del Papa,* the temporal power of the Pope □ *un avverbio t.,* a temporal adverb; an adverb of time **B** *f.* (*gramm.:* proposizione t.) **time clause.**
(3) temporale *m.* **thunder-storm; storm.**
temporalésco *a.* **stormy.**
temporalità *f.* **1 temporality 2** (*al pl., relig.*) **temporalities.**
temporaneità *f.* **temporariness; transitoriness.**
tempornàneo *a.* **temporary; transitory.**
temporeggiaménto *m.* **temporization; procrastination.**
temporeggiare *v. i.* to **temporize**; to **procrastinate.**
temporeggiatóre *m.* **temporizer; procrastinator.**
tèmpra *f.* **1** (*metall.*) **tempering; hardening 2** (*fig.*) **temperament; fibre**: *un uomo di t. robusta,* a man of strong fibre.
temprare A *v. t.* **1** (*metall.*) to **temper**; to **harden 2** (*fig.*) to **strengthen B temprarsi** *v. rifl.* to **strengthen**; to **become* stronger.**
tenace *a.* **1** (rif. a cosa) **tenacious; strong; tough 2** (*fig.:* saldo) **tenacious**: *una memoria t.,* a tenacious (o retentive) memory **3** (*fig.:* fermo, costante) **tenacious; firm; persevering.**
tenaceménte *avv.* **tenaciously; firmly.**
tenàcia *f.* **tenacity; firmness; perseverance.**
tenacità *f.* **toughness.**
tenàglia *f.* **1** (*specialm. al pl.*) **pincers; tongs 2** (*al*

pl., pop.: chele) **pincers.**

tènda *f.* ***1*** (da campo) **tent**: *(mil.) una t. da campo,* a field tent □ *levare le tende,* to strike tents; *(fig.)* to pack up and go □ *piantare una t.,* to pitch a tent ***2*** (di finestra, ecc.) **curtain**: *tirare la t.,* to draw the curtain ***3*** (all'esterno, sul ponte di una nave, ecc.) **awning** ● *t. alla veneziana,* Venetian blind.

tendàggio *m.* **curtaining; curtains** *(pl.).*

tendènza *f.* ***1*** **tendency; bent; inclination**: *avere t. per q.c.,* to have a bent for st. ***2*** (orientamento) **trend**: *la t. del pensiero moderno,* the trend of modern thought.

tendenziosità *f.* **tendentiousness.**

tendenzióso *a.* **tendentious** ● *presentare in modo t.,* to angle.

tèndere ***A*** *v. t.* ***1*** to **stretch (out)**; to **hold* out**: *t. la mano a q.,* to hold out (o to stretch out) one's hand to sb.; *(fig.)* to offer sb. a helping hand ***2*** (mettere in tensione) to **stretch;** to **tighten;** to **strain;** to **pull*** (st.) **tight;** to **make*** (st.) **taut**: *t. le redini,* to tighten the reins □ *t. una fune fino a spezzarla,* to strain a rope till it breaks (o to breaking point) ***3*** (distendere) to **lay***; to **spread***: (anche *fig.*) *t. un'insidia,* to lay a snare ***B*** *v. i.* ***1*** to **tend;** to **trend;** (essere incline) to **be inclined,** to **lean***: *I prezzi tendono a salire,* prices are trending upwards □ *t. a ingrassare,* to be inclined to grow fat □ *(polit.) t. a sinistra (a destra),* to lean to the left (to the right) ***2*** (aspirare, mirare) to **intend;** to **aim**: *t. a fare q.c.,* to intend to do st.; to aim at doing st. ● *t. a una meta,* to have an aim □ *t. un arco,* to bend a bow □ *t. la mente a q.c.,* to apply one's mind to st. □ *t. l'orecchio,* to prick up one's ears □ *t. le reti* (per pescare), to cast the nets □ *t. lo sguardo,* to screw up one's eyes □ (anche *fig.*) *t. una trappola,* to set a trap.

tendina *f.* **curtain.**

tèndine *m. (anat.)* **tendon; sinew.**

tendiscarpe *m.* **shoetree.**

tenditóre *m. (mecc.)* **turnbuckle.**

tendóne *m.* **awning;** (di circo) **tent; big top** *(fam.).*

tendòpoli *f.* **camp; canvas town.**

tènebre *f. pl.* **darkness, dark, gloom** *(sing.)* ● *al cadere delle t.,* at nightfall; at dusk □ *un fatto avvolto nelle t.,* a fact wrapped in mystery.

tenebrosaménte *avv.* **darkly; gloomily; murkily.**

tenebrosità *f.* **darkness; gloom; murkiness; sombreness.**

tenebróso *a.* **dark; gloomy; murky; sombre.**

tenènte *m. (mil.)* **lieutenant**: *t. colonnello,* lieutenant colonel.

tenènza *f.* **lieutenancy.**

teneraménte *avv.* **tenderly; softly; fondly; lovingly.**

tenére ***A*** *v. t.* ***1*** (t. in mano o per mano; t. stretto, trattenere; sostenere, reggere; contenere; occupare, ecc.; e *fig.*) to **hold***: *t. stretto (o forte) q.c.,* to hold st. tightly □ *t. il cappello in mano,* to hold one's hat in one's hand □ *t. q. per mano,* to hold sb. by the hand □ *t. un bambino in braccio,* to hold a baby in one's arms □ *t. una riunione,* to hold a meeting □ *Tenete in alto le mani!,* hold your hands up! □ *Non lo tenevano in quattro,* four people weren't enough to hold him down ***2*** (t. in una certa posizione; t. con sé; conservare; mantenere; impiegare; trattare; avere, ecc.) to **keep***: *t. la finestra aperta,* to keep the window open □ *t. le mani a posto,* to keep one's hands to oneself □ *t. le mani in tasca,* to keep one's hands in one's pockets □ *t. q.c. per ricordo,* to keep st. as a souvenir □ *t. q. come cuoco,* to keep sb. as a cook □ *t. q.c. pronto,* to keep st. ready □ *Tenga pure il cappello!,* please, keep your hat on! ***3*** (prendere) to **take***: *Tieni questo cioccolatino,* take this chocolate ***4*** (occupare) to **take* up** ***5*** (seguire) to **keep* to** (st.); to **follow**: *t. un metodo,* to follow a method ***6*** (portare addosso o in un certo modo) to **wear***: *t. i capelli corti,* to wear one's hair short ***7*** (considerare, ritenere) to **consider;** to **regard;** to **deem;** to **hold***: *t. caro q.c.,* to hold st. dear ***B*** *v. i.* ***1*** (essere in favore di) to **be (for);** to **be (on sb.'s side)** ***2*** (somigliare) to **be like,** to **take* after** (sb.) ***3*** (*spesso* **tenerci;** ambire) to **be keen** (on); (avere caro) to **value;** (importarsene) to **care;** (essere fiero) to **be proud** (of); (volere) to **want**: *Ci tengo ad andare,* I am keen on going □ *se proprio ci tenete,* if you really want to ● *t. il broncio,* to sulk □ *t. conto di q.c.,* to allow for st. □ *t. la destra,* to keep to the right □ *t. un discorso,* to make (o to deliver) a speech □ *(fig.) t. duro,* to hold on □ *t. fede alla parola data,* to keep one's word □ *t. il letto,* to keep to one's bed □ *(mus.) t. una nota,* to sustain a note □ *t. presente q.c.,* to bear st. in mind □ *t. una vita esemplare,* to lead an exemplary life □ *colori che tengono,* fast colours □ *una nave che tiene bene il mare,* a seaworthy ship □ *stoffa che tiene l'acqua,* waterproof material □ *Ah! ti tengo,* ah! I've got you! □ *Non c'è scusa che tenga,* there is no excuse for it ***C*** **tenérsi** *v. rifl.* ***1*** to **hold* (oneself)**: *t. stretto a una corda,* to hold on tightly to a rope □ *t. la testa fra le mani,* to hold one's head in one's hands ***2*** to **keep* (oneself)**: *t. lontano da un luogo,* to keep away from a place □ *Tenetevi in guardia,* keep on the lookout ***3*** (considerarsi) to **consider oneself;** to **hold* oneself**: *Non me ne tengo responsabile,* I don't hold myself responsible for it ***4*** (trattenersi) to **keep*,** to **refrain** (from); to **help** *(col gerundio)* ***5*** (attenersi) to **stick*** (to); (seguire) to **follow** (st.); (ricordare) to **remember** (st.): *Tienti a quanto ti ho detto,* remember what I've told you ● *t. al largo, (naut.)* to lie in the offing; *(fig.:* da q.) to give a wide berth (to sb.) □ *t. in contatto con q.,* to keep in touch with sb. □ *t. indietro,* to stand back □ *t. in disparte,* to hold oneself apart; to keep oneself to oneself □ *t. in equilibrio,* to keep one's balance □ *t. sulle difese,* to be ready to defend oneself □ *non riuscire a t. in piedi,* to be unable to stand (up).

tenerézza *f.* ***1*** **tenderness; softness** ***2*** *(fig.)* **tenderness; fondness.**

tènero ***A*** *a.* ***1*** **tender; soft**: *carne tenera,* tender meat □ *sapone t.,* soft soap ***2*** *(fig.)* **tender; fond; loving; delicate**: *avere il cuore t.,* to have a tender (o a soft) heart □ *un padre t.,* a loving father □ *parole tenere,* fond words □ *in tenera età,* of tender age ● *dal cuore t.,* tender-hearted ***B*** *m.* ***1*** (parte tenera) **tender part** ***2*** *(fig.:* affetto) **affection** ● *avere del t. per q.,* to be sweet on sb.

tenerume *m.* ***1*** **tender things** *(pl.)* ***2*** *(fig.:* smancerie) **affectation; mawkishness** ***3*** *(cucina)* **gristle.**

tènia *f. (zool.,* Taenia) **tapeworm; taenia*.**

tenìfugo *m. (fam.)* **taeniafuge.**

tènnis *(ingl.) m.* **tennis**: *un campo da t.,* a tennis-court □ *t. da tavolo,* table-tennis; ping-pong.

tennista *m.* e *f.* **tennis-player.**

tennìstico *a.* **tennis** *(attr.).*

tenóre *m.* ***1*** (modo) **tenor; way**: *il proprio t. di vita,* one's way of living ***2*** (contenuto) **tenor; content** *(di solito al pl.)*: *il t. della lettera,* the contents of the letter ***3*** *(mus.)* **tenor** ***4*** — *(leg.) a t. dell'art. 7,* according to article 7 ● *un alto t. di vita,* a high standard of living.

tenorile *a. (mus.)* **tenor** *(attr.)*: *una voce t.,* a tenor voice.

tensioattivo ***A*** *a.* **surface-active** ***B*** *m.* **surface-active agent.**

tensióne *f.* ***1*** **tension; stress** ***2*** *(elettr.)* **tension; voltage**: *ad alta t.,* high-tension ***3*** (pressione) **pressure** ● *t. mentale,* mental strain.

tensóre ***A*** *a. (anat.)* **tensor**: *muscolo t.,* tensor (muscle) ***B*** *m. (mat.)* **tensor.**

tentàbile *a.* **attemptable.**

tentacolare *a.* **tentacular.**

tentàcolo *m.* ***1*** *(zool.)* **tentacle** ***2*** *(fig.)* **grip.**

tentare *v. t.* e *i.* ***1*** (provare) to **try;** to **attempt;** (sforzarsi) to **endeavour**: *t. in ogni modo,* to try one's hardest □ *t. di fare q.c.,* to attempt (o to endeavour) to do st. ***2*** (mettere alla prova) to **try;** to **test**: *t. la fortuna,* to try one's luck ***3*** (indurre in tentazione; anche *fig.*) to **tempt**: *t. q. al male,* to tempt sb. to do evil ***4*** (attirare) to **attract;** (allettare) to **lure,** to **entice** ● *(leg.) tentato omicidio,* attempted murder.

tentativo *m.* **attempt**: *fare un t.,* to make an attempt; to have a try.

tentatóre ***A*** *m.* **tempter** ***B*** *a.* **tempting.**

tentazióne *f.* **temptation**: *Non ci indurre in t.,* lead us not into temptation ● *avere la t. di fare q.c.,* to be

tempted to do st.
tenténna *m.* e *f. invar.* **waverer.**
tentennaménto *m.* ***1*** **shaking** ***2*** *(fig.)* **hesitation.**
tentennare ***A*** *v. t.* to **shake***: *t. il capo,* to shake one's head ***B*** *v. i.* ***1*** to **waver**; to **shake***; to **wobble** ***2*** *(fig.)* to **be undecided**; to **hesitate**; to **waver**; to **wobble**; to **shilly-shally**; to **dilly-dally.**
tentóni (a) *avv.* **gropingly** ● *andare a t.,* to grope one's way.
tènue *a.* ***1*** **slender; tenuous; weak; slight; light; gentle** ***2*** (di colori) **soft** ● *(anat.) intestino t.,* small intestine.
tenuità *f.* ***1*** **slenderness; tenuity, tenuousness; weakness; slightness** ***2*** (dei colori) **softness.**
tenuta *f.* ***1*** (proprietà agricola) **estate; holding; farm; ranch** *(USA)* ***2*** (capacità) **capacity; holding** ***3*** (abbigliamento) **clothes** *(pl.)*; (uniforme) **uniform**: *in t. di fatica,* in working clothes ***4*** *(tecn.)* **seal** ● *(mil.) t. di servizio,* fatigue-dress □ *(mil.) alta t.,* full dress □ *a t. d'acqua,* watertight □ *a t. d'aria,* airtight □ *in gran t.,* all dressed up □ *un serbatoio della t. di dodici litri,* a tank holding twelve litres.
tenutàrio *m.* **holder; owner.**
tenuto *a.* ***1*** (obbligato) **obliged; forced; bound**: *Non sono t. ad andare,* I am not obliged to go ***2*** (di terreno) **kept** (for); **planted** (with).
tenzonare *v. i.* ***1*** to **contend**; to **combat** ***2*** *(fig.)* to **dispute.**
tenzóne *f.* **contest; combat.**
téo- *(in parole composte)* **theo-.**
teocràtico *a. (polit.)* **theocratic(al)**: *governo t.,* theocratic rule.
teocrazìa *f. (polit.)* **theocracy.**
teodolite *m. (topografia)* **theodolite.**
teofanìa *f. (relig.)* **theophany.**
teogonìa *f.* **theogony.**
teologale *a.* **theological.**
teologìa *f.* **theology** ● *dottore in t.,* doctor of divinity.
teològico *a.* **theological.**
teologizzare *v. i.* to **theologize.**
teòlogo *m.* **theologian.**
teorèma *m. (mat.)* **theorem.**
teorètica *f.* **theoretical philosophy.**
teorètico *a.* **theoretic(al); speculative.**
teorìa *f.* ***1*** **theory**: *la t. dell'evoluzione,* the theory of evolution □ *in t.,* in theory; theoretically ***2*** *(lett.:* processione) **procession.**
teòrico ***A*** *a.* **theoretic(al)** ***B*** *m.* **theorist.**
teorizzare *v. t.* to **theorize.**
teosofìa *f.* **theosophy.**
teosòfico *a.* **theosophic(al).**
teòsofo *m.* **theosophist.**
tèpalo *m. (bot.)* **tepal.**
tepóre *m.* **warmth.**
téppa *f.* **mob; rabble; hooligans** *(pl.)*.
teppismo *m.* **hooliganism; ruffianism.**
teppista *m.* **hooligan; ruffian; hoodlum; rowdy; punk** *(pop.)* ● *giovane t.,* teddy-boy.
terapèuta *m.* e *f.* **therapeutist; therapist.**
terapèutica *f. (med.)* **therapeutics** *(pl. col verbo al sing.)*.
terapèutico *a. (med.)* **therapeutic(al).**
terapìa *f. (med.)* **therapy.**
tèrbio *m. (chim.)* **terbium.**
terebinto *m. (bot.,* Pistacia terebinthus*)* **terebinth; turpentine-tree.**
tèrgere *v. t. (lett.)* ***1*** to **wipe away** ***2*** (pulire) to **clean.**
tergicristallo *m. (autom.)* **windscreen-wiper.**
tergiversare *v. i.* to **prevaricate**; to **shuffle**; to **beat*** **about the bush** *(fam.)*.
tergiversatóre *m.* **prevaricator.**
tergiversazióne *f.* **prevarication.**
tèrgo *m.* **back**: *scrivere a t.,* to write on the back (of a sheet of paper) ● *Vedi a t.,* please turn over *(abbr.:* P.T.O.*)*.
terilène *m. (marchio: ind. tessile)* **Terylene; Dacron** *(USA)*.
termale *a.* **thermal** ● *sorgenti termali,* hot springs □ *stazione t.,* spa.
tèrme *f. pl.* ***1*** **thermal baths; spa** *(sing.)* ***2*** *(archeol.)* **thermae.**
tèrmico *a. (fis.)* **thermic(al).**
terminàbile *a.* **terminable.**
terminale *a.* e *m. (in ogni senso)* **terminal.**
terminare *v. t.* e *i.* to **end**; to **finish**; to **terminate**; (cessare) to **cease**: *t. la discussione,* to end the discussion □ *t. di fare q.c.,* to finish doing st. ● *t. in modo triste,* to have a sad ending.
terminazióne *f.* ***1*** (desinenza, suffisso) **ending; termination** ***2*** (fine) **end; termination** ***3*** *(tipogr.)* **serif, seriph.**
tèrmine *m.* ***1*** (fine) **end, close**; (scadenza) **termination, expiry**: *portare a t. q.c.,* to bring st. to an end ***2*** (limite) **limit**: *porre un t. a q.c.,* to set a limit to st. □ *fissare un t.,* to fix a term (o a date) ***3*** (confine) **boundary** ***4*** (condizione, rapporto) **term**: *i termini di un contratto,* the terms (o conditions) of a contract □ *essere in buoni termini con q.,* to be on good terms with sb. ***5*** (parola) **term; word**: *termini scientifici,* scientific terms □ *in altri termini,* in other words ***6*** (tempo) **time**: *nel t. prescritto,* within the prescribed time ***7*** *(mat., filos., gramm.)* **term** ***8*** *(fig.:* fine, scopo*)* **aim** ● *il t. (utile) per la presentazione delle domande,* the dead-line for sending in applications □ *a rigor di termini,* strictly speaking □ *(gramm.) complemento di t.,* indirect object □ *condurre a t. un affare,* to strike a bargain □ *entro il t. di due giorni,* within two days □ *mezzi termini,* half measures; compromise *(sing.)*.
terminologìa *f.* **terminology.**
termitàio *m.* **termitary.**
(1) tèrmite *f. (zool.)* **termite; white ant** *(pop.)*.
(2) termite *f. (chim.)* **thermite.**
tèrmo- *(in parole composte)* **thermo-.**
termochìmica *f.* **thermochemistry.**
termodinàmica *f. (fis.)* **thermodynamics** *(pl. col verbo al sing.)*.
termodinàmico *a. (fis.)* **thermodynamic(al).**
termoelettricità *f. (fis.)* **thermoelectricity.**
termoelèttrico *a. (fis.)* **thermoelectric(al).**
termòforo *m.* **warming pad.**
termògeno *a.* **thermogenic.**
termògrafo *m.* **thermograph.**
termoióne *m. (fis.)* **thermion.**
termoiònica *f. (fis.)* **thermionics** *(pl. col verbo al sing.)*.
termoiònico *a. (fis.)* **thermionic.**
termoisolante *(fis.)* ***A*** *a.* **heat-insulating** ***B*** *m.* **heat insulator.**
termologìa *f. (fis.)* **thermology.**
termomètrico *a.* **thermometric(al).**
termòmetro *m.* **thermometer.**
termonucleare *a. (fis.)* **thermonuclear.**
termopila *f. (fis.)* **thermopile.**
termoplàstico *a.* **thermoplastic.**
tèrmos *m.* **thermos bottle; thermos flask.**
termoscòpio *m. (fis.)* **thermoscope.**
termosifóne *m.* **radiator** ● *riscaldamento a t.,* central heating.
termostàtico *a. (fis.)* **thermostatic.**
termòstato *m.* **thermostat.**
tèrna *f.* **tern; list of three.**
ternàrio *a.* **ternary.**
tèrno *m.* (gioco del lotto) **tern** ● *(fig.) un t. al lotto,* a real stroke of luck.
tèrra *f.* ***1*** (crosta terrestre; terriccio) **earth**: *i frutti della t.,* the fruits of the earth □ *sacchi di t.,* sacks of earth ***2*** (il pianeta) **earth**; (il mondo) **world**: *la rotazione della t.,* the rotation of the earth □ *cose mai viste né in cielo né in t.,* things never seen in heaven or on earth ***3*** (terra coltivabile; proprietà terriera; nazione) **land**: *lavorare la t.,* to till the land □ *la t. natia,* one's native land (o soil) □ *per t. e per mare,* by land and sea □ *le forze armate di t., di mare e dell'aria,* the land, sea, and air forces □ *la T. Santa,* the Holy Land ***4*** (terreno) **ground**; (suolo) **soil**: *dormire per t.,* to sleep on the ground □ *cascare per t.,* to fall to the ground □ *t. buona,* good soil ***5*** (nazione, anche) **country**; (regione) **region** ***6*** (pavimento) **floor**: *dormire per t.* (in casa), to sleep on the floor ***7*** (argilla)

clay • *terre alte,* highlands □ *terre basse,* lowlands □ *(mil.) t. di nessuno,* no man's land □ *t. di Siena,* sienna □ *(geogr.) le terre emerse,* the land masses of the globe □ *(geogr.) t. ferma,* mainland □ *t. t.,* mediocre, prosaic, pedestrian *(agg.)*; close to the ground, at ground level *(avv.)* □ *(naut.) a t.,* ashore □ *essere a t.,* (di un pneumatico) to be flat; (*fig.:* con pochi soldi, o senza) to be badly off, to be broke; (giù di morale) to be in low spirits □ *(naut.) andar t. t.,* to hug the coast; to coast □ *(geogr.) braccio di t.,* promontory □ *(elettr.) messa a t.,* earthing □ *(elettr.) mettere a t.,* to earth □ *(naut., aeron.) prendere (o scendere a, toccare) t.,* to land □ *raso t.,* close to the ground □ *(fig.) sentirsi mancare la t. sotto i piedi,* to feel lost □ *(naut.) T. in vista!,* land ho!

terracòtta *f.* **terracotta.**

terràcqueo *V.* **terràqueo.**

terrafèrma *f.* **mainland; (dry) land.**

terràglia *f.* **earthenware.**

terramicina *f. (marchio: farm.)* **Terramycin.**

terranòva *m. invar.* (cane) **Newfoundland dog.**

terrapièno *m.* ***1*** **bank; embankment** ***2*** *(mil.)* **rampart.**

terràqueo *a.* **terraqueous.**

terrazza *f.* **terrace.**

terrazzière *m.* **navvy.**

terrazzo *m.* ***1*** **balcony** ***2*** *(agric., geol.)* **terrace.**

terremotato ***A*** *a.* **devastated by an earthquake** ***B*** *m.* **earthquake victim.**

terremòto *m.* ***1*** **earthquake**: *scosse di t.,* earthquake shocks ***2*** *(fig.)* **live wire.**

(1) terréno *a.* ***1*** **ground** *(attr.)*: *pian t.,* ground floor ***2*** **earthly; worldly**: *gioie terrene,* earthly joys.

(2) terréno *m.* ***1*** **ground**: *t. roccioso,* rocky ground □ *(mil.* e *fig.) guadagnare (perdere) t.,* to gain (to lose) ground ***2*** (terra coltivabile o fabbricabile; proprietà terriera) **land**: *t. in lotti fabbricabili,* land in building lots □ *un pezzo di t.,* a piece of land □ *t. boschivo,* wooded land ***3*** (suolo) **soil**: *t. sabbioso,* sandy soil ***4*** (campo) **field** • *portare una questione sul t. legale,* to discuss the legal side of a problem □ *proprietario di terreni,* landowner □ *scendere sul t., (mil.)* to go into battle; (per un duello, per un incontro sportivo) to take the field □ *(fig.) tastare il t.,* to feel one's way.

tèrreo *a.* **sallow; wan; ashen.**

terrèstre *a., m.* e *f.* **terrestrial** • *paradiso t.,* earthly Paradise.

terrìbile *a.* **terrible; terrifying; awful; dreadful** • *Fa un freddo t.,* it is terribly cold □ *Ho una fame t.,* I'm awfully hungry.

terribilità *f.* **terribleness; awfulness; dreadfulness.**

terribilménte *avv.* **terribly; awfully; dreadfully.**

terrìccio *m.* **mould;** (per coltivazione in vaso) **loam.**

terrier *m.* (cane) **terrier.**

terrièro *a.* **landed**: *proprietà terriera,* landed property • *proprietario t.,* landowner.

terrificante *a.* **terrifying; appalling; spine-chilling.**

terrificare *v. t.* to **terrify**; to **appal.**

terrigno *a.* **earthy.**

terrina *f.* **tureen.**

territoriale *a.* **territorial**: *(mil.) la milizia t.,* the Territorial Army.

territorialità *f.* **territoriality.**

territòrio *m.* **territory; possessions** *(pl.).*

terróne *m. (spreg.)* **terrone** (Southern Italian).

terróre *m.* **terror; dread**: *incutere t. in q.,* to strike terror into sb.

terrorismo *m.* **terrorism.**

terrorista *m.* e *f.* **terrorist.**

terroristico *a.* **terroristic; terrorist** *(attr.).*

terrorizzare *v. t.* to **terrorize**; to **terrify.**

terróso *a.* **earthy.**

tèrso *a.* ***1*** **clear**: *acqua tersa,* clear water ***2*** *(fig.)* **terse; polished.**

tèrza *f.* ***1*** *(autom.)* **third gear** ***2*** *(mus.)* **third** ***3*** *(scherma)* **tierce** ***4*** (terza classe di una scuola) **third form** (o **class).**

terzana *f. (med.)* **tertian (fever).**

terzétto *m.* ***1*** *(mus.)* **terzetto*; trio*** ***2*** (gruppo di tre) **trio*.**

terziàrio *a.* e *m.* **tertiary**: *il settore t.,* the tertiary sector • *(geol.) l'era terziaria,* the Tertiary.

terzina *f. (mus., poesia)* **triplet; tercet.**

terzino *m. (calcio)* **(full) back**: *il t. destro (sinistro),* the right (left) back.

tèrzo ***A*** *a. num. ord.* **third**: *arrivare t.,* to come in third □ *Alessandro III,* Alexander the Third □ *in t. luogo,* in the third place; thirdly ***B*** *m.* ***1*** (terza parte) **third** ***2*** (terza persona) **third person;** *(leg.)* **third party** • *il t. incomodo,* the odd man out ***C*** *avv.* **thirdly.**

terzogènito *a.* e *m.* **third-born.**

terzùltimo *a.* e *m.* **last but two.**

terzuòlo *a. (agric.)* **hay of the third cutting.**

tésa *f.* (di cappello) **brim;** (di berretto) **visor.**

tesaurizzare *v. t.* e *i.* to **hoard;** to **treasure up.**

tèschio *m.* **skull.**

tèsi *f.* **thesis*; theory**: *una t. di laurea,* a degree thesis • *dramma (romanzo) a t.,* problem play (novel).

tesina *f.* **(short) dissertation.**

téso *a.* **stretched; tense; taut** • *avere i nervi tesi,* to be on edge; to be high-strung □ *essere in rapporti tesi con q.,* to be on strained terms with sb.

tesorerìa *f.* **treasury.**

tesorière *m.* **treasurer.**

tesòro *m.* ***1*** **treasure** (anche *fig.*): *tesori d'arte,* art treasures □ *(fig.) una moglie che è un t.,* a treasure of a wife ***2*** (patrimonio) **fortune**: *Mi costò un t.,* it cost me a fortune ***3*** (tesoreria) **treasury**: *il Ministero del T.,* the Treasury • *T. mio!,* my darling! □ *far t. di q.c.,* to prize st. highly □ *il Ministro del T.,* the Chancellor of the Exchequer *(G.B.)*; Secretary of the Treasury *(USA)* □ *Un buon amico vale un t.,* a good friend is worth his weight in gold.

tèssera *f.* ***1*** **ticket; card**: *una t. annonaria,* a ration card □ *una t. di riconoscimento,* an identity card □ *una t. d'iscrizione,* a membership card ***2*** (di mosaico) **tessera*** ***3*** (del domino) **domino*.**

tesseraménto *m.* ***1*** **giving of membership cards** ***2*** (razionamento) **rationing.**

tesserare ***A*** *v. t.* ***1*** to **give*** (sb.) **a membership card** ***2*** (razionare) to **ration** ***B*** **tesserarsi** *v. rifl.* to **get*** **a membership card.**

tesserato ***A*** *a.* ***1*** *(polit.)* **card-carrying** ***2*** (razionato) **rationed** ***B*** *m.* **member.**

tèssere *v. t.* (anche *fig.*) to **weave*** • *t. congiure,* to plot □ *t. le lodi di q.,* to speak in praise of sb.; to sing sb.'s praises.

tèssile ***A*** *a.* **textile**: *l'industria t.,* the textile industry ***B*** *m.* ***1*** **textile worker** ***2*** *(al pl.:* prodotti tessili*)* **textiles.**

tessitóre *m.* **weaver**: *un t. di lana,* a wool weaver.

tessitura *f.* ***1*** **weaving** ***2*** *(fig.)* **thread.**

tessuto *m.* ***1*** **fabric; material**: *tessuti di lana (di seta),* woollen (silk) fabrics ***2*** *(biol.)* **tissue**: *t. muscolare,* muscular tissue ***3*** *(fig.)* **web** • *(fig.) un t. di menzogne,* a pack of lies □ *t. misto,* union □ *t. spigato,* cross twill □ *negoziante di tessuti,* draper.

test *(ingl.) m.* **test**: *un t. attitudinale,* an aptitude test.

tèsta *f.* **head**: *girare la t.,* to turn one's head □ *levarsi q.c. dalla t.,* to get st. out of one's head □ *pagare un tanto a t.,* to pay so much a head (o per head) □ *(fig.) perdere la t.,* to lose one's head □ (anche *fig.) piegare la t.,* to bow one's head □ *colpire q. alla t.,* to hit sb. on the head □ *Non mi entra in t.,* I can't get it into my head □ *Non mi è mai passato per la t.,* it never came into my head • *(fig.) t. calda,* hot-headed person □ *(fig.) t. di legno,* blockhead □ *(fig.) t. dura,* (ottuso) thick-headed person; (ostinato) headstrong person □ *(fig.) essere una t. quadra,* to be a well-balanced person □ *(fig.) t. vuota,* empty-headed person □ *andare a t. scoperta,* to go bareheaded □ *(sport) arrivare primo per mezza t.,* to arrive first by a short head □ *a t. bassa,* head down; (*fig.:* depresso) crestfallen □ *essere (mettersi) alla t. di q.c.,* to be (to place oneself) at the head of st. □ *avere il cappello in t.,* to have one's hat on □ *avere debiti (o essere indebitato) fin sopra la t.,* to be head over heels in debt □ *avere la t. sulle spalle,* to have a good head on one's shoulders □ *cadere a t. in giù,* to fall headlong □ *(sport) colpire la palla di t. (o dare di t. alla palla),* to head the ball □ *(sport) colpo di t.,* header □ *(fig.) un colpo di t.,* a rash act □ *(fig.) dare alla t.,* to go to one's head □ *fare di t. propria,* to go one's own way; to decide oneself □ *(fig.) far girare la t. a q.,* to make sb.'s head spin; (far perdere la t.) to make sb. lose his head □ *fare t. al nemico,* to face the enemy □ *(fig.) fasciarsi la t. prima d'essersela rotta,* to cross one's bridges before one comes to them □ *in t.,* at the head; ahead: *in t. a tutti,* ahead of everybody □ *(fig.) lavare la t. all'asino,* to do st. quite useless; to cast pearls before swine □ *(fig.) lavata di t.,* scolding; telling off, dressing down *(fam.)* □ *mal di t.,* headache □ *(fig.) mettere la t. a partito,* to turn over a new leaf; (sistemarsi) to settle down □ *mostro a due teste,* two-headed monster □ *(fig.) non avere la t. a posto,* to be off one's head □ *rompersi la t.,* to break one's head; (scervellarsi) to rack one's brains □ *tener t. a q.,* to make head against sb. □ *(fig.) uscirne con la t. rotta,* to come off badly; to have the worst of it □ *un vino che dà alla t.,* a heady wine □ *(fig.) Mi ha fatto una t. così (o come un pallone),* he (o she) has talked my head off □ *(fig.:* di persona) *Che t.!,* what a brain!

testàceo *a. (zool.)* **testaceous; testacean; shelled.**

testacóda *m. invar. (autom.)* **about-face.**

testamentàrio *a. (leg.)* **testamentary.**

testaménto *m.* ***1*** **will; (last will and) testament**: *fare t.,* to make one's will □ *un t. olografo,* a holographic will ***2*** (Bibbia) **Testament**: *il Vecchio e il Nuovo T.,* the Old and New Testaments ● *lasciare q.c. a q. per t.,* to will (o to bequeath) st. to sb.

testardàggine *f.* **stubbornness; obstinacy.**

testardo *a.* **stubborn; obstinate; headstrong.**

testare *v. i. (leg.)* to **make* a** (o **one's**) **will.**

testata *f.* ***1*** **head**: *(archit.) la t. di una colonna,* the head of a column ***2*** (di un giornale) **heading** ***3*** *(fig.:* giornale*)* **newspaper; paper** *(fam.)* ***4*** (colpo dato con la testa) **blow with the head;** (colpo battuto con la testa) **knock on the head** ● *(mil.) t. nucleare,* nuclear warhead.

testàtico *m. (leg.)* **poll tax.**

testatóre *m. (leg.)* **testator.**

testatrice *f. (leg.)* **testatrix*.**

tèste *m.* e *f. (leg.)* **witness.**

testé *avv. (lett.)* **just now.**

testìcolo *m. (anat.)* **testicle.**

testièra *f.* ***1*** (dei finimenti del cavallo) **crown-piece** ***2*** *(modisteria)* **dummy head** ***3*** (del letto) **bedhead.**

testimòne *m.* e *f.* **witness**: *(leg.) t. a carico,* witness for the prosecution □ *(leg.) t. a discarico,* witness for the defence ● *t. dello sposo,* best man.

testimoniale *a. (leg.)* **of a witness; witness** *(attr.).*

testimonianza *f.* **evidence; testimony;** (prova) **proof, token**: *una t. autorevole,* reliable evidence □ *(leg.) falsa t.,* false testimony ● *rendere t.,* to bear witness.

testimoniare ***A*** *v. t.* to **witness;** to **testify** ***B*** *v. i.* to **bear* witness;** to **witness;** to **testify**: *t. a favore di (contro) q.,* to witness for (against) sb.; to testify on behalf of (against) sb.

testimònio *m. (fam.) V.* **testimòne.**

testina *f.* ***1*** *(cucina)* **calf's head** ***2*** *(tecn.)* **head.**

testista *m.* e *f. (psic.)* **tester.**

tèsto *m.* **text**: *libri di t.,* text-books.

testolina *f. (fig.)* **flighty person.**

testóne *m.* ***1*** **large head** ***2*** *(fig.:* zuccone*)* **blockhead;** (testardo) **stubborn fellow.**

testuale *a.* ***1*** **textual**: *critica t.,* textual criticism ***2*** (preciso) **exact; precise.**

testùggine *f.* ***1*** *(zool.)* **tortoise; turtle** ***2*** *(stor. mil.)* **testudo*.**

tetànico *a. (med.)* **tetanic.**

tètano *m. (med.)* **tetanus.**

tètra- *(in parole composte)* **tetra-, tetr-.**

tetraèdro *m. (geom.)* **tetrahedron*.**

tetràggine *f.* ***1*** **dismalness; dreariness; darkness** ***2*** *(fig.)* **gloom.**

tetragonale *a. (geom.)* **tetragonal.**

tetràgono ***A*** *a.* ***1*** *(geom.)* **tetragonal** ***2*** *(fig.)* **steadfast; foursquare** ***B*** *m. (geom.)* **tetragon.**

tetralogìa *f.* **tetralogy.**

tetràmetro *m. (poesia)* **tetrameter.**

tetrapàk *m. (marchio: ind.)* **cardboard container.**

tetrarca *m. (stor.)* **tetrarch.**

tetrarchìa *f. (stor.)* **tetrarchy.**

tètro *a.* ***1*** **dismal; dreary; gloomy; dark** ***2*** *(fig.)* **(sad and) gloomy; dismal; dusky** ● *essere d'umore t.,* to feel gloomy; to be in low spirits.

tétta *f. (fam.:* mammella*)* **breast; tit, titty** *(fam.)*; **booby** *(pop.).*

tettarèlla *f.* **(nursing) teat; dummy.**

tétto *m.* **roof**: *un t. a una falda,* a pent roof; a lean-to roof □ *un t. a terrazza,* a flat roof □ *un t. apribile* (di automobile), a sunshine (o sliding) roof ● *(leg.) abbandono del t. coniugale,* desertion □ *i senza t.,* the homeless.

tettóia *f.* **penthouse;** (di piattaforma) **roofing, shelter.**

tettònico *a. (geol.)* **tectonic.**

teutònico *a.* **Teutonic.**

ti *pron. pers. m.* e *f. 2ª pers. sing.* ***1*** *(compl. ogg.)* **you;** *(compl. indir.)* **(to) you** ***2*** *(coi verbi rifl.)* **yourself** (o *idiom.)*: *Lavati le mani!,* wash your hands! ***3*** *(con valore rafforzativo: è idiom.) Che ti credevi?,* what did you expect?

tiara *f.* **tiara.**

tibetano *a.* e *m.* **Tibetan.**

tibia *f. (anat.)* **tibia*; shin-bone.**

tibiale *a. (anat.)* **tibial.**

(1) tic *m. (med.)* **tic.**

(2) tic *inter.* e *m.* **tick; click.**

ticchettare *v. i.* to **tick;** to **click.**

ticchettìo *m.* **ticking; clicking; patting.**

tìcchio *m.* ***1*** **tic** ***2*** *(fig.)* **whim; fancy** ● *quando gli salta il t.,* as the notion takes him □ *Gli saltò il t. di uscire,* he suddenly took it into his head to go out.

ticket *(ingl.) m. invar.* (sulle ricette di medicinali) **prescription charge.**

tic tac *inter.* e *m.* **tick tack; tick tock** ● *fare t.,* to tick; to tick-tack; (rif. al cuore) to go pit-a-pat.

tiepidézza *f.* **tepidity; lukewarmness.**

tièpido *a.* **tepid; lukewarm;** *(fig.,* anche*)* **half--hearted.**

tifare *v. i. (fam.)* to **be a fan** (of); to **cheer** (for).

tifo *m.* ***1*** *(med.)* **typhus** ***2*** *(fig.)* **fanaticism** ● *fare il t. per q.,* to be a fan of sb.

tifòide *a. (med.)* **typhoid.**

tifoidèa *f. (med.)* **typhoid (fever).**

tifóne *m.* **typhoon.**

tifóso ***A*** *a. (med.)* **typhous** ***B*** *m. (fam.:* chi fa il tifo) **fan.**

tight *(ingl.) m.* **morning coat.**

tìglio *m.* ***1*** *(bot.,* Tilia europaea*)* **lime; lime-tree**: *infuso di t.,* lime tea ***2*** (fibra) **fibre.**

tiglióso *a.* ***1*** **fibrous** ***2*** (di carne) **stringy; tough.**

tigna *f. (med.)* **tinea; ringworm.**

tignòla *f. (zool.,* Tinea*)* **moth.**

tignóso *a.* ***1*** *(med.)* **affected with ringworm** ***2*** *(fig.:* avaro) **miserly; stingy.**

tigrato *a.* **striped.**

tigre *f. (zool.,* Panthera tigris; anche *fig.)* **tiger** *(masch.)*; **tigress** *(femm.).*

tigrésco *a.* **tiger-like; tigerish.**

tigròtto *m.* **tiger cub.**

tilde *m.* o *f.* **tilde.**

timballo *m.* ***1*** *(mus.)* **timbal; kettledrum** ***2*** *(cucina)* **timbale; pie.**

timbrare *v. t.* to **stamp;** (una lettera) to **postmark** ● *t. il cartellino di presenza,* (all'entrata) to **clock in;** (all'uscita) to **clock out** (o **off**).

timbratura *f.* **stamping;** (di lettera) **postmarking.**

timbro *m.* ***1*** **stamp**: *un t. di gomma,* a rubber stamp □ *il t. per la data,* the date stamp ***2*** (di strumento musicale, di voce) **timbre** ● *t. postale,* postmark □ *mettere il t.,* to stamp.

timidézza *f.* **shyness; bashfulness; timidity, timidness.**

tìmido ***A*** *a.* **shy; bashful; timid; self-conscious** ***B*** *m.* **shy** (o **bashful, self-conscious**) **person** ● *fare il t.,* to

pretend to be shy.
timo *m.* **1** *(bot.,* Thymus vulgaris*)* **thyme** **2** *(anat.)* **thymus*.**
timóne *m.* **1** *(naut., aeron.)* **rudder; helm** *(anche fig.)*; *(naut.)* **steering wheel**: *essere al t.*, to be at the helm **2** (di un carro) **shaft** **3** (dell'aratro) **beam.**
timonièra *f. (naut.)* **steering-compartment; wheel--house.**
timonière *m. (naut.)* **steersman*; helmsman*; cox-swain.**
timonièro *a. (naut., aeron.)* **rudder, helm** *(attr.)* ● *(zool.) penne timoniere,* rectrices.
timorato *a.* **scrupulous** ● *t. di Dio,* God-fearing.
timóre *m.* **1** **fear; dread**: *t. panico,* panic (fear) □ *avere t. di q. (q.c.),* to be in dread of sb. (st.) **2** (t. reverenziale) **awe** ● *per t. che,* for fear (that); lest □ *Non abbiate t.,* never fear.
timoróso *a.* **fearful; timorous; timid.**
timpànico *a. (anat.)* **tympanic.**
timpanista *m.* e *f. (mus.)* **tympanist; kettledrum-mer.**
tìmpano *m.* **1** *(anat.)* **tympanum*; ear-drum** **2** *(mus.)* **kettledrum** **3** *(archit.)* **tympanum*; gable** ● *(fig.) rompere i timpani a q.,* to deafen sb.
tinca *f. (zool.,* Tinca tinca*)* **tench.**
tinèllo *m.* **(small) dining-room.**
tìngere **A** *v. t.* **1** to **dye**: *t. q.c. di nero (di rosso, ecc.),* to dye st. black (red, etc.) □ *farsi t. i capelli,* to have one's hair dyed **2** (macchiare) to **stain;** (insudiciare) to **dirty** **3** (colorare lievemente) to **tinge;** to **tint** **B** **tìnger-si** *v. rifl.* **1** to **dye**: *t. i capelli,* to dye one's hair **2** (colorarsi lievemente) to **be tinged** (with) **3** (dipingersi, truccarsi) to **use make-up** ● *t. di rossore,* to blush □ *t. le labbra,* to use lipstick.
tinnire *v. i. (lett.)* to **tinkle;** to **jingle.**
tinnito *m. (lett.)* **tinkle, tinkling; jingle, jingling.**
tino *m.* **1** **vat; tub;** (per fermentazione) **tun** **2** *(metall.)* **shaft.**
tinòzza *f.* **tub; vat;** (per il bucato) **wash-tub;** (per il bagno) **bath-tub.**
tinta *f.* **1** (materia colorante) **dye** **2** (colore) **colour; hue**: *una t. morbida,* a soft colour □ *perdere la t.,* to lose colour; to fade **3** (colore delicato) **tint; tinge** *(anche fig.)*; (sfumatura) **shade** ● *(anche fig.) dipingere q.c. a fosche tinte,* to paint st. in dark colours □ *(fig.) un dramma a forti tinte,* a sensational play.
tintarèlla *f.* **sun-tan; tan**: *prendere la t.,* to get a tan.
tinteggiare *v. t.* to **paint.**
tinteggiatura *f.* **painting.**
tintinnàbolo *m.* **tintinnabulum*; bell.**
tintinnare *v. t.* to **tinkle;** to **jingle** ● *far t.,* to tinkle; to jingle.
tintinnìo *m.* **tinkling; jingling.**
tinto *a.* **1** **dyed; coloured** **2** (macchiato) **stained** **3** (truccato) **painted** **4** (colorato lievemente) **tinged.**
tintóre *m.* **dyer.**
tintorìa *f.* **dye-works;** (negozio) **dry-cleaner's shop.**
tintura *f.* **1** **dyeing** **2** (materia colorante) **dye**: *una t. per i capelli,* a hair dye **3** *(chim.)* **tincture**: *t. di iodio,* tincture of iodine.
tipicaménte *avv.* **typically.**
tìpico *a.* **typical**: *un inglese t.,* a typical English-man.
tipizzare *v. t.* **1** to **typify** **2** (standardizzare) to **stand-ardize.**
tipo *m.* **1** **type**: *il t. napoletano,* the Neapolitan type **2** (genere) **type; quality; kind**: *vini di tipi diversi,* wines of different kinds **3** *(fam.:* individuo) **fellow; chap; spec-imen; guy** *(USA)*: *Che t. strano!,* what a queer chap! **4** *(al pl., tipogr.)* **type** *(collett.)* ● *sul t. di,* like.
tipografìa *f.* **1** **typography** **2** (stamperia) **printing house.**
tipogràfico *a.* **typographic(al); printing** *(attr.)*: *una macchina tipografica,* a printing press.
tipògrafo *m.* **printer; typographer.**
tipologìa *f.* **typology.**
tip tap **A** *inter.* e *m.* **tip-tap** **B** *m.* (ballo) **tap dance.**
tirabaci *m.* **kiss-me-quick; kiss-curl.**
tirabòzze *m. (tipogr.)* **proof-press.**
tirabusciò *m. (pop.)* **corkscrew.**
tiràggio *m.* **draught.**
tiralìnee *m.* **drawing-pen; ruling-pen.**
tiranneggiare *v. t.* e *i.* to **tyrannize** (over).
tirannésco *a.* **tyrannous; despotic.**
tirannìa *f.* **tyranny** *(anche fig.)*; **despotism.**
tirannicida **A** *m.* e *f.* **tyrannicide** **B** *a.* **tyrannicid-al.**
tirannicìdio *m.* **tyrannicide.**
tirànnico *a.* **tyrannical; despotic.**
tirànnide *f.* **tyranny.**
tiranno **A** *m.* **tyrant** *(anche fig.)* **B** *a.* **tyrannical.**
tirante *m.* **1** *(mecc.)* **connecting rod; tie-rod; stay--bar** **2** *(edil.)* **tie-beam.**
tirapièdi *m.* e *f. (spreg.)* **underling; hanger-on; yes man*.**
tirapugni *m.* **knuckle-duster.**
tirare **A** *v. t.* **1** to **pull;** to **draw*;** (trascinare) to **drag**: *t. una corda,* to pull a rope □ *t. q. per i capelli,* to pull sb. by the hair □ *t. fuori il fazzoletto,* to pull out one's hand-kerchief □ *t. q. da parte (o in disparte),* to draw sb. aside □ *t. le tende,* to draw the curtains □ *t. una conclusione,* to draw a conclusion **2** (lanciare, scagliare) to **throw***: *t. la palla a q.,* to throw the ball to sb. □ *t. sassi a un cane,* to throw stones at a dog **3** (attirare) to **attract;** to **draw*;** to **lead*;** to **win*** (sb.) **over**: *t. q. in un agguato,* to lead sb. into an ambush □ *t. q. in una trappola,* to draw sb. into a snare □ *t. q. dalla propria parte,* to win sb. over to one's side **4** (assorbire) to **absorb;** to **drink* in;** (succhiare) to **suck**: *t. il latte,* to suck milk **5** (ten-dere) to **stretch**: *t. un elastico,* to stretch an elastic **6** (lasciar cadere) to **drop** **7** (stampare) to **print;** to **pull**: *t. mille copie di un libro,* to print a thousand copies of a book □ *t. una bozza,* to pull a proof **B** *v. i.* **1** to **pull;** to **draw***: *una pipa che tira bene,* a pipe that draws well **2** (soffiare) to **blow*** **3** (di abiti) to **be tight** **4** (sparare) to **shoot*;** to **fire**: *t. al bersaglio,* to fire at the target □ *t. a una lepre,* to shoot at a hare **5** (avere una certa portata) to **have a range (of);** to **range** (over) **6** (mirare) to **aim** (at); to **be after** (st.); to **have an eye on** (st.): *Non è innamorata di lui; tira solo ai suoi quattrini,* she isn't in love with him; she is just after his money **7** (avere tendenza) to **have a tendency** (to); to **be inclined;** to **be apt** **8** (di colore: tendere) to **verge,** to **border** (on); to **shade** (into) **9** (somigliare) to **be like** (sb.); (prendere da) to **take* after** (sb.) ● *t. a lucido,* to polish □ *(naut.) t. a secco,* to haul ashore □ *t. avanti,* to rub along *(fam.)* □ *t. avanti la baracca,* to keep things going; to make both ends meet □ *t. avanti il lavoro,* to carry on with one's work □ *t. baci,* to blow kisses □ *t. il collo a un pollo,* to wring a chicken's neck □ *t. di lungo (o t. diritto),* to go straight on □ *t. un frego su una parola,* to score out a word □ *t. fuori una nuova moda,* to bring out a new fashion □ *t. fuori scuse,* to make excuses □ *t. giù due righe,* to jot down a few lines □ *t. giù un edificio,* to pull down (o to demolish) a building □ *(fig.) t. in ballo q.c.,* to bring st. up □ *t. indietro,* to draw back □ *tirarla in lungo,* to spin it out; (per guadagnare tempo) to try to gain time □ *t. q.c. in lungo,* to draw st. out; (ritardare) to delay st. □ *t. un pavimento a cera,* to polish a floor □ *t. pugni a q.,* to punch sb. □ *t. le reti,* to draw in (o to haul in) the nets □ *t. le somme,* to total; *(fig.)* to reach a conclusion; *(rag.)* to strike a balance □ *t. un sospiro,* to heave a sigh □ *(fig.) t. su* (allevare), to bring up □ *t. su col naso,* to sniff □ *t. (o tirarsi) su le maniche,* to tuck up one's sleeves □ *t. su un muro* (costruirlo), to build a wall □ (a tombola, ecc.) *t. su un numero,* to draw a number □ *t. sul prezzo,* to bargain; to haggle □ *t. su la testa,* to raise one's head □ *(naut.) t. su una vela,* to clew up a sail □ *t. via col lavoro,* (farlo in fretta) to do one's work in a hurry; (abborracciarlo) to botch one's work □ *t. via q.c.,* to throw st. away □ *giocare a tira e molla,* to play fast and loose □ « *Come va?* » « *Si tira avanti* », « how are you getting on? » « fairly well » **C** **tirarsi** *v. rifl.* **1** to **draw* (oneself);** to **pull (oneself);** (trascinarsi) to **drag**: *t. da parte (o in disparte),* to draw aside (o to one side) □ *(anche fig.) t. indietro,* to draw back □ *t. su,* (alzarsi) to draw oneself up; (riaversi, riprendersi) to

pull oneself together; (ristabilirsi) to pull round, to recover; (rialzarsi; e, *fig.*, finanziariamente) to get on one's feet again **2** (mettersi) to **put* (oneself)** ● *Egli si tira dietro tutti gli altri*, they all do whatever he does □ *Si è tirato addosso l'odio di tutti*, he has drawn everybody's hatred on himself.

tirastivali *m.* **boot-jack.**

tirata *f.* **1 pull; tug**: *dare una t. a una fune*, to give a pull at a rope **2** (lungo discorso) **tirade 3** *(fig.: per indicare svolgimento ininterrotto)* **go**: *fare q.c. in una sola t.*, to do st. at one go (o at a stretch) **4** (di sigaretta) **puff** ● *t. di penna*, stroke of the pen □ *dare una t. d'orecchi a q.*, to pull sb.'s ears; *(fig.)* to scold sb. □ *dare una t. di pipa*, to pull at one's pipe.

tirato *a.* **1 drawn tight; taut 2** (sforzato) **forced; strained 3** (avaro) **tight-fisted; stingy.**

tiratóre *m.* **shot** ● *t. scelto*, marksman □ *franco t.*, sniper.

tiratura *f.* *(tipogr.)* **edition; run;** (di giornali) **circulation**: *Quel giornale ha una t. di diecimila copie*, that newspaper has a circulation of ten thousand copies ● *t. delle bozze*, proof-pulling.

tirchierìa *f.* **tight-fistedness; stinginess.**

tìrchio A *a.* **tight-fisted; stingy B** *m.* **miser; pinch-penny** *(fam.)*.

tirèlla *f.* **trace.**

tiremmòlla *m. invar.* **1 tergiversation; indecision; shilly-shally** *(fam.)* **2** (persona indecisa) **shilly-shallyer** *(fam.)*.

tirétto *m.* **drawer.**

tiritèra *f.* **rigmarole; long-winded yarn.**

tiro *m.* **1 draught**: *un cavallo da t.*, a draught-horse **2** (lancio) **throw; cast**: *essere a un t. di sasso (da q.)*, to be within a stone's throw (of sb.) **3** *(mil.: fuoco)* **fire**: *aprire il t.*, to open fire **4** (colpo, sparo) **shot 5** (lo sparare) **shooting**: *t. al piattello*, clay-pidgeon shooting □ *t. a segno*, target-shooting; (il luogo) shooting range; (al luna park) shooting gallery **6** (tirata, strappo) **pull 7** (scherzo) **trick**: *giocare un brutto t. (o un tiro birbone) a q.*, to play a dirty (o a nasty) trick on sb. ● *un t. a quattro* (carrozza), a coach and four; a four-in-hand □ *t. con l'arco*, archery □ *essere a t.*, (d'arma da fuoco) to be within range; (a portata di mano) to be within reach; *(cucina)* to be done to a turn □ *a un t. di freccia*, within bowshot □ *(fig.) a un t. di schioppo*, within a stone's throw □ *essere fuori t.*, (d'arma da fuoco) to be out of range; (non a portata di mano) to be out of reach □ *sbagliare il t.* (sparando), to miss the target □ *venire a t.*, to come within range; *(fig.)* to come to hand.

tirocinante A *a.* **training B** *m.* e *f.* **apprentice.**

tirocìnio *m.* **apprenticeship; training.**

tiròide *f.* *(anat.)* **thyroid.**

tiroidèo *a.* *(anat.)* **thyroid** *(attr.)*.

tirolése A *a.*, *m.* e *f.* **Tyrolese B** *f.* *(mus.)* **Tyrolienne** *(franc.)*.

tirrènico *a.* *(geogr.)* **Tyrrhenian.**

tirrèno *a.* **Tyrrhene; Tyrrhenian** ● *(geogr.) il (Mar) T.*, the Tyrrhenian Sea.

tirso *m.* *(mitol., bot.)* **thyrsus*.**

tisana *f.* **infusion; ptisan.**

tisi *f.* *(med.)* **phthisis; consumption; tuberculosis** (*abbr.* **T.B.**).

tisico A *a.* **1** *(med.)* **phthisical; consumptive 2** *(fig.)* **stunted B** *m.* *(med.)* **consumptive; T.B. sufferer.**

tisiologia *f.* *(med.)* **phthisiology.**

tisiòlogo *m.* **phthisiologist.**

titànico *a.* (gigantesco) **titanic; gigantic; enormous.**

titànio *m.* *(chim.)* **titanium.**

titanismo *m.* **Titanism.**

titano *m.* **1** *(mitol.)* **Titan 2** *(fig.)* **titan; giant.**

titillaménto *m.* **titillation.**

titillare *v. t.* **to titillate; to tickle.**

titoismo *m.* *(polit.)* **Titoism.**

titoista *a.*, *m.* e *f.* *(polit.)* **Titoist.**

(1) titolare A *a.* **regular B** *m.* e *f.* **1 (regular) holder 2** (proprietario) **owner; proprietor 3** *(relig.)* **titular.**

(2) titolare *v. t.* *(chim.)* **to titrate.**

titolato A *a.* **1 titled 2** *(chim.)* **titrated B** *m.* **titled person; noble.**

titolista *m.* e *f.* **1** *(giornalismo:* chi formula i titoli*)* **headline writer; caption writer 2** *(tipogr.)* **headline setter.**

tìtolo *m.* **1** (di libro, ecc.) **title;** (di articolo di giornale) **headline**: *il t. di una commedia*, the title of a play □ *t. a tutta pagina*, banner headline **2** (nobiliare, onorifico, accademico) **title 3** (appellativo; anche epiteto offensivo) **name**: *dare a q. tutti i titoli possibili*, to call sb. all possible names **4** (qualifica) **qualification**: *titoli di studio*, educational qualifications **5** *(comm.:* intestazione*)* **heading 6** (ragione, motivo) **reason; motive**: *un nuovo t. alla nostra riconoscenza*, another reason for us to be grateful **7** (diritto) **title; right 8** *(al pl., fin.)* **documents;** (azioni) **shares; stock** *(sing.)*; (obbligazioni) **debentures, debenture bonds**: *titoli di credito*, documents (o instruments) of credit □ *titoli al portatore*, stock to bearer; bearer bonds □ *titoli nominativi*, registered stock **9** (dell'oro, ecc.) **fineness 10** *(ind. tessile)* **count; number 11** *(chim.)* **titre; strength 12** *(relig.)* **title** ● *(tipogr.) t. corrente*, running title (o headline) □ *(autom.) t. della miscela*, mixture strength □ *(leg.) t. di proprietà*, title □ *a t. d'amicizia*, as a mark of good feeling □ *a t. di curiosità*, out of curiosity □ *a t. di favore*, as a favour □ *a t. di premio*, as a prize □ *a t. gratuito*, free of charge □ *a t. privato*, privately.

titolóne *m.* *(giornalismo)* **streamer; banner headline.**

titubante *a.* **hesitant; hesitating; doubtful; undecided.**

titubanza *f.* **hesitation; indecision.**

titubare *v. i.* **to hesitate; to waver.**

tizianésco *a.* **1** *(arte)* **Titianesque 2** (di capelli) **titian; auburn.**

tìzio *m.* **chap; fellow; guy** *(USA)* ● *un t. qualsiasi*, a nobody □ *T., Caio e Sempronio*, Tom, Dick and Harry.

tizzo, tizzóne *m.* **brand.**

to' *inter.* **1** (prendi!) **here! 2** (di stupore) **well now!**

toast *(ingl.) m.* (coppia di fette di pane imbottite e tostate) **toasted sandwich.**

toboga *m.* *(sport)* **toboggan.**

toccante *a.* (commovente) **touching; moving.**

toccare A *v. t.* **1 to touch**: *Non t. i miei libri!*, don't touch my books! □ (anche *fig.*) *t. il fondo*, to touch bottom **2** *(fig.)* **to touch; to move**: *parole che toccano il cuore*, words that touch the heart **3** (tastare, saggiare) **to feel***: *t. il polso a q.*, to feel sb.'s pulse **4** (accennare, sfiorare) **to touch on** (st.); **to mention**: *t. parecchi argomenti*, to touch on various subjects **5** (colpire) **to strike*; to hit***: *t. il bersaglio*, to hit the target □ (anche *fig.*) *t. un tasto falso*, to strike a false note **6** (raggiungere) **to reach**: *t. la meta*, to reach one's goal **7** (interessare) **to affect;** (riguardare) **to concern 8** (offendere, ferire) **to offend; to hurt***: *t. q. nell'onore*, to offend sb.'s honour **9** (passare da un luogo) **to pass through** (a place); *(naut.)* **to touch at, to call at** (a port) **B** *v. i.* **1** (essere il turno) **to be** (sb.'s) **turn**: *Tocca a te giocare*, it's your turn to play; (a dama, a scacchi) it's your move □ *A chi tocca?*, whose turn (o move) is it? **2** (spettare a) **to be up to** (sb.); **to be** (sb.'s) **duty (o job)**: *Non tocca a me parlare per tutti*, it's not up to me to speak for all of us **3** (toccare in sorte) **to befall*; to be** (sb.'s) **lot;** (accadere, capitare) **to happen 4** (dovere) **to have (to); to be obliged (to); must** *(pres. indic.)*: *Ora mi tocca andare*, I must go now □ *Vi toccherà aspettare molto*, you'll have to wait a long time **5** (aver diritto a) **to have a right (to); to be entitled (to);** (essere dovuto) **to be** (sb.'s) **due**: *Voglio quel che mi tocca, e basta!*, I only want my due **6** (ottenere) **to get*; to obtain** ● *(fig.) t. il cielo con un dito*, to be in one's seventh heaven; to be beside oneself with joy □ *toccarle (o toccarne)* (buscarle), to get a (good) beating □ *t. la sessantina*, to be nearly sixty □ *Lo toccai col gomito (Lo toccai sulla spalla) per avvertirlo*, I nudged him (I tapped him on the shoulder) to warn him □ *(fig.) Ve lo farò t. con mano*, I'll give you sure proof of it **C toccarsi** *v. rifl. recipr.* **to touch each other (o one another); to meet***: *Gli estremi si toccano*, extremes meet.

toccasana *m. invar.* **cure-all; panacea.**

toccata *f.* **1 touch 2** *(mus.)* **toccata.**

toccato *a.* **1** (pazzoide) **touched; cracked, screwy** *(pop.)* **2** *(scherma)* **touché** *(franc.)*.
(1) tócco A *a.* (pazzoide) **touched; cracked, screwy** *(pop.)* **B** *m.* **1 touch 2** (colpo) **knock 3** (di campana, di pennello, ecc.) **stroke 4** (rintocco funebre) **knell; toll 5** *(tosc.:* l'una) **one o'clock (p.m.).**
(2) tòcco *m.* (pezzo) **piece; chunk; hunk** ● *(fam.) un t. d'uomo alto così,* a strapping man □ *(fam.) un bel t. di ragazza,* a handsome girl; a fine figure of a girl.
(3) tòcco *m.* **1** (di professori, ecc.) **(square) cap; mortar-board** *(fam.)*: *in t. e toga,* in cap and gown **2** (da signora) **toque.**
toelètta *V.* **tolétta.**
tòga *f.* **1** *(stor. romana)* **toga 2** (di magistrati) **gown; robe** ● *accedere alla dignità della t.,* to be admitted to the Bar.
togato *a.* **1** *(stor. romana)* **togaed 2** (di magistrato) **gowned; robed** ● *(teatr.) commedia togata,* fabula togata.
tògliere A *v. t.* **1** to **take* away;** to **take*** (from, out of); to **take* off;** to **remove**: *t. q.c. a q.,* to take st. from sb. □ *t. quattro da sei,* to take four from six □ *t. le mani di tasca,* to take one's hands out of one's pockets □ *t. le parole di bocca a q.,* to take the words out of sb.'s mouth □ *t. una macchia di grasso,* to remove a grease stain □ *Togliti il cappotto (il cappello),* take off your coat (your hat) **2** (impedire) to **prevent**: *Ciò non toglie che sia un brav'uomo,* this doesn't prevent him from being a good man **3** (liberare) to **free** (from); to **relieve** (of): *t. a q. un gran peso,* to relieve sb. of a burden **4** (rubare, anche *fig.)* to **steal***; to **lift;** to **pinch** *(fam.)*: *t. il portafoglio a q.,* to lift sb.'s wallet ● *(mil.) t. l'assedio (il blocco),* to raise the siege (the blockade) □ *t. di mezzo q. (q.c.),* to get rid of sb. (st.) □ *togliersi la fame,* to appease one's hunger □ *t. un'idea dalla testa di q.,* to get an idea out of sb.'s head □ *t. il saluto a q.,* to cut sb. □ *togliersi tutte le voglie,* to satisfy all one's whims □ *togliersi la vita,* to take one's own life; to kill oneself; to commit suicide **B tògliersi** *v. rifl.* to **get* away (**o **off, out)**: *Toglietevi di lì,* get away from (o out of) there ● *t. dai piedi (o t. di mezzo),* to get out of the way; (andarsene) to clear off (o out).
toh *V.* **to'.**
toilette *(franc.) V.* **tolétta.**
tòlda *f. (naut.)* **deck.**
tolemàico *a.* **Ptolemaic.**
tolétta *f.* **1 toilet-table; dressing table 2** (gabinetto di decenza) **lavatory; water closet** *(abbr.* **W.C., WC)**; **toilet; rest room** *(USA)* **3** (abito elegante) **toilette** ● *impiegare un'ora a far t.,* to spend an hour on one's toilet.
tolleràbile *a.* **tolerable; endurable; bearable.**
tollerante *a.* **tolerant;** (indulgente) **indulgent.**
tolleranza *f.* **1 tolerance; toleration; endurance;** (indulgenza) **indulgence 2** *(comm.)* **allowance** ● *casa di t.,* brothel.
tollerare *v. t.* to **tolerate;** to **bear***; to **endure;** to **put* up with** (st.).
tomàia *f.* **tomàio** *m.* **upper; vamp.**
tómba *f.* **tomb; grave.**
tombacco *m. (metall.)* **tombac.**
tombale *a.* **tomb, grave** *(attr.)*: *una pietra t.,* a gravestone.
tombino *m.* **manhole cover.**
tómbola *f.* **1 tombola; bingo 2** *(fam.:* caduta) **fall; tumble** ● *far t.,* to tumble.
tombolare *v. i. (fam.)* to **tumble (down).**
tómbolo *m.* **1** (per la lavorazione del merletto) **lace pillow 2** (deposito sabbioso) **tombolo*; sand-and--gravel bar 3** *(fam., scherz.:* persona grassoccia) **tubby person; podge** *(fam.)*; **roly-poly** *(fam.)*.
tombolóne *m. (fam.)* **heavy fall.**
tomișmo *m. (filos.)* **Thomism.**
tomista *m.* e *f. (filos.)* **Thomist.**
tomìstico *a. (filos.)* **Thomist** *(attr.)*; **Thomistic(al).**
tòmo *m.* **tome; volume** ● *(fig., fam.) un bel t.,* a queer card (o customer, fish).
tònaca *f.* (di frate) **cowl, frock;** (di prete) **cassock, soutane**: *vestire la t.,* to take the cowl.
tonale *a.* (anche *mus.)* **tonal.**
tonalità *f.* **1** *(mus., pitt.)* **tonality 2** (sfumatura di colore) **tone; shade.**
tonante *a.* **thundering.**
tonare *v. i.* **1** *(impers.)* to **thunder**: *Tonò tutta la notte,* it thundered all night **2** *(fig.)* to **boom;** to **thunder.**
tónchio *m. (zool.)* **weevil.**
tondeggiante *a.* **roundish.**
tondeggiare *v. i.* to **be roundish.**
tondèllo *m.* **1 round 2** (disco metallico per il conio di monete) **planchet; flan.**
tondino *m.* **1** *(edil.)* **reinforcing iron rod 2** *(archit.)* **astragal 3** (sottobicchiere) **glass-mat; coaster.**
tóndo A *a.* **1 round**: *in cifra tonda,* in round figures **2** (preciso) **exact; full**: *una settimana tonda,* a full week **B** *m.* **1 circle; round 2** *(tipogr.)* **Roman type 3** (piatto) **(round) plate 4** *(pitt., scult.)* **tondo*** ● *parlare chiaro e t.,* to speak out.
tónfete *inter.* **plop!; splash!**
tónfo *m.* **thud;** (in acqua) **splash;** (lieve t.) **plop.**
tònica *f. (mus.)* **tonic; keynote.**
tònico A *a. (linguistica, mus., med.)* **tonic B** *m. (farm., cosmesi)* **tonic.**
tonificare *v. t.* to **invigorate;** to **strengthen;** to **brace.**
tonnara *f.* **tunny-fishing nets** *(pl.)*.
tonnato *a. (cucina)* **with tunny sauce.**
tonneggiare *v. t.* **tonneggiarsi** *v. rifl. (naut.)* to **warp.**
tonnéggio *m. (naut.)* **1 warping 2** (cavo da t.) **warp.**
tonnellaggio *m. (naut.)* **tonnage.**
tonnellata *f.* **ton.**
tonnina *f. (cucina)* **pickled tunny-back.**
tónno *m. (zool.,* Thunnus thynnus; carne del t.*)* **tunny; tuna.**
tòno *m.* **1** (in molti sensi) **tone**: *mutare il t. della voce,* to change the tone of one's voice □ *in t. altezzoso,* in a haughty tone **2** *(mus.)* **pitch; tone; tune** (anche *fig.)*; (chiave) **key**: *essere in t. (fuori t.),* to be in tune (out of tune) □ *(fig.) cambiar t.,* to change one's tune ● *(mus.) dare il t.,* to give the note □ *rispondere a t.,* (a proposito) to answer to the point; (per le rime) to give tit for tat.
tonsilla *f. (anat.)* **tonsil.**
tonsillare *a. (anat.)* **tonsillar.**
tonsillite *f. (med.)* **tonsillitis.**
tonsura *f. (relig.)* **tonsure.**
tonsurare *v. t. (relig.)* to **tonsure.**
tónto A *a.* **stupid; dull B** *m.* **dullard; fool; blockhead; prat** *(pop.)* ● *fare il finto t.,* to pretend to be a fool.
topàia *f.* **1 rats' nest 2** *(fig.)* **hovel.**
topàzio *m. (miner.)* **topaz.**
tòpica *f. (fam.)* **faux pas** *(franc.)*; **blunder**: *fare una t.,* to commit a blunder; to drop a brick *(fam.)*.
topicida *m.* **rat-poison.**
tòpico *a.* **topical.**
topinambùr *m. (bot.,* Helianthus tuberosus*)* **Jerusalem artichoke.**
tòpo *m. (zool.,* Mus) **mouse*; rat**: *t. campagnolo,* field-mouse □ *t. d'acqua,* water-rat □ *t. muschiato,* musk--rat; musquash ● *(fig.) t. d'albergo,* hotel thief □ *(fig.) t. di biblioteca,* bookworm □ *veleno per topi,* rat poison; ratsbane.
topografìa *f.* **topography.**
topogràfico *a.* **topographic(al)** ● *carta topografica,* map.
topògrafo *m.* **topographer.**
topolino *m.* **1 mouselet; mouseling; small mouse* 2** *(fig.)* **imp.**
Topolino *m.* (personaggio dei cartoni animati) **Mickey Mouse.**
topologìa *f.* **topology.**
topològico *a.* **topologic(al).**
toponimìa *f.* **toponymy.**
topònimo *m.* **place-name; toponym.**
toponomàstica *f.* **toponymy.**
toporagno *m. (zool.,* Sorex araneus) **shrew.**
tòppa *f.* **1 patch** (anche *fig.)* **2** (buco della serratura) **keyhole;** (serratura) **lock** ● (anche *fig.) mettere una t. a q.c.,* to patch up st.

toppè *m.* **toupee.**
tòppete *inter.* ***1*** **bang!** ***2*** (a un bambino che cade a terra) **up-a-daisy!**
tòppo *m.* **stump.**
torace *m. (anat.)* **thorax*; chest.**
toràcico *a. (anat.)* **thoracic** ● *cavità toracica,* thorax.
tórba *f.* **peat.**
torbidézza *f.* (anche *fig.*) **turbidity; turbidness.**
tórbido ***A*** *a.* ***1*** **turbid; cloudy** ***2*** *(fig.)* **turbid; dark; troubled** ***B*** *m. (al pl.:* tumulti*)* **disturbances** ● *(fig.) pescare nel t.,* to fish in troubled waters.
torbièra *f.* **peat-bog.**
torbóso *a.* **peaty.**
tòrcere ***A*** *v. t.* ***1*** to **twist**: *t. un filo di ferro,* to twist a wire □ *t. un braccio a q.,* to twist sb.'s arm ***2*** (stringendo) to **wring***: *t. il collo a una gallina,* to wring a hen's neck □ *t. la biancheria lavata,* to wring (out) wet clothes ***3*** (incurvare) to **bend***: *t. una sbarra,* to bend a bar ***B*** *v. i.* (voltare) to **turn** ● *t. la bocca,* to make a wry mouth □ *t. il naso,* to turn up one's nose □ *non t. un capello a q.,* not to touch a hair of sb.'s head □ *(fig.) uno che dà del filo da torcere,* a tough customer *(fam.)* ***C*** **tòrcersi** *v. rifl.* to **twist;** to **writhe** ● *t. dalle risa,* to split one's sides with laughter.
torchiare *v. t.* to **press.**
torchiatura *f.* **pressing.**
tòrchio *m.* **press**: *(tipogr.) un t. a mano,* a hand-press □ *un t. per uva,* a wine-press □ *essere sotto il t., (tipogr.)* to be in the press; *(fig.)* to work under pressure.
tòrcia *f.* **torch; brand.**
torcicòllo *m.* ***1*** *(med.)* **wryneck; stiff neck** ***2*** *(zool.,* Jynx torquilla*)* **wryneck.**
torcièra *f.* **candlestick.**
torcière *m.* **torch-bearer.**
torcitóio *m. (ind. della seta)* **throwing-mill.**
torcitóre *m. (ind. della seta)* **throwster.**
torcitura *f.* ***1*** *(ind. della seta)* **throwing** ***2*** *(ind. tessile)* **twist(ing).**
tordéla *f. (zool.,* Turdus viscivorus*)* **missel-thrush.**
tórdo *m. (zool.,* Turdus*)* **thrush** ● *grasso come un t.,* as fat as a goose; as plump as a dumpling.
toreador *(spagn.),* **torèro** *m.* **bull-fighter.**
torinése ***A*** *a.* **of Turin** *(pred.)* ***B*** *m.* e *f.* **native** (o **inhabitant) of Turin.**
tòrio *m. (chim.)* **thorium.**
tórma *f.* ***1*** (di animali) **herd** ***2*** (di persone) **(unruly) crowd.**
tormalina *f. (miner.)* **tourmaline** ● *t. nera,* schorl.
torménta *f.* **snowstorm.**
tormentare ***A*** *v. t.* to **torment;** to **torture;** (molestare) to **annoy,** to **pester,** to **badger** ***B*** **tormentarsi** *v. rifl.* to **worry;** to **torment oneself.**
tormentato *a.* ***1*** **tormented; tortured** ***2*** (inquieto) **restless.**
torménto *m.* **torment** (anche *fig.*); **torture.**
tormentóso *a.* **tormenting; worrying; painful.**
tornacónto *m.* **advantage; profit; benefit** ● *Non c'è t.,* it doesn't pay; it isn't worth while.
tornado *m. invar.* **tornado*; whirlwind; hurricane.**
tornante ***A*** *m.* **hairpin bend** ***B*** *a.* — *(calcio) ala t.,* linkman.
tornare ***A*** *v. i.* ***1*** to **return;** (andare di nuovo) to **go* back;** (venire di nuovo) to **come* back;** (essere di ritorno) to **be back;** (ripetersi) to **come* again**: *t. a piedi,* to return on foot; to walk back □ *t. in automobile,* to return by car; to drive back □ *t. da scuola,* to return (o to come back) from school □ *t. a casa,* to return (o to go back, to come back) home □ *Arrivederci, e torni presto!,* goodbye! and come back soon □ *Torno subito,* I'll be back in no time ***2*** (essere, risultare) to **be;** to **come*** (to); (essere esatto) to **be right** (o **correct**): *Gli tornerà a onore,* this will be to his credit; this will do him credit □ *Il conto torna,* the bill is right ***3*** (ridiventare) to **become* again;** to **come*** (o to **fall***) **back** (into); to **return** (to); to **recover,** to **regain** (st.): *t. di moda (o in uso),* to come back into fashion □ *t. sano (o in salute),* to recover one's health ***B*** *v. t. (lett.:* ricondurre*)* to **bring* back;** to **restore** ● *t. a dire,* to repeat □ *t. a fare lo stesso errore,* to repeat the same mistake □ *t. a galla,* to come to the surface; *(fig.)* to come up again □ *t. alla mente,* to come back to mind □ *t. conto a q.,* to be to sb.'s advantage; (valere la pena) to be worth while, to pay: *Non mi torna conto,* it isn't worth while; it doesn't pay □ *t. in possesso di q.c.,* to regain possession of st.; to get st. back □ *t. in sé,* to come to one's senses; to come to □ *t. su un argomento,* to take up a subject again □ (di cibo) *t. su (o a gola),* to repeat □ *t. sui propri passi,* to retrace one's steps □ *(fig.) non t. indietro,* not to go back on one's decision (o, per una promessa: on one's word) □ *un vestito che torna a pennello,* a dress that fits like a glove □ *(fig.) I conti non tornano,* there's something wrong here.
tornasóle *m. (chim.)* **litmus**: *cartina di t.,* litmus paper.
tornata *f.* (adunanza) **sitting.**
torneare *v. i. (stor.)* to **tourney;** to **joust.**
tornèo *m.* ***1*** *(stor.)* **tournament; tourney; joust** ***2*** *(sport)* **tournament.**
tórnio *m. (mecc.)* **lathe; turning-lathe.**
tornire *v. t.* ***1*** *(mecc.)* to **lathe;** to **turn** ***2*** *(fig.)* to **polish up.**
tornito *a.* ***1*** *(mecc.)* **turned (on a lathe)** ***2*** *(fig.)* **well--turned; polished** ● *braccia tornite,* shapely arms.
tornitóre *m. (mecc.)* **turner.**
tornitura *f. (mecc.)* **turning.**
tórno ***A*** *m.* — *in quel t. di tempo,* at about that time ***B*** *locuz. avv.* — *t. t.,* all around ● *levarsi q. di t.,* to get rid of sb.
(1) tòro *m.* ***1*** *(zool.)* **bull**: *(fig.) prendere il t. per le corna,* to take the bull by the horns ***2*** *(astron., astrologia)* **Taurus; (the) Bull** ● *(fig.) argomento che taglia la testa al t.,* finisher *(fam.)*; sockdolager, sockdologer *(pop.,* specialm. *USA)* □ *(fig.) tagliare la testa al t.,* to settle the question.
(2) tòro *m. (geom., archit.)* **torus*; tore.**
torpèdine *f.* ***1*** *(zool.,* Torpedo*)* **torpedo*; numb-fish** ***2*** *(naut. mil.)* **torpedo*.**
torpedinièra *f. (naut.)* **torpedo-boat.**
torpedóne *m.* **motorcoach.**
tòrpido *a.* ***1*** **torpid; numb** ***2*** *(fig.)* **torpid; sluggish.**
torpóre *m.* ***1*** **torpor; numbness** ***2*** *(fig.)* **torpor; sluggishness.**
tórre *f.* ***1*** **tower**: *la T. di Londra,* the Tower of London □ *(fig.) chiudersi in una t. d'avorio,* to shut oneself up in an ivory tower ***2*** *(gioco degli scacchi)* **castle; rook** ● *(mil.) t. corazzata,* turret.
torrefare *v. t.* to **toast;** to **roast.**
torrefazióne *f.* ***1*** **toasting; roasting; torrefaction** ***2*** (negozio) **coffee-shop.**
torreggiare *v. i.* to **tower.**
torrènte *m.* **torrent** (anche *fig.*); **stream;** *(fig.)* **flood**: *un t. di lava,* a torrent of lava □ *un t. di lacrime,* floods of tears □ *a torrenti,* in torrents.
torrentìzio *a.* **torrential; torrent-like.**
torrenziale *a.* **torrential**: *pioggia t.,* torrential rain; torrents of rain.
torrétta *f. (archit., mil., naut., aeron.)* **turret.**
tòrrido *a.* **torrid; burning**: *la zona torrida,* the torrid zone.
torrióne *m.* **embattled tower; keep** *(stor.).*
torróne *m.* **torrone** (kind of nougat).
torsióne *f.* ***1*** **torsion; twisting** ***2*** *(ginnastica)* **twist.**
tórso *m.* ***1*** **torso*** (anche di statua); **trunk** ***2*** *V.* **tórsolo.**
tórsolo *m.* **core**: *il t. d'una mela,* the core of an apple.
tórta *f.* **cake; tart; pie**: *una t. di mele,* an apple-pie □ *una t. gelata,* an ice-cream cake ● *(fig.) spartirsi la t.,* to split the loot.
tortièra *f.* **baking tin; pie-tin; cake-pan.**
tortiglióne *m.* **spiral.**
tòrtile *a.* **twisted**: *una colonna t.,* a twisted column.
tortino *m. (cucina)* **pie.**
(1) tòrto *a.* **twisted; crooked.**
(2) tòrto *m.* ***1*** **wrong**: *avere t.,* to be wrong □ *mettersi dalla parte del t.,* to put oneself in the wrong □ *essere dalla parte del t.,* to be in the wrong ***2*** (colpa, ingiustizia)

wrong; fault ● *a t.*, wrongly; unjustly □ *fare t. a q.*, to wrong sb. □ *Ciò fa t. alla tua bontà,* this doesn't do justice to your goodness.
tórtora *f. (zool.,* Streptopelia turtur*)* **turtle-dove.**
tortuosità *f.* **tortuosity.**
tortuóso *a.* ***1*** **winding; tortuous** *(*anche *fig.)* ***2*** *(fig.:* ambiguo*)* **crooked.**
tortura *f.* (anche *fig.)* **torture; torment**: *mettere q. alla t.*, to put sb. to the torture.
torturare ***A*** *v. t.* (anche *fig.)* **to torture; to torment** ***B*** **torturarsi** *v. rifl. (fig.)* **to torment oneself** ● *t. il cervello,* to rack (o to cudgel) one's brains.
tórvo *a.* **grim.**
tósa *f.* **shearing.**
tosaèrba *m.* o *f. invar.* **lawn mower.**
tosare *v. t.* ***1*** **to shear*; to clip**: *t. il gregge,* to shear the flock □ *t. una siepe,* to clip a hedge ***2*** *(scherz.:* rapare*)* **to crop**: *t. i capelli a q.*, to crop sb.'s hair ***3*** *(fig.)* **to fleece.**
tosatóre *m.* **shearer; clipper.**
tosatrice *f.* (macchina) **clippers** *(pl.).*
tosatura *f.* **shearing; clipping**: *la t. delle pecore,* sheep-shearing.
toscanismo *m.* **Tuscan idiom.**
toscano ***A*** *a.* **Tuscan**: *le colline toscane,* the Tuscan hills ***B*** *m.* ***1*** **Tuscan** ***2*** (sigaro) **toscano** *(ital.).*
tosóne *m.* **fleece**: *il Toson d'oro,* the Golden Fleece.
tósse *f.* **cough**: *t. convulsiva (o asinina, canina, cattiva),* whooping cough □ *avere la t.*, to have a cough.
tossicchiare *v. i.* **to cough slightly.**
tossicità *f.* **toxicity.**
tòssico ***A*** *a.* **toxic; poisonous** ***B*** *m.* **poison.**
tossicodipendènte *m.* e *f.* **drug addict; drug fiend.**
tossicodipendènza *f.* **drug addiction.**
tossicologìa *f.* **toxicology.**
tossicològico *a.* **toxicologic(al).**
tossicòlogo *m.* **toxicologist.**
tossicòmane *m.* e *f.* **drug addict; drug fiend.**
tossicomanìa *f.* **toxicomania; drug addiction.**
tossicòsi *f. (med.)* **toxicosis*.**
tossifugo *(farm.)* ***A*** *a.* **cough-relieving** ***B*** *m.* **cough mixture.**
tossina *f. (biol.)* **toxin.**
tossire *v. i.* **to cough.**
tostacaffè *m. invar.* **coffee-roaster.**
tostapane *m. invar.* **toaster.**
tostare *v. t.* **to toast; to roast.**
tostino *m.* **roaster**: *un t. per caffè,* a coffee-roaster.
(1) tòsto *avv. (lett.)* **at once; soon; quickly** ● *t. che,* as soon as.
(2) tòsto *a.* **hard** ● *faccia tosta,* cheek; impudence.
(3) tòsto *m.* **toasted sandwich.**
tòt ***A*** *a. indef.* ***1*** *(pl.:* tanti, tante*)* **so many**: *tot lire,* so many lire ***2*** (tale) **such and such**: *il giorno tot,* on such and such a day ***B*** *pron. indef.* **so much.**
totale ***A*** *a.* **total; entire; whole; complete**: *un'eclissi t.*, a total eclipse □ *l'importo t.*, the total amount ***B*** *m.* **total.**
totalità *f.* **totality** ● *la t. dei presenti,* all those present.
totalitàrio *a.* ***1*** **absolute** ***2*** *(polit.)* **totalitarian.**
totalitarismo *m. (polit.)* **totalitarianism.**
totalizzare *v. t.* ***1*** **to totalize** ***2*** *(sport)* **to score.**
totalizzatóre *m.* **totalizator.**
totalménte *avv.* **totally; entirely; wholly; completely.**
tòtano *m. (zool.,* Loligo vulgaris*)* **squid.**
tòtem *m.* **totem.**
totìp *m.* **horse-racing pools** *(pl.).*
totocàlcio *m.* **football pools** *(pl.).*
tottavilla *f. (zool.,* Lullula arborea*)* **woodlark.**
toupet *(franc.) m.* **toupee; hairpiece.**
tournée *(franc.) f.* **tour.**
tovàglia *f.* ***1*** **tablecloth** ***2*** (d'altare) **altar-cloth.**
tovagliòlo *m.* **napkin; serviette.**
(1) tòzzo *a.* **stocky; squat; stumpy.**
(2) tòzzo *m.* **piece**: *un t. di pane,* a piece (o crust) of bread ● *(fig.) per un t. di pane,* for next to nothing.
tra *V.* **(1) fra.**
trabàccolo *m. (naut.)* **lugger.**
traballante *a.* **tottering; staggering; rickety; wonky** *(pop.).*
traballare *v. i.* ***1*** **to totter** *(*anche *fig.)*; **to stagger** ***2*** (di un veicolo) **to bump; to jolt.**
trabalzare *v. i.* **to jolt; to bounce.**
tabeazióne *f. (archit.)* **trabeation.**
trabìccolo *m.* ***1*** (scaldaletto) **bed-warmer** ***2*** *(scherz.:* mobile mal fatto e traballante*)* **rickety piece of furniture** ***3*** *(scherz.:* veicolo vecchio e malsicuro*)* **rickety vehicle; old crock** *(pop.).*
traboccante *a.* **overflowing.**
traboccare *v. i.* ***1*** **to overflow*** ***2*** (di bilancia) **to turn**: *far t. la bilancia,* to make the scales turn ● *Il latte è traboccato,* the milk has boiled over.
trabocchétto *m.* (anche *fig.)* **trap; pitfall** ● *domanda t.*, trick question.
tracagnòtto ***A*** *a.* **squat; stocky; dumpy; podgy** ***B*** *m.* **squat (o dumpy) person.**
tracannare *v. t.* **to gulp down.**
tràccia *f.* ***1*** **track;** (di una persona, anche) **footstep, footprint**: *le tracce del veicolo,* the tracks of the vehicle □ *tracce di passi sulla sabbia,* footprints on the sand □ *essere sulle tracce di q.*, to be on sb.'s tracks □ *seguire una t. falsa,* to be on a false track ***2*** **trail;** (nella caccia, anche) **spoor**: *la t. viscida di una lumaca,* the slimy trail of a snail □ *una t. di sangue,* a trail of blood □ *perdere (ritrovare) la t.*, to lose (to pick up again) the trail (o the spoor) ***3*** *(*specialm. *fig.)* **trace;** (segno) **mark, sign**: *scomparire senza lasciare t. (di sé),* to disappear without leaving any traces ***4*** *(fig.:* linee principali*)* **outline; general plan** ***5*** (di magnetofono) **track.**
tracciante *a.* **tracing** ● *proiettile t.*, tracer bullet (o shell).
tracciare *v. t.* **to trace (out)** *(*anche *fig.)*; **to mark out; to lay* out; to draw*** *(*anche *fig.)*; (sulla carta) **to map out;** (a grandi linee) **to outline;** *(fig.)* **to design, to plan, to sketch**: *t. una linea di condotta,* to trace (out) a course of action □ *t. un itinerario,* to map out a route □ *t. le fondamenta,* to mark out the foundations ● *t. un arco,* to describe an arc □ *(naut.) t. la rotta di una nave,* to plot a ship's course □ *(fig.) t. la via,* to lead the way.
tracciato *m.* **tracing; lay-out.**
trachèa *f. (anat.)* **trachea*; windpipe.**
tracheale *a. (anat.)* **tracheal.**
tracheite *f. (med.)* **tracheitis.**
tracheotomìa *f. (med.)* **tracheotomy.**
tracòlla *f.* **baldric; shoulder-belt** ● *a t.*, baldric-wise; slung over one's back □ *borsetta a t.*, shoulder-bag.
tracollare *v. i.* **to lose* one's balance; to lean* to one side** ● (anche *fig.) far t. la bilancia,* to turn the scale(s).
tracòllo *m.* ***1*** **collapse** *(*anche *fig.)*; **breakdown**: *il t. dei suoi piani,* the collapse of his plans ***2*** *(econ.)* **crash.**
tracòma *m. (med.)* **trachoma.**
tracotante *a.* **arrogant; overbearing; haughty.**
tracotanza *f.* **arrogance; haughtiness.**
tradiménto *m.* ***1*** **betrayal; treachery** ***2*** *(leg., polit.)* **treason**: *alto t.*, high treason ● *a t.*, by treachery; treacherously; (improvvisamente) unexpectedly □ *un attacco a t.*, a treacherous attack; *(fig.)* a stab in the back □ *mangiare il pane a t.*, to eat at other people's expense.
tradire ***A*** *v. t.* ***1*** **to betray** (anche *fig.)*: *t. la patria,* to betray one's country □ *t. la fiducia di q.*, to betray sb.'s trust ***2*** (essere infedele) **to be unfaithful**: *t. il marito (la moglie),* to be unfaithful to one's husband (to one's wife) ***3*** (ingannare) **to deceive**: *se la memoria non mi tradisce,* if my memory doesn't deceive me ***4*** (mancare; venire meno a) **to fail** (sb.): *Le forze lo tradivano,* his strength was failing him ***B*** **tradirsi** *v. rifl.* **to betray oneself; to give* oneself away.**
traditóre ***A*** *m.* ***1*** **traitor**: *un t. della patria,* a traitor to one's country ***2*** **betrayer;** (ingannatore) **deceiver** ***B*** *a.* ***1*** **treacherous** *(*anche *fig.)* ***2*** (ingannatore) **deceitful** (falso) **false.**

traditrice *f.* **traitress; betrayer.**
tradizionale *a.* **traditional.**
tradizionalismo *m.* **traditionalism.**
tradizionalista *m.* e *f.* **traditionalist; square** *(fam.).*
tradizionalìstico *a.* **traditionalistic.**
tradizióne *f.* ***1*** **tradition**: *per t.,* by tradition; traditionally ***2*** *(leg.)* **tradition; delivery.**
tradótta *f.* *(mil.)* **troop-train.**
traducìbile *a.* ***1*** **translatable** ***2*** *(fig.)* **expressible.**
tradurre *v. t.* ***1*** **to translate**: *t. alla lettera (a senso),* to translate literally (freely) □ *t. dal latino in italiano,* to translate from Latin into Italian ***2*** *(fig.:* esprimere*)* to **express** ***3*** (condurre) to **take***: *t. q. davanti al giudice,* to take sb. to Court ● *t. in atto (o in pratica) un'idea,* to put an idea into practice □ *t. in parole chiare,* to put into simple words.
traduttóre *m.* **translator.**
traduzióne *f.* **translation**: *una t. fedele,* a close (o faithful) translation.
traènte *m.* e *f.* *(econ.)* **drawer.**
trafelato *a.* **breathless; out of breath; panting.**
trafficante *m.* e *f.* **trader; dealer;** (generalm. *spreg.)* **trafficker.**
trafficare *v. i.* ***1*** **to trade,** to **deal*** (in); (generalm. *spreg.)* to **traffic** (in) ***2*** *(fig.:* affaccendarsi) to **bustle about.**
traffichino *m.* *(spreg.)* **intriguer; schemer.**
tràffico *m.* ***1*** **traffic**: *t. stradale,* road traffic □ *un ingorgo di t.,* a traffic jam □ *chiudere una strada al t.,* to close a road to traffic ***2*** *(comm.)* **trade; trading; traffic**: *il t. degli stupefacenti,* the drug traffic.
trafìggere *v. t.* ***1*** **to transfix;** (ferire) to **wound** ***2*** *(fig.)* to **pierce**: *t. il cuore,* to pierce sb.'s heart.
trafila *f.* ***1*** **procedure; routine**: *passare per una t.,* to go through a procedure ***2*** (filiera) **drawplate** ***3*** *(ind. della gomma)* **strainer.**
trafilare *v. t.* *(metall.)* to **draw***; to **wiredraw***.
trafilati *m. pl.* *(metall.)* **wirework** *(sing.).*
trafilato *a.* *(metall.)* **drawn.**
trafilatrice *f.* *(mecc.)* **draw-bench; (wire)drawing machine.**
trafilerìa *f.* *(ind.)* **(wire)drawing mill.**
trafilétto *m.* *(giornalismo)* **paragraph** ● *chi scrive trafiletti,* paragrapher.
trafitta *f.* ***1*** **pang; piercing pain** ***2*** (ferita) **(stab) wound.**
traforare *v. t.* ***1*** to **bore;** to **pierce;** (perforare) to **perforate** ***2*** *(ricamo)* to **embroider with openwork.**
traforato *a.* (di ricamo) **openwork** *(attr.).*
trafóro *m.* ***1*** **boring; perforation; tunnelling** ***2*** (galleria) **tunnel** ***3*** *(ricamo)* **openwork**: *ricamo a t.,* openwork embroidery ● *lavoro di t.* (in legno), fretwork.
trafugare *v. t.* to **steal***; to **purloin.**
tragèdia *f.* **tragedy** (anche *fig.*): *una t. in cinque atti,* a tragedy in five acts ● *(fig.) fare una t.,* to make a fuss.
tragediògrafo *m.* **tragedian; dramatist.**
traghettare *v. t.* to **ferry.**
traghettatóre *m.* **ferryman***.
traghétto *m.* ***1*** **ferry** ***2*** (il traghettare) **ferrying** ***3*** (nave t.) **ferry-boat.**
tragicaménte *avv.* **tragically.**
tragicità *f.* **tragicalness.**
tràgico ***A*** *a.* **tragic(al)**: *un attore t.,* a tragic actor □ *una morte tragica,* a tragic death ***B*** *m.* **tragedian; dramatist.**
tragicòmico *a.* **tragicomic(al).**
tragicommèdia *f.* **tragicomedy.**
tragitto *m.* **journey;** (per mare) **crossing** ● *lungo il t.,* on the way.
traguardo *m.* ***1*** *(sport)* **winning post; finishing line** ***2*** *(fig.)* **goal** ***3*** (di arma) **sight** ● *(sport) giungere primo al t.,* to come in first □ *(sport) tagliare il t.,* to breast the tape.
traiettòria *f.* **trajectory.**
trainare *v. t.* to **drag;** to **draw***; to **pull;** (rimorchiare) to **tow.**
tràino *m.* ***1*** **dragging; drawing;** (il trainare) **towing** ***2*** (carico) **load** ***3*** (treggia) **drag; sled; sledge.**
tralasciare *v. t.* ***1*** (interrompere) to **stop;** to **interrupt** ***2*** (omettere) to **leave* out;** to **omit.**
tràlcio *m.* **shoot;** (spinoso) **brier.**
tralìccio *m.* ***1*** (tela grossa) **ticking** ***2*** (struttura metallica o di legno) **lattice(-work)** ***3*** *(elettr.)* **pylon.**
tralice, in *locuz. avv.* **slantingly; slantwise** ● *guardare q. in t.,* to look askance at sb.
tralignaménto *m.* **degeneration.**
tralignare *v. i.* to **degenerate.**
tralùcere *v. i.* ***1*** to **be transparent** ***2*** (brillare) to **shine***.
tram *m.* **tram; trolley-car** *(USA).*
trama *f.* ***1*** *(ind. tessile)* **woof; weft** ***2*** *(fig.:* macchinazione) **plot**: *ordire una t.,* to weave a plot ***3*** *(fig.:* intreccio) **plot**: *la t. di una commedia,* the plot of a play.
tramàglio *m.* **trammel.**
tramandare *v. t.* to **hand down;** to **hand on**: *t. ai posteri,* to hand down to posterity.
tramare *v. t.* ***1*** to **plot;** to **scheme** ***2*** *(ind. tessile)* to **weave***.
trambusto *m.* **uproar; turmoil; bustle.**
tramestare *v. i.* to **rummage about.**
tramestìo *m.* **bustle, bustling.**
tramèzza *f.* (di calzatura) **slip-sole.**
tramezzare *v. t.* ***1*** to **divide;** to **partition (off)** ***2*** (intramezzare) to **interpose.**
tramezzino *m.* ***1*** **sandwich** ***2*** (uomo-sandwich) **sandwich-man***.
(1) tramèzzo *m.* **partition.**
(2) tramèzzo *V.* **frammèzzo.**
tràmite *m.* — *t. q. (q.c.),* through sb. (st.).
tramòggia *f.* **hopper.**
tramontana *f.* ***1*** **north wind** ***2*** (settentrione) **north** ● *(fig.) perdere la t.,* to lose one's bearings.
tramontare *v. i.* ***1*** to **set***; to **go* down** ***2*** *(fig.)* to **fade;** to **wane** ● *al t. del sole,* at sunset.
tramónto *m.* ***1*** **setting;** (del sole) **sunset** ***2*** *(fig.)* **decline** ● *(fig.) essere al t.,* to be on the wane ☞ *dall'alba al t.,* from dawn to dusk.
tramortire ***A*** *v. t.* to **stun** ***B*** *v. i.* to **faint;** to **swoon.**
tramortito *a.* **senseless; unconscious; in a faint; in a swoon.**
trampolière *m.* *(zool.)* **stilt-bird; wader; wading bird.**
trampolino *m.* *(sport)* **spring-board; diving board.**
tràmpolo *m.* **stilt**: *camminare sui trampoli,* to walk on stilts.
tramutare ***A*** *v. t.* ***1*** to **transform;** to **change** ***2*** (trasferire) to **transfer;** (travasare) to **decant;** (trapiantare) to **transplant** ***B*** **tramutarsi** *v. rifl.* to **be transformed** (into).
trance *(ingl.) f.* **trance.**
trància *f.* ***1*** *(mecc.)* **shearing machine; shears** *(pl.)* ***2*** (fetta) **slice;** (di prosciutto o pancetta) **rasher.**
tranciare *v. t.* *(mecc.)* to **shear***.
tranciatura *f.* *(mecc.)* **shearing.**
tranèllo *m.* **trap**: *preparare un t.,* to lay a trap.
trangugiare *v. t.* ***1*** to **gulp down;** to **bolt** ***2*** *(fig.)* to **swallow**: *t. un boccone amaro,* to swallow a bitter pill.
tranne *prep.* **except; save; but**: *tutti tranne lui,* all except him.
tranquillante ***A*** *a.* **tranquillizing; reassuring** ***B*** *m.* *(farm.)* **tranquillizer; mood-altering drug.**
tranquillità *f.* ***1*** **calm; quiet; peace; stillness** ***2*** (di spirito) **tranquillity; peace of mind** ● *nella t. della notte,* in the still of night.
tranquillizzare ***A*** *v. t.* ***1*** to **calm;** to **quieten;** to **tranquillize** ***2*** (rassicurare) to **reassure** ***B*** **tranquillizzarsi** *v. rifl.* to **calm oneself;** to **calm down.**
tranquillo *a.* **tranquil; peaceful; calm; quiet**: *un mare t.,* a calm sea □ *un uomo t.,* a quiet man ● *coscienza tranquilla,* easy conscience □ *Sta t.!,* keep quiet!; (non te la prendere) don't worry!
trans- *pref.* **trans-.**
transalpino *a.* **transalpine.**
transatlàntico ***A*** *a.* **transatlantic** ***B*** *m.* *(naut.)* **trans-**

atlantic liner.

transazióne *f.* **1** agreement; compromise **2** *(leg.)* transaction; composition **3** *(comm.)* transaction; dealing; deal.

transcontinentale *a.* transcontinental.

transènna *f.* **1** *(archit.)* transenna* **2** (barriera) barrier.

transessuale *a., m.* e *f.* transsexual.

transètto *m. (archit.)* transept.

transeunte *a. (lett.)* transient; transitory.

transfert *m. (psic.)* transference.

trànsfuga *m.* e *f. (lett.)* **1** deserter **2** *(fig.)* turncoat.

transiberiano *a.* trans-Siberian.

transigere **A** *v. i.* **1** to come* to an agreement; to come* to terms; to compromise **2** *(leg.)* to come* to a transaction **3** *(comm.)* to settle: *t. con i propri creditori,* to settle with one's creditors **4** (cedere) to yield **B** *v. t. (leg.)* to compound; to settle.

transistor, transistóre *m. (elettron.)* transistor.

transitàbile *a.* passable; practicable.

transitabilità *f.* practicability.

transitare *v. i.* to pass.

transitivo *a. (gramm.)* transitive.

trànsito *m.* **1** transit: *merci di t.,* goods in transit **2** *(lett.:* morte) passing away; death ● *(autom.) divieto di t.,* no thoroughfare □ *t. interrotto,* road closed to traffic; road up.

transitorietà *f.* transitoriness; temporariness.

transitòrio *a.* transitory; transient; temporary.

transizióne *f.* transition ● *governo di t.,* stopgap government.

transoceànico *a.* transoceanic.

transumanza *f.* transhumance.

transustanziarsi *v. rifl. (relig.)* to transubstantiate.

transustanziazióne *f. (relig.)* transubstantiation.

trantràn *m. (fam.)* routine.

tranvài *m.* tram; trolley-car *(USA)*.

tranvìa *f.* tramway.

tranviàrio *a.* tram *(attr.)*: *una linea tranviaria,* a tram-line.

tranvière *m.* **1** tram-driver **2** (bigliettaio) tram-conductor.

trapanare *v. t.* **1** *(mecc.)* to drill; to bore **2** *(med.)* to trepan; *(odontoiatria)* to drill.

trapanazióne *f.* **1** *(mecc.)* drilling; boring **2** *(med.)* trepanation; *(odontoiatria)* drilling.

tràpano *m.* **1** *(mecc.)* drill **2** *(med.)* trepan; *(odontoiatria)* drill.

trapassare **A** *v. t.* to pierce; to run* through (sb., st.) **B** *v. i.* **1** to pass **2** (morire) to pass away; to die.

trapassato *m.* **1** *(gramm.)* past perfect; pluperfect **2** *(al pl.)* (the) dead; (the) deceased.

trapasso *m.* **1** passing; passage **2** (morte) passing away; death **3** *(leg.)* transfer.

trapelare *v. i.* **1** to seep (through); to leak; to ooze **2** *(fig.)* to leak out; to ooze out.

trapèzio *m.* **1** *(geom.)* trapezium* **2** (attrezzo ginnico) trapeze **3** *(anat.)* trapezius (muscle).

trapezista *m.* e *f.* trapezist; trapeze artist.

trapezòide *m. (geom., anat.)* trapezoid.

trapiantare **A** *v. t.* to transplant (anche *fig.*) **B** **trapiantarsi** *v. rifl.* (emigrare) to move (to); (stabilirsi) to settle.

trapianto *m.* transplanting; transplantation (anche *med.*).

trappa *f.* Trappist monastery.

trappista *m.* **1** Trappist (monk) **2** *(fig.)* hermit.

tràppola *f.* (anche *fig.*) trap: *una t. per topi,* a mouse-trap □ *cadere in una t.,* to fall into a trap ● (anche *fig.*) *prendere in t.,* to trap; to entrap.

trappolóne *m. (pop.)* cheat; swindler.

trapunta *f.* quilt.

trapuntare *v. t.* to quilt.

trapunto **A** *a.* quilted ● *t. di stelle,* star-spangled **B** *m.* quilting.

trarre **A** *v. t.* **1** to pull; to draw*; (trascinare) to drag: *t. q. a riva,* to pull sb. ashore □ *t. la spada dal fodero,* to draw one's sword from its sheath □ *t. q. in disparte,* to draw sb. aside **2** (condurre) to lead*; (portare) to bring*: *t. q. in rovina,* to lead sb. to ruin **3** (prendere) to take* out **4** (ricavare) to get*; to obtain; to make*: *t. lucro da q.c.,* to make a profit on st. **5** *(comm.)* to draw*: *t. a vista,* to draw at sight ● *t. q. dalla miseria,* to rescue sb. from poverty □ *t. q. in inganno,* to deceive sb. □ *t. origine da q., da q.c.,* to originate from (o with) sb., from (o in) st. □ *t. profitto da q.c.,* to profit by st. □ *t. un sospiro,* to heave a sigh **B** **trarsi** *v. rifl.* **1** to draw*: *t. indietro,* to draw back □ *t. in disparte,* to draw aside **2** (levarsi fuori) to get* out (of): *t. da un impiccio,* to get out of a scrape.

trasalire *v. i.* to start; to jump: *t. alla vista di q.,* to start at the sight of sb. □ *far t.,* to make (sb.) jump; to startle ● *t. per il dolore,* to wince with pain.

traṣandato *a.* untidy; careless; slovenly; shabby.

traṣbordare **A** *v. t. (naut.)* to tran(s)ship; *(ferr.)* to transfer **B** *v. i. (naut.)* to tran(s)ship; *(ferr.)* to change (to another train).

traṣbórdo *m. (naut.)* tran(s)shipment; *(ferr.)* transfer.

trascendentale *a. (filos.)* transcendental.

trascendentaliṣmo *m. (filos.)* transcendentalism.

trascendènte *a.* **1** *(filos.)* transcendent **2** *(mat.)* transcendental.

trascendènza *f. (filos.)* transcendence, transcendency.

trascéndere **A** *v. t.* to transcend; to surpass **B** *v. i.* to lose* control of oneself; to go* too far.

trascinare **A** *v. t.* **1** to drag (anche *fig.*) **2** *(fig.:* trasportare) to carry away **3** (portare, indurre) to lead* ● *(fig.) t. la vita,* to lead a hard life; to drag out a wretched existence **B** **trascinarsi** *v. rifl.* **1** to drag oneself (along) **2** *(fig.)* to drag (on).

trascolorare *v. i.* **trascolorarsi** *v. rifl.* to change colour; (impallidire) to grow* pale.

trascórrere **A** *v. t.* **1** to spend*; to pass: *t. le vacanze all'estero,* to spend one's holidays abroad **2** (dare una scorsa a) to skim through (st.) **B** *v. i.* to pass; to elapse ● *t. il tempo nell'ozio,* to idle one's time away.

trascórso **A** *a.* past: *gli anni trascorsi,* the past years **B** *m.* mistake; oversight ● *trascorsi di gioventù,* youthful escapades.

trascrittóre *m.* transcriber (anche *elab.*); copyist.

trascrìvere *v. t.* **1** to transcribe; to write* out **2** *(leg.)* to register; to record **3** *(mus.)* to transcribe.

trascrizióne *f.* **1** transcription **2** *(leg.)* registration; recording **3** *(mus.)* transcription.

trascuràbile *a.* negligible.

trascurare **A** *v. t.* **1** to neglect **2** (non tener conto di) to disregard **B** **trascurarsi** *v. rifl.* to neglect oneself; to let* oneself go.

trascurataggine, trascuratézza *f.* carelessness; negligence.

trascurato *a.* **1** careless; negligent **2** (non curato) neglected.

trasecolare *v. i.* to be amazed (at); to be struck with wonder.

trasecolato *a.* amazed; astonished; astounded; wonder-struck.

trasferìbile *a.* transferable.

trasferiménto *m.* removal; (anche *leg.*) transfer.

trasferire **A** *v. t.* to remove; to transfer **B** **trasferirsi** *v. rifl.* to move.

trasfèrta *f.* **1** transfer; professional visit **2** (indennità di t.) travelling expenses *(pl.)*; travelling allowance ● *(sport) giocare in t.,* to play away □ *(sport) partita in t.,* away game.

trasfigurare **A** *v. t.* to transfigure; to transform **B** **trasfigurarsi** *v. rifl.* to change one's appearance.

trasfigurazióne *f.* transfiguration.

trasfóndere *v. t.* to transfuse; *(fig.)* to infuse, to instil(l).

trasformàbile *a.* **1** transformable **2** (di automobile) convertible.

trasformare **A** *v. t.* to transform; to change **B** tra-

sformarsi *v. rifl.* to **be transformed;** to **change.**
trasformatóre *m. (anche elettr.)* **transformer.**
trasformazióne *f.* **transformation; change; conversion.**
trasformismo *m. (biol., polit.)* **transformism.**
trasformista *m. e f.* **1** *(polit.)* **transformist; turncoat** *(fam.)* **2** *(teatr.)* **quick-change artist.**
trasfusionale *a. (med.)* **transfusion** *(attr.).*
trasfusióne *f. (med.)* **transfusion**: *t. di sangue,* blood-transfusion.
trasgredire *v. t. e i.* to **transgress,** to **infringe** (st.).
trasgressióne *f.* **transgression; infringement.**
trasgressóre *m.* **transgressor.**
traslato A *a.* **figurative; metaphorical B** *m.* **metaphor.**
traslazióne *f.* **translation;** *(leg.)* **transfer.**
traslitterare *v. t.* to **transliterate.**
traslocare A *v. t.* to **remove B** *v. i.* to **move (house).**
traslòco *m.* **removal** ● *titolare di un'agenzia di traslochi,* furniture remover.
traslùcido *a.* **translucent; translucid.**
trasméttere A *v. t.* **1** to **transmit;** to **hand on;** to **pass on 2** (spedire) to **send***: *t. un telegramma,* to send a telegram **3** *(radio)* to **broadcast*;** to **transmit 4** *(fis.)* to **transmit;** to **convey 5** *(leg., comm.)* to **convey;** to **transfer** ● *t. per televisione,* to telecast; to televise **B trasmettersi** *v. rifl.* to **be transmitted;** to **be passed on.**
trasmettitóre *m.* **transmitter.**
trasmigrare *v. i.* to **transmigrate;** *(fig.)* to **pass on** (to).
trasmigrazióne *f.* **transmigration.**
trasmissìbile *a.* **1 transmissible 2** *(leg.)* **transferable.**
trasmissióne *f.* **1 transmission**: *la t. di un ordine,* the transmission of an order □ *la t. di una malattia,* the transmission of a disease **2** *(radio)* **broadcast;** *(telev.)* **telecast;** (il trasmettere) **broadcasting, transmission**: *la t. di un programma radiofonico (televisivo),* the transmission of a radio (television) programme **3** *(fis.)* **transmission 4** *(mecc.)* **transmission; drive 5** *(leg.)* **conveyance; transfer** ● *t. del giornale radio,* news broadcast □ *t. in diretta, (radio)* live broadcast; *(telev.)* live telecast □ *t. televisiva,* telecast.
trasmittènte *(radio, telev.)* **A** *a.* **transmitting B** *f.* **transmitting** (o **broadcasting) station.**
trasmodato *a.* **excessive; exaggerated.**
trasmutazióne *f.* **transmutation; transformation.**
trasognato *a.* **dreamy; lost in reverie** *(pred.).*
traspadano *a.* **transpadane.**
trasparènte A *a.* **transparent B** *m.* **1** *(pubblicità)* **transparency 2** *(telev., cinem.)* **back projection 3** *(teatr.)* **scrim.**
trasparènza *f.* **transparency** ● *in t.,* against the light.
trasparire *v. i.* **1** to **shine*** (through); (apparire) to **appear 2** (essere trasparente) to **be transparent.**
traspirare *v. i.* **1** to **transpire;** *(sudare)* to **perspire 2** *(fig.)* to **transpire;** to **leak out.**
traspirazióne *f.* **transpiration;** (cutanea) **perspiration.**
traspórre *v. t. (anche mus.)* to **transpose.**
trasportàbile *a.* **transportable; conveyable.**
trasportare *v. t.* **1** to **transport;** to **carry;** to **convey**: *t. un baule,* to carry a trunk □ *t. q.c. per ferrovia,* to transport st. by rail **2** (spostare) to **move;** (trasferire) to **transfer 3** *(mus.)* to **transpose 4** (spingere, sospingere) to **drive*** ● *lasciarsi t. da q.c.,* to let (o to allow) oneself to be carried away by st.; to be transported with st.
trasportatóre *m.* **1** (vettore) **transporter; carrier 2** *(mecc.)* **conveyer, conveyor; carrier.**
traspòrto *m.* **1 transport; conveyance; carriage;** (solo di merce) **haulage, freight**: *mezzi di t.,* means of transport **2** *(fig.)* **transport; rapture**: *in un t. di gioia,* in a transport of delight **3** (t. funebre) **funeral 4** *(mus.)* **transposition** ● *aeroplano (o nave) da t.,* freighter; *(mil.)* troop-transport □ *compagnia di trasporti marittimi,* shipping company □ *spese di t.,* transport charges; carriage; (per mare) freight charges □ *studiare con t.,* to study with great enthusiasm.
trasposizióne *f. (anche mus.)* **transposition.**
trastullare A *v. t.* to **amuse B trastullarsi** *v. rifl.* **1** to **amuse oneself** (with); (giocare) to **play 2** (perdere tempo) to **dawdle** (o to **trifle) away one's time;** to **twiddle one's thumbs** *(fam.).*
trastullo *m.* **1** (divertimento) **amusement 2** (giocattolo) **toy, plaything;** (passatempo) **pastime, hobby.**
trasudare A *v. i.* to **transude;** to **ooze;** (sudare) to **perspire,** to **sweat B** *v. t.* to **ooze with** (st.).
trasudato *m. (med.)* **transudate.**
trasudazióne *f.* **transudation; oozing;** (cutanea) **perspiration.**
trasversale A *a.* **transversal B** *f.* **1** *(geom.)* **transversal 2** (via t.) **crossroad.**
trasvèrso *a.* **transverse; transversal.**
trasvolare A *v. t.* to **fly* across B** *v. i. (fig.)* to **pass over** (st.).
trasvolata *f.* **(long-distance) flight**: *la t. dell'Atlantico,* the flight across the Atlantic.
trasvolatóre *m.* **(long-distance) flyer.**
tratta *f.* **1** (traffico) **trade; traffic**: *la t. delle bianche,* the white-slave traffic □ *la t. dei negri,* the slave trade **2** *(comm.)* **draft; bill (of exchange)**: *una t. a vista,* a sight draft □ *spiccare (o emettere) una t.,* to issue a draft; to draw a bill ● *spiccare t. su q. per cinquanta sterline,* to draw on sb. for fifty pounds.
trattàbile *a.* **1 tractable; amenable 2** *(tecn.)* **treatable.**
trattaménto *m.* **1** *(anche med., tecn.)* **treatment**: *t. termico,* heat treatment **2** (vitto) **food;** (vitto e alloggio) **board and lodging 3** (stipendio) **salary;** (salario) **wages** *(pl.)*; (paga) **pay** ● *(ind. mineraria) t. del materiale,* ore dressing □ *(comm.) t. di favore,* special consideration □ *ricevere un buon t.,* to be treated well.
trattare A *v. t.* **1** *(anche med., tecn.)* to **treat**: *t. le pelli col tannino,* to treat skins with tannin □ *t. q. affabilmente,* to treat sb. affably **2** (maneggiare, anche *fig.*) to **handle**: *saper t. la gente,* to know how to handle people □ *t. q. con i guanti,* to handle sb. with kid gloves **3** (discutere) to **discuss;** to **treat;** (negoziare) to **negotiate**: *t. un argomento,* to treat a subject □ *t. la pace,* to negotiate peace **4** (commerciare in) to **deal* in** (st.) **5** (lavorare) to **treat;** to **work in** (st.) **6** (occuparsi di) to **look after B** *v. i.* **1** to **treat,** to **deal*** (with): *t. direttamente con q.,* to deal directly with sb. **2** (di un argomento) to **treat** (of); to **deal*** (with); to **be** (about) **3** *(con uso impers.)* to **be a question,** to **be a matter** (of); to **have to do** (with); to **be**: *Si tratta di vita o di morte,* it is a matter of life and death □ *Di che si tratta?,* what is the matter? ● *t. male q.,* (anche) to ill-treat sb. □ *t. termicamente,* to heat-treat □ *Si tratta della libertà della patria,* the freedom of our (o your, their) country is at stake **C trattarsi** *v. rifl.* to **treat oneself.**
trattàrio *m. (econ.)* **drawee.**
trattativa *f.* **negotiation**: *iniziare le trattative con q.,* to enter into negotiations with sb.
trattato *m.* **1 treatise**: *un t. di filosofia,* a philosophical treatise **2** (accordo) **treaty**: *un t. di pace,* a peace treaty.
trattazióne *f.* **1 treatment 2** (di affari) **dealing; handling.**
tratteggiare *v. t.* **1** to **outline;** to **sketch 2** (ombreggiare) to **hatch 3** *(fig.)* to **describe.**
tratteggiato *a.* **1 sketched**: *un ritratto ben t.,* a well-sketched portrait **2** (ombreggiato) **hatched 3** *(fig.)* **described; drawn**: *un personaggio ben t.,* a well-drawn character.
trattéggio *m.* **1 outline; sketch 2** (ombreggiatura) **hatching 3** *(fig.)* **description.**
trattenére A *v. t.* **1** *(anche fig.)* to **hold*,** to **keep* (back);** to **restrain;** to **check**: *t. il respiro,* to hold one's breath □ *t. le lacrime,* to hold back (o to restrain) one's tears **2** (far restare) to **keep*;** to **detain**: *t. q. a pranzo,* to keep sb. for dinner **3** (intrattenere) to **entertain 4** (detrarre) to **deduct B trattenérsi** *v. rifl.* **1** (frenarsi) to **keep* oneself,** to **restrain oneself** (from) **2** (restare) to **remain;** to **stay;** (fermarsi) to **stop**: *Trattenetevi ancora un po',* stay a little longer ● *Non posso tratte-*

nermi dal dire..., I cannot help saying... □ *Non potei trattenermi dal ridere,* I couldn't help laughing.
trattenimento *m.* **1 entertainment**: *un t. musicale,* a musical entertainment **2** (ricevimento) **reception; party.**
trattenuta *f. (bur.)* **deduction; holdback (pay)** ● *(fin.) t. d'acconto,* withholding tax.
trattino *m.* **dash**; *(nelle parole composte)* **hyphen.**
(1) tratto *a.* **drawn**: *a spada tratta,* with drawn sword; *(fig.)* vigorously, fiercely, tooth and nail.
(2) tratto *m.* **1** (tocco) **stroke;** (linea) **line**: *un t. di penna,* a stroke of the pen □ *un t. di pennello,* a brush-stroke **2** (parte) **part;** (distesa) **stretch;** (di fiume) **reach;** (tappa) **leg;** (di libro) **passage**: *fare un bel t. di strada a piedi,* to walk a good part of the way □ *un lungo t. di strada,* a long stretch of road □ *l'ultimo t. del viaggio,* the last leg of the journey **3** (di tempo) **period (of time); while**: *un breve t. di tempo,* a short while **4** *(al pl.:* lineamenti*)* **traits; lineaments; features 5** *(al pl., fig.:* caratteristiche*)* **(main) traits; (characteristic) features 6** (modo di comportarsi) **behaviour; bearing; manners** *(pl.)*: *avere un t. signorile,* to have very refined manners ● *(tipogr.) t. d'unione,* hyphen □ *(tipogr.) t. lungo,* dash □ *a un t. (o d'un t.),* suddenly; all at once □ *a tratti,* (every) now and then; from time to time □ *disegnare q.c. a tratti larghi,* to draw st. in outline.
(1) trattore *m. (mecc.)* **tractor.**
(2) trattore *m.* (gestore di trattoria) **inn-keeper; restaurant-keeper.**
trattoria *f.* **inn; restaurant.**
tratturo *m.* **sheep-track.**
trauma *m. (med.)* **trauma*** ● *t. psichico,* mental shock.
traumatico *a. (med.)* **traumatic.**
traumatizzare *v. t. (med.)* to **traumatize** *(anche fig.).*
traumatologia *f. (med.)* **traumatology; accident surgery.**
traumatologico A *a.* **accident, casualty** *(attr.)* **B** *m.* **accident department (o hospital); casualty ward.**
traumatologo *m.* **traumatologist.**
travagliare *v. t.* to **trouble**; to **torment.**
travagliato *a.* **1 troubled; tormented 2** (difficile) **hard.**
travaglio *m.* **1** (affanno) **trouble; torment; pain; anguish 2** (del parto) **labour** ● *avere t. di stomaco,* to feel sick.
travalicare *v. t. (lett.)* to **cross.**
travasare *v. t.* to **decant**: *t. il vino,* to decant wine.
travaso *m.* **1 decanting 2** *(med.)* **effusion.**
travata, travatura *f. (edil.)* **truss; beams** *(pl.).*
trave *f.* **beam; girder; rafter** ● *(fig.) fare d'ogni fuscello una t.,* to make mountains out of molehills.
travedere *v. i.* to **be mistaken;** to **be wrong** ● *(fig.) t. per q.,* to think the world of sb.
traveggole *f. pl.* — *(fig.) avere le t.,* to mistake one thing for another; to see pink elephants *(fig., fam.).*
traversa *f.* **1 cross-bar; cross-piece; transom 2** *(ferr.)* **sleeper 3** (via t.) **crossroad;** (scorciatoia) **short cut 4** (del letto) **underblanket 5** (calcio) **cross-bar.**
traversare *v. t.* **1** (anche *fig.*) to **cross**: *t. la strada,* to cross the road **2** *(alpinismo)* to **traverse.**
traversata *f.* **1 crossing; passage 2** *(alpinismo)* **traverse.**
traversia *f.* **mishap; misfortune.**
traversina *f. (ferr.)* **sleeper.**
traverso A *a.* **transverse; oblique** ● *via traversa,* crossroad □ *(fig.) per vie traverse,* by underhand methods **B** *m.* **1 width 2** *(naut.)* **beam** ● *(naut.) al (o sul) t.,* abeam □ *andare di t.,* (di cibo) to go down the wrong way; *(fig.)* to go amiss □ *(naut.) di t.,* athwart □ *guardare q. di t.,* to look askance at sb. □ *per t.,* obliquely □ *(fig.) prendere q.c. di t.,* to get st. wrong.
traversone *m. (sport)* **cross.**
travertino *m. (miner.)* **travertin(e).**
travestimento *m.* **disguise.**
travestire A *v. t.* to **disguise** (anche *fig.*) **B travestirsi** *v. rifl.* to **disguise oneself** (as).
travestitismo *m. (psic.)* **transvestism; transvestitism.**
travestito A *a.* **disguised; in disguise B** *m. (psic.)* **transvestite.**
travet *m.* **petty clerk; pen-pusher** *(fam.).*
traviamento *m.* **aberration; perversion.**
traviare A *v. t.* to **lead*** **astray;** to **corrupt B traviarsi** *v. rifl.* to **go*** **astray.**
traviato *a.* **debauched; corrupted.**
travicello *m.* **joist; rafter** ● *Re T.,* King Log.
travisamento *m.* **distortion; alteration.**
travisare *v. t.* to **distort;** to **alter**: *t. la verità,* to distort the truth.
travolgente *a.* **overwhelming.**
travolgere *v. t.* to **sweep*** **away** (st.); (sopraffare) to **overwhelm,** to **overcome*,** to **crush;** (investire) to **run*** **over** (sb., st.).
trazione *f.* **1 traction**: *t. a vapore,* steam-traction **2** *(autom.)* **drive 3** *(med.)* **traction.**
tre *a. num. card.* e *m.* **three**: *Sono le tre,* it is three o'clock □ *(mat.) la regola del tre,* the rule of three ● *il tre d'aprile,* the third of April □ *E tre!,* that's the third time!
trealberi *m. (naut.)* **three-master.**
trebbia *f. (agric.)* **threshing machine.**
trebbiare *v. t.* to **thresh.**
trebbiatore *m.* **thresher.**
trebbiatrice *f.* **1 thresher 2** (la macchina) **threshing machine.**
trebbiatura *f.* **threshing.**
treccia *f.* **1 plait; braid;** (di capelli, anche) **pigtail 2** (di pane) **twist** ● *farsi le trecce,* to plait one's hair.
trecentesco *a.* **fourteenth-century** *(attr.).*
trecentesimo *a. num. ord.* e *m.* **three hundredth.**
trecentista *m.* e *f.* **fourteenth-century writer** (o **artist).**
trecento A *a. num. card.* **three hundred B** *m.* **1 three hundred 2** — *il T.,* the fourteenth century; (arte italiana, anche) the Trecento.
tredicenne A *a.* **thirteen years old** *(pred.)*; **thirteen--year-old** *(attr.)* **B** *m.* **thirteen-year-old boy C** *f.* **thirteen-year-old girl.**
tredicesima *f.* **thirteenth month's pay; year-end bonus.**
tredicesimo *a. num. ord.* e *m.* **thirteenth.**
tredici *a. num. card.* e *m.* **thirteen.**
trefolo *m.* **strand.**
tregenda *f.* **horde of witches; witches' Sabbath** ● *(fig.) notte da t.,* stormy night.
treggia *f.* **drag; sled; sledge.**
tregua *f.* **1 truce 2** *(fig.)* **rest; respite.**
tremante *a.* **trembling; shaking; quivering;** (di freddo) **shivering.**
tremare *v. t.* to **tremble;** to **shake*;** to **quiver;** (di freddo) to **shiver**: *t. per tutto il corpo,* to shake all over □ *t. come una foglia,* to tremble (o to shake) like a leaf □ *sentir la terra t. sotto i piedi,* to feel the ground shake under one's feet.
tremarella *f. (fam.)* **shivers** *(pl.)*; **blue funk** *(fam.)* ● *avere la t.,* to have the dithers *(fam.)*; to shake in one's shoes; to be in a (blue) funk □ *far venire la t. a q.,* to give sb. the shivers.
tremebondo *a. (lett.)* **trembling.**
tremendamente *avv.* **frightfully; awfully; terribly.**
tremendo *a.* **frightful; awful; terrible.**
trementina *f. (chim.)* **turpentine.**
tremila *a. num. card.* e *m.* **three thousand.**
tremito *m.* **tremble; shake; quiver;** (per il freddo) **shiver.**
tremolante *a.* **trembling; quivering; tremulous;** (di luce) **flickering;** (di stelle) **twinkling**: *una fiammella t.,* a flickering flame.
tremolare *v. i.* to **tremble;** to **quiver;** (di luce) to **flicker;** (di stelle) to **twinkle.**
tremolio *m.* **trembling; quivering;** (di luce) **flickering;** (di stelle) **twinkling.**
tremolo *m.* **1** *(mus.)* **tremolo* 2** *(bot.,* Populus tremula*)* **aspen.**
tremore *m.* **trembling; shaking;** (per il freddo) **shivering.**

trèmulo *a.* **trembling;** (di luce) **flickering;** (di stelle) **twinkling.**
trench *(ingl.) m.* **trench coat.**
trenino *m.* (giocattolo) **toy train;** (modellino) **model train.**
trèno *m.* **1** *(ferr.)* **train**: *t. accelerato,* slow train □ *t. diretto,* through train □ *t. direttissimo,* fast train □ *t. merci,* goods train □ *t. rapido,* express train □ *t. viaggiatori,* passenger train □ *movimento dei treni,* train traffic □ *prendere (perdere) il t.,* to catch (to miss) the train □ *salire in t.,* to get into (o on) the train □ *scendere dal t.,* to get out of (o off) the train □ *andare (viaggiare) in t.,* to go (to travel) by train **2** *(fig.:* tenore di vita) **tenor (of life); standard of living** ● *(autom.) t. di gomme,* set of tyres □ *(fis.) t. di onde,* wave train.
trénta *a. num. card.* e *m.* **thirty**: *essere sui t. (anni),* to be about thirty years old □ *Eravamo in t.,* there were thirty of us.
trentaduèșimo **A** *a. num. ord.* e *m.* **thirty-second** **B** *m. (tipogr.)* **thirty-twomo.**
trentènne **A** *a.* **thirty years old** *(pred.)*; **thirty-year--old** *(attr.)* **B** *m.* **thirty-year-old man*** **C** *f.* **thirty-year--old woman*.**
trentènnio *m.* **(period of) thirty years.**
trentèșimo *a. num. ord.* e *m.* **thirtieth.**
trentina *f.* **about thirty** ● *aver passato la t.,* to be in one's thirties.
trentino **A** *a.* **of** (o **from**) **Trento** **B** *m.* **inhabitant** (o **native) of Trento.**
trentuno *a. num. card.* e *m.* **thirty-one.**
trepidante *a.* **anxious.**
trepidare *v. i.* to **be anxious** (o **worried**) (about); to tremble (for).
trepidazióne *f.* **anxiety; trepidation.**
trèpido *a.* **trembling; anxious.**
treppiède *m.* **1 tripod 2** (arnese da cucina) **trivet.**
trequarti *m.* **1** *(med.)* **trocar 2** *(moda)* **three-quarter--length coat.**
trésca *f.* **1 plot; intrigue 2** (intrigo amoroso) **love--affair.**
trescare *v. i.* **1** to **plot;** to **intrigue 2** (avere una relazione amorosa illecita) to **have a love-affair.**
tréspolo *m.* **1 trestle 2** *(fig., scherz.)* **old crock.**
tressètte *m.* **tressette** (Italian card game).
tri- *(in parole composte)* **tri-; three-.**
trìade *f.* **triad.**
triangolare *a.* **triangular.**
triangolazióne *f.* **triangulation.**
triàngolo *m. (geom., fig., mus.)* **triangle.**
triarchìa *f.* **triarchy.**
triàssico *(geol.)* **A** *a.* **Triassic** **B** *m.* **Trias; Triassic (period).**
tribale *a.* **tribal.**
tribolare **A** *v. t.* to **afflict;** to **torment;** to **trouble** **B** *v. i.* to **suffer.**
tribolato *a.* **tormented; troubled** ● *vita tribolata,* hard life.
tribolazióne *f.* **tribulation; suffering.**
trìbolo *m.* **1** *(bot.,* Tribulus terrestris) **land caltrop 2** *(fig.,* per lo più al *pl.)* **tribulation; affliction.**
tribórdo *m. (naut.)* **starboard.**
tribù *f.* (anche *fig.)* **tribe.**
tribuna *f.* **1** (per oratori) **tribune; platform 2** (spazio riservato a certe categorie) **gallery**: *la t. della stampa,* the press gallery **3** *(sport)* **stand 4** *(archit.)* **apse** ● *fare una t. politica,* to hold a forum on politics.
tribunale *m.* **law-court; court (of justice); tribunal** (anche *fig.)*: *un t. militare,* a court-martial □ *un t. penale,* a criminal court.
tribuno *m. (stor.)* **tribune.**
tributare *v. t.* to **bestow;** to **pay*** **(tribute).**
tributàrio *a.* **tributary** ● *ordinamento t.,* tax system.
tributo *m.* **1 tribute** (anche *fig.)* **2** (imposta) **tax** ● *(fig.) pagare il proprio t. alla natura,* to pay one's debt to nature.
trichèco *m. (zool.,* Odobenus rosmarus) **walrus*.**
triciclo *m.* **tricycle.**
tricipite **A** *a. (lett.)* **three-headed** **B** *m. (anat.)* **triceps.**
triclìnio *m. (archeol.)* **triclinium*.**
triclino *a. (miner.)* **triclinic.**
tricolóre *a.* e *m.* **tricolour.**
tricòma *m.* **1** *(med.)* **trichoma 2** *(bot.)* **trichome.**
tricòrno *m.* **tricorn (hat); three-cornered hat.**
tricot *(franc.) m. (ind. tessile)* **tricot.**
tricotomìa *f.* (tripartizione) **trichotomy.**
tricromìa *f. (fotogr.)* **1** (procedimento) **three-colour process 2** (riproduzione) **three-colour printing.**
tric trac *m. (gioco)* **trictrac; backgammon.**
tricùspide *a.* **tricuspid.**
tridènte *m.* **1 trident 2** *(agric.)* **hay-fork.**
tridimensionale *a.* **three-dimensional; tridimensional.**
trìduo *m. (relig.)* **triduum.**
trièdro *(geom.)* **A** *a.* **trihedral** **B** *m.* **trihedron*.**
trielina *f. (chim.)* **trichloroethylene.**
triennale *a.* **triennial;** (che dura tre anni) **three-year** *(attr.)*; (che ricorre ogni tre anni) **three-yearly** *(attr.)*.
triènnio *m.* **(period of) three years.**
triestino **A** *a.* **of** (o **from**) **Trieste** **B** *m.* **inhabitant** (o **native) of Trieste.**
trifașe *a. (elettr.)* **three-phase** *(attr.)*.
trifòglio *m. (bot.,* Trifolium pratense) **(red) clover.**
trifolato *a. (cucina)* **1 sliced and cooked with oil, garlic and parsley 2** (condito con tartufo) **truffled.**
trìfora *f. (archit.)* **window with three lights.**
triforcare *v. t.* **triforcarsi** *v. rifl.* to **divide into three (branches).**
trigèmino **A** *a.* **1 trigeminous 2** *(anat.)* **trigeminal** **B** *m. (anat.)* **trigeminus*; trigeminal nerve** ● *parto t.,* birth of triplets.
trigèșimo *m.* — *nel t. della morte di q.,* on the thirtieth day after sb.'s death.
triglia *f. (zool.,* Mullus) **mullet** ● *(fig.) fare l'occhio di t. a q.,* to cast sheep's eyes at sb.
triglifo *m. (archit.)* **triglyph.**
trigonometrìa *f. (mat.)* **trigonometry.**
trigonomètrico *a. (mat.)* **trigonometric(al).**
trilaterale *a.* **trilateral.**
trilingue *a.* **trilingual.**
trilióne *m.* **trillion; quintillion** *(USA)*.
trillare *v. i.* to **trill;** (di campanello) to **ring*.**
trillo *m.* (specialm. *mus.)* **trill;** (di campanello) **ringing.**
trilogìa *f. (letter.)* **trilogy.**
trimestrale *a.* **quarterly**: *rate a scadenza t.,* quarterly payments.
trimèstre *m.* **1 quarter 2** (scolastico) **term 3** (rata trimestrale) **three-monthly instalment.**
trìmetro *m. (poesia)* **trimeter.**
trimotóre *(aeron.)* **A** *a.* **three-engined** **B** *m.* **three--engined aircraft.**
trina *f.* **lace.**
trincare *v. t. (fam.)* to **guzzle;** to **swill** *(fam.)*.
trincèa *f.* **1** *(mil.)* **trench**: *guerra di t.,* trench warfare **2** *(ferr.)* **cutting.**
trinceramento *m. (mil.)* **entrenchment.**
trincerare **A** *v. t. (mil.)* to **entrench** **B** **trincerarsi** *v. rifl.* **1** *(mil.)* to **entrench oneself 2** *(fig.)* to **withdraw*** (behind).
trincétto *m.* **shoemaker's knife*.**
trinchétto *m. (naut.)* **foremast.**
trinciante *m.* **carver; carving knife*.**
trinciapàglia *m. invar.* **chaff-cutter.**
trinciapólli, trinciapóllo *m. invar.* **poultry shears** *(pl.)*.
trinciare *v. t.* to **carve;** to **cut* up** ● *(fig.) t. giudizi,* to make rash judgements.
trinciato **A** *a.* **cut up** **B** *m.* (tabacco) **shag.**
trinciatóre *m.* **cutter.**
trinciatrice *f. (mecc.)* **shredder.**
trinciatura *f.* **1 cutting up 2** (minuzzoli) **cuttings** *(pl.)*; **shreds** *(pl.)*.
trincóne *m. (fam.)* **guzzler; tippler; swiller** *(fam.)*.
trinità *f.* **trinity.**
trinitàrio *a.* e *m. (relig.)* **Trinitarian.**
trino *a.* **trine** ● *(relig.) uno e t.,* triune.
trinòmio *m. (mat.)* **trinomial** (anche *fig.)*.

trio *m. (mus.)* **trio*** (anche *fig.*).
triodo *m. (fis.)* **triode.**
trionfale *a.* **triumphal.**
trionfalișmo *m.* (specialm. *polit.*) **triumphalism.**
trionfalista *m.* e *f.* (specialm. *polit.*) **triumphalist.**
trionfalìstico *a.* (specialm. *polit.*) **triumphalist** *(attr.).*
trionfante *a.* **triumphant.**
trionfare *v. i.* to **triumph** (over) (anche *fig.*).
trionfatóre ***A*** *m.* **triumphant hero*; victor** ***B*** *a.* **triumphant; victorious.**
triónfo *m.* ***1*** **triumph**: *portare in t.*, to bear in triumph ***2*** (in alcuni giochi di carte) **trump** ● *(archit.) arco di t.*, triumphal arch.
tripanosòma *m. (zool.,* Trypanosoma*)* **trypanosome.**
tripartire *v. t.* to **divide into three (parts).**
tripartito ***A*** *a.* ***1*** **tripartite** ***2*** *(polit.)* **three-party** *(attr.)* ***B*** *m. (polit.)* **three-party government.**
tripartizióne *f.* **tripartition.**
triplano *m. (aeron.)* **triplane.**
triplicare *v. t.* **triplicarsi** *v. rifl.* to **treble;** to **triple.**
triplicazióne *f.* **triplication.**
trìplice *a.* **triple; triplicate:** *(stor.) la T. Alleanza,* the Triple Alliance ● *in t. copia,* in triplicate.
triplo ***A*** *a.* **triple; treble; threefold** ***B*** *m.* **triple; three times as much** (o **as many).**
trìpode *m.* **tripod.**
trìpoli *m. (miner.)* **tripoli; rotten-stone.**
trippa *f.* ***1*** *(cucina)* **tripe** ***2*** *(pop.:* pancia*)* **paunch; belly.**
trippóne *m. (spreg.)* **pot-belly.**
tripudiare *v. i.* to **exult;** to **rejoice.**
tripùdio *m.* **exultation; rejoicing.**
trirégno *m. (relig.)* **triple crown; papal tiara.**
trirème *f. (stor.)* **trireme.**
tris *m. (poker,* ecc.*)* **three of a kind; pair royal** ● *t. d'assi,* three aces.
trișàvola *f.* **great-great-grandmother.**
trișàvolo *m.* **great-great-grandfather.**
trisillabo ***A*** *a.* **trisyllabic** ***B*** *m.* **trisyllable.**
trișma, trișmo *m. (med.)* **trismus; lock-jaw.**
triste *a.* ***1*** **sad; unhappy; gloomy** ***2*** (rif. a luogo) **gloomy; dreary; dismal; bleak.**
tristeménte *avv.* **sadly; unhappily.**
tristézza *f.* ***1*** **sadness; unhappiness; gloominess** ***2*** (di un luogo) **gloom; gloominess.**
tristo *a.* ***1*** **wicked; bad** ***2*** (meschino) **mean; sorry** *(attr.).*
tritacarne *m. invar.* **mincer; mincing machine.**
tritaghiàccio *m. invar.* **ice-crusher.**
tritare *v. t.* to **mince.**
tritato *a.* **minced**: *carne tritata,* minced meat; mince.
tritatutto *m.* **mincer.**
tritèllo *m.* **fine bran.**
trito *a.* ***1*** (tritato) **minced** ***2*** *(fig.)* **trite; commonplace; stale; hackneyed.**
tritòlo *m. (chim.)* **trinitrotoluene.**
tritóne *m. (zool.,* Triturus*)* **newt.**
trittico *m.* ***1*** *(arte)* **triptych** ***2*** (documento) **pass--sheet.**
trittòngo *m. (fon.)* **triphthong.**
tritume *m.* **scraps** *(pl.)*; **crumbs** *(pl.).*
triturare *v. t.* to **triturate;** to **grind*.**
triumvirale *a. (stor.)* **triumviral.**
triumvirato *m. (stor.)* **triumvirate.**
triùmviro *m. (stor.)* **triumvir*.**
trivalènte *a. (chim.)* **trivalent; tervalent.**
trivèlla *f.* **drill; borer.**
trivellare *v. t.* to **drill;** to **bore.**
trivellazióne *f.* **drilling; boring** ● *torre di t.,* derrick.
trivèllo *m. (falegnameria)* **gimlet; auger.**
triviale *a.* **coarse; vulgar.**
trivialità *f.* **coarseness; vulgarity.**
trìvio *m.* **crossroads** ● *gente da t.,* vulgar people.
trocàico *a. (poesia)* **trochaic.**
trocantère *m. (anat.)* **trochanter.**
trochèo *m. (poesia)* **trochee.**
trofèo *m.* **trophy.**
troglodita *m.* e *f.* **troglodyte** (anche *fig.*); **cave--dweller.**
trogloditico *a.* **troglodytic(al)** (anche *fig.*).
trògolo *m.* **trough.**
tròia *f.* ***1*** (scrofa) **sow** ***2*** *(fig.)* **prostitute; whore.**
troiano *a.* e *m.* **Trojan.**
tròica *f.* (anche *fig.*) **troika.**
trómba *f.* ***1*** *(mus.)* **trumpet**: *dare fiato alle trombe,* to sound the trumpets ***2*** (suonatore di t.) **trumpeter** ***3*** *(mus., mil.)* **bugle** ***4*** (delle scale, dell'ascensore) **well** ***5*** *(autom.)* **horn**: *t. elettrica,* electric horn ***6*** *(anat.)* **tube**: *la t. d'Eustachio,* the Eustachian tube ● *t. d'aria,* whirlwind; tornado □ *(fig.) t. del quartiere,* gossip; telltale □ *t. marina,* waterspout □ *(fig., fam.) partire in t.,* to go off at full steam.
trombare *v. t. (scherz.:* bocciare*)* to **fail.**
trombétta *f.* **trumpet.**
trombettière *m.* **trumpeter;** *(mil.)* **bugler.**
trombettista *m.* e *f. (mus.)* **trumpet (player).**
trombóne *m.* ***1*** *(mus.)* **trombone** ***2*** (antica arma da fuoco) **blunderbuss** ***3*** *(bot.,* Narcissus pseudo-narcissus*)* **daffodil; Lent lily** ***4*** *(fig., fam.)* **windbag.**
trombonista *m. (mus.)* **trombonist.**
trombòși *f. (med.)* **thrombosis*.**
troncaménto *m.* ***1*** **cutting off; breaking off** (anche *fig.*) ***2*** *(linguistica)* **apocope.**
troncare *v. t.* ***1*** to **cut* off;** to **break* off** (anche *fig.*) ***2*** *(linguistica)* to **apocopate** ● *(fig.) t. la carriera di q.,* to ruin sb.'s career □ *(fig.) t. le gambe a q.,* to put a spoke in sb.'s wheel □ *(fig.) t. la parola in bocca a q.,* to cut sb. short.
tronchése *m.* o *f.* **cutting nippers** *(pl.).*
(1) trónco *a.* ***1*** (specialm. *geom.*) **truncated**: *una piramide tronca,* a truncated pyramid ***2*** (mozzato) **cut off;** (mutilato) **maimed;** (smozzicato) **cut short, broken** ● *essere licenziato in t.,* to be sacked on the spot □ *(linguistica) parola tronca,* apocopated word; *(per estens.)* word with the accent on the last syllable.
(2) trónco *m.* ***1*** **trunk;** *(anat.,* anche*)* **torso***: *il t. di una quercia,* the trunk of an oak ***2*** (d'albero abbattuto) **log** ***3*** (ceppo d'albero, nel terreno) **stump** ***4*** *(fig.:* ceppo, stirpe*)* **stock** ***5*** (di strada, ecc.) **section**: *un t. ferroviario,* a railway section ***6*** *(geom.)* **truncated figure; frustum*** ***7*** *(archit.)* **shaft.**
troncóne *m.* ***1*** **stump** ***2*** (moncone) **stump.**
troneggiare *v. i.* to **tower** (above).
trónfio *a.* ***1*** **conceited; puffed up** ***2*** *(lett.)* **pompous; bombastic** ● *camminare tutto t.,* to strut along.
tròno *m.* **throne**: *l'erede al t.,* the heir to the throne □ *succedere al t.,* to succeed to the throne.
tropicale *a. (geogr.)* **tropical.**
tròpico *m. (astron., geogr.)* **tropic.**
tropișmo *m. (biol.)* **tropism.**
tròpo *m. (retor.)* **trope.**
tropopàusa *f. (meteorologia)* **tropopause.**
troposfèra *f. (meteorologia)* **troposphere.**
tròppo ***A*** *avv.* ***1*** *(con agg. e avv.)* **too**: *Fa t. caldo,* it's too hot □ *t. presto,* too early □ *T. buono!,* too good o' you! ***2*** *(con verbi)* **too much**: *mangiare t.,* to eat toc much ***3*** (di tempo) **too long**: *Ho aspettato t.,* I've waitec too long ● *andare t. oltre,* to go too far (anche *fig.*) □ *Era fin t. vero,* it was only too true ***B*** *a. indef.* **too much (pl. too many)**: *t. inchiostro,* too much ink □ *troppa gente* too many people ***C*** *pron. indef.* e *m.* **too much (pl., to many)**: *Questo è t.,* that's too much □ *Chiedi t.,* yo want too much ● *essere di t.,* (di cosa) to be super fluous, not to be needed; (di persona) to be one to many.
tròta *f. (zool.,* Salmo*)* **trout.**
trottapiano *m. (scherz.)* **slowcoach.**
trottare *v. i.* ***1*** to **trot** ***2*** *(fig.:* di persona*)* to **trot alon** ● *far t. un cavallo,* to trot a horse.
trottata *f.* **trot** (anche *fig.*): *fare una t.,* to go for trot.
trottatóio *m.* **riding field.**
trottatóre *m.* **trotter.**
trotterellare *v. i.* ***1*** to **trot** ***2*** *(fig.:* di persona*)* to **tr along;** (di bambini) to **toddle.**

tròtto *m.* **trot**: *andare di piccolo t.*, to go at a gentle trot ● *corse al t.*, trotting-races □ *mettere un cavallo al t.*, to trot a horse.
tròttola *f.* **(spinning) top** ● *(fig.) girare come una t.*, to buzz about.
trottolare *v. i.* **1** to **spin*** **2** *(fig.)* to **buzz about.**
trotzkismo *m. (polit.)* **Trotskyism.**
trotzkista *m.* e *f. (polit.)* **Trotskyist.**
troupe *(franc.) f. (teatr., cinem.)* **troupe; company.**
trovadòrico *a.* **troubadour** *(attr.)*.
trovare **A** *v. t.* **1** *(in molti sensi)* to **find***: *non t. giovamento*, to find no relief □ *(fig.) Come lo trovi?*, how do you find him? □ *Finalmente ti trovo*, at last I've found you □ *non t. pace*, to find no peace □ *t. da dormire*, to find somewhere to sleep □ *t. un posto* (o *un'occupazione)*, to find a job □ *t. q. in casa*, to find sb. in □ *non t. q. in casa*, to find sb. out **2** (scoprire) to **find* (out)**; to **discover**: *t. il colpevole*, to find out the culprit **3** (incontrare) to **meet* with** (sb., st.); to **come* across** (o **upon)**, to **run* into** (sb.) **4** (cogliere, sorprendere) to **catch***: *t. q. in flagrante*, to catch sb. red-handed **5** (visitare) to **see***: *Vieni a trovarmi*, come and see me **6** (pensare) to **think***; (reputare) to **find***, to **consider**: *t. giusto*, to find it right ● *t. da ridire su q.c.*, to find fault with st. □ *t. la morte*, to meet one's death □ *(fig.) t. pane per i propri denti*, to meet one's match **B trovarsi** *v. rifl.* **1** to **find* oneself** **2** (essere) to **be**; (essere situato) to **be situated**, to **lie***: *t. in buone condizioni finanziarie*, to be well off □ *t. in pericolo*, to be in danger **3** (sentirsi) to **feel***; to **be**: *t. a proprio agio*, to be at (one's) ease **C** *v. rifl. recipr.* to **meet***.
trovaròbe *m. (teatr.)* **property-man*; propman*.**
trovata *f.* **1 expedient; contrivance** **2** (idea felice) **bright idea; brain-wave** *(fam.)*.
trovatèllo *m.* **foundling.**
trovatóre *m. (stor., letter.)* **troubadour.**
truccare **A** *v. t.* **1** to **make* up** **2** (travestire) to **disguise** **3** *(sport)* to **fix** ● *t. le carte*, to mark the cards □ *t. i dadi*, to load the dice **B truccarsi** *v. rifl.* **1** to **make* (oneself) up** **2** (travestirsi) to **disguise oneself.**
truccatóre *m.* **make-up man*.**
truccatura *f.* **1 make-up** **2** (travestimento) **disguise.**
trucco *m.* **1 trick**: *conoscere i trucchi del mestiere*, to know the tricks of the trade; to know the ropes *(fam.)* **2** (truccatura) **make-up.**
truce *a.* **threatening; fierce; grim.**
trucidare *v. t.* to **slaughter**; to **slay***.
trùciolo *m.* **shaving** *(per lo più al pl.)*.
truculènto *a.* **truculent.**
truffa *f.* **fraud; swindle.**
truffaldino **A** *a.* **fraudulent** **B** *m.* **cheat; swindler.**
truffare *v. t.* to **defraud**; to **cheat**; to **swindle.**
truffatóre *m.* **cheat; swindler; crook** *(fam.)*.
truismo *m.* **truism; self-evident truth.**
trullo *m.* **trullo*.**
truppa *f.* **1** *(al pl., mil.)* **troops; forces**: *truppe d'assalto*, storm-troops **2** *(fig.)* **troop; band**: *a truppe*, in bands.
tse-tse *f. (zool.,* Glossina palpalis; anche *mosca t.)* **tsetse-fly.**
tu *pron. pers. m.* e *f. 2ª pers. sing.* **1 you**: *Sei stato tu a dirlo*, it was you who said so **2** *(arc., poet., relig.)* **thou** ● *tu stesso*, you yourself □ *a tu per tu (con q.)*, face to face; in private □ *dare del tu a q.*, to address sb. as « tu »; to be on familiar terms with sb. □ *mettersi a tu per tu con q.*, to bandy words with sb.; to answer sb. back □ *Non sei* (o *non sembri) più tu*, you don't look your former self.
tuba *f.* **1** *(mus.)* **tuba** **2** (cappello a cilindro) **top hat.**
tubare *v. i.* to **coo** (anche *fig.)*.
tubatura, tubazióne *f.* **piping; pipes** *(pl.)*; **pipeline.**
tubercolare *a. (med.)* **tubercular.**
tubèrcolo *m. (anat., med., bot.)* **tubercle; tubercule.**
tubercolosàrio *m. (med.)* **sanatorium*.**
tubercolosi *f. (med.)* **tuberculosis**: *t. polmonare*, pulmonary tuberculosis; consumption.
tubercolóso, tubercolòtico *(med.)* **A** *a.* **tuberculous, tubercular; consumptive** **B** *m.* **tubercular patient; consumptive.**
tùbero *m. (bot.)* **tuber.**
tuberósa *f. (bot.,* Polianthes tuberosa*)* **tuberose.**
tubétto *m.* **tube.**
tubino *m.* **1** (cappello) **bowler (hat)** **2** (abito femm.) **sheath dress.**
tubo *m.* **1 tube; pipe**: *il t. dell'acqua*, the water-pipe □ *(autom.) il t. di scappamento*, the exhaust-pipe **2** *(anat.)* **duct; canal.**
tubolare **A** *a.* **tubular** **B** *m.* **tubular tyre.**
tucùl *m.* **tucul** (Abyssinian hut).
tufàceo *a. (miner.)* **tufaceous.**
tuffare **A** *v. t.* to **plunge**; to **dip** **B tuffarsi** *v. rifl.* **1** to **dive**, to **plunge** (into) (anche *fig.)* **2** *(aeron.)* to **nose-dive.**
tuffata *f.* **1 dive; plunge** **2** *(aeron.)* **nose-dive.**
tuffatóre *m.* **diver.**
tuffétto *m. (zool.,* Podicipes ruficollis*)* **little grebe; dabchich.**
tuffista *m.* e *f.* **diver.**
tuffo *m.* **1 dive; plunge** (anche *fig.)* **2** *(aeron.)* **nose-dive** ● *t. di testa*, header □ *Ebbi un t. al cuore*, my heart skipped a beat.
tufo *m. (miner.)* **tufa**: *t. vulcanico*, volcanic tufa; tuff.
tuga *f. (naut.)* **wheel house; deckhouse.**
tugùrio *m.* **hovel.**
tùia *f. (bot.,* Thuja*)* **thuja.**
tùlio *m. (chim.)* **thulium.**
tulipano *m. (bot.,* Tulipa gesneriana*)* **tulip.**
tulle *m. (ind. tessile)* **tulle.**
tumefare **A** *v. i.* to **tumefy**; to **cause** (st.) **to swell** **B tumefarsi** *v. rifl.* to **tumefy**; to **swell* up.**
tumefatto *a.* **swollen.**
tumefazióne *f.* **tumefaction; swelling.**
tumescènte *a.* **tumescent.**
tumescènza *f.* **tumescence.**
tùmido *a.* **1 tumid; swollen** **2** *(fig., lett.)* **tumid; turgid; inflated.**
tumorale *a. (med.)* **tumoral.**
tumóre *m. (med.)* **tumour.**
tumulare *v. t.* to **entomb**; to **bury.**
tumulazióne *f.* **interment; burial.**
tùmulo *m.* **1** *(archeol.)* **tumulus*; barrow** **2** (accumulo di terra) **mound** **3** *(lett.:* tomba*)* **tomb; grave.**
tumulto *m.* **1 tumult; uproar** **2** (sommossa) **riot.**
tumultuante **A** *a.* **tumultuous; riotous** **B** *m.* e *f.* **rioter.**
tumultuare *v. i.* to **riot.**
tumultuóso *a.* **tumultuous; uproarious; riotous.**
tundra *f.* **tundra.**
tungstèno *m. (chim.)* **tungsten; wolfram.**
tùnica *f.* (anche *anat., bot.)* **tunic.**
tunisino *a.* e *m.* **Tunisian.**
tùnnel *m.* **tunnel.**
tuo **A** *a. poss.* **1 your**; (tuo proprio) **your own**: *il tuo libro*, your book □ *la tua casa*, your house □ *i tuoi amici*, your friends □ *le tue sorelle*, your sisters □ *un tuo amico*, one of your friends (o a friend of yours) □ *Bada ai fatti tuoi!*, mind your own business! **2** *(pred. nominale)* **yours**: *Questo libro è tuo*, this book is yours **3** (in fine di lettera) **yours**: *(Cordiali saluti dal) tuo affezionato Carlo*, yours sincerely (o love from) Charles **4** *(arc., poet., relig.)* **thy** **B** *pron. poss.* **1 yours**: *È tuo questo libro?*, is this book yours? □ *i miei amici e i tuoi*, my friends and yours **2** *(arc., poet., relig.)* **thine** **C** *m.* **1** (ciò che possiedi) **what you own, your property**; (il tuo denaro) **your (own) money** **2** *(al pl.:* i tuoi familiari*)* **your family; your people** *(fam.)* **3** *(al pl.:* i tuoi seguaci*)* **your followers; your supporters.**
tuonare *V.* **tonare.**
tuòno *m.* **thunder** (anche *fig.)*: *uno scoppio di t.*, a crash of thunder □ *lampi e tuoni*, thunder and lightning.
tuòrlo *m.* **yolk.**
tuppè *m.* **toupet** *(franc.)*; **toupee; hairpiece.**

turabuchi *m.* e *f.* *(fam., scherz.)* **stopgap.**
turàcciolo *m.* **stopper;** (di sughero) **cork.**
turare ***A*** *v. t.* to **plug;** to **stop;** (con sughero) to **cork**: *t. un buco,* to plug a hole; *(fig.)* to pay a debt; (sostituire momentaneamente q.) to replace sb. ● *t. la bocca a q.,* to make sb. shut up □ *turarsi gli orecchi,* to stop one's ears □ *turarsi il naso,* to hold one's nose ***B*** **turarsi** *v. rifl.* to **get* obstructed** (o **stopped up).**
(1) turba *f.* **crowd; multitude;** *(spreg.)* **rabble, mob.**
(2) turba *f.* *(med.)* **disorder.**
turbaménto *m.* ***1*** **disturbance; perturbation** ***2*** (dell'animo) **emotion** ● *(leg.)* *t. dell'ordine pubblico,* breach of the peace.
turbante *m.* **turban.**
turbare ***A*** *v. t.* to **disturb;** to **trouble**: *t. la quiete pubblica,* to disturb the peace ***B*** **turbarsi** *v. rifl.* to **get* upset.**
turbato *a.* **upset; disturbed; troubled.**
turbina *f.* *(mecc.)* **turbine.**
turbinare *v. i.* to **whirl** (anche *fig.*) ● *far t.,* to whirl.
tùrbine *m.* ***1*** **whirlwind** ***2*** *(fig.)* **whirl; storm; bustle** ● *t. di neve,* snowstorm □ *t. di sabbia,* sandstorm.
turbinìo *m.* ***1*** **whirling** ***2*** *(fig.)* **bustle; whirl.**
turbinóso *a.* **whirling; stormy** (anche *fig.*).
turboèlica *(aeron.)* ***A*** *f.* **turbo-propeller engine; turboprop engine** ***B*** *m. invar.* (aereo a turboeliche) **turboprop.**
turbogètto *m.* *(aeron.)* **turbojet.**
turbolènto *a.* **turbulent; tumultuous; boisterous** ● *ragazzo t.,* unruly child.
turbolènza *f.* **turbulence** (anche *fis.*); **disturbance.**
turbonave *f.* *(naut.)* **turbine steamship; turbine boat.**
turboreattóre *m.* *(aeron.)* **turbojet.**
turchése *f.* *(miner.)* **turquoise** ● *verde t.,* turquoise green.
turchinétto *m.* **blu(e)ing.**
turchino *a.* e *m.* **deep blue.**
turcimanno *m.* **dragoman*.**
turco ***A*** *a.* **Turkish**: *un bagno t.,* a Turkish bath ***B*** *m.* ***1*** **Turk** ***2*** (la lingua) **Turkish** ● *(fig.)* *bestemmiare come un t.,* to swear like a trooper □ *(fig.)* *fumare come un t.,* to smoke like a chimney □ *(fig.)* *parlare t.,* to talk double Dutch.
turgidézza, turgidità *f.* **turgidity** (anche *fig.*).
tùrgido *a.* **turgid** (anche *fig.*).
turìbolo *m.* *(relig.)* **thurible.**
turismo *m.* **tourism; touring** ● *Ente per il T.,* Tourist Board □ *(autom.)* *vettura da t.,* touring car; tourer.
turista *m.* e *f.* **tourist.**
turìstico *a.* **tourist** *(attr.)*: *(ferr.)* *un biglietto t.,* a tourist ticket ● *operatore t.,* tour operator □ *visita turistica,* sightseeing tour.
turlupinare *v. t.* to **cheat;** to **swindle.**
turlupinatura *f.* **cheating; swindling.**
turnazióne *f.* *(ind.)* **turnover.**
turnista *m.* e *f.* **shift worker.**
turno *m.* ***1*** **turn**: *Aspetta il tuo t.!,* wait your turn! ***2*** (di guardia) **duty;** (di lavoro) **shift**: *il medico di t.,* the doctor on duty □ *il t. di notte,* the night shift.
turpe *a.* **base; foul; filthy.**
turpilòquio *m.* **scurrilous** (o **coarse) language.**
turpitùdine *f.* **turpitude; baseness; foulness.**
turrito *a.* **turreted; many-towered.**
tuta *f.* **overalls** *(pl.)*.
tutèla *f.* ***1*** *(leg.)* **guardianship** ***2*** (protezione) **protection;** (difesa) **defence**: *sotto la t. della legge,* under the protection of the law □ *a t. del mio onore,* in defence of my honour.
(1) tutelare ***A*** *v. t.* to **protect;** to **defend** ***B*** **tutelarsi** *v. rifl.* to **protect oneself;** to **take* precautions** (against).
(2) tutelare *a.* **guardian** *(attr.)*: *l'angelo t.,* the guardian angel.
tutina *f.* ***1*** (per bambini) **rompers** *(pl.)* ***2*** (da ginnastica) **body stocking.**
tutóre *m.* **guardian** ● *t. dell'ordine,* policeman.
tutòrio *a.* *(leg.)* **tutelary.**
tuttavia *cong.* **but; yet; still; nevertheless.**
tutto ***A*** *a.* ***1*** **all;** (intero) **whole**: *t. il giorno,* all (the) day; the whole day □ *per t. il giorno,* all day long □ *tutta l'Italia,* all Italy; the whole of Italy □ *in (o per) tutta Italia,* all over Italy (o throughout Italy) □ *t. il libro,* the whole book □ *con t. il cuore,* with all one's heart ***2*** *(al pl.)* **all;** (ogni) **every;** (ciascuno) **each;** (qualsiasi) **any**: *(fig.)* *a tutti i costi,* at all costs; at any cost □ *a tutte le ore,* at all hours; at any hour □ *una volta per tutte,* once (and) for all □ *tutt'e tre (quattro, ecc.),* all three (four, etc.) of them ***3*** *(al pl., con un pron. pers.)* **all**: *noi tutti (o noi tutte),* all of us; we all, *(compl.)* us all □ *voi tutti (o voi tutte),* all of you; you all ***4*** *(con valore avv.)* **all;** (completamente) **quite, completely, entirely**: *t. pulito,* all clean □ *t. il contrario,* quite the opposite □ *t. pieno,* completely full (o full up) ● *tutt'al più,* at the most; at worst □ *tutt'a un tratto,* all at once □ *(fig.)* *essere t. casa e famiglia,* to be wholly devoted to one's family □ *tutt'e due,* both □ *tutt'intero,* whole □ *tutt'intorno,* all around □ *t. quanto,* all: *tutte quante le opere di Shakespeare,* all Shakespeare's works □ *t. quello che,* all (that); everything (that) □ *tutte le volte che,* every time (that); whenever □ *(fig.)* *di t. cuore,* with all one's heart □ *di t. punto,* completely; entirely □ *una donna tutta casa,* the stay--at-home sort of woman □ *lungo tutta la strada,* all along the road □ *È tutt'uno, per me,* it's all the same to me □ *(fig.)* *È tutt'uno con il padrone,* he's hand in glove with the boss □ *Tutt'altro!* (niente affatto), not at all! □ *È tutt'altro che onesto,* he's anything but honest □ *(fig.)* *Sono tutt'occhi (tutt'orecchi),* I'm all eyes (all ears) □ *Sono tutte chiacchiere,* it's nothing but gossip □ *(fig.)* *È tutta brio,* she is full of life ***B*** *pron.* ***1*** **all;** (ogni cosa) **everything;** (qualsiasi cosa) **anything**: *Ecco t.,* that's all □ *E non è t.,* and that's not all □ *T. dipende da ciò,* everything depends on that □ *T., piuttosto che cedere,* anything rather than give in ***2*** *(al pl.)* **all;** (tutta la gente) **all people;** (ognuno) **everybody, everyone;** (ciascuno) **each (one)**: *Lo sanno tutti,* everybody knows □ *Li guardai tutti uno per uno,* I watched each (one) in turn ***3*** *(al pl.:* noi tutti) **all of us, we all;** (voi tutti) **all of you, you all;** (tutti loro) **all of them, they all** ***4*** (la cosa più importante) **everything; the most important thing**: *La bellezza non è t.,* beauty is not everything ● *t. t.,* absolutely everything □ *con t. che* (sebbene), although, though □ *da per t.,* everywhere □ *del t.,* quite; entirely; completely □ *in t.,* in all □ *in t. e per t.,* entirely, quite *(avv.)*; complete *(agg.)*; through and through: *fidato in t. e per t.,* quite trustworthy □ *un galantuomo in t. e per t.,* an honest man through and through □ *prima di t.,* first of all; (in primo luogo) in the first place ***C*** *m.* **whole;** (ogni cosa) **everything** ● *giocare il t. per il t.,* to risk everything.
tuttoché *cong.* *(lett.)* **though, although.**
tuttofare ***A*** *a. invar.* **general**: *domestica t.,* general maid; maid of all work ***B*** *m.* e *f. invar.* **general servant; factotum.**
tuttóra *avv.* **still.**
tutù *m. invar.* **tutu; ballet skirt.**
tzigano *a.* e *m.* **Tzigane.**

U

U, u *f.* o *m.* **U, u** ● *(tel.) u come Udine,* u for uncle □ *(autom.) inversione a U,* U-turn.
uadi *m. (geogr.)* **wadi, wady.**
ubbìa *f.* **superstitious idea;** (pregiudizio) **prejudice;** (timore infondato) **imaginary fear.**
ubbidiènte *a.* **obedient.**
ubbidiènza *f.* **obedience.**
ubbidire *v. i.* e *t.* to **obey**: *u. alla mamma,* to obey one's mother □ *u. alle leggi,* to obey the law ● *farsi u. da tutti,* to exact obedience from everyone.
ubbriaco e *deriv., V.* **ubriaco** e *deriv.*
ubertà, ubertosità *f. (lett.)* **fertility.**
ubertóso *a. (lett.)* **fertile.**
ubicare *v. t.* to **place;** to **locate.**
ubicato *a.* **placed; situated; located.**
ubicazióne *f.* **site; situation; location.**
ubiquità *f.* **ubiquity; ubiquitousness.**
ubriacare ***A*** *v. t.* to **make*** (sb.) **drunk;** to **get*** (sb.) **drunk;** to **intoxicate** *(anche fig.)* ***B*** **ubriacarsi** *v. rifl.* to **get* drunk;** to **become* intoxicated** ● *bere tanto da u.,* to drink oneself drunk.
ubriacatura *f.* **drunkenness; intoxication** *(anche fig.)* ● *prendere un'u.,* to get drunk.
ubriachézza *f.* **drunkenness; intoxication.**
ubriaco ***A*** *a.* **drunk, intoxicated** *(anche fig.)*; **drunken** *(attr.)*: *essere u. fradicio,* to be dead (o blind) drunk; to be as drunk as a lord *(fam.)* ***B*** *m.* **drunken man*; drunk.**
ubriacóne *m.* **drunkard.**
uccellagióne *f.* ***1*** **bird-catching; fowling** ***2*** (quantità di volatili catturati) **(total of) birds caught.**
uccellanda *f.* **fowling ground.**
uccellare *v. i.* to **fowl.**
uccellatóre *m.* **bird-catcher; fowler.**
uccellétto *m.* ***1*** **little bird; birdie** ***2*** *(al pl.:* cacciagione*)* **game.**
uccellièra *f.* **aviary.**
uccellino *m.* ***1*** **little bird; birdie** ***2*** (uccello che ha appena messo le penne) **fledg(e)ling.**
uccèllo *m.* **bird**: *un u. del malaugurio,* a bird of ill omen; *(fig.)* Jonah; jinx *(pop.)* ● *uccelli acquatici,* waterfowl □ *(fig.) uccel di bosco,* fugitive □ *u. di nido,* nestling.
uccìdere ***A*** *v. t.* ***1*** *(anche fig.)* to **kill**: *u. q. a tradimento,* to kill sb. treacherously □ *u. q. in duello,* to kill sb. in a duel ***2*** (assassinare) to **murder** ***3*** (con un'arma da fuoco) to **shoot*** ● *(fig.) La noia mi uccide,* I am bored to death ***B*** **uccìdersi** *v. rifl.* ***1*** to **kill oneself** *(anche fig.)*; to **commit suicide** ***2*** (perdere la vita) to **get* killed;** to **lose* one's life.**
uccisióne *f.* ***1*** **killing** ***2*** (assassinio) **murder.**
ucciso ***A*** *a.* ***1*** **killed** ***2*** (assassinato) **murdered** ***3*** (con un'arma da fuoco) **shot** ***B*** *m.* ***1*** **person killed** ***2*** **person murdered** ● *gli uccisi* (in battaglia), the slain.
uccisóre *m.* ***1*** **killer** ***2*** (assassino) **murderer.**
ucràino *a.* e *m.* **Ukrainian.**
udìbile *a.* **audible; hearable.**
udibilità *f.* **audibility** ● *(acustica) soglia di u.,* audibility threshold.
udiènza *f.* ***1*** **audience; hearing;** (colloquio) **interview**: *concedere un'u. a q.,* to grant sb. an audience (o an interview); to give sb. a hearing ***2*** *(specialm. leg.)* **hearing; sitting; session**: *un'u. a porte chiuse,* (civile) a hearing in Chambers; (penale) a trial « in camera » ● *(leg.) in pubblica u.,* in open Court □ *(leg.) ruolo delle udienze,* (civili) cause list; (penali) calendar.
udire *v. t.* ***1*** to **hear***: *L'ho già udita cantare,* I've heard her sing before □ *Non ne voglio u. parlare,* I won't hear of it □ *u. i testimoni,* to hear the witnesses ***2*** (ascoltare) to **listen to** (sb., st.) ● *Ho udito (dire) che...,* I've heard that...
uditivo *a.* **auditory.**
udito *m.* **hearing**: *il senso dell'u.,* the sense of hearing □ *perdere l'u.,* to lose one's hearing.
uditóre *m.* ***1*** **hearer** ***2*** (ascoltatore) **listener** ***3*** (a scuola) **student entitled to attend lessons (but not to take exams)** ***4*** *(relig.)* **« Auditor ».**
uditòrio *m.* **audience; listeners** *(pl.)*: *parlare a un vasto u.,* to address a large audience.
uff, uffa *inter.* **phew!; pshaw!**
(1) ufficiale *a.* ***1*** **official**: *dichiarazioni ufficiali,* official statements □ *in forma u.,* in official form ***2*** *(formale)* **formal**: *una visita u.,* a formal visit.
(2) ufficiale *m.* ***1*** *(mil.)* **officer**: *un u. di fanteria,* an infantry officer □ *un u. d'aviazione,* an air force officer □ *un u. di marina,* a naval officer ***2*** (funzionario) **official; officer** ● *u. dello stato civile,* registrar □ *(leg.) u. giudiziario,* bailiff; sheriff □ *(mil.) u. pagatore,* paymaster □ *u. postale,* postmaster; (se donna) postmistress.
(1) ufficialità *f.* **official character.**
(2) ufficialità *f. (mil.)* **officers** *(pl.).*
ufficializzare *v. t. (bur.)* to **officialize;** to **make*** (st.) **official.**
ufficiante *(relig.)* ***A*** *a.* **officiating** ***B*** *m.* **officiant.**
ufficiare ***A*** *v. i. (relig.)* to **officiate** ***B*** *v. t. (bur.)* to **invite.**
ufficiatóre *m.* ***1*** **officiator** ***2*** *(relig.)* **officiant.**
uffìcio *m.* ***1*** (il luogo) **office;** (talora) **bureau;** (agenzia) **agency;** (reparto) **department**: *u. di stato civile,* registry office □ *u. informazioni,* inquiry office; (statale, municipale) Information Bureau; *(mil.)* Intelligence Office (o Department) □ *u. postale,* post office □ *(comm.) u. vendite,* sales department □ *u. (del) personale,* personnel department ***2*** (carica) **office**: *accettare (rifiutare) un u.,* to accept (to refuse) an office ***3*** (dovere) **duty;** (funzione) **function** ***4*** *(al pl.:* servigi*)* **offices; services** ***5*** (lavoro) **job** ● *(leg.) difensore d'u.,* counsel for the defence appointed by the Court □ *doveri d'u.,* official duties □ *lavoro d'u.,* office work □ *orario d'u.,* office hours □ *provvedere d'u.,* to act officially.
ufficiosaménte *avv.* **unofficially; informally; off the record.**
ufficiosità *f.* **unofficial character; informality.**
ufficióso *a.* **unofficial; semi-official; officious; informal.**
uffìzio *m. (relig.)* **office**: *l'u. dei defunti,* the office of the dead.
(1) ufo, a *locuz. avv.* **free; without paying.**
(2) ufo *m. invar.* **UFO (Unidentified Flying Object); flying saucer.**
ufologia *f.* **ufology.**
ufòlogo *m.* **ufologist.**
ugèllo *m. (mecc.)* **nozzle;** (di un altoforno) **tuyere.**
ùggia *f.* ***1*** **boredom; annoyance** ***2*** *(raro:* ombra*)* **shade** ● *prendere in u. q.,* to take a dislike to sb.
uggiolare *v. i.* to **whine;** to **whimper.**
uggiolio *m.* **whining; whimpering.**
uggióso *a.* ***1*** (che fa uggia) **boring; tiresome; irksome; dull; irritating** ***2*** (che prova uggia) **bored; irritable.**
ùgola *f. (anat.)* **uvula*** ● *(fig.) avere un'u. d'oro,* to have a golden voice □ *rinfrescarsi l'u.,* to wet one's whistle.
ugonòtto *m.* **Huguenot.**
uguagliaménto *m.* **equalization.**
uguaglianza *f.* **equality**: *u. dei diritti,* equality of rights □ *(mat.) il segno d'u.,* the sign of equality □ *(gramm.) il comparativo d'u.,* the comparative of equality ● *su una base di u. con q.,* on an equal footing with sb.
uguagliare ***A*** *v. t.* ***1*** (rendere uguale) to **equalize;** to **make*** (st.) **equal;** to **level** *(anche fig.)*: *La morte uguaglia tutti,* death levels all men ***2*** (pareggiare) to **even up;** (spianare) to **smooth (down);** (livellare) to **level (down, up)** ***3*** (essere uguale a) to **equal,** to **be equal to** (sb., st.) ***4*** (considerare uguale) to **consider** (st.) **equal** (to); (paragonare) to **compare** ***B*** **uguagliarsi** *v. rifl.* to **consider oneself equal** (to); (paragonarsi) to **compare oneself** ***C*** *v. rifl. recipr.* to **be equal.**
uguale ***A*** *a.* ***1*** **equal** *(anche mat.)*; **like; alike** *(pred.)*; **the same;** (identico) **identical**: *A lavoro u., u. paga,* equal pay for equal work □ *È u. al mio,* it is like mine; it is

the same as mine □ *essere d'u. grandezza,* to be the same size **2** (uniforme) **even; regular; steady; equable** ● *(comm.) u. al campione,* up to sample □ *(fig.) u. a se stesso,* consistent □ *Per me torna u.,* it is all the same to me □ *Non ce n'è un altro u. a lui,* he has no equal □ *(mat.) sia x u. a y,* let x be the equal of y ***B*** *m.* e *f.* **equal** ***C*** *avv.* **(just) the same; alike.**
ugualménte *avv.* ***1*** **equally; in the same way** ***2*** (malgrado tutto) **all the same; nevertheless.**
uh *inter.* **ugh!; ah!; oh!**
uhm *inter.* **hum!**
ukulèle *f.* o *m. invar. (mus.)* **ukulele, ukelele.**
ulano *m. (mil.)* **(cavalry) lancer.**
ùlcera *f. (med.)* **ulcer.**
ulcerare *v. t.* **ulcerarsi** *v. rifl. (med.)* **to ulcerate.**
ulcerativo *a. (med.)* **ulcerative.**
ulcerazióne *f. (med.)* **ulceration.**
ulceróso *a. (med.)* **ulcerous.**
uliva e *deriv., V.* **oliva** e *deriv.*
ulivèlla *f. (edil.)* **lewis.**
ulna *f. (anat.)* **ulna*.**
ulterióre *a.* **ulterior; further.**
ulteriorménte *avv.* **further on.**
ùltima *f. (fam.)* **(the) latest;** (di notizia, anche) **(the) latest news.**
ultimaménte *avv.* **lately; of late; recently; not long ago.**
ultimare *v. t.* to **complete;** to **finish.**
ultimàtum *m.* **ultimatum*.**
ultimazióne *f.* **completion.**
ultimìssima *f.* ***1*** (ultima edizione di un giornale) **(the) latest edition** ***2*** *(al pl.:* notizie più recenti in un giornale*)* **spot** (o **latest) news.**
ùltimo ***A*** *a.* ***1*** (di una serie) **last**: *l'u. giorno della settimana,* the last day of the week □ *in questi ultimi anni,* in the last few years □ *sino all'ultima goccia,* to the last drop □ *l'u. romanzo del Verga,* Verga's last novel **2** (il più recente) **(the) latest;** (talora) **(the) last;** (il più nuovo) **(the) newest;** (il più moderno) **(the) most up-to-date**: *l'ultima moda,* the latest fashion □ *l'u. romanzo di Moravia,* Moravia's latest novel □ *le ultime notizie,* the latest news □ *nella mia ultima lettera,* in my last letter **3** (estremo) **(the) farthest; (the) utmost** **4** (fondamentale) **ultimate** ● *l'u. piano,* the top floor □ *gli ultimi venuti,* the fresh-comers; (in ritardo) the late-comers □ *arrivare per u.,* to arrive last □ *dare gli ultimi tocchi a q.c.,* to give a few finishing touches to st. □ *(fig.) in u. luogo,* finally □ *negli ultimi tempi,* lately □ *le notizie dell'ultima ora,* the latest news ***B*** *m.* **(the) last** ● *essere l'u. della classe,* to be at the bottom of the class □ *all'u.,* in the end □ *fino all'u.,* to the last; till the end □ *in u. (o da u.),* in the end; eventually □ quest'ultimo (di due), the latter □ *sull'u.,* towards the end.
ultimogènito ***A*** *a.* **last-born** *(attr.)* ***B*** *m.* **last-born (child*).**
ultrà *(polit.)* ***A*** *m.* e *f. invar.* ***1*** (di sinistra) **ultraist; ultraleftist** ***2*** (di destra) **ultraconservative; reactionary** ***B*** *a.* ***1*** (di sinistra) **ultraist(ic); ultraleft** ***2*** (di destra) **ultraconservative; reactionary.**
ultra- *(in parole composte)* **ultra-.**
ultracórto *a. (fis.)* **ultrashort.**
ultramodèrno *a.* **ultramodern.**
ultrapotènte *a.* **very** (o **most) powerful.**
ultraràpido *a.* ***1*** **very quick** ***2*** *(fotogr.)* **ultrarapid.**
ultrasensìbile *a.* **ultrasensitive.**
ultrasònico *a. (fis.)* **ultrasonic; supersonic.**
ultrasuòno *m. (fis.)* **ultrasound.**
ultraterréno *a.* **ultramundane; transmundane; heavenly.**
ultraviolétto *a. (fis.)* **ultraviolet.**
ultravirus *m. invar. (biol.)* **ultravirus.**
ululante *a.* **howling; ululating, ululant.**
ululare *v. i.* to **howl;** to **ululate.**
ululato, ùlulo *m.* **howl, howling; ululation.**
ulva *f. (bot.,* Ulva lactuca*)* **sea lettuce.**
umanaménte *avv.* ***1*** **humanly** ***2*** (con umanità) **humanely.**
umanazióne *f. (relig.)* **Incarnation.**
umanéşimo *m. (stor., letter.)* **humanism.**
umanista *m.* e *f. (stor., letter.)* **humanist.**
umanìstico *a. (stor., letter.)* **humanistic.**
umanità *f.* ***1*** (natura umana) **humanity; human nature** ***2*** (sentimento di fratellanza) **humanity; humaneness** ***3*** (genere umano) **humanity; mankind.**
umanitàrio *a.* e *m.* **humanitarian.**
umanitarişmo *m.* **humanitarianism.**
umanizẓare *v. t.* **umanizẓarsi** *v. rifl.* to **humanize.**
umano *a.* ***1*** **human**: *il corpo u.,* the human body □ *un essere u.,* a human being **2** (gentile, comprensivo) **humane; understanding.**
umbilicale *a. (anat.)* **umbilical.**
umbilico *m. (anat.)* **umbilicus*; navel.**
umbràtile *a. (lett.)* **shady.**
umbro *a.* e *m.* **Umbrian.**
umerale *a. (anat.)* **humeral.**
umettare *v. t.* to **moisten;** to **dampen.**
umidìccio *a.* **dampish; somewhat damp** (o **moist).**
umidificare *v. t.* to **humidify.**
umidificatóre *m.* **humidifier.**
umidità *f.* **damp; moisture; humidity.**
ùmido ***A*** *a.* **damp; moist; humid**: *panni umidi,* damp clothes □ *occhi umidi di pianto,* eyes moist with tears ***B*** *m.* ***1*** **dampness** ***2*** (*cucina*) **stew** ● *carne in u.,* stewed meat; (meat) stew.
umidóre *(lett.) V.* **umidità.**
ùmile *a.* **humble;** (modesto) **modest**: *di umili natali,* of humble birth □ *una casa u.,* a modest house ● *gli umili,* the humble.
umiliante *a.* **humiliating.**
umiliare ***A*** *v. t.* to **humiliate;** to **humble** ***B*** **umiliarsi** *v. rifl.* to **humble oneself.**
umiliazióne *f.* **humiliation.**
umilménte *avv.* **humbly.**
umiltà *f.* ***1*** **humility** ***2*** (l'essere di modesta condizione) **humbleness.**
umóre *m.* ***1*** **humour**: *u. acqueo,* aqueous humour **2** (stato d'animo) **humour; mood**: *essere di buon (cattivo) u.,* to be in a good (bad) mood (o humour).
umorişmo *m.* **humour.**
umorista *m.* e *f.* **humorist.**
umorìstico *a.* **humorous; funny**: *un giornale u.,* a humorous paper.
un, una *V.* **uno.**
unànime *a.* **unanimous**: *con voto u.,* by a unanimous vote.
unanimità *f.* **unanimity** ● *all'u.,* unanimously; with one consent.
uncinare *v. t.* to **hook.**
uncinato *a.* **hooked** ● *croce uncinata,* swastika.
uncinétto *m.* **crochet-needle** ● *lavorare all'u.,* to crochet □ *lavoro all'u.,* crochet.
uncino *m.* **hook** ● *(fig.) attaccarsi a tutti gli uncini,* to pick holes in st.
undècimo *a. num. ord.* e *m.* **eleventh.**
undicènne ***A*** *a.* **eleven years old** *(pred.)*; **eleven-year-old** *(attr.)* ***B*** *m.* **eleven-year-old boy** ***C*** *f.* **eleven-year-old girl.**
undicèşimo *a. num. ord.* e *m.* **eleventh.**
ùndici *a. num. card.* e *m.* **eleven** ● *le u.,* eleven o'clock.
ùngere ***A*** *v. t.* ***1*** to **grease;** to **oil**: (anche *fig.*) *u. le ruote,* to grease the wheels ***2*** *(relig.)* to **anoint** ***3*** *(fig.:* adulare*)* to **flatter;** to **butter up** *(fam.)* ***B*** **ùngersi** *v. rifl.* to **grease oneself.**
ungherése *a.* e *m.* **Hungarian** ● *l'u.* (la lingua), Hungarian.
ùnghia *f.* ***1*** *(anat.)* **nail**: *mangiarsi le unghie,* to bite one's nails □ *le unghie delle mani,* finger-nails □ *le unghie dei piedi,* toe-nails **2** (artiglio) **claw;** (di rapace) **talon** ***3*** (zoccolo) **hoof*** ***4*** *(naut.:* dell'àncora*)* **peak; bill** ***5*** *(archit.)* **groin** ***6*** *(fig.:* quantità minima*)* **tiny bit** ● *(fig.) avere q. tra (o sotto) le unghie,* to have sb. in one's clutches.
unghiata *f.* **scratch; claw-mark** ● *dare un'u. a q.,* to scratch sb.
unghióne *m.* **claw; talon;** (zoccolo) **hoof*.**
unguènto *m.* **unguent; ointment.**
uni- *(in parole composte)* **uni-; mono-.**

unicaménte *avv.* **only; solely.**

unicamerale *a. (polit.)* **unicameral.**

unicellulare *a. (biol.)* **unicellular.**

unicità *f.* **oneness; singleness.**

unico A *a.* **1 only**: *figlio u.*, an only child □ *la mia sola e unica speranza,* my one and only hope **2** (senza pari) **unique 3** (solo, esclusivo) **sole**: *l'u. erede,* the sole heir **4** (singolo) **single** ● *(teatr.) atto u.*, one-act play □ *numero u.* (di giornale), special number □ *strada a senso u.*, one-way street **B** *m.* **only one; only person.**

unicòrno *m.* **1** *(mitol.)* **unicorn 2** *(zool.*, Monodon monoceros*)* **narwhal(e); sea unicorn.**

unificàbile *a.* **unifiable.**

unificare *v. t.* **1** to **unify 2** (standardizzare) to **standardize.**

unificato *a.* **1 unified 2** (standardizzato) **standardized.**

unificazióne *f.* **1 unification 2** (standardizzazione) **standardization.**

uniformare A *v. t.* **1** to **conform 2** (unificare) to **make* uniform**; to **standardize B uniformarsi** *v. rifl.* to **conform** (to); to **comply** (with).

unifórme A *a.* **1 uniform; regular 2** (monotono) **unvarying; monotonous B** *f.* **uniform**: *in alta u.*, in full uniform.

uniformeménte *avv.* **uniformly.**

uniformità *f.* **uniformity;** (regolarità) **evenness.**

unigènito A *a. (relig.)* **only-begotten B** *m.* **only child.**

unilaterale *a.* **unilateral; one-sided.**

unilateralità *f.* **unilaterality; one-sidedness.**

uninominale *a.* **uninominal.**

unióne *f.* **1 union**: *l'u. dell'anima col corpo,* the union of body and soul **2** (accordo, armonia) **unity; concord; harmony 3** (associazione) **association;** (lega) **league;** (coalizione) **coalition;** (federazione politica) **union 4** (di colori o suoni) **blending 5** *(tecn.)* **joining.**

unionişmo *m. (polit., relig.)* **unionism.**

unionista *m.* e *f. (polit., relig.)* **unionist.**

unìparo *a. (biol.)* **uniparous.**

unire A *v. t.* **1** to **unite;** (congiungere) to **join**: *u. in matrimonio,* to join in matrimony; to marry □ *u. le forze,* to join forces **2** (collegare) to **connect;** to **link;** to **join 3** (aggiungere) to **add**: *u. il merito alla modestia,* to add merit to modesty **4** (colori, suoni) to **blend 5** (accludere) to **enclose B unirsi** *v. rifl.* **1** to **unite 2** (accompagnarsi) to **join;** (mettersi insieme) to **get* together**: *u. a una comitiva,* to join a party ● *u. in matrimonio,* to get married □ *u. in società,* to form a partnership.

unisessuale *a. (biol.)* **unisexual.**

unisèx *a. invar. (moda)* **unisex.**

unìsono A *a.* (anche *mus.*) **unisonous B** *m. (mus.* e *fig.)* **unison**: *agire all'u.*, to act in unison.

unità *f.* **1 unity**: *(teatr.) le tre unità,* the dramatic unities □ *l'u. artistica di un'opera,* the artistic unity of a work **2** (misura, valore) **unit;** *(mat.,* anche*)* **unity**: *un'u. di lunghezza (di peso, ecc.),* a unit of length (of weight, etc.) □ *l'u. monetaria,* the monetary unit **3** *(mil.)* **unit 4** *(naut.)* **(war-)ship; vessel 5** *(aeron.)* **aircraft; aeroplane 6** *(elab.)* **unit.**

unitaménte *avv.* **unitedly; together**: *u. a,* together with.

unitàrio A *a.* **1 unitary 2** *(relig.)* **Unitarian** ● *(econ.) prezzo u.*, unit price **B** *m.* (anche *relig.*) **Unitarian.**

unitarişmo *m.* **1 unitarianism 2** *(relig.)* **Unitarianism.**

unitézza *f.* **1 uniformity 2** (compattezza) **compactness.**

unito *a.* **1 united**: *il Regno U.*, the United Kingdom **2** (aggiunto) **added 3** (accluso) **enclosed** ● *tinta unita,* even tint.

universale *a.* **universal**: *(polit.) suffragio u.*, universal suffrage ● *(relig.) Giudizio u.*, Last Judgment □ *storia u.*, world history.

universalişmo *m. (relig., polit.)* **universalism.**

universalità *f.* **universality.**

universalizzare *v. t.* to **make* universal;** to **universalize.**

università *f.* **university**: *l'u. di Bologna,* Bologna University ● *U. popolare,* Open University.

universitàrio A *a.* **university, undergraduate** *(attr.)* **B** *m.* **university student; undergraduate.**

(1) univèrso *a. (lett.)* **whole**: *l'u. mondo,* the whole world.

(2) univèrso *m.* **universe; world** ● *(fam., scherz.) credersi il padrone dell'u.*, to consider oneself the lord of creation.

univoco *a.* **univocal.**

Unno *m. (stor.)* **Hun.**

(1) uno *a. num. card.* e *m.* (*f.* **una**) **1 one**: *tre uno,* three ones □ *un cane, non due,* one dog, not two □ *dieci contro uno,* ten against one □ *la stanza (numero) uno,* room (number) one **2** (il numero uno) **number one**: *estrarre l'uno,* to draw number one **3** (prima ora dopo il mezzogiorno o la mezzanotte) **one o'clock**: *È l'una,* it is one o'clock **4** (stesso, medesimo) **the same; one and the same**: *a un tempo,* at the same time; together **5** (unito) **united** ● *uno alla volta (o a uno a uno),* one at a time; one by one □ *(l')uno per cento,* one per cent □ *uno solo,* just one; only one □ *(mat.) un terzo,* one (o a) third □ *a un modo,* (in) the same way □ *(fig.) numero uno,* first-class; excellent; prodigious: *(iron.) un asino numero uno,* a prodigious ass □ (nelle corse) *Uno, due, tre..., via!*, ready, steady..., go! □ *Ho un appetito!*, I have a terrific appetite; I am just starving □ *La verità è una,* there is only one truth □ *(fig.) È tutt'uno,* it makes no difference.

(2) uno *pron. indef.* (*f.* **una**) **1 one**: *uno di noi (di voi, di loro),* one of us (of you, of them) □ *uno di questi giorni,* one of these days □ *uno come quello,* one like that □ *uno più grande,* a bigger one **2** (qualcuno) **somebody, someone;** (un tizio) **a fellow, a chap** *(fam.)*, **a man*;** (una tizia) **a girl, a woman***: *dir male di uno,* to speak ill of somebody □ *una che non ti conosceva affatto,* a woman (o a girl) who didn't know you at all **3** (ciascuno) **each**: *mille lire per uno,* a thousand lire each **4** (qualcosa) **something;** (una cosa) **a thing**: *Volete sentirne una?*, let me tell you something □ *Non gliene va bene una,* nothing seems to go right with him ● *l'uno..., l'altro...*, the one..., the other; (fra due, anche) the former..., the latter □ *l'uno e l'altro,* both □ *l'un l'altro,* each other; (rif. a più di due) one another □ *né l'uno né l'altro,* neither □ *nemmeno uno di loro,* none (o not one) of them □ *pagare metà per uno,* to go fifty-fifty (with sb.) □ *sia l'uno sia l'altro,* both.

(3) uno *art. indeterm.* **1** (*f.* **una**) **a, an**: *uno zio,* an uncle □ *un giornale,* a newspaper □ *un anno,* a year □ *Un giorno un contadino...*, one day a peasant... □ *una donna,* a woman □ *un erede,* an heir □ *un europeo,* a European □ *un uomo onesto,* an honest man □ *una strada a senso unico,* a one-way street □ *(fig., iron.) un bel bugiardo,* a fine liar **2** (circa) **about; some** (o *idiom.*): *Costerà un tremila lire,* it will cost about three thousand lire □ *un cento persone* (o *un centinaio di persone),* about a hundred people ● *un certo signor Brown,* a Mr Brown □ *un tale* (o *un tizio),* a fellow □ (anche *fig.*) *È un signore,* he is a gentleman.

unto A *a.* **greasy; oily;** (sporco) **dirty**: *con le mani unte,* with greasy hands **B** *m.* **1 grease; fat**: *una macchia d'u.*, a grease-spot **2** *(relig.)* **anointed.**

untume *m.* **grease.**

untuosità *f.* **1 greasiness; oiliness 2** *(fig.)* **unctuousness.**

untuóso *a.* **1 greasy; oily 2** *(fig.)* **unctuous.**

unzióne *f.* **unction** (anche *fig.*): *(relig.) Estrema U.*, Extreme Unction.

uòmo *m.* **1 man***: *un u. d'affari,* a businessman □ *Pace agli uomini di buona volontà,* peace to men of good will □ *un u. di poche parole,* a man of few words □ *un bell'u.*, a handsome man □ *un grand'u.*, a great man □ *un u. grande,* a big man □ *un pover'u.*, a poor man; a wretch □ *cose indegne d'un u.*, things unworthy of a man **2** (u. fatto; adulto) **grown man*; grown-up 3** (individuo, tipo) **fellow; chap** *(fam.)*; **guy** *(USA)* **4** *(fam.:* marito) **husband; man*** ● *u. di chiesa,* (ecclesiastico) churchman; (chi va in chiesa) church-goer □ *u. di mondo,* man about town □ *u. di stato,* statesman □ *un u. finito,* a « has-been » □ *u. nero,* (spauracchio) bogey; (nei giochi di carte) knave (o jack) of spades □ *l'u. qualunque,* the man in the street □ *u. rana,* frogman □ *u. sportivo,* sportsman □ *a memoria d'u.*, within living memory □ *a passo d'u.*, at walking pace □ (di un ragazzo) *Ha fatto la voce d'u.*, his voice has broken □ *Ehi, quell'u.!*, hey, you there!

uòpo *m. (lett.)* **need**: *all'u.*, in case of need ● *esser d'u.*, to be necessary.

uòṣa *f.* **gaiter.**

uòvo *m.* **egg**: *uova affogate (o in camicia),* poached eggs □ *uova al tegamino,* fried eggs □ *uova fresche (di giornata),* new-laid eggs □ *uova bazzotte,* soft-boiled eggs □ *uova sode,* hard-boiled eggs □ *uova strapazzate,* scrambled eggs □ *la chiara (o il bianco) di un u.*, the white of an egg □ *bere un u.* (crudo), to suck an egg □ *Le galline fanno le uova,* hens lay eggs ● *u. all'ostrica,* prairie oyster □ *(zool.) u. d'insetto parassita,* nit □ *(zool.) uova di molluschi,* spat □ *uova di rana,* frog-spawn □ *(fig.) guastare (o rompere) le uova nel paniere a q.*, to upset sb.'s apple-cart □ *È l'u. di Colombo!*, it's as plain as the nose on your face!

ùpupa *f. (zool.,* Upupa epops) **hoopoe.**

uragano *m.* **1** **hurricane** **2** *(fig.)* **storm.**

urànico *a. (chim.)* **uranic.**

urànio *m. (chim.)* **uranium.**

urato *m. (chim.)* **urate.**

urbaneṣimo *m.* **urbanization.**

urbanista *m.* e *f.* **town-planner; urbanist.**

urbanìstica *f.* **town-planning; urbanism.**

urbanìstico *a.* **town-planning; urbanistic.**

urbanità *f.* **urbanity.**

urbaniẓẓare *v. t.* to **urbanize.**

urbaniẓẓazióne *f.* **urbanization.**

urbano *a.* **1** **urban; city, town** *(attr.)*: *mura urbane,* city walls **2** *(fig.)* **urbane; courteous; polite.**

urbe *f. (lett.)* **city.**

urèa *f. (chim.)* **urea.**

uremìa *f. (med.)* **uraemia.**

uretère *m. (anat.)* **ureter; urinary duct.**

ureterite *f. (med.)* **ureteritis.**

urètra *f. (anat.)* **urethra*.**

uretrale *a. (anat.)* **urethral.**

urgènte *a.* **urgent; pressing**: *avere u. bisogno di q.c.*, to be in urgent need of st.

urgenteménte *avv.* **urgently; with urgency.**

urgènza *f.* **urgency** ● *chiamata d'u.*, urgent call □ *C'è u. di denaro,* there is an urgent need of money □ *Ho u. di partire,* I'm in a hurry to leave.

ùrgere *v. i.* to **be urgent;** to **be pressing** ● *Urgono aiuti,* help is urgently required □ *Urge farlo subito,* it must be done immediately.

uricemìa *f. (med.)* **uricaemia.**

ùrico *a. (chim.)* **uric**: *acido u.*, uric acid.

urina *f.* **urine** ● *(med.) esame delle urine,* urinalysis.

urinare *V.* **orinare.**

urinàrio *a.* **urinary.**

urlare *v. i.* e *t.* to **howl;** to **shout;** to **scream;** to **yell;** to **bawl.**

urlata *f.* **1** **shout; yell** **2** (sgridata) **scolding; telling off** *(fam.)*.

urlatóre **A** *m.* **1** **howler; shouter** **2** (cantante) **pop-singer** **B** *a.* **howling; shouting.**

urlìo *m.* **howling; shouting; screaming; yelling.**

urlo *m.* **shout; cry; yell; howl**: *un u. di dolore,* a cry of pain □ *l'u. del vento,* the howl of the wind.

urna *f.* **1** **urn**: *un'u. cineraria,* a cinerary urn **2** (urna elettorale) **ballot box** ● *andare alle urne,* to go to the polls.

urogallo *m. (zool.,* Tetrao urogallus) **capercailye, capercailzie; woodgrouse.**

urologìa *f. (med.)* **urology.**

urològico *a. (med.)* **urologic(al).**

uròlogo *m. (med.)* **urologist.**

uroscopìa *f. (med.)* **uroscopy.**

urrà *inter.* **hurrah!; hurray!**

urtante *a.* **irritating; annoying.**

urtare **A** *v. t.* e *i.* **1** to **bump into** (sb., st.); to **bump against** (st.); to **knock against** (st.); to **strike***; to **collide with,** to **crash into,** to **run* into** (st.); (inciampare) to **stumble over** (st.) **2** *(fig.:* irritare) to **irritate** to **annoy;** to **vex;** (offendere) to **offend,** to **hurt***: *u. la suscettibilità di q.*, to hurt sb.'s feelings ● *u. q. co gomito,* to give sb. a shove with one's elbow □ *(fig.) u. nervi a q.*, to get on sb.'s nerves **B** **urtarsi** *v. rifl* (irritarsi) to **become* irritated;** to **take* umbrage** (at) to **get* cross** *(fam.)* **C** *v. rifl. recipr.* **1** to **bump** (o to **run*) into each other** (o **one another**); to **collide** 2 (spingersi) to **push;** to **shove** **3** *(fig.:* venire a contrasto to **fall* out** *(fam.)*.

urtata *f.* **knock;** (spinta) **push, shove.**

urto *m.* **1** **bump; knock;** (collisione) **collision, crash** 2 (spinta) **push; shove** **3** *(mil.:* attacco) **attack** **4** *(fis. mecc.)* **impact** **5** *(fig.:* contrasto) **clash; conflict; collision**: *un u. d'idee,* a clash of ideas □ *un u. d'interessi* a conflict of interests ● *(fig.) essere in u. con q.*, to be on bad terms (o at loggerheads) with sb. □ *(fig.) mettersi in u. con q.*, to fall out with sb. □ *(mil.) sostenere l'u. dell'attacco,* to bear the brunt of the attack.

urtóne *m.* **violent knock.**

urtoterapìa *f. (med.)* **shock therapy; shock treatment.**

uruguaiàno *a.* e *m.* **Uruguayan.**

uṣàbile *a.* **usable.**

uṣanza *f.* **1** (consuetudine) **custom**: *secondo l'u.* according to custom **2** (abitudine) **habit**: *avere l'u. di fare q.c.*, to be in the habit of doing st. **3** (moda **fashion; vogue** **4** *(leg.)* **usance.**

uṣare **A** *v. t.* **1** to **use;** to **make* use of** (st.); (impiegare) to **employ;** (maneggiare) to **handle** **2** (essere solito) to **be in the habit of,** to **be accustomed to,** to **be used to** (doing st.); *(al pass.)* **used, would** *(lett.)* *Usavo fumare la pipa,* I used to smoke a pipe □ *Egli usava scrivermi una lettera ogni due giorni,* he would write me a letter every second day **3** (logorare) to **wear* out;** (consumare) to **use up** **B** *v. i.* **1** *(talora* **usarsi,** *con l'inf. sottinteso)* to **be the custom;** to **be customary;** (essere di moda) to **be in fashion,** to **be the fashion,** to **be fashionable;** (essere usato) to **be used**: *S'usa così,* that is the custom □ *come s'usa,* as is customary □ *Questa parola non si usa più,* this word is no longer used **2** (servirsi) to **make* use of** (st.) ● *u. cortesie (o premure),* to be kind (to sb.) □ *u. dei propri diritti,* to avail oneself of one's rights □ *u. parsimonia,* to be thrifty □ *u. prudenza,* to be prudent.

uṣato **A** *a.* **1** (abituale) **usual; customary** **2** (non più nuovo) **second-hand**: *roba usata,* second-hand thing **3** (abituato) **accustomed** (to); **used** (to) **B** *m.* **(the ordinary**: *fuori dell'u.*, out of the ordinary ● *il mercato dell'u.*, the second-hand market.

uṣbèrgo *m.* **1** *(stor.)* **hauberk** **2** *(fig.)* **shield; protection.**

uscènte *a.* **1** (che sta per finire) **expiring** **2** (di chi lascia un ufficio) **retiring; outgoing.**

uscière *m.* **usher.**

ùscio *m.* **door**: *l'u. di cucina,* the kitchen door □ *aprire (chiudere) l'u.*, to open (to shut) the door ● *abitare u. a u. con q.*, to live next door to sb. □ *infilare (o prendere) l'u.*, to leave; to go away □ *mettere q. fuori dell'u.*, to throw sb. out.

uscire *v. i.* **1** (andare fuori) to **go* out** (anche *fig.*): *u. a passeggio,* to go out for a walk □ *(fig.) u. di cervello (o di sé),* to go out of one's mind □ *u. in auto,* to go out in the (o in one's) car; (in gita) to go out motoring □ *u. in bicicletta,* to go out on one's bicycle; (in gita) to go out cycling □ *u. in piazza,* to go out into the square **2** (venir fuori) to **come* out** (anche *fig.*): *u. di chiesa (di scuola),* to come out of church (of school) □ *u. di camera,* to come out of one's room □ *(mil.) u. di trincea* to come out from the trenches □ *Uscite di là!*, come out of there! □ *Il primo numero (del giornale) uscirà il quindici del mese,* the first number will come out on the fifteenth of the month **3** (andare fuori, venire fuori) to **get* out** (anche *fig.*): *u. per la finestra,* to get out through the window □ *u. dal letto,* to get out of bed ● (provenire) to **come*** (from) (anche *fig.*): *Di lì esce un gran puzzo,* there is an awful smell coming from there □ *un « sì » che gli usciva dal cuore,* a « yes » which came from his heart **5** (venire su) to **come* up**: *u. da un pozzo,* to come up from a well **6** (lasciare, abbandonare to **leave***: *u. di casa,* to leave the house; *(fig.)* to leave home □ *(naut.) u. dal porto,* to leave port □ *u. dall'ospedale,* to leave hospital □ *u. di fila,* to leave one's place in the queue **7** (cadere) to **drop;** (sfuggire) to **slip**: *u. di mano a q.,* to drop from (o to slip out of) sb.'s hands □ *u. di mente a q.,* to slip from sb.'s mind **8** *(ferr.)* to **run* off;** *(autom.)* to **go* off**: *u. dalle rotaie,* to run off the rails **9** (finire) to **end**: *(gramm.) verbi che escono in -are,* verbs that end in -are **10** (sboccare) to **end** (at); (condurre) to **lead*** (to, out): *Questa strada esce sulla piazza,* this street leads to the square **11** (essere estratto) to **be drawn 12** (nei giochi di carte) to **lead* 13** — *uscirci* (ricavarci), to be got out of (st.) **14** — *uscirne* (cavarsela), to come* off (o through); to get* off: *uscirne a buon mercato,* to get off cheaply ● *(fig.) u. dai gangheri,* to fly off the handle □ (di un fiume) *u. dal letto,* to overflow (one's banks) □ *(fig.) u. di carica,* to end one's term of office; (dimettersi) to resign one's post □ *u. di corsa (o correndo),* to run out □ *u. di minorità,* to come of age □ *u. furtivamente (o di soppiatto),* to steal out □ *u. precipitosamente,* to rush out □ *fare u. q.,* (mandarlo fuori) to send sb. out; (accompagnarlo fuori) to show sb. out; (lasciarlo u.) to allow sb. to go out (o to let sb. out) □ *Che non t'esca una parola di bocca!,* don't let a word escape you! □ *Si esce per di qui,* this is the way out □ *(teatr.) Esce Amleto,* exit Hamlet.

uscita *f.* **1 getting out; going out; coming out; leaving** (a place): *all'u. dalla scuola,* on coming out of school □ *all'u. dalla città,* on leaving the town **2** (passaggio per cui s'esce) **exit** (anche *teatr.*); **way out** (anche *fig.*): *u. di sicurezza,* emergency exit □ *Vietata l'u.,* no exit □ *trovare una via di u.,* to find a way out **3** (sbocco, scarico) **outlet 4** (liberazione) **release 5** (spesa) **expenditure; expense; outlay 6** *(fig.:* motto di spirito) **joke; witticism 7** *(gramm.)* **ending 8** (nei giochi di carte) **lead 9** *(mil.:* sortita) **sally 10** *(elettr., elab.)* **output** ● *buon'u.,* (per una casa) key-money; (per un'azienda) goodwill; (premio di liquidazione) leaving-bonus □ *(mil.) essere in libera u.,* to be off duty □ *il proprio giorno di libera u.,* one's day off □ *strada senza u.,* dead end; blind alley.

uṣignòlo *m. (zool.,* Luscinia megarhyncha) **nightingale** ● *(fig.) cantare come un u.,* to sing like a lark.

uṣitato *a. (lett.)* **1 much-used 2** (solito) **usual.**

(1) uṣo *m.* **1 use**: *avere l'uso di q.c.,* to have the use of st. □ *per uso proprio personale,* for one's own personal use □ *fare buon (cattivo) uso del proprio tempo,* to make good (bad) use of one's time **2** (rif. alla lingua) **usage**: *l'uso comune,* common usage □ *l'uso letterario,* literary usage **3** (usanza, costume) **custom; usage**: *usi e costumi,* usages and customs □ *regole fondate sull'uso,* rules based on usage □ *secondo l'uso della gente di mare,* according to the custom of seafaring people **4** (abitudine) **habit 5** (pratica) **practice 6** (moda) **fashion 7** (maniera) **style 8** (logoramento) **wear**: *uso e consumo,* wear and tear **9** *(leg.:* consuetudine) **custom** ● *fare uso a q.c.,* to get used to st. □ *frasi d'uso,* conventional expressions □ *fuori (d') uso,* out of use; unserviceable; old-fashioned; (d'un meccanismo) out of order; (d'un vocabolo) obsolete □ *perdere l'uso della ragione,* to go out of one's mind □ *tornare in uso,* to come back into use (o into fashion) □ *A che uso serve questo strumento?,* what is this instrument for? □ *Non ne conosco l'uso,* (non so usarlo) I don't know how to use it; (non so a che serva) I don't know what it's for.

(2) uṣo *a. (lett.)* **used, accustomed** (to); **wont** *(pred.).*

ùssaro, ùssero *m. (mil.)* **hussar.**

usta *f.* **scent.**

ustionare A *v. t.* to **scald;** to **burn* B ustionarsi** *v. rifl.* to **scald oneself;** to **burn* oneself.**

ustióne *f.* **burn; scald.**

ustolare *v. i.* to **whine.**

ustòrio *a.* **burning**: *uno specchio u.,* a burning glass.

uṣuale *a.* **usual; common; ordinary.**

uṣucapióne *f. (leg.)* **usucaption, usucapion.**

uṣufruire *v. i.* **1** *(leg.)* to **enjoy in usufruct 2** (valersi di q.c.) to **take* advantage** (of st.).

uṣufrutto *m. (leg.)* **usufruct**: *u. legale,* legal usufruct.

uṣufruttuàrio *a.* e *m. (leg.)* **usufructuary.**

(1) uṣura *f.* **usury** ● *(fig.) a u.,* with interest.

(2) uṣura *f.* (logorìo) **wear and tear.**

uṣuràio *m.* **1 usurer 2** *(per estens.:* avaro) **miser; skinflint.**

uṣuràrio *a.* **usurious.**

uṣurpare *v. t.* to **usurp** ● *u. i diritti di q.,* to encroach upon sb.'s rights.

uṣurpatóre *m.* **usurper;** (di un diritto) **encroacher.**

uṣurpazióne *f.* **usurpation; encroachment.**

utensìle *m.* **tool; utensil; implement**: *utensili da cucina,* kitchen utensils □ *utensili da falegname,* a carpenter's tools ● *macchina u.,* machine tool.

utensilerìa *f.* **(set of) tools.**

utènte *m.* e *f.* **user; consumer**: *gli utenti del gas,* gas consumers ● *utenti del telefono,* telephone subscribers.

utènza *f.* **1 use; consumption**: *l'u. del gas,* gas consumption **2** (l'insieme degli utenti) **users** *(pl.)*; **consumers** *(pl.)*; (del telefono) **subscribers** *(pl.)*; (della radio e della televisione) **licence-holders** *(pl.).*

uterino *a.* **uterine.**

ùtero *m. (anat.)* **uterus*; womb.**

ùtile A *a.* **1 useful; helpful; handy** *(fam.)*: *rendersi u.,* to make oneself useful **2** (che può servire) **usable** ● *u. alla salute,* good for one's health □ *in tempo u.,* in time **B** *m.* **1 advantage; benefit 2** *(econ., fin., rag.)* **profit; income;** (interesse) **interest**: *u. netto,* net profit □ *partecipare agli utili,* to share (the) profits □ *un u. del cinque per cento,* an interest of five per cent.

utilità *f.* **1 utility; usefulness; use**: *senza u. pratica,* without any practical use **2** (vantaggio) **advantage; benefit 3** *(econ.)* **utility.**

utilitària *f. (autom.)* **utility car; runabout.**

utilitàrio *a.* e *m.* **utilitarian.**

utilitarịsmo *m. (filos.)* **utilitarianism.**

utilitarista *a., m.* e *f.* (anche *filos.*) **utilitarian.**

utilitarìstico *a.* (anche *filos.*) **utilitarian.**

utilizzàbile *a.* **usable; utilizable.**

utilizzare *v. t.* to **use;** to **utilize;** to **make* use of** (st.): *u. il tempo,* to utilize time.

utilizzazióne *f.* **utilizzo** *m.* **use; utilization.**

utilménte *avv.* **usefully.**

utopìa *f.* **utopia.**

utopista *m.* e *f.* **utopian.**

utopìstico *a.* **utopian.**

uva *f.* **grapes** *(pl.)*; *(nei composti)* **grape**: *un grappolo d'u.,* a bunch of grapes □ *cogliere l'u.,* to pick (the) grapes □ *succo d'u.,* grape-juice ● *u. passa,* raisins *(pl.)* □ *(bot.) u. spina* (Ribes grossularia), gooseberry □ *u. sultanina,* currants *(pl.)* □ *chicco d'u.,* grape.

uvétta *f.* **raisins** *(pl.).*

uvulare *a. (anat., fon.)* **uvular.**

uxoricida A *m.* e *f.* **uxoricide B** *a.* **uxoricidal.**

uxoricìdio *m.* **uxoricide.**

ùzzolo *m. (tosc.)* **whim; fancy.**

V

V, v *m.* o *f.* **V, v** ● *(tel.) v come Venezia,* v for Victor □ *fatto a v,* v-shaped.
vacante *a.* **vacant** ● *carica v.,* vacancy.
vacanza *f.* ***1*** **holiday; vacation**: *le vacanze di Natale,* the Christmas holidays □ *le vacanze scolastiche,* the school holidays □ *un mese di v.,* a month's holiday □ *essere in v.,* to be on holiday □ *Domani è v.,* tomorrow is a holiday ***2*** (del Parlamento) **recess** ***3*** (di carica, posto di lavoro) **vacancy.**
vacanzière *m.* **holiday-maker; vacationer** *(USA).*
vacca *f.* ***1*** **cow**: *una v. da latte,* a milch cow □ *latte di v.,* cow's milk ***2*** *(fig., spreg.)* **bitch.**
vaccàio *m.* **cowherd.**
vaccheria *f.* ***1*** (stalla) **cowshed** ***2*** (latteria) **dairy farm.**
vacchètta *f.* **cowhide.**
vaccinare *v. t. (med.)* to **vaccinate**; to **inoculate.**
vaccinazióne *f. (med.)* **vaccination.**
vaccìnico *a. (med.)* **vaccine** *(attr.)*; **vaccinal.**
vaccino ***A*** *a.* (di vacca) **vaccine; cow** *(attr.)*; (bovino) **bovine** ***B*** *m.* **vaccine.**
vaccinoterapia *f. (med.)* **vaccine therapy.**
vacillante *a.* ***1*** **tottering; staggering; wobbly; unsteady** ***2*** (di luci) **flickering** ***3*** *(fig.)* **shaky;** (incerto) **vacillating, wavering.**
vacillare *v. i.* ***1*** to **totter**; to **stagger**; to **wobble** ***2*** (di luci) to **flicker** ***3*** *(fig.)* to **be shaky**; (essere incerto) to vacillate, to **waver,** to **wobble.**
vacuità *f.* **vacuity; emptiness.**
vàcuo ***A*** *a.* **vacuous; empty** ***B*** *m.* **vacuum*.**
vademècum *m.* **vade-mecum.**
va e vièni *m.* **coming and going; to and fro.**
vagabondàggio *m.* ***1*** **vagrancy** ***2*** (il vagabondare) **wandering** *(di solito al pl.).*
vagabondare *v. i.* ***1*** to **be a vagrant (o vagabond)**; to **be a tramp** ***2*** (andare vagando) to **wander about**; to **roam about** ● *(fig.) v. col pensiero,* to let one's thoughts wander.
vagabóndo ***A*** *m.* ***1*** **vagrant; vagabond; tramp** ***2*** (fannullone) **idler; loafer** ***B*** *a.* **vagabond; wandering.**
vagante *a.* **wandering; rambling; roving.**
vagare *v. i.* to **wander**; to **ramble**; to **roam**: *v. per i boschi,* to wander through the woods.
vagheggiaménto *m.* ***1*** **pleasurable contemplation** ***2*** (l'immaginare con desiderio) **longing; yearning.**
vagheggiare *v. t.* ***1*** to **gaze at** (sb., st.) **with admiration** ***2*** (desiderare intensamente) to **long** (o to **yearn**) **for** (st.).
vagheggino *m.* **gallant; ladies' man*.**
vaghézza *f.* ***1*** (indeterminatezza) **vagueness; haziness** ***2*** (bellezza) **beauty; charm** ***3*** (piacere) **pleasure; delight** ***4*** *(lett.:* desiderio*)* **fancy; longing.**
vagina *f.* ***1*** *(anat.)* **vagina*** ***2*** *(lett.:* guaina*)* **sheath.**
vaginale *a. (anat.)* **vaginal.**
vagire *v. i.* to **whimper.**
vagito *m.* ***1*** **whimper** ***2*** *(al pl., fig.)* **dawnings.**
(1) vàglia *f.* (pregio, merito) **merit**: *un uomo di v.,* a man of merit (o of great worth).
(2) vàglia *m. invar.* (titolo di credito) **money order** ● *v. bancario,* bank draft □ *v. cambiario,* promissory note □ *v. postale,* postal order.
vagliare *v. t.* ***1*** to **sift**; (grano, ecc.) to **winnow** ***2*** *(ind., edil.)* to **riddle** ***3*** *(fig.)* to **examine closely**; to **weigh**; to **sift.**
vagliatura *f.* ***1*** **sifting; winnowing** ***2*** *(ind., edil.)* **riddling** ***3*** (mondiglia) **siftings** *(pl.)*; **winnowings** *(pl.).*
vàglio *m.* ***1*** **sieve; screen; riddle** ***2*** *(fig.)* **close examination; scrutiny** ● (anche *fig.*) *passare al v.,* to sift; to screen.
vago ***A*** *a.* ***1*** **vague; hazy; indefinite** ***2*** (grazioso, leggiadro) **pretty; charming; fair** ***3*** *(lett.:* desideroso*)* **eager** (for) ***B*** *m.* ***1*** **vagueness; uncertainty** ***2*** *(anat.)* **vagus*; vagal nerve.**
vagolare *v. i. (lett.)* to **wander.**
vagoncino *m.* ***1*** **(small) truck** ***2*** (di funivia) **cable-car** ***3*** *(min.)* **mine-car; wag(g)on; tram; corf*.**
vagóne *m. (ferr.)* **railway-carriage; coach;** (per merci) **(goods-)wag(g)on, (railway-)truck** ● *v. letto,* sleeping car; sleeper □ *v. ristorante,* dining car; diner □ *v. salone,* saloon carriage.
vagonétto *m. (min.)* **mine-car; wag(g)on; tram; corf*.**
vàio *a.* **bluish grey.**
vaiòlo *m. (med.)* **smallpox.**
vaiolóso *(med.)* ***A*** *a.* **variolous** ***B*** *m.* **smallpox patient.**
valanga *f.* **avalanche** (anche *fig.*).
valchiria *f. (mitol.)* **Valkyrie, Walkyrie, Valkyr.**
valdése *a., m.* e *f. (stor., relig.)* **Waldensian** ● *i Valdesi,* the Waldenses.
valènte *a.* **skilful; able; talented.**
valentia *f.* **skill; ability; prowess.**
valentuòmo *m.* **man* of merit;** (specialm. *scherz.*) **worthy.**
valènza *f. (chim.)* **valence, valency.**
valére ***A*** *v. i.* e *t.* ***1*** (avere valore o merito) to **be worth**: *una cosa che non vale nulla,* a thing worth nothing □ *Non vale un soldo,* it isn't worth a brass farthing □ *Non vale un gran che,* it's not worth much □ *Vale un occhio (o un Perù, un tesoro),* it is worth a fortune □ *Vale tant'oro quanto pesa,* he (o she) is worth his (o her) weight in gold ***2*** (avere autorità) to **count** ***3*** (avere abilità) to **be good** (at) ***4*** (essere valido, contare) to **count** ***5*** (essere valido, riconosciuto) to **be valid**; (essere in vigore) to **be in force**: *Per quanto vale il biglietto?,* how long is the ticket valid? ***6*** (avere efficacia) to **be of use**; to **avail** *(lett.)*: *Vale poco al nostro scopo,* it's of little use to us ***7*** (equivalere) to **be worth**; to **be equal to** (sb., st.) ***8*** (significare) to **mean*** ***9*** (procurare) to **bring*** (sb. st.) ● *v. meglio,* to be better □ *v. la pena,* to be worth (while): *Ne valeva la pena?,* was it worth while? □ *farsi v.,* to assert oneself □ *far v. le proprie ragioni,* to make oneself heard □ *(tipogr.) Vale,* « stet » □ *vale a dire...,* that is to say... □ *Vale quanto dire...,* one might as well say... □ *Le mie parole non valsero che a scoraggiarlo,* my words did nothing but discourage him □ *Uno vale l'altro,* one is as good as the other □ *Tanto vale non farlo,* we (o you, they) may as well not do it ***B*** **valérsi** *v. rifl.* to **make* use** (of); to **take* advantage** (of); to **avail oneself** (of).
valeriana *f.* ***1*** *(bot.,* Valeriana officinalis*)* **valerian; setwall; garden heliotrope** ***2*** *(farm.)* **valerian.**
valeriànico *a. (chim.)* **valerianic; valeric**: *acido v.,* valeric acid.
valetudinàrio *a.* e *m. (lett.)* **valetudinarian.**
valévole *a.* **valid.**
valgo *a. (med.)* **valgus.**
valicare *v. t.* to **cross.**
vàlico *m.* ***1*** **(mountain) pass** ***2*** (il valicare) **crossing.**
validità *f.* ***1*** **validity;** (efficacia) **effectiveness** ***2*** (vigore) **strength** ***3*** (di moneta, ecc.) **currency.**
vàlido *a.* ***1*** (valevole) **valid**: *un matrimonio v.,* a valid marriage ***2*** (efficace) **efficacious; effective** ***3*** (gagliardo) **strong** ***4*** (che ha fondamento) **sound; valid; well-grounded**: *obiezioni valide,* sound objections ***5*** (di moneta, ecc.) **current** ● *essere di v. aiuto a q.,* to prove of great help to sb. □ *una ragione valida,* a good reason.
valigeria *f.* ***1*** (negozio) **leather-goods shop** ***2*** (fabbrica) **leather factory** ***3*** (assortimento di valigie e sim.) **leather goods** *(pl.)*; **leatherware.**
valigia *f.* **suitcase; case** *(fam.)* ● *v. diplomatica,* dispatch case □ *disfare le valigie,* to unpack □ *fare le valigie,* to pack; *(fig.)* to make tracks *(fam.).*
vallata *f.* **valley.**
valle *f.* ***1*** **valley; dale, vale** *(poet.)* ***2*** *(al pl.:* paludi*)* **marshes** ● *a v.,* downstream □ *per valli e per monti,* up hill and down dale; *(fig.)* high and low □ *scendere a v.,*

to go downhill.
vallétta *f.* **1 small valley; dell; hollow 2** *(telev.)* **compere's assistant.**
vallétto *m.* **1 valet; page; footman* 2** *(telev.)* **assistant.**
valligiano *m.* **valley-dweller; dalesman*.**
vallo *m. (mil.)* **rampart.**
(1) vallóne *m. (geogr.)* **deep valley.**
(2) vallóne *a.* e *m.* **Walloon.**
valóre *m.* **1** (anche *fig.*) **value; worth**: *un quadro di gran v.*, a painting of great value □ *il v. reale,* the true value □ *aumentare (diminuire) di v.*, to rise (to diminish) in value □ *avere (non avere) v.*, to be of value (of no value) □ *uomini di gran v.*, men of (great) worth (o of high merit) **2** *(mat., mus.)* **value 3** (significato) **value, meaning;** (importanza) **importance, weight 4** *(al pl.:* oggetti preziosi*)* **valuables;** *(fin., Borsa)* **securities; stocks and shares 5** (coraggio) **bravery; courage; valour**: *una medaglia al v. militare,* a medal awarded for military valour ● *(rag.) valori attivi,* assets □ *valori bollati,* revenue stamps □ *(ass.) v. di riscatto,* surrender value □ *(rag.) valori passivi,* liabilities □ *(gramm.) un aggettivo con v. di avverbio,* an adjective used as an adverb □ *la Borsa Valori,* the Stock Exchange; (le quotazioni) Stock Exchange quotations □ *(comm.) campione senza v.*, free sample □ *(fin.) imposta sul v. aggiunto,* value-added tax □ *medaglia al v. civile,* medal awarded (to a civilian) for heroic conduct □ *merce di poco v.*, cheap goods □ *oggetti di v.*, valuables □ *privo di v.*, worthless; valueless □ (anche *iron.*, di persona) *È un v.!,* he's a paragon!
valorizẓare A *v. t.* to **exploit;** to **use** (st.) **to advantage;** to **make* the most of** (st.) **B valorizẓarsi** *v. rifl.* to **make* the most of oneself.**
valorizẓazióne *f.* **1 exploitation 2** (aumento di valore) **increase in value.**
valorosaménte *avv.* **valiantly; bravely; courageously.**
valoróso *a.* **1 valiant; brave; courageous 2** (valente) **talented; skilful.**
valuta *f.* **1 currency; money; value**: *v. cartacea,* paper currency (o money) □ *v. estera,* foreign currency □ *(banca) v. in contanti,* cash value **2** *(banca:* data d'inizio della decorrenza degli interessi; *è idiom.)*: *v. primo gennaio,* interest to run (o running) from January 1st ● *v. (a corso) legale,* legal tender □ *in v. aurea (argentea),* in gold (in silver).
valutàbile *a.* **reckonable; computable.**
valutare *v. t.* **1** (giudicare il valore di) to **value** (anche *fig.*); to **estimate;** to **appraise**: *v. un orologio centomila lire,* to value a watch at a hundred thousand lire □ *Tu lo valuti troppo,* you value him too highly **2** (tenere presente, considerare) to **take*** (st.) **into account;** to **allow for** (st.) **3** (calcolare) to **reckon;** to **compute 4** (soppesare) to **weigh**: *(leg.) v. le prove,* to weigh evidence ● *v. poco,* to undervalue; to underestimate; to underrate □ *v. troppo,* to overvalue; to overestimate; to overrate.
valutàrio *a. (fin.)* **monetary; money** *(attr.)*.
valutazióne *f.* **1 valuation; estimation; appraisal 2** (calcolo) **reckoning; computation.**
valva *f. (bot., zool.)* **valve.**
valvassóre *m. (stor.)* **vavasour.**
vàlvola *f.* **1** *(mecc.)* **valve**: *una v. di sicurezza,* a safety valve **2** *(radio, telev.)* **valve; tube 3** *(elettr.)* **fuse 4** *(anat.)* **valve.**
vàlzer *m.* **waltz** ● *ballare il v.*, to waltz.
vamp *(ingl.) f.* **vamp.**
vampa *f.* **1** (intenso calore) **fierce heat 2** (fiammata) **flash; blaze 3** *(fig.:* calore alla faccia*)* **flush;** (per vergogna) **blush.**
vampata *f.* **1** (d'intenso calore) **burst of heat 2** (di fiamma) **blaze; flame 3** *(fig.:* di calore alla faccia*)* **hot flush;** (per vergogna) **blush** ● *v. di aria calda,* blast of hot hair □ *v. d'ira,* burst of rage.
vampeggiare *v. i.* to **blaze.**
vampiriṣmo *m.* **vampirism.**
vampiro *m.* **1 vampire 2** *(zool.)* **vampire (bat) 3** *(fig.:* strozzino*)* **vampire; blood-sucker** ● *donna v.*, vamp.
vanàdio *m. (chim.)* **vanadium.**
vanaglòria *f.* **vainglory; boastfulness.**
vanagloriarsi *v. rifl.* to **boast**: *v. di q.c.*, to boast about st.
vanaglorióso *a.* **vainglorious; boastful.**
vandàlico *a.* **1** *(stor.)* **Vandal; Vandalic 2** *(fig.)* **vandal; vandalic.**
vandaliṣmo *m.* **vandalism.**
vàndalo *m.* **1** *(stor.)* **Vandal 2** *(fig.)* **vandal.**
vaneggiaménto *m.* **raving.**
vaneggiare *v. i.* to **rave.**
vanèṣio A *a.* **foppish; conceited B** *m.* **fop; dandy.**
vanéssa *f. (zool.,* Vanessa*)* **vanessa.**
vanga *f.* **spade.**
vangare *v. t.* to **dig*;** to **spade.**
vangata *f.* **1 spadeful 2** (colpo di vanga) **blow from a spade** ● *dare una v.*, to dig up.
vangatóre *m.* **digger.**
vangèlo *m.* **1 Gospel**: *il v. secondo S. Matteo,* the Gospel according to St. Matthew **2** *(fig.)* **gospel** ● *(fam.) È v. per lui,* it's gospel truth for him.
vaniglia *f. (bot.,* Vanilla plantifolia; essenza di v.*)* **vanilla** ● *gelato alla v.*, vanilla ice-cream.
vanigliato *a.* **vanilla** *(attr.)*.
vanilòquio *m.* **1 raving 2** *(fig.)* **idle talk.**
vanità *f.* **1 vanity; conceit 2** (inutilità) **vainness; uselessness.**
vanitóso *a.* **vain; conceited.**
vano A *a.* **1** (privo di fondamento) **vain; empty**: *vane speranze,* vain hopes **2** (inutile) **vain; useless**: *un v. tentativo,* a vain attempt **3** (vanitoso) **vain; conceited** ● *discorsi vani,* idle talk **B** *m.* **1** (parte vuota) **hollow;** (apertura) **opening 2** (stanza) **room** ● *un appartamento di quattro vani,* a four-roomed flat.
vantàggio *m.* **1 advantage; benefit**: *non trarre alcun v. da q.c.*, not to get any advantage out of st. □ *a mio (a tuo, ecc.) v.*, to my (to your, etc.) advantage **2** *(sport)* **start;** *(tennis)* **vantage (***abbr.:* **van)**: *dare a q. venti metri di v.*, to give sb. a start of twenty metres ● *cercare sempre il proprio v.*, to live only for oneself □ *spendere la propria vita a v. degli altri,* to devote one's life to the service of others.
vantaggióso *a.* **advantageous; profitable;** (favorevole) **favourable.**
vantare A *v. t.* to **boast of** (st.); (esaltare) to **extol** ● *v. un diritto su q.c.*, to set up a claim to st. **B vantarsi** *v. rifl.* **1** (gloriarsi) to **be proud** (of) **2** (millantarsi) to **boast,** to **brag** (of, about).
vanterìa *f.* **boasting; bragging.**
vanto *m.* **boast** ● *darsi v. di q.c.*, to boast of (o about) st.
vànvera, a *locuz. avv.* **at random** ● *parlare a v.*, to talk nonsense.
vapóre *m.* **1 vapour; fume;** (acqueo) **steam**: *(fig.) i vapori del vino,* the fumes of wine □ *bagni a v.*, vapour-baths **2** *(naut.,* anche *nave a v.)* **steamship; steamer** ● (anche *fig.*) *a tutto v.*, at full speed □ *(mecc.) cavallo v.*, horse-power □ *cuocere al v.*, to steam □ *(naut.) Avanti a tutto v.!,* Full steam ahead!
vaporétto *m. (naut.)* **1 steamboat; steamer 2** (mezzo pubblico di trasporto su laghi, lagune, ecc.) **water-bus; vaporetto*.**
vaporièra *f.* **locomotive; steam-engine.**
vaporizẓare *v. t.* e *i.* (anche *fis.*) to **vaporize;** (trattare con vapore) to **steam.**
vaporizẓatóre *m. (fis.)* **vaporizer.**
vaporizẓazióne *f. (fis.)* **vaporization; evaporation.**
vaporosità *f.* **flimsiness; gauziness;** (di capelli) **fluffiness.**
vaporóso *a.* **1 flimsy; gauzy;** (di capelli) **fluffy 2** *(fig.:* indeterminato*)* **vague.**
varano *m. (zool.,* Varanus*)* **monitor.**
varare *v. t.* to **launch** (anche *fig.*) ● *v. una legge,* to pass a law.
varcàbile *a.* **passable.**
varcare *v. t.* **1** to **cross;** to **pass**: *v. la soglia,* to cross the threshold **2** *(fig.)* to **overstep;** (superare) to **pass.**
varco *m.* **opening; passage**: *aprirsi un v. tra la folla,* to

force a passage (o to push one's way) through the crowd ● *aspettare q. al v.*, to lie in wait for sb.
varechina *f.* **bleach.**
variàbile *a.* **varying; variable; changeable**: *prezzi variabili,* varying (o unsteady) prices □ *tempo v.*, changeable (o unsettled) weather □ *venti variabili,* variable (o shifting) winds □ *(mat.) una (quantità) v.*, a variable (quantity).
variabilità *f.* **variability, variableness; changeability, changeableness.**
variaménte *avv.* **variously; in various ways.**
variante A varying **B** *f.* **variant; variation.**
variare *v. t.* e *i.* to **vary;** (cambiare) to **change** ● *v. l'orario,* to alter the time-table □ *(anche iron.) tanto per v.*, just for a change.
variato *a.* **varied.**
variatóre *m. (mecc.)* **variator.**
variazióne *f.* **variation** (anche *mus.*)**; change;** *(mat.) calcolo delle variazioni,* calculus of variations □ *v. d'itinerario,* change of route.
varice *f. (med.)* **varix*; varicose vein.**
varicèlla *f. (med.)* **chickenpox; varicella.**
varicóso *a. (med.)* **varicose**: *vene varicose,* varicose veins.
variegato *a.* **variegated; many-coloured.**
varietà A *f.* **1 variety**: *la v. del paesaggio,* the variety of the landscape □ *una v. di colori,* a variety of colours **2** (qualità, genere) **variety; kind**: *tutte le v. di quarzo,* all the varieties of quartz **B** *m. (teatr.)* **variety**: *un teatro di v.*, a variety theatre; a music-hall □ *uno spettacolo di v.*, a variety show.
vàrio A *a.* **1 varied**: *un uomo di varia cultura,* a man of varied culture **2** (diverso) **various; different**: *per varie ragioni,* for various reasons **3** *(al pl.:* parecchi) **various; several**: *varie volte,* several times **B** *pron. indef. (al pl.)* **various (o several) people** ● (nel titolo di libri, scritti, ecc.) *varie,* miscellaneous (matters) □ *varie ed eventuali,* any other business.
variolato *a.* **pock-marked.**
variòmetro *m.* **variometer.**
variopinto *a.* **many-coloured; variegated.**
(1) varo *m. (naut.)* **launch, launching** (anche *fig.*).
(2) varo *a. (med.)* **varus.**
vaşàio *m.* **potter.**
vaşale *a. (anat.)* **vasal.**
vasca *f.* **1 basin**: *la v. della fontana,* the fountain basin **2** (da bagno) **bath(-tub) 3** (piscina) **(swimming-)pool** ● *(ind. tessile) v. per il candeggio,* bleaching vat □ *v. per i pesci,* fish-pond.
vascèllo *m. (naut.)* **vessel;** (da guerra) **warship** ● *capitano di v.*, sea-captain □ *tenente di v.*, lieutenant (in the navy).
vascolare *a. (anat., bot.)* **vascular.**
vàscolo *m.* **vasculum*.**
vaşectomìa *f. (med.)* **vasectomy.**
vaşelina *f.* **vaseline.**
vaşellame *m.* **1** (di porcellana) **china;** (di maiolica) **majolica;** (d'oro, d'argento) **plate 2** (di terracotta) **crockery.**
vaşerìa *f.* **garden pottery; garden pots** *(pl.)*.
vaşo *m.* **1** (ornamentale) **vase**: *vasi antichi,* ancient vases □ *un v. di fiori,* a vase of flowers **2** (specialm. di terracotta) **pot**: *un v. da fiori,* a flower pot □ *un v. da notte,* a chamber-pot **3** (per conserve) **jar**: *un v. di marmellata,* a jar of jam **4** *(anat., bot.)* **vessel** ● *(fig.) portare vasi a Samo,* to carry coals to Newcastle.
vaşocostrittóre *(farm.)* **A** *a.* **vasoconstrictive; vasoconstricting B** *m.* **vasoconstrictor.**
vaşodilatatóre *(farm.)* **A** *a.* **vasodilating B** *m.* **vasodilator.**
vassallàggio *m.* **1** *(stor.)* **vassalage 2** *(fig.)* **subjection.**
vassallo *m.* **1** *(stor.)* **vassal 2** (suddito) **subject.**
vassóio *m.* **1 tray**: *un v. da tè,* a tea-tray **2** (sparviero) **mortar-board; hawk.**
vastità *f.* **vastness; wideness; hugeness.**
vasto *a.* **vast; wide; huge.**
vate *m. (lett.)* **1** (profeta) **prophet 2** (poeta) **bard; poet.**
vaticano *a.* e *m.* **Vatican**: *la Città del V.*, the Vatican City.
vaticinare *v. t.* to **vaticinate;** to **prophesy;** to **predict.**
vaticinio *m.* **vaticination; prophecy; prediction.**
vattelappésca *inter. (fam.)* **who knows?**
vaudeville *(franc.) m. (teatr.)* **vaudeville; light comedy.**
(1) ve *pron. pers. m.* e *f. 2ª pers. pl.* **(to) you**: *Ve lo dissi,* I told you.
(2) ve *avv.* (là, lì) **there.**
(3) ve' *inter.* **see!** ● *Bada, ve'!,* watch out! □ *Attento ve'!,* careful, now! □ *Grazie, ve'!,* thanks, then!
vecchiàia *f.* **old age**: *v. inoltrata,* advanced old age ● *rispettare la v.*, to respect the aged.
vecchiézza *f.* **(old) age.**
vècchio A *a.* **1 old**: *i vecchi tempi,* the old days □ *vecchi amici,* old friends □ *più v. di Matusalemme,* as old as Methuselah; as old as the hills □ *Carlo è più v. di Giorgio di dieci anni,* Charles is ten years older than George **2** (usato) **old; second-hand**: *panni vecchi,* old clothes □ *libri vecchi,* second-hand books **3** (stantio) **stale**: *pane v.*, stale bread □ *notizie vecchie,* stale news ● *Plinio il V.*, Pliny the Elder **B** *m.* **1 old man***: *un v. rimbambito,* an old man in his dotage; a dotard **2** *(al pl.)* **old people.**
vecchiume *m. (spreg.)* **old stuff; rubbish.**
véccia *f. (bot.,* Vicia sativa) **vetch; tare.**
véce *f.* **place; stead**: *in mia v.*, in my place; instead of me □ *il padre o chi ne fa le veci,* the father or whoever takes his place.
vedènte *a.* **seeing** ● *i non vedenti,* the blind.
vedére A *v. t.* e *i.* **1** (anche *fig.*) to **see***: *v. q.c. coi propri occhi,* to see st. with one's own eyes □ *Non lo vedremo più,* we shall see him no more (o we have seen the last of him) □ *Non si vedeva anima viva,* there wasn't a living soul to be seen □ *Vieni a v.!,* come and see! □ *I ciechi non vedono,* the blind cannot see □ *Guardo, ma non vedo nulla,* I'm looking, but I can't see anything □ *Lo vedrebbe un cieco,* a blind man could see that □ *Di qui si vede il mare,* from here one can see the sea □ *L'ho visto passare,* I saw him go by □ *Fu visto cadere a terra,* he was seen to drop down □ *Vidi arrestare il ladro,* I saw the thief (being) arrested □ *Vidi il ladro arrestato,* I saw the arrested thief □ *Non vedo come sia possibile,* I don't see how it's possible □ *Questo poi è da v.*, that remains to be seen **2** (guardare) to **look** (at): *Vedi com'è bello!,* look how beautiful it is! □ *Adesso vedi quest'altro libro!,* now look at this other book **3** (scorrere) to **look at,** to **have a look at** (st.); to **look through** (st.) **4** (incontrare) to **see*;** to **meet***: *Ditegli che voglio vederlo,* tell him I want to see him **5** (visitare) to **see*;** to **visit**: *Verrò presto a vederti,* I'll come and see you soon **6** (consultare) to **see*;** to **consult**: *Bisognerà che prima veda il mio avvocato,* I must see my lawyer first **7** (procurare) to **see*;** to **try 8** — *vedersi* (apparire), to show* ● *v. doppio,* to see double □ *(fig.) v. q.c. di buon (di mal) occhio,* to approve (to disapprove) of st. □ *(fig.) v. q. di buon (di mal) occhio,* to have a liking (a dislike) for sb. □ *vederci bene,* to have good sight; *(fig.)* to be wary □ *vederci male,* to have poor sight □ *avere a che v. con q. (q.c.),* to have to do with sb. (st.): *Non ho niente a che v. con lui,* I've nothing to do with him □ *(fig.) cose mai viste,* things unheard of □ *dare a v.*, (mostrare) to show (signs); (fingere) to pretend □ *far v.*, to show □ *farsi v.*, (mostrarsi) to show oneself (o one's face); to show up, to turn up *(fam.)*; (farsi visitare) to be examined □ *(fig.) non v. l'ora,* to look forward: *Non vedo l'ora di rivederti,* I'm looking forward to seeing you again □ *non vederci più,* (essere diventato cieco) to have gone blind; *(fig.:* per l'ira) to see red □ *(fig.) non vederci più dalla fame (dalla sete),* to be dying of hunger (of thirst) □ *stare a v.*, (osservare) to watch, to stand watching; (vedere) to see; (attendere) to wait and see: *Stiamo a v.!,* let's wait and see □ *Vedi tu* (decidi), it's up to you □ *(fig.) Non posso vederlo,* I can't stand the sight of him □ *Si vede che mi ero ingannato,* I must have been mistaken □ *Si è preso il denaro e chi s'è visto s'è visto,* he took the money and disappeared into the blue □ *(fig.) Voglio v. chiaro in questa faccenda,* I want to get to the bottom of this affair □ *(fig.) Lo (o la) vedremo,* we'll see about that **B**

vedérsi *v. rifl.* **1** (anche *fig.*) to **see* oneself**: *v. allo specchio,* to see oneself in the mirror **2** (trovarsi) to **find* oneself** ● *v. perduto,* to feel (o to give oneself up for) lost □ *Vedetevela voi,* see about it yourselves **C** *v. rifl. recipr.* to **see* each other**; (incontrarsi) to **meet***: *Non ci vediamo molto spesso,* we don't meet very often ● *Ci vediamo!* (saluto), see you! **D** *m.* **1 sight 2** (opinione) **opinion**: *a mio (tuo, ecc.) v.,* in my (your, etc.) opinion.
vedétta *f.* **1** (posto d'osservazione) **look-out**: *stare di v.,* to be on the look-out **2** (sentinella) **look-out 3** *(naut.)* **patrol vessel; vedette 4** *(cinem.)* **star.**
védova *f.* **widow**: *rimanere v.,* to be left a widow □ *(fig.) v. bianca,* grass widow ● *(zool.) v. nera* (Latrodectes mactans), black widow.
vedovanza *f.* **widowhood.**
vedovile *a.* **widowed;** (di vedovo) **of a widower;** (di vedova) **of a widow** ● *in abito v.,* in widow's weeds.
védovo *m.* **widower**: *rimanere v.,* to be left a widower.
vedrétta *f.* *(geol.)* **hanging glacier.**
veduta *f.* **1 view; sight 2** *(al pl., fig.)* **views; opinions** ● *un uomo di larghe (o ampie) vedute,* a broad-minded man □ *un uomo di vedute meschine,* a narrow-minded man.
veemènte *a.* **vehement; violent.**
veemènza *f.* **vehemence; impetus; violence.**
vegetale *a.* e *m.* **vegetable**: *oli vegetali,* vegetable oils □ *il regno v.,* the vegetable kingdom.
vegetare *v. i.* (anche *fig.*) to **vegetate.**
vegetarianismo *m.* **vegetarianism** ● *v. integrale,* veganism *(fam.)*.
vegetariano *a.* e *m.* **vegetarian** ● *v. integrale,* vegan *(fam.)*.
vegetativo *a.* **vegetative.**
vegetazióne *f.* **vegetation**: *v. tropicale,* tropical vegetation.
vègeto *a.* **1 thriving 2** (di persona) **strong; vigorous** ● *vivo e v.,* alive and kicking.
vegetominerale *a.* **vegeto-mineral.**
veggènte *m.* e *f.* **seer; prophet** *(masch.)*; **prophetess** *(femm.)*.
véglia *f.* **1 watch; vigil 2** (trattenimento) **(evening) party** ● *v. danzante,* dance □ *cose da raccontarsi a v.,* tall stories □ *fare la v. a un malato,* to sit up beside a sick person □ *essere tra la v. e il sonno,* to be half--asleep.
vegliardo *m.* **venerable old man*.**
vegliare A *v. i.* **1** (stare sveglio) to **keep* awake;** to **stay up late 2** (vigilare) to **keep* watch B** *v. t.* to **watch;** to **watch over** (sb.) ● *v. al letto di un malato,* to watch by the bedside of a sick person (all night) □ *v. un morto,* to keep watch beside a dead body.
veglióne *m.* **(masked) ball.**
veicolare *a.* **vehicular; of vehicles.**
veìcolo *m.* **1 vehicle 2** *(chim., med.)* **carrier** ● *v. spaziale,* space ship; spacecraft.
véla *f.* **1** *(naut.)* **sail**: *issare le vele,* to hoist the sails □ *raccogliere (o serrare) le vele,* to furl the sails □ *spiegare le vele,* to unfurl the sails □ *far v.,* to set sail □ *andare a gonfie vele,* to be under full sail; *(fig.)* to be prosperous **2** (lo sport) **sailing; yachting** ● *v. di maestra,* mainsail □ *a vele spiegate,* under canvas □ *con le vele ammainate,* under bare poles □ *nave a v.,* sailing ship; sailing vessel.
velaccino *m.* *(naut.)* **skysail.**
velàccio *m.* *(naut.)* **topgallant (sail)** ● *albero di v.,* topgallant (mast).
velame *m.* **1** *(naut.)* **sails** *(pl.)* **2** *(lett.,* per lo più *fig.)* **veil.**
velare A *v. t.* **1** to **veil** (anche *fig.*); (nascondere) to **conceal 2** (appannare, offuscare) to **dim** ● *v. d'ironia il proprio discorso,* to cloak one's speech in irony □ *v. la luce,* to shade the light □ *v. un suono,* to muffle a sound **B velarsi** *v. rifl.* **1** to **veil oneself 2** (di voce) to **grow* husky 3** (di occhi) to **grow* dim.**
velataménte *avv.* **covertly.**
velato *a.* (anche *fig.*) **veiled**: *una donna velata,* a veiled woman □ *(fig.) velata ipocrisia,* veiled hypocrisy ● *luce velata,* dim light □ *suono v.,* muffled sound □ *voce velata,* husky voice.
velatura *f.* *(naut.)* **sails** *(pl.)*.
veleggiare A *v. i.* **1** *(naut.)* to **sail 2** *(aeron.)* to **glide B** *v. t.* *(lett.)* to **sail**: *v. il mare,* to sail the sea.
veleggiata *f.* **sail; sailing trip.**
veleggiatóre *m.* *(aeron.)* **sailplane.**
velenìfero *a.* **poisonous; venomous.**
veléno *m.* **poison** (anche *fig.*); (di animali) **venom** (anche *fig.*): (di sapore) *Pare v.!,* it tastes like poison! ● *(fig.) masticare v.,* to swallow one's anger □ *(fig.) sputare v.,* to give vent to one's spite.
velenosità *f.* (anche *fig.*) **poisonousness; venomousness.**
velenóso *a.* (anche *fig.*) **poisonous; venomous.**
velerìa *f.* *(naut.)* **sail-loft.**
velétta *f.* (di cappello da donna) **hat-veil.**
vèlico *a.* **sail, sailing** *(attr.)* ● *sport v.,* yachting.
velièro *m.* **sailing vessel.**
velina *f.* **1** (carta v.) **tissue paper 2** (copia) **carbon copy 3** *(giornalismo)* **press release.**
velismo *m.* *(sport)* **sailing; yachting.**
velista *m.* e *f.* *(sport)* **yachtsman*** *(masch.)*; **yachtswoman*** *(femm.)*.
velìvolo *m.* **aeroplane.**
velleità *f.* **foolish aspiration; fancy**: *v. senili,* senile fancies.
velleitàrio A *a.* **overambitious; wishful B** *m.* **wishful thinker.**
vellicare *v. t.* *(lett.)* to **tickle;** to **titillate.**
vèllo *m.* **fleece**: *(mitol.) il V. d'oro,* the Golden Fleece.
vellóso *a.* **fleecy; shaggy.**
vellutato *a.* **velvety; velvet** *(attr.)*.
velluto *m.* **velvet**: *v. a coste,* corduroy velvet □ *v. di seta,* silk velvet □ *(fig.) un pugno di ferro nel guanto di v.,* an iron hand in a velvet glove ● *v. di cotone,* velveteen.
vélo *m.* **1** (anche *fig.*) **veil**: *(relig.) prendere il v.,* to take the veil □ *(fig.) stendere un v. su q.c.,* to draw a veil over st. □ *sotto il v. della metafora,* under the veil of metaphor **2** (tessuto) **gauze; voile 3** *(anat., bot.)* **veil; velum* 4** *(fig.:* strato sottile*)* **film; thin layer** ● *un v. di tristezza,* a touch of sadness □ *zucchero a v.,* castor sugar □ *(fig.) Gli cadde il v. dagli occhi,* the scales fell from his eyes.
velóce *a.* **fast; quick; swift**: *più v. del pensiero,* quicker than thought ● *Il tempo scorre v.,* time passes quickly.
veloceménte *avv.* **quickly; swiftly; fast.**
velocìpede *m.* **velocipede.**
velocista *m.* e *f.* *(sport)* **sprinter.**
velocità *f.* **1 speed; velocity**: *v. massima,* top speed □ *v. ridotta,* reduced speed □ *a tutta v.,* at full speed □ *aumentare (rallentare) la v.,* to increase (to slacken) speed □ *a piccola v.,* at low speed; *(ferr.)* by goods train □ *a grande v.,* at high speed; *(ferr.)* by passenger train **2** *(mecc., autom.)* **gear** ● *eccesso di v.,* speeding.
velòdromo *m.* **cycle-track.**
véltro *m.* *(lett.)* **greyhound.**
véna *f.* **1** *(anat.)* **vein 2** (venatura) **vein 3** (filone minerario) **vein; lode;** (di carbone) **seam 4** (d'acqua) **spring (of water) 5** *(fig.)* **vein;** (disposizione) **disposition, inclination;** (umore) **mood**: *La sua v. musicale è prossima a esaurirsi,* his musical vein is about to dry up □ *essere in v. di generosità,* to be in a generous mood ● *una v. d'umorismo,* a streak of humour □ *avere la v. poetica,* to have a gift for poetry □ *far q.c. di buona v.,* to do st. willingly □ *essere in v. di fare q.c.,* to feel like doing st.
venale *a.* **1 saleable**: *non aver valore v.,* to have no saleable value **2** *(fig.)* **venal; mercenary**: *un giudice v.,* a venal judge.
venalità *f.* **venality.**
venare *v. t.* to **vein.**
venatòrio *a.* **hunting** *(attr.)*: *la stagione venatoria,* the hunting season ● *arte venatoria,* (art of) hunting.
venatura *f.* **vein; veining;** (di foglie, ecc.) **venation.**
vendémmia *f.* **1** (raccolta dell'uva) **vintage; grape-**

-harvest; grape-gathering **2** (quantità di uva raccolta) **(grape-)harvest; vintage;** (vino che se ne ottiene) **vintage 3** (tempo della raccolta) **vintage; vintage-time.**
vendemmiare A *v. i.* to **harvest** (o to **gather**) **grapes** **B** *v. t.* to **harvest.**
vendemmiatóre *m.* **vintager; grape-gatherer.**
véndere A *v. t.* **1** to **sell***: *v. a contanti,* to sell for cash □ *v. a credito,* to sell on credit □ *v. all'ingrosso,* to sell wholesale □ *v. al minuto (o al dettaglio),* to sell retail □ *v. a rate,* to sell on hire-purchase □ *(fig.) v. cara la propria vita,* to sell one's life dearly □ *(fig.) v. l'anima al diavolo,* to sell one's soul to the devil **2** (tradire) to **betray**: *v. la patria,* to betray one's country **3** — *vendersi* (essere venduto), to sell*: *articoli che si vendono bene,* articles that sell well **4** — *vendersi* (costare), to cost*: *Si vende a mille lire il chilo,* it costs one thousand lire a kilo ● *(fig.) v. fumo,* to bluff □ *(fig.) Ne ho da v.,* I've enough and to spare □ *(fig.) Hai ragione da v., eppure...,* you're full of good reasons, and yet... □ *(fig.) Te la vendo come l'ho comprata,* I'm just repeating what I was told **B véndersi** *v. rifl.* to **sell* oneself;** (prostituirsi) to **prostitute oneself.**
venderéccio *a.* **marketable; salable, saleable.**
vendétta *f.* **revenge; vengeance**: *prendere v.,* to take vengeance □ *assetato di v.,* thirsting for revenge □ *fare q.c. per v.,* to do st. in (o out of) revenge ● *avere la v. nel cuore,* to harbour thoughts of revenge.
vendìbile *a.* **salable, saleable; marketable.**
vendicare A *v. t.* to **revenge;** to **avenge**: *v. il proprio padre,* to revenge one's father **B vendicarsi** *v. rifl.* to **take* one's revenge;** to **avenge oneself** (on, for) ● *v. di un'ingiuria,* to avenge an insult.
vendicativo *a.* **vindictive.**
vendicatóre *m.* **revenger; avenger.**
vendifumo *m.* e *f. invar.* **humbug; swindler.**
véndita *f.* **1 sale**: *È in v. la casa?,* is the house for sale? □ *Questa merce è in v.,* these goods are on sale □ *v. per contanti,* cash sale **2** (bottega) **shop** ● *v. all'asta,* auction (sale) □ *v. all'ingrosso,* wholesale □ *v. al minuto,* retail (sale) □ *addetta alle vendite,* salesgirl □ *addetto alle vendite,* salesman □ *reparto vendite,* sales department.
venditóre *m.* **seller; vendor** ● *v. ambulante,* hawker □ *(fig.) v. di fumo,* humbug; swindler.
venefìcio *m.* **poisoning.**
venèfico *a.* (anche *fig.*) **poisonous.**
veneràbile *a.* **venerable.**
venerabilità *f.* **venerability; venerableness.**
venerando *a.* **venerable.**
venerare *v. t.* **1** to **revere**: *v. i genitori,* to revere one's parents **2** *(relig.)* to **venerate.**
venerazióne *f.* **1 reverence 2** *(relig.)* **veneration** ● *degno di v.,* venerable.
venerdì *m.* **Friday;** *(relig.) il V. Santo,* Good Friday ● *(scherz.) Gli manca un v.,* he has a screw loose *(fam.)*; he is not all there *(fam.)*.
vènere *f.* (donna di rara bellezza) **venus; beauty.**
venèreo *a.* **venereal**: *(med.) malattie veneree,* venereal diseases.
vèneto *a.* e *m.* **Venetian.**
veneziana *f.* (tenda alla v.) **Venetian blind.**
veneziano *a.* e *m.* **Venetian.**
venezuelano *a.* e *m.* **Venezuelan.**
vènia *f. (lett.)* **pardon**: *chiedere v.,* to beg pardon.
veniale *a.* **venial**: *un peccato v.,* a venial sin.
venialità *f.* **veniality.**
veniènte *a.* **coming;** (seguente) **next, following.**
venire A *v. i.* **1** to **come***: *Dopo gennaio viene febbraio,* February comes after January □ *Verrò a trovarti,* I'll come and see you □ *v. a piedi,* to come on foot □ *v. in auto,* to come by car □ *v. in bicicletta,* to come by bicycle □ *v. a cavallo,* to come on horseback □ *v. per mare,* to come by sea □ *andare e v.,* to come and go □ *Venite di qua,* come this way □ *Viene da Roma,* (è di Roma) he (o she) comes from Rome; (arriva da Roma) he (o she) is coming from Rome □ *v. da una buona famiglia,* to come of a good family □ *quando verrà la mia ora,* when my hour comes **2** (arrivare) to **arrive;** to **come* (on)**: *È venuto l'inverno,* winter has arrived □ *Venne la notte,* night came on □ *Sento che mi viene il raffreddore,* I feel a cold coming on **3** (trasferirsi) to **come* over;** (passare) to **move,** to **move on**: *v. in città dalla campagna,* to move from the country into the town □ *E ora veniamo ad altro!,* and now let's move on (o pass on) to something else! **4** (v. su, sorgere) to **rise***: *Mi vennero le lacrime agli occhi,* tears rose to my eyes **5** (di festa: cadere) to **fall***: *Natale quest'anno viene di domenica,* Christmas falls on a Sunday this year **6** (di numeri estratti: uscire) to **come* out**: *È venuto il venti,* number twenty has come out **7** (cedere a una trazione) to **give*;** to **give* way;** to **yield 8** (ammontare a) to **come* to;** to **come* out at**: *Il totale viene 650,* the total comes out at 650 **9** (costare) to **cost***: *Quanto viene?,* how much does it cost? (o how much is it?) **10** (riuscire) to **come* off;** to **come* out;** to **turn out;** to **come* on**: *Tu vieni sempre bene* (in fotografia), you always come out well □ *Il tuo ricamo viene bene,* your embroidery is coming on nicely **11** (*fam.*: venir via) to **come* out**: *Questa macchia non viene,* this stain won't come out **12** *(ausiliare nella voce passiva)* to **be 13** *(seguito da gerundio)* to **be;** to **be beginning**: *Mi vengo accorgendo che...,* I am beginning to notice that... **14** (*fam.*: spettare) to **be due**: *Ti si darà quel che ti viene,* you will receive your due **15** (*impers.*: avere voglia di) to **feel* like** *(seguito da gerundio; costruzione pers.)*: *Mi fa v. da piangere,* it makes me feel like crying ● *(mil.) v. a battaglia,* to join battle □ *v. a capo di un problema,* to solve a problem □ *v. a conoscenza di q.c.,* to learn of st. □ *v. a essere* (diventare), to become □ *v. alla luce,* to see the light of day □ *v. al mondo,* to come into the world; to be born □ *v. a questione,* to fall to arguing □ *v. al sodo,* to come to the point □ *v. bene,* to be a success □ *v. dietro,* to follow □ *v. fuori,* to come out; (essere pubblicato) to come out, to be published □ *v. giù,* to come down □ *(fig.) v. in chiaro,* to come to light □ *v. incontro a q.,* to come to meet sb. □ *v. in mente,* to occur: *Mi venne in mente che...,* it occurred to me that... □ *v. in odio,* to become hateful □ *v. male,* to be a failure □ *v. meno* (svenire), to faint □ *v. su,* to come up; (crescere) to come on, to grow up □ *v. via,* to come away; (staccarsi) to come off (o unstuck, unstitched) □ *far v. q.,* to send for sb.; to call sb. □ *negli anni che verranno,* in years to come □ *Cosa ti viene in mente?* (rimprovero), you must be mad! □ *Se mi viene davanti...,* if I catch sight of him again... □ *Veniamo ai fatti,* let's get down to facts □ *Mi venne detto che...,* I chanced to say that... □ *Ora gli è venuto questo capriccio,* now he's got this idea into his head **B venirsene** *v. rifl.* **1** to **come***: *Se ne veniva pian piano,* he (o she) was coming at a snail's pace **2** (*fam.*: uscire a dire) to **come* out**: *Se ne venne (fuori) con una storia incredibile,* he came out with an incredible story **C** *m.* **coming**: *un andare e v. affannato,* a lot of coming and going.
venóso *a.* **venous**: *sangue v.,* venous blood.
ventàglio *m.* **1 fan 2** *(fig.)* **range** ● *a v.,* fan-shaped □ *(mil.) disporsi a v.,* to fan out.
ventata *f.* **gust (of wind)** ● *(fig.) una v. di patriottismo,* a wave of patriotism.
ventennale A *a.* **1** (che dura venti anni) **twenty-year** *(attr.)* **2** (che ricorre ogni venti anni) **recurring every twenty years B** *m.* **twentieth anniversary.**
ventènne A *a.* **twenty years old** *(pred.)*; **twenty--year-old** *(attr.)* **B** *m.* e *f.* **twenty-year-old.**
ventènnio *m.* **(period of) twenty years.**
ventèsimo *a. num. ord.* e *m.* **twentieth.**
vénti *a. num. card.* e *m.* **twenty**: *Sono le dieci e v.,* it is twenty past ten □ *Abita al v.,* he lives at number twenty ● *Sono le v.,* it is eight p.m.
venticinque *a. num. card.* e *m.* **twenty-five.**
venticinquènne A *a.* **twenty-five years old** *(pred.)*; **twenty-five-year-old** *(attr.)* **B** *m.* e *f.* **twenty-five-year--old.**
venticinquèsimo *a. num. ord.* e *m.* **twenty-fifth.**
ventilabro *m. (agric.)* **winnowing fan.**
ventilare *v. t.* **1** to **ventilate;** to **air 2** *(fig.)* to **ventilate 3** *(agric.)* to **winnow;** to **fan.**
ventilato *a.* **airy.**
ventilatóre *m.* **ventilator; fan**: *un v. elettrico,* an electric fan.
ventilazióne *f.* **1 ventilation 2** *(agric.)* **winnow-**

ing.

ventina *f.* **about twenty; score**: *una v. di persone,* about (o some) twenty people □ *una v. di uova,* a score of eggs.

ventiquattro *a. num. card.* e *m.* **twenty-four** ● *alle v.,* at midnight; at twelve p.m.

ventiquattr'óre *f.* **1** (valigetta) **overnight bag** (o **case); overnighter** *(fam.)* **2** *(sport)* **twenty-four-hour (motor-)race.**

ventitré *a. num. card.* e *m.* **twenty-three** ● *portare il cappello sulle v.,* to wear one's hat set at a jaunty (o rakish) angle.

vènto *m.* **1 wind**: *un v. debole,* a low wind □ *un alito (un soffio) di v.,* a breath (a puff) of wind □ *(naut.* e *fig.) avere il v. favorevole,* to have a favourable wind □ *un colpo di v.,* a gust of wind □ *(naut.) col v. in poppa,* before the wind □ *(naut.) col v. in prua,* on the wind □ *foglie che stormiscono al v.,* leaves rustling in the wind □ *(fig.) gettare al v.,* to throw to the winds □ *(fig.) spargere q.c. ai quattro venti,* to spread st. to the four winds (o far and wide) □ *Soffia il v.,* the wind is blowing □ *(fig.) Tirava un v. che ti portava via,* the wind was so strong it nearly blew you away **2** *(meteorologia)* **wind; breeze; gale**: *v. debole,* light breeze □ *v. di burrasca,* gale □ *v. forte,* strong breeze □ *v. violento,* whole gale **3** *(pop.:* peto) **fart** *(volg.)*; **wind** ● *(meteorologia) v. di mare (di terra),* onshore (offshore) wind □ *(naut., aeron.) v. di prua,* head (o dead) wind □ *(naut.) v. in poppa,* aft (o stern) wind □ *(naut.,* anche *fig.) avere il v. in poppa,* to sail before the wind □ *fare (farsi) v.* (col ventaglio), to fan (to fan oneself) □ *(naut.) forte v. del sud,* souther □ *(naut.) forte v. di sud-est,* southeaster □ *(naut.) forte v. di sud-ovest,* southwester □ *(fig.) parlare al v.,* to talk to a brick wall □ *(naut.) rosa dei venti,* compass-card □ *(fig.) uomo gonfio di v.,* windbag □ *Qual buon v. ti porta?,* what lucky chance brings you here?

vèntola *f.* **1 fire-fan; fan 2** *(agric.)* **winnowing fan 3** (portalampade da parete) **sconce** ● *muro a v.,* partition.

ventósa *f.* **1** *(zool.)* **sucker 2** *(med.)* **cupping-glass 3** *(mecc.)* **suction cup.**

ventosità *f.* **windiness.**

ventóso *a.* **windy.**

ventrale *a. (anat.)* **ventral.**

vèntre *m.* **1** *(anat.)* **abdomen*; stomach; belly** *(fam.)* **2** (grembo materno) **womb 3** *(fig.)* **belly**: *nel v. della nave,* in the belly of the ship ● *danza del v.,* belly dance □ *nel v. della terra,* in the bowels of the earth.

ventrésca *f. (cucina)* **belly of tunny in olive oil.**

ventricolare *a. (anat.)* **ventricular.**

ventrìcolo *m. (anat.)* **ventricle.**

ventrièra *f.* **body-belt.**

ventrìglio *m.* **gizzard.**

ventrilòquio *m.* **ventriloquism; ventriloquy.**

ventrìloquo A *a.* **ventriloquial B** *m.* **ventriloquist.**

ventunèşimo *a. num. ord.* e *m.* **twenty-first.**

ventuno *a. num. card.* e *m.* **twenty-one** ● *il v. agosto,* the twenty-first of August □ *Sono le v.,* it's nine p.m.

ventura *f.* **fortune; luck; chance**: *andare alla v.,* to trust to luck; to take one's chance □ *Per mia v. seppi che...,* it was my (good) luck to discover that... ● *(stor.) soldato di v.,* soldier of fortune; mercenary.

venturo *a.* **coming; next**: *l'anno v.,* next year □ *la lezione ventura,* the next lesson.

venuşiano *a.* e *m.* **Venusian.**

venustà *f. (lett.)* **beauty.**

venusto *a. (lett.)* **beautiful.**

venuta *f.* **coming**; (arrivo) **arrival.**

venuto A *a.* **coming B** *m.* **comer** ● *nuovo v.,* newcomer.

véra *f.* **1** (puteale) **well-curb 2** (anello matrimoniale) **wedding ring.**

verace *a.* **1** *(lett.:* vero*)* **true 2** (veritiero) **truthful; veracious.**

veracità *f.* **veracity; truthfulness.**

veraménte *avv.* **1** (in verità) **truly; really; indeed 2** (effettivamente) **actually.**

veranda *f.* **veranda(h).**

verbale A *a.* **verbal** (anche *gramm.)*; **oral B** *m.* **minutes** *(pl.)*; **record; report**: *mettere q.c. a v.,* to enter st. in the minutes ● *libro dei verbali,* minute-book.

verbalişmo *m.* **verbalism.**

verbalizẓare A *v. t.* to **enter** (st.) **in the minutes;** to **minute;** to **record B** *v. i.* to **take* minutes.**

verbèna *f. (bot.,* Verbena officinalis*)* **vervain; verbena.**

vèrbo *m.* **1** *(gramm.)* **verb 2** *(lett.:* parola) **word**: *il v. divino,* the word of God.

verbosità *f.* **verbosity; wordiness.**

verbóso *a.* **verbose; wordy.**

verdastro *a.* **greenish.**

verdaẓẓurro *a.* e *m.* **green-blue.**

vérde A *a.* **1 green**: *v. chiaro (scuro),* light (dark) green □ *v. come l'erba,* as green as grass □ *essere v. d'invidia,* to be green with envy **2** (non maturo) **green; unripe**: *pesche ancora verdi,* green peaches **3** *(fig.:* giovane, giovanile) **green**: *nella v. età,* in one's green years (o early youth) ● *v. bottiglia,* bottle-green □ *(fig.) essere vivo e v.,* to be alive and kicking □ *v. mare,* sea-green □ *v. oliva,* olive-green □ *v. pisello,* pea-green **B** *m.* **1 green**: *Non c'è un filo di v.,* there's not a spot of green **2** (zona v.) **parks and gardens** *(pl.)* **3** *(araldica)* **vert** ● *(fig.) essere al v.,* to be penniless; to be hard up; to be broke *(pop.)*.

verdeggiante *a.* **verdant.**

verdeggiare *v. i.* **1** (diventare verde) to **turn green 2** (essere verde) to **be green (**o **greenish);** to **be verdant.**

verdemare *a.* **sea-green.**

verderame *m. (chim.)* **verdigris.**

verdésca *f. (zool.,* Prionace glauca*)* **blue shark.**

verdétto *m.* **1 verdict**: *v. di assoluzione,* verdict of not guilty □ *v. di condanna,* verdict of guilty **2** *(sport)* **decision.**

verdógnolo *a.* **greenish.**

verdolino *a.* **pale green.**

verdóne A *a.* **deep green B** *m. (zool.,* Chloris chloris*)* **greenfinch.**

verdura *f.* (ortaggi) **greens** *(pl.)*; **vegetables** *(pl.)*.

verecóndia *f. (lett.)* **modesty; coyness.**

verecóndo *a. (lett.)* **modest; coy.**

vérga *f.* **1 rod; bar**: *una v. d'oro,* a gold bar **2** (ramoscello) **twig 3** (per fustigare) **rod; birch** ● *tremare come una v.,* to tremble like a leaf.

vergare *v. t.* **1** (rigare) to **draw*** (o to **rule) lines on** (st.); to **stripe;** to **line 2** (scrivere) to **write*;** to **jot down.**

vergata *f.* **stroke (of a rod).**

vergatina *f. (ind. cartaria)* **manifold paper.**

vergato *a.* **striped; lined** ● *carta vergata,* laid paper.

verginale *a.* **virginal; virgin** *(attr.)*.

vérgine A *a. (in ogni senso)* **virgin**: *una foresta v.,* a virgin forest **B** *f.* e *m.* **virgin**: *(relig.) la Beata V.,* the Blessed Virgin.

Vérgine *f.* **1** *(relig.)* **Virgin (Mary) 2** *(astron., astrologia)* **Virgo; (the) Virgin.**

verginità *f.* **virginity.**

vergógna *f.* **1 shame**: *rosso di v.,* blushing for (o with) shame □ *V.!,* shame on you! □ *provare v.,* to feel shame (at having done st.) □ *non conoscere la v.,* to be lost to shame **2** (disonore) **disgrace**: *essere la v. della famiglia,* to be the disgrace of one's family **3** (senso di soggezione) **embarrassment;** (timidezza) **shyness, bashfulness** ● *avere v.,* to be ashamed (of sb., st.) □ *sentire v.,* to feel ashamed □ *senza v.,* shameless.

vergognarsi *v. rifl.* **1** to **be ashamed** (of); to **feel* ashamed** (for): *Mi vergogno di averlo avuto per amico,* I'm ashamed of having had him as a friend **2** (per timidezza) to **be shy** ● *Vergognati!,* you ought to be ashamed of yourself!

vergognóso *a.* **1 shameful; disgraceful 2** (che prova vergogna) **ashamed** *(pred.)* **3** (timido) **shy; bashful.**

vérgola *f.* **silk twist.**

veridicità *f.* **truthfulness; veracity.**

verìdico *a.* **truthful; veracious.**

verìfica *f.* **verification; check; inspection** ● *(rag.) v. dei conti,* audit.

verificàbile *a.* **verifiable.**
verificare A *v. t.* to **verify;** to **check;** to **inspect** ● *(rag.) v. i conti,* to audit (the accounts) **B verificarsi** *v. rifl.* **1** (avverarsi) to **come* true 2** (accadere) to **happen;** to **occur;** to **take* place.**
verificatóre *m.* **verifier; checker; inspector.**
verificazióne *f.* **verification; inspection.**
verisimiglianza, verisimile, *V.* **verosimiglianza, verosimile.**
verişmo *m.* **1 realism 2** *(stor. letter.)* « **verismo** »; **verism.**
verista A *a.* **realistic B** *m.* e *f.* **1 realist 2** *(stor. letter.)* **member of the « verismo » movement; verist.**
verità *f.* **1 truth;** (talora) **verity**: *la v. pura e semplice,* the plain truth □ *dire la v., tutta la v., niente altro che la v.,* to tell the truth, the whole truth and nothing but the truth □ *a dire la v.,* to tell the truth □ *le v. eterne,* eternal verities **2** (veridicità) **truthfulness; veracity** ● *in v.* (o *per la v.),* truly; really □ *macchina della v.,* lie detector □ *(chim.) siero della v.,* truth serum (o drug) □ *(fig.) È la bocca della verità,* he's truth personified □ *Ciò che ho detto è la pura v.,* what I said is absolutely true.
veritièro *a.* **1** (che corrisponde a verità) **true 2** (che dice il vero) **truthful.**
vèrme *m.* **worm** (anche *fig.*) ● *(zool.) v. solitario* (Taenia solium), taenia; tapeworm.
vermeil *(franc.) m. invar.* **vermeil; gilded silver** (o **bronze).**
vermicèlli *(ital.) m. pl. (cucina)* **vermicelli.**
vermicolare *a.* **vermicular.**
vermifórme *a.* **vermiform.**
vermìfugo *(farm.)* **A** *a.* **vermifugal B** *m.* **vermifuge.**
vermìglio *a.* e *m.* **vermilion.**
vèrmut *m.* **vermouth**: *v. secco,* dry vermouth.
vernàcolo *a.* e *m.* **vernacular.**
vernice *f.* **1 paint;** (trasparente) **varnish**: *dare una mano di v.,* to give a coat of paint □ *V. fresca!,* wet paint! **2** *(fig.)* **varnish; gloss; veneer**: *una v. di buona creanza,* a varnish of good manners **3** (pellame) **patent leather 4** (inaugurazione d'una mostra pittorica) **varnishing day; vernissage** *(franc.).*
verniciare *v. t.* to **paint;** (con vernice trasparente) to **varnish** ● *v. a smalto,* to enamel □ *v. a spruzzo,* to spray.
verniciatóre *m.* **painter; varnisher.**
verniciatura *f.* **1 painting;** (con vernice trasparente) **varnishing 2** *(fig.)* **varnish; gloss; veneer** ● *v. a smalto,* enamelling.
vernissage *(franc.) m.* **vernissage; varnishing day.**
véro A *a.* **1 true**: *È incredibile, ma v.,* it's incredible but true □ *Non mi parrebbe v.!,* that would be too good to be true! **2** (reale) **real;** (genuino) **genuine;** (talora) **true**: *La ragione vera è un'altra,* the real reason is another □ *vera seta,* real silk □ *un v. artista,* a real artist □ *un v. briccone,* a real rascal **3** (giusto, esatto) **right; correct** ● *v. com'è v. il sole,* as true as grass is green □ *Me ne dolgo di v. cuore,* it grieves me from the bottom of my heart □ *Se è v.?... niente di più v.!,* is it true?... it's absolutely true □ *È v.?,* is that so? □ *Non è v.?,* isn't that so? □ *Tu lo sai, non è v.?,* you know, don't you? □ *Tu non c'eri, vero?,* you weren't there, were you? □ *Non mi par v.!,* I can hardly believe it! **B** *m.* **1 truth**: *a dir(vi) il v.* (o *a voler dire il v.),* to tell (you) the truth **2** *(arte)* **life**: *disegnare dal v.,* to draw from life ● *essere nel v.,* to be right □ *La memoria non mi dice più il v.,* my memory no longer serves me.
veróne *m. (lett.)* **balcony.**
veronése *a., m.* e *f.* **Veronese*.**
verònica *f. (bot.,* Veronica officinalis) **speedwell.**
verosimiglianza *f.* **verisimilitude; likelihood.**
verosìmile *a.* **likely; probable**: *Mi pare più v. che non ci abbia pensato,* I think it more likely that he didn't think of it ● *un racconto che ha del v.,* a story that has some truth in it.
verricèllo *m.* **windlass; winch** (anche *naut.).*
verrina *f.* **auger.**
vèrro *m. (zool.)* **boar.**
verruca *f. (med., bot.)* **wart.**
verrucóso *a.* **warty.**
versaménto *m.* **1 pouring; spilling; shedding 2** *(comm.)* **deposit;** (pagamento) **payment.**
versante *m. (geogr.)* **versant; slope.**
versare A *v. t.* **1** (anche *fig.*) to **pour (out)**: *v. il vino nel bicchiere,* to pour the wine into the glass **2** (rovesciare) to **spill***: *v. il vino sulla tovaglia,* to spill the wine on the table-cloth **3** (spargere) to **shed***: *v. sangue,* to shed blood □ *v. lacrime,* to shed tears **4** (vuotare, scaricare) to **empty 5** *(comm.)* to **deposit;** (pagare) to **pay* B** *v. i.* **1** (perdere) to **leak**: *Quella botte versa,* that barrel leaks **2** (trovarsi) to **be**: *v. in pericolo di vita,* to be in danger of losing one's life □ *(fig.) v. in gravi difficoltà finanziarie,* to be in financial straits ● *v. la colpa su un altro,* to put the blame on sb. else □ *v. come caparra,* to put down as a deposit **C versarsi** *v. rifl.* **1** (rovesciarsi) to **spill* 2** (sfociare) to **flow**: *Il Po si versa nell'Adriatico,* the Po flows into the Adriatic.
versàtile *a.* **versatile**: *un ingegno v.,* a versatile mind.
versatilità *f.* **versatility.**
versato *a.* **versed; skilled**: *un uomo v. negli studi scientifici,* a man versed in scientific studies.
verseggiare *v. t.* e *i.* to **versify.**
verseggiatóre *m.* **versifier; rhymester.**
versétto *m.* (Bibbia) **verse.**
versificare *v. t.* e *i.* to **versify.**
versificazióne *f.* **versification.**
versióne *f.* **version;** (traduzione) **translation**: *una v. dal latino in italiano,* a translation from Latin into Italian.
(1) vèrso *m.* **1** (di poesia) **line (of verse);** (talora) **verse**: *citare alcuni versi di Keats,* to quote a few verses from Keats □ *una strofa di sei versi,* a stanza composed of six lines; a six-lined stanza **2** *(al pl.:* composizione poetica) **verse** *(sing.)*; **poetry** *(sing.)*: *versi sciolti,* blank verse □ *una satira in versi,* a satire in verse □ *una traduzione in versi dell'Iliade,* a verse translation of the Iliad **3** (grido caratteristico) **cry;** (di uccello, anche) **call;** (canto) **song**: *il v. del cenciaiolo,* the ragman's cry □ *il v. di un animale ferito,* the cry of a wounded animal □ *il v. dell'anatra selvatica,* the call of the wild duck **4** (direzione) **way; direction;** (lato) **side**: *da tutti i versi,* from all sides **5** (di legno, pelo, stoffa, ecc.) **grain 6** (maniera, mezzo) **way; means**: *Non c'è v. di convincerlo,* there's no way of convincing him ● *andare a v. a q.,* to be to sb.'s liking: *Quel tipo non mi va a v.,* I don't like that fellow □ *fare un v.* (una smorfia), to make (o to pull) a face □ *per un v. o per un altro,* one way or another □ *(fig.) prendere q. per il suo v. (per il v. sbagliato),* to stroke sb. the right way (the wrong way) □ *rifare il v. a q.,* to mimic sb. □ *Bisogna prendere le cose per il loro v.,* one must take things as they come.
(2) vèrso *m.* **1** (di moneta, ecc.) **reverse 2** (di pagina) **verso*.**
(3) vèrso *prep.* **1** *(direzione;* anche *fig.)* **toward(s); in the direction of**: *Andavo v. la stazione,* I was walking towards the station **2** *(tempo)* **towards;** (circa) **about**: *v. sera,* towards evening □ *v. le dieci,* at about ten o'clock **3** (nei confronti di) **towards; to; with** ● *v. l'alto,* upward(s) □ *v. il basso,* downward(s) □ *v. casa,* homeward(s) □ *v. est,* eastward(s) □ *v. l'esterno,* outward(s) □ *v. l'interno,* inward(s) □ *v. nord,* northward(s) □ *v. ovest,* westward(s) □ *v. sud,* southward(s) □ (di casa, finestra) *guardare v. il mare (v. sud, ecc.),* to face the sea (to face south, etc.).
vèrtebra *f. (anat.)* **vertebra*.**
vertebrale *a. (anat.)* **vertebral.**
vertebrato *a.* e *m. (zool.)* **vertebrate.**
vertènza *f.* **controversy** ● *v. sindacale,* labour dispute.
vèrtere *v. i.* to **concern;** to **be about** (sb., st.).
verticale A *a.* **vertical B** *f.* **1 vertical 2** *(ginnastica)* **handstand 3** (di parole incrociate) **down.**
vèrtice *m.* **1 top**: *il v. di un monte,* the top of a mountain **2** *(fig.)* **height**: *al v. della gloria,* at the height of glory **3** *(geom.)* **vertex* 4** (specialm. *polit.*) **summit** ● *(polit.) conferenza al v.,* summit conference.
verticillo *m. (bot.)* **whorl.**
vertìgine *f.* **dizziness; giddiness;** *(med.)* **vertigo*** ●

avere le vertigini, to feel giddy □ *(fig.) Il successo gli ha dato le vertigini*, success has gone to his head.
vertiginosaménte *avv.* **dizzily; giddily; vertiginously.**
vertiginóso *a.* **dizzy; giddy; vertiginous.**
veruno *(lett.)* *V.* **nessuno.**
verve *(franc.)* *f.* **verve; (great) vitality; enthusiasm.**
vérẓa *f. (bot.,* Brassica oleracea sabauda*)* **savoy cabbage.**
verẓura *f. (lett.)* **verdure; greenery.**
véscia *f. (bot.,* Lycoperdon*)* **puffball.**
vescica *f.* ***1*** *(anat.)* **bladder; vesica*** ***2*** (della pelle) **blister.**
vescicante *a.* e *m. (farm.)* **vesicant.**
vescicatòrio *a.* e *m. (farm.)* **vesicatory.**
vescicazióne *f. (med.)* **blistering; vesication.**
vescichétta *f.* ***1*** *(anat.)* **vesicle** ***2*** *(med.)* **blister.**
vescìcola *f. (anat., med.)* **vesicle.**
vescicolare *a. (anat., med.)* **vesicular.**
vescovado, vescovato *m.* ***1*** (dignità di vescovo) **bishopric; episcopate** ***2*** (durata della carica) **episcopate** ***3*** (palazzo sede del vescovo) **bishop's palace.**
vescovile *a.* **episcopal.**
véscovo *m.* **bishop.**
vèspa *f.* ***1*** *(zool.)* **wasp** ***2*** (nome commerciale di un tipo di motorscooter) **Vespa** ● *(fig.) dal vitino di v.*, wasp-waisted.
vespàio *m.* **wasps' nest; vespiary** ● *(fig.) suscitare un v.*, to stir up a hornet's nest; to set a stone rolling *(fig.)*.
vespaṣiano *m.* **public urinal.**
vespertino *a. (lett.)* **evening** *(attr.)*.
vespista *m.* e *f.* **Vespa-rider; scooterist.**
vèspro *m.* ***1*** *(relig.)* **Vespers** *(pl.)* ***2*** (sera) **evening.**
vessare *v. t.* to **oppress.**
vessatòrio *a.* **oppressive.**
vessazióne *f.* **oppression.**
vessillìfero *m.* ***1*** *(stor. romana)* **vexillary; standard-bearer** ***2*** *(fig.)* **precursor; forerunner.**
vessillo *m.* ***1*** **standard;** (bandiera) **flag** ***2*** *(stor. romana)* **vexillum*.**
vestàglia *f.* **dressing gown.**
vestale *f.* ***1*** *(stor. romana)* **vestal (virgin)** ***2*** *(fig.)* **vestal.**
vèste *f.* ***1*** *(specialm. al pl.)* **clothing** *(collett.)*; **clothes, garments** *(pl.)*: *stracciarsi le vesti*, to tear one's clothes □ *in povere (lacere) vesti*, in poor (torn) clothes ***2*** (abito, vestito) **dress** (anche *fig.*) ***3*** (qualità) **capacity**: *in v. di rappresentante*, in the capacity of a representative ● *v. da camera*, dressing gown □ *(relig.) v. talare*, cassock □ *(tipogr.) v. tipografica*, lay-out; format □ *un traditore in v. d'amico*, a traitor disguised as a friend.
vestiàrio *m.* ***1*** **clothing;** (abiti) **clothes** *(pl.)*; (assortimento di abiti, con riferimento all'abbigliamento di una singola persona) **wardrobe**: *un capo di v.*, an article of clothing ***2*** *(teatr.)* **costumes** *(pl.)*.
vestiarista *m.* e *f. (teatr.)* **costumier.**
vestìbolo *m.* ***1*** **hall** ***2*** *(anat.)* **vestibule** ***3*** *(teatr.)* **foyer** ***4*** *(archeol.)* **vestibule.**
vestìgio *m.* ***1*** (orma) **footprint** ***2*** *(fig.:* traccia*)* **trace; vestige** ***3*** *(al pl.:* ruderi*)* **ruins; remains**: *le vestigia della Roma imperiale*, the ruins of Imperial Rome.
(1) vestire ***A*** *v. t.* ***1*** (coprire con le vesti) to **dress**: *La madre la vestì di rosa*, her mother dressed her in pink □ *v. una bambola*, to dress a doll ***2*** (provvedere delle vesti necessarie) to **clothe** (anche *fig.*): *v. gli ignudi*, to clothe the naked ***3*** (indossare, mettere indosso) to **put* on;** (avere indosso) to **wear***: *v. la livrea*, to wear livery ***4*** (di abito: stare bene indosso) to **fit**: *Questo cappotto ti veste perfettamente*, this coat fits you perfectly (o to a T) ***5*** (fare vestiti a) to **make*** (sb.'s) **clothes** ***B*** *v. i.* to **be dressed;** to **dress;** to **wear*** (st.): *v. di nero*, to wear black ● *(fig.) v. la divisa (militare)*, to join the army; to become a soldier □ *v. un fiasco*, to cover a flask with a straw casing □ *L'unghia veste l'estremità del dito*, the nail covers the end of the finger ***C*** **vestirsi** *v. rifl.* ***1*** to **dress (oneself);** to **get* dressed**: *Quanto ci metti a vestirti?*, how long does it take you to dress (yourself)? □ *Mi vesto subito*, I'll get dressed at once ***2*** (provvedersi delle vesti necessarie) to **clothe oneself** ***3*** (essere vestito) to **be dressed;** to **dress**: *v. sempre bene*, to be always well dressed □ *v. di bianco (di seta, ecc.)*, to dress in white (in silk, etc.) ***4*** (farsi fare i vestiti) to **have one's clothes made** (by) ***5*** (mascherarsi) to **dress (oneself) up;** to **disguise oneself**: *v. da pirata*, to dress up as a pirate ● *v. a festa*, to put on one's Sunday clothes (o one's Sunday best).
(2) vestire *m.* (vestiario) **clothes** *(pl.)*.
vestito ***A*** *a.* **dressed; clothed** (anche *fig.*); **clad** *(lett.)*: *una ragazza vestita di bianco*, a girl dressed in white ● *(lett., fig.) colline vestite di verde*, green-clad hills □ *(fig.) nascere v.*, to be born with a silver spoon in one's mouth ***B*** *m.* ***1*** (da uomo) **suit**: *un v. da uomo*, a man's suit ***2*** (da donna) **dress;** (gonna e giacca) **suit, costume;** (pantaloni e giacca) **trouser suit;** (vestitino, anche da bambina) **frock**: *un v. di cotone*, a cotton dress (o frock) □ *un v. rifatto*, an altered dress ***3*** *(al pl.)* **clothes** ● *v. da sera*, evening dress □ *vestiti da strapazzo*, clothes for casual wear; casuals *(fam.)* □ *v. di gala*, gala dress.
vestizióne *f. (relig.)* **taking the habit;** (di una monaca) **taking the veil.**
veṣuviano *a.* **Vesuvian.**
veterano *a.* e *m.* **veteran.**
veterinària *f.* **veterinary science.**
veterinàrio *a.* e *m.* **veterinary** *(abbr. fam.:* **vet**).
vèto *m.* **veto***: *mettere il v. a una proposta*, to put a veto on a proposal; to veto a proposal.
vetràio *m.* **glass-maker; glazier.**
vetrame *m.* **glassware.**
vetràrio *a.* **glass** *(attr.)*: *industria vetraria*, glass industry.
vetrata *f.* ***1*** (ampia finestra) **(large) glass window** ***2*** (porta a vetri) **glass door.**
vetrato *a.* **glazed** ● *carta vetrata*, glass-paper; sandpaper.
vetrerìa *f.* ***1*** *(ind.)* **glassworks** *(pl. col verbo al sing.)* ***2*** (oggetti di vetro) **glasswork; glassware.**
vétrice *f. (bot.,* Salix viminalis*)* **osier.**
vetrificare *v. t.* e *i.* **vetrificarsi** *v. rifl.* to **vitrify.**
vetrificazióne *f. (ind.)* **vitrification; vitrifaction.**
vetrina *f.* ***1*** **shop-window** ***2*** (bacheca) **show-case** ***3*** (credenza) **(glass-fronted) sideboard** ***4*** (vernice vetrosa) **glaze** ● *andare in giro a guardare le vetrine*, to go window-shopping □ *(fig.) mettersi in v.*, to show off.
vetrinista *m.* e *f.* **window-dresser; display artist.**
vetrinìstica *f.* **window-dressing.**
vetrino *m.* (per microscopio) **slide.**
vetrioleggiare *v. t.* to **injure** (sb.) **with vitriol;** to **vitriolize.**
vetriòlo *m.* **vitriol.**
vétro *m.* **glass**: *v. infrangibile*, unbreakable glass □ *v. smerigliato*, frosted glass ● *v. di finestra*, window-pane □ *bicchiere di v.*, glass □ *oggetti di v.*, glasswork; glassware.
vetroceménto *m. (edil.)* **reinforced concrete and glass tiles** *(pl.)*.
vétroflex *m.* (isolante termico) **glass wool.**
vetróso *a.* **vitreous.**
vétta *f.* **top; peak; summit.**
vettóre ***A*** *m.* ***1*** *(mat., fis.)* **vector** ***2*** *(leg.)* **carrier** ***3*** *(biol.)* **vector; carrier** ***B*** *a. (mat., fis.)* **vector** *(attr.)* ● *(mat., astron.) raggio v.*, radius vector.
vettoriale *a. (mat., fis.)* **vectorial.**
vettovàglia *f. (specialm. al pl.)* **victuals** *(pl.)*; **provisions** *(pl.)*.
vettovagliaménto *m.* **victualling; provisioning.**
vettovagliare *v. t.* to **victual;** to **provision.**
vettura *f.* ***1*** (carrozza) **carriage; coach** ***2*** *(ferr.)* **railway-carriage; coach;** (tranviaria) **tram**: *una v. di prima classe*, a first-class coach ***3*** (automobile) **car** ● *v. di piazza*, taxi; cab (specialm. *USA*) □ *(ferr.) In v.!*, all aboard!
vetturale *m.* **carter.**
vetturino *m.* **coachman*; cab driver; cabby** *(fam.)*.
vetustà *f. (lett.)* **ancientness.**
vetusto *a. (lett.)* **ancient.**

vezzeggiare *v. t.* to **fondle;** to **pet;** to **caress;** to **cosset.**
vezzeggiativo A *a.* **endearing B** *m.* **1** *(gramm.)* **term of endearment 2** (nomignolo) **pet name.**
vézzo *m.* **1 habit**: *Lo fa per v.*, it's a habit of his **2** *(al pl.:* attrattive particolari della femminilità*)* **charms 3** *(al pl.:* moine*)* **affectation** *(sing.)*; **affected manners; mincing ways 4** (collana) **necklace** ● *un v. di perle*, a string of pearls □ *fare un v. a q.*, to caress sb.
vezzosità *f.* **1 charm 2** (leziosità) **affectation.**
vezzóso *a.* **1 charming**: *una ragazza vezzosa*, a charming girl **2** (lezioso) **affected; mincing.**
(1) vi A *pron. pers. m. e f. 2ª pers. pl.* **1** *(compl. ogg.)* **you;** *(compl. indir.)* **(to) you**: *Non vi vidi*, I didn't see you □ *Vi manderò quel libro*, I'll send you that book **2** *(coi verbi rifl.)* **yourselves** (o *idiom.*): *Vi siete vestiti?*, have you dressed (yourselves)? □ *Non vi sentite bene?*, don't you feel well? **3** *(coi verbi rifl. recipr.)* **each other** (fra due); **one another** (di solito, fra più di due): *Non vi conoscete?*, don't you know one another? **B** *pron. dimostrativo* **to (o about) it (o that)**: *Non voglio pensarvi più*, I don't want to think about it any more.
(2) vi *avv.* (lì) **there;** (qui) **here**: *v'è*, there is □ *vi sono*, there are □ *Non vi trovai nessuno*, I didn't find anybody there.
(1) via A *f.* **1** (strada) **road; street**: *la via di Oxford*, the Oxford road □ *le vie di Oxford*, Oxford streets □ *una via romana*, (degli antichi romani) a Roman road; (in Roma) a street in Rome □ *la via principale* (di una città), the main street **2** (percorso) **way** (anche *fig.*): *sulla via di casa*, on one's way home □ *mettersi in via*, to start on one's way □ *essere in via di guarigione*, to be on the way to recovery **3** *(fig.:* cammino*)* **path; road; track**: *la via della perdizione*, the road to ruin □ *essere sulla retta via*, to be on the straight and narrow path □ *seguire la via battuta*, to keep to the beaten track **4** *(fig.:* modo*)* **way**: *per via d'esempio*, by way of example □ *Non c'è via (né verso) di persuaderlo*, there is (absolutely) no way of persuading him □ *Non c'è via di scampo*, there's no way out **5** (procedimento) **channels** *(pl.)*: *per via diplomatica*, through diplomatic channels **6** *(fig.:* carriera*)* **career 7** *(anat.)* **duct; tract**: *le vie respiratorie*, the respiratory tract (o organs) ● *la Via Crucis*, the Way of the Cross; *(fig.)* calvary □ *vie di fatto*, violence: *passare a vie di fatto*, to resort to violence □ *(fig.) via di mezzo*, middle course; (compromesso) compromise □ (anche *fig.*) *via senza uscita*, dead end; blind alley □ *adire le vie legali*, to take legal steps; to have recourse to legal action □ *a mezza via*, half-way □ *foglio di via*, travel order; *(mil.)* travel warrant □ *in via provvisoria*, provisionally □ *per via aerea*, by air; (della posta) by air mail □ *per via di*, (come) as; (per causa di) because of □ *per via terra*, by land **B** *prep.* (passando per) **via.**
(2) via *m.* (segnale di partenza) **starting-signal**: *dare il via*, to give the starting-signal ● *(fig.) dare il via a una discussione*, to open a debate.
(3) via A *avv.* **1 away**: *buttare via*, to throw away □ *correre via*, to run away □ *mandare via q.*, to send sb. away □ *Porta via queste cose!*, take these things away **2 off**: *Devo andare via*, I must be off □ *Prese il cappello e andò via*, he took his hat and off he went **3** (fuori) **out; away** ● *via via che si presentano*, as they arrive □ *andare via da un luogo*, to leave a place □ *andare via in un baleno*, to disappear in a flash □ *e così via* (o *e via dicendo*), and so on □ *tirare via* (affrettarsi), to hurry □ *uno di fuori via*, a stranger □ *venire via*, to come away; (di macchia) to come out; (staccarsi) to come off □ *Va' via!* (non ci credo!), go on! **B** *inter.* **1** (per scacciare) **go away!; get away!; be off!; shoo! 2** (per far partire) **go! 3** (per far fretta) **hurry up!; step on it** *(pop.)* **4** (per esprimere incoraggiamento, per incitare) **come on!**: *Via! facciamolo!*, come on! let's do it! ● *Via! fuori di lì!*, get away from there! □ *Eh, via! Sono cose da dirsi?*, oh, come now! that's a fine thing to say!
viàbile *a.* **practicable.**
viabilità *f.* **1 practicability;** (stato della strada) **road conditions** *(pl.)* **2** (rete stradale) **roads** *(pl.)*; **network of roads; road system.**
viadótto *m.* **viaduct.**
viaggiante *a.* **travelling** ● *(ferr.) personale v.*, train-men *(pl.)*; travelling personnel.
viaggiare A *v. i.* **1** to **travel;** (talora) to **journey;** (per mare) to **voyage**: *v. a cavallo*, to travel on horseback □ *v. in aeroplano*, to travel by plane (o to fly) □ *v. in automobile*, to travel by car (o to motor) □ *v. in piroscafo*, to travel by boat □ *v. in treno*, to travel by train □ *v. per terra e per mare*, to travel by land and by sea **2** *(comm.:* fare il rappresentante*)* to **travel**: *Viaggia per conto della ditta Rossi e C.*, he travels for Messrs Rossi & Co. **3** (di treno, tram, ecc.) to **run***: *Il treno viaggiava a settanta miglia all'ora*, the train was running at seventy miles an hour **B** *v. t.* to **travel (over, round)**: *Ho viaggiato l'Italia da un capo all'altro*, I've travelled all over Italy ● *(miss.) che viaggia nello spazio*, spaceborne □ *uno che ha viaggiato molto*, a well-travelled man □ *Il treno viaggia con 40 minuti di ritardo*, the train is 40 minutes late **C** *m.* **travelling.**
viaggiatóre A *m.* **1 traveller 2** (passeggero) **passenger**: *viaggiatori di prima classe*, first-class passengers ● *v. spaziale*, spaceman **B** *a.* **travelling** ● *commesso v.*, commercial traveller.
viàggio *m.* **1** *(in genere)* **journey;** (per mare) **voyage;** (in aereo) **flight**: *v. di andata*, outward journey (o voyage) □ *v. di ritorno*, return (o homeward) journey (o voyage) □ *mettersi in v.*, to set out on a journey □ *fare un lungo v.*, to make a long journey (o voyage) □ *un v. di poche ore*, a few hours' journey □ *v. aereo*, journey by plane; flight □ *v. di mare*, journey by sea; voyage **2** (gita; viaggetto; tragitto per commissioni, ecc.) **trip**: *un v. di piacere*, a pleasure trip □ *un viaggetto per il fine settimana*, a week-end trip **3** *(al pl.)* **travels**: *« I viaggi di Gulliver »*, « Gulliver's Travels » **4** (v. turistico) **tour**: *un v. intorno al mondo*, a round-the-world tour **5** (traversata aerea o marittima) **passage 6** (nel linguaggio dei drogati) **trip** *(pop.)* ● *(ferr.) v. di andata e ritorno*, return journey □ *v. organizzato* (tutto compreso), package tour □ *abito da v.*, travelling clothes □ *agenzia di viaggi*, travel agency □ *borsa da v.*, travelling bag □ *(fig.) fare un v. e due servizi*, to kill two birds with one stone □ *libro di viaggi*, travel book □ *mettersi in v.* (partire), to set out; to start □ *spese di v.*, travelling expenses □ *Buon v.!*, have a good journey!; *(fig.)* never mind, too bad.
viale *m.* **1 avenue 2** (strada privata) **drive.**
viandante *m. e f.* **wayfarer** *(lett.)*; **traveller.**
viàtico *m.* *(relig.)* **viaticum.**
viavài *m.* **coming and going; bustle.**
vibrafonista *m. e f.* *(mus.)* **vibraphonist.**
vibràfono *m.* *(mus.)* **vibraphone; vibes*** *(fam.)*.
vibrante *a.* (anche *fig.*) **vibrating; quivering.**
vibrare A *v. t.* **1** (agitare) to **brandish 2** (assestare con forza) to **strike* 3** (anche *fig.:* gettare) to **hurl;** to **fling* B** *v. i.* to **vibrate;** to **quiver** ● *v. una coltellata a q.*, to stab sb.
vibràtile *a.* **vibratile.**
vibrato A *a.* **forceful; vehement B** *m.* *(mus.)* **vibrato*.**
vibratóre *m.* **vibrator** ● *(fis.) v. a cicala*, buzzer.
vibratòrio *a.* **vibratory.**
vibrazióne *f.* **1 vibration 2** *(fig.)* **quiver.**
vibrissa *f.* *(anat., zool.)* **vibrissa*.**
vibrògrafo *m.* **vibrograph.**
viburno *m.* *(bot.,* Viburnum*)* **viburnum.**
vicariato *m.* *(relig.)* **vicariate.**
vicàrio *m.* *(relig.)* **vicar.**
vice *m. e f. invar.* **deputy; vice.**
vice- *(in parole composte)* **vice-; assistant, deputy** *(attr.)*.
viceconsole *m.* **vice-consul.**
vicedirettóre *m.* **assistant manager;** (di una scuola) **assistant headmaster;** (di un giornale) **assistant editor.**
vicegovernatóre *m.* **vice-governor.**
vicènda *f.* **1** (evento) **event; vicissitude**: *le vicende della mia vita*, the vicissitudes of my life **2** (successione) **succession**: *una v. di vittorie e sconfitte*, a succession of victories and defeats ● *a v.*, in turn.
vicendévole *a.* **reciprocal; mutual.**
vicendevolménte *avv.* **reciprocally; mutually; in turn.**

viceprefètto *m.* sub-prefect.
vicepréside ***A*** *m.* assistant principal; assistant headmaster ***B*** *f.* assistant lady principal; assistant headmistress.
vicepresidènte *m.* vice-president; (di un consiglio, di un'assemblea) vice-chairman*.
viceré *m.* viceroy.
vicereame *m.* viceroyalty.
vicesegretàrio *m.* assistant secretary; undersecretary.
vicevèrsa *avv.* vice versa • *viaggio da Napoli a Roma e v.*, journey from Naples to Rome and back.
vichingo *a.* e *m.* *(stor.)* Viking.
vicinanza *f.* ***1*** vicinity; closeness; nearness; proximity: *in stretta v.*, in close proximity ***2*** *(al pl.)* vicinity, neighbourhood *(sing.)*; surroundings: *nelle vicinanze di Milano,* in the vicinity (o in the neighbourhood) of Milan.
vicinato *m.* ***1*** neighbourhood: *la gente del v.*, the people of the neighbourhood ***2*** (vicini) neighbours *(pl.)*: *essere in buoni rapporti con il v.*, to be on good terms with one's neighbours.
vicino ***A*** *a.* ***1*** nearby; close; neighbouring *(attr.)*; (spesso: *vicino a*) near; (accanto) next: *nella piazza vicina,* in the nearby square □ *nel paese v.*, in the neighbouring village □ *l'albergo più v.*, the nearest hotel □ *(fig.) un parente v.*, a near relation □ *(fig.) un colore più v. al rosso che al giallo,* a colour nearer red than yellow □ *la stanza vicina,* the next room ***2*** *(di tempo)* nearby; near at hand *(pred.)*; (talora) near *(pred.)*: *Gli esami sono vicini,* the examinations are near at hand □ *La fine è vicina,* the end is near • *essere v. a fare q.c.*, to be about to do st. □ (di cosa) *essere v. alla fine,* to be nearly finished □ *È v. ai cinquant'anni,* he is close upon fifty □ *Abitano nella casa vicina,* they live next door ***B*** *m.* neighbour • *v. di casa,* next-door neighbour □ *il mio v. di tavola,* the person sitting next to me at table ***C*** *avv.* near; nearby; near at hand; close at hand; close by: *La casa è qui v.*, the house is near here □ *Sta' v.!*, stay close by! □ *Vieni più v.!*, come nearer (o closer) ***D*** **vicino a** *locuz. prep.* near; close to; next (to); (presso a) by; (accanto a) beside: *v. a Milano,* near Milan; in the neighbourhood of Milan □ *(fig.) v. alla perfezione,* near perfection □ *v. a me,* near (to) me □ *un bel posticino v. a un fiume,* a nice spot by a river • *essere v. alla morte,* to be at death's door □ *v. v.*, very (o quite) near □ *da v.*, at close quarters; *(fig.)* closely □ *sparare da v.*, to fire at close range □ *(fig.) Ci sei andato v.* (hai quasi indovinato), you nearly guessed.
vicissitùdine *f.* vicissitude: *le vicissitudini della vita,* the vicissitudes of life; the ups and downs of life.
vìcolo *m.* alley; lane: *(anche fig.) un v. cieco,* a blind alley.
vìdeo *(telev.)* ***A*** *m.* video; telescreen ***B*** *a.* video *(attr.)*: *segnale v.*, video signal.
videocassétta *f.* *(telev.)* video cassette.
videodisco *m.* video disc; videodisc.
videogiòco *m.* *(telev.)* videogame.
videonastro *m.* *(telev.)* video tape.
videoregistratóre *m.* *(telev.)* video recorder.
videosegnale *m.* *(telev.)* video signal.
videotelèfono *m.* video-telephone; videophone; viewphone.
vidimare *v. t.* to authenticate; to visa.
vidimazióne *f.* authentication; visa.
viennése *a.*, *m.* e *f.* Viennese.
viepiù *avv.* *(lett.)* more and more.
vietare *v. t.* to forbid*; to prohibit; (impedire) to prevent (from): *È vietato entrare senza bussare,* it is forbidden to enter without knocking.
vietato *a.* forbidden • *V. fumare,* no smoking □ *V. l'ingresso,* no admittance.
vietnamita *a.*, *m.* e *f.* Vietnamese*.
vièto *a.* old; stale; antiquated; obsolete: *usanze viete,* old customs □ *parole viete,* obsolete words.
vigènte *a.* in force *(pred.)*: *leggi vigenti,* laws in force.
vìgere *v. i.* to be in force • *Vigeva allora l'usanza di...*, it was then the custom that...
vigilante *a.* vigilant; watchful.
vigilanza *f.* vigilance; (sorveglianza) surveillance, supervision • *v. speciale,* police surveillance.
vigilare ***A*** *v. t.* to watch over (sb., st.); to surpervise; (tenere d'occhio) to keep* an eye on (sb.) ***B*** *v. i.* to keep* watch; to take* good care (that).
vigilato ***A*** *a.* watched ***B*** *m.* — *(leg.) v. speciale,* person under police surveillance.
vigilatóre *m.* watcher; supervisor.
vìgile ***A*** *a.* vigilant; watchful ***B*** *m.* — *v. urbano,* policeman*; cop, bobby *(fam.)*; (addetto al traffico) traffic warden □ *v. del fuoco,* fireman*.
vigìlia *f.* ***1*** eve *(anche fig.)*: *la v. di Natale,* Christmas eve ***2*** *(relig.)* fast: *osservare la v.*, to keep fast □ *un giorno di v.*, a fast-day; a day of abstinence ***3*** (veglia notturna) watch • *(relig.) fare v.*, to fast.
vigliaccherìa *f.* ***1*** cowardice ***2*** (azione da vigliacco) act of cowardice; cowardly action.
vigliacco ***A*** *a.* cowardly ***B*** *m.* coward.
vigna *f.* vineyard.
vignaiòlo *m.* vinedresser.
vignéto *m.* vineyard.
vignétta *f.* vignette; cartoon; illustration.
vignettista *m.* e *f.* cartoonist; illustrator.
vigógna *f.* *(zool.,* Lama vicugna; il tessuto*)* vicuna.
vigóre *m.* ***1*** vigour; energy; strength ***2*** *(leg.)* force: *essere in v.*, to be in force • *essere nel pieno v. delle proprie forze,* to be at the full height of one's strength.
vigorìa *f.* vigour; energy; strength.
vigorosità *f.* vigorousness; strength.
vigoróso *a.* vigorous; strong.
vile ***A*** *a.* ***1*** base; mean; vile: *una v. menzogna,* a mean lie ***2*** (vigliacco) cowardly: *un soldato v.*, a cowardly soldier ***3*** (di nascita o condizione) humble; low ***B*** *m.* e *f.* coward • *azione da v.*, cowardly action.
vilipèndere *v. t.* to hold* in contempt; to scorn; to vilify.
vilipèndio *m.* ***1*** contempt; scorn; vilification ***2*** *(leg.)* public defamation (o insult).
villa *f.* villa; country-house; country-seat.
villàggio *m.* village.
villanata *f.* rude action; (piece of) incivility.
villanèlla *f.* country-girl.
villanésco *a.* rude; boorish.
villanìa *f.* ***1*** rudeness; boorishness ***2*** (azione villana) rude action; (piece of) incivility • *fare (o dire) una v. a q.*, to be rude to sb.
villano ***A*** *a.* rude; rough; boorish: *modi villani,* rude manners ***B*** *m.* ***1*** countryman*; peasant ***2*** (persona rozza e incivile) rude person; ill-mannered person; boor • *(spreg.) v. rifatto,* nouveau riche *(franc.)*; upstart.
villanzóne *m.* boor; lout.
villeggiante *m.* e *f.* holiday-maker.
villeggiare *v. i.* to spend* one's (summer) holidays.
villeggiatura *f.* holiday(s): *La v. gli ha fatto bene,* his holiday has done him good • *luogo di v.*, holiday resort.
villeréccio *a.* *(lett.)* rustic; rural.
villétta *f.* ***1*** detached house ***2*** (in campagna) cottage.
vìllico *m.* peasant; countryman*.
villino *m.* *V.* **villétta.**
villo *m.* *(anat., bot.)* villus*.
villóso *a.* ***1*** hairy ***2*** *(anat., bot.)* villous.
viltà *f.* ***1*** (vigliaccheria) cowardice; (azione da vile) cowardly action ***2*** (meschinità) baseness; (azione meschina) base thing.
viluppo *m.* *(anche fig.)* tangle.
vìmine *m.* wicker; osier; withe, withy: *un cesto di vimini,* a wicker basket.
vinàccia *f.* marc; rape(s).
vinacciòlo *m.* grape-stone.
vinàio *m.* wine-seller.
vinàrio *a.* wine *(attr.)*.
vincènte ***A*** *a.* winning ***B*** *m.* e *f.* winner.
vìncere ***A*** *v. t.* e *i.* ***1*** to win*: *v. una corsa (una gara),* to win a race (a match) □ *v. la battaglia (la guerra),* to win the battle (the war) □ *v. una causa,* to win a case □

(anche *fig.*) *v. la partita,* to win the game □ *v. un premio,* to win (o to carry off) a prize **2** (sopraffare, superare) to **overcome***: *v. una difficoltà (gli ostacoli),* to overcome a difficulty (obstacles) **3** (sorpassare) to **surpass**: *v. q. in bontà,* to surpass sb. in goodness **4** (battere) to **beat***; (sconfiggere) to **defeat,** to **vanquish 5** (dominare) to **master**: *v. le passioni,* to master one's passions ● *(fam.) vincerla (con q.),* to get the upper hand (of sb.); to get the better (of sb.) □ *lasciarsi v. dalla tentazione,* to yield to temptation □ *V. o morire!,* victory or death! **B vìncersi** *v. rifl.* to **master oneself**; to **control oneself.**

vinchéto *m.* **osier-bed; osiery.**

vìncita *f.* **1** (vittoria) **win 2** (ciò che si vince) **winnings** *(pl.)*.

vincitóre A *m.* **winner B** *a.* **winning** ● *ritornare v.,* to return triumphant.

vinco *m.* **osier; withe, withy.**

vincolare *v. t.* **1** (anche *fig.*) to **bind* 2** *(fin.)* to **tie up**; to **lock up 3** *(mecc.)* to **constrain.**

vincolato *a.* **1** (anche *leg.*) **bound 2** *(fin.)* **tied-up; locked-up 3** *(mecc.)* **constrained** ● *(banca) in conto v.,* on deposit.

vìncolo *m.* **1 bond; tie**: *un v. d'amore,* a bond of love □ *vincoli di sangue,* blood ties **2** *(mecc.)* **constraint; restraint.**

vinèllo *m.* **thin wine.**

vinìcolo *a.* **wine** *(attr.)*.

vinìfero *a.* **wine-producing** *(attr.)*.

vinificazióne *f.* **wine-making; vinification.**

vinile *m.* *(chim.)* **vinyl.**

vinìlico *a.* *(chim.)* **vinyl** *(attr.)*.

vino *m.* **wine**: *v. annacquato,* watered-down wine □ *v. brulé,* mulled wine □ *v. da pasto,* table-wine □ *v. d'annata,* vintage wine □ *v. frizzante (o spumante)* sparkling wine □ *v. secco,* dry wine □ *un commerciante di vini,* a wine-merchant ● *(fig.) dire pane al pane, v. al v.,* to call a spade a spade.

vinóso *a.* **vinous; wine** *(attr.)*.

vinto A *a.* **1 that was won 2** (sconfitto) **beaten; defeated 3** (sopraffatto) **overcome**: *v. dalla stanchezza,* overcome by tiredness ● (anche *fig.*) *darsi per v.,* to give in **B** *m.* **loser.**

(1) viòla A *f.* *(bot.,* Viola*)* **violet** ● *(bot.) v. del pensiero* (Viola tricolor), pansy **B** *a.* e *m.* (colore) **violet.**

(2) viòla *f.* *(mus.)* **viola.**

violàbile *a.* **violable.**

violacciòcca *f.* *(bot.,* Matthiola incana*)* **stock; gillyflower** ● *v. gialla* (Cheiranthus cheiri), wallflower.

violàceo *a.* **purple.**

violare *v. t.* **1** (non rispettare, trasgredire) to **break***; to **violate**: *v. una promessa,* to break a promise □ *v. la legge,* to break the law **2** (profanare) to **profane 3** *(polit.)* to **violate** ● *v. il domicilio di q.,* to break into sb.'s house.

violatóre *m.* **1 breaker 2** (profanatore) **profaner 3** *(polit.)* **violator.**

violazióne *f.* **1 violation 2** (profanazione) **profanation** ● *(leg.) v. di domicilio,* housebreaking □ *(leg.) v. della legge,* breach of the law.

violentare *v. t.* **1** to **rape**; to **violate 2** *(fig.)* to **outrage.**

violentemènte *avv.* **violently.**

violènto A *a.* **violent**: *morire di morte violenta,* to meet a violent death ● *rapina violenta,* robbery with violence **B** *m.* **violent fellow.**

violènza *f.* **violence**: *ricorrere alla v.,* to resort to violence ● *(leg.) v. carnale,* rape.

violétta *f.* *(bot.,* Viola odorata*)* **sweet violet.**

violétto *a.* e *m.* **violet.**

violinista *m.* e *f.* *(mus.)* **violinist; fiddler** *(fam.)*.

violino *m.* *(mus.)* **1 violin; fiddle** *(fam.)*: *una sonata per v. e pianoforte,* a sonata for violin and piano **2** (suonatore di v.) **violinist; fiddler** *(fam.)*; (in un'orchestra) **violin**: *il primo v.,* the first violin ● *chiave di v.,* G (o treble) clef.

violista *m.* e *f.* *(mus.)* **viola player.**

violoncellista *m.* e *f.* *(mus.)* **violoncellist;** *(abbr.)* **'cellist.**

violoncèllo *m.* *(mus.)* **violoncello;** *(abbr.)* **'cello.**

viòttola *f.* **viòttolo** *m.* **path; lane.**

vìpera *f.* *(zool.,* Vipera*)* **viper** (anche *fig.*).

viperàio *m.* **1** (covo di vipere) **brood of vipers 2** (cacciatore di vipere) **viper catcher.**

viperino *a.* **viperine;** *(fig.)* **viperous, viperish.**

viràggio *m.* *(fotogr.)* **toning.**

virago *f.* *(lett.)* **virago*.**

virale *a.* *(med.)* **viral.**

virare *v. i.* **1** *(naut.)* to **tack 2** *(aeron.)* to **turn 3** *(fotogr.)* to **tone 4** *(chim.)* to **change colour** ● *(naut.) v. di bordo,* to veer.

virata *f.* **1** *(naut.)* **tacking 2** *(aeron.)* **turn.**

virgiliàno *a.* *(letter.)* **Virgilian.**

(1) virginale *V.* **verginale.**

(2) virginale *m.* *(stor. mus.)* **virginal(s).**

virgìnia *m.* (tabacco) **Virginia tobacco;** (sigaro) **Virginia cigar.**

vìrgola *f.* **1** *(gramm.)* **comma**: *doppie virgole,* inverted commas **2** *(mat.)* **point**: *due v. quattro,* two point four (2.4) ● *(med.) bacillo v.,* comma bacillus □ *(gramm.) punto e v.,* semicolon.

virgolare, virgolettare *v. t.* to **put* in inverted commas.**

virgolétte *f. pl.* **inverted commas; quotation marks; quotes** *(fam.)*.

virgulto *m.* **1** (germoglio) **shoot 2** (arboscello) **sapling 3** *(fig.:* rampollo*)* **offspring; scion.**

virile *a.* **manly; virile;** *(fig.)* **vigorous** ● *età v.,* manhood.

virilità *f.* **1 manliness; virility 2** (età virile) **manhood.**

virologìa *f.* *(biol.)* **virology.**

viròlogo *m.* **virologist.**

virtù *f.* **1 virtue**: *praticare la v.,* to practise virtue □ *(fig.) un fiore di v.,* a paragon of virtue □ *(relig.) le v. cardinali,* the cardinal virtues **2** (potere) **power;** (facoltà) **faculty;** (talora) **virtue**: *per v. magica,* by the power of magic □ *la v. percettiva,* one's perceptive faculty □ *le virtù curative di certe erbe,* the healing virtues (o properties) of certain herbs **3** *(al pl.:* buone qualità*)* **good qualities; virtues 4** (valor militare) **valour** ● *fare di necessità v.,* to make a virtue of necessity □ *in v. di,* in (o by) virtue of.

virtuale *a.* **virtual**: *(fis.) un'immagine v.,* a virtual image.

virtuosismo *m.* **virtuosity.**

virtuóso A *a.* **virtuous B** *m.* **1 virtuous man* 2** (specialm. *mus.*) **virtuoso*.**

virulènto *a.* (anche *fig.*) **virulent.**

virulènza *f.* (anche *fig.*) **virulence.**

virus *m.* *(biol.)* **virus.**

visagista *m.* e *f.* **cosmetologist; beautician; visagiste** *(franc.)*.

vis à vis A *locuz. avv.* **vis-à-vis** *(franc.)*; **face to face B** *m.* *(in ogni senso)* **vis-à-vis** *(franc.)*.

viscerale *a.* **1** *(anat.)* **visceral 2** *(fig.)* **visceral; heartfelt.**

vìscere *m.* **1** *(anat.)* **viscus* 2** *(al pl.:* intestini*)* **bowels;** (di animali) **entrails 3** *(al pl.:* grembo materno*)* **womb** *(sing.)* ● *(fig.) le v. della terra,* the bowels of the earth.

vìschio *m.* **1** *(bot.,* Viscum album*)* **mistletoe 2** (pania) **bird-lime.**

vischióso *V.* **viscóso.**

viscidità *f.* **viscidity; viscosity; clamminess;** (anche *fig.*) **sliminess, slipperiness.**

vìscido *a.* **viscid; viscous; clammy;** (anche *fig.*) **slimy, slippery.**

vìsciola *f.* **wild cherry.**

vìsciolo *m.* *(bot.,* Prunus cerasus*)* **wild-cherry tree.**

viscontado *m.* **viscount(c)y.**

viscónte *m.* **viscount.**

viscontèa *f.* **viscount(c)y.**

viscontéssa *f.* **viscountess.**

viscósa *f.* *(chim.)* **viscose.**

viscosità *f.* **viscosity; stickiness.**

viscóso *a.* **viscous; sticky.**

visétto *m.* **pretty little face.**

visìbile *a.* **1 visible**: *v. a occhio nudo,* visible to the

naked eye **2** (disponibile ad essere visitato) **available 3** *(fig.:* evidente*)* **evident; manifest; apparent.**
viṣìbilio *m.* **great number; host**: *un v. di gente,* a host of people ● *andare in v.,* to go into ecstasies (o into raptures).
viṣibilità *f.* **visibility.**
viṣièra *f.* **1** *(stor. mil.)* **visor, vizor 2** (di berretto) **peak.**
Viṣigòto *(stor.)* **A** *a.* **Visigothic B** *m.* **Visigoth.**
viṣionare *v. t.* (specialm. *cinem.*) **1** (vedere) to **view;** to **preview 2** (proiettare) to **screen.**
viṣionàrio A *a.* **visionary B** *m.* **visionary; day--dreamer.**
viṣióne *f.* **vision** ● *prendere v. di q.c.,* to take note of st.; to look over st. □ *(cinem.) prima v.,* first showing.
viṣìr *m.* **vizier.**
vìṣita *f.* **1 visit;** (se breve) **call**: *una v. al museo,* a visit to the museum □ *fare una v. a q.,* to pay a visit to sb.; to call on sb. **2** (di un medico, a domicilio; di un rappresentante e sim.) **call 3** (v. medica) **(medical) examination;** (generale) **check-up**: *una v. fiscale,* an official medical check **4** *(relig.)* **visitation 5** (ispezionare) **inspection**: *una v. sanitaria,* a sanitary inspection **6** (chi visita) **visitor** ● *v. di convenienza,* duty call □ *(leg., naut.) diritto di v.,* right of search □ (del medico) *fare una v. a un malato,* to examine a patient □ *(gergo mil.) marcare v.,* to report sick.
viṣitare *v. t.* **1** to **visit;** to **call on** (sb.); to **see***: *v. gli infermi,* to visit the sick □ *v. una città,* to visit a town **2** *(med.)* to **examine 3** (ispezionare) to **inspect** ● *far v. la propria casa a q.,* to show sb. around one's house □ *farsi v. dal medico,* to have a medical examination (o check-up); to see the doctor *(fam.).*
viṣitatóre *m.* **viṣitatrice** *f.* **visitor; caller.**
viṣitazióne *f.* *(relig.)* **Visitation.**
viṣivo *a.* **visual** ● *campo v.,* field of vision.
Viṣnu *m.* *(relig.)* **Vishnu.**
viṣo *m.* **face**: *dire q.c. sul v. a q.,* to say st. to sb.'s face □ *guardare q. in v.,* to look sb. in the face □ *(fig.) fare buon v. a cattivo gioco,* to put a good face upon st.; to grin and bear it ● *accendersi in v.,* to flush; to blush □ *a v. aperto,* frankly □ *fare buon v. a q.,* to welcome sb.
viṣóne *m.* *(zool.,* Mustela vison; la pelliccia) **mink.**
viṣóre *m.* *(fis.)* **viewer.**
vispo *a.* **lively; brisk; sprightly.**
vissuto *a.* (anche *spreg.*) **experienced**: *un uomo v.,* an experienced man ● *vita vissuta,* real life.
vista *f.* **1** (facoltà visiva) **eyesight; sight**: *avere la v. buona (debole),* to have good (poor) eyesight □ *avere la v. corta,* to have short sight; (anche *fig.*) to be short--sighted □ *avere la v. lunga,* to have long sight; (anche *fig.*) to be long-sighted □ *perdere la v.,* to lose one's sight **2** (l'atto di vedere) **sight**: *sfuggire alla v. di q.,* to escape sb.'s sight □ *uscire di v.,* to go out of sight □ *conoscere q. di v.,* to know sb. by sight □ *perdere di v. q.,* to lose sight of sb.; *(fig.)* to lose touch with sb. **3** (occhio) **eye;** (occhi) **eyes**: *fin dove arriva (o si spinge) la v.,* as far as the eye can see **4** (campo visivo; panorama) **view;** (veduta) **sight**: *Infine giungemmo in v. del lago,* at last we came in view of the lake (o the lake came into view) □ *Di qui si gode una bella v.,* you can enjoy a good view from here **5** *(comm.)* **sight**: *una tratta a v.,* a sight draft □ *a trenta giorni v.,* thirty days after sight ● *a prima v.,* at first sight; at (o on) sight □ *a v. d'occhio,* as far as the eye can (o could) see; (sempre più) before one's (very) eyes □ *(fig.) avere in v. q.,* to have one's eye on sb. □ *fare bella v. di sé,* to be displayed; to be shown to advantage □ *far v. (o le viste),* to pretend □ *guardare q. a v.,* to keep an eye on sb.; to watch sb. closely □ *in v. di,* within sight of; *(fig.)* in view of, in consideration of □ *(fig.) essere in v.,* (di persona) to be in the public eye; (di cosa) to stand out; (di avvenimento) to be imminent □ *mettere q. in buona (cattiva) v.,* to stress the merits (the defects) of sb. □ *presentarsi alla v. di q.,* to come into sight (o view); (al cospetto di q.) to come before sb. □ *punto di v.,* point of view; viewpoint □ *(fig.) un uomo molto in v.,* a well--known man.
vistare *v. t.* to **visa.**
visto A *a.* **seen** ● *essere ben v.,* to be well-liked (o popular) □ *essere mal v.,* to be unpopular **B** *locuz. cong.* — *v. che,* seeing that; since **C** *m.* **visa;** (firma d'approvazione) **approval; OK** *(fam.).*
vistosità *f.* **showiness; gaudiness; garishness.**
vistóso *a.* **showy; gaudy; garish** ● *somma vistosa,* enormous sum.
viṣuale A *a.* **visual**: *l'angolo v.,* the visual angle **B** *f.* **view**: *una magnifica v.,* a magnificent view.
viṣualiẓẓare *v. t.* to **visualize.**
(1) vita *f.* **1 life***: *la v. eterna,* eternal life □ *la v. futura,* future life □ *fare v. semplice (ritirata),* to lead a simple (quiet) life □ *fare v. comoda,* to lead a comfortable life □ *le comodità della v.,* the comforts of life □ *fare una v. da cane (o da cani),* to lead a dog's life □ *salvare la v. a q.,* to save sb.'s life □ *perdere la v.,* to lose one's life □ (anche *fig.*) *far tornare in vita q.,* to bring sb. back to life □ *fare una v. sregolata,* (immorale) to lead a dissipated life; (disorganizzata) to lead a disorderly life □ *Tacete, se vi è cara la v.,* keep quiet, if you value your life □ *Ne va della v.,* my (your, etc.) life is at stake □ *v. natural durante,* for the whole of one's (natural) life □ *O la borsa o la v.!,* your money or your life! □ *tra la v. e la morte,* between life and death □ *togliersi la v.,* to take one's life □ *Fu eletto presidente a v.,* he was elected President for life □ *(fig.) nel fiore della v.,* in the prime of life **2** (durata di tutta una vita) **lifetime**: *per (tutta) una v.,* for a lifetime □ *È un'occasione che capita una sola volta nella v.,* it's the chance of a lifetime **3** (il necessario per vivere) **living; livelihood**: *guadagnarsi la v. insegnando,* to earn (o to gain, to get, to make) a living by teaching; to earn (o to gain) one's livelihood by teaching **4** (animazione) **life, animation;** (vivacità) **life, liveliness;** (vitalità) **vitality**: *È lui che dà v. a tutta la comitiva,* he is the life and soul of the party **5** (durata della vita) **span of life 6** (costo della vita) **cost of living** ● *la v. di campagna,* country life □ *la v. di città,* town life □ *V. mia!,* my dearest! □ *(leg.) carcere a v.,* life imprisonment □ *(leg.) condanna a v.,* life sentence □ *fare la v.,* to lead a life of easy virtue □ *fare v. in comune con q.,* to live with sb. □ *essere in v.,* to be alive □ *essere in fin di v.,* to be near one's end □ *mala v.,* criminal society □ *mantenere q. in v.,* to keep sb. alive □ *Movimento per la V.,* Right-to-Life Movement □ *mutar v.,* to change one's way of life; to turn over a new leaf □ *più caro della v.,* dearer than life itself □ *privo di v.,* lifeless □ *Darei la v. piuttosto che...,* I'd rather die than... □ *Fa la v. del gran signore,* he lives like a lord.
(2) vita *f.* (parte del corpo) **waist**: *afferrare q. per la v.,* to seize sb. by the waist □ *un vestito stretto di v.,* a dress tight at the waist ● *(fig.) v. di vespa,* wasp waist □ *punto di v.,* waist-line □ *Su con la v.!,* hold yourself straight!; *(fig.)* cheer up!, chin up!
vitàccia *f.* **hard (o rotten) life; dog's life.**
vitaiòlo *m.* **playboy.**
vitalba *f.* *(bot.,* Clematis vitalba*)* **traveller's joy; old man's beard.**
vitale *a.* **1** (anche *fig.*) **vital**: *una questione di v. importanza,* a matter of vital importance **2** *(med.)* **viable**: *vivo e v.,* alive and viable.
vitaliṣmo *m.* *(biol.)* **vitalism.**
vitalità *f.* **1** (anche *fig.*) **vitality 2** *(med.)* **viability.**
vitalìzio A *a.* **life** *(attr.)* **B** *m.* **life annuity.**
vitamina *f.* **vitamin.**
vitamìnico *a.* **vitaminic.**
vitaminiẓẓare *v. t.* to **vitaminize.**
(1) vite *f.* *(bot.,* Vitis vinifera*)* **vine.**
(2) vite *f.* **1** *(mecc.)* **screw**: *v. maschio,* male (o external) screw □ *v. femmina,* female (o internal) screw □ *un giro di v.,* a turn of the screw □ *allentare una v.,* to loosen a screw **2** *(aeron.)* **spin.**
vitèlla *f.* **heifer.**
vitèllo *m.* **1 calf***: *un v. di latte,* a sucking calf **2** *(cucina)* **veal**: *arrosto di v.,* roast veal **3** (cuoio) **calf(--leather).**
vitellóne *m.* **1** *(zool.)* **fatted calf* 2** *(cucina)* **veal 3** *(fig.)* **lazy good-for-nothing.**
vitìccio *m.* *(bot.)* **tendril.**
vitìcolo *a.* **viticultural.**

viticoltóre *m.* **vine-grower; viticulturist.**
viticoltura *f.* **vine-growing; viticulture.**
vitigno *m.* **vine.**
vitivinìcolo *a.* **vine-growing and wine-producing.**
vìtreo *a.* **vitreous; glassy** ● *(anat.) corpo v.,* vitreous body (o humour).
vìttima *f.* (anche *fig.*) **victim** ● *v. del dovere,* martyr to duty.
vittimismo *m.* ***1*** **self-pity** ***2*** *(med.)* **persecution complex.**
vittimista *m.* e *f.* ***1*** **self-pitier** ***2*** *(med.)* **sufferer from a persecution complex.**
vitto *m.* ***1*** **food** ***2*** (pasti) **board**: *v. e alloggio,* board and lodging.
vittòria *f.* ***1*** **victory**: *una v. di Pirro,* a Pyrrhic victory □ *riportare la v. sul nemico,* to win a victory over the enemy □ *una v. navale,* a naval victory □ *cantare v.,* to crow over a victory ***2*** *(sport)* **win.**
vittorióso *a.* **victorious.**
vituperare *v. t.* to **vituperate;** to **revile.**
vituperatóre *m.* **vituperator.**
vituperévole *a.* **shameful; despicable.**
vitupèrio *m.* ***1*** **vituperation; abuse;** (ingiuria) **insult** ***2*** (causa di disonore) **disgrace; shame**: *Sei il v. della famiglia,* you're a disgrace to the family.
vituperóso *a.* **shameful; disgraceful.**
viuzza *f.* **narrow street; lane; alley.**
viva *inter.* **hurrah!; hurray!**: *V. la regina!,* hurrah for the Queen!; long live the Queen!
vivacchiare *v. i.* to **manage to scrape a living;** to **get* along somehow.**
vivace *a.* **lively; sprightly; vivacious; vivid;** (di colore) **bright.**
vivacità *f.* **liveliness; sprightliness; vivacity;** (di colore) **brightness.**
vivaddìo *inter.* **good heavens!; by Jove!**
vivagno *m.* **selvage, selvedge; list.**
vivàio *m.* ***1*** (di pesci) **hatchery; fishpond** ***2*** *(agric.)* **nursery** ***3*** *(fig.)* **breeding-ground; nursery.**
vivaista *m.* ***1*** *(piscicoltura)* **fish breeder** ***2*** *(agric.)* **nurseryman*.**
vivaménte *avv.* (con calore) **warmly, heartily;** (profondamente) **deeply, profoundly;** (con interesse) **keenly.**
vivanda *f.* ***1*** **food; victuals** *(pl.)* ***2*** (piatto) **dish.**
vivandièra *f.* **(female) sutler; vivandière** *(franc.).*
vivandière *m.* **sutler; vivandier** *(franc.).*
vivènte ***A*** *a.* **living; alive** *(pred.)* ***B*** *m.* **living person** ● *i viventi,* the living.
(1) vivere ***A*** *v. i.* ***1*** (essere in vita) to **live**: *v. libero,* to live a free man □ *v. felice,* to live happily □ *(fig.) v. come un eremita,* to live the life of a hermit □ *v. da gran signore,* to live like a lord □ *v. fino a tarda età,* to live to be old ***2*** (avere casa, abitare) to **live**: *v. da solo,* to live alone □ *v. in campagna,* to live in the country ***3*** (nutrirsi) to **live** (on): *v. di latte e di uova,* to live on milk and eggs ***4*** (di cose immateriali: durare) to **live on**: *v. nella memoria di q.,* to live on in sb.'s memory ***5*** (di cose materiali: durare) to **last** ***6*** (*fig.:* nutrirsi) to **feed*** (on) ***7*** (trovare i mezzi di sussistenza) to **live**: *v. alla giornata,* to live from hand to mouth ***B*** *v. t.* to **live;** (condurre) to **lead***: *v. la propria vita,* to live one's own life □ *v. una ben misera vita,* to lead a wretched life ● *avere di che v.,* to have enough to live on □ *(fig.) insegnare a q. a v.,* to teach sb. good manners □ *saper v.,* to know how to behave □ *essere stanco di v.,* to be tired of life □ *(tipogr.) Vive!,* « stet » □ *il tempo che ancora mi rimane da v.,* what I have left of life □ *Vivendo s'impara,* one learns by experience.
(2) vivere *m.* ***1*** **life**: *il v. in campagna,* country life □ *il quieto v.,* a quiet life ***2*** (modo di v.) **way of life; way of living** ***3*** (costo della vita) **cost of living.**
viveri *m. pl.* **food** *(sing.)*; **foodstuffs; victuals; provisions**: *razionamento dei v.,* food rationing □ *restare senza v.,* to run short of provisions ● *rifornire di v. un esercito (una nave),* to victual an army (a ship) □ *tagliare i v. a q.,* to cut off sb.'s supplies.
viveur *(franc.) m.* **(bon) viveur; man about town; pleasure-seeker.**
vivézza *f.* **vividness; liveliness;** (di colori) **brightness.**
vìvido *a.* **vivid; lively;** (di colori) **bright.**
vivificare *v. t.* to **vivify;** to **enliven;** to **quicken.**
vivificatóre ***A*** *m.* **vivifier** ***B*** *a.* **vivifying.**
vivificazióne *f.* **vivification.**
vivìparo *a. (zool.)* **viviparous.**
vivisezionare *v. t.* ***1*** to **vivisect** ***2*** *(fig.)* to **examine minutely.**
vivisezióne *f.* ***1*** **vivisection** ***2*** *(fig.)* **minute examination.**
vivo ***A*** *a.* ***1*** **living; alive** *(pred.)*; **live** *(attr.)*: *carne viva,* living flesh □ *Non c'era anima viva per la strada,* there wasn't a living soul in the street □ *o v. o morto,* dead or alive □ *l'anno venturo, se sarò v.,* next year, if I am alive □ *esser sepolto v.,* to be buried alive □ *più morto che v.,* more dead than alive □ *prendere gli uccelli vivi,* to catch birds alive □ *pesci vivi,* live fish ***2*** (vivace) **lively**: *uno sguardo v.,* a lively expression ***3*** (vivido) **vivid**: *una descrizione viva,* a vivid description ***4*** (di colore, ecc.) **bright**: *colori vivi,* bright colours □ *luce viva,* bright light ***5*** (grande) **great;** (intenso) **intense;** (urgente) **urgent**: *un v. bisogno,* a great need □ *viva compassione,* great pity □ *con viva commozione,* with intense emotion ***6*** (forte) **strong**: *passioni vive,* strong passions □ *avere il v. desiderio di fare q.c.,* to have a strong desire to do st. ***7*** (profondo) **deep;** (sentito) **deep-felt, heart-felt**: *v. dolore,* deep sorrow □ *con viva simpatia,* with deep sympathy □ *vivi ringraziamenti,* heart-felt thanks ***8*** (acuto) **keen; sharp**: *intelligenza viva,* keen intelligence □ *un v. interesse,* a keen interest ***9*** (di rumore) **loud** ***10*** (fresco) **fresh**: *aria viva,* fresh air □ *una fonte viva,* a fresh spring ● *a viva voce,* by word of mouth; orally □ *di v. cuore,* whole-heartedly □ *farsi v.,* (farsi vedere) to turn up; (dare notizie di sé) to give news of oneself □ *finché sarò v.,* as long as I live □ *l'inglese dell'uso v.,* living English □ *(fig.) mangiarsi v. q.,* to give sb. a good dressing down *(fam.)* □ *siepe viva,* quickset hedge □ *spese vive,* actual expenses; out-of-pocket expenses *(fam.)* □ *(fig.) tener viva la conversazione,* to keep the conversation going; to keep the ball rolling *(fam.)* □ *Fatti v. ogni tanto!,* come and see me now and again □ *L'ho sentito io dalla sua viva voce,* I heard it myself from his own lips □ *Ne ebbi un'impressione viva,* I was deeply struck (by it) ***B*** *m.* ***1*** (persona vivente) **living person**: *i vivi e i morti,* the living and the dead ***2*** (carne viva) **living flesh; (the) quick**: *tagliare fino al v.,* to cut to the quick ● *al v., (arte)* to the life, lifelike; *(fig.)* realistically □ *(fig.) entrare nel v. della questione,* to get to the root of the matter □ *(fig.) toccare q. sul v.,* to touch sb. to the quick □ *(radio) trasmissione dal v.,* live broadcast.
viziare ***A*** *v. t.* ***1*** to **spoil*** ***2*** (guastare, anche *leg.*) to **vitiate** ***3*** (inquinare) to **pollute** ***B*** **viziarsi** *v. rifl.* to **acquire bad habits** (o **ways).**
viziato *a.* ***1*** **spoilt**: *un ragazzo v.,* a spoilt boy ***2*** (guastato, anche *leg.*) **vitiated**: *un contratto v.,* a vitiated contract ***3*** (inquinato) **polluted; stale.**
vizio *m.* ***1*** **vice**: *il v. della gola,* the vice of gluttony ***2*** (cattiva abitudine) **bad habit**: *avere il v. di far sempre tardi,* to have the bad habit of always arriving late ***3*** (imperfezione, anche *leg.*) **flaw** ● *(relig.) i sette vizi capitali,* the seven deadly sins.
viziosità *f.* ***1*** **viciousness; debauchery** ***2*** (l'esser difettoso) **defectiveness.**
vizióso ***A*** *a.* ***1*** **vicious; debauched** ***2*** (difettoso) **vicious; defective; faulty** ● *circolo v.,* vicious circle ***B*** *m.* **vicious person; debauchee.**
vizzo *a.* **withered**: *fiori vizzi,* withered (o faded) flowers □ *guance vizze,* withered (o flabby) cheeks.
vocabolàrio *m.* ***1*** (patrimonio lessicale) **vocabulary; lexicon**: *v. essenziale,* basic vocabulary ***2*** (dizionario) **dictionary**: *un v. tascabile,* a pocket dictionary.
vocàbolo *m.* **word; term.**
(1) vocale *a.* **vocal**: *un concerto v. e strumentale,* a vocal and instrumental concert.
(2) vocale *f. (fon.)* **vowel.**
vocàlico *a. (fon.)* **vocalic; vowel** *(attr.).*
vocalismo *m. (fon.)* **vocalism.**
vocalizzare ***A*** *v. t. (linguistica)* to **vocalize** ***B*** *v. i. (mus.)* to **vocalize.**
vocalizzazióne *f. (linguistica, mus.)* **vocalization.**

vocalizzo *m. (mus.)* **vocalism.**
vocativo *a.* e *m. (gramm.)* **vocative.**
vocazióne *f.* **vocation; calling**: *seguire la propria v.*, to follow one's particular vocation □ *non avere v. per q.c.*, to have no vocation for st.; not to be cut out for st. *(fam.)*.
vóce *f.* **1** (anche *fig.*) **voice**: *con v. imperiosa*, in a peremptory voice □ *(mus.) voci bianche*, treble voices □ *perdere la v.*, to lose one's voice □ *essere giù di v.*, not to be in good voice □ *non avere v.*, to be out of voice □ *alzare (abbassare) la v.*, to raise (to lower) one's voice □ *ad alta (a bassa) v.*, in a loud (in a low) voice □ *la v. della natura*, the voice of Nature **2** (di animali) **call; cry;** (canto) **song**: *la v. del pavone*, the cry of the peacock □ *la v. dell'usignolo*, the song of the nightingale **3** (suono) **sound 4** (diceria) **rumour**: *Si è sparsa la v. che...*, rumour has it (o there is a rumour) that... **5** (opinione) **opinion**: *la v. pubblica*, public opinion **6** (vocabolo) **word**: *una v. caduta in disuso*, an obsolete word **7** (v. di dizionario) **entry 8** (articolo) **item**: *le voci d'una lista*, the items of a list **9** *(gramm.:* forma del verbo*)* **voice;** (parte del verbo) **part**: *la v. attiva (passiva)*, the active (passive) voice □ *le voci di un verbo*, the parts of a verb • *(mus.) v. di petto*, chest-voice □ *(mus.) v. di testa*, head-voice □ *(fig.) a una v.*, with one voice; unanimously □ *ad alta v.*, aloud □ (anche *mus.*) *a mezza v.*, in a soft voice □ *a portata di v.*, within hearing □ *a (viva) v.*, by word of mouth; orally □ *(fig.) avere v. in capitolo*, to have a say in the matter □ *(fig.) correre v.*, to be rumoured □ *dar v. ai propri sentimenti*, to voice one's feelings □ *(fig.) darsi la v.*, to pass the word round □ *(fig.) non avere v. in capitolo*, to have no voice (o say) in the matter □ *sotto v.*, under one's breath; *(mus.)* sottovoce, very soft □ *V.!*, louder!; speak up!
(1) vociare *v. i.* **1** to **shout;** to **bawl 2** (far chiacchiere) to **gossip.**
(2) vociare *m.* **1 shouting; bawling 2** (chiacchiere) **gossip.**
vociferante *a.* **vociferating; vociferous; clamorous; shouting.**
vociferare *A v. i.* to **vociferate;** to **bawl;** to **shout** *B v. t.* to **rumour**: *Si vocifera che...*, it is rumoured that...
vociferazióne *f.* **vociferation; shouting.**
vocìo *m.* **shouting; clamour.**
vòdka *f.* **vodka.**
(1) vóga *f.* **1** (moda) **fashion; vogue**: *essere in v.*, to be in vogue (o in fashion); to be in □ *venire in v.*, to come into fashion **2** (entusiasmo) **enthusiasm; eagerness.**
(2) vóga *f.* **1** (spinta data col remo) **stroke 2** (il vogare) **rowing.**
vogare *v. i.* to **row;** (col remo a palella) to **scull.**
vogata *f.* **1 row 2** (spinta data coi remi) **stroke.**
vogatóre *m.* **1 rower; oarsman* 2** (attrezzo) **rowing machine 3** (canottiera) **singlet; vest.**
vòglia *f.* **1** (desiderio) **desire, wish;** (desiderio intenso) **longing**: *una v. matta*, a crazy desire □ *cavarsi tutte le voglie*, to satisfy all one's desires; to indulge all one's fancies □ *una gran v. di tornare a casa*, a longing for home **2** (di donna incinta) **craving**: *una v. di fragole*, a craving for strawberries **3** (macchia della pelle) **birthmark**: *una v. di fragole*, a strawberry birthmark **4** *(scherz.:* briciolino*)* **scrap 5** *(scherz.:* sorsettino*)* **sip** • *avere una gran v. di fare q.c.*, to be longing to do st.: *Ho una gran v. di rivederla*, I'm longing to see her again □ *avere v. di fare q.c.*, to feel like doing st.; (volere) to want to do st.: *Ho v. di camminare*, I feel like walking □ *Non ha v. di studiare*, he (o she) doesn't want to study □ *di buona v.*, willingly; with pleasure □ *di mala v.*, unwillingly; reluctantly □ *fare q.c. contro v.*, to do st. against one's will □ *morire dalla v. di sapere q.c.*, to be dying to know st. □ *Avrei v. di una birra*, I could do with a glass of beer □ *Avrei v. di una sigaretta*, I should like a cigarette □ *Muoio dalla v. di bere un tè*, I'm dying for a cup of tea.
voglióso *a.* **desirous**: *v. di pace*, desirous of peace.
vói *pron. pers. m.* e *f. 2ª pers. pl.* **1** *(sogg.)* **you**: *Lo diceste voi*, you said so □ *Eravate voi?*, was it you? □ *Beati voi!*, lucky you! **2** *(come pred. nominale)* **you**: *se io fossi (in) voi*, if I were you **3** *(compl. ogg. e indir.)* **you**: *Vidi voi, non loro*, I saw you, not them □ *Tocca a voi decidere*, it's up to you to decide **4** (formula di cortesia: ora generalm. sostituita da « Lei ») **you** • *voi due*, the two of you; (entrambi) both of you, you both □ *voi stessi (o proprio voi)*, you yourselves □ *voi tre (quattro, ecc.)*, the three (the four, etc.) of you □ *voi tutti*, all of you; you all □ *da voi*, (nel vostro paese) in your country; (nella vostra regione) in your part of the country □ *da voi* (da soli), (all) by yourselves □ *dare del voi a q.*, to address sb. as « voi » □ *A voi!*, (tocca a voi) it's your turn!; (alla vostra salute) here's to you!
voialtri *pron. pers. m. 2ª pers. pl.* **you; you people; you folks** *(fam.)*.
voile *(franc.) m. invar. (ind. tessile)* **voile.**
volano *m.* **1** *(sport)* **shuttlecock;** (il gioco) **badminton 2** *(mecc.)* **fly-wheel.**
(1) volante *A a.* **flying** • *copertina v.* (d'un libro), wrapper □ *(moda) indossatrice v.*, free-lance model *B f.* (squadra di polizia) **flying squad.**
(2) volante *m. (autom.)* **steering wheel** • *stare al v.*, to be at the wheel.
volantinàggio *m.* **distribution of leaflets; leafletting.**
volantino *m.* **1** (manifestino) **leaflet; handbill; throwaway** *(fam.)* **2** *(mecc.)* **handwheel** • *distribuire volantini*, to leaflet.
volare *v. i.* **1** (anche *fig.*) to **fly***: *v. alto (basso)*, to fly high (low) □ *v. via*, to fly away □ *Ho volato su Milano*, I've flown over Milan □ *Volano gli anni*, the years fly by **2** *(fig.:* correre, precipitarsi*)* to **fly*;** to **rush;** to **speed***: *Volai alla stazione*, I rushed to the station □ *L'automobile volava attraverso la pianura*, the car was speeding across the plain • *far v.*, to fly; (del vento) to blow away (o off): *far v. un aquilone*, to fly a kite □ *Il vento gli fece v. via il cappello*, the wind blew his hat away □ *volere o v.*, willy-nilly □ *Crederebbe che gli asini volano*, he'd swallow anything.
volata *f.* **1 flight 2** (corsa) **rush 3** *(sport)* **(final) sprint 4** *(mil.)* **muzzle 5** *(min.)* **volley** • *di v.*, quickly; in a moment.
volàtile *A a.* **1 winged 2** *(chim.)* **volatile** *B m.* **winged creature; bird.**
volatilità *f. (chim.)* **volatility.**
volatilizzàbile *a. (chim.)* **volatilizable.**
volatilizzare *v. t.* e *i. (chim.)* to **volatilize.**
volatilizzazióne *f. (chim.)* **volatilization.**
vol-au-vent *(franc.) m. (cucina)* **vol-au-vent.**
volènte *a.* **willing**: *v. o nolente*, willing or unwilling; willy-nilly.
volenteróso *a.* **willing.**
volentièri *avv.* **willingly; with pleasure** • *spesso e v.*, very often.
(1) volére *A v. t.* **1** to **want**: *Voglio i miei denari*, I want my money □ *Voglio sapere*, I want to know □ *Voglio che tu sia buono*, I want you to be good □ *Volevano picchiarlo*, they wanted to beat him □ *Ti vogliono al telefono*, you are wanted on the phone □ *I genitori lo vollero prete*, his parents wanted him to be a priest □ *Mi vollero con loro*, they wanted me to go with them **2** (gradire) to **like** *(specialm. al condiz.)*: *Fai come vuoi!*, do as you like! □ *Volete venire da me domani?*, would you like to come round and see me tomorrow? □ *Come volete voi*, as you like □ *Quando vuoi*, whenever you like □ *Vorrei vederti felice*, I should like to see you happy □ *Voglia o no, così dev'essere*, whether he likes it or not, that's the way it's got to be **3** (desiderare) to **wish** *(seguito da un verbo all'inf. o da una proposizione oggettiva)*; *(per esprimere un desiderio generalm. irrealizzabile)* to **wish** *(seguito da un verbo al congiunt.)*; to **wish for** *(rif. a un sost.)*; (talora) to **desire**: *Vogliono fare una passeggiata*, they wish (o they would like) to go for a walk □ *Quando lo vuoi finito?*, when do you wish it to be finished? □ *Vorrei essere una rondine*, I wish I were a swallow □ *Vorrei poterti aiutare*, I wish I could help you □ *Ti vorrei al mio posto*, I wish you were in my place □ *Ha tutto quello che una donna può v.*, she has everything a woman can wish for **4** (preferire) to **prefer;** (scegliere, decidere) to **choose*; would rather** *(condiz. pres.)*:

Vorrei che tu non ci andassi da sola, I should prefer you not to go there alone □ *Vollero restare a casa,* they chose to stay at home □ *Vorrei non vederlo soffrire,* I would (o I'd) rather not see him suffer ***5*** *(volontà intensa; o nelle richieste, nelle offerte, nelle preghiere)* **will** *(pres. indic.)*, **would** *(pass. indic. e congiunt.; condiz.) (seguiti da un verbo all'inf.)*; **will (would) have** *(seguiti da un sost. o da una proposizione oggettiva)*: *Voglio essere ubbidito,* I will be obeyed □ *Egli vuol fare a modo suo,* he will have his own way □ *Non voglio farlo!,* I will not (o won't) do it! □ *Non vollero aiutarci,* they would not (o wouldn't) help us □ *Volete entrare?,* will you come in? □ *Chiesi loro se volevano entrare,* I asked them whether they would come in □ *Vuoi una tazza di tè?,* will you have a cup of tea? □ *Che cosa vorreste che facessi?,* what would you have me do? □ *(fam.) Il dolore non vuole passare,* the pain won't go away ***6*** *(nelle offerte di fare q.c.)* — *Vuoi (volete) che io (noi, ecc.)...,* shall I (we, etc.)...?: *Vuoi che chiuda la finestra?,* shall I shut the window? □ *Volete che venga anche lui?,* shall he come as well? □ *Andiamocene, vuoi?,* let's go away, shall we? ***7*** (esigere, richiedere) to **require;** to **need;** to **call for** (st.): *piante che vogliono la luce,* plants that require light □ *È un lavoro che vuole molta attenzione,* it's a job calling for a great deal of attention □ *Questo verbo vuole il congiuntivo,* this verb requires (o takes) the subjunctive ***8*** (esigere un prezzo) to **want;** (chiederlo) to **ask**: *Ne vuole diecimila lire,* he wants ten thousand lire for it ***9*** (intendere, avere intenzione di) to **intend;** to **be going** (to): *Che cosa vuoi fare oggi?,* what do you intend to do today? ***10*** (pretendere, aspettarsi) to **expect**: *Tu vuoi troppo da lei,* you're expecting too much from her □ *Voglio che tu sia puntuale,* I expect you to be punctual ***11*** (permettere) to **let*;** to **allow**: *Verrò, se mia madre vuole,* I'll come, if my mother lets me ***12*** (decretare, disporre) to **will**: *Dio lo vuole!,* God wills it! ***13*** *(seguito da un verbo impers.)* to **be going** (to); to **be about** (to); to **look like**: *Secondo me vuol piovere,* I think it's going to rain; it looks like rain ***14*** (ritenere, credere, dire) to **think*;** to **say***: *Si vuole sia stato avvelenato,* it is said that he was poisoned ***15*** — *v. dire* (significare), to mean*: *Che vuol dire questa parola?,* what does this word mean? □ *Questo vuol dire che non ti fidi di me,* this means you don't trust me ***16*** — *v. piuttosto* (preferire), would (o had) rather *(condiz.)*; would (o had) sooner *(condiz.)*: *Piuttosto, vorrei andare a Parigi,* I would rather (o I had rather, I'd rather) go to Paris □ *Vorrei morire piuttosto che tradire la patria,* I would rather (o I would sooner) die than betray my country ***B*** *v. impers.* — *volerci* (occorrere; essere necessario, opportuno, richiesto), to take; to be needed; to be required: *Quanto ci vuole per andare da Bologna a Roma?,* how long does it take to go from Bologna to Rome? □ *Mi ci volle un'ora buona per arrivare a casa,* it took me a full hour to get home □ *Ci vollero quattro ore a fare quel lavoro,* the work took four hours □ *Quanta stoffa ci vuole per un vestito?,* how much material is required for a dress? □ *Qui ci vorrebbe un buon bicchiere,* what I (o we) need is a stiff drink □ *L'ho persuaso, ma ce n'è voluto!,* I convinced him, but it took some doing! ● *v. bene a q.,* to be fond of sb.; to love sb. □ *v. male a q.,* to hate sb.; to detest sb. □ *vuoi... vuoi,* both... and: *vuoi in prosa vuoi in versi,* both in prose and in verse □ *Se Dio vuole, è finita!,* it's all over now, thank God! □ *Volevo ben dire!,* I thought as much! □ *Dio non voglia!,* God forbid! □ *Qui ti voglio!,* let's see what you can do □ *Volete accomodarvi?,* (sedervi) do sit down!; (entrare) do come in! □ *Non mi volevo persuadere,* I couldn't persuade myself □ *Ci vuol altro che cortesia con quella gente!,* you won't get anything out of those people with good manners! □ *Dio volesse che fosse ancora vivo!,* if only he were still alive!; would to God he were still alive! □ *(fig.) L'ha voluto* (ben gli sta), he asked for it □ *Mi vogliono morto,* they want to see me dead □ *Dio voglia che torni sano e salvo!,* may God bring him back safe and sound! □ *Vorrei morire se non è così,* may I drop dead if it isn't so.

(2) volére *m.* ***1*** (volontà) **will**: *fare q.c. di buon v.,* to do st. with a good will ***2*** *(al pl.:* desideri) **wishes** ● *a mio (a tuo) v.,* as I (as you) wish □ *buon v.,* good will.

volgare ***A*** *a.* ***1*** **vulgar; coarse**: *gente v.,* vulgar peopl ***2*** (popolare) **popular;** (comune) **common**: *un v. ladr* a common thief ***3*** *(linguistica)* **vernacular; vulgar**: *la no v.,* vulgar Latin ***B*** *m.* **vernacular; vulgar tongue** *(fam.) Ve lo dirò in buon v.,* I'll tell you straight ou

volgarismo *m.* **vulgarism.**

volgarità *f.* **vulgarity; coarseness** ● *dire una v.,* say st. vulgar.

volgarizzare *v. t.* ***1*** (tradurre in volgare) to **translat into the vernacular;** to **vernacularize** ***2*** (divulgare) **popularize;** to **vulgarize.**

volgarizzatóre *m.* **popularizer.**

volgarizzazióne *f.* **popularization.**

volgarménte *avv.* ***1*** (in modo volgare) **vulgarly coarsely** ***2*** (comunemente) **popularly; commonly** (in lingua volgare) **in the vernacular.**

Volgata *f. (relig.)* **(the) Vulgate.**

vòlgere ***A*** *v. t.* ***1*** (anche *fig.*) to **turn**: *v. gli occhi vers q.,* to turn one's eyes towards sb. □ *v. il pensiero a q.c* to turn one's thoughts to st. □ (anche *fig.*) *v. le spalle q.,* to turn one's back on sb. ***2*** (tradurre) to **turn;** t **translate**: *v. un brano in greco,* to translate a passag into Greek ***B*** *v. i.* to **turn**: *La strada volge a sinistra,* th road turns to the left ● *v. le armi contro q.,* to take u arms against sb. □ *v. in fuga il nemico,* to put the enem to flight □ *v. la parola a q.,* to address sb. □ *col v. deg anni,* with the passing of years □ *Le cose volgono a peggio,* things are taking a turn for the worse □ *Il sol volgeva al tramonto,* the sun was setting ***C*** **vòlgersi** *v rifl.* ***1*** (girarsi) to **turn;** to **turn round**: *da qualunque lat mi volga,* whichever way I turn ***2*** (mutarsi) to **turn;** t **change**: *Il tempo si volge al brutto,* the weather i turning nasty (o is breaking up) ***3*** *(fig.:* dedicarsi) t **take* up**: *volgersi agli studi classici,* to take up classica studies ***4*** *(fig.:* riversarsi) to **be turned;** to **be di rected.**

vólgo *m.* **common people; common herd; lowe classes** *(pl.)*.

volièra *f.* **aviary.**

volitivo *a.* ***1*** **volitive** ***2*** (di persona) **strong-willed** ● *forza volitiva,* will-power.

volizióne *f.* **volition.**

vólo *m.* ***1*** (anche *fig.*) **flight**: *in v.,* in flight □ *il v dell'aquila,* the flight of the eagle □ *un v. della fantasia,* flight of fancy ***2*** *(aeron.)* **flight**: *un v. senza scalo,* non-stop flight ***3*** (caduta) **fall** ● *(aeron.) v. a vela* gliding □ *(aeron.) v. charter,* charter flight □ *(aeron.) v. i picchiata,* dive □ *alzarsi in v.,* (d'uccello) to take flight (d'aereo) to take off □ *assistente di v.,* air hostess □ *cogliere un'occasione al v.,* to leap at an opportunity □ *colpire un uccello in v.,* to shoot a bird on the wing □ *dare libero v. alla fantasia,* to give full rein to one's imagination □ *fare un v.,* to fly; *(fig.:* cadere) to fall □ *(fig.) in un v.,* in a moment □ *panorama a v. d'uccello,* bird's-eye view □ *spiccare il v.,* (d'uccello) to take wing (di aereo) to take off; *(fig.:* di persona) to take to flight, to flee; (di cosa) to disappear □ *uccellino di primo v.,* fledg(e)ling □ *(fig.) L'ho letto di v.,* I read it all in one gc □ *(fig.) M'ha inteso al v.,* he understood me at once.

volontà *f.* **will**: *Sia fatta la v. di Dio,* God's will be done □ *forzare la v. di q.,* to force sb.'s will □ *una v. di ferro,* ar iron will □ *contro la propria v.,* against one's will □ *di propria v.,* of one's own free will □ *forza di v.,* will-power □ *essere privo di v.,* to have no will of one's own ● *(gramm.) verbi di v.,* verbs expressing willingness □ *a v.,* at will; at (one's) pleasure □ *per cause indipendenti dalla propria v.,* for reasons beyond one's control □ *(leg.) ultime volontà,* last will and testament.

volontariaménte *avv.* **voluntarily; of one's own free will.**

volontariato *m.* (anche *mil.*) **voluntary service.**

volontarietà *f.* **voluntariness.**

volontàrio ***A*** *a.* **voluntary** ***B*** *m.* (anche *mil.*) **volunteer** ● *v. del sangue,* blood-donor.

volontarismo *m.* (anche *filos.*) **voluntarism.**

volonteróso *a.* **willing.**

volpacchiòtto *m.* ***1*** *(zool.)* **fox cub** ***2*** *(fig.)* **sly fox.**

vólpe *f.* ***1*** *(zool.)* **fox;** (v. femmina) **vixen**: *caccia alla* *v.*, fox-hunting □ *(zool.) v. argentata* (Vulpes fulva), silver fox □ *una pelliccia di v.*, a fox fur **2** *(fig.)* **sly fox.**

volpino A *a.* **foxy; fox-like B** *m.* **Pomeranian dog.**

volpòca *f. (zool.*, Tadorna tadorna*)* **sheldrake.**

volpóne *m.* (anche *fig.)* **old fox.**

vòlt *m. (elettr.)* **volt.**

(1) vòlta *f.* **1 time**: *una cosa per v.*, one thing at a time □ *nove volte su dieci*, nine times out of ten □ *tre (quattro, ecc.) volte*, three (four, etc.) times □ *Sia la prima e l'ultima v.!*, let this be the first and last time! □ *Non è la prima v. che lo vedo*, it's not the first time I've seen him □ *La prossima v. pagherò io*, next time I'll pay □ *Ve lo dico per l'ennesima volta*, I am telling you for the umpteenth time **2** (turno) **turn**: *a mia v.*, in my turn □ *Ora viene la tua v.*, now your turn is coming ● *una v.*, once; (per una volta) for once; (un tempo, anche) once upon a time: *una v. sola*, just once □ *una v. per ciascuno*, once each □ *Dammi retta una buona v.!*, listen to me for once! □ *C'era una v. un re*, once upon a time there was a king □ *una v. per tutte*, once (and) for all □ *una v. che* (poiché), since □ *una v. o due*, once or twice □ *una v. o l'altra*, some time or other; one day; (prima o poi) sooner or later □ *v. per v.*, each time □ *una v. tanto*, once in a while; every now and then; (questa volta) just this once □ *a volte*, at times □ *ancora una v.*, once more (o again) □ *certe volte*, at times □ *due volte*, twice □ *far troppe cose in una v.*, to do too many things at the same time □ *molte volte*, often □ *un po' alla v.*, a little at a time; (a poco a poco) little by little □ *poche volte*, seldom □ *rare volte*, rarely □ *spesse volte*, often □ *tutte le volte che*, every time; whenever □ *tutto in una v.*, all at once □ *(mat.) Tre volte tre fa nove*, three times three is (o are) nine.

(2) vòlta *f.* **1** (giro) **turn;** (curva) **turn, bend**: *due volte di chiave*, two turns of the key **2** (direzione) **direction**: *Sono partiti alla v. di Torino*, they left in the direction of Turin; they set out for Turin ● *a v. di corriere*, by return of post □ (del vino) *dar la v.*, to turn sour □ *(aeron.) gran v.*, loop; looping the loop □ *Gli ha dato di v. il cervello*, he's gone off his head.

(3) vòlta *f. (archit.)* **vault** (anche *fig.)* ● *(anat.) v. cranica*, calvarium; crown □ *(anat.) v. del palato*, palatal arch □ *a v.*, vaulted □ (anche *fig.) chiave di v.*, keystone.

voltafàccia *m. invar.* (anche *fig.)* **volte-face** *(franc.)*.

voltagabbana *m.* e *f. invar.* **turncoat; time-server; weathercock.**

voltàggio *m. (elettr.)* **voltage.**

voltàico *a. (elettr.)* **voltaic.**

voltàmetro *m. (elettr.)* **voltameter.**

voltare A *v. t.* **1 to turn**: *v. il capo*, to turn one's head □ *v. gli occhi*, to turn one's eyes □ (anche *fig.) v. le spalle a q.*, to turn one's back on sb. □ *v. l'angolo*, to turn the corner **2** (rivoltare) **to turn over**: *v. pagina*, to turn over the page; *(fig.)* to turn over a new leaf **3** (rigirare) **to turn round**: *v. la barca*, to turn the boat round **4** (tradurre) **to turn; to translate 5** *(sartoria)* **to turn**: *v. un cappotto*, to turn a coat **B** *v. i.* **1 to turn**: *La strada volta a sinistra*, the road turns to the left **2** (rigirarsi) **to turn round** ● *v. q.c. in burla*, to make a joke of st. **C voltarsi** *v. rifl.* **1 to turn**: *v. indietro*, to turn round □ *v. verso q.*, to turn to sb. □ *(fig.) v. contro q.*, to turn against sb. □ *(fig.) non sapere da quale parte v.*, not to know which way to turn □ *Voltatevi da quella parte*, turn that way **2** (rivoltarsi) **to turn over**: *v. nel letto*, to turn over in bed **3** (rigirarsi) **to turn round**: *Voltati!*, turn round! **4** (del vento) **to shift.**

voltastòmaco *m. invar. (fam.)* **nausea** (anche *fig.)* ● (anche *fig.) dare il v. a q.*, to make sb. feel sick; to turn sb.'s stomach.

voltata *f.* **turn; turning; bend.**

volteggiare *v. i.* **1 to fly* about;** to **circle 2** *(equitazione, ginnastica)* **to vault.**

voltéggio *m. (equitazione, ginnastica)* **vaulting.**

volterriano *a.* e *m.* **Voltairian, Voltairean.**

vòltmetro *m. (elettr.)* **voltmeter.**

vólto *m.* **face** (anche *fig.)*; **visage** *(lett.)*; (espressione) **countenance**: *Era acceso in v.*, he was red in the face □ *cambiare in v.*, to change countenance.

voltolare A *v. t.* **to roll**: *v. un sasso*, to roll a stone **B voltolarsi** *v. rifl.* **to roll about;** to **wallow.**

voltura *f.* **1** (rif. a servizi pubblici) **transfer 2** *(leg.)* **registration of a transfer deed.**

volùbile *a.* **1 fickle; inconstant 2** *(bot.)* **voluble; twining** ● *tempo v.*, changeable (o unsettled) weather.

volubilità *f.* **fickleness; inconstancy.**

volume *m. (in ogni senso)* **volume**: *il v. d'un corpo*, the volume of a body □ *un'enciclopedia in venti volumi*, an encyclopaedia in twenty volumes □ *un gran v. di voce*, a great volume of voice.

voluminosità *f.* **voluminosity, voluminousness; bulkiness.**

voluminóso *a.* **voluminous; bulky.**

voluta *f.* **1** *(archit.)* **volute 2** (spira) **spiral**: *le volute del guscio d'una chiocciola*, the spirals of a snail-shell.

voluttà *f.* **1** (piacere sensuale) **voluptuousness; sensual pleasure 2** (intenso godimento) **pleasure; delight; joy.**

voluttuàrio *a.* **1 voluptuary 2** (non necessario) **unnecessary; non-essential.**

voluttuóso *a.* **voluptuous.**

vòmere *m.* **1** *(agric.)* **ploughshare 2** *(anat.)* **vomer.**

vòmico *a.* **vomitory** ● *(bot.) noce vomica*, nux vomica.

vomitare *v. t.* **1 to vomit; to throw* up** *(fam.)*: *v. sangue*, to vomit blood **2** *(fig.)* **to vomit; to pour forth** ● *fare sforzi per v.*, to retch.

vomitativo *a.* e *m. (farm.)* **emetic; vomitory.**

vòmito *m.* **1 vomiting;** *(med.)* **emesis**: *provocare v.*, to cause vomiting **2** (materia vomitata) **vomit** ● *conato di v.*, retch □ *far venire il v. a q.*, to make sb. sick.

vóngola *f. (zool.)* **clam.**

vorace *a.* **voracious** (anche *fig.)*; **ravenous.**

voracità *f.* **voracity, voraciousness; ravenousness.**

voràgine *f.* **abyss; gulf; chasm.**

vòrtice *m.* **1** (d'acqua) **whirlpool;** (d'aria) **whirlwind; vortex* 2** *(fig.)* **whirl; vortex*; maelstrom**: *il v. della vita moderna*, the whirl of modern life ● *(fig.) v. di danze*, whirling dances.

vorticismo *m. (arte)* **vorticism** ● *seguace del v.*, vorticist.

vorticosaménte *avv.* **vortically.**

vorticóso *a.* **whirling; vorticose; vortical.**

vossignorìa *m.* e *f.* (rif. a persona nobile) **your Lordship** *(masch.)*; **your Ladyship** *(femm.)*.

vòstro A *a. poss.* **1 your;** (v. proprio) **your own**: *i vostri pari*, your equals □ *ai vostri tempi*, in your days □ *un v. amico*, one of your friends (o a friend of yours) **2** *(come pred. nominale)* **yours**: *Questi libri sono vostri*, these books are yours **3** (nella chiusa delle lettere) **yours**: *distinti saluti dal v. Carlo Rossi*, (I am) yours truly Carlo Rossi **B** *pron. poss.* **yours**: *Questi non sono i miei; sono i vostri*, these are not mine; they're yours **C** *m.* **1 what is yours; your property 2** *(al pl.)* **your people;** (parenti) **your relatives;** (seguaci) **your followers;** (sostenitori) **your supporters** ● *q.c. (niente) di v.*, something (nothing) of your own □ *Ne avete fatta una delle vostre!*, you've been up to (one of) your tricks! □ *Ho ricevuto la vostra del 21 settembre*, I have received your letter of the 21st September.

votante A *a.* **voting B** *m.* e *f.* **voter.**

(1) votare A *v. i.* **to vote**: *andare a v.*, to go to vote; to go to the polls □ *v. per alzata di mano*, to vote by show of hands □ *v. in favore (di q.)*, to vote in favour (of sb.) □ *v. contro (q.)*, to vote against (sb.) **B** *v. t.* **1 to give* one's vote to** (sb.); (votare in favore di) **to vote in favour of** (sb., st.) **2** (approvare) **to pass; to vote** (st.) **through**: *v. un disegno di legge*, to pass a bill **3** (consacrare) **to consecrate; to devote; to vow C votarsi** *v. rifl.* **to devote oneself** ● *(fig.) non sapere a che santo v.*, to be at one's wits' end.

(2) votare, votarsi *V.* **vuotare, vuotarsi.**

votazióne *f.* **1 voting**: *il risultato della v.*, the returns of the voting **2** (il risultato della v.) **vote 3** (v. scolastica)

marks *(pl.)* ● *v. segreta,* ballot.
votivo *a.* **votive**: *un'offerta votiva,* a votive offering.
(1) vóto *m.* ***1*** (promessa) **vow**: *fare un v.,* to make a vow □ *sciogliere q. da un v.,* to release sb. from a vow □ *(relig.) voti semplici (solenni),* simple (solemn) vows □ *(relig.) pronunciare i voti,* to take the vows ***2*** (offerta) **votive offering** ***3*** (*lett.:* desiderio) **desire;** (augurio) **wish**: *formulare voti,* to express one's good wishes ***4*** (v. elettorale) **vote**: *v. di fiducia,* vote of confidence □ *fare lo scrutinio dei voti,* to count the votes □ *mettere ai voti,* to put to the vote ***5*** *(al pl.:* complesso dei suffragi) **vote** *(sing.)* ***6*** (valutazione di merito) **mark**: *un cattivo v.,* a bad mark □ *a pieni voti,* with full marks ● *a unanimità di voti,* without a dissenting vote; unanimously □ *scheda di v.,* ballot-paper; poll card.
(2) vòto *V.* **vuòto.**
voyeur *(franc.) m.* **voyeur; Peeping Tom** *(fam.).*
vuduișmo *m.* **voodooism; voodoo.**
vuduista *m.* e *f.* **voodooist; voodoo*.**
vulcànico *a.* (anche *fig.)* **volcanic.**
vulcanișmo *m. (geol.)* **volcanism.**
vulcanizzare *v. t. (ind.)* to **vulcanize.**
vulcanizzatóre *m.* **vulcanizer.**
vulcanizzazióne *f. (ind.)* **vulcanization.**
vulcano *m.* **volcano***: *un v. attivo (spento),* an active (extinct) volcano ● *(fig.) avere la testa come un v.,* to be seething with ideas.
vulcanologìa *f.* **volcanology, vulcanology.**
vulcanòlogo *m.* **volcanologist, vulcanologist.**
vulneràbile *a.* **vulnerable** ● *(fig.) lato v.,* weak spot.
vulnerabilità *f.* **vulnerability, vulnerableness.**
vulnerare *v. t.* ***1*** to **wound** ***2*** *(fig.)* to **violate.**
vulneràrio *a.* e *m. (farm.)* **vulnerary.**
vulva *f. (anat.)* **vulva*.**
vulvare *a. (anat.)* **vulvar; vulval.**
vuotàggine *f.* ***1*** *(raro)* **emptiness; vacuity** ***2*** (cosa insulsa) **(piece of) nonsense.**
vuotare ***A*** *v. t.* ***1*** to **empty;** (sgombrare) to **clear out**: *v. il bicchiere,* to empty one's glass □ *v. i cassetti,* to empty (out) the drawers ***2*** (prosciugare) to **drain** ***3*** *(naut.)* to **bail** ● (dei ladri) *v. la casa,* to carry off everything in the house □ *(fig.) v. le tasche a q.,* to clean sb. out □ *far v. l'aula,* to clear the hall ***B*** **vuotarsi** *v. rifl.* to **empty;** to **be emptied.**
vuotata *f.* **emptying out** ● *dare una v. a q.c.,* to empty st. out.
vuòto ***A*** *a.* ***1*** *(anche fig.)* **empty**: *una borsa vuota,* an empty bag □ *una bottiglia vuota,* an empty bottle □ *tasche vuote,* empty pockets □ *a stomaco v.,* on an empty stomach □ *parole vuote,* empty words □ *vuote promesse,* empty promises □ *Il treno era quasi v.,* the train was almost empty ***2*** (vacante) **empty; vacant; unoccupied**: *un posto v.,* an empty seat □ *una stanza vuota* (in un albergo), a vacant room ***3*** (privo, sprovvisto) **devoid**: *parole vuote di senso,* words devoid of sense; meaningless words ● *a mani vuote,* empty-handed □ *(fig.) cervello v.,* empty-headed person □ *un'esistenza vuota,* an aimless life □ *sentirsi lo stomaco v.,* to feel empty □ *(fig.) testa (o zucca) vuota,* empty-headed person □ *(fig.) Ho la testa vuota,* my mind is a complete blank ***B*** *m.* ***1*** (spazio vuoto) **empty space;** (spazio in bianco) **blank**: *colmare i vuoti,* to fill in the blanks ***2*** (spazio libero) **void; air**: *penzolare nel v.,* to dangle in the air ***3*** (recipiente vuoto) **empty**: *vuoti a perdere,* non-returnable empties □ *vuoti a rendere,* returnable empties; returnables □ *Prego restituire i vuoti,* please return the empties ***4*** (*fig.:* senso di vuoto) **void** ***5*** (*fig.:* vacuità) **emptiness; inanity** ***6*** *(fis.)* **vacuum*** ● *(aeron.) v. d'aria,* air pocket □ *(fig.) a v.,* in vain; uselessly; to no purpose □ *andare a v.,* to fail; to fall flat; to come to nothing □ (di prodotto conservato) *chiuso sotto v.,* vacuum-packed □ *emettere un assegno a v.,* to overdraw one's account □ *(fig.) fare il v. intorno a sé,* to make oneself very unpopular □ *(mecc.) girare (o marciare) a v.,* to idle □ *un tentativo andato a v.,* a fruitless attempt □ *(mil.) tirare a v.,* to miss the mark □ *Ha lasciato un gran v. fra di noi,* we miss him very much.

W

W, w *f.* o *m.* **W, w** ● *(tel.) w come Washington,* w for William.
wafer *(ingl.) m.* (biscotto) **wafer.**
wagneriàno *a.* e *m. (mus.)* **Wagnerian.**
wagon-lit *(locuz. franc.) m. (ferr.)* **wagon-lit; sleeping car; sleeper.**
Walhalla *(ted.) m. (mitol.)* **Walhalla, Valhalla.**
walzer *(ted.) V.* **valzer.**
water-closet *(ingl.) m.* **water-closet** (*abbr.:* **W.C., WC); toilet; lavatory; loo** *(fam.).*
watt *m. (elettr.)* **watt.**
wattmetro *m. (elettr.)* **wattmeter.**
wattóra *f. (elettr.)* **watt-hour.**
weber *(ted.) m. (fis.)* **weber.**
welter *(ingl.) m. (pugilato)* **welter; welter-weight.**
western *(ingl.) a.* e *m. (cinem.)* **western** ● *w. all'italiana,* spaghetti western.
whisky *(ingl.) m.* **whisky; whiskey** *(Irl., USA).*
wolfràmio *m. (chim.)* **wolfram; tungsten.**
würstel *(ted.) m.* **frankfurter; Vienna sausage.**

X

X, x *f.* o *m.* ***1*** **X, x** ***2*** *(mat.)* **x** ● *(tel.) x come Xanthia,* x for X-ray □ *a x,* x-shaped □ *(scherz.) gambe a x,* bandy legs □ *(fis.) raggi x.,* X-rays.
xèno *m. (chim.)* **xenon.**
xeno- *(in parole composte)* **xeno-.**
xenofobìa *f.* **xenophobia.**
xenòfobo ***A*** *a.* **xenophobic** ***B*** *m.* **xenophobe.**
xeròfita *f. (bot.)* **xerophyte.**
xerografìa *f.* **xerography.**
xilo- *(in parole composte)* **xylo-.**
xilòfago *a. (zool.)* **xylophagous; wood-eating.**
xilofonista *m.* e *f. (mus.)* **xylophonist.**
xilòfono *m. (mus.)* **xylophone.**
xilografìa *f.* ***1*** **xylography; wood-engraving** ***2*** (stampa) **xylograph.**
xilògrafo *m.* **xylographer; wood-engraver.**

Y

Y, y *f.* o *m.* ***1*** **Y, y** ***2*** *(mat.)* **y** ● *(tel.) y come York,* y for yellow □ *a y,* y-shaped.
yacht *(ingl.) m.* **yacht.**
yak *(ingl.) m. (zool.,* Bos grunniensis) **yak.**
yemenita *a., m.* e *f.* **Yemenite.**
yen *(giapponese) m.* **yen.**
yeti *m.* **yeti; (the) abominable snowman*.**
yiddish *m.* **Yiddish.**
yòga *m. (filos.)* **yoga.**
yògurt *m.* **yogurt; yoghourt.**
yucca *f. (bot.,* Yucca) **yucca.**

Z

Z, z *f.* o *m.* **Z, z**: *dall'a alla z,* from A to Z ● *(tel.) z come Zara,* z for zebra.
ẓabaióne *m.* **egg-flip; egg-nog.**
zàcchera *f.* **splash of mud.**
zaccheróso *a.* **muddy; mud-splashed.**
zaffare *v. t.* **1** (una botte) to **bung** **2** *(med.)* to **plug.**
zaffata *f.* **1 whiff;** (tanfo) **stench** **2** (spruzzo) **spirt, spurt; splash.**
ẓàffera *f. (ind. della maiolica)* **zaffre, zaffer.**
ẓafferano *m. (bot.,* Crocus sativus; sostanza gialla usata in farmacia e in cucina*)* **saffron** ● *giallo z.,* saffron yellow.
ẓaffìro *m.* **sapphire** ● *(fig.) un cielo di z.,* a sapphire sky.
zaffo *m.* **1** (di botte) **peg; bung** **2** *(med.)* **plug.**
ẓagàglia *f. (stor.)* **assagai, assegai.**
ẓàgara *f.* **orange blossom.**
ẓàino *m.* **knapsack; kit-bag.**
zampa *f.* **1** (arto di un animale) **leg;** (parte terminale dell'arto) **foot*, hoof*;** (di taluni quadrupedi) **paw;** (di un uccello) **claw** **2** *(cucina)* **leg** **3** *(fam., scherz.:* gamba dell'uomo*)* **leg** **4** *(fam., scherz.:* mano*)* **paw; hand**: *Giù le zampe!,* hands off! ● *(fig.) zampe di gallina,* (rughe intorno agli occhi) crow's feet; (scritto indecifrabile) scrawl *(sing.)* □ *a quattro zampe,* four-legged □ *camminare a quattro zampe,* to go on all fours □ *(fig., spreg.) leccare le zampe a q.,* to lick sb.'s shoes *(pop.).*
zampare *v. i.* to **paw (the ground).**
zampata *f.* **1 blow with a paw** **2** (colpo di zoccolo) **kick** **3** (impronta) **claw-mark; hoof-mark;** *(in genere)* **track.**
zampettare *v. i.* **1** (rif. ad animali) to **trot** **2** (rif. a bambini) to **toddle.**
zampétto *m.* (*cucina:* di maiale) **trotter;** (di agnello) **leg.**
zampillare *v. i.* to **gush;** to **spurt;** to **squirt.**
zampillìo *m.* **gushing; spurting; squirting.**
zampillo *m.* **jet; gush; spurt; squirt.**
zampino *m.* **little paw** ● *(fig.) mettere lo z. in una faccenda,* to have a hand in some matter; to have a finger in the pie *(fam.).*
zampógna *f.* **bagpipe(s).**
zampognaro *m.* **piper.**
zampóne *m. (cucina)* **zampone** (stuffed pig's trotter).
zana *f.* **1** (cesta) **basket** **2** (culla) **cradle.**
zàngola *f.* **churn.**
zanna *f.* **1** (di elefanti, cinghiali, ecc.) **tusk** **2** (dei carnivori) **fang**: *le zanne del lupo,* the wolf's fangs ● *(fig.) mostrare le zanne,* to show one's teeth.
zannata *f.* **1 thrust (with a tusk)** **2** (morso) **bite.**
ẓanni *m. (teatr.,* anche *fig.)* **zany** ● *far lo z.,* to play the fool.
zannuto *a.* **1** (rif. ad elefante, ecc.) **tusked** **2** (rif. a carnivoro) **fanged** **3** *(spreg.:* rif. a persona*)* **with long, protruding teeth.**
ẓanẓara *f. (zool.,* Culex mosquito*)* **mosquito*.**
ẓanẓarièra *f.* **mosquito-net.**
zappa *f.* **mattock; hoe** ● *(fig.) darsi la z. sui piedi,* to be hoist with one's own petard; to cut off one's nose to spite one's face *(fam.).*
zappare *v. t.* to **dig* (with a mattock);** to **hoe.**
zappata *f.* **1 blow with a mattock** (o **hoe)** **2** (lo zappare) **hoeing.**
zappatèrra *m. invar.* **1 hoer;** (contadino) **farm-labourer** **2** *(fig.)* **boor; lout.**
zappatóre *m.* **1 hoer** **2** *(mil.)* **sapper.**
zappétta *f.* **hoe.**
zappettare *v. t.* to **hoe.**
zar *m.* **czar, tsar, tzar.**
zarina *f.* **czarina, tsarina, tzarina.**
zàttera *f.* **raft.**
zatterière *m.* **raftsman*.**
zatteróne *m.* **1** *(edil.)* **slab** **2** (tipo di sandalo pe donna) **platform shoe.**
ẓavòrra *f.* **1** *(naut.)* **ballast** **2** (*fig.:* roba inutile) **padding** **3** (*fig.:* persona di scarsa levatura) **dead weight.**
ẓavorrare *v. t. (naut.)* to **ballast.**
ẓàzzera *f.* **1 long hair** **2** *(spreg.* o *scherz.)* **mop(-head); shock of hair; thatch** *(fam.).*
ẓazzeróne *m. (spreg.)* **mop-head.**
ẓazzeruto *a.* **1 long-haired** **2** *(spreg.* o *scherz.)* **mop -headed; shock-headed.**
ẓèbra *f.* **1** *(zool.,* Equus zebra*)* **zebra** **2** *(al pl.:* passaggio pedonale*)* **zebra crossing** *(sing.).*
ẓebrato *a.* **striped** ● *passaggio z.,* zebra crossing.
ẓebù *f. (zool.,* Bos indicus*)* **zebu.**
(1) zécca *f.* **mint** ● *(fig.) nuovo di z.,* brand-new.
(2) zécca *f. (zool.)* **tick.**
zecchino *m. (stor.)* **sequin.**
ẓefìr *m. (ind. tessile)* **zephyr.**
ẓèfiro *m.* **zephyr; breeze.**
ẓelante *a.* **zealous; eager.**
ẓelanterìa *f.* **(eccessive) zeal; zealotry.**
ẓelatóre *m.* **zealot.**
ẓèlo *m.* **zeal; fervour; eagerness.**
ẓènit *m. (astron.)* **zenith.**
ẓenitale *a. (astron.)* **zenithal.**
ẓénẓero *m. (bot.,* Zingiber officinale*)* **ginger** ● *pan d z.,* gingerbread.
ẓéppa *f.* **1 wedge** **2** *(mecc.)* **shim** **3** *(fig.)* **stop-gap** **4** *(giornalismo)* **(space) filler** ● *(fig.) metterci una z.,* to make the best of a bad job.
ẓéppo *a.* **(packed) full; crammed; cram-full.**
ẓerbino *m.* (stuoia) **door-mat.**
ẓerbinòtto *m.* **dandy; fop; coxcomb.**
ẓèro A *m.* **1** *(mat.)* **nought; cipher, cypher**: *z. virgola tre,* (nought) point three **2** *(fis.)* **zero**: *dieci gradi sotto (sopra) z.,* ten degrees below (above) zero **3** *(tel.)* **0** (pronuncia [ou]): *Il mio numero di telefono è 2230,* my telephone number is double two three 0 ● *farsi tagliare i capelli a z.,* to have one's hair cropped □ *(fig.) ridurre a z.,* to reduce to nothing □ *(mil.) sparare a z.,* to fire with zero degrees of elevation □ *(fig.) Non vale uno z.,* it's not worth a brass farthing (o tuppence, *fam.*) **B** *a. num card.* **zero**: *z. gradi,* zero degrees □ *l'ora z.,* zero hour ● *(sport) z. punti,* nil; love.
ẓèta *f.* **zed; zee** *(USA).*
ẓeugma *m. (gramm.)* **zeugma.**
zia *f.* **aunt**: *zia Gianna,* Aunt Jane.
ẓibaldóne *m.* **1** (mescolanza) **miscellany** **2** *(spreg.)* **hotchpotch** **3** *(letter.)* **commonplace book.**
ẓibellino *m. (zool.,* Martes zibellina; pelliccia*)* **sable.**
ẓibétto *m. (zool.,* Viverra zibetha*)* **zibet, civet.**
ziétta *f. (fam.)* **auntie, aunty.**
ẓigano *a.* e *m.* **Tzigane.**
ẓigolo *m. (zool.,* Emberiza*)* **bunting.**
ẓigomàtico *a. (anat.)* **zygomatic.**
ẓigomo *m. (anat.)* **cheek-bone; zygoma*.**
ẓigrinare *v. t.* **1** (pelli) to **grain** **2** *(mecc.)* to **knurl** **3** (monete) to **mill.**
ẓigrinato *a.* **1** (rif. a pelli) **grained** **2** *(mecc.)* **knurled** **3** (rif. a monete) **milled.**
ẓigrino *m.* **shagreen.**
ẓigẓàg *m.* **zigzag** ● *a z.,* zigzag □ *andare a z.,* to zigzag.
ẓigẓagare *v. i.* to **zigzag.**
zimbellare *v. t. (*anche *fig.)* to **decoy.**
zimbèllo *m.* **1** *(*anche *fig.)* **decoy** **2** (oggetto di scherno) **laughing-stock.**
zinale *m. (dial.)* **apron.**
zincare *v. t. (metall.)* to **zinc;** to **coat with zinc;** to **galvanize.**
zincato A *a. (metall.)* **coated with zinc; zinc-plated; galvanized** **B** *m. (chim.)* **zincate.**
zincatura *f. (metall.)* **zinc-plating; galvanization.**
zinco *m. (chim.)* **zinc**: *una lamiera di z.,* a zinc sheet.

zincografìa *f. (tipogr.)* **zincography.**
zincògrafo *m. (tipogr.)* **zincographer.**
zingarésco *a.* **gipsy, gypsy** *(attr.).*
zìngaro *m.* **gipsy, gypsy.**
ẓìnnia *f. (bot.,* Zinnia*)* **zinnia.**
zinzino *m. (fam.)* ***1*** **pinch; spot; drop** ***2*** *(fig.)* **scrap.**
zio *m.* **uncle**: *zio Paolo,* Uncle Paul ● *gli zii* (lo zio e la zia), uncle and aunt.
ẓip *m. (chiusura lampo)* **zip (fastener).**
zìpolo *m.* **spigot; peg; bung.**
ẓircóne *m. (miner.)* **zircon.**
ẓircònio *m. (chim.)* **zirconium.**
zirlare *v. i.* to **whistle.**
zirlo *m.* **(thrush's) whistle.**
zitèlla *f.* **spinster** ● *(spreg.) vecchia z.,* old maid.
zitellóna *f. (spreg.)* **old maid.**
zitellóne *m. (scherz.)* **old bachelor.**
zittire *v. i.* e *t.* to **hiss;** to **boo.**
zitto *a.* **silent; quiet**: *Sta' z.!,* be quiet!
ẓiẓẓània *f.* ***1*** *(bot.,* Lolium temulentum*)* **darnel** ***2*** *(fig.)* **discord**: *seminare z.,* to sow discord; to make mischief.
zoccolare *v. i.* to **clatter along;** to **clump about.**
zoccolata *f.* **blow with a clog.**
zòccolo *m.* ***1*** **clog; sabot** ***2*** (di cavalli, ecc.) **hoof*** ***3*** (zolla di terra) **sod** ***4*** *(archit.)* **base;** (di colonna) **plinth** ***5*** (di parete) **wainscot** ***6*** *(fis.)* **base; socket** ***7*** *(fig., spreg.:* persona buona a nulla) **good-for-nothing.**
ẓodiacale *a. (astron.)* **zodiacal.**
ẓodìaco *m. (astron.)* **zodiac**: *costellazioni dello z.,* signs of the Zodiac.
zolfanèllo *m.* **sulphur match.**
zolfara, zolfatara *V.* **solfara, solfatara.**
zólfo *m. (chim.)* **sulphur.**
ẓòlla *f.* ***1*** **sod; turf** ***2*** (di zucchero) **lump.**
ẓollétta *f.* **lump.**
ẓòna *f.* ***1*** (anche *geogr., astron., elab.)* **zone**: *la z. torrida,* the torrid zone □ *z. di guerra,* war zone ***2*** (regione) **region; district;** (area) **area, belt**: *una z. montuosa,* a mountainous region □ *una z. verde,* a green belt ● *(radio) z. d'ascolto,* service area □ *(meteorologia) z. di depressione,* trough □ *(autom.) z. per parcheggio,* parking-lot □ (nel gioco del bridge) *in z.,* vulnerable.
ẓonale *a.* **zonal; regional; area, district** *(attr.).*
ẓoniẓẓazióne *f.* **zoning.**
ẓónẓo, a *locuz. avv.* — *andare a z.,* to saunter; to stroll; to loaf.
ẓòo *m. (fam.)* **zoo*.**
zoofilìa *f.* **zoophily.**
ẓoòfilo ***A*** *m.* **zoophile; zoophilist** ***B*** *a.* **zoophilous.**
ẓoofobìa *f.* **zoophobia.**
ẓoologìa *f.* **zoology.**
ẓoològico *a.* **zoological**: *giardino z.,* zoological gardens *(pl.)*; zoo.
ẓoòlogo *m.* **zoologist.**
zoom *(ingl.) m. (fotogr., cinem., telev.)* **zoom lens.**
ẓootecnìa *f.* **zootechny; zootechnics** *(pl. col verbo al sing.).*
ẓootècnico ***A*** *a.* **zootechnical** ***B*** *m.* **zootechnician.**
zoppicante *a.* ***1*** **limping; lame** ***2*** *(fig.:* instabile) **unsteady; wobbly; rickety** ● *versi zoppicanti,* halting verses.
zoppicare *v. i.* ***1*** to **limp** ***2*** *(fig.:* essere instabile) to **be unsteady** ***3*** *(fig.:* mancare di rigore) to **be unsound.**
zoppicóni *avv.* **haltingly; with a limp** ● *andare z.,* to limp along.
zòppo ***A*** *a.* ***1*** **limping; lame** ***2*** *(fig.:* instabile) **unsteady; wobbly; rickety** ***3*** *(fig.:* difettoso) **unsound; faulty** ● *andare a piè z.,* to hop ***B*** *m.* **lame person; cripple.**
ẓotichézza *f.* **roughness; rudeness; boorishness.**
ẓòtico ***A*** *a.* **rough; rude; boorish** ***B*** *m.* **boor.**
ẓoticóne *m.* **boor; lout; clodhopper** *(fam.).*
ẓuava *f.* **zouave (jacket).**
ẓuavo *m. (mil.)* **zouave** ● *pantaloni alla zuava,* plus-fours.

zucca *f.* ***1*** *(bot.,* Cucurbita pepo*)* **pumpkin; squash**: *semi di z.,* pumpkin seeds ***2*** *(fig.:* testa) **pate, noddle** *(fam.)*: *una z. pelata,* a bald pate ● *(fig.) sale in z.,* savvy, gumption *(fam.).*
zuccata *f.* **bang with the head.**
zuccherare *v. t.* to **sugar;** to **sweeten.**
zuccherato *a.* ***1*** **sugared; sweetened** ***2*** *(fig.)* **sugary; honeyed.**
zuccherièra *f.* **sugar-basin; sugar-bowl.**
zuccherière *m.* ***1*** (industriale che produce zucchero) **sugar manufacturer** ***2*** (operaio di zuccherificio) **worker in a sugar-house.**
zuccherièro *a.* **sugar** *(attr.)*: *l'industria zuccheriera,* the sugar industry.
zuccherifìcio *m.* **sugar-house; sugar-refinery.**
zuccherino ***A*** *a.* **sugary; sweet** ***B*** *m.* **sweetmeat; sugar-plum** (anche *fig.).*
zùcchero *m.* **sugar**: *z. d'orzo,* barley sugar □ *canna da z.,* sugar cane □ *z. raffinato,* white sugar □ *z. in polvere,* castor sugar □ *z. in zollette,* lump sugar □ *(fig.) essere tutto z. e miele,* to be all sugar and honey ● *z. filato,* candy floss □ *(fig.) a pan. di z.,* sugar-loaf *(attr.).*
zuccheróso *a.* (anche *fig.)* **sugary.**
zucchétto *m.* ***1*** (copricapo) **skull-cap** ***2*** *V.* **zucchina.**
zucchina *f.* **zucchino** *m.* **vegetable marrow; courgette.**
zuccóne ***A*** *m. (pop.)* ***1*** **big head** ***2*** *(fig.:* persona ottusa) **blockhead; dunce; donkey** *(pop.)* ***B*** *a.* **dull; slow-witted; thick-headed.**
zuffa *f.* **brawl; scuffle.**
zufolare *v. i.* e *t.* ***1*** *(mus.)* to **pipe** ***2*** (fischiare) to **whistle.**
zufolata *f.* ***1*** *(mus.)* **piping** ***2*** (fischio) **whistle, whistling.**
zùfolo *m. (mus.)* **flageolet.**
ẓulù ***A*** *m.* e *f.* ***1*** **Zulu** ***2*** *(fig.:* zotico) **boor; lout** ***B*** *a.* **Zulu** *(attr.).*
ẓumare *v. i.* e *t. (cinem., telev.)* to **zoom.**
ẓumata *f. (cinem., telev.)* **zoom.**
zuppa *f.* ***1*** *(cucina)* **soup**: *z. di verdura,* vegetable soup □ *z. di pesce,* fish soup; bisk ***2*** *(fig.)* **muddle; mess** ● *(cucina) z. inglese,* trifle □ *Se non è z. è pan bagnato,* it's six of one and half a dozen of the other.
zuppièra *f.* **soup-tureen.**
zuppo *a.* **wet through; soaked; drenched; soppy.**
ẓuẓẓurellóne, ẓuẓẓurullóne *m. (fam.)* **rollicking person.**

Nomi di persona

Abèle *m.* Abel.
Abramo *m.* Abraham.
Achille *m.* Achilles.
Ada *f.* Ada.
Adalbèrto *m.* Adalbert.
Adamo *m.* Adam.
Adelàide *f.* Adelaide; *(dim.)* Addie.
Adèle *f.* Adela.
Adòlfo *m.* Adolph; *(dim.)* Dolph.
Adóne *m.* Adonis.
Adriano *m.* Adrian; *(stor.)* Hadrian.
Agamènnone *m.* Agamemnon.
Àgata *f.* Agatha.
Agènore *m.* Agenor.
Agnése *f.* Agnes.
Agostino *m.* Augustin(e); Austin.
Agrippa *m.* Agrippa.
Agrippina *f.* Agrippina.
Aiace *m.* Ajax.
Aladino *m.* Aladdin.
Alarico *m.* Alaric.
Albano *m.* Alban.
Alberico *m.* Aubrey.
Albertina *f.* Albertine.
Albèrto *m.* Albert.
Alcèo *m.* Alcaeus.
Alcibiade *m.* Alcibiades.
Alcide *m.* Alcides.
Aldo *m.* Aldous.
Alessandra *f.* Alexandra.
Alessandro *m.* Alexander.
Alèssio *m.* Alexis; *(stor.)* Alexius.
Alfònso *m.* Alfonso, Alphonso.
Alfrédo *m.* Alfred.
Alice *f.* Alice.
Amàlia *f.* Amelia.
Ambrògio *m.* Ambrose.
Amedèo *m.* Amadeus.
Amerigo *m.* Emery.
Amlèto *m.* Hamlet.
Amos *m.* Amos.
Anchiṣe *m.* Anchises.
Andrèa *m.* Andrew.
Andròmaca *f.* Andromache.
Àngela *f.* Angela.
Àngelo *m.* Angelo.
Anna *f.* Anna, Anne, Ann.
Annabèlla *f.* Annabel(le).
Annétta *f.* Annette; Annie.
Annibale *m.* Hannibal.
Ansèlmo *m.* Anselm.
Antònia *f.* Antonia.
Antoniétta *f.* Antoinette.
Antònio *m.* Anthony, Antony; *(stor.)* Antonius.
Arabèlla *f.* Arabella.
Archimede *m.* Archimedes.
Arcibaldo *m.* Archibald; *(dim.)* Archie.
Arianna *f.* Ariadne.
Arièle *m.* Ariel.
Aristide *m.* Aristides.
Aristòtele *m.* Aristotle.
Armando *m.* Herman.
Arnòldo *m.* Arnold.
Aròldo *m.* Harold.
Arònne *m.* Aaron.
Artèmide *f.* Artemis.
Arturo *m.* Arthur.
Assalònne *m.* Absalom.
Augusta *f.* Augusta.
Augusto *m.* Augustus.
Auròra *f.* Aurora.

Bacco *m.* Bacchus.
Baldassarre *m.* Balthazar.
Baldovino *m.* Baldwin.
Bàrbara *f.* Barbara.
Bàrnaba *m.* Barnabas, Barnaby.
Bartolomèo *m.* Bartholomew.
Baṣilio *m.* Basil.
Beatrice *f.* Beatrix, Beatrice.
Benedétto *m.* Benedict.
Beniamino *m.* Benjamin.
Berenice *f.* Berenice.
Bernardo *m.* Bernard, Barnard.
Bèrta *f.* Bertha.
Bertrando *m.* Bertram.
Biagio *m.* Blaise.
Bianca *f.* Blanche.
Bonifàcio *m.* Boniface.
Brìgida *f.* Bridget.
Bruno *m.* Bruno
Bruto *m.* Brutus.

Caino *m.* Cain.
Cam *m.* Ham.
Camilla *f.* Camilla.
Càndida *f.* Candida.
Carlo *m.* Charles; *(dim.)* Charlie, Charley.
Carlòtta *f.* Charlotte; *(dim.)* Lottie.
Carolina *f.* Caroline.
Caterina *f.* Catherine, Catharine, Katherine, Katharine; *(dim.)* Kate, Kitty, Cathy.
Cecilia *f.* Cecily, Cecilia.
Celestina *f.* Celestine.
Celestino *m.* Celestine.
Céṣare *m.* Caesar.
Chiara *f.* Clare, Clara.
Cinzia *f.* Cynthia.
Cirillo *m.* Cyril.
Clara *f.* Clare, Clara.
Clàudio *m.* Claude *(franc.)*; *(stor.)* Claudius.
Clemènte *m.* Clement.
Clementina *f.* Clementine, Clementina.
Colombina *f.* Columbine.
Còra *f.* Cora.
Corinna *f.* Corinne *(franc.)*.
Cornèlia *f.* Cornelia.
Cornèlio *m.* Cornelius.
Corrado *m.* Conrad.
Costanza *f.* Constance.
Costantino *m.* Constantine.
Crispino *m.* Crispin.
Cristina *f.* Christine, Christina; *(dim.)* Chrissie, Christie.
Cristòforo *m.* Christopher.

Dafne *f.* Daphne.
Dagobèrto *m.* Dagobert.
Dàlila *f.* Delilah.

Dàmocle *m.* Damocles.
Danièle *m.* Daniel; *(dim.)* Dan, Danny.
Dante *m.* Dante.
Dàvide *m.* David; *(dim.)* Dave, Davy, Davie.
Dèbora *f.* Deborah; *(dim.)* Debby, Deb.
Dèlia *f.* Delia.
Demètrio *m.* Demetrius.
Desdèmona *f.* Desdemona.
Diana *f.* Diana.
Didóne *f.* Dido.
Diocleziano *m.* Diocletian.
Diògene *m.* Diogenes.
Dionigi *m.* Dionysius; Den(n)is.
Doménico *m.* Dominic.
Dorotèa *f.* Dorothy.

Èbe *f.* Hebe.
Ècuba *f.* Hecuba.
Edgardo *m.* Edgar; *(dim.)* Eddy, Ned, Neddy.
Edipo *m.* Oedipus.
Editta *f.* Edith.
Edmóndo *m.* Edmund; *(dim.)* Eddy, Ned, Neddy.
Edoàrdo *m.* Edward; *(dim.)* Eddy, Ned, Neddy, Ted, Teddy.
Egidio *m.* Giles.
Èlena *f.* Helen, Helena.
Eleonòra *f.* Eleanor, Elinor; Leonora; *(dim.)* Ella, Nell, Nellie, Nora.
Elèttra *f.* Electra.
Elìa *m.* Elias; *(Bibbia)* Elijah.
Elișa *f.* Eliza.
Elișabètta *f.* Elizabeth, Elisabeth; *(dim.)* Betty, Betsy, Bess, Bessie, Lizzie.
Elișèo *m.* Elisha.
Élsa *f.* Elsa.
Elvira *f.* Elvira.
Emanuèle *m.* Emmanuel.
Emilia *f.* Emily; *(dim.)* Emmie, Emmy.
Emilio *m.* Emil.
Èmma *f.* Emma.
Enèa *m.* Aeneas.
Ènnio *m.* Ennius.
Enrica, Enrichétta *f.* Henrietta; *(dim.)* Hetty, Nettie.
Enrico *m.* Henry; *(dim.)* Harry.
Erașmo *m.* Erasmus.
Erbèrto *m.* Herbert.
Èrcole *m.* Hercules.
Ermanno *m.* Herman.
Ermète *m.* Hermes.
Ernèsto *m.* Ernest.
Eròde *m.* Herod.
Èros *m.* Eros.
Eșaù *m.* Esau.
Eschilo *m.* Aeschylus.
Esculàpio *m.* Aesculapius.
Eșòpo *m.* Aesop.
Èster *f.* Esther.
Èttore *m.* Hector.
Euclide *m.* Euclid.
Eufèmia *f.* Euphemia.
Eugènia *f.* Eugenia.
Eugènio *m.* Eugene.
Euridice *f.* Eurydice.
Eurìpide *m.* Euripides.
Eușèbio *m.* Eusebius.
Eustàchio *m.* Eustace.
Èva *f.* Eve, Eva.
Evangelina *f.* Evangeline.
Evelina *f.* Eveline, Evelyn.

Fabiano *m.* Fabian.
Fàbio *m.* Fabius.
Fàusto *m.* Faustus; Faust.
Fèbe *f.* Phoebe.
Féde *f.* Faith.
Federica *f.* Frederica.
Federico *m.* Frederic(k); *(dim.)* Fred, Freddy, Freddie.
Fèdra *f.* Phaedra.
Felice *m.* Felix.
Ferdinando *m.* Ferdinand.
Fetónte *m.* Phaethon.
Filippo *m.* Philip.
Fiorènza *f.* Florence; *(dim.)* Flossie, Flo.
Flavia *f.* Flavia.
Flòra *f.* Flora.
Francésca *f.* Frances; *(dim.)* Fanny, Fannie.
Francésco *m.* Francis.
Franco *m.* Frank.
Fulvia *f.* Fulvia.

Gabrièle *m.* Gabriel.
Gabrièlla *f* Gabriella, Gabrielle.
Galatèa *f.* Galatea.
Ganimède *m.* Ganymede.
Gàspare *m.* Jasper.
Gastóne *m.* Gaston.
Gelsomina *f.* Jasmine.
Geltrude *f.* Gertrude; *(dim.)* Gertie, Trudy.
Genovèffa *f.* Genevieve.
Geraldina *f.* Geraldine.
Gerardo *m.* Gerald, Gerard.
Geremìa *m.* Jeremy; *(dim.)* Jerry; *(Bibbia)* Jeremiah.
Geròlamo, Gerònimo *m.* Jerome.
Gervàsio *m.* Gervase; Jarvis, Jervis.
Gesù *m.* Jesus.
Ghita *f.* Maggie.
Giacòbbe *m.* Jacob.
Giacomina *f.* Jacqueline.
Giàcomo *m.* James; *(dim.)* Jim, Jimmy, Jamie.
Gianna *f.* Janet.
Gianni *m.* Jack.
Giașóne *m.* Jason.
Gilbèrto *m.* Gilbert.
Ginévra *f.* Guinevere.
Giòbbe *m.* Job.
Giòna *m.* Jonah.
Giònata *m.* Jonathan.
Giorgina *f.* Georgina.
Giórgio *m.* George.
Gioșuè *m.* Joshua; *(dim.)* Josh.
Giovanna *f.* Joan; Jane; Jean.
Giovanni *m.* John; *(dim.)* Johnnie, Johnny, Jack.
Giòve *m.* Jupiter; Jove.
Giròlamo *m.* Jerome.
Giuda *m.* Judas.
Giuditta *f.* Judith; *(dim.)* Judy.
Giùlia *f.* Julia; Julie.
Giuliana *f.* Juliana.
Giuliano *m.* Julian; *(dim.)* Jule.
Giuliétta *f.* Juliet.
Giulio *m.* Julius; *(dim.)* Jule.
Giunóne *f.* Juno.
Giușèppe *m.* Joseph; *(dim.)* Joe.
Giușeppina *f.* Josephine.
Giustina *m.* Justine.
Giustiniano *m.* Justinian.
Giustino *m.* Justin.
Glòria *f.* Gloria.
Goffrédo *m.* Geoffrey; Godfrey.
Golìa *m.* Goliath.
Grazia *f.* Grace.
Gregòrio *m.* Gregory; *(dim.)* Greg.
Grèta *f.* Greta.
Grișèlda *f.* Griselda.
Gualtièro *m.* Walter; *(dim.)* Walt.
Guendalina *f.* Gwendolen, Gwendoline; *(dim.)* Gwen.
Guglielmina *f.* Wilhelmina; *(dim.)* Wilmot, Willie, Mina, Minnie.
Guglièlmo *m.* William; *(dim.)* Will, Willy, Willie, Bill, Billy.
Guido *m.* Guy.
Gustavo *m.* Gustavus; *(dim.)* Gus, Gussie.

Iàcopo *m.* James.

Iago *m.* Iago.
Icaro *m.* Icarus.
Ida *f.* Ida.
Ifigenia *f.* Iphigenia.
Ignàzio *m.* Ignatius.
Ilàrio *m.* Hilary.
Ippòcrate *m.* Hippocrates.
Ippòlita *f.* Hippolyta.
Irène *f.* Irene.
Iris *f.* Iris.
Işabèlla *f.* Isabel, Isabella; *(dim.)* Bel, Bella.
Işacco *m.* Isaac; *(dim.)* Ike.
Işaia *m.* Isaiah.
Isidòro *m.* Isidor(e).
Isòtta *f.* Iseult; Isolde.

Laèrte *m.* Laertes.
Lambèrto *m.* Lambert.
Lancillòtto *m.* Lancelot.
Laocoònte *m.* Laocoon.
Laura *f.* Laura.
Lavinia *f.* Lavinia.
Làẓẓaro *m.* Lazarus.
Leandro *m.* Leander.
Lèda *f.* Leda.
Leonardo *m.* Leonard.
Leóne *m.* Leo.
Leonèllo *m.* Lionel.
Leònida *m.* Leonidas.
Leopòldo *m.* Leopold.
Letizia *f.* Letitia; *(dim.)* Letty.
Lìdia *f.* Lydia.
Liliana *f.* Lilian.
Lionèllo *m.* Lionel.
Lişandro *m.* Lysander.
Livia *f.* Livia.
Lodovico *m.* Ludovic; Ludwig.
Lorènzo *m.* Laurence, Lawrence; *(dim.)* Larry, Laurie.
Lotàrio *m.* Luther.
Luca *m.* Luke.
Lucia *f.* Lucy.
Luciana *f.* Luciana.
Luciano *m.* Lucian.
Lùcio *m.* Lucius.
Lucrèzia *f.* Lucrece; Lucretia.
Lucrèzio *m.* Lucretius.
Luigi *m.* Lewis; Louis.
Luisa *f.* Louise, Louisa.

Maddalèna *f.* Magdalene; *(dim.)* Maud.
Manfrèdi *m.* Manfred.
Manuèle *m.* Manuel.
Maométto *m.* Mohammed.
Marcantònio *m.* Mark Antony.
Marcèllo *m.* Marcellus.
Marco *m.* Mark.
Margherita *f.* Margaret; *(dim.)* Mag, Maggie, Meg, Meggie, Madge, Peg, Peggie, Greta.
Maria *f.* Mary; *(dim.)* Moll, Molly, Pol, Polly.
Mariànna *f.* Marian, Marianne.
Marina *f.* Marina.
Màrio *m.* Marius.
Marta *f.* Martha.
Marte *m.* Mars.
Martino *m.* Martin.
Massimiliano *m.* Maximilian; *(dim.)* Max.
Màssimo *m.* Maximus; *(dim.)* Max.
Matilde *f.* Mathilda, Matilda; *(dim.)* Mat, Matty, Patty, Tilda, Tilly.
Mattèo *m.* Matthew; *(dim.)* Mat.
Mattia *m.* Matthias.
Maurizio *m.* Maurice.
Medèa *f.* Medea.
Mefistòfele *m.* Mephistopheles.
Melchiòrre *m.* Melchior.
Mercùrio *m.* Mercury.
Mercùzio *m.* Mercutio.
Michèle *m.* Michael, Michel; *(dim.)* Mike, Micky.
Minèrva *f.* Minerva.
Miriam *f.* Miriam.
Mirra *f.* Myrrha.
Mònica *f.* Monica.
Morfèo *m.* Morpheus.
Moşè *m.* Moses.

Napoleóne *m.* Napoleon.
Narcişo *m.* Narcissus.
Natale *m.* Noel.
Natalia *f.* Natalie, Natalia.
Natanièle *m.* Nathaniel.
Nauşicaa *f.* Nausicaa.
Neróne *m.* Nero.
Nèstore *m.* Nestor.
Nettuno *m.* Neptune.
Niccolò, Nicòla *m.* Nicholas; *(dim.)* Nick.
Noè *m.* Noah.
Noèmi *f.* Naomi.
Nòra *f.* Nora(h).
Nòrma *f.* Norma.

Ofèlia *f.* Ophelia.
Òlga *f.* Olga.
Olimpia *f.* Olympia.
Olivia *f.* Olive, Olivia.
Olivièro *m.* Oliver.
Omèro *m.* Homer.
Onòria *f.* Honora, Honoria; *(dim.)* Norah, Nora.
Onòrio *m.* Honorius.
Oràzio *m.* Horace.
Orèste *m.* Orestes.
Orfèo *m.* Orpheus.
Oriana *f.* Oriana.
Orlando *m.* Roland.
Órsola *f.* Ursula.
Ortènsia *f.* Hortense, Hortensia.
Òscar *m.* Oscar.
Osvaldo *m.* Oswald.
Otèllo *m.* Othello.
Ottàvia *f.* Octavia.
Ottaviano *m.* Octavian.
Ottàvio *m.* Octavius.
Ottóne *m.* Otto.
Ovidio *m.* Ovid.

Pamèla *f.* Pamela.
Pancràzio *m.* Pancras.
Pandòra *f.* Pandora.
Pàola *f.* Paula.
Paolina *f.* Pauline.
Pàolo *m.* Paul.
Pàride *m.* Paris.
Patrizia *f.* Patricia; *(dim.)* Pat.
Patrizio *m.* Patrick; *(dim.)* Pat.
Penèlope *f.* Penelope.
Pèricle *m.* Pericles.
Pèrla *f.* Pearl.
Pèrseo *m.* Perseus.
Piètro *m.* Peter; *(dim.)* Pete.
Pigmalióne *m.* Pygmalion.
Pilade *m.* Pylades.
Pio *m.* Pius.
Pirro *m.* Pyrrhus.
Platone *m.* Plato.
Plinio *m.* Pliny.
Pompèo *m.* Pompey.
Porzia *f.* Portia.
Priamo *m.* Priam.
Priscilla *f.* Priscilla.
Pròspero *m.* Prospero.
Pùblio *m.* Publius.

Quintino *m.* Quintin, Quentin.

Quinzio *m.* Quintius.

Rachèle *f.* Rachel.
Raffaèle, Raffaèllo *m.* Raphael.
Raimóndo *m.* Raymond; *(dim.)* Ray.
Randòlfo *m.* Randolph.
Rebècca *f.* Rebecca; *(dim.)* Becky.
Regina *f.* Regina.
Reginaldo *m.* Reginald; Ronald; *(dim.)* Rex, Reggie, Ronnie.
Rèmo *m.* Remus.
Renata *f.* Renée *(franc.)*.
Renato *m.* René *(franc.)*.
Rènzo *m.* Larry, Laurie.
Riccardo *m.* Richard; *(dim.)* Dick.
Rinaldo *m.* Reginald; Ronald; *(dim.)* Rex, Reggie, Ronnie.
Rita *f.* Rita; Peggy, Maggie, Margot.
Robèrto *m.* Robert; *(dim.)* Bob, Bobby, Dob, Dobbin, Rob, Robin.
Rodòlfo *m.* Rudolph; Ralph.
Rodrigo *m.* Roderick, Roderic.
Rolando *m.* Roland.
Romèo *m.* Romeo.
Ròmolo *m.* Romulus.
Ròşa *f.* Rose, Rosa.
Roşalia *f.* Rosalie, Rosalia.
Roşalinda *f.* Rosalind.
Roşmunda *f.* Rosamond.
Rossana *f.* Roxana; *(dim.)* Roxy.
Ruggèro, Ruggiero *m.* Roger.

Sabina *f.* Sabina.
Sabrina *f.* Sabrina.
Salomè *f.* Salome.
Salomóne *m.* Solomon.
Samuèle *m.* Samuel; *(dim.)* Sam, Sammy.
Sansóne *m.* Samson, Sampson.
Santippe *f.* Xanthippe, Xantippe.
Sara *f.* Sarah; *(dim.)* Sal, Sally.
Saturno *m.* Saturn.
Saul *m.* Saul.
Savèrio *m.* Xavier.
Sebastiano *m.* Sebastian.
Sèm *m.* Shem.
Senofónte *m.* Xenophon.
Sèrgio *m.* Sergius; *(dim.)* Serge.
Sibilla *f.* Sibyl, Sybil.
Sigfrido *m.* Siegfried.
Sigişmondo *m.* Sigismund; Siegmund.
Silvano *m.* Silvanus, Sylvanus.
Silvèstro *m.* Sylvester, Silvester; *(dim.)* Vest, Vester, Vessie.
Silvia *f.* Sylvia, Silvia; *(dim.)* Silvie.
Silvio *m.* Sylvius.
Simeóne *m.* Simeon; *(dim.)* Sim.
Simóne *m.* Simon; *(dim.)* Sim.
Sisto *m.* Sixtus.
Sòcrate *m.* Socrates.
Sofia *f.* Sophia; *(dim.)* Sophy.
Sòfocle *m.* Sophocles.
Solóne *m.* Solon.
Spàrtaco *m.* Spartacus.
Stanislao *m.* Stanislaus.
Stefània *f.* Stephanie.
Stéfano *m.* Stephen; *(dim.)* Steve, Stevie.
Stélla *f.* Stella; Estella.
Suşanna *f.* Susan; Susanna(h); *(dim.)* Sue, Susie, Susy, Suzy.

Taddèo *m.* Thaddeus; *(dim.)* Thad, Thaddy.
Talia *f.* Thalia.
Tancrèdi *m.* Tancred.
Tàntalo *m.* Tantalus.
Tarquinio *m.* Tarquin, Tarquinius.
Tebaldo *m.* Theobald.
Tècla *f.* Thecla.
Teodora *f.* Theodora; *(dim.)* Dora.
Teodorico *m.* Theodoric.
Teodoro *m.* Theodore; *(dim.)* Tad, Dode, Ted, Teddy.
Teodòşia *f.* Theodosia.
Teodòşio *m.* Theodosius.
Teòfilo *m.* Theophilus.
Terènzio *m.* Terence.
Terèsa *f.* Theresa; *(dim.)* Terry.
Teşèo *m.* Theseus.
Tibèrio *m.* Tiberius.
Timòteo *m.* Timothy; *(dim.)* Tim.
Tito *m.* Titus.
Tiziano *m.* Titian.
Tobia *m.* Tobias, Tobiah; *(dim.)* Toby.
Tolomèo *m.* Ptolemy.
Tommaşo *m.* Thomas; *(dim.)* Tom, Tommy.
Traiano *m.* Trajan.
Tristano *m.* Tristram.
Tròilo *m.* Troilus.
Tullio *m.* Tully; Tullius.

Ubèrto *m.* Hubert.
Ugo *m.* Hugh.
Ulisse *m.* Ulysses.
Umbèrto *m.* Humbert.
Urània *f.* Urania.
Urbano *m.* Urban.
Uria *m.* Uriah.

Valentino *m.* Valentine.
Valèria *f.* Valeria.
Valèrio *m.* Valerius.
Vènere *f.* Venus.
Vèra *f.* Vera.
Verònica *f.* Veronica.
Vespaşiano *m.* Vespasian.
Vilma *f.* Wilma.
Vincènzo *m.* Vincent.
Viòla *f.* Viola.
Violétta *f.* Violet.
Virgìlio *m.* Vergil, Virgil.
Virgìnia *f.* Virginia.
Vittòria *f.* Victoria; *(dim.)* Vic, Vicky.
Vittòrio *m.* Victor.
Viviana *f.* Vivian, Vivien.
Vulcano *m.* Vulcan.

Walter *(ingl.) m.* Walter; *(dim.)* Walt.
Wanda *m.* Wanda.
Wilma *f.* Wilma.

Zaccarìa *m.* Zachariah, Zacharias, Zachary; *(dim.)* Zach.
Zòe *f.* Zoe.

Nomi geografici

Abissinia *f.* Abyssinia.
Adriàtico (il Mare) *m.* (the) Adriatic Sea.
Àfrica *f.* Africa.
Àia (l') *f.* (the) Hague.
Alasca *f.* Alaska.
Albania *f.* Albania.
Alessàndria (d'Egitto) *f.* Alexandria.
Algèri *f.* Algiers.
Algeria *f.* Algeria.
Alpi (le) *f. pl.* (the) Alps.
Alsàzia *f.* Alsace.
Amàzzoni, (il) Rio delle *m.* (the) Amazon.
Amburgo *f.* Hamburg.
Amèrica *f.* America.
Anatòlia *f.* Anatolia.
Andalusia *f.* Andalusia.
Ande (le) *f. pl.* (the) Andes.
Andòrra *f.* Andorra.
Ankara *f.* Ankara.
Antàrtide *f.* Antarctic.
Antille (le) *f. pl.* (the) Antilles.
Anvèrsa *f.* Antwerp.
Appennini (gli) *m. pl.* (the) Apennines.
Aràbia *f.* Arabia.
Aragóna *f.* Aragon.
Argentina *f.* Argentina.
Argo *f.* Argos.
Ariżòna *f.* Arizona.
Armènia *f.* Armenia.
Àrtide *f.* Arctic.
Àşia *f.* Asia.
Àssia *f.* Hesse.
Assiria *f.* Assyria.
Astùrie (le) *f. pl.* (the) Asturias.
Atène *f.* Athens.
Atlante *m.* Atlas.
Atlàntico (l'Oceano) *m.* (the) Atlantic Ocean.
Àttica *f.* Attica.
Austràlia *f.* Australia.
Àustria *f.* Austria.
Avana *f.* Havana.
Avignóne *f.* Avignon.
Azzòrre (le) *f. pl.* (the) Azores.

Babilònia *f.* Babylon.
Bagdàd *f.* Baghdad, Bagdad.
Bahama (le) *f. pl.* (the) Bahamas; (the) Bahama Islands.
Balcani (i) *m. pl.* (the) Balkans.
Baleari (le) *f. pl.* (the) Balearic Islands.
Bàltico (il Mar) *m.* (the) Baltic Sea.
Baltimòra *f.* Baltimore.
Barcellona *f.* Barcelona.
Başilèa *f.* Basel.
Bavièra *f.* Bavaria.
Bèlgio *m.* Belgium.
Belgrado *f.* Belgrade.
Bengala *m.* Bengal.
Beòzia *f.* Boeotia.
Berlino *f.* Berlin.
Bermude (le) *f. pl.* (the) Bermudas.
Bèrna *f.* Bern.
Betlèmme *f.* Bethlehem.
Bianco, Monte *m.* Mont Blanc.
Birmània *f.* Burma.
Bişànzio *f. (stor.)* Byzanthium.
Biscàglia *f.* Biscay.
Boèmia *f.* Bohemia.
Bogotà *f.* Bogota.
Bolivia *f.* Bolivia.
Bombay *f.* Bombay.
Borgógna *f.* Burgundy.
Bòrneo *m.* Borneo.
Bòsforo (il) *m.* (the) Bosporus, (the) Bosphorus.
Bòşnia *f.* Bosnia.
Braşile *m.* Brazil.
Bratişlava *f.* Bratislava.
Bretagna *f.* Brittany.
Britànnia *f.* Britain.
Bruxelles *f.* Brussels.
Bùcarest *f.* Bucharest.
Bulgaria *f.* Bulgaria.
Buona Speranza, (il) Capo di *m.* (the) Cape of Good Hope.

Càdice *f.* Cadiz.
Calcutta *f.* Calcutta.
Cambògia *f.* Cambodia.
Cambrici, (i) Monti *m. pl.* (the) Cambrian Mountains.
Càmerun *m. (ingl.)* Cameroons; *(franc.)* Cameroun.
Canadà *m.* Canada.
Canàrie (le) *f. pl.* (the) Canary Islands; (the) Canaries.
Car(a)ibico (il Mar) *m.* (the) Caribbean Sea.
Càrniche, (le) Alpi *f. pl.* (the) Carnic Alps.
Caroline, (le) Ìşole *f. pl.* (the) Caroline Islands.
Carpazi (i) *m. pl.* (the) Carpathian Mountains; (the) Carpathians.
Cartàgine *f. (stor.)* Carthage.
Càspio (il Mar) *m.* (the) Caspian Sea.
Castiglia *f.* Castile.
Catalógna *f.* Catalonia.
Càucaşo *m.* Caucasus.
Cecoslovàcchia *f.* Czechoslovakia.
Cervino (Monte) *m.* Mont Cervin *(franc.); (the) Matterhorn.*
Ceylon *f.* Ceylon.
Cile *m.* Chile.
Cina *f.* China.
Cipro *f.* Cyprus.
Città del Capo *f.* Cape Town.
Colómbia *f.* Colombia.
Colónia *f.* Cologne.
Columbia *f.* Columbia.
Còngo *m.* Congo.
Copenàghen *f.* Copenhagen.
Coralli, (il) Mar dei *m.* (the) Coral Sea.
Còrdova *f.* Cordova.
Corèa *f.* Korea.
Corinto *f.* Corinth.
Cornovàglia *f.* Cornwall.
Còrsica *f.* Corsica.
Costa Azzurra (la) *f.* (the) Côte d'Azur.
Costa d'Avorio (la) *f.* (the) Ivory Coast.
Costa d'Oro (la) *f.* (the) Gold Coast.
Costantinòpoli *f. (stor.)* Constantinople.
Costarica *f.* Costa Rica.
Còzie, (le) Alpi *f. pl.* (the) Cottian Alps.
Cracòvia *f.* Cracow.
Créta *f.* Crete.

Crimèa (la) *f.* (the) Crimea.
Croàzia *f.* Croatia.
Cuba *f.* Cuba.
Curdistàn *m.* Kurdistan.

Dacca ['dækə] *f.* Dacca.
Dàcia ['deisiə] *f. (stor.)* Dacia.
Dalmàzia *f.* Dalmatia.
Damasco *f.* Damascus.
Danimarca *f.* Denmark.
Danùbio (il) *m.* (the) Danube.
Dànzica *f.* Danzig.
Dardanelli (i) *m. pl.* (the) Dardanelles.
Dèlhi *f.* Delhi.
Dèlo *f.* Delos.
Digióne *f.* Dijon.
Dolomiti (le) *f. pl.* (the) Dolomites.
Dublino *f.* Dublin.

Èbridi (le) *f. pl.* (the) Hebrides.
Edimburgo *f.* Edinburgh.
Èfeṣo *f. (stor.)* Ephesus.
Egèo (il Mar) *m.* (the) Aegean Sea.
Egitto *m.* Egypt.
1° Elba *f. (isola)* Elba.
2° Elba (l') *m. (fiume)* (the) Elbe.
Elicóna *m.* Helicon.
Epiro *m.* Epirus.
Eritrèa *f.* Eritrea.
Estònia *f.* Est(h)onia.
Etiòpia *f.* Ethiopia.
Ètna *m.* Etna.
Eufrate (l') *m.* (the) Euphrates.
Euràṣia *f.* Eurasia.
Euròpa *f.* Europe.
Everest *m.* Everest.

Fiandre *f. pl.* Flanders.
Figi, (le) Ìṣole *f. pl.* (the) Fiji (Islands).
Filadèlfia *f.* Philadelphia.
Filippi *f. (stor.)* Philippi.
Filippine (le) *f. pl.* (the) Philippines.
Finlàndia *f.* Finland.
Firènze *f.* Florence.
Florida *f.* Florida.
Formósa *f.* Formosa.
Francia *f.* France.
Francofòrte *f.* Frankfort.

Galilèa *f.* Galilee.
Galles *f.* Wales.
Gand *f.* Ghent.
Gange (il) *m.* (the) Ganges.
Gènova *f.* Genoa.
Geòrgia *f.* Georgia.
Germània *f.* Germany.
Gerusalèmme *f.* Jerusalem.
Giacarta *f.* Djakarta.
Giallo, (il) Mar *m.* (the) Yellow Sea.
Giamàica *f.* Jamaica.
Giappóne *m.* Japan.
Giava *f.* Java.
Gibiltèrra *f.* Gibraltar.
Ginévra *f.* Geneva.
Giordània *f.* Jordan.
Giordano (il) *m.* (the) Jordan.
Giudèa *f. (stor.)* Jud(a)ea.
Giùlie, (le) Alpi *f. pl.* (the) Julian Alps.
Giura *m.* Jura.
Gràie, (le) Alpi *f. pl.* (the) Graian Alps.
Grampiani (i) *m. pl.* (the) Grampians.
Gran Bretagna *f.* Great Britain.
Grècia *f.* Greece.
Groenlàndia *f.* Greenland.
Guascógna *f.* Gascony.
Guatemala *m.* Guatemala.
Guiana *f.* Guiana.
Guinèa *f.* Guinea.

Hannòver *f.* Hanover.
Hawai (le) *f. pl.* (the) Hawaii; (the) Hawaiian Islands.

Ièmen *m.* Yemen.
Imàlaia *m.* Himalaya.
India *f.* India.
Indo (l') *m.* (the) Indus.
Indocina *f.* Indo-China.
Indonèsia *f.* Indonesia.
Indostàn *m.* Hindustan.
Inghiltèrra *f.* England.
Iònie, (le) Ìṣole *f. pl.* (the) Ionian Islands.
Iònio (il Mar) *m.* (the) Ionian Sea.
Irak *m.* Irak, Iraq.
Iran *m.* Iran.
Irlanda *f.* Ireland.
Iṣlanda *f.* Iceland.
Iṣraèle *m.* Israel.
Ìstanbul *f.* Istanbul.
Ìtaca *f.* Ithaca.
Itàlia *f.* Italy.
Iugoṣlàvia *f.* Yugoslavia.

Katanga *m. (stor.)* Katanga.
Kènia *m.* Kenya.
Kilimangiaro *m.* Kilimanjaro.

Laos *m.* Laos.
Lappònia *f.* Lapland.
Lèida *f.* Leyden, Leiden.
Leningrado *m.* Leningrad.
Lèṣbo *f.* Lesbos; Mytilene.
Lettònia *f.* Latvia.
Libano *m.* Lebanon.
Libèria *f.* Liberia.
Libia *f.* Libya.
Liègi *f.* Liege.
Ligùria *f.* Liguria.
Lima *f.* Lima.
Lióne *f.* Lyons.
Lipsia *f.* Leipzig.
Lisbóna *f.* Lisbon.
Lituània *f.* Lithuania.
Livórno *f.* Leghorn.
Lombardia *f.* Lombardy.
Lóndra *f.* London.
Lorèna *f.* Lorraine.
Loṣanna *f.* Lausanne.
Lubècca *f.* Lübeck.
Lucèrna *f.* Lucerne.
Lugano *f.* Lugano.
Luiṣiana *f.* Louisiana.
Luṣaka *f.* Lusaka.
Lussemburgo *m.* Luxembourg.

Macao *f.* Macao.
Macedònia *f.* Macedonia.
Madagascàr *m.* Madagascar.
Madèra *f.* Madeira.
Madrid *f.* Madrid.
Magellano, (lo) Strétto di *m.* (the) Strait(s) of Magellan.
Magónza *f.* Mainz.
Maiòrca *f.* Majorca.
Malacca *f.* Malacca.
Màlaga *f.* Malaga.
Malèṣia *f.* Malaya.
Malta *f.* Malta.
Manciùria *f.* Manchuria.
Mànica (la) *f.* (the) English Channel.

Manila *f.* Manilla, Manila.
Mantova *f.* Mantua.
Maratóna *f.* Marathon.
Marchéşi, (le) Ìşole *f. pl.* (the) Marquesas Islands.
Marianne, (le) Ìsole *f. pl.* (the) Mariana Islands.
Marittime, (le) Alpi *f. pl.* (the) Maritime Alps.
Maròcco *m.* Morocco.
Marsìglia *f.* Marseilles.
Martinica *f.* Martinique.
Mauritius (Ìşola) *f.* Mauritius.
Mècca (la) *f.* Mecca.
Mediterràneo (il Mar) *m.* (the) Mediterranean Sea.
Melanèşia *f.* Melanesia.
Mèno (il) *m.* (the) Main.
Meşopotàmia *f.* Mesopotamia.
Mèssico *m.* Mexico.
Milano *f.* Milan.
Minòrca *f.* Minorca.
Mississippi *m. (Stato)* Mississippi; *(fiume)* (the) Mississippi.
Missuri *m. (Stato)* Missouri; *(fiume)* (the) Missouri.
Moldàvia *f.* Moldavia.
Molucche (le) *f. pl.* (the) Moluccas.
Mombaşa *f.* Mombasa.
1° Mònaco *m. (Principato)* Monaco.
2° Mònaco *f. (di Baviera)* Munich.
Mongòlia *f.* Mongolia.
Montenégro *m.* Montenegro.
Moràvia *f.* Moravia.
Mòrto, (il) Mar *m.* (the) Dead Sea.
Mòşa (la) *f.* (the) Meuse.
Mósca *f.* Moscow.
Mosèlla *f.* (the) Moselle.
Mozambico *m.* Mozambique.

Nairòbi *f.* Nairobi.
Nanchino *f.* Nanking.
Nàpoli *f.* Naples.
Navàrra *f.* Navarre.
Naẓaret(h) *f.* Nazareth.
Nepàl *m.* Nepal.
Néro, (il) Mar *m.* (the) Black Sea.
Niagara (il) *m.* (the) Niagara. • **Cascate del N.** Niagara Falls.
Niassa *m.* **1** *(lago)* Nyasa **2** *(Stato)* Nyasaland.
Nicaràgua *m.* Nicaragua.
Nicoşia *f.* Nicosia.
Nigèria *f.* Nigeria.
Nilo (il) *m.* (the) Nile.
Nizza *f.* Nice.
Nord, (il) Mare del *m.* (the) North Sea.
Norimbèrga *f.* Nuremberg.
Normandia *f.* Normandy.
Norvègia *f.* Norway.
Nuòva Caledònia *f.* New Caledonia.
Nuòva Guinèa *f.* New Guinea.
Nuòva Inghilterra *f.* New England.
Nuòvo Mèssico *m.* New Mexico.
Nuòva Scòzia *f.* Nova Scotia.
Nuòva York *f.* New York.
Nuòva Ẓelanda *f.* New Zealand.

Oceània *f.* Oceania.
Olanda *f.* Holland; (the) Netherlands.
Olìmpia *f. (stor.)* Olympia.
Olimpo *m.* Olympus.
Orcadi (le) *f. pl.* (the) Orkney Islands; (the) Orkneys.
Òşlo *f.* Oslo.
Ostènda *f.* Ostend.

Pacifico (l'Oceano) *m.* (the) Pacific Ocean.
Pàdova *f.* Padua.
Paeşi Bassi (i) *m. pl.* (the) Low Countries.
Pàkistan *m.* Pakistan.
Palestina *f.* Palestine.
Pànama *f.* Panama.
Paraguai *m.* Paraguay.
Parigi *f.* Paris.
Parnaso *m.* Parnassus.
Patagònia *f.* Patagonia.
Patrasso *f.* Patras.
Pechino *f.* Peking, Peiping.
Pèrsia *f.* Iran; Persia.
Perù *m.* Peru.
Piccardia *f.* Picardy.
Piemónte *m.* Piedmont.
Pirenèi (i) *m. pl.* (the) Pyrenees.
Polinèşia *f.* Polynesia.
Polònia *f.* Poland.
Pompèi *f.* Pompeii.
Portogallo *m.* Portugal.
Portorico *m.* Puerto Rico.
Praga *f.* Prague.
Provènza *f.* Provence.
Prussia *f. (stor.)* Prussia.

Renània *f.* Rhineland.
Rèno (il) *m.* (the) Rhine.
Rètiche, (le) Alpi *f. pl.* (the) Rhaetian Alps.
R(h)odèşia *f.* Rhodesia.
Rocciόse, (le) Montagne *f. pl.* (the) Rocky Mountains; (the) Rockies.
Ròdano (il) *m.* (the) Rhone.
Ròdi *f.* Rhodes.
Róma *f.* Rome.
Rósso, (il) Mar *m.* (the) Red Sea.
Romania *f.* R(o)umania.
Rùssia *f.* Russia.

Sahara *m.* Sahara.
Salişburgo *f.* Salzburg.
Salomóne, (le) Ìşole *f. pl.* (the) Solomon Islands.
Salonicco *f.* Salonica, Salonika.
Samo *f.* Samos.
Samòa, (le) Ìşole *f. pl.* (the) Samoa (Islands).
Samotràcia *f.* Samothrace.
Sant'Elena *f.* Saint Helena.
Santiago *f.* Santiago.
Saragòzza *f.* Saragossa.
Sardégna *f.* Sardinia.
Sassònia *f.* Saxony.
Savòia *f.* Savoy.
Scandinàvia *f.* Scandinavia.
Schèlda (la) *f.* (the) Scheldt.
Sciangài *f.* Shanghai.
Scòzia *f.* Scotland.
Sempióne *m.* (the) Simplon (Pass).
Senegàl *m.* Senegal.
Sènna (la) *f.* (the) Seine.
Sèrbia *f.* Serbia.
Sibèria *f.* Siberia.
Sicilia *f.* Sicily.
Sidóne *f. (stor.)* Sidon.
Sièna *f.* Sien(n)a.
Sinai *m.* Sinai.
Singapore *f.* Singapore.
Siracuşa *f.* Syracuse.
Siria *f.* Syria.
Sirte *f.* Syrtis.
Siviglia *f.* Seville.
Şlavònia *f.* Slavonia.
Şlèsia *f.* Silesia.
Şlovàcchia *f.* Slovakia.
Şlovènia *f.* Slovenia.
Şmirne *f.* Smyrna.
Sòfia *f.* Sofia.
Somàlia *f.* Somaliland.
Spàgna *f.* Spain.
Spòradi (le) *f. pl.* (the) Sporades.
Stalingrado *f.* Stalingrad.
Stiria *f.* Styria.
Stoccólma *f.* Stockholm.
Straşburgo *f.* Strasbourg.

Sudàn *m.* Sudan.
Sùez *f.* Suez • **Canale di S.,** Suez Canal.
Ṣvèzia *f.* Sweden.
Ṣvìzzera *f.* Switzerland.

Tàbor, Monte *m.* Mount Tabor.
Tago (il) *m.* (the) Tagus.
Tailàndia *f.* Thailand.
Tamigi (il) *m.* (the) Thames.
Tanganica *m.* Tanganyika.
Tàngeri *f.* Tangier.
Tanẓania *f.* Tanzania.
Taṣmania *f.* Tasmania.
Tèbe *f.* Thebes.
Tèrmopili *f. pl.* Thermopylae.
Terranòva *f.* Newfoundland.
Tessàglia *f.* Thessaly.
Tévere (il) *m.* (the) Tiber.
Tibet *m.* Tibet.
Tigri (il) *m.* (the) Tigris.
Tiròlo *m.* Tyrol, Tirol.
Tirrèno, (il Mar) *m.* (the) Tyrrhenian Sea.
Tògo *m.* Togo.
Tokio *f.* Tokyo.
Tolédo *f.* Toledo.
Tolóne *f.* Toulon.
Tolóṣa *f.* Toulouse.
Tonchino *m.* Tonkin, Tongking.
Torino *f.* Turin.
Toscana *f.* Tuscany.
Tràcia *f.* Thrace.
Trènto *f.* Trent.
Trièste *f.* Trieste.
Tripoli *f.* Tripoli.
Tròia *f.* Troy.
Tùle *f.* Thule.
Tùniṣi *f.* Tunis.
Tuniṣia *f.* Tunisia.
Turchia *f.* Turkey.
Turingia *f.* Thuringia.

Ucràina *f.* Ukraine.
Ụganda *f.* Uganda.
Ùmbria *f.* Umbria.
Ungheria *f.* Hungary.
Urali, (i) Monti *m. pl.* (the) Ural Mountains.
Uruguay *m.* Uruguay.

Valàcchia *f.* Wal(l)achia.
Valènza *f.* Valencia.
Vallétta (La) *f.* Valletta.
Varsàvia *f.* Warsaw.
Venèzia *f.* Venice.
Venezuèla *m.* Venezuela.
Versàglia *f.* Versailles.
Vestfàlia *f.* Westphalia.
Veṣùvio *m.* Vesuvius.
Viènna *f.* Vienna.
Vietnàm *m.* Vietnam.
Virginia *f.* Virginia.
Vistola (la) *f.* (the) Vistula.
Vòlta (il) *m.* (the) Volta.
Vòsgi (i) *m. pl.* (the) Vosges.

Yèmen *m.* Yemen.

Ẓagàbria *f.* Zagreb.
Ẓàmbia *f.* Zambia.
Ẓelanda *f.* Zeeland.
Ẓurigo *f.* Zürich.

Sigle, abbreviazioni, simboli

A **ampere,** *(elettr.)* ampere.
A. *1* **atto,** *(teatr.)* act *2* **Altezza,** Highness *3* **Assicurato,** insured *4* **Autore,** author.
a. **ara,** are.
aa **ana,** *(farm.)* of each an equal quantity.
A.A.M.S. **Azienda Autonoma dei Monopoli di Stato,** Board of State Monopolies.
ab. **abitanti,** population.
abb. *1* **abbonamento,** subscription *2* **abbonato,** subscriber.
abbr. *1* **abbreviato,** abbreviated *2* **abbreviazione,** abbreviation.
A.B.I. **Associazione Bancaria Italiana,** Italian Bankers' Association.
abl. **ablativo,** *(gramm.)* ablative.
abr. **abrogato,** abrogated; repealed.
A.C. **Azione Cattolica,** Organization for Catholic Action.
Ac **attinio,** *(chim.)* actinium (Ac).
a.c. *1* **assegno circolare,** *(comm.)* banker's draft *(G.B.)*; cashier's check *(USA)* *2* **anno corrente,** present year *3* **a capo,** *(tip.)* new line, new paragraph.
a.C. **avanti Cristo,** before Christ (B.C.).
A.C.C. **Alta Corte Costituzionale,** Supreme Constitutional Court.
Acc. *1* **accademia,** academy *2* **accademico,** academic.
acc. *1* **accelerando,** *(mus.)* accelerando *2* **accusativo,** *(gramm.)* accusative (acc.).
A.C.D.G. **Associazione Cristiana dei Giovani,** Christian Youth Association.
A.C.I. *1* **Automobile Club d'Italia,** Italian Automobile Association *2* **Aviazione Civile Italiana,** Italian Aviation *3* **Azione Cattolica Italiana,** Italian Catholic Action Movement *4* **Aero Club d'Italia,** Italian Aero Club.
A.C.I.S. **Alto Commissariato per l'Igiene e la Sanità,** Office of the High Commissioner of Public Health.
A.C.L.I. **Associazione Cattolica dei Lavoratori Italiani,** Italian Workers' Catholic Association.
A.D. *(lat.:* **Anno Domini***)* **nell'anno del Signore,** in the year of the Lord.
A.E.P. **Agenzia Europea per la Produttività,** European Productivity Board.
a.f. **alta frequenza,** *(fis.)* high frequency (H.F.).
A.F.I. **Associazione Filatelica Italiana,** Italian Philatelists' Association.
AFRODITE **Previsioni Meteorologiche Oggettive per Finalità Decisionali e Valutazioni Tecniche,** *(meteorologia)* Automated Forecasting Refined Outputs for Decision Inputs and Technical Evaluations.
Ag **argento,** *(chim.)* silver (Ag).
A.G. **Alberghi per la Gioventù,** Youth Hostels.
A.G.C.I. **Associazione Generale delle Cooperative Italiane,** Italian Association of Cooperative Societies.
agg. **aggettivo,** *(gramm.)* adjective (adj.).
A.G.I. *1* **Agenzia Giornalistica Italiana,** Italian News Agency *2* **Associazione Guide Italiane,** Italian Girl Guides' Association.
A.G.I.P. **Azienda Generale Italiana Petroli,** National Hydrocarbons Authority.
A.G.I.S. **Associazione Generale Italiana dello Spettacolo,** Italian Association for Theatrical and Cinematographic Activities.
ago. **agosto,** August (Aug.).
agr., agric. *1* **agricolo,** agricultural *2* **agricoltore,** farmer *3* **agricoltura,** agriculture; farming.
agt. **agente,** agent.
A.I. **Aeronautica Italiana,** Italian Air Force.
A.I.A. **Associazione Italiana Arbitri,** *(sport)* Italian Referees' Association.
A.I.E. *1* **Associazione Italiana degli Editori,** Italian Publishers' Association *2* **Associazione Internazionale degli Economisti,** International Economists' Association.
A.I.R.C. **Associazione Italiana per la Ricerca sul Cancro,** Italian Association for Cancer Research.
Al **alluminio,** *(chim.)* aluminium (Al).
alg. **algebra,** algebra.
ALITALIA **Aerolinee Italiane Internazionali,** Italian Airlines.
all. **allegato,** enclosure (encl.).
alt. *1* **altezza,** height (h.) *2* **altitudine,** altitude (alt.).
Am **americio,** *(chim.)* americium (Am).
A.M. *1* **Aeronautica Militare,** *(mil.)* Air Force (A.F.) *2* **Modulazione d'Ampiezza,** *(elettron.)* Amplitude Modulation (A.M.).
a.m. **antimeridiano,** before noon (a. m.).
amer. **americano,** American (Am.).
A.N.A. **Associazione Nazionale Alpini,** *(mil.)* National Association of former Members of Alpine Regiments.
A.N.A.S. **Azienda Nazionale Autonoma delle Strade,** State Highways Authority.
A.N.C.R. **Associazione Nazionale Combattenti e Reduci,** *(mil.)* National Veterans' Association.
ang. *1* **angolo,** corner *2* **angolo,** *(mat.)* angle.
A.N.E.A. **Associazione Nazionale fra gli Enti di Assistenza,** National Association of Welfare Boards.
A.N.F.I.A. **Associazione Nazionale fra Industrie Automobilistiche,** National Association of Motor Industries.
A.N.I.A. **Associazione Nazionale Imprese Assicuratrici,** National Association of Insurance Companies.
A.N.I.C. **Azienda Nazionale Idrogenazione Carburanti,** National Hydrocarbon Company.
A.N.I.C.A. **Associazione Nazionale Industrie Cinematografiche e Affini,** National Association of Cinematographic and Related Industries.
A.N.L. **Accademia Nazionale dei Lincei,** Lincei National Academy.
A.N.M.I.G. **Associazione Nazionale Mutilati e invalidi di Guerra,** *(mil.)* National Association of Disabied Servicemen.
A.N.M.I.L. **Associazione Nazionale Mutilati e invalidi del Lavoro,** National Association of Disabled Workers.
A.N.P.A.C. **Associazione Nazionale Piloti Aviazione Civile,** National Pilots' Association.
A.N.P.I. **Associazione Nazionale Partigiani d'Italia,** National Association of Italian Partisans.
A.N.S.A. **Agenzia Nazionale Stampa Associata,** Italian Associated Press Agency.
ant. **antimeridiano,** before noon (a.m.).
A.N.V.G. **Associazione Nazionale Volontari di Guerra,** *(mil.)* National War Volunteers' Association.
A.P. **alta pressione,** *(fis.)* high pressure (H.P.).
app. **appendice,** appendix (app.).
apr. **aprile,** April (Ap., Apr.).
Ar **argon,** *(chim.)* argon (Ar).
A.R. *1* **Altezza Reale,** *(araldica)* Royal Highness *2* **andata e ritorno,** *(ferr.)* return ticket *(G.B.)*; two-way ticket *(USA)*.
Arc. **Arcivescovo,** *(relig.)* Archbishop (Archbp.).
A.R.C.E. **Associazione per le Relazioni Culturali con l'Estero,** Association for Cultural Relations with Foreign Countries.
arch. *1* **archivio,** archives *(pl.)*; records office *2* **architetto,** architect (arch) *3* **architettura,** architecture (arch)

archeol. ***1*** **archeologia,** archaeology (archaeol., archeol.) ***2*** **archeologico,** archaelogical (archaeol., archeol.).
arr. **arrivo,** *(ferr.)* arrival (arr.).
art. **articolo,** *(gramm.)* article (art.).
A.S. **Altezza Serenissima,** *(araldica)* Most Serene Highness.
As **arsenico,** *(chim.)* arsenic (As).
A.S.C.I. **Associazione Scoutistica Cattolica Italiana,** Association of Italian Catholic Boy Scouts.
ASSOBANCARIA **Associazione Bancaria Italiana,** Italian Bankers' Association.
ASSOLOMBARDA **Associazione Industriale Lombarda,** Lombardy Manufacturers' Association.
A.S.S.T. **Azienda di Stato per i Servizi Telefonici,** National Telephones State Board.
astr., astron. ***1*** **astronomia,** astronomy ***2*** **astronomo,** astronomer.
At **astato,** *(chim.)* astatine (At).
A.T. ***1*** **Antico Testamento,** Old Testament (O.T.) ***2*** **Alta Tensione,** *(fis.)* High Voltage (H.V.).
A.T.I. ***1*** **Azienda Tabacchi Italiani,** Italian State Tobacco Board ***2*** **Aero Trasporti Italiani,** Italian Air Freight Line.
atm. ***1*** **atmosfera,** atmosphere (atm.) ***2*** **atmosferico,** atmospheric (atm.).
atom. **atomico,** *(fis.)* atomic (at.).
att. **attivo,** *(gramm.)* active (act.).
attr. **attributo,** *(gramm.)* attribute (attrib.).
Au **oro,** *(chim.)* gold (Au).
aus. **ausiliare,** auxiliary (aux.).
A.V.I.S. **Associazione Volontari Italiani del Sangue,** Association of Voluntary Italian Blood-Donors.
avv. ***1*** **avverbio,** *(gramm.)* adverb (adv.) ***2*** **avvocato,** lawyer; barrister (barr.).
az. **azione,** *(comm.)* share.

B **boro,** *(chim.)* boron (B).
B. **Beato,** *(relig.)* Blessed (Bl.).
Ba **bario,** *(chim.)* barium (Ba).
B.A. **Belle Arti,** Fine Arts.
Bar. **Barone,** Baron (B.).
B.C.I. **Banca Commerciale Italiana,** Italian Commercial Bank.
Be **berillio,** *(chim.)* beryllium (Be).
B.E.I. **Banca Europea degli Investimenti,** European Bank for Investments.
BENELUX **Belgio-Olanda-Lussemburgo,** Belgium-Netherlands-Luxemburg.
b. f. **bassa frequenza,** *(fis.)* Low Frequency (L.F.).
B.I. **Banca d'Italia,** Bank of Italy.
Bi **bismuto,** *(chim.)* bismuth (Bi).
bibl. ***1*** **bibliografia,** bibliography (bibliog.) ***2*** **bibliografo,** bibliographer (bibliog.) ***3*** **biblioteca,** library; bibliotheca (bibl.) ***4*** **biblico,** Biblical (Bib.).
bim. ***1*** **bimestre,** two-month period ***2*** **bimestrale,** bimonthly ***3*** **bimensile,** semi-monthly.
biochim. **biochimica,** biochemistry.
biol. ***1*** **biologia,** biology (biol.) ***2*** **biologico,** biològical (biol.) ***3*** **biologo,** biologist (biol.).
B.I.R.S. **Banca Internazionale per la Ricostruzione e lo Sviluppo,** International Bank for Reconstruction and Development (I.B.R.D.).
bisett. **bisettimanale,** bi-weekly.
Bk **berkelio,** *(chim.)* berkelium (Bk).
B.M. **Banca Mondiale,** World Bank.
B.N.L. **Banca Nazionale del Lavoro,** National Work Bank.
BOT, bot **Buono Ordinario del Tesoro,** *(fin.)* Ordinary Treasury Bond.
bot. ***1*** **botanica,** botany (bot.) ***2*** **botanico,** botanic(al) (bot.).
B.P. **Bassa Pressione,** *(fis.)* Low Pressure (L.P.).
Br **bromo,** *(chim.)* bromine (Br).
B.R. **Banco di Roma,** Bank of Rome.
brev. **brevetto,** patente (pat.).
bross. **brossura,** paper-back binding.
b.ssa **baronessa,** baroness.
B.T. **Bassa Tensione,** *(fis.)* Low Voltage (L.V.).
B.U. **Bollettino Ufficiale,** Official Gazette.
B.V.M. **Beata Vergine Maria,** Blessed Virgin Mary (B.V.M.).

C **carbonio,** *(chim.)* carbon.
C. ***1*** **codice,** *(leg.)* code ***2*** **congregazione,** *(relig.)* congregation.
c. ***1*** **corso,** avenue ***2*** **canto,** *(poesia)* canto ***3*** **cento,** hundred (h., hund.) ***4*** **circa,** about (abt.) ***5*** **congiunzione,** *(gramm.)* conjunction (conj.) ***6*** **corrente,** current ***7*** **cubico,** cubic (cu.).
Ca **calcio,** *(chim.)* calcium (Ca).
c.a. **corrente alternata,** *(elettr.)* alternating current (a.c., A.C.).
cab. **cablogramma,** cable.
cad. **cadauno,** each (ea.).
C.A.F. **Commissione d'Appello Federale,** *(sport)* Federal Committee of Appeal.
C.A.I. **Club Alpino Italiano,** Italian Alpine Club.
cal **piccola caloria,** small calorie (cal.).
Cal **grande caloria,** large calorie (Cal.).
C.A.M.E.N. **Centro d'Applicazioni Militari dell'Energia Nucleare,** Centre for Military Applications of Nuclear Energy.
C.A.P. **Codice di Avviamento Postale,** Postal Code, Postcode *(G.B.)*; Zip Code *(USA)*.
Cap. ***1*** **Capitano,** *(mil.)* Captain (Capt.) ***2*** **capitolo,** chapter (chap.).
cap.le **caporale,** *(mil.)* corporal (corp.).
C.A.R. **Centro Addestramento Reclute,** *(mil.)* Recruit Training Centre.
Card. **Cardinale,** *(relig.)* Cardinal (Card.).
cat. **catalogo,** catalogue (cat.).
Cav. **Cavaliere** *(titolo)*.
Cav. Lav. **Cavaliere del Lavoro** *(titolo)*.
Cav. Uff. **Cavaliere ufficiale** *(titolo)*.
CC **Carabinieri,** Carabinieri.
C.C. ***1*** **Carta Costituzionale,** Constitutional Charter ***2*** **Codice Civile,** Civil Code ***3*** **Codice di Commercio,** Commercial Code ***4*** **Corpo Consolare,** Consular Corps ***5*** **Corte di Cassazione,** Court of Cassation ***6*** **Corte Costituzionale,** Constitutional Court ***7*** **Corte dei Conti,** Supreme State Accounting Court ***8*** **Commmissione Centrale,** Central Commission.
C/c, c/c, c.c. **conto corrente,** *(banca)* current account (C/A).
cc **centimetri cubici,** cubic centimetres.
c.c. ***1*** **corrente continua,** *(elettr.)* direct current (d.c., D.C.) ***2*** **corto circuito,** *(elettr.)* short circuit.
C.C.C. **Centro Cinematografico Cattolico,** Catholic Film Centre.
C.C.I. **Camera di Commercio Internazionale,** International Chamber of Commerce.
c.c.p. **conto corrente postale,** current postal account.
C.C.T. **Certificato di Credito del Tesoro,** *(fin.)* Treasury Certificate of Credit.
Cd **cadmio,** *(chim.)* cadmium (Cd).
C.D. ***1*** **Consigliere Delegato,** Managing Director ***2*** **Corpo Diplomatico,** Corps Diplomatique *(franc.)*; Diplomatic Corps (C.D.).
C. d'A. ***1*** **Corpo d'Armata,** *(mil.)* Army Corps (A.C.) ***2*** **Corte d'Appello,** *(leg.)* Court of Appeal (C.A.) ***3*** **Corte d'Assise,** *(leg.)* Court of Assizes.
c. d. d. **come dovevasi dimostrare,** which was to be demonstrated (q.e.d., Q.E.D.).
C. d. G. **Compagnia di Gesù,** *(relig.)* Society of Jesus (S.J.).
C.d.L. **Camera del Lavoro,** Trade Union Headquarters.
C.d.R. **Cassa di Risparmio,** Savings Bank.
C.d.S. ***1*** **Circolo della Stampa,** Press Club ***2*** **Codice della Strada,** Highway Traffic Code ***3*** **Consiglio di Sicurezza,** *(polit.)* Security Council.
Ce **cerio,** *(chim.)* cerium (Ce).
C.E. ***1*** **Comitato Esecutivo,** Executive Committee (Ex. Com.) ***2*** **Consiglio Europeo,** *(polit.)* Council of Europe.
C.E.C.A. **Comunità Europea del Carbone e dell'Acciaio,** European Coal and Steel Community (E.C.S.C.).

C.E.D. Comunità Europea di Difesa, European Defence Community (E.D.C.).
C.E.E. Comunità Economica Europea, European Economic Community (E.E.C.).
C.E.E.A. Comunità Europea dell'Energia Atomica, European Atomic Energy Community (Euratom).
C.E.I. Conferenza Episcopale Italiana, Italian Episcopal Conference.
CENSIS Centro Studi Investimenti Sociali, Centre for Social Investment Studies.
C.E.P.E.S. Comitato Europeo per il Progresso Economico e Sociale, European Committee for Economic and Social Development.
C.E.R.N. Comitato Europeo per le Ricerche Nucleari, European Council for Nuclear Research (CERN).
C.E.R.P. Centro Europeo di Relazioni Pubbliche, European Centre of Public Relations.
C.E.S.P.E. Centro Studi di Politica Economica, Centre for Economic Politics Studies.
Cf californio, *(chim.)* californium (Cf).
cfr. confronta, compare (cf.).
cg centigrammo, centigramme (cg).
C.G. Console Generale, Consul General (C.G.).
C.G.I.L. Confederazione Generale Italiana del Lavoro, Federation of Italian Trade Unions.
CGS centimetro-grammo massa-secondo, *(fis.)* centimetre-gram-second (C.G.S.).
C.G.S.T.C. Centro Giovanile Scambi Turistici e Culturali, Youth Centre For Tourism and Cultural Exchanges.
C.G.T. *(franc.* **Confédération Génerale du Travail)** **Confederazione Generale del Lavoro,** General Labour Federation.
chim. ***1*** **chimica,** chemistry (chem.) ***2*** **chimico,** chemist; chemical *(agg.)* (chem.).
chir. chirurgia, surgery (surg.).
C.I. Credito Italiano, Italian Credit Bank.
C.ia Compagnia, *(comm.)* Company (Co.).
C.I.C.R. Comitato Internazionale della Croce Rossa, International Red Cross Committee.
C.I.D.A. Confederazione Italiana Dirigenti d'Azienda, Italian Confederation of Business Managers.
C.I.F. Centro Italiano Femminile, Italian Women Centre.
C.I.G.A. Compagnia Italiana dei Grandi Alberghi, Italian Great Hotels Company.
C.I.M. Centro Italiano della Moda, Italian Centre of Fashion.
C.I.O. Comitato Internazionale Olimpico, *(sport)* International Olympic Games Committee.
C.I.P. Comitato Interministeriale per i Prezzi, Committee of Ministers for Prices.
C.I.P.E. Comitato Interministeriale per la Programmazione Economica, Committee of Ministers for Economic Planning.
C.I.R.M. Comitato Internazionale Radio-Medico, International Radio-Medical Committee.
C.I.S. Comitato Internazionale degli Scambi, International Committee for Exchanges.
C.I.S.A.L. Confederazione Italiana Sindacati Autonomi dei Lavoratori, Italian Federation of Autonomous Trade Unions.
C.I.S.L. ***1*** **Confederazione Italiana Sindacati Lavoratori,** Federation of Italian Trade Unions ***2*** **Confederazione Internazionale dei Sindacati Liberi,** International Federation of Free Trade Unions.
C.I.S.N.A.L. Confederazione Italiana Sindacati Nazionali Lavoratori, Italian Association of National Trade Unions.
C.I.T. Compagnia Italiana di Turismo, Italian Travel Agency.
cit. citato, cited (cit.).
cl centilitro, centilitre (cl).
Cl cloro, *(chim.)* chlorine (Cl).
C.L.N. Comitato di Liberazione Nazionale, National Committee for the Liberation of Italy *(during World War II)*.
cm centimetro, centimetre (cm).
Cm curio, *(chim.)* curium (Cm).
C.M. Circolare Ministeriale, Ministry Circular Letter.
C.N.A. Confederazione Nazionale dell'Artigianato, National Federation of Craftsmen.
C.N.E.L. Consiglio Nazionale dell'Economia e del Lavoro, National Council for Economy and Labour.
C.N.E.N. Comitato Nazionale per l'Energia Nucleare, National Council for Nuclear Energy.
C.N.R. Consiglio Nazionale delle Ricerche, National Council for Scientific Research.
C.N.R.N. Comitato Nazionale per le Ricerche Nucleari, National Committee for Nuclear Research.
Co cobalto, *(chim.)* cobalt (Co).
cod. ***1*** **codice,** *(leg., elab.)* code (cod.) ***2*** **codice,** *(manoscritto antico)* codex (cod.).
Col. Colonnello, *(mil.)* Colonel (Col.).
COLDIRETTI Confederazione Nazionale coltivatori diretti, National Federation of Italian Farmers.
COLF Collaboratrice Familiare, housemaid; domestic.
coll. collettivo, collective (coll.).
Coman. Comandante, Commander (Com., Cmdr.).
COMES Comunità Europea degli Scrittori, Writers' European Community.
COMILITER Comando Militare Territoriale, *(mil.)* Zone of the Interior Headquarters.
Comm. commendatore *(titolo)*.
comm. ***1*** **commercio,** trade ***2*** **comerciale,** commercial.
Comm. Uff. commendatore ufficiale *(titolo)*.
compar. comparativo, *(gramm.)* comparative (comp., compar.).
compl. complemento, *(gramm.)* complement.
cond. condizionale, *(gramm.)* conditional.
CONFAGRICOLTURA Confederazione Generale dell'Agricoltura Italiana, General Federation of Italian Landowners.
CONFARTIGIANATO Confederazione Generale Italiana dell'Artigianato, General Federation of Italian Artisans and Craftsmen.
CONFCOMMERCIO Confederazione Generale Italiana del Commercio, General Federation of Italian Merchants and Shopkeepers.
CONFINDUSTRIA Confederazione Generale dell'Industria Italiana, Italian Manufacturers' Association.
cong. ***1*** **congiuntivo,** *(gramm.)* subjunctive (subj.) ***2*** **congiunzione,** *(gramm.)* conjunction (conj.).
C.O.N.I. Comitato Olimpico Nazionale Italiano, Italian National Olympic Committee.
coniug. ***1*** **coniugato,** married ***2*** **coniugazione,** *(gramm.)* conjugation (conj.).
cons. consigliere, councillor; *(comm.)* director.
contraz. contrazione, *(gramm.)* contraction.
cont.ssa contessa, countess.
coop. ***1*** **cooperativa,** co-operative society (co-op.) ***2*** **cooperazione,** cooperation.
corr. ***1*** **correlativo,** *(gramm.)* correlative ***2*** **corrispondenza,** correspondence ***3*** **corrispondente,** correspondent, corresponding ***4*** **corrente,** current ***5*** **corretto,** corrected ***6*** **corriere,** courier.
cos coseno, *(mat.)* cosine (cos).
cosec cosecante, *(mat.)* cosecant (cosec).
costr. costruzione, costruction.
cot cotangente, *(mat.)* cotangent (cot).
C.P. ***1*** **Casella Postale,** Post(-Office) Box ***2*** **Codice Penale,** *(leg.)* Penal Code ***3*** **Consiglio Provinciale,** District Council.
c.p. cartolina postale, postcard (p.c.).
C.P.C. Codice di Procedura Civile, Code of Civil (Law) Procedure.
C.P.P. Codice di Procedura Penale, Code of Criminal (Law) Procedure.
Cr cromo, *(chim.)* chromium (Cr).
C.R.A.L. Circolo Ricreativo Assistenziale Lavoratori, Recreational and Welfare Centre for Workers.
C.R.I. ***1*** **Croce Rossa Italiana,** Italian Red Cross ***2*** **Croce Rossa Internazionale,** International Red Cross.
Criminalpol. Polizia Criminale, Italian Police concerned with the Enforcement of Criminal Law.
C.R.U.E.I. Centro Italiano per le Relazioni Universitarie con l'Estero, Italian Centre for University Relations

with Foreign Countries.
Cs cesio, *(chim.)* cesium (Cs).
C.S. 1 Comando Supremo, *(mil.)* Supreme Headquarters **2 Consiglio di Sicurezza,** Security Council **3 Corte Suprema,** Supreme Court (S.C.).
c.s. come sopra, as above.
C.S.C. Centro Sperimentale di Cinematografia, Experimental Centre for the Italian Cinema.
C.S.d.P.I. Consiglio Superiore della Pubblica Istruzione, High Board of the Ministry of Education.
C.S.I. 1 Centro Sportivo Italiano, Italian Sport Centre **2 Codice Sportivo Internazionale,** International Sport Code.
C.so Corso, Main Street.
c.ssa contessa, countess.
C.T. Commissario Tecnico, *(sport)* coach.
c.te conte, count; earl *(G.B.)*.
c.to conto, *(rag.)* account (a/c, ac.).
Cu rame, *(chim.)* copper (Cu).
CV cavallo vapore, *(fis.)* horse-power (H.P.).
c.v.d. come volevasi dimostrare, which was to be demonstrated.

D 1 Domenica, Sunday (Sun.) **2 diretto,** *(ferr.)* through train.
d. diametro, diameter.
dag decagrammo, decagramme.
dal decalitro, decalitre.
dam decametro, decametre.
dat. dativo, *(gramm.)* dative (dat.).
D.C. Democrazia Cristiana, Christian Democrat Party.
d.C. dopo Cristo, in the year of the Lord; Anno Domini (A.D.).
d.c. da capo, *(mus.)* repeat from the beginning.
DD direttissimo, *(ferr.)* fast train.
D.D.T. diclorodifeniltricloroetano, *(chim.)* dichlorodiphenyltrichloroethane (DDT).
Decr. Decreto, decree; ordinance.
D.G. 1 Direttore Generale, General Manager **2 Direzione Generale,** Main (Administrative) Offices(s).
dg decigrammo, decigramme.
dial. 1 dialetto, dialect **2 dialettale,** dialectal.
dic. dicembre, December (Dec.).
difett. difettivo, *(gramm.)* defective.
DIGOS Divisione Investigazioni Generali e Operazioni Speciali (della Polizia di Stato), Italian Secret Service.
dim. 1 diminuendo, *(mus.)* diminuendo **2 diminutivo,** *(gramm.)* diminutive.
dipl. diploma, degree.
dir. diritto, law.
Dir. 1 Direttore, director; manager **2 Direzione,** administrative office.
Dir. Gen. 1 Direttore Generale, General Director; General Manager **2 Direzione Generale,** Main Office.
div. 1 divisione, department (dep.) **2 dividendi,** *(fin.)* dividends **3 divisione,** *(mil.)* division.
dl decilitro, decilitre.
D.L. Decreto Legge, Decree Law.
dm decimetro, decimetre.
dom. domenica, Sunday (Sun., Sund.).
dott. 1 dottore, doctor (Dr.) **2 dottore** *(laureato non medico),* graduate.
doz. dozzina, dozen (doz.).
D.P. 1 Decreto Penale, Penal Writ **2 Decreto Presidenziale,** Presidential Decree **3 Democrazia Proletaria,** (party for) Proletarian Democracy.
dr. dottore, doctor (Dr.).
dr.ssa dottoressa, lady doctor.
d.ssa duchessa, duchess.
Dy disprosio, *(chim.)* dysprosium (Dy).

E. Est, East (E.).
E.A. Ente Autonomo, Indipendent Body.
E.A.M. Ente Autotrasporti Merci, Freight Transport Board.
E.C.A. Ente Comunale di Assistenza, Municipal Relief Board.
Ecc. Eccellenza, *(in genere)* Excellency; *(per un vescovo)* Lordship.
ecc. eccetera, et cetera (etc.); and so on.
ECG elettrocardiogramma, *(med.)* electrocardiogram (ECG).
ed. 1 editore, publisher **2 edizione,** edition; publication.
E.E. Escursionisti Esteri, *(targa autom.)* Foreign Excursionists.
E.E.D. Elaborazione Elettronica di Dati, *(elab.)* Electronic Data Processing.
EEG elettroencefalogramma, *(med.)* electroencephalogram (EEG).
EE.PP.TT. Enti Provinciali per il Turismo, District Offices for the Promotion of Tourism.
eff. 1 effetto, *(econ.)* bill; promissory note **2 effettivo,** effective.
E.F.T.A. Associazione Europea di Libero Scambio, European Free Trade Association.
Egr. Sig. Egregio Signor, *(negli indirizzi)* Mr.
E.I. 1 Enciclopedia Italiana, Italian Encyclopaedia **2 Esercito Italiano,** Italian Army.
elettr. elettricità, electricity.
elettron. elettronica, electronics.
ell. 1 ellissi, *(gramm.)* ellipsis **2 ellittico,** *(gramm.)* elliptic(al).
Em. Eminenza, *(relig.)* Eminence.
Em.mo Eminentissimo *(titolo)*, Most Eminent.
E.N.A.L. Ente Nazionale Assistenza Lavoratori, National Agency for Assistance to Workers.
E.N.A.P.I. Ente Nazionale dell'Artigianato e delle Piccole Industrie, Artisan and Small Industries Authority.
E.N.E.L. Ente Nazionale per l'Energia Elettrica, National Electricity Board.
E.N.I. Ente Nazionale Idrocarburi, National Hydrocarbon Corporation.
E.N.I.C. Ente Nazionale Industrie Cinematografiche, National Association of Film Producers.
E.N.I.T. Ente Nazionale Italiano per il Turismo, Italian State Tourist Office.
E.N.P.A. Ente Nazionale per la Protezione degli Animali, National Society for the Prevention of Cruelty to Animals.
E.N.P.A.S. Ente Nazionale di Previdenza e Assistenza per i Dipendenti Statali, National Board of Social Insurance and Welfare for Civil Servants.
E.N.P.I. Ente Nazionale Prevenzione Infortuni, National Institution for the Prevention of Accidents.
E.P.T. Ente Provinciale per il Turismo, Provincial Tourist Department.
Er erbio, *(chim.)* erbium (Er).
E.R.P. Programma di Ricostruzione Europea, European Recovery Programme (E.R.P.).
Es einsteinio, *(chim.)* einsteinium (Es).
es. esempio, example (ex.).
escl. 1 esclamazione, exclamation **2 esclamativo,** exclamative **3 esclusivo,** exclusive.
etc. *(lat.:* **et cetera)** **eccetera,** and so on; and so forth.
E.T.I. Ente Teatrale Italiano, Board for the Promotion of Theatrical Performances.
Eu europio, *(chim.)* europium (Eu).
eur. europeo, European.
E.U.R. Esposizione Universale di Roma, Roman Universal Exhibition *(now a residential suburb of Rome).*
EURATOM Comunità Europea per l'Energia Atomica, European Atomic Energy Community (EURATOM).
E.V. 1 Eccellenza Vostra, Your Excellency **2 Era Volgare,** in the year of the Lord; Anno Domini (A.D.).

F 1 fluoro, *(chim.)* fluorine (F) **2 forza,** *(fis.)* force.
°F grado Fahrenheit, *(fis.)* degree Fahrenheit (°F).
f. 1 femminile, *(gramm.)* feminine (fem.) **2 forte,** *(mus.)* forte; loud.
F.A.L. Foglio Annunzi Legali, *(leg.)* Law Announcements Bulletin.
fam. 1 famiglia, family **2 familiare,** familiar; colloquial.
F.A.O. Organizzazione per l'Alimentazione e l'Agri-

coltura, Food and Agriculture Organization (F.A.O.).
farm. *1* **farmacia,** pharmacy (pharm.) *2* **farmacista,** chemist (chem.); pharmacist.
fatt. **fattura,** *(comm.)* invoice (inv.).
f.co **franco,** *(comm.)* free.
Fe **ferro,** *(chim.)* iron (Fe).
feb. **febbraio,** February (Feb.).
FEDERCONSORZI **Federazione Italiana dei Consorzi Agrari,** Italian Association of Agricultural Unions.
FEDERTERRA **Federazione dei Lavoratori della Terra,** Farm Workers' Trade Union.
fem **forza elettromotrice,** *(elettr.)* electromotive force (emf).
femm. **femminile,** *(gramm.)* feminine (fem.).
ferr. **ferrovia,** railway (rwy, ry).
ff. *1* **fortissimo,** *(mus.)* fortissimo; very loud *2* **facente funzione,** acting.
FF.AA. **Forze Armate,** *(mil.)* Armed Forces.
FF.SS. **Ferrovie dello Stato,** (Italian) State Railways.
F.G.I. **Federazione Ginnastica Italiana,** Italian Gymnastics Association.
F.I.A. **Federazione Internazionale Automobilistica,** International Automobile Association.
F.I.A.T. **Fabbrica Italiana Automobili Torino,** Italian Motor Works in Turin.
F.I.C. **Federazione Italiana Canottaggio,** Italian Boating Association.
F.I.D.A.L. **Federazione Italiana di Atletica Leggera,** Italian Track and Field Association.
F.I.D.C. **Federazione Italiana della Caccia,** Italian Shooting and Hunting Association.
F.I.F.A. *(franc.:* **Fédération Internationale des Football Associations***)* **Federazione Internazionale del Calcio,** International Football Association.
fig. *1* **figura,** figure *2* **figurato,** figurative.
F.I.G. **Federazione Italiana Golf,** Italian Golf Association.
F.I.G.C. **Federazione Italiana Gioco Calcio,** Italian Football Association.
F.I.H.P. **Federazione Italiana Hockey e Pattinaggio,** Italian Hockey and Skating Association.
fil. **filiale,** branch office.
filol. *1* **filologia,** philology (philol.) *2* **filologo,** philologist (philol.).
filos. *1* **filosofia,** philosophy (philos.) *2* **filosofo,** philosopher (philos.).
F.I.L.S. **Federazione Italiana Lavoratori dello Spettacolo,** Italian Association of Workers in Theatre, Cinema, Radio and TV.
F.I.M. *1* **Federazione Italiana Metalmeccanici,** Italian Federation of Mechanical and Metallurgical Workers *2* **Federazione Italiana Motonautica,** Italian Motorboating Association.
FINMARE **Società Finanziaria Marittima,** Maritime Transport Financial Corporation.
FINMECCANICA **Società Finanziaria Meccanica,** Mechanical Financial Corporation.
FINSIDER **Società Finanziaria Siderurgica,** Iron and Steel Financial Corporation.
F.I.O.M. **Federazione Impiegati e Operai Metallurgici,** Association of Workers in Metallurgical Industries.
F.I.P. *1* **Federazione Italiana Pallacanestro,** Italian Basketball Association *2* **Federazione Italiana Pallavolo,** Italian Volley-ball Association.
F.I.S. **Federazione Italiana Scherma,** Italian Fencing Association.
fis. *1* **fisica,** physics (phys.) *2* **fisico,** physicist.
F.I.S.I. **Federazione Italiana Sport Invernali,** Italian Winter Sports Association.
F.I.S.N. **Federazione Italiana Sci Nautico,** Italian Water-Skiing Association.
F.I.T. **Federazione Italiana Tennis,** Italian Tennis Association.
F.I.T.A.V. **Federazione Italiana Tiro a Volo,** Italian Pigeon and Clay-Pigeon Shooting Association.
F.lli **Fratelli,** *(comm.)* Brothers (Bros.).
F.L.N. **Fronte di Liberazione Nazionale,** National Liberation Front.
Fm **fermio,** *(chim.)* fermium (Fm).
F.M. *1* **forza motrice,** *(fis.)* motive power *2* **Modulazione di Frequenza,** *(fis.)* Frequency Modulation (F.M.).
F.M.I. **Fondo Monetario Internazionale,** International Monetary Fund (I.M.F.).
F.N.S.I. **Federazione Nazionale della Stampa Italiana,** Italian Press Association.
f.o.b. **franco a bordo,** *(comm.)* free on board (f.o.b.).
fon. **fonetica,** phonetics (phon.).
fot. *1* **fotografia,** photography (phot.) *2* **fotografo,** photographer (phot.).
foto. **fotografia,** photography (phot.).
F.P.I. **Federazione Pugilistica Italiana,** Italian Boxing Association.
Fr **francio,** *(chim.)* francium (Fr).
fr. **francese,** French (Fr.).
Fr. b. **franco belga,** Belgian franc.
Fr. f. **franco francese,** French franc.
Fr. s. **franco svizzero,** Swiss franc.
F.S. **Ferrovie dello Stato,** (Italian) State Railways.
F.S.M. **Federazione Sindacale Mondiale,** World Federation of Trade Unions.
f.to **firmato,** signed.
F.U.C.I. **Federazione Universitaria Cattolica Italiana,** Association of Italian Catholic University Students.
fut. **futuro,** *(gramm.)* future (fut.).

g **grammo,** gramme (g).
g. **giorno,** day (d.).
Ga **gallio,** *(chim.)* gallium (Ga).
G.A. **Giunta Amministrativa,** Municipal Council.
G.A.P. **Gruppo d'Azione Partigiana,** Group of Italian Partisans *(during World War II).*
G.C. *1* **Gesù Cristo,** Jesus Christ (J. C.) *2* **Gran Croce,** *(decorazione)* Grand Cross.
G.D. **Granduca,** Grand Duke (G.D.).
Gd **gadolinio,** *(chim.)* gadolinium (Gd).
G.d.F. **Guardia di Finanza,** Revenue Guard Corps.
Ge **germanio,** *(chim.)* germanium (Ge).
G.E.I. **Giovani Esploratori Italiani,** Italian Boy Scouts.
gen. **genitivo,** *(gramm.)* genitive (gen.).
Gen. **Generale,** *(mil.)* General (Gen.).
genn. **gennaio,** January (Jan.).
geod. **geodesia,** geodesy.
geogr. *1* **geografia,** geography *2* **geografo,** geographer.
geol. *1* **geologia,** geology *2* **geologo,** geologist.
geom. *1* **geometra,** land surveyor *2* **geometria,** geometry.
ger. **gerundio,** *(gramm.)* gerund.
GESCAL **Gestione Case per Lavoratori,** Institute for Administration of Workers' Houses.
GG.FF. **Guardie Forestali,** Ranger Corps.
G.I. **Giudice Istruttore,** *(leg.)* Investigating Magistrate.
G.I.A.C. **Gioventù Italiana di Azione Cattolica,** Catholic Youth Association.
giorn. *1* **giornale,** newspaper *2* **giornalista,** newspaperman *3* **giornaliero,** daily.
giov. **giovedì,** Thursday (Thur(s).).
giu. **giuno,** June (Jun.).
G.M. *1* **Genio Militare,** Corps of Engineers *2* **Guardia Medica,** First Aid Station.
G.N. **Genio Navale,** Navy Engineers.
G.P.A. **Giunta Provinciale Amministrativa,** District Council.
G.Q.G. **Gran Quartiere Generale,** *(mil.)* Supreme Headquarters.
gr. **grammo,** gramme (gr).
gram(m). *1* **grammatica,** grammar (gr.) *2* **grammaticale,** grammatical.
Gr. Uff. **Grande Ufficiale** *(titolo).*
G.U. **Gazzetta Ufficiale,** Official Gazette.
G.V. **Grande Velocità,** *(ferr.)* express goods service.

H **idrogeno,** *(chim.)* hydrogen (H).
h. *1* **altezza,** height (h.) *2* **ora,** hour (h.).
ha **ettaro,** hectare (ha).
He **elio,** *(chim.)* helium (He).

Hf **afnio,** *(chim.)* hafnium (Hf).
HF **alta frequenza,** *(fis.)* High Frequency (HF).
Hg **mercurio,** *(chim.)* mercury (Hg).
hg **ettogrammo,** hectogramme (hg).
hl **ettolitro,** hectolitre (hl).
hm **ettometro,** hectometre (hm).
Ho **olmio,** *(chim.)* holmium (Ho).
H.P. **cavallo vapore,** *(fis.)* Horse Power (H.P.).
Hz. **hertz,** *(fis.)* hertz (Hz.).

I ***1*** **iodio,** *(chim.)* iodine (I) ***2*** **Italia,** Italy.
I.A.E.A. **Agenzia Internazionale dell'Energia Atomica,** International Atomic Energy Agency.
ibid. *(lat.:* **ibidem***)* **nello stesso luogo,** in the same place (ib., ibid.).
I.C.A.O. **Organizzazione Internazionale per l'Aviazione Civile,** International Civil Aviation Organization (I.C.A.O.).
I.C.E. **Istituto Nazionale per il Commercio Estero,** Institute for the Promotion of Foreign Trade.
I.C.E.P.S. **Istituto per la Cooperazione Economica con i Paesi in via di Sviluppo,** Institute for the Promotion of Economic Cooperation with Developing Countries.
I.C.S. **Istituto Centrale di Statistica,** Central Statistics Institute.
id. *(lat.:* **idem***)* **lo stesso,** the same (id.).
I.G.E. **Imposta Generale sull'Entrata,** purchase tax; turnover tax.
I.G.M. **Istituto Geografico Militare,** Military Survey Office.
I.I.S. **Istituto Internazionale di Statistica,** International Statistics Institute.
Ill.mo **illustrissimo,** *(titolo)* Most Illustrious.
I.M.I. **Istituto Mobiliare Italiano,** Italian Institute for Financing Personal and Real Property.
imp., imper. *(gramm.)* ***1*** **imperativo,** imperative ***2*** **imperfetto,** imperfect.
imperf., impf. **imperfetto,** *(gramm.)* imperfect.
impers. **impersonale,** *(gramm.)* impersonal.
impr. **impresa,** building contractors.
In **indio,** *(chim.)* indium (In).
I.N.A. **Istituto Nazionale delle Assicurazioni,** National Insurance Company.
I.N.A.D.E.L. **Istituto Nazionale per l'Assistenza ai Dipendenti degli Enti locali,** National Board for the Welfare of Employees of Local Authorities.
I.N.A.I.L. **Istituto Nazionale per l'Assicurazione contro gli Infortuni sul Lavoro,** National Board for the Insurance against Accidents in Industrial Work.
I.N.A.M. **Istituto Nazionale per l'Assicurazione contro le Malattie,** National Health Insurance Board.
I.N.A.S. **Istituto Nazionale Assistenza Sociale,** National Social Welfare Board.
I.N.C.I.S. **Istituto Nazionale per le Case degli Impiegati dello Stato,** National Institute for Providing Houses for Civil Servants.
ind. ***1*** **indicativo,** *(gramm.)* indicative (ind.) ***2*** **industria,** industry (ind.) ***3*** **industriale,** industrial.
indef. **indefinito,** *(gramm.)* indefinite.
indic. **indicativo,** *(gramm.)* indicative (indic.).
I.N.E. **Istituto Nazionale Esportazioni,** National Institute for the Promotion of Export Trade.
inf. **infinito,** *(gramm.)* infinitive (inf., infin.).
I.N.F.N. **Istituto Nazionale di Fisica Nucleare,** National Institute of Nuclear Physics.
in-fol. **in folio,** folio (fo., fol.).
ing. ***1*** **ingegnere,** engineer ***2*** **ingegneria,** engineering.
ingl. **inglese,** English (Eng.).
I.N.P.S. **Istituto Nazionale di Previdenza Sociale,** National Institute of Social Insurance.
I.N.T. **Istituto Nazionale Trasporti,** National Transport Institute.
int., inter. **interiezione,** *(gramm.)* interjection (int., interj.).
INTERFLORA **Associazione Internazionale di Trasmissioni Floreali,** Florists' Telegraph Delivery Association.
INTERPOL **Polizia Internazionale,** International Police.
interr. **interrogativo,** *(gramm.)* interrogative.
INTERSIND **Sindacato delle Aziende a Partecipazione Statale,** Union of Industries in which the State has an Investment Interest.
intr., intrans. **intransitivo,** *(gramm.)* intransitive (intr., intrans.).
Ir **iridio,** *(chim.)* iridum (Ir).
I.R.C.E. **Istituto per le Relazioni Culturali con l'Estero,** Institute for Cultural Relations with Foreign Countries.
I.R.I. **Istituto per la Ricostruzione Industriale,** Institute for Industrial Reconstruction.
I.R.P.E.F. **Imposta sul Reddito delle Persone Fisiche,** Personal Income Tax.
I.R.P.E.G. **Imposta sul Reddito delle Persone Giuridiche,** Corporation Tax.
I.S.E.F. **Istituto Superiore di Educazione Fisica,** Higher School of Physical Training.
ispett. ***1*** **ispettore,** inspector (insp.) ***2*** **ispettorato,** inspectorate.
I.S.P.I. **Istituto per gli Studi di Politica Internazionale,** Institute for the Studies of International Politics.
ist. **istituto,** institute (Inst.).
ISTAT **Istituto Centrale di Statistica,** Central Statistics Institute.
ISVEIMER **Istituto per lo Sviluppo Economico dell'Italia Meridionale,** Institute for the Development of the Economy of Southern Italy.
it. **italiano,** Italian (It.).
ITALCABLE **Servizi Cablografici Radiotelegrafici e Radioelettrici,** Italian Cable and Radio Services.
I.V.A. **Imposta sul Valore Aggiunto,** Value Added Tax (V.A.T.).

J **joule,** *(fis.)* joule (J).
jr. **junior,** junior (jr., Jr., Jnr.).

K **potassio,** *(chim.)* potassium (K).
kc **chilociclo,** *(fis.)* kilocycle (kc).
kg **chilogrammo,** kilogramme (kg).
K.G.B. **Comitato per la Sicurezza dello Stato** *(Servizio di spionaggio sovietico),* State Security Committee.
kgm **chilogrammetro,** kilogram-metre (kgm).
kl **chilolitro,** kilolitre (kl).
km **chilometro,** kilometre (km).
km/h **chilometri all'ora,** kilometres per hour (km. p. h.).
km/sec **chilometri al secondo,** kilometres per second (km. p. s.).
k.o., K.O. **fuori combattimento,** *(sport)* knock out (k.o., K.O.).
Kr **cripto,** *(chim.)* krypton (Kr).
kV **chilovolt,** *(fis.)* kilovolt (kV).
kW **chilowatt,** *(fis.)* kilowatt (kW).
kWh **chilowattora,** *(fis.)* kilowatt-hour (kWh, kw-h).

l **litro,** litre (l).
l. **lunedì,** Monday (M., Mon.).
La **lantanio,** *(chim.)* lanthanum (La).
lab. **laboratorio,** laboratory (lab.).
lat. ***1*** **latino,** Latin (Lat.) ***2*** **latitudine,** *(geogr.)* latitude (lat.).
l.c. *(lat.:* **loco citato***)* **luogo citato,** in the place cited (loc. cit.).
lett. ***1*** **lettera,** letter. ***2*** **letterale,** literal ***3*** **letterario,** literary.
letter. **letteratura,** literature (lit.).
LF **bassa frequenza,** *(fis.)* low frequency (L.F.).
Li **litio,** *(chim.)* lithium (Li).
libr. ***1*** **libraio,** bookseller ***2*** **libreria,** bookshop.
L.I.D.U. **Lega Internazionale per i Diritti dell'Uomo,** International League for the Rights of Man (I.L.R.M.).
L.it. **Lire italiane,** Italian lire.
LL.AA. **Loro Altezze,** Their Highnesses.
LL.PP. **Lavori Pubblici,** Public Works.
l.m. **livello del mare,** sea level (s.l.).
ln **logaritmo naturale,** *(mat.)* natural logarithm.

L.N.I. **Lega Navale Italiana,** Italian Naval Association.
loc. cit. *(lat.:* **loco citato***)* **luogo citato,** in the place cited (loc. cit.).
locuz. **locuzione,** *(gramm.)* phrase (phr.).
log **logaritmo,** *(mat.)* logarithm (log).
long. **longitudine,** *(geogr.)* longitude (long.).
Lr **laurenzio,** *(chim.)* lawrencium (Lr).
L.st. **lira sterlina,** pound (sterling).
Lu **lutezio,** *(chim.)* lutetium (Lu).
lu., lug. **luglio,** July (Jul.).
lun. **lunedì,** Monday (Mon.).

m **metro,** metre (m).
M. **Monte,** Mount (Mt.).
m. *1* **maschile,** *(gramm.)* masculine (m.) *2* **mese,** month (m.) *3* **morto,** dead (d.).
MA **modulazione di ampiezza,** *(fis.)* amplitude modulation (AM).
mA **milliampere,** *(elettr.)* milliampere (M.A., Ma., mA).
mag. **maggio,** May.
Magg. **Maggiore,** *(mil.)* Major (Maj.).
mar. *1* **martedì,** Tuesday (Tues.) *2* **marzo,** March (Mar.) *3* **marina,** marine.
March. **Marchese,** Marquis (Marq.).
March.sa **Marchesa,** Marchioness, Marquise (March.).
mar.llo *(mil.)* *1* **maresciallo,** *(sottufficiale)* warrant officer *2* **maresciallo** *(ufficiale)* marshal.
mart. **martedì,** Tuesday (Tues.).
M.A.S. **motoscafo antisommergibili,** *(naut.)* motor torpedo-boat (M.T.B.).
mat. *1* **matematica,** mathematics (math.) *2* **matematico,** mathematical *(agg.)*; mathematician *(sost.)* (math.).
max. **massimo,** maximum (max.).
mb **millibar,** *(meteorologia)* millibar (mb).
M.C.D. **massimo comun divisore,** *(mat.)* highest common factor (h.c.f.).
m.c.m. **minimo comune multiplo,** *(mat.)* least (o lowest) common multiple (l.c.m.).
Md **mendelevio,** *(chim.)* mendelevium (Md).
M.E. *1* **Medio Evo,** Middle Ages *2* **Membro Effettivo,** active member *3* **Movimento Europeo,** European Movement.
M.E.C. **Mercato Europeo Comune,** European Common Market (E.C.M.).
mecc. *1* **meccanica,** mechanics (mech.) *2* **meccanico,** mechanical (mech.).
med. *1* **medicina,** medicine *2* **medico,** physician (phys.).
Mem. **memorandum,** memorandum; memo.
mens. **mensile,** monthly.
mer., merc. **mercoledì,** Wednesday (Wed.).
M.F. **media frequenza,** *(fis.)* medium frequency (M.F.).
M.F.E. **Movimento Federalista Europeo,** European Federalist Movement.
Mg **magnesio,** *(chim.)* magnesium (Mg).
mg **milligrammo,** milligramme (mg).
mil. **militare,** military (mil.).
Min. *1* **Ministro,** minister (Min.) *2* **Ministero,** ministry (Min.).
min. *1* **minimo,** minimum (min.) *2* **minuto,** minute (min.).
miner. *1* **minerale,** mineral *2* **mineralogia,** mineralogy (min.) *3* **minerario,** mining.
mitt. **mittente,** sender; from.
ml **millilitro,** millilitre (ml).
M.M. **Marina Militare,** Italian Navy.
mm **millimetro,** millimetre (mm).
M/N **Motonave,** *(naut.)* Motor Ship (M/S).
Mn **manganese,** *(chim.)* manganese (Mn).
Mo **molibdeno,** *(chim.)* molybdenum (Mo).
M.O. **Medio Oriente,** Middle East.
mons. **monsignore,** *(relig.)* Monsignore (Mgr.).
mq **metro quadrato,** square metre (sq m).
M.R. *1* **Magnifico Rettore,** *(nelle Università)* Chancellor *2* **Molto Reverendo,** *(relig.)* Very Reverend (v. Rev.).
ms., MS. **manoscritto,** manuscript (ms., MS.).
M.S. **Movimento Studentesco,** student movement.
M.sa **Marchesa,** Marchioness (March.).
M.se **Marchese,** Marquis (Marq.).
M.S.I. **Movimento Sociale Italiano,** Italian Social Movement.
mss., MSS. **manoscritti,** manuscripts (mss., MSS.).
MT **megaton,** *(fis.)* megaton (MT).
mus. *1* **musica,** music (mus.) *2* **musicale,** musical (mus.).

n. *1* **nato,** born (b.). *2* **neutro,** *(gramm.)* neuter (n.) *3* **nome,** name; *(gramm.)* noun (n.) *4* **numero,** number (No.).
N **azoto,** *(chim.)* nitrogen (N).
N. **Nord,** North (N.).
Na **sodio,** *(chim.)* sodium (Na).
N.A.S. **Nucleo Antisofisticazioni,** Office for the Prevention of the Adulteration of Beverages and Foodstuffs.
naut. **nautico,** nautical (naut.).
nav. **navale,** naval (nav.).
naz. **nazionale,** national (nat.).
N.B. **nota bene,** note well (N.B.).
Nb **niobio,** *(chim.)* niobium (Nb).
Nd **neodimio,** *(chim.)* neodymium (Nd).
N.D. **Nobil Donna** *(titolo).*
N.d.A. **Nota dell'Autore,** Author's Note.
N.d.D. **Nota della Direzione,** *(in un giornale o una rivista)* Editor's Note.
N.d.E. **Nota dell'Editore,** Publisher's Note.
N.d.R. **Nota della Redazione,** Editor's Note.
N.d.T. **Nota del Traduttore,** Translator's Note.
N.E. **Nord-Est,** North-East (N.E.).
Ne **neon,** *(chim.)* neon (Ne).
neg. *1* **negativo,** negative (neg.) *2* **negazione,** negation.
neol. **neologismo,** neologism.
N.H. *(lat.:* **Nobilis Homo***)* **Nobil Uomo** *(titolo).*
Ni **nichel,** *(chim.)* nickel (Ni).
N.N. *1* *(lat.:* **nescio nomen***)* **di padre ignoto,** father's name unknown *2* *(lat.:* **nihil novi***)* **niente di nuovo,** nothing new; no news.
No **nobelio,** *(chim.)* nobelium (No).
N.O. **Nord-Ovest,** North-West (N.W.).
nom. **nominativo,** *(gramm.)* nominative (nom.).
nov. **novembre,** November (Nov.).
Np **nettunio,** *(chim.)* neptunium (Np).
ns. **nostro,** *(comm.)* our; ours.
N.S.G.C. **Nostro Signore Gesù Cristo,** Our Lord Jesus Christ.
N.T. **Nuovo Testamento,** New Testament (N.T.).
N.U. *1* **Nazioni Unite,** United Nations (U.N.) *2* **Nettezza Urbana,** City Sanitation Department.

O **ossigeno,** *(chim.)* oxygen (O).
O. **Ovest,** West (W.).
O.C.S.E. **Organizzazione per la Cooperazione e lo Sviluppo Economico,** Organization for Economic Co-operation and Development (in Europe) (O.E.C.D.).
O.d.G. **ordine del giorno,** agenda.
O.E.C.E. **Organizzazione Europea per la Cooperazione Economica,** Organization for European Economic Co-operation (O.E.E.C.).
ogg. **oggetto,** object (obj.).
O.I.L. **Organizzazione Internazionale del Lavoro,** International Labour Organization (I.L.O.).
O.I.R. **Organizzazione Internazionale per i Rifugiati,** International Refugee Organization (I.R.O.).
O.L.P. **Organizzazione per la Liberazione della Palestina,** Palestine Liberation Organization (P.L.O.).
O.M.R. **Ordine al Merito della Repubblica,** *(ordine cavalleresco)* Order to the Merit of the Republic.
O.M.S. **Organizzazione Mondiale della Sanità,** World Health Organization (W.H.O.).
On. **onorevole,** Member of Parliament (M.P.).
O.N.C. **Opera Nazionale Combattenti,** Ex-Soldiers' National Association.
O.N.M.I. *1* **Opera Nazionale per il Mezzogiorno d'Ita-**

lia, National Organization for the Improvement of Southern Italy *2* **Opera Nazionale Maternità e Infanzia,** National Institute for Mother and Child Welfare.
onom. onomastico, name day.
O.N.P.I. Opera Nazionale per i Pensionati d'Italia, National Organization for Italian Pensioners.
O.N.U. Organizzazione delle Nazioni Unite, United Nations Organization (U.N.O.).
OO.PP. Opere Pubbliche, Public Works.
op. *1* **opera,** work *2* **operaio,** worker.
op. cit. *(lat.:* **opere citato***)* **nell'opera citata,** in the work cited (op. cit.).
or. *1* **orario,** hourly *2 (ferr.)* **orario,** time-table.
orch. orchestra, orchestra.
Os osmio, *(chim.)* osmium (Os).
ott. ottobre, October (Oct.).

P *1* **fosforo,** *(chim.)* phosphorus (P) *2* **Posteggio,** *(autom.)* Parking (P).
P. Padre, *(relig.)* Father (Fr.).
Pa protoattinio, *(chim.)* protoactinium (Pa).
P.A. *1* **Patto Atlantico,** North Atlantic Treaty *2* **Posta Aerea,** Air Mail *3* **Pubblica Accusa,** *(leg.)* Public Prosecutor *4* **Pubblica Amministrazione,** Public Administration.
pA peso atomico, atomic weight (at. wt.).
p.a. per auguri, *(nei biglietti da visita)* with best wishes.
pag. pagina, page (p.).
pagg. pagine, pages (pp.).
par. paragrafo, paragraph (par.).
part. participio, *(gramm.)* participle (part.).
partic. particella, *(gramm.)* particle.
p/ass. porto assegnato, *(comm.)* carriage forward.
pass. passato, *(gramm.)* past (p.) *2 (lat.:* **passim***)* **in diversi luoghi,** passim *3* **passivo,** *(gramm.)* passive (pass.).
patol. *1* **patologia,** pathology (path., pathol.) *2* **patologico,** pathologic(al) (path., pathol.).
Pb piombo, *(chim.)* lead (Pb).
P.C. *1* **Parte Civile,** *(leg.)* plaintiff *2* **Partito Comunista,** Communist Party.
p.c. *(nei biglietti da visita) 1* **per congedo,** for leave-taking visit *2* **per congratulazioni,** offering congratulations *3* **per condoglianze,** offering sympathy.
P.C.A. Pontificia Commissione di Assistenza, Papal Welfare Organization.
p.c.c. per copia conforme, true copy (*o* copies).
P.C.I. Partito Comunista Italiano, Italian Communist Party.
Pd palladio, *(chim.)* palladium (Pd).
P.d.A. Partito d'Azione, *(stor.)* Action Party.
P.D.I.U.M. Partito Democratico Italiano di Unità Monarchica, Italian Democrat Party of United Royalists.
P.d.U.P. Partito di Unità Proletaria, Party for the Union of Proletarians.
p.e. per esempio, for example (e. g.).
P.E. Parlamento Europeo, European Parliament.
per. *1* **perito,** expert *2* **periodo,** period.
per. call. perito calligrafico, handwriting expert.
per. chim. perito chimico, non-graduate chemist.
per. comm. perito commerciale, commercial expert.
per. elettron. perito elettronico, non-graduate electronics expert.
per. nav. perito navale, ship surveyor.
pers. *1* **persona,** person *2* **personale,** personal.
p. est. per estensione, in a wider sense.
p.f. per favore, please.
P.G. Procuratore Generale, *(leg.)* Attorney-General.
P.G.R. per grazia ricevuta, *(relig.)* thanks for grace received.
P.I. *1* **Pubblica Istruzione,** Public Education *2* **Pubblico Impiego,** Civil Service.
pl. plurale, *(gramm.)* plural (pl.).
P.L.I. Partito Liberale Italiano, Italian Liberal Party.
Pm prometeo, *(chim.)* promethium (Pm).
P.M. *1* **Polizia Militare,** Military Police (M.P.) *2* **Pubblico Ministero,** *(leg.)* Public Prosecutor; Prosecuting Attorney (Pros. Atty.) *(USA).*
p.m. pomeridiano, after noon (p.m.).
P.N.F. Partito Nazionale Fascista, *(stor.)* National Fascist Party.
P.N.M. Partito Nazionale Monarchico, *(stor.)* National Monarchist Party.
Po polonio, *(chim.)* polonium (Po).
P.O. Posta Ordinaria, Regular Mail.
P.O.A. Pontificia Opera di Assistenza, Papal Welfare Organization.
poet. poetico, poetic(al) (poet.).
POLFER Polizia Ferroviaria, Railway Police.
polit. *1* **politica,** politics (pol., polit.) *2* **politico,** political (pol., polit.).
POLSTRADA Polizia Stradale, Highway Police.
pom. pomeridiano, after noon (p.m.).
pont. pontificio, papal.
pop. *1* **popolazione,** population (pop.) *2* **popolare,** popular (pop.).
poss. possessivo, *(gramm.)* possessive (poss.).
PP. Padri, *(relig.)* Fathers.
P.P. *1* **posa piano,** *(sui pacchi)* handle with care *2* **porto pagato,** *(comm.)* carriage paid.
p.p. *1* **pacco postale,** parcel post (p.p., P.P.) *2* **per procura,** by proxy (per pro(c).).
PP.TT. Poste e Telecomunicazioni, Post, Telephone and Telegraph Services.
Pr praseodimio, *(chim.)* praseodymium (Pr).
pr. pronome, *(gramm.)* pronoun (pr.).
p.r. per ringraziamento, with thanks.
P.R. *1* **Partito Radicale,** Radical Party *2* **Piano Regolatore,** town-planning regulations.
P.R.A. Pubblico Registro Automobilistico, Office where Motor Vehicles are Registered.
pred. predicato, *(gramm.)* predicate (pred.).
pref. prefisso, *(gramm.)* prefix (pref.).
prefaz. prefazione, preface; foreword.
prep. preposizione, *(gramm.)* preposition (prep.).
pres. presente, *(gramm.)* present (pres.).
Pres. *(polit.) 1* **Presidente,** President (Pres.) *2* **Presidenza,** Presidency (Pres.).
P.R.I. Partito Repubblicano Italiano, Italian Republican Party.
Proc. Gen. Procuratore Generale, *(leg.)* Attorney General (Att.-Gen.).
prof. professore, Professor (Prof.).
prof.ssa professoressa, lady-teacher; lady-professor.
pron. pronome, *(gramm.)* pronoun (pron.).
prop. proposizione, *(gramm.)* sentence.
prov. *1* **provincia,** province (prov.); district (dist.) *2* **provinciale,** provincial (prov.) *3* **proverbio,** proverb (prov.).
provv. provvisorio, provisional.
P.S. *1 (lat.:* **post scriptum***)* **poscritto,** postscript (P.S.) *2* **Pubblica Sicurezza,** Police.
P.S.D.I. Partito Socialista Democratico Italiano, Italian Socialist Democratic Party.
P.S.I. Partito Socialista Italiano, Italian Socialist Party.
psic. *1* **psicologia,** psychology (psych., psychol.) *2* **psicologico,** psychologic(al) *3* **psicologo,** psychologist.
P.S.I.U.P. Partito Socialista Italiano di Unità Proletaria, Italian Socialist Party for Proletarian Unity.
P.S.U. Partito Socialista Unificato, United Socialist Party.
Pt platino, *(chim.)* platinum (Pt).
P.T. *1* **Poste e Telegrafi,** Post and Telegraph Services *2* **Polizia del Traffico,** Traffic Squad (of the Police).
P.T.P. Posto Telefonico Pubblico, local telephone office.
P.T.T. Poste, Telegrafi e Telefoni, Post, Telegraph, and Telephone Services.
Pu plutonio, *(chim.)* plutonium (Pu).
P.V. Piccola Velocità, *(ferr.)* ordinary goods service.
p.v. prossimo venturo, next month (prox.).
P.za Piazza, Square (Sq.).

q quintale, quintal (q.).
q. *1* **quadrato,** square (sq.) *2* **quota,** quota *3* **qualcuno,** somebody (sb.).

q.c. **qualche cosa, qualcosa,** something (st.).
q.e.d. *(lat.:* **quod erat demonstrandum***)* **come doveva-si dimostrare,** which was to be demonstrated (q.e.d.).
Q.G. **Quartier Generale,** *(mil.)* Headquarters (H.Q.).
Q.I. **Quoziente d'Intelligenza,** *(psic.)* Intelligence Quotient (I.Q.).
quot. **quotazione,** *(comm.)* quotation (quot.).

R. *1* **ricevuta,** *(comm.)* receipt *2* **raccomandata,** registered letter *3* **rapido,** *(ferr.)* express train *4* **Reverendo,** *(relig.)* Reverend (Rev.).
r **raggio,** *(geom.)* radius (R).
r. **recto,** recto.
Ra **radio,** *(chim.)* radium (Ra).
R.A. *1* **Ritenuta d'Acconto,** *(fin.)* With holding Tax *2* **Regia Accademia,** Royal Academy (R.A.).
racc. **raccomandata,** registered letter.
rag. *1* **ragioneria,** accountancy *2* **ragioniere,** accountant.
R.A.I. - T.V. **Radio Televisione Italiana,** Italian Broadcasting Corporation.
R.A.U. **Repubblica Araba Unita,** United Arab Republic (U.A.R.).
Rb **rubidio,** *(chim.)* rubidium (Rb).
Rc **radice cubica,** *(mat.)* cubic root.
R.C.A. **Responsabilità Civile Autoveicoli,** Third-Party Automobile Insurance.
R.D. **Regio Decreto,** Royal Decree.
R.D.T. **Repubblica Democratica Tedesca,** German Democratic Republic.
Re **renio,** *(chim.)* rhenium (Re).
rec. **reciproco,** reciprocal.
ref. *1* **referenza,** reference (ref.) *2* **referto,** report (rept.).
reg. *1* **regione,** region (reg.) *2* **regionale,** regional (reg.) *3* **regolare,** regular (reg.).
regg. *1* **reggente,** regent *2* **reggimento,** *(mil.)* regiment (reg., Rgt.).
rel. **relativo,** *(gramm.)* relative (rel.).
relig. *1* **religione,** religion (rel.) *2* **religioso,** religious.
rep. **reparto,** department (dep., dept.).
Rep. **Repubblica,** Republic (Rep., Repub.).
Rev. **Reverendo,** *(relig.)* Reverend (Rev.).
Rev.mo **Reverendissimo,** *(relig.)* Right Reverend (Rt. Rev.).
R.F.T. **Repubblica Federale Tedesca,** German Federal Republic.
Rh *1* **rodio,** *(chim.)* rhodium (Rh) *2* **fattore Rh,** *(biol., fisiologia)* Rh factor (Rh).
R.I. **Repubblica Italiana,** Italian Republic.
ric. **ricevuta,** *(comm.)* receipt (rec.).
rif. **riferimento,** reference (ref.).
rifl. **riflessivo,** *(gramm.)* reflexive (refl.).
rist. **ristampa,** *(editoria)* reprint (repr.).
Rn **radon,** *(chim.)* radon (Rn).
Rq **radice quadrata,** *(mat.)* square root.
R.r.r. **raccomandata con ricevuta di ritorno,** *(posta)* registered, return receipt requested.
R.S.M. **Repubblica di San Marino,** Republic of San Marino.
R.S.V.P. *(franc.,* **Répondez S'il Vous Plait***)* **si prega di rispondere,** please reply.
R.T. **radiotelegrafia,** wireless telegraphy (W.T.).
Ru **rutenio,** *(chim.)* ruthenium (Ru).

S **zolfo,** *(chim.)* sulphur (S).
S. *1* **San, Santo,** Saint (St.) *2* **Sud,** South (S.).
s **secondo,** *(sost.)* second (s., sec.).
s. *1* **sabato,** Saturday (Sat.) *2* **sostantivo,** *(gramm.)* noun (n.).
S.A. *1* *(comm.)* **Società Anonima,** Joint-Stock Company *2* **Sua Altezza,** His (*o* Her) Highness (H.H.).
sab. **sabato,** Saturday (Sat.).
S.Acc. **Società in Accomandita,** *(comm.)* Limited Partnership (Ltd.).
S.Acc.p.A. **Società in Accomandita per Azioni,** *(comm.)* Partnership Limited by Shares.
S.A.I. **Società Assicuratrice Italiana,** Italian Insurance Company.
S.A.R. **Sua Altezza Reale,** His (*o* Her) Royal Highness (H.R.H.).
S.A.U.B. **Struttura Amministrativa Unificata di Base,** Unified Administrative Structure.
Sb **antimonio,** *(chim.)* antimony (Sb).
s.b.f. **salvo buon fine,** *(comm.)* under usual reserve.
S.C. *1* **Sede Centrale,** Head Office (H.O.) *2* **Suprema Corte,** *(leg.)* Supreme Court (S.C.).
Sc **scandio,** *(chim.)* scandium (Sc).
scient. **scientifico,** scientific (sci.).
S.C.V. **Stato della Città del Vaticano,** Vatican City.
s.d. **senza data,** no date (n. d.).
s.d.l. **senza data o luogo,** no place or date (n. p. or d.).
S.D.N. **Società delle Nazioni,** *(stor.)* League of Nations (L/N).
S.E. *1* **Sua Eccellenza,** His Excellency (H.E.); *(di un vescovo)* His Lordship *2* **Sud-Est,** South-East (S.E.).
Se **selenio,** *(chim.)* selenium (Se).
S.E.A.T. **Società Elenchi Ufficiali degli Abbonati al Telefono,** Telephone Directory Publishing Company.
sec *1* **secante,** *(mat.)* secant (sec.) *2* **secondo** *(sost.)* second (sec.).
sec. **secolo,** century (cent.).
seg. **seguente,** following (fol(l).).
segg. *1* **seguenti** *(pl.),* following (fol(l).) *2* **seggiovia,** chair lift.
segr. **segretario,** secretary (sec.).
Segr.to. **Segretariato,** Secretariat(e).
S.Em. **Sua Eminenza,** His Eminence (H.E.).
sen **seno,** *(mat.)* sine (sin).
Sen. **Senatore,** Senator (Sen.).
S.E. e O. **salvo errori e omissioni,** *(comm.)* errors and omissions excepted (E.& O.E.).
serg. **sergente,** *(mil.)* sergeant (sergt.).
sett. **settembre,** September (Sept.).
sfr **sotto fascia, raccomandato,** under cover, registered.
sfs **sotto fascia semplice,** under cover, not registered.
S.G. **Sua Grazia,** His (*o* Her) Grace (H.G.).
s.g. **secondo grandezza,** according to size.
Si **silicio,** *(chim.)* silicon (Si).
S.I.A.E. **Società Italiana Autori ed Editori,** Italian Authors' and Publishers' Association.
S.I.D. **Servizio Informazioni della Difesa,** Military Counterespionage Organization.
S.I.F. **Società Internazionale di Finanziamento,** International Financing Company.
Sig. **Signor,** Mister (Mr).
Sig.a **Signora,** Mistress (Mrs).
Sigg. **Signori,** Messieurs (Messrs).
Sig.na **signorina,** Miss.
S.I.M. **Servizio Informazioni Militari,** *(mil.)* Army Intelligence Service.
sim. *1* **simile,** similar (sim.) *2* **similmente,** similarly (sim.).
sing. **singolare,** *(gramm.)* singular (sing.).
SIP **Società Italiana per l'Esercizio Telefonico,** Italian State Telephone Company.
S.I.S.A.L. **Società Italiana Sistemi a Lotto,** Italian Company of Lotteries.
s.l. *(lat.:* **sine loco***)* **senza luogo,** *(bibliografia)* without place (of publication) (s.l.).
s.l.m. **sul livello del mare,** above sea level.
S.M. *1* **Stato Maggiore,** *(mil.)* General Staff (G.S.) *2* **Sua Maestà,** His (*o* Her) Majesty (H.M.).
Sm **samario,** *(chim.)* samarium (Sm).
S.M.E. **Sistema Monetario Europeo,** European Monetary System (E.M.S.).
S.M.G. **Stato Maggiore Generale,** *(mil.)* General Staff (G.S.).
S.M.I. **Sua Maestà Imperiale,** His (*o* Her) Imperial Majesty (H.I.M.).
S.M.O.M. **Sovrano Militare Ordine di Malta,** Sovereign Military Order of Malta.
Sn **stagno,** *(chim.)* tin (Sn).
S.n.c. **Società in nome collettivo,** *(comm.)* General Partnership.

S.O. **Sud-Ovest**, South-West (S.W.).
Soc. **Società**, *(comm.)* Partnership; Company (Co.).
sogg. **soggetto**, *(gramm.)* subject (subj.).
SO.RI.MA. **Società Ricuperi Marittimi**, Sea Salvage Company.
S.O.S. *(segnale internazionale di richiesta di soccorso)* **«salvate le nostre anime»**, «save our souls» (S.O.S.).
sost. **sostantivo**, *(gramm.)* substantive (s.); noun (n.).
S.P. *1* **Santo Padre**, *(relig.)* His Holiness (H.H.) *2* **Strada Provinciale**, provincial road.
S.P.A. **Società per la Protezione degli Animali**, Society for the Prevention of Cruelty to Animals (S.P.C.A.).
S.p.A. **Società per Azioni**, *(comm.)* Joint-Stock Company.
S.P.E. **Servizio Permanente Effettivo**, *(mil.)* Regular Army.
spec. **specialmente**, especially (esp.).
S.P.E.S. **Servizio Propaganda e Stampa**, Advertising and Printing Service.
S.P.M. **Sue Proprie Mani**, Personal (for Addressee).
spreg. **spregiativo**, derogatory; disparaging.
S.Q. **Secondo Quantità** *(sul menù)*, (price) according to the quantity consumed.
Sr **stronzio**, *(chim.)* strontium (Sr).
S.R. **Sacra Rota**, *(relig.)* (the) Sacred Rota.
S.R.C. **Santa Romana Chiesa**, Holy Roman Church.
S.r.l. **Società a responsabilità limitata**, *(comm.)* Limited Partnership (Ltd.).
SS. *(relig.)* *1* **Santi**, Saints (SS.) *2* **Santissimo**, Most Holy.
S.S. *1* *(ted.:* **Schutzstaffeln***)* **squadre di sicurezza (naziste)**, *(stor.)* Hitler's Bodyguard (S.S.) *2* **Santa Sede**, Holy See *3* **Sua Santità**, His Holiness (H.H.).
s/s **piroscafo**, steamship (S/S).
S.S.N. **Servizio Sanitario Nazionale**, National Health Service (N.H.S.).
SS.PP. **Santi Padri**, *(relig.)* Holy Fathers.
stat. *1* **statistica**, statistics *2* **statistico**, statistical *3* **statale**, State *(attr.)*.
S. Ten. **Sottotenente**, *(mil.)* Sub-Lieutenant.
STET **Società Torinese Esercizio Telefoni**, Turin Telephone Company.
str. **strada**, street (St.); road (Rd.).
S.U. **Stati Uniti**, United States (U.S.).
succ. *1* **successori**, successors *2* **succursale**, branch.
suff. **suffisso**, *(gramm.)* suffix (suff.).
sup. **superiore**, superior (sup.).
superf. **superficie**, area; surface.
superl. **superlativo**, *(gramm.)* superlative (superl.).
S.V. **Signoria Vostra**, Your Lordship.
s.v. **sotto voce**, *(mus.)* sotto voce.

T **tutti**, *(mus.)* all.
t **tonnellata**, ton (t).
t. *1* **tara**, *(comm.)* tare (t.) *2* **tempo**, *(fis.)* time (t.) *3* **tomo**, tome (t.).
Ta **tantalio**, *(chim.)* tantalum (Ta).
tab. **tabella**, table.
TAC **Tomografia Assiale Computerizzata**, *(med.)* Computerized Axial Tomography (CAT).
tan **tangente**, *(mat.)* tangent (tan).
TAR **Tribunale Amministrativo Regionale**, Regional Administrative Court of Law.
tav. **tavola**, table.
Tb **terbio**, *(chim.)* terbium (Tb).
tbc, TBC **tubercolosi**, *(med.)* tuberculosis (T.B.).
Tc **tecnezio**, *(chim.)* technetium (Tc).
T.C.I. **Touring Club Italiano**, Italian Touring Club.
Te **tellurio**, *(chim.)* tellurium (Te).
T.E. **trazione elettrica**, *(ferr.)* electric traction.
teatr. **teatrale**, theatrical.
tecn. *1* **tecnica**, technique *2* **tecnico**, technical (tech.) *3* **tecnologia**, technology (tech., technol.).
tecnol. *1* **tecnologia**, technology (tech., technol.) *2* **tecnologico**, technological (technol.).
ted. **tedesco**, German.
tel. **telefono**, telephone (tel.).
telegr. *1* **telegrafo**, telegraph *2* **telegrafia**, telegraphy *3* **telegramma**, telegram (tel.).
telev. *1* **televisione**, television (TV) *2* **televisore**, televisor.
TELEX **Trasmissione per telescrivente**, Telegraph Exchange.
Ten. **Tenente**, *(mil.)* Lieutenant (Lieut.).
Ten. Col. **Tenente Colonnello**, *(mil.)* Lieutenant Colonel.
Ten. Vasc. **Tenente di Vascello**, *(mil.)* Lieutenant (in the Navy).
teol. *1* **teologia**, theology (theol.) *2* **teologo**, theologian.
terr. *1* **territorio**, territory *2* **territoriale**, territorial.
tess. *1* **tessili**, textiles *2* **tessuti**, fabrics *3* **tessera**, membership card.
TETI **(Società) Telefonica Tirrena**, Company controlling Telephone Services along the Tyrrhenian Coast.
tg **tangente**, *(mat.)* tangent (tan).
Th **torio**, *(chim.)* thorium (Th).
Ti **titanio**, *(chim.)* titanium (Ti).
tip. *1* **tipografia**, printing house *2* **tipografo**, printer.
TIR *(franc.:* **Transports Internationaux Routiers)** **Trasporti Internazionali su Strada**, International Road Transport (TIR).
Tl **tallio**, *(chim.)* thallium (Tl).
Tm **tulio**, *(chim.)* thulium (Tm).
TNT **trinitrotoluene**, *(chim.)* trinitrotoluene (TNT).
tom. **tomo**, tome.
top. *1* **topografia**, topography *2* **topografo**, topographer.
tosc. **toscano**, Tuscan.
TOTIP **Totalizzatore Ippico**, Horse-race Pools.
TOTOCALCIO **Totalizzatore Calcistico**, Football Pools.
tr. **tratta**, *(comm.)* draft (dft.).
trad. *1* **traduttore**, translator (tr.) *2* **traduzione**, translation (tr.).
trans. *1* **transitivo**, *(gramm.)* transitive (trans.) *2* **transito**, *(ferr.)* transit.
trim. *1* **trimestre**, term *2* **trimestrale**, quarterly.
T.S. **Tribunale Supremo**, *(leg.)* Supreme Court (S.C.).
T.U. **Testo Unico**, *(leg.)* Unified Code.
TV **Televisione**, Television (TV).

U **uranio**, *(chim.)* uranium (U).
U.A.I. **Unione Astronomica Internazionale**, International Union of Astronomers.
U.C. *1* **Ufficiale di Complemento**, Reserve Officer *2* **Ufficio di Collocamento**, Labour Exchange.
U.C.I. **Unione Ciclistica Internazionale**, International Cycling Association.
U.C.I.I.M. **Unione Cattolica Italiana Insegnanti Medi**, Association of Italian Catholic Secondary School Teachers.
U.C.M.E.A. **Ufficio Centrale di Meteorologia e di Ecologia Agraria**, National Board of Meteorology and Agrarian Ecology.
U.D.I. **Unione Donne Italiane**, Association of Italian Women.
U.E.O. **Unione dell'Europa Occidentale**, Western European Union (W.E.U.).
U.E.P. **Unione Europea dei Pagamenti**, European Payments Union.
U.E.R. **Unione Europea di Radiodiffusione**, European Broadcasting Union.
uff. *1* **ufficiale**, official *(agg.)* *2* **ufficiale**, *(mil.)* officer *3* **ufficio**, office; bureau.
U.I.C. **Unione Italiana Ciechi**, Italian Union of the Blind.
U.I.C.C. **Unione Internazionale Contro il Cancro**, International Association Against Cancer.
U.I.L. **Unione Italiana del Lavoro**, Italian Federation of Trade Unions.
U.I.T. **Unione Internazionale per le Telecomunicazioni**, International Telecommunications Union (I.T.U.).
U.N.I.C.E. **Unione delle Industrie della Comunità Europea**, European Community Industrial Union.

U.N.U.C.I. Unione Nazionale Ufficiali in Congedo d'Italia, National Association of Italian Reserve Officers.
U.P.T. Ufficio Provinciale del Tesoro, District Treasury Office.
U.P.U. Unione Postale Universale, Universal Postal Union (U.P.U.).
U.R.S.S. Unione delle Repubbliche Socialiste Sovietiche, Union of Soviet Socialist Republics (U.S.S.R.).
U.S. *1* **Ufficio Stampa,** Press Agency *2* **Uscita di Sicurezza,** Emergency Exit.
u.s. ultimo scorso, last month (ult.).
U.S.L. Unità Sanitaria Locale, Local Health Union.
U.S.V.I. Unione delle Società Veliche d'Italia, Association of Italian Sailing Clubs.
U.T.E.T. Unione Tipografico-Editrice Torinese *(a Publishing House with main offices in Turin).*
UV, Uv ultravioletto, *(fis.)* ultraviolet (U.V.).
U.V.I. Unione Velocipedistica Italiana, Italian Cycling Union.

V *1* **vanadio,** *(chim.)* vanadium (V) *2* **volt,** *(fis.)* volt (V).
V. Via, Street (St.).
v. *1* **vedi,** which see (q. v.) *2* **venerdì,** Friday (Fr.) *3* **verbo,** *(gramm.)* verb (v.) *4* **verso,** *(poesia)* verse; line *5* **verso,** *(bibliografia)* verso.
val. valuta, *(comm.)* currency (cur., cy.).
var. *1* **varietà,** variety *2* **variabile,** variabile *3* **variante,** variant (var.).
Vat. Vaticano, Vatican (Vat.).
vb. verbo, *(gramm.)* verb (v.).
V.C. *1* **Vice Console,** Vice-Consul (V.C.) *2* **Valor Civile,** Civic Valour.
V.E. Vostra Eccellenza, Your Excellency; *(a un vescovo)* Your Lordship.
V.Em Vostra Eminenza, Your Eminence.
Ven. Venerabile, Venerable (Ven.).
ven. venerdì, Friday (Fri.).
ver. versamento, *(comm.)* payment (payt.).
Vesc. Vescovo, *(relig.)* Bishop (Bp.).
vet. *1* **veterinaria,** veterinary science *2* **veterinario,** veterinary.
V.F., V.d.F. Vigili del Fuoco, Fire Brigade (F.B.).
V.G. Vostra Grazia, Your Grace.
V.H.F. (ad) altissima frequenza, *(fis.)* Very High Frequency (V.H.F.).
vic. vicolo, alley.
v.le viale, avenue (av.); boulevard (blvd.).
V.L.F. (a) bassissima frequenza, *(fis.)* Very Low Frequency (V.L.F.).
V.M. *1* **Valor Militare,** Military Valour *2* **Vostra Maestà,** Your Majesty.
VO. velocità ordinaria, average speed.
voc. *1* **vocabolo,** word *2* **vocativo,** *(gramm.)* vocative (voc.).
vol. volume, volume (vol.).
voll. volumi, volumes (vols.).
v.r. vedi retro, please turn over (p.t.o., P.T.O.).
v. rifl. verbo riflessivo, *(gramm.)* verb reflexive (v.r.).
vs., Vs. vostro, *(comm.)* your (yr.); yours (yrs.).
V.S. Vostra Santità, Your Holiness.
v.s. vedi sopra, see above (v.s.).
V.T. Vecchio Testamento, Old Testament (O.T.).
V.U. Vigile Urbano, Traffic Warden.
VV.UU. Vigili Urbani, Traffic Police.

W *1* **Watt,** *(elettr.)* Watt (W) *2* **wolframio,** *(chim.)* wolfram (W) *3* **Evviva!,** Long live!
W.C. gabinetto di decenza, water closet (w.c., W.C.); toilet.
Wh wattora, *(fis.)* watt-hour (wh, Wh).
W.L. *(franc.:* **Wagon lit)** **vagone** *(o* **carrozza)** **letto,** *(ferr.)* sleeping car (W.L.).

X. Cristo, Christ (X, X.).
Xe xeno, *(chim.)* xenon (Xe).

Y ittrio, *(chim.)* yttrium (Y).
Yb itterbio, *(chim.)* ytterbium (Yb).
Y.C.I. Yacht Club d'Italia, *(sport)* Italian Yacht Club.

Z impedenza, *(fis.)* impedance.
Z. di G. Zona di Guerra, *(mil.)* War Zone.
Zn zinco, *(chim.)* zinc (Zn).
Zr zirconio, *(chim.)* zirconium (Zr).

Verbi irregolari

(*Il numero esponente indica la coniugazione cui appartiene il verbo. Per es.:* [1] **andare,** *prima coniugazione sul modello di* amare; [2] **accendere,** *seconda coniugazione, come* temere; [3] **apparire,** *terza coniugazione, come* servire)

[2] **accendere** *Pass. remoto:* accesi – *Part. pass.:* acceso.

[2] **accludere** *Pass. remoto:* acclusi – *Part. pass.:* accluso.

[2] **accorgersi** *Pass. remoto:* mi accorsi – *Part. pass.:* accortosi.

[2] **addurre** (*da* addùcere, *tema* adduc-) *Indic. pres.:* adduco, adduci, *ecc.* – *Pass. remoto:* addussi, adducesti, addusse, adducemmo, adduceste, addussero – *Futuro:* addurrò, *ecc.* – *Condiz. pres.:* addurrei, *ecc.* – *Part. pass.:* addotto.

[2] **affiggere** *Pass. remoto:* affissi – *Part. pass.:* affisso.

[2] **affliggere** *Pass. remoto:* afflissi – *Part. pass.:* afflitto.

[2] **alludere** *Pass. remoto:* allusi – *Part. pass.:* alluso.

[1] **andare** *Indic. pres.:* vado (*o* vo), vai, va, andiamo, andate, vanno – *Futuro semplice:* andrò, andrai, andrà, andremo, andrete, andranno – *Cong. pres.:* vada, vada, vada, andiamo, andiate, vadano – *Imper.:* va (*o* va'), vada, andiamo, andate, vadano – *Condiz. pres.:* andrei, andresti, andrebbe, andremmo, andreste, andrebbero. Gli altri tempi si formano regolarmente dal tema *and-* (*L'ausiliare è* essere).

[2] **annettere** *Pass. remoto:* annettei (*o* annessi) – *Part. pass.:* annesso.

[3] **apparire** *Indic. pres.:* appaio (*o* apparisco), appari (*o* apparisci), appare (*o* apparisce), appariamo, apparite, appaiono (*o* appariscono) – *Pass. remoto:* apparvi (*o* apparsi), apparisti, apparve (*o* apparse), apparimmo, appariste, apparirono (*o* apparvero, apparsero) – *Cong. pres.:* appaia (*o* apparisca) *per le tre pers. sing.*, appariamo, appariate, appaiano (*o* appariscano) – *Imper.:* appari (*o* apparisci), apparite – *Part. pres.:* apparente – *Part. pass.:* apparso (*L'ausiliare è* essere).

[2] **appendere** *Pass. remoto:* appesi – *Part. pass.:* appeso.

[3] **aprire** *Pass. remoto:* aprii (*o* apersi), apristi, aprì (*o* aperse), aprimmo, apriste, aprirono (*o* apersero) – *Part. pass.:* aperto.

[2] **ardere** *Pass. remoto:* arsi – *Part. pass.:* arso.

[2] **aspergere** *Pass. remoto:* aspersi – *Part. pass.:* asperso.

[2] **assidersi** *Pass. remoto:* mi assisi – *Part. pass.:* assiso.

[2] **assistere** *Pass. remoto:* assistei (*o* assistetti) – *Part. pass.:* assistito.

[2] **assolvere** *Pass. remoto:* assolsi (*o* assolvei) – *Part. pass.:* assolto.

[2] **assumere** *Pass. remoto:* assunsi – *Part. pass.:* assunto.

[2] **attingere** *Pass. remoto:* attinsi – *Part. pass.:* attinto.

[2] **bere** (*da* bevere, *tema* bev-) *Indic. pres.:* bevo, bevi, *ecc.* – *Imperfetto:* bevevo, *ecc.* – *Pass. remoto:* bevvi, bevesti, bevve, bevemmo, beveste, bevvero – *Futuro:* berrò, *ecc.* – *Cong. pres.:* beva, *ecc.* – *Condiz. pres.:* berrei, *ecc.* – *Part. pass.:* bevuto.

[2] **cadere** *Pass. remoto:* caddi – *Futuro:* cadrò, *ecc.* – *Condiz. pres.:* cadrei, *ecc.* – *Part. pass.:* caduto.

[2] **chiedere** *Pass. remoto:* chiesi – *Part. pass.:* chiesto.

[2] **chiudere** *Pass. remoto:* chiusi – *Part. pass.:* chiuso.

[2] **cingere** *Pass. remoto:* cinsi – *Part. pass.:* cinto.

[2] **cogliere** *Indic. pres.:* colgo, cogli, coglie, cogliamo, cogliete, colgono – *Pass. remoto:* colsi – *Part. pass.:* colto.

[2] **coincidere** *Pass. remoto:* coincisi – *Part. pass.:* coinciso.

[2] **comprimere** *Pass. remoto:* compressi – *Part. pass.:* compresso.

[2] **concedere** *Pass. remoto:* concessi (*o* concedei) – *Part. pass.:* concesso (*o* conceduto).

[2] **condurre** (*da* condùcere, *tema* conduc-) *Indic. pres.:* conduco, conduci, *ecc.* – *Pass. remoto:* condussi, conducesti, condusse, conducemmo, conduceste, condussero – *Futuro:* condurrò, *ecc.* – *Condiz. pres.:* condurrei, *ecc.* – *Part. pass.:* condotto.

[2] **conoscere** *Pass. remoto:* conobbi – *Part. pass.:* conosciuto.

[2] **conquidere** *Pass. remoto:* conquisi – *Part. pass.:* conquiso.

[2] **contundere** *Pass. remoto:* contusi – *Part. pass.:* contuso.

[2] **convergere** *Pass. remoto:* conversi – *Part. pass.:* converso.

[2] **correre** *Pass. remoto:* corsi – *Part. pass.:* corso.

[3] **costruire** *Pass. remoto:* costruii (*o* costrussi), costruisti, costruì (*o* costrusse), costruimmo, costruiste, costruirono (*o* costrussero) – *Part. pass.:* costruito (*o* costrutto).

[2] **crescere** *Pass. remoto:* crebbi – *Part. pass.:* cresciuto.

[3] **cucire** *Indic. pres.:* cucio, cuci, cuce, cuciamo, cucite, cuciono – *Cong. pres.:* cucia, cucia, cucia, cuciamo, cuciate, cuciano.

[2] **cuocere** *Ind. pres.:* cuocio, cuoci, cuoce, cociamo, cocete, cuociono – *Pass. remoto:* cossi, cocesti, cosse, cocemmo, coceste, cossero – *Cong. pres.:* cuocia, cuocia, cuocia, cociamo, cociate, cuociano – *Imper. pres.:* cuoci, cocete – *Part. pass.:* cotto.

[1] **dare** *Indic. pres.:* do, dai, dà, diamo, date, dànno – *Pass. remoto:* diedi (*o* detti), desti, diede (*o* dette), demmo, deste, diedero (*o* dettero) – *Futuro semplice:* darò, darai, darà, *ecc.* – *Cong. pres.:* dia, dia, dia, diamo, diate, diano – *Cong. imperfetto:* dessi, dessi, desse, dessimo, deste, dessero – *Imper.:* da' (*o* dai), dia, diamo, date, diano – *Condiz. pres.:* darei, daresti, darebbe, daremmo, dareste, darebbero – *Part. pass.:* dato (*L'ausiliare è* avere).

[2] **decidere** *Pass. remoto:* decisi – *Part. pass.:* deciso.

[2] **devolvere** *Pass. remoto:* devolvei – *Part. pass.:* devoluto.

[2] **difendere** *Pass. remoto:* difesi – *Part. pass.:* difeso.

[2] **dipendere** *Pass. remoto:* dipesi – *Part. pass.:* dipeso.

[2] **dipingere** *Pass. remoto:* dipinsi – *Part. pass.:* dipinto.

[3] **dire** (*da* dicere, *tema* dic-) *Indic. pres.:* dico, dici, dice, diciamo, dite, dicono – *Imperfetto:* dicevo, *ecc.* – *Pass. remoto:* dissi, dicesti, disse, dicemmo, diceste, dissero – *Futuro:* dirò, *ecc.* – *Cong. pres.:* dica, dica, dica, diciamo, diciate, dicano – *Condiz. pres.:* direi, diresti, direbbe, diremmo, direste, direbbero – *Imper.:* di', dite – *Part. pass.:* detto. (*Allo stesso modo si coniugano i composti*

ridire, disdire, contraddire, benedire, *ecc., ma alla seconda pers. sing. dell'Imper. hanno la desinenza in* -dici: disdici, maledici, benedici, *ecc., eccetto* **ridire** *che fa* ridi').

[2] **dirigere** *Pass. remoto:* diressi – *Part. pass.:* diretto.

[2] **discutere** *Pass. remoto:* discussi – *Part. pass.:* discusso.

[2] **disperdere** *Pass. remoto:* dispersi – *Part. pass.:* disperso.

[2] **dissuadere** *Pass. remoto:* dissuasi – *Part. pass.:* dissuaso.

[2] **distinguere** *Pass. remoto:* distinsi – *Part. pass.:* distinto.

[2] **divellere** *Pass. remoto:* divelsi – *Part. pass.:* divelto.

[2] **dividere** *Pass. remoto:* divisi – *Part. pass.:* diviso.

[2] **dolere** o **dolersi** *Indic. pres.:* mi dolgo, ti duoli, si duole, ci doliamo, vi dolete, si dolgono – *Pass. remoto:* mi dolsi, ti dolesti, si dolse, ci dolemmo, vi doleste, si dolsero – *Futuro:* mi dorrò, *ecc.* – *Cong pres.:* mi dolga, ti dolga, si dolga, ci doliamo, vi doliate, si dolgano – *Condiz. pres.:* mi dorrei, *ecc.* – *Imper.:* duoliti, doletevi – *Part. pass.:* dolutosi.

[2] **dovere** (*da* debère) *Indic. pres.:* devo (*o* debbo), devi, deve, dobbiamo, dovete, devono (o debbono) – *Futuro:* dovrò, *ecc.* – *Condiz. pres.:* dovrei, *ecc.* – *Cong. pres.:* debba (*o* deva), debba, debba, dobbiamo, dobbiate, debbano (*o* devano).

[2] **eccellere** *Pass. remoto:* eccelsi – *Part. pass.:* eccelso.

[2] **elidere** *Pass. remoto:* elisi – *Part. pass.:* eliso.

[2] **emergere** *Pass. remoto:* emersi – *Part. pass.:* emerso.

[2] **ergere** *Pass. remoto:* ersi – *Part. pass.:* erto.

[2] **esigere** *Pass. remoto:* esigei (*o* esigetti) – *Part. pass.:* esatto.

[2] **esistere** *Pass. remoto:* esistei (*o* esistetti) – *Part. pass.:* esistito.

[2] **espellere** *Pass. remoto:* espulsi – *Part. pass.:* espulso.

[2] **esplodere** *Pass. remoto:* esplosi – *Part. pass.:* esploso.

[2] **evadere** *Pass. remoto:* evasi – *Part. pass.:* evaso.

[2] **evolvere** *Pass. remoto:* evolsi – *Part. pass.:* evoluto.

[2] **fare** (*da* fàcere, *tema* fac-) *Indic. pres.:* faccio (*o* fo), fai, fa, facciamo, fate, fanno – *Cong. pres.:* faccia, *ecc.* – *Pass. remoto:* feci, facesti, fece, facemmo, faceste, fecero – *Futuro:* farò, *ecc.* – *Condiz. pres.:* farei, ecc. – *Imper.:* fa (*o* fa'), fate – *Part. pass.:* fatto. *Nei composti di* fare *la prima e la terza pers. sing. dell'Indic. pres. sono accentate:* assuefò, rarefò, *ecc.*, assuefà, rarefà, *ecc.*; *ma per la prima pers. sing. è già usata la forma in* -faccio: assue*faccio*, rare*faccio*, contraf*faccio*, *ecc.* Disfare *fa anche* disfo, disfa *e* soddisfare *può seguire la coniugazione regolare nell'Indic. pres.* (soddisfo, soddisfi, *ecc.*), *nel Futuro* (soddisferò, *ecc.*) *e nel Cong. pres.* (soddisfi, *ecc.*).

[2] **figgere** *Pass. remoto:* fissi – *Part. pass.:* fitto (*o* fisso).

[2] **fingere** *Pass. remoto:* finsi – *Part. pass.:* finto.

[2] **flettere** *Pass. remoto:* flettei (*o* flessi) – *Part. pass.:* flesso.

[2] **fondere** *Pass. remoto:* fusi – *Part. pass.:* fuso.

[2] **frangere** *Pass. remoto:* fransi – *Part. pass.:* franto.

[2] **friggere** *Pass. remoto:* frissi – *Part. pass.:* fritto.

[2] **fungere** *Pass. remoto:* funsi – *Part. pass.:* funto.

[2] **giacere** *Indic. pres.:* giaccio, giaci, giace, giacciamo, giacete, giacciono – *Pass. remoto:* giacqui – *Cong. pres.:* giaccia, giaccia, giaccia, giacciamo, giacciate, giacciano – *Part. pass.:* giaciuto.

[2] **giungere** *Pass. remoto:* giunsi – *Part. pass.:* giunto.

[2] **godere** *Futuro semplice:* godrò, godrai, *ecc.* – *Condiz. pres.:* godrei, godresti, *ecc.*

[2] **incidere** *Pass. remoto:* incisi – *Part. pass.:* inciso.

[2] **incutere** *Pass. remoto:* incussi – *Part. pass.:* incusso.

[2] **indulgere** *Pass. remoto:* indulsi – *Part. pass.:* indulto.

[3] **inferire** *Pass. remoto:* infersi (*o* inferii) – *Part. pass.:* inferto (*o* inferito).

[2] **infliggere** *Pass. remoto:* inflissi – *Part. pass.:* inflitto.

[2] **intridere** *Pass. remoto:* intrisi – *Part. pass.:* intriso.

[2] **intrudere** *Pass. remoto:* intrusi – *Part. pass.:* intruso.

[2] **invadere** *Pass. remoto:* invasi – *Part. pass.:* invaso.

[2] **ledere** *Pass. remoto:* lesi – *Part. pass.:* leso.

[2] **leggere** *Pass. remoto:* lessi – *Part. pass.:* letto.

[2] **mettere** *Pass. remoto:* misi – *Part. pass.:* messo.

[2] **mordere** *Pass. remoto:* morsi – *Part. pass.:* morso.

[3] **morire** *Indic. pres.:* muoio, muori, muore, moriamo, morite, muoiono – *Futuro:* morirò (*o* morrò), morirai (*o* morrai), *ecc.* – *Cong. pres.:* muoia, muoia, muoia, moriamo, moriate, muoiano – *Condiz. pres.:* morirei (*o* morrei), moriresti (*o* morresti), *ecc.* – *Part. pass.:* morto.

[2] **mungere** *Pass. remoto:* munsi – *Part. pass.:* munto.

[2] **muovere** *Indic. pres.:* muovo, muovi, muove, moviamo, movete, muovono – *Pass. remoto:* mossi – *Cong. pres.:* muova, muova, muova, moviamo, moviate, muovano – *Imper.:* muovi, muova, moviamo, movete, muovano – *Part. pass.:* mosso.

[2] **nascere** *Pass. remoto:* nacqui – *Part. pass.:* nato.

[2] **nascondere** *Pass. remoto:* nascosi – *Part. pass.:* nascosto.

[2] **nuocere** *Indic. pres.:* noccio (*o* nuoccio), nuoci, nuoce, nociamo, nocete, nocciono (*o* nuocciono) – *Pass. remoto:* nocqui, nocesti, nocque, nocemmo, noceste, nocquero – *Cong. pres.:* noccia (*o* nuoccia) *per le tre pers. sing.*, nociamo, nociate, nocciano (*o* nuocciano) – *Imper.:* nuoci, nocete – *Part. pass.:* nociuto.

[2] **offendere** *Pass. remoto:* offesi – *Part. pass.:* offeso.

[3] **offrire** *Pass. remoto:* offrii (*o* offersi) – *Part. pass.:* offerto.

[2] **parere** *Indic. pres.:* paio, pari, pare, paiamo, parete, paiano – *Pass. remoto:* parvi, paresti, parve, paremmo, pareste, parvero – *Futuro:* parrò, *ecc.* – *Condiz. pres.:* parrei, *ecc.* – *Cong. pres.:* paia, paia, paia, paiamo, paiate, paiano – *Part. pass.:* parso.

[2] **percuotere** *Pass. remoto:* percossi – *Part. pass.:* percosso.

[2] **perdere** *Pass. remoto:* persi (*o* perdei, perdetti) – *Part. pass.:* perso (*o* perduto).

[2] **persuadere** *Pass. remoto:* persuasi – *Part. pass.:* persuaso.

[2] **piacere** *Indic. pres.:* piaccio, piaci, piace, piacciamo, piacete, piacciono – *Pass. remoto:* piacqui – *Cong. pres.:* piaccia, piaccia, piaccia, piacciamo, piacciate, piacciano – *Part. pass.:* piaciuto.

[2] **piangere** *Pass. remoto:* piansi – *Part. pass.:* pianto.

[2] **piovere** *Pass. remoto:* piovve – *Part. pass.:* piovuto.

[2] **porgere** *Pass. remoto:* porsi – *Part. pass.:* porto.

[2] **porre** (*da* ponere, *tema* pon-) *Indic. pres.:* pongo, poni, pone, poniamo, ponete, pongono – *Pass. remoto:* posi, ponesti, pose, ponemmo, poneste, posero – *Cong. pres.:* ponga, ponga, ponga, poniamo, poniate, pongano – *Futuro:* porrò, *ecc.* – *Condiz. pres.:* porrei, *ecc.* – *Imper.:* poni, ponete – *Part. pass.:* posto.

[2] **potere** *Indic. pres.:* posso, puoi, può, possiamo, potete, possono – *Futuro:* potrò, *ecc.* – *Condiz. pres.:* potrei, potresti, *ecc.* – *Cong. pres.:* possa, *ecc.* – *Imper.:* (manca).
[2] **prediligere** *Pass. remoto:* predilessi – *Part. pass.:* prediletto.
[2] **prefiggere** *Pass. remoto:* prefissi – *Part. pass.:* prefisso.
[2] **preludere** *Pass. remoto:* prelusi – *Part. pass.:* preluso.
[2] **prendere** *Pass. remoto:* presi – *Part. pass.:* preso.
[2] **presumere** *Pass. remoto:* presunsi – *Part. pass.:* presunto.
[2] **proteggere** *Pass. remoto:* protessi – *Part. pass.:* protetto
[2] **pungere** *Pass. remoto:* punsi – *Part. pass.:* punto.

[2] **radere** *Pass. remoto:* rasi – *Part. pass.:* raso.
[2] **redigere** *Pass. remoto:* redassi – *Part. pass.:* redatto.
[2] **redimere** *Pass. remoto:* redensi – *Part. pass.:* redento.
[2] **reggere** *Pass. remoto:* ressi – *Part. pass.:* retto.
[2] **rendere** *Pass. remoto:* resi – *Part. pass.:* reso.
[2] **ridere** *Pass. remoto:* risi – *Part. pass.:* riso.
[2] **ridurre** *Pass. remoto:* ridussi – *Part. pass.:* ridotto.
[2] **rifulgere** *Pass. remoto:* rifulsi – *Part. pass.:* rifulso.
[2] **rimanere** *Indic. pres.:* rimango, rimani, rimane, rimaniamo, rimanete, rimangono – *Pass. remoto:* rimasi – *Futuro:* rimarrò, *ecc.* – *Condiz. pres.:* rimarrei, *ecc.* – *Cong. pres.:* rimanga, rimanga, rimanga, rimaniamo, rimaniate, rimangano – *Part. pass.:* rimasto.
[2] **risolvere** *Pass. remoto:* risolsi (*o* risolvei, risolvetti) – *Part. pass.:* risolto.
[2] **rispondere** *Pass. remoto:* risposi – *Part. pass.:* risposto.
[2] **rodere** *Pass. remoto:* rosi – *Part. pass.:* roso.
[2] **rompere** *Pass. remoto:* ruppi – *Part. pass.:* rotto.

[3] **salire** *Indic. pres.:* salgo, sali, sale, saliamo, salite, salgono – *Cong. pres.:* salga, salga, salga, saliamo, saliate, salgano – *Imper.:* sali, salite. (*L'ausiliare è essere, però se il verbo è usato transitivamente si coniuga nei tempi composti con l'ausiliare* avere.)
[2] **sapere** *Indic. pres.:* so, sai, sa, sappiamo, sapete, sanno – *Pass. remoto:* seppi, sapesti, seppe, sapemmo, sapeste, seppero – *Futuro:* saprò, *ecc.* – *Condiz. pres.:* saprei, *ecc.* – *Cong. pres.:* sappia, *ecc.* – *Imper.:* sappi, sappiate.
[2] **scegliere** *Indic. pres.:* scelgo, scegli, sceglie, scegliamo, scegliete, scelgono – *Pass. remoto:* scelsi, scegliesti, scelse, scegliemmo, sceglieste, scelsero – *Cong. pres.:* scelga, scelga, scelga, scegliamo, scegliate, scelgano – *Imper.:* scegli, scegliete – *Part. pass.:* scelto.
[2] **scendere** *Pass. remoto:* scesi – *Part. pass.:* sceso.
[2] **scindere** *Pass. remoto:* scissi – *Part. pass.:* scisso.
[2] **sciogliere** *Indic. pres.:* sciolgo, sciogli, scioglie, sciogliamo, sciogliete, sciolgono – *Pass. remoto:* sciolsi, sciogliesti, sciolse, sciogliemmo, scioglieste, sciolsero – *Cong. pres.:* sciolga, sciolga, sciolga, sciogliamo, sciogliate, sciolgano – *Imper.:* sciogli, sciogliete – *Part. pass.:* sciolto.
[2] **scommettere** *Pass. remoto:* scommisi – *Part. pass.:* scommesso.
[2] **sconfiggere** *Pass. remoto:* sconfissi – *Part. pass.:* sconfitto.
[2] **sconvolgere** *Pass. remoto:* sconvolsi – *Part. pass.:* sconvolto.
[2] **scorgere** *Pass. remoto:* scorsi – *Part. pass.:* scorto.
[2] **scrivere** *Pass. remoto:* scrissi – *Part. pass.:* scritto.
[2] **scuotere** *Pass. remoto:* scossi – *Part. pass.:* scosso.
[2] **sedere** *Indic. pres.:* sièdo (*o* seggo), sièdi, siède, sediamo, sedete, sièdono (*o* seggono) – *Cong. pres.:* sieda, sieda, sieda, (*o* segga, segga, segga), sediamo, sediate, sièdano (*o* seggano) – *Imper.:* siedi, sedete. (*Come* **sedere** *si coniuga il composto* **possedére.** *Altri due composti,* **presièdere** *e* **risièdere,** *hanno coniugazione regolare e mantengono il dittongo* ie *anche quando non ha l'accento tonico:* presiediamo, presiedete, presiedevo, *ecc.;* risiediamo, risiedevo, risiedendo, *ecc.*).
[3] **seppellire** *Part. pass.:* seppellito (*o* sepolto).
[3] **soffrire** *Pass. remoto:* soffersi (*o* soffrii) – *Part. pass.:* sofferto.
[2] **sorgere** *Pass. remoto:* sorsi – *Part. pass.:* sorto.
[2] **spargere** *Pass. remoto:* sparsi – *Part. pass.:* sparso.
[2] **spegnere** *Indic. pres.:* spengo, spegni, spegne, spegniamo, spegnete, spengono – *Pass. remoto:* spensi – *Part. pass.:* spento.
[2] **spendere** *Pass. remoto:* spesi – *Part. pass.:* speso.
[2] **spingere** *Pass. remoto:* spinsi – *Part. pass.:* spinto.
[2] **sporgere** *Pass. remoto:* sporsi – *Part. pass.:* sporto.
[1] **stare** *Indic. pres.:* sto, stai, sta, stiamo, state, stanno – *Pass. remoto:* stetti, stesti, stette, stemmo, steste, stettero – *Futuro semplice:* starò, starai, starà, staremo, starete, staranno – *Cong. pres.:* stia, stia, stia, stiamo, stiate, stiano – *Cong. imperfetto:* stessi, stessi, stesse, stessimo, steste, stessero – *Imper.:* sta (*o* sta', stai), state – *Condiz. pres.:* starei, staresti, starebbe, staremmo, stareste, starebbero. (*L'ausiliare è* essere. *I composti di* **stare** *hanno l'accento sulla prima e sulla terza pers. sing. dell'Indic. pres.:* ristò, soprastò, sottostò; ristà, soprastà, sottostà; *e seguono la coniugazione di* **stare,** *eccetto* **contrastare, restare, sovrastare,** *ecc., che seguono la coniugazione regolare.*)
[2] **stringere** *Pass. remoto:* strinsi – *Part. pass.:* stretto.
[2] **struggere** *Pass. remoto:* strussi – *Part. pass.:* strutto.
[2] **succedere** *Pass. remoto:* successi (*o* succedei, succedetti) – *Part. pass.:* successo (*o* succeduto).
[2] **svellere** *Pass. remoto:* svelsi – *Part. pass.:* svelto.

[2] **tacere** *Indic. pres.:* taccio, taci, tace, taciamo, tacete, tacciono – *Pass. remoto:* tacqui – *Cong. pres.:* taccia, taccia, taccia, tacciamo, tacciate, tacciano – *Part. pass.:* taciuto.
[2] **tendere** *Pass. remoto:* tesi – *Part. pass.:* teso.
[2] **tenere** *Indic. pres.:* tengo, tieni, tiene, teniamo, tenete, tengono – *Pass. remoto:* tenni, tenesti, tenne, tenemmo, teneste, tennero – *Futuro:* terrò, *ecc.* – *Condiz. pres.:* terrei, *ecc.* – *Cong. pres.:* tenga, tenga, tenga, teniamo, teniate, tengano – *Imper.:* tieni, tenete.
[2] **tergere** *Pass. remoto:* tersi – *Part. pass.:* terso.
[2] **tingere** *Pass. remoto:* tinsi – *Part. pass.:* tinto.
[2] **togliere** *Indic. pres.:* tolgo, togli, toglie, togliamo, togliete, tolgono – *Pass. remoto:* tolsi. – *Cong. pres.:* tolga, tolga, tolga, togliamo, togliate, tolgano – *Part. pass.:* tolto.
[2] **torcere** *Pass. remoto:* torsi – *Part. pass.:* torto.
[2] **trarre** (*da* trahere) *Indic. pres.:* traggo, trai, trae, traiamo, traete, traggono – *Pass. remoto:* trassi, traesti, trasse, traemmo, traeste, trassero – *Cong. pres.:* tragga, tragga, tragga, traiamo, traiate, traggano – *Futuro:* trarrò, *ecc.* – *Condiz. pres.:* trarrei, *ecc.* – *Imper.:* trai, traete – *Part. pass.:* tratto. *Tutti gli altri tempi si formano regolarmente dal tema* tra-: traevo, traessi, traendo, *ecc.*

[2] **uccidere** *Pass. remoto:* uccisi – *Part. pass.:* ucciso.
[3] **udire** *Indic. pres.:* odo, odi, ode, udiamo, udite, odono – *Futuro:* udirò (*o* udrò), udirai (*o* udrai), *ecc.* – *Cong. pres.:* oda, oda, oda, udiamo, udiate, odano – *Condiz. pres.:* udirei (*o* udrei), udiresti (*o* udresti), *ecc.* – *Imper.:* odi, udite.
[2] **ungere** *Pass. remoto:* unsi – *Part. pass.:* unto.
[3] **uscire** *Indic. pres.:* esco, esci, esce, usciamo, uscite, escono – *Cong. pres.:* esca, esca, esca, usciamo, usciate, escano – *Imper.:* esci, uscite.

² **valere** *Indic. pres.:* valgo, vali, vale, valiamo, valete, valgono – *Pass. remoto:* valsi, valesti, valse, valemmo, valeste, valsero – *Futuro:* varrò, *ecc.* – *Cong. pres.:* valga, valga, valga, valiamo, valiate, valgano – *Condiz. pres.:* varrei, *ecc.* – *Part. pass.:* valso.

² **vedere** *Indic. pres.:* vedo (*o* veggo), vedi, vede, vediamo, vedete, vedono (*o* veggono) – *Pass. remoto:* vidi, vedesti, vide, vedemmo, vedeste, videro – *Futuro:* vedrò, *ecc.* – *Cong. pres.:* veda (*o* vegga), *per le tre pers. sing.*, vediamo, vediate, vedano (*o* veggano) – *Condiz. pres.:* vedrei, *ecc.* – *Part. pass.:* veduto (*o* visto).

³ **venire** *Indic. pres.:* vengo, vieni, viene, veniamo, venite, vengono – *Pass. remoto:* venni, venisti, venne, venimmo, veniste, vennero – Futuro: verrò, *ecc.* – *Cong. pres.:* venga, venga, venga, veniamo, veniate, vengano – *Condiz. pres.:* verrei, *ecc.* – *Imper.:* vieni, venite – *Part. pres.:* veniente – *Part. pass.:* venuto.

² **vincere** *Pass. remoto:* vinsi – *Part. pass.:* vinto.

² **vivere** *Pass. remoto:* vissi, vivesti, visse, vivemmo, viveste, vissero – *Futuro:* vivrò, *ecc.* – *Condiz. pres.:* vivrei, *ecc.* – *Part. pass.:* vissuto (*L'ausiliare è* essere, *però se il verbo è usato transitivamente, l'ausiliare è* avere).

² **volere** *Indic. pres.:* voglio, vuoi, vuole, vogliamo, volete, vogliono – *Pass. remoto:* volli, volesti, volle, volemmo, voleste, vollero – *Futuro:* vorrò, *ecc.* – *Cong. pres.:* voglia, voglia, voglia, vogliamo, vogliate, vogliano – *Condiz. pres.:* vorrei – *Imper.:* vogli, vogliate.

² **volgere** *Pass. remoto:* volsi – *Part. pass.:* volto.

Proverbi

A buon intenditor poche parole, a word to the wise is enough.
A casa del ladro non ci si ruba, there's honour among thieves.
A caval donato non si guarda in bocca, never look a gift horse in the mouth.
A chi vuole, non mancan modi, where there's a will, there's a way.
Acqua passata non macina più, let bygones be bygones.
Ad ogni uccello suo nido è bello, the bird loves her nest (*o* there is no place like home).
Aiutati che Dio t'aiuta, God helps those who help themselves.
Ai voli troppo alti e repentini sogliono i precipizi esser vicini, hasty climbers have sudden falls.
A lavare la testa all'asino si perde il ranno e il sapone, there's no washing a blackamoor white.
Al bisogno si conosce l'amico, a friend in need is a friend indeed.
Alla prova si scortica l'asino, the proof of the pudding is in the eating.
All'opera si conosce il maestro, the work commends the workman.
Al nascer la spina porta la punta in cima, it early pricks that will be a thorn.
Al primo colpo non cade la quercia, an oak is not felled at one stroke.
Altro è dire, altro è fare, easier said than done.
A mali estremi, rimedi estremi, desperate diseases must have desperate remedies.
Ambasciatore non porta pena, messengers should neither he headed nor hanged.
A nemico che fugge ponti d'oro, for a flying enemy make a golden bridge.
A penna a penna si pela l'oca, every little bit helps.
Aprile non ti scoprire, maggio va adagio, cast ne'er a clout till May be out.
Asino che ha fame, mangia di ogni strame, a hungry horse makes a clean manger.
Asino che raglia mangia poco fieno, the ass that brays most eats least.
A tutto c'è rimedio fuorché alla morte, while there's life, there's hope.
A una disgrazia ne segue un'altra, it never rains but it pours.

Bacco, tabacco e Venere riducono l'uomo in cenere, gaming, women, and wine, while they laugh they make men pine.
Bandiera vecchia onor di capitano, an old ensign is a captain's honour.
Batti il ferro finché è caldo, strike while the iron is hot (*o* make hay while the sun shines).
Bisogna legare l'asino dove vuole il padrone, he who pays the fiddler calls the tune.
Buon sangue non mente, blood will tell.
Buon vino fa buon sangue, good wine engendreth good blood.

Campa, cavallo, che l'erba cresce, while grass grows the horse starves.
Can che abbaia non morde, barking dogs seldom bite (*o* his bark is worse than his bite).
Cane non mangia cane, there's honour among thieves.
Chi ben comincia è a metà dell'opera, well begun is half done (*o* a good beginning is half thebattle).
Chi cerca trova, nothing seek nothing find.
Chi dà e ritoglie, il diavolo lo raccoglie, give a thing, and take a thing, to wear the devil's gold ring.
Chi dice quel che vuole sente quel che non vorrebbe, he who says what he likes, shall hear what he does not like.
Chi di gallina nasce, convien che razzoli, like hen, like chicken.
Chi di spada ferisce di spada perisce, he that striketh with the sword, shall be stricken with the scabbard.
Chi dona tosto dona due volte, he gives twice who gives quickly.
Chi dorme non piglia pesci, the early bird catches the worm.
Chi è amico di tutti non è amico di nessuno, everybody's friend is nobody's fried.
Chi è causa del suo mal, pianga se stesso, as you make your bed, so you must lie on it.
Chi è svelto a mangiare è svelto a lavorare, quick at meat, quick at work.
Chi fa da sé fa per tre, if you want a thing (well) done, do it yourself.
Chi fa i conti senza l'oste, li fa due volte, do not count your chickens before they are hatched.
Chi ha avuto ha avuto e chi ha dato ha dato, let bygones be bygones.
Chi ha dentro amaro, non può sputar dolce, who hath bitter in his mouth, spits not all sweet.
Chi ha tempo non aspetti tempo, take time while time is, for time will away (*o* procrastination is the thief of time).
Chi la dura la vince, slow and steady wins the race.
Chi la fa l'aspetti, as they sow, so let them reap.
Chi lascia la via vecchia per la nuova sa quel che lascia, ma non sa quel che trova, who leaves the old way for the new, will find himself deceived.
Chi mal semina, mal raccoglie, sow thin, shear thin (*o* If you brew well, you'll drink the better).
Chi mena per primo mena due volte, the first blow is as much as two.
Chi muore giace e chi vive si dà pace, the dead lie still and the quick do as they will.
Chi non fa non falla, he who makes no mistakes, makes nothing.
Chi non ha buona testa abbia buone gambe, if you don't use your head, you'll have to use your legs.
Chi non può mordere, non mostri i denti, if you cannot bite, never show your teeth.
Chi non risica non rosica, nothing venture, nothing have.
Chi non sa leggere la sua scrittura è un asino per natura, if your own writing you can't read, then an ass you are indeed.
Chiodo scaccia chiodo, one nail drives out another.
Chi pecora si fa, il lupo se la mangia, he that

makes himself a sheep, shall be eaten by the wolf.
Chi perde al gioco vince in amore, unlucky at cards, lucky in love.
Chi perde ha sempre torto, losers are always in the wrong.
Chi più ha più vuole, the more you have, the more you want.
Chi più spende meno spende, best is best cheap.
Chi presta, perde l'amico e il denaro, he who money to a friend doth lend, will lose his money and his friend.
Chi presta tempesta, he that goes a-borrowing goes a-sorrowing.
Chi prima arriva macina, first come, first served.
Chi ride il venerdì piange la domenica, he that sings on Friday, will weep on Sunday.
Chi rompe paga e i cocci sono suoi, if you break, you pay: the broken bits you take away.
Chi s'aiuta Dio l'aiuta, God helps those who help themselves.
Chi semina vento raccoglie tempesta, sow wind and reap whirlwind.
Chi si contenta gode, content is happiness (*o* enough is as good as a feast).
Chi si loda s'imbroda, self-praise is no recommendation.
Chi si pasce di speranza, muore di fame, who lives by hope will die by hunger.
Chi si scusa si accusa, he who excuses himself, accuses himself.
Chi tace acconsente, silence gives consent.
Chi tardi arriva male alloggia, first come, first served.
Chi troppo in alto sale, cade repente precipitevolissimevolmente, hasty climbers have sudden falls.
Chi troppo vuole nulla stringe, grasp all, lose all.
Chi va al mulino s'infarina, he that toucheth pitch shall be defiled therewith.
Chi va con lo zoppo impara a zoppicare, he that dwells next door to a cripple, will learn to halt.
Chi va piano va sano e va lontano, slow and steady wins the race.
Chi vuole vada e chi non vuole mandi, if you wish a thing done, go; if not, send.
Chi vuol far l'altrui mestiere, fa la zuppa nel paniere, every man to his trade.
Cielo a pecorelle acqua a catinelle, a mackerel sky is never long dry.
Col tempo e con la paglia si maturano le nespole, time and straw make medlars ripe.
Conta più la pratica che la grammatica, practice makes perfect.
Contro la forza la ragion non vale, might is right.
Corpo sazio non crede a digiuno, he whose belly is full, believes not him who is fasting.
Cosa fatta capo ha, what's done is done (and can't be undone) (*o* it is no use crying over spilt milk).
Cuor contento non sente stento, the happy man cannot be harried.

Da cosa nasce cosa, one thing leads to another.
Dagli amici mi guardi Dio, dai nemici mi guardo io, God defend me from my friends; from my enemies I can defend myself.
Dai tempo al tempo, patience is a virtue.
Dal detto al fatto c'è un gran tratto, saying is one thing, and doing another.
Dal dire al fare c'è di mezzo il mare, there's many a slip between (the) cup and (the) lip.
Dal frutto si conosce l'albero, a tree is known by its fruit.
Del senno di poi son piene le fosse, it is easy to be wise after the event.
Denari e santità, metà della metà, of money, wit, and virtue, believe one fourth of what you hear.
Di due mali scegli il minore, of two evils choose the less.
Dimmi con chi vai e ti dirò chi sei, birds of a feather flock together.
Di notte tutti i gatti sono bigi, when candles are away, all cats are grey.
Dio li fa e poi li accoppia, birds of a feather flock together.
Dio manda il freddo secondo i panni, God tempers the wind to the shorn lamb.
Dio non paga il sabato, the mills of God grind slowly (but they grind exceedingly small).
Dove manca natura, arte procura, art improves nature.
Due torti non fanno una ragione, two wrongs don't make a right.

È inutile piangere sul latte versato, it's no use crying over spilt milk.
È l'ultima goccia che fa traboccare il vaso, the last drop makes the cup run over.

Fatta la legge, trovato l'inganno, every law has a loophole.
Ferisce più la lingua che la spada, words cut more than swords.
Fidarsi è bene, ma non fidarsi è meglio, he who trusteth not, is not deceived.
Finché c'è vita c'è speranza, while there's life, there's hope.
Fra due litiganti il terzo gode, two dogs strive for a bone, and a third runs away with it.

Gallina vecchia fa buon brodo, old hens make the best soup.
Gennaio secco, massaio ricco, dust and drought in January, spells a full granary.
Giovane ozioso vecchio bisognoso, an idle youth, a needy age.
Gli affari sono affari, business is business.
Gli estremi si toccano, extremes meet.

Il bisogno aguzza l'ingegno, necessity is the mother of invention.
Il buon dì si conosce dal mattino, well begun is half done.
Il buon vino non ha bisogno di frasca, good wine needs no bush.
Il diavolo fa le pentole, ma non i coperchi, truth will prevail.
Il diavolo non è così brutto come lo si dipinge, the devil is not so black as he is painted.
Il gioco non vale la candela, the game is not worth the candle.
Il lupo perde il pelo, ma non il vizio, can the leopard change his spots?
Il medico pietoso fa la piaga cancrenosa, a pitiful surgeon spoileth a sore; *(rif. ad eccessiva indulgenza)* spare the rod and spoil the child.
Il meglio è nemico del bene, leave (*o* let) well alone.
Il mondo è bello perché è vario, variety is the very spice of life (*o* it takes all sorts to make a world).
Il mondo non fu fatto in un giorno, Rome was not built in a day.
Il peggior passo è quello dell'uscio, the greatest step is that out of doors.
Il pesce grosso mangia il piccolo, great fishes eat up the small.
Il pesce puzza dalla testa, fish begins to stink at the head.
Il riso abbonda sulla bocca degli stolti, laughter abounds in the mouths of fools.
Il riso fa buon sangue, laugh and grow fat.

Il sangue non è acqua, blood is thicker than water.

Il tempo è denaro, time is money.

Il tempo è galantuomo, time tries all.

Il tempo viene per chi sa aspettare, everything comes to him who waits.

Il troppo stroppia, more than enough is too much (*o* too much breaks the bag).

Impara l'arte e mettila da parte, he that learns a trade, hath a purchase made.

I muri hanno orecchi, walls have ears.

In bocca chiusa non entran mosche, a close mouth catches no flies.

In chiesa coi santi e in taverna coi bricconi, when in Rome, do as the Romans do.

I panni sporchi si lavano in famiglia, it's a dirty bird that fouls its own nest.

L'abito non fa il monaco, the cowl does not make the monk.

L'abitudine è una seconda natura, habit is second nature.

L'acqua cheta rovina i ponti, still waters run deep.

L'acqua corre al mare, money goes where money is.

La farina del diavolo va tutta in crusca, the devil's meal is all bran.

La fortuna aiuta gli audaci, fortune favours the brave.

La gatta frettolosa fece i gattini ciechi, haste makes waste.

La lingua batte dove il dente duole, the tongue ever turns to the aching tooth.

La mala erba non muore mai, ill weeds growapace.

La meraviglia, dell'ignoranza è figlia, wonder is the daughter of ignorance.

L'amore è cieco, love is blind.

La notte porta consiglio, night is the mother of counsel.

La parola è d'argento, ma il silenzio è d'oro, speech is silvern, silence is golden.

L'apparenza inganna, never judge by appearances.

L'appetito vien mangiando, appetite comes with eating.

La speranza è il pane dei poveri, hope is the poor man's bread.

L'assai basta e il troppo guasta, enough's enough.

La verità viene sempre a galla, truth will prevail.

.a via dell'inferno è lastricata da buone intenzioni, the road to hell is paved with good intentions.

.e bugie hanno le gambe corte, lies have short legs.

.e cattive nuove volano, ill news comes apace.

.'eccezione conferma la regola, the exception proves the rule.

.e disgrazie non vengono mai sole, it never rains but it pours.

.e ore del mattino hanno l'oro in bocca, the morning hour has gold in its mouth (*o* the early bird catches the worm).

.'erba cattiva cresce in fretta, ill weeds grow apace.

.'occasione fa l'uomo ladro, opportunity makes the thief.

.'occhio del padrone ingrassa il cavallo, the master's eye maketh the horse fat.

.ontano dagli occhi, lontano dal cuore, out of sight, out of mind.

'ospite e il pesce dopo tre di rincresce, fresh fish and new-come guests smell in three days.

'ozio è il padre dei vizi, idleness is the root of all vice.

'unione fa la forza, union si strength.

L'uomo propone e Dio dispone, man proposes, God disposes.

Lupo non mangia lupo, there is honour among thieves.

Mal comune mezzo gaudio, fellowship in woe doth woe assuage.

Male non fare paura non avere, do well and have well.

Meglio poco che niente, half a loaf is better than no bread.

Meglio soli che male accompagnati, better be alone than in bad company.

Meglio tardi che mai, better late than never.

Meglio un asino vivo che un dottore morto, a living dog is better than a dead lion.

Meglio un uovo oggi che una gallina domani, a bird in the hand is worth two in the bush.

Mente sana in corpo sano, a sound mind in a sound body.

Moglie e buoi dei paesi tuoi, choose wife and cattle from your own village.

Molti pochi fanno assai, many a little makes a mickle.

Morto un papa, se ne fa un altro, the King is dead: long live the King.

Ne ammazza più la gola che la spada, gluttony kills more than the sword.

Necessità fa legge, necessity knows no law.

Né donna né tela a lume di candela, choose neither a woman nor linen by candle-light.

Nel dubbio astieniti, when in doubt, do nothing.

Nella coda sta il veleno, the sting is in the tail.

Nelle sventure si conoscono gli amici, a friend in need is a friend indeed.

Nessuna nuova buona nuova, no news is good news.

Nessuno è profeta in patria, a prophet is not without honour save in his own country.

Nessuno nasce maestro, no man is his craft's master the first day.

Non c'è fumo senza arrosto, no smoke without some fire.

Non c'è peggior sordo di chi non vuol sentire, none so deaf as those who won't hear.

Non c'è rosa senza spine, no rose without a thorn.

Non dir quattro se non l'hai nel sacco, don't count your chickens before they are hatched.

Non è mai troppo tardi per imparare, never too late to learn.

Non è tutt'oro quel che riluce, all that glitters is not gold.

Non rimandare a domani quello che puoi fare oggi, don't put off to tomorrow what you can do today.

Non si muove foglia che Dio non voglia, when God will, no wind but brings rain.

Non si può avere il miele senza le pecchie, where bees are, there is honey.

Non si può avere la botte piena e la moglie ubriaca, you can't eat your cake and have it.

Non si può cavar sangue da una rapa, you can't get blood out of a stone.

Non si serra mai una porta che non se ne apra un'altra, God never shuts one door but He opens another.

Non svegliare il can che dorme, let sleeping dogs lie.

Non tutto il male vien per nuocere, it's an ill wind that blows nobody any good (*o* every cloud has a silver lining).

Non vendere la pelle dell'orso prima di averlo ucciso, don't sell the bear's skin before you have caught the bear.

Occhio non vede, cuore non duole, what the eye sees not, the heart rues not.

Occhio per occhio, dente per dente, measure for measure.

Oggi a me, domani a te, I today, you tomorrow.

Ogni bel gioco dura poco, long jesting was never good.

Ogni frutto vuole la sua stagione, everything is good in its season.

Ogni lasciata è persa, he that will not when he may, when he will he shall have nay.

Ogni male ha la sua ricetta, for every evil under the sun, there is remedy.

Ogni medaglia ha il suo rovescio, every medal hath its reverse.

Ogni mercante loda la sua mercanzia, no man cries stinking fish.

Ogni promessa è debito, promise is debt.

Ogni pruno fa siepe, every little helps.

Ogni simile ama il suo simile, birds of a feather flock together.

Ognun per sé e Dio per tutti, every man for himself, and God for us all.

Paese che vai, usanza che trovi, when in Rome, do as the Romans do.

Pan rubato ha buon sapore, stolen fruit is sweetest.

Passata la festa gabbato lo santo, the devil was sick, the devil a monk would be; the devil was well, the devil a monk was he (*o* once on shore, we pray no more).

Patti chiari amicizia lunga, short reckonings make long friends.

Peccato confessato è mezzo perdonato, a fault confessed is half redressed.

Pensaci prima d'agire, look before you leap.

Per un punto Martin perse la cappa, for want of a nail the shoe is lost; for want of a shoe the horse is lost; for want of a horse the rider is lost.

Piccola pioggia fa cessar gran vento, small rain lays great dust.

Pietra mossa non fa muschio, a rolling stone gathers no moss.

Poca brigata, vita beata, the more the merrier; the fewer the better cheer.

Presto a letto e presto alzato, fa l'uomo sano, ricco e fortunato, early to bed and early to rise, makes a man healthy, wealthy, and wise.

Presto e bene raro avviene, good and quickly seldom meet.

Quale il padre, tale il figlio, like father, like son.

Quando la pera è matura casca da sé, everything come to him who waits.

Quando manca la gatta i topi ballano, when the cat is away, the mice will play.

Quando si è in ballo bisogna ballare, in for a penny, in for a pound.

Quand'uno per bugiardo è conosciuto, anche se dice il ver non è creduto, a liar is not believed when he speaks the truth.

Quattrino risparmiato, due volte guadagnato, a penny saved is a penny gained.

Questo mondo è fatto a scale, chi le scende e chi le sale, the world is a ladder for some to go up and some down.

Raglio d'asino non arriva in cielo, the braying of an ass does not reach heaven.

Ramo corto, vendemmia lunga, short boughs, long vintage.

Ride bene chi ride ultimo, he laughs best who laughs last.

Ridi e il mondo ride con te; piangi e piangerai solo, laugh, and the world laughs with you; weep, and you weep alone.

Roma non fu fatta in un giorno, Rome was not built in a day.

Rosso di sera, buon tempo si spera, red sky at night, shepherd's delight.

Sbagliando s'impara, practice makes perfect.

Scherza coi fanti e lascia stare i santi, religion is no laughing matter.

Scopa nuova spazza bene, a new broom sweeps clean.

Sera rossa e nero máttino rallegra il pellegrino, evening red and morning grey help the traveller on his way; evening grey and morning red bring down rain upon his head.

Si mangia per vivere, non si vive per mangiare, eat to live.

Si sa come si nasce, non come si muore, men know where they were born, not where they shall die.

Sono sempre gli stracci che vanno all'aria, the weakest goes to the wall.

Spesso chi va per canzonare resta canzonato, many go out for wool, and come home shorn.

Tale il padre tale il figlio, like father, like son.

Tanto beve l'oca quanto il papero, what is sauce for the goose is sauce for the gander.

Tanto va la gatta al lardo che ci lascia lo zampino, the pitcher goes so often to the well, that it leaves its handle or its mouth.

Tanto va l'orcio per l'acqua che si rompe, the pitcher goes so often to the well, that it is broken at last.

Tentar non nuoce, there is no harm in trying.

Traduttore, traditore, translators, traitors.

Tra il dire e il fare c'è di mezzo il mare, saying is one thing, and doing another.

Tra moglie e marito non mettere il dito, never interfere between husband and wife.

Tre donne e un pollo fanno un mercato, three women and a goose make a market.

Troppi cuochi guastano la cucina, too many cooks spoil the broth.

Tutte le strade portano a Roma, all roads lead to Rome.

Tutti i gusti son gusti, every man to his taste.

Tutti i nodi vengono al pettine, murder will out.

Tutti i salmi finiscono in gloria, all psalms end with the Gloria.

Tutto è bene quel che finisce bene, all's well that ends well.

Tutto il mondo è paese, it's the same the whole world over.

Tutto passa, everything has an end.

Una ciliegia tira l'altra, one thing leads to another.

Una lira risparmiata è una lira guadagnata, a penny saved is a penny gained.

Una mano lava l'altra (e tutte e due lavano il viso), one hand washes the other (and both of them wash the face).

Una pera bacata ne magagna cento, the rotten apple injures its neighbours.

Una rondine non fa primavera, one swallow does not make a summer.

Un bel gioco dura poco, brevity is the soul of wit.

Un bel tacer non fu mai scritto, silence was never written down.

Un male tira l'altro, it never rains but it pours.

Un punto in tempo ne salva cento, a stitch in time saves nine.

Uomo avvisato è mezzo salvato, forewarned forearmed.

Val più la pratica che la grammatica, an ounce of practice is worth a pound of precept.

Vedere per credere, seeing is believing.

Vivi e lascia vivere, live and let live.

Voce di popolo, voce di Dio, the voice of the people, the voice of God.

Volere è potere, where there's a will, there's a way